Hier finden Sie die Formulare (ohne Anmerkungen) zum Download:

https://ch.beck.de/vertragsformularbuch

So funktioniert das Herunterladen:

- Rufen Sie bitte die oben genannte Internetseite in Ihrem Browser auf. Bitte beachten Sie hierbei die Groß- und Kleinschreibung!
- Geben Sie bitte im entsprechenden Feld diesen persönlichen Freischaltcode ein:

C3FB-4D5E-D544

- Speichern Sie die Datei(en) auf Ihrer Festplatte.

Eine Weiterverbreitung der heruntergeladenen Daten ist nicht gestattet und würde einen strafbewehrten Verstoß gegen das Urheberrechtsgesetz darstellen.

Bei Fragen stehen wir Ihnen gern zur Verfügung.
Sie erreichen uns per E-Mail unter hotline@beck.de.

Hopt/Merkt (Hrsg.)
Vertrags- und Formularbuch
zum Handels-, Gesellschafts-, Bank- und Kapitalmarktrecht

Vertrags- und Formularbuch

zum Handels-, Gesellschafts-, Bank- und Kapitalmarktrecht

Herausgegeben von

Dr. Dr. Dr. h. c. mult. Klaus J. Hopt

em. Professor an der Universität Hamburg
em. Direktor am Max-Planck-Institut für ausländisches und internationales Privatrecht, Hamburg
vormals Richter am Oberlandesgericht Stuttgart

Dr. Hanno Merkt, LL. M.

o. Professor an der Universität Freiburg
Direktor des Instituts für ausländisches und internationales Privatrecht
Richter am Oberlandesgericht Karlsruhe

Bearbeitet von

Dr. Daniela Böning, LL. M., Rechtsanwältin in Frankfurt; *Dr. Anselm Brandi-Dohrn*, maître en droit, Rechtsanwalt in Berlin; *Dr. Hartwin Bungert, LL. M.*, Rechtsanwalt in Düsseldorf, *Dr. Peter Clouth*, Rechtsanwalt in Frankfurt; *Dr. Raimond Emde*, Rechtsanwalt in Hamburg; *Dr. Andreas Fabritius, LL. M.*, Rechtsanwalt, Fachanwalt für Steuerrecht und Attorney-at-Law (N.Y.) in Frankfurt; *Dr. Andreas Hoger, LL. M.*, Rechtsanwalt in Frankfurt; *Bettina Joos*, Rechtsanwältin in Wedel; *Dr. Ralf Kogge*, Rechtsanwalt in München; *Dr. Ernst-Thomas Kraft*, Rechtsanwalt, Steuerberater und Wirtschaftsprüfer in Frankfurt; *Dr. Christoph Kumpan, LL. M.*, Attorney-at-Law (N.Y.), o. Professor an der Bucerius Law School; *Prof. Dr. Patrick C. Leyens, LL. M.*, Universität Bremen/Erasmus Universität Rotterdam; *Dr. Mathias Link, LL. M.*, Rechtsanwalt und Steuerberater in Frankfurt; *Dr. Daniel Möritz*, Rechtsanwalt in München; *Dr. Tanja V. Pfitzner, LL. M.*, Rechtsanwältin in Frankfurt; *Dr. Marc Sänger*, Rechtsanwalt in Frankfurt; *Uwe Scharff*, Rechtsanwalt in Wuppertal; *Dr. Matthias Scheifele*, Rechtsanwalt und Steuerberater in München; *Dr. Bettina Schmaltz*, Rechtsanwältin in Frankfurt; *Dr. Kai-Steffen Scholz*, Rechtsanwalt in Berlin; *Doreen Siegmund*, Rechtsanwältin und Syndika in Berlin; *Prof. Dr. Rolf Trittmann, LL. M.*, Rechtsanwalt in Frankfurt; *Dr. Eurydice Voigt*, Notarin in Hamburg; *Sandra Vollmuth*, Rechtsanwältin in München; *Prof. Dr. jur. Stefan Werner*, Rechtsanwalt, Fachanwalt für Steuerrecht und Syndikus in Frankfurt/Göttingen; *Prof. Dr. Friedrich Graf von Westphalen*, Rechtsanwalt in Lohmar; *Dr. Carsten Wettich*, Rechtsanwalt in Düsseldorf; *Dr. Peter Weyland*, Rechtsanwalt in Frankfurt; *Judith Wittig*, Syndika in Frankfurt und *Dr. Christian Zerr*, Rechtsanwalt in München.

5., neu bearbeitete und erweiterte Auflage 2022

C.H.BECK

Zitiervorschlag:
Hopt/Merkt VertrFormB/*Bearbeiter* Form. II.C.1 Anm. 1

Danksagung

Der Verlag dankt folgenden Lizenzgebern für die freundliche Genehmigung, Formulare und andere Texte abzudrucken:

Dem Bank-Verlag GmbH, Köln, für die Erlaubnis, zahlreiche im Bankwesen gebräuchliche Vordrucke abzubilden;

der European Banking Federation/Fédération Bancaire Européenne (EBF/FBE), Brüssel, für die Erlaubnis, das EMA 2004 (deutschsprachige Fassung) sowie das EMA 2020 (englischsprachige Fassung) in wesentlichen Teilen abzudrucken;

der Internationalen Handelskammer (ICC) Deutschland, Berlin, für die Erlaubnis, die Einheitlichen Richtlinien für auf Anfordern fällige Garantien (ERG), ICC-Publikation N. 458, abzudrucken;

der International Swaps and Derivatives Association (ISDA), New York, für die Erlaubnis zur Wiedergabe des ISDA Master Agreement 2002.

www.beck.de

ISBN 978 3 406 74003 9

Wilhelmstraße 9, 80801 München
Druck und Bindung: Druckerei C. H. Beck Nördlingen
(Adresse wie Verlag)

Satz: Reemers Publishing Services GmbH, Krefeld
Umschlaggestaltung: Druckerei C. H. Beck Nördlingen

CO_2 neutral
chbeck.de/nachhaltig

Gedruckt auf säurefreiem, alterungsbeständigem Papier
(hergestellt aus chlorfrei gebleichtem Zellstoff)

Vorwort zur 5. Auflage

Das hier neu vorgelegte Vertrags- und Formularbuch zum Handels-, Gesellschafts- und Bankrecht, das ab der vorliegenden 5. Auflage gemeinsam mit Herrn **Professor Dr. Hanno Merkt**, Universität Freiburg, herausgegeben wird, ist als ***Parallelband zu Hopt, Handelsgesetzbuch*** mit GmbH & Co., Handelsklauseln, Bank- und Kapitalmarktrecht, Transportrecht, 41. Aufl. 2022 konzipiert, greift aber weit darüber hinaus.

Handelsrecht ist ein lebendes, von den beteiligten Berufskreisen privatautonom gestaltetes, international beeinflusstes und dynamisches Recht und kann anders weder praktisch noch wissenschaftlich betrieben werden. Kenntnis und Verständnis der Vorschriften, Urteile und Kommentierungen zum HGB und den handelsrechtlichen Nebengesetzen reichen für sich allein nicht aus. Vielmehr besteht vielfältiger ***Bedarf*** an ihrer ***praktischen Umsetzung und Durchführung*** in Verhandlung, Vertrag sowie Schieds- und Gerichtsverfahren. Bedarf besteht insbesondere an Vertragsmustern (z. B. im Gesellschaftsrecht), Prüfungslisten (z. B. für Verhandlungen), typischen Vertragsbedingungen (z. B. Lieferungs- oder Beschaffungsbedingungen), einzelnen Vertragsbausteinen (z. B. bei komplexeren Bankgeschäften), Hinweisen zur nationalen und internationalen Schiedsgerichtspraxis sowie weiteren Mustern (z. B. bei der Bilanzierung) und Formularen (z. B. für handelsrechtliche Anmeldungen, im Transportwesen oder für Bankgeschäfte).

Inhaltlich entspricht das Vertragshandbuch dem Kommentarband, der neben dem ***HGB*** selbst die dazugehörenden ***Nebengesetze*** erläutert, umfasst aber auch das ***gesamte Personen- und Kapitalgesellschaftsrecht***. So sind beispielsweise zur Personengesellschaft 13, zur GmbH 21 und zur Aktiengesellschaft, KGaA und SE insgesamt 31 Vertragsmuster und Formulare aufgenommen.

Ein kurzer Überblick über das Angebot ergibt:

I. Teil: 1. ***Handelsstand*** mit Anmeldungen zum Handelsregister und Schwerpunkt auf den ***Vertriebsverträgen*** (z. B. Handelsvertreter-, Vertragshandler-, Franchise-, Kreditvermittlungs- und Kommissionsverträge); 2. ***Handelsgeschäfte***, dabei Handelskauf mit Anlagengeschäft und Patentlizenzvertrag und vor allem ***Unternehmenskauf***, dazu ua eine ausführliche Due Diligence-Checkliste, Vertraulichkeits- und Mandatsvereinbarungen, Disclaimer Information Memorandum bzw. Unternehmensexposé, Letter of Intent, verschiedene Musterkaufverträge je nach Share oder Asset Deal und für verschiedene Gesellschaftsformen (AG, GmbH, OHG, GmbH & Co KG), Angebotsunterlage für ein Übernahmeangebot, Anmeldungen beim Bundeskartellamt und bei der Europäischen Kommission und 3. ***Transportrecht*** mit Speditions-, Fracht- und Seefracht- und Lagerdokumenten.

II. Teil: 1. ***Handelsgesellschaften*** (OHG, KG einschließlich GmbH & Co KG, GmbH, AG, KGaA, SE) sowie Muster zur Stiftung, Stillen Gesellschaft, Joint Venture-Verträgen, Konzernrecht, Umwandlungen, Restrukturierung in der Krise und Entsprechenserklärung zur Corporate Governance), soweit möglich mit kurzen Hinweisen auf Steuer- und Kartellrecht) und 2. ***Schiedsgerichtsgerichtsbarkeit***, die für Handelsgesellschaften eine zentrale Rolle spielt, dazu Schiedsklauseln, Schiedsvertrag, Schiedsrichtervertrag mit Vergütungsvereinbarung, Schiedsklage, Schiedsverfahren und Schiedsspruch samt Vollstreckung und Aufhebung desselben, dies unter Berücksichtigung der Schiedsverfahrensregeln der DIS, der ICC, von UNCITRAL und der ZPO.

III. Teil: ***Bilanzen***, z. B. verschiedene Musterbilanzen, Gewinn- und Verlustrechnung nach dem Gesamt- und dem Umsatzkostenverfahren, jeweils in Kurz- und Langfassung,

Anhang, Lagebericht, Bestätigungsvermerke, Konzernbesonderheiten, Bilanzierung bei Strukturveränderungen und Sicherungsvereinbarungen mit bilanzrechtlicher Bedeutung, und

IV. Teil: ***Bankrecht,*** darin 1. Bankvertrag einschließlich Kontoführung und Vollmachten; 2. Passivgeschäft; 3. Zahlungsverkehr mit Giroüberweisung, Lastschrift (einschließlich der SEPA-Lastschrift), Scheck, girocard, Kreditkarte, automatisierten Zahlungssysteme und Online-Banking; 4. Kreditgeschäft und Kreditsicherung; 5. Akkreditiv, Bankgarantie, Dokumenteninkasso und sonstiges Auslandsgeschäft; 6. Factoring und Finanzierungsleasing; und besonders ausführlich 7. Börse und Kapitalmarkt, allein die Letzteren mit über 60 Vertragsmustern, Vertragsbausteinen und Formularen.

Nach ***Umfang und Schwerpunkt*** der aus den verschiedenen Gebieten aufzunehmenden und zu kommentierenden Vertragsmuster und Formulare stehen hier die ***Gesellschaftsverträge mit der Schiedsgerichtsbarkeit*** und die vielfältigen ***Bankgeschäfte*** im Vordergrund, dicht gefolgt von ***Handelskauf mit Anlagengeschäft und Unternehmenskauf.*** Wichtig sind aber auch die ***Vertriebs- und die Transportverträge*** und die ***Bilanzen.***

Systematisch ist das Besondere dieses Vertragshandbuchs die Anlehnung an den HGB-Kommentar. Das bietet für den Benutzer des einen wie des anderen Werks mehrere Vorteile:
- Zu den ***verschiedenen Verträgen und Gebieten*** kann der Benutzer entweder vom Gesetzestext und dem Rechtsproblem ausgehend sofort die zugehörigen Vertragsmuster, Prüflisten und Formulare greifen oder umgekehrt bei der Arbeit mit den letzteren über deren Erläuterung hinaus im HGB-Kommentarband die einschlägige Rechtsprechung und Jurisprudenz dazu nachlesen und so je nach Bedarf Bestätigung, Angriffspunkte oder Alternativen finden.
- Die ***Gliederung*** beider Werke ist im Großen und Ganzen parallel. Das erleichtert nicht nur das Auffinden der Vorschriften und Mustertexte, sondern fördert zugleich die Konzentration auf die wesentlichen Problemstandorte und Begründungszusammenhänge.
- Die ***Parallelführung*** geht mit zahlreichen Querverweisungen einher. Das ermöglicht eine gewisse, für die Kurzkommentare geradezu lebenswichtige stoffliche Entlastung jedes der beiden Bände und führt doch insgesamt zu einem wesentlichen Zugewinn an Information.

Das Vertragshandbuch ist ***von der Praxis für die Praxis*** geschrieben: Die ***Bearbeiter*** sind ***Rechtsanwälte*** und ***Notare, Syndizi, Wirtschaftsprüfer*** und ***Bankjuristen.*** Das Vertragshandbuch wendet sich an Juristen, Kaufleute und andere Leserinnen und Leser, die als Verfasser, Anwender oder Partei von Verträgen mit dem HGB und den handelsrechtlichen Nebengesetzen – vor allem im Handels-, Gesellschafts- und Bankrecht – zu tun haben. Das Formularbuch soll ebenso wie der Kommentarband kurz, präzise und übersichtlich die wesentlichen Rechtsprobleme darstellen. Monographische Arbeit wie in Großkommentaren und Abdecken auch seltener Spezialfälle wie in den großen Formularbüchern sind nach Konzeption und Umfang nicht beabsichtigt. Die praktische Nutzanwendung steht im Vordergrund, allerdings reflektiert im Zusammenhang mit dem HGB-Kommentar und mit Blick auf die Anforderungen der kaum mehr zu übersehenden Rechtsprechung, zunehmend auch der europäischen, und auf die internationalen Bedürfnisse und Entwicklungen. Dass dem Benutzer damit nur Informationen und Anregungen gegeben, nicht aber die eigenverantwortliche Arbeit und Entscheidung am jeweiligen Einzelfall abgenommen werden können, versteht sich von selbst.

Diese 5., **neu bearbeitete und erweiterte** Auflage ist im Wesentlichen auf dem Stand von 2021. Vereinzelt konnten noch spätere Aktualisierungen vorgenommen werden. Einzelne wichtige Nebengesetze und Ergänzungen konnten noch während der Drucklegung aufgenommen werden. Vor allem im Gesellschaftsrecht und im Bank- und Kapitalmarktrecht, aber auch sonst haben sich so viele gravierende und Detailänderungen ergeben, dass eine Aufzählung im Einzelnen eher irreführen könnte. Das Material wurde den Möglichkeiten eines Kurzkommentars und der von dem HGB-Kommentar bekannten, bisherigen Übung entsprechend verarbeitet.

Für die zahlreichen Anregungen aus der Praxis bedanken wir uns. Ein Dank geht an unsere Sekretärinnen Frau Arp in Hamburg und Frau Bühler-Scherer in Freiburg, frühere und derzeitige Mitarbeiter am Hamburger Max-Planck-Institut und an der Universität Freiburg, einige davon heute Kollegen an verschiedenen Universitäten, etwa Professor Dr. Leyens und Professor Dr. Kumpan, und an den Verlag, dort vor allem an Herrn Hoffmann, der die schwierigen technischen Arbeitsgänge zu bewältigen hatte. Ein ganz besonderer Dank gilt aber den Bearbeitern der einzelnen Teile, die bereitwillig Sachverstand, Know-how und ihre langjährigen praktischen Erfahrungen zur Verfügung gestellt haben und sich durch den langwierigen Herstellungsprozess nicht haben entmutigen lassen, aber auch ihren Partnern, Kanzleien und Häusern, die diese Mitarbeit nicht nur geduldet, sondern gefördert haben. Bei der heutigen Überlast, die alle Beteiligten zu tragen haben, ist die Mitarbeit an einem solchen Vertragshandbuch nur als pro bono-Beitrag zur Setzung von best practices und als Dienst an der Sache zu begreifen.

Hamburg und Freiburg, im Februar 2022 Klaus J. Hopt Hanno Merkt

Inhaltsübersicht

I. Handelsrecht

1. Kapitel. Handelsstand

2. Kapitel. Handelsgeschäfte (mit Anlagengeschäft und Patentlizenzvertrag, Unternehmenskauf und Unternehmenspacht)

3. Kapitel. Transportrecht

II. Gesellschaftsrecht (mit Schiedsgerichtsbarkeit)

1. Kapitel. Handelsgesellschaften und stille Gesellschaft

5. Kapitel: Akkreditiv, Bankgarantie, Dokumenteninkasso und sonstiges Auslandsgeschäft

6. Kapitel: Factoring und Finanzierungsleasing

7. Kapitel: Börse und Kapitalmarkt (Handelsgeschäfte, Wertpapierdienst- und Wertpapiernebendienstleistungen)

Inhaltsverzeichnis

I. Handelsrecht

1. Kapitel. Handelsstand

III. Bilanzrecht

IV. Bankgeschäfte (mit Börse und Kapitalmarkt)

1. Kapitel: Bankvertrag und Geschäftsverbindung

2. Kapitel: Passivgeschäft, insbesondere Einlagengeschäft

3. Kapitel: Zahlungsverkehr

Benutzungshinweise

(vgl. auch Benutzungshinweise in *Hopt,* HGB-Kommentar)

1. **Römische Zahlen** hinter einer Paragraphenzahl oder hinter einer arabischen Ziffer und zugleich vor einer Gesetzesabkürzung bedeuten den jeweiligen numerierten Absatz des betreffenden Paragraphen.

2. **Arabische Zahlen** in Klammern (fett) vor einer Gesetzesabkürzung bedeuten die Nummer des im HGB-Kommentar abgedruckten Nebengesetzes (zB (**14**) BörsG); hinter einer solchen Gesetzesabkürzung bedeuten sie den jeweiligen Paragraphen dieses Gesetzes, hinter einer römischen Zahl den numerierten Satz des betreffenden Absatzes (zB (**19**) CMR Art 29 II 2).

3. **Abkürzungen** von Gesetzen, Verordnungen, Gebietskörperschaften, Ortsnamen, Zeitschriften, Entscheidungssammlungen und von Wörtern der Fach- und Umgangssprache sind im Abkürzungsverzeichnis des HGB-Kommentars zu finden.

4. **Belegstellenauswahl.** Vorrang hat die jüngere vor der älteren bei gleichem Inhalt, sonst die inhalts- und belegstellenreichere vor der inhalts- und belegstellenärmeren. In der Regel hat die amtliche Sammlung (RG, BGH) Vorrang vor jeder Zeitschrift. Bei mehrfacher Veröffentlichung einer Entscheidung haben Zeitschriften den Rang nach der Dichte ihrer Verbreitung entweder allgemein oder zu dem kommentierten Gebiet (zB Bankrecht); davon ist nur abgewichen, wenn in einer weiter verbreiteten Zeitschrift nur der Leitsatz oder Gründe nur in erheblich kleinerem Umfang abgedruckt sind, außerdem wenn vor Abschluss der Neuauflage die Entscheidung in einer weiter verbreiteten Zeitschrift noch nicht veröffentlicht war.

5. **Abweichende Ansichten** (aA) sind stets beispielhaft angegeben. Immer sind sie vermerkt, wenn die Kommentierung von der Rechtsprechung eines obersten Bundesgerichts abweicht. Fehlende Angaben über aA bedeuten nicht, dass die dargestellte oder vertretene Ansicht völlig unbestritten sei.

Verzeichnis der Bearbeiterinnen und Bearbeiter

Dr. Daniela Böning, LL. M.	Form II.K.: Restrukturierung in der Krise (mit Dr. Matthias Scheifele)
Dr. Anselm Brandi-Dohrn, maître en droit	Form I.J.4: Patentlizenzvertrag
Dr. Hartwin Bungert, LL. M.	Form II.J.: Umwandlungen (mit Dr. Carsten Wettich)
Dr. Peter Clouth	Form IV.Q. und R.: Kauf und Verkauf von Wertpapieren; Derivatgeschäfte an der Eurex Deutschland und ausländischen Terminbörsen, Devisen- und Edelmetalltermingeschäfte (mit Dr. Marc Sänger) Form IV.S.: OTC-Derivatgeschäfte (mit Sandra Vollmuth)
Dr. Raimond Emde	Form I.F. und I.G.3: Handlungsgehilfen und Handlungslehrlinge; Handelsvertreter und Franchise
Dr. Andreas Fabritius, LL. M.	Form I.K.: Unternehmenskauf (mit Dr. Ralph Kogge, LL.M.)
Dr. Andreas Hoger, LL. M.	Form. II.D.: GmbH (mit Dr. Peter Weyland)
Bettina Joos	Form IV.J., K., M.: Diskontgeschäft, Forfaitierungsgeschäft; Akkreditivgeschäft; Inkassogeschäft
Dr. Ralph Kogge, LL. M.	Form I.K.: Unternehmenskauf (mit Dr. Andreas Fabritius, LL. M.)
Dr. Ernst-Thomas Kraft	Form III.A.–K.: Bilanzrecht (mit Dr. Mathias Link, LL.M.)
Prof. Dr. Christoph Kumpan, LL. M.	Form IV.U. und W.: Anlageberatung und Finanzportfolioverwaltung A; Depotgeschäft
Dr. Gerhard Lang	Form II.H.: Joint Venture-Verträge
Prof. Dr. Patrick C. Leyens, LL. M.	Form I.N.–Q. (inkl. Einführung vor N.): Transportrecht; I. L.: Erklärung zum Deutschen Corporate Governance Kodex
Dr. Mathias Link, LL. M.	Form III. A.–K.: Bilanzrecht (mit Dr. Ernst-Thomas Kraft)
Dr. Daniel Möritz	Form. II.A.–C., F., G.: GbR; OHG; KG (einschl. GmbH & Co.KG); Stiftung; Stille Gesellschaft und andere Beteiligungsformen
Dr. Marc Sänger	Form IV.Q. und R.: Kauf und Verkauf von Wertpapieren; Derivatgeschäfte an der Eurex Deutschland und ausländischen Terminbörsen, Devisen- und Edelmetalltermingeschäfte (mit Dr. Peter Clouth)
Uwe Scharff	Form IV.O., P.: Factoring; Finanzierungsleasing

Dr. Matthias Scheifele	Form II.K.: Restrukturierung in der Krise (mit Dr. Daniala Böning, LL. M.)
Dr. Bettina Schmaltz	Form II.M.–Q.: Schiedsgerichte (mit Prof. Dr. Rolf Trittmann, LL. M./Dr. Tanja V. Pfitzner, LL.M.)
Dr. Kai-Steffen Scholz	Form II.E. und I.: AG, KGaA, SE; Konzernrecht
Doreen Siegmund	Form IV.L.: Garantiegeschäft (mit Bankbürgschaft)
Dr. Tanja v. Pfitzner, LL. M.	Form II.M.–Q.: Schiedsgerichte (mit Prof. Dr. Rolf Trittmann, LL. M./Dr. Bettina Schmaltz)
Prof. Dr. Rolf Trittmann, LL. M.	Form II.M.–Q.: Schiedsgerichte (mit Dr. Bettina Schmaltz/Dr. Tanja V. Pfitzner, LL. M.)
Dr. Eurydice Voigt	Form I.A.–C., E.: Kaufleute; Handelsregister; Handelsfirma; Prokura und Handelsvollmacht
Sandra Vollmuth	Form IV.S.: OTC-Derivatgeschäfte (mit Dr. Peter Clouth); IV.T.: Wertpapierdarlehen und Werpapierpensionsgeschäfte (Repos)
Prof. Dr. Stefan Werner	Form IV.A.–F. und V.: Bankvertrag einschließlich Kontoführung und Vollmachten; Einlagengeschäft; Giroüberweisung; Lastschrift; Scheck; girocard, Kreditkarte, automatisierte Zahlungssysteme, Online-Banking; Schrankfächer und Verwahrstücke
Prof. Dr. Friedrich Graf von Westphalen	Form I.H., J.1-3., J.5.-7., M.: Handelsmakler; Handelskauf (mit Anlagengeschäft; Kommissionsgeschäft)
Dr. Carsten Wettich	Form II.J.: Umwandlungen (mit Dr. Hartwin Bungert, LL. M.)
Dr. Peter Weyland	Form II.D.: GmbH (mit Dr. Andreas Hoger, LL.M.)
Judith Wittig	Form IV.G, H: Kreditgeschäft (mit Finanzierungsdarlehen und Verbraucherkreditverträgen); Kreditsicherungsverträge
Dr. Christian Zerr	Form I.G.4.: Franchise-Vertrag

Abkürzungsverzeichnis

einschließlich einzelner juristischer Werke

aA	anderer Ansicht
AAA	American Arbitration Association; American Accounting Association; Triple-A credit ranking
AAB-WP	Allgemeine Auftragsbedingungen für Wirtschaftsprüfer und Wirtschaftsprüfungsgesellschaften (zit AGB-WP)
Aach	Aachen
AAG	Gesetz über den Ausgleich von Arbeitgeberaufwendungen und zur Änderung weiterer Gesetze (Aufwendungsausgleichsgesetz – AAG)
ABA	American Bar Association
AbfG	s KrW/AbfG
ABGB	Allgemeines Bürgerliches Gesetzbuch (Österreich)
abgedr.	abgedruckt
Abk.	Abkommen
ABl.	Amtsblatt
abl.	ablehnen(d)
ABlEG, ABlEU	Amtsblatt der Europäischen Gemeinschaften, A. der Europäischen Union (Nr, Seite, Datum)
Abs.	Absatz
ABS	asset-backed security
Abschn.	Abschnitt
abw.	abweichend
ACQP	Acquis Principles (Principles of Existing EC Contract Law)
AcP	Archiv für die civilistische Praxis (Bd, Jahr, Seite)
ADHGB	Allgemeines Deutsches Handelsgesetzbuch
Adler/Düring/Schmaltz Rechnungslegung	Adler/Düring/Schmaltz Rechnungslegung und Prüfung der Unternehmen, Kommentar zum HGB, AktG, GmbHG, PublG, hrsg. v. Forster 7. Aufl. 2011
ADR	alternative dispute resolution; American depository receipt(s)
ADS (AGB)	Allgemeine Deutsche Seeversicherungsbedingungen – ADS, Besondere Bestimmungen für die Güterversicherung
ADSp	Allgemeine Deutsche Spediteurbedingungen
aE	am Ende
AEUV	Vertrag über die Arbeitsweise der Europäischen Union (AEUV) in der seit dem 1.12.2009 geltenden Fassung, ABlEU 2008 Nr C 115/1, ber ABlEU 2009 Nr C 290/1
aF	alte Fassung
AfA	Absetzung für Abnutzung
AFB	Association Française des Banques
AFG	Arbeitsförderungsgesetz (AFG)
AfP	Archiv für Presserecht (Jahr und Seite)

AG	Amtsgericht; Aktiengesellschaft; Die Aktiengesellschaft, Zeitschrift für das gesamte Aktienwesen, für deutsches, europäisches und internationales Unternehmens- und Kapitalmarktrecht, mit Sonderteil AG-Report (Jahr und Seite, R mit Seite: AG Report)
AGB	Allgemeine Geschäftsbedingungen
AGB-AKV	Geschäftsbedingungen der Deutscher Auslandskassenverein AG, heute: Deutsche Börse Clearing AG
AGB-Anderkonten	Bedingungen für Anderkonten und Anderdepots (von Rechtsanwälten und Gesellschaften von Rechtsanwälten, Notaren, Patentanwälten und Gesellschaften von Patentanwälten, Angehörigen der öffentlich bestellten wirtschaftsprüfenden und wirschafts- und steuerberatenden Berufe)
AGB-Banken	AGB der (privaten) Banken
AGB/BSK	AGB der Bundesfachgruppe Schwertransporte und Kranarbeiten
AGB-DBBk	AGB der Deutschen Bundesbank
AGB-KV	Geschäftsbedingungen der Deutschen Kassenvereine (Wertpapiersammelbanken)
AGB-Spark	AGB der Sparkassen und Girozentralen
AGB-WP	s AAB-WP
AGB-WPGeschäfte	Sonderbedingungen für Wertpapiergeschäfte (Banken), Bedingungen für Wertpapiergeschäfte (Sparkassen)
AGG	Allgemeines Gleichbehandlungsgesetz (AGG)
AGNB	Allgemeine Beförderungsbedingungen für den gewerblichen Güternahverkehr mit Kfz
AG R	s AG
AgrarR	Agrarrecht, Zeitschrift für das gesamte Recht der Landwirtschaft, der Agrarmärkte und des ländlichen Raumes (seit 1971 Jahr und Seite)
AHB	Allgemeine Haftpflichtversicherungs-Bedingungen
AHK	Alliierte Hohe Kommission
AHKG	Gesetz der Alliierten Hohen Kommission für Deutschland
AIBD	Association of International Bond Dealers
AICPA	American Institute of Certified Public Accountants
AIN	Accounting Interpretation
AIZ	Allgemeine Immobilienzeitung (Jahr und Seite)
AK	Arbeitskreis
AKB	Allgemeine Bedingungen für die Kraftfahrtversicherung
AkfDR	Akademie für Deutsches Recht
AKEIÜ	Arbeitskreis Externe und Interne Unternehmensüberwachung der Schmalenbach-Gesellschaft – Deutsche Gesellschaft für Betriebswirtschaft eV
AKEU	Arbeitskreis Externe Unternehmensrechnung der Schmalenbach-Gesellschaft – Deutsche Gesellschaft für Betriebswirtschaft eV
AK HLRWiss	Arbeitskreis Bilanzrecht der Hochschullehrer Rechtswissenschaft
AktG	Aktiengesetz
AKV	Deutscher Auslandskassenverein AG
ALB	Allgemeine Lagerbedingungen
ALB Cargo	Allgemeine Leistungsbedingungen (ALB) der Deutschen Bahn AG (DB Cargo)
allg.	allgemein
AllgEisenbB	s AEG

allgM	allgemeine Meinung
ALM	arbitration, litigation, mediation
ALR	Allgemeines Landrecht für die Preußischen Staaten
Alt.	Alternative
AltEinkG	Gesetz zur Neuordnung der einkommensteuerrechtlichen Behandlung von Altersvorsorgeaufwendungen und Altersbezügen (Alterseinkünftegesetz – AltEinkG)
Altmeppen	Altmeppen (Hrsg.), GmbH-Gesetz, Kommentar, 10. Aufl. 2021
aM	anderer Meinung
am	Amerikanisch
amMR	amerikanische Militärregierung
AmtlBegr	Amtliche Begründung
amZ	amerikanische Zone
Anders/Gehle (Bearbeiter)	(vorm. Baumbach/Lauterbach/Hartmann, 79. Aufl. 2021) Zivilprozessordnung: ZPO mit GVG u.a. Nebengesetzen, 80. Aufl. 2022
ÄndG	Gesetz zur Änderung (von)
ÄndRi	Richtlinie zur Änderung (von)
AnfG	Gesetz über die Anfechtung von Rechtshandlungen eines Schuldners außerhalb des Insolvenzverfahrens (Anfechtungsgesetz – AnfG)
Anh.	Anhang
Anl.	Anlage
Anm.	Anmerkung
AnsFuG	Gesetz zur Stärkung des Anlegerschutzes und Verbesserung der Funktionsfähigkeit des Kapitalmarkts
AnSVG	Gesetz zur Verbesserung des Anlegerschutzes (Anlegerschutzverbesserungsgesetz – AnSVG)
AO	Abgabenordnung
ao	außerordentlich
AP	Nachschlagewerk des Bundesarbeitsgerichts (bis 1954 Zeitschrift: Arbeitsrechtliche Praxis) (Gesetzesstelle, Entscheidungsnummer; Nr ohne Gesetzesstelle bezieht sich auf den kommentierten Paragraphen)
APA	asset purchase agreement
APAG	Gesetz zur Fortentwicklung der Berufsaufsicht über Abschlussprüfer in der Wirtschaftsprüferordnung (Abschlussprüferaufsichtsgesetz – APAG)
APAK	Abschlussprüferaufsichtskommission
APB	Accounting Principles Board; Accounting Principles Board Opinion No.
ApG	Gesetz über das Apothekenwesen idF v 15.10.1980, BGBl I 1993 AJPT Auditing: A Journal of Practice and Theory (Bd, Jahr und Seite)
ARB	Allgemeine Versicherungsbedingungen für die Rechtsschutzversicherung
ARBull	Accounting Research Bulletin
ArbNErfG	Gesetz über Arbeitnehmererfindungen
ArbG	Arbeitsgericht
ArbGG	Arbeitsgerichtsgesetz
ArbInt	Arbitration International (Bd, Jahr, Seite)
ArbPlSchG	Gesetz über den Schutz des Arbeitsplatzes bei Einberufung zum Wehrdienst (Arbeitsplatzschutzgesetz – ArbPlSchG)

ArbR ..... Arbeitsrecht Aktuell (Jahr und Seite)
1. ArbRBerG ..... Gesetz zur Änderung des Kündigungsrechts und anderer arbeitsrechtlicher Vorschriften (Erstes Arbeitsrechtsbereinigungsgesetz)
ArbR-Blattei ..... Arbeitsrecht-Blattei
ArbRSamml ..... Arbeitsrechts-Sammlung (früher Bensheimer Sammlung), Entscheidungen des Reichsarbeitsgerichts- und des Reichsehrengerichtshofs, der Landesarbeitsgerichte, Arbeitsgerichte und Ehrengerichte (Bd und Seite)
ArbSchG ..... Gesetz über die Durchführung von Maßnahmen des Arbeitsschutzes zur Verbesserung der Sicherheit und des Gesundheitsschutzes der Beschäftigten bei der Arbeit (Arbeitsschutzgesetz – ArbSchG)
ArbZG ..... Arbeitszeitgesetz (ArbZG)
ARGE ..... Arbeitsgemeinschaft
arg e ..... argumentum ex, Grund in
Art. ..... Artikel
ARS ..... Accounting Series Release
ART-Produkte ..... alternative risk transfer-Produkte
ARUG ..... Gesetz zur Umsetzung der Aktionärsrechterichtlinie (ARUG)
ASB ..... Accounting Standards Board
ASC ..... Accounting Standards Committee
ASCPA ..... American Society of Certified Public Accountants
ASEC ..... Accounting Standards Executive Committee
AT ..... Allgemeiner Teil
ATS ..... alternative trading system(s)
Aufl. ..... Auflage
AÜG ..... Gesetz zur Regelung der gewerbsmäßigen Arbeitnehmerüberlassung (Arbeitnehmerüberlassungsgesetz – AÜG)
Augsbg ..... Augsburg
AuR ..... Arbeit und Recht (Jahr und Seite)
ausf. ..... ausführlich
AVB ..... Allgemeine Versicherungsbedingungen
AVermV ..... Verordnung über Arbeitsvermittlung durch private Arbeitsvermittler
AVmG ..... Gesetz zur Reform der gesetzlichen Rentenversicherung und zur Förderung eines kapitalgedeckten Altersvorsorgevermögens (Altersvermögensgesetz)
AWD ..... Außenwirtschaftsdienst des Betriebs-Berater (seit 1975 RIW) (Jahr und Seite)
AWG ..... Außenwirtschaftsgesetz
AWR ..... Archiv für Wettbewerbsrecht (Jahr und Seite)
AWV ..... Außenwirtscahftsverordnung
Az. ..... Aktenzeichen

B- ..... Bundes-
BABl ..... Bundesarbeitsblatt (Jahr und Seite; seit 1979: Jahr, Nr, Seite ohne durchgehende Paginierung)
BaFin ..... Bundesanstalt für Finanzdienstleistungsaufsicht, durch FinDAG ab 1.5.2002, vorher BAKred, BAV, BAWe
BAG ..... Bundesarbeitsgericht, auch Entscheidungen des Bundesarbeitsgerichts (Bd und Seite)
BAKred ..... Bundesaufsichtsamt für das Kreditwesen, seit 2002 BaFin
b2 b ..... business to business

b2 c	business to consumer(s)
Bad-Banks-Gesetz	s FinanzmarktStabFortentwG
Bambg	Bamberg (OLG)
Bandasch	s GK(-HGB)
Bank	Die Bank, Zeitschrift für Bankpolitik und Bankpraxis (bis 1976: Bank-Betrieb)
BankA	Bank-Archiv, Zeitschrift für Bank- und Börsenwesen (Jahr und Seite)
Bank-Betrieb	Bank-Betrieb (ab 1977 Die Bank) (Jahr und Seite)
BankBiRiLiG	Gesetz zur Durchführung der Richtlinie des Rates der Europäischen Gemeinschaften über den Jahresabschluss und den konsolidierten Abschluss von Banken und anderen Finanzinstituten (Bankbilanzrichtlinie-Gesetz)
BankenRiUmsetzG 2006	Gesetz zur Umsetzung der neu gefassten Bankenrichtlinie und der neu gefassten Kapitaladäquanzrichtlinie (7. KWG-Novelle)
BankenRiUmsetzG 2010	Gesetz zur Umsetzung der geänderten Bankenrichtlinie und der geänderten Kapitaladäquanzrichtlinie
BankR-HdB/(Bearbeiter)	Schimansky, Bunte, Lwowski, Hrsg, Bankrechts-Handbuch, 2 Bde, 5. Aufl 2017
Bankrechtstag (Jahr)	Bankrechtliche Vereinigung, Schriftenreihe, Bankrechtstage 1990 f, Frankfurt 1991 f, Bankrechtstage 1992 ff (jährlich) Bd 3 ff, Berlin 1993 ff (Jahr und Seite)
Bank Workout	Restrukturierung durch Bank
BAnz.	Bundesanzeiger
BArbBl.	Bundesarbeitsblatt (Jahr und Nr)
BARefG	Berufsaufsichtsreformgesetz – BARefG (7. WPO-Novelle)
Baumbach/Hefermehl/Casper	Wechselgesetz, Scheckgesetz, Recht des Zahlungsverkehrs, 24. Aufl 2020
Baumbach/Hueck/(Bearbeiter)	(s. auch Noack/Servatius/Haas, 23. Aufl. 2022) GmbH-Gesetz, Kommentar, bearb. von Bewskens, Fastrich, Haas, Hueck, Noack, 22. Aufl. 2019
Baumbach/Lauterbach/Hartmann/Anders/Gehle (Bearbeiter)	(s. auch Anders/Gehle, 80. Aufl. 2022) Baumbach/Lauterbach/Hartmann/Albers/Gehle, Zivilprozessordnung, Kommentar, 79. Aufl. 2021
BauspG	Gesetz über Bausparkassen
BausparkV	Verordnung zum Schutz der Gläubiger von Bausparkassen (Bausparkassen-Verordnung – BausparkV)
BAV	Bundesaufsichtsamt für das Versicherungswesen (vor 1973: Versicherungs- und Bausparwesen), durch FinDAG seit 1.5.2002 BaFin
BAWe	Bundesaufsichtsamt für den Wertpapierhandel, durch FinDAG seit 1.5.2002 BaFin
BaWü	Baden-Württemberg
Bay	Bayern
BayObLG	Bayerisches Oberstes Landesgericht, auch Entscheidungen des Bayerischen Obersten Landesgerichts in Zivilsachen (Bd und Seite)
BB	Betriebs-Berater (Jahr und Seite)
BBA	British Bankers Association
BB-Sp	BB-Special (Jahr und Seite)

BBahnG	Bundesbahngesetz (BBahnG)
BBankG	Gesetz über die Deutsche Bundesbank idF
BBiG	Berufsbildungsgesetz
BC	Zeitschrift für Bilanzierung, Rechnungswesen und Controlling (Jahr und Seite); Basis for Conclusion
Bd, Bde	Band, Bände
BdB	Bundesverband deutscher Banken e.V.
BDI	Bundesverband der Deutschen Industrie
BdL	Bank deutscher Länder
BDSG	Gesetz zum Schutz vor Missbrauch personenbezogener Daten bei der Datenverarbeitung (Bundesdatenschutzgesetz – BDSG)
BeBiKo	Grottel/Schmidt/Schuber/Störk Hrsg, Beck'scher Bilanz-Kommentar, Handels- und Steuerbilanz – §§ 238–339, 342–342e HGB –, 12. Aufl 2020
BeckFormB BHW	Hoffmann-Becking/Gebele, Hrsg, Beck'sches Formularbuch zum Bürgerlichen, Handels- und Wirtschaftsrecht, 13. Aufl 2019
BeckHdB Rechnungslegung/(Bearbeiter)	Böcking/Gros/Oser/Scheffler/Thormann (Hrsg.), Beck'sches Handbuch der Rechnungslegung, 65. Aufl. 2021
BeckOK BGB	Bamberger/Roth (Hrsg. Hau/Poseck), Beck'scher Online-Kommentar BGB
BeckNotar-HdB	Hrsg. Heckschen/Herrler/Münch, Beck'sches Notar Handbuch 7. Aufl 2019
BeckRS	Beck-Rechtsprechung, abrufbar unter www.beck-online.de
BegleitG	Begleitgesetz zur Umsetzung von EG-Richtlinien zur Harmonisierung bank- und wertpapieraufsichtsrechtlicher Vorschriften
Begr, begr	Begründung, begründet
Beil	Beilage
Bek	Bekanntmachung
Bem	Bemerkung
ber	Berichtigt
BerBG	s BbiG
bes	besonders, besondere(r, s)
BeschleunG	Gesetz zur Beschleunigung fälliger Zahlungen
Beteiligungs-RLUmsetzG	Gesetz zur Umsetzung der Beteiligungsrichtlinie
Betr (DB)	Der Betrieb (Jahr und Seite)
betr	Betreffend
BetrAVG	Gesetz zur Verbesserung der betrieblichen Altersversorgung (Betriebsrentengesetz)
BetrVG	Betriebsverfassungsgesetz FNA 801-7
BeurkG	Beurkundungsgesetz
BewG	Bewertungsgesetz (BewG)
BezG	Bezirksgericht
BFH	Bundesfinanzhof, auch Sammlung der Entscheidungen und Gutachten des Bundesfinanzhofs (Bd und Seite)
BfJ	Bundesamt für Justiz
BfJG	Gesetz zur Errichtung und zur Regelung der Aufgaben des Bundesamts für Justiz
BFuP	Betriebswirtschaftliche Forschung und Praxis (Jahr und Seite)
BGB	Bürgerliches Gesetzbuch
BGBGes, GbR	Gesellschaft des bürgerlichen Rechts

BGB-InfoV	Verordnung über Informations- und Nachweispflichten nach bürgerlichem Recht (BGB-Informationspflichten-Verordnung – BGB-InfoV)
BGBl I, II	Bundesgesetzblatt, mit Ziffer I (oder ohne Ziffer) = Teil I; mit Ziffer II = Teil II (Jahr und Seite)
BGBl III	Bereinigte Sammlung des Bundesrechts, abgeschlossen am 31.12.1968, in Nachweisform fortgeführt durch FNA
BGH	Bundesgerichtshof, auch Entscheidungen des Bundesgerichtshofes in Zivilsachen (Bd und Seite), ab 1951
BGHFS	Geiß ua, Hrsg, Festschrift aus Anlass des fünfzigjährigen Bestehens von Bundesgerichtshof, Bundesanwaltschaft und Rechtsanwaltschaft beim Bundesgerichtshof, Köln ua 2000
BGHFSWissII	Heldrich/Hopt, Hrsg, 50 Jahre Bundesgerichtshof, Festgabe aus der Wissenschaft, Bd. II, Hdl- und Wirtschaftsrecht, Europäisches und Internationales Recht, München 2000
BGHR	Systematische Sammlung der Entscheidungen des Bundesgerichtshofes (LBl)
BGHRep	BGH-Report (Jahr und Seite)
BGHSt	Bundesgerichtshof, auch Entscheidungen des Bundesgerichtshofes in Strafsachen (Bd und Seite), ab 1957
BGHVGrS	Bundesgerichtshof, Vereinigter Großer Senat
BGHWarn	Die Rechtsprechung des Bundesgerichtshofs in Zivilsachen, begr von Warneyer (Jahr und Nr)
BIC	Bank Identifier Code, Internationale Bankleitzahl
Bielef	Bielefeld
BilKoG	Gesetz zur Kontrolle von Unternehmensabschlüssen (Bilanzkontrollgesetz – BilKoG)
BilMoG	Gesetz zur Modernisierung des Bilanzrechts (Bilanzrechtsmodernisierungsgesetz – BilMoG)
BilReG	Gesetz zur Einführung internationaler Rechnungslegungsstandards und zur Sicherung der Qualität der Abschlussprüfung (Bilanzrechtsreformgesetz – BilReG)
BilRUG	Bilanzrichtlinie-Umsetzungsgesetz – BilRUG
BinSchG	Gesetz betr die privatrechtlichen Verhältnisse der Binnenschifffahrt (Binnenschifffahrtsgesetz – BinSchG)
BinSchVG	Gesetz über den gewerblichen Binnenschiffsverkehr
BiRiLiG	Gesetz zur Durchführung der Vierten, Siebenten und Achten Richtlinie des Rates der Europäischen Gemeinschaften zur Koordinierung des Gesellschaftsrechts (Bilanzrichtlinien-Gesetz – BiRiLiG)
BIT	Bilateral Investment Treaty
BJIBFL	Butterworths Journal of International Banking and Finance Law
BKartA	Bundeskartellamt
BKR	Zeitschrift für Bank- und Kapitalmarktrecht (Jahr und Seite)
Bln	Berlin
BMAS	Bundesministerium für Arbeit und Soziales
BMF	Bundesministerium der Finanzen
BMJV	Bundesministerium der Justiz und Verbraucherschutz
BMV	Bundesministerium für Verkehr
BMWiT	Bundesministerium für Wirtschaft und Technologie
b/n	brutto für netto
BNotO	Bundesnotarordnung
BoHdR	Hofbauer, Kupsch, Rechnungslegung, Bonn (LBl), Stand 2021

BörsG	Börsengesetz (BörsG)
BörsO	Börsenordnung
BörsZulG	Gesetz zur Einführung eines neuen Marktabschnitts an den Wertpapierbörsen und zur Durchführung der Richtlinien des Rates der Europäischen Gemeinschaften zur Koordinierung börsenrechtlicher Vorschriften (Börsenzulassungs-Gesetz)
BörsZulV	Verordnung über die Zulassung von Wertpapieren zum amtlichen Markt an einer Wertpapierbörse (Börsenzulassungs-Verordnung – BörsZulV)
BPatG	Bundespatentgericht
br	britisch
BR, BRat	Bundesrat
BRAO	Bundesrechtsanwaltsordnung
Brdbg	Brandenburg (OLG)
BR-Drs	Bundesrats-Drucksache
BReg	Bundesregierung
Brem	Bremen (OLG)
BRep, BRD	Bundesrepublik Deutschland
BRIC (Länder)	Brasilien, Rußland, Indien, China
BRITE	Business Register Interoperability Throughout Europe
brMR	britische Militärregierung
Brschw	Braunschweig (OLG)
BrV	Bankrechtliche Vereinigung – Wissenschaftliche Gesellschaft für Bankrecht e. V., Frankfurt a. M.; s. auch Bankrechtstag
BRZ	Zeitschrift für Bilanzierung und Rechnungswesen (Jahr und Seite)
brZ	britische Zone
BS	Bereinigte Sammlung
BS WP/vBP	Berufssatzung für Wirtschaftsprüfer und vereidigte Buchprüfer (Berufssatzung)
BSE	Belegloser Scheckeinzug
BSL	Bundesverband Spedition und Lagerei e. V., Bonn
BSozG (BSG)	Bundessozialgericht
Bsp (Bspe)	Beispiel(e)
BStBl	Bundessteuerblatt (Bd, Jahr, Seite)
BT, BTag	Bundestag
BT-Drs	Bundestags-Drucksache
Btx	Bildschirmtext
BuB/(Bearbeiter)	Bankrecht und Bankpraxis (früher: Bankgeschäftliches Formularbuch), Hellner/Schröter/Steuer/Weber, Hrsg, Köln 1978 ff (LBl)
Buchführungs-Ri	Richtlinien zur Organisation der Buchführung
Buchst	Buchstabe
BUrlG	Mindesturlaubsgesetz für Arbeitnehmer (Bundesurlaubsgesetz)
BuW	Betrieb und Wirtschaft (Jahr und Seite)
BVerfG	Bundesverfassungsgericht, auch Entscheidungen des Bundesverfassungsgerichts (Bd und Seite)
BVerwG	Bundesverwaltungsgericht, auch Entscheidungen des Bundesverwaltungsgerichtes (Bd und Seite)
BVFG	Gesetz über die Angelegenheiten der Vertriebenen und Flüchtlinge (Bundesvertriebenengesetz – BVFG)
BVI	Bundesverband deutscher Investmentgesellschaften
BWNotZ	Zeitschrift für das Notariat in Baden-Württemberg (Jahr und Seite)
Bzw, bzw	beziehungsweise

CAD .... Capital Adequacy Directive
CaffeeHdlVerein .... Verein der am Caffeehandel beteiligten Firmen
Canaris .... Canaris, Bankvertragsrecht, 1. Teil, 3. Aufl Berlin 1988, im Übrigen 2. Bearbeitung, Berlin 1981, Sonderausgabe aus Staub, Handelsgesetzbuch, Großkommentar (zit Canaris, Zahlen = jeweilige Rn); s auch GroßKo/(Canaris) und Staub/(Canaris)
Canaris, HandelsR .... Canaris, Handelsrecht, 24. Aufl 2006 (zit Canaris § mit Rn)
Canaris, Vertrauens-haftung .... Canaris, Die Vertrauenshaftung im deutschen Privatrecht, München 1971
CAPM .... capital asset pricing method
Cc .... Code civil
c2 c .... consumer(s) to consumer(s)
CCO .... chief compliance officer
CCP .... central counterparty
CCZ .... Corporate Compliance Zeitschrift, Zeitschrift zur Haftungsvermeidung im Unternehmen (Jahr und Seite)
CD .... certificate of deposit
CDH .... Centralvereinigung Deutscher Wirtschaftsverbände für Handelsvermittlung und Vertrieb (CDH)
CDO .... collateral(ized) debt obligation(s)
CDO^2 .... CDO squared, Weiterverbriefung der im Rahmen eines CDO emittierten Wertpapiere
CDS .... credit default swap
CEBS .... Committee of European Banking Supervisors
CEIOPS .... Committee of European Insurance and Occupational Pensions Supervisors
Celle .... Celle (OLG)
CEO .... chief executive officer
CESR .... Committee of European Securities Regulators
CFD .... contract for differences
CFL .... Corporate Finance Law (Jahr und Seite)
CFO .... chief financial officer
CFR .... Cost and Freight/Kosten und Fracht; Common Frame of Reference (s auch DCRF)
CFTC .... Commodity Futures Trading Commission (USA)
Charl .... Berlin-Charlottenburg
CIA .... Certified Internal Auditor
CIF .... Cost, Insurance, Freight/Kosten, Versicherung, Fracht
CIM .... Einheitliche Rechtsvorschriften für den Vertrag über die internationale Eisenbahnbeförderung von Gütern (Anh B zu COTIF)
CIP .... Carriage and Insurance Paid To/Frachtfrei versichert
CISG .... Convention on Contracts for the International Sale of Goods, s auch UNÜbkIntWarenkauf
CIV .... Einheitliche Rechtsvorschriften für den Vertrag über die internationale Eisenbahnbeförderung (Anh A zu COTIF)
CLN .... credit linked note
CLO .... collateralized loan obligation(s)
CMLRev .... Common Market Law Review (Bd, Jahr, Seite)
CMR .... Übereinkommen über den Beförderungsvertrag im internationalen Straßengüterverkehr
coco bonds .... contingent convertible bonds

COMI	centre of main interests (EuInsVO)
CON	Statement of Financial Accounting Concept(s)
CorpFinL	s CFL
COTIF	Übereinkommen über den internationalen Eisenbahnverkehr
COVInsAG	Gesetz zur vorübergehenden Aussetzung der Insolvenzantragspflicht und zur Begrenzung der Organhaftung bei einer durch die COVID-19-Pandemie bedingten Insolvenz
CPA	Certified Public Accountant
Cpd	Konto pro Diverse
CP	commercial paper
CPT	Carriage Paid To/Frachtfrei
CR	Computer und Recht (Jahr und Seite)
CRA(s)	credit rating agency(ies)
CSR-UG	Gesetz zur Stärkung der nichtfinanziellen Berichterstattung der Unternehmen in ihren Lage- und Konzernlageberichten (CSR-Richtlinie-Umsetzungsgesetz)
CTO	combined transport operator
CUP	Cambridge University Press
DA	Dokumenten-Akkreditiv
DAF	Delivered At Frontier/Geliefert Grenze
DAI	Deutsches Aktieninstitut e. V., Deutsches Anwaltsinstitut
DAP	Delivered at Place/Geliefert benannter Ort
Darmst	Darmstadt
DAT	Delivered at Terminal/Geliefert Terminal
DAV	Deutscher Anwaltverein; Handelsrechtsausschuss des Deutschen Anwaltvereins
DAX	Deutscher Aktienindex
DB (Betr)	Der Betrieb (Jahr und Seite)
DB (DBB)	Deutsche Bahn AG, Deutsche Bundesbahn
DBA	Doppelbesteuerungsabkommen
DBBk	Deutsche Bundesbank; Monatsberichte der Deutschen Bundesbank (Monat, Jahr, Seite)
DBBkG	s BBankG
DBGrG	Gesetz über die Gründung einer Deutsche Bahn Aktiengesellschaft (Deutsche Bahn Gründungsgesetz – DBGrG)
DBk	Deutsche Bank
DBP	Deutsche Bundespost (jetzt: Deutsche Post AG)
DBW	Die Betriebswirtschaft (Jahr und Seite)
DCF	discounted cash flow
DCFR	Draft Common Frame of Reference
DCGK	Deutscher Corporate Governance Kodex
DDP	Delivered Duty Paid/Geliefert verzollt
DDR	Deutsche Demokratische Republik
DDU	Delivered Duty Unpaid/Geliefert unverzollt
Denkschrift	Denkschrift zu dem Entwurf eines Handelsgesetzbuchs v 1896
DepotG	Gesetz über die Verwahrung und Anschaffung von Wertpapieren
Ders	derselbe
DEQ	Delivered Ex Quay/Geliefert ab Kai
Derl/Kno/Ba	Derleder, Knops, Bamberger, Hrsg, Handbuch zum deutschen und europäischen Bankrecht, 2. Aufl, München 2009
DES	Delivered Ex Ship/Geliefert ab Schiff

DesignG	Gesetz über den rechtlichen Schutz von Design
DGB	Deutscher Gewerkschaftsbund
Dgl	dergleichen
DGWR	Deutsches Gemein- und Wirtschaftsrecht (Jahr und Seite)
Dh	das heißt
Die AG	s AG
Die Bank	s Bank
Die Spark	s Spark
Dies	dieselben
DIHT	Deutscher Industrie- und Handelstag
DIN	Deutsches Institut für Normung e. V.
DiRUG	Gesetz zur Umsetzung der Digitalisierungsrichtlinie
DIS	Deutsche Institution für Schiedsgerichtsbarkeit e.V., vor 1992 Deutsches Institut für Schiedsgerichtswesen
DiskE	Diskussionsentwurf
Diss	Dissertation
DJ	Deutsche Justiz, Rechtspflege und Rechtspolitik, Amtliches Blatt der Deutschen Rechtspflege (Jahr und Seite)
DJT	Deutscher Juristentag
DJTGA	Gutachten für den Deutschen Juristentag
DJZ	Deutsche Juristen-Zeitung (Jahr und Spalte)
DKV	Deutscher Kassenverein
DM	Deutsche Mark
DMBilG	Gesetz über die Eröffnungsbilanz in Deutscher Mark und die Kapitalneufestsetzung
DNotZ	Deutsche Notar-Zeitschrift (Jahr und Seite)
D&O-Versicherung	directors' & officers' liability insurance
DOCDEX	Documentary Credit Dispute Resolution Expertise Rules
DÖV	Die Öffentliche Verwaltung (Jahr und Seite)
DPR	Deutsche Prüfstelle für Rechnungslegung e. V.
DR (DRW)	Deutsches Recht (ab 1.4.1939 Wochenausgabe, vereinigt mit JW) (Jahr und Seite)
Dresd	Dresden
DrittelbG	Gesetz über die Drittelbeteiligung der Arbeitnehmer im Aufsichtsrat
DRS	Deutscher Rechnungslegungs Standard
DRSC	Deutsches Rechnungslegungs Standards Committee e. V. (wie GAS C)
Drs	Drucksache
DRZ	Deutsche Rechts-Zeitschrift (ab 1951 übergeleitet in JZ) (Jahr und Seite)
DSGV	Deutscher Sparkassen- und Giroverband e. V.
DSR	Deutscher Standardisierungsrat
DStRE	Deutsches Steuerrecht – Entscheidungsdienst
DStR	Deutsches Steuerrecht (Jahr und Seite)
DStZ	Deutsche Steuer-Zeitung (Jahr und Seite)
DSWR	Datumverarbeitung in Steuer, Wirtschaft und Recht (Jahr und Seite)
DTB	DTB Deutsche Terminbörse
dtsch	deutsch
DtZ	Deutsch-Deutsche Rechts-Zeitschrift (Jahr und Seite)
Düringer/Hachenburg	Düringer, Hachenburg, Das Handelsgesetzbuch, Mannheim, 3. Aufl 1930–1935
Düss	Düsseldorf (OLG)
DVBl	Deutsches Verwaltungsblatt (Jahr und Seite)

DVFA .... Deutsche Vereinigung für Finanzanalyse und Anlageberatung e.V.
DVFA/SG-Methode .... von der DVFA und der Schmalenbach-Gesellschaft – Deutsche Gesellschaft für Betriebswirtschaft e.V. entwickelte Methode zur Ermittlung des Ergebnisses je Aktien einer Unternehmung
DVO .... Durchführungsverordnung
DVZ .... Deutsche Verkehrs-Zeitung (Jahr, Nr und Seite)
DZWIR .... Deutsche Zeitschrift für Wirtschafts- und Insolvenzrecht (1990–1998 Deutsche Zeitschrift für Wirtschaftsrecht DZWir) (Jahr und Seite)

E .... Entwurf
eBAnz .... elektronischer Bundesanzeiger
EAD .... exposure at default/Forderungshöhe bei Ausfall (Basel II)
EAEG .... Einlagensicherungs- und Anlegerentschädigungsgesetz (EAEG)
EAEGÄndG .... Gesetz zur Änderung des Einlagesicherungs- und Anlegerentschädigungsgesetzes und anderer Gesetze
EAR .... European Accounting Review (Jahr und Seite)
EBAnz .... elektronischer Bundesanzeiger
EBC .... European Banking Committee
EBE/BGH .... Eildienst: Bundesgerichtliche Entscheidungen (online)
Ebenroth/Boujong/Joost/Strohn .... Ebenroth, Boujong, Joost, Strohn Handelsgesetzbuch, hrsg. von Ebenroth, Boujong, Joost, Bände 1–2, 4. Aufl. 2020
EBIC .... European Banking Industry Committee
EBIT .... earnings before interest and taxes
EBITA .... earnings before interest, taxes and amortization
EBITDA .... earnings before interest, taxes, depreciation and amortization
EBOR .... European Business Organization Law Review (Bd, Jahr, Seite)
EBR .... Initiative für das Europäische Unternehmensregister
ec .... eurocheque
ECB .... European Central Bank
E. C. C. .... European Contract for Coffee
ECE .... United Nations Economic Commission for Europe, Wirtschaftskommission der Vereinten Nationen für Europa
ECFR .... European Company and Financial Law Review (Jahr und Seite)
ECGI .... European Corporate Governance Institute, Brüssel
ECLE .... European Company Law Experts (seit 2011)
ECLR .... European Review of Contract Law (Jahr und Seite)
ECN .... electronic communications network(s)
ECOFIN .... Econcomic and Financial Affairs Council
ecolex .... Fachzeitschrift für Wirtschaftsrecht (Wien, Jahr und Seite)
ECOSOC .... s (UN)ECOSOC
ed, eds .... edition, editor(s)
ED .... Exposure Draft
EDI .... electronic data interchange
E-DRS .... Entwurf eines Deutschen Rechnungslegungsstandards
EDV .... Elektronische Datenverarbeitung

EEA	European Economic Area (EWR); Einheitliche Europäische Akte
EFRAG	European Financial Reporting Advisory Group
EFG	Entscheidungen der Finanzgerichte (Jahr und Seite)
EFZG	Gesetz über die Zahlung des Arbeitsentgelts an Feiertagen und im Krankheitsfall (Entgeltfortzahlungsgesetz, Art 56 SGB XI)
EG	Einführungsgesetz, Europäische Gemeinschaft(en)
eG	eingetragene Genossenschaft
EGAktG	Einführungsgesetz zum Aktiengesetz
EGAO	Einführungsgesetz zur Abgabenordnung
EGBGB	Einführungsgesetz zum Bürgerlichen Gesetzbuch
EGHGB	Einführungsgesetz zum Handelsgesetzbuch
EGKomm	Kommission der Europäischen Gemeinschaften
EGKS	Europäische Gemeinschaft für Kohle und Stahl
EGMR	Europäischer Gerichtshof für Menschenrechte
EGV	Vertrag zur Gründung der Europäischen Gemeinschaft, (iVm Artikeln) in der vor dem 1.5.99 geltenden Fassung (nachher EG)
EHUG	Gesetz über elektronische Handelsregister und Genossenschaftsregister sowie das Unternehmensregister (EHUG)
Ehrenbergs Hdb	Handbuch des gesamten Handelsrechts mit Einschluss des Wechsel-, Scheck-, See- und Binnenschifffahrtsrechts, des Versicherungsrechts sowie des Post- und Telegraphenrechts, hrsg von Ehrenberg, Leipzig 1913 ff
EIC	European Insurance Committee
Einf	Einführung
Einl	Einleitung
Eisenb	Eisenbahn
EisenbE	Eisenbahn- und verkehrsrechtliche Entscheidungen und Abhandlungen (Bd und Seite)
EJCCL	European Journal of Commercial Contract Law (Jahr und Seite)
EJT	Europäischer Juristentag
EKAG	Einheitliches Gesetz über den Abschluss von internationalen Kaufverträgen über bewegliche Sachen
EKG	Einheitliches Gesetz über den internationalen Kauf beweglicher Sachen
EKK	Europäischer Kaffee-Kontrakt, Hrsg Committee of European Coffee Associations
el.ERA	Anhang zu den ERA 600 für die Vorlage elektronischer Dokumente (el.ERA)
EMA	European Master Agreement
Emittentenleitfaden	Emittentenleitfaden der BaFin April 2009
EMRK	Europäische Konvention zum Schutz der Menschenrechte und Grundfreiheiten
engl	englisch
ENeuOG	Gesetz zur Neuordnung des Eisenbahnwesens (Eisenbahnneuordnungsgesetz – ENeuOG)
entspr	entsprechend
Entw	Entwurf
EPC	European Payments Council
ERA (früher auch ERG)	Einheitliche Richtlinien und Gebräuche für Dokumenten-Akkreditive (ICC)
ErbStG	Erbschaftsteuer- und Schenkungsteuergesetz (ErbStG)

ERCL	Europen Review of Contract Law (Jahr und Seite)
ERG(ar)	Einheitliche Richtlinien für auf Anfordern zahlbare Garantien (ICC)
ErgBd	Ergänzungsband (zu)
ErgG	Ergänzungsgesetz (zu)
E & O-Versicherung	errors & omissions liability insurance
ER/CIM	s CIM
ER/CIV	s CIV
ERI	Einheitliche Richtlinien für Inkassi (ICC)
ERJuKoG	Gesetz über elektronische Register und Justizkosten für Telekommunikation (ERJuKoG)
Erl	Erlass
Erman/(Bearbeiter)	Westermann/Grundewald/Maier-Reimer (Hrsg.), Handkommentar zum Bürgerlichen Gesetzbuch, 15. Aufl. 2017
ERR	Einheitliche Richtlinien für Rembourse zwischen Banken unter Dokumenten-Akkreditiven (ICC), engl URR
ERVGBG	Gesetz zur Einführung des elektronischen Rechtsverkehrs und der elektronischen Akte im Grundbuchverfahren sowie zur Änderung weiterer grundbuch-, register- und kostenrechtlicher
ESAEG	s EAEG
ESC	European Securities Committee
ESCB	European System of Central Banks
ESME	European Commissions' European Securities Markets Expert Group
EStG	Einkommensteuergesetz (EStG 2002)
EStR	Einkommensteuer-Richtlinien
ESUG	Gesetz zur weiteren Erleichterung der Sanierung von Unternehmen
ETA	estimated time of arrival
ETR	Europäisches Transportrecht (European Transport Law) (Jahr und Seite)
EU	Europäische Union, (iVm Artikeln) auch Vertrag über die Europäische Union (Maastrichter Vertrag)
EuGFVO	Verordnung (EG) Nr 861/2007 zur Einführung eines europäischen Verfahrens für geringfügige Forderungen
EuGH	Gerichtshof der Europäischen Gemeinschaften, auch Entscheidungen des Gerichtshofes der Europäischen Gemeinschaften (Jahr, früher Bd, und Seite)
EuGVO	Verordnung (EG) Nr. 44/2001 über die gerichtliche Zuständigkeit und die Anerkennung und Vollstreckung von Entscheidungen in Zivil- und Handelssachen
EuGVVO	Verordnung über die gerichtliche Zuständigkeit und die Anerkennung und Vollstreckung von Entscheidungen in Zivil- und Handelssachen (VO Nr. 1215/2012 des Europäischen Parlaments und des Rates
EuGVÜ(bk)	(Europäisches) Übereinkommen über die gerichtliche Zuständigkeit und die Vollstreckung gerichtlicher Entscheidungen in Zivil- und Handelssachen
EuInsVO	Verordnung (EG) Nr 1346/2000 des Rates über
EUKomm	Europäische Kommission
EuMVVO	Verordnung zur Einführung eines Europäischen Mahnverfahrens
Eur, eur	Europa, europäisch
EuR	Europarecht (Jahr und Seite)

EU-RatingVOAusführG ...	Ausführungsgesetz zur Verordnung (EG) Nr 1060/2009 v 16.9.2009 über Ratingagenturen (Ausführungsgesetz zur EU-Ratingverordnung)
EUREDIA ...	Revue européenne de droit bancaire et financier/European Banking and Financial Law Journal (Brüssel, Jahr und Seite)
EUREX ...	European Exchange, deutsch-schweizerische Terminbörse
EURIBOR ...	Euro interbank offered rate
EuroBilG ...	Gesetz zur Anpassung bilanzrechtlicher Bestimmungen an die Einführung des Euro, zur Erleichterung der Publizität für Zweigniederlassungen ausländischer Unternehmen sowie zur Einführung einer Qualitätskontrolle für genossenschaftliche Prüfungsverbände (Euro-Bilanzgesetz – EuroBilG)
EuroEG ...	Gesetz zur Einführung des Euro (Euro-Einführungsgesetz – EuroEG)
4. EuroEG ...	Gesetz zur Einführung des Euro im Sozial- und Arbeitsrecht sowie zur Änderung anderer Vorschriften
EUV ...	Vertrag über die Europäische Union in der seit dem 1.12.09 geltenden Fassung des Vertrags von Lissabon, ABlEU 2008 Nr C 115/1, ber ABlEU 2009 Nr C 290/1
EuZA ...	Europäische Zeitschrift für Arbeitsrecht (Jahr und Seite)
EuZVO ...	Europäische Zustellungsverordnung
EuZW ...	Europäische Zeitschrift für Wirtschaftsrecht (Jahr und Seite)
e.V. ...	eingetragener Verein
E. v. ...	Eingang vorbehalten
EVA ...	economic value added
EVO ...	Eisenbahn-Verkehrsordnung (EVO)
EVSt ...	Einfuhr- und Vorratsstelle
EVV ...	Vertrag über eine Verfassung für Europa, ABlEG 2004 Nr C 310/1
EWG ...	Europäische Wirtschaftsgemeinschaft (jetzt EU)
EWGV ...	Vertrag zur Gründung der Europäischen Wirtschaftsgemeinschaft
EWiR ...	Entscheidungen zum Wirtschaftsrecht (Aktuelle Rechtsprechung mit Kurzkommentaren für die Praxis, RWS)
EWIV ...	Europäische wirtschaftliche Interessenvereinigung
EWIVAG ...	Gesetz zur Ausführung der EWG-Verordnung über die Europäische wirtschaftliche Interessenvereinigung (EWIV-Ausführungsgesetz)
EWR ...	Europäischer Wirtschaftsraum
EWRG ...	Gesetz zur Ausführung des Abkommens
EWS ...	Europäisches Wirtschafts & Steuerrecht (Jahr und Seite)
EWSA ...	Europäischer Wirtschafts- und Sozialausschuss
EXQ ...	Ex Quay/Ab Kai
EXW ...	Ex Works/Ab Werk
EzA ...	Entscheidungssammlung zum Arbeitsrecht (Gesetzesstelle, Entscheidungsnummer; Nr ohne Gesetzesstelle bezieht sich auf den kommentierten Paragraphen)
EZB ...	Europäische Zentralbank
EZÜ ...	Elektronischer Zahlungsverkehr für Individualüberweisungen
f, ff ...	folgende
F: ...	Framework (IFRS)

FactÜ	UNIDROIT Übereinkommen über Internationales Factoring (Ottawa 1988), in Kraft 1.5.1995
FamFG	Gesetz über das Verfahren in Familiensachen und in den Angelegenheiten der freiwilligen Gerichtsbarkeit
FamRZ	Zeitschrift für das gesamte Familienrecht, Ehe und Familie im privaten und öffentlichen Recht (Jahr und Seite)
FAS	Financial Accounting Standard(s); Free Alongside Ship/Frei Längsseite Schiff
FASB	Financial Accounting Standards Board (USA)
FAZ	Frankfurter Allgemeine Zeitung
Fbg	Freiburg
FBL	Negotiable FIATA Combined Transport Bill of Lading, übertragbares Durchkonnossement für den kombinierten Transport
FCA	Free Carrier/Frei Frachtführer
FCL (Container)	Full Container Load
FCR	Forwarders Certificate of Receipt, Spediteur-Übernahmebescheinigung
FCT	Forwarders Certificate of Transport
F&E	Forschung und Entwicklung
FEE	Fédération des experts comptables européens
FernabsFDLG	Gesetz zur Änderung der Vorschriften über Fernabsatzverträge bei Finanzdienstleistungen
FernabsG	Gesetz über Fernabsatzverträge und andere Fragen des Verbraucherrechts sowie zur Umstellung von Vorschriften auf Euro
FESCO	Forum of European Securities Commissions
FESE	Federation of European Stock Exchanges
Ffm	Frankfurt am Main (OLG)
FG	Finanzgericht
FGPrax	Praxis der Freiwilligen Gerichtsbarkeit, Vereinigt mit OLGZ (Jahr und Seite)
FIATA	Fédération Internationale des Associations des Transitaires et Assimilés (International Federation of Freight Forwarders Associations, internationaler Spediteurverband)
FIDIC	Fédération Internationale des Ingénieurs-Conseils, Internationale Vereinigung Beratender Ingenieure
fifo	first in-first out-Verfahren
FIIB	Finanzinstrumente-Informationsblatt
FIN	Statement of Financial Accounting Standards
FinAnV	Verordnung über die Analyse von Finanzinstrumenten (Finanzanalyseverordnung – FinAnV)
FinanzanlagenvermittlerG	Gesetz zur Novellierung des Finanzanlagenvermittler- und Vermögensanlagenrechts
FinanzdienstleistungsaufsichtsG	s FinDAG
2. FinanzmarktfördG	Gesetz über den Wertpapierhandel und zur Änderung börsenrechtlicher und wertpapierrechtlicher Vorschriften (Zweites Finanzmarktförderungsgesetz)
3. FinanzmarktfördG	Gesetz zur weiteren Fortentwicklung des Finanzplatzes Deutschland (Drittes Finanzmarktförderungsgesetz)
4. FinanzmarktfördG	Gesetz zur weiteren Fortentwicklung des Finanzplatzes Deutschland (Viertes Finanzmarktförderungsgesetz)
FinanzmarktRi (MiFID)	Richtlinie 2004/39/EG des Europäischen Parlaments und des Rates v 21.4.2004 über Märkte für Finanzinstrumente,

zur Änderung der Richtlinien 85/611/EWG und 93/6/EWG des Rates und der Richtlinie 2000/12/EG des Europäischen Parlaments und des Rates und zur Aufhebung der Richtlinie 93/22/EWG des Rates,

FinanzmarktRiUmsetzG ... Gesetz zur Umsetzung der Richtlinie über Märkte für Finanzinstrumente und der Durchführungsrichtlinie der Kommission (Finanzmarktrichtlinie-Umsetzungsgesetz)

FinanzmarktVers-AufsichtsG ... Gesetz zur Stärkung der Finanzmarkt- und der Versicherungsaufsicht

FinDAG ... Gesetz über die Bundesanstalt für Finanzdienstleistungsaufsicht (Finanzdienstleistungsaufsichtsgesetz – FinDAG)

FinG ... Finanzgericht

FinKonglomRiG ... Gesetz zur Umsetzung der Richtlnie 2002/87/EG des Europäischen Parlaments und des Rates vom 16. Dezember 2002 (Finanzkonglomeraterichtlinie-Umsetzungsgesetz)

FinMin ... Finanzministerium

FinSichRiG ... Gesetz zur Umsetzung der Richtlinie 2002/47/EG vom 6. Juni 2002 über Finanzsicherheiten und zur Änderung des Hypothekenbankgesetzes und anderer Gesetze

FIO ... free in and out

FIOST ... free in and out stowed and trimmed

FIW ... Forschungsinstitut für Wirtschaftsverfassung und Wettbewerb e. V.

FLF ... Finanzierung, Leasing, Factoring (Jahr und Seite)

Flume I 1, 2, II ... Flume, Allgemeiner Teil des Bürgerlichen Rechts, Erster Bd, Erster Teil, Die Personengesellschaft, Berlin 1977, Zweiter Teil, Die juristische Person, Berlin 1983; Zweiter Bd, Das Rechtsgeschäft, Berlin, 4., unveränderte Aufl 1982

FMSA ... Bundesanstalt für Finanzmarktstabilisierung

FMStErgG ... Gesetz zur weiteren Stabilisierung des Finanzmarktes (Finanzmarktstabilisierungsergänzungsgesetz – FMStErgG)

FMStFondsG ... Finanzmarktstabilisierungsfondsgesetz

FMStG ... Gesetz zur Umsetzung eines Maßnahmenpakets zur Stabilisierung des Finanzmarktes (Finanzmarktstabilisierungsgesetz – FMStG)

FMStGFortentwG ... Gesetz zur Fortentwicklung der Finanzmarktstabilisierung

FMVAStärkG ... Gesetz zur Stärkung der Finanzmarkt- und der Versicherungsaufsicht

FN ... Fachnachrichten, Institut der Wirtschaftsprüfer in Deutschland e. V. (Jahr und Seite)

FNA ... Fundstellennachweis A (Bundesrecht) s BGBl III

FOB ... Free On Board/Frei an Bord

FOC ... factory outlet center

FOR ... Free on Rail

FormVAnpG ... Gesetz zur Anpassung der Formvorschriften des Privatrechts und anderer Vorschriften an den modernen Rechtsgeschäftsverkehr

FOT ... Free on Truck

fpa ... free from particular average

FR ... Finanz-Rundschau (Jahr und Seite)

FRA ... Forward Rate Agreement

FRC ... Free Carrier/Frei Frachtführer

FRN ... floating rate note

FRS ... Financial Reporting Standard(s)

FRSSE	Financial Reporting Standard(s) for Smaller Entities (United Kingdom)
FRUG	s FinanzmarktRiUmsetzG
frz	französisch
frzMR	französische Militärregierung
frzZ	französische Zone
FS (Name)	Festschrift (Festgabe) für (Name)
FSAP	Financial Services Action Plan, Aktionsplan für Finanzdienstleistungen
FSF	Financial Stability Forum
FTC	Federal Trade Commission (USA)
FTD	Financial Times Deutschland
Fn	Fußnote
G	Gesetz, Gericht (in Zusammensetzungen)
GA	Gutachten
GAAP	Generally Accepted Accounting Principles (USA), s US GAAP
GAAS	Generally Accepted Auditing Standards
GASC	German Accounting Standards Committee (wie DRS C)
GATS	General Agreement on Trade in Services
GATT	General Agreement on Tariffs and Trade
GBl	Gesetzblatt
GBO	Grundbuchordnung
GbR (BGBGes)	Gesellschaft bürgerlichen Rechts
GBV	Grundbuchverfügung
GCCG	German Code of Corporate Governance, s DCGK
GDP	gross domestic product
GebrM	Gebrauchsmuster
GebrMG	Gebrauchsmustergesetz
GedS, GS	Gedächtnisschrift für (Name)
Geimer/Schütze Int. Rechtsverkehr	Geimer, Schütze, Hau, Hrsg., Internationaler Rechtsverkehr in Zivil- und Handelssachen (LBl), 60. Aufl. 2020
GeldwäscheG	s GwG
gem	gemäß
GemO	Gemeindeordnung
GenG	Gesetz betreffend die Erwerbs- und Wirtschaftsgenossenschaften (Genossenschaftsgesetz – GenG)
GenReg	Genossenschaftsregister
Ges	Gesellschaft
GesKR	Schweizerische Zeitschrift für Gesellschafts- und Kapitalmarktrecht sowie Umstrukturierungen (Jahr und Seite)
Geßler	s Schlegelberger
GesRZ	Der Gesellschafter (Wien, Jahr und Seite)
GewA	Gewerbearchiv, Zeitschrift für Gewerbe- und Wirtschaftsverwaltungsrecht (Jahr und Seite)
GewO	Gewerbeordnung
GewStG	Gewerbesteuergesetz
GewStR	Gewerbesteuer-Richtlinien
GFG	Gesetz über den Güterfernverkehr mit Kraftfahrzeugen
Gfter	Gesellschafter
GG	Grundgesetz für die Bundesrepublik Deutschland
g. g. A.	geschützte geografische Angabe (EU-Gütezeichen)
ggf	gegebenenfalls

GI	Gerling Informationen für wirtschaftsprüfende, rechts- und steuerberatende Berufe (Jahr und Seite)
GKG	Gerichtskostengesetz
GK(HGB)/(Bearbeiter)	Gemeinschaftskommentar zum Handelsgesetzbuch, hrsg von Ensthaler (vormals Bandasch), Neuwied, 7. Aufl 2007
GKKRSS/(Bearbeiter)	Glanegger, Kirnberger, Kusterer, Ruß, Selder, Stuhlfelner, HGB, Heidelberger Kommentar zum Handelsrecht, 7. Aufl 2007
glA	gleicher Ansicht
GleichberG	Gesetz über die Gleichberechtigung von Mann und Frau auf dem Gebiet des bürgerlichen Rechts
GmbH	Gesellschaft mit beschränkter Haftung
GmbHG	Gesetz betr die Gesellschaften mit beschränkter Haftung
GmbHGÄndG	Gesetz zur Änderung des GmbHG und anderer handelsrechtlicher Vorschriften
GmbHGfter	Gesellschafter der GmbH
GmbHR	GmbH-Rundschau, Gesellschafts- und Steuerrecht der GmbH und GmbH & Co (Jahr und Seite)
GMP-Modell	guaranteed maximum price-Modell
GmS-OGB	Gemeinsamer Senat der obersten Gerichtshöfe des Bundes
GNT	Güternahverkehrstarif
GoA	Grundsätze ordnungsmäßiger Durchführung von Abschlussprüfungen; Geschäftsführung ohne Auftrag
GoB	Grundsätze ordnungsmäßiger Buchführung
Gött	Göttingen
GoU	Grundsätze ordnungsmäßiger Unternehmensbewertung
GPR	Zeitschrift für Gemeinschaftsprivatrecht (Jahr und Seite)
grdl	grundlegend
GK-HGB/(Bearbeiter)	Grundmann/Habersack/Schäfer (Hrsg.), Handelsgesetzbuch, Großkommentar, 6. Aufl. 2020 ff. s. Staub
GK(AktG)/(Bearbeiter)	Aktiengesetz, Großkommentar, begr von Gadow, Heinichen, 3. Aufl von Barz, Brönner, Klug, Mellerowicz, Meyer-Landrut, Schilling, Wiedemann, Würdinger, 4 Bde, Berlin, 1970 ff; 4. Aufl Hrsg Hopt, Wiedemann, 1992 ff (Einzellieferungen)
GK GmbHG/(Bearbeiter)	Ulmer, Habersack, Winter, Hrsg, Großkommentar zum GmbHG, 3 Bde, Tübingen 2005 ff, ErgänzungsBd MoMiG 2010
GrS	Großer Senat
Gruch	Beiträge zur Erläuterung des Deutschen Rechts, begr von Gruchot (Bd und Seite)
Grüneberg/Bearbeiter	(vorm. Palandt) Bürgerliches Gesetzbuch: BGB, 81. Aufl. 2022
GRUR	Gewerblicher Rechtsschutz und Urheberrecht (Jahr und Seite)
GRURInt	Gewerblicher Rechtsschutz und Urheberrecht, Internationaler Teil (bis 1967 Auslands- und Internationaler Teil; Jahr und Seite)
GRUR-RR	GRUR-Rechtsprechungsreport (Jahr und Seite)
GrZS	Großer Senat in Zivilsachen
GS, GedS	Gedächtnisschrift für (Name)
Guadalajara-Abkommen	Zusatzabkommen zum Warschauer Abkommen zur Vereinheitlichung von Regeln über die von einem anderen als dem vertraglichen Luftfrachtführer ausgeführte Beförderung im internationalen Luftverkehr
GU	Generalunternehmer

GÜ	Generalübernehmer
GüKG	Güterkraftverkehrsgesetz (GüKG)
GüKUMB (früher GüKUMT)	Beförderungsbedingungen (früher: Güterkraftverkehrstarif) für den Umzugsverkehr und für die Beförderung von Handelsmöbeln in besonders für die Möbelbeförderung eingerichteten Fahrzeugen im Güterfernverkehr und Güternahverkehr
GuV	Gewinn und Verlustrechnung
GVBl	Gesetz- und Verordnungsblatt
GVG	Gerichtsverfassungsgesetz
GVO	Gruppenfreistellungsverordnung (EU)
GWB	Gesetz gegen Wettbewerbsbeschränkungen
GwG	Gesetz über das Aufspüren von Gewinnen aus schweren Straftaten (Geldwäschegesetz – GwG)
GWR	Gesellschafts- und Wirtschaftsrecht (Jahr und Seite)
GZS	GZS Gesellschaft für Zahlungssysteme mbH, Frankfurt
Hopt/(Bearbeiter)	Handelsgesetzbuch mit GmbH & Co., Handelsklauseln, Bank- und Börsenrecht, Transportrecht (ohne Seerecht), Kommentar, bearb. von Hopt, Kumpan, Merkt, Leyens und Roth, 40. Aufl. 2021
hA	herrschende Ansicht
Hach/(Bearbeiter)	Hachenburg, GmbH-Gesetz, Großkommentar, hrsg von Ulmer, 3 Bde, Berlin, 8. Aufl 1992 ff, s GroßKoGmbHG
Hahn/Mugdan	Hahn, Mugdan, Materialien zum Handelsgesetzbuch, Berlin 1897
Halbs	Halbsatz
Hamm	Hamm (OLG)
Hann	Hannover
HansRGZ	Hanseatische Rechts- und Gerichtszeitschrift (zuvor unter anderen Titeln) (Jahr und Spalte)
HauptNl	Hauptniederlassung
Hbg	Hamburg (OLG)
Hbg frdsch Arbitr	Hamburger freundschaftliche Arbitrage
HdB	Handbuch
HdJ	Handbuch des Jahresabschlusses in Einzeldarstellungen, von Wysocki, – Schulze-Osterloh, Hrsg, Köln 1984 ff (LBl)
Hdl	Handel(s), Handlung(s)
Hdlbg	Heidelberg
HdlGehilfe	Handlungsgehilfe
HdlKlassenG	s HKG
HdlReg	Handelsregister
HdlRegGebührenVO	Handelsregistergebührenverordnung
HdlVertreter	Handelsvertreter
HdlVollmacht	Handlungsvollmacht
HdWB	Handwörterbuch
HdWB Europ PrivR/ (Bearbeiter)	Basedow/Hopt/Zimmermann, Hrsg., Handwörterbuch des Europäischen Vertragsrechts, 2 Bde, Tübingen 2009
HdwK	Handwerkskammer
HdwO	Gesetz zur Ordnung des Handwerks (Handwerksordnung)
Heilbr	Heilbronn

Henssler/Strohn/(Bearbeiter)	Henssler/Strohn, Gesellschaftsrecht: BGB, HGB, PartGG, GmbHG, AktG, UmwG, GenG, IntGesR, Kommentar, 5. Aufl. 2021
hess	hessisch
Heymann/(Bearbeiter)	Heymann, Handelsgesetzbuch (ohne Seerecht), Komm hrsg von Horn, Balzer, Herrmann, 4 Bde, 3. Aufl. 2019 ff.
HEZ	Höchstrichterliche Entscheidungen, Sammlung von Entscheidungen der Oberlandesgerichte und der Obersten Gerichte in Zivilsachen (Bd und Seite)
HFR	Höchstrichterliche Finanzrechtsprechung (Jahr und Seite)
HGB	Handelsgesetzbuch
HHW CG-HdB	Hommelhoff/Hopt/von Werder, Hrsg, Handbuch Corporate Governance, 2. Aufl 2010
HK	Handelskammer
HKG	Handelsklassengesetz
HK Hbg IV, V	Handelskammer Hamburg, Rechtsprechung kaufmännischer Schiedsgerichte, Baden-Baden Bd 5, 1995, Bd 6, 1998; bis Bd IV St/Ul, St/Ul/Ti
hL	herrschende Lehre
HL	heavy lifts (Transport)
hM	herrschende Meinung
HoldhMSchr	Monatsschrift für Handelsrecht und Bankwesen, Steuer- und Stempelfragen, begr von Holdheim (Jahr und Seite)
Hopt	Hopt, Merkt, Roth, Kumpan, Leyens, Hrsg Hopt Handelsgesetzbuch, 41. Aufl. 2022
Hopt HandelsvertreterR	Hopt, Handelsvertreterrecht, 6. Aufl. 2019
Hopt, Kapitalanlegerschutz	Hopt, Der Kapitalanlegerschutz im Recht der Banken, Gesellschafts-, bank- und börsenrechtliche Anforderungen an das Beratungs- und Verwaltungsverhalten der Kreditinstitute, 1975
Hopt/Hehl	Hopt, Hehl, Vollrath, Gesellschaftsrecht, 4. Aufl 1996
Hopt/Mössle/Schmitt	Hopt, Mössle, R. Schmitt, Handelsrecht, 2. Aufl 1999
Hopt/Mülbert	Kreditrecht, Berlin 1989, Sonderausgabe aus Staudinger, BGB, 12. Aufl 1988 (§§ 607–610), 1989 (Vorbem Bankkreditrecht; zit nur nach Randziffern)
Hopt/Rudolph/Baum	Hopt, Rudolph, Baum, Hrsg, Börsenreform, 1997
Hopt/Voigt	Hopt, Voigt, Hrsg, Prospekt- und Kapitalmarktinformationshaftung, Tübingen 2005
Hopt/Binder/Böcking CG-HdB	Hopt, Binder, Böcking, Hrsg, Handbuch Corporate Governance von Banken, 2. Aufl. 2020
Hopt/Wymeersch	Hopt, Wymeersch, Hrsg, Capital Markets and Company Law, Oxford 2003
HRefG	Gesetz zur Neuregelung des Kaufmanns- und Firmenrechts und zur Änderung anderer handels- und gesellschaftsrechtlicher Vorschriften (Handelsrechtsreformgesetz – HRefG)
HRegGebNeuOG	Gesetz zur Neuordnung der Gebühren in Handels-, Partnerschafts- und Genossenschaftsregistersachen (Handelsregistergebühren-Neuordnungsgesetz – HRegGebNeuOG)
HRR	Höchstrichterliche Rechtsprechung (Jahr und Nr)
Hrsg, hrsg	Herausgeber, herausgegeben
HRV	Verordnung über die Einrichtung und Führung des Handelsregisters (Handelsregisterverordnung – HRV)
HV	Handelsvertreter; Hauptversammlung

HVHM ..... s HV-Journal >
HV-Journal ..... HV-Journal (früher Der Handelsvertreter und Handelsmakler; offizielles Organ der CDH) (Jahr und Seite)
HVR ..... Handelsvertreterrecht, Entscheidungen und Gutachten, hrsg v Forschungsverband für den Handelsvertreter- und Handelsmaklerberuf (Entscheidungsjahr und Nr)
HWF ..... Handwörterbuch des Bank- und Finanzwesens
HWR ..... Handwörterbuch des Rechnungswesens
HWRev ..... Handwörterbuch der Revision
HWRP ..... Handwörterbuch der Rechnungslegung und Prüfung

IAA ..... International Accounting Association
IAASB ..... International Auditing and Assurance Standards Board
IAG ..... International Auditing Guideline
IAPS(s) ..... International Auditing Practices Statement(s)
IAS(s) ..... International Accounting Standard(s), ab 1.4.2001 IFRS
IASB ..... International Accounting Standards Board, früher IASC
IASC ..... International Accounting Standards Committee, ab 1.4.2001 IASB
IAS-VO ..... Verordnung (EG) Nr 1606/2002 des Europäischen Parlaments und des Rates
IBA ..... International Bar Association
IBAN ..... International Bank Account Number, Internationale Bankkontonummer
IBRD ..... International Bank for Reconstruction and Development
ICC, IntHK ..... International Chamber of Commerce, Internationale Handelskammer Paris; auch Institute Cargo Clauses
ICCA ..... International Council for Commercial Arbitration
ICGN ..... International Corporate Governance Network
ICMA ..... International Capital Markets Association
ICOM ..... International Currency Options Market
ICSID ..... International Centre for Settlement of Investment Disputes
idF v ..... in der Fassung vom
idR ..... in der Regel
IDR ..... Journal of International Dispute Resolution (Jahr und Seite)
IDW ..... Institut der Wirtschaftsprüfer in Deutschland e. V.
IDW AcP ..... IDW Accounting Principles
IDW AcPS ..... IDW Accounting Practice Statements
IDW-AKW ..... Stellungnahmen des Arbeitskreises Weltbilanz des IDW
IDW AuPS ..... IDW Auditing Practice Statements
IDW AuS ..... IDW Auditing Standards
IDW-BFA ..... Stellungnahmen des Bankenfachausschusses des IDW
IDW E(PS ua) ..... IDW Entwurf (Prüfungsstandards usw)
IDW-FAMA ..... Stellungnahmen des Fachausschusses für moderne Abrechnungssysteme des IDW
IDW-FAR ..... Verlautbarungen des Fachausschusses Recht des IDW
IDW-FG ..... Fachgutachten des IDW
IDW-HFA ..... Stellungnahmen des Hauptfachausschusses des IDW
IDW-KFA ..... Stellungnahmen des Fachausschusses für kommunales Prüfungswesen des IDW
IDW-KHFA ..... Stellungnahmen des Krankenhausfachausschusses des IDW
IDW-NA ..... Stellungnahmen zu Fragen des neuen Aktienrechts (Hauptfachausschuss bzw Sonderausschuss Neues Aktienrecht des IDW)
IDW PH ..... IDW Prüfungshinweise

IDW PS	IDW Prüfungsstandards
IDW RH	IDW Rechnungslegungshinweise
IDW RH BFA (usw)	wie IDW RS BFA (usw)
IDW RS	IDW Stellungnahmen zur Rechnungslegung
IDW RS BFA	IDW Stellungnahmen zur Rechnungslegung des Bankenfachausschusses
IDW RS FAIT	IDW Stellungnahmen zur Rechnungslegung des Fachausschusses für Informationstechnologie
IDW RS FAR	IDW Stellungnahmen zur Rechnungslegung des Fachausschusses Recht
IDW RS HFA	IDW Stellungnahmen zur Rechnungslegung des Hauptfachausschusses
IDW RS KHFA	IDW Stellungnahmen zur Rechnungslegung des Krankenhausfachausschusses
IDW RS ÖFA	IDW Stellungnahmen zur Rechnungslegung des Fachausschusses für öffentliche Unternehmen und Verwaltungen
IDW RS VFA	IDW Stellungnahmen zur Rechnungslegung des Versicherungsfachausschusses
IDW RS WFA	IDW Stellungnahmen zur Rechnungslegung des Wohnungswirtschaftlichen Fachausschusses
IDW S	IDW Standards
IDW-SABI	Stellungnahmen des Sonderausschusses Bilanzrichtlinien-Gesetz des IDW
IDW-VFA	Stellungnahmen des Versicherungsfachausschusses des IDW
IDW-VO	Gemeinsame Stellungnahmen der Wirtschaftsprüferkammer und des IDW
IDW-WFA	Stellungnahmen des wohnungswirtschaftlichen Fachausschusses des IDW
iErg	im Ergebnis
ieS	im engeren Sinne
IFA	Investitionsförderungsabkommen
IFAC	International Federation of Accountants
IFCAI	International Federation of Commercial Arbitration Institutions
IFEMA	International Foreign Exchange Master Agreement
IFRIC	International Financial Reporting Interpretations Committee
IFRS	International Financial Reporting Standard(s)
IFRS-SME	International Financial Reporting Standard(s) for Small and Medium-sized Entities
IFRS-ÜbernahmeVO	Verordnung (EG) Nr 1725/2003 der Europäischen Kommission v 29.9.2003 betreffend die Übernahme bestimmter internationaler Rechnungslegungsstandards in Übereinstimmung mit der Verordung (EG) Nr 1606/2002 des Europäischen Parlaments und des Rates,
IG	Implementation Guidance
IGC	Implementation Guidance Committee
IGC Q&A	Implementation Guidance Committee – Questions and Answers
IHK	Industrie- und Handelskammer
IHR	Internationales Handelsrecht, Zeitschrift für das Recht des internationalen Warenkaufs und -vertriebs (Jahr und Seite)
IIC	International Review of Industrial Property and Copyright Law (Jahr und Seite)
IKR	Industriekontenrahmen

iL	in Liquidation
IIMG	Inter Institutional Monitoring Group
im allg	im Allgemeinen
Immenga/Mestmäcker	Immenga-Mestmäcker, Wettbewerbsrecht, GWB, 6. Aufl 2019,
Immenga/Mestmäcker	Immenga-Mestmäcker, Wettbewerbsrecht, EG, Kommentar zum Europäischen Kartellrecht, 3. Aufl.2001
Incoterms	International Commercial Terms
Insiderhandels-Ri	Insiderhandels-Richtlinien
InsiderVerfO	Verfahrensordnung für die bei den Wertpapierbörsen auf der Grundlage der Insiderhandels-Richtlinien und der Händler- und Beraterregeln zu bildenden Prüfungskommissionen
InsO	Insolvenzordnung (InsO)
InstAnlG	Gesetz zur Verbesserung der Rahmenbedingungen für institutionelle Anleger
IntBestG	Gesetz zu dem Übereinkommen v 17. Dezember 1997 über die Bekämpfung der Bestechung ausländischer Amtsträger im internationalen Geschäftsverkehr (Gesetz zur Bekämpfung internationaler Bestechung – IntBestG)
IntGesRecht	internationales Gesellschaftsrecht
IntHK (ICC)	Internationale Handelskammer Paris
InvAG	Investmentaktiengesellschaft
InvÄndG	Gesetz zur Änderung des Investmentgesetzes und zur Anpassung anderer Vorschriften (Investmentänderungsgesetz)
InvG	Investmentgesetz (InvG)
InvModG	Gesetz zur Modernisierung des Investmentwesens und zur Besteuerung von Investmentvermögen (Investmentmodernisierungsgesetz)
IOSCO	International Organization of Securities Commissions
IP	intellectual property
IPO	initial public offering, Börseneinführung
IPR	internationales Privatrecht
IPRGesVJPG	Gesetz zum Internationalen Privatrecht der Gesellschaften, Vereine und juristischen Personen, RefE 7.1.2008, BMJ
IPRax	Praxis des Internationalen Privat- und Verfahrensrechts (Jahr und Seite)
IPRG	Gesetz zur Neuregelung des Internationalen Privatrechts
IRB-Ansatz	internal rating based/Interne Messung des Kreditrisikos (Risikogewichtung) (Basel II)
IRZ	Zeitschrift für Internationale Rechnungslegung (Jahr und Seite)
ISA	International Standard(s) on Auditing
ISBP	International Standard Banking Practice for the Examination of Documentary Credits (ICC Banking Commission)
ISDA	International Swaps and Derivatives Association, früher: International Swap Dealers Association
ISDA MA	ISDA Master Agreement
ISIN	International Securities Identification Number
ISLA	International Securities Lending Association
ISMA	International Securities Markets Association
ISS	Institutional Shareholder Service
IStR	Internationales Steuerrecht (Jahr und Seite)
iS(v)	im Sinne (von)
IT	Informationstechnologie

it	italienisch
IUA	International Underwriting Association of London
iVm	in Verbindung mit
iwS	im weiteren Sinne
iZw	im Zweifel
JA	Juristische Arbeitsblätter (Jahr und Seite)
JArbSchG	Gesetz zum Schutze der arbeitenden Jugend (Jugendarbeitsschutzgesetz) idF v 12.4.1976, BGBl I 965, BGBl III FNA 8051-10
JbJZW	Jahrbuch Junger Zivilrechtswissenschaftler (Jahr und Seite)
JBl	Juristische Blätter, Wien (Jahr und Seite)
JFG	Jahrbuch für Entscheidungen in Angelegenheiten der freiwilligen Gerichtsbarkeit und des Grundbuchrechts (Bd und Seite)
JIEA	Joint Import/Export Agency
JMBl	Justizministerialblatt
JKomG	Gesetz über die Verwendung elektronischer Kommunikationsformen in der Justiz (Justizkommunikationsgesetz – JKomG)
JO	Journal Officiel (Jahr und Seite)
JoAR	Journal of Accounting Research (Jahr und Seite)
JR	Juristische Rundschau (Jahr und Seite)
1. JuMoG	Erstes Gesetz zur Modernisierung der Justiz (1. Justizmodernisierungsgesetz)
2. JuMoG	Zweites Gesetz zur Modernisierung der Justiz (2. Justizmodernisierungsgesetz)
jur	juristisch
Jura	Jura, Juristische Ausbildung (Jahr und Seite)
Juris	elektronische Datenbank (www.juris.de), Juristisches Informationssystem für die BRD juris GmbH
jurisPR-BKR	juris PraxisReport Bank- und Kapitalmarktrecht
JuS	Juristische Schulung (Jahr und Seite)
JVKostO	Justizverwaltungskostenordnung
JW	Juristische Wochenschrift (Jahr und Seite)
JZ	Juristen-Zeitung (früher Deutsche Rechts-Zeitschrift und Süddeutsche Juristen-Zeitung) (Jahr und Seite)
KAG	Kapitalanlagegesellschaft
Kap	Kapitel
KapAEG	Gesetz zur Verbesserung der Wettbewerbsfähigkeit deutscher Konzerne an Kapitalmärkten und zur Erleichterung der Aufnahme von Gesellschafterdarlehen (Kapitalaufnahmeerleichterungsgesetz – KapAEG)
KapCoRiLiG	Gesetz zur Durchführung der Richtlinie des Rates der Europäischen Union zur Änderung der Bilanz- und der Konzernbilanzrichtlinie hinsichtlich ihres Anwendungsbereichs (90/605/EWG), zur Verbesserung der Offenlegung von Jahresabschlüssen und zur Änderung anderer handelsrechtlicher Bestimmungen (Kapitalgesellschaften- und Co-Richtlinie-Gesetz – KapCoRiLiG)
KapErhG	Gesetz über die Kapitalerhöhung aus Gesellschaftsmitteln und über die Verschmelzung von Gesellschaften mit beschränkter Haftung

KapInHG	Gesetz zur Verbesserung der Haftung für falsche Kapitalmarktinformationen (Kapitalmarktinformationshaftungsgesetz – KapInHaG), interner BMFEntwurf
KapMuG	Gesetz über Musterverfahren in kapitalmarktrechtlichen Streitigkeiten (Kapitalanleger-Musterverfahrensgesetz – KapMuG),
KAPOVAZ	kapazitätsorientierte variable Arbeitszeit
Karlsr	Karlsruhe (OLG)
Kblz (Kobl)	Koblenz (OLG)
Kdt(Einlage)	Kommandit(Einlage)
Kdtist	Kommanditist
Kegel/Schurig	Kegel, Internationales Privatrecht, 9. Aufl 2004, mit Nachtrag 2004
KfH	Kammer für Handelssachen
KfiH	Kammer für internationale Handelssachen
Kflte	Kaufleute
Kfm	Kaufmann(s)
kfm	kaufmännisch
KfW	Kreditanstalt für Wiederaufbau
Kfz	Kraftfahrzeug
KG	Kammergericht Berlin; Kommanditgesellschaft
KGaA	Kommanditgesellschaft auf Aktien
KGJ	Jahrbuch für Entscheidungen des Kammergerichts (Abteilung A) (Bd und Seite)
KID	Kurzinformationsdokument
KIID	Key Investor Information Document
Kln	Köln (OLG)
KMU	kleinere und mittlere Unternehmen
KMP	kleinere und mittlere Prüfungsgesellschaften
KNA	Kosten-Nutzen-Analyse
Knorre/Demuth/Schmid/(Bearbeiter)	Knorre/Demuth/Schmid, Handbuch des Transportrechts, 2008 (früher Knorre/Temme/Müller/Schmid/Demuth, Praxishandbuch Transportrecht, LBl)
Köhler/Bornkamm/Feddersen/(Bearbeiter)	Köhler, Bornkamm, Feddersen, Hrsg, Gesetz gegen den unlauteren Wettbewerb, 39. Aufl. 2021
Kölner Komm AktG/(Bearbeiter)	Kölner Kommentar zum Aktiengesetz, hrsg von Zöllner, 1970 ff; 2. Aufl 1986 ff (Einzellieferungen)
Koller	Koller, Transportrecht, 10. Aufl 2019
KOM	Kommission der Europäischen Gemeinschaften (Dokumente)
Komm	Kommentar; Kommission
KontopfandSchG	Gesetz zur Reform des Kontopfändungsschutzes
KonTraG	Gesetz zur Kontrolle und Transparenz im Unternehmensbereich (KonTraG)
Konzern	Der Konzern (1–4/2003 Der Konzern in Recht und Wirtschaft) (Jahr und Seite)
KoR	Zeitschrift für kapitalmarktorientierte Rechnungslegung (Jahr und Seite)
Koller/Kindler/Roth/Drüen/(Bearbeiter)	Koller, Kindler, Roth, Drüen, Hrsg, Handelsgesetzbuch, Kommentar, 9. Aufl. 2019
KostO	Gesetz über die Kosten in Angelegenheiten der freiwilligen Gerichtsbarkeit (Kostenordnung)

KR	Kontrollrat
Krafka RegisterR	Krafka, Registerrecht, 11. Aufl. 2019
KredReorgG	Kreditinstitute-Reorganisationsgesetz – KredReorgG
KRG	Kontrollratsgesetz
krit	kritisch
KSchG	Kündigungsschutzgesetz
KSt	Körperschaftsteuer
KStG	Körperschaftsteuergesetz 2002 (KStG 2002)
KStR	Körperschaftsteuer-Richtlinien
KSzW	Kölner Schrift zum Wirtschaftsrecht (Jahr und Seite)
KTS (KuT)	Zeitschrift für Insolvenzrecht (Konkurs, Treuhand, Sanierung) (Jahr und Seite)
Kübler/Assmann GesR	Kübler, Assmann, Gesellschaftsrecht, 6. Aufl 2006
Kümpel/Wittig Bank-/KapMarktR	Kümpel, Wittig, Hrsg, Bank- und Kapitalmarktrecht, 5. Aufl 2019
KuMaKV	Verordnung zur Konkretisierung des Verbotes der Kurs- und Marktpreismanipulation (Kursmanipulation-KonkretisierungsVO – KuMaKV)
KündFG	Gesetz zur Vereinheitlichung der Kündigungsfristen von Arbeitern und Angestellten (Kündigungsfristengesetz – KündFG)
Küstner I, II, III	Küstner/Thume Handbuch des gesamten Außendienstrechts, Bd 1: Das Recht des Handelsvertreters (ohne Ausgleichsrecht), Heidelberg 3. Aufl 2000; Bd 2: Der Ausgleichsanspruch des Handelsvertreters, 8. Aufl 2008; Bd 3: Vertriebsrecht, 3. Aufl 2009
KWG	Gesetz über das
7. KWG-Novelle	s BankenRLUmsetzG
L-	Landes-
LAG	Landesarbeitsgericht
Landmann/Rohmer GewO	von Landmann, Rohmer (hrsg. Schönleiter) Gewerbeordnung und ergänzende Vorschriften, 85. Aufl. 2020
Langen/Bunt (Bunte)	Langen, Bunte, Hrsg., Kommentar zum deutschen und europäischen Kartellrecht, Bd. 1 Deutsches Kartellrecht, Bd. 2 Europäisches Kartellrecht, 13. Aufl 2018
lat	Lateinisch
LBl	Loseblatt
LBO	leveraged buy-out
LCIA	London Court of International Arbitration
LCL (Container)	Less than a Container Load
Lettl	Handelsrecht, 2. Aufl 2011
lfd	Laufend
LG	Landgericht
LGD	loss given default/Verlustquote bei Ausfall (Basel II)
LIBOR	London interbank offered rate
lifo	last in-first out-Verfahren
lilo	lease in lease out
Limbg	Limburg
Lit	Literatur
lit	litera, Buchstabe
LLC	limited liability corporation (USA)

LM	Nachschlagewerk des Bundesgerichtshofes in Zivilsachen, begründet von Lindenmaier und Möhring, neu hrsg von Nirk ua (Gesetzesstelle, Entscheidungsnummer; Nr ohne Gesetzesstelle bezieht sich auf den kommentierten Paragraphen)
LMA	Lloyd's Market Association
LMK	Lindenmaier-Möhring, Kommentierte BGH-Rechtsprechung
LOI	letter of intent
LS	Leitsatz
LSA	Abkommen über den Lastschriftverkehr
LSE	London Stock Exchange
LSÜbernahmeangebote	Leitsätze für öffentliche Kauf- und Umtauschangebote bzw Aufforderungen zur Abgabe derartiger Angebote im amtlich notierten oder im geregelten Freiverkehr gehandelter Aktien bzw Erwerbsrechte
lt	Laut
ltd	private limited company
Lüb	Lübeck
LuftVG	Luftverkehrsgesetz
Lutter/Hommehoff/(Bearbeiter)	Lutter, Hommelhoff, GmbH-Gesetz, Kommentar, bearbeitet von Bayer, Hommelhoff, Kleindiek, 20. Aufl 2019
Lünebg	Lüneburg
LZ	Leipziger Zeitschrift für Deutsches Recht (Jahr und Spalte)
LZBk	Landeszentralbank, nunmehr Abrechnungsstelle der Deutschen Bundesbank
M	maturity/effektive Restlaufzeit der Forderungen (Basel II)
MA	Der Markenartikel (Jahr und Seite); Master Agreement
M&A	mergers and acquisitions
MaBV	Makler- und Bauträgerverordnung
MAC	material adverse change
MaComp	Mindestanforderungen an die Compliance-Funktion (BaFin)
MAD	Market Abuse Directive
MAE	material adverse event
MaH	Mindestanforderungen an das Betreiben von Handelsgeschäften (BAKred/BaFin)
MAIR	Mindestanforderungen an die Ausgestaltung der Internen Revision (BAKred/BaFin)
MaK	Mindestanforderungen an das Kreditgeschäft (BAKred/BaFin)
MaKonV	Verordnung zur Konkretisierung des Verbots der Marktmanipulation (Marktmanipulations-Konkretisierungsverordnung – MaKonV)
m Änd	mit Änderung(en)
m Anm	mit Anmerkung von
Mannh	Mannheim
MaRisk (BA, VA)	Mindestanforderungen an das Risikomanagement (Bankaufsicht, Versicherungsaufsicht) (BaFin)
MarkenG	Gesetz über den Schutz von Marken und sonstigen Kennzeichen (Markengesetz – MarkenG)
MarktangV	Verordnung über die erforderlichen Angaben und vorzulegenden Unterlagen bei einem Erlaubnisantrag nach § 37i des Wertpapierhandelsgesetzes und einer Anzeige nach § 37m des Wertpapierhandelsgesetzes (Marktzugangsangabenverordnung – MarktangV)

Martinek/Semler/Flohr FormB VertriebsR	Martinek, Semler, Flohr, Hrsg, Formularsammlung Vertriebsrecht, 2. Aufl. 2021
Martinek/Semler/Flohr VertriebsR-HdB/(Bearbeiter)	Martinek, Semler, Flohr, Hrsg, Handbuch des Vertriebsrechts, 4. Aufl 2016
mark-to-market	Bewertung anhand des letzten Marktkurses
maW	mit anderen Worten
max	höchstens
MBI	management buy-in
MBO	management buy-out
MBS	mortgage-backed security
MD&A	management's discussion and analysis (of financial condition and results of operations)
MDAX	Midcap Dax
MDR	Monatsschrift für Deutsches Recht (Jahr und Seite)
Merkt, Unternehmenspublizität	Merkt, Unternehmenspublizität – Offenlegung von Unternehmensdaten als Korrelat der Marktteilnahme, 2001
Merkt/Göthel, Int Unternehmenskauf	Merkt, Göthel, Internationaler Unternehmenskauf, 4. Aufl 2015
mglw	Möglicherweis
MHbeG	Minderjährigenhaftungsbeschränkungsgesetz
MiFID	s FinanzmarktRi
MinBlfWi	Ministerialblatt für Wirtschaft
Mio	Million(en)
MitbestErgG	Gesetz zur Ergänzung des Gesetzes über die Mitbestimmung der Arbeitnehmer in den Aufsichtsräten und Vorständen der Unternehmen des Bergbaus und der Eisen und Stahl erzeugenden Industrie
MitbestG	Gesetz über die Mitbestimmung der Arbeitnehmer
Mitt	Mitteilung(en)
MittBdL	Mitteilungen der Bank deutscher Länder
MittDBBk	Mitteilungen der Deutschen Bundesbank
MittMarkenvbd.	Mitteilungen des Markenverbands
MittRhNotK	Mitteilungen. Rheinische Notar-Kammer, 1961–1976; dann: Mitteilungen der Rheinischen Notar-Kammer
m krit Anm	mit kritischer Anmerkung (von)
MoMiG	Gesetz zur Modernisierung des GmbH-Rechts und zur Bekämpfung von Missbräuchen
MontanMitbestG	Gesetz über die Mitbestimmung der Arbeitnehmer in den Aufsichtsräten und Vorständen der Unternehmen des Bergbaus und der Eisen und Stahl erzeugenden Industrie
MoRaKG	Gesetz zur Modernisierung der Rahmenbedingungen für Kapitalbeteiligungen (MoRaKG)
MoU	memorandum of understanding
MR	Militärregierung
Mrd	Milliarde(n)
MRG	Militärregierungsgesetz
MTF	multilateral trading facility
MTN	medium term note
MTO	Multimodal Transport Operator/Gesamtbeförderer
Mü	München (OLG)

MHdB GesR I/ (Bearbeiter)	Gummert/Weipert (Hrsg.), Münchener Handbuch des Gesellschaftsrechts Bd. 1: BGB-Gesellschaft, OHG, Partnerschaftsgesellschaft, Partenreederei, EWIV, 5 Aufl. 2019
MHdB GesR II/ (Bearbeiter)	Gummert/Weipert (Hrsg.), Münchener Handbuch des Gesellschaftsrechts Bd. 2: Kommanditgesellschaft, GmbH & Co. KG, Publikums-KG, Stille
MüKoHGB/(Bearbeiter)	Drescher/Fleischer/K. Schmidt (Hrsg.), Münchener Kommentar zum Handelsgesetzbuch:HGB, Bd. 1,5 5 Aufl. 2021
MüKoInsO/(Bearbeiter)	Schoppmeyer, Stürner, Eidenmüller (Hrsg.), Münchener Kommentar zur Insolvenzordnung, Bd. 1,2,3,4, 4. Aufl. 2019
MüKoBGB/(Bearbeiter)	Säcker, Rixecker, Oetker, Limperg (Hrsg.), Münchener Kommentar zum BGB, 8. Aufl. 2018 ff.
MüKoBilanzR	Münchener Kommentar Bilanzrecht, Bd 1 IFRS, hrsg. von Hennrichs, Kleindiek, Watrin, Stand 2014, Bd 2 §§ 238–342 e HGB, 2014
Münst	Münster
MVHdB IV WirtschaftsR III/(Bearbeiter)	Schütze, Weipert, Rieder (Hrgs.) Münchener Vertragshandbuch, Bd. 4 Wirtschaftsrecht III, 8. Aufl. 2018
MVHdB V BürgerlR I/ (Bearbeiter)	Herrler (Hrsg.), Münchener Vertragshandbuch Bd. 1 Gesellschaftsrecht Bd. 5 Bürgerliches Recht I, 8. Aufl. 2020
MVHdB VI BürgerlR II/ (Bearbeiter).	Herrler (Hrsg.), Münchener Vertragshandbuch Bd. 1 Gesellschaftsrecht Bd. 6 Bürgerliches Recht II, 8. Aufl. 2020
MuSchG	Gesetz zum Schutz der erwerbstätigen Mutter (Mutterschutzgesetz – MuSchG)
MusterwiderrufsInfoG	Gesetz zur Einführung einer Musterwiderrufsinformation für Verbraucherdarlehensverträge, zur Änderung der Vorschriften über das Widerrufsrecht bei Verbraucherdarlehensverträgen und zur Änderung des Darlehensvermittlungsrechts
MuW	Markenschutz und Wettbewerb (Jahr und Seite)
mwH	mit weiteren Hinweisen
mwN	mit weiteren Nachweisen
MWSt	Mehrwertsteuer
mWv	mit Wirkung vom
m zust Anm	mit zustimmender Anmerkung
NachhBG	Gesetz zur zeitlichen Begrenzung der Nachhaftung von Gesellschaftern (Nachhaftungsbegrenzungsgesetz – NachhBG)
Nachw	Nachweis(e)
NASD	National Association of Securities Dealers (USA)
NASDAQ	National Association of Securities Dealers Automated Quotations (USA)
NaStraG	Gesetz zur Namensaktie und zur Erleichterung der Stimmrechtsausübung (Namensaktiengesetz – NaStraG)
Naumbg	Naumburg (OLG)
Nds	Niedersachsen
Neust	Neustadt a. d. Weinstraße
nF	neue Fassung, neue Folge
NIF	note issuance facility

NJ .... Neue Justiz (Jahr und Seite)
NJOZ .... Neue Juristische Online Zeitschrift (Jahr und Seite)
NJW .... Neue Juristische Wochenschrift (Jahr und Seite)
NJW-RR .... NJW-Rechtsprechungs-Report Zivilrecht (Jahr und Seite)
NJW-Sp .... NJW-Spezial (Jahr und Seite)
Noack/Servatius/Haas bzw. NSH/ (Bearbeiter) .... (vorm. Baumbach/Hueck) Gesetz betreffend die Gesellschaften mit beschränkter Haftung: GmbHG: 23. Aufl. 2022
NOPAT .... net operating profit after taxes
NotBZ .... Zeitschrift für die notarielle Beratungs- und Beurkundungspraxis (Jahr und Seite)
Nov .... Novelle
NPL .... non-performing loan(s)
NPO .... Nonprofit-Organisation
npoR .... Zeitschrift für das Recht der Non Profit Organisationen (Jahr und Seite)
Nr, Nrn .... Nummer, Nummern
nrk .... nicht rechtskräftig
NRW .... Nordrhein-Westfalen
NSIN .... National Securities Identification Number
Nürnb .... Nürnberg (OLG)
NVOCC .... None Vessel Operating Common Carrier(s)
NVwZ-RR .... Neue Zeitschrift für Verwaltungsrecht, Rechtsprechung-Report Verwaltungsrecht
NYSE .... New York Stock Exchange
NZA .... Neue Zeitschrift für Arbeits- und Sozialrecht (Jahr und Seite); seit 1992: Neue Zeitschrift für Arbeitsrecht
NZA-RR .... Neue Zeitschrift für Arbeitsrecht, Rechtsprechungs-Report Arbeitsrecht
NZI .... Neue Zeitschrift für das Recht der Insolvenz und Sanierung (Jahr und Seite)
NZG .... Neue Zeitschrift für Gesellschaftsrecht (Jahr und Seite)
NZM .... Neue Zeitschrift für Miet- und Wohnungsrecht (Jahr und Seite)

O .... Ordnung
o .... oben
ö .... österreichisch
oä .... oder ähnlich(es)
ÖBA .... (österreichisches) Bank-Archiv (Jahr und Seite)
ODC .... over dimensioned cargo
OECD .... Organization for Economic, Co-operation and Development, Organisation für wirtschaftliche Zusammenarbeit und Entwicklung
Oetker/(Bearbeiter) .... Oetker, Hrsg., Kommentar zum Handelsgesetzbuch (HGB), 7. Aufl. 2021
OFIF .... Organisation intergouvernementale pour les transports internationaux ferroviaires, Organisation für den internationalen Eisenbahnverkehr
OGAW .... Organismus für gemeinsame Anlagen in Wertpapieren
OGH .... Oberster Gerichtshof für die britische Zone (1948–1950), auch Entscheidungen des Obersten Gerichtshofes (Bd und Seite); Österreich: Oberster Gerichtshof
OHG .... offene Handelsgesellschaft
oJ .... ohne Jahr

ÖJZ	Österreichische Juristen-Zeitung
Oldbg	Oldenburg (OLG)
OLG	Oberlandesgericht (mit Ortsnamen)
OLGE	Die Rechtsprechung der Oberlandesgerichte auf dem Gebiet des Zivilrechts (Bd und Seite), ab 1900
OLGR(ep)	OLG-Report (Jahr und Seite, getrennt für jedes OLG)
OLG(Z)	Entscheidungen der Oberlandesgerichte in Zivilsachen einschließlich der freiwilligen Gerichtsbarkeit (Jahr und Seite), ab 1965
OLSch	Orderlagerschein
OR	Schweizerisches Obligationenrecht
OTC	over the counter
OUP	Oxford University Press
oV	ohne Verfasser
OVG	Oberverwaltungsgericht
OWi	Ordnungswidrigkeit
OWiG	Gesetz über Ordnungswidrigkeiten
p. a.	pro Jahr
Palandt/(Bearbeiter)	(jetzt Grüneberg, 81. Aufl. 2022) Palandt, Bürgerliches Gesetzbuch, bearb. von Ellenberger, Götz, Grüneberg, Herrler, von Pückler, Retzlaff/Siede Sprau, Thorn, Weidenkaff, Weidlich, Wicke, 80. Aufl. 2021
PalSMG/(Bearbeiter)	Gesetz zur Modernisierung des Schuldrechts, Ergänzungsband zu Palandt, BGB, München. 61. Aufl 2002
PAngV	Preisangabenverordnung (PAngV)
PaPkG	Preisangaben- und Preisklauselgesetz
PartG	Partnerschaftsgesellschaft
PartGG	Gesetz über Partnerschaftsgesellschaften Angehöriger Freier Berufe (Partnerschaftsgesellschaftsgesetz – PartGG)
PartReg	Partnerschaftsregister
PartRV	Partnerschaftsregisterverordnung FNA 315-1-1
ParÜb	Pariser Verbandsübereinkunft zum Schutze des Gewerblichen Eigentums
PatG	Patentgesetz
PCAOB	Public Company Accounting Oversight Board, USA
PD	probability of default/Ausfallwahrscheinlichkeit (Basel II)
PECL	Principles of European Contract Law
PersBefG	Gesetz über die Beförderungen von Personen zu Lande (Personenbeförderungsgesetz)
PfandBRFortentwG	Gesetz zur Fortentwicklung des Pfandbriefrechts
PfandBG	Pfandbriefgesetz (PfandBG)
PflegeVG	Gesetz zur sozialen Absicherung des Risikos der Pflegebedürftigkeit (Pflege-Versicherungsgesetz – PflegeVG)
PflVersG	Gesetz über die Pflichtversicherung für Kraftfahrzeughalter (Pflichtversicherungsgesetz)
phG	persönlich haftender Gesellschafter
P & I	Protection and Indemnity (Versicherung des Verfrachters)
PIB	Produkt-Informationsblatt
PICC	Principles of International Commercial Contracts (Unidroit)
PIN	persönliche Geheimzahl, personal identification number
PIOB	Public Interest Oversight Board
PIR	Praxis der internationalen Rechnungslegung (Jahr und Seite)
P-Konto	Pfändungsschutzkonto
plc	public limited company

POC ..... percentage of completion
POS ..... point of sale
PostG ..... Gesetz über das Postwesen (PostG)
PostStruktG ..... Gesetz zur Neustrukturierung des Post- und Fernmeldewesens und der Deutschen Bundespost (Poststrukturgesetz – PostStruktG)
PostV ..... Postdienstverordnung (PostV)
PostVerfG ..... Gesetz über die Unternehmensverfassung der Deutschen Bundespost (Postverfassungsgesetz – PostVerfG)
PPP ..... public-private partnership
PRIPs ..... packaged retail investment products
PrJMBl ..... Justizministerialblatt für die preußische Gesetzgebung und Rechtspflege (Jahr und Seite)
PRIMA ..... Place of the Relevant Intermediary Approach
PrKV ..... Preisklauselverordnung
ProspRiUmsetzG ..... Gesetz zur Umsetzung der Richtlinie 2003/71/EG des Europäischen Parlaments und des Rates vom 4. November 2003 betreffend den Prospekt, der beim öffentlichen Angebot von Wertpapieren oder bei deren Zulassung zum Handel zu veröffentlichen ist, und zur Änderung der Richtlinie 2001/34/EG (Prospektrichtlinie-Umsetzungsgesetz)
PrüfbV ..... Verordnung über die Prüfung der Jahresabschlüsse der Kreditinstitute und Finanzdienstleistungsinstitute sowie die darüber zu erstellenden Berichte (Prüfungsberichtsverordnung – PrüfbV)
PSA ..... Public Securities Association, New York
PSD ..... Payment Services Directive, Richtlinie über Zahlungsdienste, s SEPA
PSI ..... pre-shipment inspection
PublG ..... Gesetz über die Rechnungslegung von bestimmten Unternehmen und Konzernen (Publizitätsgesetz – PublG)
PUCM ..... prospected unit credit method
PuLV ..... Preis- und Leistungsverzeichnis (Kreditinstitute)

Q&A ..... questions and answers (due diligence)
QJE ..... Quarterly Journal of Economics (Jahr, Seite)

RabelsZ ..... Rabels Zeitschrift für ausländisches und internationales Privatrecht (Bd, Jahr, Seite)
RABl ..... Reichsarbeitsblatt, ohne Ziffer = Teil I (Jahr und Seite)
R&D ..... research and development
RAG ..... Reichsarbeitsgericht, auch Entscheidungen des Reichsarbeitsgerichtes (Bd und Seite)
RAnz ..... Deutscher Reichsanzeiger
RdA ..... Recht der Arbeit (Jahr und Seite)
RdE ..... Recht der Energiewirtschaft (Jahr und Seite)
RDG ..... Rechtsdienstleistungsgesetz
RdL ..... Recht der Landwirtschaft (Jahr und Seite)
RDM ..... Ring Deutscher Makler
Rn ..... Randnote, Randnummer
Rdsch ..... Rundschau
Rdschr ..... Rundschreiben
RdW ..... Recht der Wirtschaft, Wien (Jahr und Seite)
Real Estate ..... Immobilien

RechKredV	Verordnung über die Rechnungslegung der Kreditinstitute und Finanzdienstleistungsinstitute (Kreditinstituts-Rechnungslegungsverordnung – RechKredV)
RefE	Referentenentwurf
Reg	Regierung
RegE	Regierungsentwurf
RegVBG	Gesetz zur Vereinfachung und Beschleunigung registerrechtlicher und anderer Verfahren (Registerverfahrenbeschleunigungsgesetz – RegVBG)
REIT	real estate investment trust(s)
REIT-G	Gesetz über deutsche Immobilien-Aktiengesellschaften mit börsennotierten Anteilen (REIT-Gesetz
Reithmann/Martiny/ IntVertragsR (Bearbeiter)	Reithmann, Martiny, Hrsg, Internationales Vertragsrecht, 8. Aufl. 2015
RestruktG	Gesetz zur Restrukturierung und geordneten Abwicklung von Kreditinstituten, zur Errichtung eines Restrukturierungsfonds für Kreditinstitute und zur Verlängerung der Verjährungsfrist der aktienrechtlichen Organhaftung (Restrukturierungsgesetz)
RFH	Reichsfinanzhof, auch Entscheidungen des Reichsfinanzhofes (Bd und Seite)
RG	Reichsgericht, auch Entscheidungen des Reichsgerichts in Zivilsachen (Bd und Seite)
Rgbg	Regensburg
RGBl	Reichsgesetzblatt, ohne Ziffer = Teil I; mit II = Teil II (Jahr und Seite)
RGSt	Reichsgericht, auch Entscheidungen des Reichsgerichts in Strafsachen (Bd und Seite)
RhPf	Rheinland-Pfalz
RICo	Ordnung für die internationale Eisenbahnbeförderung von Containern (Anh III zu CIM, Anlage 2 (BGBl II Anlagenband) zu VO
RID	Ordnung für die internationale Eisenbahnbeförderung gefährlicher Güter (Anl I zu CIM, Anlage 2 (BGBl II Anlagenband) zu VO
RIEx	Ordnung für die internationale Eisenbahnbeförderung von Expreßgut (Anl IV zu CIM, BGBl II 303)
RIP	Ordnung für die internationale Eisenbahnbeförderung von Privatwagen (Anh II zu CIM, Anlage 2 (BGBl II Anlagenband) zu VO
RisikobegrenzG	Gesetz zur Begrenzung der mit Finanzinvestitionen verbundenen Risiken (Risikobegrenzungsgesetz) v 12.8.2008, BGBl I 1666
RIW	Recht der Internationalen Wirtschaft, Betriebs-Berater International (früher: Außenwirtschaftsdienst des Betriebs-Berater, AWD) (Jahr und Seite)
RJA	Reichsjustiz-Amt, Entscheidungen in Angelegenheiten der freiwilligen Gerichtsbarkeit und des Grundbuchrechts (Bd und Seite)
RKfPr	Reichskommissar für die Preisbildung
rkr	rechtskräftig
RKT	Reichskraftwagentarif
RKW	Rationalisierungs-Kuratorium der deutschen Wirtschaft e.V.

RL	Richtlinie
RM	Reichsmark
RMBl	Reichsministerialblatt
RMVerk	Reichsverkehrsminister(ium)
RMWi	Reichsminister(ium) für Wirtschaft
Rn	Randnummer, Randziffer
ROCE	return on capital employed
ROHG	Reichs-Oberhandelsgericht, auch Entscheidungen des Reichs-Oberhandelsgerichts (Bd und Seite)
Röhricht/v. Westphalen/ Haas HGB/(Bearbeiter)	Röhricht, Graf von Westphalen, Haas, Handelsgesetzbuch, Kommentar, 5. Aufl 2019
ROI	return on investment
Rom I-VO	VO (EG) Nr 593/2008 des Europäischen Parlaments und des Rates v 17.6.2008 über das auf vertragliche Schuldverhältnisse anzuwendende Recht (Rom I)
Rom II-VO	VO (EG) Nr 864/2007 des Europäischen Parlaments und des Rates v 11.7.2007 über das auf außervertragliche Schuldverhältnisse anzuwendende Recht (Rom II), ABlEG L 199/40
Ro-Ro (Verkehr)	Roll on/Roll off (Verkehr)
ROW	Recht in Ost und West (Jahr und Seite)
Rowedder/(Bearbeiter)	Gesetz betreffend die Gesellschaften mit beschränkter Haftung (GmbHG) Kommentar, begr von Rowedder, hrsg von Schmidt-Leithoff, 6. Aufl 2017
Rpfleger	Der Deutsche Rechtspfleger (Jahr und Seite)
RPflG	Rechtspflegergesetz
RPS	Recht und Praxis der Schiedsgerichtsbarkeit (BB Beil Nr, Jahr und Seite)
RRat	Reichsrat
RReg	Reichsregierung
Rspr	Rechtsprechung
RsprÄnd	Rechtsprechungsänderung
RsprÜbersicht	Rechtsprechungsübersicht
Rstk	Rostock
RUF	revolving underwriting facility
RVerkBl	Reichsverkehrsblatt
rvgl	rechtsvergleichend
Rstk	Rostock (OLG)
RVS	Rollfuhrversicherungsschein
RWS	Kommunikationsforum Recht Wirtschaft Steuern, Köln
Rz	s Rn
S	Satz, Seite
s	siehe
Saarbr	Saarbrücken (OLG)
SAC	Standards Advisory Council
SAE	Sammlung arbeitsrechtlicher Entscheidungen (Jahr und Seite)
SAFE	Framework of Standards to Secure and Facilitate Global Trade
SanLiquRiG	Gesetz zur Umsetzung aufsichtsrechtlicher Bestimmungen zur Sanierung und Liquidation von Versicherungsunternehmen und Kreditinstituten
SAR	stock appreciation right(s)
SBPT	share based payment transaction

sbr	Schmalenbach Business Review (Bd, Jahr und Seite)
2. Schadensersatz-ÄndG	Zweites Gesetz zur Änderung schadensersatzrechtlicher Vorschriften
Schaub ArbR-HdB	Schaub, Arbeitsrechts-Handbuch, 18. Aufl 2019
ScheckG	Scheckgesetz
SchiedsG	Schiedsgericht
SchiedsVfG	Gesetz zur Neuregelung des Schiedsverfahrensrechts (Schiedsverfahrens-Neuregelungsgesetz – SchiedsVfG)
SchiedsVZ	Zeitschrift für Schiedsverfahren (Jahr und Seite)
Schimansky ua	s BankrechtsHdb
Schlegelb/(Bearbeiter)	Schlegelberger, Handelsgesetzbuch, Kommentar von Geßler, Hefermehl, Hildebrandt, Schröder, 6 Bde, 5. Aufl 1973 ff
Schlesw	Schleswig (OLG)
SchlH	Schleswig-Holstein
K. Schmidt	K. Schmidt, Handelsrecht, 5. Aufl 1999
K. Schmidt (GesR)	K. Schmidt, Gesellschaftsrecht, 4. Aufl 2002 (GesR nur außerhalb §§ 105 ff angegeben)
L. Schmidt	Einkommensteuergesetz, 40. Aufl. 2021
Scholz/(Bearbeiter)	Kommentar zum GmbH-Gesetz, begr v Scholz, 12. Aufl 2018, Bd 1–3,
Schr	Schreiben
SchuldRK	Schuldrechtskommission
Schwark/Zimmer/(Bearbeiter)	Kapitalmarktrechts-Kommentar, 5. Aufl 2020
SchVFalschberG	Gesetz zur Neuregelung der Rechtsverhältnisse bei Schuldverschreibungen aus Gesamtemission und zur verbesserten Durchsetzbarkeit von Ansprüchen von Anlagen aus Falschberatung
SchVG	Schuldverschreibungsgesetz v 4.12.1899, RGBl 1899, 691, BGBl III 4134–1; Gesetz über Schuldverschreibungen aus Gesamtemissionen (Schuldverschreibungsgesetz – SchVG)
schweiz	schweizerisch, Schweizer
SchweizAG	Die Schweizerische Aktiengesellschaft (Jahr und Seite)
SchweizJZ	Schweizerische Juristen-Zeitung (Jahr und Seite)
SD	Staff Draft (Vorstufe zu Entwürfen internationaler Rechnungslegungsstandards)
SE	Societas Europaea, Europäische (Aktien)Gesellschaft
SEAG	Gesetz zur Ausführung der Verordnung (EG) Nr. 2157/2001 des Rates vom 8. Oktober 2001 über das Statut der Europäischen Gesellschaft (SE) (SE-Ausführungsgesetz – SEAG)
SEBG	Gesetz über die Beteiligung der Arbeitnehmer in einer Europäischen Gesellschaft (SE-Beteiligungsgesetz – SEBG)
SEC	U. S. Securities and Exchange Commission
sec	section
SEEG	Gesetz zur Einführung der Europäischen Gesellschaft (SEEG)
2. SeerechtsÄndG	Gesetz zur Änderung des Handelsgesetzbuchs und anderer Gesetze (Zweites Seerechtsänderungsgesetz)
SEPA	Single Euro Payment Area, Einheitlicher Europäischer Zahlungsraum, s PSD
SE-RL	Richtlinie 2001/86/EG des Rates zur Ergänzung des Statuts der Europäischen Gesellschaft v 8.10.2001 hinsichtlich der Beteiligung der Arbeitnehmer
SeuffA	Seufferts Archiv für Entscheidungen der obersten Gerichte in den deutschen Staaten (Bd und Nr)

SEVO	Verordnung (EG) Nr. 2157/2001 des Rates über das Statut der Europäischen Gesellschaft (SE)
SFAC	Statement of Financial Accounting Concepts
SFAS	Statement of Financial Accounting Standards
SGB III	Sozialgesetzbuch (SGB) Drittes Buch (III) – Arbeitsförderung
SGB VII	Sozialgesetzbuch (SGB) Siebtes Buch (VII) – Unfallversicherung
SGB IX	Sozialgesetzbuch (SGB) Neuntes Buch (IX) – Rehabilitation und Teilhabe behinderter Menschen
SGB X	Sozialgesetzbuch (SGB) Zehntes Buch (X) Sozialverwaltungsverfahren und Sozialdatenschutz
SIC	Standing Interpretations Committee
SIC-D	Draft Standing Interpretations Committee
SIFI(s)	systemically important financial institution(s)
SIFMA	Securities Industry and Financial Markets Association
SIV	structured investment vehicle
SJZ	Süddeutsche Juristen-Zeitung (ab 1951 übergeleitet in JZ) (Jahr und Seite, ab 1947 Spalte)
SJZ/RSJ	Schweizerische Juristen-Zeitung/Revue Suisse de Jurisprudence (Jahr und Seite)
SoFFiN	Sonderfonds Finanzmarktstabilisierung
SMG	Gesetz zur Modernisierung des Schuldrechts
sog	sogenannt
Sonderbeil	Sonderbeilage
SortenschutzG	Sortenschutzgesetz
SOX	Sarbanes-Oxley Act (USA)
SozG	Sozialgericht
SozVers	Sozialversicherung
Sp (li, re)	(linke, rechte) Spalte
SPA	share purchase agreement
SPAC	special purpose acquisition company
Spark	Die Sparkasse, Zeitschrift des Deutschen Sparkassen- und Giroverbandes (Jahr und Seite)
SPE	Societas Privata Europaea, special purpose entity
Spediteur	Der Spediteur, Mitteilungsblatt des BSL (Jahr und Seite)
Sp-Police	Speditions-Police
SpruchG	Gesetz über das gesellschaftsrechtliche Spruchverfahren (Spruchverfahrensgesetz – SpruchG)
SpV	Speditionsversicherung
SPV	special purpose vehicle
SRO	self-regulatory organization
SSAP	Statement of Standard Accounting Practice
StAnpG	Steueranpassungsgesetz
Staub HGB/Bearbeiter	Grundmann, Habersack, Schäfer (Hrsg.), Handelsgesetzbuch, Großkommentar, 6. Aufl. 2020 ff.
Staudinger/(Bearbeiter)	Staudinger, Kommentar zum Bürgerlichen Gesetzbuch mit Einführungsgesetz und Nebengesetzen, Berlin, 12. Aufl 1978 ff, 13. Aufl 1993 ff (Einzelbde)
Staud/Hopt/Mülbert	s Hopt/Mülbert
StB	Der Steuerberater (Jahr und Seite)
StBerG	Steuerberatungsgesetz
Stbg	Die Steuerberatung (Jahr und Seite)
StBP	Die steuerliche Betriebsprüfung (Jahr und Seite)
StGB	Strafgesetzbuch

stGes	stille Gesellschaft
Stgt	Stuttgart (OLG)
str	streitig
stRspr	(in) ständige(r) Rechtsprechung
StuB	Steuern und Bilanzen (Jahr und Seite)
StückAG	Gesetz über die Zulassung von Stückaktien (Stückaktiengesetz – StückAG)
St/Ul I, II	Straatmann, Ulmer, Handelsrechtliche Schiedsgerichtspraxis, Bd 11 975, Bd 21982
St/Ul/Ti III, IV, V	Straatmann, Ulmer, Timmermann, Rechtsprechung kaufmännischer Schiedsgerichte, Bd 31 984, Bd 41 988; ab Bd 5 HK Hbg, s dort
StuW	Steuer und Wirtschaft (Jahr und Seite)
Suppl	Supplement
SVS/RVS	Speditions- und Rollfuhrversicherungsschein
SWB	sea waybill
S. W. I. F. T.	Society for Worldwide Interbank Financial Telecommunication
SZR	Sonderziehungsrecht (Rechnungseinheit des IWF)
SZW	Schweizerische Zeitschrift für Wirtschaftsrecht (früher SchweizAG, seit 2007 für Wirtschafts- und Finanzmarktrecht) (Jahr und Seite)
TAN	Transaktionsnummer
TEUR	Tausend Euro
THC	Terminal handling charges
Thomas/Putzo	Hüßtege/Reichold/Seiler/Nordemann Hrsg, begr v Thomas Putzo, Zivilprozessordnung, 42. Aufl 2021
TLF	transferable loan facilities
TOD	Takeover Bids Directive
TRG	Gesetz zur Neuregelung des Fracht-, Speditions- und Lagerrechts (Transportrechtsreformgesetz – TRG)
TransPuG	Gesetz zur weiteren Reform des Aktien- und Bilanzrechts, zu Transparenz und Publizität (Transparenz- und Publizitätsgesetz)
TranspR	Transportrecht (Jahr und Seite)
TRIPS	Agreement on Trade-Related Aspects of Intellectual Property Rights (der WTO)
TSR	total shareholder return
Tüb	Tübingen
TUG	Gesetz zur Umsetzung der Richtlinie 2004/109/EG des Europäischen Parlaments und des Rates vom 15. Dezember 2004 zur Harmonisierung der Transparenzanforderungen in Bezug auf Informationen über Emittenten, deren Wertpapiere zum Handel auf einem geregelten Markt zugelassen sind, und zur Änderung der Richtlinie 2001/34/EG (Transparenzrichtlinie-Umsetzungsgesetz – TUG)
TV	Tarifvertrag, Testamentsvollstrecker
TVG	Tarifvertragsgesetz
Textziffer	Tz.
TzBfG	Gesetz über Teilzeitarbeit und befristete Arbeitsverträge (Teilzeit- und Befristungsgesetz – TzBfG)
u	und
ua	unter anderem, und andere

uä	und ähnliche
uam	und anderes mehr
UBG	Unternehmensbeteiligungsgesellschaft
UBGG	Gesetz über Unternehmensbeteiligungsgesellschaften (UBGG)
Überbl	Überblick
ÜbernahmeRi-UmsetzungsG	Gesetz zur Umsetzung der Richtlinie 2004/25/EG des Europäischen Parlaments und des Rates vom 21. April 2004 betreffend Übernahmeangebote (Übernahmerichtlinie-Umsetzungsgesetz
Übk	Übereinkommen
UCC	Uniform Commercial Code
UCITS	Undertakings for Collective Investment in Transferable Securities (Directive)
UCP	Uniform Customs and Practice for Documentary Credits (s ERA)
ÜG	Überweisungsgesetz (ÜG)
UG (haftungsbeschränkt)	Unternehmergesellschaft (haftungsbeschränkt)
(ö)UGB	Unternehmensgesetzbuch (Österreich)
UK	United Kingdom
UKlaG	Gesetz über Unterlassungsklagen bei Verbraucherrechts- und anderen Verstößen (Unterlassungsklagengesetz – UKlaG)
üL	überwiegende Lehre
Ulmer/Brandner/Hensen/(Bearbeiter)	Ulmer, Brandner, Hensen, AGB-Recht, 12. Aufl 2016
üM	überwiegende Meinung
UMAG	Gesetz zur Unternehmensintegrität und Modernisierung des Anfechtungsrechts (UMAG)
UmsetzungsG Bank- und WPAufsicht	Gesetz zur Umsetzung von EG-Richtlinien zur Harmonisierung bank- und wertpapieraufsichtsrechtlicher Vorschriften
UmsG zur 2. E-Geld-RiLi	Gesetz zur Umsetzung der zweiten E-Geld-Richtlinie
UmstG	Drittes Gesetz zur Neuordnung des Geldwesens (Umstellungsgesetz),
UmwG	Umwandlungsgesetz
2. UmwÄndG	2. Umwandlungsänderungsgesetz
UN	United Nations, Vereinte Nationen
UNCITRAL	United Nations Commission on International Trade Law, Kommission der Vereinten Nationen für internationales Handelsrecht
UNCTAD	United Nations Conference on Trade and Development, Konferenz der Vereinten Nationen für Handel und Entwicklung
(UN)ECOSOC	United Nations Economic and Social Council, Wirtschafts- und Sozialrat der Vereinten Nationen
UNICE	Union des Confédérations de l'Industrie et des Employeurs d'Europe/Union of Industrial and Employers' Confederations of Europe
UNIDROIT	International Institute for the Unification of Private Law, Internationales Institut für die Vereinheitlichung des Privatrechts (Rom)
UNO	United Nations Organization
UNÜbkIntWarenkauf	Übereinkommen der Vereinten Nationen über Verträge über den internationalen Warenkauf

unstr	unstreitig
Unterabs	Unterabsatz
unv	unverändert(e Auflage)
unzutr	unzutreffend
u/o	und/oder
uö	und öfters
URC	Uniform Rules for Collections (s ERI)
URDG	Uniform Rules for Demand Guarantees
UrhG	Gesetz über Urheberrecht und verwandte Schutzrechte (Urheberrechtsgesetz)
URR	Uniform Rules for Bank-to-Bank Reimbursements (ICC), deutsch ERR
US GAAP	United States Generally Accepted Accounting Principles
UStG	Umsatzsteuergesetz 1999 (UStG 1999)
UStR	Umsatzsteuer-Richtlinien
usw	und so weiter
uU	unter Umständen
uüV	unter üblichem Vorbehalt
UWG	Gesetz gegen den unlauteren Wettbewerb (UWG)
v	vor, von
VAG	Gesetz über die Beaufsichtigung der Versicherungsunternehmen (Versicherungsaufsichtsgesetz – VAG)
VAR	value-at-risk (erwarteter Verlust, der mit vorgegebener Wahrscheinlichkeit über einen bestimmten Zeitraum nicht überschritten wird)
VAT	value added tax
vAw	von Amts wegen
VBGL	Vertragsbedingungen für den Güterkraftverkehrs- und Logistikunternehmer
VC	venture capital
VDMA	Verband Deutscher Maschinen- und Anlagebau e. V.
VDW	Verein Deutscher Werkzeugmaschinenfabriken e. V.
VerbrGüKRL	Richtlinie 1999/44/EG des Europäischen Parlaments und des Rates v 25.5.1999 zu bestimmten Aspekten des Verbrauchsgüterkaufs und der Garantien für Verbrauchsgüter, ABlEG L 171/12
VerbrKrRL	Richtlinie 2008/48/EG des Europäischen Parlaments und des Rates vom 23.4.2008 über Verbraucherkreditverträge und zur Aufhebung der Richtlinie 87/102/EWG des Rates, ABlEU L 133/66
VerbrKrRLUmsetzG	Gesetz zur Umsetzung der Verbraucherkreditrichtlinie, des zivilrechtlichen Teils der Zahlungsdiensterichtlinie sowie zur Neuordnung der Vorschriften über das Widerrufs- und Rückgaberecht, 29.7.2009 BGBl 2355
VergütSystemAnfG	Gesetz über die aufsichtsrechtlichen Anforderungen an die Vergütungssysteme von Instituten und Versicherungsunternehmen
VerjährungsanpassG	Gesetz zur Anpassung von Verjährungsvorschriften an das Gesetz zur Modernisierung des Schuldrechts v 9.12.2004, BGBl I 3214
VerkProspG	Wertpapier-Verkaufsprospektgesetz (VerkaufsprospektG)
VerkProspVO	Verordnung über Wertpapier-Verkaufsprospekte (Verkaufsprospekt-Verordnung)
VerkBl	Verkehrsblatt, Amtsblatt des BMV (Jahr und Seite)

VerlG ... Gesetz über das Verlagsrecht v 19.6.1901, RGBl 217, BGBl III FNA 441-1
VermVerkProspV ... Verordnung über Vermögensanlagen-Verkaufsprospekte (Vermögensanlagen-Verkaufsprospektverordnung – VermVerkProspV)
Vers ... Versicherung
VersKapAG ... Gesetz zur Änderung von Vorschriften über die Bewertung der Kapitalanlagen von Versicherungsunternehmen und zur Aufhebung des Diskontsatz-Überleitungs-Gesetzes (Versicherungskapitalanlagen-Bewertungsgesetz – VersKapAG)
VersN ... Der Versicherungsnehmer, Zeitschrift für die versicherungsnehmende Wirtschaft und den Straßenverkehr (Jahr und Seite)
VersPr ... Versicherungspraxis (Jahr und Seite)
VersR ... Versicherungsrecht, Juristische Rundschau für die Individualversicherung (Jahr und Seite)
VersRiLiG ... Gesetz zur Durchführung der Richtlinie des Rates der Europäischen Gemeinschaften über den Jahresabschluss und den konsolidierten Abschluss von Versicherungsunternehmen (Versicherungsbilanzrichtlinie-Gesetz – VersRiLiG)
VersVermG ... Gesetz zur Neuregelung des Versicherungsvermittlerrechts
VersVermV ... Verordnung über die Versicherungsvermittlung und -beratung (Versicherungsvermittlungsverordnung – (VersVermV)
VersVertreter ... Versicherungsvertreter
VersW ... Versicherungswirtschaft, Halbmonatsschrift der deutschen Individualversicherung (Jahr und Seite)
VerWiGeb ... Vereinigtes Wirtschaftsgebiet
VerwVerWiGeb ... Verwaltung des VerWiGeb
VG ... Verwaltungsgericht
VGH ... Verwaltungsgerichtshof
vgl ... vergleiche
VGR ... Gesellschaftsrechtliche Vereinigung (VGR); Schriftenreihe der VGR, Jahrestagung (Jahr und Seite)
VGrS ... Vereinigter Großer Senat
VIB ... Vermögensanlagen-Informationsblatt
VIZ ... Zeitschrift für Vermögens- und Immobilienrecht (Jahr und Seite)
VO ... Verordnung(en)
VMEBF ... Vereinigung zur Mitwirkung an der Entwicklung des Bilanzrechts für Familiengesellschaften
VOB ... Vergabe- und Vertragsordnung für Bauleistungen, vormals Verdingungsordnung für Bauleistungen
VOL ... Verdingungsordnung für Leistungen, ausgenommen Bauleistungen
vol, vols ... volume(s), Band/Bände
v. ... Westphalen/Thüsing
VertrR/AGB-Klauselwerke ... Graf von Westphalen, Thüsing, Hrsg., Vertragsrecht und AGB-Klauselwerk, 44. Aufl. 2019
Voraufl ... Vorauflage
Vorbem ... Vorbemerkung
VorstAG ... Gesetz zur Angemessenheit der Vorstandsvergütung (VorstAG)
VorstOG ... Gesetz über die Offenlegung von Vorstandsvergütungen (Vorstandsvergütungs-Offenlegungsgesetz – VorstOG)

VuR .... Verbraucher und Recht (Jahr und Seite)
VVaG .... Versicherungsverein auf Gegenseitigkeit
VVG .... Gesetz über den Versicherungsvertrag (Versicherungsvertragsgesetz – VVG)
VW .... Versicherungswirtschaft (Jahr und Seite)
VwGO .... Verwaltungsgerichtsordnung

WA .... Warschauer Abkommen zur Vereinheitlichung von Regeln über die Beförderung im internationalen Luftverkehr idF Protokoll Den Haag
Warn .... Die Rechtsprechung des Reichsgerichts auf dem Gebiete des Zivilrechts, hrsg von Warneyer (Jahr und Nr bis 1942/43); Die Rechtsprechung des Bundesgerichtshofes in Zivilsachen (Jahr und Nr, ab 1959/1960)
WBG .... Gesetz zur Bereinigung des Wertpapierwesens (Wertpapierbereinigungsgesetz)
Wertpapierhandels-RL ..... Richtlinie des BAWe zur Konkretisierung der §§ 31 und 32 WpHG für das Kommissions-, Festpreis- und Vermittlungsgeschäft der Kreditinstitute
Westermann .... Westermann ua, Handbuch der Personengesellschaften, Köln (LBl)
Westphal I .... Westphal, Vertriebsrecht, Bd I: Handelsvertreter, Bd 2: Vertragshändler, Düsseldorf 1998, 2000
WG .... Wechselgesetz
W&I (-Versicherung) .... warranty and indemnity insurance
WiB .... Wirtschaftsrechtliche Beratung, Zeitschrift für Wirtschaftsanwälte und Unternehmensjuristen (Jahr, Seite)
Wiedemann I, II .... Wiedemann, Gesellschaftsrecht, Bd I, Grundlagen, 1980, Bd II, Recht der Personengesellschaften, München 2004
WiGBl .... Gesetzblatt der Verwaltung des Vereinigten Wirtschaftsgebietes (Jahr und Seite)
1. WiKG .... Erstes Gesetz zur Bekämpfung der Wirtschaftskriminalität (1. WiKG)
WiR .... Wirtschaftsrecht (Jahr und Seite)
WiStG .... Gesetz zur weiteren Vereinfachung des Wirtschaftsstrafrechts (Wirtschaftsstrafgesetz)
wistra .... Zeitschrift für Wirtschafts- und Steuerstrafrecht (Jahr und Seite)
WKBG .... Gesetz zur Förderung von Wagniskapitalbeteiligungen (Wagniskapitalbeteiligungsgesetz – WKBG)
WKN .... Wertpapier-Kenn-Nummer
WM .... Zeitschrift für Wirtschafts- und Bankrecht, Wertpapier-Mitteilungen, Teil IV (Jahr und Seite)
Wolf/Lindacher/Peiffer ..... Wolf, Lindacher, Pfeiffer, AGB-Recht, 7. Aufl 2020
WP .... Wertpapier, auch: Das Wertpapier (Jahr und Seite)
WpAIV .... Verordnung zur Konkretisierung von Anzeige-, Mitteilungs- und Veröffentlichungspflichten sowie der Pflicht zur Führung von Insiderverzeichnissen nach dem Wertpapierhandelsgesetz (Wertpapierhandelsanzeige- und Insiderverzeichnisverordnung – WpAIV)
WPDGVorbeugG .... Gesetz zur Vorbeugung gegen missbräuchliche Wertpapier- und Derivategeschäfte
WpDPV .... Verordnung über die Prüfung der Wertpapierdienstleistungsunternehmen nach § 36 des Wertpapierhandelsgesetzes (Wertpapierdienstleistungs-Prüfungsverordnung – WpDPV)

WpDVerOV	Verordnung zur Konkretisierung der Verhaltensregeln und Organisationsanforderungen für Wertpapierdienstleistungsunternehmen (Wertpapierdienstleistungs-Verhaltens- und Organisationsverordnung – WpDVerOV)
WPg	Die Wirtschaftsprüfung (Jahr und Seite)
WP-Hdb	WP-Handbuch Wirtschaftsprüfung und Rechnungslegung, 17. Aufl. 2021
WpHG	Gesetz über den Wertpapierhandel (Wertpapierhandelsgesetz – WpHG)
WpHMV	Verordnung über die Meldepflichten beim Handel mit Wertpapieren und Derivaten (Wertpapierhandel-Meldeverordnung – WpHMV)
WpHVerhaltensRL	Richtlinie zur Konkretisierung der §§ 31 und 32 WpHG für das Kommissionsgeschäft, den Eigenhandel für andere und das Vermittlungsgeschäft der Wertpapierdienstleistungsunternehmen
WPK	Wirtschaftsprüferkammer
WPK-Mitt	Wirtschaftsprüferkammer-Mitteilungen
WPO	Gesetz über eine Berufsordnung der Wirtschaftsprüfer (Wirtschaftsprüferordnung)
WPOÄG	Gesetz zur Änderung von Vorschriften über die Tätigkeit der Wirtschaftsprüfer (Wirtschaftsprüferordnungs-Änderungsgesetz – WPOÄG)
WpPG	Gesetz über die Erstellung, Billigung und Veröffentlichung des Prospekts, der beim öffentlichen Angebot von Wertpapieren oder bei der Zulassung von Wertpapieren zum Handel an einem organisierten Markt zu veröffentlichen ist (Wertpapierprospektgesetz – WpPG)
WPRefG	Gesetz zur Reform des Zulassungs- und Prüfungsverfahrens des Wirtschaftsprüfungsexamens (Wirtschaftsprüfungsexamens-Reformgesetz – WPRefG)
WpÜG	Wertpapiererwerbs- und Übernahmegesetz (WpÜG)
WpÜG-AngebotsVO	Verordnung über den Inhalt der Angebotsunterlage, die Gegenleistung bei Übernahmeangeboten und Pflichtangeboten und die Befreiung von der Verpflichtung zur Veröffentlichung und zur Abgabe eines Angebots (WpÜG-Angebotsverordnung)
WpÜG-BeiratsVO	Verordnung über die Zusammensetzung, die Bestellung der Mitglieder und das Verfahren des Beirats bei der Bundesanstalt für Finanzdienstleistungsaufsicht (WpÜG-Beiratsverordnung)
WpÜG-Widerspruchsausschuss-VO	Verordnung über die Zusammensetzung und das Verfahren des Widerspruchsausschusses bei der Bundesanstalt für Finanzdienstleistungsaufsicht (WpÜG-Widerspruchsausschuss-Verordnung)
WpÜG-GebührenVO	Verordnung über Gebühren nach dem Wertpapiererwerbs- und Übernahmegesetz (WpÜG-Gebührenverordnung)
WR	Wertpapierrechnung
WR-Gutschrift	Gutschrift in Wertpapierrechnung
WRP	Wettbewerb in Recht und Praxis (Jahr und Seite)
WTO	World Trade Organisation, Welthandelsorganisation (GATT)
WuB	Entscheidungssammlung zum Wirtschafts- und Bankrecht (WM)
WuW	Wirtschaft und Wettbewerb (Jahr und Seite)

WuW/E	Wirtschaft und Wettbewerb, Entscheidungssammlung zum Kartellrecht
WVB	Waren-Vereins-Bedingungen
WV Hbg Börse	Waren-Verein der Hamburger Börse e. V.
ZAG	Gesetz über die Beaufsichtigung von Zahlungsdiensten (Zahlungsdiensteaufsichtsgesetz – ZAG)
ZahlungsdiensteUmsetzG	Gesetz zur Umsetzung der aufsichtsrechtlichen Vorschriften der Zahlungsdiensterichtlinie (Zahlungsdiensteumsetzungsgesetz)
ZahlungsBeschlG	Gesetz zur Beschleunigung fälliger Zahlungen
ZAIP	s RabelsZ
ZAkDR	Zeitschrift der Akademie für Deutsches Recht (Jahr und Seite)
zB	zum Beispiel
ZBB	Zeitschrift für Bankrecht und Bankwirtschaft (Jahr und Seite)
ZBH	Zentralblatt für Handelsrecht (Jahr und Seite)
ZBk	Zentralbank
ZCG	Zeitschrift für Corporate Governance (Jahr und Seite)
ZErb	Zeitschrift für die Steuer- und Erbrechtspraxis (Jahr und Seite)
ZEuP	Zeitschrift für Europäisches Privatrecht (Jahr und Seite)
ZEV	Zeitschrift für Erbrecht und Vermögensnachfolge (Jahr und Seite)
ZfA	Zeitschrift für Arbeitsrecht (Jahr und Seite)
ZfB	Zeitschrift für Betriebswirtschaft (Jahr und Seite)
ZfbF	Schmalenbachs Zeitschrift für betriebswirtschaftliche Forschung (Jahr und Seite)
ZfBR	Zeitschrift für deutsches und internationales Bau- und Vergaberecht (Jahr und Seite)
ZfgK	Zeitschrift für das gesamte Kreditwesen (Jahr und Seite)
ZfIR	Zeitschrift für Immobilienrecht (Jahr und Seite)
ZfRV	Zeitschrift für Rechtsvergleichung, Wien (Jahr und Seite)
ZfV	Zeitschrift für Versicherungswesen (Jahr und Seite)
ZGB	Zivilgesetzbuch (in Verbindung mit dem jeweils erlassenden Staat)
ZGesKW	s ZfgK
ZGR	Zeitschrift für Unternehmens- und Gesellschaftsrecht (Jahr und Seite)
ZGS	Zeitschrift für das gesamte Schuldrecht (Jahr und Seite)
ZHR	Zeitschrift für das gesamte Handelsrecht und Wirtschaftsrecht (früher Zeitschrift für das gesamte Handelsrecht und Konkursrecht) (Bd, Jahr, Seite)
ZInsO	Zeitschrift für das gesamte Insolvenzrecht (Jahr und Seite)
ZIP	Zeitschrift für Wirtschaftsrecht (1–7/1980 Insolvenzrecht – Zeitschrift für die gesamte Insolvenzpraxis, dann bis 12/1982 Zeitschrift für Wirtschaftsrecht und Insolvenzpraxis) (Jahr und Seite)
zit	zitiert
ZKA	Zentraler Kreditausschuss (der Spitzenverbände der Kreditwirtschaft)
ZKW	s ZfgK
ZNotP	Zeitschrift für die NotarPraxis (Jahr und Seite)
ZPO	Zivilprozessordnung

ZRP	Zeitschrift für Rechtspolitik (Jahr und Seite)
ZS	Zivilsenat
ZSR	Zeitschrift für Schweizerisches Recht (Jahr, Bd, Seite)
zT	zum Teil
zust	zustimmend
ZuständErgG	Gesetz zur Ergänzung von Zuständigkeiten auf den Gebieten des Bürgerlichen Rechts, des Handelsrechts und des Strafrechts (Zuständigkeitsergänzungsgesetz)
7. ZuständAnpVO	Siebente Zuständigkeitsanpassungs-Verordnung
zutr	zutreffend
ZVersWiss	Zeitschrift für die gesamte Versicherungswissenschaft (Jahr und Seite)
ZVertrR	Zeitschrift für Vertriebsrecht (Jahr und Seite)
ZVG	Gesetz über die Zwangsversteigerung und die Zwangsverwaltung (Zwangsversteigerungsgesetz)
ZVglRWiss	Zeitschrift für Vergleichende Rechtswissenschaft (wechselnde Titel) (Bd, Jahr, Seite)
ZVI	Zeitschrift für Verbraucher- und Privat-Insolvenzrecht (Jahr und Seite)
Zweibr	Zweibrücken (OLG)
ZWeR	Zeitschrift für Wettbewerbsrecht (Jahr und Seite)
ZwNl	Zweigniederlassung
zZ	zurzeit
zzgl	zuzüglich
ZZP	Zeitschrift für Zivilprozess (Bd und Seite)
ZZPInt	Zeitschrift für Zivilprozess International (Bd und Seite)

I. Handelsrecht

1. Kapitel. Handelsstand

Übersicht

A. Kaufleute

1. Anmeldung der Errichtung eines einzelkaufmännischen Unternehmens

Amtsgericht . . . . .[1]

– Handelsregister Abt. A –

. . . . . *(Sitz des Registergerichts)*[2]

Neueintragung eines einzelkaufmännischen Unternehmens

Zur Eintragung in das Handelsregister wird angemeldet:[3]

Ich, ... *(Vor- und Nachname)*, geboren am . . . . ., wohnhaft in . . . . .,[4] betreibe in . . . . . unter der Firma

. . . . . e. K.[5]

ein Handelsgewerbe. Gegenstand des Unternehmens ist . . . . .[6]

Die inländische Geschäftsanschrift lautet: . . . . .[7]

. . . . . *(Ort)*, den . . . . .

. . . . . (*Unterschrift*)[8]

Beglaubigungsvermerk[9]

Anmerkungen

1. Kaufmannsbegriff. Nach § 1 I ist Kaufmann, wer ein Handelsgewerbe betreibt. Dabei unterscheidet das Gesetz zunächst zwischen dem Istkaufmann (§ 1) und dem Kannkaufmann (§ 2). Daneben nennt das Gesetz den Kaufmann kraft Eintragung (§ 5) sowie den Formkaufmann (§ 6). Der Kaufmann kraft Eintragung hat nur geringere praktische Bedeutung (s Hopt/(Merkt) § 5 Rn 2). Der Begriff des Formkaufmanns umfasst die Handelsgesellschaften (s Hopt/(Merkt) § 6 Rn 1 ff).

Um im Übrigen den Kaufmannsbegriff zu erfüllen, muss das betriebene Unternehmen ein Gewerbebetrieb sein (Hopt/(Merkt) § 1 Rn 12). Ein Handelsgewerbe wiederum liegt gem § 1 II immer dann vor, wenn das Unternehmen „nach Art und Umfang" einen in kaufmännischer Weise eingerichteten Geschäftsbetrieb erfordert, also eine kaufmännische Buchführung und Bilanzierung, eine kaufmännische Bezeichnung mittels einer Firma, eine kaufmännische Ordnung und Vertretung sowie eine kaufmännische Haftung, was im Rahmen einer Gesamtschau in quantitativer und qualitativer Hinsicht zu beurteilen ist (Hopt/(Merkt) § 1 Rn 23). Entsprechend der Gesetzesformulierung wird dies bei der Eintragung vermutet. Nicht hierunter fallen also Kleingewerbetreibende. Diese haben jedoch die Möglichkeit, sich gem § 2 in das Handelsregister eintragen zu lassen und somit durch konstitutive Eintragung die Kaufmannseigenschaft zu erlangen. Für den Istkaufmann hingegen hat die Eintragung im Handelsregister rein deklaratorische Wirkung. In der Handelsregisteranmeldung ist es nicht zwingend erforderlich, die Unterscheidung, ob ein Ist- oder ein Kannkaufmann zur Eintragung angemeldet wird, zum Ausdruck zu bringen, da sie nicht im Handelsregistereintrag kenntlich gemacht wird. Es wäre jedoch unschädlich (so bei David/Dombek/Friedrichsen/Geschwandtner/Kollmorgen/Rohde/Schmidt/*Teichmann*, Gesellschaftsrecht, Vertragsgestaltung, Prozessführung, 2008, Teil 3 § 1 Rn 56). Lediglich für die Frage, ob eine Anmelde*pflicht* besteht, die nach § 14 erzwungen werden kann, ist im Rahmen des Registerverfahrens die Unterscheidung zwischen Ist- und Kannkaufmann von Bedeutung.

Für die Frage, wann ein Gewerbe vorliegt, enthält das HGB keine gesetzliche Definition. Rechtsprechung und Literatur definieren ein Gewerbe im Sinne des Handelsrechts als erkennbar planmäßige, auf Dauer angelegte, selbständige, auf Gewinnerzielung ausgerichtete oder jedenfalls wirtschaftliche Tätigkeit am Markt unter Ausschluss freiberuflicher, wissenschaftlicher und künstlerischer Tätigkeit (Hopt/(Merkt) § 1 Rn 12, näher zur freiberuflichen, wissenschaftlichen und künstlerischen Tätigkeit Hopt/(Merkt) § 1 Rn 19 ff).

2. Anmeldung und Eintragung. Die Anmeldung und Eintragung des einzelkaufmännischen Unternehmens erfolgt gem § 29 bei dem Handelsregister des Gerichts, in dessen Ort sich die Niederlassung (Hauptniederlassung) befindet. Bei der Eintragung ist die Konzentration der Registergerichte in den jeweiligen Bundesländern nach § 376 II FamFG zu beachten. Die Eintragung eines einzelkaufmännischen Unternehmens erfolgt in Abteilung A des Handelsregisters. Im Gegensatz zur GmbH (§ 4a GmbHG) oder Aktiengesellschaft (§ 5 AktG), die ihren Sitz frei wählen können, ist das einzelkaufmännische Unternehmen an den Ort der Handelsniederlassung gebunden, dh die Anmeldung hat an demjenigen Ort zu erfolgen, an dem sich die Niederlassung befindet, also der Ort, von dem der Kaufmann seine Geschäfte dauerhaft leitet, der Ort der Geschäftsleitung (MüKoHGB/(Krafka) § 13 Rn 7).

3. Anmeldepflicht. Die Pflicht zur Anmeldung trifft nach § 29 den Inhaber des einzelkaufmännischen Unternehmens, also denjenigen, der das Unternehmen betreibt bzw in dessen Namen es betrieben wird (Hopt/(Merkt) § 1 Rn 30 ff). Dies ist somit auch der Minderjährige oder Geschäftsunfähige. Unerheblich ist ferner, ob das Unternehmen das Eigene oder ein Fremdes ist oder ob es in eigenem oder fremdem Namen betrieben wird (Hopt/(Merkt) § 1 Rn 30). So ist Betreiber beispielsweise der Pächter oder der Nießbraucher, soweit mit dem Nießbrauch auch die verantwortliche Leitung des Unternehmens nach außen erkennbar übertragen ist, entsprechend nicht bei einem bloßen Ertragsnießbrauch (Hopt/(Merkt) § 1 Rn 30; BayObLG, BB 1973, 956). Der Inhalt der Anmeldung ergibt sich ebenfalls aus § 29. Unterlagen sind der Anmeldung nicht beizufügen.

4. Anzugebende Daten. Gem §§ 24 I, § 40 Nr 3 lit b HRV sind in die Anmeldung Vorname, Familienname, Geburtsdatum und Wohnort des Inhabers aufzunehmen.

5. Firma. Der Kaufmann ist bei der Wahl seiner Firma relativ frei. Er kann, muss aber nicht seinen Namen in die Firma aufnehmen. Vielmehr kann er neben der Personenfirma auch eine Sach-, Phantasie- oder eine gemischte Firma wählen (MüKoHGB/(Heidinger) § 19 Rn 6). Entscheidend ist, dass die Firma den firmenrechtlichen Grundsätzen der Eignung zur Kennzeichnungs- und Unterscheidungskraft gem § 18 I sowie der Firmenwahrheit gem § 18 II entspricht und einen Rechtsformzusatz gem § 19 enthält. Ferner muss auch die Unterscheidbarkeit zu anderen am Ort der Niederlassung eingetragenen Handelsfirmen gegeben sein (§ 30 I). Die Firma unterteilt sich in einen Firmenkern und den Firmenzusatz, wobei der Rechtsformzusatz zwingend beizufügen ist (MüKoHGB/(Heidinger) § 17 Rn 16 f). Der Firmenkern stellt den Namensbestandteil dar, er individualisiert die Firma, der Rechtsformzusatz dient der Offenlegung der Haftungsverhältnisse. In der Ausgestaltung des Rechtsformzusatzes besteht gem § 19 I Nr 1 die Wahl zwischen den Bezeichnungen „eingetragener Kaufmann" bzw. „eingetragene Kauffrau" oder einer allgemein verständlichen Abkürzung wie „e. K." bzw. „e. Kfm." oder „e. Kfr.".

6. Unternehmensgegenstand. Der Unternehmensgegenstand ist beim einzelkaufmännischen Unternehmen immer dann zum Handelsregister anzumelden, wenn er sich nicht bereits direkt aus der Firma ergibt (§ 24 IV HRV). Es empfiehlt sich jedoch, den Gegenstand des Unternehmens stets in die Handelsregisteranmeldung aufzunehmen, um Nachfragen des Registergerichts zu vermeiden. Auch wenn der Gegenstand des Unternehmens einer besonderen Erlaubnis bedarf, muss diese dem Handelsregister grundsätzlich zur Eintragung nicht vorgelegt werden. Das Registergericht müsste jedoch dann die Eintragung ablehnen, wenn nach den gesetzlichen Vorschriften der Betrieb des konkreten Gewerbes in der Rechtsform eines einzelkaufmännischen Unternehmens nicht zulässig ist, wie im Fall des § 32 KWG iVm § 2b Abs. 1 KWG (Krafka, RegisterR Rn 513).

7. Inländische Geschäftsanschrift. Zur Eintragung in das Handelsregister ist seit dem Inkrafttreten des MoMiG gem § 29 auch zwingend die inländische Geschäftsanschrift anzumelden (vorher nur Angabe der Lage der Geschäftsräume nach § 24 HRV aF in der Handelsregisteranmeldung ohne Eintragung). Die Eintragung dient der faktischen Zustellungserleichterung. Die mit dem MoMiG eingeführte öffentliche Zustellung gem § 15a knüpft an die juristische Person an und ist damit nicht auf einzelkaufmännische Unternehmen anwendbar (MüKoHGB/(Krafka) § 15 a Rn 5). Folge der Eintragung der inländischen Geschäftsanschrift ist, dass auch jede Änderung dieser Anschrift zur Eintragung in das Handelsregister anzumelden ist. Im Gegensatz zur Kapitalgesellschaft (s §§ 8 IV Nr 1 und 4 a GmbHG, §§ 37 III Nr 1 und 5 AktG und BT-Drs 16/6140 S 36) ist der Einzelkaufmann nach hM jedoch nicht frei, seine inländische Geschäftsanschrift abweichend von der exakten Adresse der Hauptniederlassung zu wählen (BT-Drs 16/6140 S 49, MüKoHGB/(Krafka) § 31 Rn 10; Fleischhauer/Wochner, Handelsregisterrecht, C I Rn 8 Ziff 5). Denn anders als beim Sitz der Kapitalgesellschaft knüpft beim Einzelkaufmann der Begriff der Niederlassung nicht an einer Satzungswahl, sondern an tatsächlichen Gegebenheiten an, so dass ein Gleichlauf mit der Geschäftsanschrift bestehen sollte (Fleischhauer/Wochner C I Rn 8 Ziff 5). Soweit die inländische Geschäftsanschrift zur Eintragung in das Handelsregister angemeldet wird, muss auf die Lage der Geschäftsräume nicht gesondert hingewiesen werden (§ 24 II 2 HRV).

8. Unterschrift, Stellvertretung. Mit Inkrafttreten des EHUG zum 1.1.2007 ist das Erfordernis der persönlichen Namenszeichnung entfallen (§ 29 aF). Die Anmeldung muss also nur noch unterschrieben werden. Eine Stellvertretung bei der Anmeldung ist zulässig (s §§ 10, 378 I FamFG) und wird in § 12 I 2 vorausgesetzt. Zu beachten ist jedoch bei der Erteilung einer Vollmacht, dass diese gem § 12 I 2 in öffentlich beglaubigter Form. vorliegen muss und dem Handelsregister elektronisch (§ 12 II) einzureichen ist. Alternativ zur Vorlage der Vollmacht kann eine Notarbescheinigung über die Vollmacht gem § 12 I 3 eingereicht werden.

9. Beglaubigung. Die Unterschrift unter der Handelsregisteranmeldung bedarf gem § 12 I 1 der öffentlichen Beglaubigung. Die Anmeldung ist sodann dem Handelsregister elektronisch einzureichen. **Kosten.** Notargebühren: Gebühr: Hat der Notar die Handelsregisteranmeldung entworfen, fällt für Entwurf und Beglaubigung eine 0,5-Beurkundungsgebühr nach KV 21201 Nr 5, KV 24102 GNotKG (mindestens EUR 30,00) an. Ohne Entwurf fällt nur eine 0,2-Beglaubigungsgebühr nach KV 25100 GNotKG (mindestens EUR 20,00 und höchstens EUR 70,00) an. Wird der Notar auch mit dem Vollzug der Anmeldung beauftragt, müssen die Anmeldeinhalte für den elektronischen Rechtsverkehr in einer XML-Datei zusammengestellt und alle Dokumente elektronisch übermittelt werden. Dies löst eine 0,3 Vollzugsgebühr nach KV 22114 GNotKG bzw. 0,6-Vollzugsgebühr nach KV 22125 GNotKG, höchstens jeweils EUR 250,00 aus, die stets neben evtl. weiter anfallenden Nebengebühren, wie zB Dokumenten- und Auslagenpauschalen zu erheben ist. Geschäftswert: EUR 30.000,00 gem § 105 III Nr 1 GNotKG. Gerichtsgebühren: EUR 70,00 nach HRegGebV Nr 1100.

2. Anmeldung des Eintritts eines (persönlich haftenden) Gesellschafters in ein einzelkaufmännisches Unternehmen

Amtsgericht . . . . .

– Handelsregister Abt. A –

. . . . . (*Sitz des Registergerichts*)

HRA . . . . .

. . . . . e. K., Eintritt eines persönlich haftenden Gesellschafters[1]

Zur Eintragung in das Handelsregister wird angemeldet:

1. In das von . . . . . *(Vorname, Nachname)* unter der Firma . . . . . bislang als Einzelkaufmann betriebene, im Handelsregister des Amtsgerichts . . . . . HRA . . . . . eingetragene Handelsgeschäft ist . . . . . *(Vorname, Nachname)*, geboren am . . . . ., wohnhaft in . . . . . als persönlich haftender Gesellschafter eingetreten.
2. Die hierdurch entstandene offene Handelsgesellschaft führt die bisherige Firma des einzelkaufmännischen Unternehmens unter Änderung des Rechtsformzusatzes wie folgt fort:
   . . . . . oHG[2]

   Alternativ:
   Die hierdurch entstandene offene Handelsgesellschaft führt folgende neue Firma:
   . . . . . oHG[3]
3. Sitz der Gesellschaft ist . . . . . Die inländische Geschäftsanschrift lautet: . . . . .
4. Der Gegenstand des Unternehmens ist . . . . .[4]
5. Jeder Gesellschafter vertritt die Gesellschaft einzeln.

   Alternativ:
   Allgemeine Vertretungsbefugnis:
   Die Gesellschaft wird durch jeweils zwei persönlich haftenden Gesellschafter gemeinschaftlich oder durch einen persönlich haftenden Gesellschafter in Gemeinschaft mit einem Prokuristen vertreten. Jedem Gesellschafter kann durch Gesellschafterbeschluss ganz oder teilweise Befreiung von den Beschränkungen des § 181 BGB erteilt werden.
   Besondere Vertretungsbefugnis:
   Die Gesellschafter . . . . . (Vorname, Nachname), geboren am . . . . ., wohnhaft in . . . . . sowie . . . . . (Vorname, Nachname), geboren am . . . . ., wohnhaft in . . . . . vertreten die Gesellschaft gemeinschaftlich und sind von den Beschränkungen des § 181 BGB befreit.[5]

Gegebenenfalls:

6. *Die Prokura von . . . . . (Vorname, Nachname), geboren am . . . . ., wohnhaft in . . . . . bleibt bestehen. Er vertritt nunmehr gemeinsam mit einem persönlich haftenden Gesellschafter oder einem weiteren Prokuristen.*[6]
7. *Die Haftung der Gesellschaft für die im Betrieb des Geschäfts des bisherigen Inhabers begründeten Verbindlichkeiten sowie der Übergang der in dem Betrieb begründeten Forderungen auf die Gesellschaft ist ausgeschlossen.*[7]

. . . . . *(Ort)*, den . . . . .

. . . . . (*Unterschriften aller Gesellschafter*)[8]

Beglaubigungsvermerk[9]

Anmerkungen

1. Anmeldefall. Durch den Eintritt eines persönlich haftenden Gesellschafters in das einzelkaufmännische Unternehmen entsteht eine offene Handelsgesellschaft, deren Gründung gem § 106 I zum Handelsregister anzumelden ist. Gesellschaftsrechtlich liegt in diesem Fall die Gründung der Gesellschaft unter Einbringung des bisherigen Geschäfts des Einzelkaufmanns im Wege der Sacheinlage vor (Oetker/(Vossler) HGB § 28 Rn 1). Da es sich um die Gründung einer Gesellschaft handelt, haben die beratenden Rechtsanwälte und Notare hier die Bestimmungen des Geldwäschegesetzes mit den entsprechenden Aufzeichnungs- und Aufbewahrungspflichten zu beachten (zum GWG *Sommer*, MittBayNot 2019, 107 ff). Unterlagen sind der Anmeldung zum Handelsregister nicht beizufügen. Der Inhalt der Anmeldung ergibt sich aus § 106 II. Soweit nicht ein persönlich haftender Gesellschafter in das einzelkaufmännische Unternehmen eintritt, sondern ein Kommanditist, entsteht eine Kommanditgesellschaft, deren Gründung gem § 162 I zum Handelsregister anzumelden ist. Der Inhalt der Anmeldung ergibt sich sodann aus § 162 I und § 106 II. Die im Form. zu Ziff 5 aufgeführten Gegebenheiten beziehen sich sodann auf den persönlich haftenden Gesellschafter, daneben ist der Kommanditist mit der Höhe seiner Hafteinlage in die Handelsregisteranmeldung aufzunehmen. Der Kommanditist ist gem § 170 nicht vertretungsberechtigt.

2. Firmenfortführung. Gem § 24 I Alt 1 kann die Gesellschaft die Firma des Einzelkaufmanns fortführen. Hierzu bedarf es entsprechend dem Gesetzeswortlaut keiner gesonderten Zustimmung. Allerdings ist, soweit der Name des bisherigen Inhabers in der Firma enthalten ist, bei einem eventuellen Ausscheiden seiner Person nach § 24 II seine Einwilligung zur weiteren Firmenfortführung einzuholen. Unmittelbar geändert werden muss jedoch der Rechtsformzusatz in „offene Handelsgesellschaft" oder eine entsprechende allgemeinverständliche Abkürzung (§ 19 I Nr 2; Hopt/(Merkt) § 24 Rn 5). Die Kontinuität des Unternehmens spiegelt sich auch im Handelsregistereintrag wieder: § 41 HRV impliziert, dass für die oHG das Registerblatt des Einzelkaufmanns weitergeführt werden kann (s auch für den Fall der Veräußerung des einzelkaufmännischen Unternehmens → Form. I.C.2 Anm. 1).

3. Neue Firma. Es kann neben der Fortführung der Firma auch eine ähnliche oder gänzlich abweichende Firma gebildet werden. Auch dann ist das Erlöschen der ursprünglichen Firma nicht zum Handelsregister anzumelden (Hopt/(Merkt) § 31 Rn 8; MüKoHGB/(Krafka) § 31 Rn 12; aA StaubHGB/(Burgard) § 31 Rn 9).

4. Unternehmensgegenstand. S → Form. I.A.1 Anm. 6

5. Vertretungsregelung. Zur Eintragung in das Handelsregister ist gem § 106 II Nr 4 die Vertretungsmacht der Gesellschafter anzumelden, und zwar auch dann, wenn diese der gesetzlichen Regelung des § 125 I entspricht. Soweit für einzelne Gesellschafter abweichende besondere Vertretungsregelungen bestehen, sind diese ebenfalls zum Handelsregister anzumelden und sodann gem § 40 Nr 3 S 2 HRV in das Handelsregister einzutragen. Bestehen keine von § 125 I abweichenden Vertretungsregelungen (im Form. Alt 1), so ist nach hM die besondere Vertretungsbefugnis nicht gesondert zum Handelsregister anzumelden (Fleischhauer/Wochner Handelsregisterrecht D I Rn 6 Ziff 6; wohl MüKoHGB/(Langhein) § 106 Rn 32). Vom Gesetz abweichende gesellschaftsvertragliche Vertretungsregelungen sind abstrakt und konkret anzumelden (Fleischhauer/Wochner D IV Rn 10 Ziff 10).

6. Prokura. Soweit eine für das einzelkaufmännische Unternehmen erteilte Prokura weiter Bestand haben soll, ist dies zum Handelsregister anzumelden. Andernfalls erlischt sie nach hM (BayObLG BB 1971, 238 f; Hopt/(Merkt) § 52 Rn 5; Staub/(Joost) § 52 Rn 53, aA Ebenroth/Boujong/Joost/Strohn § 52 Rn 21).

7. Haftung. Gem § 28 I haftet die Gesellschaft, auch wenn die Firma nicht fortgeführt wird, für alle im Betrieb des einzelkaufmännischen Unternehmens entstandenen Verbindlichkeiten fort, und es gelten die im Betrieb begründeten Forderungen als auf die Gesellschaft übergegangen. Nach § 28 II kann jedoch ein entsprechender Haftungsausschluss bzw der Ausschluss des Forderungsübergangs in Anlehnung an die Regelung des § 25 II vereinbart und im Handelsregister eingetragen werden (§ 40 Nr 5 lit b gg HRV).

8. Anmeldepflicht. Die Anmeldung ist von dem bisherigen Inhaber und allen neu eintretenden Gesellschaftern zu unterschreiben (§ 108 S 1).

9. Beglaubigung. S → Form. I.A.1 Anm. 9. **Kosten.** Notargebühren: Gebühr: S → Form. I.A.1 Anm. 9, Geschäftswert: EUR 45.000,00 gem § 105 III Nr 2 Halbs 1 GNotKG (bei zwei Gesellschaftern; bei weiteren Gesellschaftern erhöht sich der Wert je weiteren Gesellschafter um EUR 15.000,00 gem § 105 III Nr 2 Halbs 2 GNotKG). Gerichtsgebühren: EUR 100,00 gem HRegGebV Nr. 1101 für die Ersteintragung der oHG mit bis zu drei Gesellschaftern. Nach HRegGebV Nr. 1102 erhöht sich die Gebühr um je EUR 40,00 für jeden weiteren Gesellschafter.

3. Anmeldung des Erlöschens der Firma

Amtsgericht . . . . .

– Handelsregister Abt. A –

. . . . . (*Sitz des Registergerichts*)

HRA . . . . .

. . . . . e. K., Erlöschen der Firma

Zur Eintragung in das Handelsregister wird angemeldet:

1. Die vorgenannte Firma ist erloschen. Der unter dieser Firma geführte Gewerbebetrieb ist eingestellt.[1]

Alternativ:

1. Die vorgenannte Firma ist erloschen. Das unter dieser Firma geführte Unternehmen erfordert nach Art und Umfang keinen in kaufmännischer Weise eingerichteten Gewerbebetrieb (mehr).[2]

Gegebenenfalls:

2. Die Prokura von . . . . . (Vorname, Nachname), geboren am . . . . ., wohnhaft in . . . . . ist erloschen.[3]

. . . . . *(Ort),* den . . . . .

. . . . . (*Unterschrift*)

Beglaubigungsvermerk[4]

Anmerkungen

1. Anmeldefall. Gem § 31 II S 1 ist der bisherige Inhaber des einzelkaufmännischen Unternehmens verpflichtet, das Erlöschen der Firma zum Handelsregister anzumelden. Fälle des Erlöschens der Firma sind zum Beispiel die endgültige, nicht nur vorübergehende Geschäftsaufgabe, endgültige Aufgabe der Firma oder Teilen hiervon oder die Veräußerung des Handelsgewerbes ohne Fortführung der Firma (Hopt/(Merkt) § 17 Rn 23, zur Veräußerung ohne Firmenfortführung s → Form. I.C.3 Anm. 1 ff). Der Tod des Inhabers führt jedoch nicht zum unmittelbaren Erlöschen der Firma. Denn die Erben können das Unternehmen fortführen. Soweit diese den Geschäftsbetrieb einstellen, haben sie dies dem Handelsregister anzumelden. Auch die Insolvenz des Unternehmens führt nicht zum sofortigen Erlöschen der Firma. Diese erfolgt erst bei Beendigung des Insolvenzverfahrens (Krafka RegisterR Rn 578). In der Anmeldung ist der Grund des Erlöschens anzugeben, um dem Registergericht eine Prüfungsmöglichkeit zu eröffnen. Auf entsprechenden Antrag des Inhabers kann der Grund der Löschung gem § 35 S 1 HRV in der Bekanntmachung mit erwähnt werden.

2. Kannkaufmann. Soweit das Unternehmen nach Art und Umfang einen kaufmännisch eingerichteten Geschäftsbetrieb nicht oder nicht mehr erfordert, hat der Inhaber die Wahl: Er kann die Firma zur Löschung beantragen, ist hierzu aber nicht verpflichtet (§ 2 S 2). Sie kann grundsätzlich nach § 2 S 3 auf Antrag des Unternehmers aus dem Handelsregister gelöscht werden. Dies gilt sowohl dann, wenn von Anfang an ein kannkaufmännisches Unternehmen gegeben war als auch, wenn der Geschäftsbetrieb nach Art und Umfang unter die Schwelle des § 1 II herabgesunken ist. Dies hat das Registergericht im Rahmen des Löschungsverfahrens zu prüfen (Hopt/(Merkt) § 2 Rn 8).

3. Prokura. Soweit eine Prokura bestand, erlischt auch diese automatisch kraft Gesetzes mit Erlöschen der Firma. Nach hM ist der aus dem Erlöschen folgenden Anmeldepflicht bereits dadurch Genüge getan, dass der Tatbestand, der das Erlöschen der Prokura bewirkt, zur Eintragung in das Handelsregister angemeldet wird (OLG Oldbg NJW-RR 1996, 1180; LG Bremen NJW-RR 1998, 1332 f; LG Halle NZI 2004, 631; Hopt/(Merkt) § 53 Rn 4; MüKoHGB/(Krebs) § 53 Rn 14; aA Krafka RegisterR Rn 393). Dennoch empfiehlt es sich, zur Vermeidung von Nachfragen durch das Handelsregister das Erlöschen der Prokura ausdrücklich in die Handelsregisteranmeldung aufzunehmen.

4. Beglaubigung. S Anm. 9 zu → Form. I.A.1. **Kosten.** Notargebühren: Gebühr: S → Form. I.A.1 Anm. 9, Geschäftswert: EUR 30.000,00 gem § 105 IV Nr 4 GNotKG für das Erlöschen der Firma, welches automatisch das Erlöschen der Prokura mit einschließt und somit nicht gesondert zu bewerten ist. Gerichtsgebühren: Gebührenfrei gem Vorbemerkung 1 IV HRegGebV.

B. Handelsregister

1. Anmeldung der Errichtung einer Zweigniederlassung eines inländischen Unternehmens

Amtsgericht . . . . .[1]

– Handelsregister Abt. A –

. . . . . (*Sitz des Registergerichts*)[2]

Neueintragung einer Zweigniederlassung

Zur Eintragung in das Handelsregister wird angemeldet:

1. Unter der Firma . . . . .[3] wurde in . . . . . eine Zweigniederlassung errichtet.

Gegebenenfalls:

2. Der Unternehmensgegenstand der Zweigniederlassung ist . . . . .[4]
3. Die inländische Geschäftsanschrift der Zweigniederlassung lautet: . . . . .[5]
4. Die inländische Geschäftsanschrift der Hauptniederlassung lautet unverändert: . . . . .[5]
5. Herrn/Frau . . . . . (Vorname, Nachname)), geboren am . . . . ., wohnhaft in . . . . . ist Einzelprokura mit der Beschränkung erteilt, dass diese nur zur Vertretung der unter Ziff. 1 genannten Zweigniederlassung berechtigt. Die für die Hauptniederlassung erteilte Prokura von Herrn/Frau . . . . . (Vorname, Nachname), geboren am . . . . ., wohnhaft in . . . . . erstreckt sich mit gleicher Vertretungsbefugnis auch auf die Zweigniederlassung.[6]

. . . . . *(Ort)*, den . . . . .

. . . . . (*Unterschrift*)[7]

Beglaubigungsvermerk[8]

Anmerkungen

1. Begriff. Der Begriff der Zweigniederlassung ist gesetzlich nicht definiert, sie wird aber allgemein als ein von der Hauptniederlassung räumlich getrennter, rechtlich unselbständiger Teil des Unternehmens verstanden, der unter der Leitung des Unternehmensinhabers dauerhaft selbständige Geschäfte schließt (keine bloßen Hilfs- oder Ausführungsgeschäfte) und die hierfür erforderliche Organisation in personeller (meist ein Niederlassungsleiter) und sachlicher (bei Wegfall der Hauptniederlassung könnte die Zweigniederlassung als eigene Hauptniederlassung fortgeführt werden) Hinsicht aufweist (im Einzelnen Hopt/(Merkt) § 13 Rn 3 f; MüKoHGB/(Krafka) § 13 Rn 10 ff). Die Anmeldung erfolgt nach § 13. Unterlagen sind nicht beizufügen.

2. Zuständigkeit. Die Anmeldung erfolgt nur bei dem Registergericht der Hauptniederlassung, da seit Inkrafttreten des EHUG mit dem 1.1.2007 die gesonderte Führung eines Registerblatts beim Register der Zweigniederlassung entfallen ist.

3. Firma. Die Firma von Haupt- und Zweigniederlassung kann gleichlautend sein, sie muss es aber nicht. Führen Haupt- und Zweigniederlassung eine einheitliche Firma, bewirkt jede Änderung der Firma der Hauptniederlassung automatisch auch eine Änderung der Firma der Zweigniederlassung. Wegen des Grundsatzes der Firmenunterscheidbarkeit nach § 30 I und III muss der Firma der Zweigniederlassung immer dann ein Zusatz beigefügt werden, wenn in dem Ort oder der Gemeinde, in der die Zweigniederlassung errichtet worden ist, bereits eine gleichlautende Firma eines anderen Rechtsträgers besteht. Notwendig ist ein Firmenzusatz für die Zweigniederlassung weiterhin, wenn eine Prokura gem § 50 III oder die Vertretungsbefugnis eines Gesellschafters einer Personenhandelsgesellschaft gem § 126 III auf den Betrieb der Zweigniederlassung beschränkt werden soll. Die Zweigniederlassung kann aber auch eine von der Hauptniederlassung im Kern unterschiedliche Firma führen, soweit die Zugehörigkeit zur Hauptniederlassung durch einen entsprechenden Zusatz ausreichend deutlich wird.

4. Unternehmensgegenstand. Teils wird in der Registerpraxis bei der Zweigniederlassung eines Einzelkaufmannes oder einer Personenhandelsgesellschaft im Unterschied zu der Kapitalgesellschaft die Anmeldung des Unternehmensgegenstandes der Zweigniederlassung gefordert (so auch die Muster bei Krafka RegisterR Rn 297 f; Hauschild/Kallrath/Wachter/*Kilian,* Notarhandbuch Gesellschafts- und Unternehmensrecht, 2. Aufl, 2017, § 8 Rn 15 ff; aA *Gustavus*, Handelsregisteranmeldungen, 10. Aufl. 2020, A 14, M 14.1). Da die Zweigniederlassung sachlich gleichartige Geschäfte (wenn auch nicht zwingend alle) wie die Hauptniederlassung wahrnimmt, scheint diese Angabe nicht zwingend, aber unschädlich.

5. Inländische Geschäftsanschrift. Bei der Anmeldung ist seit Inkrafttreten des MoMiG die inländische Geschäftsanschrift der Zweigniederlassung mit anzugeben. Zur inländischen Geschäftsanschrift der Hauptniederlassung s Anm. 7 zu → Form. I.A.1 Anm. 7.

6. Prokura. Soweit die Zweigniederlassung eine eigene Firma trägt oder die Firma der Zweigniederlassung zumindest einen Zusatz enthält, der sie als Zweigniederlassung bezeichnet, kann die Prokura auf den Betrieb der Zweigniederlassung beschränkt werden, § 50 III. Diese Beschränkung ist ausdrücklich zu erklären. Die Anmeldung erfolgt nur bei dem Registergericht der Hauptniederlassung. Der Umfang der Filialprokura entspricht dem einer sonstigen Prokura mit der Besonderheit, dass sich die Vertretungsmacht auch im Außenverhältnis nur auf den Betrieb der Zweigniederlassung erstreckt (zur Filialprokura s auch → Form. I.E.1 Anm. 7). Soweit sich die Prokura für die Hauptniederlassung auch auf die Zweigniederlassung mit eigener Firma erstrecken soll, empfiehlt es sich, dies wie im Form. zu Ziff 5 S 2 klarzustellen.

7. Anmeldepflicht. Eine Anmeldepflicht besteht, sobald die Merkmale der Zweigniederlassung (s → Anm. 1) erfüllt sind. Anmeldeverpflichtet ist der Inhaber des Handelsgeschäfts, bei Personengesellschaften der oder die vertretungsberechtigten Gesellschafter und bei Kapitalgesellschaften Vorstand bzw. Geschäftsführung jeweils in vertretungsberechtigter Zahl (Hopt/(Merkt) § 13 Rn 10). Prokuristen können die Anm. im Rahmen ihrer Prokura vornehmen (str, deshalb im Vorwege mit dem konkreten Registergericht abzuklären, dafür StaubHGB/(Koch) § 13 Rn 39; Oetker/(Preuß) § 13 Rn 48; dagegen Krafka RegisterR Rn 296; Hauschild/Kallrath/Wachter/*Kilian*, Notarhandbuch Gesellschafts- und Unternehmensrecht, § 8 Rn 14).

8. Beglaubigung. S → Form. I.A.1 Anm. 9. **Kosten.** Notargebühren: Gebühr: S → Anm. 9 zu → Form. I.A.1 Anm. 7.; Geschäftswert: EUR 30.000,00 gem § 105 IV Nr 4 GNotKG für jeden Anmeldefall in einer Anmeldung (jede Zweigniederlassung und Prokura, Geschäftswerte werden gem §§ 35 I, 86 II GNotKG zusammengerechnet, jedoch Höchstwert gem § 106 GNotKG EUR 1 Mio.). Gerichtsgebühren: Für Abteilung A und

Partnerschaftsregister nach Nr 1200 HRegGebV EUR 40,00; für Abteilung B nach Nr 2200 HRegGebV EUR 120,00; für Genossenschaftsregister nach Nr 3200 HRegGebV EUR 60,00 jeweils je Zweigniederlassung. Die Eintragung von Prokuren wird gesondert berechnet, EUR 40,00 gem Nr 4000 HRegGebV. Werden mehrere Prokuren angemeldet, EUR 30,00 gem Nr 4001 HRegGebV für jede weitere Prokura.

2. Anmeldung der Errichtung einer Zweigniederlassung eines ausländischen Unternehmens (hier: englische private company limited by shares – Ltd)

Amtsgericht . . . . .[1]

– Handelsregister Abt. B –

. . . . . (*Sitz des Registergerichts*)[2]

Neueintragung einer Zweigniederlassung

Zur Eintragung in das Handelsregister wird angemeldet:

1. Errichtung der Zweigniederlassung:

a) Die . . . . . Ltd. mit dem Sitz in . . . . . hat in . . . . .[3] eine Zweigniederlassung errichtet.
b) Die Zweigniederlassung führt die Firma . . . . .[4]
c) Gegenstand der Zweigniederlassung ist:[5]
d) Zum ständigen Vertreter[6] der Zweigniederlassung wurde bestellt:
. . . . . *(Vorname, Nachname)*, geboren am . . . . ., wohnhaft in . . . . .[7]
Der ständige Vertreter ist einzelvertretungsberechtigt[8] und von den Beschränkungen des § 181 BGB[9] befreit.
e) Die inländische Geschäftsanschrift lautet: . . . . .[10]

2. Angaben zur ausländischen Hauptniederlassung:

a) Die . . . . . Ltd. mit dem Sitz in . . . . . ist im Gesellschaftsregister von England und Wales *(Companies House)* unter der Gesellschaftsnummer . . . . . als Gesellschaft mit beschränkter Haftung *(private company limited by shares)* nach englischem Recht eingetragen.[11]
b) Das Stammkapital der Gesellschaft beträgt GBP . . . . .[12]
c) Der Gesellschaftsvertrag wurde am . . . . . abgeschlossen.[13] *Gegebenenfalls:* Die letzte Änderung fand am . . . . . statt.
d) Gegenstand des Unternehmens ist: . . . . .[5]
e) Nach dem Gesellschaftsvertrag ist die Gesellschaft auf unbestimmte Zeit errichtet.[14]
f) Zu Geschäftsführern der Gesellschaft *(directors)* sind bestellt:[15]
. . . . . *(Vorname, Nachname)*, geboren am . . . . ., wohnhaft in . . . . . .
. . . . . *(Vorname, Nachname)*, geboren am . . . . ., wohnhaft in . . . . . .
Die allgemeine Vertretungsbefugnis für die Gesellschaft nach englischem Recht lautet:[16]
Die Gesellschaft hat einen oder mehrere *directors*. Ist nur ein *director* bestellt, so vertritt er die Gesellschaft allein. Bei mehreren *directors* vertreten diese die Gesellschaft gemeinschaftlich, es sei denn Einzelvertretungsbefugnis wurde erteilt.

Die besondere Vertretungsbefugnis lautet:[16]
Der *director* . . . . . *(Vorname, Nachname)* ist stets einzelvertretungsberechtigt, auch wenn mehrere *directors* bestellt sind oder werden. Der *director* . . . . . *(Vorname, Nachname)* ist gemeinschaftlich vertretungsberechtigt.

g) Die Anschrift der Gesellschaft *(registered office)* lautet: . . . . . .[17]

3. Versicherungen:[18]

Jeder der unterzeichnenden Geschäftsführer *(directors)* versichert für seine Person:

Es liegen keine Umstände vor, aufgrund derer ich nach § 6 II Satz 2 Nr 2 und 3 sowie Satz 3 GmbHG vom Amt eines Geschäftsführers ausgeschlossen wäre: Ich bin noch nie, weder im Inland noch im Ausland, wegen einer Straftat verurteilt worden. Mir ist gegenwärtig weder durch gerichtliches Urteil noch durch vollziehbare Entscheidung einer Verwaltungsbehörde die Ausübung eines Berufes, Berufszweiges, Gewerbes oder Gewerbezweiges untersagt.

Ich unterliege bei der Besorgung meiner Vermögensangelegenheiten weder ganz noch teilweise einem Einwilligungsvorbehalt (§ 1903 BGB) und wurde nicht aufgrund einer behördlichen Anordnung in einer Anstalt verwahrt.

Über meine unbeschränkte Auskunftspflicht gegenüber dem Gericht und über die Strafbarkeit einer falschen Versicherung hat mich der beglaubigende Notar belehrt.

Alternativ:

Es liegen keine Umstände vor, aufgrund derer ich nach § 6 II Satz 2 Nr 2 und 3 sowie Satz 3 GmbHG vom Amt eines Geschäftsführers ausgeschlossen wäre: Ich bin in den vergangenen 5 Jahren nicht wegen einer oder mehrerer vorsätzlich begangener Straftaten rechtskräftig verurteilt worden, speziell nicht

- *wegen des Unterlassens der Stellung des Antrags auf Eröffnung des Insolvenzverfahrens (Insolvenzverschleppung),*
- *nach den §§ 283 bis 283d StGB (Insolvenzstraftaten),*
- *wegen der falschen Angaben nach § 82 GmbHG oder § 399 AktG,*
- *wegen der unrichtigen Darstellung nach § 400 AktG, § 331 HGB, § 313 UmwG oder § 17 PublG oder*
- *nach § 263 StGB (Betrug), § 263a StGB (Computerbetrug), § 264 StGB (Subventionsbetrug), § 264a (Kapitalanlagebetrug), § 265b StGB (Kreditbetrug), § 265c (Sportwettbetrug), § 265d (Manipulation von berufssportlichen Wettbewerben), § 265e (Besonders schwerer Sportwettbetrug und Manipulation von berufssportlichen Wettbewerben), § 266 StGB (Untreue) oder § 266a StGB (Vorenthalten oder Veruntreuen von Arbeitsentgelt) zu einer Freiheitsstrafe von mindestens einem Jahr.*

Auch im Ausland wurde ich nicht wegen einer Tat, die mit den vorgenannten Taten vergleichbar ist, rechtskräftig verurteilt.

Mir ist gegenwärtig weder durch gerichtliches Urteil noch durch vollziehbare Entscheidung der Verwaltungsbehörde die Ausübung eines Berufes, Berufszweiges, Gewerbes oder Gewerbezweiges untersagt, somit auch nicht im Rahmen des Unternehmensgegenstandes der Gesellschaft.

Ich unterliege bei der Besorgung meiner Vermögensangelegenheiten weder ganz noch teilweise einem Einwilligungsvorbehalt (§ 1903 BGB). Ich wurde nicht aufgrund einer behördlichen Anordnung in einer Anstalt verwahrt.

Über meine unbeschränkte Auskunftspflicht gegenüber dem Gericht bin ich durch den beglaubigenden Notar belehrt worden.

4. Anlagen zur Anmeldung (jeweils in öffentlich beglaubigter Form. nebst beglaubigter Übersetzung in die deutsche Sprache):[19]

- Existenznachweis der Gesellschaft[20]
- Gesellschaftsvertrag (*memorandum of association und articles of association/Constitution*)[21]
- Vertretungsnachweis[22]

. . . . . *(Ort)*, den . . . . .

. . . . . (*Unterschriften*)[23]

Beglaubigungsvermerk[24]

Anmerkungen

1. Eintragungsverfahren. Das Eintragungsverfahren der inländischen Zweigniederlassung eines ausländischen Unternehmens richtet sich nach den §§ 13 d bis 13 g. § 13 d gilt für Unternehmen aller Art und wird für Kapitalgesellschaften durch § 13 e und dieser wiederum für die Aktiengesellschaft durch § 13 f und für die GmbH durch § 13 g ergänzt. Aufgrund der Auslegung der Niederlassungsfreiheit gem Art 49 bis 54 AEUV (vormals Art. 43 bis 48 EG) durch den EuGH in den Sachen *Centros* (EuGH NJW 1999, 2027), *Überseering* (EuGH NJW 2002, 3614) und *Inspire Art Ltd* (EuGH NJW 2003, 3331) ist für Zweigniederlassungen von Kapitalgesellschaften zu beachten, dass ein tatsächlich vorhandener Verwaltungssitz – bei EU-Gesellschaften und Gesellschaften des EWR – im Inland nicht erforderlich ist, die gesamte Geschäftstätigkeit der Gesellschaft kann also über die Zweigniederlassung ausgeübt werden und die Gesellschaft selbst nur einen Satzungssitz im Ausland inne haben (Hopt/(Merkt) § 13 d Rn 1). Grundsätzlich gilt jedoch nach dem Brexit für britische Gesellschaften wieder die Sitztheorie, so OLG München EuZW 2021, 955.

2. Anmeldung. Die Anmeldung erfolgt (in deutscher Sprache gem § 184 GVG) beim Registergericht der Zweigniederlassung, da diese gem § 13 d III wie eine Hauptniederlassung behandelt wird, soweit das ausländische Recht keine Abweichungen erfordert. Gründet die Gesellschaft mehrere Zweigniederlassungen, so ist jeweils das Gericht für die Eintragung zuständig, in dessen Bezirk die konkrete Zweigniederlassung errichtet wird (OLG Schleswig RNotZ 2008, 45 f). Bei mehreren Zweigniederlassungen hat die Gesellschaft das Recht (nicht die Pflicht, OLG Schleswig RNotZ 2008, 45 f; Hopt/(Merkt) § 13 d Rn 2), nach § 13 e V ein Hauptregister zu wählen. Dann erfolgt die Einreichung des Gesellschaftsvertrages nebst Änderungen ausschließlich hier und kann bei den anderen Registergerichten entfallen.

3. Ort. Der Ort der Zweigniederlassung ist gem § 13 d II anzugeben.

4. Firma. Ob auf die Bildung der Firma der inländischen Zweigniederlassung eines ausländischen Unternehmens unmittelbar deutsches Recht (so zB OLG München DNotZ 2007, 867; LG Aachen NZG 2007, 600; Oetker/(Preuß) HGB § 13 d Rn 32; *Clausnitzer* DNotZ 2008, 488; *Wachter* ZNotP 2005, 138 mwN in Fn 134) oder im Grundsatz zunächst das Gesellschaftsstatut Anwendung findet (so KG HRR 34 Nr 1046; Hopt/(Merkt) § 13 d Rn 4 und § 17 Rn 49; StaubHGB/(Koch) § 13 d Rn 23; Hirte/Bücker/*Mankowski/Knöfel*, Grenzüberschreitende Gesellschaften, 2. Aufl, 2006, § 13 Rn 50) ist sehr str. Allerdings sieht auch die Ansicht, die von einer grundsätzlichen Anwendbarkeit des Gesellschaftsstatuts ausgeht, dieses nicht als uneingeschränkt anwendbar, sondern fordert eine Überlagerung des Gesellschaftsstatuts durch das deutsche Recht, soweit der Schutz des Geschäftsverkehrs und zwingende deutsche firmenrechtliche Grundsätze dies erforderlich machen (s StaubHGB/(Koch) § 13 d Rn 23 mwN). Dennoch bleibt auch hier die Anwendung des deutschen Firmenrechts (entweder unmittelbar oder aufgrund der Überlagerung) nicht ohne Grenzen. Sie hat sich einerseits für Gesellschaften aus dem EU- (und EWR-)Ausland an ihrer Europarechtskonformität im Blickwinkel der Niederlassungsfreiheit messen zu lassen und andererseits können bilaterale Verträge zu Abweichungen führen (StaubHGB/(Koch) § 13 d Rn 24 f). So können beispielsweise Zweigniederlassungsfirmen europäischer Gesellschaften nicht an den strengen deutschen Anforderungen zur Unterscheidungskraft gemessen werden, es können auch Gattungs- oder Branchenbezeichnungen als zulässig zu erachten sein (OLG München DNotZ 2007, 867; LG Aachen ZIP 2007, 1012; StaubHGB/(Koch) § 13 d Rn 25).

Die inländische Zweigniederlassung einer ausländischen Gesellschaft kann zunächst dieselbe Firma führen wie die ausländische Gesellschaft. Ein Zweigniederlassungszusatz ist im Grundsatz nicht erforderlich. Führt sie eine andere Firma als die Gesellschaft, ist jedoch die Zugehörigkeit zur ausländischen Gesellschaft kenntlich zu machen. Ein Rechtsformzusatz ist beizufügen (im Detail s StaubHGB/(Koch) § 13 d Rn 27 ff).

5. Gegenstand. Nach § 13 e II 3 ist der Gegenstand der Zweigniederlassung in der Handelsregisteranmeldung anzugeben. Str ist jedoch, ob daneben auch der Gegenstand der Gesellschaft selbst zur Eintragung in das Handelsregister anzumelden ist, wie es der Wortlaut von §§ 13 g III iVm 10 GmbHG seit Inkrafttreten des MoMiG verlangt. Die wohl noch hM lehnt dies ab und verweist darauf, dass die Eintragung eines ggf sehr umfangreichen Unternehmensgegenstandes der Gesellschaft den Zweck der handelsrechtlichen Publizität, eine aussagekräftige Eintragung zu schaffen, gefährden könne (s nur OLG Düsseldorf RNotZ 2006, 293 f; wohl auch Oetker/(Preuß) § 13 e Rn 34 f; Krafka RegisterR Rn 314; Fleischhauer/Wochner, Handelsregisterrecht N II Rn 9 Ziff 25). Dem weiteren Argument, dass die Anmeldung des Unternehmensgegenstandes der Gesellschaft selbst dem abschließenden Charakter der Offenlegungspflichten der Zweigniederlassungsrichtlinie widerspreche, hat der EuGH in seiner *Innoventif*-Entscheidung eine Absage erteilt (EuGH GmbHR 2006, 708 Rn 33 ff; so auch Fleischhauer/Wochner N II Rn 9 Ziff 25; StaubHGB/(Koch) § 13 e Rn 23; Oetker/(Preuß) § 13 e Rn 34 f). Insofern sprechen nunmehr die besseren Argumente dafür, dass entgegen der hM sowohl der Gegenstand der Zweigniederlassung als auch der Gegenstand der Gesellschaft selbst in die Handelsregisteranmeldung aufzunehmen sind (Hopt/(Merkt) § 13 e Rn 2; StaubHGB/(Koch) § 13 e Rn 23). Der Streit hat allerdings an praktischer Bedeutung verloren, da nunmehr der Gesellschaftsvertrag der englischen Ltd den Unternehmensgegenstand nicht mehr enthalten muss (StaubHGB/(Koch) § 13 e Rn 23) und weiter die elektronische Bekanntmachung selbst bei im angelsächsischen Rechtskreis verbreiteten *„catch all“*-Klauseln nicht mehr zur Erhöhung der Bekanntmachungskosten führt (*J. Schmidt* NZG 2006, 901; StaubHGB/(Koch) § 13 e Rn 23; s zu den Veröffentlichungskosten auch *Gustavus*, S 35 Rn 88).

6. Ständiger Vertreter. Der Begriff des ständigen Vertreters umfasst diejenigen Personen, denen eine rechtsgeschäftliche Vollmacht (StaubHGB/(Koch) § 13e Rn 30; Oetker/(Preuß) § 13e Rn 39; *Seibert* GmbHR 1992, 740) dergestalt erteilt worden ist, dass sie für die Tätigkeit der Zweigniederlassung die Gesellschaft gerichtlich und außergerichtlich vertreten können (s nur StaubHGB/(Koch) § 13e Rn 30; Oetker/(Preuß) § 13e Rn 39), eine gesetzliche Definition des Begriffs fehlt jedoch. Eine gesetzliche Verpflichtung, einen ständigen Vertreter zu bestellen, besteht (mit einigen Ausnahmen, hierzu s *Wachter* NotBZ 2004, 45) nicht. Ist ein solcher jedoch bestellt, ist dies zur Eintragung in das Handelsregister anzumelden (OLG München RNotZ 2008, 363). Der ständige Vertreter muss keine Versicherung über Bestellhindernisse abgeben, so dass die Tatsache, dass eine Person für die Position des Geschäftsführers nach dem Gesetz ungeeignet ist, nicht dazu führt, dass sie nicht ständiger Vertreter der Zweigniederlassung werden könnte (*Wachter* ZNotP 2005, 135).

Da es sich um einen rechtsgeschäftlich bestellten Vertreter handelt, ist str, ob auch die gesetzlichen Vertreter ausländischer Kapitalgesellschaften zu ständigen Vertretern der inländischen Zweigniederlassung bestellt werden können (bejahend, zumindest wenn die Gesellschaft über mehrere gesetzliche Vertreter verfügt, LG Chemnitz NZG 2005, 760; StaubHGB/(Koch) § 13 e Rn 30; Krafka RegisterR Rn 317; *Schall* NZG 2006, 55, *Süß* DNotZ 2005, 186; *Mödl* RNotZ 2008, 6; verneinend OLG Hamm FGPrax 2006, 276; *Herchen* RIW 2005, 532; Hirte/Bücker/*Mankowski/Knöfel* § 13 Rn 20 j). Die Frage ist zu bejahen, soweit dem ständigen Vertreter eine von seinen für die ausländische Gesellschaft bestehenden Vertretungsbefugnissen abweichende Vertretungsmacht eingeräumt worden ist, wie zB Einzelvertretungsbefugnis im Rahmen der ständigen Vertretung für die Zweigniederlassung und Gesamtvertretungsbefugnis für die ausländische Gesellschaft im Allgemeinen, da dann ein praktisches Bedürfnis für die Eintragung besteht (*Klose-Mokroß* DStR 2005, 1016).

Weiter ist str, ob Prokuristen zugleich als ständige Vertreter in das Handelsregister eingetragen werden können (dagegen *Heidinger* MittBayNot 1998, 72 (75); *Klose-Mokroß* DStR 2005, 1016; MüKoBGB/(Kindler) IntGesR Rn 918; dafür Hopt/(Merkt) § 13e Rn 3; Oetker/(Preuß) § 13e Rn 41; *Mödl* RNotZ 2008, 16). Dies ist zu bejahen, wenn der ständige Vertreter in dieser Funktion von seiner Prokura abweichende Befugnisse erhalten soll (Staub/(Koch) § 13e Rn 32; Krafka RegisterR Rn 317; offengelassen OLG München RNotZ 2011, 618 f).

7. Persönliche Daten des ständigen Vertreters. Eintragung gem § 43 Nr 4 S 3 HRV.

8. Vertretungsbefugnis des ständigen Vertreters. Die Vertretungsbefugnis des ständigen Vertreters ist anzumelden (§ 13 e II S 5 Nr 3).

9. Ständiger Vertreter und § 181 BGB. Die Rechtsprechung verneint die Eintragungsfähigkeit der Befreiung von § 181 BGB, wenn der ständige Vertreter auch Geschäftsführer der Gesellschaft ist (OLG München NZG 2006, 512; OLG Hamm RNotZ 2006, 550 (553)). Da auf die Vertretungsbefugnisse des ständigen Vertreters jedoch deutsches Recht Anwendung findet, ist die Eintragung grundsätzlich als zulässig anzusehen (Krafka RegisterR Rn 318; Fleischhauer/Wochner N II Rn 9 Ziff 29; Staub/(Koch) § 13 e Rn 33; *Wachter* ZNotP 2005, 122, 135), anders nur beim einzigen Organmitglied, da hier schon die Eintragung als ständiger Vertreter nicht in Frage kommt (so Anm. 5; Staub/(Koch) § 13 e Rn 33).

10. Inländische Geschäftsanschrift. § 13 e II 3 fordert die Angabe der inländischen Geschäftsanschrift in der Handelsregisteranmeldung; sie wird sodann auch in das Handelsregister eingetragen. Gem § 13 e III a können unter dieser Adresse an ständige Vertreter Zustellungen erfolgen und Willenserklärungen abgegeben werden. Unabhängig davon besteht die Option, einen Empfangsvertreter gem § 13 e II 4 zu benennen, unter dessen (inländischer) Adresse, die ebenfalls im Handelsregister eingetragen wird, Willenserklärungen abgegeben werden und Zustellungen erfolgen können.

11. Angaben zur Gesellschaft. Die Firma, der Sitz (jeweils gem §§ 13g III iVm 10 GmbHG), das Gesellschaftsregister und die Registernummer der ausländischen Gesellschaft (gem § 13 e II 5 Nr 1) sowie deren Rechtsform (gem § 13 e II 5 Nr 2) sind gem § 13 e II 5 in die Handelsregisteranmeldung aufzunehmen und werden gem § 13g III (teils iVm § 10 GmbHG) in das Handelsregister eingetragen. Das Recht des Staates, dem die Gesellschaft unterliegt, sollte immer mit angegeben werden; zwingend ist dies nur bei Gesellschaften, die nicht dem Recht eines Mitgliedstaates der EU oder eines Vertragsstaates des EWR unterliegen (§ 13 e II 5 Nr 4).

12. Stammkapital. Gem §§ 13g III iVm 10 GmbHG ist das Stammkapital der ausländischen Gesellschaft zur Eintragung in das Handelsregister anzumelden. Die hM versteht hierunter bei der englischen *private limited company* das tatsächlich gezeichnete Kapital *(issued share capital)* und nicht das im Gesellschaftsvertrag etwa ausgewiesene Nennkapital *(nominal share capital)*, da Ersteres funktional dem deutschen Stammkapital entspreche (*Klose-Mokroß* DStR 2005, 1016; Krafka RegisterR Rn 330). Seit Inkrafttreten des MoMiG dürfte mit der Schaffung des genehmigten Kapitals für die GmbH gem § 55a GmbHG zusätzlich auch die Eintragung eines hiermit funktional vergleichbaren Rechtsinstituts zulässig sein (*Wachter* GmbHR-Sonderheft 10/2008, 80 (86).

13. Gesellschaftsvertrag. Das Datum des Abschlusses des Gesellschaftsvertrages ist gem §§ 13g III iVm 10 GmbHG zur Eintragung in das Handelsregister anzumelden. Das Datum der letzten Änderung sollte aus Transparenzgründen mit angegeben werden.

14. Dauer der Gesellschaft. Soweit der Gesellschaftsvertrag Angaben über die Dauer der Gesellschaft enthält, sind diese gem §§ 13g III iVm 10 II GmbHG zur Eintragung in das Handelsregister anzumelden.

15. Vertreter der Gesellschaft. Die Anmeldung muss die Vertreter der Gesellschaft mit Vornamen, Nachnamen, Geburtsdatum und Wohnort (§ 43 Nr 4 S 1 lit b) HRV) sowie deren Vertretungsbefugnisse (§§ 13g III iVm 10 I S 2 GmbHG, hierzu sogleich unter → Anm. 16) enthalten.

16. Vertretungsbefugnisse. In das Handelsregister sind sowohl die allgemeinen als auch die besonderen Vertretungsbefugnisse einzutragen und dementsprechend zum Handelsregister anzumelden. Für die Vertretung der englischen *private limited company* ist englisches Recht maßgebend, auch wenn sie dort keine aktive Geschäftstätigkeit ausübt. Die Vertretung ergibt sich aus dem für die Gesellschaft geltenden Gesellschaftsvertrag *(articles of association/constitution)*. Enthalten die *articles of association* keine besondere Bestimmung darüber, dass Einzelvertretungsbefugnis besteht, vertreten die *directors* die Gesellschaft gemeinschaftlich (Fleischhauer/Wochner N II Rn 9 Ziff 21; *Heinz/Hartung*, Die englische Limited, § 7 Rn 6; *Wachter* ZNotP 2005, 132). Zum Nachweis der Vertretungsbefugnis s unten unter Anm. 22.

Nach hM ist die Eintragung der Befreiung von § 181 BGB nicht zulässig, da dies den unrichtigen Eindruck erwecke, der Umfang der Vertretungsmacht richte sich nach deutschem Recht und die Eintragung somit dem Zweck des Handelsregisters, die tatsächlichen und rechtlichen Verhältnisse korrekt wiederzugeben, widerspreche (OLG München NZG 2005, 850; OLG München NJW-RR 2006, 1042; OLG Celle NZG 2006, 273; OLG Hamm DB 2006, 2171; OLG Düsseldorf NZG 2006, 317; *Wachter* NZG 2005, 340; Hopt/(Merkt) § 13g Rn 1; StaubHGB/(Koch) § 13f Rn 10 f; Krafka RegisterR Rn 322; aA LG Freiburg NZG 2004, 1170; *Schall* EWiR 2004, 1225; LG Leipzig NZG 2005, 759; LG Augsburg NZG 2005, 356; LG Ravensburg GmbHR 2005, 691; LG Wiesbaden GmbHR 2005, 1134). Teils wird differenziert und eine Eintragung dann für zulässig gehalten, wenn das anwendbare Gesellschaftsstatut ein allgemeines Verbot des Selbstkontrahierens kenne und besondere, generelle Befreiung hiervon erlaube, also in der betreffenden ausländischen Rechtsordnung eine funktionale Vergleichbarkeit zur Regelung des § 181 BGB bestehe (so zutreffend Hirte/Bücker/*Mankowski/Knöfel* § 13 Rn 20 ff; *Wachter* GmbHR 2005, 170; Ebenroth/Boujong/Joost/Strohn HGB § 13g Rn 8). Dies ist im englischen Recht allerdings nicht der Fall.

17. Anschrift. In die Anmeldung sollte die Anschrift der ausländischen Gesellschaft aufgenommen werden (bei der englischen *private limited company* das *registered office*). Str ist, ob dies verpflichtend ist (dagegen *Wachter* ZNotP 2005, 126; Fleischhauer/Wochner N II Rn 9 Ziff 23; dafür wegen § 24 HRV *Klein* Rpfleger 2003, 632).

18. Versicherung zu Bestellungshindernissen. Seit Inkrafttreten des MoMiG haben die Mitglieder des Vertretungsorgans die für GmbH-Geschäftsführer erforderliche Versicherung abzugeben, dass Bestellungshindernisse in ihrer Person nicht vorliegen und sie über ihre unbeschränkte Auskunftspflicht gegenüber dem Handelsregister belehrt worden sind (§§ 13e II 2, 13g II 2 iVm 8 III 3 und 6 II 2 Nr 2, 3 und 6 II 3 GmbHG, BGH GmbHR 2021, 1087, 1090 f). Die Versicherung ist dabei durch alle Mitglieder des Vertretungsorgans persönlich abzugeben, dh eine Stellvertretung ist insoweit ausgeschlossen (StaubHGB/(Koch) § 13e Rn 16; Oetker/(Preuß) § 13e Rn 18; aA Hauschild/Kallrath/Wachter/*Kilian*, Notarhandbuch Gesellschafts- und Unternehmensrecht, § 8 Rn 70 f; MüKoHGB/(Krafka) § 13 Rn 7). Insofern erfolgt die Anmeldung in der Praxis meist durch alle Mitglieder des Vertretungsorgans, auch wenn im Hinblick auf die Anmeldung selbst ein Handeln in vertretungsberechtigter Zahl ausreichend wäre. In der Formulierung kann, soweit ein Bestellungshindernis nie gegeben war, auch eine Kurzfassung wie im Form. Alt 1 gewählt werden (BGH GmbHR 2010, 812). Für Gesellschaften aus anderen EU-Mitgliedsstaaten oder solchen des EWR entfällt mit Inkrafttreten des DiRUG durch die Neufassung des § 13e Abs. 3 S. 1 HGB die Pflicht zur Abgabe dieser Versicherung.

19. Form. Die Anmeldung selbst sowie die Unterlagen, die der Anmeldung beizufügen sind, haben der Form des § 12 HGB, § 39a BeurkG zu entsprechen (BGH GmbHR 2021, 1087 f). Sie sind gem § 12 II elektronisch einzureichen. Soweit hierbei eine öffentlich beglaubigte Abschrift vorzulegen ist, erfolgt dies als elektronisch beglaubigte Abschrift gem § 12 II 2 Halbs 2. Soweit es sich um Nachweise bestehender Tatsachen handelt (Existenznachweis, Vertretungsnachweis), sind diese aktuell zu führen. Hinsichtlich der Aktualität ist die Gerichtspraxis nicht ganz einheitlich (idR zwei bis vier, teils sechs Wochen, je nach Registergericht, s auch Krafka RegisterR Rn 320). Bei ausländischen Dokumenten, die von Behörden oder Amtsträgern ausgestellt sind, wird der Echtheitsnachweis über die Legalisation geführt (§ 438 II ZPO, s auch Ebenroth/Boujong/Joost/Strohn HGB § 12 Anh Rn 132). Dabei steht es im pflichtgemäßen Ermessen des Registergerichts, den Echtheitsnachweis auch ohne entsprechende Legalisation oder diese ersetzende Verfahren (wie die Apostille gem dem Haager Übereinkommen vom 5.10.1961) als erbracht anzusehen (zur Anerkennung ausländischer öffentlicher Urkunden BeckNotar-HdB Kap 5 § 28 Rn 330 ff, eine aktuelle Länderliste mit den Legalisationserfordernissen findet sich unter www.dnoti.de unter Arbeitshilfen/IPR). Für Großbritannien ist grundsätzlich eine Apostille erforderlich. Die Dokumente sind nebst einer durch einen öffentlich bestellten und beeidigten Dolmetscher angefertigten Übersetzung in deutscher Sprache einzureichen.

20. Existenznachweis. Die Existenz der Gesellschaft ist nachzuweisen (§ 13e II 2). Dies umfasst die Errichtung und das aktuelle Bestehen der Gesellschaft. Soweit das Herkunftsland ein dem deutschen Handelsregister vergleichbares Register für Gesellschaften führt, kann der Nachweis durch einen entsprechenden Registerauszug in der Form des § 12 (→ Anm. 19) geführt werden (allgemein zum Nachweis der Existenz und von Vertretungsbefugnissen bei ausländischen Gesellschaften mit Länderüberblick Würzburger Notarhandbuch/*Heggen*/Juliane Weber, (6. Aufl.) 2022, Teil 7 Kap 6 Rn 1 ff). Für die englische *private limited company* gibt allerdings das *Companies House* nicht in dem erforderlichen Umfang Auskunft. Die Bescheinigung eines deutschen Notars gem § 21 I 1 BNotO scheitert mangels funktionaler Vergleichbarkeit des *Companies House* mit dem deutschen Handelsregister (zB keine vergleichbare inhaltliche Prüfung bei der Eintragung; insofern ebenfalls ablehnend für das englische *Companies House* Staub/(Koch) § 13e Rn 30; *Heckschen* NotBZ 2005, 26; *Mödl* RNotZ 2008, 12; Fleischhauer N II Rn 9 Ziff 12; aA zumindest für Umstände, die aus dem *Companies House* ersichtlich sind, Krafka RegisterR Rn 314, 320). Es kommt dann allenfalls eine gutachterliche Stellungnahme des Notars auf der Grundlage des § 24 I 1 BNotO in Betracht, die allerdings keine mit der Bescheinigung nach § 21 I 1 BNotO vergleichbare Beweiswirkung hat (Staub/(Koch) § 13d Rn 68; Fleischhauer/Wochner N II Rn 9 Ziff 12). Der Nachweis ist weiter zu führen mit der Vorlage der jeweils durch den *registrar of companies* erstellten Gründungsbescheinigung *(certificate of incorporation)* nebst der entsprechenden Existenzbescheinigung *(certificate of good standing)*, die auch die Namen der *directors* sowie des *secretary* enthält. Darüber hinaus kann als Nachweis auch eine Bescheinigung eines englischen Notars oder Rechtsanwaltes dienen, soweit hier funktionale Vergleichbarkeit mit den entsprechenden deutschen Berufgruppen besteht. Die Rechtsprechung verlangt bei diesen Bescheinigungen teils, dass aus ihnen die Quelle ersichtlich ist, auf die der Notar seine Bescheinigung stützt (OLG Hamm RNotZ 2006, 552 f).

21. Gesellschaftsvertrag. Gem § 13g II 1 ist als Anlage zur Handelsregisteranmeldung ferner der Gesellschaftsvertrag in öffentlich beglaubigter Abschrift nebst einer beglaubigten Übersetzung in die deutsche Sprache beizufügen (zum Gesellschaftsvertrag der englischen *private limited company Heinz* § 4 Rn 1 ff; *Just,* Die englische Limited in der Praxis, Rn 75 ff, zu den Anforderungen an die Beglaubigung desselben OLG Hamm GmbHR 2011, 301 f).

22. Nachweis der Vertretungsbefugnis. Zum Nachweis der Vertretungsbefugnis der *directors* s zunächst die in Anm. 20 zitierte Lit. Es sind sowohl die allgemeine als auch die besondere Vertretungsbefugnis nachzuweisen (Fleischhauer/Wochner N II Rn 9 Ziff 21; *Just,* Die englische Limited in der Praxis, Rn 57; *Klose-Mokroß* DStR 2005, 1014; aA *Mödl* RNotZ 2008, 12). Der Nachweis der allgemeinen Vertretungsbefugnis wird in der Regel durch die Vorlage des Gesellschaftsvertrages zu führen sein. Die konkrete Befugnis der *directors* ergibt sich meistens nicht aus dem Gesellschaftsvertrag. Auch das *certificate of good standing* oder die Eintragung im *Companies House* geben hierüber keine Auskunft, sondern enthalten allenfalls die Namen der *directors.* Als Nachweis wird in der Rechtsprechung zum einen die Bescheinigung eines englischen Notars über die Vertretungsverhältnisse als zulässig angesehen (OLG Hamm RNotZ 2006, 552 f). Auch eine gutachterliche Stellungsnahme eines deutschen Rechtsanwalts oder Notars, bei Letzterem auf der Grundlage des § 24 I 1 BNotO, ist als Nachweis ähnlich wie beim Existenznachweis denkbar (Fleischhauer/Wochner N II Rn 9 Ziff 21; *Wachter* ZNotP 2005, 133; s auch → Anm. 7). Letztlich kann der Gesellschafterbeschluss über die Bestellung zum *director* vorgelegt werden (OLG Hamm GmbHR 2008, 545, 547; OLG Hamm RNotZ 2006, 552 f; KG RNotZ 2004, 101). Str ist hierbei allerdings, ob lediglich die Urschrift (als elektronisch beglaubigte Abschrift) dem Handelsregister einzureichen ist (*Heinz* § 18 Rn 68) oder in diesem Fall weitere Nachweise zu erfolgen haben. Als ausreichender Nachweis wurde durch die Rechtsprechung angesehen eine Beschlussabschrift aus dem Protokollbuch der Gesellschaft *(minute book),* versehen mit einer Bescheinigung des *secretary* der Gesellschaft (soweit ein solcher bei der Gesellschaft vorhanden ist, andernfalls derjenigen Person, die die Aufgaben eines *secretary* wahrnimmt) darüber, dass der Bestellungsbeschluss korrekt gefasst wurde und unverändert Gültigkeit hat. Die Unterschrift des *secretary* oder der diesen ersetzenden Person ist zu beglaubigen, die Beglaubigung wiederum mit der entsprechenden Apostille zu versehen (OLG Dresden GmbHR 2007, 1157; *Wachter* ZNotP 2005, 131). Ferner ist nachzuweisen, dass der *secretary* tatsächlich dieses Amt bekleidet sowie der Nachweis über die Gesellschafterstellung der Beschließenden zu erbringen (OLG Dresden GmbHR 2007, 1157 f; KG DNotZ 2004, 730 ff).

23. Anmeldepflicht. Anmeldeverpflichtet ist das vertretungsberechtigte Organ der ausländischen Gesellschaft, bei Kollegialorganen reicht nach hM das Handeln in vertretungsberechtigter Zahl (Hopt/(Merkt) § 13e Rn 2; Oetker/(Preuß) § 13 e Rn 16; Ebenroth/Boujong/Joost/Strohn HGB § 13e Rn 18; aA wegen der abzugebenden Versicherung StaubHGB/(Koch) § 13d Rn 56, § 13e Rn 16). Die Anmeldung selbst kann durch Bevollmächtigte vorgenommen werden (Hopt/(Merkt) § 13e Rn 2; Ebenroth/Boujong/Joost/Strohn § 13e Rn 19, s jedoch oben → Anm. 18, die Versicherung ist höchstpersönlich abzugeben, deshalb aA zur Bevollmächtigung Staub/*Koch* § 13e Rn 17). Der ständige Vertreter kann die Zweigniederlassung nicht anmelden, außer es ist ihm hierfür gesonderte Vollmacht erteilt (Hopt/(Merkt) § 13e Rn 2; StaubHGB/(Koch) § 13e Rn 17).

24. **Beglaubigung.** → Form. I.A.1 Anm. 9. **Kosten.** Notargebühren: Gebühr: → Form. I.A.1 Anm. 9. Geschäftswert: 1 % des einzutragenden Stammkapitals, mindestens EUR 30.000,00 und höchstens EUR 1 Mio. gem §§ 105 IV, 106 GNotKG für die Zweigniederlassung einer ausländischen Kapitalgesellschaft. Gerichtsgebühren: EUR 150,00 gem Nr 2100 iVm Vorbemerkung 2 I HRegGebV.

3. Anmeldung der Verlegung einer (Haupt-)Niederlassung an einen anderen Ort

Amtsgericht . . . . .[1]

– Handelsregister Abt. A –

. . . . . (*Sitz des Registergerichts*)[2]

HRA . . . . .

. . . . . e. K., Verlegung der Niederlassung

Zur Eintragung in das Handelsregister wird angemeldet:

1. Die Niederlassung wurde von . . . . . (*bisheriger Ort der Niederlassung*) nach . . . . . (neuer Ort der Niederlassung) verlegt.
2. Die inländische Geschäftsanschrift lautet nunmehr: . . . . .[3]

. . . . . *(Ort)*, den . . . . .

. . . . . (*Unterschrift*)[4]

Beglaubigungsvermerk[5]

Anmerkungen

1. **Anmeldefall.** Die Verlegung der Niederlassung an einen anderen Ort ist gem §§ 13h, 31 I anmeldepflichtig. Sie liegt aber nur bei einem Wechsel der politischen Gemeinde vor. Seit Inkrafttreten des MoMiG ist allerdings gem § 31 I in gleicher Weise die Änderung der inländischen Geschäftsanschrift anzumelden (s Ziff 2 des Form.).

2. **Zuständiges Gericht.** Die Anmeldung erfolgt bei dem für die bisherige Niederlassung zuständigen Gericht (§ 13h I). Ist aufgrund der Verlegung ein neues Registergericht zuständig, so gibt das Gericht der bisherigen Niederlassung die Akten an das neue Gericht ab, das dann vor der Eintragung prüft, ob sich die Firma von Firmen bereits eingetragener Unternehmen unterscheidet und somit die Anforderungen des § 30 erfüllt sind (s § 13h III).

3. Inländische Geschäftsanschrift. → Form. I.A.1 Anm. 7. Das Anmeldeerfordernis ergibt sich aus § 31 I.

4. Anmeldepflicht. Die Anmeldepflicht trifft den Inhaber des einzelkaufmännischen Unternehmens.

5. Beglaubigung. → Form. I.A.1. **Kosten.** Notargebühren: Gebühr: → Anm. 9 zu → Form. I.A.1 Anm. 7. Geschäftswert: EUR 30.000,00 gem § 105 IV Nr 4 GNotKG. Die Anmeldung der neuen inländischen Geschäftsanschrift ist mit der Sitzverlegung als gegenstandsgleich zu behandeln und nicht gesondert zu bewerten (→ Form. I.A.1 Anm. 7). Gerichtsgebühren: Soweit die Zuständigkeit des Registergerichts nicht wechselt EUR 40,00 gem Nr 1500 HRegGebV, bei Zuständigkeitswechsel des Gerichts EUR 60,00 gem Nr 1300 HRegGebV iVm Vorbemerkung 1 II HRegGebV. Die Eintragung der inländischen Geschäftsanschrift zusammen mit der Sitzverlegung löst keine gesonderte Gebühr aus gem § 2 III Nr 2 HRegGebV.

4. Anmeldung der Aufhebung einer Zweigniederlassung

Amtsgericht . . . . .

– Handelsregister Abt. A –

. . . . . (*Sitz des Registergerichts*)

HRA . . . . .

. . . . . e. K., Aufhebung der Zweigniederlassung

Zur Eintragung in das Handelsregister wird angemeldet:[1]

1. Die unter der Firma . . . . . betriebene Zweigniederlassung ist aufgehoben.
2. Die auf den Betrieb dieser Zweigniederlassung beschränkte Prokura von . . . . . *(Vorname, Nachname)* ist erloschen.[2]
3. Die inländische Geschäftsanschrift der Hauptniederlassung lautet unverändert: . . . . .[3]

. . . . . *(Ort),* den . . . . .

. . . . . (*Unterschrift*)[4]

Beglaubigungsvermerk[5]

Anmerkungen

1. Anmeldefall. Die Aufhebung der Zweigniederlassung ist gem § 13 III zur Eintragung in das Handelsregister anzumelden.

2. Prokura. Mit der Aufhebung der Zweigniederlassung erlischt die auf ihren Betrieb beschränkte Prokura, was zur Eintragung in das Handelsregister anzumelden ist.

3. Inländische Geschäftsanschrift. → Form. I.A.1 Anm. 7 sowie → Form. I.C.1 Anm. 9.

4. Anmeldepflicht. Die Anmeldepflicht trifft den Inhaber des einzelkaufmännischen Unternehmens.

5. Beglaubigung. → Form. I.A.1 Anm. 9. **Kosten.** Notargebühren: Gebühr: → Form. I.A.1 Anm. 9. Geschäftswert: EUR 30.000,00 gem § 105 IV Nr 4 GNotKG für das Aufheben der Zweigniederlassung, welches automatisch das Erlöschen der auf die Zweigniederlassung beschränkten Prokura mit einschließt und somit nicht gesondert zu bewerten ist. Gerichtsgebühren: EUR 40,00 gem Nr 1500 HRegGebV beim Einzelkaufmann.

C. Handelsfirma

1. Anmeldung einer Firmenänderung

Amtsgericht . . . . .

– Handelsregister Abt. A –

. . . . . (*Sitz des Registergerichts*)

HRA . . . . .

. . . . . e. K., Änderung der Firma

Zur Eintragung in das Handelsregister wird angemeldet:[1]

Die Firma ist geändert in . . . . . e. K.[2]

Die inländische Geschäftsanschrift lautet unverändert: . . . . .[3]

. . . . . *(Ort)*, den . . . . .

. . . . . (*Unterschrift*)

Beglaubigungsvermerk[4]

Anmerkungen

1. Anmeldefall. Die Änderung der Firma ist gem § 31 I zur Eintragung in das Handelsregister anzumelden.

2. Firma. Zur Firmenbildung → Form. I.A.1 Anm. 5. Der Rechtsformzusatz ist immer beizufügen (§ 19 I). Führt das einzelkaufmännische Unternehmen eine Personenfirma, so muss bei einer Namensänderung des Inhabers die Firma nicht geändert werden (§ 21). Jedoch kann eine Firma, die nach §§ 22 oder 24 bei vollständigem oder teilweisem Inhaberwechsel fortgeführt worden ist, nur eingeschränkt geändert werden (im Einzelnen Hopt/(Merkt) § 22 Rn 15 und § 24 Rn 12 sowie MüKoHGB/(Heidinger) § 22 Rn 48 ff).

3. Inländische Geschäftsanschrift. Soweit die inländische Geschäftsanschrift bereits in das Handelsregister eingetragen worden ist, muss auf die Lage der Geschäftsräume nicht gesondert hingewiesen werden (§ 24 II 2 HRV). Es empfiehlt sich jedoch, immer einen Hinweis auf die inländische Geschäftsanschrift in die Handelsregisteranmeldung aufzunehmen.

4. Beglaubigung. → Form. I.A.1 Anm. 9. **Kosten.** Notargebühren: Gebühr: → Form. I.A.1 Anm. 9. Geschäftswert: Grds nach § 105 IV Nr 4 GNotKG EUR 30.000,00 (in Ausnahmefällen nach § 105 V GNotKG EUR 5.000,00 wenn Firmenänderung keine wirtschaftliche Bedeutung für das Unternehmen hat, zB Änderung des Familiennamens durch Heirat). Gerichtsgebühren: EUR 40,00 gem Nr 1500 HRegGebV (in Ausnahmefällen, da wirtschaftlich unbedeutend EUR 30,00 gem Nr 1504 HRegGebV).

2. Anmeldung der Veräußerung eines einzelkaufmännischen Unternehmens mit Fortführung der Firma und unter Eintragung eines Haftungsausschlusses nach § 25 HGB

Amtsgericht . . . . .

– Handelsregister Abt. A –

. . . . . (*Sitz des Registergerichts*)

HRA . . . . .

. . . . . e. K., Veräußerung des Handelsgeschäfts mit Firmenfortführung

Zur Eintragung in das Handelsregister wird angemeldet:

1. Der bisherige Inhaber . . . . . *(Vorname, Nachname)* hat das unter der Firma . . . . . e. K. betriebene Handelsgeschäft an . . . . . *(Vorname, Nachname)*, geboren am . . . . ., wohnhaft in . . . . . veräußert. Der Veräußerer willigt ein, dass die bisherige Firma mit oder ohne einen das Nachfolgeverhältnis andeutenden Zusatz fortgeführt wird.[1]
2. Der Erwerber führt die Firma wie folgt fort:
   . . . . . e. K.[2]
3. Die Haftung des Erwerbers für die im Betrieb des Geschäfts des bisherigen Inhabers begründeten Verbindlichkeiten sowie der Übergang der im Betrieb begründeten Forderungen auf den Erwerber sind ausgeschlossen.[3]

Gegebenenfalls:

4. *Die Prokura von . . . . . (Vorname, Nachname), geboren am . . . . ., wohnhaft in . . . . . bleibt bestehen.*[4]
5. *Die inländische Geschäftsanschrift lautet: . . . . .*[5]

. . . . . *(Ort)*, den . . . . .

. . . . . (*Unterschriften von Veräußerer und Erwerber*)[6]

Beglaubigungsvermerk[7]

Anmerkungen

1. Anmeldefall. Die Veräußerung des einzelkaufmännischen Unternehmens an einen anderen Inhaber unter Fortführung der Firma stellt einen Inhaberwechsel im Sinne von § 31 I dar und ist als solcher zum Handelsregister anzumelden (Krafka RegisterR Rn 539). Die Fortführung der Firma setzt gem § 22 I die Einwilligung des Veräußerers voraus. Wenn die Firma mit dem Erwerb des Unternehmens nicht durch einen anderen Einzelkaufmann, sondern durch eine Personenhandels- oder eine Kapitalgesellschaft fortgeführt wird, ist auch dies kein Fall des Erlöschens der Firma nach § 31 II, sondern ein Inhaberwechsel gem § 31 I, selbst wenn das Registerblatt des bisherigen einzelkaufmännischen Unternehmens zu schließen ist (*Müther,* Das Handelsregister in der Praxis, 2. Aufl, 2007, § 10 Rn 37 sowie § 42 HRV). Übernimmt eine bereits bestehende Personenhandels- oder Kapitalgesellschaft das einzelkaufmännische Unternehmen unter Firmenfortführung, ist zum Registerblatt der betreffenden Gesellschaft die entsprechende Firmenänderung und bei der Kapitalgesellschaft auch die zu beschließende Satzungsänderung anzumelden. Zur Registernummer des veräußerten einzelkaufmännischen Unternehmens ist die Firmenveräußerung wie im Form. zu Ziff 1 S 1 und zusätzlich dessen Erlöschen anzumelden (Fleischhauer/Wochner Handelsregisterrecht, 4. Aufl, 2019, C VII Rn 17 Ziff 1). Soweit die Personenhandelsgesellschaft noch nicht besteht, kann diese unter der Registernummer des einzelkaufmännischen Unternehmens in das Handelsregister eingetragen werden, ihre Errichtung ist in diesem Fall in die Anmeldung mit aufzunehmen (Krafka RegisterR Rn 617; Fleischhauer/Wochner C VII Rn 19 Ziff 1). Entsprechend ist das Registerblatt des einzelkaufmännischen Unternehmens nicht zu löschen, sondern wird durch die Personenhandelsgesellschaft übernommen (→ Form. I.A.2 Anm. 2). Auch liegt dann kein Fall des Erlöschens der Firma vor, da diese von der Personenhandelsgesellschaft fortgeführt wird (Fleischhauer/Wochner C VII Rn 19 Ziff 1; aA Krafka RegisterR Rn 617).

2. Firmenfortführung. Die Firma kann mit oder ohne einen das Nachfolgeverhältnis andeutenden Zusatz fortgeführt werden. In jedem Fall ist aber gem § 19 I der Rechtsformzusatz korrekt zu wählen. Wird die Firma also nicht durch einen Einzelkaufmann fortgeführt, muss aus Gründen der Firmenwahrheit die Firma hinsichtlich des Rechtsformzusatzes geändert werden.

3. Haftung des Erwerbers. Wird das Handelsgeschäft oder wesentliche Teile hiervon (Hopt/(Merkt) § 25 Rn 6) unter Fortführung der Firma übernommen, so haftet der Erwerber gem § 25 I für die Altverbindlichkeiten des Veräußerers. Voraussetzung hierfür ist zum Ersten die Übernahme des Handelsgeschäfts im Kern, wobei hierunter der rein tatsächliche Übergang zu verstehen ist. Mängel des Übertragungsakts schließen eine Haftung des Erwerbers nicht aus (Hopt/(Merkt) § 25 Rn 5). Zum Zweiten muss die bisherige Firma fortgeführt werden. Auch hier genügt es, wenn der prägende Teil der Firma bestehen bleibt. Sie muss nicht vollständig übernommen werden. Entscheidend ist, ob nach der Verkehrsanschauung Firmenidentität gegeben ist (BGH NJW 1992, 911; Hopt/(Merkt) § 25 Rn 7). Erwerber und Veräußerer können allerdings die Haftung mit einer entsprechenden Vereinbarung ausschließen, die gem § 25 II mit Eintragung im Handelsregister und entsprechender Bekanntmachung Drittwirkung entfaltet. Diese Wirkung hat der Haftungsausschluss jedoch nur, wenn er unverzüglich nach der Geschäftsübernahme zum Handelsregister angemeldet wird und sodann Eintragung und Bekanntmachung kurze Zeit später erfolgen (BGH WM 1992, 736 f; Hopt/(Merkt) § 25 Rn 15). Auch ein fehlendes Verschulden des Erwerbers bei einer Verzögerung hindert die Unwirksamkeit des Haftungsausschlusses nach hM nicht (BayObLG NJW-RR 2003, 757; Hopt/(Merkt) § 25 Rn 15). Insofern sollte das Registergericht bei der Einreichung der Handelsregisteranmeldung unbedingt auf die Eilbedürftigkeit hingewiesen und die Eintragung überwacht werden. Ferner sollte in Zweifelsfällen ein Haftungsausschluss vereinbart und zum Handelsregister angemeldet werden, da die Rechtsprechung zu § 25 teils sehr weitgehend ist (BGH ZIP 2001, 567; OLG Hamm GmbHR 1999, 77; OLG Jena NotBZ 2007, 298; LG Berlin Rpfleger 1994, 26) und das Registergericht die Eintragung des Haftungsausschlusses nur dann ablehnen kann, wenn offensichtlich ist, dass eine Haftung des neuen Unternehmensträgers nach § 25 I nicht in Betracht kommt (OLG München GmbHR 2008, 705).

4. Prokura. Mit der Veräußerung des einzelkaufmännischen Unternehmens erlischt grundsätzlich die Prokura, da diese vom jeweiligen Geschäftsinhaber erteilt ist. Die Anmeldung des Fortbestehens der Prokura stellt folglich die Zusammenfassung von Erlöschen und Neuerteilung dar (zur Zulässigkeit, dies in dieser Weise anzumelden BayObLG DNotZ 1971, 191 f). Wird die Prokura nicht neu erteilt, ist ihr Erlöschen zum Handelsregister anzumelden (hierzu → Form. I.C.3 Anm. 4).

5. Inländische Geschäftsanschrift. → Form. I.A.1 Anm. 7 sowie → Form. I.C.1 Anm. 3.

6. Anmeldepflicht. Anmeldeverpflichtet sind der Veräußerer und der Erwerber (*Krafka* Rn 554).

7. Beglaubigung. → Form. I.A.1 Anm. 9. **Kosten.** Notargebühren: Gebühr: S → Form. I.A.1 Anm. 9. Geschäftswert: EUR 30.000,00 gem § 105 III Nr 1 und IV Nr 4 GNotKG für den Inhaberwechsel. Die in der Anmeldung enthaltenen Erklärungen zum Haftungsausschluss, zur Gestattung der Firmenfortführung oder evtl. Änderung der Firma sowie zu den Prokuren sind gegenstandsverschieden (§ 111 Nr 3 GNotKG; strittig *Gustavus* A 5 S 44, *Korintenberg/Diehn*, GNotKG, 22. Aufl. 2022, § 111 Rn 27, aA *Kersten/Bühling*, Formularbuch und Praxis der freiwilligen Gerichtsbarkeit, § 126 Rn 11) werden gesondert bewertet und sind dem obigen Geschäftswert hinzuzurechnen. Der Geschäftswert je Prokura beträgt EUR 30.000,00 nach § 105 IV Nr 4 GNotKG. Die Bewertung des Haftungsausschlusses und der Gestattung der Firmenfortführung erfolgt nach billigem Ermessen gem § 36 II, III GNotKG. Gerichtsgebühren: EUR 70,00 gem Nr 1100 HRegGebV für die Eintragung des Erwerbers. Die Streichung des bisherigen Inhabers kann mE bei Firmenfortführung nur mit der Eintragung des neuen Inhabers erfolgen und ist mit ihr zusammen somit eine gebührenpflichtige Rechtstatsache, gleiches gilt für die Eintragung des Haftungsausschlusses gem § 2 I HRegGebV (strittig, *Kersten Bühling* § 126 Rn 11, aA *Gustavus* A 5, der gem Nr 1500 HRegGebV EUR 40,00 zusätzlich für die Löschung des bisherigen Inhabers berechnet, so auch Fleischhauer/Wochner C VII Rn 15 Ziff 7, der aber bei Übertragung des Handelsgewerbes auf eine GmbH mit Firmenfortführung keine Gerichtsgebühren für die Löschung des e.K. ansetzt gem. Vorbemerkung 1 Abs 4 HRegGebV; dies muss mE auch analog für den vorgenannten Fall gelten). Zusätzlich EUR 40,00 gem Nr 4000 HRegGebV für das Fortbestehen einer Prokura und für jede weitere Prokuraeintragung EUR 30,00 gem Nr 4001 HRegGebV. Bekanntmachungskosten können gem Nr 31004 GNotKG entstehen.

3. Anmeldung der Veräußerung eines einzelkaufmännischen Unternehmens ohne Fortführung der Firma

Amtsgericht . . . . .

– Handelsregister Abt. A –

. . . . . (*Sitz des Registergerichts*)

HRA . . . . .

. . . . . **e. K., Veräußerung des Handelsgeschäfts ohne Firmenfortführung**

Zur Eintragung in das Handelsregister wird angemeldet:

1. Der bisherige Inhaber . . . . . *(Vorname, Nachname)* hat das unter der Firma . . . . . e. K. betriebene Handelsgewerbe an . . . . . *(Vorname, Nachname)*, geboren am . . . . ., wohnhaft in . . . . . veräußert. Dieser führt die Firma nicht fort.[1]
2. Entsprechend ist die bisherige Firma erloschen.[2]
3. Der Erwerber betreibt das Handelsgewerbe in . . . . . *(Ort)* unter der folgenden neuen Firma:
   . . . . . e. K.[3]

Gegebenenfalls:

3. *Die Prokura von . . . . . ist erloschen.*[4]
4. *Die inländische Geschäftsanschrift lautet: . . . . .*[5]

. . . . . *(Ort)*, den . . . . .

. . . . . *(Unterschriften von Veräußerer und Erwerber)*[6]

Beglaubigungsvermerk[7]

Anmerkungen

1. Anmeldefall. Wird das einzelkaufmännische Unternehmen veräußert, ohne dass der Erwerber die Firma fortführt, hat der Veräußerer gem § 31 I das Erlöschen der Firma zum Handelsregister anzumelden. Die Anmeldung kann mit der Anmeldung der neuen Firma verbunden werden, auch wenn es sich um zwei getrennte Anmeldevorgänge handelt. Entsprechend wird auch das Registerblatt der alten Firma geschlossen und nach § 13 I HRV ein neues Blatt für die neue Firma angelegt. Der Erwerber haftet nicht für die im Geschäftsbetrieb begründeten Verbindlichkeiten des Veräußerers nach § 25 I. Wegen der weitgehenden Rechtsprechung zu § 25 kann in Zweifelsfällen (zB bei ähnlicher neuer Firma) jedoch ein Haftungsausschluss wie in → Form. I.C.2 Anm. 3 angemeldet werden (→ Form. I.C.2 Anm. 1 f).

2. Erlöschen der Firma. Der Grund für das Erlöschen der Firma ergibt sich aus Ziff 1 des Form., auf die Bezug genommen werden kann (→ Form. I.A.3 Anm. 1).

3. Neue Firma. Der Erwerber hat die neue Firma zum Handelsregister anzumelden (zu den Einzelheiten der Anmeldung → Form. I.A.1 Anm. 1 f).

4. Prokura. Mit der Veräußerung des einzelkaufmännischen Unternehmens erlischt die Prokura, da es sich um eine Vollmacht des jeweiligen Inhabers handelt (wenn sie weiterbestehen soll → Form. I.C.2 Anm. 4).

5. Inländische Geschäftsanschrift. → Form. I.A.1 Anm. 7. sowie → Form. I.C.1 Anm. 3.

6. Anmeldepflicht. Das Erlöschen der bisherigen Firma ist vom Veräußerer anzumelden, die Eintragung der neuen Firma vom Erwerber. Bei getrennter Anmeldung sind entsprechend für den jeweiligen Anmeldevorgang der Veräußerer bzw. der Erwerber allein anmeldeverpflichtet.

7. Beglaubigung. → Form. I.A.1 Anm. 9. **Kosten.** Notargebühren: Gebühr: → Form. I.A.1 Anm. 9. Geschäftswert: EUR 60.000,00 gem §§ 105 III Nr 1, IV Nr 4 (je EUR 30.000,00 für das Erlöschen der bisherigen Firma, welches das Erlöschen der Prokura mit einschließt sowie für die Neueintragung des Erwerbers, die Werte werden gem §§ 35 I, 86 I GNotKG addiert). Gerichtsgebühren: EUR 70,00 gem Nr 1100 HRegGebV für die Eintragung des Erwerbers. Die Löschung der Firma, welches automatisch das Erlöschen der Prokura mit einschließt, ist mE gebührenfrei gem Vorbemerkung 1 IV HRegGebV (aA *Gustavus* A 6, der EUR 40,00 gem Nr 1500 für die Löschung des bisherigen Inhabers berechnet). Bekanntmachungskosten können gem Nr 31004 GNotKG entstehen.

4. Anmeldung des Übergangs eines einzelkaufmännischen Unternehmens im Erbgang auf einen oder mehrere Erben unter Fortführung der Firma

Amtsgericht . . . . .

– Handelsregister Abt. A –

. . . . . (*Sitz des Registergerichts*)

HRA . . . . .

. . . . . e. K., Übergang des Unternehmens im Erbgang unter Firmenfortführung

Zur Eintragung in das Handelsregister wird angemeldet:[1]

1. Der bisherige Inhaber des einzelkaufmännischen Unternehmens, ... *(Vorname, Nachname)* ist am . . . . . *(Sterbetag)* verstorben und
   von mir, ... *(Vorname, Nachname)*, geboren am . . . . ., wohnhaft in . . . . . beerbt worden. Das einzelkaufmännische Unternehmen ist auf mich übergegangen und wird in . . . . . *(Ort)* unter der Firma . . . . . e. K. fortgeführt.

   Alternativ:
   von uns,
   . . . . . (Vorname, Nachname), geboren am . . . . ., wohnhaft in . . . . . sowie
   . . . . . (Vorname, Nachname), geboren am . . . . ., wohnhaft in . . . . . beerbt worden.
   Das einzelkaufmännische Unternehmen ist auf uns übergegangen und wird in . . . . . (Ort) in ungeteilter Erbengemeinschaft[2] *unter der Firma . . . . . e. K.*[3] *fortgeführt.*
2. Die Haftung des Erben/der Erben[4] für die im Betrieb des Geschäfts begründeten Verbindlichkeiten des bisherigen Inhabers ist ausgeschlossen.[5]
3. Die inländische Geschäftsanschrift lautet unverändert: . . . . .[6]

   Als Erbnachweis wird beigefügt:[7]

   Elektronisch beglaubigte Abschrift der Ausfertigung des Erbscheins des Amtsgerichts . . . . . vom . . . . . – Geschäftsnummer . . . . .

   oder

   Elektronisch beglaubigte Abschrift der eröffneten notariellen Verfügung von Todes wegen vom . . . . . nebst elektronisch beglaubigter Abschrift des Eröffnungsprotokolls des Amtsgerichts . . . . . vom . . . . . – Geschäftsnummer . . . . .

. . . . . *(Ort)*, den . . . . .

. . . . . *(Unterschrift des bzw Unterschriften aller Erben)*[8]

Beglaubigungsvermerk[9]

Anmerkungen

1. Anmeldefall. Verstirbt der Inhaber des einzelkaufmännischen Unternehmens, so geht dieses zunächst auf seine Erben in ungeteilter Erbengemeinschaft über (zu eventuellen unmittelbar folgenden Übertragungsakten → Form. I.C.5 Anm. 1 f). Der Inhaberwechsel von Todes wegen ist gem § 31 I zur Eintragung in das Handelsregister anzumelden. Auch ohne Fortführung der Firma liegt ein Fall des Inhaberwechsels nach § 31 I und kein Erlöschen der Firma nach § 31 II vor, dann ist jedoch neben dem Inhaberwechsel auch die Firmenänderung zur Eintragung in das Handelsregister anzumelden (→ Form. I.C.1 Anm. 1 f).

2. Erbengemeinschaft. Die Fortführung des einzelkaufmännischen Unternehmens kann durch eine ungeteilte Erbengemeinschaft erfolgen, und zwar ohne zeitliche Begrenzung. Dies gilt auch, wenn einer der Erben aus der Erbengemeinschaft ausscheidet (Hopt/(Merkt) § 22 Rn 2). Es muss hierfür keine oHG gegründet werden (Hopt/(Merkt) § 22 Rn 2), anders nach vollständiger Nachlassteilung (Hopt/(Merkt) § 22 Rn 2).

3. Firma. Der Firma kann, muss aber kein Nachfolgezusatz beigefügt werden (Hopt/(Merkt) § 22 Rn 15, zu den Möglichkeiten und Grenzen der Änderung abgeleiteter Firmen s Hopt/(Merkt) § 22 Rn 15 sowie MüKoHGB/(Heidinger) § 22 Rn 47 ff). Soweit eine Erbengemeinschaft das einzelkaufmännische Unternehmen fortführt, können auch die Namen aller Erben in die Firma aufgenommen werden (Hopt/(Merkt) § 22 Rn 2).

4. Je nachdem, ob zu Ziff 1 des Form. Alt 1 oder 2 vorlag.

5. Haftung des/der Erben. Die Fortführung des einzelkaufmännischen Unternehmens durch den oder die Erben unter Fortführung der Firma (Letzteres vom Leitgedanken her str, s Hopt/(Merkt) § 27 Rn 1) hat eine Haftung des oder der Erben für die im Betrieb des früheren Inhabers begründeten Verbindlichkeiten nach §§ 27 I, 25 zur Folge, soweit nicht das Handelsgeschäft innerhalb von drei Monaten nach Kenntnis vom Erbfall eingestellt wird (§ 27 II). Allerdings kann auch hier die Haftung für die Verbindlichkeiten des früheren Geschäftsinhabers entsprechend § 25 II ausgeschlossen werden (ebenfalls str s Hopt/(Merkt) § 27 Rn 8). Hierzu ist dann die Erklärung des/der Erben und deren Eintragung und Bekanntmachung im Handelsregister erforderlich (Hopt/(Merkt) § 27 Rn 8). Insofern empfiehlt es sich, einen entsprechenden Haftungsausschluss zur Eintragung in das Handelsregister anzumelden. Folgt man der hier vertretenen Auffassung, dass eine Haftung des/der Erben nach § 27 die Firmenfortführung voraussetzt, kommt bei fehlender Firmenfortführung nur eine Haftung nach den erbrechtlichen Vorschriften in Betracht.

6. Inländische Geschäftsanschrift. → Form. I.C.1 Anm. 3 sowie → Form. I.A.1 Anm. 7.

7. Erbnachweis. Als Erbnachweis kommen der Erbschein oder eine vom zuständigen Nachlassgericht eröffnete notarielle Verfügung von Todes wegen nebst Eröffnungsprotokoll, aus der sich die Erbfolge eindeutig ergibt, in Betracht, da der Erbnachweis grundsätzlich nach § 12 I 4 durch öffentliche Urkunden zu führen ist. Andere Nachweise kann das Gericht nach pflichtgemäßem Ermessen akzeptieren, wenn sie einwandfrei sind und öffentliche Urkunden schwer zu beschaffen sind (Hopt/(Merkt) § 12 Rn 5). Die Vorlage des Erbscheins genügt ferner als elektronisch beglaubigte Abschrift, sofern der elektronische Beglaubigungsvermerk zeitnah zur anschließenden Übermittlung zum Handelsregister erstellt wurde, da in diesem Fall dem Beglaubigenden eine nicht eingezogene oder für kraftlos erklärte Ausfertigung des Erbscheins vorlag (Hopt/(Merkt) § 12 Rn 5).

8. Anmeldepflicht. Es sind die Unterschrift des Erben bzw. bei einer Erbengemeinschaft die Unterschriften aller Erben erforderlich, die Erben trifft die Anmeldeverpflichtung nach § 31 I.

9. Beglaubigung. → Form. I.A.1 Anm. 9. **Kosten.** Notargebühren: Gebühr: → Form. I.A.1 Anm. 9. Geschäftswert: → Form. I.C.2 Anm. 7.

5. Anmeldung der Übertragung eines einzelkaufmännischen Unternehmens auf einen Miterben, Vermächtnisnehmer oder einen Dritten unter Fortführung der Firma

Amtsgericht . . . . .

– Handelsregister Abt. A –

. . . . . (*Sitz des Registergerichts*)

HRA . . . . .

. . . . . e. K., Übergang des Unternehmens im Erbgang unter Firmenfortführung

Zur Eintragung in das Handelsregister wird angemeldet:[1]

1. Der bisherige Inhaber des einzelkaufmännischen Unternehmens, ... *(Vorname, Nachname)* ist am . . . . . *(Todestag)* verstorben und
   von mir, ... *(Vorname, Nachname)*, geboren am . . . . ., wohnhaft in . . . . . beerbt worden.

   Alternativ:
   von uns, ... (Vorname, Nachname), geboren am . . . . ., wohnhaft in . . . . . sowie
   . . . . . (Vorname, Nachname), geboren am . . . . ., wohnhaft in . . . . . beerbt worden.

2. Das einzelkaufmännische Unternehmen wurde auf . . . . . *(Vorname, Nachname)*, geboren am . . . . ., wohnhaft in . . . . ., übertragen, und zwar mit dem Recht, die bisherige Firma fortzuführen. Der Erwerber führt die Firma wie folgt fort:
   . . . . . e. K.
3. Die Haftung des Erwerbers für die im Betrieb des Geschäfts des bisherigen Inhabers begründeten Verbindlichkeiten ist ausgeschlossen.[2]
4. Die inländische Geschäftsanschrift lautet unverändert:[3]

Als Erbnachweis wird beigefügt:[4]

Elektronisch beglaubigte Abschrift der Ausfertigung des Erbscheins des Amtsgerichts . . . . . vom . . . . . – Geschäftsnummer . . . . .

oder

Elektronisch beglaubigte Abschrift der eröffneten notariellen Verfügung von Todes wegen vom . . . . . nebst elektronisch beglaubigter Abschrift des Eröffnungsprotokolls des Amtsgerichts . . . . . vom . . . . . – Geschäftsnummer . . . . .

. . . . . *(Ort),* den . . . . .

. . . . . (*Unterschriften des/aller Erben und des Erwerbers*)[5]

Beglaubigungsvermerk[6]

Anmerkungen

1. Anmeldefall. Das Form. behandelt den Fall, dass das einzelkaufmännische Unternehmen auf einen Miterben, Vermächtnisnehmer oder einen Dritten übertragen wird, ohne dass die Erbengemeinschaft selbst für einen gewissen Zeitraum das Unternehmen fortgeführt hat. In diesem Fall ist der Erwerber des einzelkaufmännischen Unternehmens unmittelbar als Nachfolger des Verstorbenen in das Handelsregister einzutragen (Krafka RegisterR Rn 561; Fleischhauer/Wochner, Handelsregisterrecht, 4. Aufl, 2019, Teil 2 C IX Rn 23 Ziff 1). Hiervon zu unterscheiden ist eine Veräußerung des einzelkaufmännischen Unternehmens, nachdem die Erbengemeinschaft die Geschäfte zunächst selbst fortgeführt hat. Dann ist erstens der Inhaberwechsel aufgrund Erbfolge und zweitens der Inhaberwechsel aufgrund Veräußerung anzumelden (s jeweils hierzu → Form. I.C.4 Anm. 1 ff und → Form. I.C.2 Anm. 1 ff).

2. Haftung des Erwerbers. Auch bei der Übertragung durch eine Erbengemeinschaft kann gem § 25 II die Haftung des Erwerbers für die im Betrieb des bisherigen Inhabers begründeten Verbindlichkeiten ausgeschlossen werden. Ob die Veräußerung innerhalb der Frist des § 27 II auch dazu führt, dass bei dem/den Erben eine unbeschränkte Haftung nach §§ 27 I, 25 I nicht eintritt, da sie eine Einstellung der Fortführung des Geschäfts durch den/die Erben darstellt, ist umstritten (dafür hL, s nur MüKoHGB/(Thiessen) § 27 Rn 49; Oetker/(Vossler) § 27 Rn 21; StaubHGB/(Burgard) § 27 Rn 65; Hopt/(Merkt) § 27 Rn 5 jeweils mwN; dagegen RGZ 56, 196 (199 f).

3. Inländische Geschäftsanschrift. → Form. I.C.1 Anm. 3 sowie → Form. I.A.1 Anm. 7.

4. Erbnachweis. Auch in diesem Fall ist die Erbfolge in geeigneter Form zu belegen, → Form. I.C.4 Anm. 7.

5. Anmeldepflicht. Die Anmeldepflicht nach § 31 I trifft alle Erben sowie den Erwerber.

6. Beglaubigung. → Form. I.A.1 Anm. 9. **Kosten.** → Form. I.C.2 Anm. 7.

D. Handelsbücher

Verweisung: Die §§ 38–47b aF HGB sind aufgehoben; Gliederungspunkt D. wird hier wie im Kommentar *Baumbach/Hopt*, HGB, 40. Auflage 2021, beibehalten, um wechselseitige Verweisungen übersichtlicher zu gestalten. Bilanzielle Fragen werden insbesondere in Teil III. dieses Handbuchs behandelt.

E. Prokura und Handlungsvollmacht

1. Anmeldung der Erteilung, Änderung und Löschung von Prokuren mit und ohne Befugnis zur Veräußerung und Belastung von Grundstücken

Amtsgericht . . . . .

– Handelsregister Abt. A –

. . . . . (*Sitz des Registergerichts*)

HRA . . . . .

. . . . . e. K., diverse Prokuren

Zur Eintragung in das Handelsregister wird angemeldet:[1]

1. Herrn/Frau . . . . . *(Vorname, Nachname)*, geboren am . . . . ., wohnhaft in . . . . .[2] ist Einzelprokura erteilt.[3]*(gegebenenfalls: Er/Sie ist zur Veräußerung und Belastung von Grundstücken befugt.*[4])

   Gegebenenfalls:[5]

   Er/Sie ist berechtigt, im Namen des Inhabers mit sich in eigenem Namen oder als Vertreter eines Dritten Rechtsgeschäfte vorzunehmen.

   Alternativ:

   Er/Sie ist berechtigt, im Namen des Inhabers mit sich als Vertreter eines Dritten Rechtsgeschäfte vorzunehmen.

2. Herrn/Frau . . . . . *(Vorname, Nachname)*, geboren am . . . . ., wohnhaft in . . . . . ist Gesamtprokura in der Weise erteilt, dass zwei Prokuristen gemeinschaftlich zur Vertretung berechtigt sind.[4]
3. Die Gesamtprokura von Herrn/Frau . . . . . *(Vorname, Nachname)*, geboren am . . . . ., wohnhaft in . . . . . ist in eine Einzelprokura umgewandelt worden. Er/Sie ist nunmehr zur Einzelvertretung *(gegebenenfalls:)* sowie zur Veräußerung und Belastung von Grundstücken berechtigt.[6]
4. Die Einzelprokura von Herrn/Frau . . . . . *(Vorname, Nachname)*, geboren am . . . . ., wohnhaft in . . . . . ist in eine Gesamtprokura dergestalt umgewandelt worden, dass zwei Prokuristen gemeinschaftlich zur Vertretung berechtigt sind.[6]

5. Folgenden Personen ist Gesamtprokura in der Weise erteilt, dass zwei Prokuristen aus dieser Gruppe gemeinschaftlich zur Vertretung berechtigt sind:[3]
Herrn/Frau ..... *(Vorname, Nachname)*, geboren am ....., wohnhaft in .....
Herrn/Frau ..... *(Vorname, Nachname)*, geboren am ....., wohnhaft in .....
Herrn/Frau ..... *(Vorname, Nachname)*, geboren am ....., wohnhaft in .....
(*Gegebenenfalls weitere Personen aufnehmen*)
6. Herrn/Frau ..... *(Vorname, Nachname)*, geboren am ....., wohnhaft in .....[2] ist – beschränkt auf die unter der Firma ..... betriebene Zweigniederlassung des Unternehmens in ..... *(Ort der Zweigniederlassung)* – Einzelprokura erteilt.[7]
7. Die Prokura von Herrn/Frau ..... ist erloschen.[8]
8. Die inländische Geschäftsanschrift lautet unverändert: .....[9]

Alternativ:

Die inländische Geschäftsanschrift der Hauptniederlassung lautet unverändert: ....., die der Zweigniederlassung unverändert: .....[9]

..... *(Ort)*, den .....

..... (*Unterschrift*)[10]

Beglaubigungsvermerk[11]

Anmerkungen

1. Begriff. Die Prokura ist eine Handelsvollmacht und wird als solche rechtsgeschäftlich erteilt. Ihr Umfang ist im Außenverhältnis gesetzlich zwingend ausgestaltet (§ 49 I). Sie kann gem § 48 I nur vom Inhaber des Handelsgeschäfts selbst bzw seinem gesetzlichen Vertreter oder einer Partei kraft Amtes, wie dem Testamentsvollstrecker oder Insolvenzverwalter, nicht aber einem Bevollmächtigten des Inhabers, erteilt werden (Krafka RegisterR Rn 360); die Erteilung bedarf nach § 48 II einer ausdrücklichen Erklärung. Bei Gesellschaften erfolgt die Erteilung durch die Organe der Gesellschaft. Die ausdrückliche Erteilung bedarf keiner besonderen Form., kann also auch mündlich erfolgen. Sie ist spätestens in der Verlautbarung aufgrund der entsprechenden Handelsregisteranmeldung zu sehen (Oetker/(Schubert) § 48 Rn 32). Die Prokura begründet eine besondere Vertrauensstellung des Prokuristen und ist deshalb nicht übertragbar (§ 52 II).

2. Mögliche Prokuristen. Zum Prokuristen kann jede natürliche Person, nicht aber eine juristische Personen bestellt werden (Hopt/Hopt § 48 Rn 2). Diese Person soll in das Unternehmen eingegliedert sein (MüKoHGB/Krebs § 48 Rn 27 f). Nicht Prokurist werden kann ferner, wer gleichzeitig organschaftlicher Vertreter der Gesellschaft ist (str, Hopt/Merkt § 48 Rn 2), wohl aber der Kommanditist, stille Gesellschafter oder ein von der Vertretung nach §§ 125 ff ausgeschlossener persönlich haftender Gesellschafter oder ein Miterbe für die Erbengemeinschaft (sehr str, s Hopt/Merkt § 48 Rn 2 mwN, deshalb ist eine vorherige Abklärung mit dem zuständigen Handelsregister unbedingt zu empfehlen). In der Handelsregisteranmeldung sind gem § 40 Ziff. 4 HRV Vor- und Nachname, Geburtsdatum und Wohnort anzugeben.

3. Ausgestaltung. Die Prokura kann als Einzel- oder als Gesamtprokura erteilt werden. Der Einzelprokurist hat Einzelvertretungsbefugnis, soweit das getätigte Geschäft vom

Umfang der Prokura gedeckt ist (hierzu sogleich unter Anm. 4). Ist in der Handelsregisteranmeldung nicht weiter spezifiziert, ob Einzel- oder Gesamtprokura erteilt wurde, so geht das Gesetz von der Einzelprokura als Regelfall aus (§ 53 I 2). Gesamtprokura bedeutet, dass der Prokurist nur gemeinschaftlich mit einem oder mehreren weiteren Prokuristen, je nach Ausgestaltung der Gesamtprokura, handeln kann (sog echte Gesamtprokura, zur den Formen der Prokura s StaubHGB/Joost § 48 Rn 91 ff). Die Gesamtprokura kann unterschiedlich ausgestaltet sein: Meist wird sie dergestalt erteilt, dass zwei Gesamtprokuristen gemeinschaftlich vertretungsberechtigt sind. Dies ist jedoch nur eintragungsfähig, wenn mindestens zwei Prokuristen im Handelsregister eingetragen sind oder werden (Hopt/Merkt § 53 Rn 3 und § 48 Rn 6). Die echte Gesamtprokura kann auch in Form einer allseitigen Gesamtprokura erteilt werden, bei der ein Prokurist nur gemeinsam mit allen anderen Prokuristen handeln kann oder als Gruppenprokura, bei der aus einer größeren Anzahl an Gesamtprokuristen immer ein Gesamtprokurist mit einem anderen Gesamtprokuristen aus einer bestimmten Gruppe an Prokuristen handeln kann. Ferner ist auch eine sog halbseitige Gesamtprokura möglich, die sich dadurch auszeichnet, dass einem Prokuristen Einzelprokura und einem weiteren Prokuristen Gesamtprokura dergestalt erteilt wurde, dass er mit einem weiteren Prokuristen handeln kann. Während also der erste Prokurist einzelvertretungsberechtigt ist, ist der Zweite für eine wirksame Vertretung auf die Mitwirkung eines weiteren Prokuristen angewiesen. Anders als bei den Handelsgesellschaften lässt sich beim einzelkaufmännischen Unternehmen die Handlung des Prokuristen allerdings nicht an die Mitwirkung des Inhabers knüpfen (sehr str, s Hopt/Merkt § 48 Rn 7). Die sog gemischte Gesamtvertretung (gemischte oder unechte Gesamtprokura), dh die (wechselseitige) Bindung des Handelns des Prokuristen und eines Vertreters, dessen Vertretungsmacht auf einer anderen Grundlage beruht (MüKoHGB/Krebs § 48 Rn 77), zB eines Gesellschaftsorgans oder eines vertretungsberechtigten Gesellschafters, ist bei Gesellschaften insoweit möglich als der Grundsatz der Selbstorganschaft nicht verletzt wird. So kann der einzige vertretungsberechtigte Gesellschafter nicht in der Vertretung an die Mitwirkung eines Prokuristen gebunden werden (Hopt/Merkt § 48 Rn 7), wohl aber der Prokurist an die Mitwirkung des einzigen persönlich haftenden Gesellschafters einer Handelsgesellschaft (auch bei der GmbH & Co KG, StaubHGB/Joost § 48 Rn 101), eines Vorstandsmitglieds einer Aktiengesellschaft, einer Genossenschaft (StaubHGB/Joost § 48 Rn 99) oder eines Geschäftsführers bei der GmbH (StaubHGB/Joost § 48 Rn 100). Unerheblich ist dabei, ob das Gesellschaftsorgan selbst einzelvertretungs- oder nur gesamtvertretungsberechtigt ist (StaubHGB/Joost § 48 Rn 102). In der Praxis am häufigsten sei beispielhaft die Formulierung der gemischten Gesamtvertretung in der GmbH genannt, die in die Handelsregisteranmeldung bei einer GmbH aufgenommen werden könnte: „Herrn/Frau . . . . . ist Gesamtprokura in der Weise erteilt, dass er/sie gemeinschaftlich mit einem Geschäftsführer oder einem weiteren Prokuristen zur Vertretung der Gesellschaft berechtigt ist."

4. Umfang. Der Umfang der Prokura ist in § 49 I gesetzlich festgelegt. Die Prokura ermächtigt zu allen Arten gerichtlicher und außergerichtlicher Geschäfte und Rechtshandlungen, die der Betrieb eines Handelsgewerbes mit sich bringt. Hierbei besteht in der Vertretungsmacht keine Beschränkung auf die konkrete Art des Handelsgewerbes, gemeint ist also irgendein Handelsgewerbe (StaubHGB/Joost § 49 Rn 9), womit auch branchenfremde Geschäfte umfasst sind (Beispiele s bei Hopt/Merkt § 49 Rn 1). Beschränkungen sind nur im Innenverhältnis möglich (s hierzu → Form. I.E.2.). Solche Beschränkungen sind jedoch Dritten gegenüber unwirksam, § 50 I. Die Prokura berechtigt allerdings nicht zu Grundlagengeschäften, die den Betrieb des Handelsgewerbes als solches betreffen, der Prokurist kann also beispielsweise nicht Gesellschafter aufnehmen, die Firma ändern, das Geschäft veräußern oder gar einstellen (Hopt/Merkt § 49 Rn 2). Weiter berechtigt die Prokura im Grundsatz nicht zur Veräußerung und Belastung von

Grundstücken. Diese Befugnis kann dem Prokuristen jedoch gem § 49 II erteilt werden, was gesondert zur Eintragung in das Handelsregister anzumelden ist (s Ziff 1 und 3 des Form.).

5. Insichgeschäft. Eine weitere Grenze erfährt die Prokura im Verbot des Insichgeschäfts gem § 181 BGB. Grundsätzlich ist der Prokurist zur Selbstkontrahierung und zur Mehrfachvertretung nicht befugt. Soll von diesem Verbot ganz oder teilweise befreit werden, so ist dies zur Eintragung in das Handelsregister anzumelden (Krafka RegisterR Rn 369, 382, dort auch zu den unterschiedlichen Varianten der Befreiung).

6. Änderungen. Jede Änderung der Prokura ist, soweit eintragungspflichtige Tatsachen und nicht lediglich das Innenverhältnis betroffen sind, zur Eintragung in das Handelsregister anzumelden. Dies betrifft sowohl die Umwandlung einer Einzel- in eine Gesamtprokura und umgekehrt, als auch die nachträgliche Erweiterung der Prokura auf die Veräußerung und Belastung von Grundstücken nach § 49 II oder die ganz oder teilweise Befreiung von § 181 BGB bzw die entsprechende Rücknahme solcher Befugnisse.

7. Filialprokura. Soweit der Kaufmann eine Zweigniederlassung betreibt und diese eine eigene Firma trägt oder die Firma der Zweigniederlassung zumindest einen Zusatz enthält, der sie als Zweigniederlassung bezeichnet, kann die Prokura auf den Betrieb der Zweigniederlassung beschränkt werden, § 50 III. Diese Beschränkung ist ausdrücklich zu erklären. Die Anmeldung erfolgt nur bei dem Registergericht der Hauptniederlassung, da seit Inkrafttreten des EHUG mit dem 1.1.2007 die gesonderte Führung eines Registerblatts beim Register der Zweigniederlassung entfallen ist (zur Zweigniederlassung → Form. I.B. Anm. 1 ff). Der Umfang der Filialprokura entspricht dem einer sonstigen Prokura mit der Besonderheit, dass sich die Vertretungsmacht auch im Außenverhältnis nur auf den Betrieb der Zweigniederlassung erstreckt.

8. Erlöschen. Die Prokura erlischt durch Widerruf, § 52 I, bei Erlöschen der Firma (→ Form. I.A.3 Anm. 3), durch Inhaberwechsel (→ Form. I.C.3 Anm. 4), auch wenn der Prokurist selbst Inhaber wird, durch die Eröffnung des Insolvenzverfahrens und den Tod des Prokuristen. Sie erlischt jedoch gem § 52 III nicht durch den Tod des Inhabers.

9. Inländische Geschäftsanschrift. → Form. I.A.1 Anm. 7 sowie → Form. I.C.1 Anm. 3. Soweit die Anmeldung einer Filialprokura (→ Anm. 6 des Formulars) erfolgt, ist auch die inländische Geschäftsanschrift der Zweigniederlassung mit anzugeben.

10. Anmeldepflicht. Anmeldeverpflichtet ist der Inhaber des Handelsgeschäfts. Die Vertretung bei der Anmeldung ist jedoch zulässig. So kann, auch wenn die Prokura selbst nur vom Inhaber oder seinem gesetzlichen Vertreter erteilt werden kann (s → Anm. 1), die Anmeldung durch einen Bevollmächtigten, dem eine entsprechende öffentlich beglaubigte Vollmacht erteilt worden ist, vorgenommen werden. Der Prokurist kann sich allerdings aufgrund seiner Prokura nicht selbst zur Eintragung in das Handelsregister anmelden, anders ist dies nur, wenn ihm hierzu eine gesonderte Vollmacht, wie soeben beschrieben, erteilt worden ist. Dann erfolgt die Anmeldung aber nicht kraft der Prokura, sondern aufgrund dieser gesonderten Vollmacht. Bei seiner Anmeldung mitwirken kann der Prokurist jedoch im Rahmen einer ihm erteilten Gesamtprokura bei gemischter Gesamtvertretung (hierzu → Anm. 3; Krafka RegisterR Rn 345). Die Pflicht zur Zeichnung der Unterschrift durch den Prokuristen ist mit dem EHUG mit dem 1.1.2007 weggefallen.

11. Beglaubigung. → Form. I.A.1 Anm. 9. **Kosten.** Notargebühren: Gebühr: → Form. I.A.1 Anm. 9. Geschäftswert: Nach § 105 IV Nr 4 GNotKG EUR 30.000,00. Werden, wie im Muster, mehrere Vorgänge angemeldet, so ist der Geschäftswert jeweils einmal pro Anmeldefall anzusetzen. Der Höchstwert liegt dann gem § 106 GNotKG bei EUR 1 Mio. Gerichtsgebühren: Für die Eintragung der ersten Prokura EUR 40,00 nach Nr 4000 HRegGebV, für die Eintragung von weiteren Prokuren sowie für die Änderung oder Löschung einer Prokura in derselben Handelsregisteranmeldung jeweils EUR 30,00 nach Nr 4001 HRegGebV.

2. Beschränkung einer Einzelprokura im Innenverhältnis

. . . . . (*Briefkopf und Anrede*)

Hiermit wird Ihnen mit sofortiger Wirkung Einzelprokura[1] erteilt.

Die Prokura ermächtigt Sie gem § 49 I HGB zu allen Arten von gerichtlichen und außergerichtlichen Geschäften und Rechtshandlungen, die der Betrieb eines Handelsgewerbes mit sich bringt.[2]

Im Innenverhältnis wird die Ihnen erteilte Prokura wie folgt beschränkt:

Sie beschränkt sich auf Ihren Verantwortungsbereich als Leiter meiner Produktionsabteilung.[3]

Weiterhin sind Sie verpflichtet, meine vorherige Zustimmung zu folgenden Rechtsgeschäften einzuholen:[3]

- Erwerb und Veräußerung von Gegenständen, deren Wert im Einzelfall EUR . . . . . oder jährlich den Gesamtbetrag von EUR . . . . . übersteigt,
- Abschluss von sonstigen Verträgen mit einer Laufzeit von mehr als . . . . . Jahren und/ oder einer Gesamtverpflichtung von EUR . . . . .,
- Einstellung und Entlassung von Mitarbeitern,
- Aufnahme von Darlehen oder Stellung von Sicherheiten jeder Art,
- Führung von Rechtsstreitigkeiten.

Mit freundlichen Grüßen

. . . . . (*Unterschrift*)[4]

Anmerkungen

1. Zur Prokura allgemein sowie zu deren Eintragung in das Handelsregister → Form. I.E.1 Anm. 1 f.

2. Zum Umfang der Prokura s § 49 sowie → Form. I.E.1 Anm. 4.

3. Die Prokura kann einerseits auf einen bestimmten Aufgabenbereich beschränkt werden. Dieser kann im Arbeitsvertrag weiter ausgeführt werden. Dann könnte auf diesen, wenn es gewünscht ist, auch Bezug genommen und dem Schreiben – soweit gewünscht – als Anlage beigefügt werden. Andererseits können bestimmte Rechtshandlungen im Innenverhältnis von der Zustimmung des Inhabers abhängig gemacht werden. Auch eine Kombination aus der Beschränkung auf einen Aufgabenbereich und der Zustimmungspflicht bei bestimmten Rechtsgeschäften ist möglich.

4. Wie die Prokura selbst, so werden auch entsprechende Beschränkungen im Innenverhältnis durch den Inhaber ausgesprochen (→ Form. I.E.1 Anm. 1).

3. Erteilung einer Handlungsvollmacht

. . . . . (*Briefkopf*)

Hiermit erteile ich, der/die Unterzeichnende, für mein Unternehmen, das ich unter der Firma . . . . ., eingetragen im Handelsregister des Amtsgerichts . . . . . unter der Nummer HRA . . . . ., betreibe,

Herrn/Frau . . . . .
geboren am . . . . .
wohnhaft: . . . . .

Handlungsvollmacht[1] wie folgt:

1. Die Handlungsvollmacht umfasst alle Rechtsgeschäfte und Rechtshandlungen, die der Betrieb des vorgenannten Unternehmens gewöhnlich mit sich bringt. Der/Die Bevollmächtigte ist also berechtigt, alle branchenüblichen Geschäfte zu tätigen (Generalhandlungsvollmacht im Sinne von § 54 I HGB).

Alternativ:

1. Die Handlungsvollmacht umfasst den Materialeinkauf für den Bereich Produktion. Der/Die Bevollmächtigte ist also berechtigt, alle hierbei gewöhnlich anfallenden Geschäfte (sog. branchenübliche Geschäfte) zu tätigen (Arthandlungsvollmacht im Sinne von § 54 I HGB).

Alternativ:

1. Die Handlungsvollmacht umfasst den Materialeinkauf für das Bauvorhaben Y-Straße. Der/Die Bevollmächtigte ist also berechtigt, alle hierbei gewöhnlich anfallenden Geschäfte (sog. branchenübliche Geschäfte) zu tätigen (Spezialhandlungsvollmacht im Sinne von § 54 I HGB).

2. Die Vollmacht berechtigt jedoch nicht zur Veräußerung und Belastung von Grundstücken, zur Eingehung von Wechselverbindlichkeiten, zur Aufnahme von Darlehen und zur Prozessführung (Ausschluss der Handlungen nach § 54 II HGB).[2]

Alternativ:

2. Die Vollmacht berechtigt auch zur Veräußerung und Belastung von Grundstücken, zur Eingehung von Wechselverbindlichkeiten, zur Aufnahme von Darlehen und zur Prozessführung (Erteilung der Befugnisse gem. § 54 II HGB).[2]

Gegebenenfalls:

3. Der/Die Bevollmächtigte ist ferner berechtigt, Erklärungen gleichzeitig für mein Unternehmen und für sich persönlich oder für Dritte abzugeben und entgegenzunehmen (Befreiung von den Beschränkungen des § 181 BGB).[3]

4. Er/Sie ist berechtigt, in einzelnen Angelegenheiten Untervollmachten zu erteilen. Alternativ: Untervollmacht darf nicht erteilt werden.[4]

. . . . . (*Ort*), den . . . . .

. . . . . (*Unterschrift*)[5]

Anmerkungen

1. Begriff. Die Handlungsvollmacht berechtigt gem § 54 I im Unterschied zur Prokura den Bevollmächtigten nur, alle oder bestimmte Geschäfte und Rechtshandlungen vorzunehmen, die der Betrieb des **konkreten** Handelsgeschäfts gewöhnlich mit sich bringt (Hopt/Merkt § 54 Rn 1; MüKoHGB/Krebs § 54 Rn 16), sie umfasst also nur branchenübliche Geschäfte. Ob das Geschäft für das betreffende Unternehmen selbst im Einzelfall ungewöhnlich ist, ist unerheblich, entscheidend ist nur die Branchenüblichkeit (Hopt/Merkt § 54 Rn 10). § 54 I spricht eine widerlegliche Vermutung hinsichtlich des Umfangs der Vollmacht (nicht hinsichtlich des Bestehens selbst) aus; anders als bei der Prokura ist der Umfang nicht gesetzlich zwingend festgelegt (Hopt/Merkt § 54 Rn 9). Der Inhaber des Handelsgeschäfts kann die Reichweite der Vollmacht somit selbst festlegen, muss jedoch die Bestimmung des § 54 III gegen sich gelten lassen (s hierzu sogleich Anm. 2). Die Handlungsvollmacht kann nicht in das Handelsregister eingetragen werden. Das Gesetz nennt in § 54 I Halbs 1 drei Grundformen der Handlungsvollmacht, die im Form. alternativ dargestellt sind:

a) Die Generalhandlungsvollmacht, auch teils zur besseren Unterscheidung zur Generalvollmacht nach §§ 164 ff BGB allgemeine Handlungsvollmacht genannt (Kersten/Bühling, Formularbuch und Praxis der Freiwilligen Gerichtsbarkeit, § 128 Rn 32), die zu allen Geschäften und Rechtshandlungen ermächtigt, die der Betrieb eines derartigen Handelgeschäfts gewöhnlich mit sich bringt (im Form. Ziff 1 Alt 1).

b) Die Arthandlungsvollmacht, die nur zur Vornahme einer bestimmten, zu einem Handelsgewerbe gehörigen Art von Geschäften ermächtigt (Hopt/Merkt § 54 Rn 10 – im Form. Ziff 1 Alt 2).

c) Die Spezialhandlungsvollmacht, die nur zur Vornahme eines einzigen oder lediglich einzelner zu einem Handelsgewerbe gehörigen Geschäfte ermächtigt (Hopt/Merkt § 54 Rn 10 – im Form. Ziff 1 Alt 3).

2. Besondere Befugnisse des § 54 II. Soweit die Befugnisse nach § 54 II nicht ausdrücklich erteilt sind, berechtigt die Handlungsvollmacht nicht zur Veräußerung und Belastung von Grundstücken, zur Eingehung von Wechselverbindlichkeiten, zur Aufnahme von Darlehen und zur Prozessführung (Hopt/Merkt § 54 Rn 12 ff). Es empfiehlt sich jedoch, dies in jedem Fall klarzustellen (s Form. Ziff 2 Alt 1). Die ausdrückliche Erteilung kann alle Befugnisse umfassen, wie im Form. Ziff 2 Alt 2, oder sich auf einzelne von ihnen beschränken (Hopt/Merkt § 54 Rn 17).

Andere Beschränkungen als die des § 54 I und II stellen ungewöhnliche Beschränkungen dar, die ein Dritter gem § 54 III nur gegen sich gelten lassen muss, wenn er sie kannte oder kennen musste. § 54 III schützt das Vertrauen in den vermuteten Umfang der Vollmacht (Hopt/Merkt § 54 Rn 18 f).

3. Insichgeschäft. Soweit der Inhaber eine Befreiung von den Beschränkungen des § 181 BGB nicht erteilt, sind Insichgeschäfte nicht gestattet. Eine ausdrückliche Klarstellung kann sinnvoll sein.

4. Untervollmacht. Soweit der Inhaber die Erteilung einer Untervollmacht nicht gestattet, kann sie der Handlungsbevollmächtigte nicht erteilen, da ihm hierzu die Befugnis fehlt (allg Grüneberg/Ellenberger § 167 Rn 12). Wiederum empfiehlt sich jedoch, die Auslegungsbedürftigkeit der Vollmacht durch eine ausdrückliche Klarstellung zu vermeiden. Untervollmacht kann – soweit gestattet – maximal im Umfang der Hauptvollmacht erteilt werden.

5. Erteilung. Handlungsvollmacht erteilen können alle Kaufleute, Handelsgesellschaften, diese vertreten durch den jeweiligen Organvertreter, juristische Personen iSv § 33, der

Insolvenzverwalter und der Liquidator für das jeweils betroffene Unternehmen. Anders als die Prokura selbst kann die Handlungsvollmacht auch durch einen Prokuristen (oder auch einen Handlungsbevollmächtigten, wenn diese Vollmachtserteilung wiederum vom Umfang seiner Vollmacht umfasst ist, eine Weiterübertragung ist ohne gesonderte Zustimmung des Prinzipals nicht zulässig, § 58) erteilt werden (Hopt/Merkt § 54 Rn 6). Handlungsbevollmächtigter kann jede natürliche Person sein, ein Dienstverhältnis zum Vollmachtgeber ist nicht erforderlich, auch einer juristischen Person, Handelsgesellschaft oder einer GbR kann Handlungsvollmacht erteilt werden, nicht jedoch dem organschaftlichen Vertreter (Hopt/Merkt § 54 Rn 7).

Die Handlungsvollmacht wird allgemeinen Regeln folgend formlos durch einseitige, empfangsbedürftige Willenserklärung gegenüber dem Bevollmächtigten (Innenvollmacht) oder gegenüber Dritten (Außenvollmacht) erteilt (Hopt/Merkt § 54 Rn 8). Für die Befugnis zur Veräußerung und Belastung von Grundstücken ist jedoch gem § 29 GBO zum Nachweis gegenüber dem Grundbuchamt zumindest die notarielle Beglaubigung der Vollmacht erforderlich (Grüneberg/Ellenberger § 167 Rn 2). Der Widerruf der Vollmacht ist grundsätzlich jederzeit durch eine einseitige empfangsbedürftige Willenserklärung möglich (Grüneberg/Ellenberger § 168 Rn 5).

4. Erteilung einer Generalvollmacht bei der GmbH

. . . . . *(Briefkopf)*

Hiermit bevollmächtige ich in meiner Eigenschaft als Geschäftsführer der Gesellschaft in Firma . . . . ., Anschrift: . . . . ., eingetragen im Handelsregister des Amtsgerichts . . . . . unter HRB . . . . ., – nachfolgend die „Gesellschaft“ genannt –

Herrn/Frau . . . . . (*Vorname, Nachname*)
geboren am . . . . .
wohnhaft: . . . . .
– nachfolgend der/die „Bevollmächtigte“ genannt –

die Gesellschaft in allen Angelegenheiten vermögensrechtlicher und nicht vermögensrechtlicher Art, in denen eine Vertretung zulässig ist, vollen Umfangs gegenüber Behörden, Gerichten sowie allen natürlichen und juristischen Personen des privaten und öffentlichen Rechts zu vertreten. Die Vollmacht ermächtigt zu allen Geschäften und Rechtshandlungen mit Ausnahme derjenigen, die zwingend das Handeln eines Gesellschaftsorgans erfordern oder höchstpersönlicher Natur sind.[1]

Sie ermächtigt insbesondere zu allen Geschäften und Rechtshandlungen, zu denen ein alleinvertretungsberechtigter und zur Veräußerung und Belastung von Grundstücken ermächtigter Prokurist der Gesellschaft berechtigt wäre, ohne dass die Vollmacht hiermit auf den in § 49 I HGB genannten Umfang beschränkt wird.[2]

Sie ermächtigt auch zu allen Geschäften und Rechtshandlungen, zu denen ein Handlungsbevollmächtigter, der mit der Führung des gesamten Geschäftsbetriebes einschließlich der in § 54 II HGB genannten Geschäfte (Veräußerung und Belastung von Grundstücken, Eingehung von Wechselverbindlichkeiten, Aufnahme von Darlehen und Prozessführung) betraut ist, ermächtigt wäre.[2]

Gegebenenfalls:

Der/Die Bevollmächtigte ist auch zur Unterzeichnung von Handelsregisteranmeldungen befugt.[3]

Gegebenenfalls:

Der/Die Bevollmächtigte ist ferner berechtigt, Erklärungen gleichzeitig für die Gesellschaft und für sich persönlich oder für Dritte abzugeben und entgegenzunehmen (Befreiung von den Beschränkungen des § 181 BGB).[4]

Gegebenenfalls:

Er/Sie ist berechtigt, Untervollmachten zu erteilen, jedoch nicht als Generalvollmacht.

Alternativ:

Untervollmacht darf nicht erteilt werden.[5]

Diese Vollmacht erlischt nicht mit der Eintragung der Beendigung meiner Geschäftsführerstellung im Handelsregister.[6]

Alternativ:

Diese Vollmacht erlischt mit der Eintragung der Beendigung meiner Geschäftsführerstellung im Handelsregister.[6]

Soweit ihr zwingende gesetzliche Bestimmungen entgegenstehen, bestimmt sich ihr Inhalt nach dem gesetzlich weitestgehenden zulässigen Inhalt.

. . . . . *(Ort)*, den . . . . .

. . . . . (*Unterschrift*)[7]

Anmerkungen

1. Begriff. Die Generalvollmacht für eine Gesellschaft wird in der Praxis gerne erteilt, wenn der Bevollmächtigte entweder Befugnisse erhalten soll, die über eine Prokura hinausgehen oder ein Eintrag des Bevollmächtigten im Handelsregister nicht gewünscht ist. Im Umfang findet die Vollmacht ihre Grenze bei Handlungen, die zwingend das Tätigwerden eines Organs voraussetzen (wie das Aufstellen des Jahresabschlusses) oder höchstpersönlicher Natur sind (wie zB die Abgabe einer Geschäftsführerversicherung gem § 8 III 1 GmbHG).

2. Prokura und Handlungsvollmacht. Der Verweis auf den Umfang der Prokura sowie den Umfang einer Handlungsvollmacht dient der Verdeutlichung, erweitert die Vollmacht jedoch nicht gegenüber dem vorherigen Absatz.

3. Form. Zur Unterzeichnung von Handelsregisteranmeldungen bedarf es gem § 12 I 2 einer besonderen Gestattung in der Form des § 12 I 1 (auch → Anm. 7).

4. Insichgeschäfte. → Form. I.E.3 Anm. 3.

5. Untervollmacht. → Form. I.E.3 Anm. 4.

6. Erlöschen. Die Vollmacht kann in der Weise erteilt werden (Alternative 1 im Form.), dass sie über die konkrete Amtsdauer des erteilenden Geschäftsführers hinausgehen kann oder an diese gebunden ist (Alternative 2 im Form.). Im letzteren Fall ist das Weiterbestehen der Geschäftsführerstellung nachzuweisen.

7. Erteilung, Form. Die Vollmacht ist von der Geschäftsführung in vertretungsberechtigter Zahl zu unterschreiben. Sie wird grundsätzlich formlos durch einseitige, empfangsbedürftige Willenserklärung gegenüber dem Bevollmächtigten (Innenvollmacht) oder gegenüber Dritten (Außenvollmacht) erteilt (Hopt/Merkt § 54 Rn 8 zur Handlungsvollmacht). Für die Befugnis zur Veräußerung und Belastung von Grundstücken ist jedoch gem § 29 GBO zum Nachweis gegenüber dem Gericht die notarielle Beglaubigung der Vollmacht erforderlich (Grüneberg/Ellenberger § 167 Rn 2); ebenso zur Unterzeichnung von Handelsregisteranmeldungen, s auch → Anm. 3. Zumindest wenn der Notar die Vollmacht entwirft, sollte jedoch auf eine notarielle Beurkundung hingewirkt werden, da hierdurch die Belehrung des Mandanten sichergestellt wird und dies dann kostenneutral ist.

F. Handlungsgehilfen und Handlungslehrlinge

1. Nachvertragliches Wettbewerbsverbot – Karenzentschädigung

Zwischen

Herrn Max Wasser

Hauptstraße 6

Z-Stadt

(nachfolgend „Arbeitnehmer" genannt)

und

Emil Müller GmbH

Am Zoo 16

Y-Stadt

(nachfolgend „Firma" genannt)

§ 1 Wettbewerbsverbot

(1) Der Arbeitnehmer verpflichtet sich,[1] für die Dauer von zwei Jahren[2] nach Beendigung seines Arbeitsverhältnisses weder ein Arbeitsverhältnis zu einem mit der Firma in Wettbewerb stehenden Unternehmen zu begründen noch ein Wettbewerbsunternehmen zu errichten oder sich an einem solchen zu beteiligen.

(2) Das Wettbewerbsverbot erstreckt sich räumlich auf das Gebiet von (ausfüllen).[3]

(3) Das Arbeitsgebiet der Firma erstreckt sich auf nachfolgende Bereiche (ausfüllen).[4]

§ 2 Karenzentschädigung

(1) Die Firma verpflichtet sich, dem Arbeitnehmer für die Dauer des Wettbewerbsverbots eine Entschädigung zu zahlen, die für jedes Jahr des Verbots mindestens die Hälfte der von dem Arbeitnehmer zuletzt bezogenen vertragsgemäßen Leistungen erreicht.[5]

(2) Die Karenzentschädigung wird fällig am Schluss eines jeden Monats.

§ 3 Auskunftspflicht

(1) Der Arbeitnehmer verpflichtet sich, während der Dauer des Wettbewerbsverbots auf Verlangen Auskunft über die Höhe seiner Bezüge zu geben und die Anschrift seines jeweiligen Arbeitgebers mitzuteilen.[6]

(2) Zum Abschluss eines Kalenderjahres verpflichtet sich der Arbeitnehmer, seine Lohnsteuerkarte unaufgefordert der Firma vorzulegen.

(3) Im Übrigen gelten die §§ 74 b, 74 c HGB.[7]

§ 4 Vertragsstrafe

Der Arbeitnehmer hat für jeden Fall der Zuwiderhandlung gegen das Wettbewerbsverbot eine Vertragsstrafe in Höhe von . . . . . zu zahlen.[8] Wird der Arbeitnehmer für ein Konkurrenzunternehmen – entgegen dem Verbot von § 1 – für die Dauer von mehr als einem Monat tätig, ist die Vertragsstrafe für jeden angefangenen Monat neu verwirkt; ihre Höhe ist jedoch auf . . . . . begrenzt.[9]

§ 5 Sonstiges

(1) Der Arbeitnehmer hat ein rechtsverbindlich unterzeichnetes Exemplar dieser Vereinbarung erhalten[10] und dies durch Unterzeichnung des Doppels dieser Vereinbarung bestätigt.

(2) Der einseitige Verzicht der Firma auf die Einhaltung des Wettbewerbsverbots gem § 75 a HGB bleibt vorbehalten.

X-Stadt, den	. . . . .
Y-Stadt, den	– Max Wasser –
. . . . .	. . . . .
– Firma –	– Arbeitnehmer –
	(Doppel für Arbeitnehmer bestimmt)

Anmerkungen

1. Während des Arbeitsverhältnisses ergibt sich das Wettbewerbsverbot aus den §§ 60, 61. Für die Zeit **nach Ende des Arbeitsverhältnisses** ist der Arbeitnehmer/Handlungsgehilfe im Rahmen der Gesetze frei, zu dem Prinzipal in Wettbewerb zu treten. Das nachvertragliche Wettbewerbsverbot gemäß §§ 74–75d sichert daher den Prinzipal davor, dass ihm der Arbeitnehmer/Handlungsgehilfe, Konkurrenz macht (*Bobrowski/Gaul,* Das Arbeitsrecht im Betrieb, L IV Rn 1 ff; Baumbach/Hopt/*Roth* HGB § 74 Rn 1). Es handelt sich bei der Wettbewerbsabrede um einen gegenseitigen Vertrag iSd §§ 320 ff BGB, mit der Rücktrittsmöglichkeit der §§ 323 ff BGB (BAG v. 31.1.18 – 10 AZR 392/17, BB 2018, 1465).

a) Die §§ 74 ff gelten nicht nur für Handlungsgehilfen, sondern für **alle Arbeitnehmer** entsprechend, auch wenn sie keine Handlungsgehilfen sind (BAG BB **1974,** 1531). Gleiches gilt für sozial abhängige freie Mitarbeiter. Für **Volontäre** und **Auszubildende** ist jedoch ein Wettbewerbsverbot nichtig, und zwar auch dann, wenn es mit einer Karenzentschädigung ausgestattet ist (§§ 5 Abs 1, 19 BerBG). Auf Geschäftsführer einer GmbH sind die zwingenden Bestimmungen der §§ 74 ff nur eingeschränkt anwendbar (BGH NJW 1992, 1892). § 90a regelt für Handelsvertreter ein ähnliches Wettbewerbsverbot. Das vorstehende Formular kann grds. auch für das Wettbewerbsverbot des § 90a verwendet werden. Jedoch müssen die Voraussetzungen des § 90a Abs. 1 S. 2 eingehalten werden: Das Verbot darf sich nur auf den dem Handelsvertreter zugewiesenen Bezirk oder Kundenkreis und nur auf die Gegenstände erstrecken, hinsichtlich derer sich der

Handelsvertreter um die Vermittlung oder den Abschluss von Geschäften für den Unternehmer zu bemühen hat. Bei der im Einzelfall oft erforderlichen Auslegung ist zu beachten, dass Unklarheiten zu Lasten des Arbeitgebers gehen (BAG DB **1996**, 785).

b) Die §§ 74 ff gelten für Vereinbarungen, welche **vor Beginn** des Arbeitsverhältnisses oder **während seiner Dauer** geschlossen worden sind (*Schaub* 18. Aufl. 2019, § 55 Rn 24; Baumbach/Hopt/*Roth*, HGB § 74 Rn 2). Ein **bedingtes** Wettbewerbsverbot, welches dem Prinzipal die Entscheidung entschädigungsfrei vorbehält, ob er das Wettbewerbsverbot in Anspruch nehmen will oder nicht, ist unzulässig (BAG **AP** § 74 HGB Nr 26, 32, 33, 36, 37; BAG BB **1991**, 625). In einem solchen Fall steht dem Arbeitnehmer ein Wahlrecht zu (BAG **AP** § 74 HGB Nr 36), ob er sich an das Verbot halten will oder nicht (*Schaub* § 55 Rn 26). **Unbedenklich** ist es allerdings, einen **Vorvertrag** auf Abschluss eines nachvertraglichen Wettbewerbsverbots abzuschließen (BAG BB **1983**, 1347). Indessen ist auch ein Vorvertrag unverbindlich, wenn er dazu dienen soll, die Verpflichtung des Arbeitgebers zur Zahlung einer Karenzentschädigung zu **umgehen** (BAG **AP** 23 zu § 133 f GewO) oder den Arbeitnehmer in seiner beruflichen Bewegungsfreiheit einzuschränken. Wird ein Wettbewerbsverbot mit einem Handelsvertreter nach oder bei Beendigung des Vertrages abgeschlossen, so fällt es nach bisher hM, die allerdings zweifelhaft ist, nicht unter § 90a (BGHZ **51**, 185 = NJW 1969, 504). Für Handlungsgehilfen/Arbeitnehmer ist diese Frage in jedem Fall offen, wohl aber wegen der besonderen Schutzbedürftigkeit zu bejahen.

c) Zu bedenken ist stets, dass das BAG den Arbeitsvertrag uneingeschränkt als **Verbrauchervertrag** iSv § 310 Abs 3 BGB qualifiziert (BAG ZIP **2005**, 1699). Damit ist – sollten die Verträge AGB bilden – die AGB-Kontrolle aller Verträge eines Arbeitnehmers eröffnet, soweit nicht Tarifrecht eingreift. Im Rahmen dieses Vertragsmusters ist vor allem auch das Transparenzgebot des § 307 Abs 1 S 2 BGB zu beachten, wobei auf das Verständnis eines durchschnittlichen Arbeitnehmers abzuheben ist (BAG ZIP **2005**, 1699 (1701); BAG ZIP **1988**, 1530 (1532)). Eine geltungserhaltende Reduktion unangemessener und daher unwirksamer Klauseln findet nicht statt (BAG ZIP **2005**, 1699(1703)). Zu bedenken ist auch, dass eine Inhaltskontrolle auch dann stattfindet, wenn es sich nicht um AGB, sondern um einen nicht ausgehandelten Individualvertrag handelt (BAG ZIP **2005**, 1699 (1703)). Eine hinreichende Einflussnahme auf die Gestaltung des Arbeitsvertrages setzt iSv § 310 Abs 3 BGB voraus, dass der Arbeitgeber die Klausel ernsthaft zur Disposition gestellt und dem Arbeitnehmer Gestaltungsfreiheit zur Wahrnehmung eigener Interessen eingeräumt hat (BGH NJW **1998**, 2600 (2601)).

d) Gemäß § 74 Abs 1 bedarf die Vereinbarung eines vertraglichen Wettbewerbsverbots der **Schriftform** im Sinne des § 126 BGB. Außerdem ist der Prinzipal verpflichtet, dem Handlungsgehilfen/Arbeitnehmer die Urkunde auszuhändigen, welche die vereinbarten Bestimmungen enthält; sie muss vom Prinzipal unterzeichnet sein.

e) Abzugrenzen ist das Wettbewerbsverbot von der vertraglich auferlegten **Geheimhaltungspflicht,** für diese gelten die §§ 74 ff nicht (BAG ZIP **1988**, 733; *Gaul* ZIP **1988**, 689 ff).

2. Gemäß § 74a Abs 1 darf das Wettbewerbsverbot nur einen Zeitraum von **zwei Jahren,** gerechnet ab Beendigung des Dienstverhältnisses, erfassen. Es beginnt regelmäßig in dem Zeitpunkt, in welchem das Arbeitsverhältnis beendet worden ist, nicht schon mit der Freistellung während der Kündigungsfrist (Baumbach/Hopt/*Roth* HGB § 74 Rn 8). Eine zum Ende des Arbeitsverhältnisses ausgestellte Ausgleichsquittung, wonach alle Ansprüche aus dem Arbeitsverhältnis und seiner Beendigung erloschen sind, umfasst im Zweifel auch Ansprüche aus dem Wettbewerbsverbot (BAG NJW **2003**, 2700). Bei einer Ausschlussfrist zur Geltendmachung von Ansprüchen ist zu bedenken, dass diese nicht zu kurz bemessen ist (BAG ZIP **2005**, 1699 (1701)); eine Frist von sechs Monaten, gerechnet ab Kenntnis, dürfte angemessen sein.

3. Gemäß § 74a Abs 1 ist das Wettbewerbsverbot insoweit **unverbindlich** (Baumbach/Hopt/*Roth* HGB § 74a Rn 1 ff), als es nicht zum Schutz der berechtigten geschäftlichen Interessen des Prinzipals dient.

a) Die als **berechtigt** anzuerkennenden geschäftlichen Interessen des Prinzipals beruhen im Wesentlichen darauf, dass seine Geschäfts- und Betriebsgeheimnisse, seine Bezugsquellen, sein Kundenkreis und sein Absatzgebiet nicht zu seinem Schaden ausgenutzt werden sollen (BAG BB **1996**, 379; *Schaub* § 55 Rn 62). Ferner ist zu berücksichtigen, dass Unternehmungen, die ihm Konkurrenz machen, sich nicht vergrößern und dass ihm sein geschultes Personal nicht verloren geht.

Ein berechtigtes Interesse fehlt, wenn der Handlungsgehilfe nur von künftigen Kunden ferngehalten werden (*Schaub*, § 58 Rn 61) oder ein Arbeitsplatzwechsel erschwert werden soll (BAG **AP** § 133 f GewO Nr 21).

b) Als weiteren – in der Praxis regelmäßig maßgebenden – Grund nennt § 74 a Abs 1 S 2 die Tatumstände: Ort, Zeit und Gegenstand des Wettbewerbsverbots müssen unter Berücksichtigung der gewährten Karenzentschädigung eine **unbillige** Erschwerung des Fortkommens des Handlungsgehilfen/Arbeitnehmers verhindern. Diese Bestimmung stellt allein auf das Interesse des Handlungsgehilfen/Arbeitnehmers ab. Im Einzelfall sind unter Berücksichtigung aller in Betracht genommenen Umstände die gesetzlichen Kriterien darauf zu prüfen, ob das Wettbewerbsverbot **unverbindlich** ist. Keineswegs ist es erforderlich, dass alle drei der erwähnten Beschränkungen zusammen in unbilligem Umfang vertraglich vereinbart sind; vielmehr sind diese gegeneinander abzuwägen.

c) Es empfiehlt sich daher in der Praxis, das Wettbewerbsverbot **geographisch** einzuschränken (*Schaub* § 55 Rn 62), etwa auf ein oder mehrere Bundesländer. Es empfiehlt sich, den Kernbereich der unternehmerischen Aktivitäten geographisch abzustecken und diesen Bereich im Vertrag zu fixieren. Hier kann die recht restriktive Rechtsprechung des BAG (BAG ZIP **2005**, 1699) zu § 310 Abs 3 BGB Anwendung finden, wenn und soweit der Arbeitgeber seine eigenen Interessen zulasten der berechtigten Belange des Arbeitnehmers durchgesetzt hat. Ferner mag die Rechtsprechung des BAG eingreifen, wonach bei einem strukturell gestörten Gleichgewicht der Parteien – wirtschaftliche Überlegenheit des Arbeitgebers, ungünstiges Ergebnis für den Arbeitnehmer – die Kontrollpflicht des Gerichts nach § 242 BGB eingreifen kann (vgl BVerfG ZIP **1993**, 1775 (1780); BAG ZIP **2005**, 1699, (1705)). Weniger ist daher oft mehr, weil dann die Wirksamkeit eines nachvertraglichen Wettbewerbsverbots mit weniger hoher Wahrscheinlichkeit in Zweifel gezogen werden kann.

d) Ein Anspruch auf Karenzentschädigung aus einem für den Arbeitnehmer unverbindlichen Wettbewerbsverbot besteht, wenn der Arbeitnehmer sich zu Beginn der Karenzzeit endgültig für das Wettbewerbsverbot entscheidet und seiner Unterlassungsverpflichtung nachkommt. Einer Erklärung gegenüber dem Arbeitgeber bedarf es nicht (BAG BB **1991**, 625).

4. Um eine Unverbindlichkeit des Wettbewerbsverbot iSv § 74a Abs 1 zu verhindern, empfiehlt es sich des Weiteren, das **Arbeitsgebiet** der Firma im Einzelnen zu spezifizieren. Auch insoweit gilt: Weniger ist hier stets mehr. So kann es sich empfehlen, nicht schlechthin darauf abzustellen, dass keine Konkurrenz gemacht werden darf, sondern dass die bisherige spezifische berufliche Tätigkeit verboten wird (*Schaub* § 55 Rn 62).

5. Die **Karenzpflicht** folgt aus § 74 Abs 2; gemäß § 74b Abs 1 ist die Entschädigung am Schluss eines Kalendermonats zu zahlen.

6. Anknüpfend an die vom Handlungsgehilfen/Arbeitnehmer zu erteilende **Auskunft** bestimmt § 74c Abs 1, dass eine detaillierte **Anrechnungspflicht** besteht, soweit der Handlungsgehilfe/Arbeitnehmer durch anderweitige Verwertung seiner Arbeitskraft eine

Vergütung erhält oder zu erwerben böswillig unterlässt. Es handelt sich hierbei um eine zwingende Vorschrift, so dass es nicht erforderlich ist, § 74c im Vertragstext selbst wiederzugeben. Es ist allerdings unschädlich es zu tun.

Bei der Berechnung der Karenzentschädigung sind alle Vergütungsbestandteile einzubeziehen, auch wenn ein Rechtsanspruch nicht besteht (BAG AP § 74 HGB Nr 34; BAG DB 1990, 991). Etwas anderes gilt lediglich, wenn es sich hierbei – zum Zeitpunkt der rechtlichen Beendigung des Arbeitsverhältnisses – um noch nicht fällige Provisionen, Tantiemen oder sonstige Gewinnbeteiligungen handelt, auch wenn sie auf Wunsch des Handlungsgehilfen/Arbeitnehmers vorab ausgezahlt worden sind (BAG AP § 74 HGB Nr 20). Die Anrechnung gemäß § 74c geht davon aus, dass die Karenzentschädigung unter Hinzurechnung des beim „neuen" Prinzipal verdienten Entgelts den Verdienst beim „alten" Prinzipal mehr als ein Zehntel bzw ein Viertel, soweit ein Wohnsitzwechsel wegen des Wettbewerbsverbots nötig war, übersteigt.

7. Mit diesem Verweis ist sichergestellt, dass § 74b als zwingende Vorschrift für die Berechnung der Karenz eingehalten wird. Gleiches gilt für die **Anrechnungspflicht** gemäß § 74c.

8. Die Vereinbarung einer **Vertragsstrafe** empfiehlt sich; allerdings kann der Handlungsgehilfe/Arbeitnehmer gemäß § 343 Abs 1 BGB den Antrag stellen, die Vertragsstrafe durch Richterspruch **herabzusetzen. Davon unabhängig** ist stets zu bedenken, dass § 310 Abs 4 BGB zu beachten ist, was zu einer Inhaltskontrolle von Vertragsstrafen führen kann. Doch sind diese nach Ansicht des BAG nicht ohne weiteres in Arbeitsverträgen unwirksam, und zwar auch dann nicht, wenn sie vorformuliert worden sind (BAG ZIP 2004, 1277). Doch bleibt die Möglichkeit einer unangemessenen Benachteiligung des Arbeitnehmers nach § 307 Abs 1 BGB vorbehalten, weil die BAG-Entscheidung den Tatbestand des § 888 Abs 3 ZPO im Visier hatte. Hieraus wurde eine das Arbeitsrecht kennzeichnende „Besonderheit" im Sinne des § 310 Abs 4 S. 2 BGB gefolgert (BAG ZIP 2004, 1277 (1282)), um eine Vertragsstrafe für den Fall des Nichtantritts der Arbeit zu legitimieren. Eine solche „Besonderheit" besteht freilich nicht, um eine Wettbewerbsabrede durchzusetzen und ihre Einhaltung durch eine Vertragsstrafe zu verstärken. Daher ist eine **beträchtliche Zurückhaltung** bei der Vereinbarung einer Vertragsstrafe richtig und das Verbot des § 309 Nr 6 BGB zu bedenken, zumal der Anspruch aus § 281 BGB im Fall der Missachtung der Wettbewerbsabrede ebenso im Raum steht wie der Anspruch auf Erfüllung, gestützt durch die §§ 935, 940 ZPO. Doch bleibt es – trotz dieser **Bedenken** (vgl BAG ZIP 2004, 1277 (1283) – bei der aufgezeigten Formulierung, die jedoch im Blick auf die Höhe der Vertragsstrafe nur sehr moderat auszufüllen ist, etwa EUR 50,00/Tag.

9. Der uneingeschränkte Verzicht auf die Einrede des Fortsetzungszusammenhangs ist im Rahmen von § 307 Abs 2 Nr 2 BGB problematisch (BGH ZIP 1993, 292). Durch die Abgrenzung wird jedoch den Bedenken des BGH Rechnung getragen. Im Übrigen dürfte bei einem Wettbewerbsverstoß regelmäßig ein die Einzelakte der Tätigkeit verbindender Gesamtvorsatz vorliegen (BGH ZIP 1993, 292). Im Blick auf die Entscheidung des BAG (BAG ZIP 2004, 1277 (1282 f)) wird auch hier eine moderate Begrenzung für angemessen erachtet, um die Hürde des § 307 Abs 1 BGB nicht umzustoßen, etwa EUR 500/Monat.

10. Dies ist in § 74 Abs 1 zwingend vorgeschrieben. § 309 Nr 12b BGB ist beachtet.

G. Handelsvertreter und Franchise

1. Handelsvertretervertrag (CDH)* (handelsvertreterfreundliche Fassung)

Zwischen der Firma . . . . . („vertretene Firma“)
in . . . . .
und der Firma . . . . . („Handelsvertreter“)
in . . . . .
wird folgender

Vertrag

geschlossen:

1. Die vertretene Firma betraut den Handelsvertreter[1] mit der Alleinvertretung für ihre sämtliche Waren . . . . .
 . . . . .
 . . . . .
 für den Bezirk[2]
 . . . . .
 . . . . .

 Die vertretene Firma ist verpflichtet, in einer Anlage zu diesem Vertrag alle Kunden, mit denen sie bereits bei Vertragsbeginn dauernde Geschäftsbeziehungen unterhalten hat, einschließlich der jeweils mit diesen Kunden in den letzten 12 Monaten vor Beginn des Vertrages erzielten Umsätze zu verzeichnen.

2. Der Handelsvertreter erhält von der vertretenen Firma eine Provision[3]

 von . . . . . vom Hundert

 in Worten . . . . . vom Hundert

 vom Rechnungsbetrag[4] ausschließlich Mehrwertsteuer für alle Geschäfte, die mit Abnehmern des unter 1. angegebenen Bezirkes abgeschlossen worden sind.
 Zu der Provision sowie etwaigen sonstigen Vergütungen und Erstattungen erhält der Handelsvertreter die darauf entfallende Mehrwertsteuer in der gesetzlichen Höhe, soweit er sie der vertretenen Firma auf Grund gesetzlicher Vorschriften berechnen muss. Die an den Handelsvertreter gezahlte Mehrwertsteuer ist abzugsfähige Vorsteuer für die vertretene Firma. Die berechnete Mehrwertsteuer ist zusammen mit der Provision sowie etwaigen sonstigen Vergütungen und Erstattungen zahlbar.

---

* Mit freundlicher Genehmigung der CDH abgedruckt. Der CDH ist einer der ältesten und angesehensten Organisationen der Vertriebsmittler.

3. Der Handelsvertreter ist verpflichtet, das Interesse der vertretenen Firma mit der Sorgfalt eines ordentlichen Kaufmannes wahrzunehmen, ihr die erforderlichen Nachrichten zu geben, namentlich ihr von jeder Geschäftsvermittlung und jedem Geschäftsabschluss unverzüglich Mitteilung zu machen und die ihm zugegangenen Informationen über die Kreditfähigkeit der Abnehmer an sie weiterzugeben.

4. Die vertretene Firma wird den Handelsvertreter in seiner Tätigkeit unterstützen, ihm insbesondere Muster, Drucksachen und Werbemittel in ausreichender Menge kostenlos zur Verfügung stellen. Die Gegenstände bleiben, soweit sie nicht zum Verbrauch bestimmt sind, Eigentum der vertretenen Firma und werden auf deren Wunsch und ihre Kosten vom Handelsvertreter zurückgesandt.

   Die vertretene Firma wird dem Handelsvertreter die erforderlichen Nachrichten geben, ihm vor allem auch die Annahme oder Ablehnung eines Auftrages sowie die Nichtausführung eines von ihm vermittelten oder abgeschlossenen Auftrages unverzüglich mitteilen; anderenfalls gilt der Auftrag als angenommen.

5. Die vertretene Firma erteilt dem Handelsvertreter für jeden Kalendermonat, spätestens bis zum 10. des folgenden Monats, eine Provisionsabrechnung über die in dem Monat ausgeführten Lieferungen. Der dem Handelsvertreter zustehende Provisionsbetrag zuzüglich der Mehrwertsteuer ist mit der Abrechnung zahlbar. Zuviel gezahlte Provision wird bei der nächsten Abrechnung berücksichtigt. An den Handelsvertreter sind auch alle weiteren von der vertretenen Firma dem Handelsvertreter gegenüber geschuldeten Informationen zur Abrechnung der Provision zu übersenden.

6. Der Handelsvertreter hat Anspruch auf Erstattung der Porto-, Fernsprech-, Telefax- und Telegrammkosten, die im Verkehr mit der vertretenen Firma und durch die Weiterleitung von Post an die Abnehmer entstehen, ferner folgender Kosten:

   . . . . .

   . . . . .

   . . . . .

7. Damit der Handelsvertreter die Belange der vertretenen Firma bei der Abwicklung der Geschäfte nach Möglichkeit wahrnehmen kann, unterrichtet die vertretene Firma den Handelsvertreter über die mit den Abnehmern seines Bezirks geführte unmittelbare Korrespondenz durch gleichzeitige Übersendung von Durchschriften.

8. Die vertretene Firma sichert dem Handelsvertreter zu, Patent-, Musterschutz-, Markenschutz-, Warenzeichen- und alle sonstigen Rechte zum Schutz der Urheberschaft, die Regelungen des Kartell- und Wettbewerbsrechts sowie die Bestimmungen über die Beschaffenheit, Kennzeichnung und Verpackung von Waren und sonstige Verbraucherschutzrechte zu beachten.

   Die vertretene Firma stellt den Handelsvertreter von allen gegen ihn gerichteten Ansprüchen und seinen Verpflichtungen frei, die sich aus einer Verletzung der vorgenannten Zusicherung ergeben. Wird der Handelsvertreter auf Grund einer Verletzung dieser Vorschriften von Dritten gerichtlich in Anspruch genommen, zahlt die vertretene Firma sämtliche Vorschüsse zur gerichtlichen Prozessführung und unterrichtet den Handelsvertreter in hierzu erforderlichem Umfange. Die vertretene Firma hat dem Handelsvertreter darüber hinaus sämtliche in diesem Zusammenhang anfallenden Kosten und die eigenen Aufwendungen zu ersetzen.

9. Das Vertragsverhältnis beginnt am . . . . . und wird

auf bestimmte Zeit bis zum . . . . .

Alternative:

*auf unbestimmte Zeit**

abgeschlossen.[5]

Ist der Vertrag für eine bestimmte Zeit abgeschlossen, so verlängert er sich jeweils um die gleiche ursprünglich vereinbarte Dauer, wenn er nicht sechs Monate vor Zeitablauf schriftlich gekündigt wird.

Ist der Vertrag auf unbestimmte Dauer abgeschlossen, so kann er von jedem Vertragspartner mit einer Frist von sechs Monaten zum Ende eines Kalendervierteljahres gekündigt werden. Die Kündigung muss schriftlich erfolgen.[6]

10. Sollten sich aus diesem Vertragsverhältnis Streitigkeiten[7] ergeben, so kann jeder Teil die Entscheidung durch ein Schiedsgericht unter gleichzeitiger Ernennung eines Schiedsrichters zur Vermeidung des ordentlichen Rechtsweges fordern oder die ordentlichen Gerichte anrufen. Gerichtsstand ist in beiden Fällen der Sitz des Klägers.[8] Wird ein Schiedsgericht gefordert, und lehnt der andere Teil innerhalb einer Woche nach Zugang dieser Aufforderung die Entscheidung durch ein Schiedsgericht ab, so sind nur noch die ordentlichen Gerichte zuständig. Im anderen Falle hat er innerhalb von 14 Tagen nach Zugang der Forderung auf Entscheidung durch ein Schiedsgericht ebenfalls einen Schiedsrichter zu ernennen. Ernennt er innerhalb dieser Frist keinen Schiedsrichter, so ist der erste Teil berechtigt, von der für ihn zuständigen Industrie- und Handelskammer den zweiten Schiedsrichter ernennen zu lassen. Die Schiedsrichter ihrerseits wählen einen Obmann. Einigen sie sich nicht innerhalb von 14 Tagen über die Person des Obmannes, so kann jeder Teil die für den Sitz des Klägers zuständige Industrie- und Handelskammer ersuchen, den Obmann zu bestimmen. Dem Spruche dieses Schiedsgerichtes, sich zu fügen, verpflichten sich beide Teile.

Ist eine Streitigkeit bereits vor dem ordentlichen Gericht anhängig, so ist eine schiedsrichterliche Entscheidung nur mit Einverständnis beider Teile möglich.

11. Falls eine oder mehrere Vertragsbestimmungen unwirksam sein sollten, wird die Wirksamkeit des Vertrages im Übrigen hiervon nicht berührt. Die Vertragsparteien verpflichten sich, die unwirksame Regelung durch eine solche zu ersetzen, die dem Vertragszweck am nächsten kommt.

. . . . .

. . . . .

. . . . .

. . . . .

. . . . .

Ort:	Ort: . . . . .
Datum:	Datum: . . . . .
. . . . .	. . . . .
(Unterschrift der vertretenen Firma)	(Unterschrift des Handelsvertreters)

* Nicht Zutreffendes bitte streichen

Schrifttum: *Emde,* Vertriebsrecht, 3. Aufl. 2014; *Emde*, Directive 86/653/EEC, in Mankowski, Commercial Law, 2019; *Flohr/Wauschkuhn*, Vertriebsrecht, 2. Aufl. 2018; *Giesler,* Praxishandbuch Vertriebsrecht, 3. Aufl. 2018; *Hopt,* Handelsvertreterrecht, 6. Aufl. München 2019; *Küstner/Thume,* Handbuch des gesamten Vertriebsrechts, Bd. I: Handelsvertreter, 5. Aufl. 2016; Bd. II: Der Ausgleichsanspruch des Handelsvertreters, 9. Aufl. 2014; *Martinek/Semler/Flohr,* Handbuch des Vertriebsrechts, 4. Aufl. 2016; Staub/*Emde,* HGB, 5. Aufl. 2008, §§ 84–92 c.

Anmerkungen

Basis der nachfolgenden Erörterungen ist der Mustervertrag des CDH.

1. Für die unternehmerische Entscheidung, in welcher Weise der Vertrieb betrieben werden soll, ist es von entscheidender Bedeutung, die Unterschiede zu **verwandten Vertriebsverträgen** abzugrenzen:

a) **Vertragshändler,** nicht aber Handelsvertreter im Sinne der §§ 84 ff, ist derjenige, der im Rahmen eines Dauerschuldverhältnisses **im eigenen Namen und auf eigene Rechnung** Waren einkauft und weiterverkauft (*Hopt* HVR § 84 Rn 10; Staub/*Emde,* Vor § 84 Rn 295). Vom bloßen Eigenhändler unterscheidet sich der Vertragshändler durch seine handelsvertreterähnliche Einbindung in das Vertriebssystem des Unternehmers. Es ist also zwischen dem **Einkaufsgeschäft** des Vertragshändlers bei seinem Hersteller und den **Verkaufsgeschäften** mit den Kunden des Vertragshändlers zu unterscheiden: Im Gegensatz zum Handelsvertretervertrag entstehen keine unmittelbaren Vertragsbeziehungen zwischen dem Kunden und dem Hersteller (*Ulmer,* Der Vertragshändler, S 207). Folglich besteht der **Verdienst** des Vertragshändlers nicht in der Provision, sondern in der **Marge,** also in der „Handelsspanne", wie sie sich aus der Differenz zwischen Einkaufs- und Verkaufspreis errechnet.

b) Sieht man von diesem Differenzierungskriterium ab, so kann der Unterschied zwischen Handelsvertreter- und Vertragshändlervertrag rechtlich zusammenschmelzen, da im weiten Umfang **Handelsvertreterrecht** analog auf den Vertragshändlervertrag Anwendung findet (*Hopt* HVR § 84 Rn 11 ff; Staub/*Emde,* Vor § 84 Rn 305). Bedeutsam ist dies insbesondere für die analoge Anwendung des § 89 b (**Ausgleichsanspruch**) auf den Vertragshändler (hierzu → Form. I.G.3 Anm. 16), zudem bei den Kündigungsfristen (§ 89 analog). Der Handelsvertretervertrag mit nicht über das Provisionsinteresse des Vertreters hinausreichenden finanziellen Risiken bietet den kartellrechtlichen Vorteil möglicher Preisbindung (der Unternehmer bestimmt den Verkaufspreis gegenüber den Kunden) sowie der Zulässigkeit eines 5 Jahre übersteigenden Wettbewerbsverbots, der Vertragshändlervertrag den fehlender Rechtsbeziehung des Herstellers zum Endkunden.

c) Der Unterschied zwischen einem Handelsvertreter und einem **Kommissionär** besteht gemäß §§ 383 ff darin, dass der Kommissionär **im eigenen Namen** Waren oder Wertpapiere für Rechnung eines Dritten, des Kommittenten, kauft oder verkauft (BGH NJW 2017, 475; BB 1964, 823; Staub/*Emde,* Vor § 84 Rn 378 f). Die Trennlinie zwischen beiden Erscheinungsformen wird dann schwierig (vgl *Behrend* NJW 2003, 1563 ff), wenn der Kommissionär auf Grund eines **ständigen Betrauungsverhältnisses** für einen bestimmten Unternehmer tätig wird. Soweit dies der Fall ist, ist von einem **Kommissionsagenten** die Rede (*Hopt,* HGB, 39. Aufl. 2020, HGB § 383 Rn 3; Staub/*Emde,* Vor § 84 Rn 379). Auf das Vertragsverhältnis zu ihm findet ebenfalls Handelsvertreterrecht **entsprechende** Anwendung (*Hopt,* HVR § 84 Rn 19), was insbesondere auch für den Ausgleichsanspruch gem § 89 b gilt (vgl auch Kommissionsvertrag → Form. I.M.1 Anm. 1).

d) Der **Handelsmakler** iSv § 93 übernimmt es **gewerbsmäßig** für andere Personen, ohne dass ein ständiges Betrauungsverhältnis vorliegt, Verträge über Anschaffung oder Veräußerung von Waren oder Wertpapieren zu vermitteln, einschließlich von Verträgen über

Versicherungen, Güterbeförderungen, Schiffsmiete oder sonstige **Gegenstände des Handelsverkehrs.** Er schließt diese Geschäfte gewerbsmäßig in **fremdem Namen** ab, ohne ständig iSd § 84 Abs. 1 damit betraut zu sein, und ist deshalb nicht Handelsvertreter (*Hopt* HVR § 84 Rn 20; Staub/*Emde,* Vor § 84 Rn 68 ff). Beide Typen trennt also das Merkmal der ständigen Betrauung, der Handelsvertreter „muss" werbend tätig werden, der Makler „darf" es leitbildtypisch (Staub/*Emde,* § 84 Rn 69). Im Unterschied zum bloßen Nachweismakler gem §§ 652 ff BGB schuldet der Handelsmakler die Vermittlung, nicht nur die Nachweistätigkeit (Kreditvermittlungsvertrag → Form. I.H.1 Anm. 1).

Die Trennlinie zwischen Handelsvertreter und einem **alleinbeauftragten Makler** iSv § 652 BGB ist abhängig von den Umständen des Einzelfalls (BGH NJW 2015, 1754; BB 1992, 2178 f). Ein Handelsvertretervertrag iSd §§ 84 ff liegt nur vor, wenn der Mittler ständig mit seiner Tätigkeit betraut ist (§ 84 Abs. 1). Die beiderseitige, auf Dauer berechnete Bindung ist also entscheidend (BGH BB 1972, 11; BGH BB 1992, 2178). Unbestimmtheit und Vielzahl der zu veräußernden Gegenstände/Objekte und das Interesse an dadurch bewirkten **Umsatzförderungen** sprechen eher dafür, dass es sich um einen Handelsvertreter im Sinn der §§ 84 ff handelt (Staub/*Emde,* § 84 Rn 70). Demgegenüber ist der **Makler** leitbildtypisch **weisungsunabhängig,** und zwar dann, wenn er einen Alleinauftrag hat (BGH BB 1992, 2178). Auch die Übernahme von Konkurrenzprodukten ist nicht unbedingt für den Handelsvertreter typisch (BGH BB 1992, 2178) (Gegenbeispiel: Reisebüros).

2. Bei Abfassung eines Vertriebsvertrages sollte genau überlegt werden, welcher Vertragstypus am ehesten passt (dazu *Emde* NJOZ 2018, 441). Bei Abschluss eines Handelsvertretervertrages sind nicht nur die §§ 84 ff. sondern die Vorschriften der Handelsvertreter-RL 1986 (Kommentierung *Emde* in Mankowski, Commercial Law, 2019) zu beachten sowie – bei Fehlen eines anderweitigen Auslegungsergebnisses – das Gebot handelsvertreterfreundlichster Auslegung, jedenfalls gegenüber Warenvertretern (EuGH, Urt v 26.3.2009 – C-203/09, Rn 23 f; *Emde,* DStR 2009, 1478 ff; *Emde,* Vertriebsrecht, Vor § 84 Rn 29).

a) Das oben wiedergegebene Formular geht davon aus, dass es sich um einen **Alleinvertreter mit Bezirks- bzw Kundenschutz** handelt (dazu *Emde*, VersR 2012, 536). Zwingend ist die Verknüpfung zwischen der Bezirksvertreterabrede und dem Alleinvertreterversprechen nicht (Staub/*Emde,* § 87 Rn 125). Ein Bezirksvertreter ist nur bei klarer Bezeichnung auch Alleinvertreter. Diese enthält Ziff. 1. Der Handelsvertreter besitzt hier also die Stellung eines **Bezirksvertreters** iSv § 87 Abs 2. Die gewählte Konstruktion hat **provisionsrechtliche Bedeutung,** weil gem Ziff 5 „alle direkten und indirekten Geschäfte" dem Handelsvertreter zu vergüten sind, die mit Abnehmern in dem dem Handelsvertreter zugewiesenen Bezirk geschlossen werden. Es sind also nicht nur vom Handelsvertreter vermittelte Geschäfte (§ 87 Abs. 1 S. 1 Alt. 1) und Folgegeschäfte (§ 87 Abs. 1 S. 1 Alt. 2) zu verprovisionieren, sondern alle mit bezirkszugehörigen Kunden zustande gekommenen Geschäfte, und zwar auch dann, wenn das jeweilige Geschäft nicht vom Handelsvertreter vermittelt wurde (OLG Braunschweig NJW-RR 1994, 34). Das ist eine sehr handelsvertreterfreundliche Gestaltung. Soll eine unternehmerfreundlichere Form. gewählt werden, muss entweder in Ziff 1 das Wort „Bezirk" durch „Gebiet" ersetzt werden und in Ziff 2 keine Bezirksvertreterprovision nach § 87 Abs 2 versprochen werden, sondern entweder alternativ oder kumulativ Tätigkeitsprovision nach § 87 Abs 1 S 1 Alt. 1 und/oder Folgeprovision nach § 87 Abs 1 S 1 Alt 2. Bei Vereinbarung einer Vermittlungsprovision erhält der Handelsvertreter nur Provision für Geschäfte, die auf seine Tätigkeit zurückzuführen sind, bei zusätzlicher Vereinbarung einer Folgeprovision auch Provision für Geschäfte mit Kunden, die er als Kunden für Geschäfte der gleichen Art geworben hat. Im letztgenannten Fall müssten in Ziff 2 die Worte „für alle Geschäfte, die mit Abnehmern des unter 1 angegebenen Bezirks abgeschlossen worden sind" durch die

Worte „für alle Geschäfte, die auf seine Tätigkeit zurückzuführen sind oder mit Dritten abgeschlossen werden, die er als Kunden für Geschäfte der gleichen Art geworben hat" ersetzt werden (→ Form. I.G.2 Anm. 5f.). Das Bezirksvertreterprovisionsversprechen vermeidet allerdings Streitigkeiten über die Tatbestandsmerkmale „Tätigkeit" oder „Geschäfte der gleichen Art" und wird wegen der darin liegenden abrechnungstechnischen Vereinbarung oft auch von Unternehmern bevorzugt. Der Unternehmer darf den dem Handelsvertreter zugewiesenen Vertreterbezirk oder Kundenkreis nicht einseitig verkleinern oder verändern. Zumindest in AGB sind einseitige Vertragsänderungsrechte generell unzulässig. Auch **Teilkündigungen** sind regelmäßig unzulässig (BGH BB 1977, 964; BB 1983, 1616; BB 2000, 59 m Anm. *Emde*; Staub/ *Emde*, § 89 Rn 25).

b) Das Formular geht des Weiteren davon aus, dass es sich hier um eine **Alleinvertretung** handelt: Nur der jeweilige Handelsvertreter ist also allein berechtigt, in dem ihm zugewiesenen Bezirk Geschäfte für die Firma zu vermitteln bzw abzuschließen. Das ist gegenüber der bloßen Bezirksvertreterabrede ein „Mehr", weil dem Bezirksvertreter nicht ohne weitere Abrede eine Alleinvertretung zugesichert wird. Will man lediglich einen Handelsvertreter als **Bezirksvertreter** einsetzen, so muss klargestellt werden, dass dem Handelsvertreter kein **Ausschließlichkeitsrecht** zugewiesen worden ist, sondern dass der Unternehmer vielmehr berechtigt bleibt, weitere Handelsvertreter für den konkreten Bezirk einzusetzen. Da aber hier das Modell einer **Alleinvertretung** gewählt ist, ist es der Firma untersagt, einen weiteren Handelsvertreter in diesem Bezirk einzusetzen; geschieht dies gleichwohl, steht dem Handelsvertreter ein Anspruch auf **Unterlassung und Schadensersatz** zu. Strittig kann werden, ob bei dieser Formulierung auch Eigengeschäfte des Unternehmers ausgeschlossen sind. Dies könnte eher durch die Zusage eines „Alleinvertriebs" des Vertreters gelingen (*Emde,* VersR 2012, 536). Eine vertragliche Klarstellung empfiehlt sich (s. u., e).

c) Möglich ist es zudem, den Handelsvertreter als **Einfirmenvertreter** einzusetzen. Dann darf er nur den einen Unternehmer vertreten. Ohne eine solche Vereinbarung und gesetzestypisch ist er **Mehrfirmenvertreter.** Auch als Mehrfirmenvertreter unterliegt der Handelsvertreter dem aus § 86 Abs. 1 hergeleiteten Verbot, konkurrierend tätig zu werden.

d) Des Weiteren könnte es sich empfehlen, im Formular klarzustellen, ob der Handelsvertreter berechtigt ist, zur Erfüllung der übernommenen Verpflichtungen **Untervertreter** einzusetzen. Wird dazu nichts vereinbart, so darf der Handelsvertreter Untervertreter einsetzen (Staub/*Emde,* § 84 Rn 110). Schließt der Handelsvertreter selbst den Vertrag mit einem ihm unterstellten Untervertreter, so spricht man vom **echten Untervertreter.** Der Handelsvertreter tritt dann gegenüber dem Untervertreter als Unternehmer iSv § 84 Abs 3 auf. Die Einsetzung eines sogenannten **„unechten" Untervertreters** – hier kommt der Vertrag unmittelbar zwischen dem Unternehmer und dem Untervertreter zustande – ist im Falle eines Alleinvertreterversprechens meist nur zulässig, wenn dies im Vertrag ausdrücklich geregelt ist. Denn das Alleinvertretungsrecht könnte durch die Einsetzung eines „unechten" Untervertreters verletzt werden. Ist jedoch der dem Handelsvertreter zugewiesene Bezirk sehr groß, kann sich die Einsetzung von „unechten" Untervertretern empfehlen. Dann kann es sinnvoll sein, dem „Hauptvertreter" gewisse **Direktionsrechte** an die Hand zu geben, um auf diese Weise sicherzustellen, dass die Außendienstorganisation effizient geführt wird.

e) Eine **Formulierung,** die ein Alleinvertriebsrecht (Abs. 1) und/oder das Recht zur Bestellung von Untervertretern regelt (Abs. 2), könnte wie folgt lauten:

> **„In diesem Bezirk ist die Firma nicht berechtigt, weitere Handelsvertreter oder „unechte" Untervertreter ohne schriftliche Zustimmung des Handelsvertreters einzusetzen; sie ist auch daran gehindert, selbst oder durch Beauftragte Vertriebstätigkeiten in diesem Bezirk auszuüben."**

Oder:

„Mit Zustimmung der Firma ist der Handelsvertreter berechtigt, Untervertreter einzuschalten. Geschieht dies, wird die Firma dadurch in keiner Weise gegenüber den Untervertretern unmittelbar verpflichtet."

3. Die Gestaltung der Provisionspflicht ist abhängig davon, welche Funktion der Handelsvertreter ausfüllt (vgl *Emde*, Vertriebsrecht, § 87).

a) Handelt es sich lediglich um einen **Bezirksvertreter,** der jedoch nicht **Alleinvertreter** ist, so empfiehlt sich folgende Regelung, weil nicht auszuschließen ist, dass auch ein anderer Handelsvertreter tätig geworden ist. Erst Recht gilt dies, wenn keine Bezirksvertretung vereinbart wurde:

„Haben bei einem Geschäftsabschluss mehrere Handelsvertreter der Firma mitgewirkt und damit Anspruch auf Provision, so hat jeder Handelsvertreter nur einen anteiligen Anspruch; der Rechnungsbetrag wird dann durch die Anzahl der beteiligten Handelsvertreter geteilt."

Die Tätigkeit mehrerer Handelsvertreter kann zu Komplikationen führen, weil häufig ein Handelsvertreter „aktiv", der andere als Bezirksvertreter lediglich „passiv" tätig war, ohne dass die Provisionspflicht danach differenziert würde (vgl Staub/*Emde,* § 87 Rn 149 ff).

b) Die Provisionspflicht entfällt gemäß § 87a Abs. 2, sobald feststeht, dass der Dritte nicht leistet. Diese gesetzliche Regelung ist seit der Einführung des § 87a Abs 5 zwingend (Staub/*Emde,* § 87a Rn 115 ff). Ein vertragliches Abweichen ist deshalb nicht möglich.

4. Es könnte sich empfehlen, die Bezugsgröße des „Rechnungsbetrages" zu spezifizieren (→ Form. I.G.2 Anm. 9). Denn der „Rechnungsbetrag" enthält notwendigerweise auch die **Mehrwertsteuer,** was bei der Festlegung der Provisionshöhe unbedingt zu berücksichtigen ist.

5. a) Hier ist in der Ausfüllungsalternative zu entscheiden, ob der Vertrag befristet oder unbefristet (auf unbestimmte Zeit) geschlossen wird.

b) Die Kündigungsfrist kann vertraglich nicht gegenüber den von § 89 vorgesehenen Fristen verkürzt, wohl aber verlängert werden (§ 89 Abs 2). Dabei muss die verlängerte Frist für beide Parteien gleich lang sein. Allerdings ist es möglich, die Kündigung für einen Vertragsteil oder auch für beide Parteien zumindest für einen begrenzten Zeitraum auszuschließen (BGH BB 1995, 1257; vgl auch BGH NJW-RR 1993, 1460). Dazu dient die im Text enthaltene Ausfüllungsalternative, die es erlaubt, den Vertrag auf bestimmte oder unbestimmte Zeit (befristet oder unbefristet) abzuschließen. § 624 BGB sowie §§ 138, 307 BGB bleiben aber unberührt. Feste Bindungen von 10–20 Jahren können je nach den Verhältnissen des Einzelfalls unbedenklich sein (Staub/*Emde,* § 89 Rn 71 ff).

c) Eine Freistellungsklausel für die Zeit nach der Kündigung bis zur Beendigung der Vertretertätigkeit bietet sich häufig im Interesse des Unternehmens an, da der Vertreter so gehindert wird, den von ihm betreuten Kundenstamm abzuwerben. Derartige Klauseln sind grundsätzlich wirksam (BGH VersR 1995, 570; *Emde*, Vertriebsrecht, § 89 Rn 65 ff; Staub/*Emde,* § 89 Rn 52). Sie führen aber nicht dazu, dass der Unternehmer von seiner Provisionspflicht entbunden wird, was insbesondere bei Bezirksvertretern zu bedenken ist. Verändert sich die Provision durch die Freistellung, etwa weil sie von der Tätigkeit des Vertreters abhängig ist, schuldet der Unternehmer eine angemessene Freistellungsvergütung. In AGB sollte dies klargestellt werden. Ersparte Kosten können jedoch bei der Bemessung der Freistellungsvergütung berücksichtigt werden.

d) Das **fristlose Kündigungsrecht** des § 89a ist zwingend. Eine vertragliche Ausgestaltung ist daher nur konkretisierend möglich. Die aus der Ausübung des Kündigungsrechts wegen eines Verschuldens des Vertragspartners folgende Schadensersatzpflicht ist zeitlich bis zum Ende des Vertrages oder bis zum Zeitpunkt der ordentlichen Kündigung begrenzt (BGH BB 1993, 883; Staub/*Emde,* § 89a Rn 60). Bei ungleichen Kündigungsfristen wird

Schadenersatz bis zu dem Zeitpunkt geschuldet, zu dem der Vertragsverletzer hätte kündigen dürfen (BGH, BB 2008, 2262; Staub/*Emde,* § 89a Rn 60). Mindestens ist daher die entfallende monatliche Provision bis zum ordentlichen Kündigungszeitpunkt zu ersetzen (BGH BB 1983, 883 f). Dem Unternehmer wäre der bis zur nächstmöglichen ordentlichen Kündigung entgangene Gewinn zu ersetzen, jeweils abzüglich ersparter Kosten und zugleich weiterer kausaler Schäden. Bei zu langen Fristen wird gemäß § 242 BGB gekürzt (Staub/*Emde,* § 89a Rn 60). Bei der Prüfung der Frage, ob ein wichtiger Grund vorliegt, spielt auch die Vertragsdauer eine Rolle. Tendenziell sind bei langer bisheriger Vertragsdauer und langer Kündigungsfrist eher höhere Anforderungen an den wichtigen Grund zu stellen (*Emde*, Vertriebsrecht, § 89a Rn 17). Will der Handelsvertreter nach einer unwirksamen (fristlosen) Kündigung am Vertrag festhalten, dann bleibt er weiterhin an das Wettbewerbsverbot gebunden. Er darf keine Tätigkeit entfalten, die geeignet ist, die Interessen des Unternehmers zu beeinträchtigen (BGH NJW 2003, 2677). Doch kann das Festhalten an einem Wettbewerbsverbot im Einzelfall gegen Treu und Glauben verstoßen (BGH NJW 2003, 2677).

6. Stets ist zu prüfen, ob es nicht zweckmäßig ist, ein **nachvertragliches Wettbewerbsverbot** zu vereinbaren (hierzu Staub/*Emde,* § 90a). Dies ist nach § 90a zulässig. Kartellrechtliche Gründe stehen beim echten Handelsvertreter, anders als bei Vertragshändlern und Franchisenehmern, nicht entgegen.

a) Eine solche Klausel hätte dann folgenden Wortlaut:

„Der Handelsvertreter verpflichtet sich, für die Dauer von zwei Jahren nach Beendigung des Vertragsverhältnisses jegliche mittelbare oder unmittelbare Tätigkeit für ein Konkurrenzunternehmen der Firma innerhalb des geographisch umschriebenen Bezirks (genau ausfüllen) sowie in Bezug auf die ihm im Rahmen des Vertretervertrages zur Vermittlung zugewiesenen Produkte (genau spezifizieren) zu unterlassen. Diese Verpflichtung erstreckt sich auch auf Tätigkeiten im Anstellungsverhältnis ebenso wie auf solche als Selbstständiger, etwa als Handelsvertreter, Franchisenehmer oder Vertragshändler. Der Handelsvertreter ist auch verpflichtet, sich während des genannten Zeitraums nicht an einem Konkurrenzunternehmen direkt oder indirekt zu beteiligen, außer mittels einer rein kapitalmäßigen Beteiligung von weniger als 10 %.
Für die Geltungsdauer des Wettbewerbsverbots zahlt die Firma dem Handelsvertreter eine Entschädigung, die monatlich nachträglich zahlbar ist. Sie beträgt 75 % der nach dem Durchschnitt der letzten drei Jahre (bei kürzerer Vertragsdauer während dieser Zeit) zugunsten des Handelsvertreters entstandenen monatlichen Vergütung. Während der Dauer des Wettbewerbsverbots ist die anderweitig vom Handelsvertreter erzielte Vergütung entsprechend der Regelung des § 74 c HGB anrechnungspflichtig."

b) Gem § 90a Abs 1 muss das Wettbewerbsverbot räumlich und gegenständlich auf den Kundenkreis und die Produkte des Vertretervertrages beschränkt werden. Das Wettbewerbsverbot ist zudem **schriftlich** abzufassen. Der Prinzipal ist verpflichtet, die von ihm unterzeichnete Urkunde, in der alle Bestimmungen enthalten sind, dem Handelsvertreter auszuhändigen. Die als Kompensation für das Wettbewerbsverbot zu zahlende Entschädigung muss gem § 90a Abs 1 **angemessen** sein. Da der Handelsvertreter keinen Anspruch darauf hat, unter dem Wettbewerbsverbot genauso oder gar besser zu stehen als während der Dauer des Vertrages, ist die hier vorgeschlagene Regelung von 75 % wahrscheinlich unbedenklich (Staub/*Emde,* § 90a Rn 37). Jedenfalls in Individualverträgen braucht die Höhe der Karenzentschädigung nicht bestimmt zu werden. Die Pflicht zur Zahlung der Karenzentschädigung ist „automatische" Folge des Wettbewerbsverbots. Bei AGB ist dies Gegenstand der Diskussion (Staub/*Emde,* § 90a Rn 36).

c) Ein **Abwerbeverbot** kann wirksam in Höhe von EUR 5.000,00 vereinbart werden, damit der Prinzipal seine Mitarbeiter auf diese Weise schützt (OLG München BB 1994, 1104, 1105).

7. Die Berechnung des **Ausgleichsanspruchs** nach § 89b bereitet in der Praxis Schwierigkeiten und gibt am ehesten Anlass für Streitigkeiten (im Einzelnen *Emde,* Vertriebsrecht, § 89 b Rn 389 ff.; Staub/*Emde,* § 89b Rn 279 ff). Dazu übersichtsartig das Folgende:

a) Sinn und Zweck der Ausgleichsregelung in § 89b ist es, dem Handelsvertreter – nach Beendigung des Vertretungsvertrages (zu den einzelnen Tatbeständen einer möglichen Beendigung des Vertrages *Emde*, Vertriebsrecht, § 89 Rn 4 ff.) – einen Ausgleich für die dem Unternehmer vermittelten Vorteile sowie für den Verlust solcher Provisionen zu verschaffen, die der Handelsvertreter künftig verdient hätte, wenn das Vertragsverhältnis sich weiter fortgesetzt hätte (BGH NJW 1998, 66 (68)). Die Höhe der dem Handelsvertreter entgehenden Provision ist auf Basis einer Prognose zu ermitteln (BGH NJW 1998, 66 (68)). Die Rechtsprechung vermutet auch nach der Novellierung des § 89b im Jahre 2009, dass dem Unternehmer aus dem Vertragsende Vorteile in Höhe der Provision des Handelsvertreters im letzten Vertragsjahr („Basisjahr") entgehen, die er mit neu geworbenen Kunden oder erweiterten Altkunden erzielt hat, zu denen eine „Geschäftsverbindung" besteht (BGH, BB 2010, 1685). Der Gegenbeweis höherer Vorteile ist möglich (BGH IHR 2012, 78; NJW-RR 2010, 43). Diese Provisionen werden mit der Zahl der Jahre eines Prognosezeitraums (meist vier bis fünf Jahre) multipliziert und um die zu erwartende Abwanderungsquote von Kunden bereinigt und abgezinst (BGH NJW-RR 1988, 1024; BGH NJW 1998, 71 (75). Einzelheiten der Ausgleichsberechnung bei *Emde,* Vertriebsrecht, § 89b Rn 389 ff.

b) Eine „Geschäftsverbindung" besteht zumindest zu Mehrfachkunden, die in einem überschaubaren Zeitraum, in welchem üblicherweise mit Neubestellungen zu rechnen ist, mehr als nur ein Geschäft mit dem Prinzipal abgeschlossen haben (BGH NJW 1998, 66 (68)). Für die Neuwerbung reicht eine Mitursächlichkeit der Werbung des Handelsvertreters aus (BGH NJW 1998, 71 (75)). Es steht der Werbung eines Neukunden gleich, wenn es dem Handelsvertreter gelingt, eine wesentliche Erweiterung der Geschäftsverbindung mit einem **Altkunden** zu erreichen. Davon ist nach bisher hM erst dann zu sprechen, wenn es dem Handelsvertreter gelungen ist, die entsprechende – bereits bestehende – Verbindung mit einem Altkunden um mehr als 100 % zu steigern, und zwar unter Abzug von Inflations- und Preissteigerungen (MüKoHGB/*von Hoyningen-Huene,* § 89b Rn 65; Ebenroth/Boujong/Joost/*Löwisch*, HGB, § 89b Rn 81; großzügiger: 50 % OLG Celle BB 2017, 1299; (10–30 %) *Westphal,* DB 2010, 1335).

c) In die Ausgleichsberechnung einbezogen werden nach hM nur die Teile der Provision, die der Handelsvertreter für die werbende, nicht für die verwaltende, Tätigkeit erhält (BGH NJW 1998, 66 (69)). Es ist also im Rahmen der Tätigkeit des Handelsvertreters nach § 84 auf die Maßnahmen und den entsprechenden Teil der Provision abzuheben, die der Vermittlungstätigkeit oder der Abschlusstätigkeit des Handelsvertreters zuzuordnen sind. Kosten und Provision für Lagerhaltung und Auslieferung zählen jedenfalls beim Tankstellenvertreter zu den werbenden Tätigkeiten (BGH NJW 1998, 66 (69)). Etwas anderes gilt für die Inkassotätigkeit (BGH NJW 1998, 66 (69)). Doch ist es mit § 89b Abs 4 nicht zu vereinbaren, wenn in dem Vertrag von vornherein verbindlich festgelegt wird, in welcher pauschalen Höhe eine verwaltende und eine werbende Tätigkeit des Handelsvertreters (50 % der Gesamtvergütung des Vertreters sollten auf verwaltende Tätigkeit entfallen: Tankstelle – ARAL) vorgesehen wird (BGH NJW 2003, 290). Denn § 89b Abs 4 untersagt nicht nur den Ausschluss des Ausgleichsanspruchs, sondern auch die wie auch immer geartete Einschränkung des Ausgleichsanspruchs (BGH NJW-RR 1991, 156; BGH NJW 2003, 290, 293).

d) Dabei ist stets eine **Prognose** erforderlich, die den Versuch unternimmt, die dem Unternehmer – nach Beendigung des Vertrages – verbleibenden Vorteile zu ermitteln. Um dies zu erreichen, ist jedenfalls das Vorbringen erforderlich, wie viel Prozent des Umsatzes mit Mehrfachkunden erzielt worden ist (OLG Köln NJW-RR 2003, 538). Auf Bestreiten des Unternehmers sind die Kundennamen und die Mehrfachgeschäfte zu nennen. Generell zur Beweislast *Emde*, Vertriebsrecht, § 89b Rn 390 ff. Die Prognose berücksichtigt die in der Vergangenheit eingetretenen Tatsachen. Sie müssen auf Sachverhalten beruhen, von denen vernünftigerweise erwartet werden kann, dass sie in der Zukunft fortwirken. Zudem müssen sie im Zeitpunkt der Beendigung des Vertrages bereits angelegt sein (BGH NJW 1998, 71; Staub/*Emde,* § 89b Rn 95 f). Daher scheidet die Berücksichtigung der tatsächlich während des nachvertraglichen Prognosezeitraums eingetretenen Umstände regelmäßig aus, weil sie nur insoweit zu berücksichtigen sind, als ihre Entstehung im Zeitpunkt der Beendigung des Vertrages tatsächlich schon absehbar war (BGH NJW 1998, 71). Der für die Prognose maßgebende **Zeitraum** ist abhängig von den Umständen des Einzelfalls. Insoweit ist eine Schätzung vorzunehmen (BGH ZIP 1990, 1197 (1198); Staub/*Emde,* § 89b Rn 94).

e) Auch bei der nach § 89b Abs 1 S. 1 Nr 2 unter Billigkeitsgesichtspunkten gebotenen Bewertung des dem Handelsvertreter entstehenden Nachteils – der auf Grund der Beendigung des Vertretervertrages entgehenden Provisionen – ist die Fortsetzung des Vertragsverhältnisses zu fingieren. Provisionsverluste sind aber seit 2009 keine zwingende Anspruchsvoraussetzung. Es kommt auch insoweit darauf an, wie sich die Geschäftsverbindung mit den vom Vertreter geworbenen Neukunden entwickelt hätte. Solange es an einem wichtigen Grund zur außerordentlichen Kündigung wegen eines schuldhaften Verhaltens des Handelsvertreters iSd § 89b Abs. 3 Nr. 2 fehlt, ist in diesem Kontext irrelevant, welche Gründe für die Beendigung des Vertrags maßgebend waren oder ob der Handelsvertreter überhaupt noch zur Vermittlung von Geschäften imstande war (BGH NJW 1998, 1070). Auch im Falle der Vertragsaufhebung beim Tod des Handelsvertreters (BGH NJW 1957, 1029), bei der einverständlichen Auflösung (BGH NJW 1998, 1070, 1071), einer Selbsttötung (BGH NJW 1966, 1965) oder bei der Einstellung des Betriebs (BGH NJW-RR 1988, 42) ist ein Ausgleich zu leisten. Das Gleiche gilt, wenn der Handelsvertreter einem Dritten die Pflichten aus dem Vertrag überträgt und dieser das Vertragsverhältnis kündigt, so dass es auch gegenüber dem Prinzipal beendet wird (BGH NJW 1998, 1070).

f) Bei der nach § 89b Abs 1 S. 1 Nr 2 gebotenen Berücksichtigung der Billigkeit sind alle Umstände des Einzelfalles zu beachten (*Heymann/Sonnenschein/Weitemeyer* § 89b Rn 42 f). Eine **vom Unternehmer finanzierte Alterssicherung** ist unter Billigkeitsgesichtspunkten mit ihrem Anwartschaftsbarwert auf den Ausgleichsanspruch anzurechnen (BGH NJW 2003, 1244, 1245). Die Gewährung einer Altersversorgung ist vor allem im Bereich der Versicherungsbranche üblich. Durch AGB-Klauseln kann die Berücksichtigung nicht zwingend in wirksamer Weise vorgeschrieben werden, weil § 89b Abs 4 dies ausschließt (BGH NJW 2003, 1241; BGH NJW 2003, 1244). Auch die zwingende Geltung der „Grundsätze" der Versicherungswirtschaft kann während der Vertragsdauer wegen § 89b Abs 4 nicht vereinbart werden. Eine nachvertragliche Einigung wäre wirksam (OLG Köln VersR 2001, 1377). Zur Ausgleichsberechnung nach den Grundsätzen der Versicherungswirtschaft *Emde*, Vertriebsrecht, § 89b Rn 572 ff.

Unbedenklich ist nach Ansicht des BGH die Formulierung, wonach der Vertreter wählen kann zwischen einer unternehmensfinanzierten Alterssicherung und einem Ausgleichsanspruch, ohne dass damit die Unabdingbarkeit nach § 89 b Abs 4 in Frage gestellt wird (BGH NJW 2003, 3350). Wird eine Alterssicherung im Rahmen eines abzuschließenden Handelsvertretervertrages gewählt, so empfiehlt es sich, entweder dieser BGH-Entscheidung entsprechend eine **Wahlklausel** vorzusehen oder es bei der gesetzlichen Lösung nach § 89b Abs 1 Nr 2 zu belassen, so dass es auf die Billigkeit im Einzelfall ankommt, ob und inwieweit eine Anrechnung auf den Ausgleichsanspruch erfolgt.

g) Im Fall der **Eigenkündigung** des Handelsvertreters ist der Ausgleichsanspruch gemäß § 89b Abs 3 Nr 1 ausgeschlossen, es sei denn, die Kündigung erfolgt aus „begründetem Anlass" (BGH NJW 1995, 1958). Um eine verfassungskonforme Auslegung dieser die

Berufsfreiheit des Handelsvertreters tangierenden Bestimmung zu erreichen, ist eine weite Interpretation des Tatbestandsmerkmals „begründeter Anlass" angezeigt (BGHZ 52, 5). **Ausgeschlossen** ist der Anspruch nach § 89b Abs 3 Nr 2 auch dann, wenn ein wichtiger Grund zu außerordentlichen Kündigung des Vertrages vorliegt, wobei die tatbestandlichen Voraussetzungen einer solchen fristlosen Kündigung mit denen des § 89a Abs 1 S 1 in Übereinstimmung stehen (BGH NJW 2000, 1866). Doch müssen vom Vertreter selbst verschuldete Gründe vorliegen (BGH NJW 2000, 1866 (1868); Staub/*Emde,* § 89b Rn 229).

h) Der Ausgleichsanspruch ist nach § 92c Abs. 1 **unabdingbar,** falls der Handelsvertreter im Gebiet der Europäischen Union oder in einem anderen Vertragsstaat des EWR tätig ist. Bei einem im Unternehmerinteresse formulierten Vertrag mag bei Tätigkeit des Handelsvertreters außerhalb jenes Raumes ein solcher Ausschluss erfolgen. Der Ausschluss darf auch mittels AGB erfolgen (OLG München RIW 2002, 320). Soll dies erreicht werden, sollte unter einem separaten Paragraphen (der Transparenz halber), versehen mit der Überschrift „Ausschluss des Ausgleichsanspruchs", eine Regelung vereinbart werden, etwa mit folgendem Wortlaut:

„Dem Handelsvertreter steht bei Beendigung des Vertrages kein Ausgleichsanspruch gem. § 89b HGB, Art. 17 bis 19 Handelsvertreter-Richtlinie oder einer vergleichbaren Bestimmung zu."

Nach zutreffender Ansicht des EuGH und Art 3 Abs 4 Rom I-VO ist es unzulässig, den Ausgleichsanspruch oder andere zwingende Vorschriften der Handelsvertreter-Richtlinie 1986 auszuschließen, falls der Waren vertreibende Vertreter zwar in der EU tätig ist, sein Vertrag aber dem Recht eines anderen Staates unterliegt (EuGH NJW 2001, 2007; *Kindler* BB 2001, 11 ff; Staub/*Emde,* § 92c Rn 54). Der Handelsvertreter besitzt uU einen zwingenden Gerichtsstand an seinem Sitz; ein vereinbarter außereuropäischer Gerichtsstand darf missachtet werden (BGH BB 2012, 3103; OLG Stuttgart BeckRS 2012, 18825; 18704; OLG München, WM 2006, 1556). Zudem wird man stets das anwendbare Kollisionsrecht beachten müssen (*Bälz* NJW 2003, 1559 (1561) – betreffend Kolumbien –), weil und soweit dieses einen zwingenden oder doch halbzwingenden Ausgleichsanspruch kennt, der nach diesem Fremdrecht uU zu beachten wäre. Bei Verträgen mit Auslandsbezug sollte das anwendbare Recht vertraglich bestimmt werden. Ohne eine solche Vereinbarung gilt das Recht des Sitzes des Handelsvertreters (Art 4 Abs 1 lit f Rom I-VO). Da zwingende Eingriffsnormen des Rechts am Vertriebsort maßgeblich sein können, sollte auch ein Anwalt am Vertriebsort bzw. am Sitz des Handelsvertreters den Vertrag prüfen.

8. Im Falle einer gerichtlichen Auseinandersetzung ist Kläger meist der Handelsvertreter (Provisionen, Informationsrechte, Ausgleich). Dieser Gerichtsstand ist daher handelsvertreterfreundlich. Es erhebt sich aber die Frage, ob ein Schiedsverfahren den Vertreter wegen der damit verbundenen Kosten von der Durchsetzung berechtigter Ansprüche abhalten kann. Bei Auslandsbezug ist eine Schiedsabrede wegen der Vollstreckungsfrage meist erforderlich (→ Form. I.G.2 Anm. 15).

2. Handelsvertretervertrag für Handelsvertreter mit Tätigkeitsgebiet innerhalb der Bundesrepublik Deutschland (unternehmerfreundliche Fassung)

§ 1 Gegenstand des Vertrages[1]

Die Firma (ausfüllen)
(nachstehend Unternehmer genannt)
überträgt (ausfüllen)
(nachstehend Handelsvertreter genannt)
ihre Vertretung für das Gebiet[1, 14] (ausfüllen)
für folgende Erzeugnisse (ausfüllen – „Vertragserzeugnisse")[1]

§ 2 Pflichten des Handelsvertreters

(1) Der Handelsvertreter hat die Aufgabe, mit Interessenten seines Gebiets Verkaufsgeschäfte für den Unternehmer zu vermitteln.[2] Eine Abschlussvollmacht steht ihm nicht zu.

(2) Der Unternehmer hat das Recht, selbst oder durch andere Vertriebsmittler im Gebiet tätig zu werden.[3]

(3) Der Handelsvertreter ist verpflichtet, die Interessen des Unternehmers mit der Sorgfalt eines ordentlichen Kaufmanns wahrzunehmen. Er wird insbesondere die Abnehmer und Interessenten seines Gebiets regelmäßig besuchen. Er wird dem Unternehmer laufend über seine Tätigkeit berichten und ihm unverzüglich Durchschriften wesentlicher Geschäftsbriefe übersenden. Wird ihm ein außerhalb seines Gebiets bestehender Bedarf an Vertragserzeugnissen bekannt, so wird er davon dem Unternehmer umgehend Mitteilung machen; ein Anspruch auf Provision entsteht dadurch nicht.

(4) Der Handelsvertreter ist während der Dauer des Vertragsverhältnisses verpflichtet, jeden Wettbewerb gegenüber dem Unternehmer zu unterlassen. Der Handelsvertreter darf sich weder unmittelbar noch mittelbar an einem Wettbewerbsunternehmen beteiligen oder ein solches in sonstiger Weise fördern. Er darf weder innerhalb noch außerhalb seines Bezirks eine Firma vertreten, die gleiche oder gleichartige Erzeugnisse herstellt oder vertreibt, selbst wenn es sich nur um gebrauchte Gegenstände handelt. Ausnahmen bedürfen der schriftlichen Einwilligung des Unternehmens.[3]

(5) Will der Handelsvertreter zusätzlich die Vertretung einer Firma übernehmen, die nicht gleiche oder gleichartige Erzeugnisse herstellt oder vertreibt, so bedarf er des Einverständnisses des Unternehmers, das nicht unbillig verweigert werden darf.[4]

(6) Die beabsichtigte Beschäftigung eines Untervertreters ist dem Unternehmer mitzuteilen.

(7) Der Handelsvertreter darf Geschäfts- und Betriebsgeheimnisse, die ihm durch seine Tätigkeit für den Unternehmer in irgendeiner Weise bekannt geworden sind, auch nach Beendigung des Vertragsverhältnisses nicht verwerten oder anderen Personen mitteilen.

---

[1] Das hier unterbreitete Muster ist im Wesentlichen an den Handelsvertreter-Vertrag angelehnt, den der VDMA-Verlag GmbH, 60528 Frankfurt verlegt hat. Für die freundliche Gestattung der grundsätzlichen Verwendung des Musters dankt der Verfasser.

§ 3 Pflichten des Unternehmers

(1) Es steht dem Unternehmer frei, ein vom Handelsvertreter vermitteltes Geschäft abzuschließen oder abzulehnen. Der Unternehmer hat dem Handelsvertreter unverzüglich Mitteilung über die Annahme, Ablehnung oder Nicht- bzw. Andersausführung eines Geschäfts zu machen und dabei den maßgeblichen Grund bekanntzugeben, soweit nicht ein wesentliches Interesse des Unternehmers entgegensteht.

(2) Der Unternehmer hat Preisänderungen dem Handelsvertreter unverzüglich bekanntzugeben.

(3) Der Unternehmer wird den Handelsvertreter über seine Verhandlungen mit Abnehmern oder Interessenten des Bezirks unterrichten. Er wird ihm insbesondere unverzüglich alle wesentlichen und insoweit erforderlichen Informationen abschriftlich zukommen lassen.

§ 4 Provisionsanspruch des Handelsvertreters

(1) Der Handelsvertreter erhält für alle Verkaufsgeschäfte, die der Unternehmer mit in seinem Gebiets ansässigen Abnehmern während der Dauer des Vertragsverhältnisses über Vertragserzeugnisse abschließt, eine Provision von . . . . . Prozent, sofern es sich um Verkaufsgeschäfte handelt, die der Handelsvertreter vermittelt hat. Ein Anspruch auf Folgeprovision ist ausgeschlossen.[5]

(2) Geschäfte, die erst nach Beendigung des Vertragsverhältnisses abgeschlossen werden, sind nicht provisionspflichtig.[6]

(3) Führt der Handelsvertreter mit einem Interessenten seines Gebiets die Vor- oder Preisverhandlungen, wird das Geschäft dann aber durch das Stammhaus oder eine Einkaufszentrale des Interessenten außerhalb des Gebiets abgeschlossen, so erhält der Handelsvertreter für dieses Geschäft die volle Provision, wenn der für das Stammhaus oder die Einkaufszentrale zuständige Handelsvertreter bei der Vermittlung des Geschäfts nicht gleichfalls wesentlich mitwirkt. Der für das Stammhaus oder die Einkaufszentrale zuständige Handelsvertreter erhält insoweit keine ihm ohne Mitwirkung des vorgenannten Handelsvertreters zustehende Provision als der vorgenannte Handelsvertreter provisionsberechtigt sein sollte.[7] Wirkt jedoch der für das Stammhaus oder die Einkaufszentrale zuständige Handelsvertreter gleichfalls wesentlich mit, so wird die Provision geteilt. Bei der Provisionsteilung ist für jeden der beiden Handelsvertreter der mit ihm vereinbarte Provisionssatz maßgebend.[8]

§ 5 Berechnung und Fälligkeit der Provision

(1) Die Provision wird von dem in Rechnung gestellten Entgelt des Verkaufsgeschäfts – ausschließlich Mehrwertsteuer,[9] abzüglich etwaiger Rabatte, ausgenommen Barzahlungsrabatte – berechnet. Nebenkosten wie Fracht, Rollgeld, Verpackung und Inbetriebsetzungs- und Abnahmekosten kommen in Abzug, soweit sie gesondert in Rechnung gestellt sind. Entgelte für Montage und ähnliche Nebenleistungen, die im Wesentlichen aus Arbeitsaufwand bestehen, kommen in Abzug, auch wenn sie nicht gesondert in Rechnung gestellt sind.[10]

(2) Zu der Provision erhält der Handelsvertreter die darauf entfallende Mehrwertsteuer. Auf Verlangen des Unternehmers hat der Handelsvertreter hierüber einen entsprechenden Nachweis zu führen.

(3) Der Handelsvertreter hat Anspruch auf Provision nach Eingang der Zahlung des Abnehmers und nach Maßgabe des eingegangenen Betrages.[11] Für die Fälligkeit der Provision gelten die gesetzlichen Bestimmungen.

(4) Der Handelsvertreter wird die Provisionsabrechnungen unverzüglich prüfen und etwaige Einwände.

(a) entweder spätestens innerhalb eines Monats nach Erhalt der jeweiligen Provisionsabrechnung schriftlich gegenüber dem Unternehmer geltend machen; oder

(b) nach Erhalt von mindestens sechs oder mehr aufeinanderfolgenden Provisionsabrechnungen mindestens in Textform (zB per E-Mail oder Fax) gegebenenfalls erklären, dass der Unternehmer über die Provisionen zutreffend, richtig und rechnerisch vollständig abgerechnet hat; Will er eine solche Erklärung nicht abgeben, hat der Handelsvertreter dies binnen der gleichen Frist mitzuteilen, möglichst unter Angabe des Grundes.[12]

§ 6 Vertragsdauer

(1) Soweit nichts anderes vereinbart ist, wird dieser Vertrag auf unbestimmte Zeit geschlossen. Die Kündigung hat in Textform zu erfolgen.[13]

(2) Ist eine Gesellschaft als Handelsvertreter bestellt, so ist bei Änderung der Gesellschafter oder Geschäftsführer oder bei wesentlicher Änderung des Gesellschaftsvertrags dem Unternehmer Mitteilung zu machen. Dieser ist zur außerordentlicher Kündigung berechtigt, wenn die Fortsetzung des Vertragsverhältnisses ihm unter den veränderten Umständen nicht zumutbar ist.

(3) Der Handelsvertreter hat nach Vertragsende das in seinem Besitz befindliche Werbematerial und die sonstigen Geschäftsunterlagen (Preislisten, Zeichnungen, Muster usw), soweit sie Eigentum des Unternehmers sind, unverzüglich an diesen zurückzugeben.

§ 7 Verjährung

Alle Ansprüche aus diesem Vertrag verjähren 12 Monate, nachdem der Anspruch entstanden ist und der Gläubiger von den den Anspruch begründenden Umständen und der Person des Schuldners Kenntnis erlangt oder ohne grobe Fahrlässigkeit erlangen müsste.

[Für den Ausgleichsanspruch (§ 89b HGB) beginnt der Lauf der Verjährung gemäß dem ersten Satz dieses Absatzes erst nach Ablauf von einem Jahr nach Beendigung des Vertragsverhältnisses.] [Löschen beim Einsatz gegenüber Vertretern mit Vertragsgebiet außerhalb der EU/des EWR, falls der Ausgleichsanspruch ausgeschlossen wird]

Unberührt von dieser Verjährungsverkürzung bleiben Ansprüche, die nach zwingendem Recht nicht ausgeschlossen werden können, und speziell Ansprüche aufgrund vorsätzlicher oder grob fahrlässiger Pflichtverletzungen, für Schäden aus der Verletzung des Lebens, des Körpers oder der Gesundheit sowie nach dem Produkthaftungsgesetz, wegen Vorsatzes nach § 202 BGB, für Ansprüche, die nach § 87a Abs. 5 HGB zwingend sind oder solche, die in § 307 Nr. 7 BGB genannt sind. Für diese Ansprüche gilt die jeweilige gesetzliche Verjährungsfrist und der jeweilige gesetzliche Verjährungsbeginn.[14, 16]

§ 8 Schiedsgericht

(1) Sämtliche Streitigkeiten, die aus oder im Zusammenhang mit diesem Vertrag entstehen, sind unter Ausschluss des ordentlichen Rechtsweges durch ein aus drei Schiedsrichtern bestehendes Schiedsgericht zu entscheiden.

(2) Die Partei, die das Schiedsgericht einzuberufen wünscht, sendet der anderen Partei einen Einschreibebrief unter Angabe des Vor- und Zunamens und der Anschrift des Schiedsrichters, den sie benennt, sowie eine Darstellung des Sachverhalts. Die andere Partei ist verpflichtet, innerhalb von 30 Tagen nach Erhalt des oben erwähnten Briefes der ersten Partei den Vor- und Zunamen sowie die Anschrift des von ihr zu benennenden Schiedsrichters mittels Einschreibebrief mitzuteilen. Benennt eine der Parteien keinen Schiedsrichter, so wird dieser auf Antrag der anderen Partei von dem Präsidenten der Industrie- und Handelskammer am Sitz des Unternehmers ernannt. Die beiden Schiedsrichter sollen versuchen, innerhalb von 30 Tagen den Vorsitzenden zu wählen. Kommt die Wahl des Vorsitzenden innerhalb dieses Zeitraums nicht zustande, so wird der Vorsitzende auf Antrag einer Partei von dem Präsidenten der Industrie- und Handelskammer am Sitz des Unternehmers ernannt. Im Übrigen gelten die Bestimmungen der §§ 1025 ff ZPO.[15]

X-Stadt, den . . . . .

. . . .

(Unternehmer) (Handelsvertreter)

Anmerkungen

Vgl. zunächst → Form. I.G.1 Anm. 1ff. und die dortigen Anmerkungen.

1. Das Vertriebsgebiet sollte im Unternehmerinteresse nicht als „Bezirk" bezeichnet werden. Sonst entstehen Streitigkeiten darüber, ob eine Bezirksvertreterprovision nach § 87 Abs. 2 geschuldet wird (→ Form. I.G.1 Anm. 2). Letzte Klarheit über das Gewollte bringt die Provisionsbestimmung (Staub/*Emde,* § 87 Rn 102).

Die vom Vertriebsrecht und der Provisionspflicht erfassten Produkte sollten genau definiert werden. Eine enge, auf die gegenwärtigen Produkte des Unternehmers begrenzte Fassung hat den Vorteil, dass hinsichtlich neuer Produkte andere Provisionen vereinbart werden können und neue Produkte nicht automatisch unter das Vertriebsrecht fallen. Umgekehrt ist der Handelsvertreter damit aber auch frei, darüber zu entscheiden, ob er die Produkte zum Vertrieb übernimmt. Im Interesse des Unternehmers liegt es meist, neue Produkte nicht vom Vertriebsrecht erfasst zu wissen. Eine solche Klausel könnte etwa folgenden Inhalt haben:

„Vertragsprodukte sind die in der Anlage 1 abschließend aufgeführten Produkte inklusive deren Nachfolgeprodukte, sofern diese ausdrücklich als solche von dem Unternehmer bezeichnet werden. Es steht dem Unternehmer frei, sein Verkaufsprogramm und die Art und Zusammensetzung der Vertragsprodukte zu ändern."

2. § 84 sieht neben der Vermittlungstätigkeit das Recht und die Pflicht des Handelsvertreters vor, Verträge mit Dritten im Namen des Unternehmers **abzuschließen** („Abschlussvertreter"). Soweit dies gewollt ist, muss dem Handelsvertreter ausdrücklich eine entsprechende **Abschlussvollmacht** erteilt werden. Es handelt sich hierbei um eine **Handlungsvollmacht** gem § 54 Abs 1: Sie erstreckt sich auf alle Geschäfte und Rechtshandlungen, welche die Vornahme einer derartigen Art von Geschäften oder derartige einzelner Geschäfte mit sich bringt.

Sofern eine derartige Abschlussvollmacht gewollt ist, empfiehlt es sich, den **Umfang** der Vollmacht ausdrücklich klarzustellen. Eine solche Klausel hätte etwa folgenden Wortlaut:

„Der Handelsvertreter hat die Aufgabe, mit Interessenten seines Bezirks Verkaufsgeschäfte über die Erzeugnisse gemäß § 1 für den Unternehmer zu vermitteln oder abzuschließen. Er darf dabei

weder von den üblichen Zahlungsfristen noch von den Verkaufs- und Liefer-AGB des Unternehmers abweichen; zur Entgegennahme von Mängelrügen ist er berechtigt. Inkassovollmacht steht ihm nicht zu.“

Kartellrechtliche Probleme gibt diese Fassung bei „echten“ Handelsvertretern nicht (s. Emde, Vertriebsrecht, Vor § 84 Rn 138 ff.).

3. Es **empfiehlt** sich, die hier gewählte Klarstellung vorzunehmen, um dem Unternehmer die Möglichkeit zu eröffnen, **eigene Vertriebsaktivitäten** im Vertretungsbezirk auszuüben. Fehlt eine solche Regelung – Form. I.G.1 Anm. 2 –, so kann Streit entstehen. Grundsätzlich unterliegt der Unternehmer gegenüber seinen Vertriebsmittlern keinem Wettbewerbsverbot. Jedoch ist im Zweifel davon auszugehen, dass der Unternehmer zu Wettbewerb jedenfalls nicht berechtigt, sofern dem Handelsvertreter die Alleinvertretung oder der Alleinvertrieb zugewiesen ist.

4. Die hier verwendete Klausel hat lediglich **klarstellende** Funktion: In Rechtsprechung und Literatur ist anerkannt, dass der Handelsvertreter während des bestehenden Vertrages nicht berechtigt ist, einen anderen Unternehmer zu vertreten oder auch nur zu unterstützen, der mit dem bereits vertretenen Unternehmer in Konkurrenz steht (BGH BB 1964, 823; BGH DB 1990, 2585; BGH BB 1996, 1188; *Hopt* HVR § 86 Rn 26 f; Staub/*Emde,* § 86 Rn 78 ff). Die Pflicht, Wettbewerb zu unterlassen, folgt aus der allgemeinen Pflicht zur Interessenwahrung, die der Handelsvertreter gegenüber dem Unternehmer zu erfüllen hat: Er muss alles unterlassen, was eine Schädigung der Interessen des Unternehmers herbeiführen könnte. Da die Klausel hier auf „gleiche oder gleichartige“ Erzeugnisse abhebt, bestehen auch unter dem Gesichtspunkt einer **missbräuchlichen Wettbewerbsbeschränkung** keine Bedenken (BGH DB 1990, 2585; *Rittner* DB **1989**, 2587 ff). Es ist jedoch darauf zu achten, dass keine weiterreichenden Wettbewerbsbeschränkungen vereinbart werden, welche nicht durch die spezifischen Interessen des Unternehmers gedeckt sind (*Hopt* HVR § 86 Rn 34 ff).

5. Gem. § 87 Abs 1 S 1 hat der HV Anspruch auf Vermittlungsprovision für alle von ihm vorgenommenen Vermittlungen und Folgeprovisionen für Geschäfte gleicher Art, die mit von ihm geworbenen Kunden geschlossen werden. Der Anspruch auf Folgeprovision kann im Interesse des Unternehmers ausgeschlossen werden; der Unternehmer hat den Ausschluss zu beweisen (Staub/*Emde,* § 87 Rn 165).

6. Die Regelung weicht von § 87 Abs 3 ab. Indessen ist § 87 nicht zwingend (*Hopt* HVR § 87 Rn 48). Ob die Klausel unter Berücksichtigung des § 87 Abs 3 mit § 307 Abs 2 Nr 2 BGB vereinbar ist, erscheint **zweifelhaft.** § 87 Abs 3 Nr 1 geht davon aus, dass der Provisionsanspruch des Handelsvertreters auch nach Beendigung eines Vertragsverhältnisses erhalten bleibt, wenn er das jeweilige Geschäft so „eingeleitet und vorbereitet“ hat, dass der Abschluss „**überwiegend** auf seine Tätigkeit zurückzuführen ist“ – vorausgesetzt, das Geschäft kommt innerhalb einer „angemessenen Frist nach Beendigung des Vertragsverhältnisses“ zustande. Gleiches gilt gem § 87 Abs 3 Nr 2, wenn das **Angebot** des Dritten zum Abschluss des jeweiligen Geschäftes vor Beendigung des Handelsvertretervertrages dem Unternehmer zugegangen ist. Weder auf die Voraussetzungen von § 87 Abs 3 Nr 1 noch auf die von § 87 Abs 3 Nr 2 nimmt die hier vorgesehene Klausel ausreichend Rücksicht. Da allein auf den **Abschluss** des Geschäfts abgestellt wird, kommt es mithin iSv §§ 130 ff BGB ausschließlich auf das Zustandekommen des Vertrages, also: auf den Zugang der Annahmeerklärung des Unternehmers gegenüber dem Dritten an. Alle Tätigkeiten des Handelsvertreters, die zuvor auf die Vorbereitung des Geschäfts zielten, werden weder ganz noch teilweise verprovisioniert.

Teilt man die Bedenken gem § 307 Abs 2 Nr 1 BGB, so wäre die Klausel gem § 4 Abs 2 wie folgt abzuändern:

„Geschäfte, die erst nach Beendigung des Vertragsverhältnisses abgeschlossen werden, werden dem Handelsvertreter verprovisioniert, wenn das Angebot des Dritten auf Abschluss des Verkaufsgeschäfts vor Beendigung des Vertragsverhältnisses mit dem Handelsvertreter beim Unternehmer eingegangen ist."

Darin liegt zwar noch eine nicht unbeträchtliche Abweichung von § 87 Abs 3 Nr 1, so dass die Bedenken gem § 307 Abs 2 Nr 1 BGB nicht vollständig ausgeräumt sind. Will man Sicherheit gewinnen, so bleibt kein anderer Ausweg als die Regelung entweder **ersatzlos** zu streichen oder wie folgt zu formulieren:

„Geschäfte, die erst nach Beendigung des Vertragsverhältnisses abgeschlossen werden, sind insoweit provisionspflichtig, als die Tätigkeit des Handelsvertreters hierfür ursächlich war."

7. Die Regelung wird empfohlen, um Doppelzahlungen zu vermeiden. Denn sonst könnte eine **doppelte Provisionspflicht** entsteht, nämlich: zugunsten des ausgeschiedenen Handelsvertreters sowie zugunsten des neuen Alleinvertreters. Gerade bei **Großprojekten** könnte es sich deshalb empfehlen, sowohl gegenüber dem ausscheidenden Handelsvertreter als auch gegenüber dem neuen Handelsvertreter eine **Sonderregelung** zu treffen, welche sich in der Textierung an § 4 Abs 3 S. 3 anlehnt.

8. Abhängig von den jeweiligen betrieblichen Besonderheiten des Unternehmers sind derartige vorsorgende **Anteilsklauseln** wichtig, welche gleichwohl immer sehr streitträchtig sind.

9. Gem § 87b Abs 2 S. 3 gilt die Umsatzsteuer als „nicht besonders in Rechnung gestellt". Gleichwohl empfiehlt es sich in der Praxis, den Mehrwertsteuerbetrag abzuziehen, so dass sich die Provision auf den Netto-**Rechnungsbetrag** bezieht. Dies ist schon deswegen zweckmäßig, weil die Umsatzsteuer häufig Änderungen unterworfen ist.

10. Da § 87 nicht zwingendes Recht enthält, sondern **abdingbar** ist, bestehen gegen die hier erwähnten Abzugspositionen keine Bedenken (*Hopt* HVR § 87b Rn 18).

11. Diese Regelung entspricht dem **zwingenden** Charakter von § 87a Abs 3 (*Hopt* HVR § 87a Rn 10).

12. Der Buchauszugsanspruch nach § 87c Abs. 2 war zumindest in der Vergangenheit der Schrecken aller Unternehmer. Die Fertigung des Buchauszuges ist schwierig. Unternehmer mit zahlreichen Handelsvertretern haben sich hierauf eingestellt. Unternehmer mit wenigeren Handelsvertretern sind meist in einer weniger glücklichen Lage. Die hier vorgeschlagene Klausel soll das Drohpotential der Buchauszugsforderung reduzieren. Denn ein Buchauszug kann nur für den Zeitraum gefordert werden, für den noch Uneinigkeit über den Provisionsanspruch besteht. Die vorgeschlagene Fassung beseitigt für den betroffenen Zeitraum diese Uneinigkeit mittels eines Anerkenntnisses. Auf das gleiche Ziel zielt die ebenfalls vorgeschlagene Verjährungsverkürzung.

13. Eine Kündigung mittels Einschreibens empfiehlt sich nicht: Der Zugang ist gerade in fernen Ländern zu leicht zu verhindern.

14. Die Regelung dient dem gleichen Zweck wie die oben unter → Anm. 12 besprochene: In erster Linie geht es um die Verkürzung des von einer möglichen Buchauszugsforderung nach § 87c Abs. 2 betroffenen Zeitraums. Soweit Hauptforderungen, hier die Provisionsforderungen, verjährt sind, kann ein Buchauszug nicht mehr gefordert werden. Deshalb liegt es im Interesse des Unternehmers, die Verjährungsfrist möglichst zu verkürzen. Ganz generell ist eher der Handelsvertreter der Kläger. Folglich macht es auch aus diesem Grund Sinn, den Zeitraum, für den Forderungen gestellt werden, zu verkürzen. Anders sieht es bei Vertragshändler- und Franchiseverträgen aus: Hier ist mindestens ebenso häufig der Unternehmer Kläger, etwa um den aus den in Ausführung des Vertriebsvertrags geschlossenen Einzelverträgen geschuldeten Kaufpreis einzuklagen. Deshalb wird im Bereich des Eigenhändlerrechts in den meist vom Unternehmer gestellten Verträgen regelmäßig keine Verjährungsverkürzung vorgesehen.

15. Die hier vorgeschlagene Regelung ist die eines ad-hoc-Schiedsgerichtes (zu vertriebsrechtlichen Schiedsverfahren siehe *Emde* RIW 2016, 104 ff.). Die Schiedsvereinbarung muss gem. § 1031 Abs. 1 ZPO entweder in einem von den Parteien unterzeichneten Dokument oder in zwischen ihnen gewechselten Schreiben, Fernkopien, Telegrammen oder anderen Formen der Nachrichtenübermittlung, die einen Nachweis der Vereinbarung sicherstellen, enthalten sein. Gem. § 1031 Abs. 2 ZPO gilt die Form. des Abs. 1 auch dann als erfüllt, wenn die Schiedsvereinbarung in einem von der einen Partei der anderen Partei oder von einem Dritten beiden Parteien übermittelten Dokument enthalten ist und der Inhalt des Dokuments im Falle eines nicht rechtzeitig erfolgten Widerspruchs nach der Verkehrssitte als Vertragsinhalt angesehen wird. Die Schiedsabrede kann also immer dann in einen Vertragstext mit aufgenommen werden, wenn das Rechtsgeschäft nicht mit Verbrauchern geschlossen wird (dann separate, eigenhändig unterzeichnete Urkunde, § 1031 Abs. 5 ZPO). Eine andere Möglichkeit als die Wahl eines ad-hoc-Schiedsgerichts ist die, ein institutionalisiertes Schiedsgericht zu vereinbaren, etwa DIS, ICC. Eine typische Schiedsklausel eines internationalen Vertriebsvertrages könnte etwa lauten:

"All disputes arising in connection with this contract or its validity shall be finally settled in accordance with the Arbitration Rules of the German Institution of Arbitration (DIS) without recourse to the ordinary courts of law.
- **The place of arbitration is … . However, arbitration hearings shall be held in … .**
- **The number of arbitrators is three. All arbitrators must be lawyers with the first and second German state examination.**
- **The language of the arbitral proceedings is English.**

Alternatively: The language of the arbitral proceeding is English. However documents and proofs including legal documents (judgements, legal books inter alia) could be submitted in German."

Zu erwägen bleibt immer, ob eine Schiedsgerichtsklausel sinnvoll und gegenüber einer Gerichtsstandsklausel vorzuziehen ist. Diese Frage kann nie generell entschieden werden, sondern nur nach Maßgabe der jeweils zu prüfenden Umstände des Falles. Dabei spielt es bei ausländischer Tätigkeit des Handelsvertreters auch eine Rolle, welche Entscheidungen am Vertriebsort anerkennungsfähig und vollstreckbar sind. Häufig haben Schiedssprüche gemäß der NY-Convention anerkennungsrechtliche Vorteile (s. *Emde* RIW 2016, 104 ff. zu vertriebsrechtlichen Schiedsverfahren).

16. Bei Tätigkeit des Handelsvertreters außerhalb der EU und des EWR sollte der nach Vertragsende fällige Ausgleichsanspruch im Interesse des Unternehmers gemäß § 92c Abs. 1 ausdrücklich ausgeschlossen und deutsches Recht vereinbart werden. → Form. G. I.1 Anm. 7 h.

3. Vertragshändlervertrag

§ 1 Gegenstand des Vertrages

Der Hersteller überträgt dem Vertragshändler für das in Anlage 1 festgelegte Vertragsgebiet das ausschließliche Recht zum Vertrieb von Vertragsware gemäß Anlage 2 und zur Leistung des entsprechenden in Anlage 3 bezeichneten Kundendienstes, wie er in den als Anlage 4 beigefügten Richtlinien näher umschrieben ist.[1]

§ 2 Rechtsstellung des Vertragshändlers

(1) Der Vertragshändler kauft und vertreibt Vertragsware und erbringt die erforderlichen Kundendienstleistungen ausschließlich im eigenen Namen und auf eigene Rechnung.[2]

(2) Er ist nicht berechtigt, für den Hersteller zu handeln oder für diesen Verpflichtungen einzugehen.

§ 3 Vertragsware und Vertragsgebiet

(1) Vertragswaren sind alle vom Hersteller hergestellten Produkte, wie sie in Anlage 2 aufgeführt sind, sowie die entsprechenden Ersatz- und Zubehörteile.

(2) Der Hersteller ist verpflichtet, dem Vertragshändler andere als die in Anlage 2 aufgeführten Produkte als Vertragsware anzubieten, sofern er diese herstellt. Der Vertragshändler ist zum Vertrieb dieser Produkte verpflichtet.[3]

(3) Es steht dem Hersteller frei, Vertragswaren unter Wahrung einer angemessenen Ankündigungsfrist von sechs Monaten aus der Anlage 2 zu streichen (etwa wenn das Produkt nicht mehr oder nicht mehr zu wirtschaftlich vertretbaren Bedingungen hergestellt wird).[4]

§ 4 Vertragsgebiet

(1) Vertragsgebiet ist das in der diesem Vertrag als Anlage 1 beigefügten Gebietskarte durch farbige Umrandung bezeichnete Gebiet.

(2) Der Vertragshändler ist verpflichtet, im Vertragsgebiet ansässigen Endverbrauchern Vertragsware anzubieten.

(3) Der Vertragshändler darf für die Vertragswaren außerhalb des Vertragsgebietes keine Kunden werben (Zusatz bei Verträgen innerhalb Europas):, soweit das Gebiet einem anderen Vertriebsmittler des Herstellers ausschließlich zugewiesen wurde oder sich der Hersteller sich dieses Gebiet zur ausschließlichen Belieferung vorbehalten hat. Eine Liste dieser vorbehaltenen Gebiete wird als Anlage 3 beigefügt.[5]

(4) Der Vertragshändler ist nicht berechtigt, in dem Vertragsgebiet Filialen und Niederlassungen ohne Zustimmung des Herstellers zu errichten. Gleiches gilt für den Einsatz von Unterhändlern oder Handelsvertretern. Die Zustimmung darf nur aus sachlich gerechtfertigten Gründen versagt werden. Unterhändler und Handelsvertreter sind vom Vertragshändler in gleicher Weise vertraglich zu binden wie der Vertragshändler nach diesem Vertrag selbst gebunden ist.

(5) Die Belieferung von im Vertragsgebiet geschäftsansässigen Dritten mit Vertragsware durch den Hersteller (Eigenvertrieb) ist nur in folgenden Ausnahmefällen zulässig:

Belieferung von im Vertragsgebiet ansässigen Großunternehmen, zu deren Belieferung der Vertragshändler auf Grund der Größe seines Betriebes und seiner finanziellen Ausstattung nicht in der Lage ist. Diese Großunternehmen sind in Anlage 5 erfasst.

(6) In diesen Eigenvertriebsfällen wird der Hersteller den Vertragshändler wie folgt beteiligen:

Der Vertragshändler, in dessen Gebiet die Bestelladresse fällt, erhält eine Beteiligungsprovision in Höhe von zur Zeit mindestens . . . . . % vom Händlernetto-Einkaufspreis der Vertragsware, mindestens jedoch . . . . . zuzüglich gesetzlicher Mehrwertsteuer.[6]

(7) Der Hersteller wird das Vertragsgebiet des Vertragshändlers nicht ohne sachlich gerechtfertigten Grund ändern oder einen weiteren Händler im Vertragsgebiet einsetzen.[7] Der Hersteller ist in diesen Fällen verpflichtet, eine Ankündigungsfrist von sechs Monaten nach Anhörung des Vertragshändlers einzuhalten.

§ 5 Sonstige Vertretungen der Vertragshändler – Ausschließlichkeit

(1) Der Vertragshändler vertritt gegenwärtig – als Eigenhändler/Kommissionär oder Handelsvertreter – folgende Produkte: (ausfüllen)

(2) Dazu erteilt der Hersteller seine Zustimmung.

(3) Der Vertragshändler verpflichtet sich, außer den vorbezeichneten Produkten keine gleichartigen Produkte im Vertragsgebiet zu vertreiben, die mit den in Anlage 2 aufgeführten Vertragswaren in Wettbewerb stehen.[8]

§ 6 Verkaufsvorgaben

(1) Der Vertragshändler verpflichtet sich, aktiv den Vertrieb von Vertragswaren im Vertragsgebiet zu fördern.

(2) Die Vertragsparteien werden spätestens bis zum 31. 10. für das Folgejahr Verkaufsvorgaben über die vom Vertragshändler zu erreichenden Verkaufs- und Absatzzahlen für Vertragswaren vereinbaren.[9] Dabei sind der Vorjahresabsatz, die Marktgegebenheiten sowie die örtlichen Besonderheiten zu beachten. Können sich die Parteien nicht auf neue Zahlen einigen, so gelten die Vorjahreszahlen. Die dabei vom Vertragshändler erteilten Informationen sollen keine Informationen über die Namen und Anschriften seiner Kunden enthalten; an den einzelnen Kundenbeziehungen des Vertragshändlers ist der Hersteller nicht interessiert.[17]

§ 7 Kundendienstrichtlinie und Gewährleistung

(1) Der Hersteller hat für die Durchführung von Kundendienstleistungen, insbesondere von Gewährleistungsarbeiten die in Anlage 4 niedergelegten Richtlinien erlassen.

(2) Der Hersteller übernimmt gegenüber dem Vertragshändler Gewähr für die Qualität der Vertragswaren entsprechend seinen Allgemeinen Verkaufs- und Lieferbedingungen (Anlage 5).

(3) Der Vertragshändler seinerseits verpflichtet sich, seinen Kunden gegenüber eine diesen Bedingungen entsprechende Gewährleistung zu übernehmen.[10]

(4) Der Vertragshändler darf für die Durchführung von Gewährleistungsarbeiten nur solche Ersatzteile einsetzen, die vom Hersteller vertrieben werden oder von ihm empfohlen worden sind.

(5) Der Vertragshändler verpflichtet sich, allen in- und ausländischen Besitzern von Vertragsware Kundendienst zu leisten, der Reparatur- und Wartungsarbeiten umfasst und die Funktions- und Betriebssicherheit der Vertragsware sicherstellt. Zu diesem Zweck wird der Vertragshändler ein Original-Ersatzteillager vorhalten; die Einzelheiten sind in den Richtlinien gemäß Anlage 6 festgehalten.[11]

§ 8 Werbung

(1) Der Vertragshändler wird die Vertragsware nur unter dem vom Hersteller vorgegebenen Namen und Warenzeichen vertreiben. Für die Namens- und Warenzeichenverwendung[12] gelten die Einzelheiten der Richtlinien gemäß Anlage 7.

(2) Der Vertragshändler verpflichtet sich, für die Vertragsware aktiv Werbung zu betreiben.[13]

(3) Der Hersteller wird auf eigene Kosten die überregionale Medienwerbung übernehmen.

§ 9 Geschäftsbetrieb

(1) Der Hersteller wird den Vertragshändler bei der Errichtung und Ausgestaltung seines Geschäftsbetriebes sowie bei der Durchführung des Kundendienstes beraten und unterstützen.

(2) Neben einer Bevorratung an Ersatzteilen wird der Vertragshändler notwendiges Spezialwerkzeug vorhalten. Die Einzelheiten sind in der Richtlinie gemäß Anlage 6 festgehalten.

§ 10 Schulung

Zur Durchsetzung der Vertriebsziele im Vertragsgebiet wird der Vertragshändler für eine angemessene Schulung seiner Mitarbeiter Sorge tragen. Der Hersteller bietet dem Vertragshändler dafür entsprechende Lehrveranstaltungen und Schulungsseminare an; Schulungspläne wird der Hersteller dem Vertragshändler laufend übermitteln. Die angemessenen Kosten der Schulungen werden vom Vertragshändler übernommen.[14]

§ 11 Pflichten des Herstellers

(1) Der Hersteller wird nur solche Vertragsware liefern, die den allgemein anerkannten Regeln der Technik sowie den bestehenden Unfallverhütungs-, Arbeitsschutz- und sonstigen Vorschriften entspricht.

(2) Der Hersteller wird dem Vertragshändler alle zur Erfüllung seiner Vertriebspflicht erforderlichen Dokumentationen kostenfrei überlassen.

(3) Im Übrigen wird der Hersteller den Vertragshändler bei seiner Tätigkeit nach besten Kräften unterstützen und ihn von technischen Veränderungen und Verbesserungen an der Vertragsware – auch vor der Serienreife – rechtzeitig unterrichten.

§ 12 Preise und Lieferbedingungen

(1) Die dem Vertragshändler zustehende Vergütung ist der Händlerrabatt. (Die vereinbarten Rabatte ergeben sich aus der Rabattstaffel, die sich auf einzelne Produktgruppen bezieht (Anlage 9).)[15]

(2) Die Preise der Vertragsware, die der Hersteller dem Vertragshändler berechnet, bestimmen sich nach dem vom Hersteller unverbindlich empfohlenen Listenpreis abzüglich des jeweiligen Rabattes.)

(3) Die Listenpreise für Vertragsware dürfen mit Wirkung gegenüber dem Vertragshändler nur unter Einhaltung einer viermonatigen Ankündigungsfrist durch schriftliche Erklärung verändert werden. Die bereits vom Hersteller bestätigten Verträge werden hiervon nicht berührt.[16]

(4) Hersteller und Vertragshändler sind sich darüber einig, dass die Weiterverkaufspreise sowohl für Vertragsware als auch für die Ersatz- und Zubehörteile nach der Marktsituation vom Vertragshändler eigenverantwortlich festgelegt werden. Eventuell bestehende unverbindliche Preisempfehlungen des Herstellers wird der Vertragshändler in die Abwägung über die Preisgestaltung einbeziehen.

§ 13 Zahlungsbedingungen

(1) Die vom Hersteller gelieferten Vertragswaren sind zahlbar netto innerhalb einer Frist von . . . . . Tagen oder mit . . . . . Skonto innerhalb einer Frist von . . . . . Tagen.

(2) Soweit abweichende Zahlungsziele abgesprochen werden, müssen diese schriftlich vom Hersteller bestätigt werden. Dies gilt insbesondere für Kreditierungen.

§ 14 Geheimhaltungs-, Informations- und Auskunftspflichten

(1) Die Vertragsparteien dürfen Geschäfts- und Betriebsgeheimnisse sowie vertrauliche Informationen Dritten nicht zugänglich machen.

(2) Der Vertragshändler und der Hersteller werden sich jederzeit über ihnen bekannt gewordene Warenzeichenverletzungen und wesentliche Verletzungen des Gesetzes gegen den unlauteren Wettbewerb informieren und bei der Abwehr derartiger Rechtsverletzungen zusammenarbeiten.

§ 15 Vertragsdauer

(1) Dieser Vertrag wird auf unbestimmte Zeit geschlossen; er tritt mit seiner Unterzeichnung in Kraft.

(2) Der Vertrag kann von jeder der Vertragsparteien durch ordentliche Kündigung jeweils zum 31. 12. mit einer Frist von einem Jahr im Voraus textschriftlich gekündigt werden. Nach einer fünfjährigen ununterbrochenen Vertragsdauer beträgt die Kündigungsfrist zwei Jahre, nach einer zehnjährigen Vertragsdauer drei Jahre.[17]

(3) Jede Vertragspartei hat bei wichtigem Grund das Recht zur fristlosen Vertragskündigung. Schadensersatzansprüche bleiben vorbehalten.

(4) Mit Zugang der ordentlichen Kündigung entfällt die Verpflichtung zur ausschließlichen Bindung zwischen Hersteller und Vertragshändler.

§ 16 Pflichten bei Vertragsende[18/19]

(1) Der Vertragshändler hat dem Hersteller alle ihm überlassenen Dokumente, an denen nach diesem Vertrag Eigentum des Herstellers besteht, zurückzugeben, sofern er sie nicht noch zur Durchführung von Gewährleistungsarbeiten benötigt.

(2) Der Hersteller verpflichtet sich auf Anforderung, den Vertragshändler im ausreichenden Umfang mit Ersatzteilen zu den bisherigen Vertragskonditionen zu beliefern, damit dieser in die Lage versetzt wird, die ihm gegenüber seinen Kunden obliegenden Gewährleistungsverpflichtungen sowie Kundendienst- und Inspektionsarbeiten innerhalb der Gewährleistungsfrist in vollem Umfange nachzukommen. Dies gilt nicht, falls der Vertragshändler eine fristlose Kündigung zu vertreten hat.

(3) Der Hersteller ist auf Verlangen des Vertragshändlers verpflichtet, die bei diesem vorhandenen Bestände an Vertragswaren einschließlich Ersatz- und Zubehörteilen zu angemessenen Bedingungen zurückzukaufen, wenn es sich um voll funktionsfähige und nicht gebrauchte Produkte handelt. Dies gilt nicht, falls der Vertragshändler eine fristlose Kündigung zu vertreten hat. Als angemessen gilt der ursprünglich vereinbarte Kaufpreis, abzüglich einer Bearbeitungspauschale von 10 %.[20]

Diese Bearbeitungspauschale ist nicht von eventuellen Schadenersatzansprüchen des Händlers abzuziehen, aus denen er ggf. den Rückkauf und einen Rückkaufspreis fordern kann.

(4) Die Vertragsware wird an den Hersteller frei von Lasten Dritter rückübereignet, Zug um Zug gegen Zahlung des Rückgabewertes.

§ 17 Sonstiges

(1) Die Aufrechnung ist nur bei unstreitigen, rechtskräftig festgestellten und anerkannten Forderungen zulässig.

(2) Alle Vereinbarungen sind in dieser Urkunde enthalten.

(3) Dieser Vertrag und seine Auslegung unterliegen ausschließlich dem Recht der Bundesrepublik Deutschland.[21]

(4) Ausschließlicher Gerichtsstand für alle Ansprüche aus diesem und auf Grund dieses Vertrages ist der Sitz des Herstellers. Abweichend von S. 1 behält sich jedoch der Hersteller das Recht vor, den Vertragshändler auch an seinem Wohnsitzgericht zu verklagen.[22]

X-Stadt, den . . . .

. . . .

(Hersteller) (Vertragshändler)

Schrifttum: *Emde,* Vertriebsrecht, 3. Aufl., 2014; *Flohr/Wauschkuhn,* Vertriebsrecht, 2. Aufl. 2018; *Giesler,* Praxishandbuch Vertriebsrecht, 3. Aufl. 2018; *Martinek/Semler/Flohr,* Handbuch des Vertriebsrechts, 4. Aufl. 2016; *Schultze/Wauschkuhn/Spenner/Dau/Kübler,* Der Vertragshändlervertrag, 5. Aufl. 2016, Staub/*Emde,* HGB, 5. Aufl., Vor § 84 Rn 281 ff; *Ulmer,* Der Vertragshändlervertrag: Tatsachen und Rechtsfragen kaufmännischer Geschäftsbesorgung zum Absatz von Markenwaren, 1969.

Anmerkungen

1. Bei Vertragshändlerverträgen ist die zumindest bis zum 31.5.2022 geltende EU-Gruppenfreistellungs-VO Nr 330/10 zu beachten (ABl EU v 23.4.2010, Nr L 102, S 1; hierzu *Emde,* Vertriebsrecht, Vor § 84 Rn 182 ff; *Funke/Just,* DB 2010, 1389 ff; *Lettl,* WRP 2010, 807 ff; *Malec/von Bodungen,* BB 2010, 2383 ff). Sie ist bedeutsam, weil Unternehmer die kartellrechtliche Freistellung ihrer Vertriebssysteme von den Wettbewerbsbeschränkungen des Art. 101 AEUV erreichen wollen und dies bis zu dem unten genannten Schwellenwert sicher nur durch Konformität der Verträge mit den Bestimmungen der GVO zu erreichen ist. Die GVO gilt seit dem 1.6.2010 für alle Typen von Vertriebsbindungen; eine Unterscheidung nach Branchen findet nicht mehr statt. Die GVO Nr. 330/10 stellt Vertriebsverträge, außer denen, die „echten" Handelsvertretern auferlegt werden, die über ihr Provisionsrisiko hinaus kein weiteres Risiko tragen (dazu *Emde,* Vertriebsrecht Vor § 84 Rn 138ff), nur frei, wenn der Marktanteil beider Vertragspartner nicht mehr als 30 % des relevanten Marktes ausmacht (Art 3 Abs 1 GVO 330/10). Werden die Bedingungen der GVO Nr. 330/10 eingehalten, so stellt sie gem. ihrem Art 2 Abs 1 alle vertriebsrechtlichen Regelungen eines Vertrages von den Beschränkungen des Art 101 AEUV, § 1 GWB frei. Eine Freistellung nach der GVO 330/10 ist nicht erforderlich, wenn eine spürbare Beschränkung im Sinne des Art 101 AEUV fehlt. Zur Konkretisierung (*Terhechte,* EWS 2002, 66; *Ebenroth/Lange,* vor § 84 Anh II Rn 4) des Merkmals der Spürbarkeit hat die Kommission die „Bagatellbekanntmachung" (oder: de minimis-Bekanntmachung) erlassen (*Emde,* Vertriebsrecht Vor § 84 Rn 111). Sie verneint Spürbarkeit, sofern bei vertikalen Vereinbarungen auf dem sachlich-räumlich relevanten Markt (s. *Fritzemeyer,* BB 2002, 1658, 1660) 15 % Marktanteil nicht überschritten werden (Rn 8 lit b der Bagatellbekanntmachung 2014) und eine Kernbeschränkung fehlt (Ziff. 13 der Bagatellbekanntmachung). Die Kernbeschränkungen der Ziffer 13 der Bagatellbekanntmachung entsprechen Art 4 lit b GVO 330/10, so dass die Bagatellbekanntmachung nicht hilft, falls die Freistellung des Verbots des Verkaufs außerhalb des zugewiesenen Gebiets erstrebt wird. Zu der Novellierung der GVO s. *Emde,* ZVertriebsR 2019, 137.

2. Typisch für den Vertragshändler ist – mangels einer Definition im deutschen Recht –, dass er auf der Basis eines Dauerschuldverhältnisses im eigenen Namen und auf eigene Rechnung vom Hersteller Vertragswaren bezieht, um sie im Vertragsgebiet weiter zu veräußern (im Einzelnen *Ulmer,* Der Vertragshändler, 1969, 76 ff; Baumbach/Hopt/*Hopt,* HGB Überbl 35 vor § 373; Staub/*Emde,* Vor § 84 Rn 294 ff). Ob dem Vertragshändler ein Alleinvertriebsrecht im Vertragsgebiet eingeräumt wurde, ist irrelevant (*Ulmer,* S 77 ff), obwohl der Alleinvertriebsvertrag häufig vorkommt.

a) Ein Vertragshändlervertrag liegt nur vor, wenn der Vertragshändler gleich einem Handelsvertreter in die Absatzorganisation des Herstellers eingegliedert ist. In welchem Umfang dies der Fall ist, bleibt abhängig von den Bestimmungen des jeweiligen Vertrags. Der sicherste Indikator für die Eingliederung bildet die dem Händler obliegende Vertriebspflicht. Nur im Fall einer solchen handelsvertretergleichen Eingliederung sind die §§ 84 ff HGB **analog** auf den Vertragshändler anwendbar (Staub/*Emde,* Vor § 84 Rn 282 ff). Der Hersteller mag also Interesse daran haben, den Händler nicht derart einzugliedern und es bei einer bloßen Käufer-Verkäufer-Beziehung zu belassen, damit der Vertrag von dem Regime der §§ 84 ff analog und insb. der Ausgleichspflicht analog § 89b befreit wird. Ist das gewünscht, verbietet sich ein detaillierter Vertrag wie der hier entworfene.

b) Sowohl der Vertragshändler als auch der Franchisenehmer kaufen und verkaufen im eigenen Namen und für eigene Rechnung (Baumbach/Hopt/*Hopt,* HGB Überbl 35 vor § 373). Denkbar ist es, nach der Dichte, Enge und Straffheit der Kooperation zwischen der Absatzzentrale und dem Absatzmittler zu differenzieren: Je enger das Verhältnis ist, umso eher liegt Franchising vor (*Martinek,* Franchising, 227; *Skaupy* DB 1982, 2446, 2448. Verschiedentlich wird aber auch der Vertragshändlervertrag als Unterart des Franchise-Vertrages qualifiziert. Doch ist regelmäßig wohl entscheidend, dass der Franchise-Vertrag in höherem Maße als der Vertragshändlervertrag auch einen Transfer von Know-how für Werbung und Marketing zum Gegenstand hat; die Einbindung des Franchisenehmers in das Franchising ist tendenziell enger als beim Vertragshändlervertrag. Der Vertragshändler zahlt auch keine Franchisegebühren; er erhält vielmehr Rabatte. Im hochintegrierten Vertrieb wird man anhand der Pflicht zur Zahlung der Franchisegebühren Franchiseverträge von Vertragshändlerverträgen separieren können (zum Ganzen *Emde*, Vor § 84 Rn. 430).

3. Es sollte im Interesse beider Parteien geprüft werden, ob eine solche „automatische" Erstreckung auf Neuprodukte gewünscht ist. Möglicherweise wird erwünscht, dass vor einer Übertragung des Vertriebsrechts für solche Produkte über diese Frage verhandelt wird.

4. Der Klammerzusatz liegt nicht im Interesse des Unternehmers. Er behindert ihn in seiner Dispositionsfreiheit. Die Klausel dürfte gem § 307 BGB noch zu vertreten sein, weil der Unternehmer berechtigt sein muss, sein Programm ändern zu dürfen und die Ankündigungsfrist der denkbar längsten Kündigungsfrist des § 89 entspricht. Um das Problem zu umgehen, könnten die Produkte auch nach abstrakten Kriterien bezeichnet werden, ohne Aufnahme in eine detaillierte Produktliste. Oder man gibt das Vertriebsrecht nur für bestehende Produkte und überlässt es der Vereinbarung der Vertragspartner, über die Einbeziehung neuer Produkte zu verhandeln (siehe oben, 3.).

5. Diese Regelung setzt Art. 4 lit. b GVO 330/10 um. Danach sind Beschränkungen des aktiven Verkaufs nur in Gebiete oder an Kundengruppen zulässig, die der Unternehmer sich selbst vorbehalten oder ausschließlich einem anderen Mittler zugewiesen hat, sofern dadurch Verkäufe seitens der Kunden des Mittlers nicht begrenzt werden. Die Regelung ist jedenfalls bei Tätigkeit des Mittlers innerhalb der EU zu beachten (eingehend *Emde*, Vor § 84 Rn 208 ff). Beschränkungen des passiven Verkaufs gegenüber sogenannten „Komm-Kunden" bilden regelmäßig eine Kernbeschränkung (*Emde*, Vor § 84 Rn 210; zum Ganzen auch *Emde,* ZVertriebsR 2019, 81 ff).

6. Nach der Rechtsprechung des BGH ist es zwingend, dass der Händler in diesen Fällen einen angemessenen Ausgleich erhält (BGH ZIP 1994, 461 (463) – Daihatsu). Die entsprechende Klausel muss hinreichend transparent gestaltet sein, so dass der Händler genau weiß, mit welchen Vergütungen er rechnen kann, wenn der Hersteller eine Direktbelieferung – vorausgesetzt, sie ist vertraglich gestattet – vornimmt (BGH ZIP 2005, 1785 (1787) – Citroën). Ausreichend ist die Formulierung, der Händler erhalte in diesen Fällen einen „angemessenen" Ausgleich (BGH ZIP 2005, 1785 (1787) – Citroën).

7. Ob eine einseitige Änderungsbefugnis des Vertragsgebiets mit § 307 Abs 1 BGB vereinbar ist, war Gegenstand mehrerer BGH-Entscheidungen (BGH BB 1984, 233 – Ford; BGH BB 1985, 218 – Opel; BGH BB 1988, 2201 – Peugeot; vgl auch BGH NJW-RR 1993, 681). Grundsätzlich ist ein solches Recht gerade in AGB problematisch (*Emde,* Vertriebsrecht Vor § 84 Rn 55 „Änderungsvorbehalte") (s. auch → Anm. 15).

a) Danach kommt es auch darauf an, ob dem Vertragshändler ein **Alleinvertriebsrecht** eingeräumt ist: Ist ihm ohne Gebietsschutz lediglich ein bestimmtes Gebiet – je nach Wechsel der Geschäftslage mit mehreren Händlern – übertragen, so soll es mit § 307 Abs 1 BGB vereinbar sein, wenn der vom Hersteller vorformulierte Vertragshändlervertrag auch ohne besondere Änderungsgründe dem Hersteller das Recht einräumt, einen weiteren Vertragshändler einzusetzen (BGH BB 1985, 218 – Opel). Ist hingegen der Vertragshändler zur **alleinigen Betreuung** im Vertragsgebiet berufen, so ist die Änderungsbefugnis des Herstellers nur dann mit § 307 Abs 1 BGB vereinbar, wenn sie erhebliche Gründe voraussetzt und dem Vertragshändler eine angemessene Übergangszeit sowie einen angemessenen Ausgleich einräumt (BGH BB 1984, 233 – Ford). Eine bloße Anknüpfung des Änderungsrechts an die „Sicherung des Marktanteils" ist nicht ausreichend, und zwar auch dann nicht, wenn die Klausel dahin lautet, dass eine angemessene Berücksichtigung der Interessen des Vertragshändlers vorgenommen wird (BGH BB 1988, 2201 (2205) – Peugeot).

b) Die hier verwendete Klausel stellt darauf ab, dass ein **„sachlich gerechtfertigter Grund"** für eine Änderung des Vertragsgebiets vorliegen muss; sie ist daher wohl gem § 307 Abs 1 BGB wirksam. Auch entspricht die an § 89 angelehnte Ankündigungsfrist von sechs Monaten wohl noch § 307 BGB. Im investitionsintensiven Bereich wäre eine Jahresfrist richtig (vgl. BGH ZIP 1995, 1785). Bei abweichenden, die Interessen des Herstellers bevorzugenden Formulierungen ist in jedem Fall **Vorsicht** geboten, wenn es sich um ein Alleinvertriebsrecht innerhalb eines umgrenzten Vertragsgebiets handelt. Auch ist dann wohl ein weitergehender angemessener Interessenausgleich zugunsten des Vertragshändlers geschuldet (vgl BGH ZIP 2005, 1785 – Citroën; Staub/*Emde,* § 89 Rn 60 ff).

8. Die Klausel darf nur vorgesehen werden, sofern der Vertrag nicht unter das Wettbewerbsverbot des Art 101 AEUV fällt, also nur, wenn er im gemeinsamen Markt nicht spürbar ist (siehe Anm. 1). Anderenfalls bedarf er der Freistellung nach der GVO 330/10 und deren Art 5 Abs 1 lit a spricht die Freistellung nur aus, falls entweder das Wettbewerbsverbot oder der Gesamtvertrag auf 5 Jahre begrenzt werden (*Emde,* Vor § 84 Rn 229 ff). In der Praxis werden deshalb, soll ein derartiges Wettbewerbsverbot in den Vertrag eingefügt werden, die Gesamtverträge auf fünf Jahre befristet. Soll nur das Wettbewerbsverbot auf fünf Jahre befristet werden und der Gesamtvertrag auf unbestimmte Zeit oder einen längeren Zeitraum als von fünf Jahren fortlaufen, muss die Klausel durch den Satz „Dieses Verbot gilt nur für einen Zeitraum von fünf Jahren seit dem Datum der Wirksamkeit dieses Vertrages" ergänzt werden. Weiter kommt es entscheidend darauf an, dass die Parteien die Vertragswaren eindeutig im Vertrag spezifiziert haben, um auf diese Weise die Reichweite des Wettbewerbsverbots zu fixieren.

9. Von besonderer praktischer Bedeutung ist die Festlegung einer **Mindestabnahmepflicht**, welche der Händler während der Laufzeit des Vertrages zu erfüllen verpflichtet ist. Es kommt wesentlich darauf an, ob es sich bei dieser Verpflichtung lediglich um eine Zielvorgabe handelt, die – im Fall ihrer Verletzung – keine Sanktionsfolgen auslöst oder ob es sich um eine bindende Pflicht mit der Folge eines Schadensersatzanspruchs oder auch eines fristlosen Kündigungsrechts des Herstellers handelt (BGH BB **1992,** 1162). Im Rahmen eines Streits um die Rechtsfolgen wird man im Zweifel wohl davon ausgehen müssen, dass es sich um keine bindende Verpflichtung handelt. Im Rahmen eines AGB-Prüfungsverfahrens ist hingegen nach den Grundsätzen der verwenderfeindlichen Auslegung eher von einer Bindungswirkung auszugehen, so dass im Hinblick auf § 307 Abs 1 BGB Bedenken an der Wirksamkeit bestehen. Denn es mag genügend außerhalb der Verantwortlichkeit des Händlers liegende Gründe geben, warum die Verkaufsziele nicht erreicht werden (Staub/*Emde,* Vor § 84 Rn 33 „Mindestumsatz").

10. Falls der Hersteller eine **Herstellergarantie** für die Vertragswaren gem § 443 BGB gewährt, sollte über die gesetzlichen Rückgriffsrechte gegen den Hersteller (vgl. §§ 478, 445a BGB) hinaus dessen Bedingungen geregelt werden (siehe etwa BGH ZIP **1994,** 461 (468) – Daihatsu). Abrechnungssysteme müssen dem Händler einen Anspruch auf den kalkulatorischen Gewinn der erbrachten Leistungen geben.

11. Die Verpflichtungen, ein Lager zu unterhalten sowie Kundendienst- und Garantieleistungen zu erbringen, sind häufig vereinbarte Annexe der Vertriebsförderungspflicht, welche der Vertragshändler erfüllen muss. Inwieweit diese Pflichten konkretisiert werden, ist abhängig von den jeweiligen Parteivereinbarungen. Generelle Aussagen verbieten sich. Nach der Rechtsprechung des BGH (BGH ZIP 2005, 1785 (1788 f) – Citroën) ist es gemäß § 307 Abs 1 BGB nicht zu beanstanden, wenn der Hersteller vom Händler verlangt, dass er Originalersatzteile sowie solche Ersatzteile im Rahmen der Gewährleistungsarbeiten verwendet, die als Identteile anzusehen sind, also mit den Ersatzteilen technisch, konstruktiv und qualitativ übereinstimmen, welche der Hersteller vorsieht und die nach den Spezifikationen des Herstellers gefertigt worden sind. Doch ist es mit § 307 Abs 2 Nr 1 BGB unvereinbar, würde man den entsprechenden Nachweis dem Händler auferlegen. Denn der Hersteller ist hierzu wesentlich leichter in der Lage und kann die Identität der Ersatzteile ohne weiteres im Rahmen seiner Wareneingangskontrolle prüfen. Nur er als Hersteller des Gesamtprodukts verfügt über alle relevanten Informationen (BGH ZIP 2005, 1785 (1788 f.) – Citroën).

12. Unproblematisch ist es, dem Vertragshändler die Verpflichtung aufzuerlegen, Vertragswaren nur unter dem Warenzeichen sowie in der Ausstattung zu vertreiben, wie es der Hersteller im Einzelnen vorschreibt.

13. Es steht dem Hersteller frei, den Vertragshändler an die Einhaltung von Werberichtlinien, Werbeformen und Werbeinhalten zu binden. Die hier angesprochene Pflicht ist Teil der Interessenwahrungs- und Absatzförderungspflicht des Händlers. Dabei steht es dem Hersteller auch frei, eine Mindestwerbeverpflichtung vorzusehen, und zwar entweder in absoluten EUR-Beträgen (BGH ZIP 1994, 461 (473 f)) oder in Höhe eines bestimmten Prozentsatzes, bezogen auf den Netto-Umsatz des Vertragshändlers.

14. Die Verpflichtung, Personal auf eigene Kosten zu schulen, ist auch nach § 307 BGB unbedenklich. Vor einem Übermaß an Verpflichtungen ist zu warnen, weil dann § 307 Abs 1 BGB eingreifen könnte.

15. Die Klammerzusätze sollten nur nach Prüfung Verwendung finden. Denn damit wird dem Händler ein fester Rabatt zugesichert. Besser ist es, den Händler seinen Rabatt durch die Differenz vom Verkaufs- zu Einkaufspreis selbst bestimmen zu lassen. Der Hersteller steht hier zwischen Baum und Borke: Denn andererseits wird vertreten, dem Vertragshändler müsse ein hinreichender Rabatt zugesichert werden.

16. Die formularmäßige Befugnis, **Rabatte** zu ändern oder Boni sowie sonstige Sondervergütungen einseitig festzusetzen oder zu ändern, ist durch § 307 Abs 1 BGB eingeschränkt (BGH ZIP 1994, 461 (466 ff); Staub/*Emde,* Vor § 84 Rn 333 ff). Solche Preisänderungsklauseln sind nur wirksam, wenn sie die Änderungsvoraussetzungen ausreichend konkretisieren und in angemessener Weise auf die Belange des Vertragshändlers Rücksicht nehmen (BGH ZIP 2005, 1785 – Citroën). In Bezug auf einseitige **Preisanpassungsklauseln** bleibt es auch in Vertragshändlerverträgen bei der bisherigen strikten Rechtsprechung des BGH (BGH ZIP 2005, 1785 (1790 f) – Citroën). Danach kann ein solches Recht formularmäßig nur dann in wirksamer Weise begründet werden, wenn zum einen die Klausel selbst schwerwiegende Änderungsgründe nennt und wenn zum anderen Voraussetzungen und Umfang des einseitigen Leistungsbestimmungsrechts des Herstellers tatbestandlich hinreichend konkretisiert sind (BGH ZIP 1985, 161 (163); 2005, 1785). Das zu erreichen ist nahezu ausgeschlossen, so dass sich jeweils **individualvertragliche Absprachen** empfehlen. Die genannte Frist berücksichtigt den Verbotstatbestand von § 309 Nr 1 BGB. Unangemessen kurze Fristen zu Lasten des Vertragshändlers sollen vermieden werden.

17. Nach § 89 analog brauchen nur die dort geregelten Kündigungsfristen vereinbart zu werden. Die hier vorgeschlagenen sind – außer bei erheblichen Investitionen des Vertragshändlers (dann einjährige Kündigungsfristen) – überobligationsmäßig.

18. Die Zubilligung eines Ausgleichsanspruchs an Vertragshändler analog § 89 b setzt die Erfüllung zweier Analogiekriterien voraus (Staub/*Emde,* § 89b Rn 30 ff). Der Vertragshändler muss in das Vertriebssystem des Herstellers eingegliedert (erstes Analogiekriterium) und vertraglich zur Überlassung des von ihm geworbenen Kundenstamms verpflichtet sein (zweites Analogiekriterium) (BGH NJW **1981,** 1961; BGH NJW **1982,** 2819; BGH NJW-RR **1993,** 678; BGH ZIP **1996,** 1294; BGH ZIP **1996,** 1299; eingehend Staub/*Emde,* § 89b Rn 30 ff; zur Ausgleichsberechnung Rn 305 ff; *Hopt* HVR § 84 Rn 11 ff; kritisch *C. Stumpf* NJW **1998,** 16 f).

a) Das erste Analogiekriterium prüft, ob der Vertragshändler nach dem „Gesamtbild der Verpflichtungen" in die Absatzorganisation des Herstellers eingebunden und deshalb verpflichtet ist, weitgehend Aufgaben zu erfüllen, die sonst einem Handelsvertreter gem §§ 84 ff obliegen, ohne dass es darauf ankommt, ob ein Alleinvertriebsrecht auf ein bestimmtes Gebiet zugewiesen wurde (BGH NJW 1983, 2877; BGH NJW 1984, 2102; BGH NJW-RR 1993, 678). Das Formular geht davon aus, dass – wie häufig im Falle der Existenz eines schriftlichen Eigenhändlervertrages – eine solche Eingliederung des Vertragshändlers zu bejahen ist. Das zweite Analogiekriterium ist nach bestrittener hM die vertragliche Verpflichtung des Vertragshändlers, dem Unternehmer seine Kundendaten im Wesentlichen vollständig zur Verfügung zu stellen (*Emde* ZVertriebsR 2019, 3 ff; Staub/*Emde,* § 89b Rn 36 ff mwN). Diese Verpflichtung kann auch konkludent begründet werden. Eine einfache Berichtspflicht, die die Übermittlung der Kundendaten nicht ausschließt, reicht aus (BGH DB **1993,** 1031 f). Gleichgültig ist, ob die Verpflichtung zur Übertragung des Kundenstamms während oder nach Ende des Vertrages erfüllt wird (BGH DB 1993, 1031 f.), etwa im Rahmen von Meldepflichten über die Zulassungen des Pkw (BGH NJW 1997, 1503). Selbst die Einschaltung eines Drittunternehmens kann insoweit ausreichend sein, sofern der Hersteller nur die rechtliche Möglichkeit hat, die Mitteilung der Kundendaten an sich selbst zu fordern (BGH NJW-RR **1998,** 1331). Welchen Zweck der Hersteller mit diesen Mitteilungen verfolgt, ist irrelevant (BGH NJW **1997,** 1503). Wichtig ist allein, dass der Hersteller aufgrund einer Verpflichtung des Händlers nach Beendigung des Vertrages in den Besitz des Kundenstamms, insb. der Kundendaten, gelangt (BGH NJW **1981,** 1961 f), so dass er ihn im Wesentlichen vollständig nutzen kann – gleichgültig, ob er diese Möglichkeit wahrnimmt oder nicht (BGH ZIP **1987,** 1385; vgl auch *Horn* ZIP **1988,** 137 ff). Es reicht also aus, dass der Hersteller den von Vertragshändler geschaffenen Kundenstamm sofort und ohne weiteres nutzen könnte (BGH WM **1992,** 825; BGH DB **1993,** 1031; datenschutzrechtlich s. *Emde* ZVertriebsR 2019, 3 (14 f)). Die Analogie zu § 89b ist **nicht gegeben,** wenn eine Pflicht zur Löschung der Kundendaten nach Vertragsende besteht (BGH ZIP **1996,** 1131). Gleiches gilt, wenn nur die Daten auf Grund von Kundenreklamationen an den Hersteller weitergegeben werden (BGH NJW-RR 1988, 1305), ebenso im Falle anderer Übermittlungen im Einzelfall (zB Direktlieferungen). Stets reicht allein die faktische Kontinuität des vom Vertragshändler geworbenen Kundenstamms nicht aus, um eine Analogie zu § 89 b zu begründen (BGH ZIP **1996,** 1131 (1132); BGH NJW 1997, 1503).

Der hier entworfene Vertrag enthält keine Verpflichtung zur Mitteilung der Kundendaten. Im Gegenteil wurde eine solche Verpflichtung in § 6.2 ausdrücklich ausgeschlossen. Da bei Verträgen mit Vertriebsgebiet außerhalb der EU und des EWR der Ausgleichsanspruch gem. § 92 c ausdrücklich ausgeschlossen werden kann, kann in solchen Verträgen eine Informationspflicht über die Kundendaten eingefügt werden, sofern der Ausgleichsanspruch dann ausdrücklich ausgeschlossen wurde. → Form. G.I.1 Anm. 7h.

b) **Vorteilhaft für den Vertragshändler** ist folglich eine Formulierung, welche sicherstellt, dass der vom Vertragshändler geschaffene Kundenstamm (Kundenkartei, Adressenmaterial etc) während der Laufzeit des Vertrages – jedenfalls aber im Zusammenhang mit seiner Beendigung – dem Hersteller überlassen wird. Dadurch wird nämlich eine wichtige Voraussetzung für den Ausgleichsanspruch in analoger Anwendung von § 89 b geschaffen. Eine solche Bestimmung hätte etwa folgenden Wortlaut:

> **„Der Vertragshändler wird die persönlichen Daten der von ihm geworbenen Kunden (Name, Anschrift) erfassen, sie in einer Kundenkartei speichern und dem Hersteller laufend zur Verfügung stellen. Der Vertragshändler stellt sicher, dass er für diese Weitergabe der Daten das Einverständnis seiner Kunden in schriftlicher Form. erhält."**

c) Aus der **Position des Herstellers** besehen wird man eine solche oder ähnliche Klausel ablehnen. Fehlt die vertragliche Verpflichtung zur Übertragung des Kundenstammes, dann scheitert die Analogie zu § 89b; ein Ausgleichsanspruch besteht nicht. Der Unternehmer sollte also – sofern er auf die Kundendaten verzichten kann – deren Übermittlung ausschließen, zB vermöge folgender Bestimmung:

> **„Der Vertragshändler wird insbesondere über Kundenwünsche, Markt und Marktlage berichten. Diese Berichte enthalten keine Hinweise auf die Kundendaten, etwa Kundennamen und -adressen. Der Unternehmer ist an Informationen zur Identität der Kunden nicht interessiert."**

d) Im Vertragshändlerrecht ist der Ausgleichsanspruch gem § 89b Abs. 4 S. 1 analog bei Vorliegen der oben dargestellten Voraussetzungen – handelsvertretergleiche Eingliederung und vertragliche Verpflichtung zur Überlassung des Kundenstamms **zwingender Natur.** Folglich ist dieser Anspruch vor Vertragsende nicht abdingbar, und zwar auch dann nicht, wenn es lediglich um die analoge Anwendung von § 89b geht, so dass es nicht auf die Schutzbedürftigkeit des Vertragshändlers im Einzelfall (BGH NJW 1985, 623) ankommt (BGH NJW 1985, 3076; BGH BB 1992, 597). Es ist insoweit unerheblich, ob die Parteien im Vertragshändlervertrag ausdrücklich auf eine Regelung verzichtet haben; eine entsprechende vertragliche Bestimmung hätte ohnehin nur klarstellende Funktion. Wie beim Handelsvertreter kann der Ausgleichsanspruch bei Geltung deutschen Rechts gemäß § 92c Abs. 1 ausgeschlossen werden (s. → Form. I.G.1 Anm. 7 h), sofern der Vertragshändler sein Vertriebsgebiet außerhalb der EU oder des EWR unterhält (Staub/ *Emde,* § 92c Rn 6). Aus Unternehmersicht ist ein solcher Ausschluss ratsam. Schweigt der Vertrag und werden die og Analogievoraussetzungen erfüllt, ist auch bei außereuropäischer Tätigkeit des Händlers ein Ausgleich fällig.

e) Die branchenabhängige **Berechnung** des Ausgleichsanspruchs in analoger Anwendung von § 89b ist nicht ganz einfach (BGH BB 1991, 1210; BGH ZIP 1990, 1197; BGH ZIP 1996, 1296), doch ist über sie – insbesondere für die Kfz-Branche – vom BGH wiederholt entschieden worden (BGH NJW 1998 (66 u 71); zu den einzelnen **Berechnungsmodalitäten** auch Staub/*Emde,* § 89b Rn 305 ff [allg. Vertragshändlerrecht], 314 ff [Kfz-Vertragshändlerrecht]). Jedenfalls in der **Kfz-Branche** kann man davon ausgehen, dass im Regelfall der Umsatz mit Neukunden einen gleich hohen Prozentsatz des Gesamtumsatzes in den zurückliegenden Jahren ausmacht, dann ist dieser Umsatz für die nächsten 5–8 Jahre, gerechnet ab Vertragsende, auch für die Berechnung des Ausgleichsanspruchs anzusetzen (BGH, NJW-RR 2006, 1328). Dies hat zur Herausbildung der sog. „Münchner Formel" geführt (*Kainz/Lieber/Puszkajler* BB 1999, 434; *Kümmel* DB 1998, 2407; Staub/*Emde,* § 89b Rn 315). Sie schematisiert die Berechnung des Ausgleichsanspruchs und arbeitet mit einer Schätzung nach § 287 ZPO, was wegen des zwingenden Charakters des § 89b Abs 4 Bedenken hervorgerufen hat (*Intveen* BB 1999, 1881 (1885)). Ob es zulässig ist, diese schematisierenden Ansätze auf den Ausgleichsanspruch in anderen Branchen zu übertragen, könnte diskutiert werden, ist aber wohl dann zu bejahen, wenn sowohl eine entsprechende Kundenbindung besteht und auch die Nachbestellfrist vergleichbar klar bestimmt werden kann. **Die Darlegungs- und Beweislast** im Rahmen des § 89b ist im Grundsatz Sache des Vertragshändlers (BGH ZIP 1996, 1299 (1302); im Einzelnen: Staub/*Emde,* § 89b Rn 276 ff).

19. Zum Anspruch auf Ersatz der **nicht amortisierten Investitionen** vgl *Creutzig* NJW 2002, 3430 ff.

20. Zur **Rücknahmepflicht** des Herstellers BGH, WM 2007, 2078; ZIP 1995, 222; Staub/ *Emde*, Vor § 84 Rn 340 ff. Der Unternehmer muss das Ersatzteillager des Vertragshändlers zurücknehmen, wenn der Vertrag – konkludent oder ausdrücklich – eine Pflicht zur Lagerhaltung vorsieht und den Vertragshändler für die Beendigung des Vertrages keinerlei Verantwortlichkeit trifft (BGH ZIP 1988, 1182 (1188)). Gleiches gilt, wenn die Beendigung auf Gründen beruht, die beide Seiten zu vertreten haben (BGH ZIP 1998, 1182 (1188)). Ob eine entsprechende vertragliche Pflicht des Unternehmers besteht, ist gleichgültig, weil die Rücknahmepflicht das Ergebnis einer nachvertraglichen Treuepflicht ist (BGH ZIP 1995, 222). Der zu fordernde Preis richtet sich nach dem ursprünglichen Kaufpreis, abzüglich einer Bearbeitungspauschale, die jedoch keinesfalls die Grenze von 10 % wird übersteigen dürfen (BGH ZIP 2005, 1785 (1795) – Citroën; vgl BGH ZIP 1995, 222 (224) – 25 %: unwirksam). Neben dem Ersatzteillager sind auch eventuell vorhandene Vorführwagen zurückzunehmen (KG BB 1999, 1518). Zurückzunehmen ist nur Lagerware, welche im Interesse ordnungsgemäßer Erfüllung des Händlervertrages angeschafft worden sind (BGH ZIP 2005, 1785, (1793) – Citroën). Überdispositionen gehen zu Lasten des Händlers, wobei kein zu enger Maßstab angelegt werden sollte. Der Unternehmer kann seine Rücknahmepflicht formularmäßig nicht wirksam begrenzen. Macht er geltend, der Vertragshändler habe fehlerhaft disponiert, dann ist dies ein nach § 254 BGB zu beachtender, aber auch zu beweisender Einwand. Die hier vorgeschlagene Klausel begründet ein vertragliches Recht des Händlers, den Rückkauf zu verlangen. Ist dies nicht gewollt, kann die Klausel gestrichen werden. Dies hat allerdings den Nachteil, dass die Bearbeitungspauschale von 10 % dann nicht abgezogen werden kann. Soll kein vertragliches Recht zum Rückkauf begründet werden, müssen statt den Worten „der Hersteller ist auf Verlangen des Vertragshändlers verpflichtet" die Worte „sollte ein Rückkaufrecht des Händlers bestehen" eingesetzt werden.

21. Nach Art 4 Abs 1 lit f Rom-I-VO unterliegt der Vertrag bei Geltung deutschen IPR dem Recht am Sitz des Vertragshändlers. Die Parteien dürfen aber gemäß Art 3 Abs 1 Rom-I-VO das maßgebliche Recht wählen. Das sollte schon der Klarstellung halber geschehen. Bei Verträgen mit ausländischem Vertriebsgebiet sollte ein dort zugelassener Kollege prüfen, ob die Rechtswahl (und eine Gerichtsstandsklausel) lokal anerkannt wird. Wegen der fehlenden Vollstreckbarkeit der Urteile deutscher staatlicher Gerichte am Sitz des ausländischen Händlers sind im internationalen Rechtsverkehr Schiedsabreden häufig (*Emde* RIW 2016, 104 ff., → Form. I.G.2 Anm. 16).

22. Zu Schiedsvereinbarungen → Form. I.G.2 Anm. 16.

4. Franchise-Vertrag

zwischen der[1,2,3]

A-GmbH, in W-Stadt, X-Straße 1

– nachfolgend Franchisegeber –

und der

B-GmbH, in Y-Stadt, Z-Straße 2

– nachfolgend Franchisenehmer –[4]

– der Franchisegeber und der Franchisenehmer nachfolgend gemeinsam „Parteien" –

PRÄAMBEL

(1) Der Franchisegeber hat Zeit, Geld und Arbeit investiert, um das einzigartige System zum Betrieb von . . . . . zu entwickeln, welches eine anerkannte Präsenz in der öffentlichen Wahrnehmung (insbesondere im Internet einschließlich Social Media) genießt. Es handelt sich hierbei um ein unverwechselbares Geschäftskonzept, das sich aus einer Kombination insbesondere folgender Elemente zusammensetzt:

- die in der Anlage 1 genannten Marken, geschäftlichen Bezeichnungen, Urheberrechte (insbesondere in Bezug auf Logos, Designs und Software), Patente, Gebrauchs- und Designmuster sowie ähnlichen eingetragenen und nicht eingetragenen Immaterialgüterrechte (zusammen „Immaterialgüterrechte");
- ein spezieller kaufmännisch-betriebswirtschaftlicher und operativer Wissens- und Erfahrungsschatz („Know-how") sowie Standards, Richtlinien, Anforderungen und andere Vorgaben („Markenstandards") zum Betrieb von . . . . .; das Know-how und die Markenstandards sind in einem als Anlage 2 beigefügten Handbuch (aktuelle Fassung) des Franchisegebers festgehalten („Handbuch");[5]

– Software zum Betrieb von . . . . .

(die Punkte a) bis d) zusammen „System").[6]

(2) Der Franchisegeber hat das ausschließliche Recht, das System zum Betrieb von . . . . . zu nutzen. Der Franchisegeber hat langjährige Erfahrung im Bereich des . . . . . und betreibt eigene . . . . .; er vergibt jedoch auch Lizenzen zur Nutzung des Systems zum Betrieb von . . . . ., um eine optimale Marktdurchdringung zu erreichen (nachfolgend insgesamt als das „Franchisesystem" bezeichnet).

(3) Der Franchisenehmer hat beim Franchisegeber eine Lizenz zur Nutzung des Systems am in der Anlage 3 rot gekennzeichneten Grundstück in . . . . . („Standort") beantragt.

(4) Durch Unterzeichnung dieses Vertrages bestätigt der Franchisenehmer, dass er vor Abschluss des Vertrages ausreichend Gelegenheit hatte, (i) die Bestimmungen dieses Vertrages, (ii) das Franchisesystem, (iii) dessen wirtschaftliche Grundlagen, (iv) alle vom Franchisegeber zur Verfügung gestellten Informationen und Zahlen, sowie (v) das Handbuch (in der jeweils zum Zeitpunkt der Unterzeichnung dieses Vertrages geltenden Fassung) persönlich im Einzelnen zu prüfen und mit seinen Beratern zu besprechen. Alle Fragen des Franchisenehmers in Bezug auf das Franchisesystem, insbesondere das System, dessen wirtschaftliche Grundlagen und dessen Entwicklung, wurden vollständig beantwortet. Der Franchisegeber hat im Hinblick auf die Wirtschaftlichkeit oder die Rentabilität keine Aussagen, Verpflichtungen, Garantien oder Zusicherungen abgegeben oder gemacht. Insbesondere garantiert der Franchisegeber nicht und sichert nicht zu, dass der Systembetrieb einen Umsatz in einem bestimmten Niveau erreicht.[7]

Dies vorausgeschickt, schließen die Parteien den folgenden Franchisevertrag:

§ 1 Erteilung einer Lizenz

(1) Der Franchisegeber erteilt dem Franchisenehmer hiermit das nicht-ausschließliche und nicht übertragbare Recht, das System für die Laufzeit am Standort zu nutzen („Lizenz").

(2) Die Lizenz wird nur für die Laufzeit und ausschließlich für den Standort gewährt.[8] Diese Vereinbarung beschränkt weder das Recht des Franchisegebers, das System zu nutzen oder zu lizensieren, noch hat der Franchisenehmer einen Anspruch auf ein exklusives Gebiet oder einen exklusiven Absatzmarkt. Insbesondere kann der Franchisenehmer nicht die Unterlassung von Geschäftstätigkeiten des Franchisegebers oder die Unterlassung des Betriebs eines anderen . . . . . durch den Franchisegeber selbst oder einen anderen selbständigen Franchisenehmer verlangen – unabhängig davon, an welchem Ort die Geschäftstätigkeit oder der Betrieb stattfindet.

(3) Mit Ablauf der Laufzeit endet die Lizenz des Franchisenehmers automatisch.

§ 2 Allgemeine Pflichten des Franchisenehmers

(1) Der Franchisenehmer ist verpflichtet, seine Fähigkeiten im Rahmen des Betriebs des . . . . . am Standort („Systembetrieb") für den Absatz der Dienstleistungen und Produkte im eigenen Namen und auf eigene Rechnung bestmöglich einzusetzen. Insbesondere hat er den Systembetrieb während der Laufzeit durchgehend und unter dem Namen . . . . . zu betreiben. Alle vom Franchisenehmer zum Zweck des Systembetriebs genutzten Dokumente, E-Mails, Briefpapier, Werbe- oder sonstige Schriften oder sonstige Unterlagen müssen einen Hinweis enthalten, dass der Franchisenehmer ein selbständiges Unternehmen ist, welcher(s) als Lizenznehmer des Franchisegebers betrieben wird. Dieser Hinweis ist auch in Form. eines Schildes entsprechend den Vorgaben des Franchisegebers an einer deutlich sichtbaren Stelle im Systembetrieb anzubringen.[9]

(2) Soweit gesetzlich zulässig, hat er dabei folgende Öffnungszeiten einzuhalten:

. . . . .

Soweit dies tatsächlich erforderlich ist, darf der Franchisenehmer den Betrieb nur im Falle der folgenden, besonderen Vorkommnisse vorübergehend einstellen:

- Erfüllung behördlicher Anordnungen;
- Instandhaltung-/Instandsetzung oder Renovierung des Systembetriebs, soweit eine teilweise Aufrechterhaltung des Systembetriebes nicht objektiv möglich ist;
- Gefährdung der Kunden.

(3) Dem Franchisenehmer ist bekannt, dass der exzellente Ruf und Name des Systems insbesondere darauf gründet, dass die Öffentlichkeit den einheitlich hohen Qualitätsstandard der . . . . . schätzt. Die strikte Beachtung der Elemente des Systems, insbesondere der im Handbuch niedergelegten Markenstandards, sowie etwaiger Systemänderungen ist erforderlich, um gegenüber Kunden auch in Zukunft einheitlich hochwertige Leistungen zu erbringen, und liegt daher auch im Interesse des Franchisenehmers. Der Franchisenehmer unterliegt daher insbesondere folgenden Verpflichtungen:

a) Der Franchisenehmer hat bei der Einrichtung des Systembetriebs sowie dessen Betrieb jederzeit die Anforderungen, Vorgaben und Richtlinien des Systems, insbesondere das Handbuch, vollständig einzuhalten. Der Franchisenehmer erhält vor Eröffnung des Systembetriebs eine aktuelle Version des Handbuchs (vgl. Anlage 2 zum Franchisevertrag). Das Handbuch in seiner jeweils aktuellen Version ist Bestandteil dieses Vertrages.
b) Der Mietvertrag für das Objekt, in dem der Systembetrieb eingerichtet werden soll, muss so gestaltet sein, dass der Franchisegeber die Nachfolge im Mietverhältnis des Franchisenehmers antreten kann, wenn dieser aus dem vorliegenden Vertragsverhältnis ausscheidet.[10]
   Der Systembetrieb und dessen Geschäftsfront sind stets in einem ordentlichen, sauberen Zustand zu halten. Der Franchisenehmer hat in angemessenen Abständen Schönheitsreparaturen vorzunehmen oder vornehmen zu lassen. Die Einzelheiten regelt das Handbuch in seiner jeweils aktuellen Version.[11]

(4) Um die Wettbewerbsfähigkeit des Systems auch in Zukunft zu gewährleisten, ist der Franchisegeber berechtigt, das System zu ändern, soweit dies dem Franchisenehmer unter angemessener Berücksichtigung seiner Interessen zumutbar ist („Systemänderung“).[12] Bei der Interessenabwägung sind insbesondere die dem Franchisenehmer durch die Systemänderung entstehenden Kosten sowie die verbleibende Laufzeit zu berücksichtigen. Der Franchisegeber ist berechtigt, die Zumutbarkeit mit geeigneten Mitteln herzustellen.

Als Systemänderung kann der Franchisegeber beispielsweise einzelne in der Anlage 1 genannte Immaterialgüterrechte ändern, aufgeben und/oder diesen neue Immaterialgüterrechte hinzufügen, die Markenstandards ändern, verbessern oder ergänzen, den Inhalt des Handbuchs entsprechend ändern sowie die Produkt- und Dienstleistungsbandbreite erweitern (Aufzählung nicht abschließend). Der Franchisegeber hat den Franchisenehmer dabei so früh als möglich über Systemänderungen zu informieren. Eine geänderte Fassung des Handbuchs kann zu gegebener Zeit über das Intranet des Franchisesystems heruntergeladen werden.

Sofern eine Systemänderung nach Interessenabwägung zumutbar ist, ist der Franchisenehmer verpflichtet, diese unter Gewährung einer im Einzelfall angemessenen Umstellungsfrist auf eigene Kosten zu befolgen und umzusetzen.

(5) Der Franchisenehmer darf im Rahmen des Betriebs des Systembetriebs nur Produkte und Dienstleistungen anbieten sowie den Systembetrieb nur mit Gegenständen ausstatten, die den im Handbuch niedergelegten Markenstandards entsprechen.

Die Produkte und die Ausstattungsgegenstände sind entweder beim Franchisegeber oder bei von diesem autorisierten Lieferanten zu beziehen.[13, 14] Eine aktuelle Liste der autorisierten Lieferanten liegt dem Franchisevertrag als Anlage 4 bei, kann jedoch auch tagesaktuell im Intranet des Franchisesystems abgerufen werden. Der Franchisenehmer darf Produkte und Ausstattungsgegenstände anderer Lieferanten beziehen, wenn diese die Markenstandards wahren und der Franchisegeber zuvor zustimmt. Der Franchisegeber hat die Zustimmung zu erteilen, soweit die Produkte und Ausstattungsgegenstände die Markenstandards ebenfalls wahren und keine wichtigen Gründe entgegenstehen.

Sofern der Franchisenehmer Produkte oder Ausstattungsgegenstände vom Franchisegeber kauft, gilt für die vom Franchisevertrag unabhängigen Kaufverträge die jeweils aktuelle Fassung der Preisliste sowie der Allgemeinen Lieferbedingungen des Franchisegebers. Eine aktuelle Fassung der Preisliste und Allgemeinen Lieferbedingungen ist diesem Franchisevertrag als Anlage 5 beigefügt.

Der Franchisenehmer erkennt an, dass dem Franchisegeber durch die Organisation des Einkaufs- und Lieferantennetzwerks und die steten Verhandlungen mit den Lieferanten und Dienstleistern und dem hiermit verbundenen Verwaltungsaufwand Kosten entstehen; insbesondere zur Kompensation dieser Kosten erhält der Franchisegeber von Lieferanten oder Dienstleistern Bonus- oder andere Zahlungen [in Höhe von . . . . .] auf Grundlage der mit den Franchisenehmern getätigten Geschäfte. Derartige Einkaufsvorteile werden nicht an den Franchisenehmer weitergegeben. Weitere Einzelheiten hierzu sind ggf. im Handbuch enthalten.[15]

(6) Der Franchisenehmer darf den Betrieb des Systembetriebs erst aufnehmen, wenn sein/e Vertretungsorgan/e sowie vom Franchisegeber zu bestimmende Mitarbeiter des Franchisenehmers in leitender Position zuvor an der vom Franchisegeber angebotenen Eröffnungsschulung („Eröffnungsschulung") teilgenommen haben.

Jeder Mitarbeiter des Franchisenehmers muss an der Schulung des Franchisegebers für neue Mitarbeiter („Mitarbeiterschulung") teilgenommen haben, bevor er im Systembetrieb eingesetzt werden darf.

Ferner hat der Franchisenehmer sicherzustellen, dass sein/e Vertretungsorgan/e sowie alle übrigen Mitarbeiter an den vom Franchisegeber vorgeschriebenen fortlaufenden Schulungen („laufende Schulungen") teilnehmen. Der Franchisenehmer muss seinen Mitarbeitern zudem eine Teilnahme an freiwilligen Schulungen des Franchisegebers („freiwillige Schulungen") ermöglichen.

(7) Dem Franchisenehmer ist es untersagt, eine eigene Website in Bezug auf den Systembetrieb zu unterhalten. Zur Sicherung eines einheitlichen Erscheinungsbildes nimmt der Franchisegeber den Systembetrieb des Franchisenehmers stattdessen auf der Website des Franchisesystems auf. Die diesbezüglichen Kosten trägt der Franchisenehmer.

Der Franchisenehmer ist berechtigt, soziale Medien wie beispielsweise Facebook, Instagram oder Twitter zur Außendarstellung und Bewerbung des Systembetriebs zu nutzen, wenn er dabei die im Handbuch enthaltenen Richtlinien des Franchisegebers für die Internetnutzung durch Franchisenehmer befolgt. Der Franchisenehmer ist verpflichtet, alle Beiträge in sozialen Medien, die nicht im Einklang mit der Richtlinie stehen, auf Verlangen des Franchisenehmers zu löschen. Im Übrigen ist dem Franchisenehmer die Nutzung des Internets zur Außendarstellung und Bewerbung des Systembetriebs untersagt.

(8) Der Franchisenehmer ist verpflichtet, den Systembetrieb stets im Einklang mit gesetzlichen Vorschriften zu betreiben. Er ist zudem dafür verantwortlich, die erforderlichen öffentlich-rechtlichen Gestattungen, Erlaubnisse, Zulassungen und Genehmigungen jeglicher Art auf eigene Kosten und eigenes Risiko rechtzeitig zu beantragen und auch in Zukunft aufrechtzuerhalten.

Ferner ist der Franchisenehmer verpflichtet, bei dem Betrieb des Systembetriebs hohe Standards in Bezug auf Integrität, moralisches und ethisches Verhalten zu wahren.

§ 3 Leistungen des Franchisegebers

(1) Der Franchisegeber wird dem Franchisenehmer vor Eröffnung des Systembetriebs das zum Betrieb erforderliche Know-how und die Markenstandards auf folgende Weise zugänglich machen:

a) Der Franchisegeber übergibt dem Franchisenehmer eine aktuelle Fassung des Handbuchs. Das Handbuch verbleibt im Eigentum des Franchisegebers und wird dem Franchisenehmer leihweise überlassen. Geänderte Fassungen des Handbuchs können über das Intranet des Franchisesystems heruntergeladen werden. Eine Reproduktion des Handbuchs und des darin enthaltenen Know-hows ist dem Franchisenehmer untersagt.
b) Der Franchisegeber wird eine Eröffnungsschulung sowie Mitarbeiterschulungen durchführen.[16]
c) Der Franchisegeber wird den Franchisenehmer vor und bei der Eröffnung des Systembetriebs vor Ort unterstützen.
d) Der Franchisegeber wird dem Franchisenehmer die erforderliche Software zur Verfügung stellen.

(2) Nach Eröffnung des Systembetriebs wird der Franchisegeber den Franchisenehmer auf folgende Weise unterstützen:

– Der Franchisegeber wird laufende und freiwillige Schulungen sowie bei Bedarf Mitarbeiterschulungen durchführen.
– In der Anfangsphase nach Eröffnung des Systembetriebs wird der Franchisegeber den Franchisenehmer für einen angemessenen Zeitraum, maximal jedoch für 8 Wochen nach Eröffnung des Systembetriebs, vor Ort unterstützen. Den Zeitraum bestimmt der Franchisegeber nach billigem Ermessen; er wird dabei insbesondere die Erfahrung des Franchisenehmers und dessen Mitarbeiter bei dem Betrieb von . . . . . berücksichtigen.

(3) Die Kosten der Schulungen übernimmt jeweils der Franchisenehmer.

§ 4 Vergütung des Franchisegebers/Werbebeitrag

(1) Der Franchisenehmer verpflichtet sich mit dem Abschluss des Franchisevertrags, an den Franchisegeber eine einmalige Abschlussgebühr in Höhe von . . . . . innerhalb von . . . . . nach Unterzeichnung des Franchiseertrags zu bezahlen („Abschlussgebühr“). Die Abschlussgebühr wird als Gegenleistung für die Entwicklung des Systems sowie die vom Franchisegeber vor Eröffnung des Systembetriebs erbrachten Leistungen, insbesondere die Zugänglichmachung des Know-hows, gezahlt.[17]

(2) Der Franchisenehmer ist verpflichtet, an den Franchisenehmer bis zum 15. jeden Monats laufende Gebühren in Höhe von . . . . . % des Umsatzes des vorangegangenen Monats zu bezahlen („Royalties“). Umsatz im Sinne dieses Franchisevertrags ist die Summe der Einnahmen gleich welcher Art, die dem Betrieb des . . . . . zugerechnet

werden können, unabhängig davon, ob sie eingezogen wurden oder nicht, allerdings ohne die gesetzliche Umsatzsteuer („Umsatz").

(3) Der Franchisenehmer ist verpflichtet, an den Franchisegeber bis zum 15. jeden Monats einen Beitrag für dessen Maßnahmen zur überregionalen Werbung in Höhe von . . . . . % des Umsatzes des vorangegangenen Monats („Werbebeitrag") zu bezahlen.

(4) Der Franchisenehmer bezahlt bei Fälligkeit die in § 2 Abs 7, § 3 Abs 3 und § 7 Abs 1[18] aufgeführten Kosten sowie alle Gebühren, die sich aus dem Handbuch oder aus der Nutzung von optionalen oder im Handbuch gekennzeichneten obligatorischen Leistungen ergeben. Der Franchisegeber ist berechtigt, jederzeit nach Ausübung seines pflichtgemäßen Ermessens[19] die in dieser Ziffer 4.4 genannten Gebühren (oder einen Teil derselben) für alle unter der in Anlage 1 genannten Marke in einem bestimmten Gebiet angesiedelten Franchisenehmer zu erhöhen oder herabzusetzen oder deren Berechnung oder Verfahren zu ändern, zB um einem Anstieg oder einer Ermäßigung der Kosten des Franchisegebers für die Bereitstellung der Leistungen angemessen Rechnung zu tragen. Der Franchisenehmer stimmt bereits jetzt entsprechenden Erhöhungen, Herabsetzungen oder Änderungen zu.

§ 5 Buchhaltung/Information des Franchisegebers/Kontrollrecht[20]

(1) Der Franchisenehmer ist verpflichtet, ein Buchhaltungssystem entsprechend der Vorgaben, Anforderungen und Richtlinien des Handbuchs einzusetzen.

(2) Der Franchisenehmer ist verpflichtet, dem Franchisegeber bis zum 3. Werktag eines jeden Monats einen den Vorgaben, Anforderungen und Richtlinien des Handbuchs entsprechenden Bericht über den Umsatz des vorangegangenen Monats („Umsatzbericht") zu erstatten. Zusammen mit dem Umsatzbericht erstattet der Franchisenehmer auch Bericht über seine Ausgaben für die regionale Werbung.

(3) Der Franchisegeber ist berechtigt, ohne vorherige Ankündigung zu jeder Zeit innerhalb der Öffnungszeiten ohne Vorankündigung den Systembetrieb zu betreten sowie sämtliche Bücher und Aufzeichnungen des Franchisenehmers in Bezug auf den Systembetrieb gemäß § 5 Abs 1 einzusehen und zu prüfen, unabhängig davon, an welchem Ort sich diese befinden.

§ 6 Werbung

(1) Der Franchisenehmer verpflichtet sich zur Vermarktung des Systembetriebs mittels regionalen Maßnahmen zur Verkaufsförderung („Werbung"). Er hat dabei die im Handbuch enthaltenen Richtlinien des Franchisegebers in Bezug auf Werbung („Werberichtlinien") zu beachten. Der Franchisegeber liefert dem Franchisenehmer auf Anforderung die im Handbuch aufgelisteten Werbematerialien gegen Bezahlung des Anschaffungspreises. Die Verwendung von Werbematerialien, die dem Franchisenehmer nicht vom Franchisegeber geliefert wurden, bedarf der vorherigen schriftlichen Zustimmung des Franchisegebers. Der Franchisegeber darf die Zustimmung nur aus wichtigem Grund, insbesondere bei einem Verstoß gegen die Werberichtlinien, versagen. Auf § 2 Abs 7 und Abs 8 wird verwiesen.

(2) Der Franchisegeber ist zur überregionalen Werbung verpflichtet. Der Franchisegeber kann verlangen, dass sich der Franchisenehmer von Zeit zu Zeit an überregionalen Werbeaktionen des Franchisegebers beteiligt.

Der Franchisegeber darf nach pflichtgemäßem Ermessen den Werbebeitrag des Franchisenehmers mit den Werbebeiträgen der anderen Franchisenehmer in einem Werbefonds bündeln und wie folgt einsetzen:

- für die Deckung der Kosten von überregionaler Werbung in sämtlichen Medien, insbesondere im Fernsehen, Radio, Internet, Zeitungen, und der Anbringung von Außenwerbung
- für Marktforschung, Untersuchungen und Kundenumfragen in Bezug auf die Wirksamkeit der Werbung

§ 7 Versicherung/Haftung/Freistellung

(1) Der Franchisenehmer ist verpflichtet, den Systembetrieb und seine Tätigkeit auf eigene Kosten ausreichend zu versichern. Mindestens hat er hierzu während der Laufzeit die im Handbuch aufgeführten Versicherungen zu unterhalten. Der Franchisenehmer ist verpflichtet, entsprechende Bestätigungen über das Bestehen der Versicherungen und die Zahlung der Prämien vorzulegen.[21]

(2) Der Franchisenehmer verpflichtet sich zur Schadloshaltung und Freistellung des Franchisegebers und zwar von allen Ansprüchen, Verlusten, Kosten, Schäden, Ausgaben oder sonstigen Haftungstatbeständen, insbesondere angemessene Anwaltskosten und Gerichtskosten, die aufgrund oder im Zusammenhang mit den Geschäften des Systembetriebes am Standort oder damit zusammenhängendem Geschäftsbetrieb oder wegen eines Fehlers, einer Unterlassung oder einer sonstigen schuldhaften Handlung des Franchisenehmers, seiner Erfüllungsgehilfen oder Mitarbeiter entstehen. Diese Verpflichtung gilt nicht in Fällen von grob fahrlässigen oder vorsätzlichen Handlungen des Franchisegebers.[22]

(3) Eine Haftung des Franchisegebers, seiner gesetzlichen Vertreter oder Erfüllungsgehilfen gegenüber dem Franchisenehmer ist ausgeschlossen, soweit diese nicht auf Vorsatz und grober Fahrlässigkeit beruht. Dieser Haftungsausschluss gilt nicht

a) für Schäden aus der Verletzung des Lebens, des Körpers oder der Gesundheit und
b) bei der Verletzung wesentlicher Vertragspflichten („Kardinalpflichten").

Kardinalpflichten sind solche, deren Erfüllung die ordnungsgemäße Durchführung des Vertrags erst ermöglicht. Vorausgesetzt, es handelt sich nicht um Schäden im Sinne des § 7 Abs 3 a), haftet der Franchisegeber bei einer einfach fahrlässigen Verletzung von Kardinalpflichten jedoch nur auf den vertragstypischen, vorhersehbaren Schaden.

Die Vorschriften des Produkthaftungsgesetzes bleiben unberührt.[23]

§ 8 Laufzeit[24]/Rücktrittsrecht des Franchisegebers

Der Franchisevertrag beginnt mit der Eröffnung des Systembetriebes und wird für eine Dauer von ..... Jahren fest abgeschlossen („Laufzeit").

Der Franchisegeber ist berechtigt, von diesem Vertrag zurückzutreten, wenn der Systembetrieb nicht innerhalb von ..... Monaten nach Abschluss dieses Vertrags eröffnet wird.

§ 9 Kündigung[25]/Zusätzliche Rechte bei Vorliegen eines wichtigen Grundes[26]

(1) Die ordentliche Kündigung ist während der vertraglich vereinbarten Laufzeit ausgeschlossen.

(2) Das Recht der Parteien, diesen Vertrag gemäß § 314 BGB aus wichtigem Grund außerordentlich fristlos zu kündigen, bleibt unberührt.

(3) Ein wichtiger Grund im Sinne des § 314 BGB, der den Franchisegeber bei Einhaltung der übrigen Voraussetzungen des § 314 BGB zur außerordentlichen fristlosen Kündigung berechtigt, liegt insbesondere vor, wenn

– . . . . .
– . . . . .

(4) Jede Kündigung muss schriftlich erfolgen und der jeweils anderen Partei durch ein Einschreiben mit Rückschein zugehen.

(5) Bei Vorliegen eines wichtigen Grundes im Sinne des § 9 Abs 3 hat der Franchisegeber unbeschadet des Rechts zur außerordentlichen Kündigung folgende zusätzliche Rechte:

– . . . . .
– . . . . .

(6) Der Franchisegeber und der Franchisenehmer sind sich einig, dass sich die Berechnung des Schadens des Franchisegebers bei einer Vertragsbeendigung aus wichtigem Grund durch den Franchisegeber aufgrund einer Vertragsverletzung des Franchisenehmers sehr kompliziert gestaltet. Deshalb vereinbaren die Parteien hiermit als pauschalen Schadensersatz eine Beendigungszahlung, die sowohl der Franchisegeber als auch der Franchisenehmer für angemessen erachten, um den Schaden des Franchisegebers im Falle einer solchen Vertragsbeendigung aus wichtigem Grund abzudecken:

– Im Falle einer Beendigung dieses Vertrages aus wichtigem Grund durch den Franchisegeber bezahlt der Franchisenehmer dem Franchisegeber innerhalb von 30 (dreißig) Tagen nach Vertragsbeendigung den Nettobetrag in Höhe (i) der Royalty in Höhe des maximalen Prozentsatzes gemäß § 4 Abs 2 und zwar berechnet auf der Grundlage . . . . . während der 12 (zwölf) Kalendermonate vor dem Datum der Vertragsbeendigung multipliziert mit (ii) der Anzahl der Kalendermonate, die bis zum nächstmöglichen Beendigungszeitpunkt verbleiben.
– In Bezug auf die in der vorangehenden Gliederungsziffer genannten Zahlungen ist der Franchisenehmer berechtigt, das Nichteintreten eines Schadens oder einen geringeren Schaden nachzuweisen. Ferner behält sich der Franchisegeber alle weiteren Rechte vor, insbesondere Schadensersatzansprüche.[27]

§ 10 Folgen der Beendigung[28]

(1) Nach Ablauf der Laufzeit oder Beendigung des Vertrages auf andere Weise, etwa durch Kündigung, (nachfolgend einheitlich „Beendigung") hat der Franchisenehmer

– den Betrieb des Systembetriebs sowie die Benutzung des Systems unverzüglich einzustellen,
– Gegenstände, die die Marken oder geschäftliche Bezeichnungen des Franchisegebers tragen, sowie Werbematerialien nach Aufforderung des Franchisegebers unverzüglich zu vernichten sowie Einträge und Profile in sozialen Medien zu löschen,
– das Handbuch einschließlich Kopien und der über das Intranet des Franchisesystems heruntergeladenen Dateien sowie andere schriftliche Vorgaben, Richtlinien oder Anforderungen des Franchisegebers unverzüglich herauszugeben,
– alle entstandenen Ansprüche des Franchisegebers innerhalb einer Frist von 14 Tagen zu erfüllen sowie

alles zu unterlassen, das ihn – gleich auf welche Weise – mit dem Franchisesystem in Verbindung bringt.

(2) Dem Franchisegeber steht bei Beendigung am Systembetrieb sowie an sämtlichen Gegenständen, die zum Betrieb des Systembetriebs erforderlich sind, ein Vorkaufsrecht nach §§ 463 ff. BGB zu. In Abweichung von § 469 Abs. S. 1 BGB beträgt die Frist zur Ausübung des Vorkaufsrechts durch den Franchisegeber in allen Fällen einen Monat nach Empfang der Mitteilung gemäß § 469 Abs. 1 BGB.[29]

§ 11 Schutz des Systems/Vertraulichkeit

(1) Der Franchisenehmer ist verpflichtet, den Franchisegeber über alle ihm bekannt gewordenen Verletzungen der Immaterialgüterrechte durch Dritte sowie des Know-hows unverzüglich zu unterrichten und den Franchisegeber bei dem Schutz der Immaterialgüterrechte und des Know-hows nach besten Kräften zu unterstützen.

(2) Der Franchisenehmer wird es unterlassen, die Immaterialgüterrechte selbst anzugreifen, diese zu unterlaufen oder Dritte bei einem Angriff oder Unterlaufen auf irgendeine Art und Weise zu unterstützen. Der Franchisenehmer wird es ferner unterlassen, die Immaterialgüterrechte im In- und Ausland für sich selbst schützen zu lassen oder Dritte bei einem entsprechenden Vorhaben zu unterstützen.

(3) Der Franchisenehmer wird es sowohl während der Laufzeit als auch nach Beendigung unterlassen, das Know-how sowie Geschäfts- und Betriebsgeheimnisse, die ihm anvertraut oder durch seine Tätigkeit bekannt geworden sind, offenzulegen und zu verwerten. Dies gilt insbesondere für den Inhalt des Handbuchs. Der Franchisenehmer wird ferner dafür Sorge tragen, dass er diese Verpflichtungen an seine Mitarbeiter und sonstigen Erfüllungsgehilfen weiterreicht.

§ 12 Wettbewerbsverbot[30]

(1) Der Franchisenehmer verpflichtet sich, während der Dauer des Vertrages sich weder unmittelbar oder mittelbar an einem anderen Unternehmen zu beteiligen, ein Unternehmen zu erwerben oder zu errichten noch für ein anderes Unternehmen in irgendeiner Form. unmittelbar oder mittelbar, selbstständig oder unselbstständig, tätig zu sein, das mit dem Franchisegeber in Konkurrenz steht. Zulässig ist allein eine Kapitalbeteiligung an konkurrierenden Unternehmen, die es dem Franchisenehmer nicht ermöglicht, einen wesentlichen Einfluss auf das geschäftliche Verhalten dieses Unternehmens auszuüben.

(2) Konkurrenten im Sinne dieses Vertrags sind insbesondere .....

(3) In jedem Fall der Beendigung des Vertragsverhältnisses ist es dem Franchisenehmer für die Dauer von einem Jahr untersagt, im Vertragsgebiet ein Gewerbe zu betreiben, das sich mit dem Verkauf von ..... (genaue Definition der Produkte, die zu den Vertragsprodukten in Konkurrenz stehen) befasst. Das Gleiche gilt für jede Tätigkeit für ein Konkurrenzunternehmen, gleichgültig, ob diese Tätigkeit unmittelbar oder mittelbar in einem Anstellungsverhältnis oder selbstständig oder durch eine Mittelsperson ausgeübt wird. Der Franchisenehmer darf sich in dem genannten Zeitraum an einem solchen Unternehmen auch nicht direkt oder indirekt beteiligen oder es auf andere Weise fördern. Der Franchisenehmer erhält für die Zeit des Wettbewerbsverbots eine angemessene Entschädigung in Höhe von maximal der Hälfte des auf die genannten Vertragsprodukte entfallenden jährlichen Durchschnittsgewinns der letzten drei Jahre, sofern ihm auf Grund besonderer individueller Umstände eine Tätigkeit außerhalb des Vertragsgebietes nicht zumutbar ist, so dass die Entschädigung wegen der besonderen Schutzwürdigkeit des Franchisenehmers rechtlich geboten erscheint. Kündigt der Franchisegeber aus wichtigem Grund fristlos, so hat der Franchisenehmer keinen Anspruch auf Entschädigung. Verzichtet der Franchisegeber schriftlich auf die Wettbewerbsbeschränkung, so ist der Franchisegeber mit Ablauf von zwei Monaten seit der Erklärung von der Verpflichtung zur Zahlung der Entschädigung befreit.

(4) Die Entschädigung ist während der Dauer des Wettbewerbsverbots zu entrichten; sie ist nachträglich monatlich auszuzahlen.

(5) Ein während der Dauer des nachvertraglichen Wettbewerbsverbots vom Franchisenehmer erzielter anderweitiger oder ein böswillig unterlassener Erwerb ist auf die Wettbewerbsentschädigung in vollem Umfang anzurechnen.

§ 13 Übertragungen/Ankaufsrecht des Franchisegebers[31]

(1) Der Franchisegeber darf seine Rechte und/oder Pflichten aus diesem Vertrag ganz oder teilweise abtreten oder anderweitig übertragen, wenn

– der Franchisegeber im Hoheitsgebiet der Bundesrepublik Deutschland einer Gesellschaft das Recht einräumt, im eigenen Namen Franchiseverträge zu schließen, in denen Lizenzen zur Nutzung des Systems erteilt werden; oder
– . . . . .

Der Franchisegeber informiert den Franchisenehmer über die beabsichtigte Übertragung schriftlich im Voraus.

(2) Dem Franchisenehmer ist es ohne vorherige Zustimmung des Franchisegebers untersagt, über die sich aus diesem Vertrag ergebenden Rechte und/oder Pflichten, über den Systembetrieb sowie über sämtliche Gegenstände, die zum Betrieb des Systembetriebs erforderlich sind, zu verfügen. „Verfügen" meint insbesondere eine Veräußerung, Übertragung, Vermietung/-pachtung sowie (Unter-)Lizensierung (Aufzählung nicht abschließend). [Auf § 9 Abs 3 . . . . . und § 9 Abs 5 . . . . . wird verwiesen.]

(3) Erhält der Franchisenehmer von einem Dritten („Erwerber") ein Angebot zum Abschluss eines Kaufvertrags über den Systembetrieb, so hat er dies dem Franchisegeber unverzüglich mitzuteilen und mit der Mitteilung das Angebot einschließlich der wesentlichen Vertragsbedingungen, den angetragenen Verkaufsvertrag sowie alle ihm bekannten persönlichen und finanziellen Informationen über den Erwerber zu übermitteln („Anzeigeschreiben").

Der Franchisegeber wird innerhalb von zwei Monaten ab Zugang des vollständigen Anzeigeschreibens („Ausübungsfrist") entscheiden, ob er

– den Systembetrieb selbst kauft („Ankaufsrecht"),
– dem Abschluss des Kaufvertrags mit dem Erwerber zustimmt und den Vertrag für die übrige Laufzeit mit dem Erwerber fortsetzt oder
– dem Abschluss des Kaufvertrags mit dem Erwerber widerspricht, ohne den Systembetrieb selbst zu kaufen. In diesem Fall bleibt der Franchisenehmer bis zur Beendigung Vertragspartner des Franchisegebers.

Einer Zustimmung des Franchisegebers zum Abschluss des Kaufvertrags mit dem Erwerber steht es gleich, wenn dieser sich innerhalb der Ausübungsfrist nicht äußert. Sollte der Kaufvertrag mit dem Erwerber nicht innerhalb von drei Monaten nach Ablauf der Ausübungsfrist abgeschlossen werden, so entsteht das Ankaufsrecht von neuem. Der Franchisegeber kann dem Abschluss des Kaufvertrags mit dem Erwerber nur widersprechen, ohne den Systembetrieb selbst zu kaufen, wenn wichtige Gründe, beispielsweise eine Tätigkeit des Erwerbers für einen Konkurrenten, ungenügende Bonität oder fehlende Sachkunde des Erwerbers, vorliegen.

Entscheidet sich der Franchisegeber dazu, das Ankaufsrecht auszuüben, ist der Franchisenehmer verpflichtet, den Systembetrieb an den Franchisegeber zu verkaufen. Der Kaufpreis sowie die sonstigen Bedingungen des Kaufvertrags haben denjenigen zu entsprechen, die zwischen nicht im Sinne der § 15 ff AktG verbundenen Dritten üblicherweise vereinbart werden würden. Im Falle von Streitigkeiten in Bezug auf die Üblichkeit des

Kaufpreises oder der sonstigen Bedingungen entscheidet ein vom Präsidenten der Industrie- und Handelskammer . . . . . zu bestimmender Schiedsgutachter.

(4) Die vorstehenden Regelungen der Ziff. 12.2 und 12.3 gelten entsprechend bei einer Veräußerung von Gesellschaftsanteilen an den Franchisenehmer. Ferner bedarf auch die Ausgabe neuer Gesellschaftsanteile der vorherigen Zustimmung des Franchisegebers. Auf die als Anlage 6 beigefügte Gesellschaftervereinbarung wird verwiesen.

§ 14 Aufrechnung/Zurückbehaltungsrecht

Der Franchisenehmer ist zur Aufrechnung mit Gegenforderungen gegenüber den Royalties und Werbebeiträgen sowie zur Ausübung eines Zurückbehaltungsrechtes nur im Fall unbestrittener oder rechtskräftig festgestellter Forderungen berechtigt.

§ 15 Schlussbestimmungen

(1) Dieser Vertrag unterliegt dem Recht der Bundesrepublik Deutschland. Die Geltung des UN-Kaufrechts ist ausgeschlossen.

(2) Ausschließlicher Gerichtsstand für alle Streitigkeiten aus oder in Zusammenhang mit diesem Vertrag ist . . . . .

(3) Sollte eine Bestimmung dieses Vertrages unwirksam oder nicht durchführbar sein oder werden, so wird der Vertrag in seinen übrigen Bestimmungen davon nicht berührt.

(4) Alle Vereinbarungen, die zwischen den Parteien getroffen worden sind, sind in diesem Vertrag enthalten. Etwaige Nebenabreden, Ergänzungen oder Vertragsänderungen bedürfen zu ihrer Wirksamkeit der Schriftform. Dies gilt auch für die Abbedingung des Schriftformerfordernisses.[32]

Mit der Unterschrift erklärt jede Vertragspartei, ein vollständiges Exemplar dieses Vertrages einschließlich sämtlicher Anlagen ausgehändigt bekommen zu haben.

. . . . . Ort, Datum	. . . . . Ort, Datum
(Franchisegeber)	(Franchisenehmer)

Schrifttum: *Bamberger/Roth/Hau/Poseck*, BeckOK BGB, 49. Edition, Stand: 1.2.2019; Baumbach/Hopt, Handelsgesetzbuch, 40. Auflage 2021; *Buck-Heeb, Dieckmann*, Der Franchisenehmer als Vertreter des Franchisegebers?, JuS 2008, 583; *Ebenroth*, Absatzmittlungsveträge im Spannungsfeld von Kartell- und Zivilrecht, 1980; *Ebenroth/Boujong/Joost/Strohn*, Handelsgesetzbuch, 4. Auflage 2020; *Ekkenga*, Die Inhaltskontrolle von Franchiseverträgen, 1990; *Emde*, Parallelvertrieb zwischen Unternehmer und Vertriebsmittler, VersR 2012, 536; Staub/*Emde*, HGB, 5. Auflage, Vor § 84 Rn 346 ff; *Flohr*, Aktuelle Tendenzen im Franchise-Recht, BB 2006, 389; *Flohr/Wauschkuhn*, Vertriebsrecht, 2. Auflage 2018; *Foth*, Der Investitionsersatzanspruch des Vertragshändlers – Vorschlag einer funktionsgerechten Lösung des Problems nicht-amortisierter Investitionen bei Beendigung von Vertragshändler-Verträgen, BB 1987, 1270; *Giesler/Nauschütt*, Franchiserecht, 3. Auflage 2016; *Giesler*, Praxis des Vertriebsrechts, 3. Auflage 2018; *Graf von Westphalen*, Vertragsrecht und AGB-Klauselwerke, Franchising, 45. Auflage 2020; *Gsell/Krüger/Lorenz/Reymann*, Beck OGK BGB, Stand: 1.1.2020; *Liesegang*, Die Konkurrenzschutzpflicht des Franchisegebers, BB 1999, 857 ff; *Liesegang*, Die Bedeutung des AGB-Gesetzes für Franchiseverträge, BB 1991, 2381; *Metzlaff*, Praxishandbuch Franchising, 2003; *Martinek*, Franchising, 1987; *Martinek*, Franchising im Handelsrecht – Zur analogen Anwendbarkeit handelsvertreterrechtlicher Vorschriften auf Franchiseverträge, ZIP 1988, 1362 ff; *Martinek*, Moderne Vertragstypen, Band II, 1992; *Martinek/Semler/Flohr*, Formularsammlung Vertriebsrecht, 2013; *Martinek/Semler/Flohr*, Handbuch des Vertriebsrechts, 4. Auflage 2016; Palandt, Bürgerliches Gesetzbuch, 79. Auflage 2020; *Pfeifer*, Die Inhaltskontrolle in Franchiseverträgen, 2005; *Säcker/Rixecker/Oetker/Limpberg*, Münchner Kommentar zum Bürgerlichen Gesetzbuch, Band 2-4, 8. Auflage 2019, Band 5, 8. Auflage 2020; *Skaupy*, Franchising – Handbuch für die Betriebs- und Rechtspraxis, 2. Aufl. 1995; *Skaupy*, Der Pronuptia-Prozeß 1974 – 1995, BB 1996, 1899

Anmerkungen

1. Einleitung. Franchisegeber verfolgen in der Regel zwei Kernziele: Zum einen das Franchisesystem und die einzelnen Marken möglichst rasch und weit auf dem Markt zu verbreiten und den für die Marke gewonnenen Standort dauerhaft zu sichern sowie zum anderen – soweit das Franchisesystem nicht nur durch Eigenbetriebe geführt wird – einen verlässlichen Partner als Franchisenehmer zu finden, der die Markenstandards beachtet und so die Reputation und Attraktivität der Marke fördert. Eine Beschränkung des Franchisesystems auf Eigenbetriebe findet sich oft dort, wo der Franchisegeber seine (wertvolle) Marke einem Dritten nicht anvertrauen mag, wie dies beispielsweise oft bei Hotelmarken der 5-Sterne-Kategorie der Fall ist.

Der vorliegende Mustervertrag ist jedoch auf ein sogenanntes duales Vertriebssystem ausgerichtet, bei dem der Franchisegeber eigene Franchisebetriebe (Eigenbetriebe) führt, daneben aber auch Dritten über Franchiseverträge den Betrieb unter der eigenen Marke gestattet. Der Vertrag sieht daher Schutzmechanismen vor, die es dem Franchisegeber erlauben, im Falle einer nicht vertragsgemäßen Nutzung des Franchisesystems und bei einer Gefährdung der Marke Sanktionsmechanismen gegen den Franchisenehmer zu ergreifen und gegenüber dem Franchisenehmer einzelne Bestimmungsrechte durchzusetzen, um die Markenstandards umzusetzen und gegebenenfalls fortzuentwickeln. Diese typischen Interessen des Franchisegebers sind mit den Interessen eines Franchisenehmers in Einklang zu bringen. Dieser möchte insbesondere möglichst wenige Einschränkungen in seiner unternehmerischen Freiheit hinnehmen und einen möglichst großen Gewinn erwirtschaften. So prallt häufig die Forderung des Franchisegebers auf Umsetzung neuer Markenstandards beispielsweise in der Gestaltung des Geschäftslokals oder der Aufnahme neuer Leistungen auf die Weigerung des Franchisenehmers, weitere, den Gewinn (zunächst) schmälernde Investitionen zu tätigen.

International agierende Franchisegeber setzen ferner sogenannte Master-Franchisenehmer für genau definierte Regionen ein und gewähren diesen Master-Franchisenehmern das Recht, in ihrer Region das Franchisesystem aufzubauen und zu verbreiten; Master-Franchisenehmer sind für Ihre Region daher mit dem Recht zur Unterlizenzierung ausgestattet und mit der Aufgabe betraut, für ihre Region die typischen Aufgaben des Franchisegebers wahrzunehmen.

Gleichgültig, ob der Systembetrieb als Eigenbetrieb des Markeninhabers, als Betrieb des Master-Franchisenehmers oder als einzelner Franchisebetrieb geführt wird: Grundlage für die Betriebsführung ist zunächst die Sicherung eines Standortes. Je nach Kapitalaufwand kann dies über Eigentumserwerb oder – wie in der Praxis häufiger anzutreffen – über Mietverträge gesichert werden. Die Identifikation und Sicherung geeigneter Standorte sind daher ein ganz wesentlicher Baustein für die erfolgreiche Umsetzung einer Expansionsstrategie. Der Franchisenehmer befindet sich dann häufig in einer sogenannten „Sandwichposition". Er muss einerseits den Anforderungen unter dem Mietvertrag sowie andererseits den Anforderungen unter dem Franchisevertrag gerecht werden. Daher ist insbesondere auf eine parallele Laufzeit beider Verträge zu achten sowie auf die rechtliche Durchsetzbarkeit beispielsweise von baulichen Maßnahmen, die der Franchisegeber von dem Franchisenehmer im Rahmen eines *remodeling* verlangt und die der Franchisenehmer (in seiner Eigenschaft als Mieter) gegenüber dem Eigentümer umsetzen muss.

2. Allgemeines

a) **Begriffsbestimmung:** Es besteht zwar ein weitgehend gleiches Verständnis des Begriffs „Franchising", jedoch findet sich keine einheitliche Definition oder gar Legaldefinition von Franchise oder des Franchiserechts. Vielmehr versuchen sich Autoren und Franchisingverbände immer wieder an eigenen Definitionen, ohne dabei aber zu einem gemeinsamen Nenner zu gelangen (vgl. zu den verschiedenen Vorschlägen *Skaupy*, Franchising, S. 6 ff; Giesler/Nauschütt/*Giesler/Nauschütt*, Franchiserecht, Einleitung Rn 27 ff, s.a. MüKoBGB/*Harke*, § 581 Rn 28; Ebenroth/Boujong/Joost/Strohn/*Löwisch*, HGB § 84 Rn 216; *Martinek*, ZIP 1988, 1362 (1362)).

Angelehnt an die außer Kraft getretene Verordnung der EU-Kommission über die Anwendung von Art. 85 Abs 3 des Vertrages auf Gruppen von Franchisevereinbarungen (VO Nr 4087/88) handelt es sich bei dem Begriff „Franchise" gem. Art. 1 Abs 3 lit a) dieser VO um eine Gesamtheit von Rechten an gewerblichem oder geistigem Eigentum wie Warenzeichen, Handelsnamen, Ladenschilder, Gebrauchsmuster, Geschmacksmuster, Urheberrechte, Know-how oder Patente, die zum Zwecke des Weiterverkaufs von Waren oder der Erbringung von Dienstleistungen an Endverbraucher genutzt wird.

Die Erscheinungsformen des Franchisings lassen sich anhand der Geschäftstätigkeit grob in Waren-/Vertriebs-, Dienstleistungs- und Produktionsfranchising einteilen, wobei häufig Mischformen anzutreffen sind (Giesler/Nauschütt/*Giesler/Nauschütt*, Franchiserecht, Einleitung Rn 36, Metzlaff/*Skaupy*, PHB-Franchising, Kap. A § 3 Rn 1 ff). Abhängig vom jeweiligen Grad der Weisungsabhängigkeit des Franchisenehmers unterscheidet man ferner zwischen Subordinations- und Partnerschaftsfranchising (Martinek, Moderne Vertragstypen, Band II, S. 65 ff und S. 78 ff).

Der konkrete Vertragsinhalt wird im Übrigen maßgeblich durch die Bedürfnisse der jeweiligen Branche bestimmt. So spielen beispielsweise in der Hotelbranche die Regelungen im Franchisevertrag zum Reservierungssystem und zu Anforderungen an die Hotelimmobilie eine große Rolle. Gerade amerikanische Hotelketten machen strenge Vorgaben zur Sicherheit im Gebäude, insbesondere in Bezug auf Brandschutz. In der Systemgastronomie haben beispielsweise Bezugsbindungen an vom Franchisegeber autorisierte Lieferbetriebe sowie Vorschriften zur Einhaltung der Hygienestandards erhöhte Bedeutung.

b) **Rechtsnatur:** Die Frage nach der Rechtsnatur des Franchisevertrages ist demgemäß nicht einheitlich und abschließend zu beantworten. Vielmehr hängt diese stark von der konkreten Ausgestaltung des jeweiligen Vertragsverhältnisses ab. Es kann deshalb im Folgenden nur bezüglich der für alle Franchiseverträge geltenden Hauptmerkmale eine Aussage zur Rechtsnatur getroffen werden. Zumeist hat die rechtliche Einordnung des Franchisevertrags ohnehin nur geringe Auswirkungen, da die Franchiseverträge in der Praxis sehr detaillierte Regelungen enthalten und damit dispositives Gesetzesrecht in aller Regel nicht zur Anwendung kommt (Metzlaff/*Grunsky*, PHB-Franchising-HdB, Kap. B § 5 Rn 8 ff, 35). Relevant wird die Rechtsnatur also erst, wenn die Parteien entweder zum fraglichen Punkt keine Regelung getroffen haben oder die Qualifizierung dazu führt, dass zwingendes Recht anwendbar ist (Metzlaff/*Grunsky*, PHB-Franchising-HdB, Kap. B § 5 Rn 10, 35). Von praktischer Bedeutung sind dabei vor allem die zwingenden arbeits- und sozialversicherungsrechtlichen Vorschriften (hierzu sogleich unter aa)).

Die **Hauptpflichten** der Parteien, welche einander gegenüberstehen, sind im Rahmen der vertikalen Absatzkooperation angesiedelt (hierzu *Ebenroth*, Absatzmittlungsverträge im Spannungsfeld von Kartell- und Zivilrecht, 1980; Staub/*Emde*, Vor § 84 Rn 356 ff): Einerseits die Absatzförderungs- und die Gebührenpflicht des Franchisenehmers, andererseits die Betriebseingliederungs- und Betriebsförderungspflicht des Franchisegebers (*Martinek* ZIP 1988, 1362 (1373)).

Bei einem Franchisevertrag handelt es sich nach herrschender Meinung um einen im Gegenseitigkeitsverhältnis stehenden, typengemischten Vertrag, welcher in Form. eines

Rahmenvertrags ein Dauerschuldverhältnis im Sinne des § 314 BGB begründet (vgl. *Löwisch* in Ebenroth/Boujong/Joost/Strohn, HGB, § 84 Rn 216; Giesler/Nauschütt/*Giesler*, Franchiserecht, Kap. 4 Rn 163 ff; Metzlaff/*Grunsky*, PHB-Franchising-HdB, Kap. B § 5 Rn 32). Dessen jeweilige schuldrechtliche Erscheinungsformen weisen neben einem stark geschäftsbesorgungsrechtlichen Charakter insbesondere Bezüge zum Überlassungs-, Dienst-, Vertriebs-, Lizenz- und Pachtvertrag mit mal mehr und mal weniger starkem Einschlag auf (MüKoBGB/*Harke*, § 581 Rn 19; Giesler/Nauschütt/*Giesler*, Franchiserecht, Kap. 5 Rn 170ff, *Martinek*, ZIP 1988, 1362 (1374, 1379)). Es können darüber hinaus auch kauf- und werkvertragliche Elemente enthalten sein.

Der Franchisevertrag ist zudem von **anderen Vertragstypen** abzugrenzen. Maßgeblich für die Abgrenzung ist vor allem, dass der Franchisenehmer im eigenen Namen und auf eigene Rechnung, dh selbstständig und mit eigenem wirtschaftlichem Risiko, handelt:

aa) Vor dem Hintergrund der dem Franchising immanenten engen Bindung des Franchisenehmers an den Franchisegeber und dem damit nahezu zwangsläufig verbundenen Abhängigkeitsverhältnis ist vor allem die Abgrenzung zum **Arbeitsvertrag** problematisch. Im Rahmen der Vertragsgestaltung sind keine Vorkehrungen möglich, um zu erreichen, dass ein Franchisenehmer als selbstständig angesehen wird, wenn und soweit die tatsächlichen Verhältnisse den Schluss rechtfertigen, dass er in Wirklichkeit Arbeitnehmer ist. Für die Einordnung der Stellung des Franchisenehmers kommt es nämlich nicht auf die vertragliche Bezeichnung an, sondern vielmehr stets auf die tatsächlichen Verhältnisse, nach denen der Vertrag gelebt wird (vgl. jetzt auch § 611a Abs 1 S. 6 BGB) (Staub/*Emde* Vor § 84 Rn 350). Sollte zwingendes Arbeitsrecht anwendbar sein, kann dies für ein Franchisesystem verheerende Folgen haben. Insoweit können Probleme im Zusammenhang mit Sozialversicherung, Kündigung, Rechtswegfragen (§§ 2, 5 ArbGG) und der Wirksamkeit des Vertrags als solchem (§§ 138, 307 BGB) auftreten.

Mit der neu eingefügten und zum 1. April 2017 in Kraft getretenen Regelung des § 611a BGB wurden die bislang von der Rechtsprechung zur Abgrenzung von Arbeitsverhältnissen zu selbstständigen Tätigkeiten herangezogenen Merkmale kodifiziert. Gem. § 611a Abs 1 S. 1 BGB ist als Arbeitnehmer anzusehen, wer im Dienste eines anderen zur Leistung weisungsgebundener, fremdbestimmter Arbeit in persönlicher Abhängigkeit verpflichtet ist. Weisungsgebunden ist, wer nicht im Wesentlichen frei seine Tätigkeit gestalten und seine Arbeitszeit bestimmen kann (§ 611a Abs 1 S. 3 BGB), wobei das Weisungsrecht insbesondere Inhalt, Durchführung, Zeit und Ort der Tätigkeit betreffen kann (§ 611a Abs 1 S. 2 BGB).

Dies entspricht der bisherigen, ua auch zum Vertriebsrecht ergangenen höchstrichterlichen Rechtsprechung, wonach dort als Arbeitnehmer angesehen werden konnte, wer **weisungsgebunden vertraglich geschuldete Leistungen** im Rahmen einer von seinem Vertragspartner bestimmten Absatzorganisation erbringt (BGH NJW-RR 2003, 277 (280); s.a. BAG NJW 1997, 2973 – „Eismann I"; BGH NJW 1999, 218 – „Eismann II"; BAG NJW 2002, 2125). In Anlehnung an § 84 Abs 1 S. 2 HGB war dabei insbesondere auf die **freie Gestaltung der Tätigkeit und Bestimmung der Arbeitszeit** abzustellen. Als arbeitnehmerähnlich ist hingegen anzusehen, wer in Anlehnung an § 12a TVG (s.a. § 5 Abs 1 S. 2 ArbGG) **wirtschaftlich und persönlich abhängig und vergleichbar einem Arbeitnehmer sozial schutzbedürftig** ist (BGH NJW 1999, 218 – „Eismann II").

Diese Kriterien sind anhand von Indizien unter Berücksichtigung der jeweiligen Umstände festzustellen, was in der Vergangenheit zu einer stark einzelfallorientierten Rechtsprechung geführt hat. Im Rahmen des Franchising ist dabei immer zu beachten, dass eine enge Bindung der Parteien gleichbleibende Qualität sicherstellt, was für den Erfolg des Franchisesystems und der Marke erforderlich ist und folglich im Interesse beider Parteien liegt (Giesler/Nauschütt/*Giesler*, Franchiserecht, Kap. 10 Rn 13). Es kommt insoweit also ganz wesentlich darauf an, wie die typischen **Weisungs- und Kontrollrechte des Franchisegebers** ausgestaltet sind (BGH ZIP 1998, 2104 – Eismann; Metzlaff/*Flohr*, PHB-

Franchising-HdB, § 14 Rn 24 f). Dienen sie – auch unter Beachtung ihrer tatsächlichen Handhabung – nur der Sicherstellung des systemkonformen Verhaltens des Franchisenehmers, dann sind sie grundsätzlich – auch unter Berücksichtigung des Franchise-Handbuchs (BGH ZIP 1998, 2104) – unbedenklich, was jedoch nicht gilt, wenn sie in die rechtliche und/oder wirtschaftliche Selbstständigkeit des Franchisenehmers eingreifen (zur Frage der Sicherstellung der Selbstständigkeit des Franchisenehmers im Einzelnen Metzlaff/*Flohr*, PHB-Franchising, § 14 Rn 35 ff).

Als Indizien für eine **wirtschaftliche Abhängigkeit** des Franchisenehmers kann beispielsweise auf die Frage, ob es sich bei dem Vertragsverhältnis für den Franchisenehmer um die alleinige Existenzgrundlage handelt, auf Nebentätigkeitsverbote, auf die Verpflichtung zur Leistungserbringung in eigener Person, auf Arbeitszeitvorgaben oder auch auf Mindestabnahme, -absatz oder auf Umsatzvorgaben abgestellt werden (Giesler/Nauschütt/*Giesler*, Franchiserecht, Kap. 10 Rn 15 ff mwN).

Für eine **persönliche Abhängigkeit** sprechen insbesondere Arbeits- und Urlaubszeitvorgaben (LAG Düsseldorf, NJW 1988, 725; BGH NJW-RR 2000, 1436), die Vornahme buchhalterischer und betriebswirtschaftlicher Unternehmeraufgaben allein durch den Franchisegeber (Giesler/Nauschütt/*Giesler*, Franchiserecht, Kap. 10 Rn 67 mwN) oder auch erhebliche Eingriffe in die Personalhoheit des Franchisenehmers (Giesler/Nauschütt/*Giesler*, Franchiserecht, Kap. 10 Rn 69 mwN). Allein aus verbindlichen Richtlinien hinsichtlich eines einheitlichen Erscheinungsbildes (Ausstattung der Räumlichkeiten, Kleidung etc) lässt sich aber noch kein Schluss auf eine Arbeitnehmerstellung des Franchisenehmers ziehen (BGH NJW-RR 2003, 277 (280)).

Hingegen kommt es für eine einem Arbeitnehmer **vergleichbare soziale Schutzbedürftigkeit** des Franchisenehmers unter anderem in Anlehnung an § 2 Nr 9 SGB VI auf die Frage an, ob der Franchisenehmer berechtigt ist, fremde Arbeitskraft einzusetzen, ihm dies insbesondere auch wirtschaftlich möglich ist und er somit gewissermaßen selbst als Arbeitgeber auftreten kann (BAG NJW 2002, 2125 (2126)). Auch kann das Fehlen eigener Betriebsmittel des Franchisenehmers auf dessen soziale Schutzbedürftigkeit schließen lassen (BAG BB 1997, 2020).

bb) Die Abgrenzung zum **Vertragshändler** ist im Einzelfall ebenfalls nicht leicht. Auch der Vertragshändler handelt im eigenen Namen und für eigene Rechnung (Baumbach/Hopt/*Hopt*, HGB, § 84 Rn 10). Denkbar ist es, nach der Dichte, Enge und Straffheit der Kooperation zwischen der Absatzzentrale und dem Absatzmittler zu differenzieren: Je enger das Verhältnis ist, umso eher liegt Franchise vor (*Martinek*, Franchising, 227; *Skaupy* DB 82, 2446, 2448; Metzlaff/*Skaupy*, Franchiserecht § 4 Rn 3). Verschiedentlich wird aber auch der Vertragshändlervertrag als Unterart des Franchise-Vertrages qualifiziert (*Ekkenga*, 19). Doch ist regelmäßig wohl entscheidend, dass der Franchise-Vertrag in höherem Maße als der Vertragshändlervertrag auch einen Transfer von Know-how für Werbung und Marketing zum Gegenstand hat; die Einbindung des Franchisenehmers in das Vertriebssystem ist tendenziell enger als beim Vertragshändlervertrag. Der Vertragshändler zahlt auch keine Franchisegebühren; er erhält vielmehr Rabatte. Im hochintegrierten Vertrieb wird man anhand der Pflicht zur Zahlung der Franchisegebühren Franchiseverträge von Vertragshändlerverträgen separieren können.

cc) Notwendigerweise ist der **Handelsvertreter**, der lediglich gemäß §§ 84 ff HGB Kundenverträge vermittelt oder diese in fremdem Namen abschließt, kein Franchisenehmer (*Skaupy*, Franchising, 11 f; Metzlaff/*Skaupy* § 4 Rn 5). Die meisten Vorschriften des Handelsvertreterrechts werden jedoch analog auf Franchiseverträge angewandt (im Einzelnen: Staub/*Emde*, Vor § 84 Rn 355) – mit Ausnahme der spezifisch handelsvertreterrechtlichen Normen, etwa zur Provision (§§ 87 ff).

dd) Der **Kommissionär** oder Kommissionsagent, der sich zwar rechtsgeschäftlich gegenüber seinem Kunden verpflichtet, dabei aber für Rechnung des Auftraggebers handelt, ist ebenfalls kein Franchisenehmer (*Skaupy*, Franchising 12).

3. Allgemeine Geschäftsbedingungen. Eine Großzahl der Franchiseverträge sind Allgemeine Geschäftsbedingungen im Sinne des § 305 Abs 1 S. 1 BGB, da sie in der Regel auf nicht individuell ausgehandelten Vertragsmustern des Franchisegebers basieren, die im gesamten Franchisesystem und damit in einer Vielzahl von Fällen Anwendung finden. Die Vertragsfreiheit unterliegt damit den Grenzen des § 307 BGB, die bereits bei Formulierung des Vertrages immer berücksichtigt werden müssen.

Relevant für die Inhaltskontrolle ist im Rahmen von Franchiseverträgen primär § 307 BGB, da die §§ 308, 309 BGB im Rahmen von Allgemeinen Geschäftsbedingungen gegenüber Unternehmern gemäß § 310 Abs 1 S. 1 BGB nicht anwendbar sind und über § 310 Abs 1 S. 2 BGB lediglich Indizwirkung entfalten (BGH, Urt. v. 19.9.2007 – VIII ZR 141/06, NJW 2007, 3774 (3775); BeckOGK/*Richters/Friesen* § 310 BGB Rn 53 f). Dabei ist zu beachten, dass auch Existenzgründer, welche im Franchiserecht öfter in Erscheinung treten, nach herrschender Meinung jedenfalls im Hinblick auf § 310 BGB als Unternehmer iSd § 14 BGB zu qualifizieren sind (OLG Oldenburg, NJW-RR 2002, 641; Palandt/*Grüneberg* BGB § 310 Rn 2, BeckOK BGB/*Becker*, § 310 Rn 3; aA OLG Koblenz NJW 1987, 74).

Gemäß § 307 Abs 1 S. 1 BGB führt eine unangemessene Benachteiligung des Vertragspartners entgegen den Geboten von Treu und Glauben zur Unwirksamkeit der jeweiligen Bestimmungen (§ 306 Abs 1 BGB).

Eine unangemessene Benachteiligung ist nach ständiger Rechtsprechung durch Abwägung der Interessen des Verwenders, hier des Franchisegebers, mit denen des Vertragspartners, hier des Franchisenehmers, zu ermitteln (BGH NJW 2010, 2942 (2943); BGH NJW 2008, 818 (822); s.a. MüKoBGB/*Wurmnest*, § 307 Rn 37; Flohr/Wauschkuhn/*Flohr*, § 307 BGB Rn 9 mwN)). Auf Seiten des Franchisegebers besteht dabei in der Regel das Interesse an einem möglichst engmaschigen Vertragswerk, das den Franchisegeber berechtigt, den Franchisenehmer unter weitreichenden Überwachungs- und Weisungsbefugnissen in sein System einzubinden und die Einheitlichkeit des Systems sicherzustellen. Demgegenüber steht auf Seiten des Franchisenehmers das Interesse nach unternehmerischer Flexibilität in allen in Betracht kommenden Aspekten (Flohr/Wauschkuhn/*Flohr*, BGB § 307 Rn 9). Dass es hierbei zu Konflikten kommen kann, liegt auf der Hand.

Aus § 307 Abs 1 S. 2 BGB ergibt sich weiter das sog. Transparenzgebot, wonach eine unangemessene Benachteiligung im Sinne des § 307 Abs 1 S. 1 BGB sich insbesondere aus einer nicht klaren oder verständlichen Bestimmung ergeben kann. Dies zwingt den Franchisegeber dazu, die Bestimmungen des Vertrages in einer auch dem juristischen Laien verständlichen Sprache abzufassen, die formale Gestaltung übersichtlich zu halten und es dem Franchisenehmer so zu ermöglichen, auch ohne fachkundige Beratung etwaige benachteiligende Regelungen erkennen zu können (Flohr/Wauschkuhn/*Flohr*, BGB § 307 Rn 14). Dies gilt auch hinsichtlich inhaltlicher Klarheit und der Bestimmtheit bzw. Konkretisierung der vertraglichen Regelungen (Giesler/Nauschütt/*Giesler*, Franchiserecht, Kap. 9 Rn 62). Vor allem Ermessensspielräume (→ Anm. 19) und Änderungsvorbehalte (hierzu Anm. 12) sind mit Bedacht zu behandeln (vgl. Giesler/Nauschütt/*Giesler*, Franchiserecht, Kap. 9 Rn 65ff).

Auf die einzelnen AGB-rechtlichen Problemstellungen wird im Folgenden im Rahmen der jeweiligen Fußnoten eingegangen.

4. Widerrufsrecht und Schriftformerfordernis. Ist der Franchisenehmer eine natürliche Person (und nicht wie im vorliegenden Muster eine GmbH), kann ihm unter Umständen ein **Widerrufsrecht** auf Basis des Verbraucherkreditrechts zustehen und der Franchisevertrag zudem der Schriftform unterliegen, wenn eine Existenzgründung im Sinne des § 513 BGB vorliegt.

Für die Anwendung der verbraucherschützenden §§ 491 bis 512 BGB über § 513 BGB ist erforderlich, dass dem Franchisenehmer für die Aufnahme einer gewerblichen oder selbständigen beruflichen Tätigkeit ein Darlehen (§ 488 BGB), ein Zahlungsaufschub oder eine sonstige Finanzierungshilfe (beide § 506 BGB) gewährt wird oder er zu diesem Zweck einen Ratenlieferungsvertrag (§ 510 BGB) schließt und dabei ein Kredit- oder Geschäftsvolumen von 75.000 EUR nicht überschritten wird (umfassend hierzu Giesler/*Giesler/Güntzel*, Praxis des Vertriebsrechts, § 4 Rn 437 bis 450).

Die häufigsten Anwendungsfälle des Verbraucherkreditrechts im Franchising ergeben sich damit über die Vereinbarung einer Bezugsverpflichtung gemäß § 510 Abs 1 S 1 Nr 3 BGB im Franchisevertrag (Flohr/Wauschkuhn/*Flohr*, BGB § 513 Rn 15). Dieser enthält dann Elemente eines sog. Ratenlieferungsvertrags (vgl. die gesetzliche Überschrift des § 510 BGB). Eine Bezugsverpflichtung ist vor allem im Bereich des Warenfranchisings und der Systemgastronomie die Regel (Giesler/Nauschütt/*Giesler*, Franchiserecht, Kap. 9 Rn 246; Giesler/*Giesler/Güntzel*, Praxis des Vertriebsrechts, § 4 Rn 451). Ein weiterer Anwendungsfall ist denkbar, wenn der Franchisegeber dem Franchisenehmer einen entgeltlichen Zahlungsaufschub im Sinne des § 506 BGB – etwa hinsichtlich der Eintrittsgebühr – gewährt (Giesler/*Giesler/Güntzel*, Praxis des Vertriebsrechts, § 4 Rn 435).

Ferner darf die Wertgrenze in Höhe von 75.000 EUR nicht überschritten sein. Die Ermittlung wirft in der Praxis Schwierigkeiten auf. Nach einem viel diskutierten Urteil des OLG Brandenburg vom 31. August 2005 (3 U 17/05, NJW 2006, 159) ist die Wertgrenze nicht durch eine wirtschaftliche Betrachtungsweise, die das Gesamtengagement aus den vom Widerruf betroffenen Verträgen wertmäßig zusammenfasst, festzustellen, sondern jede auf den Abschluss eines Vertrags gerichtete Willenserklärung gesondert zu bewerten. Im Ergebnis führt diese Ansicht dazu, dass die Investitionen des Franchisenehmers bei Abschluss des Franchisevertrags (bspw. Eintrittsgebühr, Umbaukosten für den Systembetrieb, Baukosten für Systembetrieb, Inventar, Systemware) nicht zusammengerechnet werden, wenn sie nicht bereits allesamt im Franchisevertrag, sondern in separaten Verträgen begründet werden (Flohr/Wauschkuhn/*Flohr*, BGB, § 513 Rn 30). Der Anwendungsbereich des Widerrufsrechts wird so erheblich ausgeweitet. Wenn sich aber eine im Franchisevertrag enthaltene Bezugsverpflichtung allein auf Geschäfte mit Dritten – namentlich der Systemlieferanten – bezieht, soll hingegen nach einem Urteil des OLG Schleswig vom 26. September 2013 (16 U Kart 49/13) eine wirtschaftliche Gesamtbetrachtung maßgeblich sein, die die mit den Dritten in separaten Verträgen getätigten Umsätze einschließt. Bis sich hier eine eindeutige Linie der Rechtsprechung herausgebildet hat, ist zu empfehlen, allen Franchiseverträgen mit natürlichen Personen eine Widerrufsbelehrung beizufügen (Flohr/Wauschkuhn/*Flohr*, BGB, § 513 Rn 28; Giesler/*Giesler/Güntzel*, Praxis des Vertriebsrechts, § 4 Rn 435).

Liegen die vorgenannten Voraussetzungen vor, steht dem Franchisenehmer ein 14-tägiges Widerrufsrecht gemäß §§ 513, 510 Abs 1, 2 (ggf auch gemäß § 506 Abs 1, 495 BGB) iVm § 355 BGB zu. Bevor der Franchisenehmer nicht ordnungsgemäß gemäß Art. 246 Abs 3 EGBGB über sein Widerrufsrecht belehrt wird, beginnt allerdings die Widerrufsfrist nicht, § 356c Abs 1 BGB. Das Widerrufsrecht erlischt dann gemäß § 356c Abs 2 S. 2 BGB spätestens zwölf Monate und 14 Tage nach Vertragsschluss. Franchisegeber sollten daher aufgrund der komplizierten und teils unklaren Anforderungen an die Widerrufsbelehrung auf das für die Franchisewirtschaft vom Deutschen Franchiseverband e.V. entwickelte Muster zurückgreifen (Giesler/*Giesler/Güntzel*, Praxis des Vertriebsrechts, § 4 Rn 481). Rechtsfolge des wirksamen Widerrufs ist die Rückabwicklung des Franchisevertrags gemäß §§ 355 Abs 3 S. 1, 357 ff BGB.

Zusätzlich unterliegen Franchiseverträge, die Elemente eines Ratenlieferungsvertrags enthalten, gemäß § 310 Abs 1 S. 1 Nr 3 BGB der **Schriftform**. Werden die komplexen Anforderungen des Schriftformerfordernisses nicht eingehalten, ist der ganze Franchisevertrag gemäß § 125 S. 1 BGB nichtig, wenn nicht anzunehmen ist, dass der Franchisevertrag auch ohne die Bezugsverpflichtung als formbedürftigem Teil des Rechtsgeschäfts abgeschlossen worden wäre (§ 139 BGB). Ob die Gesamtnichtigkeit greift, ist folglich im

Einzelfall anhand der Bedeutung der Bezugsverpflichtung für das jeweilige Franchisesystem zu entscheiden (so auch Giesler/*Giesler/Güntzel*, Praxis des Vertriebsrechts, § 4 Rn 511; Giesler/Nauschütt/*Giesler*, Franchiserecht, Kap. 9 Rn 307).

5. Franchise-Handbuch. Neben der Durchführung von Schulungen erfüllt der Franchisegeber seine Betriebseingliederungspflicht (s. hierzu bereits → Anm. 2) maßgeblich dadurch, indem er dem Franchisenehmer das zum Betrieb erforderliche Know-how durch das Zugänglichmachen des Franchise-Handbuchs zur Verfügung stellt. Darin enthalten sind vor allem Qualitäts- und Absatzrichtlinien (gegebenenfalls einschließlich des entsprechenden Weisungsrechts des Franchisegebers). Meist sind sie – wie hier – Vertragsbestandteil und keine bloßen Empfehlungen. Die Bestimmungen sind in der Regel mit § 307 Abs 1 BGB vereinbar, soweit sie der Sicherung der für das Franchising typischen einheitlichen und gleich bleibenden Qualität und Aufmachung der unter dem Namen- und Firmenzeichen des Franchisegebers angebotenen Waren und Dienstleistungen dienen (*Liesegang* BB 1991, 2381 f).

Zur Erfüllung der vorvertraglichen Aufklärungspflichten (hierzu näher → Anm. 7) muss der Franchisegeber dem Franchisenehmer vor Vertragsschluss Einblick in das Handbuch gewähren. Die damit verbundene Preisgabe von Know-how – und das bereits vor Vertragsschluss – sollte durch eine Vertraulichkeitsvereinbarung abgesichert werden.

6. System. Je nach Branche werden hier weitere Elemente des Systems genannt, bspw. Reservierungssysteme und Kundentreueprogramme in der Hotelbranche oder Bestandteile des Restaurantkonzepts (Zubereitung der Speisen, Gestaltung der Speisekarte) in der Systemgastronomie.

7. Vorvertragliche Pflichtverletzungen des Franchisegebers. Bereits vor Abschluss eines Franchisevertrages besteht zwischen den Vertragsparteien ein vorvertragliches Schuldverhältnis iSd § 311 Abs 2, 3 BGB, bei welchem sich für diese wechselseitige Rücksichtnahme- und Treuepflichten nach § 241 Abs 2 BGB ergeben. Gerade für den Franchisegeber ergibt sich hieraus ein erhebliches Haftungsrisiko (§ 280 Abs 1 BGB).

Zunächst trifft den Franchisegeber die sich bereits aus dem allgemeinen Zivilrecht (insbesondere §§ 242, 823 ff BGB) ergebende Pflicht, den Franchisenehmer im Rahmen der Vertragsgespräche nicht aktiv mit falschen Informationen zu versorgen. Dabei ist auch in der Regel nicht von einem Mitverschulden des Franchisenehmers iSd § 254 BGB allein deshalb auszugehen, weil er auf die ihm zur Verfügung gestellten Informationen vertraut hat (Giesler/Nauschütt/*Giesler*, Franchiserecht, Kap. 5 Rn 118 mwN).

Im Ausgangspunkt ist es grundsätzlich Sache der Partei selbst, sich über die allgemeinen Marktverhältnisse und die daraus resultierenden Risiken und Chancen zu informieren (OLG Brandenburg NJW-RR 2006, 51). Da Franchisenehmer sich in einer Vielzahl von Fällen mit Abschluss des Vertrages in ein ihnen bis dato unbekanntes System begeben und hierfür teils erhebliche Investitionen eingehen, hat der Franchisegeber, welcher sein System und die damit einhergehenden Risiken am besten kennen sollte, aber die Pflicht, den Franchisenehmer über alle Umstände aufzuklären, die für den Abschluss des Vertrags erkennbar von besonderer Bedeutung sind (OLG Brandenburg NJW-RR 2006, 51). Die Reichweite der Aufklärungspflichten hängt zudem auch vom jeweiligen Franchisesystem und von der geschäftlichen Erfahrenheit des jeweiligen Franchisenehmers ab (Martinek/Semler/Flohr/*Flohr/d'Avis*, FormVertriebsR, § 12 S. 334 → Anm. 8; Flohr/Wauschkuhn/*Flohr*, Vertriebsrecht, § 311 BGB Rn 33). Ferner sind besondere und zusätzliche Umstände zu offenbaren, die allein der einen Partei bekannt sind und von denen sie weiß oder doch wissen muss, dass die Entscheidung der anderen Partei durch deren Kenntnis beeinflusst wird (OLG Brandenburg NJW-RR 2006, 51).

Im Ergebnis ist damit stets – anders als in anderen Rechtsordnungen, die kodifizierte ‚*disclosure requirements*' vorsehen – eine Einzelfallbetrachtung erforderlich. In der Beratung kann auf eine Fülle an Rechtsprechung zurückgegriffen werden, welche sich über die letzten etwa 30 Jahre entwickelt hat (einen guten Überblick über Rechtsprechung zu vorvertraglichen Pflichtverletzungen liefern Giesler/*Giesler/Güntzel*, Praxis des Vertriebsrechts, § 4 Rn 12 ff sowie Giesler/Nauschütt/*Giesler*, Franchiserecht, Kap. 5 Rn 23 ff).

Hervorzuheben unter den zahlreichen Aufklärungspflichten ist dabei die Pflicht des Franchisegebers, über die Rentabilität des Systems betreffende Umstände (näher zu Aufklärungspflichten bei Kick-back-Zahlungen unter → Anm. 15) und ggfs. Erfahrungen aus oder mit anderen Betrieben des Systems aufzuklären. Angaben hierzu müssen auf nachvollziehbaren, realistischen Grundlagen fußen und es dem Franchisenehmer ermöglichen, die Rentabilität seines ins Auge gefassten Unternehmens berechnen zu können. (OLG Düsseldorf, Urt. v. 25.10.2013 – I-22 U 62/13, NJOZ 2014, 1622; OLG Hamm Urt. v. 22.12.2011 – 19 U 35/10, BeckRS 2011, 29781; OLG Köln, Beschl. v. 16.5.1994 – 2 W 14/94, BeckRS 2009, 3716). Verschafft werden muss jedoch lediglich die Möglichkeit zu eigener Wirtschaftlichkeitsberechnung, da dem Franchisegeber gerade nicht die Aufgabe eines „Existenzberaters" zuteilwird und er folglich auch nicht über allgemeine Risiken einer beruflichen Selbstständigkeit aufzuklären hat. Eine umfassende Kalkulation zur Rentabilität muss der Franchisegeber also nicht erstellen (OLG Düsseldorf – I-22 U 62/13, ZVertriebsR 2014, 46; Giesler/Nauschütt/*Giesler*, Franchiserecht, Kap. 5 Rn 47 mwN; s.a. OLG Hamm Urt. v. 22.12.2011 – I-19 U 35/10, ZVertriebsR 2012, 177). Zu weitgehend ist es daher auch, vom Franchisegeber eine Standortanalyse zu verlangen (OLG Brandenburg, Urt. v. 28.9.2005 – 4 U 37/05, NJW-RR 2006, 51; eine aA deuten aber (wohl) OLG Düsseldorf, Urt. v. 25.10.2013 – I-22 U 62/13, NJOZ 2014, 1622 und OLG Hamm Urt. v. 22.12.2011 – 19 U 35/10, BeckRS 2011, 29781 und OLG Frankfurt a.M. Urt. v. 6.1.2012 – 3 U 222/10, BeckRS 2013, 22599 an).

Rechtsfolge einer aktiven Falschinformation oder einer unterlassenen bzw. unzureichenden Aufklärung seitens des Franchisegebers kann neben auf Geld gerichteten Schadensersatzansprüchen des Franchisenehmers im Rahmen der §§ 249 ff BGB auch ein Anspruch auf Vertragsaufhebung sein, weshalb ein Franchisegeber seinen (teils unbestimmten) Aufklärungspflichten nachkommen muss (OLG Frankfurt a.M. Urt. v. 6.1.2012 – 3 U 222/10, BeckRS 2013, 22599; OLG Hamm, Urt. v. 22.12.2011 – 19 U 35/10, BeckRS 2011, 29781).

In der Praxis wichtig ist daher eine Dokumentation der vorvertraglichen Aufklärung durch den Franchisegeber. Der üblicherweise in der Präambel zu findende Hinweis, dass der Franchisenehmer umfassend aufgeklärt wurde, ist hierfür nicht ausreichend, wenn die Aufklärung tatsächlich nicht durchgeführt wurde. Es empfiehlt sich daher, die aufklärungsbedürftigen Tatsachen anhand einer Checkliste durchzugehen und die vorvertragliche Aufklärung des Franchisenehmers im Einzelnen zu protokollieren (Martinek/Semler/Flohr/*Flohr/d'Avis*, FormVertriebsR, § 12 S. 334 → Anm. 8; Giesler/Nauschütt/*Giesler*, Franchiserecht, Kap. 5 Rn 96 ff). Es ist dabei aber stets zu berücksichtigen, dass es eine allgemeingültige Checkliste nicht geben kann, nachdem die jeweiligen Aufklärungspflichten stark vom Einzelfall abhängen (Giesler/*Giesler/Güntzel*, Praxis des Vertriebsrechts, § 4 Rn 42).

8. Konkurrenzschutzpflicht des Franchisegebers. Franchiserechte werden dem Franchisenehmer regelmäßig nicht ausschließlich gewährt, dh der Franchisenehmer muss grundsätzlich hinnehmen, wenn der Franchisegeber auch anderen Franchisenehmern Franchiserechte gewährt, die dann mit ihm in Konkurrenz treten. Dies ist letztlich Ausdruck der Dispositionsfreiheit des Franchisegebers über das eigene Unternehmen und dessen Geschäftspolitik: Er kann daher grundsätzlich frei darüber entscheiden, wie der Vertrieb der eigenen Produkte und Dienstleistungen erfolgt (BGH, Urt. v. 10. Februar 1993 – VIII ZR 47/92, NJW-RR 1993, 678 (681) zum Vertragshändlervertrag; *Emde*, Parallelvertrieb zwischen Unternehmer und Vertriebsmittler, VersR 2012, 536 mwN). Die Dispositionsfreiheit findet ihre Grenze jedoch in der Konkurrenzschutzpflicht aus § 241 Abs. 2 BGB, bei der es sich um eine jedem Franchisevertrag innewohnende Unterlassungspflicht handelt, die den Franchisegeber verpflichtet, dem Franchisenehmer nicht durch systeminterne Konkurrenz die wirtschaftliche Grundlage für den Systembetrieb zu entziehen (*Liesegang*, Die Konkurrenzschutzpflicht des Franchisegebers, BB 1999, 857 ff; Giesler/Nauschütt/*Giesler*, Franchiserecht, Kap. 5 Rn 343; OLG Celle, Beschl. v. 28. August 2008 – 13 U 178/08, BeckRS 2008, 21809; OLG Düsseldorf, Urt. v. 15. Oktober 2014 – VI-U (Kart) 4/14, BeckRS 2015, 11179 sowie Urteil vom 10. Februar 2012 – 16 W 62/11, BeckRS 2012, 04916). Die Vergabe von Franchiserechten in unmittelbarer Nähe bestehender Franchisebetriebe darf also nicht dazu führen, dass sich diese aufgrund des zu hohen systeminternen Wettbewerbs nicht mehr wirtschaftlich führen lassen (sog. Kannibalismus).

9. Außenhaftung des Franchisegebers. Zum Verhältnis der Parteien vgl. auch → Anm. 2. Durch den Einsatz eines selbständigen Absatzmittlers ergibt sich für den Franchisegeber ferner das Risiko einer (teils nicht kontrollierbaren) Haftung gegenüber Dritten. Die vorliegende Klausel verpflichtet den Franchisenehmer, im Rechtsverkehr stets auf seine Selbstständigkeit hinzuweisen, um insbesondere eine Haftung des Franchisegebers aus Rechtsscheinsgrundsätzen und aus wettbewerbsrechtlicher Perspektive zu verhindern.

Die Außenhaftung des Franchisegebers bestimmt sich grundsätzlich nach allgemeinen Regeln, sodass der Franchisegeber nur im Rahmen eigener vertraglicher Beziehungen, nach Delikts-, oder auch Wettbewerbsrecht haftet.

Aufgrund des systemeinheitlichen Auftretens sämtlicher Systembetriebe und der Systemzentrale ist es aber insbesondere für Verbraucher und sonstige Vertragspartner ohne franchiserechtliche Vorkenntnisse nicht ohne Weiteres zu erkennen, mit wem genau sie sich auf ein **Vertragsverhältnis** einlassen. Um zu vermeiden, dass Dritte deshalb den Franchisegeber als Vertragspartner ansehen und dieser aus Rechtsscheingründen (Anscheins- oder Duldungsvollmacht) für ein Fehlverhalten des Franchisegebers in Anspruch genommen wird, empfiehlt es sich, den Franchisenehmer im Rahmen des Franchisevertrags dazu zu verpflichten, im Rechts- und Geschäftsverkehr durch deutliche Kennzeichnung auf seine Selbstständigkeit hinzuweisen (*Buck-Heeb, Dieckmann*, Der Franchisenehmer als Vertreter des Franchisegebers?, JuS 2008, 583). Aber auch auf Seiten des Franchisegebers können Hinweise an geeigneten Stellen darauf, dass es sich nicht um ein überregional tätiges Filialunternehmen handelt, sinnvoll sein, um einer Rechtsscheinhaftung vorzubeugen. Vor diesem Hintergrund sollte weiter darauf geachtet werden, dass Franchisenehmer eine vom Franchisegeber und der Systembezeichnung unterscheidbare Firmierung wählen und Bestandteile der Systembezeichnung überhaupt nicht aufnehmen (Giesler/Nauschütt/*Zumbroich*, Franchiserecht, Kap. 6 Rn 11, s. aber auch BGH NJW 2008, 1214).

Darüber hinaus kann sich **aus wettbewerbsrechtlicher Sicht** für den Franchisenehmer die Pflicht ergeben, darauf hinzuweisen, dass es sich bei ihm um einen selbstständigen Unternehmer handelt. Namentlich ist hier ein Verstoß gegen § 3 UWG denkbar, welcher beispielsweise dann gegeben ist, wenn ein Franchisenehmer durch seine Werbung ohne Inhabervermerke bei den umworbenen Verkehrskreisen den Eindruck erweckt, dass es sich um ein Großunternehmen mit einer entsprechenden Kompetenz und Leistungsfähigkeit handelt (OLG Bremen, NJW 1994, 1292). Jedoch besteht in diesem Zusammenhang auch für den Franchisegeber ein wettbewerbsrechtliches Interesse an einer Einhaltung der Vorgaben der §§ 3 ff UWG durch den Franchisenehmer, da der Franchisegeber über § 8 Abs 2 UWG ebenfalls im Rahmen von Beseitigungs- und Unterlassungsansprüchen hinsichtlich der Maßnahmen seiner Franchisenehmer in Anspruch genommen werden kann (nicht aber eine Haftung auf Schadensersatz, BGH NJW-RR 2000, 1710). Dies ergibt sich daraus, dass der Franchisenehmer als „Beauftragter" im Sinne des § 8 Abs 2 UWG verstanden werden und der Franchisegeber folglich neben dem Franchisenehmer zur Unterlassung angehalten werden kann (Giesler/Nauschütt/*Güntzel*, Franchiserecht,

Kap. 3 Rn 147; BGH NJW 1958, 1819 (1823); BGH NJW 1995, 2355). Folglich sollte der Franchisegeber neben der Implementierung entsprechender Vertragspflichten seine Franchisenehmer ausreichend überwachen und kontrollieren, um sich nicht selbst der Haftungsgefahr auszusetzen.

Daneben besteht für den Franchisegeber weiter auch ein **deliktisches Haftungsrisiko.** Hierbei ist als Ausgangspunkt zunächst die aufbauorientierte Organisationsverantwortung des Franchisegebers zu sehen, an welcher sich dann die einzelnen Haftungstatbestände (§§ 823 ff BGB) orientieren (Giesler/Nauschütt/*Zumbroich,* Franchiserecht, Kap. 6 Rn 40). In diesem Zusammenhang besteht für den Franchisegeber die Pflicht zur sorgfältigen Auswahl seiner Franchisenehmer, zu deren Schulung und zu deren fortwährender Überprüfung. Daneben unterliegt der Franchisegeber auch ablauforientierten Verkehrssicherungspflichten, zu welchen im Vertriebsfranchising als Unterfall die Produkthaftung nach dem Produkthaftungsgesetz und die Produzentenhaftung nach §§ 823 ff BGB zählen (Giesler/Nauschütt/*Zumbroich,* Franchiserecht, Kap. 6 Rn 47). Daraus ergibt sich für Franchisegeber, welche selbst Produkte herstellen oder zumindest in den Verkehr bringen, eine Pflicht zur Produktbeobachtung und daraus ggfs. folgende Instruktionspflichten (BGH NJW, 1987, 1009). Aber auch im Dienstleistungsfranchising sollte der Franchisegeber darauf achten, dass seine Vorgaben gefahrenlos und ordnungsgemäß von den Franchisegebern durchgeführt werden und hat diese deshalb entsprechend zu beobachten und zu instruieren (Giesler/Nauschütt/*Zumbroich,* Franchiserecht, Kap. 6 Rn 57ff).

10. Eintritt in den Mietvertrag. Die mit der Anmerkung versehene Klausel gewährleistet die Erhaltung und Fortführung des Franchisebetriebs durch den Franchisegeber für den Fall der Beendigung des Franchisevertrags, wenn – wie in der Praxis häufig anzutreffen – der Franchisenehmer den Mietvertrag mit dem Eigentümer des Standorts abschließt. Die praktische Durchsetzung dieses Rechts ist jedoch schwierig, da der Vermieter einer Vertragsübertragung (schon bei Vertragsabschluss) zustimmen müsste.

11. Instandhaltung des Systembetriebs. Franchisegeber haben großes Interesse an einer Instandhaltung der jeweiligen Standorte, da letztere ein wichtiges Element eines einheitlichen und identitätsstiftenden Marktauftritts von Franchisesystemen darstellen. Je nachdem für welche Branche der Franchisevertrag zur Anwendung kommt, finden sich sehr spezifische, für bestimmte Zeitintervalle definierte Regelungen und Bestimmungsrechte über die Durchführung von Renovierungs- und sogenannte Remodelingmaßnahmen oder das Recht für den Franchisegeber, sogenannte *„property improvement plans"* zur Umsetzung durch den Franchisenehmer vorzugeben. Derartige franchisevertragliche Regelungen sind dann mit den mietvertraglichen Bestimmungen zu harmonisieren, damit der Franchisenehmer (und gleichzeitig Mieter) sich unter beiden Verträgen vertragskonform verhalten kann (vgl hierzu auch → Anm. 1 aE).

12. Änderungsvorbehalte. Eine Ausprägung der Hauptpflichten des Franchisegebers ist es, das System/Konzept weiterzuentwickeln und an neue Umstände und Marktverhältnisse anzupassen, um es so wettbewerbsfähig halten zu können. Aus diesem Grund ist es notwendig, in Franchiseverträgen sowie in den dazugehörigen Handbüchern Änderungsvorbehalte (insbesondere auch im Hinblick auf Änderungen des Systems) aufzunehmen und die Franchisenehmer zur Umsetzung von Änderungen zu verpflichten. Dabei sollte auch darauf geachtet werden, dass Handbuch und Vertrag sowie Anlagen und Zusatzvereinbarungen aufeinander abgestimmt werden bzw. wechselseitige Verweisungen etwaigen Änderungen angepasst werden können.

Die grundsätzliche Möglichkeit der Verwendung von Änderungsvorbehalten ist vor dem Hintergrund ihrer schlichten Notwendigkeit für die Erhaltung der Wettbewerbsfähigkeit des Systems anerkannt (zum Vertragshändler BGH NJW-RR 2005, 1496 (1501) mwN; s. a. auch zur Rücksichtnahmepflicht des Franchisegebers bei unternehmerischen Entscheidungen auf schutzwürdige Belange des Franchisenehmers BGH NJW 1997, 3304 (3307) mwN; Metzlaff/*Metzlaff*, Praxishandbuch Franchising, § 8 Rn 230; *Giesler* in Giesler/Nauschütt, Franchiserecht, Kap. 9 Rn 96; Martinek/Semler/Flohr/*Reiling*: FormVertriebsR, § 13 Anm. 363), wobei jedoch im Rahmen der Wirksamkeitskontrolle insbesondere auf deren Transparenz (§ 307 Abs. 1 S. 2 BGB) geachtet werden sollte. Dies bedeutet, dass es für den Franchisenehmer bereits bei Abschluss des Vertrags erkennbar sein muss, inwieweit der Franchisegeber Änderungen vornehmen und welche finanziellen Konsequenzen dies für ihn haben kann (Giesler/Nauschütt/*Giesler*, Franchiserecht, Kap. 9 Rn 68). Für den unternehmerischen Verkehr ist auch die Indizwirkung des § 308 Nr 4 BGB zu berücksichtigen, welcher für gegenüber Verbrauchern verwendete AGB festlegt, dass die Vereinbarung der Änderung oder Abweichung unter Berücksichtigung der Interessen des Verwenders für den anderen Vertragsteil zumutbar sein muss. Im Ergebnis dürfen sich Änderungen nur im Rahmen von Treu und Glauben (§ 242 BGB) bewegen und der Pflichtenkreis des Franchisenehmers darf sich nicht nachträglich in einer Weise erweitern, die das Verhältnis von Leistung und Gegenleistung negativ zu Lasten des Franchisenehmers ändert (Metzlaff/*Metzlaff*, Praxishandbuch Franchising, § 8 Rn 230). Dabei sollte bereits bei der Formulierung der den Änderungsvorbehalt regelnden Vertragsklausel darauf geachtet werden, dass die Klausel selbst bereits Änderungsgründe nennt und in ihren Voraussetzungen und Folgen erkennbar die Interessen des Vertragspartners angemessen berücksichtigt (so zum Vertragshändler: BGH NJW 1994, 1060, 1063 mwN).

Nachdem mit vom Franchisegeber vorgenommenen Änderungen am System oft auch ein großer Investitionsaufwand für die Franchisenehmer einhergeht, kann es überdies erforderlich sein, dem Franchisenehmer einen angemessenen Ausgleich anzubieten (zB eine zeitweise Reduktion der Franchisegebühr) oder eine ausreichende Umsetzungsfrist einzuräumen, um das Äquivalenzerfordernis zu wahren (BGH NJW 1984, 1182 (1183)).

Zu beachten ist zudem, dass der Franchisegeber den Franchisenehmer rechtzeitig vor der Durchführung einer Änderung analog § 86a HGB in Kenntnis setzen muss (Metzlaff/*Metzlaff*, PHB-Franchising, § 8 Rn 230).

Zum Unterfall der Preisanpassungsklauseln → Anm. 3.

13. Kartellrecht. Die Vertragsfreiheit wird insbesondere auch durch das Kartellrecht beschränkt, da Franchiseverträge regelmäßig wettbewerbsbeschränkende Abreden enthalten. Die Zulässigkeit wettbewerbsbeschränkender Abreden richtet sich auf europarechtlicher Ebene nach Art. 101 AEUV und auf nationaler Ebene nach § 1 ff GWB, wobei das Unionsrecht gegenüber dem nationalem Recht grundsätzlich Anwendungsvorrang genießt. Das genaue Verhältnis ist in § 22 GWB geregelt. Risiken bei der Vertragsgestaltung sind die Nichtigkeit der gesamten Vereinbarung gemäß §§ 134, 139 BGB bzw. Art. 4 GVO 330/10 (sog. Vertikal-GVO) oder zumindest der betreffenden Abrede (Art. 5 GVO 330/10), Schadensersatz-, Unterlassungs- und Beseitigungsansprüche (§§ 33 f GWB) sowie öffentlich-rechtliche Sanktionen der Kartellbehörden (§§ 32 ff GWB) (Giesler/Nauschütt/*Rosenfeld*, Franchiserecht, Kap. 2 Rn 110 f, 186 mwN).

a) Im Rahmen von Artikel 101 AEUV wird vertreten, dass zum Schutz des Know-hows und der Identität und des Ansehens der Vertriebsorganisation unerlässliche Klauseln (wie zB Regelungen zur Bezugspflicht, s. hierzu Anm. 14, oder Wettbewerbsverbote, siehe hierzu Anm. 30) in Franchiseverträgen von vornherein nicht als wettbewerbsbeschränkende Vereinbarungen qualifiziert werden. Dies hat der EuGH in seiner Pronuptia-Entscheidung – unter Berücksichtigung der einzelnen Vertragsbestimmungen – unterstrichen (EuGH NJW 1986, 1415), was sich mit der Einzelfreistellungs-Entscheidung der EG-Kommission vom 17.12.1986 in den Fällen Yves Rocher (WuW/E EV 1193) sowie Pronuptia (WuW/E EV 1201 ff; zusammenfassend Skaupy, BB 1996, 1899) deckt. Bestimmungen, die demgegenüber nicht unerlässlich in diesem Sinne sind, können hingegen eine wettbewerbsbeschränkende Vereinbarung darstellen. Im Übrigen kommt es –

wie stets – im Rahmen von Art 101 AEUV darauf an, ob die Handels- oder Wettbewerbsbeschränkung ein solches Ausmaß erreicht, dass sie als spürbar zu bezeichnen ist. Dazu → Form. I.G.3 Anm. 3.

b) Sieht man bestimmte Abreden in einem Franchisevertrag als Wettbewerbsbeschränkung an, so ist über Art. 101 Abs 3 AEUV (ggf auch iVm § 2 GWB) eine Freistellung nach der GVO 330/10 erforderlich. Gemäß Art. 2, 3 GVO 330/10 werden Vertriebsverträge, also auch Franchiseverträge, von den Beschränkungen des Art 101 AEUV freigestellt, sofern der Marktanteil sowohl des Franchisegebers wie des Franchisenehmers auf dem relevanten Markt 30 % nicht übersteigt. Außerdem müssen die Bedingungen der Art. 4, 5 der GVO (sog. schwarze und rote Klauseln, dh einerseits Kernbeschränkungen, die stets von der Freistellung ausgeschlossen sind, und andererseits Beschränkungen, die nur unter bestimmten Bedingungen freigestellt werden) eingehalten sein. Die vorsichtige Praxis wird sich in problematischen Fällen an den Bestimmungen der GVO 330/10 orientieren, um jedes Risiko der Kartellrechtswidrigkeit auszuschließen. Gerade bei Franchiseverträgen besteht die Möglichkeit einer solchen Kartellrechtswidrigkeit, da es regelmäßig nicht um einen einzelnen, innerhalb des gemeinsamen Marktes kaum spürbaren Vertriebsvertrag, sondern um ein häufig nationale Grenzen überschreitendes Vertriebsnetz geht. Allerdings genügt für die Anwendbarkeit des Art 101 AEUV bereits die Abdeckung eines einzelnen Mitgliedstaats der EU (Staub/Emde, Vor § 84 Rn 100).

c) Als in der Praxis häufig auftretende Kernbeschränkung nach Art 4 lit a GVO 330/10 stets verboten sind beispielsweise Preisbindungen des Franchisenehmers (zu einer Checkliste vgl. Giesler/*Kroll*, Praxis des Vertriebsrechts, § 4 Rn 862); Höchstverkaufspreise und Preisempfehlungen sind hingegen statthaft.

14. Bezugspflichten des Franchisenehmers. Zur Wahrung eines einheitlichen Systemauftritts und gleichbleibender Qualität enthalten die meisten Franchiseverträge die Verpflichtung des Franchisenehmers, Waren direkt vom Franchisegeber oder von autorisierten Lieferanten zu beziehen. In diesem Zusammenhang sind AGB- und kartellrechtliche Vorgaben zu beachten.

Eine unangemessene Benachteiligung des Franchisenehmers im Sinne des § 307 Abs 1 BGB liegt nicht vor, wenn die **Bezugspflicht** zur Wahrung der Interessen des Franchisegebers erforderlich ist (Giesler/Nauschütt/*Giesler*, Franchiserecht, Kap. 9 Rn 104; *v.* Westphalen/*Thüsing*, VertrR/AGB-Klauselwerke, Franchising, Rn 38). Dies kann insbesondere der Fall sein, wenn ein gleichbleibendes Qualitätsniveau gesichert werden soll und der Franchisegeber andernfalls umfangreiche und unverhältnismäßig kostenintensive Kontroll- und Überwachungssysteme implementieren müsste (v. Westphalen/*Thüsing*, VertrR/AGB-Klauselwerke, Franchising, Rn 38; Giesler/Nauschütt/*Giesler*, Franchiserecht, Kap. 9 Rn 104; *Pfeifer, Thomas*, Die Inhaltskontrolle in Franchiseverträgen, S. 183; vgl. auch BGH NJW 1985, 1894 (1895)). Weiter ist zu beachten, dass auch etwaige Sanktionen bei Verstößen gegen Bezugspflichten differenziert und vor allem verhältnismäßig zu gestalten sind (vgl. etwa BGH NJW 1994, 1060, (1064) zum Vertragshändlerrecht).

Ist die Bezugspflicht zum Schutz der Identität und des Ansehens des Franchisesystems unerlässlich, so liegt nach der Pronuptia-Rechtsprechung des EuGH (EuGH NJW 1986, 1415 – Pronuptia) keine wettbewerbsbeschränkende Abrede im Sinne des Art. 101 AEUV vor und es kann eine zeitlich unbefristete, 100 %ige Bezugspflicht vereinbart werden. Außerhalb der vom EuGH vom Kartellverbot ausgenommenen Abreden kann über Art. 5 Abs 1 lit a) GVO 330/10 eine Freistellung 100 %iger Bezugsbindungen erreicht werden, wenn diese eine Dauer von fünf Jahren nicht überschreiten. Jedenfalls aus kartellrechtlicher Sicht unbedenklich sind (zeitlich unbefristete) Bezugsverpflichtungen des Franchisenehmers, die nicht mehr als 80 % der Vertragswaren und -dienstleistungen umfassen, da dann nach der Vertikal-GVO schon begrifflich kein Wettbewerbsverbot vorliegt (Art 1 Abs 1 lit d GVO 330/10).

Zu beachten ist, dass praktische Gründe gegen die Aufnahme von Bezugspflichten sprechen können, da hierdurch die Gefahr besteht, dass Franchisenehmer keine Darlehensmittel von öffentlich-rechtlichen Kreditinstituten erhalten (zB KfW), welche verlangen, dass Franchisenehmer gewisse Teile ihres Sortiments frei beziehen können (Giesler/Nauschütt/*Giesler,* Franchiserecht, Kap. 9 Rn 105).

Daneben können Franchiseverträge auch – den Bezugspflichten verwandte – **Mindestabnahmepflichten** enthalten.

Die Ausgestaltung dieser Pflichten kann auf unterschiedliche Art und Weise erfolgen. Hierbei kommen sowohl zahlenmäßige bzw. prozentual umsatzabhängige Mindestvorgaben für bestimmte Zeiträume, regelmäßige einvernehmliche Festlegungen durch die Vertragspartner als auch einseitige Bestimmungsrechte des Franchisegebers in Betracht (Giesler/Nauschütt/*Giesler*, Kap. 9 Rn 110). Letztere stellen jedoch in AGB in der Regel eine unangemessene Benachteiligung des Franchisenehmers iSd § 307 Abs 1 S. 1 BGB dar, soweit sie Absatzmengen betreffen (*Flohr,* BB 2006, 389, 395; Giesler/Nauschütt/*Giesler*, Kap. 9 Rn 110). Ansonsten bestehen gegen Mindestabnahmepflichten als Ausprägung der Absatzförderungspflicht des Franchisenehmers keine Bedenken, solange hinsichtlich der abzunehmenden Mengen realistische Vorgaben gemacht und überzogene Sanktionsfolgen vermieden werden (Giesler/Nauschütt/*Giesler*, Kap. 9 Rn 109 (113)). Vor allem können Kündigungsrechte als Sanktion infolge eines Verstoßes nur dann wirksam vereinbart werden, wenn das Recht zur fristlosen Kündigung lediglich als ultima ratio vereinbart wird und nicht bereits mit dem Nichterreichen von Absatzzielen gelten soll (Giesler/*Vogels*, Praxishandbuch des Vertriebsrechts, § 3 Rn 228 zum Vertragshändlerrecht).

15. Kick-back-Zahlungen. Im Rahmen eines Franchisevertrages stellt sich das Problem der rechtlichen Behandlung von sog. Kick-back-Zahlungen. Diese sind Einkaufsvorteile bzw. finanzielle Vorteile, die dem Franchisegeber von dem Systemlieferanten gewährt werden (Giesler/Nauschütt/*Giesler*, Franchiserecht, Kap. 5, Rn 321). Diesbezüglich ist umstritten, ob und wieweit den Franchisegeber eine Aufklärungspflicht über das Bestehen von Einkaufsvorteilen trifft und wem diese im Innenverhältnis zwischen Franchisegeber und Franchisenehmer zustehen sollen (Giesler/Nauschütt/*Giesler*, Franchiserecht, Kap. 5, Rn 321).

Inwiefern eine vorvertragliche Aufklärungspflicht des Franchisegebers hinsichtlich erlangter Einkaufsvorteile gegenüber dem Franchisenehmer besteht, ist nicht ausdrücklich entschieden worden, wird aber im Wesentlichen durch Rechtsprechung des OLG München bestimmt (Giesler/Nauschütt/*Giesler*, Franchiserecht, Kap. 5, Rn 325). Eine solche Pflicht ist insbesondere gegeben, wenn der Franchisegeber ein *geheimes Rückvergütungssystem* (OLG München, Urt. v. 27.7.2006 – 23 U 5590/05, BeckRS 2006, 13017) mit dem Lieferanten betreibt, obwohl er bei Vertragsschluss erklärt hat, der Franchisenehmer werde Zugang zu diesen Einkaufsvorteilen erhalten (Giesler/Nauschütt/*Giesler*, Franchiserecht, Kap. 5, Rn 335). Kann also dem Franchisevertrag – wenn auch nur konkludent – ein Anspruch des Franchisenehmers auf Weiterleitung von erhaltenen Einkaufsvorteilen entnommen werden, so besteht für den Franchisegeber eine Aufklärungspflicht jedenfalls hinsichtlich sämtlicher Provisionen und Einkaufsvorteile, die er erhält. Der Franchisegeber haftet dann gemäß §§ 280 Abs 1, 241 Abs 2, 311 Abs 3 BGB, wenn dem Franchisenehmer *„entgegen dem Inhalt des Vertrages ein Teil der mit den Lieferanten vereinbarten Einkaufsvorteile vorenthalten werden soll.“* (OLG München, Urt. v. 27.7.2006 – U 5590/05, BeckRS 2006, 13017).

Eine Aufklärungspflicht hinsichtlich erlangter Einkaufsvorteile kann sich aber darüber hinaus aus den allgemeinen Rücksichtnahme- und Treuepflichten des Franchisegebers ergeben (Giesler/Nauschütt/*Giesler*, Kap. 5, Rn 20). Der Franchisegeber muss hiernach den Franchisenehmer über alle Punkte aufklären, die für Letzteren von Bedeutung sind; dies betrifft auch Einkaufsvorteile, da diese für die Rentabilitätsberechnung vom Franchisenehmer von wirtschaftlicher Relevanz sind (Flohr/Wauschkuhn/*Flohr*, § 311 BGB, Rn 21, Rn 39).

Unter Berücksichtigung der Rechtsprechung sowie des Grundsatzes von Treu und Glauben gemäß § 242 BGB sollte deshalb von dem Bestehen einer vorvertraglichen Aufklärungspflicht des Franchisegebers hinsichtlich erlangter Einkaufsvorteile ausgegangen werden. Einer solchen ist jedenfalls genüge getan, wenn der Franchisegeber den Franchisenehmer darüber informiert, dass er eine Lieferantenprovision in einer bestimmten prozentualen Höhe vereinbaren wird (OLG Düsseldorf, Urt. v. 6.4.2011 – U (Kart) 26/10, BeckRS 2011, 23540).

Eine Pflicht zur Weiterleitung von Einkaufsvorteilen seitens des Franchisegebers hat der Bundesgerichtshof in seiner Sixt-Entscheidung (BGH, Urteil v. 2.2.1999 – KZR 11/97, NJW 1999, 2671) aufgrund des Fehlens einer gesetzlichen Grundlage grundsätzlich verneint. Zwar wurde aufgrund des Apollo-Urteils, in welchem der BGH die Frage nach dem Bestehen der Weiterleitungspflicht offen gelassen hat (BGH, Urt. v. 20.5.2003 – KZR 19/02, NJW-RR 2003, 1635 – Apollo-Optik, eine Änderung der Rechtsprechung vermutet, eine solche hat allerdings, wie auch dem Hertz-Urteil (BGH, Urt. v. 22.2.2006 – VIII ZR 40/04, NJW-RR 2006, 776) entnommen werden kann, nicht stattgefunden, sodass eine Weiterleitungspflicht des Franchisegebers nach hM nicht besteht, jedenfalls solange der Franchisenehmer aus dem Vertrag nicht ableiten kann, dass ihm Einkaufsvorteile zufließen (siehe auch: OLG Düsseldorf Urt. v. 13.12.2006 – VI – (Kart) 36/05, BeckRS 2007, 670).

Die Literatur bejaht dagegen vielfach das Bestehen einer Weiterleitungspflicht des Franchisegebers, wobei Uneinigkeit hinsichtlich ihrer rechtlichen Begründung besteht: Zum einen werden die §§ 675 Abs 1, 666, 667 BGB als Rechtsgrundlage für den Weiterleitungsanspruch herangezogen. Dies mit der Begründung, jeder Franchisevertrag habe, zumindest anteilig, geschäftsbesorgungsrechtlichen Charakter (Metzlaff/*Metzlaff*, Franchising-HdB, § 8, Rn 173). Zum anderen wird die Pflicht des Franchisegebers und somit der Anspruch des Franchisenehmers vordergründig durch den Gesichtspunkt des „Franchisenetzwerkrechts" oder der „Verbundpflichten" begründet (Giesler/Nauschütt/*Giesler*, Franchiserecht, Kap. 5, Rn 332).

Aufgrund der wechselhaften Geschichte der Rechtsprechung und einer damit verbundenen Rechtsunsicherheit ergibt sich für die Praxis die Erforderlichkeit der Verwendung einer Vertragsklausel, wodurch etwaige Weiterleitungsansprüche des Franchisegebers ausgeschlossen werden können. Die Verwendung solcher Klauseln wird nach herrschender Meinung als wirksam eingestuft (Giesler/*Giesler/Güntzel*, Praxis des Vertriebsrechts, § 4, Rn 387 mwN), der Rechtsanwender sollte allerdings dem Wortlaut der Klausel besondere Aufmerksamkeit schenken. Ist dieser nicht eindeutig und klar, so besteht die Gefahr eines Verstoßes gegen das in § 307 Abs 1 S. 2 BGB geregelte Transparenzgebot sowie die Gefahr einer sog. „kundenfreundlichen Auslegung" (BGH, Urt. v. 20.5.2003 – KRZ 19/02, NJW-RR 2003, 1635 – Apollo-Optik: Im vom BGH entschiedenen Fall wurde die in AGB enthaltene Formulierung, wonach der Franchisegeber „*Vorteile zur Erreichung optimaler Geschäftserfolge*" an die Franchisenehmer weiterleite, behandelt). Kann nämlich „*der redliche Partner eines sich anbahnenden Franchisevertrages unter Berücksichtigung der beiderseitigen Interessenlage*" (BGH, Urt. v. 20.5.2003 – KZR 19/02, NJW-RR 2003, 1635 – Apollo-Optik) aus der Klausel entnehmen, dass ihm Einkaufsvorteile aus dem Franchisevertrag zufließen, so ist ihm der Weiterleitungsanspruch zuzusprechen. Bei Nichtgewährung des Anspruches haftet der Franchisegeber dann aus § 280 Abs 1 BGB (Giesler/Nauschütt/*Giesler*, Franchiserecht, Kap. 5, Rn 325).

Mit der vorgeschlagenen Klausel kommt der Franchisegeber seiner Auskunftspflicht über das Bestehen von Einkaufsvorteilen nach und verbleiben Einkaufsvorteile beim Franchisegeber.

16. Schulungen. Mit der Durchführung von Schulungen erfüllt der Franchisegeber seine Betriebseingliederungspflicht (s hierzu bereits → Anm. 2 und → Anm. 5).

17. Ausgestaltung des Synallagmas. Die richtige Ausgestaltung des Synallagmas ist insbesondere bedeutsam für die Frage, ob dem Franchisenehmer im Falle der vorzeitigen Beendigung des Franchisevertrags ein Rückzahlungsanspruch hinsichtlich der Abschlussgebühr zustehen kann. Nur wenn damit vom Franchisegeber bereits erbrachte Leistungen abgegolten werden, kann ein (zeitanteiliger) Rückzahlungsanspruch des Franchisenehmers ausscheiden (Giesler/Nauschütt/*Giesler*, Franchiserecht, Kap. 13, Rn 79 mwN).

18. Vergütung. Wegen des Transparenzgebots (§ 307 Abs 1 S. 1 BGB) des AGB-Rechts empfiehlt sich, dass sämtliche Zahlungsverpflichtungen des Franchisenehmers in einer Regelung zusammengefasst werden (Flohr/Wauschkuhn/*Flohr*, § 307 BGB Rn 18).

19. Preisanpassungsklauseln. Franchisegeber bieten in der Regel verpflichtende Leistungen, die der Franchisenehmer in Anspruch nehmen muss, sowie freiwillige Leistungen, die der Franchisenehmer in Anspruch nehmen kann, an. Insoweit liegt es im Interesse der Franchisegeber, die dafür anfallenden Gebühren flexibel veränderten Gegebenheiten, zB einer veränderten Marktlage, anpassen zu können.

Preisanpassungsklauseln stellen einen Unterfall von Änderungsvorbehalten dar (→ Anm. 12). Auch solche können in Formularfranchiseverträgen wirksam im Sinne des § 307 Abs 1 BGB vereinbart werden (Giesler/Nauschütt/*Giesler*, Franchiserecht, Kap. 9, Rn 101 mwN).

Die für die Wirksamkeit erforderliche Rücksichtnahme auf Interessen des Franchisenehmers gewährleistet die vorliegende Klausel dadurch, dass der Franchisegeber sein Ermessen pflichtgemäß ausüben muss, was durch die Nennung von Beispielen konkretisiert wird. Bei der Interessenabwägung ist stets zu berücksichtigen, dass einseitige Leistungsbestimmungsrechte auch im Interesse des Franchisenehmers liegen, da nur so die Wettbewerbsfähigkeit seines Franchisesystems auf Dauer gewährleistet werden kann.

20. Gegenseitige Information/Knebelungsverträge. Grundsätzlich ist die Vereinbarung von Kontrollrechten des Franchisegebers sowie von Informations-, Berichts- und Rechenschaftspflichten des Franchisenehmers in AGB nicht zu beanstanden, wenn dafür ein sachlicher Grund vorhanden ist. Der sachliche Grund für die Prüfungsmöglichkeit der Buchführung durch den Franchisegeber liegt regelmäßig darin, dass der Franchisegeber diese Informationen benötigt, um die umsatzabhängigen Vergütungen kalkulieren und die Grundlage der Erhebung kontrollieren zu können (v. Westphalen/*Thüsing*, VertrR/AGB-Klauselwerke, 42. EL 2018, Franchising, Rn 45; Giesler/Nauschütt/*Giesler*, Franchiserecht, Kap. 9 Rn 89; Giesler/*Giesler/Güntzel*, Praxis des Vertriebsrechts, 3. Aufl. 2018, Rn 355). In der Praxis ist immer mehr zu beobachten, dass Franchisegeber dazu übergehen, die vom Franchisenehmer getätigten Umsätze automatisch über Software zu erfassen.

Insbesondere in der Systemgastronomie und der Hotelbranche sind oftmals weitgehende Einschränkungen der Handlungsmöglichkeiten durch umfassende Kontroll- und Weisungsrechte (einseitige Leistungsbestimmungsrechte) des Franchisegebers üblich. Die Verträge beinhalten unter Umständen noch weitergehende Vorgaben, wie beispielsweise die Festlegung des Gesellschaftszwecks, den der Franchisenehmer seinem Unternehmen zu geben hat. Zwar ist eine intensive Bindung zwischen Franchisegeber und -nehmer geradezu vertragstypisch, der Vertrag darf allerdings nicht die Grenze zum Knebelungsvertrag überschreiten, da er sonst sittenwidrig und somit nach § 138 BGB nichtig wäre.

Dies ist bisher recht selten angenommen worden, es gibt lediglich ein BGH-Urteil. Für den BGH war relevant, dass der Franchisevertrag eine „*Vielzahl der den Franchisegeber einseitig begünstigenden und die Bekl. übermäßig in ihrer wirtschaftlichen Bewegungsfreiheit beschränkenden Bestimmungen, für die ihnen kein auch nur annähernd angemessener Ausgleich gewährt worden ist*" enthielt (BGH, Urt. v. 12.11.1986 – VIII ZR 280/85, NJW 1987, 639). Mit der Zeit wurden aber die Kriterien in mehreren OLG-Entscheidungen geschärft (vgl. OLG Hamm, Urt. v. 13.3.2000 – 8 U 113/99, NZG 2000, 1169; OLG Naumburg, Urt. v. 28.4.2006 – 10 U 45/05; OLG Düsseldorf, Beschl. v. 7.9.2009 – 16 U 62/08; OLG Koblenz, Urt. v. 23.1.2014 – U 611/12; vgl. weitere im Überblick Giesler/Nauschütt/*Güntzel*, Franchiserecht, Kapitel 4, Rn 55f). Bedeutung erlangt insbesondere das Ausmaß der wirtschaftlichen Einschränkungen, denen der Franchisenehmer unterliegt. Übernimmt der Franchisegeber zum Beispiel die Kernbereiche der Buchhaltung, Kassenführung und den Zahlungsverkehr selbst, ohne sich im Gegenzug dazu zu verpflichten, dem Franchisenehmer organisatorische Schwierigkeiten und finanzielle Belastungen abzunehmen, ist dies ein Indiz für einen pflichtenmäßig unausgewogenen Vertrag (OLG Hamm, Urt. v. 13.3.2000 – 8 U 113/99, NZG 2000, 1169). Kommt dazu, dass der Franchisegeber wenig bis kein unternehmerisches Risiko trägt (zB indem er eine umsatzunabhängige Franchisepauschale verlangt), kann der Vertrag als sittenwidriger Knebelungsvertrag gewertet werden (OLG Naumburg, Urt. 28.4.2006 – 10 U 45/05, BeckRS 2007, 3091).

21. **Versicherung.** Beim Abschluss der **Versicherungen** müssen die Deckungssummen so gestaltet sein, dass sie im Blick auf den Unternehmenszweck und in Bezug auf die schützenswerten Interessen des Franchisenehmers adäquat sind (vgl Metzlaff/*Erdmann*, Franchiserecht, § 17 Rn 120). Trifft dies nicht zu, greift § 307 Abs 1 BGB ein.

22. **Freistellung.** Zu den Außenhaftungsrisiken des Franchisegebers → Anm. 9.

23. **Haftungsbeschränkung.** Die Wirksamkeit einer formularmäßigen Haftungsbeschränkung durch den Franchisegeber richtet sich nach allgemeinen Grundsätzen. Eine Haftung für Vorsatz kann im Voraus weder individualvertraglich noch in Formularverträgen ausgeschlossen werden (§ 276 Abs 3 BGB). Darüber hinaus haben die Verbote des § 309 Nr 7 BGB auch Indizwirkung für den unternehmerischen Verkehr (Palandt/*Grüneberg*, BGB, § 309 Rn 55), sodass der Franchisegeber seine Haftung für grobe Fahrlässigkeit (§ 309 Nr 7 lit b BGB) oder für Schäden aus der Verletzung des Lebens, des Körpers oder der Gesundheit (§ 309 Nr 7 lit a BGB) nicht ausschließen kann. Schließlich darf der Haftungsausschluss nach der Rechtsprechung des BGH keine sog. Kardinalpflichten erfassen, deren Erfüllung die ordnungsgemäße Durchführung des Vertrags überhaupt erst ermöglicht und auf deren Einhaltung der Vertragspartner regelmäßig vertrauen darf (BGH NJW-RR 2005, 1496 (1505) mwN). Wirksam ist es aber, die Haftung für einfach fahrlässige Verletzungen von Kardinalpflichten auf den vorhersehbaren und vertragstypischen Schaden zu begrenzen (BGH NJW 2013, 291).

24. **Vertragslaufzeit.** Unter Umständen kann eine formularmäßig vereinbarte Vertragslaufzeit den Franchisenehmer gemäß § 307 BGB unangemessen benachteiligen und die entsprechende Bestimmung damit unwirksam sein (§ 138 BGB spielt insoweit lediglich im Rahmen einer Gesamtbetrachtung aller einschränkenden Bestimmungen des Franchisevertrages im Sinne einer Summierungswirkung eine Rolle, vgl. Giesler/Nauschütt/*Güntzel*, Franchiserecht, Kap. 4, Rn 4). Dies gilt sowohl bei einer zu kurzen als auch bei einer zu langen Laufzeit (Giesler/*Giesler/Güntzel*, Praxis des Vertriebsrechts, § 4 Rn 401 f; Giesler/*Giesler*/Nauschütt, Franchiserecht, Kap. 9 Rn 132).

Im Rahmen der gemäß § 307 BGB durchzuführenden, einzelfallbezogenen Interessenabwägung sind dabei insbesondere die Eigenart des jeweiligen Franchisesystems, der Geschäftszweig, die Art des Geschäftes, die persönlichen Wünsche und Verhältnisse der

Beteiligten, die Höhe der Investitionen des Franchisenehmers sowie die Finanzierungsmöglichkeiten zu berücksichtigen (*Skaupy*, in Franchising, S. 137 f; Martinek/Semler/Flohr/*Flohr/d'Avis*, FormVertriebsR, § 11 S. 306 Anm. 69).

Die Laufzeit muss demnach mindestens so lange sein, dass eine Amortisation der Investitionen des Franchisenehmers unter regelmäßigen Umständen zu erwarten ist (Metzlaff/*Metzlaff*, Franchising-HdB, § 8 Rn 337; Giesler/*Giesler/Güntzel*, Praxis des Vertriebsrechts, § 4 Rn 401; Giesler/Nauschütt/*Giesler*, Franchiserecht, Kap. 9 Rn 132; so wohl auch Flohr/Wauschkuhn/*Feldmann*, Vertriebsrecht, § 138 BGB Rn 85 zur Sittenwidrigkeit).

Auch eine zu lange Laufzeit kann eine unangemessene Benachteiligung des Vertragspartners darstellen. Zwischen dem X. Zivilsenat und dem VIII. Zivilsenat des BGH herrscht insoweit Uneinigkeit, ob es für die Zulässigkeit formularmäßig vereinbarter Vertragslaufzeiten von mehr als zehn Jahren generell besonderer Umstände bedarf (BGH, Urt. v. 17.12.2002 – X ZR 220/01, NJW 2003, 886 (887); BGH, Urt. v. 8.4.1997 – X ZR 62/95, NJW-RR 1997, 942 (943)), oder ob ohne Orientierung an dieser starren Zeitgrenze stets eine einzelfallorientierte Abwägung unter Berücksichtigung von Inhalt, Motiv und Zweck des jeweiligen Vertrages erforderlich ist (BGH, Urt. v. 23.11.1983 – VIII ZR 333/82, GRUR 1984, 298 (299); offengelassen in BGH, Urt. v. 3.11.1999 – VIII ZR 269/98 NJW 2000, 1110 (1112); BeckOGK/*Zschieschack*, § 307 BGB Rn 31). Jedenfalls sind demnach Laufzeiten von bis zu 20 Jahren möglich, wenn hierfür ein sachlicher Grund vorliegt. Ein solcher kann vor allem in hohen Anfangsinvestitionen des Franchisenehmers gesehen werden (Giesler/*Giesler/Güntzel*, Praxis des Vertriebsrechts, § 4 Rn 402 mwN). Hingegen wird die Vereinbarung einer Laufzeit von mehr als 20 Jahren in AGB überwiegend als problematisch eingestuft (Giesler/*Giesler/Güntzel*, Praxis des Vertriebsrechts, § 4 Rn 402; Giesler/Nauschütt/*Giesler*, Franchiserecht, Kap. 9 Rn 134; Metzlaff/*Metzlaff*, Franchising-HdB, § 8 Rn 337) – jedenfalls dann, wenn keine besonderen Gründe vorliegen.

Ob individualvertraglich eine Laufzeit von über 20 Jahren vereinbart werden kann, ist anhand von § 138 BGB im jeweiligen Einzelfall zu beurteilen. Ein entsprechendes Bedürfnis ergibt sich von Zeit zu Zeit beispielsweise in der investitionsintensiven Hotelbranche – etwa, um die Laufzeit des Franchisevertrags an diejenige des Miet-/Pachtvertrags anzupassen. Eine Regel, dass eine Laufzeit von über 20 Jahren per se sittenwidrig und damit unwirksam ist, gibt es nicht. Vielmehr kann auch die individualvertragliche Vereinbarung längerer Laufzeiten im Einzelfall wirksam sein. Aus der sog. Holiday Inn-Entscheidung des BGH (BGH, Urt. v. 5.10.1981 – II ZR 203/80) zur Sittenwidrigkeit von (Hotel-)Managementverträgen ergibt sich nichts anderes. Der BGH beanstandete darin die Bindung des Vertragspartners um 50 Jahre (Anm.: Vereinbart waren 20 Jahre zuzüglich einer dreimaligen, einseitigen Verlängerungsoption des Managers um jeweils 10 Jahre.) im Zusammenwirken mit der Tatsache, dass der betroffene Hotelinhaber vertragsbedingt kaum mehr die Möglichkeit hatte, gestaltend auf sein Unternehmen einzuwirken. Aus diesem Grund begrenzte der BGH in diesem Fall die Vertragslaufzeit auf 20 Jahre und entschied, dass die Verlängerungsoptionen nichtig waren.

Bezüglich der Rechtsfolge ist zu differenzieren. Handelt es sich – wie meist – um AGB, so hat die Unwirksamkeit der Laufzeitklausel gemäß § 307 BGB mangels gesetzlicher Vorschriften zur Laufzeit von Franchiseverträgen (§ 306 Abs 2 BGB) zur Folge, dass der Vertrag auf unbestimmte Zeit läuft; eine Reduzierung der Laufzeit auf das gerade noch zulässige Maß mittels ergänzender Vertragsauslegung widerspräche dem bei AGB bestehenden Verbot einer geltungserhaltenden Reduktion (BGH, Urt. v. 21.12.2011 – VIII ZR 262/09, NJW-RR 2012, 249 (250) zu einem Fernwärmevertrag). Die Kündigungsfrist ist nach richtiger Ansicht abhängig von den konkreten Umständen des Einzelfalls zu ermitteln und beträgt im Zweifel in entsprechender Anwendung des § 584 Abs 1 BGB sechs Monate zum Ende eines Vertragsjahres (BeckOGK/*Zschieschack*, § 307 Rn 38.1). Liegt hingegen eine gemäß § 138 Abs 1 BGB nichtige Individualvereinbarung vor, so ist eine geltungserhaltende Reduktion möglich (OLG Düsseldorf Urt. v. 24.3.2004 – VI-U (Kart) 43/02, BeckRS 2004, 18469).

25. Beendigung des Vertrags. Als Beendigungsmöglichkeiten bei einem Franchise-Vertrag kommen neben der Anfechtung und dem Widerruf des Vertrages insbesondere Kündigung, Aufhebungsvertrag oder, für den Fall, dass es sich um einen Vertrag mit fester Vertragslaufzeit handeln sollte, der bloße Zeitablauf in Betracht.

a) **Ordentliche Kündigung:** Sollte der Vertrag ausnahmsweise ohne eine bestimmte Laufzeit abgeschlossen worden sein, ist er als Dauerschuldverhältnis von beiden Seiten unter Einhaltung einer Kündigungsfrist ordentlich kündbar. Dieser Schluss lässt sich aus einer Gesamtanalogie zu den §§ 620 Abs 2, 723 Abs 1 S. 1 BGB ziehen (Giesler/Nauschütt/*Höpfner*, Franchiserecht Kap. 12 Rn 25). Um jedoch die Parteien nicht schutzlos zu stellen, ist eine analoge Anwendung des § 89 HGB auch auf Franchisesysteme geboten, welcher abhängig von der bisherigen Vertragsdauer entsprechende Kündigungsfristen vorsieht und somit ab einer fünfjährigen Laufzeit sogar eine Kündigungsfrist von sechs Monaten besteht (Giesler/Nauschütt/*Höpfner*, Kap. 12 Rn 30 ff; BGH NJW-RR 2002, 1554). Grundsätzlich ist es, auch für den Fall, dass sich für einen Vertrag ohne feste Laufzeit entschieden werden sollte, auch die nachvertragliche Abwicklung bereits im Vertrag hinreichend zu regeln, beispielsweise durch eine Anlage, welche diese Pflichten katalogartig aufführt (Martinek/Semler/Flohr/*Flohr/d'Avis*, FormBVertriebsR, § 11 Anm. 77 f).

b) **Kündigung aus wichtigem Grund:** Wird der Vertrag – wie der vorliegende Mustervertrag – mit einer bestimmten Laufzeit abgeschlossen, kann er von jedem Vertragsteil durch Kündigung aus wichtigem Grund außerordentlich und meist ohne Einhaltung einer Kündigungsfrist gekündigt werden. Grundlage hierfür ist nach überwiegender Ansicht in Literatur und Rechtsprechung § 314 BGB (BGH NJW-RR 2003, 1635; BGH Urt. v. 13.7.2004 – KZR 10/03, BeckRS 2005, 62; Giesler/Nauschütt/*Höpfner*, Franchiserecht, Kap. 12 Rn 53 ff; *Graf v. Westphalen*, NJW 2004, 1993 (1997); MüKoBGB/*Gaier*, § 314 Rn 12; nach aA richtet sich das Kündigungsrecht nach § 89a HGB analog: s. KG BB 1998, 607).

Grundsätzlich geht das Gesetz dabei von der Fristlosigkeit der Kündigung aus, wenngleich es den Parteien überlassen bleibt, auch für den Fall einer außerordentlichen Kündigung vertragliche Auslauffristen zu vereinbaren, was oftmals sinnvoll sein kann, um die für beide Seiten einschneidenden Konsequenzen etwas abzufedern

Voraussetzung des § 314 BGB ist, dass für den Kündigenden ein wichtiger Grund vorliegt. Sollte es sich bei diesem Kündigungsgrund um die Verletzung einer Pflicht aus dem Vertrag handeln, müsste der Kündigungsempfänger zusätzlich diesbezüglich zuvor gem. § 314 Abs 2 S. 1 BGB abgemahnt worden sein. Lediglich für den Fall einer Entbehrlichkeit der Abmahnung nach §§ 314 Abs 2 S. 2 iVm 323 Abs 2 Nr 1, 2 BGB kann auf eine solche Abmahnung verzichtet werden.

Gem. § 314 Abs 1 Satz 2 BGB liegt ein wichtiger Grund vor, wenn dem kündigenden Teil unter Berücksichtigung aller Umstände des Einzelfalls und unter Abwägung der beiderseitigen Interessen die Fortsetzung des Vertragsverhältnisses bis zur vereinbarten Beendigung oder bis zum Ablauf einer Kündigungsfrist nicht zugemutet werden kann. Auf ein Verschulden des Kündigungsgegners kommt es dabei nicht an (MüKoBGB/*Gaier*, § 314 Rn 16). Bei der somit vorzunehmenden Gesamtabwägung sind insbesondere die bisherige Dauer des Vertrages, das jeweilige Verhalten der Parteien vor dem Zeitpunkt des Auftretens des Kündigungsgrundes sowie die Konsequenzen für die Parteien zu berücksichtigen (BGH NJW 1999, 1177). Als maßgeblicher Zeitpunkt für das Vorliegen des wichtigen Grundes ist der Zeitpunkt der Kündigung zu sehen (Palandt/*Grüneberg*, § 314 Rn 7). Jedoch ist auch ein Nachschieben von Gründen möglich, sodass auch Gründe, welche in der Kündigungserklärung zunächst nicht enthalten sind, aber später noch erklärt werden, zur Wirksamkeit einer Kündigung führen können (BeckOGK/*Martens*, § 314 Rn 51).

Um Streitigkeiten über das Vorliegen eines wichtigen Grundes vorzubauen, ist empfehlenswert, bereits im Vertrag selbst eine beispielhafte Auflistung von wichtigen Gründen für eine fristlose Kündigung vorzunehmen. Zu beachten ist jedoch, dass sich bei der Verwendung von Allgemeinen Geschäftsbedingungen Grenzen ergeben können und sich somit auch die aufgelisteten Kündigungsgründe an den §§ 307 ff BGB messen lassen und insbesondere angemessen sein müssen (BGH NJW-RR 2003, 1635 (1639)). Wenn, wie im vorliegenden Vertragsmuster, mit einer Kapitalgesellschaft als Franchisenehmer kontrahiert wird, ist es aus Sicht des Franchisegebers insbesondere wichtig, Know-how-Abfluss und das Eindringen von Wettbewerbern zu verhindern. Daher sollte ein Kündigungsrecht des Franchisegebers für den Fall geregelt werden, dass die Gesellschafter des Franchisenehmers Geschäftsanteile veräußern und dies den Erwerber in die Lage versetzt, auf die Führung des Franchisenehmers Einfluss zu nehmen (s. hierzu auch → Anm. 31).

Der Zeitpunkt zur Erklärung der Kündigung bestimmt sich nach § 314 Abs 3 BGB. Eine außerordentliche Kündigung kann demzufolge nur innerhalb einer angemessenen Frist seit Kenntnis des Kündigenden vom Kündigungsgrund erfolgen.

c) **Kündigungsschutz:** Vor dem Hintergrund der oftmals sehr hohen Investitionen der Franchisenehmer zu Beginn des Vertrages oder auch während der Vertragslaufzeit wird insbesondere in der Literatur die Frage nach einem Schutz der Franchisenehmer vor Beendigung durch einen Investitionserstattungsanspruch diskutiert, um zu verhindern, dass der Franchisenehmer einen Verlust jedenfalls noch nicht amortisierter Investitionen erleidet. Dass es hierfür ein Bedürfnis geben kann, hat auch der BGH jedenfalls für den Fall des Absatzmittlers bereits anerkannt (BGH NJW-RR 1995, 1260). Um diesen Schutz zu gewährleisten, werden hauptsächlich zwei Möglichkeiten thematisiert:

Zunächst kommt eine sog. Kündigungsschranke in Betracht, wonach der Franchisegeber basierend auf einem Vertrauenstatbestand im Sinne des § 242 BGB den Vertrag erst ab dem Zeitpunkt einseitig ordentlich kündigen können soll, ab welchem sich die Investitionen des Franchisenehmers amortisiert haben können (Ebenroth/Parcher, BB 1988, Beilage 10, 1, 26 ff; Giesler/Nauschütt/*Höpfner*, Franchiserecht, Kap. 12 Rn 134). Eine vor diesem Zeitpunkt erklärte Kündigung wäre somit unwirksam oder jedenfalls bis zu diesem Zeitpunkt gehemmt (*Foth*, BB 1987, 1270, der von vorübergehender Unwirksamkeit spricht).

Alternativ dazu wird auch die Möglichkeit eines Investitionserstattungsanspruchs diskutiert, wonach dem Franchisenehmer für den Fall einer Kündigung vor Amortisation seiner Investitionen ein Anspruch auf Entschädigung bzgl. der noch nicht amortisierten Investitionen zustehen soll (Martinek/Semler/Flohr/*Flohr*, VertriebsR-HdB, § 32 Rn 113). Dies wäre insofern die franchisegeberfreundlichere Lösung. Somit könnte der Franchisegeber das Vertragsverhältnis kündigen, falls er einen Investitionsersatz leistet.

Voraussetzung beider Möglichkeiten ist jedoch, dass der Franchisegeber einen rechtlich zurechenbaren Vertrauenstatbestand geschaffen haben muss, da nur so die dogmatische Herleitung über § 242 BGB möglich ist. Hierfür ist es erforderlich, dass der Franchisegeber die Investitionen des Franchisenehmers „initiiert" hat, diese also als „fremdbestimmt" angesehen werden können und der Franchisenehmer für diese auch anderweitig keine Verwendung finden kann (Metzlaff/*Metzlaff*, PHB Franchising, § 8 Rn 374). Weiter darf sich der Franchisenehmer auch selbst nichts zu Schulden kommen haben lassen, sondern muss die ihm sich aus dem Vertrag ergebenden Pflichten erfüllt haben, da er ansonsten nicht schutzwürdig wäre.

In der Konsequenz führt die Anerkennung des Investitionserstattungsanspruchs zu einem Wahlrecht für den Franchisenehmer zwischen der Fortsetzung des Vertrages bis zur Amortisation der Investitionen oder zur Kündigung unter Zahlung von Schadensersatz (Martinek/Semler/Flohr/*Flohr*, VertriebsR-HdB, § 32 Rn 113).

Hinsichtlich der Höhe des Investitionserstattungsanspruchs werden ebenfalls unterschiedliche Ansätze vertreten. Während teils lediglich der Vertrauensschaden des Franchisenehmers als ersatzfähig angesehen wird (*Foth*, BB 1987 1270), wird sonst auch der entgangene Gewinn nach § 252 BGB als ersatzfähig angesehen (Giesler/Nauschütt/*Höpfner*, Franchiserecht, Kap. 12 Rn 139 mwN).

Zu beachten ist, dass die oben genannten Möglichkeiten sich allein auf das Recht zur ordentlichen Kündigung beziehen, wohingegen im Fall einer außerordentlichen Kündigung gerade kein Schutz für den Franchisenehmer besteht, da dieser in solchen Fällen in der Regel als nicht schutzwürdig anzusehen ist (Giesler/Nauschütt/*Höpfner*, Franchiserecht, Kap. 12 Rn 139).

26. Alternative Rechte des Franchisegebers anstatt der Kündigung. Die Kündigung des Franchisevertrags stellt für den Franchisegeber regelmäßig auch rein tatsächlich die *ultima ratio* dar, da dieser grundsätzlich das Ziel verfolgt, seine Marke weiter zu verbreiten. Daher bevorzugen Franchisegeber in der Praxis häufig alternative Sanktionen, die den Franchisenehmer zur Vertragstreue anhalten sollen. Mit diesen kann unter Umständen flexibler auf die jeweilige Branche und die in Streit stehende Pflichtverletzung des Franchisenehmers eingegangen werden. Beispiele aus der Hotelbranche und der Systemgastronomie sind etwa die Sperrung des Zugangs des Franchisenehmers zum Reservierungssystem oder ein Belieferungsstopp des Franchisenehmers.

27. Schadenspauschalierungsabreden. Für Franchisegeber kann es im Falle der außerordentlichen Kündigung des Franchisevertrags schwierig und teuer sein, den eigenen Schaden zu beziffern. Schadenspauschalierungsabreden sind daher in der Praxis üblich.

Die in § 309 Nr 5 BGB niedergelegten Grundsätze sind dabei auch im Wirtschaftsverkehr zwischen Unternehmern zu berücksichtigen (Palandt/*Grüneberg*, BGB, § 309 Rn 32), da eine Schadensersatzpauschale, die zu einer Bereicherung des Verwenders führt, im Sinne des § 307 Abs 2 Nr 1 BGB dem wesentlichen Gedanken des Schadensersatzrechts widerspricht. Insofern ist eine Schadenspauschalierungsabrede unwirksam, wenn die Pauschale den in den geregelten Fällen nach dem gewöhnlichen Lauf der Dinge zu erwartenden Schaden übersteigt (§ 309 Nr 5 lit a BGB). Maßgeblich ist insoweit der Durchschnittsschaden, der in der Branche nach dem gewöhnlichen Lauf der Dinge zu erwarten ist (BeckOGK/*Weiler*, BGB § 309 Nr 5 Rn 90).

Im unternehmerischen Verkehr genügt es für die Wirksamkeit der Schadenspauschale unter Abschwächung des § 309 Nr 5 lit b BGB allerdings, wenn der Gegenbeweis, dass ein Schaden nicht oder nur in wesentlich geringerer Höhe entstanden ist, nicht ausgeschlossen wird (Palandt/*Grüneberg*, BGB, § 309 Rn 32).

28. Praxisrelevante Ansprüche im Falle der Beendigung

a) Ausgleichsanspruch des Franchisenehmers: Die Frage, ob dem Franchisenehmer nach Beendigung des Vertrages ein Ausgleichsanspruch zusteht, ist in Literatur und Rechtsprechung umstritten. Als Anspruchsgrundlage kommt hierzu § 89b HGB in Betracht, welcher im Handelsvertreterrecht dem Handelsvertreter nach Beendigung des Vertragsverhältnisses unter gewissen Voraussetzungen einen Ausgleichsanspruch gewährt und nach einer insbesondere in der Literatur vertretenen Ansicht analog auf das Franchiserecht angewandt werden kann (Metzlaff/*Rauser*, Franchising-HdB, § 16 Rn 224; Giesler/Nauschütt/*Kroll*, Franchiserecht, Kap. 7 Rn 64; Flohr/Wauschkuhn/*Wauschkuhn*, HGB § 89b Rn 442). Jedoch hat der BGH diese Ansicht in der jüngeren Zeit jedenfalls dahingehend eingeschränkt, dass bei im Wesentlichen lediglich anonymisierte Massengeschäfte betreffenden Franchiseverträgen eine Analogiefähigkeit von § 89b HGB nicht rechtfertigt, wenn die Kontinuität des Kundestamms bloß faktischer und nicht vertraglicher Natur ist (BGH NJW 2015, 945; s.a. BGH NJW 2017, 475).

Voraussetzung des Anspruchs ist zunächst, dass „der Franchisenehmer mit Wissen und Wollen des Franchisegebers für das Franchisesystem tätig geworden ist und einen Kundenstamm aufgebaut hat, der für den Franchisegeber vorteilhaft ist", wohingegen es nicht entscheidend auf die Wirksamkeit des Vertrages ankommt (Giesler/Nauschütt/*Kroll*, Franchiserecht, Kap. 7 Rn 67). Dabei ist es erforderlich, dass der Franchisenehmer in die Absatzorganisation des Franchisegebers eingegliedert ist, ihm bei Beendigung des Vertrages eine rechtliche Verpflichtung zur Überlassung des Kundestamms zukommt (erhebliche Vorteile aus der Geschäftsverbindung mit neuen Kunden) sowie die weiteren Tatbestandsvoraussetzungen des § 89b HGB erfüllt sind (BGH NJW 2015, 945 (946); Flohr/Wauschkuhn/*Wauschkuhn*, HGB § 89b Rn 442). Jedoch soll eine Eingliederung in die Absatzorganisation des Franchisegebers dann nicht bestehen, wenn der Franchisenehmer keine vom Franchisegeber selbst oder von Drittlieferanten nach Vorgaben des Franchisegebers hergestellten Waren des Franchisegebers vertreibt, sondern lediglich dessen Marken, Geschäftskonzepte oder sonstiges Know-how benutzt (so Flohr/Wauschkuhn/*Wauschkuhn*, HGB § 89b Rn 443 aufbauend auf Joop!-Urteil des BGH zum Markenlizenzvertrag GRUR 2010, 1107). Dies hat zur Folge, dass ein Ausgleichsanspruch allenfalls beim Vertriebsfranchising, nicht hingegen beim Produktions- oder Dienstleistungsfranchising in Betracht kommen dürfte.

Zur Berechnung des Ausgleichsanspruchs → Form. I.G.3 Anm. 17 e.

b) **Rücknahme von Lagerbeständen:** Aufgrund der allgemein anerkannten nachvertraglichen Treuepflicht bei Dauerschuldverhältnissen besteht für den Franchisegeber jedenfalls über § 242 BGB eine Pflicht zum Rückerwerb von Waren und Lagervorräten (Giesler/Nauschütt/*Höpfner*, Franchiserecht, Kap. 12 Rn 49f, Kap. 13 Rn 18 ff; s.a. BGH NJW 1995, 524 sowie BGH BB 1994, 885 zum Vertragshändlervertrag). Einer entsprechenden vertraglichen Verpflichtung diesbezüglich bedarf es deshalb grundsätzlich nicht, wohingegen eine formularvertragliche Abbedingung einer Rücknahmeverpflichtung bereits eine unangemessene Benachteiligung im Sinne des § 307 Abs 1 BGB darstellen würde (Metzlaff, PHB Franchising, § 17 Rn 96).

Soweit keine Dispositionsfehler des Franchisenehmers vorliegen (BGH BB 1994, 885), umfasst die Rücknahmeverpflichtung den Bestand des gesamten Warenlagers, welchen der Franchisenehmer bis zum Ablauf der ordentlichen Kündigungsfrist nicht abverkaufen konnte und zu dessen Aufbau und Unterhaltung er verpflichtet war. Zu beachten ist dabei allerdings, dass sich die Rücknahmepflicht ausschließlich auf Vertragswaren bezieht und sie deshalb nicht in Fällen besteht, in denen den Franchisenehmer keine Bezugsbindung trifft (Giesler/Nauschütt/*Jesse*, Franchiserecht, Kap. 13 Rn 20). Auch ein schuldhaftes Verhalten des Franchisenehmers, infolge dessen das Vertragsverhältnis beendet wird, lässt einen Rücknahmeanspruch wegen Unbilligkeit entfallen. Hingegen bleibt er bestehen, wenn der Franchisenehmer fristlos aus einem von Franchisegeber zu vertretenden Grund kündigt (BGH NJW 1994, 1060).

Die Rücknahmepflicht umfasst dabei grundsätzlich Vertragswaren, Ersatzteile und vertragsspezifische Ausstattungsgegenstände, nicht jedoch sonstige Betriebsmittel, welche der Franchisenehmer auch noch anderweitig verwerten könnte, wie zB das Betriebsgelände oder Betriebsräume (BGH NJW-RR 1995, 1260). Im Übrigen ist die Frage der Rücknahmepflicht einzelfallabhängig und entscheidet sich insbesondere nach den Verwertungsmöglichkeiten und -rechten des Franchisenehmers (Giesler/Nauschütt/*Jesse*, Franchiserecht, Kap. 13 Rn 21).

Auch hinsichtlich der Abwicklung der Rücknahme bzw. der Höhe der Vergütung hierfür lässt sich keine allgemeingültige Aussage treffen, sondern bemisst sich auch dies wieder nach Billigkeitsgesichtspunkten im Einzelfall. Jedoch lässt sich wohl zumindest eine Konkretisierung dahingehend treffen, als dass für den Fall „von festen Bezugsmengen eine Pflicht zur Zahlung des Einstandspreises anzunehmen" ist, während beim Fehlen von festen

Bezugsmengen lediglich eine Verpflichtung zur Zahlung des Zeitwerts gelten soll (Giesler/Nauschütt/*Höpfner*, Franchiserecht, Kap. 12 Rn 50; s.a. BGH NJW-RR 1988, 1077).

29. Vorkaufsrecht oder Ankaufsrecht des Franchisegebers im Falle der Beendigung. Die mit der Anmerkung versehene Klausel gewährleistet – im Zusammenspiel mit der Eintrittsmöglichkeit in den Mietvertrag (s. hierzu → Anm. 10) – die Erhaltung und Fortführung des Franchisebetriebs durch den Franchisegeber für den Fall der Beendigung des Franchisevertrags. Nachdem die zum Betrieb des Franchisebetriebs erforderlichen Gegenstände in der Regel im Eigentum des Franchisenehmers stehen, hat der Franchisegeber ein Interesse daran, diese zu übernehmen, da nur so der reibungslose Fortbetrieb möglich ist. Der Franchisenehmer wird durch die formularmäßige Vereinbarung eines **Vorkaufsrechts** auch nicht unangemessen benachteiligt (§ 307 BGB), da es ihm regelmäßig gleichgültig ist, an wen er die Betriebsausstattung bei Aufgabe des Franchisebetriebs veräußert.

In der Praxis anzutreffen sind auch Fälle, in denen sich der Franchisegeber ein **Ankaufsrechts** am Systembetrieb einräumen lässt. Dies ist AGB-rechtlich möglich, solange das Recht auf bestimmte Zeitpunkte (wie beispielsweise die Beendigung des Franchisevertrags) beschränkt und eine interessengerechte Ermittlung des Kaufpreises sichergestellt ist (Giesler/Nauschütt/*Giesler*, Franchiserecht, Kap. 9 Rn 121).

30. Wettbewerbsverbote. Allgemein ist unter dem Begriff „Wettbewerbsverbot" zu verstehen, dass der Franchisenehmer ausschließlich vom Franchisegeber zugelassene Waren oder Dienstleistungen herstellen, erwerben oder vertreiben darf, und er auch nicht außerhalb des vertragsgegenständlichen Franchisebetriebs für Wettbewerber tätig sein darf (vgl. Giesler/*Kroll*, Praxis des Vertriebsrechts, § 4 Rn 836). Ob ein Wettbewerbsverhältnis vorliegt, ist in der Praxis häufig schwierig zu beurteilen.

Um bei der Verwendung von Allgemeinen Geschäftsbedingungen der Inhaltskontrolle nach den §§ 307, 310 Abs 1 BGB sowie dem Transparenzgebot des § 307 Abs 1 S. 2 BGB Rechnung zu tragen, empfiehlt es sich bereits im Vertrag selbst eine sachliche und räumliche Definition der in Frage kommenden Wettbewerber aufzunehmen, da der Franchisenehmer nur so wissen kann, welche Handlungen vom Verbot erfasst werden (Giesler/Nauschütt/*Kroll*, Franchiserecht, Kap. 7 Rn 40).

Grundsätzlich werden sowohl während der Vertragslaufzeit geltende als auch nachvertragliche Wettbewerbsverbote als zulässig angesehen, da *„der Franchisegeber in der Lage sein muss, dem Franchisenehmer sein Know-how zu vermitteln und ihm die für die Anwendung seiner Methoden erforderliche Unterstützung zukommen zu lassen, ohne Gefahr zu laufen, dass dieses Know-how und diese Unterstützung – sei es auch nur mittelbar – Konkurrenten zugutekommen"* (EuGH NJW 1986, 1415).

Für die Vertragszeit ergibt sich bereits aus § 86 Abs 1 HGB analog sowie aus der Rechtsnatur des Franchisevertrags auch ohne ausdrückliche Vereinbarung ein allgemeines Konkurrenzverbot für den Franchisenehmer (OLG München Urt. v. 15.4.1999 – 29 U 4446/98, BeckRS 1999, 17220 – Sixt/Budget; vgl. auch BGH NJW 1964, 1621 für den Handelsvertreter; aA gegen ein systemimmanentes Wettbewerbsverbot Giesler/Nauschütt/*Kroll*, Franchiserecht, Kap. 7 Rn 40). Für vertraglich ausdrücklich vereinbarte Wettbewerbsverbote gilt überdies – jedenfalls solange sie nicht dem Kartellverbot unterfallen (s. hierzu → Anm. 13 sowie EuGH NJW 1986, 1415) – auch keine Höchstlaufzeit. Lediglich für den Fall, dass sie dem Art. 101 Abs 1 AEUV unterliegen, ist die in Art. 5 Abs 1 lit a) VGVO vorgeschriebene Höchstlaufzeit von 5 Jahren zu beachten, wobei diesbezüglich wieder die Ausnahme des Art. 5 Abs 2 VGVO hinsichtlich im Eigentum des Franchisegebers stehender oder durch diesen von einem Dritten gemieteter/gepachteter Räumlichkeiten oder Grundstücke zu berücksichtigen ist. Weiter ist der Franchisegeber im Hinblick auf vertragliche Wettbewerbsverbote auch nicht zur Leistung einer sog.

Karenzentschädigung verpflichtet (Martinek/Semler/Flohr/*Flohr/d'Avis*, Formularsammlung Vertriebsrecht, § 11 Rn 61).

Ein nachvertragliches Wettbewerbsverbot ist grundsätzlich analog § 90a Abs 1 Satz 2 HGB ebenfalls zulässig, muss jedoch ausdrücklich vereinbart werden – allerdings nur solange und soweit es zum Schutz des überlassenen Know-hows unerlässlich ist (Metzlaff/*Rauser*, Franchising-HdB, § 16 Rn 285; zur entsprechenden Anwendbarkeit des § 90a HGB auf Franchisenehmer vgl. BGH NJW-RR 1987, 612).

Sofern man Franchiseverträge nicht als solche von Art 101 AEUV befreit ansehen will, ist ein nachvertragliches Wettbewerbsverbot kartellrechtlich nur unter den Bedingungen des Art 5 Abs 1 lit b GVO zulässig. Dazu müssen die vier in Art 5 Abs 3 GVO genannten Voraussetzungen vorliegen (s. Staub/*Emde,* § Vor § 84 Rn 141, 145). Erforderlich ist demnach, dass sich die Verpflichtung auf Konkurrenzwaren bezieht, auf Räumlichkeiten und Grundstücke beschränkt, von denen aus der Franchisenehmer während der Vertragslaufzeit seine Geschäfte betrieben hat, das nachvertragliche Wettbewerbsverbot muss unerlässlich sein, um dem Franchisenehmer vom Franchisegeber übertragenes Know-how zu schützen. Schließlich darf die Verpflichtung auf höchstens ein Jahr nach Beendigung der Vereinbarung begrenzt werden. Diese Voraussetzungen sollten eingehalten werden, sofern die Wettbewerbsbeschränkung spürbar im Sinne des Art 101 AEUV ist (s. hierzu unter → Anm. 13). Die mit der Anmerkung versehene Klausel sollte daher nur Verwendung finden, sofern eine solche Spürbarkeit nicht zu befürchten ist.

Während der Laufzeit des Wettbewerbsverbot hat der Franchisegeber dem Franchisenehmer analog § 90a Abs 1 S. 3 HGB eine sog. Karenzentschädigung zu zahlen, wobei es sich aus Sicht des Franchisegebers wohl nicht empfiehlt, diese in Anbetracht der ohnehin bestehenden gesetzlichen Verpflichtung auch noch einmal explizit im Vertrag zu thematisieren (zur Möglichkeit des Verzichts auf eine Regelung bzgl. der Entschädigung s. Giesler/Nauschütt/*Kroll*, Franchiserecht, Kap. 7 Rn 107 mwN; Metzlaff/*Rauser,* Franchising-HdB, § 16 Rn 300), andererseits aber Vereinbarungen bzgl. Höhe und Fälligkeit der Entschädigung natürlich auch Streitigkeiten vorgebeugt werden kann (Metzlaff/*Rauser*, Franchising-HdB, § 16 Rn 303). Zu beachten ist jedoch, dass eine von den Vorgaben des § 90a HGB zum Nachteil des Franchisenehmers abweichende Regelung analog § 90a Abs 4 HGB ohnehin unzulässig ist. Die Höhe der Entschädigung ist einzelfallabhängig und unter Billigkeitsgesichtspunkten zu bestimmen (Martinek/Semler/Flohr/*Flohr/d'Avis*, FormBVertriebsR, § 11 Rn 61; Metzlaff/*Rauser,* Franchising-HdB, § 16 Rn 301).

31. Übertragung des Franchisevertrags, des Systembetriebs und von Gesellschaftsanteilen. § 12 Abs 1 des vorliegenden Vertragsmusters ermöglicht es dem Franchisegeber, nach Vertragsschluss einen Masterfranchisenehmer (vgl. hierzu → Anm. 1) einzusetzen, wenn er sich hierzu im Rahmen seiner Dispositionsbefugnis über die Vertriebspolitik entscheidet.

Das Verbot der Übertragung des **Franchisevertrags** durch den Franchisenehmer bzw. ein Zustimmungsvorbehalt zugunsten des Franchisegebers hat lediglich klarstellenden Charakter, da sich dies bereits aus dem Grundsatz der Vertragsfreiheit ergibt.

Von größerer Bedeutung ist ein Veräußerungsverbot hinsichtlich des **Systembetriebs** sowie wesentlicher Betriebsmittel, da der Franchisenehmer diesbezüglich sachenrechtlich zum Verkauf berechtigt wäre, soweit sie sich in seinem Eigentum befinden. Unproblematisch erscheinen dabei jedenfalls Verbote bezüglich ersatzloser Veräußerungen von für den Betrieb benötigten Betriebsmitteln, da der Franchisenehmer sich durch solche der Möglichkeit berauben würde, seiner Betriebsführungspflicht (siehe hierzu unter → Anm. 2) nachzukommen und dies eine schwerwiegende Vertragsverletzung darstellen würde, welcher durch ein Veräußerungsverbot sowie durch ein Kündigungsrecht und eine Vertragsstrafenklausel begegnet werden darf. Sonstige Verbote sollten unter einen Zustimmungsvorbehalt gestellt werden, wobei die für Zustimmung erforderlichen Entscheidungskriterien so weit wie möglich konkretisiert werden sollten (Giesler/Nauschütt/*Giesler*, Franchiserecht, Kap. 9 Rn 118).

In der Praxis häufig anzutreffen ist eine Kombination von einem Veräußerungsverbot bzw. Zustimmungsvorbehalt mit einem **Vorkaufs- oder Ankaufsrecht des Franchisegebers** (s. hierzu bereits → Anm. 29). Nach Ablauf der Ausübungsfrist und Nichtausübung des Vorkaufsrechts durch den Franchisegeber ist der Franchisenehmer dann zum Verkauf an den Dritten berechtigt. Das Vorkaufsrecht sollte neben der Anzeige der Verkaufsabsicht und die dabei zu übermittelnden Informationen eine Annahmefrist für den Franchisegeber, den Kaufpreis und die Folgen einer Nichtäußerung des Franchisegebers regeln. Andernfalls gelten die §§ 463 ff BGB (Metzlaff/*Metzlaff*, Franchising-HdB, § 8 Rn 320). Insbesondere gilt es, einen angemessenen Ausübungszeitraum zu vereinbaren, wobei ein Zeitraum von drei Monaten ab Bekanntwerden des jeweiligen Vorkaufsfalls als unproblematisch zu erachten ist (Giesler/Nauschütt/*Giesler*, Franchiserecht, Kap. 9 Rn 120). Zur Sicherung der Beachtung des Vorkaufsrechts lässt sich eine Sanktion für den Fall von dessen Nichteinhaltung mittels einer Vertragsstrafe vereinbaren oder das Vorkaufsrecht auch dinglich absichern, soweit der Systembetrieb auf einem im Eigentum des Franchisenehmers befindlichen Grundstück errichtet sein sollte (Metzlaff/*Metzlaff*, Franchising-HdB, § 8 Rn 322).

Sofern es sich bei dem Franchisenehmer um eine Kapitalgesellschaft handelt, ist es zur Vermeidung von Know-how-Abfluss und zur Verhinderung des Eindringens von Wettbewerbern (s hierzu auch → Anm. 25 unter b)) üblich, eine (schuldrechtliche) Regelung zu treffen, wonach dessen Gesellschaftern verboten wird, über ihre **Gesellschaftsanteile** zu verfügen (sog. Change-of-Control-Klausel). Da sich die Gesellschaft nicht zur Unterlassung einer Übertragung ihrer eigenen Anteile verpflichten kann, müssen deren Gesellschafter als Anteilsinhaber selbst verpflichtet werden. Dies lässt sich beispielsweise über einen Formularanhang zum Franchisevertrag regeln (Giesler/Nauschütt/*Giesler*, Franchiserecht, Kap. 9 Rn 119 mit Bedenken wegen möglicher Intransparenz). Die Wirksamkeit eines Verbots der Übertragung von Gesellschaftsanteilen in AGB ist jedoch umstritten (für eine Wirksamkeit Giesler/Nauschütt/*Giesler*, Franchiserecht, Kap. 9 Rn 119, dagegen *Pfeifer, Thomas*, Die Inhaltskontrolle in Franchiseverträgen, S. 146 f).

32. Doppelte Schriftformklauseln Der BGH hat die Frage nach der Wirksamkeit von doppelten Schriftformklauseln bzw. ihrer Vereinbarkeit mit § 307 Abs 1 BGB offen gelassen und sie vielmehr aufgrund des Vorrangs der Individualabrede nach § 305b BGB für wirkungslos erachtet (BGH, Beschl. v. 25.1.2017 – XII ZR 69/16, NJW 2017, 1017). Begründet wurde dies mit dem Sinn und Zweck von § 305b BGB, wonach die von den Parteien für den Einzelfall getroffenen Vereinbarungen nicht durch abweichende AGB ganz oder teilweise zunichte gemacht werden können (BGH, Beschl. v. 25.1.2017 – XII ZR 69/16, NJW 2017, 1017). Allgemeine Geschäftsbedingungen sind auf Ergänzung durch die individuelle Einigung der Parteien ausgelegt, sodass sie nur insoweit Geltung beanspruchen, als dies von der von den Parteien getroffenen Individualabrede zugelassen wird (BGH, Beschl. v. 25.1.2017 – XII ZR 69/16, NJW 2017, 1017). Nachdem die Verwendung doppelter Schriftformklauseln in der Praxis üblich ist, wurde eine solche gleichwohl aufgenommen.

H. Handelsmakler

1. Kreditvermittlungsvertrag mit Verbrauchern*

zwischen

Herrn Julius Meier

Hauptstraße 6

Z-Stadt

(nachfolgend „Auftraggeber" genannt)

und

Max Wasser Finanzservice- und Kreditvermittlungs-GmbH

Zoostraße 10

Y-Stadt

(nachfolgend „Kreditvermittler" genannt)

§ 1 Auftragserteilung

(1) Der Auftraggeber erteilt dem Kreditvermittler den Auftrag, bei einem inländischen Kreditinstitut einen Kreditbetrag bis zur Höhe von maximal EUR 24.000,– (in Worten: vierundzwanzigtausend Euro) zu besorgen.[1]

(2) Der Auftraggeber wird das Darlehen für private Zwecke, nämlich (. . . . . bitte einsetzen) verwenden.[2] Das Darlehen dient/dient nicht (Nichtzutreffendes streichen) der Umschuldung eines Kredits in Höhe von . . . . . EUR bei der . . . . .– Bank.[3]

§ 2 Vergütungspflicht

(1) Der Auftraggeber verpflichtet sich, an den Kreditvermittler eine Provision in Höhe von EUR 1.200,– zu zahlen.[4]

(2) Zur Zahlung der Vergütung ist der Auftraggeber jedoch nur dann verpflichtet, wenn infolge der Vermittlung des Kreditvermittlers das Darlehen an den Verbraucher auch tatsächlich ausgezahlt worden ist und dieser von seinem Widerrufsrecht nach §§ 355, 495 Abs 1 BGB keinen Gebrauch gemacht hat.[5]

(3) Der Auftraggeber nimmt zustimmend davon Kenntnis, dass der Kreditvermittler auch von der kreditierenden Bank (Darlehensgeber) eine Provision erhält; sie beträgt EUR 800,00.

---

* Die nach Art 247 § 13 EGBGB im Einzelnen erforderlichen vorvertraglichen Informationspflichten sind, einschliesslich der Widerrufsbelehrung (Anlage 6 zu Art. 247 EGBGB) nicht in diesem Muster aufgeführt (vgl. § 655 a Abs 2 BGB; § 491 a BGB); sie werden in → Anm. 1 erwähnt. Sie sind im Anwendungsfall zu **beachten.** Insbesondere die an sich erforderliche Widergabe der Informationspflichten nach Maßgabe von Anlage 3 bis 5 zu Art 247 EGBGB würde zu viel Raum beanspruchen, ohne dass damit für die allgemein zu beachtende Vertragstechnik Wesentliches gewonnen wäre.

(4) Soweit das zu vermittelnde Darlehen gemäß § 1 Abs 2 der Umschuldung dient, entsteht der Anspruch auf Vergütung nur, wenn sich der effektive Jahreszins nicht erhöht; bei der Berechnung des effektiven Jahreszinses für den abzulösenden Kredit bleibt die dem Kreditvermittler gemäß Abs 1 geschuldete Vergütung außer Betracht.[6]

§ 3 Auslagenersatz

(1) Der Auftraggeber verpflichtet sich, dem Kreditvermittler – zusätzlich zur Vergütung gemäß § 2 – die entstandenen, erforderlichen Auslagen zu erstatten. Der Kreditvermittler wird diese im Einzelnen durch Belege spezifizieren. Der Höchstbetrag beträgt EUR 500,–.

(2) Zahlbar sind die zu erstattenden Auslagen innerhalb von 30 Tagen nach Rechnungsdatum.[7]

§ 4 Vertragsdauer

Der Vertrag hat eine Laufzeit von 3 Monaten.

§ 5 Sorgfaltspflichten

Der Kreditvermittler ist verpflichtet,[8] die ihm nach diesem Vertrag obliegenden Pflichten mit der Sorgfalt eines ordentlichen Kaufmanns zu erfüllen.

§ 6 Zahlungsanweisung

Der Auftraggeber weist hiermit die kreditgewährende Bank unwiderruflich an, dem Kreditvermittler die ihm zustehende Vergütung unmittelbar auszuzahlen, sofern die Vergütungspflicht fällig geworden ist.

X-Stadt, den . . . .

(Kreditvermittler)

. . . .

(Auftraggeber)

Bestätigung

Der Auftraggeber bestätigt durch seine Unterschrift, ein Exemplar des Vertrages erhalten zu haben.[9]

X-Stadt, den . . . .

(Auftraggeber)

Anmerkungen

1. Im Gegensatz zum Zivilmakler gemäß §§ 652 ff BGB ist der Handelsmakler (§ 93 Abs 1) **Vermittlungsmakler** (Baumbach/Hopt/*Roth,* HGB § 93 Rn 13). Er muss Unternehmer nach § 14 BGB sein (Palandt/*Sprau* § 655a Rn 5). Der Auftraggeber demgegenüber ist Verbraucher nach § 13 BGB. Gegenstand des Formulars (hierzu auch Schimansky/Bunte/Lwowski, BankR-HdB/*Jungmann,* § 81e Rn 5 ff.) ist daher hier ausschließlich die Vermittlung eines **Verbraucherdarlehens** iSv § 491 BGB. Von § 655a BGB werden allerdings neben der Vermittlung dieser Verträge auch die Fälle erfasst, in denen die Vermittlung auf eine

„sonstige Finanzierungshilfe" zielt; der Begriff folgt der Vorgabe aus § 506 BGB. Neben Zahlungsaufschub und Teilzahlungsgeschäften bezieht sich diese Norm auch auf Fälle des Finanzierungsleasing (Langenbucher/Bliesener/Spindler/*Roth*, Bankrechts-Kommentar, § 506 Rn 7; Palandt/*Sprau* BGB § 655a Rn 3). Es handelt sich bei dieser Art des Maklervertrages um eine besondere Ausgestaltung des Maklervertrages (Schimansky/Bunte/Lwowski/*Jungmann*, BankR-HdB § 81e Rn 17). Doch ist im Blick auf die Vermittlung von **entgeltlichen Finanzierungshilfen** die Ausnahmeregelung von § 655a Abs. 1 S. 2 BGB zu beachten: §§ 491 Abs. 2 S. 2 Nr 1-5 und Abs. 3 gelten nicht und reichen als zu vermittelnder Hauptvertrag nicht aus (Palandt/*Sprau* BGB § 655a Rn 3). Insoweit findet also § 665a BGB keine Anwendung, wie etwa bei einem Bagatelldarlehen von 200 EURO (Erman/*Nietsch* § 655a Rn 6). Nicht erfasst werden auch die Fälle des § 655a Abs. 3 BGB. Diese Regelung bezieht sich auf die Fälle, in denen ein Darlehensvermittler im Zusammenhang mit der Vermittlung eines **Immobiliarkredits** auch Beratungsleistungen im Sinn von § 511 BGB anbietet (hierzu Erman/*Nietsch* BGB § 665a Rn 16 ff.; Schimansky/Bunte/Lwowski/*Jungmann*, BankR-HdB § 81e Rn. 6). Für diese Vermittlungsleistungen gelten die Informationspflichten nach Art. 247 § 13b EGBGB (vgl Palandt/*Weidenkaff* Art 247 § 13b EGBGB Rn 1ff). Entscheidend ist, dass diese Art von Vermittlungsverträgen nicht in den Anwendungsbereich von § 93 BGB fallen, weil es sich bei Grundstücken nicht um „Waren" als bewegliche Sachen handelt (Baumbach/Hopt/*Roth* HGB § 93 Rn 13). Wesentliches Merkmal der Vermittlungstätigkeit nach § 655a BGB ist es, dass der Darlehensvermittler in der Regel wie ein Makler auftritt und gegenüber einem Verbraucher eine entgeltlichen Darlehensvertrag oder eine solche Finanzierungshilfe vermittelt oder die Möglichkeit eines solchen Abschlusses nachweist. Der Handelsmakler hat insoweit eine Pflicht zur Tätigkeit noch ist er zur Herbeiführung eines Erfolges – Vermittlung – verpflichtet (Baumbach/Hopt/*Roth* HGB § 93 Rn 23). Er tritt mit beiden Vertragsparteien in Verbindung – er hat eine Doppelrolle, welche ihn zur Unparteilichkeit verpflichtet (BGH NJW 2004, 154, 157) – und trägt dadurch zum Vertragsabschluss bei; Vermittlung ist die bewusste, finale Herbeiführung der Abschlussbereitschaft der vertragsschließenden Parteien (BGH NJW 1976, 1844; Nürnberg NJW-RR 1995, 227). Die Treuepflichten für den Handelsmakler im Fall seiner Tätigkeit als Nachweismakler sind geringer (BGH NJW 1970, 175, 176). Doch muss der Vermittler nach § 655a BGB im Zweifel darauf hinweisen, dass er nur Angebote bestimmter Kreditinstitute einholt (Stuttgart NJW-RR 2010, 195). Zu den weiteren Unterschieden zum Handelsvertreter ist zu sagen, dass es sich dann um einen Handelsvertretervertrag handelt, wenn der „Vermittler" auf Grund eines Einreichervertrages verpflichtet ist, für die betreffende Bank Darlehen zu vermitteln (Erman/*Nietsch* BGB § 655a Rn 5).

a) Von praktisch besonderer Bedeutung für Darlehensvermittler ist die Erfüllung der nach Art 247 § 13 EGBGB geschuldeten, **vorvertraglichen Informationspflichten** (§ 655a Abs 2 BGB). Nach § 655a Abs 2 BGB schließt dies auch die Erfüllung der Pflichten nach § 491a BGB ein. Das umfasst zum einen die Übergabe eines Vertragsentwurfs (§ 491a Abs. 2 BGB) und zum anderen auch Erläuterungen darüber, ob der angebotene Vertrag die vom Verbraucher zu verfolgenden Ziele abbildet (Abs 3). Die Informationspflichten nach Art. 247 § 13 EGBGB sind immer dann zu erfüllen, wenn es sich – wie hier – darum handelt, dass ein Verbraucher einen Vermittlungsvertrag abschließt (Palandt/*Weidenkaff* Art 247 § 13 EGBGB Rn 1). Dabei sind grundsätzlich all die Angaben zu beachten, welche in Anlagen 3–5 zu Art 247 EGBGB aufgeführt sind (Palandt/*Weidenkaff* Art 247 § 13 EGBGB Rn 2).

aa) Nach Art 247 § 13 Abs 1 EGBGB muss die vorvertragliche Information den **Namen und die Anschrift des Darlehensvermittlers** enthalten. Folglich sind die entsprechenden Angaben aus diesem Vertrag auch in den vorvertraglichen Informationen wiederzugeben.

bb) Darüber hinaus müssen auch die vorvertraglichen Informationen bereits die **Vertragsangaben** enthalten, was durch Art 247 § 6 Abs 1 EGBGB in Verbindung mit Art 247 § 13 Abs 1 EGBGB geboten ist (vgl nachfolgend sub b).

cc) Rechtzeitig vor Abschluss eines Darlehensvermittlungsvertrages nach § 655a BGB muss der Darlehensvermittler auch folgende weitere Angaben dem Verbraucher nach Art 247 § 13 Abs 2 EGBGB unterbreiten: die **Höhe der Vergütung** (Nr 1); die Tatsache, ob der Vermittler auch **von dem anderen Teil eine Entgelt** erhält sowie – falls ja – die entsprechende Höhe (Nr 2), was nach dem hier unterbreiteten Muster zutrifft. Eine Entgeltlichkeit liegt auch vor, wenn nicht der Verbraucher, sondern der Darlehensgeber den Vermittler bezahlt (München VuR 2010, 233). Stets kommt es insoweit nur darauf an, welche Vergütung dem Vermittler selbst zufließt; soweit der Darlehensgeber an weitere Vermittler Zahlungen geleistet hat, bleiben diese außer Betracht (BGH NJW-RR 2012, 1073). Ist allerdings der Vermittlungsvertrag – etwa wegen fehlender Schriftform – nichtig (§ 655b Abs 2 BGB), so entsteht auch für den Vermittler kein Provisionsanspruch (BGH NJW-RR 2005, 1572). Der Umfang der **Befugnisse des Vermittlers,** ob er nämlich ausschließlich für einen oder für mehrere Darlehensgeber tätig oder gar unabhängig ist, folgt aus Nr 3 die einzelnen vom Vermittler in Anspruch genommenen **Nebenentgelte** sowie deren Höhe, ggfs. ein Höchstbetrag (Nr 4).

dd) Alle diese Informationen, die vorvertraglich geschuldet sind, müssen dem Verbraucher rechtzeitig vor Abschluss des Darlehensvermittlungsvertrages in **Textform** und in transparenter Weise mitgeteilt werden.

ee) Der Darlehensvermittler hat nach Art 247 § 13 Abs 3 EGBGB dem **Darlehensgeber vor Annahme des Auftrags** die Höhe der von ihm verlangten Vergütung mitzuteilen.

ff) Schließlich haben Darlehensgeber und Darlehensvermittler nach Art 247 § 13 Abs 3 S. 2 EGBGB sicherzustellen, dass die jeweils andere Partei eine **Abschrift des Verbraucherdarlehensvertrages** erhält. Auch der Vermittler hat also einen entsprechenden Anspruch (Palandt/*Weidenkaff* Art 247 § 13 EGBGB Rn 2).

b) Die einzelnen **Vertragsangaben,** die ebenfalls nach Art 247 § 13 EGBGB in Verbindung mit Art 247 § 6 Abs 1 EGBGB (Vertragsinhalt) geschuldet werden, müssen **vorvertraglich** bestimmte Angaben enthalten. Das folgt aus § 655a Abs 2 S. 2 BGB, der auf § 491 a BGB verweist. Alle an den **Darlehensgeber** gerichteten Informations-, Mitteilungs- und Erläuterungspflichten sind auch vom Vermittler zu erfüllen; denn Art 247 EGBGB gilt uneingeschränkt auch für ihn. Das heißt:

aa) Nach Art 247 § 6 Abs 1 EGBGB schuldet der Vermittler zunächst alle die in **Art 247 § 3 Abs 1 Nr 1–14 EGBGB** enthaltenen Angaben, und zwar neben seinem Namen und seiner Anschrift: die **Art des Darlehens** (Nr 2), was hier als Verbraucherdarlehen anzugeben wäre; den **effektiven Jahreszins** (Nr 3), der nach den Vorgaben von Art 247 § 3 Abs 2 S 3 EGBGB nach § 6 PreisAngV zu berechnen ist; den **Nettodarlehensbetrag** (Nr 4), der nach Art 247 § 3 Abs 2 S 2 EGBGB der Höchstbetrag ist, den der Verbraucher als Darlehen beanspruchen kann; den **Sollzinssatz** (Nr 5 BGH NJW-RR 2021, 1056), wobei dessen Definition nach Art 247 § 3 Abs 4 EGBGB ebenso von Belang ist wie die Festlegung, welche sich aus § 489 Abs 5 BGB ablesen lässt; die **Vertragslaufzeit** (Nr 6); **Betrag, Zahl und Fälligkeit der einzelnen Teilzahlungen** (Nr 7); den **Gesamtbetrag** (Nr 8), der nach der Definition von Art 247 § 3 Abs 2 S 1 EGBGB die Summe aus Nettodarlehensbetrag und Gesamtkosten ist; die **Auszahlungsbedingungen** (Nr 9); alle **sonstigen Kosten, insbesondere im Zusammenhang mit der Auszahlung oder der Verwendung eines Zahlungsinstruments sowie die Bedingungen, unter denen die Kosten angepasst werden können** (Nr 10); den **Verzugszinssatz** sowie Art und Weise seiner etwaigen Anpassung nebst Angaben betreffend etwaige **Verzugskosten** (Nr 11); einen **Warnhinweis** im Blick auf die Folgen ausbleibender Zahlungen (Nr 12); das Bestehen oder Nichtbestehen eines **Widerrufsrechts** (Nr 13) und schließlich das Recht des Darlehensnehmers, das Darlehen **vorzeitig zurückzahlen** zu können (Nr 14).

bb) Da nach Art 247 § 6 Abs 1 Nr 1 EGBGB auch die Bestimmung von § 3 Abs 4 zur Anwendung berufen ist, bedeutet dies, dass die vorvertraglich zu erfüllenden Informationspflichten bei der Angabe des **Sollzinssatzes** auch die Bedingungen und den Zeitraum für seine Anwendung sowie die Art und Weise seiner Anpassung enthalten müssen. Falls mehrere Sollzinssätze angegeben werden, dann ist gemäß Abs 4 S. 3 auch weiter anzugeben, in welcher Reihenfolge die ausstehenden Forderungen des Darlehensgebers, für welche unterschiedliche Sollzinssätze gelten, getilgt werden. Die Vorschrift ergänzt die Bestimmung von § 3 Abs 1 Nr 5; es kommt daher auch die Angabe eines **Referenzzinssatzes** im Sinn von § 675g Abs 3 S. 3 BGB in Betracht, wobei nur dann ein Referenzzinssatz vorliegt, wenn er öffentlich einzusehen ist.

c) Da Art 247 § 13 Abs 1 EGBGB den gesamten Regelungsbereich von Art 247 § 6 Abs 1 EGBGB in Bezug nimmt und die zu erfüllenden vorvertraglichen Informationspflichten an eben diesem Maßstab misst, ist auch nach § 6 Abs 1 Nr 2 der **Name des Darlehensnehmers** aufzuführen, nach Abs 1 Nr 3 die für den Darlehensgeber zuständige **Aufsichtsbehörde,** nach Abs 1 Nr 4 muss ein Hinweis darauf vorgesehen werden, dass der Darlehensnehmer einen Anspruch auf Erhalt eines **Tilgungsplans** hat (§ 492 Abs 3 S. 2 BGB), nach Abs 1 Nr 5 muss das bei einer **Kündigung einzuhaltende Verfahren** beschrieben werden und nach Abs 1 Nr 6 sind **sämtliche Vertragsbedingungen** Teil der vorvertraglichen Informationspflichten.

d) Alle nach Art 247 § 6 Abs 1 EGBGB anzugebenden Informationen müssen nach der Vorgabe von Abs 1 S. 1 klar und verständlich abgefasst werden.

e) Eine **Verletzung dieser Informationspflichten** führt – vorbehaltlich der Sondernorm von § 655b Abs 2 BGB (Schriftform, vgl Anm. f) – zu einem Schadensersatzanspruch des Darlehensnehmers nach den §§ 311 Abs 2, 280 Abs 1 BGB. Regelmäßig ist dieser Anspruch darauf gerichtet, dass der Differenzschaden im Rahmen einer rechnerischen Gegenüberstellung der Vor- und Nachteile für den Verbraucher ausgeglichen wird. Doch kann es auch so sein, dass der Anspruch darauf zielt, den Darlehensnehmer von der eingegangen Vertragsbindung zu befreien (BeckOK BGB/*Möller* § 655e Rn 21).

f) Wenn der Darlehensgeber die Informationspflichten nach Art 247 § 13 Abs 2 EGBGB nicht erfüllt, dann ist der Vermittlungsvertrag nach § 655b Abs 2 BGB **nichtig.** Die insoweit in Betracht zu ziehenden Informationspflichten sind weiter oben erörtert (Anm. a cc).

g) Zu bedenken ist auch, dass die §§ 655a ff BGB nach § 655e Abs 2 BGB auch für Vermittlungsverträge gelten, die mit einem **Existenzgründer** (§ 513 BGB) abgeschlossen werden (zur Abgrenzung im Einzelnen BGH NJW 2005, 1273). Dabei ist stets zu beachten, dass nach der Rechtsprechung mehrfache Existenzgründungen möglich und auch rechtlich unbedenklich sind (BGH NJW-RR 2000, 1221); doch müssen beide Existenzgründungen voneinander klar abgrenzbar sein und dürfen nicht in einem Zusammenhang stehen (BGH NJW-RR 2000, 719; BGH NJW 1995, 721).

h) Das hier gewählte Formular geht davon aus, dass der Kreditvermittler **Provision/ Courtage** sowohl von der kreditierenden Bank als auch vom Auftraggeber verlangen kann (§ 655b Abs 1 BGB); er steht mit beiden Parteien in Vertragsbeziehungen vgl → Anm. 4.

i) Aus § 655b Abs 1 BGB folgt, dass die **Schriftform** für den Kreditvermittlungsvertrag zu wahren ist. Ihr Zweck ist Warn- und Transparenzfunktion. Das schließt ein, dass der Vermittler nach § 655b Abs 1 S 3 BGB verpflichtet ist, dem Verbraucher den gesamten Vertragsinhalt in Textform mitzuteilen. Es handelt sich hierbei um eine Nebenpflicht (BeckOK BGB/*Möller* § 655b Rn 4). Zu erwägen ist daher, ob nicht – wie im Form. vorgesehen – eine entsprechende Klausel aufzunehmen ist (Anm. 9). Die Nichtbeachtung der Schriftform führt nach § 655b Abs 2 BGB zu Nichtigkeit. Das ist auch im Blick auf spätere Vertragsänderungen zu beachten. Die Sanktion der Nichtigkeit bezieht sich jedoch nicht darauf, dass dem Verbraucher der Vertrag nicht in Textform übermittelt wird (Erman/*Nietsch* BGB § 655b Rn 5).

j) **Wesentliches Element** der zu beachtenden Schriftform ist – vorbehaltlich sonstiger Informationspflichten – die Beachtung der in Art. 247 § 13 Abs. 2 EGBGB vorgesehenen Angaben; fehlen sie, führt dies zur Nichtigkeit des Vermittlungsvertrages nach § 655b Abs 2 BGB. Das bedeutet ua: nominale Angabe der Vergütung in einem Euro-Betrag (Art 247 § 13 Abs 2 Nr 1 EGBGB), und zwar auch insoweit als der Vermittler eine Doppelrolle übernommen hat und von beiden Seiten, dem Kreditgeber und dem Verbraucher, ein Entgelt erhält (Art 247 § 13 Abs 2 Nr 2 EGBGB).

k) Auf eine **Vollmacht** ist das Erfordernis einer Schriftform nicht anzuwenden (BGH NJW 2001, 1931).

l) Von besonderer Wichtigkeit ist, dass der Kreditvermittlungsvertrag gem § 655b Abs 1 S 2 BGB **nicht** mit dem Antrag auf Hingabe des Darlehens verbunden werden darf. Außerdem muss der Vermittler dem Verbraucher den Vertrag in Textform mitteilen. Geschieht dies nicht, führt dies nach § 655b Abs 2 BGB zur Nichtigkeit des Vertrages (Erman/*Nietsch* BGB § 655b Rn 4).

m) Im Blick auf das anzuwendende **Widerrufsmuster betreffend den Darlehensvertrag** (Anlage 7 zu Art 247 § 6 und § 12 EGBGB – Muster per 15.6.2021 (BGBl I S. 1666).) wird auf die gesetzliche Vorgabe nach den §§ 495, 355 BGB verwiesen. Es ist dringend zu empfehlen, das referenzierte Muster aus Gründen der Rechtssicherheit und auch der Rechtsklarheit zu nutzen. Das ist im Übrigen auch insoweit von Belang, als der Anspruch des Vermittlers auf Vergütung nur dann fällig wird, wenn der Vermittler erfolgreich nachgewiesen bzw vermittelt hat und ein Widerruf nicht mehr möglich ist (§ 655c S 1 BGB).

Die Zahl der BGH-Entscheidungen zu den vielfältigen Fragen eines nicht gesetzeskonformen Widerrufsrechts sind gerade in letzter Zeit Legion (*Herresthal* ZIP 2020, 745 ff; *Knops/Fromm* ZIP 2020, 1944 ff). Im Hintergrund dieser Entwicklung stehen einige EuGH-Urteile, die hier allerdings nur zitiert, nicht aber im Detail analysiert werden können (EuGH WM 2021, 1986 – Volkswagen Bank – umfassend; hierzu *Knops/Fromm* WM 2021, 2169 ff; EuGH EuZW 2021, 959 – Volkswagen Bank: Widerruf trotz Fristablauf; EuGH BKR 2020, 586 – Leonhard: keine Erstattung des Wertersatzes, sondern nur Erstattung von Tilgung und Zinsen; im Übrigen auch EuGH NJW 2020, 3367 – Profi Credit Polska – auch Missbrauchskontrolle), weil die Entwicklung sehr stark im Fluss ist (BGH BKR 2021, 773 – Verstoß gegen Treu und Glauben nur auf Basis des nationalen Rechts – zum Problem der Verwirkung kritisch *Hölldampf* BB 2021, 2569 ff; BGH NJW-RR 2021, 1056 – Angabe des Sollzinssatzes in „auffallender Weise“). Im Mittelpunkt steht dabei die Rechtsprechung des BGH zum so genannten „Kaskadenverweis“ auf die in § 492 Abs. 2 BGB geforderten „Pflichtangaben“ in Form einer Verweisung auf eben diese gesetzliche Bestimmung in den Verbraucherinformationen, was der BGH zunächst als zulässig bejaht hatte (BGH NJW 2021, 307 – Kehrtwende; BGH ZIP 2020, 868). Dagegen hatte sich der EuGH gewandt (EuGH NJW 2020, 1423 – Kreissparkasse Saarlouis), was den BGH bewog, seine frühere Rechtsprechung aufzugeben (BGH NJW 2021, 307 Rn. 16). Damit zerbrach auch die so genannte „Gesetzlichkeitsfiktion“ (a.M. *Hölldampf* 2020, 907 ff.), wonach der Darlehensgeber seine Informationspflichten, einschließlich des gesamten Widerrufrechts erfüllte, wenn er die gesetzlichen Muster (Anlage 7) verwendete (Art. 247 § 6 Abs. 2 S. 3 EGBGB; hierzu BGH WM 2020, 1627 Rn. 17 ff.; BGH WM 2020, 838 Rn. 6). Inzwischen ist mit Wirkung vom 15.6.2021 ein neues Belehrungsmuster vom Gesetzgeber in Kraft gesetzt worden (hierzu *Hölldampf* WM 2021, 1678 ff), welches als Anlage 7 – neu – nunmehr zu verwenden ist.

2. Wie stets ist auch hier die Probleme des „dual use“ zu bedenken: Wenn also in Rede steht, dass ein nach diesem Form. vermitteltes Darlehen nicht mit Sicherheit für einen privaten Zweck eines Verbrauchers verwendet wird, dann trägt der Vermittler die entsprechende **Beweislast.** Entsprechend dem Text des Formulars ist davon auszugehen, dass die Bestimmungen der §§ 655a ff BGB im Zweifel gelten. Daher liegt die Hürde eines Gegenbeweises sehr hoch.

3. Soweit eine **Umschuldung** – und dies ist häufig der Fall – in Rede steht, muss dies gem § 655c S 2 BGB im Kreditvermittlungsvertrag deutlich zum Ausdruck gebracht werden. Von einer Umschuldung im Sinn von § 655c S 2 BGB ist immer dann zu sprechen, wenn ein Verbraucher sich einen neuen Kredit vermitteln lässt, um mit diesem einen Altkredit „vorzeitig", dh vor Ablauf der ursprünglich vertraglich vorgesehenen regulären Laufzeit des Altkredits, abzulösen (hierzu Erman/*Nietsch* BGB § 655c Rn 4 f; Palandt/*Sprau* BGB § 655c Rn 3 f). Insoweit kommt es maßgeblich auf das Element der Vorzeitigkeit, aber auch der Freiwilligkeit des Handelns des Schuldners an; er muss positive Kenntnis vom Umschuldungszweck haben (Schimansky/Bunte/Lwowski/*Jungmann*, Bankrechts-HdB § 81e Rn. 82). Eine solche Umschuldung liegt aber auch dann vor, wenn der vermittelte Neukredit der Rückführung eines gekündigten Kredites dient (*Seibert* VerbrKrG § 16 Rn 6). Zum sogenannten „Umschuldungskarussell" vgl *Scholz* MDR 1982, 711 (713); *Hörmann/Holzscheck* BB 1983, 1060 (1064)). Eine Verlängerung der Laufzeit des Kredits fällt nicht unter § 655c BGB (Palandt/*Sprau* BGB § 655c Rn 3).

a) Die Anwendbarkeit des § 655c S 2 BGB hängt davon ab, dass der Vermittler Kenntnis von der Tatsache einer Umschuldung hat, also davon, das es sich um einen Verbraucherdarlehensvertrag handelt, dessen Zweck es ist, ein anderes Darlehen – nicht notwendigerweise auch ein Verbraucherdarelehen – vorzeitig abzulösen und auf diese Weise zu ersetzen (Schimansky/Bunte/Lwowski/*Jungmann*, BankR-HdB § 81e Rn 79). Ferner ist bestimmt, dass der Provisionsanspruch des Vermittlers – bezogen auf die Umschuldung – nur dann entsteht, wenn sich der effektive Jahreszins nicht erhöht (BeckOK/*Möller* BGB § 655c Rn 10). Die Vermittlungskosten bleiben hierbei außer Betracht.

b) Der **Anspruch auf Provision** entsteht nach § 655c S. 1 BGB erst dann, wenn ein wirksamer Vermittlungsvertrag vorliegt, der Verbraucherdarlehensvertrag zustande gekommen ist und eine (wirtschaftliche) Identität zwischen dem tatsächlich abgeschlossenen und dem vermittelten Verbraucherdarlehensvertrag besteht (MüKoBGB/*Schürnbrand* § 655c Rn 7). Hinzu kommen muss, dass der Verbraucher das Darlehen erhalten hat (MüKOBGB/*Schürnbrand* § 655c Rn 8 f.) und dieses nach § 355 BGB nicht mehr widerrufen kann (Erman/Nietsch § 655c Rn 3). Das setzt auch eine ordnungsgemäße Belehrung des Verbrauchers über sein Widerrufsrecht voraus (vgl auch BeckOKBGB/*Möller* BGB § 655c Rn 6 f).

4. Die **Vergütungspflicht** des Kreditvermittlers ist in den §§ 655c und d (S. 2) BGB **abschließend** geregelt. Da die letzte Norm die Möglichkeit regelt, dass auch Nebenentgelte vereinbart werden, ist zum einen vorgesehen, dass die erfolgsabhängige Vergütung grundsätzlich in § 655c BGB geregelt ist, so dass zum anderen die Vereinbarung eines Nebenentgelts sich nur auf die Erstattung von Auslagen beziehen darf (Erman/*Nietsch* BGB § 655d Rn 1). Hinzuweisen ist allerdings darauf, dass nach § 655d S. 3 der **Höchstbetrag** unbedingt in den vorvertraglich geschuldeten Informationspflichten nach Art 247 § 13 Abs 2 Nr 4 EGBGB aufgeführt sein muss. Nach § 655b Abs 2 BGB führt die Nichtangabe dieses Höchstbetrages oder der Höhe der zu fordernden Nebenentgelte (Erstattung von Auslagen) zur **Nichtigkeit** des Darlehensvermittlungsvertrages.

5. Gem § 655c S. 1 BGB ist klargestellt, dass die dem Kreditvermittler zustehende Provision/Courtage **erfolgsabhängig** ist: Zum einen muss das Darlehen tatsächlich geleistet sein, zum anderen darf der Kreditnehmer/Verbraucher von seinem **Widerrufsrecht** gem § 355 BGB keinen Gebrauch gemacht haben. Diese gesetzliche Regelung ist gem § 655e BGB **zwingend.** Eine entgegenstehende vertragliche Regelung ist unwirksam (Hamm ZIP 1995, 239).

6. Um das „Umschuldungskarussell" (vgl → Anm. 3) einzuschränken, bestimmt § 655c S 2 BGB, dass der Kreditvermittler nur dann Anspruch auf Provision/Courtage hat, wenn die Umschuldung mit Wissen des Vermittlers erfolgt (BeckOK BGB/*Möller* BGB § 655c Rn 9 – Kenntnis vom Verwendungszweck des neuen Darlehens) sich der effektive

Jahreszins – als Folge der Umschuldung – jedoch nicht erhöht. Bei der Berechnung bleiben die Vermittlungskosten des umzuschuldenden Darlehens außer Betracht (BeckOK BGB/*Möller* BGB § 655c Rn 10). Die Voraussetzungen des Vergütungsanspruchs hat der Vermittler zu **beweisen.**

7. § 655d BGB legt fest, dass der Kreditvermittler grundsätzlich nicht berechtigt ist, **Nebenentgelte** zu fordern. Etwas anderes gilt gem § 655d S 2 BGB nur dann, wenn ausdrücklich vereinbart ist, dass dem Kreditvermittler die entstandenen, erforderlichen Auslagen ersetzt werden sollen (vgl BGH BeckRS 2012, 12380 – Unwirksamkeit einer Formularklausel).

8. Entscheidend für die Berücksichtigung der vorvertraglichen Informationspflichten ist die gesetzliche Regel des § 655a Abs 2 S 2 BGB. Danach ist der Vermittler in gleicher Weise wie der Darlehensgeber nach § 491a BGB verpflichtet, die danach geschuldeten Angaben **vorvertraglich** zu machen. In gleicher Weise ergibt sich aus dem Verweis auf § 491 a BGB, dass auch der Vermittler zur vorvertraglichen Aufklärung des prospektiven Darlehensnehmers verpflichtet ist. Dabei herrschen jeweils die Umstände des Einzelfalls. Denn sie geben darüber Maß, inwieweit der Verbraucher tatsächlich der Aufklärung bedarf (Palandt/*Weidenkaff BGB* § 491a Rn 4). Das dadurch entstehende Pflichtenkonzept ist aber in der Regel nicht in einem allgemeinen Vertragsmuster niederzulegen, sondern Sache des Einzelfalls.

9. Gemäß § 655b S 2 BGB ist dem Auftraggeber eine Abschrift des Vertrages in Textform zu überlassen. Die hier verwendete Formulierung sieht insoweit – zusätzlich – ein gesondertes Empfangsbekenntnis vor, steht aber mit § 309 Nr 12 b BGB im Einklang.

2. Kapitel. Handelsgeschäfte (mit Anlagengeschäft und Patentlizenzvertrag, Unternehmenskauf und Unternehmenspacht)

Übersicht

J. Handelskauf (mit Anlagengeschäft und Patentlizenzvertrag)

1. Allgemeine Verkaufsbedingungen

I. Text gut lesbar auf der Vorderseite der Auftragsbestätigung:

„Wir danken Ihnen für die Bestellung; diese bestätigen wir unter ausschließlicher Geltung unserer rückseitig abgedruckten Verkaufsbedingungen.“[1]

II. Text gut lesbar auf der Rückseite[2] der Auftragsbestätigung[3]

§ 1 Allgemeines – Geltungsbereich

(1) Unsere Verkaufsbedingungen gelten ausschließlich; entgegenstehende oder von unseren Verkaufsbedingungen abweichende Bedingungen des Kunden erkennen wir nicht an, es sei denn, wir hätten ausdrücklich schriftlich ihrer Geltung zugestimmt. Unsere Verkaufsbedingungen gelten auch dann, wenn wir in Kenntnis entgegenstehender oder von unseren Verkaufsbedingungen abweichender Bedingungen des Kunden die Lieferung an den Kunden vorbehaltlos ausführen.[4]

(2) Alle Vereinbarungen, die zwischen uns und dem Kunden zwecks Ausführung dieses Vertrages getroffen werden, sind in diesem Vertrag schriftlich niederzulegen.[5]

(3) Unsere Verkaufsbedingungen gelten nur gegenüber Kaufleuten.

(4) Unsere Verkaufsbedingungen gelten auch für alle künftigen Geschäfte mit dem Kunden.[6]

§ 2 Angebot – Angebotsunterlagen

(1) Ist die Bestellung als Angebot gemäß § 145 BGB zu qualifizieren, so können wir diese innerhalb von zwei Wochen annehmen.

(2) An Abbildungen, Zeichnungen, Kalkulationen und sonstigen Unterlagen behalten wir uns Eigentums- und Urheberrechte vor; sie dürfen Dritten nicht zugänglich gemacht werden. Dies gilt insbesondere für solche schriftlichen Unterlagen, die als „vertraulich“ bezeichnet sind; vor ihrer Weitergabe an Dritte bedarf der Kunde unserer ausdrücklichen schriftlichen Zustimmung.

§ 3 Preise – Zahlungsbedingungen

(1) Sofern sich aus der Auftragsbestätigung nichts anderes ergibt, gelten unsere Preise „ab Werk“, ausschließlich Verpackung; diese wird gesondert in Rechnung gestellt.

(2) Die gesetzliche Mehrwertsteuer ist nicht in unseren Preisen eingeschlossen; sie wird in gesetzlicher Höhe am Tag der Rechnungsstellung in der Rechnung gesondert ausgewiesen.

(3) Der Abzug von Skonto bedarf besonderer schriftlicher Vereinbarung.

(4) Sofern sich aus der Auftragsbestätigung nichts anderes ergibt, ist der Kaufpreis netto (ohne Abzug) innerhalb von 30 Tagen ab Rechnungsdatum zur Zahlung fällig. Kommt der Kunde in Zahlungsverzug, so sind wir berechtigt, gesetzliche Verzugszinsen zu fordern.

(5) Aufrechnungsrechte stehen dem Kunden nur zu, wenn seine Gegenansprüche rechtskräftig festgestellt, unbestritten oder von uns anerkannt sind.[8] Außerdem ist er zur Ausübung eines Zurückbehaltungsrechts insoweit befugt, als sein Gegenanspruch auf dem gleichen Vertragsverhältnis beruht.[9]

§ 4 Lieferzeit

(1) Der Beginn der von uns angegebenen Lieferzeit setzt die Abklärung aller technischen Fragen voraus.

(2) Geraten wir aus Gründen, die wir zu vertreten haben, in Lieferverzug, so ist der Kunde berechtigt, für jede vollendete Woche Verzug eine pauschalierte Verzugsentschädigung in Höhe von 3 % des Lieferwertes, maximal 10 % des Lieferwertes zu verlangen.[10] Falls der Verzug auf Vorsatz oder grober Fahrlässigkeit beruht oder eine wesentliche Pflichtverletzung darstellt, bleibt es bei der gesetzlichen Verzugshaftung; diese ist jedoch im Fall einer nur fahrlässigen Pflichtverletzung auf den jeweils vorhersehbaren, typischerweise eintretenden Schaden begrenzt.[11]

(3) Setzt uns der Kunde, nachdem wir bereits in Verzug geraten sind, eine angemessene Nachfrist, so ist er nach fruchtlosem Ablauf dieser Nachfrist berechtigt, vom Vertrag zurückzutreten; Schadensersatzansprüche statt der Leistung stehen in Höhe des vorhersehbaren Schadens dem Kunden nur zu, wenn der Verzug auf Vorsatz oder grober Fahrlässigkeit oder auf einer wesentlichen Pflichtverletzung beruht; im übrigen ist die Schadensersatzhaftung ausgeschlossen.[12]

(4) Die Haftungsbegrenzungen gem. Abs (2) und Abs (3) gelten nicht, sofern ein kaufmännisches Fixgeschäft vereinbart wurde; gleiches gilt dann, wenn der Kunde wegen des von uns zu vertretenden Verzugs geltend machen kann, dass die sofortige Geltendmachung des Anspruchs auf Ersatz des Schadens statt der Leistung in Betracht kommt.[13]

(5) Die Einhaltung unserer Lieferverpflichtung setzt die rechtzeitige und ordnungsgemäße Erfüllung der Verpflichtungen des Kunden voraus.

(6) Kommt der Kunde in Annahmeverzug oder verletzt er sonstige Mitwirkungspflichten, so sind wir berechtigt, den uns entstehenden Schaden, einschließlich etwaiger Mehraufwendungen, zu verlangen. In diesem Fall geht auch die Gefahr eines zufälligen Untergangs oder einer zufälligen Verschlechterung der Kaufsache in dem Zeitpunkt auf den Kunden über, in dem dieser in Annahmeverzug gerät.

§ 5 Gefahrenübergang

(1) Sofern sich aus der Auftragsbestätigung nichts anderes ergibt, ist Lieferung „ab Werk" vereinbart.

(2) Sofern der Kunde es wünscht, werden wir die Lieferung durch eine Transportversicherung eindecken; die insoweit anfallenden Kosten trägt der Kunde.

§ 6 Mängelgewährleistung

(1) Die Gewährleistungsrechte des Kunden setzen voraus, dass dieser seinen nach § 377 HGB geschuldeten Untersuchungs- und Rügeobliegenheiten ordnungsgemäß nachgekommen ist.[14]

(2) Soweit ein von uns zu vertretender Mangel der Kaufsache vorliegt, sind wir nach unserer Wahl zur Nacherfüllung in Form. einer Mangelbeseitigung oder einer Ersatzlieferung berechtigt. Im Fall der Mangelbeseitigung sind wir verpflichtet, alle zum Zweck

der Mangelbeseitigung erforderlichen Aufwendungen, insbesondere Transport-, Wege-, Arbeits- und Materialkosten zu tragen, soweit sich diese nicht dadurch erhöhen, dass die Kaufsache nach einem anderen Ort als dem Erfüllungsort verbracht wurde.[15]

(3) Sofern die Nacherfüllung fehlschlägt, ist der Kunde nach seiner Wahl berechtigt, den Rücktritt zu erklären oder eine entsprechende Herabsetzung des Kaufpreises (Minderung) zu verlangen.[16]

(4) Soweit sich nachstehend (Abs 5 und Abs 6) nichts anderes ergibt, sind weitergehende Ansprüche des Kunden – gleich aus welchen Rechtsgründen – ausgeschlossen. Wir haften deshalb nicht für Schäden, die nicht am Liefergegenstand selbst entstanden sind; insbesondere haften wir nicht für entgangenen Gewinn oder sonstige Vermögensschäden des Kunden.

(5) Sofern die Schadensursache auf Vorsatz oder grober Fahrlässigkeit beruht, haften wir nach den gesetzlichen Bestimmungen.[17] Dies gilt auch, wenn der Kunde wegen des Fehlens einer von uns garantierten Beschaffenheit der Sache Schadensersatz begehrt.[18]

(6) Sofern wir schuldhaft eine wesentliche Vertragspflicht verletzen, ist die Haftung auf den vertragstypischen, vorhersehbaren Schaden begrenzt; im Übrigen ist sie gemäß Abs (4) ausgeschlossen.[19] Von einer „wesentlichen" Vertragspflicht im Sinne dieser AGB ist immer dann zu sprechen, wenn wir solche Pflichten schuldhaft verletzen, auf deren ordnungsgemäßer Erfüllung der Kunde vertraut und auch vertrauen darf, weil diese den Vertrag prägen.

(7) Die Gewährleistungsfrist beträgt 12 Monate, gerechnet ab Gefahrenübergang.

§ 7 Gesamthaftung

(1) Eine weitergehende Haftung auf Schadensersatz als in § 6 Abs (4) bis Abs (6) vorgesehen, ist – ohne Rücksicht auf die Rechtsnatur des geltend gemachten Anspruchs – ausgeschlossen.

(2) Die Regelung gemäß Abs (1) gilt nicht für Ansprüche gemäß §§ 1, 4 Produkthaftungsgesetz. Sie gilt auch nicht, wenn wir für einen Körper- oder Gesundheitsschaden aus anderen Rechtsgründen haften.

(3) Sofern nicht die Haftungsbegrenzung gemäß § 6 Abs (6) bei Ansprüchen aus der Produzentenhaftung gemäß § 823 BGB wegen Sachschäden eingreift, ist unsere Haftung auf die Ersatzleistung der Versicherung begrenzt. Soweit diese nicht oder nicht vollständig eintritt, sind wir selbst bis zur Höhe der Deckungssumme zur Haftung verpflichtet.[20]

(4) Die Regelung gemäß Abs (1) gilt auch nicht bei anfänglichem Unvermögen oder zu vertretender Unmöglichkeit.[21]

(5) Soweit unsere Haftung ausgeschlossen oder beschränkt ist, gilt dies auch für die persönliche Haftung unserer Angestellten, Arbeitnehmer, Mitarbeiter, Vertreter und Erfüllungsgehilfen.[22]

§ 8 Eigentumsvorbehaltssicherung

(1) Wir behalten uns das Eigentum an der Kaufsache bis zum Eingang aller Zahlungen aus dem Liefervertrag vor.[23] Bei vertragswidrigem Verhalten des Kunden, insbesondere bei Zahlungsverzug, sind wir berechtigt, die Kaufsache zurückzunehmen. In der Zurücknahme der Kaufsache durch uns liegt kein Rücktritt vom Vertrag, es sei denn, wir hätten dies ausdrücklich schriftlich erklärt. In der Pfändung der Kaufsache durch uns liegt stets

ein Rücktritt vom Vertrag. Wir sind nach Rücknahme der Kaufsache zu deren Verwertung befugt, der Verwertungserlös ist auf die Verbindlichkeiten des Kunden – abzüglich angemessener Verwertungskosten – anzurechnen.

(2) Der Kunde ist verpflichtet, die Kaufsache pfleglich zu behandeln; insbesondere ist er verpflichtet, diese auf eigene Kosten gegen Feuer-, Wasser- und Diebstahlsschäden ausreichend zum Neuwert zu versichern. Sofern Wartungs- und Inspektionsarbeiten erforderlich sind, muss der Kunde diese auf eigene Kosten rechtzeitig durchführen.

(3) Bei Pfändungen oder sonstigen Eingriffen Dritter hat uns der Kunde unverzüglich schriftlich zu benachrichtigen, damit wir Klage gemäß § 771 ZPO erheben können. Soweit der Dritte nicht in der Lage ist, uns die gerichtlichen und außergerichtlichen Kosten einer Klage gemäß § 771 ZPO zu erstatten, haftet der Kunde für den uns entstandenen Ausfall.

(4) Der Kunde ist berechtigt, die Kaufsache im ordentlichen Geschäftsgang weiter zu verkaufen; er tritt uns jedoch bereits jetzt alle Forderungen in Höhe des mit uns vereinbarten Faktura-Endbetrages (einschließlich MwSt) ab, die ihm aus der Weiterveräußerung gegen seine Abnehmer oder Dritte erwachsen, und zwar unabhängig davon, ob die Kaufsache ohne oder nach Verarbeitung weiter verkauft worden ist.[24] Zur Einziehung dieser Forderung bleibt der Kunde auch nach der Abtretung ermächtigt. Unsere Befugnis, die Forderung selbst einzuziehen, bleibt hiervon unberührt. Wir verpflichten uns jedoch, die Forderung nicht einzuziehen, solange der Kunde seinen Zahlungsverpflichtungen aus den vereinnahmten Erlösen nachkommt, nicht in Zahlungsverzug ist und insbesondere kein Antrag auf Eröffnung eines Konkurs- oder Vergleichsverfahrens gestellt ist oder Zahlungseinstellung vorliegt. Ist aber dies der Fall, können wir verlangen, dass der Kunde uns die abgetretenen Forderungen und deren Schuldner bekannt gibt, alle zum Einzug erforderlichen Angaben macht, die dazugehörigen Unterlagen aushändigt und den Schuldner (Dritten) die Abtretung mitteilt.

(5) Die Verarbeitung oder Umbildung der Kaufsache durch den Kunden wird stets für uns vorgenommen.[25] Das Anwartschaftsrecht des Kunden an der Kaufsache setzt sich an der umgebildeten Sache fort. Wird die Kaufsache mit anderen, uns nicht gehörenden Gegenständen verarbeitet, so erwerben wir das Miteigentum an der neuen Sache im Verhältnis des objektiven Wertes unserer Kaufsache zu den anderen verarbeiteten Gegenständen zur Zeit der Verarbeitung. Für die durch Verarbeitung entstehende Sache gilt im übrigen das gleiche wie für die unter Vorbehalt gelieferte Kaufsache.

(6) Wird die Kaufsache mit anderen, uns nicht gehörenden Gegenständen untrennbar vermischt, so erwerben wir das Miteigentum an der neuen Sache im Verhältnis des objektiven Wertes unserer Kaufsache zu den anderen vermischten Gegenständen zum Zeitpunkt der Vermischung.[26] Erfolgt die Vermischung in der Weise, dass die Sache des Kundens als Hauptsache anzusehen ist, so gilt als vereinbart, dass der Kunden uns anteilmäßig Miteigentum überträgt. Der Kunden verwahrt das so entstandene Alleineigentum oder Miteigentum für uns.

(7) Der Kunde tritt uns auch die Forderungen zur Sicherung unserer Forderungen gegen ihn ab, die durch die Verbindung der Kaufsache mit einem Grundstück gegen einen Dritten erwachsen.[27]

(8) Wir verpflichten uns, die uns zustehenden Sicherheiten auf Verlangen des Kunden insoweit freizugeben, als der realisierbare Wert unserer Sicherheiten die zu sichernden Forderungen um mehr als 10 % oder den Nennbetrag um mehr als 50 % übersteigt; die Auswahl der freizugebenden Sicherheiten obliegt uns.[28]

§ 9 Gerichtsstand – Erfüllungsort

(1) Sofern der Kunde Kaufmann ist, ist unser Geschäftssitz Gerichtsstand; wir sind jedoch berechtigt, den Kunden auch an seinem Wohnsitzgericht zu verklagen.[29]

(2) Sofern sich aus der Auftragsbestätigung nichts anderes ergibt, ist unser Geschäftssitz Erfüllungsort.

Schrifttum: Erman/*Roloff/Looschelders,* BGB, 16. Aufl 2020, §§ 305 ff; *Leuschner*, AGB-Recht im unternehmerischen Rechtsverkehr, 2021; Palandt/*Grüneberg,* BGB, 80. Aufl 2021, §§ 305 ff; Münchner Kommentar, BGB, 8. Aufl., 2019, §§ 305 ff; Staudinger, BGB, Bearbeitung 2019, §§ 305 ff.; *Ulmer/Brandner/Hensen,* AGBG, 12. Aufl 2016; *Graf von Westphalen/Thüsing* (Hrsg.), Vertragsrecht und AGB-Klauselwerke, 1993 ff; *Graf von Westphalen,* Allgemeine Verkaufsbedingungen, 8. Aufl 2016; *Wolf/Lindacher/Pfeiffer,* AGB-Recht, 7. Aufl 2020.

Anmerkungen

1. Da § 305 Abs 2 BGB im **kaufmännischen/unternehmerischen** Verkehr nicht unmittelbar gilt, ist hier ein „ausdrücklicher" Hinweis auf die Geltung der AGB nicht erforderlich, wohl aber ratsam. Gemäß §§ 133, 157 BGB ist es auch möglich, die Vereinbarung von AGB **konkludent** zu vollziehen (BGH NJW-RR 1992, 627). Der Verwender muss indessen erkennbar auf seine AGB verweisen, weil eine rechtsgeschäftliche Vereinbarung (Ulmer/Brandner/Hensen/*Ulmer/Habersack* § 305 Rn 170) insoweit gefordert wird (BGH NJW-RR 2003, 754 (755)). Folglich reicht es aus, wenn AGB in Preislisten, Katalogen oder Prospekten – für den durchschnittlichen Leser erkennbar – abgedruckt sind, sofern diese dem Bestellvorgang zugrunde liegen (vgl Palandt/*Grüneberg* BGB § 305 Rn 51). Das Beifügen der AGB ist regelmäßig als konkludenter Hinweis zu qualifizieren, nicht aber die Wiedergabe der AGB auf der Rückseite der Auftragsbestätigung.

a) Der Abdruck der AGB auf der Rückseite ist im kaufmännischen/unternehmerischen Verkehr nicht erforderlich, wohl aber angeraten. Fehlt dieser Abdruck, so ist der Kunde verpflichtet, sich nach dem Inhalt der AGB beim AGB-Verwender zu erkundigen (BGH ZIP 1982, 447, 448; Düsseldorf NJW 1995, 733; Palandt/*Grüneberg* BGB § 305 Rn 51; Erman/*Roloff/Looschelders* BGB § 305 Rn 50). Kaufleute müssen mit zumutbarer Sorgfalt selbst zur Klarstellung ihrer Geschäftsbeziehungen beitragen. Der AGB-Verwender ist daher verpflichtet, die AGB seinem Kunden zur Verfügung zu stellen, sofern er dies verlangt und die AGB nicht allgemein bekannt sind (Erman/*Roloff/Looschelders*). Dies gilt nicht, sofern im kaufmännischen Verkehr die Verwendung von AGB **branchenüblich** ist (BGH NJW 1985, 1838, 1840; BGH NJW-RR 1992, 626). Doch müssen stets Umstände hinzutreten, die den Schluss darauf zulassen, dass der Kunde mit der Geltung der AGB stillschweigend einverstanden war (BGH NJW-RR 1992, 626 (627) „Einheitsbedingungen der Deutschen Textilveredelungsindustrie").

b) Strenge Anforderungen gelten, wenn der AGB-Verwender die Einbeziehung der AGB auch für **künftige Geschäfte** erreichen will (BGH ZIP 1992, 404 (407)). Er ist dann verpflichtet, seinen Einbeziehungswillen gegenüber dem Kunden für eben diesen – neuen – Vertrag **unmissverständlich** zum Ausdruck zu bringen; der bloße Hinweis auf die künftige Geltung der AGB reicht grundsätzlich nicht aus (Palandt/*Grüneberg* BGB § 305 Rn 51).

c) Bei **laufenden Geschäftsbeziehungen** kann etwas andres gelten (Ulmer/Brandner/Hensen/*Ulmer/Habersack* § 305 Rn 176). Doch sind auch diese – für sich allein genommen – kein ausreichender Grund dafür, dass die AGB konkludent in den konkreten Vertrag einbezogen worden sind (BGH NJW-RR 2005, 1518; BGH NJW-RR 2004, 1292; ZIP 1992, 404 (405)). Der Hinweis auf die Geltung der AGB hat grundsätzlich nur für den individuellen Vertragsabschluss Bedeutung (Palandt/*Grüneberg*). Etwas anderes gilt dann, wenn schon bei früheren Verträgen zwischen den Parteien stets die AGB des Verwenders zugrunde lagen und unmissverständlich erklärt wurde, dass dies auch für Folgegeschäfte der Fall sein werde (BGH ZIP 1992, 404 (405 f)). Unter diesen Voraussetzungen ist auch denkbar, dass der AGB-Verwender – etwa durch Hinweis auf eine Rechnung – auf die **Neufassung** der AGB **durch besonderen Vermerk** klar und eindeutig hinweist (Ulmer/Brandner/Hensen/*Ulmer/Habersack* § 305 Rn 177; kritisch *Graf von Westphalen* NJW 2021, 3145 ff. – BGH NJW 2021, 2173), so dass dann auch die geänderten AGB wirksam einbezogen werden (BGH BB 1991, 501). Es ist dann nicht erforderlich, dass die Rechnung – mit dem Hinweis auf die Geltung der AGB – einer Person beim Kunden zugeht, welche zur Abänderung von Verträgen befugt ist (BGH BB 1991, 501 (502)). Wichtig ist jedoch des Weiteren: Laufende Geschäftsbeziehungen im Sinn einer schlüssigen Einbeziehung von AGB-Klauseln für Folgegeschäfte liegen nur dann vor, wenn zwischen den Parteien von vornherein der erkennbare Wille vorhanden ist, in Zukunft – nicht nur unregelmäßig – miteinander Verträge unter Verwendung der AGB abzuwickeln; ein längerer zeitlicher Abstand zwischen den einzelnen Vertragsabschlüssen ist hier schädlich und begründet die rechtliche Selbstständigkeit der Einzelverträge. Selbstverständlich gilt dies nicht, wenn ein Vertrag als **Nachbestellung** bezeichnet wird; dann ist davon auszugehen, dass die AGB des Erstvertrages konkludent gelten (BGH BB 1965, 435).

d) Ist die Verwendung von AGB-Klauseln jedoch **branchenüblich** (Erman/*Roloff/Looschelders* BGB § 305 Rn 49), wie etwa bei den ADSp, so muss der Kunde mit ihrer Verwendung rechnen (BGH WM 1975, 1163; BGH NJW 1986, 1434). Ein Hinweis ist hier nicht erforderlich (BGHZ 17, 1, 3). Für atypische Geschäfte des Spediteurs gilt dies freilich nicht (BGH NJW 1980, 1275 „Forderungseinzug"), wohl aber für einen mit der Güterversendung verknüpftes Lagergeschäft (BGH NJW 85, 2411, 2412).

2. Da die Einbeziehung von AGB im kaufmännischen Verkehr gemäß §§ 145 ff BGB stets auf rechtsgeschäftlicher Grundlage vollzogen wird (Palandt/*Grüneberg* BGB § 305 Rn 49), ist auch hier die Möglichkeit zumutbarer Kenntnisnahme der AGB durch den betreffenden Kunden grundsätzlich zu beachten (Erman/*Roloff/Looschelders* BGB § 305 Rn 50). Die AGB müssen deshalb dem **Verständlichkeitsgebot** und dem Gebot der **Lesbarkeit** entsprechen (BGH NJW 1983, 159, 162: branchenkundiger Gastwirt; BGH NJW-RR 1986, 1311; BGH NJW 1996, 1407; Hamburg BB 1987, 1703). Deshalb empfiehlt sich insbesondere auch eine klare systematische Gliederung der AGB; Überschriften sind zu verwenden. Die Drucktype muss ausreichend groß und lesbar sein (BGH NJW 1983, 2772 „Konnossements-AGB"; BGH NJW-RR 1986, 1311 „dito").

3. Für gewöhnlich werden AGB des Verkäufers im Rahmen einer Auftragsbestätigung in den Vertrag einbezogen. Sofern eine **modifizierte** Auftragsbestätigung gem § 150 Abs 2 BGB vorliegt, weil der – individuelle – Inhalt der Auftragsbestätigung von der zugrunde liegenden Bestellung (Angebot) abweicht, gilt Schweigen des Kunden auf den Inhalt der modifizierten Auftragsbestätigung, einschließlich der dort einbezogenen AGB nicht als Zustimmung (BGHZ 18, 212 (216); 61, 282 (286)). Doch kann die rüge- und vorbehaltlose Entgegennahme des Kunden betreffend die vom Verwender bewirkte Lieferung/Leistung als Zustimmung – einschließlich der Geltung der AGB – bewertet werden; es entscheiden aber stets die Umstände des Einzelfalls gem § 242 BGB (vgl BGH LM Nr 3 zu § 150 BGB; BGH LM Nr 6 zu § 150 BGB; BGHZ 18, 212 (216); BGH NJW 1995, 1671).

Von der Auftragsbestätigung ist das **kaufmännische Bestätigungsschreiben** gem § 346 strikt zu unterscheiden (Baumbach/Hopt/*Hopt*, HGB, § 346 Rn 16 ff; MüKoBGB/*Basedow* BGB § 305 Rn 100). Gem § 346 gilt Schweigen auf den Inhalt eines kaufmännischen Bestätigungsschreibens als Zustimmung; der Empfänger ist verpflichtet, unverzüglich zu widersprechen, sofern er die Bindungswirkung ausschließen will (BGHZ 11, 1, 3; BGH

ZIP 1984, 603 (605)). Fehlt es an einem rechtzeitigen Widerspruch (hierzu Baumbach/Hopt/*Hopt,* HGB § 346 Rn 25), so kommt in der Regel der Vertrag entsprechend dem Inhalt des Bestätigungsschreibens zustande (BGHZ 61, 282, 285; BGH ZIP 1984, 603, 604). Nimmt der AGB-Verwender **erstmals** im Rahmen des kaufmännischen Bestätigungsschreibens auf die AGB Bezug, so werden diese grundsätzlich Inhalt des Vertrages, sofern der Empfänger/Kunde nicht rechtzeitig widerspricht (BGH NJW 1978, 2243, 2244; MüKoBGB/*Basedow*). Die Grenze des jeweiligen **Individualvertrages** gem § 305b BGB bleibt allerdings zu beachten (vgl *Graf v. Westphalen*/Thüsing, VertrR/AGB-Klauselwerke– Vertragsabschlussklauseln Rn 40ff): Klauseln, die dem Ergebnis der Vorverhandlungen widersprechen, werden daher nicht Vertragsbestandteil. Dies ist freilich nicht schon dann zu bejahen, wenn die AGB Regelungen enthalten, die von der Vereinbarung der Parteien nicht erfasst werden, etwa Gerichtsstandsklauseln, Haftungsfreizeichnungen, Gewährleistungsregeln etc Denn jeder Individualvertrag ist gem §§ 133, 157 BGB – jedenfalls im kaufmännischen Verkehr – um derartige, übliche Regelungen zu ergänzen, so dass das Vorrangprinzip von § 305b BGB nicht sperrt. Trotz des Schweigens des Kunden auf den Erhalt eines kaufmännischen Bestätigungsschreibens bleibt die **Wirksamkeitskontrolle** der AGB gem BGB § 307 Abs 1 S. 1 BGB unberührt. Im Übrigen Baumbach/Hopt/*Hopt,* HGB § 346 Rn 16 ff mwN.

4. Die Klausel betrifft das leidige Problem der **kollidierenden AGB** beim Vertragsabschluss (im Einzelnen *Graf v. Westphalen*/Thüsing, VertrR/AGB-Klauselwerke Vertragsabschlussklauseln, Rn 46 ff). Die Rechtsprechung des BGH ist nach wie vor schwankend, weil sie von der Maßgeblichkeit des § 150 Abs 2 BGB ausgeht und einer Abwehrklausel in den Bestell-AGB entscheidende Bedeutung zuweist (BGH NJW-RR 2001, 484). Damit setzt sich tendenziell der Kunde als Besteller durch (hierzu auch Palandt/Grüneberg § 305 Rn 54), es sei denn, der Lieferant hat seinerseits in seinen Verkaufs-AGB ebenfalls eine Abwehrklausel vorgesehen. Trifft dies zu, dann gilt dispositives Recht, soweit der Widerspruch der Bedingungen reicht (BGH NJW 1991, 802 (804)). Das ist in hohem Maß unbefriedigend (*Graf von Westphalen* FS Kreft, 2004, S 97 ff). Denn dann hat es zum einen der Kunde/Besteller in der Hand, ob sich seine AGB – wegen der Bedeutung der Abwehrklausel – durchsetzen, zum anderen hängt das Eingreifen des dispositiven Rechts davon ab, ob der Lieferant seinerseits eine Abwehrklausel einsetzt, obwohl die rechtsgeschäftliche Bedeutung einer Abwehrklausel nicht höher steht als die der allgemeinen Hinweisklausel. Denn auch sie verkörpert den Willen des AGB-Verwenders, dass die jeweils eigenen, nicht aber anderslautende und abweichende Bedingungen gelten. **Vorzuziehen** ist daher die Lösung, dass bei widerstreitenden AGB die Bestimmungen des dispositiven Rechts gem § 306 Abs 2 BGB gelten, soweit sich die Einkaufs- und Verkaufsbedingungen nicht entsprechen (BGH BB 1974, 1136; BGH ZIP 1991, 802 (804); BGH NJW 1991, 2633 (2634 f); BGH MDR 2002, 569 – CISG). Die einander widersprechenden AGB werden also nicht Vertragsbestandteil (Palandt/*Grüneberg* BGB § 305 Rn 54; Ulmer/Brandner/Hensen/*Ulmer/Habersack* BGB § 305 Rn 188ff). Dies gilt **unabhängig** davon, ob – wie hier vorgesehen – Ausschließlichkeits- und Abwehrklauseln verwendet werden (aM MüKoBGB/*Basedow* BGB § 305 Rn 99; wie hier Palandt/*Grüneberg* BGB § 305 Rn 54f). Es reicht aus, ist aber auch erforderlich, dass eine Geltungsklausel betreffend die eigenen AGB verwendet wird (vgl auch Palandt/*Grüneberg* BGB § 305 Rn 54; Erman/*Roloff/Looschelders* BGB § 305 Rn 54 f; Ulmer/Brandner/Hensen/*Ulmer/Habersack* § 305 Rn 191ff). Dass aufgrund der kollidierenden AGB **Dissens** zwischen den Parteien vorliegt (§ 154 Abs. 2 BGB), ergibt sich bereits daraus, dass jede Partei die Geltung der eigenen AGB für den Vertragsabschluss erreichen will; auf weiterreichende Ausschließlichkeits- und Abwehrklauseln kommt es daher nicht mehr entscheidend an: Dissens bleibt Dissens (Graf v. Westphalen/Thüsing, VertrR/AGB-Klauselwerke/*Graf v. Westphalen,* Vertragsabschlußklauseln, Rn 54 ff).

a) Freilich hindert dieser – auf die Geltung der AGB beschränkte – Dissens nicht den Vertragsabschluss: Soweit die Parteien sich über die wesentlichen Bedingungen des Vertrages verständigt haben, gilt der Vertrag gem der Auslegungsregeln von § 154 Abs 1 BGB in Verbindung mit § 155 BGB. Das damit angesprochene **Kongruenzprinzip** (Palandt/*Grüneberg* BGB § 305 Rn 54) bewirkt nicht nur das Zustandekommen des Individualvertrages; es gelten vielmehr auch die AGB, die einander nicht widersprechen (Palandt/*Grüneberg*). Der Umfang der Übereinstimmung der AGB ist dabei durch Auslegung gem §§ 133, 157 BGB zu ermitteln. Enthalten jedoch nur die AGB einer Partei eine vertragliche Regelung, während die AGB der anderen in diesem Punkt **schweigen** – etwa bei **Eigentumsvorbehaltsklauseln** in Verkaufs-AGB, denen keine Abbedingung in den Einkaufs-AGB entgegensteht –, so ist grundsätzlich davon auszugehen, dass gem §§ 133, 157 BGB die schweigende Partei die Geltung des dispositiven Rechts vorsehen will (vgl BGH WM 1991, 1671 (1672); BGH ZIP 1985, 544 (545)). Folglich ist der Dissens in diesen Fällen auf Basis der AGB im Vergleich zum dispositiven Recht zu ermitteln; dabei ist auch entscheidend, ob die „schweigende" Partei eine **Abwehrklausel** in ihren AGB vorsieht. Denn diese legt den Schluss gem §§ 133, 157 BGB nahe, dass damit die Geltung der eigenen AGB auf Basis des dispositiven Rechts gewollt ist.

b) Bei der Verwendung einer **einfachen Eigentumsvorbehaltsklausel** gilt jedoch eine Ausnahme: Dieser setzt sich durch, soweit er in den Verkaufs-AGB enthalten ist und der Kunde davon Kenntnis hatte (BGH WM 1986, 1081 (1082); BGH WM 1990, 1671 (1672); Palandt/*Grüneberg* BGB § 305 Rn 55). Allerdings ist der verlängerte Eigentumsvorbehalt – und dies ist praktisch von hoher Wichtigkeit – bei Kollision von Einkaufs- und Verkaufs-AGB – insbesondere dann nicht wirksam vereinbart, wenn der Kunde eine Abwehrklausel in seinen Einkaufs-AGB vorsieht (BGH ZIP 1985, 544 (546); BGH WM 1986, 643, 644; BGH WM 1990, 1671 (1672); BGH NJW 1995, 1671; aM *Eckert/Nebel* WM 1988, 1545 (1549 ff)). Das gilt dann allerdings nicht, wenn der Kunde/Besteller den verlängerten Eigentumsvorbehalt erkennbar anerkannt hat (Düsseldorf NJW-RR 1997, 946). Im Übrigen Anm. 23.

c) Die vorgesehene Textierung der AGB ist – das darf nicht übersehen werden – also **nicht geeignet,** das dargestellte Konsens-Dissens-Prinzip der §§ 154 Abs 1, 155 BGB zugunsten des AGB-Verwenders und damit der alleinigen Geltung der Verkaufs-AGB aufzulösen: Soweit der Kunde/Besteller Einkaufs-AGB verwendet und diese wirksam in seine Angebots- oder Annahmeerklärung gem §§ 145 ff BGB einbezieht, so bleibt es bei dem allgemeinen Grundsatz: Die einander widersprechenden AGB werden nicht Vertragsbestandteil, weil insoweit gem § 306 Abs 2 BGB dispositives Recht gilt. Dies ist für den **Lieferanten** ausgesprochen nachteilig, weil dann für alle Vertragsverletzungen die gesetzlichen Haftungsbestimmungen gelten. Die durch die Verwendung der Verkaufs-AGB bezweckte **Risikobegrenzung** geht daher fehl. Unkalkulierte Risiken können aufgrund gesetzlicher Haftungen durchschlagen, sofern der Lieferant eine ihm zurechenbare Vertragsverletzung begeht. Daher bleibt lediglich der **Ausweg:** Der AGB-Verwender muss darauf dringen, dass ausschließlich seine AGB dem Vertrag zugrundeliegen; entgegenstehende Einkaufs-AGB sind also von vornherein **auszuschalten.** Ob dies gelingt, ist in erster Linie eine Frage der Marktmacht. Zu erwägen bleibt allerdings, ob der Lieferant nicht mit seinen wesentlichen Kunden **Rahmenvereinbarungen** abschließt, in denen die durch AGB zu regelnden Rechte und Pflichten einvernehmlich – regelmäßig: **individualvertraglich** – niedergelegt werden. Doch das ist nicht einfach, weil die Hürde des § 305 Abs 1 S. 3 BGB zu überwinden ist; vgl Anm. e).

d) Diese Empfehlung gilt insbesondere, sofern eine **Kreditsicherung** aufgrund eines verlängerten Eigentumsvorbehalts erforderlich ist (Köln BB 1994, 741; Düsseldorf NJW-RR 1997, 946), aber auch dann, wenn Haftungsfreizeichnungs- oder Haftungsbegrenzungsklauseln wegen des besonderen Risikos des Vertrages essentiell sind. Vgl → Anm. 18.

e) Die Voraussetzungen eines im Sinn von § 305 Abs. 1 S. 3 BGB zu erreichenden ausgehandelten **Individualvertrages** sind in der Regel schwer zu erreichen. Bedingung ist, dass der Lieferant die einzelnen Klauseln seiner Verkaufs-AGB in ihrem „gesetzesfremden Kerngehalt“ ernsthaft gegenüber seinem Kunden zur Disposition stellt (BGH NJW 2013, 856, (858); NJW 2014, 1725; NZBau 16, 213 NJW 2019, 2080). Er muss auf diesem Weg dem Kunden die „reale Möglichkeit“ einräumen, durch eigene Textvorschläge seine eigenen Interessen durchzusetzen (BGH NJW 2000, 1110 (1111)). Dies wird in der Regel dazu führen (BGH NJW 2015, 3025 (3026)), dass die betreffende Klausel auch tatsächlich abgeändert wird (BGH NJW 2013, 856 (858)). Es steht dem Verwender jedoch nicht zu, diesen Tatbestand des aktiven Aushandelns durch eine einseitig vorformulierte Klausel zu ersetzen, weil dies mit dem Schutzzweck der AGB-Rechts unvereinbar ist (NJW 2014, 1725). Bleibt der Text unverändert, kann darin ausnahmsweise ein Aushandelten liegen (BGH NJW 2015, 3025, (3026)). Doch muss der Kunde nach gründlicher Erörterung von der Sachgerechtigkeit der Klausel überzeugt sein und dieser auch zustimmen (BGH NJW 2015, 1952 (1953)). Doch gibt es bislang keine Entscheidung des BGH, die diese Sentenz in der Praxis tatsächlich auch bestätigt. Auf jeden Fall ist es wichtig, dass die Vertragsverhandlungen auf das Genaueste protokolliert werden, damit dann in der Instanz entsprechender Sachvortrag nach § 305 Abs 1 S. 3 BGB auch gebracht werden kann.

5. **Schriftformklauseln** in AGB sind üblich. Ihre Wirksamkeit – abhängig von der jeweiligen Gestaltung – ist jedoch unter Berücksichtigung des Vorrangprinzips nach § 305 b BGB (BGH NJW 2017, 1017 – doppelte Schriftformklausel) sowie bei Beachtung der Rechtsprechung gem BGB § 307 Abs 2 Nr 1 BGB sehr problematisch (Baumbach/Hopt/*Hopt,* HGB Einl vor § 343 Rn 9.

a) Die hier verwendete **Vollständigkeitsklausel** verstößt weder gegen das Vorrangprinzip von § 305b BGB noch ist sie nach BGB § 307 Abs 2 Nr 1 BGB unwirksam (BGH NJW 1985, 2329, 2331). Ihre Funktion ist freilich begrenzt. Im Ergebnis reflektiert sie die ohnehin bestehende Rechtslage: Ein schriftlich abgeschlossener Vertrag trägt die Vermutung der Vollständigkeit und Richtigkeit; der Beweis abweichender mündlicher Vereinbarung ist jedoch nicht versperrt (Palandt/*Ellenberger* BGB § 125 Rn 17 ff). Die Parteien haben es in der Hand, den vereinbarten Formzwang jederzeit formlos – durch übereinstimmende mündliche Vereinbarung – aufzuheben (BGH WM 1982, 902; BGH NJW-RR 1995, 180; BAG NJW 1989, 2149; OLG Hamm NJW-RR 1994, 631). Regelmäßig ist dies dann zu bejahen, wenn die Parteien übereinstimmend das mündlich Vereinbarte als maßgeblich gewollt haben (BGH NJW 2017, 1017; NJW 2006, 138 – Vorrang nach § 305b BGB).

b) Häufig finden sich in AGB Schriftformklauseln in Form von **Bestätigungsklauseln.** Sie sehen vor, dass etwaige mündliche Vereinbarungen – gleich, welcher Art sie sein mögen – nur dann gelten, wenn sie vom AGB-Verwender schriftlich bestätigt worden sind. Ob solche Klauseln im kaufmännischen Verkehr gem BGB § 307 Abs 2 Nr 1 BGB wirksam sind, ist strittig, im Zweifel jedoch zu verneinen (BGH ZIP 1986, 714 (715); BGH ZIP 1991, 1054 (1055) – nicht-kaufmännischer Bereich). Entscheidend ist, ob das mündliche Vereinbarte – ungeachtet des Bestätigungsvorbehalts – als maßgeblich gewollt wurde. Ist dies zu bejahen, dann gilt entweder das Vorrangprinzip von § 305b BGB oder die Unwirksamkeitssanktion gem BGB § 307 Abs 2 Nr 1 BGB (Graf von Westphalen/*Thüsing*, VertragsR – Klauselwerke – Schriftformklauseln Rn 27 ff). Liegen zB **mündliche Garantiezusagen gem §§ 276, 444, 639 BGB** vor (BGH NJW 2007, 1346), auf die der Kunde vertraute, so ist allemal das Vorrangprinzip von § 305b BGB missachtet, wenn sich der AGB-Verwender unter Hinweis auf die fehlende schriftliche Bestätigung nicht mehr an die Eigenschaftszusicherung gebunden hält (BGHZ 50, 200 (207) „Kleber“). Dies beruht auch auf der Erwägung, dass eine solche Garantiezusage als Vereinbarung einer vom Verschulden losgelösten Haftung im Sinn des § 276 Abs 1 BGB zu verstehen ist. Das Gleiche gilt bei formularmäßig vereinbarter Wirtschaftsklausel im Verhältnis zu einem Festpreis (BGH NJW 2013, 2475).

c) Schriftformklauseln haben auch häufig **vollmachtsbeschränkenden Charaktr** (Ulmer/Brandner/Hensen/*Ulmer/Schäfer* § 305b Rn 40ff). Soweit gesetzliche Vollmachten **einschränkbar** sind, wird man eine Schriftformklausel nur dann anerkennen können, wenn sie – vgl etwa § 54 Abs 3 – eindeutig und klar abgefasst und demjenigen bekannt waren, der die vertragliche Bindung begründet hat. Deshalb hat auch der BGH einen Bestätigungsvorbehalt in Reparatur-AGB von BGB § 307 Abs 2 Nr 1 BGB scheitern lassen (BGH NJW 1982, 1390). Soweit die Voraussetzungen einer **Duldungs- oder Anscheinsvollmacht** gegeben sind (Palandt/*Ellenberger* BGB § 172 Rn 6 ff), ist der im **Verkehrsinteresse** gebotene Rechtsschutz des Vertragspartners durch das Vorrangprinzip von § 305b BGB sowie durch BGB § 307 Abs 2 Nr 2 BGB geschützt. Dies gilt nur dann nicht, wenn der Vertragspartner aktuell die vollmachtsbeschränkende Wirkung der Schriftformklausel kannte; doch ist es regelmäßig auch so, dass dann das Entstehen einer Duldungs- oder Anscheinsvollmacht überhaupt gehindert wird, weil diese zentral auf dem Grundsatz von Treu und Glauben gem § 242 BGB aufbaut (Baumbach/Hopt/*Hopt,* HGB Überbl vor § 48 Rn 5 f; vgl auch BGH ZIP 1994, 1607).

6. Die Geltung der AGB auch für **künftige Geschäfte** ist – hier ist allemal Vorsicht geboten – entscheidend davon abhängig, dass der Einbeziehungswille des AGB-Verwenders dem Kunden gegenüber **unmissverständlich** erklärt wird (BGH NJW-RR 2005, 1518; ZIP 1992, 404 (407)). Auch muss vereinbart sein, dass fortlaufend Geschäfte zwischen den Parteien abgeschlossen werden. Ist dies **zweifelhaft,** ist von der Verwendung dieser Klausel **abzuraten.** Sie ist dann **ersatzlos** zu streichen. Ist jedoch eine Fortgeltung der AGB im Rahmen laufender Geschäftsbeziehungen bezweckt, so muss der AGB-Verwender sicherstellen, dass die AGB dem Kunden **zugehen** (BGH NJW-RR 2005, 1518; ZIP 1992, 404 (407)). Die Darlegungs- und Beweislast dafür, dass die AGB dem Kunden zugegangen sind, trägt gem § 130 BGB der AGB-Verwender.

7. Die hier verwendete Klausel regelt lediglich den Tatbestand der §§ 286, 280 Abs 2 BGB. Nicht geregelt sind die weiterreichenden Folgen des **Zahlungsverzugs,** wie sie sich aus § 323 BGB – nach Fristsetzung – in Form. des Rücktritts ergeben, einschließlich des Rechts auf Ersatz des Schadens statt der Leistung nach § 281 BGB: Der AGB-Verwender ist dann – diese Fälle sind freilich sehr selten – sowohl zum Rücktritt vom Vertrag berechtigt als auch dazu, Schadensersatz statt der Leistung zu verlangen (§ 325 BGB). Denn in der Regel hat der Kunde ein großes Interesse, die Lieferung – wenngleich verspätet – doch noch zu erhalten und nicht eine Rückabwicklung durchzuführen oder einen Schadensersatz zu verlangen.

a) Die Klausel ist an dem Verbotstatbestand von § 309 Nr 5a BGB orientiert. Danach gilt, dass die Pauschalierung von Schadensersatzansprüchen nur dann wirksam ist, wenn sie dem durchschnittlich-typischen Schaden entspricht (BGH NJW-RR 2015, 690 – Chipband; Erman/*Roloff/Looschelders* BGB § 309 Rn 48; Palandt/*Grüneberg* BGB § 309 Rn 26 f). Gem § 307 Abs 2 Nr 1 BGB sind diese Kriterien auch im unternehmerischen Verkehr zu berücksichtigen (BGH NZBau 2016, 213, 216; NJW 1994, 1060 (1068); BGHZ 67, 312, 317; Palandt/*Grüneberg* BGB § 309 Rn 32). Die Geltendmachung eines Verzugsschadens im Fall des Zahlungsverzugs in Höhe des gesetzlichen Schadens nach § 288 Abs 2 BGB – 8 Prozentpunkte über dem Basiszinssatz – ist zwangsläufig als schadenstypisch zu bezeichnen: Die **Darlegungs- und Beweislast** dafür, dass der pauschalierte Verzugsschaden durchschnittlich-typisch ist, obliegt dem AGB-Verwender (BGH NJW-RR 2015, 690; ZIP 1992, 404 (407)), was allerdings nur dann praktisch Bedeutung besitzt, wenn nach § 288 Abs 4 BGB ein weitergehender Schaden reklamiert wird. Das wird nur sehr selten der Fall sein, weil es schwerlich vorstellbar ist, dass typischerweise ein höherer Schaden als Folge des Verzugs eintreten kann.

b) Gem § 309 Nr 5b BGB ist es dem AGB-Verwender geboten, dem anderen Vertragsteil ausdrücklich den Nachweis zu gestatten, dass kein Schaden oder ein wesentlich niedrigerer Schaden entstanden ist. Ob diese Bestimmung im unternehmerischen **Bereich** gem § 307 Abs 2 Nr 1 BGB zu berücksichtigen ist, ist strittig, wohl aber insoweit nur zu bejahen, als der Gegenbeweis nicht abbedungen werden darf (BGH NZBau 2016, 213, (216); BGH ZIP 1994, 461 (473); Erman/*Roloff/Looschelders* BGB § 309 Rn 51), so dass er allerdings nicht ausdrücklich vorbehalten sein muss (BGH NZBau 2016, 213 (216); Palandt/*Grüneberg* BGB § 309 Rn 32).

8. Die am Verbotstatbestand von § 309 Nr 3 BGB orientierte Klausel (sehr weitgehend für den Bereich der Gewerberaummiete BGH NZM 2016, 585 – Rechtswirksamkeit ablehnend (Zustimmung des Vermieters erforderlich); bereits BGH NJW 2007, 3421) reflektiert die Ergebnisse der BGH-Rechtsprechung (BGH NJW 1985, 523, 525; BGH NJW 1985, 1556 (1558); BGH NJW-RR 1986, 1110 (1111); BGH ZIP 1989, 783 (784)). Sie verlangt auch im unternehmerischen Verkehr die Klarstellung, dass die Aufrechnung mit unbestrittenem oder rechtskräftig festgestellten Forderungen möglich ist (BGH NJW 1984, 2404; BGH NJW 1985, 319; BGH NJW-RR 1986, 1110; BGH NJW 1994, 657; BGH NJW 2011, 1729 – Architektenvertrag).

9. Ob im unternehmerischen Verkehr der Verbotstatbestand von § 309 Nr 2b BGB gem BGB § 307 Abs 2 Nr 1 BGB oder gem BGB § 307 Abs 1 BGB geschützt ist, wird überwiegend verneint (Palandt/*Grüneberg* BGB § 309 Rn 16; Erman/*Roloff* BGB § 309 Rn 26; Wolf/Lindacher/Pfeiffer/*Dammann* § 309 Nr 2 Rn 70; Ulmer/Brandner/Hensen/*Schäfer* § 309 Nr 21 Rn 22). Die BGH-Judikatur bestätigt, dass die Einschränkung des Zurückbehaltungsrechts gem §§ 273, 320 BGB dann gem § 307 Abs 1 S. 1 BGB unwirksam ist (BGH NJW 2011, 514), wenn die Klausel den Verbotstatbestand von § 309 Nr 3 BGB – vgl § 3 Abs (5) S. 1 des Form. – nicht berücksichtigt (BGH ZIP 1989, 783 (784); BGH NJW 1992, 575; BGH BB 1995, 1054). Diese Ansichten vermögen nicht zu überzeugen (im Einzelnen Graf v. Westphalen/*Thüsing* VertrR/AGB-Klauselwerke – Zurückbehaltungsklauseln Rn 21). Jedenfalls bei der hier gem § 6 Abs (3) gewählten Vertragsgestaltung, welche am Verbotstatbestand von § 309 Nr 8b bb BGB orientiert ist, ist es mit BGB § 307 Abs 2 Nr 1 BGB nicht vereinbar, dem Kunden die Einreden gem §§ 273, 320 BGB formularmäßig abzuschneiden. So gesehen entspricht die hier vorgeschlagene Klausel dem Gebot des „sicheren Weges". Sie kann jedoch auch – alternativ – **ersatzlos** gestrichen und dem Aufrechnungsverbot angeglichen werden.

10. Die hier vorgeschlagene **Pauschalierung** des dem Kunden zustehenden Ersatzanspruchs steht in einem engen, unauflöslichen Zusammenhang mit den Regelungen in Abs (3) und Abs (4). Deshalb erfasst die Regelung von § 4 Abs (2) **ausschließlich** die Schadensersatzhaftung wegen Verzugs gem § 280 Abs 2 BGB.

a) Die hier vorgesehene **Haftungsbegrenzung** ist bis zu maximal 5 % des Lieferwertes eine in der Industrie durchaus übliche, häufig praktizierte Klauselgestaltung. Ihre an § 307 Abs 2 Nr 1 BGB zu orientierende Wirksamkeit ist jedoch – auch bei einer Höchstsumme von 10 % – **zweifelhaft** (BGH ZIP 1994, 461 (465)). Dies hängt zunächst damit zusammen, dass der Verbotstatbestand von § 309 Nr 7b BGB gem BGB § 307 Abs 1 BGB auch im unternehmerischen Verkehr grundsätzlich Bedeutung verdient (BGH NJW 2007, 3774; Palandt/*Grüneberg* BGB § 309 Rn 48). Denn bei der Haftung wegen Lieferverzugs handelt es sich in der Regel auch um eine schuldhafte Verletzung einer als wesentlich einzuordnenden Pflicht nach § 307 Abs. 2 Nr. 2 BGB (BGH NJW 1994, 1060 (1063))

Ob im Übrigen die **Haftungsbeschränkung** auf maximal 5 % des Lieferwertes bei einem gewöhnlichen Lieferverzug mit BGB § 307 Abs 2 Nr 1 BGB vereinbar ist, ist daher mehr als zweifelhaft und hängt entscheidend von der weiteren Frage ab, ob im Fall des Lieferverzugs eine „wesentliche" Vertragspflicht iSv § 307 Abs 2 Nr 1 BGB verletzt ist, was die Rechtsprechung wohl bejaht (BGH NJW 1994, 1060 (1063); BGH NJW 2001, 292, (295) – Kfz-Kauf) und nicht nur, wenn der **Ausnahmetatbestand** von § 4 Abs (4) vorliegt. Geklärt ist in diesem Zusammenhang, dass eine Haftungsbegrenzung unterhalb der Schwelle des vorhersehbaren, typischerweise eintretenden Schadens (BGH NJW 2013, 291; NJW 1993, 335) bei Verletzung einer „wesentlichen" Vertragspflicht iSv § 307 Abs 2 Nr 2 BGB **unwirksam** ist (BGH ZIP 1993, 46 (47); vgl auch Ulmer/Brandner/Hensen/*Fuchs* § 307 Rn 287 ff; höchst kritisch Leuschner, AGB-Recht im unternehmerischen Verkehr, Rlauseln (F) Rn 92 ff.).

11. Grundsätzlich ist zu beachten, dass der Verbotstatbestand von § 309 Nr 7b BGB im unternehmerische Verkehr gem BGB § 307 Abs 1 S. 1 BGB **uneingeschränkt** zu berücksichtigen ist (BGH NJW 2007, 3774; Ulmer/Brandner/Hensen/*Christensen* § 309 Nr 7 Rn 46). Bei der Regelung der Verzugsfolgen gem § 280 Abs 2 BGB ist es im übrigen auch **ausgeschlossen,** zwischen grober Fahrlässigkeit von nicht leitenden und leitenden Angestellten, Mitarbeitern, Erfüllungsgehilfen des AGB-Verwenders zu differenzieren, weil die Ursache des Lieferverzuges regelmäßig – ausgenommen etwa: Boykott – nicht von einer einzelnen Person zu vertreten ist; vielmehr beruht der Verzug regelmäßig auf mehreren, eng miteinander verbundenen Ursachenketten, die nicht zuletzt auch in die **Organisationsverantwortung** des AGB-Verwenders fallen. Das führt dann auch regelmäßig zur Feststellung, dass es sich im Fall einer schuldhaften Verletzung insoweit grundsätzlich um eine „wesentliche" Vertragspflicht handelt (vgl BGH NJW 1994, 1060 (1063); NJW 2001, 292, (295) – Kfz-Kauf; NJW-RR 2005, 1496, (1505) – Honda).

12. Die **Begrenzung** der aus § 281 BGB resultierenden Schadensersatzhaftung ist auch im Anwendungsbereich von § 309 Nr 7b BGB unter Berücksichtigung von BGB § 307 Abs 1 S. 1 BGB nicht zu beanstanden, soweit sie sich – wie hier vorgeschlagen – auf den typischerweise eintretenden, **„vorhersehbaren Schaden"** bezieht (BGH NJW 1993, 335; BGH NJW 2001, 292 (295)). Es fügt sich in dieses Bild, dass der BGH – freilich im Rahmen von BGB § 307 Abs 2 Nr 2 BGB bei Verletzung einer „wesentlichen" Vertragspflicht – fordert, dass die Haftungsbegrenzungsklausel nicht unterhalb des „vertragstypischen" Schadens liegen dürfe (BGH NJW 1993, 335 – „Baustoffberatung").

a) Außerdem ist – wie hier geschehen – der Verbotstatbestand von § 309 Nr 8a BGB gem § 307 Abs 2 Nr 1 BGB zu berücksichtigen. Dies bedeutet: Das sich aus § 323 BGB ergebende **Rücktrittsrecht** darf nicht abbedungen werden (Palandt/*Grüneberg* BGB § 309 Rn 60).

b) Im Bereich **einfacher Fahrlässigkeit** ist es mit BGB § 307 Abs 2 Nr 1 BGB unvereinbar, den aus § 281 BGB resultierenden Schadensersatzanspruch statt der Leistung unterhalb der Schwelle des vorhersehbaren Schadens zu begrenzen (vgl BGH ZIP 1994, 461 (465); BGH BB 1996, 654). In der **Literatur** wird freilich die Auffassung vertreten, dass der Schadensersatzanspruch statt der Leistung gem § 281 BGB bei einfacher Fahrlässigkeit abbedungen werden kann (hierzu Ulmer/Brandner/Hensen/*Christensen* § 309 Nr. 7 Rn 38; *Koch* WM 2002, 2173 (2179); AGB/Klauselwerke/*Graf von Westphalen* – Freizeichnungsklausel Rn 40 ff). Eine BGH-Entscheidung zu dieser Streitfolge steht noch aus. Doch hat diese Frage hohe praktische Bedeutung, weil es darum geht, den Anspruch auf Schadensersatz wegen entgangenen Gewinns nach § 437 Nr 3 BGB (BGH NJW 2010, 1346) entweder als freizeichnungsfest zu behandeln oder die Freizeichnung – bei Einräumung eines Rücktrittsrechts – anzuerkennen (vgl *Dauner-Lieb/Khan* FS für Graf von Westphalen, 2010, S 55 ff; Ulmer/Brandner/Hensen/*Fuchs* BGB § 307 Rn 292 ff).

13. Ist zwischen den Parteien ein kaufmännisches **Fixgeschäft** gem § 376 vereinbart (Baumbach/Hopt/*Hopt,* HGB § 376 Rn 3 f), so wird man – genauso wie im Rahmen von § 280 Abs 2 BGB – annehmen müssen, dass hier der AGB-Verwender eine Pflicht verletzt hat, auf deren Erfüllung der Kunde vertraute und auch vertrauen durfte (vgl BGH NJW

2013, 291; NJW-RR 2005, 1396 – Honda), weil die Einhaltung der Lieferzeit **kardinale Voraussetzung** und Bedingung des Individualvertrages war. Daraus folgt, dass gem § 307 Abs 2 Nr 1 BGB eine **Haftungsfreizeichnung** in diesen Fällen **unwirksam** ist, weil sie die Erfüllung des Vertragszwecks gefährdet und den Kunden **rechtlos** stellt (BGH ZIP 1993, 46 (47); BGH ZIP 1994, 461 (465); BGH NJW 2001, 292 (295); BGH NJW 2002, 673 (674)). Der Rücktritt ist hier keine angemessene Kompensation für die frustrierten Interessen des Kunden.

Es ist daher **dringend** zu **empfehlen,** als alternative Klauselgestaltung zu § 4 Abs (4) vorzusehen, dass die Haftungsbegrenzung gem. § 4 Abs (2) und Abs (3) immer dann nicht gelten, wenn Lieferverzug auf der Verletzung einer „wesentlichen" Vertragspflicht beruht.

14. Die Erfüllung der **unverzüglichen** Untersuchungs- und Rügepflicht iS des § 377 hat für alle Gewährleistungsansprüche des Kunden zentrale Bedeutung (im Einzelnen Baumbach/Hopt/*Hopt,* HGB § 377 Rn 2 ff). Es liegt nicht im Interesse des AGB-Verwenders, in seinen Verkaufs-AGB Voraussetzungen oder Rechtsfolgen des § 377 abzuändern. Da diese Bestimmungen den Kunden seinerseits belasten, sind regelmäßig in **Einkaufs-AGB** weitreichende Bestimmungen, die entgegen den § 377 einseitig die Interessen des Kunden favorisieren, verankert; sie sind in der Regel nach § 307 Abs 2 Nr 1 BGB **unwirksam** (*Grunewald* NJW 1995, 1778; aA *Steinmann* DB 1991, 873). Allerdings werden Ansprüche aus der **Produkthaftung** iS von § 823 Abs 1 BGB von der Verletzung der Untersuchungs- und Rügepflicht des § 377 nicht erfasst; diese Ansprüche des Kundens bestehen unabhängig von der Genehmigungsfiktion des § 377 Abs 2 (BGH NJW 1988, 52 (54)).

15. Ob der Verbotstatbestand von § 309 Nr 8b cc BGB auch im unternehmerischen Bereich gem BGB § 307 Abs 2 Nr 1 BGB **uneingeschränkt** gilt, ist nach wie vor strittig. Fest steht jedenfalls, dass die Mangelbeseitigungspflicht des AGB-Verwenders nicht durch AGB – und die darin liegende Kostenüberwälzung auf den Kunden – ausgehöhlt werden darf (BGH NJW 1981, 1510; BGH NJW 1996, 389). Dies ist auch allgemein anerkannt (Palandt/*Grüneberg* BGB § 309 Rn 66; Erman/*Roloff/Looschelders* § 309 Rn 105; Ulmer/Brandner/Hensen/*Christensen* § 309 Nr 8 Rn 79f). **Umstritten** ist jedoch, ob bzw. inwieweit der AGB-Verwender im Rahmen von § 307 Abs 2 Nr 1 BGB berechtigt ist, **Teile** der gem § 439 Abs 2 BGB zu tragenden Mangelbeseitigungsaufwendungen – vor allem im Blick auf Aus- und Einbaukosten (hierzu BGH NJW 2014, 2183; NJW 2009, 1660) auf den Kunden abzuwälzen (verneinend: Palandt/*Grüneberg* BGB § 309 Rn 73; Erman/*Roloff/Looschelders* BGB § 309 Rn 108; nur unerhebliche Aufwendungen sind abwälzbar Ulmer/Brandner/Hensen/*Christensen* § 309 Nr 8 Rn 79). Hier wird man indessen stets zu beachten haben, dass der EuGH (EuGH NJW 2011, 2269; BGH NJW 2013, 220 – richtlinienkonforme Auslegung von § 439 Abs. 1 BGB – allerdings auf den Verbrauchsgüterkauf begrenzt) entschieden hat, dass im Rahmen des **Verbrauchsgüterkaufs** die Aus- und Einbaukosten (BGH NJW 2014, 2183 (2184)), welche im Rahmen einer Ersatzlieferung anfallen, immer als Teil der Erfüllungskosten vom Verkäufer zu tragen sind (BGH NJW 2013, 220 (221); *Lorenz* NJW 2011, 2241). Damit ist die gegenläufige Rechtsprechung des BGH (BGH NJW 2008, 2837 – Parkettstäbe) jedenfalls im Bereich des Kaufs gegenüber einem Verbraucher obsolet geworden.

a) Doch inzwischen hat der Gesetzgeber die Bestimmung von § 439 Abs. 3 BGB mit Wirkung vom 1.1.2018 **novelliert** (hierzu *Dauner-Lieb* BauR 2018, 305; *Nietsch/Osmanovic* NJW 2018, 1; *Grunewold/Tassius/Langenbach* BB 2017, 1673). Voraussetzung für das Eingreifen dieser Regel ist, dass der Käufer die Sache – nach ihrer Art und ihrem Verwendungszweck – in eine andere Sache **eingebaut** oder an eine **andere Sache angebracht hat.** Ist die verkaufte Sache dann mangelhaft und ist der Verkäufer zur Nacherfüllung verpflichtet, dann schuldet er dem Käufer auch den **Ersatz der Aufwendungen,** welche im Zusammenhang mit dem Aus- und Einbau (Entfernen und Einbau) angefallen sind. Das Gleiche gilt, sofern es sich um das Anbringen einer nachgebesserten oder gelieferten mangelfreien Sache handelt. Diese neue Regel bezieht sich auf alle Kaufverträge. Eine Unterscheidung zwischen einem Verbrauchsgüterkauf, auf den ursprünglich diese Regelung bezogen und auch beschränkt war (EuGH NJW 2011, 2269; BGH NJW 2013, 220 – b2b-Verkehr: Schadensersatzanspruch für Aus- und Einbaukosten; BeckOK BGB/*Faust* BGB § 439 Rn. 84), ist damit ab dem 1.1.2018 hinfällig geworden (Palandt/*Weidenkaff* BGB § 439 Rn. 12f). Die Neuregelung gilt für Kaufverträge, welche nach diesem Stichtag geschlossen worden sind (Art. 229 § 39 EGBGB).

b) Ansatzpunkt für § 439 Abs. 3 BGB ist, dass der Verkäufer nach § 439 Abs. 1 BGB zur Nacherfüllung wegen einer mangelhaften Lieferung verpflichtet ist, d.h er muss entweder den Mangel beseitigen oder Ersatz liefern (BeckOK BGB/*Faust* BGB § 439 Rn. 88). Die Verpflichtung des Verkäufers, die Aufwendungen (§ 256 BGB) für Aus- und Einbau dem Käufer zu „ersetzen", hängt davon ab, dass Einbau oder Anbringen der Art und dem Verwendungszweck der gekauften (mangelhaften) Sache entsprechen, was sich nach dem Vertragsinhalt und eben auch nach der Verkehrsauffassung beurteilt (MüKoBGB/*Westermann* § 439 Rn 18; Erman/*Grunewald* BGB § 439 Rn. 10; *Nietsch/Osmanovic* NJW 2018, 1 (2)). Die vom Verkäufer zu tragenden und dem Käufer zu ersetzenden Aufwendungen für Aus- und Einbau sowie für das Entfernen und Anbringen einer mangelfreien Sache müssen erforderlich sein (*Nietsch/Osmanovic* NJW 2018, 1 (2)). Es muss sich daher um eine geeignete und auch erfolgversprechende Nacherfüllung handelt, die den Anspruch auf Ersatz der Aufwendungen nach § 439 Abs. 3 BGB nach sich zieht (BGH NJW-RR 1991, 789).

c) Dem Verkäufer wird man nach § 307 Abs. 2 Nr. 1 BGB das Recht verwehren müssen, die nach § 439 Abs. 3 BGB zu tragenden Aufwendungen ganz oder teilweise auf den Käufer abzuwälzen. Denn der hier Gesetz gewordene Anspruch auf Ersatz der Aufwendungen für Einbau und Anbringen ist Teil des Erfüllungsanspruchs des Käufers und damit auch Teil des durch AGB nicht veränderbaren Äquivalenzverhältnisses. Freilich ist im Rahmen des **Verbrauchsgüterkaufs** insoweit das zwingende Rückgriffsrecht nach § 445a BGB zu beachten, das § 439 Abs. 3 BGB ausdrücklich umfasst (*Weidt* NJW 2018, 263 (264)).

d) Doch ist mit Nachdruck hinzuzusetzen, dass die hier aufgeworfene Problemstellung durch die Bestimmungen über den zwingenden **Lieferregress** gem §§ 445a und b in Verbindung mit § 478 BGB erhebliche praktische Bedeutung erlangt hat (vgl Erman/*Grunewald* BGB §§ 445a Rn 2 ff, 478 Rn 1 ff; *Matthes* NJW 2002, 2505 ff; *Prinz von Sachsen-Gessaphe* RIW 2001, 721 ff). Das setzt immer voraus, dass es sich im Ergebnis um einen Verbrauchsgüterkauf handelt, beim Kauf zwischen zwei Unternehmern gilt die Regressregel des § 478 BGB nicht (Palandt/*Weidenkaff* BGB § 478 Rn 3). Wie aus den vorgeschlagenen Formulierungen ersichtlich ist es nicht angezeigt, den Versuch zu unternehmen, die zwingenden Bestimmungen des Lieferregresses klauselmäßig zu gestalten, weil der praktische Spielraum gegen Null tendiert. In der Praxis sind diese Fragen oft auf das engste mit einem Qualitätssicherungsvertrag verknüpft, soweit nicht nur das Verhältnis zwischen Hersteller und Händler als Letztverteiler in Rede steht.

16. Es ist allgemein anerkannt, dass der Verbotstatbestand von § 309 Nr 8b bb BGB im unternehmerischen Bereich gem § 307 Abs 2 Nr 1 BGB **uneingeschränkt** zu berücksichtigen ist (BGH NJW 1981, 1501; BGH NJW-RR 1986, 52 (53); BGH ZIP 1991, 1362; BGH NJW 1994, 1004; BGH WM 1995, 1456; statt aller Palandt/*Grüneberg* BGB § 309 Rn 71). Zur **Beweislast** BGH NJW 2011, 1341.

a) Es empfiehlt sich, den Tatbestand des „Fehlschlagens" der Nacherfüllung klauselmäßig – wie hier geschehen – **nicht** aufzuspalten, um alle Fälle zu erfassen (BGH NJW 1994, 1004/1005). Geschieht dies nämlich nicht erschöpfend, ist auch im kaufmännischen Verkehr die Sanktionsfolge von BGB § 307 Abs 2 Nr 1 BGB unvermeidbar

(BGH NJW-RR 1990, 886 (888); BGH NJW 1994, 1004 (1005)). Unter den Begriff des „Fehlschlagens" der Nacherfüllung (Mangelbeseitigung/Ersatzlieferung) fallen vor allem die Fälle, in denen die Mangelbeseitigung sich als unmöglich erweist oder misslingt (BGHZ 22, 90 (99); BGH BB 1974, 294; BGH NJW 1994, 1004; BGH NJW 1996, 2504). Gleiches gilt dann, wenn der AGB-Verwender die Durchführung der Mangelbeseitigung/Ersatzlieferung verweigert (BGHZ 22, 90 (99); BGHZ 34, 94 (98); BGH BB 1975, 1507), oder auch dann, wenn die Durchführung der Mangelbeseitigung schuldhaft verzögert wird (BGH BB 1978, 325). Unmöglichkeit, Unvermögen oder Weigerung, die Mangelbeseitigung/Ersatzlieferung durchzuführen, sind – für sich alleingenommen – stets **verzugsbegründend** (BGH ZIP 1991, 733 (735)). Die weitergehenden Rechte – Rücktritt, Minderung, Schadensersatz – werden also von Rechts wegen ausgelöst.

b) Wie viele Mangelbeseitigungsversuche dem Kunden **zuzumuten** sind, lässt sich nicht generell sagen; maßgebend sind vielmehr die Umstände des Einzelfalls (vgl BeckOKBGB/*Faust* BGB § 440 Rn 39 ff). Dies wird auch durch die Bestimmung in § 440 S. 2 BGB reflektiert (hierzu Palandt/*Weidenkaff* BGB § 440 Rn 5). Dabei sind stets die durch den Mangelbeseitigungsversuch ausgelösten **Belastungen** des Kunden im Verhältnis zur **Kompliziertheit** der nachzubessernden Sache zu sehen. § 440 S. 2 BGB hat diese Grundstrukturen nicht verändert (BeckOK BGB/*Faust* BGB § 440 Rn 36). Auch im unternehmerischen Verkehr wird man regelmäßig nur **zwei Mangelbeseitigungsversuche** zulassen müssen, bevor die weitergehenden Rechte gem § 309 Nr 8b bb BGB entstehen (vgl Düsseldorf NJW-RR 1991, 1464; Nürnberg BB 1983, 212; Staudinger/*Coester-Waltjen* BGB § 309 Nr 8 Rn 59). Ist eine **Ersatzlieferung** durchzuführen, ist regelmäßig die Zumutbarkeitsgrenze bereits dann überschritten, wenn die Ersatzlieferung ihrerseits nicht zum Erfolg geführt hat (BeckOK BGB/*Faust* BGB § 440 Rn 37; Ulmer/Brandner/Hensen/*Christensen* § 309 Nr 8 Rn 64). Da es stets auf die besonderen **Umstände des Einzelfalls** ankommt, empfiehlt es sich nicht, die Voraussetzungen des „Fehlschlagens" der Nacherfüllung im Hinblick auf die erforderliche Anzahl der Mangelbeseitigungsversuche/Ersatzlieferungen klauselmäßig zu verankern Im Einzelfall kann uU nur ein einziger Nachbesserungsversuch zumutbar sein, wenn eindeutig Pfuscharbeit geleistet wurde (OLG Köln MDR 1995, 361). Derartig offene Tatbestände, wie § 309 Nr 8b bb BGB entziehen sich regelmäßig einer konkretisierenden Textierung. Diese kann nämlich nicht den generell-abstrakten Test erfüllen, dem alle AGB-Klauseln im Rahmen der Auslegung wie auch insbesondere der richterlichen Inhaltskontrolle unterworfen sind (vgl BGH WM 2017, 1652 (1656) – Bearbeitungsgebühr – Darlehen – Berücksichtigung steuerlicher Erwägungen nicht zulässig, weil zu sehr auf den Einzelfall bezogen).

c) Im unternehmerischen Bereich wird man regelmäßig vom Kunden verlangen müssen, dass er dem AGB-Verwender eine **angemessene Frist** zur Durchführung der Mangelbeseitigung/Ersatzlieferung setzt (zur Entbehrlichkeit der Frist – BGH NJW 2017, 153). Dies ist besonders wichtig, wenn der Kunden sich darauf beruft, dass der AGB-Verwender schuldhaft die Durchführung der Mangelbeseitigung/Ersatzlieferung **verzögert** hat. Freilich bedeutet dies nicht, dass der AGB-Verwender berechtigt wäre, eine an § 323 BGB ausgerichtete Klauselgestaltung – nach Fristsetzung – vorzusehen, weil er damit gegen § 307 Abs 2 Nr 1 BGB verstoßen würde.

d) Festzuhalten ist freilich, dass der Käufer nach § 440 BGB jetzt außer dem Recht auf Rücktritt auch – kumulativ, wie sich aus § 325 BGB ergibt – das Recht hat, Ersatz des Schadens statt der Leistung nach § 281 BGB zu verlangen. Schwierig ist die Antwort auf die Frage, ob es in diesen Fällen erforderlich ist, dem Käufer beide Rechte ausdrücklich einzuräumen oder ob es ausreicht, es – wie bisher – bei dem Recht auf Rücktritt zu belassen (zu diesem Problem vgl *Graf von Westphalen* BB 2002, 209 ff). Einiges spricht hier dafür, in diesen Fällen des „Fehlschlagens" der Nacherfüllung davon zu sprechen, dass der Verkäufer/AGB-Verwender eine ihm obliegende wesentliche Pflicht nach § 307 Abs 2 Nr 2 BGB schuldhaft verletzt hat, so dass eine Freizeichnung ohnehin – wie bisher –

ausscheidet (vgl auch *Koch* WM 2002, 2173 (2179); Vertragsrecht und AGB-Klauselwerke/*Graf von Westphalen* – Freizeichnungsklausel Rn 65ff). Rechtsprechung zu diesem Komplex fehlt allerdings (kritisch Ulmer/Brandner/Hensen/*Fuchs* BGB § 307 Rn 292).

e) Der AGB-Verwender muss dem Kunden das **Wahlrecht** einräumen, ob er bei „Fehlschlagen" der Nacherfüllung im Sinn des § 440 BGB **Rücktritt** oder **Minderung** begehrt (BGH BB 1981, 815, 816; BGH ZIP 91, 1362). Die Einräumung eines **Rücktrittsrechts** reicht für sich allein genommen – ohne das Minderungsrecht – nicht aus (BGH ZIP 91, 1362; aM *Dammann* in Wolf/Lindacher/Pfeiffer § 309 Nr 8b bb Rn 55; Ulmer/Brandner/Hensen/*Christensen* § 309 Nr 8b bb Rn 70). In gleicher Weise reicht es nicht aus, wenn dem Kunden lediglich ein Minderungsrecht nach § 442 BGB verbleibt (BGH BB 1981, 815/816). Die Klausel sollte deshalb – wie hier vorgeschlagen – den Tatbestand von § 309 Nr 8b bb BGB in vollem Umfang reflektieren.

17. Gem § 307 Abs 1 BGB ist es geboten, die **Verbotsgrenzen** von § 309 Nr 7b BGB auch im unternehmerischen Bereich zu reflektieren (Anm. 11). Erfasst werden damit in erster Linie **Schadensersatzansprüche.** Diese können aus allen in Betracht kommenden Anspruchsgrundlagen resultieren, aus §§ 280 ff; 241 Abs 2, aus § 311 Abs 2 BGB sowie – nicht zuletzt – auch aus §§ 444, 639 BGB wegen einer **Garantie** für die Beschaffenheit einer Sache oder eines Werks (vgl *Graf von Westphalen* KSzW 2010, 164 ff).

18. Nach § 276 BGB ist nach wie vor der Begriff der „Garantie" gleichbedeutend mit dem der Zusicherung einer Eigenschaft (BGH NJW 2007, 1346), obwohl § 11 Nr 11 AGBG in Fortfall geraten ist. Dies löst die Frage aus, ob in den Fällen, in denen eine „Garantie" für die Beschaffenheit einer Sache/eines Werks im Sinn der §§ 444, 639 BGB übernommen wird, die Möglichkeit dem Verkäufer/Unternehmer an die Hand gegeben ist, die Haftung auf Ersatz des Schadens klauselmäßig oder im Rahmen eines Individualvertrages zu begrenzen. Das ist in hohem Maße strittig, aber nach der Neufassung der Normen (vgl „soweit") wohl wirksam (Palandt/*Weidenkaff* BGB § 444 Rn 12), was allerdings eine eindeutige vertragliche Regelung – auch im Bereich eines Individualvertrages – voraussetzt (MüKo/*Westermann* BGB § 444 Rn 12 f). Soviel steht jedenfalls fest: Im Bereich von AGB-Klauseln scheitert eine Freizeichnung im Anwendungsbereich von § 444 BGB, soweit eine Garantie für die Beschaffenheit einer Sache gegeben wurde, geschieht dies auch regelmäßig auf individualvertraglicher Grundlage, so dass eine gegenläufige Freizeichnungsklausel auch an § 305 b BGB, dem Vorrangprinzip der Individualabrede scheitert (*Graf von Westphalen* NJW 2002, 12 (18)). Damit hat sich die Gesetzeslage gegenüber dem früheren Verbot des § 11 Nr 11 AGBG, der auch nach der überwiegend in der Literatur vertretenen Auffassung im kaufmännischen Bereich gem BGB § 307 Abs 2 Nr 1 BGB zu berücksichtigen war, nicht geändert.

19. Eine **Haftungsfreizeichnung** ist im unternehmerischen Bereich gem § 307 Abs 2 Nr 2 BGB **unwirksam,** soweit sie sich auf die schuldhafte Verletzung einer „wesentlichen" Vertragspflicht (BGH NJW 2013, 291) oder einer „Kardinalpflicht" (BGH NJW-RR 2005, 1493 (1505) – intransparent: Honda) bezieht (BGH BB 1978, 827 – „Wasserversorgung"; BGH ZIP 1984, 971 (973) – „Textilveredelung"; BGH ZIP 1984, 1098 (1100) – „Tankschecksystem"; BGH BB 1984, 746 – „Lagerhaus"; BGH ZIP 1988, 360 (362) – „Bundesbank-Scheckinkasso"; BGH ZIP 1988, 515 (518) – „Werftarbeiten I"; BGH ZIP 1991, 1554 (1560) – „Landesbausparkasse"; BGH ZIP 1991, 1362 (1365) – „VDMA-Bedingungen"; BGH ZIP 1992, 934 (936) – „Silokipper"; BGH ZIP 1993, 46, 47 – „Baustoffberatung"; BGH ZIP 1994, 461 (465) – „Daihatsu"; BGH BB 1996, 654 – „VDMA"; BGH NJW-RR 1998, 1426 – „Bremer Lagerhaus"; BGH ZIP 2000, 1392 – Immobilienberatung; BGH NJW 2001, 292, 293 – Neuwagenkauf; BGH ZIP 2002, 220 – Mietvertrag/Versicherung; BGH NJW 2002, 749 – Bauvertrag/Stichproben; BGH NJW 2013, 291 – Stromversorgung). Voraussetzung für die Unwirksamkeit einer Haftungsfreizeichnungs- oder Haftungsbegrenzungsklausel ist dabei stets, dass eine solche „wesentliche" Vertragspflicht schuldhaft verletzt worden ist (BGH NJW 1994, 1060 (1063) – Verzug; BGH BB 1996, 654), so dass die **Erreichung des Vertragszwecks im Sinn des § 307 Abs 2 Nr 2** BGB dadurch gefährdet wird (BGH ZIP 1988, 515, (518) -„Werftarbeiten I"; BGH NJW-RR 1989, 953 (955) -„Werftarbeiten II"; BGH NJW 1990, 761 (764) -„Krankenhausvertrag"; BGH NJW-RR 2005, 1496, 1503 – „Honda" – „Kardinalpflicht" – intransparent; vgl auch kritisch *Kappus* NJW 2006, 15). Doch ist für die Vertragspraxis anzumerken, dass es intransparent nach BGB § 307 Abs 1 S 2 BGB ist, wenn der Verwender den Terminus einer „Kardinalpflicht" anstelle einer „wesentlichen Pflicht" (BGH NJW 2013, 291 – zulässig) verwendet (BGH NJW-RR 2005, 1396 – Honda). Wann eine solche Pflicht vorliegt, lässt sich schwer sagen (Übersicht bei *Graf v. Westphalen*/Thüsing, VertrR/AGB-Klauselwerke – Freizeichnungsklausel Rn 40 ff); im Zweifel unterfallen diesem Begriff sowohl Haupt- wie auch Nebenpflichten, so dass die Wirksamkeitsgrenzen einer Freizeichnung bei einfacher Fahrlässigkeit gem BGB § 307 Abs 2 Nr 2 BGB gegen Null tendieren (*Graf von Westphalen* BB 2002, 209).

a) Grundsätzlich ist eine Haftungsfreizeichnungsklausel im kaufmännischen Bereich nur dann mit § 307 Abs 2 Nr 2 BGB vereinbar, wenn sie sich auf eine **Pflichtverletzung** bezieht, welche als **„nicht wesentlich"** zu bezeichnen ist (*Graf von Westphalen* DB 1997, 1805). Aber auch in diesen Fällen erscheint es notwendig, die Haftungsfreizeichnungsklausel gem BGB § 307 Abs 1 S. 1 BGB darauf zu prüfen, ob nicht das Schadensersatzrisiko durch **Versicherungsschutz** eingedeckt werden kann, sei es, dass es sich um eine **Haftpflichtversicherung** zugunsten des AGB-Verwenders handelt (grundlegend BGH ZIP 2002, 220 – Mietvertrag), sei es, dass eine **Sachversicherung** üblicherweise beim Kunden kontrahiert wird, welche das typische Schadensersatzrisiko erfasst (BGH ZIP 88, 515 „Werftarbeiten I"; BGH NJW-RR 1989, 953 „Werftarbeiten II"; BGH NJW 1993, 335 vgl auch Anm. 20 c/d).

b) Soweit eine **Haftungsbegrenzungsklausel** in Rede steht, ist diese immer dann mit § 307 Abs 2 Nr 2 BGB **unvereinbar** (kritisch-ablehnend *Leuschner*, AGB-Recht im unternehmerischen Verkehr, 2021, Klauseln (F) Rn. 119 ff – Empfehlungen), wenn sie sich auf die Verletzung einer „wesentlichen" Vertragspflicht bezieht (BGH ZIP 1993, 46 (47); BGH ZIP 1994, 461, (465); BGH BB 1996, 654). In diesen Fällen muss sichergestellt werden, dass jedenfalls der vertragstypische, vorhersehbare Schaden ersetzt wird (BGH ZIP 1993, 46 (47); BGH ZIP 1994, 461 (465); BGH BB 1996, 654). Damit dürfte regelmäßig der Schaden ersetzt werden, der vom Schutzzweck der Norm erfasst wird (BHG ZIP 1990, 593). Man mag auch diesen Gesichtspunkt dahin umschreiben, dass auf den **objektiv vorhersehbaren** Schaden im Rahmen einer Haftungsbegrenzungsklausel abgestellt wird (BGH NJW 1993, 355; Ulmer/Brandner/Hensen/*Fuchs* BGB § 307 Rn 299 ff). Soweit sich die Haftungsbegrenzungsklausel auf die Verletzung von Vertragspflichten bezieht, welche als **nicht wesentlich** iSv § 307 Abs 2 Nr 2 BGB einzustufen sind, ist auch in diesen Fällen jeweils nach § 307 Abs 2 Nr 1 BGB (oder auch nach BGB § 307 Abs 1 S. 1 BGB) zu prüfen, ob nicht der AGB-Verwender **Haftpflichtversicherungsschutz** besitzt (BGH ZIP 2002, 220 – Mietvertrag – grundlegend) oder ob der Kunde üblicherweise Schadensvorsorge dadurch trifft, dass er eine **Sachversicherung** abschließt. Soweit der AGB-Verwender üblicherweise eine Haftpflichtversicherung abschließt, ist eine Haftungsbegrenzungsklausel nach BGB § 307 Abs 1 BGB zu beanstanden, weil sie den AGB-Verwender – entgegen den Geboten des dispositiven Rechts – privilegiert, obwohl er das Risiko durch eine Haftpflichtversicherung eingedeckt hat. Soweit demgegenüber **üblicherweise** der Kunde Schadensvorsorge dadurch trifft, dass er eine **Sachversicherung** kontrahiert, wird man eine Haftungsbegrenzungsklausel zugunsten des AGB-Verwenders nach BGB § 307 Abs 1 BGB regelmäßig nicht beanstanden dürfen (BGH ZIP 1988, 515 – „Werftarbeiten I").

20. Aus § 14 ProdHaftG folgt, dass die Schadensersatzpflicht der in § 4 ProdHaftG bezeichneten Personen – Hersteller, Teilehersteller, Quasi-Hersteller, Importeur und Händler – nicht wirksam abbedungen werden kann. Dabei macht es keinen Unterschied, ob es sich um eine Formularklausel oder um eine Individualvereinbarung handelt. Dies wirft die Frage auf, ob die gleichen Freizeichnungsgrenzen auch für Ansprüche aus der **Produzentenhaftung** gem § 823 Abs 1 BGB gelten. In diesem Zusammenhang ergeben sich folgende Gesichtspunkte, die bei der Textierung von Verkaufs-AGB zu beachten sind:

a) Man kann die Auffassung vertreten, dass Ansprüche aus der Produzentenhaftung gem § 823 Abs 1 BGB grundsätzlich auf der Verletzung einer „wesentlichen" Pflicht iSv BGB § 307 Abs 2 Nr 2 BGB (vgl aber BGH NJW-RR 2005, 1496 – Honda: intransparent) beruhen (*Graf von Westphalen* NJW 1979, 838 (842 f); aM *Wolf* NJW 1980, 2433 (2434), offengelassen BGH ZIP 1992, 934 (936) „Silokipper"). Jedenfalls dann, wenn Ansprüche wegen **Körperverletzung** geltend gemacht werden, die auf einem Konstruktions- oder Instruktionsfehler oder einer Verletzung der Produktbeobachtungspflicht beruhen, wird man das Freizeichnungsverbot von BGB § 307 Abs 2 Nr 2 BGB wegen Verletzung einer deliktsrechtlichen Organisationspflicht bejahen müssen. Doch dieses Problem hat sich wohl unter dem Regime des Verbotstatbestandes des § 309 Nr 7a BGB aufgelöst. Es ist nunmehr zwingend zu beachten, dass im Fall eines Personenschadens eine Freizeichnung versagt und unwirksam ist.

b) Zweifelhaft ist indessen, ob diese Erwägungen auch dann gelten, wenn lediglich ein **Sachschaden** gem § 823 Abs 1 BGB zu ersetzen ist (offen gelassen in BGH NJW 1995, 1488). Dies gilt jedenfalls iS der Verletzung einer wesentlichen Vertragspflicht dann, wenn der typische Schaden aufgrund der Eigentumsverletzung hoch ist (hierzu Vertragsrecht und AGB-Klauselwerke/*Graf von Westphalen,* Freizeichnungsklauseln Rn 107ff), wobei das bereits erwähnte Argument des Deckungsschutzes im Rahmen einer Haftpflichtversicherung überragende Bedeutung besitzt, eine Freizeichnung scheitern zu lassen (BGH ZIP 2002, 220 – Mietvertrag – Sachschaden).

c) Es entspricht einem allgemeinen Gebot der Gerechtigkeit, welches auch im Rahmen von BGB § 307 Abs 1 S. 1 BGB zu berücksichtigen ist, dass der Kunde unangemessen benachteiligt wird, wenn der AGB-Verwender eine Rechtsgutverletzung iSv § 823 BGB zu vertreten hat, sich gleichwohl von der Haftung freizeichnet, obwohl er für eben diese Risiken Deckung im Rahmen seiner Produkthaftpflicht- bzw Haftpflichtversicherung genießt (Vertragsrecht und AGB-Klauselwerke/*Graf von Westphalen,* Freizeichnungsklauseln, Rn 107 ff). Folgerichtig hat der BGH auch immer wieder betont, eine Haftungsfreizeichnungsklausel müsse so transparent gestaltet sein, dass der Kunde in der Lage ist, die Versicherbarkeit des Risikos zu prüfen (BGH ZIP 1988, 515 (518) „Werftarbeiten I", BGH NJW-RR 1989, 953 (955) „Werftarbeiten II"). Ausgangspunkt für diese Wertung ist die durch die Haftungsfreizeichnungsklausel bewirkte **Risikoverlagerung** zum Nachteil des Kunden, wobei die Bestimmungen des dispositiven Rechts stets die Richtschnur darstellen. Im Rahmen von BGB § 307 Abs 1 S. 1 BGB ist deshalb **grundsätzlich** davon auszugehen, dass der AGB-Verwender über eine Produkthaftpflicht- bzw Haftpflichtversicherung verfügt, so dass die aus § 823 BGB resultierenden Schadensersatzrisiken abgesichert werden können (KG NJW-RR 1991, 698, (699) „Autowaschanlage") und auch in Deckung genommen werden kann (BGH ZIP 1988, 515 (519) „Werftarbeiten").

d) Sicherzustellen ist daher, dass die Produkthaftpflicht- bzw Haftpflichtversicherung eine **Deckungssumme** aufweist, welche **schadensadäquat** ist (BGH BB 1980, 1011 – „Chemisch-Reinigung"). Es gilt der Grundsatz der umfassenden Schadensvorsorge. Eine Deckungssumme für Personen- und Sachschäden unterhalb von EUR 10 Mio erscheint im kaufmännisch/unternehmerischen Verkehr als nach § 307 Abs 1 S. 1 BGB zweifelhaft, weil sie in der Regel keine ausreichende Risikovorsorge darstellt. Doch kommt es – wie stets in diesen Fällen – sehr entscheidend auf die Umstände und die Besonderheiten der Branche an. Der in der Klausel vorgesehene Hinweis auf die „Ersatzleistung" der Versicherung bewirkt, dass auf diesem Weg die AHB **einbezogen** werden. Auch wenn der Hinweis auf die AGB – wie hier – „ausdrücklich" erfolgt, bestehen im unternehmerischen Bereich gem §§ 145 ff BGB in einem ersten Prüfschritt keine durchgreifenden Bedenken (Foerste/*Graf von Westphalen*/ProdHaft-HdB, 3. Aufl. 2012, § 17 Rn 24 ff). Doch ist zu bedenken, dass Deckungsbeschränkungen, Risikoausschlüsse, Jahreshöchstbeträge, Schadensmaximierungen und Selbstbehalte eingreifen können, so dass im praktischen Ergebnis die „Ersatzleistung" der Versicherung erheblich reduziert wird oder gar in Fortfall gerät. Aus diesem Grund spricht viel dafür, dass diese Klauselgestaltung am Gebot einer transparenten Vertragsgestaltung nach § 307 Abs 1 S. 2 BGB scheitert. Daher ist es geboten, dass der AGB-Verwender dafür Sorge tragen muss, dass dieser Nachteil durch seine subsidiäre **Eigenhaftung** kompensiert wird (*Fuchs* BB 1992, 1217 (1224)). Diese muss unbedingt klauselmäßig vorgesehen werden.

21. Liegt der Fall einer Unmöglichkeit vor, so gilt im Rahmen von § 307 Abs 2 Nr 2 BGB, dass der AGB-Verwender nach § 311a Abs 2 BGB haftet, sofern die dort normierten Voraussetzungen gegeben sind (hierzu BeckOKBGB/*Gehrlein* BGB § 311 a Rn 5 ff). Zur Folge hat dies: Die Erreichung des Vertragszwecks wird nachhaltig gefährdet, wenn eine Freizeichnungsklausel in diesen Haftungsfällen für wirksam angesehen würde (für die einzelnen Pflichtverletzungen und die Wirksamkeitsgrenzen von Haftungsfreizeichnungen vgl *Graf v. Westphalen*/Thüsing VertrR/AGB-Klauselwerke Freizeichnungsklauseln Rn 62 ff).

22. Ob etwaige Haftungsfreizeichnungs- oder Haftungsbegrenzungsklauseln auch auf die **persönliche Haftung** der Angestellten, Arbeitnehmer, Mitarbeiter, Vertreter oder Erfüllungsgehilfen des AGB-Verwenders – mangels ausdrücklicher Vereinbarung – zu erstrecken sind, ist abhängig von den Umständen des Einzelfalls und einer nach §§ 133, 157 BGB vorzunehmenden **Auslegung** (*Blaurock* ZHR 146 (82), 238, 253 f). Es empfiehlt sich deshalb – wie hier geschehen – eine ausdrückliche vertragliche Regelung. Dabei ist vor allem im Auge zu behalten, dass die **deliktsrechtliche Eigenhaftung** im Rahmen von § 823 BGB hohe praktische Bedeutung entfaltet (BGH BB 1975, 1031 -„Spannkupplung"; BGH VersR 1979, 278 (279) „Lehrlingshaftung"; BGH VersR 1979, 956 (957) -„Heizöl-Anlieferer"). Freilich ist zu unterstreichen, dass die Grundsätze der **Beweislastumkehr,** wie sie für Ansprüche aus der Produzentenhaftung gem § 823 BGB eigentümlich ist (BGHZ 51, 91 – „Hühnerpest"; BGHZ 67, 359 (361) – „Schwimmschalter"; BGHZ 80, 186 (195 ff) – „Derosal"; BGH ZIP 1992, 38, 41 f – „Milupa"), auch grundsätzlich für die deliktsrechtliche Eigenhaftung der Mitarbeiter gelten (BGH BB 1975, 1031 – „Spannkupplung"). Doch hat der BGH diese auch auf den Inhaber von Kleinbetrieben ausgedehnt (BGH ZIP 1992, 410 – „Hochzeitsessen") und dabei **klargestellt,** dass eine Beweislastumkehr nur für die Betriebsangehörigen gilt, welche aufgrund ihrer besonderen Stellung als **Repräsentant des Unternehmens** betrachtet werden können (BGH ZIP 1992, 410 (413 f)). Auch wenn danach die Eigenhaftung der Mitarbeiter eingeschränkt erscheint, ist es aus Gründen der Fürsorgepflicht allemal geraten, die hier textierte Klausel in den Verkaufs-AGB vorzusehen, weil sie ja nicht nur für Ansprüche aus der Produzentenhaftung gem § 823 BGB Bedeutung besitzt.

23. Gegen die Vereinbarung eines **einfachen Eigentumsvorbehalts** iSv § 449 BGB bestehen unter dem Gesichtswinkel von § 307 Abs 1 S. 1 BGB keine durchgreifenden Bedenken, weil der Eigentumsvorbehalt der **Warenkreditsicherung** dient. Bei der **Kollision** von Einkaufs- und Verkaufs-AGB (→ Anm. 4) ist jedoch festzuhalten, dass nach ständiger Rechtsprechung eine unbedingte Übereignung dann nicht vorliegt, wenn der Kunde weiß, dass die Verkaufs-AGB des Verkäufers einen Eigentumsvorbehalt enthalten (BGH NJW 1982, 1749; BGH NJW 1982, 1751; BGH WM 1986, 1081, 1082; BGH WM 1988, 740 (743)). Wenn nämlich der Käufer den in den Verkaufs-AGB enthaltenen Eigentumsvorbehalt kennt oder ihm die Kenntnis zumutbar ist, dann kann in der Übergabe der Ware kein Angebot zur bedingunglosen Übereignung gesehen werden: Unabhängig von den zwischen den Beteiligten getroffenen schuldrechtlichen Vereinbarungen erhält der Käufer nur durch die Zahlung des Kaufpreises **bedingtes Eigentum** übertragen (BGH BB 1989, 1996).

24. Von besonderer praktischer Bedeutung ist, dass bei der **Kollision** von Einkaufs- und Verkaufs-AGB der **verlängerte Eigentumsvorbehalt in der Regel** nicht wirksam zustande kommt (BGH ZIP 1985, 544 (546); BGH WM 1986, 643 (644); BGH WM 1990, 1671 (1672); vgl aber Düsseldorf NJW-RR 1997, 946). Dies gilt jedenfalls dann **uneingeschränkt,** wenn der Kunde in seinen Einkaufs-AGB eine **Abwehrklausel** verwendet, weil dann notwendigerweise die Interpretation gem §§ 133, 157 BGB darauf abzielen muss, dass der Kunde schlechthin die Verkaufs-AGB in Bausch und Bogen ablehnt (vgl BGH WM 1986, 1081; BGH WM 1990, 1671 (1673)). In diesen Fällen kommt also auch regelmäßig **keine stillschweigende Vereinbarung** des verlängerten Eigentumsvorbehalts in Betracht (BGH NJW 1995, 1672; aM *Eckert/Nebel* WM 1988, 1545 (1549 ff)). Dass der verlängerte Eigentumsvorbehalt Handelsbrauch ist, so dass er auch bei der Kollision von Einkaufs- und Verkaufs-AGB zum Zuge gelangt, findet in der Praxis keine Entsprechung (Hamm WM 1985, 785 (787); vgl auch BGH WM 1990, 1671 (1672 f); BGH NJW 1995, 1672). Falls in den Einkaufs-AGB des Kunden jedoch **keine Abwehrklausel,** sondern lediglich eine **Geltungsklausel** vorgesehen ist, wird man abhängig von den Umständen des Einzelfalls iSd §§ 133, 157 BGB prüfen müssen, ob nicht möglicherweise ein verlängerter Eigentumsvorbehalt aufgrund der Verkaufs-AGB wirksam geworden ist – ein Gesichtspunkt, der jedenfalls dann zu bejahen sein dürfte, wenn zwischen den Parteien **laufende Geschäftsbeziehungen** bestehen (*Graf v. Westphalen*/Thüsing VertrR/AGB-Klauselwerke, Eigentumsvorbehalt, Rn 18).

25. Innerhalb des Anwendungsbereichs von § 950 BGB geht der BGH davon aus, dass die **Parteivereinbarung** darüber entscheidet, wer Hersteller gem § 950 BGB ist (BGHZ 14, 114 (117 f); BGHZ 20, 159 (163 f.); kritisch Palandt/*Herrler* BGB § 950 Rn 9). Folglich empfiehlt sich allemal eine vertragliche Vereinbarung, zumal nicht sicher ist, ob die ansonsten vorzunehmende objektive Zuordnung – aufgrund wirtschaftlicher Betrachtungsweise – zu dem gleichen Ergebnis gelangt (BGHZ 76, 117, 122).

26. Eine Verarbeitungsklausel erfasst nicht alle Fälle, in denen ein Verbindungs- oder Vermischungstatbestand gem §§ 947, 948 BGB vorliegt (BGH WM 72, 138). Liegen nämlich die Voraussetzungen des § 950 BGB vor, gilt nur diese Bestimmung (Palandt/*Herrler* BGB § 947 Rn 1). Dies setzt voraus, dass der Schwerpunkt des Sachverhalts – insbesondere bei der Verbindung mehrerer Sachen zu einer neuen Sache – auf dem Verarbeitungswert liegt. Tritt hingegen der Verarbeitungswert ganz in den Hintergrund, so beherrscht der **Verbindungsvorgang** die rechtliche Beurteilung, so dass dann für § 950 BGB kein Raum bleibt (BGHZ 18, 226 (227)).

27. Nach gesetzlicher Wertung geht das Eigentum an der Sache auf den **Grundstückseigentümer** über, sofern die Sache wesentlicher Bestandteil des Grundstücks wird: Kraft zwingenden Rechts verliert der Vorbehaltsverkäufer sein Vorbehaltseigentum (RGZ 130, 310 (312)). Die Verarbeitungsklausel gem § 950 BGB versagt bei Einbau der Vorbehaltsware – regelmäßig handelt es sich hier um Baumaterialien – in ein Grundstück, weil § 950 BGB ausschließlich den Tatbestand der Herstellung einer neuen beweglichen Sache regelt (*Serick* BB 73, 1405 (1408)).

28. Bei formularmäßig bestellten – **revolvierenden – Sicherheiten** (Eigentumsvorbehalte und Sicherungsübereignungen) sind mittlerweile nach einer langen Kontroverse (BGH ZIP 97, 632, 1185 – jeweils Vorlagebeschlüsse) die Würfel gefallen, weil der GrS abschließend entschieden hat (BGH GrS ZIP 1998, 235). Auch wenn der Sicherungsvertrag keine oder eine ermessensabhängig ausgestaltete Freigabeklausel aufweist, besteht bei einer revolvierenden Globalsicherheit im Blick auf die nachträglich eintretende Übersicherung ein ermessensunabhängiger Freigabeanspruch (BGH GrS ZIP 1998, 235). Weder eine ausdrückliche Freigaberegelung noch eine Deckungsgrenze sind Wirksamkeitsvoraussetzungen der Globalsicherheit; auch eine Klausel zur Bewertung der Sicherheiten ist nicht erforderlich (BGH GrS ZIP 1998, 235). Mangels einer wirksamen Regelung betreffend die Deckungsgrenze beträgt sie – unter Berücksichtigung von Kosten für Verwaltung und Verwertung – 110 % der gesicherten Forderung, bezogen auf den realisierbaren Wert der gesicherten Forderungen (BGH GrS ZIP 1998, 235). Mit Blick auf § 237 BGB beträgt die Grenze für das Entstehen eines Freigabeanspruchs regelmäßig 150 % des Schätzwertes des Sicherungsguts (BGH ZIP 98, 235 (236). Dies gilt auch mit Blick auf § 171 Abs 1 S. 2 und Abs 2 S. 1 InsO, weil danach die Kosten der Feststellung mit 4 % und die Verwertungskosten mit 5 % angesetzt sind (BGH ZIP 98, 235 (240). Eine Erhöhung ist nach Ansicht des BGH (GrS ZIP 1998, 235) nicht anzuerkennen. Vielmehr ist der Gefahr eines Mindererlöses dadurch Rechnung zu tragen, dass der realisierbare Wert etwaige Abschläge bereits in Rechnung stellt (BGH GrS ZIP 1998, 235).

Auch dann, wenn im Rahmen einer Sicherungsabtretung die Freigabeklausel nichtig ist, gilt in der Sache nichts anderes (BGH GrS ZIP 1998, 1066). Die Nichtigkeit der Verwertungsbestimmung lässt die Wirksamkeit der Globalabtretung unberührt (BGH GrS ZIP 1998, 1066, 1067).

Anders liegen die Dinge, wenn es sich um eine **anfängliche** Übersicherung handelt. Diese beurteilt sich ausschließlich nach den strengen Maßstäben von § 138 BGB (BGH ZIP 1998, 684). Im Rahmen der hier interessierenden Klauselgestaltung kommt dieser Frage keine Bedeutung zu. Auch kann die wissenschaftliche Debatte weitgehend auf sich beruhen, nachdem der BGH die wesentlichen Entscheidungen getroffen hat, was für die Praxis maßgebend sein dürfte (vgl *Canaris* ZIP 1996, 1577; *Canaris* ZIP 1997, 813; *Pfeiffer* ZIP 1997, 230; *Serick* ZIP 1995, 789; *Serick* BB 1998, 801).

29. Ob Gerichtsstandsvereinbarungen zwischen **Kaufleuten** gem BGB § 307 Abs 2 Nr 1 BGB wirksam sind, ist umstritten (bejahend Ulmer/Brandner/Hensen/*Schmidt* Vertragstypen (21) Rn 4; vgl auch Wolf/Lindacher/Pfeiffer/*Hau,* Klauseln (G) 178ff; *Bohne*, in Leuschner, AGB-Recht im unternehmerischen Verkehr, 2021, Klauseln (G) Rn 20 ff). Überwiegend wird diese Auffassung auch in der Rechtsprechung vertreten (Hamburg VersR 1986, 808; Hamburg VersR 1986, 1023; LG Köln NJW-RR 1990, 419; wohl auch BGH NJW 1996, 3013 aM LG Karlsruhe JZ 1989, 690 mit ablehnender Anm. von *Wolf;* LG Karlsruhe NJW 1996, 1417). In der **Literatur** wird verschiedentlich betont, die §§ 12 ff ZPO enthielten Gerechtigkeitspostulate, welche auch bei Gerichtsstandsvereinbarungen zu berücksichtigen seien, so dass ein **berechtigtes Interesse** des AGB-Verwenders vorliegen müsse, einen von den §§ 12 ff ZPO abweichenden Gerichtsstand formularmäßig zu vereinbaren (Ulmer/Brandner/Hensen/*Schmidt* Vertragstypen (21) Rn 4). Grundsätzlich ist davon auszugehen, dass solche Klauseln nach BGB § 307 Abs 2 Nr 1 BGB nicht zu beanstanden sind (*v. Westphalen*/Thüsing/*Thüsing*, VertrR/AGB-Klauselwerke – Gerichtsstandsklauseln Rn 12 ff). Da hier jedoch das **Wohnsitzgericht** des AGB-Verwenders als Gerichtsstand vereinbart ist, ergeben sich hiergegen weder aus § 305 c Abs 1 BGB noch aus BGB § 307 Abs 2 Nr 1 BGB durchgreifende Bedenken (vgl BGH NJW-RR 1986, 1311). Soweit **alternativ** an das Wohnsitzgericht des Kunden angeknüpft wird, ergeben sich unter Berücksichtigung von § 13 ZPO keinerlei Bedenken gegen die Wirksamkeit dieser Klausel. Unwirksam ist jedoch eine Klausel, in der allgemein und unabhängig vom Streitwert die Zuständigkeit des Amtsgerichts bestimmt wird (*Heinrichs* NJW 1997, 1415; aA LG Frankenthal NJW 1997, 203).

2. Allgemeine Lieferbedingungen für Erzeugnisse und Leistungen der Elektroindustrie („Grüne Lieferbedingungen" – GL) zur Verwendung im Geschäftsverkehr gegenüber Unternehmern Unverbindliche Konditionenempfehlung des ZVEI – Zentralverband Elektrotechnik- und Elektronikindustrie e. V.*

Stand: 2018

I. Allgemeine Bestimmungen

1. Für die Rechtsbeziehungen zwischen Lieferer und Besteller im Zusammenhang mit den Lieferungen und/oder Leistungen des Lieferers (im Folgenden: Lieferungen) gelten ausschließlich diese GL. Allgemeine Geschäftsbedingungen des Bestellers gelten nur insoweit, als der Lieferer ihnen ausdrücklich schriftlich zugestimmt hat. Für den Umfang der Lieferungen sind die beiderseitigen übereinstimmenden schriftlichen Erklärungen maßgebend.[1]
2. An Kostenvoranschlägen, Zeichnungen und anderen Unterlagen (im Folgenden: Unterlagen) behält sich der Lieferer seine eigentums- und urheberrechtlichen Verwertungsrechte uneingeschränkt vor. Die Unterlagen dürfen nur nach vorheriger Zustimmung des Lieferers Dritten zugänglich gemacht werden und sind, wenn der Auftrag dem Lieferer nicht erteilt wird, diesem auf Verlangen unverzüglich zurückzugeben. Die Sätze 1 und 2 gelten entsprechend für Unterlagen des Bestellers; diese dürfen jedoch solchen Dritten zugänglich gemacht werden, denen der Lieferer zulässigerweise Lieferungen übertragen hat.
3. An Standardsoftware und Firmware hat der Besteller das nicht ausschließliche Recht zur Nutzung mit den vereinbarten Leistungsmerkmalen in unveränderter Form. auf den vereinbarten Geräten. Der Besteller darf ohne ausdrückliche Vereinbarung eine Sicherungskopie der Standardsoftware erstellen.
4. Teillieferungen sind zulässig, soweit sie dem Besteller zumutbar sind.
5. Der Begriff „Schadensersatzansprüche" in diesen GL umfasst auch Ansprüche auf Ersatz vergeblicher Aufwendungen.[2]

II. Preise, Zahlungsbedingungen und Aufrechnung

1. Die Preise verstehen sich ab Werk ausschließlich Verpackung zuzüglich der jeweils geltenden gesetzlichen Umsatzsteuer.
2. Hat der Lieferer die Aufstellung oder Montage übernommen und ist nicht etwas anderes vereinbart, so trägt der Besteller neben der vereinbarten Vergütung alle erforderlichen Nebenkosten wie Reise- und Transportkosten sowie Auslösungen.
3. Zahlungen sind frei Zahlstelle des Lieferers zu leisten.
4. Der Besteller kann nur mit solchen Forderungen aufrechnen, die unbestritten oder rechtskräftig festgestellt sind.

III. Eigentumsvorbehalt

1. Die Gegenstände der Lieferungen (Vorbehaltsware) bleiben Eigentum des Lieferers bis zur Erfüllung sämtlicher ihm gegen den Besteller aus der Geschäftsverbindung zustehenden Ansprüche. Soweit der Wert aller Sicherungsrechte, die dem Lieferer zustehen,

* Mit freundlicher Genehmigung des ZVEI, Frankfurt abgedruckt.

die Höhe aller gesicherten Ansprüche um mehr als 20 % übersteigt, wird der Lieferer auf Wunsch des Bestellers einen entsprechenden Teil der Sicherungsrechte freigeben; dem Lieferer steht die Wahl bei der Freigabe zwischen verschiedenen Sicherungsrechten zu.

2. Während des Bestehens des Eigentumsvorbehalts ist dem Besteller eine Verpfändung oder Sicherungsübereignung untersagt und die Weiterveräußerung nur Wiederverkäufern im gewöhnlichen Geschäftsgang und nur unter der Bedingung gestattet, dass der Wiederverkäufer von seinem Kunden Bezahlung erhält oder den Vorbehalt macht, dass das Eigentum auf den Kunden erst übergeht, wenn dieser seine Zahlungsverpflichtungen erfüllt hat.

3. Veräußert der Besteller Vorbehaltsware weiter, so tritt er bereits jetzt seine künftigen Forderungen aus der Weiterveräußerung gegen seine Kunden mit allen Nebenrechten – einschließlich etwaiger Saldoforderungen – sicherungshalber an den Lieferer ab, ohne dass es weiterer besonderer Erklärungen bedarf. Wird die Vorbehaltsware zusammen mit anderen Gegenständen weiter veräußert, ohne dass für die Vorbehaltsware ein Einzelpreis vereinbart wurde, so tritt der Besteller denjenigen Teil der Gesamtpreisforderung an den Lieferer ab, der dem vom Lieferer in Rechnung gestellten Preis der Vorbehaltsware entspricht.

4. a) Dem Besteller ist es gestattet, die Vorbehaltsware zu verarbeiten oder mit anderen Gegenständen zu vermischen oder zu verbinden. Die Verarbeitung erfolgt für den Lieferer. Der Besteller verwahrt die dabei entstehende neue Sache für den Lieferer mit der Sorgfalt eines ordentlichen Kaufmanns. Die neue Sache gilt als Vorbehaltsware.

   b) Lieferer und Besteller sind sich bereits jetzt darüber einig, dass bei Verbindung oder Vermischung mit anderen, nicht dem Lieferer gehörenden Gegenständen dem Lieferer in jedem Fall Miteigentum an der neuen Sache in Höhe des Anteils zusteht, der sich aus dem Verhältnis des Wertes der verbundenen oder vermischten Vorbehaltsware zum Wert der übrigen Ware zum Zeitpunkt der Verbindung oder Vermischung ergibt. Die neue Sache gilt insoweit als Vorbehaltsware.

   c) Die Regelung über die Forderungsabtretung nach Nr. 3 gilt auch für die neue Sache. Die Abtretung gilt jedoch nur bis zur Höhe des Betrages, der dem vom Lieferer in Rechnung gestellten Wert der verarbeiteten, verbundenen oder vermischten Vorbehaltsware entspricht.

   d) Verbindet der Besteller die Vorbehaltsware mit Grundstücken oder beweglichen Sachen, so tritt er, ohne dass es weiterer besonderer Erklärungen bedarf, auch seine Forderung, die ihm als Vergütung für die Verbindung zusteht, mit allen Nebenrechten sicherungshalber in Höhe des Verhältnisses des Wertes der verbundenen Vorbehaltsware zu den Übrigen verbundenen Waren zum Zeitpunkt der Verbindung an den Lieferer ab.

5. Bis auf Widerruf ist der Besteller zur Einziehung abgetretener Forderungen aus der Weiterveräußerung befugt. Bei Vorliegen eines wichtigen Grundes, insbesondere bei Zahlungsverzug, Zahlungseinstellung, Eröffnung eines Insolvenzverfahrens, Wechselprotest oder begründeten Anhaltspunkten für eine Überschuldung oder drohende Zahlungsunfähigkeit des Bestellers, ist der Lieferer berechtigt, die Einziehungsermächtigung des Bestellers zu widerrufen. Außerdem kann der Lieferer nach vorheriger Androhung unter Einhaltung einer angemessenen Frist die Sicherungsabtretung offenlegen, die abgetretenen Forderungen verwerten sowie die Offenlegung der Sicherungsabtretung durch den Besteller gegenüber dem Kunden verlangen.

6. Bei Pfändungen, Beschlagnahmen oder sonstigen Verfügungen oder Eingriffen Dritter hat der Besteller den Lieferer unverzüglich zu benachrichtigen. Bei Glaubhaftmachung eines berechtigten Interesses hat der Besteller dem Lieferer unverzüglich die zur

Geltendmachung seiner Rechte gegen den Kunden erforderlichen Auskünfte zu erteilen und die erforderlichen Unterlagen auszuhändigen.

7. Bei Pflichtverletzungen des Bestellers, insbesondere bei Zahlungsverzug, ist der Lieferer nach erfolglosem Ablauf einer dem Besteller gesetzten angemessenen Frist zur Leistung neben der Rücknahme auch zum Rücktritt berechtigt; die gesetzlichen Bestimmungen über die Entbehrlichkeit einer Fristsetzung bleiben unberührt. Der Besteller ist zur Herausgabe verpflichtet. In der Rücknahme bzw. der Geltendmachung des Eigentumsvorbehaltes oder der Pfändung der Vorbehaltsware durch den Lieferer liegt kein Rücktritt vom Vertrag, es sei denn, der Lieferer hätte dies ausdrücklich erklärt.

IV. Fristen für Lieferungen; Verzug

1. Die Einhaltung von Fristen für Lieferungen setzt den rechtzeitigen Eingang sämtlicher vom Besteller zu liefernden Unterlagen, erforderlichen Genehmigungen und Freigaben, insbesondere von Plänen, sowie die Einhaltung der vereinbarten Zahlungsbedingungen und sonstigen Verpflichtungen durch den Besteller voraus. Werden diese Voraussetzungen nicht rechtzeitig erfüllt, so verlängern sich die Fristen angemessen; dies gilt nicht, wenn der Lieferer die Verzögerung zu vertreten hat.
2. Ist die Nichteinhaltung der Fristen zurückzuführen auf
   a) höhere Gewalt, zB Mobilmachung, Krieg, Terrorakte, Aufruhr, oder ähnliche Ereignisse (zB Streik, Aussperrung),
   b) Virus- und sonstige Angriffe Dritter auf das IT-System des Lieferers, soweit diese trotz Einhaltung der bei Schutzmaßnahmen üblichen Sorgfalt erfolgten,[3]
   c) Hindernisse aufgrund von deutschen, US-amerikanischen sowie sonstigen anwendbaren nationalen, EU- oder internationalen Vorschriften des Außenwirtschaftsrechts oder aufgrund sonstiger Umstände, die vom Lieferer nicht zu vertreten sind, oder
   d) nicht rechtzeitige oder ordnungsgemäße Belieferung des Lieferers,[4]

   verlängern sich die Fristen angemessen.
3. Kommt der Lieferer in Verzug, kann der Besteller – sofern er glaubhaft macht, dass ihm hieraus ein Schaden entstanden ist – eine Entschädigung für jede vollendete Woche des Verzuges von je 0,5 %, insgesamt jedoch höchstens 5 % des Preises für den Teil der Lieferungen verlangen, der wegen des Verzuges nicht in zweckdienlichen Betrieb genommen werden konnte.
4. Sowohl Schadensersatzansprüche des Bestellers wegen Verzögerung der Lieferung als auch Schadensersatzansprüche statt der Leistung, die über die in Nr. 3 genannten Grenzen hinausgehen, sind in allen Fällen verzögerter Lieferung, auch nach Ablauf einer dem Lieferer etwa gesetzten Frist zur Lieferung, ausgeschlossen. Dies gilt nicht, soweit in Fällen des Vorsatzes, der groben Fahrlässigkeit oder wegen der Verletzung des Lebens, des Körpers oder der Gesundheit zwingend gehaftet wird. Vom Vertrag kann der Besteller im Rahmen der gesetzlichen Bestimmungen nur zurücktreten, soweit die Verzögerung der Lieferung vom Lieferer zu vertreten ist. Eine Änderung der Beweislast zum Nachteil des Bestellers ist mit den vorstehenden Regelungen nicht verbunden.
5. Der Besteller ist verpflichtet, auf Verlangen des Lieferers innerhalb einer angemessenen Frist zu erklären, ob er wegen der Verzögerung der Lieferung vom Vertrag zurücktritt oder auf der Lieferung besteht.
6. Werden Versand oder Zustellung auf Wunsch des Bestellers um mehr als einen Monat nach Anzeige der Versandbereitschaft verzögert, kann dem Besteller für jeden weiteren angefangenen Monat Lagergeld in Höhe von 0,5 % des Preises der Gegenstände der

Lieferungen, höchstens jedoch insgesamt 5 %, berechnet werden. Der Nachweis höherer oder niedrigerer Lagerkosten bleibt den Vertragsparteien unbenommen.[4]

V. Gefahrübergang

1. Die Gefahr geht auch bei frachtfreier Lieferung wie folgt auf den Besteller über:
   a) bei Lieferung ohne Aufstellung oder Montage, wenn sie zum Versand gebracht oder abgeholt worden ist. Auf Wunsch und Kosten des Bestellers wird die Lieferung vom Lieferer gegen die üblichen Transportrisiken versichert;
   b) bei Lieferung mit Aufstellung oder Montage am Tage der Übernahme in eigenen Betrieb oder, soweit vereinbart, nach einwandfreiem Probebetrieb.
2. Wenn der Versand, die Zustellung, der Beginn, die Durchführung der Aufstellung oder Montage, die Übernahme in eigenen Betrieb oder der Probebetrieb aus vom Besteller zu vertretenden Gründen verzögert wird oder der Besteller aus sonstigen Gründen in Annahmeverzug kommt, so geht die Gefahr auf den Besteller über.

VI. Aufstellung und Montage

Für die Aufstellung und Montage gelten, soweit nichts anderes schriftlich vereinbart ist, folgende Bestimmungen:

1. Der Besteller hat auf seine Kosten zu übernehmen und rechtzeitig zu stellen:
   a) alle Erd-, Bau- und sonstigen branchenfremden Nebenarbeiten einschließlich der dazu benötigten Fach- und Hilfskräfte, Baustoffe und Werkzeuge,
   b) die zur Montage und Inbetriebsetzung erforderlichen Bedarfsgegenstände und -stoffe, wie Gerüste, Hebezeuge und andere Vorrichtungen, Brennstoffe und Schmiermittel,
   c) Energie und Wasser an der Verwendungsstelle einschließlich der Anschlüsse, Heizung und Beleuchtung,
   d) bei der Montagestelle für die Aufbewahrung der Maschinenteile, Apparaturen, Materialien, Werkzeuge usw. genügend große, geeignete, trockene und verschließbare Räume und für das Montagepersonal angemessene Arbeits- und Aufenthaltsräume einschließlich den Umständen angemessener sanitärer Anlagen; im Übrigen hat der Besteller zum Schutz des Besitzes des Lieferers und des Montagepersonals auf der Baustelle die Maßnahmen zu treffen, die er zum Schutz des eigenen Besitzes ergreifen würde,
   e) Schutzkleidung und Schutzvorrichtungen, die infolge besonderer Umstände der Montagestelle erforderlich sind.
2. Vor Beginn der Montagearbeiten hat der Besteller die nötigen Angaben über die Lage verdeckt geführter Strom-, Gas-, Wasserleitungen oder ähnlicher Anlagen sowie die erforderlichen statischen Angaben unaufgefordert zur Verfügung zu stellen.
3. Vor Beginn der Aufstellung oder Montage müssen sich die für die Aufnahme der Arbeiten erforderlichen Beistellungen und Gegenstände an der Aufstellungs- oder Montagestelle befinden und alle Vorarbeiten vor Beginn des Aufbaues so weit fortgeschritten sein, dass die Aufstellung oder Montage vereinbarungsgemäß begonnen und ohne Unterbrechung durchgeführt werden kann. Anfuhrwege und der Aufstellungs- oder Montageplatz müssen geebnet und geräumt sein.
4. Verzögern sich die Aufstellung, Montage oder Inbetriebnahme durch nicht vom Lieferer zu vertretende Umstände, so hat der Besteller in angemessenem Umfang die Kosten für Wartezeit und zusätzlich erforderliche Reisen des Lieferers oder des Montagepersonals zu tragen.

5. Der Besteller hat dem Lieferer wöchentlich die Dauer der Arbeitszeit des Montagepersonals sowie die Beendigung der Aufstellung, Montage oder Inbetriebnahme unverzüglich zu bescheinigen.
6. Verlangt der Lieferer nach Fertigstellung die Abnahme der Lieferung, so hat sie der Besteller innerhalb von zwei Wochen vorzunehmen. Der Abnahme steht es gleich, wenn der Besteller die Zweiwochenfrist verstreichen lässt oder wenn die Lieferung – gegebenenfalls nach Abschluss einer vereinbarten Testphase – in Gebrauch genommen worden ist.

VII. Entgegennahme

Der Besteller darf die Entgegennahme von Lieferungen wegen unerheblicher Mängel nicht verweigern.

VIII. Sachmängel

Für Sachmängel haftet der Lieferer wie folgt:

1. Alle diejenigen Teile oder Leistungen sind nach Wahl des Lieferers unentgeltlich nachzubessern, neu zu liefern oder neu zu erbringen, die einen Sachmangel aufweisen, sofern dessen Ursache bereits im Zeitpunkt des Gefahrübergangs vorlag.
2. Ansprüche auf Nacherfüllung verjähren in 12 Monaten ab gesetzlichem Verjährungsbeginn; Entsprechendes gilt für Rücktritt und Minderung. Diese Frist gilt nicht, soweit das Gesetz gemäß §§ 438 Abs. 1 Nr. 2 (Bauwerke und Sachen für Bauwerke), 479 Abs. 1 (Rückgriffsanspruch) und 634 a Abs. 1 Nr. 2 (Baumängel) BGB längere Fristen vorschreibt, bei Vorsatz, arglistigem Verschweigen des Mangels sowie bei Nichteinhaltung einer Beschaffenheitsgarantie. Die gesetzlichen Regelungen über Ablaufhemmung, Hemmung und Neubeginn der Fristen bleiben unberührt.
3. Mängelrügen des Bestellers haben unverzüglich schriftlich zu erfolgen.
4. Bei Mängelrügen dürfen Zahlungen des Bestellers in einem Umfang zurückbehalten werden, die in einem angemessenen Verhältnis zu den aufgetretenen Sachmängeln stehen. Ein Zurückbehaltungsrecht des Bestellers besteht nicht, wenn seine Mängelansprüche verjährt sind. Erfolgte die Mängelrüge zu Unrecht, ist der Liefe/er berechtigt, die ihm entstandenen Aufwendungen vom Besteller ersetzt zu verlangen.
5. Dem Lieferer ist Gelegenheit zur Nacherfüllung innerhalb angemessener Frist zu gewähren.
6. Schlägt die Nacherfüllung fehl, kann der Besteller – unbeschadet etwaiger Schadensersatzansprüche gemäß Nr. 10 – vom Vertrag zurücktreten oder die Vergütung mindern.
7. Mängelansprüche bestehen nicht bei nur unerheblicher Abweichung von der vereinbarten Beschaffenheit, bei nur unerheblicher Beeinträchtigung der Brauchbarkeit, bei natürlicher Abnutzung oder Schäden, die nach dem Gefahrübergang infolge fehlerhafter oder nachlässiger Behandlung, übermäßiger Beanspruchung, ungeeigneter Betriebsmittel, mangelhafter Bauarbeiten, ungeeigneten Baugrundes oder die aufgrund besonderer äußerer Einflüsse entstehen, die nach dem Vertrag nicht vorausgesetzt sind, sowie bei nicht reproduzierbaren Softwarefehlern. Werden vom Besteller oder von Dritten unsachgemäß Änderungen oder Instandsetzungsarbeiten vorgenommen, so bestehen für diese und die daraus entstehenden Folgen ebenfalls keine Mängelansprüche.
8. Ansprüche des Bestellers wegen der zum Zweck der Nacherfüllung erforderlichen Aufwendungen, insbesondere Transport-, Wege-, Arbeits- und Materialkosten, sind ausgeschlossen, soweit die Aufwendungen sich erhöhen, weil der Gegenstand der Lieferung nachträglich an einen anderen Ort als die Niederlassung des Bestellers

verbracht worden ist, es sei denn, die Verbringung entspricht seinem bestimmungsgemäßen Gebraucht.

9. Rückgriffsansprüche des Bestellers gegen den Lieferer gemäß § 445a BGB (Rückgriff des Verkäufers) bestehen nur insoweit, als der Besteller mit seinem Abnehmer keine über die gesetzlichen Mängelansprüche hinausgehenden Vereinbarungen getroffen hat.
10. Schadensersatzansprüche des Bestellers wegen eines Sachmangels sind ausgeschlossen. Dies gilt nicht bei arglistigem Verschweigen des Mangels, bei Nichteinhaltung einer Beschaffenheitsgarantie, bei Verletzung des Lebens, des Körpers oder der Gesundheit und bei einer vorsätzlichen oder grob fahrlässigen Pflichtverletzung des Lieferers. Eine Änderung der Beweislast zum Nachteil des Bestellers ist mit den vorstehenden Regelungen nicht verbunden. Weitergehende oder andere als in diesem Art. VIII geregelten Ansprüche des Bestellers wegen eines Sachmangels sind ausgeschlossen.[6]

IX. Gewerbliche Schutzrechte und Urheberrechte; Rechtsmängel

1. Sofern nicht anders vereinbart, ist der Lieferer verpflichtet, die Lieferung lediglich im Land des Lieferorts frei von gewerblichen Schutzrechten und Urheberrechten Dritter (im Folgenden: Schutzrechte) zu erbringen. Sofern ein Dritter wegen der Verletzung von Schutzrechten durch vom Lieferer erbrachte, vertragsgemäß genutzte Lieferungen gegen den Besteller berechtigte Ansprüche erhebt, haftet der Lieferer gegenüber dem Besteller innerhalb der in Art. VIII Nr. 2 bestimmten Frist wie folgt:
   a) Der Lieferer wird nach seiner Wahl auf seine Kosten für die betreffenden Lieferungen entweder ein Nutzungsrecht erwirken, sie so ändern, dass das Schutzrecht nicht verletzt wird, oder austauschen. Ist dies dem Lieferer nicht zu angemessenen Bedingungen möglich, stehen dem Besteller die gesetzlichen Rücktritts- oder Minderungsrechte zu.
   b) Die Pflicht des Lieferers zur Leistung von Schadensersatz richtet sich nach Art. XI.
   c) Die vorstehend genannten Verpflichtungen des Lieferers bestehen nur, soweit der Besteller den Lieferer über die vom Dritten geltend gemachten Ansprüche unverzüglich schriftlich verständigt, eine Verletzung nicht anerkennt und dem Lieferer alle Abwehrmaßnahmen und Vergleichsverhandlungen vorbehalten bleiben. Stellt der Besteller die Nutzung der Lieferung aus Schadensminderungs- oder sonstigen wichtigen Gründen ein, ist er verpflichtet, den Dritten darauf hinzuweisen, dass mit der Nutzungseinstellung kein Anerkenntnis einer Schutzrechtsverletzung verbunden ist.
2. Ansprüche des Bestellers sind ausgeschlossen, soweit er die Schutzrechtsverletzung zu vertreten hat.
3. Ansprüche des Bestellers sind ferner ausgeschlossen, soweit die Schutzrechtsverletzung durch spezielle Vorgaben des Bestellers, durch eine vom Lieferer nicht voraussehbare Anwendung oder dadurch verursacht wird, dass die Lieferung vom Besteller verändert oder zusammen mit nicht vom Lieferer gelieferten Produkten eingesetzt wird.
4. Im Falle von Schutzrechtsverletzungen gelten für die in Nr. 1 a) geregelten Ansprüche des Bestellers im Übrigen die Bestimmungen des Art. VIII Nr. 4, 5 und 9 entsprechend.
5. Bei Vorliegen sonstiger Rechtsmängel gelten die Bestimmungen des Art. VIII entsprechend.
6. Weitergehende oder andere als die in diesem Art. IX geregelten Ansprüche des Bestellers gegen den Lieferer und dessen Erfüllungsgehilfen wegen eines Rechtsmangels sind ausgeschlossen.[7]

X. Erfüllungsvorbehalt

1. Die Vertragserfüllung steht unter dem Vorbehalt, dass keine Hindernisse aufgrund von deutschen, US-amerikanischen sowie sonstigen anwendbaren nationalen, EU- oder internationalen Vorschriften des Außenwirtschaftsrechts sowie keine Embargos oder sonstige Sanktionen entgegenstehen.
2. Der Besteller ist verpflichtet, alle Informationen und Unterlagen beizubringen, die für die Ausfuhr, Verbringung bzw. Einfuhr benötigt werden.

XI. Unmöglichkeit; Vertragsanpassung

1. Soweit die Lieferung unmöglich ist, ist der Besteller berechtigt, Schadensersatz zu verlangen, es sei denn, dass der Lieferer die Unmöglichkeit nicht zu vertreten hat. Jedoch beschränkt sich der Schadensersatzanspruch des Bestellers auf 10 % des Wertes desjenigen Teils der Lieferung, der wegen der Unmöglichkeit nicht in zweckdienlichen Betrieb genommen werden kann. Diese Beschränkung gilt nicht, soweit in Fällen des Vorsatzes, der groben Fahrlässigkeit oder wegen der Verletzung des Lebens, des Körpers oder der Gesundheit zwingend gehaftet wird; eine Änderung der Beweislast zum Nachteil des Bestellers ist hiermit nicht verbunden. Das Recht des Bestellers zum Rücktritt vom Vertrag bleibt unberührt.
2. Sofern Ereignisse im Sinne von Art. IV Nr. 2 a) bis c) die wirtschaftliche Bedeutung oder den Inhalt der Lieferung erheblich verändern oder auf den Betrieb des Lieferers erheblich einwirken, wird der Vertrag unter Beachtung von Treu und Glauben angemessen angepasst. Soweit dies wirtschaftlich nicht vertretbar ist, steht dem Lieferer das Recht zu, vom Vertrag zurückzutreten. Gleiches gilt, wenn erforderliche Ausfuhrgenehmigungen nicht erteilt werden oder nicht nutzbar sind. Will er von diesem Rücktrittsrecht Gebrauch machen, so hat er dies nach Erkenntnis der Tragweite des Ereignisses unverzüglich dem Besteller mitzuteilen und zwar auch dann, wenn zunächst mit dem Besteller eine Verlängerung der Lieferzeit vereinbart war.

XII. Sonstige Schadensersatzansprüche; Verjährung

1. Schadensersatzansprüche des Bestellers, gleich aus welchem Rechtsgrund, insbesondere wegen Verletzung von Pflichten aus dem Schuldverhältnis und aus unerlaubter Handlung, sind ausgeschlossen.[8]
2. Dies gilt nicht, soweit wie folgt gehaftet wird
   a) nach dem Produkthaftungsgesetz,
   b) bei Vorsatz,
   c) bei grober Fahrlässigkeit von Inhabern, gesetzlichen Vertretern oder leitenden Angestellten,
   d) bei Arglist,
   e) bei Nichteinhaltung einer übernommenen Garantie,
   f) wegen der schuldhaften Verletzung des Lebens, des Körpers oder der Gesundheit oder
   g) wegen der schuldhaften Verletzung wesentlicher Vertragspflichten.
   Der Schadensersatzanspruch für die Verletzung wesentlicher Vertragspflichten ist jedoch auf den vertragstypischen, vorhersehbaren Schaden begrenzt, soweit nicht ein anderer der vorgenannten Fälle vorliegt.
3. Eine Änderung der Beweislast zum Nachteil des Bestellers ist mit den vorstehenden Regelungen nicht verbunden.

XIII. Gerichtsstand und anwendbares Recht

1. Alleiniger Gerichtsstand ist, wenn der Besteller Kaufmann ist, bei alten aus dem Vertragsverhältnis unmittelbar oder mittelbar sich ergebenden Streitigkeiten der Sitz des Lieferers. Der Lieferer ist jedoch auch berechtigt, am Sitz des Bestellers zu klagen.
2. Dieser Vertrag einschließlich seiner Auslegung unterliegt deutschem Recht unter Ausschluss des Übereinkommens der Vereinten Nationen über Verträge über den internationalen Warenkauf (CISG).

XIV. Verbindlichkeit des Vertrages

Der Vertrag bleibt auch bei rechtlicher Unwirksamkeit einzelner Bestimmungen in seinen übrigen Teilen verbindlich. Das gilt nicht, wenn das Festhalten an dem Vertrag eine unzumutbare Härte für eine Partei darstellen würde.

Schrifttum: Wie bei → Form. I.J.1 Anm. 1 ff.

Anmerkungen

1. Es gelten grundsätzlich hier die gleichen Erwägungen, die bei der Erörterung von → Form. I.J.1 Anm. 4 dargestellt worden sind: Nach der hier vertretenen Auffassung sind Ausschließlichkeits- und Abwehrklauseln, wie sie hier verwendet werden, im Ergebnis nicht geeignet, bei entgegenstehenden Einkaufs-AGB sicherzustellen, dass ausschließlich diese Verkaufs-AGB zur Geltung berufen sind (im Einzelnen *Graf* v. Westphalen/Thüsing, VertrR/AGB-Klauselwerke/*Graf v. Westphalen*, Vertragsabschlussklauseln Rn 51 ff). Auch ist darauf aufmerksam zu machen, dass nach der BGH-Judikatur (BGH NJW-RR 2002, 404) die Verwendung einer Ausschließlichkeits- und Abwehrklausel in Einkaufs-AGB dazu führt, dass sich hier diese AGB auch gegenüber Verkaufs-AGB durchsetzen (kritisch hierzu *Graf von Westphalen* FS Kreft, 2004, S 97 ff). Gegen all dies ist freilich auf der Ebene von AGB kein Kraut gewachsen; der Ausweg besteht in der Beachtung der Voraussetzungen einer entsprechenden Individualvereinbarung.

2. Bei strikter Berücksichtigung des **Transparentgebotes** nach § 307 Abs 1 S. 2 BGB dürfte es ausgesprochen zweifelhaft sein, ob es wirksam ist, dass hier der Begriff „Schadensersatzansprüche" auch Ansprüche wegen vergeblicher Aufwendungen (§ 284 BGB) erfasst. Entscheidend fällt nämlich unter Beachtung des Verständlichkeitsgebots des BGB § 307 Abs 1 S. 2 BGB (vgl Palandt/*Grüneberg* BGB § 307 Rn 25) ins Gewicht: Der Begriff des **Schadensersatzanspruchs** hat in den §§ 280 ff BGB eine doppelte Bedeutung: Zum einen kann es sich gem § 280 BGB um einen Schadensersatzanspruch wegen Pflichtverletzung handeln; zum anderen folgt aus § 281 BGB, dass der dort normierte Anspruch ein Schadensersatzanspruch statt der Leistung ist, also: wegen Nichterfüllung. Dabei erfasst § 280 BGB nur solche Schadensersatzansprüche für Pflichtverletzungen, deren Folgen durch Nacherfüllung wieder abgewendet werden können (Palandt/*Grüneberg* BGB § 281 Rn 2). Hinzu kommt, dass nach der Rechtsprechung des BGH der in § 284 BGB geregelte Tatbestand des Ersatzes vergeblicher Aufwendungen immer nur **anstelle** eines Anspruchs nach § 281 BGB eingreift (BGH NJW 2008, 2837 – Parkettstäbe). Daher kann auch nach der Rechtsprechung des BGH ein Anspruch aus § 280 Abs 1 BGB **neben** dem Anspruch aus § 284 BGB bestehen (BGH NJW 2005, 2848 (2850)). Dieser Grundtatbestand wird im Sinn von BGB § 307 Abs 1 S. 2 BGB verdunkelt – man kann auch sagen: verheimlicht (vgl Palandt/*Grüneberg* BGB § 307 Rn 27) –, wenn der Begriff „Schadensersatzanspruch" und „Ersatz vergeblicher Aufwendungen" terminologisch in eins gesetzt werden, was eben dogmatisch unzutreffend ist.

3. Im Blick auf die Merkmale des § 276 Abs 2 BGB ist es **zweifelhaft,** ob der Hinweis auf die „übliche Sorgfalt“ mit § 307 Abs 2 Nr 1 BGB vereinbar ist. Denn es ist allgemein anerkannt, dass die übliche Sorgfalt nicht notwendigerweise der ordnungsgemäß geschuldeten, erforderlichen Sorgfalt entspricht (BGH NJW 53, 257; Palandt/*Grüneberg* § 276 Rn 16). Gerade im Hinblick auf etwaige – erforderliche – Sicherheits- und Schutzmaßnahmen, die der Abwehr von Angriffen Dritter auf das IT-System des Lieferers dienen, ist auch unter Berücksichtigung der Schadensminderungspflicht des Verwenders nach § 254 BGB nicht nur der übliche Sorgfaltsmaßstab geschuldet. Diese Substandardisierung ist mit BGB § 307 Abs 2 Nr 1 BGB unvereinbar.

4. Nach dieser Klausel ist der Selbstbelieferungsvorbehalt (hierzu Ebenroth/Boujong/Joost/Strohn/*Joost,* HGB, § 346 Rn 119) auch unter Geltung von § 276 Abs 2 BGB selbst dann wirksam, wenn und soweit der Lieferant des **Beschaffungsrisikos** für die betreffende Sache übernommen hat (Palandt/*Grüneberg* § 276 Rn 30 ff). Denn ein wirksamer Selbstbelieferungsvorbehalt setzt voraus, dass der Lieferant sich bei seinem Vorlieferanten kongruent eingedeckt hat, aber dessen ungeachtet von diesem im Stich gelassen wird (BGH NJW 1995, 1959 (1960)). Diese Voraussetzungen werden nicht in der Textierung hinreichend reflektiert, denn es ist dort eben nur von „nicht rechtzeitiger und nicht ordnungsgemäßer Belieferung“ die Rede. Das ist also zumindest nach BGB § 307 Abs 1 S. 2 BGB nicht ausreichend transparent.

5. Da im Fall des Annahmeverzugs des Bestellers/Kunden der Ersatz von Mehraufwendungen für die Einlagerung der Waren etc nach § 304 BGB reklamiert werden kann, ist zunächst zu unterstreichen, dass es sich hier lediglich um den Ersatz der objektiv erforderlichen Mehraufwendungen handeln darf (BGH NJW 1996, 1464 (1465)). Da diese AGB jedoch gegenüber **Kaufleuten** verwendet werden, gilt insoweit die Sondernorm des § 354 Abs 1, wonach der Anspruch auf Erstattung der üblichen Lagerkosten gerichtet ist (BGH NJW 2007, 1198 (1201); Baumbach/*Hopt/Hopt,* HGB, § 354 Rn 6). Gemessen an den objektiven Merkmalen des § 307 Abs 2 Nr 1 BGB stellt sich deshalb die Frage, ob die hier vorgenommene **Pauschalierung** der – üblichen – Lagerkosten objektiv stets als angemessen bewertet werden kann. Dies wäre jedenfalls dann abzulehnen, wenn man insoweit § 309 Nr 5a BGB zur Anwendung beruft (v. Westphalen/Thüsing VertrR/AGB-Klauselwerke/*Graf v. Westphalen*, Annahmeverzug Rn 11 – vom BGH NJW 2007, 1198 (1201); allerdings ausdrücklich offen gelassen). Denn es ist schwerlich vorstellbar, dass sich die Höhe des Lagergeldes jeweils am „Preis“ der nicht rechtzeitig abgenommenen Sachen ausrichtet. Aber selbst wenn man die Parallele zu § 309 Nr 5a BGB hier aus dogmatischen Gründen im Hinblick auf § 354 nicht zieht, so ist jedenfalls zu unterstreichen, dass die beiden Parteien vorbehaltene Nachweismöglichkeit, dass höhere oder niedrigere Lagerkosten im Einzelfall entstanden sind, dem Besteller/Schuldner nicht wesentlich hilft. Denn die ihm abverlangte Beweisführungslast reicht in die Sphäre des Verwenders hinein, betrifft also einen Bereich, der ihm grundsätzlich verschlossen ist. Die eigentlich den Besteller begünstigende Nachweisklausel steht also für ihn nur auf dem Papier. Deshalb bestehen erhebliche Zweifel an der Wirksamkeit dieser Klausel.

6. Ob die Schadensersatzhaftung des Verwenders wegen eines Sachmangels gem § 437 Nr 3 BGB **uneingeschränkt** – wie hier geschehen – abbedungen werden kann, ohne dass ein Verstoß gegen § 307 Abs 2 Nr 1 BGB vorliegt, ist ausgesprochen zweifelhaft. Ausgangspunkt ist die Feststellung, dass der BGH (NJW 2009, 2674) entschieden hat, Ersatz des entgangenen Gewinns kann auch im Rahmen von § 437 Nr 3 BGB gefordert werden, weil dieser Schadensersatz auch von § 280 Abs 1 BGB erfasst wird (Palandt/*Grüneberg* BGB § 280 Rn 16; *Dauner-Lieb/Kahn* in FS Graf von Westphalen, 2010, S 55 (56 ff.)). Strittig ist freilich, ob der Tatbestand einer mangelhaften Lieferung im Sinn von

§ 433 Abs 1 S. 2 BGB gleichbedeutend ist mit der Verletzung einer Hauptpflicht als einer „wesentlichen" Vertragspflicht gem § 307 Abs 2 Nr 2 BGB (Übersicht über den Streitstand Graf v. Westphalen/Thüsing VertrR/AGB-Klauselwerke/*Graf v. Westphalen* – Freizeichnungsklausel Rn 53 ff; zur Gegenposition *Dauner-Lieb/Kahn* FS Graf von Westphalen, S. 55 (56 ff.); insbesondere auch *Kahn,* Haftungsfreizeichnung im unternehmerischen Verkehr – § 307 BGB, 2010, 150 ff). Berücksichtigt man, dass nach Ansicht des BGH (BGH NJW 2001, 292 (295)) eine den Verzug begründende Pflichtverletzung des Lieferanten immer als Verletzung einer „wesentlichen" Vertragspflicht klassifiziert worden ist, so spricht einiges dafür, auch bei der Lieferung einer mangelhaften Sache nach § 433 Abs 1 S. 2 BGB in gleicher Weise zu entscheiden. Unter dieser Voraussetzung ist dann die Klausel mit § 307 Abs 2 Nr 1 BGB unvereinbar, weil sie den Vorbehalt der Verletzung einer „wesentlichen" Vertragspflicht nicht reflektiert.

7. Die gleichen Erwägungen gelten im Hinblick auf diesen Tatbestand der die Rechtsmängelhaftung des Verwenders ins Auge fasst, weil ja (§ 453 BGB) Sach- und Rechtsmängel (vgl auch § 433 Abs 1 S. 2 BGB) parallel verlaufen (auch BGH NJW 2006, 47).

8. Eng mit dieser zuvor apostrophierten Problematik hängt auch die Wirksamkeit dieser Klausel zusammen. Sie zentriert auch zusätzlich in der Frage, ob das in § 325 BGB verankerte **Wahlrecht** des Bestellers, sowohl Rücknahme als auch Schadensersatz statt der Leistung verlangen zu können, gem § 307 Abs 2 Nr 1 BGB wirksam abbedungen werden kann oder ob sich hier das Konzept der schuldhaften Verletzung einer „wesentlichen" Vertragspflicht im Sinn von § 307 Abs 2 Nr 1 BGB durchsetzt. Bejaht man dies, dann sind im Sinn des § 307 Abs 2 Nr 1 BGB auch hier die Würfel gefallen.

3. Allgemeine Einkaufsbedingungen

I. Text gut lesbar auf der Vorderseite der Bestellung:

„Wir bestellen hiermit bei Ihnen unter ausschließlicher Geltung unserer rückseitigen Einkaufsbedingungen."

II. Text gut lesbar auf der Rückseite der Bestellung.[1]

§ 1 Allgemeines – Geltungsbereich

(1) Unsere Einkaufsbedingungen gelten ausschließlich; entgegenstehende oder von unseren Einkaufsbedingungen abweichende Bedingungen des Lieferanten erkennen wir nicht an, es sei denn, wir hätten ausdrücklich schriftlich ihrer Geltung zugestimmt. Unsere Einkaufsbedingungen gelten auch dann, wenn wir in Kenntnis entgegenstehender oder von unseren Einkaufsbedingungen abweichender Bedingungen des Lieferanten die Lieferung des Lieferanten vorbehaltlos annehmen.[2]

(2) Alle Vereinbarungen, die zwischen uns und dem Lieferanten zwecks Ausführung dieses Vertrages getroffen werden, sind in diesem Vertrag schriftlich niederzulegen.[3]

(3) Unsere Einkaufsbedingungen gelten nur gegenüber Kaufleuten.

(4) Unsere Einkaufsbedingungen gelten auch für alle künftigen Geschäfte mit dem Lieferanten.[4]

§ 2 Angebot – Angebotsunterlagen

(1) Der Lieferant ist verpflichtet, unsere Bestellung innerhalb einer Frist von 2 Wochen anzunehmen.

(2) An Abbildungen, Zeichnungen, Berechnungen und sonstigen Unterlagen behalten wir uns Eigentums- und Urheberrechte vor; sie dürfen Dritten ohne unsere ausdrückliche schriftliche Zustimmung nicht zugänglich gemacht werden. Sie sind ausschließlich für die Fertigung aufgrund unserer Bestellung zu verwenden; nach Abwicklung der Bestellung sind sie uns unaufgefordert zurückzugeben. Dritten gegenüber sind sie geheimzuhalten.

§ 3 Preise – Zahlungsbedingungen

(1) Der in der Bestellung ausgewiesene Preis ist bindend. Mangels abweichender schriftlicher Vereinbarung schließt der Preis Lieferung „frei Haus", einschließlich Verpackung ein. Die Rückgabe der Verpackung bedarf besonderer Vereinbarung.

(2) Die gesetzliche Mehrwertsteuer ist im Preis enthalten.

(3) Rechnungen können wir nur bearbeiten, wenn diese – entsprechend den Vorgaben in unserer Bestellung – die dort ausgewiesene Bestellnummer angeben; für alle wegen Nichteinhaltung dieser Verpflichtung entstehenden Folgen ist der Lieferant verantwortlich.

(4) Wir bezahlen, sofern nichts anderes schriftlich vereinbart ist, den Kaufpreis innerhalb von 14 Tagen, gerechnet ab Lieferung und Rechnungserhalt, mit 2 % Skonto oder innerhalb von 30 Tagen nach Rechnungserhalt netto.[5]

(5) Aufrechnungs- und Zurückbehaltungsrechte stehen uns in gesetzlichem Umfang zu.

§ 4 Lieferzeit

(1) Die in der Bestellung angegebene Lieferzeit ist bindend.[6]

(2) Der Lieferant ist verpflichtet, uns unverzüglich schriftlich in Kenntnis zu setzen, wenn Umstände eintreten oder ihm erkennbar werden, aus denen sich ergibt, dass die bedungene Lieferzeit nicht eingehalten werden kann.

(3) Im Falle des Lieferverzuges stehen uns die gesetzlichen Ansprüche zu. Insbesondere sind wir berechtigt, nach fruchtlosem Ablauf einer angemessenen Nachfrist Schadensersatz statt der Leistung zu verlangen und vom Vertrag zurückzutreten.[7]

§ 5 Gefahrenübergang – Dokumente

(1) Die Lieferung hat, sofern nichts anderes schriftlich vereinbart ist, „frei Haus" zu erfolgen.

(2) Der Lieferant ist verpflichtet, auf allen Versandpapieren und Lieferscheinen exakt unsere Bestellnummer anzugeben; unterlässt er dies, so sind Verzögerungen in der Bearbeitung unvermeidlich, für die wir nicht einzustehen haben.

§ 6 Mängeluntersuchung – Ansprüche/Rechte

(1) Wir sind verpflichtet, die Ware innerhalb angemessener Frist auf etwaige Qualitäts- oder Quantitätsabweichungen zu prüfen; die Rüge ist rechtzeitig, sofern sie innerhalb einer Frist von 3 Arbeitstagen beim Lieferanten eingeht.[8]

(2) Die gesetzlichen Mängelansprüche stehen uns ungekürzt zu; unabhängig davon sind wir grundsätzlich berechtigt, vom Lieferanten nach unserer Wahl Mangelbeseitigung oder Ersatzlieferung zu verlangen. In diesem Fall ist der Lieferant verpflichtet, alle zum Zweck der Mangelbeseitigung oder der Ersatzlieferung erforderlichen Aufwendungen zu tragen.[9] Das Recht auf Schadensersatz, insbesondere das auf Schadensersatz statt der Leistung bleibt ausdrücklich vorbehalten.[10]

(3) Die Gewährleistungsfrist beträgt 36 Monate, gerechnet ab Gefahrenübergang.[11]

§ 7 Produkthaftung – Freistellung – Haftpflichtversicherungsschutz

(1) Soweit der Lieferant für einen Produktschaden verantwortlich ist, ist er verpflichtet, uns insoweit von Schadensersatzansprüchen Dritter auf erstes Anfordern freizustellen, als die Ursache in seinem Herrschafts- und Organisationsbereich gesetzt ist und er im Außenverhältnis selbst haftet.[12]

(2) In diesem Rahmen ist der Lieferant auch verpflichtet, etwaige Aufwendungen zu erstatten, die sich aus oder im Zusammenhang mit einer von uns durchgeführten Rückrufaktion ergeben, soweit der Anspruch nicht aus den §§ 830, 840 BGB iVm §§ 426, 254 BGB folgt.[13] Über Inhalt und Umfang der durchzuführenden Rückrufmaßnahmen werden wir den Lieferanten – soweit möglich und zumutbar – unterrichten und ihm Gelegenheit zur Stellungnahme geben.

(3) Der Lieferant verpflichtet sich, eine Produkthaftpflicht-Versicherung mit einer Deckungssumme von EUR 10 Mio pro Personenschaden/Sachschaden – pauschal – zu unterhalten; stehen uns weitergehende Schadensersatzansprüche zu, so bleiben diese unberührt.[14]

§ 8 Schutzrechte

(1) Der Lieferant steht dafür ein, dass im Zusammenhang mit seiner Lieferung keine Rechte Dritter innerhalb der Bundesrepublik Deutschland verletzt werden, soweit er nicht nachweist, dass er die Pflichtverletzung nicht zu vertreten hat.[14a]

(2) Werden wir von einem Dritten dieserhalb in Anspruch genommen, so ist der Lieferant verpflichtet, uns auf erstes schriftliches Anfordern von diesen Ansprüchen freizustellen; wir sind nicht berechtigt, mit dem Dritten – ohne Zustimmung des Lieferanten – irgendwelche Vereinbarungen zu treffen, insbesondere einen Vergleich abzuschließen.

(3) Die Freistellungsverpflichtung des Lieferanten bezieht sich auf alle Aufwendungen, die uns aus oder im Zusammenhang mit der Inanspruchnahme durch einen Dritten notwendigerweise erwachsen, soweit der Lieferant nicht nachweist, dass er diese nicht zu vertreten hat.[15]

§ 9 Eigentumsvorbehalt – Beistellung – Werkzeuge – Geheimhaltung

(1) Sofern wir Teile beim Lieferanten beistellen, behalten wir uns hieran das Eigentum vor.[16] Verarbeitung oder Umbildung durch den Lieferanten werden für uns vorgenommen. Wird unsere Vorbehaltsware mit anderen, uns nicht gehörenden Gegenständen verarbeitet, so erwerben wir das Miteigentum an der neuen Sache im Verhältnis des Wertes unserer Sache zu den anderen verarbeiteten Gegenständen zur Zeit der Verarbeitung.

(2) Wird die von uns beigestellte Sache mit anderen, uns nicht gehörenden Gegenständen untrennbar vermischt, so erwerben wir das Miteigentum an der neuen Sache im Verhältnis des Wertes der Vorbehaltssache zu den anderen vermischten Gegenständen zum

Zeitpunkt der Vermischung. Erfolgt die Vermischung in der Weise, dass die Sache des Lieferanten als Hauptsache anzusehen ist, so gilt als vereinbart, dass der Lieferant uns anteilmäßig Miteigentum überträgt; der Lieferant verwahrt das Alleineigentum oder das Miteigentum für uns.

(3) An Werkzeugen behalten wir uns das Eigentum vor; der Lieferant ist verpflichtet, die Werkzeuge ausschließlich für die Herstellung der von uns bestellten Waren einzusetzen.[17] Der Lieferant ist verpflichtet, die uns gehörenden Werkzeuge zum Neuwert auf eigene Kosten gegen Feuer-, Wasser- und Diebstahlsschäden zu versichern. Er ist verpflichtet, etwa erforderliche Wartungs- und Inspektionsarbeiten auf eigene Kosten rechtzeitig durchzuführen. Etwaige Störfälle hat er uns sofort anzuzeigen; unterlässt er dies schuldhaft, so bleiben Schadensersatzansprüche unberührt.

(4) Der Lieferant ist verpflichtet, alle erhaltenen Abbildungen, Zeichnungen, Berechnungen und sonstigen Unterlagen und Informationen strikt geheimzuhalten. Dritten dürfen sie nur mit unserer ausdrücklichen Zustimmung offengelegt werden. Die Geheimhaltungsverpflichtung gilt auch nach Abwicklung dieses Vertrages; sie erlischt, wenn und soweit das in den überlassenen Abbildungen, Zeichnungen, Berechnungen und sonstigen Unterlagen enthaltene Fertigungswissen allgemein bekannt geworden ist.[18]

§ 10 Gerichtsstand – Erfüllungsort

(1) Sofern der Lieferant Kaufmann ist, ist unser Geschäftssitz Gerichtsstand; wir sind jedoch berechtigt, den Lieferanten auch an seinem Wohnsitzgericht zu verklagen.[19]

(2) Sofern sich aus der Auftragsbestätigung nichts anderes ergibt, ist unser Geschäftssitz Erfüllungsort.

Schrifttum: *Graf von Westphalen,* Allgemeine Einkaufsbedingungen, 7. Aufl. 2018.

Anmerkungen

1. Hierzu → Form. I.J.1 Anm. 1.

2. Hierzu → Form. I.J.1 Anm. 4.

3. Hierzu → Form. I.J.1 Anm. 5.

4. Hierzu → Form. I.J.1 Anm. 6.

5. Der Abzug von **Skonto** setzt eine Barzahlungsvereinbarung voraus (MüKoBGB/*Westermann* BGB § 433 Rn 72). Eine etwa vereinbarte **Skontofrist** ist grundsätzlich als Stundungsvereinbarung zu werten (BGH NJW 1981, 1951), richtiger aber wohl als bedingter Teilerlass für den Fall fristgerechter Zahlung zu qualifizieren (BGH ZIP 1998, 568 (569)). Die Abrede kann auch – und das geschieht in der Praxis häufig – konkludent abgeschlossen werden (zu weiteren Fragen vgl Graf v. Westphalen/Thüsing, VertrR/AGB-Klauselwerke/*Graf v. Westphalen* – Zahlungsklausel Rn 3), wenn der entsprechende Abzug von Skonto einfach widerspruchslos über einen längeren Zeitraum praktiziert wird (Frankfurt NJW-RR 2001, 1634). In Form. einer Bedingung iSv § 158 BGB schließt daher die Vereinbarung von Skonto immer ein, dass rechtzeitig Zahlung geleistet wird (Düsseldorf WM 1984, 248). Die Darlegungs- und **Beweislast** für die rechtzeitige Zahlung trifft den **Käufer,** da es um die Erfüllung der Kaufpreisschuld geht (BGH WM 1983, 1008, 1009). Auch hier kommt es – auch im Blick auf die 2. Zahlungsverzugs-Richtlinie 2011/7/EU (ABl v. 23.2.2011 – L Nr 48/1) – auf die Rechtzeitigkeit der Leistungshandlung am Wohnsitz des Schuldners nach § 270 Abs 4 BGB an (neuestens

BGH NJW 2017, 1596 (1597) – Mietzahlung; MüKoBGB/*Krüger* § 270 Rn 16f), nicht auf die fristgerechte Gutschrift auf dem Konto des Empfängers (BGH ZIP 1998, 568, 569), weil dieser Leistungserfolg nicht mehr zu den Leistungshandlungen des Schuldners zählt (BGH NJW 17, 1596, 1597). Es handelt sich insoweit um eine modifizierte Bringschuld (BeckOK BGB/*Lorenz* BGB § 270 Rn 16; Palandt/*Grüneberg* BGB § 270 Rn 5). Diese Auslegung deckt sich auch mit den Vorgaben der Rechtsprechung des EuGH (NJW 2008, 1935; vgl auch Palandt/*Grüneberg* BGB § 271 Rn 5).

a) Skontoabreden setzen voraus, dass die Parteien die Modalitäten für den Skontoabzug – insbesondere die Zahlungsfrist – **einvernehmlich** festgelegt haben (BGH ZIP 1998, 568 (569); LG Aachen NJW-RR 1986, 645; *Nehls* WM 1995, 1657). Dieser Gesichtspunkt kann zu Schwierigkeiten führen, wenn unterschiedliche Skontobedingungen in den Einkaufs- und Verkaufs-AGB verankert sind (*Nettesheim* BB 1991, 1724 f; *Nettesheim* BB 1992, 311). Ob infolgedessen **Dissens** iSv § 154 Abs 1 BGB vorliegt, ist jedenfalls dann zu bejahen, wenn der durch Abzug von Skonto zu ermittelnde Kaufpreis nicht tatsächlich feststeht. In der Praxis wird man aber in aller Regel zu einer **stillschweigenden** Vereinbarung gelangen (vgl auch Hamm NJW-RR 1994, 1474), wenn sich zwischen den Parteien als Folge laufender Geschäftsbeziehungen eine gewisse **Skontopraxis** herausgeprägt hat (vgl Frankfurt NJW-RR 2001, 1634). Diese geht regelmäßig davon aus, dass der Kunde den Kaufpreis – gewöhnlich durch Überweisung – spätestens innerhalb einer Frist von fünf bis maximal acht Tagen, gerechnet ab Erhalt der Rechnung, zur Zahlung veranlasst hat. Wird trotz Ablauf der Skontofrist immer wieder Skonto abgezogen, dann kann darin ein Angebot auf Abänderung der ursprünglichen Vereinbarung liegen, das jedoch durch eine objektiv erkennbare Annahmeerklärung erst angenommen werden muss, weil allein die widerspruchslose Entgegennahme eines verspäteten Abzugs von Skonto insoweit nicht ausreicht (Hamm NJR-RR 1994, 1474).

b) Gelegentlich kommen in Einkaufs-AGB **überlange Skontofristen** vor, etwa von 45 Tagen und mehr: Mangels eines entsprechenden **Handelsbrauchs** iSv § 346 HGB wird man diese Fristen als nach § 307 Abs 2 Nr 1 BGB **unwirksam** einstufen müssen (Graf v. Westphalen/Thüsing VertrR/AGB-Klauselwerke/*Graf v. Westphalen*, Einkaufsbedingungen Rn 74f). Nicht zu beanstanden ist ein Skonto von bis zu 3 % bei Zahlung binnen 2 Wochen sowie ein Netto-Zahlungsziel von bis zu 30 Tagen. Im Hintergrund stehen auch hier die Erwägungen, die im Rahmen und auf Grund der Umsetzung der Zahlungsverzugs-Richtlinie zu beachten sind, so dass eine Frist von 90 Tagen für die Rechtzeitigkeit der Zahlung allemal unwirksam ist (Köln NJW-RR 2006, 670). Das färbt naturgemäß auch auf die Berechnung der Fristen ab, welche für die Skontovereinbarung in Betracht kommen dürfen.

6. Regelmäßig hat der Besteller ein vitales Interesse daran, dass die Lieferzeit **termingenau** vereinbart wird. Ist dies geschehen, so liegt eine kalendermäßige Fristbestimmung iSv § 286 Abs 2 Nr 1 BGB vor. Ob auch die Voraussetzungen eines **Fixgeschäftes** gem § 376 erfüllt sind, lässt sich nur unter Berücksichtigung aller Umstände des Einzelfalls sagen. Dabei ist entscheidend, dass nicht schon dann ein Fixgeschäft iSv § 376 vorliegt, wenn der Kunde ein starkes Interesse an der rechtzeitigen Erfullung hat (Baumbach/Hopt/*Hopt*, HGB § 376 Rn 2). Entscheidend ist vielmehr, dass die Einhaltung der Frist aufgrund der jeweiligen Parteivereinbarung so wesentlich ist, dass das Geschäft mit der rechtzeitigen Einhaltung der Frist „steht oder fällt" (BGH ZIP 1982, 1444). Für ein absolutes Fixgeschäft gilt allerdings § 376 nicht, weil in diesen Fällen Unmöglichkeit der Leistung bei nicht rechtzeitiger Leistung eintritt (MüKoBGB/Grunewald BGB $ 376 Rn 11). **Fixklauseln,** welche ein Indiz für ein Fixgeschäft gemäß § 376 enthalten, sind zB „fix", „präzis", „genau" oder Angabe eines genauen Termins „ohne Nachfristsetzung" (vgl Baumbach/Hopt/*Hopt*, HGB § 376 Rn 8). Soweit in Einkaufs-AGB bestimmt wird, dass Lieferzeiten „Fixgeschäfte" sind, ist eine solche

Klausel nur dann mit dem **Vorrangprinzip** von § 305b BGB sowie mit § 307 Abs 2 Nr 1 BGB vereinbar, wenn tatsächlich ein Fixgeschäft gem § 376 zwischen den Parteien vereinbart wurde (Graf v. Westphalen/Thüsing VertrR/AGB-Klauselwerke/*Graf v. Westphalen,* Einkaufsbedingungen Rn 9 ff). Eine pauschale Klausel, wonach alle vereinbarten Lieferfristen als „fix" gelten, verstößt jedoch schon gegen § 305 c Abs 1 BGB (BGHZ 110, 88; NJW 1990, 2065), aber auch gegen § 307 Abs 2 Nr 1 BGB (vgl auch MüKoBGB/*Grunewald* BGB § 376 Rn 11).

7. **Alternativ** zu den hier angesprochenen gesetzlichen Rechtsfolgen – vornehmlich: Ersatz des Verzugsschadens – kann es zweckmäßig und sinnvoll sein, eine **Vertragsstraferegelung** gem §§ 339 ff BGB zu verankern. Geschieht dies durch AGB-Klauseln, so ist folgendes zu beachten:

a) Eine verschuldensunabhängige Vertragsstrafe ist grundsätzlich unwirksam (BGH NJW 1979, 105; differenzierend BGH NJW 1985, 57). Sie kann jedoch durch ein besonderes Interesse des AGB-Verwendbares gerechtfertigt sein; dies wird allerdings bei Einkaufs-AGB kaum jemals zutreffen, weil die Sanktion des § 376 in der Regel ausreicht, die Interessen des Kunden zu sichern.

b) Es ist unerlässlich, dass zwischen der **Höhe** der Vertragsstrafe einerseits und der maximalen Belastung des Lieferanten andererseits aufgrund der verwirkten Vertragsstrafe im Blick auf die verletzte Pflicht eine angemessene Relation besteht (BGH NJW 2003, 1805; BGHZ 72, 222, (224); BGH BB 1981, 874; BGH NJW 1994, 1060 (1068)). Deshalb ist es gem § 307 Abs 2 Nr 1 BGB geboten, dass die Vertragsstraferegelung eine **summenmäßige Begrenzung** aufweist (BGH ZIP 1988, 169 (170)). Sie darf mit Sicherheit den Betrag von 5 % des Kaufpreises nicht überschreiten (BGH NJW 2003, 1805). Diese für einen Bauvertrag vorgesehene Begrenzung wird man im Zweifel auch auf andere Verträge anwenden dürfen, weil sie das Ergebnis einer umfassenden Prüfung der Interessen der Beteiligten darstellt. Doch hängt auch dies wiederum davon ab, ob denn die einzelnen Teilbeträge einer verwirkten Vertragsstrafe sich sehr rasch auf den Höchstbetrag summieren, was nach § 307 Abs 1 S. 1 BGB nicht hinzunehmen ist. Denn es muss nach den jeweiligen Verzugsauswirkungen differenziert werden (BGH NJW 1994, 1067 (1068)), wobei auch das jeweilige **Schadenspotential** aufgrund der pönalisierten Vertragsverletzung in Betracht zu ziehen ist (Hamburg NJW-RR 1986, 1177 „Blockierungshonorar"). Auch bei geringeren Einzelbeträgen, welche für eine bestimmte Vertragsverletzung im Einzelfall verwirkt sind, ist eine summenmäßige Begrenzung erforderlich (BGH ZIP 1989, 1066). Allgemein sollte die Vertragsstrafe – gestaffelt nach Verzugsfristen (mit entsprechenden Teilbeträgen) – wie gesagt, 5 % des Auftragswertes in der maximalen Höhe nicht überschreiten (BGH NJW 2003, 1805 (1808); vgl Graf v. Westphalen/Thüsing VertrR/AGB-Klauselwerke/*Thüsing* – Vertragsstrafeklauseln Rn 15 f). Ist sie zu hoch und daher nach § 307 Abs 1 S. 1 BGB unwirksam, dann tritt keine geltungserhaltende Reduktion ein, sondern die Sanktion des § 306 Abs 2 BGB, so dass die Klausel insgesamt unwirksam ist (BGH NJW 2003, 1805 (1808)). Entscheidend ist in diesem Kontext auch, dass es unwirksam ist, wenn sich der AGB-Verwender durch die Vereinbarung einer zu hohen Vertragsstrafe eine vom Sachinteresse losgelöste Geldforderung versprechen lässt (BGH NJW 2003, 1805 (1808)).

c) Sicherzustellen ist durch die Klauselgestaltung des weiteren, dass das in den §§ 340 Abs 2, 341 Abs 2 BGB verankerte **Kumulierungsverbot** beachtet wird. Danach ist die Vertragsstrafe nicht additiv zum geltend gemachten Schadensersatzanspruch, weil die Vertragsstrafe der „Mindestbetrag" des geltend gemachten – und nachgewiesenen – konkreten Schadens ist. Soweit eine Vertragsstrafeklausel dieses Gebot nicht beachtet, verstößt sie gegen BGB § 307 Abs 2 Nr 1 BGB und ist **unwirksam** (BGH NJW 1985, 53 (56); BGH BB 1992, 307). In den Normen der §§ 340 Abs 2, 341 Abs 2 BGB kommt im Übrigen auch das Element der Bi-Funktionalität der Vertragsstrafe zum Vorschein. Es besagt, dass die jeweils vorgesehene Vertragsstrafe sich auch auf den typischerweise in den geregelten Fällen eintretenden Schaden beziehen muss, ohne diesen unangemessen im Sinn des § 307 Abs 1 S. 1 BGB zu übersteigen (BGH NJW 2017, 3145 (3146); NJW 2003, 1805 (1808); NJW 1997, 3223 (3224)).

d) Gewisse Schwierigkeiten im Sinn von § 307 Abs 2 Nr 1 BGB bereitet die **Verpflichtung** des Kundens, sich die verwirkte Vertragsstrafe **„bei der Annahme"** der als Erfüllung geschuldeten Leistung vorzubehalten (Graf v. Westphalen/Thüsing VertrR/AGB-Klauselwerke/*Thüsing* – Vertragsstrafe Rn 32 ff). Die – vorbehaltlose – Annahme der Erfüllung ist als vertraglicher Verzicht des Kundens auf die bereits verwirkte Vertragsstrafe zu qualifizieren. Deshalb verstößt es gegen § 307 Abs 2 Nr 1 BGB, wenn der Kunden schlechthin auf den in § 341 Abs 3 BGB verankerten Vorbehalt verzichtet (BGH NJW 1983, 385). Doch ist es möglich, den **Zeitpunkt** zu verschieben, in welchem der Kunden den geschuldeten Vorbehalt – trotz Annahme der Erfüllung – erklären muss (BGH BB 1979, 69 (70) „Schlusszahlung"). Regelmäßig wird man davon ausgehen dürfen, dass der Vorbehalt iSv § 341 Abs 3 BGB rechtzeitig ist, wenn die Vertragsstrafeklausel darauf abstellt, dass der Kunden sich verpflichtet, den Vorbehalt bei Zahlung der nächstfälligen Rechnung zu erklären. Allerdings reicht die Erklärung nicht aus, der Einfachheit halber die Vertragsstrafe von der Schlussrechnung abziehen zu wollen (BGH BauR 1984, 643).

e) Eine alternative Klauselgestaltung hätte daher folgenden Wortlaut:

„Im Falle des Lieferverzuges sind wir berechtigt, pro vollendete Woche Verzug eine Vertragsstrafe in Höhe von 0,5 % des Auftragswertes, maximal jedoch nicht mehr als 5 % zu verlangen; die Geltendmachung eines weitergehenden Schadens bleibt vorbehalten. Wir sind verpflichtet, den Vorbehalt der Vertragsstrafe spätestens bei Zahlung der Rechnung zu erklären, welche zeitlich der verspäteten Lieferung nachfolgt."

8. Die hier vorgesehene Klausel entspricht dem Sinn von § 307 Abs 2 Nr 1 BGB dem **Gerechtigkeitsgehalt** der in den § 377 geregelten Wareneingangskontrolle. Anstelle der in § 377 Abs 1 vorgesehenen **„unverzüglichen"** Untersuchung ist hier eine „angemessene Frist" vorgesehen. Der Unterschied zwischen der gesetzlichen Frist und der vertraglich vereinbarten angemessenen Frist ist iSv § 307 Abs 2 Nr 1 BGB nicht erheblich. Stets kommt es insoweit auch auf die Umstände des Einzelfalls an. Man kann im Kontext von § 377 nicht davon ausgehen, dass für alle Prüfungen/Rügen der bestellten Waren immer die gleichen Fristen gelten (im Einzelnen Ebenroth/Boujong/Joost/Strohn/*Schiller* § 377 Rn 83 ff – Einzelfälle). Auf diesen wichtigen Gesichtspunkt, der sich unmittelbar aus § 377 ableitet, ist bei der Abfassung von AGB Rücksicht zu nehmen, weil diese stets generell-abstrakt ausgelegt und mit diesem Resultat auch dann der richterlichen Inhaltskontrolle unterworfen werden (Palandt/*Grüneberg* BGB § 307 Rn 8). Gleiches gilt insoweit, als § 377 Abs 1 eine **„unverzügliche"** Rügepflicht bestimmt, sobald sich ein Mangel gezeigt hat, weil die hier vorgesehene Fünftages-Frist nicht als unangemessene Benachteiligung des Lieferanten iSv § 307 Abs 2 Nr 1 BGB zu qualifizieren ist. Dies ist natürlich dann **anders,** wenn – abhängig von der jeweiligen Branche – **besonders kurze** Untersuchungs- und Rügefristen gemäß § 377 zu beachten sind (vgl Baumbach/Hopt/*Hopt,* HGB § 377 Rn 23). Trifft dies im Einzelfall zu, so ist unbedingt darauf zu achten, dass die hier vorgesehene Frist nach den jeweiligen Usancen **verkürzt** wird. Unzulässig ist eine völlige Abbedingung des § 377, sei es explizit oder durch eine Formulierung, wonach der Einkäufer auch offene Mängel nicht anzuzeigen braucht (BGH NJW 1991, 2633, 2634; BGH ZIP 1996, 758).

9. Da der Anspruch auf Mangelbeseitigung gemäß § 437 Nr 1 iVm § 439 BGB gesetzlich fixiert ist, bedarf es streng genommen nicht mehr – wie früher – einer entsprechenden vertraglichen Abrede. Soweit der Anspruch auf Nacherfüllung dennoch in AGB – wie hier – verankert wird, hat sie nur klarstellende Funktion (vgl. aber EuGH NJW 2011, 2269; BGH BeckRS 2012, 24 126).

10. Im Fall eines Fehlers/Mangels nach § 434 BGB stehen dem Besteller **Schadensersatzansprüche** gem § 437 Nr 3 BGB zu (BGH NJW 2009, 2674). Es handelt sich hierbei zum einen um den Anspruch auf Ersatz des durch die Pflichtverletzung des Lieferanten – fehlerhafte Lieferung nach § 443 Abs 1 S. 2 BGB – entstandenen Schadens (im einzelnen BeckOK BGB/*Faust* BGB § 437 Rn 67 ff – Verletzung der Leistungspflicht).

a) Dieser Schadensersatz aus § 280 Abs 1 BGB wird auch immer dann praktisch, wenn die fehlerhafte Sache eine andere Sache des Kunden beschädigt oder zerstört (vgl auch Palandt/*Weidenkaff* BGB § 437 Rn 34). Auch dieser Schaden wird durch den Anspruch auf Nacherfüllung erfasst. In Konkurrenz hierzu stehen die Ansprüche aus § 823 Abs 1 BGB wegen einer Verletzung des Eigentums des Kunden, einschließlich der Rechtsfigur des „weiterfressenden" Schadens (BGH BB 1977, 162; BGH VersR 2001, 402 „Hausmüll"; BGH NJW 2009, 1080, (1083) – „Pflegebetten").

b) Von § 280 Abs 1 BGB iVm § 437 Nr 3 BGB wird aber auch der Schaden erfasst, der sich auf den entgangenen Gewinn bezieht, weil die gekaufte Sache wegen des Mangels nicht genutzt werden konnte, was eine gewisse Parallele zu dem Anspruch wegen verspäteter Lieferung auslöst (BeckOK BGB/*Faust* BGB § 437 Rn 78ff). Der Gesetzgeber wollte erklätermaßen auch in diesen Fällen die Haftung auf Ersatz des Schadens auf den Fall der mangelhaften Lieferung beziehen, so dass im Gegensatz zur früheren Rechtslage der Kunden immer berechtigt ist, seinen entgangenen Gewinn in diesen Fällen zu realisieren (BGH NJW 2009, 2674). Unabhängig bleibt natürlich der Anspruch wegen Verzug, der sich aus §§ 286, 280 Abs 2 BGB ableitet (BeckOK BGB/*Faust* BGB § 437 Rn 68ff).

c) **Umstritten** ist die Antwort auf die Frage, ob der Lieferant bei Lieferung einer mangelhaften Gattungssache ohne Rücksicht auf ein Verschulden auf den Ersatz des entstandenen Schadens nach § 437 Nr 3 BGB haftet. Die Antwort hängt davon ab, wie die Norm des § 243 Abs 1 BGB bewertet wird, dh ob sie auch in Bezug auf die Verpflichtung des Verkäufers, mängelfrei zu liefern, fruchtbar gemacht wird (vgl *Canaris* DB 2001, 1815). Danach ist der Lieferant verpflichtet, eine Sache mittlerer Art und Güte zu liefern, was in § 276 Abs 1 BGB insoweit seinen Niederschlag gefunden hat, als der Lieferant bei Lieferung einer Gattungsschuld ein „Beschaffungsrisiko" übernimmt (hierzu Palandt/*Grüneberg* BGB § 276 Rn 30 ff für den Regelfall verneinend; vgl auch *Canaris* DB 2001, 1815). Wie weit allerdings das insoweit übernommene Risiko reicht, ist immer durch Auslegung der betreffenden Vereinbarung festzustellen (MüKoBGB/*Grundmann* BGB § 276 Rn 179). Bezieht man danach die Übernahme eines „Beschaffungsrisikos" auch auf den Tatbestand der mangelfreien Lieferung nach § 433 Abs 1 S. 2 BGB, dann spricht vieles dafür, von einer verschuldensunabhängigen Haftung auf Schadensersatz in diesen Fällen auszugehen (vgl auch *Graf von Westphalen* ZIP 2002, 545 (549 f)). Bevorzugt man jedoch – entsprechend der hM – die Ansicht, dass sich die Pflicht zur „Beschaffung" eben nur auf die Lieferung als solche bezieht (Palandt/*Grüneberg* BGB § 276 Rn 32 mwN), dann steht dem Besteller immer dann ein Anspruch auf Ersatz des Verzugsschaden nach § 280 Abs 2 BGB zu, wenn er nicht rechtzeitig liefert (Palandt/*Weidenkaff* BGB § 437 Rn 36; BeckOK BGB/*Faust* BGB § 437 Rn 70; Dauner-Lieb/Langen/Büdenbender § 437 Rn 77). Ein Anspruch aus der Mängelhaftung scheidet dann aus (Saarbrücken NJW-RR 12, 285, 286 – allerdings Kfz-Nutzungsausfall).

Unter den Voraussetzungen von § 281 BGB steht dem Kunden im Fall der Mangelhaftigkeit der Lieferung auch der Anspruch auf Ersatz des Schadens statt der Leistung zu (im einzelnen BeckOK BGB/*Faust* BGB § 437 Rn 86 ff). Dabei ist zu differenzieren, ob der Lieferant deswegen schadensersatzpflichtig werden soll, weil er nicht mangelfrei geliefert hat oder ob er eine sich aus § 241 Abs 2 BGB ergebende leistungsbezogene Nebenpflicht verletzt hat (hierzu auch BeckOK BGB/*Faust* BGB § 437 Rn 62ff) .

11. Die **Verlängerung** der in § 438 BGB angesprochenen Verjährungsfrist auf drei Jahre ist regelmäßig mit BGB § 307 Abs 2 Nr 1 vereinbar (BGH NJW 2006, 47; vgl BGH ZIP 1990, 237 (239)). Bei der formularmäßigen Regelung der Verjährungsfrist ist stets die **besondere Vertragssituation** im Auge zu behalten, in der sich der Kunde – im Spannungsverhältnis zwischen Lieferant und seinem Kunden – befindet (Vertragsrecht und AGB-Klauselwerke/*Graf von Westphalen,* Einkaufsbedingungen Rn 52 ff). Doch erscheint es wenig plausibel, die Frist über die Dauer von 36 Monaten hinaus zu verlängern. Dafür bedürfte es belastbare Gründe, die wegen der generell-abstrakten Auslegung und Inhaltskontrolle in praktisch allen Fällen anzuerkennen sind; das dürfet nur sehr selten zutreffen.

Ob ein Neubeginn der Verjährungsfrist nach § 438 BGB dann eingreift, wenn der Lieferant wegen der Mangelhaftigkeit die Sache nach § 439 Abs 4 BGB zurückgenommen und auch den Fehler im Sinn des § 212 Abs 1 Nr 1 BGB anerkannt hat, ist strittig, aber regelmäßig zu verneinen (LG Hamburg ZGS 2004, 110 (112) – ohne Abstellen auf § 212 Abs 1 Nr 1 BGB). Für die einfache Mangelbeseitigung ist eine entsprechende Klausel daher auch nach § 307 Abs. 2 Nr 1 BGB unwirksam (BGH NJW 2006, 47). Es wird – wohl ausschließlich auf der Ebene des Individualvertrages – wohl entscheidend darauf ankommen, ob tatsächlich ein Anerkenntnis des Mangels durch den Lieferanten im Einzelfall nach § 212 Abs 1 Nr 1 BGB vorliegt (vgl Palandt/*Ellenberger* BGB § 212 Rn 3). So gesehen kommt es nämlich auf das Bewusstsein an, dass tatsächlich ein Anspruch besteht, der auch zu erfüllen ist (BGH NJW-RR 2005, 1044 (1047)). Auf entsprechende Klauseln sollte verzichtet werden.

12. Eine auf die Risiken der Produkthaftung abzielende Klausel empfiehlt sich. Soweit Ansprüche aus § 4 ProdHaftG geltend gemacht werden, ist allemal der Hersteller des Gesamtprodukts dem geschädigten Dritten gegenüber verantwortlich. Für den Innenregress gilt dann letztlich das Maß der Mitverursachung. Im Rahmen der Produzentenhaftung nach § 823 BGB ist es im Übrigen auch seit langem anerkannt, dass der Hersteller berechtigt ist, die Verkehrssicherungspflichten auf den Zulieferanten zu delegieren (Foerste/Graf von Westphalen ProdHaft-HdB/*Weide*, 2012, § 25 Rn 38 ff). Da die Klausel hier darauf abstellt, dass im Ergebnis der Zulieferant „im Außenverhältnis" selbst haftet, ist sie nicht nach BGB § 307 Abs 1 S. 1 BGB zu beanstanden. Zu den Sonderproblemen von Qualitätssicherungsvereinbarungen (im Einzelnen , in Foerste/Graf von Westphalen/*Kreifels*/ProdHaft-HdB/*Weide*, 2012, § 25 Rn. 58 ff; *Popp*, Qualitätssicherungsvereinbarungen, 1992; *Steinmann*, Qualitätssicherungsvereinbarungen zwischen Endproduktherstellern und Zulieferern, 1993; *Hollmann* PHI 1989, 146; *Klaue* ZIP 1989, 1313; *Quittnat* BB 1989, 571; *Schmidt* NJW 1991, 144; *Teichler* BB 1991, 428; Graf von Westphalen CR 1990, 567; *Sina* MDR 1994, 332; Grunewald NJW 1995, 1777.

13. Dass der Zulieferant deliktsrechtlich verantwortlich ist, steht fest (BGH NJW 1968, 247 „Schubstrebe"; BGH VersR 1972, 559 (560) – „Förderkorb"; BGH NJW-RR 1990, 407 -„Expander"). Ob er aber auch deliktsrechtlich im Rahmen der Produktbeobachtung für einen Rückruf verantwortlich ist, ist umstritten, aber im Ergebnis zu bejahen (Foerste/Graf v. Westphalen/ProdHaft-HdB/*Foerste* § 25 Rn 104). Soweit der Hersteller für den Zulieferanten den Rückruf durchführt (vgl die Restriktionen in BGH NJW 2009, 1080 „Betten"), stehen ihm Ansprüche aus §§ 670, 683 BGB auf Ersatz der erforderlichen Aufwendungen zu (BGH ZIP 1994, 213; *Steinmann* 90; Foerste/Graf v. Westphalen/ProdHaft-HdB/*Foerste*, 2012, § 42 Rn 80 f). Ist der Hersteller neben dem Zulieferanten für den Fehler deliktsrechtlich verantwortlich, dann besteht eine gesamtschuldnerische Nebenhaftung nach den §§ 830, 840 BGB. Der Innenausgleich vollzieht sich dann nach § 426 BGB.

14. Im Rahmen der Delegation deliktsrechtlicher Pflichten ist es weitgehend anerkannt, dass der Hersteller verpflichtet ist, im Rahmen einer sog Liquiditätsgarantie dafür zu sorgen, dass der Zulieferant über einen ausreichenden Versicherungsschutz verfügt, um in der Lage zu sein, die berechtigten Ansprüche der geschädigten Dritten auszugleichen. Möglicherweise könnte es sich empfehlen, die Deckungssummen auf Grund des jeweiligen Risikos zu erhöhen. Ausreichend, aber auch erforderlich ist regelmäßig eine Deckungssumme von EUR 10.000.000,00 Mio/Schadensereignis. Für solche Abreden eignen sich jedoch Einkaufs-AGB regelmäßig nicht. Solche Abreden gehören in der Regel in Qualitätssicherungsvereinbarungen (→ Anm. 12; *RWH/Laschet,* HGB „Qualitätssicherung" Rn 91 f).

14 a. Nach der Rechtsprechung des BGH ist in diesen Fällen eine vom Verschulden losgelöste Klausel nach BGB § 307 Abs 2 Nr 1 BGB unwirksam (BGH NJW 2018, 291 – Mehraufwand; NJW 2006, 47 – Rechteverletzung). Die auf dem Schuldprinzip aufbauende Schadensersatzhaftung ist ein Grundbaustein des deutschen Haftungsrechts im Sinn des § 307 Abs 2 Nr 1 BGB (BGH NJW 2018, 291 (293)). Dabei ist auch zu bedenken, dass der Vorlieferant – und damit auch der Hersteller – grundsätzlich nicht als Erfüllungsgehilfe des Lieferanten nach § 278 BGB im Rahmen der Mängelhaftung des Lieferanten einzuordnen sind (BGH NJW 2018, 291 (293); NJW 2015, 2244; NJW 2014, 2183 (2185)).

15. Auch im Rahmen einer solchen Freistellungsverpflichtung gelten die Grundsätze der §§ 670, 683 BGB. Gleichzeitig ist darauf hinzuweisen, dass Haftungsgrundlage die Schadensersatzhaftung nach den §§ 434, 440 BGB ist. Beide Ansprüche können sich in der Praxis überlappen.

16. Hierzu → Form. I.J.1 Anm. 25.

17. Diese Regelung kann nach § 307 Abs 1 S. 1 BGB dann problematisch sein, wenn Gestehungskosten amortisiert sind und kein schützenswertes Know-how, welches dem Werkzeug zugrunde liegt, vorhanden ist. Denn dann wird die Eigentümerposition des Lieferanten tangiert.

18. Diese Einschränkung ist im Blick auf § 307 Abs 1 S. 1 BGB wichtig, weil sonst eine unangemessene Bindung folgt. Man kann auch erwägen, die Klausel dahin zu erweitern, dass beide Parteien in gleicher Weise zur Geheimhaltung verpflichtet sind.

19. Hierzu → Form. I.J.1 Anm. 29.

4. Patent- und Know-how-Lizenzvertrag[1]

zwischen der XY-GmbH . . . . .

in Z-Stadt . . . . .

(nachstehend „Lizenzgeber" genannt)

und

der Z-AG . . . . .

in W-Stadt . . . . .

(nachstehend „Lizenznehmer" genannt)

Präambel

Der Lizenzgeber ist alleiniger Inhaber der Rechte an den in Anlage 1 im Einzelnen bezeichneten Patenten bzw. Patentanmeldungen (die „Patente" oder „Vertragsschutzrechte"), sowie der hierin beschriebenen Erfindung(en) (die „Erfindung"); zudem ist der Lizenzgeber Inhaber von Know-how, welches zur Nutzung der Patente, insbesondere zur Herstellung patentgemäßer Erzeugnisse, notwendig oder nützlich ist und in Anlage 2 näher beschrieben ist (das „Know-how") (Patente, Erfindung und Know-how zusammen der „Lizenzgegenstand").[2]

Der Lizenznehmer ist daran interessiert, den Lizenzgegenstand zu nutzen für die Herstellung, den Gebrauch und Vertrieb von Lizenzgegenständen in den in diesem Vertrag bezeichneten Gebieten.

Die Parteien sind sich darüber einig, einen Lizenzvertrag vereinbaren zu wollen, nicht lediglich eine schuldrechtliche Gestattung oder Einwilligung in die Nutzung des Lizenzgegenstandes.[3]

Dies vorausgeschickt, vereinbaren die Parteien folgendes:

§ 1 Lizenzeinräumung[4]

(1) Der Lizenzgeber gewährt dem Lizenznehmer eine ausschließliche Lizenz[5] am Lizenzgegenstand im in § 3 genannten Vertragsgebiet. Er wird die unter die Lizenz fallenden Gegenstände und Verfahren („Lizenzprodukte") im Vertragsgebiet nicht selbst herstellen, gebrauchen oder sonst nutzen, behält sich jedoch das nicht ausschließliche Recht vor, das Know-how innerbetrieblich weiter zu verwenden.

(2) Die Lizenz umfasst alle Nutzungsarten und erstreckt sich auf den gesamten Anwendungsbereich der Patente und Erfindungen. Die Nutzung des Know-how ist im Anwendungsbereich der Patente und Erfindungen gestattet.

§ 2 Verbesserungen und Weiterentwicklungen[6]

(1) „Verbesserungen und Weiterentwicklungen" sind technische und technologische Veränderungen, die das Lizenzerzeugnis bzw. seine Herstellung günstiger gestalten, ohne dabei die technische und technologische Grundkonzeption wesentlich, dh im Sinne einer Neuentwicklung zu verändern.

(2) Die Lizenzgewährung nach § 1 umfasst auch künftige Verbesserungen und Weiterentwicklungen durch den Lizenzgeber. Der Lizenznehmer ist berechtigt, die Einbeziehung von Verbesserungen und Weiterentwicklungen in den Lizenzvertrag abzulehnen.

(3) An Verbesserungen und Weiterentwicklungen des Lizenznehmers wird dem Lizenzgeber hiermit ein nicht exklusives Nutzungsrecht mit dem Recht der Unterlizenzvergabe eingeräumt.

(4) Die Parteien unterrichten sich – vor einer Veröffentlichung – gegenseitig schriftlich über Verbesserungen und Weiterentwicklungen.

§ 3 Vertragsgebiet[7]

(1) Die Lizenz gilt für die folgenden Länder:[8] . . . . . („Vertragsgebiet").

(2) In anderen Gebieten darf der Lizenznehmer weder herstellen noch aktiv vermarkten oder vertreiben.

(3) Anfragen von Kunden aus anderen EU-Mitgliedsstaaten sowie aus Nicht-EU-Mitgliedsstaaten wird der Lizenznehmer unverzüglich an den Lizenzgeber weiterleiten, wenn sie aus einem der folgenden, dem Lizenzgeber vorbehaltenen, Gebiete stammen: .....

(4) Anfragen sonstiger Kunden wird der Lizenznehmer unverzüglich an den Lizenzgeber weiterleiten, wenn der Lizenznehmer sich nicht imstande sieht, Bestellung oder After-Sales-Service gegenüber dem Kunden in dem in dieser Vereinbarung festgelegten Umfang durchzuführen.

§ 4 Unterlizenzen[9]

(1) Der Lizenznehmer darf Unterlizenzen nur mit Zustimmung des Lizenzgebers vergeben. Sie darf nur versagt werden, wenn ein wichtiger Grund vorliegt. Ein wichtiger Grund liegt insbesondere aber nicht ausschließlich dann vor, wenn der Unterlizenzvertrag (i) nicht die Pflichten des Lizenznehmers mit Bezug auf den Lizenzgegenstand oder Lizenzprodukte auch dem Unterlizenznehmer auferlegt oder (ii) nicht seine automatische Beendigung im Falle der Beendigung dieses Lizenzvertrages vorsieht oder (iii) mit einem Wettbewerber des Lizenzgebers abgeschlossen werden soll.

(2) Der Lizenznehmer haftet für die Einhaltung der Bestimmungen des Lizenzvertrages durch seine Lizenznehmer.

§ 5 Übertragbarkeit der Lizenz

Die Übertragung der Lizenz, einzelner Rechte hieraus oder ihre Einbringung in ein mit dem Lizenznehmer unmittelbar oder mittelbar verbundenes Unternehmen bedarf der schriftlichen Zustimmung des Lizenzgebers.

§ 6 Eintragung der Lizenz

Der Lizenznehmer ist berechtigt, die Eintragung der Lizenz auf seine Kosten in die Patentrolle zu beantragen. Der Lizenzgeber verpflichtet sich, dem Lizenznehmer alle hierfür erforderlichen Vollmachten und Unterschriften zu erteilen, sowie notwendige Erklärungen abzugeben. Das gleiche gilt, soweit nach ausländischem Recht zusätzliche Erklärungen oder Handlungen notwendig sind, um dem Lizenznehmer die ungehinderte Nutzung der hierin eingeräumten Rechte zu ermöglichen.

§ 7 Übergabe des Know-how[10]

(1) Der Lizenzgeber übermittelt dem Lizenznehmer alle bei ihm vorhandenen technischen Dokumentationen bezüglich des Know-how innerhalb von 30 Tagen ab Vertragsschluss, jedoch nicht vor Zahlung des in § 12 vorgesehenen Entgeltes.

(2) Nach Ablauf des Lizenzvertrages sind sämtliche Verkörperungen des Know-how an den Lizenzgeber zurückzugeben; soweit Know-how auf IT-Systemen des Lizenznehmers gespeichert ist, ist dieses zu löschen.

§ 8 Technische Hilfe[11]

(1) Der Lizenzgeber wird dem Lizenznehmer alle zur Herstellung der Lizenzprodukte notwendigen Auskünfte erteilen und ihm, falls erforderlich, weitere technische Unterlagen zur Verfügung stellen.

(2) Der Lizenzgeber entsendet . . . . . qualifizierte Fachleute zur Anleitung des Lizenznehmers bei der Herstellung der Lizenzprodukte. Diese Unterweisung ist auf einen Zeitraum von . . . . . Mann/Monaten beschränkt.

§ 9 Gewährleistung, Haftung[12]

(1) Der Lizenzgeber versichert, dass er über den Lizenzgegenstand frei verfügen kann und dass dieser frei von Rechten Dritter ist, insbesondere Dritten noch keine Lizenzen am Lizenzgegenstand erteilt wurden.

(2) Der Lizenzgeber versichert, dass ihm kein den Patenten entgegenstehender Stand der Technik und keine Vorbenutzungsrechte oder Abhängigkeit des Lizenzgegenstandes von Schutzrechten Dritter bekannt sind.

(3) Der Lizenzgeber versichert, dass er keine Kenntnis von einer etwaigen Offenkundigkeit des Know-how hat und dass das Know-how für die Herstellung der Lizenzprodukte wesentlich ist. Im übrigen haftet der Lizenzgeber nur dafür, dass die hierzu übergebenen Unterlagen mit der Sorgfalt ordentlicher und verantwortungsbewusster Ingenieure und Techniker hergestellt sind und die Güte dieser Unterlagen durch praktische Erprobung festgestellt ist.

(4) Darüber hinaus haftet der Lizenzgeber nicht, insbesondere nicht für die Patentfähigkeit und Rechtsgültigkeit der Patente, deren kaufmännische Verwertbarkeit und/oder Fabrikationsreife, oder die mögliche Verletzung von Schutzrechten Dritter.

(5) Gegenüber Ansprüchen Dritter aus Produkthaftung stellt der Lizenznehmer den Lizenzgeber frei. Dasselbe gilt für Werbebehauptungen des Lizenznehmers über den Lizenzgegenstand oder Lizenzprodukte. Schadenersatzansprüche des Lizenznehmers gegenüber dem Lizenzgeber aufgrund derartiger Ansprüche Dritter sind ausgeschlossen.

§ 10 Lizenzgebühr[13]

(1) Der Lizenznehmer zahlt dem Lizenzgeber eine Lizenzgebühr in Höhe von . . . . . % von dem seinen Abnehmern für den Verkauf von Lizenzprodukten in Rechnung gestellten Nettoverkaufspreis. Nettoverkaufspreis ist der Rechnungsbetrag abzüglich Mehrwertsteuer, Fracht, Verpackung, Versicherung, Rabatte, soweit in der Rechnung gesondert ausgewiesen. Zahlungsausfälle mindern die Lizenzgebühr nicht.

(2) Schließt der Lizenznehmer mit einem im Sinne der §§ 15 ff AktG verbundenen Unternehmen einen Unterlizenzvertrag ab, gilt als lizenzpflichtiger Umsatz des Lizenznehmers der vom verbundenen Unternehmen erzielte lizenzpflichtige Umsatz (berechnet gemäß Nr. 1) abzüglich der lizenzpflichtigen Umsätze, die der Lizenznehmer mit dem verbundenen Unternehmen tätigt.

(3) Schließt der Lizenznehmer mit einem Dritten einen Unterlizenzvertrag ab, so erhält der Lizenzgeber . . . . . % der Unterlizenzgebühren, mindestens aber . . . . . % aus dem Umsatz (berechnet gemäß Nr. 1) des Unterlizenznehmers.

(4) Endet der Vertrag, gleich aus welchem Grund, vorzeitig, bleibt die Verpflichtung zur Zahlung bis zu diesem Zeitpunkt fälliger Lizenzgebühren unberührt.

§ 11 Mindestlizenzgebühr, Meistbegünstigung

(1) Die Höhe der insgesamt nach §§ 10 – 12 zu zahlenden Lizenzgebühren darf unabhängig vom tatsächlichen Absatz der Lizenzprodukte nicht niedriger sein als . . . . . EUR im

ersten Jahr, ... EUR im zweiten Jahr, ... EUR im dritten und den folgenden Jahren.[14]

(2) Falls der Lizenzgeber nach Abschluss dieses Vertrages einem anderen Lizenznehmer innerhalb der EU günstigere finanzielle Bedingungen einräumt, so ist er verpflichtet, diese in gleicher Weise auch dem Lizenznehmer zu gewähren.[15]

§ 12 Zahlung für Überlassung von Unterlagen und Informationen (Know-how)

Der Lizenznehmer ist verpflichtet, an den Lizenzgeber innerhalb von . . . . . Monaten nach Inkrafttreten des Vertrages ohne Anrechnung auf die Lizenzgebühr einen Betrag von EUR . . . . . auf dessen Konto . . . . . bei der . . . . . Bank zu zahlen.

§ 13 Abrechnung und Lizenzzahlung[16]

(1) Der Lizenznehmer hat über die Lizenzgebühr zum Ende jedes Kalendervierteljahres – erstmals zum . . . . . 2020 – abzurechnen. Er ist verpflichtet, innerhalb von 1 Monat nach jeder Abrechnungsperiode eine detaillierte Abrechnung vorzulegen, eine den Anforderungen des UStG genügende Rechnung auszustellen sowie die sich hieraus ergebenden Lizenzgebühren auf das in § 12 genannte Konto zu überweisen. Die Parteien vereinbaren insoweit die Ausstellung der umsatzsteuerlichen Rechnung für die geschuldeten Zahlungen durch den Lizenznehmer (Gutschrift iSd § 14 Abs. 2 UStG).

(2) Die Zahlung der Lizenzgebühr hat binnen eines Monats nach Ablauf der Abrechnungsperiode zu erfolgen.

(3) Sämtliche unter diesem Vertrag zu leistenden Zahlungen verstehen sich zuzügl. der jeweiligen gesetzlichen Umsatzsteuer.

§ 14 Buchführungspflicht, Einsichtsrecht[17]

(1) Der Lizenznehmer ist verpflichtet, über die Herstellung sowie den Vertrieb von Lizenzprodukten gesondert Buch zu führen. Die Buchführung muss mindestens erkennen lassen, in welche Länder/an welche Abnehmer geliefert wurde, welche Preise verlangt und gezahlt wurden, in welchem Umfang kostenlose oder verbilligte Muster und Proben zur Verfügung gestellt wurden und in welchem Umfang Retouren/Gutschriften erfolgten.

(2) Der Lizenzgeber ist jederzeit zu den üblichen Geschäftszeiten berechtigt, die Buchführung des Lizenznehmers über die Herstellung und den Vertrieb von Lizenzprodukten auf ihre Richtigkeit und ihre Übereinstimmung mit der allgemeinen Buchführung des Lizenznehmers durch einen vom Lizenzgeber zu bestimmenden Buchprüfer überprüfen zu lassen. Die Kosten der Prüfung trägt der Lizenznehmer, wenn die Überprüfung eine Abweichung von Abrechnungen zu Lasten des Lizenzgebers von mehr als 3 % oder EUR 5.000,00 ergibt, ansonsten der Lizenzgeber.

§ 15 Wegfall des Vertragsschutzrechts – Lizenzgebühren[18]

(1) Wird ein oder alle Vertragsschutzrecht(e) rechtskräftig für nichtig erklärt, so bleibt der vorliegende Vertrag gleichwohl bestehen. Der Lizenznehmer hat jedoch das Recht, binnen einer Frist von zwei Monaten seit Rechtskraft der Entscheidung über die Nichtigkeit des Vertragsschutzrechts den Vertrag unter Einhaltung einer Frist von 6 Monaten schriftlich zu kündigen, nach Wahl insgesamt oder für den Teil des Territoriums, auf den sich das vernichtete Vertragsschutzrecht bezieht. Entsprechendes gilt, soweit (i) das in Anlage 2 bezeichnete Know-how offenkundig wird, vorausgesetzt, das Offenkundigwerden ist

nicht vom Lizenznehmer zu vertreten oder (ii) eines der Vertragsschutzrechte abläuft, andere jedoch noch fortgelten.

(2) Bezahlte Lizenzgebühren können nicht zurück gefordert werden.

§ 16 Qualität der Lizenzprodukte, Kennzeichnungspflicht

(1) Der Lizenznehmer ist verpflichtet, die Lizenzprodukte mindestens in der in Anlage 3 spezifizierten Qualität herzustellen.[19]

(2) Der Lizenznehmer ist verpflichtet, die Lizenzprodukte dauerhaft lesbar mit fortlaufenden Nummern und dem deutlich sichtbaren Hinweis: „Hergestellt unter Lizenz [*Firma des Lizenzgebers*]" zu versehen. Der Lizenznehmer ist berechtigt, seine Firma und/oder eigene Kennzeichen auf den Lizenzprodukten anzubringen, soweit hierdurch keine Verwechslung mit Kennzeichen des Lizenzgebers hervorgerufen wird.[20]

(3) Der Lizenzgeber ist berechtigt, die Einhaltung dieser Verpflichtungen durch eigenes Fachpersonal zu überwachen: Der Lizenznehmer ist verpflichtet, dem Fachpersonal des Lizenzgebers während der üblichen Betriebszeiten ungehindert Zugang zu seinen Fertigungsstätten zu gewähren und ihn bei der Prüfung unentgeltlich zu unterstützen.

(4) Der Lizenzgeber kann die Auslieferung von Lizenzprodukten geringer Qualität untersagen.

(5) Der Lizenznehmer verpflichtet sich zudem, zur Sicherstellung von Qualität und Kundenzufriedenheit einen marktüblichen After-Sales-Service, einschließlich Kundenhotline in der Landessprache des Kunden, vorzuhalten.

§ 17 Ausübungspflicht, Bezugspflicht[21]

(1) Der Lizenznehmer verpflichtet sich, bis zu folgenden Zeitpunkten mindestens folgende Entwicklungsschritte zu erzielen:

- Bis zum . . . . .: [erster Prototyp eines Lizenzproduktes]
- Bis zum . . . . .: [Vorliegen sämtlicher für die Vermarktung notwendiger Erlaubnisse und Genehmigungen]
- Bis zum . . . . .: [Aufnahme der Serienproduktion]
- Bis zum . . . . .: [erstmaliger Verkauf von Lizenzprodukten an nicht konzernverbundene Dritte]

(2) Der Lizenznehmer ist verpflichtet, vom Lizenzgeber nach den in Anlage 4 beigefügten Lieferbedingungen folgende zur Herstellung der Lizenzprodukte notwendigen Vorprodukte zu beziehen: [*Produkte und Notwendigkeit im Einzelnen spezifizieren*].

§ 18 Wettbewerbsverbot[22]

(1) Der Lizenznehmer ist nicht befugt, das ihm im Zusammenhang mit dem lizenzierten Know-how bekanntgewordene Wissen für die Entwicklung, Herstellung, den Gebrauch und/oder Vertrieb von Konkurrenzprodukten zu den Lizenzprodukten zu verwenden.

(2) Der Lizenznehmer wird während der Laufzeit dieses Vertrages keine Technologien Dritter verwenden zur Entwicklung, Herstellung, zum Gebrauch und/oder Vertrieb von Produkten oder Leistungen, soweit diese Technologien mit den hierunter lizenzierten Schutzrechten in Wettbewerb stehen. Die Verwendung und Verwertung eigener Technologien des Lizenznehmers bleibt hiervon unberührt.

§ 19 Geheimhaltung[23]

(1) Der Lizenznehmer ist verpflichtet, alle Informationen streng vertraulich zu behandeln, welche in dem ihm in Durchführung dieses Vertrages übergebenen bzw zugänglich gemachten Know-how enthalten sind. Er wird diese Informationen in demselben Umfang schützen, wie er gleichartiges eigenes Know-how schützt, mindestens jedoch die in Anlage 3 aufgeführten Sicherheitsmaßnahmen vorsehen.
Der Lizenznehmer wird die Informationen ausschließlich zu den Zwecken dieses Vertrages nutzen.

(2) Die Geheimhaltungs- und Nichtnutzungspflicht gilt über die Beendigung dieses Vertragsverhältnisses hinaus fort. Sie endet, wenn die Informationen offenkundig geworden sind, außer das Offenkundigwerden ist vom Lizenznehmer veranlasst worden.

(3) Ausgenommen von der Geheimhaltungspflicht sind Informationen, die

a. zum Stand der Technik gehören oder allgemein der Öffentlichkeit bekannt sind oder werden, ohne dass dies vom Lizenznehmer zu vertreten ist,
b. der Lizenznehmer von Dritten erhält, die nicht zur Geheimhaltung verpflichtet sind,
c. der Lizenznehmer im Zeitpunkt der Offenbarung bereits inhaltsgleich besaß,
d. der Lizenznehmer im Rahmen eines gerichtlichen oder behördlichen Verfahrens oder aufgrund einer gesetzlichen Vorschrift offenbaren muss, soweit der Lizenznehmer den Lizenzgeber unverzüglich über diese Pflicht zur Offenbarung schriftlich in Kenntnis setzt und jedwede Unterstützung zukommen lässt, die zum Schutz der betroffenen Informationen erforderlich ist.

(4) Eine Weitergabe der Informationen an Mitarbeiter ist nur zulässig, soweit (i) der betreffende Mitarbeiter Kenntnis von den Informationen benötigt, damit der Lizenznehmer diesen Vertrag ausführen und die ihm hierunter eingeräumten Rechte nutzen kann, (ii) Geheimhaltungs- und Nichtnutzungsverpflichtungen in mindestens dem hier geregelten Umfang unterliegt und (iii) vom Lizenznehmer schriftlich auf die Geheimhaltungsbedürftigkeit des Know-how hingewiesen wurde. Eine Weitergabe an sonstige Dritte bedarf der vorherigen schriftlichen Zustimmung des Lizenzgebers. Der Lizenznehmer haftet für sämtliche Verstöße Dritter gegen diesen § 21, denen er Know-how offenbart hat.

(5) Der Lizenznehmer stellt dem Lizenzgeber auf Verlangen schriftliche Unterlagen (Geheimhaltungsvereinbarungen, betriebliche Vorgaben zur Sicherstellung der Geheimhaltung) zur Verfügung, die die Einhaltung der Vorgaben dieses § 19 belegen.

§ 20 Nichtangriffsverpflichtung[24]

Der Lizenzgeber ist berechtigt, den Lizenzvertrag fristlos aus wichtigem Grund zu kündigen, wenn der Lizenznehmer den Lizenzgegenstand entweder selbst angreift oder durch Dritte angreifen lässt oder Dritte beim Angriff in irgendeiner Form unterstützt.

§ 21 Aufrechterhaltung, Verteidigung der Vertragsschutzrechte[25]

(1) Der Lizenzgeber betreibt die Anmeldung, Eintragung, Verteidigung und Durchsetzung der Patente nach Maßgabe der nachfolgenden Bestimmungen. Die Kosten hierfür trägt der Lizenzgeber, soweit nicht im Folgenden Abweichendes bestimmt ist.

(2) Die Vertragspartner werden einander unverzüglich über ihnen bekannt werdende Verletzungen der Patente und des Know-how im Vertragsgebiet unterrichten und sich bei deren Bekämpfung in jeder erforderlichen Weise unterstützen.

(3) Die Patente meldet der Lizenzgeber in den in Anlage 1 genannten Ländern an und hält sie dort während der Vertragslaufzeit aufrecht. Wünscht der Lizenznehmer Schutz in weiteren Ländern, teilt er dies dem Lizenzgeber rechtzeitig mit; für derartige Länder trägt der Lizenznehmer die Kosten der Anmeldung und Aufrechterhaltung. Will der Lizenzgeber ein Recht in einem der in Anlage 1 genannten Länder aufgeben, bietet er dieses Patent dem Lizenznehmer zur kostenlosen Übernahme an. Übernimmt der Lizenznehmer das Patent, trägt er die Kosten hinfort selbst; die gemäß § 10 zu zahlende Lizenzgebühr für Umsätze in diesen Ländern verringert sich um [50 %].

(4) Im Verletzungsfalle ist zunächst der Lizenzgeber berechtigt, binnen 90 Tagen zu entscheiden, ob er gegen den Verletzer vorgehen will. Entscheidet er sich gegen die Einleitung eines Verfahrens oder setzt er dieses nicht mehr fort, gibt er dem Lizenznehmer Gelegenheit, gegen den Verletzer vorzugehen. Die Kosten des Verfahrens – einschließlich der etwaigen Kosten eines vom Verletzer auf seine Inanspruchnahme hin initiierten Nichtigkeitsverfahren gegen Vertragsschutzrechte – trägt die Partei, die das Verfahren führt. Die Erlöse des Verfahrens dienen zunächst der Deckung der Verfahrenskosten, die verbleibenden Erlöse (i) stehen dem Lizenzgeber zu, wenn dieser das Verfahren führt, (ii) werden zwischen den Parteien hälftig aufgeteilt, wenn der Lizenznehmer das Verfahren führt.

(5) Die Abgabe von Anerkenntnissen und der Abschluss von Vergleichen, die sich auf den Schutzumfang der Vertragsschutzrechte oder des Know-how beziehen oder auswirken, bedarf immer der Zustimmung des Lizenzgebers.

§ 22 Verpflichtungen bei Ansprüchen Dritter[26]

Wird der Lizenznehmer infolge der Benutzung des Lizenzgegenstandes wegen Schutzrechtsverletzung angegriffen, hat er den Lizenzgeber hiervon unverzüglich zu unterrichten und ihm die Möglichkeit zu geben, sich an einem eventuellen Rechtsstreit zu beteiligen. Alle gerichtlichen und außergerichtlichen Kosten sowie Schadensersatzleistungen trägt der Lizenznehmer, soweit nicht der Lizenzgeber gemäß § 9 haftet und ihm die Verteidigung gegen den Dritten überlassen ist.

§ 23 Laufzeit des Vertrages

(1) Der Vertrag tritt mit Unterzeichnung und Erteilung aller für seine Wirksamkeit erforderlichen Genehmigungen und Eintragungen in Kraft.[27]

(2) Der Vertrag endet mit (i) dem Auslaufen des längstlaufenden Patentes bzw. (ii) mit dem Offenkundig- oder Unwesentlichwerden des Know-how,[28] je nachdem was später eintritt.

§ 24 Kündigung

(1) Dem Lizenznehmer steht das Recht zu, den Vertrag mit einer Kündigungsfrist von 6 Monaten zum Quartalsende ordentlich zu kündigen, frühestens jedoch mit Wirkung zum . . . . . .[29]

(2) Werden die Lizenzgebühren nach §§ 10 – 12 ganz oder teilweise nicht gezahlt oder das Lizenzrecht nicht mindestens in dem in § 17 (1) vereinbarten Umfang ausgeübt, so kann der Lizenzgeber nach vorheriger Nachfristsetzung von einem Monat wahlweise (i) den Vertrag insgesamt aus wichtigem Grund kündigen oder (ii) die Lizenz in eine nicht exklusive Lizenz wandeln oder (iii) den Vertrag bezogen auf einzelne Länder des Vertragsgebietes kündigen.[30]

(3) Das Recht auf fristlose Kündigung des Vertrages aus wichtigem Grund bleibt unberührt.

§ 25 Nachvertragliche Pflichten des Lizenznehmers

(1) Nach Beendigung des Vertrages ist dem Lizenznehmer die weitere Nutzung des Lizenzgegenstandes nicht mehr gestattet.

(2) Der Lizenznehmer ist auf Aufforderung des Lizenzgebers verpflichtet, dem Lizenzgeber unverzüglich etwa für Herstellung und/oder Vertrieb von Lizenzprodukten notwendige oder zu Gunsten des Lizenznehmers bestehende Genehmigungen, Zulassungen, Lizenzen und Kennzeichen zu übertragen, um dem Lizenzgeber den Vertrieb der Lizenzprodukte nach Vertragsende zu ermöglichen. Endet der Vertrag aufgrund Kündigung seitens des Lizenzgebers wegen Pflichtverletzungen des Lizenznehmers oder aus wichtigem Grund, steht dem Lizenznehmer für die Übertragung keine Vergütung oder Entschädigung zu. Ansonsten kann der Lizenznehmer eine angemessene Entschädigung für die Übertragung der Rechte verlangen. Können die Parteien hierüber nicht binnen zwei Monaten ab Aufforderung seitens des Lizenzgebers eine Einigung erzielen, trifft der Lizenzgeber die Bestimmung nach billigem Ermessen. Der Lizenznehmer kann die Billigkeit der Bestimmung gemäß § 315 Abs. 3 BGB gerichtlich überprüfen lassen.[31]

§ 26 Teilnichtigkeit

Sind oder werden einzelne Bestimmungen dieses Vertrages unwirksam oder nichtig, so bleibt der Vertrag im übrigen wirksam. An die Stelle der unwirksamen oder nichtigen Bestimmung tritt eine solche Regelung, die die Parteien nach Treu und Glauben zulässigerweise getroffen hätten, wenn ihnen die Nichtigkeit bekannt gewesen wäre. Über eine solche Ersatzregelung haben sich die Parteien innerhalb einer Frist von einem Monat, gerechnet ab Feststellung der Nichtigkeit oder Unwirksamkeit, unter Beachtung des Gebots von Treu und Glauben zu verständigen. Gleiches gilt, sofern eine Regelungslücke festgestellt wird. An die Stelle einer unwirksamen Fristbestimmung tritt die gesetzliche Frist.

§ 27 Gerichtsstand

Für alle Streitigkeiten aus oder im Zusammenhang mit diesem Vertrag wird die ausschließliche Zuständigkeit des für den Sitz des Lizenzgebers zuständigen Gerichts vereinbart.

§ 28 Anzuwendendes Recht

Auf das Vertragsverhältnis findet ausschließlich deutsches Recht unter Ausschluss der Bestimmungen des internationalen Privatrechts Anwendung.

. . . . .	. . . . .
Ort und Datum	Unterschrift des Lizenzgebers
. . . . .	. . . . .
Ort und Datum	Unterschrift des Lizenznehmers

Anlage 1 – Patente/Vertragsschutzrechte

Anlage 2 – Know-how

Anlage 3 – Besondere Vorgaben zur Geheimhaltung

Schrifttum: *Bartenbach,* Patentlizenz- und Know-how-Vertrag, 7. Aufl. 2013; *Benkard,* Patentgesetz, 11. Aufl. 2015; *Brandi-Dohrn* in Röhricht/Graf von Westphalen/Haas, HGB, 5. Aufl. 2019 – Lizenzverträge; *Brandi-Dohrn* in Kronke/Melis/Kuhn, Handbuch Internationales Wirtschaftsrecht, 2. Aufl. 2017 – Teil F: Handel mit Geistigem Eigentum; *Eichmann/Jestaedt/Fink/Meiser,* Designgesetz, Gemeinschaftsgeschmacksmusterverordnung, 6. Aufl. 2019; *Foerste/Graf von Westphalen,* Produkthaftungshandbuch, 3. Aufl. 2012; *Groß,* Der Lizenzvertrag, 12. Aufl. 2020; *Henn/Pahlow,* Patentvertragsrecht, 6. Aufl. 2017; *Kraßer/Ann,* Patentrecht, 7. Aufl. 2016; *Pfaff/Osterrieth,* Lizenzverträge, 4. Aufl. 2018; *Schulte,* Patentgesetz mit EPÜ, 10. Aufl. 2017; *Ulmer-Eilfort/Schmoll,* Technologietransfer, 2. Aufl. 2016.

Anmerkungen

1. Allgemein zur Verwendung des Formulars

(a) (**Vertragstypologie**) Der Patentlizenzvertrag ist ein **Dauerschuldverhältnis,** auf welches – mangels entgegenstehender vertraglicher Vereinbarungen – oft die pachtrechtlichen Bestimmungen gem. §§ 581, 535 ff BGB Anwendung finden (*Groß* Rn. 23 f.). Er ist jedoch im Ergebnis – abhängig vom Inhalt der Parteivereinbarung – ein Vertrag eigener Art (*Bartenbach* Rn. 61 ff; *Brandi-Dohrn* in Röhricht/Graf v. Westphalen/Haas, HGB, Lizenzverträge Rn. 9). Diese Sicht wird auch von der Judikatur vertreten (RGZ 142, 212; BGH GRUR 1970, 547 – *Kleinfilter*; BGH GRUR 1979, 768 – *Mineralwolle*), was eine gewisse Rechtsunsicherheit einschließt und dazu führt, dass im Lizenzwesen alle relevanten Aspekte unmittelbar vertraglich geregelt werden sollten.

(b) (**Verwendung für andere Schutzrechte**) Wenngleich die verschiedenen in Deutschland geltenden Schutzrechte einheitlich als „Geistiges Eigentum" bezeichnet werden, bestehen zwischen ihnen erhebliche Unterschiede, die in der Formulierung eines Lizenzvertrages abgebildet werden müssen. Dies gilt insbesondere im Hinblick auf (i) die unterschiedlichen dem Schutzrechtsinhaber zustehenden Nutzungs- und Verbietungsrechte, (ii) die Grenzen der Erschöpfung, (iii) die Laufzeit der Schutzrechte und die Anforderungen an die Nutzung während der Laufzeit, sowie (iv) die Abgrenzung zwischen lediglich schuldrechtlich wirkenden Beschränkungen der Nutzungsbefugnisse und solchen, die zugleich eine Verletzung des Schutzrechtes darstellen (sog. „dingliche" Beschränkungen). Vor diesem Hintergrund gilt das Muster nicht für andere Schutzrechte wie etwa urheberrechtliche Lizenzen (hierzu zB *Berger/Wündisch,* Urhebervertragsrecht, 2. Aufl. 2015), Kennzeichenlizenzen (hierzu zB → Form. V.11 Markenlizenzvertrag in Beck'sche Formularsammlung zum Gewerblichen Rechtsschutz und Urheberrecht, 5. Aufl. 2015), Designlizenzen (hierzu *Eichmann/Jestaedt* in Eichmann/Jestaedt/Fink/Meiser, Designgesetz, Gemeinschaftsgeschmacksmusterverordnung, 6. Aufl. 2019, DesignG § 31, oder Sortenschutzlizenzen (hierzu *Metzger/Zech,* Sortenschutzrecht, München 2016; *Brandi-Dohrn* in Röhricht/Graf v. Westphalen/Haas, HGB, Lizenzverträge Rn. 133 ff).

(c) (**Verwendung im internationalen Verkehr**) Das Formular geht davon aus, dass Lizenzgeber und Lizenznehmer (i) keine konzernverbundenen Unternehmen sind und (ii) beide im Inland ihren Sitz haben (bzw voll steuerpflichtig sind). Soll das Formular Lizenzbedingungen innerhalb konzernverbundener Unternehmen abbilden oder eine der Parteien im Ausland ansässig sein, ist eine steuerliche Beratung dringend anzuraten, insbesondere (a) für Konzernunternehmen zu den Auswirkungen des OECD-BEPS-Aktionsplans (https://www.oecd.org/ctp/beps-actions.htm) und (b) für internationale Sachverhalte zu den einschlägigen DBAs und Quellensteuerregelungen (hierzu *Brandi-Dohrn* in Kronke/Melis/Kuhn, Teil F, Rn. 292 ff.).

(d) (**Formvorschriften**) Im Allgemeinen bedarf die Patentlizenz zivilrechtlich keiner besonderen Form. Folgende Einschränkungen lassen ein schriftliches Abfassen des Lizenzvertrages jedoch dringend angeraten sein: (i) Nach neuerer Rechtsprechung ist die „echte" Lizenz von der bloß schuldrechtlichen Gestattung abzugrenzen (hierzu im

Einzelnen → Anm. 3); erstere setzt jedoch zumindest eine schriftliche „Dokumentation“ des Willens zur Lizenzierung voraus. (ii) Ausschließlichkeitsklauseln nach Art. 1 Abs. 1 lit. i iii GVO-TT sind in Know-how-Lizenzverträgen nur freigestellt, wenn das Know-how überprüfbar identifiziert, in aller Regel also schriftlich festgehalten ist. (iii) In vielen Ländern werden Lizenzen an Schutzrechten nur anerkannt, wenn sie besonderen Formvorschriften genügen und/oder im jeweiligen Patentregister eingetragen sind; in anderen Ländern sind derartige Vorschriften Voraussetzung dafür, dass der Lizenznehmer gegen Verletzer aus eigenem Recht vorgehen kann. Verweist Anlage 1 also auf ausländische Schutzrechtsanteile, sollte dort Rechtsrat über evtl zu berücksichtigende Formanforderungen eingeholt werden. Das Muster verpflichtet den Lizenzgeber in § 6, bei Bedarf die notwendigen ergänzenden Erklärungen etc abzugeben.

(e) (**Deutsches und EU-Kartellrecht**) Aufgrund des durch die Europäische Kartellverordnung (VO 1/2003 – EU-KartellVO) vom 16.12.2002 statuierten Vorrangs des EU-Kartellrechts hat der deutsche Gesetzgeber den sachlichen Anwendungsbereich des § 1 GWB dem des Art. 101 Abs. 1 AEUV angeglichen (mit Ausnahme des Bezugs zum „innerstaatlichen Handel“). Für die kartellrechtliche Prüfung ist daher in der Praxis maßgeblich, ob der Lizenzvertrag nach den Vorgaben des EU-Kartellrechts wirksam und zulässig ist – national strengeres Recht einzelner EU-Mitgliedsstaaten ist dann nicht mehr zu befürchten.

(i) Wenngleich das Patentrecht als Immaterialgüterrecht und **absolutes Recht** dem Inhaber ein gesetzlich zulässiges Monopol einräumt, sind sämtliche Verträge über solche absoluten Rechte – mithin auch der vorliegende Patentlizenzvertrag – immer an den Vorgaben der § 1 GWB/Art. 101 AEUV zu messen, die wettbewerbsbeschränkende Abreden zwischen Unternehmen untersagen (zu weiteren Anforderungen des Kartellrechts an Lizenzverträge im Zusammenhang mit der Missbrauchsaufsicht, der Fusionskontrolle und bei standardessentiellen Patenten *Brandi-Dohrn* in Röhricht/Graf von Westphalen/Haas, HGB, Lizenzverträge Rn. 47 ff). Ob ein Patentlizenzvertrag wettbewerbsbeschränkend ist, muss stets im konkreten Zusammenhang geprüft werden, in dem Wettbewerb stattfinden würde, wenn die Vereinbarung mit ihren mutmaßlichen Beschränkungen nicht bestünde. Auswirkungen kann die Vereinbarung sowohl auf den Technologiewettbewerb (also den Wettbewerb mit anderen Technologien, die einen Bedarf des Marktes mit einer alternativen Lösung befriedigen) haben, wie auch auf den technologieinternen Wettbewerb (also den zwischen Unternehmen, die dieselbe Technologie einsetzen). Dabei ist den potenziellen wie den tatsächlichen Auswirkungen einer Wettbewerbsbeschränkung gleichermaßen Rechnung zu tragen – es sind also nicht nur schon vorhandene Wettbewerber zu berücksichtigen sondern zusätzlich solche, die ohne unverhältnismäßige Investitionen in den Markt eintreten würden.

Wettbewerbsbeschränkende Abreden können von der EU-Kommission freigestellt werden, wenn die Vorteile der Klausel für den Markt die Beeinträchtigungen überwiegen. Um dieses schwerfällige Verfahren zu vereinfachen, erlässt die Kommission regelmäßig sog. „Gruppenfreistellungsverordnungen“ (sowie erläuternde „Leitlinien“), in denen bestimmte Typen von Verträgen generell freigestellt werden, wenn die Vertragsbeteiligten bestimmte Marktanteilswerte nicht überschreiten, verbunden mit einem Katalog „schwarzer“, also nicht freigestellter und in der Regel auch nicht nach Art. 101 Abs. 3 AEUV freistellungsfähiger Klauseln. Hält sich der Unternehmer bei der Vertragsgestaltung an diese Vorgaben, kann er mithin weitgehend sicher sein, dass sein Vertrag nicht nach Art. 101 AEUV nichtig ist.

(ii) Für den Bereich der Patent- und Know-how-Lizenzverträge gilt die **Gruppenfreistellungsverordnung Technologie-Transfer** („**GVO-TT**“, ABl. EG 2014 Nr. L 93, 17 ff.; mit erläuternden Leitlinien ABl. EG 2014 Nr. C 89, 3 ff.). Sie stellt Lizenzverträge zwischen Unternehmern generell frei, soweit der gemeinsame Marktanteil bei Wettbewerbern 20 % nicht übersteigt, bzw 30 % je einzeln bei Nichtwettbewerbern. Zudem darf der Lizenzvertrag keine sog. „schwarzen" Klauseln enthalten. Derartige **Kernbeschränkungen** nach Art. 4 GVO-TT, sind zB direkte oder indirekte Preisbindungen, mengenmäßige Beschränkungen sowie Wettbewerbsverbote betreffend die Verwertung eigener, konkurrierender Produkte (hierzu im Einzelnen bei den jeweiligen Vertragsklauseln). Zur Festlegung des den Marktanteilsschwellen zugrundezulegenden Marktes kann auf die entsprechende Bekanntmachung der Kommission über die Definition des relevanten Marktes im Sinn des Wettbewerbsrechts der Gemeinschaft vom 9.12.1997 (ABl C 372 vom 9.12.1997) zurückgegriffen werden. Als „Faustregel" zur Abgrenzung des sachlich relevanten Produktmarktes, an dem der Anteil zu ermitteln ist, werden alle Produkte herangezogen, die einander derart substituieren können, dass Abnehmer bei einer dauerhaften kleinen Preissenkung von 5–10 % auf das andere Produkt übergehen würden.

(iii) Das Formular geht davon aus, dass es zwischen **Nicht-Wettbewerbern** abgeschlossen wird.

(f) (**AGB-Recht**) Das Formular geht davon aus, dass der Lizenzvertrag individuell zwischen den Parteien ausgehandelt wird, mithin die besonderen Anforderungen des AGB-Rechts hier keine Rolle spielen. Das ist insbesondere dann anders, wenn der Lizenzgeber die Technologie mehreren Lizenznehmern jeweils für abgegrenzte Territorien zur Verfügung stellen will, da dann das Formular mehrfach genutzt wird und als AGB zu qualifizieren ist.

2. Gegenstand des Lizenzvertrages ist stets gem § 15 Abs 2 PatG die Benutzung eines Schutzrechtes. Soweit kein Patentrecht, sondern ein **Betriebsgeheimnis** (zB eine noch nicht zum Patent angemeldete Erfindung) Gegenstand der Nutzungshandlungen des Lizenznehmers sein soll, liegt ein **Know-how-Vertrag** (*Bartenbach*, Patentlizenz – und Know-how-Vertrag, Rn. 215 ff) über betriebliches Wissen vor (BGH GRUR 1961, 466, 467 – *Gewinderollkopf*; BGH GRUR 1969, 677 – *Rüben-Verladeeinrichtung*). Während Know-how früher nur eingeschränkt (über §§ 17 ff UWG) gesetzlich geschützt war, gleicht das neue Gesetz zum Schutz von Geschäftsgeheimnissen (GeschGehG) Betriebsgeheimnisse – jedenfalls was Ansprüche gegenüber unerlaubter Nutzung betrifft – den anderen Rechten Geistigen Eigentums weitgehend an. Das vorliegende Formular ist eine **Kombination eines Patent- und eines Know-how-Lizenzvertrages**, da der Lizenznehmer meist aus der veröffentlichten Lehre des Patentes heraus noch nicht befähigt ist, das geschützte Verfahren/Erzeugnis sinnvoll zu verwerten.

Wichtig ist die eindeutige Festlegung sämtlicher von der Lizenz umfasster Patente/Patentanmeldungen und vor allem auch des – geheimen – Know-how: Im Gegensatz zum Patent ist das charakteristische Element des **Know-how** sein **Geheimnischarakter** (*Bartenbach* Rn. 2544 ff). Sein wirtschaftlicher Wert besteht darin, welchen **Wettbewerbsvorsprung** die in ihm verkörperten geheimen technischen (und/oder kommerziellen) Kenntnisse vermitteln. So beschreibt Art. 1 Abs. 1 lit. i GVO-TT Know-how als „Gesamtheit praktischer Kenntnisse, die durch Erfahrungen und Versuche gewonnen werden" und die ferner (i) „**geheim**", „dh nicht allgemein bekannt und nicht leicht zugänglich sind", (ii) „**wesentlich**" sein müssen, indem sie für die „Produktion der Vertragsprodukte von Bedeutung und nützlich sind" und (iii) – und das ist für die Praxis wesentlich – „**identifiziert**" sind. Sie müssen also so umschrieben sein, dass „überprüft werden kann, ob das Know-how die Merkmale „geheim" und „wesentlich" erfüllt". Auf das Formulieren der Anlage 2 ist vor diesem Hintergrund große Sorgfalt zu verwenden – wenn sich aus ihr die Anforderungen an geschütztes Know-how nicht ergeben, liegt kartellrechtlich kein Know-how vor, sodass die hierauf bezogenen wettbewerbsbeschränkenden Klauseln nicht von der GVO-TT freigestellt sind, was zur Nichtigkeit des Gesamtvertrags führen kann.

3. Lizenz ist die vertragliche Erlaubnis oder Befähigung, Monopolrechte und/oder Wissen und/oder Produktionsmittel eines anderen zu nutzen. Nach der neueren Rechtsprechung des BGH ist jedoch nicht jede Gestattung, ein Schutzrecht zu nutzen, eine Lizenz, wie das früher allgemein angenommen wurde – und weiterhin ganz überwiegend im Ausland angenommen wird. Nur die (sog. „echte") Lizenz stellt nicht lediglich eine inter partes wirkende vertragliche Vereinbarung dar, sondern vermittelt zugleich auch Wirkung gegenüber Dritten. Sie ist abzugrenzen von der **bloßen schuldrechtlichen Gestattung** (grundlegend *Ohly* GRUR 2012, 983 ff; *Brandi-Dohrn* in Röhricht/Graf von Westphalen/Haas, HGB, Lizenzverträge Rn. 69 f). Letztere kommt häufig bei (meist stillschweigend) konzernintern gewährten Nutzungsrechten vor (BGH GRUR 2013, 1150 Rn. 51 – *Baumann*; BGH ZIP 2016, 40, 43 – *EcoSoil*). Die bloße Gestattung unterscheidet sich von der „echten" Lizenz im Wesentlichen darin, dass (i) der Gestattende keinerlei Haftung für Bestand oder Gebrauchsmöglichkeit des Schutzrechts gewährt, (ii) die echte Lizenz ohne Zustimmung des Lizenzgebers weiter übertragen werden kann, (iii) die Lizenz einem späteren Erwerber des Patentes entgegen gehalten werden („Sukzessionsschutz") und (iv) vom Lizenznehmer während der Laufzeit erteilte Unterlizenzen bestehen bleiben, auch wenn die Hauptlizenz erlischt. Beweispflichtig für das Vorliegen eines echten Lizenzvertrages ist der Lizenznehmer, wobei der BGH angesichts der Bedeutung derartiger Verträge im kaufmännischen Geschäftsverkehr einen echten Lizenzvertrag im Regelfall nur bei schriftlicher Dokumentation annimmt (BGH GRUR 2013, 1150 Rn. 51 – *Baumann*, BGH ZIP 2016, 40, 43 – *EcoSoil*). Die Anwendung dieser – aus § 29 Abs 2 UrhG abgeleiteten – Unterscheidung auf Patentlizenzverträge wird in der Literatur überwiegend abgelehnt (*Dammler/Melullis* GRUR 2013, 781), der Patentsenat des BGH hat sich dieser Ansicht jedoch bislang nicht angeschlossen, sodass eine klarstellende Formulierung anzuraten ist.

4. Stets ist in einem Patentlizenzvertrag klarzustellen, welche **Benutzungserlaubnis** dem Lizenznehmer (ausschließlich/nicht-ausschließlich, weltweit oder territorial beschränkt) erteilt und in welcher Hinsicht sie ansonsten beschränkt ist. In Betracht kommen daher gegenständliche Beschränkungen, geographische Beschränkungen sowie Mengenbeschränkungen. Gemäß § 9 PatG kann auch die **Benutzungshandlung** in verschiedener Weise stattfinden: durch Herstellen, Anbieten, Inverkehrbringen oder Gebrauchen.

Das Gleiche gilt für den Bereich eines etwa in den Vertrag inkorporierten **Know-hows** und seiner Nutzung. Dabei ist jedoch zu berücksichtigen, dass betriebliches Know-how häufig nicht ausschließlich auf den Gegenstand des Patentes bezogen ist, sondern auch in anderen Bereichen nützlich sein kann. Vor diesem Hintergrund beschränkt sich die exklusive Lizenz im Formular auf die patentgemäßen Verwendungen des Know-how; zusätzlich behält sich der Lizenzgeber vor, das Know-how innerbetrieblich weiter nutzen zu dürfen.

5. Das Formular geht von einer **ausschließlichen Lizenz** aus (*Groß*, Der Lizenzvertrag, Rn. 361; *Bartenbach* Rn. 78 ff). Dabei ist immer zu bedenken, dass der Begriff „ausschließliche Lizenz" häufig so verstanden wird, dass auch der Patentinhaber selbst von der Nutzung des Patentrechts ausgeschlossen wird (vgl. TT-Leitlinien, Nr. 190); sollen sowohl der Lizenzgeber als auch der Lizenznehmer das jeweilige Recht nutzen dürfen (sog. „Alleinlizenz"), ist das ausdrücklich klarzustellen, ansonsten ist der Vertragswille durch Auslegung zu ermitteln (*Brandi-Dohrn* in Röhricht/Graf von Westphalen/Haas, HGB, Lizenzverträge Rn. 129). Selbstverständlich kommen auch Lizenzverträge in Betracht, in denen dem Lizenznehmer nur ein nicht-ausschließliches Recht zur Nutzung (Herstellung und/oder Vertrieb) eingeräumt wird (*Brandi-Dohrn* in Röhricht/Graf von Westphalen/Haas, HGB, Lizenzverträge Rn. 125 ff). Die Probleme, die bei einer nicht-ausschließlichen Lizenz vertragstechnisch zu bewältigen sind, sind nur geringfügig andere als die hier behandelten. Im Kern kann deshalb auf dieses Formular zurückgegriffen werden.

Kartellrechtlich ist *eine* Exklusivlizenz grundsätzlich – auch bei Überschreiten der einschlägigen Schwellenwerte – jedenfalls zwischen Nicht-Wettbewerbern unbedenklich (TT-Leitlinien Nr. 194) – soweit sie überhaupt eine Wettbewerbsbeschränkung darstellt (vgl. EuGH GRUR Int. 1982, 530 – *Maissaatgut*). Bei *mehreren parallelen* Gebietslizenzen stellt sich aber das Problem, wie die Gebiete der jeweiligen exklusiven Lizenznehmer untereinander und gegenüber einem etwaigen Vorbehaltsgebiet des Lizenzgebers zu respektieren sind (hierzu → Anm. 7).

6. Die Kenntnis der patentierten Technologie und des Know-how ermöglicht den Parteien, Schwachstellen und Verbesserungsmöglichkeiten der Technologie leichter herauszufinden – das ist letztlich auch der Grund für die Pflicht zur Offenlegung von Patenten. *Wirtschaftlich* sind sowohl Schwachstellen wie Verbesserungen der lizenzierten Technologie bedeutsam: Erstere, weil die Schwachstelle Dritten evtl erlaubt, das Patent zu vernichten – und damit die erhoffte Monopolstellung des exklusiven Lizenznehmers verloren geht; letztere, weil die lizenzierte Technologie durch verbesserte Versionen der Lizenzprodukte am Markt entwertet wird. Vor diesem Hintergrund sind beide Parteien daran interessiert, sich vertraglich abzusichern: Das Formular sieht zum Schutz der Interessen des Lizenznehmers vor, dass etwa beim Lizenzgeber während der Vertragslaufzeit entstehende Verbesserungen ebenfalls Teil des Lizenzgegenstandes sind; allerdings ist der Lizenznehmer berechtigt, solche Verbesserungen aus dem Vertrag auszuschließen, um nicht durch wirtschaftlich unbedeutende Verbesserungen eine Verlängerung der Lizenzgebührenpflicht herbeizuführen (werden jeweils für solche unbedeutenden Verbesserungen Patente erwirkt, spricht man von **Evergreening**). Zum Schutz des Lizenzgebers vor Angriffen gerade des Lizenznehmers sieht das Formular in § 20 ein Kündigungsrecht vor (siehe hierzu → Anm. 24).

Kartellrechtlich verboten sind lediglich Verpflichtungen des Lizenz*nehmers*, seine eigenen Verbesserungen dem Lizenzgeber übertragen oder exklusiv lizenzieren zu müssen (Art. 5 Abs. 1 lit. a GVO-TT). Verboten ist zudem zwischen Nicht-Wettbewerbern, (i) dem Lizenznehmer die Verwertung seiner eigenen Technologierechte zu erschweren und (ii) einer der Parteien weitere Forschung und Entwicklung am Vertragsgegenstand zu untersagen, soweit dies nicht unerlässlich ist, um zu verhindern, dass das geheime Know-how Dritten preisgegeben wird (Art. 5 Abs. 2 GVO-TT). Vor diesem Hintergrund sieht das Muster eine nicht exklusive Rücklizenz an den Lizenzgeber vor, um diesem zu ermöglichen, die Verbesserungen auch in seinem – oder dem anderen Lizenznehmern zugewiesenen – Gebiet verwerten zu können. Ob die fehlende Vergütung hierfür unter Umständen eine Beschränkung des Lizenznehmers bei der Verwertung seiner eigenen Technologierechte darstellen könnte, ist bislang nicht geklärt.

7. Bei *mehreren parallelen* Gebietslizenzen stellt sich das Problem, wie die Gebiete der jeweiligen exklusiven Lizenznehmer untereinander und gegenüber einem etwaigen Vorbehaltsgebiet des Lizenzgebers zu respektieren sind. Denkbar sind folgende Ausgestaltungen:

(i) Bei der ausschließlichen Gebietslizenz ist es möglich, dass jeder Lizenznehmer zwar nur in seinem Gebiet produzieren, aber **frei in andere Gebiete exportieren** darf (so die GVO-TT in Art. 1 Abs. 1 lit. l). Das ist die Regel bei Lizenzen an Einbauprodukten, zB in der Automobilindustrie. Da mag zB Lizenznehmer A alleiniger oder voll exklusiver Lizenznehmer in Deutschland und B in Frankreich sein, gleichwohl werden sie ihre Autos frei auch in das andere Lizenzgebiet exportieren dürfen.

(ii) Bei Lizenzen für handelbare Endprodukte impliziert die ausschließliche Gebietslizenz hingegen ein **Exportverbot „erster Hand"**, nämlich des Lizenznehmers: Er darf nicht in fremde Gebiete exportieren (sog. „Verkaufsbeschränkung", TT-Leitlinien Nr. 197ff). Dabei unterscheidet das Kartellrecht zwischen fremdem Lizenzgebergebiet und fremden Lizenznehmergebieten, weil die weiteren Lizenznehmer in ihrer vertraglichen Erwartung geschützt werden müssen: Ohne das Exportverbot stünde einem weiteren exklusiven Gebietslizenznehmer sein Gebiet nicht, wie vertraglich vereinbart, ausschließlich zu, denn das Endprodukt ist regelmäßig gleich oder ähnlich geprägt und so ein unmittelbares Konkurrenzprodukt.

Nach den Bestimmungen der GVO-TT gilt für Lizenzverträge zwischen Nicht-Wettbewerbern nunmehr: Ein Verbot *passiver* Verkäufe durch den Lizenznehmer in andere Lizenznehmergebiete ist nicht freigestellt (Art. 4 Abs. 2 lit. b GVO-TT); Verbote passiver Verkäufe in das Gebiet, das sich der Lizenz*geber* selbst vorbehalten hat, sind zulässig – dieses Gebiet ist ja gar nicht von der Lizenzerteilung umfasst. Zulässig sind alle aktiven und passiven Verkaufsbeschränkungen zu Lasten des Lizenz*gebers*, sowie alle *aktiven* Verkaufsbeschränkungen des Lizenznehmers (TT-Leitlinien Nr. 120) (außer der Lizenzgeber hat ein selektives Vertriebssystem etabliert, Art. 4 Abs. 2 lit. c GVO-TT).

(iii) **Beschränkungen der „zweiten Hand"**, also die Auflage gegenüber dem Lizenznehmer, seinen Kunden den Export aus dem Lizenzgebiet in andere Gebiete zu untersagen, sind schon nach dem Maissaatgut-Urteil des EuGH eine klar verbotene Beschränkung. Unter Wettbewerbern ist das eine dem Grunde nach verbotene „Zuweisung von Märkten"; für Nicht-Wettbewerber brauchte der Punkt in der GVO-TT nicht geregelt zu werden, weil er die vertikalen Produktlieferbeziehungen zwischen Lizenznehmer und dessen Kunden (und damit den Anwendungsbereich der Vertikal-GVO) betraf (TT-Leitlinien Nr. 76). Nach Art. 4 lit. b erster Spiegelstrich Vertikal-GVO müssen Kundenparallellieferungen erlaubt bleiben, denn Gebietsbeschränkungen für aktive Verkäufe sind danach nur zulässig, „sofern dadurch Verkäufe seitens der Kunden des Käufers nicht begrenzt werden."

(iv) Das Formular trägt den Begrenzungen der GVO-TT Rechnung. Da passive Verkäufe nicht untersagt werden können, wird dem Kunden lediglich dann eine Pflicht zur Weiterleitung an den Lizenzgeber auferlegt, wenn er den Kunden nicht vertragsgemäß beliefern/betreuen kann. Auf diesem Umweg der Vorgabe detaillierter Qualitäts- und After-Sales-Vorschriften (zB Betreuung in der Sprache des Kunden, vgl. § 16 (5)) kann in vielen Fällen faktisch verhindert werden, dass der Lizenznehmer überhaupt außerhalb seines Gebietes tätig wird.

8. Das Formular geht davon aus, dass der Lizenzgeber in sämtlichen Ländern des Vertragsgebietes Schutz für seine Patente genießt oder dort jedenfalls Patentanmeldungen bestehen (vgl *Brandi-Dohrn* in Röhricht/Graf von Westphalen/Haas, HGB, Lizenzverträge Rn. 121). Unbedenklich ist es, eine Differenzierung zwischen den Ländern vorzunehmen, in denen der Lizenznehmer die Lizenzprodukte **herstellen** und in denen er sie **vertreiben** darf. Voraussetzung ist jedoch im einen wie im anderen Fall, dass der Lizenzgeber in diesen Gebieten über Schutzrechte oder Anmeldungen verfügt, da ansonsten eine nicht durch Schutzrechte gerechtfertigte Wettbewerbsbeschränkung besteht. Kartellrechtlich zulässig ist die Vereinbarung vorliegend dann nur, weil und soweit in den Nicht-Patentländern zumindest geheimes, wesentliches und identifiziertes Know-how mit lizensiert ist (vgl. hierzu → Anm. 2).

9. Die Verpflichtung des Lizenznehmers, keine **Unterlizenzen** zu erteilen oder – vgl. § 5 – die Lizenz nicht an Dritte weiter zu übertragen, ist kartellrechtlich unbedenklich (TT-Leitlinien Nr. 183). Umgekehrt wäre ein Recht des Lizenznehmers zur Unterlizenzvergabe – das bei exklusiven Lizenzen von der Rechtsprechung vermutet wird, wenn es nicht ausdrücklich vertraglich ausgeschlossen ist (RGZ 142, 168 – *Loseblätterbuch*; BGHZ 8, 16 = GRUR 1953, 114 – *Reinigungsverfahren*) – für den Lizenzgeber mit unvertretbaren

Risiken verbunden: Der BGH hat – für den Bereich des Urheberrechts, aber mit einer auf alle Schutzrechte übertragbaren Begründung – entschieden, dass sowohl nicht exklusive (BGHZ 180, 344 = GRUR 2009, 946 – *Reifen Progressiv*) wie exklusive (BGH ZIP 2012, 1671 – *Take Five*) Unterlizenzen bei Wegfall des Hauptlizenzvertrages fortbestehen – und zwar gleich aus welchem Grund, also sogar dann, wenn der Lizenzgeber den (Haupt-) Lizenzvertrag berechtigt (zB wegen Nichtzahlung der Lizenzgebühren) beendet. Folge ist also, dass sich der Schutzrechtsinhaber trotz (berechtigter) Vertragsbeendigung weiterhin berechtigten (Unter-) Lizenznehmern gegenüber sehen kann (hierzu kritisch *Brandi-Dohrn* in Röhricht/Graf von Westphalen/Haas, HGB, Lizenzverträge Rn. 350). Um diese Folgen zu vermeiden, dürfte es nicht ausreichen, dem Lizenznehmer lediglich vorzugeben, in seinen Unterlizenzverträgen eine automatische Beendigungsklausel aufzunehmen. Versäumt der Lizenznehmer das, läge lediglich eine zur Kündigung der Lizenzvertrages berechtigende Pflichtverletzung vor – die aber nach der Rechtsprechung den Bestand des pflichtwidrig abgeschlossenen Unterlizenzvertrages gerade unberührt lässt.

10. Das Know-how muss, da geheim, dem Lizenznehmer offenbart werden, damit er es effektiv nutzen kann. Da der wirtschaftliche Wert und die kartellrechtliche Anerkennung von Know-how als Lizenzgegenstand auf seiner Geheimhaltung beruhen, ist hierauf besonderen Wert zu legen, vgl. hierzu § 19 und die Anmerkung hierzu. Bei Vertragsende ist daher auch darauf zu achten, dass das Know-how gelöscht bzw. zurück gegeben wird.

11. Die tatsächliche Nutzbarkeit von geheimem Know-how hängt häufig von seiner Vermittlung und Anleitung durch die Know-how-Träger persönlich ab. Vor diesem Hintergrund hat der Lizenznehmer ein berechtigtes Interesse, nicht lediglich das Know-how beschreibende Dokumente zu erhalten, sondern einen tatsächlichen Wissenstransfer durch Schulung und Einarbeitung.

12. Nach der Rechtsprechung ist der Lizenzgeber verpflichtet, die technische Durchführbarkeit und Brauchbarkeit des vertragsmäßig herzustellenden Lizenzproduktes zu gewährleisten; es gelten die Grundsätze der Sachmängelhaftung gemäß §§ 434 ff BGB (BGH GRUR 1965, 298 – *Reaktions-Meßgerät*; BGH GRUR 1979, 768 – *Mineralwolle*). Er haftet jedoch insoweit nicht – gleichgültig, ob es sich um ein Schutzrecht oder um die Übertragung von Know-how handelt – für die Verwendbarkeit, die Fabrikationsreife und die Konkurrenzfähigkeit (BGH GRUR 1955, 338, 340 f – *Beschlagfreie Brillengläser*; BGH GRUR 1961, 466, 467 – *Gewinderollkopf*; BGH GRUR 1974, 40, 43 – *Bremsrolle*). Da eine Abgrenzung zwischen der „technischen Ausführbarkeit und Brauchbarkeit", für welche der Lizenzgeber einsteht, und der „Fabrikationsreife der Erfindung" im Einzelfall schwer zu ziehen ist, empfiehlt sich stets eine exakte vertragliche Regelung; dies gilt insbesondere, wenn die Lizenzprodukte vom Lizenzgeber noch nicht in Serienreife hergestellt worden sind, weil dann das Risiko des Lizenznehmers beträchtlich ist.

(i) Die in Abs. 1 geregelte **Rechtsmängelhaftung** ist – als Hauptpflicht des Lizenzgebers zur Verschaffung des lizenzierten Rechts – **verschuldensunabhängig** ausgeprägt (vgl. *Bartenbach* Rn. 1370, 1534 ff). Das vorzusehen empfiehlt sich wegen der praktischen Bedeutung dieser Klausel und entspricht im Übrigen der Rechtslage auch ohne explizite Vereinbarung (*Bartenbach* Rn. 1534). Im Falle eines Verstoßes gilt § 311a BGB. Beim gemischten Patentlizenz-/Know-how-Vertrag liegt nur eine teilweise Nichtverschaffung vor, wenn das Patent rechtsmängelbehaftet, das zusätzliche Know-how aber geheim und werthaltig ist. Hierbei hat der Lizenznehmer ein **Wahlrecht**: Möchte er das Know-how nutzen, so hat er ein Interesse an der Teilleistung und bleibt zu einem geminderten (§ 326 Abs. 1 S. 1, 2. Alt. BGB) Teilentgelt verpflichtet; ist die teilweise Erfüllung des Vertrags für ihn ohne Interesse, so kann er entsprechend § 323 Abs. 5 BGB vom ganzen Vertrag Abstand nehmen und vollen Schadensersatz verlangen.

(ii) Soweit der Lizenzgeber lediglich eine **Vertriebslizenz** gewährt, haftet er als **Hersteller** der Lizenzprodukte in wesentlich weiterem Umfang. Insbesondere trifft ihn dann das Risiko der **Produzentenhaftung** gem. § 823 Abs. 1 BGB (Produkthaftungshandbuch/*Foerste* § 25 Rn. 135 ff) sowie nach § 1 ProdHaftG (Produkthaftungshandbuch/Foerste/*Graf von Westphalen* § 49 Rn. 11). Aber auch dann, wenn der Lizenzgeber eine **Herstellungslizenz** einräumt, ist seine Haftung nach § 823 Abs. 1 BGB gegeben, sofern ihm eine schuldhafte Pflichtverletzung anzulasten ist, weil er Zeichnungen oder Berechnungen fehlerhaft erstellt hat (BGH NJW 1970, 1963 – *Druckfehler*).

(iii) Für die in Abs. 2 angesprochenen weiteren Umstände besteht keine verschuldensunabhängige Einstandspflicht; allerdings ist der Lizenzgeber verpflichtet, derartige Umstände bei Kenntnis dem Lizenznehmer zu offenbaren – und dies sogar dann, wenn vertraglich das Risiko insoweit in vollem Umfang dem Lizenznehmer aufgebürdet worden wäre (BGH NJW-RR 1992, 91). Entgegen der früheren Rechtsprechung wird heute überwiegend eine verschuldensabhängige Schadensersatzpflicht bei **Abhängigkeit** von Rechten Dritter angenommen (*Ullmann/Deichfuß* in Benkard PatG § 15 Rn. 171; zu den Rechtsfolgen und Höhe des Schadensersatzes *Brandi-Dohrn* in Röhricht/Graf von Westphalen/Haas, HGB, Lizenzverträge Rn. 310). Die Wirkungen des Patents treten aber auch gegen denjenigen nicht ein, der zum Prioritätszeitpunkt den gleichen Gegenstand im Inland schon in Benutzung genommen oder die dazu erforderlichen Veranstaltungen getroffen hatte – § 12 PatG (**Vorbenutzung**); damit stellt das Vorbenutzungsrecht für den exklusiven Lizenznehmer ebenfalls einen Mangel dar. Mehr noch als bei der Abhängigkeit gilt der Grundsatz, dass den ausschließlichen Lizenzgeber angesichts des beiderseits gewagten Geschäfts eine Schadensersatzpflicht nur bei Verschulden trifft, was bei internen Vorbenutzungen Dritter regelmäßig zu verneinen ist (*Brandi-Dohrn* in Röhricht/Graf von Westphalen/Haas, HGB, Lizenzverträge Rn. 314). Da die Vorbenutzung kein Verbotsrecht gewährt, ist der Lizenznehmer zudem weit weniger beeinträchtigt.

(iv) Abs. 3 weicht insofern von der ohne vertragliche Klausel geltenden Rechtslage ab, als die Offenkundigkeit des Know-how nach der Rechtsprechung behandelt wird wie ein Verstoß gegen die Beschaffungspflicht des Lizenzgebers (BGH WuW/E 1332 = GRUR 1975, 206 – *Kunststoffschaum-Bahnen*). Vorliegend haftet der Lizenzgeber demgegenüber nur bei positiver Kenntnis von der Offenkundigkeit. Dafür besteht angesichts der – angenommenen – fehlenden Fabrikationsreife des Lizenzgegenstandes eine eingeschränkte zusätzliche Haftung für die Beschaffenheit des Know-how, während Abs. 4 im übrigen jegliche Haftung für die inhaltliche Eignung des Lizenzgegenstandes ausschließt.

13. Sowohl zivil- wie kartellrechtlich gelten (in den Grenzen der Sittenwidrigkeit) keine Höchstbeträge für die zu vereinbarenden Lizenzgebühren (zu branchenüblichen Sätzen vgl. *Brandi-Dohrn* in Röhricht/Graf von Westphalen/Haas, HGB, Lizenzverträge Rn. 218). Als Grundmodelle üblich sind **Stücklizenzen** und **Umsatzlizenzen**, wobei letztere häufiger sind, weil sie das wirtschaftliche Risiko der lizenzierten Technologie fairer zwischen den Parteien verteilen. Basis der Umsatzlizenz muss nicht zwingend nur das patentgemäße Teil sein, sondern kann auch ein Endprodukt sein – das bietet sich zur Vereinfachung der Überwachung der Lizenzausübung insbesondere an, wenn der Lizenznehmer die Patente nur innerbetrieblich nutzt, um damit umfangreichere Endprodukte herzustellen. Unter Nicht-Wettbewerbern hält die EU-Kommission sogar eine Berechnung auch unter Einbezug von mit Technologien von Dritten hergestellter Produkte für kartellrechtlich zulässig (Leitlinien aaO Nr. 188). Problematisch kann eine solche Berechnungsmethode aber sein, wenn das Gesamtprodukt auch eigene **Technologien des Lizenznehmers** enthält – denn eine Verpflichtung des Lizenznehmers, für eigene Technologien Lizenzgebühren an den Lizenzgeber abzuführen, ist kartellwidrig (Leitlinien aaO, Nr. 101).

Abs. 2 trägt dem Risiko Rechnung, dass der Lizenznehmer mit einem konzernverbundenen Unternehmen unter Umständen niedrigere als Marktpreise (und daraus resultierend niedrigere Lizenzgebühren) vereinbaren könnte, während das **Konzernunternehmen** dann auf der zweiten Stufe zu Marktpreisen an Dritte verkauft.

Abs. 3 deckt das rechnerische Problem ab, dass der aus einem **Unterlizenzvertrag** dem Lizenznehmer zufließende Ertrag lediglich der Betrag der (Umsatz-)Lizenz ist, die der Unterlizenznehmer an den Lizenznehmer zahlt. Berechnet man hierauf lediglich die in Abs. 1 vereinbarte Umsatzlizenz, erhält der Lizenzgeber aus den tatsächlich am Markt erzielten Umsätzen nur einen Bruchteil der erwarteten Lizenzgebühren.

14. Werden **Mindestlizenzgebühren** vereinbart, so fallen sie unabhängig von der Benutzung an, werden aber in der Regel auf die laufenden Benutzungsgebühren angerechnet. Ebenso wie **Mindestmengenverpflichtungen** sollen sie dem Interesse des Lizenzgebers an einer angemessenen Vergütung für die von ihm gewährte ausschließliche Lizenz Rechnung tragen. Zwar obliegt dem ausschließlichen Lizenznehmer auch ohne ausdrückliche Vereinbarung eine Ausübungsverpflichtung; wegen der Schwierigkeit, diese gerichtsfest zu definieren (vgl § 17), dürfte über den indirekten/ökonomischen Druck einer Mindestlizenzgebühr das gleiche Ziel einfacher zu erreichen sein.

15. **Meistbegünstigungsklauseln** können zum einen zu Lasten des Lizenzgebers vereinbart werden – er verpflichtet sich, die Technologie anderen Lizenznehmern nicht zu günstigeren Bedingungen zu lizenzieren -, zum anderen zu Lasten des Lizenznehmers – er verpflichtet sich, die hergestellten Vertragsprodukte Abnehmern zu den gleichen günstigen Bedingungen wie anderen Abnehmern zu verkaufen.

(i) Meistbegünstigungsklauseln zu Lasten des **Lizenzgebers** werden heutzutage als kartellrechtlich unbedenklich angesehen (MüKoWettbR/*Röhling/Nagel* GVO Nr. 316/2014 Art. 4 Rn. 71; *Brandi-Dohrn* in Röhricht/Graf von Westphalen/Haas, HGB, Lizenzverträge Rn. 285; *Ulmer-Eilfort/Schmoll* S 91; BKartA BB 1975, 1395 – *Metro*; anders früher BGHZ 80, 43, 46 ff = GRUR 1981, 605 – *Garant-Lieferprogramm*, zum alten § 15 GWB). Sie sind aber in ihrer praktischen Wirksamkeit beschränkt; denn wenn die Klausel sich ausschließlich auf die Höhe der Lizenzgebühr bezieht, gibt es für den Lizenzgeber Möglichkeiten, andere wirtschaftliche Parameter des Vertrages anzupassen, sodass der zweite Lizenznehmer trotz formal gleicher Lizenzgebühr wirtschaftlich bevorzugt wird. Bezieht sich die Meistbegünstigungsklausel dagegen auf sämtliche Vertragsbestimmungen, die Gegenstand des (derzeitigen) Lizenzvertrages sind, wird die Klausel kaum je zur Anwendung kommen, da der neue Lizenzvertrag in aller Regel nach der Verhandlung mit dem zweiten Lizenznehmer andere Vertragsbestimmungen enthalten wird.

(ii) Meistbegünstigungsklauseln zu Lasten des **Lizenznehmers** dagegen stellen in aller Regel eine – kartellrechtlich verbotene – Preis- und Konditionenbindung des Lizenznehmers bei der Vermarktung der Vertragsprodukte dar und sind daher unzulässig (TT-Leitlinien, Nr. 118).

16. Forderungen aus Lizenzverträgen stellen – grundsätzlich – der Umsatzsteuer unterliegende Leistungen dar. Vereinbaren die Parteien nicht ausdrücklich, dass die vereinbarten Preise zuzüglich gesetzl. USt gelten, sind auch unter Unternehmern Bruttopreise vereinbart.

Der Lizenzgeber kennt die für die Erstellung der Rechnung notwendigen Parameter nicht. Deshalb bietet es sich an, den Lizenznehmer als Schuldner nicht nur über die Lizenzgebühren abrechnen zu lassen, sondern auch die nach § 14 UStG erforderliche Rechnung zu erstellen. Diese heißt – irreführend – „Gutschrift" und muss auch als solche bezeichnet werden; zudem ist die Ausstellung durch den Schuldner ausdrücklich zwischen den Parteien zu vereinbaren (allg. zur Besteuerung von Lizenzen, auch im internationalen

Kontext, vgl. *Brandi-Dohrn* in Röhricht/Graf von Westphalen/Haas, HGB, Lizenzverträge Rn. 378 ff).

Gemäß § 14 Abs. 2 Nr. 2 UStG sind Rechnungen spätestens innerhalb von 6 Monaten nach Erbringen der Leistung zu erteilen. Vor diesem Hintergrund verlangt das Muster eine quartalsweise Abrechnung über die lizenzpflichtigen Umsätze, da für Rechnungsstellung und Zahlung selbst noch einmal ein weiterer Monat ab Periodenablauf eingeräumt wird.

17. Der Lizenzgeber hat ein berechtigtes Interesse, die Korrektheit der Abrechnungen des Lizenznehmers zu überprüfen. Das aus § 242 BGB folgende allgemeine Auskunftsrecht wird dem Lizenzgeber nur begrenzt helfen, da gerade der ungetreue Lizenznehmer auch bereit sein mag, die Richtigkeit seiner unrichtigen Abrechnung zu versichern – so lange er nicht fürchten muss, dass der Lizenzgeber durch eine eigene Prüfung der Unrichtigkeit auf die Spur kommt.

Vor dem Hintergrund der gerade in solchen Fällen zahlreichen Ausflüchten und Verhinderungsstrategien ist eine sorgfältige Formulierung des Einsichtsrechts notwendig, das insbesondere dem Lizenznehmer möglichst wenig Möglichkeiten lassen sollte, das Einsichtsrecht auszuhebeln:

(i) Die Auswahl eines geeigneten Prüfers sollte allein dem Lizenzgeber obliegen; vorzugswürdig ist ein Prüfungsrecht durch den Lizenzgeber selbst, dies ist aber häufig wegen Geheimhaltungsbedenken des Lizenznehmers schwer verhandelbar.

(ii) Wird der Prüfer einer vertraglichen Geheimhaltungspflicht unterworfen, kann der Lizenznehmer die Unterzeichnung einer Geheimhaltungsvereinbarung verlangen, die für den Prüfer nicht akzeptabel ist (gerade große Wirtschaftsprüfungsunternehmen unterliegen rigiden Anforderungen an derartige Vereinbarungen).

18. Für den Fall, dass das erteilte Schutzrecht durch eine rechtskräftig entschiedene **Nichtigkeitsklage** oder aus sonstigen Gründen entfällt (*Bartenbach* Rn. 1385; *Groß* Rn. 429 f.) reflektiert die hier gewählte Formulierung den Grundsatz des Wegfalls der Geschäftsgrundlage gem § 313 BGB: Es realisiert sich ein **Risiko,** welches in der Sphäre des Lizenzgebers liegt. Eine ausdrückliche Bestimmung zur Rechtsfolge ist trotz § 313 BGB anzuraten – denn § 313 BGB erlaubt die Kündigung nur, wenn eine Anpassung des Vertrages und der zu zahlenden Lizenzgebühr nicht in Betracht kommt (vgl. *Ulmer-Eilfort/Schmoll* S 132).

(i) Die Rechtsfolge – Kündigung des gesamten Vertrages (BGH NJW 1993, 1320; *Brandi-Dohrn* in Röhricht/Graf von Westphalen/Haas, HGB, Lizenzverträge Rn. 318, 321) – ist jedoch ggfls individuell anzupassen: Je nach Art der patentrechtlichen Ansprüche ist nämlich einerseits denkbar, dass schon eine Beschränkung der Patentansprüche zu einer Anpassung der vertraglichen Vereinbarungen zwingt; andererseits mag der Wegfall der Patente lediglich in einem Teil des Territoriums für den Lizenznehmer ein Aufrechterhalten im übrigen Territorium angeraten erscheinen lassen; zudem mag es sein, dass der Vertrag auch nach Wegfall des Patentes aufgrund des mit lizenzierten Know-hows für den Lizenznehmer noch einen Wert hat. Ein Kündigungsrecht bezogen auf die jeweils patentfrei gewordenen Länder und/oder ein Anspruch auf Herabsetzung der Lizenzgebühr auf einen dem Wert allein des Know-hows angemessenen Prozentsatz können dann angemessener sein.

(ii) Bereits bezahlte Lizenzgebühren können nicht gemäß §§ 812 ff BGB zurückgefordert werden. Denn bis zur Nichtigerklärung/Beschränkung des Patents war der Lizenznehmer ja durchaus in der Lage, die ihm eingeräumten Nutzungshandlungen vorzunehmen, so dass er für diesen Zeitraum auch – wegen der ihm eingeräumten faktischen Monopolstellung – Lizenzgebühren bezahlt hat, die der Lizenzgeber behalten darf (BGH

GRUR 1969, 677 – *Rübenverladeeinrichtung*; BGH GRUR 1977, 107 – *Werbespiegel*; BGH GRUR 1983, 237 – *Brückenlegepanzer*).

(iii) Ein ähnliches Problem stellt sich in der Praxis immer dann, wenn die Dauer eines der lizenzierten Schutzrechte abgelaufen ist, weil dann Dritte lizenzfrei ebenfalls herstellen können. Das Gleiche gilt, wenn das einem Lizenzvertrag zugrunde liegende Know-how offenkundig geworden ist. Da typischerweise die Dauer des Lizenzvertrages sich auf den Wegfall des *längstlaufenden* lizenzierten Schutzrechts bezieht, wäre der Lizenznehmer weiter an den Lizenzvertrag gebunden und erlitte Wettbewerbsnachteile gegenüber ungebundenen Herstellern.

19. Unbedenklich ist die Verpflichtung des Lizenznehmers, Vorschriften über die **Mindestbeschaffenheit** der Lizenzprodukte einzuhalten. Voraussetzung ist freilich, dass diese „im Interesse einer technisch einwandfreien Benutzung der Erfindung **notwendig** sind“ (vgl *Ulmer-Eilfort/Schmoll* S 118 f; Vorsicht ist allerdings geboten, wenn der Lizenzgeber in diesem Zusammenhang die Nutzung anderer Schutzrechte seines Portfolios oder den Bezug bestimmter Vorprodukte von ihm verlangt; hier kann schnell eine kartellrechtlich bedenkliche Koppelungs- oder Paketvereinbarung vorliegen, vgl hierzu TT-Leitlinien Nr. 221 ff). Daraus folgt grundsätzlich, dass die Qualitätsvorschriften – aber auch die Qualitätskontrolle – nicht weiterreichen dürfen als zur Herstellung der Lizenzprodukte erforderlich; sie dürfen deshalb nicht Teile des Gesamterzeugnisses erfassen, welche nicht vom lizenzierten Patent gedeckt sind; darin kann eine nach Art. 101 AEUV unzulässige Wettbewerbsbeschränkung liegen (EuGH WuW/E EWG/MUV 725 ff – *Windsurfing international*). Auch im Rahmen von § 1 GWB wird man ohne weiteres von der gleichen Wertung ausgehen können: Solange die Forderung nach einer Mindestbeschaffenheit durch das Interesse des Lizenzgebers gedeckt ist, das Patentrecht technisch einwandfrei auszunutzen, bestehen keine Bedenken.

20. Kartellrechtlich unbedenklich ist, den Lizenznehmer zu verpflichten (*Ulmer-Eilfort/Schmoll* S 124 ff), auf dem Lizenzprodukt einen **Lizenzvermerk** anzubringen, also „einen Vermerk über den Patentinhaber, das lizenzierte Patent oder die Patentlizenzvereinbarung“. Hieran besteht gerade bei exklusiven Lizenzvereinbarungen ein Interesse des Lizenzgebers, der dadurch seinen eigenen Namen bekannt macht. Problematisch kann in diesem Zusammenhang sein, wenn sich das lizenzierte Patent nur auf einen Teil des Gesamtprodukts bezieht; darauf bezieht sich die Freistellung nicht (EuGH aaO).

§ 16 (5) trägt den Beschränkungen Rechnung, die die GVO-TT bei der Aufteilung von Märkten verlangt (vgl. oben unter → Anm. 7 aE).

21. (i) **Ausübungspflichten** ergeben sich zwar für den exklusiven Lizenznehmer auch nach allgemeinen Rechtsgrundsätzen (RGZ 134, 91, obiter 98 – *Drahtgewebeziegel*; BGH GRUR 2000, 138 – *Knopflochnähmaschine*; BGH NJW 2003, 664 – *Filmauswertungspflicht*), weil bei Ausschließlichkeit die Interessen des Lizenzgebers in die Hand des Lizenznehmers gegeben sind und jede Partei eine angemessene Vertragserfüllung schuldet. Da nach der Rechtsprechung Art und Umfang der Ausübungspflicht, ob sie zB auch eine Weiterentwicklungspflicht enthält, ohne Bindung an eine Regel fallweise zu bestimmen ist (BGH NJW 1978, 320 – *Banddüngerstreuer*; BGH GRUR 2000, 138 – *Knopflochnähmaschine*), kann es für beide Seiten vorzugswürdig sein, den Umfang der Ausübungspflichten präziser zu definieren. Dabei begegnen in der Praxis häufig einschränkende Klauseln für den Fall, dass sich Verzögerungen gegenüber vereinbarten Terminen aus technischen, nicht vom Lizenznehmer zu verantwortenden Umständen ergeben. Kartellrechtlich sind Mindestausübungspflichten unbedenklich (TT-Leitlinien Nr. 183 lit. e).

Als **Sanktion** für unzureichende Ausübung kommen unterschiedliche Gestaltungen in Betracht: Es begegnet die Vereinbarung, dass sich die Ausschließlichkeit bei unzureichender Ausnützung in eine **einfache Lizenz** wandelt; alternativ auch die **Kündigung** aus wichtigem Grund. In letzterem Fall ist aber zu erwägen, ob statt des von Haus aus unteilbaren Gesamtkündigungsrechts (BGH NJW 1993, 1320) nicht zweckmäßiger eine Teilkündigung oder im Wege der Teilkündigung eine Beschränkung auf eine einfache Lizenz vertraglich vorzusehen ist. Das kommt insbesondere für die Fälle in Betracht, dass die Lizenz größere Gebiete, mehrere Länder oder mehrere Schutzrechte abdeckt, die der Lizenznehmer nicht alle voll bedienen kann.

(ii) Die Vereinbarung einer **Bezugspflicht** des Lizenznehmers ist nach der GVO-TT nur kartellrechtlich unbedenklich, soweit diese Erzeugnisse oder Dienstleistungen für eine technisch einwandfreie Benutzung der Erfindung notwendig sind, die lizenzierte Technologie also nur sinnvoll mit dem gekoppelten Produkt genutzt werden kann (TT-Leitlinien Nr. 221), ansonsten nur soweit die Marktanteilsschwellen der GVO-TT nicht überschritten werden, da darüber das allgemeine Verbot des Art. 101 Abs. 1 lit. e AEUV eine Einzelfreistellung unwahrscheinlich macht. Deshalb ist bei der Vertragsgestaltung großer Wert darauf zu legen, dass das Kriterium der „Notwendigkeit" umschrieben wird.

Betrifft die Bezugspflicht Produkte, die sich **nicht unmittelbar auf Produktion oder Verkauf der Lizenzprodukte beziehen** (vgl. TT-Leitlinien Nr. 46), so bestimmt sich die Freistellung nicht nach der GVO-TT sondern nach der Vertikal-GVO, wenn der Marktanteil des Lieferanten 30 % nicht übersteigt, Art. 3 Abs. 1 Vertikal-GVO. Im Rahmen der Vertikal-GVO stellen Bezugsverpflichtungen „Wettbewerbsverbote" nach der Definition in Art. 1 lit. b 2. Halbs. Vertikal-GVO dar, wenn mehr als 80 % der benötigten Vertragswaren aus einer Quelle zu beziehen sind. Da Bezugsverpflichtungen zumeist für 100 % der benötigten Produkte vereinbart werden, sind sie mithin als „Wettbewerbsverbot" nach Art. 5 lit. a Vertikal-GVO nur gruppenfreigestellt, wenn sie auf max. fünf Jahre begrenzt sind. Längerfristige oder zeitlich unbegrenzte Über-80 %-Bezugsverpflichtungen sind als Einzelklauseln nicht freigestellt, sofern die Marktanteilsschwelle von 20 % (Wettbewerber) oder 30 % (Nichtwettbewerber) überschritten ist (vgl im Einzelnen *Brandi-Dohrn* in Röhricht/Graf von Westphalen/Haas, HGB, Lizenzverträge Rn. 232 ff).

22. **Wettbewerbsverbote** untersagen dem Lizenznehmer, eine andere als die lizenzierte Technologie zu nutzen oder zu verwerten. Soweit es sich dabei um **eigene Technologien** des Lizenznehmers handelt, unterscheidet die GVO-TT nach Patenten und Know-how: Die Beschränkung bzgl F&E und/oder Verwertung eigener Technologien ist verboten, soweit diese Technologien mit lizenzierten Rechten konkurrieren, die durch Schutzrechte geschützt sind; konkurrieren diese Tätigkeiten dagegen (nur) mit vom Lizenzgeber lizenziertem Know-how, darf er Wettbewerb unterbinden, soweit dies unerlässlich ist, um die Offenlegung des lizenzierten Know-hows zu verhindern (Art. 4 Abs. 1 lit. d, Art. 5 Abs. 2 GVO-TT).

Wettbewerbsverbote, die die Verwendung von **Technologien Dritter** erfassen, sind innerhalb der Marktanteilsschwellen der GVO-TT freigestellt. Darüber können sie bei starker Marktstellung des Lizenzgebers oder kumulativer Wirkung von Vereinbarungen zu ungerechtfertigten Abschottungseffekten führen (TT-Leitlinien Nr. 228 ff). In Know-how-Lizenzverträgen sind Wettbewerbsverbote in der Vergangenheit – ähnlich wie jetzt in der GVO-TT – freigestellt worden, um eine unkontrolliert zweckwidrige Verwendung des Know-how auszuschließen (EG-Kommission v. 13.10.1988 – IV/31.498, Tz. 34, ABl. EG 1988 Nr. L 309, 34 = GRUR Int. 1989, 220 – *Delta/DDD*; TT-Leitlinien Nr. 231). Gerechtfertigt können sie auch sein zum Schutz von Lizenzgeberinvestitionen, zB in Kundenschulung und kundenspezifische Produktanpassungen – soweit sich nicht Sonderzahlungen für derartige Aufwände als milderes Mittel vereinbaren lassen (TT-Leitlinien Nr. 233).

Das Muster geht davon aus, dass die Marktanteile der Parteien unter den Schwellenwerten der GVO-TT liegen und das Know-how solcher Art ist, dass ein Wettbewerbsverbot zu dessen Schutz im obigen Sinne unerlässlich ist.

23. Die hier formulierte **Geheimhaltungsverpflichtung** ist wesentlicher Bestandteil eines Know-how-Lizenzvertrages. Sie bezieht sich auf das „vom Lizenzgeber mitgeteilte technische Wissen". Sie ist nach der Definition von Art. 1 Abs. 1 lit. i GVO-TT Voraussetzung für die Annahme eines schutzwürdigen und auch schutzbedürftigen Know-hows. Da die Beachtung der Geheimhaltungspflicht für den Bestand des Know-how von entscheidender Bedeutung, ist auf die Ausformulierung der Geheimhaltungsverpflichtung großer Wert zu legen (*Bartenbach* Rn. 2225 ff). **Kartellrechtlich** ist zu beachten, dass Know-how von der GVO-TT nur dann erfasst ist, wenn das lizenzierte Know-how nicht nur geheim, sondern auch wesentlich (dh für die Herstellung der Lizenzprodukte von Bedeutung und zumindest nützlich) und identifiziert ist (dh so genau beschrieben, dass die Kriterien „geheim" und „wesentlich" überprüft werden können). Daher ist auch die Beschreibung des Know-how in Anlage 2 vom Anwalt bei Verwendung des Formulars mit zu prüfen, denn „Trivial-Know-how" einer Lizenzgebührenpflicht und einem Wettbewerbsverbot zu unterwerfen, wäre von der GVO-TT nicht gedeckt.

Dazu kommt, dass nach der EU-Know-how-Richtlinie Nr. 2016/943 vom 8. Juni 2016 (ABl. EU 2016, Nr. L 157, 1) (und dem ihrer Umsetzung dienenden deutschen Geheimnisschutzgesetz – GeschGehG) Know-how nur noch dann Schutz genießt, wenn es „angemessenen" Maßnahmen zur Sicherstellung der Geheimhaltung unterworfen ist. Als „angemessen" *können* auch vertragliche Geheimhaltungsabreden wie die hier vorgesehene dienen – bei wesentlichen technischen Geschäftsgeheimnissen wie im hiesigen Lizenzvertrag dürften dem Lizenznehmer aber wohl auch strengere Schutzmaßnahmen zuzumuten sein. Im Eigeninteresse sollte der Lizenzgeber daher zusätzliche technische oder organisatorische Anforderungen auf Seiten des Lizenznehmers vorgeben, um das Risiko eines Verlusts seines Know-hows zu minimieren. Das Formular sieht insoweit vor, dem Lizenznehmer konkrete (zB technische) Schutzmaßnahmen zur Sicherung des Know-how in einer Anlage 3 vorzugeben. Der Umfang der Geheimhaltungsverpflichtungen ergibt sich – sofern Auslegungszweifel bestehen – aus der Legaldefinition des geheimen Know-how in der GVO-TT und der Know-how-Richtlinie.

Hierzu gehört es auch (vgl. Abs. 5), dem Lizenzgeber Belege zur Verfügung zu stellen, die ihm (zB in einem Prozess gegen Dritte) den Nachweis ermöglichen, dass das Know-how hinreichend gesichert wurde.

Es ist notwendig, die Geheimhaltungsverpflichtung über das Ende der Vereinbarung hinaus vorzusehen – denn ansonsten würde dem Lizenznehmer nach Ablauf des Vertrages ermöglicht, weiterhin geheimes Know-how ungestraft offen zu legen. Regelmäßig sollte die Geheimhaltungspflicht daher solange andauern, bis das Know-how (ohne Verschulden des Lizenznehmers) offenkundig wird. Sollte dies mit dem Vertragspartner nicht zu verhandeln sein, ist derzeit nicht sicher, ob allein die Pflicht des Lizenznehmers, bei Vertragsende sämtliche Kopien des Know-how zu löschen bzw. zurück zu geben (vgl. § 7 Abs. (2)), den Anforderungen der Know-how-Richtlinie an den Geheimnischarakter genügt – denn streng genommen bleibt es dem Lizenznehmer trotz Rückgabe des Know-how dann erlaubt, die erworbenen Kenntnisse frei zu verwerten und Dritten zu offenbaren.

24. **Nichtangriffsklauseln** liegen deshalb nahe, weil der Lizenznehmer meistens mit den Schwachstellen des Patents besonders vertraut ist und daher leicht Material gegen das Patent sammeln kann (BGHZ 17, 41, 53 f = GRUR 1955, 468 – *Schwermetall-Kokillenguß*). Sie sind jedoch kartellrechtlich gemäß Art. 5 Abs. 1 lit. b GVO-TT nicht freigestellt; die Kommission hat sie aber früher fallweise für einzelfreistellungsfähig angesehen – insbesondere dann, wenn die Lizenz zur Streitbeilegung gewährt wird (TT-Leitlinien Nr. 239 ff.; EG-Kommission v. 9.6.1972 – IV/26.813, ABl. EG 1972 Nr. L 143, 93 – *Raymond/Nagoya*, Nr. 3 des Negativattests; EG-Kommission v. 15.12.1975 – IV/27.073, 76/172/EWG, ABl. EG 1976 Nr. L 30, 13 – *Bayer/Gist-Brocades* – unter 3 C in einem Kooperationsvertrag beanstandete wechselseitige Nichtangriffsverpflichtungen; EG-Kommission v. 2.12.1975 – IV/26.949, 76/29/EWG, ABl. EG 1976 Nr. L 6, 8 – *AOIP/Beyrard*, unter Nr. 4 C der Entscheidung beanstandete Nichtangriffsklausel; EG-Kommission v. 11.7.1983 – IV/29.395, ABl. EG 1983 Nr. L 229, 1 – *Windsurfing International*, Entscheidungspunkt Nr. 7; bestätigt durch EuGH v. 25.2.1986 – Rs. 193/83, Slg. 1986, 611 = GRUR Int. 1986, 635 – *Windsurfing International*, Tz. 100 und Ls. 2). Der EuGH hat in der *Süllhöfer/Bayer*-Entscheidung (EuGH v. 27.9.1988 – Rs. 65/86, Slg. 1988, 5249 = GRUR Int. 1989, 56 – *Nichtangriffsklausel*) eine diffuse Haltung eingenommen: Nichtangriffsklauseln verstießen dann nicht gegen Art. 85 Abs. 1 EGV (jetzt Art. 101 Abs. 1 AEUV), wenn sie in einer kostenlosen Lizenz oder in einer Lizenz über ein technisch überholtes Verfahren enthalten seien.

Nach Art. 5 Abs 1 lit. b GVO-TT erlaubt ist jedoch, sich in exklusiven Lizenzen im Falle eines Angriffs auf die Schutzrechte ein Kündigungsrecht vorzubehalten.

25. Den Regelungen zur **Aufrechterhaltung der Schutzrechte** wird in Lizenzverhandlungen häufig zu wenig Beachtung geschenkt, obwohl die Kosten gerade von Patentverletzungsverfahren enorm sind. Der Lizenzgeber muss deshalb sehr genau überlegen, in welchem Umfang er insoweit Kosten bereit ist zu übernehmen.

(i) Das betrifft zunächst den Umfang der Verpflichtung, Patentanmeldungen weiter zu verfolgen (insbesondere, ob die Anmeldung auch dann noch weiter verfolgt werden muss, wenn sie nach Einschätzung des Lizenzgebers ohne Aussicht auf Erfolg ist); daneben auch die Kosten der Aufrechterhaltung eingetragener Patente und – soweit rechtlich noch möglich – die Erstreckung des Patentschutzes auf weitere Länder des Vertragsgebiets.

(ii) Für das **Vorgehen gegen Verletzer** (insbesondere auf Unterlassung und Schadensersatz) aus den lizenzierten Patenten aktivlegitimiert ist der Schutzrechtsinhaber, also der Lizenzgeber – bzgl. Schadensersatz jedenfalls soweit er (wie hier) aufgrund von Umsatzlizenzen ein eigenes wirtschaftliches Interesse an der Verfolgung hat. Aktivlegitimiert ist aber auch der **ausschließliche Lizenznehmer** (BGH GRUR 2004, 758, 763 – *Flügelradzähler*; BGH GRUR 2011, 711 – *Cinch-Stecker* [für den Sonderfall des am Lizenznehmer als Gesellschafter beteiligten Patentinhabers]; *Bartenbach* Rn. 94 f.). Eine Pflicht zur Klage trifft, soweit nicht vertraglich vereinbart, in der Regel weder den Lizenzgeber noch den Lizenznehmer. Eine vertragliche Verpflichtung der Parteien zur Verfolgung, sowie sich beim Vorgehen zu unterstützen, ist kartellrechtlich unbedenklich (TT-Leitlinien Nr. 183).

Ein Vorgehen gegen Verletzer wird im exklusiven Lizenzvertrag vor allem der Lizenznehmer wünschen. Will der Lizenzgeber nicht selbst klagen, hat er gemäß Abs. (2) den Lizenznehmer bei dessen Klage zu unterstützen, in der Praxis insbesondere durch Abgabe einer Prozessstandschaftserklärung. Die Kosten – und Erlöse (insbesondere aus Schadensersatzansprüchen) – trägt nach dem Muster der jeweilige Kläger, mit zwei Ausnahmen: (a) Fließen dem Lizenznehmer Erlöse zu, sollen diese ja die unerlaubte Nutzung des Patentes abdecken – diese Erlöse stehen aber dem Lizenzgeber als Schutzrechtsinhaber zu; unter Einbezug des vom Lizenznehmer auf sich genommenen Prozessrisikos erscheint aber eine Teilung der Erlöse angemessen. (b) Ein besonderes Kostenrisiko entsteht dadurch, dass bei einer Verletzungsklage der Verletzer typischerweise sofort eine Nichtigkeitsklage gegen das Klagepatent erhebt. Da üblicherweise der Lizenzgeber für die Verteidigung der Patente aufkommen muss, müsste er also auch bei einer allein vom und im Interesse des Lizenznehmers geführten Verletzungsklage Kosten in erheblicher Höhe tragen, die nur aufgrund der Verletzungsklage entstehen. Dies vermeidet die

Formulierung im Muster (weitergehend, insbesondere im Falle gemeinsamer Klage durch Lizenzgeber und Lizenznehmer, *Brandi-Dohrn* in Röhricht/Graf von Westphalen/Haas, HGB, Lizenzverträge Rn. 262).

(iii) Um zu vermeiden, dass der Wert der Schutzrechte – und damit evtl auch die wirtschaftlichen Verwertungsinteressen des Lizenzgebers – durch Anerkenntnisse oder Vergleiche des Lizenznehmers beeinträchtigt wird, verlangt das Muster insoweit grundsätzlich die Zustimmung des Lizenzgebers.

26. Die Verletzung von Rechten Dritter tritt in der Praxis vor allem auf in Form der **Abhängigkeit** (das lizenzierte Schutzrecht fällt zugleich in den (weiteren) Schutzbereich eines sog. dominanten Patents, der „vergessenen" **Vorlizenzierung** (der Lizenzgeber hat vor Erteilung der exklusiven Lizenz schon früher Lizenzen an Dritte erteilt – diese gelten gegenüber dem Lizenznehmer fort), sowie der **widerrechtlichen Entnahme** (der Lizenzgeber war gar nicht berechtigter Erfindungsbesitzer, hat also das Patent zu Unrecht angemeldet). In all diesen Fällen ist das lizenzierte Patent mit einem Rechtsmangel behaftet, für den nach heutiger ganz überwiegender Meinung der Lizenzgeber verschuldensabhängig schadensersatzpflichtig ist (*Kraßer/Ann* § 41 V b 3; Benkard/*Ullmann/Deichfuß* PatG § 15 Rn. 171 f.; Schulte/*Moufang* PatG § 15 Rn. 63). Demgegenüber ist die Haftung des Lizenzgebers gemäß § 9 in diesem Punkt teilweise eingeschränkt, sodass das Muster die Haftung auch in § 22 entsprechend anpasst.

27. In manchen Ländern – nicht in Deutschland – ist die Wirksamkeit einer Lizenzierung an Formvorschriften und/oder die Eintragung in ein öffentliches Register geknüpft. Je nach Wahl des Vertragsgebietes und der lizenzierten Schutzrechte ist insoweit Rechtsrat im Ausland einzuholen.

28. Die **Laufzeit des Vertrages** ist für beide Parteien von großer wirtschaftlicher Bedeutung – der Lizenzgeber bindet sich möglicher Weise für die gesamte Laufzeit des Patentes an einen exklusiven Lizenznehmer und dessen Fähigkeiten, das Patent wirtschaftlich zu verwerten. Der Lizenznehmer muss beim Verhandeln der Laufzeit einkalkulieren, dass er zunächst erhebliche Anlaufkosten für Entwicklung und Markteinführung von Lizenzprodukten haben wird, die er nicht durch eine frühzeitige Vertragsbeendigung frustriert sehen will. Im **Patentlizenzvertrag** wird häufig auf die Laufzeit des längstlaufenden Schutzrechts abgestellt, wenngleich kürzere Laufzeiten rechtlich unproblematisch sind (*Brandi-Dohrn* in Röhricht/Graf von Westphalen/Haas, HGB, Lizenzverträge Rn. 195). Da es nunmehr als kartellrechtlich unbedenklich angesehen wird, wenn die Lizenzgebührenpflicht länger als die Schutzdauer des lizenzierten Rechts andauert (TT-Leitlinien, Nr. 187), stünde die Fortdauer der Zahlungspflicht einer längeren Laufzeit nicht entgegen – allerdings dürfte dann das Wettbewerbsverbot in § 18 zur Kartellwidrigkeit führen.

Die **Know-how-Lizenz** (und die damit verbundenen Wettbewerbsbeschränkungen) ist nur solange nach der GVO-TT freigestellt, als das Know-how noch geheim und wesentlich ist; hierauf stellt auch das Muster ab. In der Praxis wird insoweit allerdings nicht selten ein pauschaler Zeitraum (zB 10 Jahre ab erstem Verkauf von Lizenzprodukten) vereinbart – was zumindest bzgl. der evtl. die Schutzdauer übersteigenden Lizenzgebührenpflicht kartellrechtlich unbedenklich wäre (siehe vorstehend).

Das Auslaufen einzelner Schutzrechte oder das Offenkundigwerden allein des Know-how führen nicht zum Vertragsende. Wegen der hierdurch evtl. eintretenden Änderung der Geschäftsgrundlage steht dem Lizenznehmer in solchen Fällen aber ein Recht zu, den Vertrag zu beenden (vgl. § 15 (1)).

29. Gerade bei noch nicht marktreifen Erfindungen wünscht der Lizenznehmer häufig ein Recht, sich vom Vertrag lösen zu können. Erfolgt diese ordentliche Kündigung sehr frühzeitig, hat der Lizenzgeber zwar den Aufwand der Vertragsverhandlungen gehabt (und evtl. andere Interessenten abschlägig beschieden), aber noch kaum Einnahmen aus dem Lizenzvertrag erzielt. Das Muster schlägt daher eine ordentliche Kündigung, verbunden mit einer Mindestlaufzeit, vor.

30. Das Gesetz kennt für die Beendigung von Dauerschuldverhältnissen wegen Pflichtverletzung nur die Kündigung des Vertrages insgesamt (BGH NJW 1993, 1320; *Brandi-Dohrn* in Röhricht/Graf von Westphalen/Haas, HGB, Lizenzverträge Rn. 318, 321). Hiervon nimmt das Muster für den Fall fehlender Lizenzzahlungen und fehlender Entwicklung der Lizenzprodukte Abstand – beide Aspekte können nämlich im Einzelfall weniger auf der Nachlässigkeit des Lizenznehmers beruhen, als auf unerwarteten technischen Hindernissen bei der Entwicklung und/oder widrigen Marktumständen. Dann mag es auch im Interesse des Lizenzgebers liegen, den Vertrag nicht vollständig beenden zu müssen, sondern zB auf die Länder zu beschränken, in denen der Lizenznehmer den Markt erfolgreich erschlossen hat (vgl. auch oben → Anm. 18).

31. Mit Vertragsende endet das Recht des Lizenznehmers, den Lizenzgegenstand weiter zu nutzen. Zum Schutz des Know-how muss er aber auch nach Vertragsende verpflichtet bleiben, das Know-how geheim zu halten (vgl. hierzu § 19 (2)).

Da bei einer exklusiven Lizenzvereinbarung Lizenzprodukte allein vom Lizenznehmer gefertigt werden, entspricht es der Üblichkeit, dass der Lizenznehmer über die Kennzeichnung der Produkte entscheidet und entsprechende Marken sowie ggfls notwendige Zulassungen und Genehmigungen im eigenen Namen erwirbt. Wird der Lizenzvertrag beendet – insbesondere infolge von Pflichtverletzungen des Lizenznehmers -, wird der Lizenzgeber evtl. die Lizenzprodukte selbst weiter vertreiben wollen, um Kundenbeziehungen und die Marktchancen seines Schutzrechts nicht unnötig zu beeinträchtigen. Dies wird ihm nur möglich sein, wenn er Inhaber der **Kennzeichenrechte** wird und – soweit dies rechtlich möglich ist – Inhaber etwaiger behördlicher Genehmigungen bzgl der Lizenzprodukte. Diese Rechte – da vom Lizenznehmer geschaffen und bezahlt – wird der Lizenznehmer nur gegen Bezahlung übertragen wollen; da zum Zeitpunkt des Vertragsschlusses noch keinerlei Vorstellungen über den Wert dieser künftigen Rechtspositionen besteht, sieht das Muster eine Verhandlungsphase und anschließend – in Abweichung von der Zweifelsregel des § 316 BGB – eine Leistungsbestimmung durch den Lizenzgeber vor, damit dieser vor Verzögerungen seitens des Lizenznehmers geschützt ist. Soweit der Lizenzgeber allerdings den Lizenzvertrag berechtigt aufgrund von Pflichtverletzungen des Lizenznehmers kündigt, steht dem Lizenzgeber ein Anspruch auf Schadensersatz für die ihm durch die Pflichtverletzungen verursachten Schäden (insbesondere entgangene Lizenzgebühren) zu. In diesem Fall ist es gerechtfertigt, dass der Lizenznehmer die Rechte zur Schadensminderung kostenlos überträgt.

Denkbar wäre es, diese Regelung auch auf den Fall auszudehnen, dass der Lizenznehmer den Vertrag gem. § 24 (1) beendet. Hintergrund für derartige Kündigungen ist meist, dass der Lizenznehmer das kommerzielle Interesse an der Vermarktung verloren hat – dann ist kein triftiger Grund einsichtig, warum er den Lizenzgeber in der weiteren Verwertung der für ihn uninteressant gewordenen Technologie behindern sollte; ggfls wäre ihm in diesem Fall aber die Erstattung der Kosten der Anmeldung und Aufrechterhaltung der zu übertragenden Rechte zuzugestehen.

5. Allgemeine Beschaffungsbedingungen für Industrie-Anlagen und Anlagenteile

1. Anwendungsbereich*[1]

Sofern nicht schriftlich etwas anderes vereinbart ist, gelten nur und ausschließlich die nachfolgenden Bedingungen.[2]

2. Bestellungen und sonstige Erklärungen

(1) Die Angebote müssen unserer Anfrage entsprechen. Sie sind für uns kostenlos und unverbindlich. Bestellungen sind nur verbindlich, wenn wir sie schriftlich erteilen und bestätigen. Dasselbe gilt für sonstige Erklärungen.

(2) Nicht in der Bestellung enthaltene Leistungen begründen keine Zahlungsansprüche des Auftragnehmers.[3]

3. Änderungen des Bestellungsumfangs

(1) Änderungen und Berichtigungen im Leistungsumfang und in der Ausführungsart, insbesondere solche, die von uns aus Gründen des technischen Fortschritts gewünscht werden, sind im Preis eingeschlossen, soweit sie ohne nennenswerte Kosten durch den Auftragnehmer durchgeführt werden.[4]

(2) Im übrigen sind Änderungen und Ergänzungen der bestellten Lieferungen oder Leistungen, soweit sie mit dem Auftragsgegenstand in einem seiner Zweckbestimmung entsprechenden Zusammenhang stehen, auf unser Verlangen zu gleichen Bedingungen und auf gleicher Preisgrundlage auszuführen, falls nicht eine solch wesentliche Veränderung des Bestellumfangs vorliegt, dass neue Preisfestsetzungen notwendig werden. Diese sind unter Beachtung der Gebote von Treu und Glauben zu führen. Ermöglichen solche Zusatzbestellungen oder sonstige Änderungen eine Preissenkung, so haben wir Anspruch darauf. Die Lieferzeit ist in solchen Fällen neu zu vereinbaren.

4. Selbstunterrichtung

Der Auftragnehmer hat sich über alle Einzelheiten des Auftrags und der vorgesehenen Arbeiten sowie die Beschaffenheit der Baustelle unter eigener Verantwortung Klarheit zu verschaffen. Er hat sich alle für die Ausführung erforderlichen Unterlagen an Ort und Stelle zu besorgen. Fehler, die sich als Folge der Vernachlässigung dieser Pflichten darstellen, gehen zu Lasten des Auftragnehmers, soweit dieser nicht nachweist, dass er die Pflichtverletzung nicht zu vertreten hat.[5]

5. Übertragung vertraglicher Verpflichtungen auf Dritte; Rechtliche Stellung von Zulieferanten

(1) Ohne unsere schriftliche Zustimmung darf der Auftragnehmer die Erfüllung der eingegangenen vertraglichen Verpflichtungen weder ganz noch teilweise auf andere

* Dieses Formular beruht auf den grundlegenden Arbeiten von *Rosener* (MVHdB II WirtschaftsR I, Form. VIII.2). Der Verf. dankt Herrn Koll. *Rosener* für die freundliche Gestattung, das Form. in der Fassung der 5. Aufl. zu verwenden. Es erscheint hier geringfügig überarbeitet und dem aktuellen Rechtsstand angeglichen. Im MVHdB selber wird es mittlerweile in anderer Bearbeitung *(Rosener/Kratzsch)* in derzeit 6. Aufl. fortgeführt.

Unternehmer übertragen. Wird die Einwilligung erteilt, so bleibt der Auftragnehmer für die Vertragserfüllung voll verantwortlich.

(2) Zulieferanten gelten als Erfüllungsgehilfen des Auftragnehmers im Sinne des § 278 BGB. Sie sind auf Wunsch namhaft zu machen.

6. Abtretung von Forderungen

(1) Soweit § 354 a HGB nicht eingreift, bedarf die Abtretung von Forderungen gegen uns zur Wirksamkeit unserer schriftlichen Zustimmung. Wir werden die Zustimmung nicht ohne triftigen Grund verweigern.

(2) Für Abtretungen, die aufgrund eines verlängerten Eigentumsvorbehalts erfolgen, gilt die Zustimmung als von vornherein erteilt.

7. Preise und Leistungsumfang

(1) Die Preise sind Festpreise. In jedem Fall schließen sie alles ein, was der Auftragnehmer zur Erfüllung seiner Liefer- und Leistungspflicht an dem vereinbarten Leistungsort zu bewirken hat, einschließlich Verpackung und Fracht.

(2) Ebenfalls eingeschlossen in den Liefer- und Leistungsumfang sind

- alle vom Gesetz, von den Aufsichtsbehörden, den Berufsgenossenschaften, dem Verband deutscher Elektrotechniker und sonstigen Fachverbänden vorgeschriebenen Sicherheits- und Schutzvorrichtungen, soweit diese bei Vergabe des Auftrags bekannt waren oder bekannt sein mussten;
- die Einhaltung der Gesetze und Verordnungen zum Umweltschutz;[6]
- die Einhaltung etwa bestehender DIN- und Besteller-Werk-Normen.

8. Transportgefahr

Die Transportgefahr trägt der Auftragnehmer. Er ist verpflichtet, sofern wir dies schriftlich verlangen, eine Transportversicherung abzuschließen.

9. Überprüfung der Herstellung

Wir haben, unbeschadet der Mängelhaftung des Auftragnehmers, das Recht, die Herstellung in den Werkstätten des Auftragnehmers jederzeit während der üblichen Betriebsstunden zu prüfen, gegen nicht sachgemäße Ausführung Einspruch zu erheben und fehlerhafte Teile zu verwerfen. Diese Überprüfung befreit den Auftragnehmer nicht von der Erfüllung seiner Pflichten, soweit nicht der Nachweis geführt werden kann, dass wir unsere Obliegenheiten grobfahrlässig verletzt haben.

10. Technische Unterlagen

(1) Zur Lieferung gehören sämtliche technischen Unterlagen in deutscher Sprache, wie zB Zusammenstellungs-, Fundaments- und Werkstattzeichnungen mit Stücklisten, Schaltbildern, Kennlinien und die statische Berechnung sowie sonstige für Wartung und Betrieb erforderliche Unterlagen als pausfähige Pausen. Hierzu gehören auch die technischen Unterlagen sowie insbesondere die Zeichnungen von Unterlieferanten. Zeichnungen, Berechnungen und andere Unterlagen sind uns in der für die Einholung der notwendigen Genehmigungen und für die Ausführung, Beaufsichtigung und Abrechnung gewünschten Form. und Anzahl unentgeltlich rechtzeitig zur Verfügung zu stellen. Wir sind berechtigt, uns der technischen Unterlagen, insbesondere der Zeichnungen auch unter Aushändigung an Dritte zwecks Ausführung von Reparaturen, späteren Änderungen und Anfertigung

von Ersatz- und Reserveteilen zu bedienen, ohne hierzu eine besondere Erlaubnis einholen zu müssen.

(2) Bei Erstellung von technischen Unterlagen und Berechnungen sind die für unser Unternehmen gültigen Werk-Normen/Technischen Lieferbedingungen zu beachten. Alle Teile, für die keine Werk-Normen, jedoch einschlägige Deutsche Normen oder Vorschriften bestehen, müssen diesen Normen oder Vorschriften entsprechen. Es ist notwendig, rechtzeitig mit unseren technischen Stellen eine Klärung über die anzuwendenden Normen herbeizuführen.

(3) Vor Beginn der Werkstattarbeiten sind uns je zwei Exemplare der Zeichnungen als Pausen oder je eine Transparentpause zur Einsichtnahme einzureichen. Mehrkosten aus einer verspäteten Zeichnungsüberlassung gehen zu Lasten des Auftragnehmers. Aufgrund der Einsichtnahme gewünschte Änderungen sind zu berücksichtigen, und zwar kostenlos, soweit es sich nicht um einschneidende Änderungen handelt. Falls diese Änderungen sich nachteilig auf die technischen Daten auswirken können, hat der Auftragnehmer uns darauf schriftlich hinzuweisen.

(4) Sollten in Ausnahmefällen bei der Fertigung, Montage oder Inbetriebnahme Maßabweichungen/Konzeptionsänderungen gegenüber den genehmigten Unterlagen auftreten, bedürfen diese unserer vorherigen schriftlichen Zustimmung. Die betreffenden technischen Unterlagen sind alsdann zu ändern und auszutauschen.

11. Anlieferung und Lagerung der Anlagenkomponenten und sonstiger Gegenstände, die für die Auftragsdurchführung benötigt werden

(1) Die Anlagenkomponenten und sonstigen Gegenstände, die für die Auftragsdurchführung benötigt werden, sind dem Gang der Montage entsprechend vorheriger Vereinbarung anzuliefern.

(2) Ihre Lagerung erfolgt auf von uns bestimmten Lagerplätzen auf Gefahr des Auftragnehmers. Eine Verpflichtung zur Bereitstellung gedeckter oder geschlossener Lagerräume besteht für uns nicht.

(3) Bei Lagerung von Materialien sind die gesetzlichen und behördlichen Vorschriften zum Umweltschutz vom Auftragnehmer zu beachten. Insbesondere ist bei der Lagerung von Materialien wie Farb-, Fett-, Treibstoffen, Ölen und Kaltentfettern oder sonstigen Stoffen, die geeignet sind, den Boden oder das Wasser zu verunreinigen oder in sonstiger Weise nachteilig zu verändern, Vorsorge gegen ein Auslaufen zu treffen.

12. Montageausrüstung und Baustelleneinrichtung

(1) Für die Montage benötigte Montageausrüstung und Baustelleneinrichtungen (zB Geräte, Werkzeuge, Hilfsmaschinen, Maste, Gerüste oder dergleichen sowie, falls erforderlich, Baubuden und Wohnbaracken) sind vom Auftragnehmer zu stellen. Eine Benutzung unserer Geräte darf nur mit Erlaubnis der Montageaufsicht erfolgen. Sie geschieht auf Kosten, Verantwortung und Gefahr des Auftragnehmers.

(2) Der Auftragnehmer ist verpflichtet, in zweifacher Ausfertigung ein genaues Verzeichnis der Geräte einzureichen, die er zur Ausführung der Arbeiten in unseren Werken benötigt. Verpackte Teile sind einzeln aufzuführen. Das Verzeichnis ist uns so rechtzeitig zu übergeben, dass eine Nachprüfung erfolgen und die Richtigkeit bescheinigt werden kann.

(3) Ausgangsbescheinigungen über Materialien, Geräte, Leergut usw können nur dann von uns ausgestellt werden, wenn die oben erwähnten geprüften Verzeichnisse oder Versandanzeigen vorliegen und anerkannt worden sind.

(4) Sämtliche Gerätschaften, worunter auch Gerüstbohlen, Leitern usw zu verstehen sind, müssen mit dem Firmenzeichen des Auftragnehmers versehen sein.

Für Verluste oder Beschädigung der Montageausrüstung oder Baustelleneinrichtung des Auftragnehmers sind wir nicht haftbar, soweit uns nicht Vorsatz oder grobe Fahrlässigkeit zur Last fällt. Das gilt auch für alle sonstigen auf unsere Betriebsgrundstücke verbrauchten Sachen.

(5) Eine Rücksendung erfolgt auf Kosten und Verantwortung des Auftragnehmers.

(6) Für die Abnutzung der Geräte des Auftragnehmers wird kein Ersatz geleistet.

13. Montage und Bauausführung

(1) Mit Rücksicht auf unseren Betrieb oder andere Arbeiten müssen Beginn und Durchführung der Montagearbeiten mit unserer Montageaufsicht abgestimmt werden.

(2) Die Arbeitskräfte des Auftragnehmers unterliegen den auf unseren Werken bestehenden Kontrolleinrichtungen. Ausweise sind nach Beendigung der Montage sowie bei Entlassung oder Austritt einzelner vom Auftragnehmer eingesetzter Arbeitnehmer an uns zurückzugeben. Für jeden nicht zurückgegebenen Ausweis berechnen wir eine Schutzgebühr von EUR 50,–.

(3) Aus wichtigem Grund sind wir berechtigt, den Einsatz bestimmter Arbeitskräfte abzulehnen, was im Einzelfall schriftlich zu begründen ist. Diese sind alsdann durch andere Arbeitskräfte zu ersetzen.

(4) Für die Montagearbeiten stellen wir dem Auftragnehmer Licht- und Kraftstrom sowie Wasser ohne Berechnung zur Verfügung. Die Anschlussstellen werden in der Nähe der Montagestelle von uns kostenlos eingerichtet. Die Umverteilung auf der Montagestelle selbst ist vom Auftragnehmer auf seine Kosten unter Beachtung der VDE-Richtlinien und der Werk-Normen des Bestellers einzurichten. Die Nutzung von Strom zu Heizzwecken ist untersagt.

(5) Telefonanschlüsse für die Montagestelle können auf Antrag des Auftragnehmers durch uns auf seine Kosten eingerichtet werden.

(6) Ein Wechsel in der Montageleitung ist nur aus wichtigem Grunde im Einvernehmen mit uns zulässig.

14. Stundenlohnarbeiten

(1) Stundenlohnarbeiten während der Montage und der Inbetriebnahme dürfen nur mit unserer ausdrücklichen Zustimmung und nach vorheriger schriftlicher Vereinbarung der Vergütungssätze sowie aller eventuellen Nebenkosten ausgeführt werden. Fehlt die schriftliche Vereinbarung, so sind wir berechtigt, die Bezahlung abzulehnen oder die Höhe der Vergütungssätze und Nebenkosten von uns aus festzusetzen.

(2) Die Stundennachweise sind spätestens am folgenden Tage bei der Montageaufsicht zur Anerkennung vorzulegen. Der Auftragnehmer ist verpflichtet, die bei uns vorhandenen Kontrolleinrichtungen und unsere Formulare zu benutzen. Diese werden auf Anforderung zur Verfügung gestellt. Die Vergütung erfolgt ausschließlich aufgrund der anerkannten Bescheinigungen, die mit der Rechnung einzureichen sind.

(3) Ein- und dieselbe Arbeitskraft des Auftragnehmers darf nicht gleichzeitig Schichten an unterschiedlichen Einsatzstellen verfahren oder in zwei aufeinanderfolgenden Schichten eingesetzt werden.

15. Liefer- und Ausführungsfristen

(1) Die für die Erbringung der Lieferung oder Leistung vereinbarten Zwischen- und Endtermine sind verbindlich.

(2) Auf unser Verlangen hat der Auftragnehmer unverzüglich nach Auftragserteilung einen Arbeits- und Zeitplan vorzulegen.

(3) Zwingen den Auftragnehmer schwerwiegende, nicht von ihm oder seinen Zulieferanten zu vertretende Umstände zur Überschreitung der Lieferfrist, so ist er zur unverzüglichen schriftlichen Meldung verpflichtet. Kommt er dieser Verpflichtung nicht nach, so kann er sich später nicht mehr auf solche Umstände berufen. Die Hinausschiebung des Termins erfolgt in einem den Auswirkungen der Verzögerungsursache entsprechenden und von Fall zu Fall festzulegenden Umfang.

(4) Eine Hinauszögerung der Zwischen- und Endtermine bedingt eine Hinausschiebung der daran geknüpften Zahlungstermine.

(5) Bei Terminüberschreitung des Auftragnehmers sind wir, sofern keine Vertragsstrafen vereinbart sind, berechtigt, Schadenersatz wegen verspäteter Lieferung geltend zu machen, sofern der Auftragnehmer nicht nachweist, dass er die Verspätung nicht zu vertreten hat. Nach angemessener Fristsetzung sind wir darüber hinaus berechtigt, Schadenersatz statt der Leistung zu verlangen und/oder vom Vertrag zurückzutreten.[8]

(6) Wird uns in Fällen höherer Gewalt, bei Streik oder Aussperrung die Erfüllung unserer Vertragspflichten ganz oder teilweise unmöglich oder wesentlich erschwert, können wir den Vertrag ganz oder teilweise aufheben, soweit die weitere Ausführung für uns unzumutbar geworden ist oder die Ausführung zu einer späteren Frist verlangen. Ist die Ausführung des Auftrags in diesen Fällen auch für den Auftragnehmer unzumutbar, so kann er seinerseits zurücktreten.

16. Abnahme

Die Abnahme erfolgt auf Antrag des Auftragnehmers schriftlich auf den dafür vorgesehenen Formularen unverzüglich nach Erfüllung der vertragsgemäßen Vorbedingungen, insbesondere einem angemessenen und ausreichenden Probebetrieb.[9] Erst am Tage der von uns schriftlich bestätigten Abnahme gilt die vertragliche Leistung des Auftragnehmers – ausgenommen Gewährleistung – als erfüllt.

17. Mängelansprüche

(1) Der Auftragnehmer übernimmt die Gewähr dafür, dass seine Lieferung oder Leistung die vereinbarten Beschaffenheiten hat, den anerkannten Regeln der Technik und den gesetzlichen Erfordernissen des Umweltschutzes und der Arbeitssicherheit entspricht und nicht mit Fehlern behaftet ist, die den Wert oder die Tauglichkeit zu dem gewöhnlichen oder bei der Bestellung vorausgesetzten Gebrauch aufheben oder mindern.

(2) Die Verjährungsfrist erstreckt sich auf zwei Jahre nach unserer Abnahme. Sie endet jedoch spätestens 48 Monate nach Vertragsunterzeichnung, sofern Probebetrieb und Abnahme aus Gründen nicht durchgeführt werden konnten, die wir zu vertreten haben.[10] Für innerhalb der Gewährleistungsfrist von uns gerügte Mängel verjähren unsere Ansprüche frühestens sechs Monate nach Erhebung der Rüge.

(3) Alle innerhalb der Verjährungsfrist gerügten Mängel hat der Auftragnehmer nach Aufforderung unverzüglich nach seiner Wahl durch Beseitigung des Mangels oder durch Lieferung eines entsprechenden Ersatzteils zu beseitigen. Alle hierbei entstehenden Kosten und Nebenleistungen, einschließlich Fracht, gehen zu seinen Lasten. Kommt der Auf-

tragnehmer einer von uns gesetzten Frist zur Mängelbeseitigung nicht nach, so sind wir berechtigt, die Mängel auf Kosten des Auftragnehmers selbst zu beheben oder durch Dritte auf seine Kosten beheben zu lassen. Schlägt eine Mangelbeseitigung fehl, bleibt das Recht auf Minderung oder Rücktritt unberührt.

(4) Für ausgebesserte und ersetzte Teile beginnen die Verjährungsfristen mit der Beendigung der Mangelbeseitigung oder, wenn eine Abnahme vereinbart ist, mit der Abnahme neu zu laufen. Die Abnahme ist gegebenenfalls bei uns schriftlich zu beantragen.

(5) Für alle Anlagenteile, die wegen der Betriebsunterbrechung, die dadurch eintritt, dass Nachbesserungsarbeiten oder Lieferung von Ersatzteilen erforderlich werden, nicht wie vertraglich vorgesehen verwendet werden können, verlängert sich die Frist für die Mängelhaftung um die Dauer dieser Unterbrechung.

(6) Bei Nichteinhaltung von Leistungsgarantien hat der Auftragnehmer auch den daraus nicht an dem Leistungsgegenstand selbst entstandenen Schaden zu ersetzen, es sei denn, er weist nach, dass weder ihn noch seine Zulieferer ein Verschulden trifft.[11] Der Ersatz entgangenen Gewinns ist ausgeschlossen.[12]

(7) In keinem Fall ausgeschlossen ist der Ersatz von Schäden, die versicherungsmäßig abgedeckt sind.[13] Der Auftragnehmer ist auf jeden Fall verpflichtet, eine Produkthaftpflichtversicherung nach dem HUK-Modell mit einer Deckungssumme von EUR 10 Mio/ Schadensfall (Personen- oder Sachschäden) abzuschließen. Hiermit wird keine Haftungsbegrenzung gemäß Abs (6) vereinbart.

18. Schutzrechte

(1) Der Auftragnehmer haftet im Rahmen seines Vertretenmüssens dafür, dass durch die Konstruktion, die Ausführung und die vertrags- oder bestimmungsgemäße Benutzung der Anlage keine bei Abnahme bestehenden Patente oder Gebrauchsmuster oder bei Abnahme ausgelegte Patentanmeldungen Dritter verletzt werden. Er ist verpflichtet, gegebenenfalls mit dem betroffenen Dritten eine Lizenzzahlung zu vereinbaren oder durch zweckentsprechenden Umbau der Anlage uns deren Benutzung zu ermöglichen. Durch den Umbau darf die Leistungsfähigkeit der Anlage in keiner Beziehung verringert werden. Ist dies nicht zu vermeiden, haftet der Auftragnehmer, ohne sich auf fehlendes Verschulden berufen zu dürfen.[14]

(2) Besteht der Dritte auf Stilllegung der Anlage, und erweist sich auch ein zweckentsprechender Umbau als nicht möglich, so muss sie vom Auftragnehmer unter Rückgewährung der erhaltenen Vergütung nebst Zinsen, in Höhe von 8 % über dem jeweiligen Basiszinssatz auf seine Kosten entfernt werden. Soweit wir weitergehende gesetzliche Ansprüche haben, bleiben diese unberührt.

(3) Mit dem Erwerb der Anlage erlangen wir das Recht, Instandsetzungen, Änderungen und dergleichen selbst vorzunehmen oder durch Dritte vornehmen zu lassen. Weiterhin sind wir berechtigt, Ersatzteile selbst herzustellen oder durch Dritte herstellen zu lassen. Diese Rechte können durch Schutzrechte des Auftragnehmers nicht beeinträchtigt werden. Der Auftragnehmer hat dafür einzustehen, dass auch Schutzrechte Dritter dem nicht entgegenstehen.

19. Kündigung und Stilllegung

(1) Bei einer Kündigung des Vertrages durch uns regelt sich die Vergütung an den Auftragnehmer unter Ausschluss der Bestimmungen des § 649 BGB nach § 645 Abs 1 BGB.[15] Eine zeitweilige Einstellung der Arbeiten können wir jederzeit verlangen.[16]

(2) Zu einer Kündigung des Vertrages aus wichtigem Grund sind wir im Übrigen insbesondere berechtigt, wenn über das Vermögen des Auftragnehmers das gerichtliche Vergleichs- oder Insolvenzverfahren eröffnet wird.

20. Rechnungserteilung und Zahlung

(1) Die Rechnung ist sofort nach Lieferung oder Leistung unter Angabe der Bestellnummer einzureichen. Rechnungen für Zwischenzahlungen sind als solche zu kennzeichnen.

(2) Die Begleichung der Endrechnung erfolgt am Ende des der Lieferung oder Leistung und Rechnungseingang folgenden Monats. Die Begleichung von Zwischenrechnungen erfolgt am Ende des am Rechnungseingang folgenden Monats.

(3) Lieferungen und Leistungen vor dem vereinbarten Termin berühren nicht die an diesen Termin gebundene Zahlungsfrist.

(4) Sofern wir innerhalb von . . . . . nach erfolgter Lieferung oder Leistung bzw nach Fälligkeit der Zwischenrate und Rechnungsstellung zahlen, sind wir berechtigt, ... % Skonto von der Zahlung abzuziehen.

(5) Die Begleichung der Rechnungen erfolgt in Zahlungsmitteln nach unserer Wahl. Hierzu gehören auch diskontfähige Eigenakzepte und Kundenwechsel.

21. Aufrechnung und Verrechnung

Aufrechnungs- und Verrechnungsrechte bleiben vorbehalten.

22. Nutzung oder Weitergabe von Arbeitsergebnissen an Dritte

Arbeitsergebnisse, die aufgrund von uns vorgeschlagenen oder mit dem Auftragnehmer gemeinsam entwickelten Änderungen erzielt werden, dürfen nicht ohne unsere vorherige schriftliche Zustimmung durch den Auftragnehmer benutzt oder an Dritte weitergegeben werden.

23. Erfüllungsort, Gerichtsstand, Anwendung deutschen Rechts

(1) Erfüllungsort ist für die Lieferung oder Leistung die von uns bezeichnete Empfangsstelle. Zahlungsort ist an unserem Sitz. Gerichtsstand ist an unserem Sitz oder nach unserer Wahl der allgemeine Gerichtsstand des Auftragnehmers.

(2) Für alle Rechtsbeziehungen zwischen uns und dem Auftragnehmer gilt unter Ausschluss ausländischen Rechts nur das für die Rechtsbeziehungen inländischer Parteien maßgebende Recht an unserem Sitz; die Geltung des UN-Kaufrechts ist ausgeschlos-sen.

24. Allgemeines

(1) Diese Beschaffungsbedingungen gelten sinngemäß für alle Verträge, die auf die Beschaffung von Industrie-Anlagen oder Anlagenkomponenten gerichtet sind, also insbesondere Kauf-, Werk- und Werklieferungsverträge.

(2) Sie gelten nur gegenüber Kaufleuten im Sinn von § 310 Abs 1 BGB.

Schrifttum: S. → Form. I.J.6 Anm. 1 ff.

Anmerkungen

1. Dieses Form. ist auf die Interessen des **Einkäufers (Bestellers/Auftraggebers)** zugeschnitten. Folglich verzichtet es auf die Integration aller für die Erstellung einer Industrieanlage notwendigen Lieferungen und Leistungen; das „Zusammenfügen" ist bei diesem Vertragsformular vielmehr Sache des Einkäufers/Auftraggebers. Soweit AGB-rechtliche Probleme zu erkennen sind, wird darauf besonders verwiesen. Die **individualvertragliche Gestaltung** nach § 305 Abs. 1 S. 3 BGB (grundlegend BGH NZBau 2016, 213; NJW 2013, 856; NJW 2014, 1725; NJW 2000, 1110 (1111 f); kritisch *Meier-Reimer* NJW 2017, 1 ff; *Berger* NJW 2010, 465 ff; *Leuschner*, AGB-Recht im unternehmerischen Verkehr, 2021, § 305 Rn. 112 ff; 156 ff) sollte nie aus den Augen gelassen werden. *Zons* in Bock/Zons, Rechtshandbuch, Teil B, Rn. 1196 ff. Sie setzt regelmäßig voraus, dass der AGB-Verwender/Auftraggeber änderungsbereit ist, indem er verpflichtet ist, den „gesetzesfremden Kerngehalt" der jeweiligen Klausel zur Gänze zur Disposition zu stellen (BGH NJW 2019, 2080 (2081), um dem Auftragnehmer die „reale Möglichkeit" (BGH NJW 2013, 856 (858)) einzuräumen, von seiner Vertragsgestaltungsfreiheit nach Maßgabe seiner eigenen Interessen auch tatsächlich Gebrauch zu machen (BGH NJW 2013, 856 (858); NZBau 2016, 213 (214)). Die Einräumung einer solchen Gestaltungsmöglichkeit wird sich daher auch in aller Regel in einer entsprechenden Änderung des vorformulierten Textes niederschlagen (BGH NJW 2014, 1725 (1727)) und so auch die tatsächliche Einflussnahme des Auftragnehmers belegen (BGH NJW 2013, 856). Es reicht insoweit nicht aus, wenn der Auftraggeber/Verwender nur bereit ist, einen Teil des „gesetzesfremden Kerngehalts" der betreffenden Klausel, diese also praktisch nur abschwächend zur Disposition zu stellen (BGH NZBau 2016, 213; NJW 2013, 856). Auch reicht es nicht aus, wenn der Auftraggeber/Verwender lediglich in einer vorformulierten Klausel erklärt, dass der Vertrag „ausgehandelt" worden ist, weil diese Klausel mit dem Schutzzweck des AGB-Rechts nicht im Einklang steht (BGH NJW 2014, 1725). Nach der Rechtsprechung ist es allerdings nicht ausgeschlossen, dass auch eine unverändert gebliebene, nicht abgeänderte Klausel als ausgehandelt nach § 305 Abs 1 S. 3 BGB zu bewerten ist (BGH NJW 2013, 856), was jedoch voraussetzt, dass sie gründlich erörtert und auch als sachgerecht anerkannt worden ist. Doch hat der BGH bislang nicht entschieden, dass die Voraussetzungen im Einzelfall tatsächlich anzuerkennen waren, wobei die Darlegungs- und Beweislast stets der Verwender/Auftraggeber trägt (BGH NJW 2014, 1725; NJW 2019, 2080). Wenn eine Klausel als „unabdingbar" bezeichnet wird, dann ist dies für ein Aushandeln nach § 305 Abs 1 S. 3 BGB irrelevant (BGH NJW 2013, 856). Sie bleibt gerade dann AGB im Sinn von § 305 Abs. 1 S. 1 BGB. Auch ist nicht entscheidend, dass bei den Verhandlungen ein Anwalt als Berater anwesend war, dadurch werden die Voraussetzungen des Aushandelns nicht abgesenkt (BGH NJW 2013, 856 (857)). Doch ist diese Rechtsprechung in letzter Zeit in der Literatur auf das nachhaltigste kritisiert worden (*Müller* IWRZ 2018, 153; *Meier-Reimer* NJW 2017, 1; *Leuschner* ZIP 2015, 1045; *Berger* NJW 2010, 463; *Berger* FS *Graf von Westphalen*, 2010, 13; *Dauner-Lieb/Axer* ZIP 2010, 309; *Kessel/Jüttner* BB 2008, 1350; *Kessel/Stomps* BB 2009, 2666; *Lischek/Mahnken* ZIP 2007, 158; *Müller/Griebeler/Pfeil* BB 2009, 2658; dagegen *Graf von Westphalen* ZIP 2010, 1110; *Graf von Westphalen* BB 2010, 195). Die mehrheitlich in der Literatur vertretene Ansicht richtet sich aber auch gegen die als zu weitreichend angesehene richterliche Inhaltskontrolle von AGB-Klauseln im unternehmerischen Verkehr. Doch diese hat der BGH erst kürzlich in zwei Grundsatzurteilen stabilisiert (*Graf von Westphalen* BB 2017, 2251), indem er die „Leitbildfunktion" des dispositiven Recht entscheidend im Rahmen von § 307 Abs 2 Nr 1 BGB in den Vordergrund der dem AGB-Recht zuzuweisenden Schutzfunktion gestellt und einen Gleichklang insoweit zwischen dem Schutz des Verbrauchers und des Unternehmers herbeigeführt hat (BGH NJW 2017,

2986 Tz 66; WM 2017, 1652 – Tz 72; vgl auch BGH BKR 2018, 421 – Avalkredit). Darauf wird sich die Praxis einzustellen haben (hierzu *Mahnken/Cloppenburg*, in Bock/ Zons, Rechtshandbuch, Teil A Rn. 140 ff).

2. Die **Rechtsnatur** des Industrieanlagen-Vertrages – dieser Name hat sich für den Vertragstyp eingebürgert – ist **strittig** (*Joussen* Der Industrieanlagen-Vertrag, 2. Aufl, Rn 1 ff, im Einzelnen auch *von Oppen*, Der internationale Industrieanlagenvertrag, 2001; vgl im Übrigen auch *Stummel*, Standardvertragsmuster, 2015, Kap XI.1). Teilweise wird die Auffassung vertreten, es handele sich – jedenfalls im Kernbereich – um einen Werklieferungsvertrag gemäß § 651 BGB aF – nunmehr § 650 BGB – (vgl *Voit* BauR, 2009, 369), was zur Anwendung von **Kaufrecht** führt (BGH NJW 2009, 2877) oder auch um eine Vertragstype, die dem **Werkvertragsrecht** (*Nitschke* BauR 2004, 1340) unterworfen ist (*Michaelis de Vasconcellos,* Garantieklauseln und Risikoverteilung im internationalen Anlagenvertrag, 84; *Graf von Westphalen* BB 1971, 1126 f). Doch setzt diese Einordnung nach § 650 BGB voraus, dass es sich um eine bewegliche Sache handelt (Palandt/ *Sprau* BGB § 650 Rn 1). **Zutreffend** erscheint es, den Industrieanlagenvertrag als einen typengemischten, eigenen Vertrag zu qualifizieren (Baumbach/Hopt/*Hopt,* HGB Überbl vor § 373 Rn 23). Doch wird man auch erwägen müssen, insoweit auch den Typus des **Bauvertrages** nach § 650a BGB in die Erwägungen einzubauen (BeckOK BGB/*Voit* BGB § 650a Rn 2 – Bauwerk; Palandt/*Sprau* § 650a Rn 6 – Technische Anlagen; BGH NJW-RR 2002, 664 – Müllpresse – Arbeiten an einem Bauwerk). Die definitorische Umschreibung des Bauvertrages nach § 650a BGB zielt nämlich darauf ab, dass er als eigenständiger Vertragstyp – und damit in Abgrenzung gegenüber einem Werkvertrag (*Motzke* NZBau 2017, 515 (516)) – auf die Errichtung eines Bauwerks oder einer Außenanlage gerichtet ist (Palandt/*Sprau* BGB § 634a Rn 9). Dieses ist wiederum dadurch charakterisiert, dass es sich um eine unbewegliche Sache handelt, welche durch Verwendung von Arbeit und Material in Verbindung mit dem Erdboden hergestellt worden ist (BGH NJW 2013, 601 (602); NJW-RR 2003, 1320). Die Frage, ob der Industrieanlagenvertrag dem Bauvertragsrecht nach § 650a BGB oder dem Werkvertragsrecht nach den §§ 631ff BGB zugeordnet werden, oder ob denn nicht die Einordnung als Vertrag sui generis den Vorrang genießen soll, hat deswegen hohe **praktische Bedeutung,** weil bei solchen komplexen Langzeitverträgen stets zu besorgen ist, dass der Vertrag Lücken enthält, welche dann im Wege der hypothetischen Vertragsauslegung gem §§ 133, 157 BGB zu füllen sind. Greift man dann auf **typusbestimmende** Elemente des Werk- oder des Kaufrechts (§ 650 BGB) zurück, so verdrängen diese Normen weitgehend eine nur am Willen der vertragsschließenden Parteien unmittelbar anknüpfende hypothetische Auslegung (*Nicklisch,* Bau- und Anlagenverträge, 101 (103 f); statt aller Palandt/*Ellenberger* BGB § 157 Rn 4 mwN). Hinzu tritt aber auch noch die weitere Erwägung, dass die zutreffende Einordnung des Vertragstypus unmittelbare Auswirkungen auf die damit verbundene „Leitbildfunktion" (Palandt/*Sprau* BGB § 650a Rn 2) für die richterliche Inhaltskontrolle nach § 307 Abs 2 Nr 1 BGB entfaltet (BGH NJW 2017, 2986 Tz. 38 ff). Gelangt man allerdings zu dem Ergebnis, dass die Besonderheiten des Industrieanlagenvertrages es verbieten, diesen einem der Typen des BGB zuzuweisen, dann wird man konsequenterweise die Inhaltskontrolle nur über § 307 Abs 2 Nr 2 BGB vornehmen dürfen

3. Es ist von ganz außergewöhnlich praktischer Bedeutung, dass vertraglich klargestellt wird, welcher **Liefer- und Leistungsumfang** dem Vertrag zugrunde liegt und deshalb vom Auftragnehmer zu erbringen ist, *Bock*, in *Bock/Zons*, Rechtshandbuch, Teil B Rn. 1 ff. Dieser Ansatz ist auch durch die Schuldrechtsmodernisierung vorgegeben, weil es entscheidend darum geht, das jeweilige Pflichtenprogramm der Parteien exakt zu umschreiben. Denn die jeweilige Pflichtverletzung hat nach den §§ 280 Abs 1, 241 Abs 2 BGB Sanktionsfolgen, die auf Ersatz des entstandenen Schadens gerichtet sind. Stets empfiehlt es sich daher, eine abschließende Verständigung zwischen den Parteien in diesem wesentlichen Punkt zu erreichen; alle Vereinbarungen sind zudem schriftlich festzuhalten. Änderungen und Ergänzungen bedürfen jeweils besonderer Vereinbarungen. Dies gilt gerade deswegen, weil die Spannbreite zwischen einem „Turn-key-Vertrag" und einem Vertrag über die Bestellung bestimmter Anlagenteile, Maschinen pp oszilliert. Freilich ist zu bedenken, dass es sich hierbei um eine klassische **Schriftformklausel** handelt (BGH NJW 2017, 1017 – doppelte Schriftformklausel – Verstoß gegen § 305b BGB). Als Individualvereinbarung sperrt sie jedoch nicht die Wirksamkeit weiterer mündlicher Abreden, weil die Aufhebung der vereinbarten Schriftform **formlos** möglich ist (Palandt/*Ellenberger* BGB § 125 Rn 19). Handelt es sich hingegen um eine **AGB-Klausel,** so gilt für nachvertragliche mündliche Abreden entweder das aus § 305b BGB abgeleitete Vorrangprinzip oder die Argumentation, dass die Schriftformklause wegen Verstoßes gegen BGB § 307 Abs 1 S. 1 BGB unwirksam ist, soweit etwa die Mitarbeiter keine Vertretungsmacht besaßen (BGH NJW 1985, 320 (322); BGH NJW 1985, 625 (630) – kaufmännischer Verkehr). Soweit **keine** Vertretungsmacht besteht, ist die Klausel wirksam (BGH ZIP 1994, 1607). Zu bedenken ist, dass die Schriftformklausel für etwaige Zusatz- oder Nachtragsaufträge nach BGB § 307 Abs 1 S. 1 BGB jedoch unwirksam ist, soweit mangels Schriftform Nachforderungen des Auftragnehmers ausgeschlossen sein sollen (BGH NJW 2004, 502). Daher ist in der Praxis mit Nachdruck darauf Wert zu legen, dass etwaige – und immer auch notwendige – Änderungsvereinbarungen – „change requests" und „change orders" – auf das Sorgfältigste als fortlaufend jeweils zu nummerierende Änderungsvereinbarungen von bevollmächtigten Vertretern beider Parteien vertraglich zeitnah fixiert werden. Denn das „claim engineerung" hat seine eigene Vorzüge, aber auch für den Betroffenen je eigenen Tücken, welche oft sehr kostspielig werden können.

4. Da die Formulierung auf das Kriterium der „nennenswerten Kosten" abhebt, ist sie tendenziell streitträchtig. Sie liegt aber im Interesse des Auftraggebers. Als AGB-Klausel verwendet, könnten freilich gem § 307 Abs 1 S 2 BGB **Bedenken** bestehen, weil in der Verpflichtung des Auftragnehmers, Ergänzungen oder Berichtigungen im Bestellumfang – ohne Preisanpassung – vorzunehmen, ein einseitiges Leistungsbestimmungsrecht im Sinn von § 315 BGB liegt, welches das des Kriterium billigen Ermessens – in seinen Voraussetzungen und Folgen für den Kunden (BGH NJW-RR 2005, 1496 (1501) – Honda) – nicht ausreichend berücksichtigt (BGH ZIP 1994, 461 (466)). Es könnte deshalb empfehlenswert sein, diese Klausel in geeigneter Weise – etwa summenmäßig – zu begrenzen. Dabei bleibt auch zu berücksichtigen, dass Änderungen des Liefer- und Leistungsumfangs bei komplexen Anlagenverträgen gang und gäbe sind, und dass es im Interesse des **Auftragnehmers** liegt, nur die Leistungen zu erbringen, die exakt im Vertrag bezeichnet sind; insbesondere besteht sein Interesse darin, einen etwaigen **Kumulationseffekt** von mehrfachen, möglicherweise sogar zahlreichen Änderungswünschen des Auftraggebers einzugrenzen oder gar auszuschließen. Hier entscheidet sich – so oder anders – im Übrigen auch die fachliche Qualifikation/Kompetenz des jeweiligen Projektmanagements. Erneut wird auf die insoweit wichtige BGH-Entscheidung (oben → Anm. 3) verwiesen, wonach die Vereinbarung einer vorformulierten Schriftformklausel für die Vergütung von Zusatz- und Nachtragsaufträgen nach § 307 Abs 1 S. 1 BGB unwirksam ist (BGH NJW 2004, 502). Ob man die Klausel so schreiben kann, dass nur vertraglich begründete Ansprüche wegen etwaiger Zusatz- oder Nachtragsaufträgen im Rahmen der Schriftform verbindlich sind, erscheint ungewiss, sollte aber bis zum Bewies des Gegenteils deswegen angestrebt werden, weil nur eine solche Gestaltung im Interesse der vertraglichen Klarheit liegt.

5. Der auf das Vertretenmüssen in der Klausel ausdrücklich formulierte Vorbehalt ist deswegen bedeutsam, weil damit deutlich wird, dass nur eine auf Schadensersatz in diesen Fällen (§ 241 Abs 2 BGB) Verantwortlichkeit eingefordert ist, und dass sich der Schuldner hier auch nach § 280 Abs 1 S. 2 BGGB entlasten kann, indem er den Nachweis fehlenden Vertretenmüssens erfolgreich führt (vgl BGH NJW 2018, 291). Dieser Vorbehalt ist unverzichtbar (BGH NZBau 2016, 213 (216)).

6. In der Übernahme dieser Leistungspflichten liegt stets ein **erhebliches Risiko** für den Auftragnehmer. Höchste Vorsicht ist daher bei diesen Regelungen am Platz. Stets ist zu bedenken, dass es darauf ankommt, ob im Zeitpunkt der **Abnahme** das gesamte Arsenal behördlicher und gesetzlicher Bestimmungen beachtet ist; es reicht nicht aus, lediglich auf den Zeitpunkt des **Vertragsabschlusses** abzustellen, weil die Erfüllungspflicht des Auftragnehmers erst im Zeitpunkt der Abnahme beendet ist. Doch kann im Blick auf eine nach Abschluss des Vertrages entstandene Änderung der Gesetzeslage eine Nachforderung bezüglich der entstehenden Nebenkosten vertraglich begründet werden. Das ist sorgsam zu beachten.

7. Ob in der Tat die vom Besteller durchgeführten Prüfungen stets und immer die Gewährleistungshaftungen des Auftragnehmers unberührt lassen, ist in der Praxis freilich höchst zweifelhaft. Abhängig von den Umständen des Einzelfalls kann hier nämlich der Einwand mitwirkenden Verschuldens gem § 254 BGB erhoben werden. Soweit es sich um eine **AGB-Klausel** handelt, ist sie gemäß § 307 Abs 2 Nr 1 BGB **unwirksam;** denn sie berücksichtigt nicht den im kaufmännischen Verkehr geltenden Verbotstatbestand von § 309 Nr 7b BGB (BGH NJW 2007, 3774; Palandt/*Grüneberg* BGB § 309 Rn 48 ff; Erman/*Roloff/Looschelders* BGB § 309 Rn 76 ff) sowie das nach § 307 Abs 2 Nr 2 BGB geschützte Konzept der „wesentlichen“ Vertragspflicht (BGH NJW-RR 2005, 1496 (1503); BGH NJW 2002, 749; BGH NJW-RR 2001, 342; ZIP 1994, 461 (465); BGH BB 1996, 654 (656); im Einzelnen auch Erman/*Roloff/Looschelders* BGB § 309 Rn 77). Folgt man dem, wird man jedenfalls vorsorglich vorsehen, dass eine Vorbehalt für den Fall groben Verschuldens gemacht wird.

8. Diese Regelung begünstigt den Besteller, weil sie ihm die gesetzlichen Ansprüche gem §§ 280 Abs 2, 281 BGB im Fall des Verzuges uneingeschränkt offenhält. Es liegt daher im Interesse des **Auftragnehmers,** eine überschaubare Haftungsbegrenzung **individualvertraglich** zu vereinbaren. Soweit der Besteller eine **Vertragsstrafe** für den Fall des Verzugs vereinbart (hierzu *Fußy* in Bock/Zons, Rechtshandbuch, Teil B Rn 602 ff), sind folgende Gesichtspunkte zu berücksichtigen:

a) Handelt es sich hierbei um eine **Individualvereinbarung,** so gilt gemäß § 348, dass die Vertragsstrafe zwischen **Kaufleuten** durch Richterspruch nicht herabgesetzt werden kann (Baumbach/Hopt/*Hopt,* HGB § 348 Rn 6 f).

b) **Anders** ist jedoch die Rechtslage, wenn der Nachweis erbracht werden kann, dass es sich um eine iSv § 305 Abs 1 S. 1 BGB **vorformulierte** Vertragsstrafeklausel handelt. Unter dieser Voraussetzung ist es iSv BGB § 307 Abs 1 BGB unerlässlich, dass zwischen der Höhe der Vertragsstrafe einerseits und der maximalen Belastung des Auftragnehmers aufgrund der verwirkten Vertragsstrafe andererseits eine angemessene Relation besteht (BGH NJW 2003, 1805; BGHZ 72, 222 (224); BGH ZIP 1988, 169 (170); BGH ZIP 1994, 461 (467)). Dies gilt sowohl bei größeren Verträgen (BGH NJW 2003, 1805 – über DM 13.000.000,00 Mio – kein Vertrauensschutz bei einer Vertragsstrafe von bis zu 10 % des Auftragwertes; BGH ZIP 1988, 169) als auch bei kleinen Aufträgen (BGH ZIP 1989, 243; BGH ZIP 1989, 1066). Es muss eine vernünftige Begrenzung des maximalen Betrags der Vertragsstrafe vorgesehen werden (BGH ZIP 1988, 169 (170); BGH ZIP 1989, 243 (244)). Welche Höhe hier in Betracht kommt, ist abhängig von den Umständen des Einzelfalls, insbesondere davon, wie hoch das Schadenspotential ist, sofern der Auftragnehmer seine Vertragspflichten nicht rechtzeitig erfüllt (Köln NJW-RR 1988, 654). Generell sollte eine Vertragsstrafe – bezogen auf einen Liefer- und Leistungsverzug des Auftragnehmers – 5 % des Vertragspreises nicht überschreiten (BGH NJW 2003, 1805).

c) Das aus § 339 BGB abzuleitende **Verschuldenselement** darf in AGB-Klauseln nur in sehr engen Grenzen abbedungen werden, ohne dass die Klausel gegen BGB § 307 Abs 2 Nr 1 BGB verstößt (OLG Oldenburg MDR 2000, 763 – Bauvertrag; LG Aachen NJW-RR 1987, 958; Celle NJW-RR 1988, 946 (947); *Kiethe/Imbeck* ZIP 1994, 1252). Jedenfalls beim Industrieanlagen-Vertrag ist – ebenso wie beim Bauvertrag (vgl auch Erman/*Roloff/Looschelders* BGB § 309 Rn 58) – nicht ohne weiteres ein gewichtiger Grund erkennbar, auf das Verschuldensmoment gemäß § 339 BGB bei der Regelung einer Vertragsstrafe zu verzichten (hierzu BGH NJW 1993, 1786; BGHZ 72, 174 (178) – Chartergeschäft/Schmuggelklausel). Dies ist auch in der Praxis deswegen unproblematisch, weil es ja ohnehin Sache des Auftragnehmers ist, sich vom Vorwurf des subjektiv vorwerfbaren Verschuldens zu entlasten, weil hier zum einen § 276 Abs 2 BGB, zum anderen der allgemeine Grundsatz des § 286 Abs 4 BGB gilt (Palandt/*Grüneberg* BGB § 339 Rn 15).

d) § 341 Abs 3 BGB verlangt, dass der Besteller sich die Vertragsstrafe „bei der Annahme“ der als Erfüllung geschuldeten Leistung **vorbehält.** Die Abbedingung dieses aus § 341 Abs 3 BGB resultierenden Vorbehalts verstößt gegen § 307 Abs 2 Nr 1 BGB und ist unwirksam (BGH NJW 1983, 385). Allerdings ist es möglich, den **Zeitpunkt,** bis zu welchem der Besteller verpflichtet ist, den Vorbehalt der Vertragsstrafe zu erklären, zeitlich hinauszuschieben, etwa bis zur geschuldeten **Schlusszahlung** (BGH BauR 2000, 1758; BGH NJW 2003, 1805 (1808); BGH BB 1979, 69 (70)). Er ist jedoch spätestens mit der Erfüllung der letzten Leistungshandlung zu erklären (BGH DB 1979, 883; vgl auch BGH BauR 1984, 643). Das ist beim Bauvertrag die Schlusszahlung (BGH NJW 2003, 1805 (1808)). Beim Industrieanlagen-Vertrag, der ja mit einem Bauvertrag nicht ohne weiteres vergleichbar ist, empfiehlt es sich deshalb, in dem **Abnahmeprotokoll** ausdrücklich einen Vorbehalt der Vertragsstrafe aufzunehmen; dies verstößt nicht gegen § 307 Abs 2 Nr 1 BGB. Denn erst dann, wenn der Auftraggeber das entsprechende Protokoll gegengezeichnet hat, sind die vom Auftragnehmer zu erbringenden Leistungen erbracht und damit abgeschlossen. Geschieht dies nicht, bleibt allemal zu erwägen, dann an das Datum der nächst fälligen Zahlung anzuknüpfen und den Vorbehalt der Vertragsstrafe daran zu binden.

9. Im Interesse des **Auftragnehmers** empfiehlt es sich allemal, die Einzelheiten des durchzuführenden Probebetriebes – und der daran anschließenden Abnahme der Industrieanlage – auf das genaueste zu formulieren (*Nicklisch*, Bau- und Anlagenverträge/*Schneider*, 201 ff; *Vasconcellos,* Garantieklausel und Risikoverteilung im internationalen Anlagenvertrag, 113 ff). Denn die Abnahme ist das (werkvertragliche) Herzstück des Anlagenvertrages.

10. Die Regelung von **Spätestfristen** liegt unbedingt im Interesse des Auftragnehmers. Er muss sicherstellen, dass seine Erfüllungs- und Gewährleistungspflichten von einem bestimmten Datum an als **beendet** anzusehen sind, wenn es nicht gelingt, die Abnahme der geschuldeten Leistungen (oder auch nur deren Fertigstellung und den anschließenden Probebetrieb) ordnungsgemäß und auch rechtzeitig nachzuweisen, weil dies auf Gründe zurückzuführen ist, die der Besteller zu vertreten hat (im Einzelnen Nicklisch, Bau- und Anlagenverträge/*Lück/Zimmermann*, 217 ff). Die in §§ 642 ff BGB vorgesehenen Sanktionen – regelmäßig: ein Kündigungsrecht des Auftragnehmers – reichen nicht aus, um die Mitwirkungspflichten des Bestellers zu erzwingen.

11. Die exakte Festlegung von Leistungsdaten, Beschaffenheitsvereinbarungen, Zusicherungen und **Garantien** (BGH NJW 2007, 1346) ist für die Bewältigung der rechtlichen Risiken eines Industrieanlagen-Vertrages von kardinaler Bedeutung (*Kiene* in Bock/Zons, Rechtshandbuch, Teil B Rn. 778 ff; Nicklisch, Bau- und Anlagenverträge/*Schlodtke*, 155 ff; *Vasconcellos,* Garantieklausel und Risikoverteilung im internationalen Anlagenvertrag, 126 ff). Dabei spielt die Frage eine ganz zentrale und entscheidende Rolle, inwieweit nämlich bei der Nichterfüllung von Leistungsgarantien und sonstigen Garantien (Kapazität, Verbrauch, Verfügbarkeit etc) die Vorschrift der §§ 444, 639 BGB zu Anwendung gelangt, weil danach **jegliche Begrenzung der Haftung** für den Lieferanten auch im Rahmen eines Individualvertrags **nichtig** ist (Erman/*Grunewald* BGB § 444 Rn 11), soweit sie sich nicht auf den Haftungsumfang der jeweiligen Garantie bezieht. Bei der Beurteilung dieser Frage ist ein Doppeltes im Auge zu behalten: Zum einen liegt nach der Rechtsprechung des BGH eine Garantie im Sinn der §§ 444, 639 BGB immer dann vor, wenn nach der früher zu § 459 Abs 2 BGB aF entwickelten Rechtslage eine zugesicherte Eigenschaft angenommen werden konnte (BGH NJW 2007, 1346 (1348)). Davon ist immer dann zu sprechen, wenn der Auftragnehmer in vertragsgemäß bindender Weise die Gewähr für das Vorhandensein der vereinbarten Beschaffenheit übernimmt und damit auch die Bereitschaft erkennen lässt, dass er für das Fehlen einer solchen Beschaffenheit bereit ist, auch **ohne Rücksicht auf ein Verschulden** einzustehen und die Folgen zu übernehmen. Also liegt in diesen Fällen immer eine Risikoübernahme vor (Palandt/*Grüneberg* § 276 Rn 29). Abzugrenzen ist daher eine solche Abrede unter strikter Beachtung der gebotenen Auslegung nach den §§ 133, 157 BGB zunächst gegenüber einer Beschaffenheitsvereinbarung gem § 434 und § 633 Abs 2 BGB (vgl. BGH NJW 2016, 1815 Tz. 16). Der maßgebende Unterschied ist die in der Garantie enthaltene Übernahme eines Schadensrisikos, auch wenn anzumerken ist, dass auch im Rahmen der kauf- und werkvertraglichen Mängelhaftung die Schadenersatzhaftung – verschuldensabhängig – eingreift (BGH NJW 2009, 2674; im Einzelnen *Dauner-Lieb/Khan*, FS Graf von Westphalen, 2010, 55 ff). Des Weiteren ist die übernommene Beschaffenheitsgarantie danach abzugrenzen, ob es sich um eine selbständige oder um eine unselbständige Garantie handelt. Das ist durch Auslegung zu ermitteln. In der Regel dürfte eine unselbständige Garantie gemeint sein, so dass sich die Haftung auf Ersatz des Schadens entweder aus § 437 Nr 3 BGB oder aus § 634 Nr 4 BGB ableitet, während bei einer selbständigen Garantie die Haftung wegen Nichterfüllung aus den §§ 249 ff BGB resultiert (BGH NJW 1999, 1542 (1543)). In Bezug auf die erforderliche Begrenzungen der Haftung des Auftragnehmers (vgl *Schmidt-Räntsch* AnwBl 2003, 529 ff; *Faust* ZGS 2002, 271 (273 f); *Dauner-Lieb/Thiessen* ZIP 2002, 108 (114); *Eidenmüller* ZGS 2002, 290 (295); *Weitnauer* NJW 2002, 2511 (2517) jeweils mwN) ist entscheidend, dass eine unmittelbare Relation zwischen dem Eintritt des Garantiefalls und den dadurch ausgelösten Haftungsfolgen einerseits sowie andererseits zu der vereinbarten Haftungsbegrenzung erreicht wird. Denn es kommt im Sinn der Terminologie der §§ 444, 639 BGB entscheidend darauf an, dass eine klare und transparente Relation zwischen der übernommenen Garantie und der Haftungshöchstgrenze erreicht wird. Das ist leichter gesagt als getan, weil die Rechtsprechung des BGH (BGH NJW 2007, 1346) eine Gleichsetzung von Garantie und Eigenschaftszusicherung vorgenommen hat (*Graf von Westphalen* ZIP 2002, 545 ff). Daher ist gerade in diesem Zusammenhang eine **individualvertragliche Haftungsbegrenzung** unerlässlich (→ Anm. 1; *Zons*, in Bock/Zons, Rechtshandbuch, Teil B Rn. 1245 ff). Sie ist aber wohl kaum in wirksamer Weise zu erreichen. Das ist dadurch begründet, dass die Rechtsprechung als Voraussetzung eines Aushandelns nach § 305 Abs 1 S. 3 BGB fordert, dass der Verwender – hier: nicht der Auftraggeber, sondern der Auftragnehmer – bereit ist, anstelle der vorformulierten Klausel (welche ja in der Regel einen „gesetzesfremden Kerngehalt“ aufweist) eine Haftung nach den Bestimmungen des dispositiven Rechts anzubieten (BGH NZBau 2016, 213 (216); NJW 2013, 856 (858); NJW 2014, 275). Diese trifft sich aber mit der entsprechenden Forderung des Auftraggebers, der nur den Anspruch auf Ersatz des entgangenen Gewinns hier „freiwillig“ ausschließt. Dass hier der Auftragnehmer bei Einführung einer bestimmten Haftungsbegrenzungsklausel als Verwender nach § 305 Abs. 1 S. 1 BGB zu qualifizieren ist, während im Übrigen der Auftraggeber als Besteller diese Funktion innehat, ist unerheblich. Es kommt sowohl bei der Abgrenzung zum ausgehandelten Individualvertrag nach § 305 Abs 1 S. 3 BGB (vgl „soweit") als auch im Rahmen der richterlichen Inhaltskontrolle immer nur auf den Befund an, wer Verwender der jeweiligen Einzelklausel ist (BGH NJW 2019, 2080). Ob es im Übrigen durchsetzbar ist, dass der Auftragnehmer anstelle von Garantien nur Beschaffenheitsvereinbarungen durchsetzt, ist zweifelhaft; es ist eine Frage der jeweiligen Marktstärke. Angesichts der Rechtsprechung des BGH (BGH NJW 2009, 1542 (1543)) zur mangelbedingten Schadensersatzhaftung des Auftragnehmers ist der praktische Unterschied freilich vernachlässigenswert, weil er nur um die Frage kreist, ob dem Auftragnehmer der **Nachweis fehlenden Verschuldens** nach § 280 Abs 1 S. 1 und S. 2 BGB ermöglicht wird (vgl Palandt/*Grüneberg* BGB § 280 Rn 40).

Sofern in **Bestellbedingungen** jedoch vorformulierte Klauseln als AGB vorgesehen werden, ist es mit § 307 Abs 2 Nr 1 BGB **unvereinbar,** formularmäßig verschuldensunabhängige Zusicherungen oder Garantien vorzusehen, die nicht dem Individualvertrag entsprechen (BGH NJW 2006, 47). Denn das Verschuldensprinzip gehört zum **Kernbestand** des Vertragsrechts (BGH NJW 2018, 291; NJW 2006, 47 (49)). Es ist daher auch integraler Teil der Gewährleistungshaftung. Dies berücksichtigt die hier verwendete Klausel.

Die hier vorgesehene Haftungsklausel ist für den Auftragnehmer ausgesprochen **ungünstig;** er haftet für alle Schäden, die er zu vertreten hat; die Haftungsgrenze ist das allgemeine Schadensersatzrecht der §§ 249 ff BGB. Daher kann den Interessen des Auftragnehmers – darauf ist erneut aufmerksam zu machen (s. o.) – nur damit gedient werden, dass er eine individualvertraglich abgesicherte (*Graf von Westphalen* BB 2002, 209 ff) Begrenzung der Haftung vereinbart, die summenmäßig oder prozentual am Auftragswert orientiert wird. Doch ist das nur sehr schwer erreichbar, vermutlich nur dann, wenn eine als sachgerecht angesehene Limitierung der Haftung des Auftragnehmers auch vom Auftraggeber als seinen Interessen entsprechend anerkannt wird.

12. Der Anspruch auf Ersatz des entgangenen Gewinns ist daher immer nach §§ 437 Nr 3 bzw § 634 Nr 4 in Verbindung mit § 280 Abs 1 BGB zu ersetzen (BGH NJW 2009, 1542 (1543); Palandt/*Grüneberg* BGB § 280 Rn 32; Erman/*Westermann* § 280 Rn 21). Damit hat sich das Risiko des Auftragnehmers beträchtlich erhöht (*Dauner-Lieb/Khan,* FS für Graf von Westphalen, 2010, 55 (56 ff)), weil nach der früheren Ansicht des BGH der entgangene Gewinn stets nur als **Mangelschaden** einzuordnen, der nur gemäß § 635 BGB aF zu ersetzen ist (BGH NJW 1983, 2440, 2441; BGH NJW-RR 1992, 788). Die Klausel ist für die Interessen des Auftragnehmers als ausgesprochen hilfreich anzusehen.

13. Die Klausel ist dem Auftragnehmer deswegen **ungünstig,** weil sie nicht im einzelnen spezifiziert, welche Versicherungen abzuschließen sind. Soweit es sich hierbei um eine **AGB-Klausel** iSv § 305 Abs 1 S. 1 BGB handelt, bestehen erhebliche Bedenken gegen die Wirksamkeit dieser Klausel, weil sie iSv § 307 Abs 1 S 2 BGB unklar ist (BGH BB 1992, 1166). Es empfiehlt sich deshalb dringend, im Vertrag zu spezifizieren, welche Versicherungen der Auftragnehmer abschließen muss. Zu denken ist an eine Transport-, Montage-, Planungshaftpflicht- und Haftpflichtversicherung (*Rohde/Liebenau* in: Nicklisch, Bau- und Anlagenverträge, 81 ff), einschließlich etwaiger Deckungssummen.

14. Die Haftung für die Verletzung von Schutzrechten ist formularmäßig sehr restriktiv zu behandeln (BGH NJW 2006, 47). Die hier vorgeschlagene Klausel hält sich in den abgesteckten Grenzen.

15. Die Klausel ist als AGB-Klausel gem § 307 Abs 2 Nr 1 BGB **unwirksam,** weil sie – abweichend von § 649 BGB – dem Auftragnehmer weder Ersatz der Aufwendungen für die Vorbereitung künftiger Teilleistungen ermöglicht noch weitere Gewinnansprüche sichert, sofern der Auftragnehmer nicht in der Lage ist, unverzüglich nach Kündigung seine Arbeitskraft anderweitig einzusetzen. Ersatzweise müsste die Klausel lauten:

„. . . . . nach § 645 Abs 1 BGB; Aufwendungen für künftige Teilleistungen werden jedoch dem Auftragnehmer angemessen erstattet."

16. Aus den in Anm. 15 dargestellten Gründen verstößt auch diese Klausel als AGB-Klausel gegen § 307 Abs 2 Nr 1 BGB und ist **unwirksam.** Dabei fällt auch ins Gewicht, dass das Kriterium der „zeitweiligen Einstellung" **unklar** iSv BGB § 307 Abs 1 S 2 BGB ist. Insbesondere kann auch eine „zeitweilige" Einstellung der Arbeiten den Auftragnehmer ganz erheblich belasten (Einsatz von Arbeitskräften und Geräten, Stillstandszeiten, Dispositions-Wirrwarr etc). Doch fällt eine transparentere Klauselgestaltung sehr schwer, weil die zu regelnden Sachverhalts zu vielgestaltig und daher kaum vorhersehbar sind.

6. Vertrag über Planung und Errichtung einer Industrieanlage*

zwischen der Y-GmbH . . . . .

in Z-Stadt . . . . .

(nachstehend „Antraggeber" genannt)

und

der X-GmbH . . . . .

in W-Stadt . . . . .

(nachstehend „Unternehmer" genannt)

§ 1 Vertragsgegenstand und Leistungsumfang

(1) Die Verpflichtungen des Unternehmers umfassen Entwurf, Planung, Entwicklung, Herstellung, Prüfung, Transport und Lieferung auf das Baugelände, Durchführung der Erschließungsarbeiten, Einrichtung, Erprobung, Inbetriebnahme und Wartung (einschl. Garantieleistung) der Industrieanlage in . . . . . zur Herstellung von . . . . . mit den Leistungsdaten gemäß Anlage I innerhalb der in Anlage II aufgeführten Fristen und in Übereinstimmung mit den in Anlage III als Leistungsbeschreibung beigefügten technischen Unterlagen.

(2) Der Vertrag umfasst, soweit nicht ausdrücklich Abweichendes festgelegt ist, alle Lieferungen und Leistungen, die zur Herstellung der in Abs 1 gekennzeichneten schlüsselfertigen Anlage erforderlich sind.[1]

§ 2 Leistungsgrundlagen, Prüfungspflichten des Unternehmers

(1) Der Auftraggeber hat dem Unternehmer mit den Ausschreibungsunterlagen die erforderlichen Angaben über klimatischen und geologischen Bedingungen geliefert; es wird vorausgesetzt, dass das Angebot des Unternehmers auf diesen Angaben basiert. Der Unternehmer ist jedoch für seine Auslegung der genannten Unterlagen selbst verantwortlich.

(2) Weiter wird vorausgesetzt, dass der Unternehmer die Baustelle und deren Umgebung in Augenschein genommen und überprüft hat und dass er sich, soweit durchführbar, vor

* Auch dieses Formular ist an die Ausführungen von *Rosener* (s Fn zu MVHdB II Wirtschaftsrecht I Form. IV.I.5) angelehnt und mit freundlicher Zustimmung und wegen der herausragenden Sachkunde des Verf. abgedruckt, wofür ich verbindlich danke.

Vorlage seines Angebotes über Form. und Beschaffenheit der Baustelle einschließlich der Untergrundbedingungen, der hydrologischen und klimatischen Bedingungen, über die Zugangsmöglichkeiten zur Baustelle, die notwendigen Unterkünfte und ganz allgemein über die Art der Lieferungen und Leistungen, die zur Herstellung und Inbetriebnahme der Anlage erforderlich sind, Gewissheit verschafft hat.

(3) Schließlich wird vorausgesetzt, dass der Unternehmer sich vor Abgabe seines Angebotes von der Richtigkeit und Zulässigkeit seines Angebotes für die Anlage überzeugt hat und dass die Preise im Angebot alle seine vertraglichen Lieferungen und Leistungen zur schlüsselfertigen Herstellung und Inbetriebnahme der Anlage, einschließlich Probebetrieb und Abnahmeversuche, abdecken, soweit im Vertrag nicht ausdrücklich Abweichendes festgelegt ist.

(4) Der Unternehmer bleibt während der Vertragsausführung verpflichtet, alle vom Auftraggeber erhaltenen oder künftig von diesem übergebenen technischen Unterlagen und Zeichnungen auf Richtigkeit und Vollständigkeit zu prüfen und ihn auf Fehler, Widersprüche und Unvollständigkeiten, welche die ordnungsgemäße Vertragserfüllung beeinträchtigen könnten, unverzüglich schriftlich hinzuweisen.

§ 3 Änderungen und Zusatzleistungen

(1) Der Unternehmer ist verpflichtet, auf Wunsch des Auftraggebers Lieferungen und Leistungen, die über die vertraglich festgelegten hinausgehen oder aufgrund nachträglicher Änderungen der Leistungsbeschreibung (Anlage III) von ihnen abweichen, unter Beachtung der nachfolgenden Vorschriften auszuführen.

(2) Für jeden Fall einer Änderung oder Zusatzleistung gemäß Abs 1 hat der Unternehmer ein Änderungsblatt auszuarbeiten und dem Projektverantwortlichen zur Genehmigung vorzulegen; die Genehmigung ist innerhalb von 15 (fünfzehn) Tagen seit Eingang des Änderungsblattes schriftlich zu erteilen. Erteilt der Projektverantwortliche innerhalb der genannten Frist die schriftliche Genehmigung nicht, so dürfen die Änderungen oder Zusatzarbeiten nicht – auch nicht auf vorläufiger Basis – durchgeführt oder begonnen werden. Unternehmer und Auftraggeber sollen sich vielmehr innerhalb einer weiteren Frist von 15 (fünfzehn) Tagen auf ein Verfahren einigen, durch das die weitere Vertragsdurchführung am besten sichergestellt wird.

(3) Alle mit Genehmigung des Projektverantwortlichen ausgeführten Änderungs- oder Zusatzarbeiten einschließlich zusätzlicher Planungsarbeiten – auch dann, wenn die entsprechenden Änderungen nicht zur Durchführung kommen – werden mit den im Vertrag festgelegten Preisen angesetzt, wenn diese nach Meinung des Projektverantwortlichen anwendbar sind. Soweit der Vertrag keine auf die Änderungs- oder Zusatzarbeiten anwendbaren Preise enthält, werden zwischen Auftraggeber und Unternehmer angemessene Preise vereinbart.

§ 4 Dokumentation

(1) Der Unternehmer ist verpflichtet, dem Auftraggeber über den Projektverantwortlichen im Zeitpunkt der vorläufigen Abnahme (§ 21) komplette Sätze aller für die Errichtung der Industrieanlage hergestellten Unterlagen, insbesondere auch die Ausführungszeichnungen nach dem Stand bei Abschluss der Errichtung, zur Verfügung zu stellen.

(2) Die Zeichnungen, Spezifikationen und sonstigen Unterlagen, die vom Unternehmer im Zusammenhang mit diesem Vertrag ausgearbeitet wurden und werden, bleiben Eigentum des Unternehmers, er behält das Urheberrecht daran. Der Auftraggeber hat je-

doch das Recht, sie für den Betrieb und die Wartung der Anlage sowie für die Beschaffung von Ersatzteilen zu nutzen.

§ 5 Betriebsanleitungen und Wartungsvorschriften

(1) Der Unternehmer ist verpflichtet, dem Auftraggeber über den Projektverantwortlichen . . . . . Exemplare der Betriebsanleitungen und Wartungsvorschriften spätestens . . . . . Monate vor Beginn der Probeläufe der Industrieanlage (vgl Fristenübersicht in Anlage II) zur Verfügung zu stellen.

(2) Die Betriebsanleitungen und Wartungsvorschriften müssen alle Informationen, Beschreibungen, Diagramme etc mit ausreichender Detailgenauigkeit enthalten, um den Auftraggeber in die Lage zu versetzen, die gesamte Anlage bedienen und warten zu können.

(3) Zu den genannten Unterlagen gehören Ersatzteillisten.

(4) Sämtliche vorgenannten Unterlagen bedürfen der Billigung durch den Projektverantwortlichen.

§ 6 Schulung und Einweisung des Personals des Auftraggebers

(1) Der Unternehmer übernimmt die Schulung und Einweisung des in Anlage IV genannten Betriebs- und Wartungspersonals des Auftraggebers.

(2) Die Schulung und Einweisung wird im wesentlichen während der Montage und der Inbetriebnahme mit den Probeläufen sowie während der Leistungstests durchgeführt. Sie umfasst insbesondere: An- und Abfahren der Industrieanlage und ihrer Teile, Einweisung in die Bedienung, Wartung, Reparatur und Instandhaltung, Verhalten bei Störfällen sowie Erreichen und Beibehalten der Garantiewerte.

(3) Einzelheiten der Schulung und Einweisung sind in Anlage IV geregelt. Die Schulung und Einweisung hat auch die Übertragung des für den Betrieb der Anlage erforderlichen technischen Wissens zu umfassen.

(4) Das Personal des Auftraggebers ist vor Beginn der Schulung über geltenden Arbeitsschutz, Gesundheitsschutz- und Sicherheitsbestimmungen zu belehren. Die mit der Schulung verbundenen Reise- und Aufenthaltskosten des Personals des Auftraggebers trägt dieser, die sonstigen Kosten der Unternehmer. Der Unternehmer wird auf Kosten des Auftraggebers eine angemessene Haftpflichtversicherung für das Personal des Auftraggebers abschließen und eventuell erkrankte Personen angemessen ärztlich versorgen lassen.

§ 7 Versicherungen

(1) Der Unternehmer ist verpflichtet, folgende Versicherungen für die gesamte Dauer seiner Tätigkeit auf der Baustelle abzuschließen und sie bis zur vorläufigen Abnahme durch den Auftraggeber und danach in dem dann noch erforderlichen Umfang bis zur Räumung der Baustelle aufrecht zu erhalten:

a) Eine Versicherung zum Neuwert gegen alle Baustellenrisiken, dh Verlust oder Schäden auf der Baustelle an Baustelleneinrichtung, Bauarbeiten, Material und allen zur Anlage gehörenden Zubehör sowie an allen beweglichen, auf der Baustelle vorhandenen Ausrüstungsgegenständen, die auf der Baustelle stationiert sind oder betrieben werden, gleichgültig, ob sie dem Unternehmer, dem Auftraggeber oder Dritten gehören.
b) Eine Unfallversicherung für das Personal des Unternehmens und seiner Subunternehmer.
c) Eine Haftpflichtversicherung (unter Einschluss des Produkthaftungsrisikos) als Versicherung gegen Personen- und Sachschäden aufgrund oder im Zusammenhang mit

der Durchführung der Arbeiten, unter Einschluss der Subunternehmer, mit einer Versicherungssumme von EUR 10.000.000,– (zehn Millionen Euro) pauschal je Schadensereignis.

(2) In allen Policen für die gemäß Abs 1 abgeschlossenen Versicherungen ist der Auftraggeber als Mitversicherter aufzuführen und der Regress des Versicherers gegen den Auftraggeber auf den Fall vorsätzlichen Handelns zu beschränken. Dementsprechend verzichten die Vertragspartner im Rahmen des Umfangs dieser Versicherungen untereinander auf die Geltendmachung von Regressansprüchen unter Einschluss von Ansprüchen wegen Schäden, die sich die Versicherten gegenseitig zufügen, ausgenommen im Fall vorsätzlichen Handelns. Der Unternehmer verpflichtet sich, entsprechende Regressverzichte seiner Subunternehmer zugunsten des Auftraggebers herbeizuführen.

(3) Die gültigen Versicherungspolicen und die Zahlungsbelege für die laufenden Prämien sind dem Auftraggeber auf Verlangen jederzeit vorzulegen. Die Arbeiten auf der Baustelle dürfen durch den Unternehmer und seine Subunternehmer vor Abschluss der Versicherungen nicht aufgenommen werden.

(4) Sofern der Unternehmer eine der in Abs 1 genannten Versicherungen nicht abschließt oder nicht aufrechthält, ist der Auftraggeber berechtigt, diese Versicherungen selbst abzuschließen und aufrechtzuerhalten, die Prämien zu zahlen und die gezahlten Beträge gegen Zahlungen, die er dem Unternehmer schuldet, aufzurechnen oder deren Erstattung von dem Unternehmer zu verlangen.

§ 8 Prüfung und Genehmigung von Zeichnungen und technischen Unterlagen des Unternehmers

(1) Der Unternehmer ist verpflichtet, dem Auftraggeber alle Zeichnungen und technischen Unterlagen, die nach den Feststellungen in den Anlagen zu diesem Vertrag vorgesehen oder sonst erforderlich sind, zu den dort vorgesehenen Zeitpunkten zur Genehmigung bzw Freigabe vorzulegen; dasselbe gilt für weitere eventuell von Auftraggeber und Unternehmer einvernehmlich festgelegte Zeichnungen und technische Unterlagen.

(2) Der Unternehmer ist für alle Ungenauigkeiten, Fehler und Auslassungen in den Zeichnungen und technischen Unterlagen, die er vorgelegt hat, verantwortlich, gleichgültig, ob sie vom Auftraggeber genehmigt bzw freigegeben worden sind oder nicht, es sei denn, sie beruhen auf fehlerhaften oder ungenauen Informationen, die der Auftraggeber dem Unternehmer schriftlich zur Verfügung gestellt hat. Kosten für Zusatzarbeiten aufgrund derartiger fehlerhafter oder ungenauer Informationen hat der Auftraggeber dem Unternehmer zu ersetzen; im übrigen trägt der Unternehmer die Kosten für Zusatzarbeiten aufgrund von Ungenauigkeiten, Fehlern und Auslassungen in den Zeichnungen und technischen Unterlagen.

§ 9 Unterrichtung über Gesetzesänderungen

Der Auftraggeber verpflichtet sich, den Unternehmer rechtzeitig vom Erlass neuer oder von Änderungen bestehender gesetzlicher Vorschriften und sonstiger Regelungen, insbesondere auch Sicherheitsvorschriften, zu unterrichten, die nach Unterzeichnung dieses Vertrages in Kraft treten und für die Erfüllung des Vertrages von Bedeutung sind.

§ 10 Übergabe der Baustelle

(1) Der Auftraggeber verpflichtet sich, kostenlos und rechtzeitig innerhalb der in Anlage II dafür genannten Frist die Baustelle zu übergeben. Hierzu hat er dem Unternehmer im einzelnen zur Verfügung zu stellen:

- das Grundstück für die Baustelle;
- den Zugang zur Baustelle, und zwar durch Herstellung und Unterhaltung einer neuen Straße, die von der Hauptstraße abzweigt und für die zur Vertragserfüllung erforderlichen Transporte geeignet ist;
- einen gesäuberten, für die Errichtung der Baustelle vorbereiteten Baustellenbereich ohne irgendwelche Hoch- und Tiefbauten;
- planierte Flächen für die Lagerung von Materialien und Baustellenausrüstung sowie für die Errichtung der provisorischen Unterkünfte für das Personal des Unternehmens und der Subunternehmer im Baustellenbereich;
- ausreichend Wasser im Baustellenbereich für den technischen und sanitären Bedarf, sodann rechtzeitig Bohr- und Pumpgenehmigungen für das auf der Baustelle erforderliche Wasser;
- elektrischen Strom in dem für den Baustellenbetrieb und später für den Betrieb der Industrieanlage erforderlichen Umfang;
- Telefoneinrichtungen, die für den ordnungsgemäßen Betrieb der Baustelle erforderlich sind;
- sonstige in Anlage III aufgeführte Bestandteile der Infrastruktur, die für die Unterbringung des Personals für die Errichtung, die Inbetriebnahme und den späteren Betrieb der Zementwerkanlage erforderlich sind.

(2) Der Auftraggeber meldet dem Unternehmer die Übergabebereitschaft einschließlich eines Leistungsnachweises und fordert den Unternehmer zur Übernahme der Baustelle auf. Binnen 15 (fünfzehn) Tagen nach Eingang dieser Aufforderung hat der Unternehmer die Baustelle zu übernehmen. Hierüber ist ein gemeinsames Protokoll aufzunehmen. Kommt der Unternehmer der Aufforderung nicht nach und weist er die Übernahme nicht ausdrücklich zurück, gilt sie mit Ablauf der Frist als erfolgt.

§ 11 Beistellungspflichten

(1) Der Auftraggeber verpflichtet sich, dem Unternehmer Aufbrauch-Materialien und sonstige Gegenstände/Leistungen gemäß Anlage III kostenlos und rechtzeitig in Übereinstimmung mit den entsprechenden Anforderungen des Unternehmers zur Verfügung zu stellen.

(2) Sollte der Auftraggeber abweichend hiervon den Unternehmer auffordern, diese Materialien/Gegenstände oder Leistungen selbst zu beschaffen und zu liefern, so muss er einen Betrag mit dem Unternehmer vereinbaren, der zu ihrer Bezahlung zur Verfügung steht. Zahlung aus dieser Summe erfolgt monatlich gegen Vorlage einer entsprechenden Abrechnung mit Quittungen durch den Unternehmer.

§ 12 Arbeitsprogramm; Feststellung eines verbindlichen Terminplans

(1) Der Unternehmer ist verpflichtet, sobald wie möglich, spätestens jedoch nach Ablauf von . . . . . Monaten seit Vertragsunterzeichnung dem Auftraggeber das Arbeitsprogramm zur Genehmigung vorzulegen. Dieses soll alle Maßnahmen und den Ablauf der Ausführung der vollständigen schlüsselfertigen Anlage vom Entwurf über Fertigung und Lieferung auf die Baustelle, Erschließungsarbeiten, Errichtung und Erprobung bis zur Inbetriebnahme darstellen.

(2) Auf Anforderung des Projektverantwortlichen ist der Unternehmer verpflichtet, diesem schriftlich ergänzende Einzelheiten insbesondere über den Ablauf der Arbeiten, den Einsatz des Personals des Unternehmers und der Subunternehmer und die Baustellenausrüstung mitzuteilen. Darüber hinaus ist der Unternehmer verpflichtet, dem Auftraggeber einen

gesonderten Katalog aller an den Orten der Herstellung des Materials und auf der Baustelle vorzunehmenden Inspektionsmaßnahmen und Tests zur Verfügung zu stellen.

(3) Auf der Grundlage der Anlage II und des Arbeitsprogramms wird im Einvernehmen mit dem Unternehmer ein Terminplan in Form. eines Netzplans erstellt, der für jede vertragliche Einzelleistung mindestens den jeweils früheren und spätesten Anfangs- und Endtermin zeigen muss.

(4) Das Arbeitsprogramm und der Netzplan werden Bestandteil dieses Vertrages; die aus letzterem ersichtlichen Anfangs- und Endtermine jeder Einzelleistung gelten als zwischen den Vertragspartnern vertraglich vereinbart. Die Genehmigung des Arbeitsprogramms und des Netzplans befreien den Unternehmer jedoch nicht von irgendeiner vertraglichen Verpflichtung.

§ 13 Abweichungen vom Terminplan

Entspricht der tatsächliche Arbeitsfortschritt nicht dem festgelegten Netzplan, so hat der Unternehmer die eingetretenen Planabweichungen dem Projektverantwortlichen zu melden und auf dessen Ersuchen ein überarbeitetes Arbeitsprogramm mit solchen Änderungen ihm zur Billigung vorzulegen, die im Hinblick auf den tatsächlichen Stand der Arbeiten erforderlich sind, um die Fertigstellung und Inbetriebnahme der Industrieanlage innerhalb der in Anlage II festgelegten vertraglichen Fristen zu gewährleisten. Dieser geänderte Terminplan ist dann verbindlich; § 12 Abs (4) gilt entsprechend.

§ 14 Meldung der Lieferbereitschaft, Versand

(1) Der Unternehmer hat den Projektverantwortlichen durch Telefax und bestätigendes Schreiben zu benachrichtigen, wenn Material für die Lieferung zur Baustelle bereit ist und er beabsichtigt, die Versendung zu veranlassen; dabei sind die Versanddaten anzugeben.

(2) Ist nach Meldung der Lieferbereitschaft der Versand zur Baustelle aus nicht vom Unternehmer zu vertretenden Gründen nicht möglich, so ist der Unternehmer berechtigt, das entsprechende Material auf Kosten und Gefahr des Auftragsgebers bei einem zuverlässigen Spediteur oder Lagerhalter einzulagern, bis der Versand möglich ist. Er hat die Gegenstände für die Zeit der Einlagerung zu versichern.

§ 15 Organisation der Baustelle, Ablauf der Arbeiten

(1) Der Unternehmer ist verpflichtet, alle Einrichtungen für die angemessene Unterbringung aller auf der Baustelle Beschäftigten zu schaffen, einschließlich aller Einrichtungen für Hygiene und Sicherheit; er hat insbesondere auch alle Vorkehrungen zu treffen, um den Ausbruch von Feuer auf der Baustelle zu vermeiden.

(2) Zu der vom Unternehmer zu stellenden Einrichtung der Baustelle gehören auch die Büroräume für sein Büropersonal sowie Kantinen- und Sozialgebäude und Erste-Hilfe-Einrichtungen.

(3) Der Unternehmer ist innerhalb des Baustellengeländes verantwortlich für die Planung, Lieferung, Installation und Wartung aller Leitungen und Rohre für die Versorgung der Baustelle mit Strom und Wasser sowie für deren Verlegung nach den Bedürfnissen des Arbeitsfortschritts.

(4) Der Unternehmer muss eine ordnungsgemäße Bewachung seines Materials und des Materials der Subunternehmer bis zur Abnahme sicherstellen; hierzu gehört auch die ordnungsgemäße Umzäunung und Beleuchtung der Baustelle.

(5) Der Unternehmer hat alle von zuständigen Stellen erlassenen Vorschriften betreffend die Disziplin und Sicherheit auf der Baustelle einzuhalten.

(6) Der Unternehmer ist verpflichtet, die Baustelle und ihre Umgebung jederzeit während der Durchführung der Arbeiten in ordentlichem Zustand zu halten.

(7) Die Bauarbeiten und Stahlbauten, die für die Errichtung der Industrieanlage erforderlich sind, umfassen insbesondere die Vorbereitung der Baustelle, die Herstellung der Fundamente, Maschinenfundamente und Gebäude, Gräben, Leitungen, Becken, Beton- und Stahlkonstruktionen, Bühnen, Treppen, Leitern, Geländer, Wandverkleidungen und Dachkonstruktionen. Die Montagearbeiten umfassen insbesondere die Lagerung des Materials auf der Baustelle, die Überprüfung des Materials und der Maschinen auf Vollständigkeit und Richtigkeit und den Einbau des Materials einschließlich Maschinen in der Anlage, die Probeläufe und die Inbetriebnahme der Anlage. Hieran schließt sich die Wartung an. Die Einzelheiten ergeben sich aus den Anlagen III und V (Inbetriebnahme, Probelauf).

(8) Nach Beendigung des Vertrages hat der Unternehmer die Baustelle zu räumen. Er hat insbesondere die gesamte Baustelleneinrichtung und alle vorübergehenden Einrichtungen und Anlagen sowie Abfälle aller Art zu entfernen und Baustelle und Anlage sauber und in arbeitsfähigem Zustand zur Zufriedenheit des Auftraggebers zurückzulassen.

§ 16 Oberleitung durch den Unternehmer

(1) Der Unternehmer hat während der Einrichtung, Erprobung und Inbetriebnahme bis zu ihrer endgültigen Abnahme der Industrieanlage die Leitung der Ausführung in vollem Umfang zu übernehmen. Ein kompetenter Vertreter des Unternehmers, den er schriftlich gegenüber dem Auftraggeber benennt, hat ständig auf der Baustelle zu sein und seine gesamte Arbeitskraft der Leistungsfunktion zu widmen.

(2) Der Auftraggeber ist berechtigt, der Bestellung dieses Vertreters zu widersprechen oder seine Abberufung durch den Unternehmer aus wichtigem Grund zu verlangen.

(3) Wird Einvernehmen über die Abberufung erzielt oder ordnet der Auftraggeber die Abberufung an, so wird der Unternehmer den Abberufenen ohne schriftliche Zustimmung des Auftraggebers nicht mehr auf der Baustelle beschäftigen und so bald wie möglich durch einen kompetenten, vom Auftraggeber gebilligten Vertreter ersetzen.

§ 17 Prüfung der Qualität der Materialien und der Arbeitsausführung

(1) Alle Materialien und die Arbeitsausführung müssen den vertraglichen Spezifikationen und Normen entsprechen. Sie werden von Mitarbeitern des Auftraggebers oder durch von diesem beauftragten Dritten am Ort der Herstellung oder Fabrikation oder auf der Baustelle geprüft.

(2) Der Unternehmer stellt die Instrumente, Maschinen, Materialien und Arbeitskräfte zur Verfügung, die üblicherweise für die Untersuchung, Messung und Prüfung von Menge, Gewicht und Qualität des benötigten Materials sowie aller Arbeiten auf der Baustelle und an der Industrieanlage erforderlich sind, und gewährt den Mitarbeitern des Auftraggebers und den vom Auftraggeber beauftragten Dritten bei den Prüfungen in angemessenem Umfang Unterstützung.

(3) Der Unternehmer stellt vor Verwendung oder Verarbeitung von Materialien bei der Herstellung der Industrieanlage im angemessenen Umfang Materialmuster auf eigene Kosten bereit; darüber hinausgehende Proben gehen zu Lasten des Auftraggebers. Diese Regelung gilt sinngemäß auch für die Kosten von Prüfungen; die Kosten sind grundsätz-

lich nur dann vom Unternehmer zu tragen, wenn sie in dem Leistungsprogramm gemäß Anlage III vorgesehen sind. Darüber hinausgehende Prüfungen gehen nur dann zu seinen Lasten, wenn die Prüfung ergibt, dass die überprüften Gegenstände nicht vertragsgemäß ausgeführt sind.

(4) Inspektionen, Untersuchungen oder Prüfungen durch den Auftraggeber oder andere von ihm oder vom Auftraggeber beauftragten Dritten führen nicht zur Entlassung des Unternehmers aus vertraglichen Pflichten.

§ 18 Sachmängelbeseitigung vor vorläufiger Abnahme

(1) Wenn der Projektverantwortliche zu irgendeinem Zeitpunkt vor der vorläufigen Abnahme feststellt, dass geleistete Arbeiten oder gelieferten Materialien nicht vertragsgemäß oder fehlerhaft sind und unverzüglich den Unternehmer schriftlich über seine Feststellungen unter Angabe von Einzelheiten der behaupteten Mängel unterrichtet hat, so ist der Unternehmer verpflichtet, unverzüglich und auf seine Kosten die angegebenen Mängel zu beseitigen.

(2) Ansprüche des Auftraggebers wegen Verzug bleiben unberührt.

§ 19 Inbetriebnahme (Probeläufe – Leerlauftests)

(1) Die Inbetriebnahme findet auf Verantwortung und unter der Leitung des Unternehmers statt. Er führt sie mit dem Betriebs- und Wartungspersonal des Auftraggebers durch.

(2) Bei der Inbetriebnahme hat der Auftraggeber sich davon zu überzeugen, dass das Betriebs- und Wartungspersonal in der Lage ist alle erforderlichen Arbeiten anhand der Betriebsanleitungen und Wartungsvorschriften auszuführen. Eventuell noch vorhandene Ausbildungsmängel sind vom Auftraggeber vor der vorläufigen Abnahme zu beheben, sofern dies nicht zweckmäßigerweise während der Leistungstests oder der Gewährleistungsfrist geschieht.

(3) Die Inbetriebnahme erfolgt durch probeweise Vornahme der Leerlauftests (Probeläufe) nach näherer Maßgabe der Anlage V.

§ 20 Mitwirkungspflichten des Auftraggebers bei der Inbetriebnahme

(1) Der Auftraggeber ist verpflichtet, innerhalb von . . . . . Tagen nach der Meldung des Unternehmers über die Bereitschaft zur Inbetriebnahme Bedienungs- und Wartungspersonal in ausreichender Anzahl und kostenlos zur Verfügung zu stellen.

(2) Der Unternehmer ist berechtigt, Personal zurückzuweisen, das nach seiner begründeten Ansicht ungeeignet ist.

§ 21 Vorläufige Abnahme

(1) Sobald die Industrieanlage derart fertiggestellt ist, dass ihre Errichtung abgeschlossen und die Montage beendet ist – mit Ausnahme kleinerer Arbeiten, die weder die Benutzung der Gesamtanlage noch eines ihrer Teile für den vertraglich vorgesehenen Zweck mehr als nur unwesentlich beeinträchtigen – und die Leerlauftests vorgenommen werden können, benachrichtigt der Unternehmer den Auftraggeber schriftlich von seiner Bereitschaft zur Durchführung der vorläufigen Abnahme.

(2) Innerhalb von 15 Tagen nach Eingang dieser Benachrichtigung hat der Auftraggeber gemeinsam mit dem Unternehmer die vorläufige Abnahme durchzuführen. Dabei wird die ordnungsmäßige Ausführung aller Teile der Industrieanlage geprüft und es werden

die endgültigen Leerlauftests vorgenommen, mit deren erfolgreichem Abschluss die Industrieanlage als vorläufig abgenommen gilt.

(3) Sofern größere Mängel festgestellt oder Leerlauftests nicht erfolgreich durchgeführt werden und dadurch die Benutzung der Gesamtanlage oder eines ihrer Teile mehr als nur unwesentlich beeinträchtigt wird, ist die vorläufige Abnahme auf Kosten des Unternehmers zu wiederholen. Hierfür setzt der Unternehmer einen Termin an, der unter Berücksichtigung aller Umstände so bald wie möglich nach dem Termin der fehlgeschlagenen vorläufigen Abnahme liegt.

(4) Über die erfolgreiche vorläufige Abnahme erstellt der Unternehmer innerhalb von . . . . . Tagen ein Protokoll, das gegebenenfalls auch eine Liste der festgestellten unwesentlichen Mängel und der vorgesehenen Frist für ihre Behebung enthält. Das Protokoll ist unter Angabe des Datums des Abschlusses der vorläufigen Abnahme zu unterzeichnen.

(5) Sollte die vorläufige Abnahme aus Gründen, die der Auftraggeber zu vertreten hat, nicht bis zum Ablauf der vertraglichen oder gemäß diesem Vertrag verlängerten Fertigstellungsfrist durchgeführt sein, so darf der Auftraggeber für Anlagenteile, die bereits fertiggestellt sind, eine gesonderte vorläufige Abnahme verlangen. Kommt der Unternehmer auch diesem Verlangen des Auftraggebers nicht innerhalb von 15 Tagen aus Gründen nach, die der Unternehmer zu vertreten hat, so gilt die gesamte Industrieanlage als vorläufig abgenommen; die Gefahr geht auf den Auftraggeber über.

§ 22 Gefahrübergang, Eigentum

(1) Die Gefahr bezüglich aller Teile der Industrieanlage geht – unabhängig von einem früheren Zeitpunkt des Eigentumsübergangs – mit der vorläufigen Abnahme (§ 21) auf den Auftraggeber über. Für Teile der Industrieanlage, die der Auftraggeber einvernehmlich mit dem Unternehmer vor der vorläufigen Abnahme in Gebrauch nimmt, geht jedoch die Gefahr bereits mit der Ingebrauchnahme über.

(2) Lagert der Unternehmer gemäß § 14 Abs 2 Material für den Auftraggeber ein, geht die Gefahr für dieses Material auf den Auftraggeber über. Sobald der Versand vorgenommen werden kann, geht im Verhältnis zum Auftraggeber die Gefahr wieder auf den Unternehmer über.

(3) Das Eigentum an der Industrieanlage geht mit der vorläufigen Abnahme auf den Auftraggeber über, soweit er es nicht bereits vorher kraft Gesetzes oder durch gesonderte Vereinbarung erworben hat.

§ 23 Leistungstests, Minderung

(1) Die Leistungstests zum Nachweis der in Anlage VI näher spezifizierten garantierten Leistungen der Industrieanlage sollen so bald wie möglich nach der vorläufigen Abnahme von Unternehmer unter Einsatz des Betriebs- und Wartungspersonals des Auftraggebers durchgeführt und spätestens innerhalb der in Anlage II festgesetzten Frist abgeschlossen werden.

(2) Der Unternehmer kündigt dem Auftraggeber seine Bereitschaft zur Durchführung der Leistungstest mit einer Frist von 15 Tagen schriftlich an. Das tatsächliche Datum des Beginns der Leistungstest wird von den Vertragsparteien gemeinschaftlich innerhalb von Tagen nach Eingang der Ankündigung beim Auftraggeber festgelegt.

(3) Die Einzelheiten der Leistungstests ergeben sich aus der Anlage VI. Dasselbe gilt für die Modalitäten der Wiederholung von Leistungstests im Falle ihres Fehlschlagens.

(4) Die Leistungstests und deren Abschluss werden nach näherer Maßgabe von Anlage VI protokolliert.

(5) Soweit am Ende des in Absatz 1 genannten Zeitraums oder seiner einvernehmlich festgelegten Verlängerung, die spätestens mit der Gewährleistungsfrist endet, garantierte Leistungen nicht erreicht werden, kann der Auftraggeber die Zahlung der für diese Fälle in Anlage VI festgelegten pauschalierten Minderung vom Unternehmer fordern Weitere Ansprüche aufgrund Nichterreichung von garantierten Leistungen sind ausgeschlossen, soweit nicht der Tatbestand einer vorsätzlichen oder grob fahrlässigen Pflichtverletzung vorliegt.[2]

§ 24 Gewährleistungszeit

(1) Die Verjährungsfrist für die Anlage beträgt zwölf Monate, gerechnet vom Zeitpunkt der vorläufigen Abnahme.[2a]

(2) Tritt während der Verjährungsfrist ein Mangel oder Schaden an der Industrieanlage auf, so hat ihn der Unternehmer schnellstmöglich zu beheben. Dies gilt auch dann, wenn die Behebung eines in der Gewährleistungszeit aufgetretenen Mangels über diesen Zeitraum hinaus andauert.

(3) Tritt ein Mangel oder Schaden auf, so benachrichtigt der Auftraggeber den Unternehmer unverzüglich darüber, wobei die Art des Mangels oder Schadens schriftlich festzuhalten ist; eine entsprechende Benachrichtigungspflicht trifft den Unternehmer gegenüber dem Auftraggeber, wenn er selbst einen Mangel oder Schaden entdeckt.

(4) Beruht der Mangel oder Schaden nachweislich auf fehlerhafter Konstruktion, ausgenommen vom Auftraggeber vorgegebene oder bestimmte Konstruktionen, fehlerhaften Materialien oder fehlerhafter Arbeit, so treffen die Kosten den Unternehmer, und zwar einschließlich der Kosten der Demontage und erneuten Montage sowie eventueller Transportkosten zwischen dem Ort der Reparatur und der Baustelle.

Ersetzt oder erneuert der Unternehmer Teile, so gelten die Vorschriften dieses Paragraphen auch für die ersetzten und erneuter Teile der Anlage; insbesondere läuft für sie eine neue Gewährleistungsfrist von zwölf Monaten.

(5) Die Kosten aller übrigen Reparaturen trägt der Auftraggeber, insbesondere, wenn ein Schaden auf üblichen Verschleiß, Handlungen oder Unterlassungen des Auftraggebers oder seiner Erfüllungs- und Verrichtungsgehilfen, wie falsche Bedienung oder unsachgemäße Überwachung, zurückzuführen ist, oder wenn es sich um Schäden an Teilen handelt, weil diese ohne schriftliche Zustimmung des Unternehmers durch den Auftraggeber oder Dritte repariert, geändert oder ersetzt wurden.

(6) Sollten Schäden oder Mängel nicht innerhalb einer angemessenen Frist, auf die sich Unternehmer und Auftraggeber einigen, vom Unternehmer behoben sein, so kann der Auftraggeber die Arbeiten zu Lasten des Unternehmers selbst durchführen oder durch fachkundige Dritte durchführen lassen.

(7) Soweit durch Schäden oder Mängel oder durch Maßnahmen zu ihrer Behebung garantierte Leistungen der Industrieanlage beeinträchtigt werden könnten, hat der Unternehmer nach Abschluss dieser Maßnahmen die Leistungsfähigkeit der entsprechenden Teile der Industrieanlage erneut gemäß den Einzelheiten in Anlage VI nachzuweisen.

(8) Bis zum Ende der Verjährungsfrist, gegebenenfalls bis zur Behebung des letzten während dieser Frist aufgetretenen Mangels oder Schadens, hat der Unternehmer ein Zugangsrecht zu allen Teilen der Industrieanlage und zu den Berichten über ihre Arbeit

und Leistung. Dieses Recht auf Zugang kann während der Arbeitsstunden auf Kosten und Risiko des Unternehmers von ihm und seinen dem Auftraggeber schriftlich benannten Vertretern ausgeübt werden. Der Unternehmer ist berechtigt, auf eigenen Kosten und eigenes Risiko alle Prüfungen durchzuführen, die er für die Erfüllung seiner Aufgaben im Rahmen der Gewährleistungshaftung für erforderlich hält, wobei er jedoch in Abstimmung mit dem Auftraggeber und dem Projektverantwortlichen darauf Bedacht zu nehmen hat, dass der Betrieb der Industrieanlage durch den Auftraggeber nicht behindert und so wenig wie möglich beeinträchtigt wird.

§ 25 Eigentumsrechte, Patent- und Urheberrechte etc Dritter (Rechtsmängel)

(1) Der Unternehmer ist verpflichtet, dem Auftraggeber die Industrieanlage im Zeitpunkt der vorläufigen Abnahme frei von Rechten Dritter zu verschaffen, insbesondere von Ansprüchen Dritter in Bezug auf die Industrieanlage, in ihr verwandte Materialien oder angewandte Verfahren aufgrund von Eigentumsrechten oder aufgrund von Patenten, Gebrauchsmuster, Geschmacksmustern, Urheberrechten, Warenzeichen oder ähnlichen Rechten (nachstehend insgesamt „Schutzrechte“ genannt).[2b]

(2) Werden Ansprüche gemäß Abs 1 gegen den Auftraggeber geltend gemacht oder Klagen auf dieser Grundlage gegen ihn erhoben, so hat der Auftraggeber den Unternehmer unverzüglich hierüber schriftlich zu unterrichten. Der Unternehmer ist verpflichtet, den Auftraggeber von allen derartigen Ansprüchen freizustellen, insbesondere also von Ansprüchen aufgrund erheblicher Verletzungen von Eigentums- oder Schutzrechten Dritter. Der Unternehmer ist berechtigt, auf eigene Kosten alle ihm in diesem Zusammenhang notwendigen oder nützlichen Maßnahmen zu ergreifen, insbesondere Vergleichsverhandlungen mit den anspruchstellenden Dritten zu führen, dem Auftraggeber in den gegen ihn eingeleiteten Verfahren als Streitgenosse beizutreten oder die Verfahren durch Bevollmächtigte des Unternehmers betreiben zu lassen. Der Auftraggeber ist ohne Zustimmung des Unternehmers nicht berechtigt, Anerkenntnisse auszusprechen, Vergleiche zu schließen oder sonstige Maßnahmen zu ergreifen, die von Nachteil für den Unternehmer oder den Auftraggeber sein könnten. Der Auftraggeber ist verpflichtet, den Unternehmer auf dessen Verlangen bei der Abwehr solche Ansprüche in jeder angemessenen Weise zu unterstützen, wobei der Unternehmer dem Auftraggeber die dadurch entstehenden Kosten zu erstatten hat.

(3) Der Unternehmer hat alle rechtskräftig festgestellten Ansprüche der vorgenannten Art anstelle des Auftraggebers zu befriedigen. Gegebenenfalls muss der dem Auftraggeber Lizenzen berechtigter Dritter beschaffen, wenn anders der Betrieb der Industrieanlage nicht aufrechterhalten werden kann.

§ 26 Endgültige Abnahme

Nach Behebung des letzten in der Gewährleistungszeit aufgetretenen, vom Unternehmer zu vertretenden Mangels oder Schadens erteilt der Auftraggeber dem Unternehmer die Bescheinigung der endgültigen Abnahme.

§ 27 Unterbrechung der Arbeiten auf Wunsch des Auftraggebers

(1) Auf schriftliche Weisung des Auftraggebers unterbricht oder verlangsamt der Unternehmer die Ausführung der Arbeiten, und zwar im einzelnen gemäß entsprechender schriftlicher Anweisung. Er ist verpflichtet, während solcher Unterbrechung oder Verlangsamung der Arbeiten die Industrieanlage, soweit erforderlich, angemessen zu schützen und zu sichern.

(2) Über zusätzlich entstehende Kosten und Ausgaben, die der Auftraggeber dem Unternehmer zu ersetzen hat sollen Auftraggeber und Unternehmer vor Eintritt der Unterbrechung oder Verlangsamung der Arbeiten verhandeln und Einigung erzielen. Im Falle der Nichteinigung entscheidet das Schiedsgericht.

§ 28 Verzögerung oder Behinderung der Arbeiten durch den Unternehmer

(1) Wenn der Unternehmer

- die Arbeiten nicht in Übereinstimmung mit den vertraglichen Regelungen ausführt,
- ohne angemessenen Grund die Arbeiten nicht aufnimmt oder sie unterbricht und nicht innerhalb von 15 Tagen nach Erhalt einer schriftlichen Aufforderung des Auftraggebers zur Fortführung wieder aufnimmt,
- nachhaltig und erheblich die Erfüllung vertraglicher Verpflichtungen unterlässt,
- die Arbeiten so langsam ausführt, dass die rechtzeitige Vertragserfüllung ausgeschlossen erscheint,
- es unterlässt, die erforderliche Anzahl von qualifizierten Führungs- und Überwachungspersonal sowie von Fachkräften ständig auf der Baustelle zu halten,

hat der Auftraggeber das Recht, den Unternehmer schriftlich unter Benennung der zu beanstandenden Umstände abzumahnen.

(2) Nach Zugang der Abmahnung hat der Unternehmer unverzüglich alle notwendigen Maßnahmen zu ergreifen, um innerhalb angemessener Frist die beanstandeten Umstände zu beheben. Weitergehende Ansprüche des Auftraggebers bleiben unberührt.

§ 29 Unvorhersehbare Hindernisse

Trifft der Unternehmer während der Errichtung der Industrieanlage physikalische Bedingungen oder künstliche Hindernisse an, welche geeignet sind, die Vertragserfüllung zu erschweren oder verzögern, und die nach seiner Ansicht billigerweise von einem erfahrenen Unternehmer nicht vorhergesehen werden konnten, so hat er den Auftraggeber hierüber unverzüglich, möglichst innerhalb von 15 Tagen nach Kenntnis, schriftlich zu unterrichten.

§ 30 Höhere Gewalt

(1) Tritt ein Fall höherer Gewalt ein, benachrichtigt der betroffene Vertragspartner den anderen unverzüglich, möglichst innerhalb von 15 Tagen nach Kenntnis schriftlich von dem Vorfall. Dabei hat er das eingetretene Ereignis näher zu kennzeichnen und anzugeben, welche vertraglichen Verpflichtungen er infolgedessen nicht oder nur mit Verzögerung erfüllen kann. Der betroffene Vertragspartner hat die dadurch bedingte Verzögerung oder Unmöglichkeit nicht zu vertreten.

(2) Als höhere Gewalt im Sinne dieses Vertrages gelten alle unvorhersehbaren Ereignisse oder solche Ereignisse, die außerhalb des Einflussvermögens der Vertragspartner liegen und deren Auswirkungen auf die Vertragserfüllung durch zumutbare Bemühungen der Vertragspartner nicht verhindert werden können. Hierzu zählen ua Krieg (erklärt oder nicht), kriegsähnlicher Zustand, Aufruhr, Revolution, Rebellion, Militär- oder Zivilputsch, Aufstand, Tumult, Ausschreitungen, Blockade, Embargo, Regierungsanordnung, Sabotage, Streiks, Bummelstreiks, Aussperrung, Epidemien, Feuer, Überschwemmungen, Sturmfluten, Taifun, Orkan oder andere Unwetter im Ausmaß einer Katastrophe, Erdbeben, Erdrutsch, Blitzschlag, allgemeiner Werkstoffmangel, schwere Transportunfälle, Ausschusswerden und Neufertigung wichtiger Anlageteile aus Gründen, auf die der Unternehmer keinen Einfluss hat, soweit dies zur Verlängerung von Lieferfristen führt.

§ 31 Rechtsfolgen der nicht vom Unternehmer zu vertretenden Behinderungen

(1) Wird der Unternehmer durch einen der in §§ 29, 30 genannten Umstände in der Fertigstellung der Industrieanlage behindert oder wird diese dadurch unterbrochen und unterrichtet der Unternehmer innerhalb von 15 Tagen nach Eintritt der Behinderung oder Unterbrechung des Auftraggebers über seine daraus resultierende Forderung nach Verlängerung der Fertigstellungsfrist sowie der sonstigen in Anlage II festgelegten Fristen, so wird ihm eine angemessene Verlängerung eingeräumt, über deren Dauer der Auftraggeber und der Unternehmer sich einigen sollen.

(2) Abs 1 gilt auch in allen Fällen nicht vom Unternehmer zu vertretender Behinderungen im vorgesehenen Arbeitsablauf, insbesondere bei

a) Forderung zusätzlicher Lieferungen oder Leistungen, durch den Auftraggeber gemäß § 3; dies gilt für verlangte Planungsarbeiten auch dann, wenn die entsprechenden Änderungen nicht durchgeführt werden;
b) Änderung von Vorschriften und Regelungen, die nach Vertragsunterzeichnung in Kraft treten und für die Erfüllung des Vertrags von Bedeutung sind und die aus Gründen, welche der Unternehmer nicht zu vertreten hat, zu einer Verschiebung der festgesetzten Termine führen;
c) Verzögerung der Aufnahme der Arbeiten aufgrund behördlicher Anordnungen oder Verfügungen.

(3) In den Fällen des Abs 1 und 2 kann der Unternehmer unverzüglich nach Eintritt vom Auftraggeber zusätzliche Zahlungen zur Abgeltung zusätzlicher Leistungen oder Kosten fordern.

(4) Steht zu erwarten, dass eine Unterbrechung gemäß Abs 1 oder 2 länger als zwei Monate andauern wird, so können die bis dahin erbrachten Lieferungen und Leistungen, einschließlich der nicht fertiggestellten, auf Verlangen des Unternehmers zu den Einheitspreisen gemäß der Preisaufgliederung (Anlage XI) abgerechnet und bezahlt werden.

(5) Weitergehende Ansprüche als diejenigen auf Fristverlängerung und gegebenenfalls zusätzliche Zahlungen sowie Zwischenabrechnung und -zahlung hat der Unternehmer in den Fällen des Abs 1 und 2 gegen den Auftraggeber nicht, soweit nicht im Vertrag ausdrücklich etwas anderes vorgesehen ist.

§ 32 Ersatzvornahme bei Behinderungen oder Verzögerungen durch den Unternehmer

(1) Stellt der Unternehmer die beanstandeten Umstände nicht innerhalb von 30 (dreißig) Tagen nach Empfang der Mitteilung des Projektverantwortlichen gemäß § 28 Abs 2 ab, so kann der Auftraggeber nach Wahl die mangelhaft oder nicht ausgeführten Teile der Arbeiten auf Kosten des Unternehmers selbst ausführen oder durch einen Dritten ausführen lassen.

(2) Der Unternehmer ist in solchen Fällen grundsätzlich berechtigt, Zahlung des Vertragspreises – gegebenenfalls mit den im entsprechenden Zeitpunkt eingetretenen Anpassungen gemäß § 3 – zu verlangen; er muss sich jedoch den Betrag der Kosten abziehen lassen, die dem Auftraggeber durch die Ersatzvornahme entstanden sind oder die er aufgrund dessen erspart oder den Betrag, den er durch anderweitige Verwendung von Material und Personal erwirbt, und zwar den höheren der genannten Beträge.

§ 33 Verzug, Vertragsstrafe

Gelingt es dem Unternehmer aus den von ihm zu vertretenden Gründen nicht, die Industrieanlage in der vertraglichen oder nach den vorstehenden Regelungen verlängerten

Fertigstellungsfrist derart fertigzustellen, dass spätestens mit deren Ablauf die vorläufige Abnahme (§ 21) durchgeführt werden kann, so hat er den Auftraggeber wegen dieses Verzuges eine Vertragsstrafe zu zahlen, deren Höhe sich aus Anlage VII ergibt.

§ 34 Verletzung von Mitwirkungspflichten des Auftraggebers

(1) Wird der Unternehmer durch die Verletzung von Mitwirkungspflichten in der Erfüllung seiner Leistungspflichten behindert und entstehen ihm dadurch, insbesondere in Abwendung eingetretener oder drohender Vertragsstörungen, Mehrkosten, so ist der Auftraggeber zum Ersatz nachgewiesener Mehrkosten verpflichtet.

(2) Wird die Erfüllung der Leistungspflichten des Unternehmers durch die Verletzung von Mitwirkungspflichten des Auftraggebers oder eine sonstige durch den Auftraggeber zu vertretende Behinderung verzögert, so sind dem Unternehmer angemessene Fristverlängerungen einzuräumen.

(3) Weitere Ansprüche stehen dem Unternehmer in diesem Zusammenhang nicht zu.

§ 35 Vorzeitige Vertragsbeendigung durch Kündigung

(1) Überschreitet eine Unterbrechung gemäß § 30 einen Zeitraum von sechs Monaten, so kann jeder Vertragspartner den Vertrag durch Übersendung einer schriftlichen Kündigung beenden. Nach erfolgter Kündigung sollen die Vertragspartner erneut zusammentreffen, um die Möglichkeiten für eine Fortsetzung des Vertragsverhältnisses unter Berücksichtigung der neuen Umstände zu überprüfen. Falls keine Einigung binnen eines Monats seit Zugang der Kündigung erzielt wird, bleibt es bei der Kündigung.

(2) Überschreitet eine Unterbrechung gemäß § 27 einen Zeitraum von sechs Monaten, so ist der Unternehmer zur Kündigung berechtigt; Abs 1 gilt entsprechend.

(3) Darüber hinaus ist der Auftraggeber jederzeit vor der Beendigung der vorläufigen Abnahme berechtigt, den Vertrag durch Übersendung einer schriftlichen Kündigung an den Unternehmer zu beenden.

(4) Für die vom Auftraggeber im Falle einer Kündigung gemäß Abs 1 zu leistenden Zahlungen gilt die Regelung des § 31 Abs 4 entsprechend. Kündigt der Unternehmer gemäß Abs 2 oder der Auftraggeber gemäß Abs 3 den Vertrag, so ist der Unternehmer berechtigt, Zahlung des Vertragspreises – gegebenenfalls mit den im Zeitpunkt der Beendigung eingetretenen Anpassungen gemäß § 3 – zu verlangen; er muss sich jedoch diejenigen Beträge davon abziehen lassen, die er aufgrund der Beendigung nachweislich erspart oder dadurch erwirbt, dass er in Arbeit befindliche oder fertiggestellte Lieferungen oder Leistungen sowie für die Vertragserfüllung eingesetztes Personal anderweit verwenden kann.

§ 36 Haftung des Unternehmers und Haftungsbegrenzung

(1) Für den Zeitraum vom Inkrafttreten des Vertrages bis zur vorläufigen Abnahme ist der Unternehmer für alle Schäden an der Industrieanlage einschließlich des Materials sowie an der Baustelleneinrichtung verantwortlich.[2c]

(2) Der Unternehmer haftet bis zur Räumung der Baustelle durch sein Personal für alle Schäden des Auftraggebers, die durch seine Handlungen oder Unterlassungen, die seines Personals, seiner Subunternehmer oder seiner sonstigen Erfüllungs- und Verrichtungsgehilfen verursacht werden, sowie für Schäden, die durch Teile der vom Unternehmer eingesetzten Materialien oder Baustelleneinrichtung bewirkt werden. Diese Haftung ist

jedoch – gleich aus welchem Rechtsgrunde – begrenzt auf den Haftungsumfang und die Deckungssummen der gemäß § 7 abgeschlossenen Versicherungen.[3]

(3) Bis zur Räumung der Baustelle steht der Unternehmer dem Auftraggeber für die Befriedigung aller Ansprüche ein, die aufgrund von Personen- oder Sachschäden Dritter geltend gemacht werden, welche im Zusammenhang mit der Erfüllung des Vertrages eintreten und auf Handlungen oder Unterlassungen des Unternehmers, seines Personals, seiner Subunternehmer oder seiner sonstigen Erfüllungs- und Verrichtungsgehilfen beruhen. Der Unternehmer ist verpflichtet, den Auftraggeber von derartigen Ansprüchen freizustellen. Im Verhältnis zum Auftraggeber ist diese Haftung jedoch begrenzt auf den Haftungsumfang und die Deckungssummen der gemäß § 7 abgeschlossenen Versicherungen.

(4) Die Gesamtsumme aus Vertragsstrafen gemäß § 33 und pauschalierter Minderung gemäß § 23 Abs 5 darf in keinem Fall 5 % (fünf Prozent) des Vertragspreises übersteigen.[4]

(5) Der Unternehmer haftet in keinem Fall für den Ersatz mittelbarer Schäden, insbesondere nicht für entgangenen Gewinn oder Verluste des Auftraggebers.[5]

(6) Die Vertragsparteien verpflichten sich wechselseitig, die vorstehenden Haftungsbegrenzungen jeweils zugunsten des anderen Vertragspartners und dessen Erfüllungsgehilfen mit ihren eigenen Erfüllungsgehilfen oder sonstigen Vertragspartnern ebenfalls zu vereinbaren.

(7) Die Haftung gemäß § 1 Produkthaftungsgesetz bleibt unberührt. Das Gleiche gilt bei Personen- oder Körperschäden, einschließlich des Todes.

§ 37 Vertragspreis

(1) Der vom Auftraggeber zu zahlende Vertragspreis für alle Lieferungen und Leistungen mit Ausnahme der in Abs 3 genannten beträgt

EUR 5.500.000,–.

(2) Der in Abs 1 genannte Preis ist ein Pauschal-Festpreis; er unterliegt keinerlei Änderungen, insbesondere auch nicht aufgrund von Lohn- oder Materialkostenänderungen.

(3) Als vorläufige Summe werden vereinbart

a) für die erste Ausstattung des Auftraggebers mit Ersatzteilen

EUR 1.600.000,–,

b) für die Ausbildung des Personals des Auftraggebers

EUR 700.000,–.

Über Umfang und Abrechnung der Leistungen zu a) und b) werden gesonderte Vereinbarungen getroffen.

§ 38 Zahlungsbedingungen, Bankgarantien

(1) Für die Zwecke der Zahlungsbedingungen wird der in § 37 Abs 1 festgelegte Vertragspreis wie folgt unterteilt:

a) Preis für die Lieferung von Material frei Baustelle: EUR 3.900.000,–
b) Preis für Bauarbeiten, Montage, Errichtung und Inbetriebnahme: EUR 1.600.000,–

(2) Der Auftraggeber überweist nicht später als 20 (zwanzig) Tage nach Vertragsunterzeichnung auf das Konto des Unternehmers bei seiner Bank in Köln 20 % (zwanzig Prozent) des Vertragspreises, dh EUR 1. 000. 000,– (in Worten: Euro eine Million einhunderttausend) als Anzahlung, vorausgesetzt, dass dem Auftraggeber vom Unternehmer zuvor die folgenden Garantieerklärungen übergeben worden sind:

a) Eine Garantieerklärung zugunsten des Auftraggebers über einen Betrag in Höhe der Anzahlung, ausgestellt als Anzahlungsgarantie von der Bank des Unternehmers. Der Betrag dieser Garantie verringert sich pro rata mit dem Fortschritt der Lieferungen an den Unternehmer; sie erlischt demgemäß nach der vorläufigen Abnahme gemäß § 21. Der Unternehmer hat jedoch die Verlängerung der Gültigkeit der Anzahlungsgarantie auf Ersuchen des Auftraggebers herbeizuführen, wenn eine solche Verlängerung aufgrund verspäteten Abschlusses der Errichtung erforderlich wird. Die Anzahlungsgarantie muss dem als Anlage VIII diesem Vertrag beigefügten Muster entsprechen.
b) Eine Garantieerklärung zugunsten des Auftraggebers über einen Betrag in Höhe von 10 % (zehn Prozent) des Vertragspreises, ausgestellt als Erfüllungsgarantie von der Bank des Unternehmers. Diese Garantie bleibt in Kraft, bis der Unternehmer alle vertraglichen Lieferungs- und Leistungsverpflichtungen erfüllt hat. Sie hat demgemäß eine Grundlaufzeit bis zu dem vertraglich für die vorläufige Abnahme gemäß § 21 festgelegten Zeitpunkt (vgl Anlage II). Der Unternehmer hat jedoch die Verlängerung der Gültigkeit der Erfüllungsgarantie auf Ersuchen des Auftraggebers herbeizuführen, wenn eine solche Verlängerung aufgrund verspäteter vorläufiger Abnahme erforderlich wird.
Die Erfüllungsgarantie muss dem als Anlage IX diesem Vertrag beigefügten Muster entsprechen.
c) Eine Garantieerklärung zugunsten des Auftraggebers über einen Betrag in Höhe von 5 % (fünf Prozent) des Vertragspreises, ausgestellt als Gewährleistungsgarantie von der Bank des Unternehmers. Diese Garantie bleibt in Kraft, bis der Unternehmer alle Gewährleistungsverpflichtungen erfüllt hat. Sie hat demgemäß eine Grundlaufzeit bis zu dem für die endgültige Abnahme gemäß § 26 festgelegten Zeitpunkt (vgl Anlage II). Der Unternehmer hat jedoch die Verlängerung der Gültigkeit der Gewährleistungsgarantie auf Ersuchen des Auftraggebers herbeizuführen, wenn eine solche Verlängerung aufgrund verspäteter endgültiger Abnahme erforderlich wird.
Die Gewährleistungsgarantie muss dem als Anlage X diesem Vertrag beigefügten Muster entsprechen.

(3) Für Änderungen und Zusatzaufträge (§ 3) werden Zahlungen wie folgt geleistet, soweit nicht im Einzelfall Abweichendes vereinbart wird:

a) 20 % (zwanzig Prozent) unverzüglich nach Erteilung des Auftrages an den Unternehmer durch direkte Überweisung;
b) 70 % (siebzig Prozent) bei Fertigstellung der jeweils beauftragten Arbeiten;
c) 10 % (zehn Prozent) nach vorläufiger Abnahme der Anlage und Vorlage der vorläufigen Abnahmebescheinigung (§ 21).

(4) Zum Zwecke der Bewertung von Zusatz- und Änderungsaufträgen und von möglichen Schadensersatzansprüchen ist der Vertragspreis gemäß Abs 1 in der als Anlage XI beigefügten „Aufgliederung des Preises“ für jede Baugruppe aufgeteilt worden.

§ 39 Vertragsübergang, Unteraufträge

(1) Der Unternehmer darf ohne schriftliche Zustimmung des Auftraggebers den Vertrag weder ganz noch teilweise auf Dritte übertragen; dies gilt auch für einzelne Rechte aus

dem Vertrag, ausgenommen die Abtretung von fälligen oder künftigen Zahlungsansprüchen an Banken des Unternehmers zum Zwecke der Refinanzierung.

(2) Der Unternehmer darf nicht die Herstellung der Industrieanlage als Ganzes weitervergeben. Unteraufträge über Teile der Industrieanlage, insbesondere zB den Bauteil, darf der Unternehmer – soweit im Vertrag nicht anders vorgesehen ist – nur mit vorheriger schriftlicher Zustimmung des Auftraggebers erteilen, die nicht ohne triftige Begründung verweigert werden darf.[6] Eine solche Zustimmung befreit den Unternehmer jedoch nicht von irgendeiner vertraglichen Verpflichtung. Der Unternehmer ist für Handlungen und Unterlassungen von Subunternehmern, ihrer Vertreter, Angestellten und sonstigen Mitarbeiten sowie Verrichtungsgehilfen voll verantwortlich.

(3) Der Unternehmer hat unbeschadet seiner eigenen Verantwortung Subunternehmer durch entsprechende vertragliche Regelungen zu verpflichten, die vom Unternehmer übernommenen vertraglichen Verpflichtungen im Rahmen des Gegenstandes des Unterauftrages zu erfüllen. Hierzu soll der Unternehmer, soweit möglich, die Bedingungen dieses Vertrages im Verhältnis zwischen sich und dem Unterauftragnehmer für anwendbar erklären.

§ 40 Vertraulichkeit

(1) Die Vertragspartner verpflichten sich, den Vertrag, seine Anlagen und alle im Zusammenhang mit der Vertragsabwicklung entstandenen oder entstehenden Unterlagen vertraulich zu behandeln und die vertrauliche Behandlung durch ihre Mitarbeiter sicherzustellen. Sie werden technische und kaufmännische Informationen, die sie im Zusammenhang mit dem Vertrag voneinander erlangen, nicht weitergeben.

(2) Diese Geheimhaltungspflicht gilt nicht für Unterlagen und Informationen, die nachweislich

- allgemein bekannt sind oder allgemein bekannt werden, ohne dass dies von dem betroffenen Vertragspartner zu vertreten ist,
- dem betroffenen Vertragspartner bereits bekannt waren, bevor sie ihm von dem anderen Vertragspartner zugänglich gemacht wurden,
- durch einen Dritten zur Kenntnis des betroffenen Vertragspartners gelangt sind, ohne dass eine Verletzung der Geheimhaltungspflicht vorliegt, die diesem gegenüber dem anderen Vertragspartner obliegt.

(3) Die vorstehenden Verpflichtungen bleiben auch nach Beendigung des Vertrages für die Dauer von 5 Jahren in Kraft.

§ 41 Veröffentlichungen

(1) Die Industrieanlage kann jeweils mit Zustimmung des anderen Vertragspartners zum Gegenstand von Veröffentlichungen oder Werbung gemacht werden. Die Zustimmung darf nicht unbillig verweigert werden.

(2) Vorbehaltlich der Zustimmung durch den Auftraggeber ist der Unternehmer auch berechtigt, Besuche der Industrieanlage zu arrangieren, vornehmlich zu dem Zweck, die Industrieanlage seinen Kunden oder Interessenten vorzuführen.

§ 42 Zustellung von Mitteilungen

(1) Sofern in diesem Vertrag nicht ausdrücklich Abweichendes festgelegt ist, werden Mitteilungen, die nach dem Vertrag erforderlich sind, schriftlich übermittelt; sie sind durch Telefax, Telegramm oder e-mail unter Bestätigung durch einen eingeschriebenen

Brief oder schriftlich per Boten gegen Empfangsbestätigung zuzustellen und wie folgt zu adressieren:

a) an den Auftraggeber:
   Y-GmbH
   z. Hd. Herrn Dr. AB (Projektverantwortlicher)
   Z-Stadt
b) an den Unternehmer:
   X-GmbH
   W-Stadt

(2) Die Vertragspartner können ihre Zustellungs-Adressen jederzeit ändern; die Änderungsnachricht unterliegt denselben Zustellungsvorschriften wie in Abs 1 festgelegt.

(3) Der gesamte Schriftwechsel zwischen den Vertragspartnern in Zusammenhang mit der Vertragserfüllung ist an die in Abs 1 angegebenen oder gemäß Abs 2 geänderten Adressen zu richten.

(4) Als Projektverantwortlichen benennt der Auftraggeber:

– Herrn AB

der Unternehmer:

– Herrn CD.

Die Vertragspartner haben das Recht, mit einer Ankündigungsfrist von einem Monat einen anderen geeigneten Projektverantwortlichen zu benennen. § 16 bleibt unberührt.

§ 43 Anlagen zum Vertrag

Die nachstehend aufgeführten Anlagen, die von beiden Vertragspartnern zu unterzeichnen sind, stellen integrierte Bestandteile des Vertrages dar:

1.	Beschreibung der Industrieanlage	Anlage I
2.	Fristen und Termine für die Vertragserfüllung	Anlage II
3.	Technische Unterlagen bestehend aus	Anlage III
4.	Schulung und Einweisung des Personals des Auftraggebers	Anlage IV
5.	Inbetriebnahme, Probelauf	Anlage V
6.	Leistungstest, Garantien, Minderung, Abnahmeprotokoll	Anlage VI
7.	Vertragsstrafe	Anlage VII
8.	Muster der Anzahlungsgarantie	Anlage VIII
9.	Muster der Erfüllungsgarantie	Anlage IX
10.	Muster der Gewährleistungsgarantie	Anlage X
11.	Aufgliederung des Preises	Anlage XI

§ 44 Anwendbares Recht

Für alle Rechtsbeziehungen, die sich für die Parteien und ihre Rechtsnachfolger aus diesem Vertrag und aus eventuellen Nebengeschäften ergeben, gilt das Recht der Bundesrepublik Deutschland; die Geltung des UN-Kaufrechts ist ausgeschlossen.

§ 45 Schiedsgericht

Etwaige Streitigkeiten aus diesem Vertrag oder in Zusammenhang mit diesem Vertrag, insbesondere auch über seinen Bestand oder seine Beendigung, entscheidet unter Ausschluss des ordentlichen Rechtsweges endgültig und bindend ein Schiedsgericht, das aus drei Schiedsrichtern besteht. Das Verfahren richtet sich nach der jeweils gültigen Fassung der Schiedsgerichtsordnung der Internationalen Handelskammer, Paris.

§ 46 Änderungen, Wirksamkeit

(1) Änderungen und Ergänzungen des Vertrages bedürfen zu ihrer Wirksamkeit der Schriftform; sie sind in einem beiderseits rechtsverbindlich unterzeichneten Dokument mit Datum und fortlaufender Nummer der Vertragsergänzungen niederzulegen, von dem jeder Vertragspartner ein Exemplar erhält.

(2) Sollte eine der Bestimmungen dieses Vertrages unwirksam sein oder werden, wird dadurch die Wirksamkeit der übrigen nicht berührt. Die Vertragspartner werden vielmehr zusammenwirken, um an die Stelle der unwirksamen Bestimmung eine rechtlich zulässige und wirksame zu setzen, welche geeignet ist, den mit der unwirksamen Bestimmung beabsichtigten Erfolg zu erreichen. Entsprechendes gilt für die Ausfüllung von Vertragslücken.

Z-Stadt, den	W-Stadt, den . . . . .
. . . . .	. . . . .
(Y-GmbH)	(X-GmbH)

Schrifttum: *Bock/Zons*, Rechtshandbuch Anlagenbau, 2. Aufl. 2021; *Bohnke/Stumpf*, Das FIDIC Yellow Book 2017: Neuer Vertragsstandard für den Anlagenbau im Licht des deutschen AGB-Rechts, NZBau 2018, 449; *Cloppenburg/Mahnken*, Haftungsbeschränkungen im Anlagenbau und AGB-Recht, NZBau 2014, 743; *Knütel/Rieger*, Pönalen wegen Verzugs oder Minderleistungen in Individualvereinbarungen und AGB – Risiken der Unwirksamkeit und ihre Vermeidung, NZBau 2010, 285; *Mahnken*, Acceptance, Take-Over und Taking-Over in Vertragsmustern des internationalen Baus und Anlagenbaus und die Abnahme nach § 640 BGB, ZfBR 2020, 508; *Schulze-Hagen*, Allgemeine Geschäftsbedingungen im unternehmerischen Verkehr mit Fokus auf den Bau und Anlagenbau, NZBau 2016, 395; *Palandt,* Kurzkommentat zum BGBl, 79. Aufl., 2020 *v. Staudinger,* Kommentar zum Bürgerlichen Gesetzbuch, Recht der Allgemeinen Geschäftsbedingungen, Bearbeitung 2019, *Ulmer/Brandner/Hensen,* AGB-Recht, 12. Aufl. 2016; *Graf von Westphalen/Thüsing* (Hrsg). Vertragsrecht und AGB-Klauselwerke, 2020.

Anmerkungen

1. Im Unterschied zu → Form. I.J.5 Anm. 1 ff. ist dieser Vertrag dadurch charakterisiert, dass er aus der Perspektive des **Auftragnehmers** textiert ist. Es handelt sich um einen klassischen „Turn-Key-Vertrag", und zwar in der Form. eines Generalunternehmervertrages (*Hautkappe,* Unternehmereinsatzformen im Industrieanlagenbau, 39 ff; im Einzelnen auch MVHdB II Wirtschaftrsrecht I *Rosener/Kratzsch* 499 ff). Zur Rechtsnatur vgl → Form. I.J.5 Anm. 2. Zu den FIDIC-Bedingungen *Bohnke/Stumpf* NZBau 2018, 449 – AGB-rechtliche Bedenken.

2. Wegen der extremen Risiken von Industrieanlagen-Verträgen ist die Vereinbarung einer Haftungsbegrenzung von entscheidender Bedeutung. Hierbei sind folgende Gesichtspunkte im Einzelfall strikt zu beachten:

a) Wird das hier unterbreitete Formular – gleichgültig, ob mit oder ohne Abweichung im Detail – übernommen, so handelt es sich notwendigerweise um **vorformulierte** AGB-Klauseln im Sinn von § 305 Abs 1 S. 1 BGB. Unter dieser Voraussetzung sind verschiedene Klauseln nach BGB § 307 BGB unwirksam; das Form. beruht daher auf der Annahme eines ausgehandelten **Individualvertrages** (vgl → Form. I.J.5 Anm. 1 sowie nachfolgend → Anm. 2 c). Die Hürden sind hoch (BGH NJW 2019, 2080; NZBau 2016, 213; NJW 2013, 856 (858); NJW 2014, 1275). Es sollte daher (vgl auch Anmerkung lit c) unbedingt der Gang der Verhandlungen und der dabei erzielten Kompromisse protokollarisch festgehalten werden. Von besonderer praktischer Bedeutung ist hier, dass es möglicherweise so sein kann, dass auch Klauseln, welche unverändert bleiben (BGH NJW 2000, 1110 (1111)), als inhaltlich ausgehandelt anzusehen sind, soweit zwischen den Parteien nach gründlicher Erörterung tatsächlich Konsens besteht, dass es sich um eine risikogerechte Klauselgestaltung handelt (BGH NJW 2013, 856; NJW 2003, 1805 (1807); NJW 2000, 1110, 1111). Gelingt dies nicht (BGH NZBau 2016, 213 – Fallgestaltung beachten), dann ist AGB-rechtlich folgendes ua zu bedenken: Die auf die **Minderung** abzielende Haftungsbegrenzungsklausel könnte gemäß BGB § 307 Abs 2 Nr 1 BGB **unwirksam** (BGH ZIP 1993, 46; BGH NJW 1994, 1005; BGH WM 1995, 1456). Diese Erwägung bezieht sich allerdings nicht auf den Vorbehalt vorsätzlicher oder grob fahrlässiger Pflichtverletzung (BGH NJW 2007, 3774), sondern darauf, dass es sich bei dieser Klausel in der Sache um eine abschließende Begrenzung der Haftung des Auftragnehmers handelt, welche unterhalb der Schwelle des typischerweise eintretenden, vorhersehbaren Schadens bezieht (BGH NJW 1993, 335), was zur Unwirksamkeit nach BGB § 307 Abs 2 Nr 1 BGB führt. Unabhängig davon ist zu bedenken: Geht man davon aus, dass der Industrieanlagenvertrag im Wesentlichen als **Werkvertrag** gemäß §§ 631 ff BGB – nicht aber als Bauvertrag nach § 650a BGB – zu qualifizieren ist, so gilt der Verbotstatbestand von § 309 Nr 8b bb BGB. Dies bedeutet: Soweit der Unternehmer AGB-Verwender ist, ist es ihm untersagt, im Fall des „Fehlschlagens" der Mangelbeseitigung – und darum kann es sich sehr wohl bei einem Nichterreichen der zugesagten „Garantieleistungen" handeln – die weitergehenden Rechte des Auftraggebers – Rücktritt/Minderung oder auch Schadensersatz – auszuschließen. Ungekürzt gilt diese Wertung auch im unternehmerischen Bereich gemäß § 307 Abs 2 Nr 1 BGB (BGHZ 22, 90 (99); BGH WM 1973, 219 (220); BGH BB 1994, 294; BGH BB 1999, 804; BGH NJW-RR 1996, 52 (53), BGH ZIP 1991, 1362; BGH NJW 1994, 1004 (1005); BGH WM 1995, 1456). Es ist daher – ergänzend zum bisherigen Text – entweder an den Tatbestand des „Fehlschlagens" der Mangelbeseitigung/Nacherfüllung anzuknüpfen oder es sind alle Fälle tatbestandlich aufzuführen, welche die Rechtsprechung diesem Begriff unterlegt hat (BGH NJW 1994, 1004 (1005)). Von einem durch BGB § 307 Abs 2 Nr 1 BGB geschützten „Fehlschlagen" der Mangelbeseitigung ist immer dann zu sprechen, wenn diese dem Unternehmer unmöglich ist, über angemessene Fristen hinaus verzögert oder verweigert wird (BGH WM 1973, 219 (220); BGH BB 1975, 1507; BGH BB 1978, 325; BGH BB 1979, 804; BGH NJW 1994, 1004 (1005)). Auch wenn in diesen Fällen dem Auftraggeber ein **Rücktrittsrecht** eingeräumt wird, reicht dies iSv § 307 Abs 2 Nr 1 BGB nicht aus, ist zu erwägen, ob nicht nach der gesetzlichen Wertung auch das Recht dem Auftraggeber zustehen muss, Schadensersatz statt der Leistung zu fordern (Graf v. Westphalen/Thüsing VertrR/AGB-Klauselwerke/*Graf v. Westphalen* – Freizeichnung Rn 92 f).

Um diesen Bedenken gerecht zu werden, müsste in § 23 Abs (5) noch folgende Regelung hinzugesetzt werden:

„In diesen Fällen steht dem Auftraggeber auch das Recht zu, Rücktritt zu begehren."

Eine solche Klausel ist regelmäßig auch im Interesse des **Auftraggebers** jedenfalls dann sachgerecht, wenn die in Anlage VI ausgewiesene **pauschalierte Minderung** ganz und gar nicht ausreicht, den voraussichtlichen Schaden des Auftraggebers zu decken. Allerdings ist anzumerken, dass die Ausübung eines Rücktrittsrechts auch für den Auftraggeber regelmäßig wenig interessegerecht ist; in erster Linie ist er daran interessiert, eine funktionstüchtige Industrieanlage zu erhalten, um seine Produktion zu betreiben. Die Ausübung eines Wandelungsrechts wirft seine Investitionspläne häufig um Jahre zurück und schmälert seine Marktchancen ganz erheblich. Doch bleibt auch sein Interesse an Schadensersatz wesentlich.

b) Zu weiteren Fragestellungen, die sich daraus ableiten, dass Haftungsbegrenzungs- oder Haftungsfreizeichnungsklauseln iSv § 305 Abs 1 S. 1 BGB als **vorformulierte** Klauseln verwendet werden vgl → Anm. 4.

c) **Keine Bedenken** bestehen indessen gegen die hier textierte weitreichende Freizeichnung, sofern die Voraussetzungen einer **Individualabrede** iSv § 305 Abs 1 S. 3 BGB erfüllt sind. Dabei ergeben sich folgende Gesichtspunkte (kritisch *Schulze-Hagen* NZBau 2016, 395 (402 f); Mahnke/Cloppenburg, in Bock/Zons, Rechtshandbuch, Teil A Rn. 302 ff).

Die Rechtsprechung des BGH zur inhaltlichen Bestimmung des Begriffs des „Aushandelns" in § 305 Abs 1 S. 3 BGB hat sich inzwischen verfestigt (BGH NZBau 2016, 213; NJW 2013, 856; NJW 2000, 1110 (1111 f) – grundlegend; NJW 2003, 1805 (1808); ZIP 1986, 1466 (1467); ZIP 1987, 448 (449)). Folglich liegt ein „Aushandeln" regelmäßig nur dann vor, wenn der Unternehmer als AGB-Verwender den in seinen AGB enthaltenen „gesetzesfremden" Kerngehalt „also die den wesentlichen Inhalt der gesetzlichen Regelung ändernden oder ergänzenden Bestimmungen inhaltlich ernsthaft zur Disposition" gestellt hat (BGH NJW 2019, 2080 Tz. 14 f; im Übrigen BGH ZIP 1987, 448 (449); BGH NJW 1992, 1107; BGH NJW 1992, 2760; BGH NJW-RR 1993, 504; BGH NJW-RR 1996, 787). Der Auftraggeber muss folglich die „reale Möglichkeit" haben (BGH NZBau 2016, 213 Tz. 25), entsprechend seinen eigenen rechtsgeschäftlichen Verantwortlichkeiten „die inhaltliche Ausgestaltung der Vertragsbedingung zu beeinflussen" (BGH NZBau 2016, 213 Tz. 25; vgl. auch BGH ZIP 1986, 1466 (1467); BGH ZIP 1994, 1540 (1542 f); BGH NJW-RR 1996, 783 (787); BGH NJW 2010, 1031). Ein einfaches Erörtern, ein Durchsprechen des Klauselwerks reicht also nicht aus; auch ein „Verhandeln" genügt nicht (BGH NJW 2013, 856). Es kommt vielmehr im Sinn eines „Aushandelns" nach § 305 Abs 1 S. 3 BGB auf ein (neues) Ergebnis in der Vertragsgestaltung an: Regelmäßig wird sich nämlich ein solches „Aushandeln" in einer **Änderung** des vorformulierten Textes niederschlagen (BGH NJW 2013, 856; NJW 2000, 1110 (1111 f) – grundlegend; NJW 2003, 1805 (1808); ZIP 1986, 1466 (1467)).

„Allenfalls unter besonderen Umständen" (BGH NJW 2013, 856; NJW 2000, 1110 (1111 f)) kann ein Vertrag auch dann als „ausgehandelt" gewertet werden, wenn nach gründlicher Erörterung eine Abänderung des vorformulierten Textes nicht erreicht wird (BGH NJW 2013, 856; NJW 2003, 1805 (1808); NJW 2000, 1110 (1111); DB 1988, 439; BGH NJW 1991, 1679; BGH NJW 1992, 2283 (2285)). Doch es ist anzumerken, dass der BGH noch nie entschieden hat, dass diese Voraussetzungen in einem Fall tatsächlich erfüllt waren. Streng genommen handelt es sich also um eine Judikatur, welche insoweit lediglich als Prädikat eines „obiter dictum" verdient. Da indessen Haftungsbegrenzungsklausel, wie sei hier erörtert werden, im Industrieanlagengeschäft durchaus üblich sind, **kann** diese Tatsache dafür sprechen, dass es sich um eine **Individualvereinbarung** iSv § 305 Abs 1 S. 3 BGB handelt. Doch trifft die Darlegungs- und Beweislast allemal den Unternehmer (grundlegend BGH NJW 2019, 2080; BGH NJW 2014, 1725), sofern er die AGB seinerseits vorformuliert oder auf ein Vertragsformular zurückgegriffen, mithin: diese iSv § 305 Abs 1 S. 1 BGB „gestellt" hat (BGH ZIP 1986, 1466 (1467); BGH NJW 2010, 1131 mAnm. von *Kaufhold* ZIP 2010, 631 ff). Da die Hürde für eine Individualabrede iSv § 305 Abs 1 S. 3 BGB sehr hoch (BGH NZBau 2016, 213), das Risiko der **Unwirksamkeit** der hier vorformulierten Klauseln als AGB iSv § 305 Abs 1 S. 1 BGB beachtlich ist (hierzu auch BGH NJW 2003, 1805 – formelhafter Bauvertrag), empfiehlt es sich unter allen Umständen vorsorglich, den Gang der Verhandlungen – insbesondere im Zusammenhang mit Haftungsbegrenzungs- und Haftungsfreizeichnungsklauseln – **protokollarisch** exakt festzuhalten. Auf diese Weise kann dokumentiert werden, dass die Haftungsbegrenzungs- oder Haftungsfreizeichnungsklausel dem beiderseitigen rechtsgeschäftlichen Willen entsprach.

d) Unter Beachtung von § 634a BGB und einer fünfjährigen Verjährungsfrist bestehen gegen die hier vorgesehene Frist von 12 Monaten erhebliche **Bedenken,** sofern § 307 Abs 2 Nr 1 BGB zur Anwendung gelangt. Doch ist auch eine solche Frist in Verträgen dieser Art nicht unüblich. Zu denken ist ggfs daran, diese Frist auf 24 Monate zu verlängern. Dann sind etwaige AGB-rechtliche Bedenken eher beherrschbar. Das gilt vor allem dann, wenn es sich um einen **Werklieferungsvertrag** handelt, auf den gem § 650 BGB Kaufrecht anwendbar ist.

e) Wenn es sich um eine Formularklausel handelt, dann ist nur eine das **Verschulden** berücksichtigende Klausel wirksam (BGH NJW 2006, 47).

f) Die vorstehende Erwägung gilt auch für die hier formulierte, vom Verschulden losgelöste Haftung (BGH NZBau 2016, 213 Tz. 27). Unbedenklich ist diese Klausel nur bei Vereinbarung von **Garantien** gem §§ 444, 639 BGB. Hierzu → Form. I.J.5 Anm. 1.

3. Auch diese Haftungsbegrenzungsklausel ist dann **problematisch,** wenn es sich um eine **vorformulierte** Klausel iSv § 305 Abs 1 S. 1 BGB handelt/allgemein *Zons*, in Bock/Zons, Rechtshandbuch Teil B Rn. 1196 ff; 1249 ff). Dabei ist folgendes im Auge zu behalten:

a) Die in § 7 Abs (1) lit a bezeichnete **Montageversicherung** ist eine reine Sachversicherung. Soweit das Personal des Unternehmers Schäden an der Anlage selbst verursacht, bestehen gegen die Haftungsfreizeichnungsklausel iSv § 307 Abs 2 Nr 1 BGB keine durchgreifenden Bedenken, weil die Haftungsbegrenzung sich auf den voraussichtlich eintretenden, vertragstypischen Schaden bezieht (BGH ZIP 1993, 46 (47) – ständige Rechtsprechung).

b) Soweit jedoch die Deckung der **Haftpflichtversicherung** in Rede steht, kommt es iSv BGB § 307 Abs 2 Nr 2 BGB entscheidend darauf an, ob die in § 7 Abs (1) lit c bezeichnete **Deckungssumme** schadensadäquat ist (BGH NJW 2002, 749 (750); NJW 2003, 335). Anders gewendet, die Möglichkeit eine Versicherung abzuschließen und damit den entstandenen Schaden zu decken ist bei der Wirksamkeitskontrolle nach BGB § 307 Abs 1 BGB (hierzu *Graf v. Westphalen*/Thüsing VertrR/AGB-Klauselwerke– Freizeichnungsklausel Rn 101) zu bedenken (BGH BGH NJW 2002, 749 (750); NJW 2003, 335). Hier könnte es sich empfehlen, abhängig von den Umständen des Einzelfalls eine wesentlich höhere Deckungssumme – etwa EUR 10.000.000,00 Mio/Schadensereignis – vorzusehen. Dies ist vor allem dann angezeigt, wenn – etwa durch eine Explosion – erhebliche **Sachfolgeschäden** an anderen Anlagen des Auftraggebers eintreten können (vgl BGH NJW 1996, 783). Ist ein derartiges Risiko nicht von vornherein auszuschließen, so ist im Auge zu behalten, dass gemäß § 1 AHB nicht nur der unmittelbare Sachschaden, sondern auch der **Sachfolgeschaden** – regelmäßig: in Form. eines weiteren Vermögensschadens (ausgenommen: entgangener Gewinn – im Rahmen der Deckungssumme zu ersetzen ist. Soweit **Personenschäden** darauf zurückzuführen sind (§ 309 Nr. 7a BGB), dass das Personal des Unternehmers deliktsrechtlich gem § 823 BGB verantwortlich ist, kommt die hier textierte Haftungsbegrenzungsklausel deswegen nicht zum Zug, weil es sich dann nicht um „Schäden des Auftraggebers" handelt. Etwaige Personenschäden werden unmittelbar von diesen – oder im Rahmen eines Regresses von den Berufsgenossenschaften – gegenüber dem Unternehmer geltend gemacht, so dass es dann entscheidend darauf ankommt, ob die Deckungssumme der Haftpflichtversicherung ausreicht. Im Übrigen ist in diesem Kontext der Ausschluss nach § 309 Nr 7a BGB zu beachten, was auch in der Klausel berücksichtigt ist.

4. Bei dieser Haftungsbegrenzungsklausel, die sich auf alle Vertragsstörungsrisiken bezieht, liegt die Nagelprobe darin, ob es sich um eine iSv § 305 Abs 1 S. 1 BGB **vorformulierte** Klausel oder um eine an § 305 Abs 1 S. 3 BGB zu messende **Individualabrede** handelt (vgl → Anm. 2). Erfasst werden damit in erster Linie das Risiko der verspäteten Fertigstellung sowie das der **Nichterfüllung** zugesagter Leistungsparameter/Garantien.

a) Hier ist → Form. I.J.5 Anm. 11 zu beachten.

b) Soweit es sich um eine AGB-Klausel handelt, bestehen gegen diese Haftungsbegrenzungsklausel durchgreifende Bedenken gem § 307 Abs 2 Nr 2 BGB. Die BGH-Judika- tur hat aus dieser Norm das Konzept der „wesentlichen" Vertragspflicht entnommen und schützt damit den Auftraggeber davor, dass der Unternehmer/AGB-Verwender sich von solchen Pflichten formularmäßig freizeichnet, deren Erfüllung die ordnungsgemäße Durchführung des Vertrages überhaupt erst ermöglicht, auf deren Erfüllung der Vertragspartner daher vertraut und auch vertrauen darf (BGH NJW 2013, 291; NJW-RR 2005, 1496; ZIP 1984, 971; BGH ZIP 1988, 515; BGB ZIP 1988, 360 (362); BGH ZIP 1989, 1451 (1452)). Die Verwendung des Begriffs „wesentliche" Vertragspflicht ist auch im unternehmerischen Verkehr hinreichend transparent (BGH NJW 2013, 291 – Verbraucherverkehr); die Verwendung des Begriffs „Kardinalpflicht" ist nicht transparent und sollte daher nicht verwendet werden (BGH NJW-RR 2005, 1496 – Honda).

c) Der durch § 307 Abs 2 Nr 2 BGB geschützte Vertragszweck besteht darin, dass der Unternehmer dem Auftraggeber eine den Spezifikationen entsprechende Industrieanlage – nach durchgeführter Abnahme – zur Nutzung übergibt (hierzu *Mahnken* ZfBR 2020, 508 ff). Wesentliches Merkmal ist dabei vor allem auch, dass der Unternehmer seine Vertragspflichten fristgerecht erfüllt (BGH ZIP 1994, 461, 465), und dass er die Parameter/Leistungsgarantien tatsächlich erreicht, die Gegenstand des Vertrages, insbesondere des Abnahmetests sind. In dieser Perspektive liegt es auf der Hand, dass eine formularmäßige Haftungsbegrenzung in Höhe von 10 % des Vertragspreises allemal geeignet ist, den von § 307 Abs 2 Nr 2 BGB geschützten Vertragszweck zu gefährden (BGH NJW 1993, 335). Denn das vertragstypische Risiko einer Nichterfüllung liegt hier wesentlich höher. Dass der Unternehmer nicht in der Lage ist, die Schadensersatzrisiken in seiner Kalkulation „unterzubringen", befreit ihn nicht von der Verpflichtung, die Vertragspflichten zu erfüllen, welche erst die ordnungsgemäße Durchführung des Vertrages überhaupt ermöglichen, und auf deren Erfüllung der Auftraggeber vertrauen darf und vertraut.

d) Gerade bei der hier interessierenden Haftungsbegrenzung ist es jedoch – rechtstechnisch – möglich, eine **Individualabrede** iSv § 305 Abs 1 S. 3 BGB zu erreichen. Wenn nämlich der Unternehmer als AGB-Verwender darauf verzichtet, schon bei Beginn der Vertragsverhandlungen die Haftungsbegrenzungsklausel mit einem Betrag von 10 % des Vertragspreises zu fixieren, sondern diesen Punkt ausdrücklich **offenlässt** und damit praktisch (zunächst) eine Haftung auf gesetzlicher Grundlage anbietet (BGH NZBau 2016, 213; NJW 2013, 856 (858)), so kann ein gleichberechtigtes, rechtsgeschäftliches **Aushandeln** einsetzen: Risikoerwägungen von beiden Parteien finden dann Eingang in eine Haftungsbegrenzung, welche im Ergebnis 10 % des Vertragspreises betragen, aber auch ohne weiteres **höher** angesiedelt werden kann. Haben sich beide Parteien auf eine derartige Summe im Rahmen eines gegenseitigen und wechselseitigen Gebens und Nehmens **verständigt,** so liegt darin ein ganz wesentliches, regelmäßig: fast unumstößliches Indiz dafür, dass die Haftungsbegrenzung iSv § 305 Abs 1 S. 3 BGB **ausgehandelt** ist. Gerade auf diesen Gesichtspunkt sollte bei Vertragsverhandlungen entscheidendes Gewicht gelegt werden.

e) Nachhaltig bleibt zu bedenken, dass eine Entscheidung eines **ICC-Schiedsgerichts** (SchiedsVZ 2005, 108) eine nicht abgeänderte Haftungsbegrenzungsklausel in einem internationalen Anlagenvertrag als branchentypisch und damit auch als wirksam angesehen hat. Sie war nämlich Gegenstand von ausführlichen Verhandlungen zwischen den Parteien (*Berger* FS Graf von Westphalen, 2010, 13 (17 ff)). Ob dieser Judikatur – außerhalb eines Schiedsverfahrens – zu folgen ist, dürfte zweifelhaft erscheinen. Denn die Dominanz der BGH-Judikatur ist für Gerichtsverfahren allemal zu respektieren.

5. Steht fest, dass die Haftungsbegrenzungsklausel gem § 36 Abs 4 eine **Individualabrede** iSv § 305 Abs 1 S. 3 BGB ist, so bestehen gegen diese Haftungsfreizeichnungsklausel keinerlei Bedenken, weil sie lediglich das folgerichtige Ergebnis der individualvertraglich vereinbarten Haftungsbegrenzung ist. Handelt es sich hingegen um eine **vorformulierte** Klausel iSv § 305 Abs 1 S. 1 BGB, so ist diese Haftungsfreizeichnungsklausel in mehrfacher Hinsicht wegen Verstoßes gegen BGB § 307 BGB **unwirksam.**

a) Da die Haftungsfreizeichnungsklausel sich auch auf die Verletzung von „wesentlichen" Vertragspflichten iSv § 307 Abs 2 Nr 2 BGB bezieht (vgl aber auch BGH ZIP 2005, 1785 – betreffend Intransparenz einer auf die Verletzung einer „Kardinalpflicht" abhebenden Klausel), ist die darin liegende, in Verbindung mit § 36 Abs 4 zu sehende Haftungsbegrenzung unwirksam, weil sie nicht den vertragstypischen, üblicherweise vorhersehbaren Schaden erfasst (BGH BB 1980, 1011; BGH ZIP 1993, 46; BGH ZIP 1994, 461 (465); BGH BB 1996, 356). Dieser ist im wesentlichen Produktionsausfall und damit auch entgangener Gewinn (ist allerdings hier ausgeschlossen), der neben der Erfüllung nach § 280 Abs 1 BGB als Schadensersatz verlangt werden kann. Auch wenn man einwendet, dass der Unternehmer nicht in der Lage ist, die Risiken eines Produktionsausfalls oder entgangenen Gewinns des Auftraggebers in seinem Vertragspreis einzuschließen (vgl BGH NJW 2009, 2674), so ändert dies nichts daran, dass das dispositive Recht, innerhalb des Schutzzwecks der Norm auf einen vollen Ausgleich der durch die Vertragsverletzungen entstandenen Schäden gerichtet ist. Gem § 286 BGB wird hiervon auch der Gewinn bzw Produktionsausfall des Auftraggebers erfasst. Er ist auch Gegenstand des von § 634 Nr 4 BGB umfassten **Mangelschadens** (BGH NJW 1983, 2440 (2441); BGH NJW-RR 1992, 788).

b) Sofern bestimmte Leistungsparameter, wie sie in Anlage VI spezifiziert sind, als **zugesicherte Eigenschaften** iSv § 276 Abs 1 BGB und damit als **Garantien** nach §§ 444, 639 BGB zu qualifizieren sind (BGH NJW 2007, 1346, 1348 – beide Formen gleichsetzend), gilt der Verbotstatbestand von §§ 444, 639 BGB, und zwar auch im Rahmen eines **Individualvertrages,** so dass auf die → Form. I.J.5 Anm. 11 Bezug genommen wird. Die Haftungsbegrenzung muss sich daher auf individualvertraglicher Ebene auf die gewährten Garantien gem §§ 444, 639 BGB **eindeutig** beziehen (*Graf von Westphalen* KSzW 2010, 164 ff). Die in der Garantie zugrunde gelegte Risikoübernahme muss sich in der Schadensübernahme widerspiegeln.

c) Diese Erwägungen gelten erst recht, wenn die Anlage VI (s oben § 43 dieses Form.) spezifizierten Daten als **Leistungsgarantie** vereinbart sind (hierzu Nicklisch, Bau- und Anlagenverträge/*Schlotke*, 155 ff). Vor allem gilt dies dann, wenn der Unternehmer eine **Verfügbarkeitsgarantie** abgegeben hat (*Kühnel* BB 1992, 934 ff). Damit will er erreichen, dass die Anlage – innerhalb der durch die Verfügbarkeitsgarantie gezogenen Grenze – volle Produktion fährt. Soweit der Unternehmer solche Garantien gegenüber dem Auftraggeber abgibt, besteht nicht der mindeste Zweifel daran, dass Sie auf das Risiko etwaiger Mangelfolgeschäden gerichtet sind und den Zweck verfolgen, den Auftraggeber dagegen abzusichern. Die Haftungsbegrenzung muss daher gem § 639 BGB insoweit eindeutig sein.

6. Subunternehmerverträge, die zwangsläufig bei derartigen Projekten abgeschlossen werden, sind unter dem Gesichtswinkel des AGB-Rechts immer dann besonders problematisch, wenn die Risiken des Hauptvertrages auf die Subunternehmer „durchgestellt" werden (*Nicklisch*, 29 ff; *Vetter* in: Nicklisch Der Subunternehmer bei Bau- und Anlagenverträgen im In- und Auslandsgeschäft, S 77 ff; KG NJW-RR 2003, 1599 –

Vertragsstrafeklausel). Sofern nämlich die Bedingungen des Hauptvertrages für den Unternehmer nachteilig sind, ist dies bei der richterlichen Inhaltskontrolle der Subunternehmerverträge gemäß BGB § 307 BGB zum Schutz des Subunternehmers zu berücksichtigen (*Locher* NJW 1979, 2235; *Hautkappe,* Unternehmereinsatzformen im Industrieanlagenbau, 84 ff).

7. Qualitätssicherungsvereinbarung

zwischen[1]

der Y-AG

in Z-Stadt

– nachstehend „Besteller“ genannt –

und

der W-GmbH

in X-Stadt

– nachstehend „Lieferer“ genannt –

Präambel

Der Lieferer ist dem Besteller als qualitätsbewusster und zuverlässiger Hersteller von . . . . . bekannt.

Der Besteller benötigt die Produkte des Lieferers und beabsichtigt, diese nach Maßgabe gesonderter Vereinbarungen vom Lieferer zu beziehen.

Die Vertragspartner sind sich darin einig, dass hohe Qualität und Zuverlässigkeit technischer Erzeugnisse bei unverminderter Wettbewerbsfähigkeit nur erzielt werden können, wenn die partnerschaftliche Zusammenarbeit zwischen den Herstellungsstufen verbessert, das anzuwendende Qualitätssicherungssystem und die Prüfverfahren festgeschrieben, Durchlaufzeiten verkürzt und Doppelprüfungen vermieden werden.

Dies vorausgeschickt, vereinbaren die Vertragspartner folgendes:

§ 1 Vertragsgegenstand

(1) Die Vertragsgegenstände sind in Anlage 1 dieser Vereinbarung beschrieben. Der Lieferer hat die Beschreibung der Vertragsgegenstände auf offenkundige Fehler und auf Herstellbarkeit zu prüfen. Die Verantwortung für die Richtigkeit der Beschreibung liegt beim Besteller.[2]

(2) Hat der Besteller dem Lieferer ein Muster überlassen, gelten Ausführung und Eigenschaften dieses Musters als vertraglich geschuldet, wenn dies in der Beschreibung – Anlage 1 – geregelt ist.[3] Hat der Lieferer aufgrund einer Vereinbarung mit dem Besteller ein Muster gefertigt, so hat der Besteller das Muster nach Erhalt, soweit dies nach ordnungsmäßigem Geschäftsgang tunlich ist, auf Übereinstimmung mit der Beschreibung – Anlage 1 – zu untersuchen und, wenn sich eine Abweichung zeigt, sie dem Lieferer rechtzeitig vor Produktionsbeginn anzuzeigen. Unterlässt der Besteller diese Anzeige, so gelten die Vertragsgegenstände, soweit sie dem Muster entsprechen, als genehmigt, es sei denn, dass es sich um eine Abweichung handelt, die bei der Untersuchung des Musters nicht erkennbar war.

(3) Erkennt der Lieferer im Verlauf der Entwicklung, Fertigung oder Prüfung der Vertragsgegenstände, dass die Beschreibung – Anlage 1 – fehlerhaft missverständlich, unvollständig ist oder vom Muster abweicht, wird er den Besteller hiervon unverzüglich schriftlich verständigen und diesem, soweit erforderlich und zumutbar, Vorschläge zur Abhilfe unterbreiten.

§ 2 Durchführung der Qualitätssicherung

(1) Der Lieferer unterhält ein Qualitätssicherungssystem, das den in Anlage 2 dieser Vereinbarung dargestellten besonderen Anforderungen genügt. Er wird die Vertragsgegenstände nach den Regeln seines Qualitätssicherungssystems herstellen und prüfen.

(2) Ferner wird der Lieferer die Vertragsgegenstände nach den in Anlage 3 dieser Vereinbarung genannten Bestimmungen jeweils vor Auslieferung an den Besteller prüfen.[4] Der Lieferer hat diese Bestimmungen vor Untersuchung dieser Vereinbarung auf Schlüssigkeit nach Maßgabe seines eigenen Qualitätssicherungssystems geprüft.

(3) Der Lieferer wird durch geeignete Kennzeichnung der Vertragsgegenstände oder – falls dies nicht möglich ist –, in anderer Weise dafür sorgen, dass bei Erkennen eines Fehlers an Vertragsgegenständen festgestellt werden kann, welche Vertragsgegenstände insgesamt von einem solchen Fehler betroffen sind oder betroffen sein können.[5] Über sein Kennzeichnungssystem hat der Lieferer den Besteller so auf dem laufenden zu halten, dass diesem jederzeit eine eigene Feststellung möglich ist.

(4) Der Lieferer wird über die Durchführung seiner Qualitätssicherungsmaßnahmen, insbesondere über Messwerte und Prüfergebnisse, Aufzeichnungen anfertigen (Dokumentation) und diese sowie etwaige Muster übersichtlich geordnet verfügbar halten. Art, Umfang und Aufbewahrungsfristen dieser Aufzeichnungen und Muster sind in Anlage 2 zu dieser Vereinbarung beschrieben.[6]

(5) Der Lieferer wird den Beauftragten des Bestellers Zutritt zu seinen Betriebsstätten und Betriebsanlagen während der üblichen Betriebsstunden gewähren, soweit der Besteller dadurch nicht Einblick in die Betriebsgeheimnisse des Lieferers erlangt und die Überprüfung von Existenz und Funktion des Qualitätssicherungssystems des Lieferers dies erfordert (Qualitätsaudit).[7] Der Besteller wird den Besuch seiner Beauftragten mit angemessener Frist vorher ankündigen.

(6) Der Lieferer wird dem Besteller auf Wunsch für das gelieferte Produkt vollständige Einsicht in seine Aufzeichnungen gewähren und gewünschte Muster – § 2 Abs (4) – aushändigen, soweit der Besteller dadurch nicht Einblick in Betriebsgeheimnisse des Lieferers erlangt und für die Einsichtnahme ein wichtiger Grund besteht. Der Lieferer wird den Besteller dabei in angemessenem Umfang unterstützen. Der Besteller wird dem Lieferer die vereinbarten Referenzmuster herausgeben; er ist berechtigt, alle sonstigen Muster und insbesondere Doppel der Referenzmuster zu behalten.

(7) Bezieht der Lieferer für die Herstellung oder die Qualitätssicherung der Vertragsgegenstände Vorlieferungen (Vormaterialien, Software, Dienstleistungen, Fertigungs- oder Prüfmittel) von Dritten (Vorlieferer), so sichert der Lieferer die Qualität solcher Vorlieferungen entweder mit eigenen Mitteln oder durch vertragliche Einbindung des Vorlieferers in ein dieser Vereinbarung entsprechendes Qualitätssicherungssystem.

§ 3 Information

(1) Änderungen innerhalb des vereinbarten Systems oder der vereinbarten Verfahren zur Qualitätssicherung oder von Werkstoffen, Fertigungsverfahren, wie sie im Rahmen des

Qualitätssicherungssystems niedergelegt sind, von Zulieferteilen, Datenblättern oder anderen Unterlagen wird der Lieferer dem Besteller unverzüglich schriftlich mitteilen. Die Information hat so rechtzeitig und vollständig zu erfolgen, dass der Besteller sie auf ihre Tragweite hin überprüfen und ihr widersprechen kann, bevor die jeweilige Änderung bei den Vertragsgegenständen zur Anwendung kommt. Änderungen, die keinen Einfluss auf die vereinbarte Qualität der Vertragsgegenstände haben, sind von der Informationspflicht des Lieferers ausgenommen.

(2) Entdeckt der Lieferer bei Prüfung der Vertragsgegenstände (§ 2 Abs (1) und Abs (2)) eine Zunahme von Qualitätsdefiziten gegenüber den Anforderungen gemäß Anlage 1 dieser Vereinbarung (Qualitätseinbrüche), so wird er den Besteller hierüber und über Korrekturmaßnahmen wie Verbesserung von Fertigungsverfahren, Materialien, Teilen, Prüfverfahren, Prüfeinrichtungen usw unverzüglich informieren. Bis diese Korrekturmaßnahmen wirken, kann der Besteller vom Lieferer für einen angemessenen Zeitraum Sondermaßnahmen (zB höhere Prüfdichte) verlangen, sofern diese zur Sicherung der Qualität und der Lieferfähigkeit des Lieferers erforderlich sind. Hierdurch entstehende Mehrkosten gehen zu Lasten des Lieferers, sofern die Qualitätsdefizite nicht nachweislich durch den Besteller verursacht wurden.

§ 4 Vertraulichkeit

(1) Die Vertragspartner sind gegenseitig zur Geheimhaltung solcher Informationen (Konstruktionszeichnungen, Berechnungen, Prüfverfahren etc) verpflichtet, die ihnen im Zuge der Durchführung dieser Vereinbarung zur Kenntnis gelangen und den Betrieb des anderen Vertragspartners betreffen, sofern dieser die jeweilige Information als geheimhaltungsbedürftig bezeichnet oder sofern bei Anwendung verkehrsüblicher Sorgfalt zu erkennen ist, dass an der Geheimhaltung der jeweiligen Informationen ein Interesse besteht. Diese Verpflichtung erstreckt sich über die Dauer dieser Vereinbarung hinaus auf fünf Jahre.

(2) Die Geheimhaltungspflicht gemäß Abs 1 besteht nicht, soweit die Tatsache nachweislich

- der Allgemeinheit zugänglicher Stand der Technik ist oder
- dem geheimhaltungspflichtigen Partner bereits bekannt war oder von einem zur Weitergabe berechtigten Dritten bekanntgemacht wird oder
- von dem geheimhaltungspflichtigen Partner ohne Zutun des anderen Partners und ohne Verwertung anderer durch den vertraglichen Kontakt erlangter Informationen oder Kenntnisse entwickelt wird.

(3) Der Lieferer wird auch seine Vorlieferer in gleicher Weise zur Geheimhaltung verpflichten, soweit sie in eine dieser Vereinbarung entsprechendes Qualitätssicherungssystem eingebunden sind.

(4) Die vorstehenden Regelungen verbieten es jedem Vertragspartner nicht, öffentlichrechtlichen Institutionen die durch Gesetz oder aufgrund Gesetzes vorgeschriebenen Informationen und Unterlagen zur Verfügung zu stellen.

§ 5 Eingangsprüfung, Verjährung

(1) Da die Durchführung der erforderlichen Prüfungen nach § 2 Abs (2) dieser Vereinbarung ausschließlich beim Lieferer stattfinden soll, prüft der Besteller die Vertragsgegenstände bei Anlieferung nur hinsichtlich ihrer Warengattung und etwa äußerlich an der Verpackung deutlich erkennbarer Transportschäden.[8]

(2) Schadensersatzansprüche des Bestellers gegen den Lieferer wegen Mangelfolgeschäden werden wie folgt begrenzt.[9]

a) Schäden über EUR ..... je Schadensereignis sind nicht zu ersetzen.[10]
b) Diese Haftungsbegrenzungen gelten nicht bei Vorsatz oder grober Fahrlässigkeit des Lieferers oder seiner Erfüllungsgehilfen und bei Schadensersatzansprüchen wegen der schuldhaften Verletzung einer wesentlichen Vertragspflicht sowie in den Fällen, in denen ein Anspruch auf Ersatz des Schaden statt der Leistung geltend gemacht wird oder für einen Körper- oder Gesundheitsschaden oder nach dem Produkthaftungsgesetz gehaftet wird.[11]

(3) Der Lieferer ist verpflichtet, eine Haftpflichtversicherung mit einer pauschalen Deckung von ..... EUR/Schadensereignis, fünffach maximiert, abzuschließen, während der Dauer dieser Vereinbarung aufrechtzuerhalten und dies während der Dauer dieser Vereinbarung nachzuweisen. Der Lieferer wird sicherstellen, dass der Deckungsausschluss gemäß Ziff 4 I 1 AHB unter Berücksichtigung der ihm gemäß § 2 Abs (2) auferlegten Warenausgangskontrolle abbedungen wird.[12] Er wird ferner dafür Sorge tragen, dass der Versicherer eine uneingeschränkte Deckung gewährt.[13] Über dadurch anfallende Mehrprämien werden sich die Parteien bei der Preisgestaltung verständigen.[14]

(4) Der Lieferer leistet für die Verarbeitbarkeit und Mangelfreiheit der von ihm gelieferten Produkte 36 Monate Gewähr.

§ 6 Qualitätssicherungs-Beauftragte der Vertragspartner

(1) Zur Überwachung der Durchführung dieser Vereinbarung und zur Vornahme der in ihrem Rahmen nötigen Abstimmung wird jeder Vertragspartner unverzüglich eine Qualtitätssicherungs-Beauftragten bestellen und dem anderen Vertragspartner in schriftlicher Form. namentlich benennen. Die Qualitätssicherungs-Beauftragten sind zur Entgegennahme aller Erklärungen ermächtigt, die sich auf die Durchführung dieser Vereinbarung beziehen.

(2) Die Vertragspartner werden einander jeden Wechsel in der Person des Qualitätssicherungs-Beauftragten unverzüglich schriftlich anzeigen.

§ 7 Lieferungen

Abschluss und Durchführung dieser Vereinbarung begründen keinen Anspruch des Lieferers auf Erteilung von Bestellungen über Vertragsgegenstände.

§ 8 Zeitlicher Geltungsbereich

Diese Vereinbarung tritt mit Unterzeichnung in Kraft und kann mit einer Frist von drei Monaten zum Ende eines Kalendervierteljahres schriftlich gekündigt werden. Sie gilt für alle Lieferungen von Vertragsgegenständen, die nach Inkrafttreten dieser Vereinbarung bestellt und deren Bestellungen vor Beendigung dieser Vereinbarung bestätigt werden.

§ 9 Gerichtsstand

Gerichtsstand ist der Sitz des Klägers.

§ 10 Sonstiges

Alle Vereinbarungen betreffend die Qualitätssicherung der Vertragsgegenstände sind in dieser Urkunde, einschließlich ihrer Anlagen enthalten.

Z-Stadt, den .....   X-Stadt, den .....

. . . .

– Besteller –   – Lieferer –

Schrifttum: *Ensthaler*, Haftungsrechtliche Bedeutung von Qualitätssicherungsvereinbarungen, NJW 1994, 817; *Herrmann*, Die Rückrufhaftung des Produzenten, BB **1985**, 1801; *Herrmann/Fingerhut*, Erstattung von Rückrufkosten, BB **1990**, 725; *Hollmann*, Zur rechtlichen und technischen Bedeutung von Qualitätssicherungsvereinbarungen, PHI **1989**, 146; *Keßler*, Intelligente Roboter – neue Technologien im Einsatz, MMR 2017, 589; *Klindt*, Produkt, 3. Aufl. München, 2021; *Klindt*, Produktrecht in der aktuellen Rechtsprechung NJW 2018, 3757; *Koch*, Qualitätssicherungsvereinbarungen und Versicherungsschutz, IWRZ 2018, 119; *Kreifels*, Qualitätssicherungsvereinbarungen – Einfluß und Auswirkungen auf die Gewährleistung und Produkthaftung von Hersteller und Zulieferer, ZIP **1990**, 489; *Kreifels/Weide*, in Foerste/Graf von Westphalen, Produkthaftungshandbuch, 3. Aufl, §§ 57 ff; *Lehmann*, Just in Time: Handels- und AGB-rechtliche Probleme, BB **1990**, 1849; *Link*, Gesetzliche Regreßansprüche bei Produzentenhaftung gegenüber dem Zulieferer, BB **1985**, 1424; *Martinek*, Zulieferverträge und Qualitätssicherung, 1991; *Merz*, Qualitätssicherungsvereinbarungen, 1992; *Migge*, Praktische Überlegungen bei der Vorbereitung von Qualitätssicherungsvereinbarungen, PHI **1991**, 186 (198); *Migge/Hanau*, Qualitätssicherungsverträge: Versuch einer Zwischenbilanz aus der Sicht der betrieblichen Praxis, VersR **1992**, 665; *Molitoris/Klindt*, Aktuelle Entwicklungen im Produktsicherheits- und Produkthaftungsrecht, NJW 2017, 1582; *Molitoris/Klindt*, Aktuelle Entwicklungen im Produktsicherheits- und Produkthaftungsrecht, NJW 2016, 2464; *Molitoris/Klindt*, Entwicklungen im Produktsicherheits- und Produkthaftungsrecht, NJW 2015, 1568; *Müller-Hengstenberg/Kirn*, Kausalität und Verantwortung für Schäden, die durch autonome smarte Systeme verursacht werden, CR 2018, 682; *Nagel*, Schuldrechtliche Probleme bei Just-in-Time-Lieferbeziehungen, DB **1991**, 319; *Paulusch*, Haftung und Haftungsbegrenzung im kaufmännischen Geschäftsverkehr, DWiR **1992**, 182; *Popp*, Die Qualitätssicherungsvereinbarung, 1992; *Quittnat*, Qualitätssicherungsvereinbarungen und Produkthaftung BB **1989**, 571; *Raue*, Haftung für unsichere Software, NJW 2017, 1841; *Reusch*, Pflichtenkreis von Unternehmen im Umgang mit unsicheren Produkten – Thesen zum Produktrückruf, BB 2017, 2248; *Rothe*, Zustellung einer US-amerikanischen Schadensersatzklage nach dem HZÜ: Verstoß gegen das Rechtsstaatsprinzip? RIW **2003**, 859 ff; *Schmidt*, Qualitätssicherungsvereinbarungen und ihr rechtlicher Rahmen, NJW **1991**, 145; *Schmidt-Salzer*, Die Bedeutung der Entsorgung- und der Schwimmerschalter-Entscheidung des Bundesgerichtshofs für das Produkthaftungsrecht, BB **1979**, 1; Schucht/Fischer, Organpflichten und Organhaftung im Produktsicherheits- und Produkthaftungsrecht, BB 2018, 67; *Schwintowski*, Wird Recht durch Robotik und Künstliche Intelligenz ersetzt? NJOZ 2018, 1601; *Steinmann*, Qualitätssicherungsvereinbarungen zwischen Endproduktherstellern und Zulieferern, 1993; *Steinmann* Abdingbarkeit der Wareneingangskontrolle in Qualitätssicherungsvereinbarungen, BB **1993**, 873; *Sina*, Qualitätssicherungsvereinbarung – Einordnung und Rechtsfolgen, MDR **1994**, 332; *Taschner/Frietsch*, Produkthaftungsgesetz und EG-Produkthaftungsrichtlinie, 2. Aufl, 1990; *Teichler*, Qualitätssicherung und Qualitätssicherungsvereinbarungen, BB **1991**, 428; *Ulmer/Brandner/Hensen*, AGB-Recht, 12. Aufl. 2016; *Wagner/Ruttloff/Miederhoff*, Product Compliance, CCZ 2020, 1 ff; *Graf von Westphalen*, Qualitätssicherungsvereinbarungen: Rechtsprobleme des „Just-in-Time-Delivery", in FS „40 Jahre Der Betrieb", 1988, S 223; *Graf von Westphalen*, Einkaufsbedingungen und AGB-Gesetz, ZIP **1994**, 529; *Graf von Westphalen*, Rechtsprobleme des „Just-in-Time-Delivery", CR **1990**, 567; *Zirkel*, Das Verhältnis zwischen Zulieferer und Assembler- eine Vertragsart sui generis? NJW **1990**, 345.

Anmerkungen

Vorbemerkung: Qualitätssicherungsvereinbarungen sind in ganz entscheidendem Maß von Fragen der Produktsicherheit und den einschlägigen technischen Normen bestimmt. Es ist ausgeschlossen, diese in einem Muster darzustellen. Vielmehr gilt es zu sehen, dass die hier unterbreitete Version einer solchen Vereinbarung nur ein grobes, ein schmales Gerippe sein kann. Es bedarf in der Praxis unbedingt – angewiesen von kundigen Technikern – nicht nur der Adaption, sondern vor allem auch eine Implementierung der einschlägigen technischen Regeln. Auch ist es in diesem Zusammenhang ausgeschlossen, einen hinreichend zuverlässigen Überblick über die jeweils zu beachtenden Normen des ProdSG zu geben. Nach § 1 ProdSG gelten die Bestimmungen dieses Gesetzes für alle „Produkte", die auf dem Markt bereitgestellt, ausgestellt oder erstmals verwendet werden (Klindt, Produktsicherheitsgesetz/*Schucht*, § 1 Rn 10f). Die zu beachtenden allgemeinen Sicherheitsanforderungen ergeben sich aus § 3 ProdSG; hervorzuheben ist, dass es bei bestimmungsgemäßem oder vorhersehbarem Gebrauch nicht die Gesundheit und Sicherheit von Personen gefährden darf. Im Kontext der hier anzustellenden Erwägungen ist vor allem die Bestimmung von § 6 Abs 2 ProdSG von überragender Bedeutung. Danach ist nämlich der Hersteller, aber auch der Importeur verpflichtet, „geeignete Maßnahmen" zu treffen, um dazu beizutragen, die Risiken zu vermeiden, die mit dem **Verbraucherprodukt** (§ 1 Nr 26 ProdSG – Definitionverbunden sein können. Die so zu treffenden Maßnahmen zielen auf die „Rücknahme" des Produkts, auf angemessene und wirksame Warnungen sowie auch auf einen Rückruf *Klindt/Kapoor* § 6 Rn 47ff). Diese organisatorischen Pflichten bestehen neben der damit gekoppelten Pflicht, ein Qualitätssicherungssystem einzuführen und zu unterhalten. Ihre wesentlichen Merkmale sind **„to prevent, detect and respond"** (so *Wagner/Ruttloff/Miederhoff* CCZ 2020 1, 2 ff).

1. Die rechtliche Bedeutung aller Qualitätssicherungsvereinbarungen (*Popp*, Qualitätssicherungsvereinbarung, 27 ff) besteht darin, im Rahmen der Gewährleistungs- und Produzentenhaftung – vor allem unter Beachtung der einschlägigen Bestimmungen des jeweils anwendbaren Produktsicherheitsrechts – die Frage beantworten zu helfen, ob im einzelnen Schadensfall die im Verkehr erforderliche Sorgfalt gem § 276 BGB beachtet worden ist (*Migge* VersR 1992, 665 (668 f); *Steinmann*, Qualitätssicherungsvereinbarungen, 29 ff). Dabei wird in 3 ProdSG auf die in § 8 ProdSG zur Anwendung berufenen Normen Bezug genommen, weil diese dem Zweck dienen, die Sicherheit des jeweiligen Produkts zu gewährleisten (*Klindt*, Produktsicherheitsgesetz, § 3 Rn 2ff). Unter dieser Perspektive ist zwischen den Bereichen zu unterscheiden, für die es harmonisierte, also europarecht wirksame Normen gibt und solchen, in denen das nicht der Fall ist (*Klindt* § 3 Rn 16ff). Wegen der **Vorrangigkeit der europarechtlichen Vorschriften** ist es oft so, dass die deutsch-rechtlichen Normen nur ein Spiegel der europarechtlich geltenden Bestimmungen ist (*Klindt* § 3 Rn 16). Wegen ihres weithin technischen Charakters dieser Normen entfalten Qualitätssicherungsvereinbarungen einen präventiven Charakter und sichern im Schadensfall die Haftungsverteilung (Foerste/Graf von Westphalen, ProdHaft-HdB/*Kreifels/Weide*, § 57 Rn 4 f). Vor allem im Rahmen der verschuldensunabhängigen Haftung gem § 1 ProdHaftG kommt es maßgebend darauf an, durch Qualitätssicherungsvereinbarungen dazu beizutragen, dass Produktfehler vermieden werden. **Typologisch** handelt es sich bei Qualitätssicherungsvereinbarungen regelmäßig um einen Rahmenvertrag; die einzelnen Lieferungen sind klassische Kauf- bzw Werklieferverträge (§ 650 BGB), bei denen es entscheidend auf die „Qualität" der Produkte ankommt (*Migge* PHI 1991, 186 (198 ff)). Sie sind kein Vertrag sui generis (so aber *Zirkel* NJW 90, 345; *Lehmann* BB 1990, 1849 (1852)). Abzulehnen sind alle Erwägungen, Qualitätssicherungsvereinbarungen aufgrund ihrer Verflechtungen zwischen Kunden und Lieferer gesellschaftsrechtlich in den Ausnahmebereich von § 310 Abs 1 BGB einzuordnen (*Martinek*, Zulieferverträge und Qualitätssicherung, 49; vgl auch *Nagel* DB 1991, 319 ff). Da Qualitätssicherungsvereinbarungen regelmäßig mit **mehreren Lieferern** in gleicher Weise abgeschlossen werden, sind die einzelnen Vertragsbestimmungen regelmäßig AGB im Sinn von § 305 Abs 1 S. 1 BGB (*Ensthaler* NJW 1994, 817 (818); *Kreifels* ZIP 1992, 489; *Graf von Westphalen* FS 40 Jahre Der Betrieb 1988, 223).

Nochmals: Die gesetzlichen Vorgaben des **ProdSG** sind strikt zu beachten (Foerste/Graf von Westphalen, ProdHaft-HdB/*Kreifels/Weide*, § 59 Rn 1 ff). Das kann **erhebliche Adaptionen** des Formulars bedingen.

2. Es ist darauf hinzuweisen, dass die BGH-Judikatur grundsätzlich davon ausgeht, dass etwaige Beschaffenheitsangaben sowie insbesondere **Warenbeschreibungen als Qualitätsmerkmale der Sache** nach § 434 Abs 1 S. 1 BGB einzuordnen sind (vgl auch BGH NJW 2007, 1346). Dies gilt insbesondere, wenn der Besteller auf DIN-Normen oder auch sonstige technische Normen (VDE) Bezug nimmt; seine Haftung richtet sich dann nach § 437 BGB, sofern die gelieferte Waren mit den bedungenen Normen nicht übereinstimmt und deshalb in ihrer Gebrauchstauglichkeit beeinträchtigt ist (BGH WM 2018, 2384 – PKW – Softwaremangel; NJW 2018, 150 – hochpreisiges Dressurpferd NJW 1968, 2238, 2240; BGHZ 59, 303, 306; BGH NJW 1974, 1503; BGH WM 1980, 1035; BGH NJW 1981, 1501; Düsseldorf 2013, 2763 – Oldtimer). Das Problem etwaiger Zusicherungen von Eigenschaften ist in § 276 Abs 1 BGB enthalten (vgl auch § 440 BGB), weil der Begriff des „Zusicherns" gleichbedeutend mit der Begründung einer **„Garantie"** zu verstehen ist (BGH NJW 2007, 1346, 1348), worunter eine verschuldensunabhängig Einstandspflicht zu begreifen ist (Palandt/*Grüneberg* BGB 276 Rn 29; Erman/*Westermann* BGB 276 Rn 23). Wird eine solche „Zusicherung" auf der Ebene eines Individualvertrages bejaht, dann verstößt es fundamental gegen das Vorrangprinzip von § 305b BGB, wenn dann in den AGB eine entsprechende Abbedingung vorgesehen wird (*Graf von Westphalen* NJW 2002, 12, (18)). Gleichzeitig liegt in diesen Fällen ein Verstoß gegen BGB § 307 Abs 2 Nr 1 BGB vor, so dass die entsprechende AGB-Klausel unwirksam ist. Umgekehrt gilt natürlich das Gleiche: Ergibt die Auslegung aus der Ebene des Individualvertrages, dass es sich bei den Merkmalen einer herzustellenden Sache nur um eine Beschaffenheitsvereinbarung nach § 434 Abs 1 S. 1 handelt, nicht aber um eine Zusicherung in Form. einer „Garantie", dann ist es nach § 305b BGB sowie nach BGB § 307 Abs 2 Nr 1 BGB zu beanstanden, wenn in den Regeln des Qualitätssicherungsvertrages dann von einer „Zusicherung" oder einer „Garantie" gesprochen wird (Graf v. Westphalen/Thüsing VertrR/AGB-Klauselwerke/*Graf v. Westphalen* – Einkaufsbedingungen Rn 47 ff).

3. Es ist weiter darauf zu achten, dass die – verschuldensunabhängigen – **Sanktionswirkungen** von § 454 BGB im Auge behalten werden. Denn sie sind bei Qualitätssicherungsvereinbarungen typisch; erst wenn der Besteller/Auftraggeber das jeweilige „Muster" geprüft und freigegeben hat, darf die Serienproduktion beginnen. Folglich sind die Eigenschaftsmerkmale des Musters nur dann ein Fall der Garantiehaftung, wenn sich aus dem Vertrag ergibt, dass der Verkäufer verschuldensunabhängig für das Vorhandensein der entsprechenden Merkmale der Sache einstehen sollte. Die bei der Prüfung des Musters zu erbringenden Pflichten sind von § 307 Abs 2 Nr 2 BGB **wesentliche** Vertragspflichten und damit freizeichnungsfest (vgl *Paulusch* DWiR 1992, 182).

4. Besonders kritisch – und bislang noch nicht abschließend geklärt – ist die Frage, ob im Rahmen einer Qualitätssicherungsvereinbarung die dem Besteller gemäß § 377 obliegenden **Untersuchungs- und Kontrollpflichten** auf den Lieferer vollständig abgewälzt werden können, so dass seine **Warenausgangskontrolle** die gesetzlich vom Besteller geschuldete Wareneingangskontrolle ersetzt (im Einzelnen *Koch* IWRZ 2017, 119; Foerste/Graf von Westphalen, ProdHaft-HdB/*Kreifels/Weide* § 62 Rn 56 ff; Bedenken noch bei *Graf von Westphalen* FS 40 Jahre Der Betrieb, 1988 S 223 (234); vgl aber auch *Kreifels* ZIP 1990, 489 (493); einschränkend *Teichler* BB 1991, 428, 430 f; *Steinmann* BB 1993, 873, 875 f; grundsätzlich ablehnend *Schmidt* NJW 1991, 145 (150)). Doch ist im gleichen Atemzug hinzuzusetzen, dass die in der Literatur geäußerten Bedenken schon vor geraumer Zeit veröffentlicht worden sind, ohne dass bislang eine belastbare Entscheidung vorliegt, welche diesen Bedenken Rechnung trägt. Die Praxis hat sich wohl – losgelöst von diesen dogmatischen Bedenken – mittlerweile eingerichtet:

a) Es ist grundsätzlich nicht iSv § 307 Abs 1 S. 1 BGB zu beanstanden, wenn der Besteller im Rahmen von Qualitätssicherungsvereinbarungen die von ihm geschuldeten Verkehrssicherungspflichten iSv § 823 Abs 1 BGB auf den Lieferer verlagert (Produkthaftungshandbuch/*Foerste* § 25 Rn 36 ff). Die Delegation dieser Pflichten auf den Lieferer führt jedoch dazu, dass sein Haftungsrisiko – sowohl im Rahmen von § 823 Abs 1 BGB als auch gemäß § 1 ProdHaftG – erheblich gesteigert wird. Dies gilt vor allem, soweit damit auch die Pflichten zur Produktbeobachtung ausschließlich auf den Lieferer – bezogen auf das vom Besteller hergestellte Gesamtprodukt – überwälzt werden (*Graf von Westphalen* CR 1990, 567 (573 f)). Doch ist gegenläufig zu bedenken, dass – begrenzt und bezogen allerdings auf „Verbraucherprodukte" – nach § 6 Abs 1 ProdSG eine gesetzliche Kennzeichnungspflicht besteht, welche auch die Kontaktanschrift des Herstellers zum Gegenstand haben muss (Klindt/*Kapoor*, ProdSG § 6 Rn 23ff). Außerdem bestimmt § 6 Abs 2 ProdSG, dass der Hersteller eines solchen Produktes verpflichtet ist, ein angemessenes und effektives Rückrufmanagementsystem zu unterhalten (Klindt/*Kapoor* § 6 Rn 47ff). Des Weiteren ist zu beachten: Da die Verkehrssicherungspflichten nach § 823 BGB auch beim Lieferer – außerhalb des spezifischen Bereichs eines „Verbraucherprodukts" – konzentriert sind, ist er damit auch rückrufpflichtig, sofern das von ihm hergestellte Einzelteil einen Rückruf des Gesamtprodukts auslöst (Foerste/Graf von Westphalen, ProdHaft-HdB/*Kreifels/Weide*, § 62 Rn 66 ff; *Link* BB 1985, 1424, 1426 f; *Hermann* BB 1985, 1801). Doch ist wiederum einschränkend darauf aufmerksam zu machen, dass die neueste Rechtsprechung die Rechtsfragen der Rückrufpflicht restriktiv behandelt (BGH NJW 2009, 1080 – Betten; *Klindt* BB 2009, 792; im Übrigen auch *Lüftenegger* NJW 2018, 2087 – Fahrzeuge). Denn auch bei fehlerhaften Produkten, welche bereits ausgeliefert sind, reicht für gewöhnlich eine entsprechende – angemessene und wirksame – Warnung aus, um weitergehende Gefahren für die Rechtsgüter Dritter auszuschließen (BGH NJW 2009, 1080 (1081) – Betten).

b) Um sicherzustellen, dass die Überwälzung der vom Kunden gemäß § 377 geschuldete Wareneingangskontrolle auf die vom Lieferer vorzunehmende **Warenausgangskontrolle** nicht gemäß § 307 Abs 2 Nr 1 BGB unwirksam ist, kommt es entscheidend darauf an, im einzelnen festzulegen, welche **Eigenprüfungen** der Aufftraggeber/Besteller durchführen muss. Regelmäßig wird er sich darauf beschränken, **Qualitätsaudits** beim Lieferer vorzunehmen, was nur dann unbedenklich ist, wenn die vom Lieferer und vom Besteller durchzuführenden Prüfungen eine hinreichend **hohe Effizienz** erreichen, welche die Sicherheit des Produkts erfordert. Keinesfalls dürfen sie hinter den Pflichten zurückbleiben, die der Besteller als **Hersteller des Gesamtprodukts** gemäß § 823 Abs 1 BGB den Produktbenutzern/Dritten gegenüber schuldet (Foerste/Graf von Westphalen, ProdHaft-HdB/*Foerste* § 25 Rn 41 ff; 114 ff). Welche Pflichten dies im Einzelnen sind, lässt sich nicht generell festlegen, so dass hier stets im Einzelfall ein Vergleich zwischen der Effizienz des durch die Qualitätssicherungsvereinbarung verabredeten Kontrollsystems und den aus § 823 Abs 1 BGB abgeleiteten **gesetzlichen Pflichten** von Lieferer und Besteller/Hersteller erforderlich ist. Dabei kommt es nicht nur auf die Effizienz des gesamten Kontrollsystems, sondern maßgebend auch darauf an, ob der Lieferer deswegen iSv § 307 Abs 2 Nr 1 BGB unangemessen benachteiligt wird, weil er im praktischen Ergebnis die gesamten Kontrollpflichten zu erfüllen hat, während sich der Besteller – trotz seiner Verantwortlichkeit als Hersteller des Gesamtprodukts – auf mehr oder weniger gewichtige „Qualitätsaudits" beschränkt. Partnerschaftlich angelegte Qualitätssicherungsvereinbarungen sollten nicht dazu führen, die Herstellerhaftung iSv § 823 Abs 1 BGB oder gemäß §§ 1, 4 ProdHaftG vollständig auf den Lieferer zu verlagern, einschließlich der Produktbeobachtungs- und Rückrufpflicht (zu den Restriktionen dieser Haftung vgl BGH NJW 2009, 1088 – Betten). Denn wenn eine Warnung ausreicht, dann ist eine Rückrufaktion nicht geboten, die sich wohl nur noch selten aus § 823 BGB ableiten lassen dürfte. Denn eine solche Maßnahme muss unbedingt erforderlich sein, um Dritte vor den Produktgefahren zu schützen (BGH NJW 2009, 1080 (1081) – Betten).

d) Der Kunden muss dafür Sorge tragen, dass sich der Haftpflichtversicherer des Lieferers nicht auf einen etwaigen den Deckungsausschluss von Ziff 4 I 1 AHB beruft (im Einzelnen *Koch* IWRZ 2017, 119, 123), weil der Lieferer vertraglich darauf verzichtet, dass der Besteller die gem § 377 geschuldete Wareneingangskontrolle kraft vertraglicher Vereinbarung auf den Besteller überwälzt. Hierzu Anm. 12.

e) Zu den von der Kontrolle auszunehmenden geheimen Know-how-Rechten s Anm. 7.

5. Diese Bestimmung ist im Hinblick auf etwaige Rückrufaktionen von kardinaler Bedeutung (Karlsruhe NJW-RR 1995, 594; Düsseldorf NJW-RR 1997, 1344 (1345); Foerste/Graf von Westphalen, ProdHaft-HdB/*Kreifels/Weide,* § 62 Rn 67 ff). Doch ist das Urteil des OLG Karlsruhe wohl nur in den Fällen noch als einschlägig anzusehen, in denen durch eine Warnung das bestehende Sicherheitsrisiko für die Rechtsgüter Dritter nicht hinreichend bewältigt werden kann (BGH NJW 2009, 1080). In der genauen Festlegung des „Infektionsgrades" der betroffenen, rückrufpflichtigen Serie liegt regelmäßig die größte praktische Schwierigkeit bei der Bewältigung von Produkthaftungsfällen (vgl das Schnellinformationssystem **RAPEX** – § 30 ProdSG; hierzu auch *Wende* in Klindt, ProdSG § 30 Rn 4ff). Hier entscheidet es sich, ob das Qualitätssicherungssystem (vgl auch § 6 Abs 2 ProdSG für „Verbraucherprodukte") in der Praxis, nicht nur auf dem Papier funktioniert, was wegen der aufsichtsrechtlichen Befugnisse der Überwachungsbehörden nach den §§ 24ff ProdSG inzwischen wohl nur noch sehr selten der Fall sein wird.

6. Wesentlicher Bestandteil einer Qualitätssicherungsvereinbarung ist es, durchgeführte und durchzuführende Prüfungen – einschließlich der Prüfergebnisse – exakt zu dokumentieren (*Kreifels* ZIP 1990, 489 (493 f)), was integraler Teil des nach § 6 Abs 2 ProdSG für den Bereich der „Verbraucherprodukte" geschuldeten Rückrufmanagements ist (Klindt/*Kapoor*, PordSG § 6 Rn 47ff). Dies ermöglicht dem Lieferer, bei einer drohenden Haftung nach § 823 Abs 1 BGB den Nachweis zu führen, dass der Produktfehler nicht von ihm verschuldet wurde. Im Hinblick auf die **Aufbewahrungspflicht** ist daran zu erinnern, dass § 13 Abs 1 ProdHaftG eine Frist von **10 Jahren,** gerechnet ab Inverkehrbringen des jeweiligen Produkts, vorsieht; die weitergehende Frist des § 852 BGB wird hiervon nicht berührt. Es ist also in jedem Einzelfall zu entscheiden, für welchen Zeitraum – mindestens jedoch 10 Jahre – die Dokumentation aufzubewahren ist.

7. Geheimes **Know-How** des Lieferers ist von den Kontrollrechten des Bestellers (oben Anm. 4) auszunehmen. So kann zB bei einem geheimen Fertigungs- oder Kontrollverfahren eine Ergebniskontrolle über eine hinreichend große Stückzahl ausreichen (*Sina* MDR 1994, 332 (333); *Schmidt* NJW 1991, 144 (151)). Steht im Einzelfall keine Alternative zur Verfügung, kann aufgrund einer Qualitätssicherungsvereinbarung, die per AGB vereinbart wurde, ein Kontrollrecht nur bestehen, soweit die Interessen des Zulieferers gesondert geschützt werden, zB durch die Einschaltung eines neutralen Dritten oder die Vereinbarung einer empfindlichen Vertragsstrafe (*Schmidt* NJW 1991, 144 (151)).

8. Es ist unter Berücksichtigung von BGB § 307 Abs 2 Nr 1 BGB **zweifelhaft, aber im Ergebnis wohl zu bejahen, dass** die vom Kunden geschuldete Wareneingangskontrolle gem § 377 in wirksamer Weise auf „offensichtliche" Mängel beschränkt werden kann (BGH WM 1991, 1634; *Koch* IWRZ 2017, 119ff). Die Wirksamkeit dieser Klausel hängt unmittelbar davon ab, wie die gleichzeitig auf den Lieferer gem § 2 Abs (2) delegierte **Warenausgangskontrolle** in ihrer tatsächlichen Ausgestaltung (s → Anm. 4) zu beurteilen ist. Freilich ist ein Doppeltes zu unterstreichen. Die in den § 377 geregelten **Untersuchungs- und Rügepflichten** sind im Verhältnis zwischen Lieferer/Kunden gewährleistungsspezifisch; sie decken also in diesem Verhältnis nicht Ansprüche aus § 823 BGB (BGH NJW 1988, 52, 54). Die durch die § 377 bezweckte Schutzfunktion zielt darauf, dass der Kunden verpflichtet ist, den Lieferer unverzüglich davon in Kenntnis zu setzen, ob er mit Gewährleistungsansprüchen rechnen muss. Demgegenüber sind die vom Kunden – als Hersteller des Gesamtprodukts – geschuldeten **Kontrollpflichten** im Interesse des **Rechtsgüterschutzes Dritter** zu erfüllen. Sie können also wesentlich weiter gehen als die Untersuchungs- und Rügeobliegenheiten gem § 377.

9. Bei der Festlegung der Haftungsbegrenzungen ist stets zu berücksichtigen, ob hier nicht der Abschluss einer **Individualvereinbarung** iSv § 305 Abs 1 S. 3 BGB zweckmäßiger ist (BGH NJW 2019, 2080; NZBau 2013, 213; NJW 2014, 1275; NJW 2013, 856). Diese setzt jedoch voraus, dass in der Tat zwischen Bestellerund Lieferer ein auf privatautonomer Basis festgestelltes **Einvernehmen** über die Haftungshöchstgrenze erzielt wird: Alle Vorgaben des Bestellers als AGB-Verwender sind nur dann als Individualvereinbarung einzuordnen, wenn nachgewiesen ist, dass der Lieferer die Möglichkeit hatte, die Haftungsbegrenzung zu seinen Gunsten zu gestalten, indem er von seiner eigenen Vertragsfreiheit nach Maßgabe seiner Interessen tatsächlich Gebrauch gemacht hat (vgl auch BGH NJW 2003, 1805 (1808); BGH NJW 2000, 1110 (1111 f)). Nur mit äußerster Zurückhaltung wird man – wenn überhaupt – auch dann eine Individualvereinbarung gem § 305 Abs 1 S 3 BGB bejahen dürfen, wenn sich der AGB-Verwender mit der von ihm vorformulierten Haftungsbegrenzungsklausel „durchgesetzt" hat, so dass sie im Ergebnis **unverändert** übernommen wurde (vgl BGH NJW 2013, 856 (858); Palandt/*Grüneberg* BGB § 305 Rn 22). Eine BGH-Entscheidung, welche dieses Resultat trägt, ist bisher nicht ergangen. Die Darlegungs- und **Beweislast** für das Vorliegen einer Individualabrede gem § 305 Abs 1 S. 3 BGB liegt beim AGB-Verwender (BGH NJW 2014, 1725), der die Inhaltskontrolle vermeiden will (BGH NJW 1977, 624 (625)). Es ist deshalb **empfehlenswert,** die Einzelheiten des Verhandlungsgangs protokollarisch festzuhalten. Eine AGB-Klausel, welche den Tatbestand des Aushandelns formularmäßig festhält, verstößt gegen den Schutzzweck des AGB-Rechts und ist daher unwirksam (BGH NJW 2014, 1275).

10. Wenn die Haftungsbegrenzung **formularmäßig** festgelegt wird, so ist im Sinn von § 307 Abs 2 Nr 1 BGB darauf zu achten, dass sie dem **vertragstypischen** vorhersehbaren **Schadensrisiko** entspricht (BGH ZIP 1993, 46 – ständige Rechtsprechung). Man wird hier also auf den typischerweise eintretenden, vorhersehbaren Schaden abstellen müssen; eine Unterschreitung der durch BGB § 307 Abs 2 Nr 1 BGB vorgegebenen Haftungsgrenze führt zur **Unwirksamkeit** der Klausel (Graf v. Westphalen/Thüsing VertrR/AGB-Klauselwerke/ *Graf v. Westphalen* – Freizeichnung Rn 118 f). Daher: Unter Berücksichtigung des **Deckungskonzepts** der Versicherung (→ Anm. 12) wird man daher die Haftungsgrenze lieber höher als zu niedrig ansetzen müssen. Hier sind generelle Aussagen jedoch überhaupt nicht möglich; es entscheiden die Umstände des Einzelfalls. Der Einwand: „Es ist noch nie etwas passiert", ist zwar „praxisgerecht", aber rechtlich irrelevant; es geht darum, das vertragstypische Schadensrisiko verlässlich auf einer generell-abstrakten Wahrscheinlichkeit eines Schadens zu schätzen. Soweit die Versicherung und die von ihr herrührende Ersatzleistung die Schadensersatzhaftung des Schuldners ersetzen soll, ist eine subsidiäre Eigenhaftung des Verwenders gefordert (*Fuchs* BB 1992, 1217 (1224)). Allerdings sind auch bei einer solchen Klauselgestaltung Bedenken im Rahmen des Transparenzgebots nach § 307 Abs 1 S. 2 BGB nicht auszuschließen (Braunschweig BeckRS 2009, 07581 – Architektenhaftung).

11. Die hier vorgesehene **Öffnungsklausel** reflektiert den Verbotstatbestand von § 309 Nr 7b BGB, sowie das Verbot einer Haftungsfreizeichnung, sofern diese sich darauf bezieht, dass der AGB-Verwender eine wesentliche Vertragspflicht schuldhaft verletzt hat (BGH NJW 2013, 291 – Stromlieferung; NJW-RR 2005, 1496; BGH ZIP 1993, 46; BGH ZIP 1994, 461 (465)). Die Klausel ist so aufgebaut, dass hier nicht der Besteller als AGB-Verwender erscheint, sondern dass der Lieferer sich mit einer Haftung konfrontiert sieht, die dem gewöhnlichen Haftungskonzept entspricht, welches der Lieferer in seinen eigenen **Verkaufs- und Liefer-AGB** gem § 307 BGB berücksichtigen muss (→ Form. I.J.1 Anm. 17 ff – Allgemeine Verkaufsbedingungen).

12. Es ist von kardinaler Bedeutung, dass bei Qualitätssicherungsvereinbarungen das **Deckungskonzept** der Produkthaftpflicht-Versicherung (HUK-Modell) mit dem vertraglich vereinbarten Haftungskonzept weitestgehend korrespondiert (im Einzelnen *Koch* IWRZ 2017, 119; vgl auch Graf v. Westphalen/Thüsing VertrR/AGB-Klauselwerke/ *Graf v. Westphalen* – Freizeichnung Rn 102 ff). Der selten erreichbare „Idealfall" besteht darin, zugunsten des Lieferers die Eigenhaftung durch die Ersatzleistung des Versicherers zu ersetzen. Doch kann auch dieses Konzept an der Hürde der fehlenden Transparenz scheitern (Braunschweig BeckRS 2009, 07581). **Wesentlich** ist aber nunmehr, dass Ziff. 3.2.2 des Produkt-Haftpflichtmodells des GDV ausdrücklich vorsieht, dass der Verzicht des Bestellers auf die Eingangskontrolle nicht deckungsschädlich ist (2015).

13. Es empfiehlt sich, sicherzustellen, dass ein etwaiger **Deckungsausschluss** für Auslandsschäden generell abbedungen wird; dies schließt dann ein, dass auch die Haftung für Schadensereignisse gedeckt wird, die in Kanada und den USA sich ereignen. Letzteres gilt freilich nur dann, wenn der Besteller – als Hersteller des gesamten Produkts – dieses in die USA oder nach Kanada exportiert und der Lieferer dies weiß. Unter diesen Voraussetzungen unterliegt der Lieferer regelmäßig der **Gerichtsbarkeit** des jeweiligen US-amerikanischen Staates, in dem sich der Produktschaden ereignete; er ist dann nach US-amerikanischem Recht haftbar, was beträchtliche Risiken nach sich ziehen kann, wobei die Stichworte „punitive damages" (BVerfG RIW 2003, 874; hierzu auch *Rothe* RIW 2003, 859 ff; im Übrigen auch *Schütze* RIW 2004, 162 ff) und Sammelklage sind (OLG Düsseldorf NJW-RR 2010, 203; OLG Düsseldorf NJW-RR 2009, 500; zur Zustellung BVerfG WM 2009, 1392; BVerfG NJW 2007, 3709; Koblenz NJOZ 2005, 3122). Auf beides ist hier nicht näher einzugehen.

14. Eine tendenzielle Unangemessenheit von Qualitätssicherungsvereinbarungen – erhöhtes Haftungsrisiko, einschließlich des Produktbeobachtungsrisikos – kann dadurch gemildert oder gar beseitigt werden, dass die Parteien sich darüber verständigen, wie die beim Lieferer anfallende **Mehrprämie** bei der Versicherung berücksichtigt wird. Geschieht dies im beiderseitigen Einvernehmen, dann liegt darin ein nicht ganz unwichtiges Indiz für eine Individualabrede nach § 305 Abs 1 S. 3 BGB. Dies wäre dann auch geeignet, das gesamte System der Qualitätssicherungsvereinbarung aus dem Gestrüpp der richterlichen Inhaltskontrolle zu befreien.

K. Unternehmenskauf

1. Due Diligence-Checkliste (für GmbH)[1, 2, 3, 4, 5, 6]

Für die rechtliche Überprüfung der Gesellschaft werden die im Folgenden genannten Unterlagen und Angaben benötigt (ggf wird um ausdrückliche Fehlanzeige gebeten). Soweit auf Vereinbarungen Bezug genommen wird, sind darunter sowohl schriftliche als auch mündliche Vereinbarungen zu verstehen. Sofern die Gesellschaft Tochtergesellschaften hat, werden die folgenden Unterlagen und Angaben auch für diese Unternehmen erbeten. Im Rahmen der Prüfung der aufgrund dieser Liste zusammengestellten Unterlagen bzw gemachten Angaben können sich weiterführende Fragen stellen, die die Vorlage weiterer Unterlagen bzw weitere Angaben erforderlich machen.

I. Gesellschaftsverfassung und Beteiligungsstruktur

1. Aktueller, chronologischer und historischer Handelsregisterausdruck unter Beifügung noch nicht eingetragener Anmeldungen zum Handelsregister;
2. Gesellschaftsvertrag in der derzeitig gültigen Fassung;
3. Geschäftsordnung für die Geschäftsführung;
4. Nachweis bzw Unterlagen über die Einführung eines Aufsichtsrats, Beirats oder Verwaltungsrates oder ähnlichen Gremiums, falls dies nicht bereits gesetzlich oder im Gesellschaftsvertrag vorgesehen ist (zB Nachweis der mitbestimmungsrechtlichen Erforderlichkeit, besonderer Gesellschafterbeschluss etc), unter Beifügung der Geschäftsordnung für dieses Gremium, einer Liste der derzeitigen Mitglieder und einer Darstellung der gewährten Vergütungen; Nachweis bzw Unterlagen über die Einführung eines Gesellschafterausschusses, falls dieser nicht bereits im Gesellschaftsvertrag vorgesehen ist, unter Beifügung der Geschäftsordnung für den Gesellschafterausschuss und einer Liste der derzeitigen Mitglieder;
5. Protokolle sämtlicher Gesellschafterversammlungen und aller Geschäftsführungs-, Aufsichtsrats-, Beirats-, Verwaltungsrats- oder Gesellschafterausschusssitzungen während der letzten drei Jahre sowie sämtlicher von diesen Organen im vorgenannten Zeitraum gefassten Beschlüsse;
6. Gründungsvertrag und Urkunden zu den seit Gesellschaftsgründung gefassten satzungsändernden oder Umwandlungstatbestände betreffenden Gesellschafterbeschlüsse (einschließlich noch nicht zum Handelsregister angemeldeter Beschlüsse). Soweit es sich bei den satzungsändernden Gesellschafterbeschlüssen um Beschlüsse handelt, mit denen das Stammkapital erhöht oder herabgesetzt worden ist, sind die entsprechenden Übernahmeerklärungen beizufügen sowie Nachweise über den Betrag, die Form. und den Zeitpunkt der Einlageleistung, im Fall von Sacheinlagen darüber hinaus der Einbringungsvertrag, der Sachgründungsbericht sowie die beim Handelsregister eingereichten Nachweise über die Werthaltigkeit der Sacheinlage;
7. Unterlagen zu den seit Gründung der Gesellschaft erfolgten Umwandlungsmaßnahmen nach dem Umwandlungsgesetz sowie zu sonstigen Umstrukturierungen, an denen die Gesellschaft als übertragender oder übernehmender Rechtsträger, als zustimmender Gesellschafter oder in sonstiger Weise beteiligt war;
8. Liste der derzeitigen Gesellschafter, dh der Inhaber der Geschäftsanteile, unter Angabe von Fällen, in denen die Geschäftsanteile treuhänderisch für einen Dritten gehalten werden, sowie von Unterbeteiligungen und unter Offenlegung jeglicher Stimmbindungsvereinbarungen;
9. Geschlossene Kette der notariellen Urkunden über die Abtretung von Geschäftsanteilen vom Zeitpunkt der Gesellschaftsgründung bis hin zum Zeitpunkt des Erwerbs durch den jetzigen Gesellschafter, unter Beifügung sämtlicher der Gesellschaft in diesem Zusammenhang zugegangenen Mitteilungen (§ 16 GmbHG); Darstellung aller Options-, Andienungs-, Verkaufs- und Bezugsrechte sowie sonstigen Rechte, Anteile an der Gesellschaft zu erwerben oder zu veräußern;
10. Ggf. Anteilscheine über Geschäftsanteile unter Angabe, in wessen Besitz sie sich befinden;
11. Vereinbarungen über die Begründung stiller Gesellschaften sowie die Gewährung von Genussrechten;
12. Vereinbarungen über jegliche Belastungen der Geschäftsanteile, insbesondere Verpfändungen sowie Übertragung von Rechten an Geschäftsanteilen;
13. Unterlagen über Rückkauf, Einziehung oder Zusammenlegung von Geschäftsanteilen sowie den Ausschluss von Gesellschaftern;
14. Vereinbarungen über die Gewährung von Gesellschafterdarlehen bzw Darlehen von verbundenen Unternehmen der Gesellschafter, unter Angabe des Zinssatzes, des

Betrags und Zeitpunktes der Leistung und der Rückzahlung sowie der Bestellung von Sicherheiten;

15. Vereinbarungen über die Bestellung von Sicherheiten durch Gesellschafter bzw deren verbundene Unternehmen für Verbindlichkeiten der Gesellschaft gegenüber Dritten;
16. Vereinbarungen über die Gewährung von Darlehen durch die Gesellschaft an Gesellschafter bzw deren verbundene Unternehmen unter Angabe des Zinssatzes, des Betrages und Zeitpunktes der Leistung und der Rückzahlung sowie der Bestellung von Sicherheiten;
17. Vereinbarungen über die Bestellung von Sicherheiten durch die Gesellschaft für Verbindlichkeiten der Gesellschafter bzw deren verbundene Unternehmen gegenüber Dritten;
18. Beherrschungs-, Ergebnisabführungsverträge oder andere Unternehmensverträge, an denen die Gesellschaft beteiligt war oder ist und damit zusammenhängende Unterlagen (Handelsregisteranmeldungen, Gesellschafterbeschlüsse etc);
19. Vereinbarungen mit Gesellschaftern, die einem gesetzlichen Wettbewerbsverbot unterliegen (zB beherrschende oder geschäftsführende Gesellschafter) über die Befreiung von diesem Wettbewerbsverbot;
20. Andere Vereinbarungen der Gesellschaft mit Gesellschaftern (zB Austauschverträge, Konzernumlagen, Cash Pool-Vereinbarungen, Geschäfts- und Betriebsführungsverträge etc);
21. Die Gesellschaft oder das Gesellschaftsverhältnis betreffende Vereinbarungen der Gesellschafter untereinander bzw mit Dritten (zB Poolvereinbarungen, Stimmbindungsvereinbarungen, Treuhandvereinbarungen, Vereinbarung von Unterbeteiligungen), einschließlich solcher Vereinbarungen, die in den vergangenen drei Jahren beendet oder erfüllt worden sind;
22. Anträge auf Eröffnung von Insolvenz- oder vergleichbaren Verfahren über das Vermögen der Gesellschaft sowie Angaben zu deren Schicksal;
23. Verträge, mit denen Unternehmen, Unternehmensteile, Beteiligungen oder wichtige Gegenstände des Anlagevermögens (vollständig oder teilweise) seit Gründung der Gesellschaft erworben oder veräußert wurden sowie im Zusammenhang damit erstellte Berichte und Prüfungsunterlagen;
24. Liste der unmittelbaren und mittelbaren Tochtergesellschaften sowie Beteiligungen unter Angabe des Nominalbetrages der Beteiligung und der Beteiligungsquote; Organigramm der Gesellschaft.

II. Betriebsstätten

1. Liste aller Betriebsstätten der Gesellschaft unter Einschluss der Zweigniederlassungen (Grundstücke und Räumlichkeiten) mit genauer Adresse (und ggf aller weiteren Grundstücke der Gesellschaft, die nicht als Betriebsstätten genutzt werden);
2. Katasterpläne (Flurkarten) in der derzeit gültigen Fassung für alle Betriebsstätten;
3. Nachweis der für die Betriebsstätten und ihre angrenzende Umgebung geltenden bauplanungsrechtlichen Situation, insbesondere Flächennutzungsplan und Bebauungsplan in ihrer derzeit gültigen Fassung unter Angabe eventueller Abweichungen in der tatsächlichen Nutzung;
4. Grundbuch-, Teileigentumsgrundbuch- bzw Erbbaurechtsgrundbuchauszüge für die Betriebsstätten und Grundstücke, die im Eigentum der Gesellschaft stehen bzw aufgrund eines Erbbaurechtes genutzt werden;
5. Miet-, Pacht- und Leasingverträge über Betriebsstätten in fremdem Eigentum nebst Nachträgen und Angaben zu mündlichen Nebenabsprachen;

6. Miet-, Pacht- und Leasingverträge über Grundstücke oder Gebäude, die im Eigentum der Gesellschaft stehen oder an denen ihr ein Erbbaurecht zusteht oder bei denen die Gesellschaft Vermieter ist;
7. Noch nicht oder nicht vollständig erfüllte Verträge über den Erwerb oder die Veräußerung von Grundstücken oder grundstücksgleichen Rechten sowie die Eingehung bzw Beendigung von Miet-, Pacht- oder Leasingverhältnissen bezüglich der Betriebsstätten;
8. Baugenehmigungen für die auf den Betriebsstätten befindlichen baulichen Anlagen;
9. Überblick über die bisherige Nutzung der Betriebsstätten der Gesellschaft (früherer Eigentümer, Art der Produktion etc);
10. Angabe, ob es auf den Betriebsstättengrundstücken Altlasten gibt oder ob Verdacht für das Bestehen von Altlasten besteht.

III. Betriebsanlagen

1. Anlagenspiegel unter Angabe derjenigen Anlagen im Eigentum der Gesellschaft, an denen Sicherheiten für Dritte bestellt sind (unter Einschluss von Anlagen, an denen Eigentumsvorbehaltsrechte der jeweiligen Lieferanten bestehen, soweit die noch offenstehende Kaufpreisverbindlichkeit im letzten geprüften Jahresabschluss ausgewiesen ist), und der nur gemieteten, gepachteten, geleasten oder sonst wie genutzten Anlagen;
2. Aufstellung der Miet- und Leasingverträge über Anlagen, Maschinen und Gegenstände der Betriebs- und Geschäftseinrichtung unter Angabe der jeweiligen Laufzeit (Beginn und Ende) und der jährlichen Netto-Zahllast;
3. Noch nicht erfüllte Verträge über Anschaffungen von Gegenständen des Anlagevermögens, die Verpflichtungen der Gesellschaft von mehr als EUR . . . . . (netto) im Einzelfall begründen.

IV. Geschäftsbetrieb, Umweltschutz

1. Beschreibung des Geschäftsbetriebs der Gesellschaft (Branche, Art der Produktion, Art der erbrachten Dienstleistungen etc);
2. Angaben über die Durchführung von Umwelt-Audits nach EMAS oder ISO 14 001 unter Vorlage der Zertifikate sowie der Auditberichte;
3. Gewerbeanmeldung und ggf. Gewerbeerlaubnis; weitere behördliche Erlaubnisse für die Ausübung des Geschäftsbetriebes der Gesellschaft (mit Ausnahme von Anlagegenehmigungen);
4. Angabe der genehmigungspflichtigen Betriebsanlagen unter Beifügung der Genehmigungen; Angabe, ob die in den Genehmigungsbescheiden enthaltenen Bedingungen und Auflagen eingehalten werden und ob diese Bescheide durch das Unternehmen oder Dritte angefochten sind bzw eine solche Anfechtung zu erwarten ist; Angabe, ob Betrieb unter die Störfallverordnung fällt;
5. Aufstellung aller im Geschäftsbetrieb jemals verwendeten umweltgefährdenden Stoffe mit Mengenangabe, Lagerungsort und Schutzvorkehrungen;
6. Aufstellung aller unterirdischen und oberirdischen Lagerungsstätten umweltgefährdender Stoffe, unabhängig davon, ob gegenwärtig genutzt oder nicht;
7. Angabe, ob es durch den Geschäftsbetrieb der Gesellschaft zu Belastungen der Umwelt (Erdreich, Wasser, Luft, Lärm) kommt bzw in der Vergangenheit gekommen ist; Aufstellung aller behördlicherseits oder betriebsintern festgestellten Umweltschädigungen (zB bei Boden- und Grundwassermessungen) sowie Angaben zu deren Beseitigung (zB Gutachten, Dekontaminationsrechnungen);
8. Zusammenstellung aller während der letzten fünf Jahre ergangenen gewerbe- oder umweltrechtlichen Verfügungen oder Beanstandungen von Behörden oder Dritten

sowie Nachweise zu deren Erledigung; letzter Überprüfungsbericht der Gewerbeaufsicht sowie in den letzten zwei Jahren ergangene Beanstandungen, Anordnungen, Anregungen und Anfragen der Gewerbeaufsicht;

9. Angabe, wer auf der Führungsebene des Unternehmens für Umweltfragen (technisch und rechtlich) zuständig ist und welches Mitglied der Geschäftsführung gem § 52 a Abs 1 BImschG die Pflichten des Betreibers der genehmigungsbedürftigen Anlagen wahrnimmt; Namensliste bereits ernannter Umweltbeauftragter, Immissionsschutzbeauftragter, Gewässerschutzbeauftragter, Abfallbeauftragter, Brandschutzbeauftragter, Strahlenschutzbeauftragter, Störfallbeauftragter;
10. Überblick über die Versorgung der Betriebsstätten mit Frischwasser sowie die Entsorgung von Abwasser; wasserrechtliche Erlaubnisse und Bewilligungen in Bezug auf die Entnahme von Oberflächen- und Grundwasser, den Betrieb betriebseigener Abwasseranlagen sowie ggf Beschreibung „alter Rechte" iSv § 15 WHG; Angabe, ob die tatsächliche Gewässernutzung den gesetzlichen und behördlichen Anforderungen entspricht;
11. Übersicht über die Handhabung der Abfallentsorgung.

V. Gewerbliche Schutzrechte, Urheberrechte und Nutzungsrechte an solchen Rechten

1. Aufstellung der der Gesellschaft oder, soweit von der Gesellschaft genutzt, den Gesellschaftern erteilten Patente und der vorgenommenen Patentanmeldungen (Patenterteilungen und -anmeldungen in mehreren Ländern sind separat aufzuführen; ferner ist kenntlich zu machen, ob ein Patent in den neuen Bundesländern (Ostdeutschland) erteilt oder beantragt worden ist, sowie das entsprechende Datum); anzugeben sind für jedes Patent und jede Patentanmeldung der Erfinder, der Inhaber und der Zeitpunkt der Erteilung; im Fall von Arbeitnehmererfindungen sind Nachweise über die Inanspruchnahme, die Vergütungsabrede und -zahlung beizufügen;
2. Bei von Dritten erworbenen Patenten: Unterlagen über den Erwerb und die Übertragung sowie Nachweis der Eintragung der Übertragung in den zuständigen Registern;
3. Aufstellung von Widerspruchs- bzw Nichtigkeitsverfahren hinsichtlich der erteilten bzw angemeldeten Patente;
4. Lizenzverträge über an Dritte gewährte Lizenzen an Patenten;
5. Angabe der von der Gesellschaft genutzten Patente Dritter unter Beifügung der entsprechenden Lizenzverträge;
6. Beschreibung des Stands anhängiger Verletzungsverfahren in Bezug auf die Verletzung eigener Patente durch Dritte bzw der Verletzung fremder Patente durch die Gesellschaft;
7. Beschreibung der Handhabung der Patentpflege (Bezahlung der Jahresgebühr, Fälligkeitsüberwachung etc);
8. Angaben wie zu 1.–7. für Gebrauchsmuster;
9. Zusammenstellung der für die Gesellschaft eingetragenen bzw von ihr angemeldeten Marken (Markeneintragungen und -anmeldungen in mehreren Ländern sind separat aufzuführen) unter Angabe des Zeitpunkts der Eintragung bzw Anmeldung, des Geschäftsbetriebs und des Warenverzeichnisses;
10. Bei von Dritten erworbenen Marken: Unterlagen über den Erwerb und die Übertragung sowie die Eintragung in den zuständigen Registern;
11. Aufstellung von Angriffen gegen die Rechtsbeständigkeit eingetragener Marken (einschließlich Widersprüchen, amtlichen oder außeramtlichen Löschungsanträgen, Einschränkungen und Verzichten);
12. Lizenzverträge über die Gewährung von Markenlizenzen an Dritte sowie Markenlizenzen an Marken Dritter;
13. Beschreibung des Stands anhängiger oder bevorstehender Verletzungsverfahren in Bezug auf die Verletzung eigener Marken durch Dritte bzw fremder Marken durch

die Gesellschaft (Prozesse, Abmahnungen, Kenntnis von Verletzungshandlungen, Duldungen);
14. Beschreibung der Handhabung der Markenpflege (Markenüberwachung, Kontrolle der Verlängerungszeitpunkte, Zahlung der Verlängerungsgebühr);
15. Zusammenstellung der von der Gesellschaft genutzten nicht eingetragenen Kennzeichnungen und Namen; falls einschlägig, alle Rechtsstreite in diesem Zusammenhang;
16. Angaben über relevante Geschmacksmuster, Topographien oder Sortenschutzrechte;
17. Beschreibung des bei der Gesellschaft genutzten Know-hows unter Angabe, wer Inhaber dieses Know-hows ist;
18. Nutzungsverträge hinsichtlich der Nutzung von Know-how und Urheberrechten durch die Gesellschaft;
19. Verträge über die Nutzung von Software durch die Gesellschaft;
20. Zusammenarbeitsvereinbarungen, Entwicklungsverträge und sonstige Vereinbarungen auf dem Gebiet der gewerblichen Schutzrechte;
21. Kurze Beschreibung der von der Gesellschaft genutzten Computer-Hardware, Betriebssysteme und Anwenderprogramme unter Angabe über die Art der Systempflege.

VI. Versicherungen

1. Aufstellung der von der Gesellschaft abgeschlossenen Versicherungen (ausgenommen Versicherungen der betrieblich genutzten Personenkraftfahrzeuge) unter Angabe des Versicherers, der gedeckten Risiken und der Versicherungssummen sowie der Prämien (einschließlich der fälligen und nicht gezahlten Prämien); Angabe, ob die Gesellschaft die Bestimmungen der Verträge beachtet und ob der Versicherungsschutz gefährdet ist;
2. Aufstellung der in den letzten fünf Jahren geltend gemachten Versicherungsansprüche;
3. Darstellung der Anträge auf den Abschluss von Versicherungen, die in den letzten fünf Jahren zurückgewiesen worden sind;
4. Aufstellung der nicht durch Versicherungen gedeckten Risiken.

VII. Einkauf, Absatz und Wettbewerb

1. Aufstellung der zehn größten Lieferanten der Gesellschaft sowie der Lieferanten, die die einzige Bezugsquelle darstellen;
2. Vereinbarungen mit wichtigen Lieferanten (als wichtig gelten Lieferanten, mit denen im letzten abgeschlossenen Geschäftsjahr ein Umsatz von mehr als EUR . . . . . netto getätigt worden ist oder mit denen eine Vereinbarung getroffen wurde, die eine Kündigungsfrist von mehr als drei Monaten hat);
3. Standard-Einkaufsbedingungen; Standard-Verkaufsbedingungen; Allgemeine Geschäftsbedingungen;
4. Aufstellung der 20 größten Abnehmer sowie derjenigen Abnehmer, die für ein bestimmtes Produkt die einzigen Abnehmer sind;
5. Vereinbarungen mit wichtigen Abnehmern (als wichtig gelten Abnehmer, mit denen im letzten abgeschlossenen Geschäftsjahr ein Umsatz von mehr als EUR . . . . . netto getätigt wurde oder mit denen eine Vereinbarung geschlossen wurde, die eine Kündigungsfrist von mehr als drei Monaten hat);
6. Während der letzten fünf Jahre geltend gemachte oder angedrohte Gewährleistungs- und/oder Produkthaftpflichtansprüche, die sich auf die von der Gesellschaft hergestellten oder vertriebenen Waren oder Dienstleistungen beziehen und welche im Einzelfall EUR . . . . . und in der Summe EUR . . . . . übersteigen;
7. Aufstellung aller Vereinbarungen mit Handelsvertretern, Eigenhändlern und sonstiger Vertriebsvereinbarungen unter Beifügung derjenigen Verträge, die im Falle ihrer

Beendigung zu Ausgleichsansprüchen führen können und/oder die längere Kündigungsfristen als drei Monate haben;
8. Aufschlüsselung des Umsatzes der Gesellschaft in den letzten drei abgeschlossenen Geschäftsjahren auf Hauptproduktgruppen unter Angabe des jeweils im Inland sowie in der Europäischen Union erzielten Marktanteiles;
9. Nennung der wichtigsten Wettbewerber unter Angabe deren geschätzten Marktanteile in den oa Hauptproduktgruppen im letzten abgeschlossenen Geschäftsjahr der Gesellschaft;
10. Alle abgeschlossenen Joint Venture-, Kooperations- und ähnliche Verträge, wettbewerbsbeschränkende Vereinbarungen einschließlich dazu vorgenommener Anmeldungen zum Bundeskartellamt, zur Kommission der Europäischen Gemeinschaften oder zur EC Merger Task Force;
11. Alle wettbewerbsbeschränkenden Vereinbarungen und Absprachen einschließlich Vereinbarungen über Wettbewerbsverbote und Vereinbarungen, die Exklusivrechte zu Gunsten oder zu Lasten der Gesellschaft vorsehen;
12. Angaben zu Untersuchungen über die Gesellschaft durch Kartellbehörden sowie Vorlage der Korrespondenz mit den besagten Behörden, einschließlich Kopien aller kartellrechtlichen Anmeldungen, Anzeigen und Anträge aus den vergangenen fünf Jahren;
13. Darstellung aller gegen die Gesellschaft angedrohten oder eingeleiteten Verfahren wegen der Verletzung von wettbewerbsrechtlichen Bestimmungen während der letzten fünf Jahre;
14. Aufstellung aller bekannten Korruptionsfälle, -vorwürfe seitens Dritter und Korruptionsverdachtsfälle der vergangenen fünf Jahre sowie sämtlicher diesbezüglicher Schriftverkehr;
15. Alle laufenden Verträge mit Intermediären zur Auftragsakquisition (zB Berater, Vermittler, Makler und Agenten) betreffend Aufträge im Wert von EUR . . . . . . netto sowie alle abgewickelten diesbezüglichen Verträge der letzten fünf Jahre, unabhängig davon, ob die Auftragsakquisition erfolgreich war oder nicht.

VIII. Personalangelegenheiten

1. Anonymisierte Liste aller Arbeitnehmer (einschließlich leitender Angestellter) unter Angabe des Alters, des Eintrittsjahres, der Funktion und des Bruttogehaltes im letzten abgeschlossenen Kalenderjahr, sofern das Bruttojahresgehalt EUR . . . . . übersteigt; Zahl der Beschäftigten nach Angestellten und Arbeitern;
2. Dienstverträge der Geschäftsführer sowie der Arbeitnehmer, deren jährliche Vergütung mehr als EUR . . . . . oder deren Kündigungsfrist mehr als . . . . . beträgt;
3. Vereinbarungen mit Arbeitnehmern, die Rechtsfolgen an die Übernahme der Gesellschaft durch einen neuen Gesellschafter knüpfen;
4. Standard-Dienstvertrag für die Arbeitnehmer der Gesellschaft (Angestellte, Arbeiter);
5. Darstellung der den Arbeitnehmern oder bestimmten Arbeitnehmern gewährten Sozialleistungen (zB Kranken- und Unfall- sowie Lebensversicherungen, Firmenwagen, etc);
6. Gewährte Pensionszusagen (Kollektiv- und Individualzusagen) unter Darstellung einschlägiger Pensionspläne und deren Sicherstellung (Direktversicherungen, Rückstellungen etc) und unter Angabe bereits entstandener unverfallbarer Anwartschaften und Beifügung vorhandener versicherungsmathematischer Gutachten;
7. Vereinbarungen über die Gewährung gewinn- oder umsatzabhängiger oder anderer Vergütungen für Geschäftsführer, leitende Angestellte und andere Arbeitnehmer;
8. Darstellung der im letzten Jahr erfolgten Gehalts- und Lohnerhöhungen;

9. Zusammenstellung aller arbeitsrechtlichen Auseinandersetzungen und Rechtsstreitigkeiten (zB Kündigungsschutzprozesse) in den vergangenen fünf Jahren, welche einen Gegenstandswert von mehr als EUR ..... im Einzelfall oder EUR ..... von zusammenhängenden Verfahren insgesamt besitzen oder prinzipieller Natur sind;
10. Angabe der auf die Arbeitsverhältnisse der Gesellschaft anwendbaren Tarifverträge;
11. Betriebsvereinbarungen und Darstellung betrieblicher Übungen;
12. Vorlage aller Interessenausgleiche und Sozialpläne der vergangenen fünf Jahre, Beschreibung der betreffenden Betriebsänderung;
13. Liste der Mitglieder des Betriebsrates, der Jugendvertretung und anderer Vertretungsorgane der Arbeitnehmer;
14. Kurze Darstellung der Arbeitskämpfe (Streiks etc), an denen in den letzten fünf Jahren Arbeitnehmer der Gesellschaft beteiligt waren;
15. Darstellung von Verstößen gegen arbeitsrechtliche Bestimmungen;
16. Beraterverträge, die eine durchschnittliche Vergütung von mehr als EUR ..... netto pro Monat gewähren oder eine längere Kündigungsfrist als drei Monate haben.

IX. Finanzangelegenheiten

1. Jahresabschlüsse der Gesellschaft (einschließlich Bilanz, Gewinn- und Verlustrechnung und Anhang) nebst Lagebericht der Geschäftsführung und Prüfungsbericht der Abschlussprüfer für die letzten drei abgeschlossenen Geschäftsjahre der Gesellschaft;
2. Erläuterung der Eventualverbindlichkeiten;
3. Vereinbarungen über die Inanspruchnahme oder Gewährung von Krediten (einschließlich der Einräumung oder bloßen Duldung der Inanspruchnahme von Kreditlinien) und deren Besicherung, ausgenommen handelsübliche Stundung von Forderungen oder Verbindlichkeiten; vollständige Darstellung aller sonstigen Finanzierungen (ob bilanzwirksam oder nicht), zB Anleihen, Commercial Paper Programme, Asset Backed-Securities sowie Derivate;
4. Maximale Zahlungsziele;
5. Bürgschaften, Garantieverpflichtungen oder Sicherheitsleistungen aller Art (einschließlich Patronatserklärungen) der Gesellschaft zugunsten Dritter, sowie Verpflichtungen gegenüber Dritten, die wiederum für die Gesellschaft Bürgschaften, Garantien oder sonstige Sicherheiten gestellt haben, ausgenommen branchenübliche Erfüllungsbürgschaften, Akkreditive und Garantieverpflichtungen im Zusammenhang mit der Abwicklung von Lieferungen und Leistungen im gewöhnlichen Geschäftsbetrieb;
6. Factoring-Verträge;
7. Liste der Bankkonten der Gesellschaften unter Angabe der jeweils Zeichnungsberechtigten sowie der Salden per .....

X. Steuern

1. Detaillierte Angaben für jede Gesellschaft, bis zu welchem Jahr und für welche Steuern Steuererklärungen und Steueranmeldungen abgegeben und Steuerbescheide ergangen sind unter Beifügung der jeweils drei letzten Steuererklärungen, Steueranmeldung und Steuerbescheide für alle Steuerarten;
2. Jeweils letzter Betriebsprüfungsbericht für alle Steuerarten;
3. Darstellung des steuerlichen Eigenkapitals (insbesondere Einlagenkonto);
4. Angaben über Körperschaftsteuerminderungsguthaben und Körperschaftsteuererhöhungspotential;
5. Zusammenstellung aller Steuernachzahlungen und -erstattungen der letzten drei Jahre;

6. Kopien aller speziellen Vereinbarungen oder Verständigungen mit Finanzämtern (zB tatsächliche Verständigungen, verbindliche Zusagen), insbesondere sämtliche verbindliche Auskünfte;
7. Angaben über gegenwärtig stattfindende oder möglicherweise in Zukunft bevorstehende Betriebs- oder Außenprüfungen;
8. Angaben über steuerliche Verfahren vor Finanzämtern und Finanzgerichten;
9. Verträge zwischen der Gesellschaft und den Gesellschaftern oder sonstigen nahe stehenden Personen sowie Überblick über Beziehungen/Zahlungen zwischen Gesellschaft und den Gesellschaftern oder sonstigen nahe stehenden Personen, die nicht in schriftlichen Verträgen festgehalten sind;
10. Übersicht, wie Belastungen zwischen nahe stehenden Personen berechnet werden/wurden und Vorlage der erstellten Verrechnungspreisdokumentationen;
11. Angaben zu Haltefristen, zB aus § 6 EStG, § 23 EStG, § 15 UmwStG, §§ 20 ff UmwStG;
12. Abweichungen Handels-/Steuerbilanz.

XI. Compliance

1. Interne Unternehmensgrundsätze und Verhaltensrichtlinien („code of conduct“);
2. Angaben über interne Mechanismen für die Meldung von Fehlverhalten („Whistleblowing“);
3. Interne Richtlinien und Genehmigungserfordernisse betreffend Bewirtungen, Geschenke und Einladungen zu Veranstaltungen;
4. Information über Mechanismen zur Kontrolle und Durchsetzung der Einhaltung gesetzlicher Bestimmungen und unternehmensinterner Richtlinien (dh Compliance-Programme/Risikomanagement und Risikocontrolling);
5. Angaben zu personellen und organisatorischen Vorkehrungen zur Verhinderung von Korruption (insbesondere Bestechung, Bestechlichkeit, Vorteilsnahme und Vorteilsgewährung) Geldwäsche und wettbewerbsbeschränkende Absprachen unter Mitwirkung oder gegenüber Mitarbeitern, Organen, Vertriebsvermittlern oder Vertragspartnern der Gesellschaft;
6. Angaben zur Vorgehensweise bei der Einschaltung und Auswahl von Intermediären bei der Auftragsakquisition (zB Berater, Vermittler, Makler und Agenten), insbesondere: wann werden Intermediäre eingeschaltet, welche Leistung wird von ihnen erwartet und wie werden sie vergütet).

XII. Datenschutz[7]

1. Angaben über Datenschutzbeauftragte und Datenschutz-Governance;
2. Informationen zu den Kategorien von Betroffenen, deren personenbezogene Daten gesammelt und verarbeitet werden (zB Angestellte oder Kunden); welche Kategorien von personenbezogenen Daten erhoben und gespeichert werden; wie und zu welchen Zwecken diese Daten verarbeitet werden;
3. Angaben darüber, wie (physisch oder digital) und wo (innerhalb oder außerhalb des Unternehmens) Daten gespeichert werden; wer Zugang zu diesen Daten hat, welche Zugriffsmechanismen benutzt werden und zu welchem Zweck der Zugang bzw. Transfer der Daten in jedem Einzelfall erfolgt;
4. Erläuterung der Prozesse zur Beantwortung von Betroffenenanfragen, insbesondere wie Betroffene Zugang zu ihren Daten erhalten sowie Einzelheiten zu erhaltenen Beschwerden;

5. Einwilligungserklärungen, insbesondere zur Verarbeitung besonderer Kategorien personenbezogener Daten, sowie eine Beschreibung, wie diese Einwilligungen gespeichert werden;
6. Datenschutzrichtlinien und –erklärungen sowie andere Maßnahmen, mit denen das Unternehmen Betroffene über Datenschutzmaßnahmen informiert;
7. Interne Richtlinien zu Datenverarbeitung und –sicherheit, ua zur Vertraulichkeit und Sicherheit personenbezogener Daten, zB zur Überwachung des Arbeitsplatzes und des Internetzugangs, Details zu den hierzu durchgeführten Fortbildungsmaßnahmen sowie Angaben zu Vereinbarungen mit Mitarbeitervertretungen, die Datenschutz thematisieren;
8. Informationen über getroffene technische und organisatorische Sicherheitsvorkehrungen, um unerlaubte Zugriffe auf gespeicherte Daten und Datenverlust zu verhindern sowie Angaben zu Richtlinien des Unternehmens zur Aufbewahrung, Anonymisierung und Löschung von Daten und deren Umsetzung, insbesondere Angaben dazu, wie die Datenerhebung minimiert wird und ob Daten gelöscht werden, sobald sie nicht länger benötigt werden;
9. Übersicht der Datenflüsse und Verzeichnis der verschiedenen Datenverarbeitungstätigkeiten, aus denen die jeweilige Rechtsgrundlage für die Verarbeitung hervorgeht; eine Liste aller Datenverarbeitungs- und Transferverträge sowie einer Liste der beauftragten Datenverarbeiter einschließlich Nachweisen dazu, wie bei diesen Verarbeitern die Einhaltung der datenschutzrechtlichen Vorgaben sichergestellt wird (zB durch regelmäßige Audits, Zertifizierungen oder Selbstauskünfte);
10. Durchgeführte Datenschutz-Folgeabschätzungen sowie Angaben über Prozessen zur Abwägung von Datenschutzrisiken bei kritischen Fällen;
11. Darstellung interner Prozesse zur Feststellung von meldepflichtigen Vorfällen und Datenschutzverletzungen sowie Angaben zu Datenschutzverletzungen in den vergangenen sechs Jahren einschließlich aller in diesem Zusammenhang relevanten Dokumentation und der im Anschluss getroffenen Maßnahmen zur Verhinderung weiterer Vorfälle;
12. Angaben zu grenzüberschreitenden Datenübertragungen, insbesondere in Nicht-EU-Mitgliedstaaten, den Datenflüssen sowie die hierzu abgeschlossenen Verträge, einschließlich einer Auflistung der Serverstandorte, an denen Daten verarbeitet werden und der Unternehmensstandorte, von denen auf solche Server zugegriffen werden kann;
13. Angaben zu Beschwerden, der Geltendmachung von Auskunftsersuchen, Abmahnungen und Streitigkeiten mit Betroffenen Personen im Zusammenhang mit der Verarbeitung von personenbezogenen Daten der letzten sechs Jahre;
14. Kommunikation und Eintragungen bei Datenschutzbehörden sowie Dokumentation zu behördlichen Durchsetzungsmaßnahmen, Untersuchungen oder Anfragen bezüglich Datenschutz und Datensicherheit der letzten sechs Jahre sowie zu aktuellen Verfahren.

XIII. Rechtsstreitigkeiten etc

1. Aufstellung aller schwebenden oder drohenden Prozesse (zivilrechtliche und verwaltungsrechtliche Verfahren), Schiedsverfahren und Streitigkeiten, jeweils aktiv und passiv, sowie über behördliche Untersuchungen und Verfahren, sofern ein Streitwert im Einzelfall von EUR . . . . . und in der Summe zusammenhängender Verfahren von EUR . . . . . überschritten wird, oder die von grundsätzlicher Bedeutung sind; alle Straf- und Ordnungswidrigkeitenverfahren (gegen das Unternehmen, Organe oder Arbeitnehmer, sofern sie mit dem Geschäftsbetrieb zusammenhängen);

2. Aufstellung aller Prozesse, Schiedsverfahren und Verwaltungsverfahren mit einem Streitwert von mehr als EUR . . . . ., die in den letzten fünf Jahren erledigt wurden oder angedroht wurden und noch unerledigt sind.

XIV. Öffentliche Förderungen und Zuschüsse

1. Zusammenstellung aller in den letzten fünf Jahren erhaltenen oder beantragten öffentlichen Förderungen und Zuschüsse/Zulagen gleich welcher Art;
2. Hinweise auf mögliche Rückzahlungsverpflichtungen.

XV. Verschiedenes

1. Verträge, aus denen sich Verpflichtungen der Gesellschaft von mehr als EUR . . . . . (netto) im Einzelfall ergeben oder die außerhalb des gewöhnlichen Geschäftsbetriebs der Gesellschaft liegen, soweit diese nicht bereits in einer der vorbezeichneten anderen Kategorien angegeben sind;
2. Verträge, die an den Erwerb der Gesellschaft durch einen neuen Gesellschafter bzw den Erwerb einer Beteiligung an der Gesellschaft eine Rechtsfolge knüpfen (sog Change-of-Control-Klauseln);
3. Aufstellung aller von der Gesellschaft erteilten Vollmachten, die derzeit bestehen oder erst während des letzten Jahres aufgehoben worden sind; aus dem Handelsregister ersichtliche Vertretungsbefugnisse sind nicht anzugeben.

Anmerkungen

1. Zweck der Due Diligence. Mit Due Diligence (zu Deutsch: „Gebotene Sorgfalt") wird üblicherweise die dem Unternehmenskauf vorgeschaltete Prüfung der wirtschaftlichen (Commercial Due Diligence), bilanziellen (Financial Due Diligence), steuerlichen (Tax Due Diligence), rechtlichen (Legal Due Diligence) und sonstigen wesentlichen Verhältnisse (zB Environmental, Technical, IT, HR, Cultural etc Due Diligence) des zu erwerbenden Unternehmens bezeichnet (empirisch zur Verbreitung der verschiedenen Arten der Due Diligence *Berens/Brauner/Knauer/Strauch*, Due Diligence bei Unternehmensakquisitionen, 8. Aufl 2019; im Einzelnen zur Commercial Due Diligence *Brühl*, M&A Review 2002, 312 ff; *Beck*, M&A Review 2002, 554 ff; zur Financial Due Diligence *Nieland*, Financial Due Diligence bei Unternehmenstransaktionen, in: Scott, Due Diligence in der Praxis, 2001, 54 ff; Berens/Brauner/Knauer/Strauch/*Hummitzsch/Strack*, Due Diligence bei Unternehmensakquisitionen, 8. Aufl 2019, S 321 ff; zur Tax Due Diligence *Bahns*, M&A Review 2002, 501 ff; *Löffler*, Tax Due Diligence beim Unternehmenskauf, 2002; zur Environmental Due Diligence *Engelhardt*, WiB 1996, 2199; *Tillmann*, Unternehmensbewertung und Grundstückskontamination, 1998; zur HR Due Diligence Berens/Brauner/Knauer/Strauch/*Aldering/Högemann*, Due Diligence bei Unternehmensakquisitionen, 8. Aufl 2019, S 487 ff; Hettler/Stratz/Hörtnagl/*Hörtnagl/Zwirner*, Unternehmenskauf, 2013, S 84 f, zur Technical Due Diligence *Hilbert*, M&A Review 2002, 376 ff sowie zur Cultural Due Diligence *Weidinger/Mündemann*, M&A Review 1999, 427 ff; Holzapfel/Pöllath/*Greitemann/Funke*, Unternehmenskauf in Recht und Praxis, 15. Aufl 2017, Rn. 703).

Die im Folgenden ausschließlich erläuterte Legal Due Diligence umfasst die bei Unternehmenskäufen (aber auch beispielsweise bei Joint Ventures oder Börsengängen) heute in Deutschland weit verbreitete vorgeschaltete Prüfung der Rechtsgrundlagen und bestimmter rechtlicher Verhältnisse des zu erwerbenden Unternehmens (zur Legal Due Diligence im Überblick vgl Picot/*Picot*, Unternehmenskauf und Restrukturierung, 4. Aufl 2013, 61 ff sowie in internationaler Perspektive mit zahlreichen Länderberichten *Semler/Volhard*,

Arbeitshandbuch für Unternehmensübernahmen, Bd 1, 2001, §§ 36 ff; Berens/Brauner/Knauer/Strauch/*Hitter,* Due Diligence bei Unternehmensakquisitionen, 8. Aufl 2019, S 415 ff sowie Berens/Brauner/Knauer/Strauch/*Haarbeck/König,* Due Diligence bei Unternehmensakquisitionen, 8. Aufl 2019, 653 ff). In Vorbereitung der Entscheidung des Erwerbsinteressenten dient die Legal Due Diligence der Schaffung einer breiten Informationsbasis über den Kenntnisstand hinaus, den der Zugriff auf allgemein zugängliche Quellen verschafft. Auch dient die Legal Due Diligence der Verifizierung der dem Erwerbsinteressenten vom Veräußerer oder von anderer Seite zur Verfügung gestellten Informationen.

Gelegentlich wird auch durch den Veräußerer eine Legal Due Diligence durchgeführt, um das zu verkaufende Unternehmen besser beurteilen zu können, den Datenraum vorzubereiten und Informationen darüber zu erhalten, welche Gewährleistungen im Rahmen des Unternehmenskaufvertrages abgegeben werden können (sog „Vendor Due Diligence“, vgl Berens/Brauner/Strauch/*Nawe/Nagel,* Due Diligence bei Unternehmensakquisitionen, 6. Aufl 2011, S 789 ff; *Weiser,* Finanz Betrieb 2003, 593 ff; *Cannivé,* ZIP 2009, 254 ff sowie zur Weitergabe eines Vendor Legal Due Diligence Berichts an den Erwerber *Weiss,* M&A Review 2004, 164 ff).

2. Gegenstand der Überprüfung. Die Legal Due Diligence zur Vorbereitung eines Unternehmenskaufs bemüht sich herauszufinden, ob der Erwerb von unbelasteten Eigentumsrechten an dem betreffenden Unternehmen, dh an Gesellschaftsanteilen im Fall eines Share Deals und an Wirtschaftsgütern im Fall eines Asset Deals, möglich ist und ob die Fortführung des Geschäftsbetriebes des Unternehmens für den Erwerber bestimmte Risiken mit sich bringt. Ziel einer effizient durchgeführten Due Diligence muss es dabei sein, sich auf die Felder zu beschränken, die sich nicht unmittelbar in der Buchhaltung des Unternehmens niederschlagen und aus einem Jahresabschlussbericht üblicherweise nicht zu erkennen sind. Beispiele mögen Zweifel an der Eigentumsstellung des Veräußerers, Unsicherheit des Fortbestehens bestimmter Verträge mit Dritten nach Durchführung der Akquisition aufgrund sog „Change of Control“-Klauseln, die Kraft bestimmter gewerblicher Schutzrechte wie Warenzeichen, die Erfüllung öffentlich-rechtlicher Auflagen etc sein. Zum Ablauf einer Due Diligence Merkt/*Göthel,* Internationaler Unternehmenskauf, 3. Aufl 2011, 12 Rn. 30 ff; Berens/Brauner/Knauer/Strauch/*Berens/Schmitting/Strauch,* Due Diligence bei Unternehmensakquisitionen, 8. Aufl 2019, 15 ff sowie Berens/Brauner/Knauer/Strauch/*Berens/Hoffjan/Strauch,* Due Diligence bei Unternehmensakquisitionen, 8. Aufl 2019, 53 ff.

3. Due Diligence und Haftungssystem. Ausmaß und Tiefe einer vor dem Erwerb eines Unternehmens durchgeführten Due Diligence stehen in direkter Wechselwirkung zu dem Umfang der Gewährleistungen, deren Aufnahme in den Unternehmenskaufvertrag zum Schutz des Erwerbers unabdinglich ist (vgl statt aller Berens/Brauner/Knauer/Strauch/*Picot,* Due Diligence bei Unternehmensakquisitionen, 8. Aufl 2019, S 237: „Spiegelbild“). Je besser der Erwerbsinteressent sich informieren kann und selbst bzw durch seine Berater bestimmte rechtliche und tatsächliche Umstände des Unternehmens überprüfen kann, desto weniger Schutz wird er sich im Unternehmenskaufvertrag zusichern lassen müssen. Besteht Unsicherheit über bestimmte rechtliche oder tatsächliche Umstände, ist die klare vorherige Information des Erwerbers hierüber auch der besten Gewährleistungsklausel vorzuziehen.

Wenig Klarheit besteht allerdings nach wie vor über die Auswirkungen der Due Diligence auf die Risikoverteilung zwischen Veräußerer und Erwerber nach dem gesetzlichen Haftungssystem. Das gilt vor allem für die Haftung des Veräußerers für die Verletzung vorvertraglicher Aufklärungspflichten nach §§ 311 Abs 2, 241 Abs 2, 280 BGB (im Folgenden unter a) sowie die Anwendung der Haftungsausschlussnorm des § 442 BGB (unter b).

a) Die Gerichte haben dem Veräußerer eines Unternehmens in jüngerer Zeit verstärkt vorvertragliche Aufklärungspflichten auferlegt (vgl BGH, WiB 1996, 313 f mAnm.

Bosch; BGH, GmbHR 2001, 516 ff; BGH, ZIP 2001, 918 ff; BGH, ZIP 2002, 440 ff mAnm. *Wagner,* EWiR 2002, § 276 BGB aF, S 327 f; BGH, ZIP 2002, 853 ff; BGH, WM 2002, 446 ff) bzw festgestellt, der Veräußerer habe den Erwerber falsch informiert (vgl BGH ZIP 2003, 1399 ff m. Anm. *Wagner,* EWiR 2003, § 278 BGB, 1005 f). Die Informationspflichten des Veräußerers hängen nach dieser Rechtsprechung beispielsweise davon ab, wie groß die Erfahrung und der Kenntnisstand des Erwerbers ist und wie groß – für den Veräußerer erkennbar – der Wert der Informationen für den Erwerber ist (vgl im Überblick Hölters/*Weber,* Handbuch Unternehmenskauf, 9. Aufl 2019, Teil II Kap 9 Rn. 9.11 ff; *Wagner,* DStR 2002, 958 ff; Picot/*Picot,* Unternehmenskauf und Restrukturierung, 4. Aufl 2013, 45 ff; *Louven/Böckmann,* ZIP 2004, 445 (448 ff)).

Welche Auswirkungen die von einem Erwerber durchgeführte Due Diligence auf diese Haftung hat, ist unklar: Ist der Erwerber weniger schutzwürdig, weil er durch Vorlage einer Due Diligence Liste den Inhalt und den Umfang der Due Diligence selbst bestimmt und erfüllt der Verkäufer seine Aufklärungspflichten durch Gewährung der Gelegenheit zu einer Due Diligence (vgl *Werner,* ZIP 2000, 989 (990); Hölters/*Weber,* Handbuch Unternehmenskauf, 9. Aufl 2019, Teil II Kap 9 Rn. 9.48 f; *Wagner,* DStR 2002, 958 (965 ff)) oder werden die Informationspflichten des Veräußerers aufgrund des in der Due Diligence zum Ausdruck kommenden Informationsinteresses des Erwerbers umgekehrt sogar erweitert (vgl *Stengel/Scholderer,* NJW 1994, 158 (164); *Fleischer/Körber,* BB 2001, 841 (848); Picot/*Picot,* Unternehmenskauf und Restrukturierung, 4. Aufl 2013, 47 f, 76 f, auch Beisel/Klumpp/*Beisel,* Der Unternehmenskauf, 7. Aufl 2015, § 2 Rn. 12).

b) Nach § 442 BGB schließt die Kenntnis eines Mangels sowie die grob fahrlässige Unkenntnis eines Mangel durch den Erwerber die gesetzlichen Rechte des Käufers wegen des Mangels aus. Dies wirft im Zusammenhang mit der Due Diligence beim Unternehmenskauf zahlreiche Einzelfragen auf:

Zunächst einmal kann die im Rahmen einer Due Diligence erlangte positive Kenntnis des Erwerbers von einem Mangel bzw die seiner externen Berater (analog § 166 Abs 1 BGB, vgl *Weitnauer,* NJW 2002, 2511 (2516), bzw analog § 164 Abs 3 BGB, vgl *Baum,* Die Wissenszurechnung, 1999, 49 ff (140 ff): Wissensempfangsvertreter) zu einem Ausschluss der Rechte des Erwerbers wegen dieses Mangels führen (vgl *Westermann,* ZHR 2005, 248 ff; *Goldschmidt,* ZIP 2005, 1395 ff; Picot/*Picot,* Unternehmenskauf und Restrukturierung, 4. Aufl 2013, S 207 ff; krit *Holzapfel/Pöllath,* Unternehmenskauf in Recht und Praxis, 15. Aufl 2017, Rn. 744 f). Nach der Neuregelung des § 442 Abs 1 BGB schadet dabei (nur) Kenntnis „bei Vertragsschluss". Dabei ist zweifelhaft, ob dies bei dem häufig anzutreffenden zeitlichen Auseinanderfallen von Signing und Closing in Unternehmenskaufverträgen bedeutet, dass dem Erwerber Kenntnis nur bis zum Signing oder auch nach dem Signing, aber noch vor dem Closing schadet (vgl zum Haftungsausschluss bei aufschiebend bedingten Verträgen unter Differenzierung verschiedener Typen von Bedingungen *Köhler,* JZ 1989, 761 (765) (zu § 460 BGB); Jauernig/*Berger,* BGB, 17. Aufl 2018, § 442 Rn. 4).

Auch eine nicht sorgfältig („Tiefe") oder nicht vollständig („Breite") durchgeführte Due Diligence kann – ausnahmsweise – zu einer grob fahrlässigen Unkenntnis des Erwerbers von einem Mangel führen, was aber besonders schweren Verletzungen der im Verkehr erforderlichen Sorgfalt vorbehalten bleiben und stets vor dem Hintergrund des konkreten Transaktionsprozesses gesehen werden muss (vgl zu der im Einzelnen sehr umstrittenen Anwendung von § 442 Abs 1 S 2 BGB in diesen Fällen *Fleischer/Körber,* BB 2001, 841, 848; *Weitnauer,* NJW 2002, 2511 (2516 f); *Gaul,* ZHR 166 (2002), 35 (63 f); Picot/*Picot,* Unternehmenskauf und Restrukturierung, 4. Aufl 2013, S 209 f).

Schließlich wird von diversen Autoren vertreten, dass auch die Nichtdurchführung einer Due Diligence per se grob fahrlässig im Sinne von § 442 Abs 1 S 2 BGB sei (vgl zu dieser ebenso umstrittenen Frage *Werner,* GmbHR 2007, 678 ff; *Rittmeister,* M&A Review 2008, 578 ff; *Rödder/Hötzel/Mueller-Thuns,* Unternehmenskauf, Unternehmensverkauf, 2003, 57 ff; *Holzapfel/Pöllath,* Unternehmenskauf in Recht und Praxis, 15. Aufl 2017, Rn. 745; Picot/*Picot,* Unternehmenskauf und Restrukturierung, 4. Aufl 2013, S 210 ff). Auch hier ist freilich Zurückhaltung geboten, weil den Erwerber nach allgemeinen kaufrechtlichen Regeln grundsätzlich keine Untersuchungspflicht trifft (vgl RGZ 131, 343 (355); Staudinger/*Matusche-Beckmann,* § 442 Rn. 25). Auch wenn der Verbreitungsgrad der Due Diligence in Deutschland als relativ hoch eingestuft werden kann, geht deshalb die wohl überwiegende Meinung davon aus, dass ein Haftungsausschluss wegen grober Fahrlässigkeit iSd § 442 BGB aufgrund des Unterlassens einer Due Diligence jedenfalls nicht damit begründet werden kann, es bestehe eine Verkehrssitte (vgl *Merkt,* BB 1995, 1041, 1046 f; *Treeck,* FS Fikentscher, 1998, 434 (437 f); *Fleischer/Körber,* BB 2001, 841, 846 f; Picot/*Picot,* Unternehmenskauf und Restrukturierung, 4. Aufl 2013, S 211; MüKoBGB/*Westermann,* 6. Aufl 2012, BGB § 453 Rn. 60; Berens/Brauner/Knauer/Strauch/*Picot,* Due Diligence bei Unternehmensakquisitionen, 8. Aufl 2019, S 243; *Westermann,* ZHR 2005, 248 (263 f); BeckOK BGB/*Faust,* 4. Aufl 2019, BGB § 442 Rn. 21; Beisel/Klumpp/*Beisel,* Der Unternehmenskauf, 7. Aufl 2016, § 2 Rn. 10; *Loges,* DB 1997, 965 (967); *Müller,* NJW 2004, 2196 (2197 f); *Angersbach,* Due Diligence beim Unternehmenskauf, 2002, S 141; aA Hölters/*Weber,* Handbuch Unternehmenskauf, 9. Aufl 2019, Teil II Kap 9 Rn. 9.56). Ausnahmsweise kann jedoch im Falle komplexer Transaktionen, bei denen typischerweise mit Mängeln gerechnet werden muss, ein Haftungsausschluss aufgrund des Unterlassens einer Due Diligence bejaht werden (vgl *Böttcher,* ZGS 2007, 20 f (24 f) sowie *Krömker,* M&A Review 2008, 201 (202)).

c) Die soeben dargestellte unsichere Rechtslage sowie zahlreiche weitere Unklarheiten bei der Anwendung (auch des durch die Schuldrechtsreform 2002 modernisierten) Kaufrechts auf Unternehmenskäufe sprechen dafür, sich (weiterhin) nicht auf das gesetzliche Gewährleistungssystem zu verlassen, sondern im Unternehmenskaufvertrag – im Rahmen des zwingenden Rechts – ein eigenständiges vertragliches Gewährleistungs- und Haftungssystem vorzusehen (vgl statt aller Picot/*Picot,* Unternehmenskauf und Restrukturierung, 4. Aufl 2013, 227 ff sowie → Form. I.K.8 Anm. 10 und Form. I.K.9 Anm. 24 ff. Dabei kann dann beispielsweise die Unsicherheit im Hinblick auf einen Haftungsausschluss nach § 442 BGB etwa durch ein im Rahmen des Zulässigen ausdrückliches Abbedingen der Norm vermieden werden (zur Abdingbarkeit von § 442 BGB Jauernig/*Berger,* BGB, 17. Aufl 2018, § 442 Rn. 2 sowie, mit Alternativen hierzu, *Angersbach,* Due Diligence beim Unternehmenskauf, 2002, 137 ff).

4. Geschäftsleiterhaftung bei unterlassener Due Diligence. Angesichts der heutzutage großen Bedeutung der Due Diligence in der Unternehmenspraxis stellt sich die Frage, ob Geschäftsleiter zur Durchführung einer Due Diligence beim Unternehmenskauf verpflichtet sind und sich demnach bei fehlerhafter bzw unterlassener Due Diligence haftbar machen (vgl *Böttcher,* NZG 2005, 49 ff; *Krömker,* M&A Review 2008, 201 (202 ff); *van Venrooy,* GmbHR 2008, 1 ff; *Hemeling,* ZHR 2005, 274 ff).

Grundsätzlich muss die Entscheidung der Geschäftsleitung zum Unternehmenserwerb an der gesellschaftsrechtlichen Sorgfaltspflicht gemessen werden: Nach § 43 Abs 1 GmbHG haben die Geschäftsführer in den Angelegenheiten der Gesellschaft die Sorgfalt eines ordentlichen Geschäftsmannes anzuwenden; denselben Maßstab enthält § 93 Abs 1 AktG. Zwar steht den Geschäftsleitern bei ihrer Entscheidung nach dem „ob" der Durchführung einer Due Diligence grundsätzlich ein weiter Ermessensspielraum zu (Baumbach/Hueck/*Zöllner/Noack,* 21. Aufl 2017, GmbHG § 43 Rn. 22 mwN). Allerdings hat der BGH in seiner Rechtsprechung den Grundsatz herausgearbeitet, dass es Teil der Sorgfaltsanforderungen der Geschäftsleitung sei, die finanziellen und wirtschaftlichen Verhältnisse der Zielgesellschaft vor einem Unternehmenskauf genau zu prüfen (BGHZ 69, 207 (213 ff) zum Verwaltungsrat einer Publikumskommanditgesellschaft). Ähnlich geht die in § 93 Abs 1 S 2 AktG kodifizierte Business Judgement Rule davon aus, dass die

Geschäftsleitung bei der Ausübung ihres Ermessens „auf Basis angemessener Informationen" zum Wohle der Gesellschaft entscheidet, was in der Regel für die Durchführung einer Due Diligence im Rahmen des Unternehmenserwerbs sprechen dürfte. Zwar enthält § 43 GmbHG keine entsprechende Regelung, jedoch ist die Business Judgement Rule nach wohl allgemeiner Auffassung analog anwendbar auf die Geschäftsführer einer GmbH (vgl BGHZ 152, 280 (287); *Rittmeister,* M&A Review 2008, 578 (581); Lutter/Hommelhoff/*Kleindieck,* 17. Aufl 2009, GmbHG, § 43 Rn. 16; Baumbach/Hueck/*Zöllner/Noack,* 21. Aufl 2017, GmbHG, § 43 Rn. 7; Roth/Altmeppen/*Altmeppen,* 9. Aufl 2019, GmbHG, § 43 Rn. 8).

Das OLG Oldenburg hat in einem Urteil entschieden, dass das der Geschäftsleitung zuzubilligende weite Ermessen beim Erwerb eines anderen Unternehmens dann überschritten sei, wenn Grundlagen, Chancen und Risiken der Investitionsentscheidung nicht ausreichend aufgeklärt worden sind. Eine umfassende Due Diligence sei in jedem Fall dann durchzuführen, wenn nicht ausreichend gesicherte Erkenntnisse über das zu erwerbende Unternehmen vorhanden sind oder wenn vorhandene Informationen Unklarheiten aufweisen (OLG Oldenburg, BB 2007, 66 ff, siehe hierzu *Engelhardt,* GmbHR 2009, 237 ff). Auch eine verbreitete Auffassung im Schrifttum hält nunmehr die Durchführung einer Due Diligence regelmäßig für geboten (*Böttcher*, NZG 2005, 49 ff; *Hemeling* ZHR 2005, 274 (276 f); *Werner*, GmbHR 2007, 678 (679); *Kiethe,* NZG 1999, 976 (981 ff)). Die konkreten inhaltlichen Anforderungen der Due Diligence hängen von der Größenordnung des intendierten Geschäfts und dem zur Verfügung stehenden Zeitrahmen ab; falls der Geschäftsführer keine angemessene Prüfung vornimmt, unterliege die Geschäftsführungsmaßnahme der uneingeschränkten richterlichen Kontrolle. Die Pflicht zur Informationsbeschaffung könne nur dann eingeschränkt sein, wenn die Geschäftsleitung des Zielunternehmens die Due Diligence nicht gestatten will oder in bestimmten Bereichen nicht gestatten darf (*Krömker*, M&A Review 2008, 201 (203)).

5. Rechtliche Schranken der Informationsherausgabe. Keinerlei Schranken bei der Herausgabe von Unternehmensinformationen an einen Erwerbsinteressenten unterliegt nur ein Einzelunternehmer oder der Alleingesellschafter einer GmbH. Der Mitgesellschafter einer Personengesellschaft, der Veräußerer einer GmbH-Beteiligung und insbesondere der Vorstand einer Aktiengesellschaft, der dem am Erwerb eines Aktienpaketes Interessierten nicht allgemein zugänglichen Informationen über das Unternehmen verschaffen soll, unterstehen demgegenüber weitgehenden Bindungen, welche die Durchführung einer Due Diligence gerade in besonders interessanten Teilbereichen gefährden können.

Dabei sind nicht nur die gesellschaftsrechtlichen Regelungen, insbesondere §§ 43 Abs 2, 85 Abs 1 GmbHG bei der GmbH, §§ 93 Abs 1 S 2, 404 Abs 1 Nr 1 AktG bei der AG bzw § 116 Abs 1 und 2 (ggf iVm § 161 Abs 2) HGB für Personengesellschaften, zu beachten (vgl im Überblick Hölters/*Weber,* Handbuch Unternehmenskauf, 9. Aufl 2019, Teil II Kap 9 Rn. 9.69 ff (GmbH und AG); *Rödder/Hötzel/Mueller-Thuns,* Unternehmenskauf, Unternehmensverkauf, 2003, § 3 Rn. 68 ff (auch Personengesellschaften); speziell zur Informationsweitergabe bei der GmbH *Lutter,* ZIP 1997, 613, 614 ff; *Liese,* DB 2010, 1806 ff; *Götze,* ZGR 1999, 202 ff sowie bei der AG *Roschmann/Frey,* AG 1996, 449 ff; *Lutter,* ZIP 1997, 613 (616 ff); *Mertens,* AG 1997, 541 ff; *Treeck,* FS Fikentscher, 1998, S 434 ff; *Stoffels,* ZHR 165 (2001), 362 ff; *Linker/Zinger,* NZG 2002, 497 ff).

Auch datenschutzrechtliche Normen sowie – im Falle börsennotierter Unternehmen – kapitalmarktrechtliche Vorschriften, insbesondere die strafbewehrten Insiderverbote nach § 14 WpHG, regulieren die Durchführung einer Due Diligence und sind daher stets im Blick zu behalten (zum Datenschutz vgl etwa *Holzapfel/Pöllath,* Unternehmenskauf in Recht und Praxis, 15. Aufl 2017, Rn. 1624 ff; *Gericke,* SJZ 2003, 1 ff sowie zu kapitalmarktrechtlichen Aspekten *Angersbach,* Due Diligence beim Unternehmenskauf, 2002, 249 ff). Schließlich müssen die kartellrechtlichen Grenzen eines Informationsaustauschs im Rahmen der Due Diligence beachtet werden, insbesondere wenn ein Wettbewerber das Unternehmen oder Anteile hieran erwerben will. Wettbewerblich sensible Informationen dürfen nur ausgetauscht werden, wenn dies für die Unternehmensbewertung zwingend erforderlich ist („need to know"-Prinzip) und nur im Rahmen besonderer Vorkehrungen, die sicherstellen, dass die Informationen nur einem sehr eingeschränkten Kreis von Personen zugänglich sind (sog. Clean Team), s. zB *Schubert*, ZWeR 2013, 54 ff., *Bischke/Brack*, NZG 2018, 696 ff.

6. Vorbereitung einer Legal Due Diligence und die Due Diligence Liste. Eine gut vorbereitete Legal Due Diligence setzt voraus, dass die beratenden Anwälte eine möglichst genaue Vorstellung von den wirtschaftlichen Zielen des Mandanten und der zur Umsetzung dieser Ziele verfolgten Transaktionsstruktur haben. Vor allem aber ist im Vorfeld einer Legal Due Diligence stets zu klären, welche Erwartungen und Anforderungen der Mandant an die Breite und Tiefe der Legal Due Diligence stellt und in welcher Form. schließlich ihre Ergebnisse präsentiert werden sollen (fokussierte Problemübersicht vs breite deskriptive Darstellung in einem ausführlichen Bericht).

Sofern die Unterlagen bzw der (reale oder virtuelle) „Datenraum" – wie häufig – auf der Grundlage von Anfragen des Erwerbers zusammengestellt werden, ist ein Kernstück der Vorbereitung einer Legal Due Diligence das Ausarbeiten einer Liste, aus der sich ergibt, welche Dokumente und Informationen benötigt werden. Als Ausgangspunkt kann die vorliegende Due Diligence Liste dienen. Bei ihr handelt es sich um eine ausführliche Version, die für größere und komplexere Transaktionen zugeschnitten ist und die der Verwender stets entsprechend den Zielsetzungen und Bedürfnissen des Einzelfalls wird anpassen (und verkürzen) müssen. Beispiele weiterer, weniger detaillierter und zum Teil auch konzeptionell abweichender allgemeiner Check-Listen finden sich etwa bei *Wegen,* WiB 1994, 291 ff; *Scott,* Due Diligence in der Praxis, 2001, 185 ff; *Berens/Brauner/Knauer/Strauch*, Due Diligence bei Unternehmensakquisitionen, 8. Aufl 2019, S 847 ff; Beisel/Klumpp/*Klumpp/Beisel,* Der Unternehmenskauf, 7. Aufl 2016, § 19 Rn. 22 ff; Picot/*Picot,* Unternehmenskauf und Restrukturierung, 4. Aufl 2013, S 67 ff.

7. Datenschutz in der Due Diligence. Seit Inkrafttreten der Datenschutz-Grundverordnung (DSGVO) im Mai 2018 spielt Datenschutz eine immer größere Rolle im Rahmen von Transaktionen. Zwar unterscheiden sich die rechtlichen Regelungen der DSGVO nicht wesentlich von der auf der Datenschutz-Richtlinie beruhenden Rechtslage im BDSG aF, doch haben höhere Bußgeldandrohungen und eine insgesamt erkennbare Sensibilisierung von Wirtschaft und Gesellschaft für datenschutzrechtliche Fragen zu einer Priorisierung der Datenschutz-Compliance in Unternehmen geführt. Diese Entwicklung wird durch die zunehmende Verfolgung und Bebußung von Datenschutzverstößen durch die europäischen Datenschutzbehörden bestätigt. Im Juli 2019 kündigte zB die britische Datenschutzbehörde an, ein Bußgeld gegen eine Hotelkette wegen eines Cyber-Angriffs auf die IT einer zuvor von ihr akquirierten Gesellschaft zu verhängen, weil die relevanten Schwachstellen im Bereich Datenschutz nach Auffassung der Behörde bei gebotener Due Diligence hätten entdeckt werden können.

Die aufgeführten Unterlagen zum Datenschutz erlauben eine Bestandsaufnahme zur Datenschutz-Compliance. Umfasst sind insbesondere Dokumente, die in einer Gesellschaft schon aus Gründen der Dokumentationspflicht (Art 5 Abs 2 DSGVO) vorliegen müssten. Die in Ziff 1 erwähnten Angaben über Datenschutz-Governance sollten unabhängig von der Art der durch das Unternehmen verarbeiteten Daten vorliegen (zB auch bei der bloßen Verarbeitung von Mitarbeiter- oder Lieferantendaten). Ein besonderes Augenmerk ist auf die von der DSGVO vorgesehenen Datenschutzverträge (zB Vertrag über gemeinsame Verantwortlichkeit, Art 26 DSGVO, sowie Auftragsverarbeitung, Art 28 DSGVO) und auf den Transfer personenbezogener Daten in sog Drittstaaten (Art 44 ff. DSGVO) zu legen.

Die Offenlegung personenbezogener Daten in der Due Diligence ist selbst ein Datenverarbeitungsvorgang, der nur bei Vorliegen eines Erlaubnistatbestands nach Art 6 Abs 1 DSGVO zulässig ist. Regelmäßig dürfte für die Veröffentlichung personenbezogener Daten zB von Kunden und sonst Vertragspartnern der Zielgesellschaft im Datenraum ein berechtigtes Interesse (Art 6 Abs 1 lit. f DSGVO) vorliegen, soweit diese auf geschäftlicher Korrespondenz oder in Verträgen auftauchen, s zB *v.d. Bussche/Voigt/Platz*, Konzerndatenschutz, 2. Aufl 2019, Teil 6 Rn. 17 ff. Hingegen bedarf die Veröffentlichung von Arbeitnehmerdaten einer Abwägung im Einzelfall, s *v.d. Bussche/Voigt/Platz*, Konzerndatenschutz, 2. Aufl 2019, Teil 6 Rn. 17 ff., zur alten Rechtslage *Göpfert/Meyer*, NZA 2011, 486. Die Übermittlung personenbezogener Daten im Rahmen einer Transaktion kann für Verkäufer- und Käuferseite außerdem Informationspflichten nach Art 13, 14 DSGVO auslösen, s hierzu *Tribess/Spitz*, GWR 2019, 261.

2. Mandatsvereinbarung zwischen Verkäufer und Berater

[Briefkopf des Beratungsunternehmens]

An die

Geschäftsleitung der

[Veräußerer

Adresse]

Mandatsvereinbarung[1]

Sehr geehrte Damen und Herren,

mit diesem Schreiben möchten wir den uns erteilten Auftrag, Sie bei der Veräußerung Ihrer Beteiligung an der . . . . . [Name der Zielgesellschaft] (im Folgenden als „Unternehmen" bezeichnet) zu unterstützen, bestätigen sowie die Einzelheiten unserer Mandatierung wie folgt festhalten:

1. Die Transaktion
   Sie sind daran interessiert, Ihre Beteiligung an dem Unternehmen zu veräußern. Während Sie dabei in erster Linie eine Veräußerung der von Ihnen an dem Unternehmen gehaltenen Gesellschaftsanteile beabsichtigen, kommt ggf auch eine Veräußerung des Geschäftsbetriebs des Unternehmens bzw von wesentlichen Teilen davon für Sie in Betracht.[2]
2. Unsere Leistungen
   Zu Ihrer Unterstützung werden wir folgende Leistungen erbringen:[3]
   a) Erstellung eines Bewertungsgutachtens über das Unternehmen.
   b) Erstellung eines Information Memorandums über das Unternehmen. Dieses Information Memorandum soll am Erwerb des Unternehmens interessierten Parteien eine erste Informationsgrundlage für ihre Überlegungen geben. Es wird alle wesentlichen Informationen über die Gesellschaft, ihren Geschäftsbetrieb und ihre Marktstellung enthalten, einschließlich
      – detaillierter Beschreibung des Tätigkeitsfeldes des Unternehmens,
      – Darstellung der wirtschaftlichen Lage und Entwicklung des Unternehmens,
      – Darstellung der bisher verfolgten Unternehmensstrategie,
      – Beschreibung des Marktumfeldes und der Wettbewerbssituation,
      – maßgebende Gesichtspunkte für die Bewertung des Unternehmens.

6. Haftung und Freistellung
   Sie stehen dafür ein, dass Informationen, die Sie bzw auf Ihre Veranlassung Dritte uns im Rahmen dieser Vereinbarung zur Verfügung stellen, richtig, vollständig und nicht irreführend sind. Sie werden uns unverzüglich informieren, wenn sich herausstellt, dass wesentliche Informationen, die Sie uns zur Verfügung gestellt haben, falsch, unvollständig oder irreführend sind oder werden, insbesondere wenn wesentliche Änderungen der wirtschaftlichen Lage des Unternehmens auftreten. Sie stellen uns von jeglicher Haftung gegenüber Dritten frei, die auf der Unrichtigkeit, Unvollständigkeit oder Irreführung von Informationen beruht, die wir von Ihnen oder auf Ihre Veranlassung erhalten haben.
   Sie stellen uns darüber hinaus von allen Ersatzansprüchen Dritter frei und ersetzen uns alle Schäden, die uns im Zusammenhang mit unserer Tätigkeit entstehen. Ausgenommen sind Ersatzansprüche und Schäden, die auf einer Pflichtverletzung unsererseits beruhen.
   Wir übernehmen Ihnen gegenüber keine über das im Beratungsgeschäft übliche Maß hinausgehende Aufklärungs-, Nachprüfungs- und Mitteilungspflichten.[5]
   Wir übernehmen Ihnen gegenüber keine über das im Beratungsgeschäft übliche Maßhinausgehenden Aufklärungs-, Nachprüfungs- und Mitteilungspflichten.
7. Kündigung
   Unser Vertragsverhältnis kann beiderseits mit einer Kündigungsfrist von . . . . . zum Ende eines Monats gekündigt werden. Die Vergütungsregelung bleibt von der Kündigung unberührt.
8. Sonstiges
   Kommt es zur Veräußerung des Unternehmens, sind wir berechtigt, dies in branchenüblicher Form. bekanntzugeben.[6]
   Auf unser Vertragsverhältnis findet das Recht der Bundesrepublik Deutschland Anwendung. Nicht-ausschließlicher Gerichtsstand ist . . . . .[7]
   Wir verzichten beiderseits auf die Anwendung unserer Allgemeinen Auftrags- oder Geschäftsbedingungen.
   Sollte eine Bestimmung dieser Mandatsvereinbarung ganz oder teilweise unwirksam oder undurchsetzbar sein, werden die Wirksamkeit und Durchsetzbarkeit aller übrigen Bestimmungen dieses Auftrages davon nicht berührt. Die unwirksame oder undurchsetzbare Bestimmung ist durch diejenige wirksame und durchsetzbare Bestimmung als ersetzt anzusehen, die dem von uns mit der unwirksamen oder undurchsetzbaren Bestimmung verfolgten wirtschaftlichen Zweck am nächsten kommt.

Wenn diese Mandatsvereinbarung die Einzelheiten des an uns erteilten Auftrages zutreffend wiedergibt, bitten wir Sie, Ihr Einverständnis durch die rechtsverbindliche Unterzeichnung der beigefügten Kopie dieses Schreibens und deren Rückgabe an uns zu bestätigen.

Mit freundlichen Grüßen

Anmerkungen

1. Überblick. Die Einschaltung von Beratern beim Unternehmenskauf ist sowohl auf Veräußerer- wie auf Erwerberseite – insbesondere bei Transaktionen mittleren und großen Volumens – marktüblich. Neben den „klassischen" Beratern (Rechtsanwalt, Steuerberater und Wirtschaftsprüfer) werden dabei häufig auch spezielle M&A-Berater eingeschaltet. Diese sind insbesondere Investmentbanken, spezielle Corporate Finance Abteilungen der Banken, teilweise auch spezielle Beratungsfirmen. Unter dem Oberbegriff M&A-Beratung verbergen sich Tätigkeiten, deren Spannweite von der reinen Vermittlungstätigkeit und Kontaktherstellung der Unternehmensmakler bis zur Marktstruktur- und Akquisitionsstrategie-Beratung der großen Investmentbanken reicht. Das Muster regelt das Verhältnis eines Veräußerers zu einem Berater, der umfassend zur Vorbereitung und Durchführung eines Unternehmensverkaufs eingeschaltet werden soll (vgl zu den verschiedenen Tätigkeitsfeldern: Hölters/*Hölters*, Handbuch Unternehmenskauf, 7. Aufl 2010, Teil I Rn. 37 ff). Das Muster ist überwiegend „beraterfreundlich" ausgestaltet, entspricht insofern aber auch dem Marktstandard.

2. Zum Zeitpunkt der Unterzeichnung der Mandatsvereinbarung ist in der Regel noch nicht klar, in welcher Form. sich der Verkäufer von seinem Unternehmen trennen wird (zB Share Deal oder Asset Deal, vgl dazu → Form. I.K.19 Anm. 1). Erst wenn man auch die steuerlichen oder anderen Vorgaben des Erwerbers, der zu diesem Zeitpunkt noch nicht feststeht, einbezieht, lässt sich eine für beide Parteien optimale Transaktionsstruktur erarbeiten. Die Mandatsvereinbarung muss deshalb so gestaltet sein, dass sie alle möglichen Gestaltungsalternativen erfasst, vgl auch → Anm. 4. Diese Unklarheit hat auch Auswirkungen auf die Festlegung des Auftraggebers. Während beim Asset Deal regelmäßig die Gesellschaft den Beratungsvertrag schließt, ist der Auftraggeber beim Share Deal der Anteilshaber an der Gesellschaft. Es ist daher darauf zu achten, dass Beraterverträge idealerweise bereits im Vorhinein von der Gesellschaft abgeschlossen werden, die die Beraterleistungen wirtschaftlich in Anspruch nimmt. Sollte sich jedoch erst nachträglich zeigen, dass es statt eines Asset doch zu einem Share Deal kommt, ist eine Umschreibung des Vertrags auf die Gesellschafter oder der Abschluss eines weiteren Vertrags denkbar. Bei einer späteren Vertragsumschreibung bzw. -übertragung während der laufenden Beratung besteht allerdings zumindest das Risiko, dass diese steuerlich nicht anerkannt wird und der ursprungliche Auftragsgeber als umsatzsteuerlich relevanter Leistungsempfänger behandelt wird. Vor allem beratende Wirtschaftsanwälte sollten aus berufsrechtlichen Gründen bedenken, dass es ggf zum Austausch des Auftraggebers kommt. Bei mangelnder Sorgfalt drohen Interessenkollisionen und strafrechtliche Sanktionen (vgl Hettler/Stratz/Hörtnagl/*Stratz/Hettler*, 2. Aufl 2013, UmwG § 1 Rn. 46; in späteren Auflagen nicht enthalten).

3. Gegenstand der Mandatsvereinbarung. Da das Gesetz keine zwingenden oder abdingbaren Vorgaben hinsichtlich der von einem M&A-Berater zu erbringenden Leistungen statuiert und sich insofern wohl auch (noch) kein allgemein anerkannter Marktstandard herausgebildet hat, sollte der Leistungskatalog des M&A-Beraters so exakt wie möglich vertraglich fixiert werden. Sofern mehrere M&A-Berater beauftragt werden sollen, sollte zudem klargestellt werden, ob die Leistungen gesamtschuldnerisch zu erbringen sind oder ob einzelne Leistungen nur von einem spezialisierten Berater erbracht werden müssen. Manchmal verlangen M&A-Berater darüber hinaus, dass im Rahmen der Mandatsvereinbarung ausdrücklich klargestellt wird, welche Leistungen nicht von ihnen geschuldet werden (etwa die Rechts- und Steuerberatung oder auch die allgemeine, dh nicht-transaktionsbezogene Finanz- und Strategieberatung des Unternehmens). Soll der Berater die Rolle des Projektleiters übernehmen, gehört die gesamte Vorbereitung und Durchführung des Unternehmenskaufs zum Vertragsgegenstand. Sinnvoll ist in diesem Fall die Regelung, ob der führende Berater seinerseits externe Berater beauftragen kann, ob er dabei auf eigene oder auf fremde Rechnung handelt und ob er solche Hilfspersonen nur überwachen oder auch für die Richtigkeit und Vollständigkeit der Zuarbeiten einstehen soll. Soll das Zuarbeiten durch den führenden Berater überprüft werden, ist die Nennung des konkreten Umfangs der Tätigkeit zu empfehlen. Umgekehrt, wird der Berater nur partiell und nicht als Projektleiter mandatiert, ist der Beratungsgegenstand exakt zu begrenzen (vgl Hettler/Stratz/Hörtnagl/*Stratz/Hettler*, 2. Aufl 2013, UmwG § 1 Rn. 47; in späteren Aufl. nicht enthalten).

4. Die Festlegung der Berechnungsbasis für das Erfolgshonorar bedarf großer Sorgfalt. Die Schwierigkeiten ergeben sich dabei daraus, dass bei Abschluss der Mandatsvereinbarung die genaue Struktur der Unternehmensveräußerung (zB Share oder Asset Deal, Einbringung in eine dritte Gesellschaft etc) noch nicht feststeht. Genau zu regeln ist auch, ob durch den Käufer übernommene Unternehmensschulden zum Verkaufspreis zählen und die Berechnungsbasis erhöhen sollen (vgl dazu BGH, BB 1995, 1053). Im Formular wird davon ausgegangen, dass beim Asset Deal die zusammen mit den Aktiva übernommenen Passiva des übertragenen Geschäftsbetriebes die Berechnungsbasis nicht erhöhen, da sonst diese gegenüber der Durchführung der gleichen Veräußerung im Wege des Share Deals unterschiedlich sein würde. Das Formular geht davon aus, dass nur zusätzlich übernommene Verpflichtungen die Berechnungsbasis erhöhen.

5. **Haftung des Beraters.** Zur Beraterhaftung vgl instruktiv *Holzapfel/Pöllath*, Unternehmenskauf in Recht und Praxis, 14. Aufl 2010, Rn. 734 ff. Oft werden Berater auch versuchen, ihre Haftung für Fälle leichter Fahrlässigkeit vertraglich auszuschließen; das Formular kann ggf entsprechend ergänzt werden. Angesichts der Tatsache, dass eine Schädigung des Beratenen insbesondere bei Verstößen gegen wesentliche Vertragspflichten zu erwarten ist und eine Freizeichnung von diesen auch für den Fall leichter Fahrlässigkeit jedenfalls in AGB nicht möglich ist (vgl BGH, NJW **1993**, 335 f), muss darauf geachtet werden, dass die Mandatsvereinbarungen nicht als AGB qualifiziert werden können.

6. Das Beratungsunternehmen wird seine Mitwirkung nach Abschluss des Geschäfts oft in der Form. eines sogenannten „Tombstone" in der Wirtschaftspresse bekannt geben wollen.

7. Zur Gerichtsstandsvereinbarung vgl → Form. I.K.3 Anm. 11.

3. Vertraulichkeitsvereinbarung zwischen Verkäufer und Käufer

[Briefkopf des Veräußerers]

An die

Geschäftsleitung der

[Erwerber

Adresse]

Vertraulichkeitsvereinbarung[1]

Sehr geehrte Damen und Herren,

Sie haben Ihr Interesse bekundet, mit uns in Gespräche über den Erwerb der Zielgesellschaft (im Folgenden als „Gesellschaft" bezeichnet) durch Ihr Unternehmen bzw eines Ihrer verbundenen Unternehmen zu treten. Für uns ist Voraussetzung für die Aufnahme solcher Gespräche, dass diese vertraulichen Charakter haben. Wir bitten Sie deshalb um Ihr Einverständnis mit Folgendem:

1. Sie verpflichten sich, über die Tatsache, dass wir Gespräche über den Erwerb der Gesellschaft durch Ihr Unternehmen oder eines Ihrer verbundenen Unternehmen führen sowie den Stand dieser Gespräche strengstens Stillschweigen gegenüber Dritten wie auch gegenüber Behörden zu wahren. Sind Sie gesetzlich oder aufgrund einer gerichtlichen oder behördlichen Anordnung verpflichtet, diese Gespräche gegenüber Dritten oder Behörden zu offenbaren, werden Sie uns dies unverzüglich, nachdem Sie selbst Kenntnis von dieser Verpflichtung erlangen, schriftlich anzeigen.
2. Die Ihnen von uns bzw auf unsere Veranlassung durch die Gesellschaft oder durch von uns eingeschaltete Berater zur Verfügung gestellten Informationen und Unterlagen

über die Gesellschaft und ihren Geschäftsbetrieb (einschließlich sämtlicher Materialien, die Sie, Ihre Mitarbeiter oder Ihre Berater auf Grundlage solcher Information oder Unterlagen anfertigen werden) sind vertraulich (nachfolgend, zusammen mit der in § 1 genannten Tatsache, als „Vertrauliche Informationen" bezeichnet). Nicht vertraulich sind nur solche Informationen und Unterlagen,[2] die

a) bereits öffentlich bekannt sind oder während unserer Gespräche und Verhandlungen öffentlich bekannt werden, ohne dass Sie oder Ihre Repräsentanten (wie in Ziffer 3 definiert) dies zu vertreten hätten;
b) Ihnen bereits bekannt sind oder während unserer Gespräche ohne Verletzung einer Vertraulichkeitsvereinbarung, gesetzlicher Vorschriften oder behördlicher Anordnungen bekannt werden.

3. Sie werden die Vertraulichen Informationen ausschließlich für die Prüfung und Vorbereitung des Erwerbs der Gesellschaft nutzen und nur solchen Ihrer Repräsentanten offenbaren, die die Vertraulichen Informationen benötigen, um die Transaktion und deren Finanzierung beurteilen zu können. „Repräsentanten" bezeichnet alle Ihre Organmitglieder, Mitarbeiter, Bevollmächtigte, Agenten und Dienstleister sowie die Organmitglieder, Mitarbeiter, Bevollmächtigten, Agenten und Dienstleister der gemäß §§ 15ff AktG mit Ihnen verbundenen Unternehmen. „Dienstleister" bezeichnet in diesem Zusammenhang alle Erbringer von Fremdfinanzierungs-, Versicherungs-, Steuerberatungs-, Buchführungs-, Finanzberatungs-, Rechtsberatungs- oder anderen Beratungsleistungen in Bezug auf die Transaktion. Sie und Ihre Repräsentanten werden die Vertraulichen Informationen nicht zu anderen Zwecken, insbesondere nicht zu Wettbewerbszwecken, verwerten und auch nicht an Dritte weitergeben oder öffentlich bekannt machen.
4. Sie gewährleisten, dass diese Vertraulichkeitsvereinbarung auch von den von Ihnen eingeschalteten Repräsentanten beachtet wird. Sie werden uns zeitnah die Namen der Berater und Finanzinstitute, denen Sie Vertrauliche Informationen haben zukommen lassen und zukommen lassen werden, mitteilen.
5. Für den Fall, dass unsere Gespräche nicht zum Erwerb der Gesellschaft durch Ihr Unternehmen bzw eines Ihrer verbundenen Unternehmen führen, verpflichten Sie sich, alle verkörperten Vertraulichen Informationen und jegliche davon angefertigten Kopien nach schriftlicher Aufforderung an uns zurückzugeben sowie Ihre auf Grundlage von Vertraulichen Informationen gemachten Aufzeichnungen bzw erarbeiteten Unterlagen zu vernichten; dies gilt nicht für elektronisch gespeicherte Informationen, die auf Back-up-Servern automatisch gespeichert wurden, soweit sie nur mit unverhältnismäßigem Aufwand gelöscht werden können. Auf Aufforderung werden Sie uns unverzüglich schriftlich bestätigen, dass sämtliche nach dem vorhergehenden Satz zurückzugebenden oder zu vernichtenden Informationen und Unterlagen von Ihnen und Ihren Repräsentanten zurückgegeben bzw gelöscht wurden. Ihre Verpflichtung, Vertrauliche Informationen vertraulich zu behandeln, wird durch die ergebnislose Beendigung unserer Gespräche und die Rückgabe bzw Vernichtung verkörperter Informationen und Unterlagen nicht berührt. Vertrauliche Informationen sowie daraus abgeleitete Informationen und Erkenntnisse, die in Ihrem Besitz oder im Besitz Ihrer Repräsentanten verbleiben, bleiben auch nach Ablauf dieser Vereinbarung vertraulich.
6. Sie werden hinsichtlich des Erwerbs der Gesellschaft durch Ihr Unternehmen bzw eines Ihrer verbundenen Unternehmen nur diejenigen unserer Mitarbeiter und Berater bzw Mitarbeiter und Berater der Gesellschaft ansprechen, deren Namen Ihnen von uns für diesen Zweck genannt werden.[3] Unabhängig vom Ausgang unserer Gespräche und Verhandlungen über den Erwerb der Gesellschaft verpflichten Sie sich, für einen Zeitraum von 24 Monaten nach Abschluss dieses Vertrages kein Organmitglied, keinen leitenden Angestellten und keinen Mitarbeiter der Gesellschaft, die Sie im Zusammenhang mit oder durch die Transaktion kennengelernt haben, anzustellen, in

Organe zu berufen oder als Berater zu beschäftigen, es sei denn, die betreffende Person (i) setzt sich eigeninitiativ mit Ihnen in Verbindung, (ii) antwortet auf eine allgemeine, in der Presse oder anderweitig veröffentlichte Stellenanzeige oder (iii) war im Zeitpunkt der Anwerbung nicht mehr für die Gesellschaft tätig.[4]

7. Sie bestätigen, dass Sie im Hinblick auf den Erwerb der Gesellschaft für eigene Rechnung und nicht als Treuhänder, Makler oder Vermittler für eine dritte Person handeln und dass Sie auch nicht gemeinsam oder in Abstimmung mit einem anderen potentiellen Bieter oder Co-Investor (nachfolgend als „Co-Investor" bezeichnet) handeln. Bevor Sie Gespräche mit einem potentiellen Co-Investor (einschließlich im Zusammenhang mit der Syndizierung von Eigenkapital) aufnehmen, verpflichten Sie sich, uns alle Informationen über den potentiellen Co-Investor zur Verfügung zu stellen, deren Zurverfügungstellung im Hinblick auf den Erwerb der Gesellschaft vernünftigerweise erwartet werden kann. Wir behalten uns vor, sowohl Sie als auch den Co-Investor ohne Angabe von Gründen aus dem die Transaktion betreffenden Prozess auszuschließen. Sie und Ihre Repräsentanten dürfen auf keinen Fall Vertrauliche Informationen an einen Co-Investor weitergeben, sofern nicht der Co-Investor mit uns eine separate Vertraulichkeitsvereinbarung abgeschlossen hat. Co-Investoren gelten nicht als Ihre Repräsentanten im Sinne dieser Vertraulichkeitsvereinbarung. Ihnen ist bekannt, dass Diskussionen oder ein Austausch über mögliche Details der Transaktion mit Dritten, die an einem Erwerb der Gesellschaft interessiert sind, insbesondere mit solchen, die als Bieter in der Transaktion auftreten oder aufgetreten sind, nach geltendem Kartellrecht eingeschränkt oder unzulässig sein kann.[5]
8. Ohne unsere vorherige schriftliche Zustimmung (die wir nicht unbillig verweigern werden) dürfen Sie und Ihre Repräsentanten in Bezug auf die Transaktion keinen Anbieter von Gewährleistungsversicherungen (W&I Insurances) oder Makler für diesen Bereich kontaktieren oder diesen Vertrauliche Informationen mitteilen oder verfügbar machen.[6]
9. Sie versichern hiermit, dass Sie keine direkte oder indirekte Vereinbarung oder Absprache und auch kein sonstiges Arrangement mit einem Dienstleister (wie in Ziffer 3 definiert) eingegangen sind, welches diesen verpflichtet, exklusiv für Sie, eines Ihrer verbundenen Unternehmen oder Ihre Repräsentanten im Zusammenhang mit der Transaktion tätig zu werden. Ohne unsere vorherige schriftliche Zustimmung dürfen Sie auch keine solche Vereinbarung, Absprache oder ein solches Arrangement eingehen.[7]
10. Für den Fall, dass Sie oder einer Ihrer Repräsentanten die aus dieser Vertraulichkeitsvereinbarung folgenden Pflichten verletzen, verpflichten Sie sich, an uns eine Vertragsstrafe in Höhe von EUR . . . . . zu zahlen.[8] Handelt es sich bei diesem Verstoß gegen diese Vertraulichkeitsvereinbarung um einen andauernden Verstoß, verpflichten Sie sich, für jeden Monat, den dieser Verstoß andauert, zu einer weiteren Zahlung an uns in Höhe von EUR . . . . . Die Zahlung der Vertragsstrafe lässt die Geltendmachung eines weiteren Schadens durch uns oder sonstige Berechtigte nach Ziffer 11 unberührt.
11. Berechtigt aus dieser Vereinbarung sind neben uns auch die Gesellschaft und die mit ihr gemäß §§ 15ff AktG verbundenen Unternehmen, denen hieraus in vollem Umfang eigene Ansprüche zustehen (echter Vertrag zugunsten Dritter im Sinne von § 328 Abs 1 BGB). Für den Fall, dass die Transaktion oder Teile davon nicht mit Ihnen, sondern mit einer oder mehreren anderen Personen durchgeführt wird, sind wir berechtigt, unsere Rechte und Rechtsposition aus diesem Vertrag ganz oder teilweise an eine oder mehrere dieser Personen und/oder an die Gesellschaft abzutreten, und zwar auch dergestalt, dass diese Personen berechtigt sind, die betreffenden Rechte und Rechtspositionen neben uns wahrzunehmen.[9]
12. Wir und die uns Nahestehenden Personen übernehmen keine Verantwortung oder Gewähr für die Vollständigkeit oder Richtigkeit der zur Verfügung gestellten oder

zugänglich gemachten Vertraulichen Informationen. Insbesondere besteht keine Verpflichtung zur Vervollständigung oder Berichtigung von Vertraulichen Informationen. Soweit dies gesetzlich zulässig ist, verzichten Sie hiermit auf jegliche Ansprüche und Forderungen im Zusammenhang mit einer etwaigen Unrichtigkeit oder Unvollständigkeit von Vertraulichen Informationen. Ansprüche und Rechtsmittel gegenüber der Verkäuferin und/oder den ihr Nahestehenden Personen wegen Verletzung vorvertraglicher Pflichten (*culpa in contrahendo*), einschließlich Ansprüchen gemäß §§ 241 Abs 2, 311 Abs 2 und 311 Abs 3 BGB, sind ausdrücklich ausgeschlossen, es sei denn, solche Ansprüche basieren auf Vorsatz oder grober Fahrlässigkeit. Weder wir noch die uns Nahestehenden Personen haften für Handlungen oder Unterlassungen von Erfüllungsgehilfen. „Nahestehende Personen" bezeichnet die mit uns gemäß §§ 15ff AktG verbundenen Unternehmen, die Gesellschaft sowie die Mitglieder unserer Leitungsgremien, unsere Mitarbeiter, Berater und/oder Vertreter, die vorgenannten Personen auf Ebene der Gesellschaft sowie andere von einem der Vorgenannten oder von uns einbezogene Personen.[10]

13. Diese Vertraulichkeitsvereinbarung tritt mit ihrer Unterzeichnung durch Sie in Kraft; von da an gilt sie für einen Zeitraum von . . . . . Jahren/Monaten. Sollte die Transaktion vor Ablauf dieses Zeitraums abgeschlossen sein, tritt diese Vertraulichkeitsvereinbarung mit dem Vollzug der Transaktion außer Kraft. Eine für bestimmte Bereiche dieser Vertraulichkeitsvereinbarung abweichend bestimmte Dauer bleibt hiervon unberührt.
14. Änderungen und Ergänzungen dieser Vereinbarung einschließlich dieser Bestimmung bedürfen der Schriftform.
15. Sollte eine Bestimmung dieser Vereinbarung ganz oder teilweise unwirksam oder undurchsetzbar sein, werden die Wirksamkeit und Durchsetzbarkeit aller übrigen Bestimmungen dieser Vereinbarung davon nicht berührt. Die unwirksame oder undurchsetzbare Bestimmung ist als durch diejenige wirksame und durchsetzbare Bestimmung als ersetzt anzusehen, die dem von den Parteien mit der unwirksamen oder undurchsetzbaren Bestimmung verfolgten wirtschaftlichen Zweck am nächsten kommt. Dies gilt auch, soweit diese Vereinbarung eine unbeabsichtigte Regelungslücke enthält.
16. Diese Vertraulichkeitsvereinbarung unterliegt dem Recht der Bundesrepublik Deutschland. Nicht-ausschließlicher Gerichtsstand ist . . . . . .[11]

Bitte reichen Sie uns zum Zeichen Ihres Einverständnisses mit dieser Vertraulichkeitsvereinbarung die beigefügte Kopie dieses Schreibens rechtsverbindlich unterzeichnet zurück.

Mit freundlichem Gruß

Anmerkungen

1. Zweck. Regelmäßig wird vor Vertragsschluss der Erwerbsinteressent verlangen, dass ihm auch bestimmte Informationen, die nicht öffentlich zugänglich sind (zB aus einem veröffentlichten Jahresabschluss zu entnehmen sind), zur Verfügung gestellt werden – etwa in der Form eines Informationsmemorandums – und dass er und seine Berater die Möglichkeit erhalten, eine Due Diligence-Prüfung durchzuführen (vgl dazu näher die unter → Form I.K.1 dargestellte Due Diligence-Checkliste sowie Anm. 1 ff). Vielfach werden Erwerbsinteressenten darüber hinaus voraussetzen, dass sie im Rahmen des Verkaufsprozesses die Möglichkeit erhalten, das Management der Zielgesellschaft zur wirtschaftlichen Lage der Gesellschaft und zu deren Geschäftsaussichten zu befragen und ggf bestimmte Sonderthemen (Rechtsstreitigkeiten, Steuern, Umweltfragen, etc) mit ausgewählten „Key Employees" diskutieren zu dürfen. Für den Veräußerer bedeutet dies, insbesondere wenn es sich bei dem potentiellen Erwerber um einen Wettbewerber handelt, ein hohes Risiko. Eine Vereinbarung, mit der sich der Erwerber verpflichtet, die ihm zur Verfügung gestellten Informationen vertraulich zu behandeln, soll den Parteien die heikle Situation vergegenwärtigen und, besonders für den Fall des Scheiterns der Verhandlungen, einen Minimalschutz für den Veräußerer und die Zielgesellschaft gewährleisten (vgl Göthel/*Göthel,* Grenzüberschreitende M&A-Transaktionen, 4. Aufl 2015, 2 Rn. 17 ff; *Stawowy,* Vorfeldvereinbarungen und Vertragsverhandlungen beim Unternehmenskauf, 2001, 296 ff; Semler/Volhard/Cordes/*Schlitt,* Arbeitshandbuch für Unternehmensübernahmen, Bd 1, 2001, § 6 Rn. 4 ff; Picot/*Picot,* Unternehmenskauf und Restrukturierung, 4. Aufl 2013, S 55 f; *Timmerbeil/Pfeiffer* Unternehmenskauf – Nebenvereinbarungen, 2010, S 15 ff).

Die Geschäftsleitungen der Gesellschaften auf Seiten des Veräußerers unterliegen sowohl einer dienstvertraglichen als auch einer organschaftlichen Verschwiegenheitspflicht (vgl §§ 93 Abs 1 S 3, 404 AktG für Vorstandsmitglieder einer Aktiengesellschaft sowie §§ 43 Abs 1 iVm 85 Abs 1 GmbHG bei einer Gesellschaft mit beschränkter Haftung). Die Verletzung dieser Pflicht kann zu Schadensersatzansprüchen gem §§ 93 Abs 2 AktG bzw 43 Abs 1 GmbHG führen, es können sich strafrechtliche Konsequenzen ergeben (§ 85 Abs 1 GmbHG, § 404 Abs 1 Nr 1 AktG) und es kann zudem einen wichtigen Grund für den vorzeitigen Widerruf der Bestellung zum Vorstand bzw Geschäftsführer und die Kündigung des Anstellungsvertrages zur Folge haben. Zumindest bei der GmbH ist es ratsam, dass sich die Geschäftsführung im Einzelfall durch einen Gesellschafterbeschluss zur Weitergabe von Informationen an einen Erwerbsinteressenten ermächtigen lässt (Baumbach/Hueck/*Zöllner/Noack,* 21. Aufl 2017, GmbHG, § 35 Rn. 40). Es liegt damit im Interesse der Geschäftsleitung, sicherzustellen, dass die gewährten Informationen vom Erwerbsinteressenten weder weitergegeben noch veröffentlicht werden, nicht zu anderen Zwecken als zur Prüfung der potentiell erworbenen Zielgesellschaft genutzt werden und nach Abbruch der Vertragsverhandlungen vollständig zurückgegeben und nicht weiter verwendet werden. Diesem Interesse der Geschäftsleitung kann regelmäßig durch die Vereinbarung einer Vertraulichkeitsvereinbarung Rechnung getragen werden (s. hierzu *Krömker,* M&A Review 2009, 201 (203 f); *Rittmeister,* M&A Review 2008, 528, 528 f; *Ziegler,* DStR 2000, 249 (252 f)).

Darüberhinaus setzt es sich in der Praxis mehr und mehr durch, bestimmte Aspekte in Bezug auf den Verkaufsprozess (Kontakt mit dem Zielunternehmen, Ansprache von Gewährleistungsversicherern, Exklusivität mit Beratern etc) nicht mehr (nur) in einem einseitigen Prozessbrief der Investment-Bank an den Interessenten anzusprechen, sondern hierfür die Vertraulichkeitsvereinbarung als rechtlich bindende Regelung zu nutzen, die bereits in einem frühen Verfahrensstadium zwischen Verkäufer und Interessent getroffen wird.

2. Im Rahmen der Festlegung des Umfangs der nicht vertraulichen Informationen und Unterlagen besteht zudem die Möglichkeit, die Beweislast dem Erwerber aufzulegen, sofern dieser sich auf eine solche Regelung einlässt. Eine mögliche Formulierung zur Umkehr der Beweislast wäre:

„Nicht vertraulich sind nur solche Informationen und Unterlagen, von denen Sie nachweisen können, dass sie

a) bereits öffentlich bekannt sind oder während unserer Gespräche und Verhandlungen öffentlich bekannt werden, ohne dass Sie oder Ihre Repräsentanten dies zu vertreten hätten;
b) Ihnen bereits bekannt sind oder während unserer Gespräche ohne Verletzung einer Vertraulichkeitsvereinbarung, gesetzlicher Vorschriften oder behördlicher AnoRn.ungen bekannt werden."

3. Ansprechpartner. Aus Sicht des Verkäufers ist es im Rahmen der Steuerung der Transaktion regelmäßig entscheidend, dass Kontakte des Interessenten mit dem eigenen Unternehmen und vor allem mit dem Zielunternehmen nur über solche Kanäle laufen, die der Verkäufer kontrollieren kann. Gerade in Bezug auf das Management des Zielunternehmens kann es in fortgeschrittenen Prozessstadien zu Situationen kommen, in denen die Loyalität einzelner Personen bereits auf die Seite eines bestimmten Interessenten übergegangen ist, sodass die Gefahr eines ungewollten Informationsaustausches ohne Wissen (und zu Lasten) des Verkäufers besteht. Gespräche zwischen Interessenten und Vertretern des Zielunternehmens sollten üblicherweise nur in Anwesenheit oder mit Wissen des Verkäufers oder seiner Berater stattfinden. Hat der Verkäufer eine starke Verhandlungsposition, können Verletzungen dieser Regelung ggf mit einer Vertragsstrafe sanktioniert werden.

4. Abwerbe- und Einstellungsverbot. Obwohl dieses Thema mit dem eigentlichen Zweck einer Vertraulichkeitsvereinbarung nicht direkt zusammenhängt, wird die Vertraulichkeitsverpflichtung des potentiellen Erwerbers in der Regel mit einem Abwerbe- und Einstellungsverbot verknüpft. Dies kann insbesondere bei Vertragsverhandlungen zwischen Wettbewerbern eine große Bedeutung haben. Dann sollte ggf auch geregelt werden, für welchen Zeitraum das Abwerbe- und Einstellungsverbot gilt.

Abwerbe- und Einstellungsverbote sind Abreden, in denen dem einen Vertragspartner die Abwerbung und „Anstellung" bestimmter Mitarbeiter des anderen Vertragspartners untersagt ist; Deren Zulässigkeit bemisst sich zum einen nach § 75f HGB, zum anderen nach dem europäischen und deutschen Kartellverbot aus Art. 101 AEUV bzw. § 1 GWB (zu den unterschiedlichen Schutzrichtungen der Normen s. *Glöckner*, JuS 2018, 1130 (1132f)). Grundsätzlich sind Abwerbe- und Einstellungsverbote als Naturalobligationen gem. § 75f HGB nicht einklagbar. Für bestimmte Fallkonstellationen hat der BGH allerdings ein überwiegendes Interesse der Arbeitgeberseite an einer gerichtlichen Durchsetzbarkeit des Abwerbe- und Einstellungsverbots gegenüber den Belangen der betroffenen Arbeitnehmer anerkannt und § 75f HGB verfassungskonform einschränkend ausgelegt (s. hierzu BGH NJW 2014, 3442ff). Nicht in den Anwendungsbereich des § 75f HGB fallen danach insbesondere „Vereinbarungen, bei denen das Abwerbeverbot nicht Hauptzweck ist, sondern bei denen es nur eine Nebenbestimmung darstellt, die einem besonderen Vertrauensverhältnis der Parteien oder einer besonderen Schutzbedürftigkeit einer der beiden vertragschließenden Seiten Rechnung trägt. Dient ein Abwerbeverbot dem Schutz vor illoyaler Ausnutzung von Erkenntnissen, die im Rahmen solcher Vertragsverhältnisse gewonnen worden sind, besteht kein Grund, die gerichtliche Durchsetzbarkeit zu versagen. Zu dieser Fallgruppe gehören etwa Abwerbeverbote, die bei Risikoprüfungen vor dem Kauf von Unternehmen oder Unternehmensbeteiligungen vereinbart werden (sog. Due Diligence-Prüfungen) und vom Anwendungsbereich des § 75f HGB auszunehmen sind" (BGH NJW 2014, 3442 (3444f)). Ein solches Abwerbe- und Einstellungsverbot darf nach Ansicht des BGH allerdings zwei Jahre nicht übersteigen (aaO). Das Abwerbe- und Einstellungsverbot muss zudem mit dem Kartellverbot aus Art. 101 AEUV bzw. § 1 GWB vereinbar sein. In jüngster Vergangenheit werden reine Abwerbe- und Einstellungsverbote außerhalb eines M&A-Kontextes („naked restrictions") vermehrt als kartellrechtlich kritisch beurteilt, da sie den Nachfragewettbewerb zwischen Arbeitgebern um Arbeitnehmer („war for talents") unzulässig beschränken können (s. hierzu, insbesondere mit Blick auf die kartellrechtliche Behandlung sog. „no poach agreements" durch US-Kartellbehörden, *Linsmeier/Mächtle*, NZKart 2015, 258 ff.; *Glöckner*, JuS 2018, 1130 ff.). Oft sind Unternehmensveräußerungsverträge ohne Abwerbe- und Einstellungsverbote allerdings nicht denkbar. Für diese Fälle ist anerkannt, dass Abwerbe- und Einstellungsverbote als Nebenabreden („ancillary restraints") zulässig sein können. Die Nebenabrede muss sich allerdings in sachlicher, räumlicher und zeitlicher Hinsicht sowie in Bezug auf die hiervon betroffenen Personen (Organmitglieder, Angestellte, Arbeitnehmer etc) auf das zur Zielerreichung unbedingt Erforderliche beschränken (EuGH, Urt. v. 11.7.1985, Rs. 42/84, RIW 1986, 53 = FHZivR 32 Nr. 6158 (Ls.) – Nutricia, Rn. 20; Europäische Kommission, Bekanntmachung über Einschränkungen des Wettbewerbs, die mit der Durchführung von Unternehmenszusammenschlüssen unmittelbar verbunden und für diese notwendig sind (2005) (Nebenabredenbekanntmachung), Rn. 19 (26)). Daher kann sich die Abrede nur auf solche Mitarbeiter erstrecken, die von der Transaktion tatsächlich betroffen sind (*Glöckner*, JuS 2018, 1130 (1137)), also etwa Mitarbeiter, mit denen der Erwerber im Rahmen des Due Diligence-Prozesses in Kontakt kommt. In zeitlicher Hinsicht sollte das Abwerbe- und Einstellungsverbot zwei Jahre jedenfalls nicht überschreiten. Im Einzelfall kann auch eine kürzere Laufzeit geboten sein, etwa, wenn das Abwerbe- und Einstellungsverbot den Veräußerer begünstigt, da dieser idR weniger schutzbedürftig ist als der Erwerber (s. Europäische Kommission, Nebenabredenbekanntmachung, Rn. 17, 26).

5. Kontrolle von Bieterkonsortien. Hierdurch soll soweit möglich sichergestellt werden, dass der Verkäufer Klarheit erhält, wer genau sein Kaufinteressent ist und dieser nicht ggf als Strohmann für einen Dritten fungiert. Es soll also insbesondere gewährleistet werden, dass nicht direkte Konkurrenten der Zielgesellschaft ohne deren Kenntnis an strategisch relevante Informationen gelangen. Ebenso behält der Verkäufer die Kontrolle über den Informationsfluss; er kann vor Einbeziehung eines Co-Investors mit einem solchen zunächst eine eigene Vertraulichkeitsvereinbarung schließen und erst dann Zugriff zu den vertraulichen Informationen gewähren. Zu beachten ist, dass Absprachen und der Austausch von Informationen unabhängiger Bieter im Rahmen eines Bieterverfahrens gegen das Kartellverbot aus Art. 101 AEUV bzw. § 1 GWB verstoßen können, zB eine Absprache von Bietern über das Aussteigen bestimmter Bieter oder über das abzugebende Höchstgebot (s. *Hauck*, CCZ 2010, 53 (59 f.)). Zur Zulässigkeit von Bieterkonsortien allgemein s. Wiedemann KartellR-HdB/*Lübbig* § 9, Rn. 230.

6. Kontaktaufnahme mit Versicherungen/Maklern. Derzeit ist der Markt für Gewährleistungsversicherungen im Rahmen von M&A-Transaktionen noch recht überschaubar. Dies kann zu Situationen führen, in denen ein „schwächerer" Kaufinteressent durch die Kontaktaufnahme bzw den Informationsaustausch mit einem Versicherer diesen für „stärkere" Kaufinteressenten blockiert – mit der möglichen Folge, dass der Verkäufer ggü dem nichtversicherten Käufer am Ende doch eine eigene Haftung eingehen muss oder der Käufer für fehlende Gewährleistungsansprüche einen Kaufpreisabschlag vornimmt. Durch die hier vorgeschlagene Klausel behält der Verkäufer die Möglichkeit, den Bieterzugang zum Versicherungsmarkt in seinem Sinne zu steuern. Zu Gewährleistungsversicherungen s → Form. I.K.9 Anm. 26.

7. Keine Exklusivität mit Beratern. Ähnlich wie im Zusammenhang mit Gewährleistungsversicherungen hat der Verkäufer auch in Bezug auf sonstige Dienstleister (zB M&A-erfahrene Rechtsanwaltskanzleien, Investmentbanken oder Wirtschaftsprüfungsgesellschaften) ein Interesse daran, zu verhindern, dass ein einzelner Interessent Dienstleister durch Exklusivitätsvereinbarungen für andere Interessenten sperrt. Selbstverständlich darf (idR schon berufsrechtlich) eine konkrete Person oder ein konkretes Team nicht gleichzeitig mehrere Interessenten beraten; soweit aber faktisch entsprechende Kapazitäten bestehen, soll es einem Dienstleister nicht verwehrt sein, nach Einrichtung von internen Informationsbarrieren durch sog „Chinese Walls" mit separaten Teams für verschiedene Bieter tätig zu werden.

8. Vertragsstrafe. Es liegt eine Vertragsstrafenvereinbarung und keine bloße Abrede über Schadenspauschalierung vor, da nicht nur dem Gläubiger der Schadensbeweis erspart bleiben soll, sondern auch die Erfüllung der Hauptverbindlichkeit „Vertraulichkeit" gesichert werden soll (vgl Palandt/*Grüneberg* BGB § 276 Rn. 26). Wird keine Vertragsstrafe vorgesehen, haftet der Erwerber bei Verletzung der Vertraulichkeitspflicht nach § 280 Abs 1 iVm § 241 Abs 2 BGB nur für den dem Veräußerer entstehenden

Schaden. Dieser wird regelmäßig nur mit großen Schwierigkeiten verifizierbar sein (vgl *Hommelhoff,* ZHR 150 (1986), 254, 257; Semler/Volhard/Cordes/*Schlitt,* Arbeitshandbuch für Unternehmensübernahmen, Bd 1, 2001, § 6 Rn. 20; Picot/*Picot,* Unternehmenskauf und Restrukturierung, 3. Aufl 2004, 56). Eine Vertragsstrafenregelung reduziert die Pflichten des Veräußerers hier auf den Nachweis der Verletzungshandlung, dh auf den Nachweis der Verletzung der vereinbarten Vertraulichkeit. In dem frühen Verhandlungsstadium, in dem die Unterzeichnung einer Vertraulichkeitsvereinbarung regelmäßig zur Diskussion steht, wird allerdings eine Vertragsstrafenvereinbarung verhandlungstaktisch oft nur schwierig durchzusetzen sein.

Die geschuldete Leistung, an welche hier das Vertragsstrafenversprechen anknüpft, ist zum Teil eine Handlung und zum Teil ein Unterlassen. Obwohl der Wortlaut des § 339 S 2 BGB für den Fall eines Unterlassens etwas anderes nahe legt, ist eine Vertragsstrafe in beiden Fällen nur bei Vorliegen einer schuldhaften Verletzung verwirkt (vgl Palandt/*Grüneberg,* BGB § 339 Rn. 15). Die Strafe kann aber in beiden Fällen auch unabhängig von einem Verschulden durch Individualabrede vereinbart werden (vgl BGH, NJW **1972,** 1893, 2264; BGH, NJW 1998, 1907 ff; BGH, NJW **98,** 3342 ff; Palandt/*Grüneberg* BGB § 339 Rn. 15).

Die Vertraulichkeitsvereinbarung sieht eine ausdrückliche Regelung für den Fall andauernder Pflichtverletzungen vor. Denkbar ist es auch, eine ausdrückliche Regelung für den Fall mehrmaliger Pflichtverletzungen vorzusehen, insbesondere einen Verzicht auf die Einrede des Fortsetzungszusammenhangs (vgl zur Rechtslage ohne eine solche ausdrückliche Regelung und den Grenzen der Zulässigkeit eines solchen Verzichts Palandt/*Grüneberg,* BGB § 339 Rn. 18).

Wird eine Vertragsstrafe in Allgemeinen Geschäftsbedingungen vereinbart, können Besonderheiten gelten. § 309 Nr 6 BGB, dessen Anwendung auf die vorliegende Vereinbarung ohnehin fraglich ist, weil es nicht um eine Leistungsabnahme, Zahlungsverzug etc geht, wird zwar in der Regel von vornherein nicht eingreifen, weil die Vereinbarung üblicherweise im Verkehr zwischen Unternehmen abgeschlossen werden wird und diese auf den Schutz des Verbrauchers zugeschnittene Regelung hierauf nicht übertragen werden kann (vgl Palandt/*Grüneberg,* BGB § 309 Rn. 38). Vertragsstrafenklauseln sind aber auch im Verhältnis zwischen Unternehmern gemäß § 307 BGB unwirksam, wenn sie den Schuldner unangemessen benachteiligen (vgl Palandt/*Grüneberg* BGB § 309 Rn. 38; MüKoBGB/*Wurmnest* 8. Aufl 2019, BGB, § 309 Nr 6 Rn. 6). Nach der Rechtsprechung ist eine Vertragsstrafenklausel vor allem dann unwirksam, wenn sie eine überhöhte und sonst wie unverhältnismäßige Vertragsstrafe festsetzt. Vertragsstrafen sind dann überhöht, wenn sie jedes vernünftige Verhältnis zum möglichen Schaden übersteigen (BGH, NJW 1983, 385, 387) oder wenn die Strafe außer Verhältnis zum Gewicht des Vertragsverstoßes und zu dessen Folgen für den Vertragspartner steht (BGH, NJW 1998, 2600, (2602)).

Bei einer starken Verhandlungsposition des Verkäufers ließe sich sogar erwägen, diesem Freistellungsansprüche gegen den Kaufinteressenten einzuräumen, sofern der Verkäufer Forderungen ausgesetzt oder sonstige Schäden erleiden würde, die auf die Verletzung der Vertraulichkeitsvereinbarung zurückzuführen sind. Von der Freistellung können nicht nur der Verkäufer bzw das Zielunternehmen selbst, sondern auch deren Organmitglieder, Mitarbeiter etc erfasst werden. Nach der Rechtsprechung des BGH (vgl BGH NJW 1984, 2151; BGH NJW-RR 2011, 479) ist der Freistellungsschuldner nicht nur verpflichtet den Freistellungsgläubiger von begründeten Drittansprüchen zu befreien, sondern diesen umfassend vor jeglichem Risiko zu schützen, also insbesondere auch unbegründete Drittansprüche abzuwehren. Wird dies vom Freistellungsschuldner unterlassen, so darf der Freistellungsgläubiger die Forderung ohne weitere Prüfung befriedigen und sich beim Freistellungsschuldner schadlos halten.

9. Drittschutz. Regelmäßig entsteht der durch Verstoß gegen die Vertraulichkeitsvereinbarung entstandene Schaden bei der Zielgesellschaft. Falls der Verkäufer die Zielgesellschaft nicht an den Käufer, sondern an einen Dritten veräußert, fehlt es dann gegebenenfalls an einem Schaden. Daher sollte klargestellt werden, dass die Zielgesellschaft bzw ihre verbundenen Unternehmen sowie der Käufer selbst Ansprüche aus der Vertraulichkeitsvereinbarung geltend machen können. Es handelt sich hierbei um einen echten Vertrag zugunsten Dritter iSv § 328 Abs 1 BGB (vgl hierzu *Timmerbeil/Pfeiffer,* Unternehmenskauf-Nebenvereinbarungen, 40; BeckFormB BHW/*Meyer-Sparenberg*, 13. Aufl 2019, II 6 Ziffer 11 und Anm. 14).

10. Haftungsausschluss. Es entspricht der gängigen Praxis die Haftung aus Verkäufersicht auf ein Minimum zu begrenzen. Den Ausgangspunkt hierfür bildet die Norm des § 276 Abs. 3 BGB. Allerdings gilt es zu beachten, dass die Vertraulichkeitsvereinbarung entgegen der schiedsrichterlichen Praxis nach der Rechtsprechung des BGH hier als AGB angesehen werden könnte (vgl BGH NJW 2013, 856; 2015, 1952), sodass auch die Wertung des § 309 Nr. 7 BGB über eine Inhaltskontrolle nach § 307 BGB zur Anwendung gelangen könnte (vgl BGH NJW 2007, 3774; 2014, 211, hM, str, differenzierend WLP/Dammann Rn 135 ff). Sofern man der Ansicht des BGH folgen würde, ließe sich die Haftung der Erfüllungsgehilfen nach der Wertung des § 309 Nr. 7 b) BGB lediglich auf Vorsatz und grobe Fahrlässigkeit begrenzen.

11. Gerichtsstand. Eine Gerichtsstandsvereinbarung kann nur von Inländern abgeschlossen werden, die zu dem in § 38 Abs 1 ZPO genannten Personenkreis gehören oder wenn mindestens eine der Vertragsparteien keinen allgemeinen Gerichtsstand im Inland hat (§ 38 Abs 2 ZPO). Aus Sicht des Veräußerers ist die Vereinbarung eines nichtausschließlichen Gerichtsstands häufig sinnvoll, da die Erzwingung der Einhaltung der Vertraulichkeitsvereinbarung in der Regel im Interesse des Veräußerers liegt und diesem dann weiterhin ein Wahlrecht zusteht, vor welchem zuständigen Gericht er gegen den jeweiligen Erwerber vorgeht (vgl BeckFormB M&A/*Seibt*, B. I.1 Anm. 19).

4. Prozessschreiben

Prozessschreiben (Process Letter)[1]

[Briefkopf des M&A-Beraters]

PERSÖNLICH UND STRENG VERTRAULICH

An die

Geschäftsleitung der . . . . . [Erwerbsinteressentin]

Adresse

. . . . . [Ort], ... [Datum]

Projekt . . . . .

Sehr geehrte Damen und Herren,

die . . . . . [Verkäuferin] hat uns, die . . . . . [Name des M&A-Beraters] beauftragt, als M&A-Berater im Zusammenhang mit dem geplanten Verkauf aller Geschäftsanteile an der . . . . . [Zielgesellschaft] tätig zu werden und einen strukturierten Verkaufsprozess durchzuführen.

Im Namen der . . . . . [Verkäuferin] danken wir Ihnen für Ihr Interesse und laden Sie ein, am geplanten Verkaufsprozess von . . . . . [Projektname] teilzunehmen.[2] Im Folgenden erläutern wir Ihnen das in dieser Phase des Prozesses geltende Verfahren.

1. Phase I – Indicative Offer

Im Anhang dieses Schreibens finden Sie ua das Information Memorandum, wodurch Ihnen die wesentlichen Informationen zur ..... [Verkäuferin] offengelegt werden.[3] Wenn Sie nach der Analyse des Information Memorandums als Kandidat für den Erwerb des Unternehmens in Betracht gezogen werden möchten, bitten wir Sie, ein detailliertes, schriftliches und unverbindliches Angebot im Zusammenhang mit der geplanten Transaktion („Indicative Offer"), welches den unter Ziffer 1.1. dieses Schreibens aufgeführten Anforderungen entspricht, abzugeben.

Alle Fragen im Zusammenhang mit dem Information Memorandum oder dem Verkaufsprozess sind ausschließlich an die unten aufgeführten Ansprechpartner zu richten. Die ..... [Verkäuferin] und ihre Mitarbeiter dürfen in keinem Falle direkt kontaktiert werden.

Sofern Sie am weiteren Verfahren teilnehmen möchten, werden die ..... [Verkäuferin] und die ..... [M&A-Berater] Ihr Indicative Offer evaluieren. Dies geschieht hauptsächlich auf Grundlage Ihres vorgeschlagenen Kaufpreises, Ihrer finanziellen Ressourcen und Ihrer Fähigkeit, die geplante Transaktion effizient und zügig abzuschließen sowie Ihrer Strategie für den künftigen Betrieb des Unternehmens, einschließlich der Pläne für Mitarbeiter, Lieferanten und Kunden. Bei nicht eindeutigen Angaben in Ihrem Indicative Offer behalten wir uns vor, Sie zur Klarstellung dieser Angaben zu kontaktieren.

1.1. Inhalt der Indicative Offer[4]

Ihr Indicative Offer sollte mindestens die folgenden Informationen enthalten:

A. Erläuterungen zur Transaktionsstruktur und zum Kaufpreis

B. Bieterangaben

C. Beschreibung der strategischen Ziele der ..... [Erwerbsinteressentin]

D. Transaktionserfahrungen der ..... [Erwerbsinteressentin]

E. Finanzierung: Nennung der Finanzierungsstruktur und –quellen des Kaufpreises

F. Besondere Anforderungen an die Due Diligence Prüfung

G. Vorbehalte und Zustimmung zur Transaktion

H. Prämissen

I. Zeitplan

J. Kontaktpersonen

K. Berater: Liste der Berater des Bieter für die Durchführung der Transaktion

1.2. Frist

Bitten reichen Sie Ihr Indicative Offer bis zum ..... [Datum], [Uhrzeit, Zeitzone] schriftlich bei ..... [M&A-Berater] ein. Interessenbekundungen dürfen nur von der ..... [Erwerbsinteressentin] selbst bzw. ihren gesetzlichen Vertretern und nicht von Personen vorgenommen werden, die als Vertreter oder Berater einer anderen Gesellschaft auftreten. Ein solches Angebot sollte vorab per E-Mail als PDF-Datei eingereicht werden, wobei die Originale unverzüglich postalisch zu übermitteln sind an:

[M&A-Berater

Adresse
zu Händen . . . . . [Kontaktperson beim Berater]
Telefon
E-Mail]

2. Phase II

Nach Erhalt des Indicative Offer wird die . . . . . [Verkäuferin] nach eigenem und freiem Ermessen einer begrenzten Zahl von Erwerbsinteressenten (die „qualifizierten Bieter“) anbieten, an der nächsten Phase des Verkaufsprozesses teilzunehmen („Phase II“). In der Phase II können die qualifizierten Bieter eine umfangreiche Due Diligence-Prüfung durchführen, auf deren Grundlage sodann ein verbindliches, schriftliches Erwerbsangebot abgeben werden kann.

In Phase II haben die qualifizierten Bieter Zugang zu:

- Einem virtuellen Datenraum (der „VDR“) zum Zwecke der Due Diligence-Prüfung, der unter Einhaltung der Datenraumregeln relevante Informationen über das Target gewährt
- Folgegesprächen mit dem Management der . . . . . [Verkäuferin]
- [Besuchen ausgewählter [Projektname]-Einrichtungen (auf Anfrage)]

Ein Entwurf des Kaufvertrages, in dem die Bedingungen dargelegt sind, zu denen die . . . . . [Verkäuferin] beabsichtigt, die geplante Transaktion durchzuführen, wird den qualifizierten Bietern zu gegebener Zeit [voraussichtlich am . . . . .] zur Verfügung gestellt werden.

Es ist derzeit beabsichtigt, im weiteren Verlauf ein weiteres Prozessschreiben an die qualifizierten Bieter herauszugeben, wodurch die Phase II, insbesondere das Verfahren für die Einreichung eines verbindlichen Angebots, detailliert dargelegt wird.[5]

3. Vertraulichkeit

Wir möchten Sie an Ihre Pflicht zur strikten Einhaltung der von Ihnen unterzeichneten Vertraulichkeitsvereinbarung erinnern. Der Erhalt und Inhalt dieses Prozessschreibens gilt als vertrauliche Information im Sinne der Vertraulichkeitsvereinbarung. Dies gilt unabhängig davon, ob ein unverbindliches Angebot durch Sie abgegeben oder ob ein solches Angebot angenommen oder abgelehnt wird. Ferner weisen wir darauf hin, dass jedwede Verletzung der Regeln des Verkaufsprozesses (einschließlich der Nichteinhaltung von Fristen), welche in diesem Schreiben oder zu einem späteren Zeitpunkt dargelegt werden, zu Ihrem Ausschluss vom Verkaufsprozess führen kann.

Alle Rückfragen, Mitteilungen und Korrespondenzen sind ausschließlich per Fax oder per E-Mail an

[Kontaktperson beim M&A-Berater
Kontaktdaten]

zu richten. Das Management, die Mitarbeiter der . . . . . [Verkäuferin] und auch dritte Parteien (einschließlich der verbundenen Unternehmen der . . . . . [Verkäuferin], Wettbewerbern, Kunden, Lieferanten, Finanziers, Gegenparteien und Behörden, die im Zusammenhang mit der Transaktion stehen) dürfen unter keinen Umständen direkt oder indirekt kontaktiert werden, es sei denn, die . . . . . [Verkäuferin] erteilt hierzu eine explizite schriftliche Genehmigung. Ein unerlaubter Kontakt könnte den Verkaufsprozess beeinträchtigen und ggf. zu Ihrer Disqualifikation vom Verkaufsprozess führen.

4. Allgemeine Informationen zum Verfahren

Die . . . . . [Verkäuferin] und . . . . . [M&A-Berater] behalten sich ausdrücklich und uneingeschränkt das Recht vor, den Verkaufsprozess oder dessen Bedingungen jederzeit vor Abschluss rechtsverbindlicher Transaktionsvereinbarungen zu ändern, zu beenden oder auszusetzen.

Beide Seiten sind nicht verpflichtet, ein unverbindliches Angebot zu akzeptieren, durchzusehen oder zu berücksichtigen. Angebote der qualifizierten Bieter können aus bestimmten Gründen oder ohne Angabe von Gründen abgelehnt werden. Ebenso wird das Recht vorbehalten – ohne Angabe von Gründen oder Ankündigungen – jederzeit bilaterale Gespräche und damit einen ungleichen Informationsaustausch mit einem oder mehreren potenziellen Käufern während des Verkaufsprozesses der geplanten Transaktion durchführen zu können. Der Ersatz von Schäden, Kosten und anderen Aufwendungen, die einem Interessenten aufgrund und im Zusammenhang mit der Teilnahme am Prozess entstehen, sind ausgeschlossen.

Die . . . . . [Verkäuferin] und die . . . . . [M&A-Berater] behalten sich das Recht vor, von Ihnen weitere Informationen anzufordern, die sie nach eigenem Ermessen für angemessen halten, oder weitere Informationen, die vernünftigerweise von einer Behörde verlangt werden könnten. Diese Informationen können sodann, sofern erforderlich, den Behörden zur Verfügung gestellt werden. Darüber hinaus wird das Recht vorbehalten, von Ihnen die Erfüllung weiterer Bedingungen, die die . . . . . [Verkäuferin] und ihre Berater nach eigenem Ermessen für angemessen halten dürfen, zu verlangen.

5. Verschiedenes

Die in diesem Schreiben und in dem beigefügten Information Memorandum enthaltenen Informationen stellen nur ausgewählte Informationen betreffend die Interessenbekundung, den Verkaufsprozess und die Zielgesellschaft dar. Die . . . . . [Verkäuferin] und die . . . . . [M&A-Berater] haften unter keinen Umständen für die Richtigkeit und die Vollständigkeit der in diesem Schreiben oder in dem beigefügten Information Memorandum zur Verfügung gestellten Informationen.

Die Erwerbsinteressenten tragen ihre eigenen Kosten und Auslagen im Zusammenhang mit dem Bieterverfahren, einschließlich der Honorare, Kosten und Auslagen ihrer Berater. Dies gilt insbesondere mit Blick auf die Kosten und Auslagen für die Erstellung und Übermittelung des Indicative Offer.

Zwecks Bestätigung Ihres Einverständnisses mit den oben bezeichneten Modalitäten bitten wir Sie um die rechtsverbindliche Unterzeichnung der beigefügten Kopie dieses Schreibens und deren Rückgabe an uns.

Dieses Schreiben unterliegt deutschem Recht.

Mit freundlichen Grüßen

[M&A-Berater]

Anlagen:

- Information Memorandum
- Kopie des Prozessschreibens zur Rückgabe an den Absender
- . . . . .

Anmerkungen

1. Allgemeines. Ein Prozessschreiben (im Englischen „Process Letter") hat die Funktion, den Kaufinteressenten (idR als Bieter bezeichnet) die Organisation und Verfahrensregeln der bevorstehenden Transaktion im Sinne eines Zeit- und Ablaufplans zu erläutern (Holzapfel/Pöllath/*Engelhardt/von Maltzahn*, Unternehmenskauf in Recht und Praxis, 15. Aufl 2017, A Rn. 653). Hierdurch beschreibt die Verkäuferseite, insbesondere in einem Auktionsverfahren (Auction Process) (hierzu ausführlicher BeckM&A-HdB/*Rosengarten* § 3 Rn. 1 ff), bei dem eine Vielzahl von Kaufinteressenten teilnehmen kann, die wesentlichen Schritte des Verkaufsprozesses oder bestimmter Abschnitte desselben. Prozessschreiben werden durch die Verkäuferseite in unterschiedlichen Phasen der Transaktion an die Bieter verschickt, sodass der Begriff „Prozessschreiben" nicht eindeutig einem bestimmten Stadium des Verkaufsprozesses zugeordnet werden kann, vgl BeckM&A-HdB/*Rosengarten* § 3 Rn. 15 ff. Insofern wird der Begriff uneinheitlich gebraucht. Erhalten Bieter im Rahmen der Durchführung der Transaktion mehrere Prozessschreiben, werden diese Schreiben häufig als „Phase I/Phase II/usw Prozessschreiben" oder schlicht „1./2./usw Prozessschreiben" genannt. In der Praxis sind Prozessschreiben vor allem in folgenden Phasen anzutreffen: (i) direkt zu Beginn der Vorbereitungsphase der M&A-Transaktion und parallel mit der Veröffentlichung eines Teasers (vgl → Anm. 2), (ii) unmittelbar nach der Interessensbekundung durch die Empfänger und Unterzeichnung der Vertraulichkeitsvereinbarung oder aber (iii) nach Eingang eines Indicative Offer beim Verkäufer. Das vorliegende Muster bildet die Situation die zweite Situation ab. Zudem geht das Formular in Bezug auf den Kaufgegenstand von der Veräußerung der Geschäftsanteile an einer GmbH aus.

2. Teaser. Insbesondere wenn der Unternehmensverkauf im Wege eines Bieterverfahrens durchgeführt werden soll, sind vorbereitende Dokumente erforderlich, mit denen potentielle Kaufinteressenten angesprochen und über das zu verkaufende Unternehmen informiert werden sollen. Diese erste, informelle Ansprache erfolgt durch ein kurzes Informationspapier zu dem zu veräußernden Unternehmen, dem sog Teaser. Er erfolgt zumeist in äußerst knapp bemessener und anonymisierter Form und enthält lediglich Eckdaten zum Unternehmen, dessen Identität regelmäßig noch nicht offengelegt ist, und zu den wichtigsten Geschäftszahlen, vgl Eilers/Koffka/Mackensen/Paul/*Nawroth/Braun*, Private Equity, 3. Aufl 2018, I 2 Rn. 3. Der Vorteil der Anonymisierung liegt darin, dass die Suche nach einem geeigneten Käufer stärker ausgeweitet werden kann, ohne dabei schon detaillierte Informationen über das Zielunternehmen breit im Markt streuen zu müssen. Das Kurzprofil sollte aber bereits alle notwendigen Informationen über das Unternehmen enthalten, die dem potentiellen Käufer eine ungefähre Vorstellung über den konkreten Kaufgegenstand, die Branche, die Mitarbeiterzahl, Unternehmenszahlen der letzten drei Jahre (Umsatz, Jahresabschluss, EBIT), die geografische Lage sowie den Zeitplan und damit korrespondierend eine grobe Kaufpreisvorstellung ermöglichen (BeckHdB Unternehmenskauf/*Jaques* B 22). Stößt der Teaser bei den Empfängern auf ernsthaftes Interesse, gelangen diese, soweit sie gewisse weitere Kriterien wie Unternehmensgröße, Finanzkraft, etc erfüllen, in die engere Auswahl des Veräußerers und werden auf die sog Bieter Short List gesetzt (vgl Erläuterung der M&A-Fachbegriffe *Hanke/Socher*, NJW 2010, 664). Diese Bieter werden vorliegend als die „qualifizierten Bieter" bezeichnet. Gegen Unterzeichnung einer Vertraulichkeitsvereinbarung wird ihnen das Information Memorandum nebst eines Prozessschreibens als Grundlage für ein durch die qualifizierten Bieter abzugebendes Indicative Offer zugesandt. Diese Situation liegt auch dem vorliegenden Muster zugrunde.

Eine Checkliste sinnvoller Angaben im Teaser ist zu finden bei BeckMandatsHdB Unternehmenskauf/*Stratz/Hettler* § 1 Rn. 69.

3. Information Memorandum. Möglich ist auch, das Prozessschreiben als Bestandteil des Information Memorandums aufzunehmen (vgl Holzapfel/Pöllath/*Haberstock*, Unternehmenskauf in Recht und Praxis, 15. Aufl 2017, A Rn. 1304; *Gran*, NJW 2008, 1409, 1410).

4. Inhalt des Indicative Offer. In einem Auktionsverfahren geben die Kaufinteressenten nach den Vorgaben der Verkäuferseite zunächst ein unverbindliches Angebot ab. Auf dieser Basis kann die Verkäuferin eine Auswahl treffen, um sodann mit den ausgewählten Kaufinteressenten in die nächste Phase des Verkaufsprozesses überzugehen (vgl → Anm. 1). Am Ende der Phase II wird in der Regel die Abgabe eines verbindlichen Angebots gefordert. Die inhaltlichen Vorgaben stehen im Ermessen der Verkäuferin, wobei die Prozessschreiben üblicherweise die im Muster aufgeführten Vorgaben beinhalten.

5. Weitere Angaben. Je nach Wunsch der Verkäuferin kann bereits der gesamte Verkaufsprozess in einem einzigen Prozessschreiben festgehalten werden (zu den verschiedenen Ausgestaltungsmöglichkeiten vgl → Anm. 1). In diesem Fall wären noch weitere Vorgaben, insbesondere in Bezug auf das verbindliche Angebot, in dem Prozessschreiben aufzunehmen, zB der Kaufpreis (sowie ggf. dessen Ermittlung), die endgültige Finanzierungsstruktur und deren Quellen, Grad möglicher fusionskontrollrechtlicher Probleme, detaillierte Angaben zum Due Diligence Prozess, Fristen für die Abgabe des mark-ups zum Entwurf des Kaufvertrags sowie den Modalitäten des verbindlichen Angebots. Die Aufteilung in mehrere Prozessschreiben hat den praktischen Vorteil, dass die Verkäuferseite eine gewisse Flexibilität wahrt und die Verfahrensregeln entsprechend des bisherigen Verlaufs des Verkaufsprozesses vorgeben kann.

5. Disclaimer Information Memorandum (Unternehmensexposé)

Das vorliegende Information Memorandum[1] ist von [Name der Investmentbank] (im Folgenden als „Investmentbank" bezeichnet) im Auftrag der [Name des Veräußerers] (im Folgenden als „Veräußerer" bezeichnet) als Gesellschafterin der [Name der Zielgesellschaft, Sitz] (im Folgenden als „Gesellschaft" bezeichnet) erstellt worden. Das Information Memorandum soll einer begrenzten Anzahl interessierter Parteien eine erste Informationsgrundlage für Überlegungen über den möglichen Erwerb der Gesellschaft geben.

Das Information Memorandum und die in ihm enthaltenen Informationen sind streng vertraulich. Das Information Memorandum wird den jeweiligen Empfängern nur auf der Grundlage der von ihnen unterzeichneten Vertraulichkeitsvereinbarung, auf die hiermit ausdrücklich Bezug genommen wird, zur Verfügung gestellt.[2]

Das Information Memorandum soll den Empfänger ausschließlich in seinem Analyseprozess unterstützen. Es stellt kein rechtlich bindendes Angebot dar, die Gesellschaft zu erwerben.

Das Information Memorandum wurde von der Investmentbank ausschließlich auf der Grundlage von Angaben und Unterlagen erstellt, die durch den Veräußerer bzw auf dessen Veranlassung durch die Gesellschaft[3] zur Verfügung gestellt worden sind. Die Investmentbank hat keine eigene Überprüfung dieser Angaben und Unterlagen vorgenommen. Es kann jederzeit inhaltlich geändert oder zurückgezogen werden. Es besteht keine Verpflichtung zur Aktualisierung. Weder die Investmentbank, der Veräußerer noch die Gesellschaft übernehmen für die Vollständigkeit und Richtigkeit der in diesem Information Memorandum enthaltenen oder in Bezug genommenen Informationen die Gewähr.[4] Die in diesem Information Memorandum enthaltenen Planungsrechnungen sind von der Geschäftsfüh-

rung der Gesellschaft auf der Grundlage des Informationsstandes zum Zeitpunkt ihrer Erstellung erstellt worden. Es wird keinerlei Gewährleistung hinsichtlich der Realisierbarkeit der Planungsrechnungen übernommen. Das Information Memorandum erhebt nicht den Anspruch, alle Informationen zu enthalten, die für den einzelnen Empfänger von Interesse sein könnten. Die Empfänger sind vielmehr aufgefordert, eine eigene Informationssammlung und –auswertung im Hinblick auf die Gesellschaft durchzuführen. Dieses Information Memorandum darf von dem Empfänger nicht als Geschäftsgrundlage für einen möglichen Erwerb der Gesellschaft angesehen werden.

Mit der Aushändigung dieses Information Memorandums übernehmen weder die Investmentbank, der Veräußerer noch die Gesellschaft die Verpflichtung, den Empfänger mit weiteren Informationen über die Gesellschaft und ihren Geschäftsbetrieb zu versorgen, noch, sollte sich herausstellen, dass dieses Information Memorandum unrichtige Angaben enthält, diese zu berichtigen. Die Investmentbank, der Veräußerer und die Gesellschaft können die Gespräche mit bestimmten oder allen Empfängern dieses Information Memorandums jederzeit abbrechen und weitere Informationen und Unterlagen verweigern.

Der Veräußerer hat die Investmentbank zu ihrem alleinigen Wirtschaftsberater im Zusammenhang mit der möglichen Veräußerung der Gesellschaft bestellt. Alle Fragen hinsichtlich dieses Information Memorandums und des weiteren Vorgehens in Bezug auf den Erwerb der Gesellschaft sind ausschließlich an die Investmentbank zu richten, und zwar an:

[Name der Investmentbank

Ansprechpartner

Adresse

Telefon

E-Mail]

Anmerkungen

1. In dem Prozess der Unternehmensveräußerungen werden oft Investmentbanken eingeschaltet. Will die Investmentbank mehrere potentielle Interessenten ansprechen, wird sie über das zu veräußernde Unternehmen regelmäßig ein Information Memorandum erstellen, in dem das zum Erwerb angebotene Unternehmen detailliert beschrieben wird. Das Muster stellt einen Disclaimer dar, der dem Information Memorandum typischerweise vorangefügt wird und in dem ua klargestellt wird, dass die im Information Memorandum enthaltenen Informationen vertraulich sind und dass keine Gewähr für die Richtigkeit dieser Informationen übernommen wird, zur haftungsausschließenden Funktion vgl → Anm. 3). In der Regel werden potenzielle Erwerber im Rahmen eines Bieterverfahrens gebeten, auf Grundlage des Information Memorandum ein erstes, noch vorläufiges Gebot für die zum Verkauf angebotene Gesellschaft abzugeben. Auf Grundlage dieser vorläufigen Gebote wählt der Veräußerer dann diejenigen Interessenten aus, die das attraktivste Angebot abgegeben haben und bietet ihnen die Möglichkeit, eine (vertiefte) Due Diligence-Prüfung der Zielgesellschaft durchzuführen (s. hierzu das unter → Form I.K.1 dargestellte Muster einer Due Diligence-Checkliste sowie Anm. 1 ff).

2. Im Zusammenhang mit der Veräußerung einer Beteiligung an einem börsennotierten Unternehmen ist folgender Zusatz sinnvoll: „Die in diesem Information Memorandum zur Verfügung gestellten Informationen können Insiderinformationen im Sinne des Art 7 MAR (Verordnung (EU) Nr. 596/2014 – „Marktmissbrauchsverordnung") darstellen. Die Marktmissbrauchsverordnung verbietet insbesondere die unbefugte Weitergabe von Insiderinformationen an Dritte. Ein Verstoß gegen die Insidervorschriften der Marktmissbrauchsverordnung kann als Straftat bzw Ordnungswidrigkeit verfolgt werden."

Im Zuge der Novellierung der Finanzmarktgesetze, insbesondere des Erlasses der Marktmissbrauchsverordnung wurde die Definition der Insiderinformation in Art 7 Abs 1 MAR verortet (§ 13 Abs 1 WpHG aF). Insiderhandelsverbote sind in Art 14 MAR geregelt. Strafrechtliche Sanktionierung und entsprechende Ordnungswidrigkeitstatbestände (§§ 38, 39 WpHG aF) finden sich im Wesentlichen in § 119 Abs 2, Abs 3, 120 WpHG nF. Zu den Einzelheiten vgl MVR MarktmissbrauchsR-HdB/Rönnau/*Rönnau/Wegner*, §§ 28, 29.

Vorzugswürdig ist es, sicherzustellen, dass im Information Memorandum keine Insiderinformationen enthalten sind.

3. Im vorvertraglichen Stadium kann eine Haftung des Veräußerers aufgrund vorvertraglicher Pflichtverletzung gem § 241 Abs 2 iVm § 311 Abs 2 BGB (culpa in contrahendo) bzw bei seinem Berater iVm § 311 Abs 3 BGB (sog Sachverständigen- oder Expertenhaftung; Inanspruchnahme persönlichen Vertrauens) in Betracht kommen. Teils wird bezweifelt, ob sich der Ersteller des Information Memorandum auch formularmäßig von der Haftung aus § 311 Abs 3 BGB freizeichnen kann. Mit Hinweis darauf, dass hierbei keine bestehende Haftung ausgeschlossen wird, sondern die Entstehung des besonderen Vertrauens als haftungsbegründendes Merkmal, wird dies im Ergebnis aber bejaht (*Holzapfel/Pöllath*, Unternehmenskauf in Recht und Praxis, 14. Aufl 2010, S 70; BeckFormB ZR/*Schäfer*, 4. Aufl 2018, Form. B II 17, Anm. 3). Dem Veräußerer und seinen Beratern (insbesondere auch der beteiligten Investmentbank) wird regelmäßig daran liegen, durch den Verweis des Erwerbers auf eigene Prüfungshandlungen das Haftungsrisiko soweit wie möglich zu reduzieren.

4. Zur Haftung von Investmentbanken für fehlerhafte Verkaufsmemoranda vgl *Liese*, M&A Review 2005, 539.

6. Indikatives Angebot (Indicative Offer)

[Briefkopf des Kaufinteressenten][1, 2, 3]

[*Datum*]

Persönlich/Vertraulich

An [*Ansprechpartner bei der Verkäuferin wie im Prozessbrief angegeben*]

Betreff: Indikatives Angebot (Projekt [Y])

Sehr geehrte [*Name des Ansprechpartners*],

wir nehmen Bezug auf das Prozessschreiben vom . . . . . bezüglich des Erwerbs des [Y]-Geschäfts („Projekt [Y]"). Nach eingehender Prüfung der von Ihnen zur Verfügung gestellten Unterlagen und unseren Gesprächen sind wir in unserer Überzeugung bestärkt worden, dass der Erwerb des [Y]-Geschäfts durch [Name des Kaufinteressenten] einen für beide Seiten attraktiven und strategisch sinnvollen Schritt darstellt. Mit diesem indikativen Angebot möchten wir unser großes Interesse an der gemeinsamen Durchführung der Transaktion zum Ausdruck bringen.

Transaktionsstruktur

Die geplante gesellschaftsrechtliche Transaktionsstruktur ist in der beiliegenden Übersicht abgebildet, die Sie uns im Rahmen des Informationsmemorandums überreicht haben und die wir diesem Angebot zugrunde legen. Demnach besteht das Erwerbsobjekt aus Folgendem:

- sämtliche direkte und indirekte Beteiligungen der [*Verkäuferin*] an den [Y]-Gesellschaften im Wege der Anteilsübertragung an der [Y] Holding;
- sowie Übertragung der Vertriebsorganisationen in [*Aufzählung der betroffenen Länder*] im Wege lokaler Asset Deals.

Insgesamt gehen wir davon aus, dass der Erwerb der vorgenannten Beteiligungen sämtliche zum weltweiten [Y]-Geschäft des Konzerns gehörende Vermögensgegenstände umfasst, insbesondere: . . . . .

Indikativer Kaufpreis

Auf der Grundlage der uns zur Verfügung gestellten Finanzkennzahlen des [Y]-Geschäfts zum [*Stichtag der Finanzinformationen*] bewerten wir das [Y]-Geschäft auf einer cash free/debt free Basis mit einem Unternehmenswert (*Enterprise Value*)[4] von:

EUR . . . . .

(in Worten: Euro . . . . .)

Dieser Wert berücksichtigt unsere Bewertung der zu erzielenden Synergien[5] sowie mögliche steuerliche Vorteile aus einem Asset Step-up.[6] Bei der Ermittlung des Unternehmenswerts haben wir ein durchschnittliches Nettoumlaufvermögen (*Working Capital*)[7] des [Y]-Geschäfts von EUR . . . . . vorausgesetzt.

Unter Berücksichtigung der zum [*Stichtag der Finanzinformationen*] identifizierten Nettofinanzverschuldung ergibt sich ein indikativer Kaufpreis (*Equity Value*) für das Y-Geschäft von

EUR . . . . .

(in Worten: Euro . . . . .)

Eine Überleitung des Unternehmenswerts zum Kaufpreis (*Equity Bridge*) zum [*Stichtag der Finanzinformationen*] haben wir als Anlage beigefügt, wobei wir davon ausgehen, dass die entsprechenden Positionen der Nettofinanzverschuldung am Tag des Vollzugs (*Closing*) bei der finalen Kaufpreisberechnung berücksichtigt werden.[8]

Bieterangaben

Als Erwerberin der [Y] Holding wird unsere 100 %ige Tochtergesellschaft [Z] Holding auftreten. Die lokalen Vertriebsorganisationen werden durch bereits bestehende lokale 100 %ige Konzerntöchter erworben.

Strategische Ziele[9]

Mit dem Erwerb des [Y]-Geschäfts verfolgen wir folgende Strategie:

- . . . . .
- . . . . .
- . . . . .

Transaktionserfahrung

Mit unserem Geschäftsbereich . . . . . sind wir seit Jahren im [Y]-Sektor tätig. Dabei haben wir den Geschäftsbereich sowohl organisch als auch durch diverse M&A-Transaktionen weiterentwickelt. Unsere M&A-Abteilung wickelt jährlich durchschnittlich . . . . . Transaktionen ab und verfügt über breite Erfahrung bei (internationalen) Transaktionen. Beispiele für in der Vergangenheit erfolgreich durchgeführte Transaktionen sind ua:

– . . . . .
– . . . . .
– . . . . .

Finanzierung

Wir beabsichtigen, den Kaufpreis mittels einer Kombination vorhandener Barmittel und einem zu diesem Zweck abzuschließenden neuen Kreditvertrag zu finanzieren. Ein Nachweis über die Barmittel sowie die erforderlichen Finanzierungszusagen werden wir einem bindenden Angebot beifügen.

Due Diligence

Im Rahmen der Due Diligence wird unser Fokus insbesondere auf folgenden Themenbereichen liegen:

[zB:

- *Prüfung der rechtlichen und wirtschaftlichen Annahmen des im Informationsmemorandum abgebildeten Business Plans;*
- *wesentliche Kunden- und Lieferantenverträge;*
- *wesentliche Rechtsstreitigkeiten;*
- *Compliance-Organisation und –Risiken;*
- *Phase I Umweltgutachten;*
- *steuerrechtliche Situation;*
- *. . . . .].*

Vorbehalte und Zustimmung zur Transaktion

Uns liegen alle erforderlichen Zustimmungen der zuständigen Gremien vor, um dieses indikative Angebot zu unterbreiten. Der Abschluss der finalen Transaktionsdokumentation bedarf der gesonderten Zustimmung [*des Vorstands/der Geschäftsführung*] der [*Z AG/GmbH*] sowie des Aufsichtsrats.

Fusionskontrolle

Wir gehen derzeit davon aus, dass die Transaktion in den folgenden Ländern [*Aufzählung*] kartellrechtlich anzumelden ist.[10] [Auf Basis der uns derzeit zur Verfügung stehenden Marktinformationen erwarten wir keine wesentlichen Auflagen oder Verzögerungen der Transaktion aus diesen Freigabeverfahren].

Prämissen

Unser indikatives Angebot basiert insbesondere auf den folgenden Annahmen:

[zB:

- *Validierung des im Informationsmemorandum abgebildeten Business Plans;*

– *Bestätigung des von uns angenommenen Synergiepotentials;*
– *keine wesentlichen rechtlichen Risiken (inklusive Compliance);*
– *Fortbestand wesentlicher Verträge im Change-of-Control-Fall;*
– *. . . . .].*

Zeitplan

Wir gehen davon aus, dass die Durchführung der Phase II des Prozesses [wie im Prozessschreiben angekündigt] innerhalb eines Zeitraums von [6] Wochen ab Zugang zum Datenraum realistisch durchführbar ist.

Angaben zu Beratern

Wir haben ein Team von erfahrenen Beratern aufgestellt, das die Transaktion schnellstmöglich zu einem beiderseits erfolgreichen Abschluss führen wird. Das Team besteht bis dato aus:

Bereich	Berater	Ansprechpartner
Finanzen	. . . . .	. . . . .
Steuern	. . . . .	. . . . .
Recht	. . . . .	. . . . .

Kontaktpersonen

Wir hoffen auf eine gute Zusammenarbeit und blicken einer solchen mit Freude entgegen. Für eventuelle Rückfragen sowie Ihr Antwortschreiben wenden Sie sich bitte an:

[Kontaktdaten]	*[Kontaktdaten]*

Verschiedenes

Wir möchten darauf hinweisen, dass unser Informationsstand über die Gesellschaft derzeit noch begrenzt ist. Daher ist dieses indikative Angebot lediglich als vorläufig und unverbindlich zu betrachten. Rechtlich bindende Verpflichtungen ergeben sich erst aus der noch zu vereinbarenden Transaktionsdokumentation. Ferner weisen wir darauf hin, dass dieses Schreiben für den Erwerber keine Verpflichtung zur Fortsetzung von Verhandlungen über die Transaktion begründet. Im Falle des Verhandlungsabbruchs sind weder der Verkäufer noch der Erwerber haftbar für ggf. entstandene oder entstehende Kosten, Schäden oder sonstige Nachteile der anderen Partei.[11]

Die Existenz und der Inhalt dieses indikativen Angebots sind streng vertraulich zu behandeln. Dementsprechend dürfen weder die Existenz noch der Inhalt dieses indikativen Angebots ganz oder teilweise offengelegt werden.

Dieses indikative Angebot unterliegt dem Recht der Bundesrepublik Deutschland. Nicht-ausschließlicher Gerichtsstand ist . . . . . .

Abschließend möchten wir nochmals unser Interesse am Erwerb der Gesellschaft betonen. Wir sind zuversichtlich, dass wir auf Grundlage dieses Angebots die Gespräche mit Ihnen zügig fortführen und zu einem für alle Beteiligten erfolgreichen Abschluss bringen werden.

Mit freundlichen Grüßen

Anmerkungen

1. Dieses Formular stellt ein indikatives Angebot im Rahmen des Erwerbs eines Unternehmens dar. Indikative Angebote sind unverbindliche Interessensbekundungen von Kaufinteressenten an einen Verkäufer, durch welche die Kaufinteressenten ihr Interesse an dem Erwerb des Zielunternehmens mitteilen. In der Praxis werden diverse Begriffe für solche indikativen Angebote verwendet (zB „indicative offer", „indicative bid").

2. Indikative Angebote sind idR Teil eines Bieterverfahrens.

Dem indikativen Angebot gehen typischerweise (mit Abweichungen im Einzelfall) die folgenden Schritte voraus: 1. Der Verkäufer hat einen sog. „Teaser" bezüglich der zu erwerbenden Gesellschaft an den Erwerbsinteressenten versendet; 2. Verkäufer und Interessent haben eine Vertraulichkeitsvereinbarung („Non-Disclosure Agreement") unterzeichnet (s → Form. I.K.3 Anm. 1 ff); 3. Der Verkäufer hat daraufhin ein sog. Informationsmemorandum mit detaillierteren Informationen zum Zielunternehmen zusammen mit einem Prozessschreiben, das den Ablauf des Bieterverfahrens beschreibt und Vorgaben für das Angebot macht (→ Form. I.K.4 Anm. 1 ff.), an den Erwerbsinteressenten versandt. Auf dieser Basis gibt der Interessent das indikative Angebot ab.

Sobald der Verkäufer die indikativen Angebote erhalten hat, wird er diese überprüfen und die interessantesten Angebote auswählen, um mit dem Veräußerungsprozess fortzufahren. Die ausgewählten Kaufinteressenten erhalten anschließend Zugang zu weiteren Informationen in Bezug auf das Zielunternehmen und beginnen mit deren Prüfung („Due Diligence"-Prozess, Besichtigung von Betriebsstätten, Präsentationen des Managements des Zielunternehmens). Zu diesem Zeitpunkt finden ggf auch bereits Verhandlungen zwischen dem Verkäufer und einzelnen Kaufinteressenten statt. Falls sich im Rahmen dieser Schritte das Interesse des Kaufinteressenten an der Transaktion bestätigt, lässt dieser dem Verkäufer ein finales Angebot für den Erwerb des Zielunternehmens zukommen.

3. Der Inhalt eines indikativen Angebots ist nicht gesetzlich geregelt. Der Kaufinteressent legt grds. selbst fest, was der Inhalt des Angebots ist. Allerdings ist es in einem Bieterverfahren üblich, dass der Verkäufer durch den Versand eines Prozessschreibens (→ Form. I.K.4 Anm. 1 ff), im Voraus gewisse Leitlinien für das indikative Angebot vorgibt (Frist, Bewertung/Kaufpreis, ausstehende Due-Diligence-Fragen, Form etc). Der Inhalt indikativer Angebote ist in der Praxis somit sehr vielfältig. Das vorliegende Muster stellt daher nur ein Beispiel dar, welches in Aufbau und Struktur auf die Anforderungen des als → Form. I.K.4 Anm. 1 ff, abgebildeten Prozessbriefs abgestimmt ist, und muss an die Besonderheiten jedes einzelnen Falles angepasst werden.

4. Wesentlicher Bestandteil des Indikativen Angebots ist der Unternehmenswert (sog. Enterprise Value), den der Kaufinteressent seinem Angebot zu Grunde legt. Der Unternehmenswert wird jeweils unabhängig von der tatsächlichen Finanzierungssituation des Unternehmens ermittelt, vgl. *v. Braunschweig,* Variable Kaufpreisklausel in Unternehmenskaufverträgen, DB 2002, 1815 ff. Aus dem Unternehmenswert ist dann jeweils im Einzelfall der Kaufpreis, gleich dem Eigenkapitalwert (sog Equity Value), unter Berücksichtigung der Finanzierungsart (Nettofinanzverbindlichkeiten) des Unternehmens zu ermitteln, vgl. v. *Braunschweig*, DB 2002, 1815 ff.

5. Der angebotene Unternehmenswert enthält unter Umständen auch eine Bewertung der durch diese Transaktion zu erzielenden Synergien. Grundsätzlich lässt sich zwischen sog echten und unechten Synergien unterscheiden, vgl *Zwirner*, Berücksichtigung von Synergieeffekten bei Unternehmensbewertungen, DB, 2013, 2875. Unter echten Synergien versteht man diejenigen Wertfaktoren, die sich ausschließlich aus der Kooperation ganz bestimmter Unternehmen bzw Unternehmensteile wegen deren spezifischer Eigenschaften und Gegebenheiten erzielen lassen, vgl *Zwirner*, DB 2013, 2875 f. Unechte Synergien hingegen lassen sich auch ohne einen Zusammenschluss der entsprechenden Unternehmen bzw Unternehmensteile realisieren, vgl *Zwirner*, DB 2013, 2875 f. Aus Käufersicht wird es im Rahmen der Transaktion daher regelmäßig maßgeblich auf die echten Synergien ankommen. Beispiel für echte, positive Synergien sind: Know-how-Transfer, Zusammenarbeit bei Forschung und Entwicklung, Ergänzung des jeweiligen Produktportfolios, verbesserte Absatzchancen aufgrund weniger Konkurrenzdrucks, Effizienzsteigerungen durch Skalenerträge oder Verbundeffekte und Profitabilitätssteigerungen durch Integration in bestehende Einkaufs-/Rahmenverträge, vgl *Zwirner*, DB 2013, 2875. Ausführlich zum Synergienbegriff und dessen Einfluss auf die Unternehmensbewertung und schließlich Kaufpreisfindung vgl *Zwirner*, DB 2013, 2874 ff.

6. Als Asset Step-ups bezeichnet man die Aufteilung des gezahlten Kaufpreises auf einzelne Wirtschaftsgüter. Dadurch kommt es zu einer Aufstockung der entsprechenden Bilanzposten bis zur Höhe ihrer Teilwerte, wodurch im Einzelfall ein steuerminderndes Abschreibungsvolumen entstehen kann, vgl Kästle/Oberbracht/*Kästle/Oberbracht*, Unternehmenskauf – Share Purchase Agreement, 3. Aufl 2018, I. Einführung S 5. Ein eventuell überschießender Betrag des gezahlten Kaufpreises wird sodann als sog Geschäfts- bzw. Firmenwert aktiviert, vgl Kästle/Oberbracht/*Kästle/Oberbracht*, Einführung S 5. Alle Wirtschaftsgüter – einschließlich des Geschäfts-/Firmenwertes – sind abschreibbar und können dadurch steuerlich abzugsfähige Ausgaben generieren, § 8 Abs 1 S 1 KStG, § 7 EStG, vgl *Mayer*, Die Unternehmenstransaktion aus Sicht des steuerlichen Beraters, JuS 2018, 205.

Entsprechende steuerliche Vorteile des Erwerbers können bei der Abgabe des Angebots berücksichtigt werden. Wenn dies der Fall ist, empfiehlt es sich, diese Tatsache auch transparent zu machen.

7. Die Überleitungsrechnung vom Unternehmenswert zum Kaufpreis wird als sog Equity Bridge bezeichnet. Neben der Berücksichtigung der Nettofinanzverbindlichkeiten setzt die Überleitung jeweils auch immer einen (normalisierten) Bestand des Nettoumlaufvermögens voraus (sog Working Capital), da der jeweilige Bestand des Nettoumlaufvermögens in direktem Zusammenhang mit den Cash und Debt Positionen des zu bewertenden Unternehmens(-teils) steht. Das Working Capital wird in der Regel definiert als derjenige Teil des kurzfristigen Vermögens, der im Beschaffungs-, Produktions- und Absatzprozess zu verorten ist. Kernbestandteil dessen bilden Forderungen aus Lieferungen und Leistungen, Vorräte und Verbindlichkeiten aus Lieferungen und Leistungen (sog Trade Working Capital), vgl Berens/Brauner/Knauer/Strauch/Haarbeck, Due Diligence bei Unternehmensakquisitionen, 8. Aufl 2019, S 117 f. Diese Definition lässt sich im Einzelfall noch um weitere Positionen ergänzen, die im Zusammenhang mit dem Kauf und Verkauf von Gütern stehen, vgl Berens/Brauner/Knauer/Strauch/Haarbeck, S 117 f.. Verkäufer werden häufig auf eine enge Definition des Working Capitals hinwirken, wohingegen Käufer eine weite Definition dessen bevorzugen, um so möglichst große Teile der Bilanz abzudecken, vgl Berens/Brauner/Knauer/Strauch/Haarbeck, S 117 f.

8. In einer Locked-Box-Struktur (zu diesem Mechanismus → Form. I.K.9 Anm. 13) werden mögliche Abweichungen des Working Capitals von dem vom Käufer bei der Bewertung angenommenen normalisierten Working Capital auf Grundlage der Finanzkennzahlen am (historischen) wirtschaftlichen Stichtag berechnet und fließen direkt in den vereinbarten Kaufpreis ein. Im Fall, dass die Transaktionsstruktur eine Berechnung der Finanzkennzahlen zum Vollzug/Closing vorsieht, wird im Unternehmenskaufvertrag der Zielwert für das Working Capital zum Stichtag des wirtschaftlichen Übergangs definiert (sog Target Working Capital). Wird dieser Zielwert unterschritten, kommt es zu einer Reduzierung des Kaufpreises, bei einer Überschreitung analog zu einer Erhöhung dessen (zu diesem Mechanismus s → Form. I.K.19 Anm. 31). Das vorliegende Formular geht von einer Transaktionsstruktur mit „Closing Accounts" aus. Entsprechend ist vorgesehen, dass der Kaufinteressent seine Annahme für das am Vollzug/Closing vorhandene Working Capital als kaufpreisrelevanten Faktor angibt.

9. Der Verkäufer entscheidet anhand der indikativen Angebote, mit welchen Kaufinteressenten er den Erwerbsprozess fortführt. Neben der finanziellen Attraktivität des Angebots für den Verkäufer spielen in der Regel weitere Faktoren bei der Bieterauswahl eine Rolle, wie insbesondere Transaktionssicherheit, Erfahrung und Professionalität des Bieters, Vertragsrisiken bzw. Haftungskonzept aber auch die zukünftige Strategie des Bieters. Informationen zur zukünftigen Strategie des Bieters sind insbesondere im Zusammenhang mit der Kommunikation mit den Mitarbeitern des Zielunternehmens relevant.

10. Wettbewerbsrecht: S. → Form. I.K.9 Anm. 57.

11. Das indikative Angebot ist kein Vertrag und somit für den Kaufinteressenten nicht bindend. Es handelt sich nur um ein unverbindliches Angebot, durch welches der Kaufinteressent dem Verkäufer sein Interesse an dem Erwerb der Gesellschaft mitteilt. (Kästle/Oberbracht, Unternehmenskauf – Share Purchase Agreement, 3. Aufl. 2018, I, 5). Der Verkäufer kann sich auf das indikative Angebot nicht berufen, um den Gesellschaftserwerb durchzusetzen. Durch den Verweis auf die Möglichkeit, die Verhandlungen jederzeit zu beenden soll ausgeschlossen werden, dass ein im vorvertraglichen Bereich ein Vertrauenstatbestand geschaffen wird, der ggf. zu Ansprüchen aus culpa in contrahendo führen könnte. Entsprechende Formulierungen finden sich regelmäßig in den Prozessbriefen des Verkäufers.

7. Letter of Intent

[Briefkopf des Erwerbers]

An die

Geschäftsleitung der

[Veräußerer

Adresse]

Letter of Intent (Absichtserklärung)[1]

Sehr geehrte Damen und Herren,

wir dürfen das mit Ihnen erzielte Einverständnis hinsichtlich des Erwerbs der Zielgesellschaft (im Folgenden als die „Gesellschaft" bezeichnet) durch uns oder eines unserer verbundenen Unternehmen vorbehaltlich eines zufriedenstellenden Ergebnisses unserer jetzt beginnenden wirtschaftlichen, technischen, steuerlichen und rechtlichen Prüfung der Gesellschaft und ihres Geschäftsbetriebes („Due Diligence") sowie des Abschlusses eines rechtlich bindenden Vertrages[2] wie folgt bestätigen.

Eckpunkte des beabsichtigten Erwerbs

1. Wir haben uns mit Ihnen auf die in der Anlage näher beschriebenen Eckpunkte des beabsichtigten Erwerbs geeinigt.
2. Im Anschluss an die Unterzeichnung dieser Absichtserklärung werden wir in den Prozess einer ausführlichen wirtschaftlichen, technischen, steuerlichen und rechtlichen

Prüfung und Analyse der Gesellschaft und ihres Geschäftsbetriebes eintreten. Sie werden alle in diesem Zusammenhang billigerweise erforderlichen Informationen und Unterlagen zur Verfügung stellen bzw dafür sorgen, dass die Gesellschaft diese Unterlagen zur Verfügung stellt. Wir beabsichtigen, Ihnen den ersten Entwurf des endgültigen Unternehmenskaufvertrages über den Erwerb der Gesellschaft, der die Ergebnisse dieser Prüfung und Analyse berücksichtigt, spätestens am . . . . . vorzulegen.

3. Angesichts der uns im Anschluss an die Unterzeichnung dieser Absichtserklärung im Rahmen des dann von uns betriebenen Prüfungs- und Analyseprozesses entstehenden Kosten und Aufwendungen werden Sie für einen Zeitraum von . . . . . Tagen ab Unterzeichnung dieser Absichtserklärung keinerlei Gespräche oder Verhandlungen über die Veräußerung der Gesellschaft mit Dritten führen.[3] Soweit Sie gegenwärtig solche Gespräche oder Verhandlungen führen, werden Sie diese beenden.
4. Die von uns am . . . . . abgeschlossene Vertraulichkeitsvereinbarung[4] findet weiter Anwendung. Sie selbst verpflichten sich, die Tatsache, dass Sie mit uns in Gesprächen über die Veräußerung der Gesellschaft stehen, sowie den Stand dieser Gespräche vertraulich zu behandeln, dh, soweit Sie dazu nicht gesetzlich verpflichtet sind, diese weder Dritten noch Behörden gegenüber zu offenbaren. Sie gewährleisten, dass auch Ihre Mitarbeiter und Berater diese Vertraulichkeit wahren.
5. Während diese Absichtserklärung unter dem Vorbehalt eines zufriedenstellenden Ergebnisses unserer jetzt beginnenden Prüfung und Analyse der Gesellschaft sowie des Abschlusses eines rechtlich bindenden Unternehmenskaufvertrages steht, besteht Einigkeit zwischen uns, dass die in Ziffer 3 niedergelegte Ausschließlichkeitsverpflichtung sowie die in Ziffer 4 niedergelegte Vertraulichkeitsverpflichtung rechtsverbindlich sind.[5] Für den Fall eines Verstoßes gegen die betreffenden Pflichten durch Sie, die Gesellschaft oder einen der von Ihnen oder der Gesellschaft eingeschalteten Mitarbeiter und Berater verpflichten Sie sich, an uns eine Vertragsstrafe in Höhe von EUR . . . . . zu zahlen. Handelt es sich hierbei um einen andauernden Verstoß, werden Sie für jeden Monat, den dieser Verstoß andauert, eine weitere Zahlung in Höhe von EUR . . . . . vornehmen. Die Zahlung der Vertragsstrafe lässt die Möglichkeit der Geltendmachung eines weiteren Schadens unberührt. Die Verpflichtung zur Zahlung der Vertragsstrafe entfällt, wenn es zu dem Erwerb der Gesellschaft durch uns kommt.
6. Auf diese Absichtserklärung findet das Recht der Bundesrepublik Deutschland Anwendung. Nicht-ausschließlicher Gerichtsstand ist . . . . .[6]

Wenn diese Absichtserklärung den Stand unserer Gespräche zutreffend wiedergibt, bitten wir Sie, Ihr Einverständnis mit dieser Absichtserklärung durch rechtsverbindliche Unterzeichnung der beigefügten Kopie dieser Absichtserklärung und deren Rückgabe an uns zu bestätigen.

Mit freundlichem Gruß

Anmerkungen

1. Die rechtliche Bedeutung einer Absichtserklärung oder eines Letter of Intent, insbesondere, welche Rechte und Pflichten durch ihren Abschluss den Beteiligten auferlegt werden, hängt ganz von der Ausgestaltung im Einzelfall ab (siehe auch *Houck,* M&A Review 2006, 65 zu Funktion und Durchsetzbarkeit eines Letter of Intent). Die Spannbreite reicht vom mit Bindungswirkung abgeschlossenen Vorvertrag, der nur noch die Detailausfüllung erfordert und zulässt, bis zur bloß einseitigen Erklärung bestimmter Absichten. Das Muster gibt einen in der Praxis des Unternehmenskaufes häufig vorgefundenen Typ wieder, dessen Unterzeichnung den Abschluss der ersten Verhandlungsphase markiert: Die Beteiligten haben sich auf die wesentlichen Rahmendaten (etwa Gegenstand des Erwerbs,

Unternehmenswert, Kaufpreismechanismus, Finanzierung des Kaufpreises, ggf grundlegende Garantien und Freistellungen, Zeitablauf des Erwerbs etc) geeinigt; im Fall des Vorhandenseins mehrerer Interessenten legt der Veräußerer seine Präferenz für einen von ihnen fest; das Geschäft ist den zuständigen Entscheidungsgremien (Vorstand/Geschäftsführung sowie Aufsichtsrat) vorgestellt und von diesen gebilligt worden. Im Anschluss an die Unterzeichnung des Letter of Intent wird der Käufer zur Verifizierung bestimmter Informationen wie zur Absteckung des Umfanges der in der vertraglichen Detailregelung erforderlichen Zusicherungen und Gewährleistungen die Durchführung einer rechtlichen Due Diligence (→ Form. I.K.1 Anm. 1 ff.) in Auftrag geben, wodurch sich die bei ihm anfallenden Kosten schlagartig erhöhen. Für den Veräußerer beginnt die Phase, in der er dem Erwerbsinteressenten vertrauliche Informationen, die sonst nicht öffentlich zugänglich sind, zur Analyse des Unternehmens zur Verfügung stellen muss. Die Unterzeichnung des Letter of Intent bezeichnet damit den Zeitpunkt, in dem für die Beteiligten die Kosten und das geschäftliche Risiko eines Scheiterns des angestrebten Geschäfts stark ansteigen; auch wenn sich, ganz die gesetzliche Auslegungsregelung des § 154 Abs 1 S 1 BGB bestätigend, die Beteiligten mit Unterzeichnung des Letter of Intent noch nicht endgültig binden wollen, so ist doch dessen Unterzeichnung, auch unternehmensintern, regelmäßig nur vertretbar, wenn nach der Einschätzung der Verhandlungsführer „nichts mehr schief gehen" wird. Vor diesem Hintergrund ist ganz regelmäßig davon auszugehen, dass, möglicherweise auch bei dem Versuch ausdrücklich gegenteiliger Regelung im Letter of Intent, dessen Unterzeichnung den Beteiligten vorvertragliche Verhaltenspflichten auferlegt und ggf ihre Haftung aus culpa in contrahendo begründet (zu den Vertragspflichten im vorvertraglichen Stadium vgl Hölters/*Weber*, Handbuch Unternehmenskauf, 9. Aufl 2019, Teil II Kap 9 Rn. 9.11 ff, sowie *Hommelhoff*, ZHR 150 (1986), 254 ff, jeweils mit weiterführenden Literatur- und Rechtsprechungsnachweisen).

2. Der gemachte Vorbehalt ist zweifach und betrifft einmal den Informationsstand des Erwerbsinteressenten über das zu erwerbende Unternehmen und zum anderen den formellen rechtlichen Bindungswillen. Stellt sich heraus, dass bestimmte wirtschaftliche, technische oder rechtliche Verhältnisse des zu erwerbenden Unternehmens von der Beschreibung, die dem Erwerber bis dahin gegeben worden ist, abweichen, dürfte die Beendigung der Verhandlungen durch den Erwerbsinteressenten in jedem Fall folgenlos bleiben. Der andere Vorbehalt, nämlich der des rechtlich bindenden Vertragsschlusses, bestätigt, dass sich der Erwerber noch nicht endgültig binden will. Sein grundloser Rückzug aus dem beabsichtigten Geschäft kann jedoch die Vertrauenshaftung aus culpa in contrahendo auslösen (so → Anm. 1 aE).

3. Der enorme Aufwand, den eine gründliche Durchleuchtung des zu erwerbenden Unternehmens bedeuten kann, wird in der Regel nur verantwortbar sein, wenn im Falle mehrerer Interessenten der Veräußerer dem Erwerber einen bestimmten Zeitraum zugesteht, in dem er mit ihm auf exklusiver Basis verhandelt.

4. Ist eine Vertraulichkeitsvereinbarung nicht bereits bei Beginn der Gespräche abgeschlossen worden, so ist dies spätestens jetzt notwendig, da im Rahmen der Due Diligence und des Preacquisition Audits der Erwerbsinteressent regelmäßig vertrauliche Informationen über das Unternehmen erhalten wird.

5. Wollen sich die Beteiligten auch hinsichtlich des eigentlichen Geschäftes noch nicht endgültig binden so lange noch nicht alle Detailfragen ausverhandelt sind, so machen jedoch Exklusivitäts- und Vertraulichkeitsvereinbarung nur Sinn, wenn sie bindend sind (vgl Merkt, Internationaler Unternehmenskauf/*Göthel*, 3. Aufl 2011, 2 Rn. 17). Im Fall eines Verstoßes gegen die Exklusivitäts- oder die Vertraulichkeitsverpflichtung sowie im anschließenden Gesamtscheitern der Gespräche ist die benachteiligte Partei regelmäßig auf einen Schadensersatzanspruch beschränkt. Die Verifizierung des entstandenen Schadens wird dabei regelmäßig problematisch sein. Zumindest der Schadensnachweis wird durch eine Vertragsstrafenabrede erleichtert.

6. Zur Gerichtsstandsvereinbarung → Form. I.K.3 Anm. 11.

8. Einfacher Anteilskaufvertrag bei GmbH (schuldrechtliches und dingliches Geschäft)

Nr. . . . . . der Urkundenrolle für . . . . .

Verhandelt[1]

zu Frankfurt am Main am . . . . .

Vor mir, dem unterzeichneten Notar[2]

. . . . .

mit dem Amtssitz in Frankfurt am Main

erschienen heute:

1. [Name und Adresse], sich ausweisend durch Vorlage seines gültigen Bundespersonalausweises Nr. . . . . . ;
2. [Name und Adresse], sich ausweisend durch Vorlage seines gültigen Bundespersonalausweises Nr. . . . . .

Der Erschienene zu 1. erklärte, im Folgenden nicht im eigenen Namen zu handeln, sondern im Namen der . . . . . (im Folgenden als „Verkäuferin" bezeichnet) als deren alleinvertretungsberechtigter Geschäftsführer. Die Verkäuferin ist in Abteilung B des Handelsregisters des Amtsgerichts . . . . . unter Registernummer . . . . . eingetragen und hat ihre Hauptniederlassung in . . . . . Aufgrund seiner heute erfolgten Einsichtnahme in das Handelsregister bescheinigt der Notar, dass der Erschienene zu 1. berechtigt ist, die Verkäuferin zu vertreten.[3]

Der Erschienene zu 2. erklärte, im Folgenden nicht im eigenen Namen zu handeln, sondern im Namen der . . . . . (im Folgenden als „Käuferin" bezeichnet) als deren alleinvertretungsberechtigter Geschäftsführer. Die Käuferin ist in Abteilung B des Handelsregisters des Amtsgerichts . . . . . unter Registernummer . . . . . eingetragen und hat ihre Hauptniederlassung in . . . . . Aufgrund seiner heute erfolgten Einsichtnahme in das Handelsregister bescheinigt der Notar, dass der Erschienene zu 2. berechtigt ist, die Käuferin zu vertreten.

Der Notar belehrte die Erschienenen über die Regelung des § 3 Abs 1 Satz 1 Nr 7 Beurkundungsgesetz, woraufhin diese eine Vorbefassung des Notars verneinten.

I.

Handelnd wie angegeben, schlossen die Erschienenen sodann den folgenden

ANTEILSKAUF- UND ABTRETUNGSVERTRAG.

Vorbemerkung

Die Verkäuferin ist die alleinige Gesellschafterin der . . . . ., die in Abteilung B des Handelsregisters des Amtsgerichts . . . . . unter der Registernummer . . . . . eingetragen ist und ihre Hauptniederlassung in . . . . . hat (im Folgenden als „Gesellschaft" bezeichnet).

Das Stammkapital der Gesellschaft beträgt EUR . . . . . und ist voll eingezahlt.[4] Das Stammkapital besteht aus den folgenden Geschäftsanteilen (im Folgenden zusammen als „Geschäftsanteile" bezeichnet):[5]

(1) Geschäftsanteil im Nennbetrag von EUR . . . . . (lfd. Nr. . . . . . der im Handelsregister der Gesellschaft aufgenommenen Gesellschafterliste);

(2) Geschäftsanteil im Nennbetrag von EUR . . . . . (lfd. Nr. . . . . . der im Handelsregister der Gesellschaft aufgenommenen Gesellschafterliste);

usw.

Die Verkäuferin ist daran interessiert, die Geschäftsanteile zu veräußern. Die Käuferin ist daran interessiert, die Geschäftsanteile zu erwerben.

Die Vertragsparteien vereinbaren daher Folgendes:

§ 1 Verkauf und Abtretung der Geschäftsanteile, Gewinnberechtigung

1. Die Verkäuferin verkauft hiermit der Käuferin die Geschäftsanteile und tritt diese an die Käuferin ab. Die Käuferin nimmt diesen Verkauf und diese Abtretung an.[6, 7]
2. Der Gewinn des laufenden Geschäftsjahres sowie ein etwaiger nicht unter die Gesellschafter verteilter Gewinn früherer Geschäftsjahre (dh vorgetragener Gewinn und der Gewinn früherer Geschäftsjahre, für den kein Beschluss über die Ergebnisverwendung gefasst worden ist) stehen allein der Käuferin zu[8]

§ 2 Kaufpreis

1. Der Gesamtkaufpreis für die Geschäftsanteile (im Folgenden als „Kaufpreis" bezeichnet) beträgt EUR . . . . . (in Worten: Euro . . . . .).
2. Der Kaufpreis wird von der Käuferin spätestens am . . . . . auf das Konto Nr . . . . . der Verkäuferin bei der . . . . . Bank (Bankleitzahl: . . . . .) gezahlt.

§ 3 Vereinbarungen für den Zeitraum bis zur Aufnahme der neuen Gesellschafterliste in das Handelsregister[9]

1. Die Verkäuferin bevollmächtigt die Käuferin hiermit unwiderruflich, bis zu dem Zeitpunkt, zu dem die Käuferin gemäß § 16 Abs 1 Satz 1 GmbHG im Verhältnis zur Gesellschaft als Gesellschafterin gilt, die folgenden Gesellschafterbeschlüsse zu fassen (ggf hilfsweise zusätzlich zu durch die Käuferin gemäß § 16 Abs 1 Satz 2 GmbHG gefassten Gesellschafterbeschlüssen):
   a) Abberufung aller oder einzelner bisheriger Geschäftsführer der Gesellschaft sowie die Änderung ihrer Vertretungsberechtigung;
   b) Bestellung neuer Geschäftsführer der Gesellschaft;
   c) Änderungen des Gesellschaftsvertrages einschließlich Änderung von Firma, Sitz, Geschäftsjahr, Regelungen zur Vertretung und Geschäftsführung sowie Gesellschafterversammlung, Einzahlungen in die Kapitalrücklage, jedoch mit Ausnahme von Erhöhungen des Stammkapitals;

d) Abschluss von Beherrschungs- und/oder Gewinnabführungsverträgen sowie sonstigen Unternehmensverträgen;
e) sämtliche sonstigen Gesellschafterbeschlüsse, wenn die Käuferin der Verkäuferin zuvor Sicherheit leistet für eine Inanspruchnahme der Verkäuferin als Gesellschafterin aufgrund dieser Gesellschafterbeschlüsse.

Die Käuferin ist nicht berechtigt, im Namen der Verkäuferin einen Gesellschafterbeschluss zu fassen, der offensichtlich rechtswidrig ist oder, mit Ausnahme von lit. (e), ein Haftungsrisiko für die Verkäuferin zur Folge hat. Die Käuferin stellt die Verkäuferin von sämtlichen Haftungsrisiken aufgrund von im Namen der Verkäuferin nach diesem § 3 gefassten Gesellschafterbeschlüssen frei.

2. Die Verkäuferin verpflichtet sich, fortan keine Gesellschafterbeschlüsse der Gesellschaft zu fassen, es sei denn, sie wurde von der Käuferin dazu ausdrücklich und schriftlich aufgefordert. Des Weiteren verpflichtet die Verkäuferin sich, alles, was sie nach Wirksamkeit der Abtretung gemäß § 1.1 von der Gesellschaft in ihrer Eigenschaft als Gesellschafterin erhalten hat (zB Ausschüttungen), unverzüglich an die Käuferin weiterzuleiten.

§ 4 Verschiedenes[10, 11, 12, 13, 14, 15]

1. Jede Vertragspartei trägt die Kosten der von ihr beauftragten Berater. Die Kosten der notariellen Beurkundung sowie die anderen infolge des Abschlusses oder der Durchführung dieses Vertrages entstehenden Übertragungskosten, einschließlich etwaiger Verkehrsteuern, werden im Innenverhältnis der Parteien von der Käuferin getragen.[16]
2. Sollte eine Bestimmung dieses Vertrages ganz oder teilweise unwirksam oder undurchsetzbar sein, werden die Wirksamkeit und Durchsetzbarkeit aller übrigen Bestimmungen dieses Vertrages davon nicht berührt. Die unwirksame oder undurchsetzbare Bestimmung ist als durch diejenige wirksame und durchsetzbare Bestimmung als ersetzt anzusehen, die dem von den Vertragsparteien mit der unwirksamen oder undurchsetzbaren Bestimmung verfolgten wirtschaftlichen Zweck am nächsten kommt.
3. Alle zwischen den Vertragsparteien vor dem Abschluss dieses Vertrages im Hinblick auf den Gegenstand dieses Vertrages getroffenen Vereinbarungen sind durch den Abschluss dieses Vertrages überholt.
4. Dieser Vertrag unterliegt dem Recht der Bundesrepublik Deutschland. Für den Fall von Streitigkeiten zwischen den Vertragsparteien aufgrund dieses Vertrages vereinbaren die Vertragsparteien als nicht-ausschließlichen Gerichtsstand .....[17, 18, 19]

II.

Im Anschluss an den Abschluss des vorstehenden Anteilskaufvertrages erklärte der Erschienene zu 1. auf die entsprechende Frage des Notars, dass zu dem Vermögen der Gesellschaft inländischer Grundbesitz gehöre. Der Notar belehrte die Erschienenen daraufhin, dass der Erwerb aller Anteile einer Gesellschaft, zu deren Vermögen ein inländisches Grundstück gehört, der Grunderwerbsteuer unterliegt.

Der Notar belehrte die Erschienenen,

- dass die Gesellschafter auch für die von anderen übernommenen, aber nicht geleisteten Geschäftsanteile haften;
- dass die Parteien, unbeschadet der Regelungen in dieser Urkunde, gemeinschaftlich für deren Kosten haften;
- dass sämtliche Vertragsvereinbarungen beurkundungsbedürftig sind und dass Nebenabreden, die nicht beurkundet werden, zur Nichtigkeit des gesamten Vertrages führen können;

- dass er gemäß § 40 Abs 2 Satz 1 GmbHG verpflichtet ist, unverzüglich nach dem Wirksamwerden einer Veränderung in den Personen der Gesellschafter oder des Umfangs ihrer Beteiligung eine aktuelle Gesellschafterliste zum Handelsregister einzureichen;
- dass gem § 16 Abs 1 GmbHG im Verhältnis zur Gesellschaft nur derjenige als Gesellschafter gilt, wer als solcher in der im Handelsregister aufgenommenen Gesellschafterliste eingetragen ist und allein mit der Einreichung dieser Liste die Aufnahme im Handelsregister noch nicht gewährleistet ist;
- dass er gemäß § 54 Einkommensteuer-Durchführungsverordnung verpflichtet ist, dem nach § 20 der Abgabenordnung zuständigen Finanzamt eine beglaubigte Abschrift dieser Urkunde zu übersenden;
- dass er die steuerlichen und kartellrechtlichen Auswirkungen der beurkundeten Erklärung nicht geprüft hat.

Die vorstehende Niederschrift wurde den Erschienenen von dem Notar vorgelesen, von ihnen genehmigt und sodann von ihnen und dem Notar eigenhändig wie folgt unterschrieben:

Anmerkungen

1. Vertragssituation. Das Muster gibt einen sehr einfachen Vertrag für Kauf und Abtretung sämtlicher Geschäftsanteile an einer GmbH wieder. Es geht von der umfassenden Kenntnis des Käufers über das betreffende Unternehmen sowie vollständiger Interessenparallelität zwischen den Vertragsparteien, dh dem Fehlen der typischen Aushandlungssituation, aus. Das Muster findet seinen Anwendungsbereich insbesondere in der Übertragung von Unternehmen im Konzern.

2. Beurkundung. Sowohl das schuldrechtliche Geschäft, mit dem die Verpflichtung zur Abtretung eines Geschäftsanteils begründet wird, als auch die dingliche Abtretung des Geschäftsanteiles selbst bedürfen zu ihrer Wirksamkeit der notariellen Beurkundung (§ 15 Abs 3 und 4 GmbHG). Das formunwirksame schuldrechtliche Geschäft wird durch die formwahrende Abtretung geheilt (§ 15 Abs 4 S 2 GmbHG); die Heilungswirkung erstreckt sich auch auf die nur in dem privatschriftlichen Verpflichtungsgeschäft enthaltenen Nebenabreden, dh die Nebenabreden, die bei der Beurkundung der Abtretung nicht noch einmal ausdrücklich wiederholt werden (BGH, NJW-RR 1987, 807, 808; BGH, GmbHR 1993, 106). Eine Heilung nach § 15 Abs 4 S 2 GmbHG tritt allerdings nicht ein, wenn der beurkundete Abtretungsvertrag zu anderen schuldrechtlichen Bedingungen geschlossen wurde als das Verpflichtungsgeschäft (vgl OLG Hamburg, ZIP 2007, 1008, 1011; Lutter/Hommelhoff/*Bayer,* GmbHG, 17. Aufl 2009, § 15 Rn. 53).

Soll ein Vertrag über den Erwerb von GmbH-Geschäftsanteilen im Ausland geschlossen werden, stellt sich hinsichtlich der zu fordernden Form zunächst die Frage, ob Art 11 Abs 1 EGBGB anwendbar ist und es damit ausreichend ist, wenn entweder die Formerfordernisse des Geschäftsrechts (Wirkungsstatuts) oder des Ortsrechts erfüllt sind. Wird die Erfüllung der Formerfordernisse des deutschen Geschäftsrechts für notwendig erachtet, stellt sich die weitere Frage, wann die Beurkundung durch einen ausländischen Notar der Beurkundung durch einen deutschen Notar gleichwertig ist. Laut BGHZ 1980, 76, 78 ist Gleichwertigkeit gegeben, wenn die ausländische Urkundsperson nach Vorbildung und Stellung im Rechtsleben eine der Tätigkeit des deutschen Notars entsprechende Funktion ausübt und für die Errichtung der Urkunde ein Verfahrensrecht zu beachten hat, das den tragenden Grundsätzen des deutschen Beurkundungsrechts entspricht. In Anwendung dieses Maßstabes hat BGH, ZIP 1989, 1052, 1054 f vor Inkrafttreten des Gesetzes zur Modernisierung des GmbH-Rechts und zur Bekämpfung von Missbräuchen

(MoMiG) vom 23.10.2008 (BGBl I 2026) bei der Beurkundung einer Geschäftsanteilsabtretung durch einen Schweizer Notar die deutschen Formerfordernisse ausdrücklich als erfüllt angesehen. Mit der Reform des Schweizer Obligationenrechts (Wegfall der Beurkundungspflicht bei der Abtretung von GmbH-Geschäftsanteilen) und dem Inkrafttreten der GmbH-Reform durch das MoMiG sind aber neue Zweifel an der Wirksamkeit der Abtretung von GmbH-Geschäftsanteilen im Wege der Auslandsbeurkundung aufgetreten; diese rühren insbesondere daher, dass der ausländische Notar zur Einreichung der Gesellschafterliste nach § 40 Abs 2 GmbHG nicht verpflichtet ist (vgl nur Lutter/Hommelhoff/*Bayer,* GmbHG, 17. Aufl 2009, § 15 Rn. 27 f; aA jedoch Roth/Altmeppen/*Altmeppen,* GmbHG, 7. Aufl 2012, § 15 Rn. 90). Aus Gründen der fehlenden Einreichungspflicht des ausländischen Notars wird nun teilweise die Auslandsbeurkundung der Abtretung für gänzlich unzulässig gehalten (vgl Bormann/Kauka/Ockelmann/*Schulz/Steinen,* Hdb. GmbHR, 2. Aufl 2011, Kap. 9 Rn. 97). Danach würden jedoch für die Abtretung strengere Vorgaben gelten, als für die Beurkundung von Satzungsänderungen, was wiederum vielfach für nicht wertungsgerecht gehalten wird (vgl Baumbach/Hueck/*Hueck/Fastrich,* GmbHG, 19. Aufl 2010, § 15 Rn. 22 mwN). Vor dem Hintergrund der bleibenden Unsicherheiten und bis sich ein einheitliches Meinungsbild geschaffen hat, erscheinen Auslandsbeurkundungen der Abtretung von GmbH-Geschäftsanteilen daher nicht unbedingt ratsam (vgl Lutter/Hommelhoff/*Bayer,* GmbHG, 17. Aufl 2009, § 53 Rn. 17 und § 2 Rn. 19; zum ganzen *Weller,* Der Konzern 2008, 253 ff; *Berger/Kleissl,* DB 2009, 2235 ff; *Saenger/Scheuch,* BB 2008, 65 ff; vgl zudem allg zu Auslandsbeurkundungen im GmbH-Recht LG Frankfurt, ZIP 2010, 88 sowie *Kindler,* BB 2010, 74 ff; *Mankowski,* NZG 2010, 201 ff).

3. Vertretungsmacht. Wird eine Vertragspartei bei Vertragsschluss vertreten, soll der Notar gemäß § 12 BeurkG vorgelegte Vollmachten und Ausweise über die Berechtigung eines gesetzlichen Vertreters (zB Handelsregisterauszug) der Niederschrift (in Urschrift oder in beglaubigter Abschrift) beifügen. Wird ein gesetzlicher Vertreter, dessen Vertretungsberechtigung im Handelsregister eingetragen ist, tätig, kann die Beifügung durch die Bescheinigung des Notars über die Vertretungsberechtigung ersetzt werden. Die Zuständigkeit des Notars zur Erteilung einer solchen Bescheinigung folgt aus § 21 Abs 1 BNotO.

Die Vollmacht zum Verkauf und zur Abtretung eines Geschäftsanteils bedarf zu ihrer Wirksamkeit keiner besonderen Form (§ 167 Abs 2 BGB). Um den Nachweis und die Prüfung der Vollmacht zu erleichtern, empfiehlt sich trotzdem die Verwendung notariell beglaubigter Vollmachten, die, soweit es sich um im Ausland ausgestellte Vollmachten handelt, ggf durch die Legalisierung bzw die Apostille gemäß dem Haager Übereinkommen vom 5. Oktober 1961 ergänzt sind. Die klare, nachvollziehbare Dokumentation des Bestehens wirksamer Vertretungsmacht dient zum einen unmittelbar dem Schutz der anderen Vertragspartei, die nur so auf die Bindung des vertretenen Vertragspartners vertrauen kann. Zum anderen ist die Nachvollziehbarkeit des Bestehens der Vertretungsmacht auch notwendig, um die künftige Veräußerbarkeit der Geschäftsanteile zu sichern. Da Geschäftsanteile bei der GmbH nicht verbrieft sind, und Anteilscheine, falls diese ausnahmsweise ausgegeben worden sind, nur Beweisurkunden, nicht aber Wertpapiere sind (vgl Baumbach/Hueck/*Hueck/Fastrich,* GmbHG, 19. Aufl 2010, § 14 Rn. 8), so dass die Übereignung der Anteilscheine nicht die Übertragung der Geschäftsanteile bewirkt, ist der Erwerb vom berechtigten Inhaber die einzige Möglichkeit, Geschäftsanteile rechtswirksam zu erwerben. Ist der Verkäufer nicht Inhaber der verkauften Geschäftsanteile, hat der Käufer gleichwohl Anspruch auf Erfüllung. Kann der Verkäufer den verkauften Gegenstand jedoch nicht beschaffen, verbleibt dem Käufer nur der Anspruch auf Schadensersatz wegen Nichterfüllung. Der Erwerber wird daher vernünftigerweise die Ausgabe der Geschäftsanteile und etwaige Vorübertragungen selbst nachprüfen. Auch wenn im Idealfall die Gründungsurkunde der Gesellschaft sowie alle Urkunden über die

Ausgabe und Übernahme neuer Geschäftsanteile sowie die Übertragung von Geschäftsanteilen vorliegen, bleiben die Eigentumsverhältnisse an einem Geschäftsanteil immer noch mit der Unsicherheit behaftet, dass nicht dokumentierte zwischenzeitliche Verfügungen vorliegen könnten. Auf jeden Fall sollte die Überprüfung der Inhaberschaft an Geschäftsanteilen nicht noch dadurch erschwert werden, dass die Urkunden über die Übertragung von Geschäftsanteilen so gestaltet werden, dass ein sicheres Urteil über die Wirksamkeit des Rechtsübergangs nicht ermöglicht wird.

4. Erbringung der Einlagen. Volleinzahlung des Stammkapitals bedeutet, dass die auf die Stammeinlagen geleisteten Einlagen (Geld- und Sacheinlagen) den Betrag des Stammkapitals erreichen; dies setzt die Vollwertigkeit der Sacheinlagen voraus. Auf die „Einbezahlung sämtlicher Bareinlagen", wie manchmal formuliert wird, sollte nicht abgestellt werden, da die Bareinlagepflicht ggf bis auf ein Viertel der Stammeinlage beschränkt sein kann (§ 7 Abs 2 S 1 GmbHG).

5. Bestimmung der Geschäftsanteile. Für die sich nach § 398 BGB richtende Übertragung von Geschäftsanteilen ist Bestimmbarkeit ausreichend (vgl BGH, NJW-RR 1987, 807, 808; BGH, NJW 2000, 276, 277; Palandt/*Grüneberg*, BGB, § 398 Rn. 14). Angesichts der mangelnden Verbriefung von Geschäftsanteilen und der daraus folgenden Unsicherheit der Überprüfung der Inhaberschaft (vgl → Anm. 3) ist es jedoch ratsam, die übertragenen Geschäftsanteile mit Nennbetrag jeweils einzeln genau aufzuführen. Seit Inkrafttreten des MoMiG sind die Geschäftsanteile in der beim Handelsregister einzureichenden Liste mit laufenden Nummern zu versehen (§ 40 Abs 1 S 1 GmbHG nF). Im Interesse einer möglichst weitgehenden Bestimmbarkeit sollte diese Information in den Kauf- und Übertragungsvertrag mit aufgenommen werden.

6. Erwerbsgegenstand. Gegenstand der Übertragung ist der Geschäftsanteil, dh die Gesamtheit der Rechte und Pflichten eines Gesellschafters aus dem Gesellschaftsverhältnis in ihrer Zusammenfassung als Mitgliedschaft (vgl nur RGZ 1982, 167, 169; BGH, DB 1972, 132; Baumbach/Hueck/*Hueck/Fastrich*, GmbHG, 19. Aufl 2010, § 14 Rn. 3). Die Rechte und Pflichten der Gesellschafter aus dem Gesellschaftsverhältnis werden regelmäßig unterschieden in Verwaltungsrechte (zB das Stimmrecht) und Vermögensrechte (zB das Gewinnbezugsrecht) (vgl nur Baumbach/Hueck/*Hueck/Fastrich*, GmbHG, 19. Aufl 2010, § 14 Rn. 13). Sonderrechte sind Mitgliedschaftsrechte, die nur einem oder einzelnen Gesellschaftern oder einer Gruppe als Vorrechte eingeräumt sind. Einer besonderen Feststellung, dass die verschiedenen aus der Mitgliedschaft folgenden Rechte und Pflichten bei der Anteilsübertragung mit übergehen sollen, bedarf es nicht, da erst die Gesamtheit der Mitgliedschaftsrechte den Geschäftsanteil ausmacht (so). Eine gesonderte Übertragung, sogenannte Abspaltung, einzelner Mitgliedschaftsrechte ist nicht möglich (vgl BGHZ 43, 261, 267; BGH, NJW 1968, 396, 397; Baumbach/Hueck/*Hueck/Fastrich*, GmbHG, 19. Aufl 2010, § 14 Rn. 20). Die häufige Formulierung, dass die Geschäftsanteile „einschließlich sämtlicher Nebenrechte" übertragen werden, ist unscharf, da die Mitgliedschaftsrechte keine Nebenrechte iSd §§ 401, 412 BGB sind.

7. Übertragungszeitpunkt. Das Formular macht die Wirksamkeit der Abtretung nicht von Bedingungen abhängig und eignet sich vor allem für die konzerninterne Übertragung. Bei Verwendung für eine externe Übertragung sollten weitergehende Schutzmechanismen ergänzt werden, etwa die Abtretung unter der aufschiebenden Bedingung der Kaufpreiszahlung sowie ein Rücktrittsrecht für die Verkäuferin und die ausdrückliche Vereinbarung von Verzugszinsen bei nicht rechtzeitiger Zahlung des Kaufpreises. Weitere relevante Bedingungen können zB die Zustimmung Dritter (vgl → Anm. 11) bzw die Aufhebung von Vollzugsverboten (bspw § 41 Abs 1 GWB) sein.

8. Gewinnberechtigung. Mit der Abtretung eines Geschäftsanteils geht das Gewinnbezugsrecht als mitgliedschaftliches Vermögensrecht automatisch mit über (vgl Anm. 6), dh wird nach der Abtretung ein Gewinnverteilungsbeschluss gefasst, steht der Anspruch auf Ausschüttung automatisch dem Erwerber als Inhaber der Geschäftsanteile zu. Die manchmal gefundene Formulierung „übertragen wird der Geschäftsanteil einschließlich des Gewinnbezugsrechtes" ist deshalb einerseits tautologisch, andererseits bei der üblichen Interessenlage aber auch unzureichend. Wird ein Geschäftsanteil während des Laufes eines Geschäftsjahres übertragen, sind gemäß der Regel des § 101 Nr 2 BGB die regelmäßig wiederkehrenden Erträge, hier die Gewinnanteile, *pro rata temporis* zwischen Veräußerer und Erwerber zu teilen. Wird zB bei einer GmbH, deren Geschäftsjahr das Kalenderjahr ist, ein Geschäftsanteil zum 1. April übertragen, steht dem Veräußerer $^{1}/_{4}$ des Jahresüberschusses zu, unabhängig davon, ob gerade im Zeitraum seiner Inhaberschaft des Geschäftsanteils (bis 31. März) überhaupt ein Gewinn erwirtschaftet worden ist. Soll verhindert werden, dass nach der Übertragung des Geschäftsanteils der Veräußerer einen schuldrechtlichen Anspruch gegen den Erwerber auf Auskehr eines der Dauer seiner Berechtigung an dem Geschäftsanteil entsprechenden Anteils des Jahresüberschusses hat, ist eine ausdrückliche Regelung zu treffen. Hierbei sollte dann auch eine Regelung über den Gewinn früherer Geschäftsjahre gefasst werden, der nicht unter die Gesellschafter verteilt und auch nicht in die Gewinnrücklage (§ 266 Abs 3 A III HGB) eingestellt worden ist, also den Gewinn, über den kein Gewinnverteilungsbeschluss gefasst worden ist, sowie den vorgetragenen Gewinn (§ 266 Abs 3 A IV HGB). Andernfalls hätte der Veräußerer einen schuldrechtlichen Anspruch gegen den Erwerber auch auf Auskehr dieses Gewinns.

Das Muster schließt die (sonst gesetzlich vorgesehene) anteilige Berechtigung des Veräußerers am Gewinn des laufenden Geschäftsjahres und seine Berechtigung am Gewinn früherer Geschäftsjahre aus, ohne dass ein besonderes Entgelt dafür vorgesehen wäre, dh der Verzicht auf diese Gewinne ist bereits mit dem Kaufpreis abgegolten.

9. Vereinbarungen für den Zeitraum bis zur Aufnahme der neuen Gesellschafterliste in das Handelsregister. In der Regel ist die Käuferin darauf angewiesen, unmittelbar nach dem Anteilsübergang eine Reihe von Gesellschafterbeschlüssen zu fassen. Bis die neue Liste der Gesellschafter in das Handelsregister aufgenommen ist, sind diese Beschlüsse jedoch schwebend unwirksam. Sie werden erst wirksam, wenn die Liste anschließend unverzüglich ins Handelsregister aufgenommen wird, § 16 Abs 1 S 2 GmbHG.

Erfolgt die Einreichung nicht unverzüglich oder unterbleibt ganz, ist die Rechtshandlung endgültig unwirksam. Da es nach Einreichung der Liste zum Handelsregister durch den Notar außerhalb des Einflussbereichs der Parteien liegt, ob und wann die Liste in das Handelsregister aufgenommen wird, sollte die Käuferin sich, wie in § 3 vorgeschlagen, absichern. Als verkäuferfreundlichere (aber auch umständlichere) Variante wäre eine Verpflichtung der Verkäuferin denkbar, auf Weisung der Käuferin bestimmte Gesellschafterbeschlüsse zu fassen (nebst Freistellung der Verkäuferin von allen hieraus resultierenden Haftungsrisiken).

10. Gewährleistung. Das Muster sieht keine besondere Gewährleistungsregelung vor und ist deshalb nur für Sachverhalte geeignet, die vom Fehlen der typischen Aushandlungssituation geprägt sind (vgl → Anm. 1). Anwendbar bleibt aber das gesetzliche Gewährleistungsrecht.

Der Erwerb eines GmbH-Anteils ist ein Rechtskauf. Die vor der Modernisierung des Schuldrechts entwickelte Rechtsprechung wandte das Gewährleistungsrecht der §§ 459 ff aF BGB entsprechend auf den Kauf von Geschäftsanteilen an, wenn der Kauf der Anteile der Gesellschaft dem Kauf des Unternehmens gleichkam (grundlegend BGHZ 65, 246, 251 f; 85, 367, 370). Nach neuer Rechtslage gem § 453 Abs 1 BGB finden die Vorschriften über den Sachkauf auch auf den Rechtskauf Anwendung. Damit kann die bisher strikte Unterscheidung zwischen dem Verkauf von Anteilen und dem Verkauf eines Unternehmens nicht mehr aufrechterhalten werden. Auch erscheint fraglich, ob der Verkäufer wie nach bisher herrschender Auffassung beim reinen Anteilskauf ausschließlich aus culpa in contrahendo haftet (siehe BGH, NJW 2001, 2163; *Beisel/Klumpp,* Der Unternehmenskauf, 6. Aufl 2009, Kap 16 Rn. 15; siehe zur Haftung aus cic beim Unternehmenskauf MüKoBGB/*Westermann* BGB, 6. Aufl 2012, § 453 Rn. 26). Es werden jedoch auch nach neuem Recht gewisse Voraussetzungen an die Gleichbehandlung von Anteils- und Unternehmenskauf gestellt. So wird ein Anteilserwerb dem Kauf des Unternehmens gleichgestellt, wenn der Käufer in die Unternehmerstellung einrückt. Diese Schwelle sei beim Erwerb einer Mehrheitsbeteiligung erreicht (BGH, NJW 1980, 2408, 2409; Staudinger/*Beckmann,* BGB, Neubearbeitung 2005, § 453 Rn. 33).

Während für den Unternehmenskauf unstreitig auf die Mängelgewährleistungsregeln der §§ 434 ff BGB zurückzugreifen ist, stellt § 453 Abs 1 BGB für den bloßen Beteiligungskauf eine reine Rechtsfolgenverweisung dar (vgl die Nachweise bei *Beisel/Klumpp,* Der Unternehmenskauf, 6. Aufl 2009, Kap 16 Rn. 15 ff). Die neue gesetzliche Regelung ändert nichts daran, dass beim Kauf lediglich von Anteilen an dem in Gesellschaftsform organisierten Unternehmensträger Mängel des Gegenstandes, an dem die Beteiligung besteht, nicht ohne weiteres auch Mängel des Rechts sind (MüKo/*Westermann* BGB, 6. Aufl 2012, § 453 Rn. 20; *Eidenmüller,* ZGS 2003, 290, 294). Damit muss wie auch nach altem Recht untersucht werden, wie die Soll-Beschaffenheit des verkauften Anteils von den Parteien festgelegt wurde (*Grunewald*, NZG 2003, 372, 373). Während teilweise vertreten wird, dass es für die Mängelgewährleistung auf den einzelnen Gegenstand ankomme (so: Staudinger/*Matusche-Beckmann,* § 434 Rn. 145; Erman/*Grunewald,* BGB, 13. Aufl 2011, § 434 Rn. 43), vertritt die herrschende Auffassung, dass eine Gewährleistungspflicht nur dann eintrete, wenn ein Sach- oder Rechtsmangel eines Einzelgegenstandes auf das Unternehmen im Ganzen durchschlägt, indem er beispielsweise die wirtschaftliche Grundlage des Unternehmens erschüttert, seine Marktstellung gefährdet oder sonst seine Tauglichkeit beeinträchtigt (so: *Bamberger/Roth,* BeckOK BGB, § 453 Rn. 27; Baumbach/Hopt/*Hopt,* Einleitung vor § 1 Rn. 46 ff). Der letzteren Auffassung hat sich zuletzt das OLG Köln angeschlossen und entschieden, dass es für das Vorliegen eines Mangels beim Unternehmenskauf auf das Unternehmen als Ganzes ankomme und nicht auf die Mangelhaftigkeit einzelner, zum Unternehmen gehörender Gegenstände (OLG Köln, ZIP 2009, 2063 = BeckRS 2009, 27644).

Weiterhin bleibt nach neuem Recht ungeklärt, ab welcher Mehrheit der Beteiligungskauf in einen Unternehmenskauf „umschlägt" und damit dem Verkäufer nicht nur für Mängel der Beteiligungsrechte, sondern auch für Mängel des Unternehmens Gewährleistungsansprüche zustehen. Die herrschende Meinung verlangt, dass eine Haftung des Verkäufers für die Beschaffenheit des Unternehmens nur dann möglich ist, wenn alle oder fast alle Anteile verkauft werden (Baumbach/Hopt/*Hopt,* Einleitung vor § 1 Rn. 46; Hölters/*Semler,* Handbuch Unternehmenskauf, 7. Aufl 2010, Teil VII Rn. 196). Für die Beurteilung kommt es dabei auf die Umstände des Einzelfalles an, insbesondere auf Rechtsform, Gesellschaftsvertrag, Sonderrechte einzelner Gesellschafter etc (*Beisel/Klumpp,* Der Unternehmenskauf, 6. Aufl 2009, Kap 16 Rn. 17). Für die Praxis ist jedoch wichtig, dass in der Regel kein Unternehmenskauf, sondern ein Beteiligungskauf angenommen wird, sollte ein Anteilserwerb weniger als 80 % der Beteiligungsrechte an der Zielgesellschaft umfassen (Palandt/*Weidenkaff,* § 453 Rn. 23; *Weitnauer,* NJW 2002, 2511 mwN).

11. Zustimmungserfordernisse. Das Muster geht von einem Sachverhalt aus, in dem die Zustimmung Dritter zur Übertragung der Geschäftsanteile nicht erforderlich ist. Zustimmungserfordernisse können zunächst aus dem Gesellschaftsvertrag der Gesellschaft folgen (§ 15 Abs 5 GmbHG, sog. Vinkulierung). Weit verbreitet ist das satzungsmäßige Erfordernis der Zustimmung der Gesellschaft bzw der Gesellschafterversammlung für jegliche Verfügung über Geschäftsanteile; gesellschaftsvertraglich kann aber auch festgelegt sein, dass die Verfügung über Geschäftsanteile der Zustimmung der Gesellschafter oder zumindest bestimmter Gesellschafter bedarf (vgl allgemein Baumbach/Hueck/*Hueck/Fastrich,* HGB, 19. Aufl 2010, § 15 Rn. 37 f). Ist ein Zustimmungserfordernis statutarisch festgelegt, können die Geschäftsanteile, solange die Zustimmung nicht erteilt ist, nicht wirksam abgetreten werden. Entbehrlich ist die Zustimmung der Gesellschaft, auch wenn ausdrücklich im Gesellschaftsvertrag festgelegt, bei Verfügungen des Alleingesellschafters (vgl BGH, NJW 1989, 168; BGH, DB 1991, 1218, 1219). Zustimmungserfordernisse können schließlich auch in der Vereinbarung über die Veräußerung der Geschäftsanteile selbst festgelegt werden. Am häufigsten anzutreffen ist hier der Organvorbehalt, dh das Abhängigmachen des Geschäfts von der Zustimmung etwa des Aufsichtsrats der als Veräußerer bzw Erwerber beteiligten Unternehmen. Sollen bei dem Geschäft auch die Interessen Dritter hinreichend berücksichtigt werden, können die Parteien auch vereinbaren, dass die Zustimmung dieser Dritten Voraussetzung für die Durchführung des Vertrages ist.

Gesetzliche Zustimmungserfordernisse sind zu beachten bei Beteiligung verheirateter Vertragsparteien und von Minderjährigen. Bedeutet der Vertragsschluss für eine verheiratete Partei, die im gesetzlichen Güterstand der Zugewinngemeinschaft lebt, eine Verfügung bzw Verpflichtung zur Verfügung über ihr ganzes oder nahezu ganzes Vermögen, ist gemäß § 1365 BGB die Zustimmung des Ehegatten erforderlich; geht es um die Verfügung über Einzelgegenstände, die zusammen das gesamte oder nahezu gesamte Vermögen ausmachen, gilt dies allerdings nur, soweit der Vertragspartner positiv weiß oder zumindest die Verhältnisse kennt, aus denen sich ergibt, dass durch das Rechtsgeschäft im Wesentlichen das ganze Vermögen erfasst wird (BGHZ 43, 174, 177). Wird im Falle von Gütergemeinschaft das Gesamtgut gemeinschaftlich verwaltet (§ 1450 BGB) und fällt die Beteiligung in das Gesamtgut, ist zu beachten, dass die Ehegatten nur gemeinschaftlich verfügungsbefugt sind; bei Gütertrennung bestehen keine Verfügungsbeschränkungen.

Ist ein Minderjähriger Vertragspartei, ist gemäß §§ 1643, 1822 Nr 3 BGB die Genehmigung des Familiengerichts erforderlich, wenn das Geschäft wirtschaftlich als Erwerb oder Veräußerung eines Erwerbsgeschäftes anzusehen ist, also bei Erwerb oder Veräußerung aller Geschäftsanteile (vgl strittige Einzelheiten bei Baumbach/Hueck/*Hueck/Fastrich,* HGB, 19. Aufl 2010, § 15 Rn. 3 ff), sowie wenn gemäß §§ 1643, 1822 Nr 10 BGB eine konkrete Möglichkeit der Inanspruchnahme für Verbindlichkeiten von Mitgesellschaftern, zB nach §§ 16 Abs 3, 24 GmbHG, besteht.

Problematisch ist bei dem Bestehen von Zustimmungserfordernissen immer der spätere Nachweis, dass die Zustimmung erteilt worden und deshalb die Anteilsübertragung wirksam vorgenommen worden ist.

12. Zusammenschlusskontrolle. Das Muster geht davon aus, dass der Anteilskauf nicht der fusionsrechtlichen Zusammenschlusskontrolle unterliegt. Ist der Zusammenschluss dagegen entsprechend den folgenden Ausführungen anmeldepflichtig, muss bis zur Freigabe durch das Bundeskartellamt das Vollzugsverbot des § 41 Abs 1 S 1 GWB beachtet werden. Gemäß § 41 Abs 1 S 2 GWB sind gegen das Vollzugsverbot verstoßende Rechtsgeschäfte bis zur (nachträglichen) Freigabe schwebend unwirksam.

Gemäß § 37 Abs 1 Nr 3 b) GWB liegt im Falle des Erwerbes von Anteilen an einem anderen Unternehmen, die allein oder zusammen mit sonstigen, dem erwerbenden Unternehmen bereits gehörenden Anteilen 25 % des Kapitals oder der Stimmrechte des zu erwerbenden Unternehmens erreichen, ein Zusammenschluss vor. Auch unterhalb der genannten 25 %-Schwelle kann der Erwerb von Anteilen die Fusionskontrolle auslösen, wenn (i) dem Erwerber Alleinkontrolle oder (durch die Einräumung von Veto- oder anderen Blockaderechten) Mitkontrolle des anderen Unternehmens ermöglicht wird (§ 37 Abs 1 Nr 2 GWB) oder (ii) zu dem Anteilserwerb Plusfaktoren hinzutreten, die einen wettbewerblich erheblichen Einfluss auf das Zielunternehmen ermöglichen (§ 37 Abs 1 Nr 4 GWB).

Anmelden müssen die Beteiligten einen Zusammenschluss bzw mehrere zusammenhängende Zusammenschlüsse gemäß §§ 35, 39 Abs 1 GWB, wenn im letzten Geschäftsjahr vor Zusammenschluss (i) die beteiligten Unternehmen insgesamt weltweit Umsatzerlöse von mehr als 500 Mio Euro und (ii) mindestens ein beteiligtes Unternehmen im Inland Umsatzerlöse von mehr als 25 Mio Euro erzielt haben. Sowohl die Anmeldepflicht als auch eine materielle Fusionskontrolle (etwa von Amts wegen) entfallen aber, wenn eines der beteiligten Unternehmen nicht abhängiges Unternehmen ist und im letzten Geschäftsjahr weltweit Umsatzerlöse von weniger als EUR 10 Mio erzielt hat (§ 35 Abs 2 Nr 1 GWB). Diese Ausnahme sollte es früher insbesondere Kleinunternehmern ermöglichen, ihr Unternehmen fusionskontrollfrei zu verwerten, gilt seit der 6. GWB-Novelle aber auch für das erwerbende Unternehmen. Sie gilt nach herrschender Meinung entsprechend, wenn eines der beteiligten Unternehmen zwar abhängig ist, der Konzern, zu dem die Abhängigkeit besteht, jedoch insgesamt die Schwelle von EUR 10 Mio unterschreitet (KG WuW/E 1711, 1712; vgl Wiedemann/*Richter*, Handbuch des Kartellrechts, 2. Aufl 2008, § 19 Rn. 42 ff mwN). Eine Ausnahme von der Anmeldepflicht und der materiellen Fusionskontrolle besteht nach § 35 Abs 2 Nr 2 GWB ferner, wenn der Zusammenschluss ausschließlich solche Märkte betrifft, auf denen jeweils seit mindestens fünf Jahren Waren oder gewerbliche Leistungen angeboten werden und auf denen im letzten Kalenderjahr jeweils weniger als EUR 15 Mio Euro umgesetzt wurden.

Die fusionskontrollrechtlichen Vorschriften des GWB finden insgesamt keine Anwendung, sofern die europäische Fusionskontrolle nach der EG-FusionskontrollveroR (VO (EG) Nr 139/2004 des Rates vom 20.1.2004 über die Kontrolle von Unternehmenszusammenschlüssen, die mit Wirkung zum 1.5.2004 die VeroR (EWG) Nr 4064/89 des Rates vom 21.12.1989 über die Kontrolle von Unternehmenszusammenschlüssen ersetzt hat) einschlägig ist (§ 35 Abs 3 GWB).

Die Beteiligten müssen den Vollzug des Zusammenschlusses gemäß § 39 Abs 6 GWB anzeigen.

13. Außenwirtschaftsrechtliche Unbedenklichkeit. Das Muster geht davon aus, dass der Anteilskauf nicht dem Anwendungsbereich des § 7 Abs 1 und 2 Nr 6 AWG iVm § 53 AWV unterliegt. Danach kann das Bundesministerium für Wirtschaft und Technologie (BMWi) (mit Zustimmung der Bundesregierung) unter bestimmten Voraussetzungen den Erwerb einer Beteiligung an in Deutschland ansässigen Unternehmen verbieten oder diesbezügliche AnoR erlassen. Der Anwendungsbereich des § 7 Abs 1 und 2 Nr 6 AWG ist eröffnet, wenn ein Käufer, der weder Sitz noch Hauptverwaltung innerhalb der EU/EFTA hat, direkt oder indirekt mindestens 25 % der Stimmrechte an einem in Deutschland ansässigen Unternehmen erwirbt. Bei der Bestimmung des Stimmrechtsanteils werden Anteile anderer Unternehmen an dem zu erwerbenden Unternehmen zugerechnet, wenn der Erwerber 25 % oder mehr Stimmrechte an dem anderen Unternehmen hält, sowie Stimmrechte Dritter, mit denen der gebietsfremde Erwerber eine Vereinbarung über die gemeinsame Ausübung von Stimmrechten abgeschlossen hat. In diesem Fall sollte die Übertragung der Anteile unter eine aufschiebende Bedingung gestellt werden bzw erst erfolgen, wenn eine Untersagung durch das BMWi nicht mehr erfolgen kann. Eine Prüfung des Erwerbs durch das BMWi kommt auch dann in Betracht, wenn der Käufer Sitz oder Hauptverwaltung in einem EU/EFTA-Staat hat, seine Stimmrechte aber zu mindestens 25 % in der Hand eines Unternehmens aus einem Drittstaat liegen, sofern es Anzeichen dafür gibt, dass eine missbräuchliche Gestaltung oder ein Umgehungsgeschäft bei der Berechnung des Stimmrechtsanteils vorgenommen wurde, um eine Prüfung zu unterlaufen (zB rein künstliche Konstruktion ohne wirtschaftlichen Sinn).

14. Notarkosten. Bei dem Anteilskaufvertrag handelt sich um einen Austauschvertrag, dessen Geschäftswert sich nach dem Kaufpreis für die Geschäftsanteile bestimmt, sofern diese nicht einen höheren Verkehrswert haben, § 97 Abs. 3 GNotKG. Nach KV 21100 GNotKG fällt eine 2,0-Gebühr an.

Bei der dinglichen Übertragung der Geschäftsanteile entstehen weitere Kosten in Höhe einer 1,0-Gebühr (mindestens 60 EUR), KV 21102 GNotKG. Hat allerdings derselbe Notar (s. dazu Vorb. 2 Abs. 1 KV GNotKG) zuvor den schuldrechtlichen Vertrag notariell beurkundet, so fällt nur eine 0,5-Gebühr (mindestens 30 EUR) an, KV 21101 Nr. 2 GNotKG. Bei der Erstellung der Gesellschafterliste durch den Notar entsteht eine 0,5-Gebühr (höchstens 250 EUR) des Wertes des zugrundeliegenden Beurkundungsverfahrens, KV 22113, 22110 iVm KV 21100 GNotKG, § 112 GNotKG. Für die Bescheinigung nach § 40 Abs. 2 GmbHG entsteht eine 0,5-Betreuungsgebühr (Vorb. 2.2 Abs. 1 KV GNotKG) nach KV 22200 Nr. 6 GNotKG, sofern Umstände außerhalb der Urkunde zu prüfen sind. Ansonsten fallen für die Bescheinigung keine Gebühren an. Der Geschäftswert der Bescheinigung bestimmt sich nach dem Wert des Beurkundungsverfahrens, § 113 Abs. 1 GNotKG.

15. Verkehr- und Verbrauchsteuern. Erwirbt der Käufer mindestens 95 % der Anteile an einer GmbH mit inländischem Grundbesitz, so fällt nach § 1 Abs 3 GrEStG Grunderwerbsteuer an, wobei bereits das schuldrechtliche Kaufgeschäft die Steuerpflicht auslöst. Bemessungsgrundlage ist der nach § 138 Abs 2 und 3 BewG festzustellende Bedarfswert (§ 8 Abs 2 Nr 3 GrEStG). Schuldner der Grunderwerbsteuer sind die Vertragsbeteiligten, dh der Veräußerer und der Erwerber als Gesamtschuldner (§ 13 Nr 5 iVm § 13 Nr 1 GrEStG). Der beurkundende Notar hat dem zuständigen Finanzamt beglaubigte Abschriften der Anteilsabtretungsurkunden zu übersenden (§ 54 Abs 1 EStDV) und den Vorgang anzuzeigen (§ 18 Abs 2 GrEStG). Darüber hinaus sind die Steuerschuldner zur Anzeige gegenüber dem zuständigen Finanzamt verpflichtet, soweit der Notar hierzu nicht verpflichtet ist (§ 19 Abs 1 GrEStG).

Nach § 4 Nr 8 lit f UStG ist die Veräußerung von Anteilen an einer Kapitalgesellschaft durch einen Unternehmer grundsätzlich umsatzsteuerfrei. Der Verkäufer kann jedoch nach § 9 Abs 1 UStG zur Umsatzsteuerpflicht optieren, wenn die Anteile an einen anderen Unternehmer (§ 2 UStG) für dessen Unternehmen verkauft werden. In diesem Fall wird dem Käufer der Vorsteuerabzug für seine Transaktionskosten ermöglicht. Die Option zur USt ist jedoch oft für den Käufer nachteilig, insbesondere dann, wenn Zweifel an der Berechtigung des Käufers zum Vorsteuerabzug bestehen. Daher stellt die Option zur USt in der Praxis die Ausnahme dar.

16. Kostentragung. Gemäß § 29 Nr 1 GNotKG sind die Vertragsparteien als Gesamtschuldner Kostenschuldner der Notarkosten. Für das Innenverhältnis zwischen Verkäufer und Käufer sieht § 453 Abs 2 BGB allerdings vor, dass der Verkäufer die Kosten der Begründung und Übertragung eines Rechts trägt. Diese Kosten umfassen auch die Kosten der notariellen Beurkundung (Palandt/*Weidenkaff,* § 453 Rn. 16). Häufig wird zwischen den Parteien allerdings vereinbart, dass (im Verhältnis zwischen den Parteien) der Erwerber die Notarkosten trägt. Eine solche Vereinbarung sieht auch das Muster vor.

Die Grunderwerbsteuer wird in der Praxis regelmäßig vom Käufer getragen. Da nach dem Gesetz Verkäufer und Käufer als Gesamtschuldner haften, empfiehlt sich eine ausdrückliche Regelung im Kaufvertrag.

17. Rechtswahl. Die bisherigen international-privatrechtlichen Vorschriften des EGBGB über vertragliche Schuldverhältnisse (Art 27 bis 37) sind am 17.12.2009 außer

Kraft getreten und durch die VeroR Nr 593/2008 des Europäischen Parlaments und des Rates vom 17. Juni 2008 über das auf Vertragliche Schuldverhältnisse anzuwendende Recht (Rom I) ersetzt worden.

Ebenso wie der bisherige Art 27 EGBGB normiert nun Art 3 Abs 1 Rom I, dass die Vertragsparteien in ihrer Rechtswahl frei sind.

Die bislang in Art 34 EGBGB geregelte Sonderanknüpfung an zwingende Vorschriften deutschen Rechts findet sich nun in veränderter Form in Art 9 Abs 2 Rom I.

So kann etwa der Unwirksamkeitsfolge bei Verstoß gegen das fusionsrechtliche Vollzugsverbot (§ 41 Abs 1 S 2 GWB) nicht durch die Wahl ausländischen Rechts ausgewichen werden. Gemäß Artikel 1 Abs 2 lit f Rom I ist der Grundsatz der freien Rechtswahl nicht anwendbar auf Fragen, die das Gesellschaftsrecht bzw das Recht der juristischen Personen betreffen. Das bedeutet, dass das (hier deutsche) Personalstatut unter anderem die Voraussetzung der Übertragung von Anteilsrechten regelt, während für das schuldrechtliche Grundgeschäft grundsätzlich das Vertragsstatut gilt (vgl Palandt/*Thorn*, Anh. zu Artikel 12 EGBGB Rn. 16*)*. Die erforderliche Form regelt Art 11 Rom I. Zusammengefasst lässt sich sagen, dass bei der Veräußerung von Geschäftsanteilen sich das dingliche Geschäft, Form- und Vertretungsfragen regelmäßig nach deutschem Recht richten werden, während die Parteien das auf die aus Anlass der Übertragung der Geschäftsanteile getroffenen schuldrechtlichen Vereinbarungen anwendbare Recht grundsätzlich frei wählen können. Die Praktikabilität, insbesondere die Erleichterung späterer Rechtsdurchsetzung, spricht für die Wahl des am Gerichtsstand geltenden Rechts.

18. Gerichtsstand. Zu Möglichkeiten und Voraussetzungen einer Gerichtsstandsvereinbarung vgl → Form. I.K.3 Anm. 11.

19. Ertragsteuerliche Situation bei Veräußerer und Erwerber. Hinsichtlich der einkommens- bzw körperschaftsteuerlichen Auswirkungen beim Veräußerer ist zu unterscheiden: Handelt es sich um eine natürliche Person und wurde der Anteil im Privatvermögen gehalten, so ist der erzielte Veräußerungsgewinn in der Regel nach Maßgabe des Teileinkünfteverfahrens steuerpflichtig (§ 17 Abs 1 EStG) dh nur 60 % des Veräußerungspreises (§ 3 Nr 40 EStG) und 60 % der Anschaffungs- und Veräußerungskosten (§ 3c Abs 2 EStG) wird in die Einkünfteermittlung einbezogen. Eventuelle Veräußerungsverluste können ebenfalls nur zu 60 % geltend gemacht werden. Dagegen zählt der Gewinn aus der Veräußerung eines Geschäftsanteils zu den Einkünften aus Gewerbebetrieb, wenn er aus einer als Mitunternehmerschaft zur qualifizierenden Personengesellschaft (§ 15 Abs 1 Nr 2 oder § 15 Abs 3 Nr 2 EStG) oder sonst aus dem Betriebsvermögen einer natürlichen Person (§ 2 Abs 1 Nr 1 bis 3 EStG) heraus veräußert worden ist. Auch insoweit gilt das Teileinkünfteverfahren (§ 3 Nr 40 lit a EStG). Handelt es sich bei der veräußernden Person um eine Kapitalgesellschaft, so ist der Veräußerungsgewinn nach § 8 b Abs 2 KStG idR steuerfrei. 5 % des erzielten Gewinns gelten allerdings als nichtabzugsfähige Betriebsausgaben (§ 8b Abs 3 S 1 KStG) und unterliegen damit der Körperschaftsteuer. Gewinnminderungen, die im Zusammenhang mit dem veräußerten Anteil stehen (zB Teilwertabschreibungen), sind nicht abzugsfähig (§ 8b Abs 3 S 3 KStG).

Ein buchführungspflichtiger Käufer hat den Geschäftsanteil als nicht abnutzbares Wirtschaftsgut (mit den Anschaffungskosten) in seiner Bilanz zu aktivieren. Ihm ist es nicht möglich, diese Anschaffungskosten in steuerlich nutzbaren Abschreibungsaufwand zu transformieren. Postakquisitorische Restrukturierungen mit dem Ziel eines steuerlichen Step-up sind heute in der Regel nicht mehr möglich.

Die Veräußerung von GmbH-Geschäftsanteilen ist grundsätzlich gewerbesteuerfrei, wenn der Veräußerer eine Kapitalgesellschaft ist (§ 8b Abs 2 KStG iVm § 7 Abs 1 GewStG), wobei 5 % des Gewinns als nichtabzugsfähige Betriebsausgaben gelten (§ 8b Abs 3 S 1 KStG) und damit der Gewerbesteuer unterliegen. Veräußert eine gewerbesteuerpflichtige (§ 2 Abs 1 GewStG) natürliche Person den Anteil aus ihrem Betriebsvermögen, so ist auch für Gewerbesteuerzwecke nur 60 % des Veräußerungsgewinns steuerpflichtiger Ertrag iSv § 7 Abs 1 GewStG. Auf Ebene einer gewerbesteuerpflichtigen Personengesellschaft unterliegen die Veräußerungsgewinne nicht der Gewerbesteuer, soweit natürliche Personen an der Personengesellschaft beteiligt sind (vgl § 7 Abs 1 S 2 GewStG), und zu 5 %, soweit Kapitalgesellschaften beteiligt sind.

Veräußert eine natürliche Person einen Geschäftsanteil aus ihrem Privatvermögen, so fällt keine Gewerbesteuer an.

Nach § 20 Abs 5 S 2 EStG werden die durch einen Geschäftsanteil vermittelten Gewinnausschüttungen steuerlich demjenigen zugerechnet, der zum Zeitpunkt des Gewinnverwendungsbeschlusses wirtschaftlicher Eigentümer (§ 39 Abs 2 Nr 1 Satz 1 AO) dieses Geschäftsanteils ist. Falls der Anteil während des laufenden Wirtschaftsjahres („unterjährig") veräußert wird und die Gewinnausschüttung noch aussteht, kann die im laufenden Wirtschaftsjahr erfolgende Ausschüttung daher steuerlich dem Erwerber zugerechnet werden, wenn er zum Zeitpunkt des maßgeblichen Gewinnverwendungsbeschlusses bereits wirtschaftlicher Eigentümer des Anteils war. Dies widerspricht der zivilrechtlichen Rechtslage, wonach der Veräußerer vom Erwerber Auszahlung des zeitanteiligen Gewinnanteils verlangen kann (§§ 101 Nr 2, 2. Halbsatz, 99 Abs 2 BGB). Problematisch ist dabei auch, dass die Regelungen des § 8b Abs 1 KStG für Gewerbesteuerzwecke im Erwerbsjahr nicht gelten werden (§ 8 Nr 5 GewStG). Es empfiehlt sich daher regelmäßig, im Anteilskaufvertrag aus steuerlichen Gründen von der (dispositiven) Zivilrechtslage abzuweichen und dem Erwerber auch die noch nicht ausgeschütteten Gewinne vergangener Jahre zuzusprechen, wobei dieser Posten bei der Kaufpreisbildung zu berücksichtigen ist. Alternativ kann der Veräußerer den Jahresüberschuss auch vor der dinglichen Übertragung des Anteils im Wege einer Vorabausschüttung an sich auskehren, wenn dies für ihn steuerlich günstiger ist.

Es ergeben sich einkommen-, gewerbe- und körperschaftsteuerliche Besonderheiten, wenn Anteile während laufender Haltefristen – zB aus § 15 Abs 2 UmwStG, § 22 UmwStG, § 6 Abs 5 EStG – veräußert werden oder wenn an der Veräußerung ausländische Rechtsträger beteiligt sind. Diesbezüglich wird auf die einschlägigen Kommentierungen zum UmwStG verwiesen. Abweichende Regelungen können auch für Kreditinstitute, Finanzdienstleistungsinstitute und Finanzunternehmen im Sinne des Kreditwesengesetzes (§ 8b Abs 7 KStG) sowie für Lebens- und Krankenversicherungsunternehmen (§ 8b Abs 8 KStG) gelten. Gemäß § 54 EStV muss der beurkundende Notar dem Finanzamt eine beglaubigte Abschrift der Urkunde über die Anteilsabtretung zusenden.

9. Ausführlicher Anteilskaufvertrag bei GmbH (schuldrechtliches Geschäft, Locked Box, umfangreiche Gewährleistungen)

Nr . . . . . der Urkundenrolle für . . . . .[1]

Verhandelt[1]

zu Frankfurt am Main am . . . . .

Vor mir, dem unterzeichneten Notar[2]

. . . . .

mit dem Amtssitz in . . . . . Frankfurt am Main

erschienen heute:

1. [Name und Adresse], sich ausweisend durch Vorlage seines gültigen Bundespersonalausweises Nr. . . . . .;
2. [Name und Adresse], sich ausweisend durch Vorlage seines gültigen Bundespersonalausweises Nr. . . . . . .

Der Erschienene zu 1. erklärte, im Folgenden nicht im eigenen Namen zu handeln, sondern im Namen der . . . . . (im Folgenden als die „Verkäuferin" bezeichnet) als deren alleinvertretungsberechtigter Geschäftsführer. Die Verkäuferin ist in Abteilung B des Handelsregisters des Amtsgerichts . . . . . unter Registernummer . . . . . eingetragen und hat ihre Hauptniederlassung in . . . . . Aufgrund seiner heute erfolgten Einsichtnahme in das Handelsregister bescheinigt der Notar, dass der Erschienene zu 1. berechtigt ist, die Verkäuferin zu vertreten.[3]

Der Erschienene zu 2. erklärte, im Folgenden nicht im eigenen Namen zu handeln, sondern im Namen der . . . . . (im Folgenden als die „Käuferin" bezeichnet) als deren alleinvertretungsberechtigter Geschäftsführer. Die Käuferin ist in Abteilung B des Handelsregisters des Amtsgerichts . . . . . unter Registernummer . . . . . eingetragen und hat ihre Hauptniederlassung in . . . . . Aufgrund seiner heute erfolgten Einsichtnahme in das Handelsregister bescheinigt der Notar, dass der Erschienene zu 2. berechtigt ist, die Käuferin zu vertreten.

Der Notar belehrte die Erschienenen über die Regelung des § 3 Abs 1 Satz 1 Nr 7 Beurkundungsgesetz, woraufhin diese eine Vorbefassung des Notars verneinten.

I.

Handelnd wie angegeben, schlossen die Erschienenen sodann den als Anlage A[4] beigefügten

Anteilskaufvertrag

II.

Im Anschluss an den Abschluss des vorstehenden Anteilskaufvertrages erklärte der Erschienene zu 1. auf die entsprechende Frage des Notars, dass zu dem Vermögen der Gesellschaft inländischer Grundbesitz gehöre. Der Notar belehrte die Erschienenen daraufhin, dass der Erwerb aller Anteile einer Gesellschaft, zu deren Vermögen ein inländisches Grundstück gehört, der Grunderwerbsteuer unterliegt.

Der Notar belehrte die Erschienenen,

- dass die Gesellschafter auch für die von anderen übernommenen, aber nicht geleisteten Geschäftsanteile haften;
- dass die Parteien, unbeschadet der Regelungen in dieser Urkunde, gemeinschaftlich für deren Kosten haften und
- dass sämtliche Vertragsvereinbarungen beurkundungsbedürftig sind und dass Nebenabreden, die nicht beurkundet werden, zur Nichtigkeit des gesamten Vertrages führen können;
- dass er gem § 40 Abs 2 S 1 GmbHG verpflichtet ist, unverzüglich nach dem Wirksamwerden einer Veränderung in den Personen der Gesellschafter oder des Umfangs ihrer Beteiligung eine aktuelle Gesellschafterliste beim Registergericht einzureichen;
- dass gem § 16 Abs 1 GmbHG im Verhältnis zur Gesellschaft nur derjenige als Gesellschafter gilt, wer als solcher in der im Handelsregister aufgenommenen Gesellschafterliste eingetragen ist und allein mit der Einreichung dieser Liste die Aufnahme im Handelsregister noch nicht gewährleistet ist;

- dass er gem § 54 Einkommensteuer-Durchführungsverordnung verpflichtet ist, dem nach § 20 der Abgabenordnung zuständigen Finanzamt eine beglaubigte Abschrift dieser Urkunde zu übersenden;
- dass er die steuerlichen und kartellrechtlichen Auswirkungen der beurkundeten Erklärung nicht geprüft hat.

Die vorstehende Niederschrift einschließlich Anlage A wurde den Erschienenen von dem Notar vorgelesen, von ihnen genehmigt und sodann von ihnen und dem Notar eigenhändig wie folgt unterschrieben:

Anlage A zur Urkunde ...../.....

des Notars ..... in .....

Anteilskaufvertrag

vom .....

zwischen

[Verkäuferin

Adresse]

(im Folgenden als „Verkäuferin" bezeichnet)

und

[Käuferin

Adresse]

(im Folgenden als „Käuferin" bezeichnet).

Vorbemerkung

Die Verkäuferin ist die alleinige Gesellschafterin der [Zielgesellschaft], die in Abteilung B des Handelsregisters des Amtsgerichts ..... unter der Registernummer ..... eingetragen ist und ihre Hauptniederlassung in ..... hat (im Folgenden als die „Gesellschaft" bezeichnet).

Das Stammkapital der Gesellschaft beträgt EUR ..... und ist voll eingezahlt.[5] Das Stammkapital besteht aus den folgenden Geschäftsanteilen (im Folgenden zusammen als die „Geschäftsanteile" bezeichnet)[6]

(1) Geschäftsanteil im Nennbetrag von EUR ..... (lfd. Nr ..... der im Handelsregister der Gesellschaft aufgenommenen Gesellschafterliste);

(2) Geschäftsanteil im Nennbetrag von EUR ..... (lfd. Nr ..... der im Handelsregister der Gesellschaft aufgenommenen Gesellschafterliste);

usw.

In der im Handelsregister der Gesellschaft aufgenommenen Liste der Gesellschafter ist die Verkäuferin als Inhaberin der Geschäftsanteile eingetragen. Ein Widerspruch ist der Liste nicht zugeordnet.[7]

Die Verkäuferin ist daran interessiert, die Geschäftsanteile zu veräußern. Die Käuferin ist daran interessiert, die Geschäftsanteile zu erwerben.

Die Parteien vereinbaren daher folgendes:

§ 1 Verkauf und Abtretung der Geschäftsanteile, Gewinnberechtigung, Wirtschaftlicher Stichtag

1. Die Verkäuferin verkauft hiermit der Käuferin die Geschäftsanteile mit wirtschaftlicher Wirkung zum . . . . . (unabhängig davon, wann die Abtretung gem § 1.2 wirksam wird, im Folgenden als „Wirtschaftlicher Stichtag" bezeichnet). Der Verkauf erstreckt sich auf alle mit den Geschäftsanteilen verbundenen Ansprüche und sonstigen Rechte, und der Gewinn des laufenden Geschäftsjahres sowie ein etwaiger nicht unter die Gesellschafter verteilter Gewinn früherer Geschäftsjahre (dh vorgetragener Gewinn und der Gewinn früherer Geschäftsjahre, soweit er nicht vor dem Wirtschaftlichen Stichtag an die Gesellschafter der Gesellschaft ausgeschüttet wurde) stehen allein der Käuferin zu. Die Käuferin nimmt diesen Verkauf an.[8]
2. Vorbehaltlich § 5 dieses Vertrages verpflichtet sich die Verkäuferin, die Geschäftsanteile zum Vollzugsstichtag Zug um Zug gegen Zahlung des Kaufpreises durch separate Vereinbarung gem § 6.1(c) dieses Vertrages an die Käuferin abzutreten. Die Käuferin verpflichtet sich, diese Abtretung anzunehmen.[9, 10, 11]
3. Eine Kopie der Zustimmungserklärung der Gesellschaft zu dem Verkauf und der Abtretung der Geschäftsanteile an die Käuferin ist als Anlage 1.3 beigefügt.[12]

§ 2 Kaufpreis[13]

Der Gesamtkaufpreis für die Geschäftsanteile beträgt EUR . . . . . (in Worten: Euro . . . . .) und ist zum Vollzugsstichtag Zug um Zug gegen Abtretung der Geschäftsanteile gem § 1.2 dieses Vertrages zur Zahlung fällig und ist vom Wirtschaftlichen Stichtag bis zur Zahlung mit einem Zinssatz zu verzinsen, der dem am Wirtschaftlichen Stichtag quotierten EURIBOR-Satz für 3-Monats-Gelder zuzüglich . . . . . Prozentpunkte entspricht (im Folgenden zusammen als „Kaufpreis" bezeichnet).[14] Alle Zahlungen an die Verkäuferin nach diesem Vertrag sind per Überweisung mit gleichtägiger Gutschrift auf das Konto der Verkäuferin IBAN . . . . . bei der [. . . . . *(Bank)*] (BIC: . . . . .) (im Folgenden als das „Verkäuferkonto" bezeichnet) zu leisten; sämtliche mit der Überweisung verbundenen Kosten und Gebühren trägt die Käuferin.

§ 3 Kein Wertabfluss

1. Die Verkäuferin verpflichtet sich, jeden Wertabfluss iSv § 3.2 dieses Vertrages, mit Ausnahme Zulässigen Wertabflusses nach § 3.3 dieses Vertrages, durch Zahlung eines dem Wertabfluss entsprechenden Geldbetrages an die Käuferin oder die Gesellschaft auszugleichen.
2. „Wertabfluss" in diesem Sinne bedeutet, jeweils für den Zeitraum ab dem Wirtschaftlichem Stichtag und zugunsten der Verkäuferin oder zugunsten eines mit der Verkäuferin iSv §§ 15ff AktG verbundenen Unternehmens (im Folgenden als „Verbundenes Unternehmen" bezeichnet): (i) jede Dividendenzahlung oder ähnliche Ausschüttung der Gesellschaft, (ii) jede Reduzierung des eingezahlten Stammkapitals der Gesellschaft, (iii) jede Zinszahlung auf oder Rückzahlung von Gesellschafterdarlehen durch die Gesellschaft oder (iv) jede Transaktion zwischen der Gesellschaft und der Verkäuferin (oder einem Verbundenen Unternehmen der Verkäuferin) sowie jede Zahlung der Gesellschaft an die Verkäuferin (oder an ein Verbundenes Unternehmen der Verkäuferin), soweit die Transaktion oder Zahlung nicht zu gewöhnlichen Marktbedingungen erfolgt.
3. „Zulässiger Wertabfluss" bedeutet (i) jede Zahlung bzw. Zahlungsverpflichtung, die auf einem Vertrag beruht, der zum Zeitpunkt des Abschlusses dieses Vertrages zwischen der Gesellschaft und der Verkäuferin (oder einem mit der Verkäuferin

Verbundenen Unternehmen) besteht und der Käuferin offengelegt wurde sowie (ii) jede Zahlung bzw Zahlungsverpflichtung gemäß Anlage 3.3.[15]

§ 4 Fortführung der Geschäfte[16]

1. Die Verkäuferin ist verpflichtet, zwischen Abschluss dieses Vertrages und dem Vollzugsstichtag, soweit rechtlich zulässig, dafür zu sorgen, dass die Gesellschaft ihren Geschäftsbetrieb im gewöhnlichen Geschäftsgang und im Wesentlichen in derselben Art und Weise wie zuvor fortführt.
2. Für die nachfolgend aufgelisteten Maßnahmen (mit Ausnahme der in Anlage 4.2 beschriebenen bereits vorab gestatteten Maßnahmen) bedarf es der vorherigen schriftlichen Zustimmung der Käuferin (die diese nicht unbillig verweigern darf), soweit diese Maßnahmen im konkreten Einzelfall außerhalb des gewöhnlichen Geschäftsganges liegen:
   a) Ausgabe von Geschäftsanteilen an der Gesellschaft, sonstige Gewährung von Beteiligungen an Dritte sowie jegliche Kapital-, Restrukturierungs- oder Umwandlungsmaßnahmen auf Ebene der Gesellschaft;
   b) Veräußerung von Gegenständen des Anlagevermögens im Wert von EUR ..... oder mehr der Gesellschaft;
   c) Investitionen der Gesellschaft im Wert von EUR ..... oder mehr;
   d) Eingehung vertraglicher Verpflichtungen oder Verbindlichkeiten der Gesellschaft in Höhe von EUR ..... oder mehr im Einzelfall;
   e) Gewährung von Darlehen oder Sicherheitenstellung durch die Gesellschaft an Dritte, soweit der Gesamtbetrag an Darlehen und/oder Sicherheiten EUR ..... übersteigt;
   f) wesentliche Veränderungen in den Vertragsbedingungen (einschließlich der Vergütung) der leitenden Angestellten.

§ 5 Vollzugsbedingungen

1. Die Pflicht zur Abtretung der Geschäftsanteile nach § 1.2 dieses Vertrages steht unter den folgenden aufschiebenden Bedingungen (im Folgenden jeweils als „Vollzugsbedingung“ bezeichnet):
   a) Freigabe des Erwerbs der Geschäftsanteile („Zusammenschlussvorhaben“) durch das Bundeskartellamt;[17] diese Vollzugsbedingung tritt ein, wenn:
      (i) das Bundeskartellamt das Zusammenschlussvorhaben gem § 40 Abs 2 S 1 GWB freigibt; oder
      (ii) das Bundeskartellamt dem bzw den anmeldenden Unternehmen schriftlich mitteilt, dass die Voraussetzungen für eine Untersagung nach § 36 GWB nicht vorliegen; oder
      (iii) die Einmonatsfrist gem § 40 Abs 1 S 1 GWB verstrichen ist, ohne dass das Bundeskartellamt dem bzw den anmeldenden Unternehmen den Eintritt in das Hauptprüfverfahren mitgeteilt hat; oder
      (iv) die viermonatige Untersagungsfrist des § 40 Abs 2 S 2 GWB (beziehungsweise die verlängerte Prüfungsfrist von fünf Monaten gemäß § 40 Abs 2 S 7 GWB) verstrichen ist, ohne dass das Bundeskartellamt (i) das Zusammenschlussvorhaben gem § 40 Abs 2 S 1 GWB untersagt hat oder (ii) mit den Zusammenschlussbeteiligten gem § 40 Abs 2 S 4 Nr 1 GWB eine Fristverlängerung vereinbart hat; oder
      (v) eine nach § 40 Abs 2 S 4 Nr 1 GWB vereinbarte Fristverlängerung abläuft, ohne dass eines der in Buchstabe (a) Ziff (iv), Unterziff (i) oder (ii) dieses § 5.1 genannten Ereignisse eingetreten ist; oder

(vi) das Bundeskartellamt dem bzw den anmeldenden Unternehmen mitteilt, dass das Zusammenschlussvorhaben nicht fusionskontrollpflichtig ist.

b) Nichtuntersagung des Erwerbs der Geschäftsanteile gem § 4 Abs 1 Nr 4, § 5 Abs 2 AWG iVm § 59 Abs 1 AWV;[18] diese Vollzugsbedingung tritt ein, wenn:

(i) das Bundesministerium für Wirtschaft und Energie („BMWi") eine Bescheinigung über die Unbedenklichkeit des Erwerbs gem § 58 Abs 1 S 1 AWV erteilt hat; oder

(ii) eine Unbedenklichkeitsbescheinigung gem § 58 Abs 2 S 1 AWV als erteilt gilt, weil das BMWi nicht innerhalb von zwei Monaten nach Eingang des Antrags gem § 58 Abs 1 AWV ein Prüfverfahren nach § 55 Abs 1 S 1 AWV eröffnet hat; oder

(iii) die dreimonatige Aufgreiffrist gem § 55 Abs 3 S 1 AWV abläuft, ohne dass das BMWi der Käuferin mitgeteilt hat, eine Prüfung nach § 55 Abs 1 AWV durchzuführen; oder

(iv) die viermonatige Prüfungsfrist des § 59 Abs 1 S 1, Abs 2 AWV nach Eingang der vollständigen Unterlagen abläuft, ohne dass das BMWi den Erwerb der Geschäftsanteile untersagt oder Anordnungen in Bezug auf den Erwerb erlassen hat; oder

(v) das BMWi vor Ablauf der viermonatigen Prüfungsfrist des § 59 Abs 1 S 1 AWV Anordnungen in Bezug auf den Erwerb erlässt, ohne diesen zu untersagen und die Käuferin der Verkäuferin binnen ..... Tagen nach Zugang des diesbezüglichen Verwaltungsaktes schriftlich mitteilt, dass sie mit den Anordnungen einverstanden ist und diesen Vertrag gleichwohl vollziehen möchte.

2. Die Anmeldung des Verkaufs der Geschäftsanteile als Zusammenschlussvorhaben beim Bundeskartellamt werden die Vertragsparteien unverzüglich nach Beurkundung dieses Vertrages gemeinsam vornehmen. Falls das Bundeskartellamt die in diesem Vertrag vereinbarten Rechtsgeschäfte untersagt oder Anordnungen diesbezüglich erlässt, ist die Käuferin auf schriftliche Aufforderung der Verkäuferin dazu verpflichtet, auf ihre Kosten zur Erreichung der Freigabe geeignete Rechtsmittel einzulegen. Macht das Bundeskartellamt die Freigabe vom Eintritt oder der Erfüllung bestimmter Bedingungen oder Auflagen seitens der Käuferin abhängig, hat die Käuferin diese Bedingungen und Auflagen anzubieten und zu erfüllen beziehungsweise zu befolgen. Untersagt das Bundeskartellamt den Erwerb der Geschäftsanteile durch die Käuferin, hat jede Vertragspartei das Recht, durch schriftliche Erklärung gegenüber der anderen Partei von diesem Vertrag zurückzutreten. Weder Verkäuferin noch Käuferin werden gegenüber dem Bundeskartellamt einer Fristverlängerung ohne die vorherige schriftliche Zustimmung der jeweils anderen beteiligten Partei zustimmen.[19]

3. Die Käuferin wird unverzüglich nach Beurkundung dieses Vertrages eine Unbedenklichkeitsbescheinigung für die in diesem Vertrag vereinbarten Rechtsgeschäfte gem § 58 Abs 1 AWV beantragen. Falls das BMWi die in diesem Vertrag vereinbarten Rechtsgeschäfte untersagt oder Anordnungen diesbezüglich erlässt, ist die Käuferin auf schriftliche Aufforderung der Verkäuferin dazu verpflichtet, auf ihre Kosten zur Erreichung der Freigabe geeignete Rechtsmittel einzulegen. Macht das BMWi die Freigabe vom Eintritt oder der Erfüllung bestimmter Bedingungen und Auflagen seitens der Käuferin abhängig, hat die Käuferin diese Bedingungen und Auflagen anzubieten und zu erfüllen beziehungsweise zu befolgen. Untersagt das BMWi den Erwerb der Geschäftsanteile durch die Käuferin, hat jede Vertragspartei das Recht, durch schriftliche Erklärung gegenüber der anderen Partei von diesem Vertrag zurückzutreten.[20]

4. Die Ausübung der vorstehend geregelten Rücktrittsrechte lassen die Verpflichtungen der Parteien nach § 10 (*Vertraulichkeit und Pressemitteilungen*) und § 11 (*Verschiedenes*) [*ggf weitere Vertragsbestimmungen einfügen*] unberührt.

5. Der Zeitpunkt, in dem alle Vollzugsbedingungen erfüllt sind, wird im Folgenden als „Vollzugsreife“ bezeichnet.

§ 6 Vollzug

1. Die Parteien sind verpflichtet, am . . . . . ten Werktag nach Vollzugsreife um . . . . . Uhr in den Büros von . . . . . zum Vollzug der Transaktion zusammenzukommen und Zug um Zug die folgenden „Vollzugshandlungen“ durchzuführen:
   a) [Die Verkäuferin hat der Käuferin wirksam ausgefertigte Niederlegungsschreiben bzw. Abberufungsbeschlüsse auszuhändigen, durch welche die Geschäftsführer . . . . . und . . . . . mit Wirkung zum Vollzugsstichtag ihr Amt niederlegen bzw. von diesem abberufen werden.]
   b) [Die Verkäuferin hat der Käuferin eine Kopie des Datenraumspeichermediums gem § 9.5 dieses Vertrages auszuhändigen.]
   c) Die Parteien haben eine Abtretungsvereinbarung über die Geschäftsanteile auszufertigen, die im Wesentlichen dem als Anlage 6.1(c) beigefügten Entwurf entspricht.[21]
   d) Die Käuferin hat den Kaufpreis an die Verkäuferin zu bezahlen.
2. Kommt eine Partei ihren Verpflichtung zur Durchführung der Vollzugshandlungen nicht nach, hat die andere Partei das Recht, durch schriftliche Erklärung gegenüber der säumigen Partei von diesem Vertrag zurückzutreten, sofern die säumige Partei nicht innerhalb einer Frist von . . . . . Tagen ihre ausstehenden Vollzugshandlungen durchführt.[22]
3. Die vollständige Durchführung aller Vollzugshandlungen wird in diesem Vertrag als „Vollzug“ bezeichnet, und der Zeitpunkt der wirksamen Abtretung der Geschäftsanteile durch die Verkäuferin an die Käuferin wird als „Vollzugsstichtag“ bezeichnet.
4. Die Parteien haben unverzüglich nach dem Vollzug ein Vollzugsprotokoll auszufertigen, das die Erfüllung aller Vollzugsbedingungen sowie die Durchführung aller Vollzugshandlungen bestätigt und im Wesentlichen dem als Anlage 6.4 beigefügten Entwurf entspricht (im Folgenden als „Vollzugsprotokoll“ bezeichnet). Das Vollzugsprotokoll dient dem Nachweis der Erfüllung der Vollzugsbedingungen und Durchführung der Vollzugshandlungen und beschränkt oder präkludiert keine der Parteien in deren Rechten oder Ansprüchen im Zusammenhang mit diesem Vertrag.

§ 7 Weitere Verpflichtungen der Parteien

1. Die Käuferin verpflichtet sich, die Verkäuferin mit Wirkung ab dem Vollzugsstichtag von allen Verpflichtungen zu befreien, die aus der Begebung von Garantien, Stellung von Bürgschaften oder Schuldmitübernahmen für Verpflichtungen der Gesellschaft gegenüber Dritten, die in Anlage 7.1 aufgeführt sind, folgen und die Verkäuferin von der Inanspruchnahme aus solchen Garantien, Bürgschaften und Schuldmitübernahmen freizustellen.
2. Die Verkäuferin verpflichtet sich, das Fassen von Gesellschafterbeschlüssen der Gesellschaft ab dem Vollzugsstichtag zu unterlassen. Dies gilt nicht, wenn sie von der Käuferin dazu schriftlich aufgefordert wird.
3. Die Verkäuferin erteilt der Käuferin hiermit die unwiderrufliche Vollmacht, ab dem Vollzugsstichtag bis zu dem Zeitpunkt, zu dem die Käuferin gem § 16 Abs 1 S 1 GmbHG im Verhältnis zur Gesellschaft als Gesellschafterin gilt, die folgenden Gesellschafterbeschlüsse zu fassen (ggf hilfsweise zusätzlich zu den Gesellschafterbeschlüssen, welche die Käuferin gem § 16 Abs 1 S 2 GmbHG gefasst hat).[23]

a) Abberufung aller oder einzelner bisheriger Geschäftsführer der Gesellschaft sowie die Änderung ihrer Vertretungsberechtigung,
b) Bestellung neuer Geschäftsführer der Gesellschaft,
c) Abschluss, Änderung oder Beendigung von Geschäftsführerdienstverträgen,
d) Änderungen des Gesellschaftsvertrages einschließlich Änderung von Firma, Sitz, Geschäftsjahr, Regelungen zur Vertretung und Geschäftsführung sowie Gesellschafterversammlung, Einzahlungen in die Kapitalrücklage, jedoch mit Ausnahme von Erhöhungen des Stammkapitals,
e) Abschluss von Beherrschungs- und/oder Gewinnabführungsverträgen sowie sonstigen Unternehmensverträgen,
f) alle übrigen Gesellschafterbeschlüsse, wenn die Käuferin der Verkäuferin Sicherheit für den Fall leistet, dass die Verkäuferin als Gesellschafterin aufgrund dieser Gesellschafterbeschlüsse in Anspruch genommen wird.

Die Käuferin ist nicht berechtigt, im Namen der Verkäuferin einen Gesellschafterbeschluss zu fassen, soweit dieser offensichtlich rechtswidrig ist oder, mit Ausnahme von lit (f), ein Haftungsrisiko für die Verkäuferin begründet. Die Käuferin stellt die Verkäuferin von sämtlichen Haftungsrisiken aufgrund von im Namen der Verkäuferin nach diesem § 7.3 gefassten Gesellschafterbeschlüssen frei.

4. Die Verkäuferin verpflichtet sich, alles, was sie nach dem Vollzugsstichtag von der Gesellschaft in ihrer Eigenschaft als in der Gesellschafterliste aufgeführte Gesellschafterin erhält (zB Ausschüttungen), unverzüglich an die Käuferin weiterzuleiten.

§ 8 Gewährleistungen der Verkäuferin[24, 25, 26]

Die Verkäuferin gewährleistet der Käuferin in der Form eines selbständigen Garantieversprechens gem § 311 Abs 1 BGB, dass die nachfolgenden Aussagen zum Zeitpunkt der Beurkundung dieses Vertrages (im Folgenden als „Unterzeichnungstag“ bezeichnet) sowie zu einem im Folgenden ggf ausdrücklich genannten weiteren Zeitpunkt[27] richtig und vollständig sind. Soweit in diesem Zusammenhang auf „bestes Wissen der Verkäuferin“ abgestellt wird, ist dafür allein die positive Kenntnis von . . . . . (*Person 1*) und . . . . . (*Person 2*) relevant.[28]

1. Die Ausführungen in der Vorbemerkung dieses Vertrages in Bezug auf die Verkäuferin und die Gesellschaft sind zum Unterzeichnungstag und zum Vollzugsstichtag vollständig und richtig.
2. Die Gesellschaft ist eine nach dem Recht der Bundesrepublik Deutschland ordnungsgemäß errichtete und gem dem Gesellschaftsvertrag zum Unterzeichnungstag und zum Vollzugsstichtag wirksam bestehende Gesellschaft mit beschränkter Haftung. Es existieren zum Unterzeichnungstag und zum Vollzugsstichtag weder satzungsändernde Gesellschafterbeschlüsse, die noch nicht im Handelsregister eingetragen sind, noch sich auf die Verfassung und Organisation der Gesellschaft beziehende Nebenvereinbarungen.
3. Die Gesellschaft hält zum Unterzeichnungstag und zum Vollzugsstichtag keine anderen Beteiligungen an anderen Unternehmen und ist nicht verpflichtet, solche Beteiligungen zu erwerben.
4. Die Gesellschaft ist weder mit der Verkäuferin noch mit Dritten Unternehmensverträge iSd §§ 291 ff AktG und auch keine Verträge über die Begründung einer stillen Gesellschaft eingegangen.[29]
5. Die Verkäuferin ist zum Unterzeichnungstag und zum Vollzugsstichtag die rechtliche und wirtschaftliche Inhaberin der Geschäftsanteile, die frei von jeglichen Belastungen wie von anderen zugunsten Dritter bestellten Rechten sind. Die Verkäuferin hat zum Unterzeichnungstag und zum Vollzugsstichtag das Recht, über die Geschäftsanteile

18.2 alle Verträge über die Anschaffung oder Veräußerung von Gegenständen des Anlagevermögens einschließlich immaterieller Vermögensgegenstände, Sachanlagen (mit Ausnahme von Grundstücken und grundstücksgleichen Rechten) und Finanzanlagen, deren Wert EUR ..... pro Einzelfall oder zusammengenommen EUR ..... übersteigt;

18.3 alle Pacht-, Miet- oder Leasing-Verträge, soweit deren jährliche Zahllast EUR ..... im Einzelfall oder zusammengenommen EUR ..... übersteigt;

18.4 alle Lizenzverträge, die die Gesellschaft als Lizenzgeber oder Lizenznehmer eingegangen ist, soweit die jeweilige jährliche Zahllast im Einzelfall EUR ..... oder zusammengenommen EUR ..... übersteigt;

18.5 alle Kreditverträge, die die Gesellschaft als Kreditgeber oder Kreditnehmer eingegangen ist, mit Ausnahme handelsüblicher, im gewöhnlichen Geschäftsverkehr erfolgter Verlängerung der Fälligkeit von Forderungen oder Verbindlichkeiten, sowie alle Factoring-Verträge;

18.6 alle Abnahme- bzw Lieferverträge mit den ..... größten Abnehmern und den ..... größten Lieferanten der Gesellschaft im Geschäftsjahr ..... wie auch mit denjenigen Lieferanten der Gesellschaft, die für die betreffenden Waren und Dienstleistungen die einzigen Lieferquellen der Gesellschaft sind, dh für die keine alternative Bezugsquelle zu vergleichbaren Bedingungen existiert (mit Ausnahme von Energieversorgungsverträgen, Post- und Telekommunikationsdiensten); es ist jeweils das Geschäftsvolumen für das Geschäftsjahr ..... aufgeführt; nach bestem Wissen der Verkäuferin besteht kein Anlass anzunehmen, dass einer dieser Abnehmer bzw Lieferanten der Gesellschaft aus anderen als allgemeinen konjunktur- oder marktbedingten Gründen den Umfang seiner zuvor mit der Gesellschaft abgewickelten Geschäfte in nennenswertem Umfang reduzieren wird;[43]

18.7 alle Verträge mit inländischen oder ausländischen Vertragshändlern oder Handelsvertretern sowie alle ähnlichen Vertriebsverträge, die entweder im Falle ihrer Beendigung zu Ausgleichsansprüchen gegen die Gesellschaft führen oder deren Kündigungsfrist drei (3) Monate übersteigt;

18.8 alle Anstellungsverträge, die eine jährliche Gesamtvergütung von mehr als EUR ..... (am Datum des Vertragsabschlusses) vorsehen, sowie alle Verträge mit Beratern, soweit die jährliche Zahllast daraus im Einzelfall EUR ..... oder zusammengenommen EUR ..... übersteigt;

18.9 alle Verträge und Verpflichtungen, die Pensionen, sonstige Sozialleistungen, Gewinnbeteiligungen, Umsatzbeteiligungen oder andere Erfolgsprämien betreffen sowie ähnliche Verträge mit Ausnahme der bereits unter § 8.18.8 aufgeführten;

18.10 alle Tarifverträge und Betriebsvereinbarungen, die die Gesellschaft eingegangen ist oder denen sie unterliegt (mit der Ausnahme überbetrieblicher, regionaler oder überregionaler Tarifverträge);

18.11 alle Kooperations- und ähnlichen Verträge mit Dritten sowie jegliche wettbewerbsbeschränkende Vereinbarung oder Verpflichtung;

18.12 alle Verträge oder Verpflichtungen, die außerhalb des gewöhnlichen Geschäftsbetriebes der Gesellschaft eingegangen worden sind, soweit deren Zahllast im Einzelfall EUR ..... oder zusammen EUR ..... übersteigt;

18.13 alle sonstigen Verträge oder Verpflichtungen, deren Zahllast im Einzelfall EUR ..... oder zusammengenommen EUR ..... übersteigt.

Die Wirksamkeit oder Durchsetzbarkeit keines Wesentlichen Vertrages ist angefochten bzw in Frage gestellt worden. Kein Wesentlicher Vertrag ist beendet worden noch steht nach dem besten Wissen der Verkäuferin seine Beendigung bevor. Weder die Gesellschaft noch nach dem besten Wissen der Verkäuferin ihre jeweiligen Vertragspartner haben gegen wesentliche Bestimmungen eines Wesentlichen Vertrages verstoßen noch befinden sie sich mit der Erfüllung von Vertragspflichten in Verzug. Die in diesem Vertrag enthaltenen Bestimmungen und ihre Durchführung werden keiner Partei ein Recht zur Beendigung oder Abänderung eines Wesentlichen Vertrages geben.

19. Anlage 8.19 zu diesem Vertrag stellt (in anonymisierter Form) eine vollständige und richtige Aufstellung aller Arbeitnehmer der Gesellschaft dar. Kein in dieser Aufstellung als wichtig angemerkter Arbeitnehmer hat seine Absicht, das Arbeitsverhältnis mit der Gesellschaft zu beenden, zu erkennen gegeben. Es gibt keine Arbeitsstreitigkeiten, außer den in Anlage 8.19 genannten.[44]
20. Anlage 8.20 stellt eine vollständige und richtige Aufstellung aller von der Gesellschaft erteilten und nicht aus dem Handelsregister ersichtlichen Vollmachten dar.[45]
21. Die Gesellschaft hat öffentliche Zuschüsse nur in Übereinstimmung mit den anwendbaren Rechtsvorschriften und unter Beachtung jeglicher behördlicher Anordnungen, Bedingungen und Auflagen beantragt, empfangen und verwandt. Infolge der Durchführung der in diesem Vertrag enthaltenen Bestimmungen oder aufgrund anderer schon heute bestehender Umstände wird keine Rückzahlung solcher Zuschüsse erforderlich werden.[46]
22. Anlage 8.22 zu diesem Vertrag enthält eine vollständige und richtige Aufstellung aller Rechtsstreitigkeiten und behördlichen Verfahren, an denen die Gesellschaft oder Angestellte der Gesellschaft (soweit solche Rechtsstreitigkeiten oder Verfahren eine Haftung der Gesellschaft begründen können) beteiligt sind. Über die genannten Verfahren hinaus drohen keine Rechtsstreitigkeiten oder behördlichen Verfahren, noch bestehen Umstände, die die Einleitung solcher Rechtsstreitigkeiten oder Verfahren wahrscheinlich machen.[47]
23. Die betrieblichen Anlagen der Gesellschaft sind unter Beachtung aller anwendbaren Rechtsvorschriften und behördlichen Weisungen (insbesondere auf dem Gebiet des Baurechts und des Gewerberechts) errichtet worden. Weder ihr Betrieb noch der sonstige gegenwärtige Geschäftsbetrieb der Gesellschaft noch ihre Produkte oder Dienstleistungen verletzen jeweils anwendbare Rechtsvorschriften oder behördliche Weisungen. Die Gesellschaft verfügt über alle behördlichen Erlaubnisse, die für die Führung und die Fortsetzung des gegenwärtigen Geschäftsbetriebes der Gesellschaft erforderlich sind. Weder ein Widerruf noch eine Einschränkung dieser Erlaubnisse steht nach bestem Wissen der Verkäufer bevor.[48]
24. Vom Wirtschaftlichen Stichtag bis zum Abschluss dieses Vertrages ist der Geschäftsbetrieb der Gesellschaft ausschließlich im Rahmen des gewöhnlichen Geschäftsganges, in Übereinstimmung mit vorsichtiger Geschäftspraxis und im Wesentlichen in derselben Weise wie zuvor geführt worden; insbesondere wurden keine Maßnahmen der in § 4.2 aufgelisteten Art vorgenommen, und es haben sich keine wesentlichen nachteiligen Änderungen hinsichtlich des Geschäftsbetriebes bzw der Vermögens-, Finanz- und Ertragslage oder in Hinsicht auf wichtige Vermögensgegenstände oder Verträge der Gesellschaft ergeben.[49]

§ 9 Rechtsfolgen

1. Stellt sich heraus, dass eine oder mehrere der Aussagen, für die die Verkäuferin gem § 8 dieses Vertrags die Garantie übernommen hat, nicht zutreffend ist bzw sind, können die Käuferin und die Gesellschaft verlangen, dass die Verkäuferin innerhalb einer angemessenen Frist, spätestens aber innerhalb einer Frist von vier Wochen ab Zugang des Verlangens, den Zustand herstellt, der bestehen würde, wenn die Aussage bzw Aussagen zutreffend wären. Stellt die Verkäuferin innerhalb der gesetzten Frist nicht den vertragsgemäßen Zustand her oder ist die Herstellung des vertragsgemäßen

Zustandes nicht möglich, können die Käuferin und die Gesellschaft von der Verkäuferin Schadensersatz in Geld verlangen. Im Falle einer Verletzung der Bilanzgarantie in § 8.9 ist die Höhe des Schadensersatzanspruchs auf den Differenzbetrag zwischen der fehlerhaft ausgewiesenen und der tatsächlichen Bilanzposition begrenzt (Bilanzauffüllung), dh die Anwendung von Multiplikatoren oder ähnlichen Projektionen in die Zukunft zur Schadensberechnung ist ausgeschlossen.[50]

2. Die Käuferin und die Gesellschaft können Schadensersatzansprüche aufgrund der Nichterfüllung der gem § 8 dieses Vertrages von der Verkäuferin übernommenen Garantien nur geltend machen, soweit der einzeln geltend gemachte Anspruch einen Betrag von EUR ..... übersteigt und die Gesamthöhe solcher Ansprüche einen Betrag von EUR ..... übersteigt. Diese Beschränkungen gelten nicht hinsichtlich der Haftung für Rechtsmängel der verkauften Anteile. Die Haftung der Verkäuferin aus Abs 1 ist insgesamt (dh auch in Bezug auf Rechtsmängel der verkauften Anteile) auf den Betrag des Kaufpreises beschränkt.[51]
3. Dieser Vertrag regelt die Gewährleistung der Verkäuferin abschließend. Jegliche sonstigen Gewährleistungsrechte einschließlich etwaiger Ansprüche auf Nacherfüllung, Rücktritt, Minderung, Schadensersatz, Ersatz vergeblicher Aufwendungen, sowie Ansprüche aus einem rechtsgeschäftsähnlichen Schuldverhältnis (culpa in contrahendo) gem § 311 Abs 2 BGB, aus Anfechtung, aus Störung der Geschäftsgrundlage gem § 313 BGB und aus § 275 Abs 2 BGB sind ausgeschlossen. Dies gilt nicht für eine etwaige Haftung des Verkäufers wegen Vorsatzes.[52]
4. Alle Gewährleistungsansprüche der Käuferin aufgrund dieses § 5 unterliegen einer Verjährungsfrist von zwei (2) Jahren. Für Rechtsmängel der verkauften Anteile gilt eine Verjährungsfrist von zehn (10) Jahren. Die Verjährungsfristen beginnen mit dem Stichtag zu laufen. Die Verjährung wird nicht dadurch gehemmt, dass die Beteiligten über den Anspruch oder die den Anspruch begründenden Umstände verhandeln, es sei denn, sie treffen darüber eine ausdrückliche schriftliche Vereinbarung; § 203 BGB ist ausgeschlossen. Im Übrigen gelten die gesetzlichen Bestimmungen.[53]
5. Ansprüche gem § 8 dieses Vertrages sind ausgeschlossen, soweit der Käuferin die dem Anspruch zugrundeliegenden Tatsachen bei Abschluss dieses Vertrages bekannt oder infolge grober Fahrlässigkeit unbekannt sind. Die Käuferin und ihre Berater hatten vor Abschluss dieses Vertrages Gelegenheit, die Gesellschaft und das von ihr betriebene Geschäft eingehend unter kaufmännischen, finanziellen, rechtlichen und steuerlichen Gesichtspunkten zu untersuchen, ua durch Gelegenheit zur Prüfung der in einem virtuellen Datenraum im Zeitraum von ..... bis ..... offengelegten Unterlagen. Der Inhalt dieses Datenraums zum Stichtag ..... wurde von der Verkäuferin auf einem Speichermedium (in diesem Vertrag als „Datenraumspeichermedium“ bezeichnet) gespeichert, das die Verkäuferin der Käuferin gem § 6.1(b) dieses Vertrages im Rahmen des Vollzugs in Kopie aushändigen wird. Sämtliche im Datenraum offengelgten Unterlagen gelten als der Käuferin bekannt. Die Kenntnis bzw grob fahrlässige Unkenntnis der Organe der Käuferin, ihrer Berater im Rahmen der vorliegenden Transaktion sowie derjenigen Mitarbeiter, die mit der vorliegenden Transaktion betraut waren, wird der Käuferin zugerechnet.[54]

§ 10 Umweltfreistellung[55]

1. Die Verkäuferin verpflichtet sich, die Käuferin und die Gesellschaft von sämtlichen Schäden, Verpflichtungen, Kosten, Aufwendungen und sonstigen Nachteilen („Umweltverbindlichkeit“) freizustellen,
   1.1 die der Käuferin oder der Gesellschaft aufgrund einer zum Vollzugsstichtag vorhandenen Kontamination, einer sonstigen nachteiligen Veränderung oder eines Gefahrstoffes im Boden, im Grund- oder Oberflächenwasser oder in Aufbauten

auf, in, unter- oder oberhalb eines Grundstückes entstehen, das vor oder am Stichtag im Eigentum oder Besitz der Gesellschaft oder einem ihrer Rechtsvorgänger steht oder stand oder von der Gesellschaft oder einem ihrer Rechtsvorgänger genutzt wird oder wurde („Relevante Grundstücke"), und

1.2 die beruhen

a) auf der vollziehbaren Anordnung einer Behörde oder auf einem Vergleich oder sonstigen Vertrag, der mit einer Behörde geschlossen wurde,

b) auf einer Gefahr für Leib und Leben, für die Umwelt, für die Allgemeinheit oder auf einem anderen umweltrechtlichen Erfordernis für sofortige Handlungen oder Maßnahmen oder

c) auf der Entscheidung eines Gerichts oder auf einem Vergleich, der geschlossen wurde, um ein laufendes Gerichtsverfahren zu beenden oder ein drohendes Gerichtsverfahren zu vermeiden.

2. Die Verpflichtung der Verkäuferin zur Freistellung der Käuferin oder der Gesellschaft ist ausgeschlossen, soweit

2.1 ein Dritter, insbesondere eine Versicherung, Leistungen an die Käuferin oder die Gesellschaft erbringt,

2.2 die Umweltverbindlichkeit durch eine wesentliche Änderung der Nutzung der Relevanten Grundstücke nach dem Vollzugsstichtag, die mit einer erhöhten Gefährdung der Umwelt verbunden ist, verursacht worden ist,

2.3 die Umweltverbindlichkeit dadurch entstanden ist, dass die Käuferin oder die Gesellschaft eine Verpflichtung zur Schadensminderung nach § 254 BGB verletzt hat, oder

2.4 die Umweltverbindlichkeit aufgrund einer Untersuchung oder Mitteilung an eine Behörde entsteht, zu der die Käuferin oder die Gesellschaft nach den zum Zeitpunkt der Untersuchung oder Mitteilung geltenden Rechtsvorschriften nicht verpflichtet war und die nicht im Rahmen des gewöhnlichen Geschäftsbetriebes festgestellt wurde.

3. Ein Anspruch der Käuferin nach diesem § 6 verjährt in acht (8) Jahren ab dem Stichtag.

4. Die Haftungsbeschränkungen gemäß § 5 finden keine Anwendung.

5. Erhält die Käuferin Kenntnis von einer Umweltverbindlichkeit, so gilt Folgendes:

5.1 Die Käuferin wird die Verkäuferin hiervon unverzüglich informieren. Die Käuferin wird die Verkäuferin vor einer Maßnahme zur Abwehr einer Umweltverbindlichkeit anhören.

5.2 Die Käuferin hat der Verkäuferin Zutritt zu den Relevanten Grundstücken und Einsichtnahme in die Bücher der Gesellschaft zu gestatten, soweit dies zur Bewertung der Umweltverbindlichkeit durch die Verkäuferin erforderlich ist. Die Verkäuferin verpflichtet sich, die erhaltenen Informationen vertraulich zu behandeln. Die Käuferin wird für die Dauer einer möglichen Haftung der Verkäuferin nach diesem § 6 sämtliche Unterlagen und Informationen, die sich auf die Relevanten Grundstücke beziehen und die sich am Vollzugstag im Besitz der Gesellschaft befinden, aufbewahren.

5.3 Die Käuferin hat der Verkäuferin die Teilnahme an Untersuchungen oder sonstigen Maßnahmen und den Zugang zu Berichten, Schriftwechsel und Verfügungen zu gewähren, die im Zusammenhang mit einer möglichen Umweltverbindlichkeit stehen, sowie Kopien der entsprechenden Schriftstücke zukommen zu lassen.

6. Ansprüche der Verkäuferin nach § 24 Abs. 2 BBodSchG, § 9 Abs. 2 USchadG und vergleichbaren Vorschriften sind ausgeschlossen.

§ 11 Steuerfreistellung[56]

1. Die Verkäuferin verpflichtet sich, die Käuferin, oder nach Wahl der Käuferin die Gesellschaft, von allen Steuern und steuerlichen Nebenleistungen (§ 3 AO), Zöllen sowie Sozialversicherungsbeiträgen (nachfolgend zusammen als „Steuern" bezeichnet), die gegen die Gesellschaft festgesetzt worden sind oder festgesetzt werden und den Zeitraum bis einschließlich zum Wirtschaftlichen Stichtag betreffen (nachfolgend als „Vorstichtagssteuern" bezeichnet) oder aus Handlungen resultieren, die vor oder am Wirtschaftlichen Stichtag vorgenommen wurden, freizustellen. Die Freistellung nach S 1 ist ausgeschlossen, wenn und soweit
   1.1 die Vorstichtagssteuer bis einschließlich zum Wirtschaftlichen Stichtag bezahlt wurde, oder
   1.2 die Vorstichtagssteuer oder die Umstände, die zu der Vorstichtagssteuer geführt haben, mit Steuervorteilen (insbesondere Steuerminderungen) bei der Gesellschaft, der Käuferin oder einem mit der Käuferin Verbundenen Unternehmen für Zeiträume nach dem Wirtschaftlichen Stichtag korrespondieren, oder
   1.3 die Vorstichtagssteuer auf nach dem Vollzugsstichtag von der Gesellschaft vorgenommenen Änderungen der bisherigen Bilanzierungs- oder der Besteuerungspraxis der Gesellschaft (einschließlich der Praxis bei der Einreichung von Steuererklärungen) beruht, sofern diese Änderungen nicht aufgrund zwingenden Rechts oder der Grundsätze ordnungsmäßiger Buchführung erforderlich sind, oder
   1.4 die Vorstichtagssteuer in der Stichtags-Bilanz als Verbindlichkeit oder Rückstellung berücksichtigt wurde und den Kaufpreis gemindert hat.
2. Die Käuferin verpflichtet sich, der Verkäuferin sämtliche Steuererstattungen, die die Gesellschaft nach dem Wirtschaftlichen Stichtag erhält und die den Zeitraum bis einschließlich zum Wirtschaftlichen Stichtag betreffen, zu erstatten. Eine Erstattung nach S 1 ist ausgeschlossen, wenn und soweit die Steuererstattung in der Stichtags-Bilanz berücksichtigt wurde und den Kaufpreis erhöht hat. Die Käuferin hat die Verkäuferin unverzüglich über den Erhalt einer Steuererstattung zu unterrichten.
3. Ansprüche aus diesem § 11 verjähren drei (3) Monate nach Zugang eines endgültigen unanfechtbaren Steuerbescheids für die betroffenen Steuern und den betroffenen Veranlagungszeitraum, spätestens jedoch . . . . . Jahre nach dem Wirtschaftlichen Stichtag.
4. In der Zeit zwischen Abschluss dieses Vertrages und dem Vollzugsstichtag hat die Verkäuferin dafür zu sorgen, dass die Steuererklärungen der Gesellschaft fristgerecht und ordnungsgemäß abgegeben werden und sämtliche zu zahlenden Steuern fristgerecht gezahlt werden.
5. Nach dem Vollzugsstichtag hat die Käuferin die Verkäuferin unverzüglich über die Ankündigung und den Beginn von steuerlichen Außenprüfungen und sonstigen steuerlichen Verwaltungs- und Gerichtsverfahren der Gesellschaft, die sich auf Zeiträume bis zum Wirtschaftlichen Stichtag beziehen (im Folgenden „Relevante Steuerverfahren"), zu unterrichten. Die Käuferin wird dafür sorgen, dass die Gesellschaft (i) der Verkäuferin und ihren Beratern, die beruflich der Verschwiegenheit unterliegen, Gelegenheit gibt, an allen Relevanten Steuerverfahren mitzuwirken und (ii) die Weisungen der Verkäuferin in Bezug auf die Durchführung der Relevanten Steuerverfahren befolgt. Die Käuferin wird auf Wunsch der Verkäuferin dafür sorgen, dass die Gesellschaft Rechtsmittel gegen Steuerbescheide, welche sich auf Zeiträume bis zum Wirtschaftlichen Stichtag beziehen, einlegt und, wenn notwendig, einen Rechtsstreit nach Weisung der Verkäuferin führt. Die Kosten solcher Rechtsmittel einschließlich der Kosten von Beratern gehen zu Lasten der Verkäuferin.

§ 12 Wettbewerbsverbot[57]

1. Die Verkäuferin verpflichtet sich, für die Dauer von . . . . . Jahren ab dem Vollzugsstichtag im Gebiet der . . . . . jegliche Betätigung zu unterlassen, mit der sie unmittelbar oder mittelbar in Wettbewerb mit dem gegenwärtigen Geschäftsbetrieb der Gesellschaft treten würde oder die unmittelbar oder mittelbar einen solchen Wettbewerb zur Folge haben würde. Die Verkäuferin wird insbesondere kein Unternehmen, das mit dem gegenwärtigen Geschäftsbetrieb der Gesellschaft unmittelbar oder mittelbar in Wettbewerb steht, gründen oder erwerben oder sich an einem solchen Unternehmen zu anderen als zu Investitionszwecken beteiligen oder ein solches Unternehmen beraten. Ausgenommen von diesem Wettbewerbsverbot ist der Erwerb von Anteilen oder anderen Vermögenswerten an einem Unternehmen, der weder Kontrolle noch einen wettbewerblich erheblichen Einfluss auf dieses Unternehmen begründet.
2. Verletzt die Verkäuferin das in § 12.1 vereinbarte Wettbewerbsverbot und setzt sie diese Verletzung trotz Abmahnung durch die Käuferin oder die Gesellschaft fort, so hat die Verkäuferin der Käuferin eine Vertragsstrafe im Betrag von EUR . . . . . (in Worten: Euro . . . . .) zu zahlen. Dauert die Verletzungshandlung an, hat die Verkäuferin für jeden weiteren Monat der Verletzung eine weitere Vertragsstrafe in Höhe von EUR . . . . . (in Worten: Euro . . . . .) zu zahlen. Das Recht der Käuferin, einen ihr oder der Gesellschaft entstehenden weiteren Schaden geltend zu machen und Einstellung des verbotenen Verhaltens zu fordern, bleibt unberührt.[58]
3. Die Verkäuferin verpflichtet sich, für die Dauer von . . . . . Jahren jede Abwerbung folgender Angestellter der Gesellschaft zu unterlassen: [Namentliche Bezeichnung des Schlüsselpersonals]. Sie steht des Weiteren dafür ein, dass kein mit ihr iSd §§ 15 ff. AktG verbundenes Unternehmen gegen das Abwerbeverbot in Satz 1 verstößt. Verletzt die Verkäuferin das Abwerbeverbot, so hat die Verkäuferin der Käuferin eine Vertragsstrafe im Betrag von EUR . . . . . (in Worten: Euro . . . . .) zu zahlen, falls ein Anstellungsvertrag mit einem oder mehreren der in Satz 1 genannten Angestellten der Gesellschaft geschlossen wird.

§ 13 Vertraulichkeit und Pressemitteilungen

1. Die Verkäuferin wird für die Dauer von . . . . . Jahren ab dem Stichtag ihre Kenntnisse über die Gesellschaft und ihren Geschäftsbetrieb, soweit die betreffenden Umstände nicht öffentlich bekannt sind und soweit nicht gesetzliche Offenlegungsvorschriften entgegenstehen, geheim halten, und solche vertraulichen Informationen auch nicht für sich selbst oder andere benutzen.
2. Die Parteien sind sich einig, dass sie die Kenntnisse, die sie im Zusammenhang mit der Verhandlung und dem Abschluss dieses Vertrags übereinander und die jeweiligen verbundenen Unternehmen erhalten haben, streng vertraulich behandeln.
3. Keine Partei wird eine Presseerklärung oder ähnliche Verlautbarungen in Bezug auf die mit diesem Vertrag geregelten Rechtsgeschäfte ohne vorherige schriftliche Verständigung mit der anderen Partei herausgeben.

§ 14 Verschiedenes

1. Jede Vertragspartei trägt die Kosten der von ihr beauftragten Berater. Die Kosten der notariellen Beurkundung sowie die anderen infolge des Abschlusses und der Durchführung dieses Vertrages entstehenden Übertragungskosten, einschließlich etwaiger Verkehrssteuern, werden im Innenverhältnis der Parteien von der Käuferin getragen.
2. Änderungen und Ergänzungen dieses Vertrages einschließlich dieser Bestimmung bedürfen, soweit nicht notarielle Form zu beachten ist, der Schriftform.

3. Als Zustellungsbevollmächtigten[59] für die Erhebung einer Klage und die in einem anhängigen Rechtsstreit zu bewirkenden Zustellungen sowie für den Empfang von empfangsbedürftigen Willenserklärungen benennt die Verkäuferin
   [Name
   Adresse]
   und die Käuferin
   [Name
   Adresse]
4. Sollte eine Bestimmung dieses Vertrages ganz oder teilweise unwirksam oder undurchsetzbar sein, werden die Wirksamkeit und Durchsetzbarkeit aller übrigen Bestimmungen dieses Vertrages davon nicht berührt. Die unwirksame oder undurchsetzbare Bestimmung ist als durch diejenige wirksame und durchsetzbare Bestimmung als ersetzt anzusehen, die dem von den Vertragsparteien mit der unwirksamen oder undurchsetzbaren Bestimmung verfolgten wirtschaftlichen Zweck am nächsten kommt.[60]
5. Alle zwischen den Vertragsparteien vor dem Abschluss dieses Vertrages in Bezug auf den Verkauf der Geschäftsanteile getroffenen Vereinbarungen sind durch den Abschluss dieses Vertrages überholt.
6. Dieser Vertrag unterliegt dem Recht der Bundesrepublik Deutschland. Für den Fall von Streitigkeiten zwischen den Vertragsparteien aufgrund dieses Vertrages vereinbaren die Vertragsparteien als nicht-ausschließlichen Gerichtsstand . . . . .[61]

Anmerkungen

1. Vertragssituation. Das Muster gibt einen umfassenden Vertrag für den Kauf sämtlicher Geschäftsanteile an einer GmbH wieder. Es sieht ua einen sog „Locked-Box“-Kaufpreis, umfassende Gewährleistungen der Verkäuferin und ein Wettbewerbsverbot der Verkäuferin vor. Für die Abtretung der Geschäftsanteile ist ein separater Rechtsakt am Vollzugstag vorgesehen, s dazu → Form. I.K.10 Anm. 1 ff.

2. Beurkundung. Vgl → Form. I.K.8 Anm. 2.

3. Vertretungsmacht. Vgl → Form. I.K.8 Anm. 3.

4. Urkundengestaltung. Das Muster setzt sich zusammen aus dem sogenannten Urkundenmantel, der die Angaben zu den Erschienenen und den Vertragsparteien sowie die notariellen Belehrungen enthält, und dem als Anlage dazu konzipierten eigentlichen Anteilskaufvertrag. Als Teil der beurkundungspflichtigen Willenserklärungen (§ 15 Abs 3 und 4 GmbHG; vgl Anm. 2) der Vertragsparteien ist die Anlage integraler Bestandteil der Urkunde. Die Aufnahme der eigentlichen vertraglichen Bestimmungen in eine Anlage zum Urkundenmantel empfiehlt sich dann, wenn der Anteilskaufvertrag Gegenstand langwieriger, umfassender Verhandlungen ist und Fragen der Beurkundung, zB wer die Vertragsparteien bei der Beurkundung vertritt, erst ganz am Ende der Verhandlungen geklärt werden.

5. Erbringung der Einlagen. Vgl → Form. I.K.8 Anm. 4.

6. Bestimmung der Geschäftsanteile. Vgl → Form. I.K.8 Anm. 5.

7. Eintragung der Verkäuferin in die Gesellschafterliste, kein Widerspruch: Vgl → Form. I.K.8 Anm. 9. Hier erhalten die genannten Angaben jedoch eine eigenständige Bedeutung durch die Bezugnahme in § 8.1 der Verkäufergarantien.

8. Wirtschaftliche Wirkung. Häufig findet man in Anteilskaufverträgen die Formulierung, wonach unabhängig davon, wann die dingliche Abtretung der Geschäftsanteile wirksam wird, das Geschäft ab einem bestimmten Zeitpunkt wirtschaftliche Wirkung zwischen den Beteiligten entfaltet. Beabsichtigt ist damit regelmäßig die Festlegung, bis zu welchem Zeitpunkt der Veräußerer die Chancen und Risiken des mittelbar übertragenen Unternehmens trägt und ab welchem Zeitpunkt dies der Erwerber tut. Eine solche Regelung mag naheliegen, wenn die dingliche Übereignung technisch von bestimmten Bedingungen abhängig ist, deren taggenauer Eintritt bei Vertragsabschluss nicht vorhergesehen werden kann, zB Zustimmung bestimmter Dritter, Kaufpreiszahlung etc oder wenn wie hier für die Kaufpreisberechnung auf eine in der Vergangenheit liegende Stichtagsbilanz Bezug genommen wird. Was jedoch mit „wirtschaftlicher Wirkung" gemeint ist, wird selten genau festgelegt. Die Gefahr, dass das Verhältnis zwischen der „wirtschaftlichen Wirkung" und anderen Vertragsvorschriften unklar oder gar widersprüchlich ist, ist groß. Der spätere Streit um die richtige Auslegung der „wirtschaftlichen Wirkung" ist dann vorprogrammiert (hierzu vgl auch *Kleinheisterkamp/Schell,* DStR 2010, 833). Aus diesem Grund ist es entscheidend, die relevanten Regelungsgegenstände ebenfalls ausdrücklich im Vertrag zu vereinbaren.

Im Zusammenhang mit der Risikoverteilung zwischen den Vertragsbeteiligten sind regelungsbedürftig der Gefahrübergang, die Verteilung der Nutzungen, die Lastentragung und der für die Unternehmensbewertung und Kaufpreisbestimmung relevante Zeitpunkt.

Da der Anteilskauf Rechtskauf ist, haftet der Veräußerer zunächst nur für den rechtlichen Bestand der übertragenen Geschäftsanteile (§ 433 Abs 1 S 2 BGB iVm § 435 BGB). Diese Haftung trifft ihn, unabhängig von Abreden über die wirtschaftliche Wirkung des Vertrages, bis zur dinglichen Abtretung, da nur dann Erfüllung eintritt. Die Gefahr einer zufälligen Verschlechterung (vgl § 446 S 1 BGB) dürfte beim Anteilskauf als solche nicht bestehen; zu denken ist jedoch an eine Verschlechterung des mit den Geschäftsanteilen mittelbar übertragenen Unternehmens. Die hier bestehenden Risiken müssen durch entsprechende Gewährleistungen der Verkäuferin abgedeckt werden. Gibt der Veräußerer, wie es sachgemäß ist, hier bestimmte Garantien ab, fragt sich, auf welchen Zeitpunkt diese zu beziehen sind: auf einen gewillkürten Zeitpunkt (der „wirtschaftlichen Entfaltung") oder auf den Zeitpunkt des dinglichen Übergangs der Anteile. Geht man von dem Grundsatz aus, dass ein Risiko vorzugsweise von dem zu tragen ist, der es beherrschen kann, ist der empfehlenswerte Zeitpunkt für die Anknüpfung der Gewährleistung der dingliche Übergang der Geschäftsanteile, weil erst dann der Erwerber die Rechtsmacht erwirbt, über den Beteiligungsbesitz die Geschicke des Unternehmens zu bestimmen. Im derzeitigen Verkäufermarkt ist es allerdings die Regel, dass die Gewährleistungen grds nur zum Zeitpunkt der Beurkundung des Anteilskaufvertrags abgegeben werden und allenfalls einzelne Garantien (va solche, die den Kaufgegenstand als solchen betreffen) sich auf den Vollzugszeitpunkt beziehen.

Was Nutzungen betrifft, enthält § 101 Nr 2 BGB eine klare Regelung: Veräußerer und Erwerber sind am Gewinn pro rata temporis berechtigt. Die Wahl eines vom Zeitpunkt der dinglichen Wirksamkeit der Übertragung unterschiedlichen Zeitpunktes würde sich auf die zeitliche und damit anteilsmäßige Berechtigung am Gewinn auswirken. Empfehlenswert ist, wie in § 1.1 des Musters, eine klare Bestimmung über die Gewinnberechtigung aufzunehmen (vgl auch → Form. I.K.8 Anm. 8). Da die Unternehmensbewertung und darauf basierend der Fixkaufpreis an einen historischen Bilanzstichtag anknüpfen, ist es folgerichtig, dass ab diesem Zeitpunkt (dem „Wirtschaftlichen Stichtag" im Muster) die Gewinne dem Käufer zustehen. Wurden Gewinne, die den Zeitraum vor dem Wirtschaftlichen Stichtag betreffen, nicht an den Verkäufer ausgeschüttet, ist aus Verkäufersicht darauf zu achten, dass diese bei der Berechnung des Fixkaufpreises entsprechend einfließen.

Da es regelmäßig wiederkehrende Lasten bei Geschäftsanteilen nicht gibt, dürfte schließlich die Lastentragungsregelung des § 103 BGB angemessen sein. Eine Absprache über die wirtschaftliche Wirkung des Vertrages würde hier den Zeitpunkt verändern, ab dem der Erwerber andere nicht regelmäßig wiederkehrende Lasten (eventuell Nachschüsse) zu tragen hat. Besser ist ggf eine explizite Vertragsbestimmung.

Was schließlich die Ausübung der Verwaltungsrechte aus den übertragenen Geschäftsanteilen betrifft, ist höchst zweifelhaft, ob eine Bestimmung über die wirtschaftliche Wirksamkeit des Vertrages die Ausübung dieser Rechte losgelöst vom dinglichen Übergang regeln kann. Als Mitgliedschaftsrechte sind die Verwaltungsrechte grundsätzlich nicht abspaltbar; die Annahme einer Ausübungsvollmacht dürfte die Grenzen zulässiger Auslegung überschreiten. Besteht ein kartellrechtliches Vollzugsverbot (§ 41 Abs 1 S 1 GWB), wäre im Übrigen die Einflussnahme des Erwerbers auf die Gesellschaft vor dessen Aufhebung unzulässig.

9. Geschäftsumfang/Notarkosten. Zu den entstehenden Notarkosten vgl → Form. I.K.8 Anm. 14.

10. Erwerbsgegenstand. Vgl → Form. I.K.8 Anm. 6.

11. Übertragungszeitpunkt. Das Muster geht davon aus, dass sich die Parteien bei Vertragsschluss bereits endgültig binden wollen, aber die Durchführung des Vertrages noch vom Wegfall des kartellrechtlichen Vollzugsverbots (§ 41 Abs 1 S 1 GWB) abhängig ist, s → Anm. 17. Im Übrigen kommen natürlich auch weitere Bedingungen in Betracht, zB die Zustimmung Dritter. Vgl zu Zustimmungserfordernissen → Form. I.K.8 Anm. 11.

12. Zustimmung der Gesellschaft. Dem Muster liegt die Annahme zugrunde, dass bei der betreffenden Gesellschaft die Übertragung der Geschäftsanteile aufgrund gesellschaftsvertraglicher Bestimmungen der Zustimmung der Gesellschaft bedarf (vgl § 15 Abs 5 GmbHG, sogenannte Vinkulierung). Im vorliegenden Fall der Verfügung des Alleingesellschafters ist allerdings die Zustimmung trotz ausdrücklicher Festlegung im Gesellschaftsvertrag verzichtbar (vgl BGH, NJW 1989, 168). Verfügt nicht der Alleingesellschafter, empfiehlt sich die Beifügung der Zustimmungserklärung in jedem Fall, da sonst später nur schwer feststellbar ist, ob die Zustimmung vorgelegen hat oder ob die beabsichtigte Rechtsübertragung mangels Zustimmung ins Leere gegangen ist.

13. Fester Kaufpreis. Das Muster geht von einem festen Kaufpreis nach dem sog „Locked Box"-Konzept aus. Der Grundgedanke ist dabei, dass sich die Parteien für die Unternehmensbewertung auf einen historischen Stichtag stützen, zu dem eine nachvollziehbare Datenlage vorhanden ist. In der Regel wird es sich dabei um den letzten Bilanzstichtag handeln, für den ein testierter Jahresabschluss der Zielgesellschaft vorliegt. Liegt der letzte reguläre Bilanzstichtag zum voraussichtlichen Vollzugszeitpunkt weit in der Vergangenheit, einigen sich die Parteien ggf darauf, einen entsprechenden Zwischenabschluss zu erstellen. Logische Folge der Bewertung auf einen historischen Stichtag ist, dass wirtschaftlich betrachtet ab diesem Zeitpunkt Chancen und Risiken des Unternehmens auf die Käuferin übergehen müssen. Das Muster unterscheidet daher zwischen dem (in der Vergangenheit liegenden) „Wirtschaftlichen Stichtag" und dem (in der Zukunft liegenden) „Vollzugsstichtag", zu dem der Anteilsübergang stattfindet. Nach dem Wirtschaftlichen Stichtag erwirtschaftete Gewinne stehen grds der Käuferin zu. Da die Käuferin erst mit Erhalt der Anteile die Gewalt über das Unternehmen erwirbt, das Risiko aber bereits ab dem Wirtschaftlichen Stichtag trägt, muss im Vertrag sichergestellt sein, dass in der Zwischenzeit die Geschäfte im ordentlichen Geschäftsgang weitergeführt werden (s dazu → Anm. 16) und dass keine unzulässigen Wertabflüsse aus dem Zielunternehmen an die Verkäuferin stattfinden, die nicht im Kaufpreis berücksichtigt wurden (s dazu → Anm. 15). Die Alternative zu einem vergangenheitsbezogenen Fixkaufpreis ist die Kaufpreisfeststellung zum Vollzugsstichtag im Wege sog „Closing Accounts". Zu diesem Mechanismus s → Form. I.K.19 Anm. 30 ff.

14. EURIBOR. EURIBOR, die Euro Interbank Offered Rate, bezeichnet den Zinssatz, in dem sich erste Bankadressen innerhalb der Euro-Zone untereinander Gelder ausleihen. Er wird täglich etwa in der Frankfurter Allgemeinen Zeitung und der sonstigen Wirtschaftspresse veröffentlicht. Es gilt jedoch zu beachten, dass der EURIBOR aufgrund seiner Manipulationsanfälligkeit im Rahmen der LIBOR-Manipulationen ins Gerede gekommen ist. Derzeit ist nicht absehbar, welche Rechtsfolgen sich im Einzelnen aus einer etwaigen Manipulation dieser Zinssätze ergeben können (zur Thematik vgl. etwa *Fleischer/Bueren* DB 2012, 2561; *Bausch/Wittmann* WM 2014, 494; *Buck-Heeb* WM 2015, 157). Die EU hat mit Verordung 2016/1011 des Europäischen Parlaments und des Rates über Indizes einen Regulierungsrahmen für solche Benchmarks geschaffem, die im Wesentlichen zum 1.1.2018 in Kraft getreten ist. Alternativ ist auch an eine Verzinsung zum (jeweiligen oder bei Vertragsschluss geltenden) Basiszinssatz (§ 247 BGB) zuzüglich eines bestimmten Aufschlages zu denken.

15. Wertabfluss. Diese Klausel bildet ein Kernelement des „Locked Box"-Konzepts. Da die Parteien den Wert des Zielunternehmens auf den in der Vergangenheit liegenden Wirtschaftlichen Stichtag ermittelt haben, einerseits die Käuferin ab diesem Zeitpunkt die Chancen und Risiken trägt und andererseits die Verkäuferin bis zum Vollzugsstichtag weiterhin die Kontrolle ausübt, müssen Wertabflüsse (sog „Leakage") aus dem Unternehmen an die Verkäuferin grundsätzlich verhindert werden. Ausgenommen sind die hier als „Zulässiger Wertabfluss" (engl "Permitted Leakage") bezeichneten Vorgänge, die den Parteien bereits bekannt waren und die somit in die Kaufpreisermittlung als Abzugsposten eingeflossen sind. Das Verbot unzulässigen Wertabflusses sollte sich aus Käufersicht stets auch auf die mit der Verkäuferin verbundenen Unternehmen beziehen, um jegliche – auch indirekte – Zuwendungen zu erfassen. Kommt es ungeachtet des vertraglichen Verbots zu unzulässigem Wertabfluss zwischen Wirtschaftlichem Stichtag und Vollzugsstichtag, ist dieser von der Verkäuferin idR eins zu eins (dh ohne Anwendung der vertraglichen Haftungsbeschränkungen) zu ersetzen. Die Einordnung der Rückzahlung von Gesellschafterdarlehen als unzulässiger Wertabfluss erklärt sich damit, dass die Gläubigerstellung aus solchen Darlehen idR zum Vollzugsstichtag auf die Käuferin übertragen wird. Die Käuferin bezahlt dafür einen Kaufpreis iHd zum Wirtschaftlichen Stichtag ausstehenden Nominalbetrags plus bis dahin aufgelaufener Zinsen. Die korrespondierende Rückzahlungsverpflichtung der Zielgesellschaft mindert als Finanzverbindlichkeit den auf den Wirtschaftlichen Stichtag ermittelten Kaufpreis für die Geschäftsanteile, sodass der Vorgang insgesamt wirtschaftlich neutral ist.

16. Fortführung der Geschäfte. Die sog „Going Concern"- oder „Ordinary Course"-Klausel zielt auf den Zeitraum zwischen Vertragsschluss und Vollzug ab. Solange der Vollzug des Zusammenschlusses noch nicht auf nationaler oder europäischer Ebene erlaubt ist, sind den Parteien jegliche Handlungen untersagt, die zu einem fusionsrechtlichen Vollzug oder Teilvollzug führen bzw der Käuferin schon faktisch die Kontrolle über das Zielunternehmen verschaffen (s zum Vollzugsverbot nach Art 7 FKVO EuGH, Urt v 31.5.2018, Rs C-633/16, NZKart 2018, 310 – Ernst & Young; s zum Vollzugsverbot nach § 41 GWB BGH, Beschl v 14.11.2017, KVR 57/16, EuZW 2018, 201 – EDEKA/Kaiser's Tengelmann, juris-Rn 61: „Die zusammenschlusswilligen Unternehmen haben grundsätzlich jegliches Verhalten zu unterlassen, das dazu führt, dass sie ihre Stellung als selbständig agierende Marktsubjekte bereits vor der Entscheidung der Kartellbehörde über das angemeldete Zusammenschlussvorhaben ganz oder teilweise verlieren."). Andererseits hat die Käuferin ein nachvollziehbares Interesse daran, dass in dieser Zwischenzeit ohne ihre Zustimmung keine außergewöhnlichen Geschäfte getätigt werden, die den Wert des Unternehmens aushöhlen – insbesondere, wenn wie beim vorliegenden „Locked Box"-Konzept die Käuferin schon vor dem Vollzugsstichtag die

Chancen und Risiken trägt. In der Praxis bedarf es hier einer Abwägung im Einzelfall. Generell dürfte es aber wohl zulässig sein, der Verkäuferin in der Zwischenzeit außergewöhnliche Geschäfte des Zielunternehmens zu untersagen bzw solche Geschäfte von der Zustimmung der Käuferin abhängig zu machen (s Europäische Kommission, Bekanntmachung über Einschränkungen des Wettbewerbs, die mit der Durchführung von Unternehmenszusammenschlüssen unmittelbar verbunden und für diese notwendig sind (2005), Rn 14). Wird die Zustimmungsbedürftigkeit von Schwellenwerten abhängig gemacht, müssen diese so hoch angesetzt werden, dass nur Geschäfte außerhalb der gewöhnlichen Geschäftstätigkeit („outside the ordinary course of business") der Zustimmung des Käufers bedürfen. Angesichts der zusehends strenger werden Behördenpraxis und Rechtsprechung sollte hierzu in jedem Fall aktueller Rat kartellrechtlicher Spezialisten eingeholt werden.

17. Wegfall des kartellrechtlichen Vollzugsverbots. Das Zusammenschlussvorhaben darf erst vollzogen werden, wenn alle erforderlichen kartellbehördlichen Freigaben erteilt wurden, entweder durch Erlass einer ausdrücklichen Freigabeentscheidung oder durch den Ablauf gesetzlich vorgesehener Wartefristen. Bei welchen Kartellbehörden ein Zusammenschlussvorhaben anzumelden ist, muss durch Analyse der jeweiligen nationalen oder supranationalen Fusionskontrollordnungen beurteilt werden. Insbesondere dann, wenn die Unternehmensgruppe, der der Käufer angehört, oder das Zielunternehmen nicht ausschließlich in Deutschland tätig sind, sollte eine Analyse durchgeführt werden, unter welchen Fusionskontrollordnungen das Zusammenschlussvorhaben ggf zur behördlichen Freigabe anzumelden ist (Multi-Jurisdiktions-Analyse). Abhängig vom Ergebnis der Multi-Jurisdiktions-Analyse sollten die aufschiebenden Bedingungen um Freigabeentscheidungen oder den Ablauf gesetzlicher Wartefristen unter diesen Fusionskontrollordnungen ergänzt werden.

18. Außenwirtschaftsrechtliche Unbedenklichkeit als Vollzugsbedingung. § 5.1 lit (b) trägt der Regelung in §§ 4 Abs 1 Nr 4, 5 Abs 2 AWG iVm §§ 55 ff AWV Rechnung (sog. sektorübergreifende Prüfung). Danach kann das Bundesministerium für Wirtschaft und Energie *(BMWi)* (mit Zustimmung der Bundesregierung) unter bestimmten Voraussetzungen den Erwerb einer Beteiligung an einem inländischen Unternehmen untersagen oder diesbezügliche Anordnungen erlassen. Dies gilt nicht nur für den Anteilskauf, sondern auch für andere Erwerbsformen wie Asset Deals (soweit sie sich als Erwerb eines Unternehmens bzw einer Beteiligung an einem solchen und nicht als bloßer Erwerb von Einzelgegenständen qualifizieren lassen) sowie bestimmte Umwandlungsvorgänge. Bis zum Ablauf des Prüfverfahrens bzw bestimmter diesbezüglicher Fristen stehen die Rechtswirkungen des schuldrechtlichen Geschäfts über den Erwerb der Beteiligung unter einer auflösenden Bedingung (§ 15 Abs 2 AWG). Der Vollzug sollte daher grundsätzlich erst erfolgen, wenn das BMWi eine entsprechende Unbedenklichkeitsbescheinigung erteilt hat bzw die entsprechenden Wartefristen abgelaufen sind. Der Erwerber kann beim BMWi eine Unbedenklichkeitsbescheinigung beantragen und damit den Schwebezustand auf zwei Monate verkürzen. Ein Vollzugsverbot besteht nicht.

Die Klausel bezieht sich nur auf den Fall der sektorübergreifenden Prüfung nach § 55 Abs 1 S 1 AWV, dh sie ist nicht geeignet für einen Erwerb im Anwendungsbereich der sektorspezifischen Prüfung nach § 60 Abs 1 AWV. Eine sektorspezifische Prüfung betrifft etwa den Erwerb eines inländischen Unternehmens, welches Güter im Sinne des Teils B der Kriegswaffenliste herstellt oder entwickelt (§ 60 Abs 1 Nr. 1 AWV).

Der Anwendungsbereich der sektorübergreifenden Prüfung nach § 55 Abs 1 S 1 AWV ist grundsätzlich eröffnet, wenn ein unionsfremder Erwerber, also ein Erwerber der weder Sitz noch den Ort der Leitung innerhalb der EU/EFTA hat (siehe § 2 Abs 18, 19 AWV iVm § 5 Abs 2 S 3 AWG), direkt oder indirekt mindestens 10 % bzw. 25 % der Stimmrechte an einem inländischen Unternehmen erwirbt. Dies gilt unabhängig vom Unternehmensgegenstand des inländischen Unternehmens, so lange dieser nicht die sektorspezifische Kontrolle eröffnet. Der niedrigere Schwellenwert von 10 % gilt gem § 56 Abs 1 Nr 1 AWV nur für den Erwerb der unter § 55 Abs 1 S 2 AWV insoweit abschließend aufgezählten Unternehmen, denen die Verordnung im Hinblick auf die öffentliche Ordnung oder Sicherheit der Bundesrepublik Deutschland eine besondere Relevanz zuschreibt. Hierzu gehören beispielsweise inländische Unternehmen, die Betreiber einer Kritischen Infrastruktur im Sinne des Gesetzes über das Bundesamt für Sicherheit in der Informationstechnik sind (§ 55 Abs 1 S 2 Nr 1 AWV), sowie näher bestimmte Unternehmen der Medienwirtschaft (§ 55 Abs 1 S 2 Nr 6 AWV). Nach § 55 Abs 4 AWV besteht bei Abschluss eines schuldrechtlichen Geschäfts über den unmittelbaren oder mittelbaren Erwerb von mindestens 10 % der Stimmrechtsanteile an einem der unter § 55 Abs 1 S 2 AWV aufgezählten inländischen Unternehmen eine Meldepflicht.

Bei der Bestimmung des Stimmrechtsanteils werden Anteile anderer Unternehmen an dem zu erwerbenden Unternehmen zugerechnet, wenn der Erwerber mindestens 10 % bzw mindestens 25 % der Stimmrechte an dem anderen Unternehmen hält (§ 56 Abs 2 Nr 1 AWV), sowie Stimmrechte Dritter, mit denen der unionsfremde Erwerber eine Vereinbarung über die gemeinsame Ausübung von Stimmrechten abgeschlossen hat (§ 56 Abs 2 Nr 2 AWV). Eine Prüfung des Erwerbs durch das BMWi kommt auch dann in Betracht, wenn der unmittelbare Erwerber seinen Sitz oder den Ort der Leitung in einem EU/EFTA-Staat hat, aber nur das Akquisitionsvehikel eines mittelbaren, unionsfremden Erwerbers ist. Das gleiche gilt nach § 55 Abs 2 S 1 AWV, wenn es Anzeichen dafür gibt, dass eine missbräuchliche Gestaltung oder ein Umgehungsgeschäft zumindest auch vorgenommen wurde, um eine Prüfung zu unterlaufen (zB rein künstliche Konstruktion ohne wirtschaftlichen Sinn).

Das BMWi kann gem § 55 Abs 3 S 5 AWV das Prüfverfahren bis zu 5 Jahre nach Abschluss des schuldrechtlichen Vertrages über den Erwerb eröffnen. Es beteht dann grundsätzlich die Möglichkeit einer verwaltungsrechtlichen Untersagung oder Einschränkung der Ausübung der Stimmrechte (§ 59 Abs 3 Nr 1 AWV) und das Risiko der Anordnung einer Rückabwicklung des vollzogenen Erwerbs (§ 59 Abs 3 Nr 2 AWV). In den Fällen einer Meldepflicht nach § 55 Abs 4 AWV besteht ein besonders gesteigertes Risiko einer nachträglichen Eröffnung des Prüfverfahrens. In diesen Fällen sollte die Übertragung der Anteile deswegen unter eine aufschiebende Bedingung gestellt werden bzw erst erfolgen, wenn eine Untersagung durch das BMWi nicht mehr erfolgen kann. Aber auch wenn keine Meldepflicht besteht, kann der Anwendungsbereich der sektorübergreifenden Prüfung nach § 55 Abs 1 S 1 AWV eröffnet sein. Dabei ist zu beachten, dass es sich bei den in § 55 Abs 1 S 2 AWV aufgezählten Unternehmensgegenständen lediglich um Regelbeispiele handelt. Die Aufnahme einer aufschiebenden Bedingung kann sich also – in Abhängigkeit von der Risikoeinschätzung im Einzelfall – auch anbieten, wenn zwar keine Meldepflicht besteht, der Anwendungsbereich der sektorübergreifenden Prüfung nach § 55 Abs 1 S 1 AWV aber trotzdem eröffnet ist.

Vgl weiter § 9 des Musters und die Anmerkungen dazu.

19. Rücktrittsrecht bei Versagung der fusionskontrollrechtlichen Freigabe. Untersagt das Bundeskartellamt den Zusammenschluss, können die Vertragsparteien von dem Vertrag zurücktreten. Es empfiehlt sich nicht, für diesen Fall eine automatische Vertragsauflösung vorzusehen, da es durchaus sein kann, dass die Vertragsparteien gegen die Untersagungsentscheidung Rechtsmittel einlegen wollen. Das Muster sieht zudem vor, dass die Käuferin ggf für die Freigabe erforderliche Auflagen anbieten bzw erfüllen muss (sog „hell or high water"-Klausel). Hier gibt es einigen Spielraum in den Verhandlungen zwischen den Parteien (zB Eingrenzung der zu akzeptierenden Auflagen, Beschränkung auf das Geschäft der Zielgesellschaft unter Ausschluss des sonstigen Geschäfts der Käuferin etc).

20. Rücktrittsrecht bei Untersagung des Erwerbs durch das BMWi. Gem § 15 Abs 2 AWG steht „*der Eintritt der Rechtswirkungen des Rechtsgeschäfts*" über den schuldrechtlichen Erwerb eines inländischen Unternehmens . . . . . unter der auflösenden Bedingung, dass das BMWi den Erwerb innerhalb der Frist untersagt. Um Unklarheiten darüber zu vermeiden, ob mit Eintritt der Bedingung nur die Kaufabrede entfällt, und um sicherzustellen, dass nicht ungewollt andere vertragliche Bindungen aus dem Kaufvertrag überleben, sollte der Vertrag für diesen Fall ein Rücktrittsrecht vorsehen. Parallel zur fusionskontrollrechtlichen Regelung enthält das Muster auch hier eine „hell or high water"-Klausel.

21. Abtretungsvereinbarung. Siehe dazu das Muster in → Form. I.K.10 Anm. 1 ff.

22. Rücktritt bei Verzug. Ggf bietet es sich an, das Rücktrittsrecht auf Fälle des Verzugs mit wesentlichen Vollzugshandlungen zu beschränken, dh wenn zB die Verkäuferin mit der (untergeordneten) Pflicht zur Abberufung der Geschäftsführer in Verzug gerät, berechtigt dies die Käuferin nicht zum Rücktritt.

23. Gesellschafterliste. Verpflichtungen der Verkäuferin/Vereinbarungen für den Zeitraum bis zur Aufnahme der neuen Gesellschafterliste in das Handelsregister. Vgl → Form. I.K.8 Anm. 9.

24. Grundsätze der Gewährleistung. Den in der potentiellen Anwendung des gesetzlichen Gewährleistungsrechts des Sachkaufs liegenden Unsicherheiten entgeht man, wenn die anzuwendende Gewährleistungsregelung von den Parteien vertraglich festgeschrieben wird, vgl → Form. I.K.8 Anm. 10.

Hier empfiehlt es sich, dass die Verkäuferin ein selbständiges Garantieversprechen hinsichtlich bestimmter für den Erwerber entscheidender Umstände abgibt und damit für diese unbedingt – auch unabhängig von einem etwaigen Verschulden – haftet. Ist die Garantiehaftung gewollt, so muss dies im Vertragstext auch eindeutig zum Ausdruck kommen, um später unnötige Schwierigkeiten bei der gerichtlichen Durchsetzung zu vermeiden.

Die Gewährleistungsregelung bedeutet in der Sache eine Risikoallokation zwischen Verkäufer und Erwerber. Es geht dabei nicht unbedingt darum, ob bestimmte Umstände dem Veräußerer besser bekannt sind als dem Erwerber, sondern darum, die spätere Haftung für das Nichtvorliegen dieser Umstände genau zu klären. Auch wenn der Veräußerer selbst bestimmte Dinge nicht weiß, kann deshalb ggf eine Einschränkung „nach bestem Wissen" des Verkäufers unangebracht sein. Auch die gesetzliche Gewährleistung stellt in § 437 BGB für die Ansprüche auf Nacherfüllung, Rücktritt und Minderung regelmäßig nicht auf die Kenntnis oder das Verschulden des Verkäufers eines mangelhaften Rechts oder einer mangelhaften Sache ab.

Zum Stichtag der Risikoabgrenzung (Zeitpunkt der Beurkundung vs Vollzugszeitpunkt) → Anm. 8 sowie unten → Anm. 27.

25. Anlagen. Um zu vermeiden, dass der Hauptvertrag selbst mit zahlreichen Anlagen überfrachtet wird und die Beurkundung dementsprechend zeitintensiv ausfällt, bietet es sich an und entspricht es gängiger Praxis, vorab die entsprechenden Anlagen in Bezugsurkunden (im Regelfall alle im Beisein eines Notariatsangestellten) beurkunden zu lassen. Nach § 13a BeurkG kann sodann auf diese bereits angefertigten notariellen Niederschriften verwiesen werden, ohne deren Inhalt noch einmal verlesen oder der aktuellen notariellen Niederschrift beifügen zu müssen.

26. Gewährleistungsversicherung. In der Praxis wird zur Absicherung von Gewährleistungsverletzungen immer häufiger der Abschluss einer Gewährleistungsversicherung („W&I Insurance“) von den Parteien in Betracht gezogen. Verkäufer können mit einer solchen Versicherung ihre Haftung weitgehend minimieren oder innerhalb der gesetzlich zulässigen Grenzen sogar ausschließen. Mangels (substantieller) Haftung entfällt die Notwendigkeit einer Sicherheit wie eines Kaufpreiseinbehalts („Escrow“), weshalb Verkäufer Kaufpreiserlöse schneller an Investoren verteilen oder reinvestieren können. Käufer haben die Möglichkeit, die Deckung für Schäden aus bestimmten Risiken ggf in sachlicher und/oder zeitlicher Hinsicht gegenüber dem Kaufvertrag auszuweiten. Oftmals können sog „Deal Breaker“ mit Hilfe einer Gewährleistungsversicherung aus dem Weg geräumt werden.

In der großen Mehrzahl der Fälle werden die Versicherungen von Käufern abgeschlossen. Versicherte Person ist die Käuferin mit einem direkten Anspruch gegen den Versicherer. Der Versicherer verzichtet mit Ausnahme des Falles der Arglist auf Regress gegen die Verkäuferin. Gewährleistungsversicherungen decken Schäden im Zusammenhang mit unbekannten Risiken ab, zB Bilanzzusagen, Steuergarantien, Eigentum oder Patent- und Markenrechten. Die von Steuerfreistellungen umfassten unbekannten Steuerrisiken sind ebenfalls abgesichert. Typischerweise ausgeschlossen werden ua bekannte und im Due Diligence-Prozess aufgedeckte Risiken, Zusicherungen, die sich auf zukünftige Sachverhalte (zB Gewinnerwartungen) beziehen, Umweltrisiken, bestimmte Steuerrisiken oder Produkthaftung. Zu bekannten Steuerrisiken und Umweltrisiken → Anm. 55 und → Anm. 56. Die Versicherer legen idR besonderen Wert darauf, dass die zu versichernden Risiken im Rahmen der Verkäufer- oder Käufer-Due Diligence geprüft wurden, lassen sich entsprechende Reports offenlegen und schließen nicht hinreichend geprüfte Risiken von der Deckung aus.

Versicherungsmakler können ua zu einem sinnvollen Versicherungshöchstbetrag (idR ca 10-30 % des Unternehmenswertes), zur Höhe der Prämie (in Deutschland idR mindestens 0,8-1,6 % des Versicherungshöchstbetrags, abhängig von verschiedenen Faktoren) und der möglichen Haftungsbegrenzung der Verkäuferin (zB auf EUR 1,00) meist sehr schnell eine erste Einschätzung geben und unterstützen die Parteien im Versicherungsprozess. Für die Verhandlung und den Abschluss der Versicherung sollte ein Zeitrahmen von mindestens einer Woche eingeplant werden, in komplexeren Fällen auch mehrere Monate.

27. Bezugszeitpunkt der Gewährleistungen. Der Veräußerer wird die Gewährleistungen idR auf den Zeitpunkt des Vertragsschlusses beschränken und nicht zum Vollzugszeitpunkt abgeben wollen, da er andernfalls das Risiko negativer Veränderungen in der Zwischenzeit trägt. Üblich ist es aber, zumindest die auf den Kaufgegenstand als solchen bezogenen Gewährleistungen („Title-Garantien“) auch zum Vollzugsstichtag zu geben.

28. Bestes Wissen der Verkäuferin. In bestimmten Fällen werden Garantieversprechen von der Kenntnis der Verkäuferin abhängig gemacht. Dabei geht es primär um eine Risikoverteilung zwischen Verkäuferin und Käuferin und erst in zweiter Linie um die konkrete Wissenslage. Die konkrete Risikoverteilung und der daraus resulierende Garantiekatalog (Abgabe als unbedingte oder durch Wissen qualifizierte Garantie) hängt daher primär von der jeweiligen Verhandlungsposition der Parteien ab.

Das hiesige Muster definiert verkäuferfreundlich das „beste Wissen der Verkäuferin“ möglichst eng, indem es allein auf die positive Kenntnis eines eng definierten Personenkreises abstellt. Regelmäßig wird die Käuferin diese Definition nicht akzeptieren und fordern, dass auch (grob) fahrlässige Unkenntnis des entsprechenden Personenkreises („Kennenmüssen“) relevant sind. Was den Kreis der relevanten Wissensträger angeht, ist dieser aus Verkäufersicht möglichst klein und möglichst weit weg von der Zielgesellschaft zu halten (also rein aus der Verkäufersphäre und nicht aus dem Zielunternehmen selbst), aus Käufersicht entsprechend umgekehrt.

Üblich ist es, das „Kennenmüssen" der relevanten Wissensträger jedenfalls insoweit einzuschränken, als dass nur das Kennenmüssen nach einer ordnungsgemäßen Informationsabfrage („due inquiry") beim Zielunternehmen relevant ist; unterlassen die relevanten Wissensträger diese Abfrage, wird ihnen dennoch die Kenntnis zugerechnet, die sie im Rahmen einer solchen Abfrage (nachweisbar) hätten erlangen können. Der Kreis der Personen, die in die Abfrage jedenfalls einzubeziehen sind, sollte vertraglich definiert werden (idR die Geschäftsführung sowie Leiter der einzelnen Geschäftsbereiche des Zielunternehmens). In der Praxis wird kurz vor Unterzeichnung des Anteilskaufvertrags ein sog „due-inquiry-Meeting" zwischen den relevanten Wissensträgern und den zu befragenden Personen abgehalten, in dem letztere den abschließend verhandelten Garantiekatalog im Einzelnen durchgehen und schriftlich bestätigen. Daneben sollte das Zielunternehmen schon beim Entwurf und der Verhandlung des Garantiekatalogs laufend einbezogen werden, um das due-inquiry-Meeting vorzubereiten und Überraschungen auf der Zielgeraden zu vermeiden.

Formulierungsvorschlag:

„Soweit in diesem Zusammenhang auf „bestes Wissen der Verkäuferin" abgestellt wird, ist dafür allein die positive Kenntnis sowie das Kennenmüssen (grob fahrlässige Unkenntnis) von ..... (*Person 1*) und ..... (*Person 2*) relevant. Maßstab für das Kennenmüssen ist die Durchführung einer ordnungsgemäßen Rücksprache der genannten Personen mit ..... (*Person 3*) und ..... (*Person 4*)."

29. Beendigung einer Organschaft. Im Muster wird unterstellt, dass keine Unternehmensverträge bestehen. Besteht zwischen der Verkäuferin und der Zielgesellschaft auf der Grundlage eines Ergebnisabführungsvertrages (Unternehmensvertrag iSd §§ 291 ff AktG) indes eine ertragsteuerliche Organschaft (§§ 14 ff KStG, § 2 Abs 2 S 2 GewStG), so endet diese spätestens mit der Abtretung der Geschäftsanteile an die Käuferin, da dann die gem § 14 Abs 1 Nr 1 KStG erforderliche finanzielle Eingliederung der (veräußerten) Organgesellschaft in den Organträger endet, vgl. umfassend dazu *Schaefer/Wind*, DStR 2013, 2399. Da steuerlich die Organschaft immer nur für vollständige Geschäftsjahre berücksichtigt werden kann, endet die Organschaft, dh die steuerliche Zurechnung des Gewinns der Organgesellschaft bei der Verkäuferin als Organträger, bereits zum Ende des letzten vor der Veräußerung der Geschäftsanteile abgeschlossenen Geschäftsjahres (§ 14 Abs 1 Nr 3 S 3 KStG). Fallen Geschäftsjahresende und Anteilsübertragung nicht auf denselben Zeitpunkt, ist eine nahtlose Beendigung der Organschaft bei der Verkäuferin bzw Fortsetzung der Organschaft bei dem Erwerber nicht möglich. Dieses Problem kann durch Bildung eines Rumpfwirtschaftsjahrs bis zum Vollzugsstichtag gelöst werden. Im vorliegenden Fall eines „Locked Box"-Mechanismus wird die Aufrechterhaltung der Organschaft bis zum Vollzugsstichtag jedoch regelmäßig daran scheitern, dass nach dem Willen der Parteien die Chancen und Risiken des Geschäfts der Zielgesellschaft schon ab dem Wirtschaftlichen Stichtag der Käuferin zustehen sollen; die für die Organschaft erforderliche Durchführung des zugrundeliegenden Unternehmensvertrags (dh Gewinnabführung bzw Verlustausgleich bis zum Vollzugsstichtag) lässt sich damit nur schwer vereinbaren. Soll die Organschaft bis zum Vollzugsstichtag aufrechterhalten werden, bietet sich stattdessen eine „Closing Accounts"-Struktur an (bei der die Chancen und Risiken bis zum Vollzugsstichtag bei der Verkäuferin verbleiben und das wirtschaftliche Eigentum iSd § 39 Abs. 2 S 1 AO idR erst zum Vollzugsstichtag übergeht; zur „Closing Accounts"-Struktur → Form. I.K.19 Anm. 30 ff).

Die steuerliche Anerkennung oder Nichtanerkennung der Organschaft berührt im Übrigen nicht ohne weiteres die Wirksamkeit des zu ihrer Begründung abgeschlossenen

Unternehmensvertrages. Die Modalitäten der Beendigung des Ergebnisabführungsvertrages sollten deshalb ausdrücklich geregelt werden, insbesondere dass für den Zeitraum, in dem die Organschaft steuerlich nicht mehr anerkannt wird, auch keine Gewinnabführung bzw Verlustübernahme mehr stattfindet. Diese werden sonst als verdeckte Gewinnausschüttung bzw verdeckte Einlage behandelt. Wichtig ist allerdings, dass die Parteien eine Durchführung der Organschaft im Vertrag abbilden.

Die Beendigung von Beherrschungs- und Ergebnisabführungsverträgen ist bei der GmbH nicht gesetzlich geregelt; regelmäßig werden die Vorschriften für die AG, dh §§ 296 AktG und 297 AktG, entsprechend angewandt, vgl *Heisterkamp,* AnwBl 1994, 487; OLG Düsseldorf, ZIP 1994, 1602 ff. Die Aufhebung gem § 296 AktG hat den Nachteil, dass sie nur zum Ende eines Geschäftsjahres erfolgen kann, was bei einer unterjährigen Anteilsveräußerung problematisch ist (aber durch ein Rumpf-Geschäftsjahr gelöst werden kann). Einerseits sind bei gleichzeitigem Bestehen einer Beherrschungsabrede ab Übertragung der Geschäftsanteile Weisungskonflikte, nämlich Konflikte zwischen dem neuen Gesellschafter und der aufgrund des Fortbestehens des Beherrschungsvertrages weiterhin weisungsberechtigten Verkäuferin denkbar. Zum anderen bleibt die Verkäuferin aus der Verlustübernahmeverpflichtung verpflichtet, wogegen sie eine Schadloshaltungsverpflichtung der Käuferin nicht unbedingt immer ausreichend schützt. Ob die Veräußerung aller Geschäftsanteile den erforderlichen wichtigen Grund für eine fristlose Kündigung gem § 297 AktG darstellt, ist im Gesellschaftsrecht, anders als im Steuerrecht (vgl R 14.5 Abs 6 S 2 KStR), strittig, vgl *Heisterkamp,* AnwBl 1994, 487, 489; *Müller/Dorweiler,* FS Beuthien, 2009, 183, 191 ff; dagegen OLG Düsseldorf, ZIP 1994, 1602 (hM); OLG Oldenburg, NZG 2000, 1138, 1140 (nicht rechtskräftig geworden aus anderen Gründen). Den Vertragsparteien steht es aber frei, die Kündigungsgründe im Vertrag erweiternd festzulegen (BGHZ 122, 211, 228 ff; = NJW 1993, 1976; aA: OLG Oldenburg, NZG 2000, 1138 ff (nicht rechtskräftig geworden)). Gegebenenfalls wird, um eine Beendigung eines Unternehmensvertrages zum Stichtag sicherzustellen, an eine Veränderung des Geschäftsjahres der betreffenden Gesellschaft zu denken sein.

Die Beendigung eines Unternehmensvertrages ist zur Eintragung in das Handelsregister anzumelden; die Vertragsaufhebung bedarf weder auf Seiten der beherrschten GmbH noch der herrschenden Gesellschaft eines Gesellschafterbeschlusses, OLG Karlsruhe, ZIP 1994, 1022.

30. Gesellschafterliste: Vgl § 16 GmbHG. Sachlich bringt diese Garantie der Käuferin keinen zusätzlichen Nutzen, da die Verkäuferin ihre Vollrechtsinhaberschaft bereits in § 8.5 garantiert. Etwas anderes gälte aber dann, wenn die Verkäuferin nicht alleinige Gesellschafterin der Zielgesellschaft wäre.

31. Anteilsentwicklung und gutgläubiger Erwerb. Die Beifügung der historischen Entwicklung der Geschäftsanteile unterstützt angesichts der mangelnden Verbriefung der Geschäftsanteile die Nachvollziehbarkeit, welche Rechtsposition der Erwerber erwirbt. Vgl hierzu → Form. I.K.8 Anm. 3.

Da Geschäftsanteile bei der GmbH nicht verbrieft sind, und Anteilscheine, falls diese ausnahmsweise ausgegeben worden sind, nur Beweisurkunden, nicht aber Wertpapiere sind (vgl Baumbach/Hueck/*Hueck/Fastrich,* GmbHG, § 14 Rn 8), sodass die Übereignung der Anteilscheine nicht die Übertragung der Geschäftsanteile bewirkt, war der Erwerb vom berechtigten Inhaber vor MoMiG die einzige Möglichkeit, Geschäftsanteile rechtswirksam zu erwerben. Gem § 16 Abs 3 GmbHG nF ist seit einiger Zeit nun auch ein gutgläubiger Erwerb von Geschäftsanteilen vom Nichtberechtigten möglich, wenn der Veräußerer als Inhaber des Geschäftsanteils in der im Handelsregister aufgenommenen Gesellschafterliste eingetragen und die Liste seit mindestens drei Jahren unrichtig ist (zu den diesbezüglichen Übergangsfristen siehe sogleich unten). Dies ist auch dann der Fall, wenn die Liste seit weniger als drei Jahren unrichtig und die Unrichtigkeit dem wahren Berechtigten zuzurechnen ist. Ein gutgläubiger Erwerb ist ausgeschlossen, wenn dem Erwerber die mangelnde Berechtigung bekannt oder infolge grober Fahrlässigkeit unbekannt ist oder der Gesellschafterliste ein Widerspruch zugeordnet ist. Laut Gesetzesbegründung soll die Einführung des gutgläubigen Erwerbs den an der Abtretung Beteiligten die bisherigen Mühen, Kosten und Unsicherheiten ersparen und Rechtssicherheit über längere Zeiträume verschaffen (BT-Drs 16/6140 v 25.7.2007, S 38).

Ist der Verkäufer nicht Inhaber der verkauften Geschäftsanteile, hat der Käufer gleichwohl Anspruch auf Erfüllung. Kann der Verkäufer den verkauften Gegenstand jedoch nicht beschaffen, verbleibt dem Käufer nur der Anspruch auf Schadensersatz wegen Nichterfüllung, sofern nicht die Voraussetzungen für einen gutgläubigen Erwerb vom Nichtberechtigten vorliegen. Der Erwerber wird daher vernünftigerweise die Ausgabe der Geschäftsanteile und etwaige Vorübertragungen selbst nachprüfen. Auch wenn im Idealfall die Gründungsurkunde der Gesellschaft sowie alle Urkunden über die Ausgabe und Übernahme neuer Geschäftsanteile sowie die Übertragung von Geschäftsanteilen vorliegen, bleiben die Eigentumsverhältnisse an einem Geschäftsanteil immer noch mit der Unsicherheit behaftet, dass nicht dokumentierte zwischenzeitliche Verfügungen vorliegen könnten.

Die Einführung der Möglichkeit eines gutgläubigen Erwerbs von GmbH-Geschäftsanteilen hat an dem Erfordernis einer umfassenden Überprüfung der Anteilshistorie (und entsprechender Garantien seitens der Verkäuferin) wenig geändert: Der Gutglaubensschutz bezieht sich allein auf die Vollrechtsinhaberschaft der Verkäuferin; nicht geschützt sind der gute Glaube an die Existenz der Geschäftsanteile, ihre Lastenfreiheit sowie die Verfügungsbefugnis der Verkäuferin. Umstritten ist, ob die Gutglaubenswirkung eine fehlerhafte Stückelung der GmbH-Geschäftsanteile überwinden kann (dagegen zB *Heckschen/Heidinger,* Die GmbH in der Gestaltungs- und Beratungspraxis, 2. Aufl 2009, § 13 Rn 140; dafür zB *Böttcher/Blasche,* NZG 2007, 565, 566 ff u *Götze/Bressler,* NZG 2007, 894, 897). Die Käuferin muss daher auch künftig prüfen, ob die verkauften Geschäftsanteile (so) bestehen, frei von Lasten sind und ob eventuelle Verfügungsbeschränkungen (zB Vinkulierung) bestehen.

Hinsichtlich der Entwicklung der Anteilsinhaberschaft kann die Käuferin ihre Prüfung – vorbehaltlich konkreter Verdachtsmomente – künftig theoretisch, dh soweit dies sich praktisch überhaupt von der Prüfung der Existenz und Lastenfreiheit der betreffenden Geschäftsanteile trennen lässt, auf einen Zeitraum von drei Jahren vor dem Erwerb beschränken (vgl *Götze/Bressler,* NZG 2007 894, 899; *Gottschalk,* DZWiR 2009, 49, 51; *Heckschen/Heidinger,* Die GmbH in der Gestaltungs- und Beratungspraxis, 2. Aufl 2009, § 13 Rn 160; *Mayer,* DNotZ 2008, 427, 427) (zu den diesbezüglichen Übergangsvorschriften s unten). Obwohl der Nachweis des Vorliegens der objektiven Voraussetzungen für einen gutgläubigen Erwerb nur um den Preis der eigenen Gutgläubigkeit gelingen kann, stellt ein gänzlicher Verzicht auf eine Due Diligence in Bezug auf die Anteilsinhaberschaft keine Alternative dar. Zwar würde ein solcher Verzicht nach nahezu einhelliger Auffassung in Anlehnung an die zu §§ 892, 932 BGB entwickelten Grundsätze in der Regel, dh jedenfalls solange keine konkreten Verdachtsmomente bestehen, nicht zum Vorwurf grob fahrlässiger Unkenntnis einer eventuell mangelnden Berechtigung der Verkäuferin iSd § 16 Abs 3 S 2 GmbHG führen (vgl *Götze/Bressler,* NZG 2007, 894, 898; *Greitemann/Bergjan,* in: FS Pöllath und Partner (2008), 271, 285; *Grigoleit/Rieder,* GmbH-Recht nach dem MoMiG, 2009, Rn 163, *Klöckner,* NZG 2008, 841, 845; *Mayer,* DNotZ 2008, 403, 421 f, aA *Rodewald,* GmbHR 2009, 196, 198, der zumindest Durchsicht der Dokumente verlangt, aus denen sich ergibt, dass der Veräußerer den fraglichen Geschäftsanteil erworben hat). Bei Unrichtigkeit der Liste seit weniger als drei Jahren droht jedoch der Ausschlussgrund der Nichtzurechenbarkeit. Wegen der diesbezüglichen Grenzen des Gutglaubensschutzes sollte die Kaufinteressentin auf eine sorgfältige Prüfung zumindest der Erwerbsvorgänge der letzten drei Jahre nicht verzichten. Zwar birgt dies stets das Risiko, dass sie hinsichtlich der Richtigkeit der Gesellschafterliste bösgläubig wird, andererseits wäre in diesem Fall der vorrangige Zweck der Due Diligence erfüllt, die potentielle Käuferin vor unliebsamen Überraschungen zu schützen. Zudem könnte die Käuferin die Gefahr einer nicht zurechenbaren Unrichtigkeit vermindern, indem sie die in den vergangenen drei Jahren eingetragenen Vorgänger der in der Gesellschafterliste eingetragenen Verkäuferin bittet zu bestätigen, dass ihnen der betreffende Geschäftsanteil nicht mehr gehört (so *Götze/Bressler,* NZG 2007, 894, 899).

Auf vor dem 1.11.2008 gegründete Gesellschaften findet der neue Gutglaubensschutz nach MoMiG erst nach Ablauf bestimmter Übergangsfristen Anwendung: Für den Fall, dass die Unrichtigkeit der Gesellschafterliste bereits vor dem 1.11.2008 vorhanden war und dem Berechtigten zuzurechnen ist, ist § 16 Abs 3 GmbHG nF hinsichtlich des betreffenden Geschäftsanteils erst für nach dem 1.5.2009 geschlossene Rechtsgeschäfte anwendbar. Ist die Unrichtigkeit dem Berechtigten bei ansonsten gleicher Konstellation nicht zuzurechnen, findet § 16 Abs 3 GmbHG nF erst auf Rechtsgeschäfte Anwendung, die nach dem 1.11.2011 geschlossen werden. Unklar bleibt, ob insoweit das schuldrechtliche (so *Rodewald,* GmbHR 2009, 196, 199) oder das dingliche Geschäft maßgeblich ist. Da die Käuferin ohne selbst bösgläubig zu sein mit der Folge, dass ein gutgläubiger Erwerb per se ausscheidet, nicht wissen kann, ob eine eventuelle Unrichtigkeit der Gesellschafterliste dem Berechtigten zuzurechnen ist oder nicht, bedeutet dies für die Praxis der Due Diligence, dass beim Erwerb von Anteilen an vor dem 1.11.2008 gegründeten Gesellschaften bis 1.11.2011 alles beim Alten bleibt und bis zu diesem Zeitpunkt nach wie vor die gesamte Abtretungskette geprüft werden sollte.

Zumindest aus Käufersicht rechtfertigt der Umstand, dass eine gutgläubige Käuferin die Geschäftsanteile möglicherweise selbst dann erwerben kann, wenn diese der Verkäuferin überhaupt nicht gehören, keine Zugeständnisse an die Dokumentations- und Einstandspflichten der Verkäuferin (so auch *Götze/Bressler,* NZG 2007, 894, 899; *Gottschalk,* DZWiR 2009, 45, 51; *Wachter,* GmbHR Sonderheft 10/2008, 51, 61). Bei den Verkäufergarantien hinsichtlich der Rechtsinhaberschaft der Verkäuferin sollte die Käuferin daher keine diesbezüglichen Einschränkungen akzeptieren.

32. Bilanzgarantie. Die Gewährleistung erstreckt sich auf die letzten Jahresabschlüsse. Der Gewährleistungsstandard entspricht dem Standard, den § 264 Abs 2 HGB für die Erstellung des Jahresabschlusses einer Kapitalgesellschaft vorgibt. Die Gewährleistung dieses Standards kann auf Verkäuferseite uU problematisch sein, insbesondere wenn die Jahresabschlüsse nicht geprüft worden oder in der Vergangenheit gar nicht formell erstellt worden sind (zB in Carve-out-Szenarien, in denen es häufig nur pro-forma-Abschlüsse des Transaktionperimeters für Zwecke der Transaktion gibt).

Die Gewährleistung schützt den Erwerber im Grunde nur vor bewussten Abschlussmanipulationen seitens der Geschäftsführung der Gesellschaft; dieses Risiko wird vom Veräußerer übernommen. Langwierige Verhandlungen sind regelmäßig die Folge, wenn der Erwerber eine „objektive" Abschlussgewährleistung fordert, dh wenn er sich nicht damit zufriedengeben will, dass die Abschlüsse unter Beachtung der Grundsätze ordnungsgemäßer Buchführung erstellt wurden, sondern gewährleistet haben möchte, dass der Abschluss „richtig" ist. Da die verschiedenen Bilanzansätze Ausdruck einer stichtagsbezogenen Bewertung sind, können sie sich letztlich immer als falsch herausstellen, wenn zB Forderungen oder Vorräte wertberichtigt werden müssen oder sich herausstellt, dass für bestimmte bestehende Risiken, etwa Altlasten, aufgrund mangelnder Kenntnis des betreffenden Risikos keine Rückstellungen gebildet worden sind. Wie „hart" die Bilanzgarantie ausfällt, wird schließlich von der jeweiligen Verhandlungsstärke und -position der Vertragsparteien abhängen. Zur Bedeutung von Bilanzgarantien beim Unternehmenskauf vgl *Hofmann/Nowotny,* Der Gesellschafter 2009, 126.

Bei der Formulierung der Bilanzgarantie ist aus Verkäufersicht Vorsicht geboten. Eine uneingeschränkte Garantie dahingehend, dass der Jahresabschluss „ein den tatsächlichen Verhältnissen entsprechendes Bild der Vermögens- , Finanz- und Ertragslage der Gesellschaft vermittelt", wäre nach OLG München, Urt. v. 30.03.2011 – 7 U 4226/10, BeckRS 2011, 7200 und OLG Frankfurt a.M., Urt. v. 7.5.2015 – Az. 26 U 35/12, NZG 2016, 435, im Sinne einer objektiven („harten"), die objektive Richtigkeit des Jahresabschlusses garantierenden Garantie zu verstehen; dies würde innerhalb der Verjährungsfrist eine Haftung für Umstände einschließen, die weder zum Zeitpunkt der Aufstellung des Jahresabschlusses noch bei dessen Feststellung noch zum Zeitpunkt der Unterzeichnung des Anteilskaufvertrags bekannt waren. Sofern die Verkäuferin nicht zur Abgabe einer solchen harten Bilanzgarantie bereit ist, sollte sie darauf achten, hinreichend deutlich zu machen, dass es bei einer Bezugnahme auf die Richtigkeit der Bilanz auf ihren Kenntnisstand zu einem genau definierten Zeitpunkt ankommt (im ersten Entwurf zB zum Bilanzstichtag, alternativ zum Zeitpunkt der Bilanzerstellung bzw. -feststellung (dogmatisch wohl der richtige Ansatz, da die Feststellung das Ende des relevanten Wertaufhellungszeitraums markiert), oder auch zum Zeitpunkt der Abgabe der Garantie), oder zumindest eine Einschränkung hinsichtlich der Wesentlichkeit vornehmen. Auf Rechtsfolgenseite sollte sichergestellt werden, dass die Haftung auf die sog. „Bilanzauffüllung" (Ersatz der Differenz zwischen fehlerhafter und richtiger Bilanzposition) beschränkt wird (s § 9.1 des Musters) und nicht eine (vermeintliche) Wertminderung des Unternehmens erfasst (die bei Zugrundelegung zB eines EBITDA-Multiple ein Vielfaches der fehlerhaften Bilanzposition betragen könnte).

33. **Bewertungswahlrechte.** Die §§ 252 ff HGB geben für bestimmte Bilanzansätze Bewertungswahlrechte vor. Anlässlich des Vertragsschlusses sollte der Veräußerer klar machen, welche dieser Alternativen in der Vergangenheit gewählt worden sind und diese dann entsprechend gewährleisten.

34. **Forderungsgewährleistung.** Die in § 8.9 des Musters vorgesehene Bilanzgarantie stellt nur auf die Beachtung der Grundsätze ordnungsgemäßer Buchführung bei der Bewertung der verschiedenen Bilanzpositionen ab. Für den Forderungsbestand enthält § 8.10 eine Verschärfung dieser Gewährleistung hin zu einem objektiven Standard, da er zu einer Haftung des Veräußerers führt, wenn sich später herausstellt, dass die vorgenommenen Einzel- bzw Pauschalwertberichtigungen nicht ausreichen bzw für besondere Inkassomaßnahmen Kosten anfallen. Eine Zwischenlösung ist wie folgt denkbar: „Lieferungen sind nur unter Vereinbarung von Eigentumsvorbehalt bzw gegen die Stellung von Akkreditiven erfolgt. Die Verkäuferin übernimmt jedoch keine Gewähr dafür, dass der Eigentumsvorbehalt in allen Jurisdiktionen, in die die Gesellschaft geliefert hat, anerkannt wird. In der Vergangenheit haben sich die vorgenommenen Wertberichtigungen immer als ausreichend erwiesen."

35. **Vorräte.** Die Gewährleistung will insgesamt eine verlustfreie Vorratsbewertung sicherstellen und präzisiert damit die Bilanzgarantie. Ist die Verwendbarkeit von Rohstoffen, Zulieferprodukten und Halbfertigprodukten im gewöhnlichen Geschäftsbetrieb nicht (mehr) gegeben, ist eine Wertberichtigung erforderlich. Ebenso ist eine Wertberichtigung erforderlich, falls sich Fertigprodukte und Handelsware, die nach dem Niederstwertprinzip bilanziell mit dem niedrigeren Wert von Marktpreisen und Herstellungskosten bzw Anschaffungskosten anzusetzen sind, nicht mehr zum Marktpreis verkaufen lassen.

36. **Grundbesitz.** Verfügt die Gesellschaft, deren Geschäftsanteile veräußert werden, über Grundbesitz, empfiehlt sich dessen ausdrückliche Berücksichtigung im Vertrag. Die Gewährleistung des Grundbuchstandes sollte der Verkäuferin keine Probleme bereiten.

Die Gewährleistung will darüber hinaus erreichen, dass die Verkäuferin die Käuferin über gestellte Anträge zu Grundbuch oder Baulastenbuch, die noch nicht eingetragen sind, informiert.

37. Anlage- und Umlaufvermögen. Der Teil der Gewährleistungen, der sich auf das Anlagevermögen bezieht, will sicherstellen, dass die Verkäuferin die Käuferin informiert, wenn bestimmtes Anlagevermögen, auf das die Gesellschaft angewiesen ist, nicht bilanziert ist, weil es etwa von der Gesellschaft nur aufgrund eines nicht bilanzfähigen Nutzungsverhältnisses (Leasing, Miete, Pacht) zur Verfügung steht. Die in der Anlage zu dieser Gewährleistung aufzunehmenden Ausnahmen werden deshalb regelmäßig diejenigen Anlagegegenstände, die der Gesellschaft nur aufgrund eines solchen Nutzungsverhältnisses zur Verfügung stehen, umfassen, wie den Zu- und Abgang von Anlagevermögen im Rahmen des gewöhnlichen Geschäftsbetriebes. Der weitere Teil der Gewährleistungen soll die Verkäuferin dazu bewegen, die Käuferin darauf hinzuweisen, wenn die Gesellschaft hinsichtlich bestimmter bilanzierter Gegenstände des Anlagevermögens nicht Eigentümerin ist, etwa weil diese an Dritte sicherungsübereignet sind. Auch bei den Gegenständen des Umlaufvermögens, die erfahrungsgemäß oft Gegenstand von Eigentumsvorbehalten oder Sicherungsübereignungen sind, ist ein entsprechender Vorbehalt gemacht.

38. Gewerbliche Schutzrechte und Urheberrechte. Der Gewährleistung geht es um die für den Geschäftsbetrieb notwendigen gewerblichen Schutzrechte und Urheberrechte, unabhängig davon, ob diese der Gesellschaft gehören oder ob sie daran nur ein Nutzungsrecht hat. Zur Behandlung gewerblicher Schutzrechte beim Unternehmenskauf vgl *Donle,* DStR 1997, 74 ff.

39. Geschäfte mit verbundenen Unternehmen bzw Familienangehörigen. Insbesondere in Familiengesellschaften ist diesem Punkt größte Aufmerksamkeit zu schenken, insbesondere auch deshalb, weil in der Vergangenheit getätigte Geschäfte dieser Art leicht das Risiko einer verdeckten Gewinnausschüttung mit sich bringen und Steuernachforderungen nach Erwerb der Gesellschaft durch die Käuferin begründen können.

40. Bankkonten/Unterschriftsberechtigte. Diese Gewährleistung zwingt die Verkäuferin, vollständig Rechenschaft über die Bankbeziehungen der Gesellschaft und die erteilten Bankvollmachten zu geben. Ist der Vertrag erst einmal unterschrieben, ist insbesondere bei kleineren oder Familienunternehmen diese Klärung oft sehr viel schwieriger und die notwendige Kooperation der Verkäuferin nicht mehr ohne weiteres zu erreichen.

41. Versicherungen. Ob der für die Gesellschaft bestehende Versicherungsschutz ihrem Geschäftsbetrieb und dessen typischen Risiken adäquat ist, sollte Gegenstand einer sorgfältigen Untersuchung der Käuferin vor Vertragsabschluss sein. Mit der Versicherungsgewährleistung soll in erster Linie der Bestand der abgeschlossenen Versicherungen geklärt werden sowie der Käuferin die Sicherheit gegeben werden, dass die Deckung nicht aufgrund Pflichtversäumnis der Gesellschaft (zB Verzug) gefährdet ist. Für Unternehmen, die einem Konzern angehören, in dem mitunter die Konzernmutter Generalversicherungsverträge abschließt, die auch die Risiken der verschiedenen Tochtergesellschaften abdecken, ist auch die Angabe wichtig, welche Versicherungen bei Ausscheiden der Tochtergesellschaft aus dem Konzern als Folge des Verkaufes entfallen. Hier muss der Käuferin die Gelegenheit gegeben werden, sofort für neuen Versicherungsschutz sorgen zu können.

42. Wesentliche Verträge. Die Wirtschaftskraft eines Unternehmens, dh seine Fähigkeit, Gewinne zu generieren, hängt ganz wesentlich von den vertraglichen Beziehungen mit Lieferanten, Kreditgebern, Abnehmern, Vertriebshändlern etc ab, über die es verfügt. Gerade der interessantere Teil dieser vertraglichen Beziehungen, nämlich die gerade

„laufenden" Verträge, dh die Verträge, die geschlossen, aber noch nicht von jeder Seite erfüllt worden sind („schwebende Geschäfte"), sind aus der Bilanz nicht ersichtlich, vgl Baumbach/Hopt/*Merkt,* § 252 Rn 21. Eine der wichtigsten Aufgaben der vorvertraglichen Prüfung des Unternehmens durch die Käuferin ist deshalb eine Inspektion der Vertragsbeziehungen. Für die Verkäuferin kann dies dann problematisch sein, wenn diese Vertragsbeziehungen vertrauliche Elemente enthalten, die man der Käuferin, die ja möglicherweise schon ein Wettbewerber im betreffenden Markt ist, nicht vor Vertragsschluss offenbaren will. Der im Vertragsmuster enthaltenen Gewährleistung in Bezug auf wesentliche Verträge geht es vor allem darum abzusichern, dass der Käuferin alle wesentlichen Verträge offenbart worden sind. Was im Einzelfall ein wesentlicher Vertrag ist, hängt insbesondere von der Größenordnung der Gesamttransaktion ab. Wichtig ist für die Käuferin auch, dass die Verkäuferin ihr klar Auskunft darüber gibt, wenn nach ihrer Einschätzung oder ihrem Wissen der Vertragsschluss dazu führen wird, dass bestimmte wesentliche Verträge von der jeweiligen Gegenseite gekündigt werden können, dh wenn solche Verträge sogenannte „change of control"-Klauseln enthalten (die Verkäuferin wird sich allerdings auf den Standpunkt stellen, dass die Käuferin sich diese Informationen im Rahmen der eigenen Due Diligence besorgen kann und sollte).

43. Abnehmer/Lieferanten. Wie wichtig diese Gewährleistung ist, hängt einerseits von dem Geschäft der Gesellschaft ab, andererseits von der Marktkenntnis der Käuferin. Wird die Gesellschaft an ein Konkurrenzunternehmen verkauft, wird die Verkäuferin oft die mit dieser Gewährleistung verbundene Offenbarung ihres Kundenstamms vor Vertragsunterzeichnung verweigern oder nur unter zusätzlichen Vorkehrungen zulassen (Schwärzung sensibler Daten, Offenlegung nur ggü sog „Clean Teams").

44. Arbeitsverhältnisse. Insbesondere in einem Unternehmen, dessen Wirtschaftskraft sich vorwiegend auf die Fähigkeiten und das Know-how der Arbeitnehmer stützt, wie dies etwa im Dienstleistungsgewerbe oft vorkommt, ist es wichtig, dass die Verkäuferin Auskunft darüber gibt, wenn ihr bereits bekannt ist, dass bestimmte, für den Geschäftsbetrieb wichtige Arbeitnehmer das Unternehmen verlassen wollen.

45. Vollmachten. Nicht alle erteilten Vollmachten (zB Generalvollmachten, Handlungsvollmachten) sind aus dem Handelsregister ersichtlich. Die Käuferin ist regelmäßig daran interessiert zu erfahren, wer für das zu erwerbende Unternehmen vertretungsberechtigt ist. Gegebenenfalls ist es sinnvoll, in die Gewährleistung eine Ausnahme für reine Empfangsvollmachten, wie zB Postvollmachten, aufzunehmen.

46. Öffentliche Zuschüsse. Diese Gewährleistung ist wichtig, weil Verstöße gegen die anwendbaren Rechtsvorschriften die Berechtigung zum Empfang der Zuschüsse entfallen lassen bzw eine Pflicht zur Rückzahlung begründen können.

47. Rechtsstreitigkeiten etc. Ob diese Gewährleistung auf Rechtsstreitigkeiten, deren Streitwert einen bestimmten Schwellenwert überschreitet, beschränkt werden sollte, hängt regelmäßig von der Größe des Unternehmens ab. Zur Prüfung, ob bilanziell angemessene Rückstellungen gebildet worden sind, empfiehlt es sich, eine kurze Beschreibung des Sach- und Streitstandes der jeweiligen Verfahren durch den bearbeitenden Rechtsanwalt einzuholen.

48. Beachtung anwendbarer Vorschriften des öffentlichen Rechts. Je größer das Unternehmen ist, desto schwieriger wird es für die Verkäuferin sein, dieser Gewährleistung zuzustimmen. Es ist dann zu erwägen, ob diese Gewährleistung auf die Beachtung derjenigen Rechtsvorschriften und behördlichen Weisungen beschränkt werden kann, deren Nichtbeachtung erhebliche nachteilige Folgen für die Gesellschaft oder ihren Geschäftsbetrieb hat. Wichtig ist regelmäßig, dass die Käuferin davor geschützt wird, dass sich nach dem Übergang des Unternehmens schwerwiegende gewerberechtliche oder baurechtliche Verstöße herausstellen, deren Beseitigung nur mit erheblichen zusätzlichen finanziellen Aufwendungen möglich ist. Insbesondere wenn es sich bei dem Unternehmen um ein noch vom Eigentümer geprägtes handelt und dieser mit den lokalen Behörden gute Kontakte pflegt, kann es leicht passieren, dass sich nach dem Übergang des Unternehmens auf einen neuen ortsfremden Erwerber in rascher Folge die Behörden auf den Plan gerufen fühlen, endlich gegen ihnen bereits lang bekannte Missstände einzuschreiten.

49. Interim-Gewährleistung. Diese Garantie stellt ein weiteres wesentliches Element im Rahmen des „Locked Box" Konzepts dar und ist das Gegenstück zur „Going Concern"-Klausel in § 4. Da ab dem in der Vergangenheit liegenden Wirtschaftlichen Stichtag die wirtschaftlichen Chancen und Risiken des Zielunternehmens der Käuferin zugeordnet sind, lässt sich die Käuferin durch die vorliegende Gewährleistung zusichern, dass das Unternehmen seit diesem Stichtag bis zum Abschluss des Unternehmenskaufvertrags im üblichen und ordnungsgemäßen Geschäftsgang geführt wurde. Für zukunftsgerichtete Absicherung von Vertragsschluss bis zum Vollzugsstichtag greift die „Going Concern"-Klausel (dazu → Anm. 16).

50. Schadensersatz. Vor dem Hintergrund, dass aus den beschriebenen Gründen (→ Anm. 24) die Gewährleistungsregelung im vorliegenden Vertragsmuster als selbständiges Garantieversprechen ausgestaltet worden ist, ist hinsichtlich der Rechtsfolge zunächst die Naturalrestitution vorgesehen, dh falls von der Verkäuferin gewährleistete Umstände tatsächlich nicht so sind, wie sie laut dem Vertrag sein müssten, hat die Verkäuferin zunächst eine Nacherfüllungsmöglichkeit. Ist solche Nacherfüllung nicht möglich oder erfolglos, haftet die Verkäuferin auf Schadensersatz in Geld (vgl aber *Bredow*, WiB 1996, 518 f). Es kann sinnvoll sein, die Schadensersatzverpflichtung der Verkäuferin nicht auf jeden adäquat kausal verursachten Schaden zu erstrecken, sondern hinsichtlich der Rechtsfolgen zu beschränken. Verbreitete Marktpraxis ist etwa, dass die Verkäuferin für unmittelbare und typischerweise vorhersehbare mittelbare Schäden haftet (einschließlich entgangenem Gewinn), nicht aber für typischerweise nicht vorhersehbare mittelbar verursachte Schäden. Zur „Bilanzauffüllung" im Rahmen von Verletzungen der Bilanzgarantie → Anm. 32.

51. Abzugs- bzw Schwellenbetrag. Aus Praktikabilitätsgründen wird oft eine Wesentlichkeitsschwelle (De-Minimis) für die Haftung aus Gewährleistungspflichten vereinbart sowie ein weiterer Betrag als Schwellen- bzw. Abzugsbetrag: Wenn die Schadenshöhe einen bestimmten Betrag überschreitet, haftet die Verkäuferin auf den ganzen Betrag (Schwellenbetrag) oder nur für die Überschreitung (Abzugsbetrag, dh nicht für den Sockelbetrag, der von der Haftung immer abgezogen wird). Ob die Haftung auf den Kaufpreis beschränkt wird oder gar auf einen geringeren Betrag als den Kaufpreis, ist oft Gegenstand langwieriger Verhandlung; die gefundene Lösung wird maßgeblich von den Umständen des Einzelfalles und der Verhandlungsposition der Parteien abhängen. Selten wird sich eine Käuferin auf wesentliche Beschränkungen der Haftung für Rechtsmängel der verkauften Geschäftsanteile einlassen; marktüblich ist hier aber eine betragsmäßige Beschränkung auf die Höhe des Kaufpreises.

52. Ausschluss gesetzlichen Gewährleistungsrechts. Die logische Folge der Vereinbarung eines vertraglichen Gewährleistungsrechtes (→ Anm. 24) ist der Ausschluss der ansonsten anwendbaren gesetzlichen Vorschriften.

53. Verjährungsfrist. Ansprüche aus einem selbständigen Garantieversprechen gem § 311 Abs 1 BGB unterliegen der regelmäßigen Verjährungsfrist nach § 195 BGB. Da die Länge der Frist (3 Jahre) und ihr Beginn (nach § 199 Abs 1 BGB der Schluss des Jahres, in dem der Anspruch entstanden ist und der Gläubiger von den den Anspruch begründenden Umständen und der Person des Schuldners Kenntnis erlangt oder ohne grobe Fahrlässigkeit erlangen müsste) oftmals nicht sachgerecht sind, ist es regelmäßig ratsam, die Verjährung im Vertrag ausdrücklich zu regeln.

54. Anspruchsausschluss bei Kenntnis. Die Regelung folgt dem Rechtsgedanken des § 442 Abs 1 BGB, der aufgrund des Ausschlusses des gesetzlichen Gewährleistungsrechts andernfalls keine Anwendung finden würde. Der Inhalt des Datenraums gilt dabei als der Käuferin bekannt; hier findet sich in der Praxis häufig die Einschränkung, dass nur solche Datenrauminhalte als bekannt gelten, die in einer Art und Weise offengelegt sind, dass ein vernünftig handelnder und professionell beratener Käufer diese in ihrem Bedeutungsgehalt erfassen kann („fair disclosure"-Prinzip). Die Sicherung des Datenrauminhalts auf einem Speichermedium für beide Parteien dient der späteren Beweisbarkeit. Die Verkäuferin wird der Käuferin diese Daten idR erst endgültig zukommen lassen wollen, wenn die Geschäftsanteile tatsächlich übergehen; aus diesem Grund ist die Übergabe des Datenraumspeichermediums im Muster als Vollzugshandlung vorgesehen.

55. Umweltfreistellung. Diese in der Tendenz käuferfreundliche Vereinbarung schützt die Käuferin davor, dass Grundstücke oder Betriebsanlagen bei Übergang des Geschäftsbetriebes kontaminiert sind und die Gesellschaft bzw sie selbst nach Erwerb zur Beseitigung oder Kostentragung durch Behörden oder Dritte (zB Nachbarn) herangezogen werden. Die Vereinbarung kann Gegenstand langwieriger schwieriger Verhandlungen zwischen den Parteien werden, da Kosten für die Beseitigung von Kontaminationen sehr hoch sein können und auch die Verkäuferin häufig keine konkrete Kenntnis über die historische Situation der betreffenden Grundstücke bzw Betriebsanlagen hat.

Die Umweltklausel ist als gesondert geregelte Freistellungsverpflichtung der Verkäuferin strukturiert, da es sich bei dem abzusichernden Risiko regelmäßig um Ansprüche eines Dritten (etwa einer Behörde oder eines Nachbarn, dessen Grundstück durch eine Kontamination betroffen ist) gegen die Gesellschaft oder die Käuferin handelt und eine Freistellung von diesem Risiko rechtstechnisch sachgerechter als eine Gewährleistung erscheint. Die Freistellungsverpflichtung setzt nur ein, sofern eine Kontamination bereits bei Übergang des Geschäftsbetriebes vorhanden war und der Anspruch, von dem freizustellen ist, auf einer behördlichen Anordnung von Maßnahmen oder Ähnlichem beruht. Dies soll bewirken, dass die Verkäuferin nicht schon bei bloßem Vorhandensein einer Kontamination, sondern erst bei deren behördlicher Verfolgung in Anspruch genommen werden kann.

Sofern in Verhandlungen eine ausgeglichenere Regelung erforderlich wird, können beispielsweise der Anknüpfungspunkt für die Umweltfreistellung auf schädliche Bodenveränderungen nach Maßgabe des BBodSchG beschränkt, die Verjährungsfrist verkürzt, eine anteilige Kostentragung abhängig von der verstrichenen Zeit seit dem Stichtag (sog „sliding scale") bzw eine Haftungsobergrenze sowie weitergehende Mitspracherechte der Verkäuferin vereinbart werden.

Umweltrisiken können mit einer speziellen Versicherung abgesichert werden (→ Anm. 26 zur Gewährleistungsversicherung). Sollte diese Möglichkeit in Betracht gezogen werden, empfiehlt es sich, möglichst frühzeitig einen Versicherungsmakler in den Prozess einzubeziehen. Erfahrungsgemäß erwarten Versicherer in diesem Fall häufig die Durchführung einer umwelttechnischen Due Diligence (sog „Phase I"). Bekannte Risiken (zB identifizierte Kontaminationen) werden häufig ausgeschlossen bzw nur gegen Aufschlag versichert (zB gegen das Risiko einer behördlichen Inanspruchnahme).

56. Steuern. Solange ein steuerlicher Veranlagungszeitraum nicht abschließend durch die Betriebsprüfung geprüft worden oder noch keine Festsetzungsverjährung eingetreten ist, besteht das Risiko von Steuernachforderungen. Diese treffen die Gesellschaft direkt, die als Kapitalgesellschaft selbst ein von ihren Gesellschaftern zu unterscheidendes

Steuersubjekt ist (§ 1 Abs 1 Nr 1 KStG), und idR nicht den ehemaligen Gesellschafter (Verkäuferin). Ohne eine besondere Regelung würden daher Steuern für Zeiträume vor dem Wirtschaftlichen Stichtag die Käufer (mittelbar) belasten. Kern der Steuerklausel ist daher eine Freistellung der Käuferin durch die Verkäuferin für solche Steuernachforderungen, deren Entstehung noch im Verantwortungsbereich der Verkäuferin liegt. In Einklang mit dem „Locked Box"-Konzept ist der relevante Stichtag nicht der Vollzugsstichtag, sondern der Wirtschaftliche Stichtag.

Änderungsträchtig sind insbesondere die Ertragsteuern, dh die Körperschaftsteuer und die Gewerbesteuer. Für eine Veränderung der maßgeblichen steuerlichen Bemessungsgrundlage (nach einer Betriebsprüfung) kann es viele Gründe geben, bspw Neubewertungen der Wirtschaftsgüter der Gesellschaft (zB wenn die Betriebsprüfung zu dem Ergebnis kommt, dass bestimmte Wirtschaftsgüter zu schnell abgeschrieben worden sind). Besonders praxisrelevant sind auch Anpassungen aufgrund von Geschäften, die zu nicht marktgerechten Konditionen mit Gesellschaftern oder diesen nahestehenden Dritten abgewickelt worden sind. Diese können verdeckte Gewinnausschüttungen sein. Es wird der Käuferin regelmäßig nicht zuzumuten sein, das steuerliche Risiko für bereits abgeschlossene Veranlagungszeiträume, während derer sie weder die Herrschaft über die Gesellschaft hatte noch deren Steuererklärungen beeinflussen konnte, zu übernehmen. Insbesondere in kleinen und mittleren Unternehmen, bei denen Gesellschafter an der Geschäftsführung beteiligt sind, besteht regelmäßig ein hohes Risiko verdeckter Gewinnausschüttungen, das vollständig von der Verkäuferin übernommen werden sollte, zumal die Verkäuferin regelmäßig auch den korrespondierenden Vorteil aus der verdeckten Gewinnausschüttung hat.

Vor diesem Hintergrund sieht das Vertragsmuster eine von den Gewährleistungen gesondert geregelte Freistellungsverpflichtung der Verkäuferin vor. Dies hat zum einen den Zweck, die Steuerfreistellung von den bei Gewährleistungen üblicherweise vereinbarten Haftungsbeschränkungen wie Abzugs-, Schwellenbeträgen und Kappungsgrenzen auszunehmen, da eine Beteiligung der Käuferin an dem Risiko von Steuernachforderungen oft als nicht sachgerecht angesehen wird. Zum anderen handelt es sich bei Steuernachforderungen gegen die Zielgesellschaft um Ansprüche eines Dritten (nämlich des Fiskus) gegen die Zielgesellschaft, so dass die Freistellung von diesem Risiko rechtstechnisch treffender erscheint als die Absicherung im Rahmen der allgemeinen Gewährleistungen, die eher eine generelle Beschreibung des Soll-Zustandes eines Unternehmens und der zu dessen Führung eingesetzten Mittel darstellen.

Die Freistellung in § 11.1 sieht vor, dass die Verkäuferin die Käuferin (oder wahlweise die Zielgesellschaft) von allen Steuern, steuerlichen Nebenleistungen und vergleichbaren Abgaben freistellt, die sich auf den Zeitraum vor dem Wirtschaftlichen Stichtag beziehen. Umgekehrt sieht § 11.2 vor, dass etwaige Steuererstattungen, die diesen Zeitraum betreffen, der Verkäuferin von der Käuferin zu erstatten sind. Steuerfreistellungen unterliegen jedoch regelmäßig bestimmten Einschränkungen. So regelt § 11.1.2 zB eine spezielle Ausprägung der Vorteilsausgleichung, § 11.1.3 eine besondere Form. des Mitverschuldens der Käuferin. Das Vertragsmuster geht davon aus, dass sich die in der Stichtags-Bilanz ausgewiesenen Steuerverbindlichkeiten und -rückstellungen bzw Steuerforderungen bereits im Rahmen der Kaufpreisermittlung kaufpreismindernd bzw -erhöhend ausgewirkt haben. Daher stellt § 11.1.4 sicher, dass eine solche Steuer nicht (noch einmal) freigestellt werden muss. Entsprechendes gilt für die Erstattung von bereits kaufpreiserhöhend berücksichtigten Steuerforderungen (§ 11.2 S 2). § 11.3 sieht eine besondere Verjährungsregelung vor. Hier ist es sachgerecht, dass die Verkäuferin solange haftet, wie die Gesellschaft selber auf Nachforderungen von Steuern in Anspruch genommen werden kann. Dies ist regelmäßig erst der Fall, wenn ein unanfechtbarer endgültiger Steuerbescheid ergangen ist, dh idR nach Abschluss der Betriebsprüfung über die betreffenden Veranlagungszeiträume (flexible Verjährung). Parallel wird oft zusätzlich eine starre Verjährung vereinbart, um bspw nach zehn Jahren Rechtssicherheit zwischen den Parteien zu gewährleisten. § 11.5 regelt schließlich das Recht der Verkäuferin, an Steuerverfahren der Zielgesellschaft teilzunehmen. Steht die Verkäuferin für die Steuerhistorie des Unternehmens ein, muss ihr auch Gelegenheit gegeben werden, diese bei Steuerverfahren zu verteidigen. In diesem Zusammenhang entstehende Kosten hat sie zu tragen.

Die Steuerklausel ist im vorliegenden Muster insgesamt recht ausgewogen formuliert. Je nach Verhandlungsposition kann es Situationen geben, in denen die Steuerklausel eher zulasten oder eher zugunsten der Verkäuferin ausgestaltet ist. Typische Stellschrauben sind die Ausnahmen aus der Steuerfreistellungsregelung und der Regelung für Steuererstattungen. Auch die Definition des Begriffs „Steuer" hat entscheidende Bedeutung. Hier ist insbesondere zu erwägen, ob dieser auch steuerliche Nebenleistungen und Sozialversicherungsabgaben umfassen soll.

Für den Fall, dass die Zielgesellschaft in einer ertragsteuerlichen Organschaft mit der Verkäuferin war/ist, empfiehlt sich eine besondere Regelung, die insbesondere im Falle einer Änderung der Bemessensgrundlage Vorteile des Käufers an den Verkäufer auskehrt.

Bekannte Steuerrisiken können derzeit nicht mit einer Gewährleistungsversicherung abgesichert werden (→ Anm. 26 zur Gewährleistungsversicherung). Für bestimmte bekannte Steuerrisiken besteht jedoch die Möglichkeit, eine spezielle Versicherung abzuschließen. Sollte diese Möglichkeit in Betracht gezogen werden, empfiehlt es sich, möglichst frühzeitig einen Versicherungsmakler in den Prozess einzubeziehen.

Vgl umfassend zur steuerlichen Gewährleistung *Streck/Mack*, Unternehmenskauf und Steuerklauseln, BB 1992, 1398; *Streck*, Probleme beim Kauf steuerkontaminierter Unternehmen, BB 1992, 1539; *Bredow*, WiB 1996, 518 f; *Hülsmann*, Die Steuerklausel im Unternehmenskaufvertrag, DStR 2008, 2402; *Bisle*, SteuK 2013, S. 204; *Eilers/Beutel*, IStR 2010, S. 564.

Zur steuerlichen Situation von Erwerber und Veräußerer vgl → Form. I.K.8 Anm. 19; zu Verkehr- und Verbrauchsteuern → Form. I.K.8 Anm. 15.

57. Wettbewerbsverbot. Wenn der Veräußerer über seine rein kapitalmäßige Beteiligung hinaus in besonderem Maße für den wirtschaftlichen Erfolg des veräußerten Unternehmens verantwortlich ist, zB weil das Unternehmen und sein Geschäftsbetrieb im Wirtschaftsverkehr mit dem Veräußerer identifiziert wird, weil der Veräußerer für den Aufbau und die Pflege der Kundenbeziehungen verantwortlich war, weil der Veräußerer über besonderes Know-how verfügt, etc, wird der Erwerber daran interessiert sein, den Veräußerer solange von der Betätigung in dem betreffenden Markt fernzuhalten, als er selbst zur Übernahme der bestehenden Marktposition bzw zum Aufbau und zur Sicherstellung einer neuen Marktposition braucht. Ansonsten besteht die Gefahr, dass das Unternehmen seine Marktposition, um deren willen der Erwerber die Geschäftsanteile erworben hat, an den wiederum im gleichen Markt tätigen Veräußerer verliert. Um dies zu vermeiden, werden in Anteils- und Unternehmenskaufverträgen sehr häufig Wettbewerbsverbote vereinbart, die einen Wettbewerb des Veräußerers mit dem veräußerten Unternehmen und damit die Gefahr des Verlustes der Marktstellung des veräußerten Unternehmens, die der Erwerber gerade erwerben wollte, vermeiden sollen. Die Vereinbarung von Wettbewerbsverboten wirft allgemein zivilrechtliche, kartellrechtliche und steuerrechtliche Fragen auf.

Zivilrechtlich ist ein Wettbewerbsverbot an § 138 BGB zu messen. Um die Sittenwidrigkeit zu vermeiden, darf das Wettbewerbsverbot den Verpflichteten nicht übermäßig in seiner Berufsausübung beschränken, dh in örtlicher, zeitlicher und gegenständlicher Hinsicht zu einer unangemessenen Beschränkung seiner wirtschaftlichen Bewegungsfreiheit führen. Eine unangemessene Beschränkung der wirtschaftlichen Bewegungsfreiheit des Veräußerers liegt nicht vor, soweit schützenswerte Interessen des Begünstigten vorgehen. Ein solches schutzwürdiges Interesse ist aber nur soweit anzunehmen, wie die aus der bisherigen unternehmerischen Tätigkeit des Veräußerers geschaffenen geschäftlichen Beziehungen fortwirken und das übernommene Unternehmen und seine Marktposition in der Hand des Erwerbers noch nicht soweit konsolidiert sind, als dass neuer Wettbewerb durch den Veräußerer keine größere Gefahr als die Konkurrenz eines Marktneulings mehr bedeutet (vgl BGH, NJW 1979, 1605, 1606; OLG München, NJW-RR 1995, 1191). Rechtsfolge eines Verstoßes gegen § 138 BGB ist regelmäßig die Unwirksamkeit des Wettbewerbsverbotes (BGH, DB 1989, 1621), möglich soll aber in Fällen, in denen die Nichtigkeit allein aus der unangemessenen Laufzeit des Wettbewerbsverbotes folgt, geltungserhaltende Reduktion sein (BGH NJW 2015, 1012, Rn 14). Welcher Zeitraum noch zulässig ist, hängt von den Umständen des Einzelfalls ab (Beispiele bei *Holzapfel/Pöllath*, Unternehmenskauf in Recht und Praxis, Rn 947 ff), wird aber in der Regel zwei Jahre nicht überschreiten (BGH NJW 2015, 1012, Rn 14).

Kartellrechtlich ist eine Wettbewerbsverbot im Grundsatz an § 1 GWB, bei potentiellen negativen Auswirkungen auf den Handel zwischen Mitgliedstaaten der EU auch an Art 101 Abs 1 AEUV zu messen.

§ 1 GWB wurde dem (alten) Art 81 Abs 1 EG (jetzt ersetzt durch Art 101 Abs 1 AEUV) im Zuge der 6. und 7. GWB-Novellen vollständig angeglichen. Hintergrund war die gesetzgeberische Absicht, die Wirkungsmechanismen des deutschen und des europäischen Kartellrechts gleichzuschalten, um den Unternehmen die oftmals schwierige Beurteilung zu ersparen, welches Rechtsregime Anwendung findet. Insofern orientiert sich die deutsche Rechtspraxis an der Beurteilung von Wettbewerbsverboten auf europäischer Ebene, weswegen im Folgenden vornehmlich die europäische Rechtslage dargestellt wird, die in Deutschland keine wesentliche Abweichung erfährt.

Die Vereinbarkeit eines Wettbewerbsverbots mit den Vorgaben des § 1 GWB sowie des Art 101 Abs 1 AEUV hängt davon ab, ob sich das Wettbewerbsverbot in seiner sachlichen, räumlichen, personellen und zeitlichen Ausgestaltung funktional im Rahmen des mit dem Anteils- oder Unternehmenskaufvertrag begründeten Austauschverhältnisses hält, dh nur sicherstellt, dass der Erwerber sich das Unternehmen samt dessen Marktposition tatsächlich aneignen kann, also den vollständigen Wert des zu übertragenden Vermögens erhält (vgl Rn 18 ff der Bekanntmachung der Kommission über Einschränkungen des Wettbewerbs, die mit der Durchführung von Unternehmenszusammenschlüssen unmittelbar verbunden und für diese notwendig sind – 2005/C 56/03, veröff in ABl C 56/24). Damit beurteilt sich die kartellrechtliche Vereinbarkeit eines Wettbewerbsverbots zu Lasten des Veräußerers vornehmlich nach der Beschaffenheit des zu erwerbenden Unternehmens: Soweit sich die Übertragung in tatsächlicher Hinsicht auf materielle Vermögenswerte oder auf exklusive gewerbliche Schutzrechte beschränkt, sind Wettbewerbsverbote im Regelfall nicht erforderlich, um dem Erwerber die Aneignung erst zu ermöglichen. Soweit aber auch der Geschäftswert eines Unternehmens Gegenstand der Transaktion ist, ist das einem Veräußerer auferlegte Wettbewerbsverbot für einen Zeitraum von höchstens zwei Jahren gerechtfertigt. Sollte im Rahmen der Transaktion darüber hinaus Know-how übertragen werden, kann das Wettbewerbsverbot zulässiger Weise auch drei Jahre dauern (s Bekanntmachung der Kommission über Einschränkungen des Wettbewerbs – 2005/C 56/03, ABl C 56/24 Rn 20).

Das Wettbewerbsverbot muss sich darüber hinaus in seinem räumlichen und sachlichen Anwendungsbereich auf die konkrete Geschäftstätigkeit des zu erwerbenden Unternehmens beschränken, da ein Schutz des Erwerbers vor dem Wettbewerb des Veräußerers in solchen gegenständlichen und geographischen Bereichen, in denen das zu übertragende Unternehmen vor der Übertragung noch nicht aktiv war, nicht erforderlich ist. Soweit das Zielobjekt aber bereits vor Übertragung die Erweiterung der regionalen Reichweite oder der Angebotspalette geplant und diesbezüglich bereits Investitionen getätigt hat, kann sich das Wettbewerbsverbot ebenfalls auf die davon betroffenen Bereiche beziehen, obwohl das Unternehmen in diesen bisher noch nicht tätig ist. Subjekte des Wettbewerbsverbots können kartellrechtsgemäß nur der Veräußerer selbst sowie dessen Tochtergesellschaften und Handelsvertreter sein.

Soweit das Wettbewerbsverbot auch das Recht des Veräußerers einschränken soll, Anteile an anderen Unternehmen zu erwerben oder zu halten, gelten im Grundsatz die gleichen Regeln, es darf also zu keiner Überschreitung der in sachlicher Hinsicht nötigen Beschränkung des Veräußerers kommen. Das Wettbewerbsverbot darf daher allein strategische Beteiligungen des Veräußerers erfassen. Das Verbot, Anteile allein zu Investitionszwecken zu halten oder zu erwerben, verstößt also gegen das Kartellverbot, wenn mit den Anteilen eine indirekte Leitungsfunktion oder ein materieller Einfluss im Konkurrenzunternehmen nicht verbunden sind.

Abwerbe- und Einstellungsverbote in Bezug auf Schlüsselpersonal haben vergleichbare Wirkungen wie Wettbewerbsverbote und werden daher nach den gleichen Grundsätzen beurteilt (s Bekanntmachung der Kommission über Einschränkungen des Wettbewerbs, – 2005/C 56/03, veröff in ABl C 56/24 Rn 26). Sie können als Nebenabreden („ancillary restraints") kartellrechtlich zulässig sein (allgemein hierzu und zur Zulässigkeit nach § 75f HGB → Form. I.K.3 Anm. 4). Die Nebenabrede muss sich in sachlicher, räumlicher und zeitlicher Hinsicht sowie in Bezug auf die hiervon betroffenen Personen (Organmitglieder, Angestellte, Arbeitnehmer etc) auf das zur Zielerreichung unbedingt Erforderliche beschränken (EuGH, Urt v 11.7.1985, Rs 42/84, RIW 1986, 53 = FHZivR 32 Nr. 6158 – *Nutricia*, Rn 20; Bekanntmachung der Kommission über Einschränkungen des Wettbewerbs, – 2005/C 56/03, veröff in ABl C 56/24 Rn 19, 26). Daher kann sich die Abrede nur auf solche Mitarbeiter erstrecken, die von der Transaktion tatsächlich betroffen sind (*Glöckner*, JuS 2018, 1130, 1137), also etwa Mitarbeiter, die über besonderes Know-how verfügen oder Führungsaufgaben wahrnehmen. In zeitlicher Hinsicht sollte das Abwerbe- und Einstellungsverbot zwei Jahre jedenfalls nicht überschreiten. Im Einzelfall kann auch eine kürzere Laufzeit geboten sein, etwa, wenn das Abwerbe- und Einstellungsverbot den Veräußerer begünstigt, da dieser idR weniger schutzbedürftig ist als der Erwerber (s Bekanntmachung der Kommission über Einschränkungen des Wettbewerbs, – 2005/C 56/03, ABl C 56/24 Rn 17, 26).

Ein Verstoß gegen Art 101 AEUV bzw gegen § 1 GWB zieht die Beschränkung des Wettbewerbsverbots auf den rechtmäßigen Umfang nach sich. In steuerlicher Hinsicht stellt sich bei der Vereinbarung eines Wettbewerbsverbotes regelmäßig die Frage, ob die Verpflichtung des Veräußerers zur Beachtung des Wettbewerbsverbotes ein vom Erwerber erworbenes selbständiges immaterielles Wirtschaftsgut ist oder ob es sich hier um eine unselbständige Nebenpflicht des Veräußerers der Geschäftsanteile handelt. Das Käuferinteresse wird regelmäßig dahingehen, das Wettbewerbsverbot als selbständig zu bewertendes immaterielles Wirtschaftsgut zu verstehen, dem ein Teil des Gesamtkaufpreises zugeordnet wird, mit dem Vorteil, dass dieser gem § 7 Abs 1 EStG über die Zeitdauer des Wettbewerbsverbotes abgeschrieben werden kann. Der Veräußerer demgegenüber wird der Zuordnung eines Teiles des Gesamtkaufpreises auf das Wettbewerbsverbot als selbständiges immaterielles Wirtschaftsgut skeptisch gegenüberstehen, da dadurch möglicherweise sein ggf steuerlich privilegierter Veräußerungsgewinn (§ 8 b Abs 2 KStG, §§ 3 Nr 40; 16, 17, 34 EStG) verringert wird. Denn wenn das Wettbewerbsverbot eine unselbständige Nebenabrede zur Übertragung der Geschäftsanteile darstellt, ist auch der Teil des Gesamtkaufpreises, der dem Wettbewerbsverbot zugeordnet wird, Teil des Veräußerungsgewinns und ggf entsprechend privilegiert. Handelt es sich dagegen um ein selbständiges Wirtschaftsgut, liegen demgegenüber Einkünfte gem § 22 Nr 3 EStG vor, vgl BFH, BStBl II 83, 289, 292. Der BFH will in einem mit einer Unternehmensveräußerung verbundenen Wettbewerbsverbot beim Anteilskauf beim Erwerber kein selbständiges Wirtschaftsgut sehen und eine Ausnahme nur zulassen, wenn dem Verbot eine eigene wirtschaftliche Bedeutung zukommt und für seine Eingehung ein besonderes Entgelt (mit gesondertem Umsatzsteuerausweis) vereinbart wird (vgl BFH, BStBl II 84,

233, 235). Zur Frage, wann dies der Fall sein mag, vgl *Holzapfel/Pöllath*, Unternehmenskauf in Recht und Praxis, 14. Aufl 2010, Rn 985; Hölters/*Gröger*, Handbuch des Unternehmenskaufs, 7. Aufl 2010, Teil IV, Rn 13.

58. Vertragsstrafe. Wird das Wettbewerbsverbot ohne Vertragsstrafe vereinbart, handelt es sich (wie bei der Vertraulichkeitsvereinbarung, s. → Form. I.K.3 Anm. 8) um eine Regelung ohne Zähne. Der Käuferin wird es sehr oft sehr schwerfallen, den ihr durch die Verletzung des Wettbewerbsverbots genau entstehenden Schaden exakt zu beziffern.

59. Zustellungsbevollmächtigter. Insbesondere wenn abzusehen ist, dass die Vertragsparteien ihren Wohnsitz oder Niederlassung ändern, im Nicht-EU-Ausland ansässig sind oder ins Nicht-EU-Ausland verziehen, empfiehlt sich zur Erleichterung des nachvertraglichen Rechtsverkehrs die Ernennung von Zustellungsbevollmächtigten.

60. Salvatorische Klausel. Es ist darauf hinzuweisen, dass nach der Rechtsprechung (zuletzt BGH NJW 2010, 1660) salvatorische Klauseln nicht per se zu einer Gültigkeit der übrigen Vertragsbestimmungen führen. Die salavtorische Klausel führt stattdessen zu einer Beweislastumkehr in dem Maße, dass anders als in § 139 BGB diejenige Partei, welche sich auf die Nichtigkeit des gesamten Vertrages berufen will, den Beweis erbringen muss, der Vertrag wäre ohne die nichtige Klausel nicht abgeschlossen worden. Dennoch kann an dieser Form. der Klausel festgehalten werden, da der gefoderte Beweis in der Praxis, insbesondere im Hinblick auf vereinbarte Fristen, kaum zu führen sein wird.

61. Rechtswahl, Gerichtsstand. Die Vereinbarung des Rechts der Bundesrepublik Deutschland empfiehlt sich vor allem dann, wenn eine Vertragspartei Ausländer ist. Die Gerichtsstandvereinbarung ist gem § 38 Abs 1 ZPO nur unter Kaufleuten möglich, bei Nichtkaufleuten jedoch vorsorglich bereits zu treffen für den Fall, dass diese ihren Wohnsitz oder gewöhnlichen Aufenthaltsort nach Vertragsschluss in das Ausland verlegen bzw ihr Wohnsitz oder gewöhnlicher Aufenthalt später unbekannt ist. Ziehen die Vertragsparteien vor, mögliche Streitigkeiten durch ein Schiedsgericht statt durch die ordentlichen Gerichte entscheiden zu lassen, sind §§ 1025 ff ZPO zu beachten, insbesondere § 1031 Abs 5 ZPO, wonach die Schiedsabrede in einer eigenhändig unterzeichneten Urkunde zu vereinbaren ist, wenn an ihr ein Verbraucher (§ 13 BGB) beteiligt ist. Gängige Schiedsordnungen sind etwa die der Deutschen Institution für Schiedsgerichtsbarkeit eV (DIS) oder die der International Chamber of Commerce (ICC); beide geben auf ihren Internetseiten Empfehlungen für die Formulierung der jeweiligen Schiedsklausel ab, die idR so übernommen werden können (s dazu www.dis-arb.de bzw www.iccwbo.org).

10. Anteilsabtretung bei GmbH

Nr. . . . . . der Urkundenrolle für . . . . .[1]

Verhandelt

zu Frankfurt am Main am . . . . .

Vor mir, dem unterzeichnenden Notar[2]

. . . . .

mit dem Amtssitz in Frankfurt am Main

erschienen heute:

1. [Name und Adresse], sich ausweisend durch Vorlage seines gültigen Bundespersonalausweises Nr . . . . . ;
2. [Name und Adresse], sich ausweisend durch Vorlage seines gültigen Bundespersonalausweises Nr . . . . .

Der Erschienene zu 1. erklärte, im Folgenden nicht im eigenen Namen zu handeln, sondern im Namen der . . . . . (im Folgenden als „Verkäuferin" bezeichnet) als deren alleinvertretungsberechtigter Geschäftsführer. Die Verkäuferin ist in Abteilung B des Handelsregisters des Amtsgerichts . . . . . unter Registernummer . . . . . eingetragen und hat ihre Hauptniederlassung in . . . . . Die inländische Geschäftsanschrift der Verkäuferin lautet wie folgt: . . . . .[3] Aufgrund seiner heute erfolgten Einsichtnahme in das Handelsregister bescheinigt der Notar, dass der Erschienene zu 1. berechtigt ist, die Verkäuferin zu vertreten.[4]

Der Erschienene zu 2. erklärte, im Folgenden nicht im eigenen Namen zu handeln, sondern im Namen der . . . . . (im Folgenden als „Käuferin" bezeichnet) als deren alleinvertretungsberechtigter Geschäftsführer. Die Käuferin ist in Abteilung B des Handelsregisters des Amtsgerichts . . . . . unter Registernummer . . . . . eingetragen und hat ihre Hauptniederlassung in . . . . . Die inländische Geschäftsanschrift der Käuferin lautet wie folgt: . . . . . Aufgrund seiner heute erfolgten Einsichtnahme in das Handelsregister bescheinigt der Notar, dass der Erschienene zu 2. berechtigt ist, die Käuferin zu vertreten.

Der Notar belehrte die Erschienenen über die Regelung des § 3 Abs 1 Satz 1 Nr 7 Beurkundungsgesetz, woraufhin diese eine Vorbefassung des Notars verneinten.

I.

Handelnd wie angegeben, schlossen die Erschienenen sodann den folgenden

Vertrag über die Abtretung von Geschäftsanteilen

Vorbemerkung

Die Verkäuferin ist die alleinige Gesellschafterin der Zielgesellschaft, die in Abteilung B des Handelsregisters des Amtsgerichts . . . . . unter Registernummer . . . . . eingetragen ist und ihre Hauptniederlassung in . . . . . hat (im Folgenden als „Gesellschaft" bezeichnet).

Das Stammkapital der Gesellschaft beträgt EUR . . . . . und ist voll eingezahlt.[5] Das Stammkapital besteht aus den folgenden Geschäftsanteilen (im Folgenden zusammen als „Geschäftsanteile" bezeichnet):[6]

(1) Geschäftsanteil im Nennbetrag von EUR . . . . . (lfd. Nr. . . . . . der im Handelsregister der Gesellschaft aufgenommenen Gesellschafterliste);

(2) Geschäftsanteil im Nennbetrag von EUR . . . . . (lfd. Nr. . . . . . der im Handelsregister der Gesellschaft aufgenommenen Gesellschafterliste);

usw.

Mit Anteilskaufvertrag vom . . . . . (beurkundet in notarieller Urkunde UR-Nr. . . . . ./. . . . . des Notars . . . . . in Frankfurt am Main) (im Folgenden als „Anteilskaufvertrag" bezeichnet) hat die Verkäuferin der Käuferin die Geschäftsanteile verkauft.[7, 8] In § . . . . . des Anteilskaufvertrages haben die Parteien vereinbart, die Abtretung der Geschäftsanteile am Vollzugstag im Sinne von § . . . . . des Anteilskaufvertrages, dh nach Eintritt der in § . . . . . und § . . . . . des Anteilskaufvertrages genannten Bedingungen vorzunehmen.

Die Parteien vereinbaren deshalb Folgendes:

§ 1 Bedingungseintritt

Die Vertragsparteien stellen fest, dass die in § . . . . . und § . . . . . des Anteilskaufvertrages genannten Bedingungen erfüllt sind.[9]

§ 2 Abtretung der Geschäftsanteile

1. Die Verkäuferin tritt hiermit die Geschäftsanteile an die Käuferin ab.[10] Die Käuferin nimmt diese Abtretung an. Die Abtretung der Geschäftsanteile erfolgt unter der aufschiebenden Bedingung der Zahlung des Kaufpreises gemäß § . . . . . des Anteilskaufvertrages . . . . . auf das in § . . . . . bezeichnete Konto der Verkäuferin.
2. Die Parteien sind sich darüber einig, dass sich die Abtretung auf sämtliche Geschäftsanteile erstreckt, die die Verkäuferin an der Gesellschaft hält, auch wenn einzelne oder alle Geschäftsanteile auf einen anderen als den in der Vorbemerkung bezeichneten Nennbetrag lauten sollten.
3. Die Gesellschafterversammlung der Gesellschaft hat der Abtretung zugestimmt. Eine Kopie des betreffenden Gesellschafterbeschlusses ist diesem Abtretungsvertrag als Anlage 2.3 beigefügt.[11]
4. Die Verkäuferin ist verpflichtet, dem Notar, der diesen Vertrag beurkundet, unverzüglich nach Eingang der Zahlung gemäß § 2.1 eine rechtsverbindlich von ihr unterzeichnete Zahlungsbestätigung gemäß Anlage 2.4 zu diesem Vertrag zu übergeben. Die Parteien beauftragen den Notar, diese Zahlungsbestätigung dieser Urkunde beizufügen. Sollte der Notar eine solche Zahlungsbestätigung nicht innerhalb von . . . . . Tagen nach Beurkundung dieses Vertrages erhalten,[12] dient eine Bestätigung der von der Käuferin mit der Überweisung der ersten Rate des Kaufpreises beauftragten Bank als Nachweis der Zahlung, wenn die Bank darin bestätigt, dass sie einen Betrag in Höhe von . . . . . auf das Konto der Verkäuferin Nr. . . . . . bei der . . . . . überwiesen hat. Eine solche Bankbestätigung stellt den unwiderleglichen Nachweis dar, dass die Verkäuferin die erste Rate des Kaufpreises erhalten hat, die aufschiebende Bedingung gemäß § 2.1 S 3 dieses Abtretungsvertrages eingetreten ist.[13]
5. Der beurkundende Notar wird angewiesen, unverzüglich nach Erhalt der Bestätigungen gem § 2.4 dieses Vertrages eine neue Gesellschafterliste zum Handelsregister der Gesellschaft einzureichen.[14]

§ 3 [Regelungen für den Zeitraum bis zur Aufnahme der neuen Gesellschafterliste in das Handelsregister][15]

§ 4 Verschiedenes

1. Die Kosten der notariellen Beurkundung dieses Vertrages werden im Innenverhältnis der Vertragsparteien von der Käuferin getragen.[16]
2. Dieser Vertrag unterliegt dem Recht der Bundesrepublik Deutschland. Im Fall von Streitigkeiten zwischen den Vertragsparteien aufgrund dieses Vertrages vereinbaren die Vertragsparteien als nicht-ausschließlichen Gerichtsstand . . . . .[17, 18]
3. [Die §§ . . . . . [zB Mitteilungen, Verschiedenes, Schlussbestimmungen] des Anteilskaufvertrags sind auf diesen Abtretungsvertrag entsprechend anzuwenden.][19]

II.

Nach dem Abschluss des vorstehenden Vertrages über die Abtretung von Geschäftsanteilen erklärte der Erschienene zu 1. auf die entsprechende Frage des Notars, dass zu dem Vermögen der Gesellschaft inländischer Grundbesitz gehöre. Der Notar belehrte die Erschienenen daraufhin, dass der Erwerb aller Anteile einer Gesellschaft, zu deren Vermögen ein inländisches Grundstück gehört, der Grunderwerbsteuer unterliegt.

Der Notar belehrte die Erschienenen,

- dass die Gesellschafter auch für die von anderen übernommenen, aber nicht geleisteten Geschäftsanteile haften;
- dass die Parteien, unbeschadet der Regelungen in dieser Urkunde, gemeinschaftlich für deren Kosten haften;
- dass sämtliche Vertragsvereinbarungen beurkundungsbedürftig sind und dass Nebenabreden, die nicht beurkundet werden, zur Nichtigkeit des gesamten Vertrages führen können;
- dass er gemäß § 40 Abs 2 S 1 GmbHG verpflichtet ist, unverzüglich nach dem Wirksamwerden einer Veränderung in den Personen der Gesellschafter oder des Umfangs ihrer Beteiligung eine aktuelle Gesellschafterliste zum Handelsregister einzureichen;
- dass gem. § 16 Abs 1 GmbHG im Verhältnis zur Gesellschaft nur derjenige als Gesellschafter gilt, wer als solcher in der im Handelsregister aufgenommenen Gesellschafterliste eingetragen ist und allein mit der Einreichung dieser Liste die Aufnahme im Handelsregister noch nicht gewährleistet ist;
- dass er gemäß § 54 Einkommensteuer-Durchführungsverordnung verpflichtet ist, dem nach § 20 der Abgabenordnung zuständigen Finanzamt eine beglaubigte Abschrift dieser Urkunde zu übersenden;
- dass er die steuerlichen und kartellrechtlichen Auswirkungen der beurkundeten Erklärung nicht geprüft hat.

Eine beglaubigte Abschrift der Urkunde Nr. . . . . ./. . . . . des Notars . . . . . in . . . . . vom . . . . ., die die Beurkundung des Anteilskaufvertrages enthält, lag den Erschienenen bei der Errichtung der vorliegenden Urkunde vor. Sie verzichteten auf nochmalige Verlesung.

Diese Niederschrift wurde den Erschienenen von dem Notar vorgelesen, von ihnen genehmigt und sodann von ihnen und dem Notar wie folgt eigenhändig unterschrieben:

Anmerkungen

1. Vertragssituation. Das Formular beschränkt sich auf die Regelung der (dinglichen) Abtretung der Geschäftsanteile vom Veräußerer an den Erwerber und verzichtet auf die Regelung des zugrundeliegenden schuldrechtlichen Geschäfts. Das Formular eignet sich in Fällen, in denen zunächst ausschließlich das schuldrechtliche Geschäft beurkundet worden ist, weil die Parteien sich zwar endgültig binden wollten, die Erfüllung aber von weiteren Voraussetzungen abhängt, zB der Aufhebung des fusionsrechtlichen Vollzugsverbotes (§ 41 Abs 1 S 1 GWB). Anwendbar ist das Formular auch dann, wenn die Beurkundung des schuldrechtlichen Geschäfts völlig unterblieben ist, vgl dazu → Form. I. K.8 Anm. 2. In diesem Fall ist jedoch Vorsicht im Hinblick auf Bezugnahmen auf das schuldrechtliche Geschäft geboten (→ Anm. 7 unten).

2. Notarielle Beurkundung. Das Erfordernis der notariellen Beurkundung ergibt sich aus § 15 Abs 3 GmbHG. Achtung: Die Wirksamkeit der bislang üblichen Beurkundung von Geschäftsanteilsabtretungen durch Schweizer Notare ist nach Inkrafttreten des

MoMiG erneut zweifelhaft. Bis auf weiteres wird daher von der Beauftragung ausländischer Notare mit der Beurkundung von Anteilsabtretungen abgeraten. Siehe hierzu → Form. I.K.8 Anm. 2.

3. Inländische Geschäftsanschrift. Gemäß §§ 8 Abs 4 Nr 1 GmbHG, 37 Abs 3 Nr 1 AktG ist bei der Anmeldung einer GmbH bzw Aktiengesellschaft zum Handelsregister eine inländische Geschäftsanschrift der Gesellschaft anzugeben. Die inländische Geschäftsanschrift ist Teil der Eintragung (§ 10 Abs 1 GmbHG, § 39 Abs 1 AktG). Sofern beim Handelsregister der betreffenden Gesellschaft bereits eine inländische Geschäftsanschrift hinterlegt ist, empfiehlt es sich, zu Identifizierungszwecken künftig die inländische Geschäftsanschrift mit aufzunehmen.

4. Vertretung. Vgl → Form. I.K.8 Anm. 3, auch im Hinblick auf § 16 Abs 1 GmbHG.

5. Erbringung der Einlagen. Vgl → Form. I.K.8 Anm. 4.

6. Bestimmung der Geschäftsanteile. Vgl → Form. I.K.8 Anm. 5.

7. Bezugnahme auf das schuldrechtliche Geschäft. Ist das Grundgeschäft beurkundet worden, empfiehlt sich die Bezugnahme. Bei der Bezugnahme ist § 13 a BeurkG zu beachten. Ist das Grundgeschäft nicht beurkundet worden, ist es, da es selbst notarielle Form. erfordert (§ 15 Abs 4 S 1 GmbHG), unwirksam. Über die Regel des § 139 BGB wird die Unwirksamkeit regelmäßig sämtliche im Zusammenhang mit der Verpflichtung zur Anteilsabtretung getroffenen Abreden betreffen. Durch die formwahrende Abtretung der Geschäftsanteile wird die Formunwirksamkeit des Grundgeschäfts geheilt (§ 15 Abs 4 S 2 GmbHG). Zur formwahrenden und damit die Unwirksamkeit des Grundgeschäfts heilenden Abtretung wird es in der Praxis vor allem in zwei Fällen kommen: Zum einen werden Vereinbarungen über die Übertragung von Unternehmensanteilen häufig im Ausland mittels einer ausländischem Recht unterstehenden Vertragsdokumentation getroffen unter Nichtkenntnis des Erfordernisses der Beurkundung. Hier hat die Heilungswirkung des § 15 Abs 4 S 2 GmbHG ihren originären Anwendungsbereich. Aufgrund der Tatsache, dass Unternehmenskaufverträge häufig umfangreich sind, die notarielle Beurkundung aber das Verlesen des Vertrages selbst mit sämtlichen in Bezug genommenen Anlagen erfordert (vgl → Form. I.K.9 Anm. 25), wird auch bei inländischen Verträgen zu dem Hilfsmittel gegriffen, den eigentlichen Unternehmenskaufvertrag formunwirksam abzuschließen und ihn dann durch eine kurze formwahrende Urkunde zu heilen.

8. Fall zweimaliger Beurkundung. Das Formular geht davon aus, dass das Grundgeschäft (formwirksam) abgeschlossen wurde, da sich die Parteien zwar schon endgültig binden wollten, aber bestimmte Bedingungen noch vor der Erfüllung eintreten müssen. Hierauf wird an dieser Stelle verwiesen.

9. Bedingungseintritt. Die Parteien stellen einverständlich fest, dass die Voraussetzungen, die das Grundgeschäft für die dingliche Erfüllung aufstellt, erfüllt sind.

10. Erwerbsgegenstand. Vgl → Form. I.K.8 Anm. 6.

11. Zustimmung der Gesellschafterversammlung. Nur erforderlich, wenn und soweit der Gesellschaftsvertrag eine entsprechende Vinkulierung enthält.

12. Bestätigung des Zahlungseingangs. Die Frist innerhalb derer die Verkäuferin gegenüber dem Notar den Erhalt des Kaufpreises zu bestätigen hat, sollte kurz nach Fälligkeit der Kaufpreiszahlung enden, um möglichst umgehend den Schwebezustand nach § 16 Abs 1 GmbHG zu beenden.

13. **Nachweis des Anteilsübergangs.** Die Frage, welche Nachweise der Notar im Einzelfall verlangt, bevor er die neue Gesellschafterliste zum Handelsregister einreicht (vgl § 40 Abs 2 GmbHG), sollte unbedingt im Vorfeld mit dem beurkundenden Notar geklärt werden.

14. **Liste der Gesellschafter; Nachweis des Anteilsübergangs.** Gem § 16 Abs 1 S 1 GmbHG gilt im Fall einer Veränderung in den Personen der Gesellschafter oder des Umfangs ihrer Beteiligung als Inhaber eines Geschäftsanteils nur, wer als solcher in der im Handelsregister aufgenommenen Gesellschafterliste eingetragen ist. Von der Käuferin in Bezug auf das Gesellschaftsverhältnis vorgenommene Rechtshandlungen gelten nur dann als von Anfang an wirksam, wenn die Liste unverzüglich nach Vornahme der Rechtshandlung in das Handelsregister aufgenommen wird, § 16 Abs 1 S 2 GmbHG. Da die Käuferin zumeist unmittelbar nach Übergang der Anteile als Gesellschafterin handeln möchte (zB Bestellung eines neuen Geschäftsführers, Satzungsänderungen etc), hat sie ein großes Interesse daran, dass die neue Gesellschafterliste möglichst umgehend in das Handelsregister aufgenommen wird. Zwar ist der (deutsche) beurkundende Notar nach § 40 Abs 2 S 1 GmbHG schon gesetzlich verpflichtet, unverzüglich nach Wirksamwerden des Anteilsübergangs (also hier: nach Eintritt der aufschiebenden Bedingung) eine neue Liste der Gesellschafter zum Handelsregister einzureichen. Um eine Haftung des Notars auch gegenüber den Vertragsparteien zu begründen, empfiehlt sich aber zusätzlich, eine entsprechende Anweisung in die Abtretungsurkunde aufzunehmen. Da § 40 Abs 2 S 1 GmbHG nur für deutsche Notare bindend ist, gilt dies umso mehr bei der Beauftragung ausländischer Notare. Da es für die Wirksamkeit der von der Käuferin gefassten Gesellschafterbeschlüsse darauf ankommt, dass die neue Gesellschafterliste nicht nur unverzüglich beim Handelsregister eingereicht, sondern in dieses „aufgenommen" wird (dh Aufnahme der Liste in den (elektronischen) Registerordner, vgl BR-Drs 354/07, S 84 f), sollte in der Praxis vorab mit dem zuständigen Handelsregister Kontakt aufgenommen werden, um eine möglichst zügige Aufnahme der neuen Liste in das Handelsregister zu bewirken. Die Frage, welche Nachweise der Notar im Einzelfall verlangt, bevor er die neue Gesellschafterliste zum Handelsregister einreicht (vgl § 40 Abs 2 GmbHG), sollte unbedingt im Vorfeld mit dem beurkundenden Notar geklärt werden.

15. **Regelungen für den Zeitraum bis zur Aufnahme der neuen Gesellschafterliste in das Handelsregister.** Vgl → Form. I.K.8 Anm. 9.

16. **Notarielle Kosten und Kostengestaltung.** Zu den Notarkosten vgl → Form. I.K.8 Anm. 14. Es ist darauf zu achten, dass die hier getroffene Regelung mit einer eventuell im Kaufvertrag getroffenen Vereinbarung über die Kostenübertragung übereinstimmt.

17. **Rechtswahl.** Vgl → Form. I.K.8 Anm. 17.

18. **Gerichtsstand.** Vgl → Form. I.K.8 Anm. 18.

19. **Verweisung auf den Kaufvertrag:** Falls der Kaufvertrag nicht beurkundet wurde, sind hier die entsprechenden Klauseln wörtlich wiederzugeben, um sie in die Beurkundung einzubeziehen. Andernfalls könnte argumentiert werden, dass ein Teil der Abtretungsvereinbarung entgegen § 15 Abs 3 GmbHG nicht beurkundet worden sei und damit nicht wirksam geworden ist. Eine echte Verweisung im Sinne von § 13 a BeurkG ist in diesem Fall mangels Vorhandensein einer Urkunde, auf die verwiesen wird, nicht möglich. Sofern der Kaufvertrag beurkundet wurde, genügt eine Verweisung nach § 13 a BeurkG (vgl zu dieser Thematik bereits die → Anm. 7).

11. Gesellschafterliste

. . . . . GmbH

mit Sitz in

[Anschrift]

Liste der Gesellschafter[1]

Laufende Nummer des Geschäftsanteils[2]	Gesellschafter[3]	Nennbetrag des Geschäftsanteils	Prozentuale Beteiligung je Geschäftsanteil[4]	Summe der Nennbeträge je Anteilsinhaber [optional]	Prozentuale Gesamtbeteiligung[4] je Anteilsinhaber	Veränderungen[5]
lfd. Nr. 1	Herr ... geboren am ... wohnhaft in ...	EUR ...	...%		...%	
lfd. Nr. 2	Frau ... geboren am ... wohnhaft in ...	EUR ...	...%		...%	
lfd. Nr. 3	X-GmbH mit Sitz in ... eingetragen unter HRB ... beim AG ...	EUR ...	...%		...%	
Gesamt		EUR ...	...%	EUR ...	...%	

[Ich bescheinige gemäß § 40 Abs. 2 Satz 2 GmbHG, dass die geänderten Eintragungen in der vorstehenden Liste den Veränderungen entsprechen, an denen ich mit meiner Urkunde vom . . . . .- Urkundenrolle-Nr. . . . . . mitgewirkt habe, und die übrigen Eintragungen mit dem Inhalt der zuletzt im Handelsregister aufgenommenen Liste vom . . . . . übereinstimmen. Die Änderungen sind sofort wirksam geworden].[6]

. . . . ., den . . . . .

(Unterschriften[7] der Geschäftsführer/des Notars)

Anmerkungen

1. Allgemeines. Für die Anmeldung einer GmbH ergeben sich die Anforderungen an die Liste der Gesellschafter aus §§ 8 Abs 1 Nr 3 iVm 40 GmbHG iVm der GesLV: aus dieser Liste müssen Name, Vorname, Geburtsdatum und Wohnort der Gesellschafter, die Nennbeträge, die laufenden Nummern der von einem jeden von ihnen übernommenen Geschäftsanteile, die prozentuale Beteiligung je Geschäftsanteil sowie die Veränderungen im Vergleich mit der zuletzt im Handelsregister aufgenommenen Liste ersichtlich sein (vgl zur Gesellschafterliste Wicke/*Wicke*, GmbHG, 3. Aufl 2016, § 8 Rn. 4, § 40 Rn. 1 ff). Seit Inkrafttreten des Gesetzes zur Modernisierung des GmbH-Rechts und zur Bekämpfung von Missbräuchen (MoMiG) vom 23.10.2008 (BGBl I 2026) gilt, dass die Geschäftsführer grundsätzlich nach Wirksamwerden jeder nachfolgenden Veränderung in den Personen der Gesellschafter oder des Umfangs ihrer Beteiligung eine von ihnen unterschriebene, aktualisierte Gesellschafterliste unverzüglich zum Handelsregister einzureichen haben (§ 40 Abs 1 GmbHG). Voraussetzung ist, dass die Änderung in der Gesellschafterstellung der Geschäftsführung mitgeteilt und (überzeugend) nachgewiesen wird; die Geschäftsführung muss die Änderung grundsätzlich inhaltlich prüfen (kritisch hierzu: Lutter/Hommelhoff/*Bayer*, GmbHG, 19. Aufl 2016, § 40 Rn. 51 mwN).

Sofern jedoch ein Notar an Veränderungen in den Personen der Gesellschafter oder des Umfangs ihrer Beteiligung mitgewirkt hat, hat dieser unverzüglich nach deren Wirksamwerden (ohne Rücksicht auf etwaige später eintretende Unwirksamkeitsgründe) eine aktualisierte Gesellschafterliste anstelle der Geschäftsführer zu unterschreiben, zum Handelsregister einzureichen und eine Abschrift der geänderten Liste an die Gesellschaft zu übermitteln (§ 40 Abs 2 S 1 GmbHG). Ein Mitwirken des Notars an einer Veränderung in der Gesellschafterstellung liegt bei der Veräußerung von Geschäftsanteilen regelmäßig vor, da sowohl das schuldrechtliche Geschäft, mit dem die Verpflichtung zur Abtretung eines Geschäftsanteils begründet wird, als auch die dingliche Abtretung des Geschäftsanteils selbst gemäß § 15 Abs 3 und 4 GmbHG zu ihrer Wirksamkeit der notariellen Beurkundung bedürfen (vgl zur Beurkundungspflicht → Form. I.K.8 Anm. 2). Die Übermittlung einer Abschrift der Liste nach § 40 Abs 2 S 1 aE GmbHG dient lediglich der Information der Gesellschafter und Geschäftsführer, wobei die Übermittlung an die eingetragene Geschäftsanschrift der Gesellschaft ausreicht (vgl Roth/Altmeppen/*Altmeppen*, GmbHG, 9. Aufl 2019, § 40 Rn. 46).

Besondere Bedeutung kommt der Gesellschafterliste insoweit zu, als gemäß § 16 Abs 1 S 1 GmbHG im Verhältnis zur Gesellschaft nur derjenige als Inhaber eines Geschäftsanteils gilt, der als solcher in der im Handelsregister aufgenommenen Gesellschafterliste eingetragen ist. Diese Legitimationswirkung kann unter den Voraussetzungen von § 16 Abs 3 GmbHG auch zu gutgläubigem Erwerb von Gesellschaftsanteilen führen.

Erfasst von dieser Wirkung werden alle mitgliedschaftlichen Rechte und Pflichten. Voraussetzung dafür im Verhältnis zur Gesellschaft ist jedoch, dass die Liste ordnungsgemäß gemäß § 8 Abs 1 oder § 40 Abs 1 oder 2 GmbHG eingereicht worden ist; eine gefälschte oder eine von einem unzuständigen (etwa einem ausländischen) Notar eingereichte Liste ist wirkungslos (vgl Lutter/Hommelhoff/*Bayer*, GmbHG, 19. Aufl 2016, § 16 Rn. 11 f).

Die materielle Rechtslage wird allerdings durch die Einreichung der Gesellschafterliste nicht berührt: Die Einreichung der Gesellschafterliste ist weder Wirksamkeitsvoraussetzung für den Übergang der Gesellschafterstellung, noch heilt sie etwaige materiellrechtliche Mängel (vgl Lutter/Hommelhoff/*Bayer*, GmbHG, 19. Aufl 2016, § 16 Rn. 29; Baumbach/Hueck *Hueck/Fastrich*, GmbHG, 21. Aufl 2017, § 16 Rn. 2). Die Regelung betrifft allein das Verhältnis des Gesellschafters zur Gesellschaft und nicht den Gesellschafterwechsel an sich. Insbesondere kann also die Gesellschafterliste nicht eine wirksame Abtretung der Anteile ersetzen (vgl Ulmer/Habersack/Winter/*Löbbe,* GmbHG, Ergänzungsband MoMiG, 2010, § 16 Rn. 15).

Mit Einführung der GesellschafterlistenveroR haben Notare und Geschäftsführer deren Vorgaben seit dem 1.7.2018 zu beachten, wobei eine Aktualisierung nur bei einer Veränderung iSd § 40 Abs 1 GmbHG vorzunehmen ist; der Gesetzgeber hat sich lediglich für einen anlassbezogenen Einreichungsmechanismus entschieden (vgl *Frank/Schaub* DStR 2018, 1825).

Anlass der Neufassung des § 40 GmbHG und Erlass der GesLV war es, Geldwäsche und Terrorismusfinanzierung zu bekämpfen (vgl RegE GwG, BT-Drs. 18/11555, 125). Relevanz entfaltet vor diesem Hintergrund die GesLV insbesondere hinsichtlich der Mitteilungspflicht des wirtschaftlich Berechtigten der GmbH an das Transparenzregister. Insoweit gilt nach § 20 Abs 2 GwG die Mitteilungspflicht als erfüllt, sofern die Beteiligung aus dem Handelsregister ersichtlich ist (sog Mitteilungsfiktion). Somit wird für die ganz überwiegende Zahl der GmbHs die bußgeldbewerte Mitteilungspflicht an das Transparenzregister erfüllt, soweit die Mitteilungsfiktion greift (vgl *Frank/Schaub* DStR 2018, 1822) und sofern die aktuelle Gesellschafterliste elektronisch im Handelsregister abrufbar ist (*Schaub* DStR 2017, 1440; *Szalai* GWR 2018, 253).

Die GesLV gibt lediglich hinsichtlich der Nummerierung der Geschäftsanteile und der Angaben der prozentualen Beteiligung weitgehend zwingende Standards vor, weshalb die hiesige Gesellschafterliste nur den Anspruch einer Orientierungshilfe erhebt.

2. Bezeichnung der Geschäftsanteile. Die Geschäftsanteile sind mit ganzen arabischen Zahlen (Einzelnummern) fortlaufend und in eindeutiger ZuoR zu den Gesellschaftern zu nummerieren oder, in durch die VeroR bestimmten Fällen, mit ganzen arabischen Zahlen in dezimaler Gliederung (Abschnittsnummern), zB 1.1. Die numerische ZuoR von Geschäftsanteilen kann für jeden Anteilsinhaber auch zusammengefasst werden, zB Anteile Nr. 1-10. Die Gesellschafterliste kann sowohl nach Geschäftsanteilen als auch nach Gesellschaftern sortiert werden. Eine für einen Geschäftsanteil einmal vergebene Ziffer darf nur unter besonderen Voraussetzungen für einen anderen Geschäftsanteil vergeben werden (Nummerierungskontinuität). Eine Änderung der Nummern ist nur in den durch die GesLV bestimmten Fällen zulässig. Wenn neue Geschäftsanteile geschaffen, Geschäftsanteile zusammengelegt oder Geschäftsanteile geteilt werden, sind neue Einzelnummern zu vergeben, dabei muss jeweils die nächste freie ganze arabische Zahl vergeben werden. Im Falle der Schaffung neuer Geschäftsanteile oder deren Teilung können die neu entstandenen Geschäftsanteile auch durch Abschnittsnummern gekennzeichneten werden; es muss ebenfalls jeweils die nächste freie ganze arabische Zahl vergeben werden. Wenn die Gesellschafterliste aufgrund der bisherigen Nummerierung unübersichtlich würde oder geworden ist, dürfen die Geschäftsanteile in einer Bereinigungsliste neu nummeriert werden. Die Erstellung einer Bereinigungsliste und die bisherige Nummerierung sind in die Veränderungsspalte einzutragen.

3. Gesellschafter. Ist der Gesellschafter eine juristische Person, eine oHG oder eine KG, reichen Angabe von Firma und Sitz der betreffenden Gesellschaft aus (vgl Lutter/Hommelhoff/*Bayer,* GmbHG, 19. Aufl 2016, § 8 Rn. 4).

4. Prozentangaben. Die nach § 40 Abs 1 S 1 GmbHG erforderlichen Angaben zur prozentualen Beteiligung am Stammkapital dürfen nach dem kaufmännischen Prinzip bis auf eine Dezimalstelle nach dem Komma gerundet werden (bis 0,4 wird abgerundet, ab 0,5 wird aufgerundet). Eine Abrundung auf 0,0 %, 25,0 % oder 50,0 % ist im Hinblick auf die transparenzregisterrechtliche Hilfsfunktion der Gesellschafterliste nicht zulässig (vgl Frank/Schaub DStR 2018, 1824), denn die Qualifikation des Gesellschafters als wirtschaftlich Berechtigter knüpft an diese relevanten Schwellenwerte (vgl § 3 Abs 2 GwG ggf. iVm § 290 Abs 2 HGB) an, sodass eine Abrundung hier irreführend wäre. Alternativ können die Angaben ohne Rundung durch das Weglassen der Nachkommastellen bis auf eine Dezimalstelle dargestellt werden, sofern sich dadurch aus oben genannten Gründen nicht ein Wert von 0,0 %, 25,0 % oder 50,0 % ergibt. Der Gesamtumfang der prozentualen Beteiligungen eines Gesellschafters am Stammkapital ist vor der Rundung oder dem Weglassen von Nachkommastellen der Einzelbeteiligungen zu errechnen. Für die Angabe des Gesamtumfangs gilt eben Genanntes entsprechend. Beträgt der Anteil des Nennbetrages eines einzelnen Geschäftsanteils weniger als 1 % vom Stammkapital, genügt diese Angabe, zB <1 %. Entsprechendes gilt, wenn die addierten Nennbeträge der Geschäftsanteile eines Gesellschafters weniger als 1 % vom Stammkapital betragen. Die Gesamtsumme der Prozentangaben muss folglich auch nicht 100 % ergeben. Werden mehrere Geschäftsanteile durch einen Gesellschafter gehalten, ist in der Liste der Gesellschafter zudem der Gesamtumfang der Beteiligung am Stammkapital als Prozentsatz gesondert anzugeben; dies hat in einer weiteren separaten Spalte oder in einer an die Gesellschafterliste anschließenden separaten Zeile zu erfolgen (§ 4 Abs 5 S 2 GesLV).

5. Veränderungen. Veränderungen (§ 40 Abs 1 S 1 GmbHG) im Vergleich mit der zuletzt in das Handelsregister aufgenommenen Liste werde in die Veränderungsspalte eingetragen. Ebenso ist ggf eine oben genannte Bereinigungsliste mit der bisherigen Nummerierung in die Veränderungsspalte einzutragen. In die Veränderungsspalte sollte ferner eingetragen werden: Teilung von Geschäftsanteilen, Zusammenlegung von Geschäftsanteilen, Einziehung von Geschäftsanteilen, Kapitalerhöhung mit Ausgabe neuer Geschäftsanteile, Kapitalerhöhung mit Aufstockung der Geschäftsanteile, Kapitalherabsetzung, Anteilsübergang. Weitere Veränderungen (§ 40 Abs 1 S 1 GmbHG) im Vergleich mit der zuletzt in das Handelsregister aufgenommenen Liste können in die Veränderungsspalte eingetragen werden (zu Veränderungen vgl Wicke/*Wicke*, GmbHG, 3. Aufl 2016, § 40 Rn. 3 ff).

6. Notarielle Bescheinigung. Im Falle notarieller Mitwirkung muss die Gesellschafterliste gemäß § 40 Abs 2 S 2 GmbHG mit der Bescheinigung des Notars versehen sein, dass die geänderten Eintragungen den Veränderungen entsprechen, an denen er mitgewirkt hat, und die übrigen Eintragungen mit dem Inhalt der zuletzt im Handelsregister aufgenommenen Liste übereinstimmen (vgl zur notariellen Gesellschafterliste Wicke/*Wicke*, GmbHG, 3. Aufl 2016, § 40 Rn. 11 ff).

7. Unterzeichner. Gemäß § 8 Abs 1 Nr 3 GmbHG ist bei der Anmeldung eine von den Anmeldenden unterschriebene Liste der Gesellschafter einzureichen. Im Falle des § 40 Abs 1 S 1 GmbHG hat die Unterzeichnung durch die vertretungsberechtigte Zahl der Geschäftsführer zu erfolgen (Baumbach/Hueck/*Noack*, GmbHG, 21. Aufl 2017, § 40 Rn. 35). Bei notarieller Mitwirkung hat der Notar die Liste anstelle der Geschäftsführer zu unterschreiben (§ 40 Abs 2 GmbHG).

12. Anteilskauf bei AG

Aktienkaufvertrag[1,2]

vom . . . . .

zwischen

[Verkäuferin

Adresse]

(im Folgenden als „Verkäuferin" bezeichnet)

und

[Käuferin

Adresse]

(im Folgenden als „Käuferin" bezeichnet)

Vorbemerkungen

Die Verkäuferin hält . . . . . (in Worten: . . . . .) Stück auf den Inhaber lautende Stammaktien[3] im Nennbetrag von jeweils EUR . . . . .,– (im Folgenden als die „Aktien" bezeichnet) an der . . . . . mit Sitz in . . . . . und eingetragen im Handelsregister des Amtsgerichts . . . . . unter HRB . . . . . (im Folgenden als „Gesellschaft" bezeichnet).

Das Grundkapital der Gesellschaft beträgt EUR . . . . .,- und ist voll eingezahlt. Das Grundkapital setzt sich zusammen aus . . . . . Stück auf den Inhaber lautende Stammaktien im Nennbetrag von jeweils EUR . . . . .,– (ISIN: . . . . .[4]) [und . . . . . Stück auf den Inhaber lautende stimmrechtslose Vorzugsaktien im Nennbetrag von jeweils EUR . . . . .,– (ISIN: . . . . .)]. Die Stammaktien [wie auch die Vorzugsaktien] sind zum Handel im regulierten Markt der Frankfurter Wertpapierbörse zugelassen.[5]

Die Aktien befinden sich in dem von der Verkäuferin bei der . . . . . [Name der Depotbank, Ort] unterhaltenen Wertpapierdepot Nr . . . . . und werden in Girosammelverwahrung bei der Clearstream Banking AG (im Folgenden als „Clearstream" bezeichnet) in Frankfurt am Main als Drittverwahrer verwahrt.

Die Verkäuferin ist daran interessiert, die Aktien zu veräußern; die Käuferin ist daran interessiert, die Aktien zu erwerben.

Die Parteien vereinbaren daher Folgendes:

§ 1 Verkauf der Aktien, Gewinnberechtigung

1. Die Verkäuferin verkauft hiermit der Käuferin die Aktien. Die Käuferin nimmt diesen Verkauf an.[6, 7]
2. Der Gewinn des laufenden Geschäftsjahres sowie der nicht an die Gesellschafter verteilte Gewinn früherer Geschäftsjahre (dh vorgetragener Gewinn und der Gewinn früherer Geschäftsjahre, für den kein Beschluss über die Ergebnisverwendung gefasst worden ist) stehen allein der Käuferin zu.[8]
3. Die Parteien sind sich einig, dass die Aktien nicht kraft dieses Vertrages dinglich übergehen, sondern vorbehaltlich des Eintritts der Vollzugsbedingungen gem § 3.2.1 und § 3.2.3 in Einklang mit § 3.3.(c) dieses Vertrages am Vollzugstag durch eine gesonderte Übertragungsvereinbarung übertragen werden.

§ 2 Kaufpreis

1. Der Gesamtkaufpreis für die Aktien (im Folgenden als „Kaufpreis" bezeichnet) beträgt insgesamt EUR . . . . .,- (in Worten: Euro . . . . .,-).
2. Der jeweils ausstehende Teil des Kaufpreises ist ab heute bis zur Zahlung mit einem Zinssatz zu verzinsen, der dem am Stichtag quotierten EURIBOR-Satz für 3-Monatsgelder zuzüglich . . . . . Prozentpunkte entspricht. Den Betrag der gem des vorstehenden Satzes ab heute bis zum Vollzugstag aufgelaufenen Zinsen werden die Vertragsparteien an dem Tag, der dem Vollzugstag vorausgeht, gemeinsam berechnen.
3. Gegenüber dem Kaufpreisanspruch der Verkäuferin ist jedes Aufrechnungs- oder Zurückbehaltungsrecht der Käuferin ausgeschlossen.

§ 3 Vollzug[9]

1. Vollzugstag
Die Parteien verpflichten sich, die in diesem Vertrag vereinbarten Rechtsgeschäfte innerhalb von ..... [Frist] nach dem die letzte der in § 3.2.1 und § 3.2.3 dieses Vertrages genannten Vollzugsvoraussetzungen eintritt, (im Folgenden bezeichnet als der „Vollzugstag") dinglich Zug um Zug zu vollziehen und die in § 3.3 dieses Vertrages vereinbarten Vollzugshandlungen vorzunehmen (im Folgenden bezeichnet als der „Vollzug"). Der Vollzug wird in den Räumen von ..... in ..... um ..... Uhr ME[S]Z stattfinden, soweit sich die Parteien nicht auf einen anderen Ort und/oder eine abweichende Zeit einigen.
2. Vollzugsvoraussetzungen
Die Parteien sind zum Vollzug erst verpflichtet, wenn sämtliche der folgenden Vollzugsvoraussetzungen eingetreten sind und die Parteien hiervon Kenntnis erlangt haben.

2.1. Der Vollzug steht unter der aufschiebenden Bedingung, dass das Bundeskartellamt den vorliegenden Aktienerwerb freigibt.[10]
Diese Bedingung tritt ein, wenn
a) das Bundeskartellamt den beabsichtigten Erwerb gem § 40 Abs 2 Satz 1 GWB freigibt; oder
b) das Bundeskartellamt dem bzw den anmeldenden Unternehmen schriftlich mitteilt, dass die Voraussetzungen für eine Untersagung nach § 36 GWB nicht vorliegen; oder
c) die Einmonatsfrist gem § 40 Abs 1 Satz 1 GWB verstreicht, ohne dass das Bundeskartellamt dem bzw den anmeldenden Unternehmen den Eintritt in das Hauptprüfverfahren mitgeteilt hat; oder
d) die viermonatige Untersagungsfrist des § 40 Abs 2 Satz 2 GWB (bzw die verlängerte Prüfungsfrist von fünf Monaten gem § 40 Abs 2 Satz 7 GWB) verstreicht, ohne dass das Bundeskartellamt (i) das Zusammenschlussvorhaben gem § 40 Abs 2 Satz 1 GWB untersagt hat oder (ii) mit den Zusammenschlussbeteiligten gem § 40 Abs 2 Satz 4 Nr 1 GWB eine Fristverlängerung vereinbart hat; oder
e) eine nach § 40 Abs 2 Satz 4 Nr 1 GWB vereinbarte Fristverlängerung abläuft, ohne dass eines der in Buchstabe (d) (i) oder (ii) dieses § 3.2.1 genannten Ereignisse eingetreten ist; oder
f) das Bundeskartellamt dem bzw den anmeldenden Unternehmen mitteilt, dass das Zusammenschlussvorhaben nicht fusionskontrollpflichtig ist.

2.2. Weder Verkäuferin noch Käuferin werden gegenüber dem Bundeskartellamt einer Fristverlängerung ohne die vorherige schriftliche Zustimmung der jeweils anderen Partei zustimmen. Die Anmeldung der Veräußerung der Aktien als Zusammenschlussvorhaben werden die Parteien unverzüglich nach Unterzeichnung dieses Vertrages gemeinsam vornehmen. Untersagt das Bundeskartellamt den Erwerb der Aktien durch die Käuferin, hat jede Vertragspartei das Recht, von diesem Vertrag zurückzutreten.

2.3. Der Vollzug ist weiter aufschiebend bedingt durch Eintritt der folgenden Bedingungen:
a) Rücktritt von ....., ... und ..... von ihrem Amt als Mitglieder des Aufsichtsrats der Gesellschaft;[11]
b) Stellung eines Antrages gem § 104 Abs 1 AktG seitens des Vorstands der Gesellschaft an das Amtsgericht, ..., ... und ..... als neue Mitglieder des Aufsichtsrats der Gesellschaft zu bestellen; und
c) gerichtliche Bestellung von ....., ... und ..... als neue Mitglieder des Aufsichtsrates der Gesellschaft.

2.4. Die Käuferin hat das Recht, von diesem Vertrag zurückzutreten, wenn nicht alle der vorstehenden Voraussetzungen spätestens am . . . . . erfüllt sind.[12]

3. Vollzugshandlungen

Am Vollzugstag haben die Parteien die folgenden Handlungen in der dargestellten Reihenfolge vorzunehmen:

a) Die Verkäuferin übergibt der Käuferin die schriftliche Erklärungen der in § 3.2.3 (a) dieses Vertrages genannten Personen, woraus sich jeweils die Niederlegung des Aufsichtsratsmandats spätestens mit Wirkung zum Vollzugstag ergibt.

b) Die Verkäuferin übergibt der Käuferin eine Kopie des schriftlichen Hauptversammlungsbeschlusses über die Entlastung der in § 3.2.3 (a) dieses Vertrages genannten Personen für das Geschäftsjahr . . . . . sowie für den Zeitraum vom . . . . . bis zum Wirksamwerden ihrer Amtsniederlegung.

c) Die Parteien unterzeichnen eine Übertragungsvereinbarung, die im Wesentlichen dem als Anlage . . . . . beigefügten Entwurf entspricht [, über deren Ausgestaltung sie sich verständigen werden,] und vollziehen diese.[13]

Ist eine Vertragspartei nicht innerhalb von vier (4) Wochen nach Erfüllung aller in § 3.2.1 und § 3.2.3 dieses Vertrages genannten Vollzugsvoraussetzungen der Aufforderung der anderen Vertragspartei zur Vornahme der in § 3.3 dieses Vertrages beschriebenen Vollzugshandlungen nachgekommen, kann die andere Vertragspartei ohne weiteres, dh auch ohne Mahnung und Fristsetzung, von diesem Vertrag zurücktreten. Das Recht der vom Vertrag zurücktretenden Vertragspartei, von der anderen Vertragspartei Schadensersatz wegen Nichterfüllung zu verlangen, wird durch die Ausübung des Rücktrittsrechts nicht berührt.

§ 4 Gewährleistungen der Verkäuferin[14]

1. Die Verkäuferin gewährleistet der Käuferin in der Form. eines selbständigen Garantieversprechens gem § 311 Abs 1 BGB, dass die folgenden Aussagen zum Zeitpunkt der Unterzeichnung dieses Vertrages und bei der dinglichen Übertragung der Aktien gem § 3 dieses Vertrages richtig und vollständig sind:

1.1. Die Ausführungen in der Vorbemerkung dieses Vertrages in Bezug auf die Verkäuferin und die Gesellschaft sind vollständig und richtig.

1.2. Die Verkäuferin ist die rechtliche und wirtschaftliche Eigentümerin der Aktien, die frei von jeglichen Belastungen wie von anderen zugunsten Dritter bestellten Rechten sind. Die Verkäuferin hat das Recht, über die Aktien frei zu verfügen, ohne dass sie hierzu die Zustimmung eines Dritten benötigt oder eine solche Verfügung die Rechte eines Dritten verletzen würde.

1.3. Die Aktien sind wirksam ausgegeben und voll eingezahlt. Die Aktien unterliegen keiner Nachschusspflicht. Verdeckte Gewinnausschüttungen sind nicht vorgenommen worden.

1.4. Gegen die Verkäuferin ist weder ein Insolvenzverfahren eingeleitet worden, noch sind Umstände ersichtlich, die die Einleitung solcher Verfahren in Zukunft rechtfertigen würden.

1.5. Nach bestem Wissen der Verkäuferin ist seit dem 31. Dezember . . . . . der Geschäftsbetrieb der Gesellschaft ausschließlich im Rahmen des gewöhnlichen Geschäftsbetriebes, in Übereinstimmung mit vorsichtiger Geschäftspraxis und im Wesentlichen in der gleichen Weise wie zuvor geführt worden; es haben sich keine wesentlichen nachteiligen Änderungen hinsichtlich des Geschäftsbetriebes bzw der Vermögens-, Finanz- und Ertragslage oder im Hinblick auf wichtige Vermögensgegenstände oder Verträge der Gesellschaft ergeben. Seit dem 31. Dezember . . . . . sind keine Gewinnausschüttungen, einschließlich vorläufiger und verdeckter Ausschüttungen, vorgenommen worden.

1.6. Alle der Käuferin und ihren Beratern seitens der Verkäuferin vor der Unterzeichnung dieses Vertrages zur Verfügung gestellten Informationen sind nach bestem Wissen der Verkäuferin in jeder Hinsicht vollständig und richtig. Sie sind nicht irreführend und verschweigen keine Tatsachen in Bezug auf die Aktien, die Gesellschaft und ihren Geschäftsbetrieb, die für die konkret gegebene Information bedeutsam sind oder die die Käuferin im Zeitpunkt der Unterzeichnung dieses Vertrages für die Beurteilung solcher Informationen kennen sollte. Es liegen nach bestem Wissen der Verkäuferin keine wesentlichen Tatsachen oder Umstände vor, die in Zukunft einen wesentlichen nachteiligen Einfluss auf die Gesellschaft und ihren Geschäftsbetrieb haben könnten, mit Ausnahme von allgemeinen konjunktur- oder marktbedingten Entwicklungen. Soweit in diesem Zusammenhang auf „bestes Wissen der Verkäuferin" abgestellt wird, ist dafür allein die positive Kenntnis von . . . . . (Person 1) und . . . . . (Person 2) relevant.

2. Stellt sich nach dem Abschluss dieses Vertrages, aber vor der Übertragung der Aktien gem § 3 dieses Vertrages heraus, dass eine oder mehrere der vorstehenden Gewährleistungen nicht nur unwesentlich unrichtig sind, kann die Käuferin von diesem Vertrag [ohne Weiteres, dh auch ohne Mahnung und Fristsetzung,] zurücktreten. Die Ausübung des Rücktrittsrechtes lässt das Recht der Käuferin, von der Verkäuferin Schadensersatz wegen Nichterfüllung zu verlangen, unberührt.

§ 5 Rechtsfolgen[15]

1. Stellt sich heraus, dass eine oder mehrere der Aussagen, für die die Verkäuferin gem § 4 dieses Vertrages die Garantie übernommen hat, nicht zutreffend oder vollständig ist bzw sind, kann die Käuferin verlangen, dass die Verkäuferin innerhalb einer angemessenen Frist, spätestens aber innerhalb einer Frist von vier (4) Wochen ab Zugang des Verlangens, den Zustand herstellt, der bestehen würde, wenn die Aussage oder Aussagen zutreffend wären. Stellt die Verkäuferin innerhalb der gesetzten Frist nicht den vertragsgemäßen Zustand her oder ist die Herstellung des vertragsgemäßen Zustandes nicht möglich, kann die Käuferin von der Verkäuferin Schadensersatz in Geld verlangen.
2. Die Käuferin kann Schadensersatzansprüche aufgrund der Nichterfüllung der gem § 4 dieses Vertrages von der Verkäuferin übernommenen Garantien nur geltend machen, soweit die Gesamthöhe dieser Ansprüche einen Betrag von EUR . . . . . ,- übersteigt. Diese Beschränkung gilt nicht hinsichtlich der Haftung für Rechtsmängel der verkauften Aktien.
3. Dieser Vertrag regelt die Gewährleistung der Verkäuferin abschließend. Jegliche sonstigen Gewährleistungsrechte einschließlich etwaiger Ansprüche auf Nacherfüllung, Rücktritt, Minderung, Schadensersatz, Ersatz vergeblicher Aufwendungen, sowie Ansprüche aus einem rechtsgeschäftsähnlichen Schuldverhältnis *(culpa in contrahendo)* gem § 311 Abs 2 BGB, aus Anfechtung, aus Störung der Geschäftsgrundlage gem § 313 BGB und aus § 275 Abs 2 BGB sind ausgeschlossen. Dies gilt nicht für eine etwaige Haftung der Verkäuferin wegen Vorsatzes.
4. Alle Gewährleistungsansprüche der Käuferin aus § 5 dieses Vertrages unterliegen einer Verjährungsfrist von zwei (2) Jahren. Für Rechtsmängel der verkauften Aktien gilt eine Verjährungsfrist von zehn (10) Jahren. Die Verjährungsfristen beginnen ab dem Vollzugstag zu laufen. Die Verjährung wird nicht dadurch gehemmt, dass die Beteiligten über den Anspruch oder die den Anspruch begründenden Umstände verhandeln, es sei denn, sie treffen darüber eine ausdrückliche schriftliche Vereinbarung; § 203 BGB ist ausgeschlossen. Im Übrigen gelten die gesetzlichen Bestimmungen.

§ 6 Vertraulichkeit und Pressemitteilungen

1. Die Parteien sind sich einig, dass sie die Kenntnisse, die sie im Zusammenhang mit der Verhandlung und dem Abschluss dieses Vertrags übereinander und die jeweiligen verbundenen Unternehmen erhalten haben, streng vertraulich behandeln.
2. Keine Partei wird eine Presseerklärung oder ähnliche Verlautbarungen in Bezug auf die mit diesem Vertrag geregelten Rechtsgeschäfte ohne vorherige schriftliche Verständigung mit der jeweiligen anderen Partei herausgeben.

§ 7 Verschiedenes[16]

1. Jede Vertragspartei trägt die Kosten der von ihr beauftragten Berater. Die infolge des Abschlusses oder der Durchführung dieses Vertrages entstehenden Übertragungskosten, einschließlich etwaiger Verkehrssteuern, werden im Innenverhältnis der Parteien von der Käuferin getragen.
2. Änderungen und Ergänzungen dieses Vertrages bedürfen, soweit nicht die notarielle Form. zu beachten ist, der Schriftform. Dies gilt auch für den Verzicht auf das Schriftformerfordernis.
3. Als Zustellungsbevollmächtigten für die Erhebung einer Klage und die in einem anhängigen Rechtsstreit zu bewirkenden Zustellungen sowie für den Empfang von empfangsbedürftigen Willenserklärungen ernennt die Verkäuferin
   [Name
   Adresse]
   und die Käuferin
   [Name
   Adresse]
4. Sollte eine Bestimmung dieses Vertrages ganz oder teilweise unwirksam oder undurchsetzbar sein, werden die Wirksamkeit und Durchsetzbarkeit aller übrigen Bestimmungen dieses Vertrages davon nicht berührt. Die unwirksame oder undurchsetzbare Bestimmung ist als durch diejenige wirksame und durchsetzbare Bestimmung als ersetzt anzusehen, die dem von den Parteien mit der unwirksamen oder undurchsetzbaren Bestimmung verfolgten wirtschaftlichen Zweck am nächsten kommt.
5. Alle zwischen den Vertragsparteien vor dem Abschluss dieses Vertrages getroffenen Vereinbarungen sind durch den Abschluss dieses Vertrages überholt.
6. Dieser Vertrag unterliegt dem Recht der Bundesrepublik Deutschland. Für den Fall von Streitigkeiten zwischen den Vertragsparteien aufgrund dieses Vertrages vereinbaren die Vertragsparteien als nicht-ausschließlichen Gerichtsstand . . . . .

Anmerkungen

1. Vertragssituation. Das Formular regelt den Erwerb einer Beteiligung an einer (börsennotierten) Aktiengesellschaft („AG"). Grundsätzlich weist ein solcher Erwerb weitgehende Ähnlichkeiten mit dem Erwerb einer Beteiligung an einer GmbH (vgl oben → Form. I.K.8 Anm. 1 ff, → Form. I.K.9 Anm. 1 ff, → Form. I.K.10 Anm. 1 ff) auf, da es sich in beiden Fällen um Gesellschaftsanteile an einer Kapitalgesellschaft handelt. Die bestehenden und im Formular zum Ausdruck kommenden Unterschiede sind zum einen technisch bedingt, nämlich insofern, als dass die Gesellschaftsanteile an einer AG, die Aktien, anders als Geschäftsanteile an einer GmbH, regelmäßig verbrieft werden und deshalb auch nach sachenrechtlichen Vorschriften (§§ 929 ff BGB) übertragen werden können. Ein weitergehender, sachlicher Unterschied besteht schließlich dann, wenn es sich bei der AG, an der ein Aktienpaket übertragen wird, um eine börsennotierte Gesellschaft handelt. Abgesehen davon, dass der Veräußerer regelmäßig nicht die Nähe zu seiner Gesellschaft haben wird, wie dies etwa ein geschäftsführender Gesellschafter einer GmbH hat, ist hier anders als bei der GmbH nämlich ein zugänglicher Markt für das übertragene Wirtschaftsgut vorhanden. Die Kombination dieser beiden Faktoren kann insbesondere den Umfang der von einem Veräußerer zu gewährenden Gewährleistungen erheblich reduzieren, vgl → Anm. 14. Für eine tabellarische Gegenüberstellung der wesentlichen Unterschiede zwischen dem Beteiligungserwerb an einer AG und einer GmbH vgl BeckFormB M&A/*Schrader/Seibt*, 3. Aufl 2018, C III 1, S 537 f.

2. Form. Anders als die Übertragung von Geschäftsanteilen an einer GmbH (vgl § 15 Abs 3 GmbHG) bedürfen Verkauf und Übertragung von Aktien an einer AG keiner besonderen Form., insbesondere ist keine notarielle Beurkundung erforderlich.

3. Stamm- und Vorzugsaktien. Stammaktien und Vorzugsaktien bilden verschiedene Aktiengattungen (vgl § 11 AktG). Die Stammaktie wird charakterisiert durch das Stimmrecht und die hieraus vermittelte Einflussmöglichkeit auf die Gesellschaft sowie die unprivilegierte Gewinnbeteiligung. Sie stellt den idealtypischen Normalfall der Beteiligung an der AG dar (vgl § 12 Abs 1 AktG). Nach §§ 12 Abs 1 S 2, 139 ff AktG können Vorzugsaktien bis zu einem Gesamtnennbetrag, der dem der anderen ausgegebenen Aktien entspricht, ausgegeben werden, die eine Privilegierung bei der Gewinnverteilung mit der Möglichkeit des Ausschlusses vom Stimmrecht verbinden. Für die Verschaffung einer Einflussmöglichkeit in der AG, insbesondere des Erwerbs einer Mehrheitsbeteiligung, wird sich ein potentieller Erwerber auf Stammaktien konzentrieren. Zu beachten ist allerdings, dass die Nichtbedienung der Vorzugsrechte der Vorzugsaktien zum Aufleben des Stimmrechtes der Vorzugsaktionäre führen kann (vgl § 140 Abs 2 AktG). Der potentielle Erwerber eines Aktienpaketes an einer AG muss sich bei der Untersuchung, welchen Beteiligungsgrad er erwerben will oder kann, deshalb auch mit der Frage auseinandersetzen, wie hoch das Risiko ist, dass die Vorzugsaktien stimmberechtigt werden.

4. ISIN (International Securities Identification Number). Die Wertpapier-Kenn-Nummer (WKN) ist am 22. April 2003 durch die ISIN (International Securities Identification Number), die eine weltweit eindeutige Identifikation eines Wertpapiers ermöglicht, ersetzt worden. Der Aufbau der ISIN ist in der internationalen Norm ISO 6166 geregelt. Sie ist eine 12-stellige Buchstaben-Zahlen-Kombination. Die ersten beiden Buchstaben sind der Ländercode (in Deutschland „DE"), sodann folgen die NSIN (National Securities Identification Number) bestehend aus neun Buchstaben oder Ziffern (in Deutschland drei Nullen gefolgt von der bisherigen sechsstelligen Wertpapier-Kenn-Nummer) sowie eine Prüfziffer, für deren Berechnung die ersten elf Zeichen der ISIN ohne die Prüfziffer nach einer bestimmten Formel verknüpft werden. Die ISIN wird, wie schon die Wertpapier-Kenn-Nummer, von den Wertpapiermitteilungen (WM Datenservice) in Frankfurt am Main vergeben, die als die deutsche National Numbering Agency fungiert.

5. Zulassung der Aktien zum Börsenhandel. Mit der Einführung des regulierten Markts ist am 1.11.2007 die bis dahin bestehende Unterteilung der organisierten Zulassungssegmente in den amtlichen Markt (§§ 30 ff BörsG aF) und den Geregelten Markt (§§ 49 ff BörsG aF) aufgehoben und in §§ 32–43 BörsG nF neu geregelt worden. Wertpapiere, die vor dem 1.11.2007 zum amtlichen oder geregelten Markt zugelassen waren, gelten seit dem 1.11.2007 als zum regulierten Markt zugelassen. Die Frankfurter Wertpapierbörse sieht daneben die Möglichkeit vor, über die gewöhnliche Zulassung zum regulierten Markt (sog General Standard) hinaus eine Zulassung mit weiteren Zulassungsfolgepflichten (sog Prime Standard) zu beantragen (§§ 45 ff der BörsenoRn.ung für die Frankfurter Wertpapierbörse idF 28.1.19). Bezüglich der Zulassung von Aktien zu diesen Marktsegmenten vgl Groß/*Groß*, Kapitalmarktrecht, 6. Aufl 2016, § 32 BörsG, Rn. 10 ff. Zwischen 2005 und 2017 bot die Frankfurter Wertpapierbörse für den in § 48

BörsG geregelten Freiverkehr den sog Entry Standard mit speziellen Transparenzanforderungen an. Dieses Segment wurde im März 2017 durch die neuen Segmente Scale und Basic Board ersetzt (§§ 16 ff AGB Freiverkehr FWB idF 2.1.19).

6. Übertragungsarten. Für die Übertragung von Aktien existieren diverse Möglichkeiten (vgl im Einzelnen *Mentz/Fröhling*, NZG 2002, 201 ff). Sie stehen jeweils in Abhängigkeit zu der Verbriefungs- und Verwahrungsart der Aktie. Dem Formular liegt der praxisrelevanteste Fall zugrunde, dass globalverbriefte, girosammelverwahrte Inhaberaktien übertragen werden.

Sind Aktienurkunden nicht ausgegeben (es besteht weder eine gesetzliche Verpflichtung zur Ausgabe von Aktienurkunden noch ist die Ausgabe Voraussetzung für die Mitgliedschaft, vgl MHdb GesR IV/*Sailer-Coceani,* 4. Aufl 2015, § 12 Rn. 3 und § 14 Rn. 1 ff), wird die unverkörperte Mitgliedschaft gem §§ 413, 398 BGB durch Abtretung übertragen. Sind wie üblich Aktienurkunden ausgegeben, werden diese im Fall von Inhaberaktien durch Einigung über den Übergang des Eigentums und Übergabe der Urkunde gem §§ 929 ff BGB übertragen, im Fall von Namensaktien durch Einigung, Übergabe und Indossament (§ 68 Abs 1 AktG, vgl MHdb GesR IV/*Sailer-Coceani,* 4. Aufl 2015, § 14 Rn. 6 ff). Daneben bleibt, da die Aktie nur ein deklaratorisches Wertpapier ist, die Übertragung der mitgliedschaftlichen Position durch Abtretung (§§ 398, 413 BGB) möglich, die dann auch den Übergang des Anspruchs auf Herausgabe der Urkunde bewirkt (§ 952 Abs 2 BGB). Die Aktien börsennotierter AGs werden sich regelmäßig in Sammelverwahrung gem den Vorschriften des Depotgesetzes befinden. Hier hat der betreffende Aktionär Miteigentum und mittelbaren Mitbesitz an den verwalteten Aktien, wobei sich sein Bruchteil nach dem Nennbetrag bestimmt (§ 6 Abs 1 S 2 DepotG). Im Fall der Girosammelverwahrung bei einer Wertpapiersammelbank werden die betreffenden Aktien im Regelfall durch eine Global- bzw. Sammelurkunde (§ 9 a Abs 1 S 1 DepotG) verbrieft, an der dann Miteigentum und Mitbesitz besteht. Die Übertragung erfolgt gem §§ 929 ff BGB durch Einigung und Übergabe in der Form. der Einräumung des mittelbaren Mitbesitzes, die durch Umbuchung im Verwahrungsbuch reflektiert wird. Zur technischen Ausführung der Übertragung vgl → Anm. 13.

7. Erwerbsgegenstand. Gegenstand der Übertragung sind im vorliegenden Fall, in dem Inhaberstammaktien ausgegeben sind, die Aktienurkunden, die die Mitgliedschaft, dh die Gesamtheit der Rechte und Pflichten, die dem einzelnen Aktionär infolge seiner Beteiligung an der AG zustehen, verbriefen. Die Aktienurkunden werden wie bewegliche Sachen gem den §§ 433 ff BGB verkauft und gem der §§ 929 ff BGB übereignet. Als Wertpapier bringt die Übertragung der Inhaberaktienurkunden die Übertragung der verbrieften Rechte mit sich (Jauernig/*Stadler*, BGB, 17. Aufl 2018, § 793 Rn. 6).

Aufgrund der Verwahrungsart (Girosammelverfahren) wird die Verkäuferin regelmäßig nur Bruchteilseigentum an einer Global– bzw. Sammelurkunde haben. Die einzelnen von ihr gehaltenen Aktien sind daher nicht weiter, etwa durch Seriennummern, individualisierbar. Da sich die Verkäuferin damit verpflichtet, eine bestimmte Anzahl von nicht weiter individualisierbaren Inhaberstammaktien an der betreffenden Gesellschaft zu übertragen, liegt ein Gattungskauf vor (§ 243 Abs 1 BGB).

8. Gewinnberechtigung. Mit der Übertragung einer Aktie geht das Dividendenbezugsrecht als mitgliedschaftliches Vermögensrecht automatisch mit über, dh Dividendenausschüttungen stehen dem jeweiligen Inhaber der Aktie zu. Wird allerdings eine Aktie innerhalb eines laufenden Geschäftsjahres übertragen, ist nach der gesetzlichen Regel des § 101 Nr 2 BGB der Gewinn pro rata temporis zwischen Veräußerer und Erwerber zu teilen. Soll dies vermieden werden, ist – wie hier – eine ausdrückliche Regelung über die Gewinnberechtigung zu treffen. Andernfalls hätte die Verkäuferin einen schuldrechtlichen Anspruch gegen die Käuferin auf Auskehr eines Anteils an der Gewinnausschüttung für das betroffene Geschäftsjahr, der dem Anteil des Jahres entspricht, während dem die Verkäuferin noch Inhaberin der Aktien war (vgl im Einzelnen → Form. I.K.8 Anm. 8).

9. Separater Vollzug. Das Muster geht von einer getrennten dinglichen Abwicklung der Transaktion aus, wie es bei komplexeren Transaktionen üblich ist. Geregelt sind hier die schuldrechtliche Vereinbarung über den Aktienkauf und die Modalitäten der späteren Abwicklung (Signing). Der dingliche Vollzug des Vertrages, insbesondere die Übereignung der Aktien (Closing) findet zu einem späteren Zeitpunkt statt, sodass die Transaktion zweistufig verläuft. Die Notwendigkeit der Trennung von Signing und Closing ist durch bestimmte Voraussetzungen (sog Vollzugsvoraussetzungen) bedingt, bei deren Vorliegen der Vertrag sinnvollerweise erst vollzogen werden kann. Hierzu gehören insbesondere kartellrechtliche Freigaben, Erteilungen von erforderlichen Zustimmungen, Amtsniederlegungen und Gremienvorbehalte (vgl im Einzelnen → Form. I.K.9 Anm. 17 f und Form. I.K.8 Anm. 11 und die dortigen Anmerkungen).

10. Bedingungen. Neben den Wegfall des kartellrechtlichen Vollzugsverbots (§ 41 Abs 1 S 1 GWB) – sofern nicht eine Anmeldung bei der EU-Kommission erforderlich ist – können weitere gewillkürte Bedingungen der Parteien treten.

11. Abberufung und Neuberufung von Aufsichtsratsmitgliedern. Die Erwerberin hat ein Interesse daran, die Ämter der Anteilseignervertreter im Aufsichtsrat des Unternehmens mit Personen ihres Vertrauens zu besetzen. Da eine Abberufung von Aufsichtsratsmitgliedern gem § 103 AktG nicht ohne weiteres möglich ist, andererseits die im Amt befindlichen Aufsichtsratsmitglieder regelmäßig ihr Amt auf Wunsch der Verkäuferin ausüben, sieht das Muster vor, dass die Verkäuferin dafür Sorge trägt, dass die Kandidaten der Erwerberin in den Aufsichtsrat nachrücken. Technisch wird dies dadurch erreicht, dass die Übertragung der Aktien unter eine entsprechende Bedingung gestellt wird. Die Modalitäten der Antragstellung seitens der Verkäuferin und der Bestellung der neuen Aufsichtsratsmitglieder durch das Gericht richten sich nach § 104 AktG. Das im Muster gewählte Verfahren birgt das Risiko, dass das Gericht, das an den Vorschlag der Verkäuferin nicht gebunden ist (vgl MHdB GesR IV/*Hoffmann-Becking,* 4. Aufl 2015, § 30 Rn. 64), diesem nicht folgt und deshalb das Geschäft nicht durchgeführt wird. Es empfiehlt sich deshalb eine Vorabstimmung mit dem zuständigen Richter.

12. Rücktrittsmöglichkeit. Da das Formular die Verpflichtung zum dinglichen Vollzug des Aktienkaufes von dem Eintritt bestimmter Voraussetzungen abhängig macht und dazu noch eigenständige Handlungen der Parteien erfordert, ist es angemessen, bei Wahrung möglicher Schadensersatzansprüche den Parteien die Möglichkeit zu geben, „klare Verhältnisse" zu schaffen.

13. Übertragung der Aktien sowie die technische Ausführung. Das Formular geht davon aus, dass sich die zu übertragenden Aktien in Girosammelverwahrung bei der Clearstream Banking AG befinden. Dies entspricht der gesetzlichen Regelverwahrung (§ 2 S 1 HS 2 DepotG). Bei der Übertragung von girosammelverwahrten Inhaberaktien ist für die technische Ausführung zwischen einer Übertragung inner- oder außerhalb des Effektengiroverkehrs zu unterscheiden. Im Effektengiroverkehr erfolgt die Übertragung ähnlich dem bargeldlosen Zahlungsverkehr durch reine Buchungsvorgänge mittels des Wertpapierübertrags mit Gegenwertverrechnung, ohne dass das einzelne Aktienpapier physisch bewegt wird, daher „stückelos" (vgl auch den Formulierungsvorschlag unten). Dabei werden die jeweiligen Depotbanken als Verkaufs- bzw. Einkaufskommissionärin tätig (vgl *Mentz/Fröhling*, NZG 2002, 206). Die Übertragung der Aktien auf die Erwerberin erfolgt mittels des Wertpapierübertrags mit Gegenwertverrechnung; zu den Einzelheiten der technischen Ausführung der Übertragung vgl BeckFormB M&A/*Schrader/Seibt*, 3. Aufl 2018, C III 2, Anm. 68, S 595 ff sowie die Allgemeinen Geschäftsbedingungen der Clearstream

Banking AG, Stand 1. Januar 2019, insbesondere hierbei B. XX und XXI. Außerhalb des Effektengiroverkehrs erfolgt die Übertragung nach den allgemeinen sachenrechtlichen Grundsätzen (vgl Anm. 6 sowie *Mentz/Fröhling*, NZG 2002, 201, 207 f).

Das Formular sieht vor, dass die maßgeblichen Regelungen bzw. Instruktionen für eine Übertragung (innerhalb und außerhalb des Effektengiroverkehrs) in einer separaten Übertragungsvereinbarung festgehalten werden, die jedenfalls im Entwurf dem Vertrag beigefügt ist. Auf Basis der separaten Vereinbarung lässt sich stets einwandfrei feststellen, ob und wann die Anteilsübertragung stattgefunden hat. Alternativ können die Parteien auch die erforderlichen Schritte als Vollzugshandlungen in den Vertrag aufnehmen.

Formulierungsvorschlag für die Übertragung innerhalb des Effektengiroverkehrs:

„Zum Zwecke der Übertragung der Aktien wird die Käuferin ein Wertpapierdepot bei einem Kreditinstitut einrichten, das seinerseits ein Wertpapierdepot bei der Clearstream unterhält. Die Verkäuferin wird ihre Depotbank anweisen, am Vollzugstag die Aktien mittels des Verfahrens des Wertpapier-übertrags mit Gegenwert gegen Empfang des Kaufpreises einschließlich aufgelaufener Zinsen gem § 2.2 dieses Vertrages auf das von der Depotbank der Käuferin bei der Clearstream eingerichtete Wertpapierdepot zu übertragen.
Die Käuferin wird ihre Depotbank anweisen, am Vollzugstag den Kaufpreis einschließlich aufgelaufener Zinsen im Rahmen des Geldverrechnungsverkehrs der Clearstream zur Verfügung zu stellen.
Den Betrag der gem § 2.2 dieses Vertrages ab heute bis zum Vollzugstag aufgelaufenen Zinsen werden die Vertragsparteien an dem Tag, der dem Vollzugstag vorausgeht, gemeinsam berechnen.“

14. Gewährleistungen. Im Vergleich zu dem umfangreichen Gewährleistungskatalog, den Form. I.2.K.9 für den GmbH-Anteilskauf enthält, sind die Gewährleistungen hier wesentlich knapper gehalten. Dies liegt hauptsächlich daran, dass die übertragene Beteiligung an der AG wesentlich kapitalistischer ausgestaltet ist: Zum einen hat der veräußernde Aktionär angesichts der Eigenverantwortlichkeit und insbesondere Weisungsunabhängigkeit des Vorstands der AG (vgl § 76 Abs 1 AktG) eine wesentlich geringere „Nähe“ zu seiner Gesellschaft, auch wenn er Mehrheitsgesellschafter ist. Der Veräußerer wird daher regelmäßig weder bereit noch in der Lage sein, umfangreiche Garantieversprechen abzugeben. Zum anderen besteht bei einer börsennotierten Gesellschaft ein Markt für die übertragenen Anteilsrechte, sodass das Risiko des Erwerbs geringer ist, da aufgrund der höheren Fungibilität von Aktien im Vergleich zu GmbH-Anteilen die Weiterveräußerung am Markt möglich ist. Ferner sollten Garantien nur für Zeiträume abgegeben werden, in denen der Veräußerer selbst als Aktionär die Möglichkeit des Einblicks in die Gesellschaft hatte. Für frühere Zeiträume sollten Garantien bestenfalls nur nach „Kenntnis des Veräußerers“ abgegeben werden. Zu den einzelnen Gewährleistungen vgl → Form. I.K.9 Anm. 24. Hinsichtlich der – für den verkaufswilligen Aktionär wie den Erwerbsinteressenten gleichermaßen – eingeschränkten Möglichkeiten, im Wege der Due Diligence (vgl → Form. I.K.1 Anm. 1 ff) Informationen über das Target zu erhalten, vgl *Roschmann/Frey,* AG 1996, 449 ff; *Lutter,* ZIP 1997, 613 ff; *Müller,* NJW 2000, 3452 ff; *Rittmeister,* NZG 2004, 1032 ff.

15. Rechtsfolgen. Vgl zu → Form. I.K.9 Anm. 50 ff mit den dortigen Anmerkungen.

16. Mitteilungspflichten. Ist die (Ziel-)Gesellschaft ein Emittent, für den die Bundesrepublik Deutschland der Herkunftsstaat ist (§§ 2 Abs 13, 33 Abs 4 WpHG), wozu solche Gesellschaften mit Sitz im Inland zählen, deren Aktien zum Handel an einem organisierten Markt zugelassen sind, finden die Mitteilungspflichten der §§ 33 ff WpHG Anwendung. Unterschreitet oder erreicht danach die Verkäuferin durch den Vollzug des Vertrages die Schwelle von 3 %, 5 %, 10 %, 15 %, 20 %, 25 %, 30 %, 50 % oder 75 % der Stimmrechte an der Zielgesellschaft, so hat sie nach §§ 33 ff WpHG dem Emittenten und der Bundesanstalt für Finanzdienstleistungsaufsicht (BaFin) unverzüglich, spätestens jedoch innerhalb von vier Handelstagen, diesen Umstand und die Höhe des Stimmrechtsanteils mitzuteilen. Gleiches gilt für die Käuferin, sofern diese durch Vollzug des Vertrages eine der genannten Schwellen überschreitet oder erreicht. Zu beachten ist allerdings, dass für die Käuferin bereits mit dem Vertragsschluss eine Meldepflicht ausgelöst wird, da der Kaufvertrag ein meldepflichtiges Instrument iSd § 38 WpHG darstellt. Der Emittent hat diese Mitteilungen gem § 40 WpHG zu veröffentlichen.

Ist die Gesellschaft kein Emittent im oben genannten Sinne, so gelten für Verkäuferin und Käuferin die Mitteilungspflicht gem § 20 AktG. Zu den Einzelheiten vgl MHdB GesR IV/*Krieger*, 4. Aufl 2015, § 69 Rn. 118 ff. Eine hiernach etwaig erforderliche Mitteilung hat die Gesellschaft gem § 20 Abs 6 AktG unverzüglich in den Gesellschaftsblättern bekanntzumachen, dh gem § 25 AktG im Bundesanzeiger zu veröffentlichen.

13. Anteilskauf bei OHG

Anteilskauf- und Abtretungsvertrag[1]

vom . . . . .

zwischen

1. [Verkäufer zu 1
   Adresse]

(im Folgenden als „Verkäufer zu 1“ bezeichnet)

2. [Verkäufer zu 2
   Adresse]

(im Folgenden als „Verkäufer zu 2“ bezeichnet)

(im Folgenden gemeinsam als „Verkäufer“ bezeichnet)

auf der einen Seite

und

[Käuferin
Adresse]

(im Folgenden als „Käuferin“ bezeichnet)

auf der anderen Seite.

Vorbemerkung

Der Verkäufer zu 1 und der Verkäufer zu 2 sind die alleinigen Gesellschafter der . . . . . OHG, die im Handelsregister des Amtsgerichts . . . . . unter der Registernummer HRA . . . . . eingetragen ist und ihren Sitz in . . . . . hat (im Folgenden als die „Gesellschaft“ bezeichnet). Die gesellschaftsvertragliche Kapitaleinlage des Verkäufers zu 1 beträgt EUR . . . . . Die gesellschaftsvertragliche Kapitaleinlage des Verkäufers zu 2 beträgt EUR . . . . .

Die Verkäufer sind daran interessiert, ihre Gesellschaftsanteile an der Gesellschaft, dh die Gesamtheit ihrer Rechte und Pflichten aus dem Gesellschaftsverhältnis (im Folgenden als die „Gesellschaftsanteile“ bezeichnet), zu veräußern. Die Käuferin ist daran interessiert, beide Gesellschaftsanteile zu erwerben.

Die Parteien vereinbaren daher Folgendes:

§ 1 Verkauf und Abtretung der Gesellschaftsanteile[2,3,4,5]

1. Der Verkäufer zu 1 verkauft hiermit der Käuferin sowohl (a) den von ihm gehaltenen Gesellschaftsanteil, einschließlich der Guthaben auf den für ihn bei der Gesellschaft gem § . . . . . des Gesellschaftsvertrages der Gesellschaft geführten Kapitalkonten I und II, als auch (b) das Guthaben auf dem für ihn bei der Gesellschaft gem § . . . . . des Gesellschaftsvertrages der Gesellschaft geführten Darlehenskonto und tritt diese an die Käuferin ab. Die Käuferin nimmt diesen Verkauf und diese Abtretung an.
2. Der Verkäufer zu 2 verkauft hiermit der Käuferin sowohl (a) den von ihm gehaltenen Gesellschaftsanteil, einschließlich der Guthaben auf den für ihn bei der Gesellschaft gem § . . . . . des Gesellschaftsvertrages der Gesellschaft geführten Kapitalkonten I und II, als auch (b) das Guthaben auf dem für ihn bei der Gesellschaft gem § . . . . . des Gesellschaftsvertrages der Gesellschaft geführten Darlehenskonto (die Guthaben auf den betreffenden Darlehenskonten für den Verkäufer zu 1 und den Verkäufer zu 2 werden im Folgenden als die „Darlehensguthaben" bezeichnet) und tritt diese an die Käuferin ab. Die Käuferin nimmt diesen Verkauf und diese Abtretung an.
3. Der Gewinn des laufenden Geschäftsjahres sowie der nicht unter den Gesellschaftern verteilte Gewinn früherer Geschäftsjahre (dh vorgetragener Gewinn und der Gewinn früherer Geschäftsjahre, für den kein Beschluss über die Ergebnisverwendung gefasst worden ist) stehen allein der Käuferin zu.[6]
4. Die Anmeldung des Ausscheidens der Verkäufer als Gesellschafter der Gesellschaft und der Erwerb der Gesellschaftsanteile durch die Käuferin im Wege der Sonderrechtsnachfolge sowie das daraus resultierende Erlöschen der Gesellschaft werden unverzüglich in gebotener Form. durch die Verkäufer und die Käuferin zum Handelsregister angemeldet werden.[7]

§ 2 Kaufpreis

1. Der gesamte Kaufpreis (im Folgenden als der „Kaufpreis" bezeichnet) für den Kauf und die Abtretung der Gesellschaftsanteile und der Darlehensguthaben beträgt EUR . . . . . (in Worten: Euro . . . . .) und wird wie folgt zugeoRn.et:
   1.1 für den vom Verkäufer zu 1 verkauften und abgetretenen Gesellschaftsanteil und sein Darlehensguthaben EUR . . . . . (in Worten: Euro . . . . .); und
   1.2 für den vom Verkäufer zu 2 verkauften und abgetretenen Gesellschaftsanteil und sein Darlehensguthaben EUR . . . . . (in Worten: Euro . . . . .).
2. Der Kaufpreis gem § 2.1 in Höhe von insgesamt EUR . . . . . wird von der Käuferin spätestens bis zum . . . . . auf das Konto des Verkäufers zu 1 mit der IBAN: . . . . . bei der . . . . . Bank [Name der Bank, Ort] (BIC: . . . . .) eingezahlt.
3. Die Zahlung gem § 2.2 befreit die Käuferin von ihrer Verpflichtung zur Bezahlung des Kaufpreises im Verhältnis zu beiden Verkäufern.
4. Erfolgt die Zahlung gem § 2.2 nicht bis spätestens zum . . . . ., haben die Verkäufer das Recht, ohne Weiteres, dh auch ohne Mahnung oder Fristsetzung, von diesem Vertrag zurückzutreten. Das Recht der Verkäufer, von der Käuferin Schadensersatz wegen Nichterfüllung zu verlangen, wird durch die Ausübung des Rücktrittsrechtes nicht berührt.

§ 3 Gewährleistungen der Verkäufer[8]

Die Verkäufer sichern der Käuferin zu und gewährleisten ihr in der Form. eines selbstständigen Garantieversprechens, dass die folgenden Aussagen zum Zeitpunkt der Unterzeichnung dieses Vertrages richtig und vollständig sind.

1. Die Ausführungen in der Vorbemerkung dieses Vertrages in Bezug auf die Verkäufer und die Gesellschaft sind vollständig und richtig.
2. Die Gesellschaft ist eine oRn.ungsgemäß errichtete und gem dem diesem Vertrag als Anlage 3.2.a beigefügten Handelsregisterauszug und dem diesem Vertrag als Anlage 3.2. b beigefügten Gesellschaftsvertrag wirksam bestehende offene Handelsgesellschaft.
3. Die Gesellschaft hält keine Beteiligungen an anderen Unternehmen und ist nicht verpflichtet, solche Beteiligungen zu erwerben.
4. Die Gesellschaft ist weder mit den Verkäufern noch mit Dritten Unternehmensverträge iSd §§ 291 ff AktG und auch keine Verträge über die Begründung einer stillen Gesellschaft eingegangen.
5. Die Verkäufer sind die rechtlichen und wirtschaftlichen Eigentümer der Gesellschaftsanteile und der Darlehensguthaben, die frei von jeglichen Belastungen und von anderen zugunsten Dritter bestellten Rechten sind. Die Verkäufer haben das Recht, über die Gesellschaftsanteile und die Darlehensguthaben frei zu verfügen, ohne dass sie dazu die Zustimmung eines Dritten benötigen würden oder dass eine solche Verfügung die Rechte eines Dritten verletzten würde. Die Gesellschaftsanteile und Darlehensguthaben stellen nicht das gesamte oder nahezu gesamte Vermögen der Verkäufer dar.
6. Die Kapitaleinlagen an der Gesellschaft sind voll eingezahlt; Rückzahlungen von Einlagen sind nicht vorgenommen worden. Außer den Verkäufern gibt es keine weiteren Gesellschafter der Gesellschaft.
7. Anlage 3.7 zu diesem Vertrag enthält eine vollständige und richtige Zusammenstellung aller Vereinbarungen, mit denen bis heute Gesellschaftsanteile an der Gesellschaft geschaffen, übertragen oder sonst wie tangiert worden sind oder mittels derer die Kapitaleinlagen in der Gesellschaft erhöht oder herabgesetzt worden sind.
8. Weder gegen die Verkäufer noch gegen die Gesellschaft sind Insolvenz- oder Vergleichsverfahren eingeleitet worden, noch sind Umstände ersichtlich, die die Einleitung solcher Verfahren in der Zukunft rechtfertigen würden.
9. Die gem § . . . . . des Gesellschaftsvertrages der Gesellschaft für die Gesellschafter eingerichteten Kapitalkonten I und II sowie die Darlehenskonten weisen bei Unterzeichnung dieses Vertrages die in Anlage 3.9 zu diesem Vertrag aufgeführten Kontostände auf.

§ 4 Rechtsfolgen

. . . . .

§ 5 Steuerfreistellung durch die Verkäufer[9]

1. . . . . .
2. Die Verkäufer verpflichten sich ferner, die Käuferin und die Gesellschaft von jeglichen Steuern oder sonstigen Abgaben freizustellen, die der Käuferin oder der Gesellschaft aufgrund eines durch die Verkäufer im Zusammenhang mit diesem Vertrag erzielten Veräußerungsgewinns entstehen.

§ 6 Umweltfreistellung

. . . . .

§ 7 Wettbewerbsverbot

. . . . .

§ 8 Vertraulichkeit und Pressemitteilungen

. . . . .

§ 9 Verschiedenes

1. Die Verkäufer können ihre Rechte aus diesem Vertrag nur gemeinsam ausüben.

. . . . .

Anmerkungen

1. Vertragssituation. Das Muster gibt einen Vertrag für die Veräußerung sämtlicher Gesellschaftsanteile an einer OHG wieder, dh für den Austausch sämtlicher Gesellschafter. Dass die Auswechselung aller Gesellschafter auch bei der OHG als Personengesellschaft ohne Änderung der Gesellschaftsidentität möglich ist und es deshalb der Auflösung der alten und der Übertragung des Geschäftsbetriebes der OHG auf eine von den Käufern gebildete neue Gesellschaft nicht bedarf, ist anerkannt (BGHZ 44, 229, 231 f = NJW 1966, 499; vgl dazu auch MHdB GesR I/*Schulte/Hushahn*, 5. Aufl 2019, § 73 Rn. 42). Da laut dem Muster alle Gesellschaftsanteile sich in einer Hand vereinigen, erfolgt zudem ein Übergang des Gesellschaftsvermögens auf die Käuferin, vgl hierzu → Anm. 7.

2. Gesellschaftsanteil und Kapitalanteil. Genießt die OHG aufgrund ihrer gesetzlichen Ausgestaltung im Rechtsverkehr mit Dritten und insbesondere im Prozess umfassende Rechtsfähigkeit (vgl insbesondere § 124 HGB), so ist sie im Innenverhältnis gegenüber den an ihr beteiligten Gesellschaftern, anders als eine Kapitalgesellschaft, nicht vollständig verselbständigt. Das Gesellschaftsvermögen ist nach der Grundregel des § 718 Abs 1 BGB das gemeinschaftliche Vermögen der Gesellschafter. Gem § 719 BGB unterliegt das Gesellschaftsvermögen gesamthänderischer Bindung, dh anders als etwa bei Bruchteilseigentum kann der Gesellschafter nicht über seinen Anteil an dem Gesellschaftsvermögen und an den einzelnen dazugehörenden Gegenständen verfügen. Vor dem Hintergrund, dass die Beteiligung eines Gesellschafters an der OHG im Wesentlichen als Rechten- und Pflichtenbündel gegenüber den Mitgesellschaftern zu verstehen ist, ist jedoch anerkannt, dass ein Gesellschafter dann über seinen Gesellschaftsanteil, dh über die Gesamtheit seiner Rechte und Pflichten aus dem Gesellschaftsverhältnis, verfügen kann, wenn alle anderen Gesellschafter zustimmen oder der Gesellschaftsvertrag eine entsprechende Regelung enthält (Baumbach/Hopt/*Roth*, HGB, § 105 Rn. 70); hier liegt keine Verfügung über einen Anteil am Gesellschaftsvermögen iSv § 719 Abs 1 BGB vor, sondern eine Verfügung über die gesellschaftliche Beteiligung als solche. Die Zustimmung der Mitgesellschafter ist erst zur Übertragung des Gesellschaftsanteils, welche gem §§ 413, 398 BGB erfolgt, erforderlich, nicht schon zur Verpflichtung zur Übertragung (BGH, BB 1958, 57).

Streng zu unterscheiden vom Gesellschaftsanteil als der Gesamtheit der Rechte und Pflichten eines Gesellschafters aus dem Gesellschaftsverhältnis ist sein Kapitalanteil. Der Kapitalanteil dient zur Feststellung der Beteiligung eines Gesellschafters im Verhältnis zu den anderen Gesellschaftern; er ist Bezugspunkt für die Gewinnverteilung (§ 121 HGB), das Entnahmerecht (§ 122 HGB) und die Auseinandersetzung (§ 155 HGB). Der Kapitalanteil legt die verhältnismäßige Beteiligung der einzelnen Gesellschafter am Eigenkapital (Reinvermögen) der Gesellschaft fest, weshalb die gesetzliche Regel in § 120 Abs 2 HGB auch von veränderlichen Kapitalanteilen ausgeht, nämlich davon, dass der auf einen Gesellschafter entfallende Gewinn dessen Kapitalanteil vergrößert, während die auf ihn entfallenden Verluste diesen wie Entnahmen mindern. In der gesellschaftsvertraglichen Praxis wird demgegenüber meistens von festen Kapitalanteilen ausgegangen (Baumbach/

Hopt/*Roth*, HGB, § 120 Rn. 15). Die Einlagen der Gesellschafter werden dann auf einem festen Kapitalkonto I gebucht, während Gewinne, Verluste und Entnahmen auf einem variablen Kapitalkonto II gebucht werden. Zu den möglichen Gesellschafterkonten vgl Baumbach/Hopt/*Roth*, HGB, § 120 Rn. 18 ff. Anders als über den Gesellschaftsanteil sind Verfügungen über den Kapitalanteil nicht möglich, weil dieser nicht die Zusammenfassung bestimmter Rechte und Pflichten des Gesellschafters, sondern nur als Maßstab des Verhältnisses seiner Rechte und Pflichten zu denen der Mitgesellschafter zu verstehen ist (Baumbach/Hopt/*Roth*, HGB, § 120 Rn. 13). Die Bewertung der Einlagen für die Bestimmung der Kapitaleinlage stehen in den Grenzen des § 138 BGB im Belieben der Gesellschafter sowohl bei Bar- als auch bei Sacheinlagen, BGHZ 17, 130, 134; BGH, BB 1959, 92; BGHZ 70, 1069, 1070). Mit der Bezugnahme auf das gesellschaftsvertragliche Kapitalkonto I der Verkäufer will das Formular die verhältnismäßige Beteiligung der bisherigen Gesellschafter klarstellen.

3. Formbedürftigkeit. Weder die Verpflichtung zur Übertragung eines Gesellschaftsanteils an einer OHG noch die dingliche Erfüllung ist formbedürftig. Dies gilt auch für die Übertragung von Anteilen an Grundstücksgesellschaften, auf die § 311 b Abs 1 BGB keine Anwendung findet (BGHZ 86, 367, 369); ebenso, wenn das Vermögen der Gesellschaft im Wesentlichen aus einem Grundstück besteht und alle Anteile übertragen werden (Baumbach/Hopt/*Roth*, HGB, § 105 Rn. 71). Die Notwendigkeit zur notariellen Beurkundung ist aber dann gegeben, wenn die Übertragung der Gesellschaftsanteile an der OHG nur Teil eines einheitlichen Rechtsgeschäfts ist, das wegen anderer Teile insgesamt beurkundungspflichtig ist.

4. Erwerbsgegenstand. Veräußerungs- und Erwerbsgegenstand ist die Beteiligung an der Gesellschaft als solche, dh die Gesamtheit der Rechte und Pflichten aus dem Gesellschaftsverhältnis, welche mit der Beteiligung untrennbar verbunden sind, nicht eine Beteiligung am Gesellschaftsvermögen, vgl → Anm. 2.

Wenn nichts anderes vereinbart ist, gehen alle Rechte und Pflichten des bisherigen Gesellschafters aus dem Gesellschaftsvertrag über, ebenso alle aus der Vergangenheit herrührenden Geldansprüche und Schulden aus dem Verhältnis zwischen Gesellschafter und Gesellschaft, und zwar wie sich diese aus der Buchführung der Gesellschaft ergeben (BGHZ 45, 221, 222; BGH, BB 1973, 165, 166; BGH, WM 1986, 1314, 1315; *Teichmann*, NJW 1966, 2336 ff; Baumbach/Hopt/*Roth*, HGB, § 105 Rn. 72). Schwierige Abgrenzungsfragen können sich dann ergeben, wenn strittig ist, ob bestimmte Ansprüche und Verbindlichkeiten des Veräußerers gegenüber der Gesellschaft gesellschaftsrechtlicher oder allgemein schuldrechtlicher Natur sind, wenn etwa erwirtschaftete Gewinne als Gesellschafterdarlehen stehen gelassen worden sind. Es empfiehlt sich deshalb, im Anteilskaufvertrag eine klare Regelung über diese Punkte zu treffen und den Umfang der mitverkauften und -übertragenen vermögensmäßigen Rechte genau festzulegen. Ratsam ist hier der Rückgriff auf die Buchführungssystematik der Gesellschaft, wie sie hinsichtlich der unterhaltenen Gesellschafterkonten meist schon im Gesellschaftsvertrag zum Ausdruck kommt. Das Formular geht davon aus, dass bei der betreffenden OHG zwei Kapitalkonten für jeden Gesellschafter geführt werden, nämlich ein (festes) Kapitalkonto I, auf dem die gesellschaftsvertraglich vereinbarte Kapitaleinlage gebucht ist, sowie ein Kapitalkonto II, auf dem Gewinne oder Verluste gebucht werden. Weiter geht das Formular davon aus, dass daneben für jeden Gesellschafter ein Darlehenskonto geführt wird. Hierauf werden die grundsätzlich jederzeit fälligen Ansprüche und Verbindlichkeiten zwischen Gesellschaft und Gesellschafter gebucht. Das Formular sieht vor, dass dessen Guthaben ebenfalls übertragen wird.

5. Übertragungszeitpunkt und Zustimmungserfordernis. Das Formular macht die Wirksamkeit der Abtretung der Gesellschaftsanteile nicht von Bedingungen abhängig.

Die Eintragung des Ausscheidens der Verkäufer als Gesellschafter und der Eintritt der Käuferin in die Gesellschaft im Wege der Sonderrechtsnachfolge in das Handelsregister ist nicht Bedingung für die Wirksamkeit der Abtretung.

Da alle bestehenden Gesellschafter der OHG ihre Anteile veräußern, kann dies als die jeweils gegenseitige Zustimmung der Gesellschafter zu diesen Verfügungen verstanden werden.

Die Übertragung eines OHG-Anteils durch einen Minderjährigen bedarf der Genehmigung des Familiengerichts.

6. Gewinnberechtigung. Das Formular geht davon aus, dass das in der Gesellschaft seit dem letzten Bilanzstichtag und der letzten Gewinnverteilung erwirtschaftete Ergebnis nicht an die ausscheidenden Gesellschafter ausgeschüttet werden soll, sondern an die Käuferin mitverkauft wird und in der Gesellschaft verbleibt. Um zu vermeiden, dass aufgrund der gesetzlichen Vorschrift des § 101 Nr 2 BGB der Verkäufer dem Käufer gegenüber schuldrechtlich verpflichtet ist, nach Gewinnfeststellung diesem einen Anteil an dem Gewinn auszuzahlen, der dem Zeitanteil an dem Geschäftsjahr entspricht, in dem noch der Verkäufer Gesellschafter war, enthält das Muster eine ausführliche Regelung (vgl auch → Form. I.K.8 Anm. 8; unter steuerrechtlichem Blickwinkel *Brönner,* Die Besteuerung der Gesellschaften, 17. Aufl 1999, Abschn VI Rn. 1413 ff).

7. Anmeldung zum Handelsregister. Das Ausscheiden des seinen Geschäftsanteil veräußernden Gesellschafters und der Eintritt des den Geschäftsanteil erwerbenden Gesellschafters ist zur Eintragung in das Handelsregister anzumelden, §§ 107, 143 Abs 2 HGB. Ein Muster für die Anmeldung findet sich im Anschluss (vgl → Form. I.K.14 Anm. 1 ff). Anmeldepflichtig sind sämtliche Gesellschafter (§ 108 Abs 1 HGB) einschließlich des ausscheidenden Gesellschafters (Baumbach/Hopt/*Roth,* HGB, § 108 Rn. 1). Die Anmeldungspflichtigen sind sich gegenseitig zur Mitwirkung bei der Eintragung verpflichtet (Baumbach/Hopt/*Roth,* HGB, § 108 Rn. 7), die entsprechende Klausel im Vertrag gibt damit nur die sowieso geltende Rechtslage wieder. Die Anmeldung bzw Eintragung des Ausscheidens der Verkäufer als Gesellschafter und der Eintritt der Käufer als Gesellschafter ist nicht Wirksamkeitsvoraussetzung für den Übergang der Gesellschaftsanteile. Im vorliegenden Fall führt die Übertragung aller bestehenden Gesellschaftsanteile von den bisherigen Gesellschaftern auf eine einzige Käuferin zum Erlöschen der Gesellschaft (MHdB GesR I/*Schulte/Hushahn,* 5. Aufl 2019, § 73 Rn. 2); auch dies ist gleichzeitig zur Eintragung in das Handelsregister anzumelden. Das Gesellschaftsvermögen wird automatisch Vermögen der Erwerberin. Steuerlich macht es hinsichtlich der Bewertung der zu dem Geschäftsbetrieb der OHG gehörenden Vermögensgegenstände keinen Unterschied, ob alle Gesellschaftsanteile an der OHG erworben werden und der Geschäftsbetrieb selbst dann aufgrund des Erlöschens der OHG unmittelbar auf die Käuferin übergeht oder ob die Käuferin von der OHG den Geschäftsbetrieb erwirbt. Aufgrund der partiellen rechtlichen Selbständigkeit der OHG (§ 124 Abs 1 HGB) vermeidet der Weg über den Erwerb der Gesellschaftsanteile an der OHG insbesondere die umständliche Auflistung aller erworbenen Wirtschaftsgüter und übernommenen Verpflichtungen, die beim Unternehmenskauf im Wege des Erwerbs aller Wirtschaftsgüter und Verbindlichkeiten nötig ist.

8. Gewährleistungen. Der Gewährleistungskatalog kann sich an die Gewährleistungsregelung in → Form. I.K.9 Anm. 24-26 für den Erwerb aller Geschäftsanteile an einer GmbH anlehnen.

9. Steuerliche Situation der Vertragsparteien. Realisiert der Veräußerer einen Veräußerungsgewinn, so zählt dieser gem § 16 Abs 1 S 1 Nr 2 EStG zu seinen zu versteuernden Einkünften aus Gewerbebetrieb (§ 15 EStG). Veräußerungsgewinn ist der Betrag, um den der Kaufpreis nach Abzug der Veräußerungskosten den Wert des Anteiles am Betriebsvermögen, wie er im steuerlichen Kapitalkonto zum Ausdruck kommt, übersteigt (§ 16 Abs 2 S 1 EStG). Der Veräußerungsgewinn unterliegt uneingeschränkt der Einkommen- bzw Körperschaftsteuer. Soweit natürliche Personen einen Veräußerungsgewinn erzielen, kann unter bestimmten Voraussetzungen ein Freibetrag gem § 16 Abs 4 EStG gewährt werden. Gem § 34 Abs 2 Nr 1 EStG zählt der Veräußerungsgewinn zu den außerordentlichen Einkünften, die in der Regel nach der sogenannten Fünftelregelung im Sinne des § 34 Abs 1 EStG oder unter bestimmten Voraussetzungen gem § 34 Abs 3 EStG einem gesondert zu berechnenden Steuersatz unterworfen sind.

Der Veräußerungsgewinn unterliegt nicht der Gewerbesteuer, soweit er auf eine natürliche Person als unmittelbar beteiligtem Mitunternehmer entfällt. Im Übrigen zählt der Veräußerungsgewinn gem § 7 S 2 GewStG zum Gewerbeertrag. Steuerschuldner ist die Personengesellschaft. Daher ist zwischen Erwerber und Veräußerer sicherzustellen, dass in diesen Fällen der Veräußerer die durch die Veräußerung ausgelöste und nicht durch den Erwerber anrechenbare Gewerbesteuer wirtschaftlich trägt.

Der Erwerber verteilt den Betrag, um den der Kaufpreis die anteiligen Buchwerte bzw das steuerliche Kapitalkonto des Veräußerers übersteigt, im Wege der Aufstockung in einer Ergänzungsbilanz auf die Einzelwirtschaftsgüter des Unternehmens (*Holzapfel/Pöllath,* Unternehmenskauf in Recht und Praxis, 14. Aufl 2010, Rn. 289 ff) und schreibt den Kaufpreis, soweit er auf abnutzbare Wirtschaftsgüter entfällt, ab. Grenze für die Aufstockung ist jeweils der steuerliche Teilwert dieser Wirtschaftsgüter. Ein etwaiger verbleibender Überschuss kann als Geschäfts- oder Firmenwert angesetzt und über einen Zeitraum von 15 Jahren abgeschrieben werden, § 7 Abs 1 S 3 EStG.

Die Veräußerung eines Gesellschaftsanteils durch einen Unternehmer ist grundsätzlich gem § 4 Nr 8 lit f UStG umsatzsteuerfrei. Der Verkäufer kann jedoch nach § 9 Abs 1 UStG zur Umsatzsteuerpflicht optieren, wenn die Anteile an einen anderen Unternehmer (§ 2 UStG) für dessen Unternehmen verkauft werden. In diesem Fall wird dem Käufer der Vorsteuerabzug für seine Transaktionskosten ermöglicht.

Nach derzeitigem Gesetzesstand (beachte aber die gegenwärtigen politischen Diskussionen zur Reform des Grunderwerbsteuergesetzes vor allem im Hinblick auf sog Share Deals) wird Grunderwerbsteuer ausgelöst, wenn zum Vermögen der betreffenden Gesellschaft ein inländisches Grundstück gehört und sich der Gesellschafterbestand der Personengesellschaft innerhalb von fünf Jahren dergestalt ändert, dass mindestens 95 % der Anteile am Gesellschaftsvermögen auf neue Gesellschafter übergehen (§ 1 Abs 2 a GrEStG). Im Übrigen wird Grunderwerbsteuer ausgelöst, wenn mind 95 % aller Gesellschaftsanteile in einer Hand vereinigt werden (§ 1 Abs 3 Nr 1 und 2 GrEStG) oder mind 95 % aller Anteile der Gesellschaft übertragen werden (§ 1 Abs 3 Nr 3 und 4 GrEStG) oder ein Rechtsträger unmittelbar und/oder mittelbar eine wirtschaftliche Betätigung von mind 95 % an der Gesellschaft erlangt (§ 1 Abs 3a GrEStG). Vgl auch → Form. I.K.8 Anm. 15.

14. Anmeldung der Übertragung eines OHG-Anteils

An das

Amtsgericht

– Handelsregister –

[Adresse]

In der Handelsregistersache der

. . . . . OHG

HRA . . . . .

teilen die unterzeichnenden, aus der Gesellschaft ausgeschiedenen früheren persönlich haftenden Gesellschafter und der unterzeichnende Erwerber aller Gesellschaftsanteile an der Gesellschaft mit:

Die persönlich haftenden Gesellschafter . . . . . und . . . . . haben mit Wirkung zum . . . . . ihre Gesellschaftsanteile an der Gesellschaft auf . . . . . übertragen und sind damit aus der Gesellschaft ausgeschieden. . . . . . hat das Handelsgeschäft der Gesellschaft mit Aktiven und Passiven ohne Liquidation übernommen.

Dies vorausgeschickt, melden die unterzeichnenden, aus der Gesellschaft ausgeschiedenen früheren persönlich haftenden Gesellschafter und der unterzeichnende Erwerber aller Geschäftsanteile an der Gesellschaft zur Eintragung in das Handelsregister an:[1a,1b]

Die Gesellschaft ist beendet und ihre Firma erloschen. Ihr Vermögen ist . . . . . , welche das Unternehmen der Gesellschaft fortführt, im Wege der Gesamtrechtsnachfolge angewachsen.[2,3]

[Angaben nach § 106 Abs 2 HGB]

. . . . ., den . . . . .

. . . . . [Unterschrift ausgeschiedener Gesellschafter 1]

. . . . . [Unterschrift ausgeschiedener Gesellschafter 2]

. . . . . [Unterschrift Erwerberin]

(Beglaubigungsvermerk[4,5])

Anmerkungen

1a. Anmeldepflicht. Die Pflicht zur Anmeldung des Ausscheidens der veräußernden Gesellschafter sowie des Eintritts des übernehmenden Gesellschafters folgt aus §§ 107, 143 Abs 2 HGB. Anmeldepflichtig sind sämtliche Gesellschafter (§ 108 Abs 1 HGB) einschließlich des ausscheidenden Gesellschafters (Baumbach/Hopt/*Roth*, HGB, § 108 Rn. 1). Die Anmeldungspflichtigen sind sich gegenseitig zur Mitwirkung bei der Anmeldung und Eintragung verpflichtet (Baumbach/Hopt/*Roth*, HGB, 38. Aufl 2018, § 108 Rn. 7).

1b. Notarielle Mitwirkungspflicht. Gem § 378 Abs 3 S 1 FamFG sind Anmeldungen vor der Einreichung zum Registergericht von einem Notar mit Amtssitz in Deutschland auf ihre Eintragungsfähigkeit hin zu prüfen. In Handelsregistersachen ist sie zudem bei einem deutschen Notar zur Weiterleitung an die für die Eintragung zuständige Stelle einzureichen (§ 378 Abs 3 S 2 FamFG). Zu den Einzelheiten vgl MüKoFamFG/*Krafka*, 3. Aufl 2019, § 378 Rn. 14 ff.

2. Anmeldungsinhalt. Werden alle Geschäftsanteile einer offenen Handelsgesellschaft von einem Erwerber übernommen, liegen grundsätzlich mehrere Anmeldetatbestände vor. Es handelt sich dabei um das Ausscheiden der bisherigen Gesellschafter (§ 143 Abs 2 HGB), den Eintritt eines neuen Gesellschafters (§ 107 HGB), die daraus folgende Beendigung der Gesellschaft (§ 143 Abs 1 HGB) sowie das Erlöschen der Firma (§ 157 Abs 1 HGB). Die Vereinigung aller Geschäftsanteile in einer Hand führt dazu, dass die Gesellschaft beendet ist und das Geschäft ohne Liquidation mit Aktiven und Passiven dem

Eintretenden zuwächst, sodass in der Praxis in derartigen Konstellationen auch nur das Erlöschen der Firma angemeldet wird. Die sonst bei Beendigung einer Gesellschaft vorliegende Abfolge von Auflösungstatbestand (§ 131 HGB), Liquidation (§ 145 HGB) und der daraus folgenden Vollbeendigung (§ 157 Abs 1 HGB) entfällt: Da das Handelsgeschäft im Wege der Gesamtrechtsnachfolge (Universalsukzession) auf den Erwerber aller Gesellschaftsanteile übergeht, bedarf es keiner Abwicklung mehr; die Gesellschaft ist damit beendet (vgl BGHZ 71, 296, 299 = NJW 1978, 1525).

3. Erlöschen der Firma. Die Pflicht zur Anmeldung des Erlöschens der Firma folgt aus §§ 31 Abs 2, 157 Abs 1 HGB.

4. Öffentliche Beglaubigung. Anmeldungen zum Handelsregister sind nach § 12 Abs 1 S 1 HGB elektronisch durch Einreichung einer öffentlich beglaubigten schriftlichen Erklärung vorzunehmen. Zur Praxis der elektronischen Registeranmeldung vgl *Jeep/Wiedemann,* NJW 2007, 2439.

5. Kosten. Der Notar erhält für die Beglaubigung der Unterschriften eine Gebühr, die sich nach KV Nr 25100 mit einem Gebührensatz von 0,2 ermitteln lässt; der korrespondierende Geschäftswert richtet sich gem § 121 GNotKG nach den für die Beurkundung der Erklärung geltenden Vorschriften. Die Anzahl der Unterzeichner ist für die Gebührenhöhe nicht entscheidend, sofern nur die Anfertigung eines einzelnen Beglaubigungsvermerkes durch den Notar erforderlich ist (vgl Korintenberg/*Sikora*, GNotKG, 20. Aufl 2017, Nr 25100 Rn. 6). Für die Ermittlung des Geschäftswerts ist im zugrunde liegenden Fall § 105 Abs 4 Nr 3 HS 1 GNotKG maßgeblich. Da vorliegend kein bestimmter Geldbetrag in das Handelsregister einzutragen ist und es sich um eine spätere Anmeldung/Eintragung handelt, beträgt der Geschäftswert EUR 30.000,-. Es handelt sich vorliegend nicht um einen, sondern mehrere anmeldepflichtige Rechtsvorgänge (Ausscheiden der bisherigen Gesellschafter bzw. Eintritt der Erwerberin, die Beendigung der Gesellschaft und das Erlöschen der Firma), sodass für das Erlöschen der Gesellschaft EUR 30.000,- hinzugerechnet werden müssen. [Gesondert anzumeldende Tatsachen stellen grundsätzlich jeweils einen gesonderten Registeranmeldungsgegenstand dar, §§ 86 Abs 2, 111 Nr 3 GNotKG. Die Werte mehrerer Gegenstände sind nach § 35 Abs 1 GNotKG zu addieren, sodass hier für das Erlöschen der Gesellschaft EUR 30.000,- hinzugerechnet werden müssen. Zu den Ausnahmen und Einzelheiten der Qualifizierung der Mehrheit von Anmeldungstatsachen vgl Korintenberg/*Tiedtke*, GNotKG, 20. Aufl 2017, § 105 Rn. 95 ff.] Der Geschäftswert ist auf EUR 1.000.000,- begrenzt, auch bei Zusammenfassung mehrerer Anmeldungen in einem Beurkundungsverfahren (§ 106 GNotKG).

Entwirft der Notar auch die Anmeldung, erhält er nach § 119 Abs 1 GNotKG iVm KV Nr 24102 eine Gebühr entsprechend dem Gebührensatzrahmen von 0,3 – 0,5 (abhängig von der Anfertigung eines vollständigen oder nur teilweisen Entwurfs, mindestens jedoch EUR 30,-), vgl *Diehn*, DNotZ 2013, 406, 413; Korintenberg/*Diehn*, GNotKG, 20. Aufl 2017, Nr 24102 KV Rn. 1 ff.). Entwurfsgebühren entstehen gem der Vorbemerkung 2.4.1 Abs 3 KV auch, wenn der Notar keinen eigenen Entwurf fertigt, sondern nur einen ihm vorgelegten Entwurf überprüft, ändert oder ergänzt (*Diehn*, DNotZ 2013, 406, 413).

15. Kauf eines Kommanditanteils

Anteilskauf- und Abtretungsvertrag[1,2]

vom .....

zwischen

[Verkäuferin

Adresse]

(im Folgenden als „Verkäuferin" bezeichnet)

und

[Käuferin

Adresse]

(im Folgenden als „Käuferin" bezeichnet)

Vorbemerkung

Die Verkäuferin ist die alleinige Kommanditistin der ..... KG, die in Abteilung A des Handelsregisters des Amtsgerichts ..... unter der Registernummer ..... eingetragen ist und ihren Sitz in ..... hat (im Folgenden als die „Gesellschaft" bezeichnet). Sowohl die eingetragene Hafteinlage der Verkäuferin wie auch ihre gesellschaftsvertragliche Kapitaleinlage betragen EUR ..... Einziger Komplementär der Gesellschaft ist .....

Die Verkäuferin ist daran interessiert, ihren Gesellschaftsanteil an der Gesellschaft, dh die Gesamtheit ihrer Rechte und Pflichten aus dem Gesellschaftsverhältnis (im Folgenden als der „Kommanditanteil" bezeichnet), zu veräußern. Die Käuferin ist daran interessiert, den Kommanditanteil zu erwerben.

Die Parteien vereinbaren daher Folgendes:

§ 1 Verkauf und Abtretung des Kommanditanteils[3,4,5]

1. Die Verkäuferin verkauft hiermit der Käuferin sowohl (a) den Kommanditanteil, einschließlich der Guthaben auf den für sie bei der Gesellschaft gem § ..... des Gesellschaftsvertrages der Gesellschaft geführten Kapitalkonten I und II, als auch (b) das Guthaben auf dem für sie bei der Gesellschaft gem § ..... des Gesellschaftsvertrages der Gesellschaft geführten Darlehenskonto und tritt diese an die Käuferin ab. Die Käuferin nimmt diesen Verkauf und diese Abtretung an.
2. Der Gewinn des laufenden Geschäftsjahres sowie der nicht unter den Gesellschafter verteilte Gewinn früherer Geschäftsjahre (dh vorgetragener Gewinn und der Gewinn früherer Geschäftsjahre, für den kein Beschluss über die Ergebnisverwendung gefasst worden ist) stehen allein der Käuferin zu.[6]
3. Die Anmeldung des Ausscheidens der Verkäuferin als Kommanditistin der Gesellschaft und der Erwerb des Kommanditanteils durch die Käuferin im Wege der Sonderrechtsnachfolge wird unverzüglich in gebotener Form. durch die Vertragsparteien sowie den Komplementär der Gesellschaft zur Eintragung im Handelsregister angemeldet.[7]

4. Die Abtretung des Kommanditanteils und des Darlehensguthabens an die Käuferin gem § 1 1. ist aufschiebend bedingt durch die Eintragung der Käuferin als Kommanditistin im Handelsregister.[8a, 8b]
5. Eine Kopie der Zustimmungserklärung des Komplementärs der Gesellschaft zu dem Verkauf und der Abtretung des Kommanditanteils und des Darlehensguthabens an die Käuferin ist als Anlage 1.5 beigefügt.
6. Die Käuferin stellt die Verkäuferin von jeder Haftung gegenüber den Gläubigern der Gesellschaft frei, die nach wirksamer Übertragung des Kommanditanteils auf die Käuferin dadurch ausgelöst wird, dass die Einlage zurückgezahlt wird oder eine der in § 172 Abs 4 Satz 2 HGB genannten sonstigen Maßnahmen vorgenommen wird.

§ 2 Kaufpreis

1. Der Kaufpreis (im Folgenden als der „Kaufpreis" bezeichnet) für den Verkauf und die Abtretung des Kommanditanteils sowie des Darlehensguthabens beträgt EUR . . . . . (in Worten: Euro . . . . .).
2. Der Kaufpreis wird von der Käuferin spätestens . . . . . Bankarbeitstage nach dem Wirksamwerden der Abtretung des Kommanditanteils und des Darlehensguthabens auf das Konto Nr . . . . . der Verkäuferin bei der . . . . . Bank (Bankleitzahl: . . . . .) eingezahlt.
3. Erfolgt die Zahlung gem § 2 2. nicht spätestens innerhalb von . . . . . Bankarbeitstagen nach dem Wirksamwerden der Abtretung des Kommanditanteils und des Darlehensguthabens, hat die Verkäuferin das Recht, ohne Weiteres, dh auch ohne Mahnung oder Fristsetzung, von diesem Vertrag zurückzutreten. Das Recht der Verkäuferin, von der Käuferin Schadensersatz wegen Nichterfüllung zu verlangen, wird durch die Ausübung des Rücktrittsrechts nicht berührt.

§ 3 Gewährleistungen der Verkäuferin[9]

Die Verkäuferin sichert der Käuferin zu und gewährleistet ihr in der Form. eines selbstständigen Garantieversprechens, dass die folgenden Aussagen zum Zeitpunkt der Unterzeichnung dieses Vertrages richtig und vollständig sind.

1. Die Ausführungen in der Vorbemerkung dieses Vertrages in Bezug auf die Verkäuferin und die Gesellschaft sind vollständig und richtig.
2. Die Gesellschaft ist eine oRn.ungsgemäß errichtete und gem dem diesem Vertrag als Anlage 3.2.a beigefügten Handelsregisterauszug und dem diesem Vertrag als Anlage 3.2. b beigefügten Gesellschaftsvertrag wirksam bestehende Kommanditgesellschaft.
3. Die Gesellschaft hält keine Beteiligungen an anderen Unternehmen und ist nicht verpflichtet, solche Beteiligungen zu erwerben.
4. Die Gesellschaft ist weder mit der Verkäuferin noch mit Dritten Unternehmensverträge iSd §§ 291 ff AktG und auch keine Verträge über die Begründung einer stillen Gesellschaft eingegangen.
5. Die Verkäuferin ist die rechtliche und wirtschaftliche Eigentümerin des Kommanditanteils und des Darlehensguthabens, die frei von jeglichen Belastungen und von anderen zugunsten Dritter bestellten Rechten sind. Abgesehen von der erforderlichen Zustimmung des Komplementärs hat die Verkäuferin das Recht, über den Kommanditanteil und das Darlehensguthaben frei zu verfügen, ohne dass sie dazu die Zustimmung eines Dritten benötigt oder dass eine solche Verfügung die Rechte eines Dritten verletzen würde. Der Kommanditanteil und das Darlehensguthaben stellen nicht das gesamte oder nahezu das gesamte Vermögen der Verkäuferin dar.

6. Die Kapitaleinlage an der Gesellschaft ist voll eingezahlt; Rückzahlungen von Einlagen sind nicht vorgenommen worden. Außer der Verkäuferin und dem Komplementär gibt es keine weiteren Gesellschafter der Gesellschaft.
7. Anlage 3.7 zu diesem Vertrag enthält eine vollständige und richtige Zusammenstellung aller Vereinbarungen, mit denen bis heute Gesellschaftsanteile an der Gesellschaft geschaffen, übertragen oder sonst wie tangiert worden sind oder mittels derer die eingetragenen Haft- oder Kapitaleinlagen an der Gesellschaft erhöht oder herabgesetzt worden sind.
8. Weder gegen die Verkäuferin noch gegen die Gesellschaft sind Insolvenzverfahren eingeleitet worden, noch sind Umstände ersichtlich, die die Einleitung solcher Verfahren in der Zukunft rechtfertigen würden.
9. Die gem § . . . . . des Gesellschaftsvertrages der Gesellschaft für die Verkäuferin eingerichteten Kapitalkonten I und II sowie das gem § . . . . . des Gesellschaftsvertrages der Gesellschaft für die Verkäuferin eingerichtete Darlehenskonto weisen zum Zeitpunkt des Abschlusses dieses Vertrages die in Anlage 3.9 zu diesem Vertrag aufgeführten Kontostände auf.

§ 4 Rechtsfolgen

. . . . .

§ 5 Steuerfreistellung[10]

. . . . .

§ 6 Umweltfreistellung

. . . . .

§ 7 Vertraulichkeit und Pressemitteilungen

. . . . .

§ 8 Verschiedenes

. . . . .

Anmerkungen

1. **Vertragssituation.** Das Formular regelt den Erwerb eines Kommanditanteils an einer Kommanditgesellschaft („KG"). Dass die Übertragung des Kommanditanteils, dh die Übertragung sämtlicher Rechte und Pflichten aus dem Gesellschaftsverhältnis, im Wege der Sonderrechtsnachfolge möglich ist und es des gesonderten Ausscheidens des Veräußerers und Eintretens des Erwerbers, verbunden mit einer Aus- und Einzahlung von Kommanditeinlagen nicht bedarf, ist inzwischen anerkannt (vgl BGHZ 81, 82, 84; BGHZ 44, 229, 231; Staub/*Schäfer,* HGB, 5. Aufl 2009, § 105 Rn. 288 ff; Baumbach/Hopt/*Roth,* HGB, § 173 Rn. 11 ff und § 162 Rn. 8). Der Ablösung des Austritt-Eintritt-Modells durch das Modell der Anteilsübertragung lagen die Risiken der Kommanditistenhaftung zugrunde; hierdurch wird die Verdopplung der Haftung vermieden, vgl → Anm. 8a. Auf Seiten der Gesellschaft genügt für den Wechsel die Umbuchung des Kapitalguthabens vom Ausscheidenden auf den Eintretenden, vgl zur grundsätzlichen Problematik der Übertragung von Gesellschaftsanteilen an Personengesellschaften auch → Form. I.K.13 Anm. 2 und → Anm. 4.

2. Formbedürftigkeit. Grundsätzlich bedarf weder das Verpflichtungsgeschäft zur Übertragung eines Kommanditanteils noch das dingliche Erfüllungsgeschäft einer besonderen Form., und zwar auch dann nicht, wenn zu dem Gesellschaftsvermögen Grundstücke gehören oder sich dieses sogar ganz überwiegend aus Grundstücken zusammensetzt (vgl BGHZ 86, 367, 369 = NJW 1983, 1110; BayObLG, DB 1987, 215; BFH, BFH/NV 2009, 2003; vgl dazu auch → Form. I.K.13 Anm. 3). Eine notarielle Beurkundung wird jedoch dann erforderlich, wenn die Anteilsübertragung lediglich Teil eines einheitlichen umfänglicheren Rechtsgeschäftes ist, das wegen anderer Teile der notariellen Beurkundung bedarf. Dies ist bei der Übertragung von Kommanditanteilen typischerweise der Fall, wenn der Kommanditist der GmbH & Co. KG, der gleichzeitig Gesellschafter der Komplementär-GmbH ist, seine Beteiligungen an beiden Gesellschaften veräußern will (vgl BGH, WM 1986, 823 f).

3. Kommanditeinlage. Generell folgt für Personengesellschaften die Beitragspflicht der Gesellschafter aus § 706 BGB. Besteht die Beitragspflicht eines Gesellschafters wie üblich darin, bestimmte Vermögensgegenstände in das Gesellschaftsvermögen zu überführen, spricht man von einer Einlage; es werden Bareinlagen und Sacheinlagen unterschieden. Die Leistung von Einlagen in das Gesellschaftsvermögen ist kein zwingendes Merkmal einer Personenhandelsgesellschaft (vgl Baumbach/Hopt/*Roth,* HGB, § 109 Rn. 6). Die Beitragspflicht des § 706 Abs 1 BGB kann anders als durch Kapitalbeteiligung durch Leistung von Diensten erfüllt werden (§ 706 Abs 3 BGB). Ob und welche Einlagen zu erbringen sind, ergibt sich aus dem Gesellschaftsvertrag. Die Erbringung einer Einlage wird auf dem Kapitalkonto des betreffenden Gesellschafters gebucht, man spricht dann von seinem Kapitalanteil, dazu → Form. I.K.13 Anm. 2. Bei der KG hat der Begriff „Einlage" neben der Bezeichnung der gesellschaftsvertraglichen Beitragspflicht noch eine andere Bedeutung. Er bezeichnet gleichzeitig den Betrag, bis zu dessen Höhe der Kommanditist den Gesellschaftsgläubigern gegenüber haftet. Insofern wird auch häufig von der Haftsumme oder Hafteinlage eines Kommanditisten (gegenüber der Bezeichnung der gesellschaftsvertraglich vereinbarten Einlage als Pflichteinlage, die zB in §§ 167, 169 HGB angesprochen wird) gesprochen (vgl Baumbach/Hopt/*Roth,* HGB, § 171 Rn. 1). Die Hafteinlage eines Kommanditisten ist gem § 162 Abs 1 HGB zum Handelsregister anzumelden. Zwar ist mangels besonderer Vereinbarung regelmäßig davon auszugehen, dass die Hafteinlage der Pflichteinlage entspricht, dh dass gesellschaftsvertraglich Kapitaleinlage und Hafteinlage gleich hoch sind (vgl BGH, DB 1977, 1249, 1250), jedoch können diese auch auseinanderfallen. So kann es zB sein, dass die Hafteinlage eines Kommanditisten gegenüber den Gesellschaftsgläubigern die gem den Bestimmungen des Gesellschaftsvertrages von ihm in das Gesellschaftsvermögen zu erbringende Kapitaleinlage übersteigt.

Im Anteilskauf- und Anteilsübertragungsvertrag über einen Kommanditanteil empfiehlt sich zur Klarstellung deshalb in jedem Fall eine genaue Beschreibung der jeweiligen Verhältnisse. Soweit die übernommene Hafteinlage der geleisteten Kapitaleinlage entspricht, kann der betreffende Kommanditist nicht mehr von den Gesellschaftsgläubigern in Anspruch genommen werden, sondern haftet diesen gegenüber nur noch mit dem Betrag, um den die Hafteinlage die Kapitaleinlage übersteigt, § 171 Abs 1 HGB. Vgl auch → Anm. 8, 8a und 8b.

4. Zustimmungserfordernisse. Soweit im Gesellschaftsvertrag nichts anderes vorgesehen ist, bedarf die Übertragung eines Kommanditanteils der Zustimmung aller anderen Gesellschafter (sowohl der Komplementäre wie der Kommanditisten). Weitere Zustimmungserfordernisse können sich aus dem Erfordernis familiengerichtlicher Genehmigungen nach § 1822 Nr 3 BGB im Falle der Verfügung durch Minderjährige ergeben (BGHZ 17, 160, 164), nach herrschender Meinung nicht aber, wenn nicht der Veräußerer oder

der Erwerber, sondern ein anderer Gesellschafter minderjährig ist (vgl Staub/*Schäfer*, HGB, 5. Aufl 2009, § 105 Rn. 85 zum Meinungsstand).

5. Erwerbsgegenstand. Vgl → Form. I.K.13 Anm. 4.

6. Gewinnberechtigung. Vgl → Form. I.K.13 Anm. 6.

7. Anmeldung zum Handelsregister. Die Veräußerung eines Kommanditanteils ist zur Eintragung in das Handelsregister anzumelden, §§ 161 Abs 2, 107, 143 Abs 2, 162 HGB. Ein Muster für die Anmeldung findet sich im Anschluss (vgl → Form. I.K.16 Anm. 1 ff). Die Anmeldung der Veräußerung der Kommanditbeteiligung und insbesondere die Eintragung im Handelsregister mit einem entsprechenden Nachfolgevermerk hängt eng mit der Haftungssituation des ausscheidenden Kommanditisten sowie des eintretenden Kommanditisten zusammen, vgl → Anm. 8b.

8a. Kommanditistenhaftung. a) Allgemeines Haftungskonzept. Aufgrund des Nebeneinander von gesellschafts-vertraglicher Verpflichtung zur Einlagenleistung und der Außenhaftung gegenüber Gesellschaftsgläubigern besteht hinsicht-lich der Kommanditistenhaftung ein doppelgleisiges Haftungskonzept. Im Folgenden wird die Außenhaftung beleuchtet: Gem § 161 Abs 1 HGB ist die Haftung eines Kommanditisten gegenüber den Gesellschaftsgläubigern auf den Betrag der Hafteinlage beschränkt. Er haftet den Gesellschaftsgläubigern – vorbehaltlich des Ausschlusses der Außenhaftung durch Leistung der Pflichteinlage – mit seinem gesamten Privatvermögen bis zur Höhe der Haftsumme. Diese bestimmt sich vor ihrer Eintragung in das Handelsregister nach der gesellschaftsvertraglichen Vereinbarung der Gesellschafter, nach der Eintragung gem § 172 Abs 1 HGB nach dem eingetragenen Betrag. Fehlt eine ausdrückliche Vereinbarung, wird im Zweifelsfall angenommen, dass die vereinbarte Pflichteinlage der Haftsumme entspricht (bei einer Geldeinlage deren Betrag und bei einer Sacheinlage deren Wert). Sobald und soweit die Einlage tatsächlich in das Gesellschaftsvermögen geleistet ist, ist die Haftung ausgeschlossen, § 171 Abs 1 HS 2 HGB. Bei Rückzahlung der Einlage oder haftungsschädlicher Entnahme von Gewinnanteilen lebt die unmittelbare Haftung des Kommanditisten gegenüber den Gesellschaftsgläubigern – soweit die Einlage nun nicht mehr vorhanden ist – wieder auf, § 172 Abs 4 HGB, zu den Einzelheiten vgl Baumbach/Hopt/*Roth*, HGB, § 172 Rn. 4 ff.

b) Haftung des Eintretenden. Wer als Kommanditist in eine bestehende KG eintritt, haftet nach Maßgabe der vorgenannten Vorschriften ebenso für die vor seinem Eintritt begründeten Gesellschaftsverbindlichkeiten (§ 173 HGB). Für die Haftung ist weiterhin zwischen dem Eintritt per Anteilsübertragung und dem Modell des gesonderten Ausscheidens und Eintritts zu unterscheiden. Beim gesonderten Aus- und Eintritt wird eine Haftung des Neu-Kommanditisten begründet, die neben diejenige des Ausscheidenden tritt. Selbst wenn der Ausscheidende zuvor seine Einlage voll erbracht hatte und es vereinbart ist, dass diese Leistung nunmehr dem Eintretenden zugutekommt, wird darin eine Rückgewähr der Einlage an den Ausscheidenden gesehen, mit der Folge, dass dessen Haftung gem § 172 Abs 4 HGB wieder auflebt. Durch die Anteilsübertragung (so der Formularfall) wird ein bestehender Kommanditanteil übertragen und kein neuer gebildet. Ist die Einlage auf diesen Anteil bereits erbracht, sind Veräußerer und Erwerber beide haftungsfrei (vgl BGHZ 81, 82, 85 ff; BGH, WM 1986, 1280, 1281; MHdB GesR II/*Schulte/Hushahn*, 5. Aufl 2019, § 35 Rn. 40). Soweit diese nicht geleistet bzw zurückgezahlt worden ist, haften beide gesamtschuldnerisch (BayObLG, BB 83, 334; Baumbach/Hopt/*Roth*, HGB, § 173 Rn. 11).

c) Haftungsrisiko des Austretenden. Die Ausführungen sind insbesondere für die Nachhaftung des ausscheidenden Kommanditisten relevant, welcher gem §§ 161 Abs 2, 160 Abs 1 HGB noch fünf Jahre für die bis zu seinem Ausscheiden begründeten Verbindlichkeiten der Gesellschaft haftet. Weiterhin ist umstritten, ob die Rückzahlung der Einlage an den eintretenden Kommanditisten zum Aufleben der Haftung des ausgeschiedenen Kommanditisten führt (bejahend RG, WM 1964, 1130, 1133; früher auch Schlegelberger/*K. Schmidt,* HGB, 5. Aufl 1986, § 173 Rn. 33; MüKoHGB/*K. Schmidt*, HGB, 3. Aufl 2012, § 173 Rn. 33; Oetker/*Oetker*, HGB, 5. Aufl 2017, § 173 Rn. 27; **aA** Staub/*Thiessen*, HGB, 5. Aufl 2017, § 173 Rn. 85 ff, insbesondere Rn. 88; Baumbach/Hopt/*Roth*, HGB, 38. Aufl 2018, § 173 Rn. 12; *Michel*, ZGR 1993, 118, 125f). Vorsorglich kann hier eine Freistellung durch den Erwerber vereinbart werden.

Nach Rechtsprechung des BGH (BGHZ 81, 82 ff, dazu *Huber,* ZGR 1984, 146 ff) bleibt der ausscheidende Kommanditist den Gesellschaftsgläubigern gem § 172 Abs 4 HGB analog verhaftet (ebenso Baumbach/Hopt/*Roth*, HGB, § 173 Rn. 13; MHdB GesR II/*Schulte/Hushahn*, 5. Aufl 2019, § 35 Rn. 41), wenn der Kommanditanteil zwar als solcher an den eintretenden Kommanditisten abgetreten worden ist, die Eintragung in das Handelsregister allerdings ohne Rechtsnachfolgevermerk erfolgt. Begründet wird dies damit, dass die Einlageleistung nunmehr für den neuen Gesellschafter wirke (BGHZ 81, 82, 88, 89). Eine genaue Bezeichnung der Übertragung als Sonderrechtsnachfolge in der Anmeldung zum Handelsregister und die sorgfältige Kontrolle der Eintragung ist deshalb dem Veräußerer dringend anzuraten, vgl. → Form. I.K.16 Anm. 1 ff.

8b. Unbeschränkte Haftung vor Eintragung. Im Zeitraum zwischen Eintritt des Kommanditisten in eine bestehende KG und der Eintragung in das Handelsregister besteht für den Eintretenden ein besonderes Haftungsrisiko: Gem § 176 Abs 2 HGB haftet er den Gesellschaftsgläubigern unbeschränkt für solche Gesellschaftsverbindlichkeiten, die ab seinem Eintritt bis zum Zeitpunkt der Eintragung begründet werden. Eine Haftungsbeschränkung auf die Haftsumme gilt erst mit der Eintragung des Eintretenden. Dies gilt nicht, wenn der Gläubiger Kenntnis von der Beteiligung des Eintretenden als Kommanditisten hatte. Dem steht gleich, wenn der Gläubiger genaue Kenntnis von den persönlich haftenden Gesellschaftern hatte (vgl BGH, WM 1986, 1280 f). Nach Ansicht des BGH (vgl BGH, WM 1983, 651 f; dagegen *Huber*, ZGR 1984, 146, 160 ff; Baumbach/Hopt/*Roth*, HGB, § 176 Rn. 11, MüKoHGB/*K. Schmidt*, HGB, 3. Aufl 2012, § 176 Rn. 26) greift § 176 Abs 2 HGB auch ein, wenn der Kommanditist seinen Gesellschaftsanteil im Wege der Sonderrechtsnachfolge erworben hat. Um die unbeschränkte Haftung zu vermeiden, wird in der Praxis die Wirksamkeit der Abtretung des Kommanditanteils unter die Bedingung der Eintragung des eintretenden Kommanditisten im Handelsregister gestellt. Ist eine Ergebnisbeteiligung des Eintretenden schon zu einem früheren Zeitpunkt gewollt, kann dies unabhängig vom Wirksamwerden des Beitritts mit schuldrechtlicher Wirkung vereinbart werden.

9. Gewährleistungen. Der Gewährleistungskatalog kann sich an die Gewährleistungsanregungen in → Form. I.K.9 Anm. 24–26 für den Erwerb aller Geschäftsanteile an einer GmbH anlehnen. Ob und inwieweit der Verkäufer jedoch überhaupt über den veräußerten Kommanditanteil hinaus Garantieversprechen hinsichtlich der Gesellschaft und ihrer Geschäftstätigkeit als solcher abzugeben bereit ist bzw ob und inwieweit dies von ihm erwartet werden kann, hängt entscheidend von der Bedeutung der veräußerten Kommanditbeteiligung und der Nähe des Verkäufers zur Gesellschaft ab.

10. Steuerliche Situation der Vertragsparteien. Vgl → Form. I.K.13 Anm. 9.

16. Anmeldung der Übertragung eines Kommanditanteils

An das

Amtsgericht

– Handelsregister –

[Adresse]

In der Handelsregistersache der

. . . . . KG

HRA . . . . .

melden die Unterzeichnenden, dh der persönlich haftende Gesellschafter der Gesellschaft . . . . . sowie der aus der Gesellschaft ausgeschiedene bisherige Kommanditist . . . . . und der in die Gesellschaft eingetretene neue Kommanditist . . . . . , zur Eintragung in das Handelsregister an:[1a, 1b, 2]

1. Der Kommanditist . . . . . hat mit Wirkung zum . . . . . seinen Gesellschaftsanteil an der Gesellschaft im Wege der Sonderrechtsnachfolge an . . . . . übertragen, der somit mit der Einlage von EUR . . . . . als Kommanditist in die Kommanditgesellschaft eingetreten ist. Die Übertragung steht unter der aufschiebenden Bedingung der Eintragung der Rechtsnachfolge in das Handelsregister.[2]
2. Der unterzeichnende persönlich haftende Gesellschafter und der ausscheidende Kommanditist . . . . . versichern, dass dem ausscheidenden Kommanditisten seitens der Gesellschaft keinerlei Abfindung aus dem Gesellschaftsvermögen gewährt oder versprochen worden ist.[3]

[Angaben nach §§ 162 Abs 3 iVm Abs 1, 106 Abs 2 HGB]

. . . . ., den . . . . .

[Unterschrift persönlich haftender Gesellschafter]

[Unterschrift ausscheidender Kommanditist]

[Unterschrift Erwerber und eintretender Kommanditist]

(Beglaubigungsvermerk[4,5])

Anmerkungen

1a. Anmeldepflicht. Die Verpflichtung der Anmeldung der Übertragung des Kommanditanteils zur Eintragung in das Handelsregister folgt aus §§ 161 Abs 2, 107, 143 Abs 2, 162 HGB, vgl zum Ganzen → Form. I.K.15 Anm. 7 und → I.K.15 Anm. 8b.

1b. Notarielle Mitwirkungspflicht. Für die Handelsregisteranmeldung ist die neu geregelte notarielle Mitwirkungspflicht des § 378 Abs 3 FamFG zu beachten, vgl hierzu → Form. I.K.16 Anm. 1b.

2. Anmeldungsinhalt. Der Inhalt der Anmeldung ergibt sich aus §§ 162 Abs 3 iVm Abs 1, 106 Abs 2 HGB. Bei rechtsgeschäftlicher Übertragung auf einen (neuen bzw anderen) Kommanditisten ist die Rechtsnachfolge deutlich zu machen (vgl BGH, WM

2006, 36, 37). Ist in der Anmeldung nicht angegeben, dass die Übertragung im Wege der Sonderrechtsnachfolge erfolgt, besteht ein haftungsrechtliches Risiko für den Veräußerer. Nach BGHZ 81, 82 ff bleibt der ausscheidende Kommanditist den Gesellschaftsgläubigern verhaftet, wenn der Kommanditanteil zwar als solcher an den eintretenden Kommanditisten abgetreten worden ist, die Eintragung in das Handelsregister allerdings ohne Rechtsnachfolgevermerk erfolgt, weil die Einlageleistung nunmehr (nur) für den neuen Gesellschafter wirkt, vgl → Form. I.K.15 Anm. 8a.

Solange der Eintritt des Kommanditisten in die bestehende Kommanditgesellschaft nicht im Handelsregister eintragen ist, haftet er für die in der Zeit zwischen seinem Eintritt und der Eintragung im Handelsregister begründeten Verbindlichkeiten der Gesellschaft unbeschränkt, § 176 Abs 2 HGB, vgl auch → Form. I.K.15 Anm. 8b. Die Anmeldung gibt deshalb an, dass die Übertragung unter die Bedingung der Eintragung in das Handelsregister gestellt worden ist.

3. Ausschluss einer Abfindung. Die Versicherung, dass der ausgeschiedene Kommanditist seitens der Gesellschaft keinerlei Abfindung aus dem Gesellschaftsvermögen erhalten oder versprochen bekommen hat, wird von der Rechtsprechung als Voraussetzung für die Eintragung des Nachfolgevermerks gefordert (vgl zur negativen „Abfindungsversicherung" BGH, WM 2006, 36, 38) und ist durch alle persönlich haftenden Gesellschafter und den ausscheidenden Kommanditisten grundsätzlich persönlich zu erklären (vgl KG, NZG 2009, 905). Die Abgabe der Abfindungsversicherung erfolgt in der Praxis regelmäßig in der Registeranmeldung, ohne dass dies zwingend wäre, da für sie die Form. des § 12 Abs 1 HGB nicht gilt.

4. Öffentliche Beglaubigung. Anmeldungen zum Handelsregister sind nach § 12 Abs 1 S 1 HGB elektronisch durch Einreichung einer öffentlich beglaubigten schriftlichen Erklärung vorzunehmen. Vgl → Form. I.K.14 Anm. 4.

5. Kosten. Vgl → Form. I.K.14 Anm. 5.

17. Anteilskauf bei GmbH & Co. KG

Nr . . . . . der Urkundenrolle für . . . . .

Verhandelt[1]

zu Frankfurt am Main am . . . . .

Vor mir, dem unterzeichnenden Notar[2]

. . . . .

mit dem Amtssitz in Frankfurt am Main

erschienen heute:

1. **[Name, Geburtsdatum, Adresse], sich ausweisend durch Vorlage seines gültigen Bundespersonalausweises Nr . . . . . ;**
2. **[Name, Geburtsdatum, Adresse], sich ausweisend durch Vorlage seines gültigen Bundespersonalausweises Nr . . . . .**
3. **[Name, Geburtsdatum, Adresse], sich ausweisend durch Vorlage seines gültigen Bundespersonalausweises Nr . . . . .**

Der Erschienene zu 1. erklärte, im Folgenden nicht im eigenen Namen zu handeln, sondern im Namen der . . . . . [Kommanditistin] als deren alleinvertretungsberechtigter [und von den Beschränkungen des § 181 BGB befreiter] Geschäftsführer. Die . . . . . ist

in Abteilung B des Handelsregisters des Amtsgerichts . . . . . unter Registernummer . . . . . eingetragen und hat ihren Sitz in . . . . . Aufgrund seiner heute erfolgten Einsichtnahme in das Handelsregister bescheinigt der Notar, dass der Erschienene zu 1. berechtigt ist, die . . . . . zu vertreten.

Die Erschienene zu 2. erklärte, nicht im eigenen Namen zu handeln, sondern in Namen der . . . . .-GmbH [Komplementärin] [als deren alleinvertretungsberechtigte [und von den Beschränkungen des § 181 BGB befreite]] Geschäftsführerin. Die . . . . .-GmbH ist in Abteilung B des Handelsregisters des Amtsgerichts . . . . . unter Registernummer . . . . . eingetragen und hat ihren Sitz in . . . . . Aufgrund seiner heute erfolgten Einsichtnahme in das Handelsregister bescheinigt der Notar, dass die Erschienene zu 2. berechtigt ist, die . . . . .-GmbH zu vertreten.

Der Erschienene zu 3. erklärte, im Folgenden nicht im eigenen Namen zu handeln, sondern im Namen der . . . . . (im Folgenden als die „Käuferin" bezeichnet) als deren alleinvertretungsberechtigter Geschäftsführer. Die Käuferin ist in Abteilung B des Handelsregisters des Amtsgerichts . . . . . unter Registernummer . . . . . eingetragen und hat ihren Sitz in . . . . . Aufgrund seiner heute erfolgten Einsichtnahme in das Handelsregister bescheinigt der Notar, dass der Erschienene zu 3. berechtigt ist, die Käuferin zu vertreten.

Der Notar belehrte die Erschienenen über die Regelung des § 3 Abs 1 Satz 1 Nr 7 Beurkundungsgesetz, woraufhin diese eine Vorbefassung des Notars verneinten.

I.

Handelnd wie angegeben, schlossen die Erschienenen sodann den folgenden

Anteilskauf- und Abtretungsvertrag

vom . . . . .

zwischen

[Verkäuferin, Adresse]

(im Folgenden als „Verkäuferin" bezeichnet)

und

[Käuferin, Adresse]

(im Folgenden als „Käuferin" bezeichnet)

sowie zwischen

[Komplementär-GmbH, Sitz/Adresse]

(im Folgenden als „Komplementär-GmbH" bezeichnet)

Vorbemerkung

Die Verkäuferin hält einen Kommanditanteil (im Folgenden als der „Kommanditanteil" bezeichnet) an der . . . . . [GmbH & Co.] KG, die in Abteilung A des Handelsregisters des Amtsgerichts . . . . . unter der Registernummer . . . . . eingetragen ist und ihren Sitz in . . . . . hat (im Folgenden als die „Kommanditgesellschaft" bezeichnet). Die Verkäuferin ist die einzige Kommanditistin der Kommanditgesellschaft. Sowohl die eingetragene Hafteinlage der Verkäuferin als auch ihre gesellschaftsvertragliche Kapitaleinlage beträgt EUR . . . . .

Einzige persönlich haftende Gesellschafterin der Kommanditgesellschaft ist die Komplementär-GmbH, die in Abteilung B des Handelsregisters des Amtsgerichts ..... unter der Registernummer ..... eingetragen ist und ihren Sitz in ..... hat (die Kommanditgesellschaft und die Komplementär-GmbH werden im Folgenden gemeinsam als die „Gesellschaften" bezeichnet). Das eingetragene Stammkapital der Komplementär-GmbH beträgt EUR ..... und ist voll eingezahlt. Das eingetragene Stammkapital besteht aus einem Geschäftsanteil im Nennbetrag von EUR ..... (im Folgenden als der „Geschäftsanteil" bezeichnet), der von der Verkäuferin gehalten wird. Die gesellschaftsvertragliche Kapitaleinlage der Komplementär-GmbH in der Kommanditgesellschaft beträgt EUR .....

Die Verkäuferin ist schließlich alleinige Eigentümerin der folgenden Grundstücke, die der Kommanditgesellschaft als steuerliches Sonderbetriebsvermögen dienen und im Grundbuch von ..... des Amtsgerichts ....., Band ....., Blatt ..... wie folgt eingetragen sind:

.....

Die Verkäuferin ist interessiert, die von ihr gehaltenen Gesellschaftsanteile an den Gesellschaften sowie die ihr gehörenden, der Kommanditgesellschaft als Sonderbetriebsvermögen dienenden Grundstücke insgesamt zu veräußern. Die Käuferin ist interessiert, alle Anteile an den Gesellschaften sowie die bezeichneten Grundstücke zu erwerben. Zu diesem Zweck ist beabsichtigt, dass (1) zunächst die Käuferin von der Verkäuferin den Geschäftsanteil an der Komplementär-GmbH erwirbt, (2) sodann die Komplementär-GmbH von der Verkäuferin den Kommanditanteil an der Kommanditgesellschaft erwirbt, wodurch die Kommanditgesellschaft erlischt und ihr Geschäftsbetrieb mit allen Aktiven und Passiven ohne Liquidation im Wege der Anwachsung auf die Komplementär-GmbH übergeht und (3) schließlich die Komplementär-GmbH, deren Geschäftsanteil nunmehr von der Käuferin gehalten wird, die vorstehend genannten Grundstücke erwirbt.

Dies vorausgeschickt, vereinbaren die Parteien Folgendes:

§ 1 Verkauf der Gesellschaftsanteile; Übernahme[3,4]

1. Auf der Grundlage der Bestimmungen dieses Vertrages verkauft die Verkäuferin hiermit der Käuferin den Geschäftsanteil an der Komplementär-GmbH und tritt diesen an die Käuferin ab. Die Käuferin nimmt diesen Verkauf und diese Abtretung an.
2. Auf der Grundlage der Bestimmungen dieses Vertrages verkauft die Verkäuferin hiermit der Komplementär-GmbH (1) den Kommanditanteil sowie (2) ihr Guthaben auf dem für sie gem § ..... des Gesellschaftsvertrages der Kommanditgesellschaft bei der Kommanditgesellschaft geführten Darlehenskonto (im Folgenden als das „Darlehensguthaben" bezeichnet) und tritt diese an die Komplementär-GmbH ab. Die Komplementär-GmbH nimmt diesen Verkauf und diese Abtretung an.
3. Das Grundvermögen wird von der Komplementär-GmbH nach Maßgabe des dieser Urkunde als Anlage A beigefügten Grundstückskaufvertrages erworben (im Folgenden als der „Grundstückskaufvertrag" bezeichnet).[5]
4. Der Gewinn des laufenden Geschäftsjahres sowie der nicht unter den Gesellschaftern verteilte Gewinn früherer Geschäftsjahre (dh vorgetragener Gewinn und der Gewinn früherer Geschäftsjahre, für den kein Beschluss über die Ergebnisverwendung gefasst worden ist) der Komplementär-GmbH und der Kommanditgesellschaft stehen allein der Käuferin bzw der Komplementär-GmbH zu.[6]
5. Das Ausscheiden der Verkäuferin als Kommanditistin der Kommanditgesellschaft und der Erwerb des Kommanditanteils durch die Komplementär-GmbH im Wege

der Sonderrechtsnachfolge sowie das daraus resultierende Erlöschen der Kommanditgesellschaft wird unverzüglich in gebotener Form. durch die Verkäuferin sowie die Geschäftsführung der Komplementär-GmbH zum Handelsregister angemeldet.[7]

6. Eine Kopie der Zustimmungserklärung der Gesellschafterversammlung der Komplementär-GmbH zum Verkauf und zur Übertragung des Geschäftsanteils an die Käuferin ist als Anlage 1.6 beigefügt.
7. Eine Kopie der Zustimmungserklärung der Gesellschafterversammlung der Kommanditgesellschaft zum Verkauf und zur Übertragung des Kommanditanteils an die Komplementär-GmbH ist als Anlage 1.7 beigefügt.

§ 2 Kaufpreis

1. Der Kaufpreis beträgt:
   1.1 für den Geschäftsanteil an der Komplementär-GmbH EUR . . . . . (in Worten: Euro . . . . .);
   1.2 für den Kommanditanteil an der Kommanditgesellschaft EUR . . . . . (in Worten: Euro . . . . .); und
   1.3 für das Grundvermögen EUR . . . . . (in Worten: Euro . . . . .).
2. Der Kaufpreis für den Geschäftsanteil an der Komplementär-GmbH gem § 2.1.1 in Höhe von EUR . . . . . wird von der Käuferin bis spätestens zum . . . . . auf das Konto der Verkäuferin mit der IBAN: . . . . . bei der . . . . . Bank [Name der Bank, Ort] (BIC: . . . . .) gezahlt. Erfolgt die Zahlung nicht fristgerecht, hat die Verkäuferin das Recht, ohne Weiteres, dh auch ohne Mahnung oder Fristsetzung, vom Vertrag zurücktreten.
3. Der Kaufpreis für das Grundvermögen gem § 2.1.3 wird von der Komplementär-GmbH nach Maßgabe des Grundstückskaufvertrages bezahlt. Die Komplementär-GmbH übergibt der Verkäuferin heute eine selbstschuldnerische Bürgschaft auf erstes Anfordern der . . . . . Bank (im Folgenden als die „. . . . .-Bank“ bezeichnet), die den Kaufpreisanspruch wegen des Grundvermögens besichert.
4. Ein erster Teilbetrag des Kaufpreises für den Kommanditanteil an der Kommanditgesellschaft in Höhe von EUR . . . . . (in Worten: Euro . . . . .) wird von der Komplementär-GmbH bis spätestens zum . . . . . auf das in § 2.2 genannte Konto der Verkäuferin eingezahlt. § 2.2 Satz 2 gilt entsprechend.
5. Der zweite Teilbetrag des Kaufpreises für den Kommanditanteil an der Kommanditgesellschaft in Höhe von EUR . . . . . (in Worten: Euro . . . . .) wird von der Komplementär-GmbH bis spätestens zum . . . . . auf das in § 2.2 genannte Konto der Verkäuferin eingezahlt. § 2.2 Satz 2 gilt entsprechend.
6. Die Komplementär-GmbH wird der Verkäuferin heute als Sicherheit für die Zahlung des zweiten Teilbetrages des Kaufpreises für den Kommanditanteil an der Kommanditgesellschaft gem § 2.5 dieses Vertrages eine selbstschuldnerische Bürgschaft auf erstes Anfordern der . . . . .-Bank über einen Betrag von EUR . . . . . beibringen. Sind sich die Verkäuferin und die Komplementär-GmbH zum Zeitpunkt der vorhergesehenen Rückgabe der Bürgschaft, dh . . . . . Monate nach dem Stichtag, nicht einig, ob bestimmte Gewährleistungsansprüche vorliegen, kann die Verkäuferin gleichwohl von der Komplementär-GmbH die Zahlung des vollen zweiten Teilbetrages des Kaufpreises für den Kommanditanteil an der Kommanditgesellschaft gegen Rückgabe der Bürgschaftsurkunde verlangen, wenn sie der Komplementär-GmbH gleichzeitig eine selbstschuldnerische Bürgschaft auf erstes Anfordern einer deutschen Sparkasse oder Großbank zur Sicherung des strittigen Gewährleistungsbetrages beibringt. Die von der Komplementär-GmbH gestellte Bürgschaft ist spätestens bei Zahlung des zweiten Teilbetrages des Kaufpreises für den Kommanditanteil gem § 2.5 bzw der Zahlung eines um unstrittige Gewähr-

leistungsansprüche der Komplementär-GmbH verringerten Betrages dieses zweiten Teilbetrages zurück zu gewähren.

§ 3 Zusicherungen und Gewährleistungen der Verkäuferin

Die Verkäuferin sichert der Käuferin zu und gewährleistet ihr in der Form. eines selbstständigen Garantieversprechens, dass die folgenden Aussagen zum Zeitpunkt der Unterzeichnung dieses Vertrages richtig und zutreffend sind.

1. Die Ausführungen in der Vorbemerkung dieses Vertrages in Bezug auf die Verkäuferin und die Gesellschaften sind vollständig und richtig.
2. Die Kommanditgesellschaft ist eine nach dem Recht der Bundesrepublik Deutschland oRn.ungsgemäß errichtete und gem dem der Käuferin übergebenen Handelsregisterauszug und dem der Käuferin übergebenen Gesellschaftsvertrag wirksam bestehende Kommanditgesellschaft. Es existieren keinerlei Nebenabsprachen hinsichtlich der Verfassung und der Organisation der Kommanditgesellschaft.
3. Die Komplementär-GmbH ist eine nach dem Recht der Bundesrepublik Deutschland oRn.ungsgemäß errichtete und gem dem der Käuferin übergebenen Handelsregisterauszug und auf der Grundlage des bei dem Handelsregister befindlichen Gesellschaftsvertrages wirksam bestehende Gesellschaft mit beschränkter Haftung. Es existieren weder satzungsändernde Gesellschafterbeschlüsse, die noch nicht im Handelsregister eingetragen sind, noch sich auf die Verfassung und die Organisation der Komplementär-GmbH beziehende Nebenvereinbarungen.
4. Der Käuferin ist eine vollständige und richtige Zusammenstellung aller notariellen Urkunden übergeben worden, mit denen bis heute Geschäftsanteile der Komplementär-GmbH geschaffen, ausgegeben, übernommen, übertragen oder sonst wie tangiert worden sind oder mittels derer das eingetragene Stammkapital der Komplementär-GmbH erhöht oder herabgesetzt worden ist.
5. Die Gesellschaften haben keine Tochtergesellschaften, halten keine anderen Beteiligungen in anderen Unternehmen und sind nicht verpflichtet, solche Beteiligungen zu erwerben.
6. Die Verkäuferin ist die rechtliche und wirtschaftliche Eigentümerin des Kommanditanteils, des Darlehensguthabens und des Geschäftsanteils, die frei von jeglichen Belastungen und von anderen zugunsten Dritter bestellten Rechten sind. Die Verkäuferin hat das Recht, über den Kommanditanteil, das Gesellschafterguthaben und den Geschäftsanteil frei zu verfügen, ohne dass sie dazu die Zustimmung eines Dritten benötigen würde oder dass eine solche Verfügung die Rechte eines Dritten oder irgendwelche anderen Vorschriften verletzen würde.
7. Die Kapitaleinlage an der Kommanditgesellschaft sowie der Geschäftsanteil, der von der Verkäuferin an der Komplementär-GmbH gehalten wurde, sind voll eingezahlt. Rückzahlungen von Beiträgen sind nicht vorgenommen worden. Außer der Verkäuferin gibt es keine weiteren Gesellschafter der Kommanditgesellschaft oder der Komplementär-GmbH.
8. Weder gegen die Verkäuferin noch gegen die Gesellschaften sind Insolvenzverfahren eingeleitet worden, noch sind Umstände ersichtlich, die die Einleitung solcher Verfahren in der Zukunft rechtfertigen würden.

§ 4 Rechtsfolgen

. . . . .

§ 5 Steuerfreistellung

. . . . .

§ 6 Umweltfreistellung

. . . . .

§ 7 Wettbewerbsverbot

. . . . .

§ 8 Vertraulichkeit und Pressemitteilungen

. . . . .

§ 9 Verschiedenes

. . . . .

II.

[Notarielle Belehrungen und Schlussformel]

Anmerkungen

1. Vertragssituation. Das Formular geht davon aus, dass die Verkäuferin sowohl einzige Kommanditistin einer GmbH & Co. KG als auch einzige Gesellschafterin der Komplementär-GmbH ist. Übertragen wird die gesamte Beteiligung der Verkäuferin an beiden Gesellschaften sowie die ihr gehörenden, aber der Kommanditgesellschaft als Sonderbetriebsvermögen dienenden Grundstücke. Die Käuferin ist ihrerseits eine GmbH. Hinsichtlich der Veräußerung der gesellschaftlichen Beteiligung kombiniert das Formular damit den Kauf von GmbH-Geschäftsanteilen (vgl → Form. I.K.8 Anm. 1 ff) und den Kauf eines Kommanditanteils (vgl → Form. I.K.15 Anm. 1 ff).

2. Formbedürftigkeit. Verkauf und Abtretung des Geschäftsanteils an der Komplementär-GmbH bedürfen der notariellen Beurkundung (§ 15 Abs 3 und 4 GmbHG), vgl dazu → Form. I.K.8 Anm. 2. Verkauf und Übertragung eines Kommanditanteils bedürfen demgegenüber grundsätzlich keiner besonderen Form, vgl → Form. I.K.15 Anm. 2. Indes ergibt sich jedoch aus § 139 BGB im Regelfall die Beurkundungspflicht der Vereinbarung über die Veräußerung des Kommanditanteils, da diese nur Teil eines einheitlichen Rechtsgeschäftes, nämlich der Unternehmensveräußerung, ist, deren anderer Teil, eben die Übertragung des GmbH-Geschäftsanteils, beurkundungspflichtig ist. Der BGH geht davon aus, dass bei Vorliegen einer Gesamtvereinbarung der Übertragung der Geschäftsanteile an der Komplementär-GmbH und des Kommanditanteils an einer GmbH & Co KG die Übertragung des Kommanditanteils nur dann nicht beurkundungspflichtig ist, wenn dieses Geschäft auch ohne die Verpflichtung zur Übertragung des Geschäftsanteils an der GmbH vorgenommen worden wäre, wäre den Parteien die aus der Verknüpfung mit der Verpflichtung zur Abtretung des Geschäftsanteils folgende Formbedürftigkeit bewusst gewesen (BGH, DNotZ 1986, 687, 688). Das wird kaum jemals der Fall sein. Bedeutung hat die Frage insbesondere auch mit Hinblick auf die anfallenden Notargebühren. Durch die Pflicht zur Beurkundung der gesamten Transaktionsschritte, also auch der Übertragung des Kommanditanteils, wird der Geschäftswert oft (zB wenn die Komplementär-GmbH nur mit der Mindestkapitalausstattung versehen ist) erheblich vergrößert werden. Da die Heilungswirkung des § 15 Abs 4 S 2 GmbHG nicht nur die Formnichtigkeit der Verpflichtung zur Abtretung eines GmbH-Geschäftsanteils erfasst (vgl BGH, NJW-RR 1987, 807 f), sondern sich auch auf die zunächst aufgrund von §§ 15 Abs 4 GmbHG iVm 139 BGB formnichtigen Nebenabreden bezieht, müsste die Heilungswirkung der Abtretung der Geschäftsanteile spiegelbildlich auch der im Grundgeschäft vereinbarten, formnichtigen Verpflichtung zur Abtretung des Kommanditanteils zu Gute kommen (vgl dazu *Holzapfel/Pöllath,* Unternehmenskauf in Recht und Praxis, 14. Aufl 2010, Rn. 1011 ff mwN; *Tiedau,* NJW 1984, 1447, 1448). Zur Frage, ob die Durchführung der Vereinbarung hinsichtlich der Übertragung des Kommanditanteils zweckmäßigerweise ausdrücklich unter den Vorbehalt der notariellen Beurkundung der Abtretung der GmbH-Anteile zu stellen ist, vgl *Holzapfel/Pöllath,* Unternehmenskauf in Recht und Praxis, 14. Aufl 2010, Rn. 1011 ff.

Im vorliegenden Fall ergibt sich das Formerfordernis im Übrigen aus § 311 b Abs 1 BGB, da gleichzeitig die von der Veräußererin bisher persönlich gehaltenen, dem Unternehmen als Sonderbetriebsvermögen dienenden Grundstücke übertragen werden sollen.

3. Reihenfolge. Der Unternehmenserwerb ist so angelegt, dass die Käuferin zunächst den Geschäftsanteil an der Komplementär-GmbH von der Verkäuferin erwirbt und sodann die Komplementär-GmbH, die nunmehr allein von der Käuferin gehalten wird, von der Verkäuferin den Kommanditanteil erwirbt. Als Folge der Anteilsvereinigung in einer Hand erlischt die Kommanditgesellschaft und ihr Geschäftsbetrieb geht mit allen Aktiven und Passiven ohne Liquidation im Wege der Anwachsung auf die Komplementär-GmbH über. Zum Abschluss erwirbt die Komplementär-GmbH noch die der Kommanditgesellschaft bislang als Sonderbetriebsvermögen dienenden Grundstücke. Da die Beteiligung eines Gesellschafters an einer Personengesellschaft stets einheitlich ist (vgl BGHZ 24, 106, 108; BGHZ 58, 316, 318; BGH, NJW 1984, 362, 363, Baumbach/Hopt/*Roth,* HGB, § 124 Rn. 16) wird der persönlich haftende Gesellschafter einer Kommanditgesellschaft durch den Erwerb des Anteils eines Kommanditisten nicht auch gleichzeitig Kommanditist, sondern bleibt persönlich haftender Gesellschafter, ggf mit vergrößertem Anteil. Waren ursprünglich nur ein persönlich haftender Gesellschafter und ein Kommanditist vorhanden, führt der Erwerb des Kommanditanteils durch den Komplementär zum Ende der Gesellschaft und Erlöschen ihrer Firma; das Gesellschaftsvermögen ist nicht mehr gesamthänderisch gebundenes Vermögen der Gesellschafter, sondern wird unmittelbar Vermögen des alleinigen verbleibenden Gesellschafters, hier der Komplementär-GmbH.

4. Erwerbsgegenstand. Vgl → Form. I.K.8 Anm. 6 zum GmbH-Geschäftsanteil und zum Kommanditanteil → Form. I.K.13 Anm. 4 (mit Ausführungen zum OHG-Anteil, die für die KG entsprechend gelten).

5. Grundstückskaufvertrag. Der Übersichtlichkeit halber wird davon ausgegangen, dass der Grundstückskaufvertrag in einer beigefügten Anlage vereinbart wird; auf die weitere Darstellung wird hier verzichtet.

6. Gewinnverteilung. Vgl → Form. I.K.8 Anm. 8 und → Form. I.K.13 Anm. 6 (mit Ausführungen zur OHG, die für die KG entsprechend gelten).

7. Anmeldung zum Handelsregister. Vgl → Form. I.K.15 Anm. 7.

18. Anmeldung des Anteilskaufs bei GmbH & Co. KG

An das

Amtsgericht

– Handelsregister –

[Adresse]

In der Handelsregistersache der

. . . . . GmbH & Co. KG

HRA . . . . .

melden die unterzeichnende frühere Kommanditistin der Kommanditgesellschaft sowie die unterzeichnende frühere persönlich haftende Gesellschafterin der Kommanditgesellschaft, die den Kommanditanteil der früheren Kommanditistin übernommen hat, Folgendes zur Eintragung in das Handelsregister an:[1, 2]

1. . . . . . ist als Kommanditistin aus der Gesellschaft ausgeschieden und ihr Kommanditanteil ist im Wege der Sonderrechtsnachfolge mit allen Aktiven und Passiven übergegangen auf die bisherige persönlich haftende Gesellschafterin, die . . . . .-GmbH, die dementsprechend den Geschäftsbetrieb der vormaligen Kommanditgesellschaft ohne Liquidation mit Aktiven und Passiven übernommen hat.

2. Die Kommanditgesellschaft ist beendet und ihre Firma erloschen.

[Angaben nach §§ 162 Abs 3 iVm Abs 1, 106 Abs 2 HGB]

. . . . ., den . . . . .

[Unterschrift frühere Kommanditistin]

[Unterschrift frühere persönlich haftende Gesellschafterin]

(Beglaubigungsvermerk[3, 4])

Anmerkungen

1. Anmeldepflicht. Die Verpflichtung zur Anmeldung der Übertragung des Kommanditanteils sowie der Beendigung der Kommanditgesellschaft in das Handelsregister folgt aus §§ 161 Abs 2, 107, 143 Abs 2, 157 Abs 1, 162 HGB.

2. Anmeldungsinhalt. Vgl → Form. I.K.14 Anm. 2 und → Form. I.K.16 Anm. 2.

3. Notarielle Beglaubigung. Vgl § 12 Abs 1 HGB. Die Einreichung der Anmeldung zur Eintragung in das Handelsregister hat elektronisch in notariell beglaubigter Form. zu erfolgen.

4. Kosten. Vgl → Form. I.K.14 Anm. 5.

19. Unternehmenskauf durch Erwerb von Einzelwirtschaftsgütern (Asset Deal)

UNTERNEHMENSKAUFVERTRAG[1, 2]

vom . . . . .

zwischen

[Verkäuferin

Adresse]

(im Folgenden als „Verkäuferin" bezeichnet)

und

[Käuferin

Adresse]

(im Folgenden als „Käuferin" bezeichnet)

Vorbemerkung

Gegenstand des Unternehmens der Verkäuferin (im Folgenden als „Unternehmen" bezeichnet) ist die Entwicklung, die Herstellung und der Vertrieb von . . . . ., ... und . . . . . .[3]

Die Verkäuferin ist daran interessiert, den . . . . . Geschäftsbetrieb des Unternehmens („Geschäftsbetrieb") im Wege der Übertragung der dem Geschäftsbetrieb des Unternehmens zugeordneten Vermögensgegenstände, Arbeitnehmer, Verbindlichkeiten, Vertragsverhältnisse und sonstigen Rechtsverhältnisse als Ganzes mit wirtschaftlicher und dinglicher Wirkung zum heutigen Tag („Stichtag")[4] zu veräußern.

Die Käuferin ist daran interessiert, den Geschäftsbetrieb des Unternehmens als laufendes Geschäft im Wege der Übernahme der dazu gehörenden Vermögensgegenstände, Arbeitnehmer, Verbindlichkeiten, Vertragsverhältnisse und sonstigen Rechtsverhältnisse zu erwerben.[5]

Dem Geschäftsbetrieb des Unternehmens sind die entsprechenden Vermögensgegenstände, Vertragsverhältnisse, Arbeitnehmer und sonstigen Rechtsverhältnissen dann zugeordnet, wenn und soweit sie ausschließlich[6] dazu angeschafft, genutzt, eingegangen oder benötigt werden, um das Unternehmen zu betreiben. Verbindlichkeiten sind dem Geschäftsbetrieb des Unternehmens nur dann und insoweit zuzuordnen, als sie ausschließlich durch den Betrieb des Unternehmens entstanden sind.

Die Parteien vereinbaren daher Folgendes:

§ 1 Veräußerung der Vermögensgegenstände

1. Die Verkäuferin verkauft und übereignet hiermit an die dies annehmende Käuferin sämtliche der nachfolgend in den §§ 2 bis 6 aufgeführten Vermögensgegenstände, die dem Gegenstand des Unternehmens am Stichtag zuzuordnen sind („Vermögensgegenstände").[7]

2. Nicht zu den gem. Abs. 1 verkauften Vermögensgegenständen gehören die dem Geschäftsbetrieb des Unternehmens zuzuordnenden Wertpapiere im Sinne von § 266 Abs. 2 B III. HGB sowie Schecks, Kassenbestand, Bundesbank- und Postgiroguthaben und Guthaben bei Kreditinstituten im Sinne von § 266 Abs. 2 B IV. HGB, soweit diese nicht von Gesellschaften gehalten werden, deren Beteiligung entsprechend nachfolgendem § 4 übertragen werden.[8]

§ 2 Vermögensgegenstände des Anlage- und Umlaufvermögens[9]

1. Zu den gem. § 1.1 dieses Vertrages verkauften Vermögensgegenständen gehören Vermögensgegenstände des Anlagevermögens im Sinne von § 266 Abs. 2 A HGB, sämtliche Vorräte im Sinne von § 266 Abs. 2 B. I. HGB, Sämtliche Forderungen und andere Vermögensgegenstände im Sinne § 266 Abs. 2 B. II. HGB sowie sämtliche zu diesem Zeitpunkt zum Geschäftsbetrieb des Unternehmens gehörende Rechte, die Grundlage von Rechnungsabgrenzungsposten iSv § 266 Abs. 2 C HGB sind.
2. Zu den gem. Abs. 1 verkauften Vermögensgegenständen des Anlagevermögens gehören insbesondere die in dem als Anlage 2 diesem Vertrag beigefügten Vermögensverzeichnis[10] des Geschäftsbetriebs des Unternehmens auf den ..... aufgeführten Vermögensgegenstände. In dem Vermögensverzeichnis aufgeführte Vermögensgegenstände, die im Rahmen des gewöhnlichen Geschäftsbetriebs in dem Zeitraum vom ..... bis zum Stichtag veräußert oder dem Geschäftsbetrieb des Unternehmens sonst wie entzogen worden sind, sind nicht mitverkauft. Vermögensgegenstände, die im Zeitraum vom ..... bis zum Stichtag im Rahmen des gewöhnlichen Geschäftsbetriebes als Ersatz oder Ergänzung für die in dem Vermögensverzeichnis aufgeführten Vermögensgegenstände hergestellt, angeschafft oder sonst wie dem Geschäftsbetrieb des Unternehmens zugegangen sind, sind mitverkauft.
3. Das diesem Vertrag als Anlage 2 beigefügte Vermögensverzeichnis wurde aus dem Inventar entwickelt, das Grundlage der zum geprüften Jahresabschluss der Gesellschaft zum ..... gehörenden Bilanz war. Unbeschadet dessen gehören zu den gem. Abs. 1 gekauften Vermögensgegenständen auch alle zu dem Geschäftsbetrieb des Unternehmens gehörenden Vermögensgegenstände, auf deren Erfassung in dem Inventar auf Grund ihrer Eigenart verzichtet werden durfte.

§ 3 Betriebsgrundstück[11]

1. Zu den gem. § 1.1 dieses Vertrages verkauften Vermögensgegenständen gehört auch das Grundstück, auf dem sich der Geschäftsbetrieb des Unternehmens befindet. Das Grundstück ist im Grundbuch von ..... des Amtsgerichtes ....., Blatt ....., Flurstücke ....., ... und ....., ..., eingetragen, ... qm groß und steht im Eigentum der Verkäuferin. Die Einzelheiten der Veräußerung des Grundstücks richten sich nach dem als Anlage 3.1 zu diesem Vertrag beigefügten Grundstückskaufvertrag.
2. Die Käuferin (als Mieterin) hat mit der Verkäuferin (als Vermieterin) folgende Mietverträge mit wirtschaftlicher Wirkung ab dem Stichtag abgeschlossen:
   - Einen Mietvertrag mit der Verkäuferin über die Gebrauchsüberlassung von Arbeitsstätten und Warenlagern in ..... durch die Verkäuferin, hier als Anlage 3.2. beigefügt; [und]
   - [andere].[12]

§ 4 Beteiligungen und Dividendenrechte[13]

1. Zu den gem. § 1.1 dieses Vertrages verkauften Vermögensgegenständen gehören auch die folgenden Beteiligungen der Verkäuferin an Tochtergesellschaften:

– sämtliche Geschäftsanteile im Gesamtnennbetrag von . . . . . an der . . . . . (eingetragen im Handelsregister des Amtsgerichts . . . . . unter HRB . . . . .);
– sämtliche Geschäftsanteile im Gesamtnennbetrag von . . . . . an der . . . . . (eingetragen im Handelsregister des Amtsgerichts . . . . . unter HRB . . . . .);
– . . . . . % der Geschäftsanteile im Gesamtbetrag von . . . . . an der . . . . . Joint Venture (eingetragen im Handelsregister des Amtsgerichts . . . . . unter HRB . . . . .) mit der . . . . . (eingetragen im Handelsregister des Amtsgerichts . . . . . unter HRB . . . . .);
– usw.

2. Die Käuferin erwirbt auch alle mit den Anteilen verbundenen Rechte, einschließlich des Rechts auf Dividenden für das laufende Geschäftsjahr und für frühere Geschäftsjahre, soweit diese Dividenden nicht vor oder am Stichtag an die Verkäuferin (oder einen oder mehrere seiner derzeitigen Gesellschafter) ausgeschüttet wurden.

§ 5 Gewerbliche Schutzrechte, Urheberrechte und andere immaterielle Vermögensgegenstände[14]

1. Zu den gem. § 1.1 dieses Vertrages verkauften Vermögensgegenständen gehören auch die in Teil 1 und Teil 2 der Anlage 5 zu diesem Vertrag aufgeführten Schutzrechte (Patente, Gebrauchs- und Geschmacksmuster und Marken), Schutzrechtsanmeldungen und Nutzungsrechte an Schutzrechten und Urheberrechten des Unternehmens.
2. An den in Teil 2 der Anlage 5 zu diesem Vertrag aufgeführten Schutzrechten, Schutzrechtsanmeldungen und Urheberrechten behält sich die Verkäuferin für alle ihre geschäftlichen Zwecke und Interessen ein unbeschränktes, übertragbares, nicht ausschließliches Nutzungsrecht vor, das auch das Recht zur Unterlizenzierung einschließt. Für diese der Verkäuferin vorbehaltenen Rechte erhält die Käuferin keine Vergütung.
3. Unverzüglich nach der Unterzeichnung dieses Vertrages werden sich die Vertragsparteien gemeinsam um die Umschreibung der gemäß diesem Vertrag verkauften Schutzrechte und Schutzrechtsanmeldungen bemühen. Die Kosten der Umschreibung trägt die Käuferin. Soweit sich herausstellt, dass eine Umschreibung wegen der Entstehung unverhältnismäßiger Kosten untunlich ist, kann die Käuferin auf die Umschreibung verzichten.[15]
4. Die Weiterverfolgung und Aufrechterhaltung der übergegangenen Schutzrechte, Schutzrechtsanmeldungen und Nutzungsrechte ist vom Stichtag an Sache der Käuferin. Die Einzelheiten der Wahrnehmung dieser Aufgabe nach dem Stichtag einschließlich der Fortführung der betreffenden tatsächlichen Maßnahmen und gegebenenfalls der Überstellung der einschlägigen Akten werden die Vertragsparteien alsbald nach dem Stichtag gemeinsam festlegen.
5. Die Verkäuferin stellt die Käuferin von etwaigen sich aus dem Gesetz über Arbeitnehmererfindungen ergebenden Ansprüchen in dem Umfang frei, in dem sich die betreffende Erfindervergütung auf Lieferungen vor dem Stichtag bezieht. Die Käuferin übernimmt die Erfüllung der Ansprüche auf Erfindervergütung in dem Umfang, in dem sich diese auf Lieferungen nach dem Stichtag beziehen.

§ 6 Know-how, Software und Daten

1. Zu den gem. § 1.1 dieses Vertrages verkauften Vermögensgegenständen gehört auch das technische und kommerzielle Know-how, die Software und die Daten (jeweils wie unten definiert), deren Inhaberin die Verkäuferin ist und das dem Geschäftsbetrieb am Stichtag zuzuordnen ist.
2. Das „Technische Know-how“ umfasst Eigentums- und Nutzungsrechte an Erfindungen, technischem Erfahrungsgut, Betriebsgeheimnissen, Verfahren, Formeln, Daten und

sonstigen immateriellen Gegenständen, die nicht von den gewerblichen Schutzechten gem. § 5 umfasst sind, einschließlich aller Verkörperungen dieser Gegenstände, wie zB schriftliche Beschreibungen, Musterzeichnungen, Pläne oder elektronische Datenträger, deren Inhaberin die Verkäuferin ist und die dem Geschäftsbetrieb am Stichtag zuzuordnen sind. Zusätzlich umfasst das Technische Know-how alle Nutzerrechte und vergleichbare Rechte in Bezug auf die in dem vorangegangenen Satz beschriebenen Rechte.

3. Das „Kommerzielle Know-how" umfasst sämtliche Rechte an kommerziellem Erfahrungsgut, Geschäftsgeheimnissen, Verwaltungs- und Vertriebsverfahren sowie Kunden- und Lieferantenbeziehungen, einschließlich aller Verkörperungen dieser Gegenstände wie zB Unterlagen über die Verwaltungs- und Vertriebsorganisation, Lieferanten- und Kundenkarteien und -korrespondenz oder sonstige Geschäftsunterlagen.
4. „Software" umfasst Rechte an der Software und vergleichbare Rechte, unabhängig davon, ob sie von der Verkäuferin selbst entwickelt wurden oder von ihr erworben sind. Soweit Dritte dem Verkauf oder der Übertragung dieser Rechte zustimmen müssen, wird sich die Verkäuferin nach besten Kräften um diese Zustimmung bemühen.
5. „Daten" umfasst sämtliche dem Geschäftsbetrieb des Unternehmens zuzuordnende Bücher und Unterlagen sowie andere Daten, unabhängig davon, ob diese verkörpert, in Datenbanken oder auf Datenträger enthalten sind, mit Ausnahme derjenigen, zu deren Aufbewahrung die Verkäuferin rechtlich verpflichtet ist. Soweit „Daten" mit Daten der Verkäuferin gemeinsam festgehalten oder aufgezeichnet sind, werden sich die Parteien im Rahmen des wirtschaftlich vernünftigen und machbaren bemühen, der Käuferin Kopien der ausschließlich den Geschäftsbetrieb des Unternehmens betreffenden „Daten" zur Verfügung zu stellen.

§ 7 Personenbezogene Daten[16]

1. Soweit in den Vermögensgegenständen personenbezogene Daten enthalten sind, welche die Verkäuferin im Zusammenhang mit dem Geschäftsbetrieb erhoben, verarbeitet oder anderweitig nutzt oder genutzt hat, wird sich die Verkäuferin bemühen, bis zum Stichtag die für die Übermittlung dieser personenbezogener Daten etwa erforderlichen Einwilligungserklärungen einzuholen, diese zu dokumentieren und der Käuferin zur Verfügung zu stellen.[17] Die Käuferin wird ihren datenschutzrechtlichen Informationspflichten genügen.[18]
2. Sollte die Verkäuferin der begründeten Auffassung sein, dass die Übermittlung der personenbezogenen Daten ganz oder teilweise datenschutzrechtlich nicht zulässig ist, wird sie dies unter Benennung der Gründe der Käuferin bis zum Stichtag mitteilen und ist berechtigt, die betroffenen personenbezogenen Daten insoweit nicht an die Käuferin zu übertragen.[19]

§ 8 Verträge und Vertragsangebote[20]

1. Die Käuferin tritt in alle Verträge ein, die am Stichtag zu 100%[21] dem Geschäftsbetrieb zuzuordnen sind, insbesondere die Verträge, die in dem als Anlage 8 zu diesem Vertrag beigefügten Verzeichnis aufgeführt wurden, dh die Käuferin übernimmt von der Verkäuferin alle Rechte und Verpflichtungen aus diesen Verträgen und Vertragsangeboten im Wege der Vertragsübernahme mit befreiender Wirkung für die Verkäuferin.
2. In dem Verzeichnis nicht aufgeführte Verträge oder Vertragsangebote werden von der Käuferin nicht übernommen.

§ 9 Übergang der Arbeitsverhältnisse[22]

1. Die Vertragsparteien stellen fest, dass die mit der Verkäuferin bestehenden, dem Unternehmen zuzuordnenden Arbeitsverhältnisse von . . . . . Arbeitnehmern, die in Anlage 9.1 zu diesem Vertrag aufgelistet sind, gem. § 613 a BGB mit allen Rechten und Pflichten am Stichtag auf die Käuferin übergehen.[23] Das Widerspruchsrecht der Arbeitnehmer gemäß § 613 a Abs. 6 BGB bleibt unberührt.
   Unverzüglich nach dem Unterzeichnungstag haben Verkäuferin und Käuferin alle Arbeitnehmer in Übereinstimmung mit § 613a Abs. 5 BGB jeweils schriftlich nach Maßgabe des im Entwurf als Anlage 9.2 beigefügten Mitarbeiter-Informationsschreibens gemeinsam über (i) den Betriebsübergang, (ii) den geplanten Zeitpunkt des Betriebsübergangs, (iii) den Grund für den Betriebsübergang, (iv) die rechtlichen, wirtschaftlichen und sozialen Folgen des Betriebsübergangs für die Arbeitnehmer und (v) die in Aussicht genommenen Maßnahmen zu unterrichten (die "Mitarbeiter-Informationsschreiben").[24] Verkäuferin und Käuferin werden zugleich gemeinsam an die betroffenen Mitarbeiter herantreten und sich nach besten Kräften bemühen, positiv auf diese einzuwirken und von einem Übergang auf und einem dauerhaften Verbleib bei der Käuferin zu überzeugen.
2. Mit den Arbeitsverhältnissen der aktiven Arbeitnehmer gehen auch die zum Stichtag für diese bestehenden Verpflichtungen aus der Zusage betrieblicher Altersversorgung auf die Käuferin über.
3. Die Vertragsparteien stellen ferner fest, dass die dem Geschäftsbetrieb des Unternehmens zuzuordnenden Verpflichtungen aus laufenden Leistungen der betrieblichen Altersversorgung und aus unverfallbaren Anwartschaften ausgeschiedener Mitarbeiter auf Leistungen der betrieblichen Altersversorgung bei der Verkäuferin verbleiben.

§ 10 Übernahme von Verbindlichkeiten/Steuern[25]

1. Die Käuferin übernimmt hiermit, von der Verkäuferin im Wege der befreienden Schuldübernahme die nachfolgend bezeichneten Verbindlichkeiten und Verpflichtungen, die dem Geschäftsbetrieb des Unternehmens am Stichtag zuzuordnen sind, nach Maßgabe der folgenden Abschnitte.
2. Die Käuferin übernimmt sämtliche Verbindlichkeiten und Verpflichtungen, die mit den nach §§ 2 bis 6 veräußerten Vermögensgegenständen, den nach § 8 übernommenen Verträgen sowie den nach § 9 übergehenden Arbeitnehmern verbunden sind, jeweils in dem Umfang wie in §§ 2 bis 9 näher ausgeführt.
3. Die Käuferin übernimmt weiterhin diejenigen Verbindlichkeiten (inklusive Eventualverbindlichkeiten) und Verpflichtungen, die in dem als Anlage 10 zu diesem Vertrag beigefügten Verzeichnis aufgeführt sind.
4. Darüber hinaus übernimmt die Käuferin keine Verpflichtungen, Verbindlichkeiten oder Eventualverbindlichkeiten der Verkäuferin.
5. Ausdrücklich nicht zu den gem. Abs. 1 übernommenen Verbindlichkeiten gehören die dem Geschäftsbetrieb des Unternehmens zuzuordnenden Steuerverbindlichkeiten, [usw].[26]
6. Die nach § 10.1 bis 10.3 nicht ausdrücklich übernommenen Verbindlichkeiten und Eventualverbindlichkeiten verbleiben bei der Verkäuferin.
7. Geht eine Verbindlichkeit oder Eventualverbindlichkeit von Gesetzes wegen (zB gemäß § 25 HGB, § 75 AO, § 11 Abs. 2 GrStG oder § 613 a BGB) oder durch diesen Vertrag auf die Käuferin im Außenverhältnis über, ist die Verkäuferin im Innenverhältnis verpflichtet, die betreffende Verbindlichkeit oder Eventualverbindlichkeit zu erfüllen, wenn und soweit die entsprechende Verbindlichkeit oder Eventualverbindlichkeit nicht gemäß § 10 von der Käuferin übernommen wurde, und stellt sie die Käuferin von jeglichen daraus entstehenden Ansprüchen und Nachteilen frei.

§ 11 Übertragung des Eigentums, Einräumung des Besitzes[27]

1. Die Vertragsparteien sind sich darüber einig, dass, vorbehaltlich der Zahlung des Vorläufigen Kaufpreises das Eigentum an den gem. § 1 dieses Vertrages verkauften Vermögensgegenständen (einschließlich den in § 4 aufgeführten Geschäftsanteilen und den in § 5 aufgeführten gewerblichen Schutzrechten) am Stichtag auf die Käuferin übergehen soll.
2. Soweit am Stichtag an den gem. § 1 dieses Vertrages verkauften Vermögensgegenständen Eigentumsvorbehaltsrechte Dritter bestehen oder diese Vermögensgegenstände an Dritte sicherungsübereignet sind, überträgt die Verkäuferin zum Stichtag das ihr zustehende Anwartschaftsrecht auf die Käuferin. Die Auflassung des in § 3 dieses Vertrages bezeichneten Grundstückes von der Verkäuferin auf die Käuferin richtet sich nach dem als Anlage 3.1 zu diesem Vertrag beigefügten Grundstückskaufvertrag.
3. Die Verkäuferin wird der Käuferin am Stichtag Besitz an den gem. § 1 dieses Vertrages verkauften körperlichen Vermögensgegenständen einräumen. Soweit die Käuferin am Stichtag an einzelnen Gegenständen des Anlagevermögens noch keinen Besitz erhält, wird die für die Übertragung des Eigentums erforderliche Übergabe durch die Vereinbarung ersetzt, dass diese Vermögensgegenstände vom Stichtag an durch die Verkäuferin für die Käuferin verwahrt werden. Sofern sich bestimmte Vermögensgegenstände am Stichtag im Besitz Dritter befinden, wird die Übergabe dadurch ersetzt, dass die Verkäuferin der Käuferin ihren Herausgabeanspruch abtritt. Alsbald nach dem Stichtag werden die Vertragsparteien gemeinsam eine Liste aller körperlichen Vermögensgegenstände erstellen, deren Besitz auf die Käuferin übertragen worden ist oder in Bezug auf die die Besitzübertragung durch die Vereinbarung eines Besitzmittlungsverhältnisses mit der Verkäuferin oder die Abtretung des Herausgabeanspruches der Verkäuferin ersetzt worden ist.

§ 12 Zustimmung Dritter[28]

1. Soweit für die Übertragung der Vermögensgegenstände, die Übernahme der Verpflichtungen, Verbindlichkeiten und Eventualverbindlichkeiten und den Eintritt in Verträge und Vertragsangebote die Zustimmung Dritter, insbesondere die Zustimmung von Forderungsschuldnern, Gläubigern bestimmter Verbindlichkeiten und Vertragspartnern erforderlich ist, werden sich die Vertragsparteien gemeinsam um diese Zustimmung bemühen. Das Risiko, dass die Zustimmung trotz Bemühens der Parteien nicht erteilt wird bzw. nur zu veränderten Konditionen erteilt wird, trägt die Käuferin.
2. Ist die Einholung der Zustimmung nicht möglich oder nicht zweckmäßig, werden sich die Vertragsparteien im Innenverhältnis so verhalten und behandeln lassen, als ob die Übertragung der Verpflichtungen und Verbindlichkeiten bzw. der Eintritt in die Vertragsverhältnisse und Vertragsangebote zum Stichtag wirksam vollzogen worden wäre. In diesem Fall wird die Verkäuferin im Außenverhältnis Eigentümerin des betreffenden Vermögensgegenstandes, Schuldnerin der betreffenden Verpflichtung, Verbindlichkeit oder Eventualverbindlichkeit und Vertragspartei des betreffenden Vertragsverhältnisses bzw. Vertragsangebots bleiben, den betreffenden Vermögensgegenstand, die betreffende Verpflichtung, Verbindlichkeit oder Eventualverbindlichkeit oder den betreffenden Vertrag bzw. das betreffende Vertragsangebot im Innenverhältnis aber für Rechnung der Käuferin innehaben bzw. halten.

§ 13 Behördliche Erlaubnisse[29]

Die Vertragsparteien stellen fest, dass die für den Betrieb des Geschäftsbetriebs des Unternehmens erforderlichen sachbezogenen behördlichen Erlaubnisse (Realkonzessionen) einer Übertragung auf die Käuferin nicht bedürfen, sondern die Käuferin diese Erlaubnisse ohne Weiteres in Anspruch nehmen kann. Die Vertragsparteien stellen weiter fest, dass für den Betrieb des Geschäftsbetriebs des Unternehmens erforderliche behördliche Erlaubnisse, die personenbezogen ergangen sind (Personalkonzessionen), einer Neuerteilung bzw der ausdrücklichen Übertragung auf die Käuferin bedürfen. Die Käuferin wird sich unverzüglich bei den zuständigen Stellen um eine solche Neuerteilung bzw Übertragung bemühen; die Verkäuferin wird sie dabei nach besten Kräften unterstützen.

§ 14 Kaufpreis, Zahlung des Kaufpreises[30]

1. Der von der Käuferin als Gegenleistung für die Übertragung des veräußerten Geschäftsbetriebs des Unternehmens zu zahlende Kaufpreis ergibt sich aus folgender Formel:[31]
   a) Einem festen Betrag von EUR . . . . . (in Worten: . . . . . Euro) (der „Unternehmenswert“);
   b) zuzüglich der im Rahmen dieses Vertrages übertragenen Barmittel[32] zum Stichtag;
   c) abzüglich der im Rahmen dieses Vertrages übertragenen Finanzverbindlichkeiten[33] zum Stichtag;
   d) abzüglich des Betrages den das im Rahmen dieses Vertrages übertragene Nettoumlaufvermögens[34] zum Stichtag den Betrag von . . . . . Euro unterschreitet;
   e) zuzüglich des Betrages den das im Rahmen dieses Vertrages übertragene Nettoumlaufvermögens zum Stichtag den Betrag von . . . . . Euro übersteigt.

   (der „Kaufpreis“).
2. Nach einverständlicher Auffassung der Parteien stellen die in diesem Vertrag vereinbarten Rechtsgeschäfte eine Geschäftsveräußerung iSd § 1 Abs. 1 a Umsatzsteuergesetz dar und unterliegen somit nicht der Umsatzsteuer. Sollten die zuständigen Finanzbehörden entgegen der einverständlichen Auffassung der Parteien der Ansicht sein, dass die in diesem Vertrag vereinbarten Rechtsgeschäfte der Umsatzsteuer unterliegen, so umfasst der Kaufpreis auch die Umsatzsteuer.
3. Auf der Grundlage der am Stichtag zur Verfügung stehenden Informationen haben sich die Parteien auf einen vorläufigen Kaufpreis in Höhe von . . . . . EUR (in Worten: . . . . . Euro) („Vorläufiger Kaufpreis“) geeinigt.
4. Der Vorläufige Kaufpreis ist am Stichtag Zug um Zug gegen Übertragung des Geschäftsbetriebs des Unternehmens von der Käuferin an die Verkäuferin zu zahlen.
5. Rein vorsorglich stellen die Parteien fest, dass sämtliche dingliche Übertragungserklärungen und -handlungen der Verkäuferin zur Übertragung des verkauften Geschäftsbetriebs des Unternehmens entsprechend der vorstehenden §§ 1 bis 13 unter der aufschiebenden Bedingung des Eingangs des Vorläufigen Kaufpreises bei der Verkäuferin erfolgen.
6. Sollte der Vorläufige Kaufpreis nicht binnen zehn (10) Bankarbeitstagen nach dem Stichtag bei der Verkäuferin eingegangen sein ist die Verkäuferin berechtigt, von diesem Vertrag zurückzutreten.
7. Überschreitet der aus dem Stichtagsabschluss ermittelte Kaufpreis den Vorläufigen Kaufpreis, ist der Differenzbetrag („Kaufpreisausgleich“) von der Käuferin an die Verkäuferin zu zahlen. Unterschreitet der Kaufpreis den Vorläufigen Kaufpreis, ist der Kaufpreisausgleich entsprechend von der Verkäuferin an die Käuferin zu zahlen. Der jeweilige Kaufpreisausgleich ist mit . . . . . %[35] per annum vom Stichtag bis zum Tag der Zahlung des Kaufpreisausgleichs zu verzinsen.

8. Der Kaufpreisausgleich ist innerhalb von zehn (10) Bankarbeitstagen, nachdem der Stichtagsabschluss gemäß § 15 für die Parteien verbindlich geworden ist, fällig.
9. Der Vorläufige Kaufpreis wird im Verhältnis zwischen Verkäuferin und Käufer gemäß Anlage 14.9 auf die Vermögensgegenstände, Verbindlichkeiten und Vertragsverhältnisse aufgeteilt. Die Parteien verpflichten sich, die Kaufpreisaufteilung anzupassen, sobald der Kaufpreis auf der Grundlage des Stichtagsabschlusses endgültig feststeht.

§ 15 Stichtagsabschluss

1. Die Verkäuferin[36] hat innerhalb von fünfundvierzig (45) Tagen nach dem Stichtag einen konsolidierten Abschluss des übertragenen Geschäftsbetriebs des Unternehmens zum Stichtag aufzustellen („Stichtagsabschluss") und den sich daraus ergebenden Kaufpreises zu ermitteln und beides der Käuferin vorzulegen. Der Stichtagsabschluss ist mit den Werten zum Stichtag im Einklang mit Grundsätzen der Rechnungslegung wie in Anlage 15 dargelegt („Rechnungslegungsgrundsätze") aufzustellen.
2. Die Käuferin hat der Verkäuferin innerhalb von dreißig (30) Tagen nach Erhalt des Stichtagsabschlusses schriftlich mitzuteilen („Stichtagsabschlussmitteilung"), ob sie den Entwurf des Stichtagsabschlusses und den sich daraus ergebenden Kaufpreis für die Zwecke dieses Vertrages akzeptiert oder nicht. Akzeptiert die Käuferin den Stichtagsabschluss nicht, so hat sie durch die Stichtagsabschlussmitteilung die Gründe für die Ablehnung ausführlich darzulegen und diejenigen Anpassungen anzugeben und zu begründen, die nach ihrer Ansicht am Entwurf des Stichtagsabschluss vorgenommen werden sollten, damit dieser den Anforderungen dieses Vertrages entspricht.
3. Sofern und soweit die Käuferin über eine Stichtagsabschlussmitteilung darlegt, dass und bezüglich welcher Punkte sie den Stichtagsabschluss nicht akzeptiert, haben die Verkäuferin und die Käuferin jeweils innerhalb von fünfzehn (15) Tagen nach Erhalt des Stichtagsabschlusses alle gebotenen Anstrengungen zu unternehmen, um die von der Käuferin erhobenen Einwände zu erörtern und ggf. erforderliche Anpassungen des Entwurfs des Stichtagsabschlusses vorzunehmen.
4. Ist die Käuferin mit dem Entwurf des Stichtagsabschlusses einverstanden (entweder in der ursprünglichen Form. oder nach zwischen der Verkäuferin und der Käuferin gemäß Absatz 3 vereinbarten Anpassungen) oder gibt die Käuferin innerhalb der in Absatz 2 genannten Frist von dreißig (30) Tagen keine gültige Stichtagsabschlussmitteilung ab, so stellt der Entwurf des Stichtagsabschlusses (einschließlich etwaiger vereinbarter Anpassungen) den Stichtagsabschluss für diesen Vertrag dar. Der auf Grundlage dieses Stichtagsabschlusses ermittelte Kaufpreis ist für die Parteien bindend.
5. Wenn sich die Verkäuferin und die Käuferin nicht innerhalb von fünfzehn (15) Tagen nach Zugang der Stichtagsabschlussmitteilung bei der Verkäuferin einigen, können die streitigen Punkte (auf Antrag der Verkäuferin oder der Käuferin) . . . . . zur Entscheidung vorgelegt werden oder, wenn diese nicht in der Lage oder nicht willens ist zu handeln, einen anderen von den Parteien vereinbarten unabhängigen Wirtschaftsprüfungsgesellschaft von internationalem Rang („Neutraler Prüfer"). Steht der Neutrale Prüfer nicht innerhalb von zwanzig (20) Tagen nach Antrag einer der Parteien bei . . . . . fest, wird der Neutrale Prüfer auf Antrag einer der Parteien . . . . . durch das „Institut der Wirtschaftsprüfer in Deutschland e. V., Düsseldorf (Deutschland)" bestimmt.
6. Der Neutrale Prüfer hat seine Entscheidung innerhalb von fünfundvierzig [45] Tagen (oder zu einem späteren Zeitpunkt, zu dem die Verkäuferin, die Käuferin und der Neutrale Prüfer schriftlich zustimmen) nach Bestätigung seiner Beauftragung zu treffen. Folgende Bestimmungen gelten mit der Bestellung des Neutralen Prüfers

a) Die Verkäuferin und die Käuferin erstellen jeweils innerhalb von fünfzehn [15] Tagen nach der Beauftragung des Neutralen Prüfers eine schriftliche Erklärung zu den streitigen Punkten, die dem Neutralen Prüfer (zusammen mit den einschlägigen Belegen) zur Entscheidung vorgelegt und zugleich der anderen Partei in Kopie zugesandt werden;
b) Nach Zustellung ihrer jeweiligen Stellungnahmen haben die Käuferin und die Verkäuferin jeweils einmalig Gelegenheit, sich zu der Stellungnahme der anderen Partei durch schriftliche Stellungnahme an den Neutralen Prüfer spätestens zehn (10) Tage nach Zugang der Stellungnahme der anderen Partei zu äußern. Nach Ablauf dieser Frist sind weder die Verkäuferin noch die Käuferin berechtigt, weitere Stellungnahmen oder Vorschläge abzugeben, es sei denn, der Neutrale Prüfer verlangt dies. In diesem Fall räumt der Neutrale Prüfer der anderen Partei, sofern nicht anders angegeben, jeweils eine Frist von zehn (10) Tagen ein, um auf etwaige Stellungnahmen oder Vorschläge zu reagieren;
c) In seiner Entscheidung gibt der Neutrale Prüfer bekannt, welche Anpassungen für die Zwecke dieser Vereinbarung an dem Entwurf des Stichtagsabschlusses in Bezug auf die strittigen Punkte vorzunehmen sind, um den Anforderungen dieses Vertrages zu entsprechen;
d) Der Neutrale Prüfer handelt bei seiner Entscheidung als Sachverständiger und nicht als Schiedsrichter. Die Entscheidung ist für die Parteien endgültig und rechtsverbindlich, es sei denn, die Entscheidung leidet an einem offensichtlichen und für die Parteien erkennbaren Mangel. Unbeschadet aller anderen Rechte, die den Parteien aus dieser Vereinbarung zustehen, verzichten die Parteien ausdrücklich, soweit gesetzlich zulässig, auf etwaige Rechtsansprüche.

7. Die Verkäuferin und die Käuferin tragen jeweils ihre eigenen Kosten im Zusammenhang mit der Vorbereitung, Überprüfung und Vereinbarung oder der Festlegung des Stichtagsabschlusses. Die Kosten für den beauftragten Neutralen Prüfer werden von den Parteien zu gleichen Teilen oder in einem anderen durch der Neutrale Prüfer festgelegten Verhältnis getragen.
8. Um die Verkäuferin in die Lage zu versetzen, ihren Verpflichtungen aus diesem Vertrag nachzukommen, gewährt die Käuferin der Verkäuferin und den Beratern der Verkäuferin vollen Zugang zu den Büchern und Aufzeichnungen, zu den Mitarbeitern und Räumlichkeiten der Käuferin und sofern erforderlich auch für den Zeitraum vom Abschluss bis zum Datum der Vereinbarung oder Festlegung des Entwurfs des Stichtagsabschlusses. Sofern die Käuferin eine Stichtagsabschlussmitteilung abgibt, aus der hervorgeht, dass sie den Stichtagsabschluss nicht akzeptiert, so hat sie zu gewährleisten, dass die Verkäuferin und deren Beratern angemessenen Zugang zu den Mitarbeitern, Beratern und Unterlagen der Käuferin erhalten, die sich auf die in der Stichtagsabschlussmitteilung vorgeschlagenen Anpassungen und alle anderen Erklärungen der Käuferin in Bezug auf den Stichtagsabschluss beziehen. Die Käuferin arbeitet uneingeschränkt mit der Verkäuferin zusammen und gestattet der Verkäuferin und/oder deren Beratern Kopien (einschließlich elektronischer Kopien) der betreffenden Bücher und Aufzeichnungen anzufertigen und leistet jede vernünftigerweise von der Verkäuferin geforderte Unterstützung, um die Erstellung des Stichtagsabschlusses zu erleichtern.
9. Wenn der Stichtagsabschluss gemäß den vorstehenden Absätzen vereinbart oder festgesetzt wurde, sind die in der Abschlussrechnung als Barmittel, Finanzierungsverbindlichkeiten und Nettoumlaufvermögen, ausgewiesenen Beträge für die Zwecke dieser Vereinbarung und der sich daraus ergebende Kaufpreis endgültig und rechtsverbindlich.

§ 16 Gewährleistungen der Verkäuferin[37]

Die Verkäuferin gewährleistet der Käuferin in der Form. eines selbstständigen Garantieversprechens, dass die folgenden Aussagen zum Stichtag richtig und vollständig sind:

1. Dieser Vertrag begründet wirksame Verpflichtungen der Verkäuferin. Die Verkäuferin hat alle Maßnahmen getroffen oder veranlasst, um diesen Vertrag wirksam abschließen und durchführen zu können. Insbesondere sind alle notwendigen Zustimmungen von den Gesellschaftsorganen und den Gesellschaftern erteilt worden.
2. Es sind weder Insolvenz-, Reorganisations- oder ähnliche Verfahren über das Vermögen der Verkäuferin oder einer Gesellschaft, deren Beteiligungen durch den Vertrag übertragen werden, beantragt oder eröffnet worden, noch sind Zwangsvollstreckungs- oder ähnliche Maßnahmen in das Vermögen oder einzelne Vermögensgegenstände der Verkäuferin oder einer Gesellschaft, deren Beteiligungen durch den Vertrag übertragen werden beantragt oder eingeleitet. Nach dem besten Wissen der Verkäuferin bestehen keine Umstände, nach denen die Eröffnung solcher Verfahren oder eine (Insolvenz-) Anfechtung dieses Vertrags gerechtfertigt wäre.
3. Die Verkäuferin ist berechtigt, über die verkauften Vermögensgegenstände frei zu verfügen. Die Vermögensgegenstände umfassen alle Vermögensgegenstände, die notwendig sind, um den Geschäftsbetrieb ohne wesentliche Einschränkungen wie am Stichtag fortzuführen.
4. Die Gesellschaften, deren Beteiligungen durch den Vertrag übertragen werden, sind nach dem auf sie anwendbaren Recht ordnungsgemäß gegründet. Die Angaben zu den Gesellschaften, deren Beteiligungen durch den Vertrag übertragen werden, und ihren Beteiligungsverhältnissen in § 4 sind vollständig und zutreffend. Das Gesellschaftskapital aller Gesellschaften, deren Beteiligungen durch den Vertrag übertragen werden, ist vollständig erbracht und weder offen noch verdeckt zurückgewährt worden. Diese Beteiligungen bestehen wirksam und frei von jeglichen Rechten und Ansprüchen Dritter. Es bestehen keine auf diese Beteiligungen bezogenen Optionen, Vorkaufsrechte, Gesellschaftervereinbarungen, Treuhandverhältnisse, Unterbeteiligungen oder sonstigen Abreden.
5. Mit Ausnahme der in Anlage 16.5 aufgeführten Vermögensgegenstände ist die Verkäuferin die rechtliche und wirtschaftliche Eigentümerin aller übertragenen Vermögensgegenstände. Diese sind frei von jeglichen Belastungen sowie anderen zugunsten Dritter bestellten Rechten und im gewöhnlichen Geschäftsbetrieb eingegangenen Eigentumsvorbehalten.
6. Der Pro-forma-Abschluss für den übertragenen Geschäftsbetrieb des Unternehmens ist mit der Sorgfalt eines ordentlichen Geschäftsmannes aus den Einzelabschlüssen und dem Konzernabschluss der Verkäuferin entwickelt und bildet, nach bestem Wissen der Verkäuferin, nur den Geschäftsbetrieb des Unternehmens ohne das ausgeschlossene Vermögen bzw. die Ausgeschlossenen Verbindlichkeiten ab.[38]
7. Die der Käuferin vorgelegten Kopien der Einzelabschlüsse der übertragenen Beteiligungen entsprechen jeweils den von den Gesellschaftern festgestellten Abschlüssen. Sie wurden in Übereinstimmung mit den jeweils anwendbaren Vorschriften und insbesondere den Grundsätzen ordnungsmäßiger Buchführung sowie, in deren Rahmen, unter Wahrung formeller und materieller Bilanzkontinuität erstellt. Die Einzelabschlüsse vermitteln ein den tatsächlichen Verhältnissen entsprechendes Bild der Vermögens-, Finanz- und Ertragslage der jeweiligen Gesellschaft für die jeweiligen Stichtage bzw. Geschäftsjahre.
8. Seit Beginn des laufenden Geschäftsjahres bis zum Stichtag ist der Geschäftsbereich ausschließlich im Rahmen des gewöhnlichen Geschäftsgangs mit der Sorgfalt eines ordentlichen Kaufmanns und in Übereinstimmung mit der bisherigen Praxis geführt worden.[39]

9. Anlage 16.9 enthält eine vollständige und zutreffende Aufstellung aller Grundstücke und grundstücksgleichen Rechte der Verkäuferin, die in ihrem Eigentum stehen und die sie im Rahmen des Geschäftsbereiches nutzt, sowie aller im Eigentum der Gesellschaften, deren Beteiligungen durch den Vertrag übertragen werden, stehenden Grundstücke oder grundstücksgleichen Rechte.[40]
10. Anlage 16.10 führt vollständig und zutreffend alle den Geschäftsbereich betreffenden Schutzrechte auf, deren Inhaberin die Verkäuferin oder eine Gesellschaft ist, deren Beteiligungen durch den Vertrag übertragen werden. Die Verkäuferin und die Zielgesellschaften sind ausschließliche und uneingeschränkte Inhaber der aufgeführten Schutzrechte. Dritten sind keine Lizenzen oder anderen Rechte an den Schutzrechten gewährt oder zugesagt worden, soweit dies in Anlage 16.10 nicht offengelegt ist.[41]
11. Anlage 16.11 enthält eine vollständige und zutreffende Aufstellung aller Lizenzen und sonstigen Nutzungsrechte an Schutzrechten, die Dritte der Verkäuferin in Bezug auf den Geschäftsbereich oder Gesellschaften gewährt haben, deren Beteiligungen durch den Vertrag übertragen werden.
12. Die Verkäuferin und die Gesellschaften, deren Beteiligungen durch den Vertrag übertragen werden, haben das den Geschäftsbereich betreffende Know-how als Geschäftsgeheimnis wirksam geschützt und Dritten keine Lizenzen oder anderen Nutzungsrechte an dem Know-how gewährt.
13. Nach dem besten Wissen der Verkäuferin hat kein Dritter Schutzrechte oder Lizenzen des Geschäftsbetriebs verletzt und verletzt diese auch gegenwärtig nicht.
14. Weder die Schutzrechte nach § 16.10 und Lizenzen nach § 16.11 noch das Know-how sind Gegenstand gerichtlicher, schiedsgerichtlicher oder behördlicher Verfahren. Dritte haben weder (i) in Bezug auf die Schutzrechte, Lizenzen oder das Know-how noch (ii) wegen der Nutzung der Schutzrechte, Lizenzen oder des Know-how durch die Verkäuferin oder die Gesellschaften, deren Beteiligungen durch den Vertrag übertragen werden, noch (iii) wegen einer angeblichen Verletzung anderer Schutzrechte, Lizenzen oder anderer Nutzungsrechte Rechte geltend gemacht.
15. Anlage 16.15 enthält eine vollständige und zutreffende Aufstellung aller noch nicht beiderseits vollständig erfüllten Verträge, die (i) ausdrücklich oder stillschweigend, schriftlich oder mündlich entweder von der Verkäuferin in Bezug auf den Geschäftsbetrieb des Unternehmens geschlossen wurden und zu den gemäß § 8 übernommenen oder in Anlage 8 genannten Verträgen gehören oder (ii) von Gesellschaften, deren Beteiligungen übertragen werden, geschlossen wurden und die in beiden Fällen (i) und (ii) einen wesentlichen Vertrag („Wesentliche Verträge") darstellt;[42] kein Wesentlicher Vertrag wurde außerordentlich gekündigt noch bestehen nach bestem Wissen der Verkäuferin wesentliche Vertragsverletzungen eines Wesentlichen Vertrages.
16. Anlage 16.16 enthält eine vollständige und zutreffende Aufstellung aller Organmitglieder, leitenden Mitarbeiter und sonstigen Arbeitnehmer (einschließlich Auszubildender und Teilzeitbeschäftigter) der Verkäuferin, die dem Geschäftsbetrieb des Unternehmens zuzuordnen sind.[43]
17. Anlage 16.17 enthält eine vollständige und zutreffende Aufstellung aller für den Geschäftsbetrieb des Unternehmens relevanten Tarifvereinbarungen, Betriebsvereinbarungen, Sozialpläne, Interessenausgleiche.
18. Anlage 16.18 enthält eine vollständige und zutreffende Aufstellung der für den Geschäftsbetriebs des Unternehmens relevanten Pensionsverpflichtungen.
19. Anlage 16.19 führt sämtliche anhängigen Rechtstreitigkeiten des Geschäftsbetriebs des Unternehmens mit einem Streitwert von über ..... EUR (in Worten: ..... Euro) auf.
20. Der Geschäftsbereich hat in der Vergangenheit keine öffentlichen Förderungen erhalten.
21. Nach bestem Wissen der Verkäuferin ist der Geschäftsbetrieb des Unternehmens im Wesentlichen im Einklang mit den geltenden Rechtsvorschriften geführt worden.

22. Alle den Zeitraum bis zum Stichtag betreffenden Steuererklärungen der Verkäuferin, die sich auf den Geschäftsbereich beziehen, und der Gesellschaften, deren Beteiligungen übertragen werden, sind in Übereinstimmung mit allen einschlägigen Rechtsvorschriften ordnungsgemäß, dh insbesondere vollständig und zutreffend erstellt sowie ordnungsgemäß und fristgerecht eingereicht worden.

§ 17 Rechtsfolgen[44]

. . . . .

§ 18 Wettbewerbsverbot/Abwerbeverbot[45]

. . . . .

§ 19 Vertraulichkeit und Pressemitteilungen

1. Die Parteien sind sich einig, dass sie die Kenntnisse, die sie im Zusammenhang mit der Verhandlung und dem Abschluss dieses Vertrags übereinander und die jeweiligen verbundenen Unternehmen erhalten haben, streng vertraulich behandeln.
2. Keine Partei wird eine Presseerklärung oder ähnliche Verlautbarungen in Bezug auf die mit diesem Vertrag geregelten Rechtsgeschäfte ohne vorherige schriftliche Verständigung mit der anderen Partei herausgeben.

§ 20 Verschiedenes[46]

1. Jede Partei trägt die Kosten der von ihr beauftragten Berater. Die Kosten der notariellen Beurkundung sowie die anderen infolge des Abschlusses und der Durchführung dieses Vertrages entstehenden Übertragungskosten, einschließlich etwaiger Verkehrssteuern, werden im Innenverhältnis der Parteien von der Käuferin getragen.[47]
2. Änderungen und Ergänzungen dieses Vertrages einschließlich dieser Bestimmung bedürfen, soweit nicht notarielle Form. zu beachten ist, der Schriftform. Dies gilt auch für den Verzicht auf das Schriftformerfordernis.
3. Als Zustellungsbevollmächtigten für die Erhebung einer Klage und die in einem anhängigen Rechtsstreit zu bewirkenden Zustellungen sowie für den Empfang von empfangsbedürftigen Willenserklärungen ernennt die Verkäuferin
   [Name
   Adresse]
   und die Käuferin
   [Name
   Adresse]
4. Sollte eine Bestimmung dieses Vertrages ganz oder teilweise unwirksam oder undurchsetzbar sein, werden die Wirksamkeit und Durchsetzbarkeit aller übrigen Bestimmungen dieses Vertrages davon nicht berührt. Die unwirksame oder undurchsetzbare Bestimmung ist als durch diejenige wirksame und durchsetzbare Bestimmung als ersetzt anzusehen, die dem von den Parteien mit der unwirksamen oder undurchsetzbaren Bestimmung verfolgten wirtschaftlichen Zweck am nächsten kommt.[48]
5. Alle zwischen den Parteien vor dem Abschluss dieses Vertrages getroffenen Vereinbarungen sind durch den Abschluss dieses Vertrages überholt.
6. Dieser Vertrag unterliegt dem Recht der Bundesrepublik Deutschland. Für den Fall von Streitigkeiten zwischen den Parteien im Zusammenhang mit diesem Vertrag vereinbaren die Parteien als nicht-ausschließlichen Gerichtsstand[49] . . . . .

II.

(Notarielle Schlussformel)

Anmerkungen

1. Vertragssituation. Das Formular regelt einen Unternehmenskauf, bei dem der Erwerber einen bestimmten (Teil-) Geschäftsbetrieb des Unternehmens im Wege des Erwerbs der dazu gehörigen Einzelwirtschaftsgüter übernimmt (sog „Asset-Deal"), im Unterschied zur Übernahme eines Unternehmensträgers mittels des Erwerbs von Gesellschaftsanteilen (vgl insbesondere → Form. I.K.8 Anm. 1 ff. und → Form. I.K.9 Anm. 1 ff.) (sog „Share-Deal").

Das Vertragsmuster ist dem Grundsatz nach eher verkäuferfreundlich ausgerichtet, stellt aber auch keine Extremposition dar, indem zB in den Garantien und im Rahmen der Mitwirkungspflichten des Verkäufers bei der Übertragung die Interessen der Käuferin berücksichtigt werden.

Die Gründe für die Wahl eines Asset-Deals können vielfältig sein. In der Regel stellt sich insbesondere in Carve-Out-Situationen (also Fällen, in denen das Transaktionsobjekt rechtlich noch von anderen Vermögensgegenständen der Verkäuferin getrennt werden muss) die Frage, wie die entsprechende Separierung der Unternehmensbereiche rechtlich durchzuführen ist. Dies kann grundsätzlich durch Einzelrechtsnachfolge (Asset-Deal) oder im Rahmen umwandlungsrechtlicher Maßnahmen (Ausgliederung, Spaltung, etc) im Wege der partiellen Gesamtrechtsnachfolge erfolgen. Es ist jeweils Frage des Einzelfalls, welcher Weg konkret vorzugswürdig ist (vgl. *Bungert/Rogier*, Der Carve-out von Unternehmensteilen in der gesellschaftsrechtlichen Praxis, DB 2017, 2977).

Eine weitere Motivation für die Wahl eines Asset-Deals kann sein, die beim Kauf des Unternehmensträgers unvermeidbare Übernahme der diesen verpflichtenden Altverbindlichkeiten zu vermeiden; die Vermeidung der Übernahme von Altverbindlichkeiten findet allerdings auch beim Asset-Deal ihre Grenze in den gesetzlichen Vorschriften der §§ 25 HGB, 613 a BGB und 75 AO (vgl insgesamt auch *Beck/Klar*, DB 2007, 2819). Regelmäßig im Wege eines Asset-Deals werden aus diesem Grund Transaktionen im insolvenzrechtlichen Umfeld (Distressed Assets) abgewickelt (vgl Reul/Heckschen/Wienberg/*Heckschen*, Insolvenzrecht in der Gestaltungspraxis, 2. Aufl 2018, § 4 Rn 1350 ff.).

Die Entscheidung für den Asset-Deal kann schließlich auch steuerlich motiviert sein (vgl dazu → Anm. 46).

Haben sich die Vertragsparteien grundsätzlich auf die Durchführung des Unternehmenskaufes mittels des Erwerbs der dazu gehörigen Wirtschaftsgüter geeinigt, stehen ihnen immer noch verschiedene Strukturierungsalternativen offen, wobei die Auswahl darunter letztlich von den Gegebenheiten und der Interessenlage im Einzelfall abhängt. Zum einen können sich die Vertragsparteien dahingehend verständigen, dass der Erwerber tatsächlich alle Wirtschaftsgüter, Verbindlichkeiten und Vertragsverhältnisse des Unternehmens übernimmt. Alternativ kommt die Übernahme aller Wirtschaftsgüter mit Ausnahme der zum Umlaufvermögen gehörenden liquiden Mittel (insbesondere Kassenbestand und Kontokorrentguthaben) und der Einstieg in bestehende Vertragsverhältnisse, aber ohne Übernahme der bestehenden Verbindlichkeiten in Betracht; eine weitere Modifizierung liegt vor, wenn auch die Forderungen des Unternehmens nicht übernommen werden. Die Nichtübernahme von bestimmten Gegenständen des Umlaufvermögens und der Verbindlichkeiten kann die Abwicklung des Geschäftes erheblich erleichtern, aber auch mögliche materielle Streitpunkte (zB über die Werthaltigkeit der zu dem Unternehmen gehörenden Forderungen) elegant aus dem Wege räumen.

2. Form. Grundsätzlich bedarf der Unternehmenskauf in der Form. des Asset-Deals keiner besonderen Form. Dies ist anders, wenn zu den übernommenen Vermögensgegenständen, wie im vorliegenden Formular, auch Grundvermögen und/oder GmbH-Anteile gehören. Das ganze Geschäft, dh auch hinsichtlich der nicht den Grundstückserwerb betreffenden Teile, bedarf dann der notariellen Beurkundung (BGH, NJW **1974**, 271, vgl zur Frage, ob zur Minimierung anfallender notarieller Kosten zumindest das schuldrechtliche Geschäft im Ausland beurkundet werden kann, *Holzapfel/Pöllath,* Unternehmenskauf in Recht und Praxis, 15. Aufl 2016, Rn 1145 ff; *Werner,* GmbHR 2008, 1135).

Ebenso ist der Vertrag nach § 15 Abs. 3/4 GmbHG beurkundungspflichtig, wenn, wie im vorliegenden Formular, auch die Veräußerung von GmbH Geschäftsanteilen geregelt ist.

Die Pflicht zur Beurkundung eines Unternehmenskaufvertrages kann auch aus § 311 b Abs. 3 BGB folgen (Geschäft über das gegenwärtige Vermögen). Vgl auch OLG Hamm, ZIP 2010, 2304: Das Formerfordernis der notariellen Beurkundung gilt auch für die Verpflichtung zur Übertragung des gegenwärtigen Vermögens einer GmbH. Diese Vorschrift ist insbesondere dann zu beachten, wenn der Unternehmensträger, abgesehen von dem mit dem Unternehmenskaufvertrag zu veräußerndem Geschäft, über keine anderen Aktivitäten verfügt. Dies wird häufig der Fall sein, wenn die Vertragsparteien den Asset-Deal dem Share-Deal ausschließlich aus steuerlichen Gründen vorziehen und nicht etwa, weil der Erwerber nur an einem bestimmten Teil des betreffenden Unternehmens interessiert ist.

3. Unternehmensgegenstand. Die Beschreibung des Unternehmensgegenstandes bedarf besonderer Sorgfalt, da der Unternehmensgegenstand in Zweifel bestimmt, welche Vermögensgegenstände dem Unternehmen bzw dem Geschäftsbetrieb zuzuordnen sind. Der Unternehmensgegenstand hat daneben grundsätzliche Bedeutung für die Reichweite der abgegebenen Garantien und der Wettbewerbsklausel.

4. Stichtag. Der Stichtag ist der Tag zu dem die Käuferin das Unternehmen wirtschaftlich erwirbt. Dieser Tag kann, muss aber nicht, mit dem Tag der Unterzeichnung des Vertrages gleichlaufen. Er ist insbesondere für die Ermittlung des Kaufpreises von Bedeutung. Anders als bei der dinglichen Übertragung der Vermögensgegenstände sind die Parteien bei der Bestimmung des Stichtags grundsätzlich frei. Insbesondere kann auch ein Stichtag gewählt werden, der vor dem Tag des Vertragsabschlusses liegt. In diesem Fall erfolgt die Veräußerung in einer sog. Locked Box Struktur (vgl insbesondere → Form. I.K.9 Anm. 13). Bei einem Asset-Deal ist die Vereinbarung einer Locked Box Struktur allerdings ungewöhnlich, weil die tatsächliche Trennung der Assets der betroffenen Unternehmen ja noch nicht stattgefunden hat und dies in zu schwierigen Abgrenzungsfragen führen kann. In der Regel wird deshalb beim Asset-Deal der wirtschaftliche Übergang parallel zum dinglichen Übergang der Assets, also am Vollzugstag, festgelegt. Sollten keine weiteren Vollzugsbedingungen, insbesondere behördliche Freigaben (vgl insbesondere → Form. I.K.9 Anm. 17) notwendig sein, kann der Vollzug am Tag der Unterzeichnung des Vertrages erfolgen. Diese Situation liegt diesem Muster zu Grunde (vgl BeckFormB M&A/*Kogge,* 3. Aufl D I, § 13, für den Fall, dass Vollzugsbedingungen notwendig sind).

Da der Stichtag relevant für die Bewertung der den Kaufpreis bestimmenden Faktoren ist (vgl § 14 – Kaufpreis), ist es in Fällen, in denen Unterzeichnung und Vollzug des Vertrags am gleichen Tag erfolgen, jeweils zu überlegen, den Vertragsabschluss am Ende eines Monates oder zum Quartalsende vorzunehmen, um die Bewertung der kaufpreisrelevanten Faktoren zu erleichtern.

5. Vertragsgegenstand. Rechtlich zerfallen die beim Asset-Deal zu regelnden Übernahmen in die Übernahme von Vermögensgegenständen (Sachen und Rechte), Verbindlichkeiten und Vertragsverhältnissen. Aus der Bilanz ergibt sich kein vollständiger Überblick über die so zu übernehmende Vermögensgesamtheit: während Vertragsverhältnisse hier überhaupt nicht reflektiert sind (Nichtbilanzierung von schwebenden Geschäften, vgl Baumbach/Hopt/*Merkt,* HGB, § 252 Rn 21), sind regelmäßig auch nicht alle Vermögensgegenstände (geringwertige Wirtschaftsgüter, abgeschriebene Wirtschaftsgüter) oder alle Verbindlichkeiten (zB Eventualverbindlichkeiten, § 251 HGB) berücksichtigt.

6. Dual-use Assets. Die Frage, wie mit Vermögensgegenständen, Verträgen oder Arbeitnehmern umzugehen ist, die sowohl dem verkauften Unternehmensteil als auch für möglicherweise verbleibende Unternehmensteile der Verkäuferin zuzuordnen sind, bedarf regelmäßig einer Einzelbetrachtung und interessengerechten Regelung. Aus Vereinfachungsgründen wird in diesem Muster davon ausgegangen, dass nur ausschließlich dem verkauften Unternehmen zuzuordnende Assets an die Käuferin übertragen werden.

7. Vermögensgegenstände. Im Rahmen eines Asset Purchase Agreements werden nur solche Gegenstände veräußert, die der Vertrag explizit bezeichnet. Daher ist eine genaue Bezeichnung der zu veräußernden Gegenstände für die Bestimmung des Umfangs der Transaktion wichtig. Falls ein im Asset Purchase Agreement zur Übertragung vorgesehener Vermögensgegenstand nicht übertragen wurde, so ermöglicht eine sog Wrong-Box-Klausel, diese Übertragung nach dem Stichtag noch vorzunehmen. Ebenso ermöglicht die Wrong-Box-Klausel eine Rückübertragung eines versehentlichen an den Käufer übertragenen Gegenstandes. (vgl BeckFormB M&A/*Kogge,* 3. Aufl D I, 22.4).

8. Ausgenommene Vermögensgegenstände. Um die Abwicklung des Geschäftes zu erleichtern, sieht das Formular vor, dass der dem Geschäftsbetrieb zuzuordnende „Cash" (Wertpapiere sowie Schecks, Kassenbestand, Bundesbank- und Postgiroguthaben und Guthaben bei Kreditinstituten) nicht mitverkauft wird, es sei denn dieser wird von einer der mitverkauften Beteiligungen gehalten. Aus ähnlichen Praktikabilitätserwägungen werden in der Praxis teilweise auch Forderungen und Verbindlichkeiten aus Lieferung und Leistung von der Übertragung ausgeschlossen. Die entsprechenden Ausschlüsse sind dann im Rahmen der Unternehmensbewertung bzw dessen Geschäftsbetriebs bzw. Kaufpreisklausel zu berücksichtigen.

9. Bestimmung der übernommenen Vermögensgegenstände. Das Formular geht davon aus, dass der Käufer das gesamte bei Vertragsschluss zu dem Geschäftsbetrieb des Unternehmens gehörende Anlagevermögen und Umlaufvermögen übernimmt. Welche Vermögensgegenstände dies im Einzelnen sind, ist bei einem werbend tätigen Unternehmen bzw dessen Geschäftsbetriebs jeweils nur schwer, und wenn überhaupt, nur retroaktiv, auf einen bestimmten Stichtag feststellbar. Das Unternehmen bzw dessen Geschäftsbetrieb ist kein statischer Zustand (wie eine bestimmte Sache), sondern ein dynamisches Zusammenwirken von Produktionsfaktoren, deren Zusammensetzung sich laufend ändert. Für die schuldrechtliche Vereinbarung, dh die Verpflichtung, das gesamte Vermögen zu übertragen, bedeutet dies kein Problem, da insofern ausreicht, dass die übertragenen Vermögensgegenstände durch qualitative Zurechnung ausreichend bestimmt werden können (vgl *Beisel/Klumpp,* Der Unternehmenskauf, 7. Aufl 2015, § 4 Rn 33 ff). Das Formular sieht zur Sicherstellung der Bestimmtheit der übergegangenen Vermögensgegenstände in § 11 Abs. 2 aE ein von den Vertragsparteien nach der Übernahme gemeinsam aufzustellendes Verzeichnis der am Stichtag übergegangenen Vermögensgegenstände vor.

10. Vermögensverzeichnis. Das Vermögensverzeichnis, auf das das Formular Bezug nimmt, ist im Grunde nichts anderes als ein Auszug aus dem der letzten Jahresabschlussbilanz zugrundeliegenden Inventar (§ 240 HGB). Es wird deshalb zum Zeitpunkt des Vertragsschlusses die tatsächliche Zusammensetzung des Vermögens des Geschäftsbetriebs des Unternehmens nicht mehr richtig wiedergeben. Im Rahmen des gewöhnlichen Geschäftsbetriebs werden ständig Vermögensgegenstände dem Unternehmen bzw dessen Geschäftsbetrieb entzogen sowie andere angeschafft. Der Vertrag sieht insofern vor, dass entzogene Vermögensgegenstände nicht, zugegangene Vermögensgegenstände jedoch verkauft sind. Der Vertrag legt ferner fest, dass Vermögensgegenstände, die zwar zu dem Geschäftsbetrieb des Unternehmens gehören, auf Grund der Eigenarten der Bilanzierung aber nicht im Inventar erfasst sind, wie zB geringwertige Wirtschaftsgüter (vgl. Abschn. 6(13) EStR), trotzdem mitverkauft sind. Da das Vermögensverzeichnis auf dem Inventar aufbaut und in dieses auch bereits vollständig abgeschriebene Vermögensgegenstände aufzunehmen sind, ist klar, dass diese mitverkauft sind, auch wenn sie in der Bilanz nicht mehr enthalten sind.

11. Grundvermögen. Gehört Grundvermögen, etwa ein Betriebsgrundstück, zum Aktivvermögen des Geschäftsbetriebs des Unternehmens, das im Wege der Übertragung aller Wirtschaftsgüter erworben wird, erstreckt sich die schuldrechtliche Vereinbarung über den Kauf aller Vermögensgegenstände in § 1.1 des Formulars auch auf dieses. Es empfiehlt sich angesichts der wirtschaftlichen Bedeutung dieses Vermögensgegenstandes möglicherweise nochmals die klarstellende Erwähnung. Die Einzelheiten der Übertragung können in einem Grundstückskaufvertrag geregelt werden, der als Anlage zum eigentlichen Unternehmenskaufvertrag genommen wird.

12. Soweit Grundstücke, die für den Betrieb des Geschäftsbetriebs des Unternehmens notwendig sind, nicht übertragen werden, werden diese in der Regel langfristig oder, je nach Interessenlage der Parteien, auch kurzfristig für eine Übergangszeitraum an die Käuferin vermietet bzw. verpachtet.

13. Beteiligungsbesitz. Gehören zu dem Vermögen des erworbenen Geschäftsbetriebs des Unternehmens entweder im Finanzanlagevermögen (§ 266 Abs. 2 A. III.1 und 3 HGB) oder im Umlaufvermögen (§ 266 Abs. 2 B. III HGB) gehaltene Anteile an anderen Unternehmen, werden auch diese von der schuldrechtlichen Abrede über den Erwerb des gesamten Vermögens in § 1.1 des Formulars erfasst. Der besseren Übersichtlichkeit halber wird der betreffende Anteilsbesitz in § 4 des Formulars noch einmal aufgeführt. Zu beachten ist, dass falls zu den erworbenen Wirtschaftsgütern auch Geschäftsanteile an einer GmbH gehören, der Unternehmenskaufvertrag der notariellen Beurkundung bedarf, vgl § 15 Abs. 3 und 4 GmbHG.

14. Gewerbliche Schutzrechte und Urheberrechte. Auch für gewerbliche Schutzrechte (insbesondere Patente und Gebrauchs- und Geschmacksmuster), deren Anmeldungen und für Urheberrechte gilt, dass sie bereits von der schuldrechtlichen Abrede in § 1.1 des Formulars erfasst sind. Trotzdem empfiehlt sich, insbesondere wenn der betreffende Geschäftsbetrieb des Unternehmens in erheblichem Umfang über immaterielle Vermögensgegenstände verfügt, eine ausführlichere Regelung.

§ 5.2 des Formulars sieht vor, dass die Verkäuferin an bestimmten Schutzrechten, Schutzrechtsanmeldungen und Urheberrechten eine unentgeltliche Lizenz erhält. § 5.3 legt zwar den Grundsatz der Umschreibung der verkauften Schutzrechte und Anmeldungen fest, lässt den Parteien aber die Möglichkeit, auf diese Umschreibung in den entsprechenden Registern aus Kostengründen zu verzichten (die dingliche Zuordnung dieser Rechte wird dadurch nicht berührt).

15. Für eingetragene Schutzrechte (wie zB Patente) enthalten die relevanten Register ua Informationen bezüglich des Inhabers des jeweiligen Schutzrechtes (vgl. zB § 30 PatG). Wenn es zu einer Veräußerung des Schutzrechts kommt, sollte das Schutzrecht auch im jeweiligen Register auf den neuen Inhaber umgeschrieben werden. Das Muster sieht vor, dass sich die Parteien unverzüglich nach der Unterzeichnung des Vertrages um die

Willemsen/Hohenstatt/Schweibert/Seibt/*Willemsen,* Umstrukturierung und Übertragung von Unternehmen, 5. Aufl 2016, Teil G Rn 47 ff mwN.

Die automatische Rechtsfolge des § 613a BGB ist der Übergang aller Arbeitsverhältnisse, die zum Zeitpunkt des Betriebsüberganges in dem Betrieb bzw. Betriebsteil bestehen, auf den Erwerber. Der Betriebsübergangs tritt ein, wenn der neue Inhaber in die Lage versetzt wird, die technischen und organisatorischen Voraussetzungen des Betriebs zu nutzen und dessen Leitung im eigenen Namen zu übernehmen (BAG, DB 1988, 712).

Die vom Betriebsübergang betroffenen Arbeitnehmer sind gem. § 613 a Abs. 5 BGB in Textform (§ 126 b BGB) über den Betriebsübergang zu unterrichten. Die Unterrichtung kann durch den Veräußerer oder den Erwerber erfolgen; beide Parteien trifft die gesetzliche Unterrichtungspflicht gleichermaßen (BT-Drucksache 14/7760 S 19). Das Formular sieht beispielhaft eine Unterrichtung durch die sachnähere Verkäuferin vor. Ein unzureichendes Unterrichtungsschreiben setzt die Widerspruchsfrist gem. § 613 a Abs. 5 BGB nicht in Lauf. Darüber hinaus kann eine Verletzung der Unterrichtungspflicht Schadensersatzansprüche der Arbeitnehmer gegen den alten und den neuen Arbeitgeber auslösen (vgl Erfurter Kommentar zum Arbeitsrecht/*Preis,* 19. Aufl 2019, § 613 a BGB, Rn 94 ff).

Eine ausdrückliche Zustimmung des Arbeitnehmers zu dem Übergang seines Arbeitsverhältnisses auf den Erwerber ist nicht erforderlich. Gemäß § 613a Abs. 6 BGB hat der Arbeitnehmer jedoch das Recht, dem Übergang des Arbeitsverhältnisses innerhalb eines Monats nach Unterrichtung über den Betriebsübergang zu widersprechen. Widerspricht ein Arbeitnehmer wirksam dem Übergang seines Arbeitsverhältnisses auf den Erwerber, bleibt sein Arbeitsverhältnis mit seinem bisherigen Arbeitgeber bestehen. Er muss allerdings mit einer betriebsbedingten Kündigung durch den Veräußerer, der nicht mehr der Betriebsinhaber ist, rechnen. Eine solche Kündigung ist grundsätzlich nicht bereits nach § 613 a Abs. 4 S 1 BGB unwirksam, da wesentliche Ursache dieser Kündigung nicht der Übergang des Arbeitsverhältnisses ist, sondern die Weigerung des Arbeitnehmers, unter dem neuen Betriebsinhaber zu arbeiten, vgl Erfurter Kommentar zum Arbeitsrecht/*Preis,* 19. Aufl 2019, Rn 106; Willemsen/Hohenstatt/Schweibert/Seibt/*Willemsen,* Umstrukturierung und Übertragung von Unternehmen, 5. Aufl 2016, Teil G Rn 162. Bei einer verspäteten Widerspruchserklärung trotz Weiterarbeit verwirkt der Arbeitnehmer sein Recht dem Übergang seines Arbeitsverhältnisses zu widersprechen gemäß § 242 BGB (BAG, NZA 2018, 168). Das BAG hat in der vorliegenden Entscheidung eine Verwirkung bei einer sieben Jahre dauernden widerspruchlosen Tätigkeit durch den Arbeitgeber im Unternehmen des Erwerbers angenommen.

Die Rechtsfolge des § 613 a BGB ist im Übrigen nicht nur der Übergang des individualvertraglichen Arbeitsverhältnisses der betroffenen Arbeitnehmer, sondern gemäß § 613 a Abs. 1 S 2 BGB auch der Übergang von kollektivarbeitsrechtlichen Normen, wie etwa Tarifverträge und Betriebsvereinbarungen, wenn nicht die bisherigen Regelungen durch andere bei dem neuen Betriebsinhaber bereits geltende Tarifverträge und/oder Betriebsvereinbarungen verdrängt werden (§ 613 a Abs. 1 S 3 BGB). Hinsichtlich der Harmonisierung und Änderung von Arbeitsbedingungen vgl. insbesondere Willemsen/Hohenstatt/Schweibert/Seibt/*Schweibert*, Umstrukturierung und Übertragung von Unternehmen, 5. Aufl. 2016, Teil I.

Da von dem bisherigen Betriebsinhaber gewährte Zusagen betrieblicher Altersversorgungen Teil des Arbeitsverhältnisses der betreffenden Arbeitnehmer sind, gehen auch die Verpflichtungen aus diesen Versorgungszusagen auf den Erwerber über, und zwar unabhängig davon, ob es sich dabei bereits um unverfallbare Versorgungsanwartschaften (vgl § 1 BetrAVG) handelt oder nicht. Soweit gegenüber ausgeschiedenen Arbeitnehmern bereits Leistungen der betrieblichen Altersversorgung erbracht werden oder ausgeschiedene Mitarbeiter unverfallbare Anwartschaften auf Leistungen haben, gehen die entsprechenden Verpflichtungen mangels des Vorliegens eines zum Zeitpunkt des Übergangs bestehenden Arbeitsverhältnisses nicht auf den Erwerber über; diese Verpflichtungen können den Erwerber allenfalls auf Grund von § 25 HGB treffen. Eine vertragliche Vereinbarung, dass der Veräußerer alleiniger Schuldner aller Verpflichtungen aus betrieblicher Altersversorgung bleibt, verstößt nach BAG AP 27 zu § 613 a BGB gegen § 613 a BGB und § 4 BetrAVG, auch wenn die betroffenen Arbeitnehmer zustimmen. Möglich ist also nur eine Freistellungsvereinbarung zwischen den Vertragsparteien. Andererseits scheitert auch die Übertragung der Verpflichtung zur betrieblichen Altersversorgung ausgeschiedener Arbeitnehmer, für die bereits Leistungen erbracht werden oder die zumindest unverfallbare Anwartschaften auf Leistungen haben, von dem Veräußerer auf den Erwerber an § 4 Abs. 1 BetrAVG. Auch dies kann manchmal gewollt sein, wenn sich die Veräußerin vollständig aus den Verpflichtungen für das bisher von ihr geführte Unternehmen zurückziehen will und die Erwerberin grundsätzlich mit der Übernahme dieser Verpflichtungen einverstanden wäre. Das Formular sieht insofern vor, dass die entsprechenden Verpflichtungen bei der Verkäuferin verbleiben, sich die Käuferin jedoch im Innenverhältnis zwischen den Vertragsparteien verpflichtet, die Verkäuferin von der Inanspruchnahme schadlos zu halten. Dies geschieht allerdings nur bis zu dem Betrag, der für die betreffenden laufenden Leistungen und unverfallbaren Anwartschaften im Jahr zuletzt bei der Verkäuferin zurückgestellt war (vgl ausführlich zur betrieblichen Altersversorgung Willemsen/Hohenstatt/Schweibert/Seibt/*Schnitker,* Umstrukturierung und Übertragung von Unternehmen, 5. Aufl. 2016, Teil J Rn 83 ff; *Rolfs,* NZA-Beil 2008, 164).

23. Ob und in wie weit Arbeitnehmerverbindlichkeiten stichtagsbezogen zwischen Käufer und Verkäufer abgegrenzt werden, ist regelmäßig Teil der wirtschaftlichen Diskussion zwischen den Parteien. Eine entsprechende Abgrenzungsvereinbarung könnte wie folgt lauten:

„Sämtliche aus den übergehenden Arbeitsverhältnissen vor dem Stichtag (einschließlich) entstandenen und fälligen Verbindlichkeiten, die ausschließlich den Zeitraum vor dem Stichtag (einschließlich) betreffen, trägt die Verkäuferin. Sämtliche aus den übergehenden Arbeitsverhältnissen nach dem Stichtag entstehenden Verbindlichkeiten trägt die Käuferin. Sämtliche aus den übergehenden Arbeitsverhältnissen vor dem Stichtag (einschließlich) entstandenen und fälligen Verbindlichkeiten, die (auch) einen Zeitraum nach dem Stichtag betreffen (insbesondere Verbindlichkeiten zur Abführung von Sozialversicherungsbeiträgen), tragen Verkäuferin und Käuferin anteilig pro rata temporis, dh die Verkäuferin für den Zeitraum bis zum Stichtag (einschließlich) und die Käuferin für den Zeitraum ab dem Stichtag; vollständig durch die Verkäuferin erbrachte bzw. noch zu erbringende Leistungen hat die Käuferin der Verkäuferin entsprechend anteilig zu erstatten und unverzüglich auf das Verkäuferkonto zu überweisen. Sämtliche aus den übergehenden Arbeitsverhältnissen nach dem Stichtag fälligen Verbindlichkeiten, die (auch) einen Zeitraum vor dem Stichtag betreffen (insbesondere Verbindlichkeiten zur Abführung von Sozialversicherungsbeiträgen), tragen Verkäuferin und Käuferin anteilig pro rata temporis, dh die Verkäuferin für den Zeitraum bis zum Stichtag (einschließlich) und die Käuferin für den Zeitraum ab dem Stichtag; vollständig durch die Käuferin erbrachte bzw. noch zu erbringende Leistungen hat die Verkäuferin der Käuferin entsprechend anteilig zu erstatten."

Alternativ und durchaus üblich ist es jedoch auch, die Arbeitnehmerverpflichtungen als Teil des Working Capitals im Rahmen der Kaufpreisklausel zu behandeln.

24. Zum Mitarbeiter-Informationsschreiben vgl BeckFormB M&A/*Seibt,* P III.

25. Übernahme von Verbindlichkeiten. Damit keine Diskussion darüber entsteht, in welche Verbindlichkeiten die Käuferin eintritt, empfiehlt es sich, die übernommenen Verbindlichkeiten in einem Verzeichnis festzuschreiben. Übernommen werden bilanzierte Verbindlichkeiten, Eventualverbindlichkeiten sowie Verpflichtungen und Risiken, für die die Käuferin bisher in ihrer Bilanz Rückstellungen gebildet hat. Die Wirksamkeit der befreienden Schuldübernahme hängt gem. § 415 Abs. 1 BGB von der Genehmigung des betreffenden Gläubigers ab.

26. Ausschluss von Verbindlichkeiten. Gegebenenfalls können die Parteien in diesem Absatz weitere konkrete Verbindlichkeiten benennen, die vom Umfang der Transaktion ausgeschlossen werden müssen. Bei den hier gewählten Ansatz trägt der Verkäufer das Risiko die entsprechenden Verbindlichkeiten in der Anlage zu benennen. Insbesondere im Zusammenhang mit der Haftung für Steuerschulden (§ 75 AO) oder aber auch im Zusammenhang mit der Haftung für Umweltschäden/Kontamination auf den übernommenen Betriebsgrundstücken, kann es sich empfehlen weitere bzw. detailliertere Regelungen aufzunehmen (vgl BeckFormB M&A/*Kogge,* 3. Aufl D I, § 18 (Umweltfreistellung) und § 19 (Steuerfreistellung)).

27. Dingliche Erfüllung. Soweit das von dem Erwerber übernommene Vermögen aus Sachen besteht (etwa Anlagen, Maschinen oder Vorräte), erfordert die dingliche Erfüllung der Übertragung Einigung und Übergabe bzw Übergabesurrogat, §§ 929 ff BGB. Das Formular geht davon aus, dass die Übergabe gleichzeitig mit dem Vertragsschluss erfolgen soll und dass deshalb die Verkäuferin der Käuferin unmittelbar Besitz an den betreffenden Gegenständen einräumt. Eine Ausnahme gilt für das übertragene Grundvermögen, woran das Eigentum erst nach Eintragung im Grundbuch übergeht. Auch die Übertragung (Abtretung) der nicht-körperlichen Gegenstände sowie die Übernahme von Verbindlichkeiten und der Eintritt in bestehende Vertragsverhältnisse erfolgen mit Vertragsschluss.

28. Zustimmung Dritter. Sowohl die Übernahme der Verbindlichkeiten (Schuldübernahme) wie der Eintritt in die bestehenden Vertragsverhältnisse bedürfen der Zustimmung der betreffenden Gläubiger. Wird diese nicht erteilt, sieht das Formular vor, dass die betreffende Verbindlichkeit bzw das betreffende Vertragsverhältnis im Außenverhältnis bei der Verkäuferin bleibt und diese im Innenverhältnis die Käuferin so stellt, als sei übertragen worden. Bei Vertragsverhältnissen wird die Nichtzustimmung der dritten Vertragspartei in der Praxis allerdings regelmäßig dazu führen, dass sich die Käuferin insofern nach anderen Bezugsquellen umsehen wird.

29. Behördliche Erlaubnisse. Behördliche Erlaubnisse können entweder sachbezogen sein (sogenannte Realkonzession), zB Anlagegenehmigungen, oder personenbezogen (sogenannte Personalkonzession, etwa eine Gewerbeerlaubnis). Da bei dem Unternehmenskauf durch den Erwerb aller Wirtschaftsgüter der Unternehmensträger wechselt, muss der Erwerber mögliche Personalkonzessionen neu beantragen (vgl ausführlich *Wiebauer,* NZA 2010, 733).

30. Kaufpreis. Für die Berechnung des Kaufpreises sieht das Formular einen sog. „Closing Account" Mechanismus vor, dh die kaufpreisrelevanten Faktoren „Cash", „Debt" und „Working Capital" werden zum relevanten Stichtag nach Vollzug des Vertrages ermittelt und in einem standardisierten Eskalationsverfahren (siehe dazu § 15) zwischen den Parteien bindend festgestellt. Am Vollzugstag (der hier mit dem Tag der Unterzeichnung des Vertrages übereinstimmt) wird ein vorläufiger Kaufpreis Zug um Zug gegen Übertragung des Unternehmens gezahlt. Der Differenzbetrag zwischen vorläufigem und endgültigem Kaufpreis wird dann später zwischen den Parteien ausgeglichen (s § 14.7).

31. Kaufpreisklausel. Da der Unternehmenswert bzw der Wert des Geschäftsbetriebs des Unternehmens in der Regel ohne Berücksichtigung der im Unternehmen vorhandenen Barmittel und Finanzverbindlichkeiten ermittelt wird (*Cash-free/Debt-free*) sind die konkret übertragenen „Cash" und „Debt" Positionen am Stichtag bei der Überleitung des

Unternehmenswertes (Enterprise Value) zum Kaufpreis (Equity Value) im Rahmen der Kaufpreisformel zu berücksichtigen. Dies ist grundsätzlich auch beim Asset-Deal der Fall. Allerdings ist in einem Asset-Deal Szenario ggf. zu berücksichtigen, dass Barmittel aus Gründen der Praktikabilität in der Regel nicht übertragen werden (vgl. § 1 Abs. 2), es sei denn sie gehen im Rahmen eines mit dem Asset-Deal verbundenen Beteiligungserwerbs auf die Käuferin über.

Zur Vermeidung von bewussten oder zufälligen Verschiebungen zwischen Umlaufvermögen und den direkt kaufpreisrelevanten Cash und Debt Positionen enthält die Kaufpreisklausel regelmäßig eine sog. Working-Capital Garantie, mit der der Bestand eines vereinbarten geschäftsadäquaten Niveaus des Nettoumlaufvermögens abgesichert wird. Die genaue Definition der kaufpreisrelevanten Faktoren (insbesondere die Definition des Umlaufvermögens) ist im Einzelfall regelmäßig Gegenstand intensiver Verhandlungen. Bei der Konkretisierung kann entweder (wie hier) auf die handelsrechtliche Nomenklatur der § 298 iVm § 266 HGB zurückgegriffen werden. Üblicher Weise vereinbaren die Parteien aber weitere Konkretisierungen ggf. unter Bezugnahme auf den bei der Verkäuferin für das Geschäft genutzten Kontenplan.

32. Barmittel. Barmittel (Cash) berücksichtigt in der Regel Kassenbestände, Bundesbankguthaben, Guthaben bei Kreditinstituten und Schecks (§ 266 Abs. 2 B IV HGB); kann aber auch weitere Positionen wie sonstige Wertpapiere (§ 266 Abs. 2 B III 2 HGB) oder Forderungen gegen verbundene Unternehmen (§ 266 Abs. 2 B II 2 HGB) umfassen. Die Übertragung von Barmitteln der Verkäuferin ist nach § 1 Absatz 2 des Formulars ausgeschlossen. Im vorliegenden Fall ist jedoch zu berücksichtigen, dass entsprechende Barmittel auf Konten der nach § 4 übertragenen Beteiligungen durch Übertragung der entsprechenden Beteiligungen an die Käuferin übergehen und deshalb auch die Barmittel in der Kaufpreisklausel zu berücksichtigen sind.

33. Finanzverbindlichkeiten. Finanzverbindlichkeiten (Debt) berücksichtigt in der Regel Verbindlichkeiten gegenüber Kreditinstituten (§ 266 Abs. 3 C 2 HGB); kann aber auch weitere Positionen wie Anleihen (§ 266 Abs. 3 C HGB), Verbindlichkeiten aus Gewinn-, Wandel-, Options- und sonstigen Schuldverschreibungen und Genussscheine jeder Art, Wechselverbindlichkeiten (§ 266 Abs. 3 C 5 HGB), Verbindlichkeiten gegenüber verbundenen Unternehmen (§ 266 Abs. 3 C 6 HGB), mit Ausnahme der Verbindlichkeiten aus Lieferungen und Leistungen sowie Pensionsverbindlichkeiten (§ 266 Abs. 3 B 1 HGB) berücksichtigen.

34. Working Capital. Das Nettoumlaufvermögen im engeren Sinne (sog. „Trade Working Capital") besteht aus dem Saldo der (a) Vorräte (§ 266 Abs. 2 B I. HGB), (b) Forderungen aus Lieferungen und Leistungen (§ 266 Abs. 2 B II. 1 HGB) und (c) Verbindlichkeiten aus Lieferungen und Leistungen (§ 266 (3) C 4 HGB).

35. Aufschiebende Bedingung. Da Vertragsunterschrift und Vollzug des Vertrages am gleichen Tag erfolgen sollen, kann in der Regel durch organisatorische Maßnahmen sichergestellt werden, dass die Verpflichtungen der Parteien am Stichtag Zug um Zug erfolgen. Trotzdem empfiehlt es sich aus anwaltlicher Vorsicht sicher zu stellen, dass die Übertragung des Geschäftsbetriebs des Unternehmens rechtlich erst dann erfolgt, wenn der Kaufpreis bei der Verkäuferin auch eingegangen ist; dies geschieht durch die entsprechende aufschiebende Bedingung kombiniert mit einem Rücktrittsrecht zu Gunsten der Verkäuferin.

36. Stichtagsabschluss. Dieses Formular sieht vor, dass die Verkäuferin den ersten Entwurf des Stichtagsabschluss erstellt. Dadurch kann insbesondere Kontinuität in der Anwendung der Accounting Principles sichergestellt werden. Allerdings ist nicht zwingend.

37. Gewährleistungen. Die Gewährleistungen sind, wie der gesamte Vertrag eher verkäuferfreundlich formuliert, berücksichtigen aber in angemessener Weise die Interessen der Käuferin insbesondere in der speziellen Situation des Asset Deals. Für einen weiteren käuferfreundlichen Garantie-Katalog (vgl → Form. I.K.9 Anm. 24 ff und BeckFormB M&A/*Kogge,* 3. Aufl D I, § 16).

38. Zur Bilanzgarantie vgl in → Form. I.K.9 Anm. 32.

39. Zur Interim-Gewährleistung, die insbesondere bei einem Locked-Box-Mechanismus essentiell ist, vgl. → Form. I.K.9 Anm. 49.

40. Zum Grundbesitz vgl in → Form. I.K.9 Anm. 36.

41. Zu gewerblichen Schutzrechten und Urheberrechten vgl in → Form. I.K.9 Anm. 38.

42. Wesentliche Verträge. Es ist üblich, die Wesentlichen Verträge unter Nutzung geeigneter Schwellenwerte näher zu konkretisieren, vgl. dazu BeckFormB M&A/*Kogge*, 3. Aufl D I, 16.12. Vgl im Übrigen in → Form. I.K.9 Anm. 42.

43. Arbeitsverhältnisse vgl in → Form. I.K.9 Anm. 44.

44. Rechtsfolgen. Zu den Rechtsfolgen vgl. → Form. I.K.9 Anm. 50.

45. Wettbewerbsverbot. Zum Wettbewerbs- und Abwerbeverbot vgl. → Form. I.K.9 Anm. 57.

46. Ertragsteuern. Auf Veräußererseite ist zu beachten, dass eine Besteuerung zum Zeitpunkt des Übergangs des wirtschaftlichen Eigentums erfolgt, dh eine Besteuerung kann unter Umständen bereits zu einem Zeitpunkt eintreten, zu dem der Veräußerer den Kaufpreis möglicherweise noch nicht erhalten hat, weil er gestundet wurde. Dies kann zu Liquiditätsengpässen führen, die zB dadurch ausgeglichen werden können, dass jedenfalls die Zahlung einer ersten Kaufpreisrate in Höhe der voraussichtlichen Steuerbelastung vereinbart wird.

Die übertragenen Wirtschaftsgüter werden von dem Veräußerer, unabhängig davon, ob es sich um eine Kapitalgesellschaft, eine Personengesellschaft oder eine Einzelperson handelt, regelmäßig im Betriebsvermögen gehalten. Ein Veräußerungsgewinn gehört gem. §§ 15, 16 EStG zu den Einkünften aus Gewerbebetrieb. Soweit eine Kapitalgesellschaft die Wirtschaftsgüter veräußert, unterliegt der Veräußerungsgewinn grds der Körperschaft- und Gewerbesteuer. Eine natürliche Person unterliegt mit dem Veräußerungsgewinn der Einkommensteuer und ggf der Gewerbesteuer. Auf den Veräußerungsgewinn können natürliche Personen unter gewissen Voraussetzungen einen Freibetrag von 45.000,00 Euro anwenden, § 16 Abs. 4 EStG. Darüber hinaus finden die Steuersatzvergünstigungen des § 34 Abs. 1 und ggf des Abs. 3 EStG Anwendung. Sowohl der Freibetrag als auch die Steuersatzvergünstigung des § 34 Abs. 3 EStG sind jedoch nur einmal im Leben anwendbar und erfordern, dass der Veräußerer älter als 55 Jahre alt ist (bzw dauernd berufsunfähig).

§ 6 b EStG eröffnet die Möglichkeit der steuerfreien Investition, wenn aus der Veräußerung bestimmter Anlagegüter ein Veräußerungsgewinn erzielt wird.

Liegt der Kaufpreis über den Buchwerten der erworbenen Wirtschaftsgüter, ist das Interesse des Erwerbers, den Teil des Gesamtkaufpreises, der den Nettobuchwert des gekauften Geschäftsbetrieb des Unternehmens übersteigt, dergestalt auf die einzelnen Wirtschaftsgüter und Leistungen des Veräußerers zu verteilen, dass er das nach dem Erwerb zur Verfügung stehende Abschreibungsvolumen maximiert (sog. Step-up). Die Grenze für den Neuansatz der einzelnen übernommenen Wirtschaftsgüter ist jeweils der steuerliche Teilwert, dh der Wert, der bei Fortführung des Geschäftsbetrieb des Unternehmens für das einzelne Wirtschaftsgut von einem Erwerber gezahlt werden würde. Bleibt auch nach Ansatz des erworbenen Vermögens zum jeweiligen Teilwert der Gesamtansatz hinter dem Kaufpreis zurück, kann der Überschuss für den erworbenen Geschäfts- oder Firmenwert (Goodwill) angesetzt werden; gem. § 7 Abs. 1 S 3 EStG kann dieser Geschäfts- oder Firmenwert über einen Zeitraum von 15 Jahren abgeschrieben werden.

47. **Verkehrssteuern.** Die Verkehrssteuern im Sinne dieser Vorschrift umfassen dabei insbesondere die Grunderwerbsteuer. Zum Anfall von Grunderwerbsteuer kann es nach § 1 Abs. 1 GrEStG kommen, wenn Grundstücke oder grundstücksgleiche Rechte im Rahmen des Asset Deals verkauft werden. Die Grunderwerbsteuer wird dabei ausweislich § 13 Nr. 1 GrEStG von Erwerber und Veräußerer als Gesamtschuldner geschuldet.

48. **Salvatorische Klausel.** Zur salvatorischen Klausel vgl → Form. I.K.9 Anm. 60.

49. **Gerichtsstand.** Zur Gerichtsstandsvereinbarung und ggf Schiedsgerichtsklausel vgl. → Form. I.K.9 Anm. 61.

20. Veröffentlichung der Entscheidung zur Abgabe eines Übernahmeangebots

Entscheidung zur Abgabe eines Übernahmeangebotes[1]

Veröffentlichung der Entscheidung zur Abgabe eines Übernahmeangebotes gem § 10 Abs 1 iVm §§ 29 Abs 1, 34 des Wertpapiererwerbs- und Übernahmegesetzes (WpÜG)

Bieterin:

A-GmbH

[Adresse]

Deutschland

eingetragen im Handelsregister des Amtsgerichts . . . . . unter HRB . . . . .

Zielgesellschaft:

X-AG

[Adresse]

Deutschland

eingetragen im Handelsregister des Amtsgerichts . . . . . unter HRB . . . . .

ISIN: DE . . . . . (WKN: . . . . .)

Angaben der Bieterin:

Die A-GmbH (die „Bieterin“) hat am . . . . .[2] entschieden, den Aktionären der X-AG, [Sitz], im Wege eines freiwilligen öffentlichen Übernahmeangebotes anzubieten, ihre auf den Inhaber lautenden Stückaktien der X-AG mit einem rechnerischen Anteil am Grundkapital von je EUR . . . . . [mit Gewinnberechtigung ab dem . . . . . (ISIN DE . . . . .)] zu einem Preis von EUR . . . . . je Aktie in bar[3] und im Übrigen zu den in der Angebotsunterlage noch mitzuteilenden Bestimmungen und Bedingungen zu erwerben (das „Übernahmeangebot“).

[Das Übernahmeangebot wird unter dem Vorbehalt kartellrechtlicher Genehmigungen stehen. Die Bieterin beabsichtigt, im Rahmen des Übernahmeangebotes alle Aktien der X-AG zu erwerben, mindestens jedoch 75 % der Aktien und Stimmrechte der X-AG. Die sonstigen Bedingungen und Bestimmungen des Übernahmeangebots werden in der Angebotsunterlage mitgeteilt.] [4]

[Ggf. Hinweise/Erläuterungen zum Hintergrund des Angebots][5]

Die Angebotsunterlage wird im Internet unter folgender Adresse nach Gestattung der Angebotsunterlage durch die Bundesanstalt für Finanzdienstleistungsaufsicht veröffentlicht:

http://www. . . . . [6]

. . . . . Ort, Datum

A-GmbH

Anmerkungen

1. Sachverhalt. Das Muster behandelt den Fall einer Veröffentlichung der Entscheidung eines Bar-Übernahmeangebotes nach § 10 Abs 1 iVm §§ 29 Abs 1, 34 WpÜG. Die Veröffentlichung hat nach § 10 Abs 3 S 1 WpÜG durch Bekanntgabe im Internet (Nr 1) und über ein elektronisch betriebenes Informationsverbreitungssystem (Nr 2) zu erfolgen. Die Veröffentlichung hat in deutscher Sprache zu erfolgen (§ 10 Abs 3 S 1 WpÜG).

In der Praxis erfolgt die Veröffentlichung häufig durch die Deutsche Gesellschaft für Ad-hoc-Publizität mbH (DGAP) (WpÜG Service; vgl http://www.dgap.de). Die DGAP übernimmt neben der Veröffentlichung nach § 10 Abs 3 S 1 Nr 2 WpÜG auch die Vorab-Unterrichtung der Börsen und der Bundesanstalt nach § 10 Abs 2 WpÜG sowie die Übersendung nach § 10 Abs 4 S 1 WpÜG.

2. Der Bieter (iSd § 2 Abs 4 WpÜG) hat nach § 10 Abs 1 WpÜG seine Entscheidung zur Abgabe eines Angebots unverzüglich zu veröffentlichen. Im Einzelfall kann es zweifelhaft sein, zu welchem Zeitpunkt die Entscheidung getroffen ist. Die Regierungsbegründung verweist in diesem Zusammenhang explizit auf die zu § 15 WpHG aF (nunmehr Art 17 MAR [VeroR (EU) Nr. 596/2014 – Marktmissbrauchsverordnung]) entwickelten Grundsätze (BT-Drs. 14/7034, S 39). Zu den Details vgl KölnKomm/*Hirte,* WpÜG, 2. Aufl 2010, § 10 Rn. 26 ff; Paschos/Fleischer/*Technau/Berrar*, WpÜG, 2017, § 13 Rn. 68 ff.

Darüber hinaus ist der Bieter verpflichtet, den Vorstand der Zielgesellschaft unverzüglich nach Veröffentlichung seiner Entscheidung zur Abgabe eines Angebots über seine Entscheidung schriftlich zu unterrichten (§ 10 Abs 5 S 1 WpÜG). Zu den Details vgl Angerer/Geibel/Süßmann/*Geibel/Louven*, WpÜG, 3. Aufl 2017, § 10 Rn. 76 ff.

3. Der Bieter ist nach § 10 Abs 1 WpÜG nicht verpflichtet, zugleich Art und Höhe der Gegenleistung zu veröffentlichen, die der Bieter anzubieten beabsichtigt. Dies gilt selbst dann, wenn die Entscheidung über diese Details bereits getroffen worden ist (Begr. RegE BT-Drs 14/7034, S 39; Angerer/Geibel/Süßmann/*Geibel/Louven,* WpÜG, 3. Aufl 2017, § 10 Rn. 39; Schwark/Zimmer/*Noack/Holzborn,* KMRK, 4. Aufl 2010, § 10 WpÜG Rn. 27). Unabhängig davon wird der Bieter im Interesse der frühzeitigen Information des Kapitalmarktes allerdings regelmäßig Art und Höhe der Gegenleistung im Rahmen der Veröffentlichung nach § 10 WpÜG publizieren.

4. Der Bieter ist nicht verpflichtet, wesentliche Bedingungen des Angebots bereits in der Entscheidung zu veröffentlichen. Es kann allerdings im Interesse der frühzeitigen Information des Kapitalmarktes auch insoweit (zur Art und Höhe der Gegenleistung vgl

Anm. 3) angezeigt sein, einige Eckdaten in die Veröffentlichung nach § 10 WpÜG zu integrieren.

5. Häufig wird der Bieter zusätzlich in einer Pressemitteilung kurz den Hintergrund des angekündigten Angebots erläutern. Dazu ist der Bieter allerdings nicht verpflichtet.

6. Der Bieter ist nach § 10 Abs 3 S 2 WpÜG verpflichtet, in der Veröffentlichung die Adresse anzugeben, unter der die Veröffentlichung der Angebotsunterlage im Internet nach § 14 Abs 3 S 1 Nr 1 WpÜG erfolgen wird. Anzugeben ist der genaue Pfad der Internetseite.

21. Angebotsunterlage für ein Übernahmeangebot

[1]Pflichtveröffentlichung gem §§ 34, 14 Abs 2 und 3 des Wertpapiererwerbs- und Übernahmegesetzes (*WpÜG*)

Aktionäre der X AG, insbesondere mit Wohnsitz, Sitz oder gewöhnlichem Aufenthalt in den Vereinigten Staaten von Amerika oder anderweitig außerhalb der Bundesrepublik Deutschland, sollten die Hinweise unter Ziffer 1 auf den Seiten ..... bis ....., Ziffer 23 auf Seite ..... und Ziffer 24 auf Seite ..... dieser Angebotsunterlage besonders beachten.

[Logo]

Angebotsunterlage[2, 3]

FREIWILLIGES ÖFFENTLICHES ÜBERNAHMEANGEBOT

(Barangebot)[4]

der

A-GmbH

.....

.....

an die Aktionäre der

X AG

.....

.....

zum Erwerb ihrer auf den Inhaber lautenden Aktien ohne Nennbetrag *(Stückaktien)* der

X AG

zum Preis

von EUR ..... je X-Aktie

Annahmefrist:

..... bis ....., 24:00 Uhr (Ortszeit Frankfurt am Main)[/[18:00 Uhr] (Ortszeit New York)]

X-Aktien: ISIN DE .....

„Zum Verkauf Eingereichte X-Aktien": ISIN DE . . . . .[5]

[„Nachträglich Zum Verkauf Eingereichte X-Aktien": ISIN DE . . . . .][6]

Inhaltsverzeichnis

[vom Abdruck wurde aus Platzgründen abgesehen]

1. Allgemeine Hinweise zur Durchführung des Übernahmeangebots[7, 8]

1.1 Rechtsgrundlagen

Das in dieser Angebotsunterlage (die „Angebotsunterlage") enthaltene Kaufangebot (das „Angebot") der A-GmbH mit Sitz in . . . . ., eingetragen im Handelsregister des Amtsgerichts . . . . . unter HRB . . . . . (die „Bieterin"), ist ein öffentliches Übernahmeangebot („Übernahmeangebot" oder „Angebot") zum Erwerb sämtlicher Aktien der X AG mit Sitz in (. . . . .) eingetragen im Handelsregister des Amtsgerichts . . . . . unter HRB . . . . . (die „X AG" oder „Zielgesellschaft"), nach dem Wertpapiererwerbs- und Übernahmegesetz („WpÜG"). Es ist an alle Aktionäre der X (zusammenfassend die „X-Aktionäre" und jeweils einzeln ein „X-Aktionär") gerichtet und wird ausschließlich nach deutschem Recht [sowie bestimmten anwendbaren wertpapierrechtlichen Bestimmungen der Vereinigten Staaten von Amerika („USA")] durchgeführt.

[1.2 Besondere Hinweise für Aktionäre der Zielgesellschaft mit Wohnsitz, Sitz oder gewöhnlichem Aufenthalt in den USA

Das Angebot bezieht sich auf Aktien einer deutschen Gesellschaft und unterliegt den gesetzlichen Vorschriften der Bundesrepublik Deutschland über die Durchführung eines solchen Angebots. Diese Vorschriften unterscheiden sich nicht unerheblich von den entsprechenden U. S.-amerikanischen Rechtsvorschriften. So sind bestimmte Finanzinformationen in dieser Angebotsunterlage in Übereinstimmung mit den von der Europäischen Union übernommenen International Financial Reporting Standards (die „IFRS") ermittelt worden und daher nicht vergleichbar mit Finanzinformationen über U. S.-amerikanische Unternehmen und andere Unternehmen, deren Finanzinformationen in Übereinstimmung mit den Generally Accepted Accounting Principles in the United States ermittelt werden.

Das Angebot wird in den USA gem Section 14(e) und Regulation 14E des US Securities Exchange Act of 1934 in seiner aktuellen Fassung (der „Exchange Act") und im Übrigen in Übereinstimmung mit den Vorschriften des WpÜG durchgeführt. Dementsprechend unterliegt das Angebot Veröffentlichungs- und anderen Verfahrensvorschriften, etwa im Hinblick auf Rücktrittsrechte, Angebotszeitraum, Abwicklung und Zeitplan von Zahlungen, die sich von denen für die Durchführung von öffentlichen Angeboten in den USA unterscheiden.

Die Bieterin kann nach der am 2. März 2007 von der Abteilung „Market Regulation" der U. S.-amerikanischen Securities and Exchange Commission („SEC") gewährten Gruppenfreistellung von der Rule 14 e-5 des Exchange Act („Rule 14 e-5") während der Laufzeit dieses Angebots Aktien der Zielgesellschaft in anderer Weise als im Rahmen dieses Angebots über die Börse oder außerbörslich außerhalb der USA erwerben oder entsprechende Erwerbsvereinbarungen schließen, sofern dies im Einklang mit den anwendbaren deutschen Rechtsvorschriften, insbesondere dem WpÜG, erfolgt. Soweit nach deutschem Recht erforderlich, werden Informationen über entsprechende Erwerbe oder Erwerbsvereinbarungen in Deutschland veröffentlicht werden. Entspre-

chende Informationen werden auch in Form. einer unverbindlichen englischen Übersetzung auf der Website der Bieterin unter http://www . . . . . veröffentlicht.

Für Aktionäre der Zielgesellschaft mit Wohnsitz, Sitz oder gewöhnlichem Aufenthalt in den USA („U. S.-Aktionäre") können sich Schwierigkeiten ergeben, ihre Rechte und Ansprüche nach U. S.-amerikanischen Bundesvorschriften zum Wertpapierrecht durchzusetzen, da sowohl die Zielgesellschaft als auch die Bieterin ihren Sitz außerhalb der USA haben und sämtliche ihrer jeweiligen Organmitglieder außerhalb der USA ansässig sind. U. S.-Aktionäre sind möglicherweise nicht in der Lage, eine Gesellschaft mit Sitz außerhalb der USA oder deren Organmitglieder vor einem Gericht außerhalb der USA wegen Verletzung U. S.-amerikanischer Wertpapiervorschriften zu verklagen. Des Weiteren können sich Schwierigkeiten ergeben, Entscheidungen eines U. S.-amerikanischen Gerichts gegen eine Gesellschaft mit Sitz außerhalb der USA zu vollstrecken.]

1.3 Veröffentlichung der Entscheidung zur Abgabe des Angebots

Die Bieterin hat ihre Entscheidung zur Abgabe des Angebots nach § 10 Abs 1 Satz 1 WpÜG am . . . . . veröffentlicht. Die Veröffentlichung ist im Internet unter http://www . . . . . abrufbar.

1.4 Prüfung der Angebotsunterlage durch die Bundesanstalt für Finanzdienstleistungsaufsicht

Die Bundesanstalt für Finanzdienstleistungsaufsicht („BaFin") hat diese Angebotsunterlage nach deutschem Recht und in deutscher Sprache geprüft und ihre Veröffentlichung gestattet. Registrierungen, Zulassungen oder Genehmigungen dieser Angebotsunterlage und/oder des Übernahmeangebots nach einem anderen Recht als dem Recht der Bundesrepublik Deutschland [oder der USA] sind bislang weder erfolgt noch beabsichtigt.

1.5 Veröffentlichung und Verbreitung der Angebotsunterlage

Diese Angebotsunterlage wird am . . . . . in Übereinstimmung mit § 14 Abs 3 WpÜG veröffentlicht durch (i) Bekanntgabe im Internet unter der Adresse http://www . . . . . und (ii) Bereithalten von Exemplaren dieser Angebotsunterlage zur kostenlosen Ausgabe bei der . . . . . [Bank] (Bestellung per Fax an . . . . .) sowie Bekanntgabe im elektronischen Bundesanzeiger, bei welcher Stelle die Angebotsunterlage bereitgehalten wird und unter welcher Adresse die Veröffentlichung der Angebotsunterlage im Internet erfolgt ist.

[Am . . . . . wird darüber hinaus (i) eine unverbindliche englische Übersetzung der Angebotsunterlage, die von der BaFin nicht geprüft wurde, unter der vorgenannten Internetadresse eingestellt sowie (ii) [in der . . . . . und] im . . . . . (U. S.-Ausgabe) bekanntgegeben, bei welcher Stelle die Angebotsunterlage bereitgehalten wird und unter welcher Adresse die Veröffentlichung der Angebotsunterlage im Internet erfolgt.]

Die Veröffentlichung, Versendung, Verteilung oder Verbreitung dieser Angebotsunterlage oder anderer im Zusammenhang mit diesem Angebot stehender Unterlagen kann in den Anwendungsbereich von Rechtsvorschriften anderer Rechtsordnungen als denen der Bundesrepublik Deutschland [oder der USA] fallen. Da dieses Angebot jedoch ausschließlich nach dem Recht der Bundesrepublik Deutschland [und der anwendbaren kapitalmarktrechtlichen Bestimmungen der USA] durchgeführt wird, ist die Veröffentlichung, Versendung, Verteilung oder Verbreitung dieser Angebotsunterlage oder sonstiger mit dem Angebot im Zusammenhang stehender Unterlagen nach dem Recht anderer Rechtsordnungen nicht gestattet. Die Bieterin übernimmt keine Gewähr dafür, dass die Veröffentlichung, Versendung, Verteilung oder Verbreitung dieser Angebotsunterlage außerhalb der Bundesrepublik Deutschland [oder der USA] nach den Rechtsvorschriften anderer Rechtsordnungen als denen der Bundesrepublik Deutschland [und der USA] zulässig ist.

Die Bieterin stellt den jeweiligen depotführenden Wertpapierdienstleistungsunternehmen diese Angebotsunterlage zum Versand an alle X-Aktionäre mit Wohnsitz, Sitz oder gewöhnlichem Aufenthalt in der Bundesrepublik Deutschland [oder den USA] zur Verfügung. Die depotführenden Wertpapierdienstleistungsunternehmen dürfen diese Angebotsunterlage nicht veröffentlichen, versenden, verteilen oder verbreiten, es sei denn, dies erfolgt in Übereinstimmung mit allen anwendbaren in- und ausländischen Rechtsvorschriften.

1.6 Annahme des Angebots außerhalb der Bundesrepublik Deutschland [und der USA]

Das Angebot kann von allen in- und ausländischen X-Aktionären nach Maßgabe der in dieser Angebotsunterlage aufgeführten Bestimmungen und der jeweils anwendbaren Rechtsvorschriften angenommen werden. Die Bieterin weist allerdings darauf hin, dass die Annahme dieses Übernahmeangebots außerhalb der Bundesrepublik Deutschland [und der USA] rechtlichen Beschränkungen unterliegen kann. X-Aktionären, die außerhalb der Bundesrepublik Deutschland [oder der USA] in den Besitz der Angebotsunterlage gelangen oder dieses Angebot außerhalb der Bundesrepublik Deutschland [oder der USA] annehmen wollen, wird empfohlen, sich über die jeweils anwendbaren Rechtsvorschriften zu informieren und diese einzuhalten. Die Bieterin übernimmt keine Gewähr dafür, dass die Annahme dieses Angebot außerhalb der Bundesrepublik Deutschland [und der USA] nach den jeweils anwendbaren Rechtsvorschriften zulässig ist.

2. Hinweise zu den in der Angebotsunterlage enthaltenen Angaben

2.1 Allgemeines

Zeitangaben in dieser Angebotsunterlage werden, soweit nicht anders angegeben, in Ortszeit Frankfurt am Main gemacht.

Soweit in dieser Angebotsunterlage Begriffe wie „zur Zeit", „derzeit", „momentan", „jetzt", „gegenwärtig" oder „heute" verwendet werden, beziehen sie sich, soweit nicht anders angegeben, auf das Datum der Veröffentlichung dieser Angebotsunterlage, also den . . . . .

In dieser Angebotsunterlage enthaltene Verweise auf einen „Bankarbeitstag" beziehen sich auf einen Tag, an dem die Banken in Frankfurt am Main für den allgemeinen Kundenverkehr geöffnet sind.

Verweise auf „EUR" beziehen sich auf Euro.

Die Bieterin hat Dritte nicht ermächtigt, Aussagen zu diesem Angebot oder dieser Angebotsunterlage zu machen. Falls Dritte dennoch entsprechende Aussagen machen, sind diese weder der Bieterin noch mit der Bieterin gemeinsam handelnden Personen zuzurechnen.

2.2 Stand und Quelle der Angaben

Die in dieser Angebotsunterlage enthaltenen Informationen über die X AG und die X-Gruppe beruhen, sofern nicht ausdrücklich anders vermerkt, auf allgemein zugänglichen Informationsquellen (wie zB veröffentlichten Geschäftsberichten, Jahresabschlüssen, Presseerklärungen und Analystenpräsentationen) [sowie auf Informationen, die der Bieterin im Rahmen einer zeitlich und inhaltlich begrenzten Due Diligence Prüfung von der X AG zur Verfügung gestellt wurden.] Im Rahmen der Due Diligence Prüfung, die einen Zeitraum von etwa . . . . . Wochen in Anspruch genommen hat, wurden der Bieterin insbesondere Informationen über die [rechtlichen, finanziellen, steuerlichen und operativen Verhältnisse] der X AG [und der mit ihr verbundenen Unternehmen] offen gelegt].[8] [a] [Vor der Entscheidung zur Herauslegung des Angebots hat sich die Bieterin lediglich im Rahmen von Management-Gesprächen am . . . . . einen Überblick über die Verhältnisse der X AG verschafft.] Sofern nicht ausdrücklich anders angegeben, wurden diese Informationen durch die Bieterin nicht verifiziert. Die Bieterin kann nicht ausschließen, dass sich die in der Angebotsunterlage beschriebenen Angaben seit der Kenntnisnahme durch die Bieterin bzw. ihrer Veröffentlichung geändert haben.

2.3 Zukunftsgerichtete Aussagen, Absichten der Bieterin

Diese Angebotsunterlage und die darin in Bezug genommenen Unterlagen enthalten bestimmte in die Zukunft gerichtete Aussagen. Auf solche Aussagen deuten insbesondere Begriffe wie „erwartet", „glaubt", „ist der Ansicht", „versucht", „schätzt", „beabsichtigt", „geht davon aus" und „strebt an" hin. Solche Aussagen bringen Absichten, Ansichten oder gegenwärtige Erwartungen der Bieterin im Hinblick auf mögliche zukünftige Ereignisse zum Ausdruck.

Sämtliche in dieser Angebotsunterlage enthaltenen Angaben, Absichten, Ansichten, Erwartungen und Informationen beruhen, soweit nicht ausdrücklich anders vermerkt, auf den der Bieterin am Tag der Veröffentlichung dieser Angebotsunterlage vorliegenden Informationen sowie auf bestimmten Annahmen, Absichten und Einschätzungen der Bieterin zu diesem Zeitpunkt. Derartige in die Zukunft gerichtete Aussagen unterliegen Risiken und Ungewissheiten, die meist nur schwer vorherzusagen sind und regelmäßig nicht im Einflussbereich der Bieterin, der mit ihr im Sinne des § 2 Abs 5 Satz 1 und 3 WpÜG gemeinsam handelnden Personen oder deren Tochterunternehmen liegen. Die in der Angebotsunterlage enthaltenen in die Zukunft gerichteten Aussagen können sich als unzutreffend herausstellen oder zukünftige Ereignisse und Entwicklungen können von den in der Angebotsunterlage enthaltenen zukunftsgerichteten Aussagen erheblich abweichen.

Es ist möglich, dass die Bieterin ihre in dieser Angebotsunterlage geäußerten Absichten, Ansichten und Einschätzungen, insbesondere im Hinblick auf die X AG, nach Veröffentlichung dieser Angebotsunterlage ändert.

2.4 Keine Aktualisierung

Die Bieterin weist ausdrücklich darauf hin, dass sie diese Angebotsunterlage (auch im Hinblick auf etwaige geänderte Absichten der Bieterin) nur aktualisieren wird, soweit sie dazu nach dem geltenden Recht verpflichtet ist.

3. Zusammenfassung des Übernahmeangebots

[vom Abdruck wird aus Umfangsgründen abgesehen]

4. Übernahmeangebot

Die Bieterin bietet hiermit an, alle auf den Inhaber lautenden Aktien ohne Nennbetrag (Stückaktien) der X AG (ISIN . . . . .) jeweils mit einem anteiligen Betrag des Grundkapitals von EUR 1,00 und mit Gewinnanteilberechtigung ab dem . . . . . (jeweils eine „X-Aktie" oder zusammenfassend „X-Aktien")[9] zum Kaufpreis (Angebotspreis) von

EUR . . . . . je X-Aktie[10]

nach Maßgabe der Bestimmungen und Bedingungen dieses Angebots zu kaufen und zu erwerben.

[Ausgenommen davon sind alle X-Aktien, die bereits von der Bieterin gehalten werden.]

5. Annahmefrist

5.1 Dauer der Annahmefrist[11]

Die Frist für die Annahme dieses Angebots beginnt mit der Veröffentlichung dieser Angebotsunterlage am . . . . . Sie endet am

. . . . ., 24:00 Uhr

(Ortszeit Frankfurt am Main)/[18:00 Uhr (Ortszeit New York)].

Es kann zu einer Verlängerung der Frist für die Annahme des Angebots nach Maßgabe von Ziffer 5.2 dieser Angebotsunterlage kommen.

5.2 Verlängerungen der Annahmefrist[12]

Unter den nachfolgend genannten Umständen verlängert sich die Annahmefrist jeweils automatisch wie folgt:

a) Im Falle einer Änderung dieses Angebots gem § 21 WpÜG innerhalb der letzten zwei Wochen vor Ablauf der in Ziffer 5.1 dieser Angebotsunterlage genannten Annahmefrist verlängert sich die Annahmefrist nach Ziffer 5.1 um zwei Wochen (§ 21 Abs 5 WpÜG), also voraussichtlich bis zum . . . . ., 24:00 Uhr (Ortszeit Frankfurt am Main) [/[18:00] Uhr (Ortszeit New York)]. Dies gilt auch, falls das geänderte Angebot gegen Rechtsvorschriften verstößt.
b) Wird während der Annahmefrist dieses Angebots von einem Dritten ein konkurrierendes Angebot („Konkurrierendes Angebot") abgegeben, und läuft die Annahmefrist für dieses Angebot vor Ablauf der Annahmefrist für das Konkurrierende Angebot ab, bestimmt sich der Ablauf der Annahmefrist für dieses Angebot nach dem Ablauf der Annahmefrist für das Konkurrierende Angebot (§ 22 Abs 2 WpÜG). Dies gilt auch, falls das Konkurrierende Angebot geändert oder untersagt wird oder gegen Rechtsvorschriften verstößt.
c) Wird im Zusammenhang mit dem Angebot nach Veröffentlichung der Angebotsunterlage eine Hauptversammlung der X AG einberufen, beträgt die Annahmefrist gem § 16 Abs 3 WpÜG zehn Wochen ab Veröffentlichung der Angebotsunterlage. Die Annahmefrist liefe dann bis zum . . . . ., 24:00 Uhr (Ortszeit Frankfurt am Main) [/[18:00] Uhr (Ortszeit New York)].

Die Frist für die Annahme dieses Angebots, einschließlich aller sich aus zwingenden Vorschriften des WpÜG ergebenden Verlängerungen dieser Frist (jedoch mit Ausnahme der in Ziffer 5.3 dieser Angebotsunterlage beschriebenen Weiteren Annahmefrist), wird nachstehend einheitlich als „Annahmefrist" bezeichnet. Hinsichtlich des Rücktrittsrechts im Falle einer Änderung des Angebots oder der Abgabe eines Konkurrierenden Angebots wird auf die Ausführungen unter Ziffer 16 dieser Angebotsunterlage verwiesen.

5.3 Weitere Annahmefrist gem § 16 Abs 2 WpÜG[13]

X-Aktionäre, die das vorliegende Angebot nicht innerhalb der Annahmefrist angenommen haben, können es auch noch innerhalb von zwei Wochen nach Veröffentlichung des Ergebnisses dieses Angebots durch die Bieterin gem § 23 Abs 1 Satz 1 Nr 2 WpÜG (die „Weitere Annahmefrist") annehmen, falls die in Ziffer 13.1.2 dieser Angebotsunterlage genannten dargelegten Vollzugsbedingungen bis zum Ablauf der Annahmefrist nicht endgültig ausgefallen sind. Die Veröffentlichung des Ergebnisses dieses Angebots gem § 23 Abs 1 Satz 1 Nr 2 WpÜG wird voraussichtlich innerhalb von fünf Bankarbeitstagen nach Ablauf der Annahmefrist erfolgen, also voraussichtlich am . . . . . Die Weitere Annahmefrist wird daher voraussichtlich am . . . . . beginnen und am . . . . ., 24:00 Uhr (Ortszeit

Frankfurt am Main)][/[18:00] Uhr (Ortszeit New York)] enden. Nach Ablauf der Weiteren Annahmefrist kann dieses Angebot nicht mehr angenommen werden.

6. Bieterin[14]

6.1 Beschreibung der Bieterin

. . . . .

6.2 Gesellschafterstruktur der Bieterin

. . . . .

Das folgende Schaubild illustriert die gegenwärtigen Beteiligungsverhältnisse an der Bieterin:

[vom Abdruck wird aus Umfangsgründen abgesehen]

6.3 Mit der Bieterin gemeinsam handelnde Personen[15]

Zum Zeitpunkt der Veröffentlichung der Angebotsunterlage gelten die in Anlage 1 zu dieser Angebotsunterlage aufgeführten Tochterunternehmen der Bieterin nach § 2 Abs 5 Satz 3 WpÜG als mit der Bieterin und untereinander gemeinsam handelnde Personen.

Nach den der Bieterin zum Zeitpunkt der Veröffentlichung dieser Angebotsunterlage vorliegenden Informationen kontrollieren die in Anlage 2 aufgeführten [Gesellschaften] [und Personen] die Bieterin. Die in Anlage 3 aufgeführten Gesellschaften sind nach den der Bieterin zum Zeitpunkt der Veröffentlichung dieser Angebotsunterlage vorliegenden Informationen Tochterunternehmen einer oder mehrerer der in Anlage 2 aufgeführten [Gesellschaften] [und Personen]. Die in Anlage 2 und Anlage 3 aufgeführten [Gesellschaften] [und Personen] stellen deshalb mit der Bieterin und untereinander gemeinsam handelnde Personen gem § 2 Abs 5 Satz 3 WpÜG dar.

Keine der Personen, die gem § 2 Abs 5 Satz 3 WpÜG als gemeinsam handelnde Personen gelten, stimmt tatsächlich ihr Verhalten im Hinblick auf den Erwerb von X-Aktien oder ihre Ausübung von Stimmrechten aus X-Aktien mit der Bieterin auf Grund einer Vereinbarung oder in sonstiger Weise iSd § 2 Abs 5 Satz 1 WpÜG ab.

6.4 Gegenwärtig von der Bieterin oder von mit der Bieterin gemeinsam handelnden Personen und deren Tochterunternehmen gehaltene X-Aktien; Zurechnung von Stimmrechten[16]

Weder die Bieterin noch die mit der Bieterin im Sinne des § 2 Abs 5 WpÜG gemeinsam handelnden Personen und deren Tochterunternehmen halten zum Zeitpunkt der Unterzeichnung dieser Angebotsunterlage Aktien der X AG. Ihnen werden auch keine Stimmrechte aus X-Aktien gem § 30 WpÜG zugerechnet.

Weder die Bieterin noch die mit der Bieterin im Sinne des § 2 Abs 5 WpÜG gemeinsam handelnden Personen und deren Tochterunternehmen halten unmittelbar oder mittelbar nach § 38 oder § 39 des Wertpapierhandelsgesetzes („WpHG") mitzuteilende Stimmrechtsanteile in Bezug auf die X AG.

[6.5 Angaben zu Wertpapiergeschäften

[In dem Zeitraum von sechs Monaten vor der Veröffentlichung der Entscheidung der Bieterin zur Abgabe des Angebots bis zum . . . . . [Tag der Veröffentlichung der Angebotsunterlage] haben weder die Bieterin noch mit der Bieterin gemeinsam handelnde Personen iSd § 2 Abs 5 WpÜG noch deren Tochterunternehmen X-Aktien erworben oder Vereinbarungen über den Erwerb von X-Aktien geschlossen.]

[6.6 Mögliche Parallelerwerbe

Die Bieterin behält sich vor, im Rahmen des rechtlich Zulässigen weitere X-Aktien außerhalb dieses Angebotes über die Börse oder außerbörslich direkt oder indirekt zu erwerben. Soweit solche Erwerbe von X-Aktien erfolgen, wird dies unter Angabe der Anzahl und des Preises der so erworbenen X-Aktien im Internet unter http://www. . . . . sowie nach den anwendbaren Rechtsvorschriften, insbesondere § 23 Abs 2 WpÜG, veröffentlicht werden.]

7. Beschreibung der X AG[17]

7.1 Geschäftstätigkeit

. . . . .

7.2 Kapitalverhältnisse

. . . . .

7.3 Organe und wesentliche Aktionäre der X AG

. . . . .

7.4 Mit der X AG gemeinsam handelnde Personen

Auf Grundlage der der Bieterin zum Zeitpunkt der Veröffentlichung dieser Angebotsunterlage bekannten Informationen handelt es sich bei den in Anlage 4 aufgeführten Gesellschaften um Tochterunternehmen der X AG, die daher gem § 2 Abs 5 Satz 2 iVm Satz 3 WpÜG als untereinander und mit der X AG gemeinsam handelnde Personen gelten. Auf Grundlage der der Bieterin zum Zeitpunkt der Veröffentlichung dieser Angebotsunterlage bekannten Informationen existieren keine anderen Personen, die gem § 2 Abs 5 Satz 2 WpÜG als mit X AG gemeinsam handelnde Personen gelten.

8. Hintergrund des Angebots

. . . . .

9. Absichten der Bieterin im Hinblick auf die X AG[18, 19]

. . . . .

[9.1 Künftige Geschäftstätigkeit, Vermögen und Verpflichtungen der X AG

Die Bieterin hat volles Vertrauen in die X AG und deren Strategie. Die Bieterin hat zurzeit keine konkreten Pläne, die Geschäftstätigkeit der X-Gruppe wesentlich zu verändern oder wesentliche Geschäftseinheiten der X-Gruppe zu reduzieren, zu schließen, zu verlagern oder an Dritte zu verkaufen. Auch hat die Bieterin neben den in dieser Angebotsunterlage offengelegten Absichten und Plänen derzeit keine konkreten Pläne, die gegenwärtige Verwendung des Vermögens der X-Gruppe zu verändern oder eine Gesellschaft der X-Gruppe zu veranlassen, wesentliche Verbindlichkeiten außerhalb ihres gewöhnlichen Geschäftsbetriebs zu begründen oder zu verändern. Die Bieterin beabsichtigt jedoch, nach Vollzug dieses Angebots mit dem Vorstand der X AG mögliche Geschäftschancen und Kosteneinsparpotentiale bei der X-Gruppe zu analysieren und in Abstimmung mit dem Vorstand der X AG zu überprüfen, ob und wenn, ja welche Änderungen erforderlich oder wünschenswert wären. Als Folge dieser Analyse oder aufgrund zukünftiger Entwicklungen ist es möglich, dass die Bieterin ihre in dieser Angebotsunterlage geäußerten Absichten und Einschätzungen im Hinblick auf die X AG, insbesondere im Hinblick auf die zukünftige Verwendung von Vermögensgegen-

ständen der X-Gruppe und die Eingehung von Verbindlichkeiten durch Mitglieder der X-Gruppe, verändert.]

[9.2 Mitglieder des Vorstands und des Aufsichtsrats

Die Bieterin hat sich noch keine abschließende Meinung über die aus ihrer Sicht wünschenswerte Besetzung des Vorstands der X AG nach deren Übernahme durch die Bieterin gebildet. Sie beabsichtigt, darüber nach Vollzug dieses Angebots zu entscheiden. Sie kann daher nicht ausschließen, dass nach Übernahme der X AG durch die Bieterin Veränderungen in der Zusammensetzung des Vorstands der X AG wünschenswert erscheinen, die selbstverständlich nur unter Beachtung der aktienrechtlichen Vorschriften, insbesondere der Kompetenzen bei der Berufung von Mitgliedern des Vorstands, umsetzbar sein werden. Im Hinblick auf die erwünschte langfristige Bindung der jeweiligen Mitglieder des Vorstands der X AG an das Unternehmen ist es möglich, dass die Bieterin eine angemessene Anpassung der Dienstverträge der Vorstandsmitglieder der X AG nach Übernahme der X AG durch die Bieterin als wünschenswert ansehen wird.

Der Aufsichtsrat der X AG besteht derzeit aus zwölf Mitgliedern, wovon sechs Mitglieder als Vertreter der Anteilseigner und sechs Mitglieder als Vertreter der Arbeitnehmer fungieren. Die Bieterin geht davon aus, dass nach der Übernahme der X AG durch die Bieterin die Vertreter der Anteilseigner im Aufsichtsrat der X AG ihre Mandate niederlegen werden. Die Bieterin beabsichtigt, für die Neubesetzung der ggf. freiwerdenden Mandate im Aufsichtsrat Vorschläge zu unterbreiten.]

[9.3 Arbeitnehmer, Beschäftigungsbedingungen und Arbeitnehmervertretungen

Die Bieterin hat derzeit keine konkreten Pläne zu einer möglichen Veränderung der Anzahl der Arbeitnehmer der X-Gruppe und/oder deren Beschäftigungsbedingungen. Die Bieterin kann jedoch nicht ausschließen, dass im Rahmen der geplanten Analyse der Geschäftschancen der X-Gruppe Entscheidungen getroffen werden, die sich auf die Zahl der Arbeitnehmer der X-Gruppe und/oder deren Beschäftigungsbedingungen auswirken können. Sollten Personalmaßnahmen notwendig werden, sollen sie auf der Grundlage der guten und vertrauensvollen Zusammenarbeit mit den Arbeitnehmervertretern in der X-Gruppe umgesetzt werden.]

[9.4 Sitz der X AG, Standort wesentlicher Unternehmensteile

Die Bieterin beabsichtigt nicht, den Sitz der X AG . . . . . zu verlegen. Die Bieterin hat gegenwärtig auch keine konkreten Pläne zur Verlegung anderer wesentlicher Unternehmensteile der X-Gruppe an andere Standorte.]

[9.5 Künftige Geschäftstätigkeit der Bieterin; Sitz der Bieterin

In Folge dieses Angebots sind keine Änderungen der Geschäftstätigkeit der Bieterin, insbesondere im Hinblick auf deren Sitz und den Standort wesentlicher Unternehmensteile, die Verwendung des Vermögens, künftige Verpflichtungen, die Arbeitnehmer und deren Vertretungen, die Mitglieder der Geschäftsorgane oder Änderungen der Beschäftigungsbedingungen, beabsichtigt.]

9.6 Mögliche Strukturmaßnahmen

. . . . .

10. Erläuterungen zur Preisfindung[20]

10.1 Mindestangebotspreis

Der Angebotspreis in Höhe von EUR ..... je X-Aktie entspricht dem durch § 31 Abs 1 WpÜG iVm §§ 4, 5 WpÜG-Angebotsverordnung („AngebVO") vorgeschriebenen Mindestpreis.

a) Nach § 5 AngebVO muss bei einem Übernahmeangebot gem §§ 29 ff WpÜG die Gegenleistung mindestens dem gewichteten durchschnittlichen inländischen Börsenkurs der X-Aktie während der letzten drei Monate vor der Veröffentlichung der Entscheidung zur Abgabe des Angebots nach § 10 WpÜG entsprechen. Dieser Durchschnittskurs wurde von der BaFin mit EUR ..... ermittelt. Der Angebotspreis in Höhe von EUR ..... je X-Aktie übersteigt diesen Wert um EUR ....., dh um ca. ..... %.
b) Nach § 4 AngebVO muss bei einem Übernahmeangebot gem §§ 29 ff WpÜG die Gegenleistung mindestens dem Wert der höchsten von der Bieterin, einer mit ihr gemeinsam handelnden Person oder deren Tochterunternehmen innerhalb der letzten sechs Monate vor der Veröffentlichung der Angebotsunterlage nach § 14 Abs 2 Satz 1 WpÜG für den Erwerb von X-Aktien gewährten oder vereinbarten Gegenleistung entsprechen. [Die Bieterin hat in dem Zeitraum zwischen dem ..... und dem Tag der Veröffentlichung dieser Angebotsunterlage insgesamt ..... X-Aktien erworben. Der höchste dabei gezahlte Kaufpreis betrug EUR ..... je X-Aktie (siehe Ziffer 6.5 dieser Angebotsunterlage). Der Angebotspreis in Höhe von EUR ..... je X-Aktie entspricht diesem Preis.]

10.2 Vergleich mit historischen Börsenkursen

Bei der Ermittlung des Angebotspreises wurden neben den in Ziffer 10.1 dieser Angebotsunterlage genannten Faktoren insbesondere auch die historischen Börsenkurse der X-Aktie berücksichtigt. Die Bieterin ist der Auffassung, dass die Börsenkurse der X-Aktie eine geeignete Grundlage für die Beurteilung der Angemessenheit des Angebotspreises darstellen.

Am ..... betrug der letzte unbeeinflusste Schlusskurs der X-Aktie im elektronischen Handelssystem XETRA EUR ..... Der Angebotspreis liegt um EUR ..... über dem Börsenkurs (Xetra-Schlusskurs) der X-Aktie von EUR ..... am ....., dem letzten Handelstag vor der Veröffentlichung der Entscheidung der Bieterin zur Abgabe dieses Angebots. Dies entspricht einer Prämie von rund ..... %.

Bezogen auf die gewichteten Schlusskurse der X-Aktie in den Zeiträumen von einem Monat, sechs Monaten und zwölf Monaten vor dem ..... enthält der Angebotspreis jeweils folgende Aufschläge: .....

Die vorstehend genannten historischen Börsenkurse (außer dem unter Ziffer 10.1 dieser Angebotsunterlage genannten Mindestangebotspreis) wurden von ..... ermittelt.

10.3 Weitere Erläuterungen zum Angebotspreis

Aus den in Ziffer 10.2 dieser Angebotsunterlage dargestellten Vergleichen mit historischen Börsenkursen ergibt sich, dass der Angebotspreis die Bewertung der X-Aktie durch den Kapitalmarkt vor der Veröffentlichung der Entscheidung von der Bieterin zur Abgabe des Angebots übersteigt und einen angemessenen Aufschlag enthält.

Die Bieterin ist davon überzeugt, dass der Angebotspreis für die X-Aktien angemessen im Sinne des § 31 Abs 1 WpÜG ist. Darüber hinaus verkörpert der Angebotspreis eine Prämie gegenüber dem gewichteten durchschnittlichen inländischen Börsenkurs der X-

Aktie während der letzten drei Monate vor der Veröffentlichung der Entscheidung zur Abgabe des Angebots in Höhe von EUR ..... bzw ca. ..... %.

[In einer Pressemitteilung vom ..... erklärte auch der Vorstand der X AG, dass der Angebotspreis von EUR ..... je Aktie seiner Überzeugung nach fair sei.]

10.4 Keine Entschädigung für den Verlust bestimmter Rechte

[Die Satzung der X AG sieht keine Anwendung von § 33 b Abs 2 WpÜG vor. Die Bieterin ist daher nicht verpflichtet, eine Entschädigung gem § 33 b Abs 5 WpÜG zu leisten.]

11. Annahme und Abwicklung des Angebots

11.1 Zentrale Abwicklungsstelle

Die Bieterin hat die ..... Bank, , (die „Zentrale Abwicklungsstelle") als zentrale Abwicklungsstelle für dieses Angebot bestellt.

11.2 Annahme des Angebots[21]

X-Aktionäre können dieses Angebot nur dadurch annehmen, dass sie innerhalb der Annahmefrist

a) schriftlich die Annahme des Angebots gegenüber ihrem jeweiligen depotführenden Wertpapierdienstleistungsunternehmen (die „Depotführende Bank") erklären (die „Annahmeerklärung"), und
b) ihre Depotführende Bank anweisen, die Umbuchung der in ihrem Depot befindlichen X-Aktien, für die sie das Angebot annehmen wollen (die „Zum Verkauf eingereichten X-Aktien"), in die ISIN ..... bei der Clearstream Banking AG vorzunehmen.

Die Annahmeerklärung wird nur wirksam, wenn die Zum Verkauf eingereichten X-Aktien bis spätestens 18:00 Uhr (Ortszeit Frankfurt am Main) [/12:00 Uhr (Ortszeit New York)] am zweiten Bankarbeitstag nach Ablauf der Annahmefrist bei der Clearstream Banking AG in die ISIN ..... umgebucht worden sind. Diese Umbuchungen sind durch die jeweilige Depotführende Bank nach Erhalt der Annahmeerklärung zu veranlassen.

X-Aktionäre, die dieses Angebot annehmen wollen, sollten sich mit evtl. Fragen bezüglich der Annahme des Angebots und dessen technischer Abwicklung an ihre Depotführende Bank wenden. Die Depotführenden Banken sind über die Handhabung der Annahme und die Abwicklung dieses Angebots gesondert informiert worden und sind gehalten, Kunden, die in ihrem Depot X-Aktien halten, über das Angebot und die für dessen Annahme erforderlichen Schritte zu informieren.

11.3 Weitere Erklärungen der annehmenden X-Aktionäre

Durch die Annahme des Angebots gem Ziffer 11.2 dieser Angebotsunterlage

a) weisen die annehmenden X-Aktionäre ihre jeweilige Depotführende Bank sowie etwaige Zwischenverwahrer der betreffenden X-Aktien an und ermächtigen diese,
   aa) die Zum Verkauf eingereichten X-Aktien zunächst in dem Wertpapierdepot des annehmenden X-Aktionärs zu belassen, jedoch die Umbuchung in die ISIN ..... bei der Clearstream Banking AG zu veranlassen;
   bb) ihrerseits die Clearstream Banking AG anzuweisen und zu ermächtigen, die Zum Verkauf eingereichten X-Aktien der Zentralen Abwicklungsstelle zur Übereignung an die Bieterin zur Verfügung zu stellen (frühestens jedoch nach Eintritt

der in Ziffer 13.1 dieser Angebotsunterlage beschriebenen Vollzugsbedingungen, soweit die Bieterin auf diese nicht nach § 21 Abs 1 Nr. 4 WpÜG verzichtet hat);

cc) ihrerseits die Clearstream Banking AG anzuweisen und zu ermächtigen, die Zum Verkauf eingereichten X-Aktien (ISIN . . . . .), jeweils einschließlich aller mit diesen verbundenen Rechte, an die Bieterin Zug um Zug gegen Zahlung des Angebotspreises für die jeweiligen Zum Verkauf eingereichten X-Aktien auf das Konto der jeweiligen Depotführenden Bank bei der Clearstream Banking AG nach den Bestimmungen des Angebots zu übertragen;

dd) ihrerseits etwaige Zwischenverwahrer der betreffenden Zum Verkauf eingereichten X-Aktien sowie die Clearstream Banking AG anzuweisen und zu ermächtigen, der Bieterin oder der Zentralen Abwicklungsstelle alle für Erklärungen oder Veröffentlichungen der Bieterin nach dem WpÜG erforderlichen Informationen zur Verfügung zu stellen, insbesondere die Anzahl der jeweils in die ISIN . . . . . eingebuchten X-Aktien börsentäglich während der Annahmefrist mitzuteilen; und

ee) die Annahmeerklärung an die Zentrale Abwicklungsstelle für das Angebot auf Verlangen weiterzuleiten;

b) beauftragen und bevollmächtigen die annehmenden X-Aktionäre ihre jeweilige Depotführende Bank sowie die Zentrale Abwicklungsstelle, jeweils unter Befreiung von dem Verbot des Selbstkontrahierens gem § 181 des Bürgerlichen Gesetzbuchs („BGB"), alle zur Abwicklung dieses Angebots nach Maßgabe dieser Angebotsunterlage erforderlichen oder zweckdienlichen Handlungen vorzunehmen sowie Erklärungen abzugeben und entgegenzunehmen und insbesondere die Übertragung des Eigentums an den Zum Verkauf eingereichten X-Aktien auf die Bieterin nach Maßgabe des vorstehenden Absatzes a) herbeizuführen; und

c) erklären die annehmenden X-Aktionäre, dass

aa) sie dieses Angebot für alle bei Erklärung der Annahme des Angebots in ihrem Wertpapierdepot bei der Depotführenden Bank befindlichen X-Aktien annehmen, es sei denn, in der Annahmeerklärung ist ausdrücklich eine andere Anzahl von X-Aktien, für die dieses Angebot angenommen wird, bestimmt; und

bb) die X-Aktien, für die sie dieses Angebot annehmen, im Zeitpunkt der Übertragung des Eigentums auf den Bieter in ihrem alleinigen Eigentum stehen und frei von Rechten und Ansprüchen Dritter sind; und

cc) sie ihre Zum Verkauf eingereichten X-Aktien auf die Bieterin unter den aufschiebenden Bedingungen

(i) des Eintritts der Vollzugsbedingungen nach Ziffer 13.1 dieser Angebotsunterlage, sofern die Bieterin auf diese nicht nach § 21 Abs 1 Nr. 4 WpÜG verzichtet hat, sowie

(ii) des Ablaufs der Annahmefrist

Zug um Zug gegen Zahlung des Angebotspreises auf das Konto der jeweiligen Depotführenden Bank bei der Clearstream Banking AG übertragen.

Die in Ziffer 11.3 a) und 11.3 c) aufgeführten Anweisungen, Erklärungen, Aufträge, Vollmachten und Ermächtigungen werden von den annehmenden X-Aktionären im Interesse einer reibungslosen und zügigen Abwicklung dieses Angebotes unwiderruflich erteilt. Sie erlöschen erst im Fall eines wirksamen Rücktritts von den durch Annahme dieses Angebots geschlossenen Verträgen nach Ziffer 16 dieser Angebotsunterlage bzw mit endgültigem Ausfall der in Ziffer 13.1 dieser Angebotsunterlage beschriebenen Vollzugsbedingungen.

11.4 Rechtsfolgen der Annahme

Mit der Annahme dieses Angebots kommt zwischen dem annehmenden X-Aktionär und der Bieterin ein Kaufvertrag über die Zum Verkauf eingereichten X-Aktien, jeweils nach Maßgabe der Bestimmungen dieses Angebots, zustande. Der Vollzug des Kaufvertrages erfolgt nur, nachdem alle in Ziffer 13.1 dieser Angebotsunterlage beschriebenen Vollzugsbedingungen, auf die die Bieterin nicht zuvor nach § 21 Abs 1 Nr. 4 WpÜG verzichtet hat, eingetreten sind. Der Kaufvertrag entfällt (auflösende Bedingung), wenn eine oder mehrere der unter Ziffer 13.1 a) und 13.1 b) dieser Angebotsunterlage genannten Vollzugsbedingungen nicht bis zum . . . . . eingetreten sind und die Bieterin auf die betreffenden Vollzugsbedingungen nicht nach § 21 Abs 1 Nr. 4 WpÜG verzichtet hat (vgl Ziffer 13.3 dieser Angebotsunterlage). Darüber hinaus erteilen die annehmenden X-Aktionäre mit Annahme des Angebots die in Ziffern 11.3 a) und 11.3 b) dieser Angebotsunterlage genannten Anweisungen, Ermächtigungen, Aufträge und Vollmachten und geben die in Ziffer 11.3 c) dieser Angebotsunterlage aufgeführten Erklärungen ab.

11.5 Abwicklung des Angebots und Kaufpreiszahlung nach Ablauf der Annahmefrist

Die Zahlung des Angebotspreises erfolgt an die jeweilige Depotführende Bank Zug um Zug gegen Übertragung der Zum Verkauf eingereichten X-Aktien auf das Konto der Zentralen Abwicklungsstelle bei der Clearstream Banking AG. Die Zentrale Abwicklungsstelle wird den Angebotspreis – wenn bis zum Ablauf der Annahmefrist die Vollzugsbedingungen nach Ziffer 13.1 dieser Angebotsunterlage eingetreten sind oder auf sie durch die Bieterin wirksam verzichtet worden ist – unverzüglich, spätestens jedoch am achten Bankarbeitstag nach Ablauf der Annahmefrist an die jeweilige Depotführende Bank überweisen. Falls die Vollzugsbedingungen gem Ziffer 13.1 dieser Angebotsunterlage zum Zeitpunkt des Ablaufs der Annahmefrist nicht eingetreten sind und auf sie auch nicht wirksam durch die Bieterin verzichtet worden ist, wird die Zentrale Abwicklungsstelle den Angebotspreis an die jeweilige Depotführende Bank unverzüglich, spätestens am achten Bankarbeitstag nach dem Tag, an dem die Bieterin die Erfüllung der letzten Vollzugsbedingung, auf die zuvor nicht wirksam verzichtet worden ist, nach Ziffer 13.4 dieser Angebotsunterlage veröffentlicht, überweisen.

Die Abwicklung des Angebots und die Zahlung des Kaufpreises an die annehmenden X-Aktionäre kann sich auf Grund der durchzuführenden fusionskontrollrechtlichen Verfahren (vgl Ziffer 12.1 dieser Angebotsunterlage) bis voraussichtlich . . . . . verzögern bzw ganz entfallen.

Mit der Zahlung des Angebotspreises an die jeweilige Depotführende Bank hat die Bieterin ihre Verpflichtung zur Zahlung des Angebotspreises erfüllt. Es obliegt den Depotführenden Banken, den Angebotspreis dem jeweiligen annehmenden Aktionär (Verkäufer) gutzuschreiben.

11.6 Annahme des Angebots innerhalb der Weiteren Annahmefrist

X-Aktionäre können das Angebot während der in Ziffer 5.3 dieser Angebotsunterlage beschriebenen Weiteren Annahmefrist nur dadurch annehmen, dass sie innerhalb der Weiteren Annahmefrist

a) die Annahme des Angebots gegenüber ihrer Depotführenden Bank erklären (die „Nachträgliche Annahmeerklärung"), und
b) ihre Depotführende Bank anweisen, die Umbuchung der in ihrem Depot befindlichen X-Aktien, für die sie das Angebot noch annehmen wollen (die „Nachträglich zum Verkauf eingereichten X-Aktien"), in die ISIN . . . . . bei der Clearstream Banking AG vorzunehmen.

Die Nachträgliche Annahmeerklärung wird nur wirksam, wenn die Nachträglich zum Verkauf eingereichten X-Aktien bis spätestens 18:00 Uhr (Ortszeit Frankfurt am Main)[/ 12:00 Uhr (Ortszeit New York)] am zweiten Bankarbeitstag nach Ablauf der Weiteren Annahmefrist bei der Clearstream Banking AG in die ISIN . . . . . umgebucht worden sind. Diese Umbuchung ist durch die Depotführende Bank nach Erhalt der Nachträglichen Annahmeerklärung zu veranlassen.

Im Übrigen gelten für die Annahme des Angebots innerhalb der Weiteren Annahmefrist die Regelungen und Hinweise in Ziffern 11.3 bis 11.5 dieser Angebotsunterlage entsprechend.

X-Aktionäre, die das Angebot innerhalb der Weiteren Annahmefrist annehmen wollen, sollten sich mit eventuellen Fragen an ihre Depotführende Bank wenden.

11.7 Abwicklung des Angebots und Kaufpreiszahlung nach Ablauf der Weiteren Annahmefrist

Die Zahlung des Angebotspreises erfolgt an die jeweilige Depotführende Bank Zug um Zug gegen Übertragung der Nachträglich zum Verkauf eingereichten X-Aktien auf das Konto der Zentralen Abwicklungsstelle bei der Clearstream Banking AG. Die Zentrale Abwicklungsstelle wird den Angebotspreis – wenn bis zum Ablauf der Weiteren Annahmefrist alle Vollzugsbedingungen nach Ziffer 13.1 dieser Angebotsunterlage, auf die die Bieterin nicht zuvor wirksam verzichtet hatte, eingetreten sind – unverzüglich, spätestens jedoch am achten Bankarbeitstag nach Ablauf der Weiteren Annahmefrist an die jeweilige Depotführende Bank überweisen. Falls Vollzugsbedingungen gem Ziffer 13.1 dieser Angebotsunterlage, auf die die Bieterin nicht zuvor wirksam verzichtet hat, bis zum Ablauf der Weiteren Annahmefrist noch nicht eingetreten sind, wird die Zentrale Abwicklungsstelle den Angebotspreis an die jeweilige Depotführende Bank unverzüglich, spätestens am achten Bankarbeitstag nach dem Tag, an dem die Bieterin die Erfüllung aller der in Ziffer 13.1 dieser Angebotsunterlage beschriebenen Vollzugsbedingungen, auf die die Bieterin zuvor nicht wirksam verzichtet hat, nach Ziffer 13.4 dieser Angebotsunterlage veröffentlicht, überweisen.

Die Abwicklung des Angebots und die Zahlung des Kaufpreises an die annehmenden X-Aktionäre kann sich auf Grund der durchzuführenden fusionskontrollrechtlichen Verfahren (vgl Ziffer 12.1 dieser Angebotsunterlage) bis voraussichtlich . . . . . verzögern bzw ganz entfallen.

Mit Zahlung des Angebotspreises an die jeweilige Depotführende Bank hat die Bieterin ihre Verpflichtung zur Zahlung des Angebotspreises erfüllt. Es obliegt den Depotführenden Banken, den Angebotspreis dem jeweiligen annehmenden Aktionär (Verkäufer) gutzuschreiben.

11.8 Kosten[22]

Die Annahme dieses Angebots soll für die X-Aktionäre grundsätzlich frei von Kosten und Spesen Depotführender Banken sein. Zu diesem Zweck gewährt die Bieterin den Depotführenden Banken eine diesen gesondert mitgeteilte Ausgleichszahlung, die eine marktübliche Depotbankenprovision umfasst.

Etwaige zusätzliche Kosten und Spesen, die von Depotführenden Banken oder ausländischen Wertpapierdienstleistungsunternehmen erhoben werden sowie gegebenenfalls anfallende ausländische Steuern, sind jedoch von den betreffenden X-Aktionären selbst zu tragen.

11.9 Börsenhandel mit eingereichten X-Aktien[23]

Es ist beabsichtigt, die X-Aktien, für die das Angebot während der Annahmefrist angenommen worden ist, ab dem . . . . . bis zum Ablauf der Annahmefrist handeln zu lassen. Liegen bei Ende der Annahmefrist die Voraussetzungen zum Vollzug dieses Angebots nach Ziffer 13 dieser Angebotsunterlage nicht vor, sollen die Zum Verkauf eingereichten X-Aktien bis spätestens zum Ablauf des Börsenhandelstags, der auf den Tag der Veröffentlichung des Eintritts aller dann noch ausstehenden Vollzugsbedingungen folgt, im [regulierten Markt (Prime Standard)] der Frankfurter Wertpapierbörse unter der ISIN . . . . . gehandelt werden können. [Ein Börsenhandel von Nachträglich zum Verkauf eingereichten X-Aktien ist nicht vorgesehen.]

Sollten bis zum Ende der Weiteren Annahmefrist die Vollzugsbedingungen nach Ziffer 13.1. dieser Angebotsunterlage, auf die die Bieterin nicht zuvor verzichtet hat, noch nicht eingetreten sein, wird die Zentrale Abwicklungsstelle die Umbuchung der Nachträglich zum Verkauf eingereichten X-Aktien in die ISIN . . . . . veranlassen. [Es ist beabsichtigt, in diesem Fall auch die Nachträglich zum Verkauf eingereichten X-Aktien bis spätestens zum Ablauf des Börsenhandelstags, der auf den Tag der Mitteilung des bevorstehenden Vollzugs des Angebots folgt, im [regulierten Markt (Prime Standard)] der Frankfurter Wertpapierbörse handeln zu lassen.]

Die Bieterin weist darauf hin, dass Handelsvolumen und Liquidität der Zum Verkauf eingereichten X-Aktien [und der Nachträglich zum Verkauf eingereichten X-Aktien] von der jeweiligen Annahmequote abhängen und deshalb überhaupt nicht vorhanden oder gering sein und starken Schwankungen unterliegen können. Es kann daher nicht ausgeschlossen werden, dass mangels Nachfrage der börsliche Verkauf von zum Verkauf eingereichten X-Aktien [oder Nachträglich zum Verkauf eingereichten X-Aktien] nicht möglich sein wird.

Erwerber von Zum Verkauf eingereichten X-Aktien (ISIN . . . . .) oder Nachträglich zum Verkauf eingereichten X-Aktien (ISIN . . . . .) übernehmen im Hinblick auf die von ihnen erworbenen Zum Verkauf eingereichten X-Aktien bzw Nachträglich zum Verkauf eingereichten X-Aktien alle Rechte und Pflichten aus den durch die Annahme dieses Angebots im Hinblick auf die jeweiligen Aktien geschlossenen Verträgen.

12. Behördliche Genehmigungen und Verfahren[24]

12.1 Erforderliche Genehmigungen

Die Übernahme der X-Gruppe durch die Bieterin bedarf der fusionskontrollrechtlichen Freigabe durch [Behörde(n) im Einzelnen benennen]. In den vorgenannten Jurisdiktionen besteht jeweils ein Vollzugsverbot bis zum Abschluss des jeweiligen Fusionskontrollverfahrens.

Sonstige behördliche Genehmigungen sind nicht erforderlich.

12.2 Stand der Verfahren

Die Bieterin hat das Zusammenschlussvorhaben am . . . . . bei [*Behörde(n) im Einzelnen benennen*] angemeldet. Obwohl der exakte zeitliche Ablauf von Fusionskontrollverfahren generell nur sehr schwer vorauszusehen ist, erwartet die Bieterin, dass das Zusammenschlussvorhaben durch [*Behörde(n) im einzelnen benennen*] bis zum . . . . . freigegeben wird.

12.3 Gestattung der Veröffentlichung der Angebotsunterlage

Die Bundesanstalt für Finanzdienstleistungsaufsicht hat die Veröffentlichung dieser Angebotsunterlage am . . . . . gestattet.

13. Voraussetzungen für den Vollzug dieses Angebots[25]

13.1 Vollzugsbedingungen

Dieses Angebot und die durch die Annahme dieses Angebots zustande kommenden Verträge werden nur dann vollzogen, wenn folgende Voraussetzungen gegeben sind („Vollzugsbedingungen"):

[13.1.1 Fusionskontrollfreigabe

Der beabsichtigte Zusammenschluss zwischen der A-GmbH und der X AG ist durch die [Kartellbehörden im Einzelnen benennen] freigegeben worden oder gilt als freigegeben.]

[13.1.2 Mindestannahmequote

Bei Ablauf der Annahmefrist ist das Angebot für . . . . . % der derzeit ausgegebenen X-Aktien („Mindestannahmequote") angenommen worden. Für die Berechnung der Mindestannahmequote werden folgende X-Aktien berücksichtigt:

a) Sämtliche X-Aktien, für die das Angebot nach Maßgabe von Ziffer 11.2 dieser Angebotsunterlage wirksam angenommen worden ist; und
b) sämtliche X-Aktien, die von der Bieterin zum Ende der Annahmefrist gehalten werden.]

13.2 Verzicht auf die Vollzugsbedingungen

Die in Ziffer 13.1 dieser Angebotsunterlage enthaltenen Vollzugsbedingungen stehen jeweils unabhängig und abtrennbar nebeneinander. Die Bieterin behält sich das Recht vor, bis zu einem Werktag vor Ablauf der Annahmefrist auf eine, mehrere oder alle Vollzugsbedingungen zu verzichten [und/oder die Mindestannahmeschwelle herabzusetzen] . Vollzugsbedingungen, auf welche die Bieterin wirksam verzichtet hat, gelten für die Zwecke dieses Angebots als eingetreten. Für die Wahrung der Frist gem § 21 Abs 1 WpÜG ist die Veröffentlichung der Änderung des Angebots gem § 21 Abs 2 WpÜG in Verbindung mit § 14 Abs 3 Satz 1 WpÜG maßgeblich.

Im Falle eines Verzichts auf eine, mehrere oder alle Vollzugsbedingungen [oder einer Verringerung der Mindestannahmeschwelle] innerhalb der letzten zwei Wochen vor Ablauf der in Ziffer 5.1 dieser Angebotsunterlage genannten Annahmefrist verlängert sich diese um zwei Wochen (§ 21 Abs 5 WpÜG), also voraussichtlich bis zum . . . . ., 24:00 Uhr (Ortszeit Frankfurt am Main) [/[18:00] Uhr (Ortszeit New York)].

13.3 Ausfall von Vollzugsbedingungen

Sofern unter Ziffer 13.1.1 [bis . . . . .] dieser Angebotsunterlage genannte Vollzugsbedingungen nicht bis zum . . . . . eingetreten sind und die Bieterin auf die betreffenden Vollzugbedingungen nicht nach § 21 Abs 1 Nr. 4 WpÜG wirksam verzichtet oder die Mindestannahmeschwelle nicht nach § 21 Abs 1 Nr. 3 WpÜG herabgesetzt hat, erlischt das Angebot.

Die durch die Annahme des Angebots zustande gekommenen Verträge werden in diesem Fall nicht vollzogen und entfallen (auflösende Bedingung). Entsprechend ist von den Depotführenden Banken unverzüglich, spätestens innerhalb von vier Bankarbeitstagen nach Bekanntgabe des Erlöschens des Angebots, die Rückbuchung der Zum Verkauf eingereichten X-Aktien und der Nachträglich zum Verkauf eingereichten X-Aktien in die ISIN . . . . . vorzunehmen.

Die Rückabwicklung soll für die betreffenden X-Aktionäre nach Maßgabe von Ziffer 11.8 dieser Angebotsunterlage frei von Kosten und Spesen der Depotführenden Banken sein.

13.4 Veröffentlichungen zu Vollzugsbedingungen

Die Bieterin gibt unverzüglich im Internet auf der Internetseite http://www. . . . . (auf Deutsch [und in unverbindlicher englischer Übersetzung]) und im elektronischen Bundesanzeiger bekannt, falls (i) auf eine Vollzugsbedingung verzichtet wurde, (ii) alle Vollzugsbedingungen entweder eingetreten sind oder auf sie verzichtet wurde, oder (iii) das Angebot nicht vollzogen wird.

14. Finanzierung des Angebots

14.1 Maßnahmen zur Sicherstellung der vollständigen Erfüllung des Angebots[26]

14.1.1 Maximale Gegenleistung

Sollte für sämtliche . . . . . X-Aktien dieses Angebot angenommen werden, beliefe sich die Zahlungsverpflichtung der Bieterin gegenüber den annehmenden X-Aktionären auf EUR . . . . . (entspricht: Angebotspreis von EUR . . . . . je X-Aktie multipliziert mit . . . . . X-Aktien). Darüber hinaus werden der Bieterin im Zusammenhang mit der beabsichtigten Übernahme der X AG Transaktionskosten entstehen, die einen Gesamtbetrag von EUR . . . . . voraussichtlich nicht übersteigen werden. Die Gesamtkosten der Bieterin für die Übernahme der X AG belaufen sich somit voraussichtlich auf maximal EUR . . . . . („Maximaler Transaktionsbetrag").

14.1.2 Finanzierung des Angebots

Die Bieterin hat vor Veröffentlichung dieser Angebotsunterlage die notwendigen Maßnahmen getroffen, um sicherzustellen, dass ihm die zur vollständigen Erfüllung dieses Angebots notwendigen finanziellen Mittel rechtzeitig zur Verfügung stehen.

. . . . .

14.2 Finanzierungsbestätigung[27]

Die . . . . . Bank, ..., ein von der Bieterin unabhängiges Wertpapierdienstleistungsunternehmen, hat in dem als Anlage . . . . . beigefügten Schreiben vom . . . . . gem § 13 Abs 1 Satz 2 WpÜG schriftlich bestätigt, dass die Bieterin die notwendigen Maßnahmen getroffen hat, um sicherzustellen, dass die zur vollständigen Erfüllung des Angebots notwendigen Mittel zum Zeitpunkt der Fälligkeit des Anspruchs auf die Geldleistung zur Verfügung stehen.

15. Erwartete Auswirkungen des Vollzugs des Übernahmeangebots auf die Vermögens-, Finanz- und Ertragslage der Bieterin[28]

15.1 Ausgangslage und Annahmen

Die in dieser Ziffer 15 enthaltenen Angaben beruhen insbesondere auf folgender Ausgangslage und den folgenden Annahmen:

a) Die Bieterin erwirbt sämtliche . . . . . X-Aktien zum Angebotspreis von EUR . . . . . je X-Aktie, also insgesamt EUR . . . . . Die folgende Darstellung berücksichtigt nicht etwaige zusätzliche X-Aktien, die nach dem Tag der Unterzeichnung dieser Angebotsunterlage ggf. noch ausgegeben werden.
b) Für die Finanzierung des Erwerbs der X-Aktien nach diesem Angebot sowie zur Finanzierung der Transaktionskosten wird ein Betrag in Höhe von EUR . . . . . in Form. von Eigenkapital und ein Betrag in Höhe von EUR . . . . . in Form. von Fremdkapital verwendet.
c) Die Transaktionskosten in Höhe von EUR . . . . . werden als Aufwand behandelt und nicht aktiviert.

15.2 Methodisches Vorgehen und Vorbehalte

Zur Abschätzung der voraussichtlichen Auswirkungen des Erwerbs von 100 % der X-Aktien auf die Vermögens-, Finanz- und Ertragslage der Bieterin hat die Bieterin eine vorläufige und ungeprüfte Einschätzung der bilanziellen Situation vorgenommen, die sich bei der Bieterin im Falle der angenommenen vollständigen Übernahme der X AG zum ..... ergeben hätte. Im Folgenden wird die auf Basis der in Ziffer 15.1 dieser Angebotsunterlage genannten Annahmen angepasste Pro-forma-Bilanz des Bieters der Bilanz des Bieters zum ..... gegenübergestellt.

15.3 Erwartete Auswirkungen auf den Einzelabschluss der Bieterin

15.3.1 Erwartete Auswirkungen auf die Bilanz der Bieterin

Der Erwerb der X-Aktien nach diesem Angebot wird sich nach Einschätzung der Bieterin auf die Vermögens- und Finanzlage der Bieterin (unter Zugrundelegung der Rechnungslegungsvorschriften des Handelsgesetzbuches und der besonderen Rechnungslegungsvorschriften des Aktiengesetzes) im Wesentlichen wie folgt auswirken:

Auswirkungen auf die Bilanz der Bieterin

AKTIVA		ungeprüft	
(in Mio. EUR)	X AG zum ...	Veränderung durch Aktienerwerb	Pro-Forma nach Aktienerwerb
Finanzanlagen			
Sonstige Vermögensgegenstände			
Liquide Mittel			
Bilanzsumme			

PASSIVA		ungeprüft	
(in Mio. EUR)	X AG zum ...	Veränderung durch Aktienerwerb	Pro-Forma nach Aktienerwerb
Eigenkapital			
Rückstellungen für Eventualverbindlichkeiten und Verluste			
Verbindlichkeiten			
Bilanzsumme			

Im Einzelnen:

a) Die Finanzanlagen werden von EUR ..... Mio um ca. EUR ..... Mio auf ca. EUR ..... Mio ansteigen.
b) Die liquiden Mittel (Kassenbestand) werden unverändert [bei EUR .....] bleiben, da die als Eigen- und Fremdkapital zur Verfügung gestellten Mittel für die Zahlung des Kaufpreises für die X-Aktien, für die dieses Angebot angenommen werden wird, sowie die Transaktionskosten verwendet werden.
c) Die Summe der Aktiva wird sich somit von EUR ..... Mio um ca. EUR ..... Mio auf EUR ..... Mio erhöhen.
d) Das Eigenkapitel (vor Berücksichtigung der Transaktionskosten) wird sich durch seitens des Gesellschafters ..... zur Verfügung gestellten Mittel von EUR ..... um ca. EUR ..... Mio auf ca. EUR ..... Mio erhöhen.

e) Die Verbindlichkeiten werden sich aufgrund der Mittel, die von . . . . . darlehensweise zur Verfügung gestellt werden, von EUR . . . . . Mio auf ca. EUR . . . . . Mio erhöhen.
f) Unter der Annahme, dass die Transaktionskosten als Aufwand behandelt und nicht aktiviert werden, verbucht die Bieterin auf Grund dieser Kosten einen Verlust von ca. EUR . . . . . Mio.

15.3.2 Erwartete Auswirkungen auf die Ertragslage der Bieterin

Der Erwerb der X-Aktien nach diesem Angebot wird sich (unter Zugrundelegung der Rechnungslegungsvorschriften des Handelsgesetzbuches und der besonderen Rechnungslegungsvorschriften des Aktiengesetzes) auf die Ertragslage der Bieterin voraussichtlich wie nachfolgend dargestellt auswirken. Dabei wurde unterstellt, dass die Transaktion zu Beginn des Zeitraums erfolgt ist, auf den sich die Einnahmen und Aufwendungen beziehen.

Ungeprüfte Gewinn- und Verlustrechnung der Bieterin

		ungeprüft	
(in Mio. EUR)	X AG für die Zeit vom ... bis ...	Veränderung durch Aktienerwerb	Pro-Forma nach Aktienerwerb
Umsatzerlöse			
. . . . .			
Jahresüberschuss/-fehlbetrag			

Die Annahme dieses Angebots durch alle X-Aktionäre würde sich nach Einschätzung der Bieterin auf die Ertragslage der Bieterin voraussichtlich wie folgt auswirken:

a) Die Einnahmen der Bieterin werden in Zukunft im Wesentlichen aus Erträgen aus ihrer Beteiligung an der X AG bestehen. Die Höhe dieser zukünftigen Erträge ist ungewiss. Für die Zwecke dieser Pro-Forma-Darstellung der Auswirkungen wird ein Betrag von EUR . . . . . berücksichtigt, der der Dividende entspricht, die im Jahr . . . . . für das Geschäftsjahr . . . . . ausgeschüttet wurde, also EUR . . . . . je X-Aktie.
b) Die Kosten der Bieterin bestehen im Wesentlichen aus Zinszahlungen (abzüglich der Steuereffekte) auf Darlehen, die der Bieterin von . . . . . zur Finanzierung des Erwerbs der X-Aktien gewährt werden. Im Falle des oben angenommenen Verhältnisses von Eigenkapitalfinanzierung zu Fremdkapitalfinanzierung geht die Bieterin von einer jährlichen Zinsbelastung (abzüglich der Steuereffekte) in Höhe von ca. EUR . . . . . Mio aus.

16. Rücktrittsrecht[29]

16.1 Voraussetzungen

X-Aktionäre, die dieses Angebot angenommen haben, haben folgende gesetzlichen Rücktrittsrechte:

a) Im Falle einer Änderung dieses Angebots gem § 21 WpÜG können X-Aktionäre von den durch die Annahme dieses Angebots geschlossenen Verträgen bis zum Ablauf der Annahmefrist zurücktreten, wenn und soweit sie dieses Angebot vor Veröffentlichung der Angebotsänderung angenommen haben.
b) Im Falle eines Konkurrierenden Angebots gem § 22 Abs 1 WpÜG können X-Aktionäre von den durch die Annahme dieses Angebots geschlossenen Verträgen bis zum Ablauf der Annahmefrist gem § 22 Abs 3 WpÜG zurücktreten, wenn und soweit sie

dieses Angebot vor Veröffentlichung der Angebotsunterlage des Konkurrierenden Angebots angenommen haben.

16.2 Ausübung des Rücktrittsrechts

X-Aktionäre können ein Rücktrittsrecht gem Ziffer 16.1 nur dadurch ausüben, dass sie

a) den Rücktritt für eine zu spezifizierende Anzahl von Zum Verkauf eingereichten X-Aktien schriftlich gegenüber ihrer Depotführenden Bank erklären und
b) ihre Depotführende Bank anweisen, die Rückbuchung einer Anzahl von in ihrem Depotkonto befindlichen Zum Verkauf eingereichten X-Aktien, die der Anzahl der Zum Verkauf eingereichten X-Aktien entspricht, für die der Rücktritt erklärt werden soll, in die ISIN ..... bei der Clearstream Banking AG vorzunehmen.

Die Rücktrittserklärung wird nur wirksam, wenn die Zum Verkauf eingereichten X-Aktien, für die der Rücktritt erklärt wurde, bis spätestens 18:00 Uhr (Ortszeit Frankfurt am Main)[/ 12:00 Uhr (Ortszeit New York)] am zweiten Bankarbeitstag nach Ablauf der Annahmefrist in die ISIN ..... bei der Clearstream Banking AG umgebucht worden sind. Diese Umbuchung ist durch die Depotführende Bank nach Erhalt der Rücktrittserklärung zu veranlassen.

17. Hinweise für X-Aktionäre, die das Angebot nicht annehmen

X-Aktionäre, die beabsichtigen, dieses Angebot nicht anzunehmen, sollten Folgendes berücksichtigen:

a) Der gegenwärtige Aktienkurs der X-Aktie dürfte die Tatsache reflektieren, dass die Bieterin am ..... ihre Entscheidung zur Abgabe dieses Angebots zu EUR ..... je X-Aktie veröffentlicht hat. Es ist ungewiss, ob sich der Kurs der X-Aktie nach Ablauf der Annahmefrist und ggf der Weiteren Annahmefrist weiterhin auf dem derzeitigen Niveau bewegen oder darüber oder darunter liegen wird.
b) Die Durchführung des Angebots wird voraussichtlich zu einer Verringerung des Streubesitzes bei der X AG führen. Die Zahl der X-Aktien im Streubesitz könnte dadurch so gering werden, dass kein ordnungsgemäßer Börsenhandel mehr gewährleistet ist oder sogar überhaupt kein Börsenhandel mehr stattfindet. Dies könnte dazu führen, dass Verkauf-Orders nicht oder nicht mehr rechtzeitig ausgeführt werden können. Ferner könnte die zu erwartende geringe Liquidität der X-Aktie zu größeren Kursschwankungen der X-Aktie als in der Vergangenheit führen.
c) Nach Durchführung dieses Angebots wird die Bieterin in Hauptversammlungen der X AG direkt oder indirekt über die erforderliche qualifizierte Mehrheit verfügen, um wichtige gesellschaftsrechtliche Strukturmaßnahmen, wie zB Satzungsänderungen, Kapitalerhöhungen (auch unter Ausschluss des Bezugsrechts), Spaltung, Verschmelzung, Formwechsel, Auflösung (einschließlich übertragender Auflösung) und Ausschluss von Minderheitsaktionären durchsetzen zu können. Nur mit einigen der genannten Maßnahmen wäre die Pflicht der Bieterin verbunden, den Minderheitsaktionären jeweils auf der Grundlage einer Unternehmensbewertung der X AG ein Angebot zu machen, ihre Aktien gegen eine angemessene Abfindung zu erwerben oder einen Ausgleich zu gewähren. Da diese Unternehmensbewertung auf die zum Zeitpunkt der Beschlussfassung der Hauptversammlung der X AG über die jeweilige Maßnahme bestehenden Verhältnisse abstellen müsste, könnte ein Abfindungsangebot wertmäßig dem Angebotspreis entsprechen, könnte aber auch höher oder niedriger ausfallen. Die Durchführung einiger dieser Maßnahmen könnte zudem zu einer Beendigung der Börsennotierung der X-Aktien führen.

18. Geldleistungen und geldwerte Vorteile für Mitglieder des Vorstands oder des Aufsichtsrats der X AG[30]

Keinem Mitglied des Vorstands oder des Aufsichtsrates der X AG wurden von der Bieterin oder einer mit der Bieterin gemeinsam handelnden Person Geldleistungen oder andere geldwerte Vorteile im Zusammenhang mit diesem Übernahmeangebot gewährt oder in Aussicht gestellt.

19. Begleitende Banken

Die . . . . . hat die Bieterin bei der Vorbereitung dieses Angebots beraten. Die . . . . . Bank, ..., koordiniert die technische Durchführung und Abwicklung des Angebots.

20. Steuern

Die Bieterin empfiehlt den X-Aktionären, vor Annahme dieses Übernahmeangebots eine ihre persönlichen Verhältnisse berücksichtigende steuerliche Beratung einzuholen.

21. Veröffentlichungen und Mitteilungen[31]

Gem § 14 Abs 3 WpÜG wird diese Angebotsunterlage am . . . . . veröffentlicht durch (i) Bekanntgabe im Internet unter http://www. . . . . und (ii) Bereithaltung von Exemplaren dieser Angebotsunterlage zur kostenlosen Ausgabe bei der . . . . . Bank (Bestellung per Telefax an . . . . ., Email an . . . . .) sowie Bekanntgabe im elektronischen Bundesanzeiger, bei welcher Stelle die Angebotsunterlage bereitgehalten wird und unter welcher Adresse die Veröffentlichung der Angebotsunterlage im Internet erfolgt.

[Darüber hinaus wird die Bieterin (i) eine unverbindliche englische Übersetzung der Angebotsunterlage, die von der BaFin nicht geprüft wurde, unter der vorgenannten Internetadresse einstellen sowie (ii) [in der . . . . . und] im . . . . . (U. S.-Ausgabe) bekannt geben, bei welcher Stelle die Angebotsunterlage bereitgehalten wird und unter welcher Adresse die Veröffentlichung der Angebotsunterlage im Internet erfolgt.]

Alle nach dem WpÜG [oder den anwendbaren kapitalmarktrechtlichen Bestimmungen der USA] erforderlichen Veröffentlichungen und Bekanntmachungen im Zusammenhang mit diesem Angebot werden im Internet unter http://www. . . . . (auf Deutsch und in unverbindlicher englischer Übersetzung) und, soweit gem WpÜG erforderlich, im elektronischen Bundesanzeiger sowie (durch Verbreitung einer englischsprachigen Pressemitteilung über ein elektronisch betriebenes Informationsverbreitungssystem) in den USA veröffentlicht.

22. Anwendbares Recht und Gerichtsstand[32]

Dieses Angebot sowie die durch dessen Annahme mit der Bieterin zustande kommenden Verträge unterliegen dem Recht der Bundesrepublik Deutschland. Ausschließlicher Gerichtsstand für alle aus oder im Zusammenhang mit diesem Angebot (sowie jedem Vertrag, der infolge der Annahme dieses Angebots zustande kommt) entstehenden Rechtsstreitigkeiten ist, soweit gesetzlich zulässig, Frankfurt am Main, Deutschland.

[23. Zusätzliche Informationen für U. S.-Aktionäre

Dieses dem deutschen Recht unterliegende Angebot erfolgt an die U. S.-Aktionäre in Übereinstimmung mit den anwendbaren U. S.-amerikanischen Wertpapiergesetzen, einschließlich der aufgrund des Exchange Act erlassenen Regulation 14E. Dieses Angebot unterliegt nicht den Anforderungen der Regulation 14D des Exchange Act und dementsprechend wurde diese Angebotsunterlage weder bei der SEC eingereicht noch von dieser geprüft. U. S.-Aktionäre werden darauf hingewiesen, dass dieses Angebot im Hinblick auf die Wertpapiere einer deutschen Gesellschaft erfolgt und damit den Offenlegungsvorschriften der Bundesrepublik Deutschland unterliegt, die sich von denen der USA unterscheiden.

Die Bieterin kann nach der am 2. März 2007 von der Abteilung „Market Regulation" der SEC gewährten Gruppenfreistellung von der Rule 14 e-5 des Exchange Act während der Laufzeit dieses Angebots X-Aktien in anderer Weise als im Rahmen dieses Angebots über die Börse oder außerbörslich außerhalb der USA erwerben oder entsprechende Erwerbsvereinbarungen schließen, sofern dies im Einklang mit den anwendbaren deutschen Rechtsvorschriften, insbesondere dem WpÜG, erfolgt. Soweit nach deutschem Recht erforderlich, werden Informationen über entsprechende Erwerbe oder Erwerbsvereinbarungen in Deutschland veröffentlicht werden. Entsprechende Informationen werden auch in Form. einer unverbindlichen englischen Übersetzung auf der Website der Bieterin unter http://www. . . . . veröffentlicht.]

24. Erklärung über die Übernahme der Verantwortung[33]

Die A-GmbH, eine Gesellschaft mit beschränkter Haftung, mit Sitz in . . . . . und eingetragen im Handelsregister des Amtsgerichts . . . . . unter HRB . . . . ., übernimmt die Verantwortung für den Inhalt dieser Angebotsunterlage und erklärt, dass ihres Wissens die in dieser Angebotsunterlage enthaltenen Angaben richtig und keine wesentlichen Umstände ausgelassen sind.

. . . . ., den . . . . .

A-GmbH

gez. . . . . . gez. . . . . .[34]

Geschäftsführer Geschäftsführer

Anlage 1: Tochterunternehmen der Bieterin

Name	Sitz	Land
. . . . .	. . . . .	. . . . .
. . . . .	. . . . .	. . . . .

Anlage 2: Die Bieterin kontrollierende Personen und Gesellschaften

Name	Sitz bzw Wohnsitz	Land
. . . . .	. . . . .	. . . . .
. . . . .	. . . . .	. . . . .

Anlage 3: Tochterunternehmen der die Bieterin kontrollierenden Personen und Gesellschaften

Name	Sitz	Land
. . . . .	. . . . .	. . . . .
. . . . .	. . . . .	. . . . .

Anlage 4: Tochterunternehmen der Zielgesellschaft

Name	Sitz	Land
. . . . .	. . . . .	. . . . .
. . . . .	. . . . .	. . . . .

Anlage 5: Finanzierungsbestätigung

Finanzierungsbestätigung der . . . . . Bank[35]

. . . . . Bank

A-GmbH . . . . .

. . . .

. . . . .

. . . . ., den [Datum]

Freiwilliges Öffentliches Übernahmeangebot der A-GmbH für sämtliche Aktien der X AG, ... [Sitz], gegen Zahlung eines Kaufpreises in Höhe von EUR . . . . . je X-Aktie – Bestätigung nach § 13 Abs 1 Satz 2 des Wertpapiererwerbs- und Übernahmegesetzes (WpÜG) –

Sehr geehrte Damen und Herren,

wir, die . . . . . bank . . . . . mit Sitz in . . . . ., sind ein von der A-GmbH mit Sitz in . . . . . unabhängiges Wertpapierdienstleistungsunternehmen im Sinne des § 13 Abs 1 Satz 2 WpÜG.

Wir bestätigen, dass die A-GmbH die notwendigen Maßnahmen getroffen hat, um sicherzustellen, dass ihr die zur vollständigen Erfüllung des o.a. Übernahmeangebots notwendigen Mittel zum Zeitpunkt der Fälligkeit des Anspruchs auf die Geldleistung zur Verfügung stehen.

Mit der Wiedergabe dieses Schreibens gem § 11 Abs 2 Satz 3 Nr. 4 WpÜG in der Angebotsunterlage für das o.a. Übernahmeangebot sind wir einverstanden.

Mit freundlichen Grüßen

. . . . . bank . . . . .

gez. . . . . . gez. . . . . .

Anmerkungen

1. Sachverhalt. Das Muster bezieht sich auf ein Bar-Übernahmeangebot, dh auf ein Kaufangebot für Aktien gegen Zahlung einer Geldleistung in Euro, das auf den Erwerb der Kontrolle (§ 29 Abs 1 WpÜG) über eine Zielgesellschaft im Sinne von § 2 Abs 3

WpÜG gerichtet ist (zu den Einzelheiten des Kontrollbegriffs vgl KölnKomm/*von Bülow*, WpÜG, 2. Aufl 2010, § 29 Rn. 69 ff).

Wird die Kontrolle über die Zielgesellschaft auf Grund eines Übernahmeangebotes erworben, besteht nach § 35 Abs 3 WpÜG keine Verpflichtung zur Abgabe eines Pflichtangebotes nach § 35 WpÜG. Die Befreiungswirkung des § 35 Abs 3 WpÜG greift nach zutreffender Auffassung auch dann ein, wenn die Kontrollschwelle aufgrund von Erwerben außerhalb des Übernahmeverfahrens, aber vor Vollzug des Übernahmeangebotes erfolgt (vgl Paschos/Fleischer/*Rothenfußer*, WpÜG, 2017, § 11 Rn. 380 ff; Angerer/Geibel/Süßmann/*Meyer*, WpÜG, 3. Aufl 2017, § 35 Rn. 78; KölnKomm/*Hasselbach*, WpÜG, 2. Aufl 2010, § 35 Rn. 248; Steinmeyer/*Santelmann*, WpÜG, 4. Aufl 2019, § 35 Rn. 124; Haarmann/Schüppen/*Hommelhoff/Witt*, WpÜG, 3. Aufl 2008, § 35 Rn. 105).

2. Angebotsunterlage. Nach § 11 Abs 1 S 1 WpÜG hat der Bieter (iSd § 2 Abs 4 WpÜG) eine Angebotsunterlage zu erstellen und zu veröffentlichen. Die Angebotsunterlage stellt das verbindliche Angebot an die Aktionäre der Zielgesellschaft iSd § 145 BGB dar (KölnKomm/*Seydel*, WpÜG, 2. Aufl 2010, § 11 Rn. 20; Assmann/Pötzsch/Schneider/*Meyer*, WpÜG, 2. Aufl 2013, § 11 Rn. 20; Baums/Thoma/*Thoma*, WpÜG, 5. Lfg Januar 2011, § 11 Rn. 7; Angerer/Geibel/Süßmann/*Geibel/Süßmann*, WpÜG, 3. Aufl 2017, § 11 Rn. 2), welches mit Veröffentlichung (§ 14 WpÜG) wirksam wird. Nach der Regierungsbegründung ist es das Ziel der Erstellung und Veröffentlichung der Angebotsunterlage, die von dem Angebot Betroffenen, die Öffentlichkeit und die Aufsichtsbehörden über den genauen Inhalt des Angebots und über die mit dem Angebot verfolgten Ziele zu informieren. Ferner sollen die Wertpapierinhaber der Zielgesellschaft eine hinreichende Grundlage für ihre Entscheidung über die Annahme des Angebots erhalten (BT-Drs 14/7034, S 41).

3. Inhalt und Gestaltung der Angebotsunterlage. a) Allgemeine Grundsätze. Die Angebotsunterlage muss die Angaben enthalten, die notwendig sind, um in Kenntnis der Sachlage über das Angebot entscheiden zu können (§ 11 Abs 1 S 2 WpÜG; zur systematischen Bedeutung und zu weiteren Details dieser Generalklausel vgl KölnKomm/*Seydel*, WpÜG, 2. Aufl 2010, § 11 Rn. 25 ff). Die Angaben müssen richtig und vollständig sein (§ 11 Abs 1 S 3 WpÜG; zu den Details vgl KölnKomm/*Seydel* WpÜG, 2. Aufl 2010, § 11 Rn. 32 ff). Die Angebotsunterlage ist zwingend in deutscher Sprache und in einer Form. abzufassen, die ihr Verständnis und ihre Auswertung erleichtert (§ 11 Abs 1 S 4 WpÜG; zu den Details vgl KölnKomm/*Seydel*, WpÜG, 2. Aufl 2010, § 11 Rn. 41 ff).

b) Angaben zum Inhalt und ergänzende Angaben (§ 11 Abs 2 WpÜG, § 2 AngebVO). Gem § 11 Abs 2 S 1 WpÜG unterscheidet der Gesetzgeber Angaben zum Inhalt des Angebots (§ 11 Abs 2 S 2 WpÜG) und ergänzende Angaben (§ 11 Abs 2 S 3 WpÜG), wobei letztere durch § 2 AngebVO konkretisiert werden. Zudem muss die Angebotsunterlage denjenigen bezeichnen, der die Verantwortung über den Inhalt der Angebotsunterlage übernimmt und eine Richtigkeits- und Vollständigkeitsbestätigung enthalten (§ 11 Abs 3 WpÜG). Für eine Checkliste zum Mindestinhalt einer Angebotsunterlage vgl BeckFormB M&A/*Seibt*, 3. Aufl 2018, E III 1, S 994 ff.

aa) Angaben zum Inhalt des Angebots. Zu den Angaben zum Inhalt gehören Angaben zum Bieter (vgl § 11 Abs 2 S 2 Nr 1 WpÜG), zur Zielgesellschaft (§ 11 Abs 2 S 2 Nr 2 WpÜG), zu den Wertpapieren, die Gegenstand des Angebots sind (§ 11 Abs 2 S 2 Nr 3 WpÜG), zur Art und Höhe der Gegenleistung (§ 11 Abs 2 S 2 Nr 4 WpÜG), zur Höhe der für den Entzug von Rechten gebotenen Entschädigung nach § 33 b Abs 4 WpÜG (§ 11 Abs 2 S 2 Nr 4 a WpÜG), zu den Bedingungen für die Wirksamkeit des Angebots (§ 11 Abs 2 S 2 Nr 5 WpÜG) sowie zum Beginn und zum Ende der Annahmefrist (§ 11 Abs 2 S 2 Nr 6 WpÜG).

bb) Ergänzende Angaben. Zu den ergänzenden Angaben gehören folgende Angaben: Angaben zur Finanzierung und zu den erwarteten Auswirkungen des Angebots auf die

Vermögens-, Finanz- und Ertragslage des Bieters (§ 11 Abs 2 S 3 Nr 1 WpÜG), Angaben zu den Absichten des Bieters zur künftigen Geschäftstätigkeit der Zielgesellschaft (§ 11 Abs 2 S 3 Nr 2 WpÜG), zu Sonderleistungen an Organe der Zielgesellschaft (§ 11 Abs 2 S 3 Nr 3 WpÜG), die Finanzierungsbestätigung (§ 11 Abs 2 S 3 Nr 4 WpÜG) sowie die Angaben gem § 2 AngebVO.

Hinsichtlich der Einzelheiten wird auf die Anmerkungen zu dem Muster verwiesen.

4. Bar- und Umtauschangebote. Das vorliegende Muster behandelt ein Barangebot. Das WpÜG gilt nach § 2 Abs 1 WpÜG auch für Tauschangebote, insbesondere für Angebote zum Umtausch in andere Wertpapiere (sog Umtauschangebote). Werden im Rahmen solcher Umtauschangebote andere Wertpapiere angeboten, hat der Bieter gem § 2 Nr 2 HS 1 AngebVO grundsätzlich die Angaben nach § 7 des Wertpapierprospektgesetzes iVm der Verordnung (EG) Nr 809/2004 der Kommission vom 29.4.2004 zur Umsetzung der Prospektrichtlinie (Richtlinie 2003/71/EG) in die Angebotsunterlage aufzunehmen. Diese Angaben sind allerdings nicht erforderlich, wenn (i) für die Wertpapiere vor Veröffentlichung der Angebotsunterlage ein Prospekt, auf Grund dessen die Wertpapiere öffentlich angeboten oder zum Handel an einem organisierten Markt zugelassen worden sind, im Inland in deutscher Sprache veröffentlicht wurde und (ii) für die als Gegenleistung angebotenen Wertpapiere während der gesamten Laufzeit des Angebots ein gültiger Prospekt veröffentlicht ist. In diesem Fall bedarf es nur der Angabe, dass ein Prospekt veröffentlicht wurde und wo dieser jeweils erhältlich ist (§ 2 Nr 2 HS 2 AngebVO).

5. Kennnummer für eingereichte Aktien. Aktien, für die das Angebot angenommen wird, werden in der Praxis idR in eine neue ISIN umgebucht (zu den Einzelheiten vgl → Anm. 21). Das Muster orientiert sich an dieser Praxis.

6. Gesonderte Kennnummer für nachträglich zum Verkauf eingereichte Aktien. Wenn sich der Bieter dazu entschließt, die während der Annahmefrist bzw der weiteren Annahmefrist eingereichten Aktien getrennt abzuwickeln, werden die Aktien, für die das Angebot während der weiteren Annahmefrist angenommen wurde, idR in eine separate ISIN umgebucht („Nachträglich zum Verkauf Eingereichte Aktien"). Zu den Einzelheiten und Hintergründen vgl → Anm. 21.

7. Verpflichtung zur Abgabe eines sog Vollangebots. Gem § 32 WpÜG muss sich ein Übernahmeangebot grundsätzlich auf sämtliche Aktien der Zielgesellschaft erstrecken, sodass der Bieter verpflichtet ist, das Übernahmeangebot als Vollangebot abzugeben (Begr RegE BT-Drs 14/7034, S 48).

In der Praxis sind insbesondere im Zusammenhang mit dem Vorhandensein verschiedener Aktiengattungen Zweifelsfragen aufgetreten: Dabei ging es um die Reichweite der Vollangebotsverpflichtung in Fällen, in denen lediglich ein Teil der Aktien börsennotiert ist. Nach der Praxis der BaFin hat der Bieter ein Angebot auch auf börsennotierte Vorzugsaktien zu erstrecken, wenn durch den Erwerb von nicht börsennotierten Stammaktien außerhalb eines öffentlichen Angebots die Kontrolle erworben wurde (Pflichtangebot der Green Holding AG an die Vorzugsaktionäre der Gardena Holding Aktiengesellschaft, Angebotsunterlage vom 22.5.2002; vgl auch *Lenz/Behnke,* BKR 2003, 43, 49; *Lenz,* NJW 2003, 2073, 2075). Dies entspricht auch der wohl überwiegenden Auffassung im Schrifttum (*Fabritius*, Gesellschaftsrecht in der Diskussion 2003, 45, 51f; Angerer/Geibel/Süßmann/*Thun,* WpÜG, 3. Aufl 2017, § 32 Rn. 4; Haarmann/Schüppen/*Vogel,* WpÜG, 3. Aufl 2008, § 32 Rn. 12; MüKo/*Wackerbarth,* AktG, 4. Aufl 2017, § 32 WpÜG Rn. 19; *Land,* DB 2001, 1707, 1711; offen lassend KölnKomm/*Hasselbach*, WpÜG, 2. Aufl 2010, § 32 Rn. 8).

Darüber hinaus hat sich die BaFin auf den Standpunkt gestellt, dass ein Bieter, der mindestens 30 %, aber nicht alle nicht-börsennotierten Stammaktien einer Zielgesellschaft erwirbt, verpflichtet ist, ein Pflichtangebot nicht nur in Bezug auf börsennotierte Vorzugsaktien, sondern auch auf die nicht-börsennotierten Stammaktien abzugeben (Angebot der PS7S 1 Holding L. P. an die Aktionäre der ProSiebenSat.1 Media AG, Angebotsunterlage vom 10.10.2003; vgl auch BaFin-Jahresbericht 2003, S. 208; *Lenz/Behnke,* BKR 2003, 43, 49; MüKoAktG/*Wackerbarth,* 4. Aufl 2017, WpÜG § 32 Rn. 20; tendenziell zustimmend KölnKomm/*Hasselbach,* WpÜG, 2. Aufl 2010, § 35 Rn. 52 ff). Diese Auffassung ist indessen überwiegend zu Recht auf Kritik gestoßen (vgl *Fabritius,* Gesellschaftsrecht in der Diskussion 2003, 45, 52 f sowie den Bericht über die Diskussion bei *Verse,* in: Gesellschaftsrecht in der Diskussion 2003, 105, 112; Ehricke/Ekkenga/Oechsler/*Ekkenga,* WpÜG, 2003, § 32 Rn. 9; Schwarz/Zimmer/*Noack,* KMRK, 4. Aufl 2010, § 32 WpÜG Rn. 13; Haarmann/Schüppen/*Hommelhoff/Witt,* WpÜG, 3. Aufl 2008, § 35 Rn. 92; *Krause,* NJW 2004, 3681, 3682).

8. Allgemeine Hinweise und Angaben für Aktionäre mit Wohnsitz, Sitz oder gewöhnlichem Aufenthaltsort außerhalb der Bundesrepublik Deutschland. a) Grundsatz: Keine personelle Beschränkung des Angebots. Ein Angebot nach dem WpÜG richtet sich grundsätzlich auch an Wertpapierinhaber der Zielgesellschaft, die ihren Sitz, Wohnsitz oder gewöhnlichen Aufenthaltsort außerhalb der Bundesrepublik Deutschland haben. Für Übernahme- bzw Pflichtangebote ergibt sich dies bereits aus § 32 WpÜG. Für Erwerbsangebote folgt dies aus dem Grundsatz der Gleichbehandlung (§ 3 Abs 1 WpÜG); ein Teilangebot muss sich an sämtliche Wertpapierinhaber in verhältnismäßig gleichem Umfang richten (vgl § 19 WpÜG). In ein Angebot einzubeziehen sind daher insbesondere auch im Ausland ansässige Wertpapierinhaber (vgl KölnKomm/*Versteegen,* WpÜG, 2. Aufl 2010, § 24 Rn. 1 mwN; Schwark/Zimmer/*Noack,* KMRK, 4. Aufl 2010, § 32 WpÜG Rn. 1). Dies kann dazu führen, dass das Angebot dem Recht mehrerer Staaten unterfällt und der Bieter nicht nur inländische Vorschriften zu beachten hat, sondern auch die Regeln des betreffenden anderen Staates.

b) Ausschluss von Wertpapierinhabern vom Angebot nach § 24 WpÜG. Unter bestimmten Voraussetzungen kann die Bundesanstalt auf Antrag gestatten, bestimmte Inhaber von Wertpapieren mit Wohnsitz, Sitz oder gewöhnlichem Aufenthaltsort in einem Staat außerhalb des Europäischen Wirtschaftsraums von dem Angebot auszunehmen (§ 24 WpÜG). Voraussetzung ist, dass der Bieter bei grenzüberschreitenden Angeboten zugleich die Vorschriften eines Staates außerhalb des Europäischen Wirtschaftsraumes einzuhalten hat und dem Bieter deshalb ein Angebot an alle Inhaber von Wertpapieren unzumutbar ist.

Der Bieter hat in seinem Antrag die Voraussetzungen für eine Entscheidung nach § 24 WpÜG darzustellen und zu belegen (Begr RegE, BT-Drs 14/7034, S 51). Allein finanzielle Mehrbelastungen sollen für die Annahme der Unzumutbarkeit nicht ausreichend sein (Begr RegE, BT-Drs 14/7034, S 51; KölnKomm/*Versteegen,* WpÜG, 2. Aufl 2010, § 24 Rn. 25). Unzumutbarkeit kann vorliegen, wenn Regelungen des ausländischen Rechts dem WpÜG widersprechen (Begr RegE, BT-Drs 14/7034, S 51; Assmann/Pötzsch/Schneider/*Schneider/Rosengarten,* WpÜG, 2. Aufl 2013, § 24 Rn. 22). Die BaFin trifft bei Vorliegen der Voraussetzungen eine Ermessensentscheidung (Begr RegE, BT-Drs 14/7034, S 51).

Zum Ausschluss von Wertpapierinhabern nach § 24 WpÜG vgl die folgenden Beispiele: Öffentliches Umtauschangebot der HLDCO123 PLC an die Aktionäre der Deutsche Börse Aktiengesellschaft, Angebotsunterlage vom 1.6.2016, S 2; Öffentliches Umtauschangebot der UniCredito Italiano S. p. A. an die Aktionäre der Bayerische Hypo- und Vereinsbank Aktiengesellschaft, Angebotsunterlage vom 26.8.2005, S 2; Umtauschangebot der DePfa Holding public limited company an die Aktionäre der DepPfa Deutsche Pfandbriefbank AG, Angebotsunterlage vom 16.1.2002, S 7 f; Umtauschangebot der Buzzi Unicem S. p. A. an die Vorzugsaktionäre der Dyckerhoff Aktiengesellschaft, Angebotsunterlage vom 14.8.2003, S 8 f.

Zu den Einzelheiten hinsichtlich der Voraussetzungen des Ausschlusses und des Verfahrens vgl KölnKomm/*Versteegen,* WpÜG, 2. Aufl 2010, § 24 Rn. 10 ff; *Lenz/Linke,* AG 2002, 361, 364 f; *Behnke,* WM 2002, 2229 ff; *Holzborn,* BKR 2002, 67 ff.

c) Distributionsbeschränkungen. Von der Beschränkung des Adressatenkreises nach § 24 WpÜG ist die Beschränkung der Veröffentlichung und Verbreitung der Angebotsunterlage zu unterscheiden. Der Bieter wird regelmäßig versuchen, durch Distributionsbeschränkungen sicherzustellen, dass die Angebotsunterlage nicht in Jurisdiktionen versandt wird, in denen die Versendung zu Problemen führt bzw führen könnte, insbesondere vor dem Hintergrund, dass die Versendung das Eingreifen ausländischer kapitalmarktrechtlicher Bestimmungen nach sich ziehen kann.

Es ist anerkannt, dass diese Distributionsbeschränkungen (einschließlich des Hinweises darauf in der Angebotsunterlage) nicht gegen § 24 WpÜG verstoßen, da diese nicht die Annahme des Angebots ausschließen (Paschos/Fleischer/*Paschos/Goslar,* WpÜG, 2017, § 14 Rn. 38; *Lenz/Linke,* AG 2002, 361, 365; *Holzborn,* BKR 2002, 67 ff).

d) Formulierungen im Muster. Das Muster geht davon aus, dass Übernahmerechte anderer Staaten durch das Barangebot nicht berührt werden. Zusätzlich (in Klammern) enthält das Muster Formulierungshilfen für den Fall, dass das Angebot zusätzlich nach den anwendbaren kapitalmarktrechtlichen Vorschriften der USA durchgeführt wird und zwar unter Inanspruchnahme der sog US Tier I Exemption. Im Rahmen der Vorbereitung eines Übernahmeverfahrens sollte bereits in frühem Stadium geprüft werden, ob bzw in welchem Umfang das Angebot zusätzlich nach anderen Jurisdiktionen durchzuführen ist bzw welche Anträge, Genehmigungen, Registrierungen etc erforderlich sind.

8 a. Inwieweit vor Abgabe eines Übernahmeangebots eine Due Diligence durchgeführt werden kann, ohne beim Bieter insiderrechtliche Beschränkungen auszulösen, vgl Emittentenleitfaden der BaFin 2013, Stand 22. Juli 2013, Ziff III. 2.1.1.1. Hat der Bieter eine Due Diligence bei der Zielgesellschaft durchgeführt, verlangt die BaFin einen entsprechenden Hinweis in der Angebotsunterlage unter Angabe des Zeitraums der Due Diligence. Einen Hinweis des Bieters, dass die iRd Due Diligence zur Verfügung gestellten Informationen nicht auf ihre Richtigkeit hin überprüft worden sind, akzeptiert die BaFin-Praxis (vgl Paschos/Fleischer/*Paschos/Goslar,* WpÜG, 2017, § 14 Rn. 40).

9. Wertpapiere, die Gegenstand des Angebots sind (§ 11 Abs 2 S 2 Nr 3 WpÜG). Die Wertpapiere, die Gegenstand des Angebots sind, sind so genau zu bezeichnen, dass eine eindeutige Identifikation möglich ist. Dies erfolgt regelmäßig durch Angabe der ISIN (vgl KölnKomm/*Seydel,* WpÜG, 2. Aufl 2010, § 11 Rn. 51 mwN; Baums/Thoma/*Thoma,* WpÜG, 5. Lfg Januar 2011, § 11 Rn. 57).

10. Art und Höhe der für die Wertpapiere der Zielgesellschaft angebotenen Gegenleistung (§ 11 Abs 2 S 2 Nr 4 WpÜG). Für Übernahme- und Pflichtangebote ist die Art und Höhe der Gegenleistung in § 31 WpÜG sowie in den §§ 3 bis 7 AngebVO detailliert geregelt (hinsichtlich der Einzelheiten vgl KölnKomm/*Kremer/Oesterhaus,* WpÜG, 2. Aufl 2010, § 31 Rn. 23 ff sowie KölnKomm/*Seydel,* WpÜG, 2. Aufl 2010, § 11 Rn. 52 ff). Im Übrigen ist der Bieter bei der Wahl der Art und Höhe der Gegenleistung frei.

11. Annahmefrist (§ 11 Abs 2 S 2 Nr 6 WpÜG). Der Bieter hat den Beginn und das Ende der Annahmefrist anzugeben. Der Bieter kann eine Annahmefrist zwischen vier und zehn Wochen ab dem Zeitpunkt der Veröffentlichung der Angebotsunterlage bestimmen (vgl § 16 Abs 1 S 1 WpÜG). Die Annahmefrist beginnt nach § 16 Abs 1 S 2 WpÜG mit der Veröffentlichung der Angebotsunterlage. Zu den Einzelheiten des Fristbeginns und der Fristberechnung KölnKomm/*Hasselbach,* WpÜG, 2. Aufl 2010, § 16 Rn. 28 ff.

Zu den gesetzlichen Verlängerungen der Annahmefrist vgl → Anm. 12.

12. Hinweise auf mögliche Verlängerungen der Annahmefrist (§ 2 Nr 9 AngebVO). Nach dem WpÜG ist in drei Fällen eine gesetzliche Verlängerung der Annahmefrist möglich: Änderungen des Angebots nach § 21 Abs 5 WpÜG, konkurrierendes Angebot (§ 22 Abs 2 WpÜG), Einberufung einer Hauptversammlung nach § 16 Abs 3 WpÜG.

Der Bieter hat nach § 2 Nr 9 AngebVO auf die ersten beiden Fälle der gesetzlichen Verlängerung in der Angebotsunterlage hinzuweisen. Nicht erforderlich ist ein Hinweis auf die Verlängerung der Annahmefrist bei Einberufung einer Hauptversammlung der Zielgesellschaft nach § 16 Abs 3 WpÜG (KölnKomm/*Seydel,* WpÜG, 2. Aufl 2010, § 11 Anh. – § 2 AngebVO Rn. 28; Angerer/Geibel/Süßmann/*Geibel/Süßmann,* WpÜG, 3. Aufl 2017, § 11 Rn. 85). In der Praxis wird allerdings regelmäßig auf diese Verlängerungsmöglichkeit hingewiesen.

13. Hinweis auf weitere Annahmefrist (§ 2 Nr 9 AngebVO). Bei Übernahmeangeboten ist nach § 2 Nr 9 AngebVO auf die weitere Annahmefrist nach § 16 Abs 2 WpÜG hinzuweisen.

14. Name oder Firma und Anschrift oder Sitz sowie, wenn es sich um eine Gesellschaft handelt, die Rechtsform des Bieters (§ 11 Abs 2 S 2 Nr 1 WpÜG). Ziel dieser Angaben ist die Identifizierung des Bieters. Der Begriff des Bieters ist in § 2 Abs 4 WpÜG legal definiert (zu den Einzelheiten des Bieterbegriffs vgl KölnKomm/*Versteegen,* WpÜG, 2. Aufl 2010, § 2 Rn. 118 ff).

15. Angaben zu gemeinsam handelnden Personen (§ 2 Nr 1 AngebVO). § 2 Nr 1 AngebVO verlangt ua die Angabe von Namen oder Firma und Anschrift oder Sitz der mit dem Bieter gemeinsam handelnden Personen sowie der Personen, deren Stimmrechte aus Aktien der Zielgesellschaft dem Bieter nach § 30 WpÜG zuzurechnen sind. Zu den Details vgl KölnKomm/*Seydel,* WpÜG, 2. Aufl 2010, § 11 Anh. – § 2 AngebVO Rn. 4; Paschos/Fleischer/*Paschos/Goslar*, WpÜG, 2017, § 14 Rn. 53f; zum Begriff der gemeinsam handelnden Person vgl KölnKomm/*Versteegen* WpÜG, 2. Aufl 2010, § 2 Rn. 148 ff sowie *Bücker/von Bülow,* ZGR 2004, 669; zur BaFin-Verwaltungspraxis in dieser Frage vgl *Hippeli*, DK 2018, 465, 473 f.

16. Angaben zu gehaltenen Wertpapieren/Stimmrechte (§ 2 Nr 5 AngebVO). Die Angebotsunterlage hat nach § 2 Nr 5 AngebVO Angaben zur Anzahl der vom Bieter und den gemeinsam handelnden Personen einschließlich ihrer Tochterunternehmen bereits gehaltenen Wertpapiere und die Höhe der Stimmrechtsanteile zu enthalten. Diese Angaben sollen ein zutreffendes Bild über die Eigentumsverhältnisse der Zielgesellschaft vermitteln (Begr RegE, BT-Drs 14/7034, S 78 f).

17. Zielgesellschaft (§ 11 Abs 2 S 2 Nr 2 WpÜG). Diese Angaben sollen sicherstellen, dass eine eindeutige Identifizierung des Angebotsziels möglich ist und auch für die Aufsicht erkennbar ist, wer Beteiligter des Angebotsverfahrens ist (Begr RegE BT-Drs 14/7034, S 41).

18. Absichten des Bieters im Hinblick auf die künftige Geschäftstätigkeit der Zielgesellschaft (§ 11 Abs 2 S 3 Nr 2 WpÜG). a) Allgemeines. Der Bieter hat nach § 11 Abs 2 S 3 Nr 2 WpÜG seine Absichten im Hinblick auf die künftige Geschäftstätigkeit der Zielgesellschaft darzustellen. Dazu gehören insbesondere Informationen über eine mögliche Sitzverlegung und die Verlagerung wesentlicher Unternehmensteile (Begr RegE, BT-Drs 14/7034, S 41). Ferner sind Angaben zu den Absichten des Bieters im Hinblick auf die Verwendung des Vermögens der Zielgesellschaft und deren künftigen Verpflichtungen notwendig. Das WpÜG verlangt auch die Offenlegung der Absichten des Bieters im Hinblick auf die Mitglieder der Geschäftsführungsorgane. Schließlich hat der Bieter im Interesse der Beschäftigten der Zielgesellschaft über geplante wesentliche Änderungen der Beschäftigungsbedingungen sowie die Arbeitnehmer und deren Vertretungen betreffende wesentliche Veränderungen zu informieren (vgl auch Begr RegE, BT-Drs 14/7034, S 41).

Die BaFin verlangt insoweit Angaben zu jedem einzelnen Tatbestandsmerkmal der Vorschrift, auch wenn insoweit keine Absichten bestehen (vgl *Lenz/Linke,* AG 2002, 361, 364; *Lenz/Behnke,* BKR 2003, 43, 46). Zu welchen Absichten darüber hinaus Angaben erforderlich sein können vgl Paschos/Fleischer/*Paschos/Goslar*, WpÜG, 2017, § 14 Rn. 76.

b) Bezugspunkt: Zeitpunkt der Veröffentlichung der Angebotsunterlage. Bei den Angaben zu den Absichten des Bieters im Hinblick auf die künftige Geschäftstätigkeit handelt es sich um Aussagen, die auf den Kenntnisstand des Bieters zum Zeitpunkt der Veröffentlichung der Angebotsunterlage basieren (KölnKomm/*Seydel,* WpÜG, 2. Aufl 2010, § 11 Rn. 37, 67). Dem Bieter stehen zu diesem Zeitpunkt in der Regel nur in einem begrenzten Umfang Informationen in Bezug auf die Zielgesellschaft zur Verfügung. Ferner liegt es in der Natur der Sache, dass sich diese Absichten nach genauer Analyse ändern können, zumal sie ohnehin in Abhängigkeit von generellen wirtschaftlichen Entwicklungen und Rahmendaten stehen (vgl *Hamann,* ZIP 2001, 2249, 2252; Zschocke/Schuster/*Holzborn,* Bad Homburger Handbuch zum Übernahmerecht, 2003, Abschnitt C Rn. 107). Vor diesem Hintergrund empfiehlt es sich auf diese Umstände in der Angebotsunterlage in geeigneter Form. hinzuweisen.

c) Formulierungen im Muster. Das Muster enthält in Klammern gesetzt einige Formulierungshilfen. Häufig wird sich der Bieter – nicht zuletzt vor dem Hintergrund des idR unvollkommenen Informationsstandes – noch nicht auf detaillierte Maßnahmen festgelegt haben. Den Formulierungen im Muster liegt diese Konstellation zugrunde.

19. Das Muster sieht nicht vor, dass der Bieter für den Fall der erfolgreichen Übernahme Strukturmaßnahmen, insbesondere die Einleitung eines Squeeze-out Verfahrens (§§ 327 a ff AktG) oder den Abschluss eines Beherrschungs- und Gewinnabführungsvertrages (§§ 291 ff AktG) ankündigt. Während unmittelbar nach der Einführung des Wertpapiererwerbs- und Übernahmegesetzes noch Annahmequoten erzielt wurden, die dem Bieter unmittelbar die Einleitung eines Squeeze-out-Verfahrens erlaubten, ist dies hiernach schwieriger geworden, weil sich die Aktionäre bei Ankündigung von solchen Maßnahmen in Erwartung, dass die nach § 327 b AktG zu zahlende Barabfindung höher als der Angebotspreis ausfällt, mit der Angebotsannahme zurückhielten. Zuletzt hatten Bieter zT schon Schwierigkeiten, eine Annahmequote von drei Viertel zu erreichen, weil Aktionäre auch davon ausgingen, dass die Ausgleichszahlung gem § 304 AktG im Fall eines Abschlusses eines Unternehmensvertrages höher als der Angebotspreis sein würde.

20. Bewertungsmethoden/Angemessenheit der Gegenleistung (§ 2 Nr 3 AngebVO). § 2 Nr 3 AngebVO verlangt Angaben zu den bei der Festsetzung der Gegenleistung angewandten Methoden und eine Begründung für die Angemessenheit der gemäß dieser Methoden ermittelten Gegenleistung.

Bei Barangeboten bzw Angeboten in liquiden Aktien ist es regelmäßig ausreichend, die Angemessenheit anhand der maßgeblichen Regelungen nach den §§ 4 ff AngebVO darzulegen (Angerer/Geibel/Süßmann/*Geibel/Süßmann,* WpÜG, 3. Aufl 2017, § 11 Rn. 60 f). Zusätzliche Prämienanalysen (etwa Vergleich des Angebotspreises mit Durchschnittskursen unterschiedlicher Referenzzeiträume) oder die Aufnahme der Prämie gegenüber dem letzten Schlusskurs am letzten Handelstag vor der Veröffentlichung der Entscheidung des Bieters zur Abgabe des Angebotes (vgl Ziffer 10.3 des Musters) sind möglich, aber wertpapierübernahmerechtlich nicht geboten.

21. Abwicklung des Angebots (§ 2 Nr 4 Alt 1 AngebVO). Der Bieter hat nach § 2 Nr 4 Alt 1 AngebVO die Maßnahmen darzustellen, die die Angebotsadressaten ergreifen müssen, um das Angebot anzunehmen und die Gegenleistung für die Wertpapiere zu erhalten, die Gegenstand des Angebots sind.

a) Praxis der Gesamtabwicklung. In der Praxis hat sich die einheitliche Abwicklung nach Ablauf der Annahmefrist und ggf. nach Ablauf der weiteren Annahmefrist gegenüber der zeitgleichen Abwicklung unmittelbar nach der jeweiligen Annahme durch die Angebotsadressaten durchgesetzt. Die zeitgleiche Abwicklung ist insbesondere vor dem Hintergrund der gesetzlichen Rücktrittsrechte und evtl noch ausstehender Bedingungen nachteilig (vgl Zschocke/Schuster/*Holzborn,* Bad Homburger Handbuch zum Übernahmerecht, 2003, Abschnitt C Rn. 122).

b) Gesonderte Kennnummern. Die Wertpapiere, für die das Angebot angenommen worden ist, verbleiben im Depot der betreffenden Angebotsadressaten, werden aber idR in eine gesonderte ISIN umgebucht („Zum Verkauf eingereichte X-Aktien"). Diese Aktien können häufig auch über die Börse gehandelt werden (vgl Ziffer 1.9 des Musters mit → Anm. 23).

c) Gesonderte Abwicklung der Aktien, die während der weiteren Annahmefrist eingereicht werden. Sofern die vorgesehenen Vollzugsbedingungen bis zum Ablauf der Annahmefrist eingetreten sind, kann im Rahmen von Übernahmeangeboten eine zweifache Abwicklung erfolgen: Diejenigen Aktien, für die das Angebot während der Annahmefrist angenommen worden ist, werden nach Ablauf der Annahmefrist auf den Bieter Zug um Zug gegen Zahlung des Angebotspreises übertragen; die Abwicklung hinsichtlich derjenigen Aktien, für die das Angebot erst während der weiteren Annahmefrist angenommen wurde, findet dagegen erst nach Ablauf der weiteren Annahmefrist statt.

Hintergrund dieser getrennten Abwicklung ist häufig die Überlegung, einen Anreiz dafür zu schaffen, dass die Aktionäre mit der Annahme des Angebots nicht bis zur weiteren Annahmefrist abwarten, sondern ihre Aktien während der Annahmefrist einreichen. Durch die frühere Abwicklung erhalten sie einen Zinsvorteil.

d) Formulierungen im Muster. Das Muster geht vor dem oben unter a) dargestellten Hintergrund von einer Gesamtabwicklung nach dem Ende der Annahmefrist für die während der Annahmefrist eingereichten Aktien und nach der weiteren Annahmefrist für die während dieser eingereichten Aktien aus. Daher sieht das Muster für die während der weiteren Annahmefrist eingereichten Aktien eine zusätzliche ISIN vor.

22. Mit der Annahme verbundene Kosten (§ 2 Nr 4 Alt 2 AngebVO). Nach § 2 Nr 4 Alt 2 AngebVO hat der Bieter Angaben zu den Kosten zu machen, die für die Angebotsadressaten mit der Annahme des Angebots verbunden sind. Häufig übernimmt der Bieter diese Kosten (allerdings mit Ausnahme der ausländischen Steuern oder Kosten und Spesen). Das Muster orientiert sich an dieser Praxis.

23. Börsenhandel mit eingereichten Aktien. Häufig ist ein Handel mit den eingereichten Aktien vorgesehen. Findet eine getrennte Abwicklung der während der Annahmefrist und der während der weiteren Annahmefrist eingereichten Aktien statt, ist ein Börsenhandel der nachträglich eingereichten Aktien während der weiteren Annahmefrist idR nicht vorgesehen. Sollte der Vollzug des Angebots allerdings aufgrund ausstehender Bedingungen (insbesondere: Kartellfreigaben; vgl den Hinweis in Ziffer 11.9 des Musters) erst erhebliche Zeit nach Ablauf der weiteren Annahmefrist erfolgen, kann sich empfehlen, den Handel mit den nachträglich eingereichten Aktien für den Zeitraum nach Ablauf der weiteren Annahmefrist zuzulassen.

Im Falle des Handels mit eingereichten Aktien empfiehlt sich die Aufnahme eines Hinweises auf die uU eingeschränkte Liquidität.

24. **Genehmigungserfordernisse/Stand behördlicher Verfahren (§ 2 Nr 8 AngebVO).** Von besonderer Bedeutung sind in diesem Zusammenhang kartellrechtliche Freigaben.

25. **Bedingungen (§ 11 Abs 2 S 2 Nr 5 WpÜG).** Nach § 11 Abs 2 S 2 Nr 5 WpÜG sind die Bedingungen, von denen die Wirksamkeit des Angebots abhängt, in der Angebotsunterlage darzustellen. Von besonderer praktischer Bedeutung sind kartellrechtliche Freigaben und Mindestannahmeschwellen. Das Muster enthält insoweit zwei Formulierungshilfen.

Der Bieter kann nach § 21 Abs 1 Nr 4 WpÜG bis zu einem Werktag vor Ablauf der Annahmefrist auf die Bedingung verzichten mit der Folge eines gesetzlichen Rücktrittsrechtes (§ 21 Abs 4 WpÜG) sowie einer Verlängerung der Annahmefrist um zwei Wochen, sofern die Veröffentlichung der Änderung (vgl § 21 Abs 2, 3 WpÜG) innerhalb der letzten zwei Wochen vor Ablauf der Annahmefrist erfolgt (§ 21 Abs 5 WpÜG). Auf diese Möglichkeiten und die damit verbundenen Rechtsfolgen ist in der Angebotsunterlage hinzuweisen.

Ein Angebot darf nach § 18 Abs 1 WpÜG vorbehaltlich § 25 WpÜG nicht von Bedingungen abhängig gemacht werden, deren Eintritt der Bieter, mit ihm gemeinsam handelnde Personen oder deren Tochterunternehmen oder im Zusammenhang mit dem Angebot für diese Personen oder Unternehmen tätige Berater ausschließlich selbst herbeiführen können (zu den Einzelheiten vgl KölnKomm/*Hasselbach,* WpÜG, 2. Aufl 2010, § 18 Rn. 25 ff; *Busch,* AG 2002, S 145, 151).

Nach Ansicht der BaFin muss grundsätzlich spätestens bis zum Ablauf der Annahmefrist der Eintritt oder Ausfall der Bedingung feststehen. Ausnahmen von diesem Grundsatz gelten nur für Fälle, in denen der Bieter sich anderenfalls iSe echten Pflichtenkollision pflichtwidrig verhalten müsste, etwa wenn im Zeitpunkt des Ablaufs der maximal 10-wöchigen Annahmefrist für den Vollzug erforderliche kartell- und bankenaufsichtsrechtliche sowie vergleichbare regulatorische Genehmigungen noch fehlen (BaFin-Jahresbericht 2005, S 174) und der Bieter die durch die Annahme des Angebots entstandenen Verträge dennoch zu vollziehen hätte. Bei diesen behördlichen Angebotsbedingungen mit Vollzugsverbot – sog Langlaufbedingungen – ist ein Langlauf über das Ende der Annahmefrist hinaus zulässig (*Hippeli,* DK 2018, 465, 469). Auch wurde mehrfach eine Ausnahme im Rahmen von Umtauschangeboten für die Durchführung der notwendigen Kapitalerhöhung gemacht (vgl Öffentliches Übernahmeangebot der Deutsche Annington SE an die Aktionäre der GAGFAH SA, Angebotsunterlage vom 19.12.2014, S 56 sowie Öffentliches Übernahmeangebot der ADLER Real Estate AG an die Aktionäre der ESTAVIS AG, Angebotsunterlage vom 25.4.2014, S 51). Jedoch ist auch in all diesen Ausnahmefällen das von der erwarteten maximalen Dauer des behördlichen Genehmigungsverfahrens bzw. der Kapitalmaßnahme abhängige Enddatum anzugeben, an dem die betreffende Bedingung spätestens eingetreten sein muss (sog long stop date). Bisher gestattete die BaFin als absolute Obergrenze ein long stop date von bis zu zwölf Monaten nach Ablauf der Annahmefrist. Dieser Maßstab wird nunmehr anlassbedingt und für außergewöhnliche Einzelfälle (etwa Brexit-bedingte Sondereffekte) modifiziert. Das long stop date kann demnach länger als zwölf Monate laufen, sofern triftige Gründe plausibel darlegt werden (vgl Öffentliches Übernahmeangebot der E.ON Verwaltungs SE an die Aktionäre der innogy SE, Angebotsunterlage vom 27.4.2018, S 6; hier wurde ein long stop date von rund 17,5 Monaten nach Ablauf der Annahmefrist zugelassen). Zu den Einzelheiten siehe BaFin-Jahresbericht 2018, S 147; *Hippeli,* DK 2018, 465, 469; Paschos/Fleischer/*Merkner/Sustmann,* WpÜG, 2017, § 16 Rn. 34 ff.

Die Verlagerung des Eintrittszeitpunkts der Bedingungen über den Ablauf der Annahmefrist hinaus ist mit Nachteilen für die betroffenen Aktionäre verbunden. Daher verlangt die BaFin entweder die Gewährung eines zusätzlichen Rücktrittsrechts oder die Eröffnung einer Handelsmöglichkeit mit den bereits eingereichten Aktien. Letzteres bildet in der Praxis den absoluten Regelfall ab. Dieser Nachteilsausgleich ist für Aktien, die erst in der weiteren Annahmefrist eingereicht werden, nicht erforderlich (BaFin-Jahresbericht 2005, S 175). Zu den Einzelheiten hierzu vgl Paschos/Fleischer/*Merkner/Sustmann*, WpÜG, 2017, § 16 Rn. 34 ff. Im Falle eines long stop dates von über zwölf Monaten ab Ablauf der Annahmefrist muss der Bieter zusätzlich den gesetzlichen Nacherwerbszeitraum iSd § 31 Abs 5 S 1 WpÜG durch vertragliche Regelung in der Angebotsunterlage entsprechend auf das Ende des erweiterten long stop dates ausdehnen. Außerdem sind sämtliche Nacherwerbe bis zum erweiterten long stop date zu veröffentlichen, wobei die Veröffentlichung notariell zu gewährleisten ist (vgl. *Hippeli*, DK 2018, 465, 470).

26. **Finanzierung des Angebots (§ 11 Abs 2 S 3 Nr 1 HS 1 WpÜG).** Der Bieter hat nach § 11 Abs 2 S 3 Nr 1 HS 1 WpÜG Angaben zu den notwendigen Maßnahmen aufzunehmen, die sicherstellen, dass ihm die zur vollständigen Erfüllung des Angebots notwendigen Mittel zur Verfügung stehen. Die Regierungsbegründung verweist in diesem Zusammenhang darauf, dass es weder im Interesse der Wertpapierinhaber der Zielgesellschaft noch der Zielgesellschaft selbst sei, Beteiligte eines Angebotsverfahrens zu sein, das auf der Seite des Bieters auf keiner vertretbaren wirtschaftlichen Grundlage steht und unter Umständen von Anfang an zum Scheitern verurteilt ist (BT-Drs 14/7034, S 41). Zu den Anforderungen an die Darstellung der Finanzierungsmaßnahmen im Einzelnen vgl KölnKomm/*Seydel,* WpÜG, 2. Aufl 2010, § 11 Rn. 58 f; Paschos/Fleischer/*Paschos/Goslar*, WpÜG, 2017, § 14 Rn. 100 ff.

27. **Finanzierungsbestätigung (§ 11 Abs 2 S 3 Nr 4 WpÜG).** Bei Barangeboten hat der Bieter nach § 11 Abs 2 S 3 Nr 4 WpÜG eine Finanzierungsbestätigung eines Wertpapierdienstleistungsunternehmens nach § 13 Abs 1 S 2 WpÜG in die Angebotsunterlage aufzunehmen. Eine Kopie der Finanzierungsbestätigung wie im Muster muss in Form. einer Anlage der Angebotsunterlage beigefügt werden, worauf in der Angebotsunterlage hinzuweisen ist (Baums/Thoma/*Thoma*, WpÜG, 5. Lfg Januar 2011, § 11 Rn. 97; Paschos/Fleischer/*Paschos/Goslar*, WpÜG, 2017, § 14 Rn. 100 ff; KölnKomm/*Seydel*, WpÜG, 2. Aufl 2010, § 11 Rn. 79). Darin hat das Wertpapierdienstleistungsunternehmen schriftlich zu bestätigen, dass der Bieter die notwendigen Maßnahmen getroffen hat, um sicherzustellen, dass die zur vollständigen Erfüllung des Angebots notwendigen Mittel zum Zeitpunkt der Fälligkeit des Anspruchs auf die Gegenleistung zur Verfügung stehen. Die Anlage des Musters enthält einen Formulierungsvorschlag für die Finanzierungsbestätigung.

Zu den Einzelheiten vgl KölnKomm/*Seydel,* WpÜG, 2. Aufl 2010, § 11 Rn. 58 ff; *Schulz,* M&A 2002, 559, 561 f; zu den Details hinsichtlich der Finanzierungsbestätigung siehe KölnKomm/*Möllers,* WpÜG, 2. Aufl 2010, § 13 Rn. 63 ff; *Berrar,* ZBB 2002, 144 ff; *Singhof/Weber,* WM 2002, 1158 ff; *Vaupel,* WM 2002, 1170 ff; *Vogel,* ZIP 2002, 1421 ff.

28. **Erwartete Auswirkungen des Angebots auf die Vermögens-, Finanz- und Ertragslage des Bieters (§ 11 Abs 2 S 3 Nr 1 HS 2 WpÜG).** Der Bieter hat nach § 11 Abs 2 S 3 Nr 1 HS 2 WpÜG die erwarteten Auswirkungen seines Angebots auf die Vermögens-, Finanz- und Ertragslage des Bieters darzustellen. Dieser Abschnitt hat in der Gestattungspraxis der BaFin häufig zu Beanstandungen geführt (vgl Haarmann/Schuppen/*Flenner,* WpÜG, 3. Aufl 2008, § 11 Rn. 71). Der Sinn und Zweck umfassender Angaben ist im Rahmen von Barangeboten allerdings zweifelhaft; gute Gründe sprechen insoweit dafür, bei Barangeboten geringere Anforderungen an die Offenlegung zu stellen (KölnKomm/*Seydel,* WpÜG, § 11 Rn. 63; Steinmeyer/Häger/*Steinhardt/Nestler,* WpÜG, 4. Aufl 2019, § 11 Rn. 67; Schwark/Zimmer/*Noack/Holzborn,* KMRK, 4. Aufl 2010, § 11 WpÜG Rn. 20). Indessen wird dieser Abschnitt von der BaFin als einer der zentralen Punkte für die Gewährleistung der notwendigen Transparenz iSv § 3 Abs 2 WpÜG angesehen (vgl KölnKomm/*Seydel,* WpÜG, § 11 Rn. 63 ff). Die vom Bieter darzustellenden erwarteten

Auswirkungen enthalten nach Auffassung der BaFin sowohl statische als auch dynamische Elemente. Dabei sind die Transaktionskosten zu berücksichtigen (*Lenz/Behnke*, BKR 2003, 43, 46; KölnKomm/*Seydel*, WpÜG, 2. Aufl 2010, § 11 Rn. 65; vgl *Schulz*, M&A 2002, 559 ff).

Das Muster enthält insoweit einige Formulierungshilfen. In der Regel wird es sich anbieten, bestimmte Annahmen bei der Darstellung zu treffen (vgl Ziffer 15.1 des Musters) und die Auswirkungen dann bilanziell kurz darzustellen sowie verbal zu erläutern (vgl Ziffer 15.2 des Musters). Für den Fall, dass es sich bei dem Bieter um ein Akquisitionsvehikel handelt, werden idR auch Angaben zu den Auswirkungen auf die hinter dem Bieter stehende Konzernmutter oder den wirtschaftlichen Bieter erforderlich sein (Paschos/Fleischer/*Paschos/Goslar*, WpÜG, 2017, § 14 Rn. 109; KölnKomm/*Seydel*, WpÜG, 2. Aufl 2010, § 11 Rn. 66; Baums/Thoma/*Thoma*, WpÜG, 5. Lfg Januar 2011, § 11 Rn. 74).

29. Hinweis auf Rücktrittsrechte (§ 2 Nr 11 AngebVO). Die Wertpapierinhaber der Zielgesellschaft sind nach § 2 Nr 11 AngebVO auf die Rücktrittsrechte nach § 21 Abs 4 und § 22 Abs 3 WpÜG hinzuweisen. Es entspricht der Praxis, in diesem Zusammenhang auch die Modalitäten für die Ausübung des Rücktrittsrechtes darzustellen.

30. Vorteile für Mitglieder des Vorstandes oder des Aufsichtsrates (§ 11 Abs 2 S 3 Nr 3 WpÜG). Nach § 11 Abs 2 S 3 Nr 3 WpÜG hat der Bieter Angaben über Geldleistungen oder andere geldwerte Vorteile in ihrer Art und Höhe, die Vorstands- oder Aufsichtsratsmitgliedern der Zielgesellschaft gewährt oder in Aussicht gestellt wurden, in die Angebotsunterlage aufzunehmen (im Einzelnen siehe Paschos/Fleischer/*Paschos/Goslar*, WpÜG, 2017, § 14 Rn. 118; Baums/Thoma/*Thoma*, WpÜG, 5. Lfg Januar 2011, § 11 Rn. 92; Assmann/Pötzsch/Schneider/*Meyer*, WpÜG, 2. Aufl 2013, § 11 Rn. 123). Durch diese Angabe sollen mögliche Interessenkonflikte offengelegt werden (vgl Begr RegE, BT-Drs 14/7034, S 41).

Leistungen der Zielgesellschaft an Organmitglieder werden von dieser Vorschrift allerdings nicht erfasst (KölnKomm/*Seydel*, WpÜG, 2. Aufl 2010, § 11 Rn. 78 mwN; Schwark/Zimmer/*Noack/Holzborn*, KMRK, 4. Aufl 2010, § 11 WpÜG Rn. 26).

31. Veröffentlichungshinweis (§ 2 Nr 10 AngebVO). Der Bieter hat nach § 2 Nr 10 AngebVO in der Angebotsunterlage darauf hinzuweisen, wo die Angebotsunterlage gem § 14 Abs 3 S 1 WpÜG veröffentlicht wird. Nach der Praxis der BaFin bedarf es ferner eines Hinweises, wo die Hinweisbekanntmachung nach § 14 Abs 3 S 1 Nr 2 WpÜG und die Wasserstandsmeldungen nach § 23 WpÜG veröffentlicht werden bzw veröffentlicht worden sind.

32. Anwendbares Recht (§ 2 Nr 12 AngebVO). Nach § 2 Nr 12 AngebVO sind Angaben darüber in die Angebotsunterlage aufzunehmen, welchem Recht die sich aus der Annahme des Angebots ergebenden Verträge unterliegen. Zu den Details vgl Paschos/Fleischer/*Paschos/Goslar*, WpÜG, 2017, § 11 Rn. 123 ff; Ehricke/Ekkenga/Oechsler/*Oechsler*, WpÜG, 2003, § 11 Rn. 45; Haarmann/Schüppen/*Renner*, WpÜG, 3. Aufl 2008, § 11 Rn. 92.

33. Verantwortungsübernahme (§ 11 Abs 3 WpÜG). Um die Adressaten darüber zu informieren, gegen wen sie gegebenenfalls Haftungsansprüche aufgrund der Unrichtigkeit und/oder Unvollständigkeit der Angebotsunterlage aus § 12 Abs 1 Nr 1 WpÜG geltend machen müssen, hat die Angebotsunterlage Angaben zu den Personen zu enthalten, die für den Inhalt der Angebotsunterlage die Verantwortung übernehmen (vgl Begr RegE, BT-Drs 14/7034, S 42; Assmann/Pötzsch/Schneider/*Meyer*, WpÜG, 2. Aufl 2013, § 11 Rn. 130 ff). Indes übernimmt in der Praxis der Bieter, der die Angebotsunterlage zwingend nach § 11 Abs 1 S 5 WpÜG zu unterzeichnen hat – und somit bereits aus diesem Grund haftet, vgl → Anm. 34 – auch immer die Verantwortung iSd § 11 Abs 3 WpÜG (Paschos/Fleischer/*Paschos/Goslar*, WpÜG, 2017, § 11 Rn. 127; Angerer/Geibel/Süßmann/*Geibel/Süßmann*, WpÜG, 3. Aufl 2017, § 11 Rn. 91). Anzugeben ist bei natürlichen Personen Name und Anschrift sowie bei juristischen Personen und Gesellschaften Firma, Sitz und Rechtsform (Baums/Thoma/*Thoma,* WpÜG, 5. Lfg Januar 2011, § 11 Rn. 148).

34. Unterzeichnung (§ 11 Abs 1 S 5 WpÜG). Die Angebotsunterlage ist nach § 11 Abs 1 S 5 WpÜG vom Bieter zu unterzeichnen. Damit gibt der Bieter zu erkennen, dass er die Verantwortung für die Angebotsunterlage übernimmt und für eine unrichtige Angebotsunterlage haftet (Begr RegE, BT-Drs 14/7034, S 41; zu Einzelheiten vgl KölnKomm/*Seydel* WpÜG, 2. Aufl 2010, § 11 Rn. 45). Die unterzeichnende Person haftet in jedem Fall aus § 12 Abs 1 WpÜG, selbst wenn sie nicht als Verantwortliche gem § 11 Abs. 3 WpÜG bezeichnet sein sollte (Baums/Thoma/*Thoma*, WpÜG, 5. Lfg Januar 2011, § 11 Rn. 47f).

Bei juristischen Personen und Gesellschaften genügt die Unterzeichnung durch vertretungsberechtigte Personen in vertretungsberechtigter Zahl (Baums/Thoma/*Baums/Thoma,* WpÜG, 5. Lfg Januar 2011, § 11 Rn. 47f; Haarmann/Schüppen/*Renner,* WpÜG, 3. Aufl 2008, § 11 Rn. 27; Assmann/Pötzsch/Schneider/*Meyer,* WpÜG, 2. Aufl 2013, § 11 Rn. 60ff; aA Ehricke/Ekkenga/Oechsler/*Oechsler,* WpÜG, § 11 Rn. 7). Zu unterzeichnen ist nur die bei der BaFin einzureichende Angebotsunterlage. Die Wiedergabe der Unterschrift in den später veröffentlichten Fassungen ist nicht erforderlich (Paschos/Fleischer/*Paschos/Goslar*, WpÜG, 2017, § 14 Rn. 31).

35. Finanzierungsbestätigung. Zu den Einzelheiten vgl → Anm. 27.

22. Gemeinsame Stellungnahme von Vorstand und Aufsichtsrat der Zielgesellschaft

Pflichtveröffentlichung nach § 27 Abs 3 Satz 1, 14 Abs 3 Satz 1 des Wertpapiererwerbs- und Übernahmegesetzes (WpÜG)

[Logo]

GEMEINSAME STELLUNGNAHME[1]

DES VORSTANDS UND DES AUFSICHTSRATS[2]

DER X AG

. . . . .

gem §§ 27 Abs 1, 14 Abs 3 des Wertpapiererwerbs- und Übernahmegesetzes

zum

freiwilligen öffentlichen Übernahmeangebot (Barangebot)

der

A-GmbH

. . . . .

an die Aktionäre der

X AG

zum Erwerb ihrer Aktien an dieser Gesellschaft mit der ISIN: DE . . . . .

gegen

Zahlung einer Geldleistung

X-Aktien: ISIN DE . . . . .
„Zum Verkauf Eingereichte X-Aktien“: ISIN DE . . . . .
[„Nachträglich Zum Verkauf Eingereichte X-Aktien“: ISIN DE . . . . .]

Inhaltsverzeichnis

[vom Abdruck wurde aus Platzgründen abgesehen]

Die A GmbH mit Sitz in . . . . . (die „Bieterin“), hat am . . . . . nach § 14 Abs 2 und 3 des Wertpapiererwerbs- und Übernahmegesetzes („WpÜG“) eine Angebotsunterlage im Sinne von § 11 WpÜG (die „Angebotsunterlage“) für ihr freiwilliges öffentliches Übernahmeangebot (das „Angebot“) an die Aktionäre der X AG mit Sitz in . . . . . (die „X AG“ oder „Zielgesellschaft“) zum Erwerb aller nicht unmittelbar von der Bieterin gehaltenen, auf den Inhaber lautenden Stückaktien mit einem anteiligen Betrag am Grundkapital von Euro . . . . . je Stückaktie an der Zielgesellschaft (ISIN DE . . . . .) („X-Aktien“ und einzeln „X-Aktie“) gegen Zahlung einer Geldleistung von Euro . . . . . („Angebotspreis“) je X-Aktie veröffentlicht.

Die Angebotsunterlage wurde dem Vorstand der X AG (der „Vorstand“) durch die Bieterin am . . . . . übermittelt und von diesem dem Aufsichtsrat der X AG (der „Aufsichtsrat“) sowie dem Betriebsrat der X AG zugeleitet.

Der Vorstand und der Aufsichtsrat haben das Angebot sorgfältig geprüft und geben dazu folgende gemeinsame[3] begründete Stellungnahme (die „Stellungnahme“) gem § 27 Abs 1 WpÜG ab, die der Vorstand in seiner Sitzung am . . . . . und der Aufsichtsrat in seiner Sitzung am . . . . . getrennt voneinander beschlossen haben.

I. Allgemeine Informationen zur Stellungnahme

1. Rechtliche Grundlage der Stellungnahme

Gem § 27 Abs 1 Satz 1 WpÜG haben der Vorstand und der Aufsichtsrat eine begründete Stellungnahme zum öffentlichen Übernahmeangebot sowie zu jeder seiner Änderungen abzugeben. Die Stellungnahme kann gemeinsam von Vorstand und Aufsichtsrat der Zielgesellschaft abgegeben werden. Vorstand und Aufsichtsrat haben sich in Bezug auf das Angebot der Bieterin für eine gemeinsame Stellungnahme entschieden.

[Der zuständige Betriebsrat der Zielgesellschaft kann nach § 27 Abs 2 WpÜG dem Vorstand eine Stellungnahme zu dem Angebot übermitteln, die der Vorstand unbeschadet seiner Verpflichtung nach § 27 Abs 3 Satz 1 WpÜG seiner Stellungnahme beizufügen hat. Die Stellungnahme des zuständigen Betriebsrats der Zielgesellschaft ist dieser Stellungnahme als Anlage beigefügt.]

2. Tatsächliche Grundlagen für die Stellungnahme[4]

Sämtliche in dieser Stellungnahme enthaltenen Angaben, Erwartungen, Prognosen, Beurteilungen und in die Zukunft gerichteten Aussagen und Absichtserklärungen basieren auf den Informationen, über die der Vorstand bzw der Aufsichtsrat im Zeitpunkt der Veröffentlichung dieser Stellungnahme verfügt, bzw geben seine zu diesem Zeitpunkt bestehenden Einschätzungen oder Absichten wieder. Diese können sich nach dem Datum der Veröffentlichung der Stellungnahme ändern. Eine Aktualisierung dieser Stellungnahme werden Vorstand und Aufsichtsrat nur im Rahmen der nach deutschem Recht bestehenden Pflichten vornehmen.[5]

Die Angaben zu Absichten der Bieterin beruhen auf Aussagen und Mitteilungen der Bieterin, die Vorstand und Aufsichtsrat der Zielgesellschaft nicht verifizieren können. Soweit diese Stellungnahme auf die Angebotsunterlage Bezug nimmt oder diese zitiert oder wiedergibt, handelt es sich um bloße Hinweise, durch welche der Vorstand und Aufsichtsrat sich die Angebotsunterlage der Bieterin aber weder zu eigen machen, noch eine Gewähr für die Richtigkeit oder Vollständigkeit der Angebotsunterlage übernehmen.

3. Eigenverantwortliche Entscheidung der Aktionäre der Zielgesellschaft

Der Vorstand und Aufsichtsrat weisen darauf hin, dass ihre Aussagen und Beurteilungen in dieser Stellungnahme die Aktionäre der Zielgesellschaft nicht binden und die Stellungnahme keinen Anspruch auf Vollständigkeit erhebt. Die Aktionäre der Zielgesellschaft haben vielmehr ihre eigene Entscheidung über die Annahme oder Nichtannahme des Angebots anhand der Angebotsunterlage sowie anhand aller sonstigen ihnen zur Verfügung stehenden Erkenntnisquellen (einschließlich einer von ihnen eingeholten individuellen Beratung) und unter Berücksichtigung ihrer individuellen steuerlichen und anderen Belange zu treffen. Die Aktionäre der Zielgesellschaft sollten insbesondere auch die Angebotsunterlage sorgfältig lesen, da diese für sie wichtige Informationen enthält.

Jeder Aktionär der Zielgesellschaft sollte unter Würdigung der Gesamtumstände, seiner individuellen Verhältnisse (einschließlich seiner persönlichen steuerlichen Situation) und seiner persönlichen Einschätzung über die mögliche zukünftige Entwicklung des Wertes und des Kurses der X-Aktie seine eigene Entscheidung darüber treffen, ob und gegebenenfalls für wie viele X-Aktien er das Angebot annimmt.

Vorstand und Aufsichtsrat übernehmen keine Haftung, sollte sich eine Annahme oder eine Nichtannahme des Angebots im Nachhinein als wirtschaftlich nachteilig darstellen.

4. Veröffentlichung der Stellungnahme[6]

Die Stellungnahme wird, ebenso wie alle Stellungnahmen zu etwaigen Änderungen des Angebots, gem §§ 27 Abs 3, 14 Abs 3 Satz 1 WpÜG im Internet auf der Internetseite der X AG unter

http://www. . . . . .

sowie durch Bereithalten zur kostenlosen Ausgabe veröffentlicht und kann von der X AG, ..., kostenfrei bezogen werden. Die Internetadresse, unter der die Veröffentlichung erfolgt, sowie die Stelle, bei der die Bereithaltung zur kostenlosen Ausgabe erfolgt, sind im elektronischen Bundesanzeiger durch Hinweisbekanntmachung veröffentlicht.

Diese Stellungnahme wird [ausschließlich] in deutscher Sprache gem den gesetzlichen Anforderungen veröffentlicht [und ist allein bindend. Eine englische Übersetzung, für die keine Gewähr der Richtigkeit übernommen wird, ist jedoch wie vorstehend ausgeführt verfügbar].

II. Informationen zur Bieterin und zur Zielgesellschaft

1. Bieterin

. . . . .

2. Zielgesellschaft

. . . . .

III. Zu Hintergrund und Einzelheiten des Angebots[7]

1. Maßgeblichkeit der Angebotsunterlage

Die nachstehenden Informationen fassen lediglich einige ausgewählte, in der Angebotsunterlage enthaltene Informationen zusammen. Vorstand und Aufsichtsrat weisen darauf hin, dass die Beschreibung des Angebots in der Stellungnahme keinen Anspruch auf Vollständigkeit erhebt und dass für den Inhalt und die Abwicklung des Angebots allein die Bestimmungen der Angebotsunterlage maßgeblich sind. Jedem Aktionär obliegt es in eigener Verantwortung, die Angebotsunterlage zur Kenntnis zu nehmen und die für ihn erforderlichen Maßnahmen zu ergreifen.

Die Angebotsunterlage ist im Internet unter der Adresse www. . . . . sowie durch Hinweisbekanntmachung im elektronischen Bundesanzeiger veröffentlicht. Kostenlose Exemplare werden zur Ausgabe bei der . . . . . Bank bereitgehalten. Einzelheiten sind der Angebotsunterlage zu entnehmen.

2. Durchführung des Angebots

. . . . .

3. Hintergründe des Angebots

. . . . .

4. Angebotspreis und Annahmefrist

. . . . .

5. Bedingungen des Angebots

. . . . .

6. Stand behördlicher Genehmigungen und Verfahren

. . . . .

7. [Ggf. keine Geldleistungen und geldwerten Leistungen des Bieters]

. . . . .

IV. Art und Höhe der angebotenen Gegenleistung[8]

1. Art und Höhe der Gegenleistung

Das Angebot sieht als Gegenleistung ausschließlich eine Geldleistung in bar in Höhe von Euro . . . . . je X-Aktie [einschließlich Gewinnanteilsberechtigung für das Geschäftsjahr . . . . .] vor. Eine Gegenleistung in Form. liquider Aktien ist nicht vorgesehen.

2. Mindestangebotspreis nach WpÜG

Soweit Vorstand und Aufsichtsrat dies aufgrund der ihnen zur Verfügung stehenden Informationen beurteilen können, erfüllt der Angebotspreis je X-Aktie von Euro . . . . . die Mindestpreisanforderungen des § 31 Abs 1 WpÜG iVm den §§ 3 ff. WpÜG-AngebotsveroRn.ung („AngebVO"):

2.1 Nach § 5 AngebVO muss bei einem Übernahmeangebot gem §§ 29 ff. WpÜG die Gegenleistung mindestens dem gewichteten durchschnittlichen inländischen Börsenkurs der jeweiligen Aktie während der letzten drei Monate vor der Veröffentlichung der Entscheidung zur Abgabe des Übernahmeangebots entsprechen („Drei-Monats-Durchschnittskurs"). Der von der BaFin mitgeteilte Drei-Monats-Durchschnittskurs zum Stichtag . . . . . betrug Euro . . . . . Der Angebotspreis liegt also um Euro . . . . . (. . . . . %) darüber.

2.2 Nach § 4 AngebVO muss bei einem Übernahmeangebot gem den §§ 29 ff. WpÜG die Gegenleistung ferner mindestens dem Wert der höchsten von der Bieterin, einer mit ihr gemeinsam handelnden Person im Sinne von § 2 Abs 5 WpÜG oder deren Tochterunternehmen innerhalb der letzten sechs Monate vor der Veröffentlichung der Angebotsunterlage nach § 14 Abs 2 Satz 1 WpÜG gewährten oder vereinbarten Gegenleistung entsprechen.

. . . . .

Unter diesen Gegebenheiten beträgt der nach § 4 AngebVO als Gegenleistung für die Aktien der Zielgesellschaft mindestens anzubietende Kaufpreis Euro . . . . . je X-Aktie. Der von der Bieterin angebotene Kaufpreis je X-Aktie entspricht dem gesetzlichen Mindestpreis.

3. Vergleich mit historischen Börsenkursen

Der Angebotspreis enthält eine Prämie gegenüber historischen Börsenkursen der X-Aktie. Nachfolgend sind einige Beispiele aufgeführt:

. . . . .

4. [Ggf. Beurteilung anhand außerbörslicher Transaktionen]

. . . . .

5. [Ggf. Stellungnahme externer Sachverständiger][9]

. . . . .

6. Gesamtwürdigung der Gegenleistung

Vorstand und Aufsichtsrat haben sich eingehend mit der Frage der Angemessenheit der Höhe der von der Bieterin angebotenen Gegenleistung für die X-Aktien befasst. Vor dem Hintergrund der vorstehenden Ausführungen in Abschnitt IV. der Stellungnahme sowie unter Berücksichtigung aller Gesamtumstände sind Vorstand und Aufsichtsrat der Auffassung, dass die von der Bieterin angebotene Gegenleistung in Höhe von Euro . . . . . je X-Aktie dem fairen Wert der X-Aktie entspricht und daher aus finanzieller Sicht angemessen ist.

V. Finanzierung des Angebots

[. . . . ., maximale Gegenleistung, Finanzierung des Angebots, Finanzierungsbestätigung]

VI. Von der Bieterin mit dem Angebot verfolgte Ziele[10]

Die Bieterin hat ihre Absichten im Hinblick auf die Zielgesellschaft insbesondere unter Ziffer . . . . . der Angebotsunterlage beschrieben; den Aktionären wird empfohlen, auch diese Passage sorgsam zu lesen. Danach beabsichtigt die Bieterin . . . . .

VII. Voraussichtliche Folgen eines erfolgreichen Angebots für die Zielgesellschaft, die Arbeitnehmer und ihre Vertretungen, die Beschäftigungsbedingungen und die Standorte der Zielgesellschaft[11]

Die Bieterin hat in der Angebotsunterlage unter Ziffer . . . . . bereits die wesentlichen Folgen eines erfolgreichen Angebots für die Zielgesellschaft, die Arbeitnehmer und ihre Vertretungen, die Beschäftigungsbedingungen und den Standort der Zielgesellschaft dargestellt:

. . . . .

VIII. Auswirkungen auf die Aktionäre[12]

Die nachfolgenden Ausführungen dienen dazu, den Aktionären der X AG Hinweise für die Bewertung der Konsequenzen der Annahme oder Nichtannahme des Angebots zu geben. Sie reflektieren bestimmte Gesichtspunkte, die Vorstand und Aufsichtsrat in diesem Zusammenhang für relevant halten, erheben jedoch keinen Anspruch auf Vollständigkeit. Jedem Aktionär der X AG obliegt es in eigener Verantwortung, sich ein eigenes Urteil über die Konsequenzen der Annahme oder Nichtannahme des Angebots zu bilden. Vorstand und Aufsichtsrat raten den Aktionären der Zielgesellschaft, sich insoweit ggf sachverständig beraten zu lassen.

Vorstand und Aufsichtsrat weisen weiter darauf hin, dass sie keine Einschätzung darüber abgeben und abgeben können, ob Aktionären der Zielgesellschaft durch die Annahme oder die Nichtannahme des Angebots möglicherweise steuerliche Nachteile (insbesondere eine etwaige Steuerpflichtigkeit eines Veräußerungsgewinns) entstehen oder steuerliche Vorteile entgehen. Vorstand und Aufsichtsrat empfehlen den Aktionären der Zielgesellschaft, vor einer Entscheidung über die Annahme oder Nichtannahme des Angebots steuerliche Beratung einzuholen, bei der ihre persönliche Situation berücksichtigt wird.

1. Mögliche Auswirkungen bei Annahme des Angebots

. . . . .

2. Mögliche Auswirkungen bei Nichtannahme des Angebots

. . . . .

IX. Interessenlage der Mitglieder des Vorstands und des Aufsichtsrats[13]

1. Vorstand

. . . . .

2. Aufsichtsrat

. . . . .

X. Absichten der Mitglieder des Vorstands und Aufsichtsrats, soweit sie Inhaber von Aktien der Zielgesellschaft sind, das Angebot anzunehmen[14]

Von den Mitgliedern des Vorstands und Aufsichtsrats halten . . . . . und . . . . . X-Aktien. Sie beabsichtigen derzeit, für sämtliche von ihnen gehaltenen X-Aktien das Angebot anzunehmen.

XI. Empfehlung[15]

In Anbetracht der Ausführungen in dieser Stellungnahme sowie unter Berücksichtigung der Gesamtumstände des Angebots halten Vorstand und Aufsichtsrat die von der Bieterin angebotene Gegenleistung für angemessen iSd § 31 Abs 1 WpÜG. Vorstand und Aufsichtsrat sind der Ansicht, dass das Angebot den Interessen der Gesellschaft gerecht wird. Vorstand und Aufsichtsrat unterstützen daher das Angebot und empfehlen den Aktionären der Zielgesellschaft, das Angebot anzunehmen.

Über Annahme oder Ablehnung des Angebots muss jeder Aktionär der Zielgesellschaft unter Würdigung der Gesamtumstände sowie der Einbeziehung seiner individuellen Verhältnisse und seiner persönlichen Einschätzung über die Möglichkeiten der zukünftigen Entwicklung des Werts und des Börsenkurses der X-Aktie selbst entscheiden. Vorstand und Aufsichtsrat übernehmen keine Haftung, sollte sich die Annahme oder Nichtannahme des Angebots im Nachhinein als wirtschaftlich nachteilig erweisen.

. . . . ., den . . . . .

X AG

Der Vorstand Der Aufsichtsrat

[Anlagen]

Anmerkungen

1. Überblick. § 27 Abs 1 WpÜG verpflichtet den Vorstand und den Aufsichtsrat einer Zielgesellschaft, eine begründete Stellungnahme zu dem Angebot sowie zu jeder Änderung des Angebots abzugeben. Dabei gilt die Norm für sämtliche Angebote im Anwendungsbereich des WpÜG, mithin sowohl für Erwerbsangebote als auch (über die Verweise in den §§ 34, 39 WpÜG) für Übernahme- und Pflichtangebote (Paschos/Fleischer/*Goslar*, WpÜG, 2017, § 22 Rn. 4). Durch eine Stellungnahme sollen insbesondere die Aktionäre der Zielgesellschaft eine breitere Informationsbasis für ihre Entscheidung über die Annahme oder Ablehnung des Angebots erhalten. Maßstab für die Beurteilung des Angebots durch Vorstand und Aufsichtsrat ist gem § 3 Abs 3 WpÜG das Gesellschaftsinteresse. Hierzu gehören nicht nur die Interessen der Aktionäre, sondern auch diejenigen der Arbeitnehmer, der Gesellschaft insgesamt und des Gemeinwohls (Begr RegE, BT-Drs

14/7034, S 35). Daneben ist Maßstab für die Beurteilung aber immer auch das Interesse der Aktionäre am Erhalt einer angemessenen Gegenleistung (vgl § 27 Abs 1 S 2 Nr 1, 4 WpÜG). Eigeninteressen der Organmitglieder bleiben hingegen unberücksichtigt. Dem Vorstand und Aufsichtsrat steht hinsichtlich der Beurteilung ein weites unternehmerisches Ermessen zu (Haarmann/Schüppen/*Röh*, WpÜG, 3. Aufl 2008, § 27 Rn. 22). Haben der zuständige Betriebsrat oder die Arbeitnehmer dem Vorstand eine Stellungnahme zu dem Angebot übermittelt, ist dieser verpflichtet, diese Stellungnahme seiner eigenen als Anlage beizufügen (§ 27 Abs 2 WpÜG). Die Stellungnahme des Betriebsrats bzw – soweit ein solcher nicht besteht – der Arbeitnehmer sollte möglichst gleichzeitig mit der Stellungnahme des Vorstands veröffentlicht werden. Liegt dem Vorstand allerdings die Stellungnahme des Betriebsrats bzw der Arbeitnehmer nicht rechtzeitig vor, darf der Vorstand nicht die unverzügliche Veröffentlichung seiner Stellungnahme im Hinblick darauf verzögern. Im Interesse einer guten Zusammenarbeit sollten vorab die Termine für die Veröffentlichung der Stellungnahme abgestimmt werden, um eine rechtzeitige Zuleitung einer etwaigen Stellungnahme durch den Betriebsrat sicherzustellen. Sollte der Betriebsrat seine Stellungnahme verspätet an den Vorstand übermitteln, so hat der Vorstand diese nach überwiegender Meinung nachträglich zu veröffentlichen (Angerer/Geibel/Süßmann/*Louven*, WpÜG, 3. Aufl 2017, § 27 Rn. 38 ff; Assmann/Pötzsch/Schneider/*Krause/Pötzsch*, WpÜG, 2. Aufl 2013, § 27 Rn. 123; *Grobys*, NZA 2002, 1, 6; Schwark/Zimmer/*Noack/Holzborn*, KMRK, 4. Aufl 2010, § 27 WpÜG Rn. 28 [in Vorauflage noch gegen Veröffentlichungspflicht]; KölnKomm/*Hirte*, WpÜG, 2. Aufl 2010, § 27 Rn. 65; MüKoAktG/*Wackerbarth*, AktG, 4. Aufl 2017, § 27 WpÜG Rn. 37; **aA** Ehricke/Ekkenga/Oechsler/*Ekkenga*, WpÜG, 2003, § 27 Rn. 36). Im Falle einer fehlerhaften Stellungnahme kommt eine Schadensersatzpflicht gegenüber der Gesellschaft bzw den Aktionären in Betracht (zu den Einzelheiten vgl Assmann/Pötzsch/Schneider/*Krause/Pötzsch*, WpÜG, 2. Aufl 2013, § 27 Rn. 139 ff).

2. Adressaten des § 27 Abs 1 WpÜG: Die Pflicht zur Stellungnahme trifft den Vorstand und Aufsichtsrat der Zielgesellschaft als Kollegialorgane, nicht jedoch die einzelnen Vorstands- und Aufsichtsratsmitglieder (KölnKomm/*Hirte* WpÜG, 2. Aufl 2010, § 27 Rn. 20; Baums/Thoma/*Harbarth*, WpÜG, 9. Lfg November 2015, § 27 Rn. 22; *Fleischer/Schmolke*, DB 2007, 95, 98). Die für die jeweiligen Beschlüsse geltenden Mehrheitserfordernisse richten sich nach dem AktG (§ 77 Abs 1 bzw § 108 Abs 1 AktG). Sondervoten einzelner Organmitglieder sind bei Einhaltung der allgemeinen aktienrechtlichen Grenzen zwar zulässig, im übernahmerechtlichen Verfahren jedoch nicht zwingend zu veröffentlichen (Ehricke/Ekkenga/Oechsler/*Ekkenga*, WpÜG, 2003, § 27 Rn. 9; Schwark/Zimmer/*Noack/Holzborn*, KMRK, 4. Aufl 2010, § 27 WpÜG Rn. 14; KölnKomm/*Hirte*, WpÜG, 2. Aufl 2010, § 27 Rn. 20; *Fleischer/Schmolke*, DB 2007, 95, 100; **aA** Baums/Thoma/*Harbarth*, WpÜG, 9. Lfg November 2015, § 27 Rn. 25 f; für die Offenlegung der Mehrheitsverhältnisse, jedoch ohne namentliche Nennung dissentierender Organmitglieder Paschos/Fleischer/*Goslar*, WpÜG, 2017, § 22 Rn. 45). Zur Vermeidung der persönlichen Haftung ist eine Veröffentlichung aber zulässig.

3. Gemeinsame Stellungnahme. Nach ganz hM können Vorstand und Aufsichtsrat entweder separate Stellungnahmen (Begr. BT-Finanzausschuss, BT-Drs. 14/7477, S 68) oder eine gemeinsame Stellungnahme abgeben (Assmann/Pötzsch/Schneider/*Krause/Pötzsch*, WpÜG, 2. Aufl 2013, § 27 Rn. 42; KölnKomm/*Hirte*, WpÜG, 2. Aufl 2010, § 27 Rn. 24; Schwark/Zimmer/*Noack/Holzborn*, KMRK, 4. Aufl 2010, § 27 WpÜG Rn. 18; Steinmeyer/*Steinmeyer*, WpÜG, 4. Aufl 2019, § 27 Rn. 14; *Hopt*, ZHR 166 (2002), 383, 419; **aA** Haarmann/Schüppen/*Röh*, WpÜG, 3. Aufl 2008, § 27 Rn. 60). In der Praxis geben Vorstand und Aufsichtsrat in der Regel eine gemeinsame Stellungnahme ab.

4. Ermittlungspflichten. Vorstand und Aufsichtsrat müssen gem § 27 Abs 1 WpÜG eine „begründete" Stellungnahme abgeben. Grundlage hierfür sind insbesondere die Angaben des Bieters (iSd § 2 Abs 4 WpÜG) in der Angebotsunterlage (Begr RegE, BT-Drs 14/7034, S 52). Darüber hinaus besteht auch eine gewisse Informationsbeschaffungspflicht, wobei die Anforderungen an Vorstand und Aufsichtsrat mit Blick auf die Pflicht zur unverzüglichen Veröffentlichung der Stellungnahme nicht überspannt werden dürfen. Verlangt werden kann jedoch eine Plausibilitätskontrolle der in der Angebotsunterlage enthaltenen Angaben und – soweit für eine fundierte Stellungnahme erforderlich und kurzfristig beschaffbar – die Beschaffung von Informationen aus allgemein oder jedenfalls der Zielgesellschaft zugänglichen Quellen (Paschos/Fleischer/*Goslar*, WpÜG, 2017, § 22 Rn. 32; Baums/Thoma/*Harbarth*, WpÜG, 9. Lfg November 2015, § 27 Rn. 69; Assmann/Pötzsch/Schneider/*Krause/Pötzsch*, WpÜG, 2. Auflage 2013, § 27 Rn. 45 ff; KölnKomm/*Hirte* WpÜG, 2. Aufl 2010, § 27 Rn. 17, 32). Informationsdefizite, die für die Beurteilung der Stellungnahme wesentlich sind, sind vom Vorstand offenzulegen (KölnKomm/*Hirte*, WpÜG, 2. Aufl 2010, § 27 Rn. 17, 32; Paschos/Fleischer/*Goslar*, WpÜG, 2017, § 22 Rn. 32). Hiervon ist die Frage zu unterscheiden, ob und unter welchen Voraussetzungen Vorstand und Aufsichtsrat zur Einholung externen Rates verpflichtet sind, um ihrer eigenen Informationsbeschaffungspflicht Genüge zu tun; vgl hierzu Paschos/Fleischer/*Goslar*, WpÜG, 2017, § 22 Rn. 33 sowie → Anm. 9 unten.

5. Aktualisierung der Stellungnahme. Gem § 27 Abs 1 WpÜG müssen Vorstand und Aufsichtsrat zum Angebot sowie zu jeder seiner Änderungen eine Stellungnahme abgeben. Hiervon umfasst sind nur formale Angebotsänderungen iSd § 21 Abs 1 WpÜG, da faktische Angebotsänderungen weder nach dem WpÜG noch nach der bisherigen Praxis der BaFin eine Pflicht zur aktualisierten Stellungnahme auslösen (Paschos/Fleischer/*Goslar*, WpÜG, 2017, § 22 Rn. 7). Eine Pflicht zur Aktualisierung der Stellungnahme ohne eine Änderung des Angebots sieht das WpÜG nicht ausdrücklich vor. Dennoch kann nach hM in der Literatur jedenfalls bei wesentlichen nachträglichen Änderungen (zB Vorstand und Aufsichtsrat entschließen sich entgegen der zuvor veröffentlichten Stellungnahme zur Annahme des Angebots, Änderung bei Angabe zu § 27 Abs 1 Nr 4 WpÜG) eine Aktualisierung erforderlich werden (Paschos/Fleischer/*Goslar*, WpÜG, 2017, § 22 Rn. 25 ff, insbesondere Rn. 28; Angerer/Geibel/Süßmann/*Louven*, WpÜG, 3. Aufl 2017, § 27 Rn. 23; Assmann/Pötzsch/Schneider/*Krause/Pötzsch*, WpÜG, 2. Aufl 2013, § 27 Rn. 97; KölnKomm/*Hirte*, WpÜG, 2. Aufl 2010, § 27 Rn. 69).

6. Art und Weise der Veröffentlichung der Stellungnahme. Gem § 27 Abs 3 S 1 WpÜG haben der Vorstand und Aufsichtsrat die Stellungnahme unverzüglich, dh ohne schuldhaftes Zögern (§ 121 BGB), nach Übermittlung der Angebotsunterlage zu veröffentlichen. Insofern darf regelmäßig eine Frist von etwa zwei Wochen nicht überschritten werden (OLG Frankfurt a.M., BeckRS 2007, 988; Assmann/Pötzsch/Schneider/*Krause/Pötzsch*, WpÜG, 2. Aufl 2013, § 27 Rn. 125). Für einfach gelagerte und besonders eilbedürftige Fälle kann auch eine kürzere Frist gelten (OLG Frankfurt a.M., BeckRS 2007, 988). Die Praxis der BaFin hat in Einzelfällen auch eine längere Frist akzeptiert, sofern dem Angebotsadressaten dennoch ausreichend Zeit (wohl mindestens 2 Wochen) für die Entscheidung über die Annahme des Angebots zur Verfügung stand (vgl Paschos/Fleischer/*Goslar*, WpÜG, 2017, § 22 Rn. 109 mwN). Die Stellungnahme ist durch (i) Bekanntgabe im Internet und (ii) Bekanntgabe im elektronischen Bundesanzeiger oder durch Bereithalten zur kostenlosen Ausgabe zu veröffentlichen (§ 27 Abs 3 S 1 iVm § 14 Abs 3 WpÜG). Gleichzeitig ist die Stellungnahme unmittelbar dem Betriebsrat bzw den Arbeitnehmern zu übermitteln (§ 27 Abs 3 S 2 WpÜG). Ferner sind Vorstand und Aufsichtsrat verpflichtet, der BaFin unverzüglich einen Beleg über die Veröffentlichung der Stellungnahme zuzusenden (§ 27 Abs 3 S 3 WpÜG).

7. Inhalt der Stellungnahme. Der Inhalt der Stellungnahme ergibt sich zunächst aus § 27 Abs 1 S 2 WpÜG. Danach haben der Vorstand und Aufsichtsrat insbesondere einzugehen auf (i) die Art und Höhe der angebotenen Gegenleistung, (ii) die voraussichtlichen Folgen eines erfolgreichen Angebots für die Zielgesellschaft, die Arbeitnehmer und ihre Vertretungen, die Beschäftigungsbedingungen sowie für die Standorte der Zielgesellschaft, (iii) die von der Bieterin mit dem Angebot verfolgten Ziele sowie (iv) auf die Absichten der Organmitglieder, die Aktien der Zielgesellschaft besitzen, das Angebot anzunehmen. Wie sich aus dem Wortlaut der Vorschrift ergibt („insbesondere"), ist die Aufzählung nicht abschließend. Allgemein formuliert muss die Stellungnahme auf alle Umstände des Angebots eingehen, die aus Sicht der Wertpapierinhaber für die Beurteilung des Angebots, insbesondere der Angemessenheit der Gegenleistung, vernünftigerweise von Bedeutung sein können (vgl KölnKomm/*Hirte,* WpÜG, 2. Aufl 2010, § 27 Rn. 32; Assmann/Pötzsch/Schneider/*Krause/Pötzsch,* WpÜG, 2. Aufl 2013, § 27 Rn. 54 mwN). Hierbei ist darauf zu achten, dass die Stellungnahme eindeutig zum Inhalt der Angebotsunterlage Stellung bezieht, indem eine wertende Beurteilung und kritische Auseinandersetzung erfolgt. Pauschale Beurteilungen und bloße Paraphrasierungen durch Leerformeln sind zu vermeiden. Ferner muss die Stellungnahme ausreichend begründet sein, sodass der adressierte Aktionär nachvollziehen kann, wie Vorstand und Aufsichtsrat zu ihrer Auffassung gekommen sind (vgl *Hippeli/Hofmann,* NZG 2014, 850, 852f).

8. Art und Höhe der angebotenen Gegenleistung. Die Verpflichtung, zur Art und Höhe der angebotenen Gegenleistung Stellung zu nehmen (§ 27 Abs 1 S 2 Nr 1 WpÜG), ist ein wesentlicher Bestandteil der Stellungnahme. Zunächst ist die Art der Gegenleistung (Geldleistung oder liquide, zum Handel an einem organisierten Markt zugelassene Aktien) darzustellen sowie auf deren jeweilige Vor- und Nachteile einzugehen. Hinsichtlich der Höhe der angebotenen Gegenleistung sind vor allem Ausführungen zu deren Angemessenheit zu machen. Siehe hierzu im Einzelnen KölnKomm/*Hirte,* WpÜG, 2. Aufl 2010, § 27 Rn. 37 ff; Paschos/Fleischer/*Goslar*, WpÜG, 2017, § 22 Rn. 65 ff.

9. Externe Berater; Fairness Opinion. Es ist unstrittig, dass Vorstand und Aufsichtsrat externe Berater heranziehen können, um die Stellungnahme vorzubereiten. Im Regelfall wird dies auch zweckmäßig sein, insbesondere im Hinblick auf die Stellungnahme zum Angebotspreis. Ferner ist die Einholung von sog Fairness Opinions im Rahmen von Unternehmenstransaktionen nicht unüblich (zB Stellungnahme Deutsche Postbank AG v 20.10.2010, SMARTRAC N. V. v 14.10.2010, Wilex AG v 29.7.2010, OVB Holding AG v 28.7.2010, AdCapital AG v 2.6.2010, PROCON MultiMedia AG v 20.11.2010, ALTANA AG v 18.11.2009, IDS Scheer AG v 28.8.2009). Holen die Organe der Zielgesellschaft für die Beurteilung der Angemessenheit der Gegenleistung eine oder mehrere Fairness Opinion(s) ein, ist hierauf in der Stellungnahme hinzuweisen und die wesentlichen Ergebnisse der Fairness Opinion(s) sind zusammen mit der Stellungnahme zu veröffentlichen (Assmann/Pötzsch/Schneider/*Krause/Pötzsch,* WpÜG, 2. Aufl 2013, § 27 Rn. 49; Steinmeyer/*Steinmeyer,* WpÜG, 4. Aufl 2019, § 27 Rn. 29; KölnKomm/*Hirte,* WpÜG, 2. Aufl 2010, § 27 Rn. 33; aA Haarmann/Schüppen/*Röh,* WpÜG, 3. Aufl 2008, § 27 Rn. 53, dort Fn. 97). Zu beachten ist jedoch, dass die Fairness Opinion den Vorstand und Aufsichtsrat nicht von ihrer Pflicht entbindet, selbst die Angemessenheit des Angebots zu beurteilen.

10. Von der Bieterin verfolgte Ziele. Im Rahmen der Angaben zu den von der Bieterin verfolgten Zielen (§ 27 Abs 1 S 1 Nr 3 WpÜG) ist dazu Stellung zu nehmen, ob die Bieterin das Angebot wie in der Angebotsunterlage dargestellt umsetzen kann, ob operative Hindernisse oder kartellrechtliche Probleme bestehen. Handelt es sich bei der Bieterin um eine Zweckgesellschaft, ist entsprechend auf die Ziele der hinter dieser Gesellschaft stehenden Personen einzugehen (Baums/Thoma/*Harbarth,* WpÜG, 9. Lfg November 2015, § 27 Rn. 56; Assmann/Pötzsch/Schneider/*Krause/Pötzsch,* WpÜG, 2.

Aufl 2013, § 27 Rn. 82). Es ist darauf zu achten, dass die Benennung von Fakten strikt von der Bewertung durch Vorstand und Aufsichtsrat getrennt wird (Paschos/Fleischer/*Goslar*, WpÜG, 2017, § 22 Rn. 79).

11. Folgen des Angebots. Nach § 27 Abs 1 S 2 Nr 2 WpÜG bedarf es zudem Ausführungen zu den voraussichtlichen Folgen eines erfolgreichen Angebots für die Zielgesellschaft. Erfolgreich ist ein Angebot, das vollzogen wird und somit der Bieterin die Möglichkeiten der Ausübung unternehmerischen Einflusses einräumt (MüKoAktG/*Wackerbarth*, AktG, 4. Aufl 2017, § 27 WpÜG Rn. 22 f; Assmann/Pötzsch/Schneider/*Krause/Pötzsch*, WpÜG, 2. Aufl 2013, § 27 Rn. 74). Die Stellungnahme hat sich insbesondere auf die Angaben der Bieterin in der Angebotsunterlage über ihre strategische Planung in Bezug auf die Zielgesellschaft zu beziehen (Begr RegE, BT-Drs 14/7034, S 52). Zu den voraussichtlichen Folgen zählen zunächst solche, die sich auf den Geschäftsbetrieb der Zielgesellschaft (einschließlich Tochterunternehmen) beziehen (zB Stilllegung von einzelnen Geschäftsbereichen bzw Standorten, Auswirkungen auf bedeutende Vertragsbeziehungen der Zielgesellschaft etc). Weiterhin haben Vorstand und Aufsichtsrat zu den geplanten Strukturmaßnahmen (zB Umwandlungsvorgänge, Squeeze-Out, Abschluss von Unternehmensverträgen, Sitzverlegung, Delisting, etc) Stellung zu beziehen (Assmann/Pötzsch/Schneider/*Krause/Pötzsch*, WpÜG, 2. Aufl 2013, § 27 Rn. 78; Haarmann/Schüppen/*Röh*, WpÜG, 3. Aufl 2008, § 27 Rn. 38; KölnKomm/*Hirte*, WpÜG, 2. Aufl 2010, § 27 Rn. 42; Baums/Thoma/*Harbarth*, WpÜG, 9. Lfg November 2015, § 27 Rn. 53). In Hinblick auf die Folgen für die Arbeitnehmer und ihre Vertretungen haben Vorstand und Aufsichtsrat vor allem Angaben zu möglichen Auswirkungen auf die Arbeitnehmermitbestimmung im Aufsichtsrat, zum Fortbestand der betriebsverfassungsrechtlichen Organe, zu Auswirkungen auf Tarifverträge sowie zu geplanten Personalmaßnahmen zu machen (Angerer/Geibel/Süßmann/Louven, WpÜG, 3. Aufl 2017, § 27 Rn. 17; Baums/Thoma/*Harbarth*, WpÜG, 9. Lfg November 2015, § 27 Rn. 54).

12. Auswirkungen auf die Aktionäre. Wie bereits in → Anm. 8 erwähnt, sollten Vorstand und Aufsichtsrat auch auf die von ihnen ausgemachten bzw ihnen bekannten rechtlichen Risiken für die Aktionäre im Falle der Annahme bzw der Nichtannahme des Angebots hinweisen (zB fehlendes Rücktrittsrecht, Folgen eines angekündigten Beherrschungsvertrages; drohender Gewinnrückgang pro Aktien etc). Zu den Details vgl Paschos/Fleischer/*Goslar*, WpÜG, 2017, § 22 Rn. 84.

13. Interessenkonflikte. Vorstand und Aufsichtsrat müssen etwaige Interessenkonflikte in der Stellungnahme offenlegen (Baums/Thoma/*Harbarth*, WpÜG, 9. Lfg November 2015, § 27 Rn. 37; Fleischer/*Kalss*, Wertpapiererwerbs- und Übernahmegesetz, S 98; KölnKomm/*Hirte*, WpÜG, 2. Aufl 2010, § 27 Rn. 34; *Hopt*, FS Lutter, 2000, S 1361, 1381). Aufzunehmen sind daher insbesondere etwaig empfangene Geldleistungen oder sonstige geldwerte Vorteile. Interessenkonflikte können sich auch aus Doppelmandaten (bei Zielgesellschaft und Bieter bzw mit diesen verbundenen Unternehmen) ergeben.

14. Annahme des Angebots durch Vorstand- und Aufsichtsratsmitglieder. Mitglieder des Vorstands und Aufsichtsrats, die Aktien der Zielgesellschaften halten, müssen in der Stellungnahme mitteilen, ob sie beabsichtigen, das Angebot anzunehmen (§ 27 Abs 1 Nr 4 WpÜG). Für die Aktionäre der Zielgesellschaft stellt dies eine wichtige Information für ihre eigene Entscheidung dar, da die Vorstands- und Aufsichtsratsmitglieder in der Regel über einen Wissensvorsprung im Hinblick auf die Verhältnisse der Zielgesellschaft verfügen und die Annahme oder Ablehnung des Angebots insbesondere Rückschlüsse auf die Angemessenheit des Angebotspreises zulässt (*Fleischer*, NZG 2006, 561, 565; Assmann/Pötzsch/Schneider/*Krause/Pötzsch*, WpÜG, 2. Aufl 2013, § 27 Rn. 83; Angerer/Geibel/Süßmann/*Louven*, WpÜG, 3. Aufl. 2017 § 27 Rn. 19; KölnKomm/*Hirte*, WpÜG,

2. Aufl 2010, § 27 Rn. 45). Nicht erforderlich ist die Angabe der genauen Anzahl der von den Vorstands- und Aufsichtsratsmitgliedern gehaltenen Aktien an der Zielgesellschaft (vgl Angerer/Geibel/Süßmann/*Louven*, WpÜG, 3. Aufl 2017, § 27 Rn. 19; KölnKomm/*Hirte*, WpÜG, 2. Aufl 2010, § 27 Rn. 46; Steinmeyer/*Steinmeyer*, WpÜG, 4. Aufl 2019, § 27 Rn. 46; Assmann/Pötzsch/Schneider/*Krause/Pötzsch*, WpÜG, 2. Aufl 2013, § 27 Rn. 85; Ehricke/Ekkenga/Oechsler/*Ekkenga*, WpÜG, 2003, § 27 Rn. 17). Nehmen Vorstands- und Aufsichtsratsmitglieder das Angebot nur für einen Teil der von ihnen gehaltenen Aktien an, genügt die Nennung des prozentualen Anteils.

15. Empfehlung. Die Stellungnahme hat grundsätzlich eine Empfehlung zur Annahme oder Ablehnung des Angebots zu enthalten, die unter Umständen auch neutral ausfallen kann. Im Einzelfall (insbesondere bei Interessenkonflikten) können sich der Vorstand und Aufsichtsrat einer konkreten Empfehlung enthalten (Begr RegE, BT-Drs 14/7034, S 52).

23. Veröffentlichung eines Kontrollerwerbs

Mitteilung über Kontrollerwerb[1]

Veröffentlichung gem § 35 Abs 1 S 1 iVm § 10 Abs 3 S 1 und 2 des Wertpapiererwerbs- und Übernahmegesetzes (WpÜG) – Kontrollerwerb/Pflichtangebot

Bieterin:

A-GmbH

[Adresse]

Deutschland

eingetragen im Handelsregister des Amtsgerichts . . . . . unter HRB . . . . .

Zielgesellschaft:

X-AG

[Adresse]

Deutschland

eingetragen im Handelsregister des Amtsgerichts . . . . . unter HRB . . . . .

ISIN: DE . . . . . (WKN: . . . . .)

Angaben zur Bieterin:

Die A-GmbH (die „Bieterin“) hat am . . . . . Aktien der X-AG erworben. Die Bieterin hält seitdem . . . . . von insgesamt . . . . . Aktien und Stimmrechte der X-AG. Dies entspricht einem Stimmrechtsanteil in Höhe von ca . . . . . %.[2] Damit hat die die Bieterin am . . . . . die Kontrolle über die X-AG mit Sitz in . . . . . gem § 35 Abs 1 iVm § 29 Abs 2 WpÜG erlangt.[3]

Der Bieterin werden keine weiteren Stimmrechte aus Aktien der X-AG gem § 30 WpÜG zugerechnet.[4]

Die Bieterin wird gem § 35 Abs 2 WpÜG den Aktionären der X-AG ein Pflichtangebot zum Erwerb der von ihnen gehaltenen auf den Inhaber lautenden Stückaktien der X-AG mit einem rechnerischen Anteil am Grundkapital von je EUR . . . . . [mit Gewinnberechtigung ab dem . . . . . (ISIN DE . . . . .)] zu einem Preis von EUR . . . . . je Aktie

in bar[5] [zu dem gesetzlich vorgeschriebenen Mindestpreis/zu einem angemessenen Preis entsprechend den gesetzlichen Vorgaben] und im Übrigen zu den in der Angebotsunterlage noch mitzuteilenden Bestimmungen und Bedingungen machen.

Die Angebotsunterlage wird im Internet unter folgender Adresse nach Gestattung der Veröffentlichung der Angebotsunterlage durch die Bundesanstalt für Finanzdienstleistungsaufsicht veröffentlicht:

http://www. . . . .[6]

. . . . . Ort, Datum

A-GmbH

Anmerkungen

1. Sachverhalt. Das Muster behandelt den Fall einer Veröffentlichung des Kontrollerwerbs gem § 35 Abs 1 WpÜG infolge einer Überschreitung der Kontrollschwelle durch Erwerb von Aktien.

Die Mitteilung über den Kontrollerwerb hat unverzüglich, spätestens jedoch innerhalb von sieben Kalendertagen zu erfolgen (§ 35 Abs 1 WpÜG). Im Übrigen folgt die Art und Weise der Veröffentlichung den Vorgaben, die für die Veröffentlichung der Entscheidung zur Abgabe eines jeden Angebots zum Erwerb von Wertpapieren gelten (Begr RegE, BT-Drs 14/7034, S 59). § 35 Abs 1 S 1 WpÜG verweist auf § 10 Abs 3 S 1 und 2 WpÜG; iÜ gelten nach § 35 Abs 1 S 4 WpÜG § 10 Abs 2, 3 S 3 und Abs 4 bis 6 entsprechend.

Auch die Veröffentlichung über den Kontrollerwerb wird in der Praxis häufig durch die Deutsche Gesellschaft für Ad-hoc-Publizität mbH (DGAP) veranlasst (WpÜG Service; vgl http://www.dgap.de). Vgl dazu → Form. I.K.20 Anm. 1.

2. Der Bieter (iSd § 2 Abs 4 WpÜG) hat in der Veröffentlichung die Höhe seines Stimmrechtsanteils anzugeben (§ 35 Abs 1 S 1 WpÜG).

3. Zum Begriff der Kontrolle vgl KölnKomm/*von Bülow,* WpÜG, 2. Aufl 2010, § 29 Rn 69 ff sowie § 35 Rn 74; Paschos/Fleischer/*Rothenfußer*, WpÜG, 2017, § 11 Rdn 18 ff; zum Kontrollerwerbstatbestand KölnKomm/*Hasselbach,* WpÜG, 2. Aufl 2010, § 35 Rn 78 ff.

4. Der Bieter hat nach § 35 Abs 1 S 3 WpÜG in der Veröffentlichung auch die ihm nach § 30 WpÜG zuzurechnenden Stimmrechte für jeden Zurechnungstatbestand getrennt anzugeben. Zur Stimmrechtszurechnung gem § 30 WpÜG siehe KölnKomm/*von Bülow,* WpÜG, 2. Aufl 2010, § 30 Rn 25 ff.

5. Der Bieter ist nach § 35 Abs 1 S 1 iVm § 10 Abs 3 S 1 und Abs 1 S 1 WpÜG nicht verpflichtet, zugleich Art und Höhe der Gegenleistung zu veröffentlichen, die der Bieter anzubieten beabsichtigt. Vgl → Form. I.K.20 Anm. 3.

6. Der Bieter ist nach § 35 Abs 1 S 1 iVm § 10 Abs 3 S 2 WpÜG verpflichtet, in der Veröffentlichung die Adresse anzugeben, unter der die Veröffentlichung der Angebotsunterlage im Internet nach § 14 Abs 3 S 1 Nr 1 WpÜG erfolgen wird.

24. Anmeldung eines Zusammenschlussvorhabens beim Bundeskartellamt

An das

Bundeskartellamt

Kaiser-Friedrich-Str. 16

53113 Bonn

. . . . . [Ort, Datum]

Anmeldung des Zusammenschlussvorhabens . . . . . gem § 39 Abs 1 GWB[1]

Sehr geehrte Damen und Herren,

namens und im Auftrag unserer Mandantin, der . . . . . in . . . . ., melden wir hiermit das nachfolgend unter I. beschriebene Zusammenschlussvorhaben gem § 39 Abs 1 GWB beim Bundeskartellamt an. Auf uns lautende Vollmacht werden wir nachreichen, sofern Sie dies wünschen sollten.

I. Das Zusammenschlussvorhaben[2]

Unsere Mandantin . . . . . beabsichtigt, über ihre eigens für die Durchführung des hier angemeldeten Zusammenschlussvorhabens gegründete Tochtergesellschaft . . . . . sämtliche Geschäftsanteile an der . . . . . von deren jetziger Inhaberin . . . . . zu erwerben. Nach Vollzug des Erwerbs würde unsere Mandantin . . . . . Alleininhaberin sämtlicher Geschäftsanteile an der . . . . . sein, womit unsere Mandantin . . . . . die . . . . . allein kontrolliert. Es liegen damit die Zusammenschlusstatbestände des § 37 Abs 1 Nr. 2 und Nr. 3 GWB vor.

II. Zusammenschlussbeteiligte[3]

1. Die Erwerberin

a) Allgemeine Angaben, Geschäftsgegenstand und verbundene Unternehmen
Unsere Mandantin . . . . . ist in . . . . . ansässig und Muttergesellschaft eines weltweit tätigen Konzerns, der sich überwiegend mit der Herstellung und dem Vertrieb von . . . . . befasst; Einzelheiten können dem als Anlage 1 beigefügten Geschäftsbericht unserer Mandantin . . . . . für das Geschäftsjahr . . . . . entnommen werden. Die geschilderten weltweiten Aktivitäten werden über die in der als Anlage 2 beigefügten Liste aufgeführten unmittelbaren und mittelbaren Tochtergesellschaften abgewickelt. In der Bundesrepublik werden die Aktivitäten unserer Mandantin . . . . . hauptsächlich über die in der als Anlage 3 beigefügten Liste aufgeführten unmittelbaren und mittelbaren Tochtergesellschaften abgewickelt.

b) Umsatzerlöse
Im Geschäftsjahr . . . . . hat unsere Mandantin . . . . . einen weltweiten konsolidierten Konzernumsatz in Höhe von EUR . . . . . erzielt, wovon EUR . . . . . auf die EU und EUR . . . . . auf Deutschland entfallen.

c) Inlandsmarktanteil
Unsere Mandantin . . . . . hat in der Bundesrepublik bisher keine Geschäftsaktivitäten verfolgt. Angaben zu Inlandsmarktanteilen entfallen deshalb.

2. Die Veräußerin

Die Veräußerin wird nach Durchführung des hier angemeldeten Zusammenschlussvorhabens in keiner gesellschaftsrechtlichen oder anderen Beziehung mehr zu dem zu veräußernden Unternehmen stehen. Wir erlauben uns deshalb, auf eine weitere Darstellung zu verzichten.

3. Das zu erwerbende Unternehmen

a) Allgemeine Angaben
Die ..... beschäftigt sich mit der Herstellung und dem Vertrieb von ..... Weitere Einzelheiten können dem als Anlage 4 beigefügten Geschäftsbericht der ..... für das Geschäftsjahr ..... entnommen werden. Die ..... hat keine Tochtergesellschaften und hält auch keine Beteiligungen an anderen Unternehmen.

b) Umsatzerlöse
In dem Geschäftsjahr ..... erzielte die ..... insgesamt Umsatzerlöse in Höhe von EUR ....., wovon EUR ..... auf die EU und EUR ..... auf Deutschland entfallen.

c) Inlandsmarktanteile
Nach Einschätzung der Geschäftsführung der ..... erzielt die ..... auf keinem der Inlandsmärkte, auf denen sie tätig ist, einen Marktanteil von mindestens 20 %.

III. Zu den betroffenen Märkten[4]

1. Erwerberin

Die Erwerberin verfolgt, wie oben ausgeführt, in der Bundesrepublik bisher keinerlei Geschäftsaktivitäten. Das Zusammenschlussvorhaben wird dementsprechend zu keinerlei Marktanteilsaddition führen.

2. Das zu erwerbende Unternehmen

..... hat sich bisher ausschließlich mit der Herstellung und dem Vertrieb von ..... befasst. Nach den besten Schätzungen der Geschäftsführung der ..... wies dieser Markt im Inland ein Gesamtvolumen von ..... auf. Davon entfielen auf ....., was einem Umsatzerlös von EUR ..... und einem geschätzten Marktanteil von ..... % entspricht. Marktstarke Wettbewerber auf diesem Markt sind ..... mit ..... Menge, entsprechend einem Marktanteil von ..... % und ..... mit ..... Menge, entsprechend einem Marktanteil von ..... %.

IV. Wettbewerbsrechtliche Bewertung[5, 6, 7, 8]

Unsere Mandantin ..... tritt mit dem Erwerb der ..... erstmalig auf den in III. beschriebenen Inlandsmärkten auf. Das Vorhaben führt dementsprechend zu keinerlei Marktanteilsaddition.

Es ist darüber hinaus nicht erkennbar, dass die von unserer Mandantin ..... bei ..... vorgefundene Marktstellung durch das hier angemeldete Zusammenschlussvorhaben auf andere Art und Weise zum Nachteil des Wettbewerbs verstärkt werden würde. Mit ..... und ..... sind in dem relevanten Markt bereits finanz- und innovationsstarke Unternehmen maßgeblich tätig. Die Übernahme der Marktstellung von ..... durch unsere Mandantin ..... wird hier allenfalls zur Herausbildung eines gewissen Gegengewichts zu diesen sehr marktstarken Unternehmen führen.

Da aus keinem Gesichtspunkt heraus eine Behinderung wirksamen Wettbewerbs, insbesondere durch die Begründung oder Verstärkung einer marktbeherrschenden Stellung, zu befürchten ist, bitten wir um möglichst rasche Prüfung und schnelle Freigabe des Zusammenschlussvorhabens und einstweilen um Bestätigung des Eingangs und der Vollständigkeit der Anmeldung. Für weitere Fragen stehen wir Ihnen jederzeit telefonisch, aber auch im Rahmen eines in Ihrem Haus zu führenden Gesprächs zur Verfügung.

Mit freundlichem Gruß

[Name]

Anlagen

Anmerkungen

1. Anmeldepflicht von Zusammenschlussvorhaben. Ein Erwerbsvorhaben ist vor Vollzug beim BKartA anzumelden, wenn es die Voraussetzungen eines Zusammenschlusstatbestandes nach § 37 Abs 1 GWB verwirklicht und die an dem Zusammenschluss beteiligten Parteien die Umsatzschwellen des § 35 Abs 1 oder Abs 1a GWB überschreiten: Zusammenschlüsse werden verwirklicht beim Erwerb des Vermögens eines anderen Unternehmens ganz oder zu einem wesentlichen Teil (§ 37 Abs 1 Nr 1 GWB), beim Erwerb der alleinigen oder gemeinsamen Kontrolle über die Gesamtheit oder wesentliche Teile eines oder mehrerer anderer Unternehmen (§ 37 Abs 1 Nr 2 GWB), beim Erwerb von Anteilen an einem anderen Unternehmen, wenn die Anteile allein oder zusammen mit sonstigen, dem erwerbenden Unternehmen bereits gehörenden Anteilen 50 % oder 25 % des Kapitals oder der Stimmrechte des anderen Unternehmens erreichen (§ 37 Abs 1 Nr 3 GWB) sowie beim Erwerb eines wettbewerblich erheblichen Einflusses auf ein anderes Unternehmen (§ 37 Abs 1 Nr 4 GWB).

Ist ein Zusammenschlusstatbestand nach § 37 Abs 1 GWB erfüllt, ist dieser beim BKartA zur fusionskontrollrechtlichen Prüfung und Freigabe anzumelden, falls die Schwellenwerte des § 35 Abs 1 oder Abs 1a GWB überschritten sind und nicht die Europäische Kommission für die Prüfung des Zusammenschlusses zuständig ist (s § 35 Abs 3 GWB). Die Zuständigkeit des BKartA ist gem § 35 Abs 1 GWB zum einen begründet, wenn im letzten Geschäftsjahr vor dem Zusammenschluss (i) die beteiligten Unternehmen insgesamt weltweit Umsatzerlöse von mehr als EUR 500 Mio und (ii) im Inland mindestens ein beteiligtes Unternehmen Umsatzerlöse von mehr als EUR 25 Mio und ein anderes beteiligtes Unternehmen Umsatzerlöse von mehr als EUR 5 Mio erzielt haben. Seit der 9. GWB-Novelle vom 1. Juni 2017 (BGBl. I S. 1416) finden die Vorschriften der deutschen Fusionskontrolle gem § 35 Abs 1a GWB mWv 9.6.2017 auch Anwendung, wenn (i) die beteiligten Unternehmen insgesamt weltweit Umsatzerlöse von mehr als EUR 500 Mio erzielt haben, (ii) im Inland im letzten Geschäftsjahr vor dem Zusammenschluss ein beteiligtes Unternehmen Umsatzerlöse von mehr als EUR 25 Mio erzielt hat und weder das zu erwerbende Unternehmen noch ein anderes beteiligtes Unternehmen Umsatzerlöse von jeweils mehr als EUR 5 Mio erzielt haben, (iii) der Wert der Gegenleistung für den Zusammenschluss mehr als EUR 400 Mio beträgt und (iv) das zu erwerbende Unternehmen in erheblichem Umfang im Inland tätig ist.

Bei der Berechnung der Umsatzerlöse der beteiligten Unternehmen sind verbundene Unternehmen als einheitliches Unternehmen anzusehen (§ 36 Abs 2 GWB) und Innenumsätze sowie Verbrauchsteuern zu eliminieren (§ 38 Abs 1 S 2 GWB). Bei Kreditinstituten, Finanzinstituten, Bausparkassen und externen Kapitalverwaltungsgesellschaften treten an die Stelle der Umsatzerlöse der Gesamtbetrag der in § 38 Abs 4 S 1 GWB spezifizierten Erträge abzüglich der Umsatzsteuer und sonstiger direkt auf diese Erträge erhobenen Steuern. Bei Versicherungsunternehmen sind die Prämieneinnahmen des letzten abgeschlossenen Geschäftsjahres maßgebend (§ 38 Abs 4 S 2 GWB). Bei Handelsunternehmen sind die Umsatzerlöse nur mit drei Viertel in Ansatz zu bringen (§ 38 Abs 2 GWB); bei Verlags- und Rundfunkunternehmen ist das Achtfache der Umsatzerlöse in Ansatz zu bringen (§ 38 Abs 3 GWB).

2. Zusammenschlussvorhaben. Die als Zusammenschluss geltenden Tatbestände ergeben sich aus § 37 Abs 1 GWB. Die Form. des Zusammenschlusses ist in der Anmeldung gem § 39 Abs 3 S 1 GWB anzugeben.

3. Angaben über die Zusammenschlussbeteiligten. Die über die beteiligten Unternehmen zu machenden Angaben (Pflichtangaben) folgen aus § 39 Abs 3 GWB.

4. Die betroffenen Märkte. Angaben zu Marktanteilen einschließlich der Grundlagen ihrer Berechnung sind nur dann zwingend, wenn die kombinierten Marktanteile der beteiligten Unternehmen in Deutschland oder in einem wesentlichen Teil Deutschlands 20 % erreichen (§ 39 Abs 3 S 2 Nr 4 GWB). Auch unterhalb dieser gesetzlichen Schwelle empfehlen sich jedoch Angaben zu den relevanten Märkten, um die Bearbeitung beim BKartA zu erleichtern bzw zu beschleunigen.

5. Befugnisse des Bundeskartellamts. Die Befugnisse des BKartA bei der Zusammenschlusskontrolle ergeben sich aus § 36 Abs 1 GWB. Insbesondere muss das BKartA einen Zusammenschluss dann untersagen, wenn der Zusammenschluss wirksamen Wettbewerb erheblich behindern würde, was insbesondere der Fall ist, wenn der Zusammenschluss eine marktbeherrschende Stellung begründet oder verstärkt, es sei denn, die beteiligten Unternehmen weisen nach, dass durch den Zusammenschluss auch Verbesserungen der Wettbewerbsbedingungen eintreten und dass diese Verbesserungen die Nachteile der Marktbeherrschung überwiegen (s § 36 Abs 1 S 2 GWB, dort auch zu den weiteren Ausnahmetatbeständen der Bagatellmarktklausel und der Pressesanierungsklausel). Der formelle Ablauf des Zusammenschlusskontrollverfahrens folgt aus § 40 GWB. Innerhalb einer Frist von einem Monat seit Eingang der (vollständigen!) Anmeldung kann das BKartA den Zusammenschluss freigeben oder mitteilen, dass es in die Prüfung des Zusammenschlusses eintritt (§ 40 Abs 1 S 1 GWB, sog Phase 1); unterlässt es beide genannten Handlungen, kann es den Zusammenschluss nicht mehr untersagen, dh dieser kann vollzogen werden. Teilt das BKartA demgegenüber mit, dass es in die Prüfung des Zusammenschlusses eingetreten ist, kann es den Zusammenschluss innerhalb einer Frist von vier Monaten seit Eingang der (vollständigen!) Anmeldung freigeben oder untersagen (sog Phase 2); erfolgen weder Freigabe noch Untersagung bis zum Fristende, gilt der Zusammenschluss als freigegeben (§ 40 Abs 2 S 2 GWB) und kann vollzogen werden. Ausnahmefälle: § 40 Abs 2 S 4 GWB.

6. Nichtigkeitsfolge. Wird ein anmeldepflichtiger Zusammenschluss vollzogen, ohne dass die in § 40 Abs 1, 2 GWB genannten Fristen verstrichen sind und ohne dass das BKartA den Zusammenschluss freigegeben hat (§ 41 Abs 1 S 1 GWB), ist das den Vollzug begründende Rechtsgeschäft gem § 40 Abs 1 S 2 GWB (bis zur nachträglichen Freigabe durch das Amt) schwebend unwirksam. Ein Verstoß gegen das Vollzugsverbot begründet zugleich eine Ordnungswidrigkeit (s § 81 Abs 2 Nr 1 GWB).

7. Kosten. Vgl § 80 Abs 1 S 2 Nr 1 und Abs 2 GWB.

8. GWB-Novelle. Die 9. GWB-Novelle vom 1. Juni 2017 hat einige Änderungen im deutschen Fusionskontrollrecht gebracht. Am wichtigsten ist die Einführung eines neuen Aufgreiftatbestands in § 35 Abs 1a GWB. Hiernach ist das BKartA auch für solche Transaktionen zuständig, die zwar nicht die Umsatzschwellen des § 35 Abs 1 GWB überschreiten, bei denen der Wert der Gegenleistung für den Zusammenschluss aber mehr als EUR 400 Mio beträgt (s oben unter 1.). Der neue Aufgreiftatbestand soll sicherstellen, dass der Erwerb junger Unternehmen mit hoher Innovationskraft aber (noch) sehr geringem Umsatz fusionskontrollrechtlich überprüft werden kann. Als Beispiel verweist die Entwurfsbegründung der Bundesregierung auf die Übernahme von WhatsApp durch Facebook.

25. Anmeldung eines Zusammenschlusses bei der Europäischen Kommission

Formblatt CO zur Anmeldung eines Zusammenschlusses gem der Verordnung (EG) Nr. 139/2004 des Rates über die Kontrolle von Unternehmenszusammenschlüssen[1–5]

(hier nicht abgedruckt)[*]

Anmerkungen

1. EU-Fusionskontrolle. Die Verordnung (EG) Nr 139/2004 des Rates vom 20.1.2004 (ABl.EU L 24/1 vom 29.1.2004) ist am 1.5.2004 in Kraft getreten. Ein Formblatt für die vorherige Anmeldung von Zusammenschlüssen bei der Europäischen Kommission gem der FusionskontrollVO ist als Anhang I zur VO (EG) Nr 802/2004 in ABl.EU L 133/9 vom 30.4.2004 veröffentlicht worden, wobei anzumerken ist, dass die amtliche deutsche Version dieses Formblatts in Abschnitt 6 eine teilweise unzutreffende Übersetzung der offiziellen anderssprachigen Versionen enthält. Für einfach gelagerte Anmeldungen sieht Anhang II zur VO (EG) Nr 802/2004 ein vereinfachtes Formblatt vor.

2. Zusammenschluss-Begriff. Gem Art 3 Abs 1 FusionskontrollVO liegt ein Zusammenschluss vor, wenn zwei oder mehr bisher voneinander unabhängige Unternehmen fusionieren oder eine oder mehrere Personen, die bereits mindestens ein Unternehmen kontrollieren oder ein oder mehrere Unternehmen durch den Erwerb von Anteilsrechten oder von Vermögenswerten, durch Vertrag oder in sonstiger Weise die unmittelbare oder mittelbare Kontrolle über die Gesamtheit oder über Teile eines oder mehrerer Unternehmen erwerben.

3. Zusammenschluss von gemeinschaftsweiter Bedeutung. Die Europäische Kommission ist ausschließlich zuständig für die Prüfung von Zusammenschlüssen von gemeinschaftsweiter Bedeutung (Art 1 Abs 1 FusionskontrollVO). Gemeinschaftsweite Bedeutung weist ein Zusammenschluss nach Art 1 Abs 2 FusionskontrollVO auf, wenn alle beteiligten Unternehmen einen weltweiten Gesamtumsatz von mehr als EUR 5 Mrd erzielt haben, mindestens zwei der beteiligten Unternehmen einen gemeinschaftsweiten Gesamtumsatz von jeweils mehr als EUR 250 Mio erzielt haben und sämtliche am Zusammenschluss beteiligten Unternehmen nicht jeweils mehr als $^2/_3$ ihres gemeinschaftsweiten Gesamtumsatzes in ein und demselben Mitgliedstaat der Gemeinschaft erzielen. Darüber hinaus kann sich gem Art 1 Abs 3 FusionskontrollVO die gemeinschaftsweite Bedeutung eines Zusammenschlusses ergeben, wenn (i) alle beteiligten Unternehmen zusammen einen weltweiten Gesamtumsatz von mehr als EUR 2,5 Mrd erzielt haben; und (ii) alle beteiligten Unternehmen zusammen in mindestens drei Mitgliedstaaten einen Gesamtumsatz von jeweils mehr als EUR 100 Mio erzielt haben; und (iii) in jedem von mindestens drei der von (ii) erfassten Mitgliedstaaten der Gesamtumsatz von mindestens

[*] Abgedruckt zB in Becksche Textausgaben *Gewerblicher Rechtsschutz, Wettbewerbsrecht, Urheberrecht* unter Nr 622, Anhang I.

zwei beteiligten Unternehmen jeweils EUR 25 Mio übersteigt; und (iv) mindestens zwei der beteiligten Unternehmen einen gemeinschaftsweiten Gesamtumsatz von jeweils mehr als EUR 100 Mio erzielt haben; und (v) sämtliche am Zusammenschluss beteiligten Unternehmen nicht jeweils mehr als $^2/_3$ ihres gemeinschaftsweiten Gesamtumsatzes in ein und demselben Mitgliedstaat der Gemeinschaft erzielen.

Der Umsatz wird ähnlich wie nach deutschem Fusionskontrollrecht berechnet. Relevant sind die Umsätze, die die beteiligten Unternehmen im letzten Geschäftsjahr mit Waren und Dienstleistungen erzielt haben und die dem normalen geschäftlichen Tätigkeitsbereich der Unternehmen zuzuordnen sind. Abzuziehen sind Erlösschmälerungen, Mehrwertsteuer und andere umsatzbezogene Steuern. Innenumsätze sind nicht zu berücksichtigen (vgl Art 5 Abs 1 FusionskontrollVO). Sonderregeln gelten für die Berechnung des Umsatzes von Kreditinstituten und Versicherungen (Art 5 Abs 3 FusionskontrollVO). Für die Umsatzberechnung ist auf die gesamte Unternehmensgruppe abzustellen (s Art 5 Abs 4, 5 FusionskontrollVO), nicht lediglich auf das beteiligte Unternehmen.

4. Untersagungsvoraussetzungen. Nach Art 2 Abs 3 FusionskontrollVO hat die Kommission Zusammenschlüsse, durch die wirksamer Wettbewerb im gemeinsamen Markt oder in einem wesentlichen Teil desselben erheblich behindert würde, für unvereinbar mit dem gemeinsamen Markt zu erklären, dh zu untersagen. Art 2 Abs 1 gibt die Kriterien wieder, die die Kommission bei der Prüfung der Vereinbarkeit eines Zusammenschlusses mit dem gemeinsamen Markt zu berücksichtigen hat.

5. Vollzugsverbot/Verfahren. Ein Zusammenschluss, der in den Anwendungsbereich der Europäischen Fusionskontrolle fällt (vgl oben → Anm. 2 und 3) darf weder vor der Anmeldung noch so lange vollzogen werden, bis er von der Kommission für vereinbar mit dem gemeinsamen Markt erklärt worden ist bzw diese Vereinbarkeit vermutet wird (Art 7 Abs 1 FusionskontrollVO). Eine Ausnahme vom Vollzugsverbot gilt unter den engen Voraussetzungen des Art 7 Abs 2 FusionskontrollVO für börsennahe Geschäfte. Ein vorsätzlicher oder fahrlässiger Verstoß gegen das Vollzugsverbot kann mit einer Geldbuße in Höhe von bis zu 10 % des von den beteiligten Unternehmen erzielten Gesamtumsatzes geahndet werden (Art 14 Abs 2 lit b FusionskontrollVO).

L. Unternehmenspacht

→ Form. II.I.3 Anm. 1 ff.

M. Kommissionsgeschäft

1. Kommissionsvertrag

zwischen[1]

Firma AB

Z-Stadt

(nachstehend „Kommittent“ genannt)

und

der Firma CD GmbH

Y-Stadt

(nachstehend „Kommissionär" genannt)

§ 1 Vertragsgegenstand

(1) Der Kommittent übergibt dem Kommissionär zum kommissionsweisen Verkauf[2] folgende Waren als Kommissionsgut, wie sie in Anlage 1 zu diesem Vertrag aufgelistet sind.

(2) Die Übernahme weiterer Waren als Kommissionsgut kann vereinbart werden.

(3) Das Kommissionsgut bleibt Eigentum des Kommittenten.[3] Der Kommissionär ist verpflichtet, es getrennt von eigenen oder Gegenständen Dritter – nach außen erkennbar – zu verwahren.[4]

§ 2 Preise

(1) Jedes Stück des Kommissionsguts ist mit dem Endverkaufspreis ausgezeichnet; es handelt sich hierbei um einen Mindestpreis.[5] Soweit dieser Mindestpreis unterschritten werden soll, ist zuvor eine Abstimmung mit dem Kommittenten herbeizuführen.

(2) Hat der Kommissionär unter dem festgesetzen Mindestpreis verkauft, so muss der Kommittent, falls er das Geschäft als nicht für seine eigene Rechnung abgeschlossen zurückweisen will, dies unverzüglich auf die Anzeige des Kommissionärs hin schriftlich erklären. Hierfür ist eine Ausschlussfrist von 8 Tagen, gerechnet ab Anzeige, vereinbart;[6] wird sie nicht eingehalten, gilt die Abweichung von dem Mindestpreis als genehmigt.

(3) Erklärt jedoch der Kommissionär zugleich mit der Ausführungsanzeige, dass er bereit ist, den Preisunterschied selbst zu decken, so ist der Kommittent nicht zur Zurückweisung berechtigt.[7]

§ 3 Provision

(1) Der Kommissionär hat für jedes zur Ausführung gekommene Geschäft Anspruch auf Provision in Höhe von . . . . . %.[8] Die Provision wird von dem in Rechnung gestellten Entgelt des Verkaufsgeschäfts – ausschließlich MwSt[9] – berechnet.[10]

(2) Ein Provisionsanspruch besteht nicht, wenn das Geschäft nicht zur Ausführung gelangt, es sei denn, dies beruht auf einem Grund, der in der Person des Kommittenten liegt.[11]

(3) Der Kommissionär hat Anspruch auf Ersatz der Aufwendungen, die er den Umständen nach für erforderlich halten darf.[12]

§ 4 Forderung aus dem Ausführungsgeschäft

(1) Der Kommissionär tritt schon jetzt alle Forderungen an den Kommittenten ab, die ihm gegenüber Dritten aus Geschäften mit dem Kommissionsgut erwachsen. Der Kommittent nimmt die Abtretung an.

(2) Solange der Kommissionär nicht in Zahlungsverzug geraten ist, ist er berechtigt, im Rahmen des ordnungsgemäßen Geschäftsgangs die Forderungen einzuziehen. Er ist nicht berechtigt, diese Forderungen an Dritte abzutreten oder aufzurechnen.[13] Sobald der

Kommissionär in Zahlungsverzug gegenüber dem Kommittenten gelangt, ist der Kommittent berechtigt, die Einzugsermächtigung zu widerrufen. Der Kommittent kann dann vom Kommissionär verlangen, dass er ihm schriftlich alle erforderlichen Angaben macht, damit der Kommittent in der Lage ist, die Forderungen gegenüber dem Dritten selbst einzuziehen.

(3) Ein Selbsteintrittsrecht steht dem Kommissionär nicht zu.

§ 5 Sicherung des Kommissionsguts

(1) Der Kommissionär ist verpflichtet, das Kommissionsgut gegen Diebstahl-, Feuer- und Wasserschäden zum Neuwert auf eigene Kosten zu versichern. Er tritt schon jetzt eine Entschädigungsforderung gegenüber dem Versicherer an den Kommittenten ab. Der Kommittent nimmt diese Abtretung an.

(2) Der Kommissionär ist verpflichtet, unverzüglich den Kommittenten davon schriftlich zu unterrichten, wenn Dritte Pfändungen oder Zwangsvollstreckungsmaßnahmen in das Kommissionsgut bewirken, um dem Kommittenten Gelegenheit zu geben, Drittwiderspruchsklage gemäß § 771 ZPO zu erheben. Soweit der Kommittent nicht in der Lage ist, die Kosten einer Drittwiderspruchsklage von dem Pfändungsgläubiger ersetzt zu erhalten, tritt der Kommissionär für den Ausfall ein.[14]

§ 6 Vertragsbedingungen

(1) Der Kommissionär ist verpflichtet, bei der Durchführung der Ausfuhrgeschäfte sicherzustellen, dass die als Anlage 2 beigefügten allgemeinen Verkaufs- und Lieferbedingungen des Kommittenten vereinbart werden.

(2) Der Kommittent verpflichtet sich, den Kommissionär unverzüglich davon in Kenntnis zu setzen, wenn die Allgemeinen Verkaufs- und Lieferbedingungen geändert werden.

§ 7 Delkredere-Haftung

(1) Der Kommissionär steht für die Erfüllung der Verbindlichkeiten des Käufers ein, mit dem er das Ausführungsgeschäft für Rechnung des Kommittenten abschließt.[15]

(2) Der Kommisionär hat wegen der Übernahme der Delkredere-Haftung nach Abs 1 Anspruch auf eine Delkredere-Provision in Höhe von . . . . . %.[16]

§ 8 Dauer des Vertrages

(1) Das Vertragsverhältnis beginnt am . . . . . und wird auf bestimmte Zeit bis zum . . . . . abgeschlossen; es verlängert sich um jeweils 6 Monate, wenn es nicht zuvor schriftlich mit einer Kündigungsfrist von 3 Monaten im Voraus schriftlich von einer der beiden Parteien beendet wird.

(2) Das Recht zur fristlosen Kündigung des Vertrages bleibt vorbehalten.

§ 9 Gerichtsstand – Sonstiges

(1) Gerichtsstand für etwaige Rechtsstreitigkeiten aus oder im Zusammenhang mit diesem Vertrag ist der Sitz des Kommittenten.[17]

(2) Der Vertrag unterliegt dem Recht der Bundesrepublik Deutschland.

(3) Sollte eine Bestimmung dieses Vertrages unwirksam sein oder unwirksam werden, so wird die Wirksamkeit der übrigen Bestimmungen des Vertrags hiervon nicht berührt.

(4) Alle Vereinbarungen zwischen den Parteien sind in diesem Vertrag enthalten.[18]

Anmerkungen

1. Der Kommissionsvertrag ist ein gegenseitiger Vertrag, der eine **Geschäftsbesorgung** gemäß § 675 BGB zum Gegenstand hat (BGH NJW-RR 2003, 1056, 1058; Palandt/*Sprau* § 675 Rn 23). Sofern sich der Kommissionsvertrag auf ein **Einzelgeschäft** bezieht, handelt es sich um einen Werkvertrag iSv §§ 675, 631 ff BGB; bei längerer Vertragsbeziehung überwiegen aber die dienstvertraglichen Elemente gemäß §§ 675, 611 ff BGB (Baumbach/Hopt/*Hopt,* HGB § 383 Rn 6). Der Kommissionsvertrag hat heute vor allem Bedeutung im **Effektengeschäft** der Banken (BGH WM 2012, 1520 – keine Aufklärungspflicht über eine vom Emittenten gezahlte Vergütung; MüKoHGB/*Häuser* § 383 Rn 9 – Platzierung von Aktien- und Obligationemissionen – hierzu BGH NJW 2003, 1447; Oetker/*Martinek* HGB § 383 Rn 19; Baumbach/Hopt/*Kumpan,* HGB § 383 Rn 8) sowie im Kunst- und Antiquitätenhandel (vgl auch LG Köln NJW 2018, 799 – Haftung des Versteigerers bei deutlich höherem Erlös bei Folgeversteigerung; *von Hoyningen-Huene* NJW 1973, 1473; *Löhr* GRUR 1976, 411). Auch beim **Gebrauchtwagen-Geschäft,** um ein weiteres Beispiel zu nennen (MüKoHGB/*Häuser* § 383 Rn 11 – weitere Fälle im Bereich des Binnenhandels) hat der Kommissionsvertrag sich durchgesetzt: Wird nämlich eine untere Preisgrenze festgelegt, die einzuhalten der Händler sich gegenüber dem Eigentümer/Vorbesitzer – er ist gleichzeitig Neuwagenkäufer – verpflichtet (BGH NJW 1978, 1482; NJW 1980, 2190), so ist der Händler steuerrechtlich nur verpflichtet, Mehrwertsteuer von seiner Provision, nicht aber von dem Teil des Kaufpreises zu zahlen, der seinem Kunden zufließt (BGH BB 1981, 1670). Doch ist in diesen Fällen stets im Auge zu behalten, ob nicht eine Umgehung der zwingenden Bestimmungen der §§ 474 ff BGB vorliegt (BGH NJW 2005, 1039; BGH NJW 2007, 759). Entscheidend kommt es darauf an, ob bei wirtschaftlicher Betrachtungsweise der Händler oder der Verbraucher als Eigentümer das Risiko des Geschäfts trägt. Es liegt also keine generelle Umgehung nach § 476 Abs 1 S. 2 BGB vor. Wirtschaftlich geht es in diesen Fällen darum, das Entstehen eines Anspruchs auf Mehrwertsteuer zu vermeiden (Baumbach/Hopt/*Kumpan,* HGB § 383 Rn 47).

Der Kommissionär iSv § 383 ist kraft Gesetzes **Kaufmann,** selbst wenn er keinen kaufmännisch eingerichteten Geschäftsbetrieb hat (§§ 1, 383 Abs 2 nF). Der Kommittent braucht nicht Kaufmann zu sein (Baumbach/Hopt/*Kumpan,* HGB § 383 Rn 1). Wird irgendeine Sache „in Kommission gegeben", so liegt regelmäßig kein Kommissionsvertrag iSv § 383 vor, sofern der „Kommissionär" nicht berechtigt ist, die Sache bei Nichtveräußerung innerhalb einer bestimmten Frist wieder zurückzugeben. In diesen Fällen liegt regelmäßig ein bedingter Kaufvertrag vor (BGH BB 1975, 393; Baumbach/Hopt/*Kumpan,* HGB § 383 Rn 7). Der Kommissionär wird gegenüber dem Kommittenten im eigenen Namen, aber für Rechnung des Kommittenten tätig (MüKoHGB/*Häuser* § 383 Rn 20). Man kann hier zweckmäßigerweise zwiwchen drei Geschäften unterscheiden: Das Auftragsgeschäft zwischen dem Auftraggeber und dem Kommissionär, das Ausführungsgeschäft gegenüber dem Kommittenten und dann ebend as Abwicklungsgeschäft gegenüber dem Kommisisonär (Oetker/*Martinek*/HGB § 383 Rn 7). Trotz der Bedeutung des Kommissionsvertrages im Bereich des Finanzwesens herrscht gesetzlich das Leitbild der Warenkommission (MüKoHGB/*Häuser* § 383 Rn 14).

Abzugrenzen ist der Kommissionsvertrag auch gegenüber dem **Kommissions-Agenturvertrag** (grundlegend BGH NJW 2017, 475; Röhricht/Graf von Westphalen/Haas/*Lenz* § 383 Rn 25; MüKoHGB/*Häuser* § 406 Rn 22 ff). Der Kommissionsagent (hierzu auch Baumbach/Hopt/*Hopt,* HGB § 383 Rn 3) wird von einem Unternehmer vertraglich ständig damit betraut, in eigenem Namen für Rechnung des Unternehmers Waren zu verkaufen. Der Kommissionsagent tritt zwar gegenüber dem Dritten wie ein Kommissionär auf, im Innenverhältnis hatte er jedoch weitestgehend die Stellung eines Handelsvertreters gemäß §§ 84 ff (BGH BB 1964, 823). Eine Klausel, nach der der Kommissionsagent für den eingetretenen Warenschwund unabhängig von einem Verschulden von einem bestimmten Prozentsatz an haftet, istr unwirksam (BGH NJW 2003, 3049).

Gegenüber dem **Handelsmakler** iSv § 93 – wie auch vom Vermittlungsvertreter – unterscheidet sich der Kommissionär dadurch, dass er als solcher Verträge abschließt, während der Handelsmakler und der Vermittlungsvertreter diese lediglich **vermitteln.** Im Einzelnen → Form. I.H.1 Anm. 1.

2. Die **Pflichten eines Kommissionärs** bestimmen sich nach § 384 Abs 1. Er ist verpflichtet, das übernommene Geschäft – Ausführungsgeschäft (Oetker/*Martinek*/HGB § 383 Rn 22) – mit der Sorgfalt eines ordentlichen Kaufmanns auszuführen (Ebenroth/Boujong/Joost/Strohn/*Füller*, HGB § 384 Rn 3 f); hierbei ist er verpflichtet, die Interessen des Kommittenten bestmöglich zu wahren und dessen Weisungen zu befolgen. Das Weisungsrecht des Kommittenten nach § 385 (*Röhricht/Graf von Westphalen/Haas/Lenz* § 385 Rn 1) ist typusprägend (MüKoHGB/*Häuser* § 384 Rn 31; Ebenroth/Boujong/Joost/Strohn/*Füller*, HGB § 384 Rn 18). Eine solche Weisung gestaltet das Rechtsverhältnis; sie ist eine einseitige, empfangbedürftige Willenserklärung (MüKoBGB/Schäfer/BGB § 665 Rn 7). Der Kommissionär muss sie im Rahmen des Kommissionsvertrages befolgen. Die zu beachtende Sorgfalt richtet sich grundsätzlich nach dem Maßstab des § 347, in der Sache aber auch nach der Art der übernommenen Kommission (Ebenroth/Boujong/Joost/Strohn/*Füller*, HGB § 384 Rn 8). Die Interessenwahrungspflicht kann also im Einzelfall verschieden ausgestaltet sein (*Koller* BB 1978, 1733 ff). In der Regel ist der Kommissionär verpflichtet, die Kommission selbst auszuführen; er darf jedoch Hilfspersonen zuziehen, für die er dann nach § 278 BGB haftet (Baumbach/Hopt/*Kumpan*, HGB § 384 Rn 3). Hingegen ist eine Substitution im Zweifel nur dann gestattet (§ 664 BGB), wenn sie entsprechend vereinbart ist (Ebenroth/Boujong/Joost/Strohn/*Füller*, HGB § 384 Rn 7). Zur Ausführung der Kommission gehört in der Regel nur der **Abschluss** des Ausführungsgeschäfts mit einem Dritten (Baumbach/Hopt/*Kumpan*, HGB § 384 Rn 4). Außerdem ist der Kommissionär zur Rechenschaft verpflichtet, die sich nicht nur auf das Ausführungsgeschäft, sondern auf die gesamte Täitgkeit des Koimmissionärs bezieht (Röhricht/Graf von Westphalen/Haas/*Lenz* § 384 Rn 8). Ferner trifft den Koimmissionär auch die Herausgabepflicht, die sich auf alldas bezieht, was er durch das Ausführungsgeschfät erlangt hat (*Lenz* § 384 Rn 11). Zur Delkredere-Haftung vgl Anm. 15.

Soweit im Kommissionsvertrag ein **Selbsteintrittsrecht** des Kommissionärs zu regeln ist (zu den verschiedenen Arten des Selbsteintritts vgl BeckOGK/*Fischinger* HGB § 400 Rn 11 ff), sind die §§ 400 ff zu beachten. Eine solche Vertragsgestaltung setzt jedoch regelmäßig voraus (hierzu auch BeckOGK/*Fischinger* HGB § 400 Rn 11ff), dass – von vornherein – über die **Preisgestaltung** bezogen auf Waren oder Wertpapiere, die einen Markt- oder Börsenpreis haben (MüKoHGB/*Häuser* § 400 Rn 13ff; BeckOGK/Fischinger § 400 Rn 12; RGRK-HGB/*Koller* S 400 Rn 11 ff) Klarheit erzielt ist, so dass es dem Kommittenten gleichgültig sein kann, ob der Kommissionär das Kommissionsgut an einen Dritten veräußert oder von seinem Selbsteintrittsrecht Gebrauch macht. In den Fällen eine solchen Selbsteintritts liefert der Kommissionär das einzukaufende Gut aus seinen eigenen Beständen oder – Verkaufskommission – überführt es in die eigenen Bestände (MüKoHGB/*Häuser* § 400 Rn 6). Das Formular ist nicht auf diese Fälle zugeschnitten. Hierzu → Form. I.M.2 Anm. 1 ff.

3. Es entspricht gewöhnlicher Vertragsgestaltung, dass zugunsten des Kommittenten ein **Eigentumsvorbehalt** vereinbart wird. Hierzu → Form. I.J.1 Anm. 23.

4. Es muss sichergestellt werden, dass dem sachenrechtlichen Bestimmtheitsgrundsatz genügt wird, weil bloße Bestimmbarkeit nicht ausreicht (BGH WM 1963, 504, 505; BGHZ 28, 16, 19; BGHZ 21, 52, 55). Erforderlich ist also, dass sich das Kommissionsgut von allen anderen gleichartigen Sachen des Sicherungsgebers deutlich unterscheiden lässt, dass mithin – auf Grund der Beschreibung – die Identität des Kommissionsguts für jeden, der von dem Inhalt des Kommissionsvertrages Kenntnis nimmt, zweifelsfrei erkennbar ist (BGH WM 60, 1223, 1226; BGH NJW 1986, 1985, 1986; BGH ZIP 1991, 807, 810 f).

5. Der Kommissionär ist verpflichtet, den Weisungen des Kommittenten zu entsprechen (Röhricht/Graf von Westphalen/Haas/*Lenz* § 385 Rn 1). Dabei handelt es sich nicht um vertraglich bestimmte Weisungen, sondern um einseitige (MüKoHGB/*Häuser* § 385 Rn 4). Tut er dies nicht, ist er zum Ersatz des Schadens gemäß § 385 Abs 1 verpflichtet (*Lenz* § 385 Rn 6). Verletzt der Kommissionär hingegen vertraglich vereinbarte Weisungen, dann richtet sich die Ersatzpflicht nach den §§ 280 ff BGB. Gemäß § 386 Abs 1 hat der Kommissionär auch die ihm gesetzten Preisgrenzen zu beachten (*Lenz* § 386 Rn 1). Die hier gewählte Vertragsgestaltung entspricht der gesetzlichen Typenlage von § 386 (Baumbach/Hopt/*Kumpan,* HGB § 386 Rn 1 f). Weisungen für die Durchführung des Geschäfts, also nicht nur für seine Ausführung sind mit § 386 unvereinbar (MüKoHGB/*Häuser* § 385 Rn 8).

6. Der Kommittent ist gemäß § 386 Abs 1 HGB verpflichtet, das Geschäft unverzüglich zurückzuweisen (*Lenz* HGB § 386 Rn 5), sofern der Kommissionär ihm mitgeteilt hat, dass er das Geschäft – unterhalb der festgesetzten Preisgrenze – ausgeführt hat. Die jeweilige Preisgrenze ist Teil der vertraglichen Vereinbarung, so dass insoweit keine Weisung anzunehmen ist (Ebenroth/Boujong/Joost/Strohn/*Füller*, HGB § 386 Rn 2 f). Es handelt sich bei der Zurückweisung um eine empfangsbedürftige Willenserklärung iSv § 130 BGB (Baumbach/Hopt/*Kumpan,* HGB § 386 Rn 1). Um sicherzustellen, dass über das Kriterium der „Unverzüglichkeit" kein Streit entsteht (hierzu *Ebenroth/Boujong/Joost/Strohn/Füller § 386 Rn 5f;* Oetker/*Bergmann § 386 Rn 7)* ist hier eine **Ausschlussfrist** formuliert. Diese ist nach § 307 Abs 2 Nr 1 BGB nicht zu beanstanden, weil ja sonst iSv § 386 Abs 1, letzter Halbsatz, eine **Genehmigungsfiktion** eingreift (Oetker/*Bergmann* § 386 Rn 8). Diese schließt es aus, wegen des Verstoßes gegen einen festgesetzten Preis Ansprüche auf Ersatz des Schadens geltend zu machen, so dass sich der Kommittent diesen Anspruch unverzüglich vorbehalten muss (Ebenroth/Boujong/Joost/Strohn/*Füller*, HGB § 386 Rn 7).

7. Diese Klausel lehnt sich an § 386 Abs 2 HGB an. Der Anspruch auf Ersatz eines dem Preisunterschied übersteigenden Schadens bleibt **unberührt.**

8. Die Vertragsgestaltung – Provision zugunsten des Kommissionärs – entspricht in diesem Punkt der gesetzlichen Regel des § 396 Abs 1 (Röhricht/Graf von Westphalen/Haas/*Lenz* § 396 Rn 2). Auch ohne Verabredung hat der Kommissionär Anspruch auf Provision aus dem Kommissionsvertrag, wie sich aus § 354 Abs 1 ergibt. Die Provision ist allerdings erst bei **Erfüllung** des Ausführungs-Geschäftes durch den Dritten verdient (Baumbach/Hopt/*Kumpan,* HGB § 396 Rn 2). **Unterbleibt** das Ausführungs-Geschäft ausschließlich aus Gründen, welche in der Person des Kommittenten liegen, so hat der Kommissionär gemäß § 396 Abs 1 S 2 Anspruch auf volle Provision (Baumbach/Hopt/*Kumpan,* HGB § 396 Rn 3).

9. Beim Kommissionsgeschäft iSv § 383 HGB liegt eine **Lieferung** gemäß § 1 Abs 1 Nr 1, § 3 Abs 1 UStG zwischen dem Kommittenten und dem Kommissionär vor. Für die **Verkaufskommission** ergibt sich daraus folgende umsatzsteuerrechtliche Konsequenz: Der Kommittent liefert an den Kommissionär und hat das für diese Lieferung eingenommene Entgelt zu versteuern – abzüglich der dem Kommissionär gezahlten Provision. Dabei ist es gleichgültig, ob der Kommissionär die Vergütung sogleich von dem Entgelt für das Kommissionsgut einbehält oder ob er sie erst zu einem späteren Zeitpunkt erhält. Nachdem bereits das volle Entgelt für das Kommissionsgut der Umsatzsteuer unterworfen ist, ist in jedem Fall die Vergütung des Kommissionärs nicht noch zusätzlich umsatzsteuerpflichtig. Deshalb empfiehlt sich diese – **klarstellende** – Regelung.

10. Um im Rahmen der Parteivereinbarung (Röhricht/Graf von Westphalen/Haas/*Lenz* § 396 Rn 6) eine exakte Berechnungsgrundlage für die Provision festzulegen, empfiehlt sich eine Klarstellung, von welchen Rechnungspositionen die Provision berechnet werden soll. Es stellen sich hier ähnliche Fragen wie beim Handelsvertretervertrag (→ Form. I.G.2 Anm. 4).

11. Hierzu → Anm. 8.

12. Diese Formulierung entspricht der Gesetzeslage, wie sie sich aus § 396 Abs 2 ergibt (Baumbach/Hopt/*Kumpan,* HGB § 396 Rn 5).

13. Aus § 392 Abs 2 folgt, dass die Forderungen aus einem Geschäft, dass der Kommissionär abgeschlossen hat, im Verhältnis zwischen dem Kommittenten und dem Kommissionär oder dessen Gläubigern als **Forderungen des Kommittenten** gelten, und zwar auch dann, wenn sie nicht abgetreten sind (Röhricht/Graf von Westphalen/Haas/*Lenz* § 392 Rn 6ff). Daraus folgt: **Unwirksam** gegenüber dem Kommittenten ist die Abtretung der Forderung durch den Kommissionär an dessen Gläubiger sowie die **Aufrechnung** durch den Kommissionär mit Forderungen des Dritten gegen ihn (Baumbach/Hopt/*Kumpan,* HGB § 392 Rn 4). Gegenüber dem Kommittenten tritt in diesen Fällen relative Unwirksamkeit der Abtretung ein (BGH ZIP 1988, 849). Doch hindert die Bestimmung des § 392 nicht, dass der Erwerber/Dritter eines vom Kommissionär veräußerten Guts gegen die Kaufpreisschuld mit einer Forderung aufrechnet (MüKoHGB/*Häuser* § 392 Rn 23ff), die ihm gegenüber dem Kommissionär zusteht (BGH NJW 1969, 276).

14. § 392 Abs 2 hat nach allgemeiner Meinung zur Folge, dass der Kommittent auch der von Gläubigern des Kommissionärs betriebenen Zwangsvollstreckung in die Forderung die Drittwiderspruchsklage gemäß § 771 ZPO entgegensetzen kann (BGH ZIP 1988, 849, 851). Im Übrigen entspricht diese Vertragsgestaltung der Formulierung beim Eigentumsvorbehalt (→ Form. I.J.1 Anm. 23).

15. Die Delkredere-Haftung – sie ist dogmatisch bewertet eine bürgschaftsähnliche Verpflichtung (MüKoHGB/*Häuser* § 394 Rn 4) – übernimmt der Kommissionär gemäß § 394 Abs 1 nur dann, wenn er den Dritten nicht bei **Ausführungsanzeige** gemäß § 384 Abs 3 benennt, oder wenn er diese Haftung übernimmt; gleiches gilt dann, wenn die Übernahme der Delkredere-Haftung am Ort der Niederlassung des Kommissionärs **Handelsbrauch** ist (Ebenroth/Boujong/Joost/Strohn/*Füller* § 394 Rn 3). Bei der Delkredere-Haftung handelt es sich nicht um ein **Garantieversprechen** (vgl Baumbach/Hopt/*Kumpan,* HGB § 394 Rn 2 – besondere Form der Bürgschaft). Denn diese Haftung setzt das Bestehen einer Verbindlichkeit des Dritten voraus (Baumbach/Hopt/*Kumpan* HGB § 394 Rn 2). Sie ist eine akzessprische Haftung des Kommissionärs, der neben dem Dritten persönlich haftet (Ebenroth/Boujong/Joost/Strohn/*Füller* § 394 Rn 4).

16. Die Übernahme der Delkredere-Haftung erfordert gemäß § 394 Abs 2, dass der Kommissionär Anspruch auf **Delkredere-Provision** hat. Sie entfällt naturgemäß, wenn dem Kommissionär nach § 400 der Selbsteintritt gestattet ist (MüKoHGB/*Häuser* § 394 Rn 3). Die Delkredere-Provision ist verdient, sobald das Ausführungs-Geschäft erfüllt ist (Baumbach/Hopt/*Kumpan* HGB § 396 Rn 4).

17. Zur Gerichtsstandsklausel → Form. I.J.1 Anm. 29. Erfüllungsort des Kommissionsvertrages iSd § 29 ZPO ist die Niederlassung des Kommissionärs (BGH WiB 96, 874).

18. Zur Schriftformklausel → Form. I.J.1 Anm. 5.

2. Kommissionsvertrag mit Selbsteintrittsrecht

zwischen

Firma AB

Z-Stadt

(nachstehend „Kommittent“ genannt)

und

der Firma CD GmbH

Y-Stadt

(nachstehend „Kommissionär“ genannt)

[§§ 1–3, 4 Abs. 1, 2 wie → Form. I.M.1 Anm. 1 ff.; § 4 Abs 3 ist ersatzlos zu streichen.]

§ 5 Selbsteintrittsrecht

(1) Dem Kommissionär bleibt es vorbehalten, Kommissionsgut gemäß Anlage 1 selbst als Käufer im Rahmen eines Selbsteintrittsrechts zu übernehmen.[1]

(2) Soweit der Kommissionär von seinem Selbsteintrittsrecht Gebrauch macht, ist er verpflichtet, dies dem Kommittenten unverzüglich schriftlich anzuzeigen.[2] Dabei hat er schriftlich zu bestätigen, dass er den Marktpreis eingehalten hat.[3]

(3) Bestehen hierüber Zweifel, ist der Kommissionär verpflichtet, dem Kommittenten insoweit Rechenschaft abzulegen.[4]

(4) Das Zurückweisungsrecht des Kommittenten bleibt unberührt.[5]

(5) Hat der Kommissionär im Fall des Selbsteintritts einen günstigeren Preis als dem Marktpreis erzielt, ist er verpflichtet, dem Kommittenten den günstigeren Preis zu berechnen.

(6) Der Provisionsanspruch des Kommissionärs gemäß § 3 bleibt unberührt.

§ 6 wie → Form. I.M.1. § 5.

§ 7 wie → Form. I.M.1. § 6.

§ 8 Delkredere-Haftung

(1) Der Kommissionär steht für die Erfüllung der Verbindlichkeiten des Käufers ein, mit dem er das Ausführungsgeschäft für Rechnung des Kommittenten abschließt, es sei denn, der Kommissionär macht von seinem Selbsteintrittsrecht gemäß § 5 Gebrauch. In diesem Fall haftet der Kommissionär unmittelbar auf Erfüllung des Kaufpreises.[6]

(2) Soweit der Kommissionär die Delkredere-Haftung übernimmt, hat er einen Anspruch auf Delkredere-Provision in Höhe von . . . . . Prozent.

§ 9 wie → Form. I.M.1. § 8.

§ 10 wie → Form. I.M.1. § 9.

Anmerkungen

1. Das Selbsteintrittsrecht des Kommittenten ergibt sich aus den §§ 400 ff HGB (Röhricht/Graf von Westphalen/Haas/*Lenz* HGB § 400 Rn 2ff). Bei Waren setzt dieses Recht voraus, dass sie einen Markt- oder Börsenpreis haben (*Ebenroth/Boujong/Joost/Strohn/Füller,* HGB § 400 Rn 5). Bei Wertpapieren muss der Markt- oder Börsenpreis amtlich festgestellt sein (MüKoHGB/*Häuser* § 400 Rn 18). Die älteste Erscheinungsform des Selbsteintrittsrechts ist der sog „wirtschaftliche" Selbsteintritt: Der Kommittent liefert Ware aus dem eigenen Bestand, weil er die ihm gelieferte Ware im Rahmen des Selbsteintritts übernommen hat (MüKoHGB/*Häuser* § 400 Rn 6; RGRK-HGB/*Koller* § 400 Rn 2). Daneben gibt es das „formelle" Selbsteintrittsrecht (MüKoHGB/*Häuser* § 400 Rn 8). Es besagt, der Kommissionär tätigt mit dem Dritten kein Ausführungsgeschäft, sondern nur ein Deckungsgeschäft, wie es auch jeder andere Vertrags- oder Eigenhändler erbringen könnte (MüKoHGB/*Häuser* § 400 Rn 11). Doch schließt der Kommissionär in diesem Fall das Ausführungsgeschäft im eigenen Namne, aber auch auf eigene Rechnung ab (MüKoHGB/*Häuser* § 400 Rn 11). Die Folge eines Selbsteintritts besteht darin (BGH NJW 1981, 918, 919), dass eine kaufvertragliche Beziehung in den Kommissionsvertrag eingebettet wird. Das besagt: Der Anspruch des Kommittenten auf Herausgabe des Erlangten (§ 384 Abs 2) wandelt sich – je nachdem – in einen Zahlungs- oder in einen Lieferanspruch um (Ebenroth/Boujong/Joost/Strohn/*Füller* HGB § 400 Rn 10). Das Interesse des Kommissionärs an einem Selbsteintritt ergibt sich auch daraus, dass er in einem solchen Fall – wegen der begrenzten Rechenschaftspflicht (MüKoHGB/*Häuser* § 400 Rn 59) – lediglich verpflichtet ist, dem Kommittenten nachzuweisen, dass der von ihm berechnete Preis im Zeitpunkt der Ausführung dem Markt- oder Börsenpreis entsprach (*Schlegelberger/Hefermehl* HGB § 400 Rn 5; vgl Anm. 2). Auch ist wirtschaftlich gewertet dann ein Selbsteintryitt angezeigt, wenn der Kommissinär über Lagerware verfügt, weil sich dann die von ihm zu bestreitenden Transaktionskosten senken lassen (Ebenroth/Boujong/Joost/Strohn/*Füller* § 400 Rn 2). Umgekehrt liegt das Interesse des Kommittenten bei einem Selbsteintritt darin, dass die zu erledigenden Aufträge schnell und reibungslos abgewickelt werden können. Als Zeitpunkt der Ausführung gilt gem § 400 Abs 2 S 3 der Zeitpunkt, in welchem die Ausführungsanzeige zur Absendung gegeben worden ist. Darüber hinaus kann der Kommissionär durch den Selbsteintritt seine Geschäftsverbindungen zu „seinen" Kunden davor schützen, dass der Kommittent „eindringt".

Soweit das Selbsteintrittsrecht auf Wertpapiere bezogen wird – das Form. ist darauf nicht zugeschnitten – liegt das Risiko des Selbsteintritts erkennbar darin, dass es zum „Kursschnitt" ausgeübt wird, der nicht mehr der „wahren" Marktlage entspricht (RGRK-HGB/*Koller* § 400 Rn 7). Der amtliche Kurs wird jetzt im elektronischen Handel oder durch Skontroführer festgesetzt, §§ 27 ff. BörsG (BeckOGK/*Fischinger* HGB § 400 Rn. 15).

Das Selbsteintrittsrecht kann individualvertraglich ausgeschlossen werden, wie sich aus § 400 Abs 1 ergibt. Es bestehen aber auch keine Bedenken gem § 307 BGB, sofern dieser Ausschluss in AGB vorgenommen wird. Anerkannt ist aber auch, dass – Umkehrschluss aus § 402 – die Vereinbarung eines Selbsteintritts des Kommissionärs auch **in anderen Fällen** als den in § 400 geregelten vereinbart werden kann (Baumbach/Hopt/*Hopt* HGB § 400 Rn 2). Doch haben diese Fälle in der Praxis keine große Bedeutung, insbesondere nicht die Kundenschutzbestimmungen von § 400 Abs 2 bis 4 sowie § 401 HGB (Baumbach/Hopt/*Kumpan* § 400 Rn 2).

2. Das Selbsteintrittsrecht ist, wie bereits gesagt, gem § 400 Abs 1 davon abhängig, dass die **Ware** einen Börsen- oder Marktpreis aufweist. Das setzt in Bezug auf einen Marktpreis bei gehandelten Waren voraus (BeckOGK/*Fischinger* HGB § 400 Rn 12 ff), dass es sich um einen durchschnittlichen Preis handelt (*Schlegelberger/Hefermehl* § 400 Rn 10) und die betreffende Ware in großen Zahlen gehandelt wird (Ebenroth/Boujong/Joost/Strohn/*Füller*, HGB § 400 Rn 5). Eine amtliche Feststellung des Preises – wie bei Wertpapieren – ist allerdings nicht erforderlich. Doch muss es sich um eine feste, anerkannte Einrichtung handeln (*Schlegelberger/Hefermehl* § 400 Rn 10), die insoweit amtlich tätig wird. Unverbindliche Preisempfehlungen reichen daher nicht aus, weil sie nichts über die tatsächliche Preisermittlung und über den Durchschnittspreis aussagen. Hinzu kommt im Sinn des § 400, dass der Marktpreis an dem jeweiligen Platz bestehen muss (Ebenroth/Boujong/Joost/Strohn/*Füller*, HGB, § 400 Rn 6; Oetker/*Bergmann*, HGB, § 400 Rn 16). Maßgebend ist also der vereinbarte **Platz der Ausführung** oder der durch eine entsprechende Weisung zugewiesene Ort (Ebenroth/Boujong/Joost/Strohn/*Füller*, HGB § 400 Rn 7). Das Selbsteintrittsrecht führt dazu, dass der Kommissionär bei der hier im Form. geregelten Verkaufskommission verpflichtet wird, das Kommissionsgut selbst abzunehmen und auch zu bezahlen. Ausführungsanzeige und Selbsteintrittsrecht werden häufig zusammenfallen, notwendig ist dies aber nicht.

Der für die Ausführung maßgebende **Zeitpunkt** ist derjenige, an dem die Anzeige über die Ausführung des Selbsteintrittsrechts an den Kommittenten zur Absendung gegeben wird. Dabei ist auch § 405 Abs 2 zu beachten: Danach ist eine Vereinbarung nichtig, wenn sie vorsieht, dass der Kommissionär die Ausführungsanzeige über Selbsteintritt oder Ausführung des Geschäfts mit einem Dritten „später als am Tage der Ausführungsanzeige“ abgeben darf.

Das Selbsteintrittsrecht des Kommissionärs erlischt daher, falls ein Widerruf dem Kommittenten zugeht, „bevor die Ausführungsanzeige zur Absendung abgegeben“ worden ist (§ 405 Abs 3). Zu achten ist freilich stets darauf, dass der Selbsteintritt nicht gegen das Gebot verstößt, die Interessen des Kommittenten nach § 384 Abs 1 zu wahren (Ebenroth/Boujong/Joost/Strohn/*Füller,* HGB § 400 Rn 8).

3. § 401 Abs 1 bestimmt, dass der Kommissionär verpflichtet ist, dem Kommittenten den günstigeren Preis zu berechnen, denn diese Vorschrift enthält eine Meistbegünstigungsklausel (Ebenroth/Boujong/Joost/Strohn/*Füller*, HGB, § 401 Rn 1; Oetker/*Bergmann*, HGB, § 401 Rn 3; RGRK-HGB/*Koller* § 401 Rn 1). Es ist insoweit gleichgültig, auf welche Weise der günstige Preis zu erreichen war (Oetker/*Bergmann*, HGB, § 401 Rn 3). Was für den Preis gilt, gilt aber auch für alle sonstigen Lieferkonditionen (BeckOGK/*Fischinger* HGB § 401 Rn 4). Die Darlegungs- und Beweislast für ein insoweit günstigeres Geschäft obliegt dem Kommittenten (OLG Oldenburg WM 1993, 1879, 1882; MüKoHGB/*Häuser* § 401 Rn 24). Soweit der Markt- oder Börsenpreis amtlich festgestellt ist, gilt ohnhin die zwingende Bestimmung des § 400 Abs 5. Der amtlich festgestellte Preis darf nicht unterschritten werden. Dies wird in Abs 5 des Form. berücksichtigt. Die Ausführungsanzeige ist gem § 384 Abs 2 nur dann pflichtgemäß, wenn sie alle erforderlichen Angaben enthält, aus denen sich die Konditionen des Geschäfts ergeben. So gesehen wiederholt die hier vorgesehene Regelung Selbstverständliches.

4. Da der Kommissionär nach hM nicht schlechthin verpflichtet ist, über den erzielten Preis Rechenschaft zu geben (MüKoHGB/*Häuser* § 400 Rn 87 f; Baumbach/Hopt/*Kumpan* HGB § 400 Rn 7; aM wohl *Schlegelberger/Hefermehl* § 400 Rn 46), empfiehlt sich eine klarstellende Regelung im Vertrag. Denn die Regeln über die Preisberechnung und über die Rechenschaftspflicht decken sich nicht, was freilich dann praktisch irrelevant ist, wenn es sich um einen amtlich festgestellten Kurs handelt. Denn dann sind die Interessen des Kommittenten ohnehin ausreichend geschützt.

5. Das Zurückweisungsrecht des § 385 bleibt unberührt. Es gilt auch im Fall des Selbsteintritts (RGRK-HGB/*Koller* § 400 Rn 51). Doch setzt dieses Recht voraus, dass der Selbsteintritt weisungs- und damit vertragswidrig war.

6. Wenn ein Selbsteintritt durch Ausübung eines Gestaltungsrechts vollzogen wird, dann gelten die Regeln des Kaufrechts für das Ausführungsgeschäft, einschließlich Erfüllung und Gewährleistung (im Einzelnen BeckOGK/*Fischinger* HGB § 400 Rn 29 f; Ebenroth/Boujong/Joost/Strohn/*Füller*, HGB, § 400 Rn 9; *Schlegelberger/Hefermehl* § 400 Rn 33 ff).

3. Kunsthandel-Kommissionsvertrag ohne Selbsteintrittsrecht

Zwischen[1, 2, 3, 4]

dem Kunsthaus Walter Frei GmbH

Hof 6

53113 Bonn

(„Kommissionär")

und

Herrn Anton Wasser

Am Wald 18

61123 Frankfurt

(„Kommittent")

§ 1 Gegenstand der Kommission

(1) Der Kommissionär ist bereit, im eigenen Namen und für Rechnung des Kommittenten das ihm angelieferte Kunstwerk (genau bezeichnen) an einen Dritten zu veräußern.

(2) Der Kommittent hat für den Verkauf einen Mindestpreis von EUR . . . . . (spezifizieren) festgelegt. Die Preisgrenze darf der Kommissionär nur nach vorheriger schriftlicher Zustimmung des Kommittenten unterschreiten.

(3) Das Selbsteintrittsrecht des Kommissionärs ist ausgeschlossen.

§ 2 Sonstige Pflichten des Kommissionärs

(1) Bei der Ausführung des Verkaufsgeschäfts hat der Kommissionär die Sorgfalt eines ordentlichen Kaufmanns zu wahren. Er wird sich während der Dauer des Kommissionsvertrages intensiv darum bemühen, das in § 1 Abs. (1) näher bezeichnete Kunstwerk bestmöglich an einen Dritten zu veräußern.

(2) Die vom Kommissionär zu beachtende Sorgfaltspflicht bezieht sich vor allem auf die ordnungsgemäße Verwahrung des ihm angelieferten und überlassenen Kunstwerks. Eine Versicherung gegen die Risiken von Diebstahl, Feuer- und Wasserschäden wird der Kommissionär nur auf ausdrückliche Weisung des Kommittenten abschließen; die insoweit anfallende Prämie ist vom Kommittenten auf Nachweis zu zahlen. Der Versicherungsschein verbleibt beim Kommissionär.

(3) Beide Parteien sind sich darüber einig, dass der Kommissionär an dem Kunstwerk gem § 1 Abs 1 kein Eigentum erwirbt.

(4) Von einem getätigten Verkauf wird der Kommissionär dem Kommittenten unverzüglich Nachricht geben. Auf Verlangen wird er dem Kommittenten auch eine Kopie des mit dem Dritten abgeschlossenen Kaufvertrages überlassen und ihm auch alle sonstigen sachdienlichen Informationen überlassen.

(5) Der Kommissionär ist nicht verpflichtet, die Bonität des Kunden zu prüfen, es sei denn, der Kommittent erteilt ihm eine entsprechende Weisung. Er übernimmt insbesondere keine Delkrederehaftung.

§ 3 Provision

(1) Für den Fall eines Verkaufs des in § 1 Abs. (1) bezeichneten Kunstwerks erhält der Kommissionär eine Provision in Höhe von . . . . . % des Kaufpreises, mindestens jedoch EUR . . . . . (Betrag angeben).

(2) Auf Verlangen des Kommittenten ist der Kommissionär in Bezug auf alle den Kaufvertrag belegenden Tatsachen rechenschaftspflichtig.

(3) Der vom Kommissionär eingezogene Kaufpreis ist unverzüglich – unter Abzug der nach Abs (1) ihm zustehenden Provision – an den Kommittenten auszukehren. Zur Sicherheit tritt der Kommissionär dem Kommittenten schon jetzt den Kaufpreisanspruch ab, der er durch den Verkauf das Kunstwerks an den Dritten gegen diesen erwirbt.

§ 4 Pflichten des Kommittenten

(1) Der Kommittent ist verpflichtet, dem Kommissionär das Kunstwerk gemäß § 1 Abs 1 auf eigene Rechnung und Gefahr anzuliefern; die erforderlichen Kosten einer Transportversicherung sind vom Kommittenten zu tragen.

(2) Soweit neben der Provision auch Ersatz von Aufwendungen des Kommissionärs vereinbart sind, ist der Kommittent verpflichtet, diese 30 Tage nach Rechnungsdatum zu zahlen. Im Fall des Verzugs gelten die gesetzlichen Bestimmungen.

(3) Zustimmend nimmt der Kommittent davon Kenntnis, das dem Kommissionär ein Pfandrecht wegen der in Abs (1) bezeichneten Aufwendungen zusteht.

(4) Um etwaige Zahlungen des Kommissionärs an den Kommittenten zu erleichtern, verpflichtet sich der Kommittent rechtzeitig dem Kommissionär ein im Inland belegenes Konto anzugeben, auf welches der Verkaufspreis – abzüglich Provision und Aufwendungen – zu zahlen ist.

§ 5 Ausführungsgeschäft

(1) Der Kommittent versichert, Eigentümer des eingelieferten Kunstwerks gemäß § 1 Abs 1 zu sein. Für etwaige Sach- und Rechtsmängel haftet der Kommittent nach Maßgabe der gesetzlichen Bestimmungen.

(2) Der Kommittent nimmt zustimmend davon Kenntnis, dass der Kommissionär das ihm nach § 1 Abs. (1) überlassene Kunstwerk nach Maßgabe seiner Allgemeinen Verkaufs- und Lieferbedingungen veräußert.

(3) Sofern der Dritte nicht bereit ist, das an ihn veräußerte Kunstwerk zu bezahlen und abzunehmen, wird der Kommissionär die Ansprüche und Rechte gegenüber dem Dritten

geltend machen und durchsetzen, die ihm nach Maßgabe der Verkaufs- und Lieferbedingungen zustehen.

(4) Soweit sonstige gesetzliche Pflichten gegenüber dem Dritten im Rahmen eines abzuschließenden Kaufvertrages zu beachten sind, insbesondere Widerrufsrechte und sonstige Informationspflichten wird der Kommissionär diese eigenverantwortlich erfüllen. Übt der Dritte ein Widerrufs- oder Rückgaberecht aus, wird der Kommissionär den Kommittenten hiervon unverzüglich schriftlich unterrichten.

§ 6 Zeitdauer – Sonstiges

(1) Dieser Kommissionsvertrag hat eine Dauer von drei Monaten, gerechnet ab letzter Unterschrift. Beide Parteien haben das Recht, durch schriftliche Mitteilung an die andere Partei eine Verlängerung des Vertrages um einen Monat zu verlangen.

(2) Nebenabreden sind nicht getroffen.

(3) Sofern der Kunde Kaufmann ist, ist Gerichtsstand für alle sich aus oder im Zusammenhang mit diesem Vertrag ergebenden Streitigkeit das für den Geschäftssitz des Kommissionärs zuständige Gericht.

Schrifttum: Alle einschlägigen HGB-Kommentare; *Martinek/Semler/Flohr,* Handbuch des Vertriebsrechts, 4. Aufl. 2016, § 34 Kommissionär und Kommissionsagent; auch *Heyers* GRUR **2012,** 1206.

Anmerkungen

1. Kommissionsverträge sind inzwischen im Bereich des Warenhandels **selten** geworden (vgl *Flohr/Pohl* in Martinek/Semler/Flohr, Vertriebs-HdB, § 34 Rn 2; *Okonek,* in Giesler, Praxishandbuch des Vertriebsrechts, § 5 Rn 4). Das gilt freilich nicht für den Bereich des Wertpapierhandels. Einer der den Warenvertrieb betreffenden Bereiche, in denen heute noch solche Verträge vorkommen, ist der Antiquitätenhandel. Dem entspricht das Form. Zu den AGB-rechtlichen Problemen umfassend *Kappus,* Auktionsbedingungen, in Graf v. Westphalen, Vertragsrecht und AGB-Klauselwerke; *Heuer* NJW 2008, 689, Bewertung von „Kunst".

a) Kommissionär ist nach § 383 Abs 1 S 2, wer es gewerbsmäßig übernimmt, Waren oder Wertpapiere für Rechnung eines anderen (Kommittenten) im eigenen Namen zu kaufen oder zu verkaufen. Daher unterscheidet man gemeinhin die **Einkaufs- und die Verkaufskommission.** Das Form. befasst sich nur mit letzterer.

b) Abzugrenzen ist diese Erscheinungsform vom **Kommissionsagenten** (BGH NJW 2017, 475 – Ausgleichsanspruch). Darunter versteht man einen selbstständigen Gewerbetreibenden, der ständig vertraglich damit beauftragt ist, Waren oder Wertpapiere für Rechnung des Kommittenten im eigenen Namen zu kaufen oder zu verkaufen (BGH NJW-RR 2003, 1056, 1058) . Der Unterschied besteht also darin, dass der Kommissionär nicht dauernd tätig wird, sondern nur auf Basis eines Kommissionsvertrages.

c) Im Rahmen des Kommissionsvertrages ist stets zwischen diesem und dem **Ausführungsgeschäft** zu unterscheiden. Darunter ist das Vertragsverhältnis zu verstehen, welches der Kommissionär mit dem jeweiligen Dritten – in Ausführung der Kommission – abschließt. Im Einzelnen → Form. I.M.1 Anm. 1 ff.

2. Da der Kommissionär **im eigenen Namen,** aber für fremde Rechnung tätig wird, ist dieser Gesichtspunkt in dem Vertrag mit Deutlichkeit klarzustellen. Denn im Fall einer auslegungsbedürftigen Unklarheit (BGHZ 125, 175), ist im Zweifel auf die allgemeine

Regel des § 164 Abs 2 BGB zurückzugreifen. Danach liegt, wenn denn nicht das Handeln im fremden Namen erkennbar nach außen in Erscheinung tritt, ein Handeln im eigenen Namen vor (vgl Erman/*Maier-Reimer,* BGB, § 164 Rn 4 ff).

3. Die **Pflichten der Parteien** sind im Wesentlichen an den gesetzlichen Merkmalen der §§ 383 ff HGB ausgerichtet. Besonderheiten im Rahmen der Vertragsgestaltung sind insoweit schwer zu erkennen; zur „Auskehrklausel" vgl. OLG München GRUR 2012, 1285 – *Buddha aus Sui-Dynastie.*

4. Wichtig ist, dass das Kommissionsgut im **Eigentum des Kommittenten** steht, weil sich daran die Rechtsregeln der für den Kommissionär wichtigen **Sach- und Rechtsmängelhaftung** anknüpfen (BJS/*Füller*, HGB, § 383 Rn 10). Zweckmäßig ist es, diese nur nach Maßgabe der gesetzlichen Bestimmungen auszugestalten, um so zu verhindern, dass im Fall eines Regresses – veranlasst vom Kunden des Kommissionärs – der Kommissionär in die Zange genommen wird, also nicht in der Lage ist, einen gesicherten Regress gegenüber dem Kommissionär durchzuführen. Man mag daher darüber streiten, ob es Sinn macht, im Verhältnis zwischen Kommissionär und Dritten – bezogen auf das jeweilige Ausführungsgeschäft – die AGB des Kommissionärs zu vereinbaren. Aber es dürfte in der Praxis sinnvoller und auch leichter durchsetzbar sein, so zu verfahren, als Gefahr zu laufen, dass dieses Rechtsverhältnis von den Einkaufs-AGB des Kunden beherrscht wird, weil dann – auch im Kollisionsfall mit den Verkaufs-AGB des Kommissionärs – das Risiko nicht von der Hand zu weisen ist, dass sich dann die AGB des Kunden durchsetzen können (BGH NJW-RR 2001, 484). Im Übrigen ist darazuf hinzuweisen, dass der Kommissionär immer Vertragspartner des Dritten ist. Zur Folge hat dies, dass die Rechtsfigur der **Drittschadensliquidation** gerade bei einem Kommissionsvertrag in ihr Recht tritt (BGH NJW 1996, 2734, 2735; NJW 1963, 2071, 2074; Nürnberg WM 2015, 2146, 2159 – Wertpapierhandel). Den aus einer Pflichtverletzung des Dritten resultierenden Schaden kann der Kommissionär geltend machen (MüKoHGB/*Häuser* § 383 Rn 84).

3. Kapitel. Transportrecht

Übersicht

N. Spedition

Vorbemerkung

Schrifttum: Kommentierungen, Sammelwerke und Monographien zum Transportrecht; Übergreifende Schriften und Aufsatzliteratur im Text. *Andresen/Didier/Karaus* Speditions-, Fracht- und Lagerrecht, LBl, Lfg 2/21, 11/2021; Bankrechts-Handbuch, hrsg v *Schimansky/Bunte/Lwowski,* Bd 2, § 100: Sicherungsverträge der Im- und Exportfinanzierung (bearb v *Jäger/Haas),* § 120: Grundlagen des Akkreditivgeschäftes (dies Bearb), 5. Aufl 2017 (6. Aufl 2022 hrsg v *Bunte/Ellenberger,* iE); *Baumbach/Hopt* Handelsgesetzbuch, 40. Aufl 2021, insb Nebengesetze: (6) Incoterms 2020, (11) ERA (bearb v *Hopt),* (17) CMR, (18) ADSp (bearb v *Merkt);* Beck'sche Online-Formulare Vertrag, Abschn 19: Transport- und Speditionsrecht (bearb v *Stempfle/Rafsendjani),* 58. Ed 2021; *Christandl/Riss* Schadensersatzrechtliche Verantwortlichkeit im internationalen Eisenbahnverkehr, 2021; *Czerwenka* Das Gesetz zur Reform des Seehandelsrechts, 2014; DSLV – Bundesverband Spedition und Logistik, Handbuch des internationalen Straßengüterverkehrs, LBl, fortlfd aktualisiert; *Fremuth/Thume* Kommentar zum Transportrecht, 2000; *Giemulla/Schmid/Müller-Rostin* Montrealer Übereinkommen, Frankfurter Kommentar zum Luftverkehrsrecht, Bd 3, LBl, 45. Lfg, 11/2021; *Heidel/Pauly* Anwaltformulare, § 42: Transportrecht (bearb v *Valder*), 10. Aufl 2021; *Hein/Eichhoff/Pukall/Krien* Güterkraftverkehrsrecht, LBl, Stand 2021; GS Helm 2001; *Helm* Frachtrecht, 2. Aufl 1994; *Herber/Fischer/Korioth/Hartmann* Transport- und Haftungsrecht in der Binnenschifffahrt, 2000; *Herber* Seefrachtvertrag und Multimodalvertrag, 2. Aufl 2000; *ders* Seehandelsrecht, 2. Aufl 2016; *Hobe/v Ruckteschell* Kölner Kompendium des Luftrechts, Bd 3, 2010 (engl Ausgabe 2013); International Chamber of Commerce Commentary on UCP 600, 2007; *Knorre/Demuth/Schmid* Handbuch des Transportrechts, 2. Aufl 2015 (3. Aufl 2022, iE); *Koller* Transportrecht – Kommentar, 10. Aufl 2020; *Kunz/Kramer* Eisenbahnrecht, 55. Aufl 2021; *Mast* Der multimodale Frachtvertrag nach deutschem Recht, 2002; *Müglich* Das neue Transportrecht, 1999; Münchener Anwaltshandbuch, hrsg v *Piltz,* Internationales Wirtschaftsrecht, § 8: Internationales Transportrecht (bearb v *Czerwenka*), 2017; Münchener Kommentar HGB, Bd 6: Bankvertragsrecht, Abschn H: Dokumentenakkreditiv im Internationalen Handel (bearb v *Wedemann*), und Bd 7: Transportrecht (mehrere Bearb), jew 4. Aufl 2019/2020; Münchener Vertragshandbuch, hrsg v *Schütze/Weipert/Rieder,* Bd 4: Wirtschaftsrecht III, Abschn VIII: See- und Luftfrachtrecht (bearb v *Böhlhoff, Kleyensteuber, Weipert*), 8. Aufl 2018; *Nielsen* Richtlinien für Dokumentenakkreditive, 3. Aufl 2008; *Pokrant/Gran* Transport- und Logistikrecht, 12. Aufl 2020; *Puttfarken* Seehandelsrecht, 1997; *Rabe/Bahnsen* Seehandelsrecht, 5. Aufl 2018; *Ramming* Hamburger Handbuch Multimodaler Transport, 2011; *ders* Hamburger Handbuch zum Binnenschifffahrtsfrachtrecht, 2009; *Riedel* Multimodaler Transport und Binnenschifffahrt, 2001; *ders/Wiese* Probleme des Binnenschifffahrtrechts X, 2004; *Reuschle* Montrealer Übereinkommen, 2. Aufl 2009; *Schütze/Vorpeil* Das Dokumentenakkreditiv im internationalen Handelsverkehr, 7. Aufl 2016; *v Westphalen/Thüsing,* Vertragsrecht und AGB-Klauselwerke, Abschn: Transportrecht (bearb v *Vogt)*, LBl, 47. EL, 8/2021.

1. Das **Transportrechtsreformgesetz von 1998** (BGBl I 1588) orientierte sich am Leitbild des Übereinkommens über den Beförderungsvertrag im internationalen Straßengüterverkehr (CMR) von 1956 (BGBl 61 II 1119). Die Transportrechtsreform bezog die Güterbeförderung auf der Straße, auf der Schiene, auf Binnengewässern und auf dem Luftweg ein und schaffte eine umfassende Neuregelung des Speditions- und Lagerrechts (*Müglich* Einf Rn 12).

Das **4. Seerechtsänderungsgesetz von 2013** (BGBl I 831) setzt den Weg eines weitgehend autonom deutschen Seefrachtrechts fort (*Paschke* RdTW 2013, 1; *Czerwenka* S. 527 mit Synopse). Insgesamt bleibt es bei der vielfach kritisierten „Zersplitterung des Transportrechts" (*Herber* FS Stimpel 1985; *Koller* Einl Rn 1). In Zusammenhang mit der schnell fortschreitenden Digitalisierung und dem Übergang auf E-Dokumente ergeben sich bislang kaum rechtlichen Erleichterungen (s Hinw bei den einzelnen Mustern).

2. Transportverträge und -formulare sind auch nach den Reformen anhand einer **Vielzahl von Rechtsquellen** zu beurteilen. Für die Bestimmung der einschlägigen Regeln ist zu unterscheiden zwischen Transport oder Lagerung, nationalem oder grenzüberschreitendem Transport, nach Stellung des Auftragnehmers als Frachtführer, Carrier oder Spediteur, nach Besonderheiten aus der Art des transportierten Gutes oder der Transportmittel sowie gegebenenfalls nach Art der Spedition (*Koller* Einl Rn 2 ff; Münch Anw-Hdb/*Czerwenka* § 8 Rn 3 ff).

Im Einzelnen gelten für die den **Transport** kennzeichnenden Ortsveränderungen die §§ 407 ff HGB und für die durch Obhut über das Gut gekennzeichnete **Lagerung** die §§ 467 ff HGB.

Der die nationale Beförderung ausführende **Frachtführer** unterliegt § 407 HGB und Art 1 des Budapester Übereinkommens über die Güterbeförderung in der Binnenschifffahrt (CMNI). Auf den **Carrier,** der internationale Transporte auf der Straße oder in der Luft auf eigene Rechnung verspricht oder übernimmt, finden verschiedene internationale Abkommen Anwendung (dazu sogleich). Der die Beförderung (lediglich) organisierende **Spediteur** fällt unter die Vorschriften der §§ 453 f HGB.

Als **Arten der Spedition** ist die Geschäftsbesorgungsspedition (§ 453 HGB) von den dem Frachtrecht unterliegenden Speditionsformen des Selbsteintritts (§ 458 HGB), der Fixkostenspedition (§ 459 HGB) und der Sammelladespedition (§ 460 HGB) zu unterscheiden.

Besonderheiten aus der **Art des Gutes** bestehen gemäß §§ 451 ff HGB bei Umzugs-, Heirats- und Erbgut und nach Maßgabe verstreuter Rechtsnormen beim Transport gefährlicher Güter.

Aus der **Art des Transportmittels** ergeben sich nach §§ 407 ff, 452 HGB keine Besonderheiten im nationalen Verkehr. Ausnahme ist die Binnenschifffahrt (§§ 4 ff BinnSchG). Bei grenzüberschreitenden Transporten besteht je nach Transportmittel ein Vorrang vor dem nach internationalem Privatrecht zu ermittelnden anwendbaren nationalen Recht: bei **Kraftfahrzeugen** gelten Art 1 f. CMR für Transporte von und zu Vertragsstaaten; im

Eisenbahnverkehr gilt Art 1 der Einheitlichen Rechtsvorschriften für den Vertrag über die internationale Eisenbahnbeförderung von Gütern (CIM), die Anhang B des Übereinkommens über den internationalen Eisenbahnverkehr (COTIF) von 1980 sind; bei **Lufttransporten** gilt Art 1 des Montrealer Übereinkommens (MÜ) und, soweit das MÜ nicht einschlägig ist, gelten die Warschauer Abkommen (WA) von 1955 oder 1929 mit Zusatzabkommen von Guadalajara (ZAG); in der **Binnenschifffahrt** gilt Art 2 des Budapester Übereinkommens (CMNI) von 2001. Ausnahmen gelten für die Post.

3. Die häufige **Verwendung von Formularen** entspricht dem Bedarf des Handelsverkehrs an genormten Vertragsklauseln. Von der Internationalen Handelskammer (ICC) werden die einheitlichen Handelsklauseln **International Commercial Terms (Incoterms®)** herausgegeben, die 2011 überarbeitet wurden (*Hopt* FS Hommelhoff 2012, 467; *Piltz* IHR 2011, 1) und nach erneuter Überarbeitung ab dem 1.1.2020 als Incoterms 2020 in Kraft getreten sind (*Oertel* RIW 2019, 701). Durch Einbeziehung der Incoterms in den Vertrag kann eine international einheitliche Auslegung der wesentlichen Käufer- und Verkäuferpflichten erzielt werden (Baumbach/Hopt/*Hopt* (6) Incoterms 2020 Rn 10, 178 ff).

4. Der hohe Grad an Standardisierung ist nicht zuletzt Folge der Anforderungen im **Akkreditivgeschäft.** Maßgeblich sind insoweit die Einheitlichen Richtlinien und Gebräuche für Dokumenten-Akkreditive/Uniform Customs and Practices for Documentary Credits (**ERA 600/UCP 600**), die ebenfalls von der ICC herausgegeben werden (Baumbach/Hopt/*Hopt*(11) ERA; ausführlich ICC Commentary on UCP 600, Rn 11; Bankrechts-Hdb/*Jäger/Haas* § 120 Rn 10; *Schütze/Vorpeil* Rn 4). Regeln zur elektronischen Abwicklung finden sich im Anhang el.ERA, der seit April 2019 in neuer Fassung vorliegt (*Vorpeil* WM 2019, 1469 und 1521, zweitlg).

Zu den **am häufigsten vorkommenden Transportdokumenten** enthalten die ERA 600 Sonderregelungen: multimodales Transportdokument (Art 19), Seekonnossement (Art 20), nichtbegebbarer Seefrachtbrief (Art 21), Charterpartie-Konnossement (Art 22), Lufttransportdokument (Art 23), Dokumente des Straßen-, Eisenbahn- oder Binnenschifftransports (Art 24).

Das Akkreditivgeschäft geht von der **Irrelevanz der Bezeichnung als Frachtdokument** aus. Deutlich wird dies aus der Formulierung, „ein wie auch immer bezeichnetes Dokument", zB beim Seekonnossement (Art 20 ERA 600). Anders als im Wechselrecht besteht also keine Formstrenge. Bei einem Seekonnossement kann die ausdrückliche Bezeichnung als Konnossement (bzw Bill of Lading) ganz fehlen (*Rabe/Bahnsen* § 515 Rn 2). Gleiches gilt für die weiteren Transportdokumente. Die Bezeichnung des Dokuments ist von Banken also nicht zu prüfen.

Die Aufnahmefähigkeit der Frachtdokumente unterliegt dem **Transparenzgebot.** Die meist im Außenhandel geschlossenen Verträge sind Massengeschäfte. Verlangt wird deshalb, dass neben der Unterzeichnung des Transportdokuments die eigene Funktion (Frachtführer oder Vertreter) und bei Vertretung zusätzlich der Name und die Eigenschaft des Vertretenen angegeben wird. Nicht ausreichend ist die Verwendung von Transportdokumenten mit bloß eingedruckter Firma (Carrier-Vermerk) in der Kopfzeile (*Nielsen* WM Beil 3/93, 12).

5. Der **Speditionsvertrag (§§ 453–466 HGB)** ist nach § 453 HGB handelsrechtlicher Sonderfall der Geschäftsbesorgung (kommentiertes Muster bei Beck'sche OF-Vertrag/*Rafsendjani/Stempfle* Abschn 19.1). Bei Regelungslücken ist auf die Geschäftsbesorgung nach dem BGB zurückzugreifen, also nicht auf das Kommissionsrecht (MüKoHGB Bd 7/*Bydlinski* Vor § 453 Rn 2).

Gegenstand des Speditionsvertrags ist die Versendung des Gutes (§ 453 I HGB), also anders als bei der Fracht, nicht die Durchführung des Transports. Nach § 454 I HGB hat der Spediteur die „Organisation der Beförderung" zu übernehmen und zwar insbesondere durch Bestimmung von Beförderungsmittel und -weg, Auswahl der ausführenden Unternehmer einschließlich Abschluss der erforderlichen Fracht-, Lager- und Speditionsverträge, Informations- und Weisungserteilung an die ausführenden Unternehmer sowie Sicherung von Schadensersatzansprüchen des Versenders.

Das **Frachtrecht findet Anwendung** bei Selbsteintritt (§ 458 S 2 HGB), Spedition zu festen Kosten (§ 459 S 1 HGB) oder Sammelverladung (§ 460 II 1 HGB).

6. Die **verschuldensunabhängige Haftung für sog Obhutsschäden** (§ 461 I HGB) wurde durch die Transportrechtsreform von 1998 eingeführt. Sie vermeidet Abgrenzungsprobleme zwischen Spedition und Fracht, wenn der Spediteur nach außen durch aktive Beteiligung am Beförderungsvorgang wie ein Frachtführer handelt. Erforderlich ist deshalb, dass der Spediteur das Frachtgut körperlich in Obhut nimmt, also nicht lediglich den Transport organisiert (EBJS/*Rinkler* § 461 HGB Rn 10). Von der verschuldensunabhängigen Haftung ausgenommen ist der **sog „Schreibtischspediteur"** (BT-Drs. 13/8445, 113), der beim Transport nicht in Erscheinung tritt und infolgedessen auch keine Obhut über das Gut erlangt. Hinsichtlich Schadenshöhe, Haftungsbegrenzung und Abdingbarkeit mittels AGB gilt nach § 461 I 2 HGB das Frachtrecht entsprechend. (Baumbach/Hopt/*Merkt* § 461 HGB Rn 2).

Im Übrigen gilt eine **Verschuldensvermutung für Nicht-Obhutsschäden** (§ 461 II HGB), also für Schäden, bei denen es sich nicht um Güter- oder Güterfolgeschäden handelt und die nicht während der Obhut des Spediteurs entstanden sind (MüKoHGB Bd 7/*Bydlinski* § 461 Rn 15).

7. Die **Allgemeinen Deutschen Spediteurbedingungen** in der Neufassung von 2017 (ADSp) sind AGB iSd §§ 305 ff BGB (abgedr bei Baumbach/Hopt/*Merkt*(18) ADSp; *Andresen/Valder* Abschn 306; zur Neufassung *Ramming* RdTW 2017, 41). Dieses Verständnis liegt auch Ziff 2.2 ADSp zu Grunde. Als von den beteiligten Kreisen ausgehandeltes Gesamtgefüge unterliegen die einzelnen Klauseln der ADSp nicht der richterlichen Kontrolle (str, Baumbach/Hopt/*Merkt*(18) ADSp Einl Rn 5). Es handelt sich um eine Verbandsempfehlung und; bislang nicht abschließend geklärt, möglicherweise um einen Handelsbrauch (*Koller* Vor Ziff 1 ADSp Rn 1).

Erforderlich ist also die **rechtsgeschäftliche Einbeziehung in den Vertrag.** Dafür reicht nach § 466 II 1 Nr 1 HGB grds aus, dass der Spediteur „in geeigneter Weise" auf die ADSp hinweist und der andere nicht widerspricht (*Koller* Vor Ziff 1 ADSp Rn 11). Dabei ist zu berücksichtigen, dass die in Ziff 23.1.3 ADSp vorgesehenen Haftungshöchstsumme von 1,25 Mio Euro eine Unterschreitung des in § 431 I HGB genannten Betrags von 8,33 SZR/kg darstellt (*Ramming* RdTW 2017, 255, 257). Eine stillschweigende Einbeziehung kommt deshalb (wohl) nicht in Betracht (MüKoHGB/*Thume* § 407 Rn 120). In den Formularen des Transportgeschäfts findet sich zumeist eine drucktechnische Hervorhebung der Abweichung von den gesetzlichen Haftungsregeln, die für die Einbeziehung umstrittenermaßen ausreicht (MüKoHGB/*Bahnsen* Vor ADSp Rn 18).

Die **Anwendbarkeit der ADSp** beschränkt sich auf Kaufleute. Sie sind unanwendbar auf Verträge mit Verbrauchern (Ziff 2.4). Laut Ziff 2.1 gelten die ADSp für Tätigkeiten des „Speditionsgewerbes", das nach dem Berufsverständnis weiter als der Speditionsbegriff des § 453 HGB ist und insbesondere auch Fracht- und Lagergeschäfte sowie logistische Leistungen im Zusammenhang mit der Güterbeförderung oder -lagerung umfasst.

Auf die ADSp darf sich der Spediteur gegenüber dem Auftraggeber nur bei **Abschluss einer Haftungsversicherung** berufen (Ziff 28.3 ADSp). Die Versicherung ist gemäß Ziff 28.1 ADSp zu marktüblichen Bedingungen abzuschließen (*Koller* Ziff 28 ADSp Rn 2).

Haftungsbegrenzungen für Güterschäden ergeben sich aus Ziff 23.1 ff ADSp. Im Grundsatz ist die Haftung auf die gesetzlich vorgesehene Summe von 8,33 SZR/kg beschränkt. In Ziff 23.1.3 ist aber eine von den gesetzlichen Regeln abweichende Haftungshöchstsumme von 1,25 Mio Euro vorgesehen, was bei der Einbeziehung der ADSp zu berücksichtigen ist. Weitere Begrenzungen gelten für den Multimodal- und Seetransport (näher *Koller* Ziff 23 ADSp 3 ff).

Sonderziehungsrechte (**SZR**; engl.: Special Drawing Rights, SDR) sind Rechnungseinheiten iSv § 431 IV HGB. 1 SZR entspricht EUR 1,19 (Stand: 07.08.2020); der jeweils aktuelle Kurs (Curreny Units per SDR) wird vom IWF unter *www.imf.org/external/np/fin/data/rms_five.aspx#fn2* veröffentlicht.

8. Die **Formulare des Speditionsgeschäfts** sind gesetzlich nicht geregelt. Muster werden von der Fédération Internationale des Associations de Transitaires et Assimilés (FIATA) herausgegeben (erläutert bei *Andresen/Valder* Abschn 360 ff). Nachfolgend kommentiert ist die Spediteurübernahmebescheinigung **FIATA FCR** (Forwarders Certificate of Receipt), deren Verwendung zum Ausdruck bringt, dass die zu erbringende Leistung auf die Besorgung der Versendung iSv § 453 HGB beschränkt wird (→ Form. I.N.1.).

Kommentiert ist außerdem das auch für den Multimodaltransport geeignete Konnossement **FIATA FBL** (Negotiable FIATA Multimodal Transport Bill of Lading) (→ Form. I.N.2). Es handelt sich um ein von der Praxis entwickeltes Wertpapier, bei dem der Aussteller eine eigene Transportverpflichtung nach Maßgabe der aufgedruckten AGB übernimmt, also auch als Frachtführer tätig ist. Nach verbreiteter Auffassung verstößt das Klauselwerk an mehreren Stellen gegen zwingendes deutsches Handelsrecht (*Koller* § 452 HGB Rn 49).

Zu den weiteren Formularen zählt die für die internationale Spedition geschaffene Transportbescheinigung **FIATA FCT** (Forwarders Certificate of Transport). Sie hat Wertpapiercharakter, weil die Ware nur gegen Dokumentvorlage herausgegeben werden darf. Die Verwendung in der Praxis ist offenbar rückläufig (kommentiert bis 3. Auflage, → Form. I.Q.1., S 344; abgedr und erläutert bei *Andresen/Valder* Abschn 362; s auch Bankrechts-Hdb/*Jäger/Haas* § 120 Rn 30).

9. Allgemein gilt, dass die **Aufnahmefähigkeit im Akkreditivgeschäft** gegeben ist, wenn der Spediteur eine Frachtverpflichtung übernimmt (Art 14 lit l ERA 600). Aufnahmefähig ist hiernach das FIATA FBL, nicht aber das FIATA FCR oder das FIATA FCT (MüKoHGB Bd 6/*Wedemann* H184). In der Praxis findet allerdings offenbar auch das FIATA FCR Einsatz im Akkreditivgeschäft (*Schütze/Vorpeil* Rn 292).

1. Spediteurübernahmebescheinigung (FIATA FCR)

– Muster–

Lieferanten bzw. Auftraggeber des Spediteurs
Suppliers or Forwarders Principals

DSLV

FIATA FCR ① ② ③

Forwarders Certificate of Receipt
ORIGINAL Ref. No.

No **DE**

Empfänger
Consignee

Zeichen und Nummern; *Marks and numbers;*	Anzahl / Verpackungsart *Number and kind of packages*	Inhalt *Description of goods*	Bruttogewicht *Gross weight*	Maß *Measurement*

MUSTER

laut Angaben des Versenders
according to the declaration of the consignor

Wert für Transportversicherung
Value for transport insurance

Wir bescheinigen hiermit die oben bezeichnete Sendung in äußerlich guter Beschaffenheit übernommen zu haben

④ *We certify having assumed control of the above mentioned consignment in external apparent good order and condition*

zur Verfügung des Empfängers
at the disposal of the consignee ☐

mit der unwiderruflichen Weisung*
*with irrevocable instructions**

zum Versand an den Empfänger
to be forwarded to the consignee ☐

⑤ * Die Weisung zur Beförderung kann nur gegen Rückgabe der Original-Bescheinigung widerrufen oder abgeändert werden, und nur soweit und solange als der ausstellende Spediteur noch ein Verfügungsrecht über die bezeichnete Sendung besitzt.

⑥ Die Weisung zur Verfügungsstellung an den angegebenen Dritten kann nur gegen Rückgabe der Original-Bescheinigung widerrufen oder abgeändert werden, und nur solange, als die Verfügung, des begünstigten Dritten noch nicht beim ausstellenden Spediteur eingegangen ist.

** Forwarding instructions can only be cancelled or altered if the original Certificate is surrendered to us, and then only provided we are still in a position to comply with such cancellation or alteration.*
Instructions authorizing disposal by a third party can only be cancelled or altered if the original Certificate of Receipt is surrendered to us, and then only provided we have not yet received instructions under the original authority.

(falls erforderlich, Angaben über den Transportweg und Transportmittel)
Besondere Angaben
Special remarks

Frankatur- und Spesenvorschrift
Instructions as to freight and charges

Ort und Datum / *Place and date of issue*

Stempel und rechtsgültige Unterschrift
Stamp and authorized signature

⑦ ⑧ Wir arbeiten ausschließlich auf Grundlage der Allgemeinen Deutschen Spediteurbedingungen 2017 – ADSp 2017 –. **Hinweis:** Die ADSp 2017 weichen in Ziffer 23 hinsichtlich des Haftungshöchstbetrages für Güterschäden (§ 431 HGB) vom Gesetz ab, indem sie die Haftung bei multimodalen Transporten unter Einschluss einer Seebeförderung und bei unbekanntem Schadenort auf 2 SZR/kg und im Übrigen die Regelhaftung von 8,33 SZR/kg zusätzlich auf 1,25 Millionen Euro je Schadenfall sowie 2,5 Millionen Euro je Schadenereignis, mindestens aber 2 SZR/kg, beschränken.
Der vollständige Wortlaut der ADSp 2017 ist über www.vhsp.de/ADSp_2017_de.pdf abrufbar.

We operate exclusively in accordance with the Allgemeine Deutsche Spediteurbedingungen 2017 – ADSp 2017 – (German Freight Forwarders' General Terms and Conditions 2017). **Note:** In clause 23 the ADSp 2017 deviates from the statutory liability limitation in section 431 German Commercial Code (HGB) by limiting the liability for multimodal transportation with the involvement of sea carriage and an unknown damage location to 2 SDR/kg and, for the rest, the customary liability limitation of 8,33 SDR/kg additionally to Euro 1,25 million per damage claim and EUR 2,5 million per damage event, but not less than 2 SDR/kg. The full text of the ADSp 2017 is available under the following URL: www.vhsp.de/ADSp_2017_en.pdf

FIATA Reg. No. A

Anmerkungen

1. Die **Spediteurübernahmebescheinigung FIATA FCR** (Forwarders Certificate of Receipt) ist ein typisches Speditionspapier (Fremuth/Thume/*Fremuth* § 408 HGB Rn 11; *Koller* § 454 HGB Rn 24). Der Aussteller übernimmt die Besorgung der Vermittlung von Frachtverträgen iSv § 453 HGB, handelt also nicht selbst als Frachtführer (FIATA FCR erläutert bei *Andresen/Valder* Abschn 361).

In der **Praxis** wird das FIATA FCR vor allem beim Verkauf von Waren ab Werk eingesetzt. Nach Übernahme der Ware wird das Dokument dem versendenden Verkäufer ausgehändigt. Durch Vorlage des FCR erbringt der Verkäufer sodann gegenüber dem Käufer den Nachweis der Erfüllung seiner Verpflichtung.

2. Auszustellen ist nur ein Original. Werden weitere Kopien benötigt, sind dafür vorgedruckte Formulare mit dem Aufdruck „Copy not negotiable" zu verwenden.

Bei vorsätzlich falscher Bescheinigung ergibt sich die **Haftung des Spediteurs** aus § 826 BGB und aus der bewussten Verursachung eines Rechtsscheins analog §§ 172, 405 BGB sowie ggf auch bei fahrlässiger Verletzung einer Schutzpflicht zugunsten Dritter, §§ 311 II, III, 241 II BGB (*Koller* § 454 HGB Rn 24).

3. Das FIATA FCR ist nicht begebbar (non-negotiable), weil die Auslieferung der Ware an den Empfänger nicht von der Vorlage des FCR abhängig ist. Es ist **kein Wertpapier, sondern lediglich Beweisurkunde** im Sinne einer Empfangsquittung über das vom Spediteur entgegengenommene Gut mit Angaben über den ausstellenden Spediteur sowie den Einlieferer. Seine Beweiswirkung ist die einer Privaturkunde iSv § 416 ZPO. Das FIATA FCR erfüllt weder die Funktion eines Frachtbriefes noch hat es Legitimationswirkung (Bankrechts-Hdb/*Jäger/Haas* § 100 Rn 23).

Die **Übergabe des FCR ist keine Übereignung** durch Abtretung des Herausgabeanspruchs gemäß §§ 929, 931 BGB. Bei Übergabe gegen Zahlung liegt eine solche Übereignung vor, jedoch nicht, wenn gleichzeitig ein Verfrachter-Order-Konnossement ausgestellt ist (BGHZ 68, 18, 20 = BGH NJW 1977, 499, 500).

Die **Aufnahmefähigkeit im Akkreditivgeschäft** ist grundsätzlich nur gegeben, wenn der Spediteur eine Frachtverpflichtung übernimmt (Art 14 lit l ERA 600). Das FCR wäre hiernach grundsätzlich als nicht aufnahmefähig zu beurteilen, soll aber gleichwohl im Akkreditivgeschäft Verwendung finden (oben → I.N. Vorbem. 9 Anm. 5).

4. Mit Ausstellung des FCR bestätigt der Spediteur, dass er **im Besitz eines genau umschriebenen Guts von äußerlich guter Beschaffenheit** ist. Vor der Bestätigung hat er die Übereinstimmung der Angaben im FCR mit Auftrag und Frachtpapieren zu prüfen.

5. Das FCR enthält einen **Sperrvermerk** mit folgenden Wirkungen (allg Baumbach/Hopt/*Merkt* § 418 HGB Rn 1, 3): Die Bestätigung ist mit dem unwiderruflichen Auftrag verbunden, das Gut an den im Dokument genannten Empfänger zu senden oder zu dessen Verfügung zu halten. Weisungen und Annullierung durch den Versender kommen nur in Betracht, wenn das Original des FCR dem Spediteur, der das Dokument ausgestellt hat, zurückgegeben wird und auch nur dann, wenn der Spediteur noch in der Lage ist, die Annullierung oder Umdisponierung zu erfüllen. Letzteres setzt tatsächliche Verfügungsgewalt des Spediteurs voraus (§ 328 II BGB). Durch den Zwang zur Vorlage des Originals wird insbesondere verhindert, dass der Versender Weisungen erteilt, nachdem er das FCR unter einem Akkreditiv präsentiert hat (→ Anm. 3).

6. Der unwiderrufliche Auftrag begründet einen **Vertrag zugunsten des Empfängers,** aus dem der Spediteur verpflichtet ist, das Gut in der vereinbarten Art und Weise zu behandeln und an den Empfänger zu senden. Hiermit verbunden sind Schutzpflichten iSv § 241 II BGB zugunsten des Empfängers (*Koller* § 454 HGB Rn 24).

7. Das FCR hat eine eigene **Registriernummer,** um etwaigen Missbrauch zu verhindern bzw aufzudecken. Mit Hilfe der Registriernummer lässt sich die Person des Erwerbers ermitteln.

8. Die Versendung unterliegt regelmäßig den **Allgemeinen Spediteurbedingungen** des jeweiligen Landes, in Deutschland den ADSp (→ I.N. Vorbem. 7). Diese werden neuerdings nicht mehr auf der Rückseite des FCR abgedruckt, sondern sind unter der angegebenen Adresse im Internet abrufbar. Wegen § 466 II 2 Nr 1 HGB wird die Haftungsbegrenzung nach Ziff 23 ADSp 2017 zu ihrer wirksamen Einbeziehung drucktechnisch hervorgehoben.

Der Spediteur darf sich allerdings gem Ziff 28.3 ADSp nur dann auf für ihn günstige Regeln der ADSp berufen, wenn er eine **Versicherung** gegen seine Haftung abgeschlossen hat.

2. Multimodalkonnossement (FIATA FBL)

– Muster–

① ② ③

FBL DE

DSLV

NEGOTIABLE FIATA
MULTIMODAL TRANSPORT
BILL OF LADING
issued subject to UNCTAD/ICC Rules for Multimodal Transport Documents (ICC Publication 481).

ORIGINAL

Consignor

Consigned to order of

Notify address

Place of receipt

Ocean vessel | Port of loading

Port of discharge | Place of delivery

Marks and numbers	Number and kind of packages	Description of goods	Gross weight	Measurement

SPECIMEN

according to the declaration of the consignor

Declaration of Interest of the consignor in timely delivery (Clause 6.2.)

Declared value for ad valorem rate according to the declaration of the consignor (Clauses 7 and 8).

The goods and instructions are accepted and dealt with subject to the Standard Conditions printed overleaf.

④ Taken in charge in apparent good order and condition, unless otherwise noted herein, at the place of receipt for transport and delivery as mentioned above.

One of these Multimodal Transport Bills of Lading must be surrendered duly endorsed in exchange for the goods. In Witness whereof the original Multimodal Transport Bills of Lading all of this tenor and date have been signed in the number stated below, one of which being accomplished the other(s) to be void.

Freight amount	Freight payable at	Place and date of issue
Cargo Insurance through the undersigned ☐ not covered ☐ Covered according to attached Policy	Number of Original FBL's	Stamp and signature ⑤
For delivery of goods please apply to:		

1 111.111

Abdruck mit freundlicher Genehmigung vom Verein Hamburger Spediteure e.V., Hamburg

Standard Conditions (1992) governing the FIATA MULTIMODAL TRANSPORT BILL OF LADING

Definitions

- «Freight Forwarder» means the Multimodal Transport Operator who issues this FBL and is named on the face of it and assumes liability for the performance of the multimodal transport contract as a carrier.
- «Merchant» means and includes the Shipper, the Consignor, the Consignee, the Holder of this FBL, the Receiver and the Owner of the Goods.
- «Consignor» means the person who concludes the multimodal transport contract with the Freight Forwarder.
- «Consignee» means the person entitled to receive the goods from the Freight Forwarder.
- «Taken in charge» means that the goods have been handed over to and accepted for carriage by the Freight Forwarder at the place of receipt evidenced in this FBL.
- «Goods» means any property including live animals as well as containers, pallets or similar articles of transport or packaging not supplied by the Freight Forwarder, irrespective of whether such property is to be or is carried on or under deck.

1. Applicability
Notwithstanding the heading «FIATA Multimodal Transport Bill of Lading (FBL)» these conditions shall also apply if only one mode of transport is used.

2. Issuance of this FBL

2.1. By issuance of this FBL the Freight Forwarder
a) undertakes to perform and/or in his own name to procure the performance of the entire transport, from the place at which the goods are taken in charge (place of receipt evidenced in this FBL) to the place of delivery designated in this FBL;
b) assumes liability as set out in these conditions.

2.2. Subject to the conditions of this FBL the Freight Forwarder shall be responsible for the acts and omission of his servants or agents acting within the scope of their employment, or any other person of whose services he makes use for the performance of the contract evidenced by this FBL, as if such acts and omissions were his own.

3. Negotiability and title to the goods

3.1. This FBL is issued in a negotiable form unless it is marked «non negotiable». It shall constitute title to the goods and the holder, by endorsement of this FBL, shall be entitled to received or to transfer the goods herein mentioned.

3.2. The information in this FBL shall be prima facie evidence of taking in charge by the Freight Forwarder of the goods as described by such information unless a contrary indication, such as «shipper's weight, load and count», «shipper-packed container» or similar expressions, has been made in the printed text or superimposed on this FBL. However, proof to the contrary shall not be admissible when the FBL has been transferred to the consignee for valuable consideration who in good faith has relied and acted thereon.

4. Dangerous Good and Indemnity

4.1. The Merchant shall comply with rules which are mandatory according to the national law or by reason of International Convention, relating to the carriage of goods of a dangerous nature, and shall in any case inform the Freight Forwarder in writing of the exact nature of the danger, before goods of a dangerous nature are taken in charge by the Freight Forwarder and indicate to him, if need be, the precautions to be taken.

4.2. If the Merchant fails to provide such information and the Freight Forwarder is unaware of the dangerous nature of the goods and the necessary precautions to be taken and if, at any time, they are deemed to be a hazard to life or property, they may at any place be unloaded, destroyed or rendered harmless, as circumstances may require, without compensation. The Merchant shall indemnify the Freight Forwarder against all loss, damage, liability, or expense arising out of their being taken in charge, or their carriage, or of any service incidental thereto. The burden of proving that the Freight Forwarder knew the exact nature of the danger constituted by the carriage of the said goods shall rest on the Merchant.

4.3. If any goods shall become a danger to life or property, they may in like manner be unloaded or landed at any place or destroyed or rendered harmless. If such danger was not caused by the fault and neglect of the Freight Forwarder he shall have no liability and the Merchant shall indemnify him against all loss, damage, liability and expense arising therefrom.

5. Description of Goods and Merchant's Packing and Inspection

5.1. The Consignor shall be deemed to have guaranteed to the Freight Forwarder the accuracy, at the time the goods were taken in charge by the Freight Forwarder, of all particulars relating to the general nature of the goods, their marks, number, weight, volume and quantity and, if applicable, to the dangerous character of the goods, as furnished by him or on his behalf for insertion on the FBL.
The Consignor shall indemnify the Freight Forwarder against all loss, damage and expense resulting from any inaccuracy or inadequacy of such particulars.
The Consignor shall remain liable even if the FBL has been transferred by him.
The right of the Freight Forwarder to such an indemnity shall in no way limit his liability under this FBL to any person other than the Consignor.

5.2. The Freight Forwarder shall not be liable for any loss, damage or expense caused by defective or insufficient packing of goods or by inadequate loading or packing within containers or other transport units when such loading or packing has been performed by the Merchant or on his behalf by a person other than the Freight Forwarder, or by the defect or unsuitability of the containers or other transport units supplied by the Merchant, or if supplied by the Freight Forwarder if a defect or unsuitability of the container or other transport unit would have been apparent upon reasonable inspection by the Merchant. The Merchant shall indemnify the Freight Forwarder against all loss, damage, liability and expense so caused.

6. Freight Forwarder's Liability

6.1. The responsibility of the Freight Forwarder for the goods under these conditions covers the period from the time the Freight Forwarder has taken the goods in his charge to the time of their delivery.

6.2. The Freight Forwarder shall be liable for loss of or damage to the goods as well as for delay in delivery if the occurrence which caused the loss, damage or delay in delivery took place while the goods were in his charge as defined in Clause 2.1.a, unless the Freight Forwarder proves that no fault or neglect of his own, his servants or agents or any other person referred to in Clause 2.2. has caused or contributed to such loss, damage or delay. However, the Freight Forwarder shall only be liable for loss following from delay in delivery if the Consignor has made a declaration of interest in timely delivery which has been accepted by the Freight Forwarder and stated in this FBL.

6.3. Arrival times are not guaranteed by the Freight Forwarder. However, delay in delivery occurs when the goods have not been delivered within the time expressly agreed upon or, in the absence of such agreement, within the time which would be reasonable to require of a diligent Freight Forwarder, having regard to the circumstances of the case.

6.4. If the goods have not been delivered within ninety consecutive days following such date of delivery as determined in Clause 6.3., the claimant may, in the absence of evidence to the contrary, treat the goods as lost.

6.5. When the Freight Forwarder establishes that, in the circumstances of the case, the loss or damage could be attributed to one or more causes or events, specified in a – e of the present clause, it shall be presumed that it was so caused, always provided, however, that the claimant shall be entitled to prove that the loss or damage was not, in fact, caused wholly or partly by one or more of such causes or events:
a) an act or omission of the Merchant, or person other than the Freight Forwarder acting on behalf of the Merchant or from whom the Freight Forwarder took the goods in charge;
b) insufficiency or defective condition of the packaging or marks and/or numbers;
c) handling, loading, stowage or unloading of the goods by the Merchant or any person acting on behalf of the Merchant;
d) inherent vice of the goods;
e) strike, lockout, stoppage or restraint of labour.

6.6. Defences for carriage by sea or inland waterways
Notwithstanding Clauses 6.2, 6.3. and 6.4. the Freight Forwarder shall not be liable for loss, damage or delay in delivery with respect to goods carried by sea or inland waterways when such loss, damage or delay during such carriage has been caused by:
a) act, neglect or default of the master, mariner, pilot or the servants of the carrier in the navigation or in the management of the ship,
b) fire, unless caused by the actual fault or privity of the carrier, however, always provided that whenever loss or damage has resulted from unseaworthiness of the ship, the Freight Forwarder can prove that due diligence has been exercised to make the ship seaworthy at the commencement of the voyage.

7. Paramount Clauses

7.1. These conditions shall only take effect to the extent that they are not contrary to the mandatory provisions of International Conventions or national law applicable to the contract evidenced by this FBL.

7.2. The Hague Rules contained in the International Convention for the unification of certain rules relating to Bills of Lading, dated Brussels 25th August 1924, or in those countries where there are already in force the Hague-Visby Rules contained in the Protocol of Brussels, dated 23rd February 1968, as enacted in the Country of Shipment, shall apply to all carriage of goods by sea and also to the carriage of goods by inland waterways, and such provisions shall apply to all goods whether carried on deck or under deck.

7.3. The Carriage of Goods by Sea Act of the United States of America (COGSA) shall apply to the carriage of goods by sea, whether on deck or under deck, if compulsorily applicable to this FBL or would be applicable but for the goods being carried on deck in accordance with a statement on this FBL.

8. Limitation of Freight Forwarder's Liability

8.1. Assessment of compensation for loss of or damage to the goods shall be made by reference to the value of such goods at the place and time they are delivered to the consignee or at the place and time when, in accordance with this FBL, they should been so delivered.

8.2. The value of the goods shall be determined according to the current commodity exchange price or, if there is no such price, according to the current market price or, if there are no such prices, by reference to the normal value of goods of the same name and quality.

8.3. Subject to the provisions of subclauses 8.4. to 8.9. inclusive, the Freight Forwarder shall in no event be or become liable for any loss of or damage to the goods in an amount exceeding the equivalent of 666.67 SDR per package or unit or 2 SDR per kilogramme of gross weight of the goods lost or damaged, whichever is the higher, unless the nature and value of the goods shall have been declared by the Consignor and accepted by the Freight Forwarder before the goods have been taken in his charge, or the ad valorem freight rate paid, and such value is stated in the FBL by him, then such declared value shall be the limit.

8.4. Where a container, pallet or similar article of transport is loaded with more than one package or unit, the packages or other shipping units enumerated in the FBL as packed in such article of transport are deemed packages or shipping units. Except as aforesaid, such article of transport shall be considered the package or unit.

8.5. Notwithstanding the above mentioned provisions, if the multimodal transport does not, according to the contract, include carriage of goods by sea or by inland waterways, the liability of the Freight Forwarder shall be limited to an amount not exceeding 8.33 SDR per kilogramme of gross weight of the goods lost or damaged.

8.6. a) When the loss of or damage to the goods occurred during one particular stage of the multimodal transport, in respect of which an applicable international convention or mandatory national law would have provided another limit of liability if a separate contract of carriage had been made for that particular stage of transport, then the limit of the Freight Forwarder's liability for such loss or damage shall be determined by reference to the provisions of such convention or mandatory national law.
b) Unless the nature and value of the goods shall have been declared by the Merchant and inserted in this FBL, and the ad valorem freight rate paid, the liability of the Freight Forwarder under COGSA, where applicable, shall not exceed US$ 500 per package or, in the case of goods not shipped in packages, per customary freight unit.

8.7. If the Freight Forwarder is liable in respect of loss following from delay in delivery, or consequential loss or damage other than loss of or damage to the goods, the liability of the Freight Forwarder shall be limited to an amount not exceeding the equivalent of twice the freight under the multimodal contract for the multimodal transport under this FBL.

8.8. The aggregate liability of Freight Forwarder shall not exceed the limits of liability for total loss of the goods.

8.9. The Freight Forwarder is not entitled to the benefit of the limitation of liability if it is proved that the loss, damage or delay in delivery resulted from a personal act or omission of the Freight Forwarder done with the intent to cause such loss, damage or delay, or recklessly and with knowledge that such loss, damage or delay would probably result.

9. Applicability to Actions in Tort
These conditions apply to all claims against the Freight Forwarder relating to the performance of the contract evidenced by this FBL, whether the claim be founded in contract or in tort.

10. Liability of Servants and other Persons

10.1. These conditions apply whenever claims relating to the performance of the contract evidenced by this FBL are made against any servant, agent or other person (including any independent contractor) whose services have been used in order to perform the contract, whether such claims are founded in contract or in tort, and the aggregate liability of the Freight Forwarder and of such servants, agents or other persons shall not exceed the limits in clause 8.

10.2. In entering into this contract as evidenced by this FBL, the Freight Forwarder, to the extent of these provisions, does not only act on his own behalf, but also as agent or trustee for such persons, and such persons shall to this extent be or be deemed to be parties to this contract.

10.3. However, if it is proved that loss of or such loss or damage to the goods resulted from a personal act or omission of such a person referred to in Clause 10.1., done with intent to cause damage, or recklessly and with knowledge that damage would probably result, such person shall not be entitled to benefit of limitation of liability provided for in Clause 8.

10.4. The aggregate of the amounts recoverable from the Freight Forwarder and the persons referred to in Clauses 2.2. and 10.1 shall not exceed the limits provided for in these conditions.

11. Method and Route of Transportation
Without notice to the Merchant, the Freigt Forwarder has the liberty to carry the goods on or under deck and to choose or substitute the means, route and procedure to be followed in the handling, stowage, storage and transportation of the goods.

12. Delivery

12.1. Goods shall be deemed to be delivered when they have been handed over or placed at the disposal of the Consignee or his agent in accordance with this FBL, or when the goods have been handed over to any authority or other party to whom, pursuant to the law or regulation applicable at the place of delivery, the goods must be handed over, or such other place at which the Freight Forwarder is entitled to call upon the Merchant to take delivery.

12.2. The Freight Forwarder shall also be entitled to store the goods at the sole risk of the Merchant, and the Freight Forwarder's liability shall cease, and the cost of such storage shall be paid, upon demand, by the Merchant to the Freight Forwarder.

12.3. If at any time the carriage unter this FBL is or is likely to be affected by any hindrance or risk of any kind (including the condition of the goods) not arising from any fault or neglect of the Freight Forwarder or a person referred to in Clause 2.2. and which cannot be avoided by the exercise of reasonable endeavours the Freight Forwarder may:
abandon the carriage of the goods under this FBL and, where reasonably possible, place the goods or any part of them at the Merchant's disposal at any place which the Freight Forwarder may deem safe and convenient, whereupon delivery shall be deemed to have been made, and the responsibility of the Freight Forwarder in respect of such goods shall cease.
In any event, the Freight Forwarder shall be entitled to full freight under this FBL and the Merchant shall pay any additional costs resulting from the above mentioned circumstances.

13. Freight and Charges

13.1. Freight shall be paid in cash, without any reduction or deferment on account of any claim, counterclaim or set-off, whether prepaid or payable at destination.
Freight shall be considered as earned by the Freight Forwarder at the moment when the goods have been taken in his charge, and not to be returned in any event.

13.2. Freight and all other amounts mentioned in this FBL are to be paid in the currency named in this FBL or, at the Freight Forwarder's option, in the currency of the country of dispatch or destination at the highest rate of exchange for bankers sight bills current for prepaid freight on the day of dispatch and for freight payable at destination on the day when the Merchant is notified on arrival of the goods there or on the date of withdrawal of the delivery order, whichever rate is the higher, or at the option of the Freight Forwarder on the date of this FBL.

13.3. All dues, taxes and charges or other expenses in connection with the goods shall be paid by the Merchant.
Where equipment issupplied by the Freight Forwarder, the Merchant shall pay all demurrage and charges which are not due to a fault or neglect of the Freight Forwarder

13.4. The Merchant shall reimburse the Freight Forwarder in proportion to the amount of freight for any costs for deviation or delay or any other increase of costs of whatever nature caused by war, warlike operations, epidemics, strikes, government directions or force majeure.

13.5. The Merchant warrants the correctness of the declaration of contents, insurance, weight, measurements or value of the goods but the Freight Forwarder has the liberty to have the contents inspected and the weight, measurements or value verified. If on such inspection it is found that the declaration is not correct it is agreed that a sum equal either to five times the difference between the correct figure and the freight charged, or to double the correct freight less the freight charged, whichever sum is the smaller, shall be payable as liquidated damages to the Freight Forwarder for his inspection costs and losses of freight on other goods notwithstanding any other sum having been stated on this FBL as freight payable.

13.6. Despite the acceptance by the Freight Forwarder of instructions to collect freight, charges or other expenses from any other person in respect of the transport under this FBL, the Merchant shall remain responsible for such monies on receipt of evidence of demand and the absence of payment for whatever reason.

14. Lien
The Freight Forwarder shall have a lien on the goods and any documents relating thereto for any amount due at any time to the Freight Forwarder from the Merchant including storage fees and the cost of recovering same, and may enforce such lien in any reasonable manner which he may think fit.

15. General Average
The Merchant shall indemnify the Freight Forwarder in respect of any claims of a General Average nature which may be made on him and shall provide such security as may be required by the Freight Forwarder in this connection.

16. Notice

16.1. Unless notice of loss of or damage to the goods, specifying the general nature of such loss or damage, is given in writing
by the consignee to the Freight Forwarder when the goods are delivered to the consignee in accordance with clause 12, such handing over is prima facie evidence of the delivery by the Freight Forwarder of the goods as described in this FBL.

16.2. Where the loss or damage is not apparent, the same prima facie effect shall apply if notice in writing is not given within 6 consecutive days after the day when the goods were delivered to the consignee in accordance with clause 12.

17. Time bar
The Freight Forwarder shall, unless otherwise expressly agreed, be discharged of all liability under these conditions unless suit is brought within 9 months after the delivery of the goods, or the date when the goods should have been delivered, or the date when in accordance with clause 6.4. failure to deliver the goods would give the consignee the right to treat the goods as lost.

18. Partial Invalidity
If any clause or a part thereof is held to be invalid, the validity of this FBL and the remaining clauses or a part thereof shall not be affected.

19. Jurisdiction and applicable law
Actions against the Freight Forwarder may be instituted only in the place where the Freight Forwarder has his place of business as stated on the reverse of this FBL and shall be decided according to the law of the country in which that place of business is situated.

The ICC logo denotes that this document has been deemed by the ICC to be in conformity with the UNCTAD/ICC Rules for Multimodal Transport Documents. The ICC logo does not imply ICC endorsement of the document nor does it in any way make the ICC party to any possible legal action resulting from the use of this document.

Anmerkungen

1. Das Multimodalkonnossement FIATA Multimodal Transport Bill of Lading (FBL) ist auf **Spediteure und Frachtführer** zugeschnitten, die als Multimodal Transport Operator (MTO) tätig sind (EBJS/*Reuschle* § 452 HGB Rn 35, 38 ff; Fremuth/Thume/*Fremuth* § 452d HGB 15; *Koller* § 452 HGB Rn 49, § 454 HGB Rn 26; *Koller* GS Helm 167; aA *Ramming* TranspR 06, 95, 98). Das FBL kann auch als Seekonnossement ausgestellt werden. Auf der Rückseite sind die FBL-Bedingungen, also die AGB (standard conditions), abgedruckt (FBL erläutert bei *Andresen/Valder* Abschn 364).

Ein Spediteur, der als **Multimodal Transport Operator** ein FBL ausstellt, ist für die Durchführung des Transports verantwortlich. Er übernimmt nicht nur die Verantwortung für die Besorgung der Versendung, also die Auslieferung des Guts am Bestimmungsort, sondern auch für die von ihm zur Durchführung des gesamten Transports eingesetzten Transportunternehmen und Drittbeteiligten.

2. Das FBL wird häufig bei **(Teil-)Strecken auf See** als Konnossement ausgestellt und ist aufnahmefähig (*Schütze/Vorpeil* Rn 266). Es ist begebbar, sofern es nicht mit dem Aufdruck „non-negotiable" versehen ist.

3. Mit Ausstellung des FBL übernimmt der Spediteur eine **maximale Grundhaftung** iHv 666,67 SZR/Packstück oder Verpackungseinheit bzw 2 SZR/Kilogramm Bruttogewicht, je nachdem was höher ist, für verlorengegangenes oder beschädigtes Gut (Art 8.3 FBL-Bedingungen) oder, wenn ein multimodaler Transport keinen See- oder Binnenschifftransport umfasst, iHv 8,33 SZR/kg Bruttogewicht (Art 8.5 FBL-Bedingungen). Können bei einem multimodalen Transport Verlust oder Beschädigung einer bestimmten Teilstrecke zugeordnet werden, richtet sich der Haftungsumfang des Spediteurs nach dem auf diese Teilstrecke anzuwendenden nationalen oder internationalen Recht (Art 8.6 a FBL-Bedingungen). Soweit deutsches Recht anwendbar ist, folgt dies aus § 452a S 1 HGB.

Die **Vereinbarkeit der Haftungsregeln mit HGB bzw BGB** (§§ 305 ff BGB) wird mancherorts bezweifelt, weil eine bloße drucktechnische Hervorhebung nicht den Anforderungen an einen Hinweis „in geeigneter Weise" iSv § 449 II 2 Nr 1 HGB gerecht werde (EBJS/*Reuschle* § 452 HGB Rn 40 ff, 42; *Koller* GS Helm 168; *Koller* § 452 HGB Rn 49 mwN). Diese Sichtweise erscheint zu eng (→ I.N. Vorbem. 7 Anm. 3).

4. Bei der **Ausstellung des FBL** muss sich der Spediteur vergewissern, dass:
1. er die bezeichnete Sendung übernommen hat und ihm das alleinige Verfügungsrecht über die bezeichnete Sendung zusteht,
2. sich die Sendung in äußerlich gutem Zustand befindet,
3. die Angaben auf dem Dokument mit dem erteilten Auftrag übereinstimmen,
4. die Frage der Transportversicherung mit dem Absender geklärt wurde und
5. ausdrücklich angegeben ist, ob ein oder mehrere Originale ausgestellt wurden.

Außerdem ist eine **Versicherung** in Übereinstimmung mit den FBL-Bedingungen abzuschließen.

5. Die Anforderungen an **Unterschrift und Aufnahmefähigkeit im Akkreditivgeschäft** entsprechen denen beim (Multimodal-)Konnossement im Seeverkehr (→ Form. I.P.1 Anm. 11 f; → Form. I.P.2 Anm. 5).

O. Fracht

Vorbemerkung

1. Die Regelungen zum **Frachtvertrag** (§§ 407–452d HGB) gelten, wenn das Gut zu Lande, auf Binnengewässern oder mit Luftfahrzeugen befördert werden soll und die Beförderung zum Betrieb eines gewerblichen Unternehmens gehört (§ 407 III 1 HGB). Die Stellung als Frachtführer ist unabhängig von der Kaufmannseigenschaft und verlangt nur, dass die Beförderungsleistung im eigenen Namen versprochen wird (*Koller* § 407 HGB Rn 5, 29).

Der Frachtvertrag ist formfreier Konsensualvertrag mit **Werkvertragscharakter**(*Koller* § 407 HGB Rn 35, 38). Die Hauptpflicht des Frachtführers besteht in der unbeschädigten Ablieferung des Guts am Bestimmungsort (Muster bei Heidel/Pauly/Amend/*Valder* Kap 40).

Für die **Abgrenzung zum Speditionsvertrag** ist allein maßgeblich, ob uneingeschränkt eine eigene Transportverpflichtung übernommen wird.

2. Zu beachten ist die **verschuldensunabhängige Haftung** für Güter- und Verspätungsschäden (§§ 425 ff HGB), der das Haftungsmodell der CMR zu Grunde liegt.

Keine Haftung besteht bei Nachweis der Unabwendbarkeit der Beschädigung bzw der Lieferfristüberschreitung oder bei Vorliegen besonderer Haftungsausschlussgründe wie zB bei der Beförderung mit offenen Fahrzeugen (§§ 426, 427 I Nr 1 HGB).

Schadenshöhe und Haftungsbegrenzung sind in §§ 429, 431 I, II HGB geregelt. Die Schadenshöhe bestimmt sich nach dem Wert des Gutes am Ort und zur Zeit der Übernahme zur Beförderung (§ 429 HGB). Die Haftung ist auf 8,33 SZR/kg des Rohgewichtes der Sendung begrenzt (§ 431 I HGB).

Aus § 449 HGB ergeben sich **Grenzen der Abbedingung mittels AGB** (näher *Basedow* TranspR 1998, 58; *Herber* TranspR 1998, 344). Ist der Absender Verbraucher, kommt keine Abweichung in Betracht, auch nicht durch Individualvereinbarung. Eine Ausnahme gilt für den postalischen Massenverkehr (§ 449 I 1, III HGB).

Im Handelsverkehr müssen Abweichungen mittels AGB bezüglich der Haftungshöhe zum Nachteil des Auftraggebers zwischen 2 bis 40 SZR liegen, wobei wie bei der Spedition ein Hinweis in geeigneter Weise erforderlich ist (§ 449 II 2 Nr 1 HGB).

3. Gesetzlich geregelt sind der **Frachtbrief (§ 408 HGB)**, der bei beiderseitiger Unterzeichnung Beweisurkunde ist, sowie der **Ladeschein (§ 444 HGB)**, der Traditionspapier ist (§ 448 HGB) und an Order ausgestellt werden kann (§ 444 II HGB). Es besteht kein Ausstellungszwang (anders die früheren §§ 10 KVO, 55 I EVO). Für die Einordnung als **Formular des Frachtgeschäfts** kommt es maßgeblich darauf an, dass die Frachtführereigenschaft durch Übernahme einer Transportverpflichtung deutlich wird.

Besitz oder Eigentum am Transportmittel sind unbeachtlich. Im Seerecht ist die Loslösung des Verfrachterbegriffs vom Schiffseigentum seit langem vollzogen (*Rabe/Bahnsen* § 481 Rn 17). Demgemäß hat auch die ICC die Aufnahmefähigkeit von Transportdokumenten im Akkreditivgeschäft anerkannt, die durch sog „non-vessel owning common carriers" ausgestellt sind (Opinions of the ICC Banking Commission 1984–1986, ICC-Publ Nr 434 Rn 121).

4. Von der unimodalen Beförderung unterscheidet sich die **multimodale Fracht** durch den Einsatz verschiedener Beförderungsmittel. Teile der Literatur gingen von einem gemischten Vertrag aus (zB Fremuth/Thume/*Fremuth* Vor § 452 Rn 18). Der heutige § 452 HGB zeigt, dass es sich um einen Frachtvertrag handelt.

Aus § 452 S 1 HGB ergeben sich **drei Merkmale des Multimodaltransports:** erstens ein einheitlicher Frachtvertrag, zweitens die Nutzung verschiedener Beförderungsmittel und drittens das Auseinanderfallen der auf hypothetisch zu schließende Einzelverträge anzuwendenden Transportrechtsregime (*Koller* § 452 HGB Rn 2, 12, 15).

Auf den multimodalen Transport finden das **Frachtrecht** und insbesondere dessen Haftungsregeln Anwendung. Das gilt auch bei Teilstreckentransport mittels Seeschiffs. Etwas anderes gilt insbesondere bei bekanntem Schadensort, der nach § 452a HGB zur Anwendung des betreffenden Teilstreckenrechts führt (*Basedow* FS Herber 1999, 29).

Vorrang gegenüber dem deutschen Frachtrecht haben auf den Multimodaltransport oder auf einzelne damit zusammenhängende Rechtsfragen bezogene Regeln **internationaler Übereinkommen**, insbesondere Art 1 § 4, Art 23 CIM, Art 2, 17 CMR, Art 18, 38 I MÜ, Art 18 III 2, 31 I WA (*Koller* § 452 HGB Rn 19).

5. **Grenzüberschreitende Transporte** werden durch einen **Carrier** ausgeführt, der den Transport auf der Straße oder in der Luft auf eigene Rechnung verspricht oder übernimmt.

Zu unterscheiden ist nach **Transportmittel.** Vorrang vor dem nach internationalem Privatrecht zu ermittelnden anwendbaren Recht hat bei Kraftfahrzeugen die CMR, wenn von und zu Vertragsstaaten transportiert wird. Bei Eisenbahntransporten ist die CIM zu beachten. Für den Lufttransport besteht Vorrang des MÜ und, außerhalb seines Anwendungsbereichs, der WA 1955, 1929 mit ZAG. Im Binnenschifffahrtsverkehr hat die CMNI Vorrang. Ausnahmen bestehen für die Post (Überbl bei *Koller* Einl Rn 3).

Bei den **Dokumenten des grenzüberschreitenden Transports** ist zwischen den andienungsfähigen Transportdokumenten und den bei Fehlen von Sonderweisungen nicht andienungsfähigen Speditionsdokumenten zu unterscheiden. Im Akkreditivgeschäft sind Speditionsdokumente nur andienungsfähig, wenn eine Transportverpflichtung übernommen wird (Art 14 lit l ERA 600). Maßgeblich ist, ob eine Verpflichtung zum Gütertransport übernommen wird (dann Fracht, §§ 407 I, 481 HGB) oder ob lediglich eine Verpflichtung zur Besorgung der Versendung des Guts besteht (dann Spedition, § 453 HGB).

Wie die Rechtsquellen des Frachtrechts unterscheiden sich auch die im internationalen Frachtverkehr verwendeten **Formulare je nach Beförderungsmittel.** Behandelt werden nachfolgend der CMR-Frachtbrief des internationalen Straßengüterverkehrs (→ Form. I.O.1) der DB Schenker-Frachtbrief des innerdeutschen Eisenbahnverkehrs (→ Form. I.O.2), der CIM-Frachtbrief der internationalen Eisenbahnbeförderung (→ Form. I.O.3) und der Lufthansa Cargo-Frachtbrief (→ Form. I.O.4).

1. Frachtbrief internationaler Straßengüterverkehr (CMR)

– Muster–

1 Exemplaire de l'**expéditeur**
Copy for **sender**

①② LETTRE DE VOITURE INTERNATIONALE **CMR** INTERNATIONAL CONSIGNMENT NOTE .... Pays/Country No 24382

1 Expéditeur (nom, adresse, pays) Sender (name, address, country)	6 Transporteur (nom, adresse, pays, autres références) Carrier (name, address, country, other references)
2 Destinataire (nom, adresse, pays) Consignee (name, address, country)	7 Transporteurs successifs / Successive carriers Nom / Name Adresse / Address Pays / Country Reçu et acceptation Receipt and Acceptance Date Signature
3 Prise en charge de la marchandise / Taking over the goods: Lieu / Place Pays / Country Date Heure d'arrivée / Time of arrival Heure de départ / Time of departure 4 Livraison de la marchandise / Delivery of the goods: Lieu / Place Pays / Country Heures d'ouverture du dépôt / Warehouse opening hours	8 Réserves et observations du transporteur lors de la prise en charge de la marchandise Carrier's reservations and observations on taking over the goods
5 Instructions de l'expéditeur Sender's instructions	9 Documents remis au transporteur par l'expéditeur Documents handed to the carrier by the sender

10 Marques et numéros Marks and Nos ③	11 Nombre de colis Number of packages	12 Mode d'emballage Method of packing	13 Nature de la marchandise Nature of the goods	14 Poids brut, kg Gross weight in kg	15 Cubage m3 Volume in m3
Numéro ONU UN Number	Nom voir 13 Name see 13	Numéro d'étiquette Label Number	Groupe d'emballage (ADR*) Packing Group (ADR*)		

16 Conventions particulières entre l'expéditeur et le transporteur
Special agreements between the sender and the carrier

17 A payer par To be paid by:	Expéditeur Sender	Destinataire Consignee
Prix de transport Carriage charges		
Frais accessoires / Supplementary charges		
Droits de douane / Customs duties		
Autre frais / Other charges		

18 Autres indications utiles
Other useful particulars

19 Remboursement
Cash on delivery

20 **Ce transport est soumis, nonobstant toute clause contraire, à la Convention relative au contrat de transport international de marchandises par route (CMR)**
This carriage is subject, notwithstanding any clause to the contrary, to the Convention on the Contract for the international Carriage of Goods by Road (CMR)

21 Etablie à / Established in le / on 20..

24 Marchandises reçues / Goods received
Heure d'arrivée / Time of arrival Heure de départ / Time of departure
Lieu le 20..
Place on 20..

22 ④	23	
Signature ou timbre de l'expéditeur Signature or stamp of the sender	Signature ou timbre du transporteur Signature or stamp of the carrier	Signature et timbre du destinataire Signature and stamp of the consignee

Partie non contractuelle réservée au transporteur / Non-contractual part reserved for the carrier

No 24382 Modèle IRU 2007

A remplir sous la responsabilité de l'expéditeur 1 - 5, 9 - 16, 18 + 22 Les parties encadrées de lignes grasses doivent être remplies par le transporteur
To be completed on the sender's responsability The space framed with heavy lines must be filled in by the carrier

(ADR*) - En cas de marchandises dangereuses indiquez, à la dernière ligne du cadre: Numéro ONU; Marchandises des classes 1 et 7: voir demande spéciale dans ADR, Partie 5; Numéro d'étiquette et Groupe d'emballage.
- In case of dangerous goods mention on the last line of the column: UN number; Goods from class 1 and 7: see special documentation demands in ADR, Part 5; The label number and Packing Group.

Anmerkungen

1. Im internationalen Straßengüterverkehr wird meist der **CMR-Frachtbrief** verwendet (Lettre de Voiture Internationale, International Consignment Note; näher *Koller* Art 4 CMR Rn 2 mwN). Er wird auf Grundlage eines Frachtvertrags ausgestellt und dient der Bescheinigung des Auftrags an den Frachtführer, die Ware an den im Frachtbrief benannten Empfänger auszuliefern. Die Gleichstellung elektronischer Frachtbriefe ergibt sich aus einem Änderungsprotokoll zur CMR von 2008, das seit 2011 in Kraft ist, allerdings noch ohne Beteiligung Deutschlands (StaubHGB/*Reuschle* Art 5 CMR Rn 20 ff).

Der **Frachtbriefzwang** ergibt sich nicht aus Art 4 CMR, der die Ausstellung zwar vorsieht, aber keine dahingehende Pflicht begründet. Ausgegangen wird von einer Lücke der CMR, die nach deutschem Recht durch den Anspruch des Frachtführers auf Ausstellung eines Frachtbriefs gemäß § 408 I HGB geschlossen wird (*Koller* Art 4 CMR Rn 2 f; StaubHGB/*Reuschle* Art 4 CMR Rn 12).

Im Übrigen kommt die **CMR** (Baumbach/Hopt/*Merkt*(17) CMR) auch dann zur Anwendung, wenn die Parteien den CMR-Vermerk (Feld 20) nicht in den Frachtbrief aufgenommen und die Geltung der CMR auch nicht anderweitig vereinbart haben (*Koller* Vor Art 1 CMR Rn 2).

Der Frachtbrief wird in **drei Originalausfertigungen** ausgestellt, die vom Absender und vom Frachtführer unterzeichnet werden (Art 5 I CMR): Die erste Ausfertigung erhält der Absender, die zweite begleitet das Gut, die dritte behält der Frachtführer. Die Erstausfertigung des Frachtbriefs ist gemäß Art 12 V lit a CMR ein Sperrpapier, weil sie zur Weisungserteilung (Anhalten der Ware, Umdirigieren an einen anderen Empfänger) vorgelegt werden muss (EBJS/*Boesche* Art 12 CMR Rn 10).

2. Der CMR-Frachtbrief ist eine **widerlegbare Beweisurkunde.** Nach Art 4 S 2 CMR ist seine Ausstellung nicht Voraussetzung für die Wirksamkeit des Frachtvertrags.

Rechtswirkungen kommen dem Frachtbrief nach der CMR in mehrfacher Hinsicht zu, zB Vermutung für Abschluss des Frachtvertrags und Schadensfreiheit (Art 9 CMR), Verfügungsberechtigung des Absenders bis Übergabe der zweiten Ausfertigung an Empfänger, wenn kein anderweitiger Vermerk (Art 12 II Alt 1, III CMR), Einbeziehung hinzutretender Frachtführer in den Vertrag (Art 34 ff CMR).

3. Der **Inhalt des CMR-Frachtbriefs** ist in Art 6 CMR geregelt, an dem sich auch § 408 I HGB orientiert. Über die Katalogangaben (Feld 10–15) hinaus können besondere Beförderungsvereinbarungen (Feld 16) und auch weitere zweckmäßige Angaben (Feld 18) aufgenommen werden.

Der deutsche Text der CMR verwendet bezüglich des Mindestinhalts die **Formulierung „muss . . . . . enthalten"**, im Französischen heißt es (bloß) „doit contenir". Entscheidend ist, dass der Frachtbrief bei Fehlen einzelner Angaben nicht unwirksam, sondern nur von verminderter Beweiskraft ist. Nach deutschem Recht steht dem Frachtführer bei Nichtaushändigung eines vollständig ausgefüllten Frachtbriefs ein Leistungsverweigerungsrecht und uU ein Schadensersatzanspruch zu, weil anderenfalls die durch seinen Anspruch auf den Frachtbrief (§ 408 I HGB) verbürgten Informations- und Beweissicherungsrechte ausgehöhlt würden (EBJS/*Boesche* Art 6 CMR Rn 2; *Koller* Art 6 CMR Rn 1).

4. Der CMR-Frachtbrief sieht **Unterschrift und Stempel** von Absender und Frachtführer vor (Feld 22 bis 23). Bei fehlender Unterschrift kann das Dokument nicht als Frachtbrief qualifiziert werden mit der Folge, dass die Haftung aus Art 7 CMR entfällt (*Koller* Art 5 CMR Rn 3; StaubHGB/*Reuschle* Art 4 CMR Rn 15). Nach Art 5 I 2 CMR können die Unterschriften gedruckt oder durch Stempel ersetzt werden, wenn dies nach dem Recht des Staates, in dem der Frachtbrief ausgestellt wird, zulässig ist. Nach deutschem Recht reichen Durchschriftverfahren, Faksimiledruck oder -stempel und Computerausdruck einer eingescannten Unterschrift, nicht aber ein Firmenstempel, es sei denn, dies wird bspw auch durch Annahme des Frachtbriefs vereinbart (*Koller* § 408 HGB Rn 18).

Im **Akkreditivgeschäft** ist der CMR-Frachtbrief nach Maßgabe von Art 24 ERA 600 aufnahmefähig (näher MüKoHGB Bd 6/*Wedemann* H213; *Schütze/Vorpeil* Rn 282).

2. Frachtbrief innerdeutscher Eisenbahnverkehr (DB Cargo)

– Muster–

9 Versandblatt ①②

54 Verladebewilligung

10 Absender - Postanschrift
Tel. Fax

11 Kundennummer

12 Frachtzahler-Nr. Versand (13)

13 Erklärungen des Absenders (5), Begleitpapier (6)

14 a Referenz-Nr. des Absenders (7)

15 Empfänger - Postanschrift
Tel. Fax

16 Kundennummer

17 Frachtzahler-Nr. Empfang (13)

20 Tauschpaletten Anzahl EUR EUR

20 a Palettenschein-Nr.

21 Wagen (8)

55 Lastgrenze

56 Achsen

61 Bef.-Art Code für Tü

Betriebl. Sonderbeh.

23 Für die Eisenbahn unverbindliche Absendervermerke (9)

24 Zahlungsvermerk (Zv) (10)
INCOTERMS
unfrei frei ③

57 Code

29 Plz Versandbahnhof

29 a Bahnstellen-Nr.

58 Bahnhof für Zoll- oder Steuerbeh.

29 b Ladestelle Versand

29 c Nr. Ladestelle Versand

60 a Spl.-/Zug-Nr. Abgangstag:

14 b Referenz-Nr. des Empfängers (7)

30 Plz Bestimmungsbahnhof (11)

59 Bahnstellen-Nr.

60 Leitungsweg

30 b Ladestelle Empfang

30 c Nr. Ladestelle Empfang

31 Anzahl | Wagenladung | Inhalt - Bezeichnung des Gutes (12) (15)

32 RID (12) ja

34 Wirkliches Gewicht in kg

Vermerke des Ermittlungs-service

Benachrichtigt

Bereitgestellt

Datum/ Std.

◄ Summe

210 Ort und Tag der Ausstellung des Frachtbriefs/ Unterschrift des Absenders ④

26 Vereinbarte Preisliste

62 Vereinbarter NHM-Code

28 a Leistungsvertrag Nr.

69 Währung

39 (14) Nachnahme

50 RKOST

51 AKNr.

52 Container Z | G

53 Wagen F | Gattung

49 U-Art V | E

67 Preislisten-Nr.

68 NHM-Code

70 S

72 Frachtber.-Gew. Koeffizient

71 Frachts. Grundfr.

71 a Fracht

73 Freibetrag Code

74 Überweisung Code

46 U-Steuer

47 Land urspr. | endgültig

48

76 km

Summe:

50 a

Fracht

90 Summe Absender netto

Fracht

91 Summe Empfänger netto

92 Tagesstempel Abgang

93 Tagesstempel Ankunft

94 Wiegestempel

96 Kontroll-Etikett
Bahnhof-Nr.
Versand-Nr.

131 (*) 120.201 (09.2000)

Anmerkungen

1. Das abgedruckte Versandblatt ist ein **Frachtbrief für den innerdeutschen Eisenbahnverkehr.** Es wurde von der Deutsche Bahn AG (heute: DB Cargo) in Anbetracht der Transportrechtsreform 1998 entwickelt. Abgedruckt ist die erste Seite, auf der folgenden werden Stempel der Zugwechselbahnhöfe angebracht.

Rechtliche Grundlage für den Gütertransport mit der Eisenbahn ist seit 1998 das **handelsrechtliche Frachtrecht** (§§ 407 ff HGB). Die Beförderung von Gütern, Expressgut und Tieren fallen nicht mehr in den Anwendungsbereich der Eisenbahn-Verkehrsordnung (EVO). Reformgründe waren die Eisenbahnprivatisierung und die Einführung der Kabotagefreiheit im Straßengüterverkehr innnerhalb der Europäischen Union (RiLi 91/440/EWG, ABl EG L 237/25 v 24.8.1991).

Dem Versandblatt liegen die **Allgemeinen Leistungsbedingungen (ALB)** der DB Cargo zu Grunde (Stand: 1.1.2020).

2. Der Frachtbrief ist **Instruktions- und Beweisurkunde** (*Müglich* § 409 HGB Rn 1). Ohne entsprechende Vereinbarung kommt dem Frachtbrief **keine Sperrwirkung** zu (§ 418 IV HGB), dh der Absender muss die für ihn bestimmte Ausfertigung bei Erteilung von Weisungen nicht zwingend vorlegen (Baumbach/Hopt/*Merkt* § 418 HGB Rn 1, 3).

Es besteht eine **Pflicht des Absenders zur Ausstellung des Frachtbriefs** (§ 408 I 1 HGB, Ziff 2.1 ALB), soweit nicht etwas anderes vereinbart ist (s auch → Anm. 4).

3. Bei den **Zahlungsvermerken** kann auf die Incoterms (→ I.N. Vorbem. 3) verwiesen werden. Das Ankreuzen der Rubriken „unfrei" oder „frei" regelt, wer die Frachtkosten zahlen soll. „Unfrei" ist keine Weisung zur Einziehung der Fracht per Nachnahme.

4. Das Versandblatt sieht allein die **Unterschrift des Absenders** vor. Zu Grunde liegt Ziff 2.6 ALB, wonach der Anspruch des Absenders aus § 408 II 1 HGB auf Unterzeichnung abbedungen ist, was zulässig ist (anders Art 5 I 1 CMR). Gedruckte oder gestempelte Namens- oder Firmenangaben gelten nach genannter Ziff 2.6 ALB nicht als Unterschrift.

Infolge der Unterschrift allein durch den Absender entsteht **keine Vermutungswirkung** hinsichtlich des Frachtvertrags oder der äußerlich guten Beschaffenheit von Gut und Verpackung (§ 409 I, II HGB).

Der Absender kann auf die Ausstellung einer **unterschriebenen Empfangsquittung** bestehen (§§ 368, 126 I Alt 1 BGB).

Im **Akkreditivgeschäft** sind Frachtbriefe des innerdeutschen Eisenbahnverkehrs nach Maßgabe von Art 24 ERA 600 aufnahmefähig (MüKoHGB Bd 6/*Wedemann* H213 ff; *Schütze/Vorpeil* Rn 282 f).

3. Frachtbrief internationaler Eisenbahnverkehr (CIM)

– Muster–

1 – 30 A remplir par l'expéditeur / Vom Absender auszufüllen

X Désigner par une croix ce qui convient – Zutreffendes ankreuzen (Cases – Felder 20, 22, 23, 30, 52, 58)

① ② ③

Nonobstant toute clause contraire, le transport des marchandises est soumis aux Règles uniformes CIM. Sont en outre applicables les conditions générales de transport du transporteur. Die Beförderung von Gütern unterliegt auch bei einer gegenteiligen Abmachung den Einheitlichen Rechtsvorschriften CIM. Ausserdem sind die Allgemeinen Beförderungsbedingungen des Beförderers anwendbar.

Sauf convention contraire, l'acheminement des wagons vides est soumis aux Règles uniformes CUV. Sont en outre applicables les conditions contractuelles topiques de l'entreprise de transport ferroviaire. Die Beförderung von Leerwagen unterliegt unter Vorbehalt gegenteiliger Abmachung den Einheitlichen Rechtsvorschriften CUV. Im Übrigen gelten die einschlägigen Vertragsbedingungen des Eisenbahnverkehrsunternehmens.

30 Lettre de voiture CIM / Frachtbrief CIM ☐ — Lettre wagon CUV / Wagenbrief CUV ☐

40 41 42 43 / 44 45 46 47

Point – Punkt 6, 7, 8

1 Expéditeur (nom, adresse) – Absender (Name, Anschrift)
Signature / Unterschrift
N° TVA / MWSt.-Nr.

2

3

E-Mail
Tel.
Fax

7 Déclarations de l'expéditeur / Erklärungen des Absenders

8 Référence expéditeur – Absender Referenz

4 Destinataire (nom, adresse, pays) / Empfänger (Name, Anschrift, Land)
N° TVA / MWSt.-Nr.

5

6

E-Mail
Tel.
Fax

9 Annexes – Beilagen

10 Lieu de livraison / Ablieferungsort ④
Gare – Bahnhof / Pays – Land

11

12

16 Prise en charge / Übernahme — mois – jour – heure / Monat – Tag – Stunde
Lieu – Ort

17

13 Conditions commerciales – Kommerzielle Bedingungen

14

18 Wagon N° – Wagen Nr.

19 Parcours – Strecke / Facturation transit / Transitfakturierung / par – durch

20 Paiement des frais / Zahlung der Kosten — y compris – einschliesslich — jusqu'à – bis
☐ Franco de port / Franko Fracht
☐ Incoterms

15 Informations pour le destinataire – Vermerke für den Empfänger

21 Désignation de la marchandise / Bezeichnung des Gutes

22 Transport exceptionnel / Aussergewöhnliche Sendung — oui / ja ☐

23 RID oui / ja ☐

24 NHM Code

25 Masse

26 Déclaration de valeur / Wert des Gutes — Monnaie

27 Intérêt à la livraison / Interesse an der Lieferung — Währung

28 Remboursement / Nachnahme — Monnaie

99 Indications douanières / Zollamtliche Vermerke

48 Vérification / Überprüfung — par – durch

A — 70 Parcours / Strecke — 71 — 72 — 73 — 74 — 75 — 76 — 77 — 78 — 79 — Frais

B — 70 Parcours / Strecke — 71 — 72 — 73 — 74 — 75 — 76 — 77 — 78 — 79 — Gebühren

C — 70 Parcours / Strecke — 71 — 72 — 73 — 74 — 75 — 76 — 77 — 78 — 79 — Frais

49 Code d'affranchissement / Frankaturcode

50 Itinéraires – Leitungswege

51 Opérations douanières – Zollbehandlung

52 Bulletin d'affranchissement / Frankaturrechnung — oui / ja ☐ — renvoyé / zurückgesandt — mois – jour / Monat – Tag

53 Avis d'encaissement N° / Nachnahmebegleitschein Nr. — renvoyé / zurückgesandt — mois – jour / Monat – Tag

54 Procès-verbal N° / Tatbestandsaufnahme Nr. — établi par / erstellt durch — mois – jour / Monat – Tag

55 Prolongation du délai de livraison – Lieferfristverlängerung
Code — du – von — au – bis — lieu – Ort

56 Déclarations du transporteur – Erklärungen des Beförderers ⑤

57 Autres transporteurs – Andere Beförderer
Nom, adresse – Name, Anschrift — Parcours – Strecke — Qualité / Eigenschaft

58 a) Transporteur contractuel – Vertraglicher Beförderer
Signature – Unterschrift

b) Procédure simplifiée de transit ferroviaire / Vereinfachtes Eisenbahnversandverfahren — oui / ja ☐
Code principal obligé / Code Hauptverpflichteter

59 Date d'arrivée – Ankunftsdatum
Arrivage N° – Empfangs-Nr.

Original 1

60 Mise à disposition / Bereitgestellt — mois – jour – heure / Monat – Tag – Stunde

61 Quittance du destinataire / Empfangsbescheinigung
Date, signature – Datum, Unterschrift

62 Identification de l'envoi / Sendungs-Identifikation — Pays – Land — Gare – Bahnhof
Entreprise / Unternehmen — Exp. N° / Versand Nr.

29 Lieu et date d'établissement – Ort und Datum der Ausstellung

Anmerkungen

1. In der grenzüberschreitenden internationalen Eisenbahnbeförderung findet der **CIM-Frachtbrief** Verwendung (Lettre de Voiture Ferroviaire, Railway Consignment Note).

Die Vorschriften der **CIM** regeln neben dem Inhalt des Frachtbriefs den Abschluss und die Durchführung des Frachtvertrags sowie die Haftung des Frachtführers. Sie sind mit wenigen Ausnahmen beiderseitig unabdingbar (Art 5 S 1 CIM). Das abgedruckte Frachtbriefmuster gründet auf dem Rahmenmuster der Vereinten Nationen für Handelsdokumente und wurde von den zuständigen Zollbehörden der COTIF-Mitgliedstaaten und der EU genehmigt.

Vorliegend nicht abgedruckt ist der **SMGS-Frachtbrief,** der dem CIM-Frachtbrief nachgebildet und wie dieser seit 2006 zu verwenden ist. Das SMGS-Abkommen gilt im grenzüberschreitenden Eisenbahn-Güterverkehr zwischen zahlreichen ehemals sozialistischen Staaten Europas und Asiens. Bei Verwendung des SMGS-Frachtbriefmusters entfällt die Dokumentenumschreibung an den Grenzen der Mitgliedstaaten. Dadurch werden die Zeiten des Grenzaufenthalts reduziert. Das SMGS-Abkommen hat nach Ausscheiden der DDR an Bedeutung verloren, zumal zahlreiche Staaten zugleich Mitgliedstaaten des COTIF sind und dementsprechend den CIM-Frachtbrief anerkennen (*Koller* CIM Vor Art 1 Rn 4).

Der CIM-Frachtbrief wird auf Grundlage des **Frachtvertrags** ausgestellt, der als Konsensualvertrag seinerseits nicht von der Ausstellung des Frachtbriefs abhängig ist. Das folgt aus Art 6 § 2 CIM (*Koller* CIM Art 6 Rn 2). Für CIM- und SMGS-Frachtbrief gilt, dass der Beförderer das Gut dem Empfänger an dem für die Ablieferung vorgesehenen Ort gegen Empfangsbescheinigung und gegen Zahlung der Forderungen des Beförderers abzuliefern und den Frachtbrief zu übergeben hat.

2. Der **Ausstellungszwang für den CIM-Frachtbrief** ergibt sich aus Art 6 § 2 CIM. Auszustellen sind: Original des Frachtbriefs, Frachtkarte, Empfangskarte/Zoll, Frachtbriefdoppel und Versandschein, also fünf durchnummerierte Blätter.

Der **Mindestinhalt des CIM-Frachtbriefs** ist in Art 7 CIM geregelt. Die Formulierung „muss" ist wie bei Art 6 CMR zu verstehen (→ Form. I.O.1 Anm. 3). Insbesondere führt die Nichtaushändigung eines vollständig ausgefüllten Frachtbriefs zwar nicht zum Wegfall der Frachtbriefeigenschaft, begründet aber ein Leistungsverweigerungsrecht und uU einen Schadensersatzanspruch des Frachtführers, ggf auch aus Art 8 CIM (*Koller* CIM Art 7 Rn 1).

Der CIM-Frachtbrief kann gemäß Art 6 § 9 CIM auch in **elektronischer Form.** verwendet werden, wenn die zur Aufzeichnung und Verarbeitung verwendeten Verfahren dem verkörperten Frachtbrief funktional und insbesondere hinsichtlich der Beweiskraft gleichwertig sind.

3. Der CIM-Frachtbrief ist **kein Konnossement** (Art 6 § 5 CIM). Er ist **Sperrpapier,** so dass Weisungen des Absenders die Vorlage des Frachtbriefdoppels erfordern (Art 19 § 1 CIM). Führt der Beförderer die Verfügungen des Absenders aus, ohne sich das Doppel vorlegen zu lassen, haftet er nach Maßgabe von Art 19 § 7 CIM (*Koller* Art 19 CIM Rn 6; Münch Anw-Hdb/*Czerwenka* § 8 Rn 125).

Die **Beweiswirkung** des CIM-Frachtbriefs erstreckt sich insbesondere auf Abschluss und Inhalt des Beförderungsvertrags sowie die Übernahme des Guts (Art 12 § 1 CIM). Nach Verladen erstreckt sich die Beweiswirkung gemäß der Frachtbriefangaben bzw bei Fehlen solcher Angaben ua auf den äußerlich guten Zustand des Guts (Art 12 § 2 CIM). Bei Verladen durch den Absender gilt dies nur, wenn der Beförderer das übereinstimmende Ergebnis seiner eigenständigen Prüfung im Frachtbrief vermerkt hat (Art 12 § 3 CIM), dies allerdings mit Ausnahme ua für den Fall, dass der Beförderer die Angaben nicht nachprüfen konnte (Art 12 § 4 CIM).

4. Erläuterungen zu den einzelnen Feldern:
- Feld 10 (Ablieferungsort) und Feld 16 (Übernahme) sind von Bedeutung für Haftungsbeginn und -ende bei Beschädigung oder Verlust des Gutes (Art 23 § 1 CIM).
- Feld 20 (Zahlung der Kosten) ermöglicht nur Angaben nach Incoterms (→ I.N. Vorbem. 3) oder Franko Fracht, also Frachtkosten zulasten des Absenders.
- Feld 22 (Außergewöhnliche Sendung) soll eine schnelle Identifizierung aller Sendungen ermöglichen, die besonderer Behandlung bedürfen.
- Feld 30 (CUV-Wagenbrief) ermöglicht die Verwendung als Wagenbrief iSd einheitlichen Rechtsvorschriften für Verträge über die Verwendung von Wagen im internationalen Eisenbahnverkehr (CUV), wenn das Dokument zur Begleitung eines leeren Waggons genutzt wird, der Gegenstand eines CUV-Nutzungsvertrags ist.
- Feld 56 (Erklärungen des Beförderers) soll Angaben aufnehmen zu Nummer der Ladegenehmigung, begründeten Vorbehalten, Ort und Datum der Übernahme des Gutes (wenn dies von den Angaben in Feld 16 abweicht) und zur Ladefrist (wenn die Angaben in Feld 7 nicht korrekt sind) oä.
- Feld 57 (Anderer Beförderer) betrifft den Fall, dass neben dem vertraglichen Beförderer weitere Beförderer an der Durchführung des Vertrags beteiligt sind.
- Feld 58 a (Vertraglicher Beförderer) nimmt die Daten des Beförderers auf.
- Feld 58 b (Vereinfachtes Eisenbahnversandverfahren) erlaubt die Anwendung des vereinfachten Eisenbahnversandverfahrens. Der Beförderer wird hierdurch im Rahmen des Versandverfahrens gegenüber dem Zoll zum Hauptschuldner und im Verhältnis zwischen dem Beförderer und den Zollbehörden erhält der Frachtbrief die Funktion eines Zolldokuments.

5. Erforderlich sind die **Unterschriften von Absender und Beförderer** (Art 6 § 3 CIM). Die Unterschrift kann jeweils durch einen Stempelaufdruck oder einen maschinellen Buchungsvermerk oder in sonst geeigneter Weise ersetzt werden. Maßgeblich ist, dass die Kenntnisnahme der Urkunde durch den Kennzeichnenden und die Person des Kennzeichnenden erkennbar und die Identität anhand der Kennzeichnung beweisbar ist (*Koller* CIM Art 6 Rn 4).

Im **Akkreditivgeschäft** ist der CIM-Frachtbrief nach Maßgabe von Art 24 ERA 600 aufnahmefähig (näher MüKoHGB Bd 6/*Wedemann* H213 f; *Schütze/Vorpeil* Rn 188).

4. Frachtbrief internationale Luftbeförderung (Lufthansa Cargo)

– Muster–

020 | FRA | 67653810 ① ② ③ 020-67653810

Shipper's Name and Address | Shipper's Account Number

AURUBIS
HOVESTR 50
HAMBURG
GERMANY FED REP 20539

Not Negotiable LUFTHANSA CARGO AG

Air Waybill
Issued by

Copies 1, 2 and 3 of this Air waybill are originals and have the same validity

Consignee's Name and Address | Consignee's Account Number

BOSTON METAL CO LTD
501 GOLDON TOWER
SEOUL REPUPLIC
KOREA (NORTH)

It is agreed that the goods described herein are accepted in apparent good order and condition (except as noted) for carriage SUBJECT TO THE CONDITIONS OF CONTRACT ON THE REVERSE HEREOF.
ALL GOODS MAY BE CARRIED BY ANY OTHER MEANS INCLUDING ROAD OR ANY OTHER CARRIER UNLESS SPECIFIC CONTRARY INSTRUCTIONS ARE GIVEN HEREON
BY THE SHIPPER, AND SHIPPER AGREES THAT THE SHIPMENT MAY BE CARRIED VIA INTERMEDIATE STOPPING PLACES WHICH THE CARRIER DEEMS APPROPRIATE. THE SHIPPER'S ATTENTION IS DRAWN TO THE NOTICE CONCERNING CARRIER'S LIMITATION OF LIABILITY. Shipper may increase such limitation of liability by declaring a higher value for carriage and paying a supplemental charge if required.

Issuing Carrier's Agent Name and City
BRINKS GLOBAL SERVICES DEUTSCHLAND
CARGO CITY NORD
FRANKFURT DE60549

Accounting Information
GEN/14DE460598040733E3

Agent's IATA Code 23-4 7088/6073 | Account No. 0632FRA

Airport of Departure (Addr. of First Carrier) and Requested Routing
FRANKFURT MAIN ⑤

Reference Number | Optional Shipping Infomation

To	By First Carrier	Routing and Destination	to	by	to	by
ICN	LH					

Currency	CHGS Code	WT/VAL PPD	WT/VAL COLL	Other PPD	Other COLL	Declared value for Carriage	Declared value for Customs
EUR	PP	X		X		N V D ④	N C V

Aiport of Destination: INCHEON | Requested Flight/Date: LH712/04 ⑥

Amount of Insurance: X X X

INSURANCE: If carrier offers insurance, and such insurance is re- quested in accordance with the conditions thereof, indicate amount to be insured in figures in box marked 'Amount of Insurance'

Handling Information
VAL HEA EAW ECC SSR-VALUABLE CARGO MUST GO AS BOOKED DON T CHANGE FLIGHT.
OSI-NOTIFY BRINK S GLOBAL SERVICES KOREA LTD OSI-112 CHANG KANG BLDG SEOU
L REPUCLIC OF KOREA

SCI X

No.Of Pieces RCP	Gross Weight	kg lb	Rate Class	Commodity Item No.	Chargeable Weight	Rate / Charge	Total	Nature and Quantity of Goods (incl. Dimensions or Volume)
1	218.0	K	S	N200	218.0	8.68	1892.24	GOLD GRAIN SAID TO C ONTAIN GOLD GRAIN PI ECES 1 S/1
1	218.0	K					1892.24	

Prepaid	Weight Charge	Collect
1892.24		
	Valuation Charge	
	Tax	
	Total Other Charges Due Agent	
	Total Other Charges Due Carrier	
317.10		

Other Charges
PPD- MYC 261.60/SCC 54.50/CGC 1.00/

⑦

Shipper certifies that the particulars on the face hereof are correct and that insofar as any part of the consignment contains dangerous goods, such part is properly described by name and is in proper condition for carriage by air according to the applicable Dangerous Goods Regulations.

BRINK S GLOBAL SERVI
Signature of Shipper or his Agent

Total Prepaid	Total Collect
2209.34	
Currency Conversion Rates	CC Charges in Dest. Currency

02JUN14 FRANKFURT HEIKE AMRHEIN
Executed on (Date) at (Place) Signature of Issuing Carrier or its Agent

For Carrier's use only at Destination	Charges at Destination	Total Collect Charges

020-67653810

ORIGINAL 3 (FOR SHIPPER)

Abdruck mit freundlicher Genehmigung der Lufthansa Cargo AG, Frankfurt a.M.

NOTICE CONCERNING CARRIER'S LIMITATION OF LIABILITY

If the carriage involves an ultimate destination or stop in a country other than the country of departure, the Montreal Convention or the Warsaw Convention may be applicable to the liability of the Carrier in respect of loss of, damage or delay to cargo. Carrier's limitation of liability in accordance with those Conventions shall be as set forth in subparagraph 4 unless a higher value is declared.

CONDITIONS OF CONTRACT

1. In this contract and the Notices appearing hereon:
CARRIER includes the air carrier issuing this air waybills and all carriers that carry or undertake to carry the cargo or perform any other services related to such carriage.

SPECIAL DRAWING RIGHT (SDR) is a Special Drawing Right as defined by the International Monetary Fund.

WARSAW CONVENTION means whichever of the following instruments is applicable to the contract of carriage:

the Convention for the Unification of Certain Rules Relating to International Carriage by Air, signed at Warsaw, 12 October 1929;

that Convention as amended at The Hague on 28 September 1955;

that Convention as amended at The Hague 1955 and by Montreal Protocol No. 1, 2, or 4 (1975) as the case may be.

MONTREAL CONVENTION means the Convention for the Unification of Certain Rules for International Carriage by Air, done at Montreal on 28 May 1999.

2. 2.1 Carriage is subject to the rules relating to liability established by the Warsaw Convention or the Montreal Convention unless such carriage is not "international carriage" as defeined by the applicable Conventions.

2.2 To the extent not in conflict with the foregoing, carriage and other related services performed by each Carrier are subject to:

2.2.1 applicable laws and government regulations;

2.2.2 provisions contained in the air waybill, Carrier's conditions of carriage and related rules, regulations, and timetables (but not the times of departure and arrival stated therein) and applicable tariffs of such Carrier, which are made part hereof, and which may be inspected at any airports or other cargo sales offices from which it operates regular services. When carriage is to/from the USA, the shipper and the consignee are entitled, upon request, to receive a free copy of the Carrier's conditions of carriage. The Carrier's conditions of carriage include, but are not limited to:

2.2.2.1 limits on the Carrier's liability for loss, damage or delay of goods, including fragile or perishable goods;

2.2.2.2 claims restrictions, including time periods within which shippers or consignees must file a claim or bring an action against the Carrier for its acts or omissions, or those of its agents;

2.2.2.3 rights, if any, of the Carrier to change the terms of the contract;

2.2.2.4 rules about Carrier's right to refuse to carry;

2.2.2.5 rights of the Carrier and limitations concerning delay or failure to perform service, including schedule changes, substitution of alternate Carrier or aircraft and rerouting.

3. The agreed stopping places (which may be altered by Carrier incase of necessity) are those places, except the place of departure and place of destination, set forth on the face hereof or shown in Carrier's timetables as scheduled stopping places for the route. Carriage to be performed hereunder by several successive Carriers is regarded as a single operation.

4. For the carriage to which the Montreal Convention does not apply. Carrier's liability limitation for cargo lost, damaged or delayed shall be 19 SDRs per kilogram unless a greater per kilogram monetary limit is provided in any applicable Convention or in carrier's tariffs and general conditions of carriage.

5. 5.1 Except when the Carrier has extended credit to the consignee without the written consent of the shipper, the shipper guarantees payment of all charges for the carriage due in accordance with Carrier's tariff, conditions of carriage and related regulations, applicable laws (including national laws implementing the Warsaw Convention and the Montreal Convention), government regulations, orders and requirements.

5.2 When no part of the consignment is delivered, a claim with respect to such consignment will be considered even though transportation charges thereon are unpaid.

6. 6.1 For cargo accepted for carriage, the Warsaw Convention and the Montreal Convention permit shipper to increase the limitation of liability by declaring a higher value for carriage and paying a supplemental charge if required.

6.2 In carriage to which neither the Warsaw Convention nor the Montreal Convention applies Carrier shall, in accordance with the procedures set forth in its general conditions of carriage and applicable tariffs, permit shipper to increase the limitation of liability by declaring a higher value for carriage and paying a supplemental charge if so required.

7. 7.1 In cases of loss of, damage or delay to part of the cargo, the weight to be taken into account in determining Carrier's limit of liability shall be only the weight of the package or packages concerned.

7.2 Notwithstanding any other provisions, for "foreign air transportation" as defined by the U.S. Transportation Code:

7.2.1 in the case of loss of, damage or delay to a shipment, the weight to be used in determining Carrier's limit of liability shall be the weight which is used to determine the charge for carriage of such shipment; and

7.2.2 in the case of loss of, damage or delay to the part of a shipment, the shipment weight in 7.2.1 shall be prorated to the packages covered by the same air waybill whose value is affected by the loss, damage or delay. The weight applicable in the case of loss or damage to one or more articles in a package shall be the weight of the entire package.

8. Any exclusion or limitation of liability applicable to Carrier shall apply to Carrier's agents, employees, and representatives and to any person whose aircraft or equipment is used by Carrier for carriage and such person's agents, employees and representatives.

9. Carrier undertakes to complete the carriage with reasonable dispatch. Where permitted by applicable laws, tariffs and government regulations, Carrier may use alternative carriers, aircraft or modes of transport without notice but with due regard to the interests of the shipper. Carrier is authorized by the shipper to select the routing and all immediate stopping places that it deems appropriate or to change or deviate from the routing shown on the face hereof.

10. Receipt by the person entitled to delivery of the cargo without complaint shall be prima facie evidence that the cargo has been delivered in good condition and in accordance with the contract of carriage.

10.1 In the case of loss of, damage or delay to cargo a written complaint must be made to Carrier by the person entitled to delivery. Such complaint must be made:

10.1.1 In the case of damage to the cargo, immediately after discovery of the damage and at the latest within 14 days from the date of receipt of the cargo.

10.1.2 in the case of delay, within 21 days from the date on which the cargo was placed at the disposal of the person entitled to delivery;

10.1.3 in the case of non-delivery of the cargo, within 120 days from the date of issue of the air waybill, or if an air waybill has not been issued, within 120 days from the date of receipt of the cargo for transportation by the Carrier.

10.2 Such complaint may be made to the Carrier whose air waybill was used, or to the first carrier or to the last Carrier or to the Carrier, which performed the carriage during which the loss, damage or delay took place.

10.3 Unless a written complaint is made within the time limits specified in 10.1 no action may be brought against Carrier.

10.4 Any rights to damages against Carrier shall be extinguished unless an action is brought within two years from the date of arrival at the destination, or from the date on which the aircraft ought to have arrived, or from the date on which the carriage stopped.

11. Shipper shall comply with all applicable laws and government regulations of any country to or from which the cargo may be carried, including those relating to the packing, carriage or delivery of the cargo, and shall furnish such information and attach such documents to the air waybill as may be necessary to comply with such laws and regulations. Carrier is not liable to shipper and shipper shall indemnify Carrier for loss or expense due to shipper's failure to comply with this provision.

12. No agent, employee or representative of Carrier has authority to alter, modify or waive any provisions of this contract.

Anmerkungen

1. Der dem **Luftfrachtbrief** (Air Waybill) zu Grunde liegende Frachtvertrag verpflichtet zur Durchführung des Transports (Hobe/v Ruckteschell/*Kirsch* I A 198, 263; MVHdB IV WirtschaftsR III/*Kleyensteuber* Form. VIII Anm. 4 VIII.4). Eingeschlossen ist die Beförderung von Luftfrachtgütern auf der Straße nach und von Flughäfen durch Luftersatzverkehr, sog Trucking (*Reuschle* Art 38 MÜ Rn 6). Vorliegend abgedruckt ist der Frachtbrief der Lufthansa Cargo.

Luftfrachtbriefen wie dem abgedruckten liegen die **Empfehlungen der International Air Transport Association** zu Grunde (IATA Resolution 600b Air Waybill – Conditions of Contract, GSC(32)600b, 1.7.2010).

Seit dem 1.1.2019 ist der **elektronische Frachtbrief (eAWB)** Standard für alle Luftfrachtsendungen auf aktivierten Flugstrecken (IATA Resolution 672, CSC(35)672). Sofern am Zielort benötigt oder sofern die Flugstrecke nicht eAWB-fähig ist, erstellt der Frachtführer (zB Lufthansa Cargo) aus den elektronisch übermittelten Daten den Papier-Luftfrachtbrief. Hinsichtlich der elektronisch zu übermittelnden oder in das Papier einzutragenden Inhalte ergeben sich infolgedesssen keine Unterschiede.

In der Praxis wird häufig von Spediteuren ein **Sammelladeverkehr** angeboten (Hobe/v Ruckteschell/*Kirsch* I A 201, 267; *Reuschle* Art 4 MÜ Rn 7). Im Sammelladeverkehr handelt der Spediteur mit dem Luftfrachtführer die Preise und Konditionen zB nach Gewicht oder Größe der Sendungen aus. Bei Selbsteintritt (§§ 458–460 HGB) wird der Spediteur gegenüber dem Versender zum Frachtführer und im Verhältnis zum Luftfrachtführer zum Kunden. Zu den Interessen des Luftfrachtführers können sich insoweit Gegensätze ergeben, insbesondere hinsichtlich der Liquiditätsrisiken des Versenders als Auftraggeber des Spediteurs. Anpassungen an die moderne Logistik soll das IATA-FIATA Air Cargo Program leisten, bislang ohne abschließendes Ergebnis.

Dokumentiert wird genanntes Vorgehen in der **House Air Waybill,** die den Spediteur als Luftfrachtführer und den Versender als Absender ausweist. Die FIATA empfiehlt die Aufnahme der folgenden Klausel auf die Rückseite: „If this Air Waybill is used by a forwarder in a capacity as contracting carrier for air transportation, any transportation or other service which is not subject to an international air carriage convention will not be subject to the terms and conditions of this air waybill but will instead be subject to the forwarder's general conditions as have already been provided to you" (FIATA Review no 72, 2008, S 7).

Bei Sammelluftfracht schließt der Spediteur mit der Luftfahrtgesellschaft (oder einem anderen Spediteur) im eigenen Namen einen Frachtvertrag. Dokumentiert wird dies in der **Master Air Waybill,** die den Spediteur als Absender und die Luftfahrtgesellschaft als Luftfrachtführer ausweist (Hobe/v Ruckteschell/*Kirsch* I A 201, 267; *Reuschle* Art 4 MÜ Rn 7).

2. Im grenzüberschreitenden Luftverkehr besteht nach Art 4 I des Montrealer Übereinkommens (MÜ) **Frachtbriefzwang** (EBJS/*Pokrant* MontrealÜb Vor Art. 1 Rn 37; Giemulla/Schmid/*Müller-Rostin* Art 4 MÜ Rn 2). Verwendet werden darf aber auch „jede andere Aufzeichnung", also insbesondere der elektronische Frachtbrief (Art 4 II 1 MÜ). Bei elektronischem Frachtbrief ist auf Verlangen des Absenders eine schriftliche Empfangsbestätigung auszustellen (Art 4 II 2 MÜ).

Der **Anwendungsbereich des MÜ** bezieht sich nach Art 1 auf alle Beförderungen, bei denen Abgangs- und Bestimmungsort im Geltungsbereich dieses Übereinkommens liegen (*Schmid/Müller/Rostin* NJW 2003, 3516). Von den wichtigsten Luftfahrtnationen, ua von Deutschland und der Europäischen Union, ist es ratifiziert worden. Damit löst es wegen seiner in Art 55 geregelten vorrangigen Geltung das Warschauer Abkommen weitestgehend ab (*Reuschle* Präambel MÜ Rn 44).

Nach Art 7 I, II MÜ besteht die Pflicht zur Ausstellung von **drei Originalausfertigungen** (Giemulla/Schmid/*Müller-Rostin* Art 7 MÜ Rn 3 ff): Die erste Ausfertigung trägt den Vermerk „für den Luftfrachtführer" („for the carrier") und wird vom Absender unterzeichnet. Die zweite trägt den Vermerk „für den Empfänger" („for the consignee") und wird von Absender und Frachtführer unterzeichnet. Die hier abgedruckte dritte Ausfertigung trägt am unteren Rand den Vermerk „for shipper". Es handelt sich um das sog Frachtbriefdritt iSv Art 7 II 3, 12 III MÜ, das der Absender vorzulegen hat, wenn er nachträglich Weisungen erteilt oder Rückgabe der Ware verlangt (sogl → Anm. 3).

3. Der Luftfrachtbrief ist **Beweispapier** (*Koller* Art 4 MÜ 4). Er ist nicht begebbar (non-negotiable), weil er keinen Herausgabeanspruch auf die Ware verbrieft. Die Lieferung der Ware an den Empfänger erfolgt ohne Vorlage des Luftfrachtbriefs. Will der Versender die Auslieferung der Ware von der vorherigen Bezahlung abhängig machen, kann er einen Empfangsspediteur am Bestimmungsort einschalten.

Das abgedruckte Frachtbriefdritt (→ Anm. 2) hat **Sperrfunktion**, weil es gemäß Art 12 III MÜ bei Erteilung nachträglicher Weisungen oder Verlangen der Rückgabe der Ware vom Absender vorzulegen ist.

Dem Luftfrachtbrief kommt die **widerlegbare Vermutung** für den Abschluss des Frachtvertrags, die Annahme der Güter und der dort niedergelegten Beförderungsbedingungen sowie eingeschränkt der Richtigkeit seiner Angaben zu (Art 11 MÜ). Der Absender kann sich hierauf bei Vorlage des Frachtbriefdritts, der Frachtführer bei Vorlage der ersten Ausfertigung berufen (*Koller* Art 11 MÜ Rn 2; *Reuschle* Art 11 MÜ Rn 3 ff).

4. Bei grenzüberschreitender Luftbeförderung besteht gemäß Art 18 ff MÜ eine **verschuldensunabhängige Haftung,** die nur in den von Art 18 II MÜ genannten Fällen durchbrochen werden kann. Nach Art 22 III MÜ ist die Haftung auf 19 SZR/kg begrenzt (anders § 431 II HGB: 8,33 SZR). Durch Wertdeklaration und Zahlung des verlangten Zuschlags kann diese Höchstgrenze angehoben werden (Art 22 III 1 MÜ).

5. Zum **Mindestinhalt** zählen nach Art 5 MÜ Abgangs- und Bestimmungsort, Zwischenlandeort und Sendungsgewicht. Fehler wirken sich nach Art 9 Halbs 1 MÜ nicht auf die Wirksamkeit des Frachtvertrags und – anders als noch nach Art 9 WA 1955/1929 – auch nicht auf die Geltung der Haftungsbegrenzungen des MÜ aus (*Reuschle* Art 9 MÜ Rn 2).

Aus den Einträgen in die Felder „Airport of Departure and Requested Routing" und „Airport of Destination" ergeben sich **Reiseroute und Umladeverbote.**

Im **Akkreditivgeschäft** ist nach Art 23 c ii ERA 600 ein Luftfrachtbrief aufnahmefähig, der die Umladung erlaubt, selbst wenn das Akkreditiv die Umladung verbietet (MüKoHGB Bd 6/*Wedemann* H212). An der Wirksamkeit dieser Bedingung bestehen Zweifel, erstens weil eine individuell vereinbarte Akkreditivbedingung grundsätzlich Vorrang vor AGB bzw AGB-ähnlichen Bestimmungen hat und zweitens weil es auf Seiten der Bank widersprüchlich ist, zunächst ein Umladeverbot im Akkreditiv zu akzeptieren, sich aber später darüber hinwegzusetzen.

6. Das im Feld „requested flight date" einzutragende **Abflugdatum** ist das des planmäßigen Abflugs, wie laut Flugplan vorgesehen, nicht das tatsächliche Abflugdatum.

Im **Akkreditivgeschäft** gilt das neben die Ausstellerunterschrift gesetzte Ausstellungsdatum als Abflugdatum, es sei denn das Dokument enthält einen speziellen Vermerk, der das tatsächliche Abflugdatum als maßgeblich erklärt (Art 23 a iii 1 f ERA 600). Kommt es auf das tatsächliche Abflugdatum an, darf der Luftfrachtbrief vom Carrier oder seinem Agenten erst nach Abflug des Lufttransportmittels aus der Hand gegeben werden. Sonstige Angaben zu Flugnummer und Flugdatum werden bei der Bestimmung des Verladedatums nicht beachtet (Art 23 a iii 3 ERA 600).

7. Zur Aufnahmefähigkeit des Luftfrachtbriefs **im Akkreditivgeschäft ist das Transparenzgebot einzuhalten** (Art 23 a i ERA 600). Der Zeichner muss klarstellen, ob er als Frachtführer oder nur als Vertreter handelt (näher MüKoHGB Bd 6/*Wedemann* H208 mit einem Beispiel).

Zur Vermeidung von Missverständnissen dürfen die Boxen „Agent's IATA Code" und „Account No." nicht ausgefüllt werden, wenn der **Spediteur als Carrier** handelt.

Bei **Vertretung eines Carriers** reicht die Unterzeichnung als IATA-Agent nicht aus, weil dieser nicht notwendigerweise als Agent einer Fluglinie handelt, insbesondere nicht bei Sammelluftfracht und Ausstellung einer House Air Waybill (→ Anm. 1). Ein Vertretervermerk „for above named carrier" sollte nur angebracht werden, wenn der Vertretene mit dem Zusatz „carrier" firmiert. Ist dies nicht der Fall, sollte der Vertretungsvermerk lauten: „X as agent for Y (carrier)".

P. Seefracht

Vorbemerkung

1. Der **Verfrachter von Seeschiffen verpflichtet sich zum Gütertransport** auf einer Seestrecke (§ 481). Das Recht der Seefracht blieb von der Transportrechtsreform 1998 unberührt und erfuhr erst durch das **4. Seerechtsänderungsgesetz von 2013** (BGBl I 831) eine umfassende Neugestaltung.

Im Interesse der **einheitlichen Anwendung von Seefrachtrecht** auf Schiffsbeförderungen erstreckt § 450 die Seefracht auf Frachtverträge, die eine Güterbeförderung ohne Umladung sowohl auf Binnen- als auch auf Seegewässern vorsehen, sofern entweder ein Konnossement ausgestellt ist oder die auf Seegewässern zurückzulegende Strecke die größere ist (näher *Koller* § 450 Rn 1 f).

2. **Multimodaler Transport.** Von der unimodalen Beförderung unterscheidet sich die **multimodale Fracht** durch den Einsatz verschiedener Beförderungsmittel. Teile der Literatur gingen von einem gemischten Vertrag aus (zB Fremuth/Thume/*Fremuth* Vor § 452 Rn 18). Der heutige § 452 zeigt, dass es sich um einen Frachtvertrag handelt.

Aus § 452 S 1 ergeben sich **drei Merkmale des Multimodaltransports:** erstens ein einheitlicher Frachtvertrag, zweitens die Nutzung verschiedener Beförderungsmittel und drittens das Auseinanderfallen der auf hypothetisch zu schließende Einzelverträge anzuwendenden Transportrechtsregime (*Koller* § 452 Rn 2, 12, 15).

Auf den multimodalen Transport im vorstehenden Sinne finden das Frachtrecht und insbesondere dessen Haftungsregeln Anwendung. Das gilt auch bei **Teilstreckentransport mittels Seeschiffs.** Etwas anderes gilt insbesondere bei bekanntem Schadensort, der nach § 452a zur Anwendung des betreffenden Teilstreckenrechts führt (*Basedow* FS Herber 1999, 29).

3. Zum **grenzüberschreitenden Transport** s. Fracht (→ I.O. Vorbem. Anm. 5).

4. Das **Transportdokument der Seefracht** ist nach § 450 Nr 1 das Konnossement iSv § 513 HGB (Rabe/Bahnsen/*Rabe* § 513 Rn 1). In der Praxis wird das Liner Bill of Lading verwendet, das von der Baltic and International Maritime Conference (BIMCO) herausgegeben wird (→ Form. I.P.1). Multimodalkonnossemente einzelner Reeder wie das Bill of Lading von Hapag Lloyd (→ Form. I.P.2) orientieren sich hieran. Kommt es auf die Begebbarkeit nicht an, wird anstelle des Konnossements ein nicht-begebbarer Seefrachtbrief (Non-negotiable Sea Waybill), wie der von Hapag Lloyd verwendet (→ Form. I.P.3).

Zu den **Dokumenten des Multimodaltransports** zählt neben dem Bill of Lading von Hapag Lloyd (→ Form. I.P.2) außerdem das bereits besprochene FIATA FBL (→ Form. I.N.2).

Im **Charterverkehr** ist anders als im hier behandelten Stückgutverkehr nicht die Beförderung eines bestimmten Guts, sondern eine Raumfracht Vertragsgegenstand (§ 527 HGB). Ein Beispiel ist der New York Produce Exchange Time Charter (abgedr und kommentiert bei MVHdB IV WirtschaftsR III/*Böhlhoff* Form. VIII.1, Anm. 1 ff).

1. Seekonnossement (BIMCO)

– Muster–

Page 1

①②③ **BIMCO LINER BILL OF LADING**
CODE NAME: "CONLINEBILL 2000"

Amended January 1950; August 1952; January 1973; July 1974; August 1976; January 1978; November 2000.

Shipper (full style and address)
④

Consignee (full style and address) or Order
⑤

B/L No.

Reference No.

Vessel

Notify Party (full style and address)
⑥

Port of loading
⑧⑨⑩

Port of discharge

PARTICULARS DECLARED BY THE SHIPPER BUT NOT ACKNOWLEDGED BY THE CARRIER

Container No./Seal No./Marks and Numbers	Number and kind of packages; description of cargo	Gross weight, kg	Measurement, m³

SHIPPED on board in apparent good order and condition (unless otherwise stated herein) the total number of Containers/Packages or Units indicated in the Box opposite entitled "Total number of Containers/Packages or Units received by the Carrier" and the cargo as specified above, weight, measure, marks, numbers, quality, contents and value unknown, for carriage to the Port of discharge or so near thereunto as the vessel may safely get and lie always afloat, to be delivered in the like good order and condition at the Port of discharge unto the lawful holder of the Bill of Lading, on payment of freight as indicated to the right plus other charges incurred in accordance with the provisions contained in this Bill of Lading.
In accepting this Bill of Lading the Merchant* expressly accepts and agrees to all its stipulations on both Page 1 and Page 2, whether written, printed, stamped or otherwise incorporated, as fully as if they were all signed by the Merchant.
One original Bill of Lading must be surrendered duly endorsed in exchange for the cargo or delivery order, whereupon all other Bills of Lading to be void.
IN WITNESS whereof the Carrier, Master or their Agent has signed the number of original Bills of Lading stated below right, all of this tenor and date.

Total number of Containers/Packages or Units received by the Carrier

Shipper's declared value

Declared value charge

Freight details and charges

Carrier's name/principal place of business
⑦

Date shipped on board
⑪

Place and date of issue

Number of original Bills of Lading

Pre-carriage by**

Signature
⑫
.... Carrier
or, for the Carrier
.... as Master
(Master's name/signature)
.... as Agents
(Agent's name/signature)

Place of receipt by pre-carrier**

Place of delivery by on-carrier**

*As defined hereinafter (Cl. 1)
**Applicable only when pre-/on-carriage is arranged in accordance with Clause 8

Printed and sold by Fr. G. Knudtzons Bogtrykkeri A/S, Vallensbaekvej 61, DK-2625 Vallensbaek, Fax: +45 4366 0701 by authority of The Baltic and International Maritime Council (BIMCO), Copenhagen

Anmerkungen

1. Das Liner Bill of Lading (Conlinebill) ist ein **Konnossement im Stückgutverkehr auf See.** Das Conlinebill ist konzipiert für die reine Seefracht (Port to Port) bzw für die gleichartige Durchfracht. Es wird von der BIMCO herausgegeben und gehört zu den von Reedern am häufigsten verwendeten Konnossementformularen (Rabe/Bahnsen/*Rabe* § 515 Rn 17; MVHdB IV WirtschaftsR III/*Weipert/Böhlhoff* Form. VIII.2 Anm. 1 ff). Werden außerdem Vor- und Nachreise besorgt, ist regelmäßig ein Multimodaltransport erforderlich (→ Form. I.P.2. Anm. 1 ff).

2. Im Frachtrecht besteht **kein Formzwang.** Die Fassung der Überschrift steht also im Belieben des Ausstellers. Die Bezeichnung als Konnossement (Bill of Lading) kann sogar ganz fehlen (*Nielsen*, Richtlinien für Dokumenten-Akkreditive, Vor Art 23–30 Rn 254; Rabe/Bahnsen/*Rabe* § 515 Rn 2).

Als Konnossement des Stückgutverkehrs ist das Conlinebill ein **annahmefähiges Wertpapier** iSv ERA 600 (MüKoHGB Bd 6/*Wedemann* H195; *Schütze/Vorpeil* Rn 235). Begründet wird eine allein dem Konnossement unterliegende und vom zu Grunde liegenden Frachtvertrag unabhängige Auslieferungsverpflichtung des Verfrachters gegen Vorlage der Urkunde. Nach dem durch die Seerechtsreform eingeführten § 519 HGB entfaltet das Konnossement Sperrwirkung gegenüber parallelen Ansprüchen aus dem Frachtvertrag mit der Folge, dass diese (nicht andere) Ansprüche nur von dem kraft Konnossement Berechtigten geltend gemacht werden können (MüKoHGB Bd 7/*Herber* § 519 Rn 10; *Ramming* RdTW 2018, 50).

Das Konnossement begründet **Vermutungswirkungen** ua hinsichtlich der Übernahme der Güter durch den Verfrachter, und zwar insbesondere nach bezeichneter Art, Menge, Merkzeichen und Beschaffenheit, bei Transport in einem geschlossenen Lademittel (Container) allerdings nur im Falle vorhergehender Überprüfung durch den Verfrachter (§§ 517 I 2, 522 II).

3. Die **Verpflichtung des Verfrachters zur Ausstellung des Konnossements** entsteht, sobald die Güter übernommen worden sind (§ 514 I 1 HGB, s auch → Anm. 12), dh unverzüglich (§ 121 I 1 BGB) nach Abladung der gesamten Partie des Stückgutfrachtvertrags (Rabe/Bahnsen/*Rabe* § 513 Rn 34). Die Anzahl der Originalausfertigungen (idR drei) ist im Konnossement anzugeben. Die Mindestinhalte sind in § 515 geregelt.

4. Shipper ist der Ablader, also derjenige, der das Frachtgut liefert und den gesetzlichen Anspruch auf Ausstellung des Konnossements erhält (§ 513 II). Es kann sich um den Verkäufer oder seinen Spediteur handeln.

5. Consignee ist der Empfänger des Frachtguts, an den die Güter am Löschungshafen auszuliefern sind (§§ 481 I, 494 I).

6. Notify Party ist derjenige, dem die Ankunft der Güter anzuzeigen ist, wobei Ziff 2 AGB zum Conlinebill (nicht abgedr.) vorsieht, dass aus der Verletzung dieser Pflicht keine Haftung entsteht.

7. Carrier ist der Verfrachter, der die Beförderung der Güter übernimmt (§§ 481 I).

8. Das Konnossement muss zu seiner Aufnahmefähigkeit den **Verladehafen** (Port of Loading) und den **Löschungshafen** (Port of Discharge) ausweisen (Art 20 a iii 1 ERA 600). Zusätzlich kann ein **Übernahmeort** (Place of Receipt) eingetragen werden, der den Beginn der Vorreise kennzeichnet, was von besonderer Bedeutung für den multimodalen Transport ist.

Im Einzelnen gilt (MüKoHGB Bd 6/*Wedemann* H195): Aus Art 20 a iii 2 ERA 600 ergibt sich, dass der **vom Akkreditiv abweichende Ausweis des Verladehafens unschädlich** ist, sofern ein An-Bord-Vermerk eingetragen ist, der den vorgeschriebenen Verladehafen nennt und das Verladedatum sowie den Namen des Schiffes angibt (zum An-Bord-Vermerk → Anm. 12). Dasselbe gilt bei Angabe eines voraussichtlichen Verladehafens (Intended-Vermerk).

Im Weiteren ist wie folgt zu unterscheiden (näher ICC, Commentary on UCP 600, 90 f; *Nielsen* WM Beil 3/1993, 16 f; *ders,* Richtlinien für Dokumenten-Akkreditive, Art 23 Rn 272 ff): Wenn die **Vorreise nicht Bestandteil des Akkreditivs** ist, ist es unschädlich, wenn das Konnossement einen vom Verladehafen abweichenden Übernahmeort ausweist. ZB ist bei „Hamburg/New York" unerheblich, wo die Vorreise beginnt und wie der Transport erfolgt. Als Übernahmeort wäre also die Angabe etwa von Kopenhagen, Stuttgart oder Köln zulässig, so dass von dort eine Weiterverladung zur Beförderung nach Hamburg per Schiff, LKW oder Eisenbahn erfolgen könnte.

Wenn die **Vorreise Bestandteil des Akkreditivs** ist, also eine bestimmte Route vom Übernahmeort bis zum Verladehafen verlangt wird, muss der Ort, an dem die Vorreise laut Akkreditiv beginnen soll, als Übernahmeort eingetragen werden. Ist zB „Stuttgart/Hamburg/New York" vorgesehen, muss Stuttgart als Übernahmeort ausgewiesen werden, Hamburg als Verlade- und New York als Löschungshafen.

Wenn ein **Seekonnossement im Akkreditiv verlangt** ist, zB für eine Strecke „Hamburg/Rotterdam/Singapur", muss Hamburg als Verladehafen ausgewiesen werden und nicht etwa als Übernahmeort. Dies folgt daraus, dass ein Übernahmeort nicht zwingend ein Hafenplatz ist, sondern auch ein Inlandsort sein kann. Wird Hamburg fälschlich als Übernahmeort und Rotterdam als Verladehafen eingetragen, ist das Konnossement trotz An-Bord-Vermerk nicht andienungsfähig. Denn es bestünde die Möglichkeit, dass die Ware – entgegen der Vorgaben des Seekonnossements – in Hamburg nur übernommen, mit LKW nach Rotterdam transportiert und erst dort an Bord eines Schiffes genommen wird.

9. Bei einem reinen Seekonnossement endet die Beförderung im Löschungshafen. Im Falle einer **Nachreise** weicht der als Löschungshafen (Place of Discharge) gekennzeichnete Bestimmungsort vom letzten erreichten Seehafen ab.

Wenn die **Nachreise Bestandteil des Dokumentenakkreditivs** ist, das Akkreditiv also die Strecke vom Löschungshafen bis zum Bestimmungsort vorschreibt, muss dieser Bestimmungsort angegeben werden, denn die Reise muss stets dort enden, wo auch nach den Akkreditivbedingungen der letzte Bestimmungsort liegt (*Nielsen* WM Beil 3/1993, 17).

10. Das Konnossement darf die **Umladung** des Frachtgutes vorsehen, wenn das Konnossement die gesamte Reise abdeckt (Art 20 c i ERA 600). Ein etwaiges Umladeverbot im Akkreditiv ist unbeachtlich bei Verladung der Fracht in Container, Anhänger oder sog Lash-Leichter (Art 20 c ii ERA 600). Klauseln im Konnossement, mit denen sich der Frachtführer das Recht zur Umladung vorbehält, sind unbeachtlich (Art 20 d ERA 600). Bei Umladung ist die Angabe des Umladehafens im Transportformular nicht erforderlich (näher MüKoHGB Bd 6/*Wedemann* H200).

Die Aufnahme einer Rubrik **Umladehafen/-häfen** (Port of Transshipment[s]) in das Formular dient der Information des Empfängers darüber, auf welchem Wege und mit welchem Schiff er die Ware voraussichtlich erhält. ZB kann bei einer Reiseroute „Hamburg/Bangkok" die Fracht im Liniendienst nach Singapur befördert, dort ausgeladen und mit einem Zubringerschiff (Feeder Vessel) nach Bangkok verbracht werden. Für den Empfänger ist aus dem Konnossement nur der Name des ersten Schiffes ersichtlich, nicht aber der Name des Schiffes, das die Fracht tatsächlich in Bangkok abliefert.

11. Der **An-Bord-Vermerk** gibt das Datum an, zu dem die Güter auf das Schiff übernommen wurden (Bordkonnossement nach § 514 II 1). Mit Zustimmung des Abladers, der die Güter anliefert, kann auch bloß die Übernahme der Güter zur Beförderung ohne deren gleichzeitige Verbringung an Bord bestätigt werden (Übernahmekonnossement nach § 514 II 2). Übernahmekonnossemente werden im Linienverkehr eingesetzt, da die Güter häufig schon vor Ankunft des Schiffes in Verwahrung genommen werden. Der Zeitpunkt, zu dem die Güter an Bord genommen werden, wird auf dem Übernahmekonnossement vermerkt (§ 514 II 2), oder das Übernahmekonnossement wird gegen ein Bordkonnossement ausgetauscht.

Im **Akkreditivgeschäft** ist gemäß Art 20 a iii 2 ERA 600 bei Konnossementen, die nicht den Verladehafen ausweisen, der im Akkreditiv vorgeschrieben ist, ein An-Bord-Vermerk erforderlich, der den vorgeschriebenen Verladehafen ausweist und das Verladedatum sowie den Namen des Schiffes angibt (→ Anm. 10). Unsicherheiten der Praxis zu An-Bord-Vermerken nimmt sich die ICC seit 2010 an (ICC, Recommendations of the Banking Commission in respect of the requirements for an On board Notation, No 470/1128 rev final, 22.4.2010; MüKoHGB Bd 6/*Wedemann* H197 ff).

12. Für die Aufnahmefähigkeit sind **Ausstellerunterschrift und Vertretervermerke** erforderlich. Aus dem Konnossement muss gemäß Art 20 a i ERA 600 hervorgehen, wer Frachtführer bzw dessen Vertreter ist oder wer Master bzw dessen Vertreter ist.

2. Multimodalkonnossement (Hapag Lloyd)

– Muster–

Carrier: Hapag-Lloyd Aktiengesellschaft, Hamburg **Bill of Lading** ① ② Multimodal Transport or Port to Port Shipment

Hapag-Lloyd

Shipper:	Carrier's Reference: / B/L-No.: / Page:
	Export References:
Consignee (not negotiable unless consigned to order):	Forwarding Agent:
Notify Address (Carrier not responsible for failure to notify; see clause 20 (1) hereof):	Consignee's Reference:
	Place of Receipt:
Vessel(s): / Voyage-No.:	Place of Delivery: ③
Port of Loading:	
Port of Discharge:	

Container Nos., Seal Nos.; Marks and Nos.	Number and Kind of Packages, Description of Goods	Gross Weight	Measurement

SAMPLE NOT VALID

Shipper's declared Value (see clause 7(2) and 7(3))	Above Particulars as declared by Shipper. Without responsibility or warranty as to correctness by Carrier (see clause 11)
Total No. of Containers received by the Carrier: / Packages received by the Carrier:	RECEIVED by the Carrier from the Shipper in apparent good order and condition (unless otherwise noted herein) the total number or quantity of Containers or other packages or units indicated in the box opposite entitled "Total No. of Containers/Packages received by the Carrier" for Carriage subject to all the terms and conditions hereof (INCLUDING THE TERMS AND CONDITIONS ON THE REVERSE HEREOF AND THE TERMS AND CONDITIONS OF THE CARRIER'S APPLICABLE TARIFF) from the Place of Receipt or the Port of Loading, whichever is applicable, to the Port of Discharge or the Place of Delivery, whichever is applicable. One original Bill of Lading, duly endorsed, must be surrendered by the Merchant to the Carrier in exchange for the Goods or a delivery order. In accepting this Bill of Lading the Merchant expressly accepts and agrees to all its terms and conditions whether printed, stamped or written, or otherwise incorporated, notwithstanding the non-signing of this Bill of Lading by the Merchant. IN WITNESS WHEREOF the number of original Bills of Lading stated below all of this tenor and date has been signed, one of which being accomplished the others to stand void.
Movement: / Currency:	Place and date of issue:
Charge / Rate / Basis / Wt/Vol/Val / P/C / Amount	Freight payable at: / Number of original Bs/L:
Total Freight Prepaid / Total Freight Collect / Total Freight	④

90147345 L.V. 08/13

Abdruck mit freundlicher Genehmigung der Hapag Lloyd AG, Hamburg

Bill of Lading · Terms and Conditions

Page 1

Anmerkungen

1. Das Multimodalkonnossement (Multimodal Bill of Lading) von Hapag-Lloyd kann ausweislich seiner Überschrift nicht nur für den reinen Seetransport von Hafen zu Hafen (Port-to-Port Shipment), sondern auch für den **multimodalen Transport** (Multimodal Transport) verwendet werden (allg *Ramming,* Hamb HdB Multimodaler Transport, § 10 Rn 382 ff).

Wie beim Seekonnossement (→ Form. I.P.1 Anm. 1) finden sich auf der Folgeseite des Hapag-Lloyd-Dokuments detaillierte **allgemeine Geschäftsbedingungen.** Die in Klausel Nr 5 (2) vorgesehene Haftungsbeschränkung zugunsten des Multimodalfrachtführers berücksichtigt die Anforderungen an den Hinweis „in geeigneter Weise" aus § 449 II 2 Nr 1 durch drucktechnische Hervorhebung (s bereits → Form. I.N.2 Anm. 3).

Die Mitbesorgung von **Vor- und Nachreise,** also die Reise vom Übernahmeort zum Ladehafen und die vom Löschungshafen bis zum endgültigen Bestimmungsort, hat sich im Zuge der Containerisierung als häufige Praxis herausgebildet. Hieraus erklärt sich die Üblichkeit von Multimodaldokumenten, wie dem abgedruckten. Über § 452 sind die Regeln des allgemeinen Frachtrechts einschlägig (§§ 407 ff), soweit kein Vorrang von auf den Multimodaltransport bezogenen Bestimmungen der internationalen Übereinkommen besteht (→ I.O. Vorbem. 4).

Für die Aufnahmefähigkeit des Multimodalkonnossements ist entscheidend, dass das **Akkreditiv** ein „Transportdokument über mindestens zwei verschiedene Beförderungsarten" (Art 19 a ERA 600) verlangt. Akkreditive mit diesem Wortlaut kommen in der Praxis selten vor. Eine Akkreditivbedingung „shipment from Hongkong to Manchester" wird dahingehend ausgelegt, dass allein ein Multimodaltransport gewollt sein kann, weil Manchester kein Hafenplatz ist. Ob daneben ein direkter Luftweg in Betracht käme, soll unbeachtlich sein (MüKoHGB Bd 6/*Wedemann* H193; *Nielsen* Richtlinien für Dokumentenakkreditive, Art 26 Rn 295).

2. Unterschiede zum Seekonnossement (→ Form. I.P.1 Anm. 8 ff) ergeben sich wie folgt (MüKoHGB Bd 6/*Wedemann* H189 ff): Das Multimodaldokument ist auf **Vor- und Nachreise** zugeschnitten. Vorgesehen sind deshalb vier Angaben: Empfangsort (Place of Receipt), Verladehafen (Port of Loading), Löschungshafen (Port of Discharge) und Liefer- bzw. endgültiger Bestimmungsort (Place of Delivery). Im reinen Seekonnossement (→ Form. I.P.1 Anm. 9) fehlt die Rubrik zum Liefer- bzw. endgültigen Bestimmungsort.

Angaben zur Reiseroute müssen den im Akkreditiv vorgeschriebenen Ort der Versendung, der Übernahme oder Verladung an Bord eines Schiffes und den endgültigen Bestimmungsort ausweisen (Art 19a, ii, iii ERA 600).

Es ist **kein gesonderter Ausweis unterschiedlicher Beförderungsarten** erforderlich. Ein Transportdokument, das „Hamburg/Rotterdam/Singapur" ausweist, ist nach (Art 19a, ii und iii ERA 600) also auch dann aufnahmefähig, wenn das Gut von Hamburg per Kraftfahrzeugverkehr befördert wird und erst in Rotterdam die Verladung auf ein Schiff erfolgt.

3. Es ist **kein An-Bord-Vermerk** notwendig, denn der Aussteller ist in der Bestimmung der Reiseroute frei. Das gilt auch, wenn ein kombinierter Transport eine Seestrecke einschließt. In der Praxis wird allerdings für diesen Beförderungsabschnitt regelmäßig ein Seekonnossement mit An-Bord-Vermerk verlangt (*Nielsen* Richtlinien für Dokumentenakkreditive, Art 26 Rn 293).

4. Die **Umladung** (Art 19 b ERA 600) ist zwingender Bestandteil des Multimodaltransports und schon deshalb nicht akkreditivschädlich. Im Transportdokument kann die

Umladung auch dann vorgesehen werden, wenn das Akkreditiv die Umladung verbietet (Art 19 c ii ERA 600).

5. Für die Aufnahmefähigkeit im Akkreditivgeschäft sind **Ausstellerunterschrift und Vertretervermerke** erforderlich (→ Form. I.P.1 Anm. 11 f).

3. Seefrachtbrief (Hapag Lloyd)

– Muster –

Carrier: Hapag-Lloyd Aktiengesellschaft, Hamburg **Sea Waybill** ① ② Multimodal Transport or Port to Port Shipment

Sea Waybill · Not Negotiable

Hapag-Lloyd

Shipper:

Carrier's Reference: | SWB-No.: | Page:

Export References:

Consignee:

Forwarding Agent:

Notify Address (Carrier not responsible for failure to notify):

Consignee's Reference:

Place of Receipt:

Vessel(s): Voyage-No.:

Place of Delivery: ③

Port of Loading:

Port of Discharge:

Container Nos., Seal Nos.; Marks and Nos.	Number and Kind of Packages, Description of Goods	Gross Weight:	Measurement:

SAMPLE NOT VALID

Shipper's declared Value [see clause 7(2) and 7(3)]

Total No. of Containers received by the Carrier: | Packages received by the Carrier:

Movement: | Currency:

Charge	Rate	Basis	aWt/Vol/Val	P/C	Amount

Total Freight Prepaid	Total Freight Collect	Total Freight

Above Particulars as declared by Shipper. Without responsibility or warranty as to correctness by Carrier [see clause 11]

RECEIVED by the Carrier from the Shipper in apparent good order and condition (unless otherwise noted herein) the total number or quantity of Containers or other packages or units indicated in the box opposite entitled "Total No. of Containers/Packages received by the Carrier" for Carriage subject to all the terms and conditions hereof (INCLUDING THE TERMS AND CONDITIONS ON THE REVERSE HEREOF AND THE TERMS AND CONDITIONS OF THE CARRIER'S APPLICABLE TARIFF) from the Place of Receipt or the Port of Loading, whichever is applicable, to the Port of Discharge or the Place of Delivery, whichever is applicable. In accepting this Sea Waybill the Merchant expressly accepts and agrees to all its terms and conditions whether printed, stamped or written, or otherwise incorporated, notwithstanding the non-signing of this Sea Waybill by the Merchant.

Place and date of issue:

Freight payable at:

④

90147346 L.V. 06/16

Sea Waybill · Not Negotiable

Abdruck mit freundlicher Genehmigung der Hapag Lloyd AG, Hamburg

Sea Waybill · Terms and Conditions

Page 1

Sea Waybill · Not Negotiable

1. Definitions

"BIMCO"	means the Baltic and International Maritime Coucil.
"Carriage"	means the whole or any part of the operations and services undertaken by Carrier in respect of the Goods covered by this Sea Waybill.
"Carrier"	means the party named on page 2 of this Sea Waybill.
"Container"	includes any container, trailer, transportable tank, flat, or any similar article used to consolidate Goods and any connected equipment.
"Freight"	includes all charges payable to Carrier in accordance with the applicable tariff and this Sea Waybill.
"Goods"	means the whole or any part of the cargo received from the shipper and includes any equipment or Container not supplied by or on behalf of Carrier.
"Hague Rules"	means the International Convention for the Unification of Certain Rules relating to Bills of Lading of 1924 only.
"Hague-Visby Rules"	means the Hague Rules including the Visby amendments of 1968 and the amendments by the Protocol of 1979.
"Merchant"	includes the booking party, the shipper and consignee, holder of the Sea Waybill, the person to whom the data has been forwarded as provided for in clause 2 (2) and the receiver of the Goods.
"Servants or Agents"	includes the owners, managers and operators of any Vessel (other than Carrier), master, officers and crew of the Vessel(s), charterers, slot and space charterers, the Vessel, all underlying carriers, bailees, direct and indirect subcontractors, stevedores, terminal and groupage operators, road and rail transport operators, or any other party employed by or on behalf of Carrier, or whose services or equipment have been used to perform this contract whether in direct contractual privity with Carrier or not.
"US COGSA"	means the US Carriage of Goods by Sea Act 1936.
"Vessel"	means any vessel (including but not limited to a main line vessel, feeder ship, barge or any other means of conveyance by water used for the carriage of the goods under this Sea Waybill.
"VGM"	means the verified gross mass obtained by one of the permissible methods pursuant to ch. VI, part A, reg. 2 paragraph 4 of SOLAS 1974 (as amended from time to time) and the applicable regulations of the State of the loading port.

2. General Conditions

(1) This Sea Waybill is issued for a contract of Carriage which is not covered by a Bill of Lading or similar document or title.

(2) A signed Sea Waybill is returned to the shipper and a copy of it is applied as an input source document to a computerized system for data transmission of particulars as described on page 2 hereof to the country of destination. Upon receipt of the data so transmitted, Carrier or its agent in the country of destination will forward such data to the consignee and notify party.

(3) Carrier shall not be liable for any loss or damage or delay to or in connection with the Goods or any consequential or indirect damage to Merchant arising unintentionally from erroneous input into the computer system or from wrongful data transmission.

(4) This contract of Carriage shall be subject to German law which would have been compulsorily applicable if a Bill of Lading rather than a Sea Waybill had been issued.

(5) The terms and conditions of Carrier's applicable tariff are incorporated herein, including but not limited to the terms and conditions relating to demurrage and detention. The provisions relevant to the applicable tariff can be acquired from Carrier or its agents upon request. Carrier's standard tariff can be accessed online at www.hapag-lloyd.com. In the case of any inconsistency between this Sea Waybill and the applicable tariff, this Sea Waybill shall prevail.

3. Right of Control, Delivery of Goods

(1) The shipper shall be the only party entitled to give Carrier instructions in relation to the contract of Carriage. Shipper shall be entitled to change the name of the consignee at any time up to the consignee claiming delivery of the Goods after their arrival at destination, provided it gives Carrier unambiguous notice in writing, or by some other means acceptable to Carrier, and thereby undertaking to indemnify Carrier against any additional expense caused thereby.

(2) (a) The Goods mentioned on page 2 will be delivered after payment of Freight and other charges to the consignee, or to such person who identifies itself as being a representative of the consignee, and such delivery shall constitute due performance of this contract.

(b) Carrier shall be under no liability for wrong delivery if it can prove that it has exercised reasonable care to ascertain that the party claiming delivery is in fact entitled.

4. Sub-Contracting and Indemnity

(1) Carrier shall be entitled to sub-contract on any terms whatsoever the whole or any part of the Carriage, including but not limited to loading, unloading, storing and warehousing.

(2) Merchant hereby agrees that no Servants or Agents are, or shall be deemed to be liable with respect to the Goods or the Carriage as Carrier, bailee or otherwise, and agrees not to file any claim against any Servant and Agent seeking to impose liability in connection with the Carriage. If any claim is made against any of the Servants or Agents, Merchant shall indemnify Carrier against all consequences thereof. Without prejudice to the foregoing, all rights, exemptions, defenses, and limitations of and exoneration from liability provided by law or by these Terms and Conditions, including the jurisdiction clause, shall be available to every Servant or Agent and Vessel which shall be entitled to enforce same against Merchant.

(3) The provisions of Clause 4 (2) shall extend to claims of whatsoever nature against other persons chartering space on the carrying Vessel.

5. Carrier's Responsibility

(1) Port-to-Port Shipment

(a) When loss or damage has occurred to the Goods between the time of loading on the Vessel and the time of discharge from the Vessel, the responsibility of Carrier shall be determined in accordance with German law making the Hague Rules compulsorily applicable.
The BIMCO Paramount Clause General shall be incorporated herein.

(b) However, in the event that this Sea Waybill covers a shipment from or to the USA, US COGSA shall govern and apply from loading the Goods on the Vessel until discharge. US COGSA shall also be applicable during all times before the Goods are loaded on or after they are discharged from the Vessel.

(c) Carrier shall not be responsible for any fault of its personnel and of the Vessel's crew (as defined in § 478 German Commercial Code) in cases of damage or loss caused by fire or explosion on board the Vessel or caused by the navigation or management of the Vessel, in the latter case save for damage or loss caused when executing measures which were predominantly taken in the interest of the Goods ("Error in Navigation and Fire Defenses").

(d) Carrier shall not be responsible for any fault of other persons involved in the navigation or management of the Vessel, in particular pilots on board of the Vessel or the crew of a tug boat assisting the Vessel, in cases of damage or loss caused by the navigation or the management of the Vessel, save for damage or loss caused when executing measures which were predominantly taken in the interest of the Goods.

(e) Prior to loading and after discharge Carrier is not deemed to have custody of the Goods. Carrier is not responsible for acts or omissions of a terminal operator to which the Goods were submitted.

(f) Unless notice of loss or damage be given in writing to Carrier or its agent at the port of discharge before or at the time of the removal of the Goods into the custody of the person entitled to delivery thereof under the contract of Carriage, or, if the loss or damage is not apparent, within three (3) days, such removal shall be *prima facie* evidence of the delivery by Carrier as described in this Sea Waybill and any such loss or damage which may have occurred to the Goods shall be deemed to be due to circumstances which are not the responsibility of Carrier. The notice must clearly specify the damage. Notwithstanding the aforesaid, if a Container has been delivered to Merchant, Merchant must prove that the damage to or loss of the Goods did not occur during the period after delivery, when the Container was in the custody of Merchant.

(g) Compensation shall be calculated by reference to the value of the Goods at the place and the time they are delivered to Merchant, or at the place and the time they should have been delivered. For the purpose of determining the extent of Carrier's liability for loss of or damage to the Goods, the sound value of the Goods is agreed to be the invoice value plus Freight and insurance if paid.

(2) Multimodal Transport

(a) If the place of damage to or loss of the Goods is known, the responsibility of Carrier is determined by the law which applies to this leg of Carriage except in cases which are governed by Clause 5 (2) (d) below.

(b) If it is established that loss or damage occurred during the port-to-port leg the "Error in Navigation and Fire Defenses" as per Clause 5 (1) (b) apply.

(c) If it is established that loss or damage occurred during the port-to-port leg, Clause 5 (1) (c) shall apply.

(d) In the event that part of the multimodal transport involves a shipment to or from the USA, US COGSA shall govern and apply from loading the Goods on the Vessel until discharge. US COGSA shall also be applicable during all times before loading and after discharge of the Goods from the Vessel.

(e) With respect to road Carriage between countries in Europe liability shall be determined in accordance with the Convention on the Contract for the International Carriage of Goods by Road (CMR), dated May 19, 1956; and during rail Carriage between countries in Europe according to the International Agreement on Railway Transports (CIM), dated February 25, 1961 or any amendments to this Convention or Agreement.

(f) Unless notice of loss or damage be given in writing to Carrier or its agent at the port of discharge before or at the time of the removal of the Goods into the custody of the person entitled to delivery thereof under the contract of Carriage, or, if the loss or damage is not apparent within seven (7) days, such removal shall be *prima facie* evidence of the delivery by Carrier as described in this Sea Waybill. The notice must clearly specify the damage. Notwithstanding the aforesaid, if a Container has been delivered to Merchant, Merchant must prove that the damage to or loss of the Goods did not occur during the period after delivery, when the Container was in the custody of Merchant.

(g) Compensation shall be calculated by reference to the value of the Goods at the time they were delivered to Carrier for Carriage.

(h) **IN THE EVENT THAT THE LAW WHICH IS APPLICABLE UNDER CLAUSE 5 (2) (a) IS NOT MANDATORY AND PROVIDES FOR LIABILITY EXCEEDING 2 SDRs PER KILO, THE MAXIMUM LIABILITY SHALL BE 2 SDRs PER KILO OF THE GROSS WEIGHT OF THE GOODS LOST OR DAMAGED. SDRs MEANS SPECIAL DRAWING RIGHTS AS DEFINED BY THE INTERNATIONAL MONETARY FUND. THIS SUB-SECTION (h) DOES NOT APPLY IF THE LOSS OR DAMAGE TO THE GOODS OCCURRED ON A SEA LEG.**

(i) **IF THE STAGE OF THE CARRIAGE DURING WHICH LOSS OR DAMAGE OCCURRED IS NOT KNOWN, CARRIER'S MAXIMUM LIABILITY SHALL IN NO EVENT WHATSOEVER AND HOWSOEVER ARISING EXCEED 2 SDRs PER KILO OF GROSS WEIGHT OF THE GOODS LOST OR DAMAGED.**

(j) **CARRIER SHALL NOT BE ENTITLED TO THE BENEFIT OF THE LIMITATION OF LIABILITY PROVIDED FOR IN CLAUSE 5 (2) (h) AND (i) IF IT IS PROVED THAT THE DAMAGE RESULTED FROM AN ACT OR OMISSION OF CARRIER OR ITS SERVANTS OR AGENTS DONE WITH INTENT TO CAUSE DAMAGE, OR RECKLESSLY AND WITH KNOWLEDGE THAT DAMAGE WOULD PROBABLY RESULT.**

(k) Subject to the applicable restrictions in statutory law and international conventions, Carrier shall not be liable for damage caused by error in navigating or handling the Vessel, including errors caused by the arrangement of a group of tugs or pushers.

(3) Change of Destination by Merchant
In the event that Merchant requests Carrier to deliver the Goods at a port or place other than the port of discharge or the place of delivery originally designated in this Sea Waybill and Carrier in its absolute discretion agrees to such request, such further Carriage will be undertaken on the basis that the Sea Waybill Terms and Conditions are to apply to such Carriage as if the ultimate destination agreed with Merchant had been entered on page 2 of this Sea Waybill as the port of discharge or place of delivery.

6. Time for Suit

In any event, Carrier shall be discharged from all liability in respect of loss of or damage to the Goods, non-delivery, mis-delivery, delay or any other loss or damage connected or related to the Carriage unless suit is brought within one (1) year after delivery of the Goods or the date when the Goods should have been delivered.

7. Sundry Liability Provisions

(1) Hague Rules/Hague-Visby Rules
Without prejudice to Clause 5 (2) hereof, in the event that suit is brought in a court other than the court as provided for in Clause 24, and Clause 24 is not enforced by Carrier or the court, then (a) if this Sea Waybill has been issued in a country where the Hague-Visby Rules are compulsorily applicable, Carrier's liability shall not exceed 2 SDRs per kilo of the gross weight or 666,67 SDR per package of the Goods lost or damaged, whichever is higher, or (b) if this Sea Waybill has been issued in a country in which the Hague Rules apply, Carrier's liability shall not exceed GBP 100 per package or unit.

(2) US COGSA
Notwithstanding Clause 7(1), if the Sea Waybill covers a shipment to or from the US, and suit is brought in a court other than as provided for in Clause 24, and Clause 24 is not enforced by Carrier or the court, then US COGSA shall apply. The provisions of US COGSA shall also govern during all times before the Goods are loaded on and after they are discharged from the Vessel. Carrier's maximum liability in respect to the Goods shall not exceed USD 500 per package or, where the Goods are not shipped in packages, USD 500 per customary freight unit unless the nature and value of the Goods has been declared by Merchant and inserted in writing on page 2 of the Sea Waybill and said Merchant shall have paid the applicable *ad valorem* freight rate set forth in Carrier's tariff.

(3) Shipper's declared value
Merchant agrees and acknowledges that Carrier has no knowledge of the value of the Goods and that compensation higher than that provided for herein may not be claimed unless the nature and value of such Goods have been declared by Merchant, agreed to by Carrier and inserted into the Sea Waybill before shipment. In addition the applicable *ad valorem* Freight rate as set out in Carrier's tariff must be paid. Any partial loss or damage shall be adjusted pro rata on the basis of such declared value. If the declared value is higher than the actual value, Carrier shall in no event be liable to pay compensation higher than the net invoice value of the Goods plus Freight and insurance if paid. Any references, when shown on page 2 of this Sea Waybill, to letters of credit, import licenses, sales contracts, invoices or order numbers and/or details of any contract to which Carrier is not a party shall not be regarded as a declaration of value.

(4) Limitation of Liability
It is hereby agreed by Merchant that Carrier qualifies as a person entitled to limit liability under any Convention or Act pertaining to limitation of liability on maritime claims, whichever is applicable. Carrier may be the ship-owner, charterer (including a slot- or space charterer), manager or operator of the Vessel, or salvor rendering services in connection with salvage operations. If any claims are made against the Servants or Agents, they are entitled to avail themselves of the same limitation available to Carrier.

(5) Delay

(a) Unless expressly agreed, Carrier does not undertake that the Goods shall arrive at the port of discharge or place of delivery at any particular time or to meet any particular market or use, and Carrier shall not be liable for any direct, indirect or consequential loss or damage caused by delay.

(b) If Carrier will nevertheless be considered liable for loss or damage resulting from delay, such liability shall not exceed three (3) times the Freight.

(c) Sub-section (b) shall not apply if the law governing a particular loss or damage resulting from delay provides for a lower limitation amount.

(d) Cl. 7 (5) (a) and (b) shall not apply if the delay was caused by Carrier or its Servants or Agents with the intention to cause damage, or recklessly and with knowledge that such damage would probably result.

(6) Scope of Application and Exclusions

(a) The rights, defenses, immunities, exemptions, limitations and liberties of whatsoever nature provided for in this Sea Waybill or under statute shall apply in any action against Carrier for loss or damage or delay, howsoever occurring and whether the action be founded in contract or in tort.

(b) Save as otherwise provided herein, Carrier shall in no circumstances whatsoever and howsoever arising be liable for direct or indirect or consequential loss or damage or loss of business or profits, unless it is established that Carrier himself acted with the intent to cause damage, or recklessly and with knowledge that damage would probably result.

8. Shipper-Packed Containers

If a Container has not been packed by or on behalf of Carrier:

(1) Carrier shall not be liable for loss of or damage to the Goods caused by:

(a) the manner in which the Container has been packed; or

(b) the unsuitability of the Goods for Carriage in the Container supplied or

(c) the unsuitability or defective condition of the Container or the incorrect setting of any refrigeration controls or ventilation settings thereof, provided that, if the Container has been supplied by or on behalf of Carrier, this unsuitability or defective condition would have been apparent upon inspection by Merchant at or prior to the time when the Container was packed; or

(d) packing refrigerated Goods that are not at the correct temperature for Carriage.

(2) Merchant shall indemnify Carrier against any loss, damage, liability or expense whatsoever and howsoever arising, caused by one or more matters referred to in Clause 8 (1).

(3) With regard to temperature- or atmosphere-controlled Goods, Carrier shall be deemed to have fulfilled its obligations under the contract of Carriage and shall have no liability whatsoever if such Goods are carried in a range of plus or minus 2,5 degrees Celsius with regard to any temperature indicated on page 2 of this Sea Waybill. The term "apparent good order and condition" when used in this Sea Waybill with reference to the Goods which require refrigeration does not mean that the Goods when received were verified by Carrier as being at the temperature on page 2 of this Sea Waybill. Where a temperature is indicated Carrier undertakes that the Container is equipped to maintain the temperature set by Merchant. Merchant remains responsible for the consequences of any temperature irregularities, including but not limited to the Goods being at a higher temperature upon loading the Goods into the Container than that required for the Carriage (hot stuffing) prior to receipt or after delivery by Carrier.

(4) Container with Goods packed by Merchant shall be delivered to Carrier with an intact high security seal in place, and the seal number provided to Carrier by Merchant. In the event the Container is not so sealed, Carrier reserves the right, at Merchant's expense, to return the Container to Merchant for resealing, or to affix a seal.

9. Inspection of Goods

Carrier or any Servant or Agent or any other person authorized by Carrier shall be entitled, but under no obligation, to open any Container or package at any time and to inspect the Goods. If, by order of the authorities at any place, a Container has to be opened for the Goods to be inspected, Carrier will not be liable for any loss or damage incurred as a result of such opening, unpacking, inspection or repacking. Carrier shall be entitled to recover the costs of such opening, unpacking, inspection and repacking from Merchant.

10. Carriage Affected by Condition of Goods

If it appears at any time that, due to their condition, the Goods cannot safely or properly be carried further or without incurring additional expense or taking any measure(s) in relation to the Container or the Goods, Carrier may, without notice to Merchant, take any measure(s) and/or incur any additional expense to carry or to continue the Carriage thereof, and/or sell or dispose of the Goods, and/or abandon the Carriage and/or store them ashore or afloat, under cover or in the open, at any place, whichever Carrier, in its absolute discretion, considers most appropriate, which abandonment, storage, sale or disposal shall be deemed to constitute due delivery under this Sea Waybill. Merchant shall indemnify Carrier against any additional expense so incurred.

11. Description of the Goods and High Value Cargo

(1) The Shipper warrants to Carrier that the particulars relating to the Goods as set out on page 2 have been checked by the shipper on receipt of this Sea Waybill and that such particulars, and any other particulars furnished by or on behalf of the shipper, are adequate and correct. The shipper also warrants that the Goods are lawful Goods and contain no contraband.

(2) Carrier is neither prepared to enter into a contract of Carriage nor to issue a Sea Waybill regarding High Value Cargo without Carrier's prior written consent to perform such a carriage. High Value Cargo shall consist of Goods with an invoice value of USD 2,000,000 or above. Carrier shall be discharged from all liability in respect of loss or damage to such Goods, non-delivery, delay or any other loss connected or related to the Carriage in case of failure to declare any High Value Cargo and seek Carrier's said consent.

12. Merchant's Responsibility

(1) All persons coming within the definition of Merchant shall be jointly and severally liable to Carrier for the fulfillment of all obligations and warranties undertaken by Merchant either in this Sea Waybill, or required by law. Merchant shall indemnify Carrier against all claims, losses, damages, expenses, fines, costs and attorneys fees, arising or resulting from any breach of these obligations and warranties.

(2) It is the sole responsibility of the shipper to provide Carrier electronically or by any other means as agreed by the parties with the VGM of each Container prior to the deadline stipulated by Carrier for submission (VGM cutoff time). If VGM is not provided in time by the shipper or its representative, Carrier shall be under no obligation to commence or continue Carriage of that Container.

(a) Carrier may store/re-weigh or return the Container to the shipper or its representative in its discretion for Merchant's account if VGM is not provided in time.

(b) Any demurrage and storage fees resulting from breach of these obligations shall be for Merchant's account.

(c) Merchant shall also be liable for any resulting expenses, fines, delay, loss or damage.

(3) Merchant shall comply with all regulations or requirements of customs, ports and/or other authorities, including but not limited to those relating to VGM, and shall bear and pay all duties, taxes, fines, imposts, expenses or losses (including Freight for any additional Carriage) incurred or suffered by reason of any failure to so comply, or by reason of any illegal, incorrect, or insufficient weighing, marking, number or addressing of the Goods or Containers or the discovery of any drugs, narcotics, stowaways or other illegal substances within Containers packed by Merchant or inside Goods supplied by Merchant, or stamp duty imposed by any country, and shall indemnify Carrier in respect thereof.

(4) If Containers supplied by or on behalf of Carrier are unpacked at Merchant's premises, Merchant is responsible for returning the empty Containers (free of any dangerous goods placards, labels or markings), with interiors brushed and clean, to the point or place designated by Carrier, its Servants or Agents, within the time prescribed. Should a Container not be returned within the time prescribed in the tariff, Merchant shall be liable for any detention, loss or expenses which may arise from such non-return.

13. ISPS Code

(1) Merchant shall comply with the requirements of the ISPS Code. If Carrier is held liable by any State Authority or any other third party Merchant shall indemnify and hold Carrier harmless from any damages resulting from the violation of the ISPS Code by Merchant.

(2) Merchant undertakes to pay Carrier any costs or expenses whatsoever arising out of or related to security regulations or measures required by the port facility or any relevant authority in accordance with the ISPS Code in relation to Merchant's Goods.

(3) Carrier is entitled to deviate the Vessel to a different port and to unload the Goods there if the authorities in the port of discharge have increased their level of security according to the ISPS Code after the Goods have been loaded.

(4) Merchant undertakes to compensate any costs and expenses suffered by Carrier because of a delay of the Vessel resulting from a violation of the ISPS Code by Merchant.

14. Freight

(1) Freight shall be deemed fully earned on receipt of the Goods by Carrier and shall be paid and nonreturnable in any event.

(2) Freight has been calculated and shall be paid on the basis of particulars furnished by or on behalf of the shipper. If the particulars furnished by or on behalf of the shipper are incorrect, liquidated damages shall be paid to Carrier, in accordance with the applicable tariff.

(3) All Freight shall be paid without any set-off or counterclaim unless the claim is not in dispute or confirmed by final court decision.

(4) If Merchant fails to pay the Freight when due, it shall be liable for all costs, liquidated damages in accordance with the applicable tariff and in particular interest which accrues until payment.

15. Lien

Carrier shall have a lien on the Goods and any documents relating thereto for all sums payable by Merchant to Carrier under this or any other contract and for general average and/or salvage contributions, to whomsoever due. Carrier may exercise its lien at any time and in any place at its sole discretion, whether the contractual Carriage is completed or not. Carrier's lien shall extend to cover the cost and attorneys fees of recovering any sums due. Carrier shall have the right to sell the Goods at public or private sale at the expense and without notice to Merchant. If the proceeds of this sale fail to cover the whole amount due, Carrier is entitled to recover the deficit from Merchant.

16. Optional Stowage and Deck Cargo

(1) The Goods may be packed by Carrier in Containers and consolidated with other goods in Containers.

(2) Goods, whether or not packed in Containers, may be carried on deck or under deck without notice to Merchant and Carrier shall not be required to note on the Sea Waybill any statement of on-deck Carriage. All such Goods whether carried on deck or under deck, shall participate in general average and the Carriage of such Goods is subject to all terms and conditions of the Sea Waybill.

17. Methods and Routes of Carriage

(1) Carrier may at any time and without notice to Merchant:

(a) use any means of Carriage or storage whatsoever, including the utilization of railway, road vehicle or inland river services;

(b) transfer the Goods from one conveyance to another, including but not limited to transshipping or carrying on another Vessel or conveyance or by any other means of transport than that named on page 2;

(c) unpack and remove Goods which have been packed into a Container and forward them in a Container or otherwise;

(d) proceed by any route in its discretion (whether or not the nearest or most direct or customary or advertised route), at any speed, and proceed to or stay at any place or port whatsoever, once or more often and in any order;

(e) load or unload the Goods at any place or port (whether or not such port is named on page 2 as the Port of Loading or Port of Discharge) and store the Goods temporarily at any place or port whatsoever, once or more often and/or

(f) comply with any orders or recommendations given by any government or authority.

(2) The liberties set out in this Clause 17 may be invoked by Carrier for any purpose whatsoever, whether or not connected with the Carriage of the Goods, including loading or unloading other Goods, bunkering, undergoing repairs, adjusting instruments, picking up or landing any persons. Anything done in accordance with Clause 17 (1) or any delay arising therefrom shall be deemed to be: (i) within the contractual Carriage and shall not be a deviation and (ii) Carrier shall be entitled to full charges and any additional Freight, storage and all other expenses incurred by or on behalf of Carrier, all of which shall be due and owing from Merchant, and Carrier shall have a lien on the Goods for the same.

18. Matters Affecting Performance

If at any time the Carriage is or is likely to be affected by any hindrance, risk, danger, delay, difficulty or disadvantage of any kind including but not limited to labour disruption such as strike and lock-out, war, civil commotion, political unrest, piracy, act of terrorism and threat thereof and howsoever arising (even though the circumstances giving rise to such hindrance, risk, danger, delay, difficulty or disadvantage existed at the time this contract was entered into or when the Goods were received for the Carriage), then Carrier (whether or not the Carriage is commenced) may, at its sole discretion and without prior notice to Merchant, either:

(1) carry the Goods to the contracted port of discharge or place of delivery, whichever is applicable, by an alternative route to that indicated on page 2 of this Sea Waybill or that which is usual for Goods consigned to that port of discharge or place of delivery and shall be entitled to charge such additional Freight; or

(2) suspend the Carriage of the Goods and store them ashore or afloat and endeavor to forward them as soon as reasonably possible and shall be entitled to charge such storage costs and additional Freight; or

(3) abandon the Carriage of the Goods and place them at Merchant's disposal at any place or port which Carrier may deem safe and convenient, whereupon the responsibility of Carrier in respect of such Goods shall cease. Merchant shall pay any additional costs of the Carriage to, and delivery and storage at, such place or port.

19. Dangerous Goods

(1) No Goods which are or may become dangerous, inflammable or damaging (including radioactive materials), shall be tendered to Carrier for Carriage without its express consent in writing, and without the Container as well as the Goods themselves being distinctly marked on the outside so as to indicate the nature and character of any such Goods and so as to comply with any applicable laws, regulations or requirements. If any such Goods are delivered to Carrier without such written consent and/or marking, or if in the opinion of Carrier the Goods are or are likely to become of a dangerous, inflammable or damaging nature, they may at any time be destroyed, disposed of, abandoned, or rendered harmless without compensation to Merchant.

(2) Merchant warrants that the Goods are sufficiently packed in compliance with all laws or regulations and requirements with regard to the nature of the Goods.

(3) Whether or not Merchant was aware of the nature of the Goods, Merchant shall indemnify Carrier against all claims, losses, damages or expenses, costs and fees, including attorneys fees, arising in consequence of the Carriage of such Goods.

(4) Nothing contained in this Clause shall deprive Carrier of any of its rights provided for elsewhere.

20. Notification and Delivery

(1) Carrier shall not be obliged to give any notification of the arrival of the Goods to Merchant hereunder.

(2) Merchant shall take delivery of the Goods within the time provided for in Carrier's applicable tariff.

(a) If Merchant fails to do so, Merchant shall either nominate an alternative receiver or accept a return shipment or organize the cargo disposal, failing which Merchant shall indemnify Carrier for all losses arising out of Merchant's refusal to remedy the situation. Furthermore, Carrier shall be entitled, without notice, to unpack the Goods if packed in Containers and/or to store the Goods ashore, afloat, in the open or under cover, at the sole risk of Merchant. Such storage shall constitute due delivery hereunder, and thereupon the liability of Carrier in respect of the Goods stored as aforesaid shall wholly cease.

(b) Merchant shall be responsible for the costs of such storage, as well as detention and demurrage.

(3) If Merchant fails to take delivery of the Goods within thirty days of delivery becoming due under Clause 20 (2), or if in the opinion of Carrier they are likely to deteriorate, decay, become worthless or incur charges whether for storage or otherwise in excess of their value, Carrier may, without prejudice to any other rights which it may have against Merchant, without notice sell, destroy or dispose of the Goods and apply any proceeds of sale in reduction of the sums due to Carrier from Merchant.

(4) Without prejudice to an earlier termination by virtue of law or any other clause of this Sea Waybill the responsibility of Carrier shall cease and the Goods shall be considered to be delivered at their own risk and expense in every respect when taken into the custody of customs or other authorities.

21. General Average & Salvage

General average to be adjusted in any currency at any place selected by Carrier and according to the York/Antwerp Rules 1994. Any claims and/or disputes relating to general average shall exclusively be subject to the laws and jurisdictions set out in Clause 24. The BIMCO New Jason Clause is hereby expressly incorporated and obtainable from Carrier or its agents upon request.

22. Both-to-Blame Collision

The BIMCO Both-to-Blame Collision Clause is hereby incorporated into this Sea Waybill and obtainable from Carrier or its agent upon request.

23. Validity and Carrier's Data Protection Policy

(1) In the event that anything herein contained is inconsistent with any applicable international convention or national law which cannot be departed from by private contract, the provisions hereof shall to the extent of such inconsistency but not further be null and void. Unless otherwise specifically agreed in writing between Merchant and Carrier, the terms and conditions of this Sea Waybill supersede any prior agreements between Merchant and Carrier.

(2) Carrier's Data Protection Policy may be viewed at www.hlag.com.

24. Law and Jurisdiction

Except as otherwise provided specifically herein any claim, dispute, suit or proceeding arising under this Sea Waybill and/or the contract between Carrier and the booking party shall be governed by German law and determined exclusively in the Hamburg courts. Carrier shall have the option to file a suit at Merchant's place of business.

L.V. 06/16 Printed 06/16

Sea Waybill · Not Negotiable

Anmerkungen

1. Der nicht begebbare **Seefrachtbrief** (Non-negotiable Sea Waybill) ist ein Verfrachterdokument, bescheinigt also die Verpflichtung zur Durchführung der Güterbeförderung. Abgedruckt ist ein Hapag-Lloyd-Formular, das als Übernahmedokument aufgemacht ist.

2. Im Unterschied zum Konnossement ist der Seefrachtbrief eine **bloße Beweisurkunde** für die Übernahme der Güter sowie für Abschluss und Inhalt des Frachtvertrages. Der Besitz an den Gütern wird also nicht durch das Dokument ersetzt. Die Auslieferung an den Empfänger erfolgt vielmehr gegen Identitätsnachweis. Der Seefrachtbrief ist anders als das Konnossement nicht begebbar (non-negotiable).

Seefrachtbriefe, insbesondere elektronische, werden eingesetzt, wenn anderenfalls verwendete Konnossemente nicht rechtzeitig bei Ankunft eines Schiffes präsentiert werden könnten oder auch bei Güterverschiffung zwischen Konzerngesellschaften, bei denen die Begebbarkeit des Dokuments keine Rolle spielt.

3. Bezüglich der **Reiseroute** entsprechen die Angaben im Seefrachtbrief denen des Konnossements (→ Form. I.P.1 Anm. 8 ff). Der Seefrachtbrief kann für die reine Seefracht von Hafen zu Hafen (Port-to-Port Shipment) eingesetzt werden. Im Multimodaltransport, also bei Übernahme einer Vor- und/oder Nachreise, kann er durch Ausfüllen der Felder zum Übernahmeort (Place of Receipt) und/oder Bestimmungsort (Place of Delivery) verwendet werden. Er wird dann als Dokument der Durchfracht (Through Liner Waybill) bezeichnet.

4. Im **Akkreditivgeschäft** sind nicht-begebbare Seefrachtbriefe gem Art 21 a i ERA 600 aufnahmefähig (näher MüKoHGB Bd 6/*Wedemann* H202; *Schütze/Vorpeil* Rn 255).

Erforderlich sind dann **Ausstellerunterschrift und Vertretervermerke** (→ Form. I.P.1 Anm. 11).

Der abgedruckte Seefrachtbrief ist in seiner Aufmachung als Übernahmedokument nur aufnahmefähig bei vorgedrucktem Vermerk „zur Verschiffung“ oder bei **An-Bord-Vermerk,** wobei sich die Einzelheiten aus Art 21 a ii 2 f ERA 600 ergeben.

Q. Lagerung

Lagergeschäft. Aus dem **Lagervertrag** (§§ 467–475h) ergeben sich Hinweis- und Unterrichtungspflichten insbesondere im Zusammenhang mit Gefahrgut (§ 468 I).

Eigenständige Bedeutung des Lagergeschäfts besteht nur, wenn das Gut zwecks Weiterverteilung ausgeladen wird, zB an Hafenplätzen und Zielorten im Binnenland, zu denen die Ware direkt durchtransportiert wird. Ansonsten ist die Lagerei eine zusätzliche Leistung zum Transportgeschäft.

Auch nach der Transportrechtsreform 1998 besteht eine **Haftung für vermutetes Verschulden,** dh die Haftung des Lagerhalters entfällt, wenn er den Beweis erbringt, dass der Schaden durch die Sorgfalt eines ordentlichen Kaufmanns nicht abgewendet werden konnte (§ 475). Eine verschuldensunabhängige Haftung wie bei Frachtführer und Spediteur ist nicht vorgesehen.

Gesetzlich geregelte **Lagerdokumente** sind der Lagerschein (§ 475c) und der Orderlagerschein mit Traditionsfunktion (§ 475g), deren Handhabung weitestgehend unproblematisch ist. Zu Grunde liegen dem Lagervertrag jeweils allgemeine Geschäftsbedingungen wie die im Folgenden besprochenen Hamburger Lagerungsbedingungen → Form. I.Q.1).

1. Hamburger Lagerungsbedingungen

Verein Hamburger Lagerhalter e.V.[1, 2, 3, 4, 5, 6, 7]

Verein Hamburgischer Quartiersleute von 1886 e.V.

Unverbindliche Empfehlung für Allgemeine Geschäftsbedingungen

Hamburger Lagerungsbedingungen

Stand: 1.10.2006

I. ALLGEMEINE BESTIMMUNGEN

§ 1 Anwendung der Hamburger Lagerungsbedingungen

1. Die Hamburger Lagerungsbedingungen gelten in ihrer jeweils neuesten Fassung für die Geschäftsbesorgungen des Lagerhalters und/oder Quartiersmannes, die dieser für den Einlagerer oder einen Dritten aufgrund Lagervertrages oder Gesetzes ausführt. Soweit die nachstehenden Geschäftsbedingungen keine Regelungen enthalten, kommen die §§ 467 bis 475 h HGB zur Anwendung.
2. Die Hamburger Lagerungsbedingungen gelten auch für und gegen jeden Rechtsnachfolger des Einlagerers oder Dritten.
3. Die Hamburger Lagerungsbedingungen gelten auch im Rahmen von § 1 Ziff. 1 für sämtliche Nebentätigkeiten des Lagerhalters, insbesondere Sortieren, Probenehmen, Verlesen, Säubern, Sieben, Mischen, Konfektionieren, Montage von Teilen, Bearbeiten von Beschädigungen, Verpackungen etc, auch wenn diese Arbeiten vom Lagerhalter nicht auf dem eigenen Lager, sondern zB auf fremden Lägern, am Kai, auf Verkehrsmitteln etc ausgeführt werden.

§ 2 Geschäftsbesorgung durch andere Personen

1. Bedient sich der Lagerhalter zur Erfüllung der Geschäftsbesorgung anderer betriebsfremder Personen, so vereinbart er mit diesen für deren Leistungen die verkehrsüblichen Geschäftsbedingungen unter Berücksichtigung des Interesses des Einlagerers oder des Dritten (§ 1 Ziff. 1).
2. In einem Schadensfall tritt der Lagerhalter seinen etwaigen Anspruch gegen den Schädiger auf Verlangen des Einlagerers oder des Dritten ab.
3. Der Lagerhalter ist nicht verpflichtet, diese betriebsfremde Person während der Ausführung der Tätigkeit zu überwachen bzw. überwachen zu lassen.

§ 3 Prüfung von Erklärungen

Der Lagerhalter ist zur Prüfung

a) der Echtheit von Unterschriften jeglicher Art

sowie

b) der Befugnisse der Unterzeichner von a)

nicht verpflichtet.

II. DER LAGERVERTRAG

§ 4 Der Vertragsabschluß

1. Alle Anmeldungen, Anträge und sonstige Anordnungen sollen schriftlich erfolgen. Ungewissheiten, Nachteile, Beweisfragen oä, die auf Unklarheiten aus mündlicher Übermittlung beruhen, gehen zu Lasten des Einlagerers oder des Dritten.
2. Bei der Anmeldung müssen die Güter so spezifiziert werden, dass eine ordnungsgemäße Stapelung, Lagerung und Bearbeitung ermöglicht wird. Diese Spezifikation ist dem Lagerhalter zu übergeben. Alle Anweisungen für die Behandlung und die Verwahrung der Güter sind in die Spezifikation aufzunehmen. Der Lagerhalter ist nicht verpflichtet, die Angaben in der Spezifikation nachzuprüfen oder zu ergänzen. Für Stücke, deren Gewicht 500 kg überschreitet, ist das Einzelgewicht anzugeben. Bei fehlerhafter Anmeldung und/oder Spezifikation hat der Einlagerer daraus entstehende Kosten zu tragen.

§ 5 Die Einlagerung

1. Die Abfertigung der Fahrzeuge und die Annahme von Gütern erfolgt nach ihrem Eintreffen am Lager in der Reihenfolge ihrer Anmeldung bei der zuständigen Stelle des Lagers, soweit keine anderen Vereinbarungen getroffen worden sind.
2. Der am Lager geltenden Arbeitszeit haben sich alle Beteiligten anzupassen.
3. Die Ausführung aller übernommenen Aufträge durch den Lagerhalter geschieht, soweit nichts anderes vereinbart ist oder besondere Umstände es verhindern, am nächsten Arbeitstag nach Einlieferung der erforderlichen Papiere (Lagerschein, Konnossement, Lieferschein usw.). Nach 12.00 Uhr mittags eingelieferte Papiere gelten als am nächsten Tag eingeliefert.
4. Die Einlagerung der Güter erfolgt nach Wahl des Lagerhalters in eigenen oder fremden Lägern.
5. Wenn Güter eingelagert und/oder bearbeitet werden sollen, die wegen ihrer Beschaffenheit bzw. Eigenschaften (Feuergefährlichkeit, Gesundheitsschädlichkeit u. ä.) Nachteile jeglicher Art für das Lager oder andere Lagergüter bewirken können, ist der Einlagerer verpflichtet, dem Lagerhalter rechtzeitig schriftlich die genaue Art der Gefahr und die zu ergreifenden Vorsichtsmaßnahmen mitzuteilen. Er hat ferner das Gut, soweit erforderlich, zu verpacken und zu kennzeichnen und Urkunden zur Verfügung zu stellen sowie alle Auskünfte zu erteilen, die der Lagerhalter zur Erfüllung seiner Pflichten benötigt. Der Einlagerer ist des weiteren verpflichtet, dem Lagerhalter Anweisungen für die sachgerechte Lagerung der eingelagerten Güter zu erteilen. Kommt er dieser Verpflichtung nicht nach, so lagert der Lagerhalter die Güter nach seinem pflichtgemäßen Ermessen. § 6 Ziff. 8 Abs. 2 findet entsprechende Anwendung. Lagerung und/oder Bearbeitung der og Güter ist jedoch nur nach ausdrücklicher Vereinbarung mit dem Lagerhalter möglich. Dieser ist berechtigt, solche Güter in separaten Räumen, in den dafür eingerichteten Speziallägern oder ggf. auch im Freien zu lagern.
6. Der Lagerhalter stellt dem Einlagerer über die eingelagerten Güter eine Einlagerungsanzeige aus.
7. Der Lagerhalter vermerkt äußerlich erkennbare Schäden an den Gütern oder ihrer Verpackung auf der Einlagerungsanzeige und/oder dem Lagerschein. Bei der Einlagerung und sonstigen Tätigkeiten an oder mit Ladungseinheiten (unit loads, palettierte oder gebündelte Güter, gepackte Behälter, Container) bezieht sich die Prüfung durch den Lagerhalter nur auf die äußere Beschaffenheit der Einheiten.

§ 6 Die Lagerung

1. Der Lagerhalter kann die Güter innerhalb seines Gesamtlagers (Eigen- und Fremdläger) umlagern. Er hat dem Einlagerer die Umlagerung mit genauer Bezeichnung des neuen Lagerortes anzuzeigen.
2. Der Lagerhalter trägt für die verkehrsübliche Bewachung und Kontrolle der Lagergüter Sorge; zu darüber hinausgehenden besonderen Bewachungs- und/oder Kontrollmaßnahmen ist der Lagerhalter nicht verpflichtet.
3. Der Lagerhalter öffnet die Verpackung der Güter nicht ohne ausdrücklichen Auftrag des Einlagerers. Der Lagerhalter ist jedoch zur Öffnung der Verpackung befugt, wenn ein wichtiger Grund vorliegt. Ein wichtiger Grund ist insbesondere dann gegeben, wenn der Lagerhalter berechtigten Anlass zu der Annahme hat, dass der Inhalt von Packstücken nicht richtig angegeben ist, oder wenn in den Begleitpapieren die Art der Güter nicht eindeutig bezeichnet ist.
4. Der Lagerhalter ist ohne besondere Vereinbarung nicht verpflichtet, Arbeiten zur Erhaltung oder Verbesserung der Güter oder ihrer Verpackung auszuführen. Er ist aber berechtigt, derartige Arbeiten auf Kosten des Einlagerers zu verrichten, wenn nach seinem pflichtgemäßen Ermessen durch ihre Unterlassung Verlust oder Beschädigung des Gutes selbst, anderer Güter oder der Lagerräume zu befürchten ist.
5. Der Lagerhalter ist berechtigt, ohne Auftrag aber nicht verpflichtet, das Gut zu wiegen bzw. zu messen. Wird das Gut von dem Lagerhalter ohne Auftrag gewogen bzw. gemessen, so hat der Einlagerer die Kosten zu tragen, wenn das Gewicht bzw. das Maß nicht richtig angegeben wurde.
6. Nur der Einlagerer oder von ihm legitimierte Personen haben das Recht, Auskunft über eingelagerte Güter zu verlangen. Sie können während der üblichen Geschäftsstunden in Begleitung des Lagerhalters oder seiner Mitarbeiter das Lager auf eigene Gefahr betreten.
7. Nehmen der Einlagerer oder seine Beauftragten Handlungen an oder mit den Lagergütern vor, so haben diese danach die Güter dem Lagerhalter neu zu übergeben und Gewicht und Beschaffenheit der Güter mit ihm festzustellen. Geschieht dies nicht, haftet der Lagerhalter nicht für eine später festgestellte Minderung oder Beschädigung der Güter. Auf Verlangen des Lagerhalters ist der Einlagerer verpflichtet, die Handlungen an den Lagergütern durch Mitarbeiter des Lagerhalters ausführen zu lassen.
8. Dem Einlagerer steht es frei, das Lager und die Art und Weise der Einlagerung seiner Güter zu besichtigen oder durch eine andere legitimierte Person besichtigen zu lassen. Einwände gegen die Art und Weise der Einlagerung der Güter muss der Einlagerer gegenüber dem Lagerhalter vorbringen. Erhebt der Einlagerer diese Einwände nicht unverzüglich nach der Einlagerung, begibt er sich dieser Einwände, soweit die Einlagerung unter Wahrung der Sorgfalt eines ordentlichen Lagerhalters erfolgt ist.
9. Dem Lagerhalter steht das Hausrecht an dem Lagerort zu. Der Einlagerer und seine Beauftragten haben alle lagerbezogenen Weisungen des Lagerhalters oder seiner Mitarbeiter insbesondere hinsichtlich ihres Verhaltens im Lager, der Einlagerung der Güter u. ä. m. zu befolgen.

§ 7 Die Auslagerung

1. Die Auslieferung der Güter erfolgt nur nach vorheriger Vereinbarung mit dem Lagerhalter. Nur der Einlagerer oder die von ihm schriftlich zum Empfang der Güter legitimierte Person ist berechtigt, die Güter in Empfang zu nehmen.
2. Hinsichtlich der Abfertigung der Fahrzeuge gilt § 5 Ziff. 1 entsprechend.

§ 8 Eigentumsaufgabe

Der Einlagerer, sein Rechtsnachfolger oder die von ihm legitimierte Person ist nicht berechtigt, das Eigentum der in der Verfügungsgewalt des Lagerhalters befindlichen Ware einseitig aufzugeben.

III. HAFTUNG

§ 9 Die Haftung des Einlagerers

1. Der Einlagerer haftet dem Lagerhalter für alle Schäden, die dadurch entstehen, dass der Einlagerer entgegen § 5 Ziff. 5 dieser Bestimmungen keinen Hinweis auf die Gefährlichkeit der Güter abgegeben hatte, sowie für Schäden durch unrichtige oder unvollständige Bezeichnung der Güter, durch fehlerhafte Gewichts- bzw. Maßangabe oder durch Mängel der Verpackung.
2. Der Einlagerer haftet dem Lagerhalter für alle Schäden, welche er, seine Mitarbeiter oder Beauftragten beim Betreten des Lagers oder beim Betreten oder Befahren des Lagergrundstücks dem Lagerhalter, anderen Einlagerern oder dem Grundstückseigentümer zufügen. Als Beauftragte gelten auch Dritte, die auf seine Veranlassung das Lager oder das Lagergrundstück aufsuchen.
3. Der Einlagerer haftet dem Lagerhalter für alle Schäden, die diesem dadurch entstehen, dass der Einlagerer gemäß § 6 Ziff. 9 dieser Bestimmungen erteilte Weisungen nicht beachtet.

§ 10 Grundsätze der Haftung des Lagerhalters

1. Der Lagerhalter haftet aufgrund gesetzlicher oder vertraglicher Bestimmungen bei allen Tätigkeiten nur, soweit ihn oder seine Erfüllungsgehilfen und/oder Verrichtungsgehilfen ein Verschulden trifft.
2. Die Entlastungspflicht trifft grundsätzlich den Lagerhalter; ist jedoch ein Schaden an einem Gut äußerlich nicht erkennbar gewesen oder kann dem Lagerhalter die Aufklärung einer Schadensursache nach Lage der Umstände billigerweise nicht zugemutet werden, so haben der Einlagerer oder Dritte (§ 1 Ziff. 1) nachzuweisen, dass der Lagerhalter den Schaden schuldhaft verursacht hat.
3. Gegen Zahlung eines erhöhten Lagergeldes steht es dem Einlagerer frei, eine über den Umfang der Hamburger Lagerungsbedingungen hinaus erweiterte Haftung mit dem Lagerhalter zu vereinbaren.
4. Der Lagerhalter haftet für die Richtigkeit der angegebenen Eigenschaften der Ware, insbesondere Gattung, Gewicht, Maß, Provenienz o. ä., wenn diese Angaben von ihm festgestellt und schriftlich bestätigt worden sind. Der Ausschluss der Haftung für Schwund (§ 11 Ziff. 3 HLB) bleibt von dieser Regelung unberührt.

§ 11 Ausschluss der Haftung

Ansprüche gegen den Lagerhalter wegen gänzlichen oder teilweisen Verlustes oder Beschädigung sind ausgeschlossen, wenn

1. der Einlagerer oder die von ihm legitimierte Person die Beanstandungen nicht unverzüglich bei der Auslieferung der Güter am Lagerort, bei äußerlich nicht erkennbaren Schäden unverzüglich nach deren Entdeckung, gegenüber dem Lagerhalter schriftlich vorgebracht hat,
2. ein Schaden durch höhere Gewalt, Naturkatastrophen, Krieg und Bürgerkrieg oder kriegsähnliche Ereignisse, Streik, Aussperrung, Arbeitsunruhen, politische Gewalthandlungen, Aufruhr, sonstige bürgerliche Unruhen, Sabotage, Entziehung oder Ein-

griffe von hoher Hand oder behördliche Anordnungen verursacht worden ist und der dadurch entstandene Schaden auch mit der Sorgfalt eines ordentlichen Lagerhalters nicht abgewendet werden konnte; konnte ein Schaden aus einer der vorgenannten Gefahren entstehen, so wird bis zum Nachweis des Gegenteils angenommen, dass der Schaden daraus entstanden ist,
3. der Schaden seine Ursache in der Sphäre des Einlagerers (Person, Weisungen des Einlagerers oder von ihm beauftragter Dritter) und/oder des eingelagerten Gutes hat; dies ist insbesondere dann der Fall, wenn der Schaden durch die natürliche Beschaffenheit des Gutes, mangelhafte oder fehlende Verpackung, Schädlingsbefall, inneren Verderb, Schwund, Rost, Schimmel, Fäulnis o. ä. verursacht worden ist,
4. die Güter vereinbarungsgemäß, üblicherweise oder entsprechend § 5 in separaten Räumen, in den dafür eingerichteten Speziallägern oder ggf. auch im Freien eingelagert waren und der Schaden auf diese Art der Lagerung zurückzuführen ist,
5. es sich um einen Schaden an einem versicherten Gut handelt,
6. der Einlagerer gegen seine Pflicht zur Spezifikation gemäß § 4 Ziff. 2 verstoßen hat und dadurch der eingetretene Schaden verursacht wurde.

§ 12 Beschränkung der Haftung

1. Als ersatzpflichtiger Wert der Güter gilt deren gemeiner Wert. Soweit der Lagerhalter haftet, ist die Höhe des von ihm zu leistenden Schadensersatzes auf zwei Rechnungseinheiten für jedes Kilogramm des Rohgewichts der Ware begrenzt.
2. Die Haftung des Lagerhalters ist auf den unmittelbaren Sachschaden beschränkt. Für mittelbare Schäden, die nicht am Gute selbst entstehen (Vermögensschäden), insbesondere entgangenen Gewinn, haftet der Lagerhalter nicht.
3. Hat der Einlagerer Einwendungen gemäß § 6 Ziff. 8 dieser Bedingungen nicht unverzüglich vorgebracht und ist ein Schaden auf die Art der Unterbringung und/oder Sicherung der Güter zurückzuführen, so ist die Haftung des Lagerhalters gemäß § 254 BGB beschränkt bzw. ausgeschlossen.
4. Die in Ziff. 1 genannte Rechnungseinheit ist das Sonderziehungsrecht des Internationalen Währungsfonds. Der Betrag wird in Euro entsprechend dem Wert des Euro gegenüber dem Sonderziehungsrecht am Tag der Übernahme der Güter oder an dem von den Parteien vereinbarten Tag umgerechnet. Der Wert des Euro gegenüber dem Sonderziehungsrecht wird nach der Berechnungsmethode ermittelt, die der Internationale Währungsfonds an dem betreffenden Tag für seine Operationen und Transaktionen anwendet.

§ 13 Wegfall der Haftungsausschlüsse und -begrenzungen

Die Haftungsausschlüsse und Haftungsbegrenzungen der Hamburger Lagerungsbedingungen gelten nicht, wenn der Schaden auf eine Handlung oder Unterlassung zurückzuführen ist, die der Lagerhalter, seine Mitarbeiter in Ausübung ihrer Verrichtung oder Personen, deren der Lagerhalter sich bei Ausführung seiner Tätigkeit bedient, vorsätzlich oder leichtfertig und in dem Bewusstsein, dass ein Schaden mit Wahrscheinlichkeit eintreten werde, begangen hat. Das Gleiche gilt, wenn dieser Personenkreis den Schaden durch Verletzung vertragswesentlicher Pflichten (sog. Kardinalspflichten) herbeigeführt hat. Die Beweislast trifft den Einlagerer. Der Lagerhalter hat sich zu den Umständen, die für die Beurteilung des Schadensfalles maßgeblich sind, in dem ihm möglichen Umfang einzulassen.

§ 14 Haftung von Mitarbeitern

Die Haftung von Mitarbeitern des Lagerhalters gegenüber dem Einlagerer oder dritten Personen ist entsprechend den vorstehenden Haftungsbestimmungen der Hamburger Lagerungsbedingungen ausgeschlossen bzw. beschränkt.

§ 15 Ersatzleistung

1. Der Lagerhalter ist berechtigt aber nicht verpflichtet, innerhalb einer Frist von 6 Monaten den Schadensersatzanspruch des Einlagerers dadurch zu befriedigen, dass er diesem Güter gleicher Art und Güte zur Verfügung stellt. Die Frist beginnt mit dem Zeitpunkt, zu dem der Berechtigte den Schadensersatzanspruch bei dem Lagerhalter schriftlich anmeldet. Der Lagerhalter ist berechtigt, Beschädigungen unter Ausschluss der Haftung für Wertminderung selbst zu beseitigen oder beseitigen zu lassen.
2. Bei Schäden an einem Sachteil, der einen selbständigen Wert hat, oder bei Schäden an einer von mehreren zusammengehörenden Sachen bleibt eine etwaige Wertminderung des Restes der Sache oder der übrigen Sachteile außer Betracht.
3. In Höhe der geleisteten Entschädigungen gehen etwaige Ansprüche des Wareneigentümers hinsichtlich des eingelagerten Gutes gegen Dritte auf den Lagerhalter über. Wurde ein Anspruch gegen einen Dritten oder ein zur Sicherung dienendes Recht aufgegeben, so ist der Lagerhalter von seiner Ersatzpflicht insoweit frei, als er aus dem Anspruch oder dem Recht hätte Ersatz erlangen können.
4. Erreicht die durch den Lagerhalter geleistete Entschädigung den gemeinen Wert des Gutes oder den gemeinen Wert von Teilen des Gutes, kann der Lagerhalter wählen, ob mit der Zahlung der Entschädigung die Rechte an den Gütern oder den Teilen der Güter auf ihn übergehen sollen oder nicht. Der Rechtsübergang entfällt, wenn der Lagerhalter ihn nicht innerhalb von 10 Werktagen nach Entschädigungsleistung gegenüber dem Berechtigten wählt.

IV. DER LAGERSCHEIN

§ 16 Ausstellung und Inhalt

1. Der Lagerhalter stellt einen Lagerschein über die bei ihm eingelagerten Güter aus, wenn der Einlagerer dies beantragt. Der Lagerhalter kann die Ausstellung des Lagerscheins verweigern, wenn ein berechtigtes Interesse des Lagerhalters vorliegt. Dies ist insbesondere dann der Fall, wenn seine Ansprüche auf Entgelt, Auslagen pp. gegen den Einlagerer durch das eingelagerte Gut nicht mehr gedeckt sind.
2. Der Lagerhalter schreibt Teilabnahmen auf dem Lagerschein ab. Er kann den Lagerschein zurücknehmen und über das restliche Gut einen neuen Lagerschein ausstellen.

§ 17 Abtretung des Herausgabeanspruchs

1. Die Abtretung des Herausgabeanspruchs erfolgt durch Ausfüllen der im Lagerscheinformular vorgesehenen Vordrucke. Für ihre Wirkung sind die Bestimmungen des Bürgerlichen Gesetzbuches maßgebend, soweit nicht in diesen Bestimmungen etwas anderes vorgesehen ist.
2. Die Abtretung des Herausgabeanspruchs ist dem Lagerhalter gegenüber erst wirksam, wenn sie ihm von dem Abtretenden unter genauer Bezeichnung des Erwerbers schriftlich angezeigt worden ist. Ist die Abtretung auf dem Lagerschein schriftlich durch Ausfüllen des Vordruckes erklärt worden, so genügt als Anzeige das Vorlegen des Lagerscheins durch den neuen Inhaber.

§ 18 Abhandenkommen des Lagerscheins

1. Ist der Lagerschein abhanden gekommen, so hat der Lagerhalter auf Kosten des Einlagerers den Verlust des Lagerscheins unverzüglich im hamburgischen „Amtlichen Anzeiger" und in zwei hamburgischen Tageszeitungen anzuzeigen und auf den Ablauf der Verjährungsfrist (§ 18 Ziff. 3) hinzuweisen.
2. Ist ein Lagerschein abhanden gekommen oder vernichtet, so ist der Lagerhalter berechtigt, das Gut dem Einlagerer oder dessen Rechtsnachfolger herauszugeben, wenn sich dieser schriftlich verpflichtet, den Lagerhalter von allen Folgen dieser Auslieferung freizustellen und zur Sicherheit dieser Verpflichtung eine Bürgschaftserklärung einer deutschen Bank beibringt, welche nach den Bestimmungen der Zivilprozessordnung (§ 108 Abs. 1 ZPO) als Sicherheit zugelassen würde.
3. Wird nach Abgabe einer derartigen Verpflichtungsurkunde seitens des Empfängers und nach Übergabe der Bürgschaftserklärung für alle Verpflichtungen aus der Urkunde das Gut ausgeliefert, so verjähren die Ansprüche gegen den Lagerhalter wegen des in dem Lagerschein bezeichneten Gutes in einem Jahr nach Veröffentlichung im „Amtlichen Anzeiger".

V. VERSICHERUNG DER GÜTER

§ 19 Abschluss des Versicherungsvertrages und die Regulierung

1. Der Lagerhalter ist nicht verpflichtet, die Güter für eigene oder fremde Rechnung zu versichern.
2. Ein Auftrag zur Besorgung einer Versicherung muss schriftlich erfolgen und alle Angaben enthalten, die für einen ordnungsgemäßen Abschluss der Versicherung notwendig sind. Der Lagerhalter muss die Annahme oder Ablehnung des Auftrages unverzüglich erklären. Kommt der Abschluss der Versicherung aus Gründen, die der Lagerhalter nicht zu vertreten hat, nicht oder unzureichend zustande, haftet der Lagerhalter nicht für Nachteile, die sich hieraus ergeben. Er hat den Einlagerer über das Nichtzustandekommen der Versicherung unverzüglich zu benachrichtigen.
3. Im Versicherungsfall ist der Anspruch auf die Entschädigungsleistung der Versicherung beschränkt. Darüber hinausgehende Ansprüche gegen den Lagerhalter aufgrund allgemeiner gesetzlicher oder vertraglicher Bestimmungen bleiben hiervon unberührt. Der Einlagerer kann verlangen, dass der Lagerhalter ihm die Rechte aus dem in seinem Auftrag geschlossenen Versicherungsvertrag abtritt.

VI. ZAHLUNGSVERKEHR

§ 20 Entgelt

1. Der Lagerhalter hat Anspruch auf das vereinbarte oder ortsübliche Entgelt. Bei der Berechnung des Lagergeldes werden angefangene Monate und angefangene 100 kg oder angefangene qm/cbm als volle Einheit berechnet. Der Lagerhalter ist berechtigt, für Auslagen eine angemessene Provision zu berechnen, unbeschadet des Anspruchs auf Erstattung des Verzugsschadens und auf Zinsen. Für die Ausstellung und Umschreibung von Lagerscheinen ist dem Lagerhalter ein Entgelt zu zahlen.
2. Die vom Lagerhalter berechneten Entgelte und Auslagen sind sofort, d. h. spätestens an dem der Übersendung der Rechnung folgenden Werktag, zur Zahlung fällig. Bei Kaufleuten tritt Zahlungsverzug fünf Tage nach Fälligkeit ein, ohne dass es einer Mahnung bedarf. Bei Verzug werden Zinsen bis zur Höhe von 6 % über dem jeweiligen Basiszinssatz fällig. Unbeschadet hiervon bleibt die Geltendmachung darüber hinausgehender Ansprüche aus Verzug.

3. Ein Kursrückgang der verwendeten Zahlungsmittel zwischen dem Tage der Fälligkeit bzw. Auslagen zwischen dem Tage der Verauslagung und dem Tage, an dem die Zahlung bei dem Lagerhalter eingeht, ist vom jeweiligen Schuldner zu tragen.
4. In den Entgelten für Aufnehmen und Absetzen sind die Zuschläge für das Be- und Entladen von Eisenbahnwaggons, Containern, Lastzügen und sonstigen Transportmitteln nicht enthalten; diese werden zusätzlich berechnet wie auch das Abdecken bzw. Bedecken von offenen Eisenbahnwaggons sowie das Verkeilen und Verschnüren von Ladungen.
5. Auslagen aller Art (z. B. Stand- und Überliegegelder, Porti etc) sind dem Lagerhalter vom Einlagerer bzw. Wareneigentümer zu erstatten.

§ 21 Aufrechnung und Zurückbehaltung

Gegenüber Ansprüchen des Lagerhalters aus dem Lagergeschäft und den damit zusammenhängenden Ansprüchen ist eine Aufrechnung oder Zurückbehaltung nur mit unbestrittenen oder rechtskräftig festgestellten Gegenansprüchen zulässig.

§ 22 Pfand- und Zurückbehaltungsrecht

1. Der Lagerhalter hat wegen aller fälligen und nicht fälligen Ansprüche, die ihm aus irgendwelchem Grunde gegen den Einlagerer zustehen, ein Pfand- und Zurückbehaltungsrecht an dem Gute, solange es sich in seiner Verfügungsgewalt befindet.
2. Der Lagerhalter kann die Auslieferung auch von Teilen des Gutes verweigern, solange er für seine Ansprüche nicht voll befriedigt ist. Überträgt der Einlagerer den Herausgabeanspruch an dem Gut an einen Dritten, so muss der Abtretungsempfänger das aus dem früheren Lagervertrag auf dem Gut lastende Pfand- und Zurückbehaltungsrecht dulden, solange der Lagerhalter nicht darauf verzichtet. § 404 BGB bleibt unberührt.
3. Der abtretende Einlagerer bleibt für die Ansprüche des Lagerhalters aus dem früheren Lagervertrag haftbar, bis der Lagerhalter ihn aus der Haftung entlässt.
4. Wurde ein Lagerschein ausgestellt und der Herausgabeanspruch an einen Dritten abgetreten, so besteht ein Pfand- und Zurückbehaltungsrecht diesem gegenüber nur wegen derjenigen Lagergelder, Spesen und Auslagen, welche mit dem abgetretenen Lagergute zusammenhängen oder dem Lagerhalter gegen den Abtretungsempfänger unmittelbar zustehen.

VII. DAUER DES VERTRAGES

§ 23 Kündigung

1. Der Lagervertrag endet mit Ablauf der vereinbarten Zeit.
2. Ist der Lagervertrag auf unbestimmte Zeit geschlossen, so kann er unter Einhaltung einer Kündigungsfrist von einem Monat gekündigt werden.
3. Der Lagerhalter ist berechtigt, den Lagervertrag fristlos zu kündigen und sofortige Räumung des Lagers zu verlangen, wenn ein wichtiger Grund vorliegt, den er nicht zu vertreten hat. Ein wichtiger Grund liegt insbesondere dann vor, wenn
   - der Einlagerer mit der Zahlung des Lagergeldes für 2 Monate in Rückstand gerät,
   - die Erfüllung des Lagervertrages durch die in § 11 Ziff. 2 aufgezählten Ereignisse verhindert oder beeinflusst wird,
   - der Wert der Lagergüter die Forderungen des Lagerhalters nicht mehr deckt,
   - die Güter das Lager oder andere Güter gefährden,
   - bei der Einlagerung vom Einlagerer nicht auf besondere Gefahren hingewiesen wurde, die von seinen Gütern ausgehen.
4. Ist der Lagerhalter zur fristlosen Kündigung berechtigt und handelt es sich um

- wertlos gewordene Güter,
- verdorbene Güter
- oder um Güter, die das Lager oder andere Güter zu gefährden geeignet sind,

so kann er die Lagergüter nach vorheriger Androhung unter angemessener Fristsetzung auf Kosten und Gefahr des Einlagerers vernichten oder vernichten lassen.

§ 24 Räumung des Lagers

Gerät der Einlagerer mit der Räumung des Lagers in Verzug, so ist der Lagerhalter ohne weitere Fristsetzung berechtigt, die Güter des Einlagerers auf dessen Kosten und Gefahr aus dem Lager zu entfernen.

VIII. RECHTSVERLUST

§ 25 Verjährung

1. Alle Ansprüche gegen den Lagerhalter, einerlei aus welchem Rechtsgrund, verjähren in einem Jahr. Bei Vorsatz oder bei einem dem Vorsatz nach § 13 der Hamburger Lagerungsbedingungen gleichstehenden Verschulden beträgt die Verjährungsfrist drei Jahre. § 475 a HGB gilt nicht.
2. Die Verjährung beginnt mit dem Ablauf des Tages, an dem der Berechtigte Kenntnis von dem Anspruch erhält oder an welchem die Ablieferung stattgefunden hat.
3. Für den Beginn der Verjährung ist der Zeitpunkt maßgebend, der am frühesten eingetreten ist.

IX. SCHLUSSBESTIMMUNGEN

§ 26 Gerichtsstand, Erfüllungsort und Recht

1. Ausschließlicher Gerichtsstand und Erfüllungsort ist Hamburg.
2. Es ist deutsches Recht anzuwenden.

§ 27 Rechtswirksamkeitsklausel

Sollte eine Bestimmung dieser Bedingung rechtsunwirksam sein oder werden, so wird hierdurch die Wirksamkeit der übrigen Bestimmungen nicht berührt.

§ 28 Beginn dieser Hamburger Lagerungsbedingungen

Die Hamburger Lagerungsbedingungen in der vorstehenden Fassung sind gültig ab 1.10.2006.

Anmerkungen

1. Der **Lagervertrag** regelt die Verpflichtung des Lagerhalters, das Gut für den Einlagerer gegen Vergütung zu lagern und aufzubewahren (§ 467 I, II). Es handelt sich um einen Sonderfall der Verwahrung (§ 688 BGB). Die §§ 467–475h finden Anwendung, wenn die Wahrnehmung der Pflichten für den Lagerhalter ein Handelsgeschäft ist (§ 467 III 1). Der Lagervertrag ist formfrei. Er ist nicht Real-, sondern Konsensualvertrag und wird mithin bereits vor Übergabe des Guts wirksam (*Koller* § 467 Rn 4).

Das Recht des Lagergeschäfts ist anders als das Frachtrecht im Handelsverkehr durch **allgemeine Geschäftsbedingungen** abdingbar bzw ausgestaltbar.

Vor allem an den Seehandelsplätzen werden lokale Klauselwerke verwendet, zB die **abgedruckten Hamburger Lagerungsbedingungen** (HLB), die in der jeweils gültigen Fassung im Internet abrufbar sind (http://www.uvhh.de; zur Entwicklung MüKoHGB Bd 7/*Hesse* HLB Vorbem. Rn 1 ff). Als AGB werden die Lagerungsbedingungen nur durch rechtsgeschäftliche Einbeziehung Vertragsbestandteil (§ 305 II BGB). Weitere kommentierte Muster bei Beck'sche OF-Vertrag/*Berr* Abschn 19.3 f; Heidel/Pauly/*Valder* Kap 42.2).

2. Zu §§ 4–8 HLB (Lagervertrag) und §§ 20–22 HLB (Zahlungsverkehr): Zu den **Pflichten des Lagerhalters** gehört zuvorderst die Obhut über das Gut (§ 467 I). Hiervon umfasst sind die ordnungsgemäße Unterbringung, die regelmäßige Kontrolle des Zustands und die Unterrichtung des Einlagerers über zu befürchtende oder bereits eingetretene Veränderung des Guts (§ 471 II). Erforderlich ist in diesem Zusammenhang eine ordnungsgemäße Lagerorganisation mit Eingangs- und Ausgangskontrolle sowie eine Güterkontrolle (zum Ganzen *Koller* § 467 Rn 7 ff).

Zu den **Pflichten des Einlagerers** zählt vor allem die Entrichtung der Vergütung (§ 467 II). Er hat das Gut – soweit erforderlich – zu verpacken und zu kennzeichnen und Urkunden zur Verfügung zu stellen sowie alle Auskünfte zu erteilen, die der Lagerhalter zur Erfüllung seiner Pflichten benötigt, insbesondere die genaue Art einer vom Lagerungsgut ausgehenden Gefahr (§ 468 I 2). Vom Einlagerer zu ersetzen sind Aufwendungen des Lagerers, soweit dieser die Aufwendung für erforderlich halten durfte (474).

3. Zu §§ 9–15 HLB (Haftung): Eine verschuldensunabhängige **Haftung des Einlagerers** ist gesetzlich vorgesehen bei ungenügender Verpackung oder Kennzeichnung, fehlender Mitteilung der Gefährlichkeit des Guts und Fehlen oder Unrichtigkeit der in § 413 I HGB genannten Urkunden oder Auskünfte (§ 468 III).

Gesetzlich ist eine **Haftung des Lagerhalters** für vermutetes Verschulden vorgesehen mit der Möglichkeit, die Vermutung durch Nachweis der Sorgfalt eines ordentlichen Kaufmanns zu widerlegen (§ 475). Von der Möglichkeit der Abbedingung (*Koller* § 475 Rn 1) macht § 10 II HLB teilweise Gebrauch, indem die Beweislast dem Einlagerer zugewiesen wird, wenn ein Schaden äußerlich nicht erkennbar war oder die Aufklärung der Schadensursache vom Lagerhalter billigerweise nicht erwartet werden kann.

Die formularmäßige Vereinbarung von **Haftungsausschlussgründen** ist im Rahmen der Dispositionsfreiheit und in den allgemeinen Grenzen von § 276 III BGB grundsätzlich zulässig (§§ 11, 13 HLB).

Gesetzliche Regelungen zur **Haftungsbegrenzung** fehlen für das Lagergeschäft. Nach den HLB gilt eine Begrenzung auf 2 SZR/kg Rohgewicht (§ 12 Ziff 1, 4 HLB).

4. Zu §§ 16–18 HLB (Lagerschein): Der **Lagerschein** ist vom Lagerhalter auszustellen (§ 16 Ziff 1 S 1 HLB). Von dem in § 475c HGB geregelten Lagerschein, der Verwaltungsaufwand verursacht, ist die regelmäßig genutzte Einlagerungsanzeige zu unterscheiden, die Empfangsquittung iSd § 368 S 1 BGB ist (§ 5 Ziff 6 HLB).

Zu den **Rechtsfolgen der Ausstellung eines Lagerscheins** gehört, dass Kündigung und Rücknahmeverlangen an den letzten, dem Lagerhalter bekannt gewordenen legitimierten Besitzer des Lagerscheins zu richten sind (§ 473 III). Bei praxisüblicher Ausstellung (bloß) einer Einlagerungsanzeige, muss sich der Lagerhalter bei Rückgabe des Guts der Berechtigung des Herausverlangenden vergewissern.

Die Ausstellung von **Namens- oder Inhaberlagerscheinen** (§ 475d III) kommt wegen der vorgeschriebenen Auslieferung des Lagerguts nur gegen Rückgabe des Lagerscheins und Abschreibung von Teilauslieferungen (§ 475e II 1, III) kaum noch vor und ist weitestgehend durch die Einlagerungsanzeige ersetzt (§ 5 Ziff 6 HLB), die individuell ausgestaltet wird (Beispiel mit Kommentierung, → Form. I.Q.2).

Die Ausstellung von **Orderlagerscheinen** ist (seit Aufhebung der OLSchVO) jedermann gestattet. Der in § 475 g geregelte Orderlagerschein hat Traditionsfunktion, sofern er durch Indossament übertragbar ist. Die Orderklausel ist erforderlich, weil der Lagerschein kein geborenes Orderpapier ist.

5. Zu § 19 HLB (Versicherung): Gesetzlich ist der Lagerhalter nur auf Verlangen des Einlagerers zur **Versicherung** des Guts verpflichtet, wobei im Falle der Verbrauchereigenschaft des Einlagerers eine Pflicht des Lagerhalters zum ausdrücklichen Hinweis auf die Versicherungsmöglichkeit besteht (§ 472 I 2).

6. Zu §§ 23–24 HLB (Vertragsdauer): Bei auf unbestimmte Zeit geschlossenen Lagerverträgen hat der Einlagerer ein gesetzliches **Kündigungsrecht mit Monatsfrist,** kann das Gut aber jederzeit herausverlangen (§ 473 I). Ebenso kann der Lagerhalter die Rücknahme des Guts nach Kündigung mit Monatsfrist fordern (§ 473 II 1). Darüber hinaus haben sowohl Einlagerer als auch Lagerhalter ein Kündigungsrecht aus wichtigem Grund (§ 23 Ziff 3 S 2 HLB).

7. Zu §§ 25–28 HLB (Rechtsverlust, Schlussbestimmungen): Die **Verjährungsfrist** für Ansprüche gegen den Lagerhalter beträgt ein Jahr, drei Jahre bei Ansprüchen wegen vorsätzlichen Handelns oder bei einem dem Vorsatz nach § 13 HLB gleichstehenden Verschulden. Gerichtsstand und Erfüllungsort ist Hamburg, deutsches Recht ist anzuwenden. Die HLB sind gültig seit dem 1.10.2006.

II. Gesellschaftsrecht (mit Schiedsgerichtsbarkeit)

1. Kapitel. Handelsgesellschaften und stille Gesellschaft

Übersicht

A. Gesellschaft bürgerlichen Rechts

1. Einfacher Gesellschaftsvertrag

§ 1 Gesellschafter/Zweck/Sitz[1]

(1) Die aus A, B und C[2] bestehende Gesellschaft bürgerlichen Rechts hat zum Zweck den gemeinsamen Betrieb des Ladengeschäfts XY in .....

(2) Die Gesellschaft hat ihren Sitz in .....[3]

(3) Die Gesellschaft beginnt ihre Tätigkeit am .....

§ 2 Einlagen/Beteiligung

(1) Die Gesellschafter erbringen die folgenden Einlagen:[4]

A: EUR 10.000,

B: EUR 5.000,

C: EUR 5.000.

Der Gesellschafter A erbringt seine Einlage in Form. der Einrichtung des Ladengeschäfts gemäß der in der Anlage beigefügten Aufstellung. Sämtliche dort genannten Einrichtungs- und Inventargegenstände, Einbauten und Anlagegüter gehen in das Eigentum der Gesellschaft über.

Der Gesellschafter B erbringt seine Einlage durch Überlassung der Räumlichkeiten des Ladengeschäfts in dem ihm gehörenden Haus XY-Straße in Z. Die Gesellschaft (§ 1 Abs 3) trägt für einen Zeitraum von zwei Jahren ab ihrem Beginn lediglich die Betriebs- und sonstigen Nebenkosten. Danach mietet sie die Räumlichkeiten zu einem monatlichen Mietzins von EUR . . . . . zuzüglich der jeweils geltenden MwSt.

Der Gesellschafter C erbringt seine Einlage in bar.

(2) Am Vermögen sowie am Gewinn und Verlust und an den stillen Reserven sind die Gesellschafter wie folgt beteiligt:

A: 50 %, B: 25 %, C: 25 %.[5, 6]

§ 3 Geschäftsführung und Vertretung[7]

(1) Die Geschäfte der Gesellschaft werden, soweit nichts anderes bestimmt ist, von allen Gesellschaftern gemeinschaftlich geführt. Die Gesellschaft wird von allen Gesellschaftern gemeinschaftlich vertreten.

(2) Die Gesellschafter können durch Beschluss einen oder mehrere gemeinschaftlich zu geschäftsführungs- und vertretungsberechtigten Gesellschaftern bestimmen. In diesem Fall sind die übrigen Gesellschafter von der Geschäftsführung und Vertretung ausgeschlossen. Die geschäftsführungs- und vertretungsberechtigten Gesellschafter sind berechtigt, die Ausstellung einer notariellen Vollmacht für alle oder einzelne Geschäfte zu verlangen.

§ 4 Gesellschafterbeschlüsse[8]

(1) Soweit nichts anderes bestimmt ist, sind Gesellschafterbeschlüsse nur wirksam, wenn ihnen alle Gesellschafter zugestimmt haben.[9]

(2) Handelt es sich um Gegenstände der laufenden Verwaltung und des Betriebs des Geschäfts oder um Entnahmen, wird nach der Beteiligung am Vermögen der Gesellschaft abgestimmt, wobei die einfache Mehrheit aller Stimmen ausreicht. Steht den Entnahmen kein entsprechender Gewinn der Gesellschaft gegenüber oder erfolgt die Entnahme trotz eines Verlustes aus freier Liquidität der Gesellschaft, ist Zweidrittelmehrheit erforderlich.

(3) Soll aus wichtigem Grund eine nach § 3 bestehende oder bestimmte Geschäftsführungsbefugnis oder Vertretungsmacht entzogen werden, entscheidet die einfache Mehrheit aller Stimmen im Sinn des Abs 2. Der betroffene Gesellschafter hat hierbei kein Stimmrecht.[10]

§ 5 Dauer/Geschäftsjahr[11]

(1) Die Gesellschaft besteht auf unbestimmte Zeit. Sie kann mit einer Frist von drei Monaten zum Jahresende gekündigt werden, frühestens jedoch zum 31. Dezember . . . . . Das Recht zur Kündigung aus wichtigem Grund bleibt unberührt.

(2) Das Geschäftsjahr der Gesellschaft ist das Kalenderjahr.

§ 6 Anteilsübertragung[12]

Die Übertragung eines Anteils ist nur mit Zustimmung aller Gesellschafter zulässig.

§ 7 Nachfolge von Todes wegen[13]

(1) Die Gesellschaft wird durch den Tod eines Gesellschafters nicht aufgelöst, sondern mit allen oder den von dem verstorbenen Gesellschafter bestimmten Erben fortgesetzt.

(2) Mehrere Erben sind verpflichtet, einen gemeinschaftlichen Vertreter zu bestellen, der alle Rechte, auch nach Auseinandersetzung der Erbmasse, gegenüber den Mitgesellschaftern und der Gesellschaft wahrnimmt. Bis zur Bestellung dieses gemeinschaftlichen Vertreters ruhen alle Mitwirkungsrechte der Erben.

§ 8 Auflösung/Ausscheiden[14]

(1) In allen übrigen Fällen, in denen das Gesetz die Auflösung der Gesellschaft vorsieht, auch im Fall einer Kündigung und der Pfändung eines Anteils, die trotz einmonatiger Fristsetzung nicht beseitigt wird, können die Gesellschafter beschließen, dass der Gesellschafter, in dessen Person der Auflösungsgrund eingetreten ist bzw der gekündigt hat, verpflichtet ist, mit der Folge aus der Gesellschaft auszuscheiden, dass sein Anteil den übrigen Gesellschaftern anwächst. Der Beschluss muss binnen drei Monaten ab Eintreten des Auflösungsgrunds oder Zugang der Kündigungserklärung gefasst werden; dem betroffenen Gesellschafter steht dabei kein Stimmrecht zu.

(2) Dies gilt auch in der Zwei-Personen-Gesellschaft.

§ 9 Abfindung[15]

(1) In allen Fällen des Ausscheidens ist an den Gesellschafter eine Abfindung zu zahlen, die sich aus der Bewertung der Gesellschaft auf den Zeitpunkt des Ausscheidens ergibt. Für diesen Zeitpunkt ist ein Auseinandersetzungsstatus aufzustellen. Das voraussichtliche Ergebnis schwebender Geschäfte ist in die Ermittlung des Wertes der Beteiligung am Stichtag einzubeziehen; § 740 BGB wird ausgeschlossen.

(2) Besteht Streit über die Höhe der Abfindung, entscheidet hierüber ein von dem Ausscheidenden und der Gesellschaft benannter Schiedsgutachter, der Wirtschaftsprüfer oder Wirtschaftsprüfungsgesellschaft sein muss. Kommt eine Einigung über dessen Benennung nicht zustande, ist er durch die Wirtschaftsprüferkammer . . . . . zu bestimmen. Die Kosten für die Ermittlung der Höhe der Abfindung sind von der Gesellschaft und von dem ausscheidenden Gesellschafter jeweils zur Hälfte zu tragen.

(3) Die Abfindung ist binnen drei Monaten nach Vorliegen des Auseinandersetzungsstatus auszuzahlen. Die verbleibenden Gesellschafter können jedoch, wenn und soweit die Zahlung der Abfindung nach Abs 1 für die Gesellschaft im Hinblick auf deren Vermögens- und Ertragslage unzumutbar ist, die Auszahlung in höchstens fünf gleichen Jahresraten beschließen; in diesem Fall ist das Auseinandersetzungsguthaben ab dem Tag des Ausscheidens mit . . . . . % jährlich zu verzinsen.

(4) Das Ausscheiden ist von einer Zug um Zug zu erbringenden Gegenleistung der Gesellschaft nicht abhängig. Von Verbindlichkeiten der Gesellschaft ist der Ausscheidende freizustellen. Seine Haftung für einen sich nach Abs 1 etwa ergebenden Fehlbetrag gem § 739 BGB bleibt unberührt.

§ 10 Schlichtung

Die Beteiligten verpflichten sich, vor Erhebung einer Klage einen Versuch zum gütlichen Ausgleich zu unternehmen. Hierbei ist ein Schlichtungsverfahren durchzuführen, nach dessen Scheitern erst Klage erhoben werden kann. Schlichter ist Y. Die Gesellschafter können jederzeit einstimmig Y durch eine andere Person ersetzen.[16]

§ 11 Schlussbestimmungen

(1) Änderungen und Ergänzungen dieses Vertrags bedürfen der Schriftform. Das gilt auch für die Änderung dieser Schriftformklausel.[17]

(2) Sollten einzelne Bestimmungen dieses Vertrags ganz oder teilweise unwirksam oder undurchführbar sein oder werden, wird dadurch die Gültigkeit des Vertrags im Übrigen nicht berührt. Anstelle der unwirksamen oder undurchführbaren Bestimmung gilt eine Regelung, die dem Zweck der Gesellschaft und dem Willen der Gesellschafter bei Abschluss des Vertrags am ehesten entspricht. Entsprechendes gilt im Fall von ungewollten Regelungslücken.

Schrifttum: *Beck*, Immobiliarzwangsvollstreckung zulasten und zugunsten der GbR – Anforderungen an den Titel, NZG **17**, 1178; *Beuthien*, Gibt es noch die herkömmliche GbR, noch dazu auf vielerlei Art? Zum Verhältnis von Gesamthand, Bruchteilsgemeinschaft und Rechtsfähigkeit, NZG **19**, 41; *Böttcher*, Gesellschaftsvertragliche Mehrheitsklauseln und Stimmverbote bei Personengesellschaften in der aktuellen BGH-Rechtsprechung, **19**, 61; *Ruhkamp/Gerlach*, Die Gesellschaft bürgerlichen Rechts, 6. Aufl. 2010; *Prinz/Hoffmann*, Beck'sches Handbuch der Personengesellschaften, 5. Aufl. 2020; *Kesseler*, Die GbR und das Grundbuch, NJW **11**, 1909; *Langenfeld*, Die Gesellschaft bürgerlichen Rechts, 7. Aufl. 2009; *K. Schmidt*, Echte und unechte Quotenhaftung von Personengesellschaftern, NJW **11**, 2001; *Ulmer/Schäfer*, Gesellschaft bürgerlichen Rechts und Partnerschaftsgesellschaft, 8. Aufl. 2021.

Anmerkungen

1. Als Zusammenschluss wirtschaftlich Tätiger, die **kein Handelsgewerbe** gem § 1 Abs 2 HGB betreiben, ist die Gesellschaft bürgerlichen Rechts („**GbR**") eine nach dem Gesetz in Frage kommende Personengesellschaftsform für Nichtkaufleute, sofern diese nicht von der Eintragungsoption nach § 2 bzw § 105 Abs 2 HGB Gebrauch machen können oder wollen. Die GbR ist insbesondere eine Gesellschaftsform für Kleingewerbetreibende, also Unternehmer, deren Gewerbebetrieb nach Art und (kumulativ) Umfang unter typologischer Betrachtungsweise einen kaufmännischen Geschäftsbetrieb nicht erfordert (näher Baumbach/Hopt/*Hopt,* § 1 Rn 23, 53). Der Betrieb von Ladengeschäften oder Handwerksbetrieben (s → Form. II.A.2 Anm. 1 ff.) wird daher eher nur ausnahmsweise in Form. einer GbR erfolgen. Die maßgeblichen §§ 705 ff BGB sind weitgehend dispositiv. Im Gesellschaftsvertrag werden die gegenseitigen Rechte und Pflichten der Gesellschafter und die Organisationsstruktur der Gesellschaft geregelt. Zum Mindestinhalt gehören übereinstimmende (ggf auch konkludente) Erklärungen über den gemeinsamen Zweck des Zusammenschlusses und die Verpflichtung der Gesellschafter, diesen durch bestimmte Beiträge zu fördern. Die GbR ist keine juristische Person, aber rechts- und parteifähig, soweit sie als Außengesellschaft am Rechtsverkehr teilnimmt (BGHZ 146, 341 ff; BGH ZIP 2002, 614; BGH NJW 2008, 1378; weitgehender Beuthien, NZG 2019, 41 ff). Ein Urteil in einem Haftungsprozess gegen alle Gesellschafter entfaltet aufgrund der Verschiedenheit der Rechtsträger keine Rechtskraft in einem späteren Verfahren gegen die Gesellschaft (BGH NJW 2011, 2048 ff). Die GbR kann Gesellschafterin einer anderen Gesellschaft sein (BGH NJW 1998, 376; BGH NZG 2001, 983).

Auch kann sie Eigentümerin von Grundstücken sein (BGHZ 136, 254, 257; 179, 102), wie sich insbesondere aus § 899 a BGB ergibt (zur Reichweite BGH NJW 2011, 615, 618; zu Eintragungen vor der Neuregelung OLG München NZG 2010, 342). Gem § 47 Abs 2 GBO, § 15 Abs 1 c GBV sind in diesem Fall die Gesellschafter und optional der Name und Sitz der Gesellschaft in das Grundbuch einzutragen. Letzteres ist insbesondere bei Vorhandensein mehrerer GbRs mit identischem Gesellschafterkreis erforderlich, um dem grundbuchrechtlichen Bestimmtheitsgrundsatz Genüge zu tun (BGH NJW 2011, 1958; ausführlich zur Entwicklung der Rspr und zu den Konsequenzen der Entscheidung *Kesseler*, NJW 2011, 1909 ff).

Zur **Zwangsvollstreckung** gegenüber einer GbR s BGH NJW 2011, 615 ff und *Heinze*, DB 11, 460 ff; zur Immobiliarzwangsvollstreckung s zuletzt *Beck*, NZG 2017, 1178.

Der Vertrag ist grds **formfrei.** Nur wenn einzelne Leistungspflichten formbedürftig sind, gilt dies für den gesamten Vertrag (Baumbach/Hopt/*Roth*, § 105 Rn 55). Bspe: Einbringung des gegenwärtigen Vermögens eines Gesellschafters (§ 311 b Abs 3 BGB), eines Grundstücks (§ 311 b Abs 1 BGB) oder eines GmbH-Anteils (§ 15 Abs 4 GmbHG) in das Gesellschaftsvermögen. Ausführl zu den Formerfordernissen MüKoBGB/*Schäfer*, § 705 Rn 32 ff. Wegen der Abgrenzung zur OHG, vgl → Form. II.B.1 Anm. 4.

2. Als **Gesellschafter** kommen beliebig viele (mindestens zwei) natürliche oder juristische Personen oder rechtsfähige Personenvereinigungen in Betracht, zB auch eine andere GbR (nicht aber eine Erbengemeinschaft, MüKoBGB/*Schäfer*, § 705 Rn 81). Bei Minderjährigen ist das Genehmigungserfordernis der §§ 1643 Abs 1, 1822 Nr 3 BGB zu beachten.

3. Die Bestimmung eines **Gesellschaftssitzes** ist zur weiteren Identifizierung der Gesellschaft im Rechtsverkehr zweckmäßig. Nachdem die Rspr der GbR Parteifähigkeit zuerkannt hat, empfiehlt sie sich auch, um den allgemeinen Gerichtsstand (§ 17 Abs 1 ZPO) der Gesellschaft festzulegen. Zudem kann bei einer Erwerbsgesellschaft schnell die Schwelle zum Handelsgewerbe (§ 1 Abs 2 HGB) überschritten sein; für die ipso iure entstehende OHG ist dann die Frage ihres Sitzes (§ 106 Abs 2 Nr 2 HGB) bereits beantwortet.

4. Die **Beiträge** können in der Zahlung von Geld (Bareinlagen), Dienstleistungen (insbesondere Geschäftsführertätigkeit), Einbringung oder Überlassung von Sachen, Verschaffung von sonstigen Rechten oder Vermögensgegenständen etc bestehen. Bei der Einbringung von Sachen ist klarzustellen, ob eine Übereignung an die Gesellschaft gem § 929 BGB gewollt ist (so im Zweifel nach § 706 Abs 2 BGB) oder bloße Überlassung zum Gebrauch (MüKoBGB/*Schäfer*, § 706 Rn 10 ff). Der Wert der Sacheinlagen ist nach Möglichkeit im Vertrag festzulegen, doch sind die Gesellschafter, anders als im Recht der Kapitalgesellschaften, bei der Bewertung in den Grenzen des § 138 BGB frei (Baumbach/Hopt/*Roth*, § 120 Rn 17). Das Form. sieht Bspe für solche unterschiedlichen Eigenleistungen vor.

Grds besteht während der Dauer der Gesellschaft keine Nachschusspflicht (§ 707 BGB). Ausdrücklich kann im Vertrag oder nachträglich (einstimmig) eine Verpflichtung der Gesellschafter zum Verlustausgleich vereinbart werden (Palandt/*Sprau*, § 707 Rn 1, MüKoBGB/*Schäfer*, § 707 Rn 1 ff). Allerdings fordert der BGH in diesem Fall eine Klausel, die das Ausmaß und den Umfang einer möglichen Zusatzbelastung für den Gesellschafter erkennbar festlegt (BGH, NZG 2007, 582, 583; ZIP 2007, 475, 476).

5. Da die Gesellschafter in Ermangelung einer anderen Vereinbarung **gleiche Beiträge** zu leisten (§ 706 Abs 1 BGB) und gleiche Anteile am Gewinn und Verlust haben (§ 722 Abs 1 BGB), ist Abweichendes ausdrücklich zu regeln.

6. Den Gesellschaftsgläubigern haftet nicht nur das Gesellschaftsvermögen, sondern wie bei der OHG jeder Gesellschafter persönlich mit seinem gesamten Vermögen als **Gesamtschuldner** entsprechend § 128 HGB (BGHZ 142, 315; 146, 341), und zwar auch, soweit die Schuld vor seinem Eintritt entstanden ist (BGHZ 154, 370). Diese akzessorische Gesellschafterhaftung, die in gleicher Weise wie die Gesellschaftsschuld verjährt (BGH NZG 2010, 264), erfasst auch Ansprüche aus deliktischem Verhalten geschäftsführender Gesellschafter (BGH NJW 2003, 1145; 2007, 2490, 2492).

Eine Haftungsbeschränkung kann nicht mehr durch Beschränkung der Vertretungsmacht geschäftsführender Gesellschafter erreicht werden (BGHZ 150, 1), sondern nur durch **individuelle Absprache** mit dem Vertragspartner (BGHZ 142, 315; Ausnahme: Geschlossene Immobilienfonds/Bauherrengemeinschaften: BGHZ 150, 1, 6; BGH ZIP 2005, 391). Die Möglichkeit von individuellen Haftungsbeschränkungen schützt jedoch grds nicht vor Ansprüchen aus gesetzlich entstehenden Verbindlichkeiten oder deliktischem Handeln der Organe (BGH ZIP 2003, 664).

7. Die Bestimmungen entsprechen den disponiblen §§ 709 Abs 1, 710 BGB. Sofern die Geschäftsführungsbefugnis allen Gesellschaftern gemeinschaftlich obliegt, sind mangels abweichender Vereinbarung im Gesellschaftsvertrag die Gesellschafter gem § 714 BGB Gesamtvertreter. Von der **Geschäftsführung** ausgeschlossene Gesellschafter haben die Kontrollrechte des § 716 Abs 1 BGB (zu deren Inhalt BGH NJW 10, 439; MüKoBGB/*Schäfer,* § 716 Rn 6 ff).

8. Förmlichkeiten sind für **Gesellschafterbeschlüsse** bei der GbR nicht vorgeschrieben. Allerdings kann der Vertrag – anders als das Form. – Abweichendes vorsehen, insbesondere für die Abhaltung von Gesellschafterversammlungen, Einberufung, Ablauf, Stimmabgabe etc (MüKoBGB/*Schäfer,* § 709 Rn 71 ff; s dazu → Form. II.B.2 Anm. 12).

9. Der Vertrag sollte regeln, welche **Mehrheiten** erforderlich sind, wie die Mehrheit berechnet wird und ob Stimmrechte bestehen oder ausgeschlossen sind. Das Form. sieht mit Rücksicht auf die unterschiedlichen Gesellschaftsanteile eine von § 709 Abs 2 BGB abw Regelung vor. Zu Mehrheitsklauseln s → Form. II.B.1 Anm. 8. Entnahmen sollten geregelt werden, da sie jedem Gesellschafter sonst nach jedem jährlichen Rechnungsabschluss zustehen (§ 721 Abs 2 BGB, Palandt/*Sprau,* § 721 Rn 4). Den Rechnungsabschluss haben alle geschäftsführenden Gesellschafter zu erstellen, wobei die Gesellschaft, soweit sie Kleingewerbebetreibender iSd § 1 Abs 1 HGB ist, keiner Bilanzierungspflicht unterliegt.

10. Auch die Mehrheiten beim **Entzug von Geschäftsführungsbefugnis oder Vertretungsmacht** aus wichtigem Grund müssen gesondert geregelt werden, sonst ist Einstimmigkeit erforderlich (§§ 715, 712 Abs 1 S 1 BGB). Bei Abberufung eines zur Geschäftsführung bestellten Nichtgesellschafters aus wichtigem Grund genügt einfache Mehrheit, selbst wenn der Gesellschaftsvertrag die qualifizierte Mehrheit vorsieht (BGH WM 1982, 583). S zum Stimmverbot in der Personengesellschaft zuletzt BGH NZG 2018, 1226, 1228 sowie *Böttcher*, NZG 2019, 61, 63.

11. Die GbR ist vom Gesetzgeber als typische Gelegenheitsgesellschaft von vorübergehender Dauer konzipiert (MüKoBGB/*Schäfer,* Vor § 705 Rn 86 f). Eine Regelung über die Dauer der Gesellschaft (im Form. ist sogar eine Mindestdauer vorgesehen) und das Geschäftsjahr – va im Hinblick auf Rechnungslegung und Entnahmen (s → Anm. 9) – sollte deshalb im Gesellschaftsvertrag enthalten sein.

12. Abw vom Form. sind **Mehrheitsklauseln** zulässig. Zuletzt hatte der BGH entschieden, dass auch eine allgemein formulierte Mehrheitsklausel zulässig ist und es keiner eindeutig auf den Mitgliederwechsel bezogener Regelung bedarf (BGH NJW 15, 859); zu Einzelheiten und Gestaltungsmöglichkeiten s MüKoBGB/*Schäfer,* § 719 Rn 28).

13. Ohne **Nachfolgeklausel** wird die Gesellschaft gem § 727 Abs 1 BGB durch den Tod eines Gesellschafters aufgelöst, wobei gem §§ 1922, 727 Abs 2 BGB die Erben anstelle des Gesellschafters in die Abwicklungsgesellschaft eintreten. Daher sieht das Form. die Fortsetzung der Gesellschaft mit allen oder bestimmten Erben vor und stellt sicher, dass bei mehreren Erben nur ein Vertreter handelt.

14. Das Gesetz sieht – anders als bei OHG und KG – bei der GbR neben dem Fall des Todes eines Gesellschafters (§ 727 BGB) in einer Reihe weiterer Fälle die **Auflösung** vor (§§ 723 ff BGB). Häufig ist es sinnvoll, die Gesellschaft fortzuführen. Die Fortsetzungsvereinbarung bewirkt, dass der Anteil des Ausscheidenden am Gesellschaftsvermögen den übrigen Gesellschaftern anwächst (§ 738 Abs 1 BGB). Die Regelung greift auch im Falle der Kündigung mehrerer Gesellschafter, sofern nicht im Gesellschaftsvertrag eine andere Vereinbarung getroffen wird (BGH NJW 08, 1943, 1944 f). Wegen des Kündigungsrechts des Pfändungspfandgläubigers nach § 725 BGB ist es sinnvoll, auch die Pfändung eines Anteils als wichtigen Grund für die Ausschließung zu vereinbaren.

Obwohl § 738 Abs 1 S 1 BGB nach hM auch beim Ausscheiden des vorletzten Gesellschafters für den letzten Gesellschafter gilt, ist das Übernahmerecht des verbleibenden Gesellschafters zweckmäßigerweise durch ausdrückliche Vereinbarung abzusichern (BGH NJW 1966, 827; 1994, 796; MüKoBGB/*Schäfer,* § 738 Rn 11; Palandt/*Sprau,* § 736 Rn 4).

15. Zu **Abfindungsregelungen** → Form. II.B.2 Anm. 18. In erster Linie schuldet die GbR die Erfüllung des Abfindungsanspruchs; die Gesellschafter haften hierfür nach § 128 HGB analog (BGH NJW 11, 2355).

16. In einer personalistischen Gesellschaft kann der Zwang zur **Schlichtung** häufig unliebsame Rechtsstreitigkeiten verhindern. Die Klagbarkeit bis zur Beendigung des Schlichtungsverfahrens auszuschließen, ist zulässig (Baumbach/Lauterbach/*Hartmann,* Grundz § 253 Rn 29 u Grundz § 1025 Rn 11 mwN).

17. Vertragsänderungen sind wie der Vertragsabschluss grds formfrei (→ Anm. 1). Davon weicht das Form. ab. Zwar könnten Gesellschafter (einstimmig) den vereinbarten Formzwang grundsätzlich jederzeit formlos aufheben und Vertragsänderungen beschließen (Baumbach/Hopt/*Roth,* § 105 Rn 63). Nach der Rechtsprechung (BGHZ 1966, 378, 382; BAG NJW 2003, 3725, 3727) ist eine mündliche Abrede aber dann unwirksam, wenn die Schriftformklausel – wie im Form. vorgesehen – auch für ihre Aufhebung ausdrücklich Formzwang vorsieht.

18. Steuerhinweise: Die GbR als solche unterliegt weder der Einkommen- noch der Körperschaftsteuer; das erzielte Einkommen der Gesellschaft wird anteilig **bei den Gesellschaftern steuerlich erfasst.** Ist die GbR (wie im Form) gewerbliche Mitunternehmerschaft (§ 15 Abs 1 Nr 2 S 1 EStG; L. Schmidt/*Wacker*, § 15 Rn 160 ff), dh weder ausschließlich vermögensverwaltend tätig noch reine Innengesellschaft, ist sie selbstständig gewerbesteuerpflichtig (§ 2 Abs 1 S 1, 2, § 5 Abs 1 S 3 GewStG iVm § 15 Abs 3 Nr 1 EStG; Glanegger/Güroff/*Güroff,* § 2 Rn 28, 283 ff).

Umsatzsteuerlich ist die GbR, sofern sie Erwerbsgesellschaft ist, „Unternehmer" iSv § 2 Abs 1 UStG und damit als solche Steuersubjekt für die von ihr ausgeführten Leistungen (s Bunjes/*Korn,* § 2 Rn 10); uU kommt die Anwendung der sog „Kleinunternehmerregelung" nach § 19 UStG (kein USt-Ausweis, kein Vorsteuerabzug) oder zumindest der Besteuerung nach vereinnahmten Entgelten gem § 20 UStG (sog „Ist-Versteuerung", im Gegensatz zum Regelfall der Besteuerung nach vereinbarten Entgelten, der sog „Soll-Versteuerung") in Betracht (Wahlrecht des Stpfl bis zu bestimmten Umsatzgrenzen). IRd **ErbStG** sind nach der Rspr des BFH (BStBl II 95, 81) die einzelnen Gesamthänder, nicht die Gesamthand als solche (auch dann nicht, wenn sie zivilrechtlich Beschenkte oder Erbin ist) als „bereichert" anzusehen und damit Steuerschuldner.

Die GbR hat die Eröffnung ihres gewerblichen Betriebs der örtlich zuständigen Gemeinde gem § 138 Abs 1 S 1 AO mitzuteilen; die Gemeinde unterrichtet dann das Finanzamt.

Die iRd GbR erzielten Einkünfte werden **einheitlich und gesondert festgestellt** (§§ 179, 180 Abs 1 Nr 2 a AO) und den Gesellschaftern – grds entsprechend der vertraglich vereinbarten Gewinnverteilung – anteilig steuerlich zugerechnet, und zwar für das Jahr ihrer Entstehung; eine spätere Entnahme zieht keine Steuerfolgen mehr nach sich (§ 4 Abs 1 EStG). Die feste Tätigkeitsvergütung des Gesellschafters wird steuerlich seinem Gewinnanteil hinzugerechnet (§ 15 Abs 1 Nr 2 S 1 EStG). Technisch geschieht dies dergestalt, dass die Tätigkeitsvergütung zwar den (auch Steuer-)Bilanzgewinn mindert, aber in einer Sonderbilanz des Mitunternehmers bei der GbR erfasst wird und so in den Gesamtgewinn der Mitunternehmerschaft eingeht (s L. Schmidt/*Wacker,* § 15 Rn 400 ff, 560 ff mwN).

Die in § 7 Abs 1 Alt 1 des Form. vorgesehene einfache Nachfolgeklausel hat zur Folge, dass die Gesellschaft beim Tod eines Gesellschafters mit allen Erben dieses Gesellschafters fortgesetzt wird. In der Person des verstorbenen Gesellschafters entsteht kein Veräußerungsgewinn; der oder die Erben haben die anteiligen Buchwerte einschließlich Sonderbetriebsvermögen fortzuführen (s L. Schmidt/*Wacker,* § 16 Rn 665; BMF BStBl I 2006, 253 Rn 71). Die in § 7 Abs 1 Alt 2 des Form. vorgesehene qualifizierte Nachfolgeklausel hat zur Folge, dass nicht alle Miterben, sondern nur einer oder einzelne von mehreren Miterben dem Erblasser in seiner Gesellschafterstellung nachfolgen. Dies bedeutet, dass nur die qualifizierten Miterben, nicht dagegen die nicht qualifizierten Miterben als Mitunternehmer anzusehen sind (kein Durchgangserwerb). Werden von den qualifizierten Erben an die nicht qualifizierten Miterben Abfindungen geleistet, entstehen deshalb weder Veräußerungsgewinne noch Anschaffungskosten (s BFH BStBl 1992 II S 512; BMF BStBl I 2006, 253 Rn 72). Mit dem Erbfall kommt es zu einer anteiligen Entnahme etwaigen Sonderbetriebsvermögens, soweit das Sonderbetriebsvermögen auf nicht qualifizierte Miterben entfällt (§ 39 Abs 2 Nr 2 AO). Das Sonderbetriebsvermögen geht – im Gegensatz zum Gesellschaftsanteil – zivilrechtlich auf die Erbengemeinschaft als Ganzes über. Dies gilt auch, wenn bei einer zeitnahen Auseinandersetzung das Sonderbetriebsvermögen auf den qualifizierten Miterben übergeht. Der Entnahmegewinn ist dem Erblasser zuzurechnen, da der nicht qualifizierte Miterbe nicht Mitunternehmer geworden ist (BMF BStBl I 2006, 253 Rn 73 f).

Kosten und Gebühren:

Notar: Nicht beurkundungspflichtig. Sofern der Notar auftragsgemäß einen Entwurf fertigt: 2,0 Gebühr gemäß § 92 Abs 2 GNotKG iVm Anlage 1 GNotKG Ziff 24100, mind EUR 120,00.

Geschäftswert: mind EUR 30. 000,00 max EUR 10 Mio (§§ 107 Abs 1, 119 Abs 1 GNotKG

2. Ausführlicher Gesellschaftsvertrag

§ 1 Errichtung/Zweck/Name/Sitz[1]

(1) Die Malermeister A und B errichten hiermit eine Gesellschaft bürgerlichen Rechts.[2]

(2) Zweck der Gesellschaft ist der gemeinsame handwerksmäßige Betrieb eines Maler- und Lackierbetriebs in . . . . . unter Einschluss aller damit zusammenhängenden Rechtshandlungen.

(3) Die Gesellschaft führt den Namen „A und B Gesellschaft bürgerlichen Rechts".[3]

(4) Die Gesellschaft hat ihren Sitz in . . . . .[4]

§ 2 Einlagen/Wettbewerbsverbot

(1) Die Gesellschafter erbringen Bareinlagen in Höhe von je EUR . . . . ., die zwei Wochen nach Abschluss dieses Vertrags auf das bei der . . . . .-Bank für die Gesellschaft zu errichtende Konto einzuzahlen sind.[5]

(2) Die Gesellschafter verpflichten sich, durch persönliche Leistungen zur Verwirklichung des Gesellschaftszwecks beizutragen, insbesondere der Gesellschaft ihre volle Arbeitskraft zur Verfügung zu stellen. Nebentätigkeiten sind nur bei Zustimmung des anderen Gesellschafters zulässig.

(3) Die Gesellschafter dürfen auf dem Geschäftsgebiet der Gesellschaft weder unmittelbar noch mittelbar weitere Geschäfte betreiben oder abschließen, die geeignet sind, der Gesellschaft Konkurrenz zu machen. Dazu gehört auch die direkte oder indirekte Beteiligung an einem Konkurrenzunternehmen oder eine Tätigkeit als Geschäftsführer bei einem solchen.[6]

§ 3 Geschäftsführung und Vertretung/Gesellschafterbeschlüsse

(1) Zur Geschäftsführung und Vertretung ist jeder Gesellschafter allein berechtigt und verpflichtet.[7]

(2) Von den Beschränkungen des § 181 BGB sind die Gesellschafter nicht befreit.

(3) Für folgende Geschäfte ist die Zustimmung aller Gesellschafter erforderlich:

- Abschluss von Miet- und Pachtverträgen,
- Personalentscheidungen, insbesondere Einstellungen, Vertragsänderungen und Entlassungen,
- Übernahme von Haftungen für Dritte,
- Kreditaufnahmen mit Ausnahme üblicher Lieferantenkredite,
- Eingehung von Verpflichtungen jeglicher Art über mehr als insgesamt EUR 10 000,
- alle Maßnahmen, die über die laufende Geschäftsführung hinausgehen.

(4) Für die Änderung dieses Gesellschaftsvertrags ist eine Mehrheit von mindestens drei Vierteln des stimmberechtigten Gesellschaftskapitals erforderlich.

(5) Soweit nicht gesellschaftsvertraglich oder zwingend gesetzlich anders bestimmt, sind Gesellschafterbeschlüsse mit einfacher Mehrheit der abgegebenen Stimmen zu fassen. Das Stimmrecht richtet sich dabei nach dem Verhältnis der Kapitalanteile.

§ 4 Dauer

(1) Die Gesellschaft beginnt mit Abschluss dieses Vertrags[8] und besteht auf unbestimmte Zeit.

(2) Sie kann von jedem Gesellschafter schriftlich mit einer Frist von sechs Monaten zum Ende eines Kalenderjahrs gekündigt werden, frühestens jedoch zum . . . . .[9]

§ 5 Tätigkeitsvergütung/Urlaub/Krankheit[10]

(1) Für die Geschäftsführertätigkeit in der Gesellschaft erhält jeder Gesellschafter eine monatliche Vergütung in Höhe von EUR . . . . ., die anteilig herabzusetzen ist, wenn die Ertragslage der Gesellschaft eine solche Vergütung nicht gestattet.

(2) Die Tätigkeitsvergütung ist im gleichen Verhältnis wie die Steigerung des Tarifgehalts eines angestellten Meisters im Maler- und Lackierergewerbe im Tarifbezirk . . . . . anzupassen.

(3) Jedem Gesellschafter steht ein Jahresurlaub von sechs Wochen zu, der zwischen den Gesellschaftern abzustimmen ist.

(4) Bei Krankheit erlischt der Vergütungsanspruch nach sechs Wochen bis zur Wiederaufnahme der Tätigkeit. Der Anspruch auf Gewinnbeteiligung bleibt bestehen.

§ 6 Beteiligung am Ergebnis/Entnahmen[11]

(1) Die Gesellschafter nehmen zu gleichen Teilen am Gewinn und Verlust nach Abzug der Tätigkeitsvergütung (§ 5) teil.

(2) Entnahmen sind während des Geschäftsjahrs nur zulässig, um die auf den Gesellschaftsanteil entfallenden Steuerschulden und -vorauszahlungen zu begleichen oder nach einstimmigem Gesellschafterbeschluss.

(3) Nach Feststellung des Jahresabschlusses (§ 8) kann jeder Gesellschafter seinen Gewinnanteil gem Abs 1 entnehmen.

(4) Anstelle der Gewinnentnahme können die Gesellschafter einstimmig die Bildung von Rücklagen beschließen.

§ 7 Geschäftsjahr

Geschäftsjahr ist das Kalenderjahr.

§ 8 Buchführung/Rechnungsabschluss[12]

Die Gesellschaft führt Bücher in Übereinstimmung mit steuerrechtlichen Vorschriften und erstellt zum Ende des Geschäftsjahrs einen Rechnungsabschluss, der von einem Steuerberater, vereidigten Buchprüfer oder Wirtschaftsprüfer verbindlich festgestellt wird.

§ 9 Tod eines Gesellschafters[13]

(1) Das Vermögen der Gesellschaft mit allen Aktiva und Passiva wächst im Fall des Todes eines Gesellschafters dem überlebenden Gesellschafter zu, der berechtigt ist, den Betrieb der Gesellschaft fortzuführen.

(2) Die Erben haben Anspruch auf eine Abfindung nach Maßgabe einer auf den Todestag des Gesellschafters aufzustellenden Auseinandersetzungsbilanz, für die § 10 Abs 2 entsprechend gilt.

§ 10 Auflösung/Ausscheiden/Abfindung[14]

(1) Kündigt ein Gesellschafter oder tritt in seiner Person ein anderer der in §§ 723 ff BGB genannten Auflösungsgründe ein, wächst dem verbleibenden Gesellschafter das Vermögen der Gesellschaft ohne Liquidation mit allen Aktiva und Passiva zu. Dieser ist berechtigt, den Betrieb der Gesellschaft fortzuführen.

(2) Der ausscheidende Gesellschafter ist nach Maßgabe einer auf den Stichtag des Ausscheidens aufzustellenden Auseinandersetzungsbilanz abzufinden, in der die Vermögensgegenstände der Gesellschaft mit ihrem Verkehrswert zum Zeitpunkt des Ausscheidens sowie sämtliche Verbindlichkeiten zu berücksichtigen sind. Die Gesellschafter gehen davon aus, dass in den ersten Jahren ein über den Substanzwert hinausgehender Ertragswert (Goodwill) nicht vorhanden ist. Sobald sich ein solcher Goodwill bildet, wobei die Gesellschafter übereinstimmen, dass dies insbesondere dann der Fall ist, wenn

mindestens vier Angestellte (ohne Lehrlinge) beschäftigt werden oder der Jahresgewinn nachhaltig die Tätigkeitsvergütung gem § 5 übersteigt, werden die Gesellschafter eine neue, dann angemessene Abfindungsregelung vereinbaren. Einigen sie sich nicht, kann diese verbindlich auf Antrag eines Gesellschafters durch einen von der Handwerkskammer in . . . . . zu bestellenden Sachverständigen getroffen werden.

(3) Die Auseinandersetzungsbilanz ist von einem Steuerberater, vereidigten Buchprüfer oder Wirtschaftsprüfer zu bestätigen.

(4) Die Abfindung ist in drei gleichen Raten innerhalb von zwei Jahren nach Feststellung der Abfindungsbilanz zu zahlen und wird nicht verzinst.

§ 11 Ausschließung[15]

(1) Ein Gesellschafter kann nur aus wichtigem Grund ausgeschlossen werden. Ein solcher liegt insbesondere vor bei

- Nichterfüllung der Gesellschafterpflichten gem § 2 Abs 1 und 2,
- Verstoß gegen das Wettbewerbsverbot gem § 2 Abs 3,
- Zahlungsunfähigkeit,
- Eröffnung des Insolvenzverfahrens über das Vermögen des Gesellschafters oder
- Pfändung seines Gesellschaftsanteils oder Gewinnanspruchs.

(2) § 10 gilt entsprechend, wobei sich der Abfindungsanspruch bei einer Ausschließung auf 70 % des sich gem § 10 ermittelten Anspruchs vermindert. Stichtag für die Erstellung der Auseinandersetzungsbilanz ist das Datum der Ausschließung.

§ 12 Liquidation[16]

Der gem §§ 9–11 übernehmende Gesellschafter ist berechtigt, das Gesellschaftsvermögen nach den gesetzlichen Regelungen zu liquidieren, falls er den Betrieb der Gesellschaft nicht weiter fortführen will. § 11 Abs 2 gilt entsprechend für die Teilhabe am Liquidationserlös, wenn die Liquidation Folge einer Ausschließung ist.

§ 13 Verfügung über Beteiligungen[17]

(1) Die Übertragung von Beteiligungen oder Teilen davon auf andere Gesellschafter oder auf Abkömmlinge ist zulässig.

(2) Sonstige Übertragungen unter Lebenden bedürfen der vorherigen Zustimmung aller Gesellschafter.

§ 14 Schlussbestimmungen

Wie → Form. II.A.1 § 11.

Schrifttum: Form. II.A.1 Anm. 1 ff.

Anmerkungen

1. Allg zur GbR → Form. II.A.1 Anm. 1.

2. Die im Form gewählte personalistische Struktur einer GbR geht von paritätischer Beteiligung und Berechtigung der Gesellschafter aus und entspricht dem Grundmodell der §§ 705 ff BGB. Zu möglichen Gesellschaftern → Form. II.A.1 Anm. 2. Das Form betrifft die Gründung eines Handwerksbetriebs, auch insoweit gilt nach dem HRefG von 1998 keine

Ausnahme mehr. § 1 Abs 2 HGB gilt für alle Handwerker. Jeder Handwerker ist Gewerbebetreibender. Betreibt er nur ein Kleingewerbe, hat er die Eintragungsoption des § 2 HGB, ansonsten ist er Ist-Kaufmann, s Baumbach/Hopt/*Hopt,* § 1 Rn 26.

3. Die GbR führt **keine Firma** iSv § 17 Abs 1 HGB. Sie wird grds durch die Namen ihrer Gesellschafter bezeichnet. Eine abw Bezeichnung, der Hinweis auf die Rechtsform der GbR oder ein sachbezogener Zusatz („Malereibetrieb", „Reparaturwerkstatt") sind möglich und dürfen auch firmenähnlichen Charakter haben (Baumbach/Hopt/*Hopt,* § 17 Rn 15). Der Zusatz „und Partner" darf seit 1.7.1995 nur noch in den Namen einer Partnerschaftsgesellschaft aufgenommen werden (§ 11 Abs 1 PartGG); zulässigerweise kann auf die Bezeichnung „und Kollegen" ausgewichen werden. Ges, die bereits vor In-Kraft-Treten des PartGG (1.7.1995) die Bezeichnung „und Partner" geführt haben, dürfen daran festhalten, müssen aber einen Hinweis auf die andere Rechtsform („GbR") in den Gesellschaftsnamen aufnehmen (§ 11 Abs 1 S 3 PartGG). Für den Namensschutz gilt § 12 BGB entspr.

4. Zum Gesellschaftssitz s → Form. II.A.1 Anm. 3.

5. Zu den **Beiträgen der Gesellschafter** s → Form. II.A.1 Anm. 4.

6. § 112 HGB gilt nicht für die GbR. Zwar kann sich aus der **Treupflicht** der geschäftsführenden Gesellschafter ein **Wettbewerbsverbot** ergeben (str; s MüKoBGB/*Schäfer,* § 705 Rn 235 ff), es empfiehlt sich aber eine Klarstellung im Vertrag.

7. Die §§ 709 ff BGB erlauben vom Grundmodell der gemeinschaftlichen **Geschäftsführung** abw Regelungen, etwa die Entscheidung durch Stimmenmehrheit (§ 709 Abs 2 BGB) oder die Übertragung an einen oder mehrere Gesellschafter unter Ausschluss der übrigen (§ 710 BGB), wobei die Geschäftsführer zu alleinigem Handeln ermächtigt werden können (§ 711 BGB). Die Geschäftsführung kann auch nach Geschäftsbereichen verteilt werden. Den von der Geschäftsführung ausgeschlossenen Gesellschaftern stehen die Kontrollrechte des § 716 Abs 1 BGB zu, insbesondere auf Einsichtnahme in die Geschäftsbücher. Diese Rechte können aber ebenfalls eingeschränkt werden (§ 716 Abs 2 BGB).

Gesamtgeschäftsführung und -vertretung schließen das Risiko des Missbrauchs einer Einzelgeschäftsführung oder -vertretung aus. Trotzdem können Rechtsgeschäfte nach gegenseitiger Bevollmächtigung auch durch einzelne Gesellschafter ausgeführt werden. Auch eine generelle Zustimmung für bestimmte Geschäftsbereiche im Sinn einer Arbeitsteilung ist möglich (MüKoBGB/*Schäfer,* § 709 Rn 17). Da Gesamtgeschäftsführung und -vertretung schwerfällig sind, sieht das Form. Einzelgeschäftsführungsbefugnis und -vertretung vor. Eine beschränkte Einzelgeschäftsführung und -vertretung sollte auch bei Gesamtgeschäftsführung jedenfalls für den Fall der Verhinderung eines Gesellschafters festgelegt werden. Die Übertragung der Geschäftsführung und Vertretung an Dritte unter Ausschluss sämtlicher Gesellschafter verstößt gegen den Grundsatz der Selbstorganschaft und ist unzulässig (MüKoBGB/*Schäfer,* § 709 Rn 20).

Die Geschäftsführungsbefugnis erstreckt sich grds auf alle gewöhnlichen und außergewöhnlichen Maßnahmen des Geschäftsverkehrs (zur Differenzierung Baumbach/Hopt/*Roth,* § 116 Rn 1 f). Nur Grundlagengeschäfte sind nicht von der Geschäftsführung erfasst (MüKoBGB/*Schäfer,* § 709 Rn 10 f); sie bedürfen eines Gesellschafterbeschlusses. Zur Begrenzung des aus der Einzelgeschäftsführungsbefugnis folgenden Risikos dient die in § 3 Abs 3 des Form. vorgesehene Aufzählung zustimmungsbedürftiger Tatbestände. Häufig findet sich nur die Generalklausel: „Für Maßnahmen, die über die laufende Geschäftsführung hinausgehen, ist ein Gesellschafterbeschluss notwendig." Sie ist aber streitanfällig und sollte deshalb allenfalls ergänzend als Auffangklausel zu einem spezifischen Katalog vorgesehen werden. Der Umfang der **Vertretungsmacht** entspricht im Zweifel der Geschäftsführungsbefugnis (§ 714 BGB). Zur Klarstellung sieht das Form. aber eine explizite Regelung zur Einzelvertretung vor, schließt jedoch In-Sich-Geschäfte aus.

8. Sofern im Vertrag kein anderes Datum genannt ist, entsteht die Ges mit Vertragsschluss. Die rückwirkende Vereinbarung bindet nur die Gesellschafter, hat aber Dritten gegenüber keine Wirkung (MüKoBGB/*Schäfer,* § 705 Rn 7).

9. Die ordentliche Kündigung kann im Vertrag an eine Kündigungsfrist geknüpft und/ oder (wie im Form. vorgesehen) für eine bestimmte Zeit ausgeschlossen werden (Palandt/ *Sprau,* § 723 Rn 3). § 723 Abs 3 BGB verbietet aber eine unangemessen lange Befristung der GbR (MüKoBGB/*Schäfer,* § 723 Rn 64 ff; DNotI-Report 2006, 95). Daneben besteht stets die Möglichkeit zur außerordentlichen Kündigung aus wichtigem Grund (Palandt/ *Sprau,* BGB, § 723 Rn 3).

10. In Betracht kommt auch, für jeden Gesellschafter einen gesonderten Dienstvertrag abzuschließen, in dem Tätigkeitsvergütung, Krankheit, Urlaub, Wettbewerbsverbot etc geregelt sind.

Die Tätigkeitsvergütung wird vor der Ermittlung von Gewinn oder Verlust in die Jahresrechnung eingestellt.

Das Preisklauselverbot des § 1 Abs 1 PrKlG gilt gem § 1 Abs 2 Nr 2 PrKlG nicht für die in Abs 2 vorgesehene Spannungsklausel, da die im Vertrag bezeichnete Bezugsgröße durch Bezugnahme auf Tarifvertrag im Wesentlichen gleichartige oder vergleichbare Leistungen betrifft (Palandt/*Grüneberg,* BGB, Anh zu § 245 Rn 4).

11. Die Beteiligung am Ergebnis kann ungleichmäßig, nach Gewinn und Verlust verschieden und auch unter völligem Ausschluss der Gewinn- und Verlustbeteiligung einzelner Gesellschafter geregelt werden (hM BGH NJW 1987, 314, 3125; MüKoBGB/ *Schäfer,* § 705 Rn 149 ff mwN; Palandt/*Sprau,* BGB, § 722 Rn 1).

Da der Gewinnanspruch erst mit der Auflösung der Ges entsteht (§ 721 Abs 1 BGB) und nur bei langfristigen Ges iZw am Ende jedes Geschäftsjahrs eine Gewinnverteilung gefordert werden kann (§ 721 Abs 2 BGB), empfiehlt sich die Klarstellung des Entnahmerechts, s auch → Form. II.A.1 Anm. 9.

12. §§ 238 ff HGB sind für die GbR mangels Kaufmannseigenschaft nicht anwendbar. Unter den Voraussetzungen der Umsatz- bzw. Gewinnschwellen des § 141 AO ist die GbR nach steuerrechtlichen Vorschriften buchführungs- und bilanzierungspflichtig.

13. Das Form. sieht die Übernahme des Gesellschaftsvermögens durch den verbleibenden Gesellschafter vor. Da die Ges nur zwei Gesellschafter hat, wird sie durch das Ausscheiden eines Gesellschafters zwar notwendig beendet, dem verbleibenden Gesellschafter wächst das Gesellschaftsvermögen zu Alleineigentum zu. Das Form. sieht insoweit eine Übernahmeklausel vor (näher MüKoBGB/*Schäfer,* § 736 Rn 9); die Erben des ausscheidenden Gesellschafters erhalten eine Abfindung. Die Fortsetzung mit den Erben erscheint bei einer auf aktiver Mitarbeit der Gesellschafter aufbauenden Ges nicht angebracht. Zu anderen Regelungsmöglichkeiten, → Form. II.A.1 Anm. 12, 13.

14. Das Form. sieht auch bei Ausscheiden eines der zwei Gesellschafter eine Übernahme des Gesellschaftsvermögens vor. Die Anwachsung erfolgt automatisch im Wege der Gesamtrechtsnachfolge, was zivilrechtlich zu Rechtsklarheit führt. Häufig wird jedoch als Voraussetzung der Anwachsung auch eine entsprechende Gestaltungserklärung des Übernehmers innerhalb einer bestimmten Frist vorgesehen, was jedoch zu Rechtsunsicherheit während des Laufs der Frist führt, näher MüKoBGB/*Schäfer,* § 730 Rn 77 ff. Ohne abw Vereinbarung dient als Grundlage der Abfindung der Wert der als werbend fortgesetzten Ges, nicht der Liquidationswert. Dieser Fortführungswert errechnet sich nach dem **Verkehrswert,** nicht nach dem Substanzwert oder sonstigen Faktoren (BGHZ 116, 359, 370 f; BGH NJW 1985, 192; Baumbach/Hopt/*Roth,* § 131 Rn 49). Das Form. sieht jedoch davon abw für das Anfangsstadium der Ges den Substanzwert ohne Ertragswertgesichtspunkte (Goodwill) vor. Zu den verschiedenen Arten der Unternehmensbewertung und zu den Schranken vertraglicher Abfindungsvereinbarungen s Baumbach/Hopt/*Roth,* § 131 Rn 48 ff und → Form. II.B.2 Anm. 18. Die Unwirksamkeit der Abfindungsvereinbarung führt dabei nicht zur Nichtigkeit der Fortsetzungs- bzw Übernahmeklausel, so dass der Betrieb der Gesellschaft bei Zahlung einer angemessenen Abfindung fortgeführt werden kann (BGH NJW 2008, 1943, 1945).

Wann die Abfindung fällig wird, ist str (Palandt/*Sprau,* § 738 Rn 6). Vereinbarungen über die Fälligkeit, die Stundung und Verzinsung der Abfindung sollen den verbleibenden Gesellschafter vor den Folgen eines plötzlichen Liquiditätsverlustes bewahren. Sie sind innerhalb gewisser Schranken zulässig (s ausführl → Form. II.B.2 Anm. 21). Zur Verjährung von Auseinandersetzungsansprüchen s BGH NZG 10, 1020. Sofern sich beim Ausscheiden ein Fehlbetrag ergibt, haftet der Ausscheidende gemäß § 739 BGB auf den Fehlbetrag nach dem Verhältnis seines Anteils am Verlust, wobei sich die Verjährung nach § 195 BGB richtet (BGH DStR 11, 1385 f).

15. Eine Vereinbarung, wonach ein Gesellschafter auch ohne wichtigen Grund ausgeschlossen werden kann, ist nur zulässig, wenn ein anerkennenswerter Grund hierfür vorliegt (BGHZ 107, 351, 353; 112, 103, 108; 164, 98 ff; Überbl bei *Nassall,* NZG 08, 851 ff). In diesen Fällen ist auch eine angemessene Minderung des Abfindungsanspruchs als Sanktion für das Setzen eines Ausschließungsgrundes zulässig.

16. Der Gesamtrechtsnachfolger soll nicht unter allen Umständen gezwungen werden, den Betrieb fortzuführen. § 12 des Form. überlässt ihm alternativ die Liquidation. Soweit die Liquidation infolge einer Ausschließung erfolgt, setzt sich die Minderung des Abfindungsanspruchs (§ 11 Abs 2) am Liquidationserlös fort. In diesen Fällen ist auch eine angemessene Minderung des Abfindungsanspruchs für das Setzen eines Ausschließungsgrundes zulässig (BGH WM 95, 837). Einzelheiten sind str, das Form. bewegt sich mit einer Minderung um 30 % auf der eher vorsichtigen Seite (ausf zu der Thematik *Hülsmann,* NJW 02, 1673).

17. Zu Mehrheitsklauseln s → Form. II.A.1 Anm. 12. Ein **Gesellschafterwechsel** ist sowohl in der Weise möglich, dass ein Gesellschafter ausscheidet und ein neuer eintritt („Doppelvertrag"), als auch durch Übertragungsvertrag zwischen ausscheidendem und eintretendem Gesellschafter mit Zustimmung der übrigen. Das anteilige Gesellschaftsvermögen wächst dem neuen Gesellschafter ohne weiteres zu. Zur unterschiedlichen Bedeutung dieser beiden Varianten für die Ausgleichspflicht des ausscheidenden Gesellschafters gegenüber einem früheren Mitgesellschafter s BGH NJW 1981, 1095, 1096 sowie Staudinger/*Looschelders,* § 426 Rn 245 ff. Zu den Folgen eines Anteilsübergangs s BGH NZG 09, 501; *Reiff/Nannt,* DStR 2009, 2378.

18. Steuerhinweise: S → Form. II.A.1 Anm. 18. Die in § 9 des Form. vorgesehene Fortsetzungs- oder Ausschließungsklausel (s dazu L. Schmidt/*Wacker,* § 16 Rn 661 ff) hat zur Folge, dass (noch in der Person des verstorbenen Gesellschafters: BFH BStBl II 1994, 227; BMF BStBl I 2006, 253 Rn 69) ein Veräußerungsgewinn in Höhe der Differenz zwischen dem Wert des Abfindungsanspruchs und dem Buchwert des Anteils des Verstorbenen im Todeszeitpunkt, also nur in Höhe der auf den Anteil des Verstorbenen entfallenden stillen Reserven, entsteht. Der Gesellschaftsanteil geht zivilrechtlich nicht auf die Erben über. Diese erlangen lediglich einen privaten Abfindungsanspruch gegenüber dem verbleibenden Gesellschafter (BMF BStBl I 06, 253 Rn 69). Dieser Anspruch stellt für den übernehmenden Gesellschafter Anschaffungskosten dar und führt, soweit die Abfindung die Buchwerte übersteigt, bei ihm zu einer Teilaufstockung der Buchwerte der übernommenen Wirtschaftsgüter (s L. Schmidt/*Wacker,* § 16 Rn 661).

B. Offene Handelsgesellschaft

1. Einfacher OHG-Vertrag

a) Gesellschaftsvertrag[1]

§ 1 Firma und Sitz

(1) Die Gesellschaft hat die Firma A OHG.[2]

(2) Sitz der Gesellschaft ist . . . . .[3]

§ 2 Gegenstand des Unternehmens

Gegenstand des Unternehmens ist . . . . .[4]

§ 3 Gesellschaftskapital[5]/Gesellschafter

(1) Das Gesellschaftskapital beträgt EUR . . . . .

(2) Gesellschafter sind

- A mit einer Einlage von EUR . . . . .,
- B mit einer Einlage von EUR . . . . . und
- C mit einer Einlage von EUR . . . . .

Die Einlagen sind als Bareinlagen zu erbringen und innerhalb von 14 Tagen nach Unterzeichnung des Gesellschaftsvertrags auf das Konto der Gesellschaft einzuzahlen.

(3) Der Betrag der Einlage eines Gesellschafters gemäß Abs 2 bezeichnet zugleich seinen Kapitalanteil im Sinn dieses Vertrags.[6] Jeder Kapitalanteil ist fest und bleibt, soweit sich aus diesem Gesellschaftsvertrag nichts anderes ergibt, unverändert.

(4) Zu Nachschüssen sind die Gesellschafter nicht verpflichtet.

§ 4 Geschäftsführung und Vertretung[7]

Zur Geschäftsführung und Vertretung ist jeder Gesellschafter allein berechtigt und verpflichtet.

§ 5 Gesellschafterbeschlüsse[8]

(1) Die Gesellschafter beschließen in allen über den gewöhnlichen Betrieb des Unternehmens hinausgehenden Angelegenheiten mit einfacher Mehrheit der abgegebenen Stimmen, soweit nicht dieser Vertrag oder zwingende gesetzliche Vorschriften eine andere Mehrheit vorschreiben. Das Stimmrecht richtet sich nach dem Verhältnis der Kapitalanteile.

(2) Für die Änderung dieses Gesellschaftsvertrags ist eine Mehrheit von mindestens drei Vierteln des stimmberechtigten Gesellschaftskapitals erforderlich.

§ 6 Jahresabschluss/Gewinn und Verlust[9]

(1) Geschäftsjahr ist das Kalenderjahr.

(2) Der Jahresabschluss ist in den ersten drei Monaten des Folgejahrs aufzustellen.

(3) Am Gewinn und Verlust nehmen die Gesellschafter im Verhältnis ihrer Kapitalanteile teil.

(4) Ein Viertel des Jahresüberschusses ist in die Gewinnrücklagen einzustellen, über die Verwendung des verbleibenden Anteils beschließt die Gesellschafterversammlung.

§ 7 Verfügungen über Anteile[10]

Verfügungen über Anteile oder Teile davon sind nur zulässig, wenn die übrigen Gesellschafter mit einer Mehrheit von mindestens drei Vierteln ihrer Kapitalanteile zustimmen.

§ 8 Dauer/Kündigung[11]/Auflösung

(1) Die Gesellschaft besteht auf unbestimmte Zeit.

(2) Jeder Gesellschafter kann sie schriftlich unter Einhaltung einer sechsmonatigen Frist auf den Schluss eines Geschäftsjahrs, erstmals zum . . . . ., gegenüber den anderen Gesellschaftern kündigen. Das Recht zur Kündigung aus wichtigem Grund bleibt unberührt.

(3) Der kündigende Gesellschafter scheidet mit Wirksamwerden der Kündigung aus der Gesellschaft aus. Er ist gemäß § 10 abzufinden. Die Gesellschaft wird von den übrigen Gesellschaftern fortgeführt.

(4) Die Auflösung der Gesellschaft nach § 133 HGB wird, soweit gesetzlich zulässig, ausgeschlossen.

§ 9 Ausschließung eines Gesellschafters/Zwangsabtretung[12]

(1) Die Gesellschafter können den Ausschluss eines Gesellschafters, die Übertragung seines Anteils auf die übrigen Gesellschafter im Verhältnis ihrer Kapitalanteile zueinander oder die Übertragung seines Anteils auf einen Dritten beschließen, wenn er dafür einen wichtigen Grund im Sinn des § 133 HGB gegeben hat. Der betroffene Gesellschafter hat dabei kein Stimmrecht. Mit Zugang des Beschlusses beim ausgeschlossenen Gesellschafter scheidet dieser aus der Gesellschaft aus.

(2) Die Abfindung nach § 10 ist im Fall des Ausschlusses von der Gesellschaft, im Fall der Übertragung vom Erwerber zu zahlen. Die Wirksamkeit von Ausschluss und Übertragung ist nicht von einer etwaigen Zug um Zug zu erbringenden Gegenleistung abhängig. Sicherheitsleistung kann nicht verlangt werden.

§ 10 Abfindung[13]

(1) Ein ausscheidender Gesellschafter erhält als Abfindung für seinen Anteil am Gesellschaftsvermögen den nach den Grundsätzen für den Jahresabschluss zu ermittelnden Buchwert seiner Beteiligung zum Zeitpunkt des Ausscheidens. Der Buchwert errechnet sich aus dem festen Kapitalanteil abzüglich der anteiligen Verluste (Fehlbetrag zum Stichtag und Verlustvorträge) und zuzüglich der anteiligen Gewinne und Gewinnrücklagen. § 740 BGB wird ausgeschlossen.

(2) Sollte im Einzelfall rechtskräftig festgestellt werden, dass die Abfindungsregelung rechtsunwirksam oder unzumutbar ist, ist die niedrigste noch zulässige Abfindung zu gewähren.

§ 11 Nachfolge von Todes wegen[14]

(1) Ein Gesellschafter scheidet mit seinem Tod aus der Gesellschaft aus. Die Gesellschaft wird von den verbliebenen Gesellschaftern ohne die Vermächtnisnehmer oder Erben des verstorbenen Gesellschafters fortgesetzt.

(2) Die Vermächtnisnehmer oder Erben des verstorbenen Gesellschafters erhalten die Abfindung gemäß § 10.

§ 12 Teilunwirksamkeit/Vertragsänderungen

(1) Ist oder wird eine Bestimmung dieses Vertrags ganz oder teilweise unwirksam oder undurchführbar, wird hierdurch die Gültigkeit der übrigen Bestimmungen nicht berührt. Die betreffende Bestimmung ist durch eine wirksame oder durchführbare zu ersetzen, die dem angestrebten Zweck wirtschaftlich am nächsten kommt. In gleicher Weise sind etwaige Vertragslücken zu ergänzen.

(2) Soweit nicht im Einzelfall eine andere Form zwingend vorgeschrieben ist, bedürfen Änderungen oder Ergänzungen dieses Vertrags der Schriftform. Dies gilt auch für einen Verzicht auf diese Schriftformklausel.

§ 13 Gerichtsstand[15]

Gerichtsstand für alle auf dem Gesellschaftsverhältnis beruhenden Auseinandersetzungen der Gesellschafter untereinander und mit der Gesellschaft ist der Sitz der Gesellschaft.

b) Anmeldung zum Handelsregister[16]

Amtsgericht

– Handelsregister A –

. . . . . , ... , den . . . . . ,

Betr.: A OHG

Wir, die sämtlichen Gesellschafter, melden zur Eintragung in das Handelsregister an:

1. Wir haben unter der Firma A OHG eine offene Handelsgesellschaft gegründet. Der Gegenstand der Gesellschaft ist . . . . . Sie hat ihren Sitz in . . . . .; die Geschäftsräume befinden sich in . . . . .
2. Gesellschafter sind[17]
   - A . . . . . (Name, Vorname, Geburtsdatum, Wohnort);
   - B . . . . . (Name, Vorname, Geburtsdatum, Wohnort);
   - C . . . . . (Name, Vorname, Geburtsdatum, Wohnort).
3. Zur Vertretung ist jeder Gesellschafter allein berechtigt.[18]

(Unterschrift A) (Unterschrift B) (Unterschrift C)

(Notarielle Beglaubigung der Unterschriften, § 12 Abs 1 HGB[19])

Schrifttum: *Brandmüller/Sauer,* Bonner Handbuch Personengesellschaften, Stand November 2012; *Brönner/Bareis/Rux,* Die Besteuerung der Gesellschaften, 18. Aufl 2007; *Dohnau,* Gesellschaftsrechtliche Abfindungsklauseln und ergänzende Vertragsauslegung: zur Kontrolle von gesellschaftsvertraglichen Abfindungsregelungen, 2003; *Fleischer/Bong,* Gradmesser gesellschaftsvertraglicher Gestaltungsfreiheit: Abfindungsklauseln in Personengesellschaft und GmbH, WM **17**, 1957; *Hahn/Gansel,* Der Gesellschaftsvertrag der Kommanditgesellschaft, 3. Aufl. 2015; *Harle/Kulemann,* Aktuelle Besteuerung der Kapital- und Personengesellschaften nach dem Steuersenkungsgesetz und dem Unternehmenssteuerfortentwicklungsgesetz, 2. Aufl. 2002; *Harle/Kulemann,* Besteuerung der Kapital- und Personengesellschaften nach der Unternehmenssteuerreform 2008 – ein Belastungsvergleich, GmbHR **07**, 1138; *Holler,* Grenzen der Mehrheitsmacht in Personengesellschaften, DB **10**, 2067; *Huber,* Gesellschafterkonten in der Personengesellschaft, ZGR **88**, 1; *Hülsmann,* Abfindungsklauseln: Kontrollkriterien der Rechtsprechung, NJW **02**, 1673; *Iversen,* Gesellschaftsvertragliche Abfindungsklauseln und pflichtteilsrechtliche Nachlassbewertung – Vorschläge für die Praxis, NJW **10**, 183; *Kanzleiter,* Schranken der Zulässigkeit von Wettbewerbsverboten in Gesellschaftsverträgen, DNotZ **89**, 195; *Levedag,* Prüfung des Anpassungsbedarfs von Gesellschaftsverträgen bei Personengesellschaften nach der Unternehmenssteuerreform 2008 anhand ausgewählter Problemfälle, FS für Spiegelberger **09**, S 328; *Niehus/Wilke,* Die Besteuerung der Personengesellschaften, 8. Aufl. 2020; *Piltz,* Rechtspraktische Überlegungen zu Abfindungsklauseln in Gesellschaftsverträgen, BB **94**, 1021; *Priester,* Grundsatzfragen des Rechts der Personengesellschaften im Spiegel der Otto-Entscheidung des BGH, DStR **08**, 1386; *Scheifele,* Veräußerung von Mitunternehmeranteilen und Gewerbesteuer: Vertragliche Gestaltungsmöglichkeiten, DStR **06**, 253; *Schilling,* Gesellschafterwechsel von Todes wegen bei der Personengesellschaft, BWNotZ **95**, 4; *K. Schmidt,* Mehrheitsbeschlüsse in Personengesellschaften, ZGR **08**, 1; *Ulmer/Schäfer,* Die rechtliche Beurteilung vertraglicher Abfindungsbeschränkungen bei nachvertraglich eintretendem groben Missverhältnis, ZGR **95**, 134; *Zimmermann,* Die Personengesellschaft im Steuerrecht, 12. Aufl. 2017; *Schrade,* Gewerbesteuer bei unterjähriger Veräußerung von Mitunternehmeranteilen, FR **17**, 862.

Anmerkungen

1. Der Gesellschaftsvertrag ist grds **formfrei;** zu Ausnahmen und den Rechtsfolgen bei Formmangel Baumbach/Hopt/*Roth,* § 105 Rn 55 ff.

2. Die **Firma** muss zur Kennzeichnung des Kaufmanns geeignet sein und Unterscheidungskraft besitzen (§ 18 Abs 1 HGB). Sie kann, muss aber nicht den Namen eines Gesellschafters, dagegen zwingend die Bezeichnung „offene Handelsgesellschaft" oder eine allg verständliche Abkürzung („**OHG**") enthalten (§ 19 Abs 1 Nr 2 HGB). Hinweise auf den Gegenstand des Unternehmens oder Phantasiebezeichnungen können als Firmenzusätze aufgenommen werden, dürfen aber nicht irreführend sein (§ 18 Abs 2 HGB; s die Bspe bei Baumbach/Hopt/*Hopt,* § 19 Rn 11 ff). Der Zusatz „und Partner" in der Firma ist unzulässig, da er der Partnerschaftsgesellschaft vorbehalten ist. Ist kein Gesellschafter eine natürliche Person, muss die Firma eine Bezeichnung enthalten, die auf diese Haftungsbeschränkung hinweist (§ 19 Abs 2 HGB; näher Baumbach/Hopt/*Hopt,* § 19 Rn 24 ff).

3. Die bisher hM nahm an, der **Sitz** der Gesellschaft müsse zwingend der Ort der tatsächlichen (Haupt-)Verwaltung sein, eine abw Bestimmung im Gesellschaftsvertrag sei unbeachtlich (BGH BB 1957, 799; MHdB GesR I/*Quinke,* § 49 Rn 142). § 4 a GmbHG und § 5 AktG sehen in ihrer Neufassung durch das MoMiG vom 23.10.2008 (BGBl I, 2026) die freie Wahl des Sitzes vor, solange er ein Ort im Inland ist. Ob diese Regelungen auch entsprechend auf Personengesellschaften angewandt werden können und damit auch der OHG eine vom Verwaltungssitz abw Bestimmung des Sitzes erlauben, ist noch nicht geklärt (zum Meinungsstand s Baumbach/Hopt/*Roth,* § 106 Rn 8), so dass der Gesellschaftsvertrag den Ort der Hauptverwaltung als Sitz bestimmen sollte. Jedenfalls kann die OHG nur einen Sitz haben, die Bestimmung eines Doppelsitzes ist nicht eintragungsfähig.

4. In Form. einer OHG können **Handelsgewerbe** iSd § 1 HGB und Unternehmen der Land- und Forstwirtschaft (§ 3 HGB, „Kann-Kaufmann") geführt werden, soweit deren Betrieb nach Art und Umfang einen in kaufmännischer Weise eingerichteten Geschäftsbetrieb erfordert. Auch kann eine Gesellschaft, deren Gewerbebetrieb kein Handelsgewerbe iSd § 1 HGB ist (zB Kleingewerbe) oder die nur eigenes Vermögen verwaltet, durch Eintragung der Firma im Handelsregister als offene Handelsgesellschaft begründet werden (Eintragungsoption mit konstitutiver Wirkung, § 105 Abs 2 HGB). Im Fall des Handelsgewerbes entsteht die OHG im Außenverhältnis mit dem Zeitpunkt der Geschäftsaufnahme (§ 123 Abs 2 HGB), im Fall der Eintragungsoption sowie beim Kann-Kaufmann dagegen erst mit Eintragung ins Handelsregister; bis dahin ist sie GbR (Baumbach/Hopt/*Roth*, § 123 Rn 5, 17).

Die präzise Festlegung des **Unternehmensgegenstands** im Vertrag ist nicht zwingend erforderlich, empfiehlt sich aber, um den Umfang der Geschäftsführungsbefugnis (§ 116 HGB) zu bestimmen und ggf willkürlichen Änderungen der betriebenen Geschäfte durch die geschäftsführenden Gesellschafter entgegenwirken zu können (BGHZ 127, 176, 180). Wird kein ausdrückliches Wettbewerbsverbot vereinbart, hat der Unternehmensgegenstand auch Bedeutung für die Bestimmung des Inhalts des gesetzlichen Wettbewerbsverbots des § 112 HGB, wobei dieses allerdings weiter reicht und grds den gesamten Handelszweig erfasst, in dem die Gesellschaft tätig ist (Baumbach/Hopt/*Roth*, § 112 Rn 5).

5. Die **Beitragspflicht** richtet sich nach den §§ 705 ff BGB und sollte hinsichtlich Art und Höhe im Gesellschaftsvertrag möglichst genau festgelegt werden (Baumbach/Hopt/*Roth*, § 109 Rn 6 ff). Die Einlage kann als Sacheinlage erbracht werden (Sachen oder Rechte), wobei die Gesellschafter wegen ihrer persönlichen Haftung gegenüber den Gesellschaftsgläubigern (§ 105 Abs 1 HGB) in der Bewertung grds frei sind, näher Beck PersGes-HB/*Müller*, § 4 Rn 59 ff; → Form. II.B.2 Anm. 5.

Das Form bestimmt zur Klarstellung ausdrücklich, dass die Gesellschafter nicht zu Nachschüssen verpflichtet sind. Ohne Regelung im Gesellschaftsvertrag besteht nach dem Gesetz keine Nachschusspflicht. Soweit Nachschüsse gesellschaftsvertraglich bestimmt werden, fordert der BGH eine Klausel, die das Ausmaß und den Umfang einer möglichen Zusatzbelastung für den Gesellschafter erkennbar festlegt (BGH NZG 2007, 582, 583; ZIP 2007, 475, 476).

6. Anders als die gesetzliche Regelung (§ 120 Abs 2 HGB) geht das Form nicht von variablen, sondern von festen **Kapitalanteilen** aus. Der Kapitalanteil dient als Rechnungsziffer für die jeweilige Beteiligung am – sich während der Dauer der Gesellschaft stetig verändernden – Gesellschaftsvermögen (MHdB GesR I/*von Falkenhausen/Schneider*, § 61 Rn 27 ff); üblicherweise wird im Gesellschaftsvertrag zudem vereinbart, dass er für den Umfang bestimmter Gesellschafterrechte und -pflichten maßgeblich sein soll (Stimmrecht, Gewinnverteilung, Abfindung, Entnahmerechte der Gesellschafter und dgl).

Variable Kapitalanteile bilden sich durch Zuschreibung der ersten sowie weiterer Einlagen und von Gewinnen und durch Abschreibung von Verlustanteilen und Entnahmen (Baumbach/Hopt/*Roth*, § 120 Rn 14). Sofern nicht im Vertrag eine andere Regelung vorgesehen ist, sind die Feststellungen im letzten Jahresabschluss für die Ermittlung der jeweiligen Kapitalanteile maßgeblich (Baumbach/Hopt/*Roth*, § 120 Rn 14). Variable Kapitalanteile können etwa durch daran gekoppelte Stimmrechte dazu genutzt werden, Anreize zum Stehenlassen von Gewinnen oder zum Ausgleich von negativen Kapitalkonten zu schaffen und so die Finanzausstattung der Gesellschaft zu verbessern. Dieses Ziel lässt sich jedoch auch durch angemessene Ausgestaltung der Gewinnverwendung erreichen (vgl → Form. II.B.2 Anm. 13). Insbesondere wenn Gesellschafterrechte wie etwa Stimmrechte an den Kapitalanteil geknüpft sind, eröffnen variable Kapitalanteile finanzstarken Gesellschaftern durch Stehenlassen und Zuschreibung von Gewinnen zum Kapitalanteil die Möglichkeit, die Beteiligungsverhältnisse zu Lasten finanzschwacher, auf Entnahmen angewiesener Mitgesellschafter zu verändern. Deshalb und wegen der Unsicherheiten über das Einfluss-, Rechte- und Pflichtenverhältnis der Gesellschafter zueinander sind variable Kapitalanteile, obwohl sie dem gesetzlichen Modell in § 120

Abs 2 HGB entsprechen, in der Kautelarpraxis ungebräuchlich (MHdB GesR I/*von Falkenhausen/Scheider,* § 61 Rn 29 f).

Die Vereinbarung einer Beteiligungsquote am Gesellschaftsvermögen (zB A 20 %, B 10 %, C 70 %) führt praktisch zum gleichen Ergebnis wie die Vereinbarung fester Kapitalanteile, ist aber unüblich (Baumbach/Hopt/*Roth,* § 120 Rn 16).

7. Das Form. entspricht der gesetzlichen Konzeption der §§ 114, 125 HGB. Die das Innenverhältnis regelnde Geschäftsführungsbefugnis erstreckt sich auf alle Handlungen, die der gewöhnliche Betrieb des Handelsgeschäfts mit sich bringt, soweit nicht ein Mitgeschäftsführer widersprochen hat (§§ 115 f HGB). Im Außenverhältnis ist jeder Geschäftsführer inhaltlich unbeschränkt zur Alleinvertretung berechtigt, selbst wenn die Vertretungsbefugnis im Innenverhältnis beschränkt ist.

Abw vom Form. können einzelne – nicht alle – Gesellschafter von der **Geschäftsführung** und/oder **Vertretung** gesellschaftsvertraglich ausgeschlossen werden; letzteres wird Dritten gegenüber erst nach Eintragung ins Handelsregister wirksam (§§ 106 Abs 2 Nr 4, 107, 15 Abs 1 HGB). Im Gesellschaftsvertrag kann auch eine Erleichterung oder Erschwerung des Entzugs der Geschäftsführungsbefugnis oder Vertretungsmacht vorgesehen werden; bei Fehlen einer solchen Regelung erfolgt der Entzug nach den Regelungen der §§ 117, 127 HGB. Der Gesellschaftsvertrag kann die Gesellschafter ermächtigen, ihre Rechte zur Geschäftsführung bzw Vertretung auf einen anderen Gesellschafter unmittelbar oder auf Grund eines entspr Gesellschafterbeschlusses zu übertragen (Baumbach/Hopt/*Roth,* § 114 Rn 21).

Möglich ist weiter, die Geschäftsführung auf bestimmte Bereiche zu beschränken oder einen Beirat zur Beratung, Entscheidung oder Kontrolle der Geschäftsführer einzurichten (Baumbach/Hopt/*Roth,* § 114 Rn 27; vgl dazu → Form. II.C.4 Anm. 12). Die Vertretungsbefugnis kann dagegen inhaltlich nicht mit Wirkung gegenüber Außenstehenden eingeschränkt werden (§ 126 Abs 2 HGB). Einzige gesetzlich zulässige Beschränkungen sind die Gesamtvertretung, also die Vertretung der Gesellschaft durch mehrere oder alle Gesellschafter gemeinsam (§ 125 Abs 2 HGB), sowie die „gemischte“ oder „unechte“ Gesamtvertretung durch einen Gesellschafter zusammen mit einem Prokuristen (§ 125 Abs 3 HGB). Zu einem Bsp für Gesamtvertretung s → Form. II.C.2. § 5.

Nichtgesellschafter können nicht zur alleinigen Geschäftsführung oder organschaftlichen Vertretung der Gesellschaft berufen werden (Prinzip der Selbstorganschaft, Baumbach/Hopt/*Roth,* § 125 Rn 5); durch die Möglichkeit, ihnen Prokura (s die in § 125 Abs 3 HGB ausdrücklich vorgesehene unechte Gesamtvertretung), Handlungsvollmacht, Generalvollmacht nach BGB oder Vollmachten für bestimmte Rechtsgeschäfte zu erteilen, kann aber im praktischen Ergebnis eine Annäherung an die bei Kapitalgesellschaften übliche Drittorganschaft erreicht werden.

8. Abw vom gesetzlichen Leitbild der Einstimmigkeit und der Abstimmung nach Köpfen (§ 119 HGB) sieht das Form. die Möglichkeit von **Mehrheitsbeschlüssen** vor. Nach der jüngsten, frühere Entscheidungen präzisierenden Rechtsprechung (BGH NJW 2015, 859, 861; ZIP 2007, 475 ff; NJW 2009, 669, 771; hierzu *Holler,* DB 10, 2067 ff; *Priester,* DStR 2008, 1386 ff; *K. Schmidt,* ZGR 2008, 1 ff) sind derartige Mehrheitsentscheidungen auf zwei Ebenen zu prüfen.

Auf der ersten Stufe ist die formelle Legitimation des Mehrheitsentscheids durch eine Klausel im Gesellschaftsvertrag zu prüfen. Der BGH (NJW 2015, 859, 861) hat jüngst klargestellt, dass die formelle Legitimation dabei nicht an dem sog Bestimmtheitsgrundsatz zu messen ist, demzufolge Beschlussgegenstände, für die der Einstimmigkeitsgrundsatz ausgeschlossen werden soll, eindeutig im Gesellschaftsvertrag bestimmt sein müssen. Entscheidend ist vielmehr, dass die Auslegung des Gesellschaftsvertrags nach allgemeinen Auslegungsgrundsätzen ergibt, dass der in Rede stehende Beschlussgegenstand einer

Mehrheitsentscheidung unterworfen sein soll. Erfasst die Klausel, für deren Bestand die Gesellschaftermehrheit darlegungs- und beweispflichtig ist, den in Rede stehenden Beschlussgegenstand nicht, ist der mit Mehrheit statt – wie geboten – einstimmig gefasste Beschluss unwirksam und von allen Gesellschaftern angreifbar.

Die zweite Stufe gewährleistet materiellen Minderheitenschutz, indem sie die Verletzung der Treuepflicht der Gesellschaftermehrheit gegenüber der Gesellschafterminderheit sanktioniert. Dabei kommt es für die Wirksamkeit des Mehrheitsbeschlusses nicht entscheidend darauf an, ob der Beschlussgegenstand als einem sog Kernbereich der Mitgliedschaft zugehörig qualifiziert werden kann, sondern ob der Eingriff in die individuelle Rechtsstellung des Gesellschafters im Interesse der Gesellschaft geboten und dem betroffenen Gesellschafter unter Berücksichtigung seiner eigenen schutzwerten Belange zumutbar ist (BGH NJW 2015, 859, 861). Während Beschlüsse über unverzichtbare Positionen – wie etwa ein Mindestmaß an Teilhabe an dem Willensbildungsprozess der Gesellschaft (*Bohlken/Sprenger,* DB 2010, 263, 264 mit weiteren Bspen) – nicht gerechtfertigt werden können, sind solche über relativ unentziehbare Rechte bei – auch antizipiert im Gesellschaftsvertrag erteilbarer – Zustimmung des betroffenen Gesellschafters oder bei Vorliegen eines wichtigen Grundes wirksam. Der Kreis der relativ unentziehbaren Rechte umfasst nach Auffassung des BGH (NJW 2015, 859, 862; NJW 1995, 194, 195) die dem Gesellschafter gesetzlich oder vertraglich individuell zustehenden und seine Stellung wesentlich prägenden Rechte (etwa Stimm- und Geschäftsführungsrechte), so dass er nicht abstrakt bestimmbar, sondern von der konkreten Gesellschaftsstruktur und der Position des Betroffenen abhängig ist. Anders als auf der ersten Stufe obliegt es hier dem Betroffenen, die Treuwidrigkeit des Mehrheitsbeschlusses darzulegen und zu beweisen. Auf die Unwirksamkeit eines ohne seine erforderliche Zustimmung gefassten Beschlusses kann sich nur der Betroffene selbst, nicht ein anderer Gesellschafter berufen. Demnach kann ein Beschluss einem Gesellschafter gegenüber Wirkung entfalten, während er dem nicht zustimmenden Betroffenen gegenüber nicht wirkt (relative Unwirksamkeit; BGH NJW 2010, 65, 67).

Die in § 5 Abs 1 des Form vorgesehene allg gehaltene Mehrheitsklausel erfasst Geschäftsführungsmaßnahmen und Grundlagengeschäfte gewöhnlichen Inhalts, worunter der BGH (ZIP 07, 475) in Abkehr von seiner früheren Rechtsprechung auch die Feststellung des Jahresabschlusses versteht. Für Änderungen des Gesellschaftsvertrags ist nach § 5 Abs 2 des Form. eine ¾-Mehrheit erforderlich. Explizit offen gelassen hat der BGH (ZIP 2007, 475, 477), ob die Thesaurierung nur bei gesellschaftsvertraglich festgelegten Grenzen durch Mehrheitsbeschluss erfolgen darf. Bis zur höchstrichterlichen Klärung dieser Frage empfiehlt sich daher eine Gewinnverwendungsklausel im Gesellschaftsvertrag, wie sie in § 6 Abs 4 des Form vorgesehen ist.

Zu anderen Gestaltungsvarianten in Bezug auf Mehrheitsklauseln → Form. II.B.2 Anm. 12 ff. → Form. II.C.4 Anm. 10. Zwar gestalterisch einfach, aber dennoch nicht zu empfehlen ist eine Klausel, die eine Geltung des Mehrheitsprinzips bestimmt, „soweit es gesetzlich zulässig ist". Denn sie stellt beim konkreten Beschluss die Gesellschafter stets erneut vor die Frage, ob und welche gesetzliche Regelung besteht (so auch *Holler,* DB 2010, 2067, 2073).

9. Der **Jahresabschluss** der OHG als Kaufmann (§ 6 Abs 1 HGB) richtet sich nach den §§ 242 ff HGB; eine Prüfungs- oder Publizitätspflicht besteht außer in den Fällen des § 340 k HGB (für Kreditinstitute), der §§ 1, 6, 9 PublG (für Großunternehmen) oder der §§ 11, 14 f PublG (für bestimmte Mutterunternehmen) nicht. Die Aufstellung des Jahresabschlusses obliegt als Geschäftsführungsmaßnahme den geschäftsführenden Gesellschaftern, während die Unterzeichnung (§ 245 S 2 HGB) und – mangels anderweitiger gesellschaftsvertraglicher Vereinbarung – die Feststellung als Grundlagengeschäft gewöhnlicher

Art (BGH ZIP 2007, 475, 477) durch alle Gesellschafter zu erfolgen hat (BGHZ 132, 263, 266).

Die gesetzlichen Bestimmungen zur **Ergebnisverwendung** (§§ 120 f HGB) knüpfen die Gewinn- bzw Verlustbeteiligung der einzelnen Gesellschafter an deren variablen Kapitalanteil, dh der Anteil verändert sich mit jeder Verlust- oder Gewinnzuschreibung und je nachdem, ob und wann ein Gesellschafter Verluste oder Gewinne stehen lässt oder ausgleicht bzw entnimmt. Da diese Regelung häufig als unbefriedigend empfunden wird (s bereits → Anm. 6 oben), sieht das Form. feste Kapitalanteile vor (§§ 3 Abs 3, 5 Abs 1, 6 Abs 3). Der Gesellschaftsvertrag kann auch eine andere Gewinnverteilung vorsehen. So können einzelne Gesellschafter einen Vorabgewinn erhalten, etwa die geschäftsführenden Gesellschafter oder die Gründungsgesellschafter. Wer der Gesellschaft Gegenstände zur Nutzung überlassen hat, kann dafür eine (gewinnunabhängige) Vergütung erhalten (Baumbach/Hopt/*Roth,* § 121 Rn 8). Auch die Verteilung des Verlusts kann im Innenverhältnis gesellschaftsvertraglich anders geregelt werden, zB können bestimmte Gesellschafter von der Teilnahme am Verlust freigestellt werden (Baumbach/Hopt/*Roth,* § 121 Rn 9). Vgl auch die Regelungen in → Form. II.C.2 Anm. 13 und → Form. II.C.4 Anm. 13. § 6 Abs 4 enthält eine sehr einfache Gewinnverwendungsklausel; sie trägt dem Interesse der Stärkung des Gesellschaftskapitals Rechnung, ohne das Interesse der Gesellschafter an Entnahmen außer Acht zu lassen. Zu diesbezüglichen Gestaltungsvarianten s auch → Form. II.B.2 Anm. 13; → Form. II.C.4 Anm. 13.

10. Die **Übertragung** von Gesellschaftsanteilen oder Teilen davon ist nur zulässig, wenn die anderen Gesellschafter zustimmen (§ 105 Abs 3 HGB, §§ 717, 719 Abs 1 BGB). Die Zustimmung kann sich auf das schuldrechtliche und/oder – wie im Form. vorgesehen – das dingliche Rechtsgeschäft beziehen und bedarf, sofern nicht abw im Gesellschaftsvertrag geregelt, der Einstimmigkeit (Baumbach/Hopt/*Roth,* § 105 Rn 67 ff). Sie kann für bestimmte Konstellationen bereits im Gesellschaftsvertrag erteilt sein; sonst ist ein Gesellschafterbeschluss notwendig. Häufig wird vereinbart, dass in bestimmten Fällen ein Anspruch auf einen zustimmenden Gesellschafterbeschluss besteht, so etwa für die Übertragung auf bestimmte Personen (zB Mitgesellschafter oder Familienangehörige des Übertragenden, s → Form. II.C.3 Anm. 14 oder wenn kein wichtiger Grund für die Versagung der Zustimmung vorliegt. Umgekehrt ist es möglich, im Gesellschaftsvertrag die Übertragbarkeit auf bestimmte Personen – etwa Wettbewerber – auszuschließen, so dass dann für eine Übertragung Einstimmigkeit erforderlich ist.

Um den Interessen des übertragungswilligen Gesellschafters gerecht zu werden und diesen nicht zwangsweise in der Gesellschaft zu halten, werden Zustimmungsklauseln häufig mit Vorkaufs- oder Vorerwerbsrechten der Mitgesellschafter kombiniert. Vorkaufsrechte ermöglichen den Eintritt in den der Übertragung zugrunde liegenden Vertrag, während bei einem Vorerwerbsrecht eine Anbietungspflicht des Übertragungswilligen vor Abschluss der Übertragungsverträge mit dem Dritten – ggf zu einem niedrigeren Preis – besteht. Derartige Vertragsgestaltungen finden sich in den ausführlicheren → Form. II.B.2 Anm. 15 und → Form. II.C.2 Anm. 15.

11. Die Kündigungsregelung wiederholt die gesetzliche Lage. Sowohl die ordentliche (§ 131 Abs 3 S 1 Nr 3 HGB) als auch die außerordentliche **Kündigung** ist gegenüber allen – auch nicht geschäftsführenden – Gesellschaftern, nicht gegenüber der Gesellschaft zu erklären (BGH LM Nr 7 zu § 142 HGB). Eine an die Gesellschaft gerichtete Kündigung wird aber wirksam, sobald alle Gesellschafter von ihr Kenntnis erlangt haben (BGH NJW 1993, 1002; Baumbach/Hopt/*Roth,* § 132 Rn 3).

Die Kündigungsklausel des Abs 2 ist auch bei gleichzeitiger Kündigung mehrerer Gesellschafter anwendbar (s BGH NJW 2008, 1943, 1944 f; NZG 2008, 623, 625). Ist dies nicht gewollt, muss der Gesellschaftsvertrag klarstellen, dass eine Fortsetzung lediglich dann stattfinden soll, wenn nur ein Gesellschafter kündigt.

Das Gesetz stellt keine Formanforderungen an die Kündigung. Zur Beweiserleichterung ordnet das Form das Erfordernis der Schriftlichkeit an.

Die sechsmonatige Kündigungsfrist für die ordentliche Kündigung entspricht § 132 HGB. Eine weitere Verkürzung ist möglich. Soll im Interesse der Gesellschaft eine solche kurzfristige Ausstiegsmöglichkeit nicht eröffnet werden, kann die Frist verlängert werden, jedoch darf diese Verlängerung nicht zu einer nach § 723 Abs 3 BGB unzulässigen Beschränkung der Kündigungsmöglichkeit führen (BGH NJW 2007, 295 f; Baumbach/Hopt/*Roth*, § 132 Rn 9).

Aus Gründen der Rechtssicherheit sieht § 133 HGB die gerichtliche Auflösung der Gesellschaft auf Antrag eines Gesellschafters bei Vorliegen eines wichtigen Grundes vor. Diese Vorschrift ist insoweit zwingend, als das Recht des Gesellschafters, die Auflösung zu fordern, nicht eingeschränkt werden darf (§ 133 Abs 3 HGB). Jedoch kann es – wie im Form – durch ein vertragliches Kündigungsrecht aus wichtigem Grund ersetzt werden, da dies zu einer Erweiterung und Erleichterung des Auflösungsrechts führt. Der Gesellschafter kann auch schon im Gesellschaftsvertrag auf die ausschließlich seinem Schutz dienende, durch die Auflösungsklage erreichte Rechtsklarheit verzichten (Staub/*Schäfer,* § 133 Rn 72 f; Heymann/*Emmerich,* § 133 Rn 21 ff). Neben der in § 133 HGB geregelten außerordentlichen Liquidationskündigung erkennt die Rechtsprechung für Publikumsgesellschaften die außerordentliche Austrittskündigung eines einzelnen Gesellschafters an (Baumbach/Hopt/*Roth,* § 140 Rn 1, Anh § 177 a Rn 58). Ob nach dem die Unternehmenskontinuität betonenden Handelsrechtsreformgesetz vom 26.6.1998 (HRefG, BGBl I 1474) das Gericht im Rahmen des § 133 HGB statt der Auflösung der Gesellschaft das bloße Ausscheiden des betr Gesellschafters als Minus anordnen kann und ob und in welchen Fällen auch ein entspr Antrag des Gesellschafters hierauf zuzulassen ist, ist noch ungeklärt (s Baumbach/Hopt/*Roth,* HGB, § 140 Rn 1; Ebenroth/*Lorz,* § 133 Rn 3, 9).

12. Die zulässige Klausel (BGH DStR 2010, 1529 mwN) ersetzt § 140 HGB, der für die **Ausschließung** eines Gesellschafters ein gerichtliches Gestaltungsurteil verlangt. Möglich ist nicht nur wie im Form die Ausschließung auf Grund Gesellschafterbeschlusses, sondern auch die Vereinbarung eines einseitigen Ausschließungsrechts für einzelne Gesellschafter bei Vorliegen eines wichtigen Grundes. Die gerichtliche Nachprüfung kann jedoch nicht ausgeschlossen werden; die Beweislast für die Wirksamkeit der Ausschließung liegt bei den Gesellschaftern, die sie geltend machen (BGH NJW 1982, 2065). Abw vom Form können die Ausschlussgründe – abschließend oder beispielhaft – aufgezählt werden (vgl → Form. II.B.2 Anm. 22). Ihre Zulässigkeit ist am „ultima ratio"-Charakter des Ausschlusses zu messen (Baumbach/Hopt/*Roth,* § 140 Rn 6), allerdings nicht auf wichtige Gründe iSd § 140 HGB beschränkt (*Verse*, DStR 2007, 1822). Jedenfalls bedarf es einer eindeutigen Regelung im Gesellschaftsvertrag (BGH DStR 2009, 2495, 2497).

In Aufrechterhaltung seiner Rechtsprechung zu Hinauskündigungsklauseln (s den Überbl bei Baumbach/Hopt/*Roth,* § 140 Rn 31) hält der BGH daran fest, dass die Vereinbarung des Rechts zur Ausschließung nach freiem Ermessen – unabhängig von der getroffenen Abfindungsregelung – grds unzulässig und wegen Verstoßes gegen § 138 Abs 1 BGB nichtig ist, da ansonsten stets das Damoklesschwert der Kündigung über dem Gesellschafter schwebe und die freie Ausübung seiner Gesellschafterrechte in Frage stelle. Jedoch hat der BGH mittlerweile für verschiedene Konstellationen Hinauskündigungsklauseln anerkannt (Erprobungsfristen in Freiberuflersozietäten NZG 2004, 569; 2007, 583, 584 ff; treuhandähnliche Stellung bei persönlicher Verbundenheit BGHZ 112, 103, 108 ff (zur insoweit parallel zu behandelnden GmbH); Gesellschaftsverhältnis als bloßer Annex zu jederzeit

a) der aus der Handelsbilanz unter Berücksichtigung der §§ 4 ff EStG abgeleiteten Steuerbilanz der OHG,
b) einer etwaigen Ergänzungsbilanz für den einzelnen Mitunternehmer zur Berücksichtigung von Korrekturen zu den Wertansätzen der Steuerbilanz auf Grund von individuellen Anschaffungskosten nach Gesellschafterwechsel, Einbringungen gem § 24 UmwStG sowie von personenbezogenen Steuervergünstigungen,
c) einer etwaigen Sonderbilanz für den einzelnen Mitunternehmer zur Erfassung von Sonderbetriebsvermögen, Sondervergütungen gem § 15 Abs 1 S 1 Nr 2 S 1 Hs 2 EStG sowie sonstiger Sonderbetriebseinnahmen und -ausgaben und
d) einer evtl Veräußerung der Beteiligung oder eines Teils davon gem § 16 Abs 1 Nr 2 EStG.

Das in der unter c) genannten Sonderbilanz zu erfassende Sonderbetriebsvermögen besteht aus dem sog Sonderbetriebsvermögen I (alle Wirtschaftsgüter, die zwar im Eigentum eines Gesellschafters stehen, aber dem Betrieb der Gesellschaft unmittelbar dienen, zB ein vom Gesellschafter an die Gesellschaft vermietetes Betriebsgrundstück) und dem sog Sonderbetriebsvermögen II; dieses umfasst alle Wirtschaftsgüter, die zwar nicht der Personengesellschaft unmittelbar, jedoch der Beteiligung des Gesellschafters an dieser Personengesellschaft dienen bzw diese fördern, zB bei Betriebsaufspaltung die von den Gesellschaftern der Besitzpersonengesellschaft gehaltenen Anteile an der Betriebs-GmbH (BFH BStBl II 91, 832 – aktives Sonderbetriebsvermögen II) oder ein Kredit zur Finanzierung der Beteiligung an der Personengesellschaft (BFH GrS BStBl II 1990, 817; BFH/NV 1992, 515 – passives Sonderbetriebsvermögen II) (im Einzelnen s L. Schmidt/*Wacker,* § 15 Rn 506 ff; *Schulze zur Wiesche,* FR 1993, 37 mwN). Für das Sonderbetriebsvermögen des einzelnen Gesellschafters bei der Gesellschaft soll nicht er, sondern die Gesellschaft buchführungspflichtig sein (BFH BStBl II 1991, 401; 1992, 797; aA Teile der Literatur, zB *Autenrieth,* DStZ 1992, 277; gegen die Auffassung des BFH spricht insbes auch § 60 Abs 2 S 2 EStDV: „kann").

Zu den **Sondervergütungen** für die „Tätigkeit im Dienst der Gesellschaft" ua (§ 15 Abs 1 S 1 Nr 2 S 1 Hs 2 EStG), die grds den Handelsbilanz- und damit auch den Steuerbilanzgewinn der Gesellschaft mindern, aber über die Sonderbilanz des Gesellschafters in den Gesamtgewinn der Mitunternehmerschaft eingehen (*Raupach,* DStZ 1992, 692, 695) und von ihm zu versteuern sind, gehören zB Zuführungen zu Pensionsrückstellungen gem § 6 a EStG (nicht erst die laufenden Pensionszahlungen nach Eintritt des Versorgungsfalles: L. Schmidt/*Wacker,* § 15 Rn 585 ff mwN, sehr str). Die steuerliche Unzulässigkeit von Pensionsrückstellungen für geschäftsführende Gesellschafter von Personengesellschaften ist bei der Rechtsformwahl ein wichtiges Argument für die GmbH (s zB *Krüger,* Zweckmäßige Wahl der Unternehmensform, 7. Aufl 2002, Rn 31, 206).

Sonderbetriebsausgaben (persönliche Aufwendungen eines Mitunternehmers, die durch den gemeinsamen Betrieb der Mitunternehmerschaft veranlasst sind, zB Zinsen für ein Darlehen zur Finanzierung der Beteiligung, Aufwendungen im wirtschaftlichen Zusammenhang mit einer Tätigkeit im Dienste der Gesellschaft; weitere Bspe bei L. Schmidt/*Wacker,* § 15 Rn 645) sind nur abzugsfähig, wenn sie in die einheitliche und gesonderte Gewinnfeststellung der Mitunternehmerschaft eingegangen sind (BFH BStBl II 1992, 4; BFH/NV 1992, 515).

Kosten und Gebühren:

a) Gesellschaftsvertrag
   Vgl → Form. II.A.1. Anm. 1 ff.
b) Anmeldung (Entwurfsfertigung und Einreichung beim Handelsregister in elektronischer Form. durch Notar) und Eintragung

Geschäftswert: EUR 45 000 bei zwei Gesellschaftern, der sich mit jedem weiteren Gesellschafter um je EUR 15 000 erhöht, §§ 105 Abs 3 Nr. 2, 119 Abs 1 GNotKG, max EUR 1 Mio gem § 106 GNotKG.
Notar: 0,5 Gebühr gemäß § 92 Abs 2 GNotKG iVm Anlage 1 GNotKG Ziff 24102 für die Entwurfsfertigung und 0,3 Vollzugsgebühr gemäß Anlage 1 GNotKG Ziff 22114.
Register: Anlage zu HRegGebV Teil 1 Abschnitt 1.

2. Ausführlicher OHG-Vertrag

a) Gesellschaftsvertrag[1]

§ 1 Firma und Sitz

(1) Die Gesellschaft hat die Firma A OHG.[2]

(2) Sitz der Gesellschaft ist . . . . .[3]

§ 2 Gegenstand des Unternehmens

(1) Gegenstand des Unternehmens ist . . . . .[4]

(2) Die Gesellschaft ist zu allen Handlungen berechtigt, die unmittelbar oder mittelbar der Erreichung des Gesellschaftszwecks dienen.

§ 3 Gesellschaftskapital/Gesellschafter

(1) Das Gesellschaftskapital beträgt EUR . . . . .[5]

(2) Gesellschafter sind

- A mit einer Einlage von EUR . . . . .,
- B mit einer Einlage von EUR . . . . . und
- C mit einer Einlage von EUR . . . . .

Die Einlagen sind als Bareinlagen zu erbringen und innerhalb von 14 Tagen nach Unterzeichnung des Gesellschaftsvertrags auf das Konto der Gesellschaft einzuzahlen.

(3) Der Betrag der Einlage eines Gesellschafters gemäß Abs 2 bezeichnet zugleich seinen Kapitalanteil im Sinn dieses Vertrags. Jeder Kapitalanteil ist fest und bleibt, soweit sich aus diesem Gesellschaftsvertrag nichts anderes ergibt, unverändert.

(4) Zu Nachschüssen sind die Gesellschafter nicht verpflichtet.[6, 7]

§ 4 Gesellschafterkonten[8]

(1) Für jeden Gesellschafter werden ein Kapitalkonto, ein laufendes Konto und ein Rücklagenkonto geführt.

(2) Auf dem Kapitalkonto wird der feste Kapitalanteil jedes Gesellschafters im Sinn des § 3 Abs 3 gebucht. Die Kapitalkonten werden als unverzinsliche Festkonten geführt.

(3) Auf den laufenden Konten werden entnahmefähige Gewinnanteile, Entnahmen, Zinsen, Gesellschafterdarlehen sowie der sonstige Zahlungsverkehr des Gesellschafters mit der Gesellschaft gebucht. Sie werden nach der Staffelmethode mit . . . . . % pa über

dem jeweiligen Basiszinssatz verzinst. Die Zinsen gelten im Verhältnis der Gesellschafter zueinander als Aufwand bzw Ertrag.

(4) Auf den Rücklagenkonten werden Einlagen, die nicht Einlagen im Sinn des § 3 sind, nicht entnahmefähige Gewinnanteile sowie Verlustanteile des Gesellschafters gebucht. Diese Konten sind unverzinslich und stellen keine Verbindlichkeiten der Gesellschaft dar, begründen jedoch im Fall der Liquidation der Gesellschaft für Zwecke der Verteilung des verbleibenden Vermögens unter den Gesellschaftern ein Recht auf Vorabauszahlung und können nur zusammen mit der Beteiligung übertragen werden.

§ 5 Geschäftsführung und Vertretung[9]

(1) Zur Geschäftsführung und Vertretung ist jeder Gesellschafter allein berechtigt und verpflichtet.

(2) Die Gesellschafter sind von den Beschränkungen des § 181 BGB befreit.

(3) Die Gesellschafter führen die Geschäfte der Gesellschaft in Übereinstimmung mit den gesetzlichen Bestimmungen und diesem Gesellschaftsvertrag.

(4) Ein Gesellschafter kann auch ohne Vorliegen eines wichtigen Grunds durch Gesellschafterbeschluss von der Geschäftsführung und/oder Vertretung ausgeschlossen werden.

§ 6 Wettbewerbsverbot[10]/Schweigepflicht[11]

(1) Kein Gesellschafter darf während seiner Zugehörigkeit und für eine Dauer von zwei Jahren nach seinem Ausscheiden mit der Gesellschaft unmittelbar oder mittelbar in deren räumlichem und sachlichem Tätigkeitsbereich in Wettbewerb treten oder fremden Wettbewerb fördern. Der räumliche Tätigkeitsbereich im Sinn dieses Wettbewerbsverbots bestimmt sich nach den Verhältnissen im Zeitpunkt des Ausscheidens des Gesellschafters. Der sachliche Tätigkeitsbereich im Sinn dieses Wettbewerbsverbots ist . . . . . [die im Gegenstand des Unternehmens (§ 2 Abs 1) beschriebene Tätigkeit in der im Zeitpunkt des Ausscheidens konkret ausgeübten Art]. Rein kapitalistische Beteiligungen an anderen Gesellschaften sind von diesem Wettbewerbsverbot nicht erfasst. Ein Gesellschafter kann vom Wettbewerbsverbot nur durch einstimmigen Beschluss der übrigen Gesellschafter befreit werden. Die Zustimmung der übrigen Gesellschafter ist zu erteilen, wenn die Einhaltung des Wettbewerbsverbots das berufliche Fortkommen des Gesellschafters unzumutbar erschweren würde.

(2) Tritt ein Gesellschafter ohne vorherige schriftliche Zustimmung der übrigen Gesellschafter zu der Gesellschaft in Wettbewerb, hat er für jeden Fall der Zuwiderhandlung EUR . . . . . als Vertragsstrafe an die Gesellschaft zu zahlen. Bei fortgesetzter Zuwiderhandlung gelten je zwei Wochen des Verstoßes als eine unabhängige und selbstständige Zuwiderhandlung. Das Recht der Gesellschaft, Unterlassung und Schadensersatz zu verlangen, wird hierdurch nicht berührt, doch wird die Vertragsstrafe auf den Schadensersatz angerechnet.

(3) Jeder Gesellschafter ist verpflichtet, über vertrauliche Angelegenheiten, die ihm in seiner Eigenschaft als Gesellschafter zur Kenntnis gelangen, insbesondere über die Bilanzen sowie die Verhandlungen und Beschlüsse der Gesellschafter, Dritten gegenüber Stillschweigen zu bewahren. Diese Verpflichtung besteht auch nach seinem Ausscheiden fort. Die Schweigepflicht gilt nicht für die Vorlage von Bilanzen der Gesellschaft bei Banken. Außerdem darf jeder Gesellschafter vertrauliche Angelegenheiten Angehörigen eines zur Berufsverschwiegenheit verpflichteten rechts-, wirtschafts- oder steuerberatenden Berufs anvertrauen, wenn und soweit dies zur Wahrung seiner eigenen berechtigten Interessen

erforderlich ist. Weitere Ausnahmen von der Schweigepflicht können im Einzelfall durch Gesellschafterbeschluss zugelassen werden.

§ 7 Gesellschafterversammlung/Gesellschafterbeschlüsse[12]

(1) Soweit sich die Gesellschafter nicht abweichend einigen, werden Gesellschafterbeschlüsse in Gesellschafterversammlungen am Sitz der Gesellschaft gefasst. Jeder Gesellschafter kann mittels Übergabe-Einschreiben unter Übersendung der Tagesordnung mit einer Ladungsfrist von drei Wochen eine Gesellschafterversammlung einberufen. Die Gesellschafterversammlung ist beschlussfähig, wenn mindestens drei Viertel der Kapitalanteile anwesend oder vertreten sind; sonst ist unverzüglich eine neue Gesellschafterversammlung einzuberufen, die ohne Rücksicht auf das vertretene Kapital beschlussfähig ist.

(2) Die Gesellschafter beschließen mit einfacher Mehrheit der abgegebenen Stimmen.

(3) Neben den an anderer Stelle in diesem Gesellschaftsvertrag geregelten Fällen gelten abweichende Mehrheitserfordernisse für folgende Beschlüsse:

a) Einer Zustimmung der Gesellschafter mit mindestens drei Vierteln der Kapitalanteile bedürfen
   aa) der Ausschluss eines Erwerbers von Geschäftsführung und Vertretung,
   bb) die Bestimmung des übernehmenden Rechtsträgers im Falle der Spaltung eines Gesellschafters (§ 10 Abs 2 S 1).
b) Des einstimmigen Beschlusses bedürfen
   aa) Änderungen des Gesellschaftsvertrags,
   bb) die Auflösung der Gesellschaft,
   cc) der Ausschluss des/der Erben (§ 14 Abs 2).
c) Zwingende gesetzliche Vorschriften bleiben unberührt.

(4) Je EUR 100 eines Kapitalanteils gewähren eine Stimme. Gesellschafterbeschlüsse werden vom ältesten Gesellschafter schriftlich niedergelegt und unverzüglich allen Gesellschaftern zugeleitet.

§ 8 Jahresabschluss/Gewinn und Verlust[13]

(1) Der Jahresabschluss ist von den Gesellschaftern in den ersten fünf Monaten nach Ende des Geschäftsjahrs nach den gesetzlichen Gliederungs- und Bewertungsvorschriften und – soweit handelsrechtlich zulässig – unter Berücksichtigung der steuerlichen Vorschriften über die Gewinnermittlung aufzustellen.

(2) Der Jahresabschluss ist, soweit eine Prüfung gesetzlich oder durch Beschluss der Gesellschafter vorgeschrieben ist, dem Abschlussprüfer unverzüglich zur Prüfung vorzulegen.

(3) Der Jahresabschluss ist unverzüglich nach seiner Fertigstellung, im Fall des Abs 2 unverzüglich nach Eingang des Prüfungsberichts bei der Gesellschaft, den Gesellschaftern zur Beschlussfassung über die Ergebnisverwendung vorzulegen.

(4) Am Gewinn und Verlust nehmen die Gesellschafter im Verhältnis ihrer Kapitalanteile teil.

(5) Belastungen der Gesellschaft durch die Gewerbesteuer, die ihre Ursache im Bereich des Sonderbetriebsvermögens und in den Vergütungen nach § 15 Abs 1 S 1 Nr 2 S 1 HS 2 EStG sowie den Ergebnissen möglicher Ergänzungsbilanzen haben, sind bei der Gewinnverteilung vorweg bei dem Gesellschafter als besonderer Aufwand zu berücksichtigen,

dem das Sonderbetriebsvermögen, die Vergütungen und die Ergebnisse möglicher Ergänzungsbilanzen zuzurechnen sind. S 1 gilt sinngemäß für Minderungen der Gewerbesteuer durch Sonderbetriebsausgaben oder Verluste aus der Ergänzungsbilanz; dem Gesellschafter ist in diesem Fall ein besonderer Ertrag zuzuweisen. S 1 und 2 gelten entsprechend auch für den Ausgleich im Rahmen der Zinsschrankenregelung des § 4 h EStG.

(6) Ein Jahresfehlbetrag (Verlust) ist auf die Rücklagenkonten zu verteilen. Ein Drittel des Jahresüberschusses (Gewinn) ist auf die laufenden Konten der Gesellschafter (entnahmefähiger Gewinnanteil), ein weiteres Drittel auf die Rücklagenkonten zu buchen. Über die Verwendung des verbleibenden Drittels entscheidet die Gesellschafterversammlung.

§ 9 Entnahmen[14]

(1) Entnahmen durch einen Gesellschafter von seinem laufenden Konto sind nur zulässig, wenn sein Rücklagenkonto nicht im Soll steht. Dies gilt nicht für Entnahmen zur Zahlung seiner persönlichen Steuern gemäß nachstehendem Abs 2.

(2) Jeder Gesellschafter ist zur Entnahme von Beträgen von seinem laufenden Konto berechtigt, die er zur Zahlung von persönlichen Steuern (einschließlich Vorauszahlungen) auf die Beteiligung an der Gesellschaft benötigt. Hierbei ist für jeden Gesellschafter für die Einkommensteuer der deutsche Spitzensteuersatz (zzgl gesetzlicher Zuschläge wie etwa dem Solidaritätszuschlag) und bei der Kirchensteuer der höchste für einen Gesellschafter geltende Steuersatz zugrunde zu legen. Soweit die Thesaurierungsbegünstigung des § 34 a EStG in Anspruch genommen wird, sind außer für Steuervorauszahlungen (§ 37 Abs 3 S 5 EStG) anstelle des Spitzensteuersatzes für den betreffenden Gesellschafter deren starre Steuersätze maßgebend. Jeder Gesellschafter hat Steuererstattungen, die er aufgrund überhöhter Vorauszahlungen gesellschaftsbezogener Steuern erhält, unverzüglich in sein Rücklagenkonto einzustellen.

§ 10 Verfügungen über Anteile[15]

(1) Die Übertragung von Anteilen, einschließlich der Übertragung im Rahmen von Umwandlungen nach dem Umwandlungsgesetz, bedarf eines zustimmenden Beschlusses der übrigen Gesellschafter mit mindestens drei Vierteln ihrer Kapitalanteile. Durch einen gleichzeitig gefassten Beschluss kann der Erwerber von Geschäftsführung und Vertretung ausgeschlossen werden.

(2) Geht ein Gesellschafter durch eine Spaltung unter, haben die übrigen Gesellschafter das Recht, durch Gesellschafterbeschluss zu bestimmen, auf welchen der übernehmenden Rechtsträger sein Anteil übergeht. Die Regelung des Abs 1 S 2 gilt entsprechend.

(3) Überträgt ein Gesellschafter seinen Anteil, steht den übrigen Gesellschaftern ein Vorkaufsrecht im Verhältnis ihrer Kapitalanteile zu. Der Verkäufer hat sämtlichen Gesellschaftern unverzüglich je eine beglaubigte Abschrift des mit dem Käufer geschlossenen Vertrags durch Übergabe-Einschreiben zuzusenden. Die Ausübung des Vorkaufsrechts ist dem Verkäufer gegenüber binnen einer Ausschlussfrist von einem Monat nach Zugang des in S 2 bezeichneten Briefs schriftlich anzuzeigen; danach ist die Ausübung des Vorkaufsrechts ausgeschlossen.

(4) Verzichtet ein Gesellschafter auf sein Vorkaufsrecht oder übt er es nicht fristgerecht aus, steht es den übrigen Gesellschaftern im Verhältnis ihrer Kapitalanteile zu. Dieses Vorkaufsrecht ist innerhalb eines Monats ab Kenntnis vom Verzicht schriftlich auszuüben, spätestens aber innerhalb von drei Monaten nach Zugang des in Abs 3 bezeichneten Briefs.

(5) Wird das Vorkaufsrecht gem Abs 3 und 4 ganz oder teilweise nicht ausgeübt, kann der gesamte Anteil übertragen werden, ohne dass es einer Zustimmung gem Abs 1 bedarf. Die Regelung des Abs 1 S 2 bleibt unberührt.

(6) Geht ein Anteil durch Umwandlung nach dem Umwandlungsgesetz oder durch Einbringung oder Anwachsung auf einen Dritten über, hat der übertragende Gesellschafter den anderen Gesellschaftern im Verhältnis ihrer Kapitalanteile ein dem Vorkaufsrecht an dem Anteil entsprechendes Ankaufsrecht an den durch ihn oder durch ein mit ihm im Sinn des § 15 AktG verbundenes Unternehmen erworbenen Gesellschaftsanteilen an dem Dritten einzuräumen. Der Ankaufspreis entspricht der nach § 12 Abs 1 zu zahlenden Abfindung. Bei Nichteinräumung durch den ausscheidenden Gesellschafter binnen einer Frist von drei Monaten ab dem Übergang kann der Dritte gemäß § 13 Abs 1 ausgeschlossen werden. Auf das Ankaufsrecht finden die Abs 3 bis 5 sinngemäß Anwendung.

(7) Rechte und/oder Pflichten aus diesem Vertrag können nicht übertragen oder belastet werden. Belastungen der Beteiligung, insbesondere die Verpfändung, die Bestellung eines Nießbrauchs, die Einräumung von Unterbeteiligungen oder einer Rechtsstellung, auf Grund derer dem Gesellschafter nur noch treuhänderische Befugnisse an seinem Anteil verbleiben oder die die Ausübung seiner Gesellschafterrechte an die Zustimmung eines Dritten bindet, sind unzulässig.[16]

(8) Die Abs 1 bis 7 gelten auch für den Teil eines Anteils.

§ 11 Dauer/Kündigung[17]/Auflösung

(1) Die Gesellschaft besteht auf unbestimmte Zeit.

(2) Jeder Gesellschafter kann sie unter Einhaltung einer sechsmonatigen Frist auf den Schluss eines Geschäftsjahrs, erstmals zum . . . . ., gegenüber den anderen Gesellschaftern durch Übergabe-Einschreiben kündigen. Das Recht zur Kündigung aus wichtigem Grund bleibt unberührt.

(3) Der kündigende Gesellschafter scheidet mit Wirksamwerden der Kündigung aus der Gesellschaft aus. Er ist gemäß § 12 abzufinden. Die Gesellschaft wird von den übrigen Gesellschaftern fortgeführt.

(4) Die Auflösung nach § 133 HGB wird, soweit gesetzlich zulässig, ausgeschlossen.

§ 12 Abfindung[18]

(1) Ein nach § 11 ausscheidender Gesellschafter erhält eine Abfindung in Höhe von zwei Dritteln des auf seinen Kapitalanteil entfallenden anteiligen Unternehmenswerts zum Zeitpunkt seines Ausscheidens. Der Unternehmenswert ist nach den Grundsätzen der §§ 200 bis 203 BewG in ihrer jeweiligen Fassung zu bestimmen. Der sich ergebende anteilige Unternehmenswert wird durch die Gesellschaft zeitnah berechnet und allen Gesellschaftern durch Einschreiben mitgeteilt. Er bleibt auch dann maßgeblich, wenn sich auf Grund von steuerlichen Außenprüfungen oder durch anderweitig veranlasste Modifikationen der Veranlagung die Ermittlungsgrundlagen nachträglich verändern.[19]

(2) Besteht Streit über die Höhe der Abfindung, entscheidet hierüber nach billigem Ermessen ein von beiden Parteien benannter Schiedsgutachter, der Wirtschaftsprüfer oder eine Wirtschaftsprüfungsgesellschaft sein muss. Kommt eine Einigung über dessen Benennung nicht zustande, ist er auf Antrag jeder der Parteien durch die Wirtschaftsprüferkammer . . . . . zu bestimmen. Der Schiedsgutachter setzt die Höhe der Abfindung verbindlich fest. Die Kosten für den Schiedsgutachter tragen der ausscheidende Gesellschafter und die Gesellschaft je zur Hälfte.[20]

(3) Die Abfindung ist ab dem Tag des Ausscheidens mit . . . . . % über dem jeweiligen Basiszinssatz pa zu verzinsen und zusammen mit den jeweils angefallenen Zinsen in fünf gleichen Jahresraten zu zahlen. Die erste Rate ist am Ende des Monats zahlbar, der der Feststellung der Abfindungshöhe folgt, die folgenden Raten jeweils zum entsprechenden Datum der Folgejahre. Die Gesellschaft ist berechtigt, die Abfindung ganz oder teilweise früher zu zahlen; zur Sicherheitsleistung ist sie nicht verpflichtet.[21]

(4) Sollte im Einzelfall rechtskräftig festgestellt werden, dass die Abfindungsregelung nach dieser Vorschrift rechtsunwirksam oder unzumutbar ist, ist die niedrigste noch zulässige Abfindung zu gewähren.

§ 13 Ausschließung eines Gesellschafters/Zwangsabtretung[22]

(1) Die Gesellschafter können den Ausschluss eines Gesellschafters, die Übertragung seines Anteils auf die übrigen Gesellschafter im Verhältnis ihrer Kapitalanteile oder die Übertragung seines Anteils auf einen Dritten beschließen, wenn er dafür einen wichtigen Grund im Sinn des § 133 HGB gegeben hat. Der betroffene Gesellschafter hat dabei kein Stimmrecht. Mit Zugang des Beschlusses beim ausgeschlossenen Gesellschafter scheidet dieser aus der Gesellschaft aus.

(2) Ein wichtiger Grund liegt insbesondere vor, wenn

a) über das Vermögen eines Gesellschafters ein Insolvenzverfahren eröffnet oder die Eröffnung mangels Masse abgelehnt wird,
b) in den Anteil eines Gesellschafters die Zwangsvollstreckung betrieben und nicht binnen zwei Monaten nach Aufforderung an den Gesellschafter, spätestens bis zur Verwertung des Anteils, aufgehoben wird,
c) ein Gesellschafter gegen eine sich aus dem Gesellschaftsverhältnis ergebende Verpflichtung verstößt und den Verstoß trotz Abmahnung nicht unverzüglich abstellt,
d) ein Gesellschafter über seinen Anteil unter Verstoß gegen § 10 verfügt oder zu verfügen versucht,
e) ein Gesellschafter Auflösungsklage erhebt.

(3) Scheidet ein Gesellschafter nach dieser Vorschrift aus, erhält er abweichend von § 12 als Abfindung den Buchwert seiner Beteiligung zum Zeitpunkt des Ausscheidens, sofern dieser niedriger ist als die Abfindung gem § 12 Abs 1. Der Buchwert entspricht dem Saldo sämtlicher für den ausscheidenden Gesellschafter bei der Gesellschaft geführten Gesellschafterkonten. § 740 BGB wird ausgeschlossen. Sollte im Einzelfall rechtskräftig festgestellt werden, dass die Abfindungsregelung dieses Absatzes rechtsunwirksam oder unzumutbar ist, ist die niedrigste noch zulässige Abfindung zu gewähren. Die Abfindung ist im Fall des Ausschlusses von der Gesellschaft, im Fall der Übertragung vom Erwerber zu zahlen und zwar jeweils in voller Höhe innerhalb von drei Monaten nach Ermittlung der Abfindung, spätestens am ersten Jahrestag des Datums des Ausscheidens. Die Wirksamkeit von Ausschluss und Übertragung ist nicht von einer etwaigen Zug um Zug zu erbringenden Gegenleistung abhängig. Sicherheitsleistung kann nicht verlangt werden.

§ 14 Nachfolge von Todes wegen[23]

(1) Stirbt ein Gesellschafter, wird die Gesellschaft mit den von ihm von Todes wegen Bedachten, ggf seinen gesetzlichen Erben, fortgesetzt. Falls einer von diesen verlangt, Kommanditist zu werden, ist der Beschluss nach § 13 zulässig. Werden durch Nachfolge von Todes wegen mehrere Personen Gesellschafter, sind sie von Geschäftsführung und Vertretung ausgeschlossen.

(2) Die übrigen Gesellschafter können innerhalb von zwei Monaten ab dem Todestag des Gesellschafters beschließen, die Gesellschaft ohne einen oder alle von Todes wegen Bedachten oder gesetzlichen Erben fortzusetzen oder deren Anteile auf die übrigen Gesellschafter im Verhältnis ihrer Kapitalanteile oder auf einen oder mehrere Dritte zu übertragen. Die betreffenden Bedachten oder Erben scheiden mit Fassung des Beschlusses rückwirkend zum Todestag aus. Die Abfindung nach § 12 Abs 1 ist im Fall der Nichtfortsetzung von der Gesellschaft, im Fall der Übertragung vom Erwerber zu zahlen. § 12 Abs 2, 3 und 4 gelten entsprechend.

§ 15 Geschäftsjahr[24]/Bekanntmachungen[25]/Anschriften der Gesellschafter

(1) Geschäftsjahr ist das Kalenderjahr. Das erste Geschäftsjahr ist ein Rumpfgeschäftsjahr; es endet am 31. 12. des Jahrs, in dem die Gesellschaft nach Gründung ihre Geschäftstätigkeit aufgenommen hat.

(2) Bekanntmachungen der Gesellschaft erfolgen nur im Bundesanzeiger.

(3) Jeder Gesellschafter ist verpflichtet, seine zustellungsfähige Anschrift, ggf einen Zustellungsbevollmächtigten, sowie deren etwaige Änderungen der Gesellschaft umgehend mitzuteilen. Nach Ablauf einer Frist von . . . . . Wochen gilt ein an diese Adresse zugestelltes Schriftstück als dem Gesellschafter zugegangen.

§ 16 Teilunwirksamkeit/Vertragsänderungen

(1) Sollte eine Bestimmung dieses Gesellschaftsvertrags oder eine künftig in ihn aufgenommene Bestimmung ganz oder teilweise unwirksam oder undurchführbar sein oder die Wirksamkeit oder Durchführbarkeit später verlieren oder sollte sich im Gesellschaftsvertrag eine Lücke herausstellen, wird hierdurch die Gültigkeit der übrigen Bestimmungen nicht berührt. Anstelle der unwirksamen oder undurchführbaren Bestimmung oder zur Ausfüllung der Lücke gilt eine angemessene Regelung, die, soweit rechtlich zulässig, dem am nächsten kommt, was die Vertragschließenden gewollt haben oder nach dem Sinn und Zweck des Vertrags gewollt hätten, falls sie den Punkt bedacht hätten.

(2) Beruht die Unwirksamkeit oder Undurchführbarkeit einer Bestimmung auf einem darin festgelegten Maß der Leistung oder der Zeit (Frist oder Termin), ist mit einfacher Mehrheit der abgegebenen Stimmen das der Bestimmung am nächsten kommende rechtlich zulässige Maß zu vereinbaren.

(3) Alle das Gesellschaftsverhältnis betreffenden Vereinbarungen zwischen Gesellschaftern oder zwischen Gesellschaft und Gesellschaftern bedürfen zu ihrer Wirksamkeit der Schriftform, soweit nicht aufgrund eines Gesellschafterbeschlusses oder zwingender gesetzlicher Vorschrift eine strengere Form zu wahren ist. Das gilt auch für einen etwaigen Verzicht auf das Erfordernis der Schriftform.

§ 17 Schiedsklausel[26]

(1) Alle Streitigkeiten zwischen Gesellschaftern oder zwischen der Gesellschaft und ihren Gesellschaftern im Zusammenhang mit diesem Gesellschaftsvertrag oder über seine Gültigkeit werden nach der Schiedsgerichtsordnung (DIS-SchO) und den Ergänzenden Regeln für gesellschaftsrechtliche Streitigkeiten (DIS-ERGeS) der Deutschen Institution für Schiedsgerichtsbarkeit e.V. (DIS) unter Ausschluss des ordentlichen Rechtswegs endgültig entschieden.

(2) Die Wirkungen des Schiedsspruchs erstrecken sich auch auf die Gesellschafter, die fristgemäß als Betroffene benannt werden, unabhängig davon, ob sie von der ihnen

eingeräumten Möglichkeit, dem schiedsrichterlichen Verfahren als Partei oder Nebenintervenient beizutreten, Gebrauch gemacht haben (§ 11 DIS-ERGeS). Die fristgemäß als Betroffene benannten Gesellschafter verpflichten sich, die Wirkungen eines nach Maßgabe der Bestimmungen in den DIS-ERGeS ergangenen Schiedsspruchs anzuerkennen.

(3) Ausgeschiedene Gesellschafter bleiben an diese Schiedsvereinbarung gebunden.

(4) Die Gesellschaft hat gegenüber Klagen, die gegen sie vor einem staatlichen Gericht anhängig gemacht werden und Streitigkeiten betreffen, die gemäß Abs 1 der Schiedsvereinbarung unterfallen, stets die Einrede der Schiedsvereinbarung zu erheben.

(5) Der Ort des schiedsrichterlichen Verfahrens ist . . . . . Die Verfahrenssprache ist deutsch.

(6) Die Anzahl der Schiedsrichter beträgt . . . . .

b) Anmeldung zum Handelsregister (OHG)[27]

Wie in → Form. II.B.1 Anm. 1 ff.

Schrifttum: S. zu → Form. II.B.1 Anm. 1 ff.

Anmerkungen

1–4. S zu → Form. II.B.1 Anm. 1–4. In § 2 Abs 2 enthält das Form. zur Konkretisierung und Erweiterung der Geschäftsführungs- und Vertretungsbefugnis ihrer Gesellschafter (§ 5) die Befugnis, auch Handlungen vorzunehmen, die der Förderung des Unternehmensgegenstandes auch mittelbar dienen, zB Beitritt zu Arbeitgeberverbänden oder anderen Vereinigungen.

5. Die **Beiträge** der Gesellschafter können in Geldzahlung, Dienstleistungen, Einbringung oder Überlassung von Sachen, Verschaffung von sonstigen Rechten oder Vermögensgegenständen etc bestehen, s Baumbach/Hopt/*Roth,* § 109 Rn 6 ff. Obwohl gesetzlich nicht vorgeschrieben, werden idR – wie im Form. vorgesehen – die Beiträge der einzelnen Gesellschafter bei Abschluss des Gesellschaftsvertrags in Geld bewertet und die Summe dieser Einlagen als Gesellschaftskapital festgelegt, s Baumbach/Hopt/*Roth,* § 109 Rn 6, § 120 Rn 17. Die eindeutige Bewertung der Einlagen der Gesellschafter in Geld empfiehlt sich, um Klarheit über den regelmäßig an die Höhe der jeweiligen Einlage anknüpfenden Umfang der Rechte und Pflichten der Gesellschafter zu haben. In den Grenzen des § 138 BGB sind die Gesellschafter bei der Bewertung frei.

6. S → Form. II.B.1 Anm. 6.

7. Zur Vereinbarung von Güterstandsklauseln s → Form. II.C.3 Anm. 19.

8. Obwohl gesetzlich nicht vorgesehen, hat sich die Schaffung mehrerer Gesellschafterkonten in der Praxis bewährt. Neben einem **Kapitalkonto** kann eine unterschiedliche Anzahl von Sonderkonten geführt werden (s im Einzelnen MHdB GesR I/*von Falkenhausen/Schneider,* § 61 Rn 40 ff).

Regelmäßig werden mindestens zwei **Konten** geführt, und zwar ein – festes oder variables – Kapital-/Rücklagenkonto, auf das neben der ursprünglichen Einlage Gewinn- und Verlustanteile sowie Entnahmen gebucht werden, und ein Privatkonto (laufendes Konto; Darlehenskonto) für die buchmäßige Erfassung aller sonstigen Ansprüche zwischen Gesellschafter und Gesellschaft, s Baumbach/Hopt/*Roth,* § 120 Rn 18 ff. Sind wie im Form. feste Kapitalanteile vereinbart, sollte zur Verbuchung der jeweiligen Beteiligung neben einem festen Kapitalkonto (oft als Kapitalkonto I bezeichnet) ein weiteres (bewegliches) Kapitalkonto (im Form. Rücklagenkonto genannt, häufig auch – im Unterschied zum festen Kapitalkonto I – Kapitalkonto II genannt) geführt werden, auf dem nicht entnahmefähige Gewinne, Verluste und zusätzliche Einlagen (zB ein von einem Gesellschafter gezahltes Agio auf seine Beteiligung oder von den Gesellschaftern beschlossene Nachschüsse) verbucht werden. Entnahmefähige Gewinne werden dann zusammen mit allen sonstigen Forderungen und Verbindlichkeiten auf dem laufenden Konto geführt, das nicht Beteiligungskonto, sondern echtes Forderungskonto des Gesellschafters ist. Diese Dreiteilung hat den Vorteil, dass die entnahmefähigen Beträge klar abgegrenzt sind. Zu einer Gestaltung mit vier Gesellschafterkonten → Form. II.C.2 Anm. 7.

Bilanziell stellt das Rücklagenkonto Eigenkapital der Gesellschaft dar, wenn die Anforderungen an bilanzielles Eigenkapital – wie es im Form der Fall sein sollte – erfüllt sind (MüKoHGB/*Priester,* § 120 Rn. 29).

9. → Form. II.B.1 Anm. 7.

10. Das **Wettbewerbsverbot** während der Dauer der Gesellschafterstellung ergibt sich auch ohne bes Regelung aus § 112 Abs 1 HGB. Außer in den Ausnahmefällen, in denen es aus der Treupflicht folgt (s MHdB GesR I/*Mattfeld,* § 59 Rn 15; OLG Düsseldorf BB 1989, 1576; *Mayer,* NJW 1991, 23, 24), muss ein **nachvertragliches Wettbewerbsverbot** dagegen gesellschafts- oder einzelvertraglich vereinbart werden (BGH DB 1990, 2588, 2589). Wettbewerbsverbote sind – gleichgültig, ob ausdrücklich vereinbart oder nicht (BGHZ 38, 306, 316; BGH DB 1990, 213, 214; krit MHdB GesR I/*Mattfeld,* § 59 Rn 59 f) oder ob auf die Vertragsdauer beschränkt oder nicht (Baumbach/Hopt/*Roth,* § 112 Rn 15 ff) – an § 1 GWB zu messen (BGH GmbHR 2010, 256, 257). Ansatzpunkt ist immer eine **spürbare Beeinflussung der Marktverhältnisse** (BGHZ 70, 331, 334; 104, 246, 254 f; BGH NJW 1994, 384, 386; MHdB GesR I/*Mattfeld,* § 52 Rn 31 ff), was jeweils im Einzelfall zu prüfen ist (*Mayer,* NJW 1991, 23, 24; *Kanzleiter,* DNotZ 1989, 195, 199). Selbst wenn ein solcher Fall vorliegt, ist ein Wettbewerbsverbot jedenfalls insoweit zulässig, als es für den Bestand und die Erhaltung des von der Gesellschaft betriebenen Unternehmens erforderlich ist (BGHZ 70, 331, 336; Ebenroth/*Bergmann,* § 112 Rn 36). Seine Wirksamkeit beurteilt sich dementsprechend nach den Möglichkeiten des jeweiligen Gesellschafters, Geschäfts- und Kundendaten einzusehen und zu verwerten (MHdB GesR I/*Mattfeld,* § 59 Rn 68 ff), wobei die Kenntnis sowohl im Rahmen der Geschäftsführung (BGHZ 38, 306, 312; 70, 331, 336) als auch über die Rechte aus § 118 Abs 1 HGB (MHdB GesR 2/*Doehner/Hoffmann,* § 16 Rn 48; MHdB GesR I/*Mattfeld,* § 59 Rn 71 f) gewonnen sein kann. Vorrangig wird sich ein Wettbewerbsverbot nur ggü dem unternehmerisch aktiven, nicht ggü dem nur kapitalistisch beteiligten Gesellschafter rechtfertigen lassen (BGHZ 38, 306, 314; MüKoHGB/*Langhein,* § 112 Rn 34). Soll bei einer im Wesentlichen kapitalistisch strukturierten Gesellschaft mit dem Wettbewerbsverbot hauptsächlich die Tätigkeit der Gesellschafter außerhalb dieser Gesellschaft beschränkt werden (BGHZ 38, 306) oder die Rechtsform der OHG für kartellrechtswidrige Zwecke verwendet werden (s BGH NJW 82, 938; Baumbach/Hopt/*Roth,* § 112 Rn 16), ist das Wettbewerbsverbot unwirksam.

Ob ein Wettbewerbsverbot nach § 138 Abs 1 BGB iVm Art 12 Abs 1 GG zulässig ist, richtet sich insbesondere nach seinem Zweck, seiner örtlichen, gegenständlichen und zeitlichen Beschränkung sowie den berechtigten Interessen von Gesellschaft und Gesellschaftern (BGH NJW 2015, 1012, 1013 mwN; BGH NJW 2005, 3061; GmbHR 2010, 256, 257). Eine zeitliche, örtliche und sachliche Eingrenzung ist unbedingt zu empfehlen, da die Rspr eine „geltungserhaltende Reduktion" auf das noch Hinnehmbare nur bezogen auf die Laufzeit in Betracht zieht (s BGH NJW 2000, 2584; 2004, 66; 2005, 3061; anders bei Vorliegen einer salvatorischen Klausel OLG Köln NZG 01, 165, 168). Zu berücksichtigen ist auch, dass in der Abfindung eines ausscheidenden Gesellschafters idR der wirtschaftliche Wert des Wettbewerbsverbots mitberücksichtigt ist (BGH WM 1986, 1282; WM 1974, 253, 254). Die Formulierung ist daher, den Umständen des Einzelfalls entsprechend, möglichst eng und präzise zu fassen. Das Abstellen auf den Zeitpunkt des Ausscheidens trägt dem Umstand Rechnung, dass sich das Unternehmen entwickelt und ggf nicht mehr dem entspricht, das die Gesellschafter bei der Gründung im Auge hatten. Längere Zeiträume als zwei Jahre sollten nicht vereinbart werden, da sich regelmäßig innerhalb dieses Zeitraums die Beziehungen des ausgeschiedenen Gesellschafters zur Gesellschaft und deren Kunden so weit verflüchtigt haben, dass durch eine Konkurrenztätigkeit keine wesentlichen Einbußen mehr entstehen (BGH DB 1990, 213; NJW 2004, 66 f, NJW 2015, 1012, 1013).

11. Das **Schweigegebot** folgt aus der Treuepflicht der Gesellschafter, vgl für die GmbH Baumbach/Hueck/*Fastrich*, § 13 Rn 28, kann aber durch eine gesellschaftsvertragliche Klausel präzisiert werden. Seine Grenze findet es in der Wahrnehmung berechtigter eigener Interessen des Gesellschafters, zB bei Klagen gegen die Gesellschaft.

12. S → Form. II.B.1 Anm. 8. Das Gesetz überlässt das Verfahren über das Zustandekommen sachlicher **Gesellschafterbeschlüsse** den Gesellschaftern. Das Form. trifft hierzu einige grundlegende Regelungen. Insbesondere beinhaltet es in Abs 3 eine Aufzählung von Beschlussgegenständen, für welche die einfache Mehrheit nicht ausreicht. Dieser Negativkatalog erlaubt den Gesellschaftern eine klare Orientierung, vermeidet aber anders als ein abschließender Positivkatalog (s zur nicht abschließenden Gestaltungsvariante → Form. II.C.2 Anm. 12) mögliche Subsumtionsprobleme und vermag Veränderungen Rechnung zu tragen (so auch *Priester*, DStR 2008, 1386, 1391). Allg zur Rspr in Bezug auf Mehrheitsklauseln und zu anderen Gestaltungsvorschlägen s → Form. II.B.1 Anm. 8.

13. S → Form. II.B.1 Anm. 9. Das Form. knüpft in Abs 4 die **Gewinn- und Verlustverteilung** an die Kapitalanteile der Gesellschafter.

Die in Abs 5 vorgesehene Gewerbesteuerklausel soll eine gerechte Verteilung der Gewerbesteuerbelastung unter den Gesellschaftern, auch im Rahmen der Zinsschrankenregelung des § 4 h EStG (näher hierzu *Winter*, Ubg 2009, 822, 825 f), sicherstellen. Insbesondere schafft sie Ausgleich für den Fall, dass nur einem Gesellschafter zustehende Sondervergütungen den Gewinn aller Gesellschafter und damit auch deren Steuerbelastung erhöhen. Eine solche Klausel empfiehlt sich, denn allein aus der gesetzlichen Regelung (§§ 812 ff BGB, Treupflicht) lässt sich keine genaue Verteilung der Lasten entnehmen (*Levedag*, GmbHR 2009, 13, 15).

Die Bildung gesetzlicher Rücklagen ist bei der OHG nicht vorgeschrieben, so dass es sinnvoll ist, die Rücklagenbildung von Anfang an – wie in Abs 6 geschehen – gesellschaftsvertraglich zu regeln und zwingend die Einstellung eines Teils des Gewinns in Rücklagen vorzusehen. Ein Drittel des Gewinns soll für die Gesellschafter zwingend entnahmefähig gestellt werden, allerdings (s § 9 Abs 1) nur, soweit das Rücklagenkonto nicht negativ ist. Die Klausel überlässt die Verwendung des letzten Drittels des Gewinns der Entscheidung der Gesellschafter, um eine an die konkrete Situation der Gesellschaft angepasste Gewinnverwendung zu ermöglichen.

14. Ein Gesellschafter muss den vollen Gewinnanteil versteuern, selbst wenn der Gewinn nicht ausgeschüttet, sondern thesauriert wird, so dass **Entnahmerechte für Steuern** vorzusehen sind (*Levedag*, GmbHR 2009, 13, 19). Eine vertragliche Vereinbarung hierzu ist insbesondere erforderlich, weil der BGH (NJW 1996, 1678, 1681 f) ein ungeschriebenes Entnahmerecht grds nicht anerkennt und daher selbst Steuerentnahmen nur bei expliziter Regelung im Gesellschaftsvertrag erlaubt. Dementsprechend regelt Abs 1 allgemein das Entnahmerecht, welches nur durch die Schranke eines negativen Rücklagenkontos (zB aufgrund früherer Verluste) beschränkt ist.

Die im Form. vorgeschlagene Klausel (*Winter*, Ubg 2009, 822, 825) eröffnet den Gesellschaftern eine sehr weitgehende Entnahmemöglichkeit in Bezug auf Steuern, da sie Beträge in Höhe des Spitzensteuersatzes entnehmen dürfen, die sie allerdings in die Rücklage einstellen müssen, wenn sie sich nachträglich als Überzahlungen herausstellen. Sie berücksichtigt die durch das Unternehmenssteuerreformgesetz 2008 (BGBl I, 1912) eingeführte Thesaurierungsbegünstigung des § 34 a EStG, derzufolge in Anlehnung an das Kapitalgesellschaftsrecht nicht entnommene Gewinne anfänglich mit einem starren Satz von momentan 28,25 % zu versteuern sind, im Falle der Entnahme jedoch eine Nachversteuerung mit einem Satz von 25 % zu erfolgen hat (ausführl zur Neuregelung *Crezelius,* FS Spiegelberger 2009, S 65 ff). Möglich ist auch eine Regelung, die den Gesellschaftern nur die Entnahme der tatsächlich angefallenen Steuer nach Vorlage entspr Belege erlaubt. Dies hat den Vorteil, dass durch die Entnahme nur wirklich zu zahlender Beträge die Liquidität der Gesellschaft in geringstem Ausmaß belastet wird und es auch keiner nachträglichen Korrektur bedarf. Allerdings bedeutet das auch, dass der Gesellschaft gegenüber die Einkommensverhältnisse offen gelegt werden müssen, was meist nicht dem Willen der Gesellschafter entspricht (*Levedag*, GmbHR 2009, 13, 19 f [auch zu Optionspflichtklauseln]; *Winter*, Ubg 2009, 822, 824).

Zu Gestaltungsvarianten s → Form. II.C.2 Anm. 1 ff. und *Levedag,* GmbHR 2009, 13, 19.

15. → Form. II.B.1 Anm. 10. Die **Übertragung** von Anteilen, also deren Abtretung, bedarf als Grundlagengeschäft grds der Zustimmung aller anderen Gesellschafter (Baumbach/Hopt/*Roth,* § 105 Rn 70). Das Form lässt einen Beschluss mit Dreiviertelmehrheit der nicht veräußernden Gesellschafter genügen. Das Fehlen der Zustimmung macht die Abtretung mit Außenwirkung unwirksam (BGHZ 13, 179, 187; 48, 163, 166). Der schuldrechtliche Vertrag ist ungeachtet des Vorkaufsrechts in Abs 3–5 allerdings rechtswirksam; treten die Mitgesellschafter nicht auf Grund ihres Vorkaufsrechts in den Vertrag ein, kann der Anteil ohne Zustimmung übertragen werden. Die Regelung des Vorkaufsrechts im Form. wahrt nach Möglichkeit die bestehenden Beteiligungsverhältnisse, berücksichtigt aber auch, dass ggf nur die Veräußerung der Beteiligung insgesamt für den Gesellschafter wirtschaftlich sinnvoll und möglich ist. Durch das Zustimmungserfordernis, das Vorkaufsrecht und die Möglichkeit des Ausschlusses des Erwerbers von Geschäftsführung und Vertretung soll der Einfluss der Gründungsgesellschafter auf die Gesellschaft gesichert werden.

Zur Gestaltung von gesellschaftsrechtlichen Gewerbesteuerklauseln und Konsequenzen des § 7 S 2 Nr 2 GewStG, wenn der Veräußerer eines Mitunternehmeranteils keine natürliche Person ist, s *Scheifele,* DStR 2006, 253 ff, *Bormann,* FS Spiegelberger 2009, S 22 ff und *Schrade*, FR 2017, 862 ff.

16. Das Form schließt die bei Zulassung im Gesellschaftsvertrag oder mit Zustimmung der übrigen Gesellschafter grds mögliche **Belastung** der Anteile und die Übertragung von Rechten aus dem Gesellschaftsvertrag aus (s dazu Baumbach/Hopt/*Roth,* § 124 Rn 18 ff). Der Grund ist, jedweden auch möglichen oder zukünftigen Einfluss Dritter auf die Gesellschaft zu verhindern. Zum Nießbrauch → Form. II.G.4 Anm. 1 ff. zur Verpfändung → Form. II.C.7 Anm. 1 ff.

17. → Form. II.B.1 Anm. 11.

18. Ohne gesellschaftsvertragliche Vereinbarung ist einem ausscheidenden Gesellschafter der anteilige wahre Wert des Gesellschaftsvermögens zu zahlen, der sich ergibt, wenn die Gesellschaft als laufendes Unternehmen veräußert würde („going concern"-Betrachtung, s BGHZ 17, 130, 136; 116, 359, 370; BGH NZG 2000, 1027, 1028;

Baumbach/Hopt/*Roth,* § 131 Rn 49). Eine bestimmte betriebswirtschaftliche Bewertungsmethode ist nicht vorgeschrieben, doch wird überwiegend die mittlerweile auch steuerlich maßgebende Ertragswertmethode zugrunde gelegt (BGHZ 116, 359, 371; BGH NJW 1985, 192; zu ihren Schwierigkeiten s Baumbach/Hopt/*Hopt,* Einl v § 1 Rn 36 mwN). Gem § 740 BGB ist der ausscheidende Gesellschafter zudem an den Erträgen der schwebenden Geschäfte zu beteiligen.

In der Regel enthalten Gesellschaftsverträge abweichende oder ergänzende **Abfindungsregelungen** (Übersichten bei Baumbach/Hopt/*Roth,* § 131 Rn 58 ff; MüKoBGB/*Schäfer,* § 738 Rn 60 ff). Häufig werden Abfindungen unter dem wirklichen Wert der Beteiligung vereinbart, um ggf existenzbedrohende Liquiditätsabflüsse zu vermeiden, einen Anreiz zum Verbleib in der Gesellschaft zu geben oder – wie in Abs 2 des Form. – die Abfindung eines aus wichtigem Grund ausgeschlossenen Mitgesellschafters auf ein Minimum herabzusetzen. Bei einer solchen Vereinbarung sind jedoch die steuerrechtlichen Implikationen zu bedenken. Denn gem §§ 1, 3 Abs 1 Nr 2 S 2, 7 Abs 7, 10 Abs 10 ErbStG unterfällt die Differenz zwischen Abfindungsbetrag und steuerrechtlich maßgeblichem Wert der Gesellschaftsbeteiligung der Erbschaft- bzw Schenkungsteuer.

Während das Form. in § 13 Abs 3 ein Beispiel für eine Buchwertklausel enthält, legt das Form. in § 12 Abs 1 eine Ertragswertmethode zugrunde und macht sich damit die bereits aus steuerlichen Gründen erforderliche Unternehmensbewertung zunutze, beschränkt aber im Interesse der Gesellschaft gleichzeitig die Abfindungshöhe (so auch der Formulierungsvorschlag von *Winter,* Ubg 2009, 822, 828). Bei dem im Form. in Bezug genommenen sog. vereinfachten Ertragswertverfahren werden auf Grundlage der wirtschaftlichen Situation des Unternehmens in der Vergangenheit die zünftigen Erträge prognostiziert und daraus der gegenwärtige Wert des Unternehmens für einen Investor abgeleitet. Ist eine Anpassung an die Lage des konkreten Unternehmens gewollt, kann Abs 1 S. 2 etwa durch folgenden Text ergänzt werden:

„Es gelten jedoch folgende Modifikationen:

a) 5 Wirtschaftsjahre treten in § 201 Abs 2 BewG an die Stelle von 3

b) der Zuschlag nach § 203 Abs 1 BewG beträgt . . . . . %“.

Nicht selten sind auch Abfindungsklauseln, die auf den Substanzwert, also den Wiederbeschaffungswert der in dem Anteil verkörperten Vermögensgegenstände des Unternehmens abstellen (BGH NJW 1974, 312; MHdB GesR I/*Piehler/Schulte,* § 76 Rn 7 f). Der Firmenwert bleibt dabei außer Betracht. Da bei hohem Substanzwert, aber geringen Erträgen eines Unternehmens eine Abfindung auf Basis des Substanzwerts uU finanziell nicht tragbar ist, sollte als Obergrenze einer Substanzwertklausel der Ertragswert des Unternehmens vereinbart werden (*Piltz,* BB 1994, 1021, 1026; MHdB GesR I/*Piehler/Schulte,* § 76 Rn 8).

Von der Rechtsprechung kritisch gesehene, aber nicht generell für unzulässig gehaltene **Buchwertklauseln** sind in bestehenden Gesellschaftsverträgen weit verbreitet. Buchwertklauseln bieten sich in Fällen an, in denen der Ausscheidende nicht am Unternehmenswert partizipieren soll. Allerdings müssen dann auch die möglichen steuerlichen Belastungen in Form. der Erbschaft-/Schenkungsteuer durch die anderen Gesellschafter in Kauf genommen werden. Bei einer Buchwertklausel wird der Abfindung der aus der Ertragsteuerbilanz oder einer unter Wahrung der Bewertungskontinuität auf den Zeitpunkt des Ausscheidens aufgestellten Auseinandersetzungsbilanz ermittelte Buchwert zugrunde gelegt. Nach hM umfasst die Buchwertabfindung ohne nähere Konkretisierung (vgl → Form. II.B.1 Anm. 13) jedenfalls den anteiligen Gewinn für das laufende Geschäftsjahr (§ 101 Nr 2 BGB), die Einlage auf dem Kapitalkonto, evtl Guthaben auf dem laufenden Konto sowie alle in der Bilanz ausgewiesenen Posten mit Rücklagencharakter (BGH BB 1978, 1333; s Baumbach/Hopt/*Roth,* § 131 Rn 71). Davon abzuziehen sind gesamthänderische Verlustvortragskonten sowie Verbindlichkeiten des Gesellschafters gegenüber der Gesellschaft auf dem Privatkonto (s MHdB GesR I/*Piehler/Schulte,* § 76 Rn 4).

Weitere Vereinbarungen wie etwa Änderungen der Abschreibungsmethode, Auflösung stiller Reserven etc sind möglich; der Ansatz eines Geschäftswerts wird meist ausgeschlossen. Für weitere Beispiele von Buchwertklauseln s auch → Form. II.B.1 Anm. 13 und → Form. II.C.1 Anm. 13.

Grds können Abfindungsklauseln frei vereinbart werden, da die §§ 738 bis 740 BGB dispositiv sind. Grenzen ergeben sich jedoch aus den §§ 138 Abs 1, 242, 723 Abs 3 BGB, 133 Abs 3 HGB:

- Eine Abfindungsregelung ist gem § 138 Abs 1 BGB sittenwidrig, wenn bereits bei Abschluss des Gesellschaftsvertrags ein grobes **Missverhältnis** zwischen dem wirklichen Wert der Beteiligung und der Abfindung besteht oder durch Vertragsänderung mittels Mehrheitsbeschluss ohne den betroffenen Gesellschafter geschaffen wird (BGH NJW 1989, 2685; MüKoBGB/*Schäfer,* § 738 Rn 46). Das gilt jedenfalls bei völligem Ausschluss der Abfindung (MüKoHGB/*K. Schmidt,* § 131 Rn 166; MüKoBGB/*Schäfer,* § 738 BGB Rn 43) und grds auch, wenn die Abfindung unterhalb geleisteter Einlagen oder einbehaltener Gewinne liegt (s BGH NJW RR 1991, 1381; GmbHR 1992, 257; *Piltz,* BB 1994, 1021, 1023). Sittenwidrig ist auch der Ausschluss oder die Beschränkung des Abfindungsanspruchs (nur) für den Fall des durch Gläubigerkündigung oder Eröffnung eines Insolvenzverfahrens bedingten Ausscheidens (MüKoHGB/*K. Schmidt,* § 131 Rn 160; MüKoBGB/*Schäfer,* § 738 Rn 47). Der Vorwurf der Gläubigerbenachteiligung greift jedoch idR nicht, wenn die Regelung wie im Form auch bei Ausschluss aus sonstigem wichtigen Grund gilt (BGHZ 144, 365, 366 mwN; *Piltz,* BB 1994, 1021, 1023). Nach § 723 Abs 3 BGB sind das Kündigungsrecht unzulässig beschränkende Vereinbarungen unwirksam, die auch in einer unzumutbaren Beschränkung des Abfindungsanspruchs bestehen können, da in diesem Fall ein Gesellschafter sich aufgrund der schwerwiegenden Nachteile vernünftigerweise veranlasst sehen kann, von seinem bestehenden Kündigungsrecht keinen Gebrauch zu machen (BGH NZG 2008, 623, 626 f mwN zur st Rspr). Bei Sittenwidrigkeit oder unzulässiger Beschränkung des Kündigungsrechts ist die Abfindungsklausel nichtig, so dass dann die gerade nicht erwünschte gesetzliche Regelung gilt (Abfindung zum vollen Anteilswert, BGHZ 126, 226; BGH DStR 2006, 1005, 1006; NZG 2008, 623, 627).
- Entfernen sich tatsächlicher Anteilswert und vertraglich bestimmter Abfindungsanspruch nach Vertragsschluss voneinander, ohne dass eine solche Entwicklung bei Abschluss des Gesellschaftsvertrags absehbar war, wird die Abfindungsklausel nicht nachträglich gem § 138 BGB nichtig. Vielmehr ist ihr Inhalt im Wege ergänzender Vertragsauslegung neu zu bestimmen (BGH NZG 2011, 1420, 1421). An die Stelle der unzureichenden Abfindung tritt eine „unter angemessener Abwägung der Interessen der Gesellschaft und des ausscheidenden Gesellschafters und unter Berücksichtigung aller Umstände des konkreten Falles“ (BGHZ 123, 281), insbesondere auch der Art und Dauer der Beteiligung des Ausgeschiedenen, ermittelte Abfindung (BGHZ 126, 226, 242; 123, 280, 285 f; BGH NJW 1993, 2101, 2103; s dazu *Fleischer/Bong,* WM 2017, 1957, 1958 sowie *Piltz,* BB 1994, 1021, 1023). Untergrenze für eine wirksame Abfindung dürfte wohl der volle Buchwert sein (BGH DNotZ 1991, 906, 908), es sei denn, dieser liegt über dem Verkehrswert. Der BGH hat es unter Verweis auf die Vielgestaltigkeit der Gesellschaftsverhältnisse und der insoweit zu berücksichtigenden Umstände des Einzelfalls bisher abgelehnt, quotenmäßige Grenzen festzulegen, bei deren Unterschreitung der vertraglich geregelte Abfindungsanspruch im Hinblick auf den wahren Unternehmenswert als nicht mehr hinnehmbar gering einzustufen ist (BGH DB 89, 1399; NJW 1993, 2101, 2102; *Piltz,* BB 1994, 1021, 1024). In der Literatur werden mit unterschiedlichen Erwägungen **Richtwerte** von der **Hälfte** (*Kort,* DStR 1996, 1967; *Mecklenbrauck,* BB 2000, 2001, 2005 mwN) bis zu **zwei Dritteln** (MüKoBGB/*Schäfer,* § 738 Rn 52; *Ulmer/Schäfer,* ZGR 1995, 134, 153) des wirklichen Anteilswerts für hinnehmbar gehalten. Die Vielzahl

von Abfindungskonstellationen führt dazu, dass sich die Rspr bislang vor der Festlegung genauer Richtwerte scheut (so etwa *Fleischer/Bong*, WM 2017, 1957, 1966). Wegen der Unsicherheiten empfiehlt es sich, wie im Form. (Abs 4) eine Anpassungsregelung aufzunehmen.

19. Dass spätere Bilanzänderungen die Abfindung nicht beeinflussen sollen, kann zu – auch größeren – Ungerechtigkeiten führen. Die Regelung des Form. begünstigt die Gesellschaft und führt im Regelfall zu einer Benachteiligung des Ausscheidenden. Wird dies nicht gewünscht, könnte vereinbart werden, dass umgekehrt Bilanzänderungen (soweit es sich nicht nur um Periodenverschiebungen handelt) zu einer Anpassung der Abfindung führen. Häufig werden Verpflichtungen aufgenommen, den Ausgeschiedenen an Betriebsprüfungen/Rechtsmittelverfahren zu beteiligen und auf sein Verlangen (gegen Freistellung vom Kostenrisiko) Rechtsmittel einzulegen.

20. Um Streitigkeiten über die Abfindungsberechnung zu entscheiden, ist eine **Schiedsgutachterklausel** vorgesehen (näher *Kantenwein,* FS für Spiegelberger 2009, S 750 ff). Diese ist keine Schiedsgerichtsvereinbarung iSv § 1029 ZPO, sondern unterliegt §§ 317 ff BGB (s Baumbach/Hopt/*Roth,* § 131 Rn 53). Die Beteiligung des ausscheidenden Gesellschafters an den Kosten schafft einen Anreiz, die Einschaltung des Schiedsgutachters zu vermeiden.

21. Vereinbarungen über die Fälligkeit, die Stundung und Verzinsung sollen die Gesellschaft vor einem plötzlichen Liquiditätsverlust bewahren. Auszahlungsfristen (in Raten) von bis zu 5 Jahren sind idR zulässig, bis zu 10 Jahren dann, wenn sie mit einer angemessenen Verzinsung verbunden sind, längere nicht (s Baumbach/Hopt/*Roth,* § 131 Rn 68).

22. S → Form. II.B.1 Anm. 12. Abweichend vom Szenario des § 12 (Kündigung) erhält der aus wichtigem Grund ausscheidende Gesellschafter nur den Buchwert seiner Beteiligung. Dies wird etwas dadurch kompensiert, dass er ihn zeitnah und in voller Höhe erhält (Abs 3 im Gegensatz zu der Ratenregelung in § 12 Abs 3).

23. S → Form. II.B.1 Anm. 14. Das Form. sieht in Abs 1 eine **einfache Nachfolgeklausel** vor, wonach der Erbe automatisch in die Gesellschafterstellung einrückt. Bei mehreren Erben wird jeder Erbe entspr seiner Erbquote im Wege der Singularsukzession Gesellschafter, da die Erbengemeinschaft als solche wegen der Personenbezogenheit der OHG nicht Gesellschafterin werden kann (BGHZ 68, 225, 237; BGH NJW 1983, 2376, 2377; Baumbach/Hopt/*Roth,* § 139 Rn 14). Der Ausschluss von Geschäftsführung und Vertretung soll die unkontrollierte Vermehrung der geschäftsführungs- und vertretungsberechtigten Gesellschafter durch Erbfolge verhindern. Verlangt ein Erbe gemäß § 139 Abs 1 HGB, Kommanditist zu werden, kann er ausgeschlossen oder sein Anteil zwangsabgetreten werden, um die Gesellschaft als OHG zu erhalten.

Wollen die übrigen Gesellschafter die Gesellschaft mit bestimmten Erben nicht fortsetzen, erlaubt Abs 2 die Übertragung des Anteils auf die übrigen Gesellschafter oder einen Dritten durch Gesellschafterbeschluss. Da der Erbe bei Eintritt der auflösenden Bedingung so behandelt werden soll, als sei er nie Gesellschafter geworden, bedarf es hierfür keines wichtigen Grundes.

Alternativ sind sog **qualifizierte Nachfolgeklauseln** möglich, die in den unterschiedlichsten Gestaltungen vorkommen (Überblick bei MHdB GesR I/*Klein/Lindemeier,* § 79 Rn 22 ff; *Schilling,* BWNotZ 1995, 4 ff). Möglich ist, dass im Gesellschaftsvertrag oder durch den Erblasser bestimmt wird, dass nur ein namentlich bezeichneter Erbe oder Erben, die bestimmte Kriterien erfüllen (zB Qualifikation; Alter; Familienangehörigkeit, dazu → Form. II.C.3 Anm. 18, in den Anteil nachfolgen. Wird statt eines Erben auf diese Weise ein Dritter zum Nachfolger bestimmt, der zur Übernahme des Anteils berechtigt sein soll („Eintrittsrecht"; Bsp in → Form. II.C.2 Anm. 23 (§ 15 Abs 4) und Baumbach/Hopt/*Roth,* § 139 Rn 50 ff), und wird kein Erbe Gesellschafter, ist eine Abfindung an die

Erben zu zahlen (siehe dazu BGH NJW 1978, 264, 266: im Zweifel hat der Dritte eine Einlage zu leisten, die dem Abfindungsanspruch der Erben entspricht).

Zu den Steuerfolgen der verschiedenen Nachfolgeklauseln s L. Schmidt/*Wacker,* § 16 Rn 660 ff, zu den Problemen der Testamentsvollstreckung *Höfner,* FS für Spiegelberger 2009, 993, 995 f, 998 ff.

24. Meist wird für das erste „Rumpfgeschäftsjahr“ auf den 31.12. nach Eintragung abgestellt. Da die Gesellschaft ihre Geschäftstätigkeit schon vor der Eintragung aufnimmt, andererseits das Geschäftsjahr nicht länger als das Kalenderjahr sein kann (§ 240 Abs 2 HGB), empfiehlt sich die vorgeschlagene Regelung.

25. Bekanntmachungen, soweit bei einer OHG erforderlich (zB nach PublG, soweit Anwendungsbereich (§ 3 PublG) eröffnet), sollten nunmehr aus Praktikabilitätsgründen ausschließlich im Bundesanzeiger (www.bundesanzeiger.de) erfolgen.

26. Alternativ zu einer Konfliktlösung vor den ordentlichen Gerichten werden zunehmend auch in Gesellschaftsverträgen Schiedsklauseln verwandt. Der Vorteil einer schiedsgerichtlichen Klärung von Streitfragen liegt in der meist größeren Schnelligkeit des Verfahrens (schon weil es keinen Instanzenzug gibt) und va in der Vermeidung von Öffentlichkeit. Nachdem lange umstritten war, ob Gesellschafterstreitigkeiten schiedsfähig sind, hat der BGH (BGH NJW 2009, 1962, 1963 = BGHZ 180, 221 ff) dies nun bejaht. Dementsprechend hat die Deutsche Institution für Schiedsgerichtsbarkeit (D. I. S.) die im Form enthaltene Schiedsklausel entwickelt. Bei der Gestaltung der Schiedsklausel sind die in dieser Entscheidung aufgestellten Voraussetzungen für die schiedsrichterliche Entscheidung von Beschlussmängelstreitigkeiten zu beachten: Das in der Schiedsklausel selbst oder in einer – wie im vorliegenden Fall – in Bezug genommenen Verfahrensordnung geregelte Verfahren muss dem Rechtsschutz durch staatliche Gerichte gleichwertig ausgestaltet sein, also einen Mindeststandard an Mitwirkungsrechten für alle Gesellschafter gewährleisten (ebenso OLG Frankfurt NZG 2011, 629 ff).

§ 1031 Abs 5 ZPO, wonach die Schiedsklausel in einem gesonderten Dokument vereinbart werden muss, wenn Verbraucher beteiligt sind, steht der Vereinbarung im Rahmen des Gesellschaftsvertrags in der Regel nicht entgegen. Die Verbrauchereigenschaft einer Person (§ 13 BGB) hängt davon ab, ob der Vertragsschluss ihrer privaten oder gewerblichen bzw freiberuflichen Sphäre zuzuordnen ist (Saenger/*Saenger* ZPO, § 1031 Rn 10). Bei der Gründung einer Personenhandelsgesellschaft (mit Ausnahme der Publikumsgesellschaft, Musielak/Voit/*Voit* ZPO, § 1031 Rn 9) ist mit der Rechtsprechung des BGH die Verbrauchereigenschaft der Gesellschafter zu verneinen (BGH NJW 2005, 1273, 1274; OLG Düsseldorf NJW 2004, 3192, 3193 (Vorinstanz); Saenger/*Saenger* ZPO, § 1031 Rn 10; Zöller/*Geimer* ZPO, § 1031 Rn 35 b), auch wenn der Gesellschaftsvertrag im Zuge der Existenzgründung geschlossen wird (BGH NJW 2005, 1273), so dass die besondere Formvorschrift des § 1031 Abs 5 S 3 ZPO nicht einschlägig ist.

27. → Form. II.B.1 Anm. 16–19.

Kosten und Gebühren:

Vgl → Form. II.B.1 Anm. 1 ff.

3. Auflösung und Liquidation

S → Form. II.C.8 Anm. 1 ff.

C. Kommanditgesellschaft (einschließlich GmbH & Co. KG)

1. Einfacher KG-Vertrag

a) Gesellschaftsvertrag[1]

§ 1 Firma und Sitz

(1) Die Gesellschaft hat die Firma A KG.[2]

(2) Sitz der Gesellschaft ist .....[3]

§ 2 Gegenstand des Unternehmens/Beginn

(1) Gegenstand des Unternehmens ist .....

(2) Die Gesellschaft beginnt mit Eintragung im Handelsregister. Sie darf ihre Geschäfte vorher nicht aufnehmen.[4]

§ 3 Gesellschaftskapital/Gesellschafter

(1) Das Gesellschaftskapital beträgt EUR .....[5]

(2) Persönlich haftender Gesellschafter (Komplementär) ist A mit einer Einlage von EUR .....

Kommanditisten sind

- B mit einem als Hafteinlage in das Handelsregister einzutragenden Kommanditanteil von EUR .....,
- C mit einem als Hafteinlage in das Handelsregister einzutragenden Kommanditanteil von EUR .....

Die Einlagen sind als Bareinlagen zu erbringen und innerhalb von 14 Tagen nach Unterzeichnung des Gesellschaftsvertrags auf das Konto der Gesellschaft einzuzahlen.

(3) Der Betrag der (Haft-)Einlage eines Gesellschafters gemäß Abs 2 bezeichnet zugleich seinen Kapitalanteil im Sinn dieses Vertrags. Jeder Kapitalanteil ist fest und bleibt, soweit sich aus diesem Gesellschaftsvertrag nichts anderes ergibt, unverändert.

§ 4 Geschäftsführung und Vertretung[6]/Wettbewerbsverbot[7]

(1) Zur Geschäftsführung und Vertretung ist nur der Komplementär berechtigt und verpflichtet.

(2) Das Wettbewerbsverbot des § 112 HGB findet nur auf den Komplementär Anwendung. Es gilt auch für jeden Kommanditisten, der aufgrund von Vollmacht oder Prokura an der Geschäftsführung der Gesellschaft teilnimmt.

§ 5 Gesellschafterbeschlüsse[8]

(1) Die Gesellschafter beschließen in allen über den gewöhnlichen Geschäftsbetrieb hinausgehenden Angelegenheiten mit einfacher Mehrheit der abgegebenen Stimmen, soweit nicht dieser Vertrag oder zwingende gesetzliche Vorschriften eine andere Mehrheit vorschreiben. Das Stimmrecht richtet sich nach dem Verhältnis der Kapitalanteile.

(2) Für die Änderung dieses Gesellschaftsvertrags ist eine Mehrheit von mindestens drei Vierteln des stimmberechtigten Gesellschaftskapitals erforderlich.

§ 6 Jahresabschluss/Gewinn und Verlust[9]

(1) Geschäftsjahr ist das Kalenderjahr.

(2) Der Jahresabschluss ist in den ersten drei Monaten des Folgejahrs aufzustellen.

(3) Am Gewinn und Verlust nehmen die Gesellschafter im Verhältnis ihrer Kapitalanteile teil.

(4) Ein Viertel des Jahresüberschusses ist in die Gewinnrücklagen einzustellen, über die Verwendung des verbleibenden Anteils beschließt die Gesellschafterversammlung.

§ 7 Verfügungen über Anteile[10]

Verfügungen über Kommanditanteile oder Teile davon sind nur zulässig, wenn die übrigen Gesellschafter mit einer Mehrheit von mindestens drei Vierteln ihrer Kapitalanteile zustimmen. Der Wechsel des Komplementärs bedarf der Zustimmung aller Gesellschafter.

§ 8 Dauer/Kündigung/Auflösung[11]

(1) Die Gesellschaft besteht auf unbestimmte Zeit.

(2) Jeder Gesellschafter kann sie unter Einhaltung einer sechsmonatigen Frist auf den Schluss eines Geschäftsjahrs, erstmals zum . . . . ., gegenüber den anderen Gesellschaftern schriftlich kündigen. Das Recht zur Kündigung aus wichtigem Grund bleibt unberührt.

(3) Der kündigende Gesellschafter scheidet mit Wirksamwerden der Kündigung aus der Gesellschaft aus. Er ist gemäß § 10 abzufinden. Die Gesellschaft wird von den übrigen Gesellschaftern fortgeführt.

(4) Scheidet der alleinige Komplementär aus der Gesellschaft aus, sind die Kommanditisten verpflichtet, unverzüglich eine geeignete natürliche Person als Komplementär aufzunehmen oder eine juristische Person zu gründen und als Komplementärin aufzunehmen, an der sie im Verhältnis ihrer Kapitalanteile zueinander beteiligt sind. Geschieht dies nicht innerhalb eines Monats ab dem Ausscheiden, kann jeder Kommanditist verlangen, Komplementär zu werden. Die übrigen Gesellschafter können durch Gesellschafterbeschluss mit einer Mehrheit von mindestens drei Vierteln ihrer Kapitalanteile ein solches Verlangen ablehnen, wenn es von mehr als einem Kommanditisten gestellt wird oder der betreffende Kommanditist fachlich offensichtlich ungeeignet ist. Ist binnen weiterer zwei Wochen kein Komplementär aufgenommen worden, ist die Gesellschaft aufgelöst.

(5) Die Auflösung der Gesellschaft nach § 133 HGB wird, soweit gesetzlich zulässig, ausgeschlossen.

§ 9 Ausschließung eines Gesellschafters/Zwangsabtretung[12]

(1) Die Gesellschafter können den Ausschluss eines Gesellschafters, die Übertragung seines Anteils auf die übrigen Gesellschafter im Verhältnis ihrer Kapitalanteile zueinander oder die Übertragung seines Anteils auf einen Dritten beschließen, wenn er dafür einen wichtigen Grund im Sinn des § 133 HGB gegeben hat. Der betroffene Gesellschafter hat dabei kein Stimmrecht. Mit Zugang des Beschlusses beim ausgeschlossenen Gesellschafter scheidet dieser aus der Gesellschaft aus. Die Gesellschaft wird von den übrigen Gesellschaftern fortgesetzt. Ist der Ausgeschlossene der alleinige Komplementär, gilt § 8 Abs 4.

(2) Die Abfindung nach § 10 ist im Fall des Ausschlusses von der Gesellschaft, im Fall der Übertragung vom Erwerber zu zahlen. Die Wirksamkeit von Ausschluss und Übertragung ist nicht von einer etwaigen Zug um Zug zu erbringenden Gegenleistung abhängig. Sicherheitsleistung kann nicht verlangt werden.

§ 10 Abfindung[13]

(1) Ein ausscheidender Gesellschafter erhält als Abfindung für seinen Anteil am Gesellschaftsvermögen den Buchwert seiner Beteiligung, höchstens jedoch den Verkehrswert. Der Buchwert entspricht dem Saldo sämtlicher für den ausscheidenden Gesellschafter bei der Gesellschaft geführten Gesellschafterkonten. § 740 BGB wird ausgeschlossen.

(2) Fällt der Tag des Ausscheidens nicht auf das Ende eines Geschäftsjahrs der Gesellschaft, sind die Buchwerte für das Ende des vorangegangenen Geschäftsjahrs und für das Ende des Geschäftsjahrs, in dem der Gesellschafter ausscheidet, aus der jeweiligen Bilanz zu entnehmen. Maßgeblich für die Abfindung ist der höhere der beiden Buchwerte.

(3) Die Abfindung ist unverzinslich. Sie ist in drei gleichen Jahresraten zu zahlen; die erste Rate ist zahlbar sechs Monate nach Beendigung des Geschäftsjahrs, in dem der Gesellschafter ausscheidet. Die Gesellschaft ist zur Sicherheitsleistung nicht verpflichtet.[14]

(4) Sollte im Einzelfall rechtskräftig festgestellt werden, dass die Abfindungsregelung rechtsunwirksam oder unzumutbar ist, ist die niedrigste noch zulässige Abfindung zu gewähren.

§ 11 Nachfolge von Todes wegen[15]

(1) Stirbt ein Gesellschafter, wird die Gesellschaft mit seinen Erben fortgesetzt.

(2) Stirbt ein Kommanditist und sind mehrere Erben vorhanden, ist ihnen die Ausübung der Gesellschafterrechte nur durch einen gemeinsamen Bevollmächtigten gestattet. Der Bevollmächtigte ist der Gesellschaft von sämtlichen Erben gemeinsam zu benennen; bis dahin ruht deren Stimmrecht.

(3) Stirbt ein Komplementär und sind mehrere Erben vorhanden, können diese sich innerhalb eines Monats, nachdem der Letzte von ihnen Kenntnis vom Erbfall erlangt hat, spätestens aber innerhalb von 6 Wochen nach dem Eintritt des Erbfalls, auf einen von ihnen als alleinigen Komplementär einigen; die anderen werden zu Kommanditisten. Will mehr als ein Erbe Komplementär werden und kommt deshalb keine Einigung zustande, wird einer von ihnen durch Gesellschafterbeschluss bestimmt. Findet sich keiner der Erben bereit, Komplementär zu werden, werden sämtliche Erben zu Kom-

manditisten. Widerspricht ein Erbe der Regelung dieses Absatzes, ist ihm gegenüber der Beschluss nach § 9 zulässig.

(4) Stirbt der einzige Komplementär und will keiner seiner Erben nach Abs 3 Komplementär werden, gilt § 8 Abs 4 mit der Maßgabe, dass die dort bestimmte Monatsfrist ab Ausscheiden durch eine Frist von 10 Wochen ab Eintritt des Erbfalls ersetzt wird.

(5) Vermächtnisnehmer stehen Erben gleich.

§ 12 Teilunwirksamkeit/Vertragsänderungen

(1) Ist oder wird eine Bestimmung dieses Vertrags ganz oder teilweise unwirksam oder undurchführbar, wird hierdurch die Gültigkeit der übrigen Bestimmungen nicht berührt. Die betreffende Bestimmung ist durch eine wirksame oder durchführbare zu ersetzen, die dem angestrebten Zweck wirtschaftlich am nächsten kommt. In gleicher Weise sind etwaige Vertragslücken zu ergänzen.

(2) Soweit nicht im Einzelfall eine andere Form zwingend vorgeschrieben ist, bedürfen Änderungen oder Ergänzungen dieses Vertrags der Schriftform. Dies gilt auch für einen Verzicht auf diese Schriftformklausel.

§ 13 Gerichtsstand[16]

Gerichtsstand für alle auf dem Gesellschaftsverhältnis beruhenden Auseinandersetzungen der Gesellschafter untereinander und mit der Gesellschaft ist der Sitz der Gesellschaft.

b) Anmeldung zum Handelsregister (KG)[17]

Amtsgericht

– Handelsregister A –

. . . . , den . . . . .

Betr.: A KG

Wir, die sämtlichen Gesellschafter, melden zur Eintragung in das Handelsregister an:

1. Wir haben unter der Firma A KG eine Kommanditgesellschaft gegründet. Der Gegenstand der Gesellschaft ist . . . . . Sie hat ihren Sitz in . . . . .; die Geschäftsräume befinden sich in . . . . .
2. Persönlich haftender Gesellschafter ist[18]
   - A . . . . . (Name, Vorname, Geburtsdatum, Wohnort).
   - Kommanditisten sind
   - B . . . . . (Name, Vorname, Geburtsdatum, Wohnort) mit einer Hafteinlage von EUR . . . . . und
   - C . . . . . (Name, Vorname, Geburtsdatum, Wohnort) mit einer Hafteinlage von EUR . . . . .
3. Zur Vertretung ist nur der persönlich haftende Gesellschafter A berechtigt.[19]

(Unterschrift A) (Unterschrift B) (Unterschrift C)

(Notarielle Beglaubigung der Unterschriften aller Gesellschafter, § 12 Abs 1 HGB[20])

Schrifttum: S → Form. II.B.1 Anm. 1 ff. außerdem *Böttcher/Kautzsch,* Die Haftung des Kommanditisten bei Rückzahlung des Aufgeldes, NZG **2008**, 583; *Löffler,* Zur Reichweite des gesetzlichen Wettbewerbsverbots in der KG, NJW **1986**, 223; *Luttermann,* Vermögensordnung, Kommanditistenhaftung und Scheingewinn (§ 172 HGB), NZG **09**, 1140; *Mayer,* Wettbewerbsklauseln in Personengesellschaftsverträgen, NJW **1991**, 23; *Gummert/Weipert,* Münchener Handbuch des Gesellschaftsrechts Bd. 2 Kommanditgesellschaft, GmbH & Co. KG, Publikums-KG, Stille Gesellschaft, 5. Aufl. 2019; *K. Schmidt,* Zur kombinierten Nachfolge- und Umwandlungsklausel bei OHG- oder Komplementäranteilen, BB **1989**, 1702; *Schulze-Osterloh,* Aufstellung und Feststellung des handelsrechtlichen Jahresabschlusses der Kommanditgesellschaft, BB **1995**, 2519.

Anmerkungen

1–3. S → Form. II.B.1 Anm. 1–3.

4. Zum Unternehmensgegenstand s → Form. II.B.1 Anm. 4.

Vor Eintragung ins Handelsregister haften die Kommanditisten, die dem Geschäftsbeginn zugestimmt haben, für die bis zur Eintragung begründeten Verbindlichkeiten der Gesellschaft gleich einem persönlich haftenden Gesellschafter, es sei denn dass deren Beteiligung als Kommanditist dem Gläubiger bekannt war (§ 176 Abs 1 HGB). Infolgedessen empfiehlt es sich zur Vermeidung einer persönlichen Haftung der Kommanditisten für vor der Eintragung begründete Verbindlichkeiten, im Gesellschaftsvertrag klarzustellen, dass die Kommanditisten einem Geschäftsbeginn vor Eintragung nicht zustimmen, s MHdB GesR 2/*Herchen,* § 30 Rn 105; Baumbach/Hopt/*Roth,* § 176 Rn 1.

Die präzise Festlegung des Unternehmensgegenstands im Vertrag ist nicht zwingend erforderlich. Sie empfiehlt sich aber ggf, um willkürlichen Änderungen der betriebenen Geschäfte durch die geschäftsführenden Gesellschafter entgegenzuwirken und den Umfang der Geschäftsführungsbefugnis (§§ 116, 165 HGB) bestimmen zu können (BGHZ 127, 176, 180). Wird kein ausdrückliches Wettbewerbsverbot vereinbart, hat der Unternehmensgegenstand Bedeutung für die Bestimmung des Inhalts des § 112 HGB.

5. S → Form. II.B.1 Anm. 5 definiert die Haftsumme iSd § 171 Abs 1 HGB, mit deren Volleinzahlung die Haftungsbegrenzung des Kommanditisten eintritt. Die Hafteinlage entspricht den festen Kapitaleinlagen der Kommanditisten, nach denen sich im Form. die Stimm- sowie Gewinn- und Verlustrechte richten. Der Gleichlauf von Haftsummen und festen Kapitalanteilen ist (ebenso wie das Konzept von festen Kapitalanteilen) in der Kautelarpraxis verbreitet, aber nicht zwingend. Der im Form. festgelegte (feste) Kapitalanteil ist nicht zu verwechseln mit dem im HGB verwendeten Konzept des (variablen) Kapitalanteils (vgl. zB §§ 169 S 2 HGB, 172 Abs 4 S 2), der auch aufgelaufene, aber noch nicht ausgeglichene Verluste sowie sonstige Eigenkapitalzuführungen berücksichtigt. Zu einer vertraglichen Gestaltungsmöglichkeit, ein Wiederaufleben der Kommanditistenhaftung zu verhindern, wenn der gesetzliche Kapitalanteil unter die Haftungssumme eines Kommanditisten fällt, s → Form. II.C.2 Anm. 7, → Form. II.C.2 Anm. 13.

6. Das Form. folgt dem gesetzlichen Leitbild (§§ 164, 170 HGB), wonach der Komplementär – im Fall mehrerer Komplementäre jeder von ihnen – allein zur **Geschäftsführung** und **Vertretung** der Gesellschaft befugt ist (§§ 161 Abs 2, 114 f, 125 HGB). Der Gesellschaftsvertrag kann auch Kommanditisten Geschäftsführungsbefugnis einräumen. Von der organschaftlichen Vertretung sind sie allerdings zwingend ausgeschlossen (§ 170 HGB); möglich ist nur rechtsgeschäftliche Bevollmächtigung, zB Generalvollmacht oder Prokura (Baumbach/Hopt/*Roth,* § 170 Rn 3); die unechte Gesamtvertretung eines Prokuristen mit dem einzigen Komplementär ist jedoch nicht möglich. Wird Prokura bereits im Gesellschaftsvertrag erteilt, kann sie zwar jederzeit mit Wirkung im Außenverhältnis entzogen werden (§ 52 Abs 1 HGB), jedoch setzt dies im Innenverhältnis einen wichtigen Grund entspr §§ 117, 127 HGB voraus (BGHZ 17, 394; Baumbach/Hopt/*Roth,* § 170 Rn 4).

Einzelne – nicht alle – Komplementäre können von der Geschäftsführung und/oder Vertretung gesellschaftsvertraglich ausgeschlossen werden; letzteres kann Dritten gegenüber grds erst nach Eintragung ins Handelsregister entgegengesetzt werden (§§ 161 Abs 2, 106 Abs 2 Nr 4, 107, 15 Abs 1 HGB). Zu weiteren Gestaltungsmöglichkeiten bzgl Geschäftsführung und Vertretung s → Form. II.B.1 Anm. 7.

7. → Form. II.B.2 Anm. 10. Das Form. folgt dem Gesetz, das ein **Wettbewerbsverbot** für die Dauer der Gesellschafterstellung nur für Komplementäre (§§ 161 Abs 2, 112 HGB), nicht für Kommanditisten vorsieht (§ 165 HGB). Eine klarstellende Regelung im Gesellschaftsvertrag empfiehlt sich dennoch.

Bei Bestehen erweiterter Kontrollrechte, einer einem Komplementär angenäherten Stellung oder beherrschendem Einfluss des Kommanditisten kann ein Wettbewerbsverbot für diesen gesellschaftsvertraglich vorgesehen werden; ohne derartige Regelung kann es sich aber für die Dauer der Gesellschafterstellung in engen Ausnahmefällen auch aus der Treupflicht ergeben (s BGHZ 89, 162; BGH, NZG 2009, 744; Baumbach/Hopt/*Roth*, § 165 Rn 3). Ein nachvertragliches Wettbewerbsverbot muss dagegen stets gesellschafts- oder einzelvertraglich vereinbart werden (BGH, DB 1990, 2588, 2589).

8. Näher zu **Mehrheitsklauseln** und diesbezüglichen Gestaltungsvarianten s → Form. II.B.1 Anm. 8. Der Gesellschaftsvertrag kann einen Ausschluss des Kommanditisten vom Stimmrecht vorsehen; dies gilt jedoch nicht für Beschlüsse, die in die Rechtsstellung des Kommanditisten eingreifen (BGHZ 20, 363, 366 ff). Dieser Ausschluss des Stimmrechts kann zum Verlust seiner Mitunternehmereigenschaft führen (BFH BStBl II 1989, 762; BMF BStBl I 1989, 378). Offen gelassen hat der BGH, ob der Gesellschaftsvertrag auch das Stimmrecht des Komplementärs ausschließen kann (BGH NJW 1993, 2100; zum gespaltenen Meinungsstand in der Literatur s Baumbach/Hopt/*Roth*, § 119 Rn 13).

9. Der **Jahresabschluss** ist von den geschäftsführenden Komplementären aufzustellen, von allen Komplementären zu unterzeichnen (§ 245 S 2 HGB) und – mangels abweichender gesellschaftsvertraglicher Vereinbarung – von allen Gesellschaftern, also auch den Kommanditisten, festzustellen (BGHZ 132, 263, 266). S im Übrigen → Form. II.B.1 Anm. 9. Der Jahresabschluss einer Personengesellschaft unterliegt grds keiner Prüfungspflicht (Ausnahmen: Kreditinstitute oder bei Geltung des PublG) und keiner Aufstellungsfrist; § 243 Abs 3 HGB sieht nur die Aufstellung „innerhalb der einem ordnungsmäßigen Geschäftsgang entsprechenden Zeit" vor, weshalb es ratsam ist, die Komplementäre im Gesellschaftsvertrag durch eine genaue Frist zur Aufstellung anzuhalten. Das Form sieht – relativ kurze – drei Monate vor; häufig werden in Anlehnung an die Aufstellungsfrist für eine kleine Kapitalgesellschaft (§ 264 Abs. 1 S. 4 HGB) sechs Monate vorgesehen (näher Baumbach/Hopt/*Merkt*, § 243 Rn 11).

Zu Abs. 4 → Form. II.B.1 Anm. 9.

10. → Form. II.B.1 Anm. 10. Nach dem Form bedarf die **Verfügung** über Kommanditanteile, also insbesondere die Abtretung, der Zustimmung. Das Einstimmigkeitserfordernis für den Wechsel des Komplementärs verhindert diesen, wenn auch nur ein Gesellschafter damit nicht einverstanden ist, was in der personalistischen, kleineren KG sinnvoll ist. Der persönlich haftende Gesellschafter muss ggf kündigen.

Kein Gesellschafter kann zugleich beschränkt und unbeschränkt haften. Wenn ein Kommanditist seinen Anteil auf den Komplementär überträgt, erhöht sich dessen Kapitalanteil, er haftet weiter persönlich unbeschränkt. Überträgt der Komplementär seinen Anteil oder einen Teil davon, wird der Erwerber – auch wenn er bisher Kommanditist war – mangels anderer Regelung Komplementär (s BGH DB 1975, 2123; BayObLG NZG 2003, 476 f zum Erwerb im Rahmen einer Erbschaft), da bei Übertragung alle Rechte und Pflichten des Komplementärs mit übergehen (Baumbach/Hopt/*Roth*, § 124

Rn 16 hält das für eine Auslegungsfrage; Staub/*Schilling,* § 161 Rn 38); hierauf ist insbesondere auch bei einer Ausschließung oder Zwangsübertragung zu achten. Im Innenverhältnis kann eine abweichende Vereinbarung getroffen werden.

11. Zur Kündigung s → Form. II.B.1 Anm. 11. Scheidet der alleinige Komplementär aus, ist die Kommanditgesellschaft aufgelöst (BGHZ 6, 113, 115 f; BayObLG BB 2000, 1211, 1212), doch ist ein **Fortsetzungsbeschluss** möglich mit der Folge, dass die Gesellschaft nicht liquidiert werden muss, sondern mit einem neuen Komplementär als KG oder mit persönlicher Haftung aller bisherigen Kommanditisten als OHG fortgesetzt wird. Es ist – wie im Form. vorgesehen – üblich, die Liquidation der Gesellschaft davon abhängig zu machen, dass nicht binnen angemessener Frist ein neuer Komplementär gefunden wird. Welche Frist angemessen ist, lässt sich nicht generell sagen. Sie sollte keinesfalls länger sein als die im Form. genannte. Sind die Fristen zu lang und setzen die bisherigen Kommanditisten die werbende Tätigkeit fort, ist die Gesellschaft kraft Gesetzes OHG mit der Folge, dass alle Gesellschafter jedenfalls für neue Geschäfte unbeschränkt haften (BGH NJW 1979, 1705 f; MHdB GesR 2/*Piehler/Schulte,* § 37 Rn 6; MüKoHGB/*K. Schmidt,* § 131 Rn 46). Um dieses Risiko möglichst auszuschließen, muss im Gesellschaftsvertrag festgelegt werden, wer beim Ausscheiden des Komplementärs seine Position einnehmen kann und sollte das entsprechende Verfahren bestimmt sein.

12. S → Form. II.B.1 Anm. 12. Wird der einzige Komplementär ausgeschlossen (BGHZ 6, 113, 116), gerät die Gesellschaft dadurch in Liquidation, wird aber mit Aufnahme eines neuen Komplementärs bzw Übernahme der Komplementärstellung durch einen Kommanditisten wieder zu einer werbenden (MHdB GesR 2/*Piehler/Schulte,* § 36 Rn 43 aE).

13. Zur Zulässigkeit von Abfindungsbeschränkungen und alternativen Gestaltungsformen s → Form. II.B.2 Anm. 18 und → Form. II.C.2 Anm. 19.

14. Zu Vereinbarungen über die Fälligkeit, die Stundung und Verzinsung s → Form. II.B.2 Anm. 21.

15. Nach der gesetzlichen Regelung gilt beim **Tod** eines Komplementärs dasselbe wie beim Tod des Gesellschafters einer OHG, so dass der Verstorbene aus der Gesellschaft ausscheidet (§§ 161 Abs 2, 131 Abs 3 S 1 Nr 1 HGB), s → Form. II.B.1 Anm. 14. Die Gesellschaft ist nur im Fall des Tods des einzigen Komplementärs als KG aufgelöst, wenn kein Erbe als phG nachfolgt (Baumbach/Hopt/*Roth,* § 177 Rn 1). Sie besteht als OHG fort, wenn sie von den (ehemaligen) Kommanditisten werbend weitergeführt wird. Dies werden die Kommanditisten idR nicht wollen, weshalb es notwendig ist, Nachfolgeklauseln vorzusehen, su. Der Tod eines Kommanditisten löst die Gesellschaft ebenfalls nicht auf. Anders als die Erben des Komplementärs rücken die Erben des Kommanditisten – mangels anderweitiger gesellschaftsvertraglicher Regelung – nach § 177 HGB kraft Gesetzes in die Gesellschaft einzeln gemäß ihrer Erbquote im Wege der Sondererbfolge ein. Zwar fällt der Gesellschaftsanteil gemäß § 2032 Abs 1 BGB in die Gesamthand der Erbengemeinschaft, diese kann als solche wegen der Personenbezogenheit der KG aber nicht Gesellschafter werden (Baumbach/Hopt/*Roth,* § 177 Rn 3). Die Notwendigkeit gemäß Abs 1 des Form. einen gemeinsamen Bevollmächtigten zu bestimmen, wird ratsam sein, wenn mehrere Erben eines Kommanditisten vorhanden sein können. Dies sollte schon im Gesellschaftsvertrag vorgesehen sein; die nachträgliche Einführung dürfte die Zustimmung der ErbenKommanditisten erfordern. Die Kautelarpraxis hat die unterschiedlichsten Gestaltungen für Nachfolgeklauseln entwickelt (s MHdB GesR 2/*Klein/Lindemeier,* § 41 Rn 1 ff; *Schilling,* BWNotZ 95, 4 ff; zusammenfassend Baumbach/Hopt/*Roth,* § 139 Rn 10 ff).

Soll keiner der Erben Gesellschafter werden, kann das Ausscheiden des Erblassers mit seinem Tod vereinbart werden, was allerdings im Hinblick auf §§ 161 Abs 2, 131 Abs 3

S 1 Nr 1 HGB für den Komplementär nur deklaratorischer Natur ist; die Erben erlangen dann nur den Abfindungsanspruch (s Beispiel in → Form. II.B.1 Anm. 14).

Häufig wird aber der Eintritt eines oder aller Erben, ggf auch von Dritten, in die fortzusetzende Gesellschaft gewünscht. Diesem Zweck dient die in Abs 1 des Form enthaltene **einfache Nachfolgeklausel,** wonach sämtliche Erben entsprechend ihrer Erbquote im Wege der Singularsukzession automatisch in die Gesellschafterstellung einrücken (BGH BB 63, 323; *K. Schmidt,* BB 89, 1702, 1703; zu aufwändigeren Vertragsgestaltungen s → Form. II.C.2 Anm. 23 und → Form. II.C.3 Anm. 18), da die Erbengemeinschaft als solche nicht Gesellschafterin werden kann (BGHZ 68, 225, 237; BGH NJW 1983, 2376, 2377). Dieses automatische Einrücken benachteiligt die Erben eines Kommanditisten nicht (sie können kündigen), aber auch nicht die Erben des Komplementärs, da sie ihr Wahlrecht nach § 139 Abs 1 HGB innerhalb von drei Monaten nach Kenntnis des Erbfalls (§ 139 Abs 3 S 1 HGB) ausüben können und dann für Verbindlichkeiten nach dem Erbfall nur noch beschränkt nach den §§ 1967 ff BGB haften. Die im Form vorgesehene Abkürzung der Frist auf 6 Wochen mit anschließendem automatischen Wechsel in die Stellung eines Kommanditisten erleichtert die Möglichkeit, die Haftung zu beschränken, und greift daher nicht in den zwingenden Schutzbereich des § 139 HGB ein (BGHZ 66, 101; 101, 125; Baumbach/Hopt/*Roth,* § 139 Rn 63, 61). Selbst im Fall des Abs 4 wird bis zur Bestimmung eines Komplementärs bzw der Errichtung einer Komplementär-GmbH ein an der gesetzlichen Regelung (§ 139 Abs 3 S 1 HGB) orientierter Zeitraum eingehalten. Die Regelung stellt sicher, dass die Gesellschaft KG bleibt, Haftungsprobleme vermieden werden und letztlich nur ein Erbe in die Komplementärstellung einrückt.

Zusätzlich kann der Kreis der in Betracht kommenden Nachfolger beschränkt werden, indem im Gesellschaftsvertrag oder durch den Erblasser namentlich oder nach bestimmten Kriterien (zB Qualifikation, Alter, Familienangehörigkeit, dazu → Form. II.C.3 Anm. 18 bestimmte Erben als Nachfolger in den Anteil berufen bzw von der Nachfolge ausgeschlossen werden (**qualifizierte Nachfolgeklausel,** vgl → Form. II.C.2 Anm. 23 (§ 15 Abs. 2). Diese Entscheidung kann auch – positiv oder in Form eines Vetorechts (vgl → Form. II.C.2 Anm. 23 (§ 15 Abs. 3) – den verbleibenden Gesellschaftern vorbehalten bleiben. Wird aufgrund einer entsprechenden Bestimmung im Gesellschaftsvertrag nur einer von mehreren Erben im Wege der Vollnachfolge Gesellschafter, ist die Gesellschaft zur Abfindung der anderen Erben nicht verpflichtet (BGHZ 22, 194, 195); der Wertausgleich muss dann innerhalb des Gesamtnachlasses hergestellt werden (BGHZ 68, 225, 238). Möglich ist auch (aber im Interesse der Gesellschaft ggf. nicht ratsam), dass der Gesellschaftsvertrag nur den Eintritt eines Erben im Wege der Sonderrechtsnachfolge mit dem seinem Erbteil entsprechenden Teil des Gesellschaftsanteils des Verstorbenen zulässt und die anderen Erben für ihre Teile von der Gesellschaft abzufinden sind (Baumbach/Hopt/*Roth,* § 139 Rn 16).

Statt der Erben kann auch ein Dritter zum Nachfolger bestimmt werden, der zur Übernahme des Anteils berechtigt sein soll (**Eintrittsklausel;** Baumbach/Hopt/*Roth,* § 139 Rn 50 ff; MHdB GesR 2/*Klein/Lindemeier* § 41 Rn 73 ff; MüKoHGB/*K. Schmidt,* § 139 Rn 25; vgl → Form. II.B.2 Anm. 23 (§ 14 Abs 2). Wird keiner der Erben Gesellschafter, ist eine Abfindung an die Erben zu zahlen.

Zu regeln ist schließlich die Situation, dass mehr als eine Person die Nachfolge in einen Anteil antritt. Bei Kommanditanteilen empfiehlt es sich im Interesse der Handhabbarkeit häufig zumindest, die Ausübung der Gesellschafterrechte nur durch einen Bevollmächtigten zuzulassen. Das Ruhen des Stimmrechts bis dahin sorgt für den ggf notwendigen Einigungsdruck auf die Nachfolger. Die Nachfolge mehrerer Erben in den Anteil eines Komplementärs hat eine möglicherweise unerwünschte Vermehrung der geschäftsführungs- und vertretungsberechtigten Komplementäre zur Folge. Der Gesellschaftsvertrag kann vorbeugend regeln, wer Komplementär und wer Kommanditist werden soll; die Bestimmung kann auch dem Gesellschafter (vgl → Form. II.C.2 Anm. 23 (§ 15 Abs 2 S 1), den Erben (Abs 3 S 1 und 2 dieses Form) oder den übrigen Gesellschaftern überlassen werden.

Beim Tod eines Kommanditisten ist – mit Zustimmung der anderen Gesellschafter, die schon im Gesellschaftsvertrag enthalten sein kann – **Testamentsvollstreckung** am Kommanditanteil möglich (s Baumbach/Hopt/*Roth,* § 139 Rn 24 ff; *Höfner,* FS Spiegelberger 2009, S 993, 996 ff). Zu den Steuerfolgen der verschiedenen Nachfolgeklauseln s L. Schmidt/*Wacker,* § 16 Rn 660 ff.

16. Anders als Komplementäre sind Kommanditisten als solche keine Kaufleute (Baumbach/Hopt/*Roth,* § 161 Rn 5); ihnen gegenüber ist daher eine **Gerichtstandsklausel** nach § 38 Abs 1 ZPO nur wirksam, falls sie aus anderen Gründen unter den Kaufmannsbegriff fallen (BGHZ 45, 282, 286). Zu Schiedsklauseln s → Form. II.C.4 Anm. 19, zu einem Beispiel für eine Schlichtungsklausel s → Form. II.A.2 Anm. 14. Möglich ist auch die Übernahme des kapitalgesellschaftsrechtlichen Regelungsmodells (§§ 241 ff AktG) zur Anfechtung von Gesellschafterbeschlüssen (näher BGH GmbHR 2011, 539 ff m Anm. *Münnich*).

17. **Anzumelden** haben alle Gesellschafter (§§ 161 Abs 2, 108 HGB), also auch die Kommanditisten.

18. Für jeden Gesellschafter sind Name und Vorname, Geburtsdatum und Wohnort anzugeben (§§ 161 Abs 2, 106 Abs 2 Nr 1 HGB), zudem die Bezeichnung der Kommanditisten und der Betrag der Hafteinlage (§ 162 Abs 1 S 1 HGB), der die Obergrenze der Haftung gegenüber Dritten darstellen soll. Die Einzahlung ist nicht Anmeldungsvoraussetzung (Baumbach/Hopt/*Roth,* § 162 Rn 4). Ist eine BGB-Gesellschaft Kommanditistin (dazu BGH ZIP 2001, 1713 mit Anm. *Ulmer*), sind auch deren Gesellschafter mit Namen, Vornamen, Geburtsdatum und Wohnort anzumelden (§ 162 Abs 1 S 2 HGB).

19. §§ 161 Abs 2, 106 Abs 2 Nr 4 HGB fordern die Angabe der Vertretungsverhältnisse bei der Anmeldung der Gesellschaft.

20. Die von allen Gesellschaftern unterschriebene Anmeldung (§ 108 HGB) ist nach § 12 Abs 1 S 1 HGB elektronisch in öffentlich beglaubigter Form. beim Handelsregister einzureichen.

21. **Steuerhinweise:** S zunächst → Form. II.B.1 Anm. 20 iVm → Form. II.A.1 Anm. 18. Auch eine KG fällt bei rein vermögensverwaltender Tätigkeit nicht unter § 15 Abs 1 S 1 Nr 2 S 1 EStG (BFH GrS BStBl II 1984, 751, 762), wohl aber, wenn sie gewerblich „eingefärbt" (§ 15 Abs 3 Nr 1 EStG) oder „geprägt" (§ 15 Abs 3 Nr 2 EStG) ist.

Für Kommanditisten, deren **Kapitalkonto negativ** ist oder wird, sieht § 15 a EStG Verlustausgleichs- und -abzugsbeschränkungen vor, um die steuerliche Verlustberücksichtigung der gesellschaftsrechtlichen Haftungssituation anzugleichen (BFH BStBl II 1992, 167). Die im Einzelnen sehr komplizierten Regelungen (näher L. Schmidt/*Wacker,* § 15 a Rn 60 ff; MHdB GesR 2/*Inhester/Herrmann,* § 26 Rn 100 ff mwN) laufen im Wesentlichen darauf hinaus, dass ein Kommanditist ihm zugerechnete, die von ihm geleistete Einlage (bei darüber hinausgehender Außenhaftung gem § 171 Abs 1 HGB die Haftsumme) übersteigende Verlustanteile nicht im Jahr ihrer Entstehung mit anderen, positiven Einkünften ausgleichen oder gem § 10 d EStG (Verlustrücktrag, -vortrag) abziehen, sondern lediglich mit späteren, iRd KG auf ihn entfallenden Gewinnen verrechnen kann. Der insoweit maßgebende „Anteil am Verlust der KG" ist aus deren Steuerbilanz und einer etwaigen Ergänzungsbilanz des Kommanditisten zu ermitteln und umfasst weder Aufwand und Ertrag seines Sonderbetriebsvermögens noch sonstige Sonderbetriebseinnahmen und -ausgaben; Sonderbilanzverluste bleiben also unbeschränkt ausgleichs- und abzugsfähig (BFH BStBl II 1992, 167). Auch bei der Errechnung des „Kapitalkontos" iSv § 15 a EStG, also des Verlustausgleichspotentials, bleiben aktives und passives Sonderbetriebsvermögen außer Betracht (BFH BStBl II 1992, 167;

1989, 1018; BMF BStBl I 1997, 627; s auch L. Schmidt/*Wacker*, § 15 a Rn 83 mit Rechenbeispiel). Zum „Kapitalkonto" iSv § 15 a EStG gehören – wenn die KG, wie im Form und üblicherweise, mehrere Konten mit unterschiedlicher Funktion für jeden Kommanditisten führt – alle Konten mit Eigenkapitalcharakter (Beteiligungskonten; sie sind dadurch gekennzeichnet, dass ein etwaiger positiver Saldo nach dem Gesellschaftsvertrag mit künftigen Verlusten zu verrechnen ist), nicht aber diejenigen, die lediglich Forderungen und Schulden des Gesellschafters gegenüber der Gesellschaft ausweisen (L. Schmidt/*Wacker*, § 15 a Rn 86 ff).

Maßgeblich ist der Stand des Kapitalkontos am **Bilanzstichtag des Verlustjahrs.** § 15 a EStG lässt sich nicht durch nur vorübergehende höhere Einlagen bzw Haftungserweiterungen umgehen: Gem § 15 a Abs 3 EStG sind Entnahmen, die zu einem negativen Kapitalkonto führen oder ein solches erhöhen, und Beträge, um die die Haftung herabgesetzt wird, grds bis zur Höhe früher ausgleichs- oder abzugsfähiger Verluste als fiktiver Gewinn des Jahrs der Entnahme oder der Haftungsminderung zu versteuern; durch gleichzeitige Umwandlung dieses fiktiven Gewinns in einen verrechenbaren Verlust (§ 15 Abs 3 S 4 EStG) soll dasselbe Ergebnis erzielt werden, wie wenn die vorübergehende Einlageerhöhung bzw Haftungserweiterung gar nicht erst stattgefunden hätte (zu Einzelheiten s L. Schmidt/*Wacker*, § 15 a Rn 150 ff; zu den Steuerfolgen der Übertragung eines Kommanditanteils bei negativem Kapitalkonto mit ausgleichs- bzw abzugsfähigen Verlusten einerseits, verrechenbaren Verlusten andererseits s ebenda Rn 215 ff).

Der gem § 15 a Abs 2 EStG nur mit späteren Gewinnen verrechenbare Verlust wird jährlich gesondert festgestellt (§ 15 a Abs 4 EStG).

Kosten und Gebühren:

a) Gesellschaftsvertrag
   Vgl → Form. II.A.1 Anm. 1 ff.

b) Anmeldung (Entwurfsfertigung und Einreichung beim Handelsregister in elektronischer Form durch Notar) und Eintragung
   Geschäftswert: Summe der Kommanditeinlagen zuzüglich EUR 30.000,00 für den ersten und EUR 15. 000,00 für jeden weiteren Komplementär, §§ 105 Abs. 1 S. 1 Nr. 5, 119 Abs. 1 GNotKG, max EUR 1 Mio gem. § 106 GNotKG.
   Notar: 0,5 Gebühr gemäß § 92 Abs 2 GNotKG iVm Anlage 1 GNotKG Ziff 24102 für die Entwurfsfertigung und 0,3 Vollzugsgebühr gemäß Anlage 1 GNotKG Ziff 22114.
   Register: Anlage zu HRegGebV Teil 1 Abschnitt 1.

2. Ausführlicher KG-Vertrag

a) Gesellschaftsvertrag[1]

§ 1 Firma und Sitz

(1) Die Gesellschaft hat die Firma A KG.[2]

(2) Sitz der Gesellschaft ist . . . . .[3]

§ 2 Gegenstand des Unternehmens

(1) Gegenstand des Unternehmens ist . . . . .[4]

d) Änderung des Gesellschaftsvertrags,
e) Zustimmung zur Verfügung über Gesellschaftsanteile,
f) Aufnahme und Ausschließung von Gesellschaftern,
g) Zwangsabtretung,
h) Auflösung der Gesellschaft und
i) alle Maßnahmen, die über den gewöhnlichen Geschäftsbetrieb hinausgehen oder bei denen Rechte gegen einen Gesellschafter geltend zu machen sind.

(2) In jedem Geschäftsjahr findet spätestens zwei Monate nach Prüfung des Jahresabschlusses für das vorangegangene Geschäftsjahr eine ordentliche Gesellschafterversammlung statt, deren Tagesordnung mindestens die in Abs 1 a), b) und c) genannten Punkte umfasst. Die Gesellschafterversammlung tritt außerdem zusammen, wenn ein Komplementär und/oder Gesellschafter dies verlangen, die allein oder zusammen mindestens ein Viertel des Gesellschaftskapitals vertreten, oder wenn nach diesem Vertrag oder nach den gesetzlichen Bestimmungen eine Beschlussfassung erforderlich wird.

(3) Die Gesellschafterversammlung wird durch die Komplementäre durch Übergabe-Einschreiben an alle Gesellschafter unter Mitteilung der Tagesordnung einberufen, das mindestens zwei Wochen vor dem Tag der Gesellschafterversammlung zugegangen sein muss. Jeder Gesellschafter kann durch Übergabe-Einschreiben an alle Gesellschafter, das mindestens eine Woche vor dem Tag der Gesellschafterversammlung zugegangen sein muss, die Tagesordnung um weitere Punkte ergänzen. Mit Zustimmung aller Gesellschafter kann auf die Einhaltung der Form- und Fristvorschriften dieses Absatzes verzichtet werden.

(4) Die Gesellschafterversammlung findet am Sitz der Gesellschaft oder an einem anderen Ort statt, dem alle Gesellschafter zustimmen.

(5) Jeder Gesellschafter kann sich in der Gesellschafterversammlung durch einen schriftlich bevollmächtigten Mitgesellschafter oder durch einen Angehörigen eines gesetzlich zur Berufsverschwiegenheit verpflichteten rechts-, wirtschafts- oder steuerberatenden Berufs vertreten oder begleiten lassen.

(6) Die Gesellschafterversammlung ist beschlussfähig, wenn mindestens die Hälfte des stimmberechtigten Gesellschaftskapitals anwesend oder vertreten ist. Ist eine Gesellschafterversammlung beschlussunfähig, ist unverzüglich gemäß Abs 3 eine neue Gesellschafterversammlung einzuberufen, die für die Gegenstände der Tagesordnung der Gesellschafterversammlung, in der sich die Beschlussunfähigkeit ergeben hat, ohne Rücksicht auf die Zahl der anwesenden oder vertretenen Stimmen beschlussfähig ist; hierauf ist bei der Einberufung hinzuweisen.

(7) Den Vorsitz in der Gesellschafterversammlung führt der Versammlungsleiter.
Versammlungsleiter ist der älteste anwesende Komplementär, wenn nicht die Gesellschafterversammlung vor Eintritt in die Tagesordnung unter der Leitung des ältesten Kommanditisten/Gesellschaftervertreters einen anderen Versammlungsleiter wählt. Der Versammlungsleiter stellt die Beschlussfähigkeit der Gesellschafterversammlung fest und entscheidet über die Art der Abstimmung, sofern die Gesellschafterversammlung nicht etwas anderes beschließt.

(8) Einer Versammlung bedarf es nicht, wenn sämtliche Gesellschafter der vorgeschlagenen Abstimmungsart oder dem Beschlussvorschlag zustimmen.

§ 8 Gesellschafterbeschlüsse[12]

(1) Die Gesellschafter beschließen in allen Angelegenheiten – ohne Beschränkung auf die in § 7 Abs 1 enthaltenen Beschlussgegenstände – mit einfacher Mehrheit der abgegebenen Stimmen, soweit nicht dieser Vertrag oder zwingende gesetzliche Vorschriften eine andere Mehrheit vorschreiben.

(2) Für die Änderung des Gesellschaftsvertrags – einschließlich der Erhöhung des Gesellschaftskapitals – und für Beschlussgegenstände, für die dies ausdrücklich im Gesellschaftsvertrag vorgesehen ist, ist eine Mehrheit von mindestens drei Vierteln der abgegebenen Stimmen erforderlich. Soweit eine Änderung des Gesellschaftsvertrags – ausgenommen die Erhöhung des Gesellschaftskapitals – die Rechte eines Gesellschafters vermindert, seine Pflichten erhöht oder die vertragliche Bindung verlängert, bedarf der Beschluss seiner Zustimmung.

(3) Je volle EUR 100 eines Kapitalanteils gewähren eine Stimme, wobei ein Gesellschafter/Gesellschaftervertreter die ihm zustehenden Stimmen nur einheitlich abgeben kann. Stimmenthaltungen zählen nicht als abgegebene Stimmen. Bei Stimmengleichheit gilt ein Antrag als abgelehnt.

(4) Soweit rechtlich zulässig und nicht in diesem Vertrag anders geregelt, ist ein Gesellschafter auch dann stimmberechtigt, wenn die Beschlussfassung die Vornahme eines Rechtsgeschäfts mit ihm oder einem mit ihm im Sinn des § 15 AktG verbundenen Unternehmens betrifft.

(5) Über die Beschlüsse der Gesellschafterversammlung wird von einem durch die Versammelten zu bestimmenden Gesellschafter eine Niederschrift angefertigt und allen anderen Gesellschaftern in Abschrift zugesandt. Nicht in Gesellschafterversammlungen gefasste Beschlüsse sind vom ältesten Komplementär festzustellen und den anderen Gesellschaftern unverzüglich durch Übergabe-Einschreiben mitzuteilen.

(6) Die Unwirksamkeit von Gesellschafterbeschlüssen kann nur innerhalb einer Ausschlussfrist von zwei Monaten seit Zugang der Niederschrift bzw des Briefs gemäß Abs 5 durch Klage gegen die Gesellschaft geltend gemacht werden.

§ 9 Jahresabschluss/Gewinn und Verlust[13]

(1) Der Jahresabschluss ist von den Komplementären in den ersten drei Monaten nach Ende des Geschäftsjahrs nach den gesetzlichen Gliederungs- und Bewertungsvorschriften und – soweit handelsrechtlich zulässig – unter Berücksichtigung der steuerlichen Vorschriften über die Gewinnermittlung aufzustellen.

(2) Der Jahresabschluss ist, soweit eine Prüfung gesetzlich oder durch Beschluss der Gesellschafter vorgeschrieben ist, dem Abschlussprüfer unverzüglich zur Prüfung vorzulegen.

(3) Der Jahresabschluss ist unverzüglich nach seiner Fertigstellung, im Fall des Abs 2 unverzüglich nach Eingang des Prüfungsberichts bei der Gesellschaft, den Gesellschaftern zusammen mit einem Ergebnisverwendungsvorschlag der Komplementäre unter Berücksichtigung der Grundsätze der Abs 4 bis 6 zur Beschlussfassung über die Ergebnisverwendung vorzulegen.

(4) Am Gewinn und Verlust nehmen die Gesellschafter im Verhältnis ihrer Kapitalanteile teil. Die Kommanditisten sind – auch im Fall der Liquidation – nicht zum Nachschuss verpflichtet. § 171 Abs 1 HGB bleibt unberührt.

(5) Belastungen der Gesellschaft durch die Gewerbesteuer, die ihre Ursache im Bereich des Sonderbetriebsvermögens und in den Vergütungen nach § 15 Abs 1 Nr 2 Alt 2 EStG sowie den Ergebnissen möglicher Ergänzungsbilanzen haben, sind bei der Gewinnverteilung vorweg bei dem Gesellschafter als besonderer Aufwand zu berücksichtigen, dem das Sonderbetriebsvermögen, die Vergütungen und die Ergebnisse möglicher Ergänzungsbilanzen zuzurechnen sind. S 1 gilt sinngemäß für Minderungen der Gewerbesteuer durch Sonderbetriebsausgaben oder Verlusten aus der Ergänzungsbilanz; dem Gesellschafter ist in diesem Fall ein besonderer Ertrag zuzuweisen. S 1 und 2 gelten entsprechend auch für den Ausgleich im Rahmen der Zinsschrankenregelung des § 4 h EStG.

(6) Ein Jahresfehlbetrag (Verlust) ist durch Auflösung von Rücklagen zu decken. Soweit danach ein Jahresfehlbetrag verbleibt, ist er auf die Verlustvortragskonten zu verteilen. Ein Jahresüberschuss (Gewinn) ist zunächst auf die Verlustvortragskonten zu buchen, bis diese ausgeglichen sind. Ein verbleibender Betrag ist zu einem Drittel auf die laufenden Konten der Gesellschafter, zu einem weiteren Drittel auf die Rücklagenkonten zu buchen. Über die Verwendung des verbleibenden Drittels entscheidet die Gesellschafterversammlung. Kommt innerhalb von zwei Monaten nach Absendung des Ergebnisverwendungsvorschlags gem Abs 3 kein solcher Beschluss zustande, gilt der Vorschlag der Komplementäre als angenommen.

(7) Der Gesellschafterbeschluss, von den Grundsätzen gem Abs 6 abzuweichen, bedarf einer Mehrheit von mindestens drei Vierteln der abgegebenen Stimmen.

(8) Entnahmen sind nur bis zur Höhe eines Guthabens auf dem laufenden Konto zulässig.

§ 10 Entnahme von Beträgen zu Zahlung persönlicher Steuern[14]

Jeder Gesellschafter ist zur Entnahme von Beträgen berechtigt, die er zur Zahlung von persönlichen Steuern einschließlich Vorauszahlungen auf die Beteiligung benötigt. Hierbei ist für jeden Gesellschafter für die Einkommensteuer der deutsche Spitzensteuersatz (zzgl gesetzlicher Zuschläge wie etwa dem Solidaritätszuschlag) und bei der Kirchensteuer der höchste für einen Gesellschafter geltende Steuersatz zugrunde zu legen. Die Thesaurierungsbegünstigung des § 34 a EStG bleibt unberücksichtigt. Der Gesellschafter darf daher – auch wenn er von der Regelung des § 34 a EStG Gebrauch macht – sogleich Beträge nach Maßgabe des Spitzensteuersatzes, später jedoch keine Beträge für die Nachversteuerung mehr entnehmen.

§ 11 Verfügungen über Anteile[15]

(1) Die Veräußerung eines Kommanditanteils ist nur zulässig, wenn die übrigen Gesellschafter mit einer Mehrheit von mindestens drei Vierteln ihrer Stimmen zustimmen. Der Wechsel des Komplementärs bedarf der Zustimmung aller Gesellschafter. Geht ein Gesellschafter durch eine Aufspaltung unter, haben die übrigen Gesellschafter das Recht, durch mit einfacher Mehrheit zu fassenden Gesellschafterbeschluss zu bestimmen, auf welchen der übernehmenden Rechtsträger der Anteil übergeht.

(2) Ein veräußerungswilliger Gesellschafter ist verpflichtet, seinen Anteil zuvor den übrigen Gesellschaftern zum Erwerb zu dem von ihm in Aussicht genommenen Preis schriftlich anzubieten. Das Erwerbsrecht steht den übrigen Gesellschaftern im Verhältnis ihrer Kapitalanteile zu. Diese haben innerhalb einer Ausschlussfrist von einem Monat nach Zugang des Angebots die Annahme oder Ablehnung zu erklären. Nach Fristablauf ist die Annahme des Angebots ausgeschlossen.

(3) Lehnt ein Erwerbsberechtigter das Angebot ab, steht das Erwerbsrecht insoweit den übrigen Erwerbsberechtigten im Verhältnis ihrer Kapitalanteile zueinander zu. Dieses

nachrangige Erwerbsrecht kann innerhalb eines Monats ab Kenntnis von der Ablehnung ausgeübt werden, spätestens aber innerhalb von drei Monaten ab Zugang des in Abs 2 bezeichneten Angebots. Wird das Erwerbsrecht ganz oder teilweise nicht ausgeübt, ist der veräußerungswillige Gesellschafter abweichend von Abs 1 berechtigt, den von ihm angebotenen Anteil ohne Zustimmung der übrigen Gesellschafter zu veräußern. Ist der vertragliche Erwerbspreis bei der Veräußerung niedriger als der nach Abs 2 geforderte, steht den übrigen Gesellschaftern jedoch ein Vorkaufsrecht im Verhältnis ihrer Kapitalanteile gem Abs 4 zu.

(4) Liegen die Voraussetzungen des Abs 3 S 4 vor, hat der veräußerungswillige Gesellschafter sämtlichen Gesellschaftern unverzüglich je eine beglaubigte Abschrift des mit dem Erwerber geschlossenen Vertrags durch Übergabe-Einschreiben zuzusenden. Diese haben innerhalb einer Ausschlussfrist von einem Monat nach Zugang der Abschrift schriftlich zu erklären, ob sie ihr Vorkaufsrecht ausüben oder darauf verzichten. Verzichtet ein Gesellschafter auf sein Vorkaufsrecht oder übt er es nicht fristgerecht aus, steht es den übrigen Gesellschaftern im Verhältnis ihrer Kapitalanteile zu. Dieses nachrangige Vorkaufsrecht ist innerhalb eines Monats ab Kenntnis vom Verzicht, spätestens aber innerhalb von drei Monaten nach Empfang der Abschrift des Kaufvertrags schriftlich auszuüben. Besteht kein Vorkaufsrecht oder wird es ganz oder teilweise nicht ausgeübt, kann der veräußerungswillige Gesellschafter den Anteil übertragen, ohne dass es der Zustimmung gem Abs 1 bedarf.

(5) Geht ein Anteil durch Umwandlung nach dem Umwandlungsgesetz oder durch Einbringung oder Anwachsung auf einen Dritten über, hat der übertragende Gesellschafter den anderen Gesellschaftern ein dem Vorkaufsrecht an den Anteilen entsprechendes Ankaufsrecht an den durch ihn oder durch ein mit ihm im Sinn des § 15 AktG verbundenes Unternehmen als Gegenleistung erworbenen Gesellschaftsanteilen an den Dritten einzuräumen. Für die Bestimmung des Ankaufspreises gilt § 14 entsprechend. Die Nichteinräumung binnen einer Frist von drei Monaten ab dem Übergang rechtfertigt den Beschluss nach § 13. Auf das Ankaufsrecht findet Abs 4 S 1 bis 5 sinngemäß Anwendung.

(6) Rechte und/oder Pflichten aus diesem Vertrag können nicht übertragen oder belastet werden. Belastungen der Beteiligung, insbesondere die Verpfändung, die Bestellung eines Nießbrauchs, die Einräumung von Unterbeteiligungen oder einer Rechtsstellung, auf Grund derer dem Gesellschafter nur noch treuhänderische Befugnisse an seinem Anteil verbleiben oder die die Ausübung seiner Gesellschafterrechte an die Zustimmung eines Dritten bindet, sind unzulässig. Dies gilt nicht für eine Verpfändung zur Sicherung eines zwecks Leistung der Kommanditeinlage oder Erwerbs der Kommanditbeteiligung aufgenommenen Darlehens.[16]

(7) Die Absätze 1 bis 6 gelten auch für den Teil eines Anteils.

§ 12 Dauer/Kündigung/Auflösung[17]

(1) Die Gesellschaft beginnt mit Eintragung in das Handelsregister und besteht auf unbestimmte Zeit.

(2) Jeder Gesellschafter kann sie unter Einhaltung einer sechsmonatigen Frist auf den Schluss eines Geschäftsjahrs, erstmals zum . . . . ., gegenüber den anderen Gesellschaftern durch Übergabe-Einschreiben kündigen. Das Recht zur Kündigung aus wichtigem Grund bleibt unberührt.

(3) Der kündigende Gesellschafter scheidet mit Wirksamwerden der Kündigung aus der Gesellschaft aus. Er ist gemäß § 14 abzufinden. Die Gesellschaft wird von den übrigen Gesellschaftern fortgeführt.

(4) Scheidet der alleinige Komplementär aus der Gesellschaft aus, sind die Kommanditisten verpflichtet, unverzüglich eine geeignete natürliche Person als Komplementär aufzunehmen oder eine juristische Person zu gründen und als Komplementärin aufzunehmen, an der sie im Verhältnis ihrer Kapitalanteile beteiligt sind. Geschieht dies nicht innerhalb eines Monats ab dem Ausscheiden, kann jeder Kommanditist verlangen, Komplementär zu werden. Die übrigen Gesellschafter können durch Gesellschafterbeschluss mit einer Mehrheit von mindestens drei Vierteln ihrer Stimmen ein solches Verlangen ablehnen, wenn es von mehr als einem Kommanditisten gestellt wird oder der betreffende Kommanditist fachlich offensichtlich ungeeignet ist. Ist binnen weiterer zwei Wochen kein Komplementär aufgenommen worden, ist die Gesellschaft aufgelöst.

(5) Die Auflösung der Gesellschaft nach § 133 HGB wird, soweit gesetzlich zulässig, ausgeschlossen.

§ 13 Ausschließung eines Gesellschafters/Zwangsabtretung[18]

(1) Die Gesellschafter können den Ausschluss eines Gesellschafters, die Übertragung seines Anteils auf die übrigen, zur Übernahme bereiten Gesellschafter im Verhältnis ihrer Kapitalanteile oder die Übertragung seines Anteils auf einen Dritten beschließen, wenn er dafür einen wichtigen Grund im Sinn des § 133 HGB gegeben hat. Der betroffene Gesellschafter hat dabei kein Stimmrecht. Mit Zugang des Beschlusses beim ausgeschlossenen Gesellschafter scheidet dieser aus der Gesellschaft aus.

(2) Ein wichtiger Grund liegt insbesondere vor, wenn

a) über das Vermögen eines Gesellschafters das Insolvenzverfahren eröffnet oder die Eröffnung mangels Masse abgelehnt wird,
b) in den Anteil eines Gesellschafters die Zwangsvollstreckung betrieben und nicht binnen zwei Monaten nach Aufforderung an den Gesellschafter, spätestens bis zur Verwertung des Anteils, aufgehoben wird,
c) ein Gesellschafter gegen eine sich aus dem Gesellschaftsverhältnis ergebende Verpflichtung verstößt und den Verstoß trotz Abmahnung nicht unverzüglich abstellt,
d) ein Gesellschafter über seinen Anteil unter Verstoß gegen § 11 verfügt oder zu verfügen versucht,
e) ein Gesellschafter Auflösungsklage erhebt.

(3) Die Gesellschaft wird von den übrigen Gesellschaftern fortgeführt. Ist der Ausgeschlossene der alleinige Komplementär, gilt § 12 Abs 4.

(4) Die Abfindung nach § 14 ist im Fall des Ausschlusses von der Gesellschaft, im Fall der Übertragung vom Erwerber zu zahlen. Die Wirksamkeit von Ausschluss und Übertragung ist nicht von einer etwaigen Zug um Zug zu erbringenden Gegenleistung abhängig. Sicherheitsleistung kann nicht verlangt werden.

§ 14 Abfindung[19]

(1) Ein ausscheidender Gesellschafter erhält eine Abfindung in Höhe des seinem Kapitalanteil entsprechenden anteiligen Substanzwerts, höchstens aber des anteiligen Ertragswerts des Unternehmens zum Zeitpunkt seines Ausscheidens.

(2) Zur Ermittlung des Substanzwerts ist von den steuerlichen Beratern der Gesellschaft eine Stichtagsbilanz auf den Zeitpunkt des Ausscheidens zu erstellen, in der sämtliche Wirtschaftsgüter des Unternehmens einschließlich der immateriellen Einzelwirtschaftsgüter und ausschließlich des Geschäftswerts mit dem Verkehrswert anzusetzen sind. Am

Gewinn und Verlust aus zu diesem Zeitpunkt schwebenden Geschäften nimmt der ausscheidende Gesellschafter nicht teil.

(3) Der Ertragswert wird nach §§ 200 bis 203 BewG ermittelt.

(4) Die nach den Abs 2 und 3 ermittelte Abfindung bleibt auch dann maßgeblich, wenn sich auf Grund von steuerlichen Außenprüfungen oder durch anderweitig veranlasste Änderungen der Veranlagung die Ermittlungsgrundlagen nachträglich verändern.[20]

(5) Besteht Streit über die Höhe der Abfindung, entscheidet hierüber ein von der Gesellschaft und dem ausscheidenden Gesellschafter gemeinsam benannter Schiedsgutachter, der Wirtschaftsprüfer oder Wirtschaftsprüfungsgesellschaft sein muss. Kommt eine Einigung über dessen Benennung nicht zustande, ist er auf Antrag jeder der Parteien durch die Wirtschaftsprüferkammer . . . . . zu bestimmen. Der Schiedsgutachter setzt die Höhe der Abfindung verbindlich fest. Die Kosten für den Schiedsgutachter trägt der ausscheidende Gesellschafter.[21]

(6) Auf den Zeitpunkt des Ausscheidens ist der Saldo der für den ausscheidenden Gesellschafter geführten Verlustvortrags-, Rücklagen- und laufenden Konten zu ermitteln. Ein positiver Saldo ist der Abfindung zuzurechnen; ein negativer Saldo ist mit ihr zu verrechnen.

(7) Die Abfindung ist ab dem Tag des Ausscheidens mit . . . . . % über dem jeweiligen Basiszinssatz pa zu verzinsen und in drei gleichen Jahresraten zu zahlen. Die erste Rate ist zahlbar sechs Monate nach dem Zeitpunkt des Ausscheidens. Die Gesellschaft ist berechtigt, die Abfindung ganz oder teilweise früher zu zahlen; zur Sicherheitsleistung ist sie nicht verpflichtet.[22]

(8) Sollte im Einzelfall rechtskräftig festgestellt werden, dass die Abfindungsregelung rechtsunwirksam oder unzumutbar ist, ist die niedrigste noch zulässige Abfindung zu gewähren.

§ 15 Nachfolge von Todes wegen[23]

(1) Stirbt ein Kommanditist und sind mehrere Erben vorhanden, ist ihnen die Ausübung der Gesellschafterrechte nur durch einen gemeinsamen Bevollmächtigten gestattet. Der Bevollmächtigte ist der Gesellschaft von sämtlichen Erben gemeinsam zu benennen; bis dahin ruht deren Stimmrecht.

(2) Stirbt ein Komplementär, wird die Gesellschaft mit dem von ihm zu Lebzeiten durch schriftliche Erklärung gegenüber der Gesellschaft oder durch Verfügung von Todes wegen bestimmten Erben fortgesetzt. Eine Fortsetzung der Gesellschaft mit . . . . . ist ausgeschlossen. Eine Abfindung an etwaige sonstige Erben wird nicht gezahlt.

(3) Die übrigen Gesellschafter können innerhalb eines Monats, nachdem der Letzte von ihnen von dem Erbfall und der Person des gem Abs 2 bestimmten Erben Kenntnis erhalten hat, durch einstimmig zu fassenden Gesellschafterbeschluss die Fortsetzung der Gesellschaft mit dem betreffenden Erben verweigern, wenn dieser nach Alter, Ausbildung oder Erfahrung für die Komplementärstellung nicht geeignet ist. Wird ein solcher Beschluss gefasst, ist er von allen Gesellschaftern zu unterzeichnen und dem betreffenden Erben sowie . . . . . unverzüglich in Kopie zuzusenden.

(4) . . . . . ist innerhalb eines Monats ab Zugang der Niederschrift gem Abs 3 mit Wirkung auf den Todestag des verstorbenen Gesellschafters berechtigt, statt des betreffenden Erben den Anteil des verstorbenen Gesellschafters durch schriftliche Erklärung gegenüber allen Gesellschaftern zu übernehmen. Bis zu der Übernahme-

erklärung, spätestens bis zum Ablauf der Frist, halten die übrigen Gesellschafter den Anteil treuhänderisch. Wird die Übernahmeerklärung fristgerecht abgegeben, ist der Anteil des verstorbenen Gesellschafters unentgeltlich auf . . . . . zu übertragen . . . . . hat die Abfindung gem § 14 an die Erben des verstorbenen Gesellschafters zu zahlen.

(5) Ist die Bestimmung eines Erben gem Abs 2 unterblieben oder übt . . . . . das Übernahmerecht gem Abs 4 nicht aus, wird die Gesellschaft ohne die Erben des verstorbenen Gesellschafters von den verbliebenen Gesellschaftern fortgesetzt; die Gesellschaft hat die Abfindung gem § 14 zu zahlen. War der verstorbene Gesellschafter der einzige Komplementär, gilt § 12 Abs 4 mit der Maßgabe, dass die darin bestimmte Frist nicht ab Ausscheiden, sondern ab Ablauf der Frist gem Abs 4 gilt.

(6) Vermächtnisnehmer stehen Erben gleich.

§ 16 Handelsregistervollmacht[24]

Jeder Kommanditist ist verpflichtet, den Komplementären eine öffentlich beglaubigte Vollmacht dafür zu erteilen, ihn in Angelegenheiten, die die Gesellschaft betreffen, gegenüber dem Handelsregister zu vertreten, mit Ausnahme der Anmeldungen seines Ausscheidens aus der Gesellschaft oder der Veränderung seiner Kommanditeinlage.

§ 17 Geschäftsjahr/Bekanntmachungen

(1) Geschäftsjahr ist das Kalenderjahr. Das erste Geschäftsjahr ist ein Rumpfgeschäftsjahr; es endet am 31. 12. des Jahrs, in dem die Gesellschaft in das Handelsregister eingetragen worden ist.

(2) Bekanntmachungen der Gesellschaft erfolgen im Bundesanzeiger.

§ 18 Teilunwirksamkeit/Vertragsänderungen

(1) Sollte eine Bestimmung dieses Gesellschaftsvertrags oder eine künftig in ihn aufgenommene Bestimmung ganz oder teilweise unwirksam oder undurchführbar sein oder die Wirksamkeit oder Durchführbarkeit später verlieren oder sollte sich im Gesellschaftsvertrag eine Lücke herausstellen, soll hierdurch die Gültigkeit der übrigen Bestimmungen nicht berührt werden. Anstelle der unwirksamen oder undurchführbaren Bestimmung oder zur Ausfüllung der Lücke gilt eine angemessene Regelung, die, soweit rechtlich zulässig, dem am nächsten kommt, was die Vertragschließenden gewollt haben oder nach dem Sinn und Zweck des Vertrags gewollt hätten, falls sie den Punkt bedacht hätten.

(2) Beruht die Unwirksamkeit oder Undurchführbarkeit einer Bestimmung auf einem darin festgelegten Maß der Leistung oder der Zeit (Frist oder Termin), ist mit einfacher Mehrheit der abgegebenen Stimmen das der Bestimmung am nächsten kommende rechtlich zulässige Maß zu vereinbaren.

(3) Alle das Gesellschaftsverhältnis betreffenden Vereinbarungen zwischen Gesellschaftern oder zwischen Gesellschaft und Gesellschaftern bedürfen zu ihrer Wirksamkeit der Schriftform, soweit sie nicht eines Gesellschafterbeschlusses oder notarieller Beurkundung bedürfen. Das gilt auch für einen etwaigen Verzicht auf das Erfordernis der Schriftform.

§ 19 Gerichtsstand[25]

Gerichtsstand für alle auf dem Gesellschaftsverhältnis beruhenden Auseinandersetzungen der Gesellschafter miteinander und mit der Gesellschaft ist der Sitz der Gesellschaft.

b) Anmeldung zum Handelsregister (KG)[26]

Wie in → Form. II.C.1 Anm. 1 ff.

Schrifttum: → Form. II.B.1 Anm. 1 ff. und → Form. II.C.1 Anm. 1 ff.

Anmerkungen

1–4. → Form. II.C.1 Anm. 1.–4.

5. → Form. II.B.1 Anm. 6.

6. → Form. II.C.1 Anm. 8.

7. → Form. II.B.2 Anm. 8. Das Form verfeinert die dortige Gestaltung. Etwaige Verluste werden auf ein eigenes Verlustvortragskonto gebucht, das mit späteren Gewinnanteilen ausgeglichen werden muss, bevor diese dem laufenden **Konto** gutgeschrieben werden können. Die Regelung dient dazu, ein Wiederaufleben der Kommanditistenhaftung nach § 172 Abs 4 HGB zu verhindern (MHdB GesR 2/*von Falkenhausen/Schneider,* § 22 Rn 55). Die Ausgestaltung der Gesellschafterkonten hat für einen Kommanditisten zudem den Vorteil, dass er auch bei einem seine Einlage übersteigenden Debet auf seinem Verlustvortragskonto sein Guthaben auf dem laufenden Konto verlangen kann, also nicht mit Gewinnen früherer Jahre haftet.

8. Abweichend von der gesetzlichen Regelung der **Alleinvertretungs- und Geschäftsführungsbefugnis** jedes Komplementärs (s dazu → Form. II.C.1 Anm. 6) sieht das Form. Gesamtgeschäftsführung (§§ 161 Abs 2, 115 Abs 2 HGB) und sog „unechte" Gesamtvertretung eines Komplementärs mit einem Prokuristen (§§ 161 Abs 2, 125 Abs 2, 3 HGB) vor.

9. → Form. II.C.1 Anm. 7 und → Form. II.B.2 Anm. 10.

10. → Form. II.B.2 Anm. 11.

11. Das Gesetz regelt nicht, wie **Gesellschafterbeschlüsse** zustande kommen. Das Form enthält detaillierte Regelungen für die Einberufung und Durchführung der Gesellschafterversammlungen, die je nach Beteiligungsstruktur abgewandelt werden können. Zu einer Alternative s → Form. II.C.4 Anm. 11.

12. Der explizit als nicht abschließend definierte Katalog in § 7 Abs 1 konkretisiert die **Mehrheitsbeschlüssen** zugänglichen Beschlussgegenstände und kann entsprechend erweitert werden (Beispiele bei Baumbach/Hopt/*Roth,* § 119 Rn 38). Zwingend ist eine solche Auflistung nach der jüngeren Rechtsprechung (BGH NJW 2015, 859) allerdings nicht mehr, da dem Gesellschaftsvertrag auch durch Auslegung nach allgemeinen Auslegungsgrundsätzen die Möglichkeit zu Mehrheitsentscheidungen entnommen werden kann. Sie erleichtert den Gesellschaftern jedoch durch Nennung der wichtigsten Fälle die Handhabung des Vertrags und bleibt gleichzeitig für neue Situationen offen. Näher hierzu und allg zu Gesellschafterbeschlüssen s → Form. II.B.1 Anm. 8.

Bei ihn belastenden Vertragsänderungen wird der betroffene Gesellschafter durch das Zustimmungserfordernis des Abs 2 geschützt.

Da str ist, ob und wie weit das Stimmrecht des Betroffenen bei **Interessenkollision** außerhalb der gesetzlich geregelten Fälle (§§ 161 Abs 2, 113 Abs 2, 117, 127, 140 Abs 1 HGB) analog §§ 34 BGB, 47 Abs 4 GmbHG, 136 Abs 1 AktG ausgeschlossen ist (Scholz/*K. Schmidt,* Anh § 45 Rn 46; Baumbach/Hopt/*Roth,* § 119 Rn 8), empfiehlt sich eine Regelung im Gesellschaftsvertrag. Das Form. sieht in Abs 4 vor, dass kein Stimmrechtsausschluss für Rechtsgeschäfte mit einem Gesellschafter gilt; wird ein weitergehender Stimmrechtsausschluss gewünscht, kann eine Regelung an § 34 BGB oder § 47 Abs 4 GmbHG angelehnt werden.

13. S → Form. II.B.2 Anm. 13 und → Form. II.C.1 Anm. 9. § 169 Abs 1 Abs 1 HGB schließt das für persönlich haftende Gesellschafter geltende gewinnunabhängige Entnahmerecht für Kommanditisten aus. Die im Form. vorgesehene Beschränkung der **Entnahmen** auf Guthaben der laufenden Konten (Abs 6 und 8) vermeidet Haftungsprobleme nach § 172 Abs 4 HGB (Baumbach/Hopt/*Roth*, § 169 Rn 1).

Der Ausschluss der Rückzahlungsverpflichtung für den gutgläubigen Bezug von Gewinnen aufgrund einer im guten Glauben aufgestellten Bilanz (§ 172 Abs 5 HGB) findet nur auf durch Jahresabschluss oder Gewinnverwendungsbeschluss ausgeschüttete Gewinne, nicht auf Gewinnvoraus- und Garantiezahlungen Anwendung und setzt eine objektiv unrichtige Bilanz voraus. Auch die Minderung des Kapitalanteils unter den Betrag der geleisteten Einlage beurteilt sich allein nach dem Inhalt der Bilanz, nicht nach dem guten Glauben des Gesellschafters (BGH NZG 2009, 746, 747; kritisch hierzu *Luttermann*, NZG 2009, 1140 ff).

14. S allg zu Entnahmerecht für Steuern → Form. II.B.2 Anm. 14. Die im Form. gewählte Klausel (*Winter*, Ubg 2009, 822, 825) lässt die Thesaurierungsbegünstigung des § 34 a EStG für die Steuerentnahme außer Acht, erlaubt also auch dem Gesellschafter, der von ihr Gebrauch macht, bereits anfänglich die volle Entnahme, schließt jedoch gleichzeitig spätere Entnahmen aus. Diese Lösung ist für den Gesellschafter vorteilhaft, für die Gesellschaft aber nachteilig, denn von der langfristigen Thesaurierung profitiert allein der Gesellschafter, während die Gesellschaft bereits anfänglich einen hohen Abfluss liquider Mittel in Kauf nehmen muss.

15. S allg zur Übertragung von Anteilen → Form. II.C.1 Anm. 10. Zur Zustimmung in Umwandlungsfällen s → Form. II.C.3 Anm. 20. Die **Veräußerung** eines KG-Anteils, also dessen Abtretung, bedarf aufgrund ihres Charakters als Grundlagengeschäft grds der Zustimmung aller Gesellschafter (Baumbach/Hopt/*Roth*, § 161 Rn 8, § 105 Rn 70). Das Form. ersetzt das Einstimmigkeitserfordernis durch eine Dreiviertelmehrheit. Nach ganzer oder teilweiser Nichtausübung des Erwerbsrechts der Mitgesellschafter ist das schuldrechtliche Geschäft zustimmungsfrei zulässig, löst aber ggf ein Vorkaufsrecht der anderen Gesellschafter aus, bei dessen Nichtausübung dann zustimmungsfrei übertragen werden kann. Die Kombination von Zustimmungserfordernis, Vorerwerbsrecht und Vorkaufsrecht soll Dritte möglichst aus der Gesellschaft halten. S zu Gestaltungsalternativen, die lediglich die Abtretung reglementieren, → Form. II.B.1 Anm. 10 und → Form. II.C.1 Anm. 10, bzw die sämtliche Rechtsgeschäfte – auch unentgeltliche – erfassen, → Form. II. C.3 Anm. 12 f. (§ 10).

16. Das Form. schließt die mit Zulassung im Gesellschaftsvertrag oder mit Zustimmung der übrigen Gesellschafter grds mögliche **Belastung** der Anteile und die Übertragung von Rechten und Pflichten aus dem Gesellschaftsvertrag aus (s dazu Baumbach/Hopt/*Roth*, § 124 Rn 19 ff), erlaubt aber eine Ausnahme zu Finanzierungszwecken. Bei Zustimmung aller Gesellschafter sind Verfügungen gleichwohl wirksam. Zum Nießbrauch an Anteilen s → Form. II.G.4 Anm. 1 ff., zur Verpfändung s → Form. II.C.7 Anm. 1 ff.

17. S → Form. II.C.1 Anm. 11.

18. S → Form. II.C.1 Anm. 12. Zur Frage, ob die Eröffnung des Insolvenzverfahrens über das Vermögen eines Gesellschafters für einen anderen Gesellschafter einen wichtigen Grund zur außerordentlichen Kündigung darstellt, s BGH DStR 2012, 1760.

19. S → Form. II.B.2 Anm. 18. Die Auszahlung einer **Abfindung** an einen ausscheidenden Kommanditisten aus dem Gesellschaftsvermögen ist idR Rückgewähr der Hafteinlage iSd § 172 Abs 4 HGB mit der Folge, dass seine Haftung bis zur Höhe der Hafteinlage, höchstens jedoch in Höhe des ausgezahlten Betrags, wiederauflebt. Dieser Haftung kann er sich – außer im Fall der Geschäftsübernahme durch den letzten verbleibenden Gesellschafter – entziehen, indem er seinen Anteil auf einen anderen, auch den persönlich haftenden Gesellschafter oder einen Dritten überträgt, einen Nachfolgevermerk ins Handelsregister eintragen und sich von seinem Nachfolger abfinden lässt (BGHZ 93, 246, 250 f; BGH BB 1990, 1575, 1577; MHdB GesR 2/*Piehler/Schulte,* § 35 Rn 41 ff).

20–21. → Form. II.B.2 Anm. 19–20.

22. → Form. II.C.1 Anm. 14.

23. allg zu Nachfolgeklauseln → Form. II.C.1 Anm. 15. Abs 2 bis 4 des Form. enthalten eine detaillierte Regelung mit Bestimmungsrecht des **verstorbenen Gesellschafters,** Vetorecht der verbliebenen Gesellschafter sowie Eintrittsrecht eines Dritten, die auf Kommanditanteile angewendet werden kann.

24. Die **Anmeldung** hat durch sämtliche Gesellschafter zu erfolgen (§ 108 HGB). Eine Bevollmächtigung, die nach § 12 Abs 1 S 2 HGB in öffentlich beglaubigter Form vorzulegen ist, empfiehlt sich jedenfalls bei größerem Kommanditistenkreis. Ob eine solche Vollmacht bereits im Gesellschaftsvertrag erteilt werden kann, ist str, aber wohl zu bejahen (Frankfurt OLGZ 1973, 270, 271; Baumbach/Hopt/*Roth,* § 108 Rn 3). Die im Form vorgesehenen Ausnahmen berücksichtigen das besondere Schutzbedürfnis des Kommanditisten.

25. → Form. II.C.1 Anm. 16.

26. → Form. II.C.1 Anm. 17–20. Bei der Anmeldung muss Ziff 3 S 1 lauten:
„A und B sind gemeinschaftlich vertretungsberechtigt. Jeder von ihnen kann die Gesellschaft auch gemeinschaftlich mit einem Prokuristen vertreten."

27. **Steuerhinweise:** → Form. II.C.1 Anm. 21.

Kosten und Gebühren:

Vgl → Form. II.C.1 Anm. 1 ff.

3. Ausführlicher KG-Vertrag für eine Familiengesellschaft mit mehreren Stämmen (GmbH & Co. KG)

a) Gesellschaftsvertrag[1]

§ 1 Firma und Sitz

(1) Die Gesellschaft hat die Firma A GmbH & Co [Industrie] KG.[2]

(2) Sitz der Gesellschaft ist . . . . .[3]

§ 2 Gegenstand des Unternehmens[4]

(1) Gegenstand des Unternehmens ist . . . . .

(2) Die Gesellschaft ist zu allen Handlungen berechtigt, die unmittelbar oder mittelbar der Erreichung des Gesellschaftszwecks dienen.

§ 3 Gesellschaftskapital/Gesellschafter[5]

(1) Das Gesellschaftskapital beträgt EUR . . . . .

(2) Alleinige persönlich haftende Gesellschafterin (Komplementärin) ist die A GmbH mit einem Stammkapital von EUR . . . . ., eingetragen im Handelsregister B des Amtsgerichts . . . . . unter Nr . . . . . Die Komplementärin ist am Vermögen der Gesellschaft nicht beteiligt und zu einer Einlage weder berechtigt noch verpflichtet.

(3) Kommanditisten sind

- A mit einem als Hafteinlage in das Handelsregister einzutragenden Kommanditanteil von EUR . . . . .,
- A's Sohn A1 mit einem als Hafteinlage in das Handelsregister einzutragenden Kommanditanteil von EUR . . . . .,
- B mit einem als Hafteinlage in das Handelsregister einzutragenden Kommanditanteil von EUR . . . . .,
- B's Tochter B1 mit einem als Hafteinlage in das Handelsregister einzutragenden Kommanditanteil von EUR . . . . .

Die Einlagen sind als Bareinlagen bei Abschluss dieses Gesellschaftsvertrags zu erbringen und innerhalb von 14 Tagen nach Unterzeichnung des Gesellschaftsvertrags auf das Konto der Gesellschaft einzuzahlen. Der Betrag der Hafteinlage eines Kommanditisten bezeichnet zugleich seinen Kapitalanteil im Sinn dieses Vertrags. Jeder Kapitalanteil ist fest und bleibt, soweit sich aus diesem Gesellschaftsvertrag nichts anderes ergibt, unverändert. Der Betrag der Summe der Kapitalanteile wird als Gesellschaftskapital bezeichnet.

(4) Die Gesellschafter A und B bilden jeweils mit ihren Abkömmlingen einen Familienstamm. Ein Gesellschafter, der nicht von A oder B abstammt, wird Mitglied des Familienstamms des Gesellschafters, von dem er seinen Gesellschaftsanteil erworben hat.[1]

(5) Das Verhältnis der Kapitalanteile der Familienstämme soll möglichst unverändert bleiben. Bei Kapitalerhöhungen, bei denen zur Übernahme des neuen Kapitals die Kommanditisten im Verhältnis ihrer bisherigen Kapitalanteile zuzulassen sind, stehen nicht ausgeübte Bezugsrechte zunächst den Mitgliedern des betreffenden Familienstamms im zwischen ihnen vereinbarten Verhältnis, ersatzweise im Verhältnis ihrer Kapitalanteile, und erst danach den übrigen Kommanditisten in entsprechender Weise zu. Die Übertragung von Bezugsrechten auf Dritte, die nicht einem Familienstamm angehören, ist ausgeschlossen.[1]

(6) Jeder Kommanditist ist verpflichtet, im Verhältnis seines Kapitalanteils zum Gesellschaftskapital dieser Gesellschaft auch am Stammkapital der Komplementärin beteiligt zu sein.

§ 4 Gesellschafterkonten[6]

(1) Für jeden Kommanditisten werden ein Kapitalkonto, ein laufendes Konto, ein Rücklagenkonto und ein Verlustvortragskonto geführt.

(2) Auf den Kapitalkonten wird der feste Kapitalanteil des Kommanditisten gemäß § 3 Abs 3 gebucht. Die Kapitalkonten werden als unverzinsliche Festkonten geführt.

(3) Auf den laufenden Konten werden entnahmefähige Gewinnanteile, Entnahmen, Zinsen, Gesellschafterdarlehen sowie der sonstige Zahlungsverkehr des Kommanditisten mit der Gesellschaft gebucht. Sie werden nach der Staffelmethode mit . . . . . % pa über dem jeweiligen Basiszinssatz verzinst. Die Zinsen gelten im Verhältnis der Kommanditisten zueinander als Aufwand bzw Ertrag.

(4) Auf den Rücklagenkonten werden nicht entnahmefähige Gewinnanteile sowie Einlagen eines Kommanditisten, die keine Einlagen gemäß § 3 Abs 3 darstellen, gebucht. Diese Konten sind unverzinslich und stellen keine Verbindlichkeiten der Gesellschaft dar, begründen jedoch im Fall der Liquidation der Gesellschaft für Zwecke der Verteilung des verbleibenden Vermögens unter den Gesellschaftern ein Recht auf Vorabauszahlung und können nur zusammen mit der Beteiligung übertragen werden.

(5) Auf den Verlustvortragskonten werden die anteiligen Verluste gebucht. Diese Konten sind unverzinslich und gehen im Fall der Übertragung des Kommanditanteils mit dem Kapitalkonto und dem Rücklagenkonto auf den Rechtsnachfolger über. Die Verlustvortragskonten stellen keine Verbindlichkeiten der Kommanditisten dar, sind jedoch im Fall der Liquidation der Gesellschaft vorab aus den Guthaben ihrer anderen Gesellschafterkonten auszugleichen, ohne dass dies eine Nachschusspflicht der Kommanditisten begründet.

(6) Für die Komplementärin wird ein Kontokorrentkonto geführt.

§ 5 Geschäftsführung und Vertretung[7]

(1) Zur Geschäftsführung und Vertretung ist nur die Komplementärin berechtigt und verpflichtet.

(2) Die Komplementärin führt die Geschäfte der Gesellschaft in Übereinstimmung mit den gesetzlichen Bestimmungen, diesem Gesellschaftsvertrag und ihrer Satzung.

(3) Die Komplementärin und ihre Geschäftsführer sind bei allen Rechtshandlungen mit oder gegenüber der Gesellschaft von den Beschränkungen des § 181 BGB befreit.

(4) Die Komplementärin hat Anspruch auf alsbaldige Erstattung ihrer Aufwendungen für die Führung der Geschäfte der Gesellschaft. Sie erhält außerdem ohne Rücksicht auf das Jahresergebnis 5 % pa ihres jeweiligen Stammkapitals als Haftungsvergütung.

(5) Die Komplementärin bedarf zur Vornahme der folgenden Handlungen und Maßnahmen der vorherigen Zustimmung des Beirats:

a) Aufnahme neuer und Aufgabe bestehender Geschäftszweige,
b) Gründung, Erwerb, Belastung und Veräußerung von Gesellschaften und von Beteiligungen an Gesellschaften,
c) Errichtung und Aufhebung von Zweigniederlassungen,
d) Abschluss, Änderung und Aufhebung von Betriebspacht-, Betriebsüberlassungs- und Ergebnisübernahmeverträgen,
e) Erwerb, Belastung und Veräußerung von Grundstücken, Rechten an Grundstücken und grundstücksgleichen Rechten,
f) Verabschiedung des rechtzeitig vor Beginn eines jeden Geschäftsjahrs dem Beirat vorzulegenden Finanz- und Investitionsplans,
g) Überschreitung von Ansätzen, die in dem vom Beirat genehmigten Finanz- und Investitionsplan enthalten sind,
h) Abschluss, Änderung und Beendigung von Verträgen mit Gesellschaftern, ihren Ehegatten und Abkömmlingen oder mit ihnen iSv § 15 AktG verbundenen Unternehmen,

i) Abschluss, Änderung und Beendigung von Verträgen, die Verpflichtungen der Gesellschaft von jährlich mehr als EUR . . . . . begründen oder über eine Mindestlaufzeit von . . . . . hinausgehen, mit Ausnahme von Verträgen mit Kunden und Lieferanten im Rahmen des gewöhnlichen Geschäftsbetriebs der Gesellschaft,
j) Erteilung und Widerruf von Prokuren und Generalhandlungsvollmachten, Abschluss, Änderung und Beendigung von Dienstverträgen mit Prokuristen, Generalhandlungsbevollmächtigten und Angestellten in vergleichbaren Positionen, Abschluss und Änderung von individuellen oder kollektiven Versorgungs- und Gewinnbeteiligungszusagen,
k) Aufnahme und Gewährung von Darlehen und Wechselverbindlichkeiten außerhalb des gewöhnlichen Geschäftsbetriebs der Gesellschaft,
l) Bestellung von Sicherheiten außerhalb des gewöhnlichen Geschäftsbetriebs der Gesellschaft,
m) Einleitung von Verfahren vor staatlichen Gerichten oder vor Schiedsgerichten sowie Abschluss von Vergleichen in solchen Verfahren, wenn der Streitwert EUR . . . . . übersteigt,
n) sonstige Geschäfte, Handlungen und Maßnahmen, die über den gewöhnlichen Geschäftsbetrieb hinausgehen.

Handlungen und Maßnahmen, die im genehmigten Finanz- und Investitionsplan enthalten sind, bedürfen der vorherigen Zustimmung des Beirats nicht. Der Beirat ist berechtigt, den Katalog zustimmungsbedürftiger Handlungen und Maßnahmen zu erweitern oder zu beschränken und geänderten wirtschaftlichen Bedingungen anzupassen.

(6) Im Hinblick auf die Rechte des Beirats entfällt das Widerspruchsrecht der Kommanditisten aus § 164 Satz 1 Hs 2 HGB.

(7) Der Beirat vertritt die Kommanditisten in ihrer Funktion als Gesellschafter der Komplementärin bei Rechtsgeschäften zwischen dieser und ihren Geschäftsführern. Dies gilt insbesondere für den Abschluss, die Änderung und die Beendigung von Verträgen mit und die Bestellung und Abberufung von Geschäftsführern. Die Geltendmachung von Rechten der Gesellschaft gegenüber der Komplementärin und/oder ihren Geschäftsführern bleibt der Gesellschafterversammlung vorbehalten.

§ 6 Wettbewerbsverbot[8]/Schweigepflicht[9]

Wie in Form. II.C.2 § 6 mit folgendem zusätzlichen Absatz:

(5) Die Komplementärin ist verpflichtet, ihren Geschäftsführern ein entsprechendes Wettbewerbsverbot und eine entsprechende Geheimhaltungspflicht aufzuerlegen.

§ 7 Gesellschafterversammlung[10]

Wie in Form. II.C.2 § 7 mit folgenden Modifikationen:

(1) i) alle Maßnahmen, bei denen Rechte gegen einen Gesellschafter und/oder die Geschäftsführer der Komplementärin geltend zu machen sind.

(7) Den Vorsitz in der Gesellschafterversammlung führt der Versammlungsleiter. Versammlungsleiter ist der Vorsitzende des Beirats, im Verhinderungsfall sein Stellvertreter. Er stellt die Beschlussfähigkeit der Gesellschafterversammlung fest und entscheidet über die Art der Abstimmung, sofern die Gesellschafterversammlung nicht etwas anderes beschließt.

§ 8 Gesellschafterbeschlüsse[11]

Wie in Form. II.C.2 § 8 mit folgender Abweichung:

(5) Über die Beschlüsse der Gesellschafterversammlung wird von einem durch die Gesellschafter zu bestimmenden Kommanditisten eine Niederschrift angefertigt und nach Genehmigung durch den Vorsitzenden des Beirats allen anderen Gesellschaftern in Abschrift zugesandt. Nicht in Gesellschafterversammlungen gefasste Beschlüsse sind von der Komplementärin nach Abstimmung mit dem Vorsitzenden des Beirats festzustellen und den anderen Gesellschaftern unverzüglich schriftlich mitzuteilen.

§ 9 Beirat (Zusammensetzung)[12]

(1) Die Gesellschaft hat einen Beirat, der aus vier einfachen Beiratsmitgliedern und einem Vorsitzenden besteht. Mitglieder der Geschäftsführung der Komplementärin, Arbeitnehmer oder Abschlussprüfer der Gesellschaft oder der Komplementärin sowie Personen, die einer mit der Gesellschaft in Wettbewerb stehenden Gesellschaft nahe stehen, können dem Beirat nicht angehören. Das Gleiche gilt für Personen, die in ihrer Entschluss- und Handlungsfreiheit durch Stimmrechtsbindung, Treuhandverhältnis, stille Beteiligung an der Gesellschaft oder ähnliches beschränkt sind.

(2) Jeder Familienstamm ist berechtigt, zwei einfache Beiratsmitglieder zu bestellen und von ihm bestellte Beiratsmitglieder abzuberufen. Scheidet ein so bestelltes Beiratsmitglied aus, bestellt der Familienstamm für dessen restliche Amtszeit ein neues Beiratsmitglied. Bestellung und Abberufung bedürfen eines Beschlusses, der mit einer Mehrheit von mindestens drei Vierteln der Stimmen aller Gesellschafter des betreffenden Familienstamms zu fassen ist. Je volle EUR 100 eines Kapitalanteils gewähren eine Stimme.

(3) Die von den Familienstämmen bestellten einfachen Beiratsmitglieder wählen mit einfacher Mehrheit einen Vorsitzenden hinzu, der nicht bereits Beiratsmitglied oder Gesellschafter sein darf. Die jederzeit mögliche Abberufung des Vorsitzenden erfolgt mit derselben Mehrheit. Kommt keine Mehrheit der einfachen Beiratsmitglieder für eine Wahl oder Abberufung des Vorsitzenden zustande, entscheidet die Gesellschafterversammlung mit der einfachen Mehrheit der abgegebenen Stimmen. Der Vorsitzende vertritt den Beirat nach außen. Zur Regelung seiner inneren Verhältnisse im Übrigen gibt sich der Beirat eine Geschäftsordnung, die der Zustimmung durch die Gesellschafterversammlung bedarf. Der Beirat kann Dauerausschüsse oder Ausschüsse für Einzelfragen bestellen, die jedoch lediglich beratende Funktion haben.

(4) Die Amtszeit eines einfachen Beiratsmitglieds endet mit Ablauf der Gesellschafterversammlung, die über seine Entlastung für das vierte volle Geschäftsjahr seit seiner Bestellung beschließt. Das Geschäftsjahr, in dem die Bestellung erfolgte, wird nicht mitgerechnet. Wiederbestellung ist zulässig. Die Amtszeit endet nicht vor der Neu- oder Wiederbestellung.

(5) Jedes Beiratsmitglied, einschließlich des Vorsitzenden, ist berechtigt, sein Amt ohne Angabe von Gründen mit einer Frist von drei Monaten zum Ende eines Kalendermonats durch schriftliche Erklärung gegenüber der Komplementärin niederzulegen. Diese hat die anderen Beiratsmitglieder und ggf die Mitglieder des Familienstamms, der das ausscheidende Beiratsmitglied bestellt hat, unverzüglich davon zu unterrichten und sie zur Ausübung ihrer Rechte gemäß Abs 2 und 3 aufzufordern.

(6) Über die Entlastung des Beirats und seiner Mitglieder entscheidet die ordentliche Gesellschafterversammlung.

(7) Mit Ausnahme des § 10 Abs 5 S 2 ist jedes Beiratsmitglied einschließlich des Vorsitzenden nach Maßgabe der §§ 116 S 1, 2, 93 AktG zur Verschwiegenheit verpflichtet. Im Übrigen gelten die Vorschriften des Aktienrechts über den Aufsichtsrat nicht für den Beirat.

(8) Jedes Beiratsmitglied einschließlich des Vorsitzenden erhält für seine Tätigkeit außer der Erstattung der erforderlichen Aufwendungen eine Jahresvergütung, deren Höhe von der Gesellschafterversammlung beschlossen wird, und die darauf entfallende Umsatzsteuer.

§ 10 Beirat (Aufgaben)

(1) Die Aufgaben des Beirats umfassen:

a) die Beratung und Überwachung der Komplementärin,
b) alle Tätigkeiten, die ihm sonst nach diesem Gesellschaftsvertrag oder durch Beschluss der Gesellschafterversammlung zugewiesen sind oder werden.

(2) Der Beirat ist verpflichtet, sich über den Geschäftsverlauf der Gesellschaft unterrichtet zu halten. Die Komplementärin ist verpflichtet, dem Beirat über alles zu berichten, was für dessen Tätigkeit von Bedeutung sein kann und insbesondere jedem Beiratsmitglied die zur Erfüllung seiner Aufgaben erforderlichen Informationen zu erteilen und ihm alle entsprechenden Unterlagen zur Verfügung zu stellen.

(3) Der Beirat berichtet den Gesellschaftern regelmäßig, mindestens jedoch halbjährlich, schriftlich über den Geschäftsgang und die wirtschaftliche und finanzielle Situation der Gesellschaft. Der Beirat kann die Komplementärin auch jederzeit mit der Ausarbeitung eines solchen Berichts beauftragen.

(4) Die einfachen Beiratsmitglieder sind berechtigt und auf Verlangen von Kommanditisten, die mindestens 10 % des Gesellschaftskapitals vertreten, verpflichtet, an den Gesellschafterversammlungen teilzunehmen. § 7 Abs 7 bleibt unberührt.

(5) Ein von einem Familienstamm bestelltes Beiratsmitglied ist bei seiner Tätigkeit neben dem Interesse der Gesellschaft auch dem Interesse dieses Familienstamms verpflichtet. Er hat den Kommanditisten dieses Familienstamms umfassend Auskunft über seine Tätigkeit zu geben.

§ 11 Beirat (Sitzungen und Beschlüsse)

(1) Die Sitzungen des Beirats werden vom Vorsitzenden unter Bestimmung des Tagungsorts und der Tagesordnung schriftlich, per E-Mail oder durch Telefax einberufen. Zwischen dem Tag der Absendung der Einberufung und dem Tag der Beiratssitzung muss ein Zeitraum von mindestens zwei Wochen liegen. Die Einberufung ist auch telefonisch und mit kürzerer Frist zulässig, wenn alle Beiratsmitglieder dem zustimmen.

(2) Beiratssitzungen finden regelmäßig, mindestens jedoch einmal in jedem Kalendervierteljahr statt. Der Beirat tritt außerdem zusammen, wenn ein Geschäftsführer der Komplementärin oder zwei Beiratsmitglieder dies unter Angabe des Zwecks und der Gründe schriftlich verlangen.

(3) Die Geschäftsführer der Komplementärin nehmen an den Beiratssitzungen teil. Der Abschlussprüfer, soweit bestellt, nimmt an der Beiratssitzung gemäß § 12 Abs 3 teil. Der Beirat kann die Geschäftsführer von der Teilnahme ausschließen.

(4) Der Beirat ist beschlussfähig, wenn mindestens ein Beiratsmitglied jedes Familienstamms und der Vorsitzende an der Beschlussfassung teilnehmen. Der Beirat beschließt mit einfacher Mehrheit der abgegebenen Stimmen. Bei Stimmengleichheit gibt die Stimme des Vorsitzenden den Ausschlag. Dies gilt nicht für den stellvertretenden Vorsitzenden, wenn dieser in Abwesenheit des Vorsitzenden die Sitzung leitet. Ein abwesendes Beiratsmitglied kann seine schriftliche Stimmabgabe durch ein anwesendes Beiratsmitglied überreichen lassen; sonst ist eine Vertretung ausgeschlossen.

(5) Einer Beiratssitzung bedarf es nicht, wenn sämtliche Beiratsmitglieder der vorgeschlagenen Abstimmungsart oder dem Beschlussantrag schriftlich zustimmen.

(6) Über jede Sitzung des Beirats und über außerhalb von Sitzungen gefasste Beschlüsse ist eine Niederschrift anzufertigen, die der Vorsitzende unterzeichnet und allen Beiratsmitgliedern unverzüglich zuleitet.

§ 12 Jahresabschluss/Gewinn und Verlust[13]

(1) Der Jahresabschluss ist von der Komplementärin in den ersten drei Monaten nach Ende des Geschäftsjahrs nach den gesetzlichen Gliederungs- und Bewertungsvorschriften und – soweit handelsrechtlich zulässig – unter Berücksichtigung der steuerlichen Vorschriften über die Gewinnermittlung aufzustellen. Soweit die in bestandskräftigen Feststellungsbescheiden zugrunde gelegten Bilanzansätze der einkommenssteuerlichen einheitlichen und gesonderten Gewinnfeststellung von den Ansätzen in der Handelsbilanz abweichen, ist die nächste, nach der Bestandskraft der Feststellungsbescheide festzustellende Handelsbilanz – soweit handelsrechtlich zulässig – entsprechend anzupassen.

(2) Der Jahresabschluss ist, soweit eine Prüfung gesetzlich oder durch Beschluss der Gesellschafter vorgeschrieben ist, dem Abschlussprüfer unverzüglich zur Prüfung vorzulegen.

(3) Der Jahresabschluss ist unverzüglich nach seiner Aufstellung, im Fall des Abs 2 unverzüglich nach Eingang des Prüfungsberichts bei der Gesellschaft, dem Beirat zur Billigung vorgelegt. Mit Billigung durch den Beirat ist er festgestellt. Der Beirat übersendet ihn sodann mit der Einladung zur ordentlichen Gesellschafterversammlung den Gesellschaftern, zusammen mit einem Ergebnisverwendungsvorschlag unter Beachtung der Regeln in Abs 6 zur Beschlussfassung über die Ergebnisverwendung.

(4) Am Gewinn und Verlust nehmen die Kommanditisten im Verhältnis ihrer Kapitalanteile teil; sie sind – auch im Fall der Liquidation – nicht zum Nachschuss verpflichtet. § 171 Abs 1 HGB bleibt unberührt. Die Komplementärin ist nicht am Gewinn oder Verlust der Gesellschaft beteiligt.

(5) Belastungen der Gesellschaft durch die Gewerbesteuer, die ihre Ursache im Bereich des Sonderbetriebsvermögens und in den Vergütungen nach § 15 Abs 1 Nr 2 Alt 2 EStG sowie den Ergebnissen möglicher Ergänzungsbilanzen haben, sind bei der Gewinnverteilung vorweg bei dem Gesellschafter als besonderer Aufwand zu berücksichtigen, dem das Sonderbetriebsvermögen, die Vergütungen und die Ergebnisse möglicher Ergänzungsbilanzen zuzurechnen sind. S 1 gilt sinngemäß für Minderungen der Gewerbesteuer durch Sonderbetriebsausgaben oder Verluste aus der Ergänzungsbilanz; dem Gesellschafter ist in diesem Fall ein besonderer Ertrag zuzuweisen. S 1 und 2 gelten entsprechend auch für den Ausgleich im Rahmen der Zinsschrankenregelung des § 4 h EStG.

(6) Ein Jahresfehlbetrag (Verlust) ist durch Auflösung von Rücklagen zu decken. Soweit danach ein Jahresfehlbetrag verbleibt, ist er auf die Verlustvortragskonten zu verteilen. Ein Jahresüberschuss (Gewinn) ist zunächst auf die Verlustvortragskonten zu buchen, bis diese ausgeglichen sind. Ein Teil des verbleibenden Betrags ist auf die laufenden Konten der Kommanditisten zu buchen, maximal jedoch bis zur Höhe von 70 % des Jahresüberschusses. Der danach verbleibende Betrag ist auf die Rücklagenkonten zu buchen.

(7) Ein Gesellschafterbeschluss, der von dem Ergebnisverwendungsvorschlag des Beirats oder den Regeln des Abs 6 abweicht, bedarf einer Mehrheit von 75 % der abgegebenen Stimmen. Kommt kein solcher Beschluss zustande, findet die Ergebnisverwendung gemäß Abs 6 Anwendung mit der Maßgabe, dass 50 % des verbleibenden Jahresüberschusses den laufenden Konten der Kommanditisten gutgeschrieben werden.

(8) Entnahmen sind nur bis zur Höhe eines Guthabens auf dem laufenden Konto zulässig. Darüber hinausgehende Entnahmen bedürfen der Zustimmung des Beirats, die dieser – außer in Fällen unbilliger Härte – nur erteilen soll, wenn die Vermögens- und Ertragslage der Gesellschaft dies vernünftigerweise zulässt und wenn die Entnahme der Zahlung fälliger Steuern auf die Beteiligung des betreffenden Gesellschafters an der Gesellschaft (ausgenommen Tätigkeitsvergütungen und Zinsen gemäß § 4 Abs. 3) dient, die die Steuern auf sein übriges Einkommen und Vermögen übersteigen.

§ 13 Verfügungen über Kommanditanteile[14]

(1) Verfügungen über Kommanditanteile sind nur zulässig, wenn die übrigen Gesellschafter mit einer Mehrheit von mindestens drei Vierteln der bei der Beschlussfassung abgegebenen Stimmen zustimmen. Dies gilt auch für den Übergang im Rahmen von Umwandlungen nach dem Umwandlungsgesetz. Geht ein Kommanditist durch eine Aufspaltung unter, haben die übrigen Gesellschafter das Recht, durch mit einfacher Mehrheit zu fassenden Gesellschafterbeschluss zu bestimmen, auf welchen der übernehmenden Rechtsträger der Kommanditanteil übergeht.

(2) Die Zustimmung zur Übertragung eines Kommanditanteils auf einen Angehörigen desselben Familienstamms oder zur Übertragung durch einen Erben zugunsten des nachfolgeberechtigten Vermächtnisnehmers ist zu erteilen.

(3) Beabsichtigt ein Kommanditist außer im Fall des Abs 2 die Veräußerung seines Kommanditanteils, hat er ihn zuvor den übrigen Kommanditisten seines Familienstamms zum Erwerb zu dem gemäß § 16 Abs 2 zu ermittelnden Preis durch Übergabe-Einschreiben anzubieten. Die übrigen Kommanditisten dieses Familienstamms können das Angebot innerhalb einer Ausschlussfrist von einem Monat ab Zugang des Angebots im Verhältnis ihrer Kapitalanteile zueinander annehmen; danach ist die Ausübung des Erwerbsrechts ausgeschlossen. Soweit ein Erwerbsberechtigter von seinem Erwerbsrecht nicht oder nicht fristgerecht Gebrauch macht, steht es den übrigen Gesellschaftern dieses Familienstamms im Verhältnis ihrer Kapitalanteile zueinander zu, und zwar binnen einer Ausschlussfrist von einem weiteren Monat, nachdem der die Veräußerung beabsichtigende Gesellschafter ihnen die Nichtausübung durch den Erwerbsberechtigten mitgeteilt hat.

(4) Soweit das Erwerbsrecht nicht gemäß Abs 3 ausgeübt wird, hat der veräußerungswillige Kommanditist den Kommanditanteil den Kommanditisten des anderen Familienstamms anzubieten. Abs 3 gilt entsprechend.

(5) Wird das Erwerbsrecht ganz oder teilweise nicht ausgeübt, ist der veräußerungswillige Kommanditist abweichend von Abs 1 berechtigt, den von ihm angebotenen Anteil ohne Zustimmung der übrigen Kommanditisten zu veräußern.

(6) Geht ein Kommanditanteil durch Umwandlung nach dem Umwandlungsgesetz oder durch Einbringung oder Anwachsung auf einen Dritten über, hat der übertragende Kommanditist den anderen Kommanditisten ein dem Erwerbsrecht an dem Kommanditanteil entsprechendes Ankaufsrecht an den durch ihn oder durch ein mit ihm im Sinn des § 15 AktG verbundenes Unternehmen als Gegenleistung erworbenen Gesellschaftsanteilen an dem Dritten einzuräumen. Die Absätze 3 und 4 finden sinngemäß auf das Ankaufsrecht Anwendung. Die Nichteinräumung des Ankaufsrechts binnen einer Frist von drei Monaten ab dem Übergang rechtfertigt den Beschluss nach § 15.

(7) Rechte und/oder Pflichten aus diesem Vertrag können nicht übertragen oder belastet werden. Belastungen der Beteiligung, insbesondere die Verpfändung, die Bestellung eines Nießbrauchs, die Einräumung von Unterbeteiligungen oder einer Rechtsstellung, auf Grund derer dem Kommanditisten nur noch treuhänderische Befugnisse an seinem Anteil verbleiben oder die die Ausübung seiner Gesellschafterrechte an die Zustimmung eines

Dritten bindet, sind unzulässig. Dies gilt nicht für eine Verpfändung zur Sicherung eines zwecks Leistung der Kommanditeinlage oder Erwerbs der Kommanditbeteiligung aufgenommenen Darlehens.

(8) Die Übertragung oder sonstige Verfügung über einen Kommanditanteil ist nur zulässig, wenn gleichzeitig auch entsprechend über den Geschäftsanteil des Kommanditisten an der Komplementärin verfügt wird.

(9) Die Absätze 1 bis 8 gelten auch für den Teil eines Kommanditanteils.

§ 14 Dauer/Kündigung/Auflösung[15]

(1) Die Gesellschaft beginnt mit Eintragung in das Handelsregister und besteht auf unbestimmte Zeit.

(2) Jeder Gesellschafter kann die Gesellschaft unter Einhaltung einer sechsmonatigen Frist auf den Schluss eines Geschäftsjahrs, erstmals zum . . . . ., gegenüber den anderen Gesellschaftern durch Übergabe-Einschreiben kündigen. Das Recht zur vorzeitigen Kündigung aus wichtigem Grund bleibt unberührt.

(3) Die Kündigung eines Kommanditisten ist nur wirksam, wenn er seine Beteiligung an der Komplementärin auf denselben Stichtag gleichfalls kündigt.

(4) Der kündigende Kommanditist scheidet mit Wirksamwerden der Kündigung aus der Gesellschaft aus und ist gemäß § 16 abzufinden. Die Gesellschaft wird von den übrigen Gesellschaftern fortgeführt. Wenn sich dem kündigenden Gesellschafter im Wege der Anschlusskündigung zum selben Kündigungstermin weitere Gesellschafter anschließen und als Folge insgesamt mehr als 40 % aller Kapitalanteile kündigen, gilt die Gesellschaft als zum maßgeblichen Kündigungszeitpunkt aufgelöst, es sei denn, die verbleibenden Gesellschafter beschließen mit mehr als der Hälfte ihrer Stimmen vor dem Kündigungszeitpunkt die Fortsetzung der Gesellschaft.

(5) Die Komplementärin scheidet mit ihrer Auflösung oder im Fall des § 15 aus. Die Kommanditisten sind verpflichtet, rechtzeitig vor Wirksamwerden des Ausscheidens entweder eine juristische Person mit entsprechender Satzung zu gründen und als Komplementärin aufzunehmen oder einen oder mehrere Kommanditisten als Komplementär(e) aufzunehmen. Geschieht dies nicht innerhalb eines Monats nach dem Ausscheiden, ist die Gesellschaft aufgelöst.

(6) Die Auflösung der Gesellschaft nach § 133 HGB wird, soweit gesetzlich zulässig, ausgeschlossen. Auch bei Vorliegen eines wichtigen Grundes ist ein Gesellschafter nur berechtigt, die Gesellschaft zu kündigen.

§ 15 Ausschließung eines Gesellschafters/Zwangsabtretung[16]

(1) Die Gesellschafter können den Ausschluss eines Gesellschafters, die Übertragung seines Anteils auf die übrigen, zur Übernahme bereiten Gesellschafter im Verhältnis ihrer Kapitalanteile zueinander oder die Übertragung seines Anteils auf einen Dritten beschließen, wenn er dafür einen wichtigen Grund im Sinn des § 133 HGB gegeben hat. Der Beschluss bedarf einer Mehrheit von mindestens drei Vierteln der abgegebenen Stimmen; der betroffene Gesellschafter hat dabei kein Stimmrecht. Mit Zugang des Beschlusses beim ausgeschlossenen Gesellschafter scheidet dieser aus der Gesellschaft aus. Erklären sich ein oder mehrere Mitglieder des Familienstamms des ausgeschlossenen Kommanditisten zur Übernahme seines Anteils bereit, ist die Übertragung auf sie im zwischen ihnen vereinbarten Verhältnis, ersatzweise im Verhältnis ihrer Kapitalanteile zueinander, zu beschließen.

(2) Ein wichtiger Grund ist es insbesondere, wenn

a) über das Vermögen eines Gesellschafters ein Insolvenzverfahren beantragt wird und der Antrag nicht innerhalb von zwei Monaten zurückgenommen wird,
b) die Zwangsvollstreckung in einen Kommanditanteil betrieben und nicht binnen zwei Monaten nach Aufforderung an den betroffenen Kommanditisten, spätestens bis zur Verwertung des Kommanditanteils, aufgehoben wird,
c) ein Gesellschafter gegen eine sich aus dem Gesellschaftsverhältnis ergebende Verpflichtung verstößt und den Verstoß trotz Abmahnung nicht unverzüglich abstellt,
d) ein Kommanditist über seinen Anteil unter Verstoß gegen § 13 verfügt oder zu verfügen versucht,
e) ein Gesellschafter Auflösungsklage erhebt.

(3) Die Gesellschaft wird von den übrigen Gesellschaftern fortgeführt. Ist der Ausgeschlossene die alleinige Komplementärin, gilt § 14 Abs 5. Die Gesellschafter sind berechtigt, die Firma der Gesellschaft unverändert beizubehalten.[17]

(4) Die Abfindung nach § 16 ist im Fall des Ausschlusses von der Gesellschaft, im Fall der Übertragung vom Erwerber zu zahlen. Die Wirksamkeit von Ausschluss und Übertragung ist nicht von einer etwaigen Zug um Zug zu erbringenden Gegenleistung abhängig. Sicherheitsleistung kann nicht verlangt werden.

§§ 16/17 Abfindung/Zahlung der Abfindung

Wie in Form. II.C.2 § 14 mit der Maßgabe, dass der Begriff Gesellschafter durch den Begriff Kommanditist zu ersetzen ist.

§ 18 Nachfolge von Todes wegen[18]

(1) Stirbt ein Kommanditist, wird die Gesellschaft mit seinen Nachfolgern fortgesetzt. Nachfolger von Todes wegen können nur Angehörige des Familienstamms des verstorbenen Kommanditisten werden, die ihm auch in seine Beteiligung an der Komplementärin nachfolgen. Geht der Kommanditanteil oder die Beteiligung (zB in Form. eines Nießbrauchs) ganz oder teilweise von Todes wegen oder aufgrund der Erfüllung eines Vermächtnisses oder einer testamentarischen Teilungsanordnung auf einen anderen über, ist der Beschluss nach § 15 zulässig.

(2) Auf mehrere Nachfolger gehen der Kommanditanteil und die Beteiligungskonten des Erblassers (Kapitalkonto, Rücklagekonto, Verlustvortragskonto) anteilig im Verhältnis der ihnen von Todes wegen zukommenden Quote über; ist insoweit nichts bestimmt, gehen sie zu gleichen Teilen über. Das laufende Konto ist Teil des sonstigen Nachlasses, wenn es ein Guthaben aufweist, oder eine Nachlassverbindlichkeit, wenn es im Soll steht.

(3) Mehrere Nachfolger sind verpflichtet, die Beteiligung an der Komplementärin innerhalb von sechs Monaten nach dem Erbfall entsprechend ihrer Rechtsnachfolge in den Kommanditanteil gemäß Abs 2 aufzuteilen. Anderenfalls ist ein Beschluss nach § 15 zulässig.

(4) Ist hinsichtlich des Gesellschaftsanteils vom Verstorbenen Testamentsvollstreckung angeordnet, ist der Testamentsvollstrecker berechtigt, alle Rechte auszuüben, die den Rechtsnachfolgern des verstorbenen Gesellschafters hinsichtlich der Beteiligung zustehen, soweit nicht zwingend gesetzliche Vorschriften entgegen stehen.

§ 19 Ehelicher Güterstand[19]

(1) Lebt ein verheirateter Kommanditist im Güterstand der Zugewinngemeinschaft, ist durch Ehevertrag zu vereinbaren, dass er den Beschränkungen des § 1365 BGB nicht unterliegt und dass sein Geschäftsanteil dann, wenn dieser Güterstand auf andere Weise als durch den Tod eines Ehegatten beendet wird, nicht in den Zugewinnausgleich fällt.

(2) Auf schriftliche Aufforderung der Gesellschaft oder eines Gesellschafters hat jeder Kommanditist unverzüglich, spätestens aber binnen sechs Monaten seit Empfang der Aufforderung, nachzuweisen, dass er die ihm nach Abs 1 obliegenden Verpflichtungen erfüllt hat.

§ 20 Umwandlung in eine Kapitalgesellschaft[20]

(1) Die Gesellschaft kann durch Beschluss der Gesellschafter, der einer Mehrheit von mindestens drei Vierteln des Gesellschaftskapitals bedarf, in eine Aktiengesellschaft, eine Kommanditgesellschaft auf Aktien oder eine Gesellschaft mit beschränkter Haftung umgewandelt werden.

(2) Soweit die maßgeblichen gesetzlichen Bestimmungen nicht zwingend etwas anderes vorschreiben, soll die Satzung der Kapitalgesellschaft inhaltlich diesem Gesellschaftsvertrag entsprechen.

§ 21 Auskunfts- und Einsichtsrecht der Kommanditisten[21]

Der Umfang des Auskunfts- und Einsichtsrechts der Kommanditisten richtet sich nach § 51 a GmbHG.

§ 22 Liquidation[22]

Nach Auflösung der Gesellschaft wird sie durch die Komplementärin als Liquidatorin liquidiert.

§§ 23–26 Handelsregistervollmacht/Geschäftsjahr/Bekanntmachungen/ Teilunwirksamkeit/Vertragsänderungen/Gerichtsstand

Wie in Form. II.C.2 §§ 16–19.

b) Anmeldung zum Handelsregister (GmbH & Co. KG)[23]

Amtsgericht

– Handelsregister A –

. . . ., den . . . . .

Betr.: A GmbH & Co. KG

Wir, die sämtlichen Gesellschafter, melden zur Eintragung in das Handelsregister an:

1. Wir haben unter der Firma A GmbH & Co. KG eine Kommanditgesellschaft gegründet. Der Gegenstand der Gesellschaft ist . . . . . Sie hat ihren Sitz in . . . . .; die Geschäftsräume befinden sich in . . . . .
   Die Gesellschaft beginnt mit ihrer Eintragung in das Handelsregister.
2. Persönlich haftende Gesellschafterin ist
   die A GmbH mit Sitz in . . . . ., ausweislich des beigefügten beglaubigten Handelsregisterauszugs vom . . . . . eingetragen im HRB . . . . . des Amtsgerichts . . . . .,
   Kommanditisten sind

- A . . . . . (Name, Vorname, Geburtsdatum, Wohnort) mit einer Hafteinlage von EUR . . . . .
- A1 . . . . . (Name, Vorname, Geburtsdatum, Wohnort) mit einer Hafteinlage von EUR . . . . .
- B . . . . . (Name, Vorname, Geburtsdatum, Wohnort) mit einer Hafteinlage von EUR . . . . .
- B2 . . . . . (Name, Vorname, Geburtsdatum, Wohnort) mit einer Hafteinlage von EUR . . . . .

3. Die A GmbH ist zur Vertretung der Gesellschaft allein berechtigt.

(Unterschrift G) (Unterschrift A) (Unterschrift A1) (Unterschrift B) (Unterschrift B1)
(als Geschäftsführer der A GmbH)

(Notarielle Beglaubigung der Unterschriften, § 12 Abs 1 HGB)

Schrifttum: S zu Form. II.C.1, *Bahnsen,* Der Stimmrechtsausschluss der Komplementärin einer GmbH & Co. KG, GmbHR **2001**, 317; *Brambring,* Güterstandsklauseln in Gesellschaftsverträgen, DNotZ **2008**, 724; *Bea/Scheurer/Gutwein,* Institutionalisierung der Kontrolle bei der GmbH durch einen Beirat, DB **1996**, 1193; *Binz/Sorg,* Die GmbH & Co. KG, 12. Aufl 2018; *Gassen,* Zulässigkeit und Grenzen gesellschaftsvertraglich vereinbarter Pflichten zur Vornahme familien- und erbrechtlicher Vereinbarungen mit Dritten, RNotZ **2004**, 423; *Hennerkes,* Unternehmenshandbuch Familiengesellschaften, 2. Aufl 1997; *Holler,* Das Recht der Familienunternehmen und ihre Besonderheiten in der Rechtsanwendung und -gestaltung, DStR **2019**, 880 (Teil I), 931 (Teil II); *Langenfeld/Gail,* Handbuch der Familienunternehmen, Stand August 2018; *Lange/Sabel,* Steuerung der Gesellschafterstellung in Familienunternehmen, NZG **2015**, 1249; *Levedag,* Nachfolge in Personengesellschaften von Todes wegen am Beispiel der GmbH & Co. KG, GmbHR **2010**, 629; *Sommer/Schimpfky/Baas,* Die Gesellschaftsverträge der GmbH & Co. KG, 5. Aufl 2018; *Sudhoff/Honert,* Familienunternehmen, 2. Aufl 2004; *Turner,* Beiräte in Familiengesellschaften, FS Sigle **00**, S 111; *Winkler,* Der Beirat als Instrument zur Sicherung der Unternehmensnachfolge bei Familienunternehmen: Aufgaben, Kompetenzgrenzen und Errichtung, FS für Spiegelberger **2009**, S 1130.

Anmerkungen

1. Das Form. sieht eine Familiengesellschaft vor, bei der sämtliche Gesellschafter einem von zwei Familienstämmen angehören und die nach Möglichkeit den **Familiencharakter** nicht verlieren soll. Die Bestimmungen in den §§ 3 Abs 5, 13 Abs 2 bis 6 und in § 18 sollen gewährleisten, dass die relative Beteiligung der Familienstämme erhalten bleibt, zumindest aber keine außenstehenden Dritten eintreten.

Die Gesellschaft ist als beteiligungsidentische GmbH & Co. KG konzipiert, bei der die Kommanditisten auch als Gesellschafter der Komplementär-GmbH fungieren und an beiden Gesellschaften im gleichen Verhältnis beteiligt sind. Kennzeichnend für diese Gestaltung sind Verzahnungsvorschriften. Neben der grundsätzlichen Verpflichtung zum „Gleichlauf" (§ 3 Abs 6) empfehlen sich entsprechende Regelungen bei Verfügungen über Kommanditanteile unter Lebenden (§ 13 Abs 8) und von Todes wegen (§ 18 Abs 3) bei der Kündigung der Gesellschaft (§ 14 Abs 3) sowohl im Gesellschaftsvertrag der KG als auch dem der Komplementär-GmbH (vgl → Form. II.D.1.5 Anm. 2). Aufgrund der dadurch begründeten Abtretungs- und Erwerbspflichten hinsichtlich der GmbH-Anteile ist die **notarielle Beurkundung** auch des KG-Vertrags erforderlich (§ 15 Abs 4 GmbHG; Scholz/*Seibt,* § 15 Rn 54). Ausführl zu den einzelnen Aspekten der Verzahnung und anderen Lösungsmöglichkeiten *Binz/Sorg,* § 8 Rn 40 ff.

Der KG-Vertrag kann nach Gründung der GmbH schon vor deren Eintragung in das Handelsregister abgeschlossen werden (BGHZ 80, 129, 132); die KG sollte jedoch bei der beteiligungsidentischen GmbH & Co. KG zur Vermeidung eines Haftungsrisikos möglichst erst nach Eintragung der GmbH angemeldet werden. Wird die KG mit der Vor-GmbH als Komplementärin schon vor der GmbH eingetragen (BGHZ 80, 129; Baumbach/Hopt/*Roth,* Anh § 177 a Rn 13), haften die Kommanditisten jedenfalls als Gesellschafter der Vor-GmbH für die Differenz zwischen deren Vermögen im Zeitpunkt der Eintragung und dem Stammkapital (Baumbach/Hueck/*Fastrich,* § 11 Rn 59 ff; *Binz/Sorg,* § 3 Rn 86 ff), daneben ggf als Handelnde (§ 11 Abs 2 GmbHG).

Zudem sollte zur Sicherstellung der beschränkten Haftung der Kommanditisten im KG-Vertrag klargestellt werden, dass die Gesellschaft erst mit der Eintragung in das Handelsregister beginnt (vgl § 14 Abs 1). → Form. II.C.1 Anm. 4.

2. Die **Firma** muss gemäß § 19 Abs 1 Nr 3, Abs 2 HGB den Zusatz „GmbH & Co. KG" oder ein Äquivalent hierzu enthalten, um deutlich zu machen, dass keine natürliche Person persönlich haftet. Die Bezeichnung „& Co" ist insoweit nicht ausreichend. Genügt die Firma den Anforderungen des § 19 Abs 2 HGB nicht, kann dies zur persönlichen Haftung der Gesellschafter und Geschäftsführer der Komplementär-GmbH nach Rechtsscheingrundsätzen führen (BGH NJW 1990, 2678, 2679). Für den häufigen Fall, dass KG und Komplementärin ihren Sitz am selben Ort haben, ist zusätzlich § 30 Abs 1 HGB zu beachten; der Zusatz „& Co KG" zur Firma der Komplementärin genügt zur Unterscheidung nicht (Baumbach/Hopt/*Hopt,* § 19 Rn 36). Im Form ist deshalb zur Unterscheidung der Firma der KG von der Firma der Komplementärin „A GmbH" das Wort „Industrie" eingefügt.

Sofern nur eine Unternehmergesellschaft (§ 5 a GmbHG) als Komplementärin fungiert, darf der Rechtsformzusatz nicht „GmbH & Co. KG" lauten, sondern muss deutlich machen, dass nur die Unternehmergesellschaft persönlich haftet (KG NZG 2009, 1159, zustimmend *Bollacher,* BB 2010, 20; s auch BGH DB 2012, 1916). Näher zu den sonstigen Anforderungen an die Firmierung → Form. II.B.1 Anm. 1 ff.

3. → Form. II.B.1 Anm. 3.

4. → Form. II.C.1 Anm. 4. Zum Gegenstand der Komplementär-GmbH → Form. II.D.1.5 Anm. 1 ff.

5. Zu festen **Kapitalanteilen** s → Form. II.B.1 Anm. 6 sowie → Form. II.C.1 Anm. 5.

Vor allem aus steuerlichen Gründen ist es sinnvoll, die Komplementärin nicht am Vermögen der Gesellschaft zu beteiligen (s *Binz/Sorg* § 4 Rn. 53, § 16 Rn 72 ff). Um in diesem Fall die Annahme einer verdeckten Gewinnausschüttung bei der Komplementärin zu vermeiden, muss ihr Haftungsrisiko – wie in § 5 Abs 4 des Form. vorgesehen – angemessen vergütet werden (s BGH NZG 2006, 194). Als angemessen gilt ein (festes oder gewinnabhängiges) Entgelt, das etwa einer das Risiko des Einzelfalles berücksichtigenden banküblichen Avalprovision entspricht (*Binz/Sorg,* § 16 Rn 159 ff). Unter diesem Gesichtspunkt dürfte eine **Haftungsvergütung** von 5 % des Stammkapitals der GmbH grds ausreichen (BFH BStBl II 1977, 346); die Rspr hat auch 2 % des Stammkapitals zzgl 10 % des Gewinns der KG, höchstens jedoch 10 % des Stammkapitals, akzeptiert (FG Saarland, EFG 1990, 586). Möglich – wenn auch meist dem Zweck der GmbH & Co zuwiderlaufend – ist auch, dass die Kommanditisten die Komplementärin im Innenverhältnis von der Haftung freistellen; dann bedarf es keiner Haftungsvergütung (BFH BStBl II 1968, 152, 158; *Binz/Sorg,* § 16 Rn 75). Außerdem sind der Komplementärin die Aufwendungen für die Geschäftsführung zu ersetzen.

6. S → Form. II.B.2 Anm. 8 und → Form. II.C.2 Anm. 7. Da die Komplementär-GmbH nicht am Ergebnis der Gesellschaft beteiligt ist, reicht für den Zahlungsverkehr zwischen ihr und der Gesellschaft (Aufwendungsersatz, Haftungsvergütung) ein **Kontokorrentkonto** aus (Abs 6). Zu anderen Gestaltungsmöglichkeiten s *Huber,* ZGR 1988, 1 ff.

7. Alleinige **geschäftsführungs- und vertretungsberechtigte Gesellschafterin** der KG ist die Komplementär-GmbH, für die deren Geschäftsführer handeln. Auf diesem Weg ist daher bei der GmbH & Co. KG Fremdorganschaft möglich. Nicht nur außenstehende Dritte, sondern auch Kommanditisten können vertretungsberechtigte Geschäftsführer der Komplementär-GmbH sein; dann ist eine Verletzung von Geschäftsführerpflichten in der Regel auch Gesellschafterpflichtverletzung. Die auf Grund ihres Organ- und Dienstverhältnisses nur der Komplementär-GmbH verpflichteten Geschäftsführer haften der KG nach den Grundsätzen über den Vertrag mit Schutzwirkung für Dritte (BGH NJW 1980, 590; NJW 1980, 1527; BB 1987, 1340; KG GmbHR 2011, 477, 479 m Anm. *Blöse;* Baumbach/Hopt/*Roth,* Anh § 177 a Rn 28), daneben ggf aus Delikt. Zur Geschäftsführung und Vertretung s Baumbach/Hopt/*Hopt,* § 177 a Rn 26 ff.

Da die Komplementär-GmbH die KG vertritt und dabei durch ihren Geschäftsführer vertreten wird, vertritt der Geschäftsführer (mittelbar) auch die KG. Deshalb ist eine Befreiung sowohl des Geschäftsführers als auch der Komplementär-GmbH von § 181 BGB für alle Rechtshandlungen sinnvoll, welche die Komplementärin mit oder gegenüber der KG vornimmt. Auch im GmbH-Vertrag ist der Geschäftsführer von § 181 BGB zu befreien (vgl Baumbach/Hopt/*Roth,* Anh § 177 a Rn 39).

8. Näher zum Wettbewerbsverbot → Form. II.B.2 Anm. 10 und → Form. II.C.1 Anm. 7. Die Verpflichtung, den Geschäftsführern der GmbH das Wettbewerbsverbot gesondert vertraglich aufzuerlegen, empfiehlt sich, da umstritten ist, ob das gesetzliche Verbot des § 112 HGB für die Geschäftsführer der Komplementärin oder nur für diese selbst gilt. Nach einem Urteil des BGH zur AG & Co KG erstreckt sich § 112 HGB nicht auf die Vorstände der Komplementär-AG, findet aber in erweiternder Auslegung Anwendung auf Mehrheitskommanditisten, die zugleich Mehrheitsgesellschafter der Komplementärin sind (NZG 2009, 744).

9. S → Form. II.B.2 Anm. 11. Die **Verschwiegenheitspflicht** ergibt sich bereits aus der allgemeinen Treuepflicht (für die GmbH Baumbach/Hueck/*Fastrich,* § 13 Rn 28); zur Klarstellung und Bestimmung ihres Umfangs empfiehlt sich aber eine einheitliche Regelung sowohl im Gesellschaftsvertrag der KG als auch in dem der Komplementär-GmbH.

10. S → Form. II.C.1 Anm. 11. Die **Beschlussmodalitäten** können auch durch Verweis auf die Regelungen im Gesellschaftsvertrag der Komplementär-GmbH (s → Form. II. D.1.2 §§ 10–12) festgelegt werden.

11. S → Form. II.C.2 Anm. 12.

12. Fakultative Beiräte – wie in §§ 9–11 des Form. vorgesehen – werden in Familienunternehmen häufig eingerichtet, um ein idealerweise unter Einbeziehung von Fachleuten und unabhängigen Dritten besetztes Gremium zur Beratung und Überwachung der Geschäftsführung und zum Ausgleich zwischen den Gesellschaftern zu haben (zu weiteren Motiven und Gründen für die Einrichtung eines Beirats s auch MHdB GesR 2/*Mutter,* § 8 Rn 1 und *Turner,* FS Sigle 2000, S 111, 112). Häufig dient der Beirat auch der Vorbereitung der Nachfolgerauswahl. Der Beirat ist iZw Gesellschaftsorgan, seine Entscheidungen binden die Gesellschafter (Baumbach/Hopt/*Roth,* § 163 Rn 12). Das Form. versucht, in § 9 Abs 1–3 die Objektivität und – durch das Mehrheitserfordernis in § 9 Abs 2 und die Repräsentationsfunktion in § 10 Abs 5 – die Konsens- und Schlichtungsfähigkeit des Beirats zu gewährleisten.

Das Form. weist dem Beirat Kontroll- und Beratungsaufgaben zu, insbesondere die Ausübung des Widerspruchsrechts nach § 164 HGB anstelle der Kommanditisten (Baumbach/Hopt/*Roth,* § 164 Rn 6) und die Vertretung der Kommanditisten als Gesellschafter der Komplementär-GmbH gegenüber deren Geschäftsführern, sowie teilweise auch die Ausübung von Gesellschafterrechten (zB Feststellung des Jahresabschlusses). Eine Bestimmung über die Vertretung gegenüber den Geschäftsführern der Komplementärin sowie deren Bestellung und Abberufung (soweit auch über diese der Beirat entscheiden soll) ist in den Gesellschaftsvertrag der Komplementär-GmbH aufzunehmen, da ansonsten nur deren Gesellschafter zur Bestellung, Abberufung sowie zum Abschluss von Verträgen mit einem Geschäftsführer befugt sind. Der Katalog zustimmungsbedürftiger Geschäfte in § 5 Abs 5 ist relativ umfassend und kann erweitert oder verkürzt werden. Das Form überträgt die Kompetenz dazu von der Gesellschafterversammlung auf den Beirat. Das ist zulässig, da die Letztentscheidung – mittels Gesellschaftsvertragsänderung – bei den Gesellschaftern verbleibt (s Baumbach/Hopt/*Roth,* § 163 Rn 14). Um den für die Erfüllung seiner Aufgaben notwendigen Informationsfluss sicherzustellen, sind dem Beirat umfassende Informationsrechte eingeräumt.

Der Beirat kann bei der KG, der Komplementär-GmbH oder beiden angesiedelt werden, wobei letzterenfalls durch Personenidentität der Aufwand gering gehalten werden kann. Für die Einrichtung bei der KG spricht die volle steuerliche Abzugsfähigkeit der bei einer GmbH gemäß § 10 Nr 4 KStG sonst nur zur Hälfte abziehbaren Beiratsbezüge, vgl *Binz/Sorg,* § 10 Rn 15 ff; der Nachteil liegt darin, dass der Beirat dann nicht unmittelbar auf die Geschäftsführung der Komplementär-GmbH einwirken kann, vgl MHdB GesR 2/*Mutter,* § 8 Rn 6.

Beiräte sind idR nicht weisungsgebunden und daher, ebenso wie AR-Mitglieder, umsatzsteuerliche Unternehmer, weshalb § 9 Abs 8 des Form. Zahlung der USt bestimmt.

Dem Vorsitzenden des Beirats, der nach dem Form ein von den Familienstämmen unabhängiger Dritter ist (§ 9 Abs 3), kommt eine starke Stellung zu: Nur er (aber nicht sein einem Familienstamm zuzurechnender Stellvertreter) hat in einer Pattsituation im Beirat die ausschlaggebende Stimme (§ 11 Abs 4). Er leitet auch die Gesellschafterversammlung und verantwortet deren Niederschrift (§ 8 Abs 5).

13. Der **Jahresabschluss** der GmbH & Co. KG richtet sich gemäß § 264 a HGB nach den §§ 242 ff, 264 ff HGB. Der Jahresabschluss ist von der Komplementärin aufzustellen und zu unterzeichnen (§ 245 S 1 HGB; MHdB GesR 2/*Breithaupt,* § 56 Rn 16 ff) und von allen Gesellschaftern – also auch den Kommanditisten – festzustellen (BGHZ 132, 263, 266). Allerdings kann die Feststellung – wie im Form. vorgesehen – auch dem Beirat zugewiesen werden. Eine Pflicht zur Prüfung des Jahresabschlusses besteht gem. §§ 249, 316 Abs 1 HGB jedenfalls dann, wenn die GmbH & Co. KG keine kleine Gesellschaft iSv § 267 Abs 1 HGB bleibt.

In Abs 1 S 2 wird klargestellt, dass die unter Berücksichtigung der steuerlichen Vorschriften erstellte (alleinige) Handelsbilanz (näher zu den Bilanzarten Baumbach/Hopt/*Merkt,* § 242 Rn 4 ff) bei späteren Änderungen der Steuerbilanz angepasst wird, allerdings nur für die Zukunft und soweit handelsrechtlich zulässig. Eine rückwirkende Änderung festgestellter Handelsbilanzen und der damit verbundene Aufwand entfällt damit.

Die Regelung in Abs 5 des Form. dient dem Ausgleich steuerlicher Sondereffekte, die nur bei einzelnen Kommanditisten eintreten.

Das Form knüpft die Gewinn- und Verlustverteilung an die (festen) Kapitalanteile der Kommanditisten. Mangels Kapitalanteil nimmt die Komplementärin am Ergebnis nicht teil. Das empfiehlt sich schon deshalb, um bei etwaigen Verlusten die Gefahr einer Überschuldung und eines Insolvenzverfahrens über das Vermögen der Komplementärin möglichst zu vermeiden. Das Form stellt zudem klar, dass die Komplementärin auch nicht an anderen Ausschüttungen – zB im Rahmen einer stillen Liquidation – beteiligt ist.

Möglich ist, dass nicht die Komplementär-GmbH, sondern – wie im Form. – der Beirat den Ergebnisverwendungsvorschlag macht. Das Form sieht eine Mindestthesaurierung von 30 % des Gewinns durch entsprechende Zuweisung zu den Rücklagen vor, wovon auch der Beirat in seinem Ergebnisverwendungsvorschlag nicht abweichen darf. Eine

geringere Thesaurierungsquote müssen die Gesellschafter mit einer qualifizierten Mehrheit entscheiden.

Zu Entnahmen s → Form. II.C.1 Anm. 9. Das Form. sieht jedoch eine Ausnahme für die dort genannten Fälle vor und lässt den Beirat über die Zulassung einer Überziehung des laufenden Kontos entscheiden, in erster Linie jedoch nur, um – was häufig vorgesehen wird – auf die Beteiligung anfallende Steuern zu bezahlen, und auch dies nur dann, wenn es die Lage der Gesellschaft zulässt.

14. S → Form. II.C.1 Anm. 10 und → Form. II.C.2 Anm. 14.

15. S → Form. II.C.1 Anm. 11.

16. S → Form. II.C.1 Anm. 12.

17. Der Satz über die **Firmenfortführung** dient der Klarstellung, da nach hM § 24 Abs 2 HGB auf die GmbH & Co. KG keine Anwendung findet (Baumbach/Hopt/*Hopt*, § 24 Rn 12 mwN; BGHZ 109, 364, 367 f).

18. Die **Nachfolgeregelung** des Form. entspricht der gesetzlichen Lage, wonach der Tod eines Kommanditisten die Gesellschaft nicht auflöst, sondern die Erben in die Gesellschaft eintreten (§ 177 HGB). Die Erben werden im Wege der Sondererbfolge entsprechend ihrer Erbquote Gesellschafter, da gemäß § 2032 Abs 1 BGB grds der gesamte Nachlass einschließlich des Kommanditanteils in die Gesamthand der Erbengemeinschaft fällt, diese aber wegen der Personenbezogenheit der KG nicht selbst Gesellschafterin werden kann (BGHZ 68, 225, 237; BGH NJW 1983, 2376, 2377; BGH NJW 1989, 3152, 3153; Baumbach/Hopt/*Roth,* § 177 Rn 3). Fällt die Nachfolge in den Kommanditanteil und den GmbH-Geschäftsanteil auseinander, haben die Nachfolger den Gleichlauf der Beteiligung herzustellen, wenn sie in der KG bleiben wollen.

Zu den zahlreichen Gestaltungsmöglichkeiten für Fortsetzungs- und Nachfolgeklauseln s → Form. II.C.1 Anm. 15 sowie *Levedag,* GmbHR 2010, 629 ff insbes zu den steuerrechtlichen Implikationen der verschiedenen Gestaltungen. Zu alternativen Nachfolgekonzepten mittels Mitveräußerungsrechten und –pflichten s *Lange/Sabel*, NZG 2015, 1249 ff.

19. Gerade in Familiengesellschaften verbreitet sind Klauseln, die das in der Gesellschaft gebundene Familienvermögen vor der Abwanderung und Auszehrung infolge Familiengründung von Gesellschaftern schützen sollen. Die Verfügungsbeschränkung des § 1365 BGB (Baumbach/Hopt/*Roth,* § 105 Rn 24), vor allem aber Zugewinnansprüche im Fall der Scheidung einer Ehe können die Existenz einer Gesellschaft bedrohen, insbesondere wenn diese bei einer erheblichen Wertsteigerung der Unternehmensbeteiligung im Laufe der Ehe nicht aus dem flüssigen Vermögen des Gesellschafters erfüllt werden können, so dass der Gesellschaft erhebliche Mittel entzogen werden oder gar die Beteiligung veräußert werden muss. Zur Vermeidung derartiger Konsequenzen beinhalten Gesellschaftsverträge von Familiengesellschaften oft – im Einzelnen sehr unterschiedlich gestaltete – **Güterstandsklauseln** (Überblick bei *Brambring,* DNotZ 2008, 724 ff), die den Gesellschafter zum Abschluss eines Ehevertrags verpflichten und bei Verstoß gegen diese Pflicht Sanktionen vorsehen. Über die Zulässigkeit derartiger Regelungen ist gerichtlich noch nicht im Einzelnen entschieden. Daher ist im Form. lediglich der Ausschluss des Zugewinnausgleichs hinsichtlich der Gesellschaftsbeteiligung im Fall der Scheidung und der Verzicht auf die im Ehevertrag abdingbare (Staudinger/*Thiele,* § 1365 Rn 110 f) Verfügungsbeschränkung des § 1365 BGB vorgesehen. Zur möglichen Formbedürftigkeit derartiger Gesellschaftsverträge sowie weiteren Gestaltungsmöglichkeiten mit Formulierungsvorschlägen zu den jeweiligen Klauseln mit kritischer Würdigung va in

Bezug auf § 138 BGB, Art 6 GG und die Rechtsprechung des BGH zur Inhaltskontrolle von Eheverträgen s *Brambring,* ebenda, und *Gassen,* RNotZ 2004, 423 ff.

20. Ohne die im Form vorgesehene Umwandlungsbestimmung ist eine spätere **Umwandlung** nur mit Zustimmung aller Gesellschafter möglich (§ 217 Abs 1 UmwG). Die Mehrheit von drei Vierteln des Kapitals (nicht der abgegebenen Stimmen) reicht jedenfalls aus (*H. Schmidt,* FS Brandner 1996, 133). Die Umwandlung in eine KGaA bedarf zudem der Zustimmung der künftig persönlich haftenden Gesellschafter (§ 217 Abs 3 UmwG).

21. Die Klausel hat für die beteiligungsidentische GmbH & Co. KG nur klarstellende Funktion, da das **Informationsrecht** der Kommanditisten als GmbH-Gesellschafter (§ 51 a GmbHG) sich auch auf die Angelegenheiten der KG erstreckt (BGH WM 1988, 1447, 1448; Baumbach/Hopt/*Roth,* Anh § 177 a Rn 25).

22. Die **Liquidation** erfolgt nach dem Gesetz durch sämtliche Gesellschafter als Liquidatoren (§§ 146 Abs 1, 161 Abs 2 HGB). Es empfiehlt sich, diese wenig zweckmäßige Regelung abzubedingen. Möglich ist auch die Bestimmung eines Liquidators durch Gesellschafterbeschluss, der noch nach Auflösung der Gesellschaft gefasst werden kann (Baumbach/Hopt/*Roth,* § 146 Rn 4).

23. → Form. II.C.1 Anm. 17–20.

24. **Steuerhinweise:** → Form. II.C.1 Anm. 21.
Spätestens seit BFH GrS BStBl II 1984, 751, 758 ist geklärt, dass die GmbH & Co. KG als solche nicht Körperschaftsteuersubjekt, sondern grds Mitunternehmerschaft ist. Die anhand des Form errichtete beteiligungsidentische GmbH & Co. KG ist, wenn sie nicht ohnehin gewerblich tätig ist, jedenfalls gewerblich „geprägt" gemäß § 15 Abs 3 Nr 2 EStG und vermittelt somit ihren Gesellschaftern Einkünfte aus Gewerbebetrieb. Das gilt auch für Erträge der Sonderbetriebsvermögen I und II, also zB auch grds für Gewinnausschüttungen der Komplementär-GmbH an die Kommanditisten (zu Einzelheiten und Ausnahmen s L. Schmidt/*Wacker,* § 15 Rn 714 mwN) sowie für Nutzungs- und Tätigkeitsvergütungen iSv § 15 Abs 1 S 1 Nr 2 S 1 HS 2 EStG einschließlich Zahlungen an einen Kommanditisten dafür, dass er als Geschäftsführer der Komplementär-GmbH zugleich die Geschäfte der KG führt (L. Schmidt/*Wacker,* § 15 Rn 717: gleichgültig, ob zivilrechtlich ein Dienstvertrag nur zur GmbH oder unmittelbar mit der KG besteht; überhöhte Tätigkeitsvergütungen können mittelbar verdeckte Gewinnausschüttungen der GmbH an ihre Gesellschafter sein). Das bedeutet zugleich, dass alle diese Erträge der Gewerbesteuer unterliegen. Dieses Ergebnis kann seit der Einfügung von S 2 in § 15 Abs 1 S 1 Nr 2 EStG nicht mehr durch doppel- oder mehrstöckige Personengesellschafts-Gestaltungen vermieden werden. Jedoch können, wenn die Tätigkeit der GmbH & Co. KG ihrem Charakter nach nicht gewerblich ist, die gewerbliche „Prägung" und damit sämtliche Rechtsfolgen von § 15 Abs 3 Nr 2 iVm § 15 Abs 1 S 1 Nr 2 S 1 EStG zB dadurch beseitigt werden, dass eine natürliche Person als weiterer Komplementär hinzutritt (auch wenn sie für bestimmte Verbindlichkeiten der KG, zB auf Grund Vereinbarung mit dem Gläubiger, nicht unbeschränkt haftet: L. Schmidt/*Wacker,* § 15 Rn 218) oder dass ein Kommanditist (natürliche oder juristische Person: R 15.8 (6) S 2 EStR; aA L. Schmidt/*Wacker,* § 15 Rn 222) im Gesellschaftsvertrag (BFH BStBl II 1996, 523, 526) allein oder gemeinschaftlich mit der GmbH Geschäftsführungsbefugnis erhält (im Innenverhältnis der Gesellschafter; auf die Vertretungsmacht im Außenverhältnis kommt es nicht an: L. Schmidt/*Wacker,* § 15 Rn 222).

Kosten und Gebühren:

a) Vgl → Form. II.A.1 Anm. 1 ff.
b) Vgl → Form. II.C.1 Anm. 1 ff.

4. Vertrag einer Publikums-GmbH & Co. KG

a) Gesellschaftsvertrag[1,2]

§§ 1/2 Firma und Sitz/Gegenstand des Unternehmens[3]

Wie → Form. II.C.3 § 1, 2.

§ 3 Gesellschaftskapital/Gesellschafter[4]

(1) Alleinige persönlich haftende Gesellschafterin (Komplementärin) ist die A GmbH. Die Komplementärin ist am Vermögen der Gesellschaft nicht beteiligt und zu einer Einlage weder berechtigt noch verpflichtet.[5]

(2) Gründungskommanditisten mit einer Pflichteinlage von je EUR . . . . . und einer in das Handelsregister einzutragenden Hafteinlage von je EUR . . . . . sind

B,

C.

Die Pflichteinlagen sind wie folgt zu leisten:

a) Eine erste Rate in Höhe von 25 % (zuzüglich des gesamten, etwa zu zahlenden Aufgeldes) der Pflichteinlage ist innerhalb von zwei Wochen nach dem Datum der Beitrittserklärung des Kommanditisten gem. Abs 3 zu zahlen.
b) Die zweite Rate in Höhe von 25 % der Pflichteinlagen ist am . . . . . (zwei Wochen nach dem in Abs 3 bestimmten Zeichnungsschluss) zu zahlen.
c) Der Restbetrag der Pflichteinlage wird durch die Komplementärin mit einer Frist von vier Wochen in einer oder mehreren Aufforderungen abgerufen.

(3) Die Komplementärin ist ermächtigt, bis zum 31.12. . . . . mit Wirkung für alle Gesellschafter und ohne das Erfordernis der Zustimmung der übrigen Gesellschafter weitere Kommanditisten mit Pflichteinlagen bis zu insgesamt EUR . . . . . und mit Hafteinlagen bis zu insgesamt EUR . . . . . in die Gesellschaft aufzunehmen. Pflichteinlage und Hafteinlage müssen im Zeitpunkt der Aufnahme zueinander stets im Verhältnis von . . . . .: 1 stehen. Die Pflichteinlage muss mindestens EUR . . . . . betragen. Höhere Pflichteinlagen müssen durch . . . . .000 teilbar sein. Von den ab 1. 7. . . . . in die Gesellschaft eintretenden Kommanditisten ist ein Aufgeld von . . . . . % zu erheben, das der Gesellschaft zufällt.

(4) Die Ermächtigung gemäß Abs 3 bezieht sich nur auf diesen Gesellschaftsvertrag in unveränderter Form. Einzelabsprachen mit beitretenden Kommanditisten in Bezug auf das Gesellschaftsverhältnis sind unzulässig. Eine Änderung des Gesellschaftsvertrags vor dem in Abs 3 bestimmten Zeichnungsschluss ist unzulässig.

(5) Jeder Kommanditist ist neben seiner Pflichteinlage zur Leistung eines Gesellschafterdarlehens in Höhe von maximal dem hälftigen Betrag seiner Pflichteinlage verpflichtet. Die Komplementärin entscheidet mit Zustimmung des Beirats über die Inanspruchnahme der Darlehen. Etwaige Inanspruchnahmen erfolgen von allen Kommanditisten gleichmäßig im Verhältnis ihrer Pflichteinlagen. Die Darlehen sind für die Dauer der Zugehörigkeit zur Gesellschaft unkündbar. Eine Nachschusspflicht oder sonstige weitere Zahlungsverpflichtungen gegenüber der Gesellschaft bestehen darüber hinaus nicht.[6]

(6) Der Betrag der Pflichteinlage eines Kommanditisten bezeichnet zugleich seinen Kapitalanteil im Sinn dieses Vertrags. Jeder Kapitalanteil ist fest und bleibt, soweit sich aus diesem Gesellschaftsvertrag nichts anderes ergibt, unverändert.[7]

§ 4 Gesellschafterkonten[8]

(1) Für jeden Kommanditisten werden ein Kapitalkonto, ein Darlehenskonto und ein laufendes Konto geführt.

(2) Auf den Kapitalkonten werden die Pflichteinlagen der Kommanditisten gebucht. Die Kapitalkonten werden als unverzinsliche Festkonten geführt.

(3) Auf den Darlehenskonten werden die Gesellschafterdarlehen gemäß § 3 Abs 4 gebucht. Guthaben werden mit . . . . . % pa verzinst.

(4) Auf den laufenden Konten wird der sonstige Zahlungsverkehr des Kommanditisten mit der Gesellschaft gebucht. Einzahlungen auf das laufende Konto und Verfügungen über ein Guthaben bedürfen der Zustimmung der Komplementärin. Die laufenden Konten werden nicht verzinst.

(5) Für die Komplementärin wird ein Kontokorrentkonto geführt.

§ 5 Geschäftsführung/Vertretung[9]

(1) Zur Geschäftsführung und Vertretung ist nur die Komplementärin berechtigt und verpflichtet. Sie führt die Geschäfte der Gesellschaft mit der Sorgfalt eines ordentlichen Kaufmanns in Übereinstimmung mit den gesetzlichen Bestimmungen, diesem und ihrem eigenen Gesellschaftsvertrag und den Beschlüssen des Beirats und der Gesellschafterversammlung.

(2) Die Komplementärin ist verpflichtet, den Beirat über alle wichtigen Vorkommnisse zu unterrichten und dessen Zustimmung vor Vornahme von Geschäften außerhalb des gewöhnlichen Betriebs des Handelsgewerbes einzuholen. Als außergewöhnliche Geschäfte gelten insbesondere

a) Entscheidungen über die Ergebnisverwendung,
b) Erwerb und Veräußerung von Grundstücken,
c) Eingehen und Aufgabe von Beteiligungen,
d) Rechtsgeschäfte mit Unternehmen, die mit der Komplementärin oder ihren Gesellschaftern verbunden sind oder ihnen nahe stehen.

(3) Die Auslagen der Komplementärin einschließlich der Gehälter ihrer Geschäftsführer werden kalenderjährlich, entnehmbar in 12 gleichen Teilbeträgen je zum Beginn eines Monats, pauschal mit . . . . . % der zum jeweils vorhergehenden Bilanzstichtag eingezahlten Pflichteinlagen abgegolten, maximal jedoch bis zur Höhe des im Vorjahr erwirtschafteten Jahresüberschusses. Daneben erhält die Komplementärin ohne Rücksicht auf das Jahresergebnis 5 % pa ihres jeweiligen Stammkapitals als Haftungsvergütung.

(4) Die Rechte aus §§ 164, 166 HGB stehen den Kommanditisten nicht zu. Dies gilt nicht für ihr allgemeines Frage- und Informationsrecht in Gesellschafterversammlungen.

§ 6 Gesellschafterversammlung[10]

(1) Der Gesellschafterversammlung obliegt insbesondere die Beschlussfassung über die

a) Änderung des Gesellschaftsvertrags und alle weiteren Geschäfte, die die Grundlagen der Gesellschaft betreffen, soweit nicht die Komplementärin durch diesen Gesellschaftsvertrag zu ihrer Vornahme ermächtigt ist,
b) Wahl der Beiratsmitglieder,
c) Entlastung der Komplementärin und des Beirats,
d) Auflösung der Gesellschaft.

(2) In jedem Geschäftsjahr findet mindestens eine ordentliche Gesellschafterversammlung statt, die von der Komplementärin nach Feststellung des Jahresabschlusses einberufen wird. Aus wichtigem Grund können der Beirat oder Kommanditisten, die zusammen 10 % der eingezahlten Pflichteinlagen repräsentieren, die Einberufung einer außerordentlichen Gesellschafterversammlung verlangen. Den Vorsitz in der Gesellschafterversammlung führt der Vorsitzende des Beirats.

(3) Jeder Gesellschafter kann sich in der Gesellschafterversammlung durch einen schriftlich bevollmächtigten Mitgesellschafter oder durch einen Angehörigen eines gesetzlich zur Berufsverschwiegenheit verpflichteten rechts-, wirtschafts- oder steuerberatenden Berufs vertreten oder begleiten lassen. Die Teilnahme anderer Personen bedarf der Einwilligung der Komplementärin, die sie nur aus vernünftigem Grund versagen darf.

§ 7 Gesellschafterbeschlüsse[11]

(1) Die Gesellschafter fassen ihre Beschlüsse in Gesellschafterversammlungen. Die erforderlichen Beschlussmehrheiten bestimmen sich nach dem Recht der GmbH, sofern nicht dieser Vertrag eine andere Mehrheit vorschreibt.

(2) Je volle EUR 100 einer eingezahlten Pflichteinlage gewähren eine Stimme, wobei ein Kommanditist/Kommanditistenvertreter die ihm zustehenden Stimmen nur einheitlich abgeben kann. Stimmenthaltungen gelten nicht als abgegebene Stimmen. Bei Stimmengleichheit gilt ein Antrag als abgelehnt.

§ 8 Zusammensetzung des Beirats[12]

(1) Die Gesellschaft hat einen Beirat, der aus fünf Mitgliedern besteht. Mitglieder der Geschäftsführung der Komplementärin oder einer Gesellschaft, die an der Komplementärin unmittelbar oder mittelbar mehrheitlich beteiligt ist oder mit einer solchen Gesellschaft verbunden iSd §§ 15 ff AktG ist, Arbeitnehmer oder Abschlussprüfer der Gesellschaft oder der Komplementärin oder einer Gesellschaft, die an der Komplementärin unmittelbar oder mittelbar mehrheitlich beteiligt ist oder mit einer solchen Gesellschaft verbunden iSd §§ 15 ff AktG ist sowie Personen, die einer mit der Gesellschaft in Wettbewerb stehenden Gesellschaft nahe stehen, können dem Beirat nicht angehören. Das Gleiche gilt für Personen, die in ihrer Entschluss- und Handlungsfreiheit durch Stimmrechtsbindung, Treuhandverhältnis, stille Beteiligung oder ähnliches beschränkt sind.

(2) Die Mitglieder des Beirats werden auf Vorschlag der übrigen Beiratsmitglieder oder von Kommanditisten, die mindestens 10 % der eingezahlten Pflichteinlagen repräsentieren, von der Gesellschafterversammlung mit einfacher Mehrheit für fünf Jahre bestellt und können von dieser jederzeit abberufen werden, ohne dass es hierfür eines wichtigen Grundes bedarf. In diesem Fall ist für die restliche Amtszeit des Ausgeschieden unverzüglich ein neues Mitglied zu bestellen. Die Mitglieder des ersten Beirats werden unter Beachtung des Abs 1 von den Gründungskommanditisten (§ 3 Abs 2) bestimmt. Die erste Gesellschafterversammlung, die innerhalb von sechs Monaten nach Zeichnungsschluss (§ 3 Abs 3) stattfindet, bestellt den Beirat sodann unter Beachtung dieses Abs 2 für die erste Amtsperiode.

(3) Die Mitglieder des Beirats wählen aus ihrer Mitte einen Vorsitzenden und dessen Stellvertreter. Der Vorsitzende, bei Verhinderung sein Stellvertreter, vertritt den Beirat nach außen. Zur Regelung seiner inneren Verhältnisse im Übrigen kann sich der Beirat eine Geschäftsordnung geben, die der Zustimmung durch die Gesellschafterversammlung bedarf.

(4) Jedes Beiratsmitglied ist berechtigt, sein Amt ohne Angabe von Gründen mit einer Frist von einem Monat zum Ende eines Kalendermonats durch schriftliche Erklärung gegenüber der Komplementärin niederzulegen. Diese hat die Kommanditisten und die anderen Beiratsmitglieder unverzüglich zu unterrichten und eine Gesellschafterversammlung einzuberufen, in der ein neues Beiratsmitglied für die restliche Amtszeit des ausgeschiedenen Beiratsmitglieds bestellt wird.

(5) Die Beiratsmitglieder sind nach Maßgabe der §§ 116, 93 AktG zur Verschwiegenheit verpflichtet. Im Übrigen gelten die Vorschriften des Aktienrechts über den Aufsichtsrat nicht für den Beirat.

(6) Die Beiratsmitglieder haben Anspruch auf Ersatz ihrer baren Auslagen. Außerdem erhält jedes Mitglied eine Vergütung von jährlich . . . . . % der eingezahlten Pflichteinlagen, die mit der ordentlichen Gesellschafterversammlung fällig wird.

§ 9 Aufgaben des Beirats

(1) Die Aufgaben des Beirats umfassen

a) die Wahrnehmung der Rechte der Kommanditisten aus §§ 164, 166 HGB,
b) die Vertretung der Kommanditisten im Prozess gegen die Komplementärin,
c) die Beratung und Überwachung der Komplementärin,
d) die Zustimmung zu Geschäftsführungsmaßnahmen der Komplementärin, die Verpflichtungen der Gesellschaft von mehr als EUR . . . . . im Einzelfall begründen,
e) alle Tätigkeiten, die ihm sonst nach diesem Gesellschaftsvertrag oder durch Beschluss der Gesellschafterversammlung zugewiesen werden.

(2) Der Beirat ist verpflichtet, sich über den Geschäftsverlauf der Gesellschaft unterrichtet zu halten. Die Komplementärin hat dem Beirat laufend über alles zu berichten, was für dessen Tätigkeit von Bedeutung sein kann. Jeweils zum 31. 3. und 30. 9. eines Jahres berichtet sie dem Beirat schriftlich über den Gang der Geschäfte der Gesellschaft und ihre Finanz- und Vermögenssituation. Jedes Beiratsmitglied kann von der Komplementärin darüber hinaus im Einzelfall Berichterstattung an den Beirat sowie Einsicht in alle Unterlagen der Gesellschaft durch Beiratsmitglieder oder von ihm benannte Angehörige eines gesetzlich zur Berufsverschwiegenheit verpflichteten rechts-, wirtschafts- oder steuerberatenden Berufs verlangen.

(3) Der Beirat berichtet in der Gesellschafterversammlung über seine Tätigkeit.

§ 10 Sitzungen und Beschlüsse des Beirats

(1) Die Sitzungen des Beirats werden vom Vorsitzenden unter Mitteilung der Tagesordnung mit einer Frist von mindestens sieben Tagen einberufen. Die Komplementärin wird davon unterrichtet. Die Mitglieder der Geschäftsführung der Komplementärin sind verpflichtet, auf Wunsch des Vorsitzenden oder des Beirats an dessen Sitzungen teilzunehmen.

(2) Der Vorsitzende beruft zwei ordentliche Beiratssitzungen ein zur Feststellung des Jahresabschlusses und zur Vorbereitung der Gesellschafterversammlung unverzüglich nach Erhalt des Berichts zum 31. 3. eines Jahrs (§ 9 Abs 2) sowie erneut unverzüglich

nach Erhalt des Berichts zum 30. 9. des Jahrs. Er beruft außerordentliche Beiratssitzungen ein, wenn die Belange der Gesellschaft es erfordern oder wenn die Komplementärin oder zwei Beiratsmitglieder die Einberufung mit schriftlicher Begründung verlangen.

(3) Der Beirat ist beschlussfähig, wenn mindestens drei seiner Mitglieder anwesend oder durch schriftlich bevollmächtigte Beiratsmitglieder vertreten sind. Er beschließt in Sitzungen mit einfacher Mehrheit der abgegebenen Stimmen. Bei Stimmengleichheit hat der Vorsitzende eine zweite Stimme. Andere Beschlussmodalitäten sind mit Einverständnis aller Beiratsmitglieder zulässig.

(4) Der Vorsitzende leitet die Beiratssitzungen und trägt Sorge für die Ausführung der Beiratsbeschlüsse. Erklärungen des Beirats werden durch den Vorsitzenden abgegeben. Über jede Sitzung des Beirats ist unverzüglich eine Niederschrift anzufertigen, die der Vorsitzende unterzeichnet und allen Beiratsmitgliedern sowie der Komplementärin zusendet.

§ 11 Jahresabschluss/Gewinn und Verlust[13]

(1) Der Jahresabschluss ist von der Komplementärin innerhalb der ersten drei Monate nach Ende des Geschäftsjahrs nach den gesetzlichen Gliederungs- und Bewertungsvorschriften und – soweit handelsrechtlich zulässig – unter Berücksichtigung der steuerlichen Vorschriften über die Gewinnermittlung aufzustellen.

(2) Die Komplementärin kann bei Aufstellung des Jahresabschlusses von den Grundsätzen ordnungsmäßiger Bilanzierung nur abweichen, wenn dies mit Rücksicht auf die Besonderheiten der Gesellschaft notwendig erscheint und der Beirat zustimmt.

(3) Der Jahresabschluss ist unverzüglich einem vom Beirat ausgewählten Abschlussprüfer zur Prüfung vorzulegen. Der geprüfte Jahresabschluss ist unverzüglich vom Beirat festzustellen und zusammen mit dem Geschäftsbericht den Kommanditisten unverzüglich und rechtzeitig vor der ordentlichen Gesellschafterversammlung zuzuleiten.

(4) Am Jahresüberschuss (nicht jedoch am Bilanzgewinn, soweit er aus der Umwandlung von Rücklagen entsteht) der Gesellschaft nehmen die Komplementärin mit . . . . . %, die Kommanditisten im Verhältnis ihrer Kapitalanteile zueinander mit . . . . . % teil, am Verlust nur die Kommanditisten im Verhältnis ihrer Kapitalanteile. Eine Gewinnbeteiligung besteht nur bei vollständig eingezahlter Pflichteinlage.

(5) An Ausschüttungen, die nicht zur Gewinnverteilung erfolgen, nimmt die Komplementärin nicht teil.

§ 12 Verfügungen über Kommanditanteile[14]

(1) Die Veräußerung eines Kommanditanteils ist nur zum Ende eines Geschäftsjahrs zulässig und bedarf der Zustimmung der Komplementärin. Die Zustimmung darf nur bei Vorliegen entgegenstehender Gesellschaftsinteressen, etwa bei einer beabsichtigten Aufspaltung des Kommanditanteils in Teile mit einer Einlage von weniger als EUR . . . . ., verweigert werden. Die Einbringung eines Kommanditanteils in eine Gesellschaft oder seine Übertragung im Rahmen einer Umwandlung nach dem Umwandlungsgesetz sind unzulässig.

(2) Kommanditanteile sind frei vererblich. Entstehen dadurch Kommanditanteile von weniger als EUR . . . . ., kann das Stimmrecht für alle Anteile nur durch einen gemeinsamen Bevollmächtigten ausgeübt werden. Ist ein solcher nicht bestellt, ruht das Stimmrecht.

(3) Rechte und/oder Pflichten aus diesem Vertrag können nicht übertragen oder belastet werden. Belastungen der Beteiligung, insbesondere die Verpfändung, die Bestellung eines Nießbrauchs, die Einräumung von Unterbeteiligungen oder einer Rechtsstellung, auf Grund derer dem Kommanditisten nur noch treuhänderische Befugnisse an seinem Anteil verbleiben oder die die Ausübung seiner Gesellschafterrechte an die Zustimmung eines Dritten bindet, sind unzulässig.

§ 13 Dauer/Kündigung/Auflösung[15]

(1) Die Gesellschaft beginnt mit Eintragung in das Handelsregister und besteht auf unbestimmte Zeit.

(2) Jeder Kommanditist kann die Gesellschaft unter Einhaltung einer zwölfmonatigen Frist auf den Schluss eines Geschäftsjahrs, erstmals zum 31. 12. . . . . , gegenüber der Komplementärin durch Übergabe-Einschreiben kündigen. Das Recht zur Kündigung aus wichtigem Grund bleibt unberührt. Der kündigende Gesellschafter scheidet mit Wirksamwerden der Kündigung aus der Gesellschaft aus, die von den übrigen Gesellschaftern fortgeführt wird.

(3) Die Komplementärin scheidet außer in den Fällen des § 131 Abs 3 S 1 HGB mit ihrer Auflösung oder dann aus der Gesellschaft aus, wenn dies vom Beirat gewünscht und von der Gesellschafterversammlung mit mindestens drei Vierteln der abgegebenen Stimmen beschlossen wird. Das Recht der Kommanditisten zum Ausschluss der Komplementärin bei Vorliegen eines wichtigen Grunds bleibt unberührt.[16]

(4) Scheidet die Komplementärin aus, sind die Kommanditisten verpflichtet, unverzüglich eine juristische Person mit entsprechender Satzung zu gründen und sie oder einen (oder mehrere) Kommanditisten als Komplementär(e) aufzunehmen. Geschieht dies nicht innerhalb eines Monats nach dem Ausscheiden der Komplementärin, ist die Gesellschaft aufgelöst.

(5) Die Komplementärin wird zur alleinigen Liquidatorin bestellt; im Fall des Abs 4 bestimmt der Beirat den Liquidator mit einfacher Mehrheit der Stimmen.

§ 14 Abfindung/Entschädigung[17]

(1) Ein ausscheidender Kommanditist erhält eine Abfindung in Höhe der Summe seines Kapital- und Darlehenskontos, vermehrt oder vermindert um den Saldo des laufenden Kontos.

(2) Soweit die Liquiditätslage der Gesellschaft es erlaubt, ist die Abfindung in zwei gleichen Jahresraten jeweils zum 30. 6. zu zahlen. Anderenfalls kann die Zahlung der Abfindung auf bis zu fünf Jahre gleichmäßig verteilt werden; in diesem Fall ist sie mit . . . . . % pa zu verzinsen.

(3) Im Fall ihres Ausscheidens hat die Komplementärin Anspruch auf eine angemessene Entschädigung, bei der die gegenwärtigen und zukünftigen Chancen und Risiken ihrer Beteiligung am Ergebnis zu berücksichtigen sind. Bei Uneinigkeit über die Höhe der Entschädigung entscheidet ein Schiedsgutachter, der, falls sich Gesellschafterversammlung, Beirat und Komplementärin nicht einigen, durch den Präsidenten der Industrie- und Handelskammer in . . . . . bestimmt wird. Die Kosten des Schiedsgutachtens tragen, unabhängig davon, wie es ausfällt, die Gesellschaft und die Komplementärin je zur Hälfte.

§ 15 Handelsregisteranmeldungen[18]

Jeder Kommanditist bevollmächtigt die Komplementärin hiermit während seiner Zugehörigkeit zu der Gesellschaft unwiderruflich, ihn in Angelegenheiten, die die Gesellschaft betreffen, gegenüber dem Handelsregister zu vertreten, und verpflichtet sich, der Komplementärin eine öffentlich beglaubigte Vollmacht zur Vertretung gegenüber dem Handelsregister in allen Angelegenheiten der Gesellschaft zu erteilen mit Ausnahme der Anmeldung seines Ausscheidens oder der Veränderung seiner Kommanditeinlage.

§§ 16/17 Geschäftsjahr/Bekanntmachungen/Teilunwirksamkeit/Vertragsänderungen

(1) Wie → Form. II.C.2 §§ 17, 18.

§ 18 Schiedsgericht[19]

Für etwaige Streitigkeiten aus diesem Vertrag ist in besonderer Urkunde der ordentliche Rechtsweg ausgeschlossen und stattdessen die Zuständigkeit eines Schiedsgerichts vereinbart. Die Aufnahme eines neuen Gesellschafters wird erst wirksam, wenn er diese Urkunde unterzeichnet.

b) Anmeldung zum Handelsregister

Wie → Form. II.C.3 Anm. 1ff

Schrifttum: S zu Form. II.C.1, außerdem MHdB GesR 2, §§ 61–71; *Assmann/Schütze*, Handbuch des Kapitalanlagerechts, 4. Aufl. 2015; *Bahnsen*, Der Stimmrechtsausschluss der Komplementärin einer GmbH & Co. KG, GmbHR **2001**, 317; *Binz/Sorg*, Die GmbH & Co. KG, 12. Aufl 2018; *Dalwigk*, Aktuelle Rechtsfragen bei der Sanierung von Publikumsgesellschaften, **1986**; *Göz*, Die Nachfolgeregelung bei der GmbH & Co. KG, NZG **2004**, 345, 352; *Haack*, Der Beirat der GmbH & Co. KG, BB **1993**, 1607; *Karl*, Die Rechtsanwaltsgesellschaft mbH & Co. KG, NJW **2010**, 967; *Prinz/Hoffmann*, Beck'sches Handbuch der Personengesellschaften, 5. Aufl. 2019; *Wiedemann*, Alte und neue Kommanditgesellschaft, NZG **2013**, 1041 ff; *Robertz*, Der Beirat als freiwilliges Organ der Gesellschaft, MittRhNotK **1991**, 239; *Rüppell*, Schiedsklauseln in Gesellschaftsverträgen: Sonderfall Publikums-KG, BB **2014**, 1091; *Sauer*, Die Publikums-Kommanditgesellschaft, 2. Aufl. 1989; *Schiefer*, Rechtsformen der Publikumsgesellschaften und Sonderrecht der Publikums-KG, DStR **1997**, 119, 164; *K. Schmidt*, Die GmbH & Co. KG als Lehrmeisterin des Personengesellschaftsrechts, JZ **2008**, 425; *Sommer/Schimpfky/Baas*, Die Gesellschaftsverträge der GmbH & Co. KG, 5. Aufl. 2018; *Weber*, Die praxisgerechte inhaltliche Ausgestaltung von Schiedsklauseln in Gesellschaftsverträgen, in: Böckstiegel, Schiedsgerichtsbarkeit in gesellschaftsrechtlichen und erbrechtlichen Angelegenheiten, 1996; *Zacher*, Alte und „neue" Haftungsrisiken für Publikumskommanditisten und Treugeber, DStR **1996**, 1813.

Anmerkungen

1. Publikums-Personengesellschaften waren in Deutschland über viele Jahrzehnte aufsichtsrechtlich nicht reguliert und dem sog. „grauen Kapitalmarkt" zuzuordnen, da das deutsche Investmentrecht sich traditionell weitgehend auf die Regulierung „offener Fonds" beschränkte, dh Investmentvermögen, bei denen die Anleger ein Recht zur Rückgabe ihrer Fondsanteile haben. Dieser Regelungsansatz wurde erst aufgrund europäischer Vorgaben im Rahmen der Umsetzung der europäischen Richtlinie über Verwalter alternativer Investmentfonds (Richtlinie 2011/61/EU), gemeinhin auch „AIFM-Richtlinie" bezeichnet, aufgegeben (zur Entwicklung des Recht des Investmentvermögens s Assmann/Wallach/Zetzsche/*Zetzsche*, KAGB Einl Rn 12 ff). Das in Umsetzung der AIFM-Richtlinie erlassene Kapitalanlagegesetzbuch (KAGB) reguliert die Verwalter von Investmentvermögen grundsätzlich unabhängig davon, ob sie offene oder geschlossene Investmentvermögen verwalten (zum Vergleich mit herkömmlichem Recht s. *Wiedemann*, NZG 2013, 1041 ff). Entsprechend der europäischen Systematik differenziert es dabei zwischen den grundsätzlich offenen OGAW-Fonds (Investmentvermögen gemäß der europäischen Richtlinie über Organismen für gemeinsame Wertpapiere) sowie alternativen Investmentvermögen (AIF), die sich negativ dadurch auszeichnen, keine OGAW-Fonds zu sein. Geschlossene Publikumspersonengesellschaften qualifizieren regelmäßig als AIF.

Der Regelungsansatz der AIFM-Richtlinie und in gewisser Weise auch des KAGB ist weniger auf das Fondsvehikel als auf den Verwalter desselben, der Kapitalverwaltungsgesellschaft, fokussiert (hierzu Assmann/Wallach/Zetzsche/*Zetzsche*, KAGB Einl Rn 61 ff). Das KAGB differenziert dabei zwischen regulierten und lediglich registrierten, sog. „kleinen" Kapitalverwaltungsgesellschaften. Während erstere vollumfänglich dem Regulierungsregime des KAGB unterliegen, bleiben letztere weitgehend von der Anwendung des KAGB verschont. Lediglich registrierungspflichtig sind dabei zB Kapitalverwaltungsgesellschaften, die sich nur an professionelle bzw. semi-professionelle Anleger iSd KAGB wenden und deren verwaltetes Vermögen EUR 500 Mio nicht überschreitet, sofern zudem keine Fremdfinanzierung (*leverage*) der Fondsvermögensgegenstände erfolgt. Aufgrund der Ausnahmeregelungen für sog. kleine KVGen können auch unter dem KAGB weiterhin in begrenztem Umfang Personengesellschaften als Fondsvehikel aufgelegt werden, die dem KAGB weitgehend nicht unterfallen (weiterführend s Weitnauer/Boxberger/Anders, KAGB Einl Ziff 6 Bu b; BeckHdbPersG/*Watermeyer/Knobbe*, § 17 Rn 21; MHdB GesR/*Horbach* § 61 Rn 16). In Bezug auf lizensierte Kapitalverwaltungsgesellschaften greift das KAGB hingegen auch in das Gesellschaftsrecht ein und hält mit der Investmentaktiengesellschaft und der Investmentkommanditgesellschaft zwei investmentrechtlich besonders ausgestaltete Ausprägungen dieser Gesellschaftsformen bereit, die mit gewissen zwingenden Abweichungen vom allgemeinen Gesellschaftsrecht dieser Personengesellschaften einhergehen.

Das Form behandelt eine geschlossene Publikums-KG, auf die die vorstehend erwähnten im KAGB teilweise angeordneten zwingenden Abweichungen vom allgemeinen Gesellschaftsrecht keine Anwendung finden. Insbesondere als Immobilienfonds und zur Finanzierung anderer großer Investitionsprojekte (Schiffe, Flugzeuge, Projekte im Bereich erneuerbare Energien, zB Solarparks) hatten Gesellschaften in der Rechtsform der GmbH & Co. KG mit einer Vielzahl von Kommanditisten (Kapitalanlegern), die idR öffentlich geworben werden (Prospekte, Werbeanzeigen, Veranstaltungen), Verwendung gefunden. Diese Gesellschaften zeichnen sich ua aus durch eine zahlenmäßig unbestimmte Vielzahl von Anlegern als Gesellschafter, die einem von den Initiatoren vorformulierten und nicht verhandelbaren Gesellschaftsvertrag beitreten, das weitestgehende Fehlen von Kontrollrechten der Anleger und das kapitalistische Anlageinteresse der Gesellschafter statt mitunternehmerischer Betätigung. Alternativen zu dieser **Publikums-GmbH & Co. KG** sind die Unterbeteiligung (s → Form. II.G.3 Anm. 1 ff), die stille Gesellschaft (häufig in Kombination mit einem Beitritt als Kommanditist), die Publikumsgesellschaft bürgerlichen Rechts und die Publikums-GmbH. Aufgrund ihrer Entfernung vom gesetzlichen Leitbild der KG hin zur Kapital(Anlage-)gesellschaft und zahlreichen Missbräuchen durch die Gründungsgesellschafter (Initiatoren) hat die Rspr die für die GmbH & Co. KG geltenden Grundsätze zum Schutz der später hinzukommenden Kommanditisten (Anleger) stark modifiziert und im Ergebnis ein **Sonderrecht** für Publikumsgesellschaften entwickelt, s nachfolgende Anmerkungen und MHdB GesR 2/*Horbach,* § 61 Rn 1 ff (dort auch mit umfassender Literaturübersicht); *Schiefer,* DStR 1997, 119, 164 ff; Baumbach/Hopt/*Roth,* Anh § 177 a Rn 52 ff.

2. Der Gesellschaftsvertrag ist grds **formfrei;** zu Ausnahmen und den Rechtsfolgen bei Formmangel s → Form. II.A.1 Anm. 1 und Baumbach/Hopt/*Roth,* § 105 Rn 55 ff. Zum

Schutz später hinzukommender Kommanditisten, die an der Gründung der Gesellschaft nicht beteiligt waren, sind sämtliche Verpflichtungen der Gesellschaft, die den Gründungsgesellschaftern Vorteile verschaffen, sowie eigene Verpflichtungen der Gesellschafter in den Gesellschaftsvertrag oder zumindest in einen schriftlichen Gesellschafterbeschluss aufzunehmen (BGH NJW 76, 1451; ZIP 2016, 518, 520; ZIP 2017, 2399, 2400). Der Gesellschaftsvertrag als Dokumentation der Rechte und Pflichten des Anlegers ist folgerichtig nach seinem objektiven Erklärungsgehalt auszulegen (BGH NJW 1979, 2102; NZG 2009, 501, 502). Er unterliegt ungeachtet der Bereichsausnahme des § 310 Abs 4 S 1 BGB für (ua) Gesellschaftsverträge der Inhaltskontrolle nach § 242 BGB, wobei sich die Rspr zT an den Rechtsgedanken der AGB-Vorschriften orientiert (BGHZ 64, 238; BGHZ 84, 11; BGH ZIP 2001, 243, 244, 2016, 518, 520; ausführlich zur gerichtlichen Inhaltskontrolle MHdB GesR 2/*Jaletzke,* § 65 Rn 8 ff). Zur Haftung für Mängel des Emissionsprospekts, mit dem typischerweise die Anleger auf dem Kapitalmarkt geworben werden, und für fehlerhafte Beratung s Baumbach/Hopt/*Roth,* Anh § 177 a Rn 59 ff; *Assmann/Schütze,* § 5 Rn 70 ff; BGH ZIP 17, 1267, 1268 mwN. Zum Thema Haustürgeschäft bei Abschluss von Fonds-Beteiligungen EuGH NJW 2010, 1511 auf Vorlage durch BGH NZG 2008, 460; darüber hinaus BGH ZIP 2012, 1504, 1506; 2018, 721, 726.

3. S → Form. II.C.1 Anm. 4. Auch die bloße Verwaltung eigenen Vermögens kann **Gesellschaftszweck** einer Publikums-KG sein. Bei Immobiliengesellschaften ist ein handelsrechtliches Gewerbe idR zu bejahen, steuerlich aber § 15 Abs 3 EStG zu beachten. Der geschlossene Immobilienfonds, der in nur ein Objekt investiert, erfordert idR einen in kaufmännischer Weise eingerichteten Geschäftsbetrieb (Vermutung des § 1 Abs 2 HGB). Zur streitigen Abgrenzung im Einzelfall s *Hopt,* ZGR 1987, 145, 159 ff.

4. **Gesellschafter** der Komplementärin sind idR die Initiatoren; Kommanditisten sind die rein an der Vermögensanlage oder an Steuervorteilen interessierten Anleger. Das Form. ermächtigt die Komplementärin, Aufnahmeverträge mit neuen Anlegern (Kommanditisten) im eigenen Namen mit Wirkung für alle Gesellschafter zu schließen (BGH NJW 1983, 1117). Möglich ist auch die Ermächtigung der KG, Aufnahmeverträge im eigenen Namen (BGH NJW 1978, 1000) oder in dem der Gesellschafter (BGH WM11, 792, 793) mit Wirkung für diese abzuschließen. Ausführlich zu den verschiedenen Ermächtigungsformen MHdB GesR 2/*Jaletzke,* § 62 Rn 6 ff.

5. Um praktische Schwierigkeiten bei den erforderlichen Handelsregistereintragungen zu vermeiden, die gem §§ 162, 108 HGB stets von allen Gesellschaftern, also auch den Kommanditisten, vorgenommen werden müssen, erhält die Komplementärin idR (so auch im Form. s § 15) neben der Aufnahmeermächtigung auch eine Registervollmacht von jedem Kommanditisten (s dazu auch → Anm. 18). Die Bevollmächtigung ist für die Dauer der Zugehörigkeit des Kommanditisten zur Ges unwiderruflich. Bei großen Fondsgesellschaften, die zahlreiche Fonds auflegen, wird häufig eine zentrale Fondsverwaltungs-Ges bevollmächtigt.

Als Alternative zur unmittelbaren Beteiligung der Kommanditisten wählen Initiatoren zur Vermeidung des mit einer Vielzahl von Anlegern verbundenen organisatorischen Aufwands häufig auch Treuhandmodelle, s Staub/*Casper*, § 161 Rn 128. Der Treuhandkommanditist hält sämtliche KG-Anteile für die Treugeber (Anleger als mittelbare Kommanditisten) im Außenverhältnis als einheitliche Einlage. S zur Haftung der Gründungsgesellschafter ggü den Treugebern aus Prospekthaftung BGH DStR 2012, 1517. Im Treuhandvertrag erhält er idR Stimmrechtsvollmacht, die aber im Einzelfall weisungsgebunden auszuüben ist. Problematisch bei Treuhandanteilen ist die Abgrenzung zur Rechtsdienstleistung, da nach stRspr des BGH der Treuhandvertrag nichtig sein kann, wenn er die geschäftsmäßige Besorgung fremder Rechtsangelegenheiten beinhaltet, s näher Baumbach/Hopt/*Roth,* Anh § 177 a Rn 78 a, dort auch mwN zur Frage, ob die Nichtigkeit des Treuhandvertrags auch die häufig im Zusammenhang mit dem Beitritt zu einer Publikums – KG abgeschlossenen Finanzierungsverträge erfasst; ferner MHdB GesR 2/*Jaletzke* § 63; BGH DStR 2010, 2198.

Vor allem aus steuerlichen Gründen ist es sinnvoll, die Komplementärin nicht am Vermögen der Gesellschaft zu beteiligen. Um in diesem Fall die Annahme einer verdeckten Gewinnausschüttung bei der Komplementärin zu vermeiden, muss ihr Haftungsrisiko – wie in § 5 Abs 3 des Form vorgesehen – angemessen vergütet werden (s BGH NZG 2006, 194). → Form. II.C.3 Anm. 5.

Ist die Komplementär-GmbH an der KG kapitalmäßig beteiligt, ist ihr neben dem Aufwendungsersatz eine dem Fremdvergleichsmaßstab standhaltende Verzinsung ihrer Einlage zu gewähren (BFH BStBl II 1968, 152). Ob darüber hinaus auch in diesem Fall eine Haftungsvergütung gezahlt werden muss, ist Frage des Einzelfalls (vgl *Binz/Sorg* § 16 Rn 164 ff); vorsichtshalber empfiehlt sich eine Anlehnung an die in → Form. II.C.3 Anm. 5 dargestellten Maßstäbe.

Im Form. erhält die Komplementärin eine feste Vergütung bezogen auf die geleisteten Pflichteinlagen. Die Vergütung ist jedoch beschränkt auf den im Vorjahr erwirtschafteten Jahresüberschuss. Häufig finden sich in den Verträgen großer Fondsgesellschaften auch Regelungen, wonach die Vergütung der Komplementärin notfalls auch durch Auflösung von Rücklagen zugunsten eines Bilanzgewinns dargestellt werden kann.

6. Häufig verpflichten sich die Kommanditisten im Gesellschaftsvertrag, neben der Kommanditeinlage – wie im Form. – ein Darlehen oder eine stille Einlage zu leisten (sog **gesplittete Einlage**). Je nach dem Zweck der Gesellschaft verschafft sie sich dadurch einen flexibel ausnutzbaren weiteren Finanzierungsrahmen. Die Kommanditisten werden vor einer unnötigen Inanspruchnahme des Darlehens durch das Erfordernis der Zustimmung des Beirats geschützt, der im Form. (s § 8) als echte Vertretung der Kommanditisten und ihrer Interessen ausgestaltet ist. Im Zweifel werden solche Leistungen auf gesellschaftsrechtlicher Grundlage erbracht (BGHZ 70, 61, 63), so dass Darlehen nicht unabhängig von der Mitgliedschaft gekündigt werden können (BGHZ 70, 61, 63 f; 93, 159, 161). Darlehensrückzahlungsansprüche sind gem § 39 Abs 1 Nr 5 InsO nachrangige Insolvenzforderungen. Möglich sind auch Kapitalerhöhungs- und Nachschussklauseln (Baumbach/Hopt/*Roth,* Anh § 177 a Rn 70), die das Ausmaß und den Umfang einer möglichen Zusatzbelastung für den Gesellschafter allerdings erkennbar festlegen müssen (BGH NZG 2007, 582, 583; ZIP 2007, 476).

7. Zum **Kapitalanteil** → Form. II.B.1 Anm. 6 sowie → Form. II.C.1 Anm. 5.

8. → Form. II.B.2 Anm. 8, → Form. II.C.2 Anm. 7 sowie → Form. II.C.3 Anm. 6. Variable Kapitalkonten sind in der Publikums-Personengesellschaft unüblich.

9. → Form. II.C.3 Anm. 7. Anders als bei der Familien-GmbH & Co. KG sollten bei der Publikumsgesellschaft im Interesse des Anlegerschutzes die Komplementär-GmbH und ihre Geschäftsführer nicht von den Beschränkungen des § 181 BGB befreit werden.

Zu Wettbewerbsverboten und Verschwiegenheitspflichten → Form. II.C.1 Anm. 7 und → Form. II.B.2 Anm. 10, 11 sowie → Form. II.C.3 Anm. 8 f. Ein **Wettbewerbsverbot** für die in aller Regel nur kapitalistisch beteiligten Kommanditisten dürfte wegen § 1 GWB unwirksam sein.

10. Eine ausführlichere Regelung über die Einberufung und Durchführung der **Gesellschafterversammlung** ist entbehrlich, da der objektive, den Interessen der Kommanditisten verpflichtete Beirat zur Einberufung berechtigt ist und die Gesellschafterversammlungen leitet.

11. Das Form. verweist für die Mehrheitserfordernisse auf das Recht der GmbH (Gestaltungsempfehlung von *K. Schmidt,* ZGR 2008, 1, 11, zustimmend *Priester,* DStR 2008, 1386, 1392; kritisch *Holler,* DB 2010, 2067, 2072). Die Klausel erlaubt durch die Bezugnahme auf die ausdifferenzierten Regelungen für die GmbH eine zweifelsfreie Bestimmung der erforderlichen Mehrheiten für den jeweiligen Beschlussgegenstand, hält sich aber gleichfalls eine abweichende oder klarstellende gesellschaftsvertragliche Festlegung für einzelne Bereiche offen. Hiervon wurde im Formular für die Wahl der Beiratsmitglieder (§ 8 Abs 2) und den Ausschluss der Komplementär-GmbH (§ 13 Abs 3) Gebrauch gemacht, nachdem sich dazu keine Regelung im GmbHG findet. Näher zu Mehrheitsklauseln und Gestaltungsvarianten s → Form. II.B.1 Anm. 8.

12. Regelmäßig hat die Publikumsgesellschaft einen Aufsichtsrat, häufig – wie im Form. – als **Beirat** oder als Kommanditistenausschuss bezeichnet. Neben der Beratung von Geschäftsführung und Anlegern obliegt ihm meist die Überwachung der Geschäfte der Gesellschaft und der Schadensabwendung von Gesellschaft und Anlegern (*Sauer,* S 66 f). Dazu werden die Zustimmungs- und Kontrollrechte gem §§ 164, 166 HGB häufig dem Beirat neben oder anstelle der Kommanditisten übertragen (Baumbach/Hopt/*Roth,* § 164 Rn 6 und Anh § 177 a Rn 72, 75; MHdB GesR 2/*Mutter,* § 8 Rn 18 ff). Im Form. werden diese Rechte der Kommanditisten im Wesentlichen ausgeschlossen, s § 5 Abs 4. Das allg Fragerecht in der Gesellschafterversammlung steht ihnen jedoch jedenfalls zu. Da eine gesetzliche Regelung für den Beirat fehlt, empfiehlt es sich, das konkrete Aufgabenfeld durch einen Positivkatalog wie in § 9 zu regeln (MHdB GesR 2/*Mutter,* § 8 Rn 19).

Zwischen den Beiratsmitgliedern und der Gesellschaft besteht idR ein Geschäftsbesorgungsvertrag (§§ 675, 611 BGB); das Form. regelt Aufwendungsersatz, Vergütung und Amtszeit. Für die Haftung gelten zwingend § 52 GmbHG, §§ 116, 93 AktG analog; § 708 BGB ist nicht anwendbar (BGHZ 69, 207, 210; Baumbach/Hopt/*Roth,* Anh § 177 a Rn 75). Zu weiteren Fragen betreffend den Beirat einer GmbH & Co. KG s → Form. II.C.3 Anm. 12.

13. Zum Jahresabschluss der GmbH & Co. KG s → Form. II.C.3 Anm. 13. Im Form. wird die Feststellung in Anlehnung an die aktienrechtlichen Vorschriften allerdings dem Beirat als Aufsichtsorgan überlassen. Dies ist nach allgemeiner Meinung zulässig (MHdB GesR 2/*Sangen-Emden,* § 21 Rn 81).

Das Form. knüpft die Gewinn- und Verlustverteilung an die (festen) Kapitalanteile der Kommanditisten. Mangels Kapitalanteil nimmt die Komplementärin am Ergebnis nicht teil. Das empfiehlt sich schon deshalb, um bei etwaigen Verlusten die Gefahr einer Überschuldung und eines Insolvenzverfahrens über das Vermögen der Komplementärin zu vermeiden. Das Form. stellt zudem klar, dass die Komplementärin auch nicht an anderen Ausschüttungen beteiligt ist. Sie erhält jedoch einen Anteil am Gewinn, um sie zu einer gewinnbringenden Geschäftsführung zu inzentivieren. Bei Publikums-Gesellschaften liegt die Geschäftsführung stets bei den Initiatoren, deren Geschäftsmodell darin besteht, mit dem Geld der Anleger für diese Ertrag zu erwirtschaften, was üblicherweise von diesen durch die Teilnahme der Komplementärin (Initiatoren) am Gewinn honoriert wird. Die Ausgestaltung dieser Gewinnbeteiligung ist in der Praxis mannigfaltig. Häufig wird sogar ein Gewinn-Vorab bezogen auf die Summe der Einlagen vorgesehen. Im Form. erhält die Komplementärin jedoch nur eine Beteiligung an tatsächlich erwirtschaftetem Gewinn.

14. Grds ist bei Publikumsgesellschaften eine gewisse **Fungibilität** der Kommanditanteile angestrebt; sie begründet aber auch auf Grund der – möglicherweise noch nicht erbrachten – Darlehen gem § 3 Abs 4 Gefahren für die Gesellschaft bei fehlender Bonität des Erwerbers. Daher und aus Gründen der Rechtsklarheit empfiehlt sich das Zustimmungserfordernis für das entgeltliche schuldrechtliche und das dingliche Rechtsgeschäft der Veräußerung (zu Gestaltungsalternativen s → Form. II.B.1 Anm. 10). Aus praktischen Gründen sollte die Übertragung eines Kommanditanteils nur zum Ende des Geschäftsjahres möglich sein (*Dalwigk*, S 92 f).

15. Für Kommanditisten verdrängt das von der Rechtsprechung für Publikumsgesellschaften anerkannte **außerordentliche Kündigungsrecht** grds die Auflösungsklage (§ 133 HGB), auch wenn ein solches Recht nicht im Gesellschaftsvertrag vorgesehen ist (BGHZ 63, 338, 345 f; 73, 294). Weil dann die Last für die Liquidation allen übrigen Gesellschaftern zufiele, gilt dies nicht, wenn der Gesellschaftszweck nicht mehr erreicht werden kann (BGHZ 69, 160, 163). Nach Auflösung der Gesellschaft entfällt das Kündigungsrecht (BGH NJW 1979, 765). Zur Kündigung allg s → Form. II.B.1 Anm. 11.

Nach dem Gesetz sind sämtliche Gesellschafter Liquidatoren (§§ 161 Abs 2, 146 Abs 1 HGB), was bei der Publikums-KG unpraktikabel ist. Der Liquidator kann zwar auch noch nach Auflösung durch Gesellschafterbeschluss bestimmt werden (Baumbach/Hopt/*Roth*, § 146 Rn 4), sinnvoller ist aber die Festlegung bereits im Gesellschaftsvertrag.

Die Dauer der Gesellschaft ist im Form unbestimmt. Bei einigen Erscheinungsformen der Publikums-KG (zB Private Equity, Venture Capital oder Schiffs-Fonds) ist die Dauer von vornherein festgelegt, meist 12–16 Jahre, häufig mit einer Verlängerungsoption zugunsten der Komplementärin, um die Abwicklung der Fonds-Investitionen zu ermöglichen.

16. Das Form beinhaltet – anders als etwa § 13 des → Form. II.C.2 Anm. 1 ff. – kein **Ausschließungsrecht,** so dass § 140 HGB gilt, der eine gerichtliche Entscheidung über das Ausscheiden vorsieht.

17. Das Form gewährleistet die erforderliche Flexibilität der Zahlungsmodalitäten der **Abfindung,** um insbes bei schlechter wirtschaftlicher Lage vom Fonds noch verkraftet werden zu können. Zu alternativen Gestaltungsformen und zur Zulässigkeit von Abfindungsbeschränkungen s → Form. II.B.2 Anm. 18 und → Form. II.C.2 Anm. 19. Zur Schiedsgutachterklausel s → Form. II.B.2 Anm. 20.

18. → Form. II.C.2 Anm. 24. Bei der Publikums-KG ist die **Bevollmächtigung** im Gesellschaftsvertrag möglich, wofür va Praktikabilitätserwägungen sprechen (OLG Frankfurt BB 1973, 722; Baumbach/Hopt/*Roth,* § 162 Rn 3; Ebenroth/*Born,* § 108 Rn 14).

19. Um den Gesellschaftsvertrag nicht zu überfrachten, sieht dieser nur die **Schiedsklausel** vor. Die eigentliche Schiedsvereinbarung erfolgt in einem gesonderten Dokument, das bei der KG nur in der Form des § 1031 ZPO wirksam ist (BGH NJW 1980, 1049; *Rüppell,* BB 2014, 1091, 1093 ff; Baumbach/Hopt/*Roth,* Anh § 177 a Rn 67, s auch → Form. II.B.2 Anm. 26). Vorteile einer Schiedsvereinbarung sind idR größere Sachkunde der Schiedsrichter, Schnelligkeit und Diskretion, ggf auch niedrigere Kosten; Hauptnachteile die nur eingeschränkte Überprüfbarkeit des Schiedsspruchs und die Notwendigkeit der Vollstreckbarerklärung.

Alternativ kann der Gesellschaftsvertrag in Orientierung an das Kapitalgesellschaftsrecht (§§ 241 ff AktG) auch eine Klausel enthalten, die zur Geltendmachung von Beschlussmängeln eine zeitlich befristete Klage gegen die Gesellschaft statt gegen alle Mitgesellschafter vorsieht (BGH NJW 1995, 1218; 1999, 3113, 3115). Die Frist gilt allerdings nicht für die allgemeine Feststellungsklage (§ 256 ZPO), mit der das zur relativen Unwirksamkeit (näher hierzu BGH NJW 2010, 65, 67) führende Fehlen der erforderlichen Zustimmung eines betroffenen Gesellschafters geltend gemacht wird (BGH DStR 2007, 1313, 1314).

20. Steuerhinweise: → Form. II.C.1 Anm. 21 und → Form. II.B.1 Anm. 20, ausführl MHdB GesR 2/*Levedag* § 71, dort auch zu den verschiedenen Erscheinungsformen der

Publikums-KG. Trotz ihrer eher körperschaftlichen Struktur werden bei der Publikums-GmbH & Co. KG die Einkünfte auf Gesellschaftsebene nur ihrer Art und Höhe nach ermittelt und verfahrenstechnisch einheitlich und gesondert festgestellt (§§ 179, 180 Abs 1 Nr 2 a AO), für die Besteuerung dann aber den einzelnen Gesellschaftern anteilig zugerechnet (BFH GrS BStBl II 1984, 751, 758).

Auch wenn eine Publikums-GmbH & Co. KG objektiv eine ihrer Art nach gewerbliche Tätigkeit ausübt oder gewerblich „eingefärbt" (§ 15 Abs 3 Nr 1 EStG) oder „geprägt" (§ 15 Abs 3 Nr 2 EStG) erscheint, ist sie Mitunternehmerschaft (mit der Folge zB der Anerkennung von den Gesellschaftern zugewiesenen Verlusten) nur, soweit und solange die Gesellschafter gemeinsam in ihrer gesamthänderischen Verbundenheit die Absicht haben, über die Gesamtlebensdauer des Betriebs gesehen (bei unbestimmter Dauer: „in absehbarer Zeit", BFH NV 89, 574) einen **„Total-Gewinn"** zu erzielen (§ 15 Abs 2, 3 EStG; BFH GrS aaO, 766; hier iSd Betriebsvermögensvergleichs, dh unter Einschluss zB von außerhalb der Spekulationsfrist erzielten Veräußerungserlösen, BFH BStBl II 1998, 778; s zum Ganzen auch L. Schmidt/*Wacker,* § 15 Rn 27 ff, 30). Die früher verbreitete Verlustzuweisungs-GmbH & Co. KG war nicht als Mitunternehmerschaft anerkannt (s § 15 Abs 2 S 2 EStG) und hat durch die erfolgte gesetzgeberische Einschränkung des Ausgleichs der Verluste mit anderen Einkunftsarten stark an Attraktivität verloren.

Auch bei Gewinnerzielungsabsicht auf Gesellschaftsebene und Anerkennung der Mitunternehmerschaft als solcher kann die Berücksichtigung in den Anfangsjahren entstehender Verluste beim Gesellschafter daran scheitern, dass ihm selbst die Mitunternehmereigenschaft fehlt, etwa weil seine Beteiligung befristet oder überfinanziert ist und er deshalb keine Aussicht auf einen Total-Gewinn-Anteil hat (BFH NV 91, 432), weil er ohne wichtigen Grund hinausgekündigt werden kann und seine Abfindung in diesem Fall keinen angemessenen Anteil an den stillen Reserven und am Geschäftswert umfasst oder weil seine rechtliche und wirtschaftliche Position in der Gesellschaft aus sonstigen Gründen so wesentlich hinter dem Regelstatut eines Kommanditisten nach dem HGB zurückbleibt, dass die (in Grenzen gegenseitig kompensierbaren) Merkmale Mitunternehmerrisiko und Mitunternehmerinitiative insgesamt nicht mehr in ausreichendem Maße gegeben sind (Einzelheiten s bei L. Schmidt/*Wacker,* § 15 Rn 262 ff mwN). Zu weiteren Einkommensteuerfragen bzgl dieser Gesellschaftsform *L. Schmidt,* § 15 Rn 705 ff.

Bei der Rechtsformwahl für ein gewerbliches Unternehmen stehen im Vergleich zur GmbH den steuerlichen Nachteilen der GmbH & Co. KG (insbes das Verbot der Bildung von Pensionsrückstellungen; dazu BMF BStBl I 1992, 190) einige gewichtige Vorteile gegenüber: Verluste der Gesellschaft können in den Grenzen des § 15 a EStG auf Gesellschafterebene ausgeglichen bzw abgezogen werden (dazu *Binz/Sorg,* § 16 Rn 329 ff), Liquidationsgewinne unterliegen nicht der Gewerbesteuer (R 7.1 (3) GewStR), bei der Erbschaft- und Schenkungsteuer stehen die erheblichen Vergünstigungen für Betriebsvermögen zur Verfügung (§§ 13 a, 13 b, 19 a ErbStG). Von der Steuerfreistellung bestimmter ausländischer Einkünfte auf Grund von Doppelbesteuerungsabkommen profitieren die Gesellschafter einer GmbH & Co. KG unmittelbar, während bei einer GmbH die Vorteile der Gesellschaft zugutekommen. Andererseits dürften Gesellschaften mit geringem Betriebsvermögen, bei denen ein Großteil des Gewinns als Tätigkeitsvergütung an die Gesellschafter fließt, aus gewerbesteuerlichen Erwägungen die GmbH vorziehen.

Kosten und Gebühren:

a) Vgl → Form. II.A.1 Anm. 1ff.
b) Vgl → Form. II.C.1 Anm. 1 ff.

5. Vertrag einer Einheits-GmbH & Co. KG

a) Gesellschaftsvertrag[1]

§§ 1/2 Firma/Sitz/Gegenstand des Unternehmens

Wie in → Form. II.C.3 §§ 1, 2.

§ 3 Gesellschaftskapital/Gesellschafter[2]

(1) Das Gesellschaftskapital beträgt EUR .....

(2) Alleinige persönlich haftende Gesellschafterin (Komplementärin) ist die A GmbH mit einem Stammkapital von EUR ....., eingetragen im Handelsregister B des Amtsgerichts ..... unter Nr ..... Die Komplementärin ist am Vermögen der Gesellschaft nicht beteiligt und zu einer Einlage weder berechtigt noch verpflichtet.

(3) Kommanditisten sind

- B mit einem als Hafteinlage in das Handelsregister einzutragenden Kommanditanteil von EUR .....,
- C mit einem als Hafteinlage in das Handelsregister einzutragenden Kommanditanteil von EUR .....

Die Einlagen sind als Bareinlagen zu erbringen und innerhalb von 14 Tagen nach Unterzeichnung des Gesellschaftsvertrags auf das Konto der Gesellschaft einzuzahlen. Der Betrag der Hafteinlage eines Kommanditisten bezeichnet zugleich seinen Kapitalanteil im Sinn dieses Vertrags. Jeder Kapitalanteil ist fest und bleibt, soweit sich aus diesem Gesellschaftsvertrag nichts anderes ergibt, unverändert. Der Betrag der Summe der Kapitalanteile wird als Gesellschaftskapital bezeichnet.

(4) Zusätzlich zu ihrer Einlage leisten die Kommanditisten ein Aufgeld von EUR ....., das zum Erwerb der voll eingezahlten Geschäftsanteile der Komplementärin durch die Gesellschaft verwendet wird. Die Kommanditisten sind berechtigt, anstelle des Aufgelds entsprechend ihrem Kapitalanteil voll eingezahlte Geschäftsanteile der Komplementärin auf die Gesellschaft zu übertragen.[3]

§ 4 Gesellschafterkonten

Wie in Form. II.C.2 § 4, zusätzlich:

(6) Für die Komplementärin wird ein Kontokorrentkonto geführt.

§ 5 Geschäftsführung und Vertretung[4]

(1) Zur Geschäftsführung und Vertretung ist nur die Komplementärin berechtigt und verpflichtet.

(2) Die Komplementärin führt die Geschäfte der Gesellschaft in Übereinstimmung mit den gesetzlichen Bestimmungen sowie diesem und ihrem eigenen Gesellschaftsvertrag.

(3) Die Komplementärin und ihre Geschäftsführer sind bei allen Rechtshandlungen mit oder gegenüber der Gesellschaft von den Beschränkungen des § 181 BGB befreit.

(4) Die Komplementärin hat Anspruch auf sofortige Erstattung ihrer Aufwendungen für die Führung der Geschäfte der Gesellschaft. Sie erhält außerdem ohne Rücksicht auf das Jahresergebnis 5 % pa ihres jeweiligen Stammkapitals als Haftungsvergütung.

(5) Die Gesellschafterrechte aus Geschäftsanteilen an der Komplementärin, die der Gesellschaft gehören, üben statt deren Geschäftsführern die Kommanditisten nach Maßgabe eines jeweils vorher zu fassenden Beschlusses aus. Die Beschlüsse der Kommanditisten werden in Kommanditistenversammlungen gefasst, die am Sitz der Gesellschaft oder, wenn alle Kommanditisten zustimmen, an einem anderen Ort stattfinden. Für die Einberufung gilt § 7 Abs 3 entsprechend. Ein Beschluss, der die Verfügung über Geschäftsanteile an der Komplementärin, deren Auflösung oder die Änderung von deren Gesellschaftsvertrag zum Gegenstand hat, bedarf einer Mehrheit von mindestens drei Vierteln der abgegebenen Stimmen, für sonstige Beschlüsse ist die einfache Mehrheit ausreichend. Bei Ausübung der Rechte gemäß diesem Absatz ist jeder Kommanditist einzeln zur Vertretung der Gesellschaft bevollmächtigt und von den Beschränkungen des § 181 BGB befreit.[5]

§ 6 Wettbewerbsverbot[6]/Schweigepflicht[7]

(1) Kein Gesellschafter darf während seiner Zugehörigkeit und der Dauer von zwei Jahren nach seinem Ausscheiden mit der Gesellschaft unmittelbar oder mittelbar in deren räumlichem oder sachlichem Tätigkeitsbereich in Wettbewerb treten oder fremden Wettbewerb fördern. Räumlicher Tätigkeitsbereich im Sinn dieses Wettbewerbsverbots ist . . . . ., sachlicher Tätigkeitsbereich im Sinn dieses Wettbewerbsverbots ist . . . . . Rein kapitalistische Beteiligungen an anderen Gesellschaften sind von diesem Wettbewerbsverbot nicht erfasst.

(2) Ein Gesellschafter kann durch einstimmigen Beschluss der übrigen Gesellschafter vom Wettbewerbsverbot befreit werden. In einem gesonderten Vertrag ist im Voraus eine klare und eindeutige Aufgabenabgrenzung zwischen Gesellschaft und konkurrierendem Gesellschafter zu vereinbaren. Die Befreiung vom Wettbewerbsverbot ist für die Zeit nach dem Ausscheiden eines Gesellschafters zu erteilen, wenn und soweit das Wettbewerbsverbot sein berufliches Fortkommen unzumutbar erschweren würde.

(3) Verletzt ein Gesellschafter das Wettbewerbsverbot, hat er für jeden Fall der Zuwiderhandlung EUR . . . . . als Vertragsstrafe an die Gesellschaft zu zahlen. Bei fortgesetzter Zuwiderhandlung gelten je zwei Wochen des Verstoßes als eine unabhängige und selbstständige Zuwiderhandlung. Das Recht der Gesellschaft, Unterlassung und Schadensersatz zu verlangen, wird hierdurch nicht berührt, doch wird die Vertragsstrafe auf den Schadensersatz angerechnet. Soweit der Gesellschafter wegen desselben Verstoßes eine Vertragsstrafe als Gesellschafter der Komplementärin gezahlt hat, wird der gezahlte Betrag auf die Vertragsstrafe nach diesem Absatz angerechnet.

(4) Jeder Gesellschafter ist verpflichtet, über vertrauliche Angelegenheiten, die ihm in seiner Eigenschaft als Gesellschafter im Rahmen einer Tätigkeit für die Gesellschaft zur Kenntnis gelangen, insbesondere über die Bilanzen sowie die Verhandlungen und Beschlüsse der Gesellschafter, Dritten gegenüber Stillschweigen zu bewahren. Diese Verpflichtung besteht auch nach seinem Ausscheiden fort. Die Schweigepflicht gilt nicht für die Vorlage von Bilanzen der Gesellschaft bei Banken. Außerdem darf jeder Gesellschafter vertrauliche Angelegenheiten Angehörigen eines zur Berufsverschwiegenheit verpflichteten rechts-, wirtschafts- oder steuerberatenden Berufs anvertrauen, wenn und soweit dies zur Wahrung seiner eigenen berechtigten Interessen erforderlich ist. Weitere Ausnahmen von der Schweigepflicht können im Einzelfall durch Gesellschafterbeschluss zugelassen werden.

(5) Die Komplementärin ist verpflichtet, ihren Geschäftsführern ein entsprechendes Wettbewerbsverbot und eine entsprechende Geheimhaltungspflicht aufzuerlegen.

§ 7 Gesellschafterversammlung

Wie in → Form. II.C.2 § 7, jedoch Abs 7 abweichend mit folgendem Wortlaut:

(7) Den Vorsitz in der Gesellschafterversammlung führt der Versammlungsleiter. Sofern die Komplementärin einen Beirat hat, ist dessen Vorsitzender Versammlungsleiter; sonst wird er vor Eintritt in die Tagesordnung unter der Leitung des ältesten Kommanditisten/ Kommanditistenvertreters gewählt. Der Versammlungsleiter stellt die Beschlussfähigkeit der Gesellschafterversammlung fest und entscheidet über die Art der Abstimmung, sofern die Gesellschafterversammlung nicht etwas anderes beschließt.

§ 8 Gesellschafterbeschlüsse

Wie in → Form. II.C.2 § 8.

§§ 9/10 Jahresabschluss/Gewinn und Verlust/Entnahme von Beträgen zur Zahlung persönlicher Steuern

Wie in → Form. II.C.2 § 9/10, jedoch § 9 Abs 4 abweichend mit folgendem Wortlaut:

(4) Am Gewinn und Verlust nehmen die Kommanditisten im Verhältnis ihrer Kapitalanteile teil; sie sind – auch im Fall der Liquidation – nicht zum Nachschuss verpflichtet. § 171 Abs 1 HGB bleibt unberührt. Die Komplementärin ist nicht am Gewinn oder Verlust der Gesellschaft beteiligt.

§ 11 Verfügungen über Anteile[8]

(1) Verfügungen über Kommanditanteile sind nur zulässig, wenn die übrigen Gesellschafter mit einer Mehrheit von mindestens drei Vierteln ihrer Kapitalanteile zustimmen. Dies gilt auch für den Übergang im Rahmen von Umwandlungen nach dem Umwandlungsgesetz. Geht ein Kommanditist durch eine Aufspaltung unter, haben die übrigen Gesellschafter das Recht, durch mit einfacher Mehrheit zu fassenden Gesellschafterbeschluss zu bestimmen, auf welchen der übernehmenden Rechtsträger der Kommanditanteil übergeht.

(2) Bei Übertragung auf eine Gesellschaft, an der der übertragende Kommanditist mehrheitlich beteiligt ist, ist die Zustimmung vorbehaltlich Satz 2 zu erteilen. In dem der Übertragung zugrunde liegenden Vertrag haben sich der übertragende Kommanditist und die erwerbende Gesellschaft für den Fall, dass der übertragende Kommanditist nicht mehr mehrheitlich an ihr beteiligt ist, zur Rückabtretung zu verpflichten und diese bedingt für diesen Fall vorzunehmen.

(3) Die Zustimmung gemäß Abs 1 ist weiter zu erteilen, wenn die Übertragung zugunsten des Ehegatten oder eines Abkömmlings des übertragenden Kommanditisten oder durch seinen Erben zugunsten eines nachfolgeberechtigten Vermächtnisnehmers erfolgt.

(4) Ein veräußerungswilliger Kommanditist ist verpflichtet, seinen Anteil zuvor den übrigen Kommanditisten zum Erwerb zu dem von ihm in Aussicht genommenen Preis schriftlich anzubieten. Diese haben innerhalb einer Ausschlussfrist von einem Monat nach Zugang des Angebots zu erklären, ob sie das Angebot annehmen. Nach Ablauf der Frist ist die Annahme des Angebots ausgeschlossen. Üben mehrere das Erwerbsrecht aus, steht es ihnen im Verhältnis ihrer Kapitalanteile zu.

(5) Lehnen die Erwerbsberechtigten das Angebot ab, ist der veräußerungswillige Kommanditist abweichend von Abs 1 berechtigt, den von ihm angebotenen Kommanditanteil ohne Zustimmung der übrigen Kommanditisten zu veräußern. Ist der vertragliche Erwerbspreis bei der Veräußerung niedriger als der nach Abs 4 geforderte, steht den übrigen Kommanditisten jedoch ein Vorkaufsrecht im Verhältnis ihrer Kapitalanteile gemäß Abs 6 zu.

(6) Liegen die Voraussetzungen des Abs 5 S 2 vor, hat der veräußerungswillige Kommanditist sämtlichen anderen Kommanditisten unverzüglich je eine beglaubigte Abschrift des mit dem Erwerber abgeschlossenen Vertrags durch Übergabe-Einschreiben zuzusenden. Diese haben innerhalb einer Ausschlussfrist von einem Monat nach Zugang der Abschrift schriftlich zu erklären, ob sie ihr Vorkaufsrecht ausüben. Nach Fristablauf ist die Annahme des Angebots ausgeschlossen. Üben mehrere das Vorkaufsrecht aus, steht es ihnen im Verhältnis ihrer Kapitalanteile zu. Wird der Kommanditanteil auf Grund der Ausübung des Vorkaufsrechts oder nach Nichtausübung des Vorkaufsrechts erworben, haben die übrigen Kommanditisten die gemäß Abs 1 erforderliche Zustimmung zur Abtretung an den Erwerber zu erteilen.

(7) Geht ein Kommanditanteil durch Umwandlung nach dem Umwandlungsgesetz oder durch Einbringung oder Anwachsung auf einen Dritten über, hat der übertragende Kommanditist den anderen Kommanditisten ein dem Vorkaufsrecht an den Anteilen entsprechendes Ankaufsrecht an den durch ihn oder durch ein mit ihm im Sinn des § 15 AktG verbundenes Unternehmen als Gegenleistung erworbenen Gesellschaftsanteilen an dem Dritten einzuräumen. Für die Bestimmung des Ankaufspreises gilt § 14 Abs 2 entsprechend. Die Nichteinräumung binnen einer Frist von drei Monaten ab dem Übergang rechtfertigt den Beschluss nach § 13. Auf das Ankaufsrecht findet Abs 6 Satz 2 bis 5 sinngemäß Anwendung.

(8) Ein Wechsel des Komplementärs bedarf der Zustimmung aller Gesellschafter.

(9) Rechte und/oder Pflichten aus diesem Vertrag können nicht übertragen oder belastet werden. Belastungen der Beteiligung, insbesondere die Verpfändung, die Bestellung eines Nießbrauchs, die Einräumung von Unterbeteiligungen oder einer Rechtsstellung, auf Grund derer dem Kommanditisten nur noch treuhänderische Befugnisse an seinem Anteil verbleiben oder die die Ausübung seiner Gesellschafterrechte an die Zustimmung eines Dritten bindet, sind unzulässig. Dies gilt nicht für eine Verpfändung zur Sicherung eines zwecks Leistung der Kommanditeinlage oder Erwerbs der Kommanditbeteiligung aufgenommenen Darlehens.

§ 12 Dauer/Kündigung/Auflösung[9]

(1) Die Gesellschaft beginnt mit Eintragung in das Handelsregister und besteht auf unbestimmte Zeit.

(2) Jeder Gesellschafter kann die Gesellschaft unter Einhaltung einer sechsmonatigen Frist auf den Schluss eines Geschäftsjahrs, erstmals zum . . . . ., gegenüber den anderen Gesellschaftern kündigen. Das Recht zur vorzeitigen Kündigung aus wichtigem Grund bleibt unberührt.

(3) Der kündigende Kommanditist scheidet mit Wirksamwerden der Kündigung aus der Gesellschaft aus und ist gemäß § 14 abzufinden. Die Gesellschaft wird von den übrigen Gesellschaftern fortgeführt.

(4) Die Komplementärin scheidet mit ihrer Auflösung oder im Fall des § 13 aus. Die Kommanditisten sind verpflichtet, rechtzeitig vor Wirksamwerden des Ausscheidens eine

juristische Person mit entsprechender Satzung zu gründen und als Komplementärin aufzunehmen. Geschieht dies nicht innerhalb eines Monats ab dem Ausscheiden, ist die Gesellschaft aufgelöst.

(5) Die Auflösung der Gesellschaft nach § 133 HGB wird, soweit gesetzlich zulässig, ausgeschlossen.

§ 13 Ausschließung eines Gesellschafters/Zwangsabtretung[10]

(1) Die Gesellschafter können den Ausschluss eines Gesellschafters, die Übertragung seines Anteils auf die übrigen, zur Übernahme bereiten Gesellschafter im Verhältnis ihrer Kapitalanteile oder die Übertragung seines Anteils auf einen Dritten beschließen, wenn er dafür einen wichtigen Grund im Sinn des § 133 HGB gegeben hat. Der Beschluss bedarf einer Mehrheit von mindestens drei Vierteln der abgegebenen Stimmen; der betroffene Gesellschafter hat dabei kein Stimmrecht. Mit Zugang des Beschlusses beim ausgeschlossenen Gesellschafter scheidet dieser aus der Gesellschaft aus.

(2) Ein wichtiger Grund ist es insbesondere, wenn

a) über das Vermögen eines Gesellschafters ein Insolvenzverfahren eröffnet oder die Eröffnung eines solchen Verfahrens mangels Masse abgelehnt wird,
b) die Zwangsvollstreckung in einen Kommanditanteil betrieben und nicht binnen zwei Monaten nach Aufforderung an den betroffenen Kommanditisten, spätestens bis zur Verwertung des Kommanditanteils, aufgehoben wird,
c) ein Gesellschafter gegen eine sich aus dem Gesellschaftsverhältnis ergebende Verpflichtung verstößt und den Verstoß trotz Abmahnung nicht unverzüglich abstellt,
d) ein Gesellschafter über seinen Anteil unter Verstoß gegen § 11 verfügt oder zu verfügen versucht,
e) ein Gesellschafter Auflösungsklage erhebt.

(3) Die Gesellschaft wird von den übrigen Gesellschaftern fortgeführt. Wird die einzige Komplementärin ausgeschlossen, gilt § 12 Abs 4.

(4) Die Abfindung nach § 14 ist im Fall des Ausschlusses von der Gesellschaft, im Fall der Übertragung vom Erwerber zu zahlen. Die Wirksamkeit von Ausschluss und Übertragung ist nicht von einer etwaigen Zug um Zug zu erbringenden Gegenleistung abhängig. Sicherheitsleistung kann nicht verlangt werden.

§ 14 Abfindung[11]

(1) Ein ausscheidender Kommanditist erhält als Abfindung für seinen Anteil am Gesellschaftsvermögen vorbehaltlich des Abs 2 den nach den Grundsätzen für den Jahresabschluss zu ermittelnden Buchwert seiner Beteiligung zum Zeitpunkt des Ausscheidens, höchstens aber den Verkehrswert.

(2) Scheidet ein Kommanditist, der nicht nach § 13 Abs 1, 2 a) bis d) hätte ausgeschlossen werden können, durch Kündigung gemäß § 12 aus der Gesellschaft aus, erhält er als Abfindung drei Viertel des auf seinen Kapitalanteil zum Zeitpunkt des Ausscheidens entfallenden anteiligen Unternehmenswerts. Der Unternehmenswert ist nach den Grundsätzen der §§ 200 bis 203 BewG in ihrer jeweiligen Fassung zu bestimmen. Der sich ergebende anteilige Unternehmenswert wird durch die Gesellschaft zeitnah berechnet und allen Gesellschaftern durch Einschreiben mitgeteilt.

(3) Die ermittelte Abfindung bleibt auch dann maßgeblich, wenn sich auf Grund von steuerlichen Außenprüfungen oder durch anderweitig veranlasste Änderungen der Veranlagung die Ermittlungsgrundlagen nachträglich verändern.

(4) Besteht Streit über die Höhe der Abfindung, entscheidet hierüber ein von der Gesellschaft und dem ausscheidenden Gesellschafter gemeinsam benannter Schiedsgutachter, der Wirtschaftsprüfer oder Wirtschaftsprüfungsgesellschaft sein muss. Kommt eine Einigung über dessen Benennung nicht zustande, ist er auf Antrag jeder der Parteien durch die Wirtschaftsprüferkammer . . . . . zu bestimmen. Der Schiedsgutachter setzt die Höhe der Abfindung verbindlich fest. Die Kosten für den Schiedsgutachter tragen der ausscheidende Kommanditist und die Gesellschaft je zur Hälfte.

(5) Die Abfindung ist ab dem Tag des Ausscheidens mit . . . . . % über dem jeweiligen Basiszinssatz pa zu verzinsen und in drei gleichen Jahresraten zu zahlen. Die erste Rate ist zahlbar sechs Monate nach dem Zeitpunkt des Ausscheidens. Die Gesellschaft ist berechtigt, die Abfindung ganz oder teilweise früher zu zahlen; zur Sicherheitsleistung ist sie nicht verpflichtet.

(6) Sollte im Einzelfall rechtskräftig festgestellt werden, dass die Abfindungsregelung rechtsunwirksam oder unzumutbar ist, so ist die niedrigste noch zulässige Abfindung zu gewähren.

§ 15 Nachfolge von Todes wegen[12]

Stirbt ein Kommanditist, wird die Gesellschaft mit den von ihm von Todes wegen Bedachten, ggf seinen gesetzlichen Erben, fortgesetzt.

§§ 16–22 Umwandlung in Kapitalgesellschaft/Auskunfts-, Einsichtsrecht der Kommanditisten/Liquidation/Handelsregistervollmacht/Geschäftsjahr/Bekanntmachungen/Teilunwirksamkeit/Vertragsänderungen/Gerichtsstand

Wie in → Form. II.C.3 §§ 20–26

b) Anmeldung zum Handelsregister (GmbH & Co. KG)

Wie → Form. II.C.3 Anm. 1 ff.

Schrifttum: S zu → Form. II.C.4, außerdem *Bahnsen*, Gestaltung einer GmbH & Co. KG als „Einheitsgesellschaft“, GmbHR **2001**, 186; *von Bonin*, Die Einheits-GmbH & Co. KG in der notariellen Praxis – Ein Überblick mit Gestaltungsvorschlägen –, RNotZ **2017**, 1; *Fleck*, Die sog. Einheitsgesellschaft – ein funktionsfähiges Gebilde?, FS Semler **1993**, 115; *Göz*, Die Nachfolgeregelung bei der GmbH & Co. KG, NZG **2004**, 345; *Hahn*, Die Beschlussfassung in der GmbH & Co. KG als Einheitsgesellschaft, 2004; *Neufang/Schäfer*, Die Einheits-GmbH & Co. KG als Instrument der Gestaltungsoptimierung, StB **2018**, 132; *Schilling*, Die GmbH & Co. KG als Einheitsgesellschaft, FS Barz **1974**, S 67; *Binz/Sorg*, Die GmbH & Co. KG, 12. Aufl 2018, § 8.

Anmerkungen

1. Bei einer **Einheits-KG** ist die KG als solche alleinige Gesellschafterin der Komplementär-GmbH (näher zu dieser Gesellschaftsform *K. Schmidt*, ZIP 07, 2193 ff). Die Zulässigkeit der Einheits-KG ist heute unbestritten (MHdB GesR 3/*Gummert*, § 51 Rn 3 mwN); sie findet in § 172 Abs 6 HGB auch gesetzlich seit der GmbH-Novelle 1980 ihren Niederschlag. Die Einheits-KG vermeidet die zT komplizierten Verzahnungsvorschriften bei der beteiligungsidentischen GmbH & Co. KG zur Sicherstellung des Gleichlaufs der Beteiligungen an KG und GmbH. Regelungen zur Kongruenzsicherung und zum Gleichlauf der Beteiligungsverhältnisse sind bei der Einheits-KG entbehrlich. Zu regeln sind die Kapitalaufbringung und die Ausübung der Gesellschafterrechte in der Komplementär-

GmbH. S zur Problematik auch unten → Anm. 3 und → Anm. 5. Zum Erfordernis der notariellen Beurkundung → Anm. 3.

2. → Form. II.C.4 Anm. 7. Das Form sieht feste **Kapitalanteile** der Kommanditisten vor; die Komplementär-GmbH ist nicht am Gesellschaftskapital der KG beteiligt. Letzteres empfiehlt sich, um das Problem der Scheinverdoppelung des Kapitals (Verwendung von Zahlungen auf die Geschäftsanteile zum Erwerb von Anteilen an der KG) und der Kapitalrückzahlung (§ 30 GmbHG) zu vermeiden.

3. Der Gesellschaftsvertrag muss sicherstellen, dass und womit die KG die Geschäftsanteile an der Komplementär-GmbH erwirbt. Die **Einlage** eines Kommanditisten gilt nach § 172 Abs 6 HGB, der die Einheits-KG voraussetzt, als nicht geleistet, soweit sie in Geschäftsanteilen an der Komplementär-GmbH besteht und falls keine natürliche Person persönlich haftet. Erwirbt die KG die Geschäftsanteile mit Mitteln, die ihr als Einlage zugeflossen sind, gilt dies als Einlagenrückgewähr (§ 172 Abs 4 S. 1 HGB) mit der Folge, dass die Haftung der betroffenen Kommanditisten wieder auflebt (*Bahnsen*, GmbHR 2001, 186, 187; *Schilling*, FS Barz 1974, S 67). Um diese Probleme zu vermeiden, bieten sich die beiden in § 3 Abs 4 vorgesehenen Wege an: Entweder leisten die Kommanditisten zusätzlich zu ihrer Einlage ein Aufgeld, das zum Erwerb der Geschäftsanteile an der GmbH verwendet wird, oder sie übertragen ihre GmbH-Geschäftsanteile (wegen § 172 Abs 6 HGB) anstelle des Aufgelds auf die KG (*Bahnsen*, GmbHR 01, 186, 187 f; *von Bonin*, RNotZ 17, 1, 5 f). Da letzteres eine – wahlweise – Pflicht zur Abtretung der Geschäftsanteile an der Komplementär-GmbH begründet, bedarf der Gesellschaftsvertrag der notariellen Beurkundung (§ 15 Abs 4 GmbHG, Baumbach/Hueck/*Fastrich*, § 15 Rn 32; *Göz*, NZG 2004, 345, 352). Besteht die Einheits-KG jedoch einmal, sind Änderungen des Gesellschaftsvertrags, aber auch Anteilsübertragungen, formfrei möglich, da die Kommanditisten nur an der KG, nicht aber an der Komplementär-GmbH beteiligt sind und aus ihrer Sicht das Gesellschaftsverhältnis allein in der KG geregelt ist, s *Binz/Sorg*, § 8 Rn 4.

4. Da die Komplementär-GmbH die KG vertritt und dabei durch ihren Geschäftsführer vertreten wird, vertritt der Geschäftsführer (mittelbar) auch die KG. Deshalb ist eine Befreiung sowohl des Geschäftsführers als auch der Komplementär-GmbH von **§ 181 BGB** für alle Rechtshandlungen sinnvoll, welche die Komplementärin mit oder gegenüber der KG vornimmt. Auch im GmbH-Vertrag ist der Geschäftsführer von § 181 BGB zu befreien (vgl *Binz/Sorg*, § 4 Rn 29 ff; Baumbach/Hopt/*Roth*, § 177 a Rn 39). Näher zu Geschäftsführung und Vertretung → Form. II.C.3 Anm. 7.

5. Bei der Einheitsgesellschaft übt die KG als Anteilseignerin der Komplementär-GmbH die **Gesellschafterrechte in der GmbH** aus, wobei sie durch die Geschäftsführer der GmbH vertreten wird. Mangels anderweitiger gesellschaftsvertraglicher Regelung entscheiden dann die Mitgeschäftsführer zB über die Kündigung des Anstellungsverhältnisses eines Geschäftsführers der GmbH (BGH BB 2007, 1914 mit zustimmender Anm. *Gehrlein;* kritisch *K. Schmidt,* ZIP 07, 2193, 2195 ff). Da man diese Konstellation vermeiden sollte (so auch MHdB GesR 3/*Gummert,* § 51 Rn 13), bietet es sich – wie im Form vorgesehen – an, die Kommanditisten zur Ausübung der Gesellschafterrechte in der Komplementär-GmbH anstelle der Geschäftsführer zu bevollmächtigen (*Gehrlein*, BB 2007, 1915, 1916; *Neufang/Schäfer*, StB 2018, 132, 133; *von Bonin*, RNotZ 17, 1, 10; *Werner*, GmbHR 2007, 1035, 1036; näher zur Willensbildung in der Einheits-KG *Binz/Sorg,* § 8 Rn 8 ff). Ein Vorteil dieser Regelung liegt darin, dass in der Gesellschafterversammlung der KG Mehrheitsentscheidungen möglich sind und die Vollmacht nur nach Maßgabe eines vorher zu fassenden Beschlusses ausgeübt werden darf (Scholz/*K. Schmidt,* Anh § 45 Rn 59).

Schließlich kann, wenn bei der KG oder der Komplementär-GmbH ein Aufsichts- oder Beirat besteht bzw ein solcher geschaffen wird, ihm die Ausübung der Gesellschafterrechte der KG in der GmbH in gewissem Umfang übertragen werden (*von Bonin*, RNotZ 17, 1, 10; *Neufang/Schäfer*, StB 2018, 132, 133; Baumbach/Hueck/*Zöllner/Noack*, § 46 Rn 94 ff; zu Ausnahmen der Übertragbarkeit s GroßKo/GmbHG/*Hüffer/Schürnbrand*, § 45 Rn 25).

6. Näher zum Wettbewerbsverbot → Form. II.B.2 Anm. 10 und → Form. II.C.1 Anm. 7.

7. S → Form. II.B.2 Anm. 11.

8. S → Form. II.C.2 Anm. 15–16.

9. S → Form. II.C.1 Anm. 11.

10. S → Form. II.C.1 Anm. 12 und → Form. II.C.2 Anm. 18.

11. Näher zu Abfindungsvereinbarungen → Form. II.B.2 Anm. 18–20.

12. Die **Nachfolgeregelung** des Form. entspricht der gesetzlichen Lage, wonach der Tod eines Kommanditisten die Gesellschaft nicht auflöst, sondern die Erben in die Gesellschaft eintreten (§ 177 HGB). Zu Gestaltungsvarianten für Fortsetzungs- und Nachfolgeklauseln s → Form. II.C.1 Anm. 15.

13. **Steuerhinweise:** Bei der Einheits-GmbH & Co. KG gehören die GmbH-Anteile nicht zum Sonderbetriebsvermögen der einzelnen Kommanditisten, sondern zum Gesamthandsvermögen der KG und sind daher bereits in deren Steuerbilanz zu erfassen.

Wenn bei einer Einheits-GmbH & Co. KG die GmbH am Kapital der KG beteiligt ist und sie und die Kommanditisten ihre Anteile an denselben Erwerber veräußern, ohne dass die GmbH eine angemessene Gegenleistung für ihren Komplementäranteil erhält, findet eine verdeckte Gewinnausschüttung der GmbH an die KG – je nach Sachlage in ihrem alten oder neuen Gesellschafterbestand – statt (BFH BStBl II 1985, 683). S auch → Form. II.C.4 Anm. 20.

Kosten und Gebühren:

Vgl → Form. II.C.1 Anm. 1 ff.

6. Erwerb eines Kommanditanteils

a) Anteilskaufvertrag

Anteilskauf- und Abtretungsvertrag[1] vom . . . . .

zwischen

A

. . . . .

(im Folgenden: Verkäufer)

und

B

. . . . .

(im Folgenden: Käufer)

Vorbemerkung

Der Verkäufer ist der alleinige Kommanditist der X KG, die in Abteilung A des Handelsregisters des Amtsgerichts . . . . . unter der Registernummer . . . . . eingetragen ist und ihre Hauptniederlassung in . . . . . hat (im Folgenden: Gesellschaft). Sowohl die im Handelsregister eingetragene Hafteinlage des Verkäufers wie auch seine gesellschaftsvertragliche Pflichteinlage[2] betragen EUR . . . . . Einziger Komplementär der Gesellschaft ist C.

Der Verkäufer ist daran interessiert, seinen Gesellschaftsanteil an der Gesellschaft, dh die Gesamtheit seiner Rechte und Pflichten aus dem Gesellschaftsverhältnis (im Folgenden: Kommanditanteil), zu veräußern. Der Käufer ist daran interessiert, den Kommanditanteil zu erwerben.

Die Parteien vereinbaren daher Folgendes:

§ 1 Verkauf und Abtretung des Kommanditanteils

(1) Der Verkäufer verkauft hiermit dem Käufer

a) den Kommanditanteil, einschließlich der Guthaben auf den für ihn bei der Gesellschaft gemäß § . . . . . des Gesellschaftsvertrages der Gesellschaft geführten Kapitalkonten I und II sowie
b) das Guthaben auf dem für ihn bei der Gesellschaft gemäß § . . . . . des Gesellschaftsvertrages der Gesellschaft geführten Darlehenskonto.[3]

Er tritt die Rechte aus a) und b) an den Käufer ab. Der Käufer nimmt die Abtretung an.[4]

(2) Eine Kopie der Zustimmungserklärung des Komplementärs der Gesellschaft zu dem Verkauf und der Abtretung des Kommanditanteils und des Darlehensguthabens an den Käufer ist als Anlage 1.2 beigefügt.[5]

(3) Der Gewinn des laufenden Geschäftsjahrs sowie der nicht unter die Gesellschafter verteilte Gewinn früherer Geschäftsjahre, dh vorgetragener Gewinn und Gewinn früherer Geschäftsjahre, für den kein Beschluss über die Ergebnisverwendung gefasst worden ist, stehen allein dem Käufer zu.[6]

(4) Die Anmeldung des Ausscheidens des Verkäufers als Kommanditist der Gesellschaft und der Erwerb des Kommanditanteils durch den Käufer im Wege der Sonderrechtsnachfolge wird unverzüglich nach Zahlung des Kaufpreises an den Verkäufer in gebotener Form. durch die Vertragsparteien sowie den Komplementär der Gesellschaft zum Handelsregister eingereicht werden.[7]

(5) Die Abtretung des Kommanditanteils und des Darlehensguthabens an den Käufer gemäß Abs 1 ist aufschiebend bedingt durch die Zahlung des Kaufpreises an den Verkäufer und die Eintragung des Käufers als Kommanditist im Handelsregister.[8]

(6) Der Käufer stellt den Verkäufer von jeder Haftung gegenüber den Gläubigern der Gesellschaft frei, die nach wirksamer Übertragung des Kommanditanteils auf den Käufer dadurch ausgelöst wird, dass die Einlage zurückgezahlt oder eine der in § 172 Abs 4 S 2 HGB genannten sonstigen Maßnahmen vorgenommen wird.[9]

§ 2 Kaufpreis

(1) Der Kaufpreis für den Verkauf des Kommanditanteils sowie der Darlehensforderung beträgt EUR ..... (in Worten: Euro .....).

(2) Der Kaufpreis wird vom Käufer spätestens 7 Tage nach dem Wirksamwerden der Abtretung des Kommanditanteils und des Darlehensguthabens auf das Konto Nr ..... des Verkäufers bei der ..... Bank (Bankleitzahl:) gezahlt.

(3) Erfolgt die Zahlung gemäß Abs 2 nicht spätestens innerhalb von 21 Tagen nach dem Wirksamwerden der Abtretung des Kommanditanteils und des Darlehensguthabens, hat der Verkäufer das Recht, ohne weiteres, dh auch ohne Nachfristsetzung, von diesem Vertrag zurückzutreten.

§ 3 Gewährleistungen des Verkäufers

Der Verkäufer gewährleistet dem Käufer in der Form. eines selbstständigen Garantieversprechens (§ 311 Abs 1 BGB), dass die folgenden Aussagen zum Zeitpunkt der Unterzeichnung dieses Vertrages richtig und vollständig sind:

(1) Die Beteiligungsverhältnisse entsprechen den in der Vorbemerkung dargelegten.

(2) Die Gesellschaft ist eine ordnungsgemäß errichtete Kommanditgesellschaft, die gemäß dem diesem Vertrag als Anlage 3.2.a beigefügten Handelsregisterauszug und dem diesem Vertrag als Anlage 3.2.b beigefügten Gesellschaftsvertrag wirksam besteht.

(3) Die Gesellschaft hält keine Beteiligungen an anderen Unternehmen und ist nicht verpflichtet, solche Beteiligungen zu erwerben.

(4) Die Gesellschaft ist weder mit dem Verkäufer noch mit Dritten Unternehmensverträge iSd §§ 291 ff AktG und auch keine Verträge über die Begründung einer stillen Gesellschaft eingegangen.

(5) Der Verkäufer ist der rechtliche und wirtschaftliche Eigentümer des Kommanditanteils und des Darlehensguthabens, die frei von jeglichen Belastungen und von anderen zugunsten Dritter bestellten Rechten sind. Abgesehen von der erforderlichen Zustimmung des Komplementärs hat der Verkäufer das Recht, über den Kommanditanteil und das Darlehensguthaben frei zu verfügen, ohne dass er hierzu die Zustimmung eines Dritten benötigt oder hierdurch die Rechte eines Dritten verletzt. Der Kommanditanteil und das Darlehensguthaben stellen nicht das gesamte oder nahezu das gesamte Vermögen des Verkäufers dar.

(6) Die Hafteinlage ist voll erbracht; sie ist nicht durch Entnahmen oder Verluste gemindert. Rückzahlungen von Einlagen sind nicht vorgenommen worden. Außer dem Verkäufer und dem Komplementär gibt es keine weiteren Gesellschafter der Gesellschaft.

(7) Anlage 3.7 zu diesem Vertrag enthält eine vollständige und richtige Zusammenstellung aller Vereinbarungen, mit denen bis heute Gesellschaftsanteile an der Gesellschaft geschaffen, übertragen oder in anderer Form. tangiert worden sind oder mittels derer die eingetragenen Haft- oder Pflichteinlagen an der Gesellschaft erhöht oder herabgesetzt worden sind.

(8) Weder gegen den Verkäufer noch gegen die Gesellschaft sind Insolvenzverfahren eingeleitet worden, noch sind Umstände ersichtlich, die die Einleitung solcher Verfahren in Zukunft rechtfertigen würden.

(9) Die gemäß § ..... des Gesellschaftsvertrages der Gesellschaft für den Verkäufer eingerichteten Kapitalkonten I und II sowie das gemäß § ..... des Gesellschafts-

vertrages der Gesellschaft für den Verkäufer eingerichtete Darlehenskonto weisen zum Zeitpunkt des Abschlusses dieses Vertrages die in Anlage 3.9 zu diesem Vertrag aufgeführten Kontostände auf.

§ 4 Schlussbestimmungen

(1) Sollte eine Bestimmung dieses Vertrags ganz oder teilweise unwirksam oder undurchführbar sein oder werden, wird dadurch die Gültigkeit des Vertrags im Übrigen nicht berührt. Statt der unwirksamen oder undurchführbaren Bestimmung gilt diejenige gesetzlich zulässige Regelung, die dem in der unwirksamen oder undurchführbaren Bestimmung zum Ausdruck gekommenen Sinn und Zweck wirtschaftlich am nächsten kommt.

(2) Änderungen und Ergänzungen dieses Vertrags einschließlich dieser Klausel bedürfen der Schriftform, soweit das Gesetz nicht eine strengere Form vorschreibt.

(3) Gerichtsstand ist . . . . .

b) Anmeldung zum Handelsregister[10]

Amtsgericht

– Handelsregister A –

. . . . , den . . . . .

Betr.: X KG

In der Handelsregistersache der

X KG

HRA . . . . .

melden der persönlich haftende Gesellschafter der Gesellschaft sowie der aus der Gesellschaft ausgeschiedene bisherige Kommanditist A und der in die Gesellschaft eingetretene neue Kommanditist B zur Eintragung in das Handelsregister an:

Der Kommanditist A hat seinen Gesellschaftsanteil an der Gesellschaft im Wege der Sonderrechtsnachfolge an B übertragen, der somit mit der Einlage von EUR . . . . . als Kommanditist in die Kommanditgesellschaft eingetreten ist. Die Übertragung steht unter der aufschiebenden Bedingung der Eintragung der Rechtsnachfolge in das Handelsregister.

Der persönlich haftende Gesellschafter und der ausscheidende Kommanditist A versichern, dass dem ausscheidenden Kommanditisten seitens der Gesellschaft keinerlei Abfindung aus dem Gesellschaftsvermögen gewährt oder versprochen worden ist.[11]

(Unterschrift A) (Unterschrift B) (Unterschrift C)

(Notarielle Beglaubigung der Unterschriften, § 12 Abs 1 HGB[12])

Anmerkungen

1. Grds bedarf weder das Verpflichtungsgeschäft zur Übertragung des Kommanditanteils noch das dingliche Erfüllungsgeschäft einer besonderen **Form.**, und zwar auch dann nicht, wenn zum Gesellschaftsvermögen Grundstücke (BGHZ 86, 367, 369) oder ein GmbH-Anteil (BGH NZG 2008, 377 f) gehören. Notarielle Beurkundung wird jedoch dann erforderlich, wenn die Anteilsübertragung eine bewusste Umgehung der Formvorschriften darstellt (BGH NZG 2008, 377 f) oder lediglich Teil eines einheitlichen umfänglicheren Rechtsgeschäftes ist, das wegen anderer Teile der notariellen Beurkundung bedarf. Dies ist typischerweise der Fall, wenn der Kommanditist der GmbH & Co. KG, der gleichzeitig Gesellschafter der Komplementär-GmbH ist, seine Beteiligungen an beiden Gesellschaften veräußern will (BGH WM 1986, 823 f; NJW 2010, 2218, 2220 mit Anm. *Schmidt*).

Das Form. sieht eine relativ einfache Regelung der Anteilsveräußerung vor. Je nach Größe des Unternehmens finden sich in solchen Verträgen idR wesentlich komplexere Regelungen zu den Bereichen Ermittlung des (endgültigen) Kaufpreises, Gewährleistungen und Regelung der Rechtsfolgen einer Verletzung, Steuerklauseln und Kartellrecht (einschließlich Verfahrensregelungen). Hierzu wird auf die Spezialliteratur zum Unternehmenskauf verwiesen, zB *Meyer-Sparenberg/Jäckle,* BeckHdB-M&A 2017.

2. Bei der KG bezeichnet der Begriff der Einlage neben der gesellschaftsvertraglichen Beitragspflicht den Betrag, bis zu dessen Höhe der Kommanditist gegenüber den Gesellschaftsgläubigern haftet. Insofern wird – in Abgrenzung zur Pflichteinlage als gesellschaftsvertraglich vereinbarter Einlage – auch von der Haftsumme oder -einlage eines Kommanditisten gesprochen (Baumbach/Hopt/*Roth*, § 171 Rn 1). Die Hafteinlage eines Kommanditisten ist gemäß § 162 Abs 1 S 1 HGB zum Handelsregister anzumelden. Mangels abweichender Vereinbarung ist davon auszugehen, dass sie der Pflichteinlage summenmäßig entspricht (BGH DB 1977, 1249, 1250). Der Gesellschaftsvertrag kann jedoch auch bestimmen, dass die vom Kommanditisten in das Gesellschaftsvermögen zu erbringende Pflichteinlage die Haftsumme übersteigt. Im Anteilskaufvertrag über einen Kommanditanteil empfiehlt sich zur Klarstellung deshalb in jedem Fall eine genaue Beschreibung der jeweiligen Verhältnisse.

3. Veräußerungs- und **Erwerbsgegenstand** ist die Beteiligung an der Gesellschaft als solche, dh die Gesamtheit der Rechte und Pflichten aus dem Gesellschaftsverhältnis, nicht eine Beteiligung am Gesellschaftsvermögen (BGH NJW 2010, 2218, 2219).

Wenn nichts anderes vereinbart ist, gehen alle Rechte und Pflichten des bisherigen Gesellschafters aus dem Gesellschaftsvertrag über, auch alle aus der Vergangenheit herrührenden Geldansprüche und Schulden aus dem Verhältnis zwischen Gesellschafter und Gesellschaft, und zwar so, wie sie sich aus der Buchführung der Gesellschaft ergeben (BGHZ 45, 221, 222; BGH WM 1986, 1314, 1315; Baumbach/Hopt/*Roth,* § 105 Rn 72). Schwierige Abgrenzungsfragen können sich dann ergeben, wenn strittig ist, ob bestimmte Vertragsbeziehungen zwischen Gesellschaft und Gesellschafter gesellschaftsrechtlicher oder allgemein schuldrechtlicher Natur sind, wenn etwa erwirtschaftete Gewinne als Gesellschafterdarlehen stehen gelassen worden sind. Es empfiehlt sich deshalb, wie im Form. eine klare Regelung über diese Punkte zu treffen und den Umfang der mitverkauften und übertragenen vermögensmäßigen Rechte genau festzulegen. Ratsam ist hier der Rückgriff auf die Buchführungssystematik der Gesellschaft, wie sie hinsichtlich der unterhaltenen Gesellschafterkonten meist schon im Gesellschaftsvertrag zum Ausdruck kommt. Das Form. geht davon aus, dass bei der betreffenden KG zwei Kapitalkonten für jeden Gesellschafter geführt werden, nämlich ein (festes) Kapitalkonto I, auf dem die gesellschaftsvertraglich vereinbarte Pflichteinlage gebucht ist, sowie ein Kapitalkonto II, auf dem Gewinne oder Verluste gebucht werden. Weiter geht das Form davon aus, dass daneben für jeden Gesellschafter ein Darlehenskonto geführt wird, und sieht vor, dass dessen Guthaben ebenfalls übertragen wird.

4. Das die Übertragung des Kommanditanteils, dh sämtlicher Rechte und Pflichten aus dem Gesellschaftsverhältnis, im Wege der **Sonderrechtsnachfolge** möglich ist und es des gesonderten Ausscheidens des Veräußerers und Eintretens des Erwerbers, verbunden mit einer Aus- und Einzahlung der Kommanditeinlagen, nicht bedarf, ist inzwischen nach Ansicht des BGH (WM 06, 36, 37) gewohnheitsrechtlich anerkannt. Auf Seiten der Gesellschaft wird der Anteilsübergang durch die Umbuchung der Gesellschafterkonten vom Ausscheidenden auf den Eintretenden realisiert. Die Gesellschaft selbst ist ansonsten an der Sonderrechtsübertragung nicht beteiligt.

5. Soweit im Gesellschaftsvertrag nicht anders vorgesehen, bedarf die Übertragung eines Kommanditanteils der **Zustimmung** aller anderen Gesellschafter, dh sowohl der Komplementäre wie der Kommanditisten (§§ 161 Abs 2, 105 Abs 3 HGB, §§ 717, 719 Abs 1 BGB). Im Falle der Verfügung durch Minderjährige besteht zudem das Erfordernis familiengerichtlicher Genehmigung nach §§ 1643 Abs 1, 1822 Nr 3 BGB (BGHZ 17, 160, 164).

6. Das Form geht davon aus, dass das in der Gesellschaft seit dem letzten Bilanzstichtag und der letzten Gewinnverteilung erwirtschaftete Ergebnis nicht an den ausscheidenden Gesellschafter ausgeschüttet werden soll, sondern an den Erwerber mitverkauft wird und in der Gesellschaft verbleibt. Die Regelung des Form vermeidet, dass aufgrund der gesetzlichen Vorschrift des § 101 Nr 2 BGB der Verkäufer dem Käufer gegenüber schuldrechtlich verpflichtet ist, nach Gewinnfeststellung diesem den auf den Zeitraum der Gesellschaftszugehörigkeit des Verkäufers entfallenden Anteil am **Gewinn** des Geschäftsjahrs auszuzahlen.

7. Nach Auffassung des BGH (BGHZ 81, 82 ff) bleibt der ausscheidende Kommanditist den Gesellschaftsgläubigern verhaftet, wenn der Kommanditanteil zwar als solcher an den eintretenden Kommanditisten abgetreten worden ist, die Eintragung in das Handelsregister jedoch ohne Rechtsnachfolgevermerk erfolgt. Begründet wird dies damit, dass die Einlageleistung nunmehr für den neuen Gesellschafter wirke. Eine genaue Bezeichnung der Übertragung als **Sonderrechtsnachfolge** in der Anmeldung zum Handelsregister und die sorgfältige Kontrolle der Eintragung ist deshalb dringend anzuraten.

8. Solange der Eintritt des Kommanditisten in die bestehende Kommanditgesellschaft **nicht** im Handelsregister **eingetragen** ist, haftet er für die in der Zeit zwischen seinem Eintritt und der Eintragung in das Handelsregister begründeten Verbindlichkeiten der Gesellschaft gemäß § 176 Abs 2 HGB unbeschränkt. Der BGH (WM 1983, 651 f) wendet die Vorschrift auch dann an, wenn der Kommanditist seinen Gesellschaftsanteil im Wege der Sonderrechtsnachfolge erworben hat. Beschränkt haftet der Kommanditist vor seiner Eintragung nach § 176 Abs 1 S 1 HGB lediglich dann, wenn einem Gläubiger die Beteiligung als Kommanditist bekannt war; dem steht gleich, dass der Gläubiger genaue Kenntnis von den persönlich haftenden Gesellschaftern hatte (BGH WM 1986, 1280 f). Um die unbeschränkte Haftung zu vermeiden, wird im Form die Wirksamkeit der Abtretung des Kommanditanteils unter die Bedingung der Eintragung des eintretenden Kommanditisten in das Handelsregister gestellt.

9. Bzgl der **Haftung** bei der Veräußerung des Kommanditanteils ist wie folgt zu differenzieren: Soweit die Hafteinlage einer entweder von dem Veräußerer oder dem

Erwerber geleisteten Pflichteinlage in das Gesellschaftsvermögen entspricht und keine Rückzahlungen vorgenommen worden sind, haftet weder der Veräußerer noch der Erwerber gegenüber den Gesellschaftsgläubigern. Soweit keine Einlage in das Gesellschaftsvermögen geleistet oder diese an den Veräußerer zurückgezahlt worden ist, haften beide als Gesamtschuldner. Gemäß § 161 Abs 2, 160 Abs 1 HGB ist jedoch die Nachhaftung des ausscheidenden Kommanditisten auf die vor seinem Ausscheiden begründeten Verbindlichkeiten der Gesellschaft und auf einen Zeitraum von 5 Jahren beschränkt. Da der BGH (NJW 1976, 751, 752) das Wiederaufleben der Haftung des ausgeschiedenen Kommanditisten bei Rückzahlung der Einlage an den eintretenden Kommanditisten bejaht, sollte wie im Form. eine Freistellung durch den Erwerber vorgesehen werden.

10. Die Verpflichtung aller Gesellschafter zur **Anmeldung** der Übertragung des Kommanditanteils zur Eintragung in das Handelsregister folgt aus §§ 162 Abs 1, 3, 161 Abs 2, 107, 143 Abs 2, 1 S 1 HGB.

11. Der BGH (WM 2006, 36, 37 f) fordert die Versicherung, dass dem ausgeschiedenen Kommanditisten seitens der Gesellschaft keinerlei **Abfindung** aus dem Gesellschaftsvermögen gezahlt oder versprochen wurde.

12. Die Anmeldung ist nach § 12 Abs 1 S 1 HGB elektronisch in öffentlich beglaubigter Form. beim **Handelsregister** einzureichen.

13. Steuerhinweise: Realisiert der Veräußerer einen Veräußerungsgewinn, so zählt dieser gemäß § 16 Abs 1 S 1 Nr 2 EStG zu seinen zu versteuernden Einkünften aus Gewerbebetrieb (§ 15 EStG). Gem § 16 Abs 1 S 2 EStG gilt dies jedoch nicht mehr bei der Veräußerung eines Teils eines Anteils; der insoweit anfallende Gewinn ist laufender Gewinn. Veräußerungsgewinn ist der Betrag, um den der Kaufpreis nach Abzug der Veräußerungskosten den Wert des Anteils am Betriebsvermögen, wie er im steuerlichen Kapitalkonto zum Ausdruck kommt, übersteigt (§ 16 Abs 2 EStG). Der Veräußerungsgewinn unterliegt uneingeschränkt der Einkommen- bzw Körperschaftsteuer. Weder § 8 b Abs 2 KStG noch § 3 Nr 40 EStG finden Anwendung. Soweit natürliche Personen einen Veräußerungsgewinn erzielen, kann unter bestimmten Voraussetzungen ein Freibetrag gemäß § 16 Abs 4 EStG gewährt werden. Nach § 34 Abs 2 Nr 1 EStG zählt der Veräußerungsgewinn zu den außerordentlichen Einkünften, die in der Regel nach der sog Fünftelregelung im Sinne des § 34 Abs 1 EStG oder unter bestimmten Voraussetzungen gemäß § 34 Abs 3 EStG einem gesondert zu berechnenden Steuersatz unterworfen sind.

Ist der Kaufpreis – wie in § 1 Abs 3 des Form. vorgesehen – auch Gegenleistung dafür, dass der Veräußerer den seit dem letzten Jahresabschluss angefallenen Gewinn nicht mehr entnimmt (der Anspruch nach § 101 Nr 2 BGB also ausgeschlossen wird), zählt dieser fiktive Anteil nicht zum Veräußerungsgewinn, sondern fällt unter § 15 Abs 1 S 1 Nr 2 EStG. Er ist somit vom Veräußerer zu versteuern, was bei der Kaufpreisbestimmung zu berücksichtigen ist. Alternativ käme bei einer unterjährigen Anteilsveräußerung (soweit sie steuerlich nicht rückwirkend zum Geschäftsjahresbeginn – idR bis ca 6 Wochen nach Beginn je nach Praxis des zust Finanzamts) nur die Abgrenzung der Gewinnanteile durch einen Zwischenabschluss in Frage oder die vertragliche Zuweisung von Gewinnen (und ihrer Versteuerungspflicht) pro rata temporis.

Die UnStReform 2008 hat in § 34 a EStG unter best Voraussetzungen für natürliche Personen als Mitunternehmer hins nicht entnommener Gewinne ein Thesaurierungsprivileg eingeführt, um die steuerliche Gleichbehandlung mit Gesellschaftern einer Kapitalgesellschaft zu erreichen. Aufgrund der Nachversteuerungsregelung in § 34 a Abs 4,

6 S 1 Nr 1 EStG ist nunmehr bei einer Übertragung ggf darauf zu achten, ob der Veräußerer das Thesaurierungsprivileg in Anspruch genommen hat, da die Anteilsveräußerung unter Übertragung nicht entnommener Gewinne (wie im Form) die Nachversteuerung auslöst.

Der Veräußerungsgewinn unterliegt nicht der Gewerbesteuer, soweit er auf eine natürliche Person als unmittelbar beteiligten Mitunternehmer entfällt. Ist der Veräußerer keine natürliche Person, zählt der Veräußerungsgewinn gemäß § 7 S. 2 Nr 2 GewStG zum Gewerbeertrag, so dass grds die Steuerlast alle Gesellschafter – nicht nur den Veräußerer – trifft. Zur Vermeidung dieses Ergebnisses kann eine Regelung bereits im Gesellschaftsvertrag oder erst im Kaufvertrag getroffen werden. Zu diesbezüglichen Gestaltungsmöglichkeiten s *Scheifele,* DStR 2006, 253 ff, *Bormann,* FS Spiegelberger 2009, 22 ff und *Schrade*, FR 2017, 862 ff.

Der Erwerber verteilt den Betrag, um den der Kaufpreis die anteiligen Buchwerte bzw das steuerliche Kapitalkonto des Veräußerers übersteigt, im Wege der Aufstockung in einer Ergänzungsbilanz auf die Einzelwirtschaftsgüter des Unternehmens (*Holzapfel/Pöllath,* Rn 289 ff, 340) und schreibt den Kaufpreis, soweit er auf abnutzbare Wirtschaftsgüter entfällt, ab. Grenze für die Aufstockung ist jeweils der steuerliche Teilwert dieser Wirtschaftsgüter. Ein etwaiger verbleibender Überschuss kann als Geschäfts- oder Firmenwert angesetzt und über einen Zeitraum von 15 Jahren abgeschrieben werden, § 7 Abs 1 S 3 EStG.

Die Veräußerung eines Gesellschaftsanteils durch einen Unternehmer ist grds gemäß § 4 Nr 8 f UStG umsatzsteuerfrei. Der Verkäufer kann jedoch nach § 9 Abs 1 UStG zur Umsatzsteuerpflicht optieren, wenn die Anteile an einen anderen Unternehmer (§ 2 UStG) für dessen Unternehmen verkauft werden. In diesem Fall wird dem Käufer grds der Vorsteuerabzug für seine Transaktionskosten ermöglicht.

Grunderwerbsteuer wird ausgelöst, wenn zum Vermögen der betreffenden Gesellschaft ein inländisches Grundstück gehört und sich der Gesellschafterbestand der Personengesellschaft innerhalb von fünf Jahren dergestalt ändert, dass mindestens 95 % der Anteile am Gesellschaftsvermögen auf neue Gesellschafter übergehen (§ 1 Abs 2 a GrEStG). Im Übrigen wird Grunderwerbsteuer ausgelöst, wenn 95 % aller Gesellschaftsanteile in einer Hand vereinigt (§ 1 Abs 3 Nr 2 GrEStG), 95 % der Anteile der Gesellschaft übertragen werden (§ 1 Abs 3 Nr 4 GrEStG; s zum Erwerb durch eine Personengesellschaft, deren Alleingesellschafter der Veräußerer ist, BGH DStR 2012, 1181) oder ein Anspruch auf eine solche Vereinigung oder Übertragung begründet wird (§ 1 Abs 3 Nr 1, 4 GrEStG). Zu aktuellen Reformüberlegungen, wonach ua die Grenze jeweils auf ggf. 90 % reduziert und § 1 Abs. 2 a GrEStG auf Kapitalgesellschaften ausgedehnt werden könnte s. *Wälzholz*, MittBayNot 2019, 1 ff.

Kosten und Gebühren:

Anmeldung (Entwurfsfertigung und Einreichung beim Handelsregister in elektronischer Form durch Notar) und Eintragung

Geschäftswert: Entspricht gem § 105 Abs 1 S 1 Nr 6, Abs 1 S 2 GNotKG der einfachen Kommanditeinlage, mind EUR 30. 000,00, max EUR 1 Mio gem § 106 GNotKG.

Notar: 0,5 Gebühr gemäß § 92 Abs 2 GNotKG iVm Anlage 1 GNotKG Ziff 24102 für die Entwurfsfertigung und 0,3 Vollzugsgebühr gemäß Anlage 1 GNotKG Ziff 22114.

Register: Anlage zu HRegGebV Teil 1 Abschnitt 5.

7. Verpfändung eines KG-Anteils

Verpfändungsvereinbarung[1] vom . . . . .

zwischen

A

. . . . .

(im Folgenden: Gläubiger)

und

B

. . . . .

(im Folgenden: Schuldner)

Vorbemerkung

Der Schuldner ist Kommanditist der X KG, die in Abteilung A des Handelsregisters des Amtsgerichts . . . . . unter der Registernummer HRA . . . . . eingetragen ist. Er ist an der Gesellschaft mit einem Kapitalanteil von EUR . . . . . (im Folgenden: KG-Anteil) beteiligt. Seine Einlage ist voll erbracht und wurde nicht zurückgezahlt.

Der Gläubiger beabsichtigt, dem Schuldner ein Darlehen von EUR . . . . . (im Folgenden: Darlehen) auszuzahlen.

Die Parteien vereinbaren daher Folgendes:

§ 1 Verpfändung

(1) Als Sicherheit für das Darlehen verpfändet der Schuldner dem Gläubiger den KG-Anteil. Der Gläubiger nimmt die Verpfändung an.

(2) Die Verpfändung erstreckt sich auf alle gegenwärtigen und künftigen auf den KG-Anteil entfallenden Gewinnansprüche, sonstige Ansprüche auf Ausschüttungen auf den KG-Anteil (zB von Liquiditätsüberschüssen) und das Auseinandersetzungsguthaben. Der Gläubiger ist berechtigt, die verpfändeten Forderungen einzuziehen. Auszahlungen auf den KG-Anteil, die durch die Gesellschaft an ihn erfolgen, wird er mit seinen Ansprüchen gegen den Schuldner verrechnen.[2]

(3) Der Schuldner ist ohne Zustimmung des Gläubigers nicht berechtigt, die Gesellschaft zu kündigen. Im Fall der Kündigung erfasst die Verpfändung des KG-Anteils den Anspruch auf das Abfindungsguthaben.

(4) Im Übrigen stehen die Mitgliedschaftsrechte aus dem KG-Anteil ungeachtet der Verpfändung dem Schuldner zu.[3]

(5) Die Verpfändung des KG-Anteils wird der Gesellschaft durch Übersendung einer Kopie dieses Vertrags durch den Gläubiger angezeigt.

§ 2 Sicherungszweck

Die Verpfändung dient der Sicherung der sich aus dem Darlehen ergebenden Ansprüche und aller weiteren bestehenden und künftigen, auch bedingten oder befristeten Ansprüche des Gläubigers gegen den Schuldner aus der zugrunde liegenden Darlehensbeziehung.

§ 3 Zusicherungen

Der Schuldner versichert, dass

- die in der Vorbemerkung gemachten Angaben zutreffen,
- er Inhaber des KG-Anteils ist,
- der KG-Anteil frei von Rechten Dritter ist und
- alle Zustimmungen vorliegen, die zur Wirksamkeit der Verpfändung erforderlich sind.[4]

Die Zustimmung der Gesellschafterversammlung zu der Verpfändung ist beigefügt.

§ 4 Verpflichtungen hinsichtlich des Pfandgegenstands

Der Schuldner verpflichtet sich, solange dem Gläubiger auf Grund dieses Vertrags Rechte gegen ihn zustehen,

- alles zu unterlassen, was zum Untergang oder sonstigen nachteiligen Veränderungen des KG-Anteils führen oder seinen Wert beeinträchtigen könnte, soweit es nicht in diesem Vertrag zugelassen ist oder der Gläubiger schriftlich zugestimmt hat oder Maßnahmen im ordentlichen Geschäftsgang betroffen sind,
- den Gläubiger unverzüglich über sämtliche den KG-Anteil betreffenden Angelegenheiten zu unterrichten, soweit nicht Maßnahmen im ordentlichen Geschäftsgang betroffen sind.

§ 5 Verwertungsrechte[5]

(1) Der Gläubiger kann den KG-Anteil ohne vollstreckbaren Titel ohne weitere Androhung öffentlich versteigern lassen, falls er den Schuldner zuvor, nachdem die gesicherten Forderungen fällig geworden sind, zu deren Erfüllung binnen einer Frist von 30 Kalendertagen erfolglos aufgefordert hat.

(2) Die Versteigerung ist an jedem Ort in der Bundesrepublik Deutschland zulässig.

(3) Die Kosten der Verwertung trägt der Schuldner.

§ 6 Schlussbestimmungen[6]

(1) Sollte eine Bestimmung dieses Vertrags ganz oder teilweise unwirksam oder undurchführbar sein oder werden, wird dadurch die Gültigkeit des Vertrags im Übrigen nicht berührt. Statt der unwirksamen oder undurchführbaren Bestimmung gilt diejenige gesetzlich zulässige Regelung, die dem in der unwirksamen oder undurchführbaren Bestimmung zum Ausdruck gekommenen Sinn und Zweck wirtschaftlich am nächsten kommt.

(2) Änderungen und Ergänzungen dieses Vertrags einschließlich dieser Klausel bedürfen der Schriftform, soweit das Gesetz nicht eine strengere Form vorschreibt.

(3) Gerichtsstand ist . . . . .

Anmerkungen

1. Für die Bestellung des Pfandrechts an einem Gesellschaftsanteil sind die für dessen Abtretung geltenden Vorschriften maßgebend (§ 1274 Abs 1 S 1 BGB). Die Verpfändung ist daher wie die Abtretung (§§ 398 ff BGB) grds **formfrei.** Im Vertrag müssen die zu sichernden Forderungen zumindest bestimmbar sowie der Pfandgegenstand eindeutig bezeichnet sein und die Pfandbestellung selbst erklärt werden (RGZ 136, 422, 424).

2. Das Pfandrecht gewährt grds nur das Recht auf Befriedigung aus der **Verwertung** des Gesellschaftsanteils. Wird vereinbart, dass der Anspruch auf Nutzungen, insbes der Gewinnanspruch und (wie im Form) weitere Zahlungsansprüche des Schuldners gegen die Gesellschaft, dem Pfandgläubiger zustehen sollen (Nutzungspfand, §§ 1273 Abs 2 S 1, 1213 Abs 1 BGB), ist dieser unmittelbar zum Gewinnbezug befugt. Falls nicht anders vereinbart, wird der zugeflossene Gewinn zuerst auf Zinsen und Kosten, dann auf die Hauptforderung des Pfandgläubigers angerechnet (§§ 1273 Abs 2 S 1, 1214 Abs 2 BGB). Für die Wirksamkeit der isolierten Verpfändung des Gewinnbezugsrechts bedarf es der Anzeige des Verpfänders nach § 1280 BGB. Sie sollte zum Schutz des Gläubigers aber auch bei Verpfändung des Anteils als solcher vorgenommen werden, wenn sich das Pfandrecht auf die Forderungen des Schuldners gegen die Gesellschaft erstreckt. Im Fall des Ausscheidens des Gesellschafters, das der Pfandgläubiger nach §§ 161 Abs 2, 135, 131 Abs 3 S 1 Nr 5 HGB erzwingen kann, setzt sich das Pfandrecht an der Abfindung fort (§ 1287 S 1 BGB analog).

3. Der Verpfänder bleibt Gesellschafter mit allen Mitgliedschaftsrechten und -pflichten. Ihm stehen insbesondere weiter die Verwaltungsrechte, wie etwa das Stimmrecht, zu. In deren Ausübung wird er auch dem Pfandgläubiger gegenüber durch die Verpfändung nicht beschränkt. Der Pfandgläubiger hat allerdings gegenüber der Gesellschaft **Informations- und Kontrollrechte** zur Durchsetzung seines Pfandrechts (Baumbach/Hopt/*Roth,* § 135 Rn 16; aA MHdB GesR 2/*Weipert,* § 12 Rn 61).

4. Wenn nicht der Gesellschaftsvertrag – wie meist (vgl → Form. II.B.2 Anm. 12) – eine Mehrheitsentscheidung zulässt, bedürfen Verfügungen über Gesellschaftsanteile, auch ihre Verpfändung, der **Zustimmung** aller Gesellschafter (Baumbach/Hopt/*Roth,* § 105 Rn 70). Sie genügt auch dann, wenn der Gesellschaftsvertrag Verfügungen für unzulässig erklärt, wie in → Form. II.C.2 Anm. 15 (§ 11 Abs 6). Zustimmungsfrei ist die Verpfändung des Anspruchs auf Gewinn und Auseinandersetzungsguthaben (Baumbach/Hopt/*Roth,* § 124 Rn 20).

5. Die **Befriedigung** des Pfandgläubigers erfolgt grds auf Grund eines vollstreckbaren Titels im Wege der Zwangsvollstreckung (§ 1277 BGB). Die Verwertung auch ohne Titel in öffentlicher Versteigerung kann vereinbart werden (§ 1277 S 1 aE BGB). Die Vereinbarung freihändigen Pfandverkaufs (§§ 1235 Abs 2, 1221 BGB) und des Verzichts auf öffentliche Bekanntmachung (§ 1237 S 1 BGB) sind vor Eintritt der Pfandreife unwirksam (§§ 1277 S 2, 1245 Abs 2 BGB). Schon vor Pfandreife können die Vorschriften über die Ankündigung und den Ort der Versteigerung (§§ 1234, 1236 BGB), die Versteigerungsbedingungen (§ 1238 BGB) und das Mitbieten (§ 1239 BGB) abbedungen werden.

6. Ergänzend zu den im Form. getroffenen Regelungen können in einer Verpfändungsvereinbarung **weitere Regelungen** sinnvoll sein, insbesondere ein Verzicht des Schuldners auf Einwendungen und Einreden im Hinblick auf die Verpfändung, eine Vereinbarung über den Ausschluss des gesetzlichen Forderungsübergangs auf den Schuldner bei (teilweiser) Verwertung des Gesellschaftsanteils durch den Gläubiger sowie eine detaillierte Vereinbarung zu Schadensersatzpflichten des Schuldners und des Gläubigers.

7. Steuerhinweise: Die Verpfändung ändert idR die steuerliche Rechtszuständigkeit des Gesellschafters nicht; dieser bleibt wirtschaftlicher Eigentümer iSv § 39 Abs 2 AO und – außer im Falle des Nutzungspfands – Bezieher von Einkünften aus dem Gesellschaftsanteil. Der Pfandgläubiger erzielt – den Fall des Nutzungspfandes ausgenommen – steuerlich grds keine eigenen Einkünfte (L. Schmidt/*Levedag*, § 20, Rn. 236).

8. Auflösung und Liquidation

a) Auflösungsbeschluss

Die unterzeichnenden sämtlichen Gesellschafter der A KG beschließen einstimmig:[1]

1. Die Gesellschaft wird zum . . . . . aufgelöst.[2]
2. Zum Liquidator wird A bestellt.[3]
3. Er vertritt die Gesellschaft allein.[4]
Die Bücher und Schriften der Gesellschaft nimmt nach Beendigung der Liquidation B in Verwahrung.[4]

b) Anmeldung der Auflösung zum Handelsregister

Amtsgericht

– Handelsregister A –

. . . . . **. . . . ., den . . . . .**

Betr.: A KG HRA . . . . .

Die unterzeichnenden sämtlichen Gesellschafter melden an:[5]

1. Die Gesellschaft ist durch Beschl. v. . . . . . mit Wirkung zum . . . . . wegen . . . . . aufgelöst.[6]
2. Zum Liquidator wurde A bestellt.
3. Die Prokura für . . . . . ist erloschen.

(Unterschrift A) **(Unterschrift B)** **(Unterschrift C)**

(Notarielle Beglaubigung der Unterschriften, § 12 Abs 1 HGB)[7]

c) Anmeldung des Erlöschens der Firma zum Handelsregister

Amtsgericht

– Handelsregister A –

. . . . . **. . . . ., den . . . . .**

Betr.: A KG HRA . . . . .

Der unterzeichnende A als Liquidator meldet an:

Die Firma A KG ist erloschen.[8]

(Unterschrift A)

(Notarielle Beglaubigung der Unterschrift, § 12 Abs 1 HGB)[7]

Anmerkungen

1. Der Beschluss bedarf, wenn der Gesellschaftsvertrag nichts anderes vorsieht, der Zustimmung aller Gesellschafter (§§ 161 Abs 2, 119 Abs 1 HGB; Baumbach/Hopt/*Hopt,* § 119 Rn 1), aber keiner Form. und bei Minderjährigen auch nicht der familiengerichtlichen Genehmigung (BGHZ 52, 316, 319).

2. Der Beschluss wird wirksam, wenn die Zustimmung des letzten Gesellschafters den anderen zugegangen ist. Mit dem im Beschluss genannten Zeitpunkt ist die Gesellschaft aufgelöst. Sie besteht jedoch als Handelsgesellschaft in Liquidation (häufig als Abwicklungsgesellschaft bezeichnet) weiter, bis die Liquidation abgeschlossen ist (näher zum Liquidationsverfahren MHdB GesR 2/*Schmid,* § 46). Die Eintragung der Auflösung hat nur deklaratorische Bedeutung (Ebenroth/*Lorz,* § 143 Rn 19). Die Vereinbarung eines späteren Zeitpunkts (zB das Geschäftsjahresende) ist zulässig (Staub/*Schäfer,* § 131 HGB Rn 28) und kann sich empfehlen, um die Entstehung eines Rumpfgeschäftsjahrs zu vermeiden. Der Zeitpunkt muss dann aber im Beschluss angegeben werden, um die frühere Auflösung zu verhindern.

3. Liquidatoren sind sämtliche Gesellschafter, wenn nicht der Beschluss oder der Gesellschaftsvertrag eine andere Regelung trifft oder gerichtlich ein anderer Liquidator bestellt wird (§§ 161 Abs 2, 146 HGB). Gem §§ 161 Abs 2, 148 Abs 1 S 1 HGB sind die Liquidatoren und ihre Vertretungsbefugnisse (§§ 161 Abs 2, 150 Abs 1 HGB) zum Handelsregister anzumelden.

4. Erklärt sich niemand dazu bereit, bestimmt das Registergericht, wer verwahrt (§§ 161 Abs 2, 157 Abs 2 S 2 HGB).

5. Anzumelden haben sämtliche Gesellschafter, auch die Kommanditisten, §§ 161 Abs 2, 143 Abs 1 S 1, 148 Abs 1 S 1 HGB. Die Anmeldung des Erlöschens der Prokura ist deklaratorisch, da Prokuren mit Auflösung der Gesellschaft erlöschen.

6. Der Grund der Auflösung ist nach verbreiteter Auffassung in der Anmeldung anzugeben, um dem Registergericht die Überprüfung zu ermöglichen (Staub/*Schäfer,* § 143 HGB Rn 26 mwN; aA MHdB GesR 2/*Schmid,* § 45 Rn 86, der aber für die Praxis trotzdem Angabe empfiehlt, um Verzögerung der Eintragung zu vermeiden). Nicht anzumelden ist die Auflösung aufgrund Insolvenz. Die Eröffnung des Verfahrens wird von Amts wegen eingetragen (§§ 6, 32 HGB).

7. Die Anmeldung ist nach § 12 Abs 1 S 1 HGB elektronisch in öffentlich beglaubigter Form. beim **Handelsregister** einzureichen.

8. Nach Beendigung der Liquidation ist gem § 161 Abs 2, 157 Abs 1 das Erlöschen der Firma von den Liquidatoren zur Eintragung in das Handelsregister anzumelden. Allerdings wirkt auch die Löschungseintragung nur deklaratorisch, Baumbach/Hopt/*Roth* § 157 Rn 3.

9. **Steuerhinweise: Einkommensteuerlich** besteht die Mitunternehmerschaft bis zur Beendigung der Abwicklung fort, es sei denn, ihr ganzer Gewerbebetrieb wird bereits vorher veräußert oder aufgegeben (BFH BStBl II 1980, 658; L. Schmidt/*Wacker,* § 15

Rn 133, 197). Dagegen endet die Gesellschaft **gewerbesteuerlich** (mit der Folge des Erlöschens der Gewerbesteuerpflicht) bereits mit der tatsächlichen Betriebseinstellung, dh mit der Aufgabe der eigentlichen werbenden Tätigkeit; das schließt die Abwicklung regelmäßig aus (R 7.1 (3) GewStR; s im Einzelnen Glanegger/Güroff/*Selder*, § 7 Rn 50 f). Bei beiden Steuerarten richtet sich die Behandlung der im Rahmen der Abwicklung entstehenden Gewinne grds danach, ob sich die Gesellschafter für eine Betriebsaufgabe (Entnahme oder Einzelveräußerung aller wesentlichen Betriebsgrundlagen in einem einheitlichen Vorgang, L. Schmidt/*Wacker*, § 16 Rn 184 ff mwN) entscheiden (§ 16 Abs 1, 3 EStG; ESt: Besteuerung der aufgedeckten stillen Reserven, aber tarifbegünstigt nach § 34 Abs 1, 2 Nr 1 EStG; GewSt: steuerfrei, soweit der Gewinn auf eine natürliche Person als unmittelbar beteiligten Mitunternehmer entfällt), oder für eine allmähliche, schrittweise Betriebsabwicklung, die weder einkommensteuerlich (L. Schmidt/*Wacker*, aaO) noch gewerbesteuerlich (Glanegger/Güroff/*Selder*, § 7 Rn 65 f) begünstigt ist. Zur Ermittlung des Aufgabegewinns s L. Schmidt/*Wacker* § 16 Rn 290 ff, insbes Rn 390 ff; zu den Steuerfolgen des Wegfalls negativer Kapitalkonten von Kommanditisten s L. Schmidt/*Wacker*, § 15 a Rn 241 ff.

Die Veräußerung des Betriebsvermögens bei Liquidation unterliegt als normale steuerbare Lieferung der **Umsatzsteuer** (*Bunjes/Robisch*, § Rn 76). Das gilt auch, wenn die Auseinandersetzung durch Verteilung der Wirtschaftsgüter an die Gesellschafter erfolgt, wobei die Aufgabe der Gesellschaftsrechte als Entgelt für die Lieferung der Wirtschaftsgüter betrachtet wird (BFH BStBl III 61, 86).

Gehen iRd Abwicklung Grundstücke der Gesellschaft in das Eigentum von Gesellschaftern über, wird die – an sich entstehende – **Grunderwerbsteuer** in Höhe des jeweiligen Anteils der betroffenen Gesellschafter an der Auseinandersetzungsquote, die uU vom Beteiligungsverhältnis abweicht, „nicht erhoben"; dabei bleiben zur Missbrauchsabwehr Veränderungen der Auseinandersetzungsquote, die innerhalb der letzten 5 Jahre vor der Auflösung der Gesellschaft vereinbart worden sind, außer Betracht (§ 6 Abs 1, 2, 4, jew S 2 GrEStG; dazu Boruttau/*Viskorf*, § 6 Rn 51 ff).

Kosten und Gebühren:

Anmeldung (Entwurfsfertigung und Einreichung beim Handelsregister in elektronischer Form durch Notar) und Eintragung Auflösung und Liquidator

Geschäftswert: EUR 30 .000,00 gemäß § 105 Abs 4 Nr 3 GNotKG. Die Anmeldung des Liquidators ist gem § 94 Abs 2 S 1, 109 GNotKG gegenstandsgleich mit der Anmeldung der Auflösung.

Notar: 0,5 Gebühr gemäß § 92 Abs 2 GNotKG iVm Anlage 1 GNotKG Ziff 24102 für die Entwurfsfertigung und 0,3 Vollzugsgebühr gemäß Anlage 1 GNotKG Ziff 22114.

Register: Anlage zu HRegGebV Teil 1 Abschnitt 5.

D. GmbH

1. Gründung, GmbH-Satzungen, Geschäftsordnung

1.1 Einfacher GmbH-Vertrag (Bargründung)

a) Gesellschaftsvertrag[1]

§ 1 Firma/Sitz

(1) Die Gesellschaft hat die Firma AB GmbH.[2]

(2) Sitz der Gesellschaft ist . . . . .[3]

§ 2 Gegenstand

(1) Gegenstand des Unternehmens ist . . . . .[4]

(2) Die Gesellschaft darf alle Geschäfte und Handlungen vornehmen, die dem Gesellschaftszweck unmittelbar oder mittelbar zu dienen geeignet sind.

§ 3 Stammkapital/Geschäftsanteile[5]

(1) Das Stammkapital der Gesellschaft beträgt EUR . . . . .

(2) Davon übernimmt

A einen Geschäftsanteil von EUR . . . . . mit der Nr 1,

B einen Geschäftsanteil von EUR . . . . . mit der Nr 2.

(3) Die Einlagen auf die Geschäftsanteile sind in bar zu leisten. Die Gesellschafter zahlen auf ihre Stammeinlagen . . . . . % sofort ein. Der Rest wird innerhalb eines Monats nach Zahlungsaufforderung fällig. Für die Aufforderung zur Einzahlung von Einlagen ist die Geschäftsführung zuständig; ein Gesellschafterbeschluss ist nicht erforderlich.[6]

§ 4 Verfügungen über Geschäftsanteile[7]

Verfügungen über Geschäftsanteile oder Teile davon unter Lebenden (einschließlich Abtretungen und dinglicher Belastungen) bedürfen zu ihrer Wirksamkeit der vorherigen Zustimmung der Gesellschafterversammlung. Der Gesellschafterbeschluss, mit dem die Zustimmung erteilt wird, bedarf einer Mehrheit von drei Vierteln der abgegebenen Stimmen. Gesellschafter, die an dem Verfügungsgeschäft beteiligt sind, haben Stimmrecht.

§ 5 Geschäftsführung/Vertretung[8]

(1) Die Gesellschaft hat einen oder mehrere Geschäftsführer.

(2) Ein Geschäftsführer vertritt die Gesellschaft allein, wenn er der einzige Geschäftsführer ist oder die Gesellschafter ihn zur Einzelvertretung ermächtigt haben. Ansonsten wird die Gesellschaft durch zwei Geschäftsführer oder durch einen Geschäftsführer mit einem Prokuristen vertreten. Entsprechendes gilt für Liquidatoren.

(3) Die Gesellschafter können Geschäftsführer durch Beschluss von den Beschränkungen des § 181 BGB befreien.[9]

(4) Die Geschäftsführer sind an rechtmäßige Weisungen der Gesellschafterversammlung gebunden. Insbesondere kann sie die Geschäftsführer anweisen, bestimmte Geschäfte oder bestimmte Arten von Geschäften nur mit ihrer Zustimmung vorzunehmen.[10]

(5) Für den Abschluss, die Änderung oder die Beendigung von Dienstverträgen mit Geschäftsführern, einschließlich der Erteilung oder Veränderung von Ruhegeldzusagen, wird die Gesellschaft ausschließlich durch die Gesellschafter vertreten. Dabei haben betroffene Gesellschafter Stimmrecht, es sei denn, es liegt ein Fall der Beendigung des Dienstvertrags aus wichtigem Grund vor.[11]

§ 6 Geschäftsjahr/Bekanntmachungen

(1) Geschäftsjahr ist das Kalenderjahr.[12]

(2) Die Bekanntmachungen der Gesellschaft erfolgen ausschließlich im Bundesanzeiger.[13]

§ 7 Gründungskosten

Die Gründungskosten (insbesondere Eintragungskosten, Gerichts- und Notargebühren, Kosten der Rechts- und Steuerberatung, Bekanntmachungskosten sowie Bankgebühren und etwaige Steuern) bis zur Grenze von EUR . . . . . trägt die Gesellschaft. Etwa darüber hinausgehende Gründungskosten tragen die Gesellschafter im Verhältnis des gesamten Nennwerts der von ihnen jeweils gehaltenen Geschäftsanteile.[14]

b) Gründungsprotokoll[15]

Verhandelt zu . . . . . am . . . . .

Vor dem unterzeichneten Notar X erschienen

1. A (Privatanschrift, Geburtsdatum, Ausweispapier).
2. C (Privatanschrift, Geburtsdatum, Ausweispapier).

Der Erschienene zu 1. erklärte: Im Folgenden handele ich für mich persönlich.

Der Erschienene zu 2. erklärte: Im Folgenden handele ich nicht für mich persönlich, sondern unter Ausschluss der persönlichen Haftung namens B aufgrund hiermit überreichter notariell beglaubigter Vollmacht[16] vom . . . . ., die im Original vorgelegt wurde und dieser Urkunde in Kopie als Anlage beigefügt wird.

Vor Eintritt in die nachstehende Beurkundung belehrte der Notar die Erschienenen über die Vorschrift des § 3 Abs 1 S 1 Nr 7 BeurkG. Die Erschienenen erklärten daraufhin, es liege kein Mitwirkungsverbot nach dieser Bestimmung vor. Über die Verpflichtungen nach dem Geldwäschegesetz belehrt, erklärten sie, dass A wirtschaftlich für sich selbst und C wirtschaftlich für den von ihm vertretenen B handelte und nicht für Rechnung Dritter.[17] Die Erschienenen erklärten weiterhin, dass auf der Grundlage von Informationen, die sie von . . . . . erhalten haben,

[keine natürliche Person an dieser – direkt oder indirekt – mehr als 25 % der Kapitalanteile hält, mehr als 25 % der Stimmrechte kontrolliert oder auf vergleichbare Weise Kontrolle ausübt,/die folgenden natürlichen Personen wirtschaftlich Berechtigte im Sinne von § 3 Abs 1 GwG sind: . . . . ./die . . . . . börsennotiert ist, und]

die Gesellschaftsgründung nicht auf Veranlassung einer natürlichen Person oder als deren Treuhänderin durchgeführt wird.

Die Beteiligten und Erschienenen erklärten, dass ihnen der Notar die Hinweise gem. Art. 13, 14 DS-GVO zur Verfügung gestellt hat.[18]

Die Erschienenen erklärten:

I.

Wir gründen hiermit eine Gesellschaft mit beschränkter Haftung unter der Firma AB GmbH mit Sitz in . . . . . und schließen den als Anlage beigefügten Gesellschaftsvertrag.[19]

II.

Zu Geschäftsführern der Gesellschaft bestellen wir B (Privatanschrift, Geburtsdatum) und C (Privatanschrift (Wohnort), Geburtsdatum). Herr B ist berechtigt, die Gesellschaft allein zu vertreten. Er ist von den Beschränkungen des § 181 2. Alt BGB befreit. Der Geschäftsführer C vertritt die Gesellschaft satzungsgemäß.

III.

Der Notar wies die Erschienenen darauf hin, dass

- die Gesellschafter und die Personen, für deren Rechnung sie Geschäftsanteile übernommen haben, der Gesellschaft als Gesamtschuldner haften, falls zum Zwecke der Errichtung der Gesellschaft falsche Angaben gemacht worden sind oder die Gesellschaft durch Einlagen oder Gründungsaufwand vorsätzlich oder grob fahrlässig geschädigt worden ist;
- bei Eintragung der Gesellschaft im Handelsregister der Wert des Gesellschaftsvermögens nicht niedriger sein darf als das Stammkapital (abzüglich des Gründungsaufwandes) und jeder Gesellschafter zur Leistung eines insoweit bestehenden Fehlbetrages verpflichtet ist;
- jeder Gesellschafter für die Leistung der von den anderen Gesellschaftern übernommenen, aber nicht geleisteten Einlagen haftet;
- die Gesellschaft vor ihrer Eintragung in das Handelsregister nicht als Gesellschaft mit beschränkter Haftung besteht und dass persönlich haftet, wer vor Eintragung im Namen der Gesellschaft handelt;
- eine Geldeinlage, die bei wirtschaftlicher Betrachtung und auf Grund einer im Zusammenhang mit der Übernahme der Geldeinlage getroffenen Abrede ganz oder teilweise als verdeckte Sacheinlage zu bewerten ist, nur unter den Voraussetzungen des § 19 Abs 4 GmbHG Erfüllungswirkung hat;
- eine Vereinbarung, derzufolge die Gesellschaft einem Gesellschafter eine Leistung schuldet, die wirtschaftlich einer Rückzahlung der Einlage entspricht, den Gesellschafter von seiner Einlageverpflichtung nur unter den Voraussetzungen des § 19 Abs 5 GmbHG befreit und dass die Leistung oder die Vereinbarung einer solchen Leistung in der Anmeldung zum Handelsregister anzugeben ist;
- die Geschäftsführer (und unter bestimmten Voraussetzungen der Notar) verpflichtet sind, unverzüglich nach Wirksamwerden jeder ihm mitgeteilten und nachgewiesenen Veränderung in den Personen der Gesellschafter oder des Umfangs ihrer Beteiligung eine geänderte Liste der Gesellschafter zum Handelsregister einzureichen;
- ein Dritter einen Geschäftsanteil oder ein Recht daran gutgläubig von einem in der Gesellschafterliste eingetragenen Nichtberechtigten erwerben kann, und dass die Gesellschafter deshalb regelmäßig die Richtigkeit der zum Handelsregister eingereichten Gesellschafterliste überprüfen sollten;

- die Geschäftsführer verpflichtet sind, die in § 19 Abs 1 GwG aufgeführten Angaben zu den wirtschaftlich Berechtigten der Gesellschaft einzuholen, aufzubewahren, auf aktuellem Stand zu halten und der registerführenden Stelle unverzüglich zur Eintragung in das Transparenzregister mitzuteilen;
- [die Beteiligung an der Gesellschaft durch Gebietsfremde, grenzüberschreitende Zahlungen sowie grenzüberschreitende Rechts- oder Sacheinbringungen in Gesellschaften nach dem Außenwirtschaftsgesetz iVm der Außenwirtschaftsverordnung meldepflichtig sein können;]
- [solange sich alle Geschäftsanteile in der Hand eines Gesellschafters oder daneben in der Hand der Gesellschaft befinden, der Gesellschafter über alle Beschlussfassungen unverzüglich eine Niederschrift aufzunehmen und zu unterschreiben hat;]
- die Prüfung der steuerlichen und wirtschaftlichen Auswirkungen dieser Urkunde nicht zu seinen Aufgaben gehört und er dementsprechend eine solche Prüfung nicht vorgenommen hat.Vorstehende Niederschrift nebst Anlage wurde den Erschienenen von dem Notar vorgelesen, von den Erschienenen genehmigt und von ihnen sowie dem Notar wie folgt unterschrieben:

c) Anmeldung zum Handelsregister[20]

aa) Erstmalige Gründung einer GmbH

Amtsgericht

– Handelsregister B –

. . . . .

Betr.: AB GmbH

Wir, die unterzeichneten sämtlichen Geschäftsführer überreichen:[21]

1. Beglaubigte Abschrift des Gründungsprotokolls (UR . . . . . des Notars X) mit unserer Bestellung zu Geschäftsführern,

2. Liste der Gesellschafter,

und melden die Gesellschaft und unsere Bestellung zu Geschäftsführern zur Eintragung in das Handelsregister an. Die inländische Geschäftsanschrift der Gesellschaft lautet wie folgt: . . . . . (Adresse). Dort befinden sich auch die Geschäftsräume.[22]

Zur Vertretungsberechtigung melden wir an: Ein Geschäftsführer vertritt die Gesellschaft allein, wenn er der einzige Geschäftsführer ist oder die Gesellschafter ihn zur Einzelvertretung ermächtigt haben. Ansonsten wird die Gesellschaft durch zwei Geschäftsführer oder durch einen Geschäftsführer mit einem Prokuristen vertreten.

Der Geschäftsführer B vertritt die Gesellschaft stets allein. Er ist von den Beschränkungen des § 181 2. Alt BGB (Mehrvertretung) befreit[23] und kann die Gesellschaft somit bei Rechtsgeschäften mit einem von ihm vertretenen Dritten vertreten. Der Geschäftsführer C vertritt die Gesellschaft allein, wenn er der einzige Geschäftsführer ist. Ansonsten vertritt er die Gesellschaft zusammen mit einem weiteren Geschäftsführer oder mit einem Prokuristen.[24]

Wir versichern,

dass auf die gegen Bareinlagen übernommenen Geschäftsanteile von Gesellschafter A ein Betrag von EUR . . . . . und von Gesellschafter B ein Betrag von EUR . . . . . jeweils durch Überweisung auf ein Bankkonto der Gesellschaft und damit auf jeden Geschäftsanteil mindestens ein Viertel des Nennbetrags und auf das Stammkapital mindestens die Hälfte des gesetzlichen Mindeststammkapitals einbezahlt worden ist,[25]

dass sich der Gegenstand der vorstehenden Leistungen endgültig in unserer freien Verfügung befindet[26] und nicht an die Gesellschafter zurückgewährt wurde,[27]

dass das Vermögen der Gesellschaft, abgesehen von dem in der Satzung festgesetzten Gründungsaufwand (insbesondere Eintragungskosten, Gerichts- und Notargebühren, Kosten der Rechts- und Steuerberatung, Bekanntmachungskosten sowie Bankgebühren und etwaige Steuern), im Betrag von insgesamt höchstens EUR . . . . . nicht mit Verbindlichkeiten vorbelastet ist.[28]

Jeder Geschäftsführer versichert für sich,[29]

dass ihm die Ausübung eines Berufs, Berufszweiges, Gewerbes oder Gewerbezweiges noch nie, weder durch gerichtliches Urteil noch durch vollziehbare Entscheidung einer Verwaltungsbehörde, verboten wurde,[30] sowie

dass er noch nie, weder im Inland noch im Ausland, wegen einer Straftat verurteilt worden ist,[31] und

dass er über seine unbeschränkte Auskunftspflicht gegenüber dem Gericht durch den beglaubigenden Notar belehrt worden ist.[32]

. . . . . (Ort), den . . . . .

[B Geschäftsführer] [C Geschäftsführer][33]

[Beglaubigungsvermerk des Notars]

bb) Aktivierung oder Reaktivierung einer Vorrats- oder Mantel-GmbH[34]

Amtsgericht

– Handelsregister B –

. . . . .

Betr.: AB GmbH

Wir, die unterzeichneten sämtlichen Geschäftsführer überreichen:

1. Beglaubigte Abschrift über die Gesellschafterversammlung vom . . . . . (UR . . . . . des Notars X),

2. Vollständigen Wortlaut des Gesellschaftsvertrages mit der Bescheinigung des Notars nach § 54 Abs 1 S 2 GmbHG,[35]

3. Aktuelle Gesellschafterliste mit einer Notarbescheinigung gem § 40 Abs 2 S 2 GmbHG,[36]

und melden zur Eintragung in das Handelsregister an:

Herr/Frau . . . . . und Herr/Frau . . . . . sind nicht mehr Geschäftsführer und zu neuen Geschäftsführern wurden B, geb am . . . . . , wohnhaft in . . . . . , und C, geb am . . . . . , wohnhaft in . . . . . , bestellt.

Der Gesellschaftsvertrag ist neu gefasst worden. Von den gem. § 10 Abs 1 und 2 GmbHG eintragungspflichtigen Bestandteilen des Gesellschaftsvertrages haben sich geändert:

Die Firma der Gesellschaft wurde in . . . . . GmbH geändert, der Gegenstand des Unternehmens wurde in . . . . . geändert, der Sitz der Gesellschaft wurde nach . . . . . verlegt und die inländische Geschäftsanschrift lautet nunmehr . . . . . Dort befinden sich auch die Geschäftsräume.

Zur Vertretungsberechtigung melden wir an: wie → Form. II.D.1.1 c).

Wir teilen mit, dass die als Vorratsgesellschaft gegründete Gesellschaft erstmals den aktiven Geschäftsbetrieb aufnehmen wird, und legen hiermit die „wirtschaftliche Neugründung" offen. [*Bei Mantelverwendung:* Wir teilen mit, dass die Gesellschaft am . . . . . (Datum) ihren Geschäftsbetrieb eingestellt hat, seitdem nicht wieder aufgenommen hat und nunmehr den . . . . . (oben angegebenen Geschäftsbetrieb) aufnimmt, und legen hiermit die „wirtschaftliche Neugründung" offen.]

Wir versichern,

dass das satzungsmäßige Stammkapital der Gesellschaft iHv EUR . . . . . vom Nettovermögen der Gesellschaft gedeckt ist und abgesehen von den Gründungskosten[37] iHv EUR . . . . . nicht mit Verbindlichkeiten vorbelastet ist,

dass der auf die übernommenen Stammeinlagen zu entrichtende Betrag durch Überweisung auf ein Bankkonto der Gesellschaft voll geleistet wurde und damit das gesamte Stammkapital einbezahlt worden ist[38] und

dass der Gegenstand dieser Leistungen sich weiterhin endgültig in unserer freien Verfügung befindet.

Jeder Geschäftsführer versichert für sich: wie → Form. II.D.1.1 c).

. . . . . (Ort), den . . . . .

[B Geschäftsführer] [C Geschäftsführer]

[Beglaubigungsvermerk des Notars]

d) Gesellschafterliste der AB GmbH[39]

Name, Vorname[40]	Geburtsdatum	Wohnort	Nennbetrag der übernommenen Geschäftsanteile	Lfd. Nummer/n der übernommenen Geschäftsanteile[41]	Prozentuale Beteiligung am Stammkapital vermittelt durch den Nennbetrag des jeweiligen Geschäftsanteils[42]	Gesamtumfang der prozentualen Beteiligung des Gesellschafters am Stammkapital[43]
A	. . . . .	. . . . .	EUR	1	. . . . . %	. . . . . %
B	. . . . .	. . . . .	EUR	2	. . . . . %	. . . . . %

(Unterschriften sämtlicher Geschäftsführer, Beglaubigung unnötig)[44]

Schrifttum: *Bayer,* Gesellschafterliste: Einreichungspflichtige Veränderungen der Beteiligungsverhältnisse, GmbHR 2012, 1; *Bärwaldt,* Die Anmeldung „zukünftiger" Tatsachen zum Handelsregister, GmbHR 2000, 421; *Bärwaldt/Balda,* Praktische Hinweise für den Umgang mit Vorrats- und Mantelgesellschaften Teil I: Vorratsgesellschaften, GmbHR 2004, 50; *Blasche,* Vinkulierungsklauseln in GmbH-Gesellschaftsverträgen, RNotZ 2013, 515; *Blasche,* Aktuelle Praxisfragen zur Gesellschafterliste, RNotZ 2014, 34; *Bork/Oepen,* Schutz des GmbH-Minderheitsgesellschafters vor der Mehrheit bei der Gewinnverteilung, ZGR 2002, 241; *Brandmüller/Küffner,* Bonner Handbuch GmbH, Stand: Oktober 2018; *Cziupka,* Zehn praktische Hinweise zur neuen Gesellschafterlistenverordnung, GmbHR 2018, R180; *Eickelberg* SUP, EGVP, ePerso und XML – Die schöne neue (digitale) Welt der GmbH-Gründung, NZG 2015, 81; *Eickelberg/Ries,* Bedingt listenfähig – Aktuelles von der GmbH-Gesellschafterliste, NZG 2015, 1103; *Frank/Schaub,* Standardisierung der GmbH-Gesellschafterliste – Die Vorgaben der Gesellschafterlistenverordnung, DStR 2018, 1822; *Freier,* Die neue Gesellschafterlistenverordnung – Gestaltungsempfehlungen für die notarielle Praxis, notar 2018, 292; *Frenzel,* Erstarkung der Gesamt- zur Alleinvertretungsbefugnis bei Ausscheiden der übrigen Geschäftsführer?, GmbHR 2011, 515; *Goette,* Zum Zeitpunkt des Wirksamwerdens des Zwangseinziehungsbeschlusses, FS Lutter 2000, 399; ; *Heckschen,* Agio und Bezugsrechtsausschluss bei der GmbH, DStR 2001, 1437; *Haneken,* GesellschafterlistenVO in Kraft getreten!, DB 2018, 2104; *Heckschen,* Aktuelle Beratungshinweise zur GmbH-Satzung – Unternehmensgegenstand, Bekanntmachung, Anteilserwerb, GmbHR 2007, 198; *Heuser* (Bearb.), GmbH-Handbuch, Stand: Aug. 2010; *Hülsmann,* Buchwertabfindung des GmbH-Gesellschafters im Lichte aktueller Rechtsprechung, GmbHR 2001, 409; *Hülsmann,* Abfindungsklauseln: Kontrollkriterien der Rechtsprechung, NJW 2002, 1673; Jeep, Leere Hülse, beschränktes Risiko: Die Gesellschafterhaftung bei nicht offengelegter wirtschaftlicher Neugründung, NZG 2012, 1209; Kuzlik, Die Haftung bei der „wirtschaftlichen Neugründung" einer GmbH – zugleich Besprechung der Entscheidung des BGH v. 6.3.2012 – II ZR 56/10, GmbHR 2012, 882; Langenfeld, GmbH-Vertragspraxis: Gestaltung, Beratung, Muster zur GmbH und GmbH & Co. KG, 8. Aufl 2019; *Lieder/Becker,* Die Gesellschafterlistenverordnung, NotBZ 2018, 321; *Loritz,* Die Reichweite von Vinkulierungsklauseln in GmbH-Gesellschaftsverträgen, NZG 2007, 361; *Löwe,* Wiederspruch zur Gesellschafterliste bei einer GmbH, BB 2011, 2832; *Löwe/Thoß,* Austritt und Ausschluss eines Gesellschafters aus der GmbH sowie Einziehung seines Geschäftsanteils – Wirksamkeit und Wirkungen, NZG 2003, 1005; *Mayer,* Probleme rund um die Gesellschafterliste (Teil I), MittBayNot 2014, 24; *Mecklenbrauck,* Abfindungsbeschränkungen in Gesellschaftsverträgen, BB 2000, 2001; *Miller,* Gesellschafterlistenverordnung – Sinn und Unsinn gegenwärtiger Rechtsetzung, NJW 2018, 2518; *Noack,* Satzungsändernde Verträge der Gesellschaft mit ihren Gesellschaftern, NZG 2013, 281; *Plückelmann,* Die Vertretungsbefugnis des Geschäftsführers bei Gründung einer GmbH nach dem Musterprotokoll, GWR 2009, 385; *Reichert/Schumacher,* Der GmbH-Vertrag, 4. Aufl. 2014; *Reichert,* Vinkulierung von GmbH-Geschäftsanteilen – Möglichkeiten der Vertragsgestaltung, GmbHR 2012, 713; *Robles y Zepf,* Praxisrelevante Probleme der Mehrfachvertretung bei der GmbH und der Aktiengesellschaft gem § 181 2. Alt BGB, BB 2012, 1876; *Römermann,* Ausschließung von GmbH-Gesellschaftern und Einziehung von Anteilen: Ein Minenfeld, NZG 2010, 96; *K. Schmidt,* Anteilssteuerung durch Vinkulierungsklauseln, GmbHR **11**, 1289; *Schockenhoff,* Die Auslegung von GmbH- und AG-Satzungen, ZGR 2013, 76; *Schröder/Cannivé,* Der Unternehmensgegenstand der GmbH vor und nach dem MoMiG, NZG 2008, 1; *Seebach,* Die Unternehmergesellschaft (haftungsbeschränkt) in der notariellen Praxis, RNotZ 2013, 261; *Streuer,* Die Gestaltung des Unternehmensgegenstands in der GmbH-Satzung – Flexibilität versus Fokussierung, GmbHR 2002, 407; *Tiedke/Wälzholz,* Kapitalerhöhungskosten und verdeckte Gewinnausschüttung, GmbHR 2001, 223; *Wachter,* Aktuelle Praxisprobleme mit der neuen Gesellschafterliste, NZG 2009, 1001; *Wachter,* Festsetzung des Gründungsaufwands in der GmbH-Satzung, NZG 2010, 734; *Wachter,* Wer trägt die Kosten der wirtschaftlichen Neugründung?, GmbHR 2016, 791; *Wachter,* Neuregelungen bei der GmbH-Gesellschafterliste, GmbHR 2017, 1177; *Wälzholz,* Vorbelastungshaftung und Vertrauensschutz bei gebrauchten GmbH-Mänteln oder: der Nebel lichtet sich langsam, NZG 2005, 203; *Veil,* BB-Rechtsprechungsreport zum Kapitalgesellschaftsrecht 2010, BB 2011, 1155; *Wangler/Dierkes,* Gesellschaftsvertragliche Abfindungsregelungen: Rechtsprechung und Vertragspraxis, DS 2007, 94; *Wicke,* Echte und unechte Bestandteile im Gesellschaftsvertrag einer GmbH, DNotZ 2006, 419; *Wicke,* Schuldrechtliche Nebenvereinbarungen bei der GmbH – Motive, rechtliche Behandlung, Verhältnis zum Gesellschaftsvertrag, DStR 2006, 1137.

Anmerkungen

1. Es handelt sich um einen **einfachen GmbH-Gesellschaftsvertrag,** wie er bei einer **Bargründung** durch mehrere Gesellschafter (zur Gründung einer Einpersonen-GmbH → Form. II.D.1.3 Anm. 1 ff) verwendet wird (s zur Sachgründung → Form. II.D.1.4 Anm. 6). Er kann dort den Vorstellungen der Gesellschafter und den konkreten Verhältnissen bei der Gesellschaft im Rahmen des geltenden Rechts beliebig angepasst werden. Alternativ besteht gemäß § 2 Abs 1 a GmbHG die Möglichkeit, eine GmbH unter Verwendung eines gesetzlich vorgegebenen **Musterprotokolls** zu gründen, wenn sie höchstens drei Gesellschafter und einen Geschäftsführer hat. Die Gründung einer GmbH unter Verwendung des Musterprotokolls hat kostenrechtliche Vorteile, jedoch wird dieser Kostenvorteil mit einem Verlust an Flexibilität erkauft, da gemäß § 2 Abs 1 a S 3 GmbHG im Gesellschaftsvertrag keine vom Gesetz abweichenden Bestimmungen getroffen werden dürfen (s hierzu → Form. II.D.1.2 Anm. 1 ff).

Die Regeln zur Gründung einer „normalen" GmbH finden auch auf die Unternehmergesellschaft (haftungsbeschränkt) (zu dieser s → Form. II.D.1.2 Anm. 7) Anwendung, sofern aus § 5 a GmbHG nicht etwas anderes folgt (Baumbach/Hueck/*Servatius* § 5 a Rn. 7). Auf die Besonderheiten bei der Gründung einer Unternehmergesellschaft (haftungsbeschränkt) im Regelverfahren wird im Folgenden an entsprechender Stelle hingewiesen.

2. Die **Firma** muss die Bezeichnung „Gesellschaft mit beschränkter Haftung" oder eine allgemein verständliche Abkürzung dieser Bezeichnung („GmbH") enthalten (§ 4 GmbHG). Sie muss zur Kennzeichnung geeignet, unterscheidungskräftig und darf nicht irreführend sein (§ 18 HGB). Zur Beibehaltung des Namens eines Gesellschafters in der Firma nach dessen Ausscheiden bedarf es dessen Einwilligung nicht (BGHZ 58, 322, 324; BGHZ 85, 221, 224). Zur Bildung der Firma s → Form. I.A.1 Anm. 5.

Abweichend von § 4 GmbHG muss im Falle der Gründung einer Unternehmergesellschaft (haftungsbeschränkt) in der Firma die Bezeichnung „Unternehmergesellschaft (haftungsbeschränkt)" oder „UG (haftungsbeschränkt)" geführt werden (§ 5 a Abs 1 GmbHG). Andere Zusätze oder Abkürzungen sind unzulässig und hindern die Eintragung (Baumbach/Hueck/*Servatius* § 5 a Rn 9). Ein Verstoß hiergegen kann zudem eine Rechtsscheinhaftung auslösen (BGH NZG 2012, 989, 991). Eine gemeinnützige Unternehmergesellschaft (haftungsbeschränkt) kann jedoch mit „gUG (haftungsbeschränkt)" eingetragen werden (BGH NZG 2020, 781 f).

3. Der **Sitz muss im Inland sein** (§ 4 a GmbHG) und in einem bestimmten Ort im Sinn einer politischen Gemeinde liegen (MHdB GesR III/*Heidinger* § 19 Rn 84). Es kann grds ein beliebiger Ort gewählt werden, unabhängig davon, ob die geschäftliche Tätigkeit eine Beziehung zu diesem Ort aufweist (Baumbach/Hueck/*Servatius* § 4 a Rn 4). Gemeint ist damit aber nur der Satzungssitz. Der tatsächliche Sitz der Verwaltung der Gesellschaft kann dagegen im Ausland liegen (Baumbach/Hueck/*Servatius* § 4 a Rn 1). Die GmbH kann nur einen Sitz haben, die Bestimmung eines Doppelsitzes ist im Regelfall nicht eintragungsfähig (Scholz/*Cziupka* § 4 a GmbHG Rn 13 f; Baumbach/Hueck/*Servatius* § 4 a Rn 6 jeweils mwN). Liegt der Verwaltungssitz im Ausland, kann sich die Anmeldung einer empfangsberechtigten Person mit inländischer Adresse zur Eintragung im Handelsregister empfehlen (§ 10 Abs 2 S 2 GmbHG). Mit dieser Möglichkeit lässt sich der Gefahr einer Zustellung durch öffentliche Bekanntmachung (von der die betroffene Gesellschaft in der Regel nichts erfährt) begegnen (vgl § 185 Abs 1 Nr 2 ZPO). Diese Gefahr wird allerdings nur relevant, wenn eine Zustellung unter der inländischen Geschäftsanschrift misslingt. Die Pflicht zur Angabe einer inländischen Geschäftsanschrift in der Anmeldung der Gesellschaft zum Handelsregister (§ 8 Abs 4 Nr 1 GmbHG – dazu → Anm. 22) ist vom Satzungs- und Verwaltungssitz zu unterscheiden.

4. Die Gesellschaft kann zu jedem zulässigen **Zweck** gegründet werden (§ 1 GmbHG). Der – engere – „Gegenstand" bezeichnet den Bereich und die Art der Betätigung der Gesellschaft (Baumbach/Hueck/*Fastrich* § 3 Rn 7); er muss den Schwerpunkt der Geschäftstätigkeit der Gesellschaft für die beteiligten Wirtschaftskreise ausreichend erkennbar machen (BGH WM 1981, 163, 164). Im Innenverhältnis schützen sich die Gesellschafter zudem durch Konkretisierung des Gegenstands vor eigenmächtigen Ausweitungen des satzungsmäßig festgelegten Tätigkeitsfelds durch die Geschäftsführer, da diese im Innenverhältnis an den Gesellschaftsvertrag gebunden sind (§ 37 Abs 1 GmbHG). Außenwirkung gegenüber Dritten hat diese Beschränkung allerdings keine (§ 37 Abs 2 GmbHG).

5. Bei Gründung muss im Gesellschaftsvertrag die **Stammkapitalziffer** als fester Betrag (§ 3 Abs 1 Nr 3 GmbHG) angegeben werden. Das Stammkapital darf der Höhe nach nicht weniger als EUR 25.000,00 betragen (§ 5 Abs 1 GmbHG). Ferner muss der Gesellschaftsvertrag die Zahl und die Nennbeträge der Geschäftsanteile enthalten, die jeder Gesellschafter gegen Einlage auf das Stammkapital (Stammeinlage) übernimmt (§ 3 Abs 1 Nr 4 GmbHG). Bei späteren Neufassungen des Gesellschaftsvertrags können diese Angaben jedenfalls dann durch Neufassung der Satzung gestrichen werden, wenn bis dahin die Einlagen auf die Geschäftsanteile vollständig geleistet sind (s die Nachw bei Baumbach/Hueck/*Fastrich* § 3 Rn 18). Jeder Gesellschafter kann bei der Gründung der Gesellschaft und späteren Kapitalerhöhungen gleichzeitig mehrere Geschäftsanteile übernehmen (§§ 5 Abs 2 S 2, 55 Abs 4 GmbHG), deren Nennwert auch unterschiedlich hoch sein kann (§ 5 Abs 3 S 1 GmbHG). Die Summe der Nennbeträge aller Gesellschaftsanteile muss mit dem Stammkapital übereinstimmen (§ 5 Abs 3 S 2 GmbHG). Der Nennbetrag jedes Geschäftsanteils muss auf volle Euro lauten (§ 5 Abs 2 S 1 GmbHG); der Mindestnennbetrag eines Geschäftsanteils beträgt EUR 1,00 (Baumbach/Hueck/*Fastrich* § 5 Rn 7). Die in § 3 Abs 1 Nr 4 vorgesehene Nummerierung der Geschäftsanteile wird an sich nur in der Gesellschafterliste (§ 40 Abs 1 GmbHG), nicht aber in der Satzung verlangt (Baumbach/Hueck/*Fastrich* § 3 Rn 16, § 5 Rn 7, str). Die Nummerierung in der Gründungssatzung hat aber den praktischen Vorteil, dass so der erste Aufsatzpunkt für die Nummerierung der Geschäftsanteile durch Einsichtnahme in die Gründungsurkunde ersichtlich ist.

Bei der Unternehmergesellschaft (haftungsbeschränkt) besteht kein Mindestkapitalerfordernis. Das Stammkapital muss vielmehr unter dem in § 5 Abs 1 GmbHG geforderten Betrag liegen (Baumbach/Hueck/*Servatius* § 5 a Rn 10). Da § 5 Abs 2 S 1 GmbHG auch für die Unternehmergesellschaft (haftungsbeschränkt) gilt, ergibt sich ein Mindestkapital von EUR 1. Das Stammkapital kann damit zwischen EUR 1,00 und EUR 24.999,00 liegen.

6. Vor der Anmeldung der Gesellschaft zur Eintragung im Handelsregister sind auf jeden Geschäftsanteil 25 % des Nennbetrags einzuzahlen und die Einlagen müssen insgesamt mindestens EUR 12.500,00 erreichen (§ 7 Abs 2 GmbHG). Die restlichen Bareinlagen können jederzeit durch Gesellschafterbeschluss (§ 46 Nr 2 GmbHG) eingefordert werden, wenn der Gesellschaftsvertrag keine festen Zahlungstermine vorsieht. Das Form enthält eine Verlagerung der Zuständigkeit für die Einforderung der restlichen Einlage von der Gesellschafterversammlung auf die Geschäftsführer. Das ist zulässig, muss aber in der Satzung hinreichend deutlich zum Ausdruck kommen (Baumbach/Hueck/*Zöllner*/*Noack* § 46 Rn 29).

Bei der Unternehmergesellschaft (haftungsbeschränkt) darf die Anmeldung dagegen erst erfolgen, wenn das Stammkapital in voller Höhe eingezahlt ist (§ 5 a Abs 2 S 1 GmbHG). Zum **Volleinzahlungsgebot** bei einer Kapitalerhöhung s → Form. II.D.2.3 Anm. 22.

7. Ohne Regelung in der Satzung können **Verfügungen über GmbH-Geschäftsanteile** grundsätzlich frei vorgenommen werden (§ 15 Abs 1 GmbHG). Davon abweichend kann der Gesellschaftsvertrag die Abtretung der Geschäftsanteile an weitere Voraussetzungen knüpfen, das heißt, er kann sie „vinkulieren", insbesondere indem der Gesellschaftsvertrag Verfügungen über Geschäftsanteile von der Genehmigung der Gesellschaft (das heißt ihrer Zustimmung, BGHZ 13, 179, 184) abhängig macht (§ 15 Abs 5 GmbHG). Vinkulierungsklauseln sind in der Praxis weit verbreitet. Sie finden sich zum Teil als generelle Verfügungsverbote, um das Eindringen Dritter in die Gesellschaft gegen den Willen der Mehrheit oder einer qualifizierten Minderheit der Gesellschafter ganz zu verhindern, aber auch gepaart mit Vorkaufsrechten oder der Pflicht, Geschäftsanteile vor Abschluss eines Kaufvertrags mit einem Dritten den Mitgesellschaftern andienen zu müssen (dazu → Form. II.D.1.4 Anm. 7). Die Zustimmung wird von den Geschäftsführern erteilt (Baumbach/Hueck/*Servatius* § 15 Rn 42) und kann Einwilligung (§ 183 BGB) oder Genehmigung (§ 184 BGB) sein. Die Erteilung der Zustimmung ist grds formfrei, kann also auch konkludent erfolgen (BGH NZG 2006, 627, 628). Es empfiehlt sich zwecks Vermeidung von Unklarheiten, im Gesellschaftsvertrag zu regeln, ob die Erteilung oder Versagung der Zustimmung im Ermessen der Geschäftsführer liegt oder ob der Geschäftsführer im Innenverhältnis eines Gesellschafterbeschlusses bedarf, um die Zustimmung erteilen zu dürfen. Im Zweifel ist Letzteres anzunehmen (BGH NJW 1988, 2241, 2242), wofür auch die grundsätzliche Weisungsgebundenheit des GmbH-Geschäftsführers gegenüber den Gesellschaftern spricht. Wenn im Gesellschaftsvertrag – anders als im Form. – nichts Abweichendes geregelt ist, entscheidet die Gesellschafterversammlung über die Erteilung oder Versagung ihrer Zustimmung mit einfacher Stimmenmehrheit (§ 47 Abs 1 GmbHG). Der veräußernde Gesellschafter unterliegt dabei keinem Stimmverbot nach § 47 Abs 4 S 2 GmbHG (Vornahme eines Rechtsgeschäfts gegenüber einem Gesellschafter), weil es sich bei der Zustimmung nicht um ein Rechtsgeschäft zwischen der Gesellschaft und einem Gesellschafter, sondern um einen sozialrechtlichen Akt handelt (s nur BGHZ 48, 163, 167; Baumbach/Hueck/*Servatius* § 15 Rn 42; *Roth/Altmeppen* § 15 Rn 104). Es empfiehlt sich allerdings eine klarstellende Regelung im Gesellschaftsvertrag. Einen Anspruch auf die Erteilung der Genehmigung hat der veräußernde Gesellschafter grds nicht, da sie im Ermessen des Zustimmungsberechtigten steht. Eine Pflicht zur Zustimmung besteht nur, wenn die Satzung es ausdrücklich regelt oder sie sich ausnahmsweise aus der Treuepflicht oder dem Gleichbehandlungsgrundsatz ergibt (Baumbach/Hueck/*Servatius* § 15 Rn 46). Auch ein Recht zum Austritt aus der Gesellschaft hat der veräußerungswillige Gesellschafter bei Versagung der Zustimmung grundsätzlich nicht (Baumbach/Hueck/*Kersting* § 34 Anh Rn 18 ff, 21). Der Gesellschaftsvertrag kann dem verfügungswilligen Gesellschafter für den Fall, dass die Zustimmung zur Verfügung über seine Geschäftsanteile versagt wird, ein Austrittsrecht gegen Zahlung einer Abfindung gewähren. Diese Lösung des Konflikts zwischen austrittswilligem Gesellschafter und Gesellschaft oder der Mehrheit der Gesellschafter geht allerdings einseitig zu Lasten der Gesellschaft, weil die Abfindung das Gesellschaftsvermögen belastet und selten in der Finanzplanung der Gesellschaft berücksichtigt ist. Durch Ratenzahlungsvereinbarungen, die ebenfalls in der Satzung vorgesehen werden können, lässt sich dieser Effekt abschwächen. Die Verfügung über **Teil-Geschäftsanteile** bedarf eines Gesellschafterbeschlusses, der die Teilung des Geschäftsanteils vorsieht (§ 46 Nr 4 GmbHG). Dieser unterliegt nicht den für Satzungsänderungen geltenden besonderen Formvorschriften nach § 53 GmbHG, weshalb die einfache Stimmenmehrheit für die Erteilung oder Versagung der Zustimmung genügt und der Teilungsbeschluss privatschriftlich möglich ist (Baumbach/Hueck/*Zöllner/Noack* § 46 Rn 31 c). In der Praxis erfolgt die Teilung aber häufig dennoch unter Mitwirkung eines Notars, wenn sie im Zusammenhang mit einer beurkundungspflichtigen Anteilsveräußerung geschieht. Der Teilungsbeschluss steht ebenfalls im Ermessen der Gesellschafterversammlung. Die –

zwingend – frei vererblichen (§ 15 Abs 1 GmbHG) Geschäftsanteile gehen beim Tod eines Gesellschafters auf den oder die **Erben** als Erbengemeinschaft über. Die Gesellschafterrechte können von mehreren Erben bis zur realen Teilung oder Zuteilung des Geschäftsanteils an einen von ihnen nur gemeinschaftlich ausgeübt (§ 18 Abs 1 GmbHG) oder, falls der Gesellschaftsvertrag das nicht ausschließt, durch einen Testamentsvollstrecker ausgeübt werden (Baumbach/Hueck/*Servatius* § 15 Rn 17; zur Teilung des Geschäftsanteils im Rahmen der Erbauseinandersetzung s *Lange* GmbHR 2014, 281). Alternativ kann die Satzung vorsehen, dass die Miterben ihre Rechte nur durch einen gemeinsamen Vertreter ausüben können; die gemeinschaftliche Rechtsausübung wird dadurch nicht ausgeschlossen (OLG Jena NZG 12, 782, 783). Der Gesellschaftsvertrag kann jedoch anordnen, dass Geschäftsanteile gegen Entgelt vom Erben an eine bestimmte Person abzutreten sind oder nach Eintritt des Erbfalls eingezogen werden können. Dabei kann der Gesellschaftsvertrag die Höhe des Entgelts ebenfalls regeln (Baumbach/Hueck/*Servatius* § 15 Rn 13 f).

8. Die Befugnis zur Geschäftsführung liegt bei den Geschäftsführern und umfasst alle laufenden Angelegenheiten der Gesellschaft. Ungewöhnliche Geschäfte bedürfen nach hM im Innenverhältnis zwischen Geschäftsführer und Gesellschaft der Zustimmung der Gesellschafterversammlung (GroKoGmbHG/*Paefgen* § 37 Rn 19 f; Lutter/Hommelhoff/*Kleindiek* § 37 Rn 10; vgl auch BGH NJW 1984, 1461, 1462; aA: Baumbach/Hueck/*Beurskens*, § 37 Rn 7). So bedarf beispielsweise die Übertragung des gesamten Gesellschaftsvermögens auch ohne einen in der Satzung geregelten Zustimmungsvorbehalt stets eines Gesellschafterbeschlusses (BGH NZG 2019, 505, 509).

Die Vertretung der GmbH durch ihre Geschäftsführer ist organschaftlicher Natur (Baumbach/Hueck/*Beurskens*, § 35 Rn 1 f). Sie umfasst gerichtliches und außergerichtliches Handeln und ist nach außen gegenüber Dritten nicht beschränkbar, § 37 Abs 2 GmbHG. Lediglich in Ausnahmefällen, insbesondere in Fällen des Missbrauchs der Vertretungsmacht (Baumbach/Hueck/*Beurskens*, § 37 Rn 70 ff), hat das Fehlen eines erforderlichen Gesellschafterbeschlusses Wirkung im Außenverhältnis zum Vertragspartner.

Das Gesetz sieht für die Aktivvertretung grundsätzlich Gesamtvertretung vor, wenn der Gesellschaftsvertrag nichts Abweichendes vorsieht § 35 Abs 2 S 1 GmbHG; Letzteres ist in der Praxis regelmäßig der Fall. Weitaus am häufigsten sind Satzungsegelungen wie im Form., bei denen, wenn einem Geschäftsführer bei seiner Bestellung nicht Einzelvertretungsbefugnis erteilt wird oder er der alleinige Geschäftsführer ist, die Vertretung der Gesellschaft gemeinsamen Handelns zweier Geschäftsführer („echte Gesamtvertretung") oder eines Geschäftsführers zusammen mit einem Prokuristen bedarf („unechte Gesamtvertretung") (Baumbach/Hueck/*Beurskens*, § 35 Rn 43 ff). Beschränkung der Vertretungsmacht des Geschäftsführers durch unechte Gesamtvertretung ist allerdings nur zulässig, wenn die Vertretung der Gesellschaft neben der unechten Gesamtvertretung durch einen oder mehrere Geschäftsführer möglich ist (Baumbach/Hueck/*Beurskens*, § 35 Rn 49). Vom Grundsatz der Gesamtvertretung abweichende Regelungen zur Vertretungsbefugnis sind im Handelsregister einzutragen. Sie können entweder direkt in der Satzung getroffen oder, wenn die Satzung eine entsprechende Ermächtigung enthält, von der Gesellschafterversammlung beschlossen werden. Gesamtvertretungsberechtigte Geschäftsführer können ohne Handelsregistereintragung im Einzelfall einzelne von ihnen – auch konkludent (OLG München ZIP 2013, 1955, 1956) – ermächtigen, einzelne Rechtsgeschäfte alleine vorzunehmen. Umgekehrt ist es unzulässig, einen Geschäftsführer vollständig von der Vertretung auszuschließen (Baumbach/Hueck/*Beurskens*, § 35 Rn 43 mwN).

Neben den organschaftlich vertretungsbefugten Geschäftsführern können nach Belieben rechtsgeschäftliche Vertreter bestellt werden (*Roth/Altmeppen* § 35 Rn 14).

9. Rechtsgeschäfte des Geschäftsführers (im eigenen oder im Namen eines Dritten) mit der von ihm gesetzlich vertretenen Gesellschaft sind nur wirksam, wenn er von den Beschränkungen des **§ 181 BGB** wirksam befreit ist. Das kann in der **Satzung** oder durch einen **Gesellschafterbeschluss** geschehen (Lutter/Hommelhoff/*Kleindiek* § 35 Rn 52; Baumbach/Hueck/*Beurskens* § 37 Rn 65 f). Nach hM ist nicht die ad hoc-Befreiung (KG GmbHR 2002, 327), sondern nur die generelle Befreiung von den Beschränkungen des § 181 BGB **eintragungspflichtig** (BGHZ 87, 59, 60; 114, 167, 170; Lutter/Hommelhoff/*Kleindiek* § 35 Rn 52; Baumbach/Hueck/*Beurskens* § 37 Rn 64). Die generelle Befreiung soll zudem einer Satzungsregelung bedürfen, zumindest einer Ermächtigung dazu in der Satzung (BayObLG DB 1984, 1517 mit Fehlzitat BGHZ 33, 189, 193; OLG Köln GmbHR 1993, 37; KG DB 2006, 1261; dagegen Baumbach/Hueck/*Beurskens* § 37 Rn 66 mwN). Solange die Frage nicht höchstrichterlich geklärt ist, empfiehlt sich in der Praxis dringend die Aufnahme einer entsprechenden Ermächtigung in der Satzung. Die Befreiung selbst ist rechtlich eine Einwilligung in das von dem Geschäftsführer für die Gesellschaft abzuschließende Rechtsgeschäft und als solche eine einseitige, empfangsbedürftige Willenserklärung (Palandt/*Ellenberger* § 181 BGB Rn 17). Ein ohne die Einwilligung im Namen der Gesellschaft abgeschlossenes Rechtsgeschäft ist gemäß § 177 Abs 1 BGB schwebend unwirksam und kann deshalb von der Gesellschaft genehmigt werden (Baumbach/Hueck/*Beurskens* § 37 Rn 69). Die im Einzelfall durch Gesellschafterbeschluss erteilte Einwilligung oder Genehmigung bedarf keiner besonderen Form und kann auch konkludent erteilt werden. Die Bestimmung in § 181 BGB enthält zwei Arten von Verboten mit Befreiungsvorbehalt, weshalb eine Befreiung des Geschäftsführers von "der" Beschränkung des § 181 BGB nicht eintragungsfähig ist (OLG Nürnberg NJW-RR 2015, 1073). Bei der generellen Befreiung von Geschäftsführern von den Beschränkungen des § 181 BGB sollte in der Praxis bei Gesellschaften mit mehreren Gesellschaftern stets überlegt werden, ob dem Geschäftsführer Befreiung sowohl vom Verbot der Vornahme von Geschäften mit sich selbst (§ 181 1. Alt BGB) als auch vom Verbot der Mehrfachvertretung (§ 181 2. Alt BGB) erteilt werden soll. Bei Geschäften des Geschäftsführers mit sich selbst besteht latent die Gefahr, dass die Gesellschaft geschädigt wird. Meist empfiehlt sich deshalb – jedenfalls bei Gesellschaften mit nicht nur einem Gesellschafter – eine generelle Befreiung vom Verbot des Selbstkontrahierens auf die Variante der Mehrfachvertretung zu beschränken. Eine derartige Beschränkung der Befreiung ist zulässig und im Handelsregister eintragungsfähig (Baumbach/Hueck/*Beurskens* § 37 Rn 64). Den praktischen Bedürfnissen ist damit in den meisten Fällen Genüge getan. Auch im Übrigen steht der Umfang der Befreiung vom Verbot des Selbstkontrahierens im Ermessen des befreienden Organs (Baumbach/Hueck/*Beurskens* § 37 Rn 64; Lutter/Hommelhoff/*Kleindiek* § 35 Rn 52). Der Umfang muss allerdings hinreichend konkret sein, weil die anschließende Eintragung im Handelsregister zum Zwecke der Rechtssicherheit so erfolgt, dass sich der Umfang der Vertretungsbefugnis ohne Zuhilfenahme weiterer Unterlagen und ohne Kenntnis der tatsächlichen Verhältnisse aus der Eintragung selbst ergibt (Baumbach/Hueck/*Beurskens* § 37 Rn 64). Möglich ist deshalb beispielsweise, die Befreiung vom Verbot der Mehrfachvertretung auf bestimmte Unternehmen, etwa verbundene Unternehmen iSd § 15 AktG, zu begrenzen; in der Anmeldung der Befreiung gegenüber dem Handelsregister müssen die betreffenden Unternehmen dann konkret bezeichnet werden (OLG Düsseldorf GmbHR 2010, 313, 314).

10. Die Gesellschafterversammlung hat das Recht, den Geschäftsführern **Weisungen** zu erteilen, an welche die Geschäftsführer gebunden sind (§ 37 Abs 1 GmbHG). Einzelnen Gesellschaftern steht dieses Recht hingegen kraft Gesetzes nicht zu; das gilt auch für den Mehrheitsgesellschafter. Der Umfang der Vertretungsmacht der Geschäftsführer wird durch Weisungen der Gesellschafterversammlung nicht berührt (§ 37 Abs 2 GmbHG). Im Innenverhältnis kann die Missachtung von Gesellschafterweisungen jedoch die fristlose

Kündigung des Anstellungsvertrages des Geschäftsführers rechtfertigen (BGH NZG 2019, 1154, 1157). Der Gesellschaftsvertrag kann das Weisungsrecht anderen Organen zuweisen, insbesondere einem freiwilligen Aufsichtsrat (Lutter/Hommelhoff/*Kleindiek* § 37 Rn 19). Ferner gilt das Weisungsrecht der Gesellschafterversammlung auch in der mitbestimmten GmbH (Baumbach/Hueck/*Beurskens* § 37 Rn 35; zum Verhältnis von Weisungen der Gesellschafterversammlung und dem Zustimmungsvorbehalt eines Aufsichtsrats s *Oetker* ZIP 2015, 1461; *Rodewald/Wohlfarter* GmbHR 2013, 689).

11. Obliegt der Gesellschafterversammlung – wie im Regelfall – die Kompetenz zur Bestellung und Abberufung von Geschäftsführern, so ergibt sich hieraus analog § 46 Nr 5 GmbHG als Annexkompetenz die Zuständigkeit für den Abschluss, die Beendigung und nachträgliche Änderungen der **Anstellungsverträge mit den Geschäftsführern** einschließlich weiterer damit in sachlichem Zusammenhang stehender Rechtsgeschäfte (OLG Naumburg NZG 2014, 1148), wie etwa die Regelung der Geschäftsführervergütung, auch bei Absprachen mit Dritten (BGH NZG 2019, 861, 862 f), oder Versorgungszusagen an den Geschäftsführer (LAG Baden-Württemberg NZG 2019, 713, 713) sowie des Abschlusses von Pensionsverträgen (Baumbach/Hueck/*Zöllner/Noack* § 46 Rn 36; *Lieder* NZG 2015, 569, 571 f). Das Form stellt das klar und gibt dem betroffenen Gesellschafter zudem ein Stimmrecht, über diese Angelegenheiten selbst mit zu entscheiden. Andernfalls hätte der Mehrheitsgesellschafter wegen des Stimmverbots in § 47 Abs 4 S 2 1. Alt GmbHG kein Stimmrecht beim Abschluss eines Geschäftsführeranstellungsvertrags zwischen ihm und der Gesellschaft und sein Dienstvertrag könnte aufgrund eines vom Minderheitsgesellschafter gefassten Beschlusses gekündigt werden. Kein Stimmrecht haben Gesellschafter allerdings, wenn es um eine Kündigung ihres Anstellungsvertrags als Geschäftsführer aus wichtigem Grund geht; gleiches gilt für die Abberufung aus wichtigem Grund. Denn niemand darf Maßnahmen durch seine Stimme verhindern, die sich aus wichtigem Grund gegen ihn richten (vgl §§ 117, 127, 140 HGB; s auch Baumbach/Hueck/*Zöllner/Noack* § 47 Rn 85). Ob das Stimmverbot erst besteht, wenn ein wichtiger Grund objektiv tatsächlich vorliegt (so etwa Baumbach/Hueck/*Zöllner/Noack* § 47 Rn 85), oder bereits dann, wenn ein solcher substantiiert dargelegt (so zB OLG Brandenburg GmbHR 1996, 539, 542) oder gar bloß behauptet wird (so zB OLG Naumburg 2000, 44, 46), spielt für die gerichtliche Überprüfung der Wirksamkeit von Gesellschafterbeschlüssen, die die Abberufung oder die Kündigung des Anstellungsvertrages eines Gesellschafter-Geschäftsführers aus wichtigem Grund betreffen, keine Rolle (BGH DB 2017, 1256, 1257). Bei der gerichtlichen Prüfung solcher Beschlüsse wird immer darauf abgestellt, ob tatsächlich ein wichtiger Grund im Zeitpunkt der Beschlussfassung vorlag oder nicht (BGH DB 2017, 1256, 1257). Andernfalls könnte die Klage eines Gesellschafter-Geschäftsführers gegen seine Abberufung schon deshalb abgewiesen werden, weil seine Stimme vermeintlich zu Recht nicht mitgezählt wurde; das Vorliegen eines wichtigen Grundes würde dann nie geklärt und dem Betroffenen der Rechtsschutz verweigert werden (BGH DB 2017, 1256, 1258). Die hier vorgeschlagene Regelung kann durch eine – meist außerhalb der Satzung getroffene – Vereinbarung zwischen den Gesellschaftern ergänzt werden, in welcher die Vergütung und die sonstigen wesentlichen Elemente der Geschäftsführeranstellungsverträge verbindlich zwischen den Gesellschaftern vereinbart werden.

12. Das **Geschäftsjahr** kann kürzer, aber nicht länger als 12 Monate sein (§ 240 Abs 2 S 2 HGB). Eine Regelung im Gesellschaftsvertrag empfiehlt sich, zwingend erforderlich ist sie aber nicht. Schweigt die Satzung, dann ist Geschäftsjahr das Kalenderjahr. Anders als bei der Neugründung einer Gesellschaft mit einem vom Kalenderjahr abweichenden Geschäftsjahr (Wirtschaftsjahr), ist die nachträgliche Änderung des Geschäftsjahrs auf einen vom Kalenderjahr abweichenden Jahreszeitraum, zB zwecks Beendigung eines Unternehmensvertrags auf den Zeitpunkt des Wechsels des Allein- oder Mehrheitsgesellchafters, nur im Einvernehmen mit dem Finanzamt zulässig (§ 4 a Abs 1 S 2 Nr 2 EStG; § 7 Abs 4 S 3 KStG). Eine rückwirkende Änderung des Beginns des Geschäftsjahrs auf den Zeitpunkt vor Eintragung der Satzungsänderung im Handelsregister ist mit Wirkung für Dritte unzulässig, weil dadurch Gläubigerinteressen berührt sein können (Scholz/*Priester/Tebben* § 53 Rn 187; Baumbach/Hueck/*Zöllner/Noack* § 53 Rn 60). Deshalb ist die Änderung des Geschäftsjahrs so rechtzeitig zur Eintragung im Handelsregister anzumelden, dass die Änderung noch vor Beginn des neuen Geschäftsjahrs im Handelsregister eingetragen wird.

13. Die Regelung hat klarstellenden Charakter, da das Gesetz für **Bekanntmachungen der Gesellschaft** den Bundesanzeiger zwingend als Gesellschaftsblatt bestimmt, in dem nach Gesetz oder Gesellschaftsvertrag bekannt zu machende Umstände zu veröffentlichen sind (§ 12 S 1 GmbHG). Daneben noch andere Blätter oder elektronische Informationsmedien vorzusehen, wie dies § 12 S 2 GmbHG als Möglichkeit vorsieht, empfiehlt sich wegen der damit verbundenen zusätzlichen Kosten und der Gefahr von Fehlern bei der Veröffentlichung meist nicht.

14. Falls nicht im Gesellschaftsvertrag beziffert, sind die **Gründungskosten** von den Gründern zu tragen bzw der Gesellschaft zu erstatten (analog § 26 Abs 2 AktG, BGHZ 107, 1, 6; Baumbach/Hueck/*Fastrich* § 5 Rn 57; OLG Frankfurt GmbHR 2010, 589, 590). Andernfalls liegt eine verdeckte Gewinnausschüttung vor (BFH NV 1997, 711 mwN; bestätigt in BFH I R 24/99 v. 19.1.00, BStBl II 2000, 545). Eine nachträgliche Übernahme der Gründungskosten durch die Gesellschaft, auch durch Satzungsänderung ist nach hM ausgeschlossen (Baumbach/Hueck/*Fastrich* § 5 Rn 57). Trifft die Satzung – wie im Form vorgesehen – eine Regelung zur Übernahme der Gründungskosten, so muss diese die einzelnen Kosten zusammengefasst als Gesamtbetrag ausweisen, um Außenstehenden anhand der Satzung einen Überblick über die Vorbelastungen zu geben, wobei der Gesamtbetrag auf einer sachgerechten Schätzung beruhen darf (Baumbach/Hueck/*Fastrich* § 5 Rn 57). Es muss ein maximaler Gesamtbetrag beziffert werden; eine Regelung, die die zu übernehmenden Gründungskosten in einer Formel prozentual im Verhältnis zum Stammkapital festlegt, genügt nicht (OLG Zweibrücken GmbHR 2014, 427, 428). Die Arten der Gründungskosten sollten in der Satzung aufgeführt werden (OLG Celle GmbHR 2016, 650, 651). Umstritten ist, ob für die Höhe der zu übernehmenden Gründungskosten eine **Obergrenze** existiert. Diejenigen, die eine Beschränkung auf eine „angemessene Höhe" befürworten, setzen diese Grenze meist bei 10 % des Stammkapitals an (OLG Celle GmbHR 2015, 139; Baumbach/Hueck/*Fastrich* § 5 Rn 57). Andere erlauben eine Übernahme bis zur vollen Höhe der Stammkapitalziffer und berufen sich dabei auf das Fehlen einer ausdrücklichen gesetzlichen Beschränkung (*Wachter,* GmbHR 2015, 140, 141 f.; *Cramer,* NZG 2015, 373, 378; im Zusammenhang mit der Gründung einer UG ferner KG ZIP 2015, 1923, 1924). Bis zu einer höchstrichterlichen Klärung ist zu empfehlen, innerhalb der 10 %-Grenze zu bleiben, auch wenn die tatsächlichen Kosten höher liegen. Eine Satzungsregelung zur Übernahme der Gründungskosten darf frühestens nach fünf Jahren geändert werden, § 26 Abs 4 AktG analog (LG Berlin GmbHR 1993, 590; GroßKoGmbHG/*Ulmer/Casper* § 5 Rn 208), wobei eine längere Frist von zehn Jahren zu empfehlen ist, damit unzulässige Zahlungen bis zum Ablauf der in § 31 Abs 5 GmbHG bestimmten Verjährung verfolgt werden können (vgl. Baumbach/Hueck/*Fastrich* § 5 Rn 57). Eine vollständige Streichung sollte analog § 26 Abs 5 AktG erst nach Ablauf von 30 Jahren erfolgen (OLG Oldenburg GmbHR 2016, 1305, 1305 f m Anm. *Wachter;* s auch OLG Celle NZG 2018, 308), solange die Dauer der Beibehaltungspflicht nicht höchstrichterlich geklärt ist. Der Übergang einer UG (haftungsbeschränkt) zur „normalen" GmbH im Wege einer Kapitalerhöhung, durch die das Mindeststammkapital nach § 5 Abs 1 GmbHG erreicht wird, stellt keine (Neu-) Gründung dar, sodass die dadurch entstehenden Kosten nicht als Gründungsaufwand (wohl aber als Kapitalerhöhungskosten, s *Cziupka* EWiR 2018, 329, 330) der Gesellschaft auferlegt werden können (OLG Celle NZG 2018, 261).

15. Der Gesellschaftsvertrag bedarf der notariellen Form. (§ 2 Abs 1 GmbHG).

16. Die **Vollmacht** bedarf der notariellen Beurkundung oder (wie in der Praxis meist der Fall) notariellen Beglaubigung (§ 2 Abs 2 GmbHG). Zu Vollmachtsmängeln bei der Gründung einer GmbH s *Stenzel* GmbHR 2015, 567.

17. Zur Feststellung der Beteiligten ist der Notar auf Grund von § 10 BeurkG und § 2 I Nr 10 a) ee) GwG verpflichtet.

18. Der Notar erhebt personenbezogene Daten und ist deshalb verpflichtet, bei der Erhebung dieser Daten bei der betroffenen Person den Informationspflichten nach Art. 13 DSGVO bzw bei der Erhebung von Daten nicht bei der betroffenen Person den Informationspflichten nach Art. 14 DSGVO zu genügen.

19. Ab Gründung (§ 2 Abs 1 GmbHG) besteht die Gesellschaft als Vorgesellschaft und kann bereits wirksam verpflichtet werden. Während die Handelndenhaftung (§ 11 Abs 2 GmbHG) mit Eintragung der Gesellschaft erlischt (BGHZ 69, 95, 103; 80, 182, 185 st Rspr), haften die Gesellschafter, die bis zur Eintragung zur Deckung der Verluste verpflichtet sind („**Verlustdeckungshaftung**"), nach der Eintragung, wenn das Stammkapital bei Eintragung infolge vorheriger Geschäfte durch das Gesellschaftsvermögen nicht mehr gedeckt ist, anteilig auf dessen Wiederherstellung („**Unterbilanzhaftung**"). Das bedeutet vollen Verlustausgleich, der nicht auf die Höhe der Stammeinlage oder des Stammkapitals beschränkt ist, wenn die Verluste zur bilanziellen Überschuldung der Gesellschaft geführt haben (BGH GmbHR 1982, 235). Verlustdeckungshaftung und Unterbilanzhaftung gelten allerdings nach hM grundsätzlich nur im Innenverhältnis – es sei denn, die Eintragung wird nicht mehr verfolgt oder die Vorgesellschaft ist zahlungsunfähig (BGHZ 80, 129, 140 ff; 91, 148, 152; 134, 333, 339). Der Umfang der Vertretungsmacht der Geschäftsführer für die Gesellschaft ist streitig. Teilweise wird angenommen, sie sei unbeschränkt (Scholz/*Schmidt* § 11 Rn 72 f.), teilweise wird vertreten, sie beschränke sich auf den Zweck der Vorgesellschaft (BGHZ 80, 129, 139; Baumbach/Hueck/*Fastrich* § 11 Rn 20; Lutter/Hommelhoff/*Bayer* § 11 Rn 17). Das kann bei der Einbringung eines Unternehmens in die Gesellschaft im Wege der Sacheinlage bedeuten, dass die Geschäftsführer zwecks Unternehmensfortführung für die Vorgesellschaft praktisch unbeschränkt vertretungsberechtigt sind (Baumbach/Hueck/*Fastrich* § 11 Rn 20). Auch können die Gesellschafter, vorausgesetzt sie sind alle einverstanden, die Geschäftsführer zur eingeschränkten oder uneingeschränkten Aufnahme des Geschäftsbetriebs ermächtigen (BGHZ 80, 129, 139; 80, 182, 183; Baumbach/Hueck/*Fastrich* § 11 Rn 20). Wegen der damit im Hinblick auf die Unterbilanzhaftung für die Gesellschafter verbundenen Gefahren muss hiervor jedoch gewarnt werden.

20. Die Gründung einer GmbH ist zur Eintragung im Handelsregister anzumelden, § 7 Abs 1 GmbHG. Diese Anmeldepflicht gilt nach der Rspr des BGH nicht nur für die erstmalige Gründung einer GmbH, sondern auch, wenn eine zu Vorratszwecken gegründete GmbH (sog **Vorratsgesellschaft**) zu einem späteren Zeitpunkt erstmals tätig werden oder eine GmbH reaktiviert werden soll, nachdem sie zuvor ihren Geschäftsbetrieb eingestellt hatte (sog **Mantelgesellschaft**). Im Hinblick auf die Mantelverwendung ist im Einzelfall zu prüfen, ob es sich tatsächlich um eine solche oder lediglich um eine Sanierung oder Umstrukturierung des Unternehmens handelt. Entscheidend ist, ob die Gesellschaft noch ein aktives Unternehmen betreibt, an das die Fortführung des Geschäftsbetriebs, ggf auch unter wesentlicher Umgestaltung des Tätigkeitsbetriebs, anknüpft (BGH DB 2014, 410, 411). Ein Indiz dafür sind eintragungspflichtige Änderungen des Gesellschaftsvertrags (BGHZ 155, 318, 324). Die Verwendung einer Vorratsgesellschaft ist grundsätzlich ebenso uneingeschränkt zulässig wie die Mantelverwendung (s nur BGHZ 117, 323, 331; 153, 158, 161 zur Vorratsgesellschaft; BGHZ 155, 318 zur Mantelverwendung). Aus Gründen des Gläubigerschutzes wendet die Rechtsprechung allerdings unter dem **Gesichtspunkt der wirtschaftlichen Neugründung** auf beide Fälle die für die Gründung einer GmbH geltenden Kapitalaufbringungsvorschriften entsprechend an (BGHZ 153, 158, 161; 155, 318). Daraus folgt insbesondere, dass die Aktivierung der Vorratsgesellschaft bzw. die Tatsache der Wiederverwendung eines zwischenzeitlich leer gewordenen GmbH-Mantels gegenüber dem Registergericht offenzulegen ist (BGHZ 153, 158, 161; 155, 318). Dies ermöglicht dem Registergericht eine präventive Kontrolle, ob die GmbH bei Beginn der Geschäftstätigkeit über das nötige Stammkapital verfügt. Die Offenlegung gegenüber dem Registergericht geschieht regelmäßig zusammen mit der Anmeldung der für die wirtschaftliche Neugründung erforderlichen Satzungsänderungen (Unternehmensgegenstand, Firma, sonstige Satzungsänderungen), ist aber auch isoliert möglich und notwendig, etwa, wenn eine Mantelverwendung ohne registerpflichtige Änderungen erfolgen könnte. Die Offenlegung der wirtschaftlichen Neugründung ist mit der Versicherung der Geschäftsführer gemäß § 8 Abs 2 GmbHG (s dazu Anm. 25–28) zu verbinden, dass die in § 7 Abs 2 und 3 GmbHG bezeichneten Leistungen auf die Stammeinlagen bewirkt sind und dass der Gegenstand der Leistungen sich zu diesem Zeitpunkt endgültig in der freien Verfügung der Geschäftsführer befindet. Diese Versicherung ist Grundlage für die entsprechende Prüfung des Registergerichts nach § 9 c GmbHG. Die Versicherung, dass sich die geleisteten Einlagen endgültig in der freien Verfügung der Geschäftsführer befinden, beinhaltet von Gesetzes wegen, dass die Mindesteinlagen im Anmeldungszeitpunkt nicht durch schon entstandene Verluste ganz oder teilweise aufgezehrt sein dürfen (BGHZ 153, 158, 162; 155, 318, 326). Das bedeutet, dass sich nach § 7 Abs 2 GmbHG im Zeitpunkt der Anmeldung wertmäßig noch ein Viertel des satzungsmäßigen Stammkapitals, mindestens aber die Hälfte des gesetzlichen Mindeststammkapitals, also EUR 12.500,00 in der freien Verfügung der Geschäftsführer befinden muss (BGHZ 155, 318, 325 f). Ist das Stammkapital ganz oder teilweise verloren oder die Gesellschaft sogar bilanziell überschuldet, sind die Gesellschafter nach den Grundsätzen der Unterbilanzhaftung (s dazu Anm. 19) zur Leistung von Einlagen bis zur Grenze des Stammkapitals verpflichtet. Eine Unterbilanzhaftung besteht auch für den Rechtsnachfolger gem § 16 Abs 2 GmbHG, wenn ein Rechtsvorgänger seine Einlageverpflichtungen nicht erfüllt hat (BGH NZG 2012, 539, 539). Maßgeblicher Zeitpunkt für das Vorhandensein des statutarischen Stammkapitals ist **nach neuerer Rspr entweder** der Zeitpunkt der **Offenlegung der wirtschaftlichen Neugründung** gegenüber dem Registergericht (nicht erst der Zeitpunkt der Eintragung ggf erforderlicher Satzungsänderungen; BGHZ 155, 318, 327) oder der Zeitpunkt, zu dem die wirtschaftliche Neugründung durch die Aufnahme der wirtschaftlichen Tätigkeit nach außen erstmals in Erscheinung getreten ist, **je nachdem, welcher Zeitpunkt** früher liegt (BGH NZG 2012, 539, 541 f). Das heißt, dass die Gesellschafter **lediglich** für eine Unterbilanz haften, die bis zu dem früheren der beiden vorgenannten Zeitpunkte entstanden ist und dann nur bis zur Höhe des bis zu diesem Zeitpunkt entstandenen Fehlbetrags. Entgegen einer früheren Auffassung (OLG München ZIP 2010, 579–582 mwN; **dagegen** *K. Schmidt* ZIP 2010, 857; *Habersack* AG 2010, 845) droht bei fehlender Offenlegung somit keine zeitlich unbegrenzte und der Höhe nach potenziell unbeschränkte Haftung. Der Anspruch aus Unterbilanzhaftung geht nach der Rspr des BGH nicht dadurch unter, dass das Kapital zu einem späteren Zeitpunkt aufgefüllt ist (sog Zweckerreichung, BGH NZG 2012, 539, 544; dazu kritisch *Jeep* NZG 2012, 1209, 1216). Bei der Aktivierung von Vorratsgesellschaften wird das Stammkapital der Gesellschaft in der Regel noch unangetastet zur Verfügung stehen. Bei einer Mantelgesellschaft ist die Gefahr für die Gesellschafter größer, weil sie dort auch insoweit persönlich haften, wie das Stammkapital durch

Verluste aus der früheren Existenz des Rechtsträgers angegriffen war. Bei fehlender Offenlegung der wirtschaftlichen Neugründung durch Anmeldung zum Handelsregister tragen die aus der Unterbilanzhaftung in Anspruch genommenen Gesellschafter die Darlegungs- und Beweislast dafür, dass in dem Zeitpunkt, zu dem die wirtschaftliche Neugründung nach außen in Erscheinung getreten ist, der Wert des Gesellschaftsvermögens nicht hinter dem statutarischen Stammkapital der Gesellschaft zurückgeblieben ist (BGH NZG 2012, 539, 544; zur Darlegungs- und Beweislast s auch *Götz* GmbHR 2013, 290). Umstritten ist, ob sich die Beweislast wieder auf die Gesellschaft verlagert, wenn die Offenlegung nachgeholt wird (s dafür *Pentz* FS Hoffmann-Becking 2013, 871, 882; für die vergleichbare Rechtslage im Aktienrecht Hüffer/*Koch* § 23 AktG Rn 27 b; dagegen *Horn* DB 2012, 1255, 1259; *Kuszlik* GmbHR 2012, 882, 888). Außerdem haften Geschäftsführer, die bei der Offenlegung der wirtschaftlichen Neugründung zuwider versichern, dass sich das Stammkapital endgültig in ihrer freien Verfügung befindet, im gleichen Umfang wie Gesellschafter analog § 9 a Abs 1 GmbHG (BGH NZG 2011, 1066, 1068). Eine strafrechtliche Verfolgung bei unterlassener Offenlegung scheidet allerdings aus (BGH NZG 2012, 539, 542). Der Praxis ist dennoch die Anmeldung der wirtschaftlichen Neugründung zum Handelsregister anzuraten, weil sie einen eindeutigen zeitlichen Fixpunkt für den Test bietet, ob das Stammkapital bei wirtschaftlicher Neugrundung der Gesellschaft vorhanden war oder nicht.

21. Die der Anmeldung **beizufügenden Unterlagen** sind in § 8 Abs 1 GmbHG aufgeführt. Seit Inkrafttreten des MoMiG nicht mehr erforderlich ist die Vorlage einer Genehmigungsurkunde beim Handelsregister oder ein Negativattest. Selbstverständlich bedarf die Gesellschaft aber nach wie vor einer Erlaubnis, wenn sie erlaubnispflichtige Geschäfte betreiben will, zB Bankgeschäfte (§ 32 Abs 1 KWG). Die früher allgemein praktizierte Regelanfrage bei der IHK ist heute entbehrlich und kommt allenfalls noch zwecks Auskunft über die Zulässigkeit der Firmierung in Betracht (Baumbach/Hueck/*Servatius* § 8 Rn 10). Haben die Gesellschafter einen Aufsichtsrat bestellt, so ist die Bestellungsurkunde und eine Liste der Aufsichtsratsmitglieder hinzuzufügen, aus der Name, Vorname, konkret ausgeübter Beruf (nicht nur „Kaufmann“) und Wohnort (Angabe der politischen Gemeinde genügt) der Mitglieder ersichtlich sind (§ 52 Abs 3 GmbHG iVm § 37 Abs 4 Nr 3 a AktG).

22. § 8 Abs 4 Nr 1 GmbHG. Durch die Pflicht zur Angabe einer inländischen Geschäftsanschrift sollen Zustellungsprobleme vermieden werden. Die Geschäftsanschrift ist im Inland grundsätzlich frei wählbar. Sie muss insbesondere nicht mit dem Satzungssitz und dem Verwaltungssitz übereinstimmen; die Angabe eines Postfachs genügt allerdings nicht (Baumbach/Hueck/*Servatius* § 8 Rn 17). Regelmäßig wird in der Praxis der Verwaltungssitz als Geschäftsanschrift angegeben, wenn er nicht ausnahmsweise im Ausland liegt. Gestattet sind c/o Adressen. Weicht die inländische Geschäftsanschrift von der Lage der Geschäftsräume ab, muss dem Registergericht neben der inländischen Geschäftsanschrift auch die Lage der Geschäftsräume mitgeteilt werden (vgl § 24 Abs 2 S 1 HRV; s RegBegr BT-Drs. 16/6140, S 58). Zwecks Vermeidung von Rückfragen durch das Registergericht ist in der Anmeldung klargestellt, dass sich die Geschäftsräume der Gesellschaft an der Geschäftsanschrift befinden

23. S → Anm. 9.

24. Die **Vertretungsmacht** der Geschäftsführer ist nicht nur abstrakt, sondern auch konkret anzumelden (§ 8 Abs 4 Nr 2 GmbHG). Das gilt zwecks Vermeidung von Nachfragen des Registergerichts auch, wenn die konkrete Vertretungsmacht eines Geschäftsführers der allgemeinen Satzungsregel zur Vertretungsmacht folgt.

25. Der Inhalt der **Versicherung über die Einzahlung des Stammkapitals** richtet sich nach § 8 Abs 2 S 1 1. Halbs GmbHG. Nach heute ganz hM hat die Versicherung den Betrag zu beziffern, den jeder Gesellschafter geleistet hat (Baumbach/Hueck/*Servatius* § 8 Rn 12), um dem Registergericht die Überprüfung zu ermöglichen. Übernimmt ein Gesellschafter gleichzeitig mehrere Geschäftsanteile (§ 5 Abs 2 S 2 GmbHG), so hat die Anmeldung den Betrag zu bezeichnen, der auf jeden einzelnen Geschäftsanteil eingezahlt worden ist (OLG Düsseldorf NZG 2020, 750, 751; Baumbach/Hueck/*Servatius* § 8 Rn 12). Nur wenn in der Anmeldung versichert wird, das Stammkapital sei vollständig eingezahlt – wie dies bei der Unternehmergesellschaft (haftungsbeschränkt) wegen des Volleinzahlungsgebots stets erforderlich ist (vgl § 5 a Abs 2 S 1 GmbHG) – ist die Betragsangabe entbehrlich (OLG Düsseldorf GmbHR 1986, 267; OLG Frankfurt WM 1992, 1315). Das Registergericht kann Nachweise über die Erbringung der Bareinlage verlangen (unter anderem Einzahlungsbelege), aber nur dann, wenn es „erhebliche Zweifel" an der Richtigkeit der Versicherung hat (§ 8 Abs 2 S 2 GmbHG). Der Geschäftsführer haftet bei Unrichtigkeit der Versicherung persönlich, § 9 a GmbHG. Die vorsätzliche Abgabe einer falschen Versicherung ist zudem ein Straftatbestand (§ 82 Abs 1 Nr 1 GmbHG). Die Unterzeichnung der Anmeldung im Anschluss an die Beurkundung der Gründung, vor Leistung der Einlagen, ist üblich. Der Notar reicht sie in der Praxis erst ein, wenn ihm die Einlageleistung bestätigt worden ist. Die Bareinlage ist auf ein Konto der Vorgesellschaft einzuzahlen. Andere Formen der Einzahlung, zB die Einzahlung auf ein Anderkonto des Notars, sind entweder ungebräuchlich oder führen nicht zur Leistung der Einlage, wie zB die Einzahlung auf ein Konto der vor der Gründung zwischen den Gesellschaftern bestehenden sog Vorgründungsgesellschaft (OLG Köln ZIP 1989, 238, 239; OLG Hamm GmbHR 1992, 750, 751) oder die Einzahlung auf ein Privatkonto des Geschäftsführers (zu sonstigen zulässigen Formen der Einzahlung Baumbach/Hueck/*Servatius* § 7 Rn 8).

26. Die Geschäftsführer haben ferner zu versichern, dass sich der Gegenstand der auf die Einlage erbrachten Leistungen **endgültig in ihrer freien Verfügung** befindet (§ 8 Abs 2 S 1 2. Halbs GmbHG). Diese Versicherung darf nur abgegeben werden, wenn die Einlagen tatsächlich und rechtlich endgültig in das Gesellschaftsvermögen übergegangen sind und dort zum Zeitpunkt des Eingangs der Anmeldung beim Handelsregister noch uneingeschränkt vorhanden sind. Allerdings müssen die geleisteten Einlagen bei Eingang der Anmeldung nicht mehr in bar vorhanden sein; es genügt wenn sich ihr Wert noch vollständig im Gesellschaftsvermögen befindet, sog wertgleiche Deckung (BGHZ 119, 177, 188 (zur AG)). Ob es darüber hinausgehend genügt, wenn die Einlage einmal geleistet wurde, aber bei der Anmeldung der Gründung – auch wertmäßig – nicht mehr vorhanden ist, ist streitig. Der BGH hat das Erfordernis des Vorhandenseins wertgleicher Deckung zum Zeitpunkt der Anmeldung für die Kapitalerhöhung aufgegeben (BGHZ 150, 197, 199 ff.), die Frage für die Gründung aber noch nicht entschieden (gegen Beibehaltung Baumbach/Hueck/*Servatius* § 8 Rn 13). Auch schuldrechtliche Verwendungsabsprachen, durch die die Geschäftsführung der Gesellschaft verpflichtet wird, mit den als Einlage eingezahlten Mitteln in bestimmter Weise zu verfahren, zB bei einem Dritten eine bestimmte Maschine anzuschaffen oder mit den eingezahlten Mitteln ein Bankdarlehen abzulösen, sind aus der Sicht der Kapitalaufbringung unschädlich, wenn sie weder unmittelbar noch mittelbar dazu bestimmt sind, die eingezahlten Mittel wieder an den Einleger zurückfließen zu lassen (BGH NJW 1991, 226, 227; NJW 1992, 2698, 2700; NZG 2011, 667, 668; Baumbach/Hueck/*Servatius* § 7 Rn 11). Einzahlungen auf ein debitorisch geführtes Bankkonto der Vorgesellschaft führen dagegen nur dann zur Erfüllung der Einlagepflicht, wenn über den eingezahlten Betrag innerhalb einer vereinbarten, nicht gekündigten Kreditlinie verfügt werden kann, weil die Bank bei einer gekündigten Kreditlinie den gezahlten Betrag sofort mit dem Schuldsaldo verrechnet und ihn damit der Verfügungsgewalt der Geschäftsführer entzieht (BGH NJW 1991, 226, 227; s ferner BGHZ 150, 197; Baumbach/Hueck/*Servatius* § 7 Rn 11). Nach wie vor unzulässig sind **verdeckte Sacheinlagen.** Dabei handelt es sich nach der Legaldefinition in § 19 Abs 4 S 1 GmbHG um Geldeinlagen eines Gesellschafters, die bei wirtschaftlicher Betrachtung und aufgrund einer im Zusammenhang mit der Übernahme der Geldeinlage getroffenen Abrede vollständig oder teilweise als Sacheinlage zu bewerten sind (BGH NZG 2009, 463, 465 – „Qivive"; NZG 2009, 944, 946 – „Cash-Pool II"; NZG 2011, 667, 668; NZG 12, 1067, 1069). Klassische Beispiele sind die Verwendung der Bareinlage zwecks Begleichung einer Forderung des die Geldeinlage einzahlenden Gesellschafters oder die Verwendung der von einem Gesellschafter geleisteten Bareinlage, um von ihm Vermögensgegenstände zu erwerben, jeweils im zeitlichen und sachlichen Zusammenhang mit der Übernahme der Bareinlageverpflichtung. Auf die Reihenfolge der Zahlungen kommt es dabei nicht an (BGH GmbHR 2016, 479, 482). In Wahrheit leistet der Gesellschafter dann keine Bareinlage an die Gesellschaft, sondern bringt in das Gesellschaftsvermögen einen Vermögensgegenstand ein, dessen Werthaltigkeit, anders als bei Geld, nicht ohne weitere Aufklärung erkennbar ist. Legen die Geschäftsführer die verdeckte Sacheinlage in der Anmeldung offen, werden aber die Vorschriften zur Leistung von Sacheinlagen nicht eingehalten (§ 8 Abs 1 Nr 4 und 5 GmbHG), lehnt das Registergericht die Eintragung ab. Legen die Geschäftführer die verdeckte Sacheinlage dagegen in der Handelsregisteranmeldung nicht offen, sind zwar die Verträge über die Sacheinlage und die Rechtshandlungen zu ihrer Ausführung nicht unwirksam (§ 19 Abs 4 S 2 GmbHG). Auch ist nach Eintragung der Gesellschaft im Handelsregister auf die fortbestehende Geldeinlagepflicht des Gesellschafters der Wert des Vermögensgegenstandes im Zeitpunkt der Anmeldung der Gesellschaft zur Eintragung in das Handelsregister oder im Zeitpunkt seiner Überlassung an die Gesellschaft, falls diese später erfolgt, anzurechnen (§ 19 Abs 4 S 3 GmbHG).Liegt aber eine verdeckte Sacheinlage vor, dann dürfen die Geschäftsführer die Versicherung über die freie Verfügbarkeit der Einlage nicht abgeben (Baumbach/Hueck/*Servatius* § 8 Rn 13). Tun sie es dennoch, obwohl sie wissen, dass eine verdeckte Sacheinlage vorliegt, dann machen sie sich strafbar (§ 82 Abs 1 Nr 1 GmbHG). Wird eine verdeckte Sacheinlage durch erneute Leistung der Einlage geheilt, stellt dies keine eintragungsfähige Tatsache dar (OLG München NZG 2013, 347, 348).

27. In der Anmeldung ist nicht nur zu versichern, dass der Einlagebetrag für die Zwecke der Gesellschaft zur (endgültig) freien Verfügung der Geschäftsführung eingezahlt, sondern auch, dass er in der Folge nicht an den Einleger zurückgezahlt worden ist (BGHZ 150, 197, 201). Dieser Teil der Versicherung ist allerdings dadurch eingeschränkt, dass die Einlage an den einlegenden Gesellschafter zurückgezahlt werden kann (**„Hin- und Herzahlen"**), wenn bereits vor der Einlage eine Leistung an den Gesellschafter vereinbart wurde, die Rückzahlung nicht als verdeckte Sacheinlage im Sinne von § 19 Abs 4 GmbHG zu beurteilen ist, und die Leistung durch einen vollwertigen Rückgewähranspruch gedeckt ist (s zur Vollwertigkeit → Form. II.D.4.3 Anm. 1), der jederzeit fällig ist oder durch fristlose Kündigung durch die Gesellschaft fällig werden kann (§ 19 Abs 5 S 1 GmbHG). Ferner ist eine solche Leistung oder die Vereinbarung einer solchen Leistung in der Anmeldung nach § 8 GmbHG offenzulegen (§ 19 Abs 5 S 2 GmbHG). Die Angabe des **„Hin- und Herzahlens"** in der Handelsregisteranmeldung ist konstitutiv, dh die Bareinlage ist nur dann geleistet, wenn die Rückzahlung in der Anmeldung offen gelegt wird (BGH GmbHR 2012, 1066, 1069; BGH NZG 2009, 463, 465 – „Qivive"; BGH NZG 2009, 944, 946 – „Cash-Pool II"). Hauptanwendungsfall des „Hin- und Herzahlens" ist die darlehensweise Rückzahlung der geleisteten Einlagezahlung an den Gesellschafter aufgrund einer vorherigen Verwendungsabsprache zwischen ihm und der Gesellschaft. In diesem Fall würde die Anmeldung etwa wie folgt lauten:

„Wir versichern . . . . ., dass auf Grund eines Vertrages zwischen der Gesellschaft und ihrer Gesellschafterin . . . . . an diese ein Betrag von EUR . . . . . als mit . . . . . % p. a. zu verzinsendes, jederzeit durch fristlose Kündigung fällig stellbares Darlehen gewährt wurde und dass der Rückzahlungsanspruch der Gesellschaft aufgrund der Vermögensverhältnisse der Gesellschafterin vollwertig ist."

Die Abgrenzung zwischen einem unter den vorstehenden Voraussetzungen zulässigen „Hin- und Herzahlen" einerseits und einer verbotenen verdeckten Sacheinlage (Anm. 26) andererseits kann im Einzelfall schwierig sein, wie die Fälle BGH NZG 2009, 944, 946 („Cash-Pool II") und BGH NZG 2012, 1067 veranschaulichen. Im Streitfall trägt der Inferent die Beweislast dafür, dass die Einlage vollständig erbracht ist (BGH GmbHR 2014, 319, 319). Die gleichen Voraussetzungen wie beim „Hin- und Herzahlen" sind wegen der vergleichbaren Interessenlage an ein „Her- und Hinzahlen" zu stellen, bei dem der Gesellschafter ein Darlehen von der Gesellschaft erhält, mit dem der Gesellschafter sodann aufgrund einer vorab getroffenen Abrede seine Einlagepflicht erfüllt (BGH NJW 2010, 1747, 1749 – „Eurobike" (zur AG); Lutter/Hommelhoff/*Bayer* § 19 Rn 103). Zur Rechtslage, wenn nicht die Gesellschaft, sondern ein Dritter Darlehensgeber ist, s *Wilk* DStR 2013, 145 ff.

28. Die Versicherung muss sich darauf erstrecken, inwieweit das Anfangskapital durch Verbindlichkeiten vorbelastet ist. Deckt infolge von Geschäften der Vorgesellschaft das Vermögen bei Eintragung nicht mehr das Stammkapital, ist die Eintragung ungeachtet der Unterbilanzhaftung (→ Anm. 19) abzulehnen (BGHZ 80, 129, 143; OLG Hamm GmbHR 1993, 95, 96; BayObLG BB 1998, 2439, 2440; BayObLG DNotZ 1992, 181, 182). Manche Registergerichte verlangen deshalb die Versicherung, dies sei bei Anmeldung nicht der Fall (OLG Frankfurt WM 1992, 1317 mwN; OLG Düsseldorf DNotI-R 1996, 193). Der Notar ist allerdings nicht verpflichtet, auf die Unterbilanzhaftung hinzuweisen, falls er keine Anhaltspunkte dafür hat, dass die Geschäfte schon vor Eintragung aufgenommen werden sollen (OLG Hamm DNotZ 1992, 189, 191). Str ist, ob ein Eintragungshindernis besteht, wenn das Vermögen der Vorgesellschaft erst nach der Anmeldung unter die Stammkapitalziffer sinkt (s die Nachw bei Baumbach/Hueck/*Servatius* § 9 c Rn 6 b). Die Annahme einer Pflicht zur Nachmeldung einer Vorbelastung des Stammkapitals wäre allerdings unpraktikabel, insbesondere dann, wenn die Gesellschaft bereits vor Eintragung ihren Geschäftsbetrieb aufgenommen hat. Deshalb besteht in diesen Fällen nach richtiger Ansicht keine derartige Pflicht (Baumbach/Hueck/*Servatius* § 8 Rn 14, § 9 a Rn 12; Scholz/*Veil* § 8 Rn 24; GroßKoGmbHG/*Ulmer/Casper* § 8 Rn 27 je mwN; aA *Roth/Altmeppen* § 8 Rn 21 ff).

29. Jeder einzelne Geschäftsführer muss die Versicherung für sich bezüglich seiner Person abgeben (Baumbach/Hueck/*Servatius* § 8 Rn 16). Nach einer Entscheidung des OLG Frankfurt setzt dies voraus, dass die Formulierung der Versicherung auf jeden Einzelnen bezogen ist („Jeder Geschäftsführer versichert für sich . . . . ."). Eine gemeinschaftliche Versicherung („Wir versichern, ...") soll unzulässig sein, weil daraus nicht hinreichend deutlich hervorgehe, dass nicht nur keine die Geschäftsführer gemeinsam, sondern auch jeweils nur einzeln betreffenden Bestellungshindernisse und Verurteilungen vorliegen (OLG Frankfurt NZG 2016, 918, 919). Dem hat sich das OLG München jüngst angeschlossen (OLG München GmbHR 2018, 807). Obwohl eine gemeinschaftliche Versicherung zugleich als Versicherung jedes Einzelnen für sich zu verstehen sein dürfte, ist bis zu einer Klärung durch den BGH die Formulierung im Form. zu empfehlen.

30. § 8 Abs 3 S 1 iVm § 6 Abs 2 S 2 Nr 2 GmbHG. Eine Versicherung, dass der Geschäftsführer gemäß § 6 Abs 2 Nr 1 GmbHG keiner Betreuung unterliegt, ist nicht erforderlich, weil § 8 Abs 3 S 1 GmbHG nicht auf Nr 1 des § 6 Abs 2 GmbHG verweist (OLG München GmbHR 2009, 830, 831).

31. § 8 Abs 3 S 1 iVm § 6 Abs 2 S 2 Nr 2 sowie Nr 3 und S 3 GmbHG. Die Versicherung hat sich auf den Zeitpunkt der Rechtskraft einer etwaigen Verurteilung zu beziehen (BGH NZG 2011, 871, 872). Nach neuerer Rspr hat der Geschäftsführer gemäß § 8 Abs 3 S 1 GmbHG iVm § 6 Abs 2 S 2 Nr 2 GmbHG zu versichern, ihm sei noch nie die Ausübung eines Berufes etc verboten worden oder es sind die gerichtlich oder durch eine Verwaltungsbehörde ausgesprochenen Untersagungen in der Anmeldung zu präzisieren. Umstritten ist, ob auch eine pauschale Wiederholung des Gesetzeswortlauts ausreicht (dafür OLG Stuttgart ZIP 2013, 671 f, *Oppenländer* GmbHR 2015, 866, 867; dagegen OLG Frankfurt ZIP 2015, 2076, 2078 und GmbHR 2011, 1156, 1158; OLG Schleswig NJW-RR 2015, 96, 97). Nach Ansicht des BGH genügt es den Anforderungen des § 8 Abs 3 S 1 GmbHG, wenn ein Geschäftsführer pauschal das Fehlen einer rechtskräftigen Verurteilung wegen einer Straftat versichert; es ist nicht erforderlich, in der Versicherung alle Straftatbestände des Katalogs in § 6 Abs 2 S 2 Nr 3 GmbHG einzeln aufzuzählen (BGH NZG 2010, 829, 830; zustimmend *Wachter* ZIP 2010, 1339, 1341 mit ähnlichem Formulierungsvorschlag wie im Form; aA zuletzt noch OLG München, ZIP 2009, 1866, 1867). Unklar sind die Anforderungen an die Versicherung allerdings nach wie vor, wenn ein Geschäftsführer zwar wegen einer Straftat verurteilt worden ist, diese aber seiner Bestellung nicht entgegensteht, weil sie entweder keine Katalogstraftat iSd § 6 Abs 2 S 2 Nr 3 und S 3 GmbHG darstellt oder außerhalb des relevanten Fünfjahreszeitraums erfolgte. In solchen Fällen ist eine Versicherung denkbar, in welcher der Geschäftsführer pauschal das Fehlen einer rechtskräftigen Verurteilung nach einer der Katalogstraftaten unter Verweis auf § 6 Abs 2 S 2 Nr 3 und S 3 GmbHG (für Zulässigkeit *Weiß* GmbHR 2013, 1076, 1082) bzw das Fehlen jeglicher rechtskräftiger Verurteilung während des Fünfjahreszeitraums versichert (fehlerhaft ist die Versicherung, niemals wegen einer der in § 6 Abs 2 Satz 2 Nr 3 GmbHG genannten Straftaten verurteilt worden zu sein, obwohl es eine solche Verurteilung gegeben hat, auch wenn sie mehr als fünf Jahre zurückliegt (OLG Oldenburg ZIP 2019, 375, 376)). Bis zu einer Klärung durch die Gerichte ist allerdings zu empfehlen, in diesen Ausnahmefällen alle Katalogstraftaten einzeln aufzulisten und eine fehlende Verurteilung während eines Zeitraums von fünf Jahren seit Eintritt der Rechtskraft (BGH NZG 2011, 871, 872) zu versichern. Offen ist, ob die Auflistung seit dem 12.4.2017 auch die neuen Tatbestände der §§ 265 c, 265 d StGB umfassen muss. Hierzu sind divergierende obergerichtliche Entscheidungen ergangen. Das OLG Oldenburg bejaht dies, da § 6 Abs 2 S 2 Nr 3 e) GmbHG eine dynamische Verweisung auf die unter der Bezeichnung „§§ 256 b bis 266 a StGB" zusammengefassten Straftatbestände enthalte (OLG Oldenburg DB 2018, 1527, 1528 mit Verweis auf den Wortlaut, im Anschluss daran auch KG NZG 2019, 1260, 1260). Das OLG Hamm hingegen erblickt in § 6 Abs 2 S 2 Nr 3 e) GmbHG eine statische Verweisung und hält eine Auflistung für nicht erforderlich (OLG Hamm ZIP 2018, 2270, 2271 mit Verweis auf die Entstehungsgeschichte). Bis zu einer Klärung durch den BGH ist eine Auflistung der neuen Straftatbestände zu empfehlen. Der ausdrücklichen Nennung des ebenfalls neuen § 265 e StGB bedarf es dagegen nicht, da dieser keinen eigenen Straftatbestand enthält, sondern lediglich Regelbeispiele für besonders schwere Fälle der zuvor genannten Grundtatbestände ausweist (OLG Oldenburg DB 2018, 1527, 1527). Bei Auslandstaten liegt kein Bestellungshindernis vor, wenn der Sachverhalt im Ausland lediglich als Ordnungswidrigkeit geahndet wird. Die Versicherung muss dementsprechend auch nicht auf Ordnungswidrigkeiten erstreckt werden (OLG München NZG 2014, 1150). Eine Verurteilung iSd § 6 Abs 2 S 2 Nr 3 GmbHG liegt auch dann vor, wenn der Betroffene als Teilnehmer (§§ 26, 27 StGB) einer Katalogstraftat rechtskräftig verurteilt worden ist

(BGH NZG 2020, 145, 146 f). Eine Verurteilung iSd § 6 Abs 2 S 2 Nr 3 a) GmbHG ist bereits dann anzunehmen, wenn der Geschäftsführer wegen Insolvenzverschleppung unter Vorbehalt der Verhängung einer Geldstrafe gem § 59 Abs 1 StGB verwarnt wurde; die Verhängung einer Geld- oder Freiheitsstrafe ist nicht erforderlich (OLG Naumburg GmbHR 2017, 403, 404). Ebenso genügt es zur Annahme einer Verurteilung, dass ein Strafbefehl nach § 407 StPO ergangen ist, da § 410 Abs 3 StPO den Strafbefehl ausdrücklich dem Urteil gleichstellt (KG DB 2018, 2925, 2926). Eine Verurteilung iSd § 6 Abs 2 S 2 Nr 3 e) GmbHG wegen mehrerer vorsätzlich begangener Straftaten zu einer Freiheitsstrafe von mehr als einem Jahr ist bereits dann anzunehmen, wenn die Summe der Einzelstrafen, die für Katalogtaten verhängt wurden, ein Jahr erreicht (Baumbach/Hueck/*Beurskens* § 6 Rn 21; LG Leipzig GmbHR 2017, 406, 407; aA Roth/Altmeppen/*Altmeppen* § 6 Rn 19).

Entfällt eine persönliche Voraussetzung gem § 6 Abs 2 GmbHG erst nach der Eintragung, hat das Registergericht diese von Amts wegen zu löschen (BGH NZG 2020, 145, 146).

32. § 8 Abs 3 S 1 2. Halbs und S 2 GmbHG. Danach kann die Belehrung schriftlich vorgenommen werden und auch durch einen im Ausland bestellten Notar, einen Vertreter eines vergleichbaren rechtsberatenden Berufs oder einen Konsularbeamten.

33. Die Anmeldung ist von allen Geschäftsführern zu unterzeichnen (§ 78 iVm § 7 Abs 1 GmbHG). Die Unterschriften unter der Anmeldung bedürfen der notariellen Beglaubigung; die Anmeldung selbst und die mit ihr einzureichenden Unterlagen sind beim Handelsregister elektronisch einzureichen (§ 12 HGB). Die Richtigkeit vieler Angaben in der Anmeldung der Gesellschaft zum Handelsregister ist strafrechtlich geschützt (§ 82 Abs 1 Nr 1, 2 und 5 GmbHG). Vertretung ist deshalb ausgeschlossen (Baumbach/Hueck/*Beurskens* § 78 Rn 8).

34. Vorschlag für die Anmeldung im Falle des Einsatzes einer Vorrats- oder Mantelgesellschaft (→ Anm. 20).

35. Mit der wirtschaftlichen Neugründung sind nicht zwingend, aber meist notwendig Satzungsänderungen verbunden (s → Anm. 20). Diese sind gem § 54 Abs 1 S 1 GmbHG zur Eintragung in das Handelsregister anzumelden. Dabei ist gem § 54 Abs 1 S 2 GmbHG der vollständige Wortlaut des Gesellschaftsvertrags beizufügen. Er muss mit der Bescheinigung eines Notars versehen sein, dass die geänderten Bestimmungen des Gesellschaftsvertrags mit dem Beschluss über die Änderung des Gesellschaftsvertrags und die unveränderten Bestimmungen mit dem zuletzt zum Handelsregister eingereichten vollständigen Wortlaut des Gesellschaftsvertrags übereinstimmen.

36. Da der Aktivierung einer Vorratsgesellschaft oder der Reaktivierung einer Mantelgesellschaft meistens (aber nicht zwingend, s Baumbach/Hueck/*Fastrich* § 3 Rn 13) der Erwerb der Geschäftsanteile vorausgeht (Mantelkauf), ändert sich der Gesellschafterbestand, weshalb der an den Kauf- und Abtretungsverträgen mitwirkende Notar (§ 15 Abs 3 und 4 GmbHG) gem § 40 Abs 2 GmbHG eine aktualisierte Gesellschafterliste zum Handelsregister einzureichen hat. Diese muss mit einer Bescheinigung versehen sein, dass die geänderten Eintragungen den Veränderungen entsprechen, an denen der Notar mitgewirkt hat (zur Gesellschafterliste s → Anm. 39 f).

37. Str und noch nicht höchstrichterlich geklärt ist, ob kumulativ zu den Gründungskosten auch die Kosten der wirtschaftlichen Neugründung der Gesellschaft auferlegt werden dürfen (dagegen: OLG Jena NZG 2004, 1114, 1116; *Wälzholz* NZG 2005, 203, 205; Rowedder/*C. Schmidt-Leithoff* § 5 Rn 72; dafür: *Wachter* GmbHR 2016, 791, 796; *Bärwaldt/Balda* GmbHR 2004, 50, 52). Die Übernahme der Kosten der wirtschaftlichen Neugründung durch die Gesellschaft soll zumindest dann möglich sein, wenn ihr nicht schon der Gründungsaufwand auferlegt worden war (OLG Stuttgart NZG 2013, 259, 260).

38. Wenn (wie hier) in der Anmeldung versichert wird, das Stammkapital sei vollständig eingezahlt, bedarf es keiner gesonderten Bezifferung des Betrages, den jeder Gesellschafter geleistet hat (s → Anm. 25).

39. § 8 Abs 1 Nr 3 GmbHG. Die Bedeutung der **Gesellschafterliste** ist durch das MoMiG erheblich aufgewertet worden. Sie ist nunmehr Legitimationsgrundlage für Rechtsbeziehungen zwischen der Gesellschaft und den Gesellschaftern (§ 16 Abs 1 GmbHG) und unter bestimmten Voraussetzungen Rechtsscheingrundlage für einen gutgläubigen Erwerb von Geschäftsanteilen (§ 16 Abs 3 GmbHG). Für die Praxis ist es wegen dieser Funktionen essenziell, die Gesellschafterliste stets aktuell zu halten und diese etwa vor der Fassung wichtiger Beschlüsse oder dem Erwerb von Geschäftsanteilen einzusehen.

Die inhaltliche Ausgestaltung der Gesellschafterliste gibt § 40 GmbHG vor, der im Zuge der Umsetzung verschärfter Geldwäscheregelungen durch Gesetz vom 23.7.2017 (BGBl. I S. 1822) um einige Vorgaben erweitert wurde. Präzisiert werden diese Vorgaben durch die auf Grundlage der Verordnungsermächtigung in § 40 Abs 4 GmbHG erlassene, am 1.7.2018 in Kraft getretene Gesellschafterlistenverordnung (GesLV). Nicht nur bei der Anmeldung der Gesellschaft, sondern auch nach Wirksamwerden jeder Veränderung in den Personen der Gesellschafter oder des Umfangs ihrer Beteiligung ist eine neue Gesellschafterliste zum Handelsregister einzureichen, § 40 Abs 1 S 1 GmbHG (s zur Zuständigkeit für die Einreichung → Anm. 44; dabei ist insbesondere auf die Zuständigkeit des Notars nach § 40 Abs 2 GmbHG hinzuweisen, da dieser oft an Veränderungen mitwirkt). Bei vor dem Zeitpunkt des Inkrafttretens der GesLV gegründeten Gesellschaften sind die Vorgaben der Verordnung erst im Falle der Einreichung einer neuen Liste im Zuge einer Veränderung nach § 40 Abs 1 S 1 GmbHG zu beachten (§ 5 GesLV).

Über den gesetzlich vorgeschriebenen Inhalt hinausgehende Informationen, zB Ankündigungen von Veränderungen in der Person eines Gesellschafters oder des Umfangs seiner Beteiligung nach ganz bzw. teilweise aufschiebend bedingter Übertragung eines Geschäftsanteils, darf die Gesellschafterliste nach der Rspr des BGH nicht enthalten, weil insoweit der Grundsatz der Registerklarheit entgegensteht, der auch für die Gesellschafterliste gilt (BGH NZG 15, 519, 519; BGH NZG 2011, 1268, 1268; kritisch Baumbach/Hueck/*Servatius* § 40 Rn 15c; *Jeep* DNotZ 2011, 943, 948). Eine Ausnahme wird gemacht, wenn ein erhebliches praktisches Bedürfnis des Rechtsverkehrs besteht (BGH NZG 15, 519, 519; verneint für einen Hinweis auf Testamentsvollstreckung durch OLG Köln NZG 2014, 1272, 1273, bestätigt durch BGH NZG 2015, 519, 520). Sollen Verfügungen eines nichtberechtigten Listengesellschafters verhindert werden, ist alternativ gem § 16 Abs 3 S 3 GmbHG an die Zuordnung eines Widerspruchs zur Gesellschafterliste zu denken (zur Löschung des Widerspruchs als „actus contrarius" KG EWiR 2013, 615, 616). Daneben steht dem zu Unrecht nicht eingetragenen Gesellschafter sowohl ein Anspruch auf Einreichung einer korrigierten Gesellschafterliste gegen die Gesellschaft (KG NZG 2019, 913, 913) als auch ein Berichtigungsanspruch gegen den zu Unrecht eingetragenen Scheingesellschafter (KG NZG 2019, 1179, 1180) zu. Soll ein gutgläubiger Erwerb eines aufschiebend bedingt übertragenen Geschäftsanteils durch einen Zweiterwerb verhindert werden, ist die Eintragung eines Widerpsruchs hierfür aber weder geeignet noch erforderlich, weil sich die Erstverfügung nach § 161 Abs 1 BGB gegenüber einer möglichen Zweitverfügung durch den in der Liste eingetragenen Gesellschafter durchsetzt; der gute Glaube in die Verfügungsbefugnis des in der Gesellschafterliste eingetragenen Gesellschafters ist nicht geschützt, auch nicht über § 161 Abs 3 BGB iVm § 16 Abs 3 S 1 GmbHG (BGH NZG 2011, 1268, 1270).

Aus Transparenzgründen kann es uU geboten sein, bei zeitlich unmittelbar aufeinanderfolgenden Veränderungen oder solchen Veränderungen, die sich aus ein und derselben notariellen Urkunde ergeben, mehrere Gesellschafterlisten einzureichen (vgl. OLG Köln GmbHR 2014, 28, 29; aA *Berninger* GmbHR 2014, 449, 450).

Mehrere, an einem Tag eingereichte Gesellschafterlisten, sind gem. § 9 Abs 1 S 2 HRV in chronologischer Reihenfolge in den Registerordner einzustellen (OLG Düsseldorf NZG 2019, 821, 823).

Das Registergericht ist befugt, die eingereichte Liste **formal** daraufhin zu prüfen, ob sie den Anforderungen des § 40 GmbHG entspricht (vgl. BGH NZG 2015, 519, 519; BGH NZG 2011, 1268, 1268; OLG Nürnberg, GmbHR 18, 86, 87; s auch Baumbach/Hueck/*Servatius* § 40 Rn 75; *Cramer* NZG 2018, 721, 723). Es ist daher berechtigt, eine Gesellschafterliste zurückzuweisen, die entgegen § 40 Abs 1 S 1 GmbHG keine Veränderungen in den Personen der Gesellschafter oder des Umfangs ihrer Beteiligung ausweist, sondern solche zB nur ankündigt (BGH NZG 2015, 519, 519; BGH NZG 2011, 1268, 1268; OLG Nürnberg, GmbHR 2018, 86, 87; KG NZG 20, 746, 747 Baumbach/Hueck/*Servatius* § 40 Rn 75). Außerdem kann das Registergericht die Aufnahme einer nur durch einen Geschäftsführer unterschriebenen Liste verweigern, wenn die zugrundeliegende Veränderung nur unter notarieller Mitwirkung wirksam sein kann (KG NZG 2019, 1111, 1112).

Eine Liste, die lediglich im Hinblick auf die aktualisierten Anforderungen des § 40 Abs 1 GmbHG angepasst wurde, kann auch dann zum Handelsregister eingereicht werden, wenn keine Veränderung in der Person der Gesellschafter oder des Umfangs ihrer Beteiligung eingetreten ist (OLG Düsseldorf GmbHR 2020, 703, 704 f = DNotZ 2020, 789; OLG Düsseldorf NZG 2020, 790, 791).

40. Anzugeben sind die Gesellschafter, dh diejenigen, die rechtlich (also auch Treuhänder) und nicht bloß wirtschaftlich gesehen Inhaber der Geschäftsanteile sind (Baumbach/Hueck/*Servatius* § 40 Rn 9). Ist der Gesellschafter selbst eine Gesellschaft, muss nach § 40 Abs 1 S 2 GmbHG bei eingetragenen Gesellschaften deren Firma, Satzungssitz, zuständiges Register und Registernummer aufgenommen werden. Bei nicht eingetragenen Gesellschaften sind deren Gesellschafter unter einer zusammenfassenden Bezeichnung mit Name, Vorname, Geburtsdatum und Wohnort in der Liste aufzuführen.

Das Form. nimmt durch das Voranstellen der Gesellschafter eine Sortierung der Liste nach Gesellschaftern vor. § 1 Abs 1 S 3 GesLV gibt dem Listenersteller die Wahl zwischen einer Sortierung nach Gesellschaftern und einer solchen nach Geschäftsanteilen. Erstere ist in der Praxis allerdings häufiger anzutreffen und hat den Vorteil, dass mit einem Blick zu erkennen ist, welche Anteile der jeweilige Gesellschafter hält, was wiederum helfen kann, sich die Gesamtprozentangabe iSv § 40 Abs 1 S 3 GmbHG (s hierzu → Anm. 43) zu erschließen (*Miller* NJW 2018, 2518, 2519).

41. § 40 Abs 1 S 1 GmbHG verlangt eine laufende Nummerierung der Geschäftsanteile, enthält diesbezüglich jedoch keine konkreten Vorgaben. Hier schafft § 1 GesLV Abhilfe. § 1 Abs 1 S 1 1. Halbs GesLV sieht eine zwingende Nummerierung mit ganzen arabischen Zahlen vor. Abschnittsnummern (1.1; 1.2 usw) sind nach § 1 Abs 1 S 1 2. Halbs GesLV nur in den durch die Verordnung bestimmten Fällen (nämlich Schaffung und Teilung von Geschäftsanteilen, § 1 Abs 3 S 3 1. Halbs GesLV) und nur mit ganzen arabischen Zahlen zulässig. Unzulässig sind damit römische Zahlen und Buchstaben. § 1 Abs 1 S 2 GesLV erlaubt es, die numerische Zuordnung von Geschäftsanteilen für jeden Gesellschafter zusammenzufassen (etwa Anteile 1-3 für A und 4-6 für B). Die fortlaufende Nummerierung soll sicherstellen, dass die Geschäftsanteile zweifelsfrei und transparent identifiziert und im Sinne des sachenrechtlichen Bestimmtheitsgrundsatzes einem Gesellschafter zugeordnet werden können (BR-Drs 105/18, S 6, 7).

§ 1 Abs 2 S 1 GesLV bestimmt, dass einmal für Geschäftsanteile vergebene Nummern nicht für andere Geschäftsanteile verwendet werden dürfen (Nummerierungskontinuität). Lediglich im Falle der Unübersichtlichkeit der Liste erlaubt § 1 Abs 2 S 2 iVm Abs 4 GesLV eine Abweichung hiervon in einer sog Bereinigungsliste. Die Beurteilung des Vorliegens einer „unübersichtlich" nummerierten Gesellschafterliste liegt im pflichtgemäßen Ermessen des Einreichenden und das Registergericht hat, abgesehen von ganz groben und offensichtlichen Verstößen, kein Prüfungsrecht (BR-Drs 105/18, S 9). Zur Auslegung des Begriffs der Unübersichtlichkeit kann auf die zur Parallelproblematik im Grundbuch- und Handelsregisterverfahren (§ 28 GBV und § 21 HRV) entwickelten Grundsätze zurückgegriffen werden (BR-Drs 105/18, S 8; *Lieder/Becker* NotBZ 2018, 321, 323; s zum Begriff der Unübersichtlichkeit: OLG Düsseldorf FGPrax 2016, 50, 51). Unübersichtlichkeit kann sich etwa aus einer zu großzügigen Verwendung von Abschnittsnummern ergeben (BR-Drs 105/18, S 9). Bei Schaffung, Teilung oder Zusammenlegung von Geschäftsanteilen dürfen die alten Nummern also grds. nicht verwendet werden und es sind nach § 1 Abs 3 S 1 GesLV neue Einzelnummern zu vergeben. Gem § 3 GesLV fallen bei Vergabe neuer Nummern die bisherigen Nummern (und die auf sie bezogenen Angaben) ersatzlos weg, ohne dass sie durchgestrichen oder mit einem die Aufhebung kennzeichnenden Zusatz belassen werden dürfen (BR-Drs 105/18, S 11). Eine nachvollziehbare Zuordnung der neuen Geschäftsanteile kann durch die Aufnahme der bisherigen Nummern in eine Veränderungsspalte erreicht werden. Veränderungsspalten sind in der Praxis üblich und zulässig (zur Zulässigkeit OLG Jena NZG 2010, 591, 592) und nunmehr ausdrücklich in § 2 Abs 1 GesLV geregelt. Danach werden Veränderungen nach § 40 Abs 1 S 1 GmbHG „im Vergleich mit der zuletzt im Handelsregister aufgenommenen Liste" in eine Veränderungsspalte aufgenommen. Vorherige Veränderungen sind damit nicht aufzuführen und können durch Einsicht in ältere Gesellschafterlisten nachvollzogen werden (BR-Drs 105/18, S 9). Unverzichtbar ist eine Veränderungsspalte nach § 2 Abs 2 GesLV im Fall der Erstellung einer Bereinigungsliste. Außerhalb des Anwendungsbereichs des § 2 Abs 2 GesLV ist eine solche nicht zwingend (KG NZG 2019, 661, 662). Ansonsten „sollen" gem § 2 Abs 3 GesLV Veränderungen der Beteiligungsverhältnisse oder Geschäftsanteilsinhaberschaft (Teilung, Zusammenlegung, Einziehung von Geschäftsanteilen sowie Kapitalerhöhungen, -herabsetzungen und Anteilsübertragungen) in eine Veränderungsspalte aufgenommen werden (*Freier* notar 18, 292, 295 geht von „intendiertem Ermesssen" aus; ähnlich DNotI-Report 2018, 105, 109) und es „können" gem § 2 Abs 4 GesLV „weitere Veränderungen nach Absatz 1", also Veränderungen iSv § 40 Abs 1 S 1 GmbHG, in eine Veränderungsspalte aufgenommen werden. Außerhalb des Anwendungsbereichs von § 2 Abs 2 GesLV steht das Fehlen einer Veränderungsspalte der Aufnahme der eingereichten Gesellschafterliste in das Handelsregister nicht entgegen (OLG Hamm NZG 2020, 638, 639). Im Form. wurde keine Veränderungsspalte an die Gesellschafterliste angefügt (die Veränderungsspalte kann, dem Beispiel in BR-Drs 105/18, S 10 folgend, als letzte Spalte an die Liste angefügt werden), da die Gesellschafterliste bei Gründung keine „Veränderungen" iSv § 2 Abs 1 GesLV iVm § 40 Abs 1 S 1 GmbHG enthält und es nicht notwendig ist, eine leere Spalte anzufügen (BR-Drs 105/18, S 9).

Da § 1 Abs 3 S 1 GesLV die Vergabe neuer Nummern nicht bei der Abtretung von Geschäftsanteilen vorsieht, ist eine Umnummerierung abgetretener Geschäftsanteile in der Gesellschafterliste, welche der BGH noch für zulässig erachtete (BGH NJW 2011, 1809, 1810), nicht mehr möglich (*Cziupka,* GmbHR 2018, R180, R181; so bereits LG Augsburg NZG 2009, 1032, 1033).

Über die Vergabe der Nummern entscheiden grundsätzlich die Geschäftsführer bzw der Notar nach pflichtgemäßem Ermessen (vgl OLG Jena NZG 2010, 591, 592; *Mayer* MittBayNot 14, 24, 31; MüKoGmbHG/*Heidinger* § 40 Rn 64). Die Gesellschafterversammlung kann dem Geschäftsführer (nicht dem Notar) diesbezüglich jedoch Weisungen erteilen (Baumbach/Hueck/*Servatius* § 40 Rn 13). Im Form. macht die Satzung über die

Nummerierung bereits Vorgaben, die dann folgerichtig für die Geschäftsführer maßgeblich sind. Auch der Notar wird dies bei seiner Entscheidung grds berücksichtigen (*Wachter,* NZG 2009, 1001, 1005).

42. Anzugeben ist nach § 40 Abs 1 S 1 GmbHG die durch den jeweiligen Nennbetrag eines Geschäftsanteils vermittelte prozentuale Beteiligung am Stammkapital. Ausreichend ist dabei, wenn sich rechnerisch aus der Tabelle ohne weiteres der Nennbetrag eines jeden Geschäftsanteils oder ohne rechnerischen Aufwand der prozentuale Anteil am Stammkapital eindeutig erlesen lässt (OLG Bremen GmbHR 2020, 218, 219 = NZG 2020, 1155). § 4 GesLV konkretisert, wie die Prozentangaben zu erfolgen haben. Gem § 4 Abs 1 S 1 und 3 GesLV hat der Listenersteller die Wahl, ob er die Prozentangabe nach dem kaufmännischen Prinzip bis auf eine Dezimalstelle rundet oder ob er die Prozentangabe durch das Weglassen der Nachkommastellen bis auf eine Dezimalstelle angibt. Wegen der Formulierung „dürfen" (bzw „können") steht es dem Listenersteller offen, auch auf mehr als eine Kommastelle zu runden (bzw die Nachkommastellen wegzulassen). Es gilt das **Konsistenzgebot**, sodass eine Kombination von Rundung und Weglassung innerhalb derselben Liste nicht zulässig ist (BR-Drs 105/18, S 12). Runden bzw Weglassen auf 0,0 Prozent, 25,0 Prozent oder 50,0 Prozent ist gem § 4 Abs 1 S 2 GesLV unzulässig. Dadurch soll eine Erschwerung der Beurteilung, ob ein Grenzwert nach dem GwG erreicht ist, etwa ob ein „wirtschaftlich Berechtigter" iSv § 3 Abs 2 S 1 Nr 1 GwG gegeben ist (natürliche Person, die mehr als 25 Prozent der Geschäftsanteile hält), vermieden werden (*Haneke,* DB 2018, 2104, 2105). Da durch die Rundungen respektive Weglassungen die Hundertprozentmarke über- bzw unterschritten werden kann, regelt § 4 Abs 3 GesLV, dass die Summe der Prozentangaben nicht 100 Prozent ergeben muss. § 4 Abs 4 S 1 GesLV erlaubt die Angabe „weniger als 1 %"oder „< 1 %", wenn der Nennbetrag eines Geschäftsanteils weniger als einen Prozent beträgt (anders vor Inkrafttreten der GesLV noch das OLG Nürnberg NZG 2018, 61, 63). Eine Darstellung der Nachkommastellen oder der prozentualen Beteiligung als Bruchzahl ist unzulässig (BR-Drs 105/18, S 11). Ungewiss ist, wie die Prozentangaben bei Eigenanteilen der GmbH darzustellen sind (vgl *Wachter,* GmbHR 2017, 1177, 1191, der im Ergebnis aus Transparenzgesichtspunkten für eine Angabe in gleicher Weise plädiert).

43. Hält ein Gesellschafter mehrere Anteile, muss der Gesamtumfang der Beteiligung am Stammkapital als Prozentsatz gesondert angegeben werden (§ 40 Abs 1 S 3 GmbHG). Die Errechnung hat gem § 4 Abs 2 S 1 GesLV vor der Rundung bzw dem Weglassen von Nachkommastellen der Einzelbeteiligungen zu erfolgen. § 4 Abs 2 S 2 GesLV ordnet die entsprechende Anwendung von § 4 Abs 1 GesLV an, sodass nach der Errechnung des Gesamtumfangs eine Rundung oder ein Weglassen von Nachkommastellen wiederum möglich ist. Dem Listenersteller ist es anheim gestellt, in der Gesellschafterliste auf eine etwaige Rundung bzw Weglassung hinzuweisen (BR-Drs 105/18, S 12). Im Form. halten die Gesellschafter nach dem Gesellschaftsvertrag jeweils nur einen Anteil, weshalb auf eine gesonderte prozentuale Angabe des Gesamtumfangs am Stammkapital nach dem Wortlaut von § 40 Abs 1 S 3 GmbHG auch hätte verzichtet werden können. Anstatt wie im Form. eine weitere Spalte für die Prozentangaben des Gesamtumfangs aufzuführen, räumt § 4 Abs 5 S 2 GesLV die Möglichkeit ein, die Prozentangaben in an die Gesellschafterliste anschließenden separaten Zeilen aufzuführen.

44. Zuständig für die Unterzeichnung und Einreichung der Gesellschafterliste bei der Gründung sind als Anmeldende sämtliche Geschäftsführer (Baumbach/Hueck/*Servatius* § 7 Rn 2). Bei späteren Änderungen in den Personen der Gesellschafter oder im Umfang der von ihnen gehaltenen Beteiligungen haben die – im Handelsregister eingetragenen (KG ZIP 2018, 2072, 2073) – Geschäftsführer oder, im Falle der Mitwirkung eines Notars, dieser nach § 40 Abs 1 S 1 (iVm Abs 2 bei Mitwirkung des Notars) GmbHG dem Handelsregister die Änderungen in Form. einer neuen unterschriebenen Gesellschafterliste anzuzeigen. Wirken bei getrennter Beurkundung von Angebot und Annahme verschiedene Notare mit, so ist jeder beteiligte Notar berechtigt, die neue Liste einzureichen (OLG München NZG 2013, 822, 823). Bei nur mittelbarer Mitwirkung des Notars an der Veränderung soll er zwar nicht verpflichtet, aber (neben den Geschäftsführern) berechtigt sein, die veränderte Liste einzureichen (OLG Brandenburg NZG 2013, 507, 508; OLG Hamm GmbHR 2014, 424, 425; aA *Eickelberg/Ries* NZG 2015, 1103, 1105). Bei **Auslandsbeurkundungen** kann der ausländische Notar die Gesellschafterliste einreichen, wenn die ausländische Beurkundung einer deutschen gleichwertig ist und er an der Veränderung beteiligt war (BGH GmbHR 2014, 248, 249). Die Gleichwertigkeit ist also stets vorher zu prüfen. Bejaht wurde diese bislang für Österreich sowie für Teile der Schweiz (zuletzt bejaht für den Kanton Bern durch KG DB 18, 369, 371); verneint für die USA (vgl. *Meichelbeck/Krauß* DStR 2014, 752, 754 mwN). Das Registergericht darf die Eintragung nur bei evidenter Ungleichwertigkeit ablehnen. Hat ein Notar eine unrichtige Liste eingereicht, so ist der Geschäftsführer befugt, eine korrigierte Liste einzureichen (BGH GmbHR 2017, 519, 520; BGH GmbHR 2014, 198, 201). Er muss dem Betroffenen zuvor Gelegenheit zur Stellungnahme geben. Aus Beweisgründen empfiehlt es sich, den Betroffenen förmlich zu benachrichtigen. Für weitere Einzelheiten zur Zuständigkeit s nur Baumbach/Hueck/*Servatius* § 40 Rn 51 ff. Noch ungeklärt ist (vom BGH GmbHR 2017, 519, 520 ausdrücklich offen gelassen), ob die Gesellschafter dem Geschäftsführer hinsichtlich der Listenkorrektur Weisungen erteilen dürfen (dafür: Baumbach/Hueck/*Servatius* § 40 Rn 38; dagegen: MüKoGmbHG/*Heidinger* § 40 Rn 180). In Zweifelsfällen der Zuständigkeit kann eine Unterschrift der Geschäftsführer und des Notars empfehlenswert sein (zur Zulässigkeit OLG Hamm NZG 2010, 475, 476). Beim Erfordernis einer Einreichung durch die Geschäftsführer genügt eine Unterzeichnung und Einreichung in vertretungsberechtigter Anzahl (OLG Jena DB 2011, 1800; Baumbach/Hueck/*Servatius* § 40 Rn 35). Unechte Gesamtvertretung durch einen Geschäftsführer mit einem Prokuristen ist nach wohl herrschender Auffassung in Rspr und Schrifttum unzulässig, weil die Pflicht zur Einreichung der Gesellschafterliste eine höchstpersönliche Verpflichtung der Geschäftsführer darstelle (s nur OLG Jena NZG 2011, 909, 910 mwN; Lutter/Hommelhoff/*Bayer* § 40 Rn 72; Scholz/*Seibt* § 40 Rn 45; Baumbach/Hueck/*Servatius* § 40 Rn 35; aA GroßKoGmbHG/*Paefgen* § 40 Rn 112). Bei einer Einreichung durch den Notar muss die beizufügende Notarbescheinigung ihrem Sinngehalt nach dem Gesetzestext des § 40 Abs 2 S 1 GmbHG entsprechen (OLG Stuttgart DB 2011, 2309).

45. **Steuerhinweise:** Die GmbH ist selbstständiges **Steuersubjekt bei allen relevanten Steuerarten** (insbes KSt, GewSt, USt, GrESt, auch ErbSt bzw SchenkungSt). Das gilt bereits für die sog Vorgesellschaft (die mit der eingetragenen GmbH als Steuersubjekt identisch ist), nicht jedoch für die Vorgründungs-(= BGB-)Gesellschaft. Bei Übertragung eines Grundstücks von der Vorgründungs- auf die Vorgesellschaft entsteht daher GrESt, nicht jedoch beim Übergang von der Vorgesellschaft zur (eingetragenen) GmbH (Boruttau/*Meßbacher-Hönsch,* GrEStG, § 1 Rn 38 ff).

Die GmbH hat dem Finanzamt und der Gemeinde die Gründung und andere steuerlich relevante Umstände, zB die Eröffnung einer Betriebstätte, binnen eines Monats mitzuteilen (§§ 137, 138 AO).

Das zu versteuernde Einkommen der GmbH unterliegt der Körperschaftsteuer zum Satz von 15 % zuzüglich eines Solidaritätszuschlages von 5,5 % der Steuerschuld (Gesamtbelastung somit 15,825 %). Zusätzlich fällt Gewerbesteuer an, wobei der Gewerbesteuersatz von der jeweiligen Gemeinde festgelegt wird. In der Regel beträgt die Gewerbesteuerbelastung zwischen 13 % und 17 % des steuerpflichtigen Gewerbeertrages.

Die Steuerbelastung der GmbH kann uU durch Fremdfinanzierung, auch von Seiten ihrer eigenen Gesellschafter, gesenkt werden, selbst wenn Darlehenszinsen bei der Gewerbesteuer nur zu 75 % abzugsfähig sind (§ 8 Nr 1 GewStG). Im Rahmen der sog Zinsschranke (§ 4 h EStG iVm § 8 a KStG) sind Zinsaufwendungen nur bis zur Höhe der Zinserträge voll abziehbar, darüber hinaus grds nur bis zu einer Höhe von 30 % des steuerlichen EBITDA (steuerlicher Gewinn bereinigt um Zinsaufwendungen, Zinserträge und bestimmte Abschreibungen). Dieses Betriebsausgabenabzugsverbot ist einschlägig, wenn der Nettozinsaufwand mindestens drei Millionen Euro beträgt und sonstige Ausnahmetatbestände in § 4 h Abs 2 EStG iVm § 8 a Abs 2, 3 KStG (insbes die sog Escape-Klausel, dh der Betrieb gehört zu einem Konzern und seine Eigenkapitalquote ist gleich hoch oder höher als die des Konzerns) nicht eingreifen. Infolge der Zinsschranke nicht abzugsfähige Zinsaufwendungen können in zukünftige Wirtschaftsjahre vorgetragen werden. Wegen weiterer Einzelheiten wird auf das ausführliche BMF-Schreiben vom 4.7.2008 (BStBl I 08, 718) verwiesen.

Auf Gewinnausschüttungen an die Gesellschafter behält die GmbH grundsätzlich 25 % Kapitalertragsteuer zzgl Solidaritätszuschlag (insgesamt 26,375 %) ein und führt diese an das zuständige FA ab. Werden Anteile an der GmbH im Privatvermögen gehalten, hat die einbehaltene Steuer grundsätzlich abgeltende Wirkung (sog Abgeltungsteuer). Gehören die Anteile zum Betriebsvermögen eines Einzelunternehmers, werden 60 % der Ausschüttung mit seinem individuellen Einkommensteuersatz (bis zu 45 %) besteuert (sog Teileinkünfteverfahren). Hält eine Kapitalgesellschaft Anteile an der GmbH, unterliegen beim Gesellschafter grundsätzlich nur 5 % der Ausschüttungen der Körperschaftsteuer (zzgl Solidaritätszuschlag), § 8 b Abs 1, 5 KStG. Die 95 %ige Steuerbefreiung setzt eine Mindestbeteiligung von 10 % zu Beginn des Kalenderjahres voraus, § 8 b Abs 4 S 1 KStG.Darüber hinaus fällt bei Gesellschaftern, die Einzelunternehmer oder Kapitalgesellschaften sind, grundsätzlich Gewerbesteuer an, es sei denn, die Höhe der Beteiligung betrug zu Beginn des maßgeblichen Erhebungszeitraums mindestens 15 % (§ 9 Nr 2 a GewStG).

Ein Gewinn aus der Veräußerung eines von einer Körperschaft gehaltenen GmbH-Anteils unterliegt ebenfalls grundsätzlich nur in Höhe von 5 % der Körperschaftsteuer (zzgl Solidaritätszuschlag) und der Gewerbesteuer (§ 8 b Abs 2, 3 KStG). Befindet sich der Gesellschaftsanteil im Betriebsvermögen eines Einzelunternehmers, unterliegen 60 % des Veräußerungsgewinns der Einkommensteuer (zum individuellen Einkommensteuersatz) sowie der Gewerbesteuer. Gehört der Anteil zum Privatvermögen des Gesellschafters, entfällt zwar die Gewerbesteuer, jedoch gilt für nach dem 31.12.2008 erworbene Gesellschaftsanteile unabhängig von der Haltedauer der pauschale Abgeltungsteuersatz iHv 25 % zzgl Solidaritätszuschlag. War der Gesellschafter zu irgendeinem Zeitpunkt innerhalb der letzten fünf Jahre vor der Veräußerung „wesentlich" (dh unmittelbar oder mittelbar zu mindestens 1 %) beteiligt, unterliegt der Gewinn hingegen zu 60 % der Einkommensteuer zum individuellen Steuersatz (bis zu 45 %), § 17 EStG. Der ausländische (beschränkt steuerpflichtige) Anteilseigner hat bei wesentlicher Beteiligung ebenfalls einen Veräußerungsgewinn gemäß § 17 EStG zu versteuern (§ 49 Abs 1 Nr 2 lit e EStG), es sei denn, ein anwendbares DBA teilt die Besteuerung insoweit ausschließlich dem Ansässigkeitsstaat des Anteilseigners zu (s Vogel/Lehner/*Reimer*, DBA , Art 13 Rn 190 ff).

Aus steuerlicher Sicht spricht für die Wahl der GmbH als Rechtsform etwa gegenüber der GmbH & Co. KG die steuerliche Abzugsfähigkeit angemessener Tätigkeitsvergütungen und die Möglichkeit der Bildung von Pensionsrückstellungen zugunsten der Anteilseigner mit steuerlicher Wirkung. Nachteilig sind dagegen bei der GmbH die fehlende Ausgleichsmöglichkeit von Verlusten der Gesellschaft mit Einkünften der Anteilseigner (uU herbeizuführen durch gewerbe- bzw körperschaftsteuerliche Organschaft), die Abschirmung der Gesellschafter von Steuerfreistellungen bestimmter ausländischer Einkünfte auf Grund DBA sowie die Tatsache, dass die erheblichen Vergünstigungen für Betriebsvermögen bei der Erbschaft- bzw Schenkungsteuer (Verschonungsabschlag von 85 % bzw 100 % des Vermögens; Anwendung der Tarifbegrenzung, §§ 13 a, 19 a ErbStG) grds erst für Beteiligungen von mehr als 25 % zur Verfügung stehen (§ 13 b Abs 1 Nr 3 ErbStG).

Kosten und Gebühren:

a) Gründungsprotokoll und Gesellschaftsvertrag
Notar: 2,0 Gebühr KV 21100, mind EUR 120,00.
Wert: Wert aller Einlagen, § 97 Abs 1 GNotKG, mind EUR 30.000,00/max EUR 10.000.000,00, § 107 Abs 1 S 1 GNotKG.

b) Anmeldung und Eintragung
Notar: 0,5 Gebühr, KV 24102 iVm 21201 Nr 5, mind EUR 30,00.
Wert: Nennbetrag des Stammkapitals, § 105 Abs 1 Nr 1 GNotKG, mind EUR 30.000,00/max EUR 1.000.000,00 §§ 105 Abs 1 S 2; 106 S 1 GNotKG. Zusätzlich Vollzugsgebühr für Erstellung von XML-Daten 0,3 Gebühr, KV 22124, höchstens EUR 250,00

c) Mindestwerte nach a) und b) gelten nicht bei Verwendung des Musterprotokolls (Form. 1.2 §§ 107 Abs 1 S 2, 105 Abs 6 GNotKG.

d) Geschäftsführerbestellung
Bei (rechtsgeschäftlicher) Geschäftsführerbestellung im Gesellschaftsvertrag entsteht keine weitere Gebühr nach § 108 GNotKG, vgl §§ 94, 109 GNotKG (s auch Korintenberg/*Diehn,* § 109 Rn 148). Bei Bestellung durch (nicht beurkundungspflichtigen) Beschluss:
Notar: (für den Entwurf) 0,5 bis 2,0 Gebühr, KV 24100 iVm KV 21100 (vgl. Korintenberg/*Diehn,* KV 24100 Rn 2 f).
Wert: 1 % des Stammkapitals, mind EUR 30.000,00, max EUR 5.000.000,00 §§ 108 Abs 1, 5; 105 Abs 1 GNotKG; bei Handelsregisteranmeldung max EUR 1.000.000,00, § 106 S 1 GNotKG.

e) Gesellschafterliste
Notar: 0,5 Vollzugsgebühr, KV 22110 (BGH NZG 2019, 995, 996), vgl. Vorbem 2.2.1.1 Abs 1 S 2 Nr 3 KV, max EUR 250,00 (Korintenberg/*Tiedtke,* KV Vorbem 2.2.1.1 Rn. 34 ff), wobei für alle Vollzugstätigkeiten nur eine Gebühr anfällt, § 93 Abs 1 GNotKG.
Wert: Berechnung aus Verfahrenswert, § 112 GNotKG (zum Höchstwert s Korinthenberg/*Tiedtke,* § 112 GNotKG Rn 20).

f) Registergebühren
S HRegGebV, Anlage zu § 1, Teil 2, Abschnitt 1.

1.2 Vereinfachte Gründung mit Musterprotokoll

a) Musterprotokoll zur Gründung einer Einpersonengesellschaft (UG (haftungsbeschränkt))[1, 2]

UR. Nr . . . . .

Heute, den . . . . . ,

erschien vor mir, ... , Notar/in mit dem Amtssitz in . . . . . ,[3]

Herr/Frau[4] . . . . .[5]

1. Der Erschienene errichtet hiermit nach § 2 Abs 1a GmbHG eine Gesellschaft mit beschränkter Haftung unter der Firma[6] . . . . . UG (haftungsbeschränkt)[7] mit dem Sitz[8] in . . . . .

2. Gegenstand des Unternehmens ist . . . . .[9]

3. Das Stammkapital[10] der Gesellschaft beträgt . . . . . EUR (i.W . . . . . EUR) und wird vollständig von Herrn/Frau . . . . . (Geschäftsanteil Nr. 1) übernommen. Die Einlage ist in Geld zu erbringen,[11] und zwar sofort in voller Höhe.[12]

4. Zum Geschäftsführer der Gesellschaft wird Herr/Frau[13], ... geboren am . . . . ., wohnhaft in . . . . . , bestellt. Der Geschäftsführer ist von den Beschränkungen des § 181 des Bürgerlichen Gesetzesbuches befreit.[14]

5. Die Gesellschaft trägt die mit der Gründung verbundenen Kosten bis zu einem Gesamtbetrag von 300 EUR, höchstens jedoch bis zum Betrag ihres Stammkapitals. Darüber hinausgehende Kosten trägt der Gesellschafter.[15]

6. Von dieser Urkunde erhält eine Ausfertigung der Gesellschafter, beglaubigte Ablichtungen die Gesellschaft und das Registergericht (in elektronischer Form.) sowie eine einfache Abschrift das Finanzamt – Körperschaftssteuerstelle – .

7. Der Erschienene wurde von Notar/von der Notarin insbesondere auf Folgendes hingewiesen: . . . . .[16]

b) Anmeldung zum Handelsregister[17]

Amtsgericht

– Handelsregister B –

. . . . .

Betr.: AB Unternehmergesellschaft (haftungsbeschränkt)

Ich, der unterzeichnete alleinige Geschäftsführer überreiche:

Die beglaubigte Abschrift der notariellen Abfassung gem. § 2 Abs 1 a (UR . . . . . des Notars X), welche die Satzung, die Gesellschafterliste und meine Bestellung zum alleinigen Geschäftsführer zum Inhalt hat, und melde die Gesellschaft und mich als alleinigen Geschäftsführer zur Eintragung in das Handelsregister an.

Die inländische Geschäftsanschrift der Gesellschaft lautet wie folgt: . . . . . (Adresse). Dort befinden sich auch die Geschäftsräume.[18]

Zur Vertretungsberechtigung melde ich an:[19]

Die allgemeine Regelung über die Vertretung der Gesellschaft richtet sich nach dem Gesetz: Ist nur ein Geschäftsführer bestellt, vertritt dieser die Gesellschaft alleine, sind mehrere bestellt, sind diese nur gemeinsam zur Vertretung der Gesellschaft berechtigt. Als einziger Geschäftsführer vertrete ich die Gesellschaft demzufolge alleine, solange ich einziger Geschäftsführer bin. Ich bin von den Beschränkungen des § 181 BGB befreit.

Ich versichere,

dass auf den gegen Bareinlage übernommenen Geschäftsanteil von Gesellschafter AB der volle Betrag in Höhe des Nennbetrages des übernommenen Geschäftsanteils von EUR . . . . . durch Überweisung auf ein Bankkonto der Gesellschaft einbezahlt worden ist, dass sich der Gegenstand der vorstehenden Leistung endgültig in meiner freien Verfügung befindet und nicht an den Gesellschafter zurückgewährt wurde,

dass das Vermögen der Gesellschaft, abgesehen von dem in der Satzung festgesetzten Gründungsaufwand (insbesondere Eintragungskosten, Gerichts- und Notargebühren, Kosten der Rechts- und Steuerberatung, Bekanntmachungskosten sowie Bankgebühren und etwaige Steuern) im Betrag von EUR 300, höchstens aber bis zum Betrag des Stammkapitals, nicht mit Verbindlichkeiten vorbelastet ist,

dass mir die Ausübung eines Berufs, Berufszweiges, Gewerbes oder Gewerbezweiges noch nie, weder durch gerichtliches Urteil noch durch vollziehbare Entscheidung einer Verwaltungsbehörde, verboten wurde sowie

dass ich noch nie, weder im Inland noch im Ausland, wegen einer Straftat verurteilt wurde und

dass ich über meine unbeschränkte Auskunftspflicht gegenüber dem Gericht durch den beglaubigenden Notar belehrt worden bin.

. . . . . (Ort), den . . . . . [Geschäftsführer]

Schrifttum: *Bormann/Urlichs,* Kapitalaufbringung und Kapitalerhaltung nach dem MoMiG, GmbHR-Sonderheft 10/08, 37; *Heckschen,* Gründungserleichterungen nach dem MoMiG – Zweifelsfragen in der Praxis, DStR 2009, 166; *Heidinger/Blath,* Das Musterprotokoll – Mehr Fluch als Segen?, ZNotP 2010, 376; *Lips/Randel/Werwigk,* Das neue GmbH-Recht – Ein Überblick, DStR 2008, 2220; *Markwardt,* Kapitalaufbringung nach dem MoMiG, BB 2008, 2414; *Römermann,* Die vereinfachte Gründung mittels Musterprotokoll, GmbHR-Sonderheft 10/08, 16; *Sikora/Regler/Tiedtke,* Die Auswirkungen des MoMiG auf die Notarkosten, MittBayNot 2008, 437; *Tebben,* Die Reform der GmbH – das MoMiG in der notariellen Praxis, RNotZ 2010, 441; *Wachter,* Gründung einer GmbH nach MoMiG, GmbHR-Sonderheft 10/08, 1; *Wachter,* 100 Tage MoMiG: Ausgewählte Probleme mit dem neuen GmbH-Recht im notariellen Alltag, ZNotP 2009, 82; *Wälzholz,* Das MoMiG kommt: Ein Überblick über die neuen Regelungen, GmbHR 2008, 841.

Anmerkungen

1. Gemäß § 2 Abs 1 a GmbHG, der durch das MoMiG eingeführt wurde, ist es möglich, eine GmbH im vereinfachten Verfahren zu gründen, sofern sie höchstens drei Gesellschafter und einen Geschäftsführer hat. Hierfür sind die in der Anlage zu § 2 Abs 1 a GmbHG vorgegebenen Musterprotokolle für die Gründung einer Einpersonengesellschaft (Anlage a)) bzw. für die Gründung einer Mehrpersonengesellschaft mit bis zu drei Gesellschaftern (Anlage b)) zu verwenden. Diese vereinen jeweils **Satzung, Gesellschafterliste (§ 2 Abs 1a S 4) und Bestellung des Geschäftsführers in einem Dokument**, sodass im Gegensatz zur regulären Gründung das Gründungsprotokoll und die Satzung nicht getrennt sind (Baumbach/Hueck/*Fastrich* § 2 Rn 16). Durch Verwendung der Musterprotokolle kommt man über §§ 105 Abs 6, 107 Abs 1 S 2 GNotKG in den Genuss kostenrechtlicher Vorteile (siehe aE des Form. unter„*Kosten und Gebühren*"), womit jedoch ein Verlust an Flexibilität einhergeht, weil im Gesellschaftsvertrag keine vom Gesetz abweichenden Bestimmungen getroffen werden dürfen (§ 2 Abs 1a S 3 GmbHG).

2. Für die Praxis ist das Musterprotokoll zur Gründung einer Einpersonengesellschaft von größerer Bedeutung, weshalb → Form. II.D.1.2 dieses wiedergibt. Die Gründung einer Mehrpersonengesellschaft unter Verwendung des Musterprotokolls kann vor allem deshalb nur eingeschränkt empfohlen werden, weil das Musterprotokoll für die Gründung einer Mehrpersonengesellschaft keine für eine solche zweckmäßigen und üblichen Regelungen wie Zustimmungsvorbehalte der Gesellschafterversammlung, Vinkulierungs-, Einziehungs- oder Kündigungsklauseln enthält (Baumbach/Hueck/*Fastrich* § 2 Rn 16; s auch *Römermann* GmbHR-Sonderheft 10/08, 16, 25). Auch die obligatorische Befreiung des Geschäftsführers von den Beschränkungen des § 181 BGB ist insbesondere im Hinblick auf die Befreiung des Geschäftsführers von dem Verbot der Alt. 1, Geschäfte mit sich selbst abzuschließen, bei Fremdgeschäftsführern nicht immer ratsam und kann uU sogar gefährlich sein. Eine Änderung des Musterprotokolls oder ergänzende Regelungen sind wegen des **Abweichungsverbots** in § 2 Abs 1 a S 3 GmbHG unzulässig. Wird dennoch vom Musterprotokoll abgewichen, wobei geringfügige, unbedeutende Abweichungen bei Zeichensetzung und Wortwahl, die keinerlei Auswirkungen auf den Inhalt haben, unbeachtlich sind, liegt eine reguläre GmbH-Gründung nach allgemeinen Regeln vor (OLG München NZG 2010, 795, 795; s auch OLG Düsseldorf DStR 2011, 2106, 2107). Dies hat wiederum zur Folge, dass die mit der Verwendung des Musterprotokolls einhergehenden kostenrechtlichen Vorteile gemäß §§ 105 Abs 6, 107 Abs 1 S 2 GNotKG entfallen (Baumbach/Hueck/*Fastrich* § 2 Rn 53). Das Verbot der Abweichung betrifft allerdings nur die Gründung und nicht auch Satzungsänderungen nach erfolgter Eintragung (OLG München GmbHR 2010, 312, 312 m Anm. *Kallweit*). Vom Wortlaut des Musterprotokolls muss bei einer Satzungsänderung nach Eintragung sogar abgewichen werden, wenn andernfalls eine inhaltlich unrichtige Aussage entstünde (OLG Karlsruhe ZIP 2018, 1242, 1243). Klarstellende Übernahmen von Regelungen des GmbHG, beispielsweise die Aufnahme der gesetzlichen Vertretungsregelung, sind ebenfalls vom Abweichungsverbot erfasst, da „Abweichung vom Gesetz“ in § 2 Abs 1 a S 3 GmbHG nicht den Text des GmbHG meint, sondern den des Musterprotokolls (Baumbach/Hueck/*Fastrich* § 2 Rn 50; ebenso *Roth/Altmeppen* § 2 Rn 60; s auch MüKoGmbHG/*Heinze* § 2 Rn 232; aA OLG Hamm GmbHR 2009, 1334, 1335).

Im vereinfachten Verfahren kann sowohl eine „herkömmliche" GmbH als auch eine **Unternehmergesellschaft (haftungsbeschränkt)** (s zu dieser → Form. II.D.1.2 Anm. 7) gegründet werden. Die Gründung der Unternehmergesellschaft (haftungsbeschränkt) wurde vom Gesetzgeber als Hauptanwendungsfall für die Verwendung des Musterprotokolls angesehen, da der Gebührenvorteil über §§ 105 Abs 6, 107 Abs 1 S 2 GNotKG erst bei einer Gründung mit einem Stammkapital unter EUR 30.000,00 zum Tragen kommt (Baumbach/Hueck/*Fastrich* § 2 Rn 16), was in den häufigsten Fällen auf die UG (haftungsbeschränkt) zutreffen wird (die „normale“ GmbH kommt nur bei einem Stammkapital von EUR 25.000,00 – EUR 29.999,00 in den Genuss des Kostenprivilegs). Aus diesem Grund bezieht sich → Form. II.D.1.2 auf die Gründung dieser Variante der GmbH.

3. Die Gründung im vereinfachten Verfahren durch Verwendung des Musterprotokolls bedarf der notariellen Beurkundung. Insoweit besteht kein Unterschied zur Gründung im Regelverfahren (Baumbach/Hueck/*Fastrich* § 2 Rn 16).

4. Nicht Zutreffendes ist nach Hinweis 1) der Musterprotokolle zu streichen. Trotz der Formulierung „Herr/Frau“ kann auch eine jur. Person oder eine Personengesellschaft Gesellschafterin sein (Baumbach/Hueck/*Fastrich* § 2 Rn 17).

5. Hier sind nach Hinweis 2) der Musterprotokolle neben der Bezeichnung des Gesellschafters und den Angaben zur notariellen Identitätsfeststellung ggf. der Güterstand und die Zustimmung des Ehegatten sowie die Angaben zu einer etwaigen Vertretung zu vermerken.

6. Hinsichtlich der **Firma** ergeben sich keine Abweichungen zur Gründung im regulären Verfahren, sodass auf → Form. II.D.1.1 Anm. 2 verwiesen werden kann.

7. Bei der Unternehmergesellschaft handelt es sich nicht um eine neue Rechtsform, sondern um den **Spezialfall einer GmbH**, auf den alle Vorschriften des GmbHG anwendbar sind, sofern § 5 a GmbHG nichts anderes bestimmt (Baumbach/Hueck/*Servatius* § 5 a Rn 7). Das Stammkapital der Unternehmergesellschaft ist niedriger als der gesetzliche Mindestbetrag von EUR 25.000,00 (§ 5 Abs 1 GmbHG). Die Unternehmergesellschaft muss in der Firma den Zusatz „Unternehmergesellschaft (haftungsbeschränkt)" oder „UG (haftungsbeschränkt)" führen (§ 5 a Abs 1 GmbHG) und das Stammkapital muss vor der Anmeldung abweichend vom sonstigen GmbH-Recht in voller Höhe und als Bareinlage aufgebracht werden, § 5 a Abs 2 GmbHG. Außerdem unterliegt die Unternehmergesellschaft Beschränkungen im Hinblick auf die Gewinnausschüttung. Gemäß § 5 a Abs 3 GmbHG hat sie in der Bilanz eine gesetzliche Rücklage zu bilden, in die ein Viertel des um einen Verlustvortrag geminderten Jahresüberschusses einzustellen ist und die nur zu den gesetzlich erlaubten Zwecken verwandt werden darf (Thesaurierungspflicht). Die für die Unternehmergesellschaft geltenden Beschränkungen des § 5 a Abs 1 bis 4 GmbHG entfallen bereits mit der Beschlussfassung zu einer Kapitalerhöhung, mit der das Mindeststammkapital iSd § 5 Abs 1 GmbHG erreicht wird (BGH NZG 2011, 664, 665; OLG München NZG 2012, 104; s auch Baumbach/Hueck/*Servatius* § 5 a Rn 33; *Roth/Altmeppen* § 5 a Rn 17; *Klose* GmbHR 2009, 294, 295 f; *Wicke* § 5 a Rn 7; anders noch OLG München NJW 2011, 464, 465).

8. → Form. II.D.1.1 Anm. 3. Gemeint ist wiederum der **Satzungssitz** im Inland gemäß § 4 a GmbHG.

9. → Form. II.D.1.1 Anm. 4.

10. Damit eine UG (haftungsbeschränkt) vorliegt, muss ihr **Stammkapital** geringer sein als der Mindestbetrag des § 5 Abs 1 GmbHG; andernfalls liegt eine „normale" GmbH vor (Baumbach/Hueck/*Servatius* § 5 a Rn 10). Auch für die UG (haftungsbeschränkt) gilt allerdings § 5 Abs 2 S 1 GmbHG (→ Form. II.D.1.2 Anm. 7), sodass jeder Geschäftsanteil mindestens EUR 1 betragen muss. Daraus folgt für die UG (haftungsbeschränkt), dass ihr Stammkapital zwischen EUR 1 und EUR 24.999,00 liegen kann. Anders als im regulären Gründungsverfahren, wo § 5 Abs 2 S 2 GmbHG gilt, kann im vereinfachten Verfahren jeder Gesellschafter nur einen Geschäftsanteil übernehmen (Baumbach/Hueck/*Fastrich* § 2 Rn 17; s auch *Bormann/Urlichs* GmbHR-Sonderheft 10/08, 37, 38). Da Form. 1.2 die Einpersonengründung betrifft, gibt es ohnehin nur einen Geschäftsanteil („Geschäftsanteil Nr 1"). Möchte der Gründer der Einpersonengesellschaft mehrere Anteile, so kann er dieses Ziel erst nach erfolgter Eintragung im Handelsregister durch Teilung seines Geschäftsanteils erreichen (MüKoGmbHG/*Heinze* § 2 Rn 242).

11. Sowohl das hier aufgeführte Musterprotokoll für die Gründung einer Einpersonengesellschaft als auch das für die Gründung einer Mehrpersonengesellschaft sehen ausschließlich Geldeinlagen vor, sodass lediglich eine **Bargründung** möglich ist (Baumbach/Hueck/*Fastrich* § 2 Rn 54). Die Beschränkung auf die Bargründung lässt die Anwendbarkeit von § 19 Abs 4 (verdeckte Sacheinlage) und Abs 5 GmbHG (Rückzahlung der Einlage) unberührt (Baumbach/Hueck/*Fastrich* § 2 Rn 17; s auch *Heckschen,* DStR 2009, 166, 167). Ob die Regelungen über die verdeckte Sacheinlage nach § 19 Abs 4 GmbHG mit Blick auf § 5 a Abs 2 S 2 GmbHG auch gilt, wenn unter Verwendung des Musterprotokolls keine GmbH, sondern eine UG (haftunsgbeschränkt) gegründet wird, ist sehr str (gegen die Anwendung: Baumbach/Hueck/*Servatius* § 5 a Rn 12; *Heckschen,* DStR 2009, 166, 171; *Markwardt,* BB 2008, 2414, 2421; für die Anwendung: MüKoGmbHG/*Schwandtner* § 19 Rn 182; Lutter/Hommelhoff/*Bayer* § 19 Rn 69; *Wälzholz,* GmbHR 2008, 841, 844).

12. Abweichend von § 7 Abs 2 S 1 GmbHG ist bei der UG (haftungsbeschränkt) wegen § 5 a Abs 2 S 1 die Einlage sofort in voller Höhe zu erbringen. Bei der Gründung einer „normalen" GmbH im vereinfachten Verfahren sieht das Musterprotokoll noch die Möglichkeit einer 50 %-Einzahlung vor. Diese Alternative wurde in Form. 1.2, dem amtlichen Hinweis 3) des Musterprotokolls folgend, gestrichen. Andere Prozentsätze sind aufgrund des Abweichungsverbots nicht zulässig (Baumbach/Hueck/*Fastrich* § 2 Rn 54).

13. Nicht Zutreffendes ist nach Hinweis 4) des Musterprotokolls zu streichen.

14. Im vereinfachten Gründungsverfahren ist die Bestellung nur eines Geschäftsführers möglich (§ 2 Abs 1 a S 1 GmbHG), welcher nach Nr 4 S 2 des Musterprotokolls von den Beschränkungen des § 181 BGB befreit ist. Dies stellt lediglich eine konkrete Vertretungsregelung für den Gründungsgeschäftsführer dar, sodass das Musterprotokoll keine abstrakte Vertretungsregelung enthält und damit die gesetzliche Vertretungsregelung in § 35 GmbHG gilt (OLG Hamm NZG 2011, 705, 706). Demgemäß ist der Gründungsgeschäftsführer als einziger Geschäftsführer alleinvertretungsberechtigt. Nach Eintragung in das Handelsregister können vor dem Hintergrund, dass es sich bei der Bestellung des Geschäftsführers im Musterprotokoll nicht um einen echten Satzungsbestandteil handelt (OLG Bremen NZG 2009, 1193, 1194), durch einfachen Mehrheitsbeschluss weitere Geschäftsführer bestellt werden (OLG Rostock DNotZ 2011, 308, 309). Für die hinzutretenden Geschäftsführer gilt dann die gesetzliche Gesamtvertretungsregelung des § 35 Abs 2 S 1 GmbHG (OLG Hamm NZG 2011, 705, 706). Da auch für den Gründungsgeschäftsführer die gesetzliche Vertretungsregelung gilt, entfällt dessen Einzelvertretungsmacht bei Hinzutreten weiterer Geschäftsführer (§ 35 Abs 2 S 1 GmbHG). Ferner entfällt nach bestrittener Ansicht mit der Bestellung weiterer Geschäftsführer auch die Befreiung von den Beschränkungen des § 181 BGB, weil für die Schaffung einer Sonderstellung des vormals bei der Gründung bestellten alleinigen Geschäftsführers kein Grund besteht (so OLG Nürnberg NZG 2016, 153, 155; OLG Stuttgart NZG 2009, 754, 755; Baumbach/Hueck/*Fastrich* § 2 Rn 59a; aA OLG Bremen NZG 2009, 1193, 1194; s auch Baumbach/Hueck/*Beurskens* § 37 Rn 65). Wegen des Abweichungsverbots in § 2 Abs 1 a S 3 GmbHG kann dem Gründungsgeschäftsführer auch nicht von vornherein eine konkrete Einzelvertretungsbefugnis für den Fall der späteren Bestellung weiterer Geschäftsführer eingeräumt werden (OLG Hamm NZG 2011, 705, 706).

15. Zweck der Regelung ist es, eine bilanzielle Überschuldung der Gesellschaft allein durch den Gründungsaufwand zu verhindern, was vor allem für die UG (haftungsbeschränkt) wichtig ist (MüKoGmbHG/*Heinze* § 2 Rn 248). Bei Abweichungen vom Betrag von EUR 300 liegt ein Verstoß gegen § 2 Abs 1 a S 3 GmbHG vor, der die unter → Anm. 2 genannten Rechtsfolgen auslöst.

16. Die in Nr 7 des Musterprotokolls vorgesehene Hinweisdokumentation enthält keine Mindestvorgaben für den Notar. Dieser kann zunächst auf die üblichen Belehrungspflichten rekurrieren (*Römermann*, GmbHR-Sonderheft 10/08, 16, 23). Speziell für das Musterprotokoll empfiehlt es sich, weitere Hinweise aufzunehmen, insbesondere hinsichtlich der Unvollkommenheit der durch das Musterprotokoll korsettierten Satzung und hinsichtlich der mit der Befreiung von den Beschränkungen des § 181 BGB einhergehenden Gefahren (*Römermann*, GmbHR-Sonderheft 10/08, 16, 24; MüKoGmbHG/*Heinze* § 2 Rn 250).

17. Ein gesetzliches Muster für die Anmeldung der im vereinfachten Verfahren gegründeten Gesellschaft zum Handelsregister ist nicht vorgesehen, sodass die Anmeldung im vereinfachten Verfahren gegenüber einer Anmeldung im Normalverfahren keine Besonderheiten aufweist (OLG Stuttgart DNotZ 2010, 71, 71; OLG Bremen NZG 2009, 1193, 1194). Insoweit wird auf → Form. II.D.1.1.c) und die entsprechenden Anmerkungen verwiesen.

18. → Form. II.D.1.1 Anm. 22.

19. Nach § 8 Abs 4 Nr 2 und § 10 Abs 1 S 2 GmbHG ist die Vertretungsbefugnis der Geschäftsführer in der Anmeldung anzugeben und in das Handelsregister einzutragen. Dabei ist sowohl die abstrakt geltende Vertretungsbefugnis als auch die konkrete Vertretungsbefugnis anzugeben, soweit diese für einzelne oder auch alle bestellten Geschäftsführer abweichend bestimmt ist (OLG Stuttgart DNotZ 2010, 71, 71; OLG Bremen NZG 2009, 1193, 1194). Da Nr 4 des Musterprotokolls insgesamt nur eine konkrete Vertretungsregelung enthält (OLG Hamm NZG 2011, 705, 706) und die darin vorgeschriebene Befreiung des einzigen Geschäftsführers von den Beschränkungen des § 181 BGB von der abstrakten (gesetzlichen) Vertretungsregelung abweicht, ist die Befreiung von den Beschränkungen des § 181 BGB in der Anmeldung anzugeben und im Handelsregister einzutragen.

Kosten und Gebühren:

a) Gründungsprotokoll
Notar: 1,0 Gebühr KV 21200, mind EUR 60 (da hier Einpersonengründung).
Wert: Wert der Einlage, § 97 Abs 1 GNotKG, Mindestwert iHv EUR 30.000,00 gilt gemäß § 107 Abs 1 S 2 GNotKG nicht.

b) Anmeldung und Eintragung
Notar: 0,5 Gebühr, KV 21201 Nr. 5, mind EUR 30,00.
Wert: Nennbetrag des Stammkapitals, § 105 Abs 1 Nr 1 GNotKG, Mindestwert iHv EUR 30.000,00 gilt gemäß § 105 Abs 6 Nr 1 GNotKG nicht.

c) Geschäftsführerbestellung
Ist in Nr 4 des Musterprotokolls enthalten, daher bereits Teil des Gründungsvorgangs und damit nicht gesondert zu bewerten (OLG Celle NotBZ 04/10, 148, 149 zu § 47 KostO).

d) Gesellschafterliste
Gemäß § 2 Abs 1 a S 4 GmbHG gilt das Musterprotokoll als Gesellschafterliste, sodass auch diese bereits Teil des Gründungsvorgangs ist und damit nicht gesondert zu bewerten ist (*Sikora/Regler/Tiedtke,* MittBayNot 2008, 437, 441).

e) Registergebühren
S HRegGebV, Anlage zu § 1, Teil 2, Abschnitt 1.

1.3 Einpersonen-GmbH

a) Gesellschaftsvertrag[1]

§§ 1 und 2 Firma/Sitz und Gegenstand

Wie in → Form. II.D.1.1 (§ 1 und 2)

§ 3 Stammkapital/Geschäftsanteile

(1) Das Stammkapital der Gesellschaft beträgt EUR .....

(2) Die Stammeinlage in Höhe von EUR ..... übernimmt A.

(3) Die Einlagen auf die Geschäftsanteile sind in bar zu leisten. Der Gesellschafter zahlt auf seine Stammeinlage .....% sofort ein. Der Rest wird innerhalb eines Monats nach Zahlungsaufforderung fällig. Für die Aufforderung zur Einzahlung von Einlagen ist die Geschäftsführung zuständig; ein Gesellschafterbeschluss ist nicht erforderlich.[2]

§ 4 Geschäftsführung/Vertretung

(1) Die Gesellschaft hat einen oder mehrere Geschäftsführer.

(2) Ein Geschäftsführer vertritt die Gesellschaft allein, wenn er der einzige Geschäftsführer ist oder die Gesellschafter ihn zur Einzelvertretung ermächtigt haben. Ansonsten wird die Gesellschaft durch zwei Geschäftsführer oder durch einen Geschäftsführer mit einem Prokuristen vertreten.

(3) Die Gesellschafter können Geschäftsführer durch Beschluss von den Beschränkungen des § 181 BGB befreien. Der Geschäftsführer, der allein oder mit der Gesellschaft alle Geschäftsanteile an der Gesellschaft hält, ist zur Alleinvertretung ermächtigt und von den Beschränkungen des § 181 BGB befreit.[3]

(4) Die Geschäftsführer sind an rechtmäßige Weisungen der Gesellschafterversammlung gebunden. Insbesondere kann die Gesellschafterversammlung die Geschäftsführer anweisen, bestimmte Geschäfte oder bestimmte Arten von Geschäften nur mit ihrer Zustimmung vorzunehmen.[4]

(5) Für den Abschluss, die Änderung oder die Beendigung von Dienstverträgen mit Geschäftsführern, einschließlich der Erteilung oder Veränderung von Ruhegeldzusagen, wird die Gesellschaft ausschließlich durch die Gesellschafter vertreten. Dabei haben betroffene Gesellschafter Stimmrecht, es sei denn, es liegt ein Fall der Beendigung des Dienstvertrags aus wichtigem Grund vor.[5]

§ 5 Verdeckte Gewinnausschüttung

(1) Die Geschäftsführer dürfen außerhalb eines den gesetzlichen Vorschriften entsprechenden Gewinnverteilungsbeschlusses zugunsten von Gesellschaftern oder ihnen nahe stehenden Personen oder Gesellschaften vertragsmäßig oder durch einseitige Handlung das Vermögen der Gesellschaft nicht mindern und seine Mehrung nicht verhindern.

(2) Durch Verletzung dieser Bestimmung verursachte Vorteile hat der Begünstigte der Gesellschaft zu erstatten und ihr entstehende Nachteile auszugleichen, jeweils zuzüglich angemessener Zinsen für die Zeit zwischen Zuwendung und Ausgleich. Ist er nicht Gesellschafter und kann Erstattung bzw Ausgleich von ihm nicht beansprucht oder erlangt werden, ist der ihm nahe stehende Gesellschafter dazu verpflichtet. Die Gesellschaft ist insoweit auch zur Aufrechnung gegen künftige Gewinnansprüche berechtigt.

§ 6 Geschäftsjahr/Bekanntmachungen

Wie in → Form. II.D.1.1 § 6

§ 7 Gründungskosten[6]

Die Gründungskosten (insbesondere Eintragungskosten, Gerichts- und Notargebühren, Kosten der Rechts- und Steuerberatung, Bekanntmachungskosten sowie Bankgebühren und etwaige Steuern) bis zur Grenze von EUR ..... trägt die Gesellschaft.

b) Gründungsprotokoll

Verhandelt zu ..... am .....

Vor dem unterzeichneten Notar X erschien A.

Der Erschienene erklärte:

I.

Ich gründe hiermit eine Gesellschaft mit beschränkter Haftung unter der Firma AB GmbH mit Sitz in . . . . . und schließe den als Anlage beigefügten Gesellschaftsvertrag.

II.

Ich bestelle mich (Privatanschrift, Geburtsdatum) zum Geschäftsführer der Gesellschaft. Ich bin berechtigt, die Gesellschaft stets allein zu vertreten und von den Beschränkungen des § 181 BGB befreit.

Hinweise wie in → Form. II.D.1.1. b) III.

c) Anmeldung zum Handelsregister

– Handelsregister B –

. . . . .

Betr.: AB GmbH

Ich, der unterzeichnete einzige Geschäftsführer überreiche:

1. Beglaubigte Abschrift des Gründungsprotokolls (UR . . . . . des Notars X) mit meiner Bestellung zum Geschäftsführer,
2. Liste der Gesellschafter,[7]

und melde die Gesellschaft und meine Bestellung zum Geschäftsführer zur Eintragung in das Handelsregister an. Die inländische Geschäftsanschrift der Gesellschaft lautet wie folgt: . . . . . (Adresse). Dort befinden sich auch die Geschäftsräume.[8]

Zur Vertretungsberechtigung melde ich an: Ich bin berechtigt, die Gesellschaft stets allein zu vertreten und von den Beschränkungen des § 181 BGB befreit. Im Übrigen vertritt ein Geschäftsführer die Gesellschaft allein, wenn er der einzige Geschäftsführer ist oder die Gesellschafter ihn zur Einzelvertretung ermächtigt haben. Ansonsten wird die Gesellschaft durch zwei Geschäftsführer oder durch einen Geschäftsführer mit einem Prokuristen vertreten.

Versicherung und Anmerkungen zur Handelsregisteranmeldung wie → Form. II.D.1.1 c).

. . . . . (Ort), den . . . . .

[A Geschäftsführer]

d) Gesellschafterliste

Wie in → Form. II.D.1.1 Anm. 1 ff.).

Schrifttum: → Form. II.D.1.1 Anm. 1 ff., S außerdem *Altmeppen,* Gibt es Stimmverbote in der Einmann-Gesellschaft?, NJW 2009, 3757; *Grohmann,* Der Stimmrechtsausschluss bei der Einpersonen-GmbH, GmbHR 2008, 1255; *Lawall,* Wettbewerbsverbot des Einmann-GmbH-Gesellschafters, DStR 1996, 605; *Meier,* Aufsichtsratssysteme bei einer GmbH – Auswirkungen eines Wechsels innerhalb der Amtsperiode, DStR 2011, 1430; *Petersen,* Die fehlgeschlagene Einmanngründung – liquidationsloses Erlöschen oder Fiktion des Fortbestandes?, NZG 2004, 400; *Schmidt,* Die Einziehung des Geschäftsanteils bei der Ein-Mann-GmbH, BWNotZ, 1993, 160; *Wagner/Hermann,* Verdeckte Gewinnausschüttung bei der Ein-Personen-GmbH, einmal nicht nur steuerrechtlich, BB 1999, 608.

Anmerkungen

1. Die Einmann-GmbH ist in der Praxis weit verbreitetet. Schätzungen gehen dahin, dass ca 25 bis 30 % aller GmbHs nur einen Gesellschafter haben (s etwa MüHdBGesR/*Grziwotz* § 1 Rn 32). Sie kann durch Gründung und durch Vereinigung aller Gesellschaftsanteile in einer Hand entstehen.

Für die Einmann-GmbH gelten nach wie vor einige **Besonderheiten gegenüber Gesellschaften mit zwei oder mehr Gesellschaftern.** Zwar wurden insbesondere einige Sonderregelungen im Hinblick auf die **Gründung** einer Einmann-GmbH (Volleinzahlung von Einlagen, Sicherheitsleistung) im Zuge des MoMiG ersatzlos gestrichen. Andere Sonderregelungen für die Gründung sind allerdings nach wie vor zu beachten (s im Einzelnen → Anm. 2).

Weiterhin gilt im Grundsatz auch die Pflicht, nach der Fassung nicht beurkundungsbedürftiger Gesellschafterbeschlüsse eine **Niederschrift** aufzunehmen und vom Gesellschafter zu unterschreiben, um im Interesse der Rechtssicherheit spätere Manipulationen zu verhindern (§ 48 Abs 3 GmbHG). Rspr und Lit erkennen allerdings Ausnahmen von der Protokollierungspflicht in Fällen an, in denen der Sinn des § 48 Abs 3 GmbHG, „Sicherheit über den Inhalt eines von der Einpersonen-Gesellschaft gefassten Beschlusses zu schaffen und nachträgliche Manipulationen zu Lasten Dritter auszuschließen, mit der gleichen Gewissheit erreicht ist, als wäre eine Niederschrift nach § 48 Abs 3 GmbHG gefertigt worden", etwa bei Geltendmachung von Schadensersatzansprüchen durch ein Schreiben des Alleingesellschafters (BGH GmbHR 1997, 163, 164; Baumbach/Hueck/*Zöllner/Noack* § 48 Rn 46) oder bei Kündigung eines Fremdgeschäftsführers durch das vom Alleingesellschafter zeitnah unterzeichnete Kündigungsschreiben (KG Berlin GmbHR 1999, 818; Baumbach/Hueck/*Zöllner/Noack* § 48 Rn 46). Ist der Alleingesellschafter nicht ausnahmsweise von der Protokollierungspflicht befreit, kann er sich jedenfalls dann nicht auf den Beschluss berufen, wenn der Nachweis für die Beschlussfassung nicht auf andere Weise als durch Protokollierung geführt werden kann oder ein Berufen auf den Beschluss ohne Protokollierung gegen den Grundsatz von Treu und Glauben *(venire contra factum proprium)* verstieße (Baumbach/Hueck/*Zöllner/Noack* § 48 Rn 49; *Roth/Altmeppen* § 48 Rn 57; restriktiver Scholz/*Seibt* § 48 Rn 73; GroßKoGmbHG/*Hüffer/Schürnbrand* § 48 Rn 68: Beweisführung über Beschlussfassung ausschließlich durch Protokollierung des Beschlusses selbst, sofern Alleingesellschafter nicht grundsätzlich von Protokollierungspflicht befreit ist; wegen steuerlicher Auswirkungen der unterlassenen Protokollierung s BFH BStBl II 68, 49).

Eine weitere Besonderheit besteht darin, dass der Alleingesellschafter-Geschäftsführer einer Einpersonengesellschaft grundsätzlich keinem **Wettbewerbsverbot** unterliegt, weil seine Interessen von denjenigen der Gesellschaft jedenfalls so lange nicht getrennt werden können, wie keine Gläubigerinteressen gefährdet sind (BGHZ 119, 257, 262).

Das **Stimmverbot** des § 47 Abs 4 GmbHG gilt für die Einmann-GmbH nur mit Einschränkungen. Grundgedanke der Regelung ist, Verbandsentscheidungen von Sonderinteressen einzelner Gesellschafter zugunsten der Gesamtheit aller Gesellschafter freizuhalten (s nur OLG Brandenburg GmbHR 2001, 624, 626; Baumbach/Hueck/*Zöllner/Noack* § 47 Rn 76). Diesem Normzweck entspricht es, die Regelung dann nicht anzuwenden, wenn die Gesellschaft nur einen Gesellschafter hat und dieser eine natürliche Person ist, weil der einzige Gesellschafter dann das Interesse der Gesamtheit aller Gesellschafter determiniert und es deshalb an der vom Gesetz vorausgesetzten Konfliktlage fehlt (s nur BGHZ 105, 324, 333; BGH NZG 2011, 950, 951; Baumbach/Hueck/*Zöllner/Noack* § 47 Rn 94; *Altmeppen* NJW 2009, 3757, 3758). Nach hM gilt das Stimmverbot allerdings dann auch für die Einmann-GmbH, wenn anstelle des Alleingesellschafters ein Vertreter (zB ein Geschäftsführer) abstimmt und dieser einem Interessenkonflikt im Sinne des § 47 Abs 4 GmbHG unterliegt, also befangen ist (Baumbach/Hueck/*Zöllner/Noack*

§ 47 Rn 95; Scholz/*K. Schmidt* § 47 Rn 105; GroßKoGmbHG/*Hüffer/Schürnbrand* § 47 Rn 136; kritisch *Grohmann* GmbHR 2008, 1255, 1257).

2. S → Form. II.D.1.1 Anm. 6. Nach Streichung von § 7 Abs 2 S 3 GmbHG aF durch das MoMiG ist es nun auch bei der Gründung einer Einmann-GmbH zulässig, nur so viel einzuzahlen, dass der Gesamtbetrag der eingezahlten Geldeinlagen zuzüglich des Gesamtnennbetrags der Geschäftsanteile, für die Sacheinlagen übernommen werden, die Hälfte des Mindeststammkapitals erreicht. Auch die Pflicht zur Sicherheitsleistung ist für Gründungsvorgänge ab dem 1.11.2008 entfallen. Die Regelungen der §§ 19 Abs 4 aF, 60 Abs 1 Nr 6 2. Alt GmbHG aF, 144 b FGG (Amtsauflösung) wurden ersatzlos gestrichen.

Die Einzahlung von Bareinlagen muss in einer Weise erfolgen, bei der die Zugehörigkeit zum Gesellschaftsvermögen für Außenstehende objektiv erkennbar ist (OLG Oldenburg NZG 2008, 32, 33; Baumbach/Hueck/*Servatius* § 7 Rn 9). Diese Anforderung ist etwa erfüllt, wenn die Einzahlung auf ein für die GmbH i Gr oder ein Treuhandkonto erfolgt (GroßKoGmbHG/*Ulmer/Casper* § 7 Rn 37), nicht aber, wenn der Einzahlungsbetrag lediglich beim Notar vorgezeigt wird (OLG Oldenburg NZG 2008, 32, 33). Genügt die Einzahlung den vorgenannten Anforderungen nicht, kann die Einlagepflicht nachträglich erfüllt werden, wenn der Geschäftsführer zugunsten der Gesellschaft tatsächlich über den eingezahlten Betrag verfügt (BGH NJW 2001, 1647, 1649; Baumbach/Hueck/*Servatius* § 7 Rn 10 aE).

3. S → Form. II.D.1.1 Anm. 9. Für den Alleingesellschafter, der auch alleiniger Geschäftsführer ist, gilt § 181 BGB (§ 35 Abs 3 S 1 GmbHG). Ein Dispens vom Selbstkontrahierungsverbot, der gemäß § 10 Abs 1 S 2 GmbHG im Handelsregister eintragungspflichtig ist, kann durch Gesellschafterbeschluss allenfalls erteilt werden, wenn die Satzung hierzu ermächtigt. Eine Ermächtigung ist erforderlich, aber als Satzungsregelung auch ausreichend; einer Satzungsregelung dahingehend, dass der konkret benannte oder der jeweilige Alleingesellschafter-Geschäftsführer von den Beschränkungen des § 181 BGB befreit ist, bedarf es nicht (BGH II ZR 379/99 mit Anm. *Goette* DStR 2000, 697, 698; Baumbach/Hueck/*Beurskens* § 35 Rn 57). Enthält die Satzung eine entsprechende Ermächtigung, ist ein Dispens von § 181 BGB jedenfalls dann möglich, wenn die Bestellung zum Geschäftsführer in einer notariellen Urkunde geschieht und anschließend in das Handelsregister eingetragen wird (BGHZ 87, 59, 60; BGH II ZR 379/99 mit Anm. *Goette* DStR 2000, 697, 698; Baumbach/Hueck/*Beurskens* § 35 Rn 57; weitergehend BayObLG DB 1984, 1517; Lutter/Hommelhoff/*Kleindiek* § 35 Rn 53: auch einfacher Gesellschafterbeschluss genügt bei legitimierender Satzungsregelung). Die im Form. enthaltene Satzungsregelung geht noch über diese Anforderungen hinaus, indem sie den Alleingesellschafter-Geschäftsführer bereits konkret von den Beschränkungen des § 181 BGB befreit und damit einen weiteren Gesellschafterbeschluss entbehrlich macht. Ob die Regelung des § 35 Abs 3 S 1 GmbHG über ihren Wortlaut hinaus auch bei Vorhandensein weiterer Geschäftsführer anwendbar ist und der Alleingesellschafter in diesem Fall den Beschränkungen des § 181 BGB unterliegt, ist str (dafür: Baumbach/Hueck/*Beurskens* § 35 Rn 56 mwN; Scholz/*Schneider* § 35 Rn 153; dagegen: GroßKoGmbHG/*Paefgen* § 35 Rn 70 mwN). Es ist daher ratsam, die Befreiung eines Alleingesellschafters von den Beschränkungen des § 181 BGB – wie im Form. – auch auf den Fall zu erstrecken, dass weitere Geschäftsführer bestellt sind.

4. → Form. II.D.1.1 Anm. 10.

5. → Form. II.D.1.1 Anm. 11.

6. → Form. II.D.1.1 Anm. 14.

7. § 8 Abs 4 Nr 1 GmbHG.

8. → Form. II.D.1.1 Anm. 22.

9. Steuerhinweise: Vgl → Form. II.D.1.1 Anm. 45.

Kosten und Gebühren:

Notar: 1,0 Gebühr KV 21200, im Übrigen wie → Form. II.D.1.1

1.4 Ausführlicher GmbH-Vertrag mit freiwilligem Aufsichtsrat (Bar- und Sachgründung)

a) Gesellschaftsvertrag[1]

§ 1 Firma und Sitz

(1) Die Gesellschaft hat die Firma AB GmbH.[2]

(2) Sitz der Gesellschaft ist . . . . .[3]

§ 2 Gegenstand des Unternehmens

(1) Gegenstand des Unternehmens ist . . . . .[4]

(2) Die Gesellschaft darf alle Geschäfte und Handlungen vornehmen, die dem Gesellschaftszweck unmittelbar oder mittelbar zu dienen geeignet sind.

§ 3 Stammkapital/-einlagen[5]

(1) Das Stammkapital der Gesellschaft beträgt EUR . . . . .

(2) Davon übernimmt

A einen Geschäftsanteil von EUR . . . . . mit der Nr 1,

B einen Geschäftsanteil von EUR . . . . . mit der Nr 2.

(3) Die Einlage des Gesellschafters A auf den von ihm übernommenen Geschäftsanteil ist in bar zu leisten. Sie ist zur Zahlung sofort in voller Höhe fällig.

(4) Die Einlage des Gesellschafters B auf den von ihm übernommenen Geschäftsanteil ist nicht in bar, sondern dadurch zu leisten, dass B den von ihm gehaltenen Geschäftsanteil an der XY GmbH, Frankfurt am Main, eingetragen im Handelsregister des Amtsgerichts . . . . . unter HRB . . . . . im Nennbetrag von EUR . . . . . (entsprechend einem Anteil von . . . . .% aller Geschäftsanteile an der XY GmbH) in die Gesellschaft einbringt (im Folgenden der „XY Geschäftsanteil"). Der Gesellschafter B tritt den XY Geschäftsanteil hiermit an die Gesellschaft ab, welche die Abtretung hiermit annimmt. Der Wert des XY Geschäftsanteils wird auf EUR . . . . . festgesetzt. Davon wird auf den Geschäftsanteil mit der Nr 2 ein Teil in Höhe seines Nennwerts (EUR . . . . .) angerechnet. Den verbleibenden Teil in Höhe von EUR . . . . . schuldet die Gesellschaft dem Gesellschafter B als Darlehen mit unbestimmter Laufzeit. Die Gesellschaft und der Gesellschafter B sind jederzeit berechtigt, das Darlehen ohne zusätzliche Kosten unter Einhaltung einer Kündigungsfrist von mindestens zwei Wochen zu kündigen, erstmals jedoch mit Wirkung zum . . . . . Das Darlehen ist ab dem . . . . . bis zu seiner Rückzahlung durch die Gesellschaft mit . . . . .% über dem jeweiligen Basiszinssatz p. a. zu verzinsen.[6]

§ 4 Verfügungen über Geschäftsanteile/Nachfolge von Todes wegen

(1) Verfügungen über Geschäftsanteile oder Teile davon unter Lebenden (einschließlich Abtretungen und dinglicher Belastungen) bedürfen zu ihrer Wirksamkeit der vorherigen Zustimmung der Gesellschafterversammlung. Der Gesellschafterbeschluss, mit dem die Zustimmung erteilt wird, bedarf einer Mehrheit von drei Vierteln der abgegebenen Stimmen. Gesellschafter, die an dem Verfügungsgeschäft beteiligt sind, haben Stimmrecht. Die Zustimmung ist zu erteilen, wenn Geschäftsanteile auf eine Gesellschaft übertragen werden, an der der verfügende Gesellschafter mehrheitlich beteiligt ist, vorausgesetzt, dass sich die erwerbende Gesellschaft gegenüber den anderen Gesellschaftern in notarieller Form zur Rückübertragung auf den verfügenden Gesellschafter verpflichtet, wenn dieser seine Mehrheitsbeteiligung oder die Mehrheit der Stimmrechte an der erwerbenden Gesellschaft verliert und sich der verfügende Gesellschafter zur Annahme der Rückabtretung verpflichtet; die vorstehenden Verpflichtungen sind als berechtigende Verträge zugunsten der jeweiligen anderen Gesellschafter der Gesellschaft mit Einzelbefugnis in notarieller Form vor Vornahme des Verfügungsgeschäfts zu vereinbaren. Keiner Zustimmung durch die Gesellschafterversammlung bedürfen Verfügungen über Geschäftsanteile oder Teile davon, die gemäß Abs 3 oder an einen Gesellschafter erfolgen, der sein Vorkaufsrecht gemäß Abs 3 und 4 ausgeübt hat; gleiches gilt in diesen Fällen für die Teilung von Geschäftsanteilen.

(2) Ein Gesellschafter kann seine Geschäftsanteile im Ganzen unter Einhaltung der Bestimmungen in Abs 2 bis 4 veräußern. Zu diesem Zweck hat er den anderen Gesellschaftern seine Absicht, seine Geschäftsanteile im Ganzen zu veräußern, schriftlich unter Angabe eines Barkaufpreises mitzuteilen. Die anderen Gesellschafter haben innerhalb einer Ausschlussfrist von einem Monat ab dem jeweiligen Zugang das Recht, von dem veräußerungswilligen Gesellschafter schriftlich zu verlangen, dass dieser ihnen seine Geschäftsanteile im Verhältnis ihrer Beteiligung am Stammkapital veräußert. Soweit ein Erwerbsberechtigter von seinem Erwerbsrecht nicht oder nicht fristgerecht Gebrauch macht, hat der veräußerungswillige Gesellschafter die anderen Gesellschafter, die ihr Erwerbsrecht fristgerecht ausgeübt haben, hiervon unverzüglich schriftlich zu benachrichtigen. Innerhalb einer Ausschlussfrist von einem weiteren Monat ab dem jeweiligen Zugang dieser Nachricht können die anderen Gesellschafter vom veräußerungswilligen Gesellschafter jeweils schriftlich verlangen, dass er ihnen den verbleibenden Teil seiner Geschäftsanteile, bezüglich derer das Erwerbsrecht nicht ausgeübt wurde, ebenfalls veräußert. Üben mehrere andere Gesellschafter dieses Recht aus, so steht ihnen der verbleibende Teil anteilig im Verhältnis ihrer Beteiligung am Stammkapital zu. Nennbeträge der zum Erwerb stehenden Geschäftsanteile, die nicht auf volle Euro-Beträge lauten, sind auf den nächsten vollen Euro nach unten abzurunden. Dadurch verbleibende Spitzenbeträge stehen demjenigen Gesellschafter zu, der das Erwerbsrecht als erster ausgeübt hat. Der veräußerungswillige Gesellschafter hat allen anderen Gesellschaftern unverzüglich nach Beendigung des vorstehenden Verfahrens schriftlich mitzuteilen, welche Gesellschafter ihre Erwerbsrechte ausgeübt haben und in welcher Höhe sie sich zum Erwerb von Geschäftsanteilen des veräußerungswilligen Gesellschafters verpflichtet haben.

(3) Wird das Erwerbsrecht nach Abs 2 über die Geschäftsanteile des veräußerungswilligen Gesellschafters an der Gesellschaft über die volle Höhe der Beteiligung des veräußerungswilligen Gesellschafters ausgeübt, so sind der veräußerungswillige Gesellschafter und die Gesellschafter, die ihr Erwerbsrecht ausgeübt haben, verpflichtet, die Veräußerung der vom veräußerungswilligen Gesellschafter gehaltenen Geschäftsanteile durch Abschluss eines von einem deutschen Notar zu beurkundenden Kauf- und Übertragungsvertrags innerhalb eines weiteren Monats nach Ablauf aller Fristen gemäß Abs 2

zu vollziehen. Wird das Erwerbsrecht nach Abs 2 nicht oder nur zum Teil ausgeübt, ist der veräußerungswillige Gesellschafter berechtigt, seine Geschäftsanteile im Ganzen an einen Dritten zu veräußern. Jedoch steht den anderen Gesellschaftern im Verhältnis ihrer Beteiligung am Stammkapital nach Maßgabe von Abs 4 ein Vorkaufsrecht zu, wenn der Betrag oder der Wert der für die Veräußerung vereinbarten Gegenleistung niedriger ist als der nach Abs 2 von ihnen geforderte Kaufpreis. In diesem Fall ist der veräußerungswillige Gesellschafter erst dann zur Veräußerung seiner Geschäftsanteile berechtigt, nachdem er das Verfahren nach Abs 4 durchlaufen hat und die anderen Gesellschafter dabei ihre Vorkaufsrechte nicht oder nur zum Teil ausgeübt haben.[7]

(4) In jedem Fall der Veräußerung hat der veräußerungswillige Gesellschafter den anderen Gesellschaftern eine vollständige beglaubigte Abschrift des mit dem Erwerber abgeschlossenen Vertrags zu übersenden. Ein Vorkaufsrecht nach Abs 3 kann innerhalb einer Ausschlussfrist von einem Monat seit Zugang der beglaubigten Abschrift und nur durch schriftliche Erklärung gegenüber dem Verkäufer ausgeübt werden.[8] Im Übrigen gilt Abs 2 S 3 bis 9 entsprechend. Besteht die für die Veräußerung der Geschäftsanteile mit dem Dritten vereinbarte Gegenleistung nicht in einer Geldleistung, so schulden die Vorkaufsberechtigten dem veräußerungswilligen Gesellschafter den Verkehrswert dieser Gegenleistung in bar. In diesem Fall findet Abs 3 S 1 und 2 ebenfalls entsprechende Anwendung, jedoch mit der Maßgabe, dass die in Abs 3 S 1 genannte Monatsfrist erst beginnt, nachdem sich die beteiligten Gesellschafter auf den Verkehrswert der Gegenleistung geeinigt haben oder hierüber zwischen ihnen eine rechtskräftige Gerichtsentscheidung ergangen ist.

(5) Die Geschäftsanteile sind frei vererblich.[9]

(6) Mehrere Rechtsnachfolger in einen Geschäftsanteil können die Gesellschafterrechte nur durch einen gemeinsamen Bevollmächtigten ausüben, der entweder Gesellschafter oder Angehöriger der rechts- oder steuerberatenden oder wirtschaftsprüfenden Berufe sein muss. Auch die Vertretung durch einen Testamentsvollstrecker ist zulässig, wenn er Angehöriger der vorgenannten Berufsgruppen ist. Bis zur Bestellung eines Bevollmächtigten ruhen die Gesellschafterrechte mit Ausnahme des Gewinnbezugsrechts.

§ 5 Wettbewerbsverbot/Schweigepflicht[10]

(1) Kein Gesellschafter darf während seiner Zugehörigkeit und zwei Jahre nach seinem Ausscheiden mit der Gesellschaft unmittelbar oder mittelbar in Wettbewerb treten.

(2) Wettbewerb ist jede selbstständige oder unselbstständige Tätigkeit in . . . . . auf dem Gebiet . . . . ., sofern die Gesellschaft zum Zeitpunkt der Tätigkeit an diesem Ort und auf diesem Gebiet tätig ist.

(3) Verletzt ein Gesellschafter das Wettbewerbsverbot, hat er für jeden Fall der Zuwiderhandlung EUR . . . . . als Vertragsstrafe an die Gesellschaft zu zahlen. Bei fortgesetzter Zuwiderhandlung gelten je zwei Wochen des Verstoßes gegen das Wettbewerbsverbot als eine Zuwiderhandlung. Das Recht der Gesellschaft, Unterlassung und Schadensersatz zu verlangen, wird hierdurch nicht berührt, jedoch wird die Vertragsstrafe auf den Schadensersatz angerechnet.

(4) Die Gesellschafter können durch Beschluss ganz oder teilweise vom Wettbewerbsverbot befreien, wenn in einem gesonderten Vertrag im Voraus eine klare und eindeutige Aufgabenabgrenzung zwischen Gesellschaft und befreitem Gesellschafter vereinbart wird.

(5) Jeder Gesellschafter ist verpflichtet, über vertrauliche Angelegenheiten, die ihm in seiner Eigenschaft als Gesellschafter im Rahmen einer Tätigkeit für die Gesellschaft zur

Kenntnis gelangen, insbesondere über Verhandlungen und Beschlüsse der Gesellschafter Dritten gegenüber Stillschweigen zu bewahren. Diese Verpflichtung besteht auch nach seinem Ausscheiden fort. Jeder Gesellschafter darf vertrauliche Angelegenheiten Angehörigen eines zur Berufsverschwiegenheit verpflichteten rechts-, wirtschafts- oder steuerberatenden Berufs anvertrauen, wenn und soweit dies zur Wahrung seiner eigenen berechtigten Interessen erforderlich ist. Weitere Ausnahmen von der Schweigepflicht können im Einzelfall durch Gesellschafterbeschluss zugelassen werden.

§ 6 Einziehung/Zwangsübertragung[11]

(1) Liegt bei einem Gesellschafter ein wichtiger Grund vor, kann die Gesellschafterversammlung auch gegen seinen Willen die Einziehung seiner Geschäftsanteile beschließen. Die Einziehung ist somit zulässig. Anstelle der Einziehung kann die Gesellschafterversammlung beschließen, dass der betroffene Gesellschafter seine Geschäftsanteile auf die Gesellschaft oder auf die übrigen Gesellschafter im Verhältnis ihrer Beteiligung am Stammkapital oder in einem anderen zwischen ihnen vereinbarten Verhältnis zu übertragen hat; im letztgenannten Fall beschließt die Gesellschafterversammlung auch über die Teilung dieser Geschäftsanteile. Nennbeträge der zum Erwerb stehenden Geschäftsanteile, die nicht auf volle Euro-Beträge lauten, sind auf den nächsten Euro nach unten abzurunden. Dadurch verbleibende Spitzenbeträge stehen dem Gesellschafter zu, der die höchste Beteiligung am Stammkapital hält.

(2) Ein wichtiger Grund liegt insbesondere vor, wenn

a) in den Geschäftsanteil eines Gesellschafters die Zwangsvollstreckung betrieben und nicht innerhalb eines Monats nach Aufforderung durch einen hierzu durch Gesellschafterbeschluss Beauftragten, spätestens bis zur Verwertung des Geschäftsanteils, aufgehoben wird,
b) über sein Vermögen ein Insolvenzverfahren eröffnet oder die Eröffnung mangels Masse abgelehnt wird,
c) er über einen Geschäftsanteil ganz oder teilweise unter Verletzung des § 4 Abs 1 ohne die Zustimmung der übrigen Gesellschafter verfügt,
d) mindestens 50 % der Anteile oder der Stimmrechte an einem Gesellschafter direkt oder indirekt auf eine andere Person übergehen, es sei denn, die neuen Gesellschafter sind Ehegatten oder Abkömmlinge der bisherigen Anteilseigner dieses Gesellschafters oder der Gesellschafter wird ohne Änderung der wirtschaftlichen Struktur, insbesondere der Beteiligungsverhältnisse, nur rechtlich umgewandelt,
e) ein Gesellschafter gegen eine Verpflichtung aus dem Gesellschaftsverhältnis verstößt und den Verstoß trotz Abmahnung durch einen hierzu durch Gesellschafterbeschluss Beauftragten nicht unverzüglich abstellt oder
f) er die Gesellschaft kündigt oder seinen Austritt aus der Gesellschaft erklärt.

(3) Für die Geschäftsanteile ist dem Betroffenen die in § 15 dieses Gesellschaftsvertrags bestimmte Abfindung zu zahlen, bei Einziehung von der Gesellschaft, bei Übertragung vom Erwerber. Im Falle der Übertragung ist diese nicht von der Erbringung der Gegenleistung abhängig. Sicherheitsleistung kann nicht beansprucht werden. Bei Einziehung ist die Abfindungszahlung durch die Gesellschaft ohne Verstoß gegen das Kapitalerhaltungsgebot des § 30 Abs 1 GmbHG zu leisten. Die Einziehung wird unabhängig davon wirksam, ob die Abfindung bereits geleistet wurde.

(4) Soweit die Gesellschaft über einen Zeitraum von drei Monaten ab Fälligkeit der Abfindungszahlung zur Leistung außerstande ist, weil sie nicht über hinreichend freies Vermögen verfügt, ist die Abfindung durch die nach der Einziehung in der Gesellschaft verbliebenen Gesellschafter anteilig im Verhältnis ihrer Beteiligung am Stammkapital zu

leisten, wenn sie treuwidrig nicht dafür sorgen, dass die Abfindung aus dem ungebundenen Vermögen der Gesellschaft geleistet werden kann, oder die Gesellschaft fortsetzen anstatt sie aufzulösen. Dies gilt auch für Gesellschafter, die gegen die Einziehung gestimmt haben. Sind einzelne Gesellschafter zur Leistung außerstande, erhöht sich die Haftung der übrigen Gesellschafter anteilig. Soweit ein Gesellschafter den ausgeschiedenen Gesellschafter befriedigt, geht dessen Anspruch auf Zahlung der Abfindung gegen die Gesellschaft auf ihn über.

(5) Die Einziehung ist nur wirksam, wenn die Gesellschafter zusammen mit dem Einziehungsbeschluss einen Beschluss über die Aufstockung der Nennbeträge ihrer Geschäftsanteile fassen, sofern sie nicht auf andere Weise sicherstellen, dass die Summe der Nennbeträge aller nicht eingezogenen Geschäftsanteile zu jeder Zeit mit dem Stammkapital übereinstimmt. Durch die Aufstockung verursachte Spitzenbeträge, die nicht auf volle Euro lauten, stehen demjenigen Gesellschafter zu, der die höchste Beteiligung am Stammkapital der Gesellschaft hält.

(6) Dem betroffenen Gesellschafter steht bei den in diesem § 6 genannten Gesellschafterbeschlüssen kein Stimmrecht zu. Die Einziehung oder der sonstige Beschluss nach Abs 1 wird dem betroffenen Gesellschafter von der Geschäftsführung erklärt. Mit Zugang dieser Erklärung scheidet der betroffene Gesellschafter aus der Gesellschaft aus; ab diesem Zeitpunkt stehen ihm mit Ausnahme der in § 15 dieses Gesellschaftsvertrages bestimmten Abfindung keinerlei Ansprüche aus seiner früheren Stellung als Gesellschafter mehr zu, insbesondere weder ein Stimmrecht noch ein Gewinnbezugsrecht.

§ 7 Geschäftsführung/Vertretung

(1) Die Gesellschaft hat einen oder mehrere Geschäftsführer.

(2) Ein Geschäftsführer vertritt die Gesellschaft allein, wenn er der einzige Geschäftsführer ist oder die Gesellschafter ihn zur Einzelvertretung ermächtigt haben. Ansonsten wird die Gesellschaft durch zwei Geschäftsführer oder durch einen Geschäftsführer mit einem Prokuristen vertreten.

(3) Die Gesellschafter können Geschäftsführer durch Beschluss von den Beschränkungen des § 181 BGB befreien.

(4) Die Geschäftsführer sind an rechtmäßige Weisungen der Gesellschafterversammlung gebunden. Insbesondere kann sie die Geschäftsführer anweisen, bestimmte Geschäfte oder bestimmte Arten von Geschäften nur mit ihrer Zustimmung vorzunehmen.[12]

§ 8 Jahresabschluss/Ergebnisverwendung

(1) Der Jahresabschluss ist von den Geschäftsführern nach den handelsrechtlichen Vorschriften und innerhalb der Fristen, die nach dem HGB für große Kapitalgesellschaften gelten, aufzustellen. Bei der Aufstellung des Jahresabschlusses sind die steuerrechtlichen Vorschriften zu beachten, soweit dies handelsrechtlich zulässig ist.[13]

(2) Der Jahresabschluss ist durch den gewählten Abschlussprüfer nach den Grundsätzen des HGB für große Kapitalgesellschaften zu prüfen.[14]

(3) Unverzüglich nach Eingang des Prüfungsberichts hat die Geschäftsführung den Jahresabschluss und den Prüfungsbericht sowie den der Gesellschafterversammlung zu unterbreitenden Vorschlag über die Verwendung des Jahresergebnisses dem Aufsichtsrat und sodann mit dessen Stellungnahme der Gesellschafterversammlung zur Beschlussfassung vorzulegen.[15]

(4) Mit der Einladung zur Gesellschafterversammlung, die über die Feststellung des Jahresabschlusses beschließt, sind jedem Gesellschafter Abschriften der in Abs 3 genannten Unterlagen zu übersenden.

(5) Für die Ergebnisverwendung gilt § 29 GmbHG.[16]

§ 9 Verdeckte Gewinnausschüttung[17]

(1) Die Geschäftsführer dürfen außerhalb eines den gesetzlichen Vorschriften entsprechenden Gewinnverteilungsbeschlusses zugunsten von Gesellschaftern oder ihnen nahe stehenden Personen oder Gesellschaften vertragsmäßig oder durch einseitige Handlung das Vermögen der Gesellschaft nicht mindern und seine Mehrung nicht verhindern.

(2) Durch Verletzung dieser Bestimmung verursachte Vorteile hat der Begünstigte der Gesellschaft zu erstatten und ihr entstehende Nachteile auszugleichen, jeweils zuzüglich angemessener Zinsen für die Zeit zwischen Zuwendung und Ausgleich. Ist er nicht Gesellschafter und kann Erstattung von ihm nicht beansprucht oder erlangt werden, ist der ihm nahe stehende Gesellschafter dazu verpflichtet. Die Gesellschaft ist insoweit auch zur Aufrechnung gegen künftige Gewinnansprüche berechtigt.

§ 10 Gesellschafterversammlungen

(1) Der Gesellschafterversammlung obliegt insbesondere die Beschlussfassung über die

a) Feststellung des Jahresabschlusses und die Verwendung des Jahresergebnisses,
b) Entlastung der Geschäftsführer und der Mitglieder des Aufsichtsrats,
c) Wahl des Abschlussprüfers, der Wirtschaftsprüfer oder einer Wirtschaftsprüfungsgesellschaft,
d) Bestellung und Abberufung von Geschäftsführern sowie Abschluss, Änderung und Beendigung von Dienstverträgen mit Geschäftsführern oder sonstigen Verträgen im Zusammenhang mit der Anstellung von Geschäftsführern, sowie von Versorgungszusagen an Geschäftsführer,
e) die Bestellung von Prokuristen und Handlungsbevollmächtigten,
f) Zustimmung zur Verfügung über Geschäftsanteile,
g) Ausschließung von Gesellschaftern,
h) Einziehung und Zwangsübertragung von Geschäftsanteilen,
i) Stellung eines Insolvenzantrags nach § 18 InsO[18] und
j) Auflösung der Gesellschaft.

(2) In jedem Geschäftsjahr findet spätestens zwei Monate nach Prüfung des Jahresabschlusses für das vorangegangene Geschäftsjahr eine ordentliche Gesellschafterversammlung statt, deren Tagesordnung mindestens die in Abs 1 a), b) und c) genannten Punkte umfasst. Die Gesellschafterversammlung tritt außerdem zusammen, wenn nach diesem Vertrag oder nach den gesetzlichen Bestimmungen eine Beschlussfassung erforderlich wird oder auf Verlangen der Geschäftsführer oder von Gesellschaftern, die allein oder zusammen mindestens ein Zehntel des Stammkapitals vertreten, oder wenn es sonst im Interesse der Gesellschaft erforderlich erscheint.

(3) Die Gesellschafterversammlungen finden am Sitz der Gesellschaft oder an einem anderen Ort statt, dem alle Gesellschafter zustimmen.

(4) Sofern nicht zwingend gesetzlich vorgeschrieben, bedarf es der Abhaltung einer Versammlung nicht, wenn sämtliche Gesellschafter der vorgeschlagenen Abstimmungsart zustimmen oder sich an der Abstimmung beteiligen. Eine kombinierte Beschlussfassung, bei der ein Teil der Stimmen in der Versammlung und ein Teil der Stimmen auf anderem

Weg, insbesondere schriftlich, in Textform oder fernmündlich abgegeben werden, ist unter denselben Voraussetzungen zulässig.[19]

(5) Die Gesellschafterversammlung wird durch die Geschäftsführer oder gemäß § 13 Abs 10 S 3 durch den Aufsichtsrat, vertreten durch den Aufsichtsratsvorsitzenden, einberufen, und zwar jeweils unter Mitteilung der Tagesordnung entweder durch Einschreiben an alle Gesellschafter unter der vom Gesellschafter der Gesellschaft zuletzt mitgeteilten Anschrift oder durch persönliche Übergabe einer schriftlichen Einladung gegen Empfangsquittung. Die Einberufung ist mit einer Frist von mindestens zwei Wochen vor dem Tag der Gesellschafterversammlung zu bewirken. Mit Zustimmung aller Gesellschafter kann auf die Einhaltung von Form und Frist der Einberufung verzichtet werden.

(6) Jeder Gesellschafter kann sich in der Gesellschafterversammlung durch einen schriftlich bevollmächtigten Mitgesellschafter, leitenden Mitarbeiter seines Unternehmens oder Angehörigen eines gesetzlich zur Berufsverschwiegenheit verpflichteten rechts-, wirtschafts- oder steuerberatenden Berufs vertreten oder begleiten lassen.

(7) Den Vorsitz in der Gesellschafterversammlung führt der vor Eintritt in die Tagesordnung unter der Leitung des ältesten Gesellschafters/Gesellschaftervertreters gewählte Versammlungsleiter. Hat die Gesellschaft einen Aufsichtsrat, obliegt dessen Vorsitzendem die Versammlungsleitung, wenn er in der Gesellschafterversammlung anwesend ist. Der Versammlungsleiter stellt die Beschlussfähigkeit der Gesellschafterversammlung fest und entscheidet über die Art der Abstimmung, sofern die Gesellschafterversammlung nicht etwas anderes beschließt.

§ 11 Gesellschafterbeschlüsse[20]

(1) Über die von den Gesellschaftern zu treffenden Bestimmungen werden Beschlüsse gefasst. Je ein Euro eines Geschäftsanteils gewährt eine Stimme. Für Geschäftsanteile, die der Gesellschaft gehören, ruht das Stimmrecht.

(2) Beschlüsse kommen mit einfacher Mehrheit der abgegebenen Stimmen zustande, falls nicht das Gesetz oder die Satzung eine höhere Mehrheit vorschreiben.[21] Die einmalige Wiederholung der Abstimmung in derselben Gesellschafterversammlung ist zulässig.

(3) Die Gesellschafterversammlung ist beschlussfähig, wenn mindestens drei Viertel des stimmberechtigten Kapitals anwesend oder vertreten sind. Andernfalls ist, wiederum mit einer Frist von zwei Wochen, eine neue Gesellschafterversammlung einzuberufen, die für die Gegenstände der Tagesordnung der Gesellschafterversammlung, in der sich die Beschlussunfähigkeit ergeben hat, ohne Rücksicht auf die vertretenen Stimmen beschlussfähig ist; hierauf ist bei der Einberufung hinzuweisen.

(4) Soweit rechtlich zulässig und nicht in diesem Vertrag anders bestimmt, ist ein Gesellschafter auch dann stimmberechtigt, wenn die Beschlussfassung die Vornahme eines Rechtsgeschäfts mit ihm oder einem mit ihm im Sinne des § 15 AktG verbundenen Unternehmen betrifft.

(5) Über die Beschlüsse der Gesellschafterversammlung ist eine Niederschrift anzufertigen, die vom Vorsitzenden der Gesellschafterversammlung zu unterzeichnen und allen Gesellschaftern in Abschrift zu übersenden ist. Die Belege über die rechtzeitige Einladung sind aufzubewahren. Bei anderen Beschlüssen ist über den Inhalt, das Abstimmungsverfahren und das Abstimmungsergebnis ein Vermerk anzufertigen, von allen Geschäftsführern zu unterschreiben und allen Gesellschaftern durch Einschreiben in Abschrift zu übersenden.

(6) Bei Kapitalerhöhungen sind zur Übernahme des neuen Kapitals zunächst die Gesellschafter im Verhältnis ihrer bisherigen Geschäftsanteile zuzulassen.[22]

§ 12 Anfechtung/Nichtigkeit[23]

In Gesellschafterversammlungen gefasste Beschlüsse können nur innerhalb eines Monats seit der Beschlussfassung und nur unter den Voraussetzungen des § 245 Nr 1 oder 2 AktG angefochten werden, andere Beschlüsse innerhalb derselben Frist ab der Absendung des Vermerks gem § 11 Abs 5 S 3. Die Anfechtung erfolgt durch Klageerhebung gegen die Gesellschaft. Die vorstehenden Bestimmungen gelten entsprechend für die Geltendmachung der Nichtigkeit von Gesellschafterbeschlüssen.

§ 13 Aufsichtsrat[24]

(1) Die Gesellschaft hat vorbehaltlich Abs 14 einen Aufsichtsrat. Er besteht aus drei bis neun Mitgliedern, die von der Gesellschafterversammlung bestellt und abberufen werden und aus ihrer Mitte den Vorsitzenden und einen Stellvertreter wählen. Der Vorsitzende, bei Verhinderung der Stellvertreter, vertreten den Aufsichtsrat nach außen und sind ermächtigt, die zur Durchführung der Beschlüsse des Aufsichtsrats erforderlichen Willenserklärungen abzugeben und entgegenzunehmen.

(2) Mitglied des Aufsichtsrats kann auch sein, wer an der Gesellschaft nicht beteiligt ist, jedoch kein

a) Geschäftsführer[25] oder Arbeitnehmer der Gesellschaft oder
b) Organ oder Arbeitnehmer eines Unternehmens ist, an dessen Kapital die Gesellschaft zu mehr als einem Viertel unmittelbar oder mittelbar beteiligt oder deren Komplementärin sie ist.

(3) Gesellschafter oder Gruppen von Gesellschaftern, die am Stammkapital mit mindestens 20 % beteiligt sind, haben das Recht auf Entsendung eines Vertreters in den Aufsichtsrat. Ist ein Entsendungsrecht nicht eine Woche vor einer anstehenden Wahl ausgeübt, entscheiden die Gesellschafter durch Wahl.

(4) Die Aufsichtsratsmitglieder werden jeweils für die Zeit bis zur Beendigung der ordentlichen Gesellschafterversammlung bestellt, die über ihre Entlastung für das vierte volle Geschäftsjahr seit ihrer Bestellung beschließt. Wiederbestellung ist zulässig. Die Amtszeit endet nicht vor der Neu- oder Wiederbestellung. Stellt ein entsandtes Aufsichtsratsmitglied sein Amt zur Verfügung oder scheidet es aus einem anderen Grund aus, hat der zur Entsendung Berechtigte unverzüglich ein neues Aufsichtsratsmitglied zu entsenden.

(5) Der Aufsichtsrat ist beschlussfähig, wenn mindestens die Hälfte der Mitglieder an der Beschlussfassung teilnehmen. Der Aufsichtsrat beschließt mit der Mehrheit der abgegebenen Stimmen. Über die Sitzungen und Beschlüsse des Aufsichtsrats sind Niederschriften anzufertigen, vom Vorsitzenden zu unterzeichnen und allen Aufsichtsratsmitgliedern unverzüglich in Abschrift zuzuleiten.

(6) Die Sitzungen des Aufsichtsrats beruft der Vorsitzende schriftlich mit einer Frist von mindestens zwei Wochen ein, den Tag der Absendung der Einladung und den Tag der Sitzung nicht mitgerechnet. In dringenden Fällen kann der Vorsitzende die Frist abkürzen und mündlich, fernmündlich, durch Telefax oder E-Mail einberufen. Mit der Einladung sind die Gegenstände der Tagesordnung mitzuteilen und Beschlussvorschläge zu übermitteln. Jedes Aufsichtsratsmitglied kann verlangen, dass eine Aufsichtsratssitzung einberufen oder ein Gegenstand auf die Tagesordnung gesetzt und den anderen Mitgliedern

mitgeteilt wird. Ein solches Verlangen ist schriftlich, fernmündlich, durch Telefax oder E-Mail an den Vorsitzenden zu richten. Betrifft das Verlangen einen weiteren Gegenstand der Tagesordnung, so ist es dem Vorsitzenden mindestens eine Woche vor der Sitzung mitzuteilen und den anderen Mitgliedern des Aufsichtsrats mindestens am dritten Tag vor der Sitzung bekannt zu geben. Über einen nicht rechtzeitig angekündigten Tagesordnungspunkt darf beschlossen werden, wenn kein anwesendes Mitglied widerspricht. Der Beschluss wird erst wirksam, wenn kein abwesendes Mitglied binnen einer vom Vorsitzenden zu bestimmenden angemessenen Frist widerspricht.

(7) Den Vorsitz in den Sitzungen des Aufsichtsrats führt der Vorsitzende. Er bestimmt die Reihenfolge, in der die Gegenstände der Tagungsordnung verhandelt werden, sowie Art und Reihenfolge der Abstimmungen.

(8) Jedes Aufsichtsratsmitglied kann sich in einer Aufsichtsratssitzung, an der teilzunehmen es verhindert ist, durch ein anderes Aufsichtsratsmitglied vertreten lassen.[26] Ist ein Aufsichtsratsmitglied dreimal hintereinander verhindert, so ist es auf Verlangen eines Gesellschafters abzuberufen und durch eine andere Person zu ersetzen. Die Abberufung und Neubestellung erfolgt im Fall eines entsandten Aufsichtsratsmitglieds durch den entsendungsberechtigten Gesellschafter innerhalb eines Monats ab Zugang des Verlangens. Entsendet der berechtigte Gesellschafter innerhalb dieser Frist kein neues Mitglied, entscheiden die übrigen Aufsichtsratsmitglieder über Abberufung und Neubestellung allein. In allen anderen Fällen erfolgen Abberufung und Neubestellung durch Beschluss aller Gesellschafter.

(9) Außerhalb der Sitzungen sind Beschlussfassungen zulässig, wenn kein Mitglied der vorgeschlagenen Abstimmungsart oder dem Beschlussvorschlag widerspricht. Beschlüsse, die auf solchem Wege gefasst wurden, sind vom Vorsitzenden des Aufsichtsrats schriftlich niederzulegen und den übrigen Mitgliedern des Aufsichtsrats unverzüglich bekannt zu geben. Zulässig ist auch eine Beschlussfassung, bei der ein Teil der Stimmen in einer Sitzung und der andere Teil gemäß Satz 1 abgegeben wird. Satz 2 gilt in diesem Fall entsprechend.

(10) Der Aufsichtsrat vertritt die Gesellschaft gegenüber den Geschäftsführern, soweit dieser Gesellschaftsvertrag nichts anderes vorsieht. Er berät und überwacht die Geschäftsführung und berät die Gesellschafterversammlung. Er hat das Recht zur Einberufung der Gesellschafterversammlung. Die Geschäftsführer bedürfen der vorherigen Zustimmung des Aufsichtsrats für folgende Geschäfte und sonstige Handlungen:[27]

a) die Aufnahme neuer und Aufgabe vorhandener Geschäftszweige und Tätigkeitsgebiete sowie die Errichtung oder Aufhebung von Betriebsstätten und Zweigniederlassungen;
b) den Erwerb oder die Veräußerung von Beteiligungen an anderen Unternehmen oder von Betrieben oder Teilbetrieben;
c) die Gewährung von Darlehen außerhalb des Kunden- bzw Lieferantenkontokorrents, und die Aufnahme von Krediten von mehr als EUR ..... im Einzelfall oder von mehr als EUR ..... insgesamt;
d) die Übernahme von Bürgschaften, Garantien oder sonstigen Haftungen für Dritte (einschließlich Gesellschaftern);
e) der Abschluss von Arbeitsverträgen, die eine jährliche Vergütung von mehr als EUR ..... vorsehen;
f) den Abschluss und Änderung von Versorgungszusagen;
g) den Abschluss oder die Änderung von Abfindungsvereinbarungen mit ausscheidenden Mitarbeitern von mehr als EUR ..... ;

h) den Erwerb, die Veräußerung oder Belastung von Grundstücken, grundstücksgleichen Rechten und Rechten an Grundstücken;
i) den Abschluss, die Änderung oder die Beendigung von Verträgen über den Erwerb oder die Veräußerung von gewerblichen Schutzrechten (Patente, Patentanmeldungen, Gebrauchsmuster, Warenzeichen);
j) den Abschluss, die Änderung oder die Beendigung von Unternehmensverträgen;
k) die Vornahme von Investitionen und Maßnahmen, die einen von der Gesellschafterversammlung beschlossenen Geschäfts- oder Investitionsplan im Einzelfall oder insgesamt überschreiten, sonst davon abweichen oder eine solche Überschreitung oder Abweichung nach vernünftiger kaufmännischer Einschätzung zur Folge haben können;
l) den Abschluss von Verträgen (insbesondere Leasingverträgen), welche die Gesellschaft länger als . . . . . Jahre binden und jährliche Verpflichtungen der Gesellschaft von mehr als EUR . . . . . begründen;
m) die Erteilung von Schenkungsversprechen oder Spenden sowie die Hingabe nicht marktüblicher Geschenke;
n) die Einleitung von Verfahren vor staatlichen Gerichten oder Schiedsgerichten mit einem Streitwert von mehr als EUR . . . . ., es sei denn, es besteht wegen drohender Verjährung Gefahr im Verzug; und
o) Abschluss von Vergleichen in solchen Verfahren oder außerhalb solcher Verfahren, wenn sie die Gesellschaft zur Erbringung von Leistungen im Wert von mehr als EUR . . . . . verpflichtet oder einen Verzicht auf Ansprüche im Nennwert von mehr als EUR . . . . . beinhaltet.

(11) Der Aufsichtsrat gibt sich eine Geschäftsordnung. Er kann aus seiner Mitte Ausschüsse bilden, deren Aufgaben und Befugnisse festsetzen und ihnen Entscheidungsbefugnisse übertragen.

(12) Die baren Auslagen der Mitglieder des Aufsichtsrats werden ersetzt. Über eine Vergütung beschließt die Gesellschafterversammlung.

(13) Die Mitglieder des Aufsichtsrats sind nach Maßgabe des § 93 AktG zur Verschwiegenheit verpflichtet. Im Übrigen ist § 52 GmbHG, soweit zulässig, ausgeschlossen.[28]

(14) Die Gesellschafterversammlung kann die vorstehenden Bestimmungen zeitweise außer Kraft setzen und von der Bestellung eines Aufsichtsrats absehen, indem sie keinen Aufsichtsrat wählt. Die in dieser Satzung geregelten Befugnisse des Aufsichtsrats stehen dann der Gesellschafterversammlung zu.[29] Dasselbe gilt, wenn und solange der Aufsichtsrat aus weniger als drei Personen besteht.

§ 14 Dauer/Kündigung

(1) Die Gesellschaft besteht auf unbestimmte Zeit.

(2) Jeder Gesellschafter kann die Gesellschaft aus wichtigem Grund ohne Einhaltung einer Frist kündigen. Die Kündigung erfolgt durch Einschreiben gegenüber den anderen Gesellschaftern. Die Gesellschaft wird durch eine Kündigung nicht aufgelöst, sondern von den übrigen Gesellschaftern fortgesetzt.[30]

§ 15 Abfindung[31]

(1) In allen Fällen des Ausscheidens aus der Gesellschaft auf andere Weise als durch Tod oder rechtsgeschäftliche Verfügung unter Lebenden, die nicht an die Stelle der Einziehung tritt, ist an den Gesellschafter eine Abfindung zu zahlen. Die Höhe der Abfindung entspricht in den Fällen des § 6 Abs 2 a) bis e) 60 % und in allen anderen Fällen 100 %

des Anteils am Wert der Gesellschaft, der dem Verhältnis des Gesamtnennbetrags der Geschäftsanteile des ausscheidenden Gesellschafters zum Betrag des Stammkapitals entspricht. Zwecks Feststellung der Abfindungshöhe ist die Gesellschaft, soweit dieser Gesellschaftsvertrag nichts anderes vorsieht, mit Stichtag des letzten Tags des Monats vor dem Ausscheiden des Gesellschafters nach der Ertragswertmethode gemäß in Deutschland anerkannten Bewertungsgrundsätzen zu bewerten. Änderungen der Gewinne oder Verluste der Gesellschaft durch spätere Betriebsprüfungen sowie Steuernachzahlungen oder Steuererstattungen beeinflussen die Höhe der Abfindung nicht.

(2) Besteht Streit über die Höhe der Abfindung, entscheidet hierüber ein von der Gesellschaft und dem ausscheidenden Gesellschafter zu ernennender Schiedsgutachter, der Wirtschaftsprüfer oder Wirtschaftsprüfungsgesellschaft sein muss und seiner Bewertung die in Abs 1 enthaltenen Bewertungsgrundsätze zugrunde zu legen hat. Kommt eine Einigung über dessen Benennung innerhalb eines Monats nach schriftlicher Aufforderung der Bestellung eines Schiedsgutachters durch einen Gesellschafter an die anderen Gesellschafter nicht zustande, so haben die Geschäftsführer die Bestellung eines Schiedsgutachters beim Institut der Wirtschaftsprüfer in Deutschland e. V. (IDW), Düsseldorf, zu beantragen. Die Entscheidung des Schiedsgutachters ist für die Gesellschafter im Rahmen des § 319 Abs 1 BGB verbindlich.

(3) Die Abfindung ist in drei gleichen Jahresraten zu bezahlen, die erste Rate drei Monate nach Ende des Geschäftsjahrs, in dem das Ausscheiden des Gesellschafters aus der Gesellschaft wirksam geworden ist, die folgenden beiden Raten jeweils zum Ende des ersten Kalenderquartals der folgenden Jahre. Die Abfindung ist ab dem Tag des Ausscheidens mit . . . . . % über dem jeweiligen Basiszinssatz p. a. zu verzinsen. Die Zinsen sind zusammen mit den Hauptraten zu bezahlen. Die Gesellschaft ist berechtigt, die Abfindung ganz oder teilweise früher zu bezahlen. Zur Sicherheitsleistung ist sie nicht verpflichtet.

§ 16 Geschäftsjahr/Bekanntmachungen

(1) Geschäftsjahr ist das Kalenderjahr.

(2) Die Bekanntmachungen der Gesellschaft erfolgen ausschließlich im Bundesanzeiger.

§ 17 Teilunwirksamkeit/Vertragsänderungen[32]

(1) Sollte eine Bestimmung dieses Gesellschaftsvertrags oder eine künftig in ihn aufgenommene Bestimmung ganz oder teilweise unwirksam oder undurchführbar sein oder die Wirksamkeit oder Durchführbarkeit später verlieren oder sich eine Lücke herausstellen, soll hierdurch die Gültigkeit der übrigen Bestimmungen nicht berührt werden. Anstelle der unwirksamen oder undurchführbaren Bestimmung oder zur Ausfüllung der Lücke gilt eine angemessene Regelung, die, soweit rechtlich zulässig, dem am nächsten kommt, was die Vertragsschließenden gewollt haben oder nach dem Sinn und Zweck des Vertrags gewollt hätten, falls sie den Punkt bedacht hätten. Betrifft der Mangel notwendige Satzungsbestandteile, ist eine solche Regelung nach Maßgabe des § 53 Abs 2 GmbHG zu vereinbaren.

(2) Beruht die Unwirksamkeit oder Undurchführbarkeit einer Bestimmung auf einem darin festgelegten Maß der Leistung oder der Zeit (Frist oder Termin), ist das der Bestimmung am nächsten kommende rechtlich zulässige Maß zu vereinbaren.

(3) Alle das Gesellschaftsverhältnis betreffenden Vereinbarungen zwischen Gesellschaftern oder zwischen Gesellschaft und Gesellschaftern bedürfen zu ihrer Wirksamkeit der Schriftform, soweit sie nicht eines Gesellschafterbeschlusses oder notarieller Beurkundung bedürfen. Das gilt auch für einen etwaigen Verzicht auf das Erfordernis der Schriftform.

§ 18 Gründungskosten

Die Gründungskosten, insbesondere Eintragungskosten, Gerichts- und Notargebühren, Kosten der Rechts- und Steuerberatung, Bekanntmachungskosten sowie Bankgebühren und etwaige Steuern bis zur Grenze von EUR . . . . . trägt die Gesellschaft. Etwa darüber hinausgehende Gründungskosten tragen die Gesellschafter im Verhältnis des gesamten Nennwerts der von ihnen jeweils gehaltenen Geschäftsanteile.[33]

§ 19 Gerichtsstand

Gerichtsstand für alle Auseinandersetzungen der Gesellschafter miteinander und mit der Gesellschaft ist der Sitz der Gesellschaft.[34]

b) Gründungsprotokoll

Verhandelt zu . . . . . am . . . . .

Vor dem unterzeichneten Notar X in erschienen

1. A (Privatanschrift, Geburtsdatum, Ausweispapier).
2. B (Privatanschrift, Geburtsdatum, Ausweispapier).

Die Erschienenen erklärten: Im Folgenden handeln wir für uns persönlich und – im Hinblick auf die in § 3 Abs 4 des in der Anlage beigefügten Gesellschaftsvertrags vorgesehene Abtretung des XY Geschäftsanteils – auch im Namen der durch diese Urkunde errichteten Vorgesellschaft.

Vor Eintritt in die nachstehende Beurkundung belehrte der Notar die Erschienenen über die Vorschrift des § 3 Abs 1 Nr 7 BeurkG. Die Erschienenen erklärten daraufhin, es liege kein Mitwirkungsverbot nach dieser Bestimmung vor. Über die Verpflichtungen nach dem Geldwäschegesetz belehrt, erklärten sie, dass A und B wirtschaftlich für sich selbst handeln und nicht für Rechnung Dritter. Die Erschienenen erklärten weiterhin, dass auf der Grundlage von Informationen, die sie von . . . . . erhalten haben,

[keine natürliche Person an dieser – direkt oder indirekt – mehr als 25 % der Kapitalanteile hält, mehr als 25 % der Stimmrechte kontrolliert oder auf vergleichbare Weise Kontrolle ausübt,/die folgenden natürlichen Personen wirtschaftlich Berechtigte im Sinne von § 3 Abs 1 GwG sind: . . . . ./die . . . . . börsennotiert ist, und

die Gesellschaftsgründung nicht auf Veranlassung einer natürlichen Person oder als deren Treuhänderin durchgeführt wird.

Die Beteiligten und Erschienenen erklärten, dass ihnen der Notar die Hinweise gem. Art. 13, 14 DSGVO zur Verfügung gestellt hat.

I.

Die Erschienenen erklärten:

I–III wie in → Form. II.D.1.1 (b) I-III)

c) Anmeldung zum Handelsregister[35]

Amtsgericht

– Handelsregister B –

. . . . .

Betr: AB-GmbH

Wir, die unterzeichneten sämtlichen Geschäftsführer überreichen

1. Beglaubigte Abschrift des Gründungsprotokolls (UR . . . . . des Notars X) mit unserer Bestellung zu Geschäftsführern,
2. Liste der Gesellschafter,
3. die der Festsetzung der Sacheinlagen zugrundeliegenden und zu ihrer Ausführung geschlossenen Verträge (siehe § 3 Abs 4 des dem Gründungsprotokoll als Anlage beigefügten Gesellschaftsvertrags),[36]
4. den Sachgründungsbericht,[37]
5. Unterlagen, wonach der Wert der Sacheinlagen den Betrag der dafür übernommenen Stammeinlagen erreicht,[38]
6. die Urkunden über die Bestellung der Mitglieder des Aufsichtsrats,[39]

und melden die Gesellschaft und unsere Bestellung zu Geschäftsführern zur Eintragung in das Handelsregister an. Die inländische Geschäftsanschrift der Gesellschaft lautet wie folgt: . . . . . (Adresse). Dort befinden sich auch die Geschäftsräume.[40]

Zur Vertretungsberechtigung melden wir an: Ein Geschäftsführer vertritt die Gesellschaft allein, wenn er der einzige Geschäftsführer ist oder die Gesellschafter ihn zur Einzelvertretung ermächtigt haben. Ansonsten wird die Gesellschaft durch zwei Geschäftsführer oder durch einen Geschäftsführer mit einem Prokuristen vertreten.

Der Geschäftsführer B vertritt die Gesellschaft stets allein. Er ist von den Beschränkungen des § 181 2. Alt BGB (Mehrvertretung) befreit und kann die Gesellschaft somit bei Rechtsgeschäften mit einem von ihm vertretenen Dritten vertreten. Der Geschäftsführer C vertritt die Gesellschaft allein, wenn er der einzige Geschäftsführer ist. Ansonsten vertritt er die Gesellschaft zusammen mit einem weiteren Geschäftsführer oder mit einem Prokuristen.

Wir versichern,

dass die Bareinlage auf den von Gesellschafter A übernommenen Geschäftsanteil durch Überweisung auf ein Bankkonto der Gesellschaft in voller Höhe geleistet worden ist, Gesellschafter B die von ihm einzubringende Sacheinlage auf die Gesellschaft übertragen hat und damit auf das Stammkapital mindestens soviel eingezahlt ist, dass der Gesamtbetrag der eingezahlten Geldeinlagen zuzüglich des Gesamtnennbetrags der Geschäftsanteile, für die Sacheinlagen zu leisten sind, die Hälfte des gesetzlichen Mindeststammkapitals erreicht,[41]

dass sich der Gegenstand der vorstehenden Leistungen endgültig in unserer freien Verfügung befindet und nicht an die Gesellschafter zurückgewährt wurde,

dass das Vermögen der Gesellschaft abgesehen von dem in der Satzung festgesetzten Gründungsaufwand (Eintragungskosten, Gerichts- und Notargebühren, Kosten der Rechts- und Steuerberatung, Bekanntmachungskosten sowie Bankgebühren und etwaige Steuern) in einem Betrag von insgesamt höchstens EUR . . . . . nicht mit Verbindlichkeiten vorbelastet ist.

Jeder Geschäftsführer versichert für sich

dass ihm die Ausübung eines Berufs, Berufszweiges, Gewerbes oder Gewerbezweiges noch nie, weder durch gerichtliches Urteil noch durch vollziehbare Entscheidung einer Verwaltungsbehörde, verboten wurde sowie

dass er noch nie, weder im Inland noch im Ausland, wegen einer Straftat verurteilt worden ist, und dass er über seine unbeschränkte Auskunftspflicht gegenüber dem Gericht durch den beglaubigenden Notar belehrt worden ist.

. . . . . (Ort), den . . . . .

[B Geschäftsführer] [C Geschäftsführer]

d) Gesellschafterliste

Wie in → Form. II.D.1.1 d).

Schrifttum: S zu → Form. II.D.1.1 Anm. 1 ff, außerdem *Armbrüster,* Wettbewerbsverbote im Kapitalgesellschaftsrecht, ZIP 1997, 1269; *Blasche,* Praxisfragen und Gestaltungsmöglichkeiten bei der Beschlussfassung ohne Gesellschafterversammlung, GmbHR 2011, 232; *Böhringer,* Klarstellungsvermerk zum Eintragungsvermerk bei wiederholter Auflassung, NotBZ 2004, 13; *Bork,* Gerichtsstandsklauseln in Satzungen von Kapitalgesellschaften, ZHR 157 (93), 48; *Braun,* Nochmals: Einziehung von GmbH-Geschäftsanteilen und Konvergenz nach § 5 Abs 3 S 2 GmbHG, NJW 2010, 2700; *Briese,* Verständnis und grundlegende Rechtsfragen der verdeckten Gewinnausschüttung, GmbHR 2005, 597; *Buyer,* Die verdeckte Gewinnausschüttung bei Verletzung des Wettbewerbsverbots durch den Gesellschafter-Geschäftsführer oder den Nur-Gesellschafter einer GmbH, BB 1993, 2057; *Einhaus/Selter,* Das Verhältnis von sowie Gründe für Ausschließung, Zwangseinziehung und -abtretung, GmbHR 2015, 679; *Ettinger/Reiff,* Die Auswirkungen der Entscheidung des BGH vom 7. 7. 03 auf zukünftige und bereits vollzogene Heilungen verdeckter Sacheinlagen bei der GmbH, NZG 2004, 258; *Fleischer,* Gelöste und ungelöste Probleme der gesellschaftsrechtlichen Geschäftschancenlehre, NZG 2003, 985; *Fleischer/Schneider,* Zulässigkeit und Grenzen von Shoot-Out-Klauseln im Personengesellschafts- und GmbH-Recht, DB 2010, 2713; *dies,* Tag along- und Drag along- Klauseln in geschlossenen Kapitalgesellschaften, DB 2012, 961; *Gosch,* Wettbewerbsverbot und verdeckte Gewinnausschüttung DStR 1995, 1863; *Gosch,* Wettbewerbsverbot, Geschäftschancenlehre und verdeckte Gewinnausschüttung: Checkliste und Prüfungsschema, DStR 1997, 442; *Haberstroh,* Nichtigkeit des Beschlusses zur Einziehung von Geschäftsanteilen wegen Verstoßes gegen § 5 Abs 3 S 2 GmbHG, NZG 2010, 1094; *Heusel/Goette,* Zum Gewinnausschüttungsanspruch bei Pattsituationen in der GmbH, GmbHR 2017, 385; *Höpken,* Was lehrt die GmbH? – Verdeckte Gewinnausschüttung bei Überlassung von Geschäftschancen an Gesellschafter-Geschäftsführer – Neuauflage des Wettbewerbsverbots, DB 1997, 702; *Kottke,* Verdeckte Gewinnausschüttung bei Verletzung des Wettbewerbsverbots in der GmbH?, DStR 1993, 1547; *Kowalski,* Vinkulierte Geschäftsanteile – Übertragungen und Umgehungen, GmbHR 1992, 347; *Langner,* Verdeckte Sacheinlagen bei der GmbH – Die unendliche Geschichte des richtigen Einbringungsgegenstands, GmbHR 2004, 298; *Lawall,* Verdeckte Gewinnausschüttungen und Geschäftschancenlehre im GmbH-Recht, NJW 1997, 1742; *Lieder,* Annexkompetenzen der Gesellschafterversammlung, NZG 2015, 569; *Lutter/Krieger Verse,* Rechte und Pflichten des Aufsichtsrats, 7. Aufl 2020; *Meyer/Ludwig,* Annäherung der Rechtsfolgen verdeckter Sacheinlagen im Aktien- und GmbH-Recht, NotBZ 2004, 1; *Meyer-Sievers,* Willkür im Steuerrecht – Zum Wettbewerbsverbot von GmbH-Gesellschafter-Geschäftsführern, DStR 1993, 629; *Münch,* Befreiung vom Wettbewerbsverbot im Recht der GmbH, NJW 1993, 225; *Pentz,* Neues zur verdeckten Sacheinlage, ZIP 2003, 2093; *Pentz/Maul,* Zur Einziehung von Geschäftsanteilen bei der GmbH, FS Haarmann 2015, 165; *Reichert/Harbarth,* Statutarische Schiedsklauseln, NZG 2003, 379; *K. Schmidt,* Neues Schiedsverfahrensrecht und Gesellschaftsrechtspraxis, ZHR 162 (98), 265; *Schneider,* Zur Ausfallhaftung der GmbH-Gesellschafter, ZIP 2016, 2098; *Schneider/Hoger,* Einziehung von Geschäftsanteilen und Gesellschafterhaftung, NJW 2013, 502; *Schröder,* Konfliktmanagement bei GmbH-Gesellschafterstreitigkeiten, GmbHR 2014, 287; *Schütze,* Zur notariellen Beurkundung von Schiedsvereinbarungen, BB 1992, 1877; *Schwedhelm,* Die zivilrechtlich wirksame Befreiung vom Wettbewerbsverbot, GmbHR 1992, 291; *Sigel,* Die verdeckte Gewinnausschüttung bei Verstößen gegen das Wettbewerbsverbot für GmbH-Gesellschafter als Mittel zur Erschließung neuer Steuerquellen?, DStR 1993, 1729; *Sommer/Weitbrecht,* Salvatorische Klauseln in GmbH-Verträgen, GmbHR 1991, 449; *Thiel,* Verdeckte Gewinnausschüttung bei Verletzung des Wettbewerbsverbots durch Gesellschafter/Geschäftsführer einer GmbH, GmbHR 1992, 338; *Tholen/Weiß,* Formfragen bei Finanzierungsrunden in der GmbH – Formbedürftigkeit von Beteiligungsverträgen und Gesellschaftervereinbarungen nach § 15 Abs 4 S 1,

§ 53 Abs 2 S 1 und § 55 Abs 1 GmbHG, GmbHR 2016, 915; *Tillmann/Schiffers/Wälzholz/Rupp,* Die GmbH im Gesellschafts- und Steuerrecht, 6. Aufl 2015; *Ulmer,* Die Einziehung von GmbH-Anteilen – ein Opfer der MoMiG-Reform?, DB 2010, 321; *Wanner-Laufer,* Die Zwangseinziehung von Geschäftsanteilen nach § 34 GmbHG, NJW 2010, 1499; *Wassermeyer,* Das Wettbewerbsverbot des Gesellschafters und des Gesellschafter-Geschäftsführers einer GmbH, GmbHR 1993, 329; *Wassermeyer,* die neuere BFH-Rechtsprechung zu Verstößen gegen ein Wettbewerbsverbot durch den Gesellschafter-Geschäftsführer einer GmbH, DStR 1997, 681; *Weisser,* Wahrnehmung von Geschäftschancen des Unternehmens durch Alleingesellschafter-Geschäftsführer als verdeckte Gewinnausschüttungen?, GmbHR 1997, 429.

Anmerkungen

1. Das Form. enthält einen ausführlichen Gesellschaftsvertrag für die Bar- und Sachgründung einer GmbH mit freiwilligem Aufsichtsrat. Gegenüber dem einfachen Gesellschaftsvertrag eingefügte oder erweiterte Regelungen sind etwa Bestimmungen über Sachgründung, Vorkaufsrechte, Wettbewerbsverbot, Nachfolge von Todes wegen, Jahresabschluss und Ergebnisverwendung, Ausschluss von Gesellschaftern, Einziehung von Geschäftsanteilen, Abfindung von Gesellschaftern bei Ausscheiden, Anfechtung von Gesellschafterbeschlüssen, einen freiwilligen Aufsichtsrat und Gerichtsstand. Welche dieser Regelungen im Einzelfall sinnvoll sind, hängt von den Besonderheiten der jeweiligen Gesellschaft ab.

2.–5. → Form. II.D.1.1 Anm. 2.–5.

6. Das Form. sieht teils Geld-, teils Sacheinlagen vor. Als Sacheinlagen kommen Sachen, Rechte und sonstige vermögenswerte Positionen in Betracht (Baumbach/Hueck/*Fastrich* § 5 Rn 23). Sie müssen vor Anmeldung vollständig geleistet werden (§ 7 Abs 3 GmbHG) und zusammen mit Bareinlagen, bei denen je 25 % genügen, EUR 12.500,00 erreichen (§ 7 Abs 2 S 2 GmbHG). Sollen **Sacheinlagen** geleistet werden, so müssen der Gegenstand der Sacheinlage und der Nennbetrag des Geschäftsanteils, auf den sich die Sacheinlage bezieht, im Gesellschaftsvertrag festgesetzt werden (§ 5 Abs 4 S 1 GmbHG). Die Sacheinlage kann nach Gründung der Gesellschaft bewirkt werden. Spätestens bei Anmeldung der Gesellschaft zur Eintragung im Handelsregister müssen die Rechtshandlungen (Verfügungsgeschäfte) zwecks Bewirkung der Sacheinlage vollzogen sein, und zwar so, dass die Sacheinlagen endgültig zur freien Verfügung der Gesellschaft stehen (§ 7 Abs 3 GmbHG). Dazu wird in der Regel ein von der Gründungsurkunde getrennter Einbringungsvertrag geschlossen, bei dessen Abschluss die ab der Gründung bereits als Vorgesellschaft existierende GmbH durch ihre Geschäftsführer vertreten wird (Baumbach/Hueck/*Fastrich* § 5 Rn 22). Die Übertragung der Sacheinlage erfolgt dabei nach den für den jeweiligen Vermögensgegenstand geltenden Übertragungsregeln. Weil das Form. hier jedoch die Einbringung eines GmbH-Geschäftsanteils vorsieht, dessen Abtretung nach § 15 Abs 3 GmbH der notariellen Form bedarf, bietet es sich an, die dingliche Erfüllung der Sacheinlageverpflichtung ebenfalls in den notariell zu beurkundenden Gesellschaftsvertrag (§ 2 Abs 1 S 1 GmbHG) selbst aufzunehmen. Das ist zulässig. Dabei wird die (Vor-)Gesellschaft von den Gründern vertreten (GroßKoGmbHG/*Ulmer/Casper* § 5 Rn 42; Baumbach/Hueck/*Fastrich* § 5 Rn 22).

Der Wert der Sacheinlage muss den Nennwert der dafür übernommenen Geschäftsanteile zumindest erreichen. Dies ist dem Handelsregister durch geeignete Unterlagen nachzuweisen (§ 8 Abs 1 Nr 5 GmbHG). Bleibt der Wert der Sacheinlage zum Zeitpunkt der Anmeldung der Gesellschaft zur Eintragung im Handelsregister hinter dem Nennbetrag des dafür übernommenen Geschäftsanteils zurück, hat der Gesellschafter in Höhe des Fehlbetrags eine Einlage in Geld zu leisten (§ 9 Abs 1 GmbHG). Bei Mangelhaftigkeit der Sacheinlage wird teilweise vertreten, die Gesellschaft könne verlangen, den Mangel im Wege der Nacherfüllung zu beseitigen, wodurch der Differenzhaftungsanspruch nachträglich entfallen würde (*Schlößer/Pfeiffer*, NZG 2012, 1047, 1150). Übersteigt der Wert der Sacheinlage den Nennbetrag und sind keine sonstigen Vereinbarungen getroffen, dann ist der den Nennbetrag übersteigende Betrag nach bestrittener Ansicht wie ein echtes Aufgeld (Agio) nach § 272 Abs 2 Nr 1 HGB in die Kapitalrücklage der Gesellschaft zu buchen (Baumbach/Hueck/*Fastrich* § 5 Rn 33). Abweichend davon können die Gesellschafter aber auch im Gesellschaftsvertrag vereinbaren, dass die Gesellschaft dem Sacheinleger denjenigen Betrag ganz oder teilweise vergütet, um den der Wert der Sacheinlage den Nennbetrag des übernommenen Geschäftsanteils übersteigt. Man spricht dann von einer **gemischten Sacheinlage.** Diese Vergütung kann, wie in der Praxis häufig anzutreffen und im Form. vorgesehen, als Gutschrift in Form eines Darlehens erfolgen (Baumbach/Hueck/*Fastrich* § 5 Rn 20). Bei der Feststellung der Werthaltigkeit der Sacheinlage ist die Vergütung vom Wert des Sacheinlagegegenstands abzuziehen, weil sie an den Gesellschafter zurückfließt. Ebenfalls zulässig und von der gemischten Sacheinlage begrifflich zu unterscheiden ist die Vereinbarung einer **Mischeinlage** im Gesellschaftsvertrag, bei der der Nennbetrag des übernommenen Geschäftsanteils teils in Geld und teils als Sacheinlage erbracht wird. Die Aufteilung muss genau angegeben werden, damit ersichtlich wird, auf welchen Teil des Nennbetrags die Sacheinlage entfällt (Baumbach/Hueck/*Fastrich*, § 5 Rn 9). Die Pflicht zur Erbringung der Mischeinlage unterliegt hinsichtlich der Sacheinlage § 7 Abs 3 GmbHG, sodass diese voll zu erbringen ist, und hinsichtlich der Bareinlage § 7 Abs 2 S 1 GmbHG, sodass zusätzlich zur voll erbrachten Sacheinlage ein Viertel der Bareinlage zu leisten ist, auch wenn bereits die Sacheinlage ein Viertel des Nennbetrages des Geschäftsanteils deckt (OLG Celle DStrR 2016, 332, 333; Baumbach/Hueck/*Servatius* § 7 Rn 5; aA *Cavin* NZG 2016, 734, 738). Sowohl gemischte Sacheinlage als auch Mischeinlage bilden eine Einheit und sind insgesamt nach § 5 Abs 4 S 1 GmbHG im Gesellschaftsvertrag festzusetzen (Baumbach/Hueck/*Fastrich* § 5 Rn 20). Nicht zu verwechseln mit der gemischten Sacheinlage und der Mischeinlage ist die rechtlich unzulässige **verdeckte Sacheinlage**, bei der eine augenscheinliche Bareinlage verdeckt verwendet wird, um vom Gesellschafter einen Gegenstand zu erwerben oder eine Gesellschafterforderung zum Erlöschen zu bringen und damit in Wahrheit keine Bareinlage, sondern eine Sacheinlage vorliegt (dazu bereits → Form. II.D.1.1 Anm. 26).

7. Das Form. erleichtert die Veräußerung: Entweder machen die Mitgesellschafter von ihrem Erwerbsrecht Gebrauch, oder der Gesellschafter kann seinen Anteil frei veräußern, wobei die Mitgesellschafter, wenn dies zu einem niedrigeren als dem von ihnen verlangten Preis geschieht, ein Vorkaufsrecht haben. Ein isoliertes schuldrechtliches Vorkaufsrecht wirkt grds Dritten gegenüber nicht (§ 463 BGB), weshalb zum Schutz der Mitgesellschafter die Zulässigkeit der Abtretung von der Nichtausübung abhängig gemacht ist (Scholz/*Seibt* § 15 Rn 118; s zum schuldrechtlichen Vorerwerbsrecht mit einem Formulierungsvorschlag *Blasche* NZG 2016, 173). Alternativ oder sogar ergänzend zum hier vorgeschlagenen Verfahren mit Erwerbs- und Vorkaufsrechten der anderen Gesellschafter kommen auch sog Shoot-Out-Klauseln in Betracht (s die Übersicht bei *Fleischer/Schneider* DB 2010, 27, 13). Derartige Klauseln dienen der Behebung von Patt-Situationen in der Gesellschaft. Dies geschieht in der Grundform dadurch, dass ein Gesellschafter den anderen Gesellschaftern anbietet, entweder seine Geschäftsanteile zu einem bestimmten Preis zu veräußern oder die Anteile der anderen Gesellschafter zu demselben Preis zu erwerben. Die anderen Gesellschafter können sich dann nur noch entscheiden, welches der beiden Angebote sie annehmen wollen, ob sie also den anderen Gesellschafter auskaufen oder sie selbst gegen Zahlung von Kaufpreis aus der Gesellschaft ausscheiden wollen. Das OLG Nürnberg hat derartige Klauseln jüngst grds für zulässig erachtet (vgl. OLG Nürnberg NZG 2014, 222, 224). Gleichwohl kann die Ausgestaltung der Klauseln oder ihre Ausübung im Einzelfall unwirksam sein, so dass Sorgfalt geboten ist. In jedem

Fall sollte die Initiierung des Shoot Outs an bestimmte „triggering events" geknüpft werden, um sicherzustellen, dass das Verfahren in erster Linie Patt-Situationen vorbehalten bleibt (vgl. hierzu *Schroeder/Welpot*, NZG 2014, 609, 616; *Schaper*, DB 2014, 821, 823). Nicht zu empfehlen sind Shoot-Out-Klauseln, wenn zwischen den Vertragsparteien ein eklatantes wirtschaftliches Ungleichgewicht besteht.

8. Ohne Vereinbarung der **Schriftform** könnte das Vorkaufsrecht formlos ausgeübt werden (§ 464 Abs 1 BGB). Der Form. des § 15 Abs 4 GmbHG genügt der Gesellschaftsvertrag (zu den Formerfordernissen s *Erman/Grunewald* § 464 Rn 1 mwN). Die gesetzliche Wochenfrist (§ 469 Abs 2 BGB) ist unangemessen kurz.

9. Die Vererblichkeit ist zwingendes Recht (§ 15 Abs 1 GmbHG). Die Satzung kann jedoch die Abtretung oder Einziehung des im Wege der Erbfolge übergegangenen Anteils vorsehen und damit dessen endgültigen Verbleib regeln (Baumbach/Hueck/*Fastrich* § 15 Rn 13; vgl im übrigen → Form. II.D.1.1 Anm. 7). Die Einziehung kann auch sinnvoll sein, wenn nur auf aktiv mitarbeitende Gesellschafter Wert gelegt wird.

10. Für die Gesellschafter kann sich ein Wettbewerbsverbot bereits aus der gesellschaftsrechtlichen Treuepflicht ergeben (BGH WM 1978, 1205; BGHZ 91, 1, 4; *Timm* GmbHR 1981, 177), sofern sie Geschäftsführer sind oder sich auf Grund einer Mehrheitsbeteiligung oder Sonderrechten in der Gesellschaft durchsetzen können (OLG Karlsruhe ZIP 2006, 1100 (LS); BGHZ 89, 162, 166 für den beherrschenden Kommanditisten; BGHZ 104, 246, 251 und BGH GmbHR 1987, 302 zur Zulässigkeit der vertraglichen Vereinbarung).

Das gesellschaftsvertragliche Wettbewerbsverbot muss sich an den durch das Kartellverbot (§ 1 GWB; Art 101 AEUV) und die Berufsfreiheit (Art 12 GG) gesetzten Grenzen messen lassen. Wettbewerbsverbote sind deshalb nur zulässig, wenn sie nach Ort, Zeit und Gegenstand nicht über die schützenswerten Interessen des Begünstigten hinausgehen und den Verpflichteten nicht übermäßig beschränken (BGHZ 91, 1, 5; BGH ZIP 2010, 324, 325 mwN). Die Einhaltung dieser Grenzen muss im konkreten Einzelfall geprüft werden. Sind sie überschritten, so ist das Wettbewerbsverbot nichtig. Das OLG Stuttgart hat rein kapitalistische Minderheitsbeteiligungen eines Gesellschafter-Geschäftsführers einer GmbH an einer Konkurrenzgesellschaft ohne Einfluss auf die Geschäftsführung, ohne Tätigkeit im Unternehmen und ohne Möglichkeit, dieses zu beherrschen, als nicht von der sachlichen Reichweite eines vereinbarten Wettbewerbsverbots umfasst angesehen, da sonst die oben beschriebenen rechtlichen Grenzen überschritten seien (OLG Stuttgart NZG 2017, 582, 582). Hierbei begnügt sich das OLG mit einer einschränkenden Auslegung der Verbotsklausel und lässt die Frage der Nichtigkeit der Klausel ausdrücklich offen (OLG Stuttgart NZG 2017, 582, 582).

Ein gesellschaftsvertragliches Wettbewerbsverbot für einen Minderheitsgesellschafter hat das OLG Stuttgart dagegen als unwirksam angesehen, wenn keine fortbestehende Gefahr der Aushöhlung der Gesellschaft feststellbar ist (OLG Stuttgart GmbHR 2019, 779, 782 f = BeckRS 2019, 8992).

Rechtlich weitgehend unproblematisch ist dagegen das den Geschäftsführern während der Laufzeit ihres Dienstvertrags auferlegte Wettbewerbsverbot. Ein Verstoß gegen das Kartellverbot liegt nach der Rspr des BGH nicht vor, wenn das Wettbewerbsverbot notwendig ist, um das im übrigen kartellrechtsneutrale Gesellschaftsunternehmen in seinem Bestand und seiner Funktionsfähigkeit zu erhalten. Das Wettbewerbsverbot soll dann verhindern, dass ein Gesellschafter das Unternehmen von innen her aushöhlt oder gar zerstört und damit einen leistungsfähigen Wettbewerber zugunsten seiner eigenen Konkurrenztätigkeit ausschaltet (BGHZ 104, 246, 251; BGH WM 1986, 1422, 1424; BGH WM 1986, 1572, 1573). Die Berufsfreiheit, deren Grenzen über § 138 BGB in das Zivilrecht eingehen, führt dazu, dass Wettbewerbsverbote, auch und gerade nachvertraglicher Art (zu ihrer Zulässigkeit allgemein s → Form. II.B.2 Anm. 10), räumlich, zeitlich und gegenständlich das notwendige Maß nicht überschreiten dürfen (vgl. BGH WM 2003, 2334; Scholz/*Emmerich* § 3 Rn 89 a).

Kommt es durch Verletzung eines Wettbewerbsverbots zu einer Gewinnverlagerung, liegt eine verdeckte Gewinnausschüttung vor (BFHE 178, 371 = DStR 1995, 1873; BFHE 179, 258 = DStR 1996, 337; BFHE 181, 122 = DStR 1996, 1769; BFHE 181, 495 = DStR 1997, 323; BFHE 182, 190 = DStR 1997, 575 sowie BFH/NV 2003, 1349 und BFH/NV 1996, 645; dazu *Gosch* DStR 1995, 1863; *Gosch* DStR 1997, 442; *Höpken* DB 1997, 702; *Weisser* GmbHR 1997, 429; s allgemein zur verdeckten Gewinnausschüttung → Anm. 17). Dies ist etwa der Fall, wenn die Gesellschaft auf einen Entgelt- oder Schadensersatzanspruch, der ihr gegen den konkurrierenden Gesellschafter zustand oder zugestanden hätte, wegen des Gesellschafterverhältnisses verzichtet hat. Ein derartiger Anspruch ergibt sich nur, aber auch immer dann, wenn der Gesellschafter Geschäftschancen der Gesellschaft wahrgenommen oder Informationen genutzt hat, für deren Überlassung ein fremder Dritter ein Entgelt gezahlt hätte, und wenn die Gesellschaft personell, sachlich und organisatorisch in der Lage gewesen wäre, die Geschäftschancen oder Informationen auch tatsächlich selbst zu nutzen. Auf dieses materielle, einzelfallbezogene Kriterium wird auch dann allein abgestellt, wenn ein Wettbewerbsverbot vereinbart war. Der BFH hält einen unentgeltlichen Dispens von einem Wettbewerbsverbot als solchen für steuerlich unschädlich; er erkennt die „Freiheit des Wettbewerbs" auch im Verhältnis zwischen der GmbH und ihren Gesellschaftern an; maßgebend ist allein, „ob der Gesellschafter seiner GmbH einen Vermögenswert wegnimmt, der sich dort bereits konkretisiert hatte" (*Wassermeyer* DStR 1997, 683). Eine Vereinbarung zwischen Gesellschaft und Gesellschafter kann eine Vermutung für die Zuordnung einer Geschäftschance im Einzelfall begründen und deswegen als Indiz hilfreich sein (Streck/*Schwedhelm*, KStG § 8 Anh Rn 1406 ff „Wettbewerbsverbot und Betriebsabgrenzung" mwN). Näher zur Geschäftschancenlehre, insbes zu den (vom BFH bislang nicht ausreichend konkretisierten) Kriterien für die Zuordnung einer Geschäftschance sowie der Möglichkeit der Freigabe durch die Gesellschaft s *Lawall* NJW 1997, 1742; *Fleischer* NZG 2003, 985.

11. Die Bestimmung erlaubt den **Ausschluss** eines Gesellschafters im Wege der Einziehung oder der Zwangsübertragung seines Geschäftsanteils. Auf diese Weise können im Rahmen der gesellschaftsvertraglich festzulegenden Ausschlussgründe ungeeignete und störende Gesellschafter ausgeschlossen werden. Außerdem wird die Gesellschaft vor dem Eindringen Außenstehender geschützt und sie kann sich von ausscheidens- und auflösungswilligen Gesellschaftern trennen. Begrifflich ist zwischen dem Ausschluss eines Gesellschafters und dem Verlust seines Geschäftsanteils zu unterscheiden. Der Ausschluss betrifft den Gesellschafter persönlich und ist grundsätzlich abstrakt von seinem Geschäftsanteil. Der Verlust des Geschäftsanteils kann im Wege der Einziehung, Zwangsübertragung oder – bei verzögerter Einzahlung unter den Voraussetzungen der §§ 21, 28 GmbHG – durch Kaduzierung erfolgen.

Der Ausschluss im Wege der **Einziehung** von Geschäftsanteilen (Amortisation) darf nach dem Gesetz nur erfolgen, wenn dies in der Satzung zugelassen ist (§ 34 Abs 1 GmbHG). Die Einziehung richtet sich unmittelbar gegen den Geschäftsanteil und vernichtet ihn, die Mitgliedschaft des betroffenen Gesellschafters erlischt (BGHZ 9, 157, 164; BGH NJW 1977, 2316, 2316). Wegen der Legitimationswirkung des § 16 Abs 1 GmbHG kann der Geschäftsanteil einer Person, die ausweislich der Gesellschafterliste ihre Stellung als Gesellschafter verloren hat, nicht eingezogen werden (OLG Brandenburg GmbHR 2020, 98, 102 = BeckRS 2019, 19502; vgl. Nachinstanz BGH NZG 2021, 117). Die Einziehung setzt einen Einziehungsbeschluss sowie eine Einziehungserklärung voraus (Lutter/Hommelhoff/*Bayer* § 46 Rn 21). In der Regel ist eine vorherige Abmahnung als milderes Mittel erforderlich. Die Abmahnung ist aber entbehrlich, wenn der wichtige

Grund in wiederholten schwerwiegenden Pflichtverletzungen des Gesellschafters liegt (hierzu OLG Stuttgart GmbHR 2019, 67, 76 f = BeckRS 2018, 21664). Gegen den Einziehungsbeschluss kann sich der betroffene Gesellschafter mit einer Beschlussanfechtungsklage (zur Anfechtung von Beschlüssen s → Anm. 23) wehren, wird jedoch bis zur rechtskräftigen Entscheidung seiner Gesellschafterstellung verlustig. Die Anfechtungsbefugnis des betroffenen Gesellschafters bleibt auch dann bestehen, wenn er sich während des laufenden Rechtsstreits entscheidet, einer Einziehung zu einem späteren Zeitpunkt zuzustimmen (OLG Brandenburg GmbHR 2019, 830, 831 f = BeckRS 2019, 12679). Einstweiliger Rechtsschutz mit dem Ziel, bis zur rechtskräftigen Entscheidung über die Anfechtungsklage wie ein Gesellschafter behandelt zu werden, setzt voraus, dass der Beschluss mit hoher Wahrscheinlichkeit unwirksam ist und dass ohne dessen Suspendierung konkrete, wesentliche und irreversible Nachteile drohen (OLG Jena NZG 2017, 136, 137). Trotz des Verlusts der Gesellschafterstellung ist zu beachten, dass die Legitimationswirkung des § 16 Abs 1 S 1 GmbHG auch bei eingezogenen Geschäftsanteilen greift, weshalb der betroffene Gesellschafter bis zur Einreichung einer neuen Gesellschafterliste beim Handelsregister formell weiterhin als Inhaber des Geschäftsanteils gilt und dementsprechend weiter alle Mitgliedschaftsrechte ausüben kann (BGH WM 2019, 310, 312). Dagegen kann die Gesellschaft sich nicht auf die Legitimationswirkung des § 16 Abs 1 S 1 GmbHG berufen, wenn ihr nach der Einziehung durch einstweilige Verfügung untersagt wird, eine aktualisierte Gesellschafterliste einzureichen und entgegen der gerichtlichen Anordnung eine solche eingereicht und im Registerordner aufgenommen worden ist (BGH NZG 2019, 979, 982 f). Alternativ zur Einziehung kann die Satzung – wie im Form. vorgesehen – eine **Zwangsübertragung** bestimmen, indem sie anstelle eines Gesellschafters entweder die Gesellschaft oder die übrigen Gesellschafter zur Übertragung eines Geschäftsanteils ermächtigt (BGH NJW 1983, 2880, 2881). Eine **Satzungsbestimmung** über den Ausschluss von Gesellschaftern durch Einziehung oder Zwangsübertragung wird häufig getroffen und ist zu empfehlen. Alternative Ausschlussmöglichkeiten sind umständlich und langwierig. Nach dem Gesetz kann der Gesellschafter (außer bei Säumnis mit der Einlage oder mit Nachschüssen, §§ 21, 28 GmbHG) durch bloße Willenserklärung nicht ausgeschlossen werden; es kennt nur die Auflösungsklage (§ 61 GmbHG, s dazu *Geißler* GmbHR 2012, 1049). Das von der Rspr – auch ohne entsprechende Satzungsbestimmung – anerkannte allgemeine Ausschließungsrecht wegen eines in der Person des Gesellschafters liegenden wichtigen Grunds (BGHZ 9, 157, 159; 16, 317, 322; 153, 285, 288) vermeidet zwar die Auflösung der Gesellschaft. Es setzt aber ein umständliches und zumeist langwieriges Verfahren voraus, an dessen Beginn ein mit Dreiviertelmehrheit zu fassender Ausschließungsbeschluss der Gesellschafter steht (BGHZ 9, 157, 177; 153, 285, 289 ff; Baumbach/Hueck/*Kersting* § 34 Anh Rn 9). Danach ist von der GmbH Ausschließungsklage zu erheben, auf die ein rechtsgestaltendes Ausschließungsurteil ergeht, das die Abfindung zu bestimmen und das Wirksamwerden des Ausschlusses von der vollständigen Abfindungszahlung abhängig zu machen hat (BGHZ 9, 157, 174; für ein auflösend bedingtes Gestaltungsurteil GroßKoGmbHG/*Ulmer/Habersack* § 34 Anh Rn 37; für ein unbedingtes Gestaltungsurteil Baumbach/Hoeck/*Kersting* § 34 Anh Rn 14, 15b sowie Lutter/Hommelhoff/*Kleindiek* § 34 Rn 132; offen gelassen BGHZ 139, 299, 301 f; die dadurch entstehende schwierige Schwebelage betonend BGH NZG 2003, 871, 872). Eine Satzungsbestimmung erlaubt demgegenüber, Ausschluss und Verlust des Geschäftsanteils – wie im Form. – in einem Akt zu verbinden (BGH NJW 1977, 2316, 2316; Baumbach/Hueck/*Kersting* § 34 Anh Rn 17). Einziehung und Zwangsübertragung sind dann Mittel des Ausschlusses. Nach früherer Rspr und hM stand der Verlust des Geschäftsanteils allerdings auch im Fall einer den Ausschluss erlaubenden Satzungsbestimmung unter der aufschiebenden Bedingung, dass die Abfindung geleistet wird, ohne bei der Zahlung gegen das **Kapitalerhaltungsgebot** (§§ 34 Abs 3, 30 Abs 1 GmbHG) zu verstoßen (RGZ 142, 286, 290 f; BGH DStR

1997, 1336, 1337; OLG Düsseldorf NZG 2007, 278, 279; wN bei Baumbach/Hueck/*Kersting* § 34 Rn 42). Die neuere Rspr hat diese wenig praktikable Lösung zu Recht verworfen und erlaubt Satzungsregelungen, die den Verlust der Gesellschafterstellung unmittelbar an einen Ausschließungs- bzw. Einziehungsbeschluss koppeln (für einen Ausschließungsbeschluss: BGH NZG 2009, 221, 221; ZIP 2003, 1544, 1546; zustimmend *Löwe/Thoß* NZG 2003, 1005, 1007; für einen Einziehungsbeschluss: BGH NZG 2012, 259, 260). Gleiches dürfte im Hinblick auf den Verlust der Gesellschafterstellung durch einen **Zwangsübertragungsbeschluss** gelten. Obwohl nach neuer Rspr eine Satzungsregelung über die Wirkung der Einziehung entbehrlich ist, weil der Einziehungsbeschluss mit der Mitteilung des Beschlusses an den betroffenen Gesellschafter unabhängig von der Abfindungszahlung wirksam wird, kann sich eine Klarstellung – wie im Form. – empfehlen.

Soweit die Abfindungszahlung im Fälligkeitszeitpunkt nicht aus freiem Vermögen der Gesellschaft geleistet werden kann, haften dem ausgeschiedenen Gesellschafter die in der Gesellschaft verbliebenen Gesellschafter entsprechend ihrer Beteiligungsquote persönlich (BGH NZG 2012, 259, 261; grds zustimmend Baumbach/Hueck/*Kersting* § 34 Rn 48 ff; *Priester* ZIP 2012, 658, 659 f; *Schockenhoff* NZG 2012, 449, 451). Primäre Schuldnerin bleibt aber die Gesellschaft. Die persönliche Haftung der verbliebenen Gesellschafter entsteht nach der Rspr des BGH erst, wenn die **Fortsetzung** der Gesellschaft unter Verzicht auf Maßnahmen zur Befriedigung des Abfindungsanspruchs des ausgeschiedenen Gesellschafters als **treuwidrig** anzusehen ist (BGH NZG 2016, 742, 743). Dies ist anzunehmen, wenn die Gesellschafter das Unvermögen der Gesellschaft, die Abfindung aus dem ungebundenen Vermögen zu leisten, nicht zB durch Zuschüsse, die Auflösung stiller Reserven oder Kapitalherabsetzungen beseitigen (BGH NZG 2012, 259, 261), und es auch versäumen, die Gesellschaft aufzulösen und den ausscheidenden Gesellschafter im Wege der Liquidation zu befriedigen (BGH aaO). Dies gilt grds auch, wenn die Einziehung mit Zustimmung des Betroffenen erfolgt ist (BGH NZG 2016, 742, 744). Weiterhin unklar ist, ob nur diejenigen Gesellschafter haften, die dem Einziehungsbeschluss zugestimmt haben (für eine Haftung aller Gesellschafter *Altmeppen* NJW 2013, 1025, 1029; Baumbach/Hueck/*Kersting* § 34 Rn 46; *Schneider/Hoger* NJW 2013, 502, 506; *Stumpf/Müller* GWR 2012, 143, 146; für eine Haftung nur der zustimmenden Gesellschafter *Gubitz/Nikoleyczik* NZG 2013, 727, 732; *Schockenhoff* NZG 2012, 449, 451) und ob ausnahmsweise eine Haftung über die Beteiligungsquote hinaus besteht, wenn einzelne Gesellschafter nicht in der Lage sind, ihren Anteil an der Ausgleichsforderung zu leisten (so *Schockenhoff* NZG 2012, 449, 451; *Schneider/Hoger* NJW 2013, 502, 506). Aufgrund dieser Unsicherheiten ist zu empfehlen, die subsidiäre Haftung der übrigen Gesellschafter in der Satzung zu regeln. Individuelle Vereinbarungen diesbezüglich sind vom BGH für zulässig erachtet worden (BGH NZG 2016, 742, 744). Satzungsregelgungen sind weiterhin denkbar hinsichtlich der Fälligkeit sowie einer etwaigen Staffelung des Abfindungsanspruchs. Außerdem dürfte eine **Abbedingung der Ausfallhaftung** möglich sein, und zwar in dem Umfang, in dem auch die Abfindung generell ausgeschlossen werden kann (Baumbach/Hueck/*Kersting* § 34 Rn 47, Rn 25 ff; *Wachter* NZG 2016, 961, 967).

Der Beschluss über die Einziehung ist allerdings nach der Rspr und der hM nichtig, wenn bereits im Zeitpunkt der Beschlussfassung feststeht, dass die Gesellschaft die geschuldete und sofort fällige Abfindung nicht ohne Verstoß gegen das Kapitalerhaltungsgebot aufbringen kann (BGH NZG 2009, 221, 221 f; NZG 2011, 783, 785; NZG 2012, 259, 259; NZG 2016, 742, 742). Ist die Abfindung erst zu einem späteren Zeitpunkt fällig, ist der Beschluss nach Rspr und hM dann nichtig, wenn im Beschlusszeitpunkt ausgeschlossen erscheint, dass die Abfindungszahlung aus freiem Vermögen wird geleistet werden können (BGH NZG 2012, 259, 259). Verstößt die Einziehung gegen das Kapitalerhaltungsgebot, soll auch die Ausschließung nichtig sein, wenn der Beschluss über die Ausschließung und der Einziehungsbeschluss in einem Beschluss zusammengefasst sind (BGH NZG 2011, 783, 784). An dieser Nichtigkeitsfolge hält der

BGH – trotz der persönlichen Haftung der verbleibenden Gesellschafter – zum Schutz des ausscheidenden Gesellschafters – fest (zuletzt BGH BB 2016, 1426, 1426; kritisch Baumbach/Hueck/*Kersting* § 34 Rn 48 ff; *Priester* ZIP 2012, 658, 659; *Schaefer* DStR 2016, 2116; *Schneider/Hoger* NJW 2013, 502, 504). Die Nichtigkeitsfolge gilt nach neuer Rspr des BGH auch dann, wenn die Gesellschaft über stille Reserven verfügt, deren Auflösung ihr die Bezahlung der Abfindung ermöglichen würde (BGH ZIP 2018, 1540, 1541). Das Form. entzieht dem Gesellschafter für einen solchen Fall ab Zugang der Erklärung über den Gesellschafterbeschluss jedenfalls vorsichtshalber sein Stimmrecht und sein Gewinnbezugsrecht.

Verfahrenstechnisch setzt die Einziehung die **Bekanntgabe** des Beschlusses an den betroffenen Gesellschafter voraus (Baumbach/Hueck/*Kersting* § 34 Rn 14, 16).

Die Einziehung führt zwangsläufig dazu, dass die Stammkapitalziffer und die Summe der Nennbeträge der verbleibenden Geschäftsanteile auseinanderfallen. Ein solches **Auseinanderfallen** ist nach neuerer Rspr des BGH zulässig; § 5 Abs 3 S 2 GmbHG stehe dem nicht entgegen (BGH NJW 2015, 1385, 1387). Den Gesellschaftern steht es aber frei, Anpassungsmaßnahmen zu ergreifen, um die Stammkapitalziffer und die Summe der Nennbeträge der verbleibenden Geschäftsanteile wieder anzugleichen. Das Form. koppelt den Beschluss über die Einziehung an einen Beschluss über die anteilige Aufstockung der Nennbeträge der verbleibenden Geschäftsanteile (für Bildung eines neuen Geschäftsanteils anstelle einer Aufstockung *Haberstroh* NZG 2010, 1094, 1095 f, weil dies es einfacher mache, als Ausgleich für den Abfindungsanspruch neue Gesellschafter unter Zuführung neuen Eigenkapitals aufzunehmen; ausführlich zum Ganzen *Blath* GmbHR 2011, 1177).

In materieller Hinsicht erlaubt das Form. einen Ausschluss durch Einziehung oder Zwangsübertragung gegen den Willen eines Gesellschafters nur, sofern ein **wichtiger Grund** vorliegt. Dies berücksichtigt die Judikatur des BGH, nach der ein Recht, Gesellschafter nach freiem Belieben aus der Gesellschaft zu entfernen, im Gesellschaftsvertrag nur bei besonderer sachlicher Rechtfertigung zulässig ist (BGHZ 112, 103, 107 f; Baumbach/Hueck/*Kersting* § 34 Rn 9 a). Das Vorliegen eines wichtigen Grundes ist im Wege einer Gesamtabwägung unter Berücksichtigung der Umstände, der beteiligten Interessen sowie des Verhaltens der übrigen Gesellschafter zu beurteilen (BGHZ 80, 346, 350). Sind die Gesellschafter untereinander zerstritten, liegt ein wichtiger Grund vor, wenn der Auszuschließende die Zerrüttung überwiegend verursacht hat; auf ein Verschulden kommt es nicht maßgeblich an (BGH GmbHR 1992, 299, 300; ZIP 2013, 2310, 2311). Die Voraussetzungen des § 6 Abs 2 a) müssen bei Beschlussfassung noch vorliegen; andernfalls müsste formuliert werden „aufgehoben worden ist"(OLG Hamburg ZIP 1996, 962, 963). § 6 Abs 2 soll sicherstellen, dass beabsichtigte Einflussnahmen außenstehender Dritter über den Erwerb einer Mehrheitsbeteiligung an einem Gesellschafter von der Gesellschaft abgewehrt werden können. Eine Klausel, die zur Einziehung des Geschäftsanteils ermächtigt, falls der Betroffene Auflösungsklage erhebt, wurde vom OLG München für unzulässig erachtet (OLG München DNotZ 2010, 937, 938). Ob dies allgemein gilt, oder ob für jede Einziehung im Einzelfall eine Unwirksamkeit wegen treuwidrigen Verhaltens festgestellt werden muss (dafür *Schuhknecht/Werther/Irmler* GWR 2015, 489, 493), ist noch nicht höchstrichterlich geklärt. Bis zu einer Klärung durch den BGH sollte auf eine entsprechende Klausel verzichtet werden.

Wird der Geschäftsanteil zwangsweise übertragen, ist die **notarielle Form** des § 15 Abs 3 GmbHG zu beachten. Dem ist bereits mit Einführung der Satzungsbestimmung (sei es bei der Gründung oder nachträglich) Genüge getan, wenn der dingliche Übergang des Geschäftsanteils des Betroffenen auf den Erwerbsberechtigten darin aufschiebend bedingt festgelegt wird (Roth/Altmeppen/*Altmeppen* § 34 Rn 100; GroßKoGmbHG/*Ulmer/Habersack* § 34 Rn 120 f). Allerdings würde das voraussetzen, dass der Erwerbsberechtigte – anders als im Form. – bereits feststeht und in der Form des

§ 15 Abs 3 GmbHG zugestimmt hat (*Maier-Reimer* GmbHR 2017, 1325, 1327). Wird die Person des Erwerbsberechtigten wie hier offen gelassen, bedarf der Gesellschafterbeschluss über die Zwangsübertragung ebenso der notariellen Form wie die Zustimmung des oder der Erwerbsberechtigten. Soll der Geschäftsanteil anteilig auf alle übrigen Gesellschafter übertragen werden, führt dies dazu, dass der Beschluss über die Zwangsübertragung einstimmig ergehen muss.

12. S → Form. II.D.1.1 Anm. 10.

13. Die Frist für die Aufstellung des Jahresabschlusses beträgt drei Monate nach Ablauf des Geschäftsjahrs; bei kleinen Gesellschaften (§ 267 Abs 1 HGB) kann sie sechs Monate betragen (§ 264 Abs 1 HGB). Auch bei kleinen Gesellschaften wird aber die gesellschaftsvertragliche Bestimmung einer sechsmonatigen Frist für unzulässig gehalten (BayObLG WM 1987, 502; Baumbach/Hopt/*Merkt* § 264 Rn 9).

14. Obligatorisch ist die Prüfung nur bei mittleren und großen Gesellschaften (§ 316 Abs 1 HGB).

15. Ohne vertragliche Regelung muss die Geschäftsführung nach hM nicht – wie nach § 170 Abs 2 AktG – einen Gewinnverwendungsvorschlag machen (Baumbach/Hueck/*Haas/Kersting* § 42 a Rn 3, Scholz/*Meyer* § 42 a Rn 20; GroßKoGmbHG/*Paefgen* § 42 a Rn 15; aA Lutter/Hommelhoff/*Kleindiek* § 42 a Rn 6).

16. Über die **Gewinnverwendung** beschließen die Gesellschafter mangels anderer Regelung mit einfacher Mehrheit (§ 47 Abs 1 GmbHG). Gegen eine als überhöht empfundene Einstellung des Jahresüberschusses in die Gewinnrücklagen der Gesellschaft (§ 29 Abs 2 GmbHG) – Thesaurierung – kann sich die Minderheit nur wehren, wenn sie erfolgreich geltend machen kann, die Mehrheit habe bei der Beschlussfassung über die Gewinnverwendung die ihr gegenüber geschuldete Treuepflicht missachtet. Das ist heute zwar im Grundsatz weitgehend anerkannt, jedoch sind die konkreten Grenzen einer zulässigen Thesaurierung im Einzelnen unklar (Baumbach/Hueck/*Kersting* § 29 Rn 29 ff; Lutter/Hommelhoff/*Hommelhoff* § 29 Rn 21 ff). Deshalb wird ein Minderheitsgesellschafter typischerweise auf eine Regelung im Gesellschaftsvertrag drängen, die eine Mindestausschüttung vorsieht, zB ausgedrückt in einem Prozentsatz des Jahresüberschusses (zuzüglich Gewinnvortrag und abzüglich eines Verlustvortrags aus vergangenen Geschäftsjahren). Wenn die Beteiligungen paritätisch verteilt sind, kann es (zB in einer Zweimann-Gesellschaft wie im Form.) zu einer Pattsituation kommen, die eine Beschlussunfähigkeit zur Folge hat. In diesem Fall besteht ein aus der Treuepflicht folgender Anspruch auf Beschlussfassung über die Gewinnverwendung mit einem bestimmten Inhalt (Baumbach/Hueck/*Kersting* § 29 Rn 41; *Heusel/Goette* GmbHR 2017, 385, 389). Unklar ist, wie die Konkretisierung des Beschlussinhalts zu erfolgen hat (für eine Konkretisierung durch das Gericht nach billigem Ermessen: *Heusel/Goette* GmbHR 2017, 385, 389; Rowedder/*Pentz* § 29 Rn 68; mit Verweis auf einen Eingriff in die wirtschaftliche Entscheidungskompetenz der Gesellschaft gegen eine Konkretisierung durch das Gericht und für einen Vollausschüttungsbeschluss, wenn innerhalb der Frist des § 42 a Abs 2 GmbHG kein Beschluss gefasst wurde: Baumbach/Hueck/*Kersting* § 29 Rn 41; GroßKoGmbHG/*Müller* § 29 Rn 76). § 29 Abs 3 S 2 GmbHG lässt eine vom Beteiligungsverhältnis abweichende Regelung der **Gewinnverteilung** zu. Die Rspr stellt daran aber hohe Bestimmtheitsanforderungen (BayObLG GmbHR 2001, 728, 728; DB 1987, 2349). Zur Unterscheidung von „Gewinnverteilung" und „-verwendung" OLG Köln WM 1987, 375. Zu den Regelungsmöglichkeiten s Baumbach/Hueck/*Kersting* § 29 Rn 35 ff. Inkongruenten, weil von der Beteiligungsquote abweichenden Gewinnverteilungsregeln, versagt die Finanzverwaltung allerdings (entgegen BFH DStR 1999, 1849, 1851) steuerlich die Anerkennung, es sei denn, mit der disquotalen Gewinnabführung werde eine besondere Leistung des begünstigten Gesellschafters abgegolten (BMF-Schreiben v 7.12.2000, GmbHR 2001, 88).

17. **Verdeckte Gewinnausschüttung:** „Verdeckte Gewinnausschüttung" (§ 8 Abs 3 S 2 KStG) ist bei Kapitalgesellschaften eine durch das Gesellschaftsverhältnis veranlasste Vermögensminderung oder verhinderte Vermögensmehrung, die sich auf die Höhe des Einkommens auswirkt und nicht im Zusammenhang mit einer offenen Ausschüttung steht (BFH BStBl II 89, 475, 476; BFH BStBl II 89, 631, 632; Dötsch/Pung/Möhlenbrock/*Lang*, KStG, § 8 Abs 3 Teil C KStG Rn 7; *Wassermeyer,* StbJb 97/98, 79, 80; *Briese* GmbHR 2005, 597 weitere Schrifttumsnachweise bei Blümich/*Rengers,* § 8 KStG Rn 220).

Gesellschaftsrechtlich sind das Stammkapital antastende verdeckte Gewinnausschüttungen (§ 30 GmbHG) verboten. Die Gesellschaft hat einen Rückgewähranspruch (Baumbach/Hueck/*Kersting* § 29 Rn 78), den der Geschäftsführer geltend machen muss (Baumbach/Hueck/*Fastrich* § 31 Rn 6). Andere verdeckte Gewinnausschüttungen sind, wenn der Gleichbehandlungsgrundsatz beachtet wird und ein Beschluss der Gesellschafterversammlung sie deckt, nicht stets unerlaubt, können allerdings Untreue sein (§ 266 StGB; BGHSt 3, 32; 30, 127; BGH NStZ 1982, 465; NStZ 1984, 118, 119; NStZ 2004, 205, 206).

18. Zuständig für die Stellung eines (freiwilligen) Insolvenzantrags sind gem § 18 Abs 3 InsO die Geschäftsführer der GmbH in vertretungsberechtigter Anzahl. Die Zustimmung der Gesellschafterversammlung ist vorab einzuholen, weil es sich um ein den Gesellschaftszweck änderndes Grundlagengeschäft handelt (OLG München NZI 2013, 542, 545; siehe auch *Wertenbruch,* DB 2013, 1592, 1593 f.). Da die Eröffnung des Insolvenzverfahrens ähnlich einschneidende Folgen für die Gesellschafter haben kann wie eine Auflösung der Gesellschaft, ist analog § 60 Abs 1 Nr 2 GmbHG ein Beschluss mit einer Mehrheit von drei Vierteln der abgegebenen Stimmen erforderlich (*Saenger/Al-Wraikat,* NZG 2013, 1201, 1204).

19. Die Beschlussfassung der Gesellschafter in einer Versammlung ist der gesetzliche Regelfall, § 48 Abs 1 GmbHG. Einige wenige Beschlüsse (Baumbach/Hueck/*Zöllner/Noack* § 48 Rn 28) sind zwingend in einer Versammlung zu fassen. Soweit kein gesetzlicher Zwang zur Abhaltung einer Versammlung besteht, erlaubt das Gesetz nach § 48 Abs 2 GmbHG die Beschlussfassung auch außerhalb von Versammlungen, sofern sich sämtliche Gesellschafter in Textform mit dem Beschlussgegenstand oder mit einer schriftlichen Stimmabgabe einverstanden erklären. Darüber hinaus erlaubt das Form. versammlungslose Beschlussfassungen unter erleichterten Voraussetzungen, wenn sämtliche Gesellschafter der vorgeschlagenen Abstimmungsart zustimmen oder sich an der Abstimmung beteiligen. Solche Satzungsregelungen zu versammlungslosen Beschlussfassungen sind zulässig (BGH GmbHR 2006, 706, 707). Außerdem sieht das Form. die Zulässigkeit einer sog **kombinierten Beschlussfassung** vor, bei der ein Teil der Stimmen in der Versammlung und ein Teil außerhalb abgegeben werden, wenn alle Gesellschafter der gewählten Abstimmungsart zustimmen oder sie sich an der Abstimmung beteiligen. Ohne eine Satzungsregelung führen kombinierte Beschlussfassungen dagegen zur Nichtigkeit des gefassten Beschlusses, selbst wenn alle Gesellschafter mit dieser Art der Beschlussfassung einverstanden sind (BGH NZG 2006, 428, 429; GroßKoGmbHG/*Hüffer/Schäfer* § 48 Rn 60). Das Form. enthält keine Regelung hinsichtlich der audiovisuellen Zuschaltung verhinderter Gesellschafter in der Gesellschafterversammlung im Rahmen einer Echtzeitverbindung, weil diese mit § 48 Abs. 1 GmbHG vereinbar und damit auch ohne statutarische Zulassung möglich ist (*Wertenbruch,* GmbHR 2019, 149, 153). Erforderlich ist nur ein mit einfacher Mehrheit der anwesenden Gesellschafter gefasster Beschluss über die Zuschaltung (*Wertenbruch,* GmbHR 2019, 149, 154).

20. Die Gesellschafter sind grds in ihrem Abstimmungsverhalten frei. Aus der Treuepflicht kann sich jedoch in eng begrenzten Fällen eine Zustimmungspflicht bei der Beschlussfassung ergeben. Es reicht nicht bereits aus, dass eine Maßnahme im Interesse der Gesellschaft liegt, die Zwecke derselben fördert und dem Gesellschafter zumutbar ist (BGH NZG 2016, 781, 782). Vielmehr muss die zu beschließende Maßnahme zur Erhaltung wesentlicher Werte oder zur Vermeidung beträchtlicher Verluste objektiv unumgänglich und den Gesellschaftern zumutbar sein, was erst dann der Fall ist, wenn kein vertretbarer Grund zur Verweigerung besteht (BGH NZG 2016, 781, 782).

21. Die Satzung darf über die gesetzlichen Fälle hinaus eine qualifizierte Mehrheit oder sogar Einstimmigkeit vorschreiben. Das gilt auch dann, wenn bereits gesetzlich eine qualifizierte Mehrheit verlangt wird (OLG Frankfurt ZIP 2010, 1033, 1034; Baumbach/Hueck/*Zöllner* § 47 Rn 24). Die Schaffung qualifizierter Mehrheiten über die gesetzlich vorgesehenen Fälle hinaus ist ein wichtiges Instrument des Schutzes von Minderheitsgesellschaftern. So könnte die Satzung zB vorsehen, dass die Gesellschafterversammlung (und nicht der Aufsichtsrat) einen Zustimmungsbeschluss mit qualifizierter Mehrheit gefasst haben muss (zB mit 75 % der abgegebenen Stimmen), bevor die Geschäftsführer die in § 13 Abs 10 des Form. genannten Maßnahmen durchführen dürfen. Die notwendigen Mehrheiten sollten möglichst präzise bestimmt werden (vgl. *König/Steffes-Holländer* DB 2016, 1065).

22. Den Gesellschaftern steht ein **„ungeschriebenes Bezugsrecht"** zu (Scholz/*Priester/Tebben* § 55 Rn 42 ff; Baumbach/Hueck/*Servatius* § 55 Rn 20 mwN). Es kann sich empfehlen, eine Verwässerung des Beteiligungswerts durch folgende Bestimmung auszuschließen:

> **„Nehmen nicht alle Gesellschafter an der Kapitalerhöhung teil, ist ein Aufgeld auf der Grundlage einer aktuellen Ertragsbewertung der Gesellschaft festzusetzen. Kommt hierüber keine Einigung zustande, entscheidet ein mit einfacher Mehrheit der abgegebenen Stimmen gewählter Wirtschaftsprüfer (Wirtschaftsprüfungsgesellschaft)."**

23. Von besonders schweren, in dem analog anwendbaren § 241 AktG abschließend geregelten Verstößen abgesehen, die zur Nichtigkeit führen, müssen **Beschlussmängel** durch Anfechtungsklage geltend gemacht werden. Eine Anfechtungsfrist bestimmt das GmbHG nicht. „Leitbild" ist die Monatsfrist des § 246 AktG; sie darf in Ermangelung einer – allg für zulässig gehaltenen – anderen Regelung im Gesellschaftsvertrag nur aus „zwingenden Gründen" überschritten werden (BGHZ 101, 113, 117). Eine Bestimmung in der Satzung, mit der die Anfechtungsfrist des § 246 AktG verdoppelt wird, ist nicht unangemessen (OLG Jena GmbHR 2020, 433, 434 = BeckRS 2018, 39380). Die Bestimmung einer Frist ist zur Sicherheit empfehlenswert; eine kürzere Frist als ein Monat kann nicht bestimmt werden (BGH NJW 1988, 1844, 1845). Ein Antrag auf Prozesskostenhilfe wirkt nicht fristwahrend (OLG Karlsruhe NZG 2013, 942, 944 f; vgl auch OLG Celle ZIP 2010, 1198, 1198). Die Satzungsbestimmung, dass der Lauf der Anfechtungsfrist mit Beschlussfassung beginnt, wird gelegentlich von Registergerichten – zu Unrecht – beanstandet. Die Frist zur Anfechtung von Beschlüssen beginnt für nicht an der Gesellschafterversammlung teilnehmende Gesellschafter erst mit Kenntniserlangung von deren Inhalt zu laufen, wobei den Gesellschafter allerdings eine Erkundigungspflicht trifft (OLG Dresden NZG 2020, 867, 871). Es ist str, ob die Geltendmachung der Nichtigkeit eines Gesellschafterbeschlusses, wie im Form. vorgesehen, zeitlich befristet werden kann (dafür grundsätzlich BGH GmbHR 1977, 177, 178; dagegen Scholz/*K. Schmidt* § 45 Rn 146; GroßKoGmbHG/*Raiser* Anh 47 Rn 90; Baumbach/Hueck/*Zöllner/Noack* Anh § 47 Rn 29 ff). Bei Anfechtung eines eintragungspflichtigen Gesellschafterbeschlusses (etwa eines Satzungsänderungsbeschlusses, vgl §§ 54 Abs 1 S 1, 53 Abs 1 GmbHG) wird ein Registerrichter die Entscheidung über die Eintragung des

Beschlussinhalts in das Handelsregister regelmäßig aussetzen, sofern ihm die Anfechtungsklage nicht völlig aussichtslos erscheint, um unrichtige Eintragungen zu vermeiden (vgl § 21 Abs 1 FamFG). Ein Freigabeverfahren analog § 246 a AktG, das eine Eintragung des Beschlussinhalts unter bestimmten Voraussetzungen bereits während eines laufenden Beschlussanfechtungsverfahren erlauben würde, ist nach der Rspr im GmbH-Recht unzulässig (vgl KG NZG 2011, 1068, 1068; zur Gegenauffassung s *Bayer/Lieder* NZG 2011, 1170, 1171 mwN).

24. Ein **fakultativer Aufsichtsrat** empfiehlt sich zur Ausübung der Kontrolle bei einer größeren Zahl von Gesellschaftern und wenn nicht alle Gesellschafter in der Geschäftsführung tätig sind (zum obligatorischen Aufsichtsrat s Baumbach/Hueck/*Zöllner/Noack* § 52 Rn 2 ff und → Form. II.D.1.8 Anm. 1). Die aktienrechtliche Regelung in § 95 S 3 AktG, wonach die Zahl durch drei teilbar sein muss, gilt bei der GmbH nicht, es sei denn, es ist etwas anderes im Gesellschaftsvertrag geregelt (vgl § 52 Abs 1 GmbHG). Für den Bestellungsbeschluss kann auch eine qualifizierte Mehrheit vorgeschrieben werden. Die Wahl einer ungeraden Mitgliederzahl empfiehlt sich im Hinblick auf sonst mögliche Pattsituationen. Diese können sich allerdings auch wegen Abwesenheit einzelner Mitglieder ergeben. Für diesen Fall sorgt § 13 Abs 6 vor. Wird die in der Satzung vorgesehene Mindestzahl der Aufsichtsratsmitglieder nicht erreicht, scheidet eine gerichtliche Bestellung von Aufsichtsratsmitgliedern aus (OLG Frankfurt ZIP 2014, 826, 827). Die dem Aufsichtsrat zugewiesenen Kompetenzen fallen dann wieder an die Gesellschafterversammlung zurück (so bereits BGH NJW 1954, 799, 800).

Satzungen sehen bisweilen vor, dass die Gesellschafter – mit einfacher Mehrheit und ohne die formalen Anforderungen an eine Satzungsänderung – die Errichtung eines Aufsichtsrats beschließen können (sog **Öffnungsklausel**). Die Errichtung eines solchen fakultativen Aufsichtsrats bei einer GmbH auf der Grundlage einer Öffnungsklausel stellt keine förmliche Satzungsänderung dar, sofern die Ermächtigung ausreichend bestimmt ist und der Einrichtungsbeschluss nicht gegen das Gesetz oder die Satzung verstößt (BGH NZG 2019, 979, 984 ff; aA früher noch KG Berlin NZG 2016, 787, 788).

25. Die Regelung ist sinnvoll, weil streitig ist, ob ein Geschäftsführer zugleich Aufsichtsratsmitglied sein kann (wie in § 105 Abs 1 AktG verneinend: OLG Frankfurt GmbHR 1982, 159, 160; OLG Frankfurt BB 1987, 22; Baumbach/Hueck/*Zöllner/Noack* § 52 Rn 28, 39; bejahend: Scholz/*Schneider/Seyfarth* § 52 Rn 213).

26. Das Vertretungsverbot des § 111 Abs 6 AktG kann für den fakultativen Aufsichtsrat abbedungen werden (Lutter/Hommelhoff/*Hommelhoff* § 52 Rn 66 mwN).

27. **Zustimmungskataloge** (in der Satzung oder außerhalb derselben im Anstellungsvertrag) beschränken die Vertretungsmacht nur im Innenverhältnis (§ 37 Abs 2 S 1 GmbHG); ihre Missachtung rechtfertigt als Sanktion die Abberufung, ggf aus wichtigem Grund, die Kündigung des Anstellungsvertrages aus wichtigem Grund ohne vorherige Abmahnung (OLG Hamm GmbHR 2019, 1060, 1063 ff = CCZ 2020, 243 m. Anm. *Nassif*), außerdem Schadensersatzansprüche nach § 43 GmbHG. Im Außenverhältnis gelten (nur) die Grundsätze zum Missbrauch der Vertretungsmacht (BGH WM 1984, 305; BGH NZG 2019, 505, 510 ff; Baumbach/Hueck/*Beurskens* § 37 Rn 70 ff mwN). Häufig finden sie sich nicht in der Satzung, sondern in einer generellen Anweisung an die Geschäftsführer durch Gesellschafterbeschluss oder in einer für die Geschäftsführung erlassenen Geschäftsordnung (s dazu → Form. II.D.1.9 Anm. 1 ff). Die Aufnahme in die Satzung führt zu größerer Transparenz, gerade gegenüber Dritten, ist dort allerdings für jedermann einsehbar.

28. Für den fakultativen Aufsichtsrat gelten die in § 52 GmbHG genannten Vorschriften des AktG nur, soweit der Gesellschaftsvertrag nichts anderes bestimmt. Der

Gesellschaftsvertrag muss Abweichungen bestimmt darlegen und alternative Regelungen vorsehen; es genügt nicht, die aktienrechtlichen Regelungen lediglich allgemein abzubedingen (vgl. BVerwG ZIP 2011, 2054, 2056).

29. Der BGH (GmbHR 1984, 72) lässt offen, ob die „stillschweigende" Auflösung des Aufsichtsrats (hier durch Unterlassen der Wahl) möglich ist, wenn die Gesellschafterversammlung keine Überwachungsfunktionen hat; diese hat sie nach dem Form.

30. Ob die Kündigung zur Auflösung der Gesellschaft führen soll oder als Austrittserklärung zu verstehen ist, muss sich aus dem Vertrag, ggf durch Auslegung, ergeben (Baumbach/Hueck/*Haas* § 60 Rn 90 mwN). Abs 3 des Form. stellt klar, dass der Kündigende austritt.

31. Bei Fehlen – oder Nichtigkeit – einer Regelung im Gesellschaftsvertrag ist die **Abfindung** für den Verlust eines Geschäftsanteils nach dem vollen wirtschaftlichen Wert (Verkehrswert) des Geschäftsanteils zu bemessen (BGHZ 116, 359, 365 u 370 f; Baumbach/Hueck/*Kersting* § 34 Rn 22). Hält die Gesellschaft Grundstücke, ist zur Ermittlung des Verkehrswerts insoweit vorrangig der tatsächliche Erlös und erst nachrangig der Schätzwert heranzuziehen, wenn die Grundstücke zeitnah nach dem Bewertungsstichtag veräußert werden (KG Berlin ZIP 2015, 1174, 1176). Zu alternativen Bewertungsmethoden s → Form. II.B.2 Anm. 18. Gesellschaftsvertragliche Abfindungsbeschränkungen sind auf Grund der Vertragsfreiheit der GmbH-Gesellschafter grds zulässig, unterliegen aber Grenzen zum Schutz berechtigter Interessen des Gesellschafters und seiner Gläubiger (Baumbach/Hueck/*Kersting* § 34 Rn 25 ff).

Eine Abfindungsklausel ist gem § 138 BGB iVm § 241 Nr 4 AktG analog von Anfang an nichtig, „wenn die mit ihr verbundene Einschränkung des Abflusses von Gesellschaftskapital vollkommen **außer Verhältnis** zu der Beschränkung steht, die erforderlich ist, um im Interesse der verbleibenden Gesellschafter, den Fortbestand der Gesellschaft und die Fortführung des Unternehmens zu sichern" (BGHZ 116, 359 (LS 3); Baumbach/Hueck/*Kersting* § 34 Rn 27). Deshalb sind Satzungsbestimmungen, die einen vollständigen Abfindungsausschluss vorsehen, grds sittenwidrig und damit nichtig. Etwas anderes gilt nur in besonderen Ausnahmefällen (*Seibt* EWiR 2014, 509, 510). Eine grobe Pflichtverletzung des Gesellschafters rechtfertigt keinen Abfindungsausschluss (BGH GmbHR 2014, 811, 812). Eine entsprechende Satzungsregelung kann auch nicht als Vertragsstrafe ausgelegt oder umgedeutet werden (BGH GmbHR 2014, 811, 812 f). Denkbar ist lediglich eine Vertragsstrafe, die – auch rechnerisch – vollständig von der Abfinungshöhe entkoppelt wird (*Grunewald* BB 2014, 2323, 2325). Bei Nichtigkeit der Abfindungsregelung wird die Abfindung zum vollen Anteilswert geschuldet. Dies kann durch eine Auffangregelung in der Satzung vermieden werden (zur Zulässigkeit BGH NZG 2011, 1420, 1421). Für weitere Gestaltungsmöglichkeiten siehe *Schäfer/Küster*, DStR 2014, 2513. Nach der Rspr des BGH ist die Berufung auf die Nichtigkeit allerdings infolge analoger Anwendung des § 242 Abs 2 AktG nach drei Jahren ausgeschlossen (BGHZ 144, 365, 367 f; 116, 359, 368). Das Schrifttum will die Rechtsfolge des § 242 Abs 2 AktG teilweise auf eine Pflicht zur Anpassung gem den Grundsätzen der ergänzenden Vertragsauslegung reduzieren (*Winkler* GmbHR 2016, 519, 522 f). Die überwiegende Auffassung im Schrifttum sieht die Heilungswirkung außerdem auf das Verhältnis der Gesellschafter zur Gesellschaft beschränkt; zu Lasten der Gläubiger komme eine Heilung nicht in Betracht, weil sie überhaupt keine Möglichkeit haben, eine benachteiligende Klausel zum Gegenstand einer Feststellungsklage zu machen (Baumbach/Hueck/*Kersting* § 34 Rn 32 mwN).

Eine nachträgliche **Änderung der Vermögensverhältnisse** der GmbH nach Abschluss einer Abfindungsklausel lässt die Wirksamkeit der Satzungsbestimmung grds unberührt; sie wird nicht gem § 138 BGB nichtig (BGHZ 123, 281, 283 ff; Baumbach/Hueck/*Kersting* § 34 Rn 28). Der Inhalt der Abfindungsklausel kann in einem solchen Fall allerdings im Wege **ergänzender Vertragsauslegung** (§§ 133, 157 BGB) neu zu bestimmen sein. Entfernen sich tatsächlicher Anteilswert und gesellschaftsvertraglich bestimmter Abfindungsanspruch nach Vertragsschluss voneinander, ohne dass eine solche Entwicklung bei Abschluss des Gesellschaftsvertrags absehbar war und wird die vertraglich bestimmte Abfindung dadurch unangemessen, ist dem Gesellschafter ein Festhalten an der vertraglichen Regelung unzumutbar. An die Stelle der unzureichenden Abfindung tritt eine „durch ergänzende Vertragsauslegung nach den Grundsätzen von Treu und Glauben unter Berücksichtigung aller Umstände des Einzelfalles entsprechend den veränderten Verhältnissen" zu ermittelnde Abfindung, die Art und Dauer der Mitgliedschaft des Ausgeschiedenen, seinen Anteil am Aufbau des Unternehmens, den Anlass seines Ausscheidens und dgl zu berücksichtigen hat (BGHZ 126, 226, 242; 123, 281, 285 f; NJW 1993, 2101, 2102; s dazu *Mark* JZ 1994, 1125; *Piltz* BB 1994, 1021, 1023; *Ulmer/Schäfer* ZGR 1995, 134); ferner ist zu berücksichtigen, dass die Gesellschafter im Zweifel eine auf Dauer wirksame und die Gesellschafter gleichbehandelnde Bestimmung der Abfindung gewollt haben (BGH ZIP 2011, 2357, 2358).

Der BGH hat es unter Verweis auf die Vielgestaltigkeit der Gesellschaftsverhältnisse und der insoweit zu berücksichtigenden Umstände des Einzelfalls bisher abgelehnt, schematische quotenmäßige Grenzen festzulegen, bei deren Unterschreitung der gesellschaftsvertraglich geregelte Abfindungsanspruch im Hinblick auf den wahren Unternehmenswert als nicht mehr hinnehmbar gering einzustufen ist, weil es stets einer Einzelfallabwägung der Vermögensinteressen des betroffenen Gesellschafters und des Bestandsinteresses der Gesellschaft und der verbleibenden Gesellschafter bedürfe (BGHZ 116, 359, 371 u 376; BGH DB 1989, 1399; NJW 1993, 2101, 2102; Baumbach/Hueck/*Kersting* § 34 Rn 27). Die Rspr zu Wertgrenzen im Einzelfall ist deshalb uneinheitlich (siehe etwa OLG Oldenburg GmbHR 1997, 503, 505: Beschränkung auf 10 % des Verkehrswertes unter besonderen Umständen zulässig; OLG Hamm NZG 2003, 440, 441: Beschränkung auf ein Drittel des Verkehrswertes sittenwidrig). Untergrenze für eine wirksame Abfindung dürfte nach der Rspr aber wohl der volle Buchwert sein (BGH DNotZ 1991, 906, 908), es sei denn, dieser liegt über dem Verkehrswert. Existieren stille Reserven in nicht nur unerheblichem Umfang, kann auch eine Buchwertklausel (anfänglich oder nachträglich) sittenwidrig sein (BGH NJW 1993, 2101, 2103: Verkehrswert übersteigt Buchwert um das Zehnfache). In der Literatur werden mit unterschiedlichen Erwägungen **Richtwerte** von der **Hälfte** (*Kort* DStR 1995, 1961, 1967; *Ebenroth/Müller* BB 1993, 1156; *Mecklenbrauck*, BB 2000, 2001, 2005 mwN aus dem älteren Schrifttum) bis zu **zwei Dritteln** (MüKoBGB/*Schäfer* § 738 BGB Rn 52; *Ulmer/Schäfer* ZGR 1995, 134, 153) des wirklichen Werts des Anteils für hinnehmbar gehalten (Lutter/Hommelhoff/*Kleindiek* § 34 GmbHG Rn 175). Zu weiteren Gestaltungsmöglichkeiten für Abfindungsbeschränkungen siehe *Schaefer/Küster*, DStR 2014, 2513 f.

32. Die salvatorische Klausel hat Bedeutung nur für nicht notwendige Satzungsbestandteile, weil das Fehlen notwendiger Satzungsbestandteile zwingend zur (bei der Bestimmung über den Gegenstand des Unternehmens nur durch einstimmigen Gesellschafterbeschluss gem § 76 GmbHG heilbaren) Nichtigkeit der Gesellschaft führt (§ 75 GmbHG). Die vertragliche Verpflichtung zur Vereinbarung einer angemessenen Regelung anstelle der nichtigen/fehlenden trägt den beachtenswerten Bedenken gegen die Zulässigkeit der verbreiteten Klauseln Rechnung, wonach das Angemessene ohne Weiteres als vereinbart gelten soll („Fiktionsklauseln", dazu *Sommer/Weitbrecht* GmbHR 1991, 449, 452). Allerdings gilt die Nichtigkeitsfolge, solange die Parteien eine Ersatzvereinbarung (ggf mit gerichtlicher Hilfe, §§ 894 ff ZPO) nicht getroffen haben (BGH WM 1996, 22). Beispiele für „Fiktionsklauseln" enthalten → Form. II.B.2 Anm. 25 (§ 16) und → Form. II.A.1 Anm. 17 (§ 11 Abs 2). Zur Schriftformklausel vgl → Form. II.A.1 Anm. 17.

33. Vgl → Form. II.D.1.1 Anm. 14.

34. II. B. Die GmbH-Gesellschafter sind als solche keine Kaufleute und nicht prorogationsbefugt, falls nicht im Einzelfall § 38 Abs 2 ZPO eingreift. Gerichtsstandsklauseln sind wegen §§ 17, 22 ZPO im nationalen Rechtsverkehr idR nicht erforderlich, dagegen bei Beteiligung ausländischer Gesellschafter sinnvoll und effektiv. Insbesondere im Anwendungsbereich der EuGVVO kann für Klagen gegen ausländische Gesellschafter eine Zuständigkeit des Sitzgerichts für Streitigkeiten aus dem Gesellschaftsverhältnis durch Gerichtsstandsvereinbarung begründet werden, die in der Satzung enthalten sein kann und ausländische Gesellschafter auch bindet, wenn sie nicht Kaufleute sind (EuGH WM 1992, 943; BGHZ 123, 347, 349; *Geimer,* Internationales Zivilprozessrecht, 8. Aufl, 2019 Rn 1781 d; *Bork* ZHR 157 (93), 48 ff).

Verbreitet sind Schiedsklauseln (vgl → Form. II.B.2 Anm. 26). Der BGH erachtet Beschlussmängelstreitigkeiten im Recht der GmbH auch ohne ausdrückliche gesetzliche Anordnung der Wirkungen der §§ 248 Abs 1 S 1, 249 Abs 1 S 1 AktG für grds schiedsfähig, sofern und soweit das schiedsgerichtliche Verfahren in einer dem Rechtsschutz durch staatliche Gerichte gleichwertigen Weise – dh unter Einhaltung eines aus dem Rechtsstaatsprinzip folgenden Mindeststandards an Mitwirkungsrechten und damit an Rechtsschutzgewährung für alle ihr unterworfenen Gesellschafter – ausgestaltet ist (BGHZ 180, 221, 224, „Schiedsfähigkeit II"; s auch Baumbach/Hueck/*Zöllner/Noack* Anh 47 Rn 33 ff; durch BGH NZG 2017, 657, 658 „im Grundsatz" auf Personengesellschaften übertragen, „Schiedsfähigkeit III"). Im Einzelnen verlangt der BGH, dass die Schiedsabrede grundsätzlich mit Zustimmung sämtlicher Gesellschafter in der Satzung verankert sein muss und, wenn die Vereinbarung außerhalb der GmbH-Satzung getroffen wird, zudem der Zustimmung der GmbH selbst bedarf. Ferner muss neben den Gesellschaftsorganen jeder Gesellschafter über die Einleitung und den Verlauf des Schiedsverfahrens informiert werden. Weiterhin hat jeder (betroffene) Gesellschafter das Recht, – idR als Nebenintervenient – am Verfahren teilzunehmen. Darüber hinaus müssen sämtliche Gesellschafter an der Auswahl und Bestellung der Schiedsrichter mitwirken können, sofern nicht die Auswahl der Schiedsrichter durch eine neutrale Stelle erfolgt. Dabei kann ein Schiedsrichter allerdings durch Anwendung des Mehrheitsprinzips bestimmt werden, wenn auf einer Seite des Streits mehrere Gesellschafter beteiligt sind. Schließlich müssten alle Streitigkeiten über Beschlussmängel, die denselben Streitgegenstand haben, bei einem Schiedsgericht konzentriert werden. Werden diese Mindestanforderungen nicht eingehalten, ist die Klausel nichtig, eine ergänzende Vertragsauslegung scheidet aus (BGHZ 180, 221, 234). Treten im Verfahren trotz wirksamer Schiedsklausel Fehler auf – zB durch Verletzung der Informationspflicht –, ist str, ob der Schiedsspruch unwirksam (so *Borris,* SchiedsVZ 09, 299, 309) oder lediglich anfechtbar (so *Niemeyer/Häger* BB 2014, 1737, 1743 mwN) ist. Die Deutsche Institution für Schiedsgerichtsbarkeit e.V. (DIS) hat ergänzende Regeln für gesellschaftsrechtliche Streitigkeiten erlassen (DIS-ERGeS) und ihnen eine Muster-Schiedsvereinbarung vorangestellt, welche zusammen mit den ergänzenden Regeln den Anforderungen der vorstehenden Regelung Rechnung trägt. Beide können unter http://www.dis-arb.de („DIS Musterklauseln" – „Musterklausel für den Gesellschaftsvertrag für Schiedsverfahren nach den Ergänzungsregeln für gesellschaftsrechtliche Streitigkeiten 2018" bzw „DIS-Regeln" – „DIS-Ergänzende Regeln für gesellschaftsrechtliche Streitigkeiten 09") abgerufen werden. Eine auf Streitigkeiten aus dem Gesellschaftsverhältnis beschränkte Schiedsklausel gilt als angeordnete Schiedsregelung iSd § 1066 ZPO und bedarf lediglich der Aufnahme in den Gesellschaftsvertrag, um für die Gründungsgesellschafter und ihre Rechtsnachfolger zu gelten (BGHZ 38, 155, 159 f; 48, 35, 43; Scholz/*Bitter* § 13 Rn 43; Baumbach/Hueck/*Zöllner/Noack* Anh 47 Rn 39). Sollen noch andere, außerhalb des Gesellschaftsverhältnisses liegende Rechtsstreitigkeiten einem Schiedsgerichtsverfahren unterworfen werden, muss eine gesonderte Schiedsvereinbarung für den nicht körperschaftlichen Teil der Schiedsabrede mit den übrigen Gesellschaftern abgeschlossen werden. Für den nicht körperschaftlichen Teil gilt die Formvorschrift des § 1031 ZPO. Das bedeutet insbesondere für außerhalb des Gesellschaftsvertrags geschlossene Schiedsvereinbarungen, an denen ein Verbraucher beteiligt ist, dass sie keine anderen Vereinbarungen enthalten dürfen als solche, die sich auf das schiedsrichterliche Verfahren beziehen (§ 1031 Abs 5 S 3 1. Halbs ZPO). Für Schiedsklauseln im Gesellschaftsvertrag gilt diese Einschränkung dagegen nicht (§ 1031 Abs 5 S 3 2. Halbs ZPO), da dieser in notarieller Form. abzuschließen ist (§ 2 Abs 1 S 1 GmbHG). Zu einem Beispiel für eine Schlichtungsklausel vgl → Form. II.A.1 Anm. 16.

Durch einvernehmliche Anrufung eines staatlichen Gerichts wird die Geltung einer Schiedsklausel regelmäßig allein für den betreffenden Streitgegenstand aufgehoben (BGH NJW 2017, 892, 892).

Für weitere Möglichkeiten zur Konfliktlösung s *Schröder* GmbHR 2014, 960 und *Blasche* GmbHR 2013, 176.

35. Zur Anmeldung s → Form. II.D.1.1 Anm. 20–33, § 8 Abs 1 Nr 4, 5 GmbHG.

36. Der Anmeldung sind die den Festsetzungen der Sacheinlage zugrundeliegenden oder zu ihrer Ausführung geschlossenen Verträge beizufügen (§ 8 Abs 1 Nr 4 GmbHG). Da hier die Einbringung bereits im Gesellschaftsvertrag selbst vorgenommen wurde, ist insoweit kein gesonderter Vertrag beizufügen.

37. Der Sachgründungsbericht ist der Anmeldung ebenfalls beizufügen (§ 8 Abs 1 Nr 4 GmbHG). In ihm haben alle Gesellschafter die wesentlichen Umstände für die Angemessenheit der Leistungen für Sacheinlagen darzulegen und beim Übergang eines Unternehmens auf die Gesellschaft die Jahresergebnisse der beiden letzten Geschäftsjahre anzugeben (§ 5 Abs 4 S 2 GmbHG). Der Bericht muss schriftlich abgefasst und von allen Gründern eigenhändig unterzeichnet, nicht aber notariell beurkundet sein; rechtsgeschäftliche Bevollmächtigung ist ausgeschlossen (Baumbach/Hueck/*Fastrich* § 5 Rn 54). Ein Muster für einen Gründungsbericht bei einer AG, der auch für die GmbH als Vorlage dienen kann, findet sich in → Form. II.E.1.3 Anm. 1 ff).

38. S § 8 Abs 1 Nr 5 GmbHG. In Betracht kommen hauptsächlich Sachverständigengutachten (Steuerberater, Wirtschaftsprüfer), aber auch Kurszettel, Rechnungen, Kaufverträge oder Preislisten. Bei Einbringung eines Unternehmens ist nach hM stets eine Einbringungsbilanz erforderlich (Scholz/*Veil* § 8 Rn 18; Lutter/Hommelhoff/*Bayer* § 8 Rn 6; weniger streng Baumbach/Hueck/*Servatius* § 8 Rn 9). Falsche Angaben sind zu berichtigen; nach hM gibt es allerdings keine Berichtigungspflicht, wenn bei Anmeldung richtige Angaben noch vor der Eintragung im Handelsregister durch eine Änderung der Verhältnisse unrichtig werden (Baumbach/Hueck/*Servatius* § 8 Rn 14, § 9 a Rn 12; Scholz/*Veil* § 8 Rn 24; GroßKoGmbHG/*Ulmer*/*Casper* § 8 Rn 27 je mwN; aA Roth/*Altmeppen* § 8 Rn 23 ff).

39. Haben die Gesellschafter einen Aufsichtsrat bestellt, so ist die Bestellungsurkunde und eine Liste der Aufsichtsratsmitglieder hinzuzufügen, aus der Name, Vorname, konkret ausgeübter Beruf (nicht nur „Kaufmann“) und Wohnort (Angabe der politischen Gemeinde genügt) der Mitglieder ersichtlich sind (§ 52 Abs 3 S 1 GmbHG iVm § 37 Abs 4 Nr 3 und Nr 3 a AktG).

40. S → Form. II.D.1.1 Anm. 22.

41. S oben → Anm. 6.

42. **Steuerhinweise:** Vgl → Form. II.D.1.1 Anm. 45.

Kosten und Gebühren:

Vgl → Form. II.D.1.1. (hinter → Anm. 45)
Für den Sachgründungsbericht entstehen bei notarieller Mitwirkung:
Notar: 0,3 bis 1,0 Gebühr, mind EUR 60,00 KV 24101 iVm 21200 (Korintenberg/*Diehn*, KV Nr. 24101 Rn 1, 2).
Wert: Schätzung nach § 36 GNotKG, angemessen sind etwa 20 bis 30 % des Werts der Sacheinlagen (vgl Bormann/Diehn/Sommerfeldt/*Bormann* § 107 GNotKG Rn 59).

1.5 Ausführlicher Gesellschaftsvertrag für eine Familien-GmbH

a) Gesellschaftsvertrag[1]

§§ 1–3 Firma und Sitz/Gegenstand/Stammkapital/-einlagen

Wie in → Form. II.D.1.1 §§ 1–3

§ 4 Familienstämme/Verfügungen über Geschäftsanteile/Nachfolge von Todes wegen

(1) Die Gesellschafter A und B bilden jeweils mit ihren Abkömmlingen einen Familienstamm.

(2) Verheiratete Gesellschafter sind verpflichtet, durch Ehevertrag Gütertrennung oder bei Eheschluss im Ausland ggf einen vergleichbaren Güterstand zu vereinbaren. Über eine Eheschließung sind die Mitgesellschafter innerhalb angemessener Zeit zu informieren.[2]

(3) Verfügungen über Geschäftsanteile oder Teile davon unter Lebenden (einschließlich Abtretungen und dinglicher Belastungen) bedürfen der Zustimmung der Gesellschafterversammlung. Das gilt auch für die Einräumung von Unterbeteiligungen, Übertragungen im Rahmen von Umwandlungen[3] nach dem Umwandlungsgesetz und die Begründung von Rechtsverhältnissen, auf Grund derer ein Gesellschafter seinen Anteil ganz oder teilweise als Treuhänder eines anderen hält oder die Ausübung seiner Gesellschafterrechte an die Zustimmung eines anderen bindet, falls dieser nicht selbst Gesellschafter ist. Geht ein Gesellschafter durch eine Aufspaltung unter, haben die übrigen Gesellschafter das Recht zu bestimmen, auf welchen der übernehmenden Rechtsträger der Anteil übergeht. Auf die Zustimmung besteht außer bei Verfügungen zugunsten von Mitgliedern des Familienstamms, dem der Verfügende angehört, kein Anspruch. Gesellschafter, die an dem Verfügungsgeschäft beteiligt sind, haben Stimmrecht.

(4) Bei Verkauf von Geschäftsanteilen oder Teilen davon an einen nicht demselben Familienstamm wie der Verkäufer angehörenden Käufer hat jeder der übrigen Gesellschafter des betreffenden Familienstamms ein Vorkaufsrecht, mehrere das Vorkaufsrecht ausübende im Verhältnis ihrer Kapitalanteile. Soweit dieses Vorkaufsrecht nicht ausgeübt wird, steht es allen übrigen Gesellschaftern im Verhältnis ihrer Beteiligung am Stammkapital zu. Die Ausübungsfrist beträgt für die Gesellschafter des betreffenden Familienstamms einen Monat ab dem Zeitpunkt, zu dem alle Gesellschafter eine beglaubigte Kopie des Kaufvertrags erhalten haben. Für die übrigen beträgt sie einen Monat ab dem Zeitpunkt, zu dem alle Gesellschafter eine beglaubigte Kopie dieses Vertrags und von dem veräußerungswilligen Gesellschafter eine Mitteilung darüber erhalten haben, dass es keine anderen Gesellschafter seines Familienstamms gibt oder diese ihr Vorkaufsrecht entweder ganz oder teilweise nicht ausgeübt haben. Der veräußerungswillige Gesellschafter hat diese Mitteilung unverzüglich zu machen. Nennbeträge der dem Vorkaufsrecht unterliegenden

Geschäftsanteile, die nicht auf volle Euro-Beträge lauten, sind auf den nächsten vollen Euro nach unten abzurunden. Dadurch verbleibende Spitzenbeträge stehen demjenigen Gesellschafter zu, der das Erwerbsrecht als Erster ausgeübt hat. Wird das Vorkaufsrecht über die verkaufte Beteiligung des veräußerungswilligen Gesellschafters an der Gesellschaft in voller Höhe ausgeübt, so bedürfen weder die Teilung noch die Verfügung über Geschäftsanteile zugunsten der Gesellschafter, die ihr Vorkaufsrecht ausgeübt haben, der Zustimmung durch Gesellschafterbeschluss. Wird das Vorkaufsrecht über die verkaufte Beteiligung des veräußerungswilligen Gesellschafters an der Gesellschaft nicht insgesamt über die volle Höhe der Beteiligung des veräußerungswilligen Gesellschafters ausgeübt, dann hat die Ausübung von Vorkaufsrechten keine Wirkung und es bleibt bei dem Zustimmungserfordernis der Gesellschafterversammlung nach Abs 3.[4]

(5) Stimmt die Gesellschafterversammlung einer Veräußerung aller Geschäftsanteile eines Gesellschafters nicht zu, ist dieser innerhalb einer Frist von sechs Monaten zum Jahresende zum Austritt berechtigt. Jeder Gesellschafter seines Familienstamms ist berechtigt – mehrere Gesellschafter im Verhältnis ihrer Kapitalanteile – , bis spätestens zur Fälligkeit der ersten Abfindungsrate die Übernahme der Gesellschaftsanteile des Austretenden gegen Übernahme der Abfindungsverpflichtung zu erklären. Erklärungen der Übernahme sind solange unverbindlich, wie sie insgesamt nicht die Beteiligung des austretenden Gesellschafters in voller Höhe umfassen. Sobald ein Gesellschafter die Übernahme erklärt hat, beträgt die Ausübungsfrist für die übrigen Gesellschafter des betreffenden Familienstamms einen Monat ab dem Zeitpunkt, zu dem alle Gesellschafter des betreffenden Familienstamms von dem die Übernahme erklärenden Gesellschafter eine Mitteilung über die Übernahme erhalten haben. Der die Übernahme erklärende Gesellschafter hat diese Mitteilung unverzüglich an die anderen Gesellschafter des betreffenden Familienstamms einschließlich des austretenden Gesellschafters zu machen. Das Recht zur Übernahme wächst den übrigen Gesellschaftern des betreffenden Familienstamms im Verhältnis ihrer jeweiligen Beteiligung am Stammkapital an, wenn nicht alle Berechtigten ihr Übernahmerecht ausüben und die ihr Übernahmerecht ausübenden Gesellschafter bei Ausübung innerhalb der Monatsfrist erklärt haben, dass sie auch bereit sind, alle Geschäftsanteile oder die Geschäftsanteile in einem über ihre Beteiligungsquote hinausgehenden Teil zu übernehmen. Sofern der Gesellschafter, der das Übernahmerecht als erstes ausgeübt hat, bei Ablauf der Monatsfrist bereits Abfindungsraten an den Austretenden gezahlt hat, sind die weiteren die Übernahme erklärenden Gesellschafter im Verhältnis ihrer jeweiligen Beteiligung am Stammkapital zum Ausgleich gegenüber diesem Gesellschafter verpflichtet. Nennbeträge der dem Übernahmerecht unterliegenden Geschäftsanteile, die nicht auf volle Euro-Beträge lauten, sind auf den nächsten vollen Euro nach unten abzurunden. Dadurch verbleibende Spitzenbeträge stehen demjenigen Gesellschafter zu, der die Übernahme als Erster erklärt hat.

(6) Wird im Falle des Abs 5 das Übernahmerecht über die Geschäftsanteile des Gesellschafters, der den Austritt erklärt hat, über die volle Höhe von dessen Beteiligung an der Gesellschaft ausgeübt, so sind der austretende Gesellschafter und die Gesellschafter, welche die Übernahme erklärt haben, verpflichtet, die Übertragung der von dem austretenden Gesellschafter gehaltenen Geschäftsanteile gegen Zahlung eines Betrags zu vollziehen, der zum Zeitpunkt des Zugangs der letzten Übernahmeerklärung nach § 15 als Abfindung zu zahlen wäre. Zu diesem Zweck haben diese Gesellschafter unverzüglich einen von einem deutschen Notar zu beurkundenden Kauf- und Übertragungsvertrag abzuschließen.

(7) Geht ein Geschäftsanteil durch Umwandlung nach dem Umwandlungsgesetz oder durch Einbringung oder Anwachsung auf einen Dritten über, so hat der Dritte diesen zunächst den anderen Gesellschaftern des betreffenden Familienstamms und anschließend allen übrigen Gesellschaftern im Verhältnis ihrer Beteiligung am Stammkapital zum Erwerb gegen Zahlung eines Kaufpreises in bar anzubieten. Der Kaufpreis entspricht

dabei demjenigen Betrag, der zum Zeitpunkt des Angebots für den Geschäftsanteil nach § 15 als Abfindung zu zahlen wäre. Die Nichteinräumung des Erwerbsrechts binnen einer Frist, die drei Monate ab dem Übergang endet, rechtfertigt den Einziehungsbeschluss nach § 6. Die Bestimmungen in Abs 4 gelten mit der Maßgabe entsprechend, dass an die Stelle der Zusendung der beglaubigten Kopie des Kaufvertrags die Mitteilung des Angebots unter Angabe eines in der Mitteilung zu bestimmenden Kaufpreises tritt. Ferner wächst das Recht zur Ausübung des Erwerbsrechts den jeweils anderen nach Abs 4 Satz 1 bzw Satz 2 berechtigten Gesellschaftern im Verhältnis ihrer jeweiligen Beteiligung am Stammkapital an, wenn nicht alle jeweils Berechtigten ihr Erwerbsrecht ausüben und die ihr Erwerbsrecht ausübenden Gesellschafter bei Ausübung innerhalb der Monatsfrist des Abs 4 erklärt haben, dass sie auch bereit sind, den Geschäftsanteil im Ganzen oder zu einem über ihre Beteiligungsquote hinausgehenden Teil zu erwerben. Wird das Erwerbsrecht über die Beteiligung in voller Höhe ausgeübt, so sind der Dritte und die Gesellschafter, die ihr Erwerbsrecht ausgeübt haben, verpflichtet, die Veräußerung der von dem Dritten gehaltenen Geschäftsanteile durch Abschluss eines von einem deutschen Notar zu beurkundenden Kauf- und Übertragungsvertrags innerhalb eines weiteren Monats nach Ablauf der jeweiligen Fristen gemäß Abs 4 zu vollziehen.

(8) Mitteilungen und Erklärungen nach Abs 3 bis 6 haben schriftlich zu erfolgen.

(9) Nachfolger von Todes wegen können nur Angehörige des Familienstamms des verstorbenen Gesellschafters werden. Geht der Anteil von Todes wegen auf einen anderen über, gilt § 6.[5]

(10) Mehrere Rechtsnachfolger in einen Geschäftsanteil können die Gesellschafterrechte nur durch einen gemeinsamen Bevollmächtigten ausüben, der entweder Gesellschafter oder Angehöriger der rechts- oder steuerberatenden oder wirtschaftsprüfenden Berufe sein muss. Auch die Vertretung durch einen Testamentsvollstrecker ist zulässig, wenn er Angehöriger der vorgenannten Berufsgruppen ist. Bis zur Bestellung eines Bevollmächtigten ruhen die Gesellschafterrechte mit Ausnahme des Gewinnbezugsrechts.[6]

§ 5 Wettbewerbsverbot/Schweigepflicht

Wie in → Form. II.D.1.4.

§ 6 Ausschließung/Einziehung/Zwangsübertragung

(1) Liegt bei einem Gesellschafter ein wichtiger Grund vor, kann die Gesellschafterversammlung auch gegen seinen Willen die Einziehung seiner Geschäftsanteile beschließen. Die Einziehung ist somit zulässig. Anstelle der Einziehung kann die Gesellschafterversammlung beschließen, dass der betroffene Gesellschafter seine Geschäftsanteile auf die Gesellschaft oder auf die übrigen Gesellschafter im Verhältnis ihrer Beteiligung am Stammkapital oder in einem anderen zwischen ihnen vereinbarten Verhältnis zu übertragen hat. Soweit Gesellschafter des betreffenden Familienstamms sich innerhalb einer von der Geschäftsführung gesetzten Frist, die mindestens einen Monat betragen muss, zur Übernahme bereit erklären, ist die Übertragung auf sie, ggf im Verhältnis ihrer Beteiligung am Stammkapital oder in einem anderen zwischen ihnen vereinbarten Verhältnis, zu beschließen. Bei Übertragung auf die übrigen Gesellschafter oder die Gesellschafter des betreffenden Familienstammes, beschließt die Gesellschafterversammlung jeweils auch über die Teilung der Geschäftsanteile. Nennbeträge der zum Erwerb stehenden Geschäftsanteile, die nicht auf volle Euro-Beträge lauten, sind auf den nächsten Euro nach unten abzurunden. Dadurch verbleibende Spitzenbeträge stehen jeweils dem Gesellschafter zu, der die höchste Beteiligung am Stammkapital hält. Erklärt ein Gesellschafter seinen Austritt und sind Gesellschafter seines Familienstamms vorhanden, ist über die Einziehung/Zwangsübertragung

erst zu beschließen, wenn die Frist abgelaufen ist, bis zu der die übrigen Gesellschafter seines Familienstamms gemäß § 4 Abs 5 S 2 und S 5 die Übernahme erklären können. Wird die Übernahme nach § 4 Abs 5 verbindlich, so ist die Einziehung erst zulässig, wenn nicht innerhalb eines Jahres nach verbindlicher Erklärung der Übernahme ein Kauf- und Übertragungsvertrag nach Abs 6 abgeschlossen worden ist.

(2) Ein wichtiger Grund ist es insbesondere, wenn

a) in den Geschäftsanteil eines Gesellschafters die Zwangsvollstreckung betrieben und nicht innerhalb eines Monats nach Aufforderung durch einen hierzu durch Gesellschafterbeschluss Beauftragten, spätestens bis zur Verwertung des Geschäftsanteils, aufgehoben wird,
b) über sein Vermögen ein Insolvenzverfahren eröffnet oder die Eröffnung mangels Masse abgelehnt wird,
c) er über einen Geschäftsanteil ganz oder teilweise verfügt oder er sich – auch als Erwerber des Geschäftsanteils – an einem sonstigen Rechtsgeschäft oder an sonstigen in § 4 Abs 3 genannten Maßnahmen beteiligt, ohne dass die Gesellschafterversammlung hierzu ihre nach dieser Vorschrift erforderliche Zustimmung erteilt,
d) ein Fall des § 4 Abs 6 S 3 oder des § 4 Abs 9 S 2 eintritt,
e) ein Gesellschafter die Gesellschaft kündigt oder seinen Austritt aus der Gesellschaft erklärt, oder
f) ein verheirateter Gesellschafter nicht binnen drei Monaten nach Erhalt der schriftlichen Aufforderung der Gesellschaft oder eines anderen Gesellschafters nachweist, dass er Gütertrennung vereinbart hat oder wenn er diese Vereinbarung wieder aufhebt.

(3) Für die Geschäftsanteile ist dem Betroffenen die in § 15 dieses Gesellschaftsvertrags bestimmte Abfindung zu zahlen, bei Einziehung von der Gesellschaft, bei Übertragung vom Erwerber. Im Falle der Übertragung ist diese nicht von der Erbringung der Gegenleistung abhängig. Sicherheitsleistung kann nicht beansprucht werden. Bei Einziehung ist die Abfindungszahlung durch die Gesellschaft ohne Verstoß gegen das Kapitalerhaltungsverbot des § 30 Abs 1 GmbHG zu leisten. Soweit die Gesellschaft über einen Zeitraum von drei Monaten ab Fälligkeit der Abfindungszahlung zur Leistung außerstande ist, weil sie nicht über hinreichend freies Vermögen verfügt, ist die Abfindung durch die nach der Einziehung in der Gesellschaft verbliebenen Gesellschafter anteilig im Verhältnis ihrer Beteiligung am Stammkapital zu leisten. Soweit ein Gesellschafter den ausgeschiedenen Gesellschafter befriedigt, geht dessen Anspruch auf Zahlung der Abfindung gegen die Gesellschaft auf ihn über.

(4) Die Einziehung ist nur wirksam, wenn die Gesellschafter zusammen mit dem Einziehungsbeschluss einen Beschluss über die Aufstockung der Nennbeträge ihrer Geschäftsanteile fassen, sofern sie nicht auf andere Weise sicherstellen, dass die Summe der Nennbeträge aller nicht eingezogenen Geschäftsanteile zu jeder Zeit mit dem Stammkapital übereinstimmt. Durch die Aufstockung verursachte Spitzenbeträge, die nicht auf volle Euro lauten, stehen demjenigen Gesellschafter zu, der die höchste Beteiligung am Stammkapital der Gesellschaft hält.

(5) Dem betroffenen Gesellschafter steht bei den in diesem § 6 genannten Gesellschafterbeschlüssen kein Stimmrecht zu. Die Einziehung oder der sonstige Beschluss nach Abs 1 wird dem betroffenen Gesellschafter von der Geschäftsführung erklärt. Mit Zugang dieser Erklärung scheidet der betroffene Gesellschafter aus der Gesellschaft aus; ab diesem Zeitpunkt stehen ihm mit Ausnahme der in § 15 dieses Gesellschaftsvertrages bestimmten Abfindung keinerlei Ansprüche aus seiner früheren Stellung als Gesellschafter mehr zu, insbesondere weder ein Stimmrecht noch ein Gewinnbezugsrecht.

§ 7 Geschäftsführung/Vertretung

(1) Die Gesellschaft hat einen oder mehrere Geschäftsführer.

(2) Familienstämme mit Geschäftsanteilen, deren Gesamtnennwert mindestens . . . . . % des Stammkapitals ausmacht, können einen Geschäftsführer benennen, den die Gesellschafterversammlung mangels eines entgegenstehenden wichtigen Grunds bestellen muss.[7]

(3) Ein Geschäftsführer vertritt die Gesellschaft allein, wenn er der einzige Geschäftsführer ist oder die Gesellschafter zur Einzelvertretung ermächtigt haben. Ansonsten wird die Gesellschaft durch zwei Geschäftsführer oder durch einen Geschäftsführer mit einem Prokuristen vertreten.

(4) Die Gesellschafter können Geschäftsführer durch Beschluss von den Beschränkungen des § 181 BGB befreien.

(5) Die Geschäftsführer sind an rechtmäßige Weisungen der Gesellschafterversammlung gebunden. Insbesondere kann sie die Geschäftsführer anweisen, bestimmte Geschäfte oder bestimmte Arten von Geschäften nur mit ihrer Zustimmung vorzusehen.[8]

§§ 8–10 Jahresabschluss/Ergebnisverwendung/Verdeckte Gewinnausschüttung/ Gesellschafterversammlungen

Wie in → Form. II.D.1.4.

§ 11 Gesellschafterbeschlüsse

(1) Über die von den Gesellschaftern zu treffenden Bestimmungen werden Beschlüsse gefasst. Je ein Euro eines Geschäftsanteils gewährt eine Stimme. Für Geschäftsanteile, die der Gesellschaft gehören, ruht das Stimmrecht.

(2) Beschlüsse kommen mit einfacher Mehrheit der abgegebenen Stimmen zustande, falls nicht das Gesetz oder die Satzung eine höhere Mehrheit vorschreiben. Beschlüsse gem §§ 4, 5 und 6 bedürfen einer Mehrheit von mindestens drei Vierteln der abgegebenen Stimmen. Die einmalige Wiederholung der Abstimmung in derselben Gesellschafterversammlung ist zulässig.

(3) Die Gesellschafterversammlung ist beschlussfähig, wenn mindestens drei Viertel des stimmberechtigten Kapitals anwesend oder vertreten sind. Andernfalls ist, wiederum mit einer Frist von zwei Wochen, eine neue Gesellschafterversammlung einzuberufen, die für die Gegenstände der Tagesordnung der Gesellschafterversammlung, in der sich die Beschlussunfähigkeit ergeben hat, ohne Rücksicht auf die vertretenen Stimmen beschlussfähig ist; hierauf ist bei der Einberufung hinzuweisen.

(4) Soweit rechtlich zulässig und nicht in diesem Vertrag anders bestimmt, ist ein Gesellschafter auch dann stimmberechtigt, wenn die Beschlussfassung die Vornahme eines Rechtsgeschäfts oder die Einleitung oder Erledigung eines Rechtsstreits mit ihm oder einem mit ihm im Sinn des § 15 AktG verbundenen Unternehmen betrifft.

(5) Über die Beschlüsse der Gesellschafterversammlung ist eine Niederschrift anzufertigen, von dem Vorsitzenden der Gesellschafterversammlung zu unterzeichnen und allen Gesellschaftern in Abschrift zu übersenden. Die Belege über die rechtzeitige Einladung sind aufzubewahren. Bei anderen Beschlüssen ist über den Inhalt, das Abstimmungsverfahren und das Abstimmungsergebnis ein Vermerk anzufertigen, von allen Geschäftsführern zu unterschreiben und allen Gesellschaftern durch Einschreiben in Abschrift zu übersenden.

(6) Bei Kapitalerhöhungen sind zur Übernahme des neuen Kapitals zunächst die Gesellschafter im Verhältnis ihrer bisherigen Anteile zuzulassen. Üben Gesellschafter Bezugsrechte nicht aus, stehen diese den Mitgliedern ihres Familienstamms zu, zunächst im Verhältnis ihrer Geschäftsanteile; nur vom Familienstamm nicht ausgeübte Bezugsrechte stehen den übrigen Gesellschaftern im Verhältnis ihrer Geschäftsanteile zu.

§§ 12–19 Sonstige Bestimmungen[9]

Wie in → Form. II.D.1.4.

b) bis d) Gründungsprotokoll/Anmeldung zum Handelsregister/Gesellschafterliste

Wie in → Form. II.D.1.1 b)–d).

Schrifttum: S zu → Form. II.C.3 Anm. 1 ff., sowie *Binz/Mayer,* Anteilsvinkulierung bei Familienunternehmen, NZG 2012, 201; *Ellesser/Lahme,* Bewertung nichtnotierter Anteile an Familien-Kapitalgesellschaften, BB 2002, 2201; *Huber,* Der Beirat: Praxisratgeber für Gesellschaften, Beiräte und ihre Berater, 2004; *Huber,* Beirat und Beiratsmitglied – praxisrelevante Aspekte für ihre Tätigkeit, GmbHR 2004, 772; *Lange,* Corporate Governance in Familienunternehmen, BB 2015, 2585; *Lange,* Die Güterstandsklausel im Gesellschaftsvertrag einer personalistischen GmbH, DStR 2013, 2706; *Lange/Sabel,* Steuerung der Gesellschafterstellung in Familienunternehmen, NZG 2015, 1249; *Lohr,* Einschränkung der Vererblichkeit von GmbH-Anteilen, GmbH-StB 2003, 332; *Lommer,* Die Unternehmensnachfolge in eine Familien-Kapitalgesellschaft nach Gesellschafts-, Zivil- und Steuerrecht, BB 03, 1909; *Mohr,* Gestaltungsmöglichkeiten bei der GmbH als Familiengesellschaft, GmbH-StB 2003, 329; *Müller,* Verlagerung von Zuständigkeiten auf den Beirat der GmbH, GmbHR 2003, 810; *Sattler/Jursch/Müller,* Der GmbH-Beirat: Gründung, Organisation, Haftung, 2. Aufl. 2013; *Scherer,* Familienunternehmen: Zivil- und steuerrechtliche Besonderheiten bei der Gestaltung des Gesellschaftsvertrags, BB 2010, 323; *Sigle,* Abfindungsklauseln in Gesellschaftsverträgen von Familienunternehmen – Altes und Neues – FS Stilz, 2014, 971; *Stollenwerk,* Generationennachfolge im neuen Halbeinkünfteverfahren, GmbH-StB 2001, 81.

Anmerkungen

1. Familiengesellschaften bilden eine in der Praxis häufige Erscheinungsform der GmbH. Sie zeichnen sich dadurch aus, dass die Zugehörigkeit der Gesellschafter zu einer Familie oder einem Familienstamm von besonderer Bedeutung ist und die Geschäftsanteile an der Gesellschaft innerhalb der Familie bzw. dem Familienstamm bleiben sollen. Dies verlangt nach speziellen Regelungen im Gesellschaftsvertrag. Das Form. trägt dieser Zielsetzung im Wesentlichen durch folgende Regelungen Rechnung: (1) Verfügungen über Geschäftsanteile bedürfen der Zustimmung der Gesellschafterversammlung mit qualifizierter Mehrheit; dem Familienstamm angehörige Personen haben aber Anspruch auf Zustimmung (§ 4 Abs 3); die übrigen Gesellschafter eines Familienstammes haben bei Verkauf an eine Person, die nicht zum Familienstamm gehört, stets ein Vorkaufsrecht (§ 4 Abs 4); tritt ein Gesellschafter mangels Zustimmung freiwillig aus, haben die übrigen Gesellschafter ein Übernahmerecht (§ 4 Abs 5 und 6); (2) Nachfolger von Todes wegen können grundsätzlich nur Angehörige eines Familienstammes des verstorbenen Gesellschafters werden (§ 4 Abs 9); bei Übergang von Todes wegen auf einen anderen kann der Erbe im Wege der Einziehung oder Zwangsübertragung ausgeschlossen werden (§§ 6 Abs 1, Abs 2 d, 4 Abs 9 S 2); (3) Der Ausschluss eines Gesellschafters erfolgt vorrangig im Wege der Zwangsübertragung seines Geschäftsanteils an die übrigen Gesellschafter eines Familienstammes (§ 6 Abs 1 S 3); (4) Familienstämmen steht ab einer bestimmten Beteiligungsschwelle ein Sonderrecht zur Bestellung von Geschäftsführern zu (§ 7 Abs 2).

2. S → Form. II.C.3 Anm. 19.

3. S zu Vinkulierungsklauseln allg bereits → Form. II.D.1.1 Anm. 7. S allg zu Möglichkeiten zur Steuerung der Gesellschafterstellung in Familiengesellschaften *Lange/Sabel* NZG 2015, 1249. Inwieweit der **Übergang von Geschäftsanteilen im Wege der Umwandlung** (Verschmelzung, Spaltung) an die Zustimmung der Gesellschafterversammlung geknüpft werden kann, mit der Folge, dass er nach § 15 Abs 5 GmbHG ohne deren Zustimmung nicht auf den dinglichen Erwerber übergeht, ist nicht abschließend geklärt. Die heute ganz hM hält Vinkulierungsklauseln iSd § 15 Abs 5 GmbHG bei der Verschmelzung für nicht anwendbar, weil bei ihr der übertragende Rechtsträger erlischt (Lutter/*Grunewald* § 20 UmwG Rn 16; Lutter/Hommelhoff/*Bayer* § 15 Rn 75; Scholz/*Seibt* § 15 Rn 113 mwN). Nach Abschaffung des § 132 UmwG aF ist für eine früher in der Lit teilweise vertretene Differenzierung zwischen Aufspaltung, Abspaltung und Ausgliederung kein Raum mehr; durch Spaltung sind Geschäftsanteile generell frei übertragbar, auch wenn sie in der Satzung ausdrücklich vinkuliert werden (Scholz/*Seibt* § 15 Rn 113 mwN; Lutter/*Lieder* § 131 UmwG Rn 72). Das Form. unterscheidet nicht danach, ob ein Fall des § 15 Abs 5 GmbHG vorliegt oder nicht, sondern gewährt stattdessen den anderen Gesellschaftern in allen Fällen, in denen das Zustimmungserfordernis der Gesellschafterversammlung verletzt wird, das Recht, die Geschäftsanteile des Veräußerers oder, falls § 15 Abs 5 GmbHG nicht greift, des Erwerbers, einzuziehen (s § 4 Abs 7 S 3; § 6 Abs 2 c). Wird von diesem Recht Gebrauch gemacht, hat der ausscheidende Gesellschafter allerdings Anspruch auf Zahlung einer Abfindung (s dazu bereits → Form. II.D.1.4 Anm. 31).

4. Das **Vorkaufsrecht** stellt eine praktisch nicht zu unterschätzende Erschwerung der Veräußerbarkeit des Geschäftsanteils im Allgemeinen dar. Bei der Mehrpersonen-GmbH ist es schon ohnehin nicht leicht, einen Käufer für eine Beteiligung von unter 100 % zu finden. Erst recht gilt dies, wenn ihm nicht einmal eine Mehrheitsbeteiligung angeboten werden kann; hier werden sich Käufer am ehesten noch im Gesellschafterkreis finden. Noch schwerer wird es, wenn dem dinglichen Erwerb ein Verfahren für die Ausübung eines Vorkaufsrechts vorgeschaltet ist, aufgrund dessen sich der Käufer nicht sicher sein kann, ob er den Geschäftsanteil letztendlich erwerben wird. Weniger erschwerend wirkt dagegen ein Erwerbsrecht, bei dem sich die anderen Gesellschafter vor der Veräußerung an einen anderen Erwerber darüber zu erklären haben, ob sie die Beteiligung des veräußerungswilligen Gesellschafters erwerben wollen oder nicht (s dazu → Form. II.D.1.4 Anm. 7 (§ 4 Abs 2, 3). Das Form. erschwert die Veräußerung durch Gewährung eines Vorkaufsrechts an die anderen Gesellschafter, gewährt dem veräußerungswilligen Gesellschafter zum Ausgleich aber ein Austrittsrecht (s § 4 Abs 5 S 1).

5. Die Vererblichkeit des Geschäftsanteils (§ 15 Abs 1 GmbHG) kann nicht ausgeschlossen werden. Allerdings kann die Übernahme durch Gesellschafter desselben Stammes wie der Verstorbene, anderenfalls die Einziehung/Abtretung vorgesehen werden (BGH BB 77, 563; Baumbach/Hueck/*Servatius* § 15 Rn 13 mwN).

6. S → Form. II.D.1.1 Anm. 7.

7. Die Regelung erlaubt Familienstämmen, im Unternehmen tätig zu werden und festigt so den aus der Gesellschafterstellung resultierenden Einfluss auf die Geschäftsführung. Solche Regelungen sind üblich, bergen allerdings auch das Risiko, dass bei einem Tätigwerden von Familienmitgliedern als Geschäftsführer persönliche Interessen über das Gesellschaftsinteresse gestellt werden (*Hennerkes/May* NJW 1988, 2761 ff).

8. S→ Form. II.D.1.1 Anm. 10.

9. Soll anstatt eines Aufsichtsrats (vgl → Form. II.D.1.4 Anm. 24) ein Beirat gebildet werden, ist eine → Form. II.C.4 Anm. 12 (§§ 8–10) entsprechende Formulierung zu wählen. Ist die GmbH Komplementärin einer Familien-KG und wird der Beirat bei der

KG gebildet (s → Form. II.C.4 Anm. 1 ff.), entfällt § 13. Bedarf es in letzterem Fall jedoch eines obligatorischen Aufsichtsrats (§§ 1 Abs 1, 4, 6 ff MitbestG), kann die Errichtung eines Beirats bei der GmbH sinnvoll sein.

Kosten und Gebühren:

Vgl → Form. II.D.1.1. (hinter → Anm. 45)

1.6 Gesellschaftsvertrag für die Komplementär-GmbH einer GmbH & Co. KG

a) Gesellschaftsvertrag[1]

§ 1 Firma und Sitz

(1) Die Gesellschaft hat die Firma AB GmbH.[2]

(2) Sitz der Gesellschaft ist . . . . .

§ 2 Gegenstand des Unternehmens

(1) Gegenstand des Unternehmens ist die Beteiligung als persönlich haftende Gesellschafterin an der . . . . . KG (nachstehend „KG"), die . . . . . zum Gegenstand hat.[3]

(2) Die Gesellschaft darf alle Geschäfte und Handlungen vornehmen, die dem Gesellschaftszweck unmittelbar oder mittelbar zu dienen geeignet sind.

§ 3 Stammkapital/Geschäftsanteile

(1) Das Stammkapital der Gesellschaft beträgt EUR . . . . .

(2) Davon übernimmt

die A-GmbH einen Geschäftsanteil von EUR . . . . . mit der Nr 1,

B einen Geschäftsanteil von EUR . . . . . mit der Nr 2.

(3) Die Einlagen auf die Geschäftsanteile sind in bar zu leisten. Die Gesellschafter zahlen auf ihre Stammeinlagen . . . . . % sofort ein. Der Rest wird innerhalb eines Monats nach Zahlungsaufforderung durch die Geschäftsführung fällig; ein Gesellschafterbeschluss ist für die Aufforderung nicht erforderlich.

§ 4 Verfügungen über Geschäftsanteile; Gleichheit von Beteiligungsquoten[4]

(1) Die Gesellschafter passen ihre Beteiligungsquoten am Stammkapital der GmbH stets an das Verhältnis ihrer Beteiligungsquoten am Kommanditkapital der KG an (Gleichheit der Beteiligungsquoten). Eingezogene Geschäftsanteile bleiben bei der Berechnung der Beteiligungsquoten außer Betracht. Die Gesellschafter, ihre Rechtsnachfolger und die Gesellschaft sind verpflichtet, Geschäftsanteile oder Teile davon in dem Umfang auf andere Gesellschafter zu übertragen, in dem dies erforderlich ist, um den Gleichlauf der Beteiligungsquoten zu gewährleisten. Mehrere Gesellschafter sind im Verhältnis des Nennwerts ihrer Geschäftsanteile anteilig verpflichtet; Bruchteile von einem Euro bleiben unberücksichtigt. In dem gleichen Umfang sind die Gesellschafter verpflichtet, Geschäftsanteile oder Teile davon zu erwerben. Die Verpflichtungen aus diesem Abs 1 bestehen gegenüber jedem Gesellschafter und jedem Kommanditisten der KG und können von diesen jeweils unmittelbar gegenüber den Verpflichteten geltend gemacht werden.

(2) Stimmrechte eines Gesellschafters ruhen in dem Umfang, in dem seine Beteiligungsquote am Stammkapital seine Beteiligungsquote an der KG übersteigt.

(3) Die Übertragung von Geschäftsanteilen oder Teilen davon ist nur zulässig, wenn und soweit

a) der Übertragende zeitgleich eine entsprechende Beteiligung an dem Kommanditkapital der KG wirksam an den Erwerber der Geschäftsanteile überträgt, oder
b) die Übertragung erfolgt, um die Gleichheit der Beteiligungsquoten zu erhalten oder herzustellen.

(4) Für die Übertragung von Geschäftsanteilen zahlt der Erwerber dem Übertragenden einen Kaufpreis in Höhe des Betrags, der nach diesem Vertrag im Falle einer Einziehung der Geschäftsanteile als Abfindung zu zahlen wäre, es sei denn, der Übertragende und der Erwerbende treffen eine abweichende Vereinbarung.

§ 5 Wettbewerbsverbot/Schweigepflicht

Wie in → Form. II.D.1.4. § 5.

§ 6 Einziehung/Zwangsübertragung[5]

(1) Liegt bei einem Gesellschafter ein wichtiger Grund vor, kann die Gesellschafterversammlung auch gegen seinen Willen die Einziehung seiner Geschäftsanteile beschließen. Die Einziehung ist somit zulässig. Anstelle der Einziehung kann die Gesellschafterversammlung beschließen, dass der betroffene Gesellschafter seine Geschäftsanteile auf die Gesellschaft oder auf die übrigen Gesellschafter im Verhältnis ihrer Beteiligung am Stammkapital oder in einem anderen zwischen ihnen vereinbarten Verhältnis zu übertragen hat; im letztgenannten Fall beschließt die Gesellschafterversammlung auch über die Teilung dieser Geschäftsanteile. Nennbeträge der zum Erwerb stehenden Geschäftsanteile, die nicht auf volle Euro-Beträge lauten, sind auf den nächsten Euro abzurunden. Dadurch verbleibende Spitzenbeträge stehen dem Gesellschafter zu, der die höchste Beteiligung am Stammkapital hält.

(2) Ein wichtiger Grund liegt insbesondere vor, wenn

a) in den Geschäftsanteil eines Gesellschafters die Zwangsvollstreckung betrieben und nicht innerhalb eines Monats nach Aufforderung durch einen hierzu durch Gesellschafterbeschluss Beauftragten, spätestens bis zur Verwertung des Geschäftsanteils, aufgehoben wird,
b) über sein Vermögen ein Insolvenzverfahren eröffnet oder die Eröffnung mangels Masse abgelehnt wird,
c) er über einen Geschäftsanteil ganz oder teilweise unter Verletzung des § 4 Abs 1 ohne die Zustimmung der übrigen Gesellschafter verfügt,
d) mindestens 50 % der Anteile oder der Stimmrechte an einem Gesellschafter direkt oder indirekt auf eine andere Person übergehen, es sei denn, die neuen Gesellschafter sind Ehegatten oder Abkömmlinge der bisherigen Anteilseigner dieses Gesellschafters oder der Gesellschafter wird ohne Änderung der wirtschaftlichen Struktur, insbesondere der Beteiligungsverhältnisse, nur rechtlich umgewandelt,
e) ein Gesellschafter gegen eine Verpflichtung aus dem Gesellschaftsverhältnis verstößt und den Verstoß trotz Abmahnung durch einen hierzu durch Gesellschafterbeschluss Beauftragten nicht unverzüglich abstellt oder
f) er die Gesellschaft kündigt oder seinen Austritt aus der Gesellschaft erklärt.

(3) Für die Geschäftsanteile ist dem Betroffenen die in § 15 dieses Gesellschaftsvertrags bestimmte Abfindung zu zahlen, bei Einziehung von der Gesellschaft, bei Übertragung vom Erwerber. Im Falle der Übertragung ist diese nicht von der Erbringung der Gegenleistung abhängig. Sicherheitsleistung kann nicht beansprucht werden. Bei Einziehung ist die Abfindungszahlung durch die Gesellschaft ohne Verstoß gegen das Kapitalerhaltungsgebot des § 30 Abs 1 GmbHG zu leisten. Soweit die Gesellschaft über einen Zeitraum von drei Monaten ab Fälligkeit der Abfindungszahlung zur Leistung außerstande ist, weil sie nicht über hinreichend freies Vermögen verfügt, ist die Abfindung durch die nach der Einziehung in der Gesellschaft verbliebenen Gesellschafter anteilig im Verhältnis ihrer Beteiligung am Stammkapital zu leisten. Soweit ein Gesellschafter den ausgeschiedenen Gesellschafter befriedigt, geht dessen Anspruch auf Zahlung der Abfindung gegen die Gesellschaft auf ihn über.

(4) Die Einziehung ist nur wirksam, wenn die Gesellschafter zusammen mit dem Einziehungsbeschluss einen Beschluss über die Aufstockung der Nennbeträge ihrer Geschäftsanteile fassen, sofern sie nicht auf andere Weise sicherstellen, dass die Summe der Nennbeträge aller nicht eingezogenen Geschäftsanteile zu jeder Zeit mit dem Stammkapital übereinstimmt. Durch die Aufstockung verursachte Spitzenbeträge, die nicht auf volle Euro lauten, stehen demjenigen Gesellschafter zu, der die höchste Beteiligung am Stammkapital der Gesellschaft hält.

(5) Dem betroffenen Gesellschafter steht bei den in diesem § 6 genannten Gesellschafterbeschlüssen kein Stimmrecht zu. Die Einziehung oder der sonstige Beschluss nach Abs 1 wird dem betroffenen Gesellschafter von der Geschäftsführung erklärt. Mit Zugang dieser Erklärung scheidet der betroffene Gesellschafter aus der Gesellschaft aus; ab diesem Zeitpunkt stehen ihm mit Ausnahme der in § 15 dieses Gesellschaftsvertrages bestimmten Abfindung keinerlei Ansprüche aus seiner früheren Stellung als Gesellschafter mehr zu, insbesondere weder ein Stimmrecht noch ein Gewinnbezugsrecht.

§ 7 Geschäftsführung/Vertretung

(1)–(4) Wie in → Form. II.D.1.4. § 7.[6]

(5) Der Zustimmung der Gesellschafterversammlung bedürfen außerdem alle Handlungen, die den Gesellschaftsvertrag der KG berühren oder der Zustimmung der Gesellschafterversammlung der KG bedürfen.

§§ 8–13 Jahresabschluss/Ergebnisverwendung/Verdeckte Gewinnausschüttung/Gesellschafterversammlungen/Gesellschafterbeschlüsse/Anfechtung/Nichtigkeit/Aufsichtsrat

Wie in → Form. II.D.1.4. §§ 8–13.[7]

§ 14 Dauer/Kündigung

(1) Die Gesellschaft besteht auf unbestimmte Zeit. Jeder Gesellschafter kann sie unter Einhaltung einer Frist von zwölf Monaten zum Ende eines Geschäftsjahrs kündigen, erstmals jedoch zum ..... Die Kündigung ist durch Übergabe-Einschreiben gegenüber der Gesellschaft zu erklären, die jeden Gesellschafter unverzüglich unterrichten soll.

(2) Jeder Gesellschafter kann die Gesellschaft aus wichtigem Grund ohne Einhaltung einer Frist kündigen. Abs 1 S 3 gilt entsprechend. Ein wichtiger Grund ist insbesondere gegeben, wenn die Gesellschaft die Zahlungen einstellt oder gegen die Gesellschaft Antrag auf Eröffnung des Insolvenzverfahrens gestellt wird.

(3) Die Gesellschaft wird, außer in den Fällen des Abs 2 S 3, durch eine Kündigung nicht aufgelöst, sondern von den übrigen Gesellschaftern fortgesetzt.

(4) Jeder Gesellschafter hat das Recht, sich jeder Kündigung innerhalb von zwölf Wochen mit Wirkung auf denselben Stichtag anzuschließen.

(5) Die Kündigung ist nur wirksam, wenn die KG zum selben Stichtag gleichfalls gekündigt wird.

§§ 15–19 Abfindung und sonstige Bestimmungen

Wie in → Form. II.D.1.4 Anm. 31.34.

b) bis d) Gründungsprotokoll/Anmeldung zum Handelsregister/Gesellschafterliste

Wie in → Form. II.D.1.1.

Schrifttum: S zu → Form. II.D.1.1 Anm. 1 sowie *Binz/Mayer,* Beurkundungspflichten bei der GmbH & Co. KG, NJW 2002, 3054; *Binz/Sorg,* Die GmbH & Co. KG, 12. Aufl 2018; *Fischer,* Formwechsel zwischen GmbH und GmbH & Co. KG, BB 1995, 2173; *Gummert,* Die Kapitalaufbringung bei der Komplementär-GmbH einer GmbH & Co. KG, DStR 2008, 976; *Hesselmann/Tillmann/Mueller-Thuns,* Handbuch der GmbH & Co. KG, 22. Aufl 2022; *Priester,* Vertragsgestaltung bei der GmbH & Co, 4. Aufl 2010; *Reichert,* GmbH & Co. KG, 8. Aufl. 2021; *Sommer,* Die Gesellschaftsverträge der GmbH & Co. KG, 5. Aufl 2018; *Wagner/Rux,* Die GmbH & Co. KG, 12. Aufl 2013.

Anmerkungen

1. Das Form. enthält den Gesellschaftsvertrag für die Komplementär-GmbH zu einer KG gemäß → Form. II.C.1 Anm. 11 ff und → Form. II.C.2 Anm. 1 ff. Die GmbH ist regelmäßig der einzige Komplementär der KG und die Geschäftsanteile an ihr halten typischerweise die Kommanditisten. Dies bietet den Kommanditisten insbesondere den Vorteil, die Haftung auf das Stammkapital der GmbH und ihre Hafteinlage (§ 171 Abs 1 HGB) zu begrenzen und über die Komplementär-GmbH mittelbar einen Fremdgeschäftsführer bestellen zu können, was der Grundsatz der Selbstorganschaft in Personengesellschaften ansonsten verbietet. Näher zur Wahl der Rechtsform GmbH & Co. KG s etwa *Binz/Sorg* GmbH & Co. KG, S 5 ff; *Wagner/Rux,* GmbH & Co. KG, Rn 1 ff.

2. Die Firma der GmbH wird nach den in → Form. II.D.1.1 Anm. 2 dargestellten Regeln gebildet. Da die Firmen der GmbH und der KG nicht irreführend sein dürfen und sich voneinander unterscheiden müssen (§§ 18 Abs 2, 30 HGB), wird häufig in die Firma der GmbH ein die Funktion als Komplementärin bezeichnender Zusatz aufgenommen wie „Verwaltungs-", „Geschäftsführungs-", „Beteiligungs-", „Besitz"-Gesellschaft, der in der Firma der KG entfallen kann (BGHZ 80, 353, 355; Baumbach/Hopt/*Hopt* § 19 Rn 33, 36). Die Firma der KG kann sich von der der GmbH auch durch sachbezogene Zusätze unterscheiden. Zur Möglichkeit, die KG mit der Vor-GmbH „iG" zu gründen, s Baumbach/Hopt/*Roth* Anh § 177 a Rn 15.

3. Als Unternehmensgegenstand ist in der Satzung der Komplementär-GmbH die KG, bei der die GmbH Komplementärin werden soll, namentlich zu bezeichnen. Ob dort darüber hinaus auch deren Gegenstand angegeben werden muss, ist noch nicht abschließend geklärt (dagegen die heute hM: Baumbach/Hueck/*Fastrich* § 3 Rn 9 mwN). Das Form. sieht die Angabe vor, weil das Registergericht, das sie für erforderlich hält, die Eintragung sonst ablehnt, § 9 c GmbHG.

4. Typischerweise entspricht es der Absicht der Beteiligten, dass die Beteiligungsquoten am Stammkapital der GmbH und am Kommanditkapital der KG identisch sind (sog beteiligungsidentische GmbH & Co. KG). Dadurch wird gewährleistet, dass die Stimmverhältnisse in der Komplementär-GmbH den Stimmverhältnissen in der KG entsprechen und sich deshalb Kapital und Einfluss decken. Zwingend ist der Gleichlauf der Beteiligungsquoten allerdings nicht. Kein Gleichlauf existiert insbesondere bei der Einheitsgesellschaft, bei der die KG selbst alleinige Gesellschafterin der Komplementär-GmbH ist (s → Form. II.D.1.7 Anm. 1 ff). Denkbar ist auch, dass nicht an der KG beteiligte Geschäftsführer an der GmbH beteiligt werden und die Kommanditisten ihren Einfluss über einen bei der GmbH gebildeten Aufsichtsrat ausüben, der insbesondere bei der Publikums-KG üblich ist (zu letzterem Baumbach/Hopt/*Roth* Anh § 177 a Rn 75; s → Form. II.C.4 Anm. 1 ff).

Die Bestimmungen in § 4 sowie in § 6 Abs 2 d) und e) dienen dazu, den gewünschten Gleichlauf der Beteiligungsquoten sicherzustellen. Ausgangspunkt ist dabei die Beteiligungsquote bei der KG, weil diese die entscheidende, unternehmenstragende Gesellschaft ist. Die Beteiligungsquoten in der GmbH folgen stets den Beteiligungsquoten in der KG. § 4 Abs 1 S 3 verpflichtet die Gesellschafter zu diesem Zweck, die für den Gleichlauf der Beteiligungsquoten erforderlichen GmbH-Geschäftsanteile oder Teile davon abzutreten. Diese Verpflichtung bedarf der notariellen Form des § 15 Abs 4 S 1 GmbHG. Die Regelungen im Gesellschaftsvertrag der GmbH korrespondieren üblicherweise mit Vorschriften im Gesellschaftsvertrag der KG, welche die Gesellschafter ebenfalls dazu verpflichten, eine Gleichheit der Beteiligungsquoten herzustellen (s → Form. II.C.1.3 Anm. 1) oder nach welchen die Wirksamkeit einer Abtretung von Kommanditanteilen voraussetzt, dass zugleich ein entsprechender Anteil am Stammkapital der GmbH abgetreten wird (s etwa *Blaum/Scholz,* Beck'sches Formularhandbuch Bürgerliches-, Handels- und Wirtschaftsrecht, → Form. VIII.D.5 § 9 Abs 4). Ist die Regelung so ausgestaltet, dass sie eine konkrete Verpflichtung zur Übertragung von GmbH-Geschäftsanteilen oder Teilen davon begründet, bedarf auch der Gesellschaftsvertrag der KG gemäß § 15 Abs 4 S 1 GmbHG notarieller Form (vgl Baumbach/Hueck/*Servatius,* § 15 Rn 32 ff). Im Ergebnis können Kommanditanteile und GmbH-Geschäftsanteile deshalb rechtsgeschäftlich unter Lebenden nur simultan und unter Wahrung der bisherigen Beteiligungsquoten abgetreten werden. Ein kurzfristiges Auseinanderfallen der Beteiligungsquoten ist lediglich bei einem Übergang der Anteile von Todes wegen denkbar, weil mehrere Erben gesamthänderisch in den GmbH-Anteil nachfolgen (Baumbach/Hueck/*Servatius* § 15 Rn 11; s → Form. II.D.1.1 Anm. 7), der KG-Anteil sich dagegen in Einzelbeteiligungen aufspaltet, die im Wege der Singularsukzession auf die Erben übergehen (Baumbach/Hopt/*Roth* § 139 Rn 14). § 4 Abs 1 S 3 verpflichtet die Erben deshalb, die Gleichheit der Beteiligungsquoten durch (Teil-)Abtretungen herzustellen.

5. S → Form. II.D.1.4 Anm. 11

6. Häufig enthalten Satzungen eine Regelung, nach der die Gesellschafter die Geschäftsführer durch Beschluss von den Beschränkungen des § 181 BGB befreien können (s → Form. II.D.1.4 Anm. 12 (§ 7 Abs 3)). Die Rspr hat sich jüngst wiederholt mit Fragen bzgl der geschäftsführungsbezogenen Beschlusskompetenzen der GmbH & Co. KG, insbes auch im Zusammenhang mit § 181 BGB, befasst (s dazu *Wertenbruch* NZG 2016, 1081 ff). Gegenstand der Entscheidungen waren Vereinbarungen, die Geschäftsführer mit der GmbH & Co. KG oder der Komplementär-GmbH geschlossen haben, um ihren Anstellungsvertrag zu verlängern (BGH BB 2016, 1811) oder ihr Gehalt zu erhöhen (BGH DStR 2014, 1506). Bei Drittanstellungsverträgen (zwischen GmbH-Geschäftsführer und GmbH & Co KG) ist demnach darauf zu achten, dass die Befreiung vom Selbstkontrahierungsverbot sowohl in der Satzung der GmbH als auch im KG-Vertrag erfolgen muss (BGH

DStR 2014, 1506, 1506). Im Übrigen kann sich empfehlen, den Geschäftsführer nur von den Beschränkungen des § 181 2. Alt BGB zu befreien oder Vergütung und Vertragsverlängerungen der Entscheidungsbefugnis des Geschäftsführers zu entziehen.

7. Bei der GmbH sind, anders als bei der KG, die Aufsichtsratsvergütungen nur zur Hälfte als Betriebsausgabe absetzbar (§ 10 Nr 4 KStG). Unklar ist, ob dies auch dann gilt, wenn die Tätigkeit der GmbH im Wesentlichen auf die Geschäftsführung der KG beschränkt ist (vgl Streck/*Olgemöller,* KStG § 10 Rn 31). Bei höheren Beträgen wird der Aufsichtsrat daher vorzugsweise bei der KG statt bei der GmbH angesiedelt.

8. Steuerhinweise: Anteile an der GmbH, die ein Kommanditist hält, gehören grds zu dessen notwendigem Sonderbetriebsvermögen II bei der KG, es sei denn, die GmbH übt noch eine andere Geschäftstätigkeit von nicht ganz untergeordneter Bedeutung aus (BFH BStBl II 91, 510, 511); nach Auffassung der Finanzverwaltung (DB 2016, 1907, 1909) sind die GmbH-Anteile auch dann notwendiges Sonderbetriebsvermögen II, wenn die GmbH zusätzlich mit der KG erheblich wirtschaftlich verflochten ist, zB als Vertriebsgesellschaft (OFD München Verfügung vom 2.4.2001 S 2134 – 4/6 St 41 = DStR 2001, 1032; zum Ganzen s Schmidt/*Wacker* EStG, § 15 Rn 714). Zugehörigkeit zum Sonderbetriebsvermögen bedeutet, dass Gewinnausschüttungen der GmbH zu Sonderbetriebseinnahmen, dh zu gewerblichen Einkünften beim Kommanditisten führen, die bei der KG der Gewerbesteuer unterliegen, ebenso ein Gewinn aus der Veräußerung des GmbH-Anteils; § 17 EStG sowie die Abgeltungsteuer iHv 25 % (zzgl Solidaritätszuschlag) (s → Form. II.D.1.1 Anm. 45) sind also in dieser Situation nicht anwendbar. Gehören wie im Form. die GmbH-Anteile den Kommanditisten, führen unangemessen niedrige Gewinnanteile der GmbH idR zur Annahme verdeckter Gewinnausschüttungen, überhöhte umgekehrt zu verdeckten Einlagen (wegen denkbarer Konstellationen und ihrer Folgen s Schmidt/*Wacker* EStG, § 15 Rn 724 ff). Zu steuerlichen Besonderheiten der GmbH & Co. KG als solcher s → Form. II.C.3 Anm. 24.

Kosten und Gebühren:

Vgl → Form. II.D.1.1 Anm. 1 ff.

1.7 Gesellschaftsvertrag für die Komplementär-GmbH einer Einheitsgesellschaft

a) Gesellschaftsvertrag[1]

§ 1 Firma/Sitz

(1) Die Gesellschaft hat die Firma A GmbH.

(2) Sitz der Gesellschaft ist . . . . .

§ 2 Gegenstand des Unternehmens

(1) Gegenstand des Unternehmens ist die Beteiligung als persönlich haftende Gesellschafterin an der A GmbH & Co. KG mit Sitz in . . . . . (nachstehend „KG"), die . . . . . zum Gegenstand hat.

(2) Die Gesellschaft darf alle Geschäfte und Handlungen vornehmen, die dem Gesellschaftszweck unmittelbar oder mittelbar zu dienen geeignet sind.

§ 3 Stammkapital/Geschäftsanteile

(1) Das Stammkapital der Gesellschaft beträgt EUR .....

(2) Davon übernimmt

A einen Geschäftsanteil von EUR ..... mit der Nr 1,

B einen Geschäftsanteil von EUR ..... mit der Nr 2.[2]

(3) Die Einlagen auf die Geschäftsanteile sind in bar zu leisten und sofort zur Zahlung fällig.[3]

§ 4 Verfügungen über Geschäftsanteile

Über Geschäftsanteile kann nur zugunsten der KG verfügt werden. Jede andere Verfügung ist ausgeschlossen.

§ 5 Geschäftsführung/Vertretung

(1)–(4) Wie in → Form. II.D.1.1 Anm. 11.

(5) Der Zustimmung der Gesellschafterversammlung bedürfen außerdem alle Handlungen, die den Gesellschaftsvertrag der KG berühren oder bei denen die Gesellschaft in ihrer Eigenschaft als Gesellschafterin der KG handelt oder Erklärungen abgibt.

§ 6 Gesellschafterversammlungen

(1) Befinden sich alle Geschäftsanteile in der Hand der KG, deren Komplementärin die Gesellschaft ist, werden die Gesellschafterrechte aufgrund Beschlusses der Kommanditistenversammlung durch hierzu ermächtigte Kommanditisten ausgeübt.[4]

(2) Der Gesellschafterversammlung obliegt insbesondere die Beschlussfassung über die

a) Feststellung des geprüften und testierten Jahresabschlusses und die Verwendung des Jahresergebnisses,
b) Entlastung der Geschäftsführer,
c) Wahl des Abschlussprüfers, der Wirtschaftsprüfer oder einer Wirtschaftsprüfungsgesellschaft,
d) Änderung des Gesellschaftsvertrags,
e) Zustimmung zur Verfügung über Gesellschaftsanteile,
f) Auflösung der Gesellschaft, und
g) Beschlüsse nach dem Umwandlungsgesetz.

§§ 7 und 8 (Geschäftsjahr/Bekanntmachungen; Gründungkosten)

Wie in → Form. II.D.1.1 Anm. 12.-14.

b) bis d) Gründungsprotokoll/Anmeldung zum Handelsregister/Gesellschafterliste

Wie in → Form. II.D.1.1 b)–d).

Schrifttum: S zu → Form. II.D.1.1 Anm. 1 ff. und → Form. II.D.1.6 Anm. 1 ff., außerdem *Bahnsen*, Gestaltung einer GmbH & Co. KG als „Einheitsgesellschaft", GmbHR 2001, 186; *Esch*, Die GmbH & Co als „Einheitsgesellschaft", BB 1991, 1129; *Fleck*, Die sog. Einheitsgesellschaft – ein funktionsunfähiges Gebilde?, FS Semler 1993, 115; *Göz*, Die Nachfolgeregelung bei der GmbH & Co. KG, NZG 2004, 345; *Hahn*, Die Beschlussfassung in der GmbH & Co. KG als Einheitsgesellschaft, 2004; *Pauli*, Die GmbH & Co. KG als Einheitsgesellschaft in der Nachfolgeplanung, ZErb

2008, 215; *Pröpper,* Die GmbH & Co. KG als Einheitsgesellschaft, GmbH-StB 2010, 49; *Schilling,* Die GmbH & Co. KG als Einheitsgesellschaft, FS Barz 1974, 67; *Schulze zur Wiesche,* Die GmbH & Co. KG und verdeckte Gewinnausschüttung, BB 05, 1137; *Werner,* Die GmbH & Co. KG in der Form der Einheitsgesellschaft, DStR 2006, 706.

Anmerkungen

1. Bei der GmbH & Co. KG können die Kommanditisten zugleich die Gesellschafter der GmbH sein (wie in → Form. II.D.1.6). Die GmbH kann auch (nur oder daneben) andere Gesellschafter haben als die der KG (zB die Geschäftsführer). Schließlich kann die KG als solche alleinige Gesellschafterin der GmbH sein. Man spricht dann von einer **Einheitsgesellschaft.** Ihre Zulässigkeit ist heute unbestritten. § 172 Abs 6 HGB setzt sie voraus (Baumbach/Hopt/*Roth* Anh § 177 a Rn 8; BayObLG DB 1974, 962). Ihr Vorteil liegt darin, dass die vertragliche Sicherung gleicher Beteiligung an beiden Gesellschaften, deren Durchführung ohnehin umständlich ist, entbehrlich wird (*Göz* NZG 2004, 345, 352; s im Einzelnen → Form. II.D.1.6).

2. Errichten lässt sich die Einheitsgesellschaft am einfachsten dadurch, dass die Gesellschafter zunächst die Komplementär-GmbH gründen und anschließend ihre GmbH-Geschäftsanteile (im Falle einer GmbH i Gr ihre künftigen Geschäftsanteile) in die KG einbringen. Sodann schließt die GmbH mit den Kommanditisten einen KG-Vertrag. Vertragspartnerin kann auch die GmbH i Gr sein, da sie bereits vor Eintragung im Handelsregister nach Beurkundung des Gründungsprotokolls entsteht und als solche Komplementärfunktionen wahrnehmen kann (BGHZ 80, 129, 132; BGH NJW 1985, 736, 737; Baumbach/Hueck/*Fastrich* § 11 Rn 16). Nimmt die KG aber ihren Geschäftsbetrieb bereits vor Eintragung der GmbH auf, ergeben sich daraus persönliche Haftungsrisiken für die Gründungsgesellschafter der GmbH (s → Form. II.D.1.1 Anm. 19), weil die Abtretung der (künftigen) Geschäftsanteile erst mit der Eintragung im Handelsregister und dann nur für die Zukunft wirkt.

3. Die ordnungsgemäße **Aufbringung des Stammkapitals** muss gewährleistet werden: Da die GmbH bei der Einheitsgesellschaft als Komplementärin eine gesamthänderische Mitberechtigung an den eigenen Geschäftsanteilen erwirbt, gilt § 33 Abs 1 GmbH mit der Folge, dass die Geschäftsanteile bereits bei Erwerb durch die KG voll eingezahlt sein müssen (Baumbach/Hueck/*Kersting* § 33 Rn 20, str). Andernfalls sind der schuldrechtliche und der dingliche Teil des Einbringungsvertrags nichtig (Baumbach/Hueck/*Kersting* § 33 Rn 6). Was die **Aufbringung der Hafteinlage der Kommanditisten** anbelangt, so wird die Einbringung der Anteile an der Komplementär-GmbH ihnen nicht auf ihre Hafteinlage angerechnet, wenn keine natürliche Person persönlich haftet (§ 172 Abs 6 HGB). Verwendet die KG Einlagen für Zahlungen auf das Stammkapital oder zur Bezahlung der von Kommanditisten erworbenen GmbH-Anteile, ist dies Einlagenrückgewähr und die Haftung der betroffenen Kommanditisten lebt wieder auf (§ 172 Abs 4 S 1 HGB; *Schilling,* Die GmbH & Co. KG als Einheitsgesellschaft, FS Barz 1974, 67 ff, 75). Um dies zu vermeiden, müssen die Kommanditisten entweder zusätzlich zu ihrer Einlage ein Aufgeld leisten, das zum Erwerb der Geschäftsanteile an der GmbH verwendet wird, oder ihre GmbH-Geschäftsanteile unentgeltlich auf die KG übertragen (*Göz,* NZG 2004, 345, 352; s → Form. II.C.5 Anm. 3).

4. Da die KG durch die GmbH und diese durch ihre Geschäftsführer vertreten wird, ergäbe sich bei der Einheitsgesellschaft, dass die Rechte der KG als GmbH-Gesellschafterin von den Geschäftsführern der GmbH auszuüben wären – eine schon wegen § 46 Nr 5 GmbHG unerwünschte Konstellation. Dennoch wächst den Kommanditisten deswegen nicht das **Stimmrecht** automatisch zu, sondern es bedarf dafür einer entsprechenden

Regelung im KG-Vertrag (BGH GmbHR 2007, 1034, 1034; KG NZG 2009, 180, 180; aA Baumbach/Hueck/*Zöllner/Noack* § 47 Rn 58). Vorzugswürdig erscheint es, im KG-Vertrag jeden Kommanditisten zur Wahrnehmung der Gesellschafterrechte der KG zu bevollmächtigen (s den Vorschlag in → Form. II.C.5 Anm. 5 oder ihnen die Geschäftsführungs- und Vertretungsbefugnis in Ansehung der GmbH-Anteile zu übertragen (*Bahnsen* GmbHR 2001, 186, 187; *Göz* NZG 2004, 345, 352). Im Innenverhältnis zur KG darf der Kommanditist von seiner Vertretungsbefugnis nur aufgrund eines entsprechenden Gesellschafterbeschlusses Gebrauch machen; der KG-Vertrag ist deswegen auch der richtige Ort, um qualifizierte Mehrheitserfordernisse für Angelegenheiten in der Komplementär-GmbH einzurichten (s auch insoweit → Form. II.C.5 Anm. 5). Die Einrichtung einer echten Einheitsversammlung der Kommanditisten, die selbst nicht nur Organ der KG ist, sondern gleichzeitig auch die Rechte der Gesellschafterversammlung der GmbH wahrnimmt, stößt dagegen auf rechtliche Bedenken (Scholz/*K. Schmidt* Anh § 45 Rn 60). Ist, wie in → Form. II.D.1.4 Anm. 24 vorgesehen, ein Aufsichtsrat vorhanden, könnte auch diesem bis auf einen nicht übertragbaren Kernbestand die Stimmrechtsausübung übertragen werden (Baumbach/Hueck/*Zöllner/Noack* § 46 Rn 94).

5. Steuerhinweise: Bei der Einheits-GmbH & Co. KG gehören die GmbH-Anteile nicht zu den Sonderbetriebsvermögen II der einzelnen Kommanditisten (wie in → Form. II. D.1.6 Anm. 8), sondern zum Gesamthandsvermögen der KG und sind daher bereits in deren Steuerbilanz zu erfassen.

Zwischen GmbH und Gesellschaftern der KG können bei einer Einheits-GmbH & Co. KG die Grundsätze zu verdeckten Gewinnausschüttungen (vGA) anwendbar sein. Dies gilt mit der Maßgabe, dass ein Gesellschafter der KG abhängig von seiner konkreten Stellung in der KG auch „beherrschender Gesellschafter" der GmbH sein kann, insbesondere wenn er auf die Gesellschaftspolitik und auf die laufenden Geschäfte der GmbH Einfluss nehmen kann (*Schulze zur Wiesche,* BB 2005, 1137, 1138). In einem solchen Fall stellen etwa Vergütungen an den beherrschenden Gesellschafter der KG, die nicht von vornherein klar und vorhersehbar vereinbart wurden oder zivilrechtlich unwirksam sind, regelmäßig eine vGA dar (BFH BStBl II 1992, 434, 435).

Wenn bei einer Einheits-GmbH & Co. KG die GmbH am Kapital der KG beteiligt ist und sie und die Kommanditisten ihre Anteile an denselben Erwerber veräußern, ohne dass die GmbH eine angemessene Gegenleistung für ihren Komplementäranteil erhält, findet eine vGA der GmbH an die KG – je nach Sachlage in ihrem alten oder neuen Gesellschafterbestand – statt (BFH BStBl II 1985, 683, 684).

Kosten und Gebühren:

Vgl → Form. II.D.1.1. (hinter → Anm. 45).

1.8 Gesellschaftsvertrag für eine dem MitbestG unterliegende GmbH

a) Gesellschaftsvertrag[1]

§§ 1–6

Wie in → Form. II.D.1.4 Anm. 2.13.

§ 7 Geschäftsführung/Vertretung

(1) Die Gesellschaft hat zwei oder mehr Geschäftsführer. Der Aufsichtsrat kann einen Vorsitzenden der Geschäftsführung und einen stellvertretenden Vorsitzenden bestimmen.[2]

(2) Die Gesellschaft wird durch zwei Geschäftsführer oder durch einen Geschäftsführer mit einem Prokuristen vertreten.

(3) Der Aufsichtsrat kann auf Grund eines Gesellschafterbeschlusses Geschäftsführer zur Alleinvertretung ermächtigen und/oder von den Beschränkungen des § 181 BGB befreien. Ein zur Alleinvertretung ermächtigter Geschäftsführer vertritt die Gesellschaft allein.

(4) Die Geschäftsführer sind unbeschadet des Abs 2 verpflichtet, die ihnen von der Gesellschafterversammlung oder dem Aufsichtsrat durch Geschäftsordnung oder Einzelanweisungen auferlegten Beschränkungen ihrer Geschäftsführungsbefugnis zu beachten. Zum Erlass einer Geschäftsordnung für die Geschäftsführung ist die Gesellschafterversammlung zuständig, sofern diese nicht beschließt, diese Aufgabe dem Aufsichtsrat zu übertragen. Die Geschäftsordnung regelt auch die Zuständigkeiten der einzelnen Geschäftsbereiche.

(5) Der Zustimmung der Gesellschafterversammlung bedürfen[3]

a) die Aufnahme neuer und Aufgabe vorhandener Geschäftszweige und Tätigkeitsgebiete sowie die Errichtung oder Aufhebung von Betriebsstätten und Zweigniederlassungen, sowie
b) Erwerb oder Veräußerung von Beteiligungen an anderen Unternehmen oder von Betrieben oder Teilbetrieben.

Die Gesellschafterversammlung kann durch Einzelanweisung oder Geschäftsordnung weitere Geschäfte von ihrer vorherigen Zustimmung abhängig machen.

§§ 8–9 Jahresabschluss/Ergebnisverwendung/Verdeckte Gewinnausschüttung

Wie in → Form. II.D.1.4 §§ 8–9.

§ 10 Gesellschafterversammlungen

(1) Die Gesellschafterversammlung ist für alle Angelegenheiten zuständig, die nicht durch zwingendes Recht oder diese Satzung der Geschäftsführung oder dem Aufsichtsrat zugewiesen sind.

(2)–(7) wie in → Form. II.D.1.4 § 10 Abs 2–7.

(8) Den Vorsitz in der Gesellschafterversammlung führt der Vorsitzende des Aufsichtsrats, wenn nicht die Gesellschafterversammlung vor Eintritt in die Tagesordnung unter der Leitung des ältesten Gesellschafters/Gesellschaftervertreters einen anderen Versammlungsleiter wählt. Der Stellvertreter vertritt den Vorsitzenden in dieser Funktion nicht. Der Versammlungsleiter stellt die Beschlussfähigkeit der Versammlung fest und entscheidet über die Art der Abstimmung, sofern die Gesellschafterversammlung nicht etwas anderes beschließt.

§§ 11–12 Gesellschafterbeschlüsse/Anfechtung/Nichtigkeit

Wie in → Form. II.D.1.4 §§ 11–12.

§ 13 Aufsichtsrat (Zusammensetzung)

(1) Die Gesellschaft hat einen Aufsichtsrat, der aus zwölf Mitgliedern besteht.[4] Diese werden jeweils für die Zeit bis zur Beendigung der Gesellschafterversammlung bestellt, die über die Entlastung für das vierte Geschäftsjahr nach Beginn der Amtszeit beschließt, das Geschäftsjahr, in dem die Amtszeit beginnt, nicht mitgerechnet. Die Aufsichtsratsmitglieder der Anteilseigner werden von der Gesellschafterversammlung gewählt. Gleichzeitig kann für jedes ordentliche Aufsichtsratsmitglied ein Ersatzmitglied gewählt werden.[5]

(2) Wird ein Aufsichtsratsmitglied anstelle eines ausscheidenden Mitglieds gewählt, besteht sein Amt für dessen restliche Amtszeit. Tritt ein Ersatzmitglied an die Stelle des Ausgeschiedenen, erlischt sein Amt, falls in der nächsten oder übernächsten Gesellschafterversammlung nach Eintritt des Ersatzfalls eine Neuwahl für den Ausgeschiedenen stattfindet, mit Beendigung dieser Versammlung, andernfalls mit Ablauf der restlichen Amtszeit des Ausgeschiedenen.

(3) Jedes Mitglied des Aufsichtsrats kann sein Amt durch schriftliche Erklärung gegenüber der Geschäftsführung mit einer Frist von einem Monat niederlegen.[6]

(4) Aufsichtsratsmitglieder oder Ersatzmitglieder, die durch Gesellschafterbeschluss gewählt sind, können vor Ablauf ihrer Amtszeit ohne Angabe von Gründen durch Gesellschafterbeschluss mit einfacher Mehrheit der abgegebenen Stimmen abberufen werden.

§ 14 Aufsichtsrat (Vorsitzender/Stellvertreter)

(1) Im Anschluss an die Gesellschafterversammlung, in der die von den Gesellschaftern zu wählenden Aufsichtsratsmitglieder neu gewählt worden sind, findet eine Aufsichtsratssitzung statt, zu der es einer besonderen Einladung dieser Aufsichtsratsmitglieder nicht bedarf. Die von den Arbeitnehmern gewählten Aufsichtsratsmitglieder werden von der Geschäftsführung mit einer Frist von mindestens zwei Wochen eingeladen. In dieser Sitzung wählt der Aufsichtsrat aus seiner Mitte unter dem Vorsitz des ältesten von der Gesellschafterversammlung gewählten Mitglieds den Vorsitzenden und seinen Stellvertreter nach Maßgabe des § 27 Abs 1, 2 MitbestG und bildet den Ausschuss gem § 27 Abs 3 MitbestG.

(2) Scheiden der Vorsitzende oder sein Stellvertreter vorzeitig aus dem Amt aus, ist für die restliche Amtszeit unverzüglich eine Neuwahl vorzunehmen.

(3) Der Stellvertreter hat die Rechte und Pflichten des Vorsitzenden, falls dieser verhindert ist. §§ 29 Abs 2 S 3 und 31 Abs 4 S 3 MitbestG bleiben unberührt.

§ 15 Aufsichtsrat (Sitzungen/Beschlüsse)

(1) Die Sitzungen des Aufsichtsrats beruft der Vorsitzende schriftlich mit einer Frist von mindestens zwei Wochen ein, den Tag der Absendung der Einladung und den Tag der Sitzung nicht mitgerechnet. In dringenden Fällen kann der Vorsitzende die Frist abkürzen und mündlich, fernmündlich, durch Telefax oder E-Mail einberufen.

(2) Mit der Einladung sind die Gegenstände der Tagesordnung mitzuteilen und Beschlussvorschläge zu übermitteln. Jedes Aufsichtsratsmitglied kann verlangen, dass ein Gegenstand auf die Tagesordnung gesetzt und den anderen Mitgliedern mitgeteilt wird. Ein solches Verlangen ist schriftlich, fernmündlich, durch Telefax oder E-Mail an den Vorsitzenden zu richten. Über einen nicht rechtzeitig angekündigten Tagesordnungspunkt darf beschlossen werden, wenn kein anwesendes Mitglied widerspricht. Der Beschluss wird erst wirksam, wenn abwesenden Mitgliedern binnen einer vom Vorsitzenden zu bestimmenden angemessenen Frist nachträglich Gelegenheit zur schriftlichen Stimmabgabe und zum Widerspruch gegen die Abstimmung über diesen Tagesordnungspunkt gegeben wurde.[7]

(3) Den Vorsitz in den Sitzungen des Aufsichtsrats führt der Vorsitzende. Er bestimmt die Reihenfolge, in der die Gegenstände der Tagungsordnung verhandelt werden, sowie Art und Reihenfolge der Abstimmungen.

(4) Der Aufsichtsrat ist beschlussfähig, wenn mindestens die Hälfte der Mitglieder an der Beschlussfassung persönlich oder durch schriftliche Stimmabgabe teilnehmen.

(5) Ein abwesendes Mitglied kann seine schriftliche Stimmabgabe durch ein anderes Aufsichtsratsmitglied überreichen lassen.

(6) Außerhalb der Sitzungen sind Beschlussfassungen zulässig, wenn kein Mitglied der vorgeschlagenen Abstimmungsart oder dem Beschlussvorschlag widerspricht. Beschlüsse, die auf solchem Wege gefasst wurden, sind vom Vorsitzenden des Aufsichtsrats schriftlich niederzulegen und den übrigen Mitgliedern des Aufsichtsrats unverzüglich bekannt zu geben. Zulässig ist auch eine Beschlussfassung, bei der ein Teil der Stimmen in einer Sitzung und der andere Teil gemäß Satz 1 abgegeben wird. Satz 2 gilt in diesem Fall entsprechend.

(7) Beschlüsse kommen, wenn nicht zwingend anders vorgeschrieben, mit einfacher Mehrheit zustande. Dies gilt auch für Wahlen. Bei Stimmengleichheit entscheidet die Stimme des Vorsitzenden nach Maßgabe der §§ 29 Abs 2, 31 Abs 4 MitbestG. Jedes Mitglied kann die erneute Abstimmung im Sinne dieser Vorschriften verlangen. Nehmen an einer Abstimmung nicht gleich viele Mitglieder der Anteilseigner und der Arbeitnehmer persönlich oder durch schriftliche Stimmabgabe teil, ist die Beschlussfassung auf Antrag von mindestens zwei anwesenden Mitgliedern auf die nächste Sitzung zu vertagen, die binnen zwei Monaten stattfinden muss. Eine nochmalige Vertagung des gleichen Gegenstands ist ausgeschlossen.[8]

(8) Über die Sitzungen und Beschlüsse des Aufsichtsrats sind Niederschriften anzufertigen, vom Vorsitzenden zu unterzeichnen und allen Aufsichtsratsmitgliedern unverzüglich in Abschrift zuzuleiten.

(9) Der Vorsitzende oder sein Stellvertreter sind ermächtigt, die zur Durchführung der Beschlüsse erforderlichen Willenserklärungen abzugeben.

§ 16 Aufsichtsrat (Aufgaben)

(1) Der Aufsichtsrat ist für die Angelegenheiten zuständig, die ihm durch das Gesetz oder diese Satzung zugewiesen sind. Insbesondere hat er folgende Aufgaben:

a) Bestellung, Abberufung und Überwachung der Geschäftsführer sowie Abschluss, Änderung und Beendigung der Anstellungsverträge mit ihnen (einschließlich von Versorgungszusagen);[9]
b) Bestimmung von Maßnahmen der Geschäftsführung, welche nur mit Zustimmung des Aufsichtsrats vorgenommen werden dürfen;[10]
c) Prüfung des Jahresabschlusses, des Lageberichts und des Vorschlags für die Verwendung des Bilanzgewinns sowie Bericht über das Ergebnis seiner Prüfung an die Gesellschafterversammlung.[11]

(2) Die Geschäftsführung hat dem Aufsichtsrat laufend in dem vom Gesetz festgelegten Umfang zu berichten, außerdem auf Verlangen des Aufsichtsrats über alle Angelegenheiten der Gesellschaft, über ihre rechtlichen und geschäftlichen Beziehungen zu verbundenen Unternehmen sowie über geschäftliche Vorgänge bei diesen Unternehmen, die für die Lage der Gesellschaft von erheblicher Bedeutung sein können.

(3) Der Aufsichtsrat hat zu jeder Zeit das Recht, alle Bücher und Schriften einzusehen sowie die Vermögensgegenstände der Gesellschaft zu prüfen.

(4) Der Aufsichtsrat gibt sich eine Geschäftsordnung.[12]

§ 17 Aufsichtsrat (Vergütung)

(1) Jedes Mitglied des Aufsichtsrats erhält nach Abschluss eines Geschäftsjahrs eine angemessene Vergütung, die durch Beschluss der Gesellschafterversammlung festgestellt wird.

(2) Die Gesellschaft erstattet den Aufsichtsratsmitgliedern ihre baren Auslagen und die auf ihre Bezüge entfallende Umsatzsteuer, falls sie diese gesondert in Rechnung stellen können und stellen.

§§ 18–23 Sonstige Bestimmungen

Wie in → Form. II.D.1.4 §§ 14–19.

b) bis d) Gründungsprotokoll/Anmeldung zum Handelsregister/Gesellschafterliste

Wie in → Form. II.D.1.4 b)–d).

Schrifttum: S → Form. II.D.1.1 Anm. 1 ff, außerdem *Deilmann,* Abgrenzung der Überwachungsbefugnisse von Gesellschafterversammlung und Aufsichtsrat einer GmbH unter besonderer Berücksichtigung des mitbestimmten Aufsichtsrats, BB 2004, 2253; *Forst,* Unternehmensmitbestimmung in der Unternehmergesellschaft (haftungsbeschränkt), GmbHR 2009, 1131; *Freis/Kleinfeld/Kleinsorge/Voigt,* Drittelbeteiligungsgesetz, 2004; *Fuchs/Köstler/Pütz,* Handbuch zur Aufsichtsratswahl, 7. Aufl 2021; *Halm,* Notwendigkeit der Bildung des mitbestimmten Aufsichtsrats bei der GmbH vor Eintragung in das Handelsregister?, BB 2000, 1849; *Helm,* Vergütungsstrukturen des Aufsichtsrats mittelständischer, nicht börsennotierter Aktiengesellschaften, DB 2003, 2718; *Henssler,* Die Ernennung des Vorsitzenden der Geschäftsführung in der mitbestimmten GmbH, GmbHR 2004, 321; *Henssler,* Die Unternehmensmitbestimmung, FS 50 Jahre BGH (Festgabe der Wissenschaft) Bd. II 2000, 387; *Hoyningen-Huene/Powietzka,* Unterrichtung des Aufsichtsrats in der mitbestimmten GmbH, BB 2001, 529; *Keiluwait,* Unterschiede zwischen obligatorischen und fakultativen Aufsichtsratsgremien – ein Vergleich zwischen Aktiengesellschaft und GmbH, BB 2011, 1795; *Mohr/Rehm,* Grundlagen und Grenzen der Bildung eines mitbestimmten Aufsichtsrats in der GmbH auf Initiative des Betriebsrats, BB 2009, 1806; *Raiser/Veil/Jacobs,* Mitbestimmungsgesetz und Drittelbeteiligungsgesetz (Kommentar), 7. Aufl 2019; *Habersack/Henssler,* Mitbestimmungsrecht (Kommentar), 4. Aufl 2018; *Wlotzke/Wißmann/Kleinsorge/Schubert,* Mitbestimmungsrecht, 5. Aufl 2017.

Anmerkungen

1. Das Form. bezieht sich auf eine nach dem MitbestG mitbestimmte GmbH. Abgesehen von Unternehmen der Montan-Industrie (§ 1 Abs 1, 2 Montan-MitbestG) unterliegt eine GmbH mit mehr als 500 und idR weniger als 2000 Arbeitnehmern der Mitbestimmung nach § 1 DrittelbG, mit mehr als 2000 Arbeitnehmern der nach §§ 1, 6 MitbestG. Bei einer ausländischen Tochtergesellschaft beschäftigte Mitarbeiter sind nach ganz hM nicht mitzuzählen (ErfKomm/*Oetker* § 1 MitbestG Rn 11; W/W/K/S/*Wißmann* § 3 MitbestG Rn 26). Hiergegen wendete sich die 16. Kammer für Handelssachen des LG Frankfurt unter Verweis auf einen Verstoß gegen Art 18 AEUV (LG Frankfurt ZIP 2015, 634, 635; Habersack/Hennsler/*ders* § 3 MitbestG Rn 47 ff). Diese Entscheidung wurde vielfach kritisiert, insbes weil sie dem eindeutigen Willen des Gesetzgebers widerspricht (*Josupeit/von Eiff* GWR 2015, 209; *Seibt* DB 2015, 912; *Wansleben* EWiR 2015, 245, 246; *Wißmann* ArbR 2015, 259; *Zimmermann* BB 2015, 1792). Der EuGH hat sodann entschieden, dass der Ausschluss der in ausländischen Tochtergesellschaften beschäftigten Arbeitnehmer europarechtlich nicht zu beanstanden ist (EuGH NZG 2017, 949).

Auf der Basis dieser Entscheidung hat sich das LG Frankfurt der hM angeschlossen und entschieden, dass zur Erreichung der Schwellenwerte des Mitbestimmungsgesetzes Mitarbeiter ausländischer Tochtergesellschaften nicht mitzuzählen seien (LG Frankfurt ZIP 2018, 128, 129). Das OLG Frankfurt hat die Entscheidung der 5. Kammer durch Zurückweisung der dagegen eingelegten Beschwerde bestätigt (OLG Frankfurt ZIP 2018, 1175, 1176). Mit Leiharbeitnehmern besetzte Arbeitsplätze sind bei der Bestimmung des Schwellenwerts nach § 1 Abs 1 Nr 2 MitbestG mitzuzählen, wenn die Beschäftigung von (wechselnden)

Leiharbeitnehmern über die Dauer von sechs Monaten hinaus regelmäßig erfolgt, wobei die Einsatzdauer in § 14 Abs 2 S 6 AÜG nicht arbeitnehmer-, sondern arbeitsplatzbezogen zu bestimmen ist (BGH NZG 2019, 1102, 1103).

2. Da die Gesellschaft neben dem Arbeitsdirektor mindestens einen weiteren Geschäftsführer haben muss (§ 33 Abs 1 MitbestG), sind mindestens zwei Geschäftsführer erforderlich. Der Arbeitsdirektor ist zwingend für das Personal- und Sozialwesen zuständig (BVerfGE 50, 290, 378). Zuständig für die Bestellung und Abberufung der Geschäftsführer ist der – obligatorische – Aufsichtsrat (§ 31 Abs 1 MitbestG iVm § 84 Abs 1 AktG). Dagegen ist die Gesellschafterversammlung auch in der mitbestimmten GmbH zur Erteilung von Weisungen kompetent (BGHZ 89, 48, 57; BGHZ 135, 48, 55; Scholz/*Schneider* § 37 Rn 87 ff). Ob die Gesellschafterversammlung auch einen Vorsitzenden der Geschäftsführung ernennen, eine Geschäftsordnung für die Geschäftsführung erlassen und ihre Geschäftsverteilung untereinander regeln kann, ist im Einzelnen streitig (Überblick über den Streitstand bei *Lutter/Krieger/Verse,* Rechte und Pflichten des Aufsichtsrats, 7. Aufl 2020, Rn 1142 ff mwN). Jedenfalls sollte es möglich sein, der Gesellschafterversammlung die Zuständigkeit für diese Angelegenheiten durch eine entsprechende Regelung in der Satzung zuzuweisen (Baumbach/Hueck/*Zöllner/Noack* § 52 Rn 302 mwN).

3. S auch → Anm. 10.

4. Die Zahl der Aufsichtsratsmitglieder richtet sich nach der Zahl der Arbeitnehmer und ist im Einzelnen in § 7 Abs 1 MitbestG zwingend vorgeschrieben. Sie beträgt danach mindestens zwölf (nach § 1 Abs 1 Nr 3 S 2 DrittelbG iVm § 95 Abs 1 AktG mindestens drei) und höchstens zwanzig (nach § 1 Abs 1 Nr 3 S 2 DrittelbG iVm § 95 Abs 1 AktG einundzwanzig). Eine satzungsmäßige Erweiterung des Aufsichtsrats um zusätzliche Aufsichtsratsmitglieder über die Höchstzahl hinaus ist auch dann unzulässig, wenn die weiteren Mitglieder nur beratende Funktion haben sollen (BGH NZG 2012, 347, 348).

5. Bei wenigen Gesellschaftern ist die Wahl von Ersatzmitgliedern unnötig, weil stets rasch Neuwahlen abgehalten werden können.

6. Die Klausel ist empfehlenswert, weil das Recht zur Amtsniederlegung ohne wichtigen Grund str ist (Habersack/Henssler/*Habersack* § 6 MitbestG Rn 72 mwN; Baumbach/Hueck/*Zöllner/Noack* § 52 Rn 52).

7. Beschlussfassungen über in der Tagesordnung nicht angekündigte Tagesordnungspunkte sind unter diesen Voraussetzungen nach hM zulässig (MüKoAktG/*Habersack* § 108 AktG Rn 78 und § 110 AktG Rn 21; *Lutter/Krieger/Verse,* Rechte und Pflichten des Aufsichtsrats, 7. Aufl 2020, Rn 724 ff mwN; einschränkend Scholz/*Schneider/Seyfarth* § 52 Rn 419: nur, wenn sofortige Behandlung erforderlich war).

8. Die Zulässigkeit einer Vertagungsklausel ist für den Bereich des MitbestG str (anders als für das DrittelbG, s Scholz/*Schneider/Seyfarth* § 52 Rn 28 f), wird aber überwiegend bejaht (LG Hamburg NJW 1980, 235; Scholz/*Schneider/Seyfarth* § 52 Rn 430 ff; Habersack/Henssler/*Habersack* § 25 MitbestG Rn 35 – je mwN).

9. Gemäß § 31 MitbestG iVm § 84 AktG ist der Aufsichtsrat zwingend für die Bestellung und den Widerruf der Bestellung der Geschäftsführer zuständig. Dies gilt wegen des engen sachlichen Zusammenhangs auch für den Abschluss, die Änderung und die Aufhebung des Anstellungsvertrags mit Geschäftsführern (BGHZ 89, 48, 51 f.; Baumbach/Hueck/*Zöllner/Noack* § 52 Rn 303).

10. Nach § 25 Abs 1 Nr 2 MitbestG iVm § 111 Abs 4 S 2 AktG „hat" der Aufsichtsrat zu bestimmen, dass bestimmte Arten von Geschäften nur mit seiner Zustimmung vorgenommen werden dürfen, wenn nicht bereits die Satzung einen Katalog für Angelegenheiten vorsieht, für welche die Geschäftsführer der Zustimmung des Aufsichtsrats bedürfen. Das Form. überlässt die Regelung des Zuständigkeitskatalogs – anders als → Form. II.D.1.4. (s dort § 13 Abs 10) – der Regelung durch einen Beschluss des Aufsichtsrats außerhalb der Satzung. Gegenstand des Zustimmungsvorbehalts können jedoch keine Maßnahmen des gewöhnlichen Geschäftsbetriebs sein (MüKoAktG/*Habersack* § 111 Rn 120 mwN). Aufgrund der Weisungsbefugnis der Gesellschafter (auch in der mitbestimmten GmbH – s oben → Anm. 2) einerseits und dem Zustimmungsvorbehalt des Aufsichtsrats für Angelegenheiten, die seiner Zustimmung bedürfen, andererseits, kann es zu Kompetenzkonflikten zwischen der Gesellschafterversammlung und dem Aufsichtsrat kommen. Wie dieser Konflikt im Einzelnen aufzulösen ist, ist streitig (s Scholz/*Schneider*, *Seyfarth* § 52 Rn 326 ff; *Streicher* GmbHR 2014, 1188, 1191). Richtiger Ansicht nach steht die Entscheidungsherrschaft der Gesellschafter über derjenigen des Aufsichtsrats, weil das Mitbestimmungsgesetz an dieser im GmbH-Recht bestehenden Entscheidungshierarchie nichts geändert hat (*Oetker* ZIP 2015, 1461, 1462; *Rodewald/Wohlfater* GmbHR 2013, 689, 692; Scholz/*Schneider/Seyfarth* § 52 Rn 326; Baumbach/Hueck/*Zöllner/Noack* § 52 Rn 300 mwN).

11. S § 25 Abs 1 S 1 Nr 2 iVm MitbestG iVm § 171 AktG.

12. Unter Berücksichtigung der Besonderheiten des MitbestG kann die Geschäftsordnung an → Form. II.E.8.2 Anm. 1 ff angelehnt werden.

Kosten und Gebühren:

Vgl → Form. I.D.1.1 Anm. 1.

1.9 Geschäftsordnung für die Geschäftsführung[1]

Die Gesellschafterversammlung[2] gibt der Geschäftsführung der A GmbH folgende

Geschäftsordnung[3]

§ 1 Grundlagen der Geschäftsführung

(1) Die Geschäftsführung führt die Geschäfte der Gesellschaft und vertritt die Gesellschaft gerichtlich und außergerichtlich. Sie ist dabei an das Unternehmensinteresse gebunden und der Steigerung des nachhaltigen Unternehmenswertes verpflichtet.

(2) Die Mitglieder der Geschäftsführung führen die Geschäfte der Gesellschaft unter Beachtung der Sorgfalt eines ordentlichen Geschäftsmannes[4] nach Maßgabe der Gesetze, der Satzung, dieser Geschäftsordnung, des Geschäftsverteilungsplans und der Anstellungsverträge. Sie arbeiten untereinander und mit den übrigen Organen der Gesellschaft und der Vertretung der Belegschaft zum Wohle der Gesellschaft kollegial zusammen.

§ 2 Vorsitzender der Geschäftsführung und Stellvertreter

(1) Die Gesellschafter ernennen ein Mitglied der Geschäftsführung zum Vorsitzenden und können dieses auch wieder als Vorsitzenden der Geschäftsführung abberufen.

(2) Der Vorsitzende hat insbesondere folgende Aufgaben:

a) Sachliche Koordinierung aller Geschäftsführungsbereiche,
b) Koordinierung der Zusammenarbeit mit den übrigen Organen der Gesellschaft, insbesondere Einholen von Zustimmungen,

c) Hinwirken auf einheitliche Ausrichtung aller Geschäftsführungsbereiche auf die durch die Gesellschafter und die Geschäftsführung festgelegten Ziele und Pläne der Gesellschaft,
d) Einberufung und Leitung von Geschäftsführersitzungen und Berichterstattung an die Gesellschafter sowie den Aufsichtsrat,
e) Repräsentation der Geschäftsführung und der Gesellschaft gegenüber der Öffentlichkeit, insbesondere gegenüber Behörden, Verbänden, Wirtschaftsorganisationen und den Medien,
f) Regelung der Zusammenarbeit mehrerer Geschäftsführer, insbesondere bei Überschneidungen von Geschäftsbereichen.

§ 3 Gesamt- und Einzelgeschäftsführung

(1) Die Geschäftsführer tragen gemeinschaftlich die Verantwortung für die Leitung der Gesellschaft.[5] Zu diesem Zweck unterrichten sich die Geschäftsführer fortlaufend gegenseitig über alle wichtigen Maßnahmen und Vorgänge in ihrem Geschäftsbereich und machen sich auf etwaige Mängel und wünschenswerte Verbesserungen gegenseitig aufmerksam.

(2) Durch einen von der Gesellschafterversammlung beschlossenen Geschäftsverteilungsplan[6] kann die Geschäftsführungsbefugnis für bestimmte Angelegenheiten (Geschäftsbereiche) mehreren Mitgliedern der Geschäftsführung oder einem einzelnen Geschäftsführer zugewiesen werden, soweit nicht gesetzliche Bestimmungen, die Satzung oder diese Geschäftsordnung ein Handeln sämtlicher Mitglieder der Geschäftsführung vorsehen. Eine Einzelvertretungsbefugnis wird dadurch nicht begründet.

(3) Unbeschadet der Gesamtverantwortung der Geschäftsführung sind die Geschäftsführer für den ihnen im Geschäftsverteilungsplan jeweils zugewiesenen Geschäftsbereich unmittelbar verantwortlich und – vorbehaltlich abweichender Regelung in dieser Geschäftsordnung – berechtigt, innerhalb dieses Geschäftsbereichs selbstständig Entscheidungen zu treffen und Anordnungen zu erteilen.[7]

(4) Maßnahmen der Geschäftsführung, die nach dem Geschäftsverteilungsplan die Geschäftsbereiche mehrerer Geschäftsführer betreffen, bedürfen der vorherigen Zustimmung aller beteiligten Geschäftsführer. Wird eine hiernach erforderliche Zustimmung nicht eingeholt oder erteilt, kann jeder beteiligte Geschäftsführer eine Beschlussfassung durch die gesamte Geschäftsführung verlangen. Die vorstehenden Sätze 1 und 2 gelten jedoch nicht, wenn die Maßnahme nach dem pflichtgemäßen Ermessen des Geschäftsführers zur Vermeidung unmittelbar drohender schwerer Nachteile für die Gesellschaft erforderlich ist. Die Maßnahme darf in diesem Fall nicht weiter gehen, als dies zur Vermeidung der Nachteile notwendig ist. Über ein solches selbständiges Handeln ist die Gesamtgeschäftsführung unverzüglich zu unterrichten.

(5) Der Zuständigkeit der gesamten Geschäftsführung unterliegen

a) alle Angelegenheiten, in denen das Gesetz, die Satzung oder diese Geschäftsordnung eine Entscheidung der Geschäftsführung vorsehen,
b) alle Geschäfte, die der Zustimmung der Gesellschafterversammlung oder des Aufsichtsrats bedürfen,
c) die Geschäftspolitik, die Organisationsstruktur und die Unternehmensplanung,
d) die Aufstellung des Jahresabschlusses und des Lageberichts,
e) die periodische Berichterstattung an den Aufsichtsrat,
f) alle Vorlagen an die Gesellschafterversammlung, den Aufsichtsrat und dessen Ausschüsse,

g) alle Angelegenheiten, bei denen ein Mitglied der Geschäftsführung der Auffassung ist, dass sie sich zum Schaden der Gesellschaft auswirken könnten,
h) alle sonstige Angelegenheiten, denen grundsätzliche oder allgemeine Bedeutung zukommt.

§ 4 Sitzungen und Beschlussfassungen

(1) Die Einberufung und Leitung von Sitzungen obliegt dem Vorsitzenden der Geschäftsführung. Ist er verhindert, tritt an seine Stelle der dienstälteste anwesende Geschäftsführer. Die Einberufung erfolgt schriftlich, in Textform (§ 126 b BGB) oder fernmündlich mit Angabe der Tagesordnung. Unterlagen, die zur Beschlussfassung notwendig erscheinen, sollen rechtzeitig zur Vorbereitung der Sitzung, mindestens jedoch zwei Arbeitstage vor dem Termin der Sitzung vorgelegt werden. Jedes Mitglied der Geschäftsführung hat das Recht zu verlangen, dass von ihm benannte Punkte auf die Tagesordnung gesetzt werden.

(2) Sitzungen der Geschäftsführung sollen zweiwöchentlich an einem allgemein festgelegten Wochentag stattfinden, mindestens aber einmal im Monat.

(3) Auf Anordnung des Vorsitzenden sind Beschlussfassungen durch schriftliche, fernmündliche oder in Textform übermittelte Stimmabgaben zulässig. Ein Recht zum Widerspruch gegen diese Art der Beschlussfassung besteht nicht. Auf diese Weise gefasste Beschlüsse sind in die Niederschrift der nächstfolgenden Sitzung der Geschäftsführung aufzunehmen.

(4) Die Gesamtgeschäftsführung ist beschlussfähig, wenn alle Mitglieder ordnungsgemäß eingeladen worden sind und die Mehrheit der Mitglieder der Geschäftsführung, darunter zumindest der Vorsitzende oder sein Stellvertreter anwesend ist. Über Angelegenheiten aus dem Geschäftsbereich eines abwesenden Geschäftsführers darf nur mit seinem Einverständnis verhandelt und beschlossen werden. Dies gilt nicht in dringenden Fällen. Dem Abwesenden ist bei der Beschlussfassung in dringenden Fällen über das Ergebnis umgehend zu berichten. Findet das Ergebnis der Beschlussfassung nicht die Zustimmung des abwesenden Geschäftsführers, dessen Geschäftsbereich betroffen ist, so hat dieser unverzüglich gegenüber dem Vorsitzenden zu widersprechen. Über den Gegenstand der Beschlussfassung ist sodann in der nächsten Sitzung aufgrund des schriftlich oder mündlich begründeten Widerspruchs erneut zu beraten und abschließend zu entscheiden. Die Bestimmungen in § 3 Abs 4 bleiben unberührt.

(5) Die Gesamtgeschäftsführung beschließt mit einfacher Mehrheit, soweit das Gesetz, die Satzung oder diese Geschäftsordnung nichts anderes vorsehen. Bei Stimmengleichheit gibt die Stimme des Vorsitzenden der Geschäftsführung den Ausschlag, sofern die Geschäftsführung nicht nur aus zwei Mitgliedern besteht. Der Vorsitzende ist berechtigt, eine Entscheidung des Aufsichtsrats herbeizuführen, wenn er bei einer Angelegenheit überstimmt worden ist. Das Gleiche gilt für jeden anderen Geschäftsführer, wenn er in einer zu seinem Geschäftsbereich gehörenden Angelegenheit überstimmt worden ist.

(6) Der wesentliche Inhalt der Beratung und die gefassten Beschlüsse sind in einer Niederschrift festzuhalten, die vom Vorsitzenden unterzeichnet wird.

§ 5 Zusammenarbeit mit dem Aufsichtsrat

(1) Die Geschäftsführung hat dem Aufsichtsrat regelmäßig, mindestens aber vierteljährlich, über die Geschäftslage und die Entwicklung der Gesellschaft sowie alle wichtigen Angelegenheiten zu berichten.

(2) Die Geschäftsführung hat dem Aufsichtsrat möglichst so rechtzeitig über Geschäfte, die für die Rentabilität oder die Liquidität der Gesellschaft von erheblicher Bedeutung sein können, zu berichten, dass der Aufsichtsrat vor Vornahme der Geschäfte Gelegenheit hat, zu ihnen Stellung zu nehmen. Dasselbe gilt für sonstige besondere Ereignisse und Risiken.

(3) Folgende Geschäfte bedürfen der vorherigen Zustimmung des Aufsichtsrats:

S → Form. II.D.1.4 (§ 13 Abs 10 S 4).[8]

§ 6 Geltung

(1) Diese Geschäftsordnung ist von der Gesellschafterversammlung am . . . . . beschlossen worden und am gleichen Tag in Kraft getreten.

(2) Diese Geschäftsordnung bleibt in dieser Fassung in Kraft, bis sie von der Gesellschafterversammlung geändert, ergänzt oder aufgehoben wird.[9]

Anlage: Geschäftsverteilungsplan

Schrifttum: *Ebert,* Folgepflicht und Haftung des GmbH-Geschäftsführers beim Erhalt und bei der Ausführung von Weisungen, GmbHR 03, 444; *Frühauf,* Geschäftsleitung in der Unternehmenspraxis, ZGR 98, 407; *Kort,* Verhaltensstandardisierung durch Corporate Compliance, NZG 08, 81; *Krause,* Managerhaftung und Strategien zur Haftungsvermeidung, BB 09, 1370; *Krieger/Schneider,* Handbuch Managerhaftung, 3. Aufl 2017; *Leuering/Dornhegge,* Geschäftsverteilung zwischen GmbH-Geschäftsführern, NZG 10, 13; *Medicus,* Die interne Geschäftsverteilung und die Außenhaftung von GmbH-Geschäftsführern, GmbHR 98, 9; *Priester,* Mehrheitserfordernisse bei Änderungen von Mehrheitsklauseln, NZG 13, 321; *Rodewald/Unger,* Corporate Compliance – Organisatorische Vorkehrungen zur Vermeidung von Haftungsfällen der Geschäftsleitung, BB 06, 113; *Schneider,* Die Geschäftsordnung für das zur gesetzlichen Vertretung eines mitbestimmten Unternehmens zuständige Organ, FS Mühl 81, 633; *van Venrooy,* Einstimmigkeit oder Mehrheitsprinzip in der Geschäftsführung?, GmbHR 99, 685; *Wicke,* Schuldrechtliche Nebenvereinbarungen bei der GmbH – Motive, rechtliche Behandlung, Verhältnis zum Gesellschaftsvertrag, DStR 06, 1137.

Anmerkungen

1. Das Form. enthält eine umfangreiche Geschäftsordnung für die Geschäftsführer einer GmbH mit Aufsichtsrat, deren Erlass in erster Linie bei großen Gesellschaften sinnvoll ist. Bei kleineren Gesellschaften genügt es regelmäßig, sich auf die wesentlichen Punkte zu beschränken (zB Grundlagen, Gesamt- und Einzelgeschäftsführung, Abgrenzung von Geschäftsbereichen) und auf nicht einschlägige Regelungen (zB Vorsitzender der Geschäftsleitung, Formalien der Geschäftsführungssitzungen) zu verzichten. Häufig verzichten Gesellschaften auch ganz auf den Erlass einer Geschäftsordnung und nehmen entsprechende Regelungen (zB detaillierte Zustimmungskataloge) in die Satzung auf (vgl → Form. II.D.1.4. § 13 Abs 10 S 4). Dies hat den Vorteil höherer Transparenz, ist dann allerdings aufgrund der Registerpublizität für jedermann einsehbar.

Inhaltlich kann in der Geschäftsordnung alles geregelt werden, was in der Gestaltungsmacht des erlassenden Organs liegt. Aus diesem Grund können sich Geschäftsführer in der Geschäftsordnung etwa nicht selbst Kompetenzen zuschreiben, die in den Zuständigkeitsbereich der Gesellschafter fallen.

2. Die Kompetenz zum Erlass einer Geschäftsordnung steht in erster Linie den Gesellschaftern zu, sofern die Satzung diese Kompetenz nicht einem anderen Organ zuweist. Machen die Gesellschafter von ihrer Erlasskompetenz keinen Gebrauch und weist die Satzung die Erlasskompetenz auch keinem anderen Organ zu, können sich die Geschäftsführer selbst eine Geschäftsordnung geben; analog § 77 Abs 2 S 3 AktG setzt dies einen einstimmigen Beschluss voraus (Baumbach/Hueck/*Beurskens* § 37 Rn 16; Groß-KoGmbHG/*Paefgen* § 35 Rn 196). Str ist, welche Mehrheit ein Beschluss der Gesellschafterversammlung über den Erlass einer Geschäftsordnung für die Geschäftsführung erfordert. Während nach wohl hM eine einfache Mehrheit der abgegebenen Stimmen genügt (*Roth/Altmeppen* § 37 Rn 33; Lutter/Hommelhoff/*Kleindiek* § 37 Rn 36), bedarf es nach aA entsprechend § 53 Abs 2 S 1 GmbHG einer Mehrheit von drei Vierteln (andernfalls könne der Beschluss nur als Weisung angesehen werden, Scholz/*Schneider* § 37 Rn 112). Der Aufsichtsrat ist nach hM auch in der mitbestimmten GmbH nicht zuständig (MüKoGmbHG/*Stephan/Tieves* § 37 Rn 51; Scholz/*Schneider* § 37 Rn 114; Habersack/Henssler/*Habersack* § 30 MitbestG Rn 21); die Zuständigkeit kann ihm allerdings durch Satzungsregelung übertragen werden (MüKoGmbHG/*Stephan/Tieves* § 37 Rn 51), was nicht selten geschieht.

3. Die Geschäftsordnung soll nach einer im Schrifttum vertretenen Ansicht der der Schriftform bedürfen (Scholz/*Schneider* § 37 Rn 110 mwN). Dem hat der BGH widersprochen, gleichzeitig aber klargestellt, dass die schriftliche Dokumentation der Geschäftsverteilung bzw. Ressortaufteilung innerhalb der Geschäftsführung regelmäßig das naheliegende und geeignete Mittel für die zwingend erforderliche klare Aufgabenzuweisung und sorgfältige Unternehmensorganisation darstellt (BGH NZG 2019, 225, 227).

4. § 43 Abs 1 GmbHG. Mehrere Geschäftsführer sind gemeinsam verantwortlich und haften ungeachtet der Ausgestaltung der Geschäftsführungsbefugnis (s → Anm. 5) und der im Innenverhältnis bestehenden Aufteilung der Zuständigkeiten (s → Anm. 7) grundsätzlich gesamtschuldnerisch im Außenverhältnis (zu den diese Haftung modifizierenden Gesichtspunkten s etwa Baumbach/Hueck/*Beurskens* § 37 Rn 18 sowie § 43 Rn 45 ff). Ein Geschäftsführer, der die interne Kompetenzzuordnung missachtet, haftet allerdings im Innenverhältnis für Schäden, die durch diesen Verstoß entstehen (BGH ZIP 2008, 1431, 1432). Außerdem kann ein Verstoß gegen die Geschäftsordnung eine außerordentliche Kündigung des Anstellungsvertrags durch die Gesellschaft rechtfertigen (vgl BGH DStR 1991, 421, 422).

5. Das GmbHG regelt nicht, ob bei mehreren Geschäftsführern Gesamt- oder Einzelgeschäftsführung anzunehmen ist und – falls Gesamtgeschäftsführung gilt – mit welcher Mehrheit Geschäftsführungsmaßnahmen der Geschäftsführer zu treffen sind. Für die Vertretung gilt im Ausgangspunkt das Prinzip der Gesamtvertretung (§ 35 Abs 1 und 2 GmbHG), sodass Vertretungsmaßnahmen nur unter Mitwirkung aller Geschäftsführer möglich sind. Die Geschäftsführung erfolgt analog § 77 Abs 1 S 1 AktG ebenfalls grundsätzlich durch alle Geschäftsführer gemeinsam, sodass auch Beschlüsse der Geschäftsführer einstimmig zu fassen sind (hM, s nur Baumbach/Hueck/*Beurskens* § 37 Rn 12; *Roth/Altmeppen* § 37 Rn 35 mwN; aA *van Venrooy* GmbHR 1999, 685, 691: Mehrheitsprinzip). Im Ausgangspunkt stimmen Geschäftsführungs- und Vertretungsbefugnis deshalb überein (mit im Innenverhältnis möglichen Zustimmungsvorbehalten bei der Geschäftsführung). Es ist ratsam, dies zusätzlich zur Regelung in der Geschäftsordnung auch in der Satzung zu verankern.

Abweichende Regelungen sind zulässig. Anders als im Aktienrecht können nur wenige Geschäftsführungspflichten nicht durch Satzung oder Gesellschafterbeschluss einzelnen Geschäftsführern zugewiesen werden, namentlich Meldepflichten gegenüber dem Handelsregister,die Insolvenzantragspflicht (Scholz/*Schneider* § 43 Rn 42) und die Masseerhaltungs- sowie die Kapitalerhaltungspflicht (*Lohr*, NZG 2000, 1204, 1210 mwN). Zu beachten ist aber, dass die Aufgabenzuweisung an einen Geschäftsführer nach der Geschäftsordnung die anderen Geschäftsführer, denen die fragliche Aufgabe nicht zugewiesen ist, nicht von ihrer eigenen Verantwortung, für die ordnungsgemäße Führung der Geschäfte der Gesellschaft zu sorgen, entbindet. Gerade im Bereich der Gesetzmäßigkeit der Unternehmensleitung ist ein strenger Maßstab an die Erfüllung der in einem solchen Falle besonders weitgehenden Kontroll- und Überwachungspflichten gegenüber einem Mitgeschäftsführer anzulegen (BGH NZG 2019, 225, 226 mwN).

§ 3 Abs 5 regelt die der Gesamtgeschäftsführung vorbehaltenen Bereiche. Die Geschäftsordnung kann außerdem Mehrheitsentscheidungen über Geschäftsführungsmaßnahmen zulassen. Das Form. sieht beispielsweise in § 3 Abs 5 iVm § 4 Abs 5 bei wesentlichen Geschäften eine Mehrheitsentscheidung der Gesamtgeschäftsführung vor.

6. Das Form. sieht einen – fakultativen – Geschäftsverteilungsplan vor (zur Zulässigkeit Scholz/*Schneider* § 43 Rn 36 f) mit der Folge, dass jeder Geschäftsführer seinen Geschäftsbereich unabhängig von den anderen Geschäftsführern leitet. Ab einer gewissen Unternehmensgröße kann sich aus § 43 Abs 1 GmbHG sogar die Pflicht ergeben, eine Geschäftsverteilungsregelung zu treffen (BGH NZG 2019, 225, 226). Ganz überwiegend wird angenommen, dass die Geschäftsführer eine Geschäftsverteilung auch auf eigene Initiative beschließen können (Roth/Altmeppen/*Altmeppen* § 37 Rn 34 mwN; Michalski/*Lenz* § 37 Rn 30-38, aA *Lohr* NZG 2000, 1204, 1210). Eine Abstimmung mit den Gesellschaftern – wie im Form. vorgesehen – ist gleichwohl sinnvoll. Zur Verantwortlichkeit s → Anm. 4.

7. S bereits → Anm. 4. Für Geschäftsbereiche außerhalb ihres Zuständigkeitsbereichs obliegt den Geschäftsführern eine Aufsichtspflicht (Baumbach/Hueck/*Beurskens* § 37 Rn 18). Die Gesamtverantwortung wird dadurch gelockert, entbindet die anderen Geschäftsführer aber nicht von ihrer allgemeinen Pflicht, für ein angemessenes Informationssystem zu sorgen, das eine sorgfältige Überwachung ermöglicht, sowie nachteilige Entwicklungen rechtzeitig durch Gegenmaßnahmen zu stoppen. Eine Verletzung der Überwachungspflicht kann eine Haftung nach § 43 Abs 2 GmbHG begründen; den Geschäftsführer trifft aber keine darüber hinausgehende Haftung für Pflichtverletzungen in fremden Ressorts (*Leuering/Dornhegge*, NZG 2010, 13, 16 mwN). Bei Einzelgeschäftsführung kann jeder Geschäftsführer Maßnahmen anderer Geschäftsführer widersprechen, sofern nicht durch Satzung oder Gesellschafterbeschluss etwas anderes geregelt ist (Baumbach/Hueck/*Beurskens* § 37 Rn 17 mwN).

8. Meist enthält die Satzung – wie → Form. II.D.1.4 § 13 Abs 10 S 4 – einen Katalog zustimmungspflichtiger Geschäfte; dann kann in der Geschäftsordnung darauf verwiesen werden. Der Aufsichtsrat hat allerdings nicht selten das Recht, weitere Geschäfte von seiner Zustimmung abhängig zu machen.

9. Die Aufhebung, Änderung oder Ergänzung der Geschäftsordnung sollte von der Zustimmung des sie erlassenden Organs abhängig gemacht werden.

10. Steuerhinweise: Eine Geschäftsordnung taugt uU als Gestaltungsinstrument zur Herstellung/Vermeidung einer umsatzsteuerlichen Organschaft (§ 2 Abs 2 Nr 2 UStG). Nach Auffassung der Finanzverwaltung setzt eine umsatzsteuerliche Organschaft neben der finanziellen Eingliederung (Besitz der entscheidenden Mehrheit an der Organgesellschaft) eine wirtschaftliche Eingliederung (Organgesellschaft ist im Rahmen des Gesamtunternehmens, und zwar in engem wirtschaftlichen Zusammenhang mit diesem, wirtschaftlich tätig) sowie eine organisatorische Eingliederung voraus (UStAE 2.8 Abs 7 ff). Letztere liegt nur vor, wenn der Organträger durch organisatorische Maßnahmen sicherstellt, dass in der Organgesellschaft sein Wille auch tatsächlich ausgeführt wird; dies setzt in der Regel die personelle Verflechtung der Geschäftsführung des Organträgers und der Organgesellschaft voraus (iE BFH BStBl. II 2008, 905, 908; BFH BStBl. II 2008, 451, 453; BFH BStBl. II 2017, 553, 553). Ist eine solche Personenidentität nur teilweise gegeben, kann durch entsprechende Bestimmungen in der Geschäftsordnung (zB dass im Falle von Meinungsverschiedenheiten zwischen den Geschäftsführern der Organgesellschaft ein Letztentscheidungsrecht demjenigen Geschäftsführer zusteht, der den Organträger repräsentiert) die organisatorische Eingliederung sichergestellt werden. Die Geschäftsordnung stellt damit eine Alternative zu einem Beherrschungsvertrag dar, der in der Praxis häufig zur Begründung einer umsatzsteuerlichen Organschaft abgeschlossen wird. Davon zu unterscheiden ist das Erfordernis eines Gewinnabführungsvertrags (der regelmäßig mit einem Beherrschungsvertrag verbunden wird) zur Begründung einer ertragsteuerlichen Organschaft (Körperschaftsteuer; Gewerbesteuer), vgl § 14 Abs 1 S 1 Nr 3 KStG.

2. Gesellschafterversammlung, Satzungsänderung, Kapitalmaßnahmen

2.1 Einberufung von Gesellschafterversammlungen[1]

Einschreiben[2]

An die Gesellschafter der A GmbH[3]

(Ort, Datum)[4]

Einladung zur ordentlichen Gesellschafterversammlung

Sehr geehrte Damen und Herren,

als Geschäftsführer der A GmbH lade(n) (ich) (wir) Sie hiermit zur ordentlichen[5] Gesellschafterversammlung ein, die am . . . . . um . . . . . Uhr in den Geschäftsräumen der Gesellschaft . . . . . stattfinden wird.[6]

Die Tagesordnung lautet wie folgt:[7]

Top 1: Feststellung des Jahresabschlusses zum . . . . .

Eine Abschrift des Jahresabschlusses zum . . . . . ist dieser Einladung beigefügt.

Top 2: Ergebnisverwendung

Die Geschäftsführung schlägt vor, vom Jahresüberschuss des Geschäftsjahres . . . . . EUR . . . . . auszuschütten und den Restbetrag in Höhe von EUR . . . . . auf neue Rechnung vorzutragen.

Top 3: Entlastung der Geschäftsführer

Die Geschäftsführung schlägt vor, den Geschäftsführern für das Geschäftsjahr . . . . . Entlastung zu erteilen.

Top 4: Wahl des Abschlussprüfers für das Geschäftsjahr . . . . .[8]

Die Geschäftsführung schlägt vor, zum Abschlussprüfer für das Geschäftsjahr . . . . . die . . . . . Wirtschaftsprüfungsgesellschaft zu bestellen.

Top 5: Bericht der Geschäftsführung über die Entwicklung der Gesellschaft

. . . . .

(Unterschriften des/der Geschäftsführer(s))

Schrifttum: *Beckmann,* Unmöglichkeit der Ladung eines GmbH-Gesellschafters zur Gesellschafterversammlung, DNotZ **71**, 132; *Emde,* Einberufung der GmbH-Gesellschafterversammlung mittels Kuriers?, GmbHR **02**, 8; *Karl,* Formerfordernisse bei Einberufung, Ankündigung und Durchführung von Gesellschafterversammlungen in der GmbH, DStR **93**, 880; *Köper,* Das Einwurf-Einschreiben als „eingeschriebener Brief" i.S. des § 51 Abs 1 S 1 GmbHG, NZG **08**, 96; *Loritz,* Die Berechnung der Einberufungsfrist bei Gesellschafterversammlungen der GmbH, GmbHR **92**, 790; *Lutz,* Welche Fehler bei der Einberufung von Gesellschafterversammlungen führen zur Beschlussunwirksamkeit? GmbHR **16**, 785; *Müther,* Zur Nichtigkeit führende Fehler bei der Einberufung der GmbH-Gesellschafterversammlung, GmbHR **00**, 966; *Papmehl,* Der unerreichbare GmbH-Gesellschafter, MittBayNot **03**, 28; *Seeling/Zwickel,* Typische Fehlerquellen bei der Vorbereitung und Durchführung der Gesellschafterversammlung einer GmbH, DStR **09**, 1097; *Tettinger,* Gesellschaftsrechtliche Einberufungsfristen, Kündigungsfristen und der Anwendungsbereich des § 193 BGB, GmbHR **08**, 346; *Thelen,* Die Ankündigung des Zwecks der Gesellschafterversammlung bei der Einberufung, GmbHR **92**, 796; *Vogel,* Gesellschafterbeschlüsse und Gesellschafterversammlung, 2. Aufl 1986; *Wicke,* Dos and don'ts bei der Einberufung und Durchführung von Gesellschafterversammlungen, GmbHR **17**, 777; *Wiester,* Die Durchführung von Gesellschafterversammlungen bei der zerstrittenen Zweipersonen-GmbH, GmbHR **08**, 189; *Zeilinger,* Die Einberufung der Gesellschafterversammlung – Fallstricke für die Wirksamkeit von Gesellschafterbeschlüssen, GmbHR **01**, 541; *Zwissler,* Gesellschafterversammlung und Internet, GmbHR **00**, 28.

Anmerkungen

1. Beschlüsse der Gesellschafter werden in Gesellschafterversammlungen gefasst (§ 48 Abs 1 GmbHG), es sei denn sämtliche Gesellschafter haben sich in Textform (§ 126 b BGB) mit der zu treffenden Bestimmung oder mit der schriftlichen Stimmabgabe einverstanden erklärt (§ 48 Abs 2 GmbHG). Zur Abhaltung einer Gesellschafterversammlung muss diese einberufen werden. Zuständig hierfür sind grundsätzlich die Geschäftsführer der Gesellschaft; abweichende Satzungsregelungen sind zulässig (§ 49 Abs 1, 45 Abs 2 GmbHG). Eine **Einberufungspflicht** trifft die Geschäftsführer, wenn dies im Interesse der Gesellschaft erforderlich erscheint (§ 49 Abs 2 GmbH), die Hälfte des Stammkapitals verloren ist (§ 49 Abs 3 GmbHG) oder eine 10 %-Minderheit dies verlangt (§ 50 Abs 1 GmbHG). Von mehreren bestellten Geschäftsführern ist jeder Geschäftsführer für sich allein zur Einberufung befugt und verpflichtet, unabhängig von eventuellen Regelungen zur Gesamtgeschäftsführung und –vertretung (BGH NZG 2016, 552, 554; Baumbach/Hueck/*Zöllner/Noack* § 49 Rn 3). Darüber hinaus ist ein Aufsichtsrat zur Einberufung berechtigt und verpflichtet, wenn ein solcher besteht und das Wohl der Gesellschaft es erfordert (§ 111 Abs 3 S 1 AktG, § 52 Abs 1 GmbHG, § 25 Abs 1 S 1 Nr 2 MitbestG, § 1 Abs 1 S 1 Nr 3 DrittelbG), es sei denn, die Gesellschaft hat nur einen fakultativen Aufsichtsrat und die Satzung sieht etwas anderes vor. Die Satzung kann die Einberufungskompetenz des Aufsichtsrats erweitern (vgl → Form. II.D.1.4 § 13 Abs 10 S 3). Weiterhin kann eine 10 %-Minderheit die Einberufung selbst bewirken, wenn ihrem vorherigen Verlangen nicht entsprochen wurde (§ 50 Abs 1, 3 S 1 GmbHG). Satzungsregelungen können weitere Einberufungspflichten statuieren, die gesetzlichen Pflichten jedoch nicht beschränken (hM, Baumbach/Hueck/*Zöllner/Noack* § 49 Rn 22, § 50 Rn 2). Nicht einberufungsbefugt ist eine wirksam abberufene, aber im Handelsregister noch als Geschäftsführer eingetragene Person; eine entsprechende Anwendung des § 121 Abs 2 S 2 AktG, wonach Personen, die im Handelsregister als Vorstand eingetragen sind, als zur Einberufung der Hauptversammlung befugt gelten, ist mangels Vorliegens der Analogievoraussetzungen trotz der allgemeinen Verweisung des seinerseits analog anwendbaren § 241 Nr 1 AktG nicht möglich (BGH NJW 2017, 1471, 1473; Baumbach/Hueck/*Zöllner/Noack* § 49 Rn 3).

2. Die Einberufung erfolgt grds. durch Einladung mittels Einschreiben (§ 51 Abs 1 S 1 GmbHG) jeweils an die der Gesellschaft mitgeteilten Anschrift (OLG Celle GmbHR 2014, 369, 370), wobei nach hM ein Einwurfeinschreiben ausreicht (LG Mannheim NZG 2008,

111 f; Baumbach/Hueck/*Zöllner/Noack* § 51 Rn 12; s auch BGH NJW 2017, 68, 69 bzgl. § 21 Abs 1 S 2 GmbHG; MüKoGmbHG/*Liebscher* § 51 Rn 19 a). Str ist, inwieweit die Satzung die Anforderungen an die Form. der Einberufung erleichtern darf. Nach hM sind Satzungsregelungen zulässig, die eine mündliche oder telefonische Einladung oder eine Einladung durch E-Mail oder einfachen Brief vorsehen (Baumbach/Hueck/*Zöllner/Noack* § 51 Rn 39; OLG Thüringen GmbHR 1996, 536, 537).

3. Die Einberufung ist vom Einberufungsberechtigten an alle Gesellschafter zu richten, auch wenn diese nicht stimmberechtigt sind (BGH NJW 1971, 2225). Wird auch nur ein Gesellschafter nicht geladen oder beruft ein zur Einberufung Nichtberechtigter ein, sind alle in der fehlerhaft einberufenen Gesellschafterversammlung gefassten Beschlüsse nichtig (vgl § 241 Nr 1 AktG; Baumbach/Hueck/*Zöllner/Noack* § 51 Rn 28). Sie können aber durch Genehmigung oder bei rügeloser Beteiligung (dazu BGHZ 100, 264, 267) sämtlicher Gesellschafter in einer Voll- bzw Universalversammlung (§ 51 Abs 3 GmbHG) geheilt werden (Baumbach/Hueck/*Zöllner/Noack* § 51 Rn 30 f). Andere Ladungsmängel, wie zB Einladung an einen unzulässigen Ort oder auf unzulässige Zeit, begründen demgegenüber nur dann die Nichtigkeit von Beschlüssen, wenn der Ladungsmangel einer Nichtladung gleichkommt, anderenfalls nur deren Anfechtbarkeit (BGH NZG 2016, 552, 553; Baumbach/Hueck/*Zöllner/Noack* § 51 Rn 28 ff).

So führt die Unterschreitung der gesetzmäßigen und/oder satzungsmäßigen Ladungsfrist nur dann zur Nichtigkeit, wenn dem Gesellschafter die Teilnahme an der Gesellschafterversammlung faktisch unmöglich gemacht wurde, ansonsten sind die Beschlüsse anfechtbar (OLG Jena GmbHR 2020, 433, 442 = BeckRS 2018, 39380).

4. Eine Gesellschafterversammlung ist mit einer Frist von mindestens einer Woche einzuberufen (§ 51 Abs 1 S 2 GmbHG). Eine längere Einberufungsfrist ist aber nicht erforderlich, auch die Treuepflicht gebietet dies grds nicht (LG Kiel GmbHR 2013, 363, 364 f). Für die Fristberechnung gelten §§ 187 Abs 1, 188 Abs 2 BGB (Baumbach/Hueck/*Zöllner/Noack* § 51 Rn 20). Um die Frist zu wahren, muss das Einschreiben nach hM so rechtzeitig zur Post aufgegeben werden, dass zwischen dem Tag, an dem das Einschreiben bei ordnungsgemäßer Zustellung unter normalen Umständen dem letzten Gesellschafter zugeht, und dem Tag der Versammlung mindestens eine Woche liegt. Tatsächlicher Zugang ist nicht erforderlich (BGHZ 100, 264, 267; Baumbach/Hueck/*Zöllner/Noack* § 51 Rn 19). Bei Zustellungen im Inland ist nach überwiegender Auffassung eine Postlaufzeit von **zwei Werktagen** zu veranschlagen (OLG Brandenburg NZG 1999, 828, 832; OLG Hamm NZG 2003, 630, 631; OLG Naumburg NZG 2000, 44, 45; Lutter/Hommelhoff/*Bayer* § 51 Rn 14).

5. Ordentliche Gesellschafterversammlung ist nach üblichem Sprachgebrauch diejenige, in der die Gesellschafter über die Feststellung des Jahresabschlusses, die Ergebnisverwendung und die Entlastung der Geschäftsführer beschließen.

6. Ort, Tag und Uhrzeit der Versammlung sind in der Einladung stets anzugeben (Baumbach/Hueck/*Zöllner/Noack* § 51 Rn 14 f).

7. Der Zweck der Einberufung soll stets angegeben werden (§ 51 Abs 2 GmbHG). Dies setzt Angaben voraus, die es den Gesellschaftern ermöglichen, sich auf die Erörterung der Tagesordnungspunkte sowie die Abstimmung vorzubereiten; es muss erkennbar sein, worüber verhandelt und beschlossen werden soll (Baumbach/Hueck/*Zöllner/Noack* § 51 Rn 24). Erforderlich ist insbesondere, dass die Tagesordnung die Beschlussgegenstände hinreichend konkretisiert (hierzu OLG München GmbHR 2019, 298, 300 = BeckRS 2019, 37). Anders als im Aktienrecht müssen keine Beschlussvorschläge oder -anträge aufgeführt werden; häufig wird dies jedoch zweckmäßig sein. Ist der Zweck nicht hinreichend bestimmt angegeben worden, fehlt es an einer ordnungsgemäßen Einberufung und Beschlüsse können in der Gesellschafterversammlung nur dann in rechtmäßiger Weise gefasst werden, wenn sämtliche Gesellschafter anwesend sind (§ 51 Abs 3 GmbHG). Es ist für eine ordnungsgemäße Einberufung aber nicht erforderlich, alle Beschlussgegenstände bereits abschließend in der Einberufung aufzuführen; das Gesetz erlaubt, Beschlussgegenstände bis drei Tage vor der Gesellschafterversammlung in der für die Einberufung geltenden Weise nachzureichen (§ 51 Abs 4 GmbHG). Für eine Fristwahrung gelten die in → Anm. 4 beschriebenen Grundsätze; insbesondere soll auch hier bei Inlandszustellungen eine Postlaufzeit von zwei Werktagen zugrunde gelegt werden (OLG Jena NZG 2018, 992, 994).

Bei nicht ordnungsgemäßer Ankündigung verstößt die Beschlussfassung gegen § 51 Abs 2, 4 GmbHG, sodass gefasste Beschlüsse unabhängig von der Relevanz des Verstoßes nichtig sind (OLG München GmbHR 2019, 298, 301 = BeckRS 2019, 37).

8. S §§ 316, 318 Abs 1 HGB. Anders als im Aktienrecht, wo das Vorschlagsrecht für die Wahl des Abschlussprüfers ausschließlich beim Aufsichtsrat liegt (§ 124 Abs 3 S 1 AktG), kann bei der GmbH auch die Geschäftsführung Vorschläge zur Wahl machen.

2.2 Niederschrift von Gesellschafterversammlungen

Niederschrift[1] über die ordentliche Gesellschafterversammlung der A GmbH

mit Sitz in . . . . ., die am . . . . . um . . . . . Uhr in den Geschäftsräumen der Gesellschaft . . . . . stattfand. Folgende Gesellschafter[2] waren anwesend bzw. ordnungsgemäß vertreten:

1. B GmbH mit einem Geschäftsanteil im Nennwert von EUR . . . . . und der Nr . . . . ., vertreten durch Frau B aufgrund Vollmacht vom . . . . ., welche dieser Niederschrift in Kopie als Anlage beigefügt ist;[3]
2. Herr C mit einem Geschäftsanteil im Nennwert von EUR . . . . . und der Nr . . . . .;
3. Herr D mit zwei Geschäftsanteilen im Nennwert von je EUR . . . . . und den Nr . . . . .

Damit war das gesamte Stammkapital der Gesellschaft von EUR . . . . . vertreten.

Geschäftsführer:[4]

1. Herr E
2. Frau F

Den Vorsitz in der Versammlung übernahm nach Wahl durch sämtliche Gesellschafter Herr . . . . .[5]

Der Vorsitzende stellte fest:
Die heutige Gesellschafterversammlung wurde form- und fristgerecht einberufen. Das Einschreiben der Geschäftsführung vom . . . . ., mit dem alle Gesellschafter zu dieser Versammlung eingeladen wurden, ist dieser Niederschrift in Kopie als Anlage beigefügt.[6]
Die Versammlung ist beschlussfähig.[7]
Der Vorsitzende bestimmte, dass die Abstimmungen mündlich erfolgen.[8]
Die Tagesordnung wurde sodann wie folgt erledigt:

Top 1: Feststellung des Jahresabschlusses . . . . .

Der Jahresabschluss zum . . . . , der dieser Niederschrift in Kopie als Anlage beigefügt ist, wurde mit den Stimmen aller anwesenden Gesellschafter festgestellt.

Top 2: Ergebnisverwendung

Vom Jahresüberschuss in Höhe von . . . . . werden EUR . . . . . ausgeschüttet und der Restbetrag von EUR . . . . . auf neue Rechnung vorgetragen.

Der Beschluss wurde einstimmig gefasst.

Top 3: Entlastung der Geschäftsführer

Den Geschäftsführern wird für das Geschäftsjahr . . . . . Entlastung erteilt.

Der Beschluss wurde bei . . . . . Gegenstimmen mit allen übrigen Stimmen der anwesenden Gesellschafter gefasst.

Top 4: Wahl des Wirtschaftsprüfers

Die . . . . . Wirtschaftsprüfungsgesellschaft wird zum Abschlussprüfer für das Geschäftsjahr . . . . . bestellt.

Der Beschluss wurde einstimmig gefasst.

Top 5: Bericht der Geschäftsführung über die Entwicklung der Gesellschaft

Die Geschäftsführer erläuterten die Entwicklung der Gesellschaft im abgelaufenen Geschäftsjahr. Hierzu wurde auf den Bericht Bezug genommen, der den Sitzungsunterlagen beigefügt ist. Die Gesellschaft konnte ihre Marktposition deutlich verbessern. Für das folgende Geschäftsjahr prognostizieren die Geschäftsführer eine weitere Steigerung des Umsatzes um . . . . . Prozent und des Gewinns um . . . . . Prozent.

Das jeweilige Abstimmungsergebnis wurde von dem Vorsitzenden nach jeder einzelnen Beschlussfassung verkündet, und der jeweils gefasste Beschluss mit dem vorstehend wiedergegebenen Wortlaut festgestellt.[9]

Weitere Beschlüsse wurden nicht gefasst. Nach Erledigung der Tagesordnung wurde die Gesellschafterversammlung um . . . . . Uhr geschlossen.

(Ort, Datum)

(Unterschrift des Vorsitzenden)

Anlagen:

- Vollmacht der B GmbH zur Vertretung durch Frau B
- Einschreiben der Geschäftsführung vom . . . . . über Einberufung zur Gesellschafterversammlung
- Jahresabschluss zum . . . . .
- Bericht der Geschäftsführung zur Entwicklung der Gesellschaft

Schrifttum: *Abramenko,* Zum Rechtsschutz gegen fehlerhafte Protokolle über Gesellschafterversammlungen, GmbHR 03, 1043; *Böttcher/Grewe,* Der Versammlungsleiter in der Gesellschaft mit beschränkter Haftung, NZG 02, 1086; *Eickhoff,* Die Praxis der Gesellschafterversammlung bei GmbH und GmbH & Co, 4. Aufl 2006; *Fingerhut/Schröder,* Recht des GmbH-Gesellschafters auf Beiziehung eines juristischen Beraters in der Gesellschafterversammlung, BB 99, 1230; *Flick,* Die Niederschrift einer Hauptversammlung einer nicht börsennotierten AG, NJOZ 09, 4485; *Goette,*

Auslandsbeurkundungen im Kapitalgesellschaftsrecht, MittRhNotK 97, 1; *Lange*, Der Leiter der GmbH-Gesellschafterversammlung, NJW 15, 3190; *Lindemann*, Die Beschlussfassung in der Einmann-GmbH, 1996; *Schervier*, Beurkundung GmbH-rechtlicher Vorgänge im Ausland, NJW 92, 593; *Seeling/Zwickel*, Typische Fehlerquellen bei der Vorbereitung und Durchführung der Gesellschafterversammlung einer GmbH, DStR 09, 1097; *Sina*, Das Recht des Gesellschafters auf Anwesenheit eines Beraters in der Gesellschafterversammlung, GmbHR 93, 136; *Werner*, Das Beschlussfeststellungsrecht des Versammlungsleiters, GmbHR 06, 127; *Wiester*, Die Durchführung von Gesellschafterversammlungen bei der zerstrittenen Zweipersonen-GmbH, GmbHR 08, 189.

Anmerkungen

1. Die Beschlussfassung in einer Gesellschafterversammlung ist der gesetzliche Regelfall (§ 48 Abs 1 GmbHG). Das Gesetz schreibt für Gesellschafterversammlungen grundsätzlich keine besondere Form vor. Beschlussniederschriften sind aber zwingend vorgeschrieben insbesondere für satzungsändernde Beschlüsse (§ 53 Abs 2 GmbHG: notarielle Beurkundung), Beschlüsse über Maßnahmen nach dem Umwandlungsgesetz (vgl §§ 13 Abs 3 S 1, 125 S 1, 176 Abs 1, 193 Abs 3: notarielle Beurkundung), Zustimmungsbeschlüsse der Gesellschafterversammlung einer abhängigen Gesellschaft zum Abschluss eines Unternehmensvertrages (BGHZ 104, 324, 332: notarielle Beurkundung) sowie generell Beschlüsse in der Ein-Mann-GmbH (§ 48 Abs 3 GmbHG: unterschriebene Niederschrift). Teilweise verlangt das Gesetz auch, den Inhalt einer Beschlussfassung in schriftlicher Form gegenüber dem Handelsregister nachzuweisen (zB § 39 Abs 2 GmbHG), so dass aus praktischen Gründen eine Niederschrift unverzichtbar ist. Aus Beweisgründen ist eine Niederschrift jedoch in allen Fällen anzuraten. Der Gesellschaftsvertrag schreibt vor diesem Hintergrund häufig vor, dass eine Niederschrift über Beschlüsse der Gesellschafterversammlung anzufertigen ist (s → Form. II.D.1.4. § 11 Abs 5 S 1).

2. Jeder Gesellschafter ist berechtigt, an der Gesellschafterversammlung teilzunehmen. Dies gilt auch dann, wenn ein Gesellschafter vom Stimmrecht ausgeschlossen ist (BGH WM 1985, 567, 568). Das Teilnahmerecht ist – anders als das Stimmrecht – nach allg Auffassung ein unentziehbares Mitgliedschaftsrecht (Baumbach/Hueck/*Zöllner/Noack* § 48 Rn 6 mwN vgl auch → Form. II.D.2.1 Anm. 3).

3. Gesellschafter können sich in der Gesellschafterversammlung aufgrund einer in Textform ausgestellten Vollmacht vertreten lassen, § 47 Abs 3 GmbHG, soweit die Satzung keine strengeren Voraussetzungen für eine Vertretung aufstellt (vgl → Form. II.D.1.4. § 10 Abs 6: Schriftform).

4. Geschäftsführern, Aufsichtsrats- und Beiratsmitgliedern steht in ihrer Eigenschaft als Organmitglieder kein Teilnahmerecht zu, sie können aber durch Gesellschafterbeschluss zugelassen werden (Baumbach/Hueck/*Zöllner/Noack* § 48 Rn 11).

5. S → Form. II.D.1.4. § 10 Abs 7 S 1. Fehlt eine Satzungsregelung zur Bestimmung des Vorsitzenden, können die Gesellschafter mit einfacher Mehrheit einen Vorsitzenden wählen (Baumbach/Hueck/*Zöllner/Noack* § 48 Rn 16). Die Kompetenz zur verbindlichen Feststellung des Beschlussergebnisses kann dem Vorsitzenden allerdings nur durch die Satzung oder mit Zustimmung aller anwesenden Gesellschafter übertragen werden (Baumbach/Hueck/*Zöllner/Noack* § 48 Rn 17 a f). Im Übrigen ist es die Aufgabe des Versammlungsleiters, die Versammlung zu eröffnen und zu schließen sowie Beratung und Abstimmung zu leiten. Dazu zählt auch, die hinreichende Protokollierung der Versammlung sicherzustellen (Baumbach/Hueck/*Zöllner/Noack* § 48 Rn 22). Entscheidungen mit unmittelbaren Auswirkungen auf die Tagesordnung (zB Vertragung oder Absetzung) bleiben jedoch den Gesellschaftern vorbehalten (Baumbach/Hueck/*Zöllner/Noack* § 48 Rn 18). Eine nicht satzungsgemäße Versammlungsleitung allein stellt dabei keinen relevanten Verfahrensmangel dar, der die Anfechtbarkeit sämtlicher Beschlüsse rechtfertigt (BGH NZG 2019, 269, 273 f). In kleinen Gesellschaften wird es oft verzichtbar sein, einen Vorsitzenden zu bestimmen.

6. Die ordnungsgemäße Einberufung ist entbehrlich bei einer Vollversammlung – auch Universalversammlung genannt (§ 51 Abs 3 GmbHG). In einem solchen Fall kann folgende Feststellung des Versammlungsleiters aufgenommen werden:

„Sämtliche Gesellschafter waren anwesend. Die Gesellschafterversammlung konnte deshalb Beschlüsse fassen, ohne dass die für die Einberufung und Ankündigung sonst geltenden Formen und Fristen eingehalten sein mussten (§ 51 Abs 3 GmbHG).“

Außerdem können Gesellschafter für den konkreten Fall oder für alle künftigen Fälle auf die Einhaltung der für die Einberufung und Ankündigung vorgeschriebenen Formen und Fristen verzichten; ein Verzicht gilt für die Gesellschafter, die ihn erklärt haben (Baumbach/Hueck/*Zöllner*/*Noack* § 51 Rn 29). Dann empfiehlt sich folgende Formulierung:

„Sämtliche Gesellschafter verzichteten auf die Einhaltung aller durch Gesetz oder Gesellschaftsvertrag für die Einberufung und Ankündigung vorgeschriebenen Formen und Fristen“.

7. Ist die Gesellschafterversammlung ordnungsgemäß einberufen worden, kann die Gesellschafterversammlung auch dann wirksam Beschlüsse fassen, wenn von mehreren Gesellschaftern lediglich ein Gesellschafter mit einer Minderheitsbeteiligung erschienen ist (s etwa OLG Köln NZG 2002, 381, 383). Die Satzung kann für die Beschlussfähigkeit allerdings Mindestanforderungen aufstellen (etwa Mindestzahl Erschienener, Mindestbeteiligungshöhe; vgl → Form. II.D.1.4. § 11 Abs 3: Anwesenheit oder Vertretung von drei Vierteln des stimmberechtigten Kapitals). Wird gegen eine solche Satzungsregelung verstoßen, ist ein Beschluss rechtswidrig und anfechtbar (Baumbach/Hueck/*Zöllner*/*Noack* § 48 Rn 3).

8. Über die Form der Abstimmung entscheidet der Vorsitzende (s → Form. II.D.1.4. § 10 Abs 7 S 3), wenn es an einer verbindlichen Satzungsregelung fehlt (Baumbach/Hueck/*Zöllner* § 47 Rn 19).

9. Bei der GmbH ist – anders als bei der AG – die Ergebnisfeststellung und Verkündung keine Wirksamkeitsvoraussetzung für einen Gesellschafterbeschluss (BGHZ 76, 154, 155 f.; BGHZ 1988, 320, 329; NZG 2007, 185, 187; Baumbach/Hueck/*Zöllner*/*Noack* § 47 Rn 26), soweit die Satzung dies nicht abweichend von → Form. II.D.1.4 Anm. 1 ausnahmsweise verlangt; es genügt vielmehr die notarielle Beurkundung. Stellt der Versammlungsleiter (vgl → Anm. 5) das Zustandekommen eines Beschlusses fest, bewirkt dies allerdings, dass der Beschluss ungeachtet möglicher formeller oder materieller Mängel mit dem festgestellten Inhalt vorläufig wirksam und damit bis zu einer etwaigen Aufhebung des Beschlusses nach erfolgreicher Anfechtungsklage zwischen den Beteiligten verbindlich wird (im Einzelnen s Baumbach/Hueck/*Zöllner*/*Noack* Anh § 47 Rn 118, 120 ff). Die Unrichtigkeit der Feststellung kann dann lediglich durch fristgebundene Anfechtungsklage geltend gemacht werden (BGHZ 104, 66, 69; Baumbach/Hueck/*Zöllner*/*Noack* Anh § 47 Rn 118).

2.3 Erhöhung des Stammkapitals durch Bar- und Sacheinlagen

a) Erhöhungsbeschluss[1]

Verhandelt am . . . . . in . . . . .

Vor dem unterzeichneten Notar X erschienen A und B.[2]

Die Erschienenen erklärten:

Wir sind die sämtlichen Gesellschafter der im HRB . . . . . des Amtsgerichts . . . . . eingetragenen A GmbH mit einem voll eingezahlten Stammkapital von EUR . . . . .[3]

A hält einen Geschäftsanteil von EUR . . . . . mit der Nr 1, B einen Geschäftsanteil von EUR . . . . . mit der Nr 2.[4]

I. Gesellschafterversammlung

Unter Verzicht auf die Einhaltung aller durch Gesetz oder Gesellschaftsvertrag für die Einberufung und Ankündigung vorgeschriebenen Formen und Fristen halten wir hiermit eine Gesellschafterversammlung der A GmbH ab und beschließen einstimmig:[5]

1. Das Stammkapital der Gesellschaft wird von EUR . . . . . um EUR . . . . . durch Ausgabe von zwei neuen Geschäftsanteilen im Nennwert von EUR . . . . . mit der Nr 3 und von EUR . . . . . mit der Nr 4 auf EUR . . . . . erhöht.[6]
2. Die neuen Geschäftsanteile[7] werden zum Nennwert[8] ausgegeben und sind ab dem Beginn des bei Eintragung der Kapitalerhöhung laufenden Geschäftsjahres gewinnberechtigt.[9]
3. Auf das erhöhte Stammkapital ist eine Bareinlage von EUR . . . . . und eine Sacheinlage von EUR . . . . . zu leisten.
4. Zur Übernahme neuer Geschäftsanteile werden zugelassen:[10]
   a) A zur Übernahme eines Geschäftsanteils im Nennwert von EUR . . . . . mit der Nr 3 und
   b) B zur Übernahme eines Geschäftsanteils im Nennwert von EUR . . . . . mit der Nr 4.
5. Die Einlage des Gesellschafters A auf den von ihm übernommenen Geschäftsanteil ist in bar zu leisten. Sie ist zur Zahlung sofort in voller Höhe fällig.[11]
   Die Einlage des Gesellschafters B auf den von ihm übernommenen Geschäftsanteil ist nicht in bar, sondern dadurch zu leisten, dass B der Gesellschaft das Eigentum an den aus der Anlage ersichtlichen Gegenständen auf die Gesellschaft überträgt. Soweit der Wert der Sacheinlage den Nennbetrag des von B übernommenen Geschäftsanteils übersteigt, wird er in die Kapitalrücklage eingestellt.[12]
6. § 3 des Gesellschaftsvertrags wird wie folgt neu gefasst:

„§ 3 Stammkapital

Das Stammkapital der Gesellschaft beträgt EUR . . . . .“

Damit war die Gesellschafterversammlung beendet.

II. Kosten

Die Kosten dieser Urkunde und ihrer Durchführung trägt, soweit gesetzlich zulässig, die Gesellschaft.

Der Notar wies darauf hin, dass

a) alle Gesellschafter für übernommene, aber nicht erbrachte Stammeinlagen und die Vollwertigkeit der Sacheinlagen bei Eingang der Anmeldung der Kapitalerhöhung beim Registergericht haften und
b) die Kapitalerhöhung erst mit Eintragung wirksam wird.

b) Übernahmeerklärungen[13]

In der Gesellschafterversammlung der A GmbH mit Sitz in . . . . . vom . . . . . – UR-Nr. . . . . / . . . . . des Notars . . . . . in . . . . . – wurde beschlossen, das gegenwärtig

EUR . . . . . betragende Stammkapital der Gesellschaft um EUR . . . . . auf EUR . . . . . zu erhöhen.

Zur Übernahme neuer Geschäftsanteile wurden zugelassen:

a) A zur Übernahme des Geschäftsanteils im Nennwert von EUR . . . . . mit der Nr 3 und
b) B zur Übernahme des Geschäftsanteils im Nennwert von EUR . . . . . mit der Nr 4.

Die Einlage des Gesellschafters A auf den von ihm übernommenen Geschäftsanteil ist sofort in voller Höhe in bar zu leisten. Die Einlage des Gesellschafters B auf den von ihm übernommenen Geschäftsanteil ist nicht in bar, sondern dadurch zu leisten, dass B der Gesellschaft das Eigentum an den aus der Anlage zu dieser Erklärung ersichtlichen Gegenständen auf die Gesellschaft überträgt. Soweit der Wert der Sacheinlage den Nennbetrag aller von B übernommenen Geschäftsanteile übersteigt, wird er in die Kapitalrücklage eingestellt.

Auf das erhöhte Stammkapital übernehmen hiermit zu den Bedingungen des Kapitalerhöhungsbeschlusses

a) A einen Geschäftsanteil im Nennwert von EUR . . . . . mit der Nr 3 und
b) B einen Geschäftsanteil im Nennwert von EUR . . . . . mit der Nr 4.

Die Übernahmeerklärungen werden unwirksam, wenn die Kapitalerhöhung am . . . . . noch nicht eingetragen sein sollte.[14]

(Notarielle Beglaubigung der Unterschriften von A und B oder ihrer Vertreter)

Anlage

c) Anmeldung zum Handelsregister

Amtsgericht . . . . .

– Handelsregister B –

A GmbH, HRB . . . . .

Wir, die unterzeichneten sämtlichen[15] Geschäftsführer, überreichen

1. beglaubigte Abschrift der notariellen Niederschrift über die Gesellschafterversammlung vom . . . . . (UR . . . . . des Notars . . . . .), enthaltend
   a) Beschluss über die Erhöhung des Stammkapitals der Gesellschaft,
   b) Beschluss über die Neufassung von § 3 des Gesellschaftsvertrages (Stammkapital),
2. Übernahmeerklärungen der Gesellschafter A und B,[16]
3. Liste der Übernehmer neuer Geschäftsanteile,[17]
4. die zur Ausführung der Sacheinlagen geschlossenen Verträge,[18]
5. Bestätigung der . . . . ., wonach der Wert der Sacheinlage den Betrag der dafür übernommenen Stammeinlage erreicht[19] sowie
6. vollständigen Wortlaut des Gesellschaftsvertrages mit der Bescheinigung des Notars nach § 54 Abs 1 S 2 GmbHG

und melden zur Eintragung an:

Das Stammkapital ist durch Beschluss der Gesellschafterversammlung vom . . . . . von EUR . . . . . um EUR . . . . . auf EUR . . . . . erhöht worden. Die Regelung in § 3 des Gesellschaftsvertrages wurde entsprechend geändert; sonstige in § 10 Abs 1 und 2 GmbHG bezeichnete Angaben sind durch die Satzungsänderung nicht betroffen.

Wir versichern, dass die neuen Stammeinlagen – ebenso wie die alten – voll eingezahlt sind[20] und die eingezahlten Beträge sich ebenso wie die zu erbringenden Sacheinlagen[21] endgültig in unserer freien Verfügung befinden und auch in der Folge nicht an die Einleger zurückgezahlt oder -übertragen worden sind.[22]

(Notarielle Beglaubigung der Unterschriften, § 12 Abs 1 HGB)

d) Liste der Übernehmer

Liste der Gesellschafter, die bei der Kapitalerhöhung der A GmbH neue Geschäftsanteile übernommen haben[23]

Name, Vorname	Geburtsdatum	Wohnort	Nennbetrag der übernommenen Geschäftsanteile	Lfd. Nummer der übernommenen Geschäftsanteile
A	.....	.....	EUR	3
B	.....		EUR	4

(Ort, Datum, Unterschriften sämtlicher Geschäftsführer, Beglaubigung unnötig)

Schrifttum: *Bieder,* Treuwidrig verzögerte oder vereitelte Kapitalerhöhungen in der GmbH, NZG 16, 538; *Brenner,* Der Verwässerungseffekt im Rahmen von Kapitalerhöhungen bei einer personalistischen GmbH, FS Sigle 00, 341; *Cramer,* Das genehmigte Kapital der GmbH nach dem MoMiG, GmbHR 09, 406; *Ekkenga,* Sachkapitalerhöhung gegen Schuldbefreiung, ZGR 09, 581; *Heckschen,* Agio und Bezugsrechtsausschluss bei der GmbH, DStR 01, 1437; *Herrler,* Aktuelles zur Kapitalerhöhung bei der GmbH, DNotZ 08, 903; *Klett,* Das genehmigte Kapital bei der GmbH. Praxisfragen zu Hintergrund und Verfahren des neuen § 55 a GmbHG, GmbHR 08, 1312; *Klose,* Die Stammkapitalerhöhungen bei der Unternehmergesellschaft (haftungsbeschränkt), GmbHR 09, 294; *Klaaßen/van Lier,* Auswirkungen nichtiger Kapitalerhöhungsbeschlüsse auf nachfolgende Kapitalmaßnahmen, NZG 14, 1250; *Kühne/Dietel,* „Anwachsung" des Bezugsanspruchs aus einem Kapitalerhöhungsbeschluss bei Verzicht bzw. Nichtausübung eines GmbH-Gesellschafters, NZG 09, 15; *Lüssow,* Das Agio im GmbH- und Aktienrecht, 2004; *Lutter/Zöllner,* Zur Anwendung der Regeln über die Sachkapitalerhöhung auf das Ausschüttungs-Rückhol-Verfahren, ZGR 96, 164; *Müller,* Die Kapitalerhöhung in der Insolvenz, ZGR 04, 842; *Priester,* Genehmigtes Kapital bei der GmbH. Das MoMiG beschert uns einen neuen § 55 a GmbHG, GmbHR 08, 1177; *Priester,* Pflicht zur Quotenwahrung als Pendant des Bezugsrechts bei der GmbH?, GmbHR 05, 1013; *Priester,* Emissions-Tranchen bei ordentlicher Kapitalerhöhung?, NZG 10, 81; *Priester,* Vorausleistungen auf die Kapitalerhöhung nach MoMiG und ARUG, DStR 10, 494; *Rottnauer,* Ausgabebetragsbemessung bei effektiver Kapitalerhöhung in einer personalistischen Kapitalgesellschaft, ZGR 07, 401; *Saß,* Die Kapitalerhöhung bei der GmbH – Ein Überblick, RNotZ 16, 213; *Schaefer/Grützediek,* Haftung der Gesellschaft für „mangelhafte" Gesellschaftsanteile bei Kapitalerhöhungen, NZG 06, 204; *Ulmer,* Rechtsfragen der Barkapitalerhöhung bei der GmbH, GmbHR 93, 189.

Anmerkungen

1. Die Kapitalerhöhung ist eine **Satzungsänderung** und unterliegt neben den §§ 55 ff GmbHG auch den §§ 53, 54 GmbHG. Dies folgt daraus, dass der Betrag des Stammkapitals wesentlicher Satzungsbestandteil ist (§ 3 Abs 1 Nr 3 GmbHG). Die mit einer Kapitalerhöhung verbundene Satzungsänderung ist nur in einem bestimmten Verfahren möglich, das in erster Linie dem Gläubigerschutz dient. Zu unterscheiden sind die effektive Kapitalerhöhung, im Rahmen derer das Eigenkapital der GmbH idR unter Zuführung neuer Mittel vermehrt wird (s dazu dieses Form.), und die nominelle Kapitalerhöhung aus Gesellschaftsmitteln, bei der lediglich bereits vorhandene Mittel der strengen Stammkapitalbindung unterworfen werden (s dazu → Form. II.D.2.4 Anm. 1). Die in diesem Form. enthaltene effektive Kapitalerhöhung kann etwa sinnvoll sein, um den Geschäftsbetrieb auszuweiten und ein Signal an potenzielle Gläubiger zu setzen, um Fremdkapital in Eigenkapital umzuwandeln, um neue Gesellschafter in die GmbH aufzunehmen oder um eine Verschmelzung oder Spaltung zur Aufnahme vorzubereiten, im Rahmen derer die GmbH als übernehmender Rechtsträger den Anteilsinhabern des übertragenen Rechtsträgers neue Geschäftsanteile gewähren soll.

2. Lässt sich ein Gesellschafter bei der Kapitalerhöhung durch einen **Bevollmächtigten** vertreten, dann bedarf die Vollmacht der notariellen Beglaubigung, wenn und soweit sie den Bevollmächtigten auch zur Übernahme von neuen Geschäftsanteilen namens des Vertretenen berechtigt (Baumbach/Hueck/*Servatius* § 55 Rn 32; vgl auch § 2 Abs 2 GmbHG).

3. Die Klausel stellt lediglich klar, dass alle Einlagen auf bereits ausgegebene Geschäftsanteile geleistet sind und deshalb auch eine **Ausfallhaftung der übrigen Gesellschafter** nach § 24 GmbHG für die Zahlung von rückständigen Einlagen nicht mehr besteht. Allerdings ist die Kapitalerhöhung auch gestattet, wenn noch nicht alle Einlagen auf zuvor ausgegebene Geschäftsanteile geleistet sind (anders § 182 Abs 4 S 1 AktG für die AG). Dabei ist aber zu berücksichtigen, dass stets alle Gesellschafter (alte und neue) nach § 24 GmbHG für rückständige Einlagen auf alle Geschäftsanteile haften, gleichgültig ob die Geschäftsanteile bereits bei Gründung oder erst bei späteren Kapitalerhöhungen ausgegeben wurden (BGH NZG 2018, 1344, 1345; Baumbach/Hueck/*Kersting* § 24 Rn 5). Widerspricht ein Altgesellschafter deshalb der Kapitalerhöhung, kann eine etwa bestehende Ausfallhaftung wegen rückständiger Einlagen auf neue Geschäftsanteile seinen unverzüglichen Austritt aus wichtigem Grund rechtfertigen (LG Mönchengladbach NJW-RR 1986, 837, 838; Baumbach/Hueck/*Kersting* § 24 Rn 5).

In der (nach Eintragung der Gesellschaft) geänderten Satzung brauchen die Zahl und die Nennbeträge der durch jeden Gesellschafter ursprünglich übernommenen Geschäftsanteile (§ 3 Abs 1 Nr 4 GmbHG) nicht mehr angegeben zu werden, und zwar auch dann, wenn die Stammeinlagen noch nicht voll eingezahlt sind (BayObLG DNotZ 1997, 506, 508; Baumbach/Hueck/*Fastrich* § 3 Rn 18). Angaben zu Sacheinlagen, die bei Gründung in die Satzung aufgenommen worden sind, dürfen angesichts von § 9 Abs 2 GmbHG nF erst nach Ablauf von zehn Jahren (Baumbach/Hueck/*Fastrich* § 5 Rn 49; Michalski/*Leitzen* § 5 Rn 140) gestrichen werden.

4. Falls die beim Handelsregister eingereichte **Gesellschafterliste** den Geschäftsanteilen laufende Nummern zuweist (vgl §§ 40 Abs 1 S 1, 8 Abs 1 Nr 3 GmbHG) und damit bereits auf die durch das MoMiG zum 1.11.2008 eingeführte Vorgabe abgestimmt ist, sollten diese Nummern zur Klarstellung angegeben werden.

5. Für den Erhöhungsbeschluss genügt eine **Dreiviertelmehrheit** der abgegebenen Stimmen (§ 53 Abs 2 S 1 GmbHG). Wegen – ganz ausnahmsweise bestehender – Zustimmungspflichten aus der Treubindung der Gesellschafter vgl BGH NZG 2016, 781, 782; BGHZ 98, 276, 279; Baumbach/Hueck/*Zöllner*/*Noack* § 53 Rn 85 f.

6. Anders als vor Inkrafttreten des MoMiG kann jeder Gesellschafter, anders als im Form. vorgesehen, ebenso wie bei der Gründung der Gesellschaft auch bei späteren Kapitalerhöhungen gleichzeitig **mehrere Geschäftsanteile übernehmen** (§§ 5 Abs 2 S 2, 55 Abs 4 GmbHG), deren Nennwert auch unterschiedlich hoch sein kann (§ 5 Abs 3 S 1 GmbHG).

7. Anstatt neue Geschäftsanteile auszugeben (§ 55 Abs 3 GmbHG) können auch die Nennbeträge der bestehenden (voll eingezahlten) Geschäftsanteile erhöht (aufgestockt) werden (im Einzelnen dazu Baumbach/Hueck/*Servatius* § 55 Rn 46 mwN). Darüber hinaus ermöglicht § 55 a GmbHG die Schaffung eines **genehmigten Kapitals.** Danach können die Gesellschafter die Geschäftsführer für höchstens fünf Jahre nach Eintragung der Gesellschaft bzw nach Satzungsänderung ermächtigen, das Stammkapital durch Ausgabe neuer Geschäftsanteile gegen Einlagen zu erhöhen. Die Regelung bezweckt eine schnellere, flexiblere und kostengünstigere Möglichkeit zur Erhöhung des Kapitals, als es im Rahmen von § 55 GmbHG möglich ist. Das genehmigte Kapital ist noch kein Stammkapital und bleibt für das Mindestkapital (§ 5 Abs 1 GmbHG) außer Betracht (Baumbach/Hueck/*Servatius* § 55 a Rn 2). Der Nennbetrag des genehmigten Kapitals darf die Hälfte des Stammkapitals, das zur Zeit der Ermächtigung vorhanden ist, nicht übersteigen. Beispiel:

„Die Geschäftsführer der Gesellschaft werden bis zum . . . . . ermächtigt, das Stammkapital der Gesellschaft in Höhe von EUR 100 000 durch einmalige oder mehrmalige Ausgabe neuer Geschäftsanteile gegen Bareinlagen um insgesamt bis zu EUR 50 000 zu erhöhen. Dabei ist den Gesellschaftern ein Bezugsrecht einzuräumen. Über den Ausgabebetrag und die sonstigen Bedingungen der Ausgabe der neuen Geschäftsanteile entscheiden die Geschäftsführer.“

Die Ausgabe neuer Geschäftsanteile gegen Sacheinlagen bedarf einer speziellen Ermächtigung (§ 55 a Abs 3 GmbHG). Gleiches gilt für den Ausschluss des Rechts der Gesellschafter auf den Bezug neuer Geschäftsanteile (dazu nachstehend → Anm. 10), und zwar entweder durch den Gesellschafterbeschluss oder durch Ermächtigung der Geschäftsführer (OLG München, ZIP 2012, 330, 331; Baumbach/Hueck/*Servatius* § 55 a Rn 7; vgl auch § 203 Abs 2 AktG). Eine Klarstellung in der Ermächtigung über das Bezugsrecht bzw ein Bezugsrechtsausschluss empfiehlt sich. Ferner kann die Gesellschafterversammlung den Geschäftsführern, anders als nach dem vorstehenden Vorschlag, durch Gesellschafterbeschluss vorschreiben, zu welchem Zweck sie neue Geschäftsanteile unter Ausnutzung des genehmigten Kapitals ausgeben dürfen (Baumbach/Hueck/*Servatius* § 55 a Rn 7) und auch den Betrag vorgeben (Nennwert oder Nennwert zuzüglich eines Aufgelds), zu dem die neuen Geschäftsanteile von den Geschäftsführern auszugeben sind. Die Ermächtigung ist Satzungsbestandteil und kann entweder in die Gründungssatzung aufgenommen werden oder durch nachträgliche Satzungsänderung (§ 55 a Abs 2 GmbHG) erfolgen. Sie ist in beiden Fällen zur Eintragung in das Handelsregister anzumelden und dort einzutragen (§ 10 Abs 2 S 1 GmbHG). Bei der Ausnutzung des genehmigten Kapitals handeln die Geschäftsführer durch Beschluss. Dieser hat den Gesamtnennbetrag aller neu auszugebenden Geschäftsanteile sowie den Nennbetrag und den Ausgabebetrag jedes einzelnen Geschäftsanteils festzulegen. Dabei sind der Grundsatz der Gleichbehandlung und die Treuepflicht der Gesellschaft gegenüber ihren Gesellschaftern zu beachten (Baumbach/Hueck/*Servatius* § 55 a Rn 16). Die neu ausgegebenen Geschäftsanteile müssen von den übernahmewilligen Gesellschaftern übernommen werden; ferner müssen die Mindesteinlagen geleistet werden (§§ 56 a, 7 Abs 2 S 1, Abs 3 GmbHG). Sodann ist die Kapitalerhöhung von allen Geschäftsführern (§ 78 GmbHG) zur Eintragung im Handelsregister anzumelden (§ 57 GmbHG). Erst mit der Eintragung im Handelsregister ist das Stammkapital erhöht und die neuen Geschäftsanteile gelangen zur Entstehung.

8. Um den Anteil der bisherigen Gesellschafter an den stillen Reserven auszugleichen, kann bei Zulassung neuer Gesellschafter im Beschluss ein **Aufgeld** (Agio) vorgesehen werden; im Hinblick auf eine mögliche Verwässerung der Altanteile kann hierzu sogar eine Verpflichtung bestehen (Baumbach/Hueck/*Servatius* § 55 a Rn 14).

9. Die **neuen Geschäftsanteile nehmen am Gewinn** des ganzen Geschäftsjahres, in dem die Kapitalerhöhung beschlossen wurde, teil (Baumbach/Hueck/*Servatius,* § 55 Rn 49; Scholz/*Priester/Tebben* § 55 Rn 29; aA MüKoGmbHG/*Lieder* § 55 Rn 53). In dem

Beschluss kann ein abweichender Zeitpunkt für den Beginn der Gewinnberechtigung festgelegt werden.

10. Das ungeschriebene gesetzliche **Bezugsrecht** der Gesellschafter (Baumbach/Hueck/*Servatius* § 55 Rn 20 mwN) ist auf einen der bisherigen Beteiligung am Stammkapital entsprechenden Teil des Kapitalerhöhungsbetrags gerichtet (vgl § 186 AktG) und nur in Einzelheiten str (vgl GroßKoGmbHG/*Ulmer/Casper* § 55 Rn 51 ff). Der Ausschluss des Bezugsrechts muss stets im Kapitalerhöhungsbeschluss erfolgen. Er bedarf in formeller Hinsicht einer Mehrheit von drei Vierteln der abgegebenen Stimmen und des Stammkapitals (Baumbach/Hueck/*Servatius* § 55 Rn 25 a). Materiell-rechtlich verlangt der Beschluss einen sachlichen Grund und ist an den Grundsätzen der Erforderlichkeit und Verhältnismäßigkeit zu messen (Baumbach/Hueck/*Servatius* § 55 Rn 26 f). Die „Zulassung" zur Übernahme neuer Geschäftsanteile im Beschluss kann als antizipierte Annahme der Übernahmeerklärungen der neuen Gesellschafter angesehen werden; jedenfalls liegt die Annahme in der Anmeldung (BGHZ 49, 117, 121).

11. Problematisch ist, inwieweit **Voreinzahlungen auf künftige Kapitalerhöhungen** für Gesellschafter schuldbefreiend wirken, wenn sie bei der späteren Kapitalerhöhung Geschäftsanteile gegen Bareinlagen übernehmen (vgl Baumbach/Hueck/*Servatius* § 56 a Rn 9 ff). Grundsätzlich wird der Gesellschafter in diesem Fall von seiner Pflicht zur Leistung einer Bareinlage nur dann befreit, wenn sich der vorher eingezahlte Betrag als solcher – also nicht nur wertmäßig – im Zeitpunkt der Beschlussfassung über die Kapitalerhöhung zweifelsfrei noch im Gesellschaftsvermögen befindet (BGHZ 158, 283, 285; Lutter/Hommelhoff/*Bayer* § 56 Rn 19). Das ist nicht der Fall, wenn die Gesellschaft den eingezahlten Betrag – wie oft – bis zur Kapitalerhöhung zur Anschaffung anderer Gegenstände eingesetzt, zur Schuldentilgung verwandt oder sonst verbraucht hat. In diesem Fall haben Voreinzahlungen nur ausnahmsweise schuldbefreiende Wirkung, nämlich dann, wenn die Voreinzahlung als solche gekennzeichnet war, die Beschlussfassung über die Kapitalerhöhung im Anschluss an die Voreinzahlung mit aller gebotenen Beschleunigung nachgeholt wird, der Beschluss und die Anmeldung die Voreinzahlung offenlegen und im Zeitpunkt der Voreinzahlung ein akuter Sanierungsfall vorlag, andere Maßnahmen nicht in Betracht kamen und die Rettung der sanierungsfähigen Gesellschaft gescheitert wäre, falls die übliche Reihenfolge der Durchführung der Kapitalerhöhungsmaßnahme hätte beachtet werden müssen (BGHZ 168, 201). Der dem Inferenten aufgrund der rechtsgrundlosen Voreinzahlung zustehende Bereicherungsanspruch kann bei entsprechender Offenlegung als Sacheinlage eingebracht werden (BGHZ 51, 157, 159). Unterbleibt dies, so ist die Einlage auf den neuen Geschäftsanteil trotz der Voreinzahlung nicht geleistet. Vielmehr schuldet die Gesellschaft die Rückzahlung der mangels Erfüllungswirkung rechtsgrundlos geleisteten Voreinzahlung, während der Gesellschafter die mit Kapitalerhöhung und Übernahme entstandene Pflicht zur Leistung der Einlage nach wie vor zu erfüllen hat. Zahlt die Gesellschaft den Betrag zurück, der als fehlgeschlagene Einlage geleistet wurde, und zahlt der Gesellschafter daraufhin den zurückerhaltenen Betrag wieder ein, liegt eine verdeckte Sacheinlage vor, weil durch das Hin- und Herzahlen an die Gesellschaft im wirtschaftlichen Ergebnis keine Bareinlage geleistet, sondern in sie der Bereicherungsanspruch eingelegt wurde. Soweit dieser Bereicherungsanspruch werthaltig ist, bringt er die Einlageverpflichtung nach § 19 Abs 4 S 3 GmbHG zum Erlöschen (BGH GmbHR 2016, 479, 482). Damit ist das Problem aber nicht gelöst, weil die Versicherung der Geschäftsführer (§ 57 Abs 2 GmbHG), es sei eine Bareinlage geleistet worden, die zu ihrer freien Verfügung stünde, falsch ist und die Gerschäftsführer sich deshalb nach § 82 Abs 1 Nr 1 GmbHG strafbar machen, wenn sie nicht offen legen, dass in Wahrheit eine Sacheinlage in der Form des Bereicherungsanspruchs geleistet wurde (s → Form. II.D.1.1 Anm. 26). Angesichts dieser Risiken sind in der Praxis Voreinzahlungen zu vermeiden.

Stattdessen ist in Sanierungsfällen der Kapitalerhöhungsbeschluss selbst so schnell wie möglich zu fassen, bevor die Einlageleistung erfolgt. Gegebenenfalls bedarf es hierzu einer Vollversammlung oder, soweit die Satzung dies zulässt, der Abhaltung einer Gesellschafterversammlung unter Abkürzung der Einberufungsfristen.

12. Der **Gegenstand der Sacheinlage** und der Nennbetrag des Geschäftsanteils, auf den sie sich bezieht, müssen im Beschluss über die Kapitalerhöhung und in der Übernahmeerklärung festgesetzt werden (§ 56 Abs 1 S 1 GmbHG). Anders als bei Gründung (§ 5 Abs 4 S 1 GmbHG) ist die Festsetzung im Gesellschaftsvertrag nicht vorgeschrieben (BayObLG NJW 1982, 1400, 1401). Soweit der Wert der Sacheinlage den Nennwert des neuen Geschäftsanteils übersteigt, kann der überschießende Betrag entweder in die Kapitalrücklage eingestellt oder dem Gesellschafter als Darlehen oder durch sonstige Zahlung der Gesellschaft an ihn vergütet werden. Man spricht dann von einer „gemischten Sacheinlage“ (s dazu und zur „Mischeinlage“ bereits → Form. II.D.1.4 Anm. 6).

Eine Barkapitalerhöhung zur **Verrechnung mit Gewinnausschüttungsansprüchen („Schütt aus-Hol zurück“-Verfahren)** war lange str; sie ist nunmehr unter sinngemäßer Anwendung der Regeln für die Kapitalerhöhung aus Gesellschaftsmitteln (s → Form. II.D.2.4 Anm. 1) möglich (BGHZ 135, 381–387 mit Anm. *Fleischer* WuB C. § 57 GmbHG 1.97 im Anschluss an *Lutter/Zöllner* ZGR 1996, 164). Für die Werthaltigkeitskontrolle (§§ 57 i Abs 1 iVm 57 a und 9 c GmbHG) genügt es, dass sich der Jahresgewinn aus einer testierten Bilanz ergibt, die nicht älter als acht Monate ist (§ 57 i Abs 2 GmbHG). Dem Publizitätserfordernis (§ 57 i Abs 4 GmbHG) genügt es, wenn in der Anmeldung und bei der Eintragung des Beschlusses angegeben wird, dass die Kapitalerhöhung im Wege des „Schütt aus-Hol zurück“-Verfahrens durchgeführt worden ist. Die Offenlegung ist auch deshalb zwingend erforderlich, weil andernfalls die Grundsätze über verdeckte Sacheinlagen (§ 19 Abs 4 GmbHG) gelten (BGHZ 113, 335, 340; Baumbach/Hueck/*Kersting* § 29 Rn 67) und sich die Geschäftsführer deshalb bei mangelnder Offenlegung strafbar machen können (s → Form. II.D.1.1 Anm. 26). Der Geschäftsführer hat zu erklären, dass nach seiner Kenntnis seit dem Bilanzstichtag keine Vermögensminderung eingetreten ist, die der Kapitalerhöhung entgegenstünde, wäre sie am Tag der Anmeldung beschlossen worden (§ 57 i Abs 1 S 2 GmbHG). Hinzukommen muss schließlich die Versicherung nach § 57 Abs 2 S 1 GmbHG.

Das „Schütt aus-Hol zurück“-Verfahren wird auch von der Finanzverwaltung anerkannt, vgl Blümich/*Martini*, KapErhStG, vor § 1 Rn 14.

Steuerlich sind alle allgemein bilanzierbaren Wirtschaftsgüter einlagefähig (Einzelheiten bei Schmidt/*Loschelder*, EStG, § 4 Rn 221 ff – dort auch zum Sonderproblem der Nutzungseinlage – sowie bei Schmidt/*Weber-Grellet*, EStG, § 5 Rn 93 ff, insbes Rn 101). Sacheinlagen sind grds mit dem Teilwert anzusetzen. Bei Einlagen aus dem Betriebsvermögen führt das in der Regel zu einer Aufdeckung stiller Reserven und damit zur Gewinnrealisierung. Bei Einlagen aus dem Privatvermögen entsteht ein steuerpflichtiger Gewinn nur, wenn – ausnahmsweise – ein steuerpflichtiges Spekulationsgeschäft iSv § 23 Abs 1 EStG vorliegt (zB Einlage eines angeschafften Grundstücks innerhalb von zehn Jahren).

Wird ein Betrieb, ein Teilbetrieb oder ein Mitunternehmeranteil eingebracht, kann dies – unter bestimmten Voraussetzungen – als Sacheinlage mit dem Buchwert, dem gemeinen Wert oder einem Zwischenwert bewertet werden (§ 20 Abs 2 UmwStG). Bei Einlage zum Buchwert kann eine Gewinnrealisierung vermieden werden, bei Einlage zum gemeinen oder zu einem Zwischenwert kann unter besonderen Umständen ein bei natürlichen Personen steuerbegünstigter Gewinn realisiert werden (bis zu EUR 5 Mio/Gesellschafter mit 56 % des durchschnittlichen Steuersatzes, sofern der Steuerpflichtige das 55. Lebensjahr vollendet hat oder im sozialversicherungsrechtlichen Sinne dauerhaft berufsunfähig ist und die Begünstigung noch nicht verbraucht ist, § 34 Abs 3 EStG). Soweit bei einem Ansatz der Sacheinlage unterhalb des gemeinen Wertes die als Gegenleistung erhaltenen Anteile innerhalb eines Zeitraums von sieben Jahren nach Einbringung veräußert werden, ist rückwirkend der sog Einbringungsgewinn I vom Einbringenden zu versteuern, § 22 Abs 1 UmwStG. Hierbei handelt es sich um den Unterschiedsbetrag zwischen dem gemeinen Wert des eingebrachten Betriebsvermögens und dem Wertansatz bei Einbringung, vermindert um je $^1/_7$ für jedes seit dem Einbringungszeitpunkt abgelaufene Zeitjahr. Die übernehmende Kapitalgesellschaft kann im Gegenzug den Einbringungsgewinn in ihrer Steuerbilanz als Erhöhungsbetrag ansetzen, § 23 Abs 2 S 1 UmwStG.

Werden Anteile an einer Kapitalgesellschaft (erworbene Gesellschaft) in eine Kapitalgesellschaft (übernehmende Gesellschaft) gegen Gewährung neuer Anteile an der übernehmenden Gesellschaft eingebracht (Anteilstausch), kann dies – unter bestimmten Voraussetzungen – als Sacheinlage mit dem Buchwert, dem gemeinen Wert oder einem Zwischenwert bewertet werden (§ 21 Abs 1 UmwStG). Bei Einlage zum Buchwert kann eine Gewinnrealisierung vermieden werden, bei Einlage zum gemeinen oder zu einem Zwischenwert kann unter besonderen Umständen ein bei natürlichen Personen steuerbegünstigter Gewinn realisiert werden (s im vorherigen Absatz). Soweit bei einem Ansatz der Sacheinlage unterhalb des gemeinen Wertes die eingebrachten Anteile innerhalb eines Zeitraums von sieben Jahren nach Einbringung durch die übernehmende Gesellschaft veräußert werden, ist rückwirkend der sog Einbringungsgewinn II vom Einbringenden zu versteuern, § 22 Abs 2 UmwStG. Hierbei handelt es sich um den Unterschiedsbetrag zwischen dem gemeinen Wert der eingebrachten Anteile und dem Wertansatz bei Einbringung, vermindert um je $^1/_7$ für jedes seit dem Einbringungszeitpunkt abgelaufene Zeitjahr. Bei der übernehmenden Gesellschaft erhöhen sich im Gegenzug die Anschaffungskosten der eingebrachten Anteile in Höhe des versteuerten Einbringungsgewinns, § 23 Abs 2 S 3 UmwStG.

Die Erbringung von Sacheinlagen ist umsatzsteuerbar, wenn der Einlegende umsatzsteuerlich Unternehmer ist und keine nicht steuerbare „Geschäftsveräußerung im Ganzen" (§ 1 Abs 1 a UStG) vorliegt (BFH BStBl II 1996, 114, 116; Abschn 1.6 Abs 2 S 4 UStAE), je nach dem Gegenstand der Sacheinlage jedoch uU nach § 4 UStG steuerfrei. Die Gewährung der Gesellschaftsrechte als Gegenleistung für die Einlage ist zumindest bei der erstmaligen Ausgabe von Anteilen nicht steuerbar (vgl EuGH-Urteil vom 26.5.2005, EuGHE I 05, 4373; Abschn 1.6 Abs 2 S 2 UStAE). Soweit steuerbare, aber nach § 4 UStG steuerfreie Leistungen erbracht werden, ist zu prüfen, ob eine Option nach § 9 UStG zur Erhaltung von Vorsteuerabzügen bzw -erstattungen zulässig und sinnvoll ist.

Bei Einlage eines Grundstücks entsteht Grunderwerbsteuer (§ 1 Abs 1 Nr 1 GrEStG).

13. Für die Übernahmeerklärung genügt **notarielle** Beglaubigung (§ 55 Abs 1 GmbHG). Ein Formmangel der Übernahmeerklärung kann nach Eintragung der Kapitalerhöhung in das Handelsregister mit Blick auf den Vertrauensschutz des Geschäftsverkehrs in eine ungeschmälerte Erhaltung der im Register eigetragenen Kapitalgrundlage nicht mehr geltend gemacht werden (BGH NZG 2018, 29, 31). Aus Kostengründen kann es sinnvoll sein, die Übernahmeerklärung separat (mit Unterschriftsbeglaubigung) abzugeben, weil dann statt einer 1,0 Beurkundungsgebühr gem KV 21200 bei Aufnahme in die Niederschrift lediglich eine Beglaubigungsgebühr entsteht, falls der Notar nicht auch den Entwurf fertigt. Die Vollmacht zur Übernahme bedarf notarieller Beglaubigung (s bereits → Anm. 2). Die Übernahmeerklärung muss grundsätzlich den Nennbetrag des Geschäftsanteils sowie – bei Neugesellschaftern – auch etwaige Nebenleistungspflichten enthalten (§ 55 Abs 2 S 2 GmbHG). Bei Sacheinlagen muss die Übernahmeerklärung gemäß § 56 Abs 1 S 2 GmbHG auch die Festsetzungsangaben hinsichtlich der Sacheinlage, also ihren Gegenstand und den darauf bezogenen Betrag der Stammeinlage angeben (Baumbach/Hueck/*Servatius* § 56 Rn 16).

14. Die im Aktienrecht zwingende Befristung der Erklärung zur Übernahme neuer Anteile ist auch im GmbH-Recht zulässig (analog § 185 Abs 1 Nr 4 AktG; BGH NJW

1999, 1252, 1253; Lutter/Hommelhoff/*Bayer* § 55 Rn 39). Eine Befristung ist sinnvoll, um zu einer schnellen Anmeldung der Kapitalerhöhung zum Handelsregister anzuhalten. Auch ohne Vereinbarung einer Befristung steht dem Inferenten ein Lösungsrecht vom Übernahmevertrag aus § 313 Abs 3 S 1 BGB zu, wenn es innerhalb einer angemessenen Zeit nicht zu einer Kapitalerhöhung kommt; eine geleistete Einlage kann dann gem § 346 Abs 1 BGB zurückgefordert werden (BGH NZG 2015, 1396, 1397 f). In diesem Fall kann außerdem ein Schadensersatzanspruch gegen die Gesellschaft aus § 280 Abs 1 BGB wegen Verletzung einer aus dem Übernahmevertrag resultierenden Treuepflicht zur zügigen Durchführung der Kapitalerhöhung bestehen (BGH NZG 2015, 1396, 1399).

15. § 78 GmbHG iVm § 57 Abs 1; Stellvertretung bei der Anmeldung ist bei der Kapitalerhöhung durch Einlagen mangels Unterscheidbarkeit des Inhalts der Anmeldung von der strafbewehrten Versicherung nicht zulässig (vgl § 82 Abs 1 Nr 3 GmbHG iVm § 57 Abs 1 GmbHG; s Baumbach/Hueck/*Beurskens* § 78 Rn 8).

16. § 57 Abs 3 Nr 1; sind die Übernahmeerklärungen getrennt beglaubigt (oder gar beurkundet) worden, dann sind diese Erklärungen zusätzlich zur Urkunde mit dem Kapitalerhöhungsbeschluss einzureichen.

17. § 57 Abs 3 Nr 2.

18. §§ 57 Abs 3 Nr 3, 56 a GmbHG. Die Sacheinlagen müssen vor Anmeldung geleistet, ihr Gegenstand also auf die GmbH übertragen sein, §§ 57 Abs 2, 7 Abs 2 GmbHG. Werden Forderungen oder Gesellschaftsanteile abgetreten, kann dies im Protokoll geschehen; eine gesonderte Ausführungsvereinbarung ist dann entbehrlich.

19. Damit das Registergericht prüfen und feststellen kann, dass der **Wert der Sacheinlage** zumindest dem Nennbetrag der Geschäftsanteile entspricht, auf welche die Sacheinlage geleistet wird (vgl. § 58 a GmbHG), müssen die Geschäftsführer Unterlagen zum Wertnachweis analog § 8 Abs 1 Nr 5 GmbHG vorlegen (Lutter/Hommelhoff/*Bayer* 57 Rn 14).

20. S zur Versicherung BGH ZIP 2002, 799. Sind Geldeinlagen nicht voll eingezahlt, so muss in der Versicherung auch angegeben werden, welchen Geldbetrag die übernehmenden Gesellschafter jeweils geleistet haben.

21. Ein **Sacheinlagebericht** (Sachkapitalerhöhungsbericht) analog dem Sachgründungsbericht nach § 5 Abs 4 S 2 wird von der hM nicht verlangt (Baumbach/Hueck/*Servatius* § 56 Rn 17). Jedoch ist die Notwendigkeit eines solchen Berichts nach wie vor streitig (dafür etwa Scholz/*Priester/Tebben* § 56 Rn 39). Deshalb ist die Praxis des zuständigen Registergerichts zu beachten, wenn man – wie im Form. – auf einen solchen Bericht verzichten möchte.

22. Bei Bareinlagen muss auf jeden Geschäftsanteil mindestens ein Viertel endgültig zur freien Verfügung der Geschäftsführer eingezahlt sein (§ 57 Abs 2 GmbHG iVm § 7 Abs 2 S 1 GmbHG). Bei Kapitalerhöhungen im Wege der Aufstockung bereits bestehender Geschäftsanteile muss ein Viertel des Erhöhungsbetrags vor der Anmeldung eingezahlt sein; es reicht nicht aus, wenn der Aufstockungsbetrag durch bereits vorhandenes Vermögen gedeckt ist (BGH DStR 2013, 1744, 1745). Sacheinlagen müssen vollständig bewirkt sein (§ 57 Abs 2 GmbHG iVm § 7 Abs 3 GmbHG).

Bei der UG (haftungsbeschränkt) gilt das Volleinzahlungsgebot aus § 5 a Abs 2 S 1 GmbHG auch für eine Kapitalerhöhung, jedoch nur bis zur Grenze von EUR 25.000,00 da mit Erreichen des Mindeststammkapitals einer „normalen" GmbH die Beschränkungen des § 5 a GmbHG wegfallen. Dies gilt bereits mit der Beschlussfassung zur Kapitalerhöhung (BGH NZG 2011, 664, 665; OLG München NZG 2012, 104; s auch

Baumbach/Hueck/*Servatius* § 5a Rn 33; *Roth/Altmeppen* § 5 a Rn 17; *Klose* GmbHR 2009, 294, 295 f; *Wicke* § 5a Rn 7; anders noch OLG München NJW 2011, 464, 465). Die Anforderungen an die Kapitalerhöhung bestimmen sich mit Erreichen der Mindestkapitalschwelle folgerichtig nach den §§ 56 ff GmbHG, sodass sich die Versicherung des Geschäftsführers gem § 57 Abs 2 GmbHG nur auf den neuen Kapitalanteil beziehen muss, wenn dem Halbaufbringungsgrundsatz genügt wurde; das Vorhandensein des ursprünglichen Stammkapitals der UG muss der Geschäftsführer bei Anmeldung der Kapitalerhöhung nicht versichern (OLG Celle NZG 2017, 1222, 1222).

23. Der Anmeldung der Kapitalerhöhung zum Handelsregister ist eine Liste der Übernehmer neuer Geschäftsanteile beizufügen, aus welcher die Personen der Übernehmer und die von ihnen jeweils übernommenen Geschäftsanteile mit Nennbeträgen erkennbar sein müssen. Zusätzlich hat der Notar unverzüglich, nachdem die Kapitalerhöhung durch Eintragung im Handelsregister wirksam geworden ist, eine neue Gesellschafterliste zum Handelsregister einzureichen, § 40 Abs 2 S 1 GmbHG; die Beurkundung des Beschlusses zur Kapitalerhöhung ist eine „Mitwirkung" iS dieser Vorschrift (OLG München GmbHR 2010, 921, 922). Die Gesellschafterliste darf der Notar bereits vor der Eintragung der Kapitalerhöhung im Handelsregister erstellen, unterzeichnen und mit einer Bescheinigung nach § 40 Abs 2 S 2 GmbHG versehen (OLG Jena ZIP 2010, 1795, 1796). Hinsichtlich der inhaltlichen Ausgestaltung der Gesellschafterliste wird auf → Form. II.D.1.1d → Anm. 39–44 verwiesen. Insbesondere gilt es zu beachten, dass gem § 2 Abs 3 Nr 4 GesLV im hier gegebenen Fall einer Kapitalerhöhung mit Ausgabe neuer Geschäftsanteile eine Veränderungsspalte aufgenommen werden sollte, und zwar, dem Vorschlag in BR-Drs 105/18, S 10 folgend, als letzte Spalte hinter „Prozentualer Gesamtumfang der Beteiligung am Stammkapital" (s Gesellschafterliste → Form. II.D.1.1d → Anm. 1 ff). In der Zeile betreffend Gesellschafter A sollte in die Veränderungsspalte aufgenommen werden: „Geschäftsanteil mit lfd. Nr 3 wurde durch Kapitalerhöhung mit Ausgabe neuer Anteile geschaffen". Entsprechendes sollte in der Zeile betreffend Gesellschafter B hinsichtlich des Geschäftsanteils Nr 4 in die Veränderungsspalte eingetragen werden.

24. Steuerhinweise: S → Anm. 12 aE.

Kosten und Gebühren:

a) Erhöhungsbeschluss

I. Kapitalerhöhung

Notar: 2,0 Gebühr KV 21100, mind EUR 120,00, max EUR 5.000.000,00, § 108GNotKG.

Wert: Nennbetrag der übernommenen Stammeinlagen, § 97 Abs 1 GNotKG (bei Überpariemission der Ausgabebetrag, bei Sacheinlage Wert der Sache, falls dieser höher ist, § 97 Abs 3 GNotKG).

II. Übernahmeerklärungen

Notar: 1,0 Gebühr KV 21200, wenn der Notar die Erklärung beurkundet oder 0,3 bis 1,0 Gebühr, wenn er nur den Entwurf der Erklärung fertigt, KV 24101, max EUR 60.000.000,00 § 35 Abs 2 GNotKG).

Wert: Ausgabebetrag der übernommenen Geschäftsanteile, ggf also unter Einbeziehung eines Aufgelds. Bei Sacheinlagen Wert der Sacheinlagen ohne Schuldenabzug. Bei gemischten Kapitalerhöhungen Summe der Bar- und Sacheinlagen. § 97 Abs 1, 3 GNotKG.

Bei Beglaubigung der Unterschriften ohne Erstellung des Entwurfs 0,2 Beglaubigungsgebühr nach KV 25100, mind EUR 20,00/max EUR 70,00. Zusätzlich Vollzugsgebühr für Erstellung der Liste der Übernehmer und Gesellschafterliste, KV 22113, ggf 0,5 Betreuungsgebühr KV 22200 (§ 113 GNotKG)

b) Anmeldung und Eintragung
Notar: 0,5 Gebühr, mind EUR 30,00 KV 24102 iVm 21201 Nr 5. Zusätzlich Vollzugsgebühr für Erstellung von XML-Daten 0,3 Gebühr, KV 22124 höchstens EUR 250,00 und ggf 0,5 Betreuungsgebühr KV 22200 (§ 113 GNotKG).
Wert: Nennbetrag des erhöhten Kapitals, § 105 Abs 1 S 1 Nr 3 GNotKG, mind EUR 30.000,00, max EUR 1.000.000,00 §§ 105 Abs 1 S 2; 106 S 1 GNotKG.
Register: HRegGebV Nr 2500 und 2502. Festbetrag von EUR 70,00 für die Eintragung und EUR 40,00 für jede weitere aufgrund derselben Anmeldung einzutragende Tatsache. Zusätzlich Vollzugsgebühr für Erstellung von XML-Daten 0,3 Gebühr, KV 22124 höchstens EUR 250,00 und ggf 0,5 Betreuungsgebühr KV 22200 (§ 113 GNotKG).

2.4 Erhöhung des Stammkapitals aus Gesellschaftsmitteln

a) Erhöhungsbeschluss[1]

Verhandelt am ..... in .....

Vor dem unterzeichneten Notar X erschienen A und B.

Die Erschienenen erklärten:

I.

1. Wir sind die sämtlichen Gesellschafter der im HRB ..... des Amtsgerichts ..... eingetragenen A GmbH mit einem voll eingezahlten Stammkapital von EUR ..... A hält einen Geschäftsanteil im Nennwert von EUR ..... mit der Nr 1, B einen Geschäftsanteil im Nennwert von EUR ..... mit der Nr 2.
2. In der Gesellschafterversammlung vom ..... haben wir den Jahresabschluss zum ..... für das letzte abgelaufene Geschäftsjahr festgestellt und über die Verwendung des Ergebnisses dieses Geschäftsjahres beschlossen.[2]
   Die in dem Jahresabschluss[3] enthaltene Jahresbilanz ist mit dem uneingeschränkten Bestätigungsvermerk des Abschlussprüfers, ..., versehen und weist EUR ..... als Kapitalrücklage und EUR ..... als andere Gewinnrücklagen aus.[4]

II. Gesellschafterversammlung

Unter Verzicht auf die Einhaltung aller durch Gesetz oder Gesellschaftsvertrag für die Einberufung und Ankündigung vorgeschriebenen Formen und Fristen halten wir hiermit eine Gesellschafterversammlung der A GmbH ab und beschließen einstimmig:

1. Von den in dem Jahresabschluss[5] ausgewiesenen Rücklagen werden
   a) von der Kapitalrücklage EUR ....., und
   b) von den anderen Gewinnrücklagen EUR .....
   in Stammkapital umgewandelt.[6]
2. Das Stammkapital der Gesellschaft wird von EUR ..... um EUR ..... auf EUR ..... erhöht.[7]
3. Es werden zwei neue Geschäftsanteile im Nennwert von EUR ..... mit der Nr 3 und von EUR ..... mit der Nr 4 gebildet. Diese stehen den Gesellschaftern im Verhältnis ihrer bisherigen Beteiligung am Stammkapital zu.[8]
   Demgemäß steht Gesellschafter A ein neuer Geschäftsanteil im Nennbetrag von EUR ..... mit der Nr 3 zu, Gesellschafter B ein neuer Geschäftsanteil im Nennbetrag von EUR ..... mit der Nr 4.

4. § 3 des Gesellschaftsvertrags wird neu gefasst:

„§ 3 Stammkapital

Das Stammkapital der Gesellschaft beträgt EUR . . . . .“

Damit war die Gesellschafterversammlung beendet.

III. Kosten

Die Kosten dieser Urkunde und ihrer Durchführung trägt, soweit gesetzlich zulässig, die Gesellschaft.

b) Anmeldung zum Handelsregister

Amtsgericht

– Handelsregister B –

A GmbH HRB . . . . .

Wir, die unterzeichneten sämtlichen Geschäftsführer,[9] überreichen

1. beglaubigte Abschrift der notariellen Niederschrift über die Gesellschafterversammlung vom . . . . . (UR . . . . . des Notars . . . . .) mit Beschluss über
   a) die Erhöhung des Stammkapitals der Gesellschaft aus Gesellschaftsmitteln,
   b) die Neufassung von § 3 des Gesellschaftsvertrages (Stammkapital),
2. Jahresbilanz zum . . . . . mit dem uneingeschränkten Bestätigungsvermerk des Abschlussprüfers, ...,[10]
3. beglaubigte Abschrift der Niederschrift über die Gesellschafterversammlung vom . . . . . mit der Feststellung des Jahresabschlusses im abgelaufenen Geschäftsjahr und dem Beschluss über die Verwendung des in diesem Geschäftsjahr erzielten Gewinns,[11] sowie
4. vollständigen Wortlaut des Gesellschaftsvertrages mit der Bescheinigung des Notars nach § 54 Abs 1 S 2 GmbHG[12]

und melden zur Eintragung in das Handelsregister an:

Das Stammkapital ist durch Beschluss der Gesellschafterversammlung vom . . . . . aus Gesellschaftsmitteln von EUR . . . . . um EUR . . . . . auf EUR . . . . . erhöht worden. Die Regelung in § 3 des Gesellschaftsvertrages wurde entsprechend geändert; sonstige in § 10 Abs 1 und 2 GmbHG bezeichnete Angaben sind durch die Satzungsänderung nicht betroffen.

Wir erklären, dass nach unserer Kenntnis seit dem Stichtag der dem Kapitalerhöhungsbeschluss zugrunde gelegten Bilanz bis zum Tag der Anmeldung keine Vermögensminderung eingetreten ist, die der Kapitalerhöhung entgegenstünde, wenn sie am Tag der Anmeldung beschlossen worden wäre.[13]

(Notarielle Beglaubigung der Unterschriften, § 12 Abs 1 HGB)

Schrifttum: *Fett/Spiering,* Typische Probleme bei der Kapitalerhöhung aus Gesellschaftsmitteln, NZG 2002, 358; *Heidinger,* Die Umstellung der GmbH auf Euro durch Aufstockung der Geschäftsanteile, GmbHR 2000, 414; *Schemmann,* Asymmetrische Kapitalerhöhungen aus Gesellschaftsmitteln bei der GmbH, NZG 2009, 241; *Schürmann,* Die Anpassung des Gesellschaftsrechts bei Einführung des Euro, DB 1997, 138; *Winter,* Kapitalerhöhung aus Gesellschaftsmitteln, GmbHR 1993, 153.

Anmerkungen

1. Die Kapitalerhöhung aus Gesellschaftsmitteln (§§ 57 c – 57 o GmbHG) ist eine besondere Form der Kapitalerhöhung, die eine Erhöhung des Stammkapitals durch eine bilanztechnische Umbuchung von freien, „umwandlungsfähigen“ Rücklagen (Kapital- oder Gewinnrücklagen, s § 57 d GmbHG) in Stammkapital ermöglicht. Bei der Kapitalerhöhung aus Gesellschaftsmitteln handelt es sich somit um eine Maßnahme, im Rahmen derer der Gesellschaft kein neues Eigenkapital zugeführt wird. Sie ist das Pendant zur vereinfachten Kapitalherabsetzung nach §§ 58 a – 58 f GmbHG (s dazu → Form. II.D.2.6 Anm. 1 ff) und dient in der Praxis regelmäßig dazu, eine im Vergleich zum tatsächlich vorhandenen Eigenkapital von den Gesellschaftern als zu niedrig erachtete Stammkapitalziffer anzupassen. Dadurch wird das umgewandelte Eigenkapital der Sicherung durch § 30 GmbHG unterworfen und so der zur Gläubigersicherung dienende Haftungsfonds der Gesellschaft erweitert. Schließlich können ihre Regeln analog zur Durchführung des „Schütt aus-Hol zurück“-Verfahrens angewendet werden (s dazu → Form. II.D.2.3 Anm. 12). Für eine wirksame Kapitalerhöhung müssen drei Beschlüsse in der gesetzlich vorgegebenen Reihenfolge gefasst werden: 1. der Beschluss über die Feststellung des Jahresabschlusses, 2. der Beschluss über die Ergebnisverwendung und 3. der Kapitalerhöhungsbeschluss an sich. Eine Abweichung von der Reihenfolge ist nur nach Maßgabe des § 57 n Abs 2 S 2 möglich (s im Einzelnen *Fröhlich/Primaczenko* GWR 2013, 437).

2. § 57 c Abs 2 GmbHG (Ausnahme: § 57 n Abs 2 GmbHG).

3. Nach § 57 c Abs 4 GmbHG gelten für die Kapitalerhöhung aus Gesellschaftsmitteln die §§ 57 d bis § 57 o GmbHG. Der Kapitalerhöhung aus Gesellschaftsmnitteln ist die letzte Jahresbilanz oder eine geprüfte Zwischenbilanz zugrunde zu legen, deren Bilanzstichtag jeweils höchstens acht Montae vor dem Zeitpunkt der Anmeldung des Kapitalerhöhungsbeschlusses zur Eintragung im Handelsregister zurückliegen darf (§§ 57 e Abs 1, 57 f Abs 1 S 2, 57 i Abs 2 GmbHG). Wird in diesem Fall eine neue Zwischenbilanz erstellt, kommt folgende Regelung in Betracht:

„Auf Anweisung der Gesellschafter hat die Geschäftsführung einen Zwischenabschluss zum . . . . . aufgestellt und den Gesellschaftern vorgelegt, dessen Zwischenbilanz EUR . . . . . als Kapitalrücklage und EUR . . . . . als andere Gewinnrücklagen ausweist sowie mit dem uneingeschränkten Bestätigungsvermerk des Abschlussprüfers und der Bestätigung versehen ist, dass er den Vorschriften über die Gliederung und die Wertansätze in der Jahresbilanz entspricht und dass gegenüber der Jahresbilanz der Gesellschaft zum . . . . . die Grundsätze der Bilanzkontinuität gewahrt sind.“

Zur erforderlichen Bestätigung der Wahrung der Bilanzkontinuität s Baumbach/Hueck/*Servatius* § 57 f Rn 2 und zur Wahl des Abschlussprüfers s § 57 f Abs 3 S 1.

4. Umwandlungsfähig in Stammkapital sind Kapital- und Gewinnrücklagen (soweit kein Fall des § 57 d Abs 2 oder 3 GmbHG vorliegt) und seit Einführung von § 5 a Abs 3 GmbHG durch das MoMiG auch die bei der Unternehmergesellschaft (haftungsbeschränkt) zu bildende gesetzliche Rücklage (für die AG vgl § 150 Abs 1 und 2 AktG). Gemäß § 57 d Abs 1 Var 3 genügt es auch, wenn die Rücklagen im letzten Beschluss über die Verwendung des Jahresergebnisses als Zuführung zu den Rücklagen ausgewiesen sind und sie somit nicht bereits in der Jahresbilanz als Rücklage gezeigt wurden. Ein solcher Beschluss kann dem Beschluss über die Kapitalerhöhung aus Gesellschaftsmitteln unmittelbar vorausgehen und daher in derselben Gesellschafterversammlung gefasst werden. Wird der Kapitalerhöhung allerdings eine Zwischenbilanz zugrunde gelegt, dann muss darin bereits die Zuführung zu den Rücklagen vollzogen sein (Baumbach/Hueck/*Servatius* § 57 d Rn 5).

5. Oder in der Zwischenbilanz, s → Anm. 3.

6. S § 57 d Abs 2 und 3 wegen nicht umwandlungsfähiger Rücklagen.

7. Ab 1.1.2002 setzt die Eintragung einer Kapitaländerung die vorherige Umstellung des Stammkapitals auf Euro voraus (s hierzu und zum Folgenden § 1 EGGmbHG). Für die Umrechnung in Euro ist der vom Rat festgelegte Umrechnungskurs (DM 1,95 583 = EUR 1,00) maßgebend. Dadurch sich ergebende „krumme" Euro-Nennbeträge können durch eine Kapitalerhöhung aus Gesellschaftsmitteln „geglättet" werden.[29]

Die Zulässigkeit einer einheitlichen Kapitalerhöhung zur Euro-Umstellung und Glättung der Beträge des Stammkapitals und der Geschäftsanteile und zur Verschmelzung ist nicht höchstrichterlich geklärt. Es empfiehlt sich deshalb, getrennte Beschlussgegenstände vorzusehen und gesonderte Registereintragungen vorzunehmen (vgl. OLG Düsseldorf NZG 2019, 1271).

8. Das Kapital kann durch Erhöhung des Nennwerts bereits bestehender Geschäftsanteile oder durch Ausgabe neuer Geschäftsanteile erhöht werden. Möglich ist auch eine Kombination beider Arten. In einem solchen Fall ist klarzustellen, welcher Anteil des gesamten Erhöhungsbetrags auf die Aufstockung bzw die Neubildung entfällt (Michalski/*Hermanns* § 57 c Rn 15). Der erhöhte Nennwert bzw der Nennwert der neuen Geschäftsanteile muss auf volle Euro lauten (§ 57 h Abs 1 S 2 GmbHG). Sind die Anteile nicht voll eingezahlt, kann die Kapitalerhöhung allerdings nur durch Erhöhung des Nennbetrags erfolgen (§ 57 l Abs 2 S 2 GmbHG). Die neuen Geschäftsanteile stehen den Gesellschaftern zwingend im Verhältnis ihrer bisherigen Geschäftsanteile zu (§ 57 j GmbHG). Da im Form. nichts anderes geregelt ist, nehmen die Geschäftsanteile am Gewinn des ganzen Geschäftsjahres teil (§ 57 n Abs 1 GmbHG).

9. § 78 GmbHG iVm § 57 Abs 1, 57 i GmbHG. Vertretung ist unzulässig, s → Form. II.D.2.3 Anm. 15.

10. Ggf: **„sowie die dem Kapitalerhöhungsbeschluss zugrunde gelegte Zwischenbilanz mit dem uneingeschränkten Bestätigungsvermerk des Abschlussprüfers, ..., nebst Vermerk gemäß § 57 f Abs 2 GmbHG".**

Wird statt einer endgültigen nur eine vorläufige Bilanz vorgelegt, ist die Bilanz ungeprüft oder fehlt der Bestätigungsvermerk des Prüfers, ist der Gesellschafterbeschluss zur Kapitalerhöhung gem § 241 Nr 3 AktG analog nichtig; analog § 242 Abs 2 AktG tritt nach drei Jahren Heilung ein. Vorher besteht ein berechtigtes Interesse an der Berichtigung des Handelsregisters (OLG Jena GmbHR 2016, 291, 292).

11. § 57 c Abs 2 GmbHG (ggf bei Vorlage einer Zwischenbilanz: „sowie Wahl des Abschlussprüfers").

12. Zusätzlich hat der Notar unverzüglich, nachdem die Kapitalerhöhung durch Eintragung im Handelsregister wirksam geworden ist, eine neue Gesellschafterliste zum Handelsregister einzureichen, § 40 Abs 2 S 1 GmbHG (s → Form. II.D.2.3 Anm. 23).

13. § 57 i Abs 1 S 2 GmbHG.

14. Steuerhinweise: Die Kapitalerhöhung aus Gesellschaftsmitteln ist bei der Gesellschaft ebenso wie bei den Anteilseignern (s § 1 KapErhStG) ein steuerneutraler Vorgang. Als „Doppelmaßnahme" aus (beim Empfänger steuerpflichtiger) Ausschüttung von Rücklagen und anschließender (verdeckter) Wiedereinlage wird nur die wegen Verstoßes gegen handelsrechtliche Vorschriften fehlerhafte und auch nicht durch die (konstitutive) Eintragung des

Kapitalerhöhungsbeschlusses in das Handelsregister geheilte Kapitalerhöhung behandelt (BFH BStBl II 1979, 560, 561; BFH BStBl II 74, 32, 33). Bei wirksamer Kapitalerhöhung aus Gesellschaftsmitteln werden die Anschaffungskosten des Anteilseigners für seine Altanteile auf Alt- und Neuanteile nach dem Verhältnis der Nennbeträge gleichmäßig verteilt (§ 3 KapErhStG). Die Zuteilung neuer Anteile im Zuge einer Kapitalerhöhung führt nicht zu einem gegenüber dem Erwerb der Altanteile selbstständigen Erwerbvorgang (BFH BStBl II 2009, 658, 659). Soweit es steuerlich auf die Besitzdauer von Anteilen ankommt (zB bei § 6 b EStG), gelten die Neuanteile als bereits zum Zeitpunkt des Erwerbs der Altanteile angeschafft (Dötsch/Pung/Möhlenbrock/*Dötsch* KSt, § 28 KStG Rn 25).

Kosten und Gebühren:

a) Vgl → Form. II.D.2.3 Kosten und Gebühren a) (hinter → Anm. 24).
   Wert: Nennbetrag der Erhöhung, § 97 Abs 1 GNotKG.
b) Vgl → Form. II.D.2.3 Kosten und Gebühren b) (hinter → Anm. 24).

2.5 Ordentliche Herabsetzung des Stammkapitals

a) Gesellschafterbeschluss[1]

Verhandelt am . . . . . in . . . . .

Vor dem unterzeichneten Notar X in . . . . . erschienen A und B.

Die Erschienenen erklärten:

I.

Wir sind die sämtlichen Gesellschafter der im HRB . . . . . des Amtsgerichts . . . . . eingetragenen A GmbH mit einem voll eingezahlten Stammkapital von EUR . . . . .

A hält einen Geschäftsanteil von EUR . . . . . mit der Nr 1, B einen Geschäftsanteil von EUR . . . . . mit der Nr 2.

II. Gesellschafterversammlung

Unter Verzicht auf die Einhaltung aller durch Gesetz oder Gesellschaftsvertrag für die Einberufung und Ankündigung vorgeschriebenen Formen und Fristen halten wir hiermit eine Gesellschafterversammlung der A GmbH ab und beschließen einstimmig:

1. Das Stammkapital wird von EUR . . . . . um EUR . . . . . auf EUR . . . . .[2] durch Herabsetzung der Nennbeträge der einzelnen Geschäftsanteile im Verhältnis 1 : . . . . . herabgesetzt.[3]
2. Die Herabsetzung dient sowohl der teilweisen Rückzahlung von Stammeinlagen als auch dem teilweisen Erlass von Einlageverpflichtungen.[4] Sie wird wie folgt durchgeführt:
   Gesellschafter A wird von der geleisteten Stammeinlage EUR . . . . . zurückgezahlt.
   Gesellschafter B wird die Verpflichtung zur Leistung einer Stammeinlage in Höhe von EUR . . . . . erlassen.
3. Nach der Herabsetzung haben die Geschäftsanteile folgende neue Nennbeträge:
   Geschäftsanteil von A (laufende Nr 1): EUR . . . . .,
   Geschäftsanteil von B (laufende Nr 2): EUR . . . . .
4. § 3 des Gesellschaftsvertrags wird neu gefasst:

„§ 3 Stammkapital

Das Stammkapital der Gesellschaft beträgt EUR . . . . . "

Damit war die Gesellschafterversammlung beendet.

III. Kosten

Die Kosten dieser Urkunde und ihrer Durchführung trägt, soweit gesetzlich zulässig, die Gesellschaft.

Der Notar wies darauf hin, dass

- die Anmeldung der Kapitalherabsetzung zur Eintragung in das Handelsregister frühestens ein Jahr nach Bekanntmachung des Beschlusses über die Herabsetzung des Stammkapitals in den Gesellschaftsblättern eingetragen werden kann und erst mit Eintragung wirksam wird,[5]
- vor Wirksamwerden der Kapitalherabsetzung Einlageverpflichtungen nicht erlassen und geleistete Einlagen nicht zurückgezahlt werden dürfen.

b) Bekanntmachung/Gläubigeraufruf[6]

Das Stammkapital der A GmbH mit Sitz in . . . . . ist durch Gesellschafterbeschluss vom . . . . . von EUR . . . . . um EUR . . . . . auf EUR . . . . . herabgesetzt worden. Die Gläubiger der Gesellschaft werden aufgefordert, sich unter Angabe von Grund und Höhe ihres Anspruchs bei ihr zu melden.

. . . . ., den . . . . .

Die Geschäftsführer der A GmbH

c) Anmeldung zum Handelsregister

Amtsgericht

– Handelsregister B –

A GmbH, HRB . . . . .

Wir, die unterzeichneten sämtlichen[7] Geschäftsführer, überreichen

1. beglaubigte Abschrift der notariellen Niederschrift über die Gesellschafterversammlung vom . . . . . (UR . . . . . des Notars . . . . .), enthaltend einen Beschluss über die Herabsetzung des Stammkapitals der Gesellschaft,
2. Ausdruck aus dem Bundesanzeiger vom . . . . . mit der Bekanntmachung der Kapitalherabsetzung und Gläubigeraufruf,[8]
3. vollständigen Wortlaut des Gesellschaftsvertrages mit der Bescheinigung des Notars nach § 54 Abs 1 S 2 GmbHG,[9]

und melden zur Eintragung an:

Das Stammkapital ist durch Beschluss der Gesellschafterversammlung vom . . . . . von EUR . . . . . um EUR . . . . . auf EUR . . . . . herabgesetzt worden. Die Regelung in § 3 des Gesellschaftsvertrages wurde entsprechend geändert; sonstige Angaben gem § 10 Abs 1 und 2 GmbHG sind durch die Änderung nicht betroffen.

Wir versichern, dass alle Gläubiger, die sich bei der Gesellschaft gemeldet und der Kapitalherabsetzung nicht zugestimmt haben, befriedigt oder sichergestellt sind.[10]

(Notarielle Beglaubigung der Unterschriften, § 12 Abs 1 HGB)

Schrifttum: *Halm,* Formelle und materielle Erfordernisse der ordentlichen Kapitalherabsetzung im Recht der GmbH, DStR 1997, 1332; *Hohmuth,* Die Kapitalherabsetzung bei der GmbH unter Geltung des MoMiG, GmbHR 2009, 349; *Hohmuth,* Die Kapitalherabsetzung bei der GmbH, 2007; *Krieger,* Beschlusskontrolle bei Kapitalherabsetzungen, ZGR 2000, 885; *Krieger,* Sicherheitsleistung für Versorgungsrechte?, FS Nirk 1992, 551; *Kußmaul/Richter/Tcherveniachki,* Die Behandlung der Kapitalherabsetzung anlässlich der Abfindung eines lästigen Gesellschafters einer GmbH, GmbHR 2007, 911; *Rittner,* Die Sicherheitsleistung bei der ordentlichen Kapitalherabsetzung, FS Oppenhoff 1985, 317; *Rodewald,* Vereinfachte „Kapitalherabsetzung" durch Verschmelzung von GmbH, GmbHR 1997, 19; *Weber,* Die Auswirkungen der Kapitalherabsetzung auf die Geschäftsanteile der GmbH-Gesellschafter, 1996.

Anmerkungen

1. Die Kapitalherabsetzung ist Satzungsänderung, deren Gegenstand die Herabsetzung der Stammkapitalziffer ist. Durch die Verringerung des Stammkapitals wird in Höhe der Differenz zwischen alter und neuer Stammkapitalziffer ein Betrag frei, der verwendet werden kann, um ihn an die Gesellschafter auszuschütten, diese von Verpflichtungen zur Leistung von Einlagen auf Geschäftsanteile zu befreien, Verluste auszugleichen oder um Wertminderungen – insbesondere eine Unterbilanz – zu bereinigen, dh einen Zustand herzustellen, bei dem die Differenz zwischen Aktiva einerseits und der Summe aus Verbindlichkeiten und Rückstellungen andererseits gleich groß oder höher ist als das Stammkapital. Zudem kann durch eine Kapitalherabsetzung die Stammkapitalziffer mit der infolge einer Einziehung verminderten Summe der Geschäftsanteile in Übereinstimmung gebracht werden (Baumbach/Hueck/*Zöllner/Kersting* § 58 Rn 1). Da das durch die Kapitalherabsetzung frei werdende Vermögen nicht mehr den Bindungen des § 30 GmbHG unterliegt, ist die Kapitalherabsetzung für Gläubiger potenziell gefährlich. Das Gesetz schützt sie bei der ordentlichen Kapitalherabsetzung nach § 58 GmbHG, indem es ihnen einen Anspruch auf Befriedigung oder Sicherstellung ihrer Ansprüche gibt und eine Sperrfrist für die Eintragung des Herabsetzungsbeschlusses, mit dem die Kapitalerhöhung erst wirksam wird, von einem Jahr ab Bekanntmachung verhängt (§ 58 Abs 1 Nr 2 und 3 GmbHG). Erleichterungen gewährt insoweit die vor allem bei Sanierungen eingesetzte vereinfachte Kapitalherabsetzung nach §§ 58 a ff GmbHG. Diese darf nur zum Ausgleich von Wertminderungen und zur Deckung sonstiger Verluste eingesetzt werden und unterliegt zahlreichen Beschränkungen (s → Form. II.D.2.6 Anm. 1 ff).

2. Der Mindestbetrag des Stammkapitals von EUR 25.000,00 gilt auch bei Kapitalherabsetzung, § 58 Abs 2 S 1 iVm § 5 Abs 1 GmbHG. Dies gilt auch nach der Einführung der Unternehmergesellschaft durch das MoMiG: ein Herabstufen einer GmbH zur Unternehmergesellschaft durch Herabsetzen des Stammkapitals unter die Mindestkapitalziffer ist nicht möglich (Baumbach/Hueck/*Servatius* § 5 a Rn 16; *Wicke* § 5 a Rn 14). Für die Festlegung des Herabsetzungsbetrages genügt es, wenn dieser bestimmbar ist. Zulässig ist deshalb auch die Festlegung eines Maximalbetrages, wenn die Umstände angegeben werden, nach denen der endgültige Herabsetzungsbetrag bestimmt werden soll, zB das Ausmaß der Unterbilanz in der aufzustellenden Jahresbilanz (Baumbach/Hueck/*Zöllner/Kersting* § 58 Rn 18).

3. Die Nennbeträge der Geschäftsanteile werden im Zuge einer Kapitalherabsetzung stets automatisch angepasst, wenn Teile der Einlagen zurückgezahlt oder erlassen werden. Sollen die Nennbeträge wie im Regelfall quotal gekürzt werden, ist ein entsprechender Beschluss an sich entbehrlich (Baumbach/Hueck/*Zöllner/Kersting* § 58 Rn 7 a, 19). Zur Klarstellung sollten die neuen Nennbeträge jedoch in den Beschluss über die Kapitalherabsetzung aufgenommen werden. Weitere Möglichkeiten zur Anpassung an das geänderte Stammkapital sind die Angleichung zulasten bestimmter Geschäftsanteile, die Angleichung durch Einziehung von Geschäftsanteilen und die Zusammenlegung von Geschäftsanteilen unter Herabsetzung der Nennbeträge (Baumbach/Hueck/*Zöllner/Kersting* § 58 Rn 8 ff).

4. Der Zweck der Kapitalherabsetzung ist im Beschluss über die Kapitalherabsetzung nach hM stets anzugeben, obwohl das GmbHG dies anders als § 222 Abs 3 AktG nicht verlangt (Baumbach/Hueck/*Zöllner/Kersting* § 58 Rn 20). Zu den in Betracht kommenden Zwecken der Kapitalherabsetzung s Anm 1.

5. § 58 Abs 1 Nr 3 GmbHG.

6. Der Beschluss über die Kapitalherabsetzung ist in den Gesellschaftsblättern bekanntzumachen, § 58 Abs 1 Nr 1 GmbHG, dh im Bundesanzeiger (§ 12 S 1 GmbHG) und ggf in weiteren durch die Satzung bestimmten Medien (§ 12 S 2 GmbHG). Nach Inkrafttreten des ARUG genügt nunmehr die einmalige Bekanntmachung. Diese sollte wegen der Sperrfrist gemäß § 58 Abs 1 Nr 3 GmbHG möglichst rasch nach Fassung des Beschlusses über die Kapitalherabsetzung erfolgen. Die Gläubiger, welche sich bei der Gesellschaft melden und der Herabsetzung nicht zustimmen, sind wegen der erhobenen Ansprüche zu befriedigen oder sicherzustellen (§ 58 Abs 1 Nr 2 GmbHG).

7. Anzumelden haben sämtliche Geschäftsführer, und zwar nicht vor Ablauf eines Jahres seit der Bekanntmachung des Beschlusses über die Kapitalherabsetzung, §§ 78 GmbHG iVm 58 Abs 1 Nr 3 GmbHG. Vertretung ist unzulässig, s → Form. II.D.2.3 Anm. 15.

8. Das Sperrjahr macht die bloße Kapitalherabsetzung wenig praktikabel. Zu der vereinfachten Kapitalherabsetzung verbunden mit einer Kapitalerhöhung s → Form. II. D.2.6 Anm. 1 ff. Ob der Vorschlag, die Auszahlung dadurch zu ermöglichen, dass die GmbH mit einer anderen GmbH mit niedrigerem Stammkapital verschmolzen wird (s *Rodewald* GmbHR 1997, 19), sich durchsetzen wird, ist noch nicht geklärt (dagegen *Petersen* GmbHR 2004, 728, 731; aA *Maier-Reimer* in seiner Replik GmbHR 2004, 1128, 1131).

9. Zusätzlich hat der Notar unverzüglich, nachdem die Kapitalerhöhung durch Eintragung im Handelsregister wirksam geworden ist, eine neue Gesellschafterliste zum Handelsregister einzureichen, § 40 Abs 2 S 1 GmbHG (s → Form. II.D.2.3 Anm. 23).

10. § 58 Abs 1 Nr 4 GmbHG. Die Abgabe einer unwahren Versicherung ist strafbewehrt gemäß § 82 Abs 2 Nr 1 GmbHG. Die Formulierung ist entsprechend anzupassen, wenn sich keine Gläubiger gemeldet haben.

11. Steuerhinweise: Bei der steuerlichen Behandlung des Anteilseigners ist zu differenzieren (§ 17 Abs 4 S 1 und 3 iVm § 20 Abs 1 Nr 1 und 2 EStG): Soweit ihm iRd Kapitalherabsetzung Auskehrungen zufließen, die als Einkünfte aus Kapitalvermögen zu versteuern sind, bleiben die Anschaffungskosten der Anteile unbeeinflusst. Soweit die Auskehrungen aus Nennkapital oder aus sonstigen Einlagen iSd §§ 27, 28 KStG gespeist werden, sind sie bei einem innerhalb der letzten 5 Jahre zu weniger als 1 % beteiligten Anteilseigner nicht steuerbar, bei einem zu mindestens 1 % („wesentlich") beteiligten Anteilseigner entsprechend einem „Veräußerungspreis" den Anschaffungskosten gegenüberzustellen, so dass sich ein steuerpflichtiger (aber uU gemäß § 34 EStG in der jeweils geltenden Fassung begünstigter) Quasi-Veräußerungsgewinn (oder ein allerdings nur unter den engen Voraussetzungen des § 17 Abs 2 S 6 EStG berücksichtigungsfähiger Verlust) ergeben könnte (§ 17 Abs 4 EStG). Bei einer Kapitalherabsetzung (anders als bei einer Liquidation) kommt ein derartiger Quasi-Veräußerungsgewinn in der Praxis allerdings kaum (und ein Quasi-Veräußerungsverlust gar nicht) vor, weil nur ein Teil des Nennkapitals zurückgezahlt, dieser aber in vollem Umfang mit den Anschaffungskosten der Beteiligung verrechnet wird (und nicht nur anteilig in dem Verhältnis, in dem das Nennkapital herabgesetzt wird: BFH BStBl II 1993, 189, 190; BFH BStBl II 1995, 725, 727), so dass eine Kapitalherabsetzung grundsätzlich nur zu einer Verringerung der Anschaffungskosten führt (Dötsch/Pung/Möhlenbrock/*Dötsch,* KSt, § 17 EStG Rn 502).

Kosten und Gebühren:

a) Herabsetzungsbeschluss
   Notar: 2,0 Gebühr KV 21100.
   Wert: Nennbetrag der Herabsetzung, § 97 Abs 1 GNotKG.
b) Bekanntmachung:
   Notar: Gebührenfreies Nebengeschäft, vgl. Vorbem 2.1 zum Kostenverzeichnis Teil 2, Hauptabschnitt 1.
c) Anmeldung
   Notar: 0,5 Gebühr, mind EUR 30,00 KV 21201 Nr. 5.
   Wert: Nennbetrag der Herabsetzung, § 105 Abs 1 S 1 Nr 3 GNotKG, mind EUR 30.000,00 max EUR 1.000.000,00 §§ 105 Abs 1 S 2; 106 S 1 GNotKG.
   Register: HRegGebV Nr. 2500 und 2502. Festbetrag von EUR 70,00 für die Eintragung und EUR 40,00 für jede weitere aufgrund derselben Anmeldung einzutragende Tatsache.

2.6 Vereinfachte Herabsetzung und Erhöhung des Stammkapitals (Sanierung einer GmbH)

a) Gesellschafterbeschluss[1]

Verhandelt am . . . . . in . . . . .

Vor dem unterzeichneten Notar X in . . . . . erschienen A und B.

Die Erschienenen erklärten:

Wir sind die sämtlichen Gesellschafter der im HRB . . . . . des Amtsgerichts . . . . . eingetragenen A GmbH mit einem voll eingezahlten Stammkapital von EUR . . . .

A hält einen Geschäftsanteil von EUR . . . . . mit der Nr 1, B einen Geschäftsanteil von EUR . . . . . mit der Nr 2.

Die Gewinn- und Verlustrechnung der Gesellschaft wies für das am . . . . . endende Geschäftsjahr einen Jahresfehlbetrag von EUR . . . . . aus. Das Eigenkapital der Gesellschaft ist infolgedessen auf EUR . . . . . gesunken. Zudem weist die Bilanz keine Beträge in Kapital- und Gewinnrücklagen aus und es ist kein Gewinnvortrag vorhanden.[2]

Die Gesellschafter sind darin übereingekommen, das Stammkapital zum Zweck des Ausgleichs dieser Verluste in vereinfachter Form herabzusetzen.[3] Zugleich soll es wieder erhöht werden, um der Gesellschaft neue Mittel zuzuführen. Die vereinfachte Kapitalherabsetzung und die Kapitalerhöhung sollen bereits in dem für das am . . . . . endende Geschäftsjahr aufgestellten Jahresabschluss, der sogleich festgestellt wird, berücksichtigt werden.

Hierauf erklärten die Erschienenen:

Unter Verzicht auf die Einhaltung aller durch Gesetz oder Gesellschaftsvertrag für die Einberufung, Ankündigung und Durchführung vorgeschriebenen Formen und Fristen halten wir hiermit eine Gesellschafterversammlung der A GmbH ab und beschließen einstimmig: [4]

I. Feststellung des Jahresabschlusses

Der Jahresabschluss zum . . . . ., der mit dem uneingeschränkten Bestätigungsvermerk der . . . . . Wirtschaftsprüfungsgesellschaft versehen ist, wird hiermit festgestellt. [5] Der Jahresabschluss weist das Stammkapital und die Kapital- und Gewinnrücklagen bereits in der Höhe aus, in der sie im Anschluss an die nachfolgende zu beschließende Kapitalherabsetzung bestehen. [6]

II. Kapitalherabsetzung

(1) Das Stammkapital wird von EUR . . . . . um EUR . . . . . auf EUR . . . . . durch Herabsetzung der Nennbeträge der einzelnen Geschäftsanteile im Verhältnis 1 : . . . . . herabgesetzt. [7]

Nach der Herabsetzung haben die Geschäftsanteile folgende neue Nennbeträge: [8]

Geschäftsanteil von A (laufende Nr . . . . .): EUR . . . . .,

Geschäftsanteil von B (laufende Nr . . . . .): EUR . . . . .

(2) Die Herabsetzung dient dem rückwirkenden Ausgleich von Verlusten, die in der Gewinn- und Verlustrechnung zum . . . . . ausgewiesen sind (vereinfachte Kapitalherabsetzung); ein diese etwa übersteigender Überschuss ist in die Kapitalrücklage einzustellen. [9]

(3) Dieser Beschluss ist durch das wirksame Zustandekommen des nachfolgenden Beschlusses (III.) bedingt.

III. Kapitalerhöhung

(1) Das Stammkapital der Gesellschaft wird gegen Bareinlagen[10] von EUR . . . . . um EUR . . . . . durch Ausgabe von zwei neuen Geschäftsanteilen im Nennwert von EUR . . . . . mit der Nr 3 und von EUR . . . . . mit der Nr 4 auf EUR . . . . . erhöht.

(2) Die neuen Geschäftsanteile werden zum Nennwert ausgegeben und sind ab dem Beginn des bei Eintragung der Kapitalerhöhung laufenden Geschäftsjahrs gewinnberechtigt.

(3) Zur Übernahme neuer Geschäftsanteile werden zugelassen:

a) A zur Übernahme des Geschäftsanteils von EUR . . . . . mit der Nr 3 und
b) B zur Übernahme des Geschäftsanteils von EUR . . . . . mit der Nr 4.

(4) A und B haben die neuen Geschäftsanteile bereits durch notariell beglaubigte Übernahmeerklärungen vom . . . . . bzw. vom . . . . . übernommen; diese sind dieser Urkunde im Original beigefügt. Ferner haben sie die Einlagen auf die neuen Geschäftsanteile durch Einzahlung auf ein Gesellschaftskonto bereits voll geleistet, was die Gesellschafter durch Bestätigung der . . . . . Bank vom . . . . . nachweisen, die dieser Niederschrift ebenfalls im Original beigefügt ist. [11]

(5) § 3 des Gesellschaftsvertrags wird neu gefasst: [12]

„§ 3 Stammkapital

Das Stammkapital der Gesellschaft beträgt EUR . . . . .“

Damit war die Gesellschafterversammlung beendet.

IV. Kosten

Die Kosten dieser Urkunde und ihrer Durchführung trägt, soweit gesetzlich zulässig, die Gesellschaft.

Der Notar wies darauf hin, dass die gefassten Beschlüsse erst mit Eintragung wirksam werden und nichtig sind, wenn sie nicht binnen drei Monaten nach der Beschlussfassung eingetragen worden sind,[13] und dass der Lauf dieser Frist gehemmt ist, wenn eine Anfechtungs- oder Nichtigkeitsklage rechtshängig oder eine beantragte staatliche Genehmigung noch nicht erteilt ist.

b) Anmeldung zum Handelsregister

Amtsgericht

– Handelsregister B –

A GmbH HRB . . . . .

Wir, die unterzeichneten sämtlichen[14] Geschäftsführer, überreichen

1. beglaubigte Abschrift der notariellen Niederschrift über die Gesellschafterversammlung vom . . . . . (UR . . . . . des Notars . . . . .), enthaltend
   a) Beschluss über die vereinfachte Herabsetzung des Stammkapitals der Gesellschaft,
   b) Beschluss über die Erhöhung des Stammkapitals der Gesellschaft,
   c) Beschluss über die Neufassung von § 3 des Gesellschaftsvertrages (Stammkapital),
2. Erklärungen der Übernehmer neuer Geschäftsanteile,
3. Liste der Übernehmer neuer Geschäftsanteile,
4. vollständigen Wortlaut des Gesellschaftsvertrages mit der Bescheinigung des Notars nach § 54 Abs 1 S 2 GmbHG,

und melden zur Eintragung an:

Das Stammkapital ist durch Beschluss der Gesellschafterversammlung vom . . . . . von EUR . . . . . um EUR . . . . . auf EUR . . . . . herabgesetzt und gleichzeitig um EUR . . . . . auf EUR . . . . . erhöht worden. Die Regelung in § 3 des Gesellschaftsvertrages wurde entsprechend geändert; sonstige Angaben gem § 10 Abs 1 und 2 GmbHG sind durch die Änderung nicht betroffen.

Wir versichern, dass die neuen Stammeinlagen – ebenso wie die alten – voll eingezahlt sind und die eingezahlten Beträge sich endgültig in unserer freien Verfügung befinden und auch in der Folge nicht an die Einleger zurückgezahlt oder übertragen worden sind.[15]

(Notarielle Beglaubigung der Unterschriften, § 12 Abs 1 HGB)

c) Übernahmeerklärung[16]

Es ist geplant, in der Gesellschafterversammlung der A GmbH vom . . . . . zu beschließen, das Stammkapital der Gesellschaft von EUR . . . . . um EUR . . . . . auf EUR . . . . . vereinfacht herabzusetzen und gleichzeitig um EUR . . . . . auf EUR . . . . . zu erhöhen. Es sollen neue Geschäftsanteile im Nennbetrag von je EUR . . . . . mit den Nr . . . . . gebildet werden. Die neuen Geschäftsanteile werden zum Nennbetrag ausgegeben. Die Einlage ist jeweils noch vor der Fassung der Beschlüsse in voller Höhe in bar zu erbringen.

Ich bin mit einem Geschäftsanteil im Nennbetrag von EUR . . . . . Gesellschafter. Ich soll zu einer neuen Bareinlage von EUR . . . . . zugelassen werden. Auf das erhöhte Stammkapital übernehme ich hiermit zu den Bedingungen des geplanten Kapitalerhöhungsbeschlusses einen Geschäftsanteil im Nennwert von EUR . . . . . mit der Nr . . . . . Die festzusetzende Bareinlage habe ich bereits am . . . . . durch Überweisung auf das Konto der Gesellschaft bei der . . . . . Bank vollständig erbracht.

Diese Übernahmeerklärung wird unwirksam, wenn die Kapitalmaßnahmen am . . . . . noch nicht eingetragen sein sollten.[17]

(Notarielle Beglaubigung der Unterschrift)

d) Liste der Übernehmer

Liste der Gesellschafter, die bei der Kapitalerhöhung der A GmbH neue Geschäftsanteile übernommen haben.

Name, Vorname	Geburtsdatum	Wohnort	Nennbetrag der übernommenen Geschäftsanteile	Lfd. Nummer der übernommenen Geschäftsanteile
A	. . . . .	. . . . .	EUR	3
B	. . . . .	. . . . .	EUR	4

(Ort, Datum, Unterschriften sämtlicher Geschäftsführer, Beglaubigung unnötig)

Schrifttum: *Fabis,* Vereinfachte Kapitalherabsetzung bei AG und GmbH, MittRhNotK 99, 169; *Geißler,* Funktion und Durchführung der vereinfachten Kapitalherabsetzung bei der GmbH, GmbHR 05, 1102; *Heinzmann,* Die Neuordnung der Kapitalverhältnisse bei der Sanierung der GmbH, 1992; *Hirte,* Die vereinfachte Kapitalherabsetzung bei der GmbH, 1997; *Hirte,* Genüsse zum Versüßen vereinfachter Kapitalherabsetzungen, FS Claussen 97, 115; *Maser/Sommer,* Die Neuregelung der „Sanierenden Kapitalherabsetzung" bei der GmbH, GmbHR 96, 22; *Sommer,* Die sanierende Kapitalherabsetzung bei der GmbH, 1993; *Ulmer,* Sacheinlageverbote im MoMiG – umgehungsfest?, GmbHR 10, 1298; *Wirth,* Vereinfachte Kapitalherabsetzung zur Unternehmenssanierung, DB 96, 867.

Anmerkungen

1. Die §§ 58 a ff GmbH ermöglichen die vereinfachte Herabsetzung des Stammkapitals, auch in Form der rückwirkenden Herabsetzung unter gleichzeitiger rückwirkender Bar-Erhöhung des Stammkapitals („Kapitalschnitt"). Die Regelungen über die vereinfachte Kapitalherabsetzung lehnen sich an die §§ 229 ff AktG an und dienen der Sanierung notleidender Gesellschaften. Ein Vorteil besteht darin, dass sie gegenüber der ordentlichen Kapitalherabsetzung vereinfacht möglich ist. Insbesondere entfällt die Notwendigkeit eines Gläubigeraufrufs, einer Sicherstellung oder Befriedigung von Gläubigern und einer Einhaltung der einjährigen Sperrfrist nach Bekanntmachung des Beschlusses über die Kapitalherabsetzung (vgl § 58 GmbHG). Werden die Voraussetzungen der vereinfachten Kapitalherabsetzung nicht erfüllt (§ 58 a GmbHG) oder ihre Folgen gescheut (vgl §§ 58 c – 58 d GmbHG), kann die Herabsetzung nur unter den Voraussetzungen des § 58 GmbHG vollzogen werden.

2. Die vereinfachte Kapitalherabsetzung dient primär der Sanierung notleidender Gesellschaften (vgl. § 58 a Abs 1 GmbHG und Baumbach/Hueck/*Zöllner/Kersting* § 58 a Rn 6 f). Daneben findet sie auf die Spaltung von Gesellschaften unter den Voraussetzungen des § 139 UmwG Anwendung. Die vereinfachte Kapitalherabsetzung ist darüber hinaus nach § 58 a Abs 2 GmbHG nur zulässig, wenn etwaige Kapital- und Gewinnrücklagen, soweit sie zusammen 10 Prozent des nach der Kapitalherabsetzung verbleibenden Stammkapitals übersteigen, aufgelöst wurden. Ein Gewinnvortrag darf nicht vorhanden sein.

3. Der Zweck der vereinfachten Kapitalherabsetzung ist im Beschluss über die vereinfachte Kapitalherabsetzung nach hM stets anzugeben, obwohl das GmbHG dies anders als § 229 Abs 1 S 2 AktG nicht ausdrücklich verlangt (OLG Hamm GmbHR 2011, 256, 257; GroßKoGmbHG/*Casper* § 58 a Rn 35; Lutter/Hommelhoff/*Kleindiek* § 58 a Rn 25; aA Baumbach/Hueck/*Zöllner/Kersting* § 58 a Rn 19). Dabei fordert die hM im Aktienrecht genaue Angaben darüber, zu welchem der in § 229 Abs 1 S 1 AktG genannten Zwecke (Ausgleich von Wertminderungen, Deckung von Verlusten oder Einstellung von Beträgen in die Kapitalrücklage) die vereinfachte Kapitalherabsetzung erfolgen soll (Hüffer/*Koch* § 229 Rn 6).

4. Für die Feststellung des Jahresabschlusses genügt die einfache Mehrheit (§§ 46 Nr 1, 47 Abs 1 GmbHG), für die Kapitalmaßnahmen die Dreiviertelmehrheit (§ 53 Abs 2 GmbHG) der abgegebenen Stimmen.

5. § 58 e Abs 2 GmbHG.

6. § 58 e Abs 1 S 1 GmbHG. Auch eine gleichzeitig beschlossene Kapitalerhöhung kann in dem Jahresabschluss bereits als vollzogen berücksichtigt werden (§ 58 f Abs 1 S 1 GmbHG). Jedoch ist dies nur zulässig, wenn die neuen Geschäftsanteile bereits vor der Beschlussfassung übernommen sind, keine Sacheinlagen festgesetzt wurden und der Mindestbetrag bereits eingezahlt ist (§ 58 f Abs 1 S 2 GmbHG).

7. Das Stammkapital darf nicht unter den gesetzlichen Mindestbetrag von EUR 25.000,00 herabgesetzt werden, es sei denn, dieser wird durch eine gleichzeitige Kapitalerhöhung, bei der keine Sacheinlagen festgesetzt sind, wieder erreicht (§ 58 a Abs 4 S 1 GmbHG). Unklar ist, ob bei einem Verstoß gegen dieses Sacheinlageverbot das durch das MoMiG eingeführte Anrechnungsprivileg des § 19 Abs 4 GmbH gilt. Eine Auffassung im Schrifttum verneint dies unter Hinweis auf die Nichtigkeit einer gleichzeitig mit der Kapitalherabsetzung beschlossenen verdeckten Sachkapitalerhöhung analog § 241 Nr 3 AktG (*Ulmer*, GmbHR 2010, 1298, 1305 f; *Wicke* § 58 a Rn 7). Richtigerweise dürfte jedoch davon auszugehen sein, dass der Gesetzgeber auch in diesem Fall einer verbotenen verdeckten Sacheinlage die drastische Nichtigkeitsfolge durch das Anrechnungsprivileg des § 19 Abs 4 GmbHG ersetzen wollte. Die Regierungsbegründung zum MoMiG enthält hierzu zwar keinen expliziten Hinweis, geht allerdings davon aus, dass § 19 Abs 4 GmbHG die Rechtsfolgen einer verdeckten Sacheinlage umfassend neu regeln sollte (RegBegr BT-Drs 16/6140, S 39 f). Dies spricht dafür, § 19 Abs 4 GmbHG auch bei einem Verstoß gegen § 58 a Abs 1 GmbHG anzuwenden.

8. Die Nennbeträge sind im Beschluss über die vereinfachte Kapitalherabsetzung anzupassen, und zwar auf einen auf volle Euro lautenden Betrag (§ 58 a Abs 3 GmbHG).

9. § 58 b und 58 c GmbHG enthalten strikte Vorschriften zur Verwendung der aus einer vereinfachten Kapitalherabsetzung gewonnenen Beträge. Inwieweit ebenso wie im Rahmen der ordentlichen Kapitalherabsetzung eine Angabe des Zwecks der Kapitalherabsetzung erforderlich ist, ist in Ermangelung einer § 229 Abs 1 S 2 AktG vergleichbaren Regelung str; jedenfalls erscheint die Angabe erforderlich, dass die Kapitalherabsetzung als vereinfachte nach den §§ 58 a ff GmbHG erfolgt (Baumbach/Hueck/*Zöllner/Kersting* § 58 a Rn 19 mwN).

10. Sacheinlagen sind bei einer mit einer Kapitalherabsetzung verbundenen Kapitalerhöhung unzulässig (§ 58 f Abs 1 S 2 GmbHG).

11. Die Beschlussfassung über die Kapitalerhöhung ist nur zulässig, wenn die neuen Geschäftsanteile übernommen und wenn auf jeden neuen Geschäftsanteil die Einzahlung geleistet ist, die nach § 56 a GmbHG zur Zeit der Anmeldung der Kapitalerhöhung bewirkt sein muss (§ 58 f Abs 1 S 2 GmbHG). Es ist streitig, ob diese Voraussetzungen bereits vor dem Beschluss über die Kapitalerhöhung (so Lutter/Hommelhoff/*Kleindiek* § 58 f Rn 7 f) oder erst bei Feststellung der Jahresbilanz (so Baumbach/Hueck/*Zöllner/Kersting* § 58 f Rn 9) vorliegen müssen. Die Übernahme und die Einzahlung sind dem Notar nachzuweisen, der den Beschluss über die Erhöhung des Stammkapitals beurkundet (§ 58 f Abs 1 S 3 GmbHG). Das geschieht hier durch Einsichtnahme des Notars in die vorgelegten Übernahmeerklärungen und Bankbestätigungen.

12. Unnötig, falls das Stammkapital um den Herabsetzungsbetrag auf die alte Stammkapitalziffer erhöht wird.

13. §§ 58 a Abs 4 S 2, 58 e Abs 3, 58 f Abs 2 GmbHG.

14. Anzumelden haben sämtliche Geschäftsführer, §§ 78, 57 Abs 1, 58 Abs 1 Nr 3 GmbHG, und zwar so rechtzeitig, dass die Beschlüsse drei Monate nach der Beschlussfassung eingetragen worden sind; andernfalls werden sie nichtig, §§ 58 a Abs 4 S 2, 58 e Abs 3, 58 f Abs 2 GmbHG.

15. S → Form. II.D.2.3 Anm. 20, 22.

16. Für die Übernahmeerklärung genügt notarielle Beglaubigung (§ 55 Abs 1 GmbHG). S im Einzelnen → Form. II.D.2.3 Anm. 13.

17. S → Form. II.D.2.3 Anm. 14.

18. **Steuerhinweise:** Weder Kapitalherabsetzung noch Kapitalerhöhung beeinflussen das Ergebnis der GmbH, da sich der in der Handelsbilanz entstehende Buchgewinn nicht auf die Höhe des steuerlichen Betriebsvermögens auswirkt (Dötsch/Pung/Möhlenbrock/*Dötsch*, KSt, § 28 KStG Rn 24). Da das Kapital lediglich nominell herabgesetzt wird, ohne dass eine tatsächliche Auszahlung an die Gesellschafter stattfindet, ist sie auch für die Gesellschafter ertragsteuerlich neutral (Dötsch/Pung/Möhlenbrock/*Dötsch*, KSt, § 28 KStG Rn 24). Eine Steuerpflicht der Gesellschafter käme nur bei einer tatsächlichen Auszahlung in Betracht (s dazu → Form. II.D.2.5 Anm. 11).

Kosten und Gebühren:

a) Feststellung des Jahresabschlusses/Kapitalherabsetzung und -erhöhung
Notar: 2,0 Gebühr KV 21100, mind EUR 120,00.
Wert: 1 % des Stammkapitals, mind EUR 30.000,00, max EUR 5.000.000,00 §§ 108 Abs 1, 5; 105 Abs 1 GNotKG für die Feststellung des Jahresabschlusses plus addierte Nennbeträge der Herabsetzung und der Erhöhung.

b) Anmeldung und Eintragung
Notar: 0,5 Gebühr, mind EUR 30,00 KV 24102 iVm 21201 Nr 5.
Wert: addierte Nennbeträge der Herabsetzung und Erhöhung, § 105 Abs 1 S 1 Nr 3 GNotKG, mind EUR 30.000,00 max EUR 1.000.000,00, §§ 105 Abs 1 S 2; 106 S 1 GNotKG.
Register: HRegGebV Nr. 2500 und 2502. Festbetrag von EUR 70,00 für die Eintragung und EUR 40,00 für jede weitere aufgrund derselben Anmeldung einzutragende Tatsache.

c) Übernahmeerklärungen
Notar: 1,0 Gebühr KV 21200, wenn der Notar die Erklärung beurkundet oder 0,3 bis 1,0 Gebühr, wenn er nur den Entwurf der Erklärung fertigt, KV 24101.

Wert: Summe der Nennwerte der übernommenen Stammeinlagen oder Gesamtwert der Gegenleistungen. Der höhere Wert ist maßgebend, § 97 Abs 3 GNotKG.
Bei Beglaubigung der Unterschriften ohne Erstellung des Entwurfs Beglaubigungsgebühr nach KV 25100, max EUR 70,00.

3. Verfügungsverträge

3.1 Abtretung eines GmbH-Anteils

(s → Form. I.K.9 Anm. 11.)

3.2 Verpfändung eines GmbH-Anteils

Verhandelt

am . . . . . in . . . . .

Vor dem unterzeichneten Notar X erschienen[1]

A

und

B

Die Erschienenen baten sodann um Beurkundung der nachstehenden

Verpfändungsvereinbarung

zwischen

A

. . . . .

(im Folgenden der „Gläubiger")

und

B

. . . . .

(im Folgenden der „Schuldner").

Vorbemerkung

Der Schuldner ist Gesellschafter der AB GmbH (im Folgenden die „Gesellschaft") mit Sitz in . . . . . , eingetragen im Handelsregister des Amtsgerichts . . . . . unter der Registernummer HRB . . . . . . Er hält einen Geschäftsanteil an der Gesellschaft mit einem Nennwert von EUR . . . . . (im Folgenden der „Geschäftsanteil"). Seine Einlage ist voll erbracht und wurde nicht zurückgezahlt.[2]

Der Gläubiger hat dem Schuldner mit Vertrag vom . . . . . ein Darlehen von EUR .. . gewährt (im Folgenden der „Darlehensvertrag").

Eine Verpfändung des Geschäftsanteils bedarf nicht der Genehmigung der Gesellschaft, der Mitgesellschafter oder sonstiger natürlicher oder juristischer Personen.[3]

Die Parteien vereinbaren daher Folgendes:

§ 1 Verpfändung

(1) Als Sicherheit für alle Ansprüche des Gläubigers gegen den Schuldner aus dem Darlehensvertrag (einschließlich der Ansprüche auf Rückzahlung der Hauptsumme sowie auf Zahlung von Zinsen) verpfändet der Schuldner dem Gläubiger hiermit den Geschäftsanteil sowie alle Geschäftsanteile an der Gesellschaft, die er nach Abschluss dieser Vereinbarung erwirbt (im Folgenden die „Geschäftsanteile").[4]

(2) Die Verpfändung erstreckt sich auf alle gegenwärtigen und künftigen auf die Geschäftsanteile entfallenden Ansprüche auf Zahlung von Gewinn, die auf die Geschäftsanteile im Falle einer Liquidation entfallende Liquidationsquote, Einziehungsentgelt, Rückzahlung von Stammkapital im Falle einer Kapitalherabsetzung, den Erlösanteil bei Versteigerung der Geschäftsanteile, Ausgleichszahlungen im Falle einer Kündigung oder eines Austritts des Schuldners, jeglichen Überschuss im Falle einer Preisgabe der Geschäftsanteile, sämtliche Bezugsrechte, die sich auf die Geschäftsanteile beziehen und alle sonstigen geldwerten Ansprüche, die mit den Geschäftsanteilen verbunden sind (im Folgenden zusammen mit den nach § 1 Abs 1 verpfändeten Geschäftsanteilen der „Pfandgegenstand"). Der Gläubiger ist berechtigt, den Gewinn einzuziehen. Er wird an ihn ausgezahlte Gewinne mit seinen Ansprüchen gegen den Schuldner verrechnen.[5]

(3) Der Gläubiger nimmt die Verpfändungen nach § 1.1 und § 1.2 hiermit an.

(4) Im Übrigen stehen die Mitgliedschaftsrechte aus den Geschäftsanteilen ungeachtet der Verpfändung dem Schuldner zu.[6]

§§ 2–6 Sicherungszweck bis Schlussbestimmungen[7, 8]

Wie in → Form. II.C.7 §§ 2–6.[9]

Der Notar wies darauf hin, dass

- Darlehensforderungen eines Gläubigers gegen eine GmbH in der Insolvenz der GmbH uU als Forderungen eines nachrangigen Insolvenzgläubigers behandelt werden, wenn der Gläubiger zugleich Pfandnehmer eines Geschäftsanteils an der GmbH ist und er sich vertraglich Rechte wie ein Gesellschafter einräumen lässt, und
- die Gesellschaft die Gewinne bis zur Anzeige der Verpfändung ihr gegenüber mit befreiender Wirkung an den Schuldner auszahlen kann.

Die Erschienenen erklärten hieraufi:

Der Notar wird beauftragt, der Gesellschaft die vorstehende Verpfändung durch Übermittlung einer Ausfertigung dieser Urkunde anzuzeigen.[10]

Schrifttum: *Bruhns,* Verpfändung von GmbH-Anteilen in der Finanzierungspraxis, GmbHR 2006, 587; *Hasselmann,* Die Gesellschafterliste nach § 40 GmbHG: Inhalt und Zuständigkeit, NZG 2009, 449; *Heidenhain,* Umfang der Beurkundungspflicht bei der Verpfändung von GmbH-Geschäftsanteilen, GmbHR 1996, 275; *Kerbusch,* Zur Erstreckung des Pfandrechts an einem GmbH-Geschäftsanteil auf den durch Kapitalerhöhung aus Gesellschaftsmitteln erhöhten oder neu gebildeten Geschäftsanteil, GmbHR 1990, 156; *Leuschner,* Die Teilverpfändung von GmbH-Anteilen, WM 2005, 2161; *Mertens,* Typische Probleme bei der Verpfändung von GmbH-Anteilen, ZIP 1998, 1787; *Reymann,* Gutgläubiger Erwerb und Rechte an GmbH-Geschäftsanteilen, WM 2008, 2095; *Reymann,* Die Verpfändung von GmbH-Geschäftsanteilen, DNotZ 2005, 425; *Rodewald,* Überlegungen im Zusammenhang mit der Verpfändung von GmbH- Anteilen, GmbHR 1995, 418; *von Rom,* Zum Umfang der Beurkundungspflicht bei der Verpfändung von GmbH-Geschäftsanteilen, WM 2007, 2223; *Roth,* Pfändung und Verpfändung von Gesellschaftsanteilen, ZGR 2000, 187; *Sieger/Hasselbach,* Praktische Probleme bei der Verpfändung von GmbH-Geschäftsanteilen, GmbHR 1999, 633.

Anmerkungen

1. S → Form. II.C.7 Anm. 1. Die Verpfändung bedarf wie die Abtretung der **notariellen Beurkundung** (§ 15 Abs 3 GmbHG, § 1274 Abs 1 BGB). Die Verpflichtung zur Verpfändung, die regelmäßig in dem zugrundeliegenden Darlehensvertrag vereinbart wird, ist demgegenüber formlos wirksam (hM RGZ 1953, 107; Baumbach/Hueck/*Servatius* § 15 Rn 49; Scholz/*Seibt* § 15 Rn 176; aA MüKoBGB/*Damrau* § 1274 Rn 58: § 15 Abs 4 GmbHG analog). Nicht (mit-) beurkundet werden müssen auch Vereinbarungen zur Forderung, die gesichert werden soll, solange die Forderung hinreichend bestimmt und gekennzeichnet ist (*Heidenhain* GmbHR 1996, 275, 276; Scholz/*Seibt* § 15 Rn 174). Inhaltliche Bezugnahmen auf den Darlehensvertrag im Verpfändungsvertrag, zB durch Verwendung von im Darlehensvertrag, aber nicht im Verpfändungsvertrag definierten Begriffen, verstoßen jedoch gegen das Erfordernis der notariellen Beurkundung und führen zur Unwirksamkeit des Verpfändungsvertrags teilweise oder sogar im Ganzen, sofern der Darlehensvertrag oder zumindest die relevanten Auszüge daraus nicht mitbeurkundet werden.

2. Ist die Einlage auf den zu verpfändenden Geschäftsanteil nicht voll erbracht oder trifft den Gesellschafter eine Nachschusspflicht, trägt der Pfandnehmer das Risiko, dass das Pfandrecht am Geschäftsanteil durch Kaduzierung (§§ 21, 28 GmbHG) oder Versteigerung des Geschäftsanteils (§ 27 GmbHG) erlischt (Baumbach/Hueck/*Kersting* § 21 Rn 13, § 27 Rn 10).

3. Gesellschaftsvertragliche Abtretungsbeschränkungen (§ 15 Abs 5 GmbHG) gelten gemäß §§ 1274 Abs 2, 413, 399 BGB auch für die Verpfändung. Die Satzung kann jedoch auch jeweils abweichende Beschränkungen für Abtretung und Verpfändung treffen (Baumbach/Hueck/*Servatius* § 15 Rn 49). Die einmal erteilte Genehmigung zur Verpfändung gilt zugleich als Genehmigung zur Veräußerung im Rahmen der Pfandverwertung, auch zur freihändigen Verwertung (letzteres str Baumbach/Hueck/*Servatius* § 15 Rn 51; Lutter/Hommelhoff/*Bayer* § 15 Rn 114; aA Scholz/*Seibt* § 15 Rn 194).

4. Verpfändbar ist auch ein zukünftiger Geschäftsanteil (Baumbach/Hueck/*Servatius* § 15 Rn 48). Bei einer **Kapitalerhöhung aus Gesellschaftsmitteln** – sei es durch Erhöhung des Nennbetrags des Geschäftsanteils oder durch Bildung neuer Geschäftsanteile (§ 57 h GmbHG) – erstreckt sich das Pfandrecht nach ganz hM kraft dinglicher Surrogation auf den oder die erhöhten bzw neu gebildeten Anteile (Baumbach/Hueck/*Servatius* § 57 m Rn 14; Lutter/Hommelhoff/*Kleindiek* § 57 j Rn 4; *Roth/Altmeppen* § 57 m Rn 13 aE; aA *Kerbusch* GmbHR 1990, 156: nur bei ausdrücklicher vertraglicher Regelung). Ein **Teil eines Geschäftsanteils** kann wegen § 46 Nr 4 GmbHG nur mit Zustimmung der Gesellschafter verpfändet werden (Baumbach/Hueck/*Servatius* § 15 Rn 48).

5. S → Form. II.C.7 Anm. 2. Im Fall der Auflösung und Liquidation der Gesellschaft setzt sich das Pfandrecht auch ohne ausdrückliche Erklärung am Liquidationsguthaben fort (§ 1287 S 1 BGB analog). Es erstreckt sich ferner auf das Einziehungsentgelt (§ 34 GmbHG) sowie auf Rückzahlungen der Stammeinlage bei Kapitalherabsetzung (MüKoBGB/*Damrau* § 1274 Rn 67), ebenso bei Versteigerung des Geschäftsanteils nach § 27 GmbHG an einem dem Gesellschafter zustehenden Erlösanteil (Baumbach/Hueck/*Kersting* § 27 Rn 10).

6. S → Form. II.C.7 Anm. 3. Dem Schuldner stehen trotz der Verpfändung weiterhin die mit dem verpfändeten Geschäftsanteil verbundenen **Verwaltungsrechte** zu, insbesondere das Stimmrecht. In der Ausübung seines Stimmrechts ist der Gesellschafter durch die Verpfändung gegenüber dem Pfandgläubiger grundsätzlich nicht beschränkt. Allerdings ist das Einverständnis des Pfandgläubigers für eine nach § 34 Abs 2 GmbHG erforderliche Zustimmung zur Einziehung des Geschäftsanteils erforderlich, § 1276 Abs 1 BGB (Baumbach/Hueck/*Servatius* § 15 Rn 50; Scholz/*Seibt* § 15 Rn 192 f; *Roth/Altmeppen* § 15 Rn 61). Gleiches gilt nach hM bei Ausübung eines (statutarischen) ordentlichen Kündigungsrechts (Baumbach/Hueck/*Servatius* § 15 Rn 50; *Roth/Altmeppen* § 15 Rn 61; aA MüKoBGB/*Damrau* § 1274 Rn 62). Str ist, ob darüber hinaus jede Rechtshandlung des Verpfänders im Hinblick auf den Bestand des Geschäftsanteils der Zustimmung des Pfandgläubigers analog § 1276 Abs 2 BGB bedarf (zweifelnd *Roth/Altmeppen* § 15 Rn 59; verneinend, jedenfalls im Hinblick auf das Preisgaberecht iSd § 27 GmbHG Scholz/*Seibt* § 15 Rn 192).

Der Schuldner kann den Pfandgläubiger zur Stimmabgabe bevollmächtigen, unwiderruflich jedoch nur mit der Einschränkung, dass die Vollmacht erlischt, wenn das zugrundeliegende Rechtsverhältnis endet, und dass sie aus wichtigem Grund widerrufen werden kann (Baumbach/Hueck/*Zöllner/Noack* § 47 Rn 50). Unzulässig ist es nach hM demgegenüber, das Stimmrecht zur Ausübung im eigenen Namen abzutreten (Verbot der Stimmrechtsabspaltung; s Baumbach/Hueck/*Servatius* § 15 Rn 50 und Baumbach/Hueck/*Zöllner/Noack* § 47 Rn 40, jeweils mwN).

Ein Pfandgläubiger, der sich Befugnisse einräumen lässt, die es ihm ermöglichen, die Geschicke der Gesellschaft ähnlich wie ein Gesellschafter mitzubestimmen, läuft Gefahr, dass er mit Darlehensforderungen gegen die Gesellschaft in deren Insolvenz gemäß § 39 Abs 1 Nr 5 InsO wie ein Gesellschafter als nachrangiger Insolvenzgläubiger behandelt wird (vgl BGH NJW 1992, 3035, 3036 zum alten Eigenkapitalersatzrecht; Baumbach/Hueck/*Servatius* § 15 Rn 50; MüKoBGB/*Damrau* § 1274 Rn 59 aE).

Die Bestimmung in § 1277 S 1 Hs 2 BGB gestattet es, abweichend von § 1277 S 1 Hs 1 BGB schon vor Eintritt der Verkaufsberechtigung eine Vereinbarung zu treffen, dass der Pfandgläubiger sich ohne Titel aus dem Recht, dh hier aus dem Geschäftssanteil und der mit ihm verpfändeten Rechte, befriedigen darf. Derartige Vereinbarungen sind bei der Verpfändung von Geschäftsanteilen an Kreditinstitue üblich, aber für den Pfandgeber nicht ungefährlich.

7. S → Form. II.C.7 Anm. 5. und 6.

8. Die **Aufhebung** des Pfandrechts bedarf der Beurkundung ebenso wenig wie die Übertragung des Pfandrechts durch Abtretung der gesicherten Forderung gemäß §§ 401 Abs 1, 413, 1250 Abs 1 BGB (Baumbach/Hueck/*Servatius* § 15 Rn 49).

9. Bei Übernahme der §§ 2–7 aus → Form. II.C.7 Anm. 1 ff in dieses Form. sind Verweise auf den „KG-Anteil" jeweils zu ersetzen durch Verweise auf die „Geschäftsanteile".

10. Die Verpfändung des Geschäftsanteils muss der Gesellschaft nicht nach § 1280 BGB angezeigt werden, da diese Vorschrift auf die Verpfändung von Mitgliedschaftsrechten nicht anwendbar ist (RGZ 1957, 414, 415). Auch eine Mitteilung an die Geschäftsführer der Gesellschaft gemäß § 40 Abs 1 S 2 GmbHG ist nach hM für die Wirksamkeit der Verpfändung nicht erforderlich, weil die Verpfändung eines Geschäftsanteils nicht in der Gesellschafterliste vermerkt werden muss (Baumbach/Hueck/*Servatius* § 40 Rn 7; *Hasselmann* NZG 2009, 449, 450 f; *Wicke* § 16 Rn 10; abweichend MüKoBGB/*Damrau* § 1274 Rn 51 und 57 aE, der eine Eintragung der Verpfändung in der Gesellschafterliste entgegen der ganz hM für erforderlich hält, daran aber gleichwohl nicht die Wirksamkeit der Verpfändung knüpft). Allerdings ist seit Inkrafttreten des MoMiG eine Mitteilung an die Gesellschaft erforderlich, um den Pfandrechtsgläubiger zur Geltendmachung von Ansprüchen gegenüber der Gesellschaft zu legitimieren (insbesondere im Hinblick auf verpfändete Gewinnansprüche) und die Verfügungsbeschränkungen des § 1276 BGB im Verhältnis zur Gesellschaft in Kraft zu setzen (*Hasselmann* NZG 2009, 449, 451: analog § 40 Abs 1 S 2 GmbHG; *Wicke* § 15 Rn 28: Rechtsgedanke des § 407 BGB; Lutter/Hommelhoff/*Bayer* § 15 Rn 111).

11. **Steuerhinweise:** Die Verpfändung ändert idR die steuerliche Rechtszuständigkeit des Gesellschafters nicht, da er wirtschaftlicher Eigentümer des Gesellschaftsanteils iSv § 39 Abs 2 AO bleibt und als Anteilseigner gemäß § 20 Abs 5 S 1 EStG iVm § 20 Abs 1 Nr 1, 2 EStG Einkünfte aus dem Gesellschaftsanteil bezieht. Diese Stellung verliert der Gesellschafter auch bei Bestellung eines einfachen Pfandrechts (§§ 1212, 1273 Abs 2 BGB) oder eines Pfändungspfandrechts (§ 804 ZPO) nicht (Herrmann/Heuer/Raupach/*Buge*, EStG/KStG § 20 EStG Rn 21). Gleiches gilt grds auch bei Bestellung eines Nutzungspfandrechts (§§ 1273 Abs 1, 1213 Abs 2 BGB; vgl *Reymann*, DNotZ 2005, 425, 437; Kirchhof/Söhn/Mellinghoff/*Jochum*, EStG, § 20 Rn B 80). Der Pfandgläubiger erzielt nur dann eigene Einkünfte, wenn ihm die Einnahmen aus dem Pfandrecht nach allgemeinen Grundsätzen wirtschaftlich zuzurechnen sind, sodass er als Anteilseigner gilt (§ 20 Abs 5 S 3 EStG). Eine Zurechnung beim Pfandgläubiger liegt ausnahmsweise zB vor, wenn diesem Verwaltungsrechte übertragen werden, sodass er eine gesellschafterähnliche Stellung innehat und Einfluss auf den Erfolg der GmbH nehmen kann (*Reymann*, Gutgläubiger Erwerb und Rechte an GmbH-Geschäftsanteilen, WM 2008, 2095).

Kosten und Gebühren:

Notar: 2,0 Gebühr KV 21100.
Wert: Wert der gesicherten Forderung oder geringerer Wert des Geschäftsanteils, § 53 Abs 2 GNotKG.

3.3 Einziehung eines GmbH-Anteils

Niederschrift über die ordentliche Gesellschafterversammlung der[1]

A GmbH

mit Sitz in . . . . .

Wir, die unterzeichneten

1. A mit einem Geschäftsanteil im Nennwert von EUR 75.000,00 und der Nr 1,[2]
2. B mit einem Geschäftsanteil im Nennwert von EUR 75.000,00 und der Nr 2,
3. C mit einem Geschäftsanteil im Nennwert von EUR 50.000,00 und der Nr 3.

sind die alleinigen Gesellschafter der Gesellschaft, die ein Stammkapital in Höhe von EUR . . . . . hat. Unter Verzicht auf alle Formen und Fristen der Einberufung und Ankündigung[3] halten wir hiermit eine Gesellschafterversammlung ab.

Wir beschließen einstimmig:[4]

1. Der Geschäftsanteil des Gesellschafters C im Nennwert von EUR 50.000,00 wird gemäß § 6 der Satzung der Gesellschaft eingezogen. C stimmt der Einziehung ausdrücklich zu.[5]
2. Der Geschäftsführer wird beauftragt, das Einziehungsentgelt zu ermitteln[6] und zu Lasten der offenen Rücklagen der Gesellschaft an C auszuzahlen.[7] C bestätigt, dass der alleinige Geschäftsführer Z ihm gegenüber soeben nach Fassung des Einziehungsbeschlusses die Einziehung seines Geschäftsanteils erklärt hat.[8]

Daraufhin beschlossen die Gesellschafter A und B einstimmig:[9]

Der Nennwert des Geschäftsanteils des Gesellschafters A mit der Nr 1 wird um EUR 25.000,00 auf EUR 100.000,00, der des Geschäftsanteils des Gesellschafters B mit der Nr 2 um EUR 25.000,00 auf EUR 100.000,00 erhöht.

Weitere Beschlüsse wurden nicht gefasst. Nach Erledigung der Tagesordnung wurde die Gesellschafterversammlung um . . . . . Uhr geschlossen.

(Ort, Datum)

(Unterschrift des Vorsitzenden)

Schrifttum: *Bacher/Blumenthal,* Die Verwendung von GmbH-Geschäftsanteilen bei Ausscheiden eines Gesellschafters, NZG 08, 406; *Battke,* Der Ausschluss von Gesellschaftern aus der GmbH, GmbHR 08, 850; *Blath,* Einziehung und Nennbetragsanpassung – Konvergenzgebot und Konvergenzherstellung vor dem Hintergrund des MoMiG GmbHR **11**, 1177; *Braun,* Einziehung von GmbH-Geschäftsanteilen nach MoMiG, GmbHR 10, 82; *Fietz/Fingerhuth,* Zahlung der Abfindung als Voraussetzung der Zwangseinziehung von GmbH-Geschäftsanteilen, DB 07, 1179; *Fingerhut/Schröder,* Die Einziehung eines GmbH-Anteils und Probleme in der Praxis, BB 97, 1805; *Geißler,* Rechtsgrundsätze und Bewertungsfragen zur angemessenen Abfindung des ausscheidenden GmbH-Gesellschafters, GmbHR 06, 1173; *Goette,* Ausschließung und Austritt aus der GmbH in der Rechtsprechung des Bundesgerichtshofs, DStR 01, 533; *Kolb,* Wirksamkeit der Einziehung nur unter aufschiebender Bedingung der Abfindungszahlung?, NZG 07, 815; *Lindemann/Imschweiler,* Verlust der Gesellschafterrechte bei Ausschluss und Einziehung von GmbH-Geschäftsanteilen, GmbHR 09, 423; *Löwe/Thoß,* Austritt und Ausschluss eines Gesellschafters aus der GmbH sowie Einziehung seines Geschäftsanteils – Wirksamkeit und Wirkungen, NZG 03, 1005; *Meyer,* Die Einziehung von GmbH-Anteilen im Lichte des MoMiG, NZG 09, 1201; *Mutter/Schwörer,* Die beurkundungsfreie „Übertragung" von GmbH-Geschäftsanteilen, GmbHR 00, 1144; *Pentz,* Abhängigkeit der Einziehung von Geschäftsanteilen von der Abfindungsleistung, FS Ulmer 03, 451; *Priester,* „Sanieren oder Ausscheiden" im Recht der GmbH, ZIP 10, 497; *Römermann,* Ausschließung von GmbH-Gesellschaftern und Einziehung von Anteilen: Ein Minenfeld, NZG **10**, 96; *Schmidt,* Einziehung von GmbH-Geschäftsanteilen, GmbHR **13**, 961; *Ulmer,* Die Einziehung von GmbH-Anteilen – ein Opfer der MoMiG-Reform?, DB 10, 321; *Ulmer,* Höchstrichterliche Rechtsfortbildung als Durchhauen des gordischen Knotens?, FS Hoffmann-Becking 13, 1261; *Wanner-Laufer,* Die Zwangseinziehung von Geschäftsanteilen nach § 34 GmbHG, NJW 10, 1499; *Wassermeyer,* Der Erwerb eigener Anteile durch eine Kapitalgesellschaft – Überlegungen zur Rechtsprechung des I. Senats des BFH, FS L. Schmidt 93, 632; *Wehrstedt/Füssenich,* Die Einziehung von GmbH-Geschäftsanteilen – Alternativen und Gestaltungsvorschlag, GmbHR 06, 698; *Zeilinger,* Die Einziehung von GmbH-Geschäftsanteilen als Instrument zum Ausschluss einzelner Gesellschafter aus der GmbH, GmbHR 02, 772.

Anmerkungen

1. Der Ausschluss im Wege der Einziehung von Geschäftsanteilen (Amortisation) darf nach dem Gesetz nur erfolgen, wenn dies in der Satzung zugelassen ist (§ 34 Abs 1 GmbHG; s → Form. II.D.1.4. § 6). Die Einziehung ist nur nach Volleinzahlung der Stammeinlagen zulässig (Baumbach/Hueck/*Kersting* § 34 Rn 1). Außerdem ist die Einziehung nach hM unzulässig, wenn im Zeitpunkt der Beschlussfassung feststeht, dass die Gesellschaft die geschuldete Abfindung im Fälligkeitszeitpunkt nur unter Verstoß gegen das Kapitalerhaltungsgebot erbringen kann (s → Form. II.D.1.4 Anm. 11).

Die Einziehung muss von den Gesellschaftern beschlossen (§ 46 Nr 4 GmbHG) und dem betroffenen Gesellschafter vom Geschäftsführer formlos mitgeteilt werden. Eine Einziehung ohne Einziehungsbeschluss allein kraft Satzung ist unzulässig (s Baumbach/Hueck/*Kersting* § 34 Rn 17 mwN).

2. S → Form. II.D.2.3 Anm. 4.

3. Bei einer Vollversammlung ist eine ordnungsgemäße Einberufung entbehrlich (§ 51 Abs 3 GmbHG); s auch → Form. II.D.2.2 Anm. 6.

4. Eine besondere **Form.** ist grundsätzlich nicht vorgeschrieben (GroßKoGmbHG/*Ulmer/Habersack* § 34 Rn 49), Schriftform allerdings geboten. **Notarielle Beurkundung** ist nur erforderlich, wenn der Beschluss **mit einer Satzungsänderung verbunden** ist. Eine Satzungsänderung kann sich insbesondere anbieten, wenn die Satzung noch die Angaben zur Zahl und den Nennbeträgen der Geschäftsanteile enthält, die jeder Gesellschafter gegen Einlage auf das Stammkapital (Stammeinlage) übernimmt (s § 3 Abs 1 Nr 4 GmbHG sowie → Form. II.D.1.1. § 3). Diese Angaben können jedenfalls dann gestrichen werden, wenn die Einlagen auf die Geschäftsanteile vollständig geleistet sind (s → Form. II.D.1.1 Anm. 5). Die Erhöhung des Nennbetrags der verbleibenden Geschäftsanteile gem Abs 4 ist allerdings keine Satzungsänderung (BGH NJW 1989, 168, 169) und bedarf nicht der Beurkundung. Aus diesem Grund kann die Einziehung, verbunden mit der Aufstockung eines anderen Anteils, die ebenfalls nicht der Beurkundung bedarf, kostensparend eine – beurkundungsbedürftige – Abtretung ersetzen (*Mutter/Schwörer* GmbHR 2000, 1144, 1145).

Sofern die Satzung nichts anderes bestimmt, genügt **einfache Mehrheit.** Der betroffene Gesellschafter kann mitstimmen, wenn das Stimmrecht nicht durch die Satzung ausgeschlossen ist (s → Form. II.D.1.4. § 6 Abs 6 S 1) oder die Einziehung aus einem in seiner Person liegenden Grund erfolgt (str, Baumbach/Hueck/*Kersting* § 34 Rn 14).

5. Zur Zulässigkeit einer Einziehung nach der Satzung s → Form. II.D.1.4 § 6. Zu unterscheiden sind Zwangseinziehung und Einziehung mit Zustimmung des betroffenen Gesellschafters (ausführlich zu beidem MüHdbGesR 3/*Kort* § 28 Rn 5 ff; Scholz/*Westermann* § 34 GmbHG Rn 12 ff; s auch → Form. II.D.1.4 Anm. 11). Während für erstere die Voraussetzungen (spätestens bei Erwerb des Anteils) hinreichend bestimmt geregelt sein und bei Beschlussfassung noch vorliegen müssen, genügt für letztere die bloße Zulassung in der Satzung (Baumbach/Hueck/*Kersting* § 34 Rn 4 ff). Die Zustimmung des betroffenen Gesellschafters kann formlos und bei der Beschlussfassung erklärt werden (Baumbach/Hueck/*Kersting* § 34 Rn 6).

6. S → Form. II.D.1.4. § 6 Abs 3, § 15. Die Abfindung nach dem vollen wirtschaftlichen Wert des Geschäftsanteils (Verkehrswert) wird nur geschuldet, wenn die Satzung keine zulässige abweichende Bewertungsregelung trifft (Baumbach/Hueck/*Kersting* § 34 Rn 22, 25 ff; s → Form. II.D.1.4 Anm. 31).

7. § 34 Abs 2 iVm § 30 Abs 1 GmbHG. Die Abfindung wird mit Wirksamwerden der Einziehung fällig (Baumbach/Hueck/*Kersting* § 34 Rn 24). Allerdings verliert der Gesellschafter seine Gesellschafterstellung bereits mit Wirksamwerden des Einziehungsbeschlusses (BGH NZG 2012, 259, 260). Dies selbst dann, wenn bei Beschlussfassung zwar unklar ist, aber zumindest möglich erscheint, dass die Abfindung aus nicht gebundenem Vermögen (§ 30 Abs 1 GmbHG) gezahlt werden kann (BGH NZG 2012, 259, 260; s im Einzlenen → Form. II.D.1.4 Anm. 11).

8. S → Form. II.D.1.4. § 6 Abs 6 S 2. Die Einziehungserklärung ist grundsätzlich **formfrei** (s → Anm. 4). Nimmt der Gesellschafter-Geschäftsführer an der Beschlussfassung teil und bestätigt er die Erklärung, ist eine besondere Mitteilung nach hM überflüssig (RG JW 1934, 976, 977; Baumbach/Hueck/*Kersting* § 34 Rn 16; *Roth/Altmeppen* § 34 Rn 79; aA KG FGPrax 2006, 29, 30; Lutter/Hommelhoff/*Kleindiek* § 34 Rn 24).

9. Der Geschäftsanteil geht nach hM mit Wirksamwerden der Einziehung unter (vgl → Form. II.D.1.4 Anm. 11). Der Betroffene verliert seine Mitgliedschaft. Die Einziehung hat zur Folge, dass die Summe der Nennbeträge aller nicht eingezogenen Geschäftsanteile vom Stammkapital abweicht. Zur Anpassung stehen den verbleibenden Gesellschaftern folgende Wege zur Verfügung:

a) Die Gesellschafter fassen zusammen mit dem Einziehungsbeschluss einen Beschluss über die Aufstockung der Nennbeträge der verbliebenen Geschäftsanteile (→ Form. II.D.1.4 § 6 Abs 4 S 1).
b) Die Einziehung wird mit einer Herabsetzung des Stammkapitals unter Beachtung des § 58 GmbHG verbunden, die zu beurkunden und anzumelden ist.
c) Anstelle der eingezogenen werden neue Geschäftsanteile ausgegeben.

Eine solche Anpassung ist allerdings nicht zwingend, weil die Einziehung nicht dem Konvergenzgebot des § 5 Abs 3 S 2 GmbHG unterliegt (BGH NJW 2015, 1385, 1387; Baumbach/Hueck/*Fastrich* § 5 Rn 10). Insbesondere ist ein Einziehungsbeschluss ohne gleichzeitige Maßnahmen zur Anpassung nicht nichtig; die Gesellschafter können auch später Maßnahmen treffen, um die Divergenz auszugleichen, oder die Divergenz dauerhaft hinnehmen (BGH NJW 2015, 1385, 1387; Baumbach/Hueck/*Fastrich* § 5 Rn 10). Das Form. sieht eine Aufstockung der Nennbeträge aller nicht eingezogenen Geschäftsanteile vor (s auch (→ Form. II.D.1.4 Anm. 11). Nach Wirksamwerden der Einziehung sowie der ggf weiteren Änderungen zur Anpassung der Nennbeträge aller nicht eingezogenen Geschäftsanteile an das Stammkapital ist eine neue Liste der Gesellschafter beim Handelsregister einzureichen. Diese Pflicht entsteht ungeachtet der weiteren Änderungen bereits mit Wirksamwerden der Einziehung (Baumbach/Hueck/*Servatius* § 40 Rn 6; *Wicke* § 40 Rn 3) und trifft in erster Linie die Geschäftsführer, bei Mitwirkung eines Notars an den Veränderungen, diesen (s § 40 Abs 1 und 2 GmbHG).

10. **Steuerhinweise:** Die entgeltliche Einziehung führt nach hM bei der Gesellschaft zu einer Minderung ihres Eigenkapitals (dh sie erfolgt zu Lasten des Bilanzgewinns oder der freien Rücklagen) und stellt folglich beim Gesellschafter einen steuerpflichtigen Veräußerungsvorgang iSd § 20 Abs 2 EStG oder des § 17 Abs 1 EStG dar (zB Littmann/Bitz/Putz/*Karrenbrock,* ESt, § 17 EStG Rn 142 mwN; Dötsch/Pung/Möhlenbrock/*Pung/Werner,* KSt, § 17 EStG Rn 150; Herrmann/Heuer/Raupach/*Schmidt,* EStG/KStG, § 17 EStG Rn 89; aA Teilliquidation iSd § 17 Abs 4 EStG: Schmidt/*Weber-Grellet,* EStG, § 17 Rn 101; *Wassermeyer,* FS L. Schmidt 1993, 632). Bei der Ermittlung des Veräußerungsgewinns sind die Anschaffungskosten für die Anteile und die Kosten im Zusammenhang mit der Einziehung abzuziehen.

Kosten und Gebühren:

Notar: (für den Entwurf) 0,5 bis 2,0 Gebühr, mind EUR 120,00 KV 24100 iVm KV 21100.

Wert: Wert des Gesellschaftsanteils, § 3 GNotKG (zur Wertberechnung s BeckKostR/*Klahr,* § 3 GNotKG Rn 90 ff) oder, falls höher, das Einziehungsentgelt, § 97 Abs 3 GNotKG (Bormann/Diehn/Sommerfeldt/*Diehn,* § 97 GNotKG Rn 16).

4. Wechselseitige Finanzierungen von Gesellschaftern und Gesellschaft

4.1 Leistungen durch Gesellschafter in die Kapitalrücklage der GmbH

Niederschrift[1, 2]

über eine außerordentliche Gesellschafterversammlung der

A GmbH

mit Sitz in . . . . . (die „Gesellschaft").

Wir, die unterzeichneten

1. B GmbH mit einem Geschäftsanteil im Nennwert von EUR . . . . . und der Nr . . . . .; und
2. C mit zwei Geschäftsanteilen im Nennwert von je EUR . . . . . und den Nrn . . . . .

sind die alleinigen Gesellschafter der Gesellschaft, die ein Stammkapital in Höhe von EUR . . . . . hat. Unter Verzicht auf die Einhaltung aller durch Gesetz oder Gesellschaftsvertrag vorgeschriebenen Formen und Fristen der Einberufung und Ankündigung[3] halten wir hiermit eine Gesellschafterversammlung ab.

I. Erklärungen der Gesellschafter

Die Gesellschafter erklärten:

1. Wir, die unterzeichnete B GmbH verpflichten uns hiermit, an die Gesellschaft zur Stärkung ihres Eigenkapitals einen Betrag in Höhe von EUR . . . . . zu leisten. Die Leistung erfolgt als „andere Zuzahlung" im Sinne von § 272 Abs 2 Nr 4 HGB in die Kapitalrücklage der Gesellschaft.[4] Der vorgenannte Betrag ist innerhalb von einer Woche auf ein von der Gesellschaft zu benennendes Bankkonto zu überweisen.
2. Ich, der unterzeichnete C, erlasse der Gesellschaft hiermit ihre Verpflichtung, das ihr aufgrund des Darlehensvertrags zwischen mir und der Gesellschaft vom . . . . . gewährte Darlehen in Höhe von EUR . . . . . zurückzuzahlen. Der Erlass erfolgt zur Stärkung des Eigenkapitals der Gesellschaft. Der erlassene Betrag wird als „andere Zuzahlung" im Sinne von § 272 Abs 2 Nr 4 HGB in die Kapitalrücklage der Gesellschaft geleistet.[5] Der Forderungsverzicht erfolgt vorbehaltlich des nachfolgenden Besserungsscheins:[6]
   Soweit die A GmbH künftig, beginnend mit dem Geschäftsjahr . . . . ., einen Jahresüberschuss (ermittelt vor etwaigen Zahlungen auf diesen Besserungsschein) erzielt, ist sie verpflichtet, einen Betrag von . . . . . % dieses Jahresüberschusses an C zu leisten. Diese Verpflichtung endet, sobald die von der Gesellschaft geleisteten Zahlungen insgesamt der Höhe nach den vorstehend erlassenen Betrag erreicht haben. Maßgeblich ist der von der XY Wirtschaftsprüfungsgesellschaft zu prüfende und von der A GmbH spätestens . . . . . Monate nach dem Bilanzstichtag vorzulegende Jahresabschluss. Der entsprechende Rückzahlungsbetrag ist innerhalb von zwei Wochen nach Erteilung des Bestätigungsvermerks der XY Wirtschaftsprüfungsgesellschaft zur Zahlung fällig, spätestens jedoch zwei Wochen nach Ablauf der vorgenannten Vorlagefrist von . . . . . Monaten.

3. Wir, die unterzeichneten Gesellschafter, verzichten hiermit darauf, dass die Gesellschaft uns gegenüber die Annahme unserer vorstehend unter Ziff I.1 und I.2 abgegebenen Erklärungen erklärt.[7]

II. Gesellschafterbeschlüsse[8]

Sodann fasste die Gesellschafterversammlung folgende Beschlüsse:

1. Den unter Ziff I.1 und I.2 abgegebenen Erklärungen wird zugestimmt.
2. Die in Ziff I.1 und I.2 genannten Leistungen sind als andere Zuzahlungen in die Kapitalrücklage der Gesellschaft einzustellen (§ 272 Abs 2 Nr 4 HGB).

Weitere Beschlüsse wurden nicht gefasst.

(Ort, Datum)

(Unterschriften der Gesellschafter)[9]

Anmerkungen

1. Die Gesellschafter einer GmbH schulden der GmbH grundsätzlich nur die Leistung der Einlage auf die von ihnen übernommenen Geschäftsanteile. Eine darüber hinausgehende **Nachschusspflicht** trifft die Gesellschafter einer GmbH nur, wenn dies ausdrücklich in der Satzung vereinbart ist (vgl §§ 3 Abs 2, 26 Abs 1 GmbHG); dies korrespondiert mit dem Trennungsprinzip des § 13 Abs 2 GmbHG, nach dem für die Verbindlichkeiten der GmbH gegenüber den Gläubigern nur das Gesellschaftsvermögen haftet.

Trotz fehlender Nachschusspflicht kann es aus Sicht der Gesellschafter sinnvoll sein, der Gesellschaft freiwillig weiteres Eigenkapital zuzuführen, etwa um aufgetretene Verluste zu decken oder gar eine Überschuldung zu verhindern. Eine solche Zuführung von Eigenkapital kann außer durch eine förmliche Erhöhung des gezeichneten Kapitals (vgl §§ 55 ff GmbHG; s dazu (→ Form. II.D.2.3 Anm. 1 ff) insbesondere durch Zuzahlung in die Kapitalrücklage gemäß **§ 272 Abs 2 Nr 4 HGB** erfolgen. Die Zuzahlung in die Kapitalrücklage hat gegenüber einer Erhöhung der Stammkapitalziffer den Vorteil, dass die in die Kapitalrücklage eingestellten Beträge **jederzeit auflösbar** sind und in den Grenzen des § 30 Abs 1 GmbHG an die Gesellschafter zurückgezahlt werden können, sofern sie nicht anlässlich einer vereinfachten Kapitalherabsetzung gebildet wurden (dann gelten zusätzlich §§ 58 b Abs 3, 58 c S 2 GmbHG) oder eine Nachschusspflicht betreffen (dann gilt zusätzlich § 30 Abs 2 GmbHG) (BeckBilKomm/*Störk/Kliem/Meyer* § 272 Rn 212).

2. Das Gesetz verlangt für Gesellschafterversammlungen im Allgemeinen und Gesellschafterbeschlüsse über Leistungen von Gesellschaftern in die Kapitalrücklage im Besonderen keine spezielle Form. Zu Dokumentationszwecken ist eine **Niederschrift** jedoch dringend anzuraten. Anderenfalls können Zweifel darüber entstehen, ob die Zahlung des Gesellschafters rückzahlbar ist oder nicht. S auch → Form. II.D.2.2 Anm. 1.

3. Bei einer Vollversammlung ist eine ordnungsgemäße Einberufung entbehrlich (§ 51 Abs 3 GmbHG); s auch → Form. II.D.2.2 Anm. 6.

4. Zuzahlungen in das Eigenkapital iSd § 272 Abs 2 Nr 4 HGB sind Leistungen, die Gesellschafter **freiwillig** an die Gesellschaft erbringen, **ohne** dass diese ihnen hierfür einen **Vorteil** gewährt (BeckBilKomm/*Störk/Kliem/Meyer* § 272 Rn 195; *ADS* § 272 Rn 132 ff). Voraussetzung ist weiterhin, dass die Leistung nicht bereits von § 272 Abs 2 Nr 1–3 HGB erfasst ist und der Gesellschafter sie als Zuzahlung in das Eigenkapital bestimmt (MüKoHGB/*Reiner* § 272 Rn 103 f). Beispiele sind die Begründung einer aktivierungsfähigen Forderung zugunsten der Gesellschaft (BeckBilKomm/*Störk/Kliem/Meyer* § 272 Rn 200) sowie der Erlass einer Schuld der Gesellschaft (FG Hamburg DStRE 2002, 193, 194; MüKoHGB/*Reiner* § 272 Rn 102). Auch Beträge aus stehen gelassenen Gewinnansprüchen, die der Gesellschaft im Rahmen eines sog „Schütt aus-Hol zurück"-Verfahrens ohne formale Kapitalerhöhung zufließen (s → Form. II.D.2.3 Anm. 12), sind in die Kapitalrücklage einzustellen (BeckBilKomm/*Störk/Kliem/Meyer* § 272 Rn 196; *ADS* § 272 Rn 132).

Die freiwillige Verpflichtung eines Gesellschafters zu einer „anderen Zuzahlung" iSd § 272 Abs 2 Nr 4 HGB in die Kapitalrücklage einer Gesellschaft ist als rein schuldrechtliche, nicht als Bestandteil der Gesellschafterpflichten übernommene einseitige Verpflichtung **formlos** möglich; insbesondere ist keine Ermächtigung durch die Satzung erforderlich (KG Berlin NZG 2000, 688, 689; MüKoGmbHG/*Schütz* § 26 Rn 36).

5. Eine „andere Zuzahlung" iSd § 272 Abs 2 Nr 4 HGB in die Kapitalrücklage einer Gesellschaft kann insbesondere durch **Verzicht auf eine Forderung** gegen die Gesellschaft geleistet werden (s oben → Anm. 4). Bei einem unbedingten Forderungsverzicht ohne Rückzahlungsabrede ist stets zu bedenken, dass bei der begünstigten Gesellschaft ein zu versteuernder außerordentlicher Ertrag entstehen kann, wenn die Forderung des Gesellschafters gegen die Gesellschaft nicht werthaltig ist, weil sich die Gesellschaft in einer Krise befindet (s unten → Anm. 9). Alternativ zu einem Forderungsverzicht ist auch eine Abtretung der Forderung gegen die Gesellschaft an die Gesellschaft denkbar; die Forderung geht dann mit Wirksamkeit der Abtretung durch Konfusion unter, so dass im Ergebnis keine Unterschiede zu einem Forderungsverzicht bestehen.

6. Auf die **Rückzahlung** einer einmal begründeten freiwilligen Leistung an die Gesellschaft steht dem jeweiligen Gesellschafter grundsätzlich **kein Anspruch** zu (OLG Hamm GmbHR 1978, 271 f; Scholz/*Emmerich,* § 26 Rn 7), sofern nicht die Leistung unter eine (auflösende) Bedingung gestellt oder in anderer Form. ausdrücklich ein Rückzahlungsanspruch vereinbart wurde (MüKoGmbHG/*Schütz* § 26 Rn 38; GroßKoGmbHG/*Leuschner* § 26 Rn 28; zum Besserungsschein als Hauptfall des auflösend bedingten Forderungserlasses zu Sanierungszwecken s etwa BGH NJW 1984, 2762, 2763; OLG München NZG 2009, 38, 39; BeckFormB/*Meyer-Sparenberg* → Form. II.13). Auch wenn der Gesellschafter keinen Anspruch auf Rückzahlung der Leistung hat, kann der entsprechende Posten der Kapitalrücklage aber auf der Grundlage eines Mehrheitsbeschlusses der Gesellschafter in den Grenzen des § 30 Abs 1 GmbHG aufgelöst und zurückgezahlt werden.

7. Die Eingehung einer Verpflichtung sowie der Erlass einer Schuld bedürfen des Abschlusses eines Vertrags (§§ 311 Abs 1, 397 Abs 1 BGB). Dabei wird die Gesellschaft von ihren (bei der im Form. dokumentierten Gesellschaftersammlung nicht anwesenden) Geschäftsführern oder Bevollmächtigten vertreten. Das Form. sieht vor, dass die Gesellschafter auf den Zugang der Annahme verzichten (§ 151 S 1 BGB). Das macht die Annahme durch die Gesellschaft selbst allerdings nicht entbehrlich, auch wenn sie durch schlüssige Handlungen erfolgen kann (Palandt/*Ellenberger* § 151 Rn 1 ff). In Zweifelsfällen empfiehlt es sich, dass Geschäftsführer der Gesellschaft in vertretungsberechtigter Zahl die Niederschrift zur Dokumentation ihres Einverständnisses gegenzeichnen.

8. Der im Form. vorgesehene Gesellschafterbeschluss ist keine zwingende Voraussetzung für eine Einlage in die Kapitalrücklage. Alternativ kann die Leistungspflicht zB durch Vertrag eines Gesellschafters mit der Gesellschaft begründet werden (vgl BeckBilKomm/*Störk/Kliem/Meyer* § 272 HGB Rn 198).

9. Zur Dokumentation der Zuzahlungsverpflichtungen ist es sinnvoll, die Niederschrift durch alle Gesellschafter unterzeichnen zu lassen.

10. **Steuerhinweise:** Die GmbH hat die in die Kapitalrücklage geleisteten Beträge auf dem sog steuerlichen Einlagekonto auszuweisen (§ 27 Abs 1 S 1 KStG). Sie führen auf Ebene der GmbH grds nicht zu steuerpflichtigem Ertrag. Bei dem Gesellschafter erhöhen sie die Anschaffungskosten der Beteiligung (Schmidt/*Kulosa,* EStG, § 6 Rn 57).

Verzichtet der Gesellschafter auf eine Forderung, kann eine Dotierung der Kapitalrücklage nur in Höhe des werthaltigen Teils der Forderung erfolgen. Steuerlich liegt dem entsprechend nur in Höhe des werthaltigen Teils eine steuerneutrale Zuführung zum steuerlichen Einlagekonto vor. In Höhe des nicht werthaltigen Teils entsteht **steuerpflichtiger Ertrag** (BFH BStBl II 1998, 307, 310). Dies gilt unabhängig davon, ob eine Besserungsabrede getroffen wurde oder nicht (Schmidt/*Weber-Grellet,* EStG, § 5 Rn 550 – „Gesellschafterfinanzierung“ (4), (5). S auch → Form. III.K.4 Anm. 8). Das lässt einen Forderungsverzicht insbesondere in der Krise der GmbH nicht als ratsam erscheinen. Droht der GmbH die Überschuldung oder ist sie sogar bereits eingetreten, so empfiehlt sich stattdessen, mit der GmbH Befriedigung im Nachrang hinter den in § 39 Abs 1 Nr 1 bis 5 InsO bezeichneten Forderungen zu vereinbaren (s § 39 Abs 2 InsO).

Für den Gesellschafter führt der Forderungsverzicht in Höhe des werthaltigen Teils der Forderung zu nachträglichen Anschaffungskosten auf seine Beteiligung und in Höhe des nicht werthaltigen Teils zu Aufwand (Schmidt/*Weber-Grellet,* EStG, § 5 Rn 550 – „Gesellschafterfinanzierung“ (4)). Ist der Gesellschafter eine Körperschaft, kann er diesen Aufwand uU nicht steuerlich in Abzug bringen (vgl § 8 b Abs 3 S 4 ff KStG).

4.2 Darlehen eines Gesellschafters an die GmbH

Darlehensvertrag

zwischen

Y GmbH

. . . . .

die „Darlehensgeberin“

und

X GmbH

. . . . .

die „Darlehensnehmerin“

VORBEMERKUNG

Die Darlehensgeberin ist die alleinige Gesellschafterin der Darlehensnehmerin. Die Darlehensgeberin beabsichtigt, der Darlehensnehmerin ein Darlehen nach näherer Maßgabe dieses Vertrags zu gewähren.

Deshalb treffen die Vertragsparteien folgende Vereinbarung:

1. Darlehen[1]

Die Darlehensgeberin gewährt der Darlehensnehmerin ein Darlehen in Höhe von EUR . . . . . (das „Darlehen“). Das Darlehen wird am . . . . . zur Auszahlung fällig und ist von der Darlehensgeberin auf folgendes Bankkonto der Darlehensnehmerin zu überweisen:

Kreditinstitut: . . . . .

IBAN: . . . . .

BIC: . . . . .

2. Zinsen

2.1 Das Darlehen wird in Bezug auf den ausstehenden Kapitalbetrag des Darlehens mit jährlich . . . . . % verzinst. Zinsen sind an jedem Zinszahlungstag nachträglich zu zahlen.

„Zinszahlungstag" ist der 4. Januar des auf eine Zinsperiode folgenden Jahres. Fällt der 4. Januar jedoch auf einen Samstag, einen Sonntag oder einen gesetzlichen Feiertag am Sitz der Darlehensnehmerin oder der Darlehensgeberin, so verschiebt sich der Zinszahlungstag auf den nächsten Geschäftstag. Letzter Zinszahlungstag ist der letzte Tag am Ende der letzten Zinsperiode.

2.2 Das Darlehen hat aufeinander folgende Zinsperioden. Die erste Zinsperiode für das Darlehen beginnt am Tag, an dem das Darlehen ausgezahlt wird (dieser Tag mit eingerechnet), und endet am 31. Dezember des Jahres, in welches der Auszahlungstag fällt (der 31. Dezember mit eingerechnet). Jede folgende Zinsperiode des Darlehens beginnt am 1. Januar eines Jahres (dieser Tag mit eingerechnet) und endet am 31. Dezember dieses Jahres (dieser Tag ebenfalls mit eingerechnet). Die letzte Zinsperiode für das Darlehen beginnt am 1. Januar des Jahres, in dem die Laufzeit des Darlehens endet; sie endet am Tag an dem die Kündigung des Darlehens nach Ziff 3 wirksam wird.

2.3 Auflaufende Zinsen werden taggenau abgerechnet unter Zugrundelegung der tatsächlichen Anzahl an abgelaufenen Tagen in jeder Zinsperiode bezogen auf ein Jahr von 360 Tagen.

3. Rückzahlung[2]

Das Darlehen ist jederzeit durch die Darlehensgeberin oder die Darlehensnehmerin mit einer Frist von 14 Tagen zum Monatsende kündbar und ist bei Kündigung zum Ablauf der Kündigungsfrist durch die Darlehensnehmerin auf ein von der Darlehensgeberin anzugebendes Bankkonto zurückzuzahlen. Fällt der letzte Tag des Monats auf einen Samstag, einen Sonntag oder einen gesetzlichen Feiertag am Sitz der Darlehensnehmerin oder der Darlehensgeberin, so hat die Rückzahlung am nächsten Geschäftstag zu erfolgen. Das Recht zur fristlosen Kündigung bleibt davon unberührt.

4. Verschiedenes

4.1 Änderungen dieses Vertrags (einschließlich dieser Ziff 4.1) bedürfen der Schriftform.

4.2 Sollten Bestimmungen dieses Darlehensvertrags ganz oder teilweise unwirksam oder undurchführbar sein oder werden, so wird hierdurch die Wirksamkeit der übrigen Bestimmungen dieser Vereinbarung nicht berührt. Das gleiche gilt, wenn und soweit sich in dieser Vereinbarung eine Lücke herausstellen sollte. Anstelle der unwirksamen oder undurchführbaren Bestimmung oder zur Ausfüllung der Lücke soll eine angemessene Regelung gelten, welche, soweit rechtlich möglich, dem am nächsten kommt, was die Vertragspartner gewollt haben oder nach dem Sinn und

Zweck der Vereinbarung gewollt hätten, wenn sie bei dem Abschluss der Vereinbarung oder der späteren Aufnahme einer Bestimmung den Punkt bedacht hätten.

Y-GmbH

(als Darlehensgeberin)

. . . . .

Name: Titel:

X-GmbH

(als Darlehensnehmerin)

. . . . .

Name: Titel:

Schrifttum: *Altmeppen,* Das neue Recht der Gesellschafterdarlehen in der Praxis, NJW 2008, 3601; *Desch,* Haftung des Geschäftsführers einer GmbH nach § 64 S 3 GmbHG bei Rückzahlung von Gesellschafterdarlehen, BB 10, 2586; *Gehrlein,* Die Behandlung von Gesellschafterdarlehen durch das MoMiG, BB 08, 846; *Gunßer,* Finanzierungsbindungen in der GmbH nach Abschaffung des Eigenkapitalersatzrechts, GmbHR 10, 1250; *Haas,* Das neue Kapitalersatzrecht nach dem RegE-MoMiG, ZInsO 07, 617; *Habersack,* Gesellschafterdarlehen nach dem MoMiG – Anwendungsbereich, Tatbestand und Rechtsfolgen der Neuregelung, ZIP 07, 2145; *Heckschen/Kreusslein,* Gesellschafterdarlehen und -sicherheiten in der Krise, RNotZ 16, 351; *Herrmann,* Gutglaubenserwerb und Gesellschafterdarlehen bei Finanzinvestitionen – Vom Kapitalersatz zum Kapitalverkehrsschutz im neuen GmbH-Recht, DZWiR 09, 265; *Paape,* Die Regeln des Eigenkapitalersatzes beim Debt-Equity-Swap, DZWiR 09, 9; *Primozic,* Insolvenzrisiken bei der Veräußerung von Anteilen gesellschafterfinanzierter Unternehmen, NJW 16, 679; *Schniepp/Hensel,* Gesellschafterdarlehen – gesamtschuldnerische Haftung von Zedent und Zessionar in M&A-Transaktionen?, BB 15, 777; *Spliedt,* MoMiG in der Insolvenz – ein Sanierungsversuch, ZIP 09, 149.

Anmerkungen

1. Gesellschafterdarlehen sind in der Praxis ein weit verbreitetes und flexibles Instrument der GmbH-Finanzierung. Die der Gesellschaft darlehensweise gewährten Mittel können vom Gesellschafter je nach Bedarf und den Bedingungen des Darlehensvertrags zurückgefordert oder stehen gelassen werden. Die im Hinblick auf die Lehre vom eigenkapitalersetzenden Gesellschafterdarlehen bestehenden Unsicherheiten für den Gesellschafter, ob und wann die Gesellschaft das Darlehen zurückzahlen wird oder es stattdessen als Eigenkapitalersatz in der Gesellschaft bleiben muss, sind durch das MoMiG beseitigt worden (vgl § 30 Abs 1 S 3 GmbHG). Das MoMiG hat eine klare Regelung geschaffen. Nach der Neuregelung durch das MoMiG sind Gesellschafterdarlehen, wie jedes andere Darlehen auch, von der Gesellschaft bei Fälligkeit zurückzuzahlen. Unberührt von der durch das MoMiG angeordneten Abschaffung des Eigenkapitalersatzrechts bleiben jedoch sonstige Finanzierungsbindungen, etwa die fehlende außerordentliche Kündbarkeit von Sanierungsdarlehen bei einer Verschlechterung der Vermögenslage der Gesellschaft, die Vereinbarung eines Rangrücktritts zwischen der Gesellschaft und dem darlehensgebenden Gesellschafter oder die fehlende Änderbarkeit einer Finanzplanabrede während einer Krise der Gesellschaft (näher dazu *Gunßer* GmbHR 2010, 1250 ff). In der Insolvenz sind Gesellschafterdarlehen grundsätzlich nur nachrangig nach den übrigen Insolvenzgläubigern zu bedienen (§ 39 Abs 1 Nr 5 InsO), es sei denn, es handelt sich um Darlehen eines Gesellschafters, der Anteile an der GmbH zu Sanierungszwecken erworben hat (§ 39 Abs 4 S 2 InsO), oder eines Gesellschafters, der als nicht geschäftsführender Gesellschafter 10 %

oder weniger am Stammkapital der GmbH hält (§ 39 Abs 5 InsO). Ferner sind Zahlungen einer Gesellschaft auf ein Gesellschafterdarlehen, die im letzten Jahr vor dem Antrag auf Insolvenzeröffnung oder danach gewährt wurden, anfechtbar und müssen vom Gesellschafter zur Insolvenzmasse zurückgewährt werden (§§ 129 Abs 1, 135 Abs 1 Nr 2 InsO, 143 InsO). Dies gilt auch für kurzfristige Überbrückungskredite (BGH GmbHR 2013, 464, 465; GmbHR 2013, 1034, 1037 f). Anfechtbar ist beispielsweise die Rückzahlung eines Gesellschafterdarlehens, wenn der Gesellschafter die Darlehensvaluta nutzt, um seine Einlagepflicht gegenüber der Muttergesellschaft der Schuldnerin zu erfüllen, welche der Schuldnerin anschließend Gelder in gleicher Höhe zur Verfügung stellt (BGH NZG 2019, 917, 918 f). Das Anfechtungsrecht besteht außerdem gem. § 135 Abs 1 InsO für **„gleichgestellte Forderungen"**. Diese Entsprechungsklausel erweitert den Anwendungsbereich der Norm in persönlicher und sachlicher Hinsicht, die genaue Reichweite ist allerdings noch nicht abschließend geklärt. Darlehensgleich ist nach der Rechtsprechung jede Forderung eines Gesellschafters auf Rückzahlung eines vom Gesellschafter aus seinem Vermögen der Gesellschaft zur Verfügung gestellten Geldbetrags, sofern ein solcher Rückzahlungsanspruch durchgängig seit der Überlassung des Geldes bestand und sich Gesellschafter und Gesellschaft von vornherein einig waren, dass die Gesellschaft das Geld zurückzuzahlen habe (BGH NZG 2019, 1026, 1028). Nicht gleichgestellt sind vertragliche Ansprüche des Gesellschafters auf marktübliche Zinsen für das von ihm gewährte Gesellschafterdarlehen, sofern sie nicht erst zu außerhalb jeder verkehrsüblichen Handhabung liegenden Zinsterminen gezahlt werden (BGH NZG 2019, 1026, 1030). In persönlicher Hinsicht soll das Darlehen eines Dritten wie ein Gesellschafterdarlehen zu behandeln sein, wenn der Dritte bei wirtschaftlicher Betrachtung einem Gesellschafter gleichsteht. Dies gilt jedenfalls für vertikal oder horizontal verbundene Unternehmen (BGH NZG 2015, 440, 444), mittelbar an der darlehensnehmenden Gesellschaft beteiligte Gesellschafter, die an der darlehensgewährenden Gesellschaft maßgeblich beteiligt sind (BGH NZG 2019, 235, 237) sowie ausgeschiedene (OLG Koblenz ZIP 2016, 1133, 1134) oder atypisch stille Gesellschafter (BGH NZI 2012, 860, 861). Rückzahlungen von Darlehen nahestehender Personen iSd § 138 InsO sind dagegen nicht allein aufgrund dieser persönlichen Nähe anfechtbar (BGH NZG 2011, 477, 478). Nicht anfechtbar ist die Rückzahlung eines Darlehens durch die Gesellschaft an einen Dritten, wenn der Dritte zuvor ein Darlehen an einen Gesellschafter gewährt hat, welches der Gesellschafter zur Gewährung dieses Darlehens an die Gesellschaft verwendet (BGH NZG 2020, 559 f). Sachlich kann die Regelung zB Forderungen aus Austauschgeschäften erfassen, soweit die jeweilige Rechtshandlung einer Darlehensgewährung wirtschaftlich entspricht, was der Fall ist, wenn die Forderung rechtlich oder faktisch gestundet wird (BGH NZG 2015, 440, 447; BGH NZG 19, 1192, 1193). Insbesondere bei Mietverträgen sollten Gesellschafter daher darauf achten, dass die Gesellschaft den Mietzins pünktlich zahlt. Für die Bestellung von Sicherheiten für Gesellschafterdarlehen beträgt der Anfechtungszeitraum sogar 10 Jahre (§ 135 Abs 1 Nr 1 InsO). Die 10-Jahres-Frist gilt nach der Rspr auch dann, wenn der Darlehensgeber aus einer Sicherheit befriedigt wird, unabhängig davon, ob es möglich gewesen wäre, den wirtschaftlichen Erfolg dieser Rechtshandlung in unanfechtbarer Weise herbeizuführen (BGH ZIP 2013, 1579, 1580; aA *Altmeppen* ZIP 2013, 1745, 1747 f; *Bitter* ZIP 13, 1579, 1583 ff). Zur Situation bei **Cash Pools** s *Göcke/Rittscher* DZWIR 2012, 355.

Tritt ein Gesellschafter eine Darlehensforderung – oder eine gleichgestellte Forderung – an einen Dritten ab, unterliegt nach Rspr des BGH nicht nur der Dritte, sondern auch der Gesellschafter einer Anfechtung gem. § 135 Abs 1 InsO, sofern die Abtretung innerhalb eines Jahres vor der Eröffnung des Insolvenzverfahrens erfolgte (BGH GmbHR 2013, 410, 413). Dies dürfte unabhängig davon gelten, ob die Abtretung missbräuchlich ist (vgl *Lauster* WM 2013, 2155, 2158; aA *Azara* DStR 2013, 2280, 2284). Den Beteiligten der Abtretung ist daher zu empfehlen, die Haftung im Innenverhältnis, zB durch eine (ggf besicherte) Freistellungsverpflichtung, zu regeln. Offen ist, ob diese Rspr auch Fälle erfasst, in denen die Gesellschafterdarlehensforderung nur als eine Art Annex im Zuge der Veräußerung von Gesellschaftsanteilen – insbesondere bei M&A-Transaktionen – abgetreten wird (ablehnend *Lauster* WM 2013, 2155, 2158 ff.; *Mairose,* RNotZ 2015, 9, 14 f). Solange diese Unsicherheiten bestehen, sind aus Sicht des abtretenden Gesellschafters dringend Maßnahmen zu empfehlen, die eine eventuelle Haftung verhindern. Die sicherste, in der Praxis aber wohl selten handhabbare Möglichkeit besteht darin, mit der Abtretung des Gesellschaftsanteils bis ein Jahr nach der Übertragung oder Rückzahlung des Darlehensanspruchs zu warten. Praktikabler ist demgegenüber ein Forderungsverzicht oder ein „Debt-to-Equity-Swap". Bei letzterem bringt der Veräußerer den Darlehensrückzahlungsanspruch in die Kapitalrücklage der Gesellschaft ein, woraufhin der Anspruch infolge Konfusion erlischt. Dies kann aber je nach Konstellation mit steuerlichen Nachteilen verbunden sein (s → Form. II.D.4.1 Anm. 9). Außerdem ist auch in diesem Zusammenhang unklar, ob eine spätere Auszahlung aus der Kapitalrücklage nicht ebenfalls der Anfechtung nach § 135 Abs 1 Nr 2 InsO unterliegt. Vorsorge kann hier eine (schuldrechtliche) Vereinbarung mit dem Käufer der Gesellschaftsanteile treffen, wonach eine Auszahlung frühestens ein Jahr nach der Einbringung erfolgen darf. Soll das Darlehen hingegen zeitnah zurückgezahlt werden können, kommen auch diese Varianten nicht in Betracht. Alternativ kann der Darlehensrückzahlungsanspruch für die Dauer eines Jahres an einen Treuhänder – entweder einen Dritten oder den Verkäufer als Pfandgläubiger – übertragen, oder aber lediglich aufschiebend befristet an den Käufer abgetreten werden. Denkbar ist auch, dass der Käufer zur Sicherung eine Bankbürgschaft oder eine Garantie stellt. S für die Gestaltungsmöglichkeiten im Einzelnen *Heckschen/Kreusslein,* RNotZ 2016, 351, 356 ff; *Mairose*, RNotZ 2015, 9, 15 ff; *Schniepp/Hensel* BB 2015, 777, 781 ff.

2. Die Gesellschaft ist berechtigt, die Rückzahlung des Darlehens unter Berufung auf § 15b Abs 5 S 1 InsO zu verweigern, wenn sie durch die Rückzahlung zahlungsunfähig würde (vgl zur Vorgängerfassung § 64 S 3 GmbHG: BGH NZG 2012, 1379, 1381; Lutter/Hommelhoff/*Kleindiek* § 64 Rn 60; Scholz/*K. Schmidt* § 64 Rn 106; aA OLG München ZIP 2000, 1236, 1237; Baumbach/Hueck/*Haas* § 64 Rn 142 f.; *Roth/Altmeppen* § 64 Rn 87). Bei der Prüfung der (entstehenden) Zahlungsunfähigkeit ist die fällige Darlehensrückzahlungsforderung eines Gesellschafters in der Liquiditätsbilanz zu berücksichtigen (ebenfalls zu § 64 S 3 GmbHG; BGH NZG 2012, 1379, 1380; OLG München ZIP 2010, 1236, 1237; *Roth/Altmeppen* § 64 Rn 82; aA Scholz/*K. Schmidt* § 64 Rn 91, 98). Ist die Gesellschaft bereits zahlungsunfähig oder überschuldet, ist Insolvenzantrag zu stellen. Auch dann sind Gesellschafterforderungen nicht zu befriedigen; andernfalls kann die Haftung nach § 15b Abs 4 S 1 InsO zum Tragen kommen (BGH NZG 2012, 1379, 1380). Wann Zahlungen mit der Sorgfalt eines ordentlichen und gewissenhaften Geschäftsleiters vereinbar sind (§ 15b Abs 2 S 1 InsO), konkretisiert nunmehr in § 15b Abs 2 und 3 InsO. Fahrlässiges Handeln des Geschäftsführers liegt jedenfalls dann vor, wenn er sich nicht rechtzeitig die Informationen und Kenntnisse verschafft, die er für die Prüfung benötigt, ob er pflichtgemäß Insolvenzantrag stellen muss (OLG München NZG 2019, 941, 943).

3. Steuerhinweise: Auf Darlehen (auch auf Gesellschafterdarlehen) gezahlte Zinsen mindern die Steuerbelastung der GmbH, da die Darlehenszinsen für Zwecke der Körperschaftsteuer grds zu 100 %, für Zwecke der Gewerbesteuer grds zu 75 % abzugsfähig sind (§ 8 Nr 1 a GewStG).

Allerdings muss die Höhe der von der GmbH an ihre Muttergesellschaft gezahlten Zinsen dem entsprechen, was fremde Dritte miteinander vereinbart hätten. Falls die Zinsen höher sind als unter fremden Dritten üblich, liegt eine verdeckte Gewinnausschüttung (vGA) im Sinne des § 8 Abs 3 S 2 KStG vor. Insoweit mindern die gezahlten Zinsen die steuerliche Bemessungsgrundlage der GmbH nicht. Eine vGA kann ua zur Folge haben, dass die GmbH Kapitalertragsteuer in Höhe von 25 % (zzgl 5,5 % Solidaritätszuschlag) auf die vGA einbehalten müsste.

Die sog Zinsschranke (§ 4 h EStG iVm § 8 a KStG) hat zur Folge, dass Zinsaufwendungen nur noch bis zur Höhe der Zinserträge voll abziehbar sind, darüber hinaus grds nur bis zu einer Höhe von 30 % des steuerlichen EBITDA (steuerlicher Gewinn bereinigt um Zinsaufwendungen, Zinserträge und bestimmte Abschreibungen). Dieses Betriebsausgabenabzugsverbot ist einschlägig, wenn der Nettozinsaufwand mindestens drei Millionen Euro beträgt und sonstige Ausnahmetatbestände in § 4 h Abs 2 EStG iVm § 8 a Abs 2, 3 KStG (insbes die sog Escape-Klausel, dh der Betrieb gehört zu einem Konzern und seine Eigenkapitalquote ist gleich hoch oder höher als die des Konzerns) nicht eingreifen. Infolge der Zinsschranke nicht abzugsfähige Zinsaufwendungen können in zukünftige Wirtschaftsjahre vorgetragen werden (wegen weiterer Einzelheiten zur Zinsschranke vgl BMF vom 4.7.2008, BStBl I 2008, 718).

4.3 Darlehen der GmbH an einen Gesellschafter

Darlehensvertrag

zwischen

X GmbH

. . . . .

die „Darlehensgeberin“

und

Y GmbH

. . . . .

die „Darlehensnehmerin“

VORBEMERKUNG

Die Darlehensnehmerin ist die Mehrheitsgesellschafterin der Darlehensgeberin. Die Darlehensgeberin beabsichtigt, der Darlehensnehmerin ein Darlehen nach näherer Maßgabe dieses Vertrags zu gewähren.[1]

Deshalb treffen die Vertragsparteien folgende Vereinbarung:

1. Darlehen

Die Darlehensgeberin gewährt der Darlehensnehmerin ein Darlehen in Höhe von EUR . . . . . (das „Darlehen“). Das Darlehen wird am . . . . . zur Auszahlung fällig und ist bis zu diesem Zeitpunkt von der Darlehensgeberin auf folgendes Bankkonto der Darlehensnehmerin zu überwiesen:

Kreditinstitut: . . . . .

IBAN: . . . . .

BIC: . . . . .

2. Zinsen[2]

2.1 Das Darlehen wird in Bezug auf den ausstehenden Kapitalbetrag des Darlehens mit jährlich . . . . . % verzinst. Zinsen sind an jedem Zinszahlungstag nachträglich zu zahlen.

„Zinszahlungstag“ ist der 4. Januar des auf eine Zinsperiode folgenden Jahres. Fällt der 4. Januar jedoch auf einen Samstag oder Sonntag, so verschiebt sich der Zinszahlungstag auf den nächsten Geschäftstag.

2.2 Das Darlehen hat aufeinander folgende Zinsperioden. Die erste Zinsperiode für das Darlehen beginnt am Tag, an dem das Darlehen ausgezahlt wird, (dieser Tag mit eingerechnet) und endet am 31. Dezember des Jahres, in welches der Auszahlungstag fällt (der 31. Dezember mit eingerechnet). Jede folgende Zinsperiode des Darlehens beginnt am 1. Januar eines Jahres (dieser Tag mit eingerechnet) und endet am 31. Dezember dieses Jahres (dieser Tag ebenfalls mit eingerechnet). Die letzte Zinsperiode für das Darlehen beginnt am 1. Januar des Jahres, in dem die Laufzeit des Darlehens endet; sie endet am Endfälligkeitstag gem Ziff 3.1.

2.3 Auflaufende Zinsen werden taggenau abgerechnet unter Zugrundelegung der tatsächlichen Anzahl an abgelaufenen Tagen in jeder Zinsperiode bezogen auf ein Jahr von 360 Tagen.

3. Rückzahlung[3]

3.1 Die Darlehensnehmerin hat das Darlehen vollständig am . . . . . zurückzuzahlen (der „Endfälligkeitstag“). Das Recht zur fristlosen Kündigung nach Ziff 3.2 bleibt davon unberührt.

3.2 Die Darlehensgeberin kann das Darlehen jederzeit kündigen mit der Folge, dass das Darlehen insgesamt zur Rückzahlung sofort fällig ist, wenn ein wichtiger Grund vorliegt. Als wichtiger Grund gelten insbesondere

(a) das Vorliegen konkreter Anhaltspunkte, die Zweifel an der Fähigkeit der Darlehensnehmerin aufkommen lassen, das Darlehen am Endfälligkeitstag vollständig zurückzuzahlen;

(b) der Eintritt der Überschuldung oder Zahlungsunfähigkeit der Darlehensnehmerin; sowie

(c) die erhebliche Verletzung einer Informationspflicht gemäß Ziff 4 durch die Darlehensnehmerin.

3.3 Alle von der Darlehensnehmerin an die Darlehensgeberin in Verbindung mit diesem Vertrag vorzunehmenden Zahlungen sollen auf ein von der Darlehensgeberin der Darlehensnehmerin benanntes Bankkonto erfolgen.

4. Informationsverpflichtungen[4]

4.1 Die Darlehensnehmerin stellt der Darlehensgeberin während der Laufzeit dieses Darlehensvertrags die folgenden Dokumente und Informationen zur Verfügung:

(a) den geprüften Einzeljahresabschluss der Darlehensnehmerin (sowie den Konzernjahresabschluss, sofern die Darlehensnehmerin einen solchen Abschluss erstellt) einschließlich des zugehörigen Bestätigungsvermerks des Abschlussprüfers und des Lageberichts und, sofern vorhanden, den Konzernlagebericht;

(b) sofern ein solcher von der Darlehensnehmerin erstellt wird, jeder sonstige Zwischenabschluss; sowie

(c) alle weiteren Informationen in Bezug auf die Darlehensnehmerin, die von der Darlehensgeberin vernünftigerweise verlangt werden, um die Vollwertigkeit ihrer Ansprüche aus diesem Vertrag zu überprüfen.

Die Unterlagen nach Ziff 4.1 (a) und (b) stellt die Darlehensnehmerin der Darlehensgeberin unverzüglich nach ihrer Fertigstellung, die Unterlagen nach Ziff 4.1 (a) jedoch spätestens fünf Monate nach Beendigung des jeweiligen Geschäftsjahrs der Darlehensnehmerin zur Verfügung.

4.2 Ferner stellt die Darlehensgeberin der Darlehensnehmerin während der Laufzeit dieses Darlehensvertrags unaufgefordert und unverzüglich Informationen über folgende Vorgänge zur Verfügung:

(a) die Gewährung von Darlehen durch die Darlehensnehmerin an Dritte (einschließlich verbundener Unternehmen im Sinne des § 15 AktG), sofern die Valuta aus den gewährten Darlehen insgesamt . . . . . % des Eigenkapitals der Darlehensnehmerin übersteigt;

(b) eine wesentliche Veränderung der von der Darlehensnehmerin von Dritten insgesamt in Anspruch genommenen Darlehen oder eine nicht nur kurzfristige Überziehung der der Darlehensnehmerin von Dritten gewährten Kreditlinien;

(c) eine nachteilige Veränderung der finanziellen oder wirtschaftlichen Situation der Darlehensnehmerin oder ihrer Konzerngesellschaften, sofern hierdurch (i) die Kreditwürdigkeit der Darlehensnehmerin und/oder (ii) die Vollwertigkeit des Anspruchs der Darlehensgeberin auf Rückzahlung des hiernach gewährten Darlehens betroffen ist. Als eine nachteilige Veränderung im vorstehenden Sinn gilt in jedem Fall der Verlust von Stammkapital und der drohende Eintritt der Zahlungsunfähigkeit oder der Überschuldung der Darlehensnehmerin;

(d) die Verletzung von vertraglichen Bestimmungen in Kreditverträgen mit Dritten durch die Darlehensnehmerin, die den Dritten zur Fälligstellung der Rückgewähransprüche oder Kündigung des Vertrags berechtigt; und

(e) jede nachteilige, nicht nur unerhebliche Veränderung der Anforderungen Dritter an die Gewährung von Sicherheiten durch die Darlehensnehmerin und die Vollstreckung von Sicherheiten durch Dritte.

5. Sicherheiten[5]

Die Darlehensnehmerin gewährt der Darlehensgeberin zwecks Besicherung der Ansprüche aus diesem Vertrag folgende Sicherheiten:

. . . . .

6. Verschiedenes

6.1 Änderungen dieses Vertrags (einschließlich dieser Ziff 6.1) bedürfen der Schriftform.

6.2 Sollten Bestimmungen dieses Darlehensvertrags ganz oder teilweise unwirksam oder undurchführbar sein oder werden, so wird hierdurch die Wirksamkeit der übrigen Bestimmungen dieser Vereinbarung nicht berührt. Das gleiche gilt, wenn und soweit sich in dieser Vereinbarung eine Lücke herausstellen sollte. Anstelle der unwirksamen oder undurchführbaren Bestimmung oder zur Ausfüllung der Lücke soll eine angemessene Regelung gelten, welche, soweit rechtlich möglich, dem am nächsten kommt, was die Vertragspartner gewollt haben oder nach dem Sinn und Zweck der Vereinbarung gewollt hätten, wenn sie bei dem Abschluss der Vereinbarung oder der späteren Aufnahme einer Bestimmung den Punkt bedacht hätten.

X-GmbH

(als Darlehensgeberin)

. . . . .

Name: Titel:

Y-GmbH

(als Darlehensnehmerin)

. . . . .

Name: Titel:

Schrifttum: *Altmeppen,* „Upstream-loans", Cash Pooling und Kapitalerhaltung nach neuem Recht, ZIP 2009, 49; *Blasche/König,* Upstream-Darlehen vor dem Hintergrund des neuen § 30 Abs 1 GmbHG, GmbHR 2009, 897; *Brocker/Rockstroh,* Upstream-Darlehen und Cash-Pooling in der GmbH nach der Rückkehr zur bilanziellen Betrachtungsweise, BB 2009, 730; *Ekkenga,* Kapitalaufbringung im konzernweiten Cash-Pool: ungelöste Probleme und verbleibende Gestaltungsspielräume, ZIP 2010, 2469; *Habersack,* Aufsteigende Kredite im Lichte des MoMiG und des „Dezember"-Urteils des BGH, ZGR 2009, 347; *Mülbert/Leuschner,* Aufsteigende Darlehen im Kapitalerhaltungs- und Konzernrecht – Gesetzgeber und BGH haben gesprochen, NZG 2009, 281; *Riegger,* Kapitalgesellschaftsrechtliche Grenzen der Finanzierung von Unternehmensübernahmen durch Finanzinvestoren, ZGR 08, 233; *Schickerling/Blunk,* Die Haftung im Zusammenhang mit Upstream Loans – quo vadis?, GmbHR 2009, 1294; *Thümmel/Burkhardt,* Neue Haftungsrisiken für Vorstände und Aufsichtsräte aus § 57 Abs 1 AktG und § 92 Abs 2 Satz 3 AktG in der Neufassung des MoMiG, AG 2009, 885; *Weitzel/Socher,* Cash-Pooling-Risiken für die GmbH-Geschäftsführung und ihre Vermeidung, ZIP 2010, 1069; *Wilhelmi,* Upstream-Darlehen nach dem MoMiG – Zugleich Besprechung des Urteils des BGH vom 1.12.2008 = WM 2009, 78 – MPS, WM 2009, 1917; *Winter,* Upstream-Finanzierung nach dem MoMiG-Regierungsentwurf – Rückkehr zum bilanziellen Denken, DStR 2007, 1484.

Anmerkungen

1. Darlehen einer Gesellschaft an ihre Gesellschafter „nach oben" *(upstream)* oder an andere mit Gesellschaftern verbundene Unternehmen (§ 15 AktG) sind in der Praxis weit verbreitet. Sie treten sowohl isoliert als auch als Teil der zentralen, fortlaufenden Finanzierung einer Unternehmensgruppe auf (Cash Pool). Das Form. behandelt einen isolierten Darlehensvertrag, bei dem die Tochtergesellschaft, eine GmbH, ihrer Mehrheitsgesellschafterin ein Darlehen gewährt. Darlehen an Gesellschafter und die mit ihnen verbundenen Unternehmen begründen besondere Risiken für das Vermögen und die Liquidität und damit für die Existenz der Darlehensgeberin. Realisieren sich diese und nimmt die Gesellschaft Schaden oder wird sie sogar zahlungsunfähig, kann dies zur persönlichen Haftung der Geschäftsführer führen, wenn sie entweder das Darlehen gar nicht erst hätten ausreichen oder nicht hätten stehen lassen dürfen.

Der BGH hatte die Darlehensvergabe durch eine GmbH an ihre Gesellschafter zunächst nur in engen Grenzen zugelassen. Er versagte der Leistung der Einlage auf Geschäftsanteile die Erfüllungswirkung, wenn die Einlage als Darlehen wieder an den Gesellschafter (Inferenten) darlehensweise im Wege eines „Hin- und Herzahlens" zurückfloss (BGHZ 153, 107, 109 zur GmbH; BGHZ 165, 113, 116 zur AG). Ferner entschied er in seinem bekannten „Novemberurteil“, dass Kreditgewährungen einer GmbH an ihren Gesellschafter nur insoweit zulässig seien, als diese aus Rücklagen oder Gewinnvorträgen erfolgen konnten. Dagegen wollte der BGH Darlehen zu Lasten des gebundenen Vermögens, also vor allem des Stammkapitals der GmbH, als verbotene Auszahlung von Gesellschaftsvermögen behandelt wissen, und zwar auch dann, wenn der Rückzahlungsanspruch gegen den Gesellschafter im Einzelfall vollwertig war (BGHZ 157, 72, 75 ausdrücklich aufgegeben in BGHZ 179, 71, 77). Der Gesetzgeber des MoMiG hat diese strengen Regeln gelockert. Das gilt zum einen für das „Hin- und Herzahlen“, bei der die GmbH die an sie geleistete Einlage aufgrund einer vor Leistung der Einlage getroffenen Vereinbarung wieder an den Inferenten darlehensweise zurückzahlt. Diese ist nunmehr unter den Voraussetzungen des § 19 Abs 5 GmbHG zulässig (s. dazu bereits → Form. II.D.1.1 Anm. 27). Ferner sind seit Inkrafttreten des MoMiG Darlehen der GmbH an Gesellschafter aus dem Stammkapital zulässig, soweit die Leistung durch einen vollwertigen Rückgewähranspruch gegen den Gesellschafter gedeckt ist (§ 30 Abs 1 S 2 2. Alt GmbHG). Ob und inwieweit der Rückgewähranspruch vollwertig ist, richtet sich nach vernünftiger kaufmännischer Beurteilung im Zeitpunkt der Darlehensgewährung (BGHZ 179, 71, 78 – zu § 311 AktG; Baumbach/Hueck/*Fastrich* § 30 Rn 42). Zu beurteilen ist, ob der Darlehensnehmer seine Rückzahlungspflicht im Fälligkeitszeitpunkt erfüllen kann. Eine mit an Sicherheit grenzende Wahrscheinlichkeit ist insoweit zwar nicht zu verlangen (BGHZ 179, 71, 78 – zu § 311 AktG; Baumbach/Hueck/*Fastrich* § 30 Rn 42), konkrete Zweifel an der Rückzahlung nehmen dem Anspruch aber bereits seine Vollwertigkeit (Lutter/Hommelhoff/*Hommelhoff* § 30 Rn 28 und *Altmeppen* ZIP 2009, 49, 53 lassen bereits geringste Zweifel genügen). Str ist, ob die Rückzahlungsforderung im Falle mangelnder Vollwertigkeit bei der Berechnung, ob das Stammkapital angegriffen ist und die Darlehensgewährung deshalb zu unterbleiben hat, insgesamt (so Baumbach/Hueck/*Fastrich* § 30 Rn 55; Lutter/Hommelhoff/*Hommelhoff* § 30 Rn 27; *Altmeppen* ZIP 2009, 49, 53) oder nur in Höhe des nicht werthaltigen Teils (so *Mülbert/Leuschner* NZG 2009, 281, 284) unberücksichtigt bleibt. Bei Bestehen eines Beherrschungs- oder Gewinnabführungsvertrags unterliegen Zahlungen an den Gesellschafter ebenfalls nicht den Beschränkungen des § 30 Abs 1 S 1 GmbHG (§ 30 Abs 1 S 2 1. Alt GmbHG). Jedoch können sich Beschränkungen ergeben, wenn das herrschende Unternehmen voraussichtlich nicht zum Verlustausgleich nach § 302 Abs 1 AktG in der Lage sein wird (Baumbach/Hueck/*Fastrich* § 30 Rn 45; weitergehend Lutter/Hommelhoff/*Hommelhoff* § 30 Rn 48). Bei einer Kreditgewährung an einen Gesellschafter-Geschäftsführer ist ferner § 43 a GmbHG zu beachten (dazu BGH NZG 2012, 667, 670 f).

Ist der Darlehensrückzahlungsanspruch im Zeitpunkt der Fälligkeit nicht durchsetzbar, weil der Gesellschafter als Darlehensnehmer nicht zahlungsfähig ist, und wird die GmbH dadurch selbst zahlungsunfähig, dann haben die Geschäftsführer der Gesellschaft als Gesamtschuldner persönlich die darlehensweise durch die GmbH an ihren Gesellschafter geleisteten Zahlungen zu ersetzen, es sei denn, sie können beweisen, dass der Zahlungsausfall auch bei Beachtung der Sorgfalt eines ordentlichen Geschäftsmanns nicht erkennbar war (§ 15 b Abs 5 S 1 iVm Abs 4 InsO). Zahlungen an mit dem Gesellschafter verbundene Unternehmen (§ 15 AktG) (mit Ausnahme von Zahlungen an Tochtergesellschaften der darlehensgewährenden GmbH) stehen dabei Zahlungen an den Gesellschafter sowohl im Rahmen der Haftung der Geschäftsführer für verbotene Auszahlungen aus dem Stammkapital gemäß s § 43 Abs 3 S 1, 30 GmbHG (Baumbach/Hueck/*Fastrich* § 30 Rn 27) als auch im Rahmen der Haftung nach § 15 b Abs 5 S 1 InsO (Lutter/Hommelhoff/*Kleindiek* § 64 Rn 53) gleich. Das alles zeigt, dass die Darlehensgewährung an Gesellschafter und sonstige verbundene Unternehmen für die Geschäftsführer der GmbH nach wie vor ein gefährliches Instrument ist.

2. Das Form. sieht eine Verzinsung des Darlehensrückzahlungsanspruchs vor. Ob und inwieweit gesellschaftsrechtlich eine Verzinsung erforderlich ist, wenn der Darlehensrückzahlungsanspruch bilanziell erforderlich ist, um das Stammkapital zu decken, ist streitig. Dabei geht es um die Frage, ob ein unverzinslicher Darlehensrückzahlungsanspruch in Höhe seines Nennwerts vollwertig iSd § 30 Abs 1 S 2 2. Alt GmbHG ist. Das ist bei langfristigen Darlehen zu verneinen, weil bei ihnen der Darlehensrückzahlungsanspruch inflationsbedingt ständig an Wert verliert, ohne dass ein Zinsanspruch als Ausgleich zur Verfügung stünde; der Barwert des Rückzahlungsanspruchs kann in solchen Fällen wesentlich unter dem Nennwert liegen (Baumbach/Hueck/*Fastrich* § 30 Rn 56 a; Lutter/Hommelhoff/*Hommelhoff* § 30 Rn 30). Nach allgemeinen Bilanzierungsgrundsätzen ist jedenfalls dann eine Abzinsung auf den Nominalwert des Rückzahlungsanspruch vorzunehmen, wenn unverzinsliche oder niedrig verzinsliche Darlehen eine Laufzeit von mehr als einem Jahr haben (vgl Baumbach/Hopt/*Merkt* § 253 Rn 26; *ADS* § 253 HGB Rn 532). Das wird man auch bei § 30 Abs 1 GmbHG in der Neufassung des MoMiG und seiner Rückkehr zur bilanziellen Betrachtungsweise zu berücksichtigen haben (*Brocker/Rockstroh* BB 2009, 730, 732; *Winter* DStR 2007, 1484, 1487; weitergehend *Thümmel/Burkhardt* AG 1009, 885, 888). Im Ergebnis sollten deshalb Darlehen an verbundene Unternehmen aus dem Stammkapital angemessen verzinst werden, jedenfalls wenn sie eine Laufzeit von mehr als einem Jahr haben.

3. Das Form. sieht vor, dass das Darlehen für eine feste Laufzeit gewährt wird. In diesem Fall besteht die Gefahr, dass sich die Bonität der Darlehensnehmerin verschlechtert und die Rückzahlung des Darlehens gefährdet wird. Dem dürfen die Geschäftsführer nicht tatenlos zusehen, sondern müssen als Teil ihrer allgemeinen Sorgfaltspflicht (§ 43 Abs 1 GmbHG) hierauf mit einer Kreditkündigung oder der Anforderung von Sicherheiten reagieren (BGHZ 179, 71, 78 – zu § 311 AktG; Baumbach/Hueck/*Fastrich* § 30 Rn 43); ansonsten machen sie sich der Gesellschaft gegenüber schadensersatzpflichtig (§ 43 Abs 2 GmbHG). Deshalb sieht das Form. ein außerordentliches Kündigungsrecht der Darlehensgeberin bereits bei drohender Zahlungsunfähigkeit vor. Daneben ist ein Kündigungsrecht bei Nichterfüllung von Informationspflichten vereinbart (→ Anm. 4).

4. Die Geschäftsführer der Gesellschaft haben den Fortbestand der Solvenz der Darlehensnehmerin fortlaufend zu prüfen (BGHZ 179, 71, 78 – zu § 311 AktG: bei umfangreichen langfristigen Darlehen oder bei einem Cash-Management; Baumbach/Hueck/*Fastrich* § 30 Rn 43). Die Bestimmungen in Ziff 4 geben der Gesellschaft Informationsrechte an die Hand, die sie benötigen, um diese Pflicht erfüllen und das Darlehen bei einem drohenden Ausfall des Rückzahlungsanspruchs kündigen zu können. Die Informationspflichten lassen sich erheblich erweitern und verfeinern. So kann die Gesellschaft mit dem darlehensnehmenden Gesellschafter zB vereinbaren, dass dieser sie über bestimmte Finanzkennzahlen (Umsatz, Bilanzgewinn, EBITDA, Eigenkapital, Barmittelbestand sowie Betrag nicht gezogener Kreditlinien) zum Jahresende oder auch in anderen, kürzeren Abständen unterrichten muss und das Darlehen vorzeitig kündbar ist, wenn ein Schwellenwert unterschritten wird, der im Darlehensvertrag für die jeweils einschlägige Finanzkennzahl zu vereinbaren ist.

Vor allem seitens der Geschäftsführer der darlehensgebenden Gesellschaft ist darauf zu achten, dass die vereinbarten Informationspflichten seitens des darlehensnehmenden Gesellschafters auch tatsächlich erfüllt werden, damit sie ihren Sorgfaltspflichten während der Laufzeit des Darlehens nachkommen können. Ansonsten setzen sie sich dem Risiko aus, der GmbH gegenüber persönlich zu haften (s bereits → Anm. 1 aE).

5. In der Praxis werden Darlehen an verbundene Unternehmen idR nicht besichert. Das ist auch bei Darlehen, welche die GmbH aus ihrem Stammkapital gewährt, für sich alleine genommen nicht problematisch, weil fehlende Sicherheiten die Vollwertigkeit des

Darlehensrückzahlungsanspruchs nicht per se in Frage stellen (BGHZ 179, 71, 78; Baumbach/Hueck/*Fastrich* § 30 Rn 56), wenn die Erfüllung des Rückzahlungsanspruchs durch den Darlehensschuldner bei Fälligkeit nicht zweifelhaft ist. Die Stellung werthaltiger Sicherheiten kann jedoch erforderlich sein, um etwaige Zweifel an der Rückzahlung des Darlehens auszuräumen oder aufkommenden Zweifeln an der Rückzahlung des Darlehens Rechnung zu tragen, wenn anderenfalls ein (Teil-)Verlust des Stammkapitals droht (vgl BGHZ 179, 71, 79). Insoweit ist die Bestimmung in Ziff 5 des Form. ein Merkposten, der bei sonst gegebener Vollwertigkeit des Darlehensrückzahlungsanspruchs oder bei einer Leistung des Darlehens aus frei zur Disposition stehenden Rücklagen der Gesellschaft, welche die Liquidität der GmbH nicht gefährden, unberücksichtigt bleiben kann.

6. Steuerhinweise: Die unter dem Darlehen gezahlten Zinsen zählen zu den steuerpflichtigen Einnahmen der GmbH.

Die Konditionen des Darlehens müssen dem entsprechen, was fremde Dritte miteinander vereinbart hätten. Insbesondere sollte (wie in diesem Form.) klargestellt sein, dass der Darlehensbetrag zurückgezahlt werden muss (vgl Streck/*Schwedhelm,* KStG, § 8 Anh Rn 249), und die vereinbarten Zinsen nicht niedriger als unter fremden Dritten üblich sein. Andernfalls kann eine verdeckte Gewinnausschüttung (vGA) der GmbH an ihre Muttergesellschaft vorliegen (vgl zur vGA → Form. II.D.4.2 Anm. 4). Dies hätte ua zur Folge, dass die Muttergesellschaft in Höhe der vGA steuerpflichtige Dividendeneinnahmen erzielen würde und die GmbH Kapitalertragsteuer in Höhe von 25 % (zzgl 5,5 % Solidaritätszuschlag) auf die vGA einbehalten müsste.

E. Aktiengesellschaft, KGaA und SE

1. Kombinierte Bar- und Sachgründung einer AG

1.1 Gründungsprotokoll

Am . . . . . erschienen vor dem Notar . . . . . mit Amtssitz in . . . . .:

1. Herr A, ..., handelnd im eigenen Namen;
2. Frau B, ..., dem Notar von Person bekannt/ausgewiesen durch . . . . ., handelnd nicht im eigenen Namen, sondern als einzelvertretungsberechtigte Geschäftsführerin der D GmbH mit Sitz in . . . . ., eingetragen im Handelsregister des AG . . . . . unter HRB . . . . .;
3. Herr C, ..., handelnd im eigenen Namen.

Der Notar bescheinigt nach Einsichtnahme in das Handelsregister der D GmbH vom heutigen Tag, dass Frau B einzelvertretungsberechtigte Geschäftsführerin der D GmbH ist.

Der Notar erläuterte das Mitwirkungsverbot nach § 3 Abs 1 Nr 7 BeurkG. Die Erschienenen verneinten die Frage des Notars nach einer Vorbefassung iS dieser Vorschrift.

Die Erschienenen beabsichtigen, eine AG zu errichten, und baten daher, handelnd wie angegeben, um die Beurkundung der folgenden Erklärungen:[1]

Wir errichten die . . . . . AG mit Sitz in . . . . . als deren Gründer[2] und stellen die als Anlage beigefügte Satzung der . . . . . AG fest.[3]

Das Grundkapital der Gesellschaft beträgt EUR . . . . . und ist eingeteilt in . . . . . auf den Namen lautende[4] Stückaktien. Davon übernehmen zum Ausgabebetrag von EUR . . . . . je Aktie:[5]

a) Herr A . . . . . Stückaktien gegen Bareinlage;
b) die D GmbH . . . . . Stückaktien gegen Bareinlage und
c) Herr C . . . . . Stückaktien gegen Sacheinlage. Als Sacheinlage sind sämtliche 50 000 Geschäftsanteile (Nr 1 bis 50 000) im Nennbetrag von jeweils EUR 1 an der . . . . . GmbH mit Sitz in . . . . ., eingetragen im Handelsregister des AG . . . . . unter HRB . . . . ., in die . . . . . AG einzubringen. Die Übertragung erfolgt in der Weise, dass das Gewinnbezugsrecht aus den übertragenen Geschäftsanteilen für das laufende Geschäftsjahr der . . . . . GmbH sowie auf nicht ausgeschüttete Gewinne für frühere Geschäftsjahre der . . . . . AG zusteht. Die Kosten für den Einbringungsvertrag trägt Herr C.

Auf das Grundkapital sind bislang keine Beträge geleistet.[6] Für die Erbringung der Einlagen gilt: Die Bareinlagen sind in voller Höhe innerhalb von . . . . . zur Zahlung fällig. Die notwendigen Rechtsgeschäfte zur Übertragung der Geschäftsanteile an der . . . . . GmbH sind innerhalb von . . . . . vorzunehmen.[7]

Als Mitglieder des ersten Aufsichtsrats werden bis zur Beendigung der Hauptversammlung, die über die Entlastung für das am 31.12. . . . . . endende Rumpfgeschäftsjahr entscheidet, ernannt:[8]

1. Frau X, wohnhaft in . . . . ., ... [*ausgeübter Beruf*];
2. Herr V, wohnhaft in . . . . ., ... [*ausgeübter Beruf*] und
3. Frau Z, wohnhaft in . . . . ., ... [*ausgeübter Beruf*].

Zum Abschlussprüfer für das erste am 31.12. . . . . . endende Rumpfgeschäftsjahr wird die . . . . . GmbH Wirtschaftsprüfungsgesellschaft bestellt.[9]

Diese Urkunden nebst Anlage wurde den Erschienenen vom Notar vorgelesen, von ihnen genehmigt und von den Erschienenen und dem Notar wie folgt unterschrieben:

Schrifttum: *Priester,* Schuldrechtliche Zusatzleistungen bei Kapitalerhöhung im Aktienrecht. Zulässigkeit – Registerprüfung – Finanzierung, FS Röhricht 2005, 467 ff; *Richter,* Die Verpflichtung des Inferenten zur Übertragung eines Vermögensgegenstandes als Gegenstand der Sacheinlage, ZGR 2009, 721.

Anmerkungen

1. Die Gründung einer AG bedarf der notariellen Beurkundung; eine rechtsgeschäftliche Vertretung der Gründer setzt eine notariell beglaubigte Vollmacht voraus (§ 23 Abs 1 AktG). Die Gründungsurkunde muss die Feststellung der Satzung (§ 23 Abs 1 S 1 AktG) und die Angaben gem § 23 Abs 2 AktG beinhalten. Mit der Übernahme der Aktien durch die Gründer (§ 23 Abs 2 Nr 2 AktG) ist die AG errichtet (§ 29 AktG). Als juristische Person entsteht sie jedoch erst mit ihrer Handelsregistereintragung. In der Zwischenzeit liegt eine Vor-AG vor; dabei handelt es sich um eine rechtsfähige Gesellschaft sui generis, deren Rechte und Pflichten mit Eintragung auf die AG übergehen. Zur Vor-AG s § 41 AktG und Mü ZIP 2017, 2101; *Hüffer/Koch,* § 41 Rn 2 ff; MüHdB GesR 4/*Hoffmann-Becking,* § 3 Rn 37 ff.

2. Gründer sind die Personen, welche die Satzung festgestellt und mindestens eine Aktie übernommen haben (vgl §§ 2, 28 AktG). Zulässig ist gem § 2 AktG auch die Gründung durch nur eine Person. Gründer können sein natürliche Personen, juristische

Personen des Privat- und des öffentlichen Rechts, Personenhandelsgesellschaften und rechtsfähige BGB-Gesellschaften, nicht hingegen zB Erbengemeinschaften; zu den Einzelheiten *Hüffer/Koch,* § 2 Rn 6 ff. Geschäftsunfähige und beschränkt Geschäftsfähige handeln durch ihren gesetzlichen Vertreter. Ob dieser der Genehmigung des Vormundschaftsgerichts (§§ 1822 Nr 3, 1643 Abs 1 BGB) stets oder nur dann bedarf, wenn die AG – wie üblich – ein Erwerbsgeschäft betreiben soll, ist str (vgl MüKoAktG/*Heider,* § 2 Rn 11; *Hüffer/Koch,* § 2 Rn 6).

3. S → Form. II.E.1.2 Anm. 1.

4. Seit der Aktienrechtsnovelle 2016 (BGBl I 2015, 2565 ff) müssen die Aktien auf den Namen lauten; Inhaberaktien können nur ausgegeben werden, wenn einer der Fälle des § 10 Abs 1 S 2 AktG vorliegt (Börsennotierung, § 3 Abs 2 AktG, oder Aktienverbriefung in Sammelurkunde(n), die bei einer der in § 10 Abs 1 S 2 Nr 2 AktG genannten Stellen verbrieft ist/sind) (s Begr Gesetzesentwurf Aktienrechtsnovelle 2016, BT-Drs 18/4349, S 13 ff; *Hüffer/Koch,* § 10 Rn 7). Zur zeitlichen Geltung dieser Neuregelung s § 26h Abs 1 EGAktG.

5. Die Aktien müssen mindestens zu ihrem Nominalbetrag bzw bei Stückaktien ihrem anteiligen Betrag des Grundkapitals (geringster Ausgabebetrag) ausgegeben werden (§ 9 Abs 1 AktG). Nominalbetrag bzw anteiliger Betrag des Grundkapitals belaufen sich auf mindestens EUR 1 (§ 8 Abs 2 S 1, Abs 3 S 3 AktG). Die Ausgabe kann auch zu einem höheren Betrag erfolgen. Der den geringsten Ausgabebetrag überschießende Betrag (Agio) ist in die Kapitalrücklage gem § 272 Abs 2 Nr 1 HGB zu buchen (vgl ferner § 150 Abs 2 bis 4 AktG, § 266 Abs 3 Nr A II. HGB). Davon richtigerweise zu trennen sind schuldrechtliche Zusatzleistungen, die in die Kapitalrücklage gem § 272 Abs 2 Nr 4 HGB einzustellen sind und iRd Eintragungsverfahrens nicht der Kapitalaufbringungskontrolle unterliegen (vgl BeckOGK AktG/*Vatter,* § 9 Rn 43; *Priester,* FS Röhricht 2005, 467; aA BayObLG NZG 2002, 583 f; OLG München AG 2003, 108).

6. Gem § 23 Abs 2 Nr 3 AktG muss die Gründungsurkunde den eingezahlten Betrag des Grundkapitals angeben. Vielfach wird darunter der Betrag verstanden, der im Zeitpunkt des Gründungsprotokolls bereits erbracht ist (Kölner Komm AktG/*A. Arnold,* § 23 Rn 65). Mangels Zahlungspflicht vor Gründung ist dieser Betrag regelmäßig Null. Die Urkunde sollte daher (auch) angeben, wann welche Einlagen zu erbringen sind (MüHdBGesR 4/*Hoffmann-Becking,* § 3 Rn 15). Das Form. enthält beide Angaben.

7. Bei Bareinlagen sind vor der Anmeldung der AG auf jede Aktie mindestens 25 % des Nennbetrags bzw des anteiligen Betrags des Grundkapitals (§ 9 Abs 1 AktG) und 100 % eines Agios zur freien Verfügung des Vorstands zu leisten (§§ 36 Abs 2, 36 a Abs 1, 54 Abs 3 AktG). Die Erbringung von Sacheinlagen richtet sich nach § 36 a Abs 2 AktG, dessen Bedeutung str ist. Nach hM sind Sacheinlagen vor Anmeldung vollständig zu erbringen. Bedürfen sie zur Umsetzung jedoch eines Übertragungsgeschäfts, was die Regel ist, soll es genügen, dass dieses Geschäft innerhalb von fünf Jahren nach Eintragung der AG vollzogen wird (vgl *Hüffer/Koch,* § 36 a Rn 4; eingehend *Richter,* ZGR 2009, 721 ff). Sollen die Aktien vor vollständiger Leistung des Ausgabebetrags und eines Agios ausgegeben werden, müssen die Aktien auf den Namen lauten (§ 10 Abs 2 S 1 AktG; *Hüffer/Koch,* § 10 Rn 8).

8. Nicht erforderlich, aber üblich ist, dass in der Gründungsurkunde der erste Aufsichtsrat bestellt wird. Die Bestellung ist notariell zu beurkunden (§ 30 Abs 1 S 2 AktG) und maximal auf die Zeit bis zur Beendigung der HV zu beschränken, die über die Entlastung für das erste (Rumpf-)Geschäftsjahr beschließt (§ 30 Abs 3 S 1 AktG). Für die Arbeitnehmerbeteiligung gelten §§ 30 Abs 2, 31 AktG (s zB MüKoAktG/*Pentz,* § 31 Rn 13 ff). Das

Form. geht davon aus, dass die von C eingebrachte GmbH nicht zu einer Mitbestimmung des Aufsichtsrats führt. Der Aufsichtsrat bestellt den Vorstand (§ 30 Abs 4 AktG).

9. Vgl § 30 Abs 1 AktG. Die Bestellung des Abschlussprüfers für das erste (Rumpf-) Geschäftsjahr bedarf der notariellen Beurkundung und erfolgt regelmäßig, aber nicht notwendig in der Gründungsurkunde.

10. Steuerliche Hinweise zur Sacheinlage: Steuerlich sind alle allgemein bilanzierbaren Wirtschaftsgüter einlagefähig, somit auch GmbH-Anteile. Sacheinlagen sind grds mit dem Teilwert anzusetzen. Bei Einlagen aus dem Betriebsvermögen führt das idR zu einer Aufdeckung stiller Reserven und damit zur Gewinnrealisierung. Bei Einlagen aus dem Privatvermögen entsteht ein steuerpflichtiger Gewinn, wenn eine wesentliche Beteiligung iSv § 17 Abs 1 EStG eingelegt wird. Dies ist bei Einlage sämtlicher Anteile an der ..... GmbH der Fall.

Werden Anteile an einer Kapitalgesellschaft (erworbene Gesellschaft) in eine Kapitalgesellschaft (übernehmende Gesellschaft) gegen Gewährung neuer Anteile an der übernehmenden Gesellschaft eingebracht (Anteilstausch), kann dies – unter bestimmten Voraussetzungen – als Sacheinlage mit dem Buchwert, dem gemeinen Wert oder einem Zwischenwert bewertet werden (§ 21 Abs 1 UmwStG). Bei Einlage zum Buchwert kann eine Gewinnrealisierung vermieden werden, bei Einlage zum gemeinen oder zu einem Zwischenwert unter besonderen Umständen ein bei natürlichen Personen steuerbegünstigter Gewinn realisiert werden (bis zu EUR 5 Mio/Gesellschafter mit 56 % des durchschnittlichen Steuersatzes, sofern der Steuerpflichtige das 55. Lebensjahr vollendet hat oder im sozialversicherungsrechtlichen Sinne dauerhaft berufsunfähig ist und die Begünstigung noch nicht verbraucht ist, § 34 EStG). Soweit bei einem Ansatz der Sacheinlage unterhalb des gemeinen Wertes die eingebrachten Anteile innerhalb eines Zeitraums von sieben Jahren nach Einbringung durch die übernehmende Gesellschaft veräußert werden, ist rückwirkend der sog Einbringungsgewinn II vom Einbringenden zu versteuern (§ 22 Abs 2 UmwStG). Hierbei handelt es sich um den Unterschiedsbetrag zwischen dem gemeinen Wert der eingebrachten Anteile und dem Wertansatz bei Einbringung, vermindert um je $^1/_7$ für jedes seit dem Einbringungszeitpunkt abgelaufene Jahr. Bei der übernehmenden Gesellschaft erhöhen sich im Gegenzug die Anschaffungskosten der eingebrachten Anteile in Höhe des versteuerten Einbringungsgewinns (§ 23 Abs 3 S 3 UmwStG).

Die Erbringung von Sacheinlagen ist grds umsatzsteuerbar, wenn der Einlegende umsatzsteuerlich Unternehmer ist; die Einbringung von Geschäftsanteilen an einer GmbH ist jedoch nach § 4 UStG steuerfrei. Die Gewährung der Gesellschaftsrechte als Gegenleistung für die Einlage ist zumindest bei der erstmaligen Ausgabe von Anteilen nicht steuerbar (vgl EuGH-Urteil vom 26.5.2005, EuGHE I 2005, 4357, Abschn 6 II S 4 UStR 2008). Soweit steuerbare, aber nach § 4 UStG steuerfreie Leistungen erbracht werden, ist zu prüfen, ob eine Option nach § 9 UStG zur Erhaltung von Vorsteuerabzügen bzw -erstattungen zulässig und sinnvoll ist.

Werden sämtliche Anteile an einer GmbH eingebracht, die inländischen Grundbesitz hält, entsteht Grunderwerbsteuer (§ 1 Abs 3 Nr 3 GrEStG).

1.2 Satzung (Auszug)

Anlage zur notariellen Urkunde vom ..... des Notars .....[1]

Satzung der A AG

.....

§ . . . . . **Grundkapital; Aktien**[2]

(1) Das Grundkapital beträgt EUR . . . . . und ist eingeteilt in . . . . . auf den Namen lautende Stückaktien.

(2) Vom Grundkapital hat Herr C, wohnhaft in . . . . ., ... auf den Namen lautende Stückaktien, die im Zeitpunkt der Gründung einen anteiligen Betrag des Grundkapitals von EUR . . . . . je Aktien haben, übernommen gegen Einbringung von sämtlichen 50 000 Geschäftsanteilen (Nr 1 bis 50 000) mit einem Nennbetrag von je EUR 1 an der . . . . . GmbH mit Sitz in . . . . ., eingetragen im Handelsregister des AG . . . . . unter HRB . . . . .[3]

§ . . . . . **Gründungsaufwand**[4]

Die Gesellschaft trägt den Gründungsaufwand (Notar- und Handelsregisterkosten, Aufwendungen für den Gründungsprüfer, Steuern, Bekanntmachungs- sowie eventuelle Rechts- und Steuerberatungskosten) bis zu einer Höhe von EUR . . . . .[3]

Anmerkungen

1. Das Form. enthält nur die für die Gründung spezifischen Satzungsbestimmungen, nämlich zu Sacheinlagen (§ 27 Abs 1 AktG) und Gründungsaufwand (§ 26 Abs 2 AktG). Wird einem Aktionär oder Dritten anlässlich der Gründung ein besonderer Vorteil gewährt, ist auch dies in die Satzung aufzunehmen (§ 26 Abs 1 AktG; vgl Hüffer/*Koch*, § 26 Rn 2 ff). Zu umfassenden Satzungen s → Form. II.E.3.1 Anm. 1 ff. und → Form. II. E.3.2 Anm. 1.

2. Vgl § 27 Abs 1 AktG. Das Gesetz unterscheidet Sacheinlage und Sachübernahme. Bei der Sacheinlage erbringt der Gründer – wie Herr C im Form. – eine Sachleistung und erhält dafür Aktien. Bei der Sachübernahme erwirbt die Gesellschaft ebenfalls einen (nicht in Barmitteln bestehenden) Vermögensgegenstand; die Gegenleistung besteht jedoch nicht in Aktien, und es erfolgt auch keine Verrechnung der Sachleistung mit der Einlageverpflichtung (§ 27 Abs 1 S 2 AktG). Die Angaben zu Sacheinlagen/-übernahmen sollten wegen der bei unzureichender Regelung drohenden Folgen (vgl § 27 Abs 3 und 4 AktG; dazu *Hoffmann-Becking,* Liber Amicorum M. Winter 2011, S 245 ff) tendenziell umfassender gehalten werden. Zu den Einzelheiten s *Hüffer/Koch,* § 27 Rn 9 f; MüKo-AktG/*Pentz,* § 27 Rn 71 ff.

3. Die Satzungsbestimmungen können frühestens 30 Jahre nach Eintragung der AG im Handelsregister aufgehoben werden (§§ 26 Abs 5, 27 Abs 5 AktG).

4. Vgl § 26 Abs 2 AktG. Zum Gründungsaufwand gehören die Gründungsentschädigung und der Gründerlohn. Die Gründungsentschädigung ist der Aufwendungsersatz für Kosten der Gründung (vgl. § 248 Abs 1 Nr 1 HGB), zB Steuern, Gebühren (Notar und Gericht), Honorare der Gründungsprüfer, Veröffentlichungskosten (*Hüffer/Koch*, § 26 Rn 5). Der Gründerlohn betrifft die Vergütung für die erbrachten Dienstleistungen der Gründer oder Dritter im Zusammenhang mit der Gründung, zB Honorare für Gutachten, Beratung, Vermittlung. (s dazu ausf BeckOGK AktG/*Limmer*, § 26 Rn 8; *Hüffer/Koch*, § 26 Rn 5).

1.3 Gründungsbericht

Die unterzeichneten Gründer der . . . . . AG erstatten hiermit folgenden Bericht über die Gründung der . . . . . AG:[1]

I. Hergang der Gründung[2]

1. Die . . . . . AG wurde durch das notariell beglaubigte Gründungsprotokoll vom . . . . . (UR-Nr . . . . . des Notars . . . . . mit Amtssitz in . . . . .) errichtet und gegründet.
2. In demselben Protokoll wurden
   a) die Satzung der . . . . . AG festgestellt;
   b) . . . . ., ... und . . . . . zu den Mitgliedern des ersten, gem § . . . . . der Satzung aus drei Personen bestehenden Aufsichtsrats bis zur Beendigung der Hauptversammlung, die über die Entlastung für das am 31.12. . . . . . endende Geschäftsjahr beschließt, ernannt und
   c) die . . . . . GmbH Wirtschaftsprüfungsgesellschaft zum Abschlussprüfer für das erste zum 31.12. . . . . . endende Rumpfgeschäftsjahr bestellt.
3. Die Gründer sind Herr A, wohnhaft in . . . . ., die D GmbH mit Sitz in . . . . ., eingetragen im Handelsregister des AG . . . . . unter HRB . . . . ., und Herr C, wohnhaft in . . . . . .
4. Das Grundkapital der Gesellschaft beträgt EUR . . . . . und ist in . . . . . auf den Namen lautende Stückaktien mit einem anteiligen Betrag des Grundkapitals von jeweils EUR . . . . . eingeteilt. Sämtliche Aktien sind von den Gründern zu einem Ausgabebetrag von EUR . . . . . je Aktie wie folgt übernommen worden:
   a) Herr A . . . . . Stückaktien gegen Bareinlage in Höhe von EUR . . . . .;
   b) die D GmbH . . . . . Stückaktien gegen Bareinlage in Höhe von EUR . . . . . und
   c) Herr C . . . . . Stückaktien gegen Sacheinlage; die Sacheinlage besteht aus sämtlichen 50 000 Geschäftsanteilen (Nr 1 bis 50 000) im Nennbetrag von jeweils EUR 1 an der . . . . . GmbH mit Sitz in . . . . ., eingetragen im Handelsregister des AG . . . . . unter HRB . . . . . .
5. Die Bareinlagen sind vollständig geleistet durch Überweisung auf das Konto der . . . . . AG bei der . . . . . Bank, BLZ . . . . ., Kontonr . . . . . und stehen, soweit sie nicht in Übereinstimmung mit § . . . . . der Satzung in Höhe von EUR . . . . . zur Bezahlung des Gründungsaufwands verwendet werden, endgültig zur freien Verfügung des Vorstands. Die Sacheinlage ist dadurch geleistet worden, dass die Gesellschaft und Herr C am . . . . . einen notariell beurkundeten Einbringungsvertrag (UR-Nr . . . . . des Notars . . . . . mit Amtssitz in . . . . .) abgeschlossen haben, durch den Herr C seine sämtlichen Geschäftsanteile an der . . . . . GmbH mit sofortiger Wirkung an die Gesellschaft abgetreten hat. Der Einbringungsvertrag entspricht den im Gründungsprotokoll enthaltenen Vorgaben.
6. In seiner konstituierenden Sitzung vom . . . . . hat der Aufsichtsrat . . . . . und . . . . . zu Mitgliedern des Vorstands bestellt, beiden Einzelvertretungsmacht erteilt und beide von den Beschränkungen des § 181 2. Alt BGB befreit sowie . . . . . zum Vorsitzenden des Vorstands ernannt.
7. Die . . . . . GmbH, die infolge des Einbringungsvertrages vom . . . . . eine 100 %ige Tochtergesellschaft der . . . . . AG geworden ist, hat lediglich 15 Mitarbeiter. Dementsprechend hat der Vorstand am . . . . . gem § 31 Abs 3 AktG bekanntgemacht, dass sich der Aufsichtsrat der Gesellschaft aus drei von der Hauptversammlung zu wählenden Mitgliedern zusammensetzt.

II. Angemessenheit der Sacheinlage[3, 4]

Die Gewährung von ..... Stückaktien zum Gesamtausgabebetrag von EUR ..... (entsprechend .....% des Grundkapitals) für die Einbringung aller Geschäftsanteile an der ..... GmbH und damit der ..... GmbH ist angemessen. Aus dem Gutachten der ..... GmbH Wirtschaftsprüfungsgesellschaft, das diesem Bericht als Anlage beigefügt ist, ergibt sich, dass die ..... GmbH einen Wert von mindestens EUR ..... hat. Die Gründer machen sich die Aussagen dieses Gutachtens zu Eigen.

Der Einbringung der Geschäftsanteile an der ..... GmbH in die ..... AG als Sacheinlage sind keine Rechtsgeschäfte vorausgegangen, die auf den Erwerb durch die ..... AG hingezielt haben. Die Anschaffungs- und Herstellungskosten von Herrn C für die Geschäftsanteile an der ..... GmbH betrugen im letzten Geschäftsjahr vor der Feststellung der Satzung EUR ...... Hierbei handelt es sich um eine Bareinlage, die Herr C im Rahmen einer Kapitalerhöhung der ..... GmbH für die Übernahme von ..... Geschäftsanteilen im Nennbetrag von jeweils EUR ..... geleistet hat. In dem unmittelbar davor liegenden Jahr sind keine Anschaffungs- und Herstellungskosten angefallen. Die übrigen Anschaffungs- bzw Herstellungskosten von Herrn C liegen länger als zwei Jahre zurück. Die Betriebserträge der ..... GmbH aus den letzten beiden Geschäftsjahren beliefen sich auf einen Jahresüberschuss von EUR ..... für das Geschäftsjahr und von EUR ..... für das Geschäftsjahr. Der Jahresüberschuss für beruht in Höhe von EUR ..... auf außerordentlichen Erträgen; im Geschäftsjahr waren keine außerordentlichen Erträge zu verzeichnen.

III. Weitere Angaben[5]

Bei der Gründung sind für Rechnung der Mitglieder von Vorstand und Aufsichtsrat keine Aktien übernommen worden. Die Mitglieder von Vorstand und Aufsichtsrat haben sich für die Gründung oder ihre Vorbereitung weder einen besonderen Vorteil oder eine Entschädigung oder Belohnung ausbedungen noch haben sie einen solchen Vorteil oder eine Entschädigung oder Belohnung erhalten.

..... *[Datum, Ort]*[6]

[Unterschriften der Gründer][7]

Anmerkungen

1. Die Verpflichtung zur Erstattung eines Gründungsberichts und sein Inhalt ergeben sich aus § 32 AktG. Der Bericht hat danach (i) den Hergang der Gründung darzustellen (§ 32 Abs 1 AktG; s → Anm. 2), (ii) bei Sacheinlagen oder -übernahmen die wesentlichen Umstände darzulegen, von denen die Angemessenheit der Leistungen für Sacheinlagen oder -übernahmen abhängt (§ 32 Abs 2 AktG; s → Anm. 3), und (iii) die Angaben gem § 32 Abs 3 AktG zu enthalten (s → Anm. 4).

2. Zum Hergang der Gründung gehören der Tag der Satzungsfeststellung, die hierüber errichtete Urkunde, das Grundkapital und seine Einteilung, der Ausgabebetrag der Aktien, die von den einzelnen Gründern übernommenen Aktien, die Höhe der geleisteten Bareinlagen, die Gründer, Aufsichtsratsmitglieder und Vorstände sowie deren Vertretungsmacht und der Zeitpunkt der Bestellung der Organe, die Identität von Gründern und Vorständen bzw Aufsichtsräten sowie (soweit nicht bereits gem § 32 Abs 3 AktG erforderlich; s → Anm. 5) Angaben über die Gewährung oder Zusage von Entschädigungen oder Vergütungen an Gründer, Mitglieder von Vorstand oder Aufsichtsrat oder

Dritte im Zusammenhang mit der Gründung; s zu den Einzelheiten ferner Spindler/Stilz/*Gerber,* § 32 Rn 6; MüKoAktG/*Pentz,* § 32 Rn 12 ff.

3. Der Bericht muss die Umstände anführen, aus denen sich ergibt, dass der Wert der Sacheinlage bei objektiver Betrachtung mindestens dem Wert der dafür übernommenen Aktien entspricht. Maßstab ist der Ausgabebetrag der Aktien, dh der geringste Ausgabebetrag iSd § 9 Abs 1 AktG zzgl eines etwaigen Agio (*Hüffer/Koch,* § 32 Rn 4; KöKo/*A. Arnold,* § 32 Rn 9; Hölters/Weber/*Solveen,* § 32 Rn 5). Bei einer Sachübernahme kommt es auf die Gleichwertigkeit mit der zu zahlenden Vergütung an. Die Bezugnahme auf ein dem Bericht als Anlage beigefügtes Bewertungsgutachten eines sachverständigen Dritten ist zulässig und verbreitet; ein Verweis auf den externen Gründungsprüfungsbericht gem §§ 33 Abs 2, 34 AktG ist hingegen ausgeschlossen (MüHdB GesR 4/*Hoffmann-Becking,* § 4 Rn 33).

4. § 32 Abs 2 S 2 Nr 1 bis 3 AktG verlangen zwingend bestimmte Einzelangaben; soweit sie nicht einschlägig sind, ist eine entsprechende Fehlanzeige in den Bericht aufzunehmen (*Hüffer/Koch,* § 32 Rn 5). Nr 1: Vorausgegangene, auf den Erwerb der Sacheinlage (bzw -übernahme) gerichtete Rechtsgeschäfte sind Geschäfte, deren Zweck darin lag, den Gegenstand später bei der Gründung der AG als Sacheinlage zu verwenden. Auf den Zeitpunkt und die Art des Geschäfts kommt es nicht an; ein Gründer muss an ihm nicht beteiligt sein, wenn nur der Zweck des Geschäfts auf die spätere Einbringung in die AG gerichtet war (vgl MüKoAktG/*Pentz,* § 32 Rn 18). Nr 2: Anschaffungs- und Herstellungskosten sind in § 255 HGB definiert. Anzugeben sind nur die Kosten des Gründers bzw – bei einer Sachübernahme – desjenigen, von dem die Sacheinlage erworben wird (Kölner Komm AktG/*A. Arnold,* § 32 Rn 11; MüKoAktG/*Pentz,* § 32 Rn 20). Angabepflichtig sind die Kosten der letzten zwei Jahre; maßgeblich sind dabei einerseits der Tag der Satzungsfeststellung und andererseits bei Anschaffungen der Tag des schuldrechtlichen Erwerbsgeschäfts, bei Fremdherstellungen der Tag der Abnahme und bei Eigenherstellungen der Tag der Inbetriebnahme (BeckOGK AktG/*Gerber,* § 32 Rn 12). Ob die Kosten für die beiden Jahre getrennt zu nennen sind (Kölner Komm AktG/*A. Arnold,* § 32 Rn 12) oder auch in einem gemeinsamen Betrag aufgeführt werden können (MüKoAktG/*Pentz,* § 32 Rn 22), ist str. Nr 3: Besteht die Sacheinlage bzw -übernahme in einem Unternehmen oder – so die hM – in einem Unternehmensteil (vgl Hölters/Weber/*Solveen,* § 32 Rn 8; aA BeckOGK AktG/*Gerber,* § 32 Rn 13), sind dessen Betriebserträge der letzten zwei vor Feststellung der Satzung abgeschlossenen Geschäftsjahre – für jedes Geschäftsjahr einzeln – anzugeben. Gibt es das eingebrachte Unternehmen noch keine zwei Jahre, genügt die Angabe der bisherigen Erträge unter Angabe, dass das Unternehmen noch keine zwei Geschäftsjahre besteht. Betriebserträge sind bei Kapitalgesellschaften Jahresüberschuss/-fehlbetrag (§ 275 Abs 2 Nr 17, Abs 3 Nr 16 HGB) und bei Personengesellschaften die entsprechenden nach den für sie geltenden Rechnungslegungsvorschriften ermittelten Beträge; ob dabei zusätzlich anzugeben ist, inwiefern die Beträge auf außerordentlichen Erträgen oder Belastungen beruhen, ist str, empfiehlt sich jedoch (s *Hüffer/Koch,* § 32 Rn 5; Kölner Komm AktG/*A. Arnold,* § 32 Rn 16). Stille Reserven können aufgeführt werden, wenn dies für die Bewertung des eingebrachten Unternehmens von Bedeutung ist.

5. Vgl § 32 Abs 3 AktG. Die Angaben sind unabhängig davon notwendig, ob es sich um eine Bar- oder (auch) eine Sachgründung handelt. Liegen die in § 32 Abs 3 AktG genannten Umstände nicht vor, ist eine Fehlanzeige erforderlich (*Hüffer/Koch,* § 32 Rn 6).

6. Aufgrund seines erforderlichen Inhalts (s → Anm. 2) kann der Gründungsbericht erst nach Durchführung des Errichtungs- und Gründungsvorgangs (Gründungsprotokoll, Bestellung des Vorstands, Erbringung der vor Eintragung zu erbringenden Einlagen) erstattet werden und ist vor dem Gründungsprüfungsbericht von Vorstand und Aufsichtsrat (s dazu → Form. II.E.1.4 Anm. 1 ff.) zu erstatten. Im Fall wesentlicher Änderungen zwischen Berichterstattung und Eintragung der AG im Handelsregister besteht eine Aktualisierungs- bzw Nachtragspflicht (*Hüffer/Koch*, § 32 Rn 2; BeckOGK AktG/ *Gerber*, § 32 Rn 7).

7. Das Gründungsprotokoll bedarf der Schriftform (§ 32 Abs 1 AktG), ist also von allen Gründern zu unterschreiben (§ 126 Abs 1 BGB). Die Unterzeichnung muss eigenhändig erfolgen; rechtsgeschäftliche Vertretung ist nicht möglich (*Hüffer/Koch*, § 32 Rn 2). Für die Richtigkeit der Angaben des Gründungsprotokolls haften die Gründer strafrechtlich gem § 399 Abs 1 Nr 2 AktG und zivilrechtlich gegenüber der Gesellschaft (§ 46 AktG) sowie gegenüber den Aktionären und Drittgläubigern (§ 823 Abs 2 BGB iVm § 399 Abs 1 Nr 2 AktG).

1.4 Gründungsprüfungsbericht von Vorstand und Aufsichtsrat

Als Mitglieder des Vorstands und Aufsichtsrats haben wir den Hergang der Gründung geprüft und erstatten über unsere Prüfung folgenden Bericht:[1, 2, 3]

I. Grundlagen der Prüfung

Unsere Prüfung beruhte auf den nachstehenden Unterlagen:

1. Gründungsprotokoll vom . . . . . (UR-Nr des Notars . . . . . mit Amtssitz in . . . . .) mit der Feststellung der dem Protokoll als Anlage beigefügten Satzung sowie mit der Bestellung der Mitglieder des ersten Aufsichtsrats und des Abschlussprüfers für das erste Rumpfgeschäftsjahr;
2. Niederschrift über die konstituierende Sitzung des Aufsichtsrats vom . . . . . mit der Bestellung der Vorstandsmitglieder;
3. Gründungsbericht der Gründer vom . . . . ., dem als Anlage das Gutachten der . . . . . GmbH Wirtschaftsprüfungsgesellschaft über die Werthaltigkeit der von dem Gründer Herrn C erbrachten Sacheinlage beigefügt ist;
4. Bestätigung der . . . . . Bank vom . . . . . über die erfolgte vollständige Einzahlung der Bareinlagen auf das Konto der . . . . . AG und ein aktueller Auszug des vorgenannten Kontos vom . . . . .;
5. Notariell beurkundeter Einbringungsvertrag zwischen der Gesellschaft und Herrn C vom . . . . .;
6. Bekanntmachung des Vorstands gem § 31 Abs 3 AktG vom . . . . . .

II. Ergebnis der Prüfung

1. Die . . . . . AG wurde mit dem Gründungprotokoll vom . . . . . errichtet. Gründer sind Herr A, die D GmbH und Herr C. Das Grundkapital beträgt EUR . . . . . und ist eingeteilt in . . . . . auf den Namen lautende Stückaktien mit einem anteiligen Betrag des Grundkapitals von jeweils EUR . . . . . .
2. Die Gründer haben im Gründungsprotokoll wie folgt sämtliche Stückaktien übernommen, so dass die . . . . . AG mit Abschluss des Gründungsprotokolls gegründet worden ist:
   a) Herr A . . . . . Stückaktien gegen Bareinlage in Höhe von EUR . . . . .;
   b) die D GmbH . . . . . Stückaktien gegen Bareinlage in Höhe von EUR . . . . . und

c) Herr C . . . . . Stückaktien gegen Sacheinlage; die Sacheinlage besteht aus sämtlichen 50 000 Geschäftsanteilen (Nr 1 bis 50 000) im Nennbetrag von jeweils EUR 1 an der . . . . . GmbH mit Sitz in . . . . ., eingetragen im Handelsregister des AG . . . . . unter HRB . . . . . .

3. Die Einzahlung der Bareinlagen ist in vollständiger Höhe zur freien Verfügung des Vorstands erfolgt. Die Einbringung der Sacheinlage ist durch Abschluss des Einbringungsvertrages vom . . . . . in Übereinstimmung mit den Vorgaben des Gründungsprotokolls erfolgt.[4]
4. Die festgestellte Satzung ist vollständig und steht im Einklang mit den gesetzlichen Regelungen. Insbesondere entsprechen die Bestimmungen der Satzung zu der Sacheinlage den gesetzlichen Erfordernissen nach § 27 AktG. Es wurden keinerlei Sondervorteile im Sinne des § 26 Abs 1 AktG gewährt; entsprechende Angaben in der Satzung sind daher nicht erforderlich. Der Gründungsaufwand in Höhe von EUR . . . . . wird gem § . . . . . der Satzung von der . . . . . AG getragen.
5. Die Bewertung der Sacheinlage (s Ziffer 2 Buchst. c)) erfolgte ausweislich des Gutachtens, das dem Gründungsbericht als Anlage beigefügt ist, nach Maßgabe der Grund-sätze zur Durchführung von Unternehmensbewertungen des Instituts der Wirtschaftsprüfer (IDW S 1) auf Grundlage der Ertragswertmethode.[5] Danach ergibt sich ein Wert der . . . . . GmbH und damit der von Herrn C eingebrachten sämtlichen Geschäftsanteile der . . . . . GmbH von EUR . . . . . . Der Ausgabebetrag der von Herrn C übernommenen Aktien beläuft sich auf EUR . . . . . je Aktie und damit insgesamt auf EUR . . . . . .
6. Infolge des Einbringungsvertrages hat die Gesellschaft bereits ihre Geschäftstätigkeit aufgenommen. Die Bareinlagen sind, soweit sie nicht entsprechend der Regelung in § . . . . . der Satzung zur Begleichung des Gründungsaufwands verwendet worden sind, noch vollständig im Vermögen der Gesellschaft vorhanden. Wertverluste der erbrachten Sacheinlage seit Erstellung des dem Gründungsbericht als Anlage beigefügten Gutachtens (Ziffer 5) sind nicht ersichtlich. Die erbrachten Einlagen sind somit wertmäßig noch im Gesellschaftsvermögen vorhanden.[6]
7. Im Gründungsprotokoll sind . . . . ., ... und . . . . . ordnungsgemäß zu den Mitgliedern des ersten, gem § . . . . . der Satzung aus drei Personen bestehenden Aufsichtsrats bis zur Beendigung der Hauptversammlung, die über die Entlastung für das am 31.12. . . . . . endende Geschäftsjahr beschließt, ernannt und die . . . . . GmbH Wirtschaftsprüfungsgesellschaft zum Abschlussprüfer für das erste zum 31.12. . . . . . endende Rumpfgeschäftsjahr bestellt worden. Die Ernennung aller drei Aufsichtsratsmitglieder im Gründungsprotokoll entspricht § 31 Abs 1 S 2 AktG. Der Umstand, dass die . . . . . GmbH infolge des Abschlusses des Einbringungsvertrages vom . . . . . eine 100 %ige Tochtergesellschaft der . . . . . AG geworden ist, führt nicht zu einer Änderung der Zusammensetzung des Aufsichtsrats und begründet keine Mitbestimmung der Arbeitnehmer.

Dementsprechend stellen wir fest, dass

a) die Angaben der Gründer über die Übernahme der Aktien, zu den Einlagen auf das Grundkapital, zur Sacheinlage, zu den Sondervorteilen und zum Gründungsaufwand vollständig und richtig sind;[7]
b) der Wert der von Herrn C erbrachten Sacheinlage den Ausgabebetrag der für die Sacheinlage gewährten Aktien in Höhe von insgesamt EUR . . . . . erreicht[8] und
c) die Gründung der . . . . . AG insgesamt den gesetzlichen Vorschriften entspricht.

. . . . . *[Ort, Datum]*[9]

[Unterschriften sämtlicher Vorstands- und Aufsichtsratsmitglieder][10]

Anmerkungen

1. In den Fällen des § 33 Abs 2 AktG – insbesondere also bei einer Sachgründung oder bei (teilweiser) Identität von Gründern und Verwaltungsmitgliedern – muss zusätzlich zu der Gründungsprüfung durch Vorstand und Aufsichtsrat eine externe Gründungsprüfung erfolgen. Für diese gelten grundsätzlich dieselben Anforderungen wie für die Prüfung durch die Verwaltung. Allerdings umfasst die externe Prüfung zusätzlich den Gründungsprüfungsbericht von Vorstand und Aufsichtsrat (s § 38 Abs 2 S 1 AktG). Der Bericht der Verwaltung muss daher dem Bericht des externen Prüfers zeitlich vorausgehen; die Erstattung eines gemeinsamen Prüfberichts durch Verwaltung und Gründungsprüfer ist ausgeschlossen. Eine externe Gründungsprüfung (nicht aber die Prüfung durch Vorstand und Aufsichtsrat) kann in den Fällen des § 33 a AktG entfallen; zu § 33 a AktG vgl Kölner Komm AktG/*A. Arnold,* § 33 a Rn 3 ff; K. Schmidt/Lutter/*Bayer,* § 33 a Rn 6 ff. § 33 a AktG findet über § 183 a AktG auch bei Kapitalerhöhung Anwendung. Wird dabei von § 33 a AktG Gebrauch gemacht, hat das jedoch zwei Konsequenzen. Erstens hat der Vorstand den Kapitalerhöhungsbeschluss zu veröffentlichen und darf die Durchführung der Kapitalerhöhung nicht vor Ablauf von vier Wochen seit dieser Veröffentlichung im Handelsregister eingetragen werden (§ 183 a Abs 2 AktG). Zweitens können Aktionäre, die Aktien in Höhe von mindestens 5 % des Grundkapitals halten, verlangen, dass das zuständige AG einen oder mehrere Prüfer bestellt (§ 183 a Abs 3 AktG). Bei Kapitalerhöhung ist daher im Einzelfall sorgfältig abzuwägen, ob von der Möglichkeit gemäß § 33 a AktG Gebrauch gemacht wird.

2. § 33 Abs 1 AktG. Vorstand und Aufsichtsrat erstatten regelmäßig einen gemeinsamen Bericht. Eine separate Berichterstattung ist zulässig, aber nicht erforderlich (*Hüffer/Koch,* § 34 Rn 4).

3. Die Prüfung und dementsprechend der Bericht haben sich auf sämtliche mit der Gründung zusammenhängenden tatsächlichen und rechtlichen Umstände zu erstrecken; dazu zählen insbesondere Feststellung und Inhalt der Satzung, Bestellung von Verwaltungsmitgliedern und Abschlussprüfer, Gründungsbericht, Vorliegen ggf erforderlicher Genehmigungen, ferner die in § 34 Abs 1 Nr 1 und 2, Abs 2 S 2 AktG geforderten Angaben; s → Anm. 6, 7 und 8 sowie zu den Einzelheiten MüKoAktG/*Pentz,* § 34 Rn 10 ff; *Hüffer/Koch,* § 34 Rn 2 f.

4. Einlagen können, müssen jedoch nicht bis zur Erstattung des Berichts erbracht werden (s §§ 36 Abs 2, 36 a Abs 2 S 2 AktG). Soweit das nicht der Fall ist, bezieht sich die Berichtspflicht darauf, dass die Einlageverpflichtung wirksam begründet ist; sind Einlagen bereits erbracht, muss der Bericht die ordnungsgemäße Leistung darlegen (*Hüffer/Koch,* § 34 Rn 3).

5. § 34 Abs 2 S 2 AktG. Das Gesetz schreibt keine bestimmte Bewertungsmethode vor. Die verwendete Methode muss jedoch eine nach dem jeweiligen Stand der betriebswirtschaftlichen Erkenntnisse angemessene Aussage über die Werthaltigkeit der Sacheinlage erlauben.

6. Hat die Gesellschaft ihre Tätigkeit bereits aufgenommen, ist zu überlegen, im Prüfungsbericht dazu Stellung zu nehmen, ob das aufgebrachte Kapital zum Zeitpunkt der Prüfung wertmäßig noch vorhanden ist (dafür K. Schmidt/Lutter/*Bayer*, § 34 Rn 4).

7. § 34 Abs 1 Nr 1 AktG.

8. § 34 Abs 1 Nr 2 AktG. Str ist, ob sich die Bestätigung entsprechend dem Wortlaut nur auf den geringsten Ausgabebetrag (§ 9 Abs 1 AktG) bezieht (*Hüffer/Koch,* § 34 Rn 3; Hölters/Weber/*Solveen,* § 34 Rn 5; BeckOGK AktG/*Gerber,* § 34 Rn 8) oder sich darüber hinaus auch auf ein etwaiges Agio, dh den tatsächlichen Ausgabebetrag erstrecken muss (BGH ZIP 2012, 75 Tz 19; MüHdBGesR 4/*Hoffmann-Becking,* § 4 Rn 38; K. Schmidt/Lutter/*Bayer,* § 34 Rn 7; Kölner Komm AktG/*A. Arnold,* § 34 Rn 8). Das Form. geht vorsorglich von letzterem aus. Maßgeblich für die Werthaltigkeit ist der Zeitpunkt der Berichterstattung und nicht der voraussichtlichen Eintragung der AG; vorhersehbare Wertverluste oder Probleme bei der Erbringung von Einlagen sind jedoch in dem Bericht zu nennen (MüKoAktG/*Pentz,* § 34 Rn 12, 16; Kölner Komm AktG/*A. Arnold,* § 34 Rn 6, 8).

9. Der Bericht folgt dem Gründungsbericht der Gründer nach und geht dem Prüfbericht des Gründungsprüfers zeitlich vor (s → Anm. 1 und → Form. II.E.1.3 Anm. 6).

10. Der Bericht ist von sämtlichen Vorstands- und Aufsichtsratsmitgliedern eigenhändig zu unterschreiben; rechtsgeschäftliche Stellvertretung ist ausgeschlossen. Die Unterzeichnenden haften sowohl zivilrechtlich (§ 48 AktG, § 823 Abs 2 BGB iVm § 399 Abs 1 Nr 2 AktG) als auch strafrechtlich (§ 399 Abs 1 Nr 2 AktG) für die Richtigkeit und Vollständigkeit des Berichts.

1.5 Anmeldung zur Eintragung im Handelsregister

An das[1]

Amtsgericht . . . . .

– Handelsregister –

Betr.: . . . . . AG mit Sitz in . . . . . (HRB neu)

Sehr geehrte Damen und Herren,

als Gründer und Mitglieder des Vorstands und des Aufsichtsrats[2] reichen wir als Anlagen ein:[3]

1. eine beglaubigte Abschrift des notariellen Protokolls vom . . . . . über die Gründung der . . . . . AG (UR-Nr . . . . . des Notars . . . . . mit Amtssitz in . . . . .) mit der Feststellung der Satzung, der Übernahme der Aktien durch die Gründer, der Bestellung des ersten Aufsichtsrats und des Abschlussprüfers für das erste Rumpfgeschäftsjahr nebst der dem Gründungsprotokoll als Anlage beigefügten Satzung;
2. eine beglaubigte Abschrift der Niederschrift über die konstituierende Aufsichtsratssitzung vom . . . . . mit der Beschlussfassung über die Bestellung des Vorstands und die Ausgestaltung seiner Vertretungsmacht sowie über die Wahl des Vorsitzenden des Aufsichtsrats und seines Stellvertreters;
3. eine Liste der Aufsichtsratsmitglieder gem § 37 Abs 4 Nr 3 a AktG;
4. eine Bescheinigung der . . . . . Bank zur Bestätigung der vollständigen und endgültigen Verfügbarkeit der Bareinlagen für den Vorstand vom . . . . .;
5. eine beglaubigte Abschrift des notariell beurkundeten Einbringungsvertrages vom . . . . . (UR-Nr . . . . . des Notars . . . . . mit Amtssitz in . . . . .);
6. Gründungsbericht vom . . . . .;
7. gemeinsamer Gründungsprüfungsbericht des Vorstands und des Aufsichtsrats vom . . . . .;
8. Gründungsprüfungsbericht des Gründungsprüfers . . . . . vom . . . . .; sowie
9. Berechnung des von der Gesellschaft getragenen Gründungsaufwandes,

und melden wir zur Eintragung in das Handelsregister an

1. Die . . . . . AG mit Sitz in . . . . . .
2. Die Geschäftsanschrift der . . . . . AG lautet: . . . . . .
3. Gegenstand der . . . . . AG ist gem § . . . . . der Satzung: . . . . . .

4. Das Grundkapital beträgt EUR ..... und ist in ..... auf den Namen lautende Stückaktien mit einem anteiligen Betrag des Grundkapitals von jeweils EUR ..... eingeteilt.
5. Die Satzung ist am ..... festgestellt worden.
6. Mitglieder des Vorstands sind ....., geboren am ....., wohnhaft in ....., und ....., geboren am ....., wohnhaft in .....
7. Abstrakte Vertretungsbefugnis: Zur Vertretung der ..... AG sind zwei Vorstandmitglieder gemeinsam oder ein Mitglied zusammen mit einem Prokuristen ermächtigt. Der Aufsichtsrat kann einem oder mehreren Vorstandsmitgliedern Einzelvertretungsmacht erteilen und sie im Einzelfall, für bestimmte Arten von Geschäften oder umfassend von den Beschränkungen des § 181 Alt 2 BGB befreien.
8. Konkrete Vertretungsbefugnis: ..... und ..... sind jeweils einzeln zur Vertretung der Gesellschaft ermächtigt und von den Beschränkungen des § 181 Alt 2 BGB befreit.

Ferner melden wir, die Vorstandsmitglieder der Gesellschaft, an, dass ..... zum Vorsitzenden des Aufsichtsrats und ..... zum stellvertretenden Vorsitzenden des Aufsichtsrats gewählt worden sind.[4]

Des Weiteren teilen wir mit, dass sämtliche Aktien von den Gründern zu einem Ausgabebetrag von EUR ..... je Aktie wie folgt übernommen worden sind:[5]

a) Herr A ..... Stückaktien gegen Bareinlage in Höhe von EUR .....;
b) die D GmbH ..... Stückaktien gegen Bareinlage in Höhe von EUR ..... und
c) Herr C ..... Stückaktien gegen Sacheinlage; die Sacheinlage besteht aus sämtlichen 50 000 Geschäftsanteilen (Nr 1 bis 50 000) im Nennbetrag von jeweils EUR 1 an der GmbH mit Sitz in ....., eingetragen im Handelsregister des AG ..... unter HRB .....

Wir versichern, dass die Bareinlagen in Höhe des eingeforderten Betrages, nämlich in voller Höhe geleistet worden sind und dem Vorstand endgültig und vollständig zur freien Verfügung stehen und die Sacheinlage durch notariell beurkundeten Einbringungsvertrag vom ..... (UR-Nr ..... des Notars ..... mit Amtssitz in .....) eingebracht worden ist. Die Voraussetzungen des § 36 Abs 2 und des § 36 a AktG sind erfüllt. Der Wert der Sacheinlage entspricht dem Ausgabebetrag der für die Sacheinlage übernommenen Aktien.[6]

Die Vorstandmitglieder Herr ..... und Herr ..... versichern mit ihrer Unterschrift, dass keine Umstände vorliegen, die ihrer Bestellung nach § 76 Abs 3 S 2 Nr 2 und 3 sowie S 3 AktG entgegenstehen. Insofern versichern sie mit ihrer Unterschrift, dass keiner von ihnen jemals, weder im Inland noch im Ausland, wegen einer Straftat verurteilt worden ist und ihnen die Ausübung eines Berufs, Berufszweigs, Gewerbes oder Gewerbezweiges nicht durch gerichtliches Urteil oder vollziehbare Entscheidung einer Verwaltungsbehörde untersagt worden ist.[7] Ferner versichern die Vorstandmitglieder Herr ..... und Herr ..... mit ihrer Unterschrift, dass sie durch den beurkundenden Notar über ihre uneingeschränkte Auskunftspflicht gegenüber dem Gericht belehrt worden sind.

[notariell beglaubigte Unterschriften sämtlicher Gründer sowie sämtlicher Vorstands- und Aufsichtsratsmitglieder]

Anmerkungen

1. §§ 36, 37 AktG.

2. Die Anmeldung muss durch sämtliche Gründer sowie sämtliche Vorstands- und Aufsichtsratsmitglieder vorgenommen werden (§ 36 Abs 1 AktG).

3. Zu den Anlagen s § 37 Abs 4 AktG.

4. S § 107 Abs 1 S 2 AktG. Die Anmeldung des Aufsichtsratsvorsitzenden und seines Stellvertreters erfolgt nicht zur Eintragung in das Handelsregister.

5. Für jeden Gründer sind der Betrag, zu dem die Aktien ausgegeben wurden, der eingeforderte sowie der eingezahlte Betrag getrennt anzugeben (K. Schmidt/Lutter/*Kleindiek*, § 37 Rn 6; Spindler/Stilz/*Döbereiner*, § 37 Rn 3).

6. Aus § 37 Abs 1 S 1 AktG folgt, dass die Anmeldenden bei der kombinierten Bar- und Sachgründung die Erklärung abzugeben haben, dass hinsichtlich der Bareinlage der eingeforderte Betrag gem §§ 36 Abs 2, 36 a Abs 1 AktG gezahlt wurde und zur freien Verfügung des Vorstands steht und die Sacheinlage den Vorgaben des § 36 a Abs 2 AktG entsprechend geleistet wurde. Aus § 36 a Abs 2 S 3 iVm § 37 Abs 1 S 1 AktG ergibt sich für die Sacheinlage zusätzlich, dass in der Anmeldung die Erklärung enthalten sein muss, dass der aktuelle Wert der Sacheinlage dem Ausgabebetrag der Aktien entspricht (BeckOGK AktG/*Stelmaszczyk* § 37 Rn 10; MüHdBGesR 4/*Hoffmann-Becking*, § 4 Rn 45).

7. § 37 Abs 2 S 1 AktG verlangt von sämtlichen Vorstandsmitgliedern die Versicherung, dass keine Umstände vorliegen, die ihrer Bestellung nach § 76 Abs 3 S 2 Nr 2 und 3 sowie S 3 AktG entgegenstehen. Dabei ist es nach allgM nicht ausreichend, den Wortlaut von § 37 Abs 2 S 1 AktG zu wiederholen. ZT verlangt die Registerpraxis sogar, dass die einzelnen in § 76 Abs 3 S 2 Nr 2 und 3, S 3 AktG genannten Bestellungshindernisse aufgelistet und verneint werden (Mü ZIP 2009, 1322; BayObLG DB 1982, 274; 1983, 2408 (jeweils zur GmbH). Das ist zu weitgehend. Vielmehr ist mit dem BGH (NZG 2010, 830 Tz 8 ff zur Parallelvorschrift des § 8 Abs 3 GmbHG) davon auszugehen, dass es hinsichtlich des Bestellungshindernisses einer strafrechtlichen Verurteilung genügt, wenn die Geschäftsführer versichern, dass sie „noch nie, weder im Inland noch im Ausland, wegen einer Straftat verurteilt worden sind“ (gegen Aufführung der einzelnen Bestellhindernisse ebenfalls Hamm NZG 2011, 712; LG Kassel Rpfleger 1982, 229; Wachter/*Wachter*, § 37 Rn 25; zu den inhaltlichen Anforderungen an die Versicherung auch Ffm ZIP 2012, 870; auch eine Verurteilung als Teilnehmer steht der Bestellung entgegen, s BGH GmbHR 2020, 201 Tz 11 ff zur Parallelvorschrift des § 8 Abs 3 (GmbHG)). Dem folgt auch das Form. Eine entsprechende Registerpraxis hat sich jedoch noch nicht herausgebildet, so dass vorsorglich eine ausführliche Versicherung zu erwägen ist. Die Versicherung ist strafbewehrt (§ 399 Abs 1 Nr 6 AktG) und daher höchstpersönlich; eine Vertretung ist folglich ausgeschlossen (Wachter/*Wachter*, § 37 Rn 29).

2. Gründung einer KGaA durch Umwandlung einer GmbH & Co. KG

Am . . . . . erschienen vor dem Notar . . . . . mit Amtssitz in . . . . .[1]

1. Herr A . . . . ., dem Notar von Person bekannt/ausgewiesen durch . . . . ., handelnd im eigenen Namen,
2. Herr B . . . . ., dem Notar von Person bekannt/ausgewiesen durch . . . . ., handelnd im eigenen Namen,
3. Frau C . . . . ., dem Notar von Person bekannt/ausgewiesen durch . . . . ., handelnd im eigenen Namen,
4. Herr D . . . . ., dem Notar von Person bekannt/ausgewiesen durch . . . . ., handelnd im eigenen Namen,
5. Herr E . . . . ., dem Notar von Person bekannt/ausgewiesen durch . . . . ., handelnd im eigenen Namen,

6. Herr F . . . . ., dem Notar von Person bekannt/ausgewiesen durch . . . . ., handelnd nicht im eigenen Namen, sondern als einzelvertretungsberechtigter Geschäftsführer der F GmbH mit Sitz in . . . . ., eingetragen im Handelsregister des AG . . . . . unter HRB . . . . . .

Der Notar bescheinigt nach Einsichtnahme in das Handelsregister der F GmbH vom heutigen Tag, dass Herr F einzelvertretungsberechtigter Geschäftsführer der F GmbH ist.

Der Notar erläuterte das Mitwirkungsverbot nach § 3 Abs 1 Nr 7 BeurkG. Die Erschienenen verneinten die Frage des Notars nach einer Vorbefassung iS dieser Vorschrift.

TEIL I

Die Erschienenen, handelnd wie angegeben, baten um die Beurkundung einer

außerordentlichen Gesellschafterversammlung[2]

der

G GmbH & Co. KG

Herr A, Herr B, Frau C, Herr D u E sind die alleinigen Kommanditisten, die F GmbH ist die alleinige persönlich haftende Gesellschafterin der G GmbH & Co. KG mit Sitz in . . . . ., eingetragen im Handelsregister des Amtsgerichts . . . . . unter HRA . . . . . .

Die G GmbH & Co. KG soll in eine KGaA umgewandelt werden. Zu diesem Zweck halten die Kommanditisten und die F GmbH hiermit unter Verzicht auf alle gesetzlichen und vertraglichen Frist- und Formvorschriften für die Einberufung und Durchführung einer Gesellschafterversammlung, die Bekanntmachung von Beschlussgegenständen und die Fassung von Gesellschafterbeschlüssen eine außerordentliche Gesellschafterversammlung der G GmbH & Co. KG ab und beschließen einstimmig:[3]

1. Die G GmbH & Co. KG wird gem §§ 190 ff, 214 ff UmwG formwechselnd in eine Kommanditgesellschaft auf Aktien umgewandelt.[4]
2. Die Kommanditgesellschaft auf Aktien führt die Firma[5] G KGaA und hat ihren Sitz in . . . . . .
3. An der Kommanditgesellschaft auf Aktien ist als persönlich haftender Gesellschafter[6] die F GmbH mit einem Kapitalanteil von EUR . . . . . beteiligt.
4. Das Grundkapital der Kommanditgesellschaft auf Aktien beträgt EUR . . . . . . Es ist eingeteilt in . . . . . auf den Namen lautende[7] Stückaktien mit den Nrn 1 bis . . . . . . Vom Grundkapital übernehmen[8]
   a) Herr A . . . . . Aktien mit den Nrn 1 bis . . . . . mit einem anteiligen Betrag am Grundkapital von insgesamt EUR . . . . . einschließlich der Namensaktie;
   b) Herr B . . . . . Aktien mit den Nrn . . . . . bis . . . . . mit einem anteiligen Betrag am Grundkapital von insgesamt EUR . . . . .;
   c) Frau C . . . . . Aktien mit den Nrn . . . . . bis . . . . . mit einem anteiligen Betrag am Grundkapital von insgesamt EUR . . . . .;
   d) Herr D . . . . . Aktien mit den Nrn . . . . . bis . . . . . mit einem anteiligen Betrag am Grundkapital von insgesamt EUR . . . . .; und
   e) Herr E . . . . . Aktien mit den Nrn . . . . . bis . . . . . mit einem anteiligen Betrag am Grundkapital von insgesamt EUR . . . . . .
5. Der Inhaber der Aktie der Nr 1 ist berechtigt, ein Drittel der Mitglieder für den Aufsichtsrat der Kommanditgesellschaft auf Aktien zu berufen, sofern er nicht gleichzeitig persönlich haftender Gesellschafter ist. Im Übrigen werden einzelnen Gesellschaftern keine Sonderrechte oder Vorzüge gewährt. Sonderrechte, Genuss-

rechte oder sonstige besondere Rechte für einzelne Gesellschafter gab es bei der G GmbH & Co. KG nicht.[9]

6. Die bestehenden Arbeitsverhältnisse werden von der Gesellschaft in der neuen Rechtsform unverändert fortgeführt. Auswirkungen auf die Vertretungen der Arbeitnehmer sowie Auswirkungen mitbestimmungsrechtlicher oder tarifvertraglicher Art ergeben sich nicht, und insoweit vorgesehene Maßnahmen gibt es keine.[10]
7. Dem Aufsichtsrat der künftigen Kommanditgesellschaft auf Aktien werden Arbeitnehmervertreter nicht angehören, weil die Gesellschaft nicht mehr als ..... Arbeitnehmer beschäftigt (§ 1 Abs 1 Nr 2 DrittelbG).
   In den ersten Aufsichtsrat der Kommanditgesellschaft auf Aktien werden für den Zeitraum bis zur Beendigung der Hauptversammlung, die über die Entlastung für das am ..... endende Geschäftsjahr beschließt, folgende Personen gewählt:[11]
   a) ....., wohnhaft in ....., ... [*ausgeübter Beruf*];
   b) ....., wohnhaft in ....., ... [*ausgeübter Beruf*];
   c) ....., wohnhaft in ....., ... [*ausgeübter Beruf*];
   d) ....., wohnhaft in ....., ... [*ausgeübter Beruf*];
   e) ....., wohnhaft in ....., ... [*ausgeübter Beruf*];
   f) ....., wohnhaft in ....., ... [*ausgeübter Beruf*].
8. Die dieser Niederschrift als Anlage beigefügte Satzung der Kommanditgesellschaft auf Aktien wird festgestellt.[12]
9. Die Gesellschaft hat keinen Betriebsrat.
10. Der steuerliche Übertragungsstichtag ist der ....., ... Uhr.
11. Zum Abschlussprüfer für das am 31.12. endende Geschäftsjahr wird die ....., ... [*Ort*], bestellt.

TEIL II

Sodann baten die Erschienenen, handelnd wie angegeben, um die Beurkundung der folgenden Erklärungen:

Herr A, Herr B, Frau C, Herr D, Herr E und die F GmbH stimmen hiermit jeweils den in Teil I gefassten Beschlüssen zu[13] und verzichten hiermit jeweils auf

1. eine Klage gegen die Wirksamkeit der in Teil I gefassten Beschlüsse;[14]
2. die Erstattung eines Umwandlungsberichts;[15]
3. die Unterbreitung eines Abfindungsangebots gem § 207 UmwG;[16] und
4. sämtliche Informations- und Unterrichtungspflichten, insbesondere gem § 216 UmwG, im Zusammenhang mit den in Teil I gefassten Beschlüssen.

Diese Urkunden nebst der Anlage wurde den Erschienenen vom Notar vorgelesen, von ihnen genehmigt und von den Erschienenen und dem Notar wie folgt unterschrieben:[17, 18]

Schrifttum: *Claussen,* Perspektiven für die Kommanditgesellschaft auf Aktien, FS Heinsius 1991, 6; *Mertens,* Zur Existenzberechtigung der Kommanditgesellschaft auf Aktien, FS Barz 1974, 253.

Anmerkungen

1. Die KGaA war früher wenig verbreitet. Grund dafür waren insbesondere die komplizierte gesetzliche Regelung sowie die damit verbundenen Schwierigkeiten bei der Beratung und der Nachfolgesicherung (MHdBGesR IV/*Herfs,* § 76 Rn 4; *Claussen,* FS Heinsius 1991, S 61; *Mertens,* FS Barz 1974, S 255). Ein grundlegendes Urteil des BGH im Jahr 1997 (BGHZ 134, 392 = BGH ZIP 1997, 1027 f) führte dazu, dass die KGaA als Alternative zur AG interessanter wurde, weil nun auch eine Kapitalgesellschaft alleinige persönlich haftende Gesellschafterin einer KGaA sein kann, und keine natürliche Person mehr das Risiko der persönlichen Haftung übernehmen muss (s dazu ausf MHdBGesR IV/*Herfs*, § 76 Rn 5 mwN).

2. Der Umwandlungsbeschluss kann, wie im Form. vorgesehen, auch in einer außerordentlichen Gesellschafterversammlung gefasst werden.

3. Der Umwandlungsbeschluss gem § 193 UmwG iVm §§ 214, 217 UmwG ist zwingende Voraussetzung für einen wirksamen Formwechsel. Er muss in einer Gesellschafterversammlung gefasst und notariell beurkundet werden (§ 193 Abs 1 S 2, Abs 3 UmwG). Eine Beschlussfassung im Umlaufverfahren ist damit ausgeschlossen (Habersack/Wicke/*Kühn*, § 217 Rn 5; Semler/Stengel/Leonard/*Schlitt*, § 217 Rn 6).

Gem § 217 Abs 1 S 1 UmwG bedarf der Beschluss der Zustimmung aller Gesellschafter der GmbH & Co. KG, wenn nicht der Gesellschaftsvertrag etwas anderes vorsieht. Dieser kann eine qualifizierte Mehrheit für ausreichend erklären, die mindestens 75 % der abgegebenen Stimmen betragen muss (§ 217 Abs 1 S 2 und 3 UmwG). Ist eine Umwandlung nur durch einen einstimmigen Beschluss vorgesehen (§ 217 Abs 1 S 1 UmwG), so scheitert ein Formwechsel bereits an einer Enthaltung. Für die qualifizierte Mehrheit von mindestens 75 % kommt es hingegen auf die abgegebenen Stimmen an; Enthaltungen gelten dabei nicht als Nein-Stimmen, sondern als nicht abgegebene Stimmen (Lutter/*Joost/Hoger*, § 217 Rn 17; Habersack/Wicke/*Kühn*, § 217 Rn 27; aA Semler/Stengel/Leonard/*Schlitt*, § 217 Rn 21, es sei denn, nach dem Gesellschaftsvertrag gelten Enthaltungen ausdrücklich als nicht abgegebene Stimmen). Ist die Zustimmung aller Gesellschafter erforderlich, muss diese nicht notwendig durch alle Gesellschafter in der Gesellschafterversammlung erteilt werden; dort abwesende Gesellschafter können ihre Zustimmung vielmehr auch vorher oder nachfolgend außerhalb der Gesellschafterversammlung erteilen; auch solche separaten Zustimmungserklärungen bedürfen der notariellen Beurkundung (§ 193 Abs 3 S 1 UmwG). Für die Frage, ob eine gesellschaftsvertraglich ausreichende qualifizierte Mehrheit erreicht worden ist, kommt es nach hM ausschließlich auf die in der Gesellschafterversammlung abgegebenen Stimmen an; nachträgliche Zustimmungen oder Ablehnungen finden danach für die Berechnung, ob die qualifizierte Mehrheit erreicht worden ist, keine Berücksichtigung (so zB Kallmeyer/*Blasche*, § 217 Rn 8; Lutter/*Joost/Hoger*, § 217 Rn 16; Semler/Stengel/Leonard/*Schlitt*, § 217 Rn 21; aA etwa Habersack/Wicke/*Kühn*, § 217 Rn 28 ff; HK-UmwG/*Rose*, § 217 Rn. 16).

Setzt die Abtretung von Gesellschaftsanteilen bei der formwechselnden Personengesellschaft die Genehmigung einzelner Gesellschafter voraus (dazu zB Habersack/Wicke/*Simons*, § 193 Rn 43 ff), so bedarf der Umwandlungsbeschluss der Zustimmung dieser Gesellschafter (§ 193 Abs 2 UmwG). Das gilt auch dann, wenn für den Beschluss gem § 217 Abs 1 UmwG eine qualifizierte Mehrheit genügt (HK-UmwG/*Rose*, § 217 Rn. 17). Str ist, ob der Umwandlungsbeschluss ferner der Zustimmung aller Inhaber von Sonderrechten (§ 35 BGB) bedarf, welche durch die Umwandlung beeinträchtigt werden (bejahend etwa Lutter/*Hoger*, § 193 Rn 25; Habersack/Wicke/*Kühn*, § 217 Rn 35; Semler/Stengel/Leonard/*Schlitt*, § 217 Rn 24; Kallmeyer/*Blasche*, § 217 Rn 9; verneinend zB KöKo UmwG/*Petersen*, § 193 Rn 16; HK-UmwG/*Quass*, § 193 Rn. 34; Semler/Stengel/Leonard/*Gehling*, § 13 Rn 46; MHdBGesR VIII/*Wansleben*, § 34 Rn 63).

Zum Erfordernis der Zustimmung durch die persönlich haftenden Gesellschafter s → Anm. 6.

Grundsätzlich besteht seitens der Gesellschafter keine Pflicht zur Zustimmung zu einem Umwandlungsbeschluss, da dem Gesellschafter eine andere Rechtsform nicht gegen seinen Willen aufgedrängt werden kann. In Ausnahmefällen kann sich eine Zustimmungspflicht jedoch aus der allgemeinen Treupflicht ableiten (vgl Semler/Stengler/Leonard/*Schlitt*, § 217 Rn 13; Lutter/*Joost/Hoger*, § 217 Rn 7 mwN).

4. Vgl § 194 Abs 1 Nr 1 UmwG.

5. Vgl § 194 Abs 1 Nr 2 UmwG.

6. Der Umwandlungsbeschluss muss gem § 218 Abs 2 UmwG vorsehen, dass mindestens ein persönlich haftender Gesellschafter vorhanden ist. In § 218 Abs 2 UmwG sind dafür zwei Möglichkeiten vorgesehen: Entweder ein Gesellschafter der formwechselnden Gesellschaft übernimmt diese Funktion, oder ein neuer Gesellschafter tritt der Gesellschaft bei. Das Form. macht von der zuerst genannten Möglichkeit Gebrauch. Mittlerweile ist anerkannt, dass auch juristische Personen die Stellung als persönlich haftender Gesellschafter einnehmen können (BGHZ 134, 392 = NJW 1997, 1923). Gem § 217 Abs 3 UmwG bedarf der Formwechsel der Zustimmung aller Gesellschafter, die in der KGaA die Funktion des persönlich haftenden Gesellschafters übernehmen. Die Zustimmungserklärung ist notariell zu beurkunden (§ 193 Abs 3 S 1 UmwG). Im Form. ist die erforderliche Zustimmung der F GmbH in Teil II. erteilt (s auch → Anm. 12).

7. Das Grundkapital der KGaA sowie die Einteilung in eine bestimmte Anzahl von Stückaktien sind anzugeben. Liegt nicht ein Fall des § 278 Abs 3 iVm § 10 Abs 1 S 2 AktG (s → Form. II.E.1.1 Anm. 4) vor, müssen die Aktien auf den Namen lauten. Bei Namensaktien können den Inhabern bestimmter Aktien – wie im Form. Herr A als Inhaber der Aktie Nr 1 – Entsendungsrechte für den Aufsichtsrat gewährt werden. Nach § 278 Abs 3 iVm § 101 Abs 2 S 2 AktG setzt das voraus, dass (i) es sich um Namensaktien handelt, die (ii) nur mit Zustimmung der Gesellschaft übertragen werden können (Vinkulierung). Für die Vinkulierung gilt § 278 Abs 3 iVm § 68 Abs 2 AktG. In der KGaA sind für die Erteilung der Zustimmung grundsätzlich die persönlich haftenden Gesellschafter zuständig, wenn die Satzung diese Kompetenz nicht dem Aufsichtsrat oder der HV zuweist (MHdBGesR IV/*Herfs,* § 77 Rn 18). Entsendungsrechte können für höchstens ein Drittel der Aufsichtsratsmitglieder vorgesehen werden (§ 278 Abs 3 iVm § 101 Abs 2 S 4 AktG).

8. Gem § 194 Abs 1 Nr 3 UmwG ist im Umwandlungsbeschluss die Beteiligung der bisherigen Gesellschafter an der KGaA zu bestimmen. Dies folgt aus dem Prinzip der Identität des Rechtsträgers und dem daraus folgenden Prinzip der Identität der Mitgliedschaft (Lutter/*Hoger,* § 194 Rn 6). Nr 3 regelt dabei das „ob" der Beteiligung, Nr 4 hingegen das „wie". Gem § 194 Abs 1 Nr 4 UmwG sind die künftigen Beteiligungen der Anteilsinhaber nach Zahl, Art und Umfang der Anteile oder Mitgliedschaften zu bestimmen. Hinsichtlich der Art der Beteiligungen sind dann nähere Angaben erforderlich, wenn unterschiedliche Arten von Beteiligungen, wie zB Stamm- oder Vorzugsaktien, Namens- oder Inhaberaktien etc vorgesehen sind (Lutter/*Hoger,* § 194 Rn 14).

9. Gem § 194 Abs 1 Nr 5 UmwG sind sog Sonderrechte der Gesellschafter anzugeben. Grundsätzlich sind nur dann die Rechte Einzelner aufzuführen, wenn diese unter Abweichung vom Gleichbehandlungsgrundsatz nicht allen Gesellschaftern zustehen. In der Regel werden solche Sonderrechte bereits beim formwechselnden Rechtsträger bestehen und beim neuen Rechtsträger fortgeschrieben (Lutter/*Hoger,* § 194 Rn 17; Semler/Stengel/Leonard/*Bärwaldt,* § 194 Rn 22). Im Form. wird insofern davon Gebrauch gemacht, als dass Herrn A als dem Inhaber der Namensaktie Nr 1 das Recht zusteht, ein Drittel der Aufsichtsratsmitglieder der KGaA zu berufen.

10. § 194 Abs 1 Nr 7 UmwG verlangt, dass der Umwandlungsbeschluss die Folgen des Formwechsels für die Arbeitnehmer und ihre Vertretungen sowie die insoweit vorgesehenen Maßnahmen darstellt. Das Form. geht davon aus, dass die bestehenden Arbeitsverhältnisse durch die Gesellschaft in der neuen Rechtsform unverändert fortgesetzt werden, und es im Übrigen keine Auswirkungen gibt und insoweit auch keine Maßnahmen vorgesehen sind. Zur Darstellung, sollte der Formwechsel die Arbeitnehmer und ihre Vertretungen berühren, s → Form. II.J.8. sowie ausf zB Lutter/*Hoger*, § 194 Rn 25 ff; Kallmeyer/*Willemsen*, § 194 Rn 58 f, § 5 Rn 47 ff.

11. Vgl § 203 UmwG.

12. Die Satzung der KGaA muss im Umwandlungsbeschluss bzw in dessen Anhang festgestellt werden, wobei die Feststellung der Satzung nach § 280 AktG erfolgt. Teilweise wird jedoch diese Vorschrift durch die umwandlungsrechtlichen Vorschriften überlagert. Die Beurkundung der im Umwandlungsbeschluss enthaltenen Satzung erfolgt zeitgleich mit der Beurkundung des Beschlusses gem § 193 Abs 3 S 1 UmwG. Zum Inhalt der Satzung s → Form. II.E.3.3 Anm. 1 Ff.

13. Wegen der verschiedenen möglichen Zustimmungserfordernisse zugunsten einzelner Gesellschafter (s → Anm. 3) ist eine vorsorgliche individuelle Zustimmung aller Gesellschafter empfehlenswert. Im Form. muss jedenfalls die F GmbH als persönlich haftender Gesellschafter dem Umwandlungsbeschluss zustimmen (§ 217 Abs 3 UmwG; s → Anm. 6).

14. Vgl. § 198 Abs 3 iVm § 16 Abs 2 S 2 UmwG.

15. Der Umwandlungsbericht ist vom Vertretungsorgan des formwechselnden Rechtsträgers gem § 192 Abs 1 UmwG zu erstatten. Adressat des Berichts sind die Anteilseigner, denen der Umwandlungsbericht als rechtzeitige Vorabinformation vor der Beschlussfassung zugeleitet werden soll (Lutter/*Hoger,* § 192 Rn 45). Inhaltlich soll der Bericht die künftige Beteiligung der Anteilsinhaber aus rechtlicher und wirtschaftlicher Sicht erläutern, so dass diese sich im angemessenen Umfang auf die Entscheidungsfindung vorbereiten können. Um dies zu gewährleisten, ist der Umwandlungsbericht mit der Einberufung der Gesellschafterversammlung zu versenden (Lutter/*Hoger,* § 192 Rn 45). Der Bericht hat, über den Wortlaut des § 192 Abs 1 UmwG hinaus, auch Informationen über die Höhe der Barabfindung zu enthalten, es sei denn, auf diese ist – wie im Form. – verzichtet worden (s → Anm. 15; Semler/Stengel/Leonard/*Bärwaldt,* § 192 Rn 12 ff). S zum Inhalt ausführlich zB Semler/Stengel/*Bärwaldt,* § 192 Rn 6 ff; Lutter/*Hoger,* § 192 Rn 8 ff. Ein Umwandlungsbericht ist nicht erforderlich, wenn an dem formwechselnden Rechtsträger nur ein Anteilsinhaber beteiligt ist oder – wie im Form. – alle Anteilsinhaber durch notarielle beurkundete Erklärungen auf ihn verzichten (§ 192 Abs 2 UmwG). Die Beurkundung kann auch schon vor der Beschlussfassung erklärt werden (Semler/Stengel/Leonard/*Bärwaldt,* § 192 Rn 25 f).

16. Gem § 194 Abs 1 Nr 6 UmwG muss der Umwandlungsbeschluss ferner ein Abfindungsangebot nach § 207 UmwG enthalten. Ein Anspruch gegen den formwechselnden Rechtsträger besteht gem § 207 Abs 1 S 1 UmwG dann, wenn gegen den Umwandlungsbeschluss Widerspruch zur Niederschrift erklärt wird. Gem § 207 Abs 2 UmwG sind die Fälle des § 29 Abs 2 UmwG denen des § 207 Abs 1 UmwG gleichgestellt, mit der Folge, dass auch bei Vorliegen der Voraussetzungen des § 29 Abs 2 UmwG ein Anspruch auf Abfindung besteht. Nach § 194 Abs 1 Nr 6 UmwG muss der Umwandlungsbeschluss kein Abfindungsangebot vorsehen, wenn die Zustimmung zum Umwandlungsbeschluss der Zustimmung aller Gesellschafter bedarf oder an dem formwechselnden Rechtsträger nur ein Anteilsinhaber beteiligt ist. Über den Wortlaut des § 194 Abs 1 Nr 6 UmwG hinaus entfällt die Pflicht zur Unterbreitung eines Abfindungsangebots auch dann, wenn – wie im Form. vorgesehen – alle Anteilsinhaber darauf durch notariell beurkundete Erklärungen verzichten (Habersack/Wicke/*Simons*, § 207 Rn 16; Lutter/*Hoger,* § 194 Rn 23; MHdBGesR VIII/*Wansleben*, § 34 Rn 41); der Verzicht kann nicht nur vor oder – wie im Form. – mit, sondern auch noch nach Fassung des Umwandlungsbeschlusses erklärt werden (MHdBGesR VIII/*Wansleben*, § 34 Rn 41; Kallmeyer/*Meister/Klöcker*, § 207 Rn 46; aA Semler/Stengel/Leonard/*Kalss*, § 207 Rn 17).

17. Im Rahmen des Formwechsels sind gem § 197 S 1 UmwG die für die Gründung einer KGaA maßgeblichen Vorschriften einzuhalten; s zB Habersack/Wicke/*Simons*, § 197 Rn 7 ff; Lutter/*Hoger*, § 197 Rn 12 ff. Dabei sind auch die Sonderregelungen des § 220 UmwG, wenn es sich – wie im Form. – um einen Formwechsel in eine KGaA aus einer Personengesellschaft handelt, bzw. des § 245 UmwG, wenn es sich um einen Formwechsel in eine KGaA aus einer Form. der Kapitalgesellschaft handelt, zu beachten. Gem § 220 Abs 1 UmwG gilt dabei insbesondere der Grundsatz der Reinvermögensdeckung. Danach muss der Wert des Nettoaktivvermögens der formwechselnden Gesellschaft – bemessen nicht nach Buch-, sondern nach Verkehrswerten (Frankfurt NJW-RR 2016, 414; Lutter/*Joost/Hoyer*, § 220 Rn 10; MHdBGesR VIII/*Bünten*, § 38 Rn 435; zu § 55 Abs 1 UmwG Rostock NZG 2017, 61) – mindestens dem Nennbetrag des Stammkapitals der KGaA entsprechen.

18. Gem § 198 UmwG ist der Formwechsel anzumelden. Ändert sich durch den Formwechsel das sachlich (zB Partnerschafts- statt Handelsregister, nicht aber eine andere Abteilung – A bzw. B – des Handelsregisters; *Krafka*, Rn 1204) oder infolge einer Sitzverlegung das örtlich zuständige Registergericht, sind zwei Anmeldungen erforderlich: eine zum Registergericht des formwechselnden Rechtsträgers (§ 198 Abs 2 S 3 UmwG) und eine zum Registergericht, in dem der Rechtsträger neuer Rechtsform, hier die KGaA, einzutragen ist (§ 198 Abs 2 S 2 UmwG). Dabei hat zunächst die nur deklaratorisch wirkende Eintragung im Registergericht des formwechselnden Rechtsträgers mit dem Hinweis (§ 198 Abs 2 S 4 UmwG) zu erfolgen, dass der Formwechsel erst mit Eintragung im für den Rechtsträger neuer Rechtsform zuständigen Register wirksam wird. In einem zweiten Schritt erfolgt dann die konstitutiv wirkende Eintragung im Register des Rechtsträgers neuer Rechtsform (s zum Ablauf Kallmeyer/*Zimmermann*, § 198 Rn 21). Zu den Personen, welche die Anmeldungen vornehmen müssen, s § 222 UmwG.

Kosten und Gebühren:

a) Beurkundung des Umwandlungsbeschlusses: 2,0-Gebühr gem. KV Nr. 21100 GNotKG; der Geschäftswert beurteilt sich nach dem Wert des Aktivvermögens (§§ 108 Abs. 3 S 1, 38 GNotKG) der der Umwandlung zugrunde liegenden Bilanz des formwechselnden Rechtsträgers (s dazu ausf Korintenberg/*Tiedtke*, § 108 Rn 84, 94)
b) Beurkundung der ggf erforderlichen Verzichtserklärungen: 1,0-Gebühr gem. KV Nr. 21200 GNotKG, wobei der Geschäftswert der Verzichtserklärungen nach Ermessen bestimmt wird. In der Praxis werden 10 % des Wertes der Beteiligung als angemessen erachtet (Leipziger GNotKG/*Heinze*, § 107 Rn. 73); erfolgt die Beurkundung mehrerer Verzichtserklärungen gemeinsam, so ist der Gesamtwert durch Addition der Werte der Verzichtserklärungen zu ermitteln, § 35 Abs. 1 GNotKG.

3. Satzung

3.1 Satzung einer AG (Mindestinhalt)

Satzung der . . . . . AG[1, 2]

§ 1 Firma, Sitz und Geschäftsjahr

(1) Die Gesellschaft führt die Firma . . . . . AG.[3]

(2) Der Sitz der Gesellschaft ist . . . . .[4]

(3) Das Geschäftsjahr der Gesellschaft ist das Kalenderjahr.

§ 2 Gegenstand des Unternehmens[5]

(1) Gegenstand der Gesellschaft ist . . . . . .

(2) Die Gesellschaft ist zu allen Geschäften und Maßnahmen berechtigt, die den Gegenstand des Unternehmens unmittelbar oder mittelbar zu fördern geeignet sind. Sie darf zu diesem Zwecke insbesondere andere Unternehmen gleicher oder verwandter Art gründen, erwerben, veräußern oder sich mittelbar oder unmittelbar an diesen beteiligen und deren Geschäftsführung übernehmen oder sich auf die Verwaltung der Beteiligung beschränken.

§ 3 Bekanntmachungen

Bekanntmachungen der Gesellschaft erfolgen im Bundesanzeiger.[6]

§ 4 Grundkapital

(1) Das Grundkapital beträgt EUR . . . . . .[7]

(2) Das Grundkapital ist in . . . . . auf den Namen lautende Stückaktien eingeteilt.[8, 9, 10] Trifft bei einer Kapitalerhöhung der Erhöhungsbeschluss keine Bestimmung darüber, ob die neuen Aktien auf den Inhaber oder auf den Namen lauten sollen, so lauten sie auf den Namen.

(3) Bei der Ausgabe neuer Aktien kann der Beginn der Gewinnbeteiligung abweichend von § 60 Abs 2 AktG festgelegt werden.

§ 5 Vorstand[11]

(1) Über die Anzahl und die Person der Mitglieder des Vorstands sowie gegebenenfalls die Person des Vorsitzenden entscheidet der Aufsichtsrat.[12]

(2) Die Gesellschaft wird durch zwei Vorstandsmitglieder gemeinsam oder durch ein Mitglied des Vorstands gemeinschaftlich mit einem Prokuristen vertreten.[13] Der Aufsichtsrat kann einzelnen oder allen Mitgliedern des Vorstands Einzelvertretungsmacht erteilen[14] und einzelne oder alle Vorstandsmitglieder im Einzelfall, für bestimmte Arten von Geschäften oder umfassend von den Beschränkungen des § 181 2. Alt BGB befreien.[15] Besteht der Vorstand nur aus einem Mitglied, so vertritt dieses die Gesellschaft einzeln.

(3) Der Aufsichtsrat legt die Arten von Geschäften fest, für die der Vorstand der Zustimmung des Aufsichtsrats bedarf.[16]

Anmerkungen

1. Das Form. enthält den gesetzlichen Mindestinhalt einer AG-Satzung. Dieser ergibt sich aus §§ 23 Abs 3 und Abs 4 AktG sowie ferner – im Rahmen der Gründung – aus §§ 26 Abs 1 und 2, 27 AktG (s → Form. II.E.1.2 Anm. 1 ff.). Darüber hinaus ist im Einzelfall zu entscheiden, inwiefern weitere Regelungen aufgenommen werden sollen, zB zu genehmigten Kapitalia, zum Aufsichtsrat, zur HV, zum Jahresabschluss und zur Gewinnverwendung etc

2. Gem § 23 Abs 5 AktG gilt der Grundsatz der Satzungsstrenge. Abweichungen von den gesetzlichen Bestimmungen sind danach nur zulässig, wenn das ausdrücklich vorgesehen ist; Ergänzungen sind möglich, es sei denn, das Gesetz enthält eine abschließende Regelung. Jede Satzungsregelung ist daher anhand von § 23 Abs 5 AktG zu prüfen.

3. Die Firma muss die Bezeichnung „Aktiengesellschaft“ oder ein entsprechendes Kürzel („AG“) enthalten (§ 4 AktG). Zulässig sind Sach-, Personen- und Phantasiefirmen sowie Mischformen, die jedoch den firmenrechtlichen Grundsätzen der §§ 17 ff HGB genügen müssen. In Spezialgesetzen finden sich verschiedene Sonderregelungen; vgl zB §§ 118 KAGB, 6 REITG, 6 VAG, 39 und 40 KWG, 11 Abs 1 PartGG.

4. Der statutarische Sitz iSv §§ 5, 23 Abs 3 Nr 1 AktG muss in Deutschland liegen. Hiervon zu unterscheiden ist der tatsächliche Schwerpunkt der Tätigkeit der Gesellschaft (Verwaltungssitz). Dieser muss nicht mit dem statutarischen Sitz übereinstimmen und kann sich sogar im Ausland befinden bzw. dorthin verlegt werden (dazu zB BeckOGK AktG/*Drescher,* § 5 Rn 12; Kölner Komm AktG/*Dauner-Lieb,* § 5 Rn 26 ff). Hat die Gesellschaft an ihrem statutarischen Sitz eine Niederlassung, ist diese zwingend Hauptniederlassung (*Hüffer/Koch,* § 5 Rn 5). Der statutarische Sitz ist vor allem für den Gerichtsstand der AG entscheidend (s zB §§ 14, 98, 132 Abs 1, 142 Abs 5 S 3, 246 Abs 3 S 1, 249 Abs 1 S 1 AktG, 377 Abs 1 FamFG). Ein statutarischer Doppelsitz ist nur in Ausnahmefällen zulässig (s BayObLG DB 1985, 1280; LG Essen ZIP 2001, 1632; LG Hbg DB 1973, 2237; AG Brem DB 1976, 1810), selten empfehlenswert und sollte vorab mit dem Handelsregister abgestimmt werden.

5. Der Unternehmensgegenstand bezeichnet den Tätigkeitsbereich der Gesellschaft und ist vom – in der Satzung nicht geregelten – Gesellschaftszweck zu trennen, mit dem der mit der Gesellschaft verfolgte Zweck (idR Gewinnerzielung) gemeint ist (KöKo/*A. Arnold,* § 23 Rn 74). Nach § 23 Abs 3 Nr 2 AktG ist der Unternehmensgegenstand hinreichend zu individualisieren (Düss BB 2011, 272 (zur GmbH)). Erforderlich ist danach idR eine Umschreibung des oder der Geschäftszweige der operativ tätigen Gesellschaft bzw – bei Holdinggesellschaften (zusätzlich zu der Angabe der Holdingfunktion) – der Beteiligungsgesellschaften; zu den Einzelheiten s *Hüffer/Koch,* § 23 Rn 24 f. Der Unternehmensgegenstand informiert den Rechtsverkehr über den Tätigkeitsbereich der Gesellschaft, beschränkt die Geschäftsführungsbefugnis (nicht die Vertretungsmacht) des Vorstands (Begrenzungsfunktion, Überschreitungsverbot) und soll den Vorstand gleichzeitig verpflichten, den Unternehmensgegenstand auszufüllen (Unterschreitungsverbot; hM, BeckOGK AktG/*Limmer,* § 23 Rn 31). Für Maßnahmen, die nicht nur vorübergehend zu einer Satzungsunterschreitung führen, bedarf der Vorstand daher eines satzungsändernden Beschlusses der HV (Stgt ZIP 2005, 1419; Stgt NZG 2003, 783 f; Stgt DB 2001, 856 (zur GmbH); K. Schmidt/Lutter/*Seibt,* § 23 Rn 37; Kölner Komm AktG/*Mertens/Cahn,* § 82 Rn 34). Voraussetzung hierfür ist richtigerweise, dass die Satzung die im Unternehmensgegenstand genannten Bereiche verbindlich zur Verfolgung vorgibt (Kln AG 2009, 417 f).

6. Für Pflichtveröffentlichungen gilt § 25 AktG; die Veröffentlichungen erfolgen danach seit der Aktienrechtsnovelle 2016 ausschließlich im Bundesanzeiger (den es seit dem 1.4.2012 nur noch in elektronischer Fassung gibt, so dass die Bezeichnung als *elektronischer* Bundesanzeiger überflüssig geworden, aber auch unschädlich ist) als alleinigem Gesellschaftsblatt (zur Fortgeltung von Altregelungen, welche weitere Gesellschaftsblätter vorsehen, s § 26h Abs 3 S 1 EGAktG). Für andere Veröffentlichungen der Gesellschaft ist hingegen § 23 Abs 4 AktG maßgeblich. Sinnvoll und verbreitet ist es, durch die Satzung für beide Fälle den Bundesanzeiger als alleinigen Veröffentlichungsort vorzusehen.

7. § 23 Abs 3 Nr 3. Das Grundkapital muss auf EUR (§ 6 AktG) und auf einen bestimmten Betrag lauten, der sich auf mindestens EUR 50.000,00 beläuft (§ 7 AktG).

8. § 23 Abs 3 Nr 4. Anzugeben sind: Einteilung in Nennbetrags- oder Stückaktien unter Angabe der Anzahl; bei Nennbetragsaktien der Nennbetrag (mindestens EUR 1; § 8 Abs 2 S 1 AktG) und bei unterschiedlichen Nennbeträgen für den jeweiligen Nennbetrag die Anzahl der Aktien (K. Schmidt/Lutter/*Seibt,* § 23 Rn 47); bei verschiedenen Gattungen die jeweiligen

Gattungen (s → Anm. 9) unter Angabe der Anzahl der Aktien und – bei Nennbetragsaktien – des oder der Nennbeträge. Stückaktien haben notwendig denselben anteiligen Betrag des Grundkapitals (§§ 8 Abs 3 S 2, 182 Abs 1 S 5 AktG); dieser muss mindestens EUR 1,00 entsprechen (§ 8 Abs 3 S 3 AktG), ist in der Satzung aber nicht anzugeben.

9. Unterschiedliche Aktiengattungen liegen vor, wenn Aktien verschiedene Rechte gewähren (§ 11 S 1 AktG). Typische Bsp sind unterschiedliche Stimm-, Gewinn- oder Liquidationsansprüche. Keine unterschiedlichen Gattungen liegen vor bei Namens- und Inhaberaktien sowie bei unterschiedlichen Nenn- oder Ausgabebeträgen und gem § 101 Abs 2 S 3 AktG bei Aktien mit Entsendungsrecht. Auch die Art der Einlageleistung (Bar- oder Sacheinlage) führt nicht zu verschiedenen Gattungen. Die abweichende Gewinnberechtigung junger Aktien (aus einer Kapitalerhöhung oder infolge der Ausübung von Wandel-/Optionsrechten) begründet keine eigene Aktiengattung (str.; wie hier Kölner Komm AktG/*Drygala/Staake*, § 193 Rn 33; MHdB GesR 4/*Scholz*, § 57 Rn 34; aA zB K. Schmidt/Lutter/*Ziemons*, § 11 Rn 8). Zu den Einzelheiten MüKoAktG/*Heider*, § 11 Rn 29 ff; *Hüffer/Koch*, § 11 Rn 3 ff. Bei der Schaffung verschiedener Gattungen ist zu bedenken, dass bestimmte HV-Entscheidungen eines Sonderbeschlusses der einzelnen Gattungen bedürfen (vgl zB §§ 141 Abs 1 und 2, 179 Abs 3, 182 Abs 2, 222 Abs 2 AktG).

10. § 23 Abs 3 Nr 5 AktG. Die Unterscheidung zwischen Namens- und Inhaberaktien betrifft – trotz gewisser Abweichungen – nicht die durch die Aktie gewährten Rechte, sondern ihre Verbriefung. Für Namensaktien ist ein Aktienregister anzulegen; seit der Aktienrechtsnovelle 2016 gilt das unabhängig davon, ob die Namensaktien verbrieft sind (s § 67 Abs 1 S 1 AktG; Begr Entw Aktienrechtsnovelle 2016, BT-Drs.18/4349, S 18). Bzgl der Übertragung von Inhaber- und Namensaktien gelten unterschiedliche Regeln (vgl § 68 AktG, wonach insbesondere bei Namensaktien – auch vor ihrer Verbriefung (s Kölner Komm AktG/*Lutter/Drygala*, Anh § 68 Rn 6; MHdB GesR 4/*Sailer-Coceani*, § 14 Rn 2) – eine Vinkulierung möglich ist), ferner auch bzgl der Legitimation zur Teilnahme an der HV (s → Form. II.E.4.1 Anm. 39 f). Börsennotierte AGs können zwischen Namens- und Inhaberaktien frei wählen; nicht börsennotierte AGs müssen hingegen Namensaktien haben, es sei denn, es liegt ein Fall des § 10 Abs 1 S 1 Nr 2 AktG vor (s dazu auch → Form. II.E.1.1 Anm. 4). Sind danach Inhaberaktien zulässig, kann das Grundkapital auch zT aus Inhaber- und zT aus Namensaktien bestehen kann.

11. Die Satzung kann – auch in mitbestimmten Gesellschaften – verbindliche Eignungsvoraussetzungen für die Vorstandsmitglieder vorsehen, solange das Auswahlermessen des Aufsichtsrats erhalten bleibt (str, wie hier zB *Hüffer/Koch*, § 76 Rn 60; aA, dh gegen Verbindlichkeit statutarischer Eignungsvoraussetzungen, zB *Lutter/Krieger/Verse*, Rechte und Pflichten des Aufsichtsrats, Rn 341). In börsennotierten oder mitbestimmten Gesellschaften hat der Aufsichtsrat für den Frauenanteil im Vorstand Zielgrößen festzulegen (§ 111 Abs 5 AktG). Dem Vorstand einer börsennotierten Gesellschaft, der nach Maßgabe des MitbestG, des MontanMitbestG oder des MontanMitbestErgG mitbestimmt ist, muss mindestens eine Frau und mindestens ein Mann angehören, wenn er aus mehr als drei Personen besteht (§ 76 Abs 3a AktG idF des Gesetzes zur Ergänzung und Änderung der Regelungen für die gleichberechtigte Teilhabe von Frauen an Führungspositionen in der Privatwirtschaft und im öffentlichen Dienst – FüPoG II, BGBl. I 2021, S 3311 ff); diese Regelung ist zu beachten bei Vorstandsbestellungen ab dem 1.8.2022 (§ 26l Abs 1 EGAktG). Die Satzung kann ferner einzelnen Aktionären das Sonderrecht (§ 35 BGB) auf Mitgliedschaft im Vorstand gewähren.

12. Vgl § 23 Abs 3 Nr 6 AktG. Die Satzung kann unter Berücksichtigung von § 76 Abs 2 S 2 AktG eine feste Anzahl an Vorständen – auch eine Mindest- oder Höchstzahl (hM; LG Kln AG 99, 137 f) – oder eine Regel vorsehen, nach der sich die Anzahl richtet.

Zulässig ist es danach, wie im Form. die Bestimmung der Vorstandsgröße dem Aufsichtsrat zu überlassen (BGH NZG 2002, 818); s auch → Form. II.E.3.2 Anm. 4.

13. Die Regelung der Vertretungsmacht des Vorstands gehört nicht zum zwingenden Mindestinhalt der Satzung. Enthält die Satzung keine Regelung, so sind sämtliche Vorstände gemeinsam zur Vertretung berechtigt (§ 78 Abs 2 S 1 AktG). Die Gesamtvertretung eines Vorstands mit einem Prokuristen setzt demgegenüber – wie im Form. – eine entsprechende Satzungsregelung (§ 78 Abs 3 S 1 AktG) oder – eher unüblich – eine Beschlussfassung des Aufsichtsrats aufgrund einer entsprechenden Satzungsermächtigung (§ 78 Abs 3 S 2 AktG) voraus. Die Vertretungsmacht ist unbeschränkt und unbeschränkbar (§ 82 Abs 1 AktG); eine damit in Widerspruch stehende Satzungsregelung würde gegen § 23 Abs 5 AktG verstoßen.

14. Gem § 78 Abs 3 AktG kann die Satzung einzelnen oder allen Vorständen Einzelvertretungsmacht erteilen oder den Aufsichtsrat ermächtigen, Einzelvertretungsmacht zu erteilen. Die Einzelvertretungsmacht soll wegen § 82 Abs 1 AktG nicht inhaltlich (auf den Einzelfall oder bestimmte Geschäfte) beschränkt werden können, sondern zwingend umfassend gelten (Kölner Komm AktG/*Mertens/Cahn,* § 78 Rn 36; *Hüffer/Koch,* § 78 Rn 15).

15. Auf die Vertretungsmacht der Vorstände findet § 181 BGB Anwendung. Eine Befreiung kommt für die 2. Alt (Mehrfachvertretung) in Betracht, wegen § 112 AktG (zwingende Vertretung der AG gegenüber dem Vorstand durch den Aufsichtsrat) jedoch nicht für die 1. Alt (Selbstkontrahieren; K. Schmidt/Lutter/*Seibt,* § 78 Rn 8). Die Befreiung von § 181 2. Alt BGB kann inhaltlich beschränkt werden; wird sie umfassend erteilt, ist sie im Handelsregister einzutragen (Kölner Komm AktG/*Mertens/Cahn,* § 78 Rn 75).

16. Gem § 111 Abs 4 S 2 AktG ist zwingend vorzusehen, dass die Vornahme bestimmter Arten von Geschäften durch den Vorstand der Zustimmung des Aufsichtsrats bedarf. Dies kann, muss aber nicht in der Satzung geschehen; macht die HV hiervon keinen Gebrauch, obliegt die Festlegung der Zustimmungsvorbehalte dem Aufsichtsrat; s auch → Form. II.E.8.1 Anm. 12.

3.2 Satzung einer börsennotierten AG

§ 1 Firma, Sitz und Geschäftsjahr[1]

Vgl → Form. II.E.3.1 Anm. 3., 4.

§ 2 Gegenstand des Unternehmens

Vgl → Form. II.E.3.1 Anm. 5.

§ 3 Bekanntmachungen und Informationen

(1) Vgl → Form. II.E.3.1 Anm. 6.

(2) Informationen an die Aktionäre können mit deren Zustimmung auch im Wege der Datenfernübertragung übermittelt werden.[2]

§ 4 Grundkapital

(1) bis (3) Vgl → Form. II.E.3.1 Anm. 7–10.

(4) Der Anspruch des Aktionärs auf Verbriefung seines Anteils ist ausgeschlossen. Die Gesellschaft ist berechtigt, sowohl Einzel- als auch Sammelurkunden auszustellen.[3]

(5) Zu Genehmigten und Bedingten Kapitalia s → Form. II. E Anm. 2. ff., Anm. 10. ff.

§ 5 Vorstand

(1) bis (3) Vgl → Form. II.E.3.1 Anm. 11–15.[4]

(4) Der Vorstand gibt sich eine Geschäftsordnung, die der Zustimmung des Aufsichtsrats bedarf.[5]

§ 6 Zusammensetzung des Aufsichtsrats

(1) Der Aufsichtsrat besteht aus zwölf Mitgliedern, von denen sechs von der Hauptversammlung und sechs nach den Bestimmungen des Mitbestimmungsgesetzes (MitbestG) gewählt werden.[6, 7]

(2) Die Wahl der Aufsichtsratsmitglieder erfolgt für die Zeit bis zur Beendigung der Hauptversammlung, die über die Entlastung des Aufsichtsrats für das vierte Geschäftsjahr nach Beginn der Amtszeit beschließt; hierbei wird das Geschäftsjahr, in dem die Amtszeit beginnt, nicht mitgerechnet.[8] Die Hauptversammlung kann bei der Wahl für einzelne oder für sämtliche der von ihr zu wählenden Aufsichtsratsmitglieder einen kürzeren Zeitraum beschließen.[9] Die Wahl des Nachfolgers eines vor Ablauf seiner Amtszeit ausgeschiedenen Mitglieds erfolgt für den Rest der Amtszeit des ausgeschiedenen Mitglieds, wenn die Hauptversammlung bei der Wahl keine abweichende Amtszeit beschließt.

(3) Für Aufsichtsratsmitglieder der Anteilseigner können in der Weise Ersatzmitglieder gewählt werden, dass die Ersatzmitglieder jeweils bei Ausscheiden eines bestimmten Aufsichtsratsmitglieds der Anteilseigner an dessen Stelle oder in einer bei der Wahl festgelegten Reihenfolge an die Stelle vorzeitig ausscheidender Aufsichtsratsmitglieder der Anteilseigner treten. Tritt ein Ersatzmitglied an die Stelle eines ausscheidenden Mitglieds, so erlischt sein Amt mit Beendigung der nächsten Hauptversammlung, in der eine Neuwahl stattfindet, spätestens jedoch mit Ablauf der Amtszeit des ausgeschiedenen Aufsichtsratsmitgliedes.[10]

(4) Die Mitglieder und die Ersatzmitglieder des Aufsichtsrats können ihr Amt jederzeit, jedoch nicht zur Unzeit, durch schriftliche Anzeige an den Vorstand niederlegen.[11]

§ 7 Aufsichtsratsvorsitzender und Stellvertreter[12]

(1) Im Anschluss an die Hauptversammlung, in der die Aufsichtsratsmitglieder der Aktionäre gewählt worden sind, findet ohne besondere Einberufung eine Aufsichtsratssitzung statt. In dieser Sitzung wählt der Aufsichtsrat nach Maßgabe des § 27 Abs 1 und 2 MitbestG aus seiner Mitte den Vorsitzenden und den stellvertretenden Vorsitzenden.[13] Die Amtszeit des Vorsitzenden und des Stellvertreters entspricht, soweit bei der Wahl nicht eine kürzere Amtszeit bestimmt wird, ihrer Amtszeit als Mitglied des Aufsichtsrats. Die Wahlhandlung leitet das an Lebensjahren älteste Aufsichtsratsmitglied.

(2) Der Stellvertreter nimmt die Rechte und Pflichten des Vorsitzenden des Aufsichtsrats wahr, wenn dieser verhindert ist. Das Recht zum Stichentscheid des Aufsichtsratsvorsitzenden steht dem Stellvertreter nicht zu.[14]

(3) Scheidet der Aufsichtsratsvorsitzende vor Ablauf seiner Amtszeit aus oder ist er an der Ausübung seines Amtes nicht nur vorübergehend verhindert, so hat die Wahl eines neuen Vorsitzenden für die restliche Amtsdauer des Ausgeschiedenen bzw Verhinderten zu erfolgen. Das Gleiche gilt für den Stellvertreter. Nachfolger sind unverzüglich zu wählen.

§ 8 Einberufung von Aufsichtsratssitzungen

(1) Der Vorsitzende beruft den Aufsichtsrat zu mindestens zwei Sitzungen in jedem Kalenderhalbjahr ein.[15]

(2) Die Sitzungen des Aufsichtsrats werden durch den Vorsitzenden schriftlich, durch Telefax oder unter Verwendung eines anderen gebräuchlichen Kommunikationsmittels mit einer Frist von 14 Tagen einberufen und finden an dem in der Einladung bekannt zu gebenden Tagungsort statt.[16] Bei der Berechnung der Frist werden der Tag der Einberufung und der Tag der Sitzung nicht mitgerechnet. In dringenden Fällen kann der Vorsitzende diese Frist abkürzen und mündlich oder fernmündlich einberufen. Die gesetzliche Berechtigung zur Einberufung von Sitzungen des Aufsichtsrats durch andere Organe oder Organmitglieder bleibt unberührt.[17]

(3) Mit der Einladung sind die Gegenstände der Tagesordnung sowie der Tagungsort und der Zeitpunkt der Sitzung anzugeben.[18]

§ 9 Beschlussfassung des Aufsichtsrats

(1) Beschlüsse des Aufsichtsrats werden idR in Sitzungen gefasst. Abwesende Aufsichtsratsmitglieder können dadurch an der Beschlussfassung in einer Sitzung teilnehmen, dass sie eine in Textform übermittelte Stimmabgabe durch ein anderes Aufsichtsratsmitglied überreichen lassen.[19] Der Vorsitzende des Aufsichtsrats kann bestimmen, dass Mitglieder des Aufsichtsrats an einer Sitzung und Beschlussfassung per Videoübertragung oder Telefon teilnehmen; ein Widerspruchsrecht steht den Aufsichtsratsmitgliedern hiergegen nicht zu. Die nachträgliche Stimmabgabe eines abwesenden Mitglieds ist nur möglich, wenn dem von keinem der anwesenden Mitglieder widersprochen wird.

(2) Die Reihenfolge, nach der die Gegenstände der Tagesordnung verhandelt werden sowie die Art und Reihenfolge der Abstimmungen werden vom Vorsitzenden des Aufsichtsrats als Sitzungsleiter bestimmt. Er kann die Beratung und Beschlussfassung über einzelne Gegenstände der Tagesordnung auf Antrag des Vorstands oder sonst nach pflichtgemäßem Ermessen vertagen.[20]

(3) Werden bestimmte Gegenstände der Tagesordnung nicht rechtzeitig vor der Sitzung sämtlichen Aufsichtsratsmitgliedern mitgeteilt, so kann über sie ein Beschluss nicht gefasst werden, wenn mindestens ein Mitglied dem Verfahren widerspricht. Abwesenden Mitgliedern ist die Möglichkeit zum Widerspruch innerhalb einer vom Vorsitzenden zu bestimmenden angemessenen Frist einzuräumen. Erst wenn kein abwesendes Mitglied innerhalb der Frist widersprochen hat, wird der Beschluss wirksam.[21]

(4) Eine Beschlussfassung des Aufsichtsrats kann auf Anordnung des Vorsitzenden des Aufsichtsrats auch außerhalb von Sitzungen durch mündliche, fernmündliche, schriftliche, durch Telefax oder unter Verwendung eines anderen gebräuchlichen Kommunikationsmittels übermittelte Stimmabgabe oder durch eine Kombination der vorstehenden Beschlussverfahren erfolgen. Ein Widerspruchsrecht steht den Aufsichtsratsmitgliedern hiergegen nicht zu.[22]

(5) Der Aufsichtsrat ist beschlussfähig, wenn mindestens die Hälfte der Mitglieder, aus denen er zu bestehen hat, an der Beschlussfassung teilnimmt.[23]

(6) Die Beschlüsse des Aufsichtsrats bedürfen der einfachen Mehrheit der Mitglieder des Aufsichtsrats, soweit nicht im Gesetz andere Mehrheiten zwingend vorgeschrieben sind.[24] Bei Stimmgleichheit erfolgt eine zweite Abstimmung, im Rahmen derer bei erneuter Stimmgleichheit dem Vorsitzenden zwei Stimmen zustehen. Dem Stellvertreter steht die zweite Stimme nicht zu.[25]

§ 10 Innere Ordnung und Ausschüsse[26]

(1) Der Aufsichtsrat gibt sich eine Geschäftsordnung.[27]

(2) Der Aufsichtsrat kann aus seiner Mitte Ausschüsse bestellen und deren Aufgaben und Befugnisse festsetzen. Im Rahmen der zwingenden gesetzlichen Vorschriften können den Ausschüssen auch Entscheidungsbefugnisse übertragen werden. Für die Beschlussfassung der Ausschüsse gilt § 9 entsprechend, soweit nicht gesetzlich zwingend etwas Abweichendes vorgesehen ist. Unmittelbar nach der Wahl des Vorsitzenden und seines Stellvertreters bildet der Aufsichtsrat gem § 27 Abs 3 MitbestG zur Wahrnehmung der in § 31 Abs 3 S 1 MitbestG bezeichneten Aufgabe einen Ausschuss, dem der Vorsitzende, sein Stellvertreter sowie je ein von den Aufsichtsratsmitgliedern der Arbeitnehmer und der Anteilseigner mit der Mehrheit der abgegebenen Stimmen gewähltes Mitglied angehören. Vorsitzender dieses Ausschusses ist der Aufsichtsratsvorsitzende.

§ 11 Vergütung des Aufsichtsrats[28]

(1) Den Mitgliedern des Aufsichtsrats wird eine feste, nach Ablauf des Geschäftsjahres zahlbare Vergütung in Höhe von EUR . . . . . gewährt.[29]

(2) Die feste Vergütung beträgt für den Vorsitzenden das Doppelte und für seinen Stellvertreter das Eineinhalbfache des von der Hauptversammlung festgesetzten Betrages.[30] Die Aufsichtsratsmitglieder erhalten ferner je Ausschuss, dem sie angehören, eine Vergütung in Höhe von 25 % des Betrages gem Abs 1; der Ausschussvorsitzende erhält jeweils 75 % und ein etwaiger Stellvertreter jeweils 50 % des Betrages gem Abs 1.[31]

(3) Aufsichtsratsmitglieder, die nur während eines Teils des Geschäftsjahres dem Aufsichtsrat bzw einem Aufsichtsratsausschuss angehört haben, erhalten eine im Verhältnis der Zeit geringere Vergütung.

(4) Außerdem erstattet die Gesellschaft den Aufsichtsratsmitgliedern neben ihren Auslagen die auf ihre Vergütung jeweils anfallende Umsatzsteuer.

§ 12 Ort und Einberufung der Hauptversammlung

(1) Die Hauptversammlung findet am Sitz der Gesellschaft oder an einem inländischen Börsenplatz statt.[32]

(2) Die Hauptversammlung ist mindestens dreißig Tage vor dem Tag der Versammlung einzuberufen.[33] Der Tag der Hauptversammlung und der Tag der Einberufung sind nicht mitzurechnen. Die Einberufungsfrist verlängert sich um die Tage der Anmeldefrist gem § 13 Abs 2.[34]

§ 13 Teilnahme an der Hauptversammlung[35]

(1) Zur Teilnahme an der Hauptversammlung und zur Ausübung des Stimmrechts sind die Aktionäre berechtigt, die als Aktionäre im Aktienregister eingetragen sind und sich bei der Gesellschaft zur Hauptversammlung anmelden.[36]

(2) Die Anmeldung muss in Textform in deutscher oder englischer Sprache erfolgen und der Gesellschaft unter der in der Einberufung hierfür mitgeteilten Adresse mindestens sechs Tage vor der Hauptversammlung zugehen. In der Einberufung kann eine kürzere, in Tagen zu bemessende Frist vorgesehen werden. Der Tag der Hauptversammlung und der Tag des Zugangs sind nicht mitzurechnen.

(3) Der Vorstand ist ermächtigt vorzusehen, dass die Aktionäre an der Hauptversammlung auch ohne Anwesenheit an deren Ort und ohne einen Bevollmächtigten teilnehmen und

sämtliche oder einzelne ihrer Rechte ganz oder teilweise im Wege elektronischer Kommunikation ausüben können.[37] Entscheidet der Vorstand, von der Ermächtigung gemäß S 1 Gebrauch zu machen, legt er auch den Umfang der Rechtsausübung gemäß S 1 sowie das Verfahren für die Teilnahme und Rechtsausübung gemäß S 1 fest. Die Festlegungen sind in der Einberufung bekannt zu machen.

(4) Der Vorstand ist ferner ermächtigt vorzusehen, dass die Aktionäre ihre Stimmen, ohne an der Hauptversammlung teilzunehmen, schriftlich oder im Wege elektronischer Kommunikation abgeben dürfen (Briefwahl). Entscheidet der Vorstand, von der Ermächtigung gemäß S 1 Gebrauch zu machen, legt er auch die näheren Einzelheiten der Briefwahl fest. Die Festlegungen sind in der Einberufung bekannt zu machen.[38]

§ 14 Beschlussfassung der Hauptversammlung

(1) Jede Aktie gewährt eine Stimme in der Hauptversammlung.[39]

(2) Die Beschlüsse der Hauptversammlung werden stets mit einfacher Mehrheit der abgegebenen Stimmen und, soweit eine Kapitalmehrheit erforderlich ist, mit einfacher Mehrheit des bei der Beschlussfassung vertretenen Grundkapitals gefasst, falls nicht das Gesetz zwingend etwas Anderes vorschreibt.[40]

(3) Der Aktionär kann sich in der Hauptversammlung vertreten lassen.[41] Für die Erteilung der Vollmacht, ihren Widerruf und den Nachweis der Bevollmächtigung gegenüber der Gesellschaft gelten die gesetzlichen Bestimmungen.[42]

§ 15 Vorsitz und Leitung, Übertragung

(1) Den Vorsitz in der Hauptversammlung führt der Vorsitzende des Aufsichtsrats, im Fall seiner Verhinderung ein anderes vom Vorsitzenden des Aufsichtsrats bestimmtes, dem Aufsichtsrat als Vertreter der Anteilseigner angehörendes Aufsichtsratsmitglied.[43]

(2) Der Vorsitzende leitet die Hauptversammlung. Er bestimmt insbesondere die Reihenfolge der Verhandlungsgegenstände und der Wortbeiträge sowie die Art, die Form., das Verfahren, die Reihenfolge und die weiteren Einzelheiten der Abstimmungen.[44] Er kann das Frage- und Rederecht der Aktionäre zeitlich angemessen beschränken; insbesondere ist er ermächtigt, zu Beginn der Hauptversammlung oder während ihres Verlaufs einen zeitlich angemessenen Rahmen für den ganzen Hauptversammlungsverlauf, für einzelne Tagesordnungspunkte und für einzelne Fragen- und Redebeiträge festzusetzen.[45]

(3) Der Versammlungsleiter kann vorsehen, dass die Hauptversammlung vollständig oder auszugsweise in Bild und Ton übertragen wird.[46]

§ 16 Aufstellen des Jahresabschlusses, ordentliche Hauptversammlung[47]

(1) Der Vorstand hat den Jahresabschluss und den Lagebericht sowie den Konzernabschluss und den Konzernlagebericht innerhalb der gesetzlichen Fristen aufzustellen und unverzüglich nach ihrer Aufstellung zusammen mit dem Vorschlag für die Verwendung des Bilanzgewinns dem Aufsichtsrat[48] zur Prüfung vorzulegen.

(2) Nach Eingang des Berichts des Aufsichtsrats hat der Vorstand unverzüglich die ordentliche Hauptversammlung einzuberufen. Die ordentliche Hauptversammlung beschließt über die Entlastung des Vorstands und des Aufsichtsrats und über die Wahl des Abschlussprüfers. Ferner beschließt sie über die Verwendung des Bilanzgewinns. Dabei kann sie, soweit gesetzlich zulässig, neben oder anstelle einer Barausschüttung auch eine Sachausschüttung beschließen.[49]

(3) Vorstand und Aufsichtsrat können bei der Feststellung des Jahresabschlusses bis zu 50 % des Jahresüberschusses, der nach Abzug der in die gesetzliche Rücklage einzustellenden Beträge und eines Verlustvortrags verbleibt, in andere Gewinnrücklagen einstellen. Sie sind ferner ermächtigt, Beträge bis zur Höhe von weiteren 50 % des Jahresüberschusses in andere Gewinnrücklagen einzustellen, soweit die anderen Gewinnrücklagen die Hälfte des Grundkapitals nicht übersteigen und soweit sie nach der Einstellung die Hälfte des Grundkapitals nicht übersteigen würden.[50]

Schrifttum: *Angerer,* Die Beschränkung des Rede- und Fragerechts des Aktionärs in der Hauptversammlung, ZGR **2011**, 27; *Bungert/Leyendecker*-Langner, Hauptversammlungen im Ausland, BB **2015**, 268; *Herrler,* Anforderungen an den satzungsmäßigen Versammlungsor- Hauptversammlungen im Ausland, ZGR **2015**, 68; *Hoffmann-Becking,* Schriftliche Beschlussfassung des Aufsichtsrats und schriftliche Stimmabgabe abwesender Aufsichtsratsmitglieder, Liber Amicorum Happ **2006**, S 81; *Jürgenmeyer,* Satzungsklauseln über qualifizierte Beschlussmehrheiten im Aufsichtsrat der Aktiengesellschaft, ZGR **2007**, 112; *Kindl,* Beschlussfassung des Aufsichtsrats und neue Medien – zur Änderung des § 108 Abs 4 AktG, ZHR 166 (**2002**), 335; *Krieger,* Gewinnabhängige Aufsichtsratsvergütungen, FS Röhricht 2005, 349 ff; *von der Linden,* Wer entscheidet über die Form. der Stimmrechtsausübung in der Hauptversammlung?, NZG **2012**, 930; *von der Linden,* Kann die Satzung eine Börsennotierung vorschreiben?, NZG **2015**, 176.

Anmerkungen

1. Im Form. wird davon ausgegangen, dass die Gesellschaft börsennotiert ist und den Vorschriften des Gesetzes über die Mitbestimmung der Arbeitnehmer (MitbestG) unterliegt. Zu der Frage, ob die Satzung eine Börsennotierung vorschreiben kann, s *von der Linden* NZG 2015, 176. Zum zwingenden Satzungsinhalt und zum Grundsatz der Satzungsstrenge s → Form. II.E.3.1 Anm. 1, 2.

2. Vgl § 49 Abs 3 Nr 1 lit a) WpHG. Die Regelung wird regelmäßig in die Satzung aufgenommen. Erforderlich ist das nicht; es genügt auch ein Beschluss der HV.

3. Vgl § 10 Abs 5 AktG; nicht ausgeschlossen werden kann der Anspruch der Aktionäre darauf, dass die Aktien zumindest in einer Globalurkunde verbrieft werden.

4. S → Form. II.E.3.1 Anm. 11. Bei unter das MitbestG fallenden Gesellschaften ist gem § 33 Abs 1 S 1 MitbestG als gleichberechtigtes Mitglied des Vorstands ein Arbeitsdirektor zu bestellen. Daraus soll sich nach hM ergeben, dass bei qualifiziert mitbestimmten Gesellschaften der Vorstand mindestens aus zwei Mitgliedern bestehen muss (MüKo-AktG/*Annuß,* § 33 MitbestG Rn 5). Für Bestellung und Widerruf des Vorstands paritätisch mitbestimmter Gesellschaften gilt § 31 Abs 2 bis 5 MitbestG.

5. Vgl → Form. II.E.8.1 Anm. 1 ff.

6. Die Mindestgröße des Aufsichtsrats ergibt sich aus § 95 AktG, bei paritätisch mitbestimmten Gesellschaften aus § 7 MitbestG. Die Satzung kann gem § 95 S 2 AktG bzw § 7 Abs 1 S 2 und 3 MitbestG eine höhere Anzahl vorsehen. Im Anwendungsbereich von § 7 MitbestG ist im Zweifel davon auszugehen, dass eine Satzungsregelung, welche die Mitgliederzahl bestimmt, keine konstitutive, sondern lediglich deklaratorische Bedeutung haben soll (aA Wißmann/Kleinsorge/Schubert/*Wißmann,* § 7 Rn 9). Weitere Regelungen zur Aufsichtsratsgröße finden sich in §§ 4 Abs 1, 9 MontanMitbestG, § 5 Abs 1 S 1, 3 MitbestErgG, § 17 Abs 1 SEAG sowie dem SEBG.

7. Zur Zusammensetzung s § 96 Abs 1 AktG, § 4 Abs 1 DrittelbG, § 7 Abs 1 und 2 MitbestG, §§ 4 Abs 1, 8 MontanMitbestG, § 5 Abs 1 MitbestErgG sowie §§ 22 Nr 3, 23, 24 MgVG. Dem Aufsichtsrat börsennotierter Gesellschaften, für die das MitbestG, das

MonatmitbestG oder das MitbestErgG gilt, müssen zu mindestens 30 % Frauen und zu mindestens 30 % Männer angehören (Geschlechterquote; § 96 Abs 2 AktG). Ist die Gesellschaft börsennotiert und/oder unterliegt sie der Mitbestimmung, ohne dass ein Fall des § 96 Abs 2 AktG gegeben ist, muss der Aufsichtsrat nach näherer Maßgabe von § 111 Abs 5 AktG eine (nicht verbindliche) Zielgröße für den Frauenanteil im Aufsichtsrat sowie eine Frist für die Umsetzung der Zielgröße von maximal fünf Jahren festlegen. Bei einer SE gelten die Sonderregelungen der §§ 24 SEAG, 21 Abs 3, 34, 35 SEBG. Ändert sich die Zusammensetzung, ist ein Statusverfahren durchzuführen (§§ 97-99 AktG). In diesem Fall treten die alten Satzungsregelungen zur Zusammensetzung kraft Gesetzes mit Beendigung der nächsten HV und spätestens mit Ablauf von sechs Monaten nach Abschluss des Statusverfahrens außer Kraft (§§ 97 Abs 2 S 2, 98 Abs 4 S 2 AktG). Gleichzeitig erlöschen die Ämter der bisherigen Aufsichtsratsmitglieder. Persönliche Voraussetzungen kann die Satzung gem § 100 Abs 4 nicht für Arbeitnehmervertreter und für Anteilseignervertreter nur dann vorsehen, wenn diese ohne Bindung an Wahlvorschläge (§ 101 Abs 1 S 2 AktG iVm §§ 6, 8 MontanMitbestG) gewählt oder aufgrund der Satzung in den Aufsichtsrat entsandt (§ 101 Abs 2 AktG) werden; zu den Grenzen solcher statutarischen Anforderungen vgl zB GroKo(AktG)/*Hopt/Roth* § 100 Rn 213 ff.

8. Vgl § 102 Abs 1 AktG. Gem § 15 Abs 1 S 1 MitbestG werden Arbeitnehmervertreter zwingend für die Zeit gewählt, die im Gesetz oder der Satzung für die durch die HV zu wählenden Mitglieder des Aufsichtsrats bestimmt ist (ebenso § 5 Abs 1 DrittbG, § 10 c Abs 1 MontanMitbestErgG). Das Amt eines Aufsichtsratsmitglieds, welches nach § 7 Abs 2 MitbestG Arbeitnehmer des Unternehmens sein muss, erlischt automatisch, sobald dessen Wählbarkeit entfällt (§ 24 Abs 1 MitbestG).

9. Die Satzung kann die Amtszeit der Aufsichtsratsmitglieder unter Berücksichtigung der Höchstdauer des § 102 Abs 1 AktG frei bestimmen. Zulässig sind daher kürzere Amtszeiten, eine andere Berechnung der Amtszeit sowie unterschiedliche Amtszeiten (BGH NJW 1987, 903). Zu beachten ist dabei, dass alle Aufsichtsratsmitglieder im Grundsatz dieselbe Rechtsstellung haben. Unterschiedliche Amtszeiten für Anteilseigner- und Arbeitnehmervertreter können daher nicht vorgesehen werden (*Hüffer/Koch,* § 102 Rn 4).

10. Vgl § 101 Abs 3 S 2 AktG. Das Ersatzmitglied ist zeitgleich mit dem Aufsichtsratsmitglied zu bestellen, für das es nachrücken soll (§ 101 Abs 3 S 3 AktG). Möglich ist es auch, mehrere Ersatzmitglieder zu bestimmen, wenn die Reihenfolge des Nachrückens festgeschrieben ist (BGH NJW 1987, 902). Das Form. erlaubt sowohl ein solches Nachrücken als auch die Wahl eines Ersatzmitglieds je Aufsichtsratsmitglied.

11. Nach hM können Aufsichtsratsmitglieder ihr Amt jederzeit niederlegen, ohne dass es eines wichtigen Grunds bedarf. Erfolgt die Niederlegung zur Unzeit, ist sie dennoch wirksam, kann jedoch Schadenersatzansprüche begründen (*Hüffer/Koch,* § 103 Rn 17; MHdB GesR IV/*Hoffmann-Becking,* § 30 Rn 92). Das Form. gibt diese gesetzliche Lage wieder. Die Satzung kann alternativ auch Voraussetzungen, Form. und Empfänger der Amtsniederlegung regeln. Die Niederlegung wird erst mit Zugang wirksam, nach hM daher mit Zugang beim Vorstand (*Hüffer/Koch,* § 103 Rn 17). Weit verbreitet, allerdings in der Praxis nicht immer ideal, sind Regelungen, wonach eine Niederlegung ohne wichtigen Grund nur unter Einhaltung einer bestimmten Frist möglich ist (s MHdB GesR 4/*Hoffmann-Becking,* § 30 Rn 92). Unzulässig sind Satzungsbestimmungen, die das Recht zur Amtsniederlegung ausschließen oder die Niederlegung aus wichtigem Grund einschränken; wichtige Gründe kann die Satzung daher beispielhaft nennen (was aber unüblich ist), nicht jedoch abschließend festlegen (MüKoAktG/*Habersack,* § 103 Rn 62).

12. Die Stellung des Vorsitzenden des Aufsichtsrats wird im Gesetz nicht näher konkretisiert. Einige gesetzliche Regelungen weisen ihm jedoch ausdrücklich bestimmte Aufgaben zu (zB gem § 110 Abs 1 S 1 AktG die Einberufung der Sitzungen des Aufsichtsrats oder gem § 107 Abs 2 S 1 AktG die Unterzeichnung der Niederschrift). Allgemein besteht die Funktion des Vorsitzenden darin, die Arbeit des Plenums und der Ausschüsse zu koordinieren sowie Sitzungen zu leiten und vorzubereiten (s auch Grundsatz 7 DCGK). Des Weiteren steht er mit dem Vorstand in Kontakt und berät sich mit diesem (MHdB GesR 4/*Hoffmann-Becking,* § 31 Rn 20; *Hüffer/Koch,* § 107 Rn 8; s auch Empfehlung D.6 DCGK); vgl auch → Anm. 20 und → Anm. 44.

13. Zum Verfahren für die Wahl des Vorsitzenden und seines Stellvertreters im Anwendungsbereich des MitbestG s § 27 Abs 1 und Abs 2 MitbestG.

14. Vgl § 107 Abs 1 S 3 AktG. Zum Verhinderungsfall s BeckOGK AktG/*Spindler,* § 107 Rn 63. Die Satzung kann die Anzahl der Stellvertreter bestimmen (MüKoAktG/*Habersack,* § 107 Rn 28; zur Zulässigkeit weiterer Stellvertreter auch bei Geltung des MitbestG s BGH NJW 82, 1526) und vorsehen, welchem Stellvertreter die Rechte des Vorsitzenden bei dessen Verhinderung zustehen (K. Schmidt/Lutter AktG/*Drygala,* § 107 Rn 27). Nicht möglich soll es jedoch sein, in mitbestimmten Gesellschaften die Rechte bei Verhinderung unter Übergehung des Stellvertreters iSv § 27 MitbestG einem weiteren Stellvertreter zu übertragen (MüKoAktG/*Habersack,* § 107 Rn 28; BeckOGK AktG/*Spindler,* § 107 Rn 64). Das Recht zum Stichentscheid (§§ 29 Abs 2 S 1, 31 Abs 4 S 1 MitbestG) steht dem Stellvertreter gem § 27 MitbestG nicht zu (§§ 29 Abs 2 S 3, 31 Abs 4 S 3 MitbestG) und kann weder ihm noch einem weiteren Stellvertreter durch die Satzung übertragen werden (Habersack/Henssler/*Habersack* MitbestG § 27 Rn 20).

15. S § 110 Abs 3 AktG.

16. Form und Frist der Einberufung von Aufsichtsratssitzungen sind gesetzlich nicht geregelt. Fehlt es auch an einer Bestimmung durch Satzung oder Geschäftsordnung, können Sitzungen formfrei, auch mündlich, mit einer angemessenen Frist einberufen werden (*Hüffer/Koch,* § 110 Rn 3), wobei die Frist nicht mit Zugang, sondern zu dem Zeitpunkt beginnt, in dem üblicherweise mit dem Zugang zu rechnen ist (BeckOGK AktG/*Spindler,* § 110 Rn 25). Weit verbreitet sind Satzungsregelungen, welche wie im Form. eine Frist von 14 Tagen und eine Verkürzungsmöglichkeit durch den Vorsitzenden vorsehen (MHdB GesR IV/*Hoffmann-Becking,* § 31 Rn 39). Zulässig ist aber auch eine Frist von zB zehn Tagen.

17. Jedes Aufsichtsratsmitglied und der Vorstand können die Einberufung von Sitzungen verlangen (§ 110 Abs 1 S 1 AktG). Der Vorstand muss als Organ handeln; einzelne Vorstandsmitglieder können das Verlangen auch nicht in vertretungsberechtigter Anzahl stellen (*Hüffer/Koch,* § 110 Rn 6). Die Sitzung muss sodann binnen zwei Wochen erfolgen (§ 110 Abs 1 S 2 AktG). Anderenfalls kann der Verlangende die Sitzung selbst einberufen (§ 110 Abs 2 AktG).

18. Neben Ort und Zeitpunkt der Sitzung muss die Einberufung nach hM auch die Tagesordnung der Sitzung angeben (MHdB GesR IV/*Hoffmann-Becking,* § 31 Rn 40 f; MüKoAktG/*Habersack,* § 110 Rn 18). Konkrete Beschlussanträge muss die Einberufung nicht enthalten; sie sind aber – ohne dass hierin eine Voraussetzung der Beschlusswirksamkeit liegt – vom Aufsichtsratsvorsitzenden möglichst frühzeitig mitzuteilen (K. Schmidt/Lutter/*Drygala,* § 110 Rn 11). Satzungsregelungen, welche es erlauben, von der Bekanntmachung von Tagesordnungspunkten aus Geheimhaltungsgründen abzusehen, sollen unbeachtlich sein (MüKoAktG/*Habersack,* § 110 Rn 20).

19. Vgl § 108 Abs 3 S 1 AktG. Nach zutreffender Ansicht genügt es analog §§ 108 Abs 4, 109 Abs 3 AktG, dass die Stimmbotschaft in Textform an den Boten übermittelt wird; ein Schriftformerfordernis gem § 126 I BGB besteht nicht (str; wie hier zB MHdB

GesR 4/*Hoffmann-Becking,* § 31 Rn 91; *Hoffmann-Becking,* Liber Amicorum Happ 2006, S 88 ff; *Hüffer/Koch,* § 108 Rn 20; aA etwa MüKoAktG/*Habersack,* § 108 Rn 52 f).

20. Vgl bereits → Anm. 12. Zu der Sitzungsleitungskompetenz des Vorsitzenden s MüKoAktG/*Habersack,* § 107 Rn 53 ff. Die Zuständigkeit für Vertagungsentscheidungen muss ihm durch Satzung oder Geschäftsordnung erteilt werden (MHdB GesR IV/*Hoffmann-Becking,* § 31 Rn 86). Die Satzung kann auch weitergehende Vertagungsklauseln enthalten (Habersack/Henssler/*Habersack* MitbestG, § 28 Rn 7), was aber unüblich ist.

21. Durch die Satzungsregelung wird klargestellt, dass eine Beschlussfassung über nicht rechtzeitig bekanntgemachte Tagesordnungspunkte unter den genannten Voraussetzungen (kein Widerspruch durch an- und abwesende Mitglieder) möglich ist (s MHdB GesR IV/*Hoffmann-Becking,* § 31 Rn 41 u. 43; MüKoAktG/*Habersack,* § 110 Rn 21, der darüber hinaus zu Unrecht verlangt, dass die abwesenden Mitglieder nachträglich ihre Stimme abgeben können müssen). Zur Rechtzeitigkeit der Bekanntmachung s → Anm. 18; wird ein Punkt nicht mit der Einberufung mitgeteilt, ist er dennoch rechtzeitig bekanntgemacht, wenn er unter Wahrung der Einberufungsfrist nachgereicht wird (MüKoAktG/*Habersack,* § 110 Rn 18).

22. Eine Beschlussfassung ist nach § 108 Abs 4 AktG auch insoweit möglich, als über den Beschluss schriftlich, fernmündlich oder in anderer vergleichbarer Form. entschieden wird. Etwas Anderes gilt nur dann, wenn diesem Verfahren von einem Aufsichtsratsmitglied widersprochen wird. Das Widerspruchsrecht kann – wie im Form. – jedoch durch Satzung oder Geschäftsordnung ausgeschlossen werden (*Hüffer/Koch,* § 108 Rn 21; *Hoffmann-Becking,* Liber Amicorum Happ 06, S 86; *Kindl,* ZHR 166 (2002), 337). Zur telefonischen Stimmabgabe s auch Ffm ZIP 2019, 1171.

23. Aktienrechtlich setzt die Beschlussfähigkeit die Teilnahme von mindestens drei Mitgliedern an der Beschlussfassung voraus (§ 108 Abs 2 S 3 AktG). Im Übrigen kann sie durch die Satzung geregelt werden (§ 108 Abs 2 S 1 AktG). Verlangt werden kann die Teilnahme einer (qualifizierten) Mehrheit oder einer bestimmten Anzahl an Personen, die vorbehaltlich von § 108 Abs 2 S 3 AktG auch weniger als 50 % der Mitglieder betragen kann. Weitere Grenzen werden gezogen durch § 108 Abs 2 S 4 AktG und den Grundsatz der Gleichberechtigung der Mitglieder. Unzulässig ist es daher, die Beschlussfähigkeit von der Teilnahme bestimmter Mitglieder (zB des Vorsitzenden) (BGH NJW 1982, 1530 f; Bürgers/Körber/Lieder AktG/*Bürgers/Fischer,* § 108 Rn 6) abhängig zu machen. Ob die Anforderungen an die Beschlussfähigkeit in Abhängigkeit von der Teilnahme des Vorsitzenden variieren können, ist str (bejahend Hbg AG 1984, 248; ablehnend Bürgers/Körber/Lieder AktG § 108 Rn 7). Eine Gestaltung, nach der sämtliche Mitglieder, aus denen der Aufsichtsrat tatsächlich besteht, teilnehmen müssen, ist nach hM unzulässig (MüKoAktG/*Habersack,* § 108 Rn 38). Für qualifiziert mitbestimmte Gesellschaften regelt § 28 Abs 1 MitbestG – wie im Form. wiedergegeben – die Beschlussfähigkeit. Eine Herabsetzung der Anforderungen durch die Satzung ist nicht möglich (Karlsruhe NJW 1980, 2139). Ob strengere Bestimmungen zulässig sind, ist str (vgl Habersack/Henssler/*Habersack* MitbestG, § 28 Rn 4 a). Ausgeschlossen ist eine Regelung, welche die Beschlussfähigkeit an die Teilnahme einer bestimmten Zahl von Anteilseignervertretern knüpft (BGH NJW 1982, 1530 f).

24. Für Aufsichtsratsbeschlüsse genügt die einfache Mehrheit. Die Satzung kann strengere Mehrheitserfordernisse nur für solche Beschlussgegenstände vorsehen, die nicht zum gesetzlich zwingenden Aufgabenbereich des Aufsichtsrats gehören (*Hüffer/Koch,* § 108 Rn 8; aA *Jürgenmeyer,* ZGR 2007, 122 ff); eine Sonderregelung findet sich in § 124 Abs 3 S 5 AktG. Eine Regelung, wonach die einfache Mehrheit der abgegebenen Stimmen genügt, ist richtigerweise selbst dann zulässig, wenn dies im Zusammenspiel mit der Regelung zur Beschlussfähigkeit (s § 9 Abs 5 und → Anm. 23) zu Beschlüssen führt, für die nur eine Minderheit der Aufsichtsratsmitglieder gestimmt hat. Im Bereich des MitbestG schreibt § 29 Abs 1 zwingend die einfache Mehrheit der abgegebenen Stimmen vor; hiervon abweichende Regelungen sind in §§ 27 Abs 1 und 2, 31 Abs 2 bis 5 sowie 32 Abs 1 S 2 MitbestG enthalten.

25. Vgl → Anm. 14.

26. Die Bildung von Ausschüssen obliegt dem Aufsichtsrat (§ 107 Abs 3 S 1 AktG). Aufgrund dieses Selbstorganisationsrechts kann die Satzung zwar das Beschlussverfahren von Ausschüssen regeln, nicht jedoch, ob und welche Ausschüsse gebildet werden, wie sie sich zusammensetzen, wer ihr Vorsitzender ist und welche Aufgaben sie haben (vgl BGH NJW 1982, 1527; MüKoAktG/*Habersack,* § 107 Rn 96 ff).

27. S → Form. II.E.8.2 Anm. 1 ff.

28. Den Aufsichtsratsmitgliedern kann eine angemessene Vergütung entweder durch Satzungsbestimmung oder durch HV-Beschluss gewährt werden (§ 113 Abs 1 AktG). Zuständig ist allein die HV. Ein Beschluss der HV über die Herabsetzung der Vergütung bedarf nach § 113 Abs 1 S 4 AktG entgegen § 179 Abs 2 AktG nur der einfachen Mehrheit; soll eine in der Satzung und nicht nur durch HV-Beschluss bestimmte Vergütung erhöht werden, findet hingegen § 179 Abs 2 AktG Anwendung. Nicht erforderlich ist ein HV-Beschluss zur Begründung eines Anspruchs der Aufsichtsratsmitglieder auf Erstattung ihrer Auslagen (dieser ergibt sich kraft Gesetzes analog §§ 670, 675 BGB; *Hüffer/Koch,* § 113 Rn 7) und der ihnen entstehenden Umsatzsteuer (MHdB GesR IV/*Hoffmann-Becking,* § 33 Rn 42). Eine von der Gesellschaft für die Aufsichtsräte abgeschlossene D&O-Versicherung stellt keine Vergütung dar und fällt damit nicht unter § 113 AktG (s zB K. Schmidt/Lutter/*Drygala*, § 113 Rn 16; MüKoAktG/*Habersack,* § 113 Rn 16 auch mwN zur Gegenansicht). Das Form. sieht daher von einer entsprechenden Regelung ab.

29. Die inhaltlichen Vorgaben für die Festlegung der Aufsichtsratsvergütung sind disparat. Zu berücksichtigen ist insbesondere: (i) Die Vergütung soll in einem angemessenen Verhältnis zu den Aufgaben des Aufsichtsrats und der Lage der Gesellschaft stehen (§ 113 Abs 1 S 3 AktG). (ii) Der bisherige § 113 Abs 3 AktG, der für an den Jahresgewinn anknüpfende variable Vergütungen Vorgaben enthielt und dessen Bedeutung und Reichweite nicht geklärt waren (s *Krieger,* FS Röhricht 2005, 349), ist durch das Gesetz zur Umsetzung der zweiten Aktionärsrechterichtlinie vom 12. Dezember 2019 (ARUG II; BGBl I 2019, S 2637 ff) aufgehoben worden. (iii) Ungeklärt ist, ob die für die Vorstandsvergütung in § 87 Abs 1 AktG vorgesehene Ausrichtung auf eine nachhaltige und langfristige Unternehmensentwicklung einen allgemeinen Grundsatz darstellt und daher auch bei der Aufsichtsratsvergütung zu beachten ist. Dafür spricht, dass in dem der HV gem § 113 Abs 3 AktG (idF des ARUG II) zur Beschlussfassung vorzulegenden Vergütungssystem für Aufsichtsratsmitglieder auch der Beitrag der Vergütung zur Förderung der Geschäftsstrategie und zur langfristigen Entwicklung der Gesellschaft dargestellt werden muss (§ 113 Abs 3 S 3 iVm § 87a Abs 1 S 2 Nr 2 AktG). (iv) In diese Richtung deutet ferner G.18 DCGK. Diese Regelung enthält zum einen die Anregung, dass die Aufsichtsräte nur eine feste Vergütung erhalten sollten, und zum anderen die Empfehlung, dass, wenn sie entgegen dieser Anregung eine erfolgsorientierte Vergütung erhalten, diese auf eine langfristige Entwicklung der Gesellschaft ausgerichtet sein soll. (v) Im Anschluss an eine Entscheidung des BGH (NJW 2004, 1110) wird zT ein Verbot übereinstimmender Erfolgsparameter für die Bemessung der variablen Vergütung von Vorstand und Aufsichtsrat angenommen (str, s MüKoAktG/*Habersack,* § 113 Rn 17 mwN).

Vor diesem Hintergrund sieht das Form. eine bloße Festvergütung vor. Wird eine Variable vorgesehen, sollte diese nachhaltig wirken und daher eine mehrjährige Berechnungsgrundlage haben. Eine weitere durchaus verbreitete Vergütungsform ist die Gewährung von Sitzungsgeldern; insofern ist ua zu regeln, wann eine das Sitzungsgeld auslösende Sitzung vorliegt. Dabei ist davon auszugehen, dass die Aufsichtsratsmitglieder im Fall von Sitzungen per Video- oder Telefonkonferenz auch dann Anspruch auf das Sitzungsgeld haben, wenn die Satzung keine ausdrückliche Regelung dazu enthält (vgl *Hüffer/Koch*, § 108 Rn 24 mwN); da die Frage str ist (aA zB GroKo(AktG)/*Hopt/Roth*, § 113 Rn 45), empfiehlt sich aber eine statutarische Klarstellung. Eine Bemessung der Vergütung nach Zeitaufwand (zB Stundensatz oder Tagespauschale) wird von der hM als unzulässig abgelehnt (vgl GroKo(AktG)/*Hopt/Roth*, § 113 Rn 50 mwN; für grundsätzliche Zulässigkeit hingegen MHdB GesR IV/*Hoffmann-Becking*, § 33 Rn 29).

Die HV, die gem § 113 Abs 3 AktG (idF des ARUG II) über die Aufsichtsratsvergütung beschließt, entscheidet dabei auch über das Vergütungssystem. Die ihr dafür vorzulegenden Angaben gem § 87a Abs 1 S 2 AktG müssen, wenn die Vergütung in der Satzung geregelt ist, dort nicht aufgenommen werden (möglich ist das aber). Die Neuregelung von § 113 Abs 3 AktG macht damit keine Neugestaltung der statutarischen Vergütungsregelungen erforderlich. S dazu auch → Form. II.E.4.1 Anm. 29.

30. Vgl Empfehlung G.17 DCGK.

31. Vgl Empfehlung G.17 DCGK. Zu erwägen ist, die Zuschläge für die Ausschusstätigkeit nach Bedeutung und Arbeitsaufwand des jeweiligen Ausschusses zu staffeln oder für einzelne Ausschüsse überhaupt keine Zusatzvergütung vorzusehen.

32. Enthält die Satzung keine Regelung, gilt § 121 Abs 5 AktG. Ort ist danach der Sitz der Gesellschaft (S 1) oder der oder die Börsenplätze, an denen Aktien der Gesellschaft zum regulierten Markt zugelassen sind (S 2), also nicht andere Börsenplätze, an denen keine Zulassung besteht (BGH NJW 1994, 321; K. Schmidt/Lutter/*Ziemons*, § 121 Rn 93). Eine statutarische Regelung muss so ausgestaltet sein, dass sie „eine sachgerechte, am Teilnahmeinteresse der Aktionäre ausgerichtete Vorgabe enthält, die das Ermessen des Einberufungsberechtigten bindet“ (BGH ZIP 2014, 2496 Tz 20). Unzulässig sind danach zB Regelungen, wonach der Versammlungsort durch den Einberufenden oder durch Beschluss der HV festgelegt wird (BGH NJW 1994, 322). Die Anordung eines Versammlungsorts im Ausland ist zulässig, soweit sie eine entsprechende ermessensbindende Wirkung entfaltet (vgl BGH ZIP 2014, 2495 f Tz 14, 20; dazu auch *Bungert/Leyendecker-Langner*, BB 2015, 268; *Herrler*, ZGR 2015, 68).

33. Vgl → Form. II.E.4.1 Anm. 5. Eine statutarische Verkürzung ist nicht möglich. Eine Verlängerung ist grundsätzlich zulässig, aber kaum empfehlenswert.

34. S → Form. II.E.4.1 Anm. 5.

35. Vgl → Form. II.E.4.1 Anm. 24, 25, dort auch zu der Frage, ob bei Namensaktien eine Satzungsregelung erforderlich ist, wenn in den Tagen vor der HV eine Umschreibung im Aktienregister nicht erfolgt (Umschreibungsstopp). Eine solche Regelung ist nicht erforderlich, jedoch vorsorglich zu erwägen, da die Frage str ist.

36. Vgl § 123 Abs 2 und 5 AktG. Bei Inhaberaktien kann die Satzung über eine Anmeldevoraussetzung hinaus bestimmen, wie die Aktionäre ihre Berechtigung zur Teilnahme und Ausübung des Stimmrechts nachzuweisen haben (§ 123 Abs 3 AktG). Bei börsennotierten Gesellschaften genügt dafür ein Nachweis gem § 67c Abs 3 AktG (bis zum ARUG II genügte ein Nachweis durch das depotführende Institut; zur Abgrenzung des zeitlichen Geltungsbereichs s § 26j Abs 4 EGAktG). Die Satzung kann darüber hinaus vorsehen, dass der Nachweis der Teilnahme- und Stimmberechtigung durch einen Nachweis gem § 67c Abs 3 AktG zu erbringen *ist*. Hat die Gesellschafter allerdings effektive Aktienurkunden ausgegeben, sollte in der Satzung zusätzlich geregelt werden, wie der

Nachweis bei effektiven Aktienurkunden geführt werden kann (zB Hinterlegung bei der Gesellschaft oder einem Notar); s auch → Form. 11.E.4.1 Anm. 40. Die Satzung kann ferner ein Prüfungsrecht der Gesellschaft bei Zweifeln an dem Nachweis sowie bei verbleibenden Zweifeln ein Zurückweisungsrecht vorsehen (Hamm NZG 2011, 149). Die Gesellschaft hat diese Rechte aber auch ohne eine entsprechende Satzungsregelung.

37. Vgl § 118 Abs 1 S 2 AktG. Die Satzung kann die Online-Teilnahme und ihre Einzelheiten selbst anordnen oder – so im Form. – dies dem Vorstand überlassen. Im zweiten Fall müssen die Einzelheiten in der Einberufung den Aktionäre mitgeteilt werden (*Hüffer/Koch,* § 118 Rn 11).

38. Vgl § 118 Abs 2 AktG. Wie bei der Online-Teilnahme nach § 118 Abs 1 S 2 AktG kann die Satzung die Briefwahl und ihre Einzelheiten selbst anordnen oder – so im Form. – dies dem Vorstand überlassen. Ist Briefwahl in einer HV möglich, muss in der Einberufung das Verfahren der Stimmabgabe im Wege der Briefwahl dargestellt werden (§ 121 Abs 3 S 2 Nr 3 Buchst b) AktG).

39. Stimmrechtslose Aktien sind nur als Vorzugsaktien gem §§ 139 ff AktG möglich. Unzulässig ist dabei die sachliche Beschränkung des Stimmrechts auf bestimmte Beschlussgegenstände (K. Schmidt/Lutter/*Ziemons,* § 12 Rn 11). Ein Höchststimmrecht kann nach Maßgabe von § 134 Abs 2 S 2 bis 5 AktG vorgesehen werden. Mehrstimmrechte sind unzulässig (§ 12 Abs 2 AktG; zu Altfällen s § 5 EGAktG). Das Stimmrecht beginnt erst mit der vollständigen Leistung der Einlage (§ 134 Abs 2 S 1 AktG); zu diesbezgl Satzungsregelungen vgl *Hüffer/Koch,* § 134 Rn 19; GroKo(AktG)/*Grundmann,* § 134 Rn 45 f; BeckOGK AktG/*Rieckers,* § 134 Rn 34 f.

40. HV-Beschlüsse bedürfen grundsätzlich der einfachen Mehrheit der abgegebenen Stimmen (§ 133 Abs 1 AktG). Bestimmte Beschlüsse bedürfen zusätzlich einer qualifizierten Kapitalmehrheit. Das Erfordernis einfacher Stimmenmehrheit kann nicht herabgesetzt, jedoch bis zur Einstimmigkeit aller Aktionäre, die vertreten sind oder welche die Gesellschaft hat, angehoben werden, es sei denn, das Gesetz verlangt ausdrücklich die einfache Mehrheit (BeckOGK AktG/*Rieckers,* § 133 Rn 48 ff). Empfehlenswert ist das mit zunehmendem Aktionärskreis nicht. Die Beschlussvoraussetzung einer qualifizierten Kapitalmehrheit kann zT nur verschärft, zT aber auch – so im Form. – herabgesetzt werden (vgl §§ 103 Abs 1 S 3, 179 Abs 2 S 2, 182 Abs 1 S 2, 207 Abs 2 S 1 AktG). Zu den Anforderungen an die Regelung der Herabsetzung vgl BGH NJW 1975, 212 f.

41. § 134 Abs 3 S 1 AktG.

42. Das Form. beschränkt sich auf einen Verweis auf die gesetzlichen Regelungen. Danach genügt Textform (§ 134 Abs 3 S 3 AktG). Bei börsennotierten Gesellschaften kann die Satzung gegenüber der Textform nur eine Erleichterung regeln, bei anderen AGs hingegen auch strengere Anforderungen vorsehen; ferner kann sie den Vorstand ermächtigen, in der Einberufung Formerfordernisse festzulegen (§ 134 Abs 3 S 3 AktG; nach BeckOGK AktG/*Rieckers,* § 134 Rn 77 kann die Satzung die Formerfordernisse nicht umfassend in die Entscheidungsmacht des Vorstands legen).

Bei Vollmachten an Intermediäre, Aktionärsvereinigungen, Stimmrechtsberater und andere gleichgestellte Personen ist § 135, va Abs 1 S 2 und 3, zu beachten. Ob für diese bei börsennotierten Gesellschaften wegen Art 11 Abs 2 S 1 Aktionärsrechte-RL auch das Textformerfordernis des § 134 Abs 3 AktG gilt, ist str, aber abzulehnen (wie hier etwa BeckOGK AktG/*Rieckers,* § 135 Rn 18 ff; KöKo/*Zetzsche,* § 135 Rn 123; aA zB GroKo (AktG)/*Grundmann,* § 135 Rn 46; Grigoleit/*Herrler,* § 135 Rn 7; *Hüffer/Koch,* § 135 Rn 9). In der Satzung kann im Anwendungsbereich von § 135 AktG nicht eine bestimmte Form für die Vollmacht geregelt werden (zutreffend *Hüffer/Koch,* § 135 Rn 9; KöKo/

Zetzsche, § 135 Rn 124 f; BeckOGK AktG/*Rieckers,* § 135 Rn 21 jeweils mwN auch zur Gegenansicht).

Nach wohl hM kann die Satzung wegen § 23 Abs 5 AktG und – mit Blick auf börsennotierte Gesellschaften – gemäß Art 10 Abs 1 Unterabs 1 Aktionärsrechte-RL keine Vorgaben für die Personen, die Stimmrechtsvertreter sein können, aufstellen (s Stgt AG 1991, 70; Brschw BeckRS 2014, 20216 Tz 22).

43. Die Satzung kann den Versammlungsleiter bestimmen bzw regeln, wie er bestimmt wird. Regelmäßig wird die Aufgabe dem Aufsichtsratsvorsitzenden übertragen. Rechtlich sind die Stellungen als Versammlungsleiter und als Aufsichtsratsvorsitzender aber zu trennen (*Butzke,* Rn D 9). Die in → Anm. 14 dargestellten Grundsätze greifen nicht. Zulässig ist es daher, wie im Form. zu regeln, dass die Leitung bei Verhinderung des Aufsichtsratsvorsitzenden nicht seinem Stellvertreter, sondern einem (vom Vorsitzenden oder dem Aufsichtsratsplenum bestimmten) Anteilseignervertreter obliegt (Hbg ZIP 1982, 1082). Zulässig ist darüber hinaus eine Regelung, wonach (auch) eine Person, die weder Aktionär noch Aufsichtsratsmitglied ist, Versammlungsleiter ist bzw dazu bestimmt werden kann (GroKo(AktG)/*Mülbert,* § 129 Rn 110).

44. Die Regelung ist sinnvoll, um sicherzustellen, dass die genannten Aufgaben des Versammlungsleiters der Beschlussfassung der HV entzogen sind (vgl *Hüffer/Koch,* § 129 Rn 18, § 134 Rn 34; *Butzke,* Rn D 87; eingehend *von der Linden,* NZG 2012, 930 ff; zur Kompetenz für die Festlegung der Reihenfolge der Abstimmungen und der Zusammenfassung mehrerer Beschluss-/Wahlvorschläge zu einem einzigen Abstimmungsvorgang s BGH AG 2019, 182 Tz 47).

45. § 131 Abs 2 S 2 AktG. Zulässig (s BGHZ 184, 239 = NJW 2010, 1604), aber nicht empfehlenswert ist auch eine detaillierte Regelung der Befugnisse des Versammlungsleiters zu zeitlichen Beschränkungen von Rede- und Fragerecht der Aktionäre (vgl *Angerer,* ZGR 2011, 27 ff). Auch ohne eine Ermächtigung gem § 131 Abs 2 S 2 AktG kann der Versammlungsleiter das Rede- und richtigerweise auch das Fragerecht einschränken (*Hüffer/Koch,* § 131 Rn 50 f.; so wohl auch BGHZ 184, 239 = NJW 2010, 1607 Tz 29). Bzgl des Fragerechts ist das jedoch str (ablehnend zB Kölner Komm AktG/*Kersting,* § 131 Rn 283 f), sodass eine Ermächtigung sinnvoll ist.

46. S § 118 Abs 4 AktG. Die Entscheidung kann auch auf den Vorstand delegiert werden. Ein Widerspruchsrecht der Aktionäre gegen die Übertragung ihrer Beiträge besteht nicht (*Hüffer/Koch,* § 118 Rn 30). Die Delegation der Entscheidung über die Übertragung der HV auf Versammlungsleiter oder Vorstand ist HV-fest. Die HV kann daher nicht über die Übertragung und ihre Modalitäten beschließen (aA BeckOGK AktG/*Hoffmann,* § 118 Rn 60).

47. Vgl §§ 170 Abs 1 und 2, 171, 172, 175 Abs 1 S 1 AktG.

48. S § 171 Abs 1 AktG.

49. Vgl § 58 Abs 5 AktG.

50. Vgl § 58 Abs 2 AktG.

3.3 Satzung einer KGaA

I. Allgemeine Bestimmungen[1]

§ 1 Firma, Sitz und Geschäftsjahr

(1) Die Gesellschaft führt die Firma . . . . . KGaA.[2]

(2) und (3) Vgl → Form. II.E.3.1 Anm. 4.

§ 2 Gegenstand des Unternehmens

Vgl → Form. II.E.3.1 Anm. 5.

§ 3 Bekanntmachungen und Informationen

(1) Vgl → Form. II.E.3.1 Anm. 6.

(2) Vgl → Form. II.E.3.2 Anm. 2.

II. Gesamtkapital, Grundkapital und Aktien[3]

§ 4 Gesamtkapital

(1) Das Gesamtkapital der Gesellschaft beträgt EUR ..... (in Worten: EUR .....).

(2) Das Gesamtkapital setzt sich zusammen aus

- dem in Aktien eingeteilten Grundkapital (§ 5 Abs 1) in Höhe von EUR ..... (in Worten: EUR .....) und
- der von den persönlich haftenden Gesellschaftern nicht auf das Grundkapital geleisteten Vermögenseinlage (Sondereinlage; § 6 Abs 1) in Höhe von EUR ..... (in Worten: EUR .....) („Kapitalanteil")

§ 5 Grundkapital und Aktien

(1) bis (3) Vgl → Form. II.E.3.1 Anm. 7–10.

(4) Vgl → Form. II.E.3.2 Anm. 3.

(5) Das Grundkapital ist um bis zu EUR ..... (in Worten: EUR .....) bedingt erhöht. Diese bedingte Kapitalerhöhung dient der Ausgabe von auf den Inhaber lautenden Stückaktien an persönlich haftende Gesellschafter, die gem den Bestimmungen dieser Satzung ihren Kapitalanteil in Aktien umwandeln.

III. Persönlich haftende Gesellschafter[4]

§ 6 Persönlich haftender Gesellschafter mit Kapitalanteil[5]

(1) Persönlich haftender Gesellschafter mit einem Kapitalanteil von EUR ..... ist A.

(2) Soweit der Kapitalanteil des persönlich haftenden Gesellschafters durch Verluste gemindert worden ist, sind die auf den Kapitalanteil in späteren Geschäftsjahren entfallenden Gewinne zur Auffüllung des Kapitalanteils zu verwenden, soweit der persönlich haftende Gesellschafter sie nicht zur Begleichung der auf den Kapitalanteil bezogenen Steuern vom Vermögen und Einkommen benötigt.

§ 7 Persönlich haftender Gesellschafter ohne Kapitalanteil

(1) Persönlich haftender Gesellschafter ohne Kapitalanteil ist die ..... Management GmbH.[6]

(2) Der persönlich haftende Gesellschafter hält keinen Kapitalanteil an der Gesellschaft. Er ist am Ergebnis und am Vermögen (einschließlich der stillen Reserven) der Gesellschaft nicht beteiligt und hat im Falle seines Ausscheidens aus der Gesellschaft keinen Anspruch auf das Auseinandersetzungsguthaben.

§ 8 Rechtsverhältnisse der persönlich haftenden Gesellschafter[7]

(1) Der persönlich haftende Gesellschafter ohne Kapitalanteil hat Anspruch auf Ersatz von all seinen mit der Geschäftsführung für die Gesellschaft zusammenhängenden Aufwendungen. Hierzu zählt insbesondere auch die Vergütung seiner Organe.[8]

(2) Mit Ausnahme der Organe der persönlich haftenden Gesellschafter werden alle übrigen für die Führung der Geschäfte der Gesellschaft erforderlichen sachlichen und personellen Ressourcen durch die Gesellschaft gestellt. Sämtliche aus der Führung der Geschäfte der Gesellschaft folgenden sonstige Kosten und Aufwendungen fallen daher grundsätzlich direkt bei der Gesellschaft an. Sollten diese Kosten und Aufwendungen gleichwohl im Einzelfall von einem persönlich haftenden Gesellschafter verauslagt werden, hat dieser Anspruch auf Aufwendungsersatz.

(3) Die persönlich haftenden Gesellschafter rechnen ihre Aufwendungen grundsätzlich monatlich ab.

(4) Für die Geschäftsführung und die Übernahme der persönlichen Haftung erhält der persönlich haftende Gesellschafter ohne Kapitalanteil eine gewinn- und verlustunabhängige jährliche Vergütung in Höhe von . . . . . % ihres im Jahresabschluss bilanzierten Eigenkapitals zuzüglich etwaiger Umsatzsteuer. Die Vergütung nach S 1 ist eine Woche nach der Aufstellung des Jahresabschlusses der persönlich haftenden Gesellschafter ohne Kapitalanteil fällig. Die übrigen persönlich haftenden Gesellschafter mit Kapitalanteil erhalten keine Haftungsentschädigung.[9]

(5) Der persönlich haftende Gesellschafter ohne Kapitalanteil ist außerhalb seiner Aufgaben in der Gesellschaft nicht befugt, für eigene oder fremde Rechnung Geschäfte zu tätigen.[10]

(6) Die Geschäftsbeziehung zwischen der Gesellschaft und den persönlich haftenden Gesellschaftern werden, soweit sie sich nicht aus der Satzung oder dem Gesetz zwingend ergeben, durch Vereinbarung zwischen den einzelnen persönlich haftenden Gesellschaftern und dem Gesellschafterausschuss geregelt.[11]

(7) Alle Vergütungen, welche für persönlich haftenden Gesellschafter für ihre Geschäftsführungstätigkeit und Übernahme der Haftung erhalten, sind – ungeachtet etwaiger abweichender steuerlicher Vorschriften – im Verhältnis zu den Kommanditaktionären als Aufwand der Gesellschaft zu behandeln.[12]

§ 9 Ausscheiden von persönlich haftenden Gesellschaftern

(1) Ein persönlich haftender Gesellschafter mit Kapitalanteil scheidet aufgrund einer mit dem Gesellschafterausschuss getroffenen Ausscheidensvereinbarung sowie in den Fällen des § 131 Abs 3 Nr 1 bis 4 HGB, § 135 HGB aus der Gesellschaft aus. Das Ausscheiden aufgrund einer Ausscheidensvereinbarung bedarf nicht der Zustimmung der anderen persönlich haftenden Gesellschafter oder der Hauptversammlung. Die Gesellschaft wird zwischen den verbleibenden persönlich haftenden Gesellschaftern und den Kommanditaktionären fortgesetzt.[13] Die Gesellschaft stellt ausgeschiedene persönlich haftende Gesellschafter im Innenverhältnis von der Nachhaftung frei, im Falle eines geschäftsführungsbefugten persönlich haftenden Gesellschafters aber nur dann, wenn der Anspruch des Gläubigers nicht durch eine nicht der Sorgfalt eines ordentlichen Kaufmanns entsprechende Handlung oder Unterlassung des ausscheidenden geschäftsführungsbefugten persönlich haftenden Gesellschafters begründet worden ist. Befreiung von den Verbindlichkeiten der Gesellschaft oder Sicherheitsleistung kann er nicht verlangen.

(2) Der persönlich haftende Gesellschafter ohne Kapitalanteil scheidet aus der Gesellschaft aus, wenn

(a) nicht mehr als 50 % der Stimmrechte an dem persönlich haftenden Gesellschafter von Personen gehalten werden, die mehr als 25 % des Grundkapitals der Gesellschaft unmittelbar oder mittelbar über ein nach § 17 Abs 1 AktG abhängiges Unternehmen halten; dies gilt nicht, wenn alle Anteile an dem persönlich haftenden Gesellschafter ohne Kapitalanteil unmittelbar oder mittelbar von der Gesellschaft gehalten werden (Einheitsgesellschaft).

(b) mehr als 50 % der Stimmrechte an dem persönlich haftenden Gesellschafter ohne Kapitalanteil unmittelbar oder mittelbar von einem Erwerber erworben werden und dieser Erwerber nicht innerhalb von 3 Monaten nach Wirksamwerden des Erwerbs ein Übernahme- oder Pflichtangebot gem den Regelungen des Wertpapierübernahmegesetzes (WpÜG) an die Aktionäre der Gesellschaft gerichtet hat, es sei denn der Erwerber hält mindestens 25 %, aber weniger als 30 % des Grundkapitals der Gesellschaft. Die den Aktionären hierfür angebotene Gegenleistung muss nicht nur die Anforderungen des WpÜG erfüllen, sondern auch die von dem Erwerber für die Anteile an dem persönlich haftenden Gesellschafter ohne Kapitalanteil bezahlte Gegenleistung berücksichtigen, sofern diese über den Betrag des Eigenkapitals des persönlich haftenden Gesellschafters ohne Kapitalanteil hinausgeht.[14]

(3) Scheidet ein persönlich haftender Gesellschafter mit Kapitalanteil aus der Gesellschaft aus, so erfolgt die Auseinandersetzung derart, dass der ausgeschiedene persönlich haftende Gesellschafter oder seine Rechtsnachfolger von Todes wegen von der Hauptversammlung die Umwandlung des Kapitalanteils in Grundkapital durch eine Kapitalerhöhung unter Ausschluss des Bezugsrechts der Kommanditaktionäre verlangen können. Der Nennbetrag der Kapitalerhöhung entspricht dem Nennbetrag des Kapitalanteils; die neuen Aktien werden zum Nennbetrag ohne Aufgeld ausgegeben. Wenn der ausgeschiedene persönlich haftende Gesellschafter oder seine Rechtsnachfolger von Todes wegen nicht innerhalb von sechs Monaten seit dem Ausscheiden die Umwandlung des Kapitalanteils verlangen, erfolgt die Auseinandersetzung durch Auszahlung des Nennbetrags des Kapitalanteils. Im Fall der Auseinandersetzung durch Umwandlung des Kapitalanteils endet die Gewinnberechtigung aus dem Kapitalanteil mit dem Beginn der Gewinnberechtigung der neuen Kommanditaktien. Im Fall der Auseinandersetzung durch Auszahlung des Kapitalanteils ist der Kapitalanteil für die Zeit vom Ende des im Zeitpunkt des Ausscheidens abgelaufenen Geschäftsjahrs an bis zur Auszahlung mit 2 % über dem Basiszinssatz der Deutschen Bundesbank, höchstens mit 8 %, zu verzinsen. Die Zinsen werden mit dem Kapitalanteil gezahlt.[15]

(4) Scheidet der letzte verbliebene persönlich haftende Gesellschafter aus der Gesellschaft aus oder ist dieses Ausscheiden abzusehen, so ist der Gesellschafterausschuss berechtigt und verpflichtet, unverzüglich bzw. zum Zeitpunkt des Ausscheidens des persönlich haftenden Gesellschafters eine Kapitalgesellschaft, deren sämtliche Anteile von der Gesellschaft gehalten werden, als neue persönlich haftende Gesellschafterin in die Gesellschaft aufzunehmen. Scheidet der letzte verbliebene persönlich haftende Gesellschafter aus der Gesellschaft aus, ohne dass gleichzeitig ein solch neuer persönlich haftender Gesellschafter aufgenommen worden ist, wird die Gesellschaft übergangsweise von den Kommanditaktionären alleine fortgesetzt. Der Gesellschafterausschuss hat in diesem Fall unverzüglich die Bestellung eines Notvertreters zu beantragen, der die Gesellschaft bis zur Aufnahme eines neuen persönlich haftenden Gesellschafters gem S 1 dieses Absatzes vertritt, insbesondere bei Erwerb bzw. Gründung dieses persönlich haftenden Gesellschafters.[16]

(5) Der Aufsichtsrat ist ermächtigt, die Fassung der Satzung entsprechend dem Ausscheiden oder Wechsel der persönlich haftenden Gesellschafter entsprechend dieses § 9 zu berichtigen.[17]

§ 10 Aufnahme neuer persönlich haftender Gesellschafter

(1) Weitere persönlich haftende Gesellschafter können mit oder ohne Geschäftsführungs- und/oder Vertretungsbefugnis in die Gesellschaft aufgenommen werden. Die Aufnahme bedarf der Zustimmung des Gesellschafterausschusses. Eine Zustimmung durch die Hauptversammlung oder den Aufsichtsrat ist nicht erforderlich. Hat die Gesellschaft nach der Aufnahme mehrere persönlich haftender Gesellschafter, ist deren Verhältnis zueinander durch den Gesellschafterausschuss festzulegen.[18]

(2) Der Aufsichtsrat ist ermächtigt, die Fassung der Satzung entsprechend der Aufnahme eines persönlich haftenden Gesellschafters zu berichtigen.

(3) Die Bestimmungen dieser Satzung gelten für beigetretene neue persönlich haftende Gesellschafter entsprechend.

IV. Geschäftsführung und Vertretung

§ 11 Vertretung

(1) Die Gesellschaft wird durch den persönlich haftenden Gesellschafter ohne Kapitalanteil allein vertreten.[19]

(2) Der Gesellschafterausschuss kann die Vertretungsbefugnis ändern und einem oder mehreren persönlich haftenden Gesellschaftern erteilen. Wenn nur ein persönlich haftender Gesellschafter vorhanden ist, vertritt dieser die Gesellschaft allein.

(3) Gegenüber den persönlich haftenden Gesellschaftern wird die Gesellschaft durch den Gesellschafterausschuss vertreten.[20]

§ 12 Geschäftsführung

(1) Die Geschäftsführung obliegt den persönlich haftenden Gesellschaftern ohne Kapitalanteil. Die persönlich haftenden Gesellschafter können sich durch einstimmigen Beschluss eine Geschäftsordnung geben, wenn nicht der Gesellschafterausschuss eine Geschäftsordnung erlässt.[21]

(2) Der Gesellschafterausschuss kann bestimmen, dass bestimmte Arten von Geschäften nur mit Zustimmung des Gesellschafterausschusses vorgenommen werden dürfen. Das Widerspruchsrecht der Kommanditaktionäre bei außergewöhnlichen Geschäften nach § 164 S 1 Halbs 2 HGB ist ausgeschlossen.[22]

V. Aufsichtsrat[23]

Vgl → Form. II.E.3.2 Anm. 6–31.

VI. Hauptversammlung

§ 13 Ort und Einberufung; Vorsitz[24]

(1) Vgl zum Ort → Form. II.E.3.2 Anm. 32.

(2) Sie wird, vorbehaltlich der gesetzlichen Einberufungsrechte des Aufsichtsrats und einer Minderheit der Kommanditaktionäre, von den persönlich haftenden Gesellschaftern einberufen.

(3) und (4) Vgl zum Vorsitz in der Hauptversammlung → Form. II.E.3.2 Anm. 43–45.

§ 14 Beschlussfassung

(1) Jede Kommanditaktie gewährt in der Hauptversammlung eine Stimme.[25]

(2) und (3) Vgl zu Mehrheitserfordernissen und der Vertretung von Aktionären → Form. II.E.3.2 Anm. 40–42.

(4) Die Beschlüsse der Hauptversammlung werden vom Gesellschafterausschuss ausgeführt.[26]

§ 15 Zustimmung der persönlich haftenden Gesellschafter[27]

(1) Soweit Beschlüsse der Hauptversammlung der Zustimmung der persönlich haftenden Gesellschafter bedürfen, wird die Zustimmung oder Ablehnung für alle persönlich haftenden Gesellschafter einheitlich durch den geschäftsführungsbefugten persönlich haftenden Gesellschafter erklärt.

(2) Persönlich haftende Gesellschafter können sich im Fall ihrer Verhinderung bei der Beschlussfassung gem Abs 1 durch einen anderen persönlich haftenden Gesellschafter aufgrund einer schriftlichen Vollmacht vertreten lassen.

VII. Gesellschafterausschuss

§ 16 Aufgaben und Zusammensetzung

(1) Der Gesellschafterausschuss hat die Aufgabe, die ihm von der Hauptversammlung oder durch die Satzung übertragenen Angelegenheiten durchzuführen, insbesondere anstelle der Hauptversammlung bei der Geschäftsführung mitzuwirken.[28] Der Gesellschafterausschuss beschließt über den Eintritt oder das Ausscheiden von persönlich haftenden Gesellschaftern gem § 9 und vertritt die Gesellschaft gegenüber den persönlich haftenden Gesellschaftern.[29] Der Gesellschafterausschuss führt zudem gem § 14 Abs 4 die Beschlüsse der Hauptversammlung aus.

(2) Der Gesellschafterausschuss besteht aus fünf Mitgliedern. Die Mitglieder des Gesellschafterausschusses werden durch die Hauptversammlung längstens für die Zeit bis zur Beendigung der Hauptversammlung gewählt, die über ihre Entlastung für das vierte Geschäftsjahr nach dem Beginn der Amtszeit beschließt. Das Geschäftsjahr, in dem die Amtszeit beginnt, wird nicht mitgerechnet.[30]

(3) Mitglieder der Geschäftsleitung des geschäftsführungsbefugten persönlich haftenden Gesellschafters und persönlich haftende Gesellschafter können nicht Mitglieder des Gesellschafterausschusses sein; eine Mitgliedschaft im Aufsichtsrat der Gesellschaft oder in einem anderen Organ des geschäftsführungsbefugten persönlich haftenden Gesellschafters ist mit einer Mitgliedschaft im Gesellschafterausschuss vereinbar.[31]

(4) Die Mitglieder des Gesellschafterausschusses können ihr Amt jederzeit durch schriftliche Erklärung gegenüber dem Vorsitzenden des Gesellschafterausschusses oder dem geschäftsführungsbefugten persönlich haftenden Gesellschafter niederlegen.

§ 17 Innere Ordnung und Beschlussfassung[32]

(1) Der Gesellschafterausschuss wählt aus seiner Mitte einen Vorsitzenden und einen Stellvertreter. Der Stellvertreter hat die Rechte des Vorsitzenden, wenn dieser verhindert ist.

(2) Der Gesellschafterausschuss ist beschlussfähig, wenn die Hälfte seiner Mitglieder anwesend oder vertreten ist. Ein abwesendes Mitglied kann sich auf Grund schriftlicher Vollmacht durch ein anderes Mitglied vertreten lassen.

(3) Der Gesellschafterausschuss beschließt mit Mehrheit der abgegebenen Stimmen. Der Vorsitzende ist ermächtigt, die zur Durchführung der Beschlüsse erforderlichen Willenserklärungen des Gesellschafterausschusses abzugeben sowie Erklärungen für den Gesellschafterausschuss entgegenzunehmen.

(4) Im Rahmen der vorstehenden Bestimmungen und der zwingenden gesetzlichen Vorschriften gibt sich der Gesellschafterausschuss durch einstimmigen Beschluss eine Geschäftsordnung.

§ 18 Vergütung[33]

(1) Die Mitglieder des Gesellschafterausschusses erhalten für ihre Tätigkeit außer dem Ersatz ihrer baren Auslagen eine Vergütung, die feste und erfolgsorientierte Bestandteile enthält.

(2) Jedes Mitglied des Gesellschafterausschusses erhält eine feste jährliche Vergütung in Höhe von EUR ...... Jedes Mitglied des Gesellschafterausschusses erhält eine jährliche Tantieme von EUR ....., für je volle EUR ....., um die das Ergebnis pro Aktie des Geschäftsjahres, für das die Vergütung bezahlt wird, das Ergebnis pro Aktie des Vorjahres übersteigt. Für die Berechnung des Ergebnisses pro Aktie sind jeweils die in den geprüften Konzernabschlüssen der betreffenden Geschäftsjahre genannten Ergebnisse je Aktie – bereinigt um wesentliche außerordentliche Ergebnisse – maßgebend. Die Vergütung nach diesem Abs 2 darf die Vergütung nach Abs 1 nicht übersteigen.

(3) Der Vorsitzende erhält das Doppelte, der Stellvertreter das Eineinhalbfache der auf ein einfaches Mitglied entfallenden Gesamtvergütung.

(4) Die Vergütung wird nach Feststellung des Jahresabschlusses der Gesellschaft (§ 19 Abs 2) und Vorlage des geprüften Konzernabschlusses fällig.

VIII. Jahresabschluss und Gewinnverwendung

§ 19 Jahresabschluss

(1) Der geschäftsführungsbefugte persönlich haftende Gesellschafter hat den Jahresabschluss und den Lagebericht für das vergangene Geschäftsjahr aufzustellen und dem Abschlussprüfer vorzulegen. Bei der Aufstellung des Jahresabschlusses kann der geschäftsführungsbefugte persönlich haftende Gesellschafter mit Zustimmung des Gesellschafterausschusses vorsehen, dass bis zur Hälfte des Jahresüberschusses in andere Gewinnrücklagen eingestellt wird. Unverzüglich nach Eingang des Prüfungsberichts des Abschlussprüfers haben die persönlich haftenden Gesellschafter den Jahresabschluss, den Lagebericht und den Prüfungsbericht zusammen mit dem Vorschlag für die Verwendung des Bilanzgewinns dem Aufsichtsrat zur Prüfung vorzulegen.

(2) Der Jahresabschluss wird durch die Hauptversammlung festgestellt. Der Beschluss bedarf der Zustimmung der persönlich haftenden Gesellschafter.[34]

§ 20 Verteilung des Jahresergebnisses zwischen den persönlich haftenden Gesellschaftern mit Kapitalanteil und den Kommanditaktionären

(1) Grundlage für die Verteilung des Ergebnisses zwischen den persönlich haftenden Gesellschaftern mit Kapitalanteil und den Kommanditaktionären ist der Jahresüberschuss oder Jahresfehlbetrag, wie er sich ergeben würde

- ohne Berücksichtigung des auf die persönlich haftenden Gesellschafter mit Kapitalanteil entfallenden Gewinns oder Verlustes als Aufwand oder Ertrag,

– ohne Berücksichtigung des Aufwands aus der auf den Gewinnanteil der Kommanditaktionäre entfallenden Körperschaftsteuer und der Erträge aus der Auflösung von Rückstellungen für die genannten Steuern oder der Erstattung solcher Steuern,
– nach Berücksichtigung der Bezüge der persönlich haftenden Gesellschafter nach § 8 Abs 2 als Aufwand,
– nach Berücksichtigung der Einstellungen in Gewinnrücklagen als Aufwand und der Entnahmen aus Gewinnrücklagen als Ertrag.

An dem so ermittelten Ergebnis ist ein persönlich haftender Gesellschafter mit Kapitalanteil mit dem Prozentsatz beteiligt, der seinem Kapitalanteil im Verhältnis zum Gesamtkapital zum Ende des Geschäftsjahres entspricht. Der Prozentsatz bestimmt sich auch dann nach dem unverminderten Kapitalanteil, wenn der Kapitalanteil durch die Verbuchung von Verlusten gemindert ist.[35]

(2) Der Bilanzgewinn wird an die Kommanditaktionäre verteilt, soweit die Hauptversammlung nichts anderes beschließt. Der auf einen persönlich haftenden Gesellschafter mit Kapitalanteil nach Abs 1 entfallende Gewinn steht ihm nach Feststellung des Jahresabschlusses zur Entnahme zur Verfügung, soweit der Gewinn nicht nach § 6 Abs 3 zur Auffüllung des Kapitalanteils zu verwenden oder eine Entnahme durch zwingende gesetzliche Vorschriften ausgeschlossen ist. Soweit die Hauptversammlung mit Zustimmung der persönlich haftenden Gesellschafter beschließt, den Bilanzgewinn vorzutragen, dürfen auch die persönlich haftenden Gesellschafter mit Kapitalanteil einen entsprechenden Teil des auf sie entfallenden Gewinns nicht entnehmen.[36]

IX. Erhöhung und Umwandlung des Kapitalanteils

§ 21 Erhöhung des Kapitalanteils

Im Falle einer Erhöhung des Grundkapitals gegen Einlagen ist ein persönlich haftender Gesellschafter mit Kapitalanteil ohne Zustimmung der Hauptversammlung berechtigt, seinen Kapitalanteil im gleichen Verhältnis und zu den gleichen Bedingungen, insbesondere zum gleichen Ausgabebetrag, zu erhöhen. Der persönlich haftende Gesellschafter hat von diesem Recht innerhalb von 1 Monat nach der Beschlussfassung über die Kapitalerhöhung Gebrauch zu machen. Eines Beschlusses der Hauptversammlung zur Änderung der Satzung,[37] um den erhöhten Kapitalanteil auszuweisen, bedarf es dann nicht mehr. Die Änderung der Satzung kann von dem geschäftsführungsbefugten persönlich haftenden Gesellschafter vorgenommen werden.

§ 22 Umwandlung des Kapitalanteils[38]

(1) Ein persönlich haftender Gesellschafter mit Kapitalanteil kann verlangen, dass sein Kapitalanteil durch die Ausgabe von Aktien ganz oder teilweise in Grundkapital umgewandelt wird. Das Verlangen einer teilweisen Umwandlung muss sich auf einen Nennbetrag des Kapitals von mind. EUR ..... oder ein ganzzahliges Vielfaches davon beziehen.

(2) Das Umwandlungsverlangen ist schriftlich gegenüber dem geschäftsführenden persönlich haftenden Gesellschafter und dem Aufsichtsrat zu erklären. Die Umwandlung erfolgt mit wirtschaftlicher Wirkung zum Beginn des Geschäftsjahres, das auf den Zugang des Umwandlungsverlangens folgt. Demgemäß gilt die mit dem umgewandelten Kapitalanteil verbundene Ergebnisbeteiligung letztmals für das Geschäftsjahr, in dem das Umwandlungsverlangen erklärt wurde. Die aufgrund der Umwandlung gewährten Aktien sind erstmals für das auf die Umwandlungserklärung folgende Geschäftsjahr gewinnberechtigt.

(3) Die Umwandlung erfolgt im Wege der Kapitalerhöhung gegen Sacheinlage durch Ausgabe von neuen Aktien an den umwandelnden persönlich haftenden Gesellschafter.[39] Die Zahl der auszugebenden Aktien entspricht jeweils dem Nennbetrag des umgewandelten Kapitalanteils oder Teil des Kapitalanteils, multipliziert mit der Gesamtzahl der ausgegebenen Aktien dividiert durch das in Aktien eingeteilte Grundkapital. Die neuen Aktien werden entweder aus einem zu diesem Zweck bestehenden bedingten Kapital oder aus genehmigten Kapital oder, falls ein bedingtes oder genehmigtes Kapital in dem erforderlichen Umfang nicht vorhanden ist, aufgrund eines Beschlusses der Hauptversammlung zur Erhöhung des Grundkapitals gegen Sacheinlage ausgegeben. Der Beschluss der Kapitalerhöhung ist spätestens in der ordentlichen Hauptversammlung des auf die Erklärung des Umwandlungsverlangens folgenden Geschäftsjahres zu fassen.

(4) Soweit die Gesellschaft nicht gem Abs 2 und 3 vor Ablauf von 8 Monaten seit Beginn des Geschäftsjahres, das auf das Umwandlungsverlangen folgt, die dem Umwandlungsverlangen entsprechende Zahl von Aktien ausgegeben hat, kann der betreffende persönlich haftende Gesellschafter den Kapitalanteil ohne Einhaltung einer Frist mit Wirkung zum Ende des Geschäftsjahres, das auf das Umwandlungsverlangen folgt, kündigen. Der kündigende persönlich haftende Gesellschafter scheidet mit Wirksamwerden der Kündigung als persönlich haftender Gesellschafter aus der Gesellschaft aus. Die Kündigung kann auf den Teil des Kapitalsanteils, der in dem Umwandlungsverlangen bezeichnet wurde, beschränkt werden.[40]

(5) Im Falle der Kündigung nach Abs 4 erfolgt eine Barabfindung des gekündigten Kapitalanteils oder Teil des Kapitalanteils. Der Abfindungsbetrag entspricht dem Börsenwert der Aktien, die aufgrund des Umwandlungsverlangens hätten ausgegeben werden müssen. Der Börsenwert berechnet sich auf Grundlage des durchschnittlichen gewichteten Aktienkurses der Aktie der Gesellschaft an den 5 Handelstagen, die dem Zugang des Umwandlungsverlangens vorangehen. Die Abfindung ist spätestens 3 Monate nach Wirksamwerden der Kündigung zur Zahlung fällig.

X. Auflösung

§ 23 Auflösung[41]

(1) Im Falle der Auflösung der Gesellschaft erfolgt die Abwicklung durch die persönlich haftenden Gesellschafter, wenn die Hauptversammlung nicht andere Personen als Abwickler bestellt.

(2) Das nach Berichtigung der Verbindlichkeiten verbleibende Vermögen der Gesellschaft wird zwischen den persönlich haftenden Gesellschaftern mit Kapitalanteil und den Kommanditaktionären im Verhältnis der Nennbeträge der Kapitalanteile und der Anteile am Grundkapital verteilt.

Schrifttum: *Assmann/Sethe,* Der Beirat der KGaA, FS Lutter 2000, 251; *Bachmann,* Die Änderung personengesellschaftsrechtlicher Satzungsbestandteile bei der KGaA, FS K. Schmidt 2008, 41; *Bogenschütz,* Umwandlung einer Kapitalgesellschaft in eine KGaA, FS Widmann 2002, 163; *Fiebelkorn,* Zur Reichweite der Regelungen zur Vermeidung von Interessen-Konflikten in der atypischen Kommanditgesellschaft auf Aktien, IGR 2020, 782; *Habersack,* Der Gesellschafterausschuss in der KGaA, FS Hellwig 2010, 143; *Herfs,* Vereinbarungen zwischen der KGaA und ihren Komplementären, AG 2005, 589; *Herfs,* Die Kapitalgesellschaft & Co KGaA als Rechtsformoptimierung für mittelständische Unternehmen, WiB 1997, 688; *Hoffmann-Becking/Herfs,* Struktur und Satzung der Familien-KGaA, FS Sigle 2000, 273; *Hommelhoff,* Anlegerschutz in der GmbH & Co. KGaA, ZHR Beiheft 1998, 9-31; *Ihrig/Schlitt,* Die KGaA nach dem Beschluss des BGH vom 24.2.1997, ZHR Beiheft 1998, 33-84; *R. Krause,* Zum beherrschenden Einfluss des Komplementärs in der KGaA,

Liber Amicorum Winter **2011**, S 351; *Krug,* Gestaltungsmöglichkeiten bei der KGaA durch Umwandlung von Komplementäranteilen in Aktien, AG **2000**, 510; *Mayer-Uellner/Otte,* Die SE & Co. KGaA als Rechtform kapitalmarktfinanzierter Familienunternehmen, NZG **2015**, 737; *Philbert,* Die KGaA zwischen Personengesellschaftsrecht und Aktienrecht, **2005**; *Schlitt,* Die Satzung der KGaA, **1999**; *Schlitt/Winzen,* Die Kommanditgesellschaft auf Aktien (KGaA) – eine attraktive Rechtsform für börsennotierte Unternehmen?, CFL **2012**, 261; *K. Schmidt,* Zur Vermögensstruktur der Kommanditgesellschaft auf Aktien, FS Forstmoser **2003**, S 87; *K. Schmidt,* Zehn Jahre GmbH & Co. KGaA – Zurechnungs- und Durchgriffsprobleme nach BGHZ 134, 392, FS Priester **2007**, S 691; *K. Schmidt,* 150 Jahre KGaA: Balanceakte eines Sonderlings, in Habersack/Bayer, Aktienrecht im Wandel, **2007**, S 1207 ff; *Schnorbus,* Gestaltungsfragen fakultativer Aufsichtsorgane der KGaA, Liber Amicorum Winter 2011, 627; *Seibt/von Rimon,* Monistische SE & Co. KGaA: Einsatzfelder und Antworten auf Praxisfragen, AG **1999**, 753; *I. Scholz,* Das Übernahme- und Pflichtangebot bei der KGaA, NZG **2006**, 445; *Sethe,* Wider die Entrechtung der Kommanditaktionäre, AG 2021, 78; *Wichert,* Finanzen der Kommanditgesellschaft auf Aktien, **1998**.

Anmerkungen

1. Die KGaA ist eine Mischform aus Kommanditgesellschaft und Aktiengesellschaft. Mit der AG hat die KGaA die Zerlegung eines Teils des Kapitals in Aktien und die Börsenfähigkeit gemeinsam, mit der Kommanditgesellschaft die Aufteilung der Gesellschafter in zwei Gruppen: die persönlich haftenden Gesellschafter und die Kommanditaktionäre (MüKoAktG/*Perlitt,* § 278 Rn 7). Obwohl im Aktiengesetz geregelt, ist die KGaA nach Ansicht des BGH eine Rechtsform eigener Art und nicht bloß eine Variante der Aktiengesellschaft (BGHZ 134, 398 = NJW 1997, 1923; ausführlich dazu *Philbert,* 2005, 176). Sie ist juristische Person und kann auch aus nur einem Gesellschafter bestehen (§ 280 AktG). Anders als bei der Kommanditgesellschaft kann der einzige Komplementär auch der einzige Kommanditaktionär sein (K. Schmidt/Lutter/*K. Schmidt,* § 278 Rn 1). Die KGaA kann auch als Einheitsgesellschaft bestehen, bei der die KGaA gleichzeitig einzige Gesellschafterin der Komplementärgesellschaft ist (vgl zB § 8 Abs 1 und 5 der Satzung der Henkel AG & Co. KGaA; K. Schmidt/Lutter/*K. Schmidt,* § 278 Rn 13; GroKo(AktG)/*Sethe,* § 278 Rn 18).

In der KGaA ist das geltende Recht nach § 278 AktG gespalten: (1) Für das Verhältnis der Komplementäre untereinander sowie für das Verhältnis der Komplementäre zu den Kommanditaktionären gelten die Vorschriften über die Kommanditgesellschaft (§ 278 Abs 2 AktG). (2) Für das Verhältnis der Kommanditaktionäre untereinander sowie das Verhältnis der KGaA als juristischer Person zu Dritten gelten die Vorschriften des Aktiengesetzes (§ 278 Abs 3 AktG; Überblick über die anwendbaren Vorschriften bei GroKo(AktG)/*Sethe,* § 278 Rn 3-6). Innerhalb der aktienrechtlichen Vorschriften gehen die Sondervorschriften über die KGaA in den §§ 278–290 AktG den allgemeinen aktienrechtlichen Vorschriften vor.

Soweit das Personengesellschaftsrecht anwendbar ist, besteht bei der Gestaltung der Satzung, anders als bei der Aktiengesellschaft, Gestaltungsfreiheit. Die Rechtsbeziehungen der Komplementäre zu den Kommanditaktionären und der Komplementäre untereinander sind daher für eine individuelle gesellschaftsvertragliche Gestaltung offen. Insbesondere die Ausgestaltung der Geschäftsführung und der Mitwirkungsrechte der Kommanditaktionäre bei Geschäftsführungsmaßnahmen können an die Bedürfnisse der jeweiligen Gesellschaft angepasst werden (vgl MüKoAktG/*Perlitt,* § 278 Rn 129 ff; *Habersack,* FS Hellwig 2011, 144 f).

Die KGaA erlaubt es insbesondere eigentümergeführten bzw Familienunternehmen, durch entsprechende Satzungsgestaltung des Gründers bzw der Familie die Kontrolle zu behalten und gleichzeitig Eigenkapital am Kapitalmarkt aufzunehmen. Bei späterem Rückzug des Gründers bzw der Familie oder weiterer Reduzierung der Beteiligung kann eine Umwandlung in die Rechtsform der AG (ggf gegen Ausgabe von Vorzugsaktien) erfolgen. Zudem wird die Wirkung der Mitbestimmung abgeschwächt (s unten → Anm. 20), was auch den Übergang von einer Familiengesellschaft in eine (börsennotierte) Kapitalgesellschaft erleichtern kann. Bei Wahl einer SE & Co. KGaA kann eine Mitbestimmung uU sogar vollständig vermieden werden und bei Ausgestaltung der SE mit einer monistischen Führungsstruktur eine starke Stellung auch solcher Familienmitglieder erreicht werden, die sich nicht mehr (als Geschäftsführungsmitglieder) unmittelbar am operativen Geschäft beteiligen wollen; s dazu auch *Mayer-Uellner/Otte,* NZG 2015, 737 ff; *Seibt/von Rimon,* AG 2019, 753 ff. Bei der AG ist sowohl der Finanzierungs- als auch der sonstige Gestaltungsspielraum für die Familiengesellschafter viel weiter eingeschränkt (vgl hierzu *Hoffmann-Becking/Herfs,* FS Sigle, 2000, S 273 ff). Dementsprechend liegt dem Form. eine Konstellation zugrunde, in der ein bisher als GmbH & Co. KG geführtes Unternehmen in eine KGaA umgewandelt wird. Die Familie hält das Komplementärkapital bzw kontrolliert die Komplementärgesellschaft und ist zur Hälfte am Kommanditaktienkapital beteiligt.

2. Hat die KGaA keine natürliche Person als persönlich haftenden Gesellschafter, muss die Firma gem § 279 Abs 2 AktG eine Bezeichnung enthalten, die die beschränkte Haftung des persönlich haftenden Gesellschafters erkennen lässt, wie etwa „[Firma, GmbH & Co. KGaA]" (BGHZ 134, 401 = NJW 1997, 1923). Im Übrigen gelten die allgemeinen Grundsätze des § 18 HGB. Die KGaA kann eine Personen- oder Sachfirma bilden (MüKoAktG/*Perlitt,* § 279 Rn 3). Ist der Komplementär eine GmbH & Co. KG, können die Grundsätze, die für die sog doppelstöckige GmbH & Co. KG entwickelt worden sind, übernommen werden. Der Firmenzusatz GmbH „GmbH & Co." muss nicht verdoppelt werden. Die KGaA mit einer GmbH als alleinigem Komplementär oder mit einer GmbH & Co. KG können daher jeweils als „GmbH & Co. KGaA" firmieren (MüKoAktG/*Perlitt,* § 279 Rn 7).

3. Das Kapital der KGaA setzt sich in jedem Fall aus dem von den Kommanditaktionären aufgebrachten Grundkapital zusammen. Hinzukommen kann (muss aber nicht) das durch Vermögenseinlagen der persönlich haftenden Gesellschafter aufgebrachte Komplementärkapital. Zusammen bilden die beiden Kapitalien das Gesamtkapital. Beide Kapitalformen sind streng voneinander zu trennen und unterliegen unterschiedlichen Vorschriften. Die Aufbringung und Veränderung des Grundkapitals richtet sich allein nach den aktienrechtlichen Vorschriften, die Aufbringung und Veränderung des Komplementärkapitals nach personengesellschaftsrechtlichen Vorschriften. Allerdings können bei der Beteiligung an den beiden Eigenkapitalformen Überschneidungen bestehen. Zwar kann jeder Komplementär nur einen Komplementäranteil halten; insoweit gilt der personengesellschaftsrechtliche Grundsatz der Unteilbarkeit der Mitgliedschaft (K. Schmidt/Lutter/*K. Schmidt,* § 278 Rn 12). Zusätzlich kann er aber auch Kommanditaktien erwerben und damit zugleich Kommanditaktionär werden. Grundsätzlich kann eine Gesellschaftergruppe das von ihr aufgebrachte Kapital nicht ohne Zustimmung der anderen Gesellschaftergruppe ändern. Will ein Komplementär seine Einlage erhöhen, bedarf es hierzu einer Satzungsänderung (§ 281 Abs 2 AktG), die grundsätzlich eines Beschlusses der HV bedarf (§ 278 Abs 3 iVm § 179 AktG). Beschließt die HV der KGaA eine Erhöhung des Grundkapitals, bedarf der Beschluss der Zustimmung aller Komplementäre, um wirksam zu werden. Da die Höhe des jeweiligen Kapitals grundsätzlich die Beteiligung am Gewinn der Gesellschaft determiniert, soll durch die wechselseitige Zustimmungspflicht verhindert werden, dass eine Gesellschaftergruppe die andere eigenmächtig verwässern kann (Bürgers/Fett/*Fett,* § 7 Rn 2). Für das Grundkapital und dessen Aufteilung in Aktien gibt es gegenüber der Aktiengesellschaft keine Besonderheiten.

4. Der Bestand einer KGaA setzt voraus, dass mindestens ein persönlich haftender geschäftsführungs- und vertretungsberechtigter Gesellschafter vorhanden ist. Eine KGaA kann als Einmanngesellschaft gegründet werden, wenn der persönlich haftende Gesellschafter gleichzeitig alle Kommanditaktien zeichnet. Komplementär einer KGaA kann sowohl eine natürliche Person, eine Personengesellschaft oder eine juristische Person sein (grundlegend BGHZ 134, 392 = NJW 1997, 1923). Auch eine ausländische Gesellschaft kann wie bei der KG die Komplementärfunktion übernehmen (MüKoAktG/*Perlitt,* § 278 Rn 35; K. Schmidt/Lutter/*K. Schmidt,* § 278 Rn 21). Oberstes Organ der KGaA und ihrer Komplementärgesellschaft ist die HV. Es können aber auf Ebene der Komplementärgesellschaft zusätzliche Organe geschaffen werden. Im Form. gibt es eine natürliche Person als persönlich haftenden Gesellschafter und eine GmbH. Eine juristische Person als Komplementär sichert dauerhaft den Bestand der KGaA.

5. Ein persönlich haftender Gesellschafter kann eine Vermögenseinlage erbringen, die nicht auf das Grundkapital geleistet wird (§ 281 Abs 2 AktG). Solche Vermögenseinlagen werden in der Praxis häufig als Sondereinlage bezeichnet. Die Erbringung solcher Vermögens- bzw. Sondereinlagen ist aber nicht erforderlich; möglich ist auch eine Beteiligung als Komplementär ohne Kapitalanteil (vgl dazu *K. Schmidt,* 150 Jahre KGaA: Balanceakte eines Sonderlings, 2007, S 1207 ff). Die Vermögenseinlage eines persönlich haftenden Gesellschafters muss nach Höhe und Wert in der Satzung festgesetzt werden (§ 281 Abs 2 AktG). Grundsätzlich bedarf jede Veränderung einer Satzungsänderung (zur Änderung von persongesellschaftsrechtlichen Bestandteilen der Satzung *Bachmann,* FS K. Schmidt 2008, S 41 ff). Die kapitalmäßige Beteiligung bei einer Vermögenseinlage kann für einen persönlich haftenden Gesellschafter steuerlich interessant sein. Er wird dann als Mitunternehmer gem § 15 Abs 1 Nr 3 EStG besteuert (vgl MHdB GesR IV/*Kraft,* § 82 Rn 22 ff).

6. Dem Form. liegt eine Struktur mit zwei Komplementären zugrunde. Die natürliche Person hat einen Sondereinlage erbracht und ist dementsprechend am Ergebnis der KGaA beteiligt, ist aber weder zu Geschäftsführung noch Vertretung berechtigt. Bei der Management GmbH ist es genau umgekehrt. Sie ist geschäftsführungsbefugt und vertretungsberechtigt, erbringt aber keine Sondereinlage und partizipiert nicht am Ergebnis. Auf diese Weise ist es einfacher, Fremdgeschäftsführer zu gewinnen, weil diese in der Regel nicht das Risiko der persönlichen Haftung eingehen wollen.

7. Die Entscheidungsfindung der persönlich haftenden Gesellschafter untereinander richtet sich gem § 278 Abs 2 AktG nach den Vorschriften des HGB über die Kommanditgesellschaft. Insoweit herrscht somit Gestaltungsfreiheit. Einzelne persönlich haftende Gesellschafter können von der Vertretung oder Geschäftsführung ausgeschlossen werden. Die Entscheidungen der persönlich haftenden Gesellschafter können nach Köpfen, nach Kapitalanteilen oder auch nur durch Einzelne mit Wirkung für alle getroffen werden.

8. Vor Inkrafttreten des ARUG II war str, ob die Verpflichtung zur individualisierten Offenlegung der Vorstandsvergütung gem § 285 Nr 9 Buchst a) HGB Anwendung fand (1) auf die Komplementäre der KGaA und (2) auf die Vorstände bzw Geschäftsführer einer Komplementärgsellschaft (vgl nur BeckOGK AktG/*Bachmann,* § 286 Rn 13 a). Die Regelung ist durch das ARUG II aufgehoben worden. Nunmehr sind in der AG der HV (i) jährlich ein geprüfter Vergütungsbericht zur Billigung und (ii) bei jeder wesentlichen Änderung, mindestens aber alle vier Jahre das vom Aufsichtsrat festgelegte Vergütungssystem für die Vorstandsmitglieder zur Billigung vorzulegen (§ 120a Abs 1 und 4 AktG; s → Form. II.E.4.1 Anm. 26–28, → Anm. 31–32). Der Gesetzgeber hat iRd ARUG II trotz der bekannten Meinungsstreitigkeiten keine Klarstellungen getroffen. Ausgeschlossen erscheint danach jedenfalls eine Anwendung von § 120a AktG auf Geschäftsleitungsmitglieder von Komplementärgesellschaften einer KGaA.

9. Die Festsetzung jedweder Vergütung des Komplementärs für seine Geschäftsführungstätigkeit und die Übernahme der Haftung bedarf einer Grundlage in der Satzung.

Dabei muss die Höhe nicht konkret in der Satzung festgelegt werden. Es reicht aus, wenn in der Satzung bestimmt wird, für welche Tätigkeiten der Komplementär eine Vergütung erhalten soll und die Festsetzung der Höhe einem anderen Organ zugewiesen wird (MüKoAktG/*Perlitt,* § 281 Rn 47). Für die Vergütung des geschäftsführenden Komplementärs gilt nicht § 87 AktG, weil § 283 AktG nicht auf § 87 AktG verweist (BeckOGK AktG/*Bachmann,* § 288 Rn 13; GroKo(AktG)/*Sethe,* § 278 Rn 77).

10. Gem § 284 Abs 1 unterliegt ein persönlich haftender Gesellschafter einem Wettbewerbsverbot. Im Falle einer Komplementärgesellschaft als persönlich haftenden Gesellschafter erstreckt sich das Wettbewerbsverbot in jedem Fall auch auf die Geschäftsführer der Komplementärgesellschaft. Es gelten die gleichen Grundsätze wie bei der GmbH & Co. KG (MüKoAktG/*Perlitt,* § 278 Rn 326; für die KG Baumbach/Hopt/*Roth,* Anhang § 177a Rn 27). Das Wettbewerbsverbot gilt auch für die Mehrheitsgesellschafter der Komplementärgesellschaft und ggf den die Mehrheitsgesellschafter beherrschenden Gesellschafter (MüKoAktG/*Perlitt,* § 278 Rn 326 f; GroKo(AktG)/*Sethe,* § 284 Rn 9).

11. Vereinbarungen zwischen der KGaA und ihrem Komplementär bedürfen einer Ermächtigungsgrundlage in der Satzung (GroKo(AktG)/*Sethe,* § 278 Rn 75, 77, 79; MüKoAktG/*Perlitt,* § 281 Rn 47; *Schlitt,* Die Satzung der KGaA, 1999, 129). Eine Vereinbarung zwischen Komplementär und KGaA gestaltet in der Regel die Geschäftsführung aus und hat daher mitgliedschaftlichen Charakter. Wird die Geschäftsführung teilweise in einer gesonderten Vereinbarung geregelt, so bedarf es dazu einer Grundlage in der Satzung. Eine solche Vereinbarung kann neben Einzelheiten der Geschäftsführung auch Vergütung und Haftungsfreistellung regeln. Grundsätzlich vertritt der Aufsichtsrat die KGaA bei allen Vereinbarungen mit ihren Komplementären (BGH NZG 2005, 276 f; hierzu *Herfs,* AG 2005, 589 ff; aA *Fiebelkorn*, ZGR 2020, 787 ff). Ob die Satzung die Vertretungskompetenz einem anderen Organ zuweisen kann, ist str (bejahend zB Mü AG 1996, 86; *Herfs,* AG 2005, 592 f; *Schnorbus,* Liber Amicorum M. Winter 2011, 647; K. Schmidt/Lutter/*K. Schmidt,* § 287 Rn 20; Grigoleit/*Servatius,* § 287 Rn 4; verneinend etwa BeckOGK AktG/*Bachmann,* § 287 Rn 27 f mwN). Im Form. wurde diese Kompetenz auf den Gesellschafterausschuss übertragen.

12. Die Regelung dient der Klarstellung. An den persönlich haftenden Gesellschafter gezahlte Vergütungen mindern das Ergebnis der Gesellschaft und werden somit wirtschaftlich von den Kommanditaktionären anteilig mitgetragen.

13. Nach § 289 Abs 1 AktG iVm § 131 Abs 3 HGB kann ein Komplementär aufgrund gesetzlicher Bestimmungen oder auf Basis von Satzungsregelungen ausscheiden. Das Form. nimmt auf die Gründe in § 131 Abs 3 Nr 1 bis 4 HGB ausdrücklich Bezug. Ausgenommen ist der Ausschluss durch Beschluss der Gesellschafter. Da die Satzung den Einfluss der Familie erhalten soll, sollen die Kommanditaktionäre gerade nicht über den Ausschluss eines persönlich haftenden Gesellschafters beschließen können. Als auf der Satzung beruhenden Ausscheidungsgrund sieht das Form. eine Ausscheidungsvereinbarung vor, die zwischen dem persönlich haftenden Gesellschafter und dem Gesellschafterausschuss getroffen wird. Sofern in der Satzung ausdrücklich zugelassen, ist das Ausscheiden aufgrund einer Vereinbarung möglich (MüKoAktG/*Perlitt,* § 289 Rn 128 ff). Das Ausscheiden eines Komplementärs führt nicht zur Auflösung der Gesellschaft, vielmehr wird die Gesellschaft mit den verbleibenden persönlich haftenden Gesellschaftern fortgesetzt. Allerdings muss immer mindestens ein persönlich haftender Gesellschafter vorhanden sein. Die Ansprüche des ausgeschiedenen Komplementärs richten sich nach § 738 BGB, der über § 278 Abs 3 AktG iVm §§ 161 Abs 2 und 105 Abs 3 HGB Anwendung findet. Das Form. sieht insofern eine Freistellung des persönlich haftenden Gesellschafters im Innenverhältnis (s § 278 Abs 2 AktG iVm §§ 161 Abs 2, 128 S 2, 130 Abs 2 HGB) von Verbindlichkeiten der KGaA vor, die bis zu seinem Ausscheiden begründet worden sind. Ansprüche auf Befreiung und Sicherheitsleistung (§ 738 Abs 1 BGB) sind hingegen ausgeschlossen, und auch die Freistellung greift nicht, wenn die Verbindlichkeiten der KGaA von Pflichtverletzungen des ausgeschiedenen Komplementärs herrühren.

14. Das Form. beruht auf dem Konzept, dass die geschäftsführungsbefugte Komplementärgesellschaft von der Familie gehalten wird und die Familie auch maßgeblich am Grundkapital beteiligt ist. Nur bei einer solchen hohen kapitalmäßigen Beteiligung ist bei einer börsennotierten Gesellschaft letztlich der starke Familieneinfluss über die Komplementärgesellschaft und die Reduzierung der Rechte der Kommanditaktionäre gerechtfertigt. Deshalb soll die geschäftsführende Komplementärgesellschaft ausscheiden, wenn die bisherigen Gesellschafter die Kontrolle an der Komplementärgesellschaft abgeben und der Erwerber nicht mit mehr als 25 % am Grundkapital beteiligt ist. Ansonsten würde eine Minderheitsbeteiligung am Gesamtkapital die Kontrolle über die Gesellschaft ermöglichen (zu dieser Problematik vgl *Hommelhoff,* ZHR Beiheft 1998, 9 ff; *Herfs,* WiB 1997, 689). § 9 Abs 2 Buchst (b) der Satzung soll verhindern, dass die Kontrolle über die KGaA auf einen Dritten übertragen wird, ohne dass der Erwerber ein Übernahmeangebot macht. Dies wäre möglich, wenn nur der Anteil an der Komplementärgesellschaft verkauft wird, ohne dass auch 30 % des Grundkapitals verkauft werden. Dann wären die Voraussetzungen für einen Kontrollwechsel nach § 29 WpÜG nicht erfüllt, der Erwerber hätte aber trotzdem Kontrolle über die Gesellschaft, weil er Kontrolle über die geschäftsführende Komplementärgesellschaft erwirbt (WpÜG geht vom formellen Kontrollbegriff aus, vgl *I. Scholz,* NZG 2006, 445 ff; *R. Krause,* Liber Amicorum Winter 2011, S 354 f).

15. Ein ausscheidender Komplementär mit Kapitalanteil hat gem § 278 Abs 2 AktG iVm §§ 161 Abs 2, 105 Abs 2 HGB, § 738 Abs 1 S 2 Alt 3 BGB einen Anspruch auf Abfindung. Um die Liquidität der Gesellschaft zu schonen, sieht das Form. vor, dass die Abfindung durch Umwandlung des Kapitalanteils in Aktien erfolgen soll, die der ausscheidende persönlich haftende Gesellschafter anschließend durch Verkauf über die Börse verwerten kann. Der in der Satzung eingeräumte Anspruch auf Ausgabe von Aktien unter Ausschluss des Bezugsrechts ist als besondere Form. des Auseinandersetzungsanspruchs ein gesellschaftsrechtlicher und nicht nur ein schuldrechtlicher Anspruch (*Hoffmann-Becking/Herfs,* FS Sigle 2000, S 294). Es empfiehlt sich, diesen bedingten Umtauschanspruch durch eine bedingte Kapitalerhöhung abzusichern, da nicht sicher ist, ob nicht § 187 Abs 2 AktG der Durchsetzbarkeit des Umwandlungsanspruchs entgegensteht. Eine entsprechende Regelung findet sich in § 5 Abs 5 der Satzung. Die bedingte Kapitalerhöhung zur Sicherung des Umtauschrechts ist analog zu § 192 Abs 2 Nr 1 AktG zulässig (GroKo(AktG)/*Sethe,* § 278 Rn 190; MüKoAktG/*Perlitt,* § 289 Rn 200; BeckOGK AktG/*Bachmann,* § 281 Rn 14; MHdB GesR 4/*Scholz,* § 58 Rn 16). Allerdings kann ein bedingtes Kapital nach hM nicht in die Ursprungssatzung aufgenommen werden (vgl zB *Hüffer/Koch,* § 192 Rn 7; MüKoAktG/*Fuchs,* § 192 Rn 22; BeckOGK AktG/*Rieckers,* § 192 Rn 20; aA aber etwa Marsch-Barner/Schäfer/*Busch,* Rn 44.14; Grigoleit/*Rieder/Holzmann,* § 192 Rn 10; MHdB GesR IV/*Scholz,* § 58 Rn 25). Macht der ausgeschiedene persönlich haftende Gesellschafter von seinem Umwandlungsrecht keinen Gebrauch, so wird er zum Nennwert seines Kapitalanteils abgefunden.

16. Scheidet der letzte oder einzige geschäftsführungsbefugte vertretungsberechtigte persönlich haftende Gesellschafter aus, so führt das zur Auflösung der Gesellschaft. Um dies zu vermeiden, sieht das Form. eine Regelung vor, wonach der Gesellschafterausschuss berechtigt ist, eine neue Komplementärgesellschaft aufzunehmen, deren Anteile von der Gesellschaft gehalten werden (sog Einheitsgesellschaft). Dadurch wird die Struktur der KGaA zunächst erhalten, trotzdem können die Aktionäre nunmehr die

Kontrolle über die Komplementärgesellschaft über den von ihnen bestellten Gesellschafterausschuss ausüben (*Habersack*, FS Hellwig 10, 148). Die einzige Alternative wäre eine Umwandlung in eine Aktiengesellschaft, die aber nicht nur einen Mehrheitsbeschluss der Kommanditaktionäre, sondern auch der Zustimmung eines etwaigen verbliebenen nicht geschäftsführungsbefugten persönlich haftenden Gesellschafters bedarf. Eine automatische Umwandlung ist nicht möglich (MüKoAktG/*Perlitt*, § 289 Rn 163 f). Die Komplementäre können ggf zur Zustimmung verpflichtet werden (MHdB GesR 4/*Herfs*, § 78 Rn 52). Das bedarf aber einer Klage und ist daher umständlich.

17. Die Aufnahme oder das Ausscheiden eines persönlich haftenden Gesellschafters stellt eine Satzungsänderung dar (§ 281 Abs 1 AktG). Um eine HV zu vermeiden, ermächtigt die Regelung den Aufsichtsrat dazu, die Satzung an eine nach Maßgabe von § 9 des Form. eingetretene Änderung im Kreis der persönlich haftenden Gesellschafter anzupassen. Zu den Anforderungen an Satzungsänderungen s ausf → Form. II.E.4.3 Anm. 12.

18. Nach der gesetzlichen Regelung bedarf die Aufnahme neuer persönlich haftender Gesellschafter eines satzungsändernden Beschlusses der HV sowie der Zustimmung aller Komplementäre (§ 281 Abs 1 AktG). Die Aufnahme persönlich haftender Gesellschafter betrifft das Rechtsverhältnis zwischen Komplementären und Gesellschaft und richtet sich daher nach dem Recht der Kommanditgesellschaft. Es besteht daher weitgehende Gestaltungsfreiheit. Das Aufnahmerecht kann durch die Satzung einem anderen Organ übertragen werden wie zB einem Gesellschafterausschuss (MüKoAktG/*Perlitt*, § 278 Rn 68, 410; GroKo(AktG)/*Sethe*, § 278 Rn 47). Im vorliegenden Fall wird der Gesellschafterausschuss durch die Kommanditaktionäre bestellt (eine andere Regelung ist möglich vgl → Anm. 30). Damit entscheiden letztlich Vertreter der Kommanditaktionäre über die Aufnahme neuer Komplementäre (vgl hierzu *K. Schmidt*, FS Forstmoser 2003, S 87). In Betracht würde daher auch eine Verlagerung der Kompetenz auf den Aufsichtsrat kommen. Durch die Zuständigkeit des Gesellschafterausschusses wird jedoch die Mitbestimmung für die Bestellung der Geschäftsleitung vermieden. Dies ist zulässig, da der Aufsichtsrat ohnehin keine Personalkompetenz hat (MHdB GesR IV/*Herfs*, § 78 Rn 5 f).

19. Die persönlich haftenden Gesellschafter sind kraft Gesetzes „geborene" Mitglieder des Geschäftsführungs- und Vertretungsorgan der KGaA. § 76 Abs 3 S 1 AktG ist auf persönlich haftende Gesellschafter nicht anwendbar (BGHZ 134, 393 = NJW 1997, 1923). Es können aber auch einzelne persönlich haftende Gesellschafter von der Geschäftsführung und Vertretung ausgeschlossen werden (§ 278 Abs 2 AktG iVm §§ 161 Abs 2, 114 HGB). Für die KGaA gilt das Prinzip der Selbstorganschaft. Es muss daher mindestens ein persönlich haftender Gesellschafter vertretungsberechtigt sein. Im Form. ist dies die Komplementärgesellschaft. Durch die Einschaltung der Komplementärgesellschaft lässt sich auch die Fremdgeschäftsführung mit dem Grundsatz der Selbstorganschaft vereinbaren. Die Geschäftsleitung der Komplementärgesellschaft muss daher denselben rechtlichen Ge- und Verboten unterliegen wie die Komplementärin selbst (*K. Schmidt*, FS Priester, 2007, S 700 f). Eine Alternative ist die Aufnahme sog Geschäftsführer-Komplementäre, die keine Vermögenseinlage leisten und deren Gesellschafterstellungen befristet werden können (MüKoAktG/*Perlitt*, § 278 Rn 229; KöKo/*Mertens/Cahn*, § 278 Rn 94).

20. Gem § 278 Abs 3 AktG iVm § 112 AktG vertritt grundsätzlich der Aufsichtsrat die Gesellschaft bei Rechtsgesellschaften mit Komplementären, so wie zB bei dem Abschluss von sog Tätigkeitsvereinbarungen (BGH AG 2005, 239). Dazu, ob das zwingend ist oder die Kompetenz wie im Form. einem anderen Organ übertragen werden kann, s bereits oben → Anm. 11.

21. Ein von der Geschäftsführung ausgeschlossener Komplementär hat die Kontrollrechte nach § 118 HGB, sofern die Satzung nichts Anderes vorsieht (MüKoAktG/*Perlitt*,

§ 278 Rn 31). Sofern in der die Satzung keine abweichende Regelung enthalten ist, entscheiden die Komplementäre durch einstimmigen Beschluss (§§ 278 Abs 2 AktG iVm §§ 161 Abs 2, 119 HGB). Der Erlass einer Geschäftsordnung steht den Komplementären zu. Der Aufsichtsrat oder die HV können dieses Recht nicht an sich ziehen, es sei denn, die Satzung sieht wie im Form. etwas Anderes vor (MüKoAktG/*Perlitt,* § 278 Rn 78; K. Schmidt/Lutter/*K. Schmidt,* § 278 Rn 36).

22. Die Geschäftsführungsbefugnis der persönlich haftenden Gesellschafter erstreckt sich auf alle Handlungen, die der gewöhnliche Geschäftsbetrieb mit sich bringt (§ 268 Abs 2 AktG iVm §§ 161 Abs 2, 116 Abs 1 HGB). Für außergewöhnliche und Grundlagengeschäfte ist hingegen grundsätzlich die Zustimmung aller persönlich haftenden Gesellschafter, einschließlich der von der Geschäftsführung ausgeschlossenen Komplementäre, und der HV erforderlich. Das Zustimmungsrecht der Kommanditaktionäre zu außergewöhnlichen Geschäften (s § 278 Abs 2 AktG iVm § 164 S 1 HGB) kann durch die Satzung abbedungen werden (MüKoAktG/*Perlitt,* § 278 Rn 230; *Hüffer/Koch,* § 278 Rn 19). ZT werden hiergegen Bedenken bei börsennotierten KGaAs (s zB *Ihrig/Schlitt,* ZHR Beiheft 1998, 64 ff) oder bei kapitalistischen KGaAs geäußert und verlangt, dass das Zustimmungsrecht einem anderen Organ (Aufsichtsrat, Gesellschafterausschuss, Beirat) übertragen wird (so etwa K. Schmidt/Lutter/*K. Schmidt,* § 278 Rn 38; Henssler/Strohn/*Arnold,* § 278 Rn 13; s auch Wachter/*Blaurock,* § 278 Rn 21; in diese Richtung auch OLG Stuttgart 2003, 1986; OLG München NZG 2008, 756). Vor diesem Hintergrund sieht das Form. vor, dass der Gesellschafterausschuss, dessen Mitglieder von der HV gewählt werden, bestimmte Geschäfte von seiner Zustimmung abhängig machen kann. Der Aufsichtsrat kann ohne statutarische Regelung kein Zustimmungsrecht zu seinen Gunsten begründen; § 111 Abs 4 S 2 AktG findet in der KGaA keine Anwendung (*Hüffer/Koch,* § 278 Rn 15; BeckOGK AktG/*Bachmann,* § 287 Rn 10; *Schlitt/Winzen,* CFL 2012, 263).

23. Für die Bestimmungen in der Satzung über die innere Ordnung des Aufsichtsrats ergeben sich gegenüber der AG keine wesentlichen Unterschiede. Abweichungen ergeben sich aus den Kompetenzen des Aufsichtsrats, die sich bei KGaA und AG wesentlich unterscheiden: (1) Der Aufsichtsrat hat keine Personalkompetenz, da die Komplementäre „geborene“ Geschäftsführungsorgane sind (*Schlitt/Winzen,* CFL 2012, 263). (2) Zustimmungsvorbehalte (§ 111 Abs 4 S 2 AktG) kann der Aufsichtsrat der KGaA ohne Satzungsregelung nicht begründen (vgl → Anm. 22). (3) Der Aufsichtsrat kann ohne statutarische Ermächtigung auch keine Geschäftsordnung für die Geschäftsleitung erlassen (vgl → Anm. 21). (4) Schließlich ist die HV ausschließlich für die Feststellung des Jahresabschlusses zuständig (§ 286 AktG). Der Aufsichtsrat der KGaA hat im Wesentlichen eine Überwachungsfunktion. Regelt die Satzung nichts Abweichendes, führt er gem § 287 Abs 1 AktG diejenigen Beschlüsse der HV aus, mit denen die HV personengesellschaftsrechtliche Befugnisse ausübt (s BeckOGK AktG/*Bachmann,* § 287 Rn 32 ff; Wachter/*Blaurock,* § 287 Rn 3). Schließlich vertritt er die Kommanditaktionäre bei Rechtsstreitigkeiten mit den Komplementären und die Gesellschaft bei Rechtsgeschäften mit den Komplementären (§ 287 Abs 2 AktG; s aber auch oben → Anm. 11).

24. Für die Einberufung und Abwicklung der HV gelten nach § 278 Abs 3 AktG die Bestimmungen in §§ 118 ff AktG. Teilnahmeberechtigt sind nicht nur die Kommanditaktionäre, sondern natürlich auch die Komplementäre, weil die HV nicht nur über die Angelegenheiten der Kommanditaktionäre, sondern in der Regel auch über Angelegenheiten der Gesellschaft beschließt, die der Zustimmung der Komplementäre unterliegen.

Nach § 278 Abs 2 AktG hat die HV der KGaA zunächst die gleichen Kompetenzen wie die HV der AG. Erweiterungen ergeben sich einmal aus der personengesellschaftsrechtlichen Komponente, insbesondere die Mitwirkungsrechte bei Geschäftsführungsmaßnahmen (vgl → Anm. 22), Veränderungen bei den Komplementären sowie bei Gewährung oder

Entzug der Geschäftsführungsbefugnis. Erweiterungen ergeben sich aber auch aus spezialgesetzlichen Regelungen. Hierzu gehört insbesondere die Kompetenz zur Feststellung des Jahresabschlusses nach § 286 Abs 1 S 1 AktG. Die ungeschriebenen Mitwirkungsbefugnisse der HV der AG – nach „Holzmüller" bzw „Gelatine" – gibt es bei der KGaA nicht (wie hier etwa MüKoAktG/*Perlitt,* § 278 Rn 181; Grigoleit/*Servatius,* § 278 Rn 10; Wachter/*Blaurock,* § 278 Rn 22; MHdB GesR 4/*Herfs,* § 79 Rn 57; *Sethe*, AG 2021, 80). Das ist zwar str. (aA zB K. Schmidt/Lutter/*K. Schmidt,* § 278 Rn 39; BeckOGK AktG/*Bachmann,* § 278 Rn 77). In der Praxis folgen daraus aber keine großen Unterschiede zwischen AG und KGaA. Personengesellschaftsrechtlich unterliegen bei der KGaA Grundlagengeschäfte der Zustimmung der HV. Das gilt auch dann, wenn das Zustimmungsrecht der HV für außerordentliche Geschäfte ausgeschlossen ist (s iErg mit Unterschieden in der Begründung zB Stgt ZIP 03, 1986; *Hüffer/Koch,* § 278 Rn 17a; Grigoleit/*Servatius,* § 278 Rn 22f; *Sethe*, AG 2021, 80). Die danach zwingend der HV-Zustimmung bedürfenden Maßnahmen ähneln denen, für welche die Holzmüller/Gelatine-Rspr gilt.

25. Die Stimmrechte der Kommanditaktionäre in der HV richten sich nach §§ 134–137 AktG. Stimmrechtsbeschränkungen gelten allerdings für diejenigen Kommanditaktionäre, die gleichzeitig persönlich haftende Gesellschafter sind. Nach § 285 Abs 1 AktG dürfen die persönlich haftenden Gesellschafter ihr Stimmrecht bei der Wahl von Organen für die Überwachung der Geschäftsleitung (Aufsichtsrat), Wahl und Abberufung des Aufsichtsrats, Bestellungen von Sonderprüfungen, Wahl von Abschlussprüfern, der Geltendmachung von oder der Verzicht auf Ersatzansprüche und der Entlastung der persönlich haftenden Gesellschafter nicht ausüben. Das Stimmverbot trägt dem denkbaren Interessengegensatz zwischen Kommanditaktionären und Komplementären Rechnung. Das Stimmverbot nach § 285 Abs 1 S 2 AktG gilt für alle persönlich haftenden Gesellschafter, unabhängig davon, ob sie von der Geschäftsführung ausgeschlossen sind oder nicht. Ist eine Personen- oder Kapitalgesellschaft Komplementär, erstreckt sich das Stimmverbot auch auf deren wesentliche Gesellschafter (MüKoAktG/*Perlitt,* § 278 Rn 325; GroKo(AktG)/*Sethe,* § 285 Rn 26 ff).

26. Nach § 287 Abs 1 AktG führt der Aufsichtsrat die Beschlüsse der HV aus, die das Verhältnis der Komplementäre zu den Kommanditaktionären betreffen. Gegenüber Dritten wird die Gesellschaft allein von den Komplementären vertreten. Diese Ausführungskompetenz ist satzungsdispositiv und kann auf andere Organe übertragen werden. In der Regel erfolgt eine Übertragung auf den Gesellschafterausschuss, wenn er nach der Struktur der Satzung das zentrale Organ für die Wahrnehmung der Interessen der Kommanditaktionäre sein soll (MüKoAktG/*Perlitt,* § 287 Rn 9 f, 80 ff; GroKo(AktG)/*Sethe,* § 287 Rn 55; dazu ausf *Habersack,* FS Hellwig 2010, S 143).

27. Nach § 285 Abs 2 S 1 AktG bedürfen Beschlüsse der HV der Zustimmung der persönlich haftenden Gesellschafter, soweit sie Angelegenheiten betreffen, für die bei der Kommanditgesellschaft das Einverständnis der persönlich haftenden Gesellschafter und der Kommanditisten erforderlich ist. Zustimmungspflichtige Beschlüsse sind Satzungsänderungen und sonstige Grundlagenbeschlüsse, wie zB Zustimmung zu Unternehmensverträgen, Auflösungen und Umwandlungen. Insoweit haben die Komplementäre ein Vetorecht. Die Satzung kann das Zustimmungserfordernis der Komplementäre erweitern und dadurch das Machtverhältnis zwischen Kommanditaktionären und Komplementären weiter zu Gunsten der Komplementäre verschieben. Eine Ausnahme gilt nur für solche Beschlüsse, für die nach § 285 Abs 1 S 2 AktG das Stimmrecht der persönlich haftenden Gesellschafter ausgeschlossen ist (MüKoAktG/*Perlitt,* § 285 Rn 45; GroKo(AktG)/*Sethe,* § 285 Rn 88; MüKoAktG/*Perlitt* hält aber eine Erweiterung eines solchen Zustimmungsrechts bei Publikumsgesellschaften für unzulässig, es sei denn bei einer Gesamtschau ergibt sich eine angemessene Interessenwahrung der Kommanditaktionäre, vgl § 278

Rn 363; enger auch *Sethe,* AG 2021, 81, der insbesondere ein Zustimmungserfordernis bzgl. des Beschlusses über die Gewinnverwendung ablehnt).

28. In der KGaA können zusätzliche Organe durch die Satzung geschaffen werden. Sie können unterschiedliche Bezeichnungen tragen, wie zB Gesellschafterausschuss, Aktionärsausschuss, Beirat oder Verwaltungsrat (vgl *Assmann/Sethe,* FS Lutter 2000, 251 ff; *Habersack,* FS Hellwig 2010, 143). An ein solches zusätzliches Organ können Rechte übertragen werden, die das Rechtsverhältnis zwischen persönlich haftenden Gesellschaftern und Kommanditaktionären betreffen. Dieses Verhältnis ist nach § 278 Abs 2 AktG satzungsdispositiv. Rechte hingegen, die den persönlich haftenden Gesellschaftern, dem Aufsichtsrat oder der HV zwingend zustehen, können nicht auf ein fakultatives Organ verlagert werden. Die Rechte der HV nach AktG müssen uneingeschränkt erhalten bleiben. So können zB die Feststellung des Jahresabschlusses, Entscheidungen über Grundlagen der Gesellschaft oder andere strukturverändernde Maßnahmen nicht auf ein fakultatives Organ übertragen werden (*Assmann/Sethe,* FS Lutter 2000, 258). Übertragbar sind aber zB die Mitwirkungsrechte der HV bei Geschäftsführungsmaßnahmen, die sich aus § 278 Abs 1 AktG iVm § 164 HGB ergeben (MHdB GesR IV/*Herfs,* § 79 Rn 50 ff; *Assmann/Sethe,* FS Lutter 2000, 260). Eine solche Regelung macht insbesondere dann Sinn, wenn die Rechte der Geschäftsführung eingeschränkt werden sollen, weil zB im Fall einer Familiengesellschaft, bei der die HV durch die Familie beherrscht wird, die Familie Einfluss auf die Geschäftsführung behalten will. Gegenüber dem Aufsichtsrat hat der Gesellschafterausschuss den Vorteil, dass er nicht der Mitbestimmung unterliegt. Er kann als reines Anteilseignergremium ausgestaltet werden. Bei der KGaA wird durch das Mitbestimmungsgesetz nur sichergestellt, dass die Arbeitnehmer bei der Kontrolle der geschäftsführenden Gesellschafter beteiligt sind. Wie die Befugnisse der Geschäftsführung aber konkret ausgestaltet sind und welche Mitwirkungsrechte anderen Organen zustehen, richtet sich ausschließlich nach der Satzung, dem AktG und dem HGB (MüKoAktG/*Perlitt,* § 287 Rn 87; *Assmann/Sethe,* FS Lutter 2000, S 264; *Habersack,* FS Hellwig 2010, 146 f).

29. Einem fakultativen Organ, wie im Form. dem Gesellschafterausschuss, kann auch die Auswahl und Aufnahme von persönlich haftenden Gesellschaftern übertragen werden (MüKoAktG/*Perlitt,* § 278 Rn 68; *Assmann/Sethe,* FS Lutter 2000, S 251). Auch die Kompetenz des Aufsichtsrats zur Ausführung von Beschlüssen der HV nach § 287 Abs 1 AktG (→ Anm. 26) kann auf einen Gesellschafterausschuss übertragen werden. Zu der Frage, ob die Kompetenz des Aufsichtsrats nach § 278 Abs 2 AktG iVm § 112 AktG, die Gesellschaft bei Rechtsgeschäften mit den Komplementären zu vertreten, auf ein fakultatives Organ übertragen werden, s → Anm. 11.

30. Die Bestellung eines Gesellschafterausschusses erfolgt grundsätzlich nach den durch die Satzung festgestellten Regeln. Die Mitglieder können, wie hier im Form. vorgesehen, durch die HV bestellt werden. Dann hat der Gesellschafterausschuss die Funktion, die Rechte der Aktionäre zu bündeln und gegenüber den Komplementären durchzusetzen (*Habersack,* FS Hellwig 10, 146). Die Mitglieder können aber auch teilweise durch Entsendungsrechte von den persönlich haftenden Gesellschaftern entsandt werden (so zB im Fall des Gemeinsamen Ausschusses gem §§ 13a ff der Fresenius SE & Co. KGaA).

31. Auch persönlich haftende Gesellschafter können Mitglied eines Gesellschafterausschusses sein, sofern der Gesellschafterausschuss nicht Entscheidungen zu treffen hat, für die nach § 285 Abs 1 S 2 AktG das Stimmrecht der persönlich haftenden Gesellschafter ausgeschlossen ist. Persönlich haftende Gesellschafter könnten daher nicht Mitglied eines Gesellschafterausschusses sein, dem das Recht zusteht, die Abschlussprüfer zu bestellen oder die Aktionäre gegenüber den Komplementären zu vertreten (MHdB

GesR 4/*Herfs,* § 79 Rn 88; *Assmann/Sethe,* FS Lutter 2000, 252 und 255; *Schlitt,* 1999, 217). Zur Frage, ob auch die Regelung des § 100 Abs 2 S 1 Nr. 3 AktG über § 278 Abs 3 AktG auf einen Gesellschafterausschuss anwendbar ist, was bedeuten würde, dass Mitglied eines Gesellschafterausschusses nicht werden kann, wer gesetzlicher Vertreter einer Kapitalgesellschaft ist, deren Aufsichtsrat ein Komplementär oder ein Mitglied des Vertretungsorgans der Komplementärgesellschaft angehört, vgl *Habersack,* FS Hellwig 2010, S 143. Aufsichtsratsmitglieder können auch zugleich einem Beirat oder Gesellschafterausschuss angehören.

32. Die innere Ordnung eines fakultativen Gesellschafterausschusses kann durch die Satzung festgelegt werden. Mitglieder des Aufsichtsrats haben auch dann kein Präsenzrecht analog § 118 Abs 2 AktG bei Beratungen des fakultativen Organs, falls diesem Rechte der Kommanditaktionäre übertragen worden sind, insbesondere Mitwirkungsrechte bei der Geschäftsführung (MHdB GesR IV/*Herfs,* § 79 Rn 92; BeckOGK AktG/*Bachmann,* § 287 Rn 44; Bürgers/Fett/*Bürgers,* § 5 Rn 597). Die Satzung kann ein Teilnahmerecht aber vorsehen.

33. Für die Vergütung der Mitglieder eines fakultativen Organs bestehen keine gesetzlichen Vorgaben. Die Regelungen sollten sich aber, insbesondere bei einer börsennotierten Gesellschaft, an den Grundsätzen für die Vergütung von Aufsichtsratsmitgliedern orientieren (s → Form. II.E.3.2 Anm. 28–31.). In der Satzung geregelt werden könnte auch, dass die Vergütung individualisiert offengelegt wird oder die HV über die Billigung der Vergütung und/oder des Vergütungssystems analog § 113 Abs 3 AktG beschließt (vgl dazu → Form. II.E.4.1 Anm. 29–30.).

34. Bei der KGaA liegt die Kompetenz für die Feststellung des Jahresabschlusses zwingend bei der HV (§ 286 Abs 1 S 1 AktG). Die Feststellung bedarf gem § 286 Abs 1 S 2 AktG – ebenfalls zwingend – der Zustimmung der persönlich haftenden Gesellschafter, also auch der persönlich haftenden Gesellschafter, die nicht an der Geschäftsführung und Aufstellung beteiligt sind.

35. Der sich aus dem Jahresabschluss ergebende Jahresüberschuss im Sinne von § 275 Abs 2 Nr 17 und Abs 3 Nr 16 HGB muss auf die beiden Gesellschaftergruppen verteilt werden. Ohne abweichende Regelung in der Satzung fände § 278 Abs 3 AktG iVm § 168 HGB Anwendung. In der Praxis wird hiervon regelmäßig in der Satzung abgewichen und insbesondere auf eine feste Kapitalverzinsung iSv § 168 Abs 1 HGB) verzichtet. Stattdessen richtet sich der den Komplementären zustehende Gewinn nach dem Verhältnis des Komplementärkapitals zum Gesamtkapital. Abzustellen ist auf die Kapitalverhältnisse zum Bilanzstichtag. Es sollte auch geregelt werden, ob sich der Prozentsatz nach dem ursprünglichen Kapitalanteil oder nach einem durch etwaige Buchung von Verlusten verminderten Kapitalanteil richtet. Das Form. stellt auf den ursprünglichen Kapitalanteil ab, was sachgerecht ist, weil auch für die Kommanditaktionäre auf das Grundkapital abgestellt wird, so dass Verlustvorträge nicht berücksichtigt sind.

Bevor aber eine Gewinnaufteilung zwischen Komplementär- und Kommanditaktionären vorgenommen werden kann, ist die Ausgangsgröße zu bestimmen. Der im Jahresabschluss ausgewiesene Jahresüberschuss ist nicht die richtige Größe, weil der auf die Komplementäre anfallende Gewinn als Aufwand der Gewinn- und Verlustrechnung ausgewiesen werden kann (zur Behandlung des Gewinnanteils der Komplementäre im Jahresabschluss der KGaA *A/D/S,* § 286 Rn 43; *Bogenschütz,* FS Widmann 2002, 171). Der im Jahresabschluss ausgewiesene Jahresüberschuss muss also um solche Positionen korrigiert werden, die unmittelbar mit der Gewinnverteilung zusammenhängen. Dies ist zunächst der auf das Komplementärkapital entfallende Gewinn, sofern er als Aufwand ausgewiesen wurde. Weiter ist der Jahresüberschuss um den Steueraufwand zu korrigieren, der unmittelbar als Folge der Gewinnverteilung entsteht, insbesondere Körperschaftssteuer auf den Gewinnanteil der Kommanditaktionäre. Im Form. wird klargestellt, dass Tätigkeitsvergütungen für den persönlich haftenden Gesellschafter nicht als Gewinn gelten, sondern als Aufwand zu berücksichtigen sind. Im Form. sollen auch Veränderungen der Gewinnrücklagen bei der Gewinnverteilung nicht berücksichtigt werden. Die Gewinnverteilung unterliegt gem § 278 Abs 2 AktG dem Recht der Personengesellschaft und kann daher durch die Satzung frei gestaltet werden (MüKoAktG/*Perlitt,* § 286 Rn 42; GroKo(AktG)/*Sethe,* § 288 Rn 37; Bürgers/Fett/*Schließer*, § 6 Rn 53). Mit Beispielen für Gestaltungsmöglichkeiten bei der Gewinnverteilung s *Wichert,* Finanzen der Kommanditgesellschaft auf Aktien, 1998, S 147.

36. Von der Gewinnverteilung ist die Gewinnverwendung zu unterscheiden. Über die Verwendung des auf die Kommanditaktionäre entfallenden Gewinns entscheidet die HV. Der auf die Komplementäre entfallende Gewinn kann grundsätzlich entnommen werden. Das Entnahmerecht kann jedoch durch die Satzung geregelt und eingeschränkt werden. Nach der vorgeschlagenen Regelung besteht eine Entnahmesperre, solange der Kapitalanteil durch Verluste vermindert ist. Daneben gibt es auch gesetzliche Entnahmebeschränkungen. § 288 AktG sieht vor, dass, solange der Kapitalanteil durch die Verluste komplett aufgezehrt ist, ein gesetzliches Entnahmeverbot besteht. Das gleiche gilt, wenn die Kapitalgrundlagen der Gesellschaft gefährdet sind. Das Gesetz sieht eine solche Gefährdung stets als gegeben an, wenn alle Eigenkapitalpositionen mit Ausnahme des Grundkapitals aufgezehrt sind. Das Form. sieht eine weitere Entnahmebeschränkung vor, wenn die HV mit Zustimmung der persönlich haftenden Gesellschafter beschließt, einen Teil des Gewinns vorzutragen. In diesem Fall dürfen die Komplementäre einen entsprechenden Teil des auf sie entfallenden Gewinns nicht entnehmen. Diese Regelung soll sicherstellen, dass die beiden Gesellschaftergruppen Gewinnrücklagen in gleichem Umfang bilden, damit eine Umwandlung des Kapitalanteils in Kommanditkapital möglich ist. Der Gewinnvortrag darf allerdings von der HV nur mit Zustimmung der persönlich haftenden Gesellschafter beschlossen werden. Ob der Gewinnverwendungsbeschluss der HV an die Zustimmung der Komplementäre gekoppelt werden darf, ist str (bejahend zB LG Mü DStR 2014, 1122: jedenfalls für die personalistisch strukturierte KGaA; *Hüffer/Koch,* § 285 Rn 2; BeckOGK AktG/*Bachmann,* § 285 Rn 36 f; Kölner Komm AktG/*Mertens/Cahn,* § 286 Rn 33; K. Schmidt/Lutter/*K. Schmidt,* § 286 Rn 12: jedenfalls für nicht börsennotierte Gesellschaften; ablehnend etwa Bürgers/Körber/*Förl/Fett,* § 285 Rn 9; Bürgers/Fett/*Schließer*, § 6 Rn 36 f; kritisch auch Mü ZIP 2014, 1983 f). Jedenfalls empfiehlt sich eine solche Regelung nicht. Im Form. ist nur die Entscheidung der HV über einen Gewinnvortrag an die Zustimmung der Komplementäre gebunden; aufgrund der damit für diese verbundenen Entnahmesperre ist das Zustimmungsrecht in diesem Fall gerechtfertigt (MüKoAktG/*Perlitt,* § 286 Rn 80).

37. Die Erhöhung des Grundkapitals der KGaA, dh die Erhöhung des Kapitals, das durch die Kommanditaktionäre aufgebracht wird, richtet sich nach den allgemeinen aktienrechtlichen Vorschriften. Es bestehen hier gegenüber der AG keine Besonderheiten. Die Erhöhung des Komplementäranteils richtet sich nach den Grundsätzen, die für die Leistung der Vermögenseinlage sowie ihre Erhöhung oder Herabsetzung bei der Kommanditgesellschaft gelten. Da die Vermögenseinlage der persönlich haftenden Gesellschafter nach § 281 Abs 2 AktG nach Höhe und Art in der Satzung festgesetzt werden muss, bedarf jede Erhöhung oder erstmalige Leistung einer Vermögenseinlage einer Satzungsänderung. Es ist daher ein Satzungsänderungsbeschluss der HV mit der durch das Gesetz bzw mit der in der Satzung vorgesehenen Beschlussmehrheit erforderlich. Dem Satzungsänderungsbeschluss müssen die Komplementäre nach § 285 Abs 3 S 1 AktG zustimmen (MüKoAktG/*Perlitt,* § 281 Rn 61). Allerdings kann dieser Zustimmungsbeschluss der HV in der Satzung antizipiert werden. Es kann ein sog „Genehmigtes

Komplementärkapital" geschaffen werden. Die Satzung kann nach Art eines genehmigten Aktienkapitals die Geschäftsleitung ermächtigen, innerhalb eines festgelegten Rahmens die Erhöhung des Komplementärkapitals durch die Komplementäre zuzulassen. Eines Zustimmungsbeschlusses der HV bedarf es dann nicht mehr (*Hoffmann-Becking/Herfs,* FS Sigle 2000, S 293 ff). Da sich der Gewinnanteil der Komplementäre nach dem Verhältnis des Komplementärkapitals zum Grundkapital richtet, ist es sinnvoll vorzusehen, dass bei Erhöhung des Grundkapitals die Komplementäre berechtigt sind, ihren Kapitalanteil in gleichem Umfang und zu gleichen Bedingungen zu erhöhen, ohne dass es dazu eines HV-Beschlusses bedarf.

38. Die Satzung kann vorsehen, dass Komplementäre ihre durch Vermögenseinlagen geschaffenen Kapitalanteile in Aktien umwandeln können. Ein solches Umwandlungsrecht erleichtert den Komplementären eine Veräußerung ihrer Beteiligung und kann im Falle von Familiengesellschaften auch dazu dienen, die aufgrund zwischenzeitlicher Kapitalerhöhungen verlorene Mehrheit in der HV zurückzugewinnenn (vgl zu den Gründen für Umwandlungen Bürgers/Fett/*Fett,* § 7 Rn 18 f; *Krug,* AG 2000, 510 f). Das Umwandlungsrecht kann auch dazu genutzt werden, um Abfindungsansprüche von Komplementären auszuschließen und damit Liquiditätsprobleme der Gesellschaft zu vermeiden.

Rechtlich stellt die Umwandlung eines Kapitalanteils in Aktien eine Herabsetzung oder Auflösung des Kapitalanteils einerseits und eine Erhöhung des Grundkapitals gegen Sacheinlage andererseits dar. Gegenstand der Sacheinlage ist das Kapitalkonto bzw der sich daraus ergebende Auszahlungsanspruch, gegebenenfalls zusammen mit dem Rücklagenkonto (GroKo(AktG)/*Sethe,* § 278 Rn 188 f; MüKoAktG/*Perlitt,* § 278 Rn 389; Bürgers/Fett/*Fett,* § 7 Rn 22; ausführlich *Krug,* AG 2000, 510 f).

Die Satzung begründet einen Anspruch der persönlich haftenden Gesellschafter gegen die Gesellschaft bzw. die Kommanditaktionäre, eine entsprechende Sachkapitalerhöhung zu beschließen. § 187 Abs 2 AktG steht dem nicht entgegen, weil hier das Rechtsverhältnis zwischen Komplementären und Kommanditaktionären betroffen ist, für das das Recht der Personengesellschaft gilt (Bürgers/Fett/*Fett,* § 7 Rn 26; aA KöKo/*Mertens/Cahn,* § 281 Rn 28). Richtigerweise ist zwischen dem „ob" und „wie" zu unterscheiden. Das „ob", dh der Anspruch auf Umwandlung richtet sich nach dem Recht der Personengesellschaft und das „wie" nach Aktienrecht. Erforderlich für die Durchführung der Umwandlung ist danach entweder ein genehmigtes Kapital, das für den Fall der Umwandlung einen Bezugsrechtsausschluss zulässt (MüKoAktG/*Perlitt,* § 278 Rn 391) oder – wie im Form. (s § 5 Abs 5) – ein bedingtes Kapital (s dazu bereits → Anm. 15). Der Vorteil des bedingten Kapitals ist, dass es nicht die Begrenzung der Laufzeit auf fünf Jahre enthält.

39. Die Umwandlung erfolgt in der Weise, dass das Kapitalkonto und ggf das Rücklagenkonto ganz oder teilweise gekündigt und entsprechend herabgesetzt wird. Daraus ergibt sich eine Forderung des betreffenden Komplementärs gegen die Gesellschaft auf Rückzahlung der geleisteten Vermögenseinlage. Diese Forderung wird dann im Wege der Sacheinlage in die Gesellschaft eingebracht. Sofern kein bedingtes Kapital vorhanden ist, ist eine Sacheinlagenprüfung der Forderung erforderlich (MüKoAktG/*Perlitt,* § 278 Rn 389; Bürgers/Fett/*Fett,* § 7 Rn 28). Ist das Grundkapital in Aktien mit einem anteiligen Betrag am Grundkapital von EUR 1 zusammengesetzt, entspricht die Zahl der auszugebenden Aktien dem Nennbetrag des umgewandelten Kapitalanteils. Ist der anteilige Betrag am Grundkapital pro Aktie höher als EUR 1, ist der umzuwandelnde Kapitalanteil entsprechend umzurechnen. Damit es bei der Umwandlung nicht zu einer wertmäßigen Verwässerung der Aktionäre kommt, ist es wichtig, dass Komplementäre und Kommanditaktionäre in gleichem Umfang Rücklagen bilden. Andernfalls partizipiert der Komplementär an den Rücklagen der Kommanditaktionäre, ohne selbst entsprechende Rücklagen gebildet zu haben.

40. Das Form. sieht für den Fall, dass sich das Umwandlungsverlangen nicht durchsetzen lässt, etwa weil ein entsprechendes bedingtes Kapital fehlt oder die Beschlüsse für die Ausnutzung eines genehmigten Kapitals nicht gefasst werden, ein Kündigungsrecht mit Barabfindung vor. Der Abfindungsbetrag entspricht dem Börsenwert der Aktien, die aufgrund des Umwandlungsverlangens hätten ausgegeben werden müssen. Die Bewertung erfolgt auf den Zeitpunkt des Umwandlungsverlangens. Dadurch soll der Komplementär so gestellt werden, als hätte er seinen Kapitalanteil in Aktien umgetauscht und anschließend die Aktien verkauft. Dieser Barabfindungsanspruch schafft einen Anreiz für die Gesellschaft und die Kommanditaktionäre, den Liquiditätsabfluss durch die Ausgabe von Aktien zu verhindern. Diese mögliche Barabfindung gibt der Geschäftsleitung und dem Aufsichtsrat auch einen wichtigen Grund für den Ausschluss des Bezugsrechts bei Nutzung eines genehmigten Kapitals (vgl zum Vorliegen eines wichtigen Grundes GroKo (AktG)/*Sethe,* § 278 Rn 191; *Krug,* AG 2000, 513 f).

41. Eine KGaA wird aufgelöst, wenn bestimmte Ereignisse eintreten, die nach den gesetzlichen Bestimmungen oder der Satzung die Auflösung der Gesellschaft zur Folge haben. Für die Auflösung gelten nebeneinander die Sondervorschriften für die KGaA, die allgemeinen aktienrechtlichen Regelungen, die Bestimmung des HGB über die Auflösung einer Kommanditgesellschaft und ggf satzungsrechtliche Sonderbestimmungen. Das Form. enthält keine Sonderbestimmung. Gesetzliche Ausgangsnorm für die Auflösung ist § 289 AktG. Danach führen die Ablehnung des Insolvenzverfahrens mangels Masse, die rechtskräftige Feststellung von Satzungsmängeln und die Löschung der Gesellschaft wegen Vermögenslosigkeit zur Auflösung. Nach § 289 Abs 1 AktG iVm §§ 171 Abs 2, 131 HGB wird die KGaA aufgelöst durch Zeitablauf, Gesellschafterbeschluss, Eröffnung des Insolvenzverfahrens und gerichtliche Auflösung. Das Ausscheiden des letzten oder einzig geschäftsführungsbefugten oder vertretungsberechtigten Komplementärs hat, abweichend von § 131 Abs 3 HGB, ebenfalls die Auflösung zur Folge. Die verbleibenden Gesellschafter können aber die Auflösung der Gesellschaft verhindern, indem sie entweder einem noch verbliebenen Komplementär die Geschäftsführungs- und Vertretungsbefugnis erteilen, einen neuen Komplementär aufnehmen oder die KGaA in eine AG umwandeln (MüKoAktG/*Perlitt,* § 289 Rn 143; *Hüffer/Koch,* § 289 Rn 9). Für die Abwicklung der KGaA gelten gem § 278 Abs 3 AktG die Vorschriften des Aktiengesetzes.

3.4 Satzung einer SE mit monistischem Leitungssystem

§ 1 Firma, Sitz und Geschäftsjahr[1, 2, 3]

(1) Die Gesellschaft führt die Firma . . . . . SE.

(2) und (3) Vgl → Form. II.E.3.1 Anm. 4.

§ 2 Gegenstand des Unternehmens

Vgl → Form. II.E.3.1 Anm. 5.

§ 3 Bekanntmachungen und Informationen

Vgl → Form. II.E.3.1 Anm. 6 sowie → Form. II.E.3.2 Anm. 2.

§ 4 Grundkapital

Vgl → Form. II.E.3.1 Anm. 7-10. sowie → Form. II.E.3.2 Anm. 3.[4]

§ 5 Zusammensetzung und Befugnisse des Verwaltungsrats[5]

(1) Der Verwaltungsrat leitet die Gesellschaft, bestimmt die Grundlinien ihrer Tätigkeit und überwacht deren Umsetzung. Für die Vornahme der folgenden Geschäfte bedürfen die geschäftsführenden Direktoren eines ausdrücklichen vorherigen Beschlusses des Verwaltungsrats: . . . . . .[6]

(2) Der Verwaltungsrat besteht aus sechs Mitgliedern, die von der Hauptversammlung gewählt werden.[7]

(3) Die Wahl der Verwaltungsratsmitglieder erfolgt für die Zeit bis zur Beendigung der Hauptversammlung, die über die Entlastung des Verwaltungsrats für das vierte Geschäftsjahr nach Beginn der Amtszeit beschließt, wobei das Geschäftsjahr, in dem die Amtszeit beginnt, nicht mitgerechnet wird, höchstens aber für sechs Jahre.[8] Die Hauptversammlung kann bei der Wahl für einzelne oder für sämtliche der von ihr zu wählenden Verwaltungsratsmitglieder einen kürzeren Zeitraum beschließen. Die Wahl des Nachfolgers eines vor Ablauf seiner Amtszeit ausgeschiedenen Mitglieds erfolgt für den Rest der Amtszeit des ausgeschiedenen Mitglieds, wenn die Hauptversammlung bei der Wahl keine abweichende Amtszeit beschließt.

(4) Für Verwaltungsratsmitglieder können in der Weise Ersatzmitglieder gewählt werden, dass die Ersatzmitglieder jeweils bei Ausscheiden eines bestimmten Verwaltungsratsmitglieds der Anteilseigner an dessen Stelle oder in einer bei der Wahl festgelegten Reihenfolge an die Stelle vorzeitig ausscheidender Verwaltungsratsmitglieder der Anteilseigner treten. Tritt ein Ersatzmitglied an die Stelle eines ausscheidenden Mitglieds, so erlischt sein Amt mit Beendigung der nächsten Hauptversammlung, in der eine Neuwahl stattfindet, spätestens jedoch mit Ablauf der Amtszeit des ausgeschiedenen Verwaltungsratsmitgliedes.[9]

(5) Die Mitglieder und die Ersatzmitglieder des Verwaltungsrats können ihr Amt jederzeit, jedoch nicht zur Unzeit, durch schriftliche Anzeige an die geschäftsführenden Direktoren niederlegen.[10]

§ 6 Verwaltungsratsvorsitzender und Stellvertreter

(1) Der Verwaltungsrat wählt aus seiner Mitte den Vorsitzenden und den stellvertretenden Vorsitzenden. Die Amtszeit des Vorsitzenden und des Stellvertreters entspricht, soweit bei der Wahl nicht eine kürzere Amtszeit bestimmt wird, ihrer Amtszeit als Mitglied des Verwaltungsrates.[11]

(2) Der Stellvertreter nimmt vorbehaltlich von § 8 Abs 6 S 4 die Rechte und Pflichten des Vorsitzenden des Verwaltungsrats wahr, wenn dieser verhindert ist.

(3) Scheidet der Verwaltungsratsvorsitzende vor Ablauf seiner Amtszeit aus oder ist er an der Ausübung seines Amtes nicht nur vorübergehend verhindert, so hat die Wahl eines neuen Vorsitzenden für die restliche Amtsdauer des Ausgeschiedenen bzw. Verhinderten zu erfolgen. Das Gleiche gilt für den Stellvertreter. Nachfolger sind unverzüglich zu wählen.

§ 7 Einberufung von Verwaltungsratssitzungen[12]

(1) Sitzungen werden mindestens alle drei Monate vom Vorsitzenden des Verwaltungsrats oder seinem Stellvertreter einberufen, um über den Gang der Geschäfte der Gesellschaft und deren voraussichtliche Entwicklung zu beraten.

(2) Die Sitzungen des Verwaltungsrats werden durch den Vorsitzenden schriftlich, durch Telefax oder unter Verwendung eines anderen gebräuchlichen Kommunikationsmittels mit einer Frist von 14 Tagen einberufen und finden an dem in der Einladung bekannt zu gebenden Tagungsort statt. Bei der Berechnung der Frist werden der Tag der Einberufung und der Tag der Sitzung nicht mitgerechnet. In dringenden Fällen kann der Vorsitzende diese Frist abkürzen und mündlich oder fernmündlich einberufen. Die gesetzliche Berechtigung zur Einberufung von Sitzungen des Verwaltungsrats durch andere Organe oder Organmitglieder bleibt unberührt.

(3) Mit der Einladung sind die Gegenstände der Tagesordnung sowie der Tagungsort und der Zeitpunkt der Sitzung anzugeben.

§ 8 Beschlussfassung des Verwaltungsrats[13]

(1) Beschlüsse des Verwaltungsrats werden idR in Sitzungen gefasst. Abwesende Verwaltungsratsmitglieder können dadurch an der Beschlussfassung in einer Sitzung teilnehmen, dass sie eine in Textform übermittelte Stimmabgabe durch ein anderes Verwaltungsratsmitglied überreichen lassen. Der Vorsitzende des Verwaltungsrats kann bestimmen, dass Mitglieder des Verwaltungsrats an einer Sitzung und Beschlussfassung per Videoübertragung oder Telefon teilnehmen; ein Widerspruchsrecht steht den Verwaltungsratsmitgliedern hiergegen nicht zu. Die nachträgliche Stimmabgabe eines abwesenden Mitglieds ist nur möglich, wenn dem von keinem der anwesenden Mitglieder widersprochen wird.

(2) Die Reihenfolge, nach der die Gegenstände der Tagesordnung verhandelt werden sowie die Art und Reihenfolge der Abstimmungen werden vom Vorsitzenden des Verwaltungsrats als Sitzungsleiter bestimmt. Er kann die Beratung und Beschlussfassung über einzelne Gegenstände der Tagesordnung nach pflichtgemäßem Ermessen vertagen.

(3) Werden bestimmte Gegenstände der Tagesordnung nicht rechtzeitig vor der Sitzung sämtlichen Verwaltungsratsmitgliedern mitgeteilt, so kann über sie ein Beschluss nicht gefasst werden, wenn mindestens ein Mitglied dem Verfahren widerspricht. Abwesenden Mitgliedern ist die Möglichkeit zum Widerspruch innerhalb einer vom Vorsitzenden zu bestimmenden angemessenen Frist einzuräumen. Erst wenn kein abwesendes Mitglied innerhalb der Frist widersprochen hat, wird der Beschluss wirksam.

(4) Eine Beschlussfassung des Verwaltungsrats kann auf Anordnung des Vorsitzenden des Verwaltungsrats auch außerhalb von Sitzungen durch mündliche, fernmündliche, schriftliche, durch Telefax oder unter Verwendung eines anderen gebräuchlichen Kommunikationsmittels übermittelte Stimmabgabe oder durch eine Kombination der vorstehenden Beschlussverfahren erfolgen. Ein Widerspruchsrecht steht den Verwaltungsratsmitgliedern hiergegen nicht zu.

(5) Der Verwaltungsrat ist beschlussfähig, wenn mindestens die Hälfte der Mitglieder, aus denen er besteht, darunter der Vorsitzende oder, wenn dieser nicht teilnimmt, mindestens drei Viertel der Mitglieder, aus denen der Verwaltungsrat besteht, an der Beschlussfassung teilnehmen. Für Zwecke von S 1 nehmen an der Beschlussfassung auch solche Mitglieder teil, die sich der Stimme enthalten oder keine oder eine ungültige Stimme abgeben.[14]

(6) Die Beschlüsse des Verwaltungsrats werden mit einfacher Mehrheit der abgegebenen gültigen Stimmen gefasst. Enthaltungen gelten nicht als abgegebene Stimmen. Bei Stimmgleichheit erfolgt eine zweite Abstimmung, in deren Rahmen bei erneuter Stimmengleichheit dem Vorsitzenden zwei Stimmen zustehen. Dem Stellvertreter steht die zweite Stimme nicht zu.[15]

§ 9 Innere Ordnung und Ausschüsse

(1) Der Verwaltungsrat gibt sich eine Geschäftsordnung.[16]

(2) Der Verwaltungsrat kann im Rahmen der zwingenden gesetzlichen Vorschriften aus seiner Mitte Ausschüsse bestellen und deren Aufgaben und Befugnisse festsetzen.[17] Dabei können den Ausschüssen Aufgaben zur Beschlussfassung übertragen werden. Für die Beschlussfassung der Ausschüsse gilt § 8 entsprechend, soweit nicht gesetzlich zwingend etwas Abweichendes vorgesehen ist.

§ 10 Vergütung des Verwaltungsrats[18]

(1) Den Mitgliedern des Verwaltungsrats wird eine feste, nach Ablauf des Geschäftsjahres zahlbare Vergütung in Höhe von EUR . . . . . gewährt.

(2) Die feste Vergütung beträgt für den Vorsitzenden das Doppelte und für seinen Stellvertreter das Eineinhalbfache des von der Hauptversammlung festgesetzten Betrages. Die Verwaltungsratsmitglieder erhalten ferner je Ausschuss, dem sie angehören, eine Vergütung in Höhe von 25 % des Betrages gem Abs 1; der Ausschussvorsitzende erhält jeweils 75 % und ein etwaiger Stellvertreter jeweils 50 % des Betrages gem Abs 1.

(3) Die Mitglieder des Verwaltungsrates erhalten ferner eine variable Vergütung in Höhe von . . . . .

(4) Verwaltungsratsmitglieder, die nur während eines Teils des Geschäftsjahres dem Verwaltungsrat bzw einem Verwaltungsratsausschuss angehört haben, erhalten eine im Verhältnis der Zeit geringere Vergütung.

(5) Außerdem erstattet die Gesellschaft den Verwaltungsratsmitgliedern neben ihren Auslagen die auf ihre Vergütung jeweils anfallende Umsatzsteuer.

§ 11 Geschäftsführende Direktoren[19]

(1) Der Verwaltungsrat bestellt zur Führung der Geschäfte der Gesellschaft mindestens zwei geschäftsführende Direktoren.[20] Zu geschäftsführenden Direktoren können vorbehaltlich von § 40 Abs 1 S 2 SEAG auch Mitglieder des Verwaltungsrats bestellt werden.[21]

(2) Die geschäftsführenden Direktoren sind nur gemeinschaftlich zur Geschäftsführung befugt, sofern diese Satzung oder die vom Verwaltungsrat für die geschäftsführenden Direktoren erlassene Geschäftsordnung nichts Anderes bestimmt.[22] Sie sind verpflichtet, den Weisungen des Verwaltungsrats zu folgen.

(3) Der Verwaltungsrat erlässt für die geschäftsführenden Direktoren eine Geschäftsordnung.[23]

(4) Der Verwaltungsrat kann einen Vorsitzenden der geschäftsführenden Direktoren sowie einen oder mehrere Stellvertreter bestellen. Vorsitzender kann nur ein geschäftsführender Direktor sein, der auch Mitglied des Verwaltungsrates ist. Scheidet der Vorsitzende aus dem Verwaltungsrat aus, endet auch seine Stellung als Vorsitzender der geschäftsführenden Direktoren. Bei Beschlussfassungen der geschäftsführenden Direktoren steht dem Vorsitzenden ein Vetorecht zu; dem bzw den Stellvertretern steht das Vetorecht nicht, auch nicht im Fall der Verhinderung des Vorsitzenden, zu.[24]

(5) Geschäftsführende Direktoren, die zugleich Mitglieder des Verwaltungsrats sind, können vom Verwaltungsrat nur mit einer Mehrheit von drei Viertel der abgegebenen Stimmen abberufen werden.[25]

§ 12 Vertretung der Gesellschaft[26]

(1) Ist nur ein geschäftsführender Direktor bestellt, ist er er einzeln zur Vertretung der Gesellschaft befugt. Im Übrigen wird die Gesellschaft durch zwei geschäftsführende Direktoren oder durch einen geschäftsführenden Direktor zusammen mit einem Prokuristen vertreten.

(2) Der Verwaltungsrat kann einzelnen oder allen geschäftsführenden Direktoren Einzelvertretungsbefugnis und Befreiung von den Beschränkungen des § 181 2. Alt BGB erteilen; § 41 Abs 4 SEAG bleibt unberührt.[27]

§ 13 Ort und Einberufung der Hauptversammlung

Vgl → Form. II.E.3.2 Anm. 32-34.[28]

§ 14 Teilnahme an der Hauptversammlung

Vgl → Form. II.E.3.2 Anm. 35-38.

§ 15 Beschlussfassung der Hauptversammlung

(1) Vgl → Form. II.E.3.2 Anm. 39.

(2) Sofern gesetzlich nicht eine größere Mehrheit oder weitere Erfordernisse zwingend vorgeschrieben sind, bedürfen Beschlüsse der Hauptversammlung der Mehrheit der abgegebenen Stimmen und Beschlüsse über Satzungsänderungen der Mehrheit von zwei Dritteln der abgegebenen Stimmen oder, sofern mindestens die Hälfte des Grundkapitals vertreten ist, lediglich der einfachen Mehrheit der abgegebenen Stimmen.[29]

(3) Vgl → Form. II.E.3.2 Anm. 41-42.

§ 16 Vorsitz und Leitung, Übertragung

(1) Den Vorsitz in der Hauptversammlung führt die vom Verwaltungsrat zum Versammlungsleiter gewählte Person. Der Verwaltungsrat kann ferner einen Stellvertreter wählen, der den Vorsitz bei Verhinderung des Versammlungsleiters in der gesamten Hauptversammlung oder vorübergehend übernimmt.[30]

(2) und (3) Vgl → Form. II.E.3.2 Anm. 44-46.

§ 17 Aufstellen des Jahresabschlusses, ordentliche Hauptversammlung

Vgl → Form. II.E.3.2 Anm. 47-50.[31]

Schrifttum: *Bachmann,* Der Verwaltungsrat der monistischen SE, ZGR **2008,** 779; *Drinhausen/Nohlen,* Festlegung der Amtsdauer von SE-Organmitgliedern in der Satzung nach Art. 46 Abs 1 SE-VO, ZIP **2009,** 1890; *Eder,* Die monistisch verfasste Societas Europaea – Überlegungen zur Umsetzung eines CEO Modells, NZG **2004,** 544; *Gössl,* Die Satzung der Europäischen Aktiengesellschaft (SE) mit Sitz in Deutschland, **2010;** *Hoffmann-Becking,* Organe: Strukturen und Verantwortlichkeiten, insbesondere im monistischen System, ZGR **2004,** 355; *Ihrig,* Die geschäftsführenden Direktoren in der monistischen SE: Stellung, Aufgaben und Haftung, ZGR **2008,** 809; *Marsch-Barner,* Zur monistischen Führungsstruktur einer deutschen Europäischen Gesellschaft (SE), GS Bosch **2006,** S 105; *Oechsler,* Kapitalerhaltung in der europäischen Gesellschaft, NZG **2005,** 450; *Rockstroh,* Verwaltungsrat und geschäftsführende Direktoren in der monistisch strukturierten Societas Europaea, BB **2012,** 1620; *Spitzbart,* Die europäische Aktiengesellschaft (Societas Europaea) – Aufbau der SE und Gründung, RNotZ **2006,** 369; *Thamm,* Die Organisationsautonomie der monistischen Societas Europaea bezüglich ihrer geschäftsführenden Direktoren, NZG **2008,** 132.

Anmerkungen

1. Das Form. behandelt die Satzung einer nicht mitbestimmten SE mit monistischem Leitungssystem. Behandelt werden nur die Besonderheiten der SE gegenüber einer AG. Zum Inhalt der Satzung einer SE s Habersack/Drinhausen/*Diekmann*, Art 6 SE-VO Rn 8 ff; *Spitzbart*, RNotZ 2006, 386 f.; *Gössl*, 2010.

2. Der statutarische Gestaltungsspielraum erschließt sich aus Art 9 Abs 1 SE-VO. Eröffnet die SE-VO ausdrücklich Raum für Satzungsregelungen, gehen diese nur der SE-VO nach, aber allen anderen Rechtsquellen (auch SEAG und AktG) vor (Art 9 Abs 1 lit b) SE-VO). Für die monistische SE finden sich solche Öffnungsklauseln in Art 40 Abs 2 (s aber Art 40 Abs 2 S 2 SE-VO iVm § 23 SEAG), 44 Abs 1, 46 Abs 1 und 2, 47 Abs 3, 48 Abs 1 sowie 50 Abs 1 und 2 SE-VO. Greift Art 9 Abs 1 lit b) SE-VO nicht und enthält die SE-VO keine abschließende Regelung, besteht Spielraum für Satzungsregelungen nur nach Maßgabe der aktienrechtlich geltenden Regelungen, so dass hier § 23 Abs 5 AktG gilt, und subsidiär gegenüber den Bestimmungen in SEAG und AktG (Art 9 Abs 1 lit c) SE-VO). Enthalten SEAG oder AktG eine abschließende Regelung, scheidet eine abweichende statutarische Bestimmung aus. Es besteht doppelte Satzungsstrenge, nämlich gem Art 9 SE-VO und nach § 23 Abs 5 AktG (vgl Lutter/Hommelhoff/Teichmann/*Hommelhoff/Teichmann*, Art 9 SE-VO Rn 41, 56).

3. Bei der SE besteht die Wahl zwischen einem dualistischen und einem monistischen Leitungssystem (Art 38 lit b) SE-VO). Im ersten Fall gibt es einen Vorstand und einen Aufsichtsrat; anwendbare Regeln und Satzungsgestaltung sind im Wesentlichen dieselben wie bei der AG (vgl Art 39 ff, 46 ff SE-VO, 15 ff SEAG). Ohne Vorbild im deutschen Recht ist das – dem Form. zugrunde liegende – monistische System mit einem einheitlichen Leitungsorgan, dem Verwaltungsrat (VwsRat) (s Art 43 ff SE-VO, §§ 20 ff SEAG). Durch das SEAG hat der deutsche Gesetzgeber jedoch ein weiteres Organ, die geschäftsführenden Direktoren (gfD) eingeführt (§§ 40 ff SEAG) und damit das monistische System dem dualistischen angenähert. Nach hM kann sich diese Ausgestaltung auf Art 43 Abs 4 SE-VO stützen und ist daher mit der SE-VO vereinbar (Habersack/Drinhausen/*Scholz*, Art 38 SE-VO Rn 10; *Bachmann*, ZGR 2008, 785; *Ihrig*, ZGR 2008, 810 f; aA *Hoffmann-Becking*, ZGR 2004, 370 ff). Die trotz dieser Annäherung verbliebenen wesentlichen Besonderheiten des monistischen Systems sind: (1) der VwsRat ist Geschäftsleitungsorgan (Art 43 Abs 1 S 1 SE-VO, § 22 Abs 1 SEAG). Zugleich obliegt ihm die Überwachung der gfD (§ 22 Abs 1 SEAG), die für die laufende Geschäftsführung zuständig sind (§ 40 Abs 2 S 1 SEAG). (2) Dem VwsRat steht ein Weisungsrecht gegenüber den gfD zu (§ 44 Abs 2 SEAG). (3) Eine Inkompatibilität zwischen VwsRat- und gfD-Amt nach dem Vorbild des § 105 AktG gibt es nicht. Vielmehr kann eine Minderheit der VwsRats-Mitglieder auch gfD sein (§ 40 Abs 1 S 2 SEAG).

4. Das Grundkapital der SE muss mindestens EUR 120 000 betragen (Art 4 Abs 2 SE-VO). Beim genehmigten Kapital ist gem § 22 Abs 6 SEAG der VwsRat zur Erhöhung des Grundkapitals und, wenn relevant, zum Bezugsrechtsausschluss zu ermächtigen (str; wie hier zB Kölner Komm AktG/*Siems/Müller-Leibenger*, § 22 SEAG Rn 37; Habersack/Drinhausen/*Verse*, Anh. Art 43 SE-VO § 22 SEAG Rn 52; MüKoAktG/*Oechsler*, Art 5 SE-VO Rn 38; nach aA sind die gfD zu ermächtigen und übt der VwsRat den Zustimmungsvorbehalt aus, vgl Spindler/Stilz/*Casper*, Art 5 Se-VO Rn 4; Lutter/Hommelhoff/Teichmann/*Fleischer*, Art 5 SE-VO Rn 8; Habersack/Drinhausen/*Diekmann*, Art 5 SE-VO Rn 20).

5. Der VwsRat ist das zentrale Organ der monistischen SE. Neben seiner allgemeinen Geschäftsleitungs- und Überwachungsfunktion (s → Anm. 3) weist ihm das Gesetz durch verschiedene Bestimmungen eine Reihe von Aufgaben konkret zu (vgl §§ 22 Abs 2 bis 5, 40 Abs 1 S 1 und Abs 5, 44 Abs 2, 47 Abs 3 und 5, 48 Abs 1 SEAG). Schließlich hat der VwsRat alle Zuständigkeiten, die außerhalb des SEAG dem Vorstand oder Aufsichtsrat zugewiesen sind (§ 22 Abs 6 SEAG; vgl Kölner Komm AktG/*Siems/Müller-Leibenger*, § 22 SEAG Rn 32 ff). Das Verhältnis zu den gfD wird vor allem durch folgende Aspekte geprägt: (1) Der VwsRat ist gegenüber den gfD weisungsbefugt (§ 44 Abs 2 SEAG). Das Weisungsrecht ist im Grundsatz sachlich nicht beschränkt (hM; Lutter/Hommelhoff/ Teichmann/*Teichmann*, Anh Art 43 SE-VO § 44 SEAG Rn 10 ff). Auch die Satzung kann richtigerweise keine Schranken vorsehen (str; wie hier Kölner Komm AktG/*Siems/ Müller-Leibenger*, § 44 SEAG Rn 4; *Ihrig*, ZGR 2008, 819 f; aA *Bachmann*, ZGR 2008, 795; *Marsch-Barner*, GS Bosch 2006, S 105). (2) Gesetzlich dem VwsRat zugewiesene Aufgaben können den gfD nicht übertragen werden (§ 40 Abs 2 S 3 SEAG). Dazu zählen insbesondere die Geschäftsleitungszuständigkeit sowie die oben genannten Einzelzuständigkeiten. Das „Machtgefälle" zwischen VwsRat und gfD kann dementsprechend durch die Satzung nicht verschoben werden. (3) Geschäftsleitungsfunktion des VwsRats und Geschäftsführungszuständigkeit des gfD sind voneinander abzugrenzen. Der Begriff der Geschäftsführung umfasst dabei in der monistischen SE – anders als in der AG und im dualistischen System – nicht die Geschäftsleitung; zu den Einzelheiten s MüKoAktG/ *Reichert/Brandes*, Art 43 SE-VO Rn 13 ff; BeckOGK AktG/*Eberspächer*, Art 43 SE-VO Rn 11 ff. Statutarische Vorgaben für die Abgrenzung von Geschäftsleitung und -führung sind wohl unzulässig (*Seibt*, in: Lutter/Hommelhoff, Die Europäische Gesellschaft, 2005, 84), erscheinen aber jedenfalls wenig sinnvoll.

6. S Art 48 Abs 1 SE-VO. Die Bestimmung erlaubt es nicht nur, in der Satzung die Arten von Geschäften zu regeln, die der ausdrücklichen Beschlussfassung des VwsRats bedürfen, sondern begründet (anders als § 111 Abs 4 S 2 AktG) eine entsprechende Regelungspflicht in der Satzung (Habersack/Drinhausen/*Seibt*, Art 48 SE-VO Rn 4; BeckOGK AktG/*Eberspächer*, Art 48 SE-VO Rn 3, 5; aA MüKoAktG/*Reichert/Brandes*, Art 48 SE-VO Rn 1, 3). Unbeschadet bleibt das Recht des VwsRats, weitere Maßnahmen durch Beschluss oder Geschäftsordnung dem Katalog hinzuzufügen.

7. Die Anzahl der VwsRatsMitglieder wird durch die Satzung bestimmt; beträgt das Grundkapital mehr als EUR 3 000 000, hat der VwsRat aus mindestens drei Mitgliedern zu bestehen (Art 43 Abs 2 SE-VO, § 23 Abs 1 S 1 und 2 SEAG). Die Anzahl der VwsRatsMitglieder muss nicht durch drei teilbar sein. Die Satzung kann eine feste Anzahl der Mitglieder bestimmen, sich aber – wie sich aus dem Wortlaut von Art 43 Abs 2 SE-VO („oder die Regeln für ihre Festlegung sind in der Satzung der SE festgelegt") ergibt – zB auch auf die Festlegung einer Mindest- und/oder Höchstzahl beschränken und innerhalb dieser Grenzen der HV die konkrete Festlegung überlassen oder die Festlegung insgesamt auf die HV delegieren (vgl Manz/Mayer/Schröder/*Manz*, Art 43 SE-VO Rn 25; *Gössl*, 2010, S 238; Kölner Komm AktG/*Siems/Müller-Leibenge* Art 43 SE-VO Rn 43, der auch eine Festlegung durch den VwsRat für zulässig hält; aA MüKoAktG/*Reichert/ Brandes*, Art 43 SE-VO Rn 60). Im Fall der Mitbestimmung gelten Art 43 Abs 2 S 3 SE-VO, § 24 Abs 1 SEAG, §§ 21, 34 ff SEBG; vgl dazu BeckOGK AktG/*Eberspächer*, Art 43 SE-VO Rn 30 ff; MüKoAktG/*Reichert/Brandes*, Art 43 SE-VO Rn 61 ff. Die Mitglieder des VwsRats werden von der HV bestellt (Art 43 Abs 3 S 1 SE-VO, § 28 Abs 1 SEAG). Ausnahmen: Entsenderechte (§ 28 Abs 2 SEAG iVm § 101 Abs 2 AktG) oder abweichende Regelung in der Beteiligungsvereinbarung gem § 21 SEBG (Art 43 Abs 3 S 3 SE-VO). Ergibt sich die Mitbestimmung jedoch nicht aus einer Beteiligungsvereinbarung, sondern aus der gesetzlichen Auffangregelung, werden auch die Arbeitnehmervertreter durch die HV bestellt, die dabei an die Wahlvorschläge gebunden ist (§ 36 IV SEBG). Bei der Bestellung sind die Inkompatibilitätsvorschriften in § 27 SEAG zu beachten; das

Verbot gem § 27 Abs 1 S 1 Nr 2 SEAG, wonach der gesetzliche Vertreter eines von der SE abhängigen Unternehmens nicht Verwaltungsratsmitglied der SE sein kann, gilt dabei nur für Verwaltungsratsmitglieder, die nicht auch gfDs sind (LG Ffm NZG 2018, 785).

8. Die Amtszeit darf maximal sechs Jahre betragen (Art 46 Abs 1 SE-VO). Die Satzung kann eine kürzere Amtszeit vorsehen. Nicht erforderlich ist es, einen festen Zeitraum vorzugeben (*Drinhausen/Nohlen,* ZIP 2009, 1892 ff; BeckOGK AktG/*Eberspächer,* Art 46 Rn 6; aA Kölner Komm AktG/*Siems/Müller-Leibenger*, Art 46 SE-VO Rn 12; MHdB GesR 4/*Austmann,* § 86 Rn 4 f.). Die Satzung kann daher – wie im Form. – eine „flexible" Amtszeit vorsehen oder die Festlegung dem Bestellungsbeschluss überlassen.

9. Vgl § 28 Abs 3 S 2 ff SEAG, der im Wesentlichen § 101 Abs 3 S 2 ff AktG (s dazu → Form. II.E.3.2 Anm. 10.) entspricht.

10. Für die Amtsniederlegung gelten die Regeln für Aufsichtsratsmitglieder entsprechend (vgl MüKoAktG/*Reichert/Brandes,* Art 43 SE-VO Rn 53 f). Zur Abberufung s § 29 SEAG. Die Satzung kann danach die erforderliche Mehrheit – das ist im Form. durch § 15 Abs 2 der Fall – und weitere Erfordernisse regeln (§ 29 Abs 1 S 3 SEAG). Erlaubt ist danach wegen Art 57 SE-VO jedoch nicht eine Anhebung der gesetzlichen $^{3}/_{4}$-Mehrheit (hM; s Habersack/Drinhausen/*Verse,* Anh. Art 43 SE-VO § 29 SEAG Rn 6; aA *Bachmann,* ZGR 2008, 779, 789; nach noch aA bedarf der Beschluss gem Art 57 SE-VO zwingend nur der einfachen Mehrheit; s *Schwarz,* Art 43 Rn 148). Nach hM kann die Abberufung nicht an das Vorliegen eines wichtigen Grunds geknüpft werden (s zB Kölner Komm AktG/*Siems/Müller-Leibenger*, § 29 SEAG Rn 6; Habersack/Drinhausen/*Verse,* Anh. Art 43 SE-VO § 29 SEAG Rn 9).

11. S Art 45 S 1 SE-VO, § 34 Abs 1 S 1 SEAG.

12. Bzgl der Einberufung kann auf die Regelungen zur AG verwiesen werden (s → Form. II.E.3.2 Anm. 16-18). Abweichend von § 110 Abs 3 AktG verlangt Art 44 Abs 1 SE-VO, dass der VwsRat mindestens alle drei Monate zusammentritt, um über den Gang der Geschäfte der SE und deren voraussichtliche Entwicklung zu beraten. Für eine Sitzung iSd Art 44 Abs 1 SE-VO genügen auch Sitzungen per Video-, Telefonkonferenz oder andere vergleichbare Telekommunikationsmedien (*Schwarz,* Art 44 Rn 10; Kölner Komm AktG/*Siems/Müller-Leibenger*, Art 44 SE-VO Rn 8 ff; aA Lutter/Hommelhoff/Teichmann/*Teichmann,* Art 44 SE-VO Rn 7 ff). Die Satzung kann kürzere Intervalle vorschreiben, was jedoch wenig zielführend erscheint und dem VwsRat überlassen werden sollte.

13. Zu den Regelungen in § 8 Abs 1 bis 4 vgl → Form. II.E.3.2 Anm. 19-22. § 35 Abs 1 und 2 SEAG entspricht § 108 Abs 3 und 4 AktG.

14. Beschlussfähigkeit und Mehrheitserfordernisse können gem Art 50 Abs 1 SE-VO durch die Satzung geregelt werden. Nach Art 9 Abs 1 lit b) SE-VO müssen die Satzungsbestimmungen in Übereinstimmung mit der SE-VO stehen, gehen aber nationalen Regelungen (SEAG, AktG) vor; s dazu → Anm. 2. Explizite Einschränkungen lassen sich der SE-VO zu Beschlussfähigkeit und Mehrheitserfordernissen nicht entnehmen. Vor diesem Hintergrund ist str, ob und inwiefern allgemeine Grundsätze die statutarische Regelungsfreiheit begrenzen. Genannt werden vor allem der Grundsatz der Funktionsfähigkeit des VwsRats sowie seine Ausgestaltung als Kollegialorgan und die daraus folgende gleiche Rechtsstellung seiner Mitglieder (s mit unterschiedlicher Akzentsetzung BeckOGK AktG/*Eberspächer,* Art 45 Rn 9, Art 50 Rn 6, 10 ff; Lutter/Hommelhoff/Teichmann/*Teichmann,* Art 50 Rn 7 f; MüKoAktG/*Reichert/Brandes,* Art 45 Rn 24, Art 50 Rn 20 ff). Die daraus abgeleiteten, recht weitgehenden Einschränkungen der Satzungsfreiheit erscheinen zweifelhaft (ablehnend zB Kölner Komm AktG/*Siems/Müller-Leibenger*, Art 50 Rn 14;

Bachmann, ZGR 2008, 790). Im Ergebnis führen sie zu Rechtsunsicherheit über mögliche Satzungsbestimmungen. Im Einzelnen: (1) Unklar ist insbesondere, ob die Beschlussfähigkeit von der Anwesenheit des VwsRatsVorsitzenden abhängig gemacht werden darf (verneinend MüKoAktG/*Reichert/Brandes,* Art 45 Rn 24; BeckOGK AktG/*Eberspächer,* Art 45 Rn 8; bejahend *Bachmann,* ZGR 2008, 790; *Eder,* NZG 2004, 545; *Schwarz,* Art 50 SE-VO Rn 19). (2) Str ist auch, ob das Quorum geringer als die Hälfte der Mitglieder sein darf (so MüKoAktG/*Reichert/Brandes,* Art 50 Rn 5; *Schwarz,* Art 50 SE-VO Rn 19; aA Lutter/Hommelhoff/Teichmann/*Teichmann,* Art 50 SE-VO Rn 8). (3) Unzulässig soll es sein, die Beschlussfähigkeit von der Anwesenheit aller Mitglieder abhängig zu machen (so *Schwarz,* Art 50 SE-VO Rn 19), was aber zweifelhaft ist. (4) In der paritätisch mitbestimmten SE kann kein Quorum von mehr als der Hälfte der Mitglieder vorgesehen werden (MüKoAktG/*Reichert/Brandes,* Art 50 Rn 5; BeckOGK AktG/*Eberspächer,* Art 50 Rn 5). Die im Form. vorgesehene abgestufte Beschlussfähigkeitsregelung ist danach zwar nicht völlig rechtssicher, erscheint jedoch zulässig. Die Funktionsfähigkeit des VwsRats ist nicht gefährdet und die Beschlussfähigkeit an sich hängt trotz der herausgehobenen Stellung des Vorsitzenden nicht von seiner Teilnahme ab. Sinnvoll ist ferner – wie im Form. – die Klarstellung, dass Mitglieder, die sich enthalten oder eine ungültige Stimme abgeben, bei der Ermittlung des Quorums mitgezählt werden.

15. Zur grds Gestaltungsfreiheit der Satzung und ihren Schranken s → Anm. 14. Für statutarische Regelungen der Mehrheitserfordernisse bedeutet das Folgendes: (1) Abweichende Regelungen der Bemessung der einfachen Mehrheit sind zulässig. Art 50 Abs 1 lit b) SE-VO stellt den Ja-Stimmen nicht nur Nein-Stimmen, sondern auch Enthaltungen, ungültige Stimmen und nicht abgegebene Stimmen anwesender oder vertretener Mitglieder gegenüber. Zu denken ist daher insbesondere daran, – wie im Form. – allein auf die abgegebenen gültigen Stimmen abzustellen (*Schwarz,* Art 50 Rn 17; MüKoAktG/*Reichert/Brandes,* Art 50 Rn 21). (2) Eine qualifizierte Mehrheit kann in der nicht-mitbestimmten SE richtigerweise auch insofern vorgesehen werden, als es um Entscheidungen geht, die dem VwsRat gesetzlich zugewiesen sind (MüKoAktG/*Reichert/Brandes,* Art 50 Rn 26; BeckOGK AktG/*Eberspächer,* Art 50 SE-VO Rn 11). In der mitbestimmten SE darf das Mehrheitserfordernis jedoch nicht so ausgestaltet werden, dass die Arbeitnehmervertreter de facto ein Vetorecht haben (Habersack/Drinhausen/*Drinhausen,* Art 50 SE-VO Rn 18; BeckOGK AktG/*Eberspächer,* Art 50 Rn 11; aA Kölner Komm AktG/*Siems/Müller-Leibenger,* Art 50 Rn 16). (3) Die Zulässigkeit eines Einstimmigkeitserfordernisses aller (anwesenden oder vertretenen) Mitglieder ist fraglich (vgl. MüKoAktG/*Reichert/Brandes,* Art 50 Rn 26). (4) Ob einem einzelnen Mitglied (Vorsitzender) ein Vetorecht (ablehnend MüKoAktG/*Reichert/Brandes,* Art 45 SE-VO Rn 21; BeckOGK AktG/*Eberspächer,* Art 45 Rn 9; *Gössl,* 2010, S 247 ff; bejahend Kölner Komm AktG/*Siems/Müller-Leibenger,* Art 50 Rn 13 f, wenn keine Mitbestimmung; Lutter/Hommelhoff/Teichmann/*Teichmann,* Art 50 SE-VO Rn 8; Habersack/Drinhausen/*Drinhausen,* Art 50 SE-VO Rn 20) oder ein Alleinentscheidungsrecht (ablehnend *Schwarz,* Art 50 Rn 15; BeckOGK AktG/*Eberspächer,* Art 45 Rn 9; *Gössl,* 2010, S 247 ff; bejahend Kölner Komm AktG/*Siems/Müller-Leibenger,* Art 50 Rn 14, wenn keine Mitbestimmung) gewährt werden kann, ist str. (5) Eine Regelung, wonach sowohl die Mehrheit der Mitglieder, die zugleich gfD sind, als auch die Mehrheit der übrigen Mitglieder erforderlich ist, ist dann unzulässig, wenn die Arbeitnehmerbank dadurch ein Vetorecht erhält. Im Übrigen ist die Zulässigkeit offen.

Gem Art 50 Abs 2 S 1 SE-VO gibt die Stimme des Vorsitzenden bei Stimmengleichheit den Ausschlag. Diese Regelung ist satzungsdispositiv. Zulässig ist danach auch die im Form. vorgesehene Regelung, dass bei Stimmengleichheit zunächst ein zweiter Abstimmungsvorgang erfolgt und der Stichentscheid des Vorsitzenden erst dann eingreift (*Schwarz,* Art 50 Rn 32). In der paritätisch mitbestimmten SE ist der Stichentscheid demgegenüber nicht dispositiv (Art 50 Abs 2 S 2 SE-VO analog). Im Fall der Verhinderung des Vorsitzenden steht der Stichentscheid seinem Stellvertreter zu. Nach hM folgt daraus, dass bei paritätischer Mitbestimmung auch der Stellvertreter zwingend ein Anteilseignervertreter sein muss, dem der Stichentscheid zusteht (Kölner Komm AktG/*Siems/Müller-Leibenger*, Art 45 SE-VO Rn 5; *Schwarz*, Art 43 Rn 193; MüKoAktG/*Reichert/Brandes*, Art 45 SE-VO Rn 29; aA Lutter/Hommelhoff/Teichmann/*Teichmann*, Anh Art 43 SE-VO (§ 34 SEAG) Rn 9). Ist die SE hingegen nicht paritätisch mitbestimmt, kann der Stichentscheid des Stellvertreters zutreffenderweise – wie im Form. – abbedungen werden.

16. Vgl § 34 Abs 2 SEAG, der § 77 Abs 2 S 1 Hs 1 und S 2 AktG entspricht. Das Einstimmigkeitserfordernis des § 77 Abs 2 S 3 AktG ist nicht übernommen. Es bleibt daher bei den allgemeinen Regeln für die Beschlussfassung (s § 8 Abs 5 und 6 sowie → Anm. 14 f).

17. Vgl § 34 Abs 4 SEAG, der im Wesentlichen § 107 Abs 3 AktG entspricht. Anders als in der AG (vgl → Form. II.E.3.2 Anm. 26) und trotz der gleichen Formulierung von § 34 Abs 4 S 1 SEAG und § 107 Abs 3 S 1 AktG kann die Satzung jedoch Vorgaben zur Bildung von Ausschüssen machen (BeckOGK AktG/*Eberspächer*, Art. 44 SE-VO Rn 6; *Bachmann*, ZGR 2008, 791 f; aA Kölner Komm AktG/*Siems/Müller-Leibenger*, Anh Art 51 SE-VO § 34 SEAG Rn 23; *Seibt*, in: Lutter/Hommelhoff, Die Europäische Gesellschaft, 2005, 86). Da dies str ist und Satzungsvorgaben Gefahr laufen, die Flexibilität des VwsRats zu weitgehend einzuengen, sieht das Form. von entsprechenden Regelungen ab. Nach dem Form. ist klargestellt, dass den Ausschüssen auch Entscheidungsbefugnisse übertragen werden können; das ist sinnvoll, da zT die nicht überzeugende Ansicht vertreten wird, anderenfalls könnten nur Beratungs- oder Vorbereitungsaufgaben delegiert werden (so Lutter/Hommelhoff/Teichmann/*Teichmann*, Anh Art 43 SE-VO (§ 34 SEAG) Rn 20; wie hier demgegenüber BeckOGK AktG/*Eberspächer*, Art 44 Rn 6).

18. § 38 Abs 1 SEAG verweist auf § 113 AktG. S dazu → Form. II.E.3.2 Anm. 28-31. Die Vergütung der VwsRatsMitglieder wird von der HV festgelegt. Ein gesonderter Anstellungsvertrag wird nicht geschlossen. Besonderheiten gegenüber dem Aufsichtsrat: (1) Beim VwsRat besteht aufgrund seiner Geschäftsleitungsaufgabe ein erhöhtes Bedürfnis nach einer leistungsbezogenen, variablen Vergütung. Für diese gelten die allgemeinen Anforderungen (vgl → Form. II.E.3.2 Anm. 29.). (2) VwsRatsMitgliedern können Aktienoptionen (§§ 71 Abs 1 Nr 8 S 5, 192 Abs 2 Nr 3 AktG) gewährt werden und zwar stets und nicht nur dann, wenn sie zugleich gfD sind (Habersack/Drinhausen/*Verse*, Anh. Art 43 SE-VO § 38 SEAG Rn 13 f; Lutter/Hommelhoff/Teichmann/*Teichmann*, Anh Art 43 SE-VO (§ 22 SEAG) Rn 44; aA *Oechsler*, NZG 2005, 450).

Zur Sozialversicherungspflicht von VwsRatsMitgliedern vgl. LSG Stuttgart ZIP 2019, 223.

19. Zur Stellung der gfD im Kompetenzgefüge der monistischen SE s → Anm. 3 und → Anm. 5 sowie insbesondere §§ 40 Abs 2 und 3, 44 Abs 2, 47 Abs 1 S 1, 49 SEAG.

20. Vgl § 40 Abs 1 S 1 SEAG. Richtigerweise gilt für die Bestelldauer nicht die Höchstgrenze des Art 46 Abs 1 SE-VO und für die Wiederwahl demzufolge auch nicht § 84 Abs 1 S 2 ff AktG (Kölner Komm AktG/*Siems/Müller-Leibenger*, Anh Art 51 SE-VO (§ 40 SEAG) Rn 41; BeckOGK AktG/*Eberspächer*, Art 43 Rn 42, Art 46 SE-VO Rn 2). Die Satzung kann jedoch eine Höchstbestelldauer sowie nach § 40 Abs 1 S 5 SEAG weitere Vorgaben, zB zur Qualifikation, oder gem Art 50 Abs 1 SE-VO die Anforderungen für den Bestellungsbeschluss regeln (vgl Lutter/Hommelhoff/Teichmann/*Teichmann*, Anh Art 43 SE-VO (§ 40 SEAG) Rn 7).

21. Vgl → Anm. 3. Die Satzung kann gem § 40 Abs 1 S 5 SEAG auch Vorgaben zur Bestellung von VwsRatsMitgliedern zu gfD enthalten (*Bachmann*, ZGR 2008, 788). Im Fall der Doppelbestellung kann sich verstärkt die Frage nach Stimmverboten bei Beschlussfassungen im VwsRat stellen; zur Reichweite zB *Marsch-Barner,* GS Bosch 2006, S 109; *Ihrig,* ZGR 2008, 821.

22. S § 40 Abs 2 S 2 SEAG. Zu den Gestaltungsmöglichkeiten s → Anm. 24 und ferner zB Kölner Komm AktG/*Siems/Müller-Leibenger,* Anh Art 51 SE-VO § 40 SEAG Rn 64.

23. Vgl § 40 Abs 4 S 1 SEAG.

24. § 77 Abs 1 S 2 Hs 2 AktG ist in § 40 Abs 2 SEAG nicht übernommen. Die Satzung oder die Geschäftsordnung können daher einem gfD ein Vetorecht – so im Form. zugunsten des Vorsitzenden – oder sogar ein Alleinentscheidungsrecht gewähren (Habersack/Drinhausen/*Verse,* § 40 SEAG Rn 37; *Bachmann,* ZGR 2008, 789; *Thamm,* NZG 2008, 134). Zulässig ist darüber hinaus ein Weisungsrecht einzelner gfD oder zB der gfD, die zugleich Mitglieder des VwsRats sind, gegenüber den übrigen gfD (MüKoAktG/*Reichert/Brandes,* Art 43 SE-VO Rn 133; BeckOGK AktG/*Eberspächer,* Art 43 SE-VO Rn 43).

25. Ein qualifiziertes Mehrheitserfordernis für die Abberufung ist gem Art 50 Abs 1 SE-VO, § 40 Abs 5 S 1 SEAG jedenfalls in nicht paritätisch mitbestimmten Gesellschaften zulässig (MüKoAktG/*Reichert/Brandes,* Art 43 SE-VO Rn 142, Art 50 SE-VO Rn 22 ff; Kölner Komm AktG/*Siems/Müller-Leibenger,* Anh Art 51 SE-VO § 40 SEAG Rn 78; aA BeckOGK AktG/*Eberspächer,* Art 43 SE-VO Rn 41). Die Satzung kann ferner auch regeln, dass eine Abberufung nur aus wichtigem Grund erfolgen kann; ein Ausschluss der Abberufung aus wichtigem Grund ist hingegen nicht zulässig (Lutter/Hommelhoff/Teichmann/*Teichmann,* Anh Art 43 SE-VO (§ 40 SEAG) Rn 7; *Gössl,* 2010, S 264 f). Bei der Abstimmung über seine Abberufung als gfD unterliegt ein VwsRatsMitglied richtigerweise keinem Stimmverbot, es sei denn, sie erfolgt aus wichtigem Grund (MüKoAktG/*Reichert/Brandes,* Art 43 SE-VO Rn 139).

26. Vgl § 41 SEAG, der grds § 78 AktG entspricht (vgl → Form. II.E.3.1 Anm. 13).

27. Auch wenn der dem § 78 AktG nachgebildete § 41 SEAG keine dem § 78 Abs 3 S 2 AktG entsprechende Ermächtigungsregelung enthält, ist es nicht erforderlich, dass die Satzung die Einzelvertretungsmacht von gfDs anordnet; vielmehr kann der VwsRat in der Satzung ermächtigt werden, gfDs Einzelvertretungsmacht zu erteilen (s *Rockstroh* BB 12, 1622 f; Manz/Mayer/Schröder/*Manz,* Art 43 SE-VO Rn 186). Das wird allerdings verbreitet anders gesehen (vgl Habersack/Drinhausen/*Verse,* Anh. Art 43 SE-VO § 41 SEAG Rn 12; Lutter/Hommelhoff/Teichmann/*Teichmann,* Anh Art 43 SE-VO (§ 41 SEAG) Rn 11; MüKoAktG/*Reichert/Brandes,* Art 43 SE-VO Rn 192; *Schwarz,* Anh Art 43 SE-VO Rn 308). Soll daher Einzelvertretungsmacht in der Satzung angeordnet werden, kann das durch namentliche Nennung der betreffenden gfDs, die einzelvertretungsberechtigt sind, aber auch durch das Anknüpfen an bestimmte objektive Kriterien, zB die Nicht-/Zugehörigkeit auch zum Verwaltungsrat, geschehen. Eine Befreiung der gfD von den Beschränkungen des § 181 1. Alt BGB ist wegen § 41 Abs 5 SEAG nicht möglich.

Eine Befreiung von den Beschränkungen des § 181 2. Alt BGB kann durch die Satzung oder, wenn die Satzung – wie im Form. – eine entsprechende Ermächtigung enthält, durch den VwsRat erteilt werden (s zB Habersack/Drinhausen/*Verse,* Anh. Art 43 SE-VO § 41 SEAG Rn 9a; Manz/Mayer/Schröder/*Manz,* Art 43 SE-VO Rn 185; *Rockstroh* BB 2012, 1623 f).

28. Die Einberufung obliegt dem VwsRat (Art 54 Abs 2 SE-VO, §§ 22 Abs 2, 48 Abs 1 SEAG), der auch gem § 124 Abs 3 AktG Beschlussvorschläge unterbreiten muss (§ 22 Abs 6 SEAG, Kölner Komm AktG/*Siems/Müller-Leibenger,* Anh Art 51 SE-VO § 22 SEAG Rn 37; MüKoAktG/*Reichert/Brandes,* Art 43 SE-VO Rn 96). Ob die gfD oder fakultativ gebildete Organe einberufungsbefugt sind, ist str (vgl KöKo/*Kiem,* Art 54 SE-VO Rn 14 f). Die statutarische Begründung von Einberufungsrechten, die in der AG möglich ist (§ 121 Abs 2

S 3 AktG), ist in der SE auf die in Art 54 Abs 2 genannten Organe beschränkt (BeckOGK AktG/*Eberspächer*, Art 54 SE-VO Rn 4).

29. S Art 57, 59 SE-VO, § 51 SEAG. Durch die Satzungsregelung wird eine möglichst weitgehende Annäherung an die aktienrechtliche Gestaltungspraxis (vgl → Form. II.E.3.2 Anm. 41) erreicht; die dort bestehende Möglichkeit, für Satzungsänderungen die einfache Mehrheit vorzusehen, besteht bei der SE hingegen nur, wenn mindestens die Hälfte des Grundkapitals vertreten ist (Art 59 Abs 2 SE-VO, § 51 S 1 SEAG). Dabei kommt es nicht auf das in der HV, sondern das bei der konkreten Beschlussfassung vertretene Grundkapital an (KöKo/*Kiem*, Art 59 SE-VO Rn 27, wonach – was zweifelhaft erscheint – abgegebene, aber ungültige Stimmenthaltungen nicht zum vertretenen Kapital zählen). Im Aktienrecht verbreitete, an das vertretene Grundkapital anknüpfende qualifizierte Mehrheitserfordernisse sind für die SE-VO durch Art 57, 59 SE-VO ausgeschlossen (aA KöKo/*Kiem*, Art 57 SE-VO Rn 37; Manz/Mayer/Schröder/*Mayer*, Art 57 SE-VO Rn 10), finden auf die SE-VO aber in der Weise Anwendung, dass sie als auf die abgegebenen Stimmen abstellende – je nach aktienrechtlicher Ausgestaltung: dispositive oder zwingende – qualifizierte Mehrheitserfordernisse zu berücksichtigen sind (Lutter/Hommelhoff/Teichmann/*Spindler*, Art 57 SE-VO Rn 13; BeckOGK AktG/*Eberspächer*, Art 57, 58 SE-VO Rn 5).

30. Ob ein VwsRatsMitglied durch Satzung oder HV-Beschluss zum Versammlungsleiter bestimmt werden kann, ist str (verneinend BeckOGK AktG/*Eberspächer*, Art 45 SE-VO Rn 6 f.; Lutter/Hommelhoff/Teichmann/*Spindler*, Art 53 SE-VO Rn 26; bejahend MüKoAktG/*Reichert/Brandes*, Art 45 SE-VO Rn 16; *Bachmann*, ZGR 2008, 790; ebenso für VwsRatsMitglieder, die nicht gfD sind, Habersack/Drinhausen/*Bücker*, Art 53 SE-VO Rn 22). Aufgrund dieser ungeklärten Situation enthält das Form. eine offene Regelung, die eine flexible Entscheidung erlaubt.

31. Vgl §§ 47 f SEAG sowie Art 54 Abs 1 S 1 SE-VO, wonach die ordentliche HV innerhalb der ersten sechs Monate des Geschäftsjahres (§ 175 Abs 1 S 2 AktG: acht Monate) stattfinden muss. Die Aufstellung des Jahresabschlusses erfolgt durch die gfD (§ 47 Abs 1 S 1 SEAG), seine Billigung und damit Feststellung durch den VwsRat (§ 47 Abs 5 S 1 SEAG).

4. Hauptversammlung

4.1 Einberufung zu ordentlicher Hauptversammlung

B AG[1, 2]

mit Sitz in . . . . .

– ISIN: DE . . . . . /WKN: . . . . . –

Hiermit laden wir[3] die Aktionäre der Gesellschaft zu der am Montag, den 11. Mai . . . . . um 10.00 Uhr in . . . . . *[genauer Ort]* stattfindenden ordentlichen[4] Hauptversammlung ein.[5, 6, 7]

Teil A.

Tagesordnung[8]

1. Entgegennahme des festgestellten Jahresabschlusses und des Konzernabschlusses jeweils zum 31. Dezember . . . . . , des Lage- und des Konzernlageberichts, des

erläuternden Berichts zu den Angaben nach §§ 289a, 315a HGB,[9] des Berichts des Aufsichtsrats für das Geschäftsjahr ..... und des Vorschlags des Vorstands für die Verwendung des Bilanzgewinns für das Geschäftsjahr .....[10]

Der Aufsichtsrat hat den Jahresabschluss und den Konzernabschluss in seiner Sitzung am 25. März ..... gebilligt. Der Jahresabschluss ist mit seiner Billigung durch den Aufsichtsrat festgestellt. Auch zu den übrigen vorgelegten Unterlagen ist keine Entscheidung der Hauptversammlung erforderlich. Zu Punkt 1 der Tagesordnung wird daher kein Beschluss gefasst.[11]

2. Beschlussfassung über die Verwendung des Bilanzgewinns des Geschäftsjahres .....

Vorstand und Aufsichtsrat schlagen vor,[12] den Bilanzgewinn[13] des Geschäftsjahres ..... in Höhe von EUR ..... wie folgt zu verwenden:[14]

Zahlung einer Dividende von EUR ..... je gewinnberechtigter Stückaktie:	EUR .....
Einstellung in die anderen Rücklagen:	EUR .....
Vortrag auf neue Rechnung:	EUR .....

Gem § 58 Abs 4 S 2 AktG ist der Anspruch auf Zahlung der Dividende am dritten auf den Hauptversammlungsbeschluss folgenden Tag und somit am 14. Mai ..... fällig.

3. Beschlussfassung über die Entlastung[15] des Vorstands für das Geschäftsjahr .....

Vorstand und Aufsichtsrat schlagen vor, den im Geschäftsjahr ..... amtierenden Mitgliedern des Vorstands für diesen Zeitraum Entlastung zu erteilen.

4. Beschlussfassung über die Entlastung[15] des Aufsichtsrats für das Geschäftsjahr .....

Vorstand und Aufsichtsrat schlagen vor, den im Geschäftsjahr ..... amtierenden Mitgliedern des Aufsichtsrats für diesen Zeitraum Entlastung zu erteilen.

5. Nachwahl zum Aufsichtsrat

Der Aufsichtsrat setzt sich gem § ..... der Satzung iVm § 96 Abs 1 AktG und § 7 Abs 1 MitbestG aus 16 Mitgliedern, von denen acht von der Hauptversammlung und acht von den Arbeitnehmern gewählt werden.[16]

Das von der Hauptversammlung gewählte Mitglied des Aufsichtsrats Herr M hat am ..... sein Aufsichtsratsmandat mit sofortiger Wirkung niedergelegt. An seiner Stelle hat das Amtsgericht ..... am ..... auf Antrag des Vorstands Frau N gerichtlich zum neuen Aufsichtsratsmitglied bestellt. Ferner ist am ..... das von der Hauptversammlung gewählte Mitglied des Aufsichtsrats Herr O verstorben. An seiner Stelle hat das Amtsgericht ..... am ..... auf Antrag des Vorstands Herrn P gerichtlich zum neuen Aufsichtsratsmitglied bestellt. Beide Anträge wurden bis zur Beendigung der nächsten Hauptversammlung befristet.[17] Vor diesem Hintergrund sollen Frau N und Herr P von der Hauptversammlung für die verbleibende Amtszeit, für die Herr M bzw Herr O zum Mitglied des Aufsichtsrats bestellt worden waren, dh bis zur Beendigung der Hauptversammlung, die über die Entlastung des Aufsichtsrats für das Geschäftsjahr ..... entscheidet, zu Mitgliedern des Aufsichtsrats gewählt werden.

Gem § 96 Abs 2 AktG setzt sich der Aufsichtsrat der Gesellschaft zu mindestens 30 % aus Frauen und zu mindestens 30 % aus Männern zusammen. Sowohl die Seite der Anteilseigner- als auch der Arbeitnehmervertreter hat nach § 96 Abs 2 S 3 AktG der sogenannten Gesamterfüllung, dh der Erfüllung der Quoten durch das Gesamtorgan, widersprochen. Die Quoten sind infolgedessen getrennt für die Anteilseigner- und die Arbeitnehmervertreter zu erfüllen. Das ist der Fall, wenn sowohl auf der Anteilseigner- als auch auf der Arbeitnehmerbank jeweils mindestens zwei Frauen und mindestens zwei Männer vertreten sind. Der Wahlvorschlag des Aufsichtsrats erfüllt diese Anforderungen. Bei seiner Annahme durch die Hauptversammlung gehören dem Aufsichtsrat auf seiten der Anteilseigner fünf Männer und drei Frauen an.[18]

Der Aufsichtsrat schlägt auf Vorschlag des Nominierungsausschusses vor,[19]

Frau N, wohnhaft in . . . . ., ... *[ausgeübter Beruf]*,[20] und

Herrn P, wohnhaft in . . . . ., ... *[ausgeübter Beruf]*,

für die Zeit von der Beendigung dieser Hauptversammlung bis zur Beendigung der Hauptversammlung, die über die Entlastung des Aufsichtsrats für das Geschäftsjahr . . . . . beschließt, zu Mitgliedern des Aufsichtsrats zu wählen.

Die Wahlen sollen als Einzelwahlen durchgeführt werden.[21]

Der Wahlvorschlag steht im Einklang mit den vom Aufsichtsrat für seine Zusammensetzung benannten Zielen und dem Kompetenzprofil, das der Aufsichtsrat für sich erarbeitet hat.[22]

Frau N ist Mitglied der gesetzlich zu bildenden Aufsichtsräte der . . . . . sowie Mitglied vergleichbarer in- und ausländischer Kontrollgremien folgender Wirtschaftsunternehmen: . . . . . . Herr P ist Mitglied vergleichbarer in- und ausländischer Kontrollgremien folgender Wirtschaftsunternehmen: . . . . . . Mitglied eines gesetzlich zu bildenden Aufsichtsrats ist er nicht.[23]

Nach Einschätzung des Aufsichtsrats bestehen keine persönlichen oder geschäftlichen Beziehungen der vorgeschlagenen Kandidaten zum Unternehmen, den Organen der Gesellschaft oder einem wesentlich an der Gesellschaft beteiligten Aktionär im Sinne der Empfehlung C.13 des Deutschen Corporate Governance Kodex.[24]

Frau N und Herr P haben jeweils vorab für den Fall ihrer Wahl die Annahme der Wahl erklärt. Die Lebensläufe einschließlich einer Übersicht über die wesentlichen Tätigkeiten von Frau N und Herrn P sind dieser Einberufung als Anlage beigefügt und auf der Internetseite der Gesellschaft unter . . . . . zugänglich.[25]

6. Billigung des vom Aufsichtsrat vorgelegten Vergütungssystems für die Vorstandsmitglieder[26]

Der Aufsichtsrat hat in seiner Sitzung am . . . . . das in Teil B. abgedruckte Vergütungssystem der Vorstandsmitglieder beschlossen („Vorstandsvergütungssystem"):[27]

Der Aufsichtsrat[28] schlägt der Hauptversammlung vor, das Vorstandsvergütungssystem zu billigen.

7. Bestätigung der Vergütung der Aufsichtsratsmitglieder[29]

Das Aktiengesetz sieht vor, dass die Hauptversammlung mindestens alle vier Jahre über die Vergütung der Aufsichtsratsmitglieder beschließt. Die Hauptversammlung hat letztmalig im Jahr . . . . . über die Vergütung des Aufsichtsrats beschlossen. Die Vergütung ist seitdem unverändert. Sie ist in § . . . . . der Satzung geregelt.

§ . . . . . der Satzung („Vergütung für die Aufsichtsratsmitglieder") und die weiteren Angaben zum Vergütungssystem für die Aufsichtsratsmitglieder gem § 113 Abs 3 S 3 AktG („Aufsichtsratsvergütungssystem") sind in Teil C. abgedruckt.

Vorstand und Aufsichtsrat[30] schlagen der Hauptversammlung vor, die Vergütung für die Aufsichtsratsmitglieder und das Aufsichtsratsvergütungssystem zu bestätigen.

8. Billigung des Vergütungsberichts für das Geschäftsjahr . . . . .[31]

Der vom Abschlussprüfer der Gesellschaft . . . . . geprüfte Vergütungsbericht für das Geschäftsjahr . . . . . ist in Teil D. abgedruckt.

Vorstand und Aufsichtsrat[32] schlagen der Hauptversammlung vor, den geprüften Vergütungsbericht für das Geschäftsjahr . . . . . zu billigen.

9. Beschlussfassung über die Änderung von § . . . . . der Satzung[33]

. . . . . *[ggfs Erläuterung der vorgeschlagenen Satzungsänderung]*[34]

Vorstand und Aufsichtsrat schlagen vor, § . . . . . der Satzung wie folgt neu zu fassen: . . . . . *[Wortlaut der neuen Satzungsfassung]*

10. Wahl des Abschlussprüfers und des Konzernabschlussprüfers für das Geschäftsjahr . . . . . sowie des Prüfers für eine etwaige prüferische Durchsicht von unterjährigen Abschlüssen für das Geschäftsjahr . . . . . und das erste und das zweite Quartal des Geschäftsjahres . . . . .[35]

Der Aufsichtsrat[36] schlägt vor, die . . . . . *[Name und Sitz der Wirtschaftsprüfungsgesellschaft]* zu bestellen

a) zum Abschlussprüfer und Konzernabschlussprüfer für das Geschäftsjahr . . . . . sowie
b) zum Prüfer für die prüferische Durchsicht von unterjährigen (verkürzten) Abschlüssen und Zwischenlageberichten für das Geschäftsjahr . . . . . und das erste Quartal des Geschäftsjahrs . . . . ., wenn und soweit derartige unterjährige Abschlüsse und Zwischenlageberichte einer prüferischen Durchsicht unterzogen werden.

Der Beschlussvorschlag steht in Übereinstimmung mit einer entsprechenden Empfehlung des Prüfungsausschusses. Dieser hat im Anschluss an ein Auswahlverfahren gem Art 16 Abs 3 der Verordnung (EU) Nr. 537/2014 des Europäischen Parlaments und des Rates vom 16. April 2014 über spezifische Anforderungen an die Abschlussprüfung bei Unternehmen von öffentlichem Interesse und zur Aufhebung des Beschlusses 2005/909/EG der Kommission (EU-Abschlussprüferverordnung) für die Prüfungsleistungen dem Aufsichtsrat unter Angabe der Gründe die . . . . . *[Name und Sitz der Wirtschaftsprüfungsgesellschaft]* und die . . . . . *[Name und Sitz der Wirtschaftsprüfungsgesellschaft]* empfohlen und seine Präferenz für die . . . . . *[Name und Sitz der Wirtschaftsprüfungsgesellschaft]* mitgeteilt. Dabei hat der Prüfungsausschuss gem Art 16 Abs 2 Unterabs 3 der EU-Abschlussprüferverordnung auch erklärt, dass seine Empfehlung frei von ungebührlicher Einflussnahme durch Dritte ist und ihm keine Klausel der in Art 16 Abs 6 der EU-Abschlussprüferverordnung genannten Art auferlegt wurde.[37]

Teil B.
Vorstandsvergütungssystem

[. . . . . .]

Teil C.
Vergütung für die Aufsichtsratsmitglieder und Aufsichtsratsvergütungssystem

[. . . . . .]

Teil D.
Vergütungsbericht für das Geschäftsjahr . . . . . .

[. . . . . .]

Teil E.
Weitere Angaben und Hinweise zur Einberufung[38]

1. Voraussetzungen für die Hauptversammlungsteilnahme

Zur Teilnahme an der Hauptversammlung und zur Ausübung des Stimmrechts sind diejenigen Aktionäre berechtigt, die sich unter Vorlage eines vom Letztintermediär in Texform (§ 126 b BGB) gem § 67c Abs 3 AktG ausgestellten Nachweises ihres Aktienbesitzes mindestens sechs Tage vor der Hauptversammlung, dh bis spätestens am Montag, den 4. Mai . . . . ., 24.00 Uhr (MESZ), bei der Gesellschaft per Post unter der Anschrift . . . . ., per Fax: . . . . . oder per E-Mail: . . . . . anmelden.[39, 40] Für die Fristwahrung ist der Zugang bei der Gesellschaft maßgeblich. Der Nachweis des Aktienbesitzes muss sich auf den Beginn des 21. Tages vor der Hauptversammlung, dh Montag, den 20. April . . . . . 0.00 Uhr (MESZ), (Nachweisstichzeitpunkt) beziehen.

Der für den Nachweisstichzeitpunkt nachgewiesene Aktienbesitz ist für das Recht zur Teilnahme an der Hauptversammlung und das Recht zur Ausübung des Stimmrechts maßgeblich. Das Stimmrecht kann nur für Aktien ausgeübt werden, für die der Aktienbesitz für den Nachweisstichzeitpunkt nachgewiesen wird. Verfügungen über Aktien nach dem Nachweisstichzeitpunkt lassen die Rechte zur Teilnahme an der Hauptversammlung und zur Ausübung des Stimmrechts unberührt. Aktien, die erst nach dem Nachweisstichzeitpunkt erworben werden, begründen weder das Recht des Erwerbers, an der Hauptversammlung teilzunehmen, noch kann er aus ihnen in der Hauptversammlung das Stimmrecht ausüben. Die Möglichkeit der Bevollmächtigung des Erwerbers bleibt unberührt. Für das Recht zum Bezug von Dividenden ist der Nachweisstichzeitpunkt hingegen nicht von Bedeutung.[41]

2. Stimmrechtsvertretung[42]

Bevollmächtigung Dritter

Aktionäre, die nicht persönlich an der Hauptversammlung teilnehmen, können ihr Stimmrecht durch Bevollmächtigte, zB durch einen Intermediär, eine Aktionärsvereinigung oder einen Stimmrechtsberater, ausüben lassen. Auch in diesen Fällen sind eine fristgemäße Anmeldung und der Nachweis des Aktienbesitzes nach Maßgabe des vorstehenden Abschnitts erforderlich.

Die Erteilung der Vollmacht, ihr Widerruf und der Nachweis der Bevollmächtigung gegenüber der Gesellschaft bedürfen der Textform.[43]

Für die Bevollmächtigung von Intermediären im Sinne von § 67a Abs 4 AktG – das sind insbesondere Kreditinstitute und Wertpapierfirmen – und von Personen im Sinne von

§ 135 Abs 8 AktG – dazu zählen insbesondere Aktionärsvereinigungen und Stimmrechtsberater – ist § 135 AktG zu beachten. Danach ist unter anderem die Vollmacht vom Bevollmächtigten nachprüfbar festzuhalten. Die Vollmachtserklärung muss vollständig sein und darf nur mit der Stimmrechtsausübung verbundene Erklärungen enthalten. Ferner sollten etwaige vom jeweiligen Bevollmächtigten für seine Bevollmächtigung vorgesehene Regelungen mit diesem abgeklärt werden.[44]

Für die Vollmachtserteilung gegenüber der Gesellschaft sowie die Übermittlung des Nachweises einer gegenüber dem Bevollmächtigten erteilten Vollmacht und eines etwaigen Widerrufs der Vollmacht an die Gesellschaft stehen folgende Adresse, Faxnummer und E-Mail-Adresse zur Verfügung: [*Anschrift*]; Telefax: . . . . .; E-Mail: . . . . .[45]

Bevollmächtigt ein Aktionär mehr als eine Person, kann die Gesellschaft eine oder mehrere von diesen zurückweisen.[46]

Bevollmächtigung der von der Gesellschaft benannten Stimmrechtsvertreter[47]

Wir bieten unseren Aktionären ferner an, von der Gesellschaft benannte weisungsabhängige Stimmrechtsvertreter in oder bereits vor der Hauptversammlung zu bevollmächtigen. Auch im Fall einer Bevollmächtigung der von der Gesellschaft benannten Stimmrechtsvertreter sind Anmeldung und Nachweis des Anteilsbesitzes nach Maßgabe des vorstehenden Abschnitts erforderlich. Den von der Gesellschaft benannten Stimmrechtsvertretern müssen im Fall ihrer Bevollmächtigung Weisungen für die Ausübung des Stimmrechts erteilt werden. Von der Gesellschaft benannte Stimmrechtsvertreter sind verpflichtet, weisungsgemäß abzustimmen.

Die Erteilung der Vollmacht an die von der Gesellschaft benannten weisungsabhängigen Stimmrechtsvertreter muss der Gesellschaft in Textform unter der Adresse *[Anschrift]*, per Telefax unter der Nummer . . . . . oder per E-Mail an die Adresse . . . . . bis Freitag, den 8. Mai . . . . ., 24.00 Uhr (MESZ), zugehen. Dasselbe gilt für den etwaigen Widerruf einer Vollmacht sowie den Widerruf oder die Änderung von Weisungen, die den von der Gesellschaft benannten Stimmrechtsvertreternerteilt worden sind. Unbeschadet hiervon bleibt die Möglichkeit der Aktionäre, auch nach diesem Zeitpunkt die Rechte in der Hauptversammlung persönlich wahrzunehmen oder durch einen anderen Bevollmächtigten wahrnehmen zu lassen; in diesem Fall gilt die den von der Gesellschaft benannten weisungsabhängigen Stimmrechtsvertretern erteilte Vollmacht als widerrufen, und die von der Gesellschaft benannten weisungsabhängigen Stimmrechtsvertreter werden aufgrund der ihnen erteilten Vollmacht dementsprechend keine Stimmrechte ausüben. Darüber hinaus besteht für in der Hauptversammlung erschienene Aktionäre oder Bevollmächtigte die Möglichkeit, die von der Gesellschaft benannten Stimmrechtsvertreter in der Hauptversammlung mit der Ausübung des Stimmrechts zu bevollmächtigen; Bevollmächtigte haben dabei zu beachten, ob sie nach ihrem Rechtsverhältnis mit dem von ihnen vertretenen Aktionär zur Erteilung einer solchen Vollmacht berechtigt sind.

Formulare

Formulare zur Vollmachts- und Weisungserteilung erhalten die Aktionäre zusammen mit der Einladung. Ferner sind sie jeder Eintrittskarte beigefügt sowie auf der Internetseite der Gesellschaft unter . . . . . zugänglich. Sie werden zudem auf Verlangen in Textform übermittelt.[48]

3. Rechte der Aktionäre gem §§ 122 Abs 2, 126 Abs 1, 127 und 131 Abs 1 AktG

Tagesordnungsergänzungsverlangen (§ 122 Abs 2 AktG)

Aktionäre, deren Anteil zusammen den zwanzigsten Teil des Grundkapitals oder den anteiligen Betrag von EUR 500 000 (das entspricht 500 000 Aktien) erreichen, können verlangen, dass Gegenstände auf die Tagesordnung gesetzt und bekanntgemacht werden. Jedem neuen Gegenstand muss eine Begründung oder eine Beschlussvorlage beiliegen. Das Verlangen ist schriftlich an die Gesellschaft zu richten und muss dieser bis mindestens 30 Tage[49] vor der Hauptversammlung, dh bis Freitag, den 10. April . . . . ., 24.00 Uhr (MESZ), zugehen. Entsprechende Verlangen sind zu richten an den Vorstand unter . . . . . *[Anschrift]*.

Dabei müssen die Antragsteller nachweisen, dass sie seit mindestens 90 Tagen vor dem Tag des Zugangs des Verlangens bei der Gesellschaft Inhaber der Aktien sind und dass sie die Aktien bis zur Entscheidung des Vorstands über den Antrag halten. Auf die Berechnung der Aktienbesitzzeit findet § 70 AktG Anwendung. Im Übrigen gilt für die Fristberechnung § 121 Abs 7 AktG entsprechend. Danach ist der Tag des Zugangs des Verlangens bei der Gesellschaft nicht mitzurechnen. Eine Verlegung von einem Sonntag, Sonnabend oder Feiertag auf einen zeitlich vorausgehenden oder nachfolgenden Werktag kommt nicht in Betracht. Die §§ 187 bis 193 des Bürgerlichen Gesetzbuchs sind nicht entsprechend anzuwenden.[50]

Bekanntzumachende Ergänzungen der Tagesordnung werden – soweit sie nicht bereits mit der Einberufung bekannt gemacht wurden – unverzüglich nach Zugang des Verlangens im Bundesanzeiger bekannt gemacht. Sie werden außerdem unter der Internetadresse . . . . . bekannt gemacht, nach Maßgabe von § 125 AktG mitgeteilt und Medien zur Veröffentlichung zugeleitet, bei denen davon ausgegangen werden kann, dass sie die Informationen in der gesamten Europäischen Union verbreiten.[51]

Anträge und Wahlvorschläge (§§ 126 Abs 1, 127 AktG)[52]

Jeder Aktionär hat das Recht, auch schon vor der Hauptversammlung Gegenanträge zu Vorschlägen von Vorstand und/oder Aufsichtsrat zu bestimmten Punkten der Tagesordnung sowie Wahlvorschläge zu stellen. Ordnungsgemäße Gegenanträge und Wahlvorschläge einschließlich des Namens des Aktionärs sind von der Gesellschaft gem §§ 126 Abs 1, 127 AktG zugänglich zu machen, wenn sie der Gesellschaft unter der Adresse . . . . . spätestens bis zum Ablauf des 30. April . . . . ., dh bis zum 30. April . . . . ., 24.00 Uhr (MESZ), zugehen. Die §§ 126 Abs 2, 127 S 1 und 3 AktG regeln die Voraussetzungen, bei deren Vorliegen Gegenanträge und Wahlvorschläge nicht zugänglich gemacht werden müssen. Das Zugänglichmachen erfolgt nach den gesetzlichen Regeln unter der Internetadresse der Gesellschaft . . . . . . Betrifft der zugänglich zu machende Vorschlag eines Aktionärs die Wahl von Aufsichtsratsmitgliedern, versieht der Vorstand den Vorschlag des Aktionärs mit

- dem Hinweis auf die Anforderungen des § 96 Abs 2 AktG,
- der Angabe, ob der Gesamterfüllung nach § 96 Abs 2 S 3 AktG widersprochen wurde, und
- der Angabe, wie viele Sitze im Aufsichtsrat mindestens jeweils von Frauen und Männern besetzt sein müssen, um das Mindestanteilsgebot nach § 96 Abs 2 S 1 AktG zu erfüllen.

Eventuelle Stellungnahmen der Verwaltung zu Gegenanträgen und Wahlvorschlägen werden ebenfalls unter der genannten Internetadresse veröffentlicht.

Um in der Hauptversammlung berücksichtigt werden zu können, müssen Gegenanträge und Wahlvorschläge, auch soweit sie gem §§ 126 Abs 1, 127 AktG der Gesellschaft übersandt und von dieser zugänglich gemacht worden sind, in der Hauptversammlung mündlich gestellt werden.

Auskunftsrecht (§ 131 Abs 1 AktG)[53]

Gem § 131 Abs 1 AktG kann jeder Aktionär oder Aktionärsvertreter in der Hauptversammlung vom Vorstand Auskunft über die Angelegenheiten der Gesellschaft verlangen, soweit sie zur sachgemäßen Beurteilung des Gegenstands der Tagesordnung erforderlich ist. Die Auskunftspflicht erstreckt sich auch auf die rechtlichen und geschäftlichen Beziehungen der Gesellschaft zu einem verbundenen Unternehmen sowie auf die Lage des Konzerns und der in den Konzernabschluss einbezogenen Unternehmen. Die Auskunft hat den Grundsätzen einer gewissenhaften und getreuen Rechenschaft zu entsprechen. Auskünfte sind grundsätzlich mündlich zu erteilen; ein Anspruch der Aktionäre auf schriftliche Auskunftserteilung besteht insofern nicht. § 131 Abs 3 AktG regelt die Voraussetzungen, unter denen der Vorstand die Auskunft verweigern darf.

Weitergehende Erläuterungen[54]

Weitergehende Erläuterungen zu den Rechten der Aktionäre gem §§ 122 Abs 2, 126 Abs 1, 127 und 131 Abs 1 AktG sind auf der Internetseite der Gesellschaft unter . . . . . zugänglich gemacht.

4. Unterlagen zur Hauptversammlung

Die Unterlagen zu Punkt 1 der Tagesordnung, der geprüfte Vergütungsbericht für das Geschäftsjahr . . . . . einschließlich der Vergütungssysteme für die Vorstandsmitglieder und den Aufsichtsrat sowie die weiteren Unterlagen und Informationen iSv § 124 a AktG sind von der Einberufung an über die Internetseite der Gesellschaft unter . . . . . zugänglich.[55] Ferner werden die Unterlagen der Hauptversammlung zugänglich gemacht.

5. Gesamtzahl der Aktien und Stimmrechte im Zeitpunkt der Einberufung der Hauptversammlung[56]

Das Grundkapital der Gesellschaft beträgt EUR 60 000 000,– und ist in 60 000 000 Stückaktien eingeteilt, die jeweils eine Stimme gewähren. Die Gesamtzahl der Aktien und Stimmrechte im Zeitpunkt der Einberufung der Hauptversammlung beträgt somit 60 000 000. Die Gesellschaft hält keine eigenen Aktien.

6. Datenschutz[57]

Die Gesellschaft verarbeitet als Verantwortlicher personenbezogene Daten der Aktionäre (Name und Vorname, Anschrift, E-Mail-Adresse, Aktienanzahl, Aktiengattung, Besitzart der Aktien und Nummer der Eintrittskarte) sowie gegebenenfalls personenbezogene Daten der Aktionärsvertreter auf Grundlage der geltenden Datenschutzgesetze. Die Verarbeitung der personenbezogenen Daten ist für die Teilnahme an der Hauptversammlung rechtlich zwingend erforderlich. Rechtsgrundlage für die Verarbeitung ist § 67e AktG und Art 6 Abs 1 S 1 Buchst c) DS-GVO iVm §§ 118 ff AktG. Die Gesellschaft erhält die personenbezogenen Daten der Aktionäre in der Regel über die Anmeldestelle und ggfs. von dem Letztintermediär, der die Aktien für den Aktionär verwahrt. Die Gesellschaft überträgt die Hauptversammlung im Internet. Soweit hierbei von Teilnehmern, die Wortbeiträge leisten, personenbezogene Daten verarbeitet werden, ist Rechtsgrundlage für diese Verarbeitung zudem Art 6 Abs 1 S 1 Buchst f) DS-GVO.

Die von der Gesellschaft für die Zwecke der Ausrichtung der Hauptversammlung beauftragten Dienstleister verarbeiten die personenbezogenen Daten der Aktionäre ausschließlich nach Weisung der Gesellschaft und nur, soweit dies für die Ausführung der beauftragten Dienstleistung erforderlich ist. Alle Mitarbeiter der Gesellschaft und die Mitarbeiter der beauftragten Dienstleister, die Zugriff auf personenbezogene Daten der Aktionäre haben und/oder diese verarbeiten, sind verpflichtet, diese Daten vertraulich zu behandeln. Darüber hinaus sind personenbezogene Daten von Aktionären bzw. Aktionärsvertretern, die an der Hauptversammlung teilnehmen, im Rahmen der gesetzlichen Vorschriften (insbesondere das Teilnehmerverzeichnis, § 129 AktG) für andere Aktionäre und Aktionärsvertreter einsehbar.

Die Gesellschaft löscht die personenbezogenen Daten der Aktionäre im Einklang mit den gesetzlichen Regelungen, insbesondere wenn die personenbezogenen Daten für die ursprünglichen Zwecke der Erhebung oder Verarbeitung nicht mehr notwendig sind, die Daten nicht mehr im Zusammenhang mit etwaigen Verwaltungs- oder Gerichtsverfahren benötigt werden und keine gesetzlichen Aufbewahrungspflichten bestehen.

Unter den gesetzlichen Voraussetzungen haben die Aktionäre das Recht, Auskunft über ihre verarbeiteten personenbezogenen Daten zu erhalten und die Berichtigung oder Löschung ihrer personenbezogenen Daten oder die Einschränkung der Verarbeitung zu beantragen. Zudem steht den Aktionären ein Beschwerderecht bei den Aufsichtsbehörden zu. Werden personenbezogene Daten auf Grundlage von Art 6 Abs 1 S 1 Buchst f) DS-GVO verarbeitet, steht den Aktionären unter den gesetzlichen Voraussetzungen auch ein Widerspruchsrecht zu.

Für Anmerkungen und Rückfragen zu der Verarbeitung von personenbezogenen Daten erreichen Aktionäre den Datenschutzbeauftragten der Gesellschaft unter: . . . . .

Weitere Informationen zum Datenschutz erhalten Aktionäre auf der Internetseite der Gesellachaft unter . . . . .

. . . . . *[Sitz]*, im März . . . . .

Der Vorstand

Anlage – Lebensläufe der zu Punkt 5 der Tagesordnung für die Wahl in den Aufsichtsrat vorgeschlagenen Kandidaten

. . . . .

Schrifttum: *Arnold/Hofer/Dolde*, Der Vergütungsbericht börsennotierter Aktiengesellschaften nach § 162 AktG, AG 2021, 813; *Bachmann/Pauschinger*, Die Neuregelung der Vorstands- und Aufsichtsratsvergütung durch das ARUG II, ZIP 2019, 1; *Baums*, Der Eintragungsstopp bei Namensaktien, FS Hüffer 2010, 15; *Bücker/Kulenkamp/Schwarz/Seibt/v. Bonin*, Praxisleitfaden zur virtuellen Hauptversammlung (COVID-19-Pandemie-AuswBekG), DB 2020, 775; *Danwerth*, Die zweite Saison der virtuellen Hauptversammlung der Unternehmen der DAX-Indexfamilie, AG 2021, 613; *Danwerth*, Die erste Saison der virtuellen Hauptversammlung börsennotierter Unternehmen, AG 2020, 776; *Florstedt*, Die neuen Aktionärsvoten zur Organvergütung, ZGR 2019, 630; *Hecker/Bröcker*, Die CSR-Berichtspflicht in der Hauptversammlungssaison 2018, AG 2017, 761; *Heidinger/Blath*, Die Legitimation zur Teilnahme an der Hauptversammlung nach Inkrafttreten des UMAG, DB 2006, 2275; *Herrler*, Das Vergütungsvotum der Hauptversammlung, ZHR 184 (2020), 408; *Hoppe*, Zeitpunkt, Inhalt und Form von Mitteilungen gemäß § 125 AktG nach ARUG II, NZG 2022, 110; *Hoppe*, Sind noch Fragen offen? Blind Spots im Recht der HV der AG, NZG 2019, 1401; *Junker/Schmidt-Pfitzner*, Quoten und Zielgrößen für Frauen (und Männer) in Führungspositionen, NZG 2015, 929; *Kiefner/Friebel*, Stimmrechtsausübung in der HV durch den Vollmachtgeber trotz fortbestehender Bevollmächtigung eines Vertreters, NZG 2011, 887; *R. Krause*, Atypische Kapitalerhöhungen im Aktienrecht, ZHR 181 (2017), 641; *Lieder/Bialluch*, Der eingeschriebene Brief im Gesellschaftsrecht, NZG 2017, 9; Noack, Neue Regularien für die Hauptversammlung durch das ARUG II und den Corporate Governance Kodex 2020, DB 2019, 2785; *Noack/Zetzsche*, Die virtuelle Hauptversammlung dem COVID-19-Pandemie-Gesetz 2020, AG 2020, 265; *Redenius-Hövermann/Bannier*, (Online) Hauptversammlungssaison 2020: Nachlese und Ausblick, ZIP 2020, 1885; *Rieckers*, Nachlese zur Hauptversammlungssaison 2021 und Ausblick auf 2022, DB 2022,

173; *Rimmelspacher/Kliem*, Aktienbasierte Vergütungen im Vergütungsbericht nach § 162 AktG, AG 2021, 573; *Rotsch/Weninger*, Geschlechterquote – Umsetzungsfragen für die Praxis, Der Konzern **2015**, 298; *J. Schmidt*, Die Umsetzung der Aktionärsrechte-Richtlinie 2017, der Referentenentwurf für das ARUG II, NZG **2018**, 1201; *Scholz*, Unzulässigkeit der Beschlussfassung der Hauptversammlung gem § 124 Abs 4 AktG, AG **2008**, 11; *Simons/Hauser*, Zu Form und Ausgestaltung der Hauptversammlung in der HV-Saison 2022, NZG 2021, 1340; *Söhner*, Die Aktienrechtsnovelle 2016, ZIP **2016**, 151; *Vetter/Lauterbach*, Flexiblität wahrende Ausgestaltung der Vorstandsvergütung und Bindungsstärkung des Vergütungssystems nach § 87a Abs 2 AktG, Ag 2021, 89; *Wettich*, Gewinnverwendungsvorschlag bei unbestimmter Zahl der gewinnberechtigten Aktien, NZG **2010**, 767; *Wienecke*, Beschlussfassung der Hauptversammlung in Abweichung von den Vorschlägen der Verwaltung, FS Schwark **2009**, S. 305; *Zetzsche*, Aktionärsidentifikation, Aktionärslegitimation und das Hauptversammlungsverfahren nach ARUG II, AG **2020**, 1; *Ziemons*, Der Regierungsentwurf der Aktienrechtsnovelle 2012 und die Hauptversammlung, NZG **2012**, 212.

Anmerkungen

1. Die für die Einberufung der ordentlichen HV maßgeblichen Vorschriften sind neben den §§ 121 ff AktG die Sonderregelungen des § 175 AktG. Zu erfolgen hat die ordentliche HV in den ersten acht Monaten des Geschäftsjahres (§ 175 Abs 1 S 2 AktG; s aber auch → Anm. 3), bei der SE innerhalb der ersten sechs Monate des Kalenderjahres (Art 54 Abs 1 S 1 SE-VO). Eine Überziehung der Frist begründet nicht die Anfechtbarkeit der in der „verspäteten“ HV gefassten Beschlüsse (*Hüffer/Koch*, § 175 Rn 4). Eine einberufene HV kann von demjenigen, der zur Einberufung berechtigt ist – dh, bei der AG der Vorstand, bei der KGaA die persönlich haftenden Gesellschafter (§ 283 Nr. 6 AktG) und bei der monistischen SE der Verwaltungsrat (Art 54 Abs 2 SE-VO, §§ 22 Abs 2, 48 Abs 1 SEAG) –, abgesagt werden, solange „sich die . . . . . am Versammlungsort erschienenen Aktionäre nach einer Einlasskontrolle [nicht] im Versammlungsraum eingefunden haben“; das gilt auch dann, wenn die Einberufung gem § 122 Abs 1 S 1 AktG aufgrund eines Verlangens von Aktionären einberufen worden ist (BGH ZIP 2015, 2071 f Tz 22 ff).

Die HV ist grundsätzlich als Präsenzversammlung durchzuführen. In Reaktion auf die COVID-19-Pandemie hat der Gesetzgeber durch § 1 des Gesetzes über Maßnahmen im Gesellschafts-, Genossenschafts-, Vereins-, Stiftungs- und Wohnungseigentumsrecht zur Bekämpfung der Auswirkungen der COVID-19-Pandemie (COVID-19-MaßnahmenG), das Art. 2 des Gesetzes zur Abmilderung der Folgen der COVID-19-Pandemie im Zivil-, Insolvenz- und Strafverfahrensrecht vom 27. März 2020 (BGBl I, S 569 ff) ist, die Möglichkeit der Durchführung virtueller (digitaler) HVs eingeführt. Vgl dazu zB *Bücker/Kulenkamp/Schwarz/Seibt/v. Bonin* DB 2020, 775 ff; *Danwerth*, AG 2021, 613 ff; *Danwerth*, AG 2020, 776 ff; *Noack/Zetzsche*, AG 2020, 265; *Redenius-Hövermann/Bannier*, ZIP 2020, 1885 ff; *Simons/Hauser*, NZG 2021, 1340 ff. Diese Möglichkeit war ursprünglich bis Ende 2020 beschränkt, ist aber wiederholt, zuletzt für HVs, die bis zum 31.8.2022 stattfinden, verlängert worden. Zur Verfassungsmäßigkeit und Europarechtskonformität Mü NZG 2021, 1598 ff Tz 69 ff. Für die Folgezeit ist geplant, die Möglichkeit virtueller Hauptversammlungen dauerhaft rechtlich zu ermöglichen; dazu liegt aktuell ein Referentenentwurf eines Gesetzes zur Einführung virtueller Hauptversammlungen von Aktiengesellschaften vor.

2. Die Einberufung ist nicht nur in den Gesellschaftsblättern zu veröffentlichen (s → Anm. 6). Vielmehr ist sie zudem nach Maßgabe von § 125 AktG mitzuteilen. Für HVs, die nach dem 3. September 2020 einberufen werden (s § 26j Abs 4 EGAktG), gelten dabei die durch das Gesetz zur Umsetzung der zweiten Aktionärsrechterichtlinie vom 12. Dezember 2019 (ARUG II; BGBl I 2019, S 2637 ff) geänderten Regelungen. Das bedeutet: Die Einberufung ist, wenn die Gesellschaft nicht ausschließlich Namensaktien ausgegeben hat, mindestens 21 Tage (COVID-19-HV: 12 Tage; § 1 Abs 3 S 3 COVID-19-MaßnahmenG) vor der HV (i) den Intermediären, die Aktien der Gesellschaft verwahren, (ii) den Aktionären und Intermediären, welche die Mitteilung verlangt haben und (iii) den Aktionärsvereinigungen, welche die Mitteilung verlangt oder in der letzten HV Stimmrechte für Aktionäre ausgeübt haben, mitzuteilen (§ 125 Abs 1 AktG; s dazu *Noack*, DB 2019, 2786 f). Der Begriff Intermediäre ist durch das ARUG II neu eingeführt und in § 67a Abs 4 AktG definiert worden; er umfasst im Wesentlichen Wertpapierfirmen, Kreditinstitute und Zentralverwahrer (s Begr RegE ARUG II, BT-Drs. 19/9739, S. 60; *J. Schmidt*, NZG 2018, 1214). Die Gesellschaft kann mit der Vornahme der Mitteilungen Dritte beauftragen (§ 125 Abs 5 S 2 iVm § 67a Abs 2 S 1 AktG). Börsennotierte Gesellschaften haben ferner etwaige Tagesordnungsergänzungen (§ 122 Abs 2 AktG) mitzuteilen (§ 125 Abs 1 S 3 AktG); zum Zeitpunkt der Bekanntmachung s BGH ZIP 2020, 185 f Rn 12 ff. Hat die Gesellschaft Namensaktien ausgegeben, besteht eine Pflicht der Gesellschaft zur Mitteilung im Umfang des § 125 Abs 1 AktG gegenüber (i) den zu Beginn des 21. Tages vor der HV (COVID-19-HV: 12. Tag vor der HV; § 1 Abs 3 S 3 COVID-19-MaßnahmenG) im Aktienregister Eingetragenen, (ii) den Aktionären und Intermediären, welche die Mitteilung verlangt haben und (iii) den Aktionärsvereinigungen, welche die Mitteilung verlangt oder in der letzten HV Stimmrechte für Aktionäre ausgeübt haben. Die Intermediäre müssen die Mitteilung sodann gem § 125 Abs 5 iVm §§ 67a, 67b AktG und – bei börsennotierten Gesellschaften – der DVO (EU) 2018/1212 (im Fall einer Verwahrkette mehrerer Intermediäre durch die Kette hindurch) an den Aktionär weiterleiten (vgl dazu *Noack*, DB 2019, 2788 f.). Börsennotierte Gesellschaften müssen die Einberufung nicht (zusätzlich) gemäß § 67a ff AktG, Art 9 DVO (EU) 2018/1212 zeitgleich mit ihrer Veröffentlichung in den Gesellschaftsblättern (s Anm. 6) den Intermediären, Aktionären und Aktionärsvereinigungen zuleiten (*Hüffer/Koch*, § 67a Rn 4, § 125 Rn 1; Schmidt/Lutter/*von Nussbaum*, § 67a Rn 80 ff; *Noack*, DB 2019, 2786; zweifelnd *Zetzsche*, AG 2020, 13 f Tz 79 ff und 17 Tz 103; aA Bürgers/Körber/Lieder/*Reger*, § 125 Rn 14a; *Hoppe*, NZG 2022, 111 f).

Der Inhalt der Mitteilung richtet sich bei börsennotierten Gesellschaften nach § 125 Abs 5 S 1 AktG iVm der DVO (EU) 2018/1212. Gem Art 4 iVm Tabelle 3 im Anhang zur DVO (EU) 2018/1212 genügt es, dass die Mitteilung die in der Tabelle 3 enthaltenen Blöcke A, B und C wiedergibt, wenn die HV-Informationen den Aktionären im Übrigen auf der Webseite der Gesellschaft zur Verfügung gestellt werden. Entgegen des Wortlauts von § 125 Abs 1 AktG ist es dementsprechend nicht erforderlich, den Aktionären die vollständige Einberufung und die Angaben gem § 125 Abs 1 S 4 und 5 AktG zu übermitteln (BeckOGKAktG/*Rieckers*, § 125 Rn 28; Grigoleit/*Herrler*, § 125 Rn 13; *Rieckers*, DB 2022, 176; *Hoppe*, NZG 2022, 112 f). Ob die vorstehenden Grundsätze auch für börsennotierte Gesellschaften gelten (so BeckOGKAktG/*Rieckers*, § 125 Rn 25; Grigoleit/*Herrler*, § 125 Rn 13) oder ob es für sie dabei bleibt, dass die Mitteilung nach § 125 AktG die vollständige Einberufung sowie die Angaben gem § 125 Abs 1 S 4 AktG enthalten muss (so Bürgers/Körber/Lieder/*Reger*, § 125 Rn 12a; Schmidt/Lutter/*Ziemons*, § 125 Rn 24; *Hoppe*, NZG 2022, 114), ist str. Zur Form der Mitteilung s Schmidt/Lutter/*Ziemons*, § 125 Rn 48 ff; Grigoleit/*Herrler*, § 125 Rn 18 ff; BeckOGKAktG/*Rieckers*, § 125 Rn 37.

3. Zuständig für die Einberufung einer (ordentlichen) HV ist grundsätzlich der Vorstand als Gesamtorgan (BGH ZIP 2002, 173), der aber mit einfacher Mehrheit entscheidet (§ 121 Abs 2 S 1 AktG). Die ordentliche HV ist unverzüglich nach Eingang des Aufsichtsratsberichts einzuberufen (§ 175 Abs 1 AktG). Zur Einberufungszuständigkeit anderer Organe oder Personen s §§ 111 Abs 3, 122 Abs 3 AktG. Zur Einberufungskompetenz in der SE s zB Kölner Komm AktG/*Kiem*, Art 54 SE-VO Rn 14 f; Habersack/Drinhausen/*Bücker*, Art 54 SE-VO Rn 14 f.

fassten gesonderten nichtfinanziellen Berichts gem §§ 289b Abs 3, 315b Abs 3 HGB . . . . .").

11. Vgl § 124 a S 1 Nr 2 AktG. Alternativ kann die Erläuterung (nur) auf der Internetseite der Gesellschaft erfolgen. Bei nichtbörsennotierten Gesellschaften ist die Erläuterung nicht erforderlich.

12. Zu jedem Verhandlungsgegenstand muss die Verwaltung Vorschläge zur Beschlussfassung unterbreiten; die Pflicht trifft grundsätzlich Aufsichtsrat und Vorstand, bei den in § 124 Abs 3 S 1 AktG genannten Fällen – dazu zählen insbesondere die Wahl von Aufsichtsratsmitgliedern und Abschlussprüfern – hingegen nur den Aufsichtsrat. Bei einem Verstoß gegen § 124 Abs 3 AktG soll jede Beschlussfassung zu dem Tagesordnungspunkt nach § 124 Abs 4 S 1 AktG anfechtbar sein (BGH ZIP 2003, 290; *Hüffer/Koch,* § 124 Rn 27). Das ist abzulehnen. Aktionäre können Gegenanträge und die Verwaltung kann geänderte ordnungsgemäße Anträge zu dem Gegenstand stellen, die nicht wegen Verletzung von § 124 Abs 3 AktG durch den (ursprünglichen) Verwaltungsvorschlag gem § 124 Abs 4 S 1 AktG anfechtbar sind (*Scholz,* AG 2008, 14 f; KöKo/*Noack/Zetzsche,* § 124 Rn 88; *Wienecke,* FS Schwark 2009, S 320). Vorstand und Aufsichtsrat müssen nicht zwingend nur einen Vorschlag unterbreiten; zulässig, allerdings auch unüblich, sind Alternativ- und Eventualvorschläge von Vorstand und Aufsichtsrat (*Hüffer/Koch,* § 124 Rn 17).

13. Gegenstand des Verwendungsbeschlusses ist der Bilanzgewinn (§ 158 Abs 1 Nr 5 AktG). Nach der gesetzlichen Gliederung des § 170 Abs 2 S 2 AktG steht die Ziffer des Bilanzgewinns nach den einzelnen Verwendungsposten. Er kann jedoch auch zu Beginn genannt und dann entsprechend aufgeschlüsselt werden; ebenso können einzelne Verwendungsposten weggelassen werden, die nicht zur Anwendung kommen (MHdB GesR 4/*Hoffmann-Becking,* § 45 Rn 9).

14. Die einzelnen Verwendungsposten müssen nach ihrer Addition dem Bilanzgewinn entsprechen. Liegt die Summe unter dem Bilanzgewinn, ist der Vorschlag unvollständig, überschreitet sie ihn, ist der Beschluss gesetzeswidrig (*Hüffer/Koch,* § 170 Rn 10). Empfehlenswert ist es, bei der Gewinnausschüttung nicht nur die Dividende je Aktie, sondern den Gesamtbetrag vorzusehen. Nach hM ist das sogar erforderlich; eine abstrakte Formulierung der jeweiligen Gesamtbeträge soll nicht genügen (*Hüffer/Koch,* § 170 Rn 7, 9, 10; aA *Wettich* NZG 2010, 769 f). Kann es bis zur HV zu einer Änderung der Anzahl der dividendenberechtigten Aktien kommen, sollte in die Einberufung eine entsprechende Anpassung des Beschlussvorschlages (bei unveränderter Dividende je gewinnberechtigter Aktie) aufgenommen werden (eingehend *Wettich* NZG 2010, 767 ff). Gibt es verschiedene Aktiengattungen, sollte die Gewinnausschüttung – wie in der Praxis üblich – für jede Gattung gesondert angegeben werden.

Gem dem durch die Aktienrechtsnovelle eingeführten § 58 Abs 4 S 2 AktG ist der Dividendenanspruch am dritten auf den Tag der HV folgenden Geschäftstag (dieser richtet sich nach dem den §§ 675n, 675s und 675t BGB zugrundeliegenden Verständnis; Begr RegE Aktienrechtsnovelle 2016, BT-Drs 18/4349, S 18) fällig, soweit die Satzung oder der HV-Beschluss keine spätere Fälligkeit festlegt (§ 58 Abs 4 S 2 AktG). Soll es bei der gesetzlichen oder einer etwaigen abweichenden statutarischen Regelung bleiben, ist die Nennung der Fälligkeit in der Einberufung nicht erforderlich, aber in der Praxis weit verbreitet.

In den letzten Jahren vermehrt umgesetzt worden ist eine Aktiendividende (*scrip dividend*). Bei ihr können die Aktionäre zwischen einer Barzahlung der Dividende und einer Ausschüttung im Wege der Gewährung von Aktien der Gesellschaft wählen (s eingehend *R. Krause,* ZHR 181 (2017), 646 ff). Die Aktien werden dabei idR unter Ausnutzung eines genehmigten Kapitals geschaffen; möglich ist aber auch eine von derselben HV beschlossene ordentliche Kapitalerhöhung. Da als Einlage die Dividendenansprüche eingebracht werden, handelt es sich um eine Sachkapitalerhöhung, so dass deren Kautele eingehalten werden müssen. Ein Prospekt kann bei entsprechender Gestaltung gestützt auf Art 1 Abs 4 Buchst h) und Abs 5 Buchst g) ProspektVO durch Veröffentlichung eines prospektersetzenden Dokuments vermieden werden (*Groß*, Art 1 ProspektVO Rn 34; 56).

15. Gem § 120 Abs 1 S 1 AktG sind sämtliche Verwaltungsmitglieder zu entlasten. Zu einer Einzelentlastung der Mitglieder des Vorstands oder des Aufsichtsrats kommt es, wenn sie von der HV beschlossen oder von Aktionären, die 10 % des Grundkapitals oder einen anteiligen Betrag von EUR 1.000.000,00 erreichen, verlangt wird (§ 120 Abs 1 S 2 AktG) oder vom Versammlungsleiter angeordnet wird (BGH NZG 2009, 1270 Tz 12 ff). Für Vorstand und Aufsichtsrat sind nach hM gesonderte Beschlüsse zu fassen (OLG München WM 2006, 1486; *Hüffer/Koch*, § 120 Rn 8). Richtigerweise kann die Sachentscheidung über die Entlastung auch ganz oder teilweise durch HV-Beschluss auf eine spätere HV vertagt werden, wenn die Voraussetzungen für eine Meinungsbildung über die in der Entlastung liegende Billigung der Amtsführung noch nicht vorliegen (zB wegen laufender Untersuchungen) (s GroKo(AktG)/*Mülbert*, § 120 Rn 109 f).

16. Früher war in der Einberufung stets anzugeben, ob die HV an Wahlvorschläge gebunden ist. Seit der Neufassung von § 124 Abs 2 S 1 AktG durch die Aktienrechtsnovelle 2016 ist eine solche Angabe nur noch erforderlich, wenn die HV an Wahlvorschläge gebunden ist; das ist nur ausnahmsweise gem § 101 Abs 1 S 2 iVm §§ 6, 8 MontanmitbestG der Fall.

17. S Empfehlung C.15 S 2 DCGK.

18. S § 96 Abs 2 AktG, der durch das Gesetz für die gleichberechtigte Teilhabe von Frauen und Männern an Führungspositionen in der Privatwirtschaft und im öffentlichen Dienst vom 24. April 2015 (BGBl. I 2015, S 642) neu eingeführt worden ist. Die zwingende Aufsichtsrats-Geschlechterquote von 30 % gilt danach für börsennotierte Gesellschaften (§ 3 Abs 2 AktG), deren Aufsichtsrat sich nach Maßgabe des MitbestG, des MontanmitbestG oder des MitbestErgG zusammensetzt (s aber auch § 96 Abs 3 AktG). Eine dagegen verstoßende Wahl ist nichtig (§ 96 Abs 2 S 6 AktG). Zur Frauenquote nach § 96 Abs 2 AktG s zB *Junker/Schmidt-Pfitzner*, NZG 2015, 930 ff; *Rotsch/Weninger*, Der Konzern 2015, 298 ff. Bei Gesellschaften, die börsennotiert und/oder mitbestimmt sind (ohne dass § 96 Abs 2 AktG Anwendung findet), muss der Aufsichtsrat für seine Zusammensetzung eine Zielgröße für die Beteiligung von Männern und Frauen sowie eine Frist festlegen, innerhalb derer die Zielgröße erreicht werden soll (§ 111 Abs 5 AktG). Die Zielgrößen sind jedoch nicht verbindlich.

19. Vgl § 124 Abs 3 S 1 AktG und Empfehlung D.5 DCGK.

20. Vgl § 124 Abs 3 S 4 AktG.

21. Vgl Empfehlung C.15 S 1 DCGK.

22. Vgl Empfehlung C.1 S 3 DCGK.

23. Vgl § 125 Abs 1 S 5 AktG. Die Regelung gilt nur für börsennotierte Gesellschaften.

24. Empfehlung C.13 DCGK. Die Offenlegung geschäftlicher und persönlicher Beziehungen eines Wahlkandidaten zur Gesellschaft sowie ihren Organen und wesentlich beteiligten Aktionären soll „bei" den Wahlvorschlägen erfolgen und wird daher in der Praxis regelmäßig in der Einberufung bzw in einer Anlage zu dieser vorgenommen. Nach

S 2 der Empfehlung C.13 DCGK beschränkt sich die Offenlegung auf Umstände, die ein objektiv urteilender Aktionär nach Einschätzung des Aufsichtsrats für seine Wahlentscheidung als maßgebend ansehen würde. Eine Negativerklärung, wenn und soweit solche Umstände nicht vorliegen, ist daher nicht erforderlich (Johannsen-Roth/Illert/Ghassemi-Tabar/*Busch/Link*, Empfehlung C.13 Rn 23; Fuhrmann/Linnerz/Pohlmann/*Bicker/Preute*, Ziffer 5 Rn 218; aA wohl Kremer/Bachmann/Lutter/v. Werder/*Kremer*, Empfehlung C.13 Rn 7).

25. Vgl Empfehlung C.14 S 1 DCGK.

26. Infolge des ARUG II hat die HV einer börsennotierten AG bei jeder wesentlichen Änderung, mindestens aber alle vier Jahre über die Billigung des vom Aufsichtsrats gem § 87a AktG beschlossenen Vergütungssystems für die Vorstandsmitglieder zu beschließen (§ 120a Abs 1 AktG). Der Tagesordnungspunkt ist nicht gegenantragsfähig; die HV kann somit nur über das vom Aufsichtsrat beschlossene System beschließen, nicht jedoch über andere Anträge (Begr RegE ARUG II, BT-Drs. 19/9739, S. 90; Grigoleit/*Herrler*, § 120a Rn 12; *Florstedt,* ZGR 2019, 645). Auf ein Tagesordnungsergänzungsverlangen nach § 122 Abs 2 AktG hin kann die HV jedoch die als Bestandteil des Vergütungssystems nach § 87a AktG festgelegte Maximalvergütung herabsetzen (s dazu Begr Beschlussempfehlung und Bericht des Ausschusses für Recht und Verbraucherschutz, BT-Drucks. 19/15153, S. 62f). Der HV-Beschluss ist nicht verbindlich (§ 120a Abs 1 S 2 AktG). Der Aufsichtsrat muss die Vergütung jedoch in Übereinstimmung mit einem von ihm beschlossenen System festlegen, sobald die HV über dessen Billigung Beschluss gefasst hat (§ 87a Abs 2 S 1 AktG; zur Bindungswirkung *Vetter/Lauterbach*, AG 2021, 89 ff); ob die HV die Billigung gewährt oder verweigert hat, ist hingegen irrelevant (Begr RegE ARUG II, BT-Drs. 19/9739, S. 90; einschränkend im Sinne einer Bindung für den Fall der Billigung durch die HV *Herrler* ZHR 184 (2020), 436 f). Wird die Billigung verweigert, hat vielmehr der Aufsichtsrat das vorgelegte System zu überprüfen und spätestens der nächsten ordentlichen HV erneut ein System (das identisch mit dem System aus dem Vorjahr oder ein anderes System sein kann; Begr RegE ARUG II, BT-Drs. 19/9739, S. 90) zur Billigung vorlegen (§ 120a Abs 3 AktG). Wird der HV ein bereits gebilligtes System vorgelegt, kann diese anstelle eines Billigungs- einen Bestätigungsbeschluss fassen (§ 120a Abs 1 S 4 AktG).

Ein Beschluss gem § 120a Abs 1 AktG muss erstmals spätestens in der ersten HV, die nach dem 31. Dezember 2020 stattfindet, und kann jederzeit ab Inkrafttreten des ARUG II gefasst werden (s § 26j Abs 1 EGAktG).

27. Das Vergütungssystem ist vollständig bekanntzumachen (§ 124 Abs 2 S 3 AktG). Nach dem allgemeinen Verständnis zu § 124 Abs 2 S 3 AktG – das auch im Form. zugrunde gelegt ist – bedeutet das, dass das gesamte System in der Einberufung selbst dargestellt werden muss (so auch *Hüffer/Koch,* § 124 Rn 27; *Herrler*, ZHR 184 (2020), 314; *Noack,* DB 2019, 2790). Praktikabel ist das nicht. In der Sache ist es auch nicht zwingend; so verlangt § 124 Abs 2 S 3 AktG nach seinem Wortlaut anders als S 1 derselben Regelung keine Bekanntmachung in der Einberufung.

28. Abweichend von der gesetzlichen Grundregel (s oben → Anm. 12) unterbreitet nur der Aufsichtsrat einen Beschlussvorschlag zum Vergütungssystem für die Vorstandsmitglieder (§ 124 Abs 3 S 1 AktG).

29. Für die Festlegung der Vergütung des Aufsichtsrats ist allein die HV zuständig. In der Vergangenheit fasste sie hierüber nur dann Beschluss, wenn die bestehende Vergütung angepasst werden sollte. Aufgrund des ARUG II hat die HV einer börsennotierten Gesellschaft nunmehr mindestens alle vier Jahre über die Vergütung der Aufsichtsratsmitglieder Beschluss zu fassen (§ 113 Abs 3 S 1 AktG); das gilt auch dann, wenn die Aufsichtsratsmitglieder (was in der Praxis – jedenfalls bei börsennotierten Gesellschaften – kaum vorkommt) keine Vergütung erhalten (Begr RegE ARUG II, BT-Drs. 19/9739, S. 86). Dabei kann sie die Vergütung billigen oder, wenn es keine Änderungen gegeben hat, bestätigen (§ 113 Abs 3 S 2 AktG). Der Beschluss hat darüber hinaus die erforderlichen Angaben nach § 87a Abs 1 S 2 AktG zu machen bzw in Bezug zu nehmen (vgl § 113 Abs 3 S 3 AktG). Damit entscheidet die HV zugleich über die Vergütung und das Vergütungssystem (Einheitsmodell; s Begr RegE ARUG II, BT-Drs. 19/9739, S. 86; *Florstedt,* ZGR 2019, 655). Ob über die Vergütung und das Vergütungssystem trotz des Einheitsmodells gesondert Beschluss gefasst werden kann, ist str (verneinend etwa Grigoleit/*Grigoleit/Tomasic/Kochendörfer,* § 113 Rn 13; *J. Schmidt,* NZG 18, 1205; bejahend zB Schmidt/Lutter/*Drygala,* § 113 Rn 29; *Bachmann/Pauschinger,* ZIP 19, 9) und dürfte in der Praxis regelmäßig nicht ratsam sein (skeptisch auch *Hüffer/Koch,* § 113 Rn 29).

Das Gesetz trifft keine Vorgabe, wer die das Vergütungssystem bildenden Angaben nach § 113 Abs 3 S 3 iVm § 87a Abs 1 S 2 AktG entwickelt; nach der gesetzgeberischen Intention soll es (lediglich) zweckmäßig sein, dass der Aufsichtsrat diese Aufgabe übernimmt (Begr RegE ARUG II, BT-Drs. 19/9739, S 87; Grigoleit/*Grigoleit/Tomasic/Kochendörfer,* § 113 Rn 11: primäre Verantwortlichkeit des Aufsichtsrats bei letztendlicher Zuständigkeit von Vorstand und Aufsichtsrat). Ist die Vergütung in der Satzung geregelt, müssen die Angaben zum Vergütungssystem dort nicht aufgenommen werden (§ 113 Abs 3 S 4 AktG); vielmehr genügt ihre Nennung oder Inbezugnahme im Beschluss (vgl auch → Form. II.E.3.2 Anm. 29). Wird die Billigung oder Bestätigung verweigert, ist spätestens in der nächsten ordentlichen HV erneut ein Beschlussvorschlag zu unterbreiten (§ 113 Abs 3 S 6 iVm § 120a Abs 3 AktG); insofern gelten die gleichen Grundsätze wie für die Billigung des Vergütungssystems für Vorstandsmitglieder; s. → Anm. 26. Anders als das Vergütungssystem für Vorstandsmitglieder sind die Vergütung und das Vergütungssystem für Aufsichtsratsmitglieder gegenantragsfähig und kann dieser Punkt auch gem § 122 Abs 2 AktG auf die Tagesordnung genommen werden (Begr RegE ARUG II, BT-Drs. 19/9739, S 87).

Für die Bekanntmachung der Vergütung und der Angaben zum Vergütungssystem gelten dieselben Grundsätze wie für das Vergütungssystem für Vorstandsmitglieder (s → Anm. 27. und § 124 Abs 2 S 3 AktG). Konkret bedeutet das, dass sowohl die Vergütungsregelungen (Satzungsbestimmungen oder HV-Beschluss über die Vergütung) als auch die Angaben zum Aufsichtsratsvergütungssystem mit ihrem vollständigen Inhalt in die Einberufung aufzunehmen sind (Grigoleit/*Herrler,* § 124 Rn 9; Schmidt/Lutter/*Ziemons,* § 124 Rn 77).

Der Beschluss bedarf, wenn er eine Satzungsänderung beinhaltet, der einfachen Stimmenmehrheit (§ 133 Abs 1 AktG) und einer Mehrheit von 75 % des vertretenen Grundkapitals, es sei denn, die Satzung enthält eine hiervon abweichende Regelung (§ 179 Abs 2 AktG); beinhaltet der Beschluss hingegen keine Satzungsänderung, erfordert er lediglich die einfache Stimmenmehrheit, soweit nicht die Satzung eine größerer Mehrheit oder weitere Erfordernisse vorsieht (§ 133 Abs 1 AktG) (vgl Begr RegE ARUG II, BT-Drs. 19/9739, S. 86 f; *J. Schmidt,* NZG 2018, 1205).

Ein Beschluss gem § 113 Abs 3 AktG muss erstmals spätestens in der ersten HV, die nach dem 31. Dezember 2020 stattfindet, und kann jederzeit ab Inkrafttreten des ARUG II gefasst werden (s § 26j Abs 1 EGAktG).

30. Vgl § 124 Abs 3 S 1 AktG. Anders als bei der Billigung des vom Aufsichtsrat beschlossenen Vergütungssystems für Vorstandsmitglieder obliegt die Vorschlagspflicht für die Aufsichtsratsvergütung und für das Vergütungssystem für Aufsichtsratsmitglieder Vorstand und Aufsichtsrat (Begr RegE ARUG II, BT-Drs. 19/9739, S 93).

31. Infolge des ARUG II hat die HV börsennotierter Gesellschaften jährlich über die Billigung des Vergütungsberichts für das abgelaufene Geschäftsjahr zu beschließen (§ 120a

Abs 4 AktG). Dieser ist gem § 162 AktG von Vorstand und Aufsichtsrat zu erstellen und vom Abschlussprüfer zu prüfen, der dem Bericht einen Prüfvermerk beifügen muss. Zum Inhalt des Vergütungsberichts s zB *IDW*, Fragen und Antworten: Erstellung eines Vergütungsberichts gemäß § 162 AktG, Stand 21.12.2021; *Arnold/Hofer/Dolde*, AG 2021, 813 ff; *Rimmelspacher/Kliem*, AG 2021, 573 ff. Die Beschlussfassung über den Vergütungsbericht kann bei börsennotierten kleinen und mittelgroßen Gesellschaften (KMU; §§ 267 Abs 1 und 2 HGB) entfallen, wenn die Erörterung des Berichts ein eigener Punkt auf der Tagesordnung ist (§ 120a Abs 5 AktG). Für die Bekanntmachung des Vergütungsberichts gelten dieselben Grundsätze wie für die Bekanntmachung des Vergütungssystems für Vorstandsmitglieder (s → Anm. 27 und § 124 Abs 2 S 3 AktG).

Ein Vergütungsbericht ist erstmals für das nach dem 31. Dezember 2020 beginnende Geschäftsjahr zu erstellen (§ 26j Abs 2 EGAktG). Eine Beschlussfassung über den Bericht erfolgt daher erstmals in der darauffolgenden ordentlichen HV (Bsp: Entspricht das Geschäftsjahr dem Kalenderjahr, muss die Gesellschaft erstmals für das Jahr 2021 einen Vergütungsbericht erstellen, über dessen Billigung sodann die ordentliche HV 2022 beschließt).

32. S → Anm. 30.

33. Vorgeschlagene Satzungsänderungen müssen nach § 124 Abs 2 S 3 Var 1 AktG im Wortlaut bekannt gemacht werden. Eine Bekanntmachung der bisherigen Satzungsfassung ist nicht erforderlich (KG AG 1996, 421, 422; *Scholz* AG 2008, 12).

34. Eine solche Erläuterung ist grundsätzlich nicht erforderlich, kann sich im Einzelfall aber zur besseren Verständlichkeit anbieten. Eine Erläuterung ist insbesondere bei umfangreichen oder komplexen Satzungsänderungen empfehlenswert.

35. Vgl § 318 Abs 1 S 1 HGB. Wird nichts Abweichendes beschlossen, ist der gewählte Abschlussprüfer des Mutterunternehmens zugleich auch Konzernabschlussprüfer (§ 318 Abs 2 S 1 HGB); eine ausdrückliche Nennung der Bestellung zum Konzernabschlussprüfer ist daher zulässig und in der Praxis auch verbreitet, aber nicht erforderlich.

Halbjahresfinanzberichte bzw Konzernhalbjahresberichte müssen gem §§ 115 Abs 1 S 1, 117 Nr 2 WpHG nur Gesellschaften aufstellen, die als Inlandsemittenten (s § 2 Abs 14 WpHG) Aktien oder Schuldtitel iSv § 2 Abs 1 WpHG begeben. Halbjahresfinanzberichte können (müssen aber nicht) geprüft oder einer prüferischen Durchsicht unterzogen werden (§ 115 Abs 5 S 1 und 4 WpHG). Für die Bestellung des Prüfers gelten die Regelungen über die Bestellung des Abschlussprüfers entsprechend (§ 115 Abs 5 S 2 WpHG). Anders als für den Konzernabschlussprüfer ist es str, ob der Abschlussprüfer mangels abweichenden Beschlusses automatisch auch Prüfer für den Halbjahresfinanzbericht ist (s KöKoWpHG/*Mock*, § 37w WpHG Rn 119 und Hdb Kapitalmarktinformation/*Wunderlich*, § 9 Rn 49 jeweils mwN). In der Praxis wird die Wahl des Prüfers für den Halbjahresfinanzbericht daher ausdrücklich in der Einberufung genannt. In diesem Fall handelt es sich bei der Wahl des Abschlussprüfers und des Prüfers für den Halbjahresfinanzbericht materiell um zwei Beschlüsse (Assmann/Schneider/Mülbert/*Hönsch*, § 115 WpHG Rn 39), über die aber gemeinsam abgestimmt werden kann. Möglich ist es, den Prüfer des Halbjahresfinanzberichts nicht nur für das laufende, sondern auch für das nächste Geschäftsjahr zu bestellen (KöKoWpHG/*Mock*, § 37w WpHG Rn 119).

Quartalsberichte sind gesetzlich nicht vorgeschrieben. Im Prime Standard der Frankfurter Wertpapierbörse zugelassene Gesellschaften müssen jedoch gem § 53 BörsenO FWB eine Quartals- oder Konzernquartalsmitteilung erstellen, soweit sie nicht freiwillig einen (Konzern-) Quartalsbericht entsprechend §§ 115, 117 Nr 2 WpHG aufstellen. Für die Prüfung bzw. prüferische Durchsicht von Quartalsberichten und -mitteilungen gelten dieselbe Grundsätze wie für Halbjahresfinanzberichte.

36. Allein der Aufsichtsrat macht der HV einen Beschlussvorschlag (§ 124 Abs 3 S 1 AktG). Bei Unternehmen von öffentlichem Interesse (s § 316a S 2 HGB) ist der Vorschlag des Aufsichtsrates auf Basis der Empfehlung des Prüfungsausschusses abzugeben (§ 124 Abs 3 S 2 AktG; die Nennung auch von Versicherungsunternehmen dürfte wegen der Sonderregelung in § 341k Abs 2 HGB leerlaufen). Für kapitalmarktorientierte Gesellschaften iSd § 264d HGB, CRR-Kreditinstituten und Versicherungsunternehmen sind durch die EU-Abschlussprüferverordnung (Verordnung (EU) Nr. 537/2014 des Europäischen Parlaments und des Rates vom 16. April 2014 über spezifische Anforderungen an die Abschlussprüfung bei Unternehmen von öffentlichem Interesse und zur Aufhebung des Beschlusses 2005/909/EG der Kommission) und das die Verordnung umsetzende Abschlussprüferreformgesetz (AReG; BGBl. I 16, S 1142 ff.) Höchstlaufzeiten für die Mandatierung der Abschlussprüfer eingeführt worden (Art 17 EU-Abschlussprüferverordnung; diese zwingen die Unternehmen zur regelmäßigen Rotation. Ferner dürfen Abschlussprüfer nicht bestimmte Nichtprüfungsleistungen erbringen (s Art 5 EU-Abschlussprüferverordnung).

37. Bei der Auswahl des Abschlussprüfers von kapitalmarktorientierten Gesellschaften iSd § 264d HGB, CRR-Kreditinstituten und Versicherungsunternehmen sind bestimmte Verfahrensvorgaben einzuhalten (Art. 16 EU-Abschlussprüferverordnung). Nach Art 16 Abs 2 EU-Abschlussprüferverordnung hat der Prüfungsausschuss (i) dem Aufsichtsrat stets eine Empfehlung für die Bestellung des Abschlussprüfers vorzulegen, (ii) dabei im Fall des Wechsels des Abschlussprüfers zwei begründete Vorschläge und die begründete Präferenz des Prüfungsausschusses mitzuteilen und (iii) zu erklären, dass seine Empfehlung frei von ungebührlicher Einflussnahme durch Dritte ist und ihm keine die Auswahlmöglichkeiten beschränkende Klausel iSv Art 16 Abs 6 EU-Abschlussprüferverordnung auferlegt worden ist. Im Beschlussvorschlag an die HV sind die Empfehlung und – falls einschlägig – die Präferenz des Prüfungsausschusses gem Art 16 Abs 2 EU-Abschlussprüferverordnung anzugeben (Art 16 Abs 5 EU-Abschlussprüferverordnung). Seine Erklärung zu der Freiheit der Empfehlung und dem Fehlen von die Auswahlmöglichkeiten einschränkenden Klauseln sollte dabei auch aufgeführt werden. Die Nennung der Gründe für die Empfehlung und die Präferenz ist hingegen nicht erforderlich.

38. Die Angaben zu den Teilnahmevoraussetzungen, der Stimmrechtsvertretung, den Rechten der Aktionäre gem §§ 122 Abs 2, 126 Abs 1, 127 und 131 Abs 1 AktG sowie zur Internetseite iSv § 124 a AktG sind für börsennotierte Gesellschaften zwingend notwendig (§ 121 Abs 3 S 3 AktG). Bei nicht börsennotierten Gesellschaften können sie hingegen unterbleiben.

39. Gem § 123 Abs 2 S 1 AktG kann die Satzung vorsehen, dass nur diejenigen Aktionäre teilnahme- und stimmberechtigt sind, die sich zuvor angemeldet haben. Die Anmeldung kann sowohl bei Namens- als auch Inhaberaktien zur Teilnahmevoraussetzung gemacht werden (*Hüffer/Koch*, § 123 Rn 6). Zur Anmeldefrist vgl → Anm. 5. Die Satzung kann nähere Vorgaben zur Anmeldung enthalten und insbesondere eine bestimmte Form. und Sprachvorgaben vorsehen. Tut sie das, finden die Vorgaben in Art 6 DVO (EU) 2018/1212 zum ARUG II keine Anwendung (ebenso *Noack*, DB 2019, 2789 f). Übermittelt ein Aktionär der Gesellschaft bei Inhaberaktien fristgerecht den Legitimationsnachweis (s Anm. 40), liegt darin (auch nach der Änderung von § 123 Abs 4 S 1 AktG durch das ARUG II) nach zT vertretener Ansicht zugleich die Anmeldung zur HV (*Zetsche*, AG 20, 8). Eine Anmeldepflicht für Bevollmächtigte kann nicht vorgesehen werden; die Anmeldung des Aktionärs genügt und wirkt auch für einen Bevollmächtigten (BGH ZIP 2011, 1814 Tz. 9; LG Mü AG 2011, 763 jeweils zu § 123 AktG aF).

40. Bei Inhaberaktien kann gem § 123 Abs 3 S 1 AktG in der Satzung geregelt werden, dass die Aktionäre ihre Legitimation zur HV-Teilnahme und zur Stimmrechtsausübung nachzuweisen haben. Bei börsennotierten Gesellschaften genügt nach § 123 Abs 4 S 1 AktG für die Legitimation (a) für HVs, die bis zum 3. September 2020 einberufen werden, jedenfalls eine Bankbescheinigung (ein in Textform erstellter Nachweis durch das depotführende Institut) und (b) für HVs, die nach dem 3. September 2020 einberufen werden, jedenfalls ein durch den Letztintermediär ausgestellter Nachweis gem § 67c Abs 3 AktG (zur zeitlichen Geltung des durch das ARUG II geänderten § 123 Abs 4 S 1 AktG s § 26j Abs 4 EGAktG). Möglich ist es auch, dass die Satzung festlegt, dass der Nachweis ausschließlich gem (a) bzw (b) geführt werden kann, so dass anderweitige Nachweiswege ausgeschlossen sind. Hiervon sollte jedoch nur Gebrauch gemacht werden, wenn keine effektiven Aktienurkunden im Umlauf sind. (→ Form. II.E.3.2 Anm. 36). Der Nachweis hat sich auf den 21. Tag vor der HV (Record Date) zu beziehen (bei einer COVID-19-HV: 12. Tag vor der HV; § 1 Abs 3 S 2 COVID-19-MaßnahmenG). Auch soweit andere Nachweismodalitäten in Betracht kommen (zB bei effektiven Aktienurkunden), ist der Nachweis stets auf den gesetzlichen Record Date zu erbringen (*Hüffer/Koch,* § 123 Rn 12; *Heidinger/Blath,* DB 2006, 2277). Nichtbörsennotierte Gesellschaften genießen in Fragen des erforderlichen Legitimationsnachweises demgegenüber volle Satzungsfreiheit im Sinne des § 23 Abs 5 S 2 AktG (BT-Drs 15/5693, S 17).

Bei Namensaktien gibt es kein Legitimationserfordernis. Die Berechtigung zur Teilnahme und Ausübung der Aktionärsrechte ergibt sich aus der Eintragung im Aktienregister im Zeitpunkt der HV (§ 123 Abs 5 AktG). Zur Zulässigkeit eines Umschreibungsstopps in den Tagen vor der HV und seiner Nennung in der Einberufung s BGH ZIP 2009, 2052 f Tz 8 ff; Kln AG 2009, 449. Die Satzung kann einen Umschreibungsstopp regeln. Auch ohne eine solche Regelung kann ein Umschreibungsstopp aber in der Einberufung vorgesehen werden (BeckOGK AktG/*Cahn,* § 67 Rn 90; GroKo(AktG)/*Butzke,* § 123 Rn 98; *Baums,* FS Hüffer 2010, S 28 ff; offenkundig auch BGH ZIP 09, 2052 Tz 9; aA *Ziemons,* NZG 2012, 214).

41. Vgl § 121 Abs 3 S 3 Nr 1 AktG (wo das Gesetz unscharf vom „Nachweisstich*tag*" spricht).

42. Die Angaben sind gem § 121 Abs 3 S 3 Nr 2 Buchst a) AktG bei börsennotierten Gesellschaften erforderlich.

43. S § 134 Abs 3 AktG. Danach genügt grundsätzlich die Textform, wenn in der Satzung oder in der Einberufung aufgrund einer statutarischen Ermächtigung nicht etwas Abweichendes und bei börsennotierten Gesellschaften nicht eine Erleichterung vorgesehen ist.

44. Vgl §§ 134 Abs 3, 135 Abs 1 S 2 und 3 AktG; s → Form. II.E.3.2 Anm. 42. Zum Widerruf der Vollmacht vgl *Kiefner/Friebel,* NZG 2011, 887 ff. § 135 AktG ist durch das ARUG II geändert worden. Die geänderte Fassung von § 135 AktG ist gem Art 16 ARUG II am 1. Januar 2020 in Kraft getreten; § 67a AktG, der die Definition des Intermediärs enthält, ist hingegen erstmals auf HVs anzuwenden, die nach dem 3. September 2020 einberufen werden. Dennoch dürfte der Inhalt von § 67a AktG auch schon für davor stattfindende HVs, die § 135 AktG nF beachten müssen, heranzuziehen sein.

45. Vgl §§ 121 Abs 3 S 3 Nr 2 Buchst a), 134 Abs 3 S 4 AktG, die beide nur für börsennotierte Gesellschaften gelten.

46. S § 134 Abs 3 S 2 AktG.

47. S § 134 Abs 3 S 5 AktG. Die Gesellschaft kann nach hM als Stimmrechtsvertreter Mitarbeiter und Dritte, wegen (des Rechtsgedankens des) § 136 Abs 2 AktG aber nicht Organmitglieder bestimmen (s *Hüffer/Koch,* § 134 Rn 26b mwN; aA GroKo(AktG)/*Grundmann,* § 134 Rn 122 mwN). Den benannten Stimmrechtsvertretern müssen ferner nach verbreiteter Ansicht Weisungen für die Stimmrechtsausübung erteilt werden; fehlt es daran, können sie das Stimmrecht nicht ausüben (str; vgl *Hüffer/Koch,* § 134 Rn 26b mwN auch zur Gegenansicht).

48. S § 121 Abs 3 S 3 Nr 2 Buchst a) AktG, der nur für börsennotierte Gesellschaften gilt.

49. Gesellschaften ohne Börsennotierung muss das Verlangen nur 24 und nicht – wie börsennotierten Gesellschaften – 30 Tage vor der Versammlung zugehen (§ 122 Abs 2 S 3 AktG; im Fall einer COVID-19-HV: 14 Tage; § 1 Abs 3 S 4 COVID-19-MaßnahmenG).

50. Die Berechnung der 90-tägigen Vorbesitzzeit und der Zeitpunkt, bis zu dem die Aktien gehalten werden müssen, sind durch die Aktienrechtsnovelle 2016 in § 122 Abs 1 S 3 AktG klargestellt hat. Die Vorbesitzzeit ist keine Frist iSv § 121 Abs 3 S 3 Nr 3 AktG. Bei der SE besteht gem Art 55 Abs 1 SE-VO iVm § 50 Abs 2 SEAG kein Erfordernis einer Vorbesitzzeit (Habersack/Drinhausen/*Bücker,* Art 55 SE-VO Rn 11; Lutter/Hommelhoff/Teichmann/*Spindler,* Art 55 SE-VO (§ 50 SEAG) Rn 8). Ob die das Quorum bildenden Aktien bei der SE – ebenso wie bei der AG – über die Antragstellung hinaus bis zur Entscheidung über das Ergänzungsverlangen zu halten sind, ist str (verneinend MüKo-AktG/*Kubis,* Art 56 SE-VO Rn 6; BeckOGK AktG/*Eberspächer,* Art 56 SE-VO Rn 5; bejahend KöKo/*Kiem* Art. 55 SE-VO Rn 8, 38; Habersack/Drinhausen/*Bücker,* Art 55 Rn 12).

51. Die Ergänzung der Tagesordnung ist in gleicher Weise bekanntzumachen wie die Einberufung.

52. Ordnungs- und fristgerechte Gegenanträge nebst Begründung sind von der AG gem § 126 Abs 1 AktG den in § 125 Abs 1 bis 3 AktG genannten Berechtigten (s → Anm. 2) zugänglich zu machen. Bei börsennotierten Gesellschaften hat das Zugänglichmachen über die Internetadresse der Gesellschaft zu erfolgen (§ 126 Abs 1 S 3 AktG). Ein Gegenantrag liegt vor, wenn ein Aktionär erkennen lässt, dass er einen abweichenden Beschluss herbeiführen möchte, aber auch dann, wenn er sich lediglich ablehnend zum Beschlussvorschlag der Verwaltung positioniert (*Hüffer/Koch,* § 126 Rn 2). Ob ein Gegenantrag, um ordnungsgemäß zu sein und daher unter § 126 AktG zu fallen, begründet werden muss, ist str (bejahend zB GroKo(AktG)/*Butzke,* § 126 Rn 22; verneinend etwa *Hüffer/Koch,* § 126 Rn 3). Bei Vorliegen eines der in § 126 Abs 2 AktG genannten Gründe kann von dem Zugänglichmachen nach § 126 Abs 1 AktG abgesehen werden.

Für Vorschläge eines Aktionärs zur Wahl von Aufsichtsratsmitgliedern oder von Abschlussprüfern gilt gem § 127 S 1 AktG der § 126 AktG entsprechend. Ein Wahlvorschlag muss gem § 127 S 2 AktG ausdrücklich nicht begründet werden. Betrifft der Wahlvorschlag den Aufsichtsrat einer Gesellschaft, für welche die zwingende Frauenquote des § 96 Abs 2 AktG gilt (s. → Anm. 18), hat die Gesellschaft bei der Bekanntmachung des Wahlvorschlags die in § 127 S 4 AktG aufgeführten Angaben mitzuveröffentlichen.

53. Vgl dazu → Form. II.E.4.2 Anm. 18.

54. Zur Entlastung der Einberufung bietet es sich an, die Darstellung der Aktionärsrechte gem § 121 Abs 3 S 3 Nr 3 AktG auf den dort verlangten Umfang zu beschränken und weitere Erläuterungen im Internet zu veröffentlichen.

55. Gem § 175 Abs 2 S 1 AktG entfallen die Pflichten zur Auslegung und Erteilung von Abschriften, wenn die betreffenden Dokumente von der Einberufung an über die Internetseite der Gesellschaft zugänglich sind.

56. Vgl § 124a S 1 Nr 4 AktG und § 49 Abs 1 S 1 Nr 1 WpHG. Maßgeblich ist die Anzahl der Aktien und Stimmrechte im Zeitpunkt der Einberufung. Hat die Gesellschaft mehrere Aktiengattungen ausgegeben, sind neben der Gesamtzahl auch die Angaben für jede Gattung vorzunehmen. Eigene Aktien dürfen, obwohl das Stimmrecht aus ihnen ruht (§ 71b AktG), nicht abgezogen werden (zu § 124a S 1 Nr 4 AktG s GroKo(AktG)/*Butzke*, § 124a Rn 27; zu § 49 Abs 1 S 1 Nr 1 WpHG *BaFin*, Emittentenleitfaden, Modul B, II.3.2.1.1 (S 56)). Eine zusätzliche Angabe, ob und – wenn ja – wie viele eigene Aktien es gibt, ist aber zulässig.

57. § 67e AktG gilt für HVs, die nach dem 3. September 2020 einberufen werden (§ 26j Abs 4 EGAktG). Der Verweis auf § 67e AktG als Rechtsgrundlage für die Verarbeitung personenbezogener Daten ist daher nur für solche HVs möglich. Für vorher einberufene HVs bleibt es bei Art 6 Abs 1 S 1 Buchst c) DS-GVO iVm §§ 118 ff AktG als Rechtsgrundlage.

4.2 Notarielle Niederschrift über die Hauptversammlung nach § 130 AktG

Verhandelt zu . . . . . *[Ort]* am . . . . . *[Datum]*.[1]

Der unterzeichnete Notar[2] . . . . . *[Name]* mit dem Amtssitz in . . . . . *[Anschrift]* hat sich heute auf Ersuchen des Vorstands der B AG in das . . . . . *[Versammlungsort]* in . . . . . *[Anschrift]* begeben, um die Niederschrift über die dorthin einberufene ordentliche Hauptversammlung der Aktionäre der B AG mit Sitz in . . . . . *[Ort]*, eingetragen im Handelsregister des Amtsgerichts . . . . . unter HRB . . . . ., aufzunehmen.

Der Notar erläuterte dem Aufsichtsratsvorsitzenden . . . . . und den Vorstandsmitgliedern . . . . . und . . . . . das Mitwirkungsverbot nach § 3 Abs 1 S 1 Nr 7 BeurkG. Auf Befragen erklärten der Aufsichtsratsvorsitzende und die Vorstandsmitglieder, dass kein Mitwirkungsverbot nach dieser Bestimmung besteht.

Zu der ordentlichen Hauptversammlung waren erschienen:

A. vom Aufsichtsrat[3] der Gesellschaft, bestehend aus

1. . . . . .

2. . . . . .

. . . . .

die unter Ziffern . . . . . Genannten;

B. vom Vorstand[3] der Gesellschaft, bestehend aus

1. . . . . .

2. . . . . .

. . . . .

die Genannten;

C. von den Aktionären der Gesellschaft

die in dem während der Hauptversammlung zugänglich gemachten Teilnehmerverzeichnis[4] aufgeführten Aktionäre und Aktionärsvertreter.

Der Vorsitzende des Aufsichtsrats, Herr T, eröffnete die Hauptversammlung um . . . . . Uhr und übernahm den Vorsitz.[5, 6]

Er stellte fest, dass die Hauptversammlung form- und fristgerecht durch Bekanntmachung im Bundesanzeiger vom . . . . . einberufen worden ist. Des Weiteren sei die

Einberufung europaweit verbreitet worden.[7] Ein Ausdruck der Veröffentlichung im Bundesanzeiger sowie der europaweiten Verbreitung sind als Anlage 1 beigefügt.[8] Ferner sei die Einladung nach Maßgabe von § 125 AktG fristgerecht allen Berechtigten mitgeteilt worden. Der Vorsitzende stellte zudem fest, dass die Informationen zur Hauptversammlung gem § 124 a AktG sowie weitergehende Erläuterungen zu den Rechten der Aktionäre ab dem Tag der Einberufung der Hauptversammlung auf der Internetseite der Gesellschaft zugänglich gewesen sind.[9]

Der Vorsitzende wies darauf hin, dass als Präsenzbereich[10] im aktienrechtlichen Sinn der Saal und das diesem vorgelagerte Foyer bis zur Ein- und Ausgangskontrolle gelten. Redebeiträge könnten jedoch nur im Versammlungssaal vorgetragen werden. Ebenso könnten Anträge nur im Versammlungssaal gestellt werden.

Er erläuterte, dass die Abstimmungen zu den Tagesordnungspunkten gemeinsam in einem Abstimmungsvorgang am Ende der Aussprache zu der Tagesordnung durchgeführt werden. Die Teilnahme an den Abstimmungen setze daher voraus, dass die Aktionäre zu diesem Zeitpunkt noch anwesend seien oder im Falle ihres Verlassens einem anderen Teilnehmer oder den von der Gesellschaft benannten Stimmrechtsvertretern Vollmacht erteilt haben. Art und Form. der Abstimmung werde er nach der Aussprache im Einzelnen erläutern.

Der Vorsitzende gab bekannt, dass das Teilnehmerverzeichnis noch erstellt und vor der ersten Abstimmung vorliegen werde.[11]

Der Vorsitzende eröffnete sodann die Tagesordnung und verwies wegen der Beschlussvorschläge der Verwaltung auf die Einberufung.

Zu Punkt 1 der Tagesordnung

Entgegennahme des festgestellten Jahresabschlusses und des Konzernabschlusses jeweils zum 31. Dezember . . . . ., des Lage- und des Konzernlageberichts, des erläuternden Berichts zu den Angaben nach §§ 289a, 315a HGB,[9] des Berichts des Aufsichtsrats für das Geschäftsjahr . . . . . und des Vorschlags des Vorstands für die Verwendung des Bilanzgewinns für das Geschäftsjahr . . . . .

stellte der Vorsitzende fest, dass die dort genannten Unterlagen ab Einberufung der Hauptversammlung auf der Internetseite der Gesellschaft unter . . . . . zugänglich gewesen seien. Die Unterlagen lägen zudem zur Einsicht und Mitnahme am Informationstisch aus.

Die dem Notar vom Vorsitzenden übergebenen Abschriften der Unterlagen sind als Anlage 2 zu dieser Niederschrift genommen.[8]

Anträge auf Verlesung der Vorlagen wurden nicht gestellt.[12]

Der Vorsitzende übergab sodann dem Vorstandsvorsitzenden . . . . . das Wort. Dieser erläuterte die der Hauptversammlung zu Punkt 1 der Tagesordnung vorgelegten Unterlagen mit Ausnahme des Berichts des Aufsichtsrats[13] und berichtete über den Geschäftsverlauf der Gesellschaft im laufenden Geschäftsjahr. Ferner erläuterte er die Beschlussvorschläge der Verwaltung zu den Tagesordnungspunkten 2 bis 4 sowie 8 bis 10.

Im Anschluss erläuterte der Aufsichtsratsvorsitzende den Bericht des Aufsichtsrats sowie die Beschlussvorschläge zu den Tagesordnungspunkten 5 bis 7 der Tagesordnung.[13]

Der Vorsitzende eröffnete daraufhin um . . . . . Uhr die Aussprache über die Tagesordnung. Er wies erneut daraufhin, dass die Aussprache in Form. einer Generaldebatte gemeinsam zu allen Tagesordnungspunkten durchgeführt werde.[14] Aktionäre, die sich zu

Wort melden wollen, bat er, hierfür das am Wortmeldetisch zur Verfügung stehende Formular zu verwenden. Wortbeiträge könnten nur am Rednerpult geleistet werden. Auch bei Anträgen[15] müssten die Aktionäre das am Wortmeldetisch ausliegende Formular verwenden und ihre Anträge am Rednerpult stellen.

Daraufhin fand die Aussprache statt. Im Verlauf der Aussprache unterbrach der Vorsitzende die Hauptversammlung um . . . . . Uhr und setzte sie um . . . . . Uhr fort.[16]

Während der Aussprache gab der Vorsitzende bekannt, dass das Teilnehmerverzeichnis aufgestellt sei und am Wortmeldetisch zur Einsichtnahme ausliege. Veränderungen[17] würden in Nachträgen festgehalten und ebenfalls zur Einsicht am Wortmeldetisch ausgelegt. Er gab bekannt, dass in der Hauptversammlung . . . . . Stückaktien mit ebenso vielen Stimmen präsent seien; das entspreche . . . . . % des Grundkapitals.

Die Fragen der Aktionäre wurden vom Vorstandsvorsitzenden . . . . . und dem Vorsitzenden beantwortet.[18] Um . . . . . Uhr stellte der Vorsitzende fest, dass keine weiteren Wortmeldebeiträge vorliegen und alle Fragen der Aktionäre beantwortet sind. Hiergegen erhob sich kein Widerspruch. Der Aktionär . . . . . rügte jedoch die dieser Niederschrift als Anlage 5 beigefügte Frage als nicht beantwortet; daraufhin gab der Vorstand die in Anlage 6 beigefügte Antwort zur Niederschrift des Notars.[19] Im Anschluss schloss der Vorsitzende die Aussprache um . . . . . Uhr.[20]

Der Vorsitzende legte sodann Art und Form. des Abstimmungsverfahrens[21] wie folgt fest:

Die Abstimmung werde unter Verwendung der Stimmabschnitte vorgenommen, die in den Stimmkarten enthalten sind, welche die Aktionäre beim Einlass im Austausch gegen ihre Eintrittskarte erhalten haben. Die Stimmkarte enthalte für die Abstimmung zu jedem Tagesordnungspunkt, zu dem auf der heutigen Hauptversammlung Beschlüsse zu fassen sind, einen Stimmabschnitt, der entsprechend gekennzeichnet ist. Wie bereits angekündigt würden die Stimmabschnitte zu allen Abstimmungen in einem gemeinsamen Wahlgang eingesammelt. Auf den Stimmabschnitten befände sich jeweils ein Barcode, aus dem sich die Stimmenanzahl ergebe, welche durch die Stimmkarte vertreten werde.

Zur Anwendung komme das Substraktionsverfahren.[22] Das Abstimmungsergebnis werde dabei in der Weise ermittelt, dass Aktionäre, die gegen einen Beschlussantrag stimmen wollen, den betreffenden Stimmabschnitt in den Stimmkasten mit dem Aufdruck „Nein“ einwerfen und diejenigen Aktionäre, die sich der Stimme enthalten wollen, den betreffenden Stimmabschnitt in den Stimmkasten mit dem Aufdruck „Enthaltung“ einwerfen. Die „Ja“-Stimmen würden sodann ermittelt, indem von den präsenten Stimmen die Nein-Stimmen, die Enthaltungen, etwaige ungültige Stimmen sowie Stimmen, für die Stimmverbote erfasst sind, abgezogen werden. Wer für einen Antrag mit „Ja“ stimmen wolle, müsse demzufolge zu dem jeweiligen Antrag keinen Stimmabschnitt abgeben. Der Vorsitzende wies ergänzend daraufhin, dass jeder Aktionär oder Aktionärsvertreter, der in der Hauptversammlung präsent sei, mit seinen Aktien jeweils mit „Ja“ stimme, soweit er oder sie weder mit „Nein“ stimme noch sich der Stimme enthalte und auch nicht eine ungültige Stimme abgebe und für ihn oder sie auch kein Stimmverbot erfasst sei.

Die Stimmabschnitte für die Abstimmung über einen Beschlussvorschlag würden nach dem Einsammeln unter notarieller Aufsicht in einer Datenverarbeitungsanlage zum Zwecke der Auszählung verarbeitet.

Der Vorsitzende gab sodann die geänderte Präsenz bekannt. In der Hauptversammlung seien nunmehr . . . . . Stückaktien mit ebenso vielen Stimmen präsent; das entspreche

. . . . . % des Grundkapitals. Die entsprechenden Nachträge zum Teilnehmerverzeichnis lägen am Wortmeldetisch aus und könnten dort eingesehen werden.

Der Vorsitzende rief sodann zur Stimmabgabe zu den Tagesordnungspunkten 2 bis 10 auf. Er erläuterte, dass sich auf der Stimmkarte Stimmabschnitte mit den Nummern 2 bis 10 befänden. Im Rahmen der Abstimmung sei bei der Stimmabgabe zu den Tagesordnungspunkten jeweils der Stimmabschnitt mit der Nummer zu verwenden, die der Ziffer des jeweiligen Tagesordnungspunkts entspreche.

Der Vorsitzende wiederholte jeweils die zur Abstimmung stehenden Beschlussanträge der Verwaltung. Zu Punkt 2 der Tagesordnung wies er darauf hin, dass der Aktionär . . . . . einen Gegenantrag[23] gestellt habe. Dazu legte der Vorsitzende fest, dass er zunächst über den Vorschlag von Vorstand und Aufsichtsrat abstimmen lasse. Wer für den Gegenantrag des Aktionärs . . . . . stimmen wolle, müsse daher in der folgenden Abstimmung zu Punkt 2 der Tagesordnung mit „Nein“ stimmen. Erhalte der Vorschlag von Vorstand und Aufsichtsrat die erforderliche Mehrheit, sei damit der Gegenantrag des Aktionärs . . . . . abgelehnt. Würde der Vorschlag von Vorstand und Aufsichtsrat hingegen nicht die erforderliche Mehrheit erlangen, würde er in einem zweiten Abstimmungsvorgang über den Gegenantrag des Aktionärs . . . . . abstimmen lassen.[24] Ferner wies er darauf hin, dass gem § 136 AktG die Mitglieder des Vorstands bei der Abstimmung zu Punkt 3 der Tagesordnung und die Mitglieder des Aufsichtsrats bei der Abstimmung zu Punkt 4 der Tagesordnung das Stimmrecht weder aus eigenen noch aus fremden Aktien ausüben dürften oder durch andere ausüben lassen dürften. Es sei durch organisatorische Vorkehrungen sichergestellt, dass diese Stimmverbote eingehalten werden.[25]

Sodann forderte der Vorsitzende um . . . . . Uhr zur Stimmabgabe über die Beschlussanträge der Verwaltung zu den Tagesordnungspunkten 2 bis 10 auf und wies erneut darauf hin, dass Aktionäre und Aktionärsvertreter, die sich der Stimme enthalten oder mit „Nein“ stimmen wollten, sich in den Versammlungssaal begeben müssten. Die Stimmabgaben würde nur dort eingesammelt. Wer keine Stimmkarte abgebe, stimme zu dem jeweiligen Beschlussantrag mit „Ja“.

Nachdem sich auf seine Frage, ob jeder die Gelegenheit gehabt habe, seine Stimmen abzugeben, kein Widerspruch erhob, erklärte der Vorsitzende den Abstimmungsvorgang um . . . . . Uhr für beendet und unterbrach die Hauptversammlung zur Auszählung der Stimmen.

Während der Unterbrechung wurden die Stimmen unter notarieller Aufsicht in der vom Vorsitzenden beschriebenen Weise ausgezählt.[26]

Nach Auszählung der Stimmen setzte der Vorsitzende die Hauptversammlung fort und teilte mit, dass er nunmehr die Abstimmungsergebnisse und die Beschlussfassungen bekannt geben werde. Dabei wies er darauf hin, dass gem § 130 AktG die Möglichkeit besteht, die Feststellung über die Beschlussfassung für jeden Beschluss darauf zu beschränken, dass die erforderliche Mehrheit erreicht wurde, wenn kein Aktionär dem widerspreche. Er wolle von dieser Möglichkeit Gebrauch machen und habe daher am Wortmeldetisch die ausführlichen Abstimmungsergebnisse zugänglich gemacht. Ferner habe er eine von ihm unterschriebene Fassung der ausführlichen Abstimmungsergebnisse dem Notar mit der Bitte übergeben, sie zu Protokoll zu nehmen. Die ausführlichen Abstimmungsergebnisse würden zudem nach der heutigen Hauptversammlung auf der Internetseite der Gesellschaft veröffentlicht. Hiergegen erhob der Aktionär . . . . . Widerspruch und erklärte, dieser Widerspruch gelte nur für Punkt 6 der Tagesordnung, nicht für die übrigen Tagesordnungspunkte. Weitere Widersprüche wurden nicht erhoben.[27]

Die dem Notar vom Vorsitzenden übergebenen ausführlichen Abstimmungsergebnisse werden als Anlage 7 in diese Niederschrift aufgenommen.

Sodann gab der Vorsitzende die Abstimmungsergebnisse wie folgt bekannt:[28]

Zu Punkt 2 der Tagesordnung

Beschlussfassung über die Verwendung des Bilanzgewinns des Geschäftsjahres .....

stellte der Vorsitzende fest, dass die Hauptversammlung den Beschlussantrag von Vorstand und Aufsichtsrat zu Punkt 2 der Tagesordnung mit dem in der am ..... veröffentlichen Einberufung bekanntgemachten Wortlaut[29] mit der erforderlichen Mehrheit angenommen und damit den Gegenantrag des Aktionärs ..... abgelehnt hat, und verkündete diesen Beschluss.

[Text zu Bekanntgabe von Abstimmungsergebnis und Beschluss zu Punkten 3 bis 5 der Tagesordnung entsprechend dem Text zu Punkt 2 der Tagesordnung.]

Zu Punkt 6 der Tagesordnung

Beschlussfassung über die Billigung des vom Aufsichtsrat vorgelegten Vergütungssystems für die Vorstandsmitglieder

stellte der Vorsitzende fest, dass die Präsenz ..... Stückaktien mit ebenso vielen Stimmen betragen hat, sich die Zahl der Stimmenthaltungen auf ..... belaufen hat[30] und die Hauptversammlung bei ..... abgegebenen gültigen Stimmen, das entspricht ..... des gesamten Grundkapitals, mit ..... Ja-Stimmen, das entspricht ..... % der abgegebenen gültigen Stimmen und des bei der Beschlussfassung vertretenen Grundkapitals, gegen ..... Nein-Stimmen, das entspricht ..... der abgegebenen gültigen Stimmen und des bei der Beschlussfassung vertretenen Grundkapitals, den Beschlussvorschlag von Vorstand und Aufsichtsrat zu Punkt 6 der Tagesordnung mit dem in der am ..... veröffentlichen Einberufung bekanntgemachten Wortlaut angenommen und das vom Aufsichtsrat am ..... beschlossene Vergütungssystem für die Vorstandsmitglieder gebilligt hat.

Der Vorsitzende stellte den Beschluss mit dem vorgenannten Abstimmungsergebnis sowie die Tatsache, dass damit das vom Aufsichtsrat festgelegte Vergütungssystem für die Vorstandsmitglieder mit dem in der Einberufung bekanntgemachten Wortlaut gebilligt worden ist, fest und verkündete den Beschluss.

[Text zu Bekanntgabe von Abstimmungsergebnis und Beschluss zu Punkten 7 bis 10 der Tagesordnung entsprechend dem Text zu Punkt 2 der Tagesordnung.]

Der Aktionär ..... erklärte im eigenen Namen gegen die Beschlüsse zu den Tagesordnungspunkten ..... und ..... Widerspruch zur Niederschrift. Die Aktionärin ..... erklärte im eigenen Namen und für den von ihr vertretenen Fremdbesitz ..... gegen die Beschlüsse zu sämtlichen Tagesordnungspunkten Widerspruch zur Niederschrift.[31]

Mit Erledigung der Tagesordnung schloss der Vorsitzende die Hauptversammlung um ..... Uhr.

Vorstehende Niederschrift wurde von dem Notar aufgenommen und von ihm eigenhändig wie folgt unterschrieben:

....., Notar[32]

Schrifttum: s Schrifttum → Form. II.E.4.1. ; *Austmann*, Verfahrensanträge in der Hauptversammlung, FS Hoffmann-Becking **2013**, S. 45; *Bungert/Leyendecker-Langner*, Hauptversammlungen im Ausland, BB **2015**, 268; *Faßbender*, Die Hauptversammlung der Aktiengesellschaft aus notarieller Sicht, RNotZ **2009**, 425; *Groß*, Abwahl des durch die Satzung bestimmten Leiters der Hauptversammlung, FS Happ **2006**, S. 31; *Harnos*, Protokollierung der Hauptversammlungsbeschlüsse in der kleinen Aktiengesellschaft, AG **2015**, 732; *Herrler*, Anforderungen an den satzungsmäßigen Versammlungsor- Hauptversammlungen im Ausland, ZGR **2015**, 918; *Hoffmann-Becking*, Wirksamkeit der Beschlüsse der Hauptversammlung bei späterer Protokollierung, FS Hellwig **2010**, S. 153; *ders.*, Der Aufsichtsrat der AG und sein Vorsitzender in der Hauptversammlung, NZG **2017**, 281; *Hoppe*, Sind noch Fragen offen? Blind spots im Recht der Hauptversammlung der Aktiengesellschaft, NZG **2019**, 1401; *Ihrig*, Zur Entscheidungskompetenz der Hauptversammlung in Fragen der Versammlungsleitung, FS Goette **2011**, S. 205; *Krieger*, Abwahl des satzungsmäßigen Versammlungsleiters, AG **2006**, 355; *Max*, Die Leitung der Hauptversammlung, AG **1991**, 77; *Ott*, Die Hauptversammlung einer Einpersonen-Aktiengeselschaft, RNotZ **2014**, 423; *Richter*, Die notarielle Niederschrift von Hauptversammlungsbeschlüssen der Aktiengesellschaft, in: Update im Gesellschaftsrecht, **2015**, S. 82; *Selter*, Angaben zu Art und Ergebnis der Abstimmung in der Hauptversammlungsniederschrift nach der Rechtsprechungsänderung, ZIP **2018**, 1161; *Sigel/Schäfer*, Die Hauptversammlung der Aktiengesellschaft aus notarieller Sicht, BB **2005**, 2137; *J. Vetter*, Die Beantwortung von Fragen durch den Aufsichtsratsvorsitzenden in der Hauptversammlung, FS E. Vetter **2019**, S. 833; *Wilhelmi*, Der Notar in der Hauptversammlung der Aktiengesellschaft, BB **1987**, 1331.

Anmerkungen

1. Die Niederschrift über die HV muss enthalten (i) Ort (s dazu auch → Form. II.E.3.2 Anm. 32) und Tag der Verhandlung, (ii) gefasste Beschlüsse, (iii) Name des Notars (wenn nicht ein Fall des § 130 Abs 1 S 3 AktG vorliegt), (iv) Angaben zur Art der Abstimmung, (v) Ergebnis der Abstimmung (s jeweils § 130 Abs 2 S 1 AktG), (vi) bei Börsennotierung besondere Angaben zur Beschlussfassung (§ 130 Abs 2 S 2 AktG; → Anm. 27), (vii) Minderheitsverlangen (§ 130 Abs 1 S 2 AktG), (viii) Unterschrift des Notars (§ 130 Abs 4 AktG) oder des Versammlungsleiters (§ 130 Abs 1 S 3 AktG), (ix) Fragen eines Aktionärs und die Gründe für die Verweigerung einer Antwort (§ 131 Abs 5 AktG; → Anm. 19) und (x) Widersprüche von Aktionären gegen Beschlüsse (§ 245 Nr 1 AktG, → Anm. 30; ferner zB §§ 50 S 1, 93 Abs 4 S 3, 116 S 1, 117 Abs 4 AktG sowie §§ 29 Abs 1 S 1, 125 S 1, 207 Abs 1 S 1 UmwG). Ob und inwiefern ungeschriebene Protokollierungspflichten bestehen, ist nicht abschließend geklärt. Nach dem BGH (AG 2018, 31 Tz 42) sind die aktienrechtlichen Protokollierungspflichten in § 130 AktG abschließend geregelt und sind diese wegen der einschneidenden Rechtsfolgen (§ 241 Nr 2 AktG) eng nach ihrem Wortlaut auszulegen (s zB auch *Richter* in: Update im Gesellschaftsrecht, 2015, S. 88 ff). Eine Protokollierung kommt daher allein in Betracht für Umstände, die für die Frage der Wirksamkeit und Ordnungsmäßigkeit von Beschlüssen unmittelbar von Bedeutung sind (Düss ZIP 2003, 1151). Dazu werden vor allem gezählt Angaben zu Ordnungsmaßnahmen des Versammlungsleiters gegen Aktionäre (→ Anm. 20) und zu Anträgen von Aktionären, die vom Versammlungsleiter nicht zur Abstimmung gestellt worden sind (→ Anm. 15), sowie Feststellungen über Stimmrechtsverbote (→ Anm. 25). Angaben zur Ordnungsmäßigkeit der Einberufung, zu vorzulegenden Unterlagen oder zur Erstattung von Berichten (aA wohl hM; s → Anm. 13) sind demgegenüber zwar empfehlenswert, jedoch nicht erforderlich. Zum Inhalt der Niederschrift vgl zB *Wilhelmi*, BB 1987, 1331; *Faßbender*, RNotZ 2009, 440 ff; *Sigel/Schäfer*, BB 2005, 2141; BeckOGK AktG/*Wicke*, § 130 Rn 48 ff; Wachter/*Wachter*, § 130 Rn 34 ff.

2. Eine notarielle Niederschrift der HV ist bei einer börsennotierten Gesellschaft stets und bei einer nichtbörsennotierten Gesellschaft dann erforderlich, wenn über Beschlussvorschläge abgestimmt wird, die nach dem Gesetz mindestens einer Dreiviertel-Mehrheit bedürfen; ist danach eine notarielle Niederschrift nicht erforderlich, genügt eine vom Aufsichtsratsvorsitzenden unterschriebene Niederschrift (§ 130 Abs 1 AktG). Eine vom Versammlungsleiter unterschriebene Niederschrift genügt im Fall von § 130 Abs 1 S 3 AktG über dessen Wortlaut hinaus auch dann, wenn der Versammlungsleiter zulässigerweise nicht auch Aufsichtsratsvorsitzender ist (s OLG Frankfurt AG 2019, 686; Karlsr ZIP 2014, 380 f; *Hoffmann-Becking* NZG 2017, 288 f; differenzierend *Harnos* AG 2015, 737 f). Zur Teilbarkeit von HV-Protokollen bei nicht-börsennotierten Gesellschaften, wenn nur einzelne, nicht aber alle Beschlüsse beurkundungspflichtig sind, vgl BGH ZIP 2015, 1430 Tz 14 ff; *Harnos*, AG 2015, 734 ff; aA noch Jena ZIP 2014, 2137. Der Notar kann zur Erfüllung seiner Aufgaben Hilfspersonen, insbesondere – für die Aufnahme als nicht beantwortet gerügter Fragen und von Widersprüchen – einen Zweitnotar (vgl näher *Faßbender,* RNotZ 2009, 451 ff; BeckOGK AktG/*Wicke,* § 130 Rn 28; Kölner Komm AktG/*Noack/Zetzsche,* § 130 Rn 67 ff), heranziehen. Findet die HV im Ausland statt, ist eine Protokollierung möglich durch (i) einen Konsularbeamten (§ 10 Abs 2 KonsG) oder (ii) einen ausländischen Notar, wenn die Beurkundung gleichwertig zu einer inländischen Beurkundung ist (BGH ZIP 2015, 2495 f Tz 16 ff; zu den Anforderungen *Bungert/Leyendecker-Langner*, BB 2015, 271; *Herrler*, ZGR 2015, 929 f).

3. Gem § 118 Abs 3 AktG „sollen" Mitglieder des Aufsichtsrats und des Vorstands an der HV teilnehmen. Darüber hinaus wird zT angenommen, es bestehe eine Teilnahmepflicht, deren Verletzung Schadensersatzpflichten nach §§ 93, 116 AktG nach sich ziehen könne (*Hüffer/Koch,* § 118 Rn 21).

4. Vgl § 129 Abs 1 S 2. Zum Inhalt des Teilnehmerverzeichnisses s *Hüffer/Koch,* § 129 Rn 2 ff. Das Verzeichnis ist der Niederschrift nicht als Anlage beizufügen. Verantwortlich für die Aufstellung ist nach hM die Gesellschaft, vertreten durch ihren Vorstand (K. Schmidt/Lutter/*Ziemons,* § 129 Rn 19; KöKo/*Noack/Zetzsche,* § 129 Rn 81). In der Ein-Personengesellschaft ist ein Teilnehmerverzeichnis entbehrlich (s *Ott* RNotZ 2014, 427).

5. Der Versammlungsleiter ist regelmäßig in der Satzung bestimmt. Anderenfalls ist er durch eine Geschäftsordnung (§ 129 Abs 1 S 1 AktG) oder HV-Beschluss festzulegen. Auch bei einem statutarisch eingesetzten Versammlungsleiter soll die HV nach hM berechtigt sein, ihn – jedenfalls aus wichtigem Grund – ad hoc abzuwählen (Stgt AG 2016, 372; Stgt AG 2015, 169; Brem AG 2010, 257); richtigerweise ist das abzulehnen (s *Austmann,* FS Hoffmann-Becking 2013, S. 58 f; *Krieger,* AG 2006, 355; *Groß,* FS Happ 2006, S. 31; *Ihrig,* FS Goette 2011, S. 217). In der Ein-Personen-Gesellschaft ist der Versammlungsleiter entbehrlich (str; s *Ott* RNotZ 2014, 425 f). Vorstände und der beurkundende Notar können nicht zum Versammlungsleiter bestellt werden.

6. Zu den Befugnissen des Versammlungsleiters vgl *Max,* AG 1991, 77; BeckOGK AktG/*Wicke,* § 129 Rn 49 ff; *Ihrig,* FS Goette 2011, S. 209 ff. Bei Ausübung seiner Befugnisse hat sich der Versammlungsleiter nach dem Prinzip der Sachdienlichkeit und der Verfahrensökonomie zu richten sowie den Gleichbehandlungsgrundsatz und das Verhältnismäßigkeitsprinzip zu wahren (BGH AG 2019, 182 Tz 54; Stgt AG 2015, 169).

7. Vgl § 121 Abs 4 a AktG, der nur für börsennotierte Gesellschaften gilt.

8. § 130 Abs 3 AktG. Weitere Pflichten, Unterlagen als Anlagen beizufügen, ergeben sich zB aus §§ 52 Abs 2 S 7 (Nachgründungsvertrag), 179 a Abs 2 S 6 (Vertrag über die Übertragung des ganzen Vermögens), 293 g Abs 2 S 2 AktG (Beherrschungs-, Gewinnabführungsvertrag), §§ 13 Abs 3 S 2, 125 S 1 UmwG (Verschmelzungs-, Spaltungsvertrag). Auch soweit keine Beifügungspflicht besteht, kann sich im Einzelfall aus Dokumentationsgründen die Beifügung bestimmter Unterlagen empfehlen.

9. Zu der Aufnahme dieser Angaben in die Niederschrift vgl bereits → Anm. 1.

10. Der Begriff des Präsenzbereichs findet sich im AktG nicht. Er ist dann von Bedeutung, wenn – wie im Form. – das Subtraktionsverfahren gewählt wird (vgl → Anm. 22). Der eigentliche Versammlungssaal gehört zum Präsenzbereich, ist von diesem aber zu unterscheiden. Eine Übertragung der Versammlung ist nur im Versammlungssaal, nicht im Präsenzbereich geschuldet. Erfolgt eine Übertragung in den Präsenzbereich außerhalb des Versammlungssaals nicht, beeinträchtigt das selbst dann nicht das Teilnahmerecht der Aktionäre und berechtigt diese daher selbst dann nicht zur Anfechtung, wenn die Übertragung zuvor angekündigt worden war (BGH ZIP 2013, 2257; LG Ffm ZIP 2014, 325).

11. § 129 Abs 4 AktG.

12. Eine Verlesung der Dokumente ist rechtlich nicht erforderlich (*Hüffer/Koch,* § 176 Rn 2; Bürgers/Körber/Lieder/*Reger,* § 176 Rn 2a) und empfiehlt sich auch nicht.

13. § 176 Abs 1 S 2 und 3 AktG. Erläuterungspflichten ergeben sich zB ferner nach §§ 52 Abs 2 S 6 (Nachgründungsvertrag), 179 a Abs 2 S 5 (Vertrag über die Übertragung des ganzen Vermögens), 293 g Abs 2 S 1 AktG (Gewinnabführungs-, Beherrschungsvertrag), §§ 64 Abs 1 S 2, 125 S 1, 239 Abs 2 UmwG (Umwandlungsmaßnahmen). Werden ein Vergütungssystem für die Vorstandsmitglieder (§ 120a Abs 1 AktG) sowie die Vergütung und das Vergütungssystem für die Aufsichtsratsmitglieder (§ 113 Abs 3 AktG) der HV vorgelegt, liegt es nahe, dass der Aufsichtsrat(svorsitzende) diese erläutert. Die Aufnahme, dass und wozu Erläuterungen erteilt worden sind, in die Niederschrift ist empfehlenswert, aber nicht erforderlich.

14. Der Versammlungsleiter entscheidet darüber, ob über die Punkte der Tagesordnung im Wege der Einzel- oder der Generaldebatte verhandelt wird (Hbg ZIP 2011, 1210; *Hüffer/Koch,* § 129 Rn 22). Letzteres ist üblich und auch empfehlenswert (zur ordentlichen HV s auch §§ 120 Abs 3, 175 Abs 3 S 2 AktG).

15. Zu unterscheiden sind Sachanträge, die auf inhaltliche Beschlüsse zielen, und Geschäftsordnungsanträge, die sich auf das Verfahren der HV beziehen. Da der Versammlungsleiter für die ordnungsgemäße Durchführung der HV verantwortlich ist, verbleiben nur wenige Geschäftsordnungsanträge, die der HV zur Abstimmung vorzulegen sind (vgl *Ihrig,* FS Goette 2011, S. 213 ff; *Austmann,* FS Hoffmann-Becking 2013, S. 48 ff). Das sind im Wesentlichen Anträge auf Absetzung oder Vertagung der HV oder einzelner Tagesordnungspunkte, auf Einzelentlastung (§ 120 Abs 1 S 2 AktG) sowie nach hM – zu Unrecht – auf Abwahl des Versammlungsleiters (vgl → Anm. 5). Lehnt der Versammlungsleiter die Abstimmung der HV über Geschäftsordnungsanträge ab, sollte dies in die Niederschrift aufgenommen werden (vgl → Anm. 1; BeckOGK AktG/*Wicke,* § 130 Rn 11).

16. Über Unterbrechungen der HV entscheidet allein der Versammlungsleiter; eine Beschlussfassung der HV kommt nicht in Betracht (*Butzke,* Rn D 54).

17. Änderungen im Teilnehmerkreis sind durch Ergänzungen des Teilnehmerverzeichnisses festzuhalten, die jedoch nur zu bestimmten Versammlungsabschnitten, insbesondere den Abstimmungen, erfolgen müssen (MHdB GesR 4/*Hoffmann-Becking,* § 37 Rn 29).

18. Der Umfang des Auskunftsrechts ergibt sich aus § 131 Abs 1 AktG, der durch einzelne Spezialregelungen ergänzt wird (s va §§ 131 Abs 4, 293 g Abs 3 AktG, §§ 64 Abs 2, 125 S 1 UmwG). Die Auskunft kann aus den in § 131 Abs 3 AktG genannten Gründen und bei rechtsmissbräuchlicher Ausübung des Auskunftsrechts verweigert werden (vgl BVerfG NZG 2000, 194). Es besteht grundsätzlich nur Anspruch auf mündliche

Auskunftserteilung (BGH NJW 1987, 3190; BGH NJW 1993, 1982; Mü AG 2015, 678, das uU einen Anspruch auf Verlesung von Unterlagen bejaht; GroKo(AktG)/*Decher*, § 131 Rn 277). Auskunftsverpflichtet gegenüber den Aktionären ist allein der Vorstand. In der Praxis beantwortet jedoch häufig der Aufsichtsratsvorsitzende (der idR auch Versammlungsleiter ist) Fragen zu den Angelegenheiten des Aufsichtsrats (einschl. Fragen zu Vergütung und Anstellung des Vorstands); eine Auskunftspflicht des Aufsichtsrats besteht nach hM nicht (BVerfG NZG 2000, 194; *Hüffer/Koch*, § 131 Rn 7; GroKo (AktG)/*Decher*, § 131 Rn 66). Zu Auskunftsrecht und -pflicht des Aufsichtsrats *J. Vetter* FS E. Vetter 2019, S. 833 ff.; *Hoffmann-Becking* NZG 2017, 295 f. Fragen müssen nicht im unmittelbaren Anschluss beantwortet werden; zulässig ist vielmehr – insbesondere bei einer Generaldebatte – eine blockweise Beantwortung, wobei die Reihenfolge der Antworten nicht der Reihenfolge der Fragen entsprechen muss. Inhaltsgleiche oder -ähnliche Fragen können in einer Antwort zusammengefasst werden (Stgt AG 2016, 379).

19. Vgl § 131 Abs 5 AktG. Ein Verstoß gegen die Pflicht zur Protokollierung von als nicht beantwortet gerügten Fragen führt weder gem § 245 Nr 2 AktG zur Nichtigkeit noch zur Anfechtbarkeit (LG Ffm ZIP 2014, 323). Str ist, ob ein Aktionär, der gegen die Feststellung des Versammlungsleiters, alle Fragen seien beantwortet, keinen Widerspruch erhebt und auch nicht von dem Recht des § 131 Abs 5 AktG Gebrauch macht, eine Anfechtung der Beschlüsse dennoch auf eine Verletzung seines Auskunftsrechts stützen kann (verneinend LG Mü AG 2008, 909; LG Krefeld AG 2008, 757; LG Brschw AG 1991, 37; tendenziell auch Karls BeckRS 2018, 49021 Tz 102; bejahend hingegen Kln NZG 2011, 1150 f; Ffm ZIP 2017, 1716; *Hoppe*, NZG 2019, 1405).

20. Der Versammlungsleiter kann Ordnungsmaßnahmen treffen. Im Wesentlichen sind das allgemeine oder individuelle zeitliche Beschränkungen von Rede- und Fragerecht (vgl § 131 Abs 2 S 2 AktG), Wortentzug, Saal- und HV-Verweise sowie Schließung der Redeliste und der Aussprache. Dabei ist der Grundsatz der Sachdienlichkeit zu beachten und es sind der Gleichbehandlungsgrundsatz und der Verhältnismäßigkeitsgrundsatz zu wahren (Stgt AG 2015, 169; allg zur Ausübung seiner Befugnisse durch den Versammlungsleiter BGH AG 2019, 182 Tz 54). An die Einhaltung insbesondere des Verhältnismäßigkeitsgrundsatzes dürfen jedoch aufgrund der Situationsbedingtheit und der kurzen Reaktionszeit, die dem Versammlungsleiter zur Verfügung steht, keine übersteigerten Anforderungen gestellt werden. Ordnungsmaßnahmen sollten (einschließlich von Ankündigungen, Abmahnungen etc) in die Niederschrift aufgenommen werden (BeckOGK AktG/*Wicke*, § 130 Rn 17). Zu Ordnungsmaßnahmen s näher *Hüffer/Koch*, § 129 Rn 24, 26 f; K. Schmidt/Lutter/*Ziemons*, § 129 Rn 91 ff.

21. § 130 Abs 2 S 1 AktG. Mit Art der Abstimmung iSd Norm ist richtigerweise nur gemeint, in welcher Form. (Stimmkarten, Zuruf, Handheben etc) die Aktionäre ihre Stimmen abgeben (str; wie hier Spindler/Stilz/*Wicke*, § 130 Rn 45; weiter die wohl hM, vgl KöKo/*Noack/Zetzsche*, § 130 Rn 158; nicht eindeutig BGH AG 2018, 29 Tz 22, wonach zur Art der Abstimmung „zumindest" die Beschreibung gehört, in welcher Form. die Stimmabgabe erfolgt; eingehend *Selter*, ZIP 2018, 1162 f; s auch → Anm. 22, 26). Erfolgt die Stimmabgabe durch einzelne Teilnehmer (zB Stimmrechtsvertreter der Gesellschaft, Depotbanken- oder Arbeitnehmervertreter) abweichend von der allgemein festgelegten Abstimmungsart, so ist dies zulässig, aber in der Niederschrift festzuhalten (KöKo/*Noack/Zetzsche*, § 130 Rn 161). Die Rechtsgrundlage, aus der sich die Abstimmungsart ergibt, ist in der Niederschrift nicht anzugeben (BGH AG 2018, 31 Tz 42).

22. In der Niederschrift ist anzugeben, wie die Stimmen ausgezählt werden. Ob die Form. der Stimmenauszählung zur Art der Abstimmung iSv § 130 Abs 2 S 1 gehört, wird von der wohl hM bejaht (OLG Düsseldorf 2013, 510, 511; Oldbg NZG 2003, 691; LG

Mü ZIP 2012, 2210 f; für zwingende Aufnahme iRd Protokollierung des Abstimmungsergebnisses Wachter/*Wachter,* § 130 Rn 44; iErg wohl auch *Selter*, ZIP 2018, 1165), ist aber richtigerweise abzulehnen (BeckOGK AktG/*Wicke,* § 130 Rn 51; Grigoleit/*Herrler*, § 130 Rn 37; *Faßbender,* RNotZ 2009, 442). In Betracht kommen das Additionsverfahren (Zählung von Ja- und Nein-Stimmen) sowie das im Form. verwendete Subtraktionsverfahren. Letzteres ist zulässig, setzt jedoch voraus, dass die ordnungsgemäße Ermittlung aller präsenten Stimmen im Zeitpunkt der Abstimmung gewährleistet ist (Ffm ZIP 2007, 235; Hamm NZG 2003, 924; LG Mü ZIP 2016, 975; s auch BGH ZIP 2003, 438 ff). Bei wichtigen Beschlüssen kann es sich daher empfehlen, die Additionsmethode anzuwenden.

23. Gegenanträge von Aktionären, dh inhaltlich von den Verwaltungsvorschlägen abweichende Anträge, sind nur nach Maßgabe von § 124 Abs 4 S 2 AktG zur Abstimmung zu stellen. Anderenfalls hat der Versammlungsleiter den Antrag zurückzuweisen, was dann in der Niederschrift vermerkt werden sollte (s → Anm. 1 und → Anm. 15). Wird vor der HV ein Beschlussvorschlag angekündigt (zB gem §§ 126, 127 AktG), ist über ihn nur dann Beschluss zu fassen, wenn er in der HV gestellt wird. Erst dadurch erstarkt der Beschlussvorschlag zum Beschlussantrag (BeckOGK AktG/*Rieckers,* § 124 Rn 26; *Butzke,* Rn D 44; *Scholz,* AG 2008, 14).

24. Die Satzung kann vorsehen, dass der Versammlungsleiter über die Reihenfolge bestimmt, in der über die Tagesordnungspunkte abgestimmt wird (BGH AG 2019, 182 Tz 47; LG Mü ZIP 2016, 974). Enthält die Satzung keine solche Regelung, ist str, ob dem Versammlungsleiter eine ausschließliche Kompetenz zur Festlegung der Reihenfolge zusteht oder ob die HV etwas Abweichendes beschließen kann (offen gelassen in BGH AG 2019, 182 Tz 47 mit ausführlicher Darstellung des Meinungsstands). Soweit keine gesetzlichen Vorgaben bestehen (vgl § 137 AktG), hat sich der Versammlungsleiter bei der Festlegung der Reihenfolge nach dem Prinzip der Sachdienlichkeit und der Verfahrensökonomie zu richten sowie den Gleichbehandlungsgrundsatz und das Verhältnismäßigkeitsprinzip zu wahren (BGH AG 2019, 182 Tz 54; ferner Stgt AG 2009, 210). Der Versammlungsleiter kann die HV auch über mehrere sachlich zusammenhängende Gegenstände in einer Abstimmung beschließen lassen (zB inhaltlich zusammenhängende Satzungsänderungen, Wahl von Abschlussprüfer und Prüfer von Halbjahresfinanzbericht). In diesem Fall sollte der Versammlungsleiter darauf hinweisen, dass Aktionäre, die gegen ein einzelnes Element sind, insgesamt mit Nein stimmen müssen und über die Einzelelemente gesondert Beschluss gefasst wird, wenn der Sammelbeschluss nicht die erforderliche Mehrheit enthält. Ein Widerspruchsrecht steht den Aktionären hiergegen richtigerweise nicht zu. Zu Sammelbeschlüssen BGH NZG 2003, 1023; KG AG 2003, 100; zu Aufsichtsratswahlen BGH AG 2019, 182 f Tz 48 ff; LG Mü ZIP 2016, 974 f; LG Mü AG 2004, 331; *Hüffer/Koch,* § 101 Rn 6; s auch die Empfehlung C.15 S 1 DCGK, wonach Aufsichtsratswahlen als Einzelwahlen durchgeführt werden sollen.

25. Die Niederschrift muss Angaben zu den Vorkehrungen des Versammlungsleiters enthalten, die der Wahrung von Stimmrechtsverboten (zB §§ 136, 142 Abs 1 AktG, § 44 WpHG) dienen (hM; aA Wachter/*Wachter,* § 130 Rn 43 mwN). Die Angaben sind jedoch keine Wirksamkeitsvoraussetzung iSv § 130 Abs 2 S 1 AktG (Kölner Komm AktG/*Noack/Zetzsche,* § 130 Rn 258; BeckOGK AktG/*Wicke,* § 130 Rn 51; wohl aA *Selter* ZIP 2018, 1165).

26. Im Protokoll ist anzugeben, wie die Stimmen ausgezählt worden sind. Dies gehört nach richtiger Ansicht aber nicht zur Art der Abstimmung iSv § 130 Abs 2 AktG, so dass ein Verstoß gegen die Protokollierungspflicht nicht die Wirksamkeit des Beschlusses berührt (str.; wie hier zB Hbg NZG 2003, 979; wohl auch BGH NZG 2009, 344 Tz 16;

aA etwa Stgt NZG 2004, 822; Düss AG 2003, 511; Wachter/*Wachter,* § 130 Rn 41). Eine Überprüfung der Ordnungsmäßigkeit der Stimmenauszählung durch den Notar ist durchaus verbreitet (so auch im Form.), aber nicht erforderlich (BGH NZG 2009, 344 Tz 16).

27. Für börsennotierte Gesellschaften gelten zusätzlichen Feststellungs- und Protokollierungspflichten nach Maßgabe von § 130 Abs 2 S 2 und 3 AktG. Der anzugebende Anteil des durch die gültigen Stimmen vertretenen Grundkapitals iSv § 130 Abs 2 S 2 Nr 2 AktG bezieht sich dabei nicht auf das bei der Beschlussfassung vertretene und entgegen des Wortlauts nicht auf das eingetragene, sondern auf das gesamte ausgegebene Grundkapital (s Begr Entwurf Aktienrechtsnovelle 2016, BT-Drs. 18/4349, S. 22: „das gesamte Grundkapital"). Der Versammlungsleiter kann jedoch von diesen zusätzlichen Feststellungen („Langfassung") absehen und sich vielmehr auf die Feststellung beschränken, dass die erforderliche Mehrheit erreicht wurde („Langfassung"), wenn dem kein Aktionär widerspricht (§ 130 Abs 2 S. 2 und 3 AktG). Zu Form und Zeitpunkt der Erhebung eines Widerspruchs vgl *Hüffer/Koch,* § 130 Rn 23b; GroKo(AktG)/*Butzke,* § 130 Rn 116. Der Widerspruch kann pauschal für alle Beschlüsse erhoben oder auch – wie im Form. – auf bestimmte Beschlüsse beschränkt werden. Wird ein Widerspruch erhoben, so ist das zu protokollieren.

28. § 130 Abs 1 S 1 AktG. Anzugeben sind das Abstimmungsergebnis und die Beschlussfeststellung des Vorsitzenden. Ersteres umfasst auch nach Einfügung von § 130 Abs 2 S 2 und 3 AktG durch das Gesetz zur Umsetzung der Aktionärsrechterichtlinie (ARUG; BGBl I 2009, S 2479 ff) die Anzahl der Ja- und Nein-Stimmen; Inhalt der Verkündung durch den Versammlungsleiter – bei Verlesung der Kurzfassung der Abstimmungsergebnisse keine Mitteilung konkreter Zahlen – und der Protokollierung durch den Notar – Protokollierung auch der Ja- und Nein-Stimmen – fallen damit auseinander (s BGH AG 2018, 31 ff Tz 44 ff, jedoch mit Einschränkung der Nichtigkeitsfolge bei Fehlen dieser Angabe in Tz 63 ff; DNotI-Report 2010, 63 f; deshalb enthält die Niederschrift ausdrücklich den Hinweis, dass die Langfassungen der Abstimmungsergebnisse, die auch die Ja- und Nein-Stimmen wiedergeben, als Anlage in die Niederschrift aufgenommen werden) sowie die rechtliche Folgerung, ob der Beschluss gefasst oder abgelehnt worden ist (*Hüffer/Koch,* § 130 Rn 19 ff). Letzteres betrifft die Bekanntgabe des Versammlungsleiters, ob und welcher Beschluss gefasst ist.

29. Die Beschlussfeststellung durch den Versammlungsleiter muss eindeutig ergeben, welchen Inhalt der Beschluss hat. Eine wörtliche Verlesung ist dafür nicht erforderlich (kann sich bei wichtigen – nicht zu langen – Beschlüssen jedoch anbieten); es genügt vielmehr zB die Bezugnahme auf den in der Einberufung bekanntgemachten Beschlussvorschlag (Düss ZIP 2009, 523). Bei einer Ein-Personen-Gesellschaft kann die Beschlussfeststellung entfallen (str.; wie hier die wohl hM, vgl KöKo/*Noack/Zetzsche,* § 130 Rn 220; *Ott* RNotZ 2014, 427).

30. Stimmenthaltungen müssen grundsätzlich nicht in der Niederschrift festgehalten werden (KG AG 2009, 119; MüKoAktG/*Kubis,* § 130 Rn 62). Bei Anwendung des Subtraktionsverfahrens ist ihre Angabe jedoch für börsennotierte Gesellschaften durch § 130 Abs 2 S 3 Nr 3 AktG vorgegeben (*Butzke,* Rn E 117) und empfiehlt sich auch für nichtbörsennotierte Gesellschaften (*Hüffer/Koch,* § 130 Rn 19a; für Pflichtangabe MüKoAktG/*Kubis,* § 130 Rn 62; Wachter/*Wachter,* § 130 Rn 47).

31. Vgl § 245 Nr 1 AktG. Da der Widerspruch zu jedem Zeitpunkt der HV und nicht nur nach Beschlussfassung erfolgen kann (BGH AG 2007, 865; BGH NZG 2009, 344 f Tz 17), ist es entbehrlich, in der Niederschrift den Zeitpunkt der Widerspruchserhebung anzugeben. Die Wirksamkeit eines erklärten Widerspruchs hängt nicht von seiner Aufnahme in die Niederschrift ab (s Jena ZIP 2014, 2503). Ein Verstoß gegen die Pflicht zur Protokollierung von Widersprüchen führt weder gem § 245 Nr 2 AktG zur Nichtigkeit noch zur Anfechtbarkeit (LG Ffm ZIP 2014, 323).

32. § 130 Abs 4 AktG. Auch nach Unterzeichnung der in der HV erstellten Niederschrift kann der Notar noch eine Reinschrift erstellen und Änderungen vornehmen, solange er die Niederschrift nicht in den Verkehr gebracht hat; während der Zwischenzeit „bleibt die Nichtigkeit gem § 241 Nr 2 AktG in der Schwebe" (BGH AG 2009, 286 f; vgl dazu *Richter*, 2015, S. 91 ff; *Hoffmann-Becking* FS Hellwig 2010, S. 153 ff; *Hoffmann-Becking* NZG 2017, 289 ff). Wird die Unterzeichnung bewusst (über einen längeren Zeitraum) unterlassen, sind die gefassten Beschlüsse gem §§ 241 Nr 2, 130 Abs 1 AktG nichtig und kann die Nichtigkeit nicht durch Nachholung der Unterschrift geheilt werden (Stgt ZIP 2015, 378). Auch nach ihrem Inverkehrbringen kann der Notar die Niederschrift (i) bei Vorliegen offensichtlicher Unrichtigkeiten durch einen Nachtragsvermerk gem § 44a Abs 2 S. 1 und 2 BeurkG oder durch eine ergänzende Niederschrift gem § 44a Abs 2 S 3 BeurkG und (ii) bei Vorliegen nicht offensichtlicher Unrichtigkeiten durch eine ergänzende Niederschrift gem § 44a Abs 2 S 3 BeurkG berichtigen (BGH AG 2018, 30 f Tz 31 ff, wobei das Gericht in Tz 41 offen lässt, ob Letzteres auch dann gilt, wenn ein Aktionär im Vertrauen auf die Nichtigkeit der gefassten Beschlüsse bereits Dispositionen getroffen hat; aA zB noch LG Kln RNotZ 2016, 613: Berichtigung nach Inverkehrbringen zulässig nur gem § 44a Abs 2 S 1 BeurkG bei offensichtlichen Unrichtigkeiten).

4.3 Einberufung zu ordentlicher Hauptversammlung einer KGaA

A KGaA[1]

mit Sitz in . . . . .

– ISIN: DE . . . . ./WKN: . . . . . –

Hiermit laden wir die Kommanditaktionäre[2] der Gesellschaft zu der am . . . . . *[Tag]*, den . . . . . *[Datum]* um . . . . . *[Zeit]* in . . . . . *[genauer Ort]* stattfindenden ordentlichen Hauptversammlung ein.

Tagesordnung[3]

1. Vorlage des vom Aufsichtsrat jeweils gebilligten Jahresabschlusses und des Konzernabschlusses zum 31. Dezember . . . . ., des zusammengefassten Lageberichts für die A KGaA und den Konzern, des erläuternden Berichts der persönlich haftenden Gesellschafterin zu den Angaben nach §§ 289a, 315a HGB, des Berichts des Aufsichtsrats für das Geschäftsjahr . . . . . und des Vorschlags der persönlich haftenden Gesellschafterin für die Verwendung des Bilanzgewinns für das Geschäftsjahr . . . . .; Beschlussfassung über die Feststellung des Jahresabschlusses der A KGaA für das Geschäftsjahr . . . . .[4]

Der Aufsichtsrat hat den von der persönlich haftenden Gesellschafterin aufgestellten Jahresabschluss und den Konzernabschluss gebilligt. Gem § 286 AktG erfolgt die Feststellung des Jahresabschlusses durch die Hauptversammlung. Der Beschluss bedarf der Zustimmung der persönlich haftenden Gesellschafterin. Im Übrigen sind die genannten Unterlagen der Hauptversammlung vorzulegen, ohne dass es einer weiteren Beschlussfassung hierzu bedarf.

Die persönlich haftende Gesellschafterin und der Aufsichtsrat schlagen vor, den Jahresabschluss in der vorgelegten Fassung, der einen Bilanzgewinn von EUR . . . . . ausweist, festzustellen.

2. Beschlussfassung über die Verwendung des Bilanzgewinns[5] des Geschäftsjahres . . . . .

Die persönlich haftende Gesellschafterin und der Aufsichtsrat schlagen vor, den auf die Kommanditaktionäre entfallenden Bilanzgewinn des Geschäftsjahres 2019 in Höhe von EUR . . . . . wie folgt zu verwenden:

Zahlung einer Dividende von EUR . . . . . je gewinnberechtigter Stückaktie auf das dividendenberechtigte Grundkapital zum Zeitpunkt der Hauptversammlung, insgesamt:	EUR . . . . .
Einstellung in die anderen Rücklagen:	EUR . . . . .
Vortrag auf neue Rechnung:	EUR . . . . .

3. Beschlussfassung über die Entlastung[6] der persönlich haftenden Gesellschafterin für das Geschäftsjahr . . . . .

Die persönlich haftende Gesellschafterin und der Aufsichtsrat schlagen vor, der persönlich haftenden Gesellschafterin für das Geschäftsjahr . . . . . Entlastung zu erteilen.

4. Beschlussfassung über die Entlastung[6] des Aufsichtsrats für das Geschäftsjahr . . . . .

Die persönlich haftende Gesellschafterin und der Aufsichtsrat schlagen vor, den im Geschäftsjahr . . . . . amtierenden Mitgliedern des Aufsichtsrats für diesen Zeitraum Entlastung zu erteilen.

5. Beschlussfassung über die Entlastung[6] des Gesellschafterausschusses für das Geschäftsjahr . . . . .

Die persönlich haftende Gesellschafterin und der Aufsichtsrat schlagen vor, den im Geschäftsjahr . . . . . amtierenden Mitgliedern des Gesellschafterausschusses für diesen Zeitraum Entlastung zu erteilen.

6. Aufsichtsratswahlen zum Aufsichtsrat

[Vgl → Form. II.E.4.1 Anm. 16–25.][7, 8]

7. Bestätigung der Vergütung der Aufsichtsratsmitglieder[9, 10]

[Vgl → Form. II.E.4.1 Anm. 29–30.]

8. Billigung des Vergütungsberichts für das Geschäftsjahr . . . . .[11]

[Vgl → Form. II.E.4.1 Anm. 31–32.]

9. Beschlussfassung über die Änderung von § . . . . . der Satzung[12]

Die persönlich haftende Gesellschafterin und der Aufsichtsrat schlagen vor, § . . . . . der Satzung wie folgt neu zu fassen: . . . . . *[Wortlaut der neuen Satzungsfassung]*.

10. Bestellung des Abschlussprüfers und des Konzernabschlussprüfers für das Geschäftsjahr . . . . . sowie des Prüfers für eine etwaige prüferische Durchsicht von unterjährigen Abschlüssen für das Geschäftsjahr . . . . . und das erste Quartal des Geschäftsjahres . . . . .[13]

[Vgl → Form. II.E.4.1 Anm. 35–37.]

Weitere Angaben und Hinweise zur Einberufung[14]

1. Voraussetzungen für die Hauptversammlungsteilnahme[15]

[Vgl → Form. II.E.4.1 Anm. 39–41.]

2. Stimmrechtsvertretung

[Vgl → Form. II.E.4.1 Anm. 42–48.]

3. Rechte der Aktionäre gem §§ 122 Abs 2, 126 Abs 1, 127 und 131 Abs 1 AktG

[Vgl → Form. II.E.4.1 Anm. 49–54.]

4. Unterlagen zur Hauptversammlung

[Vgl → Form. II.E.4.1 Anm. 55.]

5. Gesamtzahl der Aktien und Stimmrechte im Zeitpunkt der Einberufung der Hauptversammlung

[Vgl → Form. II.E.4.1 Anm. 56.]

6. Datenschutz

[Vgl → Form. II.E.4.1 hinter → Anm. 56]

. . . . . *[Sitz]*, im März . . . . .

Die Geschäftsleitung

Schrifttum: s Schrifttum → Form. II.E.4.1.; *Bachmann*, Die Änderung personengesellschaftsrechtlicher Satzungsbestandteile bei der KGaA, FS K. Schmidt 2009, 41; *Bachmann*, Die Besetzung des Aufsichtsrats der KGaA mit Gesellschaftern der Komplementärin und ihre Vertretung dieser gegenüber, AG 2019, 581; *Fiebelkorn*, Zur Reichweite der Regelungen zur Vermeidung von Interessenkonflikten in der atypischen Kommanditgesellschaft auf Aktien, ZGR 2020, 782; *Habersack*, Der Gesellschafterausschuss der KGaA, FS Hellwig 2011, 143; *Schnorbus*, Gestaltungsfragen fakultativer Aufsichtsorgane der KGaA, Lieber Amicorum Winter 2011, S 627.

Anmerkungen

1. Auf die Einberufung der HV einer KGaA finden grundsätzlich die für die AG geltenden Regeln Anwendung; s dazu → Form. II.E.4.1 Anm. 1 ff. Die Einberufung erfolgt bei der KGaA gem § 283 Nr. 6 AktG durch die persönlich haftenden Gesellschafter (s ferner BGH AG 2015, 823 Tz 23 auch dazu, dass die persönlich haftenden Gesellschafter zur Zurücknahme der Einberufung berechtigt sind). Einberufungsberechtigt und -verpflichtet sind dabei nur alle geschäftsführungsbefugten und vertretungsberechtigten Komplementäre (LG Mü NZG 2014, 702; MHdB GesR 4/*Herfs* § 79 Rn. 39), es sei denn, die Satzung bestimmt etwas Abweichendes (BeckOGK AktG/*Bachmann*, § 283 Rn 20). Die persönlich haftenden Gesellschafter haben auch alle anderen mit der Einberufung im Zusammenhang stehenden Pflichten zu erfüllen (LG Mü NZG 2014, 702; BeckOGK AktG/*Bachmann*, § 283 Rn 19).

2. Teilnahmeberechtigt an der HV sind die Kommanditaktionäre und darüber hinaus die Komplementäre, weil sie von den Entscheidungen der HV betroffen werden. Die geschäftsführungsbefugten Komplementäre sind zudem zur Teilnahme an der HV auch verpflichtet (MHdB GesR 4/*Herfs* § 79 Rn. 40; MüKoAktG/*Perlitt*, § 285 Rn 6).

3. Die Tagesordnung wird von den geschäftsführenden Komplementären in Abstimmung mit dem Aufsichtsrat festgelegt (§§ 283 Nr. 6, 278 Abs 3, 124 Abs 3 S 1 AktG). Die Kompetenzen der HV einer KGaA gehen über die der HV einer AG wegen der hybriden Struktur der KGaA hinaus. Es lassen sich drei Arten von Kompetenzen unterscheiden:
- Kompetenzen, die sich aus der personengesellschaftsrechtlichen Komponente der KGaA ergeben und das Verhältnis der beiden Gesellschaftergruppen zueinander betreffen, zB Mitwirkungsrechte bei Geschäftsführungsmaßnahmen und Veränderungen bei den Komplementären;
- Kompetenzen, die sich aus der aktienrechtlichen Komponente der KGaA ergeben, zB Veränderungen des Grundkapitals, Wahl des Aufsichtsrats und Satzungsänderungen;
- Kompetenzen aufgrund von spezialgesetzlichen Regelungen für die KGaA, insbesondere die Feststellung des Jahresabschlusses gem § 286 AktG.

4. Gem § 283 Nr 9 AktG iVm §§ 120 Abs 3, 176 Abs 1 S 1, 175 Abs 2 AktG haben die geschäftsführungsbefugten persönlich haftenden Gesellschafter den Jahresabschluss vorzulegen und zu erläutern. Anders als bei der AG wird bei der KGaA der Jahresabschluss nicht durch den Aufsichtsrat, sondern gem § 286 Abs 1 S 1 AktG immer durch Beschluss der HV festgestellt. Die HV hat bei der Feststellung des Jahresabschlusses verschiedene Entscheidungsmöglichkeiten, sie kann den Jahresabschluss in der vorgelegten Form. billigen oder höhere oder niedrigere Beträge aus dem Jahresüberschuss in den Rücklagen einstellen oder den Jahresabschluss ändern und anschließend über die geänderte Fassung beschließen. Die Feststellung des Jahresabschlusses bedarf nach § 286 Abs 1 S 2 AktG der Zustimmung der persönlich haftenden Gesellschafter. Das Zustimmungserfordernis ist zwingend; statutarisch abbedungen werden kann jedoch das Einstimmigkeitsprinzip, das bei Vorhandensein mehrerer Komplementäre nach den gesetzlichen Regelungen Anwendung findet (s §§ 161 Abs 2, 119 Abs 1 HGB iVm § 278 Abs 2 AktG; Kölner Komm AktG/*Mertens/Cahn*, § 286 Rn 27; MHdB GesR 4/*Herfs* § 81 Rn. 12).

5. Die HV entscheidet über die Verwendung des auf die Kommanditaktionäre entfallenden Gewinns. Um diesen zu ermitteln, muss der sich aus dem Jahresabschluss ergebende Jahresüberschuss auf die beiden Gesellschaftergruppen verteilt werden. Diese Verteilung wird in der Regel in der Satzung geregelt. Hat der persönlich haftende Gesellschafter keinen Vermögensanteil und erhält er lediglich eine Haftungsvergütung, steht der danach verbleibende Gewinn ausschließlich den Kommanditaktionären zu. Ob der Gewinnverwendungsbeschluss von der Zustimmung der persönlich haftenden Gesellschafter abhängig gemacht werden kann, ist str (bejahend zB BeckOGK AktG/*Bachmann,* § 285 Rn 33a; MHdB GesR 4/*Herfs* § 81 Rn. 21; *Schnorbus,* Liber Amicorum Winter 2011, S 652; jedenfalls für personalistisch stukturierte KGaA ebenso LG Mü NZG 2014, 701 f; ablehnend etwa Bürgers/Körber/Lieder/*Förl/Fett,* § 285 Rn 9; offenlassend, aber wohl zweifelnd Mü AG 2014, 865).

6. Gem § 285 Abs 1 Nr. 2 AktG entscheidet die HV über die Entlastung der persönlich haftenden Gesellschafter und die Mitglieder des Aufsichtsrats. Es ergeben sich keine Unterschiede zur AG. Soweit Komplementäre auch Kommanditaktionäre sind, haben sie bei den Entlastungsbeschlüssen kein Stimmrecht (§ 285 Abs 1 S 2 Nr. 2 AktG). Diese Regelung ist zwingend (K. Schmidt/Lutter/*K.Schmidt,* § 285 Rn 26; MüKoAktG/*Perlitt,* § 285 Rn 15, 23), und es kann insofern auch kein Zustimmungserfordernis zugunsten der Komplementäre vorgesehen werden (Bürgers/Körber/Lieder/*Förl/Fett,* § 285 Rn 9). Aufsichtsratsmitglieder unterliegen bei der Beschlussfassung über ihre eigene Entlastung einem Stimmverbot (§ 278 Abs 3 iVm § 136 Abs 1 AktG). Ist ein Gesellschafterausschuss eingerichtet (oder ein anderes fakultatives Organ, zB ein Beirat), kann auch über die Entlastung seiner Mitglieder beschlossen werden.

7. Für den Aufsichtsrat der KGaA und die Wahl seiner Mitglieder gelten grundsätzlich dieselben Grundsätze wie in der AG. Bei der Beschlussfassung über die Wahl von Aufsichtsratsmitgliedern können die Komplementäre (soweit sie Kommanditaktionäre sind) das Stimmrecht weder für sich noch für einen anderen ausüben (§ 285 Abs 1 S 2 Nr 1 AktG). Dies kann in der Satzung nicht abbedungen werden (s. Anm. 6), und in der Satzung kann auch nicht vorgesehen werden, dass die Wahl von Aufsichtsratsmitgliedern der Zustimmung der Komplementäre bedarf (KöKoAktG/*Mertens/Cahn,* § 285 Rn 40). Gem § 287 Abs 3 AktG können persönlich haftende Gesellschafter nicht zugleich dem Aufsichtsrat angehören. Dazu, ob und inwiefern diese Inkompatibilität, wenn der persönlich haftende Gesellschafter eine Gesellschaft ist, auch für dessen Gesellschafter gilt, s BGHZ 165, 192 ff = NJW 2006, 510 ff; Ffm ZIP 2015, 170 ff; Mü ZIP 2004, 214 ff; *Bachmann*, AG 2019, 581 ff; *Fiebelkorn*, ZGR 2020, 793 ff.

8. Als weiterer Tagesordnungspunkt kommt bei der KGaA die Wahl von Mitgliedern eines fakultativen Organs (zB Gesellschafterausschuss oder Beirat) in Betracht, wenn die Satzung erstens ein solches Organ und zweitens die Wahl seiner Mitglieder durch die HV vorsieht. Zu Inkompatibilitäten vgl zB MHdB GesR 4/*Herfs* § 79 Rn. 89; *Habersack,* FS Hellwig 2011, 148 ff

9. Die Anwendung von § 120a Abs 1 AktG (idF des Gesetzes zur Umsetzung der zweiten Aktionärsrechterichtlinie vom 12. Dezember 2019 – ARUG II, BGBl I 19, S 2637 ff; dazu → Form. II.E.4.1 Anm. 26–28), wonach die HV mindestens alle vier Jahre über das Vergütungssystem für die Vorstandsmitglieder beschließen muss, auf die KGaA ist abzulehnen. Eine Übertragung der Regelung auf die KGaA und die Komplementäre widerspräche insbesondere dem Umstand, dass die Komplementäre Gesellschafter sind und daher im Ausgangspunkt als solche am Gewinn partizipieren und nicht – wie der Vorstand der AG – als Organ eine Vergütung erhalten. Möglich ist es aber, ein entsprechendes Votum der HV in der Satzung vorzusehen.

10. § 113 Abs 3 AktG idF des ARUG II (dazu → Form. II.E.4.1 Anm. 29–30.) gilt über § 278 Abs 3 AktG auch für die KGaA.

11. §§ 120a Abs 4 und 5, 162 AktG idF des ARUG II (dazu → Form. II.E.4.1 Anm. 31–32.) gilt über § 278 Abs 3 AktG auch in der KGaA. Danach müssen die – richtigerweise: nur die geschäftsführungsbefugten – Komplementäre und die Mitglieder des Aufsichtsrats jährlich einen Vergütungsbericht erstellen, durch den Abschlussprüfer prüfen lassen und sodann der HV zur Billigung vorlegen, es sei denn, es greift die Ausnahme gem § 120a Abs 5 AktG. Der Vergütungsbericht muss sich gem § 162 Abs 1 S 2 iVm § 278 Abs 3 AktG auf die Vergütung aller Komplementäre und aller Mitglieder des Aufsichtsrats erstrecken und die dort genannten Informationen enthalten. Die Vergütung eines etwaigen fakultativen Organs (Gesellschafterausschuss, Beirat) muss dort nicht dargestellt werden, es sei denn, die Satzung schreibt dies vor. Dasselbe gilt für die Mitglieder der Geschäftsleitung eines Komplementärs, der seinerseits eine Gesellschaft ist.

12. Satzungsänderungen bedürfen (i) der Zustimmung der Komplementäre (§ 285 Abs 2 AktG; K. Schmidt/Lutter/*K.Schmidt,* § 281 Rn 15; BeckOGK AktG/*Bachmann,* § 285 Rn 35), wobei dieses Zustimmungserfordernis grundsätzlich abbedungen oder eingeschränkt werden kann (s Grigoleit/*Servatius,* § 285 Rn 13 f; BeckOGK AktG/*Bachmann,* § 285 Rn 35), und (ii) der Zustimmung der HV (§ 278 Abs 3 iVm §§ 119 Abs 1 Nr. 5 AktG). Betrifft die Änderung aktienrechtliche Satzungsbestandteile, finden dabei die §§ 179 ff AktG Anwendung. Str ist, ob das auch für die Änderung personengesellschaftsrechtlicher Satzungsbestandteile gilt (so zB K. Schmidt/Lutter/*K.Schmidt,* § 281 Rn 15) oder ob hier ein Zustimmungsbeschluss mit einfacher Mehrheit (§ 133 Abs 1 AktG) genügt (BeckOGK AktG/*Bachmann,* § 281 Rn 24; *Bachmann,* FS K. Schmidt 2009, S 47 f;

sympathisierend *Hüffer/Koch,* § 281 Rn 3) und ob die Änderung personengesellschaftsrechtlicher Satzungsbestandteile zu ihrer Wirksamkeit gem § 181 Abs 3 AktG der Eintragung in das Handelsregister bedarf (vgl Kölner Komm AktG/*Mertens/Cahn,* § 281 Rn 5 einerseits und *Schnorbus,* Liber Amicorum Winter 2011, S 641 andererseits). Richtigerweise ist zwischen der Kompetenz zur Satzungsänderung (materielle Änderungskompetenz) und dem Verfahren der Satzungsänderung (formelle Änderungskompetenz) zu unterscheiden. Für personengesellschaftsrechtliche Satzungsbestandteile wie die Aufnahme von Komplementären kann die materielle Änderungskompetenz auf andere Organe verlagert werden. In diesem Fall gelten die formalen Änderungsvorschriften der §§ 179, 181 AktG nicht.

13. Bei der Beschlussfassung über die Wahl des Abschlussprüfers können die Komplementäre (soweit sie Kommanditaktionäre sind) das Stimmrecht weder für sich noch für einen anderen ausüben (§ 285 Abs 1 S 2 Nr 6 AktG) und die Wahl bedarf auch nicht der Zustimmung der Komplementäre (§ 285 Abs 2 S 2 AktG). Beide Regelungen sind zwingend (s zu § 285 Abs 1 S 2 AktG Anm. 6 und zu § 285 Abs 2 S 2 AktG MüKoAktG/*Perlitt,* § 285 Rn 46 ff; Bürgers/Körber/Lieder/*Förl/Fett,* § 285 Rn 11).

14. Vgl. → Form. II.E.4.1 Anm. 38.

15. Für die Teilnahmerechte der Kommanditaktionäre gelten die allgemeinen Regeln (§ 278 Abs 3 iVm § 123 AktG). Auch die HV-bezogenen Rechte der Kommanditaktionäre entsprechen den Rechten der Aktionäre in der AG, insbesondere Stimmrecht (§ 134 AktG) und Rede- und Fragerecht (§ 131 AktG). Da in der KGaA die HV über die Feststellung des Jahresabschlusses gem § 286 Abs 1 AktG entscheidet, gelten die Auskunftsverweigerungsrechte betreffend stiller Reserven (§ 131 Abs 3 Nr. 3 AktG) und Einzelheiten der Bilanzierungs- und Bewertungsmethoden (§ 131 Abs 3 Nr. 4 AktG) in der KGaA nicht (BeckOGK AktG/*Bachmann,* § 285 Rn 11). Zur Teilnahme der Komplementäre s → Anm. 2.

5. Kapitalmaßnahmen

5.1 Beschlussvorschlag über Barkapitalerhöhung mit mittelbarem Bezugsrecht

Auszug aus der Bekanntmachung[2] der Tagesordnung für die außerordentliche Hauptversammlung der A Aktiengesellschaft[1, 12, 13]

. . . . . . Erhöhung des Grundkapitals der Gesellschaft gegen Bareinlagen um EUR . . . . . auf EUR . . . . . und entsprechende Änderung von § . . . . . Abs . . . . . der Satzung

. . . . . *[Erläuterung des Beschlussvorschlags]*

Vorstand und Aufsichtsrat schlagen daher vor, folgende Beschlüsse[3] zu fassen:

1. Das Grundkapital der Gesellschaft wird von EUR . . . . . um EUR . . . . . auf EUR . . . . . durch Ausgabe von . . . . . neuen auf den Inhaber lautenden Stückaktien ohne Nennwert mit einem rechnerischen Anteil am Grundkapital von je EUR . . . . .[4] („Neue Aktien“) gegen Bareinlagen erhöht.
2. Die Neuen Aktien werden zum geringsten Ausgabebetrag von EUR . . . . . je Neuer Aktie ausgegeben.[5]
3. Die Aktionäre sind nach Maßgabe der nachfolgenden Bestimmungen zum Bezug der Neuen Aktien mit einem Bezugsverhältnis von . . . . . : . . . . . („Bezugsverhältnis“) berechtigt. Dementsprechend können von den Aktionären für je . . . . . alte Aktien

. . . . . Neue Aktien bezogen werden. Soweit das Bezugsverhältnis dazu führt, dass rechnerische Ansprüche der Aktionäre auf Bruchteile von Aktien entstehen, haben die Aktionäre hinsichtlich der entstehenden Spitzenbeträge keinen Anspruch auf Lieferung von Neuen Aktien oder Barausgleich. Das Bezugsrecht ist insoweit ausgeschlossen.[6]

4. Das unmittelbare Bezugsrecht der Aktionäre wird ausgeschlossen und das gesetzliche Bezugsrecht wird den Aktionären in der Weise gewährt, dass die Neuen Aktien von der B Bank zum Ausgabebetrag gezeichnet und mit der Verpflichtung übernommen werden, sie den Aktionären im Bezugsverhältnis zum Preis von EUR . . . . . je Aktie zum Bezug anzubieten (mittelbares Bezugsrecht) sowie den Aktionären die gezeichneten Neuen Aktien entsprechend ihrer Bezugsausübung nach vollzogener Eintragung der Durchführung der Kapitalerhöhung im Handelsregister zum Bezugspreis zuzuteilen.[7]
5. Die Frist für die Annahme des Bezugsangebots endet zwei Wochen nach der Bekanntmachung des Bezugsangebots. Jeder Aktionär kann sein Bezugsrecht über seine Depotbank bei den inländischen Niederlassungen der B Bank ausüben. Der Bezugspreis ist innerhalb der Bezugsfrist über die Depotbank des jeweiligen Aktionärs an die B Bank zu zahlen. Nicht von Aktionären bezogene Aktien können Dritten zum Bezugspreis angeboten werden. Die B Bank ist verpflichtet, die vereinnahmten Erlöse nach Abzug der von ihr bereits geleisteten Bareinlage, einer angemessenen Provision sowie der Kosten und Auslagen an die Gesellschaft abzuführen.[8]
6. Die Neuen Aktien sind ab dem . . . . . gewinnanteilsberechtigt.[9]
7. Der Vorstand ist ermächtigt, mit Zustimmung des Aufsichtsrats weitere Einzelheiten der Kapitalerhöhung und ihrer Durchführung festzusetzen.[10]
8. § . . . . . Abs 1 der Satzung wird wie folgt neu gefasst:
   (1) Das Grundkapital der Gesellschaft beträgt EUR . . . . . und ist eingeteilt in . . . . . Stückaktien. Die Aktien lauten auf den Inhaber.[11]

Schrifttum: *Baums,* Agio und sonstige Zuzahlungen im Aktienrecht, Liber Amicorum M. Winter 2012, S 61; *Cahn,* „Andere Zuzahlungen" im Aktienrecht, FS Baums 2017, S 169; *Findeisen,* Kapitalmaßnahmen börsennotierter Unternehmen im Zeichen der Finanzmarktkrise, ZIP 2009, 1647; *Goß;* Wann ist der Bezugsrechtsausschluss bei sog. „Spitzen" bei einer Kapitalerhöhung erforderlich und wann ist er gerechtfertigt?, AG 2021, 103; *Groß,* Zulässigkeit der Ausgabe neuer Aktien mit Gewinnanteilsberechtigung für ein bereits abgelaufenes Geschäftsjahr auch bei Bezugsrechtsausschluss, FS Hoffmann-Becking 2013, S 395; *Herfs/Goß,* Gestaltung von „Volumenkapitalerhöhungen" – Beschlussinhalt, Festlegung des Bezugsverhältnisses, Vermeidung eines Bezugsrechtsausschlusses wegen „Spitzen", AG 2021, 289; *R. Krause,* Atypische Kapitalerhöhungen im Aktienrecht, ZHR 181 (2017), 641; *Krug,* Gestaltungsfragen bei marktpreisnaher Bezugsemission, BKR 2005, 302; *Kuntz/Stegemann,* Zur Dogmatik des mittelbaren Bezugsrechts, AG 2016, 837; *Schäfer,* Vereinbarungen bei Aktienemissionen, ZGR 2008, 455; *Schlitt/Seiler,* Aktuelle Rechtsfragen bei Bezugsrechtsemissionen, WM 2003, 2175; *Seibt,* Barkapitalemissionen mit erleichtertem Bezugsrechtsausschluss deutscher Emittenten nach § 186 Abs 3 S 4 AktG, CFL 2011, 74.

Anmerkungen

1. Das Form. behandelt die reguläre Kapitalerhöhung gegen Einlagen (§§ 182–191 AktG). Gesetzliche Alternativen hierzu sind die bedingte Kapitalerhöhung (§§ 192–201 AktG), die Kapitalerhöhung aus genehmigtem Kapital (§§ 202–206 AktG) und die Kapitalerhöhung aus Gesellschaftsmitteln (§§ 207–220 AktG). Der Ablauf einer regulären Kapitalerhöhung ist wie folgt: (1) Zunächst beschließt die HV über die Kapitalerhöhung. (2) Anschließend bedarf es der Anmeldung des Kapitalerhöhungsbeschlusses zum Handelsregister (§ 184 AktG). (3) Ferner wird die Kapitalerhöhung durch Zeichnung der Aktien (§ 185 AktG) und Leistung der Einlagen (§§ 188 Abs 2, 36 a AktG) durchgeführt. (4) Schließlich erfolgt die Eintragung der Durchführung der Kapitalerhöhung in das Handelsregister (§ 188 AktG). Mit Eintragung der Durchführung der Kapitalerhöhung in das Handelsregister wird die Erhöhung des Grundkapitals wirksam (§ 189 AktG). In der Regel werden die Erhöhung des Grundkapitals und die Durchführung der Kapitalerhöhung gemeinsam angemeldet (§ 188 Abs 4 AktG). Zwingend ist das aber nicht. Erst nach Eintragung der Durchführung der Kapitalerhöhung dürfen die neuen Aktien ausgegeben werden (§ 191 AktG).

Das Form. behandelt ferner eine reguläre Kapitalerhöhung mit Einräumung des mittelbaren Bezugsrechts an die Aktionäre. Nach dem Gesetz stellt die reguläre Kapitalerhöhung unter Einräumung eines *un*mittelbaren Bezugsrechts der Aktionäre den Regelfall dar. In der Praxis kommt diese Form der Kapitalerhöhung jedoch nur noch bei einem geschlossenen Gesellschafterkreis (vor allem Konzerngesellschaften oder Familiengesellschaften). Bei Gesellschaft mit einem großen Aktionärskreis, insbesondere bei börsennotierten Aktiengesellschaften, ist hingegen die Kapitalerhöhung mit mittelbarem Bezugsrecht üblich. Das bedeutet: Die Kapitalerhöhung wird durch eine Emissionsbank oder ein Emissionskonsortium abgewickelt („Fremdemission"). Diese erwerben die neuen Aktien gegen Zahlung des Ausgabebetrages (der in der Regel dem geringsten Ausgabebetrag, § 9 Abs 1 AktG, entspricht) und teilen diese den Aktionären entsprechend der jeweiligen Bezugsausübung nach Eintragung der Durchführung der Kapitalerhöhung im Handelsregister zu. Die Aktionäre erwerben somit die Neuen Aktien nicht mehr unmittelbar von der Gesellschaft, sondern „mittelbar" über die Emissionsbank (MüKoAktG/*Schürnbrand/Verse,* § 182 Rn 6 f; *Metzner/Ekkenga* § 186 Rn 190 f). Die Abwicklung über eine Emissionsbank erleichtert die Abwicklung der Kapitalerhöhung für die Gesellschaft, da von vornherein ein Zeichner für den gesamten Kapitalerhöhungsbetrag feststeht. Damit kann die Gesellschaft die Kapitalerhöhung bereits mit Übernahme der Aktien und Leistung der Einlage durch die Emissionsbank abschließen und gem § 188 AktG ins Handelsregister eintragen lassen (Hölters/Weber/*Apfelbacher/Metzner,* § 186 Rn 90). Gem § 186 Abs 5 AktG stellt das mittelbare Bezugsrecht als Dienstleistung bei der Emission von Aktien materiell keinen Bezugsrechtsausschluss dar (MüKoAktG/*Schürnbrand/Verse,* § 186 Rn 167). Die formellen und materiellen Voraussetzungen des § 186 Abs 3 und Abs 4 AktG für das mittelbare Bezugsrecht sind nicht einschlägig und die Notwendigkeit einer sachlichen Rechtfertigung des Beschlusses entfällt (*Hüffer/Koch,* § 186 Rn 44; MüKoAktG/*SchürnbranVerse,* § 186 Rn 167; BeckOGK AktG/*Servatius,* § 186 Rn 87, 87.1).

Es besteht auch die Möglichkeit, das mittelbare Bezugsrecht mit anderen Gestaltungsformen zu kombinieren. So kann eine Kapitalerhöhung so strukturiert werden, dass einzelne Aktionäre (zB Großaktionäre) die neuen Aktien unmittelbar beziehen, während die übrigen Aktionäre (Streubesitz) die Aktien im Wege des mittelbaren Bezugsrechts erhalten (*Hüffer/Koch,* § 186 Rn 45; Grigoleit/*Rieder/Holzmann,* § 186 Rn 32; MHdB GesR IV/*Scholz,* § 57 Rn 147). Denkbar ist ferner, dass das Bezugsrecht der Aktionäre zT ausgeschlossen wird und ihnen, soweit es nicht ausgeschlossen ist, im Wege eines mittelbaren Bezugsrechts gewährt wird (*Hüffer/Koch,* § 186 Rn 45; Hölters/Weber/*Apfelbacher/Metzner,* § 186 Rn 93; *Schlitt/Seiler,* WM 2003, 2178 f).

2. Maßnahmen der Kapitalveränderung stellen stets eine Satzungsänderung dar (MüKoAktG/*Schürnbrand/Verse,* Vor § 182 Rn 1; MüKoAktG/*Kubis,* § 124 Rn 19). In der Tagesordnung ist daher gem § 124 Abs 2 S 3 AktG regelmäßig der Wortlaut der einschlägig geänderten Satzungspassage bekanntzumachen, sofern nicht der Aufsichtsrat ermächtigt ist, die Fassung zu ändern (§ 179 Abs 1 AktG). Ferner hat der Tagesordnungspunkt (und nicht erst der Beschlussvorschlag) die Essentialia der Kapitalerhöhung zu erkennen lassen; das sind neben der Art der Kapitalerhöhung (effektiv/nominell etc) (1) maximaler Umfang der Kapitalerhöhung, (2) Bar- und/oder Sacheinlage (s auch § 183

Abs 1 S 2 AktG) sowie, falls einschlägig, (3) ein Ausschluss des Bezugsrechts der Aktionäre (s auch § 186 Abs 4 S 1 AktG; vgl. zum Vorstehenden GroKo (AktG)/*Butzke,* § 121 Rn 64; MüKoAktG/*Kubis,* § 121 Rn 54; ebenso BeckOGK AktG/*Rieckers,* § 121 Rn 39, der aber die Angabe des Umfangs nicht zwingend in der Tagesordnung verlangt). Nicht in der Tagesordnung, sondern erst im Beschlussvorschlag anzugeben sind die weiteren Details wie zB der Ausgabebetrag der jungen Aktien, deren Gewinnberechtigung usw (MüKoAktG/*Kubis,* § 124 Rn 19).

Die Emission mit mittelbarem Bezugsrecht kann nur dann durchgeführt werden, wenn das gesetzliche unmittelbare Bezugsrecht durch die hierfür zuständige HV im Kapitalerhöhungsbeschluss ausgeschlossen und durch das mittelbare Bezugsrecht ersetzt wird (BeckOGK AktG/*Servatius,* § 186 Rn 83). Die Verpflichtung der Emissionsbank, die übernommenen Neuen Aktien den Altaktionären zum Bezug anzubieten, muss – wie im Form. in Ziff 4 vorgesehen – bereits im Kapitalerhöhungsbeschluss durch die HV festgeschrieben werden (Hbg AG 2000, 328; Kblz NZG 1998, 553; Hölters/Weber/*Apfelbacher/Metzner,* § 186 Rn 92).

Der Kapitalerhöhungsbeschluss bedarf gem § 182 Abs 1 S 1 AktG einer Mehrheit von mindestens drei Viertel des bei der Beschlussfassung vertretenen Grundkapitals (sog Kapitalmehrheit, § 179 AktG), sowie einer einfachen Stimmenmehrheit iSd § 133 Abs 1 AktG (BeckOGK AktG/*Servatius,* § 182 Rn 23 f; MüKoAktG/*Schürnbrand/Verse,* § 182 Rn 24 f; *Hüffer/Koch,* § 182 Rn 7). Abgesehen von Sonderfällen (zB Höchst- oder Mehrstimmrechte, § 12 Abs 2 AktG, § 5 EGAktG, Stimmrechtsbeschränkungen, § 134 Abs 1 AktG, und teileingezahlte Aktien, § 134 Abs 2 AktG) liegt die einfache Stimmenmehrheit stets vor, wenn die 75 %-Kapitalmehrheit erreicht ist.

3. Der Kapitalerhöhungsbeschluss muss den wesentlichen Inhalt der Kapitalerhöhung enthalten. Dazu gehören der Betrag der Kapitalerhöhung (zur „bis-zu“ Kapitalerhöhung s → Form. II.E.5.8 Anm. 1 ff.), die Form. der Einlagen (Bar- oder Sacheinlagen), die Aktienform und Aktienzahl, Aktienart und Aktiengattung sowie der Ausgabebetrag, sofern die Festlegung von Letzterem nicht in das Ermessen von Vorstand und/oder Aufsichtsrat gelegt wurde (*Hüffer/Koch,* § 182 Rn 22 ff). Fakultativ kann zusätzlich die Fälligkeit der Einlagen, eine Frist zur Durchführung der Kapitalerhöhung oder der Beginn der Gewinnanteilsberechtigung festgelegt werden (s dazu BeckHdb AG/*Weiß,* § 9 Rn 17f).

4. Der Betrag der Kapitalerhöhung ist im Kapitalerhöhungsbeschluss anzugeben (vgl § 23 Abs 3 Nr 3 AktG). Der Kapitalerhöhungsbeschluss kann, wie im Form. vorgesehen, bereits den genauen Betrag der Kapitalerhöhung festsetzen. Die Angabe des Mindest- und/oder Höchstbetrages ist sowohl für einen Kapitalerhöhungsbeschluss mit unmittelbarem Bezugsrecht als auch bei einer Emission mit mittelbarem Bezugsrecht ausreichend (K. Schmidt/Lutter/*Veil,* § 182 Rn 16; Hölters/Weber/*Apfelbacher/Metzner,* § 186 Rn 94; *Findeisen,* ZIP 2009, 1647). Anders als bei einer „bis-zu“ Kapitalerhöhung übernimmt die Bank bei einer Kapitalerhöhung mit mittelbarem Bezugsrecht einen festen Betrag an Neuen Aktien, um sie dann den Bezugsberechtigten anzubieten. Werden nicht alle Aktien bezogen und können auch nicht anderweitig verwertet werden, verbleiben die Aktien bei der Emissionsbank. Für die Gesellschaft hat das mittelbare Bezugsrecht daher den Vorteil, dass die Kapitalerhöhung von Anfang an gesichert ist.

5. Der Ausgabebetrag muss nicht zwingend von der HV festgelegt werden. Sollen die Aktien für einen höheren als den geringsten Ausgabebetrag (§ 9 Abs 1 AktG) ausgegeben werden, so ist gem § 182 Abs 3 AktG der Mindestbetrag, unter dem sie nicht ausgegeben werden sollen, im Kapitalerhöhungsbeschluss festzusetzen. Unzulässig ist eine Ausgabe für weniger als den geringsten Ausgabebetrag gem § 9 Abs 1 AktG (Unterpariemission) (Hbg AG 2000, 327).

Wurde im Beschluss nur ein Mindestbetrag (zur „bis-zu"-Kapitalerhöhung s → Form. II.E.5.7 Anm. 1 ff.) festgelegt, so kann der Vorstand über den Ausgabebetrag in den dadurch vorgegebenen Grenzen nach pflichtgemäßem Ermessen entscheiden (KöKo/*Ekkenga,* § 182 Rn 41; MHdB GesR IV/*Scholz,* § 57 Rn 30, 150). Es ist auch möglich, im Kapitalerhöhungsbeschluss die Kompetenz zur Festlegung des Ausgabekurses auf den Aufsichtsrat (str, bejahend RGZ 144, 138, 143, Kölner Komm AktG/*Ekkenga,* § 182 Rn 49, *Hüffer/Koch,* § 182 Rn 24; ablehnend Hölters/Weber/*Apfelbacher/Metzner,* § 182 Rn 60) oder auf Vorstand und Aufsichtsrat (*Hüffer/Koch,* § 182 Rn 24, MHdB GesR IV/*Scholz,* § 57 Rn 30 mwN) zu übertragen.

Die Zeichnung erfolgt in der Regel in einem zweistufigen Verfahren. Zuerst werden die Aktien von der Emissionsbank wie im Form. vorgesehen zu pari gezeichnet mit der Verpflichtung, den Unterschiedsbetrag zwischen dem Endbetrag (bzw dem anteiligen Betrag des Grundkapitals) und dem Bezugspreis am Ende der Platzierung, in einem weiteren Schritt an die Gesellschaft abzuführen. Dieses Verfahren soll insbesondere die Kosten der Emission nicht weiter erhöhen und vermeiden, dass die Emissionsbanken den Kapitalerhöhungsbetrag für nahezu einen Monat zwischenfinanzieren müssen. Dies ist insbesondere dann der Fall, wenn die Zeichnung vor Beginn der Bezugsfrist erfolgt und diese länger ist als die Mindestfrist von zwei Wochen.

Wurde das Bezugsrecht ausgeschlossen, so bedarf es im Hinblick auf § 255 Abs 2 AktG der Festsetzung eines angemessenen Ausgabebetrages, dh die Aktien dürfen nicht unter Wert ausgegeben werden (BGHZ 71, 51 = NJW 1978, 1316; BGHZ 21, 357 = NJW 1956, 1753; *Hüffer/Koch,* § 182 Rn 23; Kölner Komm AktG/*Ekkenga,* § 182 Rn 39, 41). Spätestens zu Beginn der Zeichnung muss der konkrete Ausgabebetrag feststehen. Im Anschluss an eine Entscheidung zum GmbH-Recht (Stgt NZG 2000, 156) wird vertreten, dass der Ausgabebetrag bzw. Bezugspreis auch bei einer Bezugsrechtsemission nicht unangemessen niedrig sein darf, weil anderenfalls ein faktischer Bezugszwang begründet werde. Das ist für den Fall, dass ein börslicher Bezugrechtshandel eingerichtet wird, abzulehnen; aber auch darüber hinaus ist Zurückhaltung geboten. Vgl. dazu Hbg AG 2021, 569 ff und Düss AG 2019, 471 f: „tendenziell hohe Anforderungen"; ebenso *Hüffer/Koch,* § 182 Rn 23; ferner MHdB GesR IV/*Scholz,* § 57 Rn 29.

Enthält der Kapitalerhöhungsbeschluss keinerlei Angaben zum Ausgabebetrag, wurde nach früher hM die Ausgabe zum geringsten Ausgabebetrag gem § 9 Abs 1 AktG für erforderlich erachtet (BGHZ 33, 178 = NJW 1961, 26). Nach aA soll die Verwaltung verpflichtet sein, die Aktien über pari auszugeben (MüKoAktG/*Schürnbrand/Verse,* § 182 Rn 72). Jedenfalls im Falle eines Bezugsrechtsausschlusses hat die Ausgabe gegen ein angemessenes Aufgeld zu erfolgen (*Hüffer/Koch,* § 182 Rn 25; Hölters/Weber/*Apfelbacher/Metzner,* § 182 Rn 61). Im Fall der Gewährung des mittelbaren oder unmittelbaren Bezugsrechts ist entscheidend, ob dem Beschluss die Ermächtigung der Verwaltung zur Festsetzung eines Aufgeldes entnommen werden kann; falls das nicht möglich ist, bleibt es beim geringsten Ausgabebetrag (MHdB GesR IV/*Scholz,* § 57 Rn 31; s auch BeckOGK AktG/*Servatius,* § 182 Rn 78). In der Praxis wird bei Bezugsrechtsemissionen der Bezugspreis mit einem Abschlag auf den Börsenkurs festgesetzt (Habersack/Mülbert/Schlitt/*Herfs,* Rn 5.15, 5.67).

6. Das Form. sieht einen Bezugsrechtsausschluss bei freien Spitzen vor. Freie Spitzen bilden sich, wenn der Erhöhungsbetrag zu einem nicht auf ganze Zahlen lautenden Bezugsverhältnis (s dazu → Form. II.E.5.3 Anm. 3) führt. Nicht immer lässt sich der Erhöhungsbetrag passend festsetzen – auch wenn der Vorstand sich stets darum zu bemühen hat (vgl Marsch-Barner/Schäfer/*Busch,* Rn 42.83; Habersack/Mülbert/Schlitt/*Herfs,* Rn 6.15). Eingehend *Groß,* AG 2021, 105 ff; *Herfs/Groß,* AG 2021, 290 ff. Um unpraktikable Bezugsrechtsverhältnisse zu vermeiden (Stgt AG 2001, 201), ist es daher in der Praxis üblich und sinnvoll, das Bezugsrecht teilweise auszuschließen, um so zu praktikablen Bezugsrechtsverhältnissen zu gelangen. Sollten dennoch freie Spitzen entstehen, sind diese – soweit nichts Abweichendes beschlossen worden ist – bestmöglich zu verwerten (Marsch-Barner/Schäfer/*Busch*, Rn 42.83; Habersack/Mülbert/Schlitt/*Herfs*, Rn 6.15; sa → Anm. 7).

7. Der Kapitalerhöhungsbeschluss muss einen Bezugsrechtsausschluss zugunsten eines in § 186 Abs 5 S 1 AktG genannten Emissionsunternehmens (Kreditinstitute oder nach § 53 Abs 1 S 1 KWG oder § 53 b Abs 1 S 1 oder Abs 7 KWG tätige Unternehmen) enthalten. Im Falle eines Emissionskonsortiums muss jede einzelne Emissionsbank diesen Anforderungen entsprechen, ansonsten ist der Beschluss anfechtbar (BeckOGK AktG/*Servatius*, § 186 Rn 69; MüKoAktG/*Schürnbrand/Verse*, § 186 Rn 173). Die Abwicklung über ausländische Kreditinstitute kann problematisch sein (vgl hierzu Hölters/Weber/*Apfelbacher/Metzner*, § 186 Rn 99). Kreditinstitute aus dem Europäischen Wirtschaftsraum („Europäischer Pass") können gem § 186 Abs 5 S 1 AktG iVm § 53 b Abs 1 KWG erlaubnisfrei als Emissionsbanken auftreten, soweit dies von der Erlaubnis des Herkunftsstaates des Kreditinstituts erfasst wird (Hölters/Weber/*Apfelbacher/Metzner*, § 186 Rn 99 f mwN in Bezug auf die Prüfung ausländischer Kreditinstitute; Beck/Samm/Kokemoor/*Hanten*, § 53 b Rn 46). Falls die Neuen Aktien zum Handel an der Börse zugelassen werden sollen, sind zudem die Zulassungserfordernisse gem § 32 Abs 2 BörsG zu beachten (vgl *Groß*, § 32 BörsG Rn 32).

Der Beschluss kann, muss aber nicht bereits die Emissionsbank bzw das Konsortium namentlich benennen (*Hüffer/Koch*, § 186 Rn 49; Marsch-Barner/Schäfer/*Busch* Rn 42.58; s auch Stgt AG 2013, 610). Sollte die AG zum Zeitpunkt der Einladung der HV noch keinen Übernahmevertrag mit einer Emissionsbank geschlossen haben, ist es sinnvoll, sich noch nicht durch Benennung einer Bank vorzeitig festzulegen (Hölters/Weber/*Apfelbacher/Metzner*, § 186 Rn 96).

Im Kapitalerhöhungsbeschluss ist die Verpflichtung der Emissionsbank festzusetzen, die Aktien den Aktionären zum Bezug anzubieten (s bereits Anm. 2). Die Verpflichtung ist zum Schutz der Altaktionäre so zu gestalten, dass alle Aktionäre Aktien beziehen können und damit nicht schlechter gestellt sind, als wenn ein gesetzliches Bezugsrecht bestünde (BeckOGK AktG/*Servatius*, § 186 Rn 85; MüKoAktG/*Schürnbrand/Verse*, § 186 Rn 174; K. Schmidt/Lutter/*Veil*, § 186 Rn 47). Zur Sicherstellung der Verpflichtung schließt die AG einen entsprechenden berechtigenden Vertrag zu Gunsten der Aktionäre als Dritte mit der Emissionsbank ab („Verpflichtungsvertrag"; der Verpflichtungsvertrag stellt einen echten Vertrag zugunsten Dritter im Sinne des § 328 BGB dar, BGHZ 114, 208 = NJW 1991, 2765; BGHZ 118, 96 = NJW 1992, 2222; Düss AG 2001, 52; Stgt AG 2013, 610; *Schlitt/Seiler*, WM 03, 2182; zu den vertraglichen Verhältnissen *Kuntz/Stegemann*, AG 2016, 837 ff). Die Aktionäre erhalten so einen unmittelbaren Bezugsanspruch gegen die Emissionsbank (MüKoAktG/*Schürnbrand/Verse*, § 186 Rn 175; BeckHdB AG/*Harrer*, § 20 Rn 169 ff). Diese Verpflichtung wird in den Übernahmevertrag aufgenommen (zur Bedeutung des Übernahmevertrags siehe ausf BeckHdB AG/*Harrer*, § 20 Rn 169 ff). Der HV-Beschluss muss keine ausdrückliche Regelung enthalten, wonach der Vorstand die Zeichnungsverträge mit den Emissionsbanken nur Zug-um-Zug gegen deren Verpflichtung abschließen darf, dass diese die Aktien den Aktionären anbieten (s BeckOGK AktG/*Servatius*, § 186 Rn 85 mit Hinweis auf § 83 Abs 2 AktG; aA KölnKommAktG/*Lutter*, 2. Aufl, § 186 Rn 106).

Der Vorstand der AG hat das Bezugsangebot gem § 186 Abs 5 S 2 AktG mit den Angaben gem § 186 Abs 2 AktG bekannt zu machen (K. Schmidt/Lutter/*Veil*, § 186 Rn 48). Die Bekanntmachung muss den für die Aktionäre geltenden Bezugskurs (falls dieser noch nicht feststeht, sind die Grundlagen für die Festsetzung gem § 186 Abs 2 S 2 AktG anzugeben) und die Annahmefrist (Bezugsfrist) enthalten. Daneben sind alle weiteren Angaben, die sich auf den Inhalt des Angebotes beziehen, aufzunehmen (Bezeichnung der Emissionsbank, Bezugsverhältnis, Angaben zu Urkunden die für die Legitimation erforderlich sind) (MüKoAktG/*Schürnbrand/Verse,* § 186 Rn 184; *Hüffer/Koch,* § 186 Rn 52). Soll die Festlegung des Bezugspreises, anders als im Form. vorgesehen, gem § 186 Abs 2 AktG erst später erfolgen, bedarf es bei endgültiger Festlegung einer zweiten Bekanntmachung (Hölters/Weber/*Apfelbacher/Metzner,* § 186 Rn 103).

Wie im Form. vorgesehen, kann der HV-Beschluss bereits den Ausgabe- sowie den Bezugspreis der Aktien für die Aktionäre festsetzen. Geschieht dies nicht, sind diese Beträge vom Vorstand zu bestimmen (Hölters/Weber/*Apfelbacher/Metzner,* § 186 Rn 95; MüKoAktG/*Schürnbrand/Verse,* § 186 Rn 176). Der Ausgabebetrag orientiert sich in der Praxis meist am geringsten Ausgabebetrag für Aktien (§ 9 Abs 1 AktG). Wird der Bank ermöglicht, zum Ausgabebetrag zu zeichnen, wird eine Vorleistungspflicht der Bank vermieden. Sie muss zunächst nur den geringsten Ausgabebetrag für die neuen Aktien einzahlen und die Differenz zum Bezugspreis erst, wenn sie den Bezugspreis von den zeichnenden Aktionären erhalten hat (Hölters/Weber/*Apfelbacher/Metzner,* § 186 Rn 95; *Schäfer,* ZGR 2008, 475). Der Bezugspreis orientiert sich hingegen an den tatsächlichen Marktverhältnissen (Hölters/Weber/*Apfelbacher/Metzner,* § 186 Rn 95; *Krug,* BKR 05, 303) und wird in der Regel durch einen zwischen der Emissionsbank und der AG vereinbarten Abschlag auf den Börsenkurs gebildet. Der HV-Beschluss sieht hier bereits vor, dass die Bank die Differenz zwischen Ausgabebetrag und Bezugspreis abzüglich vereinbarter Provision an die AG zu zahlen hat. Dieser Betrag ist von der AG gem § 272 Abs 2 Nr 1 HGB in die Kapitalrücklage der Gesellschaft einzustellen (Marsch-Barner/Schäfer/*Busch,* Rn 42.17; Wachter/*Dürr,* § 182 Rn 35).

Die Altaktionäre sind nicht verpflichtet, die Aktien zum angebotenen Bezugspreis zu übernehmen. Tun sie das nicht, verfallen die ihnen zustehenden Bezugsrechte bzw. die Depotbanken versuchen, diese bestmöglich zu verwerten. Nicht bezogene Aktien kann der Vorstand nach pflichtgemäßem Ermessen bestmöglich verwerten (KölnKommAktG/*Ekkenga,* § 186 Rn 45; MHdB GesR IV/*Scholz,* § 57 Rn 108; s auch Anm. 6); eine bevorrechtigte Berücksichtigung der Aktionäre ist nicht erforderlich (*Hüffer/Koch,* § 186 Rn 16; MüKoAktG/*Schürnbrand/Verse,* § 186 Rn 63; aA BeckOGK AktG/*Servatius,* § 186 Rn 15). Die Zuteilung an einzelne Altaktionäre, zB im Rahmen einer Back-Stop-Vereinbarung, ist an § 53a AktG zu messen (BGH NZG 2020, 1353 Tz 32). Eine Back-Stop-Vereinbarung ist aber nicht allen Altaktionären anzubieten (kein Ausschreibungs- bzw. Angebotsverfahren; aA Kln, Urteil v. 15. November 2018 – 18 U 182/17, juris Tz. 54; wie hier demgegenüber wohl BGH NZG 2020, 1353 Tz 32: ob Ausschreibungs- bzw. Angebotsverfahren „erforderlich und praktikabel ist, erscheint zweifelhaft").

Grundsätzlich trägt die AG das Risiko, dass nicht alle Aktien zum Bezugspreis platziert werden können. Lediglich im Falle eines sog „hard underwriting" geht dieses Risiko in voller Höhe auf die Emissionsbank über. Bei Vereinbarung eines „hard underwriting" verpflichtet sich die Emissionsbank, für alle gezeichneten Aktien den vereinbarten Bezugspreis zu zahlen, unabhängig davon, ob alle Aktien von Bezugsberechtigten oder Dritten zu diesem Preis übernommen werden (*Hüffer/Koch,* § 182 Rn 5; *Schäfer,* ZGR 2008, 471).

Auch wenn die Emissionsbank von vornherein lediglich als Intermediär auftreten soll und dies schuldrechtlich vereinbart wurde, wird sie mit Eintragung der Durchführung der Kapitalerhöhung ins Handelsregister zunächst voll berechtigter und verpflichteter Aktionär der AG (Hölters/Weber/*Apfelbacher/Metzner,* § 186 Rn 105). Die Stimmrechtsausübung der Emissionsbank wird allerdings entweder durch die AG im Übernahmevertrag ausgeschlossen oder ist bereits gesetzlich ausgeschlossen (§ 36 Abs 1 und 2 WpHG), wenn die Emissionsbank die Aktien wie praktisch üblich in ihrem Handelsbestand hält. Des Weiteren hat die Emissionsbank als Aktionär die Meldepflichten bei Überschreiten der Meldeschwellen gem § 33 WpHG (keine Meldepflicht, falls zwischen Übernahme und

Abwicklung der Aktien nicht mehr als drei Handelstage liegen, vgl § 36 Abs 3 Nr 1 AktG) und WpÜG einzuhalten.

8. Den Aktionären ist gem § 186 Abs 1 S 2 AktG eine Frist zur Abgabe der Bezugserklärung von mindestens zwei Wochen zu gewähren (zur Berechnung s Kölner Komm AktG/*Ekkenga,* § 186 Rn 43; MüKoAktG/*Schürnbrand/Verse,* § 186 Rn 56; MHdB GesR IV/*Scholz,* § 57 Rn 107). Die Festsetzung erfolgt im HV-Beschluss, anderenfalls durch den Vorstand. Wird keine Frist bestimmt, kann das Bezugsrecht bis zur Anmeldung der Durchführung der Kapitalerhöhung zur Eintragung in das Handelsregister ausgeübt werden (*Hüffer/Koch,* § 186 Rn 15; MüKoAktG/*Schürnbrand/Verse,* § 186 Rn 55). Die Frist ist gem § 186 Abs 2 S 1 AktG in den Gesellschaftsblättern (§ 25 AktG) bekannt zu machen. Börsennotierte AGs (§ 3 Abs 2 AktG) haben das Bezugsangebot infolge des Gesetzes zur Umsetzung der zweiten Aktionärsrechterichtlinie vom 12. Dezember 2019 (ARUG II; BGBl I 2019, S 2637 ff) nicht nur in den Gesellschaftsblättern bekannt zu machen, sondern gemäß § 67a AktG auch (i) wenn die Gesellschaft nicht ausschließlich Namensaktien ausgegeben hat, elektronisch (§ 67a Abs 2 AktG) an die Intermediäre (§ 67a Abs 4 AktG), die Aktien der Gesellschaft verwahren, und (ii) bei Namensaktien an die im Aktienregister eingetragenen Personen zu übermitteln. Die Intermediäre sind ihrerseits verpflichtet, das erhaltene Bezugsangebot durch die Verwahrkette an die Aktionäre weiterzuleiten (§§ 67a Abs. 3, 67b AktG). Für den Beginn der Bezugsfrist ist die Übermittlung gem § 67a AktG richtigerweise nicht relevant (s MHdB GesR IV/*Scholz,* § 57 Rn 107). Die Bezugserklärung des Aktionärs muss innerhalb der Bezugsfrist gem § 130 Abs 1 S 1 BGB der Emissionsbank zugehen, um einen Zuteilungsanspruch zu begründen.

9. Regelt der HV-Beschluss nicht den Beginn der Gewinnberechtigung, ist davon auszugehen, dass die neuen Aktien zeitanteilig ab Eintragung der Durchführung der Kapitalerhöhung gewinnberechtigt sind (§ 60 Abs 2 S 3 AktG). Im HV-Beschluss wird der Beginn der Gewinnberechtigung daher regelmäßig festgelegt. Möglich und üblich ist es, den Beginn der Gewinnberechtigung auf den Beginn des Geschäftsjahres zu legen, in dem die Durchführung der Kapitalerhöhung eingetragen wird. Ist bei Ausgabe der neuen Aktien noch nicht über die Gewinnverwendung für das abgelaufene Geschäftsjahr beschlossen worden, haben alte und neue Aktien einen unterschiedlichen Beginn der Gewinnberechtigung. Das hat nicht zur Folge, dass es sich um unterschiedliche Aktiengattungen handelt (Marsch-Barner/Schäfer/*Butzke,* Rn 6.5a; Kölner Komm AktG/*Drygala/Staake,* § 193 Rn 33; BeckOGK AktG/*Rieckers,* § 193 Rn 7a). Diese Frage ist aber str (aA zB K. Schmidt/Lutter/*Ziemons,* § 11 Rn 8). Die damit uU verbundenen Unsicherheiten können vermieden werden, indem der Beginn der Gewinnberechtigung auf das letzte abgelaufene Geschäftsjahr zurückbezogen wird. Das ist möglich, wenn über die Gewinnverteilung für dieses Jahr noch nicht beschlossen wurde (str; wie hier zB Kölner Komm AktG/*Drygala,* § 60 Rn 47; MüKoAktG/*Schürnbrand/Verse,* § 182 Rn 75; GroKo (AktG)/*Henze,* § 60 Rn 30 ff; *Hüffer/Koch,* § 60 Rn 10, § 182 Rn 15; Grigoleit/*Grigoleit/Rachlitz,* § 60 Rn 12; *Seibt,* CFL 2011, 78 f; *Groß,* FS Hoffmann-Becking 2013, S 397 ff; aA etwa MüKoAktG/*Bayer*, § 60 Rn 30; BeckOGK AktG/*Cahn*, § 60 Rn 28.

10. Es ist in der Praxis üblich, den Vorstand im Kapitalerhöhungsbeschluss zu ermächtigen, weitere Einzelheiten der Kapitalerhöhung festzulegen, soweit diese nicht zwingend der Kompetenz der HV unterliegen, aber für die Durchführung der Kapitalerhöhung hilfreich sein können (Hbg AG 2000, 327). Das Form. bestimmt darüber hinaus, dass die Entscheidungen des Vorstands jeweils der Zustimmung des Aufsichtsrats bedürfen und sorgt so für einen zusätzlichen Kontrollmechanismus.

11. Als Maßnahme der Kapitalveränderung stellt die Kapitalerhöhung stets eine Satzungsänderung dar (MüKoAktG/*Schürnbrand,* Vor § 182 Rn 1; MüKoAktG/*Kubis,*

§ 124 Rn 19). Aufgrund der Anforderungen in § 23 Abs 3 AktG ist der Satzungstext bei jeder Kapitalveränderung entsprechend anzupassen (Hölters/Weber/*Apfelbacher/Metzner,* § 182 Rn 43). Aus diesem Grund wird in der Praxis entweder der Kapitalerhöhungsbeschluss mit einem Satzungsänderungsbeschluss kombiniert, oder der Aufsichtsrat gem § 179 Abs 1 S 2 AktG zur Änderung der Fassung der Satzung ermächtigt (vgl MHdB GesR IV/*Scholz,* § 57 Rn 38).

12. Bilanzielle Hinweise:
Der Betrag, um den das gezeichnete Kapital (§ 272 Abs 1 S 1 HGB) erhöht wird, wird durch den Nennbetrag der durch die Kapitalerhöhung neu zu schaffenden Aktien bestimmt. Werden die Aktien zu einem höheren Ausgabebetrag ausgegeben, ist der über den Nennbetrag hinausgehende Betrag der Kapitalrücklage zuzuführen. Im vorliegenden Fall – Zeichnung der Bank zum Mindestausgabebetrag und anschließende Platzierung durch die Bank zu einem höheren Betrag – erfolgt die Einstellung in die Kapitalrücklage gem § 272 Abs 2 Nr 1 HGB (s → Anm. 7). Im Übrigen ist zu unterscheiden. Ein korporatives Aufgeld (Agio) wird in die Kapitalrücklage gem § 272 Abs 2 Nr 1 HGB gebucht. Ein schuldrechtliches Aufgeld (s dazu KölnKommAktG/*Ekkenga,* § 182 Rn 45 ff; *Cahn,* FS Baums 2017, S 173 ff; *Baums,* Liber Amicorum M. Winter 2012, S 76 ff) wird hingegen der Kapitalrücklage gem § 272 Abs 2 Nr 4 HGB zugeführt (str.; ebenso zB Mü ZIP 2007, 129; LG Mainz ZIP 1986, 1328; BeckOGK AktG/*Servatius,* § 182 Rn 50; *Cahn,* FS Baums 2017, S 177 ff; *R. Krause,* ZHR 181 (2017), 680; nach der Gegenansicht erfolgt die Buchung in die Kapitalrücklage nach § 272 Abs 2 Nr 1 HGB; vgl etwa Kölner Komm AktG/*Ekkenga,* Vorb § 182 Rn 22; MüKoAktG/*Pentz,* § 23 Rn 60; *Baums,* Liber Amicorum M. Winter 2012, S 83 ff). Da die Kapitalerhöhung erst mit Eintragung in das Handelsregister wirksam wird, darf das erhöhte gezeichnete Kapital erst ab diesem Zeitpunkt in der Bilanz ausgewiesen werden.

In der Zeit vor Eintragung der Kapitalerhöhung gilt: Soweit der Bilanzstichtag vor der Eintragung der Maßnahmen in das Handelsregister und vor der Leistung der Einlagen liegt, findet der Vorgang der Kapitalerhöhung bilanziell (noch) keine Berücksichtigung. Wurden die Einlagen geleistet, ist die Eintragung aber noch ausstehend, sind die Einlagen gesondert zwischen den Postengruppen § 266 Abs 3 A (Eigenkapital) und B HGB (Rückstellungen) als „Zur Durchführung der beschlossenen Kapitalerhöhung erbrachte Einlagen" zu passivieren; der Posten bezieht ggf ein gezahltes Agio mit ein (BeckBilKomm/*Störk/Kliem/Meyer,* § 272 Rn 54; GroKo(HGB)/*Meyer,* § 272 Rn 10).

13. Steuerliche Hinweise:
Die von der AG erhaltenen Einlagen auf Neue Aktien im Rahmen einer Kapitalerhöhung unterliegen nicht der Körperschaftsteuer, da diese nicht von der Gesellschaft erwirtschaftet werden; das gilt sowohl für den Ausgabebetrag als auch ein Aufgeld (Agio) (Hdb AG-Finanzierung/*Schiessl,* Kap 3 Rn 107; Lüdicke/Sistermann/*Häuselmann/Teufel,* § 8 Rn 3). Ein Aufgeld erhöht das sog steuerliche Einlagekonto (§ 27 Abs 1 KStG; Lüdicke/Sistermann/*Häuselmann/Teufel,* § 8 Rn 3). Wird kein angemessenes Aufgeld vereinbart, liegt darin keine verdeckte Gewinnausschüttung, da allenfalls die Gesellschafter einen möglichen Vermögensnachteil erleiden, wenn sie ihr Bezugsrecht nicht ausüben, nicht die Gesellschaft selbst (OFD FFM DStR 2002, 767; Lüdicke/Sistermann/*Häuselmann/Teufel,* § 8 Rn 3 mwN).

Die Kosten der Kapitalerhöhung können grds als Betriebsausgaben gewinnmindernd geltend gemacht werden (BFH NZG 2000, 712; Lüdicke/Rieger/*Häuselmann/Teufel,* § 8 Rn 7; MHdB GesR IV/*Kraft,* § 65 Rn 1); eine Aktivierung oder ein Abzug von einem unter Umständen in die Kapitalrücklage einzustellenden Agio ist nicht zulässig (Lüdicke/Sistermann/*Häuselmann/Teufel,* § 8 Rn 7).

Umsatzsteuer wird durch die Barkapitalerhöhung nicht ausgelöst (MHdB GesR IV/ *Kraft,* § 65 Rn 3).

5.2 Zeichnungsschein

1. Ausfertigung[1, 2]

Die Hauptversammlung der A Aktiengesellschaft, ... („Gesellschaft"), hat am . . . . .[3] beschlossen, das Grundkapital der Gesellschaft von EUR . . . . . um EUR . . . . . auf EUR . . . . . durch Ausgabe von . . . . . neuen, auf den Inhaber lautenden Stückaktien ohne Nennwert mit einem rechnerischen Anteil am Grundkapital von je EUR . . . . . („Neue Aktien") zum Ausgabebetrag von EUR . . . . . je Neuer Aktie gegen Bareinlage zu erhöhen. Die Neuen Aktien sind ab dem . . . . . gewinnanteilsberechtigt. Des Weiteren wurde der Vorstand ermächtigt, mit Zustimmung des Aufsichtsrats, weitere Einzelheiten der Kapitalerhöhung und ihrer Durchführung festzusetzen.

Die Neuen Aktien werden den Aktionären der Gesellschaft nach Maßgabe des Bezugsangebots im Bezugsverhältnis von . . . . . : . . . . . zum Bezugspreis von EUR . . . . . je Aktie zum Bezug angeboten. Für durch das Bezugsverhältnis entstehende Spitzenbeträge ist das Bezugsrecht ausgeschlossen worden.

Die insgesamt . . . . . Neuen Aktien werden zum Ausgabebetrag von EUR . . . . . je Neuer Aktie von der B Bank übernommen.[4, 5]

Hiermit zeichnen und übernehmen wir, die B Bank,

. . . . . Neue Aktien,

zum Ausgabebetrag von EUR . . . . . je Neuer Aktie mit der Verpflichtung, sie den Aktionären entsprechend der Ausübung der Bezugsrechte zum Bezugspreis zu übertragen und die vereinnahmten Erlöse nach Abzug der von der B Bank bereits geleisteten Bareinlage, einer angemessenen Provision sowie der Kosten und Auslagen an die Gesellschaft abzuführen.

Auf die . . . . . Neuen Aktien haben wir heute den gesamten Ausgabebetrag, mithin

EUR . . . . .

(in Worten: . . . . .),

durch Gutschrift auf das bei der B Bank für die A Aktiengesellschaft, ..., zins- und provisionsfrei geführte „Sonderkonto Kapitalerhöhung . . . . ." eingezahlt.

Die Zeichnung wird unverbindlich,[6] **wenn die Durchführung der Kapitalerhöhung nicht bis zum . . . . ., ... MEZ, in das beim Amtsgericht . . . . . geführte Handelsregister der Gesellschaft eingetragen worden ist.**

. . . . ., den . . . . .

B Bank[7]

[Unterschriften][8]

Schrifttum: *Eimer,* Zeichnungsverträge und Zeichnungsvorverträge, 2009; *Hergeth/Eberl,* Wirksamkeitsvoraussetzungen des Zeichnungsvorvertrags, NZG 2003, 205; *Hunecke,* Der Zeichnungsvertrag, 2011; *Roggenkemper,* Der Unternehmenserwerb im Wege der Sachkapitalerhöhung bei der nicht börsennotierten Aktiengesellschaft, 2018; *Weisner,* Zeichnungsschein und Ziele des TransPuG, NZG 2005, 578.

Anmerkungen

1. Der Zeichnungsschein enthält das Angebot des Zeichners an die Gesellschaft auf Abschluss eines Zeichnungsvertrages über den Erwerb Neuer Aktien (allgemein zum Zeichnungsvertrag *Eimer,* Zeichnungsverträge und Zeichnungsvorverträge, 2009, und *Hunecke,* Der Zeichnungsvertrag, 2011). Es gelten die allgemeinen Regeln der §§ 145 ff BGB über empfangsbedürftige Willenserklärungen, wobei eine Annahmeerklärung seitens der Gesellschaft gegenüber dem Zeichner idR verzichtbar ist (§ 151 S 1 BGB). Zur Form. s → Anm. 8. Stellvertretung ist zulässig, wobei die Vollmachtserklärung nicht der Schriftform bedarf (§ 167 Abs 2 BGB). § 174 BGB findet keine Anwendung, da es sich nicht um ein einseitiges Rechtsgeschäft handelt (KG AG 2006, 201). Der Zeichnungsvertrag ist wegen seiner korporationsrechtlichen Wirkung nicht als gegenseitiger Vertrag iSd §§ 320 ff BGB, sondern als unvollkommen zweiseitig verpflichtender Vertrag zu qualifizieren: Er ist gerichtet auf die Einräumung von Mitgliedsrechten für den Zeichner, die mit Eintragung der Durchführung der Kapitalerhöhung gem § 189 AktG kraft Gesetzes entstehen (korporationsrechtliches Element); im Gegenzug verpflichtet sich der Zeichner (schuldrechtliches Element) zur Übernahme der Aktien sowie zur Leistung der von ihm zu erbringenden Bar- oder Sacheinlagen (MüKoAktG/*Schürnbrand/Verse,* § 185 Rn 44 mwN). Die Wirksamkeit dieser vom Zeichner übernommenen Pflicht und damit die Wirksamkeit des Zeichnungsvertrags kann die Zustimmung Dritter, zB nach § 1365 BGB, voraussetzen (MHdB GesR IV/*Scholz,* § 57 Rn 175).

Wie im Form. vorgesehen, kann die Zeichnung dabei zunächst durch eine Emissionsbank erfolgen (vgl § 186 Abs 5 AktG), die sich im Zeichnungsschein dazu verpflichtet, die Neuen Aktien an die Aktionäre weiterzuverkaufen.

Im Vorfeld des HV-Beschlusses über die Kapitalerhöhung kann bereits ein Zeichnungsvorvertrag geschlossen werden, in dem sich der Anleger zur späteren Zeichnung verpflichtet. Ein solcher Vertrag unterliegt weitgehend den gleichen Anforderungen wie ein Zeichnungsvertrag. Insbesondere bedarf er der Schriftform (FFM ZIP 2001, 1048; Hüffer/*Koch,* § 185 Rn 31; *Hergeth/Eberl* NZG 2003, 207), ist entsprechend § 185 Abs 1 S 3 Nr 4 AktG zeitlich zu beschränken (FFM ZIP 2001, 1049; Kblz OLGReport Kblz 2002, 34; MüKoAktG/*Schürnbrand/Verse,* § 185 Rn 53; *Hergeth/Eberl,* NZG 2003, 208). Entgegen der hM (vgl zB *Hüffer/Koch,* § 185 Rn 31; Bürgers/Körber/Lieder/*Lieder,* § 185 Rn 19; Wachter/*Dürr,* § 185 Rn 30) muss der Vorvertrag aber nicht zwingend die Angaben gem § 185 Abs 1 S 3 Nr 2 und 3 AktG enthalten.

2. Gem § 185 Abs 1 S 2 AktG soll der Zeichnungsschein doppelt ausgestellt werden, da ein Exemplar bei der Anmeldung zum Handelsregister einzureichen ist (§ 188 Abs 3 Nr 1 AktG). Eine Zweitausfertigung oder öffentlich beglaubigte Abschrift kann auch nachträglich erstellt werden. Die Wirksamkeit der Zeichnung wird durch eine Einfachausstellung nicht berührt (BeckOGK AktG/*Servatius,* § 185 Rn 28; K. Schmidt/Lutter/*Veil,* § 185 Rn 9; MüKoAktG/*Schürnbrand/Verse,* § 185 Rn 15).

3. Der Zeichnungsschein hat gem § 185 Abs 1 S 3 Nr 1 AktG den Tag zu nennen, an dem die HV die Kapitalerhöhung beschlossen hat. Nach allgM ist es nicht Voraussetzung für eine wirksame Zeichnungserklärung, dass der Beschluss über die Kapitalerhöhung im Handelsregister eingetragen ist. Darüber hinaus geht die wohl hM davon aus, dass eine Zeichnung auch schon vor Beschlussfassung zulässig ist. In diesem Fall muss allerdings der Tag der geplanten Beschlussfassung bereits feststehen (KölnKommAktG/*Ekkenga,* § 185 Rn 35; MüKoAktG/*Schürnbrand/Verse,* § 185 Rn 36; *Hüffer/Koch,* § 185 Rn 6). Zum Teil wird ferner verlangt, dass im Zeichnungsschein der Hinweis aufgenommen werden muss, dass die HV die Erhöhung des Grundkapitals erst noch beschließen muss

(K. Schmidt/Lutter/*Veil,* § 185 Rn 8; Wachter/*Dürr,* § 185 Rn 7); das ist abzulehnen. Der praktische Vorteil eines solchen Vorgehens liegt für die Gesellschaft darin, dass sie schon im Vorfeld der Kapitalerhöhung verbindliche Zeichnungsangebote einsammeln kann und so in der Lage ist, der HV konkrete Informationen zu den künftigen Aktionären und zum Umfang von deren Beteiligung zu präsentieren. Dabei ist allerdings zu beachten, dass die Annahme seitens der Gesellschaft nur unter dem Vorbehalt des Bezugsrechts der Altaktionäre erfolgen kann (§ 187 Abs 1 AktG).

4. Das Gesetz enthält in § 185 AktG verschiedene inhaltliche Anforderungen, denen der Zeichnungsschein zu genügen hat und die sowohl für Bar- wie auch für Sachkapitalerhöhungen gelten (K. Schmidt/Lutter/*Veil,* § 185 Rn 2). Hierzu listet die Regelung detailliert eine Reihe von verpflichtenden Angaben auf, deren Fehlen grundsätzlich zur Nichtigkeit der Zeichnungserklärung gem § 185 Abs 2 AktG führt (dazu sowie zu den Ausnahmen von der Nichtigkeitsfolge s ausf unten → Anm. 5). Zu unterscheiden sind dabei individuelle Angaben, die die jeweilige konkrete Verpflichtungserklärung betreffen, und allgemeine Angaben, die auf allen Zeichnungsscheinen gleichermaßen vorhanden sein müssen. Als Erklärung des Zeichners ist der Inhalt des Zeichnungsscheins grundsätzlich der Auslegung nach §§ 133, 157 BGB zugänglich. Die allgemeinen Angaben sollen hingegen einer Auslegung nicht zugänglich sein (*Hüffer/Koch,* § 185 Rn 9; einschränkend Hölters/Weber/*Apfelbacher/Metzner,* § 185 Rn 19). Das überzeugt jedoch nicht. Es ändert sich nur der Auslegungsmaßstab; anstelle §§ 133, 157 BGB findet eine objektive Auslegung statt (in diese Richtung auch BeckOGK AktG/*Servatius,* § 185 Rn 32). Für eine objektive Auslegung sowohl der individuellen als auch der allgemeinen Angaben MüKoAktG/*Schürnbrand/Verse,* § 182 Rn 18.

Die individuellen Anforderungen an den Zeichnungsschein sind in § 185 Abs 1 S 1 AktG geregelt. Danach muss die Zeichnungserklärung (i) die Person des Zeichners, (ii) die die Aktien ausgegebende Gesellschaft, (iii) die Zahl der gezeichneten Aktien, (iv) bei Nennbetragsaktien den Nennbetrag je Aktie und (v) bei Ausgabe von Aktien verschiedener Gattung die gezeichnete Aktiengattung angeben.

§ 185 Abs 1 S 3 AktG listet auf, welche allgemeinen Angaben der Zeichnungsschein im Einzelnen zu enthalten hat: (i) Nach § 185 Abs 1 S 3 Nr 1 AktG ist zunächst der Tag anzugeben, an dem die Kapitalerhöhung durch die HV beschlossen wurde (siehe → Anm. 3). (ii) Gem § 185 Abs 1 S 3 Nr 2 AktG hat der Zeichnungsschein weiterhin Angaben über den Ausgabebetrag je Aktie (einschließlich eines korporativen, nicht aber eines schuldrechtlichen Aufgelds), den Betrag der festgesetzten Einzahlungen sowie den Umfang von Nebenverpflichtungen zu enthalten. Der Ausgabebetrag muss auch dann angegeben werden, wenn die Beteiligung durch eine Sacheinlage erworben wird (s zB *Hüffer/Koch,* § 185 Rn 12 mwN; aA Happ/*Herchen,* Form. 12.02 Anm. 9.5). Bei Einschaltung einer Emissionsbank (vgl oben → Anm. 1) ist der Ausgabebetrag nur der Betrag, zu dem die Bank selbst die Anteile zeichnet, nicht der Betrag, zu dem diese die Aktien platziert (Bezugspreis) (Hölters/Weber/*Apfelbacher/Metzner,* § 185 Rn 20; Wachter/*Dürr,* § 185 Rn 14). Der jeweilige Zeichner hat weiterhin den individuellen Gesamtausgabebetrag anzugeben, zu dem er seine Beteiligung erwirbt (K. Schmidt/Lutter/*Veil,* § 185 Rn 12). Grundsätzlich muss der Ausgabebetrag beziffert werden; sind gemäß § 186 Abs 2 S 1 AktG nur die Grundlagen seiner Berechnung bekannt gemacht, genügt aber richtigerweise die Angabe dieser Grundlagen auch im Zeichnungsschein (*Weisner* NZG 2005, 579; wohl auch *Eimer,* Zeichnungsverträge, 2009, S 35; nach hM ist hingegen stets die genaue Bezifferung erforderlich; vgl *Hüffer/Koch,* § 185 Rn 12; BeckOGK AktG/*Servatius,* § 185 Rn 34). Unter der gesetzlichen Formulierung der „festgesetzten Einzahlungen" sind die Einzahlungen zu verstehen, die gem §§ 188 Abs 2, 36a Abs 1 AktG noch vor Anmeldung der Durchführung der Kapitalerhöhung zu leisten sind, dh mindestens ein Viertel des geringsten Ausgabebetrags zuzüglich eines ggf beschlossenen korporativen Aufgelds. Da sich § 36 a Abs 1 AktG nur auf Bareinzahlungen bezieht, entfällt die Angabe bei Sacheinlagen (s *Hüffer/Koch,* § 185 Rn 12 mwN). Mit „Nebenverpflichtungen" sind nur solche mit korporativem Charakter iSd § 55 AktG gemeint, nicht dagegen schuldrechtlich vereinbarte Pflichten; die praktische Relevanz dieser Angabe ist daher (zumindest bei Publikumsgesellschaften) eher gering (MüKoAktG/*Schürnbrand/Verse,* § 185 Rn 29 mwN; K. Schmidt/Lutter/*Veil,* § 185 Rn 16). (iii) § 185 Abs 1 S 3 Nr 3 AktG enthält Pflichtangaben, die bei Kapitalerhöhungen mit Sacheinlagen in den Zeichnungsschein aufzunehmen sind. Im Wesentlichen umfasst dies die Festsetzungen nach § 183 Abs 1 S 1 AktG. Dh, der Zeichnungsschein muss den Gegenstand der Sacheinlage, die Person des Leistenden sowie die Stückzahl bzw den Nennbetrag der auf die Einlage zu gewährenden Aktien enthalten (K. Schmidt/Lutter/*Veil,* § 185 Rn 17). Im Fall einer gemischten Bar-/Sachkapitalerhöhung soll es erforderlich sein, dass die Angaben in alle Zeichnungsscheine (auch der Barzeichner) aufgenommen werden (Marsch-Barner/Schäfer/*Busch,* Rn 42.99; *Hüffer/Koch,* § 185 Rn 13; *Hergeth/Eberl,* NZG 03, 207). Sowohl bei Bar- als auch bei Sachkapitalerhöhungen muss, wenn mehrere Aktiengattungen ausgegeben werden, der Zeichnungsschein gem § 185 Abs 1 S 3 Nr 3 AktG den auf jede Gattung entfallenden Betrag des Grundkapitals wiedergeben. Inhaber- und Namensaktien stellen allerdings keine Gattungen in diesem Sinne dar, sodass eine entsprechende Angabe entbehrlich ist (MüKoAktG/*Schürnbrand/Verse,* § 185 Rn 31). (iv) § 185 Abs 1 S 3 Nr 4 AktG verfügt schließlich die zwingende Aufnahme eines Zeitpunkts in den Zeichnungsschein, mit dem die Zeichnung unverbindlich wird, wenn nicht bis dahin die Durchführung der Kapitalerhöhung im Handelsregister eingetragen ist (Verfallsfrist). Rechtlich handelt es sich um eine auflösende Rechtsbedingung mit einer Zeitbestimmung, für die § 158 Abs 2 BGB entsprechend gilt Stgt ZIP 2012, 922; *Hüffer/Koch,* § 185 Rn 14; für direkte Anwendung von § 158 Abs. 2 BGB Düss AG 2010, 879). Die Regelung soll den Zeichner davor bewahren, unbegrenzt an den Zeichnungsvertrag gebunden zu sein. Aus dieser Zwecksetzung lässt sich ableiten, dass der Zeitraum bis zum Endzeitpunkt nicht unangemessen lang sein darf (*Hüffer/Koch,* § 185 Rn 14). Ferner soll die Frist notwendig für alle Zeichner einheitlich lang und kalendermäßig bestimmbar sein (K. Schmidt/Lutter/*Veil,* § 185 Rn 18; BeckOGK AktG/*Servatius,* § 185 Rn 39, 39.1; nach FFM ZIP 2001, 1048 f muss die Frist einheitlich sein, aber mit einem bestimmten Tag bezeichnet werden, so dass kalendermäßige Bestimmbarkeit nicht genüge; mit guten Gründen gegen das Erfordernis einer einheitlich langen Frist *Roggenkemper,* Unternehmenserwerb im Wege der Sachkapitalerhöhung, 2018, S 248 f; Henssler/Strohn/*Hermanns,* § 185 AktG Rn 11). Ist der Zeitpunkt verstrichen, ohne dass die Durchführung der Kapitalerhöhung eingetragen wurde, erlischt der Zeichnungsvertrag und etwaige Leistungen des Zeichners an die Gesellschaft sind nach § 812 Abs 1 S 2 1. Alt BGB zurückzugewähren, § 818 Abs 3 BGB kann nicht eingewandt werden (Düss AG 2010, 879; vgl auch K. Schmidt/Lutter/*Veil,* § 185 Rn 18).

5. Unterlaufen Fehler bei der Zeichnung, so kann dies zur Nichtigkeit des Zeichnungsvertrages führen. Aufgrund der jeweils unterschiedlichen rechtlichen Beurteilung ist dabei zu unterscheiden zwischen formellen oder materiellen Mängeln des Zeichnungsscheins und Mängeln des Zeichnungsvertrages selbst (K. Schmidt/Lutter/*Veil,* § 185 Rn 19).

Wird die in § 185 Abs 1 S 1 AktG angeordnete Schriftform nicht eingehalten, ist der Zeichnungsschein formell fehlerhaft, die Nichtigkeit folgt aus § 125 S 1 BGB (vgl → Anm. 8). Gem § 185 Abs 2 AktG ist ein Zeichnungsschein überdies nichtig, wenn er eine der verpflichtenden individuellen oder allgemeinen Angaben nach § 185 Abs 1 S 1 u 3 AktG nicht vollständig enthält bzw wenn er außer dem Unverbindlichkeitszeitpunkt nach § 185 Abs 1 S 3 Nr 4 AktG weitere Beschränkungen der Verpflichtung des Zeichners vorsieht. Die Frage, ob eine Angabe unvollständig ist oder sogar fehlt, muss durch Auslegung nach den allgemeinen Grundsätzen ermittelt werden (K. Schmidt/Lutter/*Veil,*

§ 185 Rn 21). Führt die Auslegung zum Ergebnis, dass der Zeichnungsschein nichtig ist, so hat das Registergericht die Eintragung abzulehnen (K. Schmidt/Lutter/*Veil,* § 185 Rn 21).

Auch grundsätzlich ungültige Zeichnungsscheine können jedoch Wirksamkeit erlangen, wenn die zur Nichtigkeit führenden Mängel nach § 185 Abs 3 AktG geheilt werden. Das Gesetz verlangt hierfür das kumulative Vorliegen mehrerer Voraussetzungen: Zum einen muss das Registergericht die Durchführung der Erhöhung des Grundkapitals tatsächlich eingetragen haben. Zum anderen muss der Zeichner aufgrund des Zeichnungsscheins als Aktionär Rechte ausgeübt oder Verpflichtungen erfüllt haben (näher dazu MüKoAktG/*Schürnbrand/Verse,* § 185 Rn 74 ff; K. Schmidt/Lutter/*Veil,* § 185 Rn 22; *Hüffer/Koch,* § 185 Rn 18). Mit der Heilung erlangen sowohl der Zeichnungsschein als auch der Zeichnungsvertrag rückwirkend Wirksamkeit und der Zeichner wird Aktionär der Gesellschaft (K. Schmidt/Lutter/*Veil,* § 185 Rn 23). Regelungen, die entgegen § 185 Abs 2 2. Alt AktG Verpflichtungen des Zeichners aus dem Zeichnungs*vertrag* (vgl oben) beschränken, bleiben dagegen unwirksam, da die Heilung nur eine Gültigkeit im gesetzlich zugelassenen Umfang bewirkt (MüKoAktG/*Schürnbrand/Verse,* § 185 Rn 77; *Hüffer/Koch,* § 185 Rn 20).

Von Letzterem zu unterscheiden ist die Regelung des § 185 Abs 4 AktG, wonach Beschränkungen des Zeichnungs*angebots* (Befristungen, Widerrufsrechte etc, vgl oben) nicht zu berücksichtigen sind, soweit sie außerhalb des Zeichnungsscheins in schriftlicher oder mündlicher Form. getroffen werden.

Neben den genannten Mängeln des Zeichnungsscheins kann auch der Zeichnungsvertrag selbst nach allgemeinen zivilrechtlichen Regeln unwirksam sein, wenn Angebot oder Annahme mit Mängeln behaftet sind. Als Nichtigkeitsgründe kommen etwa §§ 104 ff, 116 ff, 134, 138, 142 Abs 1 BGB in Betracht. Eine Eintragung darf dann nicht erfolgen. Wird sie dennoch vorgenommen, ist nach hM nicht § 185 Abs 3 AktG anzuwenden, der schon vom Wortlaut her nicht passt, sondern die Grundsätze zur fehlerhaften Gesellschaft (K. Schmidt/Lutter/*Veil,* § 185 Rn. 24 f; MüKoAktG/*Schürnbrand/Verse,* § 185 Rn 83 ff; *Hüffer/Koch,* § 185 Rn 28 f; s auch BGH NZG 2018, 29 Tz 35 zu § 55 GmbHG). Das bedeutet: Die Kapitalerhöhung ist wirksam, und der Zeichner ist Aktionär geworden, er kann aber mit Wirkung ex nunc eine Beendigung seiner Aktionärsstellung verlangen (MüKoAktG/*Schürnbrand/Verse,* § 185 Rn 88 mwN; K. Schmidt/Lutter/*Veil,* § 185 Rn 23).

6. S § 185 Abs 1 S 3 Nr 4 AktG und dazu → Anm. 4.

7. Tauglicher Zeichner ist nach allgM jeder, der auch als Gründer der Gesellschaft iSd § 2 AktG in Frage kommt (vgl *Hüffer/Koch,* § 185 Rn 5; MüKoAktG/*Schürnbrand/Verse,* § 185 Rn 12). Nicht zeichnungsberechtigt ist die Gesellschaft selbst (§ 56 Abs 1 AktG) sowie abhängige oder im Mehrheitsbesitz der Gesellschaft stehende Unternehmen (§ 56 Abs 2 AktG).

8. In formeller Hinsicht verlangt § 185 Abs 1 S 1 AktG die schriftliche Erklärung des Zeichnungsangebots, dh der Zeichnungsschein muss gem § 126 Abs 1 BGB vom Zeichner eigenhändig durch Namensunterschrift oder mittels notariell beglaubigten Handzeichens unterzeichnet werden; andernfalls ist die Erklärung nichtig gem § 125 S 1 BGB. Der Zeichnungsvertrag begründet auch die Verpflichtung, die Einlage zu erbringen. Gelten für die Begründung der Verpflichtung zur Erbringung der konkreten Einlage besondere Formerfordernisse, sind diese zu beachten; so ist etwa bei einer Sacheinlage in Form. von Grundstücken (§ 311b Abs 1) oder GmbH-Geschäftsanteilen (§ 15 Abs. 4 GmbHG) der Zeichnungsvertrag notariell zu beurkunden (Marsch-Barner/Schäfer/*Busch,* Rn 42.99; K. Schmidt/Lutter/*Veil,* § 185 Rn 12). Das gilt dann sowohl für das Angebot des Zeichners als auch für die grundsätzlich formlos mögliche Annahme durch die Gesellschaft.

5.3 Bezugsangebot[1]

Die Hauptversammlung der A Aktiengesellschaft („Gesellschaft") hat am . . . . . beschlossen, das Grundkapital der Gesellschaft von EUR . . . . . um EUR . . . . . auf EUR . . . . . durch Ausgabe von . . . . . neuen, auf den Inhaber lautenden Stückaktien ohne Nennwert mit einem rechnerischen Anteil am Grundkapital von je EUR . . . . . („Neue Aktien"), gegen Bareinlagen zu erhöhen. Die Neuen Aktien werden zu dem auf die einzelne Neue Aktie entfallenden anteiligen Betrag des Grundkapitals ausgegeben und sind ab dem . . . . . gewinnanteilsberechtigt.

Die Neuen Aktien werden den Aktionären zum Bezugspreis[2] von EUR . . . . . je Neuer Aktie mit einem Bezugsverhältnis[3] von . . . . . zu . . . . . zum Bezug angeboten. Das bedeutet, dass jeder Aktionär für jeweils . . . . . gehaltene alte Aktien . . . . . Neue Aktien zum Bezugspreis erwerben kann. Soweit das Bezugsverhältnis dazu führt, dass rechnerische Ansprüche der Aktionäre auf Bruchteile von Neuen Aktien entstehen, haben die Aktionäre hinsichtlich der entstehenden Spitzenbeträge keinen Anspruch auf Lieferung von Neuen Aktien oder Barausgleich. Das Bezugsrecht ist insoweit ausgeschlossen. Maßgeblich für die Ermittlung der den Aktionären jeweils zustehenden Bezugsrechte ist deren jeweiliger Bestand an alten Aktien bei Ablauf des . . . . . .

Die Aktionäre können Neue Aktien auf Grundlage ihrer Bezugsrechte gegen Bareinlage erwerben. Den Aktionären wird insoweit das gesetzliche Bezugsrecht als mittelbares Bezugsrecht gemäß § 186 Abs 5 AktG eingeräumt. Die B Bank, ... („B Bank"), hat sich aufgrund eines Übernahme- und Platzierungsvertrages[4] vom . . . . . (der „Übernahmevertrag") verpflichtet (i) die Neuen Aktien zu zeichnen, (ii) die Neuen Aktien den Aktionären der Gesellschaft vorbehaltlich der nachstehenden unter dem Abschnitt *„Wichtige Hinweise"* genannten Bedingungen im Rahmen eines mittelbaren Bezugsrechts während der Bezugsfrist entsprechenden dem Bezugsverhältnis zum Bezugspreis je Neuer Aktien zum Bezug anzubieten und (iii) den Aktionären die gezeichneten Aktien entsprechend ihrer Bezugsausübung[5] nach vollzogener Eintragung der Durchführung der Kapitalerhöhung im Handelsregister zum Bezugspreis zuzuteilen. Etwaige aufgrund des Bezugsangebots nicht bezogene Neue Aktien sollen nach Maßgabe des Abschnitts *„Verwertung nicht bezogener Neuer Aktien"* verwertet werden.

Die Durchführung der Kapitalerhöhung wird voraussichtlich am . . . . . in das Handelsregister des Amtsgerichts . . . . . eingetragen. Der Kapitalerhöhungsbeschluss wurde am . . . . . in das Handelsregister des Amtsgerichts . . . . ., eingetragen.

Wir bitten unsere Aktionäre, ihr Bezugsrecht auf die Neuen Aktien in der Zeit

vom . . . . . bis . . . . . (jeweils einschließlich) (die „Bezugsfrist")[6]

über ihre Depotbank bei den unten genannten Bezugsstellen während der üblichen Schalterstunden auszuüben.[7] Nicht fristgemäß ausgeübte Bezugsrechte verfallen wertlos[8] bzw. werden, sofern die Depotbedingungen dies vorsehen, bestmöglich verwertet.

Zur Ausübung des Bezugsrechts bitten wir unsere Aktionäre, ihrer Depotbank eine entsprechende Weisung zum Bezug der Neuen Aktien zu erteilen.[5]

Bezugsstellen[9] sind die inländischen Niederlassungen der B Bank.

Entsprechend dem Bezugsverhältnis[3] berechtigen . . . . . Bezugsrechte und Zahlung des Bezugspreises von EUR . . . . . je Neuer Aktie zum Bezug von . . . . . Neuen Aktien.

Die Bezugsrechte aus den alten Aktien der Gesellschaft, die sämtlich in Girosammelverwahrung gehalten werden, werden nach dem Stand vom . . . . ., abends, durch die Clearstream Banking AG, Frankfurt am Main, Deutschland, den Depotbanken automatisch eingebucht.

Bezugspreis und Zahlung des Bezugspreises[2]

Der Bezugspreis je bezogener Neuer Aktie beträgt EUR . . . . . Der Bezugspreis ist spätestens am . . . . . zu entrichten. Aktionäre, die ihre Bezugsrechte innerhalb der Bezugsfrist ausgeübt haben, müssen den Bezugspreis zum Zeitpunkt der Ausübung, spätestens aber am letzten Tag der Bezugsfrist über ihre Depotbank bezahlen.[5]

Börslicher Bezugsrechtshandel[10]

Die Bezugsrechte (ISIN . . . . ./WKN . . . . .) werden in der Zeit vom . . . . . bis . . . . . (jeweils einschließlich) am regulierten Markt der Frankfurter Wertpapierbörse (Parketthandel) gehandelt. Die Aufnahme des Handels in den Bezugsrechten an einer anderen Börse wird nicht beantragt. Die B Bank ist bereit, den börsenmäßigen An- und Verkauf von Bezugsrechten nach Möglichkeit zu vermitteln. Ein Ausgleich für nicht ausgeübte Bezugsrechte erfolgt nicht. Nach Ablauf der Bezugsfrist verfallen die nicht ausgeübten Bezugsrechte ersatzlos.

Vom . . . . . an erfolgt die Preisfeststellung für die alten Aktien der Gesellschaft im regulierten Markt der Wertpapierbörsen zu Frankfurt am Main, ..., ... und . . . . . „ex-Bezugsrecht".

Die B Bank kann geeignete Maßnahmen ergreifen, um für einen geordneten Bezugsrechtshandel Liquidität zur Verfügung zu stellen, wie den Kauf und Verkauf von Bezugsrechten auf Neue Aktien. Dabei behält sich die B Bank vor, Absicherungsgeschäfte in Aktien der Gesellschaft oder in entsprechenden Derivaten vorzunehmen. Solche Maßnahmen und Absicherungsgeschäfte können den Börsenkurs bzw. Marktpreis der Bezugsrechte und der Aktien der Gesellschaft beeinflussen. Es ist jedoch nicht gesichert, dass sich ein aktiver Bezugsrechtshandel an der Frankfurter Wertpapierbörse entwickeln und während des Zeitraums des Bezugsrechtshandels genügend Liquidität vorhanden sein wird.

Wichtige Hinweise[11]

Die B Bank ist berechtigt, unter bestimmten Umständen vom Übernahmevertrag zurückzutreten. Zu diesen Umständen zählen unter anderem wesentliche nachteilige Veränderungen in der Vermögens-, Finanz- oder Ertragslage der Gesellschaft und ihrer Tochtergesellschaft(en) (zusammen betrachtet), wesentliche Einschränkungen des Börsenhandels oder des Bankgeschäfts in Frankfurt am Main, New York oder London, der Ausbruch oder die Eskalation von Feindseligkeiten sowie wesentlich nachteilige Katastrophen oder Krisen oder Änderungen der nationalen oder internationalen politischen, wirtschaftlichen oder finanziellen Bedingungen oder Änderungen der steuerlichen oder währungspolitischen Rahmenbedingungen. Die Verpflichtungen der B Bank enden ferner, wenn die Durchführung der Kapitalerhöhung nicht bis zum . . . . ., ... Uhr (MEZ), in das Handelsregister des Amtsgerichts [. . . . . eingetragen ist. Sollte die Zulassung der Neuen Aktien zum Börsenhandel nicht bis einschließlich . . . . .] erfolgt sein, besteht ebenfalls ein Rücktrittsrecht.

Im Falle eines Rücktritts der B Bank vom Übernahmevertrag vor Eintragung der Durchführung der Kapitalerhöhung in das Handelsregister entfällt das Bezugsrecht ersatzlos. Da die Eintragung in das Handelsregister voraussichtlich frühestens einen Börsenhandelstag nach Ende der Bezugsfrist, also frühestens am . . . . ., erfolgen soll, ist bis dahin ein das Bezugsrecht entfallen lassender Rücktritt vom Übernahmevertrag möglich. Eine Rückabwicklung von Börsengeschäften über den Erwerb von Bezugsrechten ist in diesem Fall nicht möglich und ein Anleger würde das für den Erwerb von Bezugsrechten eingesetzte Kapital nicht erstattet bekommen. Bereits erteilte Bezugserklärungen für Neue Aktien werden unwirksam.

Im Fall eines Rücktritts vom Übernahmevertrag der B Bank nach Eintragung der Durchführung der Kapitalerhöhung in das Handelsregister können die Aktionäre bzw. Inhaber von Bezugsrechten, die ihr Bezugsrecht ausgeübt haben, die Neuen Aktien zum Bezugspreis erwerben. Der Rücktritt bezieht sich in diesem Fall nur auf die nicht bereits bezogenen Neuen Aktien. Sämtliche Aktienkaufverträge über nicht bezogene Neue Aktien nach Maßgabe des Abschnitts „*Verwertung nicht bezogener Neuer Aktien*" stehen daher unter dem Vorbehalt, dass die B Bank nicht vom Übernahmevertrag zurücktritt. Sollten zum Zeitpunkt des Rücktritts vom Übernahmevertrag bereits Leerverkäufe erfolgt sein, trägt der Verkäufer dieser Aktien das Risiko, seine Verpflichtung nicht durch Lieferung von Neuen Aktien erfüllen zu können.

Verbriefung und Lieferung der Neuen Aktien

Die Neuen Aktien (ISIN . . . . .) werden in einer Globalurkunde ohne Globalgewinnanteilschein verbrieft, die bei der Clearstream Banking AG, Frankfurt am Main, Deutschland, hinterlegt wird. Der Anspruch der Aktionäre auf Verbriefung ihres jeweiligen Anteils ist satzungsgemäß ausgeschlossen. Die Lieferung der aufgrund des Bezugsangebots bezogenen Neuen Aktien durch Girosammeldepotgutschrift gegen Zahlung des Bezugspreises und der banküblichen Effektenprovision erfolgt voraussichtlich am . . . . ., es sei denn, die Bezugsfrist wird verlängert.

Provision

Für den Bezug von Neuen Aktien wird von den Depotbanken gegenüber den ihr Bezugsrecht ausübenden Aktionären die bankübliche Provision berechnet. Für die Abwicklung des Bezugsrechts berechnet die B Bank den ausübenden Aktionären keine zusätzliche Provision.

Börsenzulassung und Notierungsaufnahme der Neuen Aktien

Die Zulassung der Neuen Aktien zum regulierten Markt sowie zum Teilbereich des regulierten Marktes mit weiteren Zulassungsfolgepflichten *(Prime Standard)* an der Frankfurter Wertpapierbörse wird voraussichtlich am . . . . . beantragt werden und voraussichtlich am oder um den . . . . . erfolgen, vorbehaltlich der Eintragung der Durchführung der Kapitalerhöhung in das Handelsregister. Die Aufnahme des Handels in den Neuen Aktien wird voraussichtlich am oder um den . . . . . erfolgen. Es wird erwartet, dass die Neuen Aktien mit Notierungsaufnahme in die bestehende Preisfeststellung für die Aktien der Gesellschaft einbezogen werden.

Veröffentlichung des Prospekts[12]

Im Zusammenhang mit dem Bezugsangebot wurde ein Wertpapierprospekt der Gesellschaft vom . . . . . auf der Internetseite der Gesellschaft . . . . . veröffentlicht (der „Prospekt"). Gedruckte Exemplare des Prospekts werden bei der . . . . . zur kostenlosen Ausgabe während der üblichen Geschäftszeiten bereitgehalten.

Aktionären und Anlegern wird empfohlen, vor der Entscheidung über die Ausübung, den Erwerb oder die Veräußerung von Bezugsrechten bzw. den Erwerb von Aktien den Prospekt aufmerksam zu lesen.

Verwertung nicht bezogener Aktien[13]

Etwaige aufgrund des Bezugsangebots nicht bezogene Neue Aktien sollen im Wege einer internationalen Privatplatzierung qualifizierten Anlegern in der Bundesrepublik Deutschland und in ausgewählten anderen Staaten (außerhalb der Vereinigten Staaten von Amerika, Australien, Kanada und Japan) nach Maßgabe der auf Basis des *United States Securities Act* von 1933 in der derzeit gültigen Fassung (der *„U. S. Securities Act"*) erlassenen *Regulation S* zu einem Preis mindestens in der Höhe des Bezugspreises angeboten werden.

Verkaufsbeschränkungen

Die Neuen Aktien und Bezugsrechte sind nicht und werden nicht nach den Vorschriften des U. S. Securities Act oder bei den Wertpapieraufsichtsbehörden von Einzelstaaten der Vereinigten Staaten von Amerika registriert. Sie dürfen in den Vereinigten Staaten von Amerika weder angeboten noch verkauft noch direkt oder indirekt dorthin geliefert werden, außer in Ausnahmefällen aufgrund einer Befreiung von den Registrierungserfordernissen des U. S. Securities Act.

Die Annahme des Angebots der Neuen Aktien außerhalb Deutschlands kann Beschränkungen unterliegen. Personen, die das Angebot außerhalb Deutschlands annehmen wollen, werden aufgefordert, sich über außerhalb von Deutschland bestehende Beschränkungen zu informieren und diese zu beachten.

Stabilisierung

Im Zusammenhang mit dem Angebot der Neuen Aktien handelt die B Bank als Stabilisierungsmanager und kann, soweit rechtlich zulässig, Maßnahmen ergreifen, die auf die Stützung des Börsenkurses oder Marktpreises der Aktien der Gesellschaft abzielen („Stabilisierungsmaßnahmen"). Indes besteht keine Verpflichtung des Stabilisierungsmanagers, Stabilisierungsmaßnahmen zu ergreifen. Demzufolge ist ungewiss, ob Stabilisierungsmaßnahmen überhaupt ergriffen werden. Soweit Stabilisierungsmaßnahmen ergriffen werden, können diese jederzeit ohne vorherige Bekanntgabe beendet werden. Derartige Stabilisierungsmaßnahmen können ab dem Zeitpunkt der Veröffentlichung des Bezugspreises vorgenommen werden und müssen spätestens am dreißigsten Kalendertag nach Ablauf der Bezugsfrist, das heißt voraussichtlich am . . . . ., beendet sein („Stabilisierungszeitraum").

Stabilisierungsmaßnahmen können zu einem höheren Börsenkurs bzw. Marktpreis der Aktien der Gesellschaft führen, als es ohne diese Maßnahmen der Fall wäre. Darüber hinaus kann sich vorübergehend ein Börsenkurs bzw. Marktpreis auf einem Niveau ergeben, das nicht dauerhaft ist. In keinem Fall werden Maßnahmen zur Stabilisierung des Börsenkurses bzw. Marktpreises der Aktien der Gesellschaft oberhalb des Bezugspreises für die Neuen Aktien vorgenommen werden.

. . . . . (Ort, Datum)

A Aktiengesellschaft

Der Vorstand

Schrifttum: → Form. II.E.5.1 Anm. 1 ff; *Busch,* Aktien- und börsenrechtliche Aspekte von Force Majeure-Klauseln in Aktienübernahmeverträge, WM 2001, 1277; *Groß,* Bookbuilding, ZHR 162 (1998), 318; *Schlitt/Seiler,* Fragen bei Bezugsrechtsemissionen, WM 2003, 2175; *J. Schneider,* Kollektive Investitionsentscheidungen als öffentliches Angebot iSd § 2 Nr 4 WpPG, AG 2016, 341;

Schürnbrand, Die überzeichnete Kapitalerhöhung, FS Stilz **2014,** 569; *Vaupel/Reers,* Kapitalerhöhungen bei börsennotierten Aktiengesellschaften in der Krise, AG **2010,** 93; *Wieneke,* Praxisfragen im Zusammenhang mit Bezugsangeboten bei börsennotierten Gesellschaften, GWR **2017,** 239.

Anmerkungen

1. Das Bezugsangebot der Emissionsbank ist gem § 186 Abs 2 S 1 bzw § 186 Abs 5 S 2 AktG in den Gesellschaftsblättern durch den Vorstand der Gesellschaft bekannt zu machen. Der Mindestinhalt des Bezugsangebots ist in § 186 Abs 2 AktG festgelegt. Das Angebot muss entweder den bereits festgesetzten Ausgabebetrag (Bezugspreis), ansonsten aber die Grundlage für seine Festsetzung (Bookbuilding) beinhalten. Ferner sind das Bezugsverhältnis (Bezugskurs), die Bezeichnung des Emissionsunternehmens und ggf die geforderte Legitimation anzugeben (*Hüffer/Koch,* § 186 Rn 52; Hölters/Weber/*Apfelbacher/Metzner,* § 186 Rn 102 f; MüKo/*Schürnbrand/Verse,* § 186 Rn 184). Die Bezugsfrist gem § 186 Abs 2 S 1 iVm § 186 Abs 1 AktG ist lediglich fakultativ (*Hüffer/Koch,* § 186 Rn 52 mit Hinweis auf Karlsr AG 2002, 91; KölnKommAktG/*Ekkenga,* § 186 Rn 249), wird in der Praxis aber regelmäßig festgelegt und muss mindestens zwei Wochen betragen (Habersack/Mülbert/Schlitt/*Herfs,* § 4 Rn 88; Hölters/Weber/*Apfelbacher/Metzner,* § 186 Rn 103). Mit Festlegung wird diese Teil des Bezugsangebots und ist insofern auch verbindlich (Karlsr AG 2002, 91; *Hüffer/Koch,* § 186 Rn 52; KölnKommAktG/*Ekkenga,* § 186 Rn 249). Nicht zwingend zu nennen ist hingegen der mit der Emissionsbank vereinbarte Ausgabebetrag, zu dem die Neuen Aktien gezeichnet werden (Hölters/Weber/Apfelbacher/*Metzner,* § 186 Rn 102).

2. Der Bezugspreis kann, wie im vorliegenden Form., bereits in die Bekanntmachung des Bezugsangebots aufgenommen werden. Mangels gesetzlicher Vorgaben bzgl der Festlegung des Bezugspreises kann sowohl auf den Durchschnittskurs, den Stichtagskurs, als auch den Börsenkurs Bezug genommen werden (Hölters/Weber/*Apfelbacher/Metzner,* § 186 Rn 19). Wird von der Möglichkeit des Bookbuilding Gebrauch gemacht, sind zunächst nur die Grundlagen für die Ermittlung des Bezugspreises bekannt zu machen (§ 186 Abs 2 S 1).

Spätestens drei Tage vor Ablauf der Bezugsfrist hat der Vorstand gem § 186 Abs 2 S 2 AktG den anhand der veröffentlichten Grundlagen ermittelten Bezugspreis (i) in den Gesellschaftsblättern (Bundesanzeiger), (ii) auf der Webseite der Gesellschaft und (iii) im Wege einer Ad hoc-Mitteilung (Art 17 MAR) bekannt zu machen. Die Ermittlung des Bezugspreises im Rahmen des Bookbuilding Verfahrens ermöglicht der Gesellschaft eine marktnähere Festsetzung des Bezugspreises und eine Verringerung des Volatilitätsrisikos (*Schlitt/Seiler,* WM 2003, 2177 und 2180). Das Risiko, dass der Börsenkurs während der Auslauffrist unter den fixierten Marktpreis sinkt, verbleibt bei der Gesellschaft.

3. Das Bezugsverhältnis (Anzahl ausstehender Aktien ./. Anzahl Neuer Aktien) ist maßgeblich für die Anzahl der Neuen Aktien, die ein Aktionär beziehen kann (Hölters/Weber/*Apfelbacher/Metzner,* § 186 Rn 26), wobei auf jede alte Aktie ein Bezugsrecht entfällt. Kommt es zu einem ungeraden Bezugsverhältnis, so kann für den das gerade Bezugsverhältnis übersteigenden Anteil der Kapitalerhöhung (Spitzen) das Bezugsrecht ausgeschlossen werden (ausf zum Ausgleich bei freiwerdenden Spitzen s → Form. II.E.5.1 Anm. 6 und → Anm. 7 sowie Hölters/Weber/*Apfelbacher/Metzner,* § 186 Rn 26; Habersack/Mülbert/Schlitt/*Herfs,* Rn 5.111 f).

4. Der Übernahmevertrag wird zwischen Gesellschaft und Emissionsbank abgeschlossen. Der Übernahmevertrag regelt die Abwicklung der Kapitalerhöhung und die Bedingungen für die Zeichnung der Aktien durch die Emissionsbank, insbesondere Vergütung und Kostenersatz. Die Bank verpflichtet sich ua gegenüber der Gesellschaft, den Aktionären die übernommenen Aktien zu dem festgelegten Kurs unverzüglich entsprechend ihrem bisherigen Anteil anzubieten (BGHZ 118, 97 = NJW 1992, 2222; MHdB GesR IV/*Scholz,* § 57 Rn 151; ausf zum Übernahmevertrag Habersack/Mülbert/Schlitt/*Haag,* § 29). Daneben verpflichtet sich die Emissionsbank, den Unterschied zwischen Ausgabe- und Bezugspreis nach Abzug von Kosten und Provisionen an die Gesellschaft weiterzuleiten. Hinzu kommt die Übernahme der Aufgaben und Pflichten, die die Gesellschaft gegenüber ihren Aktionären bei einer Selbstemission hätte (MüKoAktG/*Schürnbrand/Verse,* § 186 Rn 175).

5. Die Ausübung des Bezugsrechts durch den Aktionär erfolgt bei einer Fremdemission durch den Aktionär gegenüber der Emissionsbank (*Hüffer/Koch,* § 186 Rn 51 f). Die Annahme hat dann, wenn im Angebot festgelegt, innerhalb einer bestimmten Frist und ggf in einer bestimmten Form. (zB Legitimation durch den Aktionär) zu erfolgen (*Hüffer/Koch,* § 186 Rn 51 f; MüKoAktG/*Schürnbrand/Verse,* § 186 Rn 164 f). Zulässig ist es zudem, die wirksame Angebotsannahme von der Zahlung des Bezugspreises innerhalb der Bezugsfrist abhängig zu machen (MHdB GesR IV/*Scholz,* § 57 Rn 152). Bei der Annahmeerklärung handelt es sich um eine empfangsbedürftige Erklärung, die formlos gültig ist. Mit wirksamer Annahmeerklärung kommt zwischen der Emissionsbank und dem Aktionär ein Kaufvertrag zustande.

6. Der Bezugszeitraum (Bezugsfrist) ist bei einer Fremdemission nicht zwingend vorgeschrieben, wird aber in der Praxis regelmäßig gewährt (s Anm. 1). Der Aktionär muss innerhalb dieses Zeitraums sein Bezugsrecht durch Annahme des Angebots ausüben. Geschieht dies nicht und wird die Annahme nach der Frist erklärt, so liegt ein neues Angebot iSd § 150 Abs 1 BGB vor, für das das mittelbare Bezugsrecht allerdings nicht mehr gilt (*Hüffer/Koch,* § 186 Rn 51). Die Verwaltung hat die Möglichkeit, eine Nachfrist für die Zeichnung der Aktien festzulegen, die innerhalb der eigentlichen Bezugsfrist nicht gezeichnet wurden. Ebenso besteht die Möglichkeit, eine Verfallsfrist – schon im HV-Beschluss, sonst durch den Vorstand – zu bestimmen, nach deren Ablauf die Zeichnungen unverbindlich werden (Habersack/Mülbert/Schlitt/*Herfs,* § 4 Rn 57). Diese ist zwingend in den Zeichnungsschein aufzunehmen (§ 185 Abs 1 Nr 4 AktG). Für die Berechnung der Bezugsfrist gelten die §§ 187 ff BGB (s dazu KölnKommAktG/*Ekkenga,* § 186 Rn 43; *Wieneke,* GWR 2017, 241 auch dazu, dass der Umstand, dass die Bezugsrechte ggf erst nach dem Beginn der Bezugsfrist den Depots der Aktionäre eingebucht werden (Payment Date), keine unzulässige Verkürzung der Bezugsfrist darstellt).

7. Das Bezugsrecht (§ 186 Abs 1 S 1 AktG) gewährt dem bisherigen Aktionär einen Anspruch, an einer Kapitalerhöhung gegen Einlagen in einem seiner bisherigen Beteiligungsquote entsprechenden Umfang zu partizipieren (Habersack/Mülbert/Schlitt/*Herfs,* Rn 5.26; BeckOGK AktG/*Servatius,* § 186 Rn 11). Die neuen Aktien werden dem Aktionär aber nicht automatisch zugewiesen, und er ist auch nicht verpflichtet, diese zu zeichnen; vielmehr muss er seinen Anspruch ausüben (s Anm. 5). Bei einer Fremdemission besteht der Anspruch auf Ausübung des Bezugsrechts gegenüber der Emissionsbank, ansonsten gegenüber der Gesellschaft auf Abschluss eines Zeichnungsvertrages (MüKoAktG/*Schürnbrand/Verse,* § 186 Rn 150; *Hüffer/Koch,* § 186 Rn 4).

8. Übt der Aktionär sein Bezugsrecht nicht fristgemäß aus, so verfällt dies (KölnKommAktG/*Ekkenga,* § 186 Rn 249) bzw wird, wenn es die Depotbedingungen vorsehen, bestmöglich verwertet. Entgegen einer zT vertretenen Ansicht (Anwachstheorie; *Groß,* ZHR 162 (1998), 333) wachsen nicht (fristgerecht) ausgeübte Bezugsrechte nicht (stets) den anderen Aktionären an (Hölters/Weber/*Apfelbacher/Metzner,* § 186 Rn 104, 27; s dazu auch Marsch-Barner/Schäfer/*Busch,* Rn 42.49; MHdB GesR IV/*Scholz,* § 57 Rn 102). Zur Verwertung nicht bezogener Aktien s → Anm. 13.

9. Bezugsstelle ist in der Regel die zeichnende und übernehmende Emissionsbank.

10. Der Aktionär hat, wenn der HV-Beschluss nicht etwas Abweichendes festsetzt, keinen Anspruch auf Einrichtung eines Bezugsrechtshandels (LG Hbg DB 1999, 1053; *Hüffer/Koch,* § 186 Rn 7; Hdb AG-Finanzierung/*Ekkenga/Jaspers,* Kap. 4 Rn 167; *Vaupel/Reers,* AG 2010, 96 f s auch → Form. II.E.5.8 Anm. 12). In der Praxis wird häufig ein Bezugsrechtshandel eingerichtet, um den Aktionären die Möglichkeit zu geben, den Wert des Bezugsrechts zu realisieren und dadurch ohne Teilnahme an der Kapitalerhöhung eine wirtschaftliche Verwässerung zu vermeiden. Auch wenn kein börslicher Bezugsrechtshandel eingerichtet ist, sind die Bezugsrechte übertragbar.

11. Das Emissionsinstitut verfügt über die Möglichkeit, sich Rücktrittsrechte vorzubehalten, um sich vor Veränderungen zu schützen, die eine Platzierung erschweren oder das Platzierungsrisiko in unvorhergesehener Weise erhöhen (Habersack/Mülbert/Schlitt/*Herfs,* Rn 5.114 f; *Schlitt/Seiler,* WM 2003, 2183). Mögliche Rücktrittsgründe sind insbesondere Ereignisse höherer Gewalt, also eine wesentlich nachteilige Änderung der Verhältnisse (zu solchen Force Majeure-Klauseln s zB Marsch-Barner/Schäfer/*Busch,* Rn 42.100; Habersack/Mülbert/Schlitt/*Haag,* § 29 Rn 74 ff.; Hölters/Weber/*Apfelbacher/Metzner,* § 185 Rn 34).

Problematisch sind diese Rücktrittsrechte insbesondere bei Bezugsrechten, da die Aktionäre einen Anspruch gegen das Emissionsinstitut auf Lieferung der Aktien erwerben (s → Anm. 5), der ihnen durch einen Rücktritt genommen würde (Habersack/Mülbert/Schlitt/*Herfs,* Rn 5.116; *Busch,* WM 2001, 1278 Fn 21). Da der Übernahmevertrag ein Vertrag zugunsten Dritter ist, besteht die Möglichkeit, die Rechte des Dritten ohne dessen Zustimmung aufzuheben, worauf im Bezugsangebot zwingend hinzuweisen ist (Habersack/Mülbert/Schlitt/*Herfs,* § 4 Rn 116).

Bei der Ausgestaltung des Rücktrittsrechts ist den einzelnen Abschnitten (Zeiträume) der Kapitalerhöhung Rechnung zu tragen (so im Form.). So entfällt das Bezugsrecht ersatzlos, wenn das Emissionsinstitut bereits vor Eintragung der Durchführung der Kapitalerhöhung im Handelsregister zurücktritt. Erfolgt der Rücktritt des Emissionsinstituts erst nach der Eintragung der Kapitalerhöhung, so führt dies dazu, dass alle Aktionäre, die ihr Bezugsrecht bereits ausgeübt haben, die Aktien zu dem Bezugspreis erwerben können, aber nicht müssen. Die verbleibenden Aktien sind dann allen Aktionären, ggf zu einem neuen Bezugspreis, anzubieten. Bei Ausübung des Rücktrittsrechts nach Ablauf der Bezugsfrist, aber vor der endgültigen Zahlung des Bezugspreises, bleiben bereits ausgeübte Bezugsrechte von diesem Rücktritt unberührt, wohingegen Kaufverträge über Aktien, die nicht bezogen, aber im Rahmen der Verwertung verkauft worden sind, rückabgewickelt werden müssen (Habersack/Mülbert/Schlitt/*Herfs,* § 4 Rn 115).

12. Kapitalerhöhungen sind prospektpflichtig, wenn sie ein öffentliches Angebot darstellen oder die neuen Aktien zum Handel an einem organisierten Markt zugelassen werden sollen (Art 1 Abs 1, Art 3 Abs 1 und 3 ProspektVO). Auch eine Bezugsrechtsemission stellt ein öffentliches Angebot dar und löst daher regelmäßig eine Prospektpflicht aus (*Groß,* § 2 WpPG Rn 24 f; FrankfKommWpPG/*Schnorbus,* § 4 Rn 60 ff). Das öffentliche Angebot liegt dabei erst im Bezugsangebot und nicht bereits in der HV-Einberufung oder im HV-Beschluss (FrankfKommWpPG/*Schnorbus,* § 2 Rn 51; *J. Schneider,* AG 2016, 343). Vgl zu Fällen, bei denen eine Prospektpflicht entfallen kann, zB MHdB GesR IV/*Scholz,* § 57 Rn 203.

13. Die Verwertung nicht bezogener Aktien durch das Emissionsinstitut geschieht entweder auf Grundlage der Regelungen im HV- bzw bei Kapitalerhöhung aus genehmigtem Kapital im Ausnutzungsbeschluss oder, soweit in den Kapitalerhöhungsbeschlüssen keine Regelung getroffen wurde, auf Grundlage des Übernahmevertrages (Stgt AG 2013, 610; *Schlitt/Seiler,* WM 2003, 2183). Sowohl im Kapitalerhöhungsbeschluss als auch im Übernahmevertrag kann festgelegt werden, dass die Aktien zB anderweitig zum bestmöglichen Kurs zu platzieren (Rückfluss an die Gesellschaft) oder den alten Aktionären, unter Beachtung des Gleichbehandlungsgrundsatzes, erneut anzubieten sind (*Hüffer/Koch,* § 186 Rn 53). Ein Anspruch der Aktionäre, bei der Platzierung nicht bezogener Aktien bevorrechtigt berücksichtigt zu werden (über Nach- oder Überbezugsrechte), besteht aber nicht (*Hüffer/Koch,* § 186 Rn 16; KölnKommAktG/*Ekkenga,* § 186 Rn 255; *Schürnbrand,* FS Stilz 2014, S 575; aA BeckOGK AktG/*Servatius,* § 186 Rn 25, 90.1). Möglich ist ferner auch die Regelung, dass institutionellen Investoren die nicht verwerteten Aktien angeboten oder diese vom Emissionsinstitut zum Bezugspreis übernommen werden (Hölters/Weber/*Apfelbacher/Metzner,* § 186 Rn 104; MHdB GesR IV/*Scholz,* § 57 Rn 153; *Hüffer/Koch,* § 186 Rn 53).

5.4 Beschlussvorschlag über bedingte Kapitalerhöhung

Auszug aus der Bekanntmachung der Tagesordnung für die außerordentliche Hauptversammlung[2] der A Aktiengesellschaft[1, 15]

. . . . . Bedingte Erhöhung des Grundkapitals der Gesellschaft zu Gewährung von Umtauschrechten an die außenstehenden Aktionäre der B Aktiengesellschaft, ..., und Änderung von § . . . . . Abs . . . . . der Satzung zur Anpassung an die Kapitalerhöhung

. . . . . *[Erläuterung des Beschlussvorschlags]*

Vorstand und Aufsichtsrat schlagen vor, folgende Beschlüsse[3] zu fassen:

1. Es wird das folgende bedingte Kapital geschaffen:
„Das Grundkapital der Gesellschaft wird um bis zu EUR . . . . .[4] bedingt erhöht durch Ausgabe von bis zu . . . . . auf den Inhaber lautenden Stückaktien[5] ohne Nennwert mit einem rechnerischen Anteil am Grundkapital von je EUR 1,00 und mit Gewinnberechtigung[6] ab Beginn des im Jahr der Ausgabe laufenden Geschäftsjahres. Die bedingte Kapitalerhöhung dient der Gewährung von Umtauschrechten an die außenstehenden Aktionäre der B Aktiengesellschaft[7] nach Maßgabe des Beherrschungs- und Gewinnabführungsvertrages[8] zwischen der A Aktiengesellschaft und der B Aktiengesellschaft vom . . . . .,[9] der einen Umtausch im Verhältnis von . . . . . Aktien der A Aktiengesellschaft gegen . . . . . Aktien der B Aktiengesellschaft[10] vorsieht.
Die bedingte Kapitalerhöhung erfolgt in dem Umfang, wie von dem Umtauschrecht Gebrauch gemacht wird.[11]
Der Vorstand wird ermächtigt, mit Zustimmung des Aufsichtsrats weitere Einzelheiten für die Ausgabe der Aktien aus dem bedingten Kapital festzusetzen.[12] Der Aufsichtsrat wird ermächtigt, die Fassung von § . . . . . der Satzung entsprechend dem Umfang der Ausgabe von Aktien aus dem bedingten Kapital zu ändern.“[13]
2. In § . . . . . der Satzung wird folgender Abs . . . . . neu eingefügt:[14, 15]
„(4) Das Grundkapital ist um bis zu EUR . . . . . bedingt erhöht durch Ausgabe von bis zu . . . . . auf den Inhaber lautenden Stückaktien mit Gewinnanteilsberechtigung ab Beginn des im Jahr der Ausgabe laufenden Geschäftsjahres. Die bedingte Kapitalerhöhung dient der Gewährung von Umtauschrechten an die außenstehenden Aktionäre der B Aktiengesellschaft nach Maßgabe des Beherrschungs- und Gewinnabführungsvertrages zwischen der A Aktiengesellschaft und der B Aktiengesellschaft vom . . . . ., der einen Umtausch im Verhältnis von . . . . . Aktien der A Aktiengesellschaft gegen . . . . . Aktien der B Aktiengesellschaft vorsieht. E. AG, KGaA u. SE

Der Vorstand ist ermächtigt, mit Zustimmung des Aufsichtsrats weitere Einzelheiten für die Ausgabe der Aktien aus dem bedingten Kapital festzusetzen. Der Aufsichtsrat ist ermächtigt, die Fassung von § . . . . . der Satzung entsprechend dem Umfang der Ausgabe von Aktien aus dem bedingten Kapital zu ändern."

Schrifttum: S → Form. II.E.5.1 Anm. 1 ff.; *Florstedt*, Die umgekehrte Wandelschuldverschreibung, ZHR 180 (2016), 152; *Ihrig/Wagner*, Volumengrenzen für Kapitalmaßnahmen der AG, NZG 2002, 657.

Anmerkungen

1. Eine bedingte Kapitalerhöhung kann zu den in § 192 Abs 2 AktG genannten Zwecken verwendet werden: (i) Unterlegung von Wandel-/Optionsanleihen bzw -genussrechten iSv § 221 AktG, (ii) Aktienoptionsprogramme und – so im Form. – (iii) Unternehmenszusammenschlüsse. Zu anderen Zwecken kann ein bedingtes Kapital grundsätzlich nicht verwendet werden (K. Schmidt/Lutter/*Veil*, § 192 Rn 10; MüKoAktG/*Fuchs*, § 192 Rn 36 f). In engen Grenzen wird jedoch eine einzelfallbezogene analoge Anwendung bejaht (Stgt ZIP 2002, 1807: Zweck muss mit den in § 192 Abs 2 AktG genannten „verwandt" sein; K. Schmidt/Lutter/*Veil*, § 192 Rn 10; zu entsprechenden Maßnahmen, bei denen eine Einzelanalogie in Betracht gezogen werden kann, s zB MüKoAktG/*Fuchs*, § 192 Rn 38).

2. Zuständiges Organ für die bedingte Kapitalerhöhung ist allein die HV; eine Delegation an die Verwaltung ist – anders als beim genehmigten Kapital – nicht zulässig (MüKoAktG/*Fuchs*, § 192 Rn 18). Etwas Anderes folgt auch nicht aus § 192 Abs 2 Nr 3 AktG; die dort vorgesehene Gewährung von Bezugsrechten aufgrund eines Ermächtigungsbeschlusses betrifft nicht die Entscheidung über die Durchführung der Kapitalerhöhung, sondern die Entscheidung über die Ausführung des Aktienoptionsprogramms (MüKoAktG/*Fuchs*, § 192 Rn 18).

3. Nach wohl hM soll – abgeleitet aus einem Umkehrschluss zu § 202 Abs 1, 2 AktG – eine bedingte Kapitalerhöhung nur aufgrund eines Beschlusses, nicht jedoch bereits in der Gründungssatzung geschaffen werden können (KölnKommAktG/*Drygala/Staake*, § 192 Rn 16 ff; MüKoAktG/*Fuchs*, § 192 Rn 22; Bürgers/Körber/Lieder/*Lieder*, § 192 Rn 5; BeckOGK/*Rieckers*, § 192 Rn 20). Das überzeugt nicht (ebenso GroKo(AktG)/*Frey*, § 192 Rn 25; Grigoleit/*Rieder/Holzmann*, § 192 Rn 10; MHdB GesR IV/*Scholz*, § 58 Rn 25; zweifelnd und für die Fälle des § 192 Abs 2 Nr 3 AktG abweichend auch *Hüffer/Koch*, § 192 Rn 7).

4. Im Beschluss ist der Höchstbetrag der Erhöhung ziffernmäßig anzugeben; ob auch die Festlegung eines Mindestbetrages für eine bedingte Kapitalerhöhung zulässig ist, ist umstritten (bejahend K. Schmidt/Lutter/*Veil*, § 193 Rn 4; MHdB GesR IV/*Scholz*, § 58 Rn 29 f; abl hingegen MüKoAktG/*Fuchs*, § 193 Rn 7;). Der Nennbetrag des bedingten Kapitals darf die Hälfte des zum Zeitpunkt der Beschlussfassung eingetragenen Grundkapitals nicht übersteigen (§ 192 Abs 3 S 1 AktG). Bedingtes Kapital zur Gewährung von Bezugsrechten nach § 192 Abs 2 Nr 3 AktG (Aktienoptionen) ist auf zehn Prozent des Grundkapitals begrenzt. Die beiden Grenzen sind nebeneinander anwendbar (Grigoleit *Rieder/Holzmann*, § 192 Rn 34; *Ihrig/Wagner*, NZG 2002, 663). Diese Höchstbeträge dienen sowohl dem Schutz der Aktionäre vor Verwässerung als auch dem öffentlichen Interesse an überschaubaren Kapitalverhältnissen der Gesellschaft (s nur K. Schmidt/Lutter/*Veil*, § 192 Rn 27), weshalb eine Überschreitung der Grenzen zur Nichtigkeit des gesamten Kapitalerhöhungsbeschlusses gem § 241 Nr 3 AktG führt (Mü DB 2011, 2370 f; MüKoAktG/*Fuchs*, § 192 Rn 153; BeckOGK AktG/*Rieckers*, § 192 Rn 103 je mwN). Der maßgebliche Zeitpunkt für die Berechnung der Höchstgrenze von 50 % des Grundkapitals ist ein anderer als beim genehmigten Kapital. Dort ist gem § 202 Abs 3 S 1 AktG auf den Zeitpunkt der Ermächtigung, dh auf den Zeitpunkt der Eintragung in das Handelsregister, bei der bedingten Kapitalerhöhung hingegen auf die Beschlussfassung abzustellen (BeckOGK/*Rieckers,* § 192 Rn 92; *Hüffer/Koch,* § 192 Rn 23). Wird in der gleichen HV eine Erhöhung des Grundkapitals beschlossen, darf diese Erhöhung bei Berechnung der Höchstgrenze nicht berücksichtigt werden. Beim genehmigten Kapital kann hingegen auf das erhöhte Kapital abgestellt werden, wenn sichergestellt ist, dass die Eintragung des genehmigten Kapitals erst nach Eintragung der Durchführung der Kapitalerhöhung erfolgt. Bedingte Kapitalia, die in derselben HV aufgehoben werden, sind bei der Berechnung der 50 %-Grenze jedoch nicht zu berücksichtigen (KölnKommAktG/*Drygala/Staake,* § 192 Rn 160; BeckOGK/*Rieckers,* § 192 Rn 93; Grigoleit/*Rieder/Holzmann,* § 192 Rn 33; Hdb AG-Finanzierung/*Jaspers,* Kap. 6 Rn 79; *Ihrig/Wagner,* NZG 2002, 658). Von der 50 %-Grenze gelten auf der durch die Aktienrechtsnovelle 2016 neu eingefügten § 192 Abs 3 S 3 und 4 AktG Ausnahmen für Sanierungssituationen und zur Erfüllung regulatorischer Anforderungen bei Kreditinstituten (zu den Ausnahmen zB *Florstedt,* ZHR 180 (2016), 152 ff; BeckOGK/*Rieckers,* § 192 Rn 95 ff; MHdB GesR IV/*Scholz,* § 58 Rn 23b ff). Die Ausnahme gem § 192 Abs 3 S 4 AktG (Erfüllung regulatorischer Anforderungen) gilt analog auch für Versicherungsunternehmen (KölnKommAktG/*Florstedt,* § 221 Rn 304; Hdb AG-Finanzierung/*Jaspers,* Kap. 6 Rn 86; MHdB GesR IV/*Scholz,* § 58 Rn 23c).

5. Die für ordentliche Kapitalerhöhungen notwendigen Angaben sind auch in den Beschluss über die bedingte Erhöhung des Kapitals aufzunehmen. So ist anzugeben, ob die neuen Aktien auf den Inhaber oder auf den Namen ausgestellt werden sollen und – sofern unterschiedliche Aktiengattungen vorhanden sind – welcher Gattung die Aktien zugeordnet sind (*Hüffer/Koch,* § 193 Rn 4). Bei Schaffung einer neuen Aktiengattung ist deren Ausgestaltung festzusetzen. Werden Nennbetragsaktien ausgegeben, so ist der Nennbetrag der neuen Aktien anzugeben; bei Stückaktien ist die Zahl der neuen Aktien im Kapitalerhöhungsbeschluss anzugeben (*Hüffer/Koch,* § 193 Rn 4), es sei denn, die Zahl ergibt sich wegen §§ 192 Abs 3 S 2, 182 Abs 1 S 45 AktG rechnerisch aus dem Erhöhungbetrag (BGH ZIP 2009, 1570 Tz 23).

6. Zur Gewinnberechtigung neuer Aktien, die im laufenden Geschäftsjahr ausgegeben werden, und der Möglichkeit einer abweichenden Verteilungsregelung s → Form. II.E.5.1 Anm. 9.

7. In dem Kapitalerhöhungsbeschluss ist der Kreis der Bezugsberechtigten anzugeben (§ 193 Abs 2 Nr 2 AktG). Fehlt die Angabe, ist der entsprechende Beschluss gem § 241 Nr 3 AktG nichtig (*Hüffer/Koch,* § 193 Rn 10; K. Schmidt/Lutter/*Veil,* § 193 Rn 17; MüKoAktG/*Fuchs,* § 193 Rn 38). Erforderlich ist hier keine namentliche Nennung der Bezugsberechtigten, sondern die Angabe von Kriterien, die den relevanten Kreis bestimmbar machen (*Hüffer/Koch,* § 193 Rn 5; MüKoAktG/*Fuchs,* § 193 Rn 11). Dies wird hier durch Bezeichnung des konkreten Unternehmensvertrages unter Nennung der beteiligten Unternehmen sowie der Eingrenzung auf den auch vom Gesetzgeber verwendeten Begriff des außenstehenden Aktionärs erreicht. Die Nennung der Bezugsberechtigten in dem Kapitalerhöhungsbeschluss lässt allerdings die Bezugsrechte als solche noch nicht entstehen, sondern bindet allein den Vorstand bei der Durchführung der Kapitalerhöhung (K. Schmidt/Lutter/*Veil,* § 193 Rn 7; *Hüffer/Koch,* § 193 Rn 5).

8. Der Zweck der bedingten Kapitalerhöhung ist nach § 193 Abs 2 Nr 1 AktG in dem Beschluss der HV über die bedingte Erhöhung des Kapitals anzugeben (zu den zulässigen Zwecken vgl → Anm. 1). Auch das Fehlen der Angabe des Zwecks führt zur Nichtigkeit des Kapitalerhöhungsbeschlusses (*Hüffer/Koch,* § 193 Rn 10; K. Schmidt/Lutter/*Veil,*

§ 193 Rn 17). Die im Form. vorgesehene Kapitalerhöhung dient der Schaffung einer Grundlage für die Ausgabe neuer Aktien, um diese Minderheitsaktionären einer abhängigen Gesellschaft auf Verlangen als Abfindung nach Abschluss eines Unternehmensvertrages zur Verfügung zu stellen (siehe auch → Anm. 1). Damit handelt es sich um einen vom Gesetz anerkannten Zweck, nämlich der Vorbereitung des Zusammenschlusses mehrerer Unternehmen nach § 192 Abs 2 Nr 2 AktG (K. Schmidt/Lutter/*Veil,* § 192 Rn 15; MüKoAktG/*Fuchs,* § 192 Rn 58; zur bedingten Kapitalerhöhung im Zusammenhang mit einer Eingliederung vgl Mü AG 1993, 430).

9. Ein Beherrschungs- und Gewinnabführungsvertrag muss als Abfindungsregelung die Verpflichtung der herrschenden Gesellschaft enthalten, auf Verlangen außenstehender Aktionäre deren Aktien gegen eine im Vertrag vorbestimmte Gegenleistung zu erwerben (§ 305 Abs 1 AktG). Nach § 305 Abs 2 Nr 1 AktG muss die Gegenleistung einer nicht abhängigen und nicht im Mehrheitsbesitz stehenden Aktiengesellschaft die Gewährung von eigenen Aktien dieser Gesellschaft vorsehen. Der Absicherung dieser im Vertrag notwendigen Verpflichtung der herrschenden Gesellschaft dient die im Form. vorgesehene bedingte Kapitalerhöhung.

10. Bei der bedingten Kapitalerhöhung zur Vorbereitung eines Unternehmenszusammenschlusses iSd § 192 Abs 2 Nr 2 AktG handelt es sich um eine Kapitalerhöhung gegen Sacheinlagen (MüKoAktG/*Fuchs,* § 194 Rn 4). Damit sind im Beschluss über die bedingte Kapitalerhöhung gem § 194 AktG der Gegenstand der Sacheinlage (hier Aktien des abhängigen Unternehmens), die Person, von der der Gegenstand erworben wird, und bei Stückaktien die Zahl der für die Sacheinlage gewährten Aktien anzugeben. Nicht erforderlich ist hingegen die Festsetzung eines Ausgabebetrages (Wachter/*Dürr,* § 194 Rn 7; *Hüffer/Koch,* § 194 Rn 6; KölnKommAktG/*Drygala/Staake,* § 194 Rn 3). Vielmehr genügt die Angabe des Umtauschverhältnisses oder andere Angaben, welche als Grundlage für die Berechnung genügen (Hölters/Weber/*Apfelbacher/Metzner,* § 193 Rn 22; BeckOGK/*Rieckers* § 193 Rn. 15; MAH AktienR/*Dißars/Lönner,* § 35 Rn 35).

11. Der Umfang der Kapitalerhöhung ist, abgesehen von dem angegebenen Höchstbetrag (→ Anm. 4), zum Zeitpunkt der Beschlussfassung über das bedingte Kapital noch offen, da er von der Entscheidung der Bezugsberechtigten abhängt, ihr Umtauschrecht auszuüben. Der im Form. vorgesehene Satz stellt klar, dass der Umfang durch die abgegebenen Bezugserklärungen der Bezugsberechtigten bestimmt wird (§ 198 AktG).

12. Der Beschluss über die bedingte Kapitalerhöhung kann fakultativ die Bezugs- bzw Umtauschrechte inhaltlich weiter auszugestalten, insbesondere Befristungen sowie aufschiebende und auflösenden Bedingungen vorsehen (BGHZ 24, 289 = NJW 1957, 1279; KölnKommAktG/*Drygala/Staake,* § 192 Rn 15; *Hüffer/Koch,* § 193 Rn 4). Soll in dem hier gewählten Fall der bedingten Kapitalerhöhung zum Zwecke der Gewährung eigener Aktien als Abfindung für den Abschluss eines Beherrschungs- oder Gewinnabführungsvertrages eine entsprechende Befristung aufgenommen werden, ist auf den Gleichlauf mit einer gem § 305 Abs 4 AktG vereinbarten Frist zu achten. Schließlich ist es üblich, in den Erhöhungsbeschluss die Ermächtigung des Vorstands aufzunehmen, mit Zustimmung des Aufsichtsrats weitere Einzelheiten der Ausgabe der neuen Aktien festzusetzen. Der Vorstand ist hierzu aber auch ohne ausdrückliche Regelung berechtigt (*Hüffer/Koch,* § 193 Rn 4; Bürgers/Körber/Lieder/*Lieder,* § 193 Rn 3).

13. Mit Ausgabe der Aktien ist das Grundkapital der Gesellschaft erhöht (§ 200 AktG). Die Erhöhung des Kapitals erfolgt demnach in Einzelschritten, ohne dass es einer vorherigen Satzungsänderung oder der Eintragung im Handelsregister bedarf (*Hüffer/Koch,* § 200 Rn 1). Die Änderung des Kapitals erfolgt außerhalb der Satzung und des Handelsregisters. Daraus folgt, dass die Satzung mit Ausgabe der neuen Aktien im

Hinblick auf die Ziffer des Grundkapitals und der Zahl der Aktien (§ 23 Abs 3 Nr 3 u 4 AktG) unrichtig wird. Grundsätzlich wäre daher ein HV-Beschluss nach § 179 Abs 1 S 1 AktG zur Anpassung der Satzung erforderlich, allerdings erst mit Ablauf der Bezugsfrist oder nach Ausübung sämtlicher Bezugsrechte (MüKoAktG/*Fuchs,* § 192 Rn 20). Um den hiermit einhergehenden Verwaltungsaufwand zu vermeiden, empfiehlt es sich, wie im Form. vorgesehen, den Aufsichtsrat gem § 179 Abs 1 S 2 AktG zur Änderung der Satzungsfassung zu ermächtigen. Die Aufnahme einer Ermächtigungsregelung kann unterbleiben, sofern die Satzung bereits eine allgemeine Ermächtigung des Aufsichtsrats zu Änderungen der Satzungsfassung enthält. Die Anmeldung und Eintragung der Ausgabe der Bezugsaktien muss nach § 201 Abs 1 AktG mindestens einmal jährlich bis spätestens zum Ende des auf den Ablauf des Geschäftsjahrs folgenden Kalendermonats erfolgen. Die Eintragung hat jedoch lediglich deklaratorische Bedeutung.

14. Von der obligatorischen Anpassung der Satzung nach Ausgabe der Aktien (s → Anm. 13) zu unterscheiden ist die Aufnahme des bedingten Kapitals in die Satzung. Die Aufnahme eines bedingten Kapitals in die Satzung ist nicht erforderlich (*Hüffer/Koch,* § 192 Rn 5; *Butzke,* Rn L 32; MHdB GesR IV/*Scholz,* § 58 Rn 28), wird aber zT als notwendig angesehen (so zB MüKoAktG/*Fuchs,* § 192 Rn 21; Happ AktienR II/Groß Form. 12.05 Anm. 8.1) und ist in der Praxis üblich. Sofern man in der bedingten Erhöhung des Kapitals eine Satzungsänderung sieht, ist der exakte Wortlaut der in die Satzung aufzunehmenden Regelung mit der Tagesordnung bekannt zu machen (§ 124 Abs 2 S 3 AktG).

15. Steuerliche Hinweise:
S → Form. II.E.5.1 Anm. 13.

5.5 Beschlussvorschlag über Ermächtigung zur Ausgabe von Wandel- und Optionsschuldverschreibungen und über bedingte Kapitalerhöhung

. . . . . . **Schaffung einer Ermächtigung zur Ausgabe von Options- oder Wandelschuldverschreibungen gegen Bar- oder Sacheinlagen und zum Ausschluss des Bezugsrechts auf diese Options- oder Wandelschuldverschreibungen, Schaffung eines neuen bedingten Kapitals („Bedingtes Kapital I") und Einfügung eines neuen Abs . . . . . in § . . . . . der Satzung**

. . . . . *[Erläuterung des Beschlussvorschlags]*

Vorstand und Aufsichtsrat schlagen daher vor zu beschließen:

a) Ermächtigung zur Ausgabe von Options- oder Wandelschuldverschreibungen und zum Ausschluss des Bezugsrechts[1]

(1) Nennbetrag, Ermächtigungszeitraum, Aktienzahl, Sacheinlagen

Der Vorstand wird ermächtigt, mit Zustimmung des Aufsichtsrats[2] bis zum . . . . .[3] einmalig oder mehrmals, auch gleichzeitig in mehreren Tranchen, auf den Inhaber lautende Options- oder Wandelschuldverschreibungen (zusammen „Schuldverschreibungen") im Gesamtnennbetrag von bis zu EUR . . . . .[4] auszugeben und den Inhabern von Optionsschuldverschreibungen Optionsrechte oder -pflichten und den Inhabern von Wandelschuldverschreibungen Wandlungsrechte oder -pflichten[5] für bis zu . . . . . auf den Inhaber lautende Stückaktien der X-AG mit einem anteiligen Betrag des Grundkapitals von insgesamt bis zu EUR . . . . .[6] nach näherer Maßgabe der Bedingungen der Schuldverschreibungen zu gewähren oder aufzuerlegen.

Die Schuldverschreibungen können außer in Euro auch – unter Begrenzung auf den entsprechenden Gegenwert – in einer ausländischen gesetzlichen Währung, beispielsweise eines OECD-Landes, begeben werden.[6A] Sie können auch durch eine Konzerngesellschaft der X-AG im Sinne von § 18 AktG ausgegeben werden, an der die X-AG unmittelbar oder mittelbar zu mindestens 90 % beteiligt ist („Nachgeordnetes Konzernunternehmen"). Für diesen Fall wird der Vorstand ermächtigt, mit Zustimmung des Aufsichtsrats für die X-AG die Garantie für diese Schuldverschreibungen zu übernehmen und deren Inhabern Options- oder Wandlungsrechte oder -pflichten für auf den Inhaber lautende Stammaktien der X-AG zu gewähren oder aufzuerlegen.[7]

Die Schuldverschreibungen können auch gegen Erbringen einer Sachleistung ausgegeben werden.[8]

Die Anleiheemissionen werden in jeweils unter sich gleichberechtigte und gleichrangige Teilschuldverschreibungen eingeteilt.[9]

(2) Bezugsrecht und Bezugsrechtsausschluss

Den Aktionären steht grundsätzlich ein Bezugsrecht zu. Das gesetzliche Bezugsrecht kann den Aktionären in der Weise eingeräumt werden, dass die Schuldverschreibungen von einem Kreditinstitut oder einem Konsortium von Kreditinstituten mit der Verpflichtung übernommen werden, sie den Aktionären zum Bezug anzubieten. Werden Schuldverschreibungen von einem Nachgeordneten Konzernunternehmen ausgegeben, hat die X-AG die Gewährung des gesetzlichen Bezugsrechts für die Aktionäre der X-AG nach Maßgabe des vorstehenden Satzes sicherzustellen.[10]

Der Vorstand ist jedoch ermächtigt, mit Zustimmung des Aufsichtsrats Spitzenbeträge, die sich aufgrund des Bezugsverhältnisses ergeben, von dem Bezugsrecht der Aktionäre auszunehmen und das Bezugsrecht auch insoweit auszuschließen, wie es erforderlich ist, damit denjenigen, denen bereits zuvor ausgegebene Options- oder Wandlungsrechte oder -pflichten zustehen oder auferlegt sind, ein Bezugsrecht in dem Umfang eingeräumt werden kann, wie es ihnen nach Ausübung des Options- oder Wandlungsrechts oder bei Erfüllung der Options- oder Wandlungspflicht als Aktionär zustehen würde.[11]

Der Vorstand ist ferner ermächtigt, mit Zustimmung des Aufsichtsrats das Bezugsrecht der Aktionäre auf gegen Barzahlung ausgegebene Schuldverschreibungen, die mit Options- oder Wandlungsrecht oder -pflicht ausgegeben werden, vollständig auszuschließen, sofern der Vorstand nach pflichtgemäßer Prüfung zu der Auffassung gelangt, dass der Ausgabebetrag der Schuldverschreibungen ihren nach anerkannten, insbesondere finanzmathematischen Methoden ermittelten hypothetischen Marktwert nicht wesentlich unterschreitet. Diese Ermächtigung zum Ausschluss des Bezugsrechts gilt für Schuldverschreibungen mit Options- oder Wandlungsrecht oder -pflicht auf Aktien mit einem anteiligen Betrag des Grundkapitals, der insgesamt 10 % des Grundkapitals nicht übersteigen darf, und zwar weder im Zeitpunkt des Wirksamwerdens noch – falls dieser Wert geringer ist – im Zeitpunkt der Ausübung der vorliegenden Ermächtigung. Auf die vorgenannte 10 %-Grenze werden eigene Aktien angerechnet, die unter Ausschluss des Bezugsrechts gemäß § 71 Abs 1 Nr 8 iVm § 186 Abs 3 S 4 AktG im Zeitraum vom Beginn der Laufzeit dieser Ermächtigung bis zur Ausgabe der betreffenden Schuldverschreibungen veräußert werden. Ferner sind auf die vorgenannte 10 %-Grenze Aktien anzurechnen, die im Zeitraum vom Beginn der Laufzeit dieser Ermächtigung bis zur Ausgabe der betreffenden Schuldverschreibungen im Rahmen einer Barkapitalerhöhung unter Ausschluss des Bezugsrechts gem § 186 Abs 3 S 4 AktG oder gem § 203 iVm § 186 Abs 3 S 4 AktG ausgegeben werden. Schließlich sind auf die vorgenannte 10 %-Grenze Aktien anzurechnen, für die aufgrund von Options- oder Wandelschuldverschreibungen oder -genussrechten, die während der Laufzeit dieser Ermächtigung auf der Grundlage anderer Ermächtigungen unter Ausschluss des Bezugsrechts gem § 221 Abs 4 S 2 iVm § 186 Abs 3 S 4 AktG von der Gesellschaft oder einer Nachgeordneten Konzerngesellschaft ausgegeben worden sind, ein Options- oder Wandlungsrecht, eine Options- oder Wandlungspflicht oder zugunsten der Gesellschaft ein auf Aktien der Gesellschaft gerichtetes Aktienlieferungsrecht besteht.[12]

Soweit Schuldverschreibungen gegen Sachleistung ausgegeben werden, ist der Vorstand mit Zustimmung des Aufsichtsrats berechtigt, das Bezugsrecht auszuschließen, sofern der Wert der Sachleistung in einem angemessenen Verhältnis zu dem gem vorstehenden Abs 3 dieser Ziffer (2) zu ermittelnden Marktwert der Schuldverschreibungen steht.

Die Summe der Aktien, die unter Schuldverschreibungen auszugeben sind, welche nach dieser Ermächtigung unter Ausschluss des Bezugsrechts ausgegeben werden, darf einen anteiligen Betrag des Grundkapitals von EUR . . . . . (entsprechend 30 % des derzeitigen Grundkapitals) nicht übersteigen. Auf diese Grenze sind Aktien anzurechnen, die während der Laufzeit dieser Ermächtigung aus genehmigtem Kapital unter Ausschluss des Bezugsrechts ausgegeben wurden.[13]

(3) Wandlungsrecht, Wandlungspflicht

Im Falle der Ausgabe von Schuldverschreibungen mit Wandlungsrecht können die Gläubiger oder die Gesellschaft ihre Schuldverschreibungen nach Maßgabe der Anleihebedingungen in Aktien der Gesellschaft umtauschen. Der anteilige Betrag am Grundkapital der bei Wandlung auszugebenden Aktien darf den Nennbetrag der Wandelschuldverschreibung nicht übersteigen. Das Wandlungsverhältnis ergibt sich aus der Division des Nennbetrags einer Schuldverschreibung durch den festgesetzten Wandlungspreis für eine Aktie der Gesellschaft, der gem nachfolgender Ziffer (5) zu bestimmen ist. Das Wandlungsverhältnis kann sich auch durch Division des unter dem Nennbetrag liegenden Ausgabepreises einer Schuldverschreibung durch den festgesetzten Wandlungspreis für eine Aktie der Gesellschaft ergeben. Bei der Berechnung des Wandlungsverhältnisses kann zum Nennbetrag bzw. Ausgabebetrag einer Teilschuldverschreibung eine etwaige bar zu erbringende Zuzahlung (bzw. ein etwaiges in bar zu erbringendes Agio) oder eine etwaige bar zu erbringende Wandlungsprämie hinzugerechnet werden. Die Schuldverschreibungsbedingungen können vorsehen, dass das Wandlungsverhältnis variabel ist und der Wandlungspreis (vorbehaltlich des nachfolgend in Ziffer (5) bestimmten Mindestpreises) in Abhängigkeit von der Entwicklung des Kurses der Aktie der Gesellschaft während der Laufzeit der Anleihe festgesetzt wird. Das Wandlungsverhältnis kann in jedem Fall auf volle Zahlen auf- oder abgerundet werden; auch in diesem Fall können eine in bar zu leistende Zuzahlung (bzw. ein in bar zu leistendes Agio) oder eine in bar zu leistende Wandlungsprämie festgelegt werden. Im Übrigen kann vorgesehen werden, dass nicht wandlungsfähige Spitzen zusammengelegt und/oder in Geld ausgeglichen werden. §§ 9 Abs 1 und 199 Abs 2 AktG bleiben unberührt.[14]

(4) Optionsrecht

Im Falle der Ausgabe von Optionsschuldverschreibungen werden jeder Schuldverschreibung ein oder mehrere Optionsscheine beigefügt, die den Inhaber nach näherer Maßgabe der vom Vorstand festzulegenden Optionsbedingungen zum Bezug von Aktien der Gesellschaft berechtigen.

Die Schuldverschreibungsbedingungen können vorsehen, dass der Optionspreis auch durch Übertragung von Teilschuldverschreibungen oder die Verrechnung mit dem Rückzahlungsanspruch aus der Teilschuldverschreibung und gegebenenfalls eine bare Zuzahlung (bzw. ein Agio) oder eine bare Optionsprämie erfüllt werden kann. Wird der Optionspreis durch Übertragung von Teilschuldverschreibungen oder die Verrechnung mit dem Rückzahlungsanspruch aus der Teilschuldverschreibung erfüllt, darf der anteilige Betrag des Grundkapitals, der auf die je Teilschuldverschreibung zu beziehenden Aktien entfällt, den Nennbetrag der Teilschuldverschreibungen nicht übersteigen. Soweit sich Bruchteile von Aktien ergeben, kann vorgesehen werden, dass diese Bruchteile nach Maßgabe der Options- bzw. Anleihebedingungen, gegebenenfalls gegen Zuzahlung, zum Bezug ganzer Aktien aufaddiert werden können. Die Laufzeit des Optionsrechts darf höchstens 20 Jahre betragen. §§ 9 Abs 1, 199 Abs 2 AktG sind zu beachten.

(5) Wandlungs- bzw. Optionspreis[15]

Für den Fall der Einräumung eines Bezugsrechts oder des Ausschlusses des Bezugsrechts nur für Spitzenbeträge muss der festzusetzende Options- bzw. Wandlungspreis für eine Stückaktie der Gesellschaft mindestens 70 % des nicht gewichteten durchschnittlichen Schlusskurses der Aktien der Gesellschaft im elektronischen Handel an der Frankfurter Wertpapierbörse (i) während der Bezugsfrist mit Ausnahme der Tage der Bezugsfrist, die erforderlich sind, damit der Options- bzw. Wandlungspreis gemäß § 186 Abs 2 S 2 AktG fristgerecht bekannt gemacht werden kann, oder, (ii) wenn der Vorstand den Options- bzw. Wandlungspreis bereits früher festlegt und ihn bekannt macht, während der letzten fünf Börsenhandelstage vor dem Tag der Beschlussfassung durch den Vorstand über die Festlegung des Options- bzw. Wandlungspreises betragen.

Wird das Bezugsrecht nicht nur für Spitzenbeträge ausgeschlossen, muss der jeweils festzusetzende Options- bzw. Wandlungspreis für eine Stückaktie der Gesellschaft vorbehaltlich der nachstehenden Regelungen mindestens 70 % des nicht gewichteten durchschnittlichen Schlusskurses der Stückaktien der Gesellschaft im elektronischen Handel an der Frankfurter Wertpapierbörse an den letzten fünf Börsenhandelstagen vor dem Tag der Beschlussfassung durch den Vorstand über die Ausgabe der Schuldverschreibungen betragen.

In den Fällen einer Options- bzw. Wandlungspflicht kann der Options- bzw. Wandlungspreis bei Ausschluss des Bezugsrechts nicht nur für Spitzenbeträge nach näherer Maßgabe der Anleihebedingungen 70 % oder mehr des nicht gewichteten durchschnittlichen Schlusskurses der Aktie der Gesellschaft im elektronischen Handel an der Frankfurter Wertpapierbörse an den letzten fünf Börsenhandelstagen vor dem Tag der Endfälligkeit bzw. einem anderen festgelegten Zeitpunkt entsprechen, auch wenn der sich danach ergebende Preis niedriger ist als der gemäß Abs 2 dieser Ziffer (4) berechnete Mindestpreis (70 %).

(6) Verwässerungsschutz

Unbeschadet des § 9 Abs 1 AktG können die Anleihebedingungen der Schuldverschreibungen Verwässerungsschutzklauseln für den Fall vorsehen, dass die Gesellschaft während der Wandlungs- oder Optionsfrist unter Einräumung eines Bezugsrechts an ihre Aktionäre das Grundkapital erhöht oder weitere Wandelanleihen, Optionsanleihen bzw sonstige Optionsrechte gewährt oder garantiert und den Inhabern von Wandlungs- oder Optionsrechten kein Bezugsrecht in dem Umfang eingeräumt wird, wie es ihnen nach Ausübung der Wandlungs- oder Optionsrechte bzw der Erfüllung einer Wandlungspflicht zustünde. Die Bedingungen können auch für andere Maßnahmen der Gesellschaft, die zu einer Verwässerung des Werts der Wandlungs- bzw Optionsrechte führen können, eine wertwahrende Anpassung des Wandlungs- bzw Optionspreises vorsehen.

Die Bedingungen der Schuldverschreibungen können darüber hinaus für den Fall der Kapitalherabsetzung oder anderer außerordentlicher Maßnahmen oder Ereignisse (zB ungewöhnlich hohe Dividenden, Kontrollerlangung durch Dritte) eine Anpassung der Options- oder Wandlungsrechte oder -pflichten vorsehen. Bei einer Kontrollerlangung durch Dritte kann eine marktübliche Anpassung des Options- oder Wandlungspreises vorgesehen werden.

In jedem Fall darf der anteilige Betrag am Grundkapital der je Schuldverschreibung zu beziehenden Aktien den Nennbetrag der Schuldverschreibung nicht übersteigen. §§ 9 Abs 1, 199 Abs 2 AktG sind stets zu beachten.[16]

(7) Weitere Gestaltungsmöglichkeiten

Ferner können die Anleihebedingungen der Schuldverschreibungen vorsehen, dass das Umtauschverhältnis und/oder der Options- oder Wandlungspreis variabel sind und der Options- oder Wandlungspreis innerhalb einer festzulegenden Bandbreite in Abhängigkeit von der Entwicklung des Aktienkurses während der Laufzeit festgelegt wird. Der Mindestausgabebetrag nach den Regelungen in Ziffer (5) darf auch insoweit nicht unterschritten werden.

Die Bedingungen der Schuldverschreibungen können das Recht der X-AG vorsehen, im Fall der Wandlung oder Optionsausübung statt der Gewährung von Aktien einen Geldbetrag zu zahlen, der für die Anzahl der anderenfalls zu liefernden Aktien dem volumengewichteten Durchschnittskurs der Stammaktien der X-AG im XETRA-Handel (oder einem entsprechenden Nachfolgesystem) der Frankfurter Wertpapierbörse während der zehn Börsenhandelstage nach Erklärung der Optionsausübung bzw. der Wandlung entspricht. Die Bedingungen der Schuldverschreibungen können auch vorsehen, dass nach Wahl der X-AG statt in neue Aktien aus bedingtem Kapital in bereits existierende Stammaktien der X-AG oder Aktien einer anderen börsennotierten Gesellschaft gewandelt oder das Optionsrecht oder die Optionspflicht durch Lieferung solcher Aktien erfüllt werden kann.[17]

Die Anleihebedingungen der Schuldverschreibungen können weiter das Recht der X-AG vorsehen, den Gläubigern der Schuldverschreibungen ganz oder teilweise anstelle der Zahlung des fälligen Geldbetrags Aktien der Gesellschaft zu gewähren (Aktienlieferungsrecht). Die Aktien werden jeweils mit einem Wert angerechnet, der nach näherer Maßgabe der Anleihebedingungen dem auf volle Cents aufgerundeten arithmetischen Mittelwert der Schlusspreise von Aktien gleicher Ausstattung im Xetra-Handel (oder einem Nachfolgesystem) an der Frankfurter Wertpapierbörse an den letzten zehn Handelstagen vor der Erklärung der Wandlung bzw Optionsausübung entspricht.[18]

(8) Ermächtigung zur Festlegung der weiteren Anleihebedingungen

Der Vorstand der Gesellschaft ist ermächtigt, mit Zustimmung des Aufsichtsrates die weiteren Einzelheiten der Ausgabe und Ausstattung der Schuldverschreibungen, insbesondere Zinssatz, Ausgabebetrag, Festlegung einer baren Options- oder Wandlungsprämie, Laufzeit und Stückelung, Bezugs- bzw. Umtauschverhältnis, Begründung einer Option- bzw. Wandlungspflicht oder eines Aktienlieferungsrechts, Ausgleich oder Zusammenlegung von Spitzen, Barzahlung statt Lieferung von Aktien, Verwässerungsschutzbestimmungen, Options- und Wandlungszeitraum, den Rang und eine etwaige Verlustteilnahme sowie im vorgenannten Rahmen den Options- bzw. Wandlungspreis und den Ausgabebetrag der neuen Aktien festzusetzen und ein Bezugsrecht der Inhaber oder Gläubiger der Schuldverschreibungen für den Fall vorzusehen, dass die Gesellschaft oder eine Nachgeordnete Konzerngesellschaft weitere Schuldverschreibungen oder Genussrechte mit Options- oder Wandlungsrecht oder -pflicht oder einem auf Aktien der Gesellschaft gerichteten Aktienlieferungsrecht begibt, bzw. im Einvernehmen mit den Organen der die Schuldverschreibungen bzw. Genussrechte begebenden Nachgeordneten Konzerngesellschaft festzulegen.[19]

b) Bedingte Kapitalerhöhung[20]

"Das Grundkapital wird um bis zu EUR . . . . . durch Ausgabe von bis zu . . . . . neuen, auf den Namen lautenden Stückaktien mit Gewinnberechtigung bedingt erhöht („Bedingtes Kapital I"). Die bedingte Kapitalerhöhung dient der Gewährung von Aktien bei Ausübung von Options- bzw. Wandlungsrechten oder bei der Erfüllung entsprechender Options- bzw. Wandlungspflichten bzw. bei Ausübung eines Wahlrechts der Gesellschaft, ganz oder teilweise anstelle der Zahlung des fälligen Geldbetrages Aktien der Gesellschaft zu gewähren, an die Inhaber oder Gläubiger von Schuldverschreibungen, die aufgrund des Ermächtigungsbeschlusses der Hauptversammlung vom . . . . . von der Gesellschaft oder einer Konzerngesellschaft der Gesellschaft iSv § 18 AktG, an der die Gesellschaft unmittelbar und/oder mittelbar zu mindestens 90 % beteiligt ist, bis zum Ablauf des . . . . . begeben werden. Die Ausgabe der neuen Aktien erfolgt zu dem nach Maßgabe des Ermächtigungsbeschlusses der Hauptversammlung vom . . . . . jeweils zu bestimmenden Options- bzw. Wandlungspreis. Die bedingte Kapitalerhöhung ist nur im Falle der Begebung von Schuldverschreibungen gem dem Ermächtigungsbeschluss der Hauptversammlung vom . . . . . und nur insoweit durchzuführen, (i) wie von Options- bzw. Wandlungsrechten Gebrauch gemacht wird oder (ii) wie zur Optionsausübung bzw. Wandlung verpflichtete Inhaber oder Gläubiger von Schuldverschreibungen ihre Verpflichtung zur Optionsausübung bzw Wandlung erfüllen oder (iii) wie die Gesellschaft ein Wahlrecht ausübt, ganz oder teilweise anstelle der Zahlung des fälligen Geldbetrags Aktien der Gesellschaft zu liefern, und soweit nicht ein Barausgleich gewährt oder Aktien aus genehmigtem Kapital, eigene Aktien oder Aktien einer börsennotierten anderen Gesellschaft zur Bedienung eingesetzt werden. Die ausgegebenen neuen Aktien nehmen vom Beginn des Geschäftsjahres an, in dem sie ausgegeben werden, am Gewinn teil. Soweit rechtlich zulässig kann der Vorstand für den Fall, dass im Zeitpunkt der Ausgabe der neuen Aktien noch kein Beschluss über die Verwendung des Bilanzgewinns für das dem Jahr der Ausgabe unmittelbar vorausgehende Geschäftsjahr gefasst worden ist, mit Zustimmung des Aufsichtsrates festlegen, dass die neuen Aktien vom Beginn des dem Jahr der Ausgabe unmittelbar vorausgehenden Geschäftsjahres an am Gewinn teilnehmen. Der Vorstand wird ferner ermächtigt, mit Zustimmung des Aufsichtsrates die weiteren Einzelheiten der Durchführung der bedingten Kapitalerhöhung festzusetzen."

c) Satzungsänderung

In § . . . . . der Satzung wird folgender neuer Abs . . . . . eingefügt:

„. . . . . Das Grundkapital ist um bis zu EUR . . . . ., eingeteilt in bis zu . . . . . Stück auf den Inhaber lautende Stammaktien, bedingt erhöht („Bedingtes Kapital I"). Die bedingte Kapitalerhöhung wird nur insoweit durchgeführt, wie (i) die Inhaber oder Gläubiger von Options- bzw. Wandlungsrechten aus Schuldverschreibungen, die aufgrund der Ermächtigung des Vorstands durch Hauptversammlungsbeschluss vom . . . . . bis zum Ablauf des . . . . . von der Gesellschaft begeben oder von einer Konzerngesellschaft der Gesellschaft iSv § 18 AktG, an der die Gesellschaft unmittelbar und/oder mittelbar zu mindestens 90 % beteiligt ist, begeben und von der Gesellschaft garantiert werden, von ihren Options- bzw. Wandlungsrechten Gebrauch machen oder (ii) die Inhaber oder Gläubiger von Schuldverschreibungen, die aufgrund der Ermächtigung des Vorstands durch Hauptversammlungsbeschluss vom . . . . . bis zum Ablauf des . . . . . von der Gesellschaft begeben oder von einer Konzerngesellschaft der Gesellschaft iSv § 18 AktG, an der die Gesellschaft unmittelbar und/oder mittelbar zu mindestens 90 % beteiligt ist, begeben und von der Gesellschaft garantiert werden, zur Optionsausübung bzw. Wandlung verpflichtet sind und diese Verpflichtung erfüllen oder (iii) die Gesellschaft ein Wahlrecht ausübt, an die Inhaber oder Gläubiger von Schuldverschreibungen, die aufgrund der Ermächtigung des Vorstands durch Hauptversammlungsbeschluss vom . . . . . bis zum Ablauf des . . . . . von der Gesellschaft begeben oder von einer Konzerngesellschaft der Gesellschaft iSv § 18 AktG, an der die Gesellschaft unmittelbar und/oder mittelbar zu mindestens 90 % beteiligt ist, begeben und von der Gesellschaft garantiert werden, ganz oder teilweise anstelle der Zahlung des fälligen Geldbetrags Aktien der Gesellschaft zu liefern, und soweit nicht ein Barausgleich gewährt wird oder Aktien aus genehmigtem Kapital, eigene Aktien oder Aktien einer börsennotierten anderen Gesellschaft zur Bedienung eingesetzt werden. Die Ausgabe der neuen Aktien erfolgt zu dem nach Maßgabe des Ermächtigungsbeschlusses der Hauptversammlung vom . . . . . jeweils zu bestimmenden Options- bzw. Wandlungspreis. Die ausgegebenen neuen Aktien nehmen vom Beginn des Geschäftsjahres an, in dem sie entstehen, am Gewinn teil. Soweit rechtlich zulässig kann der Vorstand für den Fall, dass im Zeitpunkt der Ausgabe der neuen Aktien noch kein Beschluss über die Verwendung des Bilanzgewinns für das dem Jahr der Ausgabe unmittelbar vorausgehende Geschäftsjahr gefasst worden ist, mit Zustimmung des Aufsichtsrates festlegen, dass die neuen Aktien vom Beginn des dem Jahr der Ausgabe unmittelbar vorausgehenden Geschäftsjahres an am Gewinn teilnehmen. Der Vorstand ist ferner ermächtigt, mit Zustimmung des Aufsichtsrates die weiteren Einzelheiten der Durchführung der bedingten Kapitalerhöhung festzusetzen. Der Aufsichtsrat ist ermächtigt, die Fassung der Satzung entsprechend dem Umfang der jeweiligen Durchführung der Erhöhung des Grundkapitals aus dem Bedingten Kapital I zu ändern.“[21]

Schrifttum: *Bader,* Contingent Convertible, Wandelanleihe und Pflichtwandelanleihe im Aktienrecht, AG 2014, 472; *Bergau,* Einführung von Aufsichtsratsvorbehalten durch Hauptversammlungsbeschluss, AG 2006, 769; *Busch,* Bezugsrecht und Bezugsrechtsausschluß bei Wandel- und Optionsanleihen, AG 1999, 58; *F. Dreher,* Bedingte Pflichtwandelanleihen, Contingent Convertible Bonds (CoCo-Bonds) zwischen Bankaufsichts-, Schuld- und Aktienrecht, 2018; *Florstedt,* Die umgekehrte Wandelschuldverschreibung, ZHR 180 (2016), 152; *Habersack,* Anwendungsvoraussetzungen und -grenzen des § 221 AktG, dargestellt am Beispiel von Pflichtwandelanleihen, Aktienanleihen und „warrants“, FS Nobbe 2009, 539; *Herfs/Leyendecker,* Sacheinlageprüfung und Differenzhaftung beim *Debt-to-Convertible Swap,* AG 2018, 213; *Holland/Goslar,* Die Bedienung von Wandelanleihen aus genehmigtem Kapital, NZG 2006, 892; *Meisel/Bokeloh,* Handels- und steuerrechtliche Aspekte der indirekten Emission von Wandelanleihen beim Emittenten, CFL 2010, 35; *Oulds,* Neues zur Emission von Wandelschuldverschreibungen im Lichte des geplanten VorstKoG und der Delegierten Verordnung (EU) 759/2013, CFL 2013, 213; *Reiswich,* Das Rechtsprinzip des Verwässerungsschutzes, 2016; *Schanz,* Wandel- und Optionsanleihen, BKR 2011, 410; *Schlitt/Schäfer,* Wandel- und Optionsanleihen, CFL 2010, 252; *Schlitt/Seiler/Singhof,* Aktuelle Rechtsfragen und Gestaltungsmöglichkeiten im Zusammenhang mit Wandelschuldverschreibungen, AG 2003, 254; *Seibt,* Wandelschuldverschreibungen: Marktbericht, Dokumentationen und Refinanzierungsoptionen, CFL 2010, 165; *Schnorbus/Trapp,* Die Ermächtigung des Vorstands zur Ausgabe von Wandelschuldverschreibungen gegen Sacheinlage, ZGR 2010, 1023; *Singhof,* Der erleichterte Bezugsrechtsausschluß im Rahmen von § 221 AktG, ZHR 170 (2006), 673; *Wieneke,* Die Incentivierung der vorzeitigen Ausübung des Wandlungsrechts, WM 2017, 698; *Wilk/Schlee,* Incentivised Conversion, ZIP 2016, 2041.

Anmerkungen

1. Wandel- und Optionsanleihen sind Finanzierungsinstrumente zwischen den klassischen Formen der Eigenkapitalfinanzierung durch Ausgabe von Aktien und der Fremdkapitalfinanzierung durch Aufnahme von Darlehen oder Ausgabe von Schuldverschreibungen. Wandelanleihen räumen den Gläubigern das Recht ein, entweder den Rückzahlungsanspruch aus der Schuldverschreibung oder das Recht auf Wandlung in Aktien auszuüben. Der Wandlungspreis wird in den Anleihebedingungen festgelegt. Eine Wandlung ist nur dann sinnvoll, wenn der Kurs der Aktien den Wandlungspreis überschritten hat. Für den Investor bieten Wandelschuldverschreibungen wegen der Verknüpfung eines festen Zinssatzes bei Rückzahlbarkeit des Nennbetrags auf der einen Seite und dem Recht auf den Bezug von Aktien auf der anderen Seite die Möglichkeit der Spekulation auf eine günstige Entwicklung des Unternehmens mit Risikobegrenzung nach unten. Letztlich hat der Investor eine Call-Option auf die Aktien. Die Optionsprämie bezahlt er durch einen niedrigeren Zins. Optionsanleihen gewähren dem Inhaber ebenfalls das Recht, Aktien des emittierenden Unternehmens zu erwerben. Im Unterschied zur Wandelanleihe ist das Optionsrecht jedoch vom Anleiheelement unabhängig. Das Optionsrecht kann von der Anleihe getrennt und separat gehandelt werden. Bei Ausübung des Optionsrechts muss der in den Optionsbedingungen festgelegte Optionspreis bezahlt werden. Die Anleihebedingungen können vorsehen, dass den Anleihegläubigern das Recht eingeräumt wird, bei Ausübung des Optionsrechts die Schuldverschreibung in Zahlung zu geben oder die Schuldverschreibung in Verbindung mit der Ausübung des Optionsrechts vorzeitig fällig zu stellen und den Rückzahlungsanspruch zu verrechnen. Wegen des mit der Schuldverschreibung erworbenen Optionsrechts ist wiederum die Verzinsung der Schuldverschreibung geringer als bei einer üblichen Anleihe (vgl MüKoAktG/*Habersack*, § 221 Rn 1 ff und Rn 31 ff; *Seibt*, CFL 2010, 165 ff; *Schanz*, BKR 2011, 410 f; *Schlitt/Seiler/Singhof*, AG 2003, 254 ff; Habersack/Mülbert/Schlitt/*Schlitt*, § 11 Rn 1 ff; BeckOGK AktG/*Seiler*, § 221 Rn 11). Optionsanleihen haben seit den 90er-Jahren an praktischer Bedeutung verloren (Habersack/Mülbert/Schlitt/*Schlitt*, § 11 Rn 6). Die Ausgabe von Wandel- und Optionsschuldverschreibungen ermöglicht der emittierenden Gesellschaft eine günstigere Fremdfinanzierung (*Hüffer/Koch*, § 221 Rn 7; Habersack/Mülbert/Schlitt/*Schlitt*, § 11 Rn 5; *Seibt*, CFL 2010, 165 f). Steigen die Kurse der angebotenen Aktien über den Wandlungspreis, wird das Recht auf den Bezug der Aktien ausgeübt und die Gesellschaft muss die Anleihe nicht mehr zurückzahlen. Es kommt zu einer Umwandlung von Fremdkapital in Eigenkapital (*Schlitt/Seiler/Singhof*, AG 2003, 254). Wird mit steigenden Kursen gerechnet, lassen sich Wandelschuldverschreibungen oft besser platzieren als Aktien unmittelbar (Habersack/Mülbert/Schlitt/*Schlitt*, § 11 Rn 5; *Seibt*, CFL 2010, 166 f). Durch die Ausübung der Wandlungs- bzw Bezugsrechte kommt es aber zu Eingriffen in die mitgliedschaftliche und vermögensrechtliche Position der Aktionäre. Deshalb bedarf die Ausgabe von Wandel- und Optionsanleihen gem § 221 AktG der Mitwirkung der Aktionäre. Wandel- und Optionsanleihen dürfen nur aufgrund eines Beschlusses der HV ausgegeben werden. Der nach § 221 Abs 1 S 1 AktG erforderliche Beschluss der HV kann in der vorherigen Zustimmung zu einer konkreten Emission (Zustimmungsbeschluss) oder nach § 221 Abs 2 S 1 AktG in einer auf höchstens fünf Jahre befristeten Ermächtigung des Vorstands zur Begebung solcher Anleihen bestehen (Ermächtigungsbeschluss). Durch den Ermächtigungsbeschluss, der in der Praxis die Regel ist, wird der Vorstand zur Begebung der Wandel- und Optionsanleihen ermächtigt mit der Folge, dass es in seinem pflichtgemäßen Ermessen liegt, ob, wann und in welchem Umfang er hiervon Gebrauch macht (*Hüffer/Koch*, § 221 Rn 9; Marsch-Barner/Schäfer/*Groß*, Rn 51.31; MüKoAktG/*Habersack*, § 221 Rn 133 ff; *Schanz*, BKR 2011, 411 f).

Von Wandelschuldverschreibungen sind sog Umtauschanleihen zu unterscheiden (*Exchangeables*), die vor allem zum Verkauf von Restbeteiligungen an börsennotierten Unternehmen genutzt werden. Die Schuldverschreibungen verkörpern das Recht, Aktien einer dritten Gesellschaft zu beziehen. Die Entscheidung über die Emission einer Umtauschanleihe obliegt dem Vorstand der Gesellschaft. Mitwirkungsrechte der HV bestehen nicht (*Busch,* AG 1999, 58; *Schlitt/Seiler/Singhof,* AG 2003, 255).

2. Der Ermächtigungsbeschluss kann die Begebung an die Zustimmung des Aufsichtrats binden (*Hüffer/Koch,* § 221 Rn 13; Hopt/Seibt/*Fest,* § 221 Rn 560; Marsch-Barner/Schäfer/*Groß,* Rn 51.38; zweifelnd *Bergau,* AG 2006, 772 ff). Ein Zustimmungserfordernis kann ferner durch die Satzung oder den Aufsichtsrat angeordnet werden (§ 111 Abs 4 S 2 AktG; s MüKoAktG/*Habersack,* § 221 Rn 152; Hopt/Seibt/*Fest,* § 221 Rn 557). Ob ein Zustimmungserfordernis auch ohne Anordnung in Beschluss, Satzung oder durch den Aufsichtsrat bereits kraft Gesetzes analog § 204 Abs 1 S 2 AktG besteht, ist str (vgl dazu Hopt/Seibt/*Fest,* § 221 Rn 556; BeckOGK AktG/*Seiler,* § 221 Rn 65; Köln KommAktG/*Florstedt,* § 221 Rn 210).

3. Die Ermächtigung an den Vorstand zur Ausgabe von Wandel- und Optionsanleihen kann nur für höchstens fünf Jahre erteilt werden (§ 221 Abs 2 S 1 AktG). Die Frist beginnt mit der Beschlussfassung. Sie ist konkret zu bestimmen und zwar entweder datumsmäßig wie im Form. oder durch Bezeichnung der Berechnungsgrundlagen. Eine Formulierung wie für „höchstens fünf Jahre" ist nicht zulässig. Die Frist kann natürlich auch kürzer bestimmt werden (*Hüffer/Koch,* § 221 Rn 13; MüKoAktG/*Habersack,* § 221 Rn 157; Marsch-Barner/Schäfer/*Groß,* Rn 51.32; MHdB GesR IV/*Scholz,* § 64 Rn 18). Fehlt die Befristung oder ist die Höchstfrist überschritten, ist der Beschluss nach § 241 Nr 3 AktG nichtig (*Hüffer/Koch,* § 221 Rn 13; MüKoAktG/*Habersack,* § 221 Rn 158).

4. Der Ermächtigungsbeschluss muss den Gesamtnennbetrag der Options- und Wandelanleihen, die unter der Ermächtigung ausgegeben werden sollen, im Sinne eines Höchstbetrags angeben (BGH ZIP 1994, 1857 f: für Genussrechte; MüKoAktG/*Habersack,* § 221 Rn 155; *Reiswich,* Das Rechtsprinzip des Verwässerungsschutzes, 2016, S 61; *Seibt,* CFL 2010, 167; *Schlitt/Seiler/Singhof,* AG 2003, 255). Der Nennbetrag unter der Ermächtigung auszugebender Anleihen ist zu unterscheiden von dem Gesamtnennbetrag des zur Sicherung der Options- und Wandlungsrechte ggf geschaffenen bedingten Kapitals. § 221 AktG macht keine Vorgaben, in welcher Relation beide Beträge zueinander stehen müssen (MüKoAktG/*Habersack,* § 221 Rn 31). In der Regel wird der Nennbetrag der Anleihe wesentlich höher sein als der anteilige Betrag am Grundkapital der maximal zu beziehenden Aktien. Der Wandlungspreis wird sich am Börsenkurs zum Zeitpunkt der Begebung der Anleihe orientieren, der über dem anteiligen Betrag am Grundkapital der Aktie liegen sollte. Eine Options- oder Wandelanleihe muss keine genuine Finanzierungsfunktion erfüllen. Zulässig sind Optionsanleihen mit Optionsrechten auf Aktien mit einem Kurswert, der den Nennbetrag der Optionsanleihe deutlich übersteigt. Selbst die Ausgabe selbständiger Optionen (naked warrants), dh isolierte Optionsrechte auf Aktien ohne beigefügte Schuldverschreibung, wird teilweise für zulässig gehalten, wenn die Ermächtigung dies vorsieht (str, dafür zB *Hüffer/Koch,* § 221 Rn 75; BeckOGK AktG/*Seiler* § 221 Rn 44; Hopt/Seibt/*Fest,* § 221 Rn 261; MüKoAktG/*Habersack,* § 221 Rn 36 f; *Habersack,* FS Nobbe, 2009, S 559 f; abl LG Stgt ZIP 1998, 425; KölnKommAktG/*Florstedt,* § 221 Rn 496; Wachter/*Früchtl,* § 221 Rn. 60; *Oulds,* CFL 2013, 216; offengelassen von Stgt ZIP 2002, 1808 f, das aber die Schaffung eines bedingten Kapitals für nackte Optionen für unzulässig hält). Der Nennbetrag der Wandelschuldverschreibung kann auch unterhalb des anteiligen Betrags des Grundkapitals der beziehbaren Aktien liegen. Der notwendige Ausgleich muss dann aber gem § 199

Abs 2 AktG entweder durch die Umwandlung von Gewinnrücklagen oder durch Zuzahlung erfolgen. Der Emittent kann die Anleihe auch gegen Erhalt eines unter dem Nennbetrag liegenden Ausgabebetrags begeben. Da die Rückzahlung zum vollen Nennbetrag erfolgt, erhalten die Anleihegläubiger zusätzlich zu den laufenden Zinszahlungen bei Rückzahlung wirtschaftlich eine aufgeschobene Zinszahlung. Das Wandlungsrecht muss sich auf den vollen Nennbetrag beziehen, damit der aufgeschobene Zins bei Wandlung ebenfalls in Aktien gezahlt werden kann. Ist eine solche Gestaltung gewollt, muss der Ermächtigungsbeschluss dies bei Festlegung des Wandelverhältnisses berücksichtigen (Division des Nennbetrags durch den Wandlungspreis, vgl zur sog Unterpariemission *Schlitt/Schäfer* CFL 2010, 258).

5. Wandelanleihen können zusätzlich zu dem während der Laufzeit der Wandelanleihe bestehenden Wandlungsrecht eine unbedingte Wandlungspflicht (*Mandatory Convertible*) oder aber ein Wahlrecht des Emittenten vorsehen, am Ende der Laufzeit die Anleihe in Geld oder in Aktien zurückzuzahlen (Anleihe mit Tilgungswahlrecht bzw. Aktienlieferungsrecht; *Soft Mandatory Convertible*) oder auch als umgekehrte Wandel- oder Optionsanleihen ausgestaltet werden. An die Stelle des Anspruchs auf Rückzahlung des Nennbetrags der Anleihe tritt ein Anspruch auf Lieferung von Aktien. Aus diesem Grund kann das aufgebrachte Kapital für bestimmte Zwecke wie Eigenkapital behandelt werden (zB für Ratingzwecke). Wirtschaftlich handelt es sich um einen Terminkauf von Aktien. Die Zulässigkeit von Wandelanleihen mit Wandlungspflicht oder mit Tilgungswahlrecht und von umgekehrten Wandel- oder Optionsanleihen und deren Unterlegung durch ein bedingtes Kapital sind durch die Neufassung von § 192 Abs 2 Nr 1 AktG durch die Aktienrechtsnovelle 2016 klargestellt (s dazu zB KölnKommAktG/*Drygala/Staake,* § 192 Rn 30; BeckOGK AktG/*Rieckers,* § 192 Rn 32 ff.; Hdb AG-Finanzierung/*Jaspers,* Kap 6 Rn 21 ff.; Hopt/Seibt/*Fest,* § 221 Rn 145, 171, 197), war aber auch schon davor anzunehmen (*Habersack,* FS Nobbe, 2009, S 550 f; *Schlitt/Seiler/Singhof,* AG 03, 256 f; *Schanz,* BKR 11, 414; BeckOGK AktG/*Rieckers,* § 192 Rn. 32 mwN). § 221 AktG soll die Aktionäre vor Verwässerung ihrer Mitgliedschaftsrechte durch Ausgabe von neuen Aktien schützen. Dieser Schutzbereich ist bei einer Pflichtwandelanleihe genauso berührt wie bei einer Anleihe, die lediglich ein Wandlungsrecht vorsieht. Der Unterschied zur Wandelanleihe liegt lediglich darin, dass der Gläubiger sich im Zeitpunkt der Übernahme im Rahmen eines Vorvertrages verpflichtet, sein Wandlungsrecht auszuüben. Den Zeitpunkt der Ausübung kann er aber weiter selbst bestimmen. § 221 AktG verdrängt insoweit als *lex specialis* § 187 AktG.

6. In der Regel wird der Beschluss zur Ermächtigung zur Begebung der Wandel- oder Optionsanleihe mit einem Beschluss über die Schaffung eines bedingten Kapitals verbunden, der die Wandel- oder Optionsrechte sichert (vgl dazu Anm. 20). Es ist üblich, aber nicht zwingend, im eigentlichen Ermächtigungsbeschluss die Zahl der maximal auszugebenden neuen Aktien bzw den anteiligen Betrag des Grundkapitals der bei Ausübung der Wandel- oder Optionsrechte zu beziehenden jungen Aktien zu nennen.

6A. Die Ausgabe von Schuldverschreibungen in einer anderen Währung als Euro ist grundsätzlich zulässig. Zu beachten sind dabei jedoch die Anforderungen, die § 54 Abs 3 AktG an eine bare Einlageleistung regelt. Werden diese nicht eingehalten, kann es zweifelhaft sein, ob Wandel- bzw. Optionsanleihen, die gegen Zahlung in ausländischer Währung begeben werden, unter das Privileg des § 194 Abs 1 S 2 AktG fallen (zu den Währungsfragen bei Barzahlung und Banküberweisung vgl *Hüffer/Koch,* § 54 Rn 13, 16; MüKoAktG/*Götze,* § 54 Rn 54, 66 f).

7. In der Praxis werden Wandel- oder Optionsanleihen aus steuerlichen Gründen oft über eine ausländische Zweckgesellschaft begeben. Bei der Zweckgesellschaft handelt es sich in der Regel um eine hundertprozentige Tochtergesellschaft des Emittenten mit Sitz außerhalb Deutschlands. Bei einer direkten Begebung durch eine deutsche AG muss die Kapitalertragssteuer einbehalten werden, was für Anleihegläubiger nachteilig ist, die nach den anwendbaren Doppelbesteuerungsabkommen nicht zur Steuererstattung berechtigt sind oder die Erstattung erst beantragen müssen. Dieser Einbehalt kann bei Emission über eine ausländische Finanzierungstochter vermieden werden (vgl Habersack/Mülbert/Schlitt/*Mihm,* § 14 Rn 43; *Schlitt/Schäfer* CFL 2010, 253 f; *Schanz,* BKR 2011, 413; *Meisel/Bokeloh,* CFL 2010, 35 ff). Die Begebung einer Wandel- oder Optionsanleihe über eine Zweckgesellschaft erfordert eine entsprechende Ermächtigung durch die HV der deutschen Aktiengesellschaft, welche die Erfüllung der Wandlungs- und Optionsrechte sicherstellen soll. Für die Aktionäre der Muttergesellschaft tritt im Falle der Wandlung oder Ausübung der Optionsrechte derselbe Verwässerungseffekt wie bei einer Direktemission ein (*Schlitt/Seiler/Singhof,* AG 2003, 264; MüKoAktG/*Habersack,* § 221 Rn 42 f). Zur Erhöhung der Attraktivität der Anleihen garantiert in der Regel die Muttergesellschaft die Rückzahlung durch die Zweckgesellschaft. Das von der Muttergesellschaft übernommene oder garantierte Wandlungs- und Optionsrecht kann in entsprechender Anwendung des § 192 Abs 2 Nr 1 AktG durch ein bedingtes Kapital gesichert werden (MüKoAktG/*Habersack,* § 221 Rn 48; Marsch-Barner/Schäfer/*Groß,* Rn 51.4). Auch bei der Einschaltung einer Zweckgesellschaft bleibt die Privilegierung des § 194 Abs 1 S 2 AktG erhalten, sofern die Wandlungs- und Optionsrechte aus bedingtem Kapital bedient werden. Nach dieser Vorschrift gilt die Hingabe einer Schuldverschreibung im Umtausch gegen Bezugsaktien aus bedingtem Kapital nicht als Sacheinlage. Damit diese Privilegierung gilt, müssen allerdings die folgenden Voraussetzungen erfüllt sein: (i) Der Erlös aus der Begebung der Wandel- oder Optionsanleihe ist von der Tochtergesellschaft im Wege eines Darlehens an die Muttergesellschaft weiterzuleiten. (2) Die Tochtergesellschaft tritt den Darlehensrückzahlungsanspruch an die Anleihegläubiger ab, und (3) die Abtretung des Darlehensrückzahlungsanspruchs durch die Anleihegläubiger ist nur möglich bei gleichzeitiger Abtretung der Wandelschuldverschreibungen (Stgt ZIP 2002, 1808; Marsch-Barner/Schäfer/*Groß,* Rn 51.63, 51.65; Hölters/Weber/*Apfelbacher/Metzner,* § 194 Rn 9; BeckOGK AktG/*Seiler,* § 221 Rn 133; nach aA soll § 194 Abs 1 S 2 AktG unabhängig von der Erfüllung dieser Voraussetzungen für Emissionen von Tochterunternehmen gelten, vgl. BeckOGK AktG/*Rieckers,* § 194 Rn 10; KölnKommAktG/*Drygala/Staake,* § 194 Rn 19).

8. Es ist auch möglich, dass die Wandel- oder Optionsanleihe nicht gegen Geld, sondern gegen Erbringung einer anderen Leistung wie etwa die Verrechnung einer Forderung des Gläubigers oder sonstige Sachleistungen ausgegeben werden kann. Es müssen dann allerdings bei Begebung der Anleihe die Vorschriften über die Sacheinlage beachtet werden (vgl zu Struktur und Risiken einer solchen Transaktion *Schnorbus/Trapp,* ZGR 2010, 1023 ff; zu einem *Debt-to-Convertible Swap* s *Herfs/Leyendecker,* AG 2018, 213 ff). Die Privilegierung in § 194 Abs 1 S 2 AktG bezieht sich nur auf den Fall, dass eine Anleihe gegen Geld erworben wurde und dann in Aktien umgetauscht wird. Der Umtauschvorgang gilt dann nicht als Sacheinlage. Wird aber die Anleihe gegen eine Sachleistung ausgegeben, gelten hierfür die Vorschriften über die Sacheinlage und über die aktienrechtliche Differenzhaftung. Diese wirken sich in verschiedenen Stadien des Prozesses der Anleiheemission und Durchführung aus. Für den Ermächtigungsbeschluss an sich ergeben sich aus § 194 AktG keine spezifischen Anforderungen, weil die Sacheinlage, für die die Ermächtigung später genutzt werden soll, noch völlig offen ist. Entscheidend ist der Zeitpunkt der Begebung der Anleihe. Bei Ausnutzung der Ermächtigung muss die Sacheinlage die Werthaltigkeitsprüfung nach § 194 Abs 4 AktG bestehen; im Zeitpunkt der Ausgabe der Aktien erfolgt keine (weitere) Werthaltigkeitsprüfung (Hölters/Weber/*Apfelbacher/Metzner,* § 194 Rn 15; Marsch-Barner/Schäfer/*Groß,* Rn 51.64; K. Schmidt/Lutter/*Merkt,* § 221 Rn 32; *Herfs/Leyendecker,* AG 2018,

217; *Schnorbus/Trapp,* ZGR 2010, 1043; nicht eindeutig Mü ZIP 2013, 1914: Prüfung habe „spätestens bei Anmeldung der Ausgabe von Bezugsaktien gem. § 201 AktG" stattzufinden). Der Wert der Sacheinlage muss den geringsten Ausgabebetrag der Aktien, in die die Wandelanleihe umgetauscht werden kann, nur im Zeitpunkt der Begebung der Anleihe/der Erbringung der Sacheinlage, nicht (auch) im Zeitpunkt der Ausgabe der Bezugsaktien erreichen (BeckOGK AktG/*Seiler,* § 221 Rn 10.1, 17; *Herfs/Leyendecker,* AG 2018, 217). Die Ausgabe einer Wandelanleihe gegen Sachleistung fordert zwingend den Ausschluss des Bezugsrechts (dazu unten Anm. 13).

9. Die Wandel- und Optionsanleihen werden in der Regel in einzelne Schuldverschreibungen gestückelt, die zusammen die Gesamtanleihe ausmachen. Die Mindeststückelung kann Auswirkungen auf die Prospektpflicht haben. So entfällt gem Art 1 Abs 4 Buchst c) ProspektVO die Verpflichtung zur Erstellung eines Angebotsprospekts, wenn die Mindeststückelung der Anleihe EUR 100 000,00 beträgt. Dies kann bei Wandelanleihen, die bei institutionellen Anlegern platziert werden sollen, genutzt werden, um den Dokumentationsaufwand und damit die Kosten zu reduzieren.

10. Bei der Begebung von Wandel- und Optionsanleihen steht den Aktionären ein Bezugsrecht auf einen ihrer Beteiligung entsprechenden Anteil der Wandelschuldverschreibungen zu (§ 221 Abs 4 S 2 AktG iVm § 186 AktG). Analog § 221 Abs 4 S 1 AktG ist den Aktionären auch bei Wandel- und Optionsanleihen, die nicht von der Muttergesellschaft, sondern von einer Zweckgesellschaft emittiert werden, ein Bezugsrecht zu gewähren. Dies wird in dem Ermächtigungsbeschluss klargestellt. Das Bezugsrecht folgt im Wesentlichen den Regeln über das Bezugsrecht der Aktionäre auf junge Aktien; § 221 Abs 4 S 2 AktG ordnet die sinngemäße Geltung des § 186 AktG an. Das Bezugsrecht der Aktionäre trägt dem Umstand Rechnung, dass die Gläubiger von Wandel- und Optionsanleihen ein Recht auf den Erwerb junger Aktien erwerben. Dieses Recht ist durch § 186 Abs 1 S 1 AktG grundsätzlich den Aktionären vorbehalten. Das Bezugsrecht aus § 221 Abs 4 AktG setzt deshalb bei der Emission der Wandel- und Optionsanleihen ein. Die Aktionäre sollen die Möglichkeit haben, selbst die das Bezugsrecht auf Aktien verbriefenden Schuldverschreibungen zu erwerben. Dadurch sollen sie vor einer Verwässerung ihrer Vermögens- und Mitgliedschaftsrechte geschützt werden (vgl MüKoAktG/*Habersack,* § 221 Rn 162; *Schlitt/Seiler/Singhof,* AG 2003, 263). § 221 Abs 4 S 2 AktG verweist auf § 186 AktG insgesamt. Auch § 186 Abs 5 AktG findet somit Anwendung; werden die Wandel- und Optionsanleihen von einem Kreditinstitut mit der Verpflichtung übernommen, sie den Aktionären zum Bezug anzubieten, liegt kein Bezugsrechtsausschluss vor. Formelle und materielle Voraussetzungen des Bezugsrechtsausschlusses müssen nicht beachtet werden (*Hüffer/Koch,* § 221 Rn 45). Bei einem Zustimmungsbeschluss für ein konkretes Emissionsvorhaben muss wie beim Direktbeschluss zur Kapitalerhöhung eine ausdrückliche Einräumung des mittelbaren Bezugsrechts im Beschluss enthalten sein; eine Delegation auf den Vorstand ist unzulässig (*Hüffer/Koch,* § 221 Rn 45; MHdB GesR IV/*Scholz,* § 64 Rn 39; Marsch-Barner/Schäfer/*Groß,* Rn 51.58). Wird hingegen der Vorstand zur zukünftigen Begebung von Wandel- und Optionsanleihen ermächtigt, so muss ebensowenig wie bei der Schaffung eines genehmigten Kapitals im Ermächtigungsbeschluss eine ausdrückliche Einräumung des Rechts, eine Emission mit mittelbaren Bezugsrecht durchzuführen, erfolgen; es ist Sache des Vorstands, dies bei Ausnutzung der Ermächtigung zu regeln (MüKoAktG/*Habersack,* § 221 Rn 198; Marsch-Barner/Schäfer/*Groß,* Rn 51.57 f; ArbeitshdbHV/*Heusel,* § 23 Rn 45; *Schlitt/Seiler/Singhof,* AG 2003, 260). Es entspricht aber der Praxis, schon im Ermächtigungsbeschluss das mittelbare Bezugsrecht ausdrücklich vorzusehen.

11. Spitzenbeträge können vom Bezugsrecht ausgeschlossen werden, wenn der Ausschluss dem Ziel dient, ein einfacheres Bezugsrechtsverhältnis herzustellen, das die

Ausnutzung des Bezugsrechts durch die Aktionäre erleichtert und vermeidet, dass diese Bezugsrechte im Bezugsrechtshandel hinzuerwerben müssen, um überhaupt an der Kapitalmaßnahme teilnehmen zu können (*Schlitt/Seiler/Singhof,* AG 2003, 262 Fn 102). Soweit die Gesellschaft bereits Wandel- oder Optionsanleihen ausgegeben hat, ist sie oft schon nach den Anleihebedingungen dieser Anleihen verpflichtet, diesen Gläubigern, die eine aktionärsähnliche Position haben, ein Bezugsrecht einzuräumen, um eine Verwässerung ihrer Stellung zu verhindern. Auch in diesem Fall ist der Bezugsrechtsausschluss gerechtfertigt.

12. Nach heute ganz hM kann ein Bezugsrechtsausschluss bei der Emission von Wandel- und Optionsanleihen auch auf die erleichterten Voraussetzungen des § 186 Abs 3 S 4 AktG gestützt werden (OLG München ZIP 2006, 1441 ff; LG München I AG 2006, 169; eingehend *Busch,* AG 1999, 59 ff; *Singhof,* ZHR 170 (06), 673 ff.; ferner zB MüKoAktG/*Habersack,* § 221 Rn 190 f; BeckOGK AktG/*Seiler,* § 221 Rn 104; KölnKommAktG/*Florstedt,* § 221 Rn 259 ff; Hopt/Seibt/*Fest,* § 221 Rn 673 ff; MHbB GesR IV/*Scholz,* § 64 Rn 33; *Schlitt/Seiler/Singhof,* AG 2003, 259; *Seibt,* CFL 2010, 167 f; s auch Der BGH ZIP 2007, 2123 f Tz 5). Sinn und Zweck der Regelung in § 186 Abs 3 S 4 AktG ist, den Bezugsrechtsausschluss zu erleichtern, wenn den Altaktionären keine wesentliche Verwässerung droht und das Bezugsrecht wirtschaftlich keinen Wert hat, weil die Aktien nahe am Börsenkurs ausgegeben werden. Demnach ist auch bei Wandel- und Optionsanleihen der Bezugsrechtsausschluss immer dann zulässig, wenn die Bedingungen der Schuldverschreibung so ausgestaltet sind, dass (i) der tatsächliche Ausgabebetrag den hypothetischen Marktpreis für die Wandelschuldverschreibung nicht wesentlich unterschreitet und damit der Wert des hypothetischen Bezugsrechts gegen Null tendiert, (ii) der rechnerische Nennbetrag der auszugebenden Aktien bei einer vollständigen Ausübung des Wandlungsrechts 10 % des Grundkapitals nicht übersteigt und (iii) die Aktionäre ihre Beteiligungsquote durch den Zukauf von Aktien oder Wandelschuldverschreibungen aufrecht erhalten können (Mü ZIP 2006, 1441 ff; LG München I AG 2006, 169; MüKoAktG/*Habersack,* § 221 Rn 190 f; MHdB GesR IV/*Scholz,* § 64 Rn 33 ff; BeckOGK AktG/*Seiler,* § 221 Rn 99 ff; KölnKommAktG/*Florstedt,* § 221 Rn 259 ff: für die zweite Voraussetzung sei allerdings nicht eine Wertermittlung anhand finanzwissenschaftlicher Modelle maßgeblich, sondern ein Bookbuilding-Verfahren durchzuführen; Hopt/Seibt/*Fest,* § 221 Rn 673 ff: es komme auf den Gesamtwert der Anleihe an; *F. Dreher,* 2018, S 238 ff; *Schlitt/Seiler/Singhof,* AG 2003, 259 f; *Schanz,* BKR 2011, 412; nur die erste und die zweite Voraussetzung für erforderlich haltend Marsch-Barner/Schäfer/*Groß,* Rn. 51.56; *Bader,* AG 14, 487). Die Ermächtigung im Form. sieht ferner vor, dass auf die 10 %-Grenze alle anderen Ausgaben von Aktien unter Ausschluss des Bezugsrechts angerechnet werden. Diese Regelung ist auch beim erleichterten Bezugsrechtsausschluss im Rahmen eines genehmigten Kapitals üblich (s zur Anrechnung GroKo(AktG)/*Hirte,* § 221 Rn 146; BeckOGK AktG/*Seiler,* § 221 Rn 121; *Busch,* AG 1999, 62). Die Ermächtigungsbeschlüsse sehen häufig vor, dass die Berechnung des hypothetischen Marktpreises der Wandelschuldverschreibung durch eine Fairness Opinion einer Investment Bank auf der Grundlage finanzmathematischer Methoden zu bestätigen ist. Die Bank sollte in der Regel nicht Mitglied des Übernahmekonsortiums sein. Eine solche Fairness Opinion dient der Absicherung des Vorstands, ist aber rechtlich nicht erforderlich und ersetzt auch nicht die eigene Prüfung durch den Vorstand; in der jüngeren Praxis wird sie daher idR nicht mehr vorgesehen (*Schlitt/Schäfer,* CFL 2010, 253; *Schanz,* BKR 2011, 412 Fn. 23; *Seibt,* CFL 2010, 172).

13. Die Ermächtigung zum Ausschluss des Bezugsrechts, auch im Fall des erleichterten Bezugsrechtsausschlusses, erfordert eine Mehrheit von mindestens Dreivierteln des bei der Beschlussfassung vertretenen Grundkapitals. Der beabsichtigte Ausschluss muss in der Einladung zur HV bekanntgemacht werden (§ 221 Abs 4 S 2 iVm § 186 Abs 4 S 1 AktG).

Die Gründe für den Bezugsrechtsausschluss sind zusammen mit den wesentlichen Konditionen der Wandel- oder Optionsanleihe vom Vorstand in einem schriftlichen Bericht darzulegen; zu der Bekanntgabe des Berichts vgl → Form. II.E.5.7 Anm. 4. Der vereinfachte Bezugsrechtsausschluss trägt seine Rechtfertigung in sich. Im Übrigen genügt eine generell-abstrakte Begründung, dass der Bezugsrechtsausschluss im Gesellschaftsinteresse liegen kann. Für die materielle Rechtfertigung des Bezugsrechtsausschlusses und den Vorstandsbericht gelten dieselben – durch die Siemens-Nold-Entscheidung des BGH gelockerten – Anforderungen wie beim genehmigten Kapital (BGH ZIP 2006, 369 f Tz 6 ff; BGH ZIP 2007, 2123 Tz 3 ff; MüKoAktG/*Habersack*, § 221 Rn 180; Marsch-Barner/Schäfer/*Groß*, Rn. 51.52; *Florstedt*, ZHR 180 (2016), 174 ff). In der Regel dürfte die Begründung, dass ein Bezugsrechtsausschluss gerechtfertigt sein kann, um den Ausgabepreis marktnah festlegen zu können, was bei einer Bezugsemission mit einer zweiwöchigen Bezugsfrist nicht möglich ist, oder dass sich bei einer Platzierung bei speziellen institutionellen Investoren bessere Konditionen erzielen lassen, eine ausreichende Grundlage für den Bezugsrechtsausschluss sein (*Schlitt/Seiler/Singhof*, AG 2003, 258; *Seibt*, CFL 2010, 167). Zu den inhaltlichen Anforderungen s → Form. II.E.5.7 Anm. 3, → Anm. 5.

Wird die Wandel- oder Optionsanleihe gegen Sachleistung ausgegeben (s. oben → Anm. 6), muss ebenfalls das Bezugsrecht ausgeschlossen werden. Der Bezugsrechtsausschluss soll nur dann zulässig sein, wenn der Wert der Sachleistung den Marktwert der Schuldverschreibungen erreicht, dh der Wert des Bezugsrechts, wie oben für den erleichterten Bezugsrechtsausschluss erläutert, gegen Null tendiert. Weiter muss der Wert der Sachleistung den Ausgabebetrag der Schuldverschreibung erreichen, um eine unter pari Emission zu vermeiden. Der Ausgabebetrag wiederum muss mindestens dem geringsten Ausgabebetrag der Aktien entsprechen, in den die Schuldverschreibungen gewandelt werden können (§ 199 AktG).

14. Bei einem Ermächtigungsbeschluss sind Angaben zum Umtausch- oder Bezugsverhältnis, wie sie im Form. unter Ziffern (a) (3) und (a) (4) gemacht werden, nicht erforderlich (*Hüffer/Koch*, § 221 Rn 11; MüKoAktG/*Habersack*, § 221 Rn 155; MHdB GesR IV/*Scholz*, § 64 Rn 18; Marsch-Barner/Schäfer/*Groß*, Rn 51.36). Zwingender Inhalt des Ermächtigungsbeschlusses sind nur die Art der auszugebenden Anleihe, der maximale Gesamtnennbetrag und die Frist der Ermächtigung (*Hüffer/Koch*, § 221 Rn 10). Die Festsetzung der Anleihebedingungen kann auch vollständig dem Vorstand überlassen werden. In der Praxis werden aber das Umtauschverhältnis sowie die wesentlichen Anleihebedingungen bereits im Ermächtigungsbeschluss festgelegt, allerdings ist es zB nicht mehr üblich, alle für den Verwässerungsschutz relevanten Konstellationen enumerativ aufzuzählen, um starre Beschränkungen, die später bei der konkreten Emission nicht mehr sachgerecht sind, zu vermeiden (*Schlitt/Schäfer*, CFL 2010, 253). Die Festsetzung der wesentlichen Bedingungen erfolgt deshalb, weil in der Regel der Ermächtigungsbeschluss mit einer Beschlussfassung über ein bedingtes Kapital zur Sicherung der Bezugsrechte verbunden wird (vgl unten → Anm. 20). Im Beschluss über das bedingte Kapital müssen gem § 193 Abs 2 Nr 3 AktG Angaben über den Zweck der bedingten Kapitalerhöhung, den Kreis der Bezugsberechtigten und die Grundlagen, nach denen der Ausgabebetrag berechnet wird – wobei die Angabe eines Mindestausgabebetrags genügt – erfolgen. Schon deshalb werden das Wandlungs- und Bezugsrecht sowie die Bestimmung des Wandlungs- oder Optionspreises im Ermächtigungsbeschluss beschrieben. Die Bestimmungen im Ermächtigungsbeschluss können dann in der Beschlussfassung über das bedingte Kapital in Bezug genommen werden. Zur Bestimmung des Ausgabebetrags der jungen Aktien ist bei Wandelrechten zwingend das Umtauschverhältnis festzulegen. Daraus ergibt sich dann der Ausgabebetrag der jungen Aktien. Das Umtauschverhältnis kann aber auch dadurch bestimmt werden, dass der Wandlungspreis von bestimmten

Bezugsgrößen wie dem Börsenkurs der Aktie zum Zeitpunkt der Begebung abhängig gemacht wird. Dabei reicht die Angabe einer Untergrenze (siehe → Anm. 15). Der Ausgabebetrag der jungen Aktien darf nicht hinter deren Nennbetrag/anteiligen Betrag des Grundkapitals zurückbleiben (§ 9 Abs 1 AktG). Bei Optionsrechten müssen das Bezugsverhältnis und der Ausübungspreis, zu dem die neuen Aktien erworben werden können, festgelegt werden (MüKoAktG/*Fuchs,* § 193 Rn 12). Bei der Aktienausgabe gegen Umtausch einer Wandelschuldverschreibung ist § 199 Abs 2 AktG zu beachten. Der Ausgabebetrag der umzutauschenden Wandelschuldverschreibung (zzgl etwaiger barer Zuzahlungen oder Wandlungsprämien) darf nicht hinter dem geringsten Ausgabebetrag der Aktien zurückbleiben, in die die Wandelschuldverschreibung getauscht werden kann. Entscheidend ist nicht der Nennbetrag der Wandelschuldverschreibung, sondern der Ausgabebetrag, der höher oder geringer als der Nennbetrag sein kann. Ist der Ausgabebetrag der Wandelschuldverschreibung höher als der Nennbetrag, kann der Nennbetrag auch hinter dem geringsten Ausgabebetrag der Aktien, in die die Wandelschuldverschreibung getauscht werden kann, zurückbleiben. Der Ausgabebetrag der Wandelschuldverschreibung (zzgl etwaiger barer Zuzahlungen oder Wandlungsprämien) darf nur dann geringer sein als der geringste Ausgabepreis der auszugebenden neuen Aktien, wenn die Differenz aus Gewinnrücklagen gedeckt werden kann (§ 199 Abs 2 S 2 AktG). Wegen der dargestellten Grenzen bei Festlegung des Ausgabebetrags der jungen Aktien und Schuldverschreibungen enthält die Ermächtigung einen entsprechenden Hinweis auf die §§ 9 Abs 1, 199 Abs 2 AktG, sodass der Vorstand bei Ausgestaltung der Wandel- oder Optionsanleihe diese Vorschriften auf jeden Fall zu beachten hat.

Zu der Möglichkeit einer nachträglichen Anpassung des Wandlungspreises (oder Optionspreises), um die Gläubiger zur Ausübung des Wandlungsrechts zu motivieren (*incentivised conversion*) s *Schlitt/Schäfer,* CFL 2010, 258; *Seibt,* CFL 2010, 175, welche die Umsetzbarkeit eher zurückhaltend beurteilen; eingehend und die Umsetzbarkeit positiver bewertend *Wilk/Schlee,* ZIP 2016, 2041 ff; *Wieneke,* WM 2017, 698 ff.

15. Seit ihrer Neufassung durch ARUG vom 30. Juli 2009 (BGBl I 09, 2479 ff) ist in der Vorschrift des § 193 Abs 2 Nr 3 AktG ausdrücklich klargestellt, dass es bei einer bedingten Kapitalerhöhung zur Gewährung von Umtausch- und Bezugsrechten an Gläubiger von Wandelschuldverschreibungen genügt, wenn in dem damit verbundenen Beschluss nach § 221 AktG der Mindestausgabebetrag für die jungen Aktien oder die Grundlage für die Festlegung des Ausgabebetrags oder des Mindestausgabebetrags bestimmt werden. Diese Gesetzesänderung erfolgte, nachdem zuvor durch einige Instanzgerichte Zweifel geäußert wurden, ob die Festsetzung eines Mindestausgabebetrags ausreichend ist (KG ZIP 2008, 648 f; Celle AG 2008, 86; Hamm AG 2008, 507). Die Zulässigkeit der Festsetzung eines Mindestausgabebetrags wurde aber auch bereits vor der Gesetzesänderung durch den BGH festgestellt (BGH ZIP 2009, 1568 f; BGH ZIP 2009, 1624). Der Ausgabebetrag kann daher durch die Bezugnahme auf eine Referenzgröße, wie den Börsenkurs bei Ausgabe der Wandelanleihe, bestimmt werden.

16. Der Verwässerungsschutz wird durch die Angabe eines Mindestausgabebetrags sichergestellt. Entscheidet sich der Vorstand für einen höheren als den Mindestausgabebetrag, so verringert sich die Intensität des von den Aktionären bereits autorisierten Eingriffs in ihre Rechtsposition (BGH ZIP 2009, 1570). Die Angabe eines Mindestausgabebetrags erlaubt es, die Wandel- bzw Optionsanleihe bei auftretendem Kapitalbedarf unter optimaler Preisgestaltung effizient am Markt zu platzieren, wobei der Wandlungspreis zeitnah vor der Ausgabe unter Berücksichtigung der angegebenen Marktverhältnisse festgelegt werden kann (vgl Begr RegE ARUG, BT-Drs 16/11642, S 37; BGH ZIP 2009, 1569). Für die Bestimmung des Mindestausgabebetrags wird in der Regel auf einen bestimmten Prozentsatz eines relevanten Börsenkurses Bezug genommen, üblich sind 70 oder 80 % des Börsenkurses während eines Referenzzeitraums vor der Begebung (*Schanz,*

BKR 11, 413). Dies erlaubt die erforderliche Flexibilität bei der endgültigen Festlegung der Konditionen der Anleihe, insbesondere von Ausgabepreis, Wandlungspreis, Umtauschverhältnis und Zinssatz. Für die Bestimmung des Referenzkurses ist die Festlegung eines Referenzzeitraums erforderlich. Bei Bezugsrechtsemissionen ist bei der Bestimmung des Referenzzeitraums zu berücksichtigen, dass gem § 186 Abs 2 S 2 AktG der Ausgabebetrag spätestens drei Tage vor Ende der Bezugsfrist bekanntgemacht werden muss. Insofern muss der Referenzzeitraum für den Mindestausgabebetrag, den der Vorstand bei der endgültigen Festsetzung des Ausgabebetrags zu beachten hat, zu diesem Zeitpunkt enden, andernfalls ist die Vorschrift nicht praktikabel.

Eine Verwässerungsschutzklausel gehört üblicherweise zu den Anleihebedingungen einer Wandel- oder Optionsanleihe. Im Fall der Kapitalerhöhung aus Gesellschaftsmitteln sieht bereits das Gesetz einen Verwässerungsschutz vor (§ 218 AktG). Für die übrigen Fälle wird durch die Anleihebedingungen vorgesehen, dass der Wandlungs- oder Ausübungspreis angepasst wird. Dies sind im Detail komplexe Regelungen. Die Anleihebedingungen müssen grundsätzlich nicht im Ermächtigungsbeschluss vorgegeben werden. Da sich die Verwässerungsschutzklausel auf das Wandel- bzw Bezugsverhältnis auswirkt und dies wiederum für den Beschluss über das bedingte Kapital bestimmt werden muss, ist üblicherweise im Ermächtigungsbeschluss die Möglichkeit vorgesehen, das Bezugsverhältnis im Fall von Verwässerungen anzupassen (vgl auch oben → Anm. 14). Die §§ 9 und 199 Abs 2 AktG gelten auch bei Anpassung des Bezugsverhältnisses durch eine Verwässerungsschutzklausel. Sie begrenzen also die Anpassungsmöglichkeiten.

17. Durch Ziffer (a) (7) des Beschlusses werden weitere Gestaltungsmöglichkeiten festgelegt, die Auswirkungen auf die Ausgabe von neuen Aktien oder das Bezugsverhältnis haben. Zur umgekehrten Wandelanleihe vgl bereits → Anm. 5. Dadurch kann eine übermäßige Verwässerung vermieden werden in den Fällen, in denen der Wandlungspreis weit unter dem Börsenkurs liegt und deshalb alle Gläubiger von ihrem Wandlungsrecht Gebrauch machen werden. Eine solche Gestaltung vermindert natürlich die Akzeptanz einer Wandelanleihe im Kapitalmarkt, weil der Gläubiger nicht mehr sicher sein kann, bei günstiger Kursentwicklung tatsächlich Aktien zu bekommen, sondern dann darauf angewiesen ist, sich mit dem erhaltenen Geldbetrag die Aktien zu kaufen, was aber zu Kurserhöhungen führen kann.

18. Zur Wandelanleihe mit Tilgungswahlrecht (Aktienlieferungsrecht) vgl bereits → Anm. 5. Das Umtauschrecht der Gesellschaft kann vor allem in wirtschaftlich schwierigen Situationen die Gesellschaft vor der Insolvenz bewahren. Bei wirtschaftlichen Schwierigkeiten wird der Kurs oft unter dem Wandlungspreis liegen, so dass das Wandlungsrecht nicht ausgeübt wird. Bei Fälligkeit muss die Anleihe dann refinanziert werden, was bei wirtschaftlich schlechter Lage schwierig sein kann. Die Wandelanleihe kann dann zur Insolvenz führen. In diesem Fall ist es hilfreich, wenn die Gesellschaft das Recht hat, trotzdem Aktien zu liefern.

19. Ziffer (a) (8) des Ermächtigungsbeschlusses ermächtigt den Vorstand, mit Zustimmung des Aufsichtsrats die weiteren Einzelheiten der Ausgabe und Ausstattung der Schuldverschreibung festzulegen. Die Bindung an die Zustimmung des Aufsichtsrats ist nicht erforderlich, aber zulässig (*Hüffer/Koch,* § 221 Rn 13).

20. Wandel- oder Optionsanleihen gewähren dem jeweiligen Gläubiger (daneben nunmehr auch der Gesellschaft) das Recht auf Bezug von Aktien und begründen eine entsprechende Verpflichtung des Emittenten, je nach Anleihebedingung gibt es unter Umständen sogar eine Wandlungspflicht (*mandatory convertible*). Um sicherzustellen, dass der Emittent seinen Verpflichtungen gegenüber dem Gläubiger nachkommen kann, wird die Ausgabe von Wandel- und Optionsanleihen im Regelfall mit der Schaffung eines bedingten Kapitals verbunden. § 192 Abs 2 Nr 1 AktG sieht die Schaffung eines bedingten Kapitals für einen solchen Zweck ausdrücklich vor. Damit ist gewährleistet, dass der Vorstand im jeweils erforderlichen Umfang neue Aktien ausgeben kann und damit Schadensersatzansprüche der Gläubiger vermeidet. Zwingend ist das aber nicht. Möglich ist auch, das bedingte Kapital erst nach der Ausgabe von Wandelschuldverschreibungen zu beschließen, etwa weil zum Zeitpunkt der Ausgabe wegen der Begrenzung in § 192 Abs 3 S 1 AktG nicht ausreichend weiteres bedingtes Kapital beschlossen werden kann. Zum Verhältnis von § 221 AktG zu § 187 AktG in diesem Fall s einerseits MüKoAktG/*Habersack,* § 221 Rn 117, 214; Hopt/Seibt/*Fest,* § 221 Rn 85; MHdB GesR IV/*Scholz,* § 64 Rn 45; *Reiswich,* Das Rechtsprinzip des Verwässerungsschutzes, 2016, S 98 und andererseits BeckOGK AktG/*Seiler,* § 221 Rn 90; Marsch-Barner/Schäfer/*Busch,* Rn. 44.36; *Schlitt/Seiler/Singhof,* AG 2013, 257; ferner KölnKommAktG/*Florstedt,* § 221 Rn 297. Theoretisch können die für die Bedienung der Wandlungs- und Optionsrechte erforderlichen Aktien auch auf andere Weise bereitgestellt werden, zB durch ein genehmigtes Kapital mit der Ermächtigung zum Bezugsrechtsausschluss oder, weniger praktisch, eine normale Kapitalerhöhung unter Bezugsrechtsausschluss. Da aber nicht alle Wandlungsrechte zur gleichen Zeit ausgeübt werden, sind solche Wege aufwändig, schwerfällig und erfordern in der Regel die Einschaltung eines Treuhänders, um die Einbringung der Schuldverschreibungen und die Zeichnung der Aktien abzuwickeln. Das bedingte Kapital hat zudem den Vorteil, dass die Einlage der Schuldverschreibung gegen die ausgegebenen Aktien gem § 194 Abs 1 S 2 AktG nicht als Sacheinlage gewertet wird. Ob diese Bestimmung analog auch bei Verwendung eines genehmigten Kapitals gilt, ist str (bejahend zB GroKo(AktG)/*Hirte,* § 205 Rn 9; Marsch-Barner/Schäfer/*Groß,* Rn 51.60; BeckOGK AktG/*Seiler,* § 221 Rn 83; *Holland/Goslar,* NZG 2006, 895; abl zB MüKoAktG/*Habersack,* § 221 Rn 230; *F. Dreher,* Bedingte Pflichtwandelanleihen, 2018, S 196 f; *Reiswich,* Das Rechtsprinzip des Verwässerungsschutzes, 2016, S 101 f). Zudem fehlt den Anleihegläubigern bei der Benutzung eines genehmigten Kapitals der Schutz des § 192 Abs 4 AktG. Nach dieser Vorschrift sind alle Beschlüsse nichtig, wenn sie die Durchsetzung von Umtausch- und Bezugsrechten erschweren. Erfasst werden insbesondere Aufhebung oder Herabsetzung des Kapitalerhöhungsbeschlusses. Dies bedeutet, dass mit Eintragungen der bedingten Kapitalerhöhung die Anleihegläubiger einen gesicherten Anspruch auf Ausgabe der Aktien haben (vgl *Hüffer/Koch,* § 192 Rn 26; MüKoAktG/*Fuchs,* § 192 Rn 155). Möglich ist es auch, den Emittenten zu ermächtigen, in den Anleihebedingungen vorzusehen, dass im Fall der Wandlung statt eigener Aktien nach seiner Wahl auch Aktien von Konzerngesellschaften oder anderen Gesellschaften, an denen der Emittent beteiligt ist, zu liefern. Die Wandelanleihe wird dann zur Umtauschanleihe (s dazu *Schanz,* BKR 2011, 415; *Schlitt/Schäfer,* CFL 2010, 257).

21. Notwendiger Inhalt des bedingten Kapitalerhöhungsbeschlusses sind (i) die Festlegung des Erhöhungsbetrags sowie des Nennbetrags des bedingten Kapitals; (ii) die Bestimmung der Nennbeträge der neuen Aktien, bei Stückaktien ihre Zahl sowie deren Art (Stamm- oder Vorzugsaktien), es sei denn, die Satzung regelt die Art der auszugebenden Aktien für Kapitalerhöhungen bereits; (iii) der Zweck der bedingten Kapitalerhöhung (Sicherung der Bezugsrechte aus Anleihen, die aufgrund einer bestimmten Ermächtigung ergangen sind); sowie (iv) der Kreis der Bezugsberechtigten (Gläubiger der unter einer bestimmten Ermächtigung ausgegebenen Options- oder Wandelanleihen) und (v) der Ausgabebetrag der neuen Aktien bzw der Mindestausgabebetrag oder die Grundlagen für die Festlegung des Ausgabebetrags oder des Mindestausgabebetrags (§ 193 Abs 2 Nr 3 AktG). S zum Inhalt eines bedingten Kapitals auch → Form. II.E.5.4 Anm. 4 ff.

5.6 Beschlussvorschlag über Schaffung eines genehmigten Kapitals

Auszug aus der Bekanntmachung der Tagesordnung für die ordentliche Hauptversammlung der A Aktiengesellschaft[1]

. . . . . . Beschlussfassung über die Schaffung eines genehmigten Kapitals und Änderung von § . . . . . Abs . . . . . der Satzung[2]

. . . . . *[Erläuterung des Beschlussvorschlags]*

Vorstand und Aufsichtsrat schlagen daher vor, folgenden Beschluss zu fassen:

In § . . . . . der Satzung wird der folgende neue Abs . . . . . eingefügt:

„Der Vorstand ist ermächtigt,[3] das Grundkapital der Gesellschaft mit Zustimmung des Aufsichtsrats bis zum . . . . .[4] einmalig oder mehrmals[5] um bis zu insgesamt EUR . . . . .[6] gegen Bar- und/oder Sacheinlagen[7] durch Ausgabe von neuen, auf den Inhaber lautenden Stückaktien zu erhöhen (Genehmigtes Kapital I).[8] Den Aktionären ist dabei ein Bezugsrecht einzuräumen.[9] Die neuen Aktien können auch von einem oder mehreren Kreditinstituten oder nach § 53 Abs 1 S 1 oder § 53b Abs 1 S 1 oder Abs 7 KWG tätigen Unternehmen mit der Verpflichtung übernommen werden, sie den Aktionären zum Bezug anzubieten (mittelbares Bezugsrecht).[10] Der Vorstand ist jedoch ermächtigt, mit Zustimmung des Aufsichtsrats das gesetzliche Bezugsrecht der Aktionäre in den folgenden Fällen auszuschließen, wobei die Summe der unter Ausschluss des Bezugsrechts ausgegebenen Aktien 20 % des Grundkapitals im Zeitpunkt des Wirksamwerdens oder – wenn der Wert geringer ist, im Zeitpunkt der Ausübung der Ermächtigung – nicht übersteigen darf:[11]

- für Spitzenbeträge;
- soweit es erforderlich ist, um Inhabern von Optionsrechten oder Gläubigern von Wandelschuldverschreibungen, die von der Gesellschaft oder einer Konzerngesellschaft der Gesellschaft im Sinne von § 18 AktG, an der die Gesellschaft unmittelbar und/oder mittelbar zu mindestens 90 % beteiligt ist, ausgegeben worden sind oder werden, ein Bezugsrecht auf neue Aktien in dem Umfang zu gewähren, wie es ihnen nach Ausübung der Options- oder Wandlungsrechte bzw. nach der Ausübung von Aktienlieferungsrechten oder der Erfüllung von Wandlungspflichten zustünde;
- für Kapitalerhöhungen gegen Sacheinlagen, um die neuen Aktien Dritten im Rahmen von Unternehmenszusammenschlüssen oder beim (auch mittelbaren) Erwerb von Unternehmen, Unternehmensteilen, Beteiligungen an Unternehmen oder für den (auch mittelbaren) Erwerb von anderen Vermögensgegenständen (einschließlich von Forderungen, auch soweit sie gegen die Gesellschaft oder nachgeordnete Konzernunternehmen gerichtet sind) anbieten zu können;
- wenn die neuen Aktien gem § 186 Abs 3 S 4 AktG gegen Bareinlagen zu einem Ausgabebetrag ausgegeben werden, der den Börsenpreis der bereits börsennotierten Aktien gleicher Ausstattung nicht wesentlich unterschreitet der anteilige Betrag der neuen Aktien am Grundkapital 10 % des Grundkapitals zum Zeitpunkt der Eintragung dieser Ermächtigung in das Handelsregister oder – falls geringer – zum jeweiligen Zeitpunkt der Ausübung der Ermächtigung nicht übersteigt. Auf die 10 %-Grenze sind Aktien anzurechnen, die während der Laufzeit dieser Ermächtigung in direkter oder entsprechender Anwendung des § 186 Abs 3 S 4 AktG von der Gesellschaft im Rahmen einer Barkapitalerhöhung neu ausgegeben oder nach Rückerwerb veräußert worden sind. Auf die 10 %-Grenze sind ferner Aktien anzurechnen, für die aufgrund von Options- oder Wandel-

schuldverschreibungen oder -genussrechten, die während der Laufzeit dieser Ermächtigung unter Ausschluss des Bezugsrechts gemäß § 221 Abs 4 S 2 iVm § 186 Abs 3 S 4 AktG von der Gesellschaft oder deren nachgeordneten Konzernunternehmen ausgegeben worden sind, ein Options- oder Wandlungsrecht, eine Options- oder Wandlungspflicht oder zugunsten der Gesellschaft ein Aktienlieferungsrecht besteht.[12]

Der Vorstand ist ferner ermächtigt, mit Zustimmung des Aufsichtsrates die Gewinnbeteiligung der neuen Aktien abweichend von § 60 Abs 2 AktG zu bestimmen und die weiteren Einzelheiten der Durchführung von Kapitalerhöhungen aus dem Genehmigten Kapital I festzulegen.[13] Der Aufsichtsrat ist ermächtigt, die Fassung der Satzung jeweils nach Durchführung einer Erhöhung des Grundkapitals aus dem Genehmigten Kapital I entsprechend dem Umfang der jeweiligen Erhöhung des Grundkapitals oder nach Ablauf der Ermächtigungsfrist anzupassen."[14]

Schrifttum: *Busch,* Mangusta/Commerzbank – Rechtsschutz nach Ausnutzung eines genehmigten Kapitals, NZG 2006, 81; *Ihrig/Wagner,* Volumengrenzen für Kapitalmaßnahmen der AG, NZG 2002, 657; *Klöhn,* Ad-Hoc-Publizität im neuen Marktmissbrauchsrecht, AG 2016, 423; *Kumpan,* Ad-hoc-Publizität nach der Marktmissbrauchsverordnung, DB 2016, 2039; *Schlitt/Schäfer,* Alte und neue Fragen im Zusammenhang mit 10 %-Kapitalerhöhungen, AG 2005, 67; *Scholz,* Vereinfachter Bezugsrechtsausschluss und Gleichbehandlungsgrundsatz bei Kapitalerhöhung aus genehmigtem Kapital, DB 2018, 2352.

Anmerkungen

1. Das genehmigte Kapital ist ein Instrument, das durch die HV beschlossen wird und der Verwaltung erlaubt, das Kapital ohne weitere Mitwirkung der HV zu erhöhen (*Busch,* NZG 2006, 81) und so auf Entwicklungen am Markt schnell zu reagieren. Ferner sind die Anforderungen an einen Bezugsrechtsausschluss bei genehmigtem Kapital geringer, da sie durch die Einführung des § 186 Abs 3 S 4 AktG und insbesondere durch die „Siemens/Nold"-Entscheidung (BGHZ 136, 133 = NJW 1997, 2815) entschärft wurden (s dazu auch → Anm. 11). Dadurch besteht die Möglichkeit, eine günstige Börsensituation für die Beschaffung von Kapital auszunutzen oder das genehmigte Kapital für einen Zweck einzusetzen, der auch eine bedingte Kapitalerhöhung nach §§ 192 ff AktG gerechtfertigt hätte (*Hüffer/Koch,* § 202 Rn 2; MüKoAktG/*Bayer,* § 202 Rn 1) (zur bedingten Kapitalerhöhung vgl → Form. II.E.5.4 Anm. 1 ff.). Die Entscheidung, dem Vorstand eine solche Kompetenz einzuräumen, liegt in der Autonomie des Satzungsgebers, also der HV (*Hüffer/Koch,* § 202 Rn 1). Die Ermächtigung des Vorstands zur Schaffung von genehmigtem Kapital kann bereits in der Gründungssatzung vorgesehen (§ 202 Abs 1 AktG) oder durch eine nachträgliche Satzungsänderung geschaffen werden. Das Verfahren unterscheidet sich von der regulären Kapitalerhöhung darin, dass es in zwei Schritten erfolgt: Zunächst bedarf es eines Ermächtigungsbeschlusses der HV, sodann eines Ausführungsbeschlusses des Vorstands (→ Form. II.E.5.8 Anm. 1 ff.) unter Zustimmung des Aufsichtsrats (→ Form. II.E.5.9 Anm. 1 ff.). Die übrigen Schritte entsprechen dem Ablauf einer regulären Kapitalerhöhung (s hierzu auch → Form. II.E.5.1 Anm. 1).

Das genehmigte Kapital ist nicht subsidiär gegenüber einer ordentlichen Kapitalerhöhung. Ein Rangverhältnis zwischen diesen beiden Instrumenten besteht grundsätzlich nicht. Die Hauptversammlung ist dementsprechend nicht etwa gehalten, vorrangig eine reguläre Kapitalerhöhung durchzuführen, soweit das möglich ist (Karls AG 2003, 445; LG Düss AG 1999, 135; LG Hdlbg AG 2002, 301 f; MüKoAktG/*Bayer,* § 202 Rn 82 f; K. Schmidt/Lutter/*Veil,* § 202 Rn 20; Hdb AG-Finanzierung/*Stöber,* Kap 5 Rn 23; einschränkend Marsch-Barner/Schäfer/*Busch,* Rn 43.3 mwN).

Die Ausgabe Neuer Aktien hat regelmäßig Auswirkungen auf den Börsenkurs des Unternehmens, so dass die Ad-hoc-Pflicht nach Artikel 17 MMVO zu beachten ist. Die Entscheidung des Vorstands, eine Kapitalerhöhung durchzuführen, ist dabei grundsätzlich der späteste Zeitpunkt, zu dem die Ad-hoc-Mitteilung veröffentlicht werden muss. Bei der Kapitalerhöhung handelt es sich um einen gestreckten Vorgang, der sich schrittweise entwickelt. Sie kann daher (und wird in der Praxis häufig) schon (deutlich) vor der eigentlichen Entscheidung des Vorstands das Stadium einer Insiderinformation erreichen (s BaFin, Emittentenleitfaden, Modul C.I.2.1.4.3). Hat der Vorstand eine Kapitalerhöhung unter Ausnutzung eines genehmigten Kapitals beschlossen, kann er die Veröffentlichung einer Ad hoc-Mitteilung grundsätzlich noch bis zur Entscheidung des Aufsichtsrats über die Zustimmung aufschieben (s Artikel 17 Abs 4 MAR und § 6 S 2 Nr 2 WpAV; *Kumpan*, DB 2016, 2043; *Klöhn*, AG 2016, 430).

2. Die Schaffung des genehmigten Kapitals ist eine Satzungsänderung. Der Ablauf bestimmt sich nach den allgemeinen Vorschriften der §§ 179 ff AktG. Das Vorhaben muss als Tagesordnungspunkt in die Einberufung der HV aufgenommen werden. Notwendiger Inhalt des Beschlussvorschlages bei einer Erhöhung gegen Bareinlagen ohne Bezugsrechtsausschluss ist die Ermächtigungsfrist (dazu → Anm. 4) sowie der Nennbetrag des genehmigten Kapitals, dh der Höchstbetrag, bis zu welchem der Vorstand das Grundkapital erhöhen darf, wobei die Angabe in Ziffern zu erfolgen hat (MüKo-AktG/*Bayer,* § 202 Rn 64; *Hüffer/Koch,* § 202 Rn 12; KölnKommAktG/*Kuntz* § 202 Rn 67). Wird die Höhe des Nennbetrags nicht ausgewiesen, so ist der betreffende Beschluss nichtig (KölnKommAktG/Kuntz § 202 Rn 81) und soll auch keiner Heilung nach § 242 Abs 2 AktG zugänglich sein (K. Schmidt/Lutter/*Veil,* § 202 Rn 18; *Hüffer/Koch,* § 202 Rn. 12; Grigoleit/*Rieder/Holzmann,* § 202 Rn 17). Erfolgt die Erhöhung gegen Sacheinlagen (§ 205 Abs 1 AktG) und/oder unter Ausschluss der Bezugsrechte (§ 203 Abs 2 AktG), so ist dies im Beschlussvorschlag anzugeben (s dazu ausf → Anm. 7, 11). Sind bereits stimmrechtslose Vorzugsaktien vorhanden, so kann die Ermächtigung auch die Ausgabe von weiteren Vorzugsaktien vorsehen (§ 204 Abs 2 AktG). Ferner kann der Ermächtigungsbeschluss auch Festsetzungen über den Inhalt der Aktienrechte und die Bedingungen der Aktienausgabe, wie zB den Ausgabebetrag oder die Stückelung der neuen Aktien und ihre Gattung beinhalten oder auf bestimmte Zwecke beschränkt werden (MHdB GesR IV/*Scholz,* § 59 Rn 23; MüKoAktG/*Bayer,* § 202 Rn 76 ff).

3. Die Schaffung eines genehmigten Kapitals erfordert eine Regelung in der Satzung. Darin liegt die Ermächtigung der Verwaltung. Eine darüber hinausgehende gesonderte Ermächtigung ist nicht erforderlich; vielmehr reicht es aus, dass die HV – wie im Form. – nur die Satzungsänderung beschließt (Happ AktienR II/Groß, Form. 12.06 → Anm. 20.2; Marsch-Barner/Schäfer/*Busch,* Rn. 43.7; MHdB GesR IV/*Scholz,* § 59 Rn 8). Der satzungsändernde Beschluss erfolgt nach den Vorschriften der §§ 179 ff AktG, soweit §§ 202 ff AktG keine abweichenden Regelungen enthalten. Dementsprechend wird der Ermächtigungsbeschluss erst mit Eintragung im Handelsregister wirksam (§ 181 Abs 3 AktG). Zur Beschlussfassung bedarf es notwendig einer zustimmenden Mehrheit von drei Vierteln des in der betreffenden HV vertretenen Grundkapitals (§ 202 Abs 2 S 2 AktG). Wurde die Ermächtigung dem Vorstand einmal wirksam durch die HV erteilt, so obliegt die Entscheidung über die Durchführung der Kapitalerhöhung dem Vorstand. Die Ausübung der Ermächtigung fällt als Maßnahme der Geschäftsführung in seinen Kompetenzbereich und untersteht daher den allgemeinen Regeln über die Geschäftsführung (MHdB GesR IV/*Scholz,* § 59 Rn 42; MüKoAktG/*Bayer,* § 202 Rn 29). Der Vorstand entscheidet somit – innerhalb des durch die Ermächtigung gesetzten Rahmens – anstelle der HV allein über das „ob", „wann" und „wieviel" der Kapitalerhöhung (Hölters/Weber/*Apfelbacher/Metzner,* § 202 Rn 30; MüKoAktG/*Bayer,* § 202 Rn 34). Im Umkehrschluss bedeutet dies, dass der Vorstand nicht zur Durchführung der Kapitalerhöhung verpflichtet ist und dazu auch nicht von der HV verpflichtet werden kann (Hamm AG 1985, 308; *Hüffer/Koch,* § 202 Rn 6); auch dann nicht, wenn die Rahmenbedingungen für eine Durchführung der Kapitalerhöhung günstig erscheinen, zB wenn an der Börse ein besonders hoher Emissionserlös erzielt werden könnte (GroKo(AktG)/*Hirte,* § 202 Rn 91).

4. Die Ermächtigung kann für eine Dauer von höchstens 5 Jahren erteilt werden (§ 202 Abs 1 AktG). Die Dauer ist in der Ermächtigung konkret anzugeben, ein bloßer Verweis auf § 202 Abs 1 AktG oder die Formulierung „höchstens 5 Jahre" sind nicht ausreichend (Celle BB 1962, 975; LG Mannh BB 1957, 690). Das Fristende muss vielmehr durch ein genaues Enddatum bestimmt sein (MüKoAktG/*Bayer,* § 202 Rn 58). Zulässig ist aber auch eine Formulierung wie zB „für die Dauer von 5 Jahren ab Eintragung in das Handelsregister" (Hamm AG 2009, 791; *Hüffer/Koch,* § 202 Rn 11; Grigoleit/*Rieder/Holzmann,* § 202 Rn 13; offen gelassen in Celle BB 1962, 975); zur Fristberechnung in diesem Fall s MHdB GesR IV/*Scholz,* § 59 Rn 25.

5. Dem Vorstand steht es frei, das Kapital einmalig oder in mehreren Tranchen zu erhöhen, solange dies innerhalb der Volumen- und der zeitlichen Grenze erfolgt (s → Form. → Anm. 3, 4). Wie im Form. kann dies aus Klarstellungsgründen aufgenommen werden.

6. Die Kapitalerhöhung aus genehmigtem Kapital ist gesetzlich auf einen Höchstbetrag von 50 % des zum Zeitpunkt der Ermächtigung vorhandenen Grundkapitals begrenzt (§ 202 Abs 3 S 1 AktG). Für die Bemessung dieser Grenze ist die Summe aller genehmigten Kapitalia mit dem Grundkapital zu vergleichen; maßgeblicher Zeitpunkt ist nicht die Beschlussfassung der HV, sondern die Eintragung des genehmigten Kapitals im Handelsregister. Bei mehreren in derselben HV beschlossenen Kapitalmaßnahmen kann die Einhaltung der 50 %-Grenzen durch Eintragungsanweisungen gesteuert werden. In der Praxis wird die Ermächtigung des Vorstands zur Kapitalerhöhung bei gleichzeitigem Bezugsrechtsausschluss häufig auf 20 % oder sogar 10% des Grundkapitals oder sogar noch geringere Beträge beschränkt, um die potentielle Verwässerung der Anteile von Altaktionären zu begrenzen und die Zustimmung durch die HV sicherzustellen (s → Anm. 11).

7. Eine Kapitalerhöhung gegen Sacheinlagen kann nur dann erfolgen, wenn dies bereits im Ermächtigungsbeschluss festgesetzt wurde (§ 205 Abs 1 AktG); insofern gelten die Ausführungen in → Form. II.E.5.1 Anm. 2 entsprechend. Die Möglichkeit zur Erhöhung gegen Sacheinlagen kann, wie im Form, allgemein und ohne Einschränkungen gewährt werden oder durch die HV vorgegeben werden. In qualitativer Hinsicht ist die Ermächtigung dahingehend einschränkbar, dass nur bestimmte Arten von Sacheinlagen eingebracht werden können, quantitativ dahingehend, dass der Vorstand nur einen Teil der Kapitalerhöhung gegen Sacheinlagen durchführen darf (BeckOGK AktG/*Wamser,* § 205 Rn 14). Liegt ein Entscheidungsspielraum vor, so hat der Vorstand gem § 77 AktG nach pflichtgemäßem Ermessen zu handeln (Hölters/Weber/*Apfelbacher/Metzner,* § 205 Rn 6 f).

8. In der Praxis ist es üblich, die genehmigten Kapitalia zu nummerieren, wenn mehrere getrennte Kapitalia geschaffen werden, sei es im Laufe der Zeit oder in einer HV, weil sie unterschiedlichen Zwecken dienen sollen. Zusammen dürfen sie nicht mehr als die Hälfte des Grundkapitals betragen (Hölters/Weber/*Apfelbacher/Metzner,* § 202 Rn 18; s auch → Anm. 6).

9. Den Aktionären steht gem § 203 Abs 1 S 1 AktG iVm § 186 Abs 1 S 1 AktG auch beim genehmigtem Kapital ein gesetzliches Bezugsrecht zu. Hinsichtlich des Verfahrens gelten dieselben Grundsätze wie bei einer regulären Kapitalerhöhung (s → Form. I.E.5.1 Anm. 1 ff.); zum Ausschluss des Bezugsrechts s → Anm. 11.

10. Wie im Form. kann der Beschluss auch ein mittelbares Bezugsrecht vorsehen. Ein oder mehrere Kreditinstitute verpflichten sich, die Aktien zu übernehmen und den

Aktionären anzubieten, s ausf → Form. I.E.5.8 Anm. 1 ff.. Anders als bei einer ordentlichen Kapitalerhöhung durch HV-Beschluss ist bei dem genehmigten Kapital die Gewährung des Bezugsrechts iWd mittelbaren Bezugsrechts auch dann möglich, wenn das genehmigte Kapital dazu schweigt (*Hüffer/Koch,* § 204 Rn 5; Hdb AG-Finanzierung/*Stöber,* Kap 5 Rn 65).

11. Die Ermächtigung kann gem § 203 Abs 1 S 1 AktG iVm § 186 Abs 3 S 1 AktG einen Bezugsrechtsausschluss in Form. (i) einer Ausschlussermächtigung oder (ii) eines Direktausschlusses vorsehen. Wird, wie im Form, eine Ausschlussermächtigung festgesetzt, so entscheidet der Vorstand selbst, ob er von einem Bezugsrechtsausschluss Gebrauch machen will. Der Aufsichtsrat hat über seine Zustimmung zu dem Vorhaben des Vorstands zu entscheiden. Eine Delegation an einen Ausschuss (§ 107 Abs 3 AktG) ist möglich (Hölters/Weber/*Apfelbacher/Metzner,* § 203 Rn 49). Die Berichterstattung über die Ausnutzung einer Ermächtigung zum Bezugsrechtsausschluss erfolgt auf der darauffolgenden HV (s → Anm. 1). Im Falle eines Bezugsrechtsausschlusses wird in der Praxis die in der Ermächtigung genannte Summe der Aktien, die unter Ausschluss des Bezugsrechts ausgegeben werden können, häufig auf 20 % oder sogar 10% des Grundkapitals oder noch geringere Beträge beschränkt. Auf diese Grenze werden sämtliche unter dem genehmigten Kapital unter Bezugsrechtsausschluss der Aktionäre ausgegebenen Aktien angerechnet. Der Grund für diese Begrenzung unterhalb der gesetzlichen Höchstgrenze von 50 % ist, dass institutionelle Anleger ihr Stimmrechtsverhalten nach den Empfehlungen von Proxy Advisors richten und diese zunehmend strengere Anforderungen an das maximale Volumen stellen, für das ein Bezugsrechtsausschluss möglich ist.

Der vereinfachte Bezugsrechtsausschluss nach § 186 Abs 3 S 4 AktG dient der erleichterten Beschaffung von Kapital und ist nur bei einer Barkapitalerhöhung möglich (MüKoAktG/*Schürnbrand/Verse,* § 186 Rn 135). Wie im Form. dargestellt, darf sich der vereinfachte Bezugsrechtsausschluss auf maximal 10 % des Grundkapitals erstrecken, und der Börsenpreis darf nicht durch den Ausgabebetrag wesentlich unterschritten werden. Ein vereinfachter Bezugsrechtsausschluss ist sowohl bei einem Direktausschluss als auch bei einer Ausschlussermächtigung möglich; dass § 203 Abs 2 S 2 AktG für die Ausschlussermächtigung nicht auf § 186 Abs 3 S 4 AktG Bezug nimmt, ist ein gesetzgeberisches Versehen (Mü BB 1996, 2162; MüKoAktG/*Bayer,* § 203 Rn 82 ff; *Scholz*, DB 2018, 2355; davon geht auch BGH NZG 2018, 1021 Tz 37 aus; offen gelassen in Nürnb AG 2021, 726; Nürnb AG 2018, 412 Tz. 75). Die 10 % sollen nach wohl hM anhand des Grundkapitals im Zeitpunkt der Eintragung des vereinfachten Bezugsrechtsausschlusses in das Handelsregister und – falls das Grundkapitals dann niedriger ist – im Zeitpunkt der Ausübung der Ermächtigung zu berechnen sein (*Hüffer/Koch,* § 203 Rn 10a; K. Schmidt/Lutter/*Veil,* § 203 Rn. 10; Habersack/Mülbert/Schlitt/*R. Krause,* Rn 6.56; *Ihrig/Wagner,* NZG 2002, 660); richtigerweise kann es aber allein auf eine Berechnung nach dem Grundkapital bei Ausnutzung der Ermächtigung ankommen (Happ/*Groß,* Form. 12.07 Anm. 10.1; GroKo(AktG)/*Hirte,* § 203 Rn 115; Hdb AG-Finanzierung/*Stöber,* Kap 5 Rn 63; *Schlitt/Schäfer,* AG 2005, 69).

12. S → Form. II.E.6.1 Anm. 1 ff..

13. Die Einzelheiten bzgl der Durchführung der Kapitalerhöhung obliegen dem Vorstand. Seine Entscheidungen hat der Vorstand nach pflichtgemäßem Ermessen zu treffen und einen Beschluss darüber zu fassen (s → Form. II.E.5.8 Anm. 1 ff.).

14. Der Aufsichtsrat wird zur Satzungsänderung in Form. einer Fassungsänderung nach § 179 Abs 1 S 2 AktG ermächtigt. Er hat ferner dem Beschluss des Vorstands zuzustimmen (s → Form. II.E.5.9 Anm. 1 ff.).

5.7 Bericht des Vorstands zum Ausschluss des Bezugsrechts der Aktionäre bei genehmigtem Kapital

Auszug aus der Bekanntmachung der Tagesordnung für die ordentliche Hauptversammlung der A Aktiengesellschaft[1, 2]

. . . . .

Bericht des Vorstands zu TOP . . . . .[3, 4]

Unter Punkt . . . . . der Tagesordnung schlagen Vorstand und Aufsichtsrat der Hauptversammlung am . . . . . vor, ein Genehmigtes Kapital I zu schaffen. Zu den Ermächtigungen zum Ausschluss des Bezugsrechts im Rahmen des unter Punkt . . . . . der Tagesordnung vorgeschlagenen neuen Genehmigten Kapitals I erstattet der Vorstand gemäß § 203 Abs 2 S 2 iVm § 186 Abs 4 S 2 AktG diesen schriftlichen Bericht:

Die Ermächtigung zur Erhöhung des Grundkapitals gewährt dem Vorstand ein flexibles Instrument, die Unternehmenspolitik zu gestalten und insbesondere das dazu benötigte Kapital durch Ausgabe neuer Aktien am Kapitalmarkt aufzubringen.

Das Genehmigte Kapital I sieht die Möglichkeit zur Erhöhung des Grundkapitals gegen Bar- und/oder Sacheinlagen durch Ausgabe von neuen, auf den Inhaber lautenden Stückaktien („Neue Aktien") vor. Die Neuen Aktien, die aufgrund der zu beschließenden Ermächtigung („Genehmigtes Kapital I") ausgegeben werden, sollen den Aktionären grundsätzlich zum Bezug angeboten werden. Das gesetzliche Bezugsrecht kann gemäß § 186 Abs 5 AktG auch in der Weise gewährt werden, dass die Neuen Aktien von einem Kreditinstitut oder mehreren Kreditinstituten mit der Verpflichtung übernommen werden, sie den Aktionären zum Bezug anzubieten (mittelbares Bezugsrecht).

Der Vorstand ist jedoch ermächtigt, mit Zustimmung des Aufsichtsrats das gesetzliche Bezugsrecht der Aktionäre in den nachfolgenden Fällen auszuschließen. Dabei darf die Summe der unter Ausschluss des Bezugsrechts ausgegebenen Aktien 20 % des Grundkapitals im Zeitpunkt des Wirksamwerdens oder – wenn der Wert geringer ist, im Zeitpunkt der Ausübung der Ermächtigung – nicht übersteigen:[5,6]

- Das Bezugsrecht soll jeweils zunächst für Spitzenbeträge ausgeschlossen werden können. Damit soll die Abwicklung einer Emission mit einem grundsätzlichen Bezugsrecht der Aktionäre erleichtert werden. Spitzenbeträge können sich aus dem jeweiligen Emissionsvolumen und der Notwendigkeit eines handhabbaren Bezugsverhältnisses ergeben. Der Wert solcher Spitzenbeträge ist für den einzelnen Aktionär in der Regel gering, während der Aufwand für die Emission ohne einen solchen Ausschluss deutlich höher ist. Auch der mögliche Verwässerungseffekt ist wegen der Beschränkung auf Spitzenbeträge regelmäßig geringfügig. Die aufgrund der Spitzenbeträge vom Bezugsrecht ausgeschlossenen neuen Aktien werden bestmöglich für die Gesellschaft verwertet.
- Das Bezugsrecht soll im Rahmen des Genehmigten Kapitals I auch ausgeschlossen werden können, soweit den Inhabern oder Gläubigern von Optionsrechten oder von Wandelschuldverschreibungen oder -genussrechten, die von der Gesellschaft oder deren nachgeordneten Konzernunternehmen ausgegeben worden sind oder werden, ein Umtausch- oder Bezugsrecht auf neue Aktien nach Maßgabe der jeweiligen Ausgabebedingungen gewährt wird oder aufgrund solcher Instrumente eine Umtausch- oder Bezugspflicht oder ein Aktienlieferungsrecht besteht. Die Bedingungen von Options- und Wandelschuldverschreibungen sehen zur leichteren Platzierung am Kapitalmarkt üblicherweise einen Verwässerungsschutz vor, der sicherstellt, dass den Inhabern

oder Gläubigern der Options- oder Wandelschuldverschreibungen bzw. -genussrechte bei späteren Emissionen von Aktien ein Bezugsrecht auf diese Aktien eingeräumt wird. Um die Options- und Wandelschuldverschreibungen bzw. -genussrechte mit einem solchen Verwässerungsschutz ausstatten zu können, muss das Bezugsrecht der Aktionäre auf diese Aktien ausgeschlossen werden. Das dient der erleichterten Platzierung der Emissionen von Options- und Wandelschuldverschreibungen bzw. -genussrechten und damit dem Interesse der Gesellschaft und ihrer Aktionäre an einer optimalen Finanzstruktur der Gesellschaft.

– Das Bezugsrecht der Aktionäre soll darüber hinaus jeweils bei Kapitalerhöhungen gegen Sacheinlagen ausgeschlossen werden können. Damit wird der Vorstand in die Lage versetzt, Aktien der Gesellschaft in geeigneten Einzelfällen zum (auch mittelbaren) Erwerb von Unternehmen, Unternehmensteilen oder Unternehmensbeteiligungen oder zum (auch mittelbaren) Erwerb anderer Vermögensgegenstände, wozu auch Forderungen zählen, einzusetzen. So kann sich in Verhandlungen die Notwendigkeit ergeben, als Gegenleistung nicht Geld, sondern Aktien anzubieten. Die Möglichkeit, Aktien der Gesellschaft als Gegenleistung anbieten zu können, schafft damit einen Vorteil im Wettbewerb um interessante Akquisitionsobjekte sowie den notwendigen Spielraum, sich bietende Gelegenheiten zum Erwerb von Unternehmen, Unternehmensteilen und Unternehmensbeteiligungen oder zum Erwerb von anderen Vermögensgegenständen liquiditätsschonend zu nutzen. Zu den Vermögensgegenständen, die als Sacheinlagen erworben werden können, gehören auch Forderungen, insbesondere gegen die Gesellschaft oder nachgeordnete Konzernunternehmen gerichtete Forderungen. Durch die Möglichkeit, Verbindlichkeiten der Gesellschaft oder nachgeordneter Konzernunternehmen nicht in bar, sondern gegen Ausgabe neuer Aktien zu begleichen, wird die Gesellschaft in die Lage versetzt, ihre Liquidität zu schonen und ihre Finanzierungsstruktur zu verbessern. Ferner kann sie es der Gesellschaft erlauben, mit der Gegenseite im Einzelfall günstigere Konditionen bei der Erfüllung bestehender Verbindlichkeiten zu vereinbaren. Die vorgeschlagene Ermächtigung zum Bezugsrechtsausschluss liegt daher aus Sicht des Vorstands im Interesse der Gesellschaft und ihrer Aktionäre. Der Gesellschaft erwächst dadurch kein Nachteil, da die Emission von Aktien gegen Sachleistung voraussetzt, dass der Wert der Sachleistung in einem angemessenen Verhältnis zum Wert der Aktien steht. Der Vorstand wird bei der Festlegung der Bewertungsrelation sicherstellen, dass die Interessen der Gesellschaft und ihrer Aktionäre angemessen gewahrt bleiben und der Gesellschaft ein angemessener Gegenwert für die neuen Aktien zufließt.

– Das Bezugsrecht soll ausgeschlossen werden können, wenn die neuen Aktien bei Barkapitalerhöhungen gemäß § 186 Abs 3 S 4 AktG zu einem Betrag ausgegeben werden, der den Börsenpreis nicht wesentlich unterschreitet. Diese Ermächtigung versetzt die Gesellschaft in die Lage, Marktchancen in ihren verschiedenen Geschäftsfeldern schnell und flexibel zu nutzen und einen hierbei oder aus anderen operativen Gründen entstehenden Kapitalbedarf gegebenenfalls auch sehr kurzfristig zu decken. Der Ausschluss des Bezugsrechts ermöglicht dabei nicht nur ein kurzfristiges und flexibles Agieren, sondern auch eine Platzierung der Aktien zu einem börsenkursnahen Preis, also ohne den bei Bezugsrechtsemissionen in der Regel erforderlichen Abschlag. Dies führt zu höheren Emissionserlösen zum Wohle der Gesellschaft. Zusätzlich kann mit einer derartigen Platzierung die Gewinnung neuer Aktionärsgruppen angestrebt werden. Das Aktiengesetz zieht keine feste Grenze für den Abschlag. Bei Ausnutzung der Ermächtigung wird der Vorstand den Abschlag – mit Zustimmung des Aufsichtsrates – unter Beachtung der rechtlichen Vorgaben so niedrig bemessen, wie das nach den im Zeitpunkt der Platzierung vorherrschenden Marktbedingungen möglich ist. Die unter Ausschluss des Bezugsrechts gemäß § 186 Abs 3 S 4 AktG ausgegebenen Aktien dürfen insgesamt 10 % des Grundkapitals nicht überschreiten, und zwar weder im Zeitpunkt des Wirksamwerdens noch im Zeitpunkt der Ausnutzung der erbetenen

Ermächtigung. Auf diese Begrenzung sind Aktien anzurechnen, welche die Gesellschaft während der Laufzeit der Ermächtigung im Rahmen einer Barkapitalerhöhung neu ausgibt oder welche die Gesellschaft während der Laufzeit der Ermächtigung erwirbt und sodann wieder veräußert, wenn und soweit dabei das Bezugsrecht nach Maßgabe von § 186 Abs 3 S 4 AktG ausgeschlossen wird bzw. die Wiederveräußerung nach Maßgabe dieser Vorschrift erfolgt. Werden während der Laufzeit der Ermächtigung Options- oder Wandelschuldverschreibungen oder -genussrechte oder eine Kombination dieser Instrumente unter Ausschluss des Bezugsrechts der Aktionäre gemäß § 221 Abs 4 S 2 iVm § 186 Abs 3 S 4 AktG begeben, so sind zudem die Aktien anzurechnen, für die aufgrund dieser Instrumente ein Options- oder Wandlungsrecht, eine Options- oder Wandlungspflicht oder zugunsten der Gesellschaft ein Recht der Gesellschaft besteht, bei Endfälligkeit der Schuldverschreibungen bzw. der Genussrechte oder zu einem anderen vorgesehenen Zeitpunkt den Inhabern bzw. Gläubigern ganz oder teilweise anstelle der Zahlung des fälligen Geldbetrags Stückaktien der Gesellschaft zu gewähren (Aktienlieferungsrecht).

- Durch diese Gestaltung wird im Einklang mit der gesetzlichen Regelung dem Bedürfnis der Aktionäre nach einem Verwässerungsschutz für ihren Anteilsbesitz Rechnung getragen. Jeder Aktionär hat aufgrund der Begrenzung des Umfangs der bezugsrechtsfreien Kapitalerhöhung grundsätzlich die Möglichkeit, die zur Aufrechterhaltung seiner Anteilsquote erforderlichen Aktien zu annähernd gleichen Bedingungen über die Börse zu erwerben. Es ist daher sichergestellt, dass in Übereinstimmung mit der gesetzlichen Wertung des § 186 Abs 3 S 4 AktG die Vermögens- wie auch Stimmrechtsinteressen bei einer Ausnutzung des Genehmigten Kapitals I unter Ausschluss des Bezugsrechts angemessen gewahrt bleiben, während der Gesellschaft im Interesse aller Aktionäre weitere Handlungsspielräume eröffnet werden.

Der Vorstand wird in jedem Einzelfall sorgfältig prüfen, ob er von der jeweiligen Ermächtigung zur Kapitalerhöhung unter Ausschluss des Bezugsrechts der Aktionäre Gebrauch machen wird. Er wird dies nur dann tun, wenn dies unter Berücksichtigung der Konditionen der Kapitalerhöhung nach Einschätzung des Vorstands und des Aufsichtsrates im Interesse der Gesellschaft und damit ihrer Aktionäre liegt.

Konkrete Vorhaben, für die von der Ermächtigung Gebrauch gemacht werden sollte, bestehen derzeit nicht.[7] Im Falle der konkreten Ausnutzung der vorgeschlagenen Ermächtigungen wird der Vorstand der auf die Ausnutzung folgenden ordentlichen Hauptversammlung darüber berichten.

Schrifttum: → Form. II.E.5.6 Anm. 1 ff.; *Krieger,* Vorstandsbericht vor Ausnutzung des genehmigten Kapital mit Bezugsrechtsausschluss, FS Wiedemann 2002, S 1081; *Liebert,* Der Bezugsrechtsausschluß bei Kapitalerhöhungen von Aktiengesellschaften, 2003; *Niggemann/Wansleben,* Berichtspflichten und Folgen ihrer Verletzung bei der bezugsrechtsfreien Ausnutzung genehmigten Kapitals, AG 2013, 269; *Paefgen,* Zur Justiziabilität des Verwaltungshandelns beim genehmigten Kapital, ZIP 2004, 145; *Schäfer,* Zum Vorstandsbericht über die Inanspruchnahme eines genehmigten Kapitals und zu möglichen Folgen unvollständiger Berichterstattung, CFL 2011, 399; *Scholz,* Vereinfachter Bezugsrechtsausschluss und Gleichbehandlungsgrundsatz bei Kapitalerhöhung aus genehmigtem Kapital, DB 2018, 2352; *Schumann,* Bezugsrecht und Bezugsrechtsausschluß bei Kapitalbeschaffungsmaßnahmen von Aktiengesellschaften, 2001.

Anmerkungen

1. Das Form knüpft an den Sachverhalt in → Form. II.E.5.6 Anm. 1 ff. an – Schaffung eines genehmigten Kapitals mit einer Ermächtigung zum Ausschluss des Bezugsrechts der Aktionäre (Ausschlussermächtigung) in vier im genehmigten Kapital festgelegten Fällen.

2. Eine Ausschlussermächtigung und ein Direktausschluss des Bezugsrechts sind iRd Einladung zur HV ausdrücklich und ordnungsgemäß bekannt zu machen (§ 186 Abs 4 S 1 AktG; s dazu → Form. II.E.5.1 Anm. 2).

3. Der Vorstand hat gem §§ 203 Abs 2 S 2 bzw 203 Abs 1 S 1 iVm § 186 Abs 4 S 2 AktG der HV über den Bezugsrechtsausschluss oder die Ermächtigung hierzu einen schriftlichen Bericht vorzulegen (Marsch-Barner/Schäfer/*Busch,* Rn 43.24; Hölters/Weber/*Apfelbacher/Metzner,* § 203 Rn 21; BeckOGK AktG/*Wamser,* § 203 Rn 66). Der Bericht soll den Aktionären die Gründe für den zur Abstimmung gestellten Bezugsrechtsausschluss beim genehmigten Kapital erläutern und die bereits – wenn auch bislang nur innerhalb des Vorstands – gefasste Entscheidung rechtfertigen. Im Fall einer Ausschlussermächtigung – wie im Form. – steht bei Erstellung des Berichts noch nicht fest, unter welchen Umständen von der Ermächtigung zu einem späteren Zeitpunkt Gebrauch gemacht wird. Aus diesem Grund kann keine Prüfung der Eignung, Erforderlichkeit und Verhältnismäßigkeit der Kapitalmaßnahme unter Bezugsrechtsausschluss, wie in der „Kali+Salz"-Rechtsprechung des BGH (BGHZ 71, 40 = NJW 1978, 1316) gefordert, vorgenommen werden. Der Vorstand kann sich vielmehr auf allgemein gehaltene Angaben dazu beschränken, für welche Maßnahmen der Bezugsrechtsausschluss zulässig sein soll (zB. Erwerb von Unternehmensbeteiligungen), warum diese Maßnahmen im Interesse der Gesellschaft liegen und warum hierzu ein Bezugsrechtsausschluss vorgeschlagen wird (s aus der Rspr BGHZ 136, 139 ff = NJW 1997, 2815; BGHZ 144, 294 f = NJW 2000, 2356; BGH ZIP 2006, 369 Tz 4; Schles AG 2005, 50 f; Nürnb AG 2021, 725; Nürnb AG 2018, 413 Tz. 81; Karls AG 2003, 445; LG Kempten AG 2006, 168). Solche allgemein gehaltenen Angaben genügen unabhängig vom Volumen und der Laufzeit des genehmigten Kapitals (BGH ZIP 2006, 369 Tz 5; LG Hdlbg AG 2002, 298; Hölters/Weber/*Apfelbacher/Metzner,* § 203 Rn 23; aA Mü ZIP 2002, 1580; LG München I AG 2001, 319). Die Gründe, aus denen das Bezugsrecht ausgeschlossen werden kann, werden in der Praxis in der Regel im genehmigten Kapital aufgelistet. Erforderlich ist das nicht. Es genügt auch, wenn die Gründe im Vorstandsbericht aufgeführt werden. Dabei soll es ausreichen, wenn die Gründe nicht abschließend, sondern nur exemplarisch dargestellt werden (Nürnb AG 2021, 727; aA Mü ZIP 2002, 1582 f). Ob sich die Berichtserfordernisse erhöhen, wenn der Vorstand bereits konkrete Pläne zur Ausnutzung des genehmigten Kapitals hat, ist zu verneinen, aber str (wie hier *Liebert,* Der Bezugsrechtsausschluß bei Kapitalerhöhungen von Aktiengesellschaften, 2003, S 217; *Schumann,* Bezugsrecht und Bezugsrechtsausschluß bei Kapitalbeschaffungsmaßnahmen von Aktiengesellschaften, 2001, S 134; aA LG Mü I AG 2010, 48 für einen Fall, in dem der Vorstandsbericht unter anderem eine konkrete Ausnutzung der Ermächtigung darstellte; ebenso aA, soweit der Offenlegung nicht Geheimhaltungsgründe entgegenstehen, Nürnb AG 2021, 727; Nürnb AG 2018, 411 Tz 65; MüKoAktG/*Bayer,* § 203 Rn 151).

4. Für die Bekanntgabe des Berichts gilt: (1) Der wesentliche Berichtsinhalt ist mit der Einberufung bekanntzumachen (analog § 124 Abs 2 S 3 AktG). In der Praxis ist es üblich, den gesamten Bericht in die Einberufung aufzunehmen. (2) Der Bericht ist analog § 175 Abs 2 AktG entweder ab der Einberufung auf der Webseite der Gesellschaft zugänglich zu machen oder ab Einberufung in den Geschäftsräumen der Gesellschaft auszulegen und jedem Aktionär auf Verlangen unverzüglich in Abschrift zu übermitteln. (3) Bei börsennotierten Gesellschaften ist der Bericht alsbald nach der Einberufung über die Internetseite der Gesellschaft zugänglich zu machen (§ 124a Satz 1 Nr. 3 AktG). (4) Wird der Bericht in die Einberufung aufgenommen, gelten für ihn auch die Mitteilungspflichten nach § 125 AktG. (5) Der Bericht ist schließlich in der HV zugänglich zu machen (§ 186 Abs 4 S 2 AktG); s zu diesen Bekanntmachungspflichten zB mit Unterschieden in den Einzelheiten Bürgers/Körber/Lieder/*Lieder,* § 186 Rn 33; MAH AktienR/*Sickinger/Kuthe,* § 33 Rn 94; *Hüffer/Koch,* § 186 Rn 23.

5. Die inhaltlichen Anforderungen an den Bericht sind im Gesetz nicht konkretisiert. Vielmehr muss der Bericht so ausgestaltet sein, dass er auch für einen durchschnittlich, nicht juristisch vorgebildeten Aktionär verständlich ist (Hölters/Weber/*Apfelbacher/Metzner,* § 186 Rn 53). Ein allgemein, in abstrakter Form. gehaltener Vorstandsbericht ist ausreichend (s → Anm. 1). Dennoch darf er keine nichtssagenden Formulierungen enthalten, da er sonst dem Zweck des § 203 Abs 2 S 2 iVm § 186 Abs 4 AktG nicht gerecht wird und diese auch nicht den Berichtsanforderungen genügen (BeckOGK AktG/*Wamser,* § 203 Rn 67 f). Angaben zum Ausgabekurs müssen nicht gemacht werden, da in der Regel zum Zeitpunkt der Ermächtigung die Entwicklung an den Börsen- und Kapitalmärkten und die Ausnutzung des genehmigten Kapitals nicht absehbar ist.

6. Die im Form. erfolgte Darstellung an Gründen, die einen Bezugsrechtsausschluss rechtfertigen, spiegelt in der Praxis häufig anzutreffende Konstellationen wider, ist aber lediglich beispielhaft. Ein Bezugsrechtsausschluss ist zB auch denkbar für Zwecke einer Börseneinführung an einer ausländischen Börse bzw. einer Erweiterung eines solchen ausländischen Listing (s BGHZ 125, 239 = NJW 1994, 1410). In der Praxis finden sich bisweilen auch Ausschlüsse für Aktiendividenden (scrip dividend; s dazu → Form. II. E.4.1 Anm. 14), obwohl den Aktionären dort das Bezugsrecht grundsätzlich gewährt wird; Zweck des Bezugsrechtsausschlusses ist hier vor allem, eine Befreiung von den sonstigen formalen Anforderungen an eine Bezugsrechtsemission (zB Zeitpunkt der Festsetzung des Bezugspreises) zu erreichen.

7. Von dem Bericht anlässlich der Schaffung eines genehmigten Kapitals, das Gegenstand des Form. ist, zu unterscheiden ist die Frage, ob die Verwaltung, wenn sie ein genehmigtes Kapital ausnutzen möchte, erneut einen Bericht erstatten muss. Insofern gilt: Vor der Ausnutzung hat die Verwaltung keinen (schriftlichen) Bericht zu erstatten. Vielmehr erfolgt die Information der Aktionäre auf der der Ausübung nachfolgenden Hauptversammlung; dort hat der Vorstand Rede und Antwort zu stehen (BGHZ 164, 244 = NZG 2006, 18; Nürnb AG 2018, 412 Tz. 68; Ffm ZIP 2003, 905 f; *Hüffer/Koch,* § 203 Rn 36; Bürgers/Körber//Lieder/*Lieder,* § 203 Rn 38; *Krieger,* FS Wiedemann, 2002, S 1081 ff.; aA GroKo(AktG)/*Hirte,* § 203 Rn 86; *Paefgen,* ZIP 2004, 152 ff.; zweifelnd auch K. Schmidt/Lutter/*Veil* § 203 Rn. 31). Diese nachlaufende Berichterstattung kann mündlich erfolgen; eine schriftliche Berichterstattung ist nicht erforderlich (*Hüffer/Koch,* § 203 Rn 37; Hölters/Weber/*Apfelbacher/Metzner,* § 203 Rn 48; Wachter/*Dürr,* § 203 Rn 18; *Niggemann/Wansleben,* AG 2013, 273; *Schäfer,* CFL 2011, 399; *Scholz,* DB 2018, 2354; offen gelassen in Ffm AG 2011, 714 Tz. 70). Da das zT bestritten wird (für schriftliche Berichterstattung Nürnb AG 2021, 725; Nürnb AG 2018, 412 Tz. 68; Hdb AG-Finanzierung/*Stöber,* Kap. 5 Rn 108), ist allerdings in der Praxis eine zunehmende schriftliche Berichterstattung zu beobachten.

5.8 Vorstandsbeschluss über die Ausnutzung eines genehmigten Kapitals

Niederschrift über die Beschlussfassung des Vorstands der A Aktiengesellschaft vom . . . . .[1]

1. Aufgrund des durch die Hauptversammlung[2] der A Aktiengesellschaft („Gesellschaft") vom . . . . . beschlossenen und am . . . . . in das Handelsregister eingetragenen genehmigten Kapitals ist der Vorstand der Gesellschaft nach § . . . . . Abs . . . . . der Satzung der Gesellschaft ermächtigt, das Grundkapital der Gesellschaft mit Zustimmung des Aufsichtsrats bis zum . . . . . einmalig oder mehrmals durch Ausgabe von neuen, auf den Inhaber lautenden Stückaktien um bis zu insgesamt EUR . . . . . gegen Bar- und/oder Sacheinlagen zu erhöhen („Genehmigtes Kapital I" oder die „Ermächtigung").

Den Aktionären ist nach der Ermächtigung grundsätzlich ein Bezugsrecht einzuräumen. Das Bezugsrecht kann auch im Wege des mittelbaren Bezugsrechts gem § 186 Abs 5 AktG eingeräumt werden. Der Vorstand ist unter bestimmten im Genehmigten Kapital I festgelegten Fällen ermächtigt, mit Zustimmung des Aufsichtsrats das gesetzliche Bezugsrecht der Aktionäre auszuschließen. Insbesondere ist der Vorstand ermächtigt, das Bezugsrecht mit Zustimmung des Aufsichtsrats für Spitzenbeträge auszuschließen.

Von der Ermächtigung ist bislang kein Gebrauch gemacht worden.

2. Gestützt auf die Ermächtigung beschließt der Vorstand hiermit einstimmig:[3]
   a) Das Grundkapital der Gesellschaft in Höhe von EUR ..... wird unter teilweiser Ausnutzung[4] des Genehmigten Kapitals I von EUR ..... um bis zu EUR ..... durch Ausgabe von bis zu ..... neuen, auf den Inhaber lautenden Stückaktien mit einem rechnerischen Anteil am Grundkapital von EUR 1,00 je Stückaktie („Neue Aktien") gegen Bareinlage erhöht.[5]
   b) Die Neuen Aktien werden zum Ausgabebetrag von EUR ..... je Neuer Aktie ausgegeben.[6] Die Neuen Aktien sind ab dem ..... gewinnberechtigt.[7] Sie werden in einer Globalurkunde ohne Globalgewinnanteilschein verbrieft, die bei der Clearstream Banking AG, Frankfurt am Main, zur Girosammelverwahrung hinterlegt wird.
   c) Die Neuen Aktien werden den Aktionären im Verhältnis ..... : ..... zum Bezug angeboten.[8]
   d) Die Frist[9] für die Annahme des Bezugsangebots beträgt 2 Wochen und läuft vom ..... bis zum ..... (jeweils einschließlich).
   e) Der von den Aktionären zu zahlende Bezugspreis[10] beträgt EUR ..... pro Neuer Aktie („Bezugspreis"). Soweit das Bezugsverhältnis dazu führt, dass rechnerische Ansprüche der Aktionäre auf Bruchteile von Aktien entstehen, haben die Aktionäre hinsichtlich der entstehenden Spitzenbeträge keinen Anspruch auf Lieferung von Neuen Aktien oder Barausgleich. Das Bezugsrecht ist insoweit ausgeschlossen.
   f) Zur Vereinfachung der Abwicklung kann jeder Aktionär sein Bezugsrecht nur in der Weise ausüben, dass er innerhalb der Bezugsfrist die ..... Bank, Frankfurt am Main, beauftragt und bevollmächtigt, die Neuen Aktien, die der Aktionär aufgrund seines Bezugsrechts beziehen möchte, im eigenen Namen, aber für Rechnung des Aktionärs, zu zeichnen und nach Zeichnung und Eintragung der Durchführung der Kapitalerhöhung in das Handelsregister die so bezogenen Neuen Aktien dem Aktionär auf ein von ihm angegebenes Depotkonto zu übertragen.[11] Der Aktionär hat den Bezugspreis von EUR ..... innerhalb der Bezugsfrist über seine Depotbank an die ..... Bank zu zahlen.
   g) Etwaige aufgrund des Bezugsrechts nicht bezogene[12] Neue Aktien können durch die ..... Bank gegen Zahlung eines Ausgabebetrags von EUR ..... pro Neuer Aktie gezeichnet werden und im Rahmen eines öffentlichen Angebots in Deutschland und einer internationalen privaten Platzierung an einen oder mehrere Investoren, die sich bis Ablauf eines Tages nach Ablauf der Bezugsfrist gegenüber der B Bank verpflichtet haben, Neue Aktien zum Bezugspreis zu kaufen, zum Bezugspreis verkauft werden. Dabei ist die B Bank verpflichtet, den nach Abzug des Ausgabebetrags verbleibenden Mehrerlös, abzüglich vereinbarter Kosten, Gebühren und Provisionen, an die Gesellschaft abzuführen.
   h) Die ..... Bank beabsichtigt, während der Bezugsfrist einen Bezugsrechtshandel[13] am regulierten Markt der Frankfurter Wertpapierbörse (Parketthandel) einzurichten.
   i) Der von der ..... Bank nach diesem Beschluss zu zahlende Ausgabebetrag in Höhe von EUR ..... je gezeichneter Neuer Aktie, dh insgesamt bis zu

EUR . . . . ., ist spätestens am Tag vor der Anmeldung der Durchführung der Kapitalerhöhung in voller Höhe durch Gutschrift auf ein bei der . . . . . Bank zins- und provisionsfrei geführtes Sonderkonto der Gesellschaft („Sonderkonto Kapitalerhöhung . . . . .") zu zahlen.[14]

j) Die ausgegebenen Neuen Aktien sollen zum regulierten Markt sowie zum Teilbereich des regulierten Markts mit weiteren Zulassungsfolgepflichten (*Prime Standard*) an der Frankfurter Wertpapierbörse zugelassen und in die bestehende Notierung für die börsennotierten Aktien der Gesellschaft (ISIN . . . . ./WKN . . . . .) einbezogen werden.[15] Ein Bezugsrechtshandel wird nicht eingerichtet.

k) Der Vorstand wird diesen Kapitalerhöhungsbeschluss durch einen weiteren Vorstandsbeschluss konkretisieren, sobald die Anzahl der ausgegebenen Neuen Aktien und der Erhöhungsbetrag feststehen.

l) Die Kosten der Kapitalerhöhung und ihrer Durchführung werden von der Gesellschaft getragen.

m) Dieser Kapitalerhöhungsbeschluss wird ungültig, wenn ihre Durchführung nicht bis zum . . . . ., ... Uhr (MEZ) in das Handelsregister der Gesellschaft eingetragen worden ist.

. . . . . [Ort, Datum]

[Unterschrift Vorstand]

Schrifttum: s Schrifttum → Form. II.E.5.6 Anm. 1 ff. und → Form. II.E.5.7 Anm. 1 ff.; *Ekkenga,* Das Organisationsrecht des genehmigten Kapitals, AG **2001**, 615; *Findeisen,* Kapitalmaßnahmen börsennotierter Unternehmen im Zeichen der Finanzmarktkrise, ZIP 2009, 1647; *Groß,* Zulässigkeit der Ausgabe neuer Aktien mit Gewinnanteilsberechtigung für ein bereits abgelaufenes Geschäftsjahr auch bei Bezugsrechtsausschluss, FS Hoffmann-Becking **2013**, S 395; *Kindler,* Vereinfachter Bezugsrechtsausschluss und Gleichbehandlung der Aktionäre, FS E. Vetter **2019**, S 307; *Kocher/v. Falkenhausen,* Aktuelles und Ungeklärtes zur Kapitalerhöhung mit vereinfachtem Bezugsrechtsausschluss nach § 186 Abs. 3 Satz 4 AktG, ZIP **2018**, 1949; *Priester,* Grenzen des vereinfachten Bezugsrechtsausschlusses, FS E. Vetter **2019**, S 587; *Schlitt/Schäfer,* Alte und neue Fragen im Zusammenhang mit 10 %-Kapitalerhöhungen, AG 2005, 67; *Scholz,* Vereinfachter Bezugsrechtsausschluss und Gleichbehandlungsgrundsatz bei Kapitalerhöhung aus genehmigtem Kapital, DB 2018, 2352; *Seibt,* Barkapitalemissionen mit erleichtertem Bezugsrechtsausschluss deutscher Emittenten nach § 186 Abs 3 S 4 AktG, CFL **2011**, 74; *Seibt/Vogt,* Kapitalerhöhung zu Sanierungszwecken, AG **2009**, 133.

Anmerkungen

1. Das durch HV-Beschluss und Anmeldung und Eintragung des Satzungsänderungsbeschlusses im Handelsregister geschaffene genehmigte Kapital kann nur aufgrund eines entsprechenden Vorstands- und Aufsichtsratsbeschlusses (zu Letzterem s → Form. E.5.9 Anm. 1 ff.) genutzt werden. Zu allgemeinen Hinweisen in Bezug auf die Schaffung von genehmigtem Kapital s → Form. II.E.5.6 Anm. 1.

2. Beschluss der HV s → Form. II.E.5.6 Anm. 1 ff.

3. Die Beschlussfassung des Vorstands über die Verwendung des genehmigten Kapitals kann formlos erfolgen. Der Beschluss ist Maßnahme der Geschäftsführung und beurteilt sich nach den allgemeinen Vorschriften des § 77 AktG. Zuständig ist der Gesamtvorstand (*Seyfarth,* VorstandsR, 2016, § 15 Rn 57; Fleischer/*Ekkenga,* § 21 Rn 44). Die Entscheidung über das „Ob" und das „Wie" der Ausübung des genehmigten Kapitals steht im pflichtgemäßen Ermessen des Vorstands.

Der Entscheidungsspielraum des Vorstandsbeschlusses kann durch die HV im Wege bestimmter Vorgaben an den Vorstand im HV-Beschluss eingeschränkt werden. So kann der Entscheidungsspielraum sowohl zeitlich als auch inhaltlich und dem Volumen nach begrenzt werden (*Ekkenga,* AG 2001, 615 f). Damit hat die HV von vornherein die Kontrolle in Bezug auf die Verwendung des genehmigten Kapitals, so dass kein sachlicher Grund besteht, die vom BGH entwickelten „Holzmüller/Gelatine"-Grundsätze (BGHZ 159, 30 „Gelatine"; BGHZ 83, 122 „Holzmüller") auf die Ausnutzung des genehmigten Kapitals anzuwenden und daraus das Erfordernis einer HV-Beschlussfassung über die Ausnutzung abzuleiten (s dazu und zum Meinungsbild zB Marsch-Barner/Schäfer/*Busch,* Rn 43.29; Hölters/Weber/*Apfelbacher/Metzner,* § 202 Rn 38; GroKo(AktG)/*Hirte* § 202 Rn 162; Hdb AG-Finanzierung/*Stöber,* Kap 5 Rn 103; MüKoAktG/*Bayer,* § 202 Rn 56 f; MHdB GesR IV/*Scholz,* § 59 Rn 46; aus der Rspr LG Ffm AG 2010, 419). Ist ein Bezugsrechtsausschluss vorgesehen, so ist dieser auch sachlich zu begründen. Im Form. erfolgt ein Bezugsrechtsausschluss nur für Spitzenbeträge; insofern erübrigt sich eine weitere sachliche Begründung.

4. Die teilweise Ausnutzung des genehmigten Kapitals wie im Form. vorgesehen, ist als Geschäftsführungsmaßnahme des Vorstands möglich (Ausnutzung in Tranchen; vgl *Hüffer/Koch,* § 202 Rn 20). Der Vorstand ist lediglich hinsichtlich der von der HV im Ermächtigungsbeschluss gemachten Vorgaben über den Höchstbetrag der Kapitalerhöhung gebunden (K. Schmidt/Lutter/*Veil,* § 202 Rn 21).

5. Wie im Form. vorgesehen kann der Vorstand auch zunächst eine „bis-zu" Kapitalerhöhung beschließen. In diesem Fall muss er seinen Beschluss durch einen weiteren späteren Beschluss konkretisieren, der die Gesamtzahl der ausgegebenen neuen Aktien und den Erhöhungsbetrag festlegt, sobald diese feststehen (s im Form. Buchst k)).

6. Zum Ausgabebetrag s → Form. II.E.5.1 Anm. 5.

7. Zur Gewinnberechtigung von neuen Aktien s → Form. II.E.5.1 Anm. 9. Dabei kann eine Gewinberechtigung für das letzte abgelaufene Geschäftsjahr, über dessen Gewinnverwendung noch nicht beschlossen worden ist, auch im Fall eines Bezugsrechtsausschlusses durch den HV-Beschluss vorgesehen bzw eine Ermächtigung des Vorstands, eine solche rückwirkende Gewinnberechtigung zu beschließen, im genehmigten Kapital bestimmt werden (str; wie hier Bürgers/Körber/Lieder/*Lieder,* § 204 Rn 6; BeckOGK AktG/*Wamser,* § 204 Rn 11; Hölters/Weber/*Apfelbacher/Metzner,* § 204 Rn 5; *Groß,* FS Hoffmann-Becking, 2013, S 407 ff; aA, dh. gegen rückwirkende Gewinnberechtigung bei Bezugsrechtsausschluss, *Hüffer/Koch,* § 204 Rn 4; GroKo(AktG)/*Hirte,* § 204 Rn 9; MüKoAktG/*Bayer,* § 204 Rn 10; Wachter/*Dürr,* § 204 Rn 4).

8. Zum Bezugsverhältnis s → Form. II.E.5.1 Anm. 6 und → Form. II.E.5.3 Anm. 3.

9. Zur Bezugsfrist s → Form. II.E.5.3 Anm. 8.

10. Zum Bezugspreis s → Form. II.E.5.3 Anm. 7.

11. Die Kombination einer „bis-zu" Kapitalerhöhung mit einer mittelbaren Bezugsrechtsemission ist zulässig (Stgt AG 2013, 610; BeckOGK AktG/*Servatius,* § 186 Rn 84; *Seibt/Voigt,* AG 2009, 135 f.; *Findeisen,* ZIP 2009, 1649; s nunmehr auch Habersack/Mülbert/Schlitt/*Herfs,* § 6 Rn 63 u. 30). Dass das Emissionsinstitut kein Platzierungsrisiko übernimmt, sondern eine reine Abwicklungsfunktion, steht dem nicht entgegen. § 186 Abs 5 AktG dient einer Vereinfachung der Abwicklung von Bezugsrechtsemissionen unter Beibehaltung der Rechtstellung der Aktionäre. Das erfordert eine entsprechende Ausgestaltung der Abwicklungsfunktion des Emissionsinstituts, nicht aber die Übernahme eines Platzierungsrisikos.

Im Form. wurde statt des mittelbaren Bezugsrechts das sog. „Vetretermodell" gewählt, bei dem die Emissionsbank vom jeweiligen Aktionär bevollmächtigt wird, die bezogenen

Aktien als sein Vertreter in eigenem Namen zu zeichnen (Hölters/Weber/*Apfelbacher/Metzner,* § 186 Rn 91).

12. Zur Verwertung nicht bezogener Aktien s → Form. II.E.5.3 Anm. 13. Bei der Zuteilung neuer Aktien, für die das Bezugsrecht ausgeschlossen oder nicht ausgeübt worden ist, an Altaktionäre ist der Gleichbehandlungsgrundsatz (§ 53a AktG) zu beachten (s für die Konstellation eines vereinfachten Bezugsrechtsausschlusses BGH NZG 2018, 102 ff Tz 41 ff; OLG Jena, BeckRS 2016, 132573 Tz 78 ff; Marsch-Barner/Schäfer/*Busch,* Rn. 42.92; *Scholz,* DB 2018, 2356; nach aA findet in diesem Fall nicht § 53a AktG, sondern die Business Judgment Rule Anwendung, so zB *Seibt,* CFL 2011, 82; *Schlitt/Schäfer,* AG 2005, 72; in diese Richtung auch *Kindler*, FS E. Vetter 2019, S 314). Zum Maßstab des § 53a AktG sowie zur Beweislast vgl BGH NZG 2018, 1021 ff Tz. 41 ff; OLG Jena, BeckRS 2016, 132573 Tz 78 ff.; *Kocher/v. Falkenhausen,* ZIP 2018, 1952 ff; *Priester,* FS E. Vetter, 2019, S 592 f.

13. Das Form. sieht die Einrichtung eines Bezugsrechtshandels vor. Zum Bezugsrechtshandel s → Form. II.E.5.3 Anm. 10.

14. Der Ausgabebetrag muss zur freien Verfügung des Vorstands eingezahlt werden (§ 203 Abs 1 S 1 iVm §§ 188 Abs 2, 36 Abs 2 AktG). Dem steht die Zahlung des Ausgabebetrags auf ein Konto der Gesellschaft bei der Bank, die zugleich die neuen Aktien zeichnet, nicht entgegen (Kln AG 2002, 93; *Hüffer/Koch,* § 54 Rn 17; GroKo (AktG)/*Schall,* § 36 Rn 197; Habersack/Mülbert/Schlitt/*Herfs,* § 6 Rn 80 f; KölnKomm AktG/*Drygala,* § 54 Rn 77 ff; BeckOGK AktG/*Cahn/v. Spannenberg,* § 54 Rn 66 f; MüKoAktG/Götze, § 54 Rn 65; aA MüKoAktG/*Pentz,* § 36 Rn. 69). Vorsorglich sollte allerdings die Bank ausdrücklich auf etwaige Sicherheiten (AGB-Pfandrecht!) und Zurückbehaltungsrechte in Bezug auf das Konto verzichten (KölnKommAktG/*Drygala,* § 54 Rn 79).

15. Die Zulassung zum regulierten Markt richtet sich nach dem Börsengesetz, der BörsenzulassungsVO, der ProspektVO und dem Wertpapierprospektgesetz sowie der Börsenordnung und stellt als öffentlich-rechtliches Zulassungsverfahren gewisse Mindestanforderungen an die emittierende Gesellschaft. Die Zulassung zum „Prime Standard" erfüllt auch höhere internationale Transparenzanforderungen. Zur insiderrechtlichen Behandlung und zur ad hoc-Pflicht s → Form. II.E.5.6 Anm. 1.

5.9 Zustimmungsbeschluss des Aufsichtsrats zur Ausnutzung eines genehmigten Kapitals

Niederschrift über die [fernmündliche] Beschlussfassung des Aufsichtsrats der A Aktiengesellschaft vom . . . . . [1]

Der Unterzeichnende hat in seiner Eigenschaft als Vorsitzender des Aufsichtsrats der A Aktiengesellschaft („Gesellschaft") mit Schreiben vom . . . . . angeordnet, dass sich alle Aufsichtsratsmitglieder an einer [fernmündlichen] Beschlussfassung gem § . . . . . Abs . . . . . der Satzung der Gesellschaft beteiligen. Beschlussgegenstand war die Durchführung einer Kapitalerhöhung unter teilweiser Ausnutzung des Genehmigten Kapitals I gem § . . . . . Abs . . . . . der Satzung der Gesellschaft („Kapitalerhöhung").

Zu diesem Verfahren haben alle Aufsichtsratsmitglieder ihre Zustimmung erteilt und vorsorglich auf sämtliche Form.- und Fristvorschriften aus Gesetz, Satzung und der Geschäftsordnung des Aufsichtsrats für die Durchführung von Sitzungen und die Be-

schlussfassung des Aufsichtsrats verzichtet. An der Beschlussfassung haben sich alle Aufsichtsratsmitglieder beteiligt.

Den Aufsichtsratsmitgliedern war vor der Beschlussfassung die Niederschrift über die Beschlüsse des Vorstands, die dieser am . . . . . zu der Kapitalerhöhung gefasst hat, übermittelt worden („Niederschrift").

Nach Erörterung des Beschlussgegenstands haben die Aufsichtsratsmitglieder sodann einstimmig folgende Beschlüsse gefasst:[2]

1. Der Aufsichtsrat stimmt hiermit den vom Vorstand am . . . . . gem der Niederschrift gefassten Beschlüssen zu.[3]
2. Aufgrund der gem § . . . . . Abs . . . . . der Satzung der Gesellschaft erteilten Ermächtigung beschließt der Aufsichtsrat, dass mit der Eintragung der Durchführung der Kapitalerhöhung im Handelsregister § . . . . . Abs . . . . . S . . . . . und Abs . . . . . S . . . . . der Satzung der Gesellschaft folgende Fassung erhalten:
   a) § . . . . . Abs . . . . . S . . . . . der Gesellschaft der Satzung der Gesellschaft wird wie folgt neu gefasst:
   „1) Das Grundkapital beträgt EUR . . . . ., eingeteilt in . . . . . Stückaktien (Aktien)."
   b) § . . . . . Abs . . . . . S . . . . . der Satzung der Gesellschaft wird wie folgt neu gefasst:
   „Der Vorstand ist ermächtigt, das Grundkapital der Gesellschaft mit Zustimmung des Aufsichtsrats bis zum . . . . . einmalig oder mehrmals um bis zu insgesamt EUR . . . . . gegen Bar- und/oder Sacheinlagen durch Ausgabe von neuen, auf den Inhaber lautenden Stückaktien zu erhöhen (Genehmigtes Kapital I)."[4]

. . . . . [Ort, Datum]

[Unterschrift Vorsitzender des Aufsichtsrats]

Schrifttum: → Form. II.E.5.6 Anm. 1 ff. bis → Form. II.E.5.8 Anm. 1 ff.

Anmerkungen

1. Der Aufsichtsrat soll dem vom Vorstand gefassten Beschluss über die Verwendung des genehmigten Kapitals zustimmen (§ 202 Abs 3 S 2 AktG). Damit wird der Aufsichtsrat bereits in den Entscheidungsprozess des Vorstands über die Ausnutzung des genehmigten Kapitals mit einbezogen.

Häufig enthält die Ermächtigung der HV keine allumfassende Regelung über die Bedingungen der Aktienausgabe und den Inhalt der Rechte der neuen Aktien (bspw Gewinnbeteiligung), sodass auch diese Punkte durch den Vorstandsbeschluss (gem § 204 Abs 1 S 1 AktG) festzulegen sind (MüKoAktG/*Bayer* § 202 Rn 91). Für diese Festsetzungen bedarf der Vorstand zwingend der Zustimmung des Aufsichtsrats (§ 204 Abs 1 S 2 Halbs 1 AktG). Dasselbe gilt im Fall, dass der Vorstand einen Bezugsrechtsausschluss beschließt (§ 204 Abs 1 S 2 Halbs 2 AktG). In der Zustimmung des Aufsichtsrats nach § 204 Abs 1 S 2 AktG liegt auch zugleich die Zustimmung zur Ausgabe der neuen Aktien nach § 202 Abs 3 S 2 AktG (Bürgers/Körber/Lieder/*Lieder*, § 202 Rn 24; Grigoleit/*Rieder/Holzmann*, § 202 Rn 24).

Erfolgt die Ausnutzung des genehmigten Kapitals anders als im Form. nicht ausschließlich gegen Bareinlagen, sondern (auch) gegen Sacheinlagen, ergibt sich ein Zustimmungserfordernis auch nach § 205 Abs 2 S 2 AktG. Danach soll der Vorstand die Entscheidung über die Sacheinlagen und die diesbezüglichen Festsetzungen nur mit Zustimmung des Aufsichtsrats treffen.

2. Der Aufsichtsrat entscheidet über die Erteilung der Zustimmung durch Beschluss und hat über diese Beschlussfassung eine Niederschrift anzufertigen (§ 107 Abs 2 AktG). Die Beschlussfassung über die Zustimmung des Aufsichtsrats richtet sich nach den allgemeinen Vorschriften, dh nach § 108 AktG. Der Beschluss kann, wie im Form., auch fernmündlich gefasst werden, wenn die Satzung dies vorsieht oder keines der Aufsichtsratsmitglieder diesem Verfahren widerspricht (§ 108 Abs 4 AktG).

3. Für die Zustimmung des Aufsichtsrats ist eine einfache Mehrheit der abgegebenen Stimmen erforderlich und ausreichend. Die Zustimmung gehört zu den dem Aufsichtsrat gesetzlich zugwiesenen Aufgaben; daher kann weder durch die Satzung noch die Geschäftsordnung ein höheres Mehrheitserfordernis angeordnet werden (aA MüKoAktG/*Bayer,* § 202 Rn 92; GroKo(AktG)/*Hirte,* § 202 Rn 167, die eine abw Satzungsregelung für zulässig halten). Die Übertragung der Zuständigkeit für die Zustimmung auf einen Aufsichtsratsausschuss, ist gem § 107 Abs 3 AktG möglich (Ffm AG 2011, 634 Tz. 78; *Hüffer/Koch,* § 202 Rn 21, § 204 Rn 6). Der Aufsichtsrat darf keine generelle Zustimmung für künftige Kapitalerhöhungen erteilen, sondern hat der jeweils vom Vorstand getroffenen Entscheidung zuzustimmen (K. Schmidt/Lutter/*Veil,* § 202 Rn 22; MüKo-AktG/*Bayer,* § 202 Rn 92). Die HV kann den Vorstand dazu ermächtigen, das genehmigte Kapital in einzelnen Tranchen auszunutzen; die Zustimmung muss der Aufsichtsrat jedoch jeweils gesondert erteilen. Eine pauschale Zustimmung zu verschiedenen Tranchen ist nicht zulässig, da der Aufsichtsrat ansonsten seiner Überwachungsfunktion nicht gerecht würde (Hölters/Weber/*Apfelbacher/Metzner,* § 202 Rn 61; BeckOGK AktG/*Wamser,* § 202 Rn 93).

4. Die Ausnutzung des genehmigten Kapitals führt zu einer Änderung der Satzung. Zuständig dafür, diese zu beschließen, ist der Aufsichtsrat gem § 179 Abs 1 S 2 AktG dann, wenn die HV, was in der Praxis der Regelfall ist, ihm allgemein oder konkret für das genehmigte Kapital die Befugnis erteilt hat, die Fassung der Satzung betreffende Änderungen zu beschließen.

5.10 Beschlussfassung über gleichzeitige Erhöhung des Grundkapitals und Komplementärkapitals bei der KGaA

Auszug aus der Bekanntgabe der Tagesordnung für die außerordentliche Hauptversammlung der K-KGaA:[1]

. . . . . **Erhöhung des Grundkapitals gegen Sacheinlage um EUR . . . . . unter Ausschluss des Bezugsrechts der Aktionäre sowie entsprechende Änderung der §§ 4 und 5 der Satzung der K-KGaA[2]**

. . . . . *[Erläuterung des Beschlussvorschlags]*

Die persönlich haftenden Gesellschafter und der Aufsichtsrat schlagen daher vor, folgenden Beschluss zu fassen:

1. Das Grundkapital der K-KGaA in Höhe von EUR . . . . . (in Worten: EUR . . . . .), eingeteilt in . . . . . Aktien, wird durch Ausgabe von . . . . . auf den Inhaber lautenden Stückaktien ohne Nennbetrag um EUR . . . . . (in Worten: EUR . . . . .) auf EUR . . . . . (in Worten: EUR . . . . .) erhöht. Die neuen Aktien werden zum

Betrag von je EUR . . . . . pro Aktie, dh zum geringsten Ausgabebetrag ausgegeben (§ 9 Abs 1 AktG).[3] Die Kapitalerhöhung erfolgt gegen Sacheinlagen.[4]
2. Das gesetzliche Bezugsrecht der Aktionäre wird ausgeschlossen.
3. Die . . . . . mit Sitz in . . . . ., eingetragen im Handelsregister des Amtsgerichts . . . . . unter HR . . . . . ist zur Zeichnung der . . . . . neuen Aktien berechtigt („Zeichnerin").
4. Auf die . . . . . gezeichneten Aktien ist die Sacheinlage durch Übertragung aller von der Zeichnerin gehaltenen Anteile an der . . . . . mit Sitz in . . . . ., eingetragen im Handelsregister des Amtsgerichts . . . . . unter HR . . . . . zu leisten.[5] Übersteigt der Einbringungswert den Betrag, um den das Grundkapital erhöht wird, so ist dieser Differenzbetrag in die Kapitalrücklage einzustellen.[6]
5. Die neuen Aktien sind ab dem . . . . . gewinnanteilsberechtigt.
6. § 4 der Satzung wird wie folgt neu gefasst:
   1. Das Gesamtkapital der Gesellschaft beträgt EUR . . . . . (in Worten: EUR . . . . .)
   2. Das Gesamtkapital setzt sich zusammen aus
      – dem in Aktien eingeteilten Grundkapital (§ 5 Abs 1) in Höhe von EUR . . . . . (in Worten: EUR . . . . .) und
      – der von den persönlich haftenden Gesellschaftern nicht auf das Grundkapital geleisteten Vermögenseinlage (§ 6 Abs 1) in Höhe von EUR . . . . . (in Worten: EUR . . . . .) („Kapitalanteil")
6. § 5 Abs 1 der Satzung der wird wie folgt neu gefasst:
   1. Das Grundkapital beträgt EUR . . . . . . Es ist eingeteilt in . . . . . Stückaktien. Die Aktien lauten auf den Inhaber.

. . . . . . Erhöhung des Komplementärkapitals gegen Bareinlagen und Änderung der §§ 4 und 6 der Satzung[7]

. . . . . *[Erläuterung des Beschlussvorschlags]*

Der Aufsichtsrat schlägt daher vor, folgenden Beschluss zu fassen:

1. Das Komplementärkapital der K-KGaA in Höhe von EUR . . . . . (in Worten: EUR . . . . .), wird um EUR . . . . . (in Worten: . . . . .) auf EUR . . . . . (in Worten: EUR . . . . .) erhöht. Die Erhöhung erfolgt durch Leistung einer Bareinlage des persönlichen haftenden Gesellschafters in Höhe von . . . . .[8]
2. § 4 der Satzung wird wie folgt neu gefasst:
   1. Das Gesamtkapital der Gesellschaft beträgt EUR . . . . . (in Worten: EUR . . . . .).
   2. Das Gesamtkapital setzt sich zusammen aus
      – dem in Aktien eingeteilten Grundkapital (§ 5 Abs 1 der Satzung) in Höhe von EUR . . . . . (in Worten: EUR . . . . .) und
      – der von den persönlich haftenden Gesellschaftern nicht auf das Grundkapital geleisteten Vermögenseinlage (§ 6 Abs 1 der Satzung) in Höhe von EUR . . . . . (in Worten: EUR . . . . .) („Kapitalanteil").
3. § 6 Abs 1 der Satzung wird wie folgt neu gefasst:
   1. Persönlich haftender Gesellschafter mit einem Kapitalanteil von EUR . . . . . ist A.

Schrifttum: → Form. II.E.3.3 Anm. 1 ff. und → Form. II.E.5.1 Anm. 1 ff.; *Hoffmann-Becking,* Ausgabebetrag bei Sacheinlagen, FS Wiedemann, 2002, 999; *Krause,* BGH: Zulässigkeit von Vereinbarungen über den aktienrechtlichen Differenzhaftungsanspruch bei einer Sachkapitalerhöhung, BB 2012, 405; *Krause,* Atypische Kapitalerhöhungen im Aktienrecht, ZHR 181 (2017), 641;

Masuch, Sachkapitalerhöhung des Komplementärkapitals in der KGaA, NZG 2003, 1048; *Priester,* Kapitalaufbringungspflicht und Gestaltungsspielräume beim Agio, FS Lutter, 2000, 617; *Roggenkemper,* Der Unternehmenserwerb im Wege der Sachkapitalerhöhung bei der nicht börsennotierten Aktiengesellschaft, 2018; *Schäfer,* Zur Einbeziehung des Agios in die aktienrechtliche Kapitalaufbringung – Konsequenzen aus der „Babcock"-Entscheidung des BGH, FS Stilz, 2014, 525; *Seibt/Schulz,* Sachkapitalerhöhungen bei Aktiengesellschaften im Transaktionskontext, CFl 2012, 313; *Verse,* (Gemischte) Sacheinlagen, Differenzhaftung und Vergleich über Einlageforderungen, ZGR 2012, 875.

Anmerkungen

1. Die hybride Struktur der KGaA aus Kommandit- und Aktiengesellschaft (s dazu ausf → Form. II.E.3.3 Anm. 1 ff.) ist auch bei der Erhöhung des Kapitals zu berücksichtigen (MHdB GesR IV/*Herfs,* § 80 Rn 1). Das Gesamtkapital der KGaA ist ein geteiltes Kapital, das sich aus dem Grundkapital, das durch die Kommanditaktionäre aufgebracht wird, und aus dem Komplementäranteil, das von den persönlich haftenden Gesellschaftern durch nicht auf das Grundkapital geleistete Vermögenseinlagen erbracht wird (auch Sondereinlagen) zusammensetzt (K. Schmidt/Lutter/*Schmidt,* § 278 Rn 5; Bürgers/Fett/*Fett,* § 7 Rn 1). Die Aufbringung des Grundkapitals richtet sich nach den aktienrechtlichen Regelungen (§§ 182 ff AktG) und die Aufbringung des Komplementärkapitals nach den Vorschriften des Personengesellschaftsrechts (§ 705 BGB iVm §§ 105 Abs 2, 161 Abs 2 HGB) und Sondervorschriften für die KGaA im Aktienrecht (§ 281 Abs 2 AktG). In beiden Fällen stellt eine Kapitaländerung eine Satzungsänderung dar. Für das Grundkapital ergibt sich dies aus den aktienrechtlichen Regelungen zu den Kapitalveränderungen, für das Komplementärkapital aus § 281 Abs 2 AktG. Satzungsänderungen bedürfen bei der KGaA grundsätzlich der Zustimmung der Komplementäre (§ 285 Abs 1 S 1 AktG). Durch das Zusammenspiel dieser Regelungen ist sichergestellt, dass keine Gesellschaftergruppe ihren Kapitalanteil ohne Zustimmung der jeweils anderen Gruppe erhöhen kann. Dieses Zustimmungserfordernis beruht auf der Tatsache, dass die Höhe der jeweiligen Kapitalformen grds die Beteiligung am Gewinn der KGaA bestimmt und daher einer eigenmächtigen Verbesserung der Position einer Gesellschaftergruppe auf Kosten der Verwässerung der Position der anderen Gruppe vorbeugen will (MHdB GesR IV/*Herfs,* § 80 Rn 1).

2. Die Erhöhung des Grundkapitals unterliegt den aktienrechtlichen Vorschriften der §§ 278 Abs 3, 182 ff AktG (vgl dazu MHdB GesR IV/*Herfs,* § 80 Rn 9; BeckOGK AktG/*Bachmann,* § 278 Rn 28; → Form. II.E.5.1 Anm. 1 ff.) und erfolgt durch Beschluss der HV, dem nach den oben ausgeführten Grundsätzen über das Mitwirkungserfordernis beider Gesellschaftergruppen bei Kapitaländerungen alle Komplementäre zustimmen müssen (§ 285 Abs 2 S 1 AktG). Ferner sind die Vorschriften über die Erhöhung des Kapitals bei einer AG ohne weitere Besonderheiten anwendbar. Für eine Sachkapitalerhöhung wie im Form. sind das die §§ 183, 183 a AktG.

3. Zum Ausgabebetrag s → Form. II.E.5.1 Anm. 5. Auch bei einer Kapitalerhöhung mit Sacheinlage können die Aktien zum geringsten Ausgabebetrag (auch Mindestbetrag) ausgegeben werden, selbst wenn der Wert der Sacheinlage den Ausgabebetrag übersteigt. Es ist nicht erforderlich, einen höheren Wert der Sacheinlage als Aufgeld festzulegen (MüKoAktG/*Schürnbrand/Verse,* § 183 Rn 47; KölnKommAktG/*Ekkenga,* § 183 Rn 99; Bürgers/Körber/Lieder/*Lieder,* § 183 Rn 16; MHdB GesR IV/*Scholz,* § 57 Rn 46; *Verse,* ZGR 2012, 883 ff; *Hoffmann-Becking,* FS Wiedemann, 2002, S 999 ff; *Priester* FS Lutter, 2000, S 631; *R. Krause,* ZHR 181 (2017), 657; aA BeckOGK AktG/*Servatius,* § 183 Rn 23; *Roggenkemper,* 2018, S 215; *Schäfer,* FS Stilz, 2014, S 528 ff). Die Festlegung des Ausgabebetrags in Höhe des geringsten Ausgabebetrags wird vor allem mit Blick auf das

Risiko einer Differenzhaftung des Sacheinlegers gewählt (s auch → Anm. 6). Von der Differenzhaftung zu unterscheiden ist die Frage, ob der Ausgabebetrag der Aktien unangemessen niedrig im Sinne von § 255 AktG ist. Da eine Sacheinlage zwingend mit einem Bezugsrechtsausschluss verbunden ist, dient § 255 Abs 2 AktG dem Verwässerungsschutz. Ein Verstoß gegen § 255 Abs 2 AktG führt zur Anfechtbarkeit des Kapitalerhöhungsbeschlusses. Im Rahmen des § 255 Abs 2 AktG ist zu prüfen, ob der Wert der Sacheinlage in einem angemessenen Verhältnis zum Wert der als Gegenleistung ausgegebenen Aktien steht. Für die Beurteilung der Angemessenheit des Einlagewerts kommt es aber nicht auf den Ausgabebetrag, sondern auf den tatsächlichen Wert der Sacheinlage an (BGHZ 71, 50 f = NJW 1978, 1316; *Hüffer/Koch*, § 255 Rn 16; K. Schmidt/Lutter/*Schwab*, § 255 Rn 6; MHdB GesR IV/*Scholz*, § 57 Rn 48). Wird eine Unternehmensbeteiligung eingebracht, wird der Vorstand zur Prüfung der Angemessenheit eine Unternehmensbewertung vornehmen lassen. Oft wird er sich eine sog „Fairness Opinion" geben lassen. Eine förmliche Unternehmensbewertung verlangt das Gesetz außer für die Zwecke der Sacheinlagenprüfung gem § 183 Abs 3 AktG nicht (Ffm NZG 1999, 121; Ffm AG 2011, 637 Tz 142; *Hüffer/Koch*, § 255 Rn 6).

4. Anstelle einer Bareinzahlung des Ausgabebetrags kann die Einlage auch durch Übertragung eines anderen Vermögensgegenstands, als Sacheinlage, iSd § 27 Abs 1 S 2 AktG geleistet werden. Um die Vollwertigkeit der Sacheinlage zu gewährleisten und die Aktionäre und den Geschäftsverkehr zu schützen, stellt § 183 AktG besondere Voraussetzungen für die Sachkapitalerhöhung auf (BeckOGK AktG/*Servatius*, § 183 Rn 2; MHdB GesR IV/*Scholz*, § 57 Rn 41). Mit Neueinführung des § 183 a AktG kann unter bestimmten Voraussetzungen auf die Sacheinlageprüfung verzichtet werden, um das Verfahren zu beschleunigen.

5. Die zu leistende Einlage muss bereits im Beschluss ausdrücklich festgesetzt werden. Ferner ist die Person des Übernehmers anzugeben (BeckOGK AktG/*Servatius*, § 183 Rn 19 ff). Die Person, von der die Gesellschaft den Gegenstand erwirbt, muss nicht zwingend identisch mit dem künftigen Aktionär sein (BeckOGK AktG/*Servatius*, § 183 Rn 20). Ist der Übernehmer eine juristische Person, so ist aus Gründen der Identifizierung, wie im Form., die Angabe von Firma und Sitz erforderlich. Handelt es sich um eine Vielzahl von Sacheinlegern, genügt für die Bezeichnung der Sacheinleger entgegen einer strengeren Auffassung (s zB BeckOGK AktG/*Servatius*, § 183 Rn 19; *Roggenkemper*, Unternehmenserwerb im Wege der Sachkapitalerhöhung, 2018, S 214) objektive Bestimmbarkeit (*Seibt/Schulz*, CFL 2012, 320 f; MHdB GesR IV/*Scholz*, § 57 Rn 43).

6. Liegt der tatsächliche Wert der Sacheinlage unter dem Ausgabebetrag der für die Sacheinlage ausgegebenen neuen Aktien, löst dies eine Differenzhaftung des Übernehmers aus. Ursprünglich wurde diese für die Sachgründung konzipiert, greift aber gleichermaßen bei der Sachkapitalerhöhung (BGHZ 171, 295 f Tz 5 = NZG 2007, 513; BGHZ 191, 370 Tz 16 = NZG 2012, 69; Düss AG 2011, 823 Tz 42; Ffm AG 2010, 794). Die Differenzhaftung besteht auch, soweit der Wert der Sacheinlage zwar den geringsten Ausgabebetrag, aber nicht das Aufgeld (korporatives Agio) deckt (BGHZ 191, 371 ff Tz 17 ff = NZG 2012, 69; Jena ZIP 2006, 1997; *Krause*, BB 2012, 405; aA zB KölnKommAktG/*Ekkenga*, § 189 Rn 17; *Hüffer/Koch*, § 183 Rn 21).

7. Das Komplementärkapital kann entsprechend den personengesellschaftsrechtlichen Vorschriften zur Erhöhung einer Vermögenseinlage (§§ 161 Abs 2, 105 Abs 3 HGB, §§ 705 ff BGB) erhöht werden, indem der persönlich haftende Gesellschafter eine Vermögenseinlage einbringt, die nicht auf das Grundkapital geleistet wird (MHdB GesR IV/*Herfs*, § 80 Rn 1; MüKoAktG/*Perlitt*, § 281 Rn 17 ff). Auch die Erhöhung des Komplementärkapitals führt nicht zu einer Vermehrung der Anteile eines Komplementärs, da jeder Komplementär nur einen Komplementäranteil halten kann (MüKoAktG/*Perlitt*, § 281 Rn 17). Nach § 281 Abs 2 AktG ist in diesem Fall eine Satzungsänderung notwendig, um die Vermögenseinlage nach Höhe und Art festzusetzen, die nach § 278 Abs 3 iVm § 179 AktG grds eines HV-Beschlusses mit der entsprechenden Beschlussmehrheit sowie der Zustimmung des persönlich haftenden Gesellschafters nach § 285 Abs 2 S 1 AktG bedarf (BeckOGK AktG/*Bachmann*, § 281 Rn 11 ff; Bürgers/Fett/*Fett*, § 7 Rn 4; *Masuch*, NZG 2003, 1048). Eine Prüfung der Sacheinlage findet bei der Erhöhung des Komplementärkapitals nicht statt (MHdB GesR IV/*Herfs*, § 80 Rn 2; ausführlich auch zur Gegenansicht *Masuch*, NZG 2003, 1049 ff).

Es besteht die Möglichkeit, den Zustimmungsbeschluss in der Satzung zu antizipieren und damit innerhalb eines festgelegten Rahmens ein sog „Genehmigtes Komplementärkapital" zu schaffen (vgl → Form. II.E.3.3 Anm. 37 (§ 21); MHdB GesR IV/*Herfs*, § 80 Rn 8). Mit der antizipierten Zustimmung entfällt das Zustimmungserfordernis der HV. Dies ist insbesondere für den Fall sinnvoll, dass für die Komplementäre eine Berechtigung vorgesehen werden soll, bei einer Erhöhung des Grundkapitals ihren Kapitalanteil im gleichen Verhältnis und zu den gleichen Bedingungen zu dieser Erhöhung anzupassen, damit sich der Gewinnanteil der Komplementäre nach der Erhöhung des Grundkapitals nicht zu ihren Lasten verschiebt (Recht zum „Nachziehen", vgl BeckOGK AktG/*Bachmann*, § 281 Rn 15).

Ist in der Satzung vorgesehen, dass die Komplementäre ihre Anteile im gleichen Verhältnis und zu den gleichen Bedingungen erhöhen können wie die Kommanditisten, so ist dieser Gleichlauf auch bei der Behandlung eines ggf vorhandenen Agios zu berücksichtigen. Danach haben die Komplementäre ein Agio auf ihr Rücklagenkonto einzuzahlen, wenn die Kommanditaktionäre ein solches in die Rücklagen gebucht haben (MHdB GesR IV/*Herfs*, § 80 Rn 10; Bürgers/Fett/*Fett*, § 7 Rn 15). Die in der Satzung festgesetzte antizipierte Zustimmung ist allerdings zeitlich zu begrenzen, um zu verhindern, dass der Komplementär den Zeitpunkt der Erhöhung seiner Sondereinlage abwartet, bis es für ihn wirtschaftlich am günstigsten ist (Bürgers/Fett/*Fett*, § 7 Rn 15). Die Fristbindung dient der gerechten Verteilung des Erhöhungsrisikos zwischen Komplementär und Kommanditaktionären, da der Komplementär nicht vor seinem Entschluss zum Tätigwerden unbillig lange die wirtschaftliche Entwicklung der Gesellschaft nach der Erhöhung des Kapitalanteils der Kommanditaktionäre abwarten können soll (MHdB GesR IV/*Herfs*, § 80 Rn 11; MüKoAktG/*Perlitt*, § 278 Rn 401). Um ein Unterlaufen des § 281 Abs 2 AktG, der die Mitwirkung der Kommanditisten sichert, zu verhindern, kann auf die Regelungen zurückgegriffen werden, die für den Zeitraum zwischen dem Kapitalerhöhungsbeschluss und der Durchführung der Kapitalerhöhung entwickelt worden sind, wonach dazwischen nicht mehr als 6 Monate liegen sollen (MHdB GesR IV/*Herfs*, § 80 Rn 11; nun gegen starre Frist GroKo(AktG)/*Sethe*, § 278 Rn 186 Fn 468).

8. Die Erhöhung des Komplementärkapitals kann zu einer Verwässerung der Anteile der Kommanditaktionäre führen, da sich in der Regel die Gewinnverteilung zwischen Kommanditaktionären und Komplementären nach dem Verhältnis von Grundkapital zum Komplementärkapital bestimmt (MHdB GesR IV/*Herfs*, § 80 Rn 5). Erfolgt die Ausgabe der Komplementäranteile zu einem Wert, der geringer ist als der Wert der im Gegenzug erlangten Mitgliedschaftsrechte, führt dies zu einer wertmäßigen Verwässerung der Kommanditaktien. Dies wird dann deutlich, wenn Komplementäranteile in Kommanditaktien umgewandelt werden sollen. Bei einer Umwandlung bilden das Kapitalkonto und das Rücklagenkonto den Gegenstand der Sacheinlage (MHdB GesR IV/*Herfs*, § 80 Rn 12 f). Sind für den Komplementäranteil nicht im gleichen Umfang Rücklagen gebildet worden wie für das Grundkapital, würden die Kommanditaktionäre bei einer Umwandlung automatisch verwässert. Die Erhöhung des Komplementäranteils sollte daher mit demselben Aufgeld erfolgen wie die Erhöhung des Grundkapitals. Nur so kann einer Verwässerung und einer Ungleichbehandlung der Kommanditaktionäre entgegengewirkt werden. Ansatzpunkt für den Schutz der Kommanditaktionäre bildet die analoge Anwendung des § 255 AktG, die ansonsten ebenfalls umgangen würde (MHdB GesR IV/*Herfs*, § 80 Rn 6).

6. Squeeze out

6.1 Verlangen des Hauptaktionärs

E AG

[Anschrift]

Vorab per Telefax[1, 2]

An den

Vorstand der B AG

[Anschrift]

. . . . ., den 31. Januar 2020

Sehr geehrte Damen und Herren,

die E AG hält derzeit gemäß der als Anlage beigefügten Depotbestätigung der X Bank AG vom heutigen Tag insgesamt 58 623 856 auf den Inhaber lautende Stückaktien der B AG. Das Grundkapital der B AG beträgt EUR 60 000 000,00 und ist eingeteilt in 60 000 000 Stückaktien. Die E AG hält damit gem § 327 a Abs 2 AktG iVm § 16 Abs 2 und 4 AktG unmittelbar Aktien der B AG in Höhe von ca. 97,71 % und damit in Höhe von mehr als 95 % des Grundkapitals. Sie ist somit Hauptaktionär der B AG im Sinne des § 327 a Abs 1 AktG.[3]

Die E AG verlangt[4] hiermit gem § 327 a Abs 1 AktG, dass die nächste ordentliche Hauptversammlung[5] der B AG die Übertragung der Aktien der Minderheitsaktionäre der B AG auf die E AG als Hauptaktionär gegen Gewährung einer angemessenen Barabfindung beschließt. Die Höhe der Barabfindung je Stückaktie der B AG werden wir Ihnen noch gesondert mitteilen.[6]

Wir bitten Sie, alle für die Beschlussfassung nach §§ 327 a ff AktG erforderlichen Maßnahmen zu ergreifen und uns alle für die Festlegung der Barabfindung notwendigen Unterlagen zur Verfügung zu stellen und Auskünfte zu erteilen.[7]

Mit freundlichen Grüßen

[Unterschrift(en)][8]

Anmerkungen

1. Das Form. behandelt einen aktienrechtlichen Squeeze out gem §§ 327 a ff AktG. Daneben gibt es ferner die Möglichkeit eines verschmelzungsrechtlichen sowie eines übernahmerechtlichen Squeeze out. Der verschmelzungsrechtliche Squeeze out (s dazu zB Hbg AG 2012, 639; Kln NZG 2018, 459) richtet sich grundsätzlich nach den §§ 327 a ff AktG (§ 62 Abs 5 S 8 UmwG); es gelten jedoch Besonderheiten: Der Squeeze out-Beschluss kann innerhalb von drei Monaten nach Abschluss eines Verschmelzungsvertrages gefasst werden, und die AG ist auch tatsächlich auf den Hauptaktionär zu verschmelzen (§ 62 Abs 5 S 7 UmwG). Der Hauptaktionär muss seinerseits die Rechtsform einer AG (oder SE) haben.

Anders als nach § 327 a Abs 1 S 1 AktG muss er an der AG aber nicht mit mindestens 95 % beteiligt sein; vielmehr genügt eine Beteiligung von 90 % (§ 62 Abs 5 S 1 UmwG). Der übernahmerechtliche Squeeze out (vgl dazu zB BVerfG AG 2012, 625; BGH NZG 2013, 223; Celle ZIP 2010, 830; Ffm ZIP 2009, 74; Ffm AG 2012, 635; Ffm DStR 2014, 1456; Stgt ZIP 2009, 1059; LG Bln ZIP 2010, 884; LG Ffm ZIP 2009, 1422; LG Ffm ZIP 2011, 2469; LG Ffm NZG 2013, 422) ist in den §§ 39 a f WpÜG geregelt. Er kann nur innerhalb von drei Monaten nach einem Pflicht- oder Übernahmeangebot durchgeführt werden (s § 39 a Abs 4 WpÜG) und setzt wie § 327 a Abs 1 S 1 AktG eine Beteiligungshöhe von 95 % voraus (§ 39 a Abs 1 S 1 WpÜG).

2. Das Verlangen des Hauptaktionärs ist gem § 327 a Abs 1 AktG Voraussetzung für die Fassung des Squeeze out-Beschlusses. Ein Formerfordernis besteht nicht. Empfehlenswert ist aber, das Verlangen schriftlich oder jedenfalls per Telefax zu stellen.

3. Zur Berechnung der erforderlichen Kapitalbeteiligung s → Form. II.E.6.5 Anm. 5. Die 95 %-Beteiligung muss bereits im Zeitpunkt (des Zugangs) des Verlangens vorliegen (BGH ZIP 2011, 1059 Tz 26; Düss ZIP 2004, 362; aA LG Mü Der Konzern 2008, 587). § 327 a Abs 1 AktG definiert als Hauptaktionär die Person, der mindestens 95 % des Grundkapitals gehören (Ausnahme in § 12 Abs 4 FMStBG: 90 %). Daher kann es für die wirksame Ausübung der Befugnisse, die nach §§ 327 a ff AktG an die Hauptaktionärseigenschaft anknüpfen, nicht darauf ankommen, ob die Rechte des Hauptsaktionärs aus seinen Aktien ruhen; das kann vielmehr erst im Rahmen der Stimmabgabe zum Squeeze out-Beschluss in der HV eine Rolle spielen (ebenso Düss AG 2010, 713; Wachter/*Rothley*, § 327 a Rn 14).

4. Das Verlangen ist eine einseitige korporationsrechtliche Willenserklärung (§§ 147, 180 BGB), die (analog) § 78 Abs 2 S 2 AktG mit Zugang bei einem Vorstand wirksam wird (vgl Grigoleit/*Rieder,* § 327 a Rn 25; MüKoAktG/*Grunewald,* § 327 a Rn 11). Es kann mit einem Widerrufsvorbehalt versehen werden (Ffm NZG 2010, 389; aA NK-AktG/*Lochner,* § 327 a Rn 11).

5. Der Squeeze out-Beschluss kann auch in einer außerordentlichen HV gefasst werden; dazu, ob der Hauptaktionär die Einberufung einer außerordentlichen HV eigens für den Squeeze out verlangen kann, vgl Emmerich/Habersack/*Habersack,* § 327 a Rn 20; Wachter/*Rothley*, § 327 a Rn 16.

6. Das Verlangen löst das Squeeze out-Verfahren aus. Die Barabfindung kann zu diesem Zeitpunkt noch nicht feststehen. Sie wird daher durch ein konkretisiertes Verlangen vom Hauptaktionär bestimmt (s → Form. II.E.6.2 Anm. 1 ff.).

7. Vgl § 327 b Abs 1 S 2 AktG. Die entsprechenden Informationen werden dem Hauptaktionär in dieser Eigenschaft für Zwecke des Squeeze out erteilt, sodass die Minderheitsaktionäre nicht gem § 131 Abs 4 AktG einen Anspruch auf Erteilung derselben Informationen haben (LG Saarbr AG 2006, 90). Ist die Gesellschaft börsennotiert, kann und wird das Verlangen des Hauptaktionärs häufig eine ad-hoc-pflichtige Insiderinformation darstellen (Art 7, 17 MMVO; vgl zB Klöhn/*Klöhn,* Art 7 Rn 382). Auch für einen börsennotierten Hauptaktionär kann ein geplanter Squeeze out je nach den Umständen des Einzelfalls eine Ad-hoc-Pflicht auslösen.

8. Der Hauptsaktionär muss wirksam vertreten sein (s bereits → Anm. 4). Ein Handeln durch die Geschäftsleitung (Vorstand, Geschäftsführer etc) ist dafür nicht erforderlich.

9. Steuerhinweise: Die Übertragung der Aktien der Minderheitsaktionäre gegen Gewährung eines Abfindungsbetrages infolge des Squeeze out gilt steuerlich als Veräußerung (vgl BMF vom 22. Dezember 2009, BStBl I 2010, 94 Rn 70), die – je nach Höhe der

Beteiligung, dem Anschaffungszeitpunkt und der Höhe der Anschaffungskosten – beim Aktionär zu einem steuerpflichtigen Veräußerungsgewinn führen kann. Der Minderheitsaktionär kann keine Rücklage für Ersatzbeschaffung bilden (BFH AG 2011, 134). Gehören zum Vermögen der Aktiengesellschaft inländische Grundstücke, löst die erstmalige Vereinigung von 95 % der Aktien in der Hand des Hauptaktionärs Grunderwerbsteuer aus (§ 1 Abs 3 Nr 1 GrEStG).

6.2 Konkretisierung des Verlangens

E AG

[Anschrift]

Vorab per Telefax[1]

An den

Vorstand der B AG

[Anschrift]

. . . . ., den 16. April 2020

Sehr geehrte Damen und Herren,

die E AG hält derzeit gemäß der als Anlage 1 beigefügten Depotbestätigung der X Bank AG vom heutigen Tag unverändert insgesamt 58.623.856 auf den Inhaber lautende Stückaktien der B AG. Der E AG gehören folglich Aktien der B AG in Höhe von rund 97,71 % und damit von mehr als 95 % des Grundkapitals, so dass sie weiterhin Hauptaktionär der B AG im Sinne des § 327 a Abs 1 AktG ist.

Die E AG hat bereits am 31. Januar 2020 an Sie das Verlangen nach § 327 a Abs 1 AktG gerichtet, die notwendigen Maßnahmen zu ergreifen, damit die nächste ordentliche Hauptversammlung der B AG über die Übertragung der Aktien ihrer Minderheitsaktionäre auf die E AG gegen Gewährung einer angemessenen Barabfindung beschließen kann. Hiermit bestätigt die E AG ihr Verlangen und konkretisiert es wie folgt.

Die E AG hat mittlerweile die Höhe der Barabfindung auf EUR 36,28 je auf den Inhaber lautende Stückaktie der B AG mit einem anteiligen Betrag des Grundkapitals in Höhe von EUR 1,00 festgelegt. Der Entwurf des Übertragungsbeschlusses hat danach folgenden Wortlaut:

„Die auf den Inhaber lautenden Stückaktien der übrigen Aktionäre der B AG mit dem Sitz in . . . . . (Minderheitsaktionäre) werden gem §§ 327 a ff AktG gegen Gewährung einer von der E AG mit dem Sitz in . . . . . (Hauptaktionär) zu zahlenden angemessenen Barabfindung in Höhe von EUR 36,28 je auf den Inhaber lautende Stückaktie mit einem anteiligen Betrag des Grundkapitals von EUR 1,00 auf die E AG übertragen."

Die Gewährleistungserklärung der T Bank AG gem § 327 b Abs 3 AktG fügen wir als Anlage 2 bei.[2]

Mit freundlichen Grüßen

[Unterschrift(en)]

Anmerkungen

1. Das konkretisierte Verlangen dient dem Zweck, der Gesellschaft die festgelegte Barabfindung mitzuteilen. Das ist Voraussetzung dafür, dass die Gesellschaft die HV einberufen kann. Für das konkretisierte Verlangen gelten die Anmerkungen zu → Form. II.E.6.1 Anm. 1 ff. entsprechend.

2. S → Form. II.E.6.3 Anm. 3.

6.3 Bankgarantie

T Bank AG[1]

[Adresse]

An die

E AG

[Adresse]

zur Übermittlung[2] an den

Vorstand der

B AG

[Adresse]

Garantie[3] Nr . . . . . für die Erfüllung der Verpflichtung der E AG zur Zahlung einer Barabfindung

Die Hauptversammlung der B AG mit Sitz in . . . . ., eingetragen im Handelsregister des Amtsgerichts . . . . . unter HR B . . . . ., soll am 10. Juni 2020 auf Verlangen ihrer Hauptaktionärin, der E AG („Hauptaktionärin") mit Sitz in . . . . ., eingetragen im Handelsregister des Amtsgerichts . . . . . unter HR B . . . . ., gem § 327 a AktG die Übertragung der Aktien der übrigen Aktionäre („Minderheitsaktionäre") der B AG auf die Hauptaktionärin gegen Gewährung einer Barabfindung in Höhe von EUR 36,28 je auf den Inhaber lautender Stückaktie der Gesellschaft beschließen („Übertragungsbeschluss").

Hiermit übernimmt die T Bank AG als im Geltungsbereich des Aktiengesetzes zum Geschäftsbetrieb befugtes Kreditinstitut die Garantie für die Erfüllung der Verpflichtung der E AG, den Minderheitsaktionären der B AG nach Eintragung des Übertragungsbeschlusses in das Handelsregister der B AG unverzüglich die festgelegte Barabfindung in Höhe von EUR 36,28 je übergegangener Stückaktie zu zahlen. Diese Gewährleistung umfasst auch die Erfüllung der Verpflichtung der Hauptaktionärin zur Zahlung von Zinsen gem § 327 b Abs 2 AktG.[4]

Soweit über die Aktien der Minderheitsaktionäre Aktienurkunden ausgegeben sind, die ab Eintragung des Übertragungsbeschlusses in das Handelsregister und bis zu ihrer Aushändigung an die E AG den Abfindungsanspruch verbriefen, erfolgt die Zahlung Zug um Zug gegen Übertragung der jeweiligen Aktienurkunde bzw des jeweiligen Miteigentumanteils an der entsprechenden Globalurkunde.[5]

Aus dieser Garantie erwirbt jeder Minderheitsaktionär im Wege eines echten Vertrages zugunsten Dritter (§ 328 BGB) einen durch uns und die E AG nicht aufhebbaren Zahlungsanspruch unmittelbar gegen uns.[6] Entsprechend der Ausgestaltung dieser Gewährleistungserklärung als Bankgarantie bestehen gegenüber Ansprüchen von Minderheitsaktionären aufgrund dieser Garantie keine Einrede der Vorausklage oder vergleichbare Leistungsverweigerungsrechte.[7] Im Verhältnis zu jedem Minderheitsaktionär sind zudem Einwendungen und Einreden aus unserem Verhältnis zur E AG ausgeschlossen.[8]

Wir können aus dieser Garantie nur insoweit in Anspruch genommen werden, als der Anspruch auf Barabfindung besteht und nicht verjährt ist.[9]

Diese Garantie unterliegt dem Recht der Bundesrepublik Deutschland.

Mit freundlichen Grüßen

[Unterschrift(en)][10]

Anmerkungen

1. Die Gewährleistung muss von einem in Deutschland zum Geschäftsbetrieb befugten Kreditinstitut erteilt werden (§ 327 b Abs 3 AktG; iE K. Schmidt/Lutter/*Schnorbus,* § 327 b Rn 28). Das Kreditinstitut muss richtigerweise nicht vom Hauptaktionär unabhängig sein (LG Mü ZIP 2004, 169; Hölters/Weber/*Müller-Michaels,* § 327 b Rn 18). Zum Teil wird das aber bezweifelt (vgl MHdB GesR IV/*Austmann,* § 75 Rn 61; s auch LG Ffm NZG 2004, 674).

2. Die Gewährleistung hat dem Vorstand der Gesellschaft, deren Minderheitsaktionäre ausgeschlossen werden, vor der Einberufung der HV vorzuliegen (§ 327 b Abs 3 AktG). Eingeholt wird sie hingegen vom Hauptaktionär, der sie sodann an den Vorstand übermittelt oder – eher unüblich – die Bank veranlasst, sie direkt an den Vorstand zu senden.

3. § 327 b Abs 3 AktG verlangt eine Erklärung des Kreditinstituts, dass es die Gewährleistung für die Erfüllung des Hauptaktionärs zur Zahlung der Barabfindung übernimmt. Maßgeblich ist, dass die Minderheitsaktionäre einen unmittelbaren Anspruch gegen die Bank erlangen. In Betracht kommen daher vor allem eine – im Form. verwendete und in der Praxis weit verbreitete – Garantie, aber auch Bürgschaft, Schuldbeitritt oder abstraktes Schuldversprechen. Zur Zulässigkeit einer der Höhe nach beschränkten Bankgewährleistung s Emmerich/Habersack/*Habersack,* § 327 b Rn 15 mwN.

4. Die Gewährleistung muss sich allein auf die im Beschluss vorgesehene Barabfindung erstrecken, nicht hingegen auf die Zinsen gem § 327 b Abs 2 Hs 1 AktG (Düss AG 2005, 655 f; Hbg ZIP 2003, 2079) oder etwaige (freiwillige oder im Spruchverfahren festgelegte) Erhöhungsbeträge (BGH ZIP 2017, 470 Tz 18; BGH ZIP 2005, 2108; Stgt AG 2009, 208; Düss AG 2005, 296). Gerade in Bezug auf die Verzinsung wird das vereinzelt jedoch anders gesehen (BeckOGK AktG/*Singhof,* § 327 b Rn 14). Das Form. erstreckt die Gewährleistung daher vorsorglich auch auf die Zinsen.

5. Vgl § 327 e Abs 3 S 2 AktG: Würde nicht Zug um Zug gegen Übertragung des Eigentums an den Aktienurkunden bzw gegen Anbringung eines Teilzahlungsvermerks auf der Aktienurkunde gezahlt, bestünde die Gefahr von Mehrfachzahlungen auf dieselben Aktien; s dazu näher BGH ZIP 2017, 470 f Tz 14 ff.

6. Vgl → Anm. 3. Der unmittelbare Anspruch der Minderheitsaktionäre wird durch die Ausgestaltung als echter Vertrag zugunsten der Minderheitsaktionäre als Dritte (§ 328 BGB) hergestellt (MHdB GesR IV/*Austmann,* § 75 Rn 61).

7. Die Bank darf sich weder die Einrede der Vorausklage noch vergleichbare Leistungsverweigerungsrechte vorbehalten (BGH ZIP 2011, 1058 Tz 18; BeckOGK AktG/*Singhof,* § 327 b Rn 16). Bei der im Form. gewählten Garantie hat der Ausschluss der Einrede der Vorausklage nur klarstellende Bedeutung. Auch bei einer Bürgschaft ist der ausdrückliche Verzicht auf die Einrede der Vorausklage (§ 773 Abs 1 Nr 1 BGB) trotz

§ 771 BGB wegen § 349 S 1 HGB nicht erforderlich (Emmerich/Habersack/*Habersack*, § 327 b AktG Rn 12 Fn 66), aber empfehlenswert.

8. Gemeint sind Einwendungen aus dem der Garantie zugrunde liegenden Verhältnis zwischen Hauptaktionär und Bank (Deckungsverhältnis; s dazu zB K. Schmidt/Lutter/*Schnorbus*, § 327 b Rn 31). Mit der Regelung wird § 334 BGB ausdrücklich ausgeschlossen. Erforderlich ist das nicht, da sich der Ausschluss bereits aus den Umständen ergibt (Hamm ZIP 2005, 1462).

9. Die Bankgewährleistung darf grundsätzlich weder bedingt noch befristet sein. Dazu steht die Regelung nicht im Widerspruch. Der erste Teil drückt die Akzessorietät der Bankgewährleistung gegenüber dem Abfindungsanspruch (BGH ZIP 2011, 1058 Tz 20) und damit eine Selbstverständlichkeit aus (Karlsr AG 2007, 93); gibt es keinen Anspruch auf Barabfindung, besteht auch kein Anspruch aus der Bankgewährleistung. Der zweite Teil entspricht dem für die Bürgschaft geltendem Recht (§ 768 Abs 1 S 1 BGB), und allgemein stünde es mit dem Zweck und der Ausgestaltung der Bankgewährleistung in Widerspruch, könnten Minderheitsaktionäre aus ihr vorgehen, nachdem sie den Anspruch gegen den Hauptaktionär haben verjähren lassen (BGH ZIP 2011, 1058 Tz 20; LG Mü AG 2009, 633 ff.). Barabfindungsanspruch und Anspruch aus der Bankgewährleistung unterliegen zudem beide der regelmäßigen Verjährungsfrist (§ 195 BGB).

10. Die Gewährleistungserklärung ist dem Vorstand zu „übermitteln" (§ 327 b Abs 3 AktG). Sie muss folglich verkörpert sein. Schriftform ist danach nicht notwendig (str), aber ratsam. Zur Vermeidung von Zweifeln an der Wirksamkeit der Bankgewährleistung ist zu überlegen, die Unterschriften unter der Erklärung notariell beglaubigen zu lassen.

6.4 Bericht des Hauptaktionärs

Bericht der E AG als Hauptaktionär der B AG über die Voraussetzungen für die Übertragung der Aktien der Minderheitsaktionäre der B AG auf die E AG sowie die Angemessenheit der Barabfindung (Gliederung)[1]

vom 16. April 2020

A. Einleitung

B. Darstellung der B AG

1. **Überblick**
2. **Sitz, Geschäftsjahr und Unternehmensgegenstand**
3. **Kapital, Aktionäre und Börsenhandel**
4. **Organe und Vertretung**
5. **Geschäftstätigkeit der B AG**
6. **Geschäftliche Entwicklung und Ergebnissituation**

C. Darstellung E AG

1. **Überblick**
2. **Sitz, Geschäftsjahr und Unternehmensgegenstand**
3. **Kapital, Aktionäre und Börsenhandel**
4. **Organe und Vertretung**
5. **Rechtsbeziehungen zwischen der B AG und E AG**

6. Geschäftstätigkeit der E AG
7. Geschäftliche Entwicklung und Ergebnissituation der E AG

D. Voraussetzungen für die Übertragung[2]

1. Überblick
2. Kapitalbeteiligung in Höhe von 95%[3]
3. Verlangen der E AG gem § 327 a Abs 1 AktG
4. Festlegung der Barabfindung
5. Übertragungsbericht der E AG
6. Prüfung der Barabfindung
7. Gewährleistungserklärung eines Kreditinstituts gem § 327 b Abs 3 AktG
8. Auslage und Versendung von Unterlagen zur Vorbereitung der Hauptversammlung
9. Übertragungsbeschluss der B AG
10. Eintragung in das Handelsregister

E. Folgen der Übertragung[4]

1. Übertragung der Aktien auf die Hauptaktionärin mit Eintragung des Übertragungsbeschlusses
2. Erwerb eines Anspruchs auf angemessene Barabfindung
3. Banktechnische Abwicklung der Zahlung der Barabfindung
4. Wegfall der Börsennotierung
5. Steuerliche Auswirkungen für die Aktionäre in Deutschland

F. Erläuterungen zur Angemessenheit der Barabfindung[5]

1. Ermittlung und Festlegung der Höhe der Barabfindung nach § 327 b Abs 1 AktG
2. Unternehmensbewertung
3. Börsenkurs und Referenzzeitraum

G. Überprüfung der Angemessenheit der Barabfindung[6]

[Unterschrift(en)][7]

Anmerkungen

1. Der Bericht des Hauptaktionärs hat vor der Einberufung der HV vorzuliegen. Er erübrigt sich nur, wenn alle Aktionäre auf seine Erstellung verzichten (§ 327 c Abs 2 S 4 iVm § 293 a Abs 3 AktG). In ihm sind (A) die Voraussetzungen für die Übertragung darzulegen (s → Anm. 2); und (B) die Angemessenheit der Barabfindung zu erläutern und zu begründen (s → Anm. 5). Diese Gegenstände sind schlüssig und plausibel darzustellen (vgl BGH ZIP 2006, 2082 f; Düss AG 2009, 537; Stgt AG 2009, 208). Darüber hinausgehende Erläuterungen sind grundsätzlich nicht erforderlich. Aufzunehmen sind insbesondere keine Ausführungen (1) zu den rechtlichen und wirtschaftlichen Verhältnissen des Hauptaktionärs (MAH AktR/*Riehmer,* § 44 Rn 22; BeckOGK AktG/*Singhof,* § 327 c Rn 7) oder der Gesellschaft (Düss AG 2009, 43), (2) zu den Gründen des Squeeze out (Stgt AG 2009, 209; Düss ZIP 2004, 361), (3) zu seinen Folgen (Emmerich/Habersack/*Habersack,* § 327 c Rn 8), (4) zu seinen Vor- und Nachteilen (Stgt AG 2009, 209) und (5) da der Squeeze out keiner sachlichen Rechtfertigung bedarf, zu etwaigen zukünftigen Unternehmensplanungen des Hauptaktionärs in Bezug auf die Gesellschaft (Stgt AG 2009, 209). Das Form. orientiert sich an dem in der Praxis verbreiteten Vorgehen, über den rechtlich erforderlichen Inhalt hinaus weitere Punkte zu behandeln, zB Darstellung von Gesellschaft und Hauptaktionär sowie Folgen des Squeeze out. Häufig findet sich darüber hinaus auch eine Erläuterung der Gründe für den Squeeze out. Die Beifügung von Nachweisen (zB über die Stellung als Hauptaktionär) ist in der Praxis verbreitet, rechtlich aber nicht erforderlich.

2. Aufgrund der Entstehungsgeschichte und des mit § 327 c Abs 2 S 1 Alt 1 AktG verfolgten Zwecks ist nicht eindeutig, ob der Bericht – was vorzugswürdig erscheint – die Voraussetzungen des Übertragungs*beschlusses* oder – was der Wortlaut von § 327 c Abs 2 S 1 AktG nahe legt – die Voraussetzungen der Übertragung der Aktien im Rahmen eines Squeeze out darlegen muss. Das Form. folgt der zweiten, weitergehenden Alternative.

3. Vgl → Form. II.E.6.1 Anm. 3. Eine Darstellung, wie und zu welchem Preis der Hauptaktionär seine Beteiligung erworben hat, ist nicht erforderlich. Diese Information können die Minderheitsaktionäre auch nicht für Zwecke der Prüfung der Angemessenheit der Barabfindung verlangen, da sie keinen Anspruch darauf haben, als Barabfindung mindestens den Betrag zu erhalten, den der Hauptaktionär für Vorerwerbe gezahlt hat (BVerfGE 100, 306 f; BGH NZG 2010, 943 Tz 31).

4. Wie in → Anm. 1 dargestellt, muss der Bericht nicht die Folgen des Squeeze out behandeln. Geschieht dies – wie in der Praxis verbreitet – dennoch, können außer den im Form. genannten noch weitere Punkte relevant sein. Zu denken ist zB an die Auswirkungen auf anhängige Spruchverfahren oder das Zusammenspiel mit einer parallel beschlossenen Strukturmaßnahme (Unternehmensvertrag).

5. Der Hauptaktionär lässt die für die Ermittlung der Barabfindung erforderliche Unternehmensbewertung zumeist durch einen Wirtschaftsprüfer erstellen. Die vom Wirtschaftsprüfer – regelmäßig nach Maßgabe des Standards „Grundsätze zur Durchführung von Unternehmensbewertungen" des IDW (IDW S 1) erstellte – gutachtliche Stellungnahme wird entweder in den Bericht inkorporiert oder als Anlage beigefügt. Insbesondere im zweiten Fall sollte sich der Hauptaktionär den Inhalt der gutachtlichen Stellungnahme zu eigen und zum Bestandteil des Berichts machen. Ergänzt wird die gutachtliche Stellungnahme regelmäßig durch eine kurze Darstellung, wie der Hauptaktionär auf ihrer Grundlage die Barabfindung festgelegt hat. Das liegt insbesondere dann nahe, wenn der Hauptaktionär eine Barabfindung bestimmt, die oberhalb des in der gutachtlichen Stellungnahme als angemessen ermittelten Betrags liegt.

6. Vgl § 327 c Abs 2 S 2 bis 4 AktG. Die Prüfung erfolgt regelmäßig parallel zur Bewertung. Das ist rechtlich zulässig (BGH NZG 2006, 906 Tz 14; BGH ZIP 2009, 913 Tz 32) und sinnvoll. Der Prüfungsbericht muss jedoch der Festlegung der Barabfindung sachlogisch nachfolgen.

7. Der Bericht wird in der Praxis regelmäßig durch sämtliche Mitglieder der Geschäftsleitung des Hauptaktionärs unterschrieben. Erforderlich ist das nicht. Es genügt die Unterzeichnung durch eine vertretungsberechtigte Anzahl an Vorstandsmitgliedern (Stgt NZG 2004, 147; Düss AG 2005, 657; Hamm ZIP 2005, 1459).

6.5 Einberufung zur Hauptversammlung (Auszug)

B AG[1]

mit Sitz in . . . . .

– ISIN: DE . . . . . /WKN: . . . . . –[2]

Hiermit laden wir die Aktionäre der Gesellschaft zu der am Montag, den 10. Juni 2020 um 10:00 Uhr in . . . . . stattfindenden ordentlichen Hauptversammlung[3] ein.

Tagesordnung

. . . . .

6. Beschlussfassung über die Übertragung der Aktien der Minderheitsaktionäre der Gesellschaft auf die E AG mit dem Sitz in . . . . . gegen Gewährung einer angemessenen Barabfindung gem §§ 327 a ff AktG[4]

Die E AG mit Sitz in . . . . ., der 58 623 856 Aktien der Gesellschaft und damit ca. 97,71 % des Grundkapitals der Gesellschaft gehören (Stand: 16. April 2020),[5] hat als Hauptaktionär gem § 327 a Abs 1 S 1 AktG an den Vorstand der Gesellschaft mit Schreiben vom 31. Januar 2020 das Verlangen gerichtet, dass die Hauptversammlung der Gesellschaft die Übertragung der Aktien der übrigen Aktionäre (Minderheitsaktionäre)[6] gegen Gewährung einer angemessenen Barabfindung auf die E AG beschließt. Mit Schreiben vom 16. April 2020 hat die E AG ihr Verlangen gem § 327 a Abs 1 S 1 AktG konkretisiert und der B AG mitgeteilt, dass die E AG die Höhe der Barabfindung mit EUR 36,28 je auf den Inhaber lautender Stückaktie der Gesellschaft festgelegt hat.

Vor Einberufung der Hauptversammlung hat die E AG dem Vorstand der B AG gem § 327 b Abs 3 AktG die Erklärung der T Bank AG vom 15. April 2020 übermittelt, durch welche die T Bank AG die Gewährleistung für die Verpflichtung der E AG übernommen hat, den Minderheitsaktionären nach Eintragung des Übertragungsbeschlusses in das Handelsregister der Gesellschaft unverzüglich die festgelegte Barabfindung für die übergegangenen Aktien zu zahlen.[7]

Vorstand und Aufsichtsrat schlagen vor, auf Verlangen der E AG folgenden Beschluss zu fassen:[8]

„Die auf den Inhaber lautenden Stückaktien der übrigen Aktionäre der B AG mit dem Sitz in . . . . . (Minderheitsaktionäre) werden gem §§ 327 a ff AktG gegen Gewährung einer von der E AG mit dem Sitz in . . . . . (Hauptaktionär) zu zahlenden angemessenen Barabfindung in Höhe von EUR 36,28 je auf den Inhaber lautende Stückaktie mit einem anteiligen Betrag des Grundkapitals von EUR 1,00 auf die E AG übertragen."

. . . . .

Unterlagen zur Hauptversammlung[9]

Die folgenden Unterlagen liegen von der Einberufung der Hauptversammlung an in den Geschäftsräumen der B AG, ..., zur Einsicht der Aktionäre aus und sind ab diesem Zeitpunkt über die Internetseite der Gesellschaft (www . . . . .) zugänglich:

– die Jahresabschlüsse und Lageberichte für die Geschäftsjahre 2017, 2018 und 2019,[10]

- der Entwurf des Übertragungsbeschlusses,
- der gem § 327 c Abs 2 S 1 AktG von der E AG in ihrer Eigenschaft als Hauptaktionärin erstattete Bericht an die Hauptversammlung über die Voraussetzungen der Übertragung der Aktien der Minderheitsaktionäre und die Angemessenheit der Barabfindung vom 16. April 2020 einschließlich der gutachtlichen Stellungnahme der F & Partner GmbH Wirtschaftsprüfungsgesellschaft mit Sitz in . . . . ., zur Ermittlung der angemessenen Barabfindung gem § 327 b AktG zum 10. Juni 2020 vom 15. April 2020,
- der gem § 327 Abs 2 S 2 bis 4 AktG von dem vom Landgericht . . . . . ausgewählten und bestellten sachverständigen Prüfer K & Partner AG Wirtschaftsprüfungsgesellschaft mit Sitz in . . . . ., erstattete Prüfungsbericht über die Angemessenheit der Barabfindung vom 17. April 2020,
- die Gewährleistungserklärung der T Bank AG vom 15. April 2020,
- [*Unterlagen zu anderen Tagesordnungspunkten*].

Auf Verlangen wird jedem Aktionär von der Gesellschaft unverzüglich und kostenlos eine Abschrift der vorgenannten Unterlagen zugesandt.[11] Die Unterlagen werden auch in der Hauptversammlung zur Einsicht der Aktionäre ausliegen.

. . . . .

[Sitz], im April 2020

B AG

[*Sitz*]

Der Vorstand

Schrifttum: *Fuchs*, Der aktienrechtliche Squeeze-Out, 2009.

Anmerkungen

1. Ein Squeeze out ist möglich bei einer AG sowie ferner bei einer KGaA (vgl § 327 a Abs 1 S 2 AktG, wonach der Squeeze out-Beschluss der Kommanditaktionäre nicht der Zustimmung der Komplementäre bedarf) und einer SE mit Sitz in Deutschland (Art 9 Abs 1 lit c) (ii) SE-VO). Auch bei einer aufgelösten, in Liquidation befindlichen Gesellschaft kann ein Squeeze out durchgeführt werden (BVerfG ZIP 2007, 2121 f; BGH ZIP 2006, 2081 f).

2. Das Form. geht davon aus, dass die B AG börsennotiert (vgl § 3 Abs 2 AktG) ist. Der Squeeze out ist aber auch bei nichtbörsennotierten Gesellschaften zulässig.

3. Der Squeeze out-Beschluss kann im Rahmen einer ordentlichen HV (so im Form.) oder einer außerordentlichen HV beschlossen werden (s auch → Form. II.E.6.1 Anm. 5).

4. Der Tagesordnungspunkt (§ 121 Abs 3 S 2 AktG) muss weder Sitz (bzw Adresse) des Hauptaktionärs noch die Höhe der Barabfindung enthalten. Etwas Anderes ergibt sich auch nicht aus § 327 c Abs 1 AktG. Dieser bezieht sich nicht auf die Tagesordnung im Sinne von § 121 Abs 3 S 2 AktG, sondern auf die „Bekanntmachung der Tagesordnung". Es genügt folglich, wenn sich die Angaben gem § 327 c Abs 1 AktG im Beschlussvorschlag (§ 124 Abs 3 AktG) finden. Die Firma (bzw der Name) des Hauptaktionärs sollte demgegenüber im Tagesordnungspunkt genannt werden.

5. Hauptaktionär ist, wem 95 % des Grundkapitals gehören (§ 327 c Abs 1 S 1 AktG). Für die Berechnung gilt § 16 Abs 2 und 4 AktG (§ 327 a Abs 2 AktG). Zu den Einzelheiten der Berechnung vgl zB BeckOGK AktG/*Singhof,* § 327 a Rn 21 ff; Emmerich/Habersack/*Habersack,* § 327 a Rn 16 ff; *Fuchs,* Der aktienrechtliche Squeeze-out, 2009, S 79 ff, und zu der Frage, wann die Hauptaktionärseigenschaft gegeben sein muss, → Form. II.E.6.1 Anm. 3 sowie K. Schmidt/Lutter/*Schnorbus,* § 327 a Rn 15; MüKoAkt/*Grunewald,* § 327 a Rn 9 f.

6. Minderheitsaktionäre sind alle Aktionäre außer dem Hauptaktionär und denjenigen Aktionären, deren Aktien dem Hauptaktionär gem § 16 Abs 4 AktG zugerechnet werden und folglich nicht vom Übergang betroffen sind (*Hüffer/Koch,* § 327 e Rn 4). Ferner gehen infolge des Squeeze out auch eigene Aktien der Gesellschaft nicht auf den Hauptaktionär über (hM; vgl zB Grigoleit/*Rieder,* § 327 a Rn 24; BeckOGK AktG/*Singhof,* § 327 e Rn 10; MHdB GesR IV/*Austmann,* § 75 Rn 93).

7. S → Form. II.E.6.3 Anm. 1 ff.

8. Der Squeeze out beruht auf dem Verlangen des Hauptaktionärs. Beschlussvorschläge von Vorstand und Aufsichtsrat sind daher zwar möglich und zulässig, richtigerweise aber entgegen § 124 Abs 3 AktG nicht erforderlich (wie hier zB K. Schmidt/Lutter/*Schnorbus,* § 327 c Rn 3; *Hüffer/Koch,* § 327 a Rn 11b). Da dies str ist (aA zB Hölters/Weber/*Müller-Michaels,* § 327 a Rn 15; MüKoAktG/*Grunewald,* § 327 a Rn 12; s auch LG Ffm NZG 2004, 673 f), sieht das Form. vorsorglich – wie in der Praxis üblich – einen Beschlussvorschlag der Verwaltung vor.

9. Vgl § 327 c Abs 3 und 4, § 124 a AktG. Ergänzend empfiehlt es sich, auch die Bankgewährleistung (§ 327 b Abs 3 AktG) auszulegen und zugänglich zu machen; gesetzlich erforderlich ist das aber, da die Aufzählung in § 327 c Abs 3 AktG abschließend ist, ebenso wenig wie die Auslage des (konkretisierten) Verlangens des Hauptaktionärs und des Beschlusses des LG über die Prüferbestellung. Das Auslegen der Unterlagen in den Geschäftsräumen am Verwaltungssitz genügt; ein Auslegen am Satzungssitz ist nicht erforderlich (BGH ZIP 2011, 1055, 1057 f Tz 16).

10. Auszulegen sind die Jahresabschlüsse und Lageberichte für die letzten drei Geschäftsjahre. Gemeint sind damit die letzten drei Geschäftsjahre, für die der Jahresabschluss festgestellt ist oder nach den gesetzlichen Vorgaben festgestellt sein müsste (Hbg AG 2003, 443; *Hüffer/Koch,* § 327 c Rn 6). Nicht auszulegen sind Konzernabschlüsse und -lageberichte (BGH ZIP 2009, 912 Tz 29; KG ZIP 2009, 1230; Emmerich/Habersack/*Habersack,* § 327 c Rn 14 mwN auch zur Gegenansicht).

11. Werden die Unterlagen ab der Einberufung der HV über die Internetseite der Gesellschaft zugänglich gemacht, entfallen die Verpflichtungen zum Auslegen der Unterlagen in den Geschäftsräumen der Gesellschaft und zur Übersendung der Unterlagen auf Verlangen des Aktionärs (§ 325 c Abs 5 AktG). Im Form. werden aus Gründen der Vorsorge (zB für den Fall, dass der Zugang zur Internetseite der Gesellschaft vorübergehend gestört sein sollte) beide Vorgehensweisen kombiniert.

7. Geschäftsordnungen für Vorstand und Aufsichtsrat

7.1 Geschäftsordnung für den Vorstand

Der Aufsichtsrat[2] der . . . . . AG hat folgende Geschäftsordnung[3] für den Vorstand der Gesellschaft beschlossen:[1]

§ 1 Allgemeines

(1) Der Vorstand und jedes seiner Mitglieder leiten die Geschäfte der Gesellschaft gewissenhaft nach Maßgabe der Gesetze, der Satzung, der Beschlüsse der Hauptversammlung, dieser Geschäftsordnung und, soweit keine Abweichung beschlossen wird, der Entsprechenserklärung gem § 161 AktG.

(2) Der Vorstand arbeitet vertrauensvoll mit den anderen Organen der Gesellschaft zum Wohle der Gesellschaft zusammen.

(3) Die Verteilung der Geschäftsbereiche innerhalb des Vorstands wird durch den als Anlage beigefügten Geschäftsverteilungsplan geregelt, der Bestandteil dieser Geschäftsordnung ist.[4]

§ 2 Gesamtverantwortung[4]

Die Vorstandsmitglieder arbeiten kollegial zusammen und tragen für die gesamte Geschäftsführung gemeinsam die Verantwortung. Sie unterrichten sich laufend gegenseitig über sämtliche wesentliche Maßnahmen und Vorgänge in ihren Ressorts. Bei Bedenken gegen Maßnahmen aus einem anderen Geschäftsbereich ist jedes Vorstandsmitglied verpflichtet, eine Beschlussfassung des Gesamtvorstands herbeizuführen, wenn die Bedenken nicht durch Aussprache mit dem anderen Vorstandsmitglied behoben werden können.

§ 3 Einzelgeschäftsführung[4]

(1) Unbeschadet der Gesamtverantwortung leitet jedes Vorstandsmitglied seinen Geschäftsbereich in eigener Verantwortung. Die Leitung der Ressorts ist am Gesamtwohl der Gesellschaft auszurichten.

(2) Haben Maßnahmen und Geschäfte eines Geschäftsbereiches Auswirkungen auf zugleich ein oder mehrere andere Ressorts, so müssen sich die betroffenen Vorstandsmitglieder untereinander abstimmen. Kann eine Einigung nicht erzielt werden, so ist eine Beschlussfassung des Gesamtvorstands herbeizuführen.

(3) Haben Maßnahmen und Geschäfte eines Geschäftsbereiches außergewöhnliche Bedeutung für die Gesellschaft oder den Konzern oder sind sie mit besonderen wirtschaftlichen Risiken verbunden, so ist die Zustimmung des Gesamtvorstands einzuholen.

(4) Eine Beschlussfassung oder Zustimmung des Gesamtvorstands bzw die Abstimmung mit anderen Vorstandsmitgliedern nach den vorstehenden Abs 2 und 3 kann unterbleiben, wenn nach pflichtgemäßem Ermessen des für das betroffene Ressort zuständigen Vorstandsmitglieds eine sofortige Maßnahme erforderlich ist, um drohende Nachteile von der Gesellschaft abzuhalten. In solch einem Fall ist jedoch der Vorsitzende des Vorstands unverzüglich und der Gesamtvorstand in der nächsten Sitzung zu informieren.

§ 4 Entscheidungen des Gesamtvorstands[5]

Eine Beschlussfassung des Gesamtvorstands ist erforderlich in allen Angelegenheiten, für die das Gesetz, die Satzung, diese Geschäftsordnung oder ein Aufsichtsratsbeschluss eine Beschlussfassung durch den Vorstand vorsieht oder die ein Vorstandsmitglied dem Gesamtvorstand zur Beschlussfassung vorgelegt hat. Eine Beschlussfassung des Gesamtvorstands ist danach insbesondere erforderlich über

a) die Aufstellung des Jahresabschlusses und des Konzernabschlusses und der Lageberichte,
b) die Einberufung der Hauptversammlung sowie Vorschläge des Vorstands zur Beschlussfassung durch die Hauptversammlung,
c) Angelegenheiten, die der Zustimmung des Aufsichtsrats bedürfen,
d) . . . . . .

§ 5 Vorsitzender des Vorstands[6]

(1) Der Vorsitzende des Vorstands ist für die sachliche Koordination der Ressorts des Vorstands zuständig. Dabei hat er sicherzustellen, dass die ressortbezogenen Vorgänge an dem Gesamtwohl der Gesellschaft ausgerichtet sind.

(2) Die Mitglieder des Vorstands haben den Vorsitzenden des Vorstands laufend über sämtliche wesentliche Vorgänge ihres Ressorts zu unterrichten. Auf ein entsprechendes Verlangen des Vorsitzenden des Vorstands müssen sie jederzeit Auskunft über einzelne Angelegenheiten geben und ihn im Voraus über bestimmte Geschäfte informieren.

(3) Die Repräsentation der Gesellschaft gegenüber der Öffentlichkeit, insbesondere gegenüber Behörden, Verbänden, Wirtschaftorganisationen und Publikationsorganen obliegt dem Vorsitzenden des Vorstands.

(4) Ist der Vorsitzende des Vorstands verhindert, so tritt an seine Stelle der stellvertretende Vorsitzende für die Zeit der Verhinderung.

§ 6 Sitzungen und Beschlüsse[7]

(1) Die Entscheidungen des Vorstands sollen in Sitzungen getroffen werden, welche idR wöchentlich, mindestens aber alle zwei Wochen stattfinden. Eine Sitzung kann auch per Telefon- oder Videokonferenz, durch andere elektronische Kommunikationsmittel, bei denen die Vorstandsmitglieder einander zumindest hören, oder in Kombination der vorgenannten Wege durchgeführt werden. Eine Sitzung ist stets dann abzuhalten, wenn es das Wohl der Gesellschaft erfordert. Unabhängig davon kann jedes Vorstandsmitglied jederzeit unter Angabe des Beratungsgegenstandes die Einberufung einer Vorstandssitzung fordern.

(2) Der Vorsitzende des Vorstands beruft die Vorstandssitzung unter Mitteilung der Tagesordnung und Übermittlung der Beschlussvorschläge möglichst mindestens drei Tage vor der Sitzung ein. Er bereitet die Sitzung vor und leitet diese. Im Rahmen der Sitzungsleitung regelt er die Reihenfolge der Abhandlung der Tagesordnung und die Art und Weise der Abstimmung.

(3) Der Vorsitzende des Vorstands kann anordnen, dass Beschlüsse auch außerhalb von Sitzungen schriftlich, durch Telefax, fernmündlich oder auf elektronischem Wege oder in Kombination der vorgenannten Wege gefasst werden.

(4) Der Vorstand ist beschlussfähig, wenn alle Mitglieder eingeladen und mindestens die Hälfte der Vorstandsmitglieder bei der Sitzung anwesend sind.[8] Nimmt ein Mitglied

telefonisch, per Video oder mittels anderer elektronischer Kommunikationsmittel, bei denen die Vorstandsmitglieder einander zumindest hören, teil, so gilt es als anwesend. Eine Stimmabgabe durch abwesende Vorstandsmitglieder ist schriftlich, durch Telefax, fernmündlich oder auf elektronischem Wege möglich.[9] Über Beschlüsse, die das Ressort eines abwesenden Mitglieds betreffen, soll möglichst nur mit dessen Einverständnis verhandelt und beschlossen werden. Abwesende Mitglieder sind über die in ihrer Abwesenheit gefassten Beschlüsse zu unterrichten. Bei Beschlussfassungen außerhalb von Sitzungen ist der Vorstand beschlussfähig, wenn mindestens die Hälfte der Vorstandsmitglieder an der Abstimmung teilnimmt.

(5) Der Vorstand soll darauf hinarbeiten, Beschlüsse einstimmig zu fassen. Ist das nicht der Fall, beschließt er, sofern gesetzlich nichts Abweichendes zwingend vorgesehen ist, mit einfacher Mehrheit der abgegebenen Stimmen. Stimmenthaltungen gelten nicht als abgegebene Stimmen. Bei Stimmengleichheit gibt die Stimme des Vorsitzenden des Vorstands den Ausschlag.[10]

(6) Über die Sitzungen des Vorstands und Beschlussfassungen außerhalb einer Sitzung ist eine Niederschrift anzufertigen, die den Ort, den Tag und die Zeit der Sitzung oder Beschlussfassung sowie die Teilnehmer, die Tagesordnung und den Wortlaut der Beschlüsse enthält. Die Niederschrift dient ausschließlich Dokumentations- und Beweiszwecken; sie ist keine Wirksamkeitsvoraussetzung der gefassten Beschlüsse. Der Vorsitzende des Vorstands hat die Niederschrift zu unterzeichnen und allen Vorstandsmitgliedern in Abschrift zu übermitteln. Wird der Niederschrift in der nächsten Vorstandssitzung von keinem Vorstandsmitglied widersprochen, so gilt sie als genehmigt.

§ 7 Zusammenarbeit mit dem Aufsichtsrat und Berichterstattung

(1) Der Vorstand und Aufsichtsrat arbeiten zum Wohle der Gesellschaft vertrauensvoll zusammen.[11]

(2) Im Rahmen der Zusammenarbeit zwischen Vorstand und Aufsichtsrat übernimmt der Vorsitzende des Vorstands die federführende Rolle auf Seiten des Vorstands.[12] Er erstattet die Berichte des Vorstands an den Aufsichtsratsvorsitzenden gem § 90 Abs 1 S 3 AktG und informiert diesen unverzüglich über wichtige Ereignisse, die für die Beurteilung der Lage und Entwicklung sowie für die Leitung der Gesellschaft und des Konzerns von wesentlicher Bedeutung sind.[13] Ferner leitet der Vorsitzende des Vorstands dem Aufsichtsrat die Vorstandsberichte und entscheidungsnotwendigen Unterlagen, insbesondere den Jahresabschluss, den Konzernabschluss und den Prüfungsbericht rechtzeitig vor der Sitzung zu.

(3) Im Rahmen der Berichtspflichten gem § 90 AktG unterrichtet der Vorstand den Aufsichtsrat insbesondere auch regelmäßig, zeitnah und umfassend über alle für die Gesellschaft und den Konzern relevanten Fragen insbesondere der Strategie, der Planung, der Geschäftsentwicklung, der Risikolage, des Risikomanagements und der Compliance. Dabei geht der Vorstand auf Abweichungen des Geschäftslaufs von den aufgestellten Plänen und vereinbarten Zielen unter Angabe von Gründen ein.[14]

§ 8 Zustimmung des Aufsichtsrats[15]

(1) Folgende Geschäfte und Maßnahmen dürfen vom Vorstand nur mit ausdrücklicher Zustimmung des Aufsichtsrats vorgenommen werden:

a) die Verabschiedung der Jahres- und der Mittelfristplanung der Gesellschaft und des Konzerns;
b) . . . . .

c) . . . . .

(2) Der Vorstand hat, soweit rechtlich möglich, sicherzustellen, dass Geschäfte und Maßnahmen iSv Abs 1 auf der Ebene von Konzerngesellschaften nur unter seiner Mitwirkung vorgenommen werden. Sofern danach die Mitwirkung des Vorstands erforderlich ist, gilt Abs 1 entsprechend.

(3) Eine gesonderte Zustimmungspflicht besteht nicht für solche Geschäfte und Maßnahmen iSv Abs 1 Buchst b) bis . . . . .), die in der Jahres- oder Mittelfristplanung ausgewiesen sind, welcher der Aufsichtsrat gem Abs 1 Buchst a) oder gem Abs 2 S 2 iVm Abs 1 Buchst a) zugestimmt hat.

(4) Der Vorstand bedarf ferner der Zustimmung des Aufsichtsrats zu Geschäften der Gesellschaft mit nahestehenden Personen iSv §§ 111a, 111b Abs 1 AktG.[16]

(5) Die Zustimmung des Aufsichtsrats ist vor der Vornahme des Geschäfts oder der Maßnahme einzuholen. Ausnahmsweise ist der Vorstand berechtigt, die Zustimmung nachträglich einzuholen, wenn nach vernünftiger kaufmännischer Beurteilung ein Zuwarten auf die Zustimmung geeignet wäre, der Gesellschaft oder einem Tochterunternehmen der Gesellschaft einen nicht unerheblichen Nachteil zuzufügen, und der Vorstand davon ausgehen darf, dass der Aufsichtsrat die Zustimmung erteilen wird.[17] In diesem Fall hat der Vorstand den Aufsichtsratsvorsitzenden unverzüglich, nach Möglichkeit noch vor der Vornahme des Geschäfts zu informieren und die Zustimmung des Aufsichtsrats so schnell wie möglich nach Vornahme des Geschäfts bzw der Maßnahme einzuholen. Satz 2 findet keine Anwendung auf die Zustimmung nach Maßgabe von Abs 4.[18]

§ 9 Interessenkonflikte[19]

(1) Die Vorstandsmitglieder sind dem Gesellschaftsinteresse verpflichtet. Sie dürfen weder bei ihren Entscheidungen persönliche Interessen verfolgen noch Geschäftschancen, die der Gesellschaft oder Tochterunternehmen der Gesellschaft zustehen, für sich nutzen. Sie unterliegen während ihrer Tätigkeit einem umfassenden, über § 88 AktG hinausgehenden Wettbewerbsverbot.

(2) Vorstandsmitglieder dürfen im Zusammenhang mit ihrer Tätigkeit weder für sich noch für andere Personen von Dritten Zuwendungen oder sonstige Vorteile fordern oder annehmen oder Dritten ungerechtfertigte Vorteile gewähren.

(3) Jedes Vorstandsmitglied soll Interessenkonflikte unverzüglich dem Vorsitzenden des Aufsichtsrats und dem Vorsitzenden des Vorstands offenlegen und die anderen Vorstandsmitglieder hierüber informieren.

(5) Nebentätigkeiten, insbesondere konzernfremde Aufsichtsratsmandate, dürfen Vorstandsmitglieder nur mit Zustimmung des Aufsichtsrats übernehmen.

. . . . . [Ort], den . . . . . [Datum]

. . . . . [Vorsitzender des Aufsichtsrats]

Schrifttum: *Bezzenberger,* Der Vorstandsvorsitzende der Aktiengesellschaft, ZGR **1996**, 661; *Bürkle,* Der Stichentscheid im zweiköpfigen AG-Vorstand, AG **2012**, 232; *Emde,* Gesamtverantwortung und Ressortverantwortung im Vorstand der AG, FS Schneider **2011**, 295; *Fonk,* Zustimmungsvorbehalte des AG-Aufsichtsrats, ZGR **2006**, 841; *Goette,* Zum Zusammenwirken von Vorstand und Aufsichtsrat im Spannungsfeld von Informationsordnung und Zustimmungsvorbehalt, FS Baums **2017**, 475; *Hoffmann-Becking,* Zur rechtlichen Organisation der Zusammenarbeit im Vorstand einer AG, ZGR **1998**, 497; *Schäfer,* Zustimmungspflichtige Geschäfte nach BGH II ZR 24/17, FS E. Vetter **2019**, 645; *Seebach,* Kontrollpflicht und Flexibilität – Zu den Möglichkeiten des

Aufsichtsrats bei der Ausgestaltung und Handhabung von Zustimmungsvorbehalten, AG **2012**, 70; *Wettich*, Vorstandsorganisation in der AG, 2008; *Wicke*, Kompetenzgefüge der AG und Vorstandshaftung, FS E. Vetter 2019, 907.

Anmerkungen

1. Das Aktiengesetz enthält praktisch keine Vorgaben für den Inhalt einer Geschäftsordnung des Vorstands; es besteht daher grds Gestaltungsfreiheit. Wesentlicher Inhalt sind regelmäßig die Ausgestaltung der Geschäftsführungsbefugnis und der inneren Ordnung (§ 77 AktG: Gesamtverantwortung, Geschäftsverteilung, Beschlussfassungen und Sitzungen), die Stellung eines Vorstandsvorsitzenden oder -sprechers sowie Interessenkonflikte. Die Satzung kann Einzelfragen der Geschäftsordnung bindend regeln (§ 77 Abs 2 S 2 AktG). Wird hiervon Gebrauch gemacht, was in der Praxis eher unüblich ist, muss die Satzung dem Vorstand bzw dem Aufsichtsrat Spielräume hinsichtlich eines organisatorischen Kernbereichs belassen (*Hüffer/Koch,* § 77 Rn 20; *Hoffmann-Becking,* ZGR 1998, 505).

2. Der Vorstand ist so lange für den Erlass der Geschäftsordnung zuständig, wie nicht die Satzung die Erlasskompetenz dem Aufsichtsrat zuweist oder der Aufsichtsrat eine Geschäftsordnung von sich aus erlässt (§ 77 Abs 2 S 1 AktG). Entscheidet der Vorstand, bedarf der Beschluss über die Geschäftsordnung zwingend der Einstimmigkeit (§ 77 Abs 2 S 3 AktG). Die Geschäftsordnung gilt dann auch bei Änderungen in der Zusammensetzung des Vorstands fort; neue Mitglieder müssen ihr nicht zustimmen (*Hüffer/Koch,* § 77 Rn 22; *Hoffmann-Becking,* ZGR 1998, 500).

3. Die Geschäftsordnung ist schriftlich niederzulegen, muss aber nicht nach § 126 BGB eigenhändig unterzeichnet werden (*Hüffer/Koch,* § 77 Rn 21). Wird die Geschäftsordnung vom Aufsichtsrat beschlossen, so muss der Beschluss in der Niederschrift über die Aufsichtsratssitzung aufgenommen werden (§ 107 Abs 2 S 1 AktG); die Aufnahme in die Niederschrift dient jedoch allein Beweiszwecken und ist keine Wirksamkeitsvoraussetzung (§ 107 Abs 2 S 3 AktG).

4. Nach § 77 Abs 1 S 1 AktG haben mehrere Vorstände Gesamtgeschäftsführungsbefugnis. Durch Satzung oder Geschäftsordnung kann Abweichendes geregelt werden. Ein typisches Mittel hierfür ist eine Geschäftsverteilung, die einzelnen oder mehreren Vorständen bestimmte Bereiche primär überantwortet. Zu den verschiedenen Organisationen, die dadurch geschaffen werden können, vgl zB KölnKommAktG/*Mertens/Cahn,* § 77 Rn 15. Durch die Geschäftsverteilung erlangen die Vorstände sachlich beschränkte Einzelgeschäftsführungsbefugnis, wenn ihnen ein Bereich allein zugewiesen wird (MüKoAktG/*Spindler,* § 77 Rn 57). Denkbar, in der Praxis aber eher selten ist die Bildung von Vorstandsausschüssen (s dazu *Hoffmann-Becking,* ZGR 1998, 509 f, 516 f; *Ihrig/Schäfer,* Rn 433 ff). Wird die Gesamtgeschäftsführung (teilweise) modifiziert, ist Folgendes zu beachten: (1) Der Grundsatz der Gesamtverantwortung aller Vorstände für die Geschäftsleitung gilt dennoch. Für „fremde" Ressorts verschiebt sich die Pflicht damit von der primären Geschäftsführungs- hin zu einer Überwachungspflicht (MüHdB GesR IV/*Hoffmann-Becking,* § 22 Rn 26). Zur Wahrnehmung dieser Pflicht hat jedes Vorstandsmitglied einen Informationsanspruch über Angelegenheiten aus anderen Ressorts (MüKoAktG/*Spindler,* § 77 Rn 58). (2) Das Nebeneinander von Einzelgeschäftsführung und Gesamtverantwortung sollte in der Geschäftsordnung organisatorisch ausgestaltet werden. Zu denken ist insbesondere an Unterrichtungspflichten, Abstimmungspflichten zwischen verschiedenen Ressorts sowie Vorlagepflichten an den Gesamtvorstand bei wesentlichen Vorgängen aus einem Ressort. Vgl auch → Anm. 5.

5. Den Abweichungen vom Grundsatz der Gesamtgeschäftsführung sind Grenzen gesetzt. In bestimmten Fällen ist eine Beschlussfassung des Gesamtvorstands zwingend oder jedenfalls sinnvoll. Im Einzelnen: (1) Aufgrund der Gesamtverantwortung aller Vorstände muss es jedem einzelnen Vorstand möglich sein, Vorgänge dem Vorstand zur Entscheidung vorzulegen. (2) Das Gesetz weist einzelne Aufgaben zwingend dem Gesamtvorstand zu, zB Berichterstattung gem § 90 AktG, Vorlage zustimmungspflichtiger Geschäfte nach § 111 Abs 4 S 2 AktG, Einberufung der HV (§ 121 Abs 2 AktG) und die Unterbreitung von Beschlussvorschlägen (§ 124 Abs 3 AktG); s im Einzelnen KölnKommAktG/*Mertens/Cahn,* § 77 Rn 24; MüKoAktG/*Spindler,* § 77 Rn 64. (3) Dem Gesamtvorstand muss schließlich der Kernbereich der Leitungsaufgabe verbleiben. Besonders wichtige Maßnahmen sind von ihm zu entscheiden. Dazu zählen jedenfalls Vorgänge, über die der Vorstand dem Aufsichtsrat nach § 90 AktG zu berichten hat (KölnKommAktG/*Mertens/Cahn,* § 77 Rn 23; GroKo(AktG)/*Kort,* § 77 Rn 31; weitergehend zB *Emde,* FS Schneider 2011, S 299 f: zwingende Zuständigkeit des Gesamtvorstands für alle Leitungsaufgaben iSv § 76 Abs 1 AktG).

6. Setzt sich der Vorstand aus mehreren Personen zusammen, so kann der Aufsichtsrat ein Mitglied zum Vorsitzenden des Vorstands ernennen (§ 84 Abs 2 AktG; dazu *Bezzenberger,* ZGR 1996, 661 ff). Hat der Aufsichtsrat von seiner Befugnis, einen Vorsitzenden des Vorstands zu bestellen, nicht Gebrauch gemacht, so steht es dem Vorstand im Rahmen seiner Geschäftsordnungskompetenz aus § 77 Abs 2 S 1 AktG frei, einen Vorstandssprecher zu bestimmen (*Hüffer/Koch,* § 84 Rn 30). Anders als dem Vorsitzenden des Vorstands dürfen dem vom Vorstand bestimmten Vorstandssprecher keine Befugnisse zur Überwachung und Koordination des Vorstands eingeräumt werden; ihm kommen daher idR Aufgaben der Sitzungsleitung und Repräsentation des Vorstands zu (MüHdB GesR IV/*Hoffmann-Becking,* § 24 Rn 5; enger, nur Repräsentationsaufgaben, zB *Ihrig/Schäfer,* Rn 488).

7. Für die Beschlussfassung des Vorstands enthält das Gesetz keine formalen Anforderungen. Beschlüsse bedürfen keiner bestimmten Form. (BGH BB 1960, 1180). Möglich ist sogar eine konkludente Entscheidung (Ffm ZIP 1986, 1245). Durch die Satzung oder die Geschäftsordnung können Regularien vorgeschrieben werden. Diese sollten die Flexibilität des Vorstands nicht unnötig einschränken.

8. Zulässig sein soll auch eine Regelung, wonach die Beschlussfähigkeit von der Anwesenheit bestimmter Vorstände (Vorstandsvorsitzender) abhängt (Kubis/Tödtmann/Dürrwächter, § 5 Rn 88).

9. Da das Vorstandsmitglied bei der Stimmabgabe eine persönliche Entscheidung treffen muss, ist eine Stellvertretung nicht zulässig (MüKoAktG/*Spindler,* § 77 Rn 21).

10. Vorstandsbeschlüsse sind einstimmig zu fassen. Satzung oder Geschäftsordnung können jedoch Abweichendes regeln. So kann bestimmt werden, dass die einfache oder eine qualifizierte Mehrheit genügt. Denkbar ist auch eine gestufte Regelung, die je nach Gegenstand unterschiedliche Mehrheitserfordernisse vorsieht. Maßstab für die Feststellung, ob die erforderliche Mehrheit erreicht ist, können die im Amt befindlichen oder die an der Abstimmung teilnehmenden Mitglieder oder die abgegebenen Stimmen sein. Möglich ist es ferner, in begrenztem Umfang einzelne Mitglieder – regelmäßig den Vorsitzenden – mit „Vorzugsrechten" zu versehen. Ein Alleinentscheidungsrecht ist zwar ausgeschlossen; die Minderheit darf nicht gegen die Mehrheit entscheiden (*Hüffer/Koch,* § 77 Rn 16). Ein Stichentscheid ist jedoch zulässig, es sei denn, der Vorstand besteht nur aus zwei Personen (Karlsr AG 2001, 94; Hbg AG 1985, 251 f; *Hüffer/Koch,* § 77 Rn 11; aA *Bürkle,* AG 2012, 234 ff). Ferner kann ein Vetorecht gewährt werden (Karls AG 2001, 94; KölnKommAktG/*Mertens/Cahn,* § 77 Rn 13; *Emde,* FS Schneider 2011, S 303; aA *Wettich,* 2008, S 102 ff; *Bezzenberger,* ZGR 1996, 665 f; *Hoffmann-Becking,* ZGR 1998, 519). Bei paritätischer Mitbestimmung muss der zwingende Kernbereich der Zuständigkeiten des Arbeitsdirektors beachtet werden. Ein umfassendes Vetorecht ist damit unvereinbar (BGHZ 89, 58 ff = NJW 1984, 733; Habersack/Henssler/*Henssler,* § 33 Rn 40). Ein sachlich entsprechend begrenztes Vetorecht ist demgegenüber zulässig (MüKoAktG/*Spindler,* § 77 Rn 19).

In der dualistischen SE kann gem Art 50 Abs 1 SE-VO auch dann ein umfassendes Vetorecht vorgesehen werden, wenn die Gesellschaft mitbestimmt ist (s Habersack/Drinhausen/*Seibt,* Art 39 SE-VO Rn 9; Lutter/Hommelhoff/Teichmann/*Drygala,* Art 39 SE-VO Rn 21). Ferner gibt die Stimme des Vorstandsvorsitzenden gem Art 50 Abs 2 S 1 SE-VO, wenn die Satzung nichts Abweichendes bestimmt, in der SE bei Stimmengleichheit auch dann den Ausschlag, wenn der Vorstand nur aus zwei Mitgliedern besteht (Manz/Mayer/Schröder/*Manz,* Art 50 SE-VO Rn 15; KölnKommAktG/*Siems*/Müller-Leibenger, Art 50 SE-VO Rn 26; Lutter/Hommelhoff/Teichmann/*Teichmann,* Art 50 SE-VO Rn 24).

11. S Grundsatz 13 S 1 DCGK.

12. Informationsschuldner gegenüber dem Aufsichtsrat ist gem § 90 AktG der Gesamtvorstand (s → Anm. 5). Die eigentliche Interaktion mit dem Aufsichtsrat kann aber dem Vorsitzenden des Vorstands übertragen werden.

13. S Grundsatz 16 S 1 DCGK.

14. S Grundsatz 15 S 3 und 4 DCGK.

15. S § 111 Abs 4 S 2 AktG und Grundsatz 6 Abs 2 DCGK. Zur Festlegung zustimmungspflichtiger Geschäfte vgl *Fonk,* ZGR 2006, 846 ff; *Goette,* FS Baums 17, S 480 ff; MüKoAktG/*Habersack,* § 111 Rn 110 ff. Zur konzernweiten Dimension der Zustimmungsvorbehalte s MüHdB GesR IV/*Hoffmann-Becking,* § 29 Rn 64. Die Zustimmung erfordert einen ausdrücklichen Beschluss (§ 108 Abs 1 AktG) des Aufsichtsrats oder eines hiermit betrauten Aufsichtsratsausschusses (s § 107 Abs 3 AktG); dieses Erfordernis kann nicht durch die Zustimmung des Aufsichtsratsvorsitzenden ersetzt werden (BGH AG 2018, 843 Tz 22).

16. Durch das ARUG II ist in § 111b AktG ein neues zwingendes Zustimmungserfordernis für Geschäfte mit nahestehenden Personen (vgl § 111a AktG) eingeführt worden. Die Zustimmung kann durch das Aufsichtsratsplenum oder nach Maßgabe von § 107 Abs 3 S 4 bis 6 AktG durch einen Ausschuss erteilt werden.

17. Zustimmungserfordernisse sind Bestandteil der vorbeugenden Kontrolle, so dass die Zustimmung grundsätzlich vorab erteilt werden muss (BGH AG 2018, 842 Tz 16; MüKoAktG/*Habersack,* § 111 Rn 140; *Wicke*, FS E. Vetter 2019, S 914). Ob bei Eilbedürftigkeit eine Vornahme ohne vorherige Zustimmung zulässig ist, wird vorwiegend bejaht (vgl etwa GroKo(AktG)/*Hopt/Roth,* § 111 Rn 728; Köln Komm AktG/*Mertens/Cahn,* § 111 Rn 106; *Schäfer*, FS E. Vetter 2019, S 650 f jeweils mwN), ist aber str (verneinend zB MüKoAktG/*Habersack,* § 111 Rn 141 mwN; offen gelassen in BGH AG 2018, 843 Tz 18). Einigkeit besteht darin, dass in der Satzung oder in der Geschäftsordnung Ausnahmefälle, in denen eine nachträgliche Einholung der Zustimmung ausreicht, geregelt werden können (s dazu und zu den im Einzelnen str Details zB MüKoAktG/*Habersack,* § 111 Rn 141; *Seebach,* AG 2012, 75 f; *Schäfer*, FS E. Vetter 2019, S 649 f; *Wicke*, FS E. Vetter 2019, S 915 f; offen gelassen in BGH AG 2018, 842 Tz 16). Nach dem Form. setzt die Umsetzung ohne vorherige Zustimmung voraus, dass nach vernünftiger kaufmännischer Beurteilung (i) anderenfalls ein nicht unerheblicher Nachteil für die Gesellschaft droht (die Formulierung dieser Voraussetzung lehnt sich an § 131 Abs 3 S 1 Nr 1 AktG an) und (ii) mit der Zustimmung des Aufsichtsrats zu rechnen ist. Zum Teil wird als Voraussetzung ferner verlangt, dass der Aufsichtsratsvorsitzende vorab informiert worden ist und der Maßnahme zugestimmt hat (MüKoAktG/*Habersack,* § 111 Rn 141). Das überzeugt in der Sache nicht, zumal die Zustimmung des Aufsichtsratsvorsitzenden nicht die Zustimmung des Aufsichtsrats ersetzen kann (s → Anm. 15).

18. § 111b Abs 1 AktG schreibt ausdrücklich vor, dass die Zustimmung zu Geschäften mit nahestehenden Personen vor Abschluss des betreffenden Geschäfts erteilt worden sein muss. Alternativ kommt der Geschäftsabschluss unter der aufschiebenden Bedingung der Aufsichtsratszustimmung in Betracht (vgl Begr RegE ARUG II, BT-Drs 19/9739, S 80). Eine nur nachträgliche Zustimmungserteilung kann daher in der Geschäftsordnung (oder in der Satzung) nicht vorgesehen werden.

19. Vgl Grundsatz 19 sowie Empfehlungen E.2 und E.3 DCGK.

7.2 Geschäftsordnung für den Aufsichtsrat

Der Aufsichtsrat der . . . . . AG gibt sich im Rahmen der zwingenden gesetzlichen Vorschriften und ergänzend zu den Bestimmungen der Satzung[3] die folgende Geschäftsordnung:[1, 2, 4]

§ 1 Aufgaben des Aufsichtsrats

(1) Der Aufsichtsrat berät den Vorstand bei der Leitung des Unternehmens und überwacht dessen Geschäftsführung.[5] Er arbeitet mit dem Vorstand zum Wohle des Unternehmens eng zusammen.

(2) Der Aufsichtsrat übt seine Tätigkeit nach Maßgabe der Gesetze, der Satzung, dieser Geschäftsordnung und etwaiger Beschlüsse des Aufsichtsrats aus.

(3) Zur Erfüllung der ihm obliegenden Aufgaben stellt der Aufsichtsrat sicher, dass er angemessen informiert wird.[6]

(4) Der Aufsichtsrat beurteilt regelmäßig, mindestens einmal nach der Hälfte der regelmäßigen Amtszeit, wie wirksam der Aufsichtsrat insgesamt und seine Ausschüsse ihre Aufgaben erfüllen. In der Erklärung zur Unternehmensführung berichtet der Aufsichtsrat darüber, ob und wie eine Selbstbeurteilung durchgeführt wurde.[7]

§ 2 Mitgliedschaft im Aufsichtsrat

(1) Jedes Mitglied des Aufsichtsrats muss zuverlässig sein. In ihrer Gesamtheit müssen die Mitglieder des Aufsichtsrats über die zur ordnungsgemäßen Wahrnehmung der Aufgaben erforderlichen Kenntnisse, Fähigkeiten und fachlichen Erfahrungen verfügen, mit dem Sektor, in dem die Gesellschaft tätig ist, vertraut sein und die Geschlechterquote von 30 % erfüllen.[8]

(2) Aufsichtsratsmitglieder sollen zum Zeitpunkt ihrer Wahl nicht älter als . . . . . Jahre sein.[9]

(3) Jedes Aufsichtsratsmitglied achtet darauf, dass ihm für die Wahrnehmung seines Mandats genügend Zeit zur Verfügung steht.[10] Ein Aufsichtsratsmitglied, das außerdem dem Vorstand einer börsennotierten Gesellschaft angehört, darf insgesamt nicht mehr als zwei Aufsichtsratsmandate und keinen Aufsichtsratsvorsitz in börsennotierten Gesellschaften oder vergleichbare Mandate in Gesellschaften wahrnehmen, die nicht dem Konzern derjenigen Gesellschaft angehören, in der die Vorstandstätigkeit ausgeübt wird. Im Übrigen sollen Aufsichtsratsmitglieder insgesamt nicht mehr als fünf Aufsichtsratsmandate – ein Aufsichtsratsvorsitz wird dabei doppelt gezählt – in börsennotierten Gesellschaften oder

vergleichbare Mandate in Gesellschaften wahrnehmen, die nicht dem Konzern derjenigen Gesellschaft angehören, in der die Vorstandstätigkeit ausgeübt wird.[11]

(4) Dem Aufsichtsrat müssen mindestens (a) ein Mitglied, das über Sachverstand auf dem Gebiet Rechnungslegung, und (b) ein Mitglied, das über Sachverstand auf dem Gebiet Abschlussprüfung verfügt, angehören.[12]

(5) Dem Aufsichtsrat dürfen ehemalige Vorstände der Gesellschaft nur angehören, wenn ihre Tätigkeit als Vorstand seit mehr als zwei Jahren beendet ist. Das gilt nicht, wenn ihre Wahl aufgrund eines Wahlvorschlags von Aktionären erfolgt, die mindestens 25 % der Stimmrechte der Gesellschaft halten.[13] Darüber hinaus sollen dem Aufsichtsrat nicht mehr als zwei ehemalige Mitglieder des Vorstands der Gesellschaft angehören.[14]

(6) Der Aufsichtsrat benennt für seine Zusammensetzung ferner konkrete Ziele für seine Zusammensetzung und erarbeitet ein Kompetenzprofil für das Gesamtgremium. Dabei soll der Aufsichtsrat auf Diversity achten.[15]

(7) Der Aufsichtsrat legt eine nach seiner Einschätzung unter Berücksichtigung der Aktionärsstruktur angemessene Zahl unabhängiger Mitglieder fest.[16]

(8) Bei Vorschlägen zur Wahl von Aufsichtsratsmitgliedern sollen die vorstehenden Regeln berücksichtigt und die Ausfüllung des vom Aufsichtsrat erarbeiteten Gesamtgremiums angestrebt werden.[17] Ferner sollen den Aktionären bei Wahlvorschlägen die persönlichen und die geschäftlichen Beziehungen eines jeden Kandidaten zur Gesellschaft, den Organen der Gesellschaft und einem direkt oder indirekt mit mehr als 10 % an der Gesellschaft beteiligten Aktionär offen gelegt werden, wenn und soweit sie ein objektiv urteilender Aktionär nach Einschätzung des Aufsichtsrats für seine Wahlentscheidung als maßgebend ansehen würde.[18]

§ 3 Rechte und Pflichten der Aufsichtsratsmitglieder

(1) Die Mitglieder des Aufsichtsrats haben die gleichen Rechte und Pflichten, soweit das Gesetz, die Satzung oder diese Geschäftsordnung nichts Abweichendes bestimmen. Sie sind an Aufträge und Weisungen nicht gebunden.

(2) Im Falle des Ausscheidens eines Aufsichtsratsmitglieds aus dem Amt sind sämtliche mit der Amtsführung im Zusammenhang stehenden Unterlagen unverzüglich der Gesellschaft oder, wenn der Aufsichtsratsvorsitzende ausscheidet, dessen Nachfolger auszuhändigen bzw zu vernichten.[19]

(3) Jedes Mitglied des Aufsichtsrats ist dem Unternehmensinteresse verpflichtet. Es darf bei seinen Entscheidungen weder persönliche Interessen verfolgen noch Geschäftschancen, die dem Unternehmen zustehen, für sich nutzen.[20] Aufsichtsratsmitglieder sollen keine Organfunktionen oder Beratungsaufgaben bei wesentlichen Wettbewerbern des Unternehmens ausüben und nicht in einer persönlichen Beziehung zu einem wesentlichen Wettbewerber stehen.[21]

(4) Jedes Aufsichtsratsmitglied hat Interessenkonflikte dem Aufsichtsrat gegenüber zu Händen des Aufsichtsratsvorsitzenden offenzulegen. Bei wesentlichen und nicht nur vorübergehenden Interessenkonflikten soll das Aufsichtsratsmitglied sein Amt niederlegen.[22]

§ 4 Vorsitzender und Stellvertreter[23]

(1) Im Anschluss an die Hauptversammlung, in der die Aufsichtsratsmitglieder der Aktionäre gewählt worden sind, findet ohne besondere Einberufung eine Aufsichtsratssitzung statt. In dieser Sitzung wählt der Aufsichtsrat nach Maßgabe des § 27 Abs 1 und

2 MitbestG aus seiner Mitte den Vorsitzenden, der unabhängig von der Gesellschaft und dem Vorstand sein soll,[24] und den stellvertretenden Vorsitzenden. Die Amtszeit des Vorsitzenden und des Stellvertreters entspricht, soweit bei der Wahl nicht eine kürzere Amtszeit bestimmt wird, ihrer Amtszeit als Mitglied des Aufsichtsrats.

(2) Der Stellvertreter nimmt vorbehaltlich von § 6 Abs 6 S 3 die Rechte und Pflichten des Vorsitzenden des Aufsichtsrats wahr, wenn dieser verhindert ist.

(3) Scheidet der Aufsichtsratsvorsitzende vor Ablauf seiner Amtszeit aus oder ist er an der Ausübung seines Amtes nicht nur vorübergehend verhindert, so hat die Wahl eines neuen Vorsitzenden für die restliche Amtsdauer des Ausgeschiedenen bzw Verhinderten zu erfolgen. Das Gleiche gilt für den Stellvertreter. Nachfolger sind unverzüglich zu wählen.

(4) Dem Aufsichtsratsvorsitzenden obliegt der Vollzug der Beschlüsse des Aufsichtsrats und seiner Ausschüsse. Der Vorsitzende ist ermächtigt, im Namen des Aufsichtsrats die zur Durchführung der Beschlüsse des Aufsichtsrats und seiner Ausschüsse erforderlichen Willenserklärungen abzugeben. Nur der Vorsitzende ist befugt, Erklärungen für den Aufsichtsrat entgegenzunehmen. Er führt in angemessenem Rahmen Gespräche mit Investoren über aufsichtsratsspezifische Themen.[25]

§ 5 Sitzungen[26]

(1) Der Vorsitzende beruft den Aufsichtsrat zu mindestens zwei Sitzungen in jedem Kalenderhalbjahr ein.

(2) Die Sitzungen des Aufsichtsrats werden durch den Vorsitzenden schriftlich, durch Telefax oder unter Verwendung eines anderen gebräuchlichen Kommunikationsmittels mit einer Frist von 14 Tagen einberufen und finden an dem in der Einladung bekanntzugebenden Tagungsort statt. Bei der Berechnung der Frist werden der Tag der Einberufung und der Tag der Sitzung nicht mitgerechnet. In dringenden Fällen kann der Vorsitzende diese Frist abkürzen und mündlich oder fernmündlich einberufen. Die gesetzliche Berechtigung zur Einberufung von Sitzungen des Aufsichtsrats durch andere Organe oder Organmitglieder bleibt unberührt.

(3) Mit der Einladung sind die Gegenstände der Tagesordnung sowie der Tagungsort und der Zeitpunkt der Sitzung anzugeben. Ergänzungen der Tagesordnung müssen – falls nicht ein dringender Fall eine spätere Mitteilung rechtfertigt – bis spätestens zum siebten Tag vor der Sitzung mitgeteilt werden. Beschlussvorschläge zu Gegenständen der Tagesordnung sollen so rechtzeitig vor der Sitzung und so konkret mitgeteilt werden, dass eine schriftliche Stimmabgabe durch abwesende Mitglieder des Aufsichtsrats möglich ist. Insbesondere bei zustimmungspflichtigen Geschäften sollen die erforderlichen Unterlagen rechtzeitig vor der Sitzung zur Verfügung gestellt werden.

(4) Der Vorsitzende kann eine einberufene Sitzung nach pflichtgemäßem Ermessen aufheben oder verlegen.

(5) Der Vorsitzende leitet die Sitzung. Er bestellt den Protokollführer, der nicht Mitglied des Aufsichtsrats sein muss, und entscheidet über die Hinzuziehung von Sachverständigen und Auskunftspersonen zur Beratung über einzelne Gegenstände.

(6) Die Mitglieder des Vorstands nehmen an den Sitzungen teil, soweit nicht der Vorsitzende des Aufsichtsrats etwas Anderes bestimmt oder der Aufsichtsrat etwas Anderes beschließt. Der Aufsichtsrat tagt regelmäßig auch ohne den Vorstand. Wird der Abschlussprüfer als Sachverständiger zu einer Sitzung des Aufsichtsrats hinzugezogen, nimmt der Vorstand an dieser Sitzung nicht teil, es sei denn, der Aufsichtsrat erachtet seine Teilnahme für erforderlich.[27]

(7) Die Sitzungen des Aufsichtsrats können die Vertreter der Aktionäre und der Arbeitnehmer jeweils gesondert, gegebenenfalls mit Mitgliedern des Vorstands, vorbereiten.

§ 6 Beschlussfassung[28]

(1) Beschlüsse des Aufsichtsrats werden idR in Sitzungen gefasst. Abwesende Aufsichtsratsmitglieder können dadurch an der Beschlussfassung in einer Sitzung teilnehmen, dass sie eine in Textform übermittelte Stimmabgabe durch ein anderes Aufsichtsratsmitglied überreichen lassen. Der Vorsitzende des Aufsichtsrats kann bestimmen, dass Mitglieder des Aufsichtsrats an einer Sitzung und Beschlussfassung per Videoübertragung oder Telefon teilnehmen; ein Widerspruchsrecht steht den Aufsichtsratsmitgliedern hiergegen nicht zu. Die nachträgliche Stimmabgabe eines abwesenden Mitglieds ist nur möglich, wenn dem von keinem der anwesenden Mitglieder widersprochen wird.

(2) Die Reihenfolge, nach der die Gegenstände der Tagesordnung verhandelt werden sowie die Art und Reihenfolge der Abstimmungen werden vom Vorsitzenden des Aufsichtsrats als Sitzungsleiter bestimmt. Er kann die Beratung und Beschlussfassung über einzelne Gegenstände der Tagesordnung auf Antrag des Vorstands oder sonst nach pflichtgemäßem Ermessen vertagen.

(3) Werden bestimmte Gegenstände der Tagesordnung nicht rechtzeitig vor der Sitzung sämtlichen Aufsichtsratsmitgliedern mitgeteilt, so kann über sie ein Beschluss nicht gefasst werden, wenn mindestens ein Mitglied dem Verfahren widerspricht. Abwesenden Mitgliedern ist die Möglichkeit zum Widerspruch innerhalb einer vom Vorsitzenden zu bestimmenden angemessenen Frist einzuräumen. Erst wenn kein abwesendes Mitglied innerhalb der Frist widersprochen hat, wird der Beschluss wirksam.

(4) Eine Beschlussfassung des Aufsichtsrats kann auf Anordnung des Vorsitzenden des Aufsichtsrats auch außerhalb von Sitzungen durch mündliche, fernmündliche, schriftliche, durch Telefax oder unter Verwendung eines anderen gebräuchlichen Kommunikationsmittels übermittelte Stimmabgabe oder durch eine Kombination der vorstehenden Beschlussverfahren erfolgen. Ein Widerspruchsrecht steht den Aufsichtsratsmitgliedern hiergegen nicht zu.

(5) Der Aufsichtsrat ist beschlussfähig, wenn mindestens die Hälfte der Mitglieder, aus denen er zu bestehen hat, an der Beschlussfassung teilnimmt.

(6) Die Beschlüsse des Aufsichtsrats bedürfen der einfachen Mehrheit der Mitglieder des Aufsichtsrats, soweit nicht im Gesetz andere Mehrheiten zwingend vorgeschrieben sind. Bei Stimmgleichheit erfolgt eine zweite Abstimmung, im Rahmen derer bei erneuter Stimmgleichheit dem Vorsitzenden zwei Stimmen zustehen. Dem Stellvertreter steht die zweite Stimme nicht zu.

§ 7 Niederschriften

(1) Über die Sitzungen des Aufsichtsrats ist (zu Beweiszwecken, nicht als Wirksamkeitsvoraussetzung) eine Niederschrift anzufertigen, die der Vorsitzende – im Falle seiner Verhinderung der jeweilige Sitzungsleiter – und der vom Vorsitzenden bzw vom jeweiligen Sitzungsleiter bestimmte Protokollführer zu unterzeichnen haben. In der Niederschrift sind der Ort und der Tag der Sitzung, die Teilnehmer und die Art ihrer Teilnahme, die Gegenstände der Tagesordnung, der wesentliche Inhalt der Verhandlungen und die Beschlüsse des Aufsichtsrats unter Angabe des Abstimmungsergebnisses festzuhalten.[29] Die Niederschrift ist jedem Aufsichtsratsmitglied unverzüglich nach Erstellung in Abschrift zu übersenden.

(2) Die Regelungen des Abs 1 gelten auch für Beschlussfassungen außerhalb von Sitzungen mit der Maßgabe, dass diese vom Vorsitzenden in einer Niederschrift festgestellt werden.

(3) Die Niederschrift nach Abs 1 bzw Abs 2 gilt als genehmigt, wenn kein Mitglied des Aufsichtsrats, das an der Beschlussfassung teilgenommen hat, innerhalb eines Monats seit Absendung der Niederschrift an die Aufsichtsratsmitglieder schriftlich beim Vorsitzenden unter Angabe von Gründen sowie Unterbreitung eines alternativen Textvorschlags Widerspruch eingelegt hat.

§ 8 Allgemeine Regeln für Ausschussarbeit

(1) Der Aufsichtsrat bildet neben dem gem § 27 Abs 3 MitbestG zu bildenden Vermittlungsausschuss (§ 12) aus seiner Mitte des Weiteren einen Personalausschuss (§ 9), einen Prüfungsausschuss (§ 10) und einen Nominierungsausschuss (§ 11).[30] Weitere Ausschüsse können bei Bedarf gebildet werden.[31] Den Ausschüssen können – soweit rechtlich zulässig – Entscheidungsbefugnisse des Aufsichtsrats übertragen werden.

(2) Ist der Ausschussvorsitzende verhindert, leitet ein von ihm bestimmtes Ausschussmitglied die Sitzung; dies gilt nicht für den Vermittlungsausschuss. Das Recht des Ausschussvorsitzenden zum Stichentscheid (Abs 5 S 2) steht dem von ihm bestimmten Vertreter nicht zu.

(3) Scheidet ein vom Aufsichtsrat gewähltes Mitglied eines Ausschusses aus dem Ausschuss aus bzw ist es an der Ausübung seines Amtes nicht nur vorübergehend verhindert, so hat der Aufsichtsrat unverzüglich – spätestens in seiner nächsten Sitzung – einen Nachfolger für die restliche Amtszeit zu wählen.

(4) Die Ausschussvorsitzenden berichten dem Aufsichtsrat regelmäßig – spätestens in der nächsten Sitzung – über die wesentlichen Ergebnisse der Verhandlungen der Ausschüsse.[32]

(5) Ein Ausschuss ist nur beschlussfähig, wenn mindestens drei Mitglieder an der Beschlussfassung teilnehmen.[33] Ergibt eine Abstimmung im Ausschuss Stimmengleichheit, so gibt die Stimme des Vorsitzenden des Ausschusses den Ausschlag. Dies gilt nicht für den nach § 27 Abs 3 MitbestG zu bildenden Vermittlungsausschuss.

(6) Mitglieder des Vorstands nehmen an den Sitzungen der Ausschüsse teil, soweit der Vorsitzende des Ausschusses dies wünscht oder der Ausschuss dies beschließt.

(7) Im Übrigen gelten für das Verfahren der Ausschüsse die Regelungen, die für die Beschlussfassung des Aufsichtsrats in § . . . . . der Satzung und in den §§ 5, 6 und 7 dieser Geschäftsordnung festgelegt sind, soweit in dieser Geschäftsordnung nicht etwas Abweichendes bestimmt ist.

§ 9 Personalausschuss

(1) Der Personalausschuss besteht aus dem Vorsitzenden des Aufsichtsrats, seinem Stellvertreter sowie jeweils einem weiteren Anteilseigner und einem weiteren Arbeitnehmervertreter. Der Vorsitzende des Aufsichtsrats ist Vorsitzender des Ausschusses.

(2) Der Personalausschuss hält mindestens eine Sitzung pro Kalenderjahr ab und tritt darüber hinaus nach Bedarf zusammen.

(3) Der Personalausschuss bereitet die Personalentscheidungen des Aufsichtsrats vor, insbesondere die Bestellung und Abberufung von Vorstandsmitgliedern, die Ernennung des Vorsitzenden des Vorstands sowie den Abschluss, die Änderung und die Beendigung der Anstellungs- und Pensionsverträge der Vorstandsmitglieder einschließlich Fragen der Vergütung.[34] Der Personalausschuss beschließt anstelle des Aufsichtsrats über:

(a) die Vertretung der Gesellschaft gegenüber Vorstandsmitgliedern gem § 112 AktG,

(b) die Einwilligung zu anderen Tätigkeiten eines Vorstandsmitglieds nach § 88 AktG sowie die Zustimmung zu sonstigen Nebentätigkeiten,

(c) die Gewährung von Darlehen an den in §§ 89, 115 AktG genannten Personenkreis sowie

(d) die Einwilligung zu Verträgen mit Aufsichtsratsmitgliedern nach § 114 AktG.[35]

(4) Der Personalausschuss berät regelmäßig unter Hinzuziehung des Vorstands über die langfristige Nachfolgeplanung für den Vorstand.[36]

§ 10 Prüfungsausschuss

(1) Der Prüfungsausschuss besteht aus jeweils . . . . . Mitgliedern der Anteilseigner- und der Arbeitnehmervertreter. Dem Prüfungsausschuss müssen mindestens ein Mitglied angehören, das die Voraussetzung gem § 2 Abs 4 Buchst (a) erfüllt, und ein Mitglied, das die Voraussetzung gem § 2 Abs 4 Buchst (b) erfüllt.[12]

(2) Der Vorsitzende des Prüfungsausschusses soll unabhängig sein. Er soll über besondere Kenntnisse und Erfahrungen in der Anwendung von Rechnungslegungsgrundsätzen und internen Kontrollverfahren verfügen sowie mit der Abschlussprüfung vertraut sein. Der Vorsitzende des Aufsichtsrats soll nicht der Vorsitzende des Prüfungsausschusses sein.[37]

(3) Sitzungen des Prüfungsausschusses finden nach Bedarf, mindestens aber . . . . . statt.

(4) Der Prüfungsausschuss befasst sich mit Fragen der Rechnungslegung sowie mit der Überwachung des Rechnungslegungsprozesses, der Wirksamkeit des internen Kontrollsystems, des Risikomanagementsystems, des internen Revisionssystems und der Compliance.[38] Ferner bereitet er die Entscheidungen des Aufsichtsrats über die Feststellung des Jahresabschlusses und die Billigung des Konzernabschlusses vor. Zu diesem Zwecke obliegt ihm eine Vorprüfung dieser Unterlagen sowie des Lage- und des Konzernlageberichts und des Vorschlags für die Gewinnverwendung. An diesen Verhandlungen des Prüfungsausschusses nimmt der Abschlussprüfer teil.[39]

(5) Der Prüfungsausschuss befasst sich ferner mit der Überwachung der Abschlussprüfung. Hierzu zählen insbesondere die Erteilung des Prüfauftrags, die Bestimmung von Prüfungsschwerpunkten sowie die Honorarvereinbarung. Ferner befasst er sich mit der Unabhängigkeit des Abschlussprüfers, der Qualität der Abschlussprüfung und den vom Abschlussprüfer zusätzlich erbrachten Leistungen. Zu diesem Zweck erörtert er mit dem Abschlussprüfer die Gefahren für dessen Abhängigkeit und die von diesem zur Vermeidung angewendeten Schutzmaßnahmen. Der Prüfungsausschuss entscheidet darüber hinaus über die Billigung der Erbringung von Nichtprüfungsleistungen (deren Erbringung nicht gesetzlich verboten ist) durch den Abschlussprüfer.[40]

(6) Der Prüfungsausschuss gibt eine Empfehlung für die Wahl des Abschlussprüfers ab. Wird nicht das Prüfermandat erneuert, hat die Empfehlung zwei begründete Vorschläge und eine ebenfalls begründete Präferenz sowie die Erklärung gemäß Art 16 Abs 2 Unterabs 3 EU-Abschlussprüferverordnung (VO (EU) Nr 537/2014) zu enthalten und ist im Anschluss an ein Ausschlussverfahren (Art 16 Abs 3 EU-Abschlussprüferverordnung; VO (EU) Nr 537/2014) zu erstellen.[41]

§ 11 Nominierungsausschuss[42]

(1) Der Nominierungsausschuss besteht aus drei Mitgliedern der Anteilseignervertreter.

(2) Er benennt dem Aufsichtsrat – auch unter Beachtung der Regelungen in § 1 – geeignete Kandidaten für dessen Vorschläge an die Hauptversammlung zur Wahl von Aufsichtsratsmitgliedern.

(3) Sitzungen des Nominierungsausschusses finden nach Bedarf statt.

§ 12 Vermittlungsausschuss gem § 27 Abs 3 MitbestG[43]

Unmittelbar nach der Wahl des Vorsitzenden und seines Stellvertreters bildet der Aufsichtsrat gem § 27 Abs 3 MitbestG zur Wahrnehmung der in § 31 Abs 3 S 1 MitbestG bezeichneten Aufgabe einen Ausschuss, dem der Vorsitzende, sein Stellvertreter sowie je ein von den Aufsichtsratsmitgliedern der Anteilseigner und der Arbeitnehmer mit der Mehrheit der abgegebenen Stimmen gewähltes Mitglied angehören.[44] Vorsitzender dieses Ausschusses ist der Aufsichtsratsvorsitzende.

. . . . . [Ort], den . . . . . [Datum]

. . . . . [Vorsitzender des Aufsichtsrats]

Schrifttum: *Goette,* Zum Zusammenwirken von Vorstand und Aufsichtsrat im Spannungsfeld von Informationsordnung und Zustimmungsvorbehalt, FS Baums **2017**, 475; *Hirt/Hopt/Mattheus,* Dialog zwischen dem Aufsichtsrat und Investoren, AG **2016**, 725; *Koch,* Investorengespräche des Aufsichtsrats, AG **2017**, 129; *Kort,* Interessenkonflikte bei Organmitgliedern der AG, ZIP **2008**, 717; *Krieger,* Der Wechsel vom Vorstand in den Aufsichtsrat, FS Hüffer **2010**, S 521; *Lutter,* Verhaltenspflichten von Organen bei Interessenkonflikten, FS Priester **2007**, 417; *Nodoushani,* Das neue Anforderungsprofil für Aufsichtsräte von Unternehmen von öffentlichem Interesse, AG **2016**, 381; *Priester,* Interessenkonflikte im Aufsichtsratsbericht – Offenlegung versus Vertraulichkeit, ZIP **2011**, 2081; *Roth,* Kommunikation des Aufsichtsrats, FS Bergmann **2018**, 565; *Rubner/Fischer,* Unabhängigkeit des Aufsichtsrats – Die Empfehlungen des DCGK 2019, NZG **2019**, 961; *Schilha/Theusinger,* Aufsichtsratskommunikation – insbesondere in der Unternehmenskrise: Aktienrechtsdogmatik trifft auf Praxiserwartung, NZG **2019**, 521; *Ph. Scholz,* Keine Anfechtungsrelevanz der Entsprechenserklärung nach § 161 AktG?, ZIP **2019**, 407; *Seibt,* Interessenkonflikte im Aufsichtsrat, FS Hopt **2010**, 1363; *Simons,* Der Nominierungsausschuss nach dem DCGK 2020, AG 2020, 75; *E. Vetter,* Der Prüfungsausschuss in der AG nach dem BilMoG – Aufgaben und Zusammensetzung, ZGR **2010**, 751; *von der Linden,* Die Qual der Wahl – Neues vom BGH zu Wahlanfechtung, Entsprechenserklärung und DCGK, DStR **2019**, 802; *v. Werder,* Die aktuellen Änderungen des Deutschen Corporate Governance Kodex, DB **2019**, 1721; *Wilsing/Winkler,* Deutscher Corporate Governance Kodex 2019 – ein Überblick, BB **2019**, 1603.

Anmerkungen

1. Das Form. behandelt die Geschäftsordnung des Aufsichtsrats einer paritätisch mitbestimmten, börsennotierten AG. Eine Geschäftsordnung ist gesetzlich nicht zwingend erforderlich. Gem Empfehlung D.1 DCGK soll sich der Aufsichtsrat jedoch eine Geschäftsordnung geben und diese auf der Internetseite der Gesellschaft zugänglich machen. Jedenfalls bei börsennotierten Gesellschaften ist eine Geschäftsordnung daher üblich; dasselbe gilt für mitbestimmte Gesellschaften.

2. Bei der Gestaltung der Geschäftsordnung ist zu entscheiden, ob sie auf die Bestimmungen beschränkt werden soll, die tatsächlich neue Regelungen enthalten (zB zu Ausschüssen) oder darüber hinaus auch diejenigen für den Aufsichtsrat maßgeblichen Regelungen aufgenommen werden sollen, die sich bereits aus Gesetz oder Satzung ergeben. Im zweiten – auch dem Form. zugrunde liegenden – Fall erhalten die Aufsichtsratsmitglieder in einem Dokument die für sie relevanten Bestimmungen.

3. Die Satzung kann einzelne Aufsichtsratsfragen bindend regeln. Bestimmte Aspekte sind jedoch der alleinigen Regelung durch den Aufsichtsrat vorbehalten (s → Form. II.E.3.2 Anm. 26). Wiederum andere Fragen sind vom Gesetzgeber zwingend vorgeschrieben und können somit weder durch die Satzung noch durch die Geschäftsordnung abweichend geregelt werden. Bei der Gestaltung der Geschäftsordnung ist daher darauf zu achten, dass sie nicht in Widerspruch zu Gesetz oder Satzung steht.

4. Die Geschäftsordnung wird zwingend vom Aufsichtsrat erlassen. Die Geschäftsordnung gilt – auch über eine Neubesetzung des Aufsichtsrats oder den Ablauf der Amtsperiode hinaus –, bis sie durch einen neuen Beschluss des Aufsichtsrats aufgehoben oder modifiziert wird (*Hüffer/Koch,* § 107 Rn 34 f).

5. Vgl § 111 Abs 1 AktG, Grundsatz 6 DCGK. Der Aufsichtsrat hat für solche Hilfsgeschäfte, die zur Wahrnehmung seiner Aufgaben, dh insbesondere seiner Überwachungsaufgabe, abgeschlossen werden, auch die Vertretungsmacht im Außenverhältnis (BGH AG 2018, 437 f Tz 15 ff für die Beauftragung eines gem § 111 Abs 2 S 2 AktG vom Aufsichtsrat eingeschalteten Sachverständigen).

6. S Grundsatz 15 S 2 DCGK; zur Informationsbeschaffungspflicht des Aufsichtsrats ferner BGH AG 2013, 91; *Goette,* FS Baums 2017, S 479 f.

7. Empfehlung D.13 DCGK.

8. Vgl Grundsatz 11 DCGK. Das Erfordernis, dass die Aufsichtsratsmitglieder in ihrer Gesamtheit mit dem Sektor, in dem die Gesellschaft tätig ist, vertraut sein müssen, ist durch das Abschlussprüferreformgesetz (AReG) vom 10. Mai 2016 (BGBl 2016 I, S 1142 ff) in § 100 Abs 5 AktG geschaffen worden; s dazu zB *Nodoushani,* AG 2016, 384 ff. Die durch das Gesetz für die gleichberechtigte Teilhabe von Frauen und Männern an Führungspositionen in der Privatwirtschaft und im öffentlichen Dienst vom 24. April 2015 (BGBl 2015 I, S 642 ff) eingeführte zwingende Frauenquote in börsennotierten Gesellschaften, die der Mitbestimmung nach Maßgabe des MitbestG, des MontanmitbestG oder des MitbestErgG unterliegen, folgt aus § 96 Abs 2 AktG; s dazu → Form. II.E.3.2 Anm. 7 und → Form. II.E.4.1 Anm. 18. In einzelnen Industrien gibt es zudem besondere gesetzliche Anforderungen an Aufsichtsratsmitglieder (vgl § 25d Abs 1 bs 3 KWG, § 24 Abs 1 und 4 VAG).

9. Vgl Empfehlung C.2 DCGK, wonach die festgelegte Altersgrenze in der Erklärung zur Unternehmensführung angegeben werden soll.

10. S Grundsatz 12 DCGK.

11. S Empfehlungen C.4 und C.5 DCGK. Diese Höchstgrenzen gehen über die gesetzliche Regelung in § 100 Abs 2 Nr 1 AktG (maximal zehn Mandate) deutlich hinaus. S dazu zB *Wilsing/Winkler,* BB 19, 1606 f.

12. § 100 Abs 5 AktG; dieses Erfordernis gilt nur für Unternehmen von öffentlichem Interesse iSv § 316a S 2 HGB. Allgemein zum Prüfungsausschuss *E. Vetter,* ZGR 10, 751 ff; zum Finanzexperten Mü AG 2010, 639 f; Hamm AG 2013, 928; GroKo(AktG)/*Hopt/Roth,* § 100 Rn 231 ff.

13. S § 100 Abs 2 S 1 Nr 4 AktG und dazu *Krieger,* FS Hüffer 2010, S 521 ff.

14. Empfehlung C.11 DCGK.

15. Empfehlung C.1 S 1 und 2 DCGK. In der Erklärung zur Unternehmensführung soll ferner über den Stand der Umsetzung der benannten Ziele und des erarbeiteten Kompetenzprofils berichtet werden (Empfehlung C.1 S 4 DCGK).

16. S Empfehlung C.1 S 5 DCGK. Unabhängig in diesem Sinn ist ein Anteilseignervertreter danach dann, wenn er unabhängig ist von der Gesellschaft und ihrem Vorstand sowie von einem etwaigen kontrollierenden Aktionär (s Empfehlung C.6 Abs 2 DCGK). Erforderlich sind danach zwei Festlegungen; festzulegen ist zum einen die angemessene Zahl von Mitgliedern, die von der Gesellschaft und ihrem Vorstand unabhängig sind, und zum anderen die angemessene Zahl von Mitgliedern, die von einem kontrollierenden Aktionär unabhängig sind (s Kodexkommmission, Begr zu Empfehlung C.6 DCGK; *Rubner/Fischer,* NZG 2019, 963 f). Wenn und soweit kein kontrollierender Aktionär vorhanden ist, ergibt die zweite Festlegung keinen Sinn und ist daher überflüssig. Definitionen der Unabhängigkeit finden sich in Empfehlung C.7 DCGK (Unabhängigkeit von der Gesellschaft und ihrem Vorstand) und in Empfehlung C.9 Abs 2 DCGK (Unabhängigkeit von einem kontrollierenden Aktionär).

Empfehlung C.7 S 1 DCGK sieht darüber hinaus vor, dass die Mehrheit der Anteilseignervertreter im Aufsichtsrat unabhängig sein soll, wobei diese Empfehlung allein auf die Unabhängigkeit von der Gesellschaft und ihrem Vorstand, nicht aber von einem etwaigen kontrollierenden Aktionär abstellt. Gibt es einen kontrollierenden Aktionär, sollen nach Empfehlung C.9 Abs 1 DCGK einem Aufsichtsrat mit mehr als sechs Mitgliedern mindestens zwei vom kontrollierenden Aktionär unabhängige Anteilseignervertreter und einem Aufsichtsrat mit sechs oder weniger Mitglieder mindestens ein vom kontrollierenden Aktionär unabhängiger Anteilseignervertreter angehören. Das Form. sieht davon ab, die in Empfehlungen C.7 S 1 und C.9 Abs 1 DCGK jeweils vorgesehene Mindestanzahl unabhängiger Mitglieder in die Geschäftsordnung zu übernehmen.

Zu den Unabhängigkeitsregelungen in Abschnitt C.II. DCGK s zB *Rubner/Fischer,* NZG 2019, 961 ff; *v. Werder,* DB 2019, 1724 f; *Wilsing/Winkler,* BB 2019, 1606.

17. Empfehlung C.1 DCGK. Weichen Wahlvorschläge von Empfehlungen des DCGK ab, berechtigt das auch dann grundsätzlich nicht zur Anfechtung der Wahlbeschlüsse der HV, wenn die Abweichung nicht gem § 161 AktG (durch die Entsprechenserklärung oder eine unterjährige Aktualisierungsmitteilung dazu) bekannt gegeben wird; s BGH AG 2019, 178 ff Tz 23 ff; dazu zB *Ph. Scholz,* ZIP 2019, 407; *von der Linden,* DStR 2019, 802; aA früher etwa Mü ZIP 2009, 133; LG Hann ZIP 2010, 833. Zur Anfechtbarkeit von Entlastungsbeschlüssen aufgrund von nicht gemäß § 161 AktG offen gelegten Abweichungen von Kodexempfehlungen vgl → Anm. 22 sowie ferner Celle NZG 2018, 904; MüKo-AktG/*Goette,* § 161 Rn 91 f; GroKo(AktG)/*Leyens,* § 161 Rn 484 ff.

18. Empfehlung C.13 DCGK.

19. Die Rückgabepflicht entspricht der gesetzlichen Lage. Benötigt das Organmitglied Unterlagen zur Verteidigung gegen Ansprüche, hat es einen Anspruch auf Einsichtnahme gegen die Gesellschaft (BGH ZIP 2008, 1822; BGHZ 152, 285 = NJW 2003, 358). Ob der Aufsichtsrat die Rechtsmacht hat, die Rückgabepflicht (in der Geschäftsordnung) abzubedingen, erscheint zweifelhaft.

20. Grundsatz 19 S 1 und 2 DCGK.

21. Empfehlung C.12 DCGK.

22. Empfehlung E.1 S 1 und 3 DCGK; zu Interessenkonflikten und dem Umgang mit ihnen s zB GroKo(AktG)/*Hopt/Roth,* § 100 Rn 267 ff; *Kort,* ZIP 2008, 720 ff; *Lutter,* FS Priester 2007, S 417 ff; *Seibt,* FS Hopt 2010, S 1363 ff. Über aufgetretene Interessenkonflikte und ihre Behandlung soll der Aufsichtsrat in seinem Bericht gem § 171 Abs 2

AktG informieren (Empfehlung E.1 S 2 DCGK). Berichtsinhalt und -tiefe sind durch die für die Funktionsfähigkeit des Aufsichtsrats grundlegende Vertraulichkeit begrenzt (*Priester,* ZIP 2011, 2083 ff; zu weitgehend demgegenüber Ffm ZIP 2011, 1616). Eine Abweichung von der Empfehlung E.1 S 2 DCGK ohne (unverzügliche) Offenlegung nach § 161 AktG kann zur Anfechtbarkeit des Entlastungsbeschlusses führen (s zur Vorgängerregelung in Ziff 5.5.3 S 1 DCGK BGHZ 180, 9 = ZIP 2009, 464 f Tz 21 ff; BGHZ 182, 272 = ZIP 2009, 2054 Tz 17 ff; BGHZ 194, 14 = ZIP 2012, 1810 f Tz 27 ff).

23. Vgl → Form. II.E.3.2 Anm. 12-14 (§ 7).

24. Vgl Empfehlung C.10 S 1 DCGK.

25. Empfehlung A.3 DCGK; zum umstritten Thema des Investorendialogs durch den Aufsicht(sratsvorsitzenden) vgl zB *Hirt/Hopt/Mattheus,* AG 2016, 725 ff; *Koch,* AG 2017, 129 ff; *Roth,* FS Bergmann 2018, S 565 ff; *Schilha/Theusinger,* NZG 2019, 521 ff.

26. Vgl → Form. II.E.3.2 Anm. 15-18 (§ 8).

27. Der Vorstand hat kein eigenes Teilnahmerecht, ist aber zur Teilnahme verpflichtet, wenn es der Aufsichtsrat verlangt. Die regelmäßige Teilnahme ist in der Praxis in der Regel sinnvoll und verbreitet. Der Aufsichtsrat sollte Sitzungen aber nicht ausschließlich in Gegenwart des Vorstands durchführen. Empfehlung D.7 DCGK sieht daher vor, dass der Aufsichtsrat regelmäßig auch ohne den Vorstand tagen soll; dies setzt der zweite Satz der Regelung im Form. um. Die Entscheidung über die Teilnahme des Vorstands liegt (als sitzungsleitende Maßnahme) bei dem Aufsichtsratsvorsitzenden; der Aufsichtsrat kann aber etwas Abweichendes beschließen (s *Lutter/Krieger/Verse,* Rn 702). Der letzte Satz der Regelung im Form. setzt § 109 Abs 1 S 3 AktG idF des Finanzmarktintegritätsstärkungsgesetzes (FISG; BGBl. I 2021, S 1534 ff) um.

28. Vgl → Form. II.E.3.2 Anm. 19-25 (§ 9).

29. § 107 Abs 2 AktG.

30. Nach § 107 Abs 3 AktG können Ausschüsse eingerichtet werden. Der Kodex empfiehlt die Bildung verschiedener Ausschüsse, nämlich (1) fachlich qualifizierte Ausschüsse (Empfehlung D.2 S 1 DCGK), (2) Prüfungsausschuss (Empfehlung D.3 DCGK) und (3) Nominierungsausschuss (Empfehlung D.5 DCGK; ausführlich *Simons,* AG 2020, 75 ff). Die Empfehlung D.3 DCGK gilt nur abhängig von den spezifischen Gegebenheiten des Unternehmens und der Anzahl der Aufsichtsratsmitglieder. In einem Aufsichtsrat mit lediglich drei Mitgliedern greift die Empfehlung D.2 S 1 DCGK daher tatbestandlich nicht ein, so dass die unterbliebene Ausschussbildung hier keine nach § 161 AktG bekanntzumachende Abweichung von den Kodexempfehlungen zur Ausschussbildung (dh von den Empfehlungen D.2 S 1, D.3 und D.5 DCGK) darstellt (ebenso Kremer/Bachmann/Lutter/v. Werder/*Kremer,* D.2 Rn 5; *Simons,* AG 2020, 77 Tz 11 ff: keine Abweichung bei bis zu sechs Aufsichtsratsmitgliedern; s auch MüKoAktG/*Habersack,* § 107 Rn 13; jedenfalls für den Prüfungsausschuss zurückhaltend GroKo(AktG)/*Hopt/Roth,* § 107 Rn 493; aA Wilsing/*Wilsing,* Ziff 5.3.1 Rn 8). Dafür spricht auch, dass Ausschüssen in einem 3 er-Aufsichtsrat keine Beschlusskompetenzen übertragen werden können (s → Anm. 33). Zu der Frage, ob und in welcher Anzahl in (paritätisch) mitbestimmten Gesellschaften Arbeitnehmervertreter notwendig Ausschüssen angehören müssen, s BGHZ 83, 148 f = NJW 1982, 1528; BGHZ 122, 355 ff = NJW 1993, 2307; Habersack/Henssler/*Habersack,* § 25 MitbestG Rn 126 ff.

31. In Betracht kommt zB gem § 107 Abs 3 S 4 AktG die Bildung eines Ausschusses, der über die durch das ARUG II neu eingeführte Zustimmung zu Geschäften mit nahestehenden Personen gem §§ 111b Abs 1, 111a AktG beschließt; s auch → Form. II.E.3.1

Anm. 16. Bei der Zusammensetzung eines solchen Ausschusses sind die Sonderregelungen in § 107 Abs 3 S 5 und 6 AktG zu beachten.

32. Die regelmäßige Berichtspflicht gegenüber dem Aufsichtsratsplenum ist in § 107 Abs 3 S 8 AktG geregelt. Regelmäßig bedeutet dabei, dass die Berichterstattung jedenfalls jeweils in der nächsten (ordentlichen) Aufsichtsratssitzung erfolgt (Begr RegE TransPuG, BT-Drs. 14/8769, S 16; GroKo(AktG)/*Hopt/Roth*, § 107 Rn 469).

33. Ein beschließender Ausschuss muss mindestens drei Mitglieder haben (arg ex § 108 Abs 2 S 3 AktG; BGH AG 1991, 399; BGH NJW 1989, 1929). Die in § 107 Abs 3 S 7 AktG genannten Aufgaben sind zwingend dem Gesamtaufsichtsrat vorbehalten; s zu den nicht delegierbaren Aufgaben zB MüKoAktG/*Habersack*, § 107 Rn 146 ff; GroKo (AktG)/*Hopt/Roth*, § 107 Rn 402 ff.

34. Ziff 4.2.2 Abs 1, 5.1.2 Abs 1 S 4 DCGK. Die Entscheidung über die Vergütung und ihre Struktur hat gem § 107 Abs 3 S 3 AktG zwingend der Gesamtaufsichtsrat zu treffen.

35. Zur Zulässigkeit der Übertragung von Entscheidungen nach § 114 AktG auf einen Ausschuss s BGH ZIP 2012, 1810 Tz 21.

36. Empfehlung B.2 DCGK.

37. S Empfehlungen C.10 S 1 und 2 sowie D.4 DCGK.

38. § 107 Abs 3 S 2 AktG, Empfehlung D.3 DCGK.

39. Vgl § 171 Abs 1 S 2 AktG. Daher ist empfehlenswert, dass die Bilanzsitzung des Aufsichtsrats als Präsenzsitzung stattfindet. Ob das rechtlich erforderlich ist, erscheint demgegenüber zweifelhaft.

40. Vgl Art 5 Abs 4 und 6 Abs 2 Buchst b) EU-Abschlussprüferverordnung (VO (EU) Nr 537/2014).

41. S dazu → Form. II.E.4.1 Anm. 36-37.

42. Vgl Empfehlung D.5 DCGK. In einzelnen Sektoren sind dem Nominierungsausschuss weitere Aufgaben zugewiesen (s zB § 25d Abs 11 KWG), die nicht den Anteilseignervertretern reserviert sind (s auch *Lutter/Krieger/Verse,* Rn 1529 ff). Besteht der Nominierungsausschuss in diesem Fall auch aus Arbeitnehmervertretern (s → Anm. 30), sollte in der Geschäftsordnung ausdrücklich geregelt werden, dass an der Entscheidung über Kandidaten für die Wahl in den Aufsichtsrat nur die Anteilseignervertreter im Ausschuss teilnehmen. Ferner liegt dann eine Abweichung von der Empfehlung D.5 DCGK vor. Ein Fall der Empfehlung F.4 DCGK ist das aber nicht; die gesetzlichen Regelungen führen anders, als von der Empfehlung F.4 DCGK vorausgesetzt, nicht dazu, dass die Empfehlung D.5 DCGK keine Anwendung mehr findet.

43. Die Aufgabe des Vermittlungsausschusses ergibt sich aus § 31 Abs 3 und 5 MitbestG. In den Grenzen von § 25 Abs 1 S 1 MitbestG iVm § 107 Abs 3 S 3 AktG können dem Vermittlungsausschuss weitere Aufgaben zugewiesen werden (Habersack/Henssler/*Habersack*, § 27 MitbestG Rn 25; str, aA *Hüffer/Koch,* § 107 Rn 30), was jedoch unüblich ist.

44. Die Zusammensetzung der in den Vermittlungsausschuss zu wählenden Mitglieder regelt § 27 Abs 3 MitbestG abschließend. Der Aufsichtsratsvorsitzende und sein Stellvertreter gehören dem Ausschuss kraft Amtes an. In Bezug (auch) auf die übrigen Mitglieder können Satzung und Geschäftsordnung keine Vorgaben machen (LG Mü DB 1980, 678 f).

F. Stiftung

1. Gemeinnützige Stiftung

a) Testament und Stiftungsgeschäft[1]

Ich, der unterzeichnende A,[2] bin wohnhaft in . . . . . Erben zu gleichen Teilen sollen meine Kinder B und C sein.

Durch Stiftungsgeschäft von Todes wegen errichte ich hiermit die S-Stiftung als rechtsfähige gemeinnützige Stiftung bürgerlichen Rechts[3] mit Sitz in . . . . . Die Stiftung soll aus meinem Nachlass ein Vermächtnis in Höhe von EUR . . . . . in bar erhalten.

Vollstrecker meines Testaments soll N, wohnhaft in . . . . ., sein. Er soll die Anerkennung der Stiftung und die Erfüllung des Vermächtnisses betreiben. Er ist berechtigt, zur Gewährleistung der Anerkennung eventuelle Mängel der Stiftungssatzung zu beheben. Ferner wird er Vorsitzender des Vorstands der S-Stiftung und beruft die weiteren Vorstandsmitglieder.

Die Stiftung erhält die beigefügte Satzung. Zweck der Stiftung ist die Förderung von . . . . . Das Anfangsvermögen beträgt EUR . . . . . Organe der Stiftung sind der dreigliedrige Vorstand, der drei- bis . . . . . gliedrige Stiftungsrat und, sofern es gebildet ist, ein . . . . . bis . . . . . gliedriges Kuratorium.[4]

Als erste Mitglieder des Stiftungsrats benenne ich

1. Meinen Sohn B, wohnhaft in . . . . .
2. Meine Tochter C, wohnhaft in . . . . .
3. D, wohnhaft in . . . . .

Ersatzweise für den Fall, dass ein Mitglied die Ernennung ablehnt, benenne ich

1. Für B E, wohnhaft in . . . . .
2. Für C F, wohnhaft in . . . . .
3. Für D G, wohnhaft in . . . . .

b) Satzung der S-Stiftung[5]

§ 1 Name, Sitz, Geschäftsjahr

(1) Die rechtsfähige Stiftung des bürgerlichen Rechts ist eine gemeinnützige Stiftung und führt den Namen

S-Stiftung.[6]

(2) Sie hat ihren Sitz in . . . . .[7]

(3) Das Geschäftsjahr der Stiftung ist das Kalenderjahr.

§ 2 Zweck der Stiftung[8]

(1) Zweck der Stiftung ist die Förderung von . . . . .

(2) Die Stiftung verfolgt den Zweck insbesondere dadurch, dass sie im Rahmen ihrer finanziellen Möglichkeiten beiträgt zu .....

(3) Die Stiftung kann diesen Zweck auch dadurch fördern, dass sie verfügbare Stiftungsmittel einer anderen gemeinnützigen Körperschaft zur Verfügung stellt, die sich auf den Gebieten des Stiftungszwecks betätigt.

(4) Die Stiftung verfolgt ausschließlich und unmittelbar gemeinnützige Zwecke im Sinn des Abschnitts „Steuerbegünstigte Zwecke" der Abgabenordnung. Soweit zulässig, kann die Stiftung auch Projekte im Ausland fördern.

§ 3 Stiftungsvermögen

(1) Die Stiftung wird mit einem Stiftungsvermögen von zunächst EUR ..... ausgestattet, das der Stifter als Vermächtnis aussetzt.[9]

(2) Das Stiftungsvermögen ist in seinem Bestand dauernd und ungeschmälert zu erhalten und sicher und ertragreich anzulegen, wobei die Sicherheit der Anlage im Vordergrund stehen soll. Das Stiftungsvermögen darf nur, wenn der Fortbestand der Stiftung für angemessene Zeit gewährleistet bleibt, mit Genehmigung der Aufsichtsbehörde in seiner Substanz angegriffen werden; in den Folgejahren ist der so eingesetzte Betrag, soweit möglich, dem Stiftungsvermögen wieder zuzuführen.[10]

(3) Die Stiftung ist berechtigt, Zuwendungen anzunehmen, mit denen keine satzungswidrigen Auflagen verbunden sind. Als Zustiftungen, die dem Stiftungsvermögen zuwachsen, gelten nur ausdrücklich als solche bezeichnete Zuwendungen. Die übrigen Zuwendungen (Spenden) sind alsbald zur Finanzierung des Stiftungszwecks zu verwenden.

§ 4 Finanzierung des Stiftungszwecks

Die Stiftung finanziert Projekte und Maßnahmen zur Förderung und Erfüllung des Stiftungszwecks aus den Erträgen des Stiftungsvermögens und aus Spenden (verfügbare Stiftungsmittel).

§ 5 Selbstlosigkeit/Gemeinnützigkeit

(1) Die Stiftung ist selbstlos tätig und verfolgt nicht in erster Line eigenwirtschaftliche Zwecke.

(2) Die Stiftungsmittel dürfen lediglich für die satzungsmäßigen Zwecke verwendet werden.

(3) Verfügbare Stiftungsmittel dürfen im Rahmen des gemeinnützigkeitsrechtlich Zulässigen teilweise einer Rücklage zugeführt werden, soweit dies erforderlich ist, um die nachhaltige Erfüllung des Stiftungszwecks zu gewährleisten und wenn für die Verwendung der Rücklage konkrete Ziel- und Zeitvorstellungen bestehen.

(4) Niemand darf durch Ausgaben, die dem Stiftungszweck fremd sind, oder durch unverhältnismäßig hohe Vergütungen (wie zB Auslagenersatz, Honorare oder andere Entgelte) begünstigt werden.

(5) Auf Stiftungsleistungen besteht kein Rechtsanspruch.[11]

§ 6 Organe

(1) Die Organe der Stiftung sind der Vorstand, der Stiftungsrat und – sofern es gebildet ist – das Kuratorium.[12] Eine Person kann nur einem Organ der Stiftung angehören.

(2) Die Organe geben sich jeweils eine Geschäftsordnung.

(3) Die Organmitglieder üben ihre Tätigkeit ehrenamtlich aus. Auslagenersatz, der für ein Geschäftsjahr insgesamt den Betrag von . . . . . % der Stiftungserträge des vorausgegangenen Geschäftsjahrs überschreitet, darf nicht geleistet werden.

(4) Organmitglieder, deren Amtszeit abläuft, bleiben im Amt, bis ihre Nachfolger gewählt sind.

§ 7 Vorstand

(1) Der Vorstand besteht aus dem vom Stifter benannten Vorsitzenden und zwei weiteren vom Vorsitzenden bestellten Mitgliedern. Die Bestellung gilt bis zum Ablauf des dritten Kalenderjahrs nach Entstehung der Stiftung. Danach werden der Vorsitzende und die Mitglieder des Vorstands vom Stiftungsrat jeweils auf drei Jahre bestellt. Die wiederholte Bestellung ist zulässig.

(2) Der Vorstand hat die Geschäfte der Stiftung mit der Sorgfalt eines ordentlichen Geschäftsleiters zu führen. Er ist zur Führung aller Geschäfte berufen, die nicht dem Stiftungsrat zugewiesen sind, insbesondere zur Beschlussfassung über die Vergabe von Stiftungsmitteln.

(3) Für die Führung der laufenden Geschäfte kann der Vorstand Hilfskräfte anstellen oder beauftragen, soweit dies erforderlich ist.

(4) Je zwei Vorstandsmitglieder vertreten die Stiftung gemeinsam. Ist nur ein Vorstandsmitglied bestellt, vertritt es die Stiftung allein.

(5) Der Stiftungsarbeit muss eine ordnungsgemäße und sorgfältige Finanzplanung zugrunde liegen. Der jährliche Finanzplan ist vom Vorstand bis zum . . . . . eines jeden Jahrs aufzustellen und zu beschließen. Die Verwaltungskosten haben den Grundsätzen einer sparsamen Wirtschaftsführung zu entsprechen.

(6) Der Vorstand hat dem Stiftungsrat bis zum . . . . . des Folgejahrs einen Jahresabschluss und einen Bericht über die Verfolgung der Stiftungszwecke vorzulegen.

§ 8 Organisation des Stiftungsrats

(1) Der Stiftungsrat besteht aus mindestens drei, höchstens . . . . . natürlichen Personen.

(2) Die ersten drei Mitglieder des Stiftungsrats werden vom Stifter benannt. Weitere Mitglieder werden vom Stiftungsrat durch Zuwahl oder Nachwahl ausscheidender Mitglieder berufen. Die Amtszeit der Mitglieder beträgt . . . . . Jahre. Die wiederholte Berufung ist zulässig.

(3) Sitzungen des Stiftungsrats werden vom gemäß der Geschäftsordnung bestimmten Vorsitzenden anberaumt. Der Vorsitzende muss den Stiftungsrat einberufen, wenn mindestens . . . . . % seiner Mitglieder oder der Vorstand es verlangen. Mindestens einmal jährlich findet eine gemeinsame Sitzung von Vorstand und Stiftungsrat statt, zu der der Vorsitzende des Stiftungsrats einlädt.

(4) Der Stiftungsrat ist beschlussfähig, wenn mindestens . . . . . % seiner Mitglieder anwesend sind. Er fasst seine Beschlüsse mit einfacher Mehrheit der Anwesenden. Bei

Stimmengleichheit gibt die Stimme des Vorsitzenden, bei dessen Verhinderung die des stellvertretenden Vorsitzenden den Ausschlag. Beschlüsse können auch schriftlich (einschließlich Telefax oder pdf-Dokument) im Umlaufverfahren gefasst werden, wenn alle Stiftungsratsmitglieder mit diesem Verfahren einverstanden sind.

(5) Der Stiftungsrat kann eines seiner Mitglieder aus wichtigem Grund abberufen. Das Mitglied soll zuvor gehört werden.

§ 9 Aufgaben des Stiftungsrats

(1) Der Stiftungsrat berät und überwacht den Vorstand bei der Verfolgung des Stiftungszwecks und der Führung der Verwaltungsgeschäfte. Er ist vor Beschlussfassungen des Vorstands über die Vergabe von Stiftungsmitteln zu hören. Dispositionen über das Stiftungsvermögen in einem Betrag von über EUR . . . . . bedürfen seiner Zustimmung.

(2) Der Stiftungsrat beschließt ferner über

a) die Berufung und Abberufung von Vorstandsmitgliedern;
b) die Feststellung des Jahresabschlusses;
c) die Entlastung des Vorstands;
d) Fragen der Geschäftsführung, die ihm vom Vorstand vorgelegt werden.

§ 10 Kuratorium

(1) Wenn die Vermögenslage der Stiftung es zulässt, kann der Vorstand mit Zustimmung des Stiftungsrats ein Kuratorium bilden.

(2) Das Kuratorium besteht aus herausragenden Persönlichkeiten aus dem Bereich . . . . ., die bereit und in der Lage sind, den Stiftungszweck zu fördern.

(3) Das Kuratorium besteht aus . . . . . bis . . . . . Personen. Die Mitglieder erhalten keine Vergütung, jedoch Erstattung ihrer notwendigen Auslagen.

(4) Die Mitglieder des Kuratoriums und dessen Vorsitzender werden vom Vorstand berufen. Ihre Amtszeit beträgt . . . . . Jahre. Die wiederholte Berufung ist zulässig.

(5) Das Kuratorium berät Vorstand und Stiftungsrat bei der Verfolgung der Stiftungszwecke. Es hat ein Vorschlagsrecht für die Vergabe von Stiftungsmitteln.

(6) Einmal jährlich findet auf Einladung des Vorstands eine Kuratoriumssitzung statt, an der Vorstand und Stiftungsrat teilnehmen.

§ 11 Aufsichtsbehörde

(1) Die Stiftung untersteht der Staatsaufsicht nach den jeweils geltenden Vorschriften.[13]

(2) Stiftungsaufsichtsbehörde ist . . . . . in . . . . . Ihr werden Änderungen in der Zusammensetzung der Stiftungsorgane mitgeteilt sowie der jährliche Finanzplan, der festgestellte Jahresabschluss und der Jahresbericht vorgelegt.

§ 12 Änderung der Satzung/Aufhebung

(1) Beschlüsse über Satzungsänderungen bedürfen der Genehmigung der Stiftungsaufsichtsbehörde. Sie sind mit einer Stellungnahme der zuständigen Finanzbehörde anzuzeigen.

(2) Der Vorstand entscheidet über die Stellung eines Antrags auf Aufhebung der Stiftung. Der Antrag bedarf der einstimmigen Zustimmung des Stiftungsrats.

(3) Bei Auflösung oder Aufhebung der Stiftung oder bei Wegfall des gemeinnützigen Zwecks fällt das Stiftungsvermögen an . . . . . zur ausschließlichen und unmittelbaren Verwendung für gemeinnützige Zwecke, die dem Stiftungszweck möglichst nahe kommen.[14, 15, 16]

Schrifttum: *Binz/Sorg,* Die Stiftung, 5. Aufl 2008; *Doppstadt,* Stiftungswesen in Deutschland – eine Erfolgsgeschichte, FS Spiegelberger **2009**, S 1264; *Eversberg,* Gemeinnützigkeit und Vermögensverwaltung, FS Spiegelberger **2009**, 1272; *Herfurth,* Zuwendungen von Todes wegen an eine gemeinnützige Körperschaft – Erbschaftsteuerbegünstigung versus Sonderausgabenabzug, FS für Spiegelberger **2009**, 1285; *von Holt/Koch,* Stiftungssatzung, 2004; *Ihle,* Stiftungen als Instrument der Unternehmens- und Vermögensnachfolge, RNotZ **2009**, 557 (Teil I) und 621 (Teil II); *Mattheus,* Eckpfeiler einer stiftungsrechtlichen Publizität, DStR **2003**, 254; *Muscheler,* Der Zuwendungsvertrag zwischen Stiftung und Destinatär, NJW **2010**, 341; *Richter/Sturm,* Stiftungsrechtsreform und Novellierung der Landesstiftungsgesetze, NZG **2005**, 655; *Schwake,* Zum Mindestkapital bei rechtsfähigen Stiftungen bürgerlichen Rechts, NZG **2008**, 248; *v. Campenhausen/Richter,* Stiftungsrechts-Handbuch, 4. Aufl 2014, § 43.

Anmerkungen

Das „Gesetz zur Modernisierung des Stiftungsrechts" vom 15.7.2002 (BGBl I 2002, 2634) hat in den §§ 80 ff BGB erstmals bundeseinheitlich und abschließend die gesetzlichen Voraussetzungen geregelt, unter denen eine Stiftung Rechtsfähigkeit erlangen kann. Die Landesstiftungsgesetze wurden infolge der Neuregelung angepasst. Va aufgrund der Regelungsbefugnis der Länder betreffend die Stiftungsaufsicht ergeben sich aber weiterhin für die Praxis nicht unerhebliche Unterschiede.

1. Das Stiftungsgeschäft von Todes wegen kann in einem Testament, aber auch in einem Erbvertrag enthalten sein (BGHZ 70, 313; Palandt/*Ellenberger* BGB § 83 Rn 1) und muss den jeweiligen Formanforderungen (§§ 2231 ff BGB für das Testament, § 2276 BGB für den Erbvertrag) entsprechen. Die Vermögenszuwendung kann durch Erbeinsetzung, Vermächtnis oder Auflage erfolgen (BayObLG 1965, 80). Zu den Formanforderungen des Stiftungsgeschäfts unter Lebenden s → Form. II.F.2 Anm. 1.

2. **Stifter** können mehrere, auch juristische Personen und Personengesellschaften sein (*Ihle*, RNotZ 2009, 557, 559).

3. Gem § 80 Abs 1 BGB entsteht die **rechtsfähige Stiftung** durch das Stiftungsgeschäft und die Anerkennung der Stiftungsaufsichtsbehörde. Anders als vor der Reform des Stiftungsrechts im Jahr 2002 ist die Stiftung nach § 80 Abs 2 BGB zwingend anzuerkennen, wenn dessen Voraussetzungen erfüllt sind. Landesstiftungsgesetze dürfen weitere Anerkennungsvoraussetzungen nicht enthalten. Die von Todes wegen errichtete Stiftung gilt gem § 84 BGB hinsichtlich der Zuwendung des Stifters als schon vor dem Tod des Stifters entstanden.

Die **gemeinnützige Stiftung** als Unterform der öffentlichen Stiftung, deren Tätigkeit die Allgemeinheit begünstigt, muss nach § 52 Abs 1 S 1 AO die Allgemeinheit auf materiellem, geistigem oder sittlichem Gebiet selbstlos fördern. Demgegenüber kommen Leistungen privater Stiftungen nur einem durch bestimmte Charakteristika festgelegten Kreis von Destinatären zugute.

4. Nach § 81 Abs 1 S 2, 3 BGB muss das Stiftungsgeschäft das **Ausstattungsversprechen,** dh die verbindliche Erklärung des Stifters, der Stiftung Vermögen zur Erfüllung des von ihm vorgegebenen Zwecks zur Verfügung zu stellen, sowie die Satzung der Stiftung enthalten. Da diese bundeseinheitliche Regelung abschließend ist, dürfen die Länder – anders als vor der Reform des Stiftungsrechts – keine weiteren Erfordernisse für die

Rechtsfähigkeit von Stiftungen mehr aufstellen. Die Einsetzung eines Testamentsvollstreckers empfiehlt sich zur Vermeidung der gerichtlichen Bestellung eines Nachlasspflegers. Um späteren Änderungen der Umstände Rechnung zu tragen, ist dem Testamentsvollstrecker auch die Befugnis zugewiesen, Satzungsmängel zu heilen.

5. § 81 Abs 1 S 3 BGB sieht als erforderliche **Satzungsbestandteile** Regelungen über Namen, Sitz, Zweck, Vermögen und Bildung des Vorstands der Stiftung vor. Genügt die Satzung bei einer Stiftungserrichtung von Todes wegen diesen Erfordernissen nicht, kann die zuständige Behörde – unter Berücksichtigung des Stifterwillens – der Stiftung eine Satzung geben oder eine unvollständige ergänzen (§ 83 S 2 BGB). Dem Stifterwillen wird es jedoch eher entsprechen, den Testamentsvollstrecker zu erforderlichen Änderungen der Satzung zu ermächtigen, wie es das Form. im Testament regelt. Die in der Mustersatzung für Stiftungen (Anlage 1 zu § 60 AO) enthaltenen Klauseln sind für iSd AO gemeinnützige Stiftungen zwingend und daher im Form. in §§ 2 Abs 1, 2, 4; 5 Abs 1, 2, 4; 12 Abs 3 berücksichtigt.

6. Der Stifter kann den Namen der Stiftung (§ 81 Abs 1 S 3 Nr 1 BGB) frei bestimmen, darf allerdings hierdurch weder Rechte Dritter noch den Grundsatz der Namenswahrheit verletzen (Palandt/*Ellenberger,* § 81 Rn 5). Nach hM bedarf es nicht des Rechtsformzusatzes „Stiftung" (Soergel/*Neuhoff,* § 80 Rn 4).

7. Auch der **Sitz** (§ 81 Abs 1 S 3 Nr 2 BGB) ist vom Stifter frei bestimmbar, allerdings mit der Einschränkung, dass ein Bezug zur Stiftungstätigkeit zu bestehen hat (MüKoBGB/*Weitemeyer,* § 81 Rn 26). Daher muss der Sitz nicht notwendig am Ort der Verwaltung liegen; auch ein Doppelsitz wird für zulässig gehalten (Palandt/*Ellenberger,* § 81 Rn 6).

8. Das Gesetz gesteht dem Stifter bei der Bestimmung des **Stiftungszwecks** weitestgehende Gestaltungsfreiheit zu. Eine Grenze bildet jedoch § 80 Abs 2 S 1 aE, demzufolge der Zweck das Gemeinwohl nicht gefährden darf (Prinzip der gemeinwohlkonformen Allzweckstiftung; dazu *Richter/Sturm,* NZG 2005, 655, 656 mwN). Die hM erachtet zudem die Selbstzweckstiftung, dh die Vermögensverwaltung und -mehrung (näher hierzu in Bezug auf die Gemeinnützigkeit *Eversberg,* FS Spiegelberger 2009, S 1272 ff) als alleinigen Stiftungszweck als unzulässig, denn das Stiftungsvermögen muss einem außerhalb seiner selbst liegenden fremdnützigen Zweck gewidmet sein (*Schauhoff,* FS Spiegelberger 2009, S 1341, 1342). Die Mustersatzung für Stiftungen (Anlage 1 zu § 60 AO) nennt als gemeinnützige Zwecke (§ 52 AO) beispielhaft die Förderung von Wissenschaft und Kultur, Jugend- und Altenhilfe, Erziehung, Volks- und Berufsbildung, Kunst und Kultur, Landschaftspflege, Umweltschutz, des öffentlichen Gesundheitswesens, des Sports und die Unterstützung hilfsbedürftiger Personen. Als mögliche Mittel zur Verfolgung des Satzungszwecks werden dort etwa genannt: die Durchführung wissenschaftlicher Veranstaltungen und Forschungsvorhaben, Vergabe von Forschungsaufträgen, Pflege von Kunstsammlungen, Pflege des Liedgutes und des Chorgesangs, Errichtung von Naturschutzgebieten, Unterhaltung eines Kindergartens, eines Kinder-, Jugend-, Alten-, Erholungsheims, einer Schule, einer Erziehungsberatungsstelle, der Bekämpfung des Drogenmissbrauchs, des Lärms, die Förderung sportlicher Übungen und Leistungen.

9. Das **Stiftungsvermögen** muss so bemessen werden, dass die dauernde und nachhaltige Erfüllung des Stiftungszwecks gesichert erscheint (§ 80 Abs 2 BGB), dh dass die Stiftung wirtschaftlich tragfähig ist. Ob und in welcher Höhe dies einen Mindestkapitalbetrag erfordert, ist in der Literatur umstritten und wird von den Landesbehörden unterschiedlich gehandhabt (s den Überbl bei *Schwake,* NZG 2008, 248 ff). Neben der Vermögensausstattung durch Bargeld können auch Vermögenswerte aller Art (zB Unternehmensbeteiligungen, Wertpapiere, Grundstücke) als Grundstock dienen (v. Campenhausen/Richter/*Hof,* § 9 Rn 42).

10. Das Form. verwendet die strenge **Kapitalbindung,** wie sie in manchen Landesstiftungsgesetzen (s den Überbl bei *Richter/Sturm,* ZErb 2005, 75, 80 f) vorgesehen ist. Das Landesrecht erlaubt dem Stifter jedoch idR, die Vermögenserhaltung abweichend zu regeln. Er kann auch bestimmen, ob er reale oder nominale Kapitalerhaltung wünscht. Ohne eine solche Regelung legt dies der Stiftungsvorstand fest. Zum Gebot der zeitnahen Mittelverwendung (§ 55 Abs 1 Nr 5 AO) und der eingeschränkten Bildung von Rücklagen (§ 62 Abs 1 Nr 3 AO), s *Schauhoff,* FS für Spiegelberger 2009, S 1341, 1346 ff.

11. Der Stifter kann den **Destinatären** bereits in der Satzung einen Anspruch auf Stiftungsleistungen gewähren, die Vergabe der Leistungen aber auch der einseitigen Entscheidung eines Stiftungsorgans oder einer vertraglichen Regelung überlassen, die nicht als Schenkung einzustufen ist (BGH ZIP 2009, 2393 f m Anm. *Muscheler,* NJW 2010, 341, 342 ff). Jede der drei Gestaltungsvarianten ist im Rahmen der gemeinnützigen Stiftung möglich. Mangels eindeutiger Regelung ist das Gewollte der Satzung im Wege der Auslegung zu entnehmen (BGH NJW 1987, 2364, 2366; BGH ZIP 2010, 2393, 2394). Soll daher die Satzung einen unmittelbaren Anspruch einzelner nicht begründen, empfiehlt sich – wie im Form. – dessen expliziter Ausschluss.

12. Als **Organ** zwingend ist nur der weitgehend dem Vereinsrecht unterstellte Vorstand (§§ 81 Abs 1 S 3 Nr. 5, 86 S 1, 26 ff BGB), im Übrigen besteht weitestgehend Gestaltungsfreiheit des Stifters. Üblich ist – wie im Form. – ein Stiftungsrat mit Aufsichtsfunktion. Ein solcher empfiehlt sich zur effektiven Kontrolle des Vorstands, die von der Stiftungsaufsicht in dieser Form nicht geleistet werden kann. Bei gemeinnützigen Stiftungen findet sich häufig ein Kuratorium (oft bestehend aus Personen des öffentlichen Lebens), dessen Stellung aufsichtsratsähnlich oder auf die Funktion einer Jury zur Verwendung der Stiftungsmittel beschränkt sein kann. Ferner ist es möglich, in der Satzung die Bestellung von besonderen Vertretern für gewisse Geschäfte vorzusehen (§§ 86 S 1, 30 BGB).

13. Die Stiftungsaufsicht als reine Rechtsaufsicht richtet sich nach Landesrecht (näher *Ihle,* RNotZ 2009, 557, 565 ff und *Richter/Sturm,* NZG 2005, 655, 657 f).

14. Nach der Mustersatzung für Stiftungen (Anlage 1 zu § 60 AO), die § 55 Abs 1 Nr 4, 61 AO Rechnung trägt, ist in der Satzung eine konkrete juristische Person des öffentlichen Rechts oder eine andere steuerbegünstigte Körperschaft zu benennen, an die das Vermögen für steuerbegünstigte Zwecke fallen soll. Alternativ kann folgende Klausel gewählt werden:

> **„Bei Auflösung oder Aufhebung der Stiftung oder bei Wegfall der steuerbegünstigten Zwecke fällt das Stiftungsvermögen an eine juristische Person des öffentlichen Rechts oder eine andere steuerbegünstigte Körperschaft zwecks Verwendung für . . . . .“**

In diesem Fall ist ein bestimmter gemeinnütziger Zweck (zB Förderung von Wissenschaft und Forschung, Erziehung, Volks- und Berufsbildung, Unterhaltung des Gotteshauses in . . . . .) anzugeben.

15. Steuerhinweise: Die gemeinnützige Stiftung ist nach § 5 Abs 1 Nr 9 KStG von der Körperschaftsteuer und nach § 3 Nr 6 GewStG von der Gewerbesteuer befreit, wenn gem § 52 Abs 1 S 1 AO selbstlos gemeinnützige Zwecke verfolgt werden und soweit sie nicht einen wirtschaftlichen Geschäftsbetrieb (§ 64 iVm § 14 AO) unterhält, der kein Zweckbetrieb iSd § 65 AO ist. Die Erzielung von Einkünften im Rahmen eines wirtschaftlichen Geschäftsbetriebs, die nicht unter die Steuerbefreiung fallen, braucht die Steuerbefreiung der Stiftung bei Vorliegen der Voraussetzungen für die Gemeinnützigkeit im Übrigen nicht zu berühren (§ 64 Abs 1 AO; „soweit“). Im steuerpflichtigen Tätigkeitsbereich gelten die gewöhnlichen Körperschaftsteuersätze. Selbstlosigkeit setzt aber ua voraus, dass die Mittel nur für die satzungsmäßigen Zwecke eingesetzt werden (vgl BFH, BStBl II 1992, 62); anderenfalls entfällt die Steuerbefreiung, ggfs nach § 61 Abs 3 AO sogar rückwirkend (vgl dazu BFH DStR 2011, 20).

Die gemeinnützige Stiftung ist gem § 13 Abs 1 Nr 16 b ErbStG auch von der Erbschaft- bzw Schenkungsteuer befreit, wenn die Voraussetzungen für die Gemeinnützigkeit zehn Jahre nach der Zuwendung erhalten bleiben (näher *Herfurth*, FS Spiegelberger 2009, S 1285 ff).

Gem § 58 Nr 6 AO ist es gemeinnützigkeitsunschädlich, wenn die Stiftung maximal ein Drittel ihres Einkommens für den Unterhalt des Stifters und seiner nächsten Angehörigen (zu diesem Begriff vgl AEAO Nr 7 zu § 58 AO), für die Pflege ihrer Gräber sowie zur Ehrung ihres Andenkens verwendet. Die Aufwendungen hierfür dürfen jedoch die Grenze der Angemessenheit nicht überschreiten; Maßstab dafür ist beim Unterhalt der Lebensstandard des Zuwendungsempfängers (AEAO Nr 8 zu § 58 AO; **aA** Tipke/Kruse/Seer, § 58 Rn 13: Lebensstandard des Stifters zurzeit der Errichtung der Stiftung). Unter Berufung auf § 58 Nr 6 AO erkennt die Finanzverwaltung Stiftungen, deren Zweck sich in der Unterstützung bedürftiger Kinder und Kindeskinder des Stifters erschöpft, nicht an (AEAO Nr 9 zu § 58 AO).

Überbl zu den Reformen des Stiftungssteuerrechts in den letzten Jahren *Doppstadt*, FS Spiegelberger 2009, S 1264 ff; *Zimmermann/Raddatz*, NJW 2019, 485, 489 f.

Kosten und Gebühren:

Notar: Wird ein Testament beurkundet 1,0 Gebühr gemäß Anlage 1 GNotKG Ziff 21200, wird ein gemeinschaftliches Testament oder ein Erbvertrag beurkundet 2,0 Gebühr, gemäß Anlage 1 GNotKG Ziff 21100.

Geschäftswert: Wert des Vermögens oder des entsprechenden Bruchteils des Vermögens, über welches verfügt wird, jeweils unter Abzug von Verbindlichkeiten max bis zur Hälfte des Werts des Vermögens, § 102 Abs 1 S 1, 2 GNotKG. Nach § 102 Abs 1 S 3 GNotKG werden Vermächtnisse nur bei Verfügungen über einen Bruchteil des Vermögens und nur mit dem Anteil ihres Werts hinzugerechnet, der dem Bruchteil des Vermögens entspricht, über den nicht verfügt wird.

Verwaltungsgebühren: Gemeinnützige Stiftungen sind landesrechtlich befreit.

2. Unternehmenstragende Stiftung

a) Stiftungsgeschäft[1]

Ich, der unterzeichnende A,[2] bin wohnhaft in . . . . . und errichte hiermit die XYZ-Stiftung als rechtsfähige Familienstiftung[3] bürgerlichen Rechts mit Sitz in . . . . . durch Stiftungsgeschäft unter Lebenden.[4]

Die Stiftung erhält die nachfolgende Satzung. Zweck der Stiftung ist die Förderung der Familie des Stifters und der Forschung und Entwicklung auf Gebieten, in denen die A-Unternehmensgruppe sich betätigt. Das Anfangsvermögen beträgt EUR . . . . . in bar. Organe der Stiftung sind der bis zu dreigliedrige Vorstand und der drei- bis sechsgliedrige Stiftungsrat.[5]

Als erste Mitglieder des Vorstands bestelle ich

1. B, wohnhaft in . . . . .
2. C, wohnhaft in . . . . .

3. D, wohnhaft in . . . . .

Als erste Mitglieder des Stiftungsrats bestelle ich

1. E, wohnhaft in . . . . .
2. F, wohnhaft in . . . . .
3. G, wohnhaft in . . . . .

b) Satzung der XYZ-Stiftung[6]

§ 1 Name, Sitz,[7] Geschäftsjahr und Dauer

(1) Die rechtsfähige Stiftung bürgerlichen Rechts ist eine Familienstiftung und führt den Namen XYZ-Stiftung.

(2) Sie hat ihren Sitz in . . . . .

(3) Geschäftsjahr der Stiftung ist das Kalenderjahr.

(4) Die Stiftung ist auf unbestimmte Zeit errichtet.

§ 2 Zweck und Zweckverfolgung[8]

(1) Zweck der Stiftung als einheitliche Zielvorgabe, bei der kein Rangverhältnis der aufgeführten Gesichtspunkte besteht, ist

a) die freiwillige, einmalige, wiederholte oder laufende Förderung und Unterstützung der Destinatäre; Destinatäre sind die Ehefrau des Stifters, Frau . . . . ., und die gemeinsamen ehelichen Abkömmlinge, ferner deren eheliche Abkömmlinge in den nachfolgenden Generationen. Ein uneheliches Kind eines Destinatärs wird mit einstimmiger Zustimmung des Stiftungsbeirats Destinatär. Dessen eheliche Abkömmlinge in den folgenden Generationen sind dann ebenfalls Destinatäre;
b) die Pflege des Andenkens verstorbener Familienmitglieder und des Rufs der Familie des Stifters;
c) die Förderung von Forschungs- und Entwicklungsprojekten auf Gebieten, in denen die A-Unternehmensgruppe sich betätigt.

(2) Die Stiftung verfolgt den Zweck insbesondere durch

a) Zuwendungen an die Destinatäre,
b) Eintritt und dauerhaften Verbleib in herausragender Stellung in der A-Unternehmensgruppe; sie kann hierzu allein oder neben anderen unbeschränkt persönlich haftende Gesellschafterin werden, insbesondere Komplementärin der B-KG,[9]
c) Einflussnahme im Rahmen der ihr jeweils zustehenden gesellschaftsrechtlichen Befugnisse und Kompetenzen auf die Geschicke der A-Unternehmensgruppe, insbesondere
   – zum Erhalt und Zusammenhalt der B-KG und der mit ihr verbundenen A-Unternehmensgruppe als Familienunternehmen und
   – zur Fortführung und Fortentwicklung der A-Unternehmensgruppe im Geist der unternehmerischen Prinzipien des Stifters,
d) Gründung eigener oder Unterstützung fremder Einrichtungen und Unternehmen, soweit dies der Erfüllung des Stiftungszwecks dient.

§ 3 Stiftungsvermögen[10]

(1) Das Stiftungsvermögen ist ungemindert in seinem Bestand zu erhalten und sicher und ertragreich anzulegen, wobei die Sicherheit der Anlage im Vordergrund stehen soll. Es darf nur angegriffen werden, wenn der Stiftungszweck nicht anders zu verwirklichen ist,

sofern dennoch der Fortbestand der Stiftung für angemessene Zeit gewährleistet erscheint. In den Folgejahren sind so verausgabte Beträge dem Stiftungsvermögen wieder zuzuführen.

(2) Das Stiftungsvermögen kann

a) angelegt werden, um aus den Erträgen den Stiftungszweck zu verfolgen, wobei hinsichtlich der Anlageart und -klasse mit Ausnahme spekulativer Anlagen keine Beschränkung vorgenommen wird,
b) in Unternehmen, Projekte, Sachen und Rechte investiert werden, sofern mit der Investition der Stiftungszweck verfolgt wird.

(3) Zu Anfang besteht das Stiftungsvermögen aus der Dotation des Stifters in Höhe von EUR ..... in bar. Am ..... wird der Stifter seinen Gesellschaftsanteil an der B-KG, deren Komplementär er ist, unentgeltlich auf die Stiftung übertragen.

(4) Zustiftungen und nicht zweckgebundene Zuwendungen wachsen im Zweifel dem Stiftungsvermögen zu.

§ 4 Erträge

(1) Erträge aus dem Stiftungsvermögen sind zunächst zur Deckung der gesetzlichen Abgaben und für die Kosten der Stiftungsverwaltung zu verwenden. Im Übrigen sind die Erträge zur Erfüllung des Stiftungszwecks zu verausgaben oder dem Stiftungsvermögen zuzuführen.

(2) Soweit dies erforderlich ist, darf die Stiftung Erträge den Rücklagen für im Einzelnen zu bestimmende Aufgaben der Stiftung zuführen.[11]

§ 5 Begünstigte[12]

(1) Begünstigte der Stiftung sind die Destinatäre. Ihre Unterstützung erfolgt nur im Fall einer Bedürftigkeit. Eine solche ist anzunehmen, wenn ein Destinatär aus eigener Kraft nicht imstande ist, für einen angemessenen Lebensunterhalt und/oder eine den Umständen bestmögliche Ausbildung seiner Abkömmlinge zu sorgen. Die Art und Höhe der Unterstützung legt der Stiftungsrat nach billigem Ermessen fest. Allgemeine Richtlinien sind in der Geschäftsordnung des Stiftungsrats vorzusehen.

(2) Ansprüche auf Stiftungsleistungen werden weder durch diese Stiftungssatzung noch durch etwa wiederholte Gewährung solcher Leistungen begründet.

(3) Eine Berufung auf Gleichbehandlung in Bewilligungs- und Versagungsfällen von Unterstützung ist ausgeschlossen.

(4) Ansprüche eines Destinatärs, die auf die satzungsgemäße Besetzung eines Organs gerichtet sind, bestehen nicht.

(5) Wenn es die Vermögenslage der Stiftung erlaubt, können durch Beschluss des Stiftungsrats mit Zustimmung des Vorstands Ausschüttungen an alle Destinatäre unter Beachtung der Gleichbehandlung erfolgen.

§ 6 Organe

(1) Die Organe der Stiftung sind der Vorstand und der Stiftungsrat.[13]

(2) Die Organe haben die Stiftung so zu verwalten, dass die Verwirklichung des Stiftungszwecks unter Berücksichtigung des erkennbaren oder mutmaßlichen Stifterwillens auf Dauer gewährleistet erscheint. Zu Lebzeiten des Stifters kommt bei Fragen des Stifterwil-

lens seiner Stellungnahme besondere Bedeutung zu. Nach seinem Ableben sind die „Erwägungen und Richtlinien" des Stifters maßgeblich, die der Stifter den Organen und der Aufsichtsbehörde zur Verfügung stellen wird.[14]

(3) Die Organe geben sich jeweils eine Geschäftsordnung.

(4) Mitglieder des Vorstands können nicht dem Stiftungsrat, Mitglieder des Stiftungsrats nicht dem Vorstand angehören.

§ 7 Organisation des Vorstands

(1) Der Vorstand besteht aus bis zu drei Vorstandsmitgliedern, die der Stiftungsrat für fünf Jahre bestellt und abberuft. Wiederbestellung ist zulässig. Besteht der Vorstand aus mehr als einer Person, so kann der Stiftungsrat einen Vorsitzenden bestimmen.

(2) Die ersten Mitglieder des Vorstands werden im Stiftungsgeschäft vom Stifter berufen. Destinatäre sollen nicht zu Vorstandsmitgliedern bestellt werden.

(3) Der Vorstand beschließt nach dem in der Geschäftsordnung festgelegten Verfahren. Bei Stimmengleichheit entscheidet die Stimme des Vorsitzenden.

(4) Die Mitglieder des Vorstands üben ihre Tätigkeit auf der Grundlage von Dienstverträgen aus; ihre Vergütung muss unter Berücksichtigung etwaiger sonstiger Einkünfte angemessen sein.

§ 8 Aufgaben des Vorstands

(1) Der Vorstand hat die Geschäfte der Stiftung mit der Sorgfalt eines ordentlichen Kaufmanns zu führen. Er ist zur Führung aller Geschäfte berufen, die nicht dem Stiftungsrat zugewiesen sind.

(2) Für die Führung der laufenden Geschäfte kann der Vorstand Hilfskräfte anstellen oder beauftragen.

(3) Jeweils zwei Vorstandsmitglieder vertreten die Stiftung gemeinsam. Ist nur ein Vorstandsmitglied bestellt, vertritt es die Stiftung allein.

(4) Der Stiftungsarbeit muss eine ordnungsgemäße und sorgfältige Finanzplanung zugrunde liegen. Der jährliche Finanzplan ist vom Vorstand bis zum 31. 3. eines jeden Jahres aufzustellen und zu beschließen. Die Verwaltungskosten haben den Grundsätzen einer sparsamen Wirtschaftsführung zu entsprechen.

(5) Der Vorstand hat dem Stiftungsrat bis zum 31. 5. eines jeden Jahrs einen geprüften Jahresabschluss und einen Bericht über die Verfolgung der Stiftungszwecke vorzulegen. Der Prüfer wird vom Stiftungsrat bestellt. Der vom Stiftungsrat festgestellte Jahresabschluss ist bei der Stiftungsaufsicht[15] einzureichen.

§ 9 Organisation des Stiftungsrats

(1) Der Stiftungsrat besteht aus drei bis sechs Personen.

(2) Der Stifter ist Vorsitzender des Stiftungsrats. Die Mitglieder werden vom Stifter, nach dessen Ausscheiden vom Stiftungsrat durch Nachwahl ausscheidender und/oder Zuwahl weiterer Mitglieder berufen. Kommt eine erforderliche Nachwahl nicht innerhalb von drei Monaten nach Ausscheiden des zu ersetzenden Mitglieds zustande, so ist jedes Stiftungsratsmitglied verpflichtet, den Vorsitzenden der Industrie- und Handelskammer . . . . . um die Bestimmung eines Stiftungsratsmitgliedes zu ersuchen, das dann als für

. . . . . Jahre gewählt gilt. Die Amtszeit der Mitglieder beträgt fünf Jahre. Die wiederholte Berufung ist zulässig.

(3) Die Mitglieder des Stiftungsrats sollen der Familie des Stifters angehören.[16] Familienangehörige sind die Destinatäre und deren Ehegatten sowie die Verwandten und Verschwägerten der Destinatäre bis zum sechsten Grad der Seitenlinie und deren Ehegatten. Die Familienstämme nach dem Stifter sollen möglichst gleichmäßig berücksichtigt werden.

(4) Sitzungen des Stiftungsrats werden vom Vorsitzenden anberaumt. Der Vorsitzende muss den Stiftungsrat einberufen, wenn mindestens ein Drittel seiner Mitglieder oder der Vorstand es verlangt. Mindestens einmal jährlich findet eine gemeinsame Sitzung von Vorstand und Stiftungsrat statt, zu der der Vorsitzende des Stiftungsrats einlädt.

(5) Der Stiftungsrat ist beschlussfähig, wenn mindestens zwei Drittel seiner Mitglieder anwesend sind. Er fasst seine Beschlüsse mit einfacher Mehrheit der Anwesenden. Bei Stimmengleichheit gibt die Stimme des Vorsitzenden, bei dessen Verhinderung die des stellvertretenden Vorsitzenden, den Ausschlag. Beschlüsse können auch schriftlich (einschließlich Telefax oder pdf-Dokument) im Umlaufverfahren gefasst werden, wenn alle Stiftungsratsmitglieder mit diesem Verfahren einverstanden sind.

(6) Die Mitglieder des Stiftungsrats üben ihre Tätigkeit ehrenamtlich aus. Sie haben Anspruch auf Ersatz ihrer notwendigen Auslagen.

(7) Der Stiftungsrat kann eines seiner Mitglieder aus wichtigem Grund abberufen. Das Mitglied soll zuvor gehört werden.

§ 10 Aufgaben des Stiftungsrats

(1) Der Stiftungsrat berät und überwacht den Vorstand bei der Verfolgung des Stiftungszwecks und der Führung der Verwaltungsgeschäfte. Er hat ein Vorschlagsrecht für die Vergabe von Stiftungsmitteln sowie für die Verwaltung des Stiftungsvermögens und ist vor Beschlussfassungen des Vorstands darüber zu hören.

(2) Der Stiftungsrat beschließt ferner über

a) die Berufung und Abberufung von Vorstandsmitgliedern und Fragen ihres Dienstverhältnisses,
b) die Bestellung des Abschlussprüfers und die Feststellung des Jahresabschlusses,
c) die Entlastung des Vorstands,
d) Fragen der Geschäftsführung, die ihm vom Vorstand vorgelegt werden.

(3) Der Stiftungsrat vertritt die Stiftung bei Rechtsgeschäften mit den Vorstandsmitgliedern.

(4) Der Stiftungsrat wählt aus seiner Mitte den Vorsitzenden und den Stellvertreter.

§ 11 Änderung der Satzung[17]

(1) Die Aufgaben der Stiftung und ihre Organisation können den Notwendigkeiten veränderter Zeitumstände folgend im Sinn des Stifterwillens behutsam durch Satzungsänderungen weiterentwickelt werden.

(2) Über die Satzungsänderung beschließt der Vorstand mit Zustimmung des Stiftungsrats.

(3) Satzungsändernde Beschlüsse, die den Stiftungszweck betreffen, müssen im Vorstand einstimmig ergehen; die Zustimmung des Stiftungsrats bedarf einer Mehrheit von mindestens drei Vierteln der abgegebenen Stimmen.

(4) Satzungsändernde Beschlüsse bedürfen zu ihrer Wirksamkeit der Zustimmung der staatlichen Stiftungsaufsicht.

§ 12 Wesentliche Verschlechterung

(1) Bei wesentlicher Verschlechterung der wirtschaftlichen oder rechtlichen Rahmenbedingungen[18] kann der Vorstand mit Zustimmung des Stiftungsrats die zum Erhalt einer nachhaltigen Verwirklichung des Stiftungszwecks notwendigen Satzungsänderungen und sonstigen Maßnahmen auch über das in § 11 Abs 1 beschriebene Maß hinaus beschließen. § 11 Abs 2 bis 4 finden Anwendung.

(2) Zu den Maßnahmen nach Abs 1 zählen auch die Verlegung von Sitz und Geschäftsführung in ein von der Verschlechterung nicht betroffenes Gebiet, die Zweckänderung zur Verwirklichung oder Nichtverwirklichung steuerlicher oder sonstiger rechtlicher Tatbestände und die Umwandlung in eine Körperschaft.

(3) Sind entweder Vorstand oder Stiftungsrat nicht handlungsfähig, entscheidet das handlungsfähige Organ allein.

§ 13 Aufhebung und Abwicklung

(1) Der Vorstand entscheidet über die Stellung eines Antrags auf Aufhebung der Stiftung.

(2) § 11 Abs 2 bis 4 gelten entsprechend. Die Aufhebung darf nur beantragt werden, wenn die Erfüllung des Stiftungszwecks rechtlich, tatsächlich oder wirtschaftlich unmöglich geworden ist.

(3) Bei Aufhebung der Stiftung fällt das nach Abwicklung verbleibende Vermögen nach Familienstämmen gleichmäßig an die Abkömmlinge des Stifters.[19]

Schrifttum: → Form. II.F.1 Anm. 1 ff., außerdem *Berndt/Götz,* Stiftung und Unternehmen, 8. Aufl 2009; *Blumers,* Die Familienstiftung als Instrument der Nachfolgeregelung, DStR 2012, 1; *Brandmüller/Klinger,* Unternehmensverbundene Stiftungen, 4. Aufl 2014; *Kessler/Müller,* Zahlungen einer Familienstiftung an Familienangehörige als Einkünfte aus Kapitalvermögen – Schuldner der Kapitalertragssteuer, DStR 2011, 614; *von Löwe,* Die steuerliche Behandlung der Familienstiftung, FS Spiegelberger 2009, S 1370; *von Oertzen,* Aktuelle Besteuerungsfragen inländischer Familienstiftungen, FS Spiegelberger 2009, 1390; *Richter/Sturm,* Die Unternehmensstiftung nach der Stiftungsrechtsreform, ZErb 2006, 75; *Schiffer,* Stiftungen und Familie: Anmerkungen zu „Familienstiftungen", FS Spiegelberger 2009, 1358; *Stengel,* Stiftung und Personengesellschaft, 1993.

Anmerkungen

1. Das Stiftungsgeschäft unter Lebenden hat die **Schriftform** (§ 126 BGB) zu wahren (§ 81 Abs 1 S 1 BGB); notarielle Beurkundung ist jedoch nicht erforderlich. Zu den Formanforderungen des Stiftungsgeschäfts von Todes wegen s → Form. II.F.1 Anm. 1.

2. S → Form. II.F.1 Anm. 2.

3. Zum Entstehen der rechtsfähigen Stiftung s → Form. II.F.1 Anm. 3. Mit der Anerkennung der Stiftung durch die zuständige Landesbehörde entsteht die in § 82 S 1 BGB normierte Pflicht des Stifters, das im Stiftungsgeschäft genannte Vermögen nach allgemeinen Vorschriften auf die Stiftung zu übertragen. Allein Rechte, zu deren Übergang es eines bloßen Abtretungsvertrags bedarf, gehen eo ipso mit der Anerkennung auf die Stiftung über (§ 82 Abs 2 BGB).

Die ganz überwiegende Zahl der Stiftung & Co KG's (näher hierzu *Ihle,* RNotZ 2009, 621, 639 ff) hat eine **Familienstiftung** (eingehend *Schiffer,* FS Spiegelberger 2009,

S 1358 ff) zur Komplementärin. Ausf zu den Sonderregelungen für Familienstiftungen in den Landesstiftungsgesetzen, s *Richter/Sturm,* NZG 2005, 655, 656 ff.

4. Insbesondere bei Unternehmensbezogenheit der Stiftung ist ihre **Errichtung** unter Lebenden einer solchen von Todes wegen vorzuziehen. Zum einen lässt sich auf diese Weise auch bei einem längerwierigen Verfahren zur Anerkennung der Stiftung Unternehmenskontinuität gewährleisten, zum anderen kann der Stifter erforderliche Anpassungen noch selbst vornehmen und damit sicherstellen, dass seinem Willen Rechnung getragen wird. Zu Gestaltungsvarianten im Stiftungsbereich *Schauhoff,* FS Spiegelberger 2009, S 1341, 1343 ff; *Blumers,* DStR 12, 1 ff.

5. Zum zwingenden Inhalt des Stiftungsgeschäfts s → Form. II.F.1 Anm. 4.

6. § 81 Abs 1 S 3 BGB sieht als erforderliche **Satzungsbestandteile** Regelungen über Namen, Sitz, Zweck, Vermögen und Bildung des Vorstands der Stiftung vor. Die in der Mustersatzung für Stiftungen (Anlage 1 zu § 60 AO) enthaltenen Klauseln sind nur für iSd AO gemeinnützige Stiftungen zwingend (s die Satzung in → Form. II.F.1 Anm. 1 ff.).

7. S → Form. II.F.1 Anm. 6–8.

8. S → Form. II.F.1 Anm. 6–8.

9. Die Stiftung kann als Holdingstiftung herrschendes Unternehmen im Konzern sein (*Ihle,* RNotZ 2009, 621, 622). Eine konzernabhängige Stiftung hingegen widerspricht stiftungsrechtlichen Prinzipien und ist daher unzulässig (MüKoBGB/*Weitemeyer,* § 80 Rn 220).

Eine Stiftung kann auch als Allein- oder Mitgesellschafterin einer Kapital- oder Personengesellschaft fungieren. Die Kommanditistenrolle kann ihr aufgrund der insoweit nur begrenzten Haftung auch ohne Satzungsklausel zukommen. Soll sie jedoch in einer OHG oder einer **Stiftung & Co KG** die Funktion einer persönlich haftenden Gesellschafterin übernehmen, muss die Satzung – wie im Form. – eine dies zulassende Bestimmung enthalten, denn grds kann nicht davon ausgegangen werden, dass eine derart weitgehende Gefährdung des gesamten Stiftungsvermögens dem Stifterwillen entspricht (*Ihle,* RNotZ 2009, 557, 563 f).

Nach § 264 a HGB gelten die Rechnungslegungs- und Publizitätsvorschriften der §§ 264 ff HGB auch für die Stiftung & Co KG, wenn keine natürliche Person unbeschränkt haftet. Ansonsten kann sich eine Publizitätspflicht aus dem PublG ergeben. Die Stiftung & Co KG unterliegt nicht der Mitbestimmung.

Im Handelsregister der Stiftung & Co KG ist die Stiftung als Komplementärin gem §§ 106, 162 Abs 1 HGB einzutragen. Ob § 33 HGB, der die Eintragung juristischer Personen verlangt, die ein Handelsgewerbe betreiben, auf die Stiftung Anwendung findet, ist strittig (s *Ihle,* RNotZ 2009, 621, 640 mwN zum Meinungsstand).

Ein bundeseinheitliches Stiftungsregister mit Eintragungspflicht und öffentlichem Glauben besteht nicht. Die Landesgesetze sehen aber Stiftungsregister unterschiedlichen Inhalts ebenso vor wie die Ausstellung behördlicher Bescheinigungen über die Vertretungsverhältnisse (s den Überbl bei *Richter/Sturm,* NZG 2005, 655, 656). Allgemein zur stiftungsrechtlichen Publizität *Mattheus,* DStR 2003, 254.

10. S → Form. II.F.1 Anm. 9, 10.

11. Sowohl Thesaurierung als auch Rücklagenbildung obliegen als Teil des **Finanzkonzepts** dem Stifterwillen.

12. Zum Anspruch auf Stiftungsleistungen s → Form. II.F.1 Anm. 11. Die Nichtgeltung des Gleichbehandlungsgrundsatzes kann angeordnet werden (Palandt/*Ellenberger,* BGB § 85 Rn 4).

13. S → Form. II.F.1 Anm. 12.

14. Ideale des Stifters, seine Vorstellungen zur Unternehmensführung und der Stiftungsarbeit lassen sich nicht in der Satzung verrechtlichen, ohne diese zu überfrachten. Da die Stiftungsorgane auf den Stifterwillen verpflichtet sind, erfüllt ein Papier des Stifters, das keiner besonderen Form. genügen muss und vor allem vertraulich behandelt werden kann, den Zweck konkreter Arbeitsanweisungen am besten. Möglich ist es auch, Anlass und Motive der Stiftungserrichtung zusätzlich in einer Präambel zur Satzung festzuhalten und somit eine eventuell erforderliche Satzungsauslegung zu erleichtern (vgl *Blumers,* DStR 12, 1, 3).

15. Zur **Stiftungsaufsicht** s → Form. II.F.1 Anm. 13. Hierbei ist die Tendenz zu beobachten, privatnützige Stiftungen nicht mehr oder nur noch sehr eingeschränkt der Aufsicht zu unterstellen.

16. Der **Stiftungsrat** kann auch (ausschließlich oder teilweise) aus Personen des öffentlichen und des Wirtschaftslebens bestehen.

17. Einer derartigen Klausel bedarf es, da ansonsten die **Änderung** der Satzung nur unter dem restriktiven Regime des § 87 BGB und der Landesstiftungsgesetze zulässig ist. Näher zur Satzungsänderung *Ihle,* RNotZ 2009, 557, 567 f.

18. Die Notwendigkeit der Vorsorge ergibt sich aus der **Langlebigkeit** der Stiftung, die meist auf unbegrenzte Dauer konzipiert ist. Beispiele aus der jüngsten Vergangenheit sind die Stiftungen auf dem Gebiet der ehemaligen DDR und die von der Einführung der Erbersatzsteuer betroffenen Familienstiftungen. Zum zeitlich befristeten Einsatz der Familienstiftung s *Blumers,* DStR 2012, 1, 6.

19. Zur erbschaftsteuerlichen Behandlung der **Auflösung** einer Familienstiftung mit mehreren Stiftern s BFH DB 2010, 372 f.

20. Steuerhinweise: a) **Schenkungsteuer:** Auf die Dotation fällt Schenkungsteuer an (§§ 1 Abs 1 Nr 3, 7 Abs 1 Nr 8 ErbStG). Grds gilt Steuerklasse III, bei Familienstiftungen im Falle der Erstausstattung hingegen die ungünstigste Steuerklasse, in die ein Destinatär als Erbe oder Schenkungsempfänger fiele (§ 15 Abs 2 S 1 ErbStG). Nach §§ 5 Abs 1, 13 Abs 3 des Form. gälte somit Steuerklasse I, da Abkömmlinge als Begünstigte in die günstigste Steuerklasse einzuordnen sind.

b) **Körperschaftsteuer:** Es gilt der feste Satz von 15 % (§ 23 Abs 1 KStG). Von der Steuerpflicht befreit sind die gemeinnützigen Stiftungen, soweit sie nicht einen wirtschaftlichen Geschäftsbetrieb unterhalten (§ 5 Abs 1 Nr 9 KStG); die Tätigkeit als Komplementärin in einer Mitunternehmerschaft ist wirtschaftlicher Geschäftsbetrieb und insoweit steuerschädlich; gleiches gilt für das Halten eines Kommanditanteils an einer gewerblich geprägten KG (BFH DStR 01, 1071). Dies braucht jedoch die Steuerfreiheit der Stiftung wegen Gemeinnützigkeit im Übrigen nicht zu berühren.

c) **Erbschaftsteuer:** Die Familienstiftung unterliegt der Erbschaftsteuer (§ 1 Abs 1 Nr 4 iVm § 15 Abs 2 S 3 ErbStG). Für Unternehmensvermögen (land- und forstwirtschaftliches Vermögen, Betriebsvermögen, Beteiligungen an Kapitalgesellschaften mit mehr als 25 %) und Grundvermögen gelten jedoch die Verschonungsregelungen des § 13 a ErbStG. Der Steuersatz ist nach dem Satz der Schenkungssteuerklasse I zu berechnen, der für die Hälfte des steuerpflichtigen Vermögens gelten würde (§§ 1 Abs 1 Nr 4, 15 Abs 2 S 3, 16 Abs 1 Nr 2 ErbStG). Die Steuerpflicht entsteht alle 30 Jahre.

Zur steuerlichen Behandlung von Familienstiftungen *Blumers,* DStR 2012, 1, 3; *von Löwe,* FS für Spiegelberger 2009, S 1370 ff und *von Oertzen,* FS Spiegelberger 2009, 1390 ff sowie BFH DStR 2011, 403 ff (ausführl hierzu *Kessler/Müller,* DStR 2011,

614 ff), demzufolge Zahlungen der Familienstiftung an Familienangehörige § 20 Abs 1 Nr. 9 EStG unterfallen können; differenzierend BFH ZEV 2018, 540.

G. Stille Gesellschaft und andere Beteiligungsformen

1. Typische stille Gesellschaft

Vertrag über die Errichtung einer stillen Gesellschaft („Gesellschaft")[1]

§ 1 Gegenstand

(1) A ist Inhaber[2] des unter der Firma . . . . . in . . . . . betriebenen . . . . . Unternehmens.

(2) An diesem Handelsgewerbe beteiligt er B und C mit Wirkung ab . . . . . als stille Gesellschafter.[3]

§ 2 Einlage[4]

(1) Die stillen Gesellschafter leisten zur ausschließlichen Verwendung im Rahmen des Handelsgewerbes als Einlage jeweils in bar EUR . . . . . an A. Die Einlagen gehen in das Vermögen des Unternehmens über.

(2) Die Einlagen sind am . . . . . in voller Höhe zur Einzahlung fällig.

(3) Die stillen Gesellschafter sind nicht an den Wirtschaftsgütern des Unternehmens des Inhabers beteiligt, sondern nur an dessen Gewinn und Verlust nach § 6 und am Auseinandersetzungsguthaben nach § 10 dieses Vertrags.

§ 3 Konten[5]

(1) Für jeden stillen Gesellschafter werden ein Kapitalkonto, ein laufendes Konto und ein Verlustkonto geführt. Die Konten sind in Soll und Haben unverzinslich.

(2) Das Kapitalkonto ist fest. Auf ihm wird die Einlage gebucht.

(3) Auf dem laufenden Konto werden Gewinne und Entnahmen gebucht.

(4) Auf dem Verlustkonto werden die Verlustanteile gebucht. Gewinne sind stets zuerst zum Ausgleich eines negativen Saldos des Verlustkontos zu verwenden.

§ 4 Geschäftsführung

(1) Der Inhaber ist allein zur Geschäftsführung des Unternehmens befugt. Er führt die Geschäfte unentgeltlich.

(2) Zu folgenden Maßnahmen bedarf er der vorherigen schriftlichen Zustimmung jedes stillen Gesellschafters:[6]

a) Änderung des Gegenstands des Unternehmens,
b) Veräußerung oder Verpachtung des Unternehmens ganz oder teilweise,
c) Einbringung oder Ausgliederung des Unternehmens in eine Personen- oder Kapitalgesellschaft,

d) Einstellung des Betriebs ganz oder teilweise,
e) Aufnahme von Krediten außerhalb des Warenkontokorrents,
f) Beteiligung weiterer stiller Gesellschafter.

(3) Der Inhaber ist verpflichtet, sämtliche Geschäfte, die in den Zweck des Unternehmens fallen, durch das Unternehmen vorzunehmen. Die Vornahme von Wettbewerbsgeschäften außerhalb seines Handelsgewerbes im eigenen Namen oder durch ein anderes, von ihm mittelbar oder unmittelbar betriebenes Handelsgewerbe ist ihm untersagt.

§ 5 Jahresabschluss

(1) Der Inhaber hat binnen sechs Monaten nach Schluss des Geschäftsjahrs, soweit handelsrechtlich zulässig unter Beachtung der steuerrechtlichen Vorschriften, den Jahresabschluss zu erstellen und jedem stillen Gesellschafter in Abschrift zuzuleiten. Einwände dagegen kann ein stiller Gesellschafter nur binnen sechs Wochen nach Erhalt geltend machen.

(2) Änderungen im Rahmen der steuerlichen Gewinnfeststellung oder einer Betriebsprüfung sind für jeden stillen Gesellschafter verbindlich.

(3) Jeder stille Gesellschafter kann die Prüfung des Jahresabschlusses durch einen Wirtschaftsprüfer auf Kosten des Inhabers verlangen.

§ 6 Gewinn- und Verlustbeteiligung/Entnahmen[7]

(1) Für die Gewinn- und Verlustbeteiligung der stillen Gesellschafter ist der Jahresabschluss (§ 5) maßgeblich. Unberücksichtigt bleiben jedoch der auf stille Gesellschafter entfallende Gewinnanteil, außerordentliche Erträge und Aufwendungen, erhöhte Absetzungen und Sonderabschreibungen sowie Erträge oder Verluste aus der Veräußerung von Anlagegütern, die vor dem in § 1 Abs 2 genannten Zeitpunkt angeschafft wurden.

(2) Am Gewinn nehmen die stillen Gesellschafter mit . . . . . %, höchstens jedoch . . . . . % ihrer Einlage teil, am Verlust mit . . . . . %, höchstens bis zum Betrag ihrer Einlage.

(3) Jeder stille Gesellschafter kann 50 % seines Gewinnanteils zu Lasten seines laufenden Kontos entnehmen, sofern dieses nicht negativ wird. Andere Entnahmen bedürfen der Zustimmung des Inhabers.

§ 7 Änderung der Kapitalverhältnisse

(1) Bei Aufnahme weiterer stiller Gesellschafter wird die Gewinn- und Verlustbeteiligung jedes stillen Gesellschafters neu festgesetzt. Derzeit beruht sie auf der Annahme, dass der Inhaber (einschließlich der Einlagen der stillen Gesellschafter) ein Kapital von EUR . . . . . hat, jeder stille Gesellschafter also . . . . . % dieses Kapitals geleistet hat.

(2) Ändert sich das haftende Kapital des Inhabers, ist jeder stille Gesellschafter berechtigt, seine Einlage verhältnismäßig anzupassen; anderenfalls ist sein Gewinn- und Verlustanteil anzupassen.

§ 8 Sonstige Rechte und Pflichten der stillen Gesellschafter

(1) Jeder stille Gesellschafter hat neben den gesetzlichen Informations- und Kontrollrechten die Rechte aus § 716 BGB, die er auch durch einen Angehörigen eines zur Berufsverschwiegenheit verpflichteten rechts-, wirtschafts- oder steuerberatenden Berufs

ausüben kann. Das gilt auch nach Beendigung der Gesellschaft für die Zwecke der Ermittlung der Abfindung.[8]

(2) Die Abtretung oder Verpfändung der stillen Beteiligung oder von Rechten daraus sowie sonstige Verfügungen außer zugunsten von Ehegatten oder Abkömmlingen sind ohne vorherige schriftliche Zustimmung des Inhabers, die nur aus wichtigem Grund versagt werden kann, unzulässig. Ein Verstoß berechtigt den Inhaber zur Kündigung aus wichtigem Grund.[9]

(3) Der stille Gesellschafter darf Tatsache und Inhalt der stillen Beteiligung nicht ohne vorherige schriftliche Zustimmung des Inhabers offenbaren und hat über alle ihm bekannt werdenden Angelegenheiten des Handelsgewerbes Stillschweigen zu bewahren. Hierzu ist er auch für die Dauer von ..... Jahren nach seinem Ausscheiden oder der Beendigung der stillen Gesellschaft verpflichtet, es sei denn, dass das Interesse des Inhabers die Geheimhaltung nicht erfordert.

§ 9 Tod eines Beteiligten[10]

(1) Stirbt der Inhaber, wird die Gesellschaft mit seinen Nachfolgern in das Handelsgewerbe fortgesetzt.

(2) Stirbt ein stiller Gesellschafter, wird die Gesellschaft mit den von ihm durch Verfügung von Todes wegen Bedachten, ggfs seinen gesetzlichen Erben, fortgesetzt. Geht die stille Beteiligung auf andere als Ehegatten und/oder Abkömmlinge über, ist der Inhaber zur Kündigung aus wichtigem Grund berechtigt.

§ 10 Dauer, Beendigung, Abfindung

(1) Die Gesellschaft ist auf unbestimmte Zeit errichtet. Sie ist, unbeschadet des Kündigungsrechts aus wichtigem Grund, mit Frist von sechs Monaten zum Ende eines Geschäftsjahrs schriftlich kündbar, erstmals zum .....

(2) Als wichtiger Grund für eine fristlose Kündigung gilt insbesondere

a) die Auflösung des Inhabers,[10]
b) das Übersteigen des Werts des Verlustkontos um 50 % des Wertes des Kapitalkontos,
c) der Verstoß des Inhabers gegen § 4 Abs 2,
d) die Eröffnung des Insolvenzverfahrens gegen den Inhaber oder einen stillen Gesellschafter,
e) das Betreiben der Zwangsvollstreckung in den Anteil eines stillen Gesellschafters.

(3) In allen Fällen der Beendigung steht dem stillen Gesellschafter eine Abfindung entsprechend dem Wert seiner Beteiligung am Beendigungsstichtag zu. Wird die Gesellschaft innerhalb eines Geschäftsjahrs beendet, ist vom Wert am letzten vorangegangenen Bilanzstichtag auszugehen, der entsprechend dem Ergebnis des laufenden Geschäftsjahrs und den Entnahmen oder Einlagen des stillen Gesellschafters fortzuschreiben ist. Am Ergebnis schwebender Geschäfte nimmt er nur teil, wenn und soweit sie wegen drohender Verluste in der Bilanz, die für die Ermittlung des Werts seiner Beteiligung maßgebend ist, zu berücksichtigen sind; § 235 Abs 2 S 2, Abs 3 HGB wird ausgeschlossen.

(4) Der Wert der Beteiligung wird errechnet aus dem Saldo des Kapital-, des laufenden und des Verlustkontos des stillen Gesellschafters.

(5) Ein Verlustsaldo ist nur auszugleichen, wenn er seine Ursache in Belastungen des laufenden Kontos hat.

(6) Die hiernach ermittelte Abfindung bleibt auch dann maßgeblich, wenn der vorausgehende Jahresabschluss im Zug einer Betriebsprüfung geändert wird.

(7) Kommt eine Einigung über die Abfindung nicht zustande, entscheidet hierüber Y, bei dessen Verhinderung Z, als Schiedsgutachter.

(8) Die Abfindung ist in drei aufeinander folgenden gleichen Raten zu zahlen, die ersten sechs Monate nach Beendigung, und mit . . . . . % pa zu verzinsen. Die Zinsen werden mit den Raten fällig. Ein ausgleichspflichtiger Verlust ist sofort auszugleichen.

§ 11 Geschäftsjahr

Das Geschäftsjahr entspricht dem Geschäftsjahr des Handelsgewerbes.

§ 12 Salvatorische Klausel

(1) Sollte eine Bestimmung dieses Vertrags oder eine künftig in ihn aufgenommene Bestimmung ganz oder teilweise unwirksam oder undurchführbar sein oder die Wirksamkeit oder Durchführbarkeit später verlieren oder sich eine Lücke herausstellen, soll hierdurch die Gültigkeit der übrigen Bestimmungen nicht berührt werden. Anstelle der unwirksamen oder undurchführbaren Bestimmung oder zur Ausfüllung der Lücke gilt die angemessene Regelung als vereinbart, die, soweit rechtlich zulässig, dem am nächsten kommt, was die Vertragschließenden gewollt haben oder nach dem Sinn und Zweck des Vertrags gewollt hätten, falls sie den Punkt bedacht hätten.

(2) Beruht die Unwirksamkeit oder Undurchführbarkeit einer Bestimmung auf einem darin festgelegten Maß der Leistung oder der Zeit (Frist oder Termin), gilt das der Bestimmung am nächsten kommende rechtlich zulässige Maß als vereinbart.

(3) Alle Vereinbarungen, die das Verhältnis der stillen Gesellschafter untereinander oder zum Inhaber betreffen, bedürfen zu ihrer Wirksamkeit der Schriftform, soweit nicht gesetzlich eine strengere Form vorgeschrieben ist. Das gilt auch für einen etwaigen Verzicht auf das Erfordernis der Schriftform.[11, 12]

Schrifttum: *Blaurock,* Handbuch Stille Gesellschaft, 9. Aufl. 2020; *Fleischer/Thierfeld,* Stille Gesellschaft im Steuerrecht, 9. Aufl. 2016; *Neu,* Die typische stille Gesellschaft nach der Unternehmenssteuerreform 2008, FS Spiegelberger 2009, 854.

Anmerkungen

1. Der Gesellschaftsvertrag ist **formfrei,** zur Beweissicherung (auch gegenüber den Finanzbehörden) aber Schriftform ratsam. Wird die stille Beteiligung schenkweise gewährt oder verpflichtet sich der Stille, ein Grundstück, einen Bruchteil seines Vermögens oder einen GmbH-Anteil einzubringen, ist notarielle Beurkundung erforderlich (§§ 518 Abs 1 S 1, 311 b Abs 1, 3 BGB; § 15 Abs 4 GmbHG). Eine stille Beteiligung an einer AG muss als Teilgewinnabführungsvertrag den Anforderungen der §§ 292 Abs 1 Nr 2, 293 ff AktG entsprechen (näher Blaurock/*Jung,* Rn 8.18 ff). Wird ein stiller Gesellschafter an einer Personenhandelsgesellschaft beteiligt, entsteht das Beteiligungsverhältnis zwischen ihm und der Gesellschaft. Mit dem Gesellschaftsvertrag, der die Grundlage der Personengesellschaft bildet, hat der Stille nichts zu tun; am Innenverhältnis der Gesellschafter nimmt er nicht teil (BGH WM 1960, 187, 188; DB 1971, 189). Die stille Gesellschaft ist für die Personenhandelsgesellschaft ein Außenrechtsverhältnis mit einem Dritten (dem Stillen), das rechtswirksam von dem oder den vertretungsberechtigten Gesellschaftern ohne Zustimmung der anderen Gesellschafter abgeschlossen (und gekündigt) werden kann (BGH DB 1971, 188; 1979, 644; Blaurock/*Jung,* Rn 9.68). Allerdings gehört der Abschluss eines stillen Gesellschaftsvertrags regelmäßig zu den außergewöhnlichen Geschäften, bedarf also im Innenverhältnis nach § 116 Abs 2 HGB eines zustimmenden Gesellschafterbeschlusses (Baumbach/Hopt/*Roth,* § 230 Rn 5).

2. Kennzeichnend für die typische stille Gesellschaft ist, dass der nach außen tätige Inhaber (§ 230 HGB) Alleininhaber des **Geschäftsvermögens** ist. Dass die Einlage in das (Allein-)Vermögen des Inhabers des Handelsgewerbes übergehen muss, ergibt sich aus der Begriffsbestimmung in § 230 Abs 1 HGB. Die typische stille Gesellschaft ist eine Innengesellschaft bürgerlichen Rechts ohne Gesamthandsvermögen (Baumbach/Hopt/*Roth,* § 230 Rn 2; MüHdBGesR II/*Keul* § 72 Rn 18). Sie nimmt als solche nicht am Rechtsverkehr teil und bildet deshalb kein eigenes Gesellschaftsvermögen.

3. Der stille Gesellschafter **beteiligt** sich nicht am Inhaber, sondern am Handelsgewerbe. Damit der Inhaber die Einlage des stillen Gesellschafters nicht beliebig einsetzen kann (nach stRspr hindert ihn die Treupflicht daran, BGH NJW 1995, 1353, 1354), sollte festgelegt werden, für welches Handelsgewerbe sie bestimmt ist (Blaurock/*Jung,* Rn 6.51). Wegen der Ausrichtung der stillen Gesellschaft auf ein konkretes Handelsgewerbe (s BGH WM 1963, 1209) macht § 4 Abs 2 a) die Änderung von der Zustimmung des stillen Gesellschafters abhängig.

4. Neben der hier vorgesehenen **Bareinlage** kommen **Sacheinlagen** in Betracht, in deren Bewertung die Vertragsparteien frei sind (Baumbach/Hopt/*Roth,* § 230 Rn 22). Ist der Inhaber eine Kapitalgesellschaft, liegt darin ein wesentlicher Vorzug der stillen Beteiligung vor der Sachkapitalerhöhung. Außerdem kann die Einlage ohne Kapitalherabsetzung zurückgezahlt werden (Blaurock/*Blaurock*, Rn 2.10). Eine Überbewertung verleiht dem Gesellschaftsvertrag allerdings uU den Charakter einer Schenkung, so dass er nach § 518 Abs 1 S 1 BGB formbedürftig wird (BGHZ 7, 174).

5. Das **Kapitalkonto,** häufig auch als Einlagekonto bezeichnet, bringt im Gegensatz zum Kapitalkonto bei der OHG/KG (s → Form. II.B.2 Anm. 8) nicht die wirtschaftliche Beteiligung am Unternehmen des Inhabers zum Ausdruck, sondern ist ein Forderungskonto des stillen Gesellschafters gegen den Inhaber (Blaurock/*Jung*, Rn 7.78).

6. Die Aufzählung ist teilweise deklaratorisch, da sich **Zustimmungspflichten** bereits aus der Pflicht des Inhabers zur Rücksichtnahme auf die berechtigten Interessen der stillen Gesellschafter ergeben (Baumbach/Hopt/*Roth,* § 230 Rn 13 ff). §§ 112, 113 HGB betreffend Wettbewerb gelten in der stillen Gesellschaft nicht. Ein Wettbewerbsverbot des Inhabers wird jedoch aus der Treuepflicht abgeleitet (Baumbach/Hopt/*Roth,* § 230 Rn 16; Blaurock/*Jung* Rn 12.33 ff). Das Form. sieht es ausdrücklich vor. Denkbar ist auch, dass die Stillen ein Wettbewerbsverbot übernehmen, was aber bei der typisch stillen Gesellschaft, die im Gegensatz zur atypisch stillen Gesellschaft keine Mitunternehmerschaft begründet, eher ungewöhnlich wäre.

7. Das Form. legt der **Gewinnermittlung** zulässigerweise die Steuerbilanz zugrunde (BFH BStBl II 1969, 690; Blaurock/*Levedag,* Rn 22.187, Blaurock/*Kauffeld*, Rn 14.18 ff). Dies kommt dem gesetzlichen Leitbild, nach dem der stille Gesellschafter am tatsächlichen Ergebnis des Betriebs beteiligt werden soll (BGH DB 1960, 14 f), in der Regel näher als die ebenfalls mögliche Orientierung an der Handelsbilanz (Blaurock/*Levedag*, Rn 22.186f). Da der stille Gesellschafter nicht am Geschäftsvermögen des Inhabers beteiligt ist, sollen bei der Ergebnisverteilung Gewinne bzw Verluste aus Geschäftsvorfällen vor Beginn der Gesellschaft, die erst während ihres Bestehens bilanzrechtlich realisiert werden, ebenso wie außerordentliche Erträge bzw Aufwendungen (zB Auflösung von Rücklagen aus der Zeit vor Beginn der Gesellschaft; Gewinne aus der

Veräußerung des Goodwill etc) nicht berücksichtigt werden. Dagegen soll die Ergebnisverteilung den tatsächlichen (betriebswirtschaftlichen) Wert des während der stillen Gesellschaft erworbenen Anlagevermögens reflektieren, so dass steuerlich motivierte Sonderabschreibungen etc nicht zu berücksichtigen sind (Baumbach/Hopt/*Roth,* § 232 Rn 1). Außerdem wird deutlich, dass der Gewinnanteil des typisch stillen Gesellschafters, der steuerlich Betriebsausgabe des Inhabers ist (und deshalb den Gewinn mindert), außer Betracht bleibt. Ergänzend könnte man bei juristischen Personen regeln, dass die in § 10 KStG genannten Ausgaben (vgl Blaurock/*Kauffeld,* Rn 14.19) sowie Tätigkeitsvergütungen der Organe dem Gewinn hinzuzurechnen sind, oder bei Personengesellschaften klarstellen, dass für Tätigkeitsvergütungen der Gesellschafter keine Hinzurechnung erfolgen soll.

Die Höhe der Gewinnbeteiligung ist frei vereinbar. Im Form. (§ 7) errechnet sie sich aus der prozentualen Beteiligung am Gesamtkapital des Unternehmens; in der Praxis werden zugunsten typisch stiller Gesellschafter, die eine Fremdfinanzierung ohne feste Verzinsung und ohne mitunternehmerischen Einfluss ist, häufig überproportionale Gewinnbeteiligungen vorgesehen, um dem Risikocharakter dieser Finanzierung Rechnung zu tragen. Eine unverhältnismäßig hohe Verzinsung der Einlage wird jedoch bei Familiengesellschaften oder bei Identität von Gesellschafter des Inhabers und stillem Gesellschafter steuerlich nicht anerkannt (im Einzelnen s → Anm. 11). Auch kann eine jährliche Mindestverzinsung der Einlage vereinbart werden, die nicht Gewinnbeteiligung ist (Baumbach/Hopt/*Roth,* § 231 Rn 2).

Gem § 232 Abs 2 S 1 HGB ist der Verlustanteil des stillen Gesellschafters von Gesetzes wegen auf die eingezahlte Einlage begrenzt. Abweichende Vereinbarungen sind jedoch möglich. Zur Vermeidung der Annahme diesbzgl konkludenter Abreden (vgl OLG Schleswig NJOZ 2010, 1044, 1045) sollte der Gesellschaftsvertrag den Verlustanteil explizit auf die erbrachte Einlage beschränken.

8. Das Form. bedingt § 233 Abs 2 HGB ab und erstreckt das Kontrollrecht auch auf die Zeit nach dem Ausscheiden. Ohne diese Regelung stünden dem stillen Gesellschafter nach Ausscheiden nur die Informationsrechte gem §§ 810, 242 BGB zu (BGH DB 1976, 2106, 2107; BGHZ 50, 316, 324).

9. Nach der gesetzlichen Regelung ist die stille Beteiligung als solche (anders die in § 717 S 2 BGB genannten Ansprüche) nicht übertragbar, aber vererblich (§ 234 Abs 2 HGB).

Das Form. erlaubt die **Übertragung** auf Angehörige ohne, sonst mit Zustimmung des Inhabers, und gibt ihm für den Fall des Verstoßes ein Kündigungsrecht.

10. **Stirbt der Inhaber,** sieht das Gesetz bei mangelnder anderweitiger Regelung die Auflösung der stillen Gesellschaft vor (§ 727 Abs 1 BGB). Das Form. legt die Fortsetzung mit den Nachfolgern in das Handelsgewerbe fest. Ist Inhaberin eine Handelsgesellschaft, steht deren Auflösung dem Tod des Inhabers nicht gleich (Baumbach/Hopt/*Roth,* § 234 Rn 4). Das Form. stellt klar, dass die Auflösung des Inhabers ein Grund zur außerordentlichen Kündigung ist (vgl BGH NJW 1982, 2821; DB 77, 87). Für den Fall des Übergangs der stillen Beteiligung von Todes wegen auf andere als Angehörige des Stillen ist ein Kündigungsrecht des Inhabers vorgesehen. Es kann auch bestimmt werden, dass nur bestimmte Erben Rechtsnachfolger werden (BGH WM 1962, 1084, 1085).

11. **Steuerhinweise:** Die typische stille Gesellschaft ist ein Finanzierungsinstrument, das es ermöglicht, den Kreditgeber am Gewinn und (abdingbar) am Verlust des finanzierten Handelsgewerbes teilhaben zu lassen, ohne ihn steuerlich zum „Mitunternehmer" zu machen, und das zugleich die Belastung des Handelsgewerbes mit ergebnisunabhängigen Zinsverpflichtungen vermeidet. Nur die typische stille Gesellschaft ist Beteiligung an einem Handelsgewerbe, wie in den §§ 230 ff HGB vorgesehen.

Von ihr sind zu unterscheiden: die atypische stille Gesellschaft (s → Form. II.G.2 Anm. 1), bei der der stille Gesellschafter idR an den stillen Reserven und am Geschäftswert des Handelsgewerbes beteiligt ist, jedenfalls aber Mitunternehmerrisiko trägt und Mitunternehmerinitiative entfalten kann und deswegen steuerlich aus seiner stillen Beteiligung unmittelbar gewerbliche Einkünfte erzielt, andererseits das partiarische Darlehen, dem als bloßes Forderungsrecht mit Gewinn- (nicht Verlust-)beteiligung die Verbindung zur Erreichung eines gemeinsamen Zieles und damit das gesellschaftsrechtliche Element fehlt (BFH FR 1993, 226 mit Anm. *L. Schmidt:* die Benennung durch die Vertragsparteien ist nur unverbindlicher Anhalt; BFH BStBl II 1984, 623; 1983, 563).

Der typische stille Gesellschafter erzielt mit seinem Gewinnanteil, wenn er die stille Beteiligung im Privatvermögen hält, **Einkünfte aus Kapitalvermögen** nach § 20 Abs 1 Nr 4 EStG, die ihm grds im Zeitpunkt der Auszahlung oder Gutschrift zufließen (BFH BStBl II 1991, 147: auch soweit die durch Verluste geminderte Einlage wieder aufgefüllt wird [§ 11 Abs 1 EStG]; § 44 Abs 3 EStG gilt nur für die Kapitalertragsteuer, L. Schmidt/*Levedag,* § 44 Rn 4), Anteile an laufenden Verlusten sind aufgrund der gesetzlichen Neukonzeption (vgl § 20 Abs 2 Nr 4, Abs. 9 EStG) ab VZ 2009 als negative Einnahmen bei den Einkünften aus Kapitalvermögen zu berücksichtigen (L. Schmidt/*Levedag,* § 20 Rn 96; str, aA zB *Fleischer/Thierfeld,* 126 ff), grds aber nur soweit als die Verlustanteile von der Einlage des stillen Gesellschafters abgebucht worden sind (BFH BStBl II 2002, 858; L. Schmidt/*Levedag,* § 20 Rn 96). Ein in der Zeit vor dem Bestehen der stillen Gesellschaft entstandener Verlust kann dem stillen Gesellschafter nicht zugerechnet werden (BFH/NV 2008, 1148; L. Schmidt/*Levedag,* § 20 Rn 96). Hält der Stille die typische stille Beteiligung im Betriebsvermögen, kann er nur Einkünfte aus Gewerbebetrieb aus ihr beziehen (§ 20 Abs 8 S 1 EStG); er hat uU (jedenfalls wenn er den Inhaber des Handelsgewerbes – zB eine GmbH – beherrscht: BFH, DStR 1991, 838 ff mit Anm. *L. Schmidt*) bereits für das Jahr, in dem der entsprechende Gewinnanteil erwirtschaftet wurde, eine Forderung zu aktivieren und zu versteuern (Blaurock/*Kauffeld,* Rn 14.67); Verlustanteile können durch Teilwertabschreibung der Einlage steuerwirksam werden (*Fleischer/Thierfeld,* 131).

Der Inhaber hat vom Gewinnanteil des typischen stillen Gesellschafters **Kapitalertragsteuer** iHv 25 % einzubehalten und abzuführen (§ 43 Abs 1 S 1 Nr 3 iVm §§ 20 Abs. 1 Nr 4, 43 a Abs 1 S 1 Nr 1 EStG). Voraussetzung für deren Entstehung ist der „Zufluss" (Gutschrift, auch zur Wiederauffüllung der Einlage, reicht aus; s oben) beim stillen Gesellschafter (§ 44 Abs 1 S 2 EStG; § 44 Abs 3 EStG fingiert nicht den Zufluss, sondern dessen Zeitpunkt, wenn eine Vereinbarung darüber fehlt, s L. Schmidt/*Levedag,* § 44 Rn 5; Blümich/*Lindberg* § 44 Rn 16). Seit VZ 2009 ist die Einkommensteuer mit dem Kapitalertragssteuerabzug grds abgegolten (§ 43 Abs 5 S 1 EStG). Dies gilt ausnahmsweise nicht (§ 43 Abs 5 S 2 EStG) für Kapitalerträge zwischen nahen Angehörigen uä (§ 43 Abs 5 S 2 iVm § 32 d Abs 2 EStG) sowie für Kapitalerträge, die zu den Einkünften aus LuF, aus Gewerbebetrieb, aus selbständiger Arbeit oder aus VuV gehören. In diesen Fällen hat der Kapitalertragssteuerabzug (weiterhin) nur Vorauszahlungscharakter.

Vor Inkrafttreten des UnStReformG 2008 war ein Gewinn, der bei Veräußerung einer im Privatvermögen gehaltenen stillen Beteiligung an einen Gesellschaftsfremden nach Ablauf der einjährigen Spekulationsfrist erzielt wurde, steuerfrei (BFH BStBl II 1981, 465). Seit VZ 2009 gilt § 20 Abs 2 S 1 Nr 4, S 2 EStG, wonach Gewinne aus der Veräußerung der stillen Beteiligung an Gesellschaftsfremde und aus der Vereinnahmung eines Auseinandersetzungsguthabens grds zu versteuern sind (s L. Schmidt/*Levedag,* § 20 Rn 172).

Für den Inhaber ist die Einlage des typischen stillen Gesellschafters Fremdkapital; sie gehört nicht zu seinem Betriebsvermögen (BMF BStBl I 1995, 25, 176 Tz 44).

Die typische stille Gesellschaft wird wegen ihrer zivilrechtlichen und steuerlichen Möglichkeiten häufig zur Beteiligung von **Angehörigen** an Einkünften aus Familienunternehmen genutzt. Für die steuerliche Anerkennung der Gesellschaft und der Gewinnverteilung in diesen Fällen hat die Rspr bes Anforderungen aufgestellt. So wird die Beteiligung naher Angehöriger als stille Gesellschafter steuerlich nur anerkannt, wenn „die Gesellschaftsverträge klar vereinbart, zivilrechtlich wirksam und ernstlich gewollt sind, tatsächlich durchgeführt werden, wirtschaftlich zu einer Änderung der bisherigen Verhältnisse führen und die Verträge keine Bedingungen enthalten, unter denen fremde Dritte Kapital als stille Einlage nicht zur Verfügung stellen würden" (BFH BStBl II 1984, 623; 1990, 10 mit Aufzählung der wesentlichen Elemente des geforderten „Regelstatuts" des HGB; H 15.9 (4) EStR; s auch L. Schmidt/*Loschelder,* § 4 Rn 520 „Angehörige"). Die schenkweise Begründung einer typischen stillen Beteiligung für einen Angehörigen steht der Abzugsfähigkeit der darauf entfallenden Gewinnanteile beim Inhaber grds nicht entgegen. Zu den Kriterien für die steuerliche Anerkennung von nach dem 31.12.1992 schenkweise zwischen Familienangehörigen begründeten stillen Beteiligungen ohne Verlustbeteiligung s BMF-Schreiben v 23.12.2010; L. Schmidt/*Wacker,* EStG § 15 Rn 776 mwN.

Die Höhe der Gewinnbeteiligung ist unter fremden Dritten grds auch mit steuerlicher Wirkung frei vereinbar. Bei Familiengesellschaften wird der Betriebsausgabenabzug jedoch nur bis zur Grenze der „Angemessenheit" steuerlich anerkannt. Diese Grenze liegt bei geschenkter Kapitaleinlage bei 15 % ihres Nennbetrags, unter besonderen Umständen (zB Ausschluss der Verlustbeteiligung) bei 12 % (H 15.9 (3) EStR; BFH BStBl II 1990, 10; 73, 650; DStR 2009, 959, 961; Blümich/*Ratschow,* § 20 Rn 229 mwN). Auch wenn die typische stille Beteiligung durch den Angehörigen aus eigenen Mitteln erworben wurde, wird der Gewinnanteil steuerlich nur bis zu der Höhe anerkannt, wie er unter sonst gleichen Gesamtumständen einem fremden Dritten gewährt worden wäre. Angemessen ist danach eine Gewinnbeteiligung von bis zu 35 %, wenn der Stille an Verlusten teilnimmt (BFH BStBl II 1982, 387; DStR 2009, 959, 961; im Einzelfall wurden dann auch Renditen bis zu 40 % akzeptiert, s FG Köln EFG 1981, 278), ohne Verlustbeteiligung bis zu 25 % (BFH BStBl II 1973, 395; BFH NV 2002, 537; *Breidenbach,* DB 1980, Beilage 20).

Ausführl zu den jüngsten steuerrechtlichen Änderungen für die stille Gesellschaft *Neu,* FS Spiegelberger 2009, 854 ff.

Kosten und Gebühren:

Notar: Vgl → Form. II.A.1 Anm. 1. ff.
Geschäftswert: Einlageverpflichtung des stillen Gesellschafters, § 97 Abs 1, 2 GNotKG.

2. Atypische stille Gesellschaft

Vertrag über die Errichtung einer atypischen stillen Gesellschaft („Gesellschaft")[1]

§ 1 Gegenstand

(1) A ist Inhaber des unter der Firma . . . . . in . . . . . betriebenen . . . . . Unternehmens.

(2) An diesem Handelsgewerbe beteiligt er B mit Wirkung ab . . . . . als stillen Gesellschafter.

(3) Der stille Gesellschafter ist an dem Ergebnis, dem Vermögen und den offenen und stillen Reserven des Unternehmens beteiligt. Hierbei wird das Vermögen des Unternehmens im Innenverhältnis wie gemeinschaftliches Vermögen behandelt, obwohl kein Gesamthandsvermögen besteht.

§§ 2–5 Einlage/Konten/Geschäftsführung/Jahresabschluss

Wie in → Form. II.G.1 Anm. 4-6 (§§ 2-5), jedoch mit folgenden Ergänzungen in § 4 Abs 2:

g) Bestellung von Geschäftsführern und Prokuristen,
h) Abschluss von Rechtsgeschäften, durch die das Unternehmen im Einzelfall mit mehr als EUR . . . . . belastet wird,
i) Investitionen von mehr als EUR . . . . .,
j) Erwerb, Veräußerung und Belastung von Grundstücken und grundstücksgleichen Rechten,
k) Rechtsgeschäfte zwischen dem Inhaber und dessen Angehörigen, die über den Betrag von EUR . . . . . hinausgehen,
l) Errichtung von Zweigniederlassungen,
m) Abschluss von Miet- und Pachtverträgen mit einer Miet-/Pachtdauer von mehr als . . . . . Jahr(en).
n) Einbringung oder Ausgliederung des Unternehmens in eine Personen- oder Kapitalgesellschaft und Aufnahme weiterer Gesellschafter in eine solche Gesellschaft,
o) Abschluss, Änderung oder Aufhebung von Unternehmensverträgen durch das etwa umgewandelte Unternehmen.

§ 6 Gewinn- und Verlustbeteiligung/Entnahmen

(1) Für die Gewinn- und Verlustbeteiligung des stillen Gesellschafters ist der Jahresabschluss (§ 5) maßgeblich.[2]

(2) Am Gewinn nimmt der stille Gesellschafter mit . . . . . %, höchstens jedoch . . . . . % seiner Einlage teil, am Verlust mit . . . . . %, höchstens bis zum Betrag seiner Einlage.

(3) Der Stille kann 50 % seines Gewinnanteils zu Lasten seines laufenden Kontos entnehmen, sofern dieses nicht negativ wird. Andere Entnahmen bedürfen der Zustimmung des Inhabers.

§ 7 Änderung der Kapitalverhältnisse

Wie in → Form. II.G.1 Anm. 7 ff. (§ 7).

§ 8 Sonstige Rechte und Pflichten der stillen Gesellschafter

(1) Jeder stille Gesellschafter hat neben den gesetzlichen Informations- und Kontrollrechten die Rechte aus § 716 BGB, die er auch durch einen Angehörigen eines zur Berufsverschwiegenheit verpflichteten rechts-, wirtschafts- oder steuerberatenden Berufs ausüben kann. Das gilt auch nach Beendigung der Gesellschaft für die Zwecke der Ermittlung der Abfindung.

(2) Dem stillen Gesellschafter stehen die Recht zu, wie sie § 164 HGB dem Kommanditisten einer Kommanditgesellschaft gewährt.[3]

(3) Die Abtretung oder Verpfändung der stillen Beteiligung oder von Rechten daraus sowie sonstige Verfügungen außer zugunsten von Ehegatten oder Abkömmlingen sind ohne vorherige schriftliche Zustimmung des Inhabers, die nur aus wichtigem Grund

versagt werden kann, unzulässig. Ein Verstoß berechtigt den Inhaber zur Kündigung aus wichtigem Grund.

(4) Der stille Gesellschafter darf Tatsache und Inhalt der stillen Beteiligung nicht ohne vorherige schriftliche Zustimmung des Inhabers offenbaren und hat über alle ihm bekannt werdenden Angelegenheiten des Handelsgewerbes Stillschweigen zu bewahren. Hierzu ist er auch für die Dauer von . . . . . Jahren nach seinem Ausscheiden oder der Beendigung der stillen Gesellschaft verpflichtet, es sei denn, dass das Interesse des Inhabers die Geheimhaltung nicht erfordert.

§§ 9–12 Tod eines Beteiligten/Dauer, Beendigung, Abfindung/Geschäftsjahr/ Salvatorische Klausel

Wie in → Form. II.G.1 Anm. 10 ff. (§§ 9–12), jedoch in § 10 Abs 3 und 4 mit folgender Fassung:

(3) In allen Fällen der Beendigung steht dem stillen Gesellschafter eine Abfindung entsprechend dem Wert seiner Beteiligung am Beendigungsstichtag zu.

(4) Der Wert der Beteiligung[4] wird auf Grund einer auf den Beendigungsstichtag zu erstellenden Auseinandersetzungsbilanz, in der die Vermögensgegenstände des Handelsgewerbes mit ihren Verkehrswerten anzusetzen und bestehende Gewinnrücklagen sowie Gewinn- und Verlustvorträge aufzulösen sind, errechnet aus

a) dem Saldo des Kapital-, des laufenden und des Verlustkontos des stillen Gesellschafters,
b) seinem Anteil an den stillen Reserven der Vermögensgegenstände des Handelsgewerbes und
c) seinem Anteil an einem etwaigen Geschäftswert;

Seine Anteile zu b) und c) bestimmen sich nach dem am Beendigungsstichtag bestehenden Verhältnis seiner Einlage zum gesamten Kapital des Inhabers einschließlich der Einlagen der stillen Gesellschafter.[5, 6]

Schrifttum: S → Form. II.G.1.

Anmerkungen

1. S → Form. II.G.1 Anm. 1 ff. Anders als der typische wird der **atypische stille Gesellschafter** schuldrechtlich (und damit auch einkommen- oder körperschaftsteuerlich) so gestellt, als sei er am Gesellschaftsvermögen gesamthänderisch beteiligt (Baumbach/Hopt/*Roth,* § 230 Rn 3; s nachstehend → Anm. 4; Überbl über die versch. atypischen Formen der stillen Gesellschaft bei Blaurock/*Blaurock,* Rn 4.26 ff), wie das Form. in § 1 Abs 3 deutlich macht. Dies kann mit Geschäftsführungsbefugnissen oder sonstigen Mitwirkungsrechten des stillen Gesellschafters einhergehen (BGH WM 1992, 1576 f). Ein Gesamthandsvermögen entsteht aber auch bei der atypischen Gestaltung nicht.

2. Die Beteiligung der stillen Gesellschafter erstreckt sich bei Beginn der stillen Gesellschaft auf das gesamte Geschäftsvermögen des Inhabers einschließlich aller zu diesem Zeitpunkt bestehenden stillen Reserven. Anders als bei der typischen stillen Gesellschaft erfasst der Gewinnanspruch demgemäß auch alle während der Dauer der stillen Gesellschaft eingetretenen Wertänderungen ohne Rücksicht darauf, ob diese durch den Geschäftsbetrieb während der Dauer der Gesellschaft oder durch davon unabhängige Umstände verursacht wurden (MüHdBGesR II/*Keul,* § 86 Rn 35).

3. Ein Kriterium für die Bejahung der steuerlichen Mitunternehmerschaft des stillen Gesellschafters ist – neben dem Mitunternehmerrisiko – dessen **Mitunternehmerinitiative** (BFH GrS BStBl II 1984, 751; BStBl II 1986, 311, 314). Daher werden dem stillen Gesellschafter im Form. die Befugnisse eines Kommanditisten nach § 164 HGB eingeräumt. Dies führt dazu, dass vor der Durchführung einer außergewöhnlichen Maßnahme die Zustimmung aller, auch der stillen, Gesellschafter notwendig ist (vgl MüKoHGB/*Grunewald,* § 164 Rn 10; Baumbach/Hopt/*Roth,* § 164 Rn 2).

Das in § 4 Abs 2 des Form. vorgesehene Zustimmungserfordernis erweitert den Mitwirkungsbereich des stillen Gesellschafters insofern über § 164 HGB hinaus, als es ggf auch Handlungen im gewöhnlichen Geschäftsbetrieb erfasst.

Beide Befugnisse wirken nur schuldrechtlich und schränken die Verfügungsmacht des Geschäftsinhabers nicht ein (§§ 137 BGB, 126 Abs 2 HGB, 37 Abs 2 GmbHG, 82 Abs 1 AktG; BGHZ 156, 38, 44).

4. Der atypische stille Gesellschafter nimmt an den **stillen Reserven** des Handelsgewerbes teil. Die Abfindung sollte sich daher an den für gesamthänderisch beteiligte Gesellschafter entwickelten Grundsätzen orientieren. Danach ist der wirkliche Wert des lebenden Unternehmens so zu ermitteln, wie er sich als Preis für einen gedachten Verkauf des Unternehmens als Einheit ergibt. Ohne vertragliche Begrenzung wäre der Ertragswert maßgebend (s → Form. II.B.2 Anm. 18; ferner Baumbach/Hopt/*Hopt,* Einf § 1 Rn 34 ff; BGH NJW 1985, 192).

Die Parteien können andere Bewertungsmaßstäbe vereinbaren, die aber den kündigungswilligen Gesellschafter nicht entgegen § 723 Abs 3 BGB in seiner Entschlussfreiheit beeinträchtigen dürfen, wenn die Gesellschaft auf unbestimmte Zeit eingegangen ist (BGH ZIP 1989, 768; Baumbach/Hopt/*Roth,* § 234 Rn 9). Zulässig ist etwa die Vereinbarung, dass der stille Gesellschafter mit einer Quote des Liquidationserlöses abgefunden wird, falls das Unternehmen des Inhabers im Zusammenhang mit der Beendigung der stillen Gesellschaft liquidiert wird (BGH ZIP 2001, 1414). Steuerlich ist darauf zu achten, dass die Anerkennung der Mitunternehmerschaft nicht gefährdet wird.

5. **Steuerhinweise:** Die atypische stille Gesellschaft ist dadurch gekennzeichnet, dass der stille Gesellschafter über den in §§ 230 ff HGB gesetzten Rahmen hinaus Mitunternehmerrisiko und Mitunternehmerinitiative übernimmt, so dass seine Rechtsstellung nach dem Gesamtbild dem Typ des **Mitunternehmers** iSv § 15 Abs 1 S 1 Nr 2 Hs 1 EStG entspricht (BFH BStBl II 86, 311). Das ist eindeutig der Fall, wenn er im Innenverhältnis die Rechte und Pflichten eines Kommanditisten nach dem Regelstatut des HGB hat, dh über § 233 HGB hinausgehende Mitwirkungs- und Kontrollrechte (Mitunternehmerinitiative, s → Anm. 3), Teilnahme am laufenden Gewinn und Verlust sowie bei Beendigung der Gesellschaft Beteiligung am tatsächlichen Zuwachs des Vermögens des Handelsgewerbes einschließlich der stillen Reserven und eines Geschäftswerts (Mitunternehmerrisiko) beanspruchen kann (L. Schmidt/*Wacker,* § 15 Rn 340 ff). Beide Komponenten des Mitunternehmerbegriffs müssen vorliegen, doch kann im Einzelfall die eine oder andere ausgeprägter sein (BFH GrS BStBl II 1984, 751, 769), so dass sie einander – in Grenzen – kompensieren können (BFH BStBl II 1989, 720; L. Schmidt/*Wacker,* § 15 Rn 262 ff mwN). Deshalb muss der stille Gesellschafter, der Mitunternehmer sein will, dem aber regelmäßig nur die Kontrollrechte des § 233 HGB zustehen, eine umso ausgeprägtere vermögensrechtliche Stellung haben, insbes ungeschmälert an den stillen Reserven und am Geschäftswert teilhaben, wobei der Geschäftswert nach den verkehrsüblichen Methoden berechnet werden muss; eine Pauschalabfindung genügt nicht (BFH BStBl II 1982, 59; 1986, 311; die in diesen Urteilen am Bsp eines Kommanditisten getroffene Unterscheidung zwischen der Beendigung der Gesellschaft, bei der ein Geschäftswert voll abgefunden werden muss, und dem vorzeitigen Ausscheiden, bei dem dies – wohl um den Bestand der Gesellschaft zu schützen – nicht erforderlich sein soll, wird auch bei der stillen Gesellschaft angewandt (BFH/NV 1993, 647).

Umgekehrt kann der stille Gesellschafter auch ohne Beteiligung an den stillen Reserven und am Geschäftswert und uU sogar ohne Verlustbeteiligung (allerdings nicht ohne Gewinnbeteiligung: BFH GrS BStBl II 1984, 751, 770) Mitunternehmer sein, wenn er besonders ausgeprägte Unternehmerinitiative entfalten kann, zB typische Unternehmerentscheidungen trifft (BFH BStBl II 1981, 424) oder ihm gar die Geschäftsführung des Unternehmens überlassen ist (BFH BStBl II 1982, 389. Zu weiteren Einzelfällen aus der umfangreichen Kasuistik s L. Schmidt/*Wacker,* § 15 Rn 340 ff).

Noch strengere Anforderungen gelten für die steuerliche Anerkennung (insbes schenkweise eingeräumter, dazu BFH DStR 1994, 1005 mwN) atypischer stiller Beteiligungen von Familienangehörigen etwa am elterlichen Unternehmen. Ua dürfen die Rechte des stillen Gesellschafters nicht weiter eingeschränkt sein als bei einem entgeltlich begründeten Rechtsverhältnis unter fremden Dritten üblich („at arm's length"-Grundsatz) und muss der Gesellschaftsvertrag ernsthaft gemeint, zivilrechtlich wirksam sein und tatsächlich vollzogen werden (BFH BStBl II 1989, 720; Einzelheiten und Bspe bei L. Schmidt/*Wacker,* § 15 Rn 770 ff; zur angemessenen Gewinnverteilung in diesen Fällen s → Form. II.C.3 Anm. 13 und L. Schmidt/*Wacker,* § 15 Rn 782 ff mwN).

Dem atypischen stillen Gesellschafter wird sein (einheitlich und gesondert festzustellender, BFH BStBl II 1986, 311, 315) Gewinnanteil als Einkünfte aus Gewerbebetrieb iSv § 15 Abs 1 S 1 Nr 2 Hs 1 EStG zugerechnet, dh einschließlich etwaiger Vergütungen für iRd Handelsgewerbes an den Inhaber erbrachte Leistungen (bestimmte Tätigkeiten, Darlehensgewährungen und Nutzungsüberlassungen), und zwar grds für das Jahr der Entstehung des Gewinns (Bilanzstichtag des Geschäftsinhabers, BFH BStBl II 1979, 278), nicht erst – wie grds bei der typischen stillen Gesellschaft (s dazu → Form. II.G.1 Anm. 11) – für das Jahr des Zuflusses (Auszahlung, Gutschrift). Die spätere Entnahme zieht dann keine weiteren Steuerfolgen nach sich; es entsteht – wiederum im Unterschied zur typischen stillen Gesellschaft – keine Kapitalertragsteuer.

Gewinne aus der Veräußerung einer atypischen stillen Beteiligung oder aus einer den Buchwert der stillen Beteiligung übersteigenden Abfindung bei Beendigung der stillen Gesellschaft unterliegen der Einkommensteuer.

Die atypische stille Gesellschaft ist als Innengesellschaft ebenso wenig subjektiv gewerbesteuerpflichtig wie der stille Gesellschafter; Steuerschuldner ist insoweit allein der Inhaber des Handelsgeschäfts, und zwar für den Gewinn aus dem Gewerbebetrieb einschließlich der ggf an den stillen Gesellschafter bezahlten Sondervergütungen (BFH BStBl II 1986, 311, 316 f). Der stille Gesellschafter unterliegt weder mit einem Gewinn aus der Veräußerung der atypischen stillen Beteiligung noch mit einem „Abfindungsgewinn" der Gewerbesteuer (R 7.1 (3) GewStR).

Kosten und Gebühren:

Notar: Vgl → Form. II.A.1 Anm. 1 ff.
Geschäftswert: Einlageverpflichtung des stillen Gesellschafters, § 97 Abs 1, 2 GNotKG.

3. Unterbeteiligung an einem Gesellschaftsanteil

zwischen[1]

A („Hauptbeteiligter“)

und

B („Unterbeteiligter“)

§ 1 Unterbeteiligung

(1) Der Hauptbeteiligte ist Kommanditist der XY GmbH & Co. KG

(im Folgenden: Gesellschaft)

mit einem Kapitalanteil von EUR . . . . ., welcher ihm eine Beteiligung von . . . . . an der Gesellschaft vermittelt

(im Folgenden: Hauptbeteiligung).

(2) Er räumt hieran dem Unterbeteiligten ab . . . . . eine Unterbeteiligung von . . . . . % an dem auf die Hauptbeteiligung entfallenden Ergebnis ein.

(3) Durch die Unterbeteiligung entsteht eine Innengesellschaft bürgerlichen Rechts. Der Unterbeteiligte erwirbt keine Mitberechtigung an der Hauptbeteiligung, sondern nur schuldrechtliche Ansprüche gegen den Hauptbeteiligten nach Maßgabe dieses Vertrags.

(4) Widerspricht dieser Unterbeteiligungsvertrag ganz oder teilweise den Rechten und Pflichten des Hauptbeteiligten gegenüber der Gesellschaft oder seinen Mitgesellschaftern, ist er damit durch Auslegung oder Ergänzung in Übereinstimmung zu bringen.[2]

§ 2 Einlage

Der Unterbeteiligte erbringt als Gegenleistung für die Einräumung der Unterbeteiligung an den Hauptbeteiligten EUR . . . . . Der Betrag ist heute fällig.[3]

§ 3 Konten[4]

(1) Für jeden der Beteiligten wird ein Kapitalkonto, ein laufendes Konto und ein Verlustvortragskonto geführt. Die Konten sind in Soll und Haben unverzinslich.

(2) Das Kapitalkonto ist fest. Auf ihm werden die Anteile an der Innengesellschaft gebucht.

(3) Auf dem laufenden Konto werden Gewinnanteile gebucht und Verlustanteile, soweit das Konto dadurch nicht negativ wird.

(4) Auf dem Verlustvortragskonto werden die Verlustanteile gebucht, die nach Abs 3 auf dem laufenden Konto nicht gebucht werden können. Gewinnanteile sind stets zuerst zum Ausgleich eines negativen Verlustvortragskontos zu verwenden.

(5) Die Beteiligten sind zu Nachschüssen nicht verpflichtet.

§ 4 Pflichten des Hauptbeteiligten

(1) Der Hauptbeteiligte führt die Geschäfte der Unterbeteiligung unentgeltlich.

(2) Er hat den Unterbeteiligten über die Situation der Gesellschaft unterrichtet zu halten. Der Unterbeteiligte hat Anspruch auf deren Jahresabschluss und alle Unterlagen, Erläuterungen und Auskünfte über alle Angelegenheiten der Gesellschaft, soweit dem nicht gesetzliche oder vertragliche Pflichten des Hauptbeteiligten gegenüber der Gesellschaft und/oder seinen Mitgesellschaftern entgegenstehen. Dies gilt auch nach Beendigung der Unterbeteiligung hinsichtlich aller für die Ermittlung der Abfindung maßgeblichen Tatsachen.[5]

(3) Der Hauptbeteiligte ist verpflichtet, den Unterbeteiligten anzuhören, ehe er Handlungen vornimmt, die rechtlich oder wirtschaftlich für die Unterbeteiligung oder den Unterbeteiligten von besonderer Bedeutung sind.[6]

§ 5 Pflichten des Unterbeteiligten

(1) Der Unterbeteiligte, der keine unmittelbaren Rechte an der Hauptbeteiligung gegenüber der Gesellschaft oder den Mitgesellschaftern des Hauptbeteiligten hat, verpflichtet sich, zu diesen nicht in unmittelbaren Kontakt zu treten.

(2) Er verpflichtet sich außerdem, Tatsache und Inhalt der Unterbeteiligung niemandem ohne vorherige schriftliche Zustimmung des Hauptbeteiligten zu offenbaren.[7]

(3) Die Abtretung oder Verpfändung der Unterbeteiligung oder von Rechten daraus sowie sonstige Verfügungen sind ohne vorherige schriftliche Zustimmung des Hauptbeteiligten unzulässig.[8] Dies gilt auch für Übertragungen im Rahmen von Umwandlungen nach dem Umwandlungsgesetz. Geht der Unterbeteiligte durch eine Aufspaltung unter, hat der Hauptbeteiligte das Recht zu bestimmen, auf welchen der übernehmenden Rechtsträger die Unterbeteiligung übergeht.

§ 6 Jahresabschluss/Gewinn- und Verlustbeteiligung

(1) Der Hauptbeteiligte hat den Jahresabschluss, für den die Steuerbilanz der Gesellschaft maßgeblich ist, unverzüglich nach Vorliegen des Jahresabschlusses der Gesellschaft aufzustellen und dem Unterbeteiligten zuzuleiten.[9]

(2) Gewinn oder Verlust stehen den Beteiligten im Verhältnis ihrer Kapitalkonten (§ 3 Abs 2) zu, doch ist der Gewinnanteil des Unterbeteiligten auf . . . . . % pa seiner Einlage beschränkt; der restliche Gewinn steht dem Hauptbeteiligten zu. Für die Ermittlung des Gewinnanteils des Unterbeteiligten bleiben außerordentliche Erträge und Aufwendungen, erhöhte Absetzungen und Sonderabschreibungen sowie Erträge oder Verluste aus der Veräußerung von Anlagegütern, die vor dem in § 1 Abs 2 genannten Zeitpunkt angeschafft wurden, unberücksichtigt.[10]

(3) Von allen Zahlungen auf den Gewinn der Gesellschaft hat der Hauptbeteiligte jeweils den auf die Unterbeteiligung entfallenden Anteil unter Beachtung des Abs 2 unverzüglich an den Unterbeteiligten weiterzuleiten.

§ 7 Tod eines Beteiligten

(1) Stirbt der Hauptbeteiligte, wird die Unterbeteiligung mit seinen Rechtsnachfolgern in die Hauptbeteiligung fortgesetzt, soweit dem nicht der Gesellschaftsvertrag der Gesellschaft entgegensteht.[11] Werden nach diesem die Rechtsnachfolger des Hauptbeteiligten ganz oder teilweise abgefunden, endet die Unterbeteiligung und ist der Unterbeteiligte gemäß § 8 abzufinden.

(2) Stirbt der Unterbeteiligte, wird die Unterbeteiligung mit den von ihm durch Verfügung von Todes wegen Bedachten, ggf seinen gesetzlichen Erben, fortgesetzt. Soweit

mehrere Erben vorhanden sind, müssen sie sich durch einen gemeinsamen Bevollmächtigten vertreten lassen.[12]

§ 8 Ausscheiden/Abfindung

(1) In allen übrigen Fällen, in denen das Gesetz die Auflösung einer BGB-Gesellschaft vorsieht, auch im Fall einer Kündigung der Unterbeteiligung, der Eröffnung des Insolvenzverfahrens über das Vermögen des Unterbeteiligten, der Zwangsvollstreckung in die Unterbeteiligung und der Beendigung der Hauptbeteiligung, endet die Unterbeteiligung mit der Folge, dass der Unterbeteiligte, ggf seine Rechtsnachfolger, abzufinden sind.[13]

(2) Die Abfindung berechnet sich aus dem Saldo des Kapital-, des laufenden und des Verlustvortragskontos des Unterbeteiligten am Beendigungsstichtag. Wird die Unterbeteiligung innerhalb eines Geschäftsjahrs beendet, ist vom vorangegangenen Bilanzstichtag auszugehen und das Ergebnis in das laufende Geschäftsjahr fortzuschreiben. Am Ergebnis schwebender Geschäfte der Gesellschaft nimmt der Unterbeteiligte nur teil, wenn und soweit sie wegen drohender Verluste in der Bilanz der Gesellschaft, die für die Berechnung seiner Abfindung maßgebend ist, zu berücksichtigen sind; § 740 BGB wird ausgeschlossen.[14]

(3) Ein Verlustsaldo ist nur auszugleichen, wenn er seine Ursache in Belastungen des laufenden Kontos hat.

(4) Die hiernach ermittelte Abfindung bleibt auch dann maßgeblich, wenn der vorausgehende Jahresabschluss im Zug einer Betriebsprüfung geändert wird.

(5) Kommt eine Einigung über die Abfindung nicht zustande, entscheidet ein von beiden Beteiligten benannter Wirtschaftsprüfer oder eine Wirtschaftsprüfungsgesellschaft als Schiedsgutachter. Kommt auch hierüber keine Einigung zustande, ist der Schiedsgutachter auf Antrag eines Beteiligten durch die Wirtschaftsprüferkammer, Berlin, zu bestimmen.

(6) Die Abfindung ist binnen drei Monaten nach Vorliegen der Auseinandersetzungsbilanz zu zahlen und ab dem Bewertungsstichtag mit . . . . . % pa zu verzinsen.

§ 9 Dauer/Geschäftsjahr[15]

(1) Jeder Beteiligte kann – unbeschadet des Kündigungsrechts aus wichtigem Grund – die Unterbeteiligung mit Jahresfrist zum Ende eines Geschäftsjahrs schriftlich kündigen, erstmals jedoch zum . . . . .

(2) Geschäftsjahr ist das Geschäftsjahr der Gesellschaft.[16,17]

Schrifttum: S zu → Form. II.A.1 Anm. 1 ff., außerdem *Blaurock*, Handbuch Stille Gesellschaft, 9. Aufl. 2020, § 30 f; *Kühne/Rehm*, Die Unterbeteiligung als Gestaltungsinstrument der Unternehmensnachfolge, 2003, 561; *Paulick*, Die Unterbeteiligung in gesellschaftsrechtlicher und steuerrechtlicher Sicht, ZGR **1974**, 253; *Tebben*, Unterbeteiligung und Treuhand an Gesellschaftsanteilen, 2000; *Werner*, Die Unterbeteiligung als Instrument der Unternehmensnachfolge, ZEV **2015**, 194.

Anmerkungen

1. Die Unterbeteiligung ist **BGB-Innengesellschaft** (BGH NJW 1968, 2003) zwischen dem Gesellschafter einer Kapital- oder Personengesellschaft und einem Dritten. Sie bildet kein Gesamthandsvermögen (BGH WM 1965, 793; Baumbach/Hopt/*Roth*, § 105 Rn 38). Sie ähnelt der stillen Beteiligung (s → Form. II.G.1 Anm. 1 ff.), besteht jedoch nicht an einem Handelsgewerbe des Inhabers, sondern an einem Anteil eines Gesellschafters (des

Hauptbeteiligten). Der Unterbeteiligte ist nur an dem auf diesen Anteil entfallenden Ergebnis (Gewinn, bei der atypischen Unterbeteiligung auch an einem auf den Hauptbeteiligten, zB als Kommanditist, entfallenden Verlust) beteiligt, nicht an der Gesellschaft bzw. dem Ergebnis der Gesellschaft. Wie bei der stillen Gesellschaft unterscheidet sich die atypische von der typischen Unterbeteiligung durch die Beteiligung an einem Verlust (üblicherweise bis zur Grenze der Einlage des Unterbeteiligten), den stillen Reserven des Anteils, an dem die Unterbeteiligung besteht (Wertveränderungen) und an den durch die Unterbeteiligung vermittelten quotalen stillen Reserven der Gesellschaft, näher Blaurock/*Blaurock,* § 30.16 f. Der typisch Unterbeteiligte nimmt lediglich mit einer bestimmten Quote am Gewinn der Gesellschaft teil, der auf den Hauptbeteiligten entfällt. Die Unterbeteiligung richtet sich, sofern nicht anders vereinbart, teils nach §§ 705 ff BGB, teils nach §§ 230 ff HGB (Blaurock/*Blaurock*, §§ 30.21 ff; MüKoBGB/*Schäfer*, *Vor* § 705 Rn 92; *Werner*, ZEV 2015, 194, 196). Zur Abgrenzung von anderen Rechtsinstituten s BGH BB 1994, 1597, Blaurock/*Blaurock,* § 30.8 ff; *Tebben,* S 51 ff.

Die verdeckte Unterbeteiligung kommt vor allem an Anteilen vor, deren Abtretung der Zustimmung anderer Gesellschafter bedarf, die nicht eingeholt werden soll oder nicht zu erlangen ist. Möglich ist auch die offene Unterbeteiligung, die dem Unterbeteiligten unmittelbar Rechte (und Treupflichten) in der Gesellschaft einräumt; sie kann nur mit Zustimmung der Gesellschafter begründet werden (MüKoBGB/*Schäfer*, Vor § 705 Rn 101).

2. Widersprechen die Pflichten aus der Unterbeteiligung denen aus dem **Gesellschaftsvertrag** der Gesellschaft, haben letztere Vorrang, da der Gesellschaftsvertrag der Gesellschaft die Grundlage der Unterbeteiligung bildet (vgl. MüKoBGB/*Schäfer*, Vor § 705 Rn 94 f). Der Unterbeteiligungsvertrag selbst bedarf nicht der Zustimmung der Beteiligungsgesellschaft; das gilt auch, wenn die Übertragung des Gesellschaftsanteils genehmigungsbedürftig ist. Verbietet der Gesellschaftsvertrag die Einräumung von Unterbeteiligungen, hat dies keine Auswirkung auf die Wirksamkeit des dennoch geschlossenen Unterbeteiligungsvertrags; allerdings verhält sich der Gesellschafter vertragswidrig, was Schadensersatzansprüche nach sich ziehen kann und der Beteiligungsgesellschaft idR ein Recht zur Ausschließung des vertragsbrüchigen Gesellschafters gibt (ausführl zum Ganzen Blaurock/*Blaurock,* § 30.27 mwN; *Kühne/Rehm*, NZG 2013, 561, 563).

3. S → Form. II.G.1 Anm. 4.

4. Die **Konten** des Unterbeteiligten (bei Unterbeteiligung an einem Kommanditanteil nicht zu verwechseln mit den Konten des Hauptbeteiligten!) entsprechen dem bei Personengesellschaften Üblichen (vgl → Form. II.B.2 Anm. 8 (§ 4)); bei auch am Verlust beteiligten (dh atypisch) Unterbeteiligten dient das Verlustvortragskonto der Kapitalerhaltung. Bei einer typischen Unterbeteiligung – wie im Form. § 1 Abs 2, bei der der Unterbeteiligte nur am Gewinn beteiligt ist, bedarf es dieses Kontos nicht, ebenso wenig der Bestimmung über die Verbuchung von Verlustanteilen in Abs 3.

5. **Informationsrechte** des Unterbeteiligten analog zu den Rechten eines stillen Gesellschafters gem § 233 HGB (MüKoBGB/*Schäfer,* Vor § 705 Rn 99 mwN) sind durch Verschwiegenheitspflichten des Hauptbeteiligten beschränkt, dem es idR verboten ist, Bilanzen, Gewinn- und Verlustrechnungen und sonstige vertrauliche Unterlagen der Gesellschaft weiterzugeben. Ob der Unterbeteiligte zwecks Nachprüfung der Auseinandersetzungsbilanz die Rechte analog § 233 HGB (BGHZ 50, 316, 323 [zu § 338 HGB aF, der § 233 HGB nF entspricht]; BGH NJW-RR 1995, 165; so *Paulick,* ZGR 1974, 282) oder analog § 716 BGB (Blaurock/*Blaurock*, § 30.48) hat, ist str, eine ausdrückliche Regelung daher empfehlenswert.

6. Die Vereinbarung von **Zustimmungserfordernissen** oder Stimmbindungen ist zulässig (BGH WM 1977, 525; Blaurock/*Blaurock,* § 30.45). Ein Unterbeteiligter wird häufig darauf bestehen, wenn er wirtschaftlich die „Mehrheitsbeteiligung" an der Hauptbeteiligung hält. Soweit mit seinen Pflichten als Gesellschafter vereinbar, hat der Hauptbeteiligte die Zustimmung des Unterbeteiligten einzuholen, wenn die Ausübung seiner Gesellschafterrechte zur Änderung der Grundlagen der Unterbeteiligung führt (Blaurock/*Blaurock*, § 30.46). Ein Handeln entgegen seiner gegenüber dem Unterbeteiligten bestehenden Pflichten wirkt sich auf einen Gesellschafterbeschluss nicht aus, sondern führt lediglich zu einer Schadensersatzpflicht des Hauptbeteiligten (Staub/*Harbarth,* § 230 Rn 285). Veräußert der Hauptbeteiligte seine Beteiligung, geht die Unterbeteiligung nicht auf den Erwerber über, vielmehr muss zwischen dem Unterbeteiligten und dem Erwerber ein neuer Unterbeteiligungsvertrag geschlossen werden; andernfalls endet die Unterbeteiligung infolge Zweckerreichung gem § 726 BGB (Hamm NJW-RR 1994, 999).

7. S → Form. II.G.6 Anm. 6.

8. Vgl § 717 BGB. Bei Verweigerung der Zustimmung kommt die Einräumung einer Unter-Unterbeteiligung (sog **mehrstufige Unterbeteiligung**) in Betracht.

9. Da der auf die Hauptbeteiligung entfallende Gewinn (und Verlust) das Ergebnis der Unterbeteiligung bestimmt, muss der **Jahresabschluss** der Gesellschaft entscheidend sein. Hierzu ist festzulegen, ob die Handels- oder die Steuerbilanz maßgeblich sein soll. Fehlt eine Bestimmung, ist es im Zweifel die Handelsbilanz (Blaurock/*Blaurock*, § 30.56). Für die Anknüpfung an die Steuerbilanz s → Form. II.G.1 Anm. 7.

10. Mangels Regelung ist § 231 Abs 1 HGB analog anzuwenden (MüKoBGB/*Schäfer,* Vor § 705 Rn 98), eine diesbezügliche Vereinbarung zur Ermittlung der Basis der Unterbeteiligung daher empfehlenswert. Wenn – wie im Form., § 1 Abs. 2 – keine Verlustbeteiligung des Unterbeteiligten vorgesehen ist und er auch nicht an den stillen Reserven teilhat, ist es üblich und angemessen, ihn an außerordentlichen Erträgen nicht zu beteiligten. Die **Angemessenheit** des Anteils des Unterbeteiligten ist Voraussetzung für die steuerliche Anerkennung; die Rspr zur stillen Gesellschaft kann zur Beurteilung der Angemessenheit herangezogen werden (*Paulick*, ZGR 1974, 287 f). Das Form. sieht in § 4 Abs 1 unentgeltliche Geschäftsführung vor; dem Hauptbeteiligten kann aber auch neben dem Gewinnanteil oder stattdessen ein Geschäftsführergehalt eingeräumt werden (*Paulick*, ZGR 1974, 266). Auch ein Gewinn vorab für den Hauptbeteiligten ist denkbar.

11. Ob ohne Regelung der **Tod** eines Beteiligten die Innengesellschaft auflöst, ist umstr (MüKoBGB/*Schäfer,* Vor § 705 Rn 102 mN), weshalb die Frage ausdrücklich geregelt werden sollte.

12. Wegen § 4 Abs 3 empfiehlt es sich vorzuschreiben, dass mehrere Rechtsnachfolger sich durch einen Bevollmächtigten vertreten lassen müssen.

13. Mit **Beendigung der Hauptbeteiligung** wird die Erreichung des Zwecks der Unterbeteiligung unmöglich (§ 726 BGB). Die Unterbeteiligung besteht nur schuldrechtlich im Verhältnis zum Hauptbeteiligten und entfaltet keine dingliche Wirkung auf die Hauptbeteiligung, geht also bei Anteilsveräußerung nicht über.

14. Bei den typischen Formen von Unterbeteiligung und stiller Gesellschaft kann die Maßgeblichkeit des **Buchwerts** unbedenklich vereinbart werden und wird auch idR vereinbart. Bei der atypischen Unterbeteiligung wird die Abfindung idR nach dem wahren Wert des Anteils bemessen.

15. Die **Dauer** ist frei vereinbar. Ohne Regelung ist die Unterbeteiligung auf unbestimmte Zeit geschlossen und ordentlich kündbar; das gilt auch, wenn die Unterbeteiligung für die Dauer der Hauptgesellschaft geschlossen ist und die Dauer der Hauptgesellschaft weder zeitlich noch ihrem Zweck nach begrenzt ist (BGHZ 50, 316, 320 ff; BGH NJW 1994, 2886, 2888). Ob hinsichtlich der Kündigungsfrist § 234 Abs 1, 132 HGB oder §§ 723 BGB gilt, ist umstr (Blaurock/*Blaurock*, § 30.58). Es empfiehlt sich daher, die Regelung auf den Gesellschaftsvertrag abzustimmen, damit der Hauptbeteiligte ggf die Gesellschaft kündigen kann, um die Abfindungszahlung zu ermöglichen.

16. **Steuerhinweise:** Steuerlich wird (im Verhältnis Hauptbeteiligter/Unterbeteiligter) die typische Unterbeteiligung wie die typische stille Gesellschaft behandelt (BFH NV 1987, 715; BFH BStBl II 1988, 186; 91, 313; *Blaurock/Berninger,* GmbHR 1990, 11 und 87); vgl → Form. II.G.1 Anm. 11. Bei der atypischen Unterbeteiligung richtet sich die steuerliche Behandlung des Unterbeteiligten nach der Qualifikation der Einkunftsart beim Hauptbeteiligten (Parallelität der Einkommensarten). Ausführl auch Blaurock/*Levedag,* § 31.

Kosten und Gebühren:

Vgl → Form. II.A.1.

4. Nießbrauch am Gesellschaftsanteil

Nießbrauchsbestellung[1]

§ 1 Gegenstand des Nießbrauchs[2]

Gegenstand des Nießbrauchs ist die Beteiligung des A („Besteller") als persönlich haftendem Gesellschafter[3] an der A & Co OHG/KG in . . . . ., Amtsgericht . . . . . HRA . . . . . Der Gesellschaftsvertrag und die Bilanz der Gesellschaft zum 31. 12. des Vorjahres sind den Beteiligten bekannt und diesem Vertrag als Anlagen beigefügt.

§ 2 Nießbrauchsbestellung[4]

(1) Der Besteller bestellt hiermit seinen Söhnen, N und O („Berechtigten"), den lebenslänglichen, unentgeltlichen Nießbrauch an je einem Drittel seiner in § 1 bezeichneten Beteiligung. Der Nießbrauch beginnt am 1. Januar des auf die Bestellung folgenden Jahres. Die Berechtigten nehmen die Nießbrauchsbestellung an.

(2) A wird sich nach besten Kräften bemühen, die Zustimmung der Mitgesellschafter zu dieser Nießbrauchsbestellung unverzüglich herbeizuführen. Gelingt dies nicht innerhalb von einem Monat ab Abschluss dieses Vertrags, wird die Bestellung des Nießbrauchs hinfällig. Diese ist insoweit aufschiebend bedingt durch die fristgemäße Zustimmung der Mitgesellschafter.[5]

(3) Der Nießbrauch soll an der jeweiligen Beteiligung des Bestellers bestehen, gleich ob es sich um Festkapital-, Rücklagen- oder Verrechnungskonten handelt, und unabhängig davon, ob diese Konten sich künftig ändern. Er setzt sich beim Ausscheiden des Bestellers oder bei Auflösung der Gesellschaft an den jeweiligen Surrogaten, insbesondere einem etwaigen Auseinandersetzungsguthaben, fort.[6]

§ 3 Rechte und Pflichten der Beteiligten[7]

(1) Für die Dauer des Nießbrauchs stehen den Berechtigten in dem aus § 2 ersichtlichen Umfang sämtliche auf die Beteiligung gemäß § 1 entfallenden entnahmefähigen Gewinne und auf den Gesellschafterkonten anfallenden entnahmefähigen Zinsen zu. Die Entnahmefähigkeit ergibt sich aus Gesetz und Gesellschaftsvertrag, festgestellten Jahresabschlüssen und sonstigen Gesellschafterbeschlüssen.[8]

(2) Wird das Gesellschaftskapital durch Einlagen erhöht, erstreckt sich der Nießbrauch anteilig auf die erhöhte Beteiligung des Bestellers nur, sofern und soweit die Berechtigten anteilig die weiteren Einlagen geleistet oder dem Besteller binnen 14 Tagen nach Aufforderung erstattet haben. Derartige Einlagen hat der Besteller den Berechtigten bei Beendigung des Nießbrauchs zu erstatten.[9]

(3) Das aus der Beteiligung folgende Geschäftsführungs- und Vertretungsrecht verbleibt beim Besteller.[10] Alle sonstigen Stimm- und Verwaltungsrechte werden Besteller und Berechtigte nur gemeinschaftlich ausüben.[11] Hierzu vereinbaren sie, sich vor deren Ausübung, insbesondere vor Gesellschafterversammlungen, miteinander abzustimmen. Sollten Sie keine Einigkeit erzielen, entscheidet die Mehrheit von Besteller und Berechtigten über die Ausübung dieser Rechte.

(4) Besteller und Berechtigte sind einander jederzeit zur umfassenden Information über die Angelegenheiten der Gesellschaft verpflichtet.[12]

(5) Alle Beteiligten haben sich sämtlicher einseitiger Maßnahmen zu enthalten und ihre Zustimmung zu Maßnahmen zu unterlassen, die zum Untergang, zur Verringerung oder einer sonstigen nachteiligen Veränderung der Beteiligung des Bestellers führen könnten. Hierzu gehören insbesondere Kündigung oder Austritt aus der Gesellschaft.[13]

(6) Eine Umwandlung der Gesellschaft, infolge derer sich der Nießbrauch an dem Surrogat der Beteiligung nicht fortsetzt, bedarf der Zustimmung der Berechtigten.

§ 4 Schlussbestimmungen[14, 15]

Wie in → Form. II.A.1 Anm. (§ 11).

Schrifttum: S zu → Form. II.A.1 Anm. 1., außerdem *Barry*, Nießbrauch an GmbH-Geschäftsanteilen, RNotZ 2014, 401; *Hermes*, Mitunternehmerisches Nießbrauchsrecht nur bei wirtschaftlichem Eigentum am Mitunternehmensanteil?, DStZ 2019, 112; *Küspert*, Der Nießbrauch am Personengesellschaftsanteil, FR 2014, 397.

Anmerkungen

1. Ziel der Nießbrauchsbestellung im Form. ist eine Vorwegnahme der **Nachfolgeregelung** in den Anteil einer Familiengesellschaft, aus der ein Gesellschafter sich langsam zurückziehen, an den Erträgen der Gesellschaft aber fortgesetzt teilhaben (und ggf Geschäftsführung und Vertretung – wie im Form. – weiterhin allein ausüben) möchte (zu weiteren Motiven und Erscheinungsformen s *Barry*, RNotZ 2014, 401 ff). In Verfügungen von Todes wegen wird der Nießbrauch häufig anstelle von Vor- und Nacherbschaft angeordnet (MüKoBGB/*Schäfer*, § 705 Rn 95). Die Zulässigkeit entspricht der heute ganz hL (Nachw bei *Wälzholz*, DStR 2010, 1786, dort auch näher zu Gestaltungsfragen). Andere Rechtsinstitute, die dem Berechtigten eine mittelbare Beteiligung an der Gesellschaft einräumen, sind Unterbeteiligung (→ Form. II.G.3) und Treuhandvertrag (→ Form. II.G.6). Zur Abgrenzung vgl MüHdB GesR II/*Escher*/*Haag*, § 27 Rn 3 ff.

2. **Gegenstand** des Nießbrauchs im Form. ist der Gesellschaftsanteil als Recht (§§ 1068 ff BGB; ausführl *Daragan,* DStR 2011, 1347 ff). Da § 1069 Abs. 2 BGB einen dinglichen Nießbrauch nur an einem übertragbaren Recht zulässt, setzt die Nießbrauchsbestellung die Zulassung im Gesellschaftsvertrag oder die Zustimmung aller Mitgesellschafter voraus (hM, Baumbach/Hopt/*Roth,* § 105 Rn 44; Palandt/*Herrler,* § 1068 Rn 5, § 1069 Rn 2. Vgl → Form. II.C.2 Anm. 15 (§ 11 Abs 6)).

Davon zu unterscheiden ist der sog bloße Ertragsnießbrauch an den gem § 717 S 2 BGB frei übertragbaren Vermögensrechten (MüKoBGB/*Schäfer,* § 705 Rn 96 aE, 107; MüHdBGesR II/*Escher/Haag,* § 27 Rn 17 ff): Der Nießbraucher erhält nur entnahmefähige Gewinnanteile, aber keine Mitwirkungsrechte an der Beteiligung (Stimm- und Verwaltungsrechte), die allein beim Gesellschafter bleiben; er ist zivilrechtlich zulässig, stellt aber keinen dinglichen Nießbrauch dar und vermittelt steuerlich keine Mitunternehmerstellung (s zuletzt dazu BFH DStR 10, 1374 und näher unten → Anm. 14).

3. Das Form. betrifft die Beteiligung des **persönlich haftenden Gesellschafters.** Es ist mit den in → Anm. 10 angegebenen Änderungen auch für einen Kommanditanteil verwendbar.

4. Der Nießbrauch wird nach den für die Übertragung des Gesellschaftsanteils geltenden Vorschriften bestellt (§ 1069 Abs 1 BGB) und ist daher hier grds **formfrei.** Bei Bestellung schenkungshalber ist notarielle Beurkundung zu empfehlen (§ 518 Abs 1 S 1 BGB), weil der Schenkungsvollzug erst mit Zustimmung der Mitgesellschafter eintritt (Palandt/*Weidenkaff,* § 518 Rn 14, Palandt/*Sprau,* § 719 Rn 6).

Str ist, ob der Nießbraucher im Handelsregister eingetragen werden muss. Hält man mit der nun überwiegenden Ansicht die Aufteilung der Gesellschafterbefugnisse zwischen Besteller und Nießbraucher für zulässig (s → Anm. 7), kommt es darauf an, wie viele Verwaltungsrechte dem Nießbraucher eingeräumt sind und ob er für Gesellschaftsschulden haftet (MüHdBGesR II/*Escher/Haag,* § 27 Rn 40 mwN). Nur wenn ihm – anders als nach § 3 Abs 3 des Form. – nach außen erkennbar die verantwortliche Leitung des Unternehmens mit übertragen wird, ist der Nießbraucher Kaufmann iSv § 1 HGB (Baumbach/Hopt/*Hopt,* § 1 Rn 30) und ausnahmsweise einzutragen. Zum Grundbucheintrag beim Nießbrauch an Anteilen an einer BGB-Gesellschaft mit Grundbesitz s *Wälzholz* DStR 2010, 1786, 1787.

Zulässig ist die Nießbrauchsbestellung an mehrere Berechtigte zur gesamten Hand oder – wie im Form. – zu Bruchteilen (Palandt/*Herrler,* BGB § 1030 Rn 3).

5. S → Anm. 2. Die **Zustimmung** bedarf keiner Form.

6. Das **Auseinandersetzungsguthaben** als solches steht dem Gesellschafter zu, der Nießbrauch setzt sich aber an ihm fort (MüHdBGesR II/*Escher/Haag,* § 27 Rn 53, aA MüKoHGB/*K. Schmidt,* vor § 230 Rn 19 mwN). § 3 Abs. 6 des Form. behandelt den Sonderfall der Umwandlung der Gesellschaft, soweit diese zum Untergang des Nießbrauchs führt. Abw von § 3 Abs 3 ist hier die Zustimmung beider Berechtigter erforderlich; zu diesen Fällen näher *Götz/Hülsmann,* DStR 2010, 2378 ff und 2432 ff; *Wälzholz* DStR 2010, 1786, 1788 mit Formulierungsvorschlägen.

7. Der Umfang der **Rechtsstellung** des Nießbrauchers bei einem Nießbrauch am Gesellschaftsanteil insgesamt ist umstritten. Während nach früher hM der Nießbraucher die volle Gesellschafterstellung gegenüber Mitgesellschaftern und Dritten übernimmt und der Besteller für die Dauer des Nießbrauchs am gesamten Anteil aus der Gesellschaft austritt, ist nach heute ganz hM die Einräumung des Nießbrauchs am Gesellschaftsanteil unter Beibehaltung der Gesellschafterstellung des Bestellers zulässig, wobei die Verwaltungsrechte zwischen den Gesellschaftern und dem Nießbraucher aufgeteilt werden (str, Baumbach/Hopt/*Roth,* § 105 Rn 44 f; MüHdBGesR II/*Escher/Haag,* § 27 Rn 18 ff;

MüKoBGB/*Schäfer*, § 705 Rn 99 ff; dagegen: MüKoHGB/*K. Schmidt*, vor § 230 Rn 21). Welche Gesellschafterrechte dem Nießbraucher allein oder gemeinsam mit dem Gesellschafter zustehen, ist im Einzelnen str und anhand der Nießbrauchsbestellung sowie des Gesellschaftsvertrags zu ermitteln. Im Form. werden über die vermögensrechtlichen Bezüge (§ 3 Abs 1 und 2) hinaus dem Nießbraucher auch Verwaltungsrechte zur gemeinsamen Ausübung übertragen (§ 3 Abs 3).

8. Dem Nießbraucher stehen nach hM nur die zur Entnahme freigegebenen, also nicht in die Rücklagen eingestellten **Gewinnanteile** des Gesellschafters einschließlich der ihm gutgeschriebenen Zinsen zu (Baumbach/Hopt/*Roth*, § 105 Rn 45; MüKoHGB/*K. Schmidt*, vor § 230 Rn 18); er hat kein über den Gewinnanteil hinausgehendes Entnahmerecht gem § 122 HGB (MüHdBGesR II/*Escher/Haag*, § 27 Rn 51f; MüKoHGB/*K. Schmidt*, § 122 Rn 9).

9. Bei einer **Kapitalerhöhung** aus Gesellschaftsmitteln steht der (erhöhte) Kapitalanteil dem Besteller, nicht dem Nießbraucher zu. Die darauf entfallenden entnahmefähigen Gewinnanteile kann dagegen der Nießbraucher beanspruchen (MüHdBGesR II/*Escher/Haag*, § 27 Rn 48; s auch die Regelung in § 2 Abs 3 S 1 des Form.).

Bei einer Kapitalerhöhung gegen Einlagen ist dagegen str, ob sich der Nießbrauch auf den erhöhten Kapitalanteil erstreckt (s MüHdBGesR II/*Escher/Haag*, § 27 Rn 48; nach BGH GmbHR 83, 148 wird der nach der Kapitalerhöhung anfallende Gewinn zwischen Besteller und Nießbraucher aufgeteilt). Das Form. stellt klar, dass sich der Nießbrauch nur erweitert, wenn und soweit die neuen Einlagen vom Nießbraucher (mit-)geleistet wurden. Zum Schicksal nießbrauchsbelasteter Anteile in der Umstrukturierung von Familiengesellschaften s *Baßler*, Ubg 2011, 863.

10. Sieht man mit der heute wohl hM den Besteller weiterhin als Gesellschafter an (s → Anm. 7), stehen ihm die **Geschäftsführungs- und Vertretungsbefugnisse** weiter zu. Demgemäß haftet nach außen nur er, nicht der Nießbraucher (str, Nachw bei Baumbach/Hopt/*Roth*, § 105 Rn 44).

Bei Nießbrauchsbestellung an einem KG-Anteil ist Abs 3 wie folgt zu fassen:

> **„Alle Stimm- und Verwaltungsrechte werden A, N und O nur gemeinschaftlich ausüben. Soweit es sich um Maßnahmen handelt, bei denen Kommanditisten nach dem Gesellschaftsvertrag mitwirkungsbefugt sind, werden A, N und O intern nach Köpfen abstimmen; alle Beteiligten werden danach ihre Stimm- und Verwaltungsrechte so ausüben, wie dies mehrheitlich vorab entschieden wurde.“**

11. Wegen des Meinungsstreits über den Inhalt des Nießbrauchs (s → Anm. 7) empfiehlt es sich, den gewollten Inhalt, insbesondere die Verteilung der **Stimm- und Verwaltungsrechte**, vertraglich festzulegen, auch wenn dies nur schuldrechtliche Wirkung zwischen den Vertragspartnern haben sollte (MüKoBGB/*Schäfer*, § 705 Rn 101). Alternativ zu der im Form. gewählten Regelung kann auch eine Stimmrechtsvollmacht zugunsten des Bestellers vereinbart werden.

12. Gegen die Einräumung von **Informationsrechten** zugunsten des Nießbrauchers bestehen jedenfalls dann keine Bedenken, wenn die übrigen Gesellschafter zustimmen (MüHdBGesR II/*Escher/Haag*, § 27 Rn 65; MüKoHGB/*K. Schmidt*, vor § 230 Rn 21 aE).

13. S § 1071 BGB. **Veränderung und Aufhebung** ohne Zustimmung des Nießbrauchers sind diesem gegenüber (relativ) unwirksam (Palandt/*Herrler*, BGB, § 1071 Rn 1).

14. **Steuerhinweise:** Die ertragsteuerliche Behandlung des Nießbrauchs an einem Personengesellschaftsanteil (ausführl *Daragan*, DStR 2011, 1347, 1348 f) ist abhängig davon, ob der Nießbraucher Mitunternehmer wird, dh ob er nach den getroffenen

Vereinbarungen im eigenen Namen Mitunternehmerrisiko trägt und Mitunternehmerinitiative entfalten kann (s zuletzt *Hermes*, DStZ 2019, 112 ff; *Küspert*, FR 2014, 397, 399). Wird ihm, wie im Form., außer der Gewinnbeteiligung auch das Stimmrecht eingeräumt, ist er Mitunternehmer; eine Beteiligung an den stillen Reserven ist dazu nicht erforderlich (BFHE 109, 133). Als Mitunternehmer bezieht der Nießbraucher Einkünfte aus Gewerbebetrieb (§ 15 Abs 1 S 1 Nr 2 EStG, zu Einzelheiten der Mitunternehmerstellung und des Gewinnanteils des Nießbrauchers s L. Schmidt/*Wacker*, § 15 Rn 305 ff); ein ggf zu zahlendes Entgelt könnte er als Betriebsausgabe geltend machen. Dagegen würde der Nießbraucher im Fall eines bloßen Ertragsnießbrauchs (bei dem er keine Mitwirkungsrechte erhielte, s L. Schmidt/*Wacker*, § 15 Rn 144 f) nicht Mitunternehmer. Er bezöge dann keine gewerblichen Einkünfte, sondern uU wiederkehrende Bezüge nach § 22 Nr 1 aF/Nr 1 b nF EStG; ein evtl Entgelt stellte bei ihm Werbungskosten und beim Nießbrauchsbesteller Betriebseinnahmen dar (BFH BStBl II 1976, 592; 1975, 498; DStR 2010, 1374; L. Schmidt/*Wacker*, § 15 Rn 308; zu steuerl Gestaltungsproblemen s *Wälzholz*, DStR 2010, 1930).

Auch bei der (im Form. nicht vorgesehenen) Einräumung des Nießbrauchs am gesamten Gesellschaftsanteil bleibt der Nießbrauchsbesteller (unabhängig vom Meinungsstreit Vollrechtsübertragung/abgespaltenes Recht) steuerlich idR Mitunternehmer, jedenfalls dann, wenn er an den stillen Reserven beteiligt bleibt und wenn, wie im Form., dem Nießbraucher nur die entnahmefähigen Gewinnanteile zustehen und der Gesellschaftsvertrag Entnahmebeschränkungen vorsieht (BFH BStBl II 1995, 241, 244 f mit Anm. *Gschwendtner*, DStZ 1995, 71; L. Schmidt/*Wacker*, § 15 Rn 309). Aus diesem Grund muss der Gesellschafter/Nießbrauchsbesteller andere Liquidität aufbringen, um die persönlichen Steuern tragen zu können.

Die unentgeltliche Nießbrauchsbestellung ist schenkungssteuerpflichtig. Nach Auffassung der FinVerw stellt ein solches obligatorisches Nutzungsrecht an einem Mitunternehmeranteil aber von vornherein kein begünstigtes Vermögen iSv §§ 13 a, 19 a ErbStG dar (H 51 Abs 1 ErbStH 2003).

Kosten und Gebühren:

Vgl → Form. II.A.1 Anm. 1 ff.
Geschäftswert: § 52 GNotKG.

5. Genussrechtsvertrag

Die B-GmbH, gesetzlich vertreten durch die Geschäftsführer[1]

(„Gesellschaft“)

und

A („Genussrechtsinhaber“)

schließen folgenden

a) Genussrechtsvertrag[2]

§ 1 Inhalt des Genussrechts[3]

(1) Der Genussrechtsinhaber verpflichtet sich hiermit, der Gesellschaft Kapital in Höhe von . . . . . EUR gegen Gewährung von Genussrechten nach Maßgabe dieser Verein-

barung zur Verfügung zu stellen („Genusskapital"). Das Genusskapital wird vom Genussrechtsinhaber bis spätestens . . . . . an die Gesellschaft auf ein von ihr anzugebendes Konto eingezahlt.

(2) Die Gesellschaft gewährt dem Genussrechtsinhaber eine Beteiligung am festgestellten Jahresgewinn (Jahresüberschuss oder Bilanzgewinn) in Höhe des . . . . . fachen Betrags, der auf Geschäftsanteile im Nennbetrag des Genussscheins entfällt. Der Anspruch entsteht erstmals für das Geschäftsjahr . . . . ., und zwar zeitanteilig ab Eingang der Zahlung gemäß Abs 1. Er wird fällig mit dem Gesellschafterbeschluss über die Verwendung des Jahresergebnisses und wird gleichzeitig mit der Ausschüttung an die Gesellschafter bezahlt.

(3) Sonstige Rechte, insbesondere ein Stimmrecht, das Recht zur Teilnahme an Gesellschafterversammlungen oder ein sonstiger Einfluss auf die Geschäftsführung stehen dem Genussrechtsinhaber nicht zu.[4]

§ 2 Kapitalveränderungen

(1) Kapitalerhöhungen aus Rücklagen bleiben bei der Ermittlung der Gewinnbeteiligung außer Betracht. Wird das Stammkapital der Gesellschaft herabgesetzt, vermindert sich das Genusskapital im selben Verhältnis.[5]

(2) Bei Kapitalerhöhungen gegen Einlagen kann der Genussrechtsinhaber verlangen, dass er zu einer entsprechenden Erhöhung des von ihm gezeichneten Genusskapitals zugelassen wird.[6]

(3) Weitere Genussrechte dürfen außer im Fall des Abs 2 nur mit Rang der auf sie entfallenden Ausschüttungen nach Bedienung der bestehenden Genussrechte ausgegeben werden.

§ 3 Übertragbarkeit[7]

Der Genussrechtsinhaber kann die Ansprüche aus diesem Vertrag nur mit Zustimmung der Gesellschaft an Dritte abtreten. Ausgenommen hiervon ist der Übergang von Todes wegen.

§ 4 Laufzeit

(1) Dieser Vertrag ist auf unbestimmte Zeit geschlossen.[8] Er kann von beiden Seiten schriftlich mit einer Frist von sechs Monaten zum Ende des Geschäftsjahrs gekündigt werden, erstmals jedoch zum . . . . .

(2) Der Genussrechtsinhaber ist zur fristlosen Kündigung berechtigt, wenn die Gesellschaft einen Gewinnabführungsvertrag mit einer anderen Gesellschaft schließt oder verschmolzen, umgewandelt oder eingegliedert wird. Die Kündigung bedarf der Schriftform und muss der Gesellschaft binnen zwei Monaten nach Bekanntmachung der sie rechtfertigenden Maßnahme im Bundesanzeiger zugegangen sein.[9]

§ 5 Rückzahlung

(1) Bei Beendigung des Vertrags hat der Genussrechtsinhaber Anspruch auf Rückzahlung des gezeichneten Genusskapitals sowie auf zeitanteilige Beteiligung am Jahresgewinn. Der Betrag wird fällig mit dem Gesellschafterbeschluss über die Ergebnisverwendung und ist ab der Beendigung mit . . . . . % pa zu verzinsen.

(2) Der Genussrechtsinhaber hat keinen Anspruch auf Beteiligung am Liquidationserlös, aber auf den Betrag nach Abs 1 vor Verteilung eines Liquidationsüberschusses an die Gesellschafter.

§ 6 Bekanntmachungen

Die Genussrechte betreffenden Bekanntmachungen werden nur im Bundesanzeiger veröffentlicht.

§ 7 Schriftform[10]

Soweit nicht im Einzelfall eine andere Form zwingend vorgeschrieben ist, bedürfen Änderungen oder Ergänzungen dieses Vertrags der Schriftform. Dies gilt auch für einen Verzicht auf diese Schriftformklausel.

§ 8 Teilunwirksamkeit/Vertragsänderungen[10, 11, 12]

Wie → Form. II.B.1 Anm. 14 ff. (§ 12 Abs 1, 2).

b) Genussschein

B-GmbH

Genussschein über EUR . . . . .

ausgegeben am . . . . .

Der Inhaber dieses Genussscheins im Nennbetrag von EUR . . . . . hat die umseitig ersichtlichen Genussrechte.

. . . . ., den . . . . .

Eingetragen in das B-GmbH

Genussscheinbuch S . . . . .

(Unterschrift) (Unterschriften der Geschäftsführer)

Genussrechtsbedingungen

§ 1 Inhalt des Genussrechts

(1) Die B-GmbH gewährt dem Inhaber des Genussscheins das . . . . . fache der auf Geschäftsanteile im Nennbetrag des Genussscheins entfallenden Gewinnausschüttung.

(2) Die Ausschüttung nach Abs 1 wird fällig mit dem Gesellschafterbeschluss über die Verwendung des Jahresergebnisses und wird an den Inhaber gegen Vorlage des Genussscheins oder einer notariellen Hinterlegungsbescheinigung ausgezahlt.

§ 2 Kapitalveränderungen

(1) Kapitalerhöhungen aus Rücklagen bleiben bei der Ermittlung der Gewinnbeteiligung außer Betracht. Wird das Stammkapital der Gesellschaft herabgesetzt, vermindert sich das gezeichnete Genusskapital im selben Verhältnis.

(2) Weitere Genussrechte dürfen nur mit Rang der auf sie entfallenden Ausschüttungen nach Bedienung der bestehenden Genussrechte ausgegeben werden.

§ 3 Laufzeit

(1) Das Genussrecht endet am . . . . ., wenn es nicht vorher mit Frist von sechs Monaten zum Ende des Geschäftsjahrs gekündigt worden ist.

(2) Der Inhaber ist zur fristlosen Kündigung berechtigt, wenn die Gesellschaft einen Gewinnabführungsvertrag mit einer anderen Gesellschaft abschließt oder verschmolzen, umgewandelt oder eingegliedert wird. Die Kündigung bedarf der Schriftform und muss der Gesellschaft binnen zwei Monaten nach Bekanntmachung der sie rechtfertigenden Maßnahme im Bundesanzeiger zugegangen sein.

§ 4 Rückzahlung

(1) Bei Beendigung des Genussrechts hat der Inhaber Anspruch auf Rückzahlung des Nennbetrags sowie der – ggf zeitanteiligen – Ausschüttung gemäß § 1 Abs 1. Der Betrag wird fällig mit dem Gesellschafterbeschluss über die Ergebnisverwendung und ist ab der Beendigung mit . . . . . % pa zu verzinsen.

(2) Der Inhaber hat keinen Anspruch auf Beteiligung am Liquidationserlös, aber auf den Betrag nach Abs 1 vor Verteilung eines Liquidationsüberschusses an die Gesellschafter.

§ 5 Bekanntmachungen

Die Genussrechte betreffende Bekanntmachungen werden nur im Bundesanzeiger veröffentlicht.

Schrifttum: *Ebenroth/Müller*, Die Beeinträchtigung der Aktionärsinteressen beim teilweisen Bezugsrechtsausschluss auf Genussrechte, BB **1993**, 509; *Groh*, Genussrechtskapital und Maßgeblichkeitsgrundsatz, BB **1995**, 559; *Habersack*, Genussrechte und sorgfaltswidrige Geschäftsführung, ZHR 155 (**1991**), 378; *Sethe*, Genussrechte: Rechtliche Rahmenbedingungen und Anlegerschutz (I), AG **1993**, 293, (II) AG **1993**, 351; *Stöber*, Die Informationsrechte von Genussrechtsinhabern, NZG **2017**, 1401; *Vollmer*, Der Genussschein – ein Instrument für mittelständische Unternehmen zur Eigenkapitalbeschaffung an der Börse, ZGR **1983**, 445.

Anmerkungen

1. Die Begebung von Genussrechten stellt eine Kapitalbeschaffungsmaßnahme dar. Der Genussrechtsinhaber erwirbt daraus nur schuldrechtliche Ansprüche. Gesellschaftsrechtlich geprägte Mitgliedschaftsrechte, wie zB aus einer stillen Gesellschaft folgend, werden dadurch nicht vermittelt (zur Abgrenzung s zB BFH ZIP 2008, 2264). Ob der Geschäftsführer zum Abschluss des Genussrechtsvertrags einer **Ermächtigung** durch die Gesellschafterversammlung oder durch alle Gesellschafter bedarf, ist weder gesetzlich geregelt noch gerichtlich geklärt und daher in der Literatur umstritten (zum Streitstand s Scholz/*Seibt*, § 14 Rn 137 ff). Dieser Frage kommt jedoch in der Praxis häufig keine Bedeutung zu, wenn Darlehensaufnahmen oder allgemeine Kapitalbeschaffungsmaßnahmen als außergewöhnliche Geschäfte in der Satzung von der Zustimmung der Gesellschafter oder eines sonstigen Gesellschaftsorgans (Beirat etc) abhängig gemacht werden. Gleichfalls ungeklärt ist, ob die Ausgabe von Genussrechten als Teilgewinnabführungsvertrag der **Eintragung** in das Handelsregister der GmbH bedarf (s GroßKoGmbHG/*Müller*, Anh § 29 GmbHG Rn 24; Scholz/*Seibt*, § 14 Rn 138).

2. Genussrechte sind **obligatorische**, nicht auf der Mitgliedschaft beruhende **Ansprüche**, zB auf Beteiligung am Gewinn statt oder neben einer Verzinsung, auf Beteiligung am Liquidationserlös oder auf sonstige Leistungen (Baumbach/Hueck/*Fastrich*, § 29 Rn 88 f).

Empfohlen wird der Einsatz dieses Instruments va zur Kapitalbeschaffung und für die Mitarbeiterbeteiligung (Baumbach/Hueck/*Fastrich*, § 29 Rn 90).

3. Das Form. enthält den Genussrechtsvertrag einer **GmbH**. Anders als das AktG (§ 221 Abs 3) enthält das GmbHG zwar keine Bestimmungen zu Genussrechten, die Befugnis zu deren Ausgabe ist jedoch unstr.

In die Satzung brauchen Genussrechte oder die Ermächtigung zu ihrer Ausgabe (außer für Gründer) nicht aufgenommen zu werden. Den Gesellschaftern steht analog § 221 Abs 4 AktG ein – ungeschriebenes – Bezugsrecht zu.

4. Da Genussrechte schuldrechtlicher Natur sind (RGZ 1983, 297; BGH WM 1959, 434; NJW 93, 57), haben Genussrechtsinhaber (Genussrechtsgläubiger) **keine mitgliedschaftlichen Rechte** (Stimmrecht, Anfechtungsrecht). Sie verfolgen keinen gemeinsamen mitunternehmerischen Zweck mit der Gesellschaft. Ihnen kann satzungsmäßig die Teilnahme an Gesellschafterversammlungen gestattet, nicht dagegen ein Stimmrecht gewährt werden (GroßKoGmbHG/*Müller*, Anh § 29 Rn 11). Denkbar ist auch, einem Genussrechtsinhaber Informationsrechte zu gewähren, wie sie zB auch einem fremdfinanzierenden Dritten (Banken oä) eingeräumt werden (allg zu Informationsrechten s *Stöber*, NZG 17, 1401 ff).

Die Gesellschaft hat gegenüber dem Genussrechtsinhaber nicht „freie Hand" (RGZ 105, 236, 241), wie sie ihre Geschäfte führt, sondern muss vertragliche Schutz- und Verhaltenspflichten beachten (für die AG: BGH ZIP 1992, 1542 „Klöckner"; *Sethe*, AG 1993, 351; vgl auch *Habersack*, ZHR 155 [1991], 378).

5. § 2 Abs 1 S 1 des Genussrechtsvertrags entspricht § 57 m Abs 1 GmbHG; danach lassen nominale **Kapitalerhöhungen** (Umwandlung von Rücklagen in Nennkapital) die Gewinnbeteiligung des Genussrechtsinhabers unberührt. Diese vermindert sich nicht. Zwingend ist dies jedoch nicht und eine abweichende Regelung (zB für die Umwandlung von Gewinnrücklagen aus der Zeit vor Begründung des Genussrechts) denkbar.

Abs 1 S 2 bewirkt bei Kapitalherabsetzungen einen Gleichlauf bei Gesellschaftern und Genussrechtsinhabern. Ohne diese Regelung erhöhten sich die Rechte der Genussrechtsinhaber aus § 1 Abs 2 des Vertrags im Fall einer Kapitalherabsetzung. Das Genusskapital, obwohl wie Eigenkapital zu behandeln (s → Anm. 4), bliebe voll erhalten (GroßKoGmbHG/*Müller*, Anh § 29 Rn 20).

6. Zum Schutz des Genussrechtsinhabers vor **Verwässerung** seiner Rechte aus § 1 Abs 2 ist vorgesehen, dass er das Genusskapital entsprechend aufstocken kann.

7. Wenn nicht – wie im Form. – anders geregelt, sind Genussrechte frei **veräußerlich.** Sie sind auch vererblich. Einschränkungen können mit absoluter Wirkung (§§ 399, 413 BGB) vereinbart werden. Genussrechte können auch auf den Inhaber lauten (§§ 793 ff BGB) und börsenfähig sein. In diesem Fall werden die Genussrechte durch Übereignung des Papiers (§§ 929 ff BGB) übertragen.

Unter Ziff. b) findet sich ein **Beispiel** für einen solchen **Genussschein** auf den Inhaber, der allerdings gewinnabhängig (ohne Mindestverzinsung) und nicht börsenfähig ausgestaltet ist, da er keine Beteiligung am Liquidationserlös gewährt. Werden einheitliche Ausgabebedingungen für mehrere Genussscheine benutzt, unterliegen die Bedingungen der AGB-Kontrolle (§§ 305 ff BGB). Zur Auslegung von Genussrechtsbedingungen bei einem Kapitalschnitt s BGH DStR 2007, 539, 540.

8. Genussrechte können auch **befristet** gewährt werden. Da es sich um Dauerschuldverhältnisse handelt, lässt sich die Kündigung aus wichtigem Grund nicht ausschließen.

9. Die hier genannten Maßnahmen können das Stammkapital oder die Gewinnverhältnisse beeinflussen. Sie verändern nachträglich die Geschäftsgrundlage. Da – anders als für

Kapitalerhöhungen oder -herabsetzungen – eine Anpassung nicht im Voraus vereinbart werden kann, berechtigen sie den Genussrechtsinhaber nach dem Form. zur **fristlosen Kündigung.**

10. **Formvorschriften** gibt es für den Genussrechtsvertrag **nicht**, Schriftform ist aber zu Beweiszwecken und insbesondere auch aus steuerlichen Gründen zu empfehlen.

11. **Steuerhinweise:** Ausschüttungen auf Genussrechte sind für den Emittenten körperschaftsteuerlich abzugsfähig, wenn das Genussrecht – wie im Form. – eine Beteiligung zwar am Gewinn, nicht aber am Liquidationserlös (oder umgekehrt: am Liquidationserlös, aber nicht am Gewinn) gewährt (arg § 8 Abs 3 S 2 KStG; BFH BStBl II 1996, 77; BFH DStR 1994, 651 mit Anm. *Angerer*). Der steuerliche Begriff „Liquidationserlös" ist nicht identisch mit dem Begriff „Liquidationsüberschuss". Steuerlich ist ein Recht auf Beteiligung am Liquidationserlös jedenfalls nicht gegeben, wenn – wie hier – aufgrund Kündigung (oder Befristung) eine Rückzahlung des Genussrechtskapitals vor Liquidation des Emittenten möglich ist, ohne dass ein Anspruch auf Vergütung anteiliger stiller Reserven besteht (BMF BB 1987, 667). Dagegen nimmt die Finanzverwaltung ein Recht auf Beteiligung am Liquidationserlös – unabhängig von einer Teilhabe an stillen Reserven – an, wenn die Rückzahlung des Genussrechtskapitals vor Liquidation nicht verlangt werden kann oder zwar ein Rückzahlungsanspruch besteht oder entstehen kann, aber „wirtschaftlich ohne Bedeutung" ist (zB bei Laufzeiten über 30 Jahren: BMF aaO und BStBl I 1996, 49 gegen BFH BStBl II 1996, 77).

Gewinnausschüttungen auf Genussrechte unterliegen als Einkünfte aus Kapitalvermögen § 20 Abs 1 Nr 1 EStG, wenn das Genussrecht Beteiligung am Gewinn und am Liquidationserlös gewährt (s zuletzt BFH BStBl I 2008, 852); andernfalls stellen sie steuerlich nach § 20 Abs 1 Nr 7 EStG „Zinsen" dar; dies hat unterschiedliche Folgen, zB für die Kapitalertragsteuer (s *Gast/Wissmann*, BB Beil 17/1987), auch iRd Quellensteuerbegrenzungen durch DBA (vgl Vogel/Lehner/*Tischbirek/Specker*, Art 10 Rz 194 f., 205 ff und *Laule*, IStR 1997, 577 ff). Zur steuerlichen Behandlung (Kapitalertragssteuerabzug) eines einem Genussrecht ähnlich ausgestalteten partiarischen Darlehens s BFH DStR 2010, 2448 mit Anm. *Süß/Mayer*.

Einkünfte aus Kapitalvermögen können auch durch die Veräußerung von im Privatvermögen gehaltenen Genussrechten erzielt werden (§ 20 Abs 2 S 1 Nr 1 S 2 EStG). Bei einer „wesentlichen Beteiligung" (mindestens 1 % zu irgendeinem Zeitpunkt innerhalb der letzten 5 Jahre) werden Veräußerungsgewinne den Einkünften aus Gewerbebetrieb zugerechnet, da § 17 Abs 1 S 3 EStG „Genussscheine" unter den Beispielen für „Anteile an Kapitalgesellschaften" aufführt. Ob – entgegen dem Wortlaut – auch unverbriefte Genussrechte unter § 17 Abs 1 S 3 EStG fallen, ist str (dafür zB L. Schmidt/*Weber-Grellet*, § 17 Rn 22; dagegen zB *Haarmann*, JbFSt 1985/1986, 407 ff, 413 und wohl auch die Finanzverwaltung; zum Meinungsstreit s Littmann/Bist/Pust/*Karrenbrock* § 17 EStG Rn 73). Einigkeit besteht allerdings darüber, dass nur solche Genussrechte unter § 17 EStG fallen, die eine Beteiligung am Liquidationserlös gewähren, weil nur sie eine Beteiligung „am Kapital" vermitteln (L. Schmidt/*Weber-Grellet* und Littmann/Bist/Pust/*Karrenbrock*, § 17 Rn 72).

Zur steuerlichen Behandlung von Optionsgenussscheinen s *Wüllenkemper*, FR 1991, 473.12.

Kosten und Gebühren:

Notar: Vgl → Form. II.A.1 Anm. 1ff.

Geschäftswert: Genusskapital oder der Wert der gewährten Gewinnbeteiligung; der höhere Wert ist maßgebend, §§ 97 Abs 3, 52 GNotKG.

6. Treuhand an Gesellschaftsanteil

§ 1 Treugut[1]

A („Treuhänder“) hat bei Gründung der XY-GmbH im Auftrag des B („Treugeber“) den Geschäftsanteil Nr. . . . . . im Nennbetrag von EUR . . . . . („Anteil“) übernommen. Die auf den Anteil geleistete Einlage hat der Treugeber dem Treuhänder zur Verfügung gestellt. Dieser hält den Anteil treuhänderisch zu den nachfolgenden Bedingungen.

§ 2 Pflichten des Treuhänders[2]

(1) Der Treuhänder ist verpflichtet, bei allen Handlungen im Rahmen der Gesellschaft und betreffend den Anteil die Weisungen des Treugebers zu befolgen.

(2) Er ist verpflichtet, den Treugeber anzuhören, bevor er Handlungen vornimmt, die rechtlich oder wirtschaftlich für den Anteil oder den Treugeber von besonderer Bedeutung sind oder sein können.

(3) Er hat den Treugeber über alle Angelegenheiten der Gesellschaft unterrichtet zu halten und alle Unterlagen, Erläuterungen und Auskünfte über die Gesellschaft und den Anteil unverzüglich an ihn weiterzuleiten, soweit dem gesetzliche oder vertragliche Pflichten gegenüber der Gesellschaft und/oder den Mitgesellschaftern nicht entgegenstehen.

(4) Der Treuhänder tritt dem Treugeber hiermit sämtliche zukünftigen vermögensrechtlichen Ansprüche gegen die Gesellschaft, insbesondere seine Ansprüche auf Gewinnausschüttung, Auseinandersetzungsguthaben und Liquidationserlös ab. Der Treugeber nimmt die Abtretung an.[3]

(5) Der Treuhänder ist verpflichtet, den Anteil nach schriftlicher Weisung des Treugebers jederzeit diesem oder dritten Personen zu übertragen und alle Erklärungen zu diesem Zweck in der nötigen Form. abzugeben. Gegenüber dieser Verpflichtung sind Aufrechnung und Zurückbehaltung ausgeschlossen.

(6) Er darf Tatsache und Inhalt der Treuhandschaft niemandem ohne vorherige schriftliche Zustimmung des Treugebers offenbaren.[4]

§ 3 Pflichten des Treugebers[5]

(1) Der Treugeber verpflichtet sich, nur Weisungen zu erteilen, die nicht in Widerspruch zu gesetzlichen, gesellschaftsvertraglichen oder sonstigen Pflichten des Treuhänders stehen. Jede Haftung des Treuhänders für Handlungen nach Weisung des Treugebers ist ausgeschlossen.

(2) Er ersetzt dem Treuhänder alle mit der treuhänderischen Beteiligung verbundenen Aufwendungen und stellt ihn von allen Verpflichtungen aus dem Anteil sowohl der Gesellschaft als auch Dritten gegenüber frei.[6]

(3) Als Vergütung für die Übernahme und Führung der Treuhandschaft erhält der Treuhänder jeweils . . . . . % der auf den Anteil entfallenden Ausschüttung, mindestens jedoch eine feste jährliche Vergütung von EUR . . . . . , welche jeweils innerhalb von . . . . . Wochen nach der Feststellung des Jahresabschlusses durch die Gesellschafterversammlung zahlbar ist.

(4) Auf schriftliches Verlangen des Treuhänders hat der Treugeber den Anteil selbst zu übernehmen oder einen anderen zu benennen, auf den er übertragen werden soll. Das Verlangen des Treuhänders gilt als Kündigung der Treuhandschaft iSd § 6 Abs. 1, der insoweit zu beachten ist. Wird der Übernehmer nicht binnen Monatsfrist seit Empfang des Verlangens benannt, gilt § 6 Abs. 3, dh der Anteil geht mit Ablauf der Monatsfrist auf den Treugeber über.

§ 4 Übertragung von Rechten

Die Übertragung von Rechten aus diesem Vertrag (insbesondere Abtretung, Verpfändung oder Unterbeteiligung) ist ohne vorherige schriftliche Zustimmung des anderen Vertragspartners unzulässig.

§ 5 Vollmachten[2]

(1) Der Treuhänder bevollmächtigt den Treugeber unter Befreiung von § 181 BGB und mit dem Recht zur Unterbevollmächtigung, alle Rechte aus dem Anteil wahrzunehmen. Er kann das Stimmrecht aus dem Anteil ausüben, die unmittelbare Auszahlung der auf den Anteil entfallenden Gewinne an sich verlangen und über den Anteil verfügen. Zur Verpflichtung des Treuhänders Dritten gegenüber und zur Änderung des Treuhandvertrags berechtigt die Vollmacht nicht. Der Treugeber kann verlangen, dass der Treuhänder ihm unter Beachtung der Beschränkungen des Satzes 3 in besonderer, ggf auch notarieller Urkunde allgemeine und besondere Vollmachten erteilt.

(2) Der Treugeber bevollmächtigt den Treuhänder unter Befreiung von § 181 BGB und mit dem Recht zur Unterbevollmächtigung, im Fall des § 3 Abs 4 den Anteil zu übertragen.

§ 6 Dauer der Treuhandschaft

(1) Die Treuhandschaft kann – unbeschadet des Kündigungsrechts aus wichtigem Grund – mit einer Frist von einem Monat zum Quartalsende schriftlich gekündigt werden, erstmals zum . . . . .

(2) Ohne Kündigung endet die Treuhandschaft, wenn in den Anteil vollstreckt oder die Eröffnung des Insolvenzverfahrens über das Vermögen des Treuhänders beantragt wird oder der Treuhänder eigenmächtig über den Anteil verfügt.

(3) Unter der aufschiebenden Bedingung der Beendigung der Treuhandschaft tritt der Treuhänder bereits hiermit den Anteil an den Treugeber ab, der die Abtretung annimmt.[7]

(4) Nach dem Gesellschaftsvertrag der GmbH bedarf die Übertragung des Anteils der Genehmigung der Gesellschaft.[8] Bis zu deren Erteilung hat der Treuhänder die Treuhandschaft ungeachtet ihrer Beendigung nach außen weiterzuführen. Er hat in diesem Fall Anspruch auf Sicherstellung wegen seiner Ansprüche.

§ 7 Salvatorische Klausel

Sollte eine Bestimmung dieses Vertrags ganz oder teilweise unwirksam oder undurchführbar sein oder werden, wird dadurch die Gültigkeit der übrigen Bestimmungen nicht berührt. Statt der unwirksamen oder undurchführbaren Bestimmung gilt diejenige gesetzlich zulässige Regelung, die dem in der unwirksamen oder undurchführbaren Bestimmung zum Ausdruck gekommenen Sinn und Zweck wirtschaftlich am nächsten kommt.[9, 10]

Schrifttum: *Armbrüster*, Zur Beurkundungsbedürftigkeit von Treuhandabreden über GmbH-Anteile, DNotZ **1997**, 762; *Armbrüster*, Treuhänderische GmbH-Beteiligungen I und II, GmbHR **2001**, 941 (I), 1021 (II); *Elsing*, Treuhandverträge über GmbH-Geschäftsanteile mit Blick auf das MoMiG, ZNotP **2008**, 151; *Greitemann*, Die Formbedürftigkeit der Erwerbstreuhand an GmbH-Anteilen, GmbHR **2005**, 577; *Jocher*, Treuhandvereinbarungen über GmbH-Geschäftsanteile – Änderungsbedarf bei der bisherigen Gestaltung durch das MoMiG?, BWNotZ **2009**, 190; *Lieder/Villegas*, Treuhandverträge über GmbH-Geschäftsanteile – eine Frage der Form?, GmbHR **2018**, 169; *Schreinert/Berresheim*, Bedingte Abtretung von GmbH-Geschäftsanteilen und gutgläubiger Erwerb nach dem MoMiG, DStR **2009**, 1265; *Schulz*, Zur Formbedürftigkeit von Vereinbarungs- und Erwerbstreuhand an GmbH-Geschäftsanteilen, GmbHR **2001**, 281.

Anmerkungen

1. Das Form. regelt eine **fremdnützige Treuhandschaft:** Der Treuhänder erwirbt und hält den Anteil im Auftrag und im Interesse des Treugebers, deshalb auch Erwerbstreuhand genannt (allg zu den verschiedenen Formen Beck PersGes-HB/*Müller* § 4 Rz 23 ff). Bei der eigennützigen Treuhandschaft besteht demgegenüber das Interesse des Treuhänders idR in der Sicherung von Forderungen gegen den Treugeber (Sicherungstreuhand). Sie steht der Verpfändung des Anteils nahe, die meist vorzuziehen ist, weil sie den Sicherungsnehmer (im Gegensatz zum Treuhänder) nicht mit Verpflichtungen aus dem Gesellschaftsverhältnis belastet (§§ 19, 22, 24 GmbHG). Da der Treuhänder zivilrechtlich Eigentümer des Anteils ist und voll berechtigter und verpflichteter Gesellschafter wird, steht ihm und nicht dem Treugeber (im Gegensatz zum Pfandnehmer) das Stimmrecht zu. Der Pfandnehmer kann sich jedoch zur Ausübung des Stimmrechts ermächtigen lassen. Der Treuhänder darf das Stimmrecht nicht ohne Rücksicht auf den Treugeber ausüben.

Der **notariellen Beurkundung** bedarf bei der **GmbH** grds sowohl die Treuhandschaft als auch die Verpfändung (§§ 15 Abs 3 GmbHG, 1274 Abs 1 S 1 BGB). Bei der fremdnützigen Treuhand ist die notarielle Beurkundung trotz vereinbarter Abtretungsverpflichtung unnötig, wenn der Anteil noch nicht besteht (BGH ZIP 2006, 1295) oder der Anteil bereits bei Gründung im Auftrag des Treugebers übernommen wurde, weil sich dann die Abtretungspflicht bei Beendigung der Treuhand aus § 667 BGB ergibt (BGHZ 141, 207, 212 f; zweifelnd BGH GmbHR 2005, 56 im Komm *Kleinert;* OLG Frankfurt GmbHR 1992, 368; **aA***Schulz*, GmbHR 01, 282, 285 f; *Lieder/Villegas*, GmbHR 2018, 169, 171). Dagegen ist **Beurkundung** erforderlich (§ 15 Abs 4 S 1 GmbHG), wenn ein Treuhänder sich zum Erwerb des Anteils verpflichtet bzw. bereits aufschiebend bedingt erwirbt (wie im Form. § 6 Abs. 3) oder wenn ein Gesellschafter sich verpflichtet, seinen Geschäftsanteil künftig treuhänderisch für einen anderen zu halten (Vereinbarungstreuhand; hM, BGH WM 99, 1118; *Lieder/Villegas*, GmbHR 2018, 169, 173 f; **aA** GroßKoGmbHG/*Winter/Löbbe*, Anh § 15 Rn 203 ff mwN). Der Formmangel wird durch formgerechten Erwerb des Treuhänders allerdings geheilt (§ 15 Abs 4 S 2 GmbHG). Ausf zu Formerfordernissen *Elsing*, ZNotP 2008, 151 f.

Die Begründung der Treuhandschaft bei der **Personengesellschaft** bedarf ebenso wenig einer Form wie die Übertragung eines Gesellschaftsanteils. Notarielle Beurkundung kann allerdings durch analoge Anwendung erforderlich sein, wenn andernfalls §§ 311 b Abs 1 BGB, 15 Abs 4 GmbHG umgangen werden (MüKoBGB/*Schäfer* § 719 Rn 35 ff).

2. Das Form. strebt eine weitgehende **Sicherstellung** der schuldrechtlichen Ansprüche des Treugebers an: Dem dienen die Bestimmungen in § 2 des Form. sowie auch die Vollmacht in § 5 des Form.: Indem der Treugeber bevollmächtigt wird, die Gesellschafterrechte auszuüben, hat es der Treugeber in der Hand, die im Grundsatz als verdeckt vereinbarte (§ 2 Abs 6) Treuhand offenzulegen, wenn er dies für tunlich hält.

3. Das Form. sieht zum Schutz des Treuhänders die Vorausabtretung vor. Statt dieser ist es auch möglich, den sich bereits aus §§ 675, 667 BGB ergebenden **Herausgabeanspruch** hinsichtlich des Erlangten mit folgender Formulierung lediglich klarzustellen:

„Er hat alle auf den Anteil entfallenden Zahlungen unverzüglich an den Treugeber abzuführen oder sonst nach dessen Weisung damit zu verfahren."

4. Die Treuhandschaft wird – wie auch im Form. – häufig **verdeckt** übernommen, sei es, weil der Treugeber wegen sonstiger Rechtsbeziehungen nicht offen als Gesellschafter auftreten, sei es, weil er sich den Mitgesellschaftern nicht als Beteiligter zu erkennen geben will. Im letzteren Fall darf der Treuhänder nicht in Kollision mit seinen Pflichten als Gesellschafter kommen, deren Verletzung uU die Einziehung des Anteils oder den Ausschluss rechtfertigen kann (Baumbach/Hueck/*Fastrich*, Anh § 34 Rn 5). Trotz dieser Klausel haben die Mitgesellschafter einen Anspruch auf Benennung des Treugebers, falls der Geschäftsanteil nicht frei übertragbar ist (§ 15 Abs 5 GmbHG; s Hamburg WM 1993, 1098). Hinzu kommen mögliche weitere Auskunftspflichten, etwa in Zusammenhang mit der Ermittlung der wirtschaftlich Berechtigten für Zwecke des Geldwäscherechts.

5. Obwohl nach außen der Treuhänder Gesellschafter ist (BGH WM 1976, 1247), wird der Treugeber als **wirtschaftlicher Inhaber** wie ein Gesellschafter behandelt, soweit es um die Einlagenhaftung und Stimmverbote geht (BGH NJW 1960, 285; BGH WM 1977, 73, 75; Baumbach/Hueck/*Fastrich*, § 1 Rn 42 ff).

6. Vgl §§ 257, 669, 670, 675 BGB sowie BGH WM 2010, 205 f. Zusätzlich zum Aufwendungsersatz erhält der Treuhänder in § 3 Abs 3 des Form. eine Vergütung; sie stellt beim Treugeber steuerlichen Aufwand dar. Hinsichtlich der Bedingungen der Vergütung ist im Form. ein Vorschlag gemacht, der den Treuhänder am Erfolg der Gesellschaft teilhaben lässt, aber eine Mindestvergütung vorsieht. Hier ist der Gestaltungsspielraum natürlich groß.

7. Die Bedeutung der aufschiebend **bedingten Abtretung** liegt darin, dass der Treugeber – nach freilich umstr Ansicht – nur dann drittwiderspruchs- und aussonderungsberechtigt ist, wenn der Treuhänder das Treugut unmittelbar vom Treugeber aus dessen Vermögen, nicht schon dann, wenn er es mit Mitteln des Treugebers erworben hat (s dazu BGH ZIP 1994, 1185 ff; *Schreinert/Berresheim*, DStR 2009, 1265). Wie weit der durch § 161 Abs 1 BGB bewirkte Schutz des Treugebers vor anderweitigen Verfügungen des Treuhänders nach der Zulassung des gutgläubigen Erwerbs von GmbH-Anteilen durch das MoMiG (BGBl I 2008, 2026) wegen § 161 Abs 3 BGB iVm § 16 Abs 3 GmbHG noch reicht, ist umstritten (s ausf *Jocher*, BWNotZ 2009, 190 ff mwN). Sofern nicht ein Geheimhaltungsbedürfnis entgegensteht, sollte daher ein Widerspruch zur Gesellschafterliste eingereicht werden. Dieser kann – wie vom LG Köln (MittBayNot 2010, 70 f) entschieden – auch in Fällen der aufschiebend bedingten Übertragung noch vor Bedingungseintritt dazu benutzt werden, den gutgläubigen Erwerb zu verhindern. Als mit dem Wortlaut des § 40 GmbHG unvereinbar ist hingegen mit dem OLG München (BB 2009, 2167) die Möglichkeit abzulehnen, eine Gesellschafterliste mit dem Vermerk einer bedingten Abtretung einzureichen und auf diese Weise den Gutglaubenserwerb zu verhindern. Eingehend zu dieser Problematik auch mit Hinweisen auf weitere Sicherungsmittel *Schreinert/Berresheim*, DStR 2009, 1265, 1267 ff.

8. Dieser Klausel bedarf es nur dann, wenn der Gesellschaftsvertrag der GmbH tatsächlich eine **Genehmigungspflicht** hinsichtlich der Anteilsübertragung (§ 15 Abs 5 GmbHG) vorsieht.

Bei Personengesellschaften bedarf die Abtretung des treuhänderisch gehaltenen Anteils (nicht schon die Verpflichtung dazu, BGH BB 1958, 57) zu ihrer Wirksamkeit der Zustimmung aller Gesellschafter, falls der Gesellschaftsvertrag sie nicht ausdrücklich zulässt (BGHZ 81, 82, 84 f; Baumbach/Hopt/*Roth*, § 105 Rn 32, 70; MüKoBGB/*Schäfer*, § 719 Rn 27 mwN). § 6 Abs 4 S 1 lautet dann folgendermaßen:

„Nach dem Gesellschaftsvertrag der . . . . . ist die Übertragung des Anteils nicht ausdrücklich gestattet und bedarf daher der Zustimmung der sämtlichen anderen Gesellschafter."

9. Steuerhinweise: Im Falle eines steuerlich anzuerkennenden Treuhandverhältnisses wird das Treugut **dem Treugeber zugerechnet** (§ 39 Abs 2 Nr 1 S 2 AO). Davon ist auszugehen, wenn die mit der rechtlichen Eigentümer-/Inhaberstellung verbundene Verfügungsmacht so zugunsten des Treugebers eingeschränkt ist, dass das rechtliche Eigentum bzw. die rechtliche Inhaberschaft als „leere Hülle" erscheint. Wesentliche Merkmale hierfür sind die Weisungsgebundenheit des Treuhänders in Bezug auf die Behandlung des Treuguts und der Herausgabeanspruch des Treugebers (BFH DStRE 2010, 494: zur Zurechnung eines Teilgeschäftsanteils im Rahmen einer Quotentreuhand BFH NotBZ 2010, 432). Das Vorliegen eines Treuhandverhältnisses ist dem Finanzamt vom Treuhänder nachzuweisen (§ 159 AO; dazu BFH NV 1995, 954).

Bilden GmbH-Anteile oder Aktien den Gegenstand eines steuerlich anzuerkennenden Treuhandverhältnisses, sind die Gewinnanteile ertragsteuerlich unmittelbar dem Treugeber zuzurechnen (§ 20 Abs 5 S 2 EStG). Hält bei einer zweigliedrigen Kommanditgesellschaft der Kommanditist seinen Kommanditanteil treuhänderisch für den Komplementär (sog. Treuhandmodell), stellt die KG einkommensteuerlich keine Mitunternehmerschaft iSv § 15 Abs 1 S. 1 Nr 2 EStG dar und unterliegt auch nicht der Gewerbesteuer (BFH BStBl II 2010, 751). Der Treuhänder hat ein etwa erhaltenes Entgelt für die Geschäftsbesorgung grds als Einkünfte aus selbstständiger Arbeit nach § 18 Abs 1 Nr 3 EStG (L. Schmidt/*Wacker*, § 18 Rn 141) oder, soweit seine Tätigkeit gewerblichen Charakter hat, als Einkünfte aus Gewerbebetrieb nach § 15 EStG zu versteuern (BFH BStBl II 1984, 823).

Die **Übertragung** von Gesellschaftsanteilen ist grds **umsatzsteuerfrei** (§ 4 Nr 8 f UStG). Erwirbt jemand aber als Unternehmer (§ 2 Abs 1 UStG) treuhänderisch Gesellschaftsanteile und verwaltet diese gegen Entgelt, werden ihm dadurch keine Gesellschaftsanteile verschafft. Die Tätigkeit ist deshalb nach Auffassung der FinVerw grundsätzlich steuerpflichtig (UStAE 4. 8. 10 Abs 2).

Wenn bei der Begründung der Treuhand oder deren Beendigung mindestens 95 % der Anteile der GmbH in einer Hand vereinigt werden bzw die Treuhänderstellung sich auf mindestens 95 % der Anteile an einer GmbH bezieht, fällt **Grunderwerbsteuer** an, soweit sich Grundstücke im Gesellschaftsvermögen befinden (3,5 % auf den bei Bedarf festzustellenden typisierten Grundstückswert nach § 138 Abs 2 bis 4 BewG; s § 8 Abs 2 GrEStG; zu den einzelnen Fallkonstellationen s Gleichlautender Ländererlass BStBl I 2007, 761 und BStBl I 14, 561). Hierbei kommt es auf die formelle Anteilseignerstellung und nicht auf die steuerliche Zurechnung nach § 39 Abs 2 AO an (Boruttau/*Meßbacher-Hönsch*, § 1 Rn 134). Erwächst dem Treugeber bei einem uneigennützigen Treuhandverhältnis gleichzeitig mit der Übertragung der Anteile ein Rückübertragungsanspruch aus § 667 BGB, wird dadurch, dass dieser Anspruch nicht rechtsgeschäftlich begründet wurde, sondern kraft Gesetzes entsteht, der Tatbestand des § 1 Abs 3 Nr 3 GrEStG nicht erfüllt. Wird bei eigennützigen Treuhandverhältnissen rechtsgeschäftlich eine aufschiebend bedingte Rückübertragungsverpflichtung begründet, entsteht die Steuer aus § 1 Abs 3 Nr 3 GrEStG nach § 14 Nr. 1 GrEStG erst mit Bedingungseintritt (vgl Gleichlautender Ländererlass BStBl I 2007, 761 Tz 1.2).

Speziell zur **Personengesellschaft** s den „Treuhanderlass" der Finanzverwaltung BStBl I 1994, 604 f. Ausführl zur unentgeltlichen Übertragung von Treuhand-Kommanditanteilen *Richter/Fürwentsches*, DStR 2010, 2070 ff.

Insbesondere bei Publikums-Kommanditgesellschaften (zB geschlossenen Immobilienfonds, s Erlass FinSen Berlin DStR 1987, 663) wird diskutiert, ob die durch die KG erzielten Einkünfte – den Grundsätzen des § 39 AO entsprechend – stets anteilig den Treugebern oder statt dessen vielmehr dem – häufig für eine Vielzahl von Treugeber-Investoren auftretenden – Treuhänder-Kommanditisten zuzurechnen sind. Das richtet sich danach, wer aufgrund der im Innenverhältnis Treugeber/Treuhänder getroffenen Absprachen in gesamthänderischer Verbundenheit mit den anderen Gesellschaftern der KG den Tatbestand der Einkunftserzielung erfüllt, dh die wirtschaftliche Herrschaft über die Leistungsbeziehung ausübt, nämlich Mitunternehmerrisiko (bei Einkünften aus VuV: Vermieterrisiko) trägt und Mitunternehmerinitiative (Vermieterinitiative) entfalten kann (Tipke/Lang/*Hennrichs*, § 10 Rn 51 ff). Das ist (nur, L. Schmidt/*Wacker*, § 15 Rn 296) der Treugeber, wenn der Treuhänder wie hier an dessen Weisungen (bei Publikumspersonengesellschaften genügt eine Mehrheit der Treugeber: BFH BStBl II 1993, 538; 1995, 714, jeweils mwN) gebunden und kündbar ist, Gewinne abzuführen hat und von Verlusten freigestellt ist und dem Treugeber bei Beendigung des Treuhandverhältnisses bzw Liquidation der KG im Verhältnis zum Treuhänder die Beteiligung an stillen Reserven (einschließlich Firmenwert) zusteht (zu weiteren denkbaren vertraglichen Sicherungsmaßnahmen s BMF BStBl I 1994, 604 f; *Hemmelrath/Busch*, DStR 1992, 1347, 1350). Stehen dem Treugeber dagegen nach der Ausgestaltung des Innenverhältnisses gegenüber dem Treuhänder die Weisungsbefugnisse nicht zu, die zur Wahrnehmung der des Kommanditisten nach dem Regelstatut des HGB mindestens nötig sind oder beschränkt das Innenverhältnis die Beteiligung des Treugebers am Gewinn, Verlust und an den stillen Reserven des KG-Anteils zugunsten des Treuhänders so, dass er lediglich die Stellung eines zur Finanzierung beitragenden Kapitalgebers hat, ist nicht er, sondern der Treuhänder Mitunternehmer und Zurechnungssubjekt der Einkünfte iRd KG (BFH DStR 1993, 830; *Herrmann*, DB 1992, 2104, 2109); dann bezöge der Treugeber lediglich Einkünfte aus Kapitalvermögen, die Zuweisung von Verlusten aus Abschreibungen oä der KG an ihn scheiterte (s *Hemmelrath/Busch*, DStR 1992, 1348). Zur Abgrenzung zwischen Treuhandschaft und Unterbeteiligung aus steuerlicher Sicht → Form. II.G.3 Anm. 16 und L. Schmidt/*Wacker*, § 15 Rn 295 ff mwN.

Zum Ausschluss des Treugebers vom erweiterten Verlustausgleich bei „überschießender" Außenhaftung gem § 15 a Abs 1 S 2, 3 EStG s L. Schmidt/*Wacker*, § 15 a Rn 131.

Hält ein Treuhänder seine Beteiligung an einer Personengesellschaft für mehrere Treugeber, werden die auf sie entfallenden Einkünfte grds in einem zweistufigen Verfahren einheitlich und gesondert festgestellt (§ 179 Abs 2 S 3 AO): zunächst wird der Gewinn der Gesellschaft festgestellt und auf die Gesellschafter einschließlich des Treuhänders (zB Treuhandkommanditisten) aufgeteilt, sodann der Gewinnanteil des Treuhänders auf die einzelnen Treugeber. Die beiden Feststellungen können bei Einverständnis aller Beteiligten miteinander verbunden werden (BFH BStBl II 1986, 584; Klein/*Ratschow*, § 179 Rn 33)

Kosten und Gebühren:

Notar: 2,0 Gebühr gem Anlage 1 GNotKG Ziff 24100, mind EUR 120,00.

Geschäftswert: Wert des Gesellschaftsanteils, § 97 GNotKG, wobei für die Wertberechnung der nach § 54 maßgebliche Wert zu berücksichtigen ist.

H. Joint Venture-Verträge

1. Joint Venture-Vertrag in der Rechtsform einer BGB-Gesellschaft über ein Gemeinschaftsunternehmen in der Rechtsform der GmbH (Equity Joint Venture)

zwischen A und B.[2]

§ 1 Zielsetzung

(1) Die Parteien beabsichtigen, im Wege des Joint Venture in . . . . .[3] ein Werk zur Entwicklung und Herstellung der folgenden Produkte zu errichten: . . . . .

(2) Die Einzelheiten des Projekts einschließlich der erwarteten Investitionskosten ergeben sich aus der als Anlage 1 beigefügten Feasibility-Studie der Parteien.

§ 2 Gründung eines Gemeinschaftsunternehmens[4]

(1) Zur Verwirklichung der Zielsetzung gem § 1 werden die Parteien eine GmbH[5] (nachstehend „Gemeinschaftsunternehmen") gründen.[6]

(2) Das Gemeinschaftsunternehmen wird die Firma . . . . . führen.

(3) Das Stammkapital des Gemeinschaftsunternehmens wird EUR . . . . . betragen.

(4) Jede der Parteien wird die Hälfte[7] des Stammkapitals übernehmen, nämlich je EUR . . . . ., und hiervon jeweils 50 % sofort, den Rest nach Anforderung durch die Geschäftsführung einzahlen.

§ 3 Finanzierung[8]

(1) Die Parteien verpflichten sich, dem Gemeinschaftsunternehmen zusätzlich zu den Stammeinlagen im Verhältnis ihrer Beteiligung am Stammkapital marktüblich verzinsliche Gesellschafterdarlehen bis zu insgesamt EUR . . . . . zur Verfügung zu stellen, sobald die Geschäftsführung dies auf Grund eines Gesellschafterbeschlusses verlangt. Abgesehen hiervon sind die Parteien mangels ausdrücklicher schriftlicher Vereinbarung nicht verpflichtet, zusätzliche Finanzmittel bereitzustellen, selbst wenn das Kapital des Gemeinschaftsunternehmens für dessen Bedürfnisse nicht ausreichen sollte.

(2) Den Parteien steht es frei, anstelle von Gesellschafterdarlehen durch Stellung von Sicherheiten eine Bankfinanzierung in gleicher Höhe zu ermöglichen.

§ 4 Stimmrechtsausübung

(1) Die Parteien verpflichten sich, durch Ausübung ihrer Stimmrechte im Rahmen des gesetzlich Zulässigen dafür Sorge zu tragen, dass das Gemeinschaftsunternehmen sich stets an die Bestimmungen dieses Vertrags hält.[9]

(2) Dies umschließt die Verpflichtung, ggf an einer Änderung der Zusammensetzung des Beirats des Gemeinschaftsunternehmens mitzuwirken.

(3) Die Parteien verpflichten sich, den Gesellschaftsvertrag[10] und ihm nachrangige Regelungen anzupassen, wenn sich herausstellen sollte, dass diese der Umsetzung dieses Vertrags entgegenstehen.[11]

§ 5 Beirat und Geschäftsführung des Gemeinschaftsunternehmens[12]

(1) Jede Partei hat das Recht, zwei Beiratsmitglieder im Gemeinschaftsunternehmen zu bestellen und diese abzuberufen.

(2) Jede Partei hat außerdem das Recht, einen Geschäftsführer zu bestellen.[13]

§ 6 Entscheidungsstillstand[14]

(1) Ein Entscheidungsstillstand liegt vor, wenn die Gesellschafter die nach dem Gesellschaftervertrag erforderliche Mehrheit der Stimmen für wesentliche Gesellschafterbeschlüsse nicht erhalten können, obwohl diese zweimal hintereinander auf der Tagesordnung der Gesellschafterversammlung standen. Als wesentlich gelten Gesellschafterbeschlüsse, die für den Fortbestand des Unternehmens und das Erreichen des Gesellschaftszwecks von Bedeutung sind, wie beispielsweise Gesellschafterbeschlüsse zur

- Festlegung des Geschäftsplanes,
- Kapitalerhöhung oder -herabsetzung,
- Aufnahme von Darlehen,
- Aufnahme oder Ausschließung von Gesellschaftern,
- Bestellung oder Abberufung von Geschäftsführern,
- .....

Ein Entscheidungsstillstand gilt ebenfalls als eingetreten, wenn im Rahmen dreier aufeinander folgender Gesellschafterversammlungen keine Beschlussfähigkeit erreicht wird.

(2) Nach Eintritt des Entscheidungsstillstandes kann jeder Gesellschafter dem anderen Gesellschafter schriftlich mitteilen, dass seines Erachtens ein Entscheidungsstillstand vorliegt.

(3) Können die Gesellschafter den Entscheidungsstillstand nicht innerhalb einer Frist von zwei Wochen lösen, kann jeder Gesellschafter dem anderen Gesellschafter schriftlich innerhalb einer Frist von weiteren zwei Wochen durch notariell beurkundete Erklärung im Wesentlichen in der Form. von Anlage 1 anbieten, sämtliche Geschäftsanteile des anderen Gesellschafters zu einem bestimmten Preis in bar pro Geschäftsanteil zu kaufen (der „Kaufantrag") oder seine sämtlichen Geschäftsanteile an den anderen Gesellschafter zu demselben Preis in bar pro Geschäftsanteil zu verkaufen (der „Verkaufsantrag").

[Alternativ:
(3) Können die Gesellschafter den Entscheidungsstillstand nicht innerhalb einer Frist von zwei Wochen lösen, legen die beiden Gesellschafter in den Räumen eines gemeinsam zu bestimmenden Notars jeweils einen verschlossenen Briefumschlag mit einem notariell beurkundeten Kaufantrag für sämtliche Geschäftsanteile des anderen Gesellschafters im Wesentlichen in der Form. von Anlage 1 vor (der „Kaufantrag"). Der Gesellschafter, der den Kaufantrag zu dem höheren Preis abgibt, ist berechtigt und verpflichtet, sämtliche Geschäftsanteile des anderen Gesellschafters zu dem gebotenen Preis zu übernehmen.]

(4) Nimmt der Empfänger innerhalb von zwei Wochen nach Zugang entweder den Kaufantrag oder den Verkaufsantrag durch notariell beurkundete Erklärung im Wesentlichen in der Form. von Anlage 2 an, kommt zwischen den Gesellschaftern ein Kaufvertrag über die entsprechenden Geschäftsanteile zu dem im Antrag genannten Preis ohne

andere Garantien als die über Bestand und Unbelastetheit der Geschäftsanteile zustande. Für diesen Fall verpflichtet sich der verpflichtete Gesellschafter, seine Geschäftsanteile gegen Zahlung des im Antrag genannten Kaufpreises innerhalb von 10 Tagen zu übertragen und dabei ohne schuldhaftes Verzögern an der Errichtung sämtlicher dafür erforderlicher notarieller Urkunden mitzuwirken. Die Kosten für die Anteilsübertragung trägt der Gesellschafter, der die Geschäftsanteile erwirbt.

(5) Soweit es nicht aufgrund eines Kaufantrages oder Verkaufsantrages zum Abschluss eines Kaufvertrages zwischen den Gesellschaftergruppen kommt, wird die Gesellschaft nach § 18 des Gesellschaftsvertrages liquidiert.

§ 7 Parteiwechsel

(1) Die Übertragung der Stellung als Partei dieses Vertrags bedarf der schriftlichen Zustimmung der anderen Partei, die bei Übertragung auf ein im Sinne des § 15 AktG verbundenes Unternehmen nur aus wichtigem Grund verweigert werden darf.[15] Dies gilt auch für Übertragungen im Rahmen von Umwandlungen nach dem Umwandlungsgesetz. Geht eine Partei durch eine Aufspaltung unter, hat die andere Partei das Recht zu bestimmen, auf welchen der übernehmenden Rechtsträger die Stellung als Partei übergeht.

(2) Die Zustimmung ist zu verweigern, wenn nicht zugleich der Geschäftsanteil am Gemeinschaftsunternehmen übertragen wird, dessen Abtretung den im Gesellschaftsvertrag festgelegten Beschränkungen unterliegt.[16]

(3) Dem Rechtsnachfolger ist aufzuerlegen, die Pflichten aus diesem Vertrag zu übernehmen und diese auch etwaigen weiteren Rechtsnachfolgern aufzuerlegen.

§ 8 Verwendung von Firmenbestandteilen

Scheidet eine Partei gleich aus welchem Grund aus dem Gemeinschaftsunternehmen aus, ist die andere Partei verpflichtet, den Firmenbestandteil, der auf die ausgeschiedene Partei hinweist, durch Satzungsänderung aus der Firma des Gemeinschaftsunternehmens zu entfernen und dafür Sorge zu tragen, dass das Gemeinschaftsunternehmen ihn weder in der Firma noch sonst weiter verwendet.[17]

§ 9 Geheimhaltungspflicht

Jede Partei ist verpflichtet, über vertrauliche Angelegenheiten, die ihr in ihrer Eigenschaft als Partei dieses Vertrags oder von Verträgen gem § 10 oder hiermit zusammenhängenden Verträgen zur Kenntnis gelangen, insbesondere über die Verhandlungen und Beschlüsse der Parteien in diesem Zusammenhang, Dritten gegenüber Stillschweigen zu bewahren, soweit nicht kraft Gesetzes zwingend anderes gilt. Die Schweigepflicht gilt nicht für die Vorlage von Bilanzen der Gesellschaft bei Banken. Außerdem darf jede Partei vertrauliche Angelegenheiten Angehörigen eines zur Berufsverschwiegenheit verpflichteten rechts-, wirtschafts- oder steuerberatenden Berufs an-vertrauen, wenn und soweit dies zur Wahrung ihrer eigenen berechtigten Interessen erforderlich ist. Weitere Ausnahmen von der Schweigepflicht können im Einzelfall durch besondere Vereinbarung zugelassen werden.

§ 10 Verträge mit dem Gemeinschaftsunternehmen[18]

(1) Die Parteien werden dafür Sorge tragen, dass das Gemeinschaftsunternehmen unverzüglich nach seiner Gründung mit A und B die folgenden, als Anlagen . . . . . bis . . . . . beigefügten Verträge abschließt: . . . . .

(2) Abschluss und Änderung dieser Verträge bedürfen jeweils der Zustimmung des nicht als Vertragspartei handelnden Gesellschafters.

(3) Alle Verträge zwischen A und/oder B oder mit ihnen verbundenen Unternehmen und dem Gemeinschaftsunternehmen müssen zu marktüblichen Konditionen abgeschlossen werden.[19]

§ 11 Jahresabschluss/Dividendenpolitik

(1) Der Jahresabschluss des Gemeinschaftsunternehmens soll von einer renommierten Wirtschaftsprüfungsgesellschaft nach den gesetzlich anwendbaren Grundsätzen geprüft werden.[20]

(2) Als Abschlussprüfer für das erste Geschäftsjahr werden die Parteien die Wirtschaftsprüfungsgesellschaft . . . . . bestellen.[21]

(3) Das Gemeinschaftsunternehmen soll die ausgewiesenen Gewinne grundsätzlich ausschütten, es sei denn, der Beirat empfiehlt einstimmig, keine Ausschüttung vorzunehmen oder die Liquiditätslage des Unternehmens lässt eine Ausschüttung untunlich erscheinen.

§ 12 Vertragsdauer und Kündigung[22]

(1) Dieser Vertrag wird für einen Zeitraum bis zum . . . . . geschlossen. Er verlängert sich um jeweils . . . . . Jahre, wenn er nicht mit einer Frist von . . . . . Monaten zum Ende der ursprünglichen Vertragslaufzeit oder eines Verlängerungszeitraums gekündigt wird. Das Recht der Parteien, diesen Vertrag aus wichtigem Grund zu kündigen, bleibt unberührt.[23]

(2) Dieser Vertrag endet ohne Kündigung, wenn eine Partei, gleich aus welchem Grund, als Gesellschafter aus dem Gemeinschaftsunternehmen ausscheidet. Eine Übertragung des Geschäftsanteils nach § 7 gilt nicht als Ausscheiden iSd S 1.

(3) Gerät eine Partei mit der Erfüllung einer Hauptpflicht nach diesem Vertrag oder nach dem Gesellschaftsvertrag des Gemeinschaftsunternehmens in Verzug, kann die andere sie schriftlich zur Erfüllung der betreffenden Verpflichtung auffordern und, wenn daraufhin nicht innerhalb von 60 Tagen erfüllt wird, diesen Vertrag fristlos schriftlich kündigen.[24]

(4) Bei einem Wechsel des Mehrheitsgesellschafters einer Partei oder der maßgeblichen Kontrolle über eine der Parteien kann die andere diesen Vertrag schriftlich mit einer Frist von sechs Monaten zum Quartalsende kündigen.[25]

(5) Jede Kündigung ist nur wirksam, wenn zugleich auf denselben Zeitpunkt auch der Gesellschaftsvertrag der GmbH wirksam gekündigt wird.

(6) Die Verpflichtungen nach § 8 und § 9 bestehen auch nach Beendigung dieses Vertrags fort.

§ 13 Vorbehalt[26]

(1) Dieser Vertrag steht unter der aufschiebenden Bedingung, dass die zuständige Kartellbehörde das Vorhaben nach Anmeldung zur Fusionskontrolle nicht untersagt oder wegen Fristablaufs nicht mehr untersagen kann.

(2) A übernimmt die Federführung der Anmeldung; B erteilt dazu alle erforderlichen Informationen und Nachweise.

(3) Die Kosten der Anmeldung tragen die Parteien zu gleichen Teilen.[27]

§ 14 Gerichtsstand

Gerichtsstand für alle Auseinandersetzungen der Parteien ist, soweit zulässig ausschließlich, der Satzungssitz des Gemeinschaftsunternehmens.[28]

§ 15 Schlussbestimmungen

(1) Dieser Vertrag überholt und ersetzt alle früheren mündlichen oder schriftlichen Abmachungen zwischen den Parteien über den Vertragsgegenstand; Nebenabreden wurden nicht getroffen.[29]

(2) Dieser Vertrag begründet keine Gesellschaft mit Außenwirkung im Rechtsverkehr und ermächtigt keine der Vertragsparteien, für beide gemeinsam oder die jeweils andere Partei rechtsverbindliche Erklärungen abzugeben oder sie in sonstiger Weise zu verpflichten.[30]

(3) Änderungen und Ergänzungen dieses Vertrags bedürfen der Schriftform. Das gilt auch für die Änderung der Schriftformklausel.

(4) Sollten einzelne Bestimmungen dieses Vertrags ganz oder teilweise unwirksam sein oder werden, wird dadurch die Gültigkeit des Vertrags im Übrigen nicht berührt. Anstelle der unwirksamen Bestimmung gilt eine Regelung, die dem Zweck des Vertrags und dem Willen der Beteiligten bei seinem Abschluss am ehesten entspricht. Entsprechendes gilt im Fall von ungewollten Regelungslücken.[31, 32]

Schrifttum: *Basedow/Jung,* Strategische Allianzen, 1993; *Casna* (Hrsg), International Joint Ventures – The Legal and Tax Issues, 1991; *Detzer,* Kooperationen mit dem Ausland, RIW/AWD 79, 802; *Ebenroth,* Das Verhältnis zwischen Joint Venture-Vertrag, Gesellschaftssatzung und Investitionsvertrag, JZ **1987**, 265; *Eser,* Internationale Joint Ventures und EG-Kartellrecht, RIW **1984**, 489; *Emmerich,* Fusionskontrolle 1993/94, AG **1994**, 477; *Fischer,* Die Gründung von Joint Ventures in Entwicklungsländern, ZVglRW **1987**, 319; *Focke,* Die bilanzielle Behandlung von Anteilen an Gesellschaften bürgerlichen Rechts bei Joint Ventures, 1998; *Göthel,* Joint Ventures im Internationalen Privatrecht, 1999; *Heger,* Joint Ventures in der Sowjetunion: Rechtliche Voraussetzungen und wirtschaftliche Aspekte, 1989; *Immenga,* Abhängige Unternehmen und Konzerne im europäischen Gemeinschaftsrecht, RabelsZ **1984**, 48; *Kilian,* Kartellrechtliche Beurteilung von Gemeinschaftsunternehmen, DB **1981**, 1965; *Langefeld-Wirth,* Joint Ventures im internationalen Wirtschaftsverkehr – Praktiken und Vertragstechniken internationaler Gemeinschaftsunternehmen, **1990**; *Schulte/Pohl,* Joint Venture-Gesellschaften, 2012; *Nieß,* Der Einfluss der internationalen Besteuerung auf die Finanzierung ausländischer Grundeinheiten deutscher multinationaler Unternehmen, 1989; *Reithmann/Martiny,* Internationales Vertragsrecht, 8. Aufl. 2015; *Schanze,* Investitionsverträge im internationalen Wirtschaftsrecht, 1986; UN Centre on Transnational Corporations, Joint Ventures as a Form. of International Economic Cooperation, 1988; *Sieger/Hasselbach,* Notarielle Beurkundung von Joint Venture-Verträgen, NZG **1999**, 485; *von Falkenhausen,* Durchgriffshaftung mit Hilfe der Sitztheorie des Internationalen Gesellschaftsrechts, RiW **1987** , 820; *Wächtershäuser,* Das Gesellschaftsrecht des internationalen Joint Ventures, 1992; Gemeinschaftsunternehmen im deutschen und europäischen Kartellrecht, Ergebnisse einer internationalen Diskussion des FIW, 1978.

Anmerkungen

1. Das Form. zeigt den typisch doppelstöckigen gesellschaftsrechtlichen Aufbau eines Joint Venture (englisch auch „equity joint venture" genannt in Abgrenzung zum „contractual joint venture", das auf rein schuldrechtlicher Basis ohne Zwischenschaltung eines Gemeinschaftsunternehmens („GU") arbeitet): Das Joint Venture besteht typischerweise aus einer durch den Joint Venture-Vertrag begründeten BGB-Gesellschaft (s → Form. II. A.1 Anm. 1 ff.) der beteiligten Vertragsparteien zur Steuerung der Unternehmenskooperation einerseits, und dem GU andererseits. Das GU hat meist die Rechtsform einer

GmbH (s → Form. II.D.13 Anm. 1 ff.) oder GmbH & Co. KG (s → Form H. II.C.3 Anm. 1. ff.). Das „Joint Venture" (nachstehend „JV") ist regelmäßig vermögenslose Innengesellschaft, das gleichzeitig oder später gegründete oder erworbene GU ist Träger des Betriebsvermögens und tritt allein im Rechtsverkehr auf. Üblicherweise wird diese doppelstöckige Struktur noch ergänzt durch weitere Verträge über die Leistungsbeziehungen zwischen dem GU und seinen Müttern oder Dritten (s → Anm. 17).

Dem JV-Vertrag (auch Konsortialvertrag genannt) kommt die Funktion des Grundlagenvertrags zu. Er sollte alle wichtigen Aspekte der Unternehmenskooperation regeln, die auf den Gesellschaftsvertrag des GU und ergänzende Verträge durchschlagen, und den Gesamtzusammenhang zwischen allen Vereinbarungen herstellen, zB Regelungen enthalten, die die Gesellschafter zu einem bestimmten Stimmverhalten in den Organen des GU, zur Änderung oder Überprüfung des Gesellschaftsvertrags und von Separatverträgen (§ 4) uÄ verpflichten.

Über die im Form. vorgesehenen hinaus, sind je nach Projektkonstellation vielfältige weitere Regelungen denkbar, namentlich solche, die die JV-Partner wegen der Publizität des Handelsregisters (§ 9 HGB, § 34 FGG) oder aus Kosten- oder anderen Gründen nicht im Gesellschaftsvertrag regeln wollen. Sinnvollerweise enthält der JV-Vertrag das gesamte wirtschaftliche Konzept des Zusammenschlusses sowie Finanzierungs- und Budgetfragen, während der Gesellschaftsvertrag sich auf gesellschaftsrechtliche Fragen beschränkt.

Im Verhältnis zum Gesellschaftsvertrag sind die Regelungen des JV-Vertrags schuldrechtliche Nebenabreden. Auf einen Gleichlauf beider Dokumente ist deshalb unbedingt zu achten (s → Anm. 11). Die Vollstreckbarkeit allseitiger Stimmbindungsabreden gem § 894 ZPO ist anerkannt (BGH NJW 1967, 1963; dazu ausführlich Scholz/*K. Schmidt* § 47 Rn 56). Sie können wie der Gesellschaftsvertrag quasi-dingliche Wirkung haben; s BGH NJW 1987, 1890 mit Anm. *Ulmer* NJW 1987, 1849.

2. Die Form. des JV-Vertrags hängt von der für das GU geltenden Form. ab. Soll dieses, wie hier, eine GmbH sein, die mit dem Abschluss des JV-Vertrags gegründet wird oder deren Geschäftsanteile ein oder mehrere JV-Partner zeitgleich mit dem Abschluss des JV-Vertrags erwerben, so ist die **Mitbeurkundung** des JV-Vertrages erforderlich. Gleiches gilt zB, wenn die spätere Umwandlung des GU in eine GmbH vorgesehen ist. Wird der JV-Vertrag vorher abgeschlossen, so bedarf er als Vorvertrag, der zur Errichtung einer GmbH oder zum Erwerb von GmbH-Geschäftsanteilen verpflichtet, jedenfalls der notariellen Beurkundung (*Baumbach/Hueck/Fastrich* § 2 Rn 33 und § 15 Rn 30). Ist das GU eine Gesellschaft mit Sitz im Ausland, sind etwaige Formerfordernisse des Gastlands zu beachten. Ein Beurkundungserfordernis kann sich ferner aus dem Inhalt des JV-Vertrags selbst ergeben, zB wenn dieser – was häufig der Fall ist – Verpflichtungen zur Veräußerung oder zum Erwerb von Geschäftsanteilen des GU vorsieht (zB in Form. von Vorkaufsrechten oder Andienungspflichten).

3. Das Form. kann, ergänzt durch eine deutsche Rechtswahlklausel und eine entsprechende Gerichtsstands- und/oder Schiedsvereinbarung, auch als Muster für ein internationales JV mit Sitz des GU im Ausland dienen. Nach deutschem internationalen Gesellschaftsrecht sind JV-Verträge der selbstständigen Rechtswahl zugänglich (MüKoBGB/*Martiny*, Art 4 Rom I-VO, Rn 306 ff); *Göthel*, S 66 mwN). Kommt die Zuständigkeit ausländischer staatlicher Gerichte oder Schiedsgerichte in Betracht, ist zu prüfen, ob das Recht des Sitzstaates des GU die Wahl deutschen Rechts für den JV-Vertrag anerkennt. Auch wenn das bejaht werden kann, ist zu prüfen, inwieweit das ausländische Recht die Steuerung des GU durch Vereinbarungen außerhalb des Gesellschaftsvertrags zulässt.

Das internationale JV muss, selbst wenn der JV-Vertrag nach deutschem Recht formuliert werden kann, auch den auf die Rechtsbeziehungen der Parteien anwendbaren Normen des Gastlands genügen; dazu zählen zB Vorschriften über Handelsbeschränkungen und Subventionen, local-content-Vorschriften, das Investitionsrecht des Gastlandes, das Devisenrecht, Technologiegesetze, Steuerrecht, Bilanzrecht, Wirtschaftsprüfung sowie der Rechtsschutz. Insbesondere in Entwicklungsländern kann die Regierung oder ein Staatsunternehmen Vertragspartner sein. In diesen Fällen ist auch eine Stabilisierungsklausel, die das anwendbare Recht in seinem materiellen Bestand zum Zeitpunkt des Vertrags „einfriert", angeraten (vgl *Göthel,* S 86 f). Zur besonderen Problemlage des Joint Venture mit Gaststaatpartizipation vgl *Wächtershäuser,* S 137 ff. Dann kann der JV-Vertrag zu einer Niederlassungsvereinbarung werden, in der die Investitionsbedingungen projektspezifisch gestaltet werden (s *Schanze,* 54 ff). Welche Rechtsform für ein internationales JV mit Sitz der Projektgesellschaft im Nicht-EU-Ausland zu wählen ist, muss mit Rechts- und Steuerberatern des betreffenden Landes geklärt werden (Zum internationalen JV s *Langefeld-Wirth,* S 95 ff).

Hat das im Ausland errichtete GU seinen effektiven Verwaltungssitz in Deutschland, ließ sich bislang eine Haftungsbeschränkung nach der von der Rspr (OLG München ZIP 2002, 2132) und hM (*Ebke* JZ 2003, 927; abl *Behrens* IPRax 2003, 193, 205) angewandten **„Sitztheorie"** nur dadurch erreichen, dass die Gesellschaft nach deutschem Recht ordnungsgemäß errichtet wurde (Frankfurt NJW 1964, 2356; Hamburg NJW 1986, 2199).

Hatte die Gesellschaft ihren effektiven Verwaltungssitz zuvor im Nicht-EU-Ausland, war in Deutschland eine Neugründung notwendig (München RIW 1986, 821). Andernfalls hafteten die Anteilseigner als OHG-Gesellschafter und die Handelnden analog § 11 Abs 2 GmbHG, § 41 Abs 1 S 2 AktG bzw analog § 179 BGB wegen Handelns für eine nicht bestehende juristische Person persönlich gesamtschuldnerisch und unbeschränkt (*von Falkenhausen* RIW 1987, 820; Frankfurt NJW 1964, 2356; Hamburg NJW 1986, 2199; München RIW 1986, 821). Das gilt noch heute für Gesellschaften aus anderen als EU-Mitgliedstaaten (s zB BGH IPRax 2009, 259 für die Schweizer Aktiengesellschaft). Anderes gilt jetzt für GU, die in einem der **Mitgliedstaaten der Europäischen Union** nach den dort geltenden Vorschriften wirksam gegründet worden sind. Auch auf diese Gesellschaften hat der BGH früher die Sitztheorie angewandt und ihnen im Inland die Rechts- und Parteifähigkeit abgesprochen, wenn sie ihren Hauptverwaltungssitz in Deutschland nahmen oder ihn dorthin verlegten. Diese bereits durch die „Centros"-Entscheidung des EuGH (Slg 1999 I, 1484 ff = NJW 1999, 2027 ff) in Frage gestellte Judikatur wurde nach den Entscheidungen „Überseering" (EuGH Slg 2002 I, 9919, 9971 (Nr 81 f) = NJW 02, 3614 ff) und „Inspire Art" (EuGH NJW 2003, 3331, 3333 (Nr 95 ff)) unhaltbar. Der EuGH verlangt mit Blick auf die gemeinschaftsrechtlich garantierte Niederlassungsfreiheit (Art 49, 54 AEUV) die EU-weite Anerkennung der Rechtsfähigkeit von Gesellschaften, soweit ihnen diese nach dem Gründungsrecht eines anderen Mitgliedstaats zukommt. Dabei spielt es keine Rolle, ob die Gesellschaft nur deshalb in einem anderen Mitgliedstaat gegründet wurde, um in den Genuss vorteilhafter Rechtsvorschriften zu kommen, aber ihre Geschäftstätigkeit ausschließlich in einem anderen Mitgliedstaat ausübt (EuGH NJW 2003, 3331, 3333 (Nr 96) – „Inspire Art"); dem ist der BGH gefolgt (BGHZ 154, 185, 189 = NJW 2003, 1461 ff). Damit ist für sog **Zuzugsfälle** aus Mitgliedstaaten der Europäischen Union auch in Deutschland die **„Gründungstheorie"** etabliert: Im EU-Ausland gegründete Gesellschaften sind also auch im Inland rechts- und parteifähig, und zwar in der ausländischen Rechtsform, also als holländische „BV", polnische „Sp. z o. o." oder italienische „S. p. A." usw. Das Gleiche gilt, falls in einem Staatsvertrag mit einem Drittstaat das Gründungsrecht für maßgeblich erklärt wurde (BGH BB 2003, 810; vgl zB den deutsch-amerikanischen Freundschafts-, Handels- und

Schifffahrtsvertrag v 29. 10. 54). Somit können GU mit effektivem Verwaltungssitz in Deutschland auch in der Rechtsform einer ausländischen Gesellschaft errichtet werden.

Ebenso ist es möglich, ein GU mit effektivem Verwaltungssitz im Ausland in der Rechtsform einer deutschen GmbH oder AG zu errichten. Mit der Aufhebung von § 4 a Abs 2 GmbHG und § 5 Abs 2 AktG durch das MoMiG wollte der deutsche Gesetzgeber sog **Wegzugsfälle,** dh die Verlegung des Verwaltungssitzes deutscher Gesellschaften ins Ausland, ermöglichen. Zu den – noch umstr – praktischen Konsequenzen dieser Änderung s nur *Eidenmüller* ZGR 2007, 168, 205 f; *Hoffmann* ZIP 2007, 1581, 1584 ff und *Kindler* IPRax 2009, 189, 199. Aus kollisionsrechtlicher Sicht gilt dies bis zum Inkrafttreten des geplanten Gesetzes zum Internationalen Privatrecht der Gesellschaften jedenfalls für Verlegungen des Verwaltungssitzes ins EU-Ausland oder in Staaten, die der Gründungstheorie folgen oder eine ausdrückliche Rückverweisung auf das deutsches Recht vorsehen (MüKoGmbHG/*Heinze,* § 4 a Rn 38 ff).

4. Statt der gemeinschaftlichen Neugründung kann sich ein JV-Partner auch (durch Anteilsabtretung oder über eine Kapitalerhöhung) an einer bestehenden Gesellschaft des anderen beteiligen, oder die Partner können eine bereits bestehende Gesellschaft gemeinsam erwerben. Sie müssen nicht einmal selbst Gesellschafter des GU sein. Häufig werden hierfür Tochterunternehmen verwendet, was sich insbesondere bei internationalen Joint Ventures auch aus Gründen der Haftungsbeschränkung empfehlen kann.

5. S dazu Voraufl. → Form. II.D.13 Anm. 1 ff. Die Partner an einer bestehenden Gesellschaft des anderen sollten sich bei Abschluss des JV-Vertrags möglichst über den Gesellschaftsvertrag schon einig sein, andernfalls mindestens die Essentialia vereinbaren, wozu auch auf als bindend ausgestaltete Letters of Intent oder ähnliche Dokumente verwiesen werden kann. Ggf ist durch Kündigungsmöglichkeiten und Regelungen für die Abwicklung bereits durchgeführter gemeinsamer Maßnahmen Vorsorge für den Fall zu treffen, dass die Einigung über den Gesellschaftsvertrag scheitert. Auch kann der JV-Vertrag eine Frist vorsehen, innerhalb derer die GmbH gegründet werden soll.

Die GmbH wird, abgesehen von der Haftungsbeschränkung, wegen ihrer Flexibilität und der direkten Steuerbarkeit durch die Gesellschafter für deutsche JV bevorzugt. Auch international wird wegen der Haftungsbeschränkung regelmäßig eine ausländische Kapitalgesellschaft gewählt, deren Struktur der deutschen GmbH möglichst vergleichbar ist. Zur konzernrechtlichen Haftung s Voraufl. → Form. II.D.13 Anm. 2. Gleichwohl empfiehlt sich bei ausländischen Gesellschaften die Prüfung, inwieweit eine Haftungsbeschränkung mit einer bestimmten Rechtsform tatsächlich erreicht wird.

Je nach der Gesellschaftsform können Anpassungen des JV-Vertrags erforderlich sein. Ist das GU zB eine deutsche AG, sind Regelungen, die der Hauptversammlung gesetzwidrig Entscheidungskompetenzen zu Lasten des Vorstands oder des Aufsichtsrats einräumen, unwirksam.

6. Zur **kartellrechtlichen** Problematik des GU s Voraufl. → Form. II.D.13 Anm. 1.

Erwerben die JV-Partner unmittelbar oder mittelbar die Kontrolle über das GU, dann stellt die Gründung eines JV sowohl nach deutschem (§ 37 Abs 1 Nr 2 GWB) als auch nach europäischem (Art 3 Abs 1 b) FKVO) Recht einen Zusammenschluss dar, dessen Zulässigkeit nach den Vorschriften zur Zusammenschlusskontrolle geprüft werden muss, wenn die beteiligten Unternehmen die jeweiligen Schwellenwerte überschreiten. Im deutschen Recht löst ferner der Erwerb einer 25 %- oder 50 %-Beteiligung (§ 37 Abs 1 Nr 3 GWB) die Zusammenschlusskontrolle aus. Ist dieser Zusammenschlusstatbestand erfüllt, fingiert das Gesetz zusätzlich einen Zusammenschluss der Mütter auf dem Markt des GU (§ 37 Abs 1 Nr 3 S 3 GWB). Auch der Erwerb einer Beteiligung von weniger als 25 % kann einen Zusammenschlusstatbestand darstellen, wenn der JV-Vertrag besondere Informations-, Mitsprache- und Kontrollrechte des Minderheits-JV-Partners begründet, die diesem die Möglichkeit geben, das Marktverhalten des GU in seinem Interesse zu beeinflussen. Kommt es zu einer Interessenabstimmung und damit zu Wettbewerbsbeschränkungen zwischen den JV-Parteien, ist das JV zusätzlich am Maßstab des allgemeinen Kartellverbots (§ 1 GWB) zu prüfen.

Anders als nach deutschen Grundsätzen, unterliegt auf europäischer Ebene ein GU allerdings nur als Vollfunktions-GU der Fusionskontrolle (siehe Mitteilung der Kommission über den Begriff Vollfunktionsgemeinschaftsunternehmen nach der Verordnung Nr 4064/9 des Rates über die Kontrolle von Unternehmenszusammenschlüssen, ABlEG 1998 Nr C 66/1). Danach sind GU voll funktionsfähig, wenn sie auf Dauer alle Funktionen einer selbständigen Wirtschaftseinheit erfüllen. Auch bei vollfunktionsfähigen GU werden jedoch Koordinationsaspekte nach Art 2 Abs 4, 5 VO (EG) 139/2004, Art 81 EG geprüft.

Wird das GU genehmigt, umfasst eine Freistellung gemäß Art 6 Abs 1 (b) und Art 8 Abs 2 der VO (EG) 139/2004 alle Verträge, die mit der Durchführung des Zusammenschlusses unmittelbar verbunden und für diesen notwendig sind (s Erwägung 21 der VO (EG) 139/2004; zum Begriff s Bekanntmachung der Kommission über Einschränkungen des Wettbewerbs, die mit der Durchführung von Unternehmenszusammenschlüssen unmittelbar verbunden und für dies notwendig sind (ABlEG 5. 3. 2005 Nr C 56/24)). Außerhalb dieser Definition liegende Nebenabreden und Verträge im Rahmen einer Errichtung eines Nichtvollfunktions-GU bedürfen einer Überprüfung im Einzelfall nach Art 81 Abs 1 und 3 EG, wobei die Unternehmen eine Selbsteinschätzung vornehmen müssen, da die frühere Freistellungsmöglichkeit durch die Kommission weggefallen ist. Kooperationen, die in den Anwendungsbereich einer Gruppenfreistellungsverordnung fallen (zB VO (EG) Nr 2658/00, ABl Nr L 304, oder VO (EG) Nr 772/2004, ABl 123/11), sind unbedenklich.

7. Das Form. geht von paritätischer Beteiligung der JV-Partner aus (Hopt Vertr FormB, 4. Aufl. 2013, → Form. II.D.13 Anm. 2). Bei JV im Ausland ist zu beachten, dass das Investitionsrecht des jeweiligen Staates eine Mehrheitsbeteiligung des lokalen Partners vorschreiben kann.

8. Derartige Verpflichtungen (§ 3 Abs 1) müssen in den Gesellschaftsvertrag der GmbH nur aufgenommen werden, wenn es sich um gesellschaftsrechtliche Nebenleistungen handelt, nicht wenn – wie hier – in einem „Nebenvertrag" rein schuldrechtliche Pflichten begründet werden sollen (*Baumbach/Hueck/Fastrich* § 3 Rn 56 mwN).

Zur bilanziellen Behandlung von Anteilen an Joint Ventures in der Form. der BGB-Gesellschaft vgl MHdBGesRI/*Wirbel,* § 28 Rn 22 ff und ausführlich *Focke.*

Bei internationalen JV sind, insbesondere bei der Aufnahme von Fremdmitteln, auch Währungsaspekte zu berücksichtigen, ebenso Steuerfragen (s *Nieß,* S 1 ff).

Bei paritätischer Beteiligung ist eine Konsolidierung des GU gem § 290 HGB nicht erforderlich, soweit nicht Abreden bestehen, die einem Partner den überwiegenden Einfluss auf die Geschäftspolitik geben. Alternativ ist eine Quotenkonsolidierung gem § 310 HGB bzw eine Kapitalkonsolidierung gem § 312 HGB (equity-Methode) denkbar.

9. Vom Beitritt des GU zum Vertrag ist wegen der Gefahr der Qualifizierung des JV-Vertrags als Unternehmensvertrag (§§ 291 ff AktG) abzuraten. Als solcher bedürfte er der Zustimmung der Gesellschafterversammlungen der Vertragspartner, wäre anzumelden und zum Handelsregister einzureichen (BGHZ 105, 342; BGH WM 1992, 524; → Form. II.H.11 Anm. 7) und würde bei Formnichtigkeit eine konzernrechtliche Haftung auslösen (BGH WM 1988, 258 ff; WM 1991, 2137).

Zu bedenken ist, dass § 47 Abs 4 GmbHG einen Gesellschafter von der Mitwirkung an Beschlüssen ausschließt, durch die er entlastet oder von einer Verbindlichkeit befreit werden soll oder die die Vornahme eines Rechtsgeschäfts oder Einleitung eines Rechtsstreits gegenüber dem Gesellschafter betreffen. Jedenfalls soweit es die Vornahme von

Rechtsgeschäften betrifft, ist das Stimmverbot des § 47 Abs 4 GmbHG dispositiv (*Baumbach/Huech/Zöllner/Noack* § 47 Rn 106). Für paritätische GU kann es sinnvoll sein, das Stimmverbot durch Satzungsregelung für diese Fälle einzuschränken, um Situationen zu vermeiden, in denen der andere Gesellschafter allein entscheiden kann.

10. In der Praxis werden häufig wichtige Bestimmungen der GmbH-Satzung bereits im JV-Vertrag niedergelegt oder die GmbH-Satzung als Anlage dem JV-Vertrag beigefügt. Das kann zur Hervorhebung und frühzeitigen Festlegung, aber auch, wenn eine GmbH-Satzung bereits existiert, aber noch anzupassen ist, im Hinblick auf § 53 Abs 2 GmbHG sinnvoll sein. Werden Tochterunternehmen der JV-Partner Gesellschafter, sind die Beziehungen, auch soweit sie die Tochterunternehmen betreffen und eine Anpassung von deren Gesellschaftsverträgen angestrebt wird, im JV-Vertrag zu regeln.

11. Bei Widersprüchen zwischen Gesellschafts- und JV-Vertrag haben materielle Satzungsbestandteile jedenfalls Vorrang. Das Bestehen eines schuldrechtlichen Anspruchs aus dem Joint Venture-Verhältnis, das aus Sicht der Parteien ja die Grundlagenvereinbarung darstellt, auf Anpassung des Gesellschaftsvertrags ist, wenn nicht ausdrücklich im JV-Vertrag vorgesehen, zweifelhaft. Deshalb sollten die Parteien sich zur etwa notwendigen Änderung des Gesellschaftsvertrags im JV-Vertrag verpflichten (zum Verhältnis der Verträge bei internationalen JV *Ebenroth* JZ 1987, 265).

12. Das Form. sieht ein direktes Bestellungsrecht vor (BGH WM 1973, 1296), die stärkste Form. des Einflusses auf die Zusammensetzung der Geschäftsführung. Wegen § 45 Abs 2 GmbHG muss das auch im Gesellschaftsvertrag stehen (Hopt VertrFormB, 4. Aufl. 2013, → Form. II.D.13 Anm. 1 ff; ebenso für den Beirat: § 13 Abs 1). Schwächer sind Vorschlagsrechte, die das Bestellungsrecht der Gesellschafterversammlung unberührt lassen und damit jeweils die Mitwirkung des anderen Gesellschafters erfordern. Alternativ möglich ist auch eine Vereinbarung, nach der die von den Parteien vorgeschlagenen Geschäftsführer zu ihrer Ernennung der Zustimmung des anderen Partners bedürfen bzw abzuberufen sind, wenn dieser es verlangt („Sympathieklausel", vgl dazu *Schulte/Pohl* Rn 561). Bestellungsrechte können unter gewissen Voraussetzungen Abhängigkeit iSv § 17 AktG begründen.

Werden die Geschäftsführer – anders als nach dem Form. – nicht von dem GU angestellt (Hopt VertrFormB, 4. Aufl. 2013, → Form. II.D.13 Anm. (§ 17)), sondern im Rahmen des JV-Vertrags, muss geregelt werden, wer sie bezahlt, ob und wie die Aufwendungen erstattet werden und ob die Geschäftsführer hauptamtlich oder nebenamtlich für das GU tätig werden.

Häufig werden mit GU Management- (Betriebsführungs-) Verträge geschlossen (Voraufl. → Form. II.H.13 Anm. 1 ff), deren Inhalt von allgemeinen Beratungsleistungen der Management-Gesellschaft bis zur faktischen Übernahme der Geschäftsführung des GU reichen kann. Dabei ist immer zu beachten, dass der Betriebsführungsvertrag von der hM als Unternehmensvertrag gem § 292 Abs 1 Ziff 3 AktG betrachtet wird (s MüKo/*Altmeppen* § 292 AktG Rn 143 ff; Hopt VertrFormB, 4. Aufl. 2013, → Form. II.H.13 Anm. 1 mwN). Nicht zulässig ist (selbst wenn alle Gesellschafter zustimmen, BGH NJW 1977, 199) die Erteilung einer Generalvollmacht, durch die Dritten praktisch die Geschäftsführung übertragen wird. Sind Geschäftsführer des GU den Weisungen des Vertragspartners unterworfen, unterliegt der Management-Vertrag den Form- und Publizitätsvorschriften für Unternehmensverträge und löst ggf konzernrechtliche Haftungsfolgen analog §§ 291 ff AktG aus (s → Anm. 9). Zu Managementverträgen s *Huber,* Betriebsführungsverträge zwischen konzernverbundenen Unternehmen, ZHR 152 (1988), 123; *Zeiger,* Der Managementvertrag als internationales Kooperationsinstrument, 1983.

Die Befugnisse des Beirats sind zweckmäßiger Weise in einer Anlage zum JV-Vertrag festzulegen. Gleiches gilt für eine Geschäftsordnung des Beirats.

13. Soweit nicht im Gesellschaftsvertrag enthalten, sind hier ggf ergänzende Regelungen über interne Beschränkungen (§ 37 GmbHG) der Geschäftsführungs- und Vertretungsbefugnis zu treffen.

14. Besonderes Augenmerk sollte auf die Gestaltung der Regelungen zur Vermeidung oder Überwindung von Pattsituationen in den Organen des GU gelegt werden. Dies gilt insbesondere für paritätische GU, bei denen jeder der JV-Partner Entscheidungen blockieren und damit ggf den Geschäftsbetrieb des JV lahmlegen kann.

Pattsituationen in der Geschäftsführung oder im Beirat des GU lassen sich in der Regel dadurch vermeiden, dass dem Vorsitzenden das Recht zum Stichentscheid eingeräumt wird. Dies setzt voraus, dass die JV-Partner Vertrauen in die Unabhängigkeit und Unparteilichkeit des Vorsitzenden haben. Dazu kann eine Regelung jedenfalls unterstützend beitragen, die vorsieht, dass die JV Partner bei der Bestellung des Vorsitzenden zusammenwirken müssen, zur Abberufung aber jeder JV-Partner einzeln befugt ist.

Auf Gesellschafterebene entstehende Pattsituationen werden sich demgegenüber häufig nur dadurch auflösen lassen, dass den JV-Partnern die Möglichkeit zur Beendigung des JV oder zum Austritt eingeräumt wird. In der Praxis kommen solche Regelungen in vielfältigen Gestaltungen vor. Das Form. enthält eine Regelung für die sog „Buy-Sell-Option", bei der der ausstiegswillige JV-Partner dem anderen JV-Partner sowohl den Verkauf der eigenen als auch den Kauf der Beteiligung des anderen JV-Partners anbietet. Als Alternative dazu ist im Form. ein Bietungsverfahren vorgesehen, bei dem jeder JV-Partner ein Kaufangebot für die Beteiligung des anderen abgibt und derjenige die Beteiligung erwerben muss, dessen Angebot höher ist. Weitere Gestaltungsmöglichkeiten sind etwa die sog „Shotgun Option" oder der sog „Texas Shootout" (zu den Einzelheiten und zur praktischen Umsetzung *Schulte/Sieger* NZG 2005, 24 ff; MHdB GesR I/*Wirbel* § 28 Rn 61). Es sollte allerdings nicht verkannt werden, dass solche – in den Einzelheiten oft recht komplexen – Regelungen in der Praxis selten in Anspruch genommen werden. Ihre Funktion liegt daher in erster Linie darin, den Einigungsdruck auf die JV-Partner zu erhöhen.

15. Auf eine Erleichterung der Übertragung im Konzern sollte verzichtet werden, wenn auf die Zuständigkeit der Konzernspitzen Wert gelegt wird. Häufig bedienen sich JV-Partner für das GU jedoch einer Tochtergesellschaft oder wollen sich die Möglichkeit offen halten, im Rahmen einer späteren Umstrukturierung die Beteiligung auf eine Tochtergesellschaft zu übertragen. Dann empfiehlt es sich, eine Garantie der Muttergesellschaft für die Verbindlichkeiten der Tochtergesellschaft vorzusehen. Außerdem sollte durch eine Rückübertragungspflicht im Gesellschaftsvertrag des GU für den Fall Vorsorge getroffen werden, dass die Tochtergesellschaft aus dem Konzern ausscheidet (F) Hopt, VertrFormB, 4. Aufl. 2013, → Form. II.D.13 Anm. 1 ff.

16. Vinkulierungen bedürfen nach § 15 Abs 5 GmbHG der Aufnahme in den Gesellschaftsvertrag, ebenso Vorkaufsrechte ((F) Hopt, VertrFormB, 4. Aufl. 2013, → Form. II.D.3 Anm. 8).

17. § 24 Abs 2 HGB findet auf die GmbH keine Anwendung (BGHZ 109, 364, 368; OLG Frankfurt ZIP 1988, 598).

18. Soweit über **Leistungsverträge** bereits Einigkeit besteht, sollten diese als Anlage beigefügt werden, zB – je nach Projektkonstellation – Verträge über Lizenzen, Know-how und gewerbliche Schutzrechte, Personalüberlassungsverträge, Beratungsverträge, Betriebsführungs- bzw Managementverträge, Ausbildungsverträge, Rohstofflieferverträge, Vermarktungsverträge, Produktabnahmeverträge, Verträge über die Überlassung von Räumlichkeiten sowie Dienstleistungsverträge (EDV, Buchhaltung usw). Sind einzelne Punkte noch offen, sollten wenigstens die wirtschaftlichen und rechtlichen Eckdaten festgelegt werden.

19. Diese Klausel spricht die kritische Frage der **Verrechnungspreise** im JV an, über die sich die Profitabilität des GU beeinflussen lässt und Gewinne zu einem JV-Partner oder zu Konzerngesellschaften verlagert werden können. Die im Form. vorgeschlagene Klausel legt nur den allgemeinen Grundsatz fest; sie greift nicht, wo Marktpreise, wie zB bei der Lieferung von Komponenten, nicht vorhanden oder nicht feststellbar sind. Unter Umständen kann auf von den Finanzbehörden anerkannte Transferpreise verwiesen werden.

Diese Bestimmung ist kartellrechtlich unbedenklich, wenn die Gründung des GU unbedenklich ist.

20. Bei einem internationalen JV wird man ggf international anerkannte Prüfungsstandards verlangen.

21. S §§ 318, 319 HGB. Die Bestellungskompetenz kann (außer bei der AG) gesellschaftsvertraglich auf einzelne Gesellschafter oder andere Organe delegiert werden (§ 318 Abs 1 S 2 HGB).

22. Die Vorschriften über Vertragsdauer und Kündigung bedürfen der Abstimmung mit dem Gesellschaftsvertrag, aber auch etwaigen Nebenverträgen. Je nach Projektkonstellation und möglichen Leistungsbeziehungen zwischen den JV-Partnern und dem GU müssen für den Beendigungsfall zusätzliche Regelungen betreffend Lizenzverträge, Behandlung etwaigen Know-hows, Nutzung des Firmennamens usw getroffen werden.

23. Das in § 723 Abs 1 S 1 BGB vorgesehene Recht, den JV-Vertrag jederzeit zu kündigen, entspricht in der Regel nicht den Interessen der JV-Partner. Der vollständige Ausschluss des ordentlichen Kündigungsrechts verstößt gegen § 723 Abs 3 BGB. Zulässig ist es jedoch, eine bestimmte Laufzeit des JV-Vertrages zu vereinbaren und das ordentliche Kündigungsrecht für deren Dauer auszuschließen. Die Rechtsprechung hat in diesem Zusammenhang Laufzeiten von 30 Jahren für unbedenklich erachtet (BGH WM 1967, 315, 316).

24. Für diesen Fall sollte auch im Gesellschaftsvertrag das Ausscheiden vorgesehen werden (Hopt VertrFormB, 4. Aufl. 2013, → Form. II.D.13 Anm. 1 ff).

25. Diese sog „Change of Control"-Klausel soll Umgehungen der Vinkulierung durch Veränderungen auf der Gesellschafterebene entgegenwirken und sicherstellen, dass im Falle eines Wechsels der Kontrollmehrheit des JV-Partners ein Ausstieg möglich ist.

26. Bei der Gründung und Durchführung von JV sind die allgemeinen **kartellrechtlichen Bestimmungen zu beachten** (Hopt VertrFormB, 4. Aufl. 2013, → Form. II.D.13 Anm. 1).

Das Form. geht davon aus, dass die Vertragsparteien vor Vertragsschluss geklärt haben, ob das Projekt der (nationalen oder EU-)Fusionskontrolle unterliegt. Sollte diese Klärung nicht vorab erfolgen können, sollte die Klausel in allen nicht eindeutigen Fällen um eine Bestimmung ergänzt werden, worin die Parteien sich verpflichten, alles zu unternehmen, um auf nationaler, bzw europäischer Ebene eine Freistellung/Genehmigung von der zuständigen Kartellbehörde zu erreichen, bzw – auf europäischer Ebene – um sicherzustellen, dass die Vereinbarungen einem Freistellungstatbestand zuzuordnen sind, sofern den Parteien daran liegt, Rechtssicherheit durch eine Anmeldung zu erreichen.

JV können deutschem oder europäischem Kartellrecht auch dann unterliegen, wenn sie ihre Tätigkeit ausschließlich in Nicht-EU-Ländern ausführen sollen oder die unmittelbar beteiligten Unternehmen und das GU ihren Sitz außerhalb Deutschlands oder der EU haben (*Immenga/Mestmäcker/Rehbinder* § 130 Abs 2 Rn 185 ff; Delta Airlines/PanAm, ABl 1991 C 289/14; BankAmerica/Security Pacific, ABl 1991 C 289/14; aber auch EuGH Slg 1988, S 5193, 5243 Ahlström ua).

Weitere – im Form. nicht vorgesehene – Vorbehalte sind erforderlich, wenn der Betrieb des GU einer staatlichen Erlaubnis bedarf (zB §§ 30 ff GewO, § 32 KWG, § 5 VAG). Im Einzelfall können sich auch wirtschaftlich motivierte Vorbehalte empfehlen, zB aus der Feasibility-Studie abzuleitende Vorbehalte oder der Abschluss anderer Verträge. Soweit die Parteien bereits Aufwendungen haben, ehe sicher ist, ob sich der Vorbehalt verwirklicht, sollte auch deren Aufteilung geregelt werden.

27. Diese Kosten kann auch das GU als Gründungskosten übernehmen; sie müssen dann aber im Gesamtbetrag der Gründungskosten berücksichtigt werden, der im Gesellschaftsvertrag zu beziffern ist, s BFH BStBl II 90, 89 und → Form. II.D.1.1 Anm. 13.

28. Für internationale JV wird regelmäßig eine Schiedsvereinbarung getroffen. Das kann sich insbesondere aus Geheimhaltungsgründen im Verhältnis zu Dritten, auch für ein rein nationales GU empfehlen. Für den Fall, dass der JV-Vertrag der notariellen Beurkundung bedarf, ist umstritten, ob sich das Beurkundungserfordernis auch auf die von den Parteien gewählte Schiedsordnung erstreckt, diese also mit beurkundet werden muss (vgl *Broichmann/Matthäus,* SchiedsVZ 2008, 274 ff; DNOtI-Report 2008, 188 f). Aus Gründen der Vorsicht wird es sich empfehlen, die in Bezug genommene Schiedsordnung mitzubeurkunden. Dies kann gem § 13 a BeurkG auch durch Bezugnahme auf eine bereits errichtete notarielle Urkunde geschehen.

29. Die Klausel soll vor unerwarteten Ansprüchen aus überholt geglaubten früheren Abmachungen schützen, zwingt jedoch zu sorgsamer Prüfung, ob der gewollte Inhalt der Beziehungen wirklich vollständig erfasst ist.

30. Diese für die Innengesellschaft nur klarstellende Klausel soll jeder Gefahr vorbeugen, dass insbesondere vor Gründung des GU Handlungen einer Partei der anderen (oder beiden) zugerechnet werden. Das Risiko einer Duldungs- oder Anscheinsvollmacht kann damit freilich nicht ausgeschlossen werden.

31. **Steuerhinweise:** Zur Besteuerung eines deutschen GU in der Rechtsform der GmbH allgemein, von Gewinnausschüttungen einer GmbH an inländische und ausländische Anteilseigner und von Gewinnen, die aus einer Veräußerung von GmbH-Anteilen entstehen → Form. II.D.1.1 Anm. 31; zu verdeckten Gewinnausschüttungen einer GmbH und ihren Steuerfolgen s Form. → Form. II.D.1.3 Anm. 17. Zu den Steuerfolgen der Übertragung von Vermögen auf eine JV-Gesellschaft durch ihren in- bzw ausländischen Gesellschafter s *Sieker* IStR 1997, 385 bzw 711. Für reine Inlandssachverhalte vgl *Schulte/Pohl* Rn 255 ff.

Die nach den deutschen Doppelbesteuerungsabkommen für Dividenden geltenden Quellen-(Kapitalertrag-)steuerbegrenzungen sind tabellarisch aufgeführt bei *Vogel/Lehner/Tischbirek/Specher* Art 10 Rn 67, diejenigen für Lizenzgebühren bei *Vogel/Lehner/Pöllath/Lohbeck* Art 12 Rn 29 (mit detaillierten Erläuterungen jeweils im Anschluss). Zur Einkunftsabgrenzung bei international verbundenen Unternehmen, insbes den von der deutschen Finanzverwaltung anerkannten Methoden zur Bestimmung angemessener Preise für die Verrechnung von Lieferungen und Leistungen im Konzern s BMF BStBl I 83, 218 ff („Verwaltungsgrundsätze") sowie zur Neuregelung der Einkunftsabgrenzung durch Umlageverträge im Konzern s BMF BStBl I 1999, 1122 ff; *Flick/Wassermeyer/Baumhoff,* Kommentar zum Außensteuerrecht, Stand 93. Lieferung August 2020, Band I; *Baumhoff,* in Mössner ua, Steuerrecht international tätiger Unternehmen, 5. Aufl 2018, Kap 4; *Jacobs,* Internationale Unternehmensbesteuerung, 7. Aufl 2011, 911 ff. Zu den Mitwirkungspflichten der Beteiligten und zur Beweislast vgl das StVergAbG ab 2003 und die GewinnabgrenzungsaufzeichnungsVO (BStBl I 2003, 739) ab VZ 2004.

Zur körperschaftsteuerlichen Organschaft eines deutschen GU (GmbH) als Organgesellschaft zur inländischen Zweigniederlassung eines ausländischen Unternehmens als Organträgerin s §§ 18, 17, 14–16 KStG und die Erläuterungen dazu zB bei *Streck/Olbing,* KStG §§ 14 ff, bei *Dötsch/Pung/Möhlenbrock,* KStG nF §§ 14 ff, Stand 98. Akt 20 und bei *Frotscher/Maas,* KStG, Band 2, §§ 14 ff, Stand 154. Ergl 2020. Zu dem für die Organschaft erforderlichen Ergebnisabführungsvertrag s Hopt VertrFormB, 4. Aufl. 2013, → Form. II.H.11 Anm. 9.

Kosten und Gebühren:

32. Notar: $^{20}/_{10}$ Gebühr § 36 Abs 2 KostO.
Wert: Vgl → Form. II.A.1 Anm. 1 ff. Die zur Erreichung der wirtschaftlichen Zielsetzung mit dem JV-Vertrag verbundenen Verträge (§§ 2, 9) haben kostenrechtlich nicht „denselben Gegenstand" iSv § 44 Abs 1 KostO wie er; die einzelnen Vertragswerte sind daher mit Schätzwerten (§ 30 KostO) anzusetzen und zu einem Gesamtwert zusammen zu rechnen (§ 44 Abs 2 a) KostO).

2. Rahmenvertrag über eine Technologiekooperation

Notarieller

Rahmenvertrag

über die Gründung eines Gemeinschaftsunternehmens

zwischen

1. . . . . .

(„A")

und

2. . . . . .

(„B")

und

3. . . . . .

(„C")

(A, B und C werden nachfolgend auch als „Parteien" oder „Gesellschafter" bezeichnet)

Präambel

A. Die A betreibt das Nachrichtenportal A. de.

B. B ist ein Anbieter von Beratungssoftware für . . . . .

C. C ist ein Hersteller von Online-Software für . . . . .

D. Die Parteien beabsichtigen die Gründung eines Gemeinschaftsunternehmens zum Betrieb eines werbe- und anzeigenfinanzierten Onlineportals (das „Gemeinschaftsunternehmen").

E. Am ..... haben die Parteien zu diesem Zweck eine Absichtserklärung unterzeichnet.[1]

F. Auf Basis der Absichtserklärung wurde am ..... die ..... GmbH & Co. KG mit Sitz in ..... (nachfolgend „Gesellschaft") als Träger des Gemeinschaftsunternehmens gegründet.[2] Die Gesellschaft begann mit Abschluss des Gesellschaftsvertrages und wurde am ..... zur Eintragung in das Handelsregister des Amtsgerichts ..... angemeldet. Alleinige Kommanditisten sind B mit einer Hafteinlage im Betrag von EUR ..... und C mit einer Hafteinlage im Betrag von EUR ..... Komplementärin der Gesellschaft ist die mit notarieller Urkunde-Nr ..... des amtierenden Notars am ..... gegründete ..... Verwaltungs-GmbH mit Sitz in ..... (nachfolgend „Komplementär-GmbH"), die am ..... zur Eintragung in das Handelsregister des Amtsgerichts ..... angemeldet wurde. Alleinige Gesellschafter der Komplementär-GmbH sind B mit einem Geschäftsanteil im Nennwert von EUR ..... und C mit einem Geschäftsanteil im Nennwert von EUR ....., so dass das Stammkapital der Komplementär-GmbH EUR ..... beträgt.[3]

G. Auf Basis der Absichtserklärung haben A und die Gesellschaft einen Darlehensvertrag geschlossen, der diesem Rahmenvertrag in Kopie als Anlage beigefügt ist („Darlehensvertrag"). Aufgrund des Darlehensvertrages hat A der Gesellschaft zum Zwecke der Anschubfinanzierung ein nachrangiges zinsloses Darlehen in Höhe von bis zu EUR ..... (das „Anschubdarlehen") gewährt, das zum Zeitpunkt dieser Vereinbarung noch nicht valutiert ist.

Dies voraus geschickt treffen die Parteien folgende Vereinbarung:

§ 1 Beitritt der A zum Gemeinschaftsunternehmen; B-C-Holding

(1) Der Beitritt der A zum Gemeinschaftsunternehmen durch Beitritt zur Gesellschaft und zur Komplementär-GmbH erfolgt an dem Tag („Vollzugstag"), an dem die folgende Bedingung seit fünf (5) Bankgeschäftstagen erfüllt ist:

das Bundeskartellamt hat dem Vollzug dieses Rahmenvertrags zugestimmt oder die entsprechenden gesetzlichen Fristen, innerhalb derer eine Untersagung erfolgen kann, sind verstrichen, ohne dass eine Untersagung erfolgte.

(2) Der Beitritt der A zur Gesellschaft wird am Vollzugstag wie folgt durchgeführt:

a) die Komplementär-GmbH, A, B und C schließen den im Entwurf als Anlage 1.2 (a) beigefügten Beitrittsvertrag, dem als Anlage ein neuer Gesellschaftsvertrag der Gesellschaft beigefügt ist, der im Innenverhältnis mit Wirkung ab dem Vollzugstag gilt;
b) A zahlt ihre Bareinlage in Höhe von EUR ..... auf das Konto der Gesellschaft ein;
c) der Eintritt der A als Kommanditistin in die Gesellschaft wird mit der im Entwurf als Anlage 1.2 (c) beigefügten Handelsregisteranmeldung zur Eintragung ins Handelsregister angemeldet und mit erfolgter Eintragung im Handelsregister wirksam.[4]

(3) Der Beitritt der A zur Komplementär-GmbH wird am Vollzugstag wie folgt durchgeführt:

a) B und C fassen als Gesellschafter der Komplementär-GmbH in notarieller Form. den im Entwurf als Anlage 1.3 (a) beigefügten Gesellschafterbeschluss über (i) die Erhöhung des Stammkapitals der Komplementär-GmbH von EUR . . . . . auf EUR . . . . . und (ii) die Änderung des Gesellschaftsvertrags der Komplementär-GmbH in der Form., wie er dem als Anlage 1.3 (a) beigefügten Entwurf des Gesellschafterbeschlusses als Anlage beigefügt ist.

b) A unterzeichnet in notariell beglaubigter Form. die im Entwurf als Anlage 1.3 (b) beigefügte Übernahmeerklärung;

c) A zahlt den Betrag ihrer Stammeinlage in Höhe von EUR . . . . . auf das Konto der Komplementär-GmbH ein;

d) B und C fassen als Gesellschafter der Komplementär-GmbH den im Entwurf als Anlage 1.3 (d) beigefügten Gesellschafterbeschluss, durch den (i) die Bestellung von Herrn . . . . . zum Geschäftsführer sowie (ii) die dem Entwurf des Gesellschafterbeschlusses als Anlage beigefügte Geschäftsordnung der Geschäftsführung, die ua einen Katalog der zustimmungspflichtigen Geschäfte enthält, beschlossen wird;

e) die in a) genannten Beschlüsse sowie die Bestellung des Geschäftsführers . . . . . werden mit der im Entwurf als Anlage 1.3 (e) beigefügten Handelsregisteranmeldung zur Eintragung ins Handelsregister angemeldet.

(4) B und C haben das Recht, zu einem späteren Zeitpunkt ihre Beteiligungen an der Gesellschaft und an der Komplementär-GmbH in eine gemeinsame Holding-Gesellschaft (die „B-C-Holding") einzubringen. Vor Einbringung in die B-C-Holding hat die B-C-Holding diesem Rahmenvertrag beizutreten, wobei dieser Rahmenvertrag einschließlich seiner Anlagen, soweit nötig, an die geänderte Struktur anzupassen ist. B und C werden für die Verpflichtungen der B-C-Holding aus diesem Rahmenvertrag haften, soweit die Parteien nichts anderes vereinbaren.

§ 2 Finanzierung des Gemeinschaftsunternehmens[5]

(1) Der Darlehensvertrag wird von A vor dem Beitritt zur Gesellschaft nicht gekündigt. Nach Wirksamwerden des Beitritts der A zur Gesellschaft und vor Ablauf des ersten nach diesem Tage endenden Geschäftsjahres der Gesellschaft wird der Darlehensrückzahlungsanspruch der A aus dem Darlehensvertrag von der A in Rücklagen der Gesellschaft (§§ 272 Abs 2 Nr 4, 266 Abs 3 A. II., 264 c Abs 2 S 1 II. HGB) umgewandelt.

Für den Fall, dass es nicht zu einer Beteiligung der A an der Gesellschaft kommt, wird A auf die Rückzahlung des Anschubdarlehens verzichten und wird außerdem sicherstellen, dass alle bis dahin nach Abstimmung mit der . . . . . veranlassten und nicht mehr rückgängig zu machenden Investitionen der Gesellschaft (zB an Dritte vergebene Aufträge) durch nicht rückforderbaren Mittelzufluss bis insgesamt zu der im Darlehensvertrag genannten Darlehenssumme bedient werden können, soweit es bezüglich solcher Ausgaben der Gesellschaft nicht ohnehin schon zu einer Valutierung des Darlehens der A gekommen ist. Sollten B oder C jedoch das Projekt Onlineportal innerhalb eines Jahres, nachdem feststeht, dass sich A nicht an der Gesellschaft beteiligt, mit einem anderen Partner betreiben, so lebt der Darlehensrückzahlungsanspruch gegen die Gesellschaft wieder auf (dh der Verzicht wird auflösend bedingt erklärt werden). Derjenige von B und C, der das Projekt Onlineportal mit einem Dritten betreibt, hat für die vollständige Rückzahlung des Anschubdarlehens an A zu sorgen und steht hierfür ein. Betreiben B und C zusammen das Projekt Onlineportal mit einem Dritten, so haften beide als Gesamtschuldner.

(2) Nach dem Wirksamwerden des Beitritts der A zur Gesellschaft erfolgt die weitere Finanzierung der Gesellschaft bis zur Höhe von insgesamt maximal EUR . . . . . (einschließlich des Anschubdarlehens) durch A, soweit nicht eine Eigenfinanzierung der laufenden Kosten (ohne Investitionen) aus dem Cashflow der Gesellschaft (dh aus deren

laufender Geschäftstätigkeit) möglich ist. Soweit diese Finanzierung den Betrag der Kapitaleinlagen der A bei der Gesellschaft übersteigt, wird sie als Zuzahlung in das Eigenkapital (Rücklagen der Gesellschaft) gemäß §§ 272 Abs 2 Nr 4, 266 Ab. 3 A. II., 264 c Abs 2 S 1 II. HGB geleistet.

Eine Verpflichtung zur Finanzierung besteht für A jedoch nur insoweit, als die Voraussetzungen des als Anlage 2.2 beigefügten Leistungs- und Lastenhefts eingehalten werden.

§ 3 Nutzung und Entwicklung von Software; sonstige Rechte

(1) B, C und die Gesellschaft schließen am Vollzugstag den im Entwurf als Anlage 3.1 beigefügten Rahmenvertrag über die Entwicklung und Überlassung von Software.

(2) A verpflichtet sich dafür zu sorgen, dass die jeweiligen Berechtigten am Vollzugstag mit der Gesellschaft Verträge über die Einräumung eines nicht ausschließlichen Rechts zur unentgeltlichen Nutzung sämtlicher Inhalte des Internetauftritts . . . . ., der Marke „. . . . .“ und der Domain www. . . . . net abschließen. A verpflichtet sich ferner dafür zu sorgen, dass die Domain www. . . . . net in dem Internetauftritt der A prominent verlinkt wird. Die Übertragung der Nutzungsrechte kann von den Berechtigten ganz oder teilweise widerrufen werden, wenn die Gesellschaft bis zum Geschäftsjahr . . . . . nicht einen Jahresumsatz von EUR . . . . . erreicht hat oder das Onlineportal nicht von mindestens 300 000 Nutzern („unique user“) dauerhaft genutzt wird.

(3) Der Betrieb des Onlineportals (Hosting) erfolgt in den Rechenzentren von B und/oder C. Die Parteien werden dafür sorgen, dass B, C und die Gesellschaft rechtzeitig vor der Inbetriebnahme des Onlineportals einen Vertrag über das Hosting des Onlineportals durch B und/oder C abschließen. Der Vertrag soll insbesondere folgende Regelung zur Kostentragung enthalten und im Übrigen dem Marktüblichen entsprechen. Die Personalkosten für das Hosting tragen, solange B und C zusammen eine Beteiligung von mindestens 25 % an der Gesellschaft halten, B und C, anderenfalls sind die Personalkosten von der Gesellschaft zu tragen. Die rein technischen Kosten für die Nutzung der Hardware und der Leitungen sowie für den Traffic trägt die Gesellschaft zu marktüblichen Konditionen.

§ 4 Corporate Governance

(1) Die Geschäfte der Gesellschaft werden durch die Komplementär-GmbH geführt. Die Zusammensetzung der Geschäftsführung der Komplementär-GmbH wird ab dem Vollzugstag wie folgt geregelt:[6]

a) Solange B und C zusammen mindestens 25 % der Geschäftsanteile an der Komplementär-GmbH halten, hat die Komplementär-GmbH drei Geschäftsführer, die wie folgt durch die Gesellschafter bestellt werden:
   (i) Ein Geschäftsführer wird auf Vorschlag der A bestellt. Seine Zuständigkeit umfasst die Bereiche Finanzen, Strategie, Vermarktung und Recht.
   (ii) Ein Geschäftsführer wird auf Vorschlag von B bestellt. Seine Zuständigkeit umfasst die Bereiche Produktkonzeption, White-Label-Vermarktung und Kooperationsmanagement.
   (iii) Ein Geschäftsführer wird auf Vorschlag von C bestellt. Seine Zuständigkeit umfasst die Bereiche IT, Entwicklung und Betrieb.

   Für Geschäfte in den in (i) bis (iii) genannten Bereichen, die einen Wert von EUR . . . . . im Einzelfall nicht überschreiten, hat der betreffende Geschäftsführer Einzelgeschäftsführungsbefugnis. Im Übrigen gilt für sämtliche Geschäfte (einschließlich der Geschäfte, die zu den in (i) bis (iii) genannten Bereichen gehören) das Prinzip der Gesamtgeschäftsführung, wobei Beschlüsse der Geschäftsführung mit einfacher Mehrheit gefasst werden. Dabei hat jeder Geschäftsführer so viele Stimmen wie demjenigen Gesellschafter, auf dessen Vorschlag der betreffende Geschäftsführer bestellt wurde, in der Gesellschafterversammlung zustehen. Im Außenverhältnis hat jeder Geschäftsführer stets Einzelvertretungsbefugnis.[7]

b) Wenn B und C zusammen weniger als 25 % der Geschäftsanteile an der Komplementär-GmbH halten, hat die Komplementär-GmbH einen oder mehrere Geschäftsführer, die nach den gesetzlichen Vorschriften durch Gesellschafterbeschluss mit einfacher Mehrheit bestellt werden. Vorschlagsrechte bestehen nicht. Geschäftsführer, die zuvor auf Vorschlag von B oder C gewählt wurden, können mit einfacher Mehrheit abberufen werden.

(2) Bestimmte Maßnahmen der Geschäftsführung bedürfen der Zustimmung der Gesellschafter, die mit einfacher Mehrheit zu erfolgen hat. Die am Vollzugstag beschlossene Geschäftsordnung der Geschäftsführung (so § 1 Abs 3 d)) kann mit einfacher Mehrheit angepasst werden, sobald B und C zusammen weniger als 50 % der Geschäftsanteile an der Komplementär-GmbH halten.

(3) Die Tätigkeit der Geschäftsführer wird weder durch die Gesellschaft noch durch die Komplementär-GmbH vergütet.

(4) Obwohl A erst mit Eintragung der in § 1 Abs 3 a) genannten Kapitalerhöhung Gesellschafterin der Komplementär-GmbH wird, werden sich die Parteien für die Zwecke von § 4 ab dem Vollzugstag so behandeln, als ob A bereits zum Vollzugstag Gesellschafterin geworden wäre.

(5) A, B und C sind verpflichtet, ihre Gesellschafterrechte in der Gesellschaft und der Komplementär-GmbH stets unter Beachtung aller in diesem Rahmenvertrag enthaltenen Vorschriften sowie in einer Weise auszuüben, die den wirtschaftlichen Zielen dieses Rahmenvertrages am ehesten entspricht.

§ 5 Änderung der Beteiligungsverhältnisse[8]

(1) A hat das Recht („Kaufoption I“) von B die von B gehaltenen Beteiligungen an der Komplementär-GmbH und an der Gesellschaft (zusammen die „B-Beteiligungen“) nach Maßgabe der nachfolgenden Bedingungen ganz oder teilweise zu erwerben:

a) Die Kaufoption I kann (ganz oder teilweise, ein- oder mehrfach) nur in der Zeit vom 1. Januar ..... bis zum 31. Dezember ..... ausgeübt werden, und zwar durch Übersendung der im Entwurf als Anlage 5.1 (a) beigefügten Mitteilung („Ausübungsmitteilung“) an B.

b) Der Kaufpreis für die B-Beteiligungen beträgt[9]
   (i) für die ersten 12,55 %-Punkte der B-Beteiligungen:
   3 × Vorjahres-Umsatz der Gesellschaft (mindestens jedoch EUR .....) × Höhe der Beteiligungsquote, die erworben wird;
   (ii) für die verbleibenden 12,45 %-Punkte der B-Beteiligungen:
   3 × Vorjahres-Umsatz der Gesellschaft (mindestens jedoch EUR .....) × Höhe der Beteiligungsquote, die erworben wird.

c) Die für B bei der Gesellschaft geführten Kapitalkonten I und II gehen (ggf anteilig entsprechend der Höhe der übertragenen B-Beteiligungen) auf A über. Der Saldo des Kapitalkontos II von B zum Zeitpunkt des Abschlusses des Kauf- und Abtretungsvertrages wird (ggf anteilig entsprechend der Höhe der übertragenen B-Beteiligungen) zwischen B und A ausgeglichen, dh negativer Saldo verringert und ein Guthaben (während der Gesellschafterstellung von B aus dem Jahresüberschuss gebildete Gewinnrücklagen nach Ausgleich vorheriger Verlustzuweisungen) erhöht den Kaufpreis entsprechend. Ein negativer Saldo auf dem Kapitalkonto II von B ist jedoch nicht kaufpreismindernd zu berücksichtigen, (i) soweit es sich dabei um die B zugewiesenen Anteile an Verlusten in Höhe von insgesamt maximal EUR . . . . . handelt (dh ein negativer Saldo auf dem Kapitalkonto II von B wird insoweit nicht kaufpreismindernd berücksichtigt, als dieser Saldo zuzüglich der negativen Salden auf den Kapitalkonten II aller anderen Gesellschafter EUR . . . . . nicht übersteigt) und (ii) solange das Kapitalkonto II von B nach Beitritt der A zur Gesellschaft nicht bereits einmal ausgeglichen war (dh nach einem einmal erfolgten Ausgleich des Kapitalkontos II von B wieder eintretende negative Salden führen zu einer Kaufpreisreduktion). Das Darlehenskonto von B ist von bzw gegenüber der Gesellschaft spätestens zum Zeitpunkt des Wirksamwerdens der Übertragung auszugleichen, sofern nicht B weiterhin Gesellschafter bleibt.

Der Kaufpreis erhöht sich um den auf die übertragenen B-Beteiligungen zeitanteilig bis zum Abschluss des Kauf- und Abtretungsvertrages nach Maßgabe des für das im Zeitpunkt des Abschlusses des Kauf- und Übertragungsvertrages laufende Geschäftsjahr noch festzustellenden Jahresabschlusses entfallenden Gewinn (unter entsprechender Berücksichtigung der Reduzierung dieses Gewinnanteils nach Maßgabe des § 6 Abs 2 unten) bzw vermindert sich um einen auf die übertragenen B-Beteiligungen zeitanteilig entfallenden Verlust (dh diese Verminderung des Kaufpreises tritt nur insoweit ein, soweit dieser Verlust unter entsprechender Berücksichtigung der og Regeln über die Abzugsfähigkeit von negativen Salden auf dem Kapitalkonto II von B zu einer Abzugsfähigkeit führt).

d) A und B sind verpflichtet, innerhalb von 30 Bankgeschäftstagen nach Zugang der Ausübungsmitteilung bei B einen Kauf- und Abtretungsvertrag über die B-Beteiligungen zu dem in vorstehend b) genannten Kaufpreis abzuschließen. Der Entwurf eines solchen Kauf- und Abtretungsvertrages ist als Anlage 5.1 (c) beigefügt. Etwa erforderliche Zustimmungen (zB Freigabe durch das Bundeskartellamt) sind einzuholen.[10]

(2) A hat das Recht („Kaufoption II“) von C die von C gehaltenen Beteiligungen an der Komplementär-GmbH und an der Gesellschaft (zusammen die „C-Beteiligungen“) zu erwerben, wobei die Bedingungen gemäß § 5Abs 1 a) bis c) entsprechend gelten.

(3) Soweit die Parteien im Einzelfall nichts anderes vereinbaren, hat A die Kaufoption I und die Kaufoption II jeweils zu gleichen Anteilen auszuüben. Beispiel: Wenn die Kaufoption I nur für 10 %-Punkte ausgeübt wird, ist auch die Kaufoption II für 10 %-Punkte auszuüben. Die erstmalige Ausübung der Kaufoption I und der Kaufoption II muss mindestens in Höhe von insgesamt 10 %-Punkten erfolgen, so dass A anschließend mit mindestens 60 % an der Gesellschaft und der Komplementär-GmbH beteiligt ist und B und C zusammen mit maximal 40 %.

(4) B hat das Recht („Verkaufsoption B“), die B-Beteiligungen nach Maßgabe der folgenden Bedingungen an A zu veräußern:

a) Die Verkaufsoption B kann (ganz oder teilweise, ein- oder mehrfach) nur in der Zeit vom 1. Januar . . . . . bis zum 31. Dezember . . . . . („Ausübungsfrist B“) ausgeübt werden, und zwar durch Übersendung der im Entwurf als Anlage 5.4 (a) beigefügten Mitteilung („Verkaufsmitteilung“) an A.
b) Der Kaufpreis für die B-Beteiligungen beträgt
1,5-facher Vorjahres-Umsatz der Gesellschaft × Höhe der Beteiligungsquote, die veräußert wird.

Die für B bei der Gesellschaft geführten Kapitalkonten I und II gehen (ggf anteilig entsprechend der Höhe der übertragenen B-Beteiligungen) auf A über. Der Saldo des Kapitalkontos II von B zum Zeitpunkt des Abschlusses des Kauf- und Übertragungsvertrages wird (ggf anteilig entsprechend der Höhe der übertragenen B-Beteiligungen) zwischen B und A ausgeglichen, dh negativer Saldo verringert entsprechend den Kaufpreis und ein Guthaben (während der Gesellschafterstellung von B aus dem Jahresüberschuss gebildete Gewinnrücklagen nach Ausgleich vorheriger Verlustzuweisungen) erhöht den Kaufpreis entsprechend. Das Darlehenskonto von B ist von bzw gegenüber der Gesellschaft spätestens zum Zeitpunkt des Wirksamwerdens der Übertragung auszugleichen, sofern nicht B weiterhin Gesellschafter bleibt.
Der Kaufpreis erhöht sich um den auf die übertragenen B-Beteiligungen zeitanteilig bis zum Abschluss des Kauf- und Abtretungsvertrages nach Maßgabe des für das im Zeitpunkt des Abschlusses des Kauf- und Übertragungsvertrages laufende Geschäftsjahr noch festzustellenden Jahresabschlusses entfallenden Gewinn (unter entsprechender Berücksichtigung der Reduzierung dieses Gewinnanteils nach Maßgabe des § 6 Abs 2 unten) bzw vermindert sich um einen auf die übertragenen B-Beteiligungen zeitanteilig entfallenden Verlust.

c) § 5 Abs 1 c) gilt entsprechend mit der Maßgabe, dass der in Anlage 5.1(c) enthaltene Entwurf eines Kauf- und Abtretungsvertrages, soweit nötig, entsprechend anzupassen ist.

(5) C hat das Recht („Verkaufsoption C"), die C-Beteiligungen an A zu veräußern, wobei die Bedingungen gemäß § 5 Abs 4 a) bis c) entsprechend gelten.

(6) Die Kaufoption I und die Kaufoption II sowie die Verkaufsoption B und die Verkaufsoption C können hinsichtlich der Anteile an der Gesellschaft und an der Komplementär-GmbH nur zu gleichen Anteilen ausgeübt werden.

(7) Im Falle der Änderung der Beteiligungsverhältnisse eines Gesellschafters durch dritte Parteien gilt folgendes:

a) A hat das Recht, die B-Beteiligungen ganz (aber nicht teilweise) zu erwerben,
   (i) sobald der Aktionär W nicht mehr als 25 % der Aktien an B hält und er nicht mehr Mitglied des Vorstands der B ist
   oder
   (ii) sobald ein Wettbewerber der A (insbesondere ein anderes Verlags- oder Medienunternehmen) mit mindestens 50 % der Aktien an B beteiligt ist
   ((i) und (ii) jeweils ein „Mehrheitswechsel B").

   B verpflichtet sich, der A unverzüglich, spätestens jedoch innerhalb von sieben (7) Bankgeschäftstagen nach dem Vollzug eines Mehrheitswechsels B, schriftlich mitzuteilen, dass ein Mehrheitswechsel B erfolgt ist. A hat das Recht, B innerhalb von vier (4) Wochen nach Zugang einer solchen Mitteilung oder nach anderweitiger Kenntniserlangung von einem Mehrheitswechsel B durch Übersendung der im Entwurf als Anlage 5.7 (a) beigefügten Mitteilung („Erwerbsmitteilung") ihrerseits zu erklären, dass A die Absicht hat, die B-Beteiligungen zu erwerben. Innerhalb von dreißig (30) Bankgeschäftstagen nach Erhalt der Erwerbsmitteilung durch B haben die Parteien einen Kauf- und Übertragungsvertrag (nach dem in Anlage 5.1 (c) enthaltenen Entwurf, der, soweit nötig, entsprechend anzupassen ist) über den Verkauf und die Übertragung der B-Beteiligungen an A abzuschließen. Der Kaufpreis für die B-Beteiligungen beträgt
   3 × Vorjahres-Umsatz der Gesellschaft × Höhe der Beteiligungsquote.
   Die Sätze 2 bis 5 des § 5.4 (b) gelten entsprechend.

b) A hat das Recht, die C-Beteiligungen ganz (aber nicht teilweise) zu erwerben,
   (i) sobald die Aktionäre X und Y im Laufe der ersten drei Jahre nach Beitritt der A zur Gesellschaft nicht mehr zusammen mehr als 50 % der Aktien an C halten, und
   (ii) nach Ablauf der ersten drei Jahre, sobald ein Wettbewerber der A (insbesondere ein anderes Verlags- oder Medienunternehmen) mit mindestens 50 % der Aktien an C beteiligt ist ((i) und (ii) jeweils ein „Mehrheitswechsel C").

   Im Übrigen gelten für den Mehrheitswechsel C die Sätze 2 bis 6 von § 5 Abs 7 a) entsprechend.
c) Für den Fall, dass A nicht mehr mehrheitlich von der . . . . . oder einem verbundenen Unternehmen der . . . . . gehalten wird („Mehrheitswechsel A"), haben B und C jeweils das Recht, von A die von A gehaltenen Beteiligungen an der Komplementär-GmbH und an der Gesellschaft (zusammen die „A-Beteiligungen") ganz (aber nicht teilweise) zu erwerben. B und C können dieses Recht einzeln oder zusammen, stets jedoch nur gerichtet auf die vollständigen A-Beteiligungen ausüben. Im Innenverhältnis zwischen B und C haben B und C jeweils das Recht, A-Beteiligungen im Verhältnis ihrer bisherigen Beteiligung an der Gesellschaft zu erwerben, soweit nichts anderes vereinbart wird.

   Im Übrigen gelten für den Mehrheitswechsel A die Sätze 2 bis 6 von § 5 Abs 7 a) entsprechend.

(8) Die Übertragung von Beteiligungen an der Komplementär-GmbH und der Gesellschaft bedarf der Zustimmung der Mehrheit der Gesellschafter. Für die Übertragung an Mitgesellschafter ist die Zustimmung zu erteilen. Bevor es zu Änderungen der Gesellschafterstruktur der Gesellschaft und der Komplementär-GmbH durch Anteilsübertragungen zwischen den Gesellschaftern (es sei denn infolge der Ausübung von Optionen) oder auf Dritte kommt, sind (i) die vorstehenden Optionsregelungen der §§ 5 Abs 1 bis 5 Abs 7 anzupassen, damit deren wirtschaftlicher Gehalt weitmöglichst erhalten bleibt und (ii) Dritte müssen diesem Rahmenvertrag beitreten. § 1 Abs 4 S 2 gilt entsprechend.

§ 6 Gewinnausschüttungen

(1) Die Parteien gehen davon aus, dass in der Anfangsphase des Gemeinschaftsunternehmens (bis zum Ablauf des Geschäftsjahres . . . . .) operative Verluste bei der Gesellschaft entstehen. Sobald die auf den Kapitalkonten II zu buchenden Verlustvorträge ausgeglichen sind und Bilanzgewinn entsteht, beabsichtigen die Gesellschafter jedoch, Gewinne der Gesellschaft auszuschütten, soweit es die wirtschaftliche Entwicklung der Gesellschaft (unter Berücksichtigung des laufenden Finanzierungsbedarfs der Gesellschaft (ohne Investitionen), § 2 Abs 2) erlaubt. Am Gewinn nehmen die Gesellschafter grundsätzlich im Verhältnis ihrer Kapitalanteile teil („Gewinnanteile"). Entnahmefähige Gewinnanteile werden auf die Darlehenskonten der Gesellschafter gebucht. Die Gesellschafter können jedoch mit Mehrheit von mindestens 75 % beschließen, im Jahresabschluss ausgewiesenen Gewinn ganz oder teilweise zur Stärkung des Eigenkapitals der Gesellschaft auch nach Ausgleich der Verlustvorträge nicht auszuschütten, sondern als nicht-entnahmefähige Gewinnanteile auf die Kapitalkonten II zu buchen. Reicht in diesem Falle der dem Darlehenskonto zuzuschreibende entnahmefähige Gewinnanteil eines Gesellschafters nicht aus, um die auf seine Beteiligung an der Gesellschaft und sämtliche Einkünfte daraus entfallenden Mehrsteuern und öffentlichen Abgaben zu bezahlen, so darf der Gesellschafter insoweit die (teilweise) Umbuchung eines aus dem nicht-entnahmefähigen Gewinnanteil gebildeten Guthabens auf seinem Kapitalkonto II auf sein Darlehenskonto verlangen. Dieses Sonderentnahmerecht entsteht, nachdem der nicht-entnahmefähige Gewinnanteil dem Kapitalkonto II gutgeschrieben wurde, sobald die Zahlungen der Mehrsteuern und öffentlichen Abgaben fällig werden.

(2) Die an sich auf B und C jeweils entfallenden ausschüttungsfähigen Gewinnanteile (vor einer ggf zu beschließenden Thesaurierung) werden jeweils um diejenigen Beträge vermindert, die B bzw C in dem betreffenden Geschäftsjahr gemäß der aufgrund des Rahmenvertrages über die Entwicklung und Überlassung von Software abgeschlossenen „Leistungsscheine Softwareüberlassung" oder „Leistungsscheine Softwaredienstleistung" als Lizenz-, Wartungs- und Pflegegebühren (nicht jedoch Entgelte gemäß „Leistungsscheinen Softwareentwicklung") von der Gesellschaft erhalten haben. Der Gewinnanteil der A wird dementsprechend erhöht. B, C und A werden einen dementsprechenden einstimmigen Gesellschafterbeschluss über eine solche vom Verhältnis der Kapitalanteile abweichende Teilhabe am Gewinn der Gesellschaft fassen. Übersteigen die von B oder C in einem Geschäftsjahr erhaltenen vorgenannten Lizenzgebühren und Entgelte den Betrag der auf sie jeweils entfallenden Gewinnanteile, so wird der nach Anrechnung gemäß S 1 verbleibende Betrag auf das nächste Geschäftsjahr vorgetragen und sodann entsprechend S 1 verrechnet.

§ 7 Gewährleistungen

(1) B und C garantieren gegenüber der A in der Form. eines selbständigen Garantieversprechens (§ 311 Abs 1 BGB), dass jede der folgenden Aussagen zum Zeitpunkt der Beurkundung dieses Vertrages und zum Vollzugstag (soweit nicht nachfolgend ein anderer Zeitpunkt genannt ist) richtig ist. Die Parteien sind sich darüber einig, dass die nachfolgenden Garantieversprechen keine „Beschaffenheitsgarantie" im Sinne der §§ 443 Abs 1, 444 BGB sind:

(a) Die Angaben in der Präambel, Abs F, sind zutreffend.

(b) Das Stammkapital der Komplementär-GmbH sowie die Kapitaleinlagen bei der Gesellschaft sind ordnungsgemäß und vollständig geleistet und es haben keine Rückzahlungen in offener oder verdeckter Form. stattgefunden.

(c) Die Gesellschaft und die Komplementär-GmbH haben keine Verbindlichkeiten, mit Ausnahme derjenigen Verbindlichkeiten, die in Anlage 7 Abs 1 c) aufgeführt sind oder der A zum Zeitpunkt des Abschlusses dieses Vertrages in sonstiger Weise schriftlich offen gelegt wurden. Zwischen dem Tag der Unterzeichnung dieses Rahmenvertrages und dem Vollzugstag werden die Gesellschaft und die Komplementär-GmbH ohne Zustimmung der A keine weiteren Verbindlichkeiten eingehen, mit Ausnahme solcher Verbindlichkeiten im ordnungsgemäßen Geschäftsgang, die eine sofortige oder jährliche Belastung von nicht mehr als EUR . . . . . im Einzelfall bedeuten.

(2) Die Garantien gemäß § 7 Abs 1 sind abschließend. Unberührt bleiben Ansprüche auf Erfüllung in Natur von in diesem Vertrag ausdrücklich übernommenen Verpflichtungen, Ansprüche wegen deren Verletzung sowie Ansprüche, die auf Vorsatz oder grober Fahrlässigkeit beruhen.

(3) Sämtliche Garantieansprüche aufgrund dieses Vertrages unterliegen einer Verjährungsfrist von zwei (2) Jahren beginnend mit dem Ende des Kalenderjahres, in dem der Beitritt der A zur Gesellschaft und zur Komplementär-GmbH wirksam wird. Für Verletzungen der Garantien nach diesem § 7 haften B und C als Gesamtschuldner.

§ 8 Kartellamtsanmeldung

Unverzüglich nach Unterzeichnung dieses Vertrages wird A die Gründung des Gemeinschaftsunternehmens als Zusammenschlussvorhaben beim Bundeskartellamt anmelden. B und C verpflichten sich, der A sämtliche für die Kartellamtsanmeldung erforderlichen

Informationen zur Verfügung zu stellen. A verpflichtet sich, B und C über den Fortgang des Verfahrens beim Bundeskartellamt laufend zu informieren.

§ 9 Verschiedenes

(1) Dieser Rahmenvertrag wird auf unbestimmte Zeit abgeschlossen. Jede Partei kann diesen Rahmenvertrag schriftlich gegenüber allen anderen Parteien mit einer Frist von zwölf (12) Monaten jeweils zum Ende eines Geschäftsjahres der Gesellschaft – erstmals jedoch zum . . . . . – kündigen. Diejenige Partei, die diesen Rahmenvertrag kündigt, hat auch die Gesellschaft wirksam zu kündigen, und ist, falls dies nicht erfolgt, damit einverstanden, sich so behandeln zu lassen, als wäre die Kündigung der Gesellschaft wirksam erfolgt.

(2) Jede Partei darf während ihrer Stellung als Gesellschafterin der Gesellschaft und der Komplementär-GmbH und einer Zeit von einem Jahr danach nicht mit der Gesellschaft durch ein werbe- und anzeigenfinanziertes „Onlineportal" in Wettbewerb treten oder anderen Unternehmen einen solchen Wettbewerb ermöglichen.

(3) Erklärungen einer Partei gegenüber einer anderen Partei sind zu richten an:

a) im Falle einer Erklärung gegenüber A:

. . . . .

b) im Falle einer Erklärung gegenüber B:

. . . . .

c) im Falle einer Erklärung gegenüber C:

. . . . .

Sämtliche Erklärungen sind per Telefax oder per Post abzugeben, soweit diese Vereinbarung keine andere Form. der Mitteilung vorsieht.

(4) Die Aufhebung, Änderung und Ergänzung dieser Rahmenvereinbarung bedarf der Schriftform, soweit nicht nach dem Gesetz zur Wirksamkeit notarielle Beurkundung erforderlich ist.

(5) Die Übertragung von Rechten und Pflichten aus dieser Rahmenvereinbarung bedarf der Zustimmung der anderen Parteien.

(6) Jede Partei trägt die eigenen Kosten, einschließlich Kosten ihrer Berater. Die Kosten der Beurkundung dieses Vertrages tragen die Gesellschafter anteilig im Verhältnis ihrer künftigen Beteiligung an der Gesellschaft.

(7) Alle Streitigkeiten, die sich im Zusammenhang mit diesem Vertrag oder über seine Gültigkeit ergeben, werden nach der Schiedsgerichtsordnung der Deutschen Institution für Schiedsgerichtsbarkeit eV (DIS) unter Ausschluss des ordentlichen Rechtsweges endgültig durch ein aus drei Schiedsrichtern (einschließlich dem Vorsitzenden) bestehendes Schiedsgericht entschieden. Der Ort des schiedsrichterlichen Verfahrens ist der Sitz der Gesellschaft.

(8) Sollten Bestimmungen dieses Vertrages oder eine künftig in ihn aufgenommene Bestimmung ganz oder teilweise nicht rechtswirksam oder nicht durchführbar sein oder ihre Rechtswirksamkeit oder Durchführbarkeit später verlieren, so soll hierdurch die Gültigkeit der übrigen Bestimmungen des Vertrages nicht berührt werden; § 139 BGB wird insgesamt abbedungen. Das gleiche gilt, soweit sich herausstellen sollte, dass der Vertrag eine Regelungslücke enthält. Anstelle der unwirksamen oder undurchführbaren Bestimmungen oder zur Ausfüllung der Lücke soll eine angemessene Regelung gelten, die, soweit rechtlich möglich, dem am nächsten kommt, was die Gesellschafter gewollt haben

oder nach dem Sinn und Zweck der Vereinbarung gewollt hätten, sofern sie bei Abschluss dieses Vertrages oder bei der späteren Aufnahme einer Bestimmung den Punkt bedacht hätten. Das gilt auch, wenn die Unwirksamkeit einer Vereinbarung etwa auf einem in dem Vertrag vorgeschriebenen Maß der Leistung oder Zeit (Frist oder Termin) beruht; es soll dann ein dem Gewollten möglichst nahekommendes rechtlich zulässiges Maß der Leistung oder Zeit (Frist oder Termin) als vereinbart gelten.

Schrifttum: S → Form. II.H.1.

Anmerkungen

1. Dem Abschluss eines JV-Vertrags geht oft die Unterzeichnung einer rechtlich unverbindlichen Absichtserklärung (sog „Letter of Intent") voraus, in der die künftigen JV-Partner Grundzüge ihrer beabsichtigten Kooperation festlegen (s *Schulte/Pohl,* Rn 36 ff). Auch wenn die Absichtserklärung als rechtlich unverbindlich ausgestaltet ist, ergeben sich aus der Aufnahme von Vertragsverhandlungen über das JV und der Dokumentation von Kernpunkten in der Absichtserklärung vorvertragliche Sorgfalts- und Rücksichtsnahmepflichten, deren Verletzung zu einer Haftung führen kann (§§ 311 Abs 2 a), 241 Abs 2, 280 BGB). Dies gilt insbesondere für den Fall des willkürlichen Abbruchs der Vertragsverhandlungen oder das Verschweigen von für den anderen JV-Partner erkennbar wesentlichen Aspekten im Rahmen der Vertragsverhandlungen. Insbesondere wenn die Fortsetzung der Verhandlungen oder der Abschluss eines JV-Vertrags für eine Partei noch von bestimmten Ereignissen oder Umständen abhängt (zB Zustimmung durch Gesellschaftsorgane oder Verfügbarkeit einer Finanzierung), sollten solche Umstände im Rahmen der Verhandlungen offengelegt und entsprechende Vorbehalte in die Absichterklärung aufgenommen werden.

Vorliegend beabsichtigen die Parteien die Entwicklung eines Onlineportals, zu dem die Minderheitsgesellschafter B und C die Technologie entwickeln und liefern sollen, während A die Inhalte beisteuert.

Zu Natur und Funktion des JV-Vertrags s → Form. II.H.1 Anm. 1.

2. Neben der GmbH ist die GmbH & Co. KG die am Häufigsten gewählte Rechtform für GU. Dies gilt insbesondere für rein inländische JV. Die GmbH & Co. KG verbindet die gesellschafts- und haftungsrechtlichen Vorzüge einer GmbH mit der steuerrechtlichen Flexibilität einer Personengesellschaft (Baumbach/Hopt/*Roth* Anh § 177 a Rn 1–3). Anstelle einer GmbH kann auch eine Unternehmergesellschaft gem § 5 a GmbHG Komplementärin der KG sein (*Stenzel* NZG 2009, 168). Zulässig ist auch die Konstruktion einer KG mit einer ausländischen Kapitalgesellschaft als Komplementärin (zB Limited & Co KG vgl Baumbach/Hopt/*Roth* Anh § 177 a Rn 11). Allerdings sollten sich die JV-Partner Klarheit über die haftungs- und steuerrechtlichen Folgen der Verwendung einer ausländischen Gesellschaft verschaffen, bevor sie eine solche Konstruktion wählen.

3. Typischerweise sind die JV-Partner sowohl an der KG als auch an der Komplementär-GmbH mit jeweils derselben Beteiligungsquote beteiligt. Man spricht dann von einer personen- und beteiligungsgleichen GmbH & Co. KG. Die Personen- und Beteiligungsidentität führt zu einem rechtlichen Gleichlauf bei KG und Komplementär-GmbH und erleichtert damit die Koordination der Organe der KG und der Komplementär-GmbH und die Führung des JV.

4. Um eine unbeschränkte Haftung des als Kommanditist beitretenden JV-Partners für die zwischen Eintritt und Eintragung begründeten Verbindlichkeiten zu vermeiden, empfiehlt es sich, den Beitritt erst mit der Eintragung des JV-Partners als Kommanditist im

Handelsregister wirksam werden zu lassen (§§ 172, 173, 176 Abs 2 HGB, vgl *Baumbach/Hopt/Roth* § 176 Rn 9; BGHZ 82, 212).

5. Es empfiehlt sich, die Finanzierung des JV bereits bei dessen Gründung detailliert zu regeln. Insbesondere wenn es sich bei dem JV um eine Kooperation zur Entwicklung neuer Produkte oder Technologien handelt und deshalb nicht zu erwarten ist, dass sich das JV von Anfang an aus eigenen Erträgen wird finanzieren können, wird in der Regel eine Finanzierung von Außen erforderlich sein. Jedenfalls während einer gewissen Anlaufphase, zB bis das zu entwickelnde Produkt Marktreife erlangt hat, wird eine Fremdfinanzierung durch Banken regelmäßig nicht oder nur in geringem Umfang in Betracht kommen, so dass die Finanzierung durch die JV-Partner erfolgen muss. Auf der Grundlage einer detaillierten Finanzplanung sollten die JV-Partner festlegen in welchem Umfang, zu welchem Zeitpunkt und in welcher Form. sie dem GU Kapital zur Verfügung stellen werden. Die Vereinbarung zu Umfang, Zeitpunkt und Form. der Finanzierung sollte sodann Inhalt des JV-Vertrages werden. Dabei sollten Formulierungen vermieden werden, die als Übernahme einer unbegrenzten Verlustdeckungspflicht interpretiert werden könnten (vgl OLG Brandenburg ZIP 2006, 1675).

6. Grundsätzlich steht die Geschäftsführungsbefugnis mehreren Geschäftsführern nur gemeinschaftlich zu. Allerdings können abweichende Regelungen getroffen werden, so zB die im Form. vorgesehene Ressortverteilung (*Baumbach/Hueck/Beurskens* § 37 Rn 18). Erforderlich ist dazu allerdings eine Satzungsbestimmung (*Baumbach/Hueck/Beurskens* § 37 Rn. 16), so dass zusätzlich zu der Regelung im JV-Vertrag eine entsprechende Regelung in die Satzung der Komplementär-GmbH aufgenommen werden muss. Eine Aufteilung der Zuständigkeiten innerhalb der Geschäftsführung des GU bietet sich insbesondere dann an, wenn die Geschäftsführer auf Vorschlag eines JV-Partners bestellt werden und jeweils für das Ressort verantwortlich sein sollen, in dem der vorschlagende JV-Partner über besonderes Know-how oder besondere Beziehungen zu Dritten verfügt. Ebenfalls zulässig ist die im Form. vorgesehene Unterscheidung danach, ob es sich um laufende Geschäfte des gewöhnlichen Geschäftsbetriebs (dann Einzelgeschäftsführung) oder um grundlegende Geschäfte (dann Gesamtgeschäftsführung) handelt (*Baumbach/Hueck/Beurskens* § 37 Rn 18). Die damit unweigerlich verbundenen Abgrenzungsfragen können – wie im Form. vorgesehen – durch Einführung einer Wertschwelle geregelt werden. Zusätzlich kann es sich empfehlen, Einzelheiten in einer Geschäftsordnung für die Geschäftsführung zu regeln.

7. Die Regelung hat hier nur klarstellende Funktion. Von der gesetzlich angeordneten Gesamtvertretung (§ 35 Abs 2 S 1 GmbHG) kann nur durch Satzungsregelung abgewichen werden. Im vorliegenden Fall muss daher zusätzlich eine entsprechende Regelung in die Satzung der Komplementär-GmbH aufgenommen werden.

8. Regelungen, in denen sich die JV-Partner gegenseitig Kauf- und Verkaufsoptionen bezüglich ihrer Beteiligung an dem JV einräumen, sind in JV-Verträgen verbreitet anzutreffen. Wegen der einschneidenden Wirkung, die die Optionsausübung für den Stillhalter hat, werden solche Klauseln von den Parteien mit viel Zeitaufwand im Detail verhandelt. Die Ausgestaltung kann daher von Fall zu Fall stark variieren. Die Ausübung der Optionen kann an das Eintreten bestimmter Voraussetzungen (zB Erreichung der Marktreife des gemeinsam entwickelten Produkts) oder Ereignisse in der Sphäre eines JV-Partners (zB Insolvenz, Erbfolge, Übernahme der Mehrheit eines JV-Partners durch einen Konkurrenten des JV oder eines anderen JV-Partners) geknüpft werden (*Schulte/Pohl* Rn 755 ff). Denkbar ist aber auch, die Optionsausübung – wie im Form. – vom Eintritt eines bestimmten Zeitpunkts abhängig zu machen. Dies kann sich insbesondere dann anbieten, wenn das JV nur eine Vorstufe zu einem eigentlich beabsichtigten Unternehmenskauf oder -verkauf darstellt. Eine solche Regelung kann aber auch dann sinnvoll sein, wenn beabsichtigt ist, dass einer der JV-Partner nach Abschluss der Entwicklungsphase die unternehmerische Alleinverantwortung für die entwickelte Technologie und deren Vermarktung übernehmen soll, während sich die anderen JV-Partner neuen Projekten zuwenden. Im letzteren Fall kann auch eine zeitliche Staffelung dergestalt erfolgen, dass den JV-Partnern jeweils nacheinander liegende „Zeitfenster" zur Ausübung ihrer jeweiligen Kauf- oder Verkaufsoptionen gewährt werden. So können zB die Minderheitsgesellschafter davor geschützt werden, dass der Mehrheitsgesellschafter seine Kaufoption entgegen der ursprünglichen Erwartungen der Parteien nicht ausübt, indem ihnen eine zeitlich nachgelagerte Verkaufsoption eingeräumt wird. Ist diese darüber hinaus so ausgestaltet, dass ein höherer Preis als bei Ausübung der Kaufoption gezahlt werden muss, so kann dies ein Anreiz für den Mehrheitsgesellschafter sein, von seiner Kaufoption Gebrauch zu machen. Darüber hinaus können Kauf- und Verkaufsoptionen aber auch Mittel zur Lösung von Konflikten zwischen den JV-Partnern sein, indem sie zB einem unzufriedenen JV-Partner die Möglichkeit bieten, seine Beteiligung durch Ausübung seiner „Put-Option" zu veräußern, oder den anderen JV-Partnern ermöglicht, einen missliebigen JV-Partner durch Ausübung einer „Call-Option" herauszukaufen.

Damit ist zugleich die bei der Gestaltung von „Call-Options" wohl problematischste Frage angesprochen. Denn die einem Mitgesellschafter gewährte, voraussetzungslos ausübbare „Call-Option" ist in ihrer Wirkung mit den sog „Hinauskündigungsklauseln" vergleichbar. Der BGH hält trotz massiver Kritik der Literatur (vgl *Drinkuth* NJW 2006, 410; *Reymann* DNotZ 2006, 106) in ständiger Rechtsprechung daran fest, dass vertragliche Vereinbarungen, die einem Gesellschafter das Recht einräumen, die Gesellschafterstellung eines anderen Gesellschafters nach freiem Ermessen zu beenden, gem § 138 BGB nichtig sind, wenn nicht besondere Umstände vorliegen, die das Ausschließungsrecht sachlich rechtfertigen (vgl nur BGHZ 112, 103). Dies gilt sowohl im Personengesellschafts- als auch im GmbH-Recht (vgl BGHZ 68, 212, 215; 81, 263, 266 f; 105, 213, 216 f; 112, 103; DStR 2005, 1913; DB 2005, 937). Zwar hat der BGH mittlerweile eine Reihe von Fallgruppen anerkannt, in denen das Ausschließungsrecht als sachlich gerechtfertig angesehen wird (s den Überblick bei *Reymann* DNotZ 2006, 106, 110 und *Binz/Sorg* die GmbH & Co. KG § 6 Rn 117 ff). Die für die Gestaltungspraxis erforderliche Rechtssicherheit vermag das kasuistische Vorgehen des BGH aber nicht herzustellen (*Reymann* DNotZ 2006, 106; *Drinkuth* NJW 2006, 410). Bei der Gestaltung von Kaufoptionen in JV-Verträgen sollte daher mit großer Sorgfalt vorgegangen werden.

Es spricht vieles dafür, die im Form. gewählte Gestaltung, wonach die Kauf- und Verkaufsoptionen der JV-Partner jeweils nur innerhalb eines bestimmten Zeitfensters ausgeübt werden können, im Ergebnis als sachlich gerechtfertigt anzusehen (vgl *Binz/Sorg*, Die GmbH & Co. KG § 6 Rn 151 ff). Jedenfalls, wenn der Ausübungszeitraum nicht zu großzügig bemessen ist, kann der Gesellschafter, der Stillhalter der jeweiligen Option ist, sich im Vorhinein darauf einrichten, dass die Option ausgeübt werden kann. Damit entfällt aber das – für das vom BGH verhängte Urteil der Sittenwidrigkeit tragende – „Damoklesschwert"-Argument. Nach Auffassung des BGH folgt die Sittenwidrigkeit nämlich aus dem Umstand, dass der Mitgesellschafter das frei ausübbare Ausschlussrecht des anderen Gesellschafters als Disziplinierungsmittel empfindet und deshalb „aus Sorge, der Willkür des ausschließungsberechtigten Gesellschafters ausgeliefert zu sein, nicht frei von seinen Mitgliedschaftsrechten Gebrauch macht oder seinen Gesellschafterpflichten nicht nachkommt, sondern sich den Vorstellungen der anderen Seite beugt" (BGH NZG 2005, 479, 480).

Zur notariellen Beurkundung von JV-Verträgen mit Kauf- und Verkaufsoptionen vgl → Form. II.H.1 Anm. 2. Zu den Steuerfragen im Zusammenhang mit „Put-" und „Call-Option" s *Schulte/Pohl*, Rn 827 ff.

9. Von der Frage, unter welchen Voraussetzungen zwischen Gesellschaftern „Call-" oder „Put-Optionen" zulässigerweise vereinbart werden dürfen, ist die Frage zu unterscheiden, welche Höhe der Optionspreis haben muss. Hier sind die für Abfindungsklauseln beim Ausschluss oder Austritt eines Gesellschafters geltenden Grundsätze zu beachten. Danach ist eine Regelung, die die Höhe der Abfindung beschränkt (etwa indem sie eine betragsmäßige Höchstgrenze oder eine bestimmte Berechnungsmethode zur Ermittlung der Abfindung festlegt) grundsätzlich zulässig. Allerdings darf die Regelung nicht so gestaltet sein, dass im Zeitpunkt der Vereinbarung der Abfindungsregelung ein grobes Missverhältnis zwischen dem Abfindungsbetrag und dem Verkehrswert der Anteile besteht (*Baumbach/Hueck/Fastrich* § 34 Rn 27).

10. Die Kauf- und Verkaufsoptionen können so ausgestaltet werden, dass die Optionsausübung unmittelbar zum Übergang der Anteile führt. Dazu ist allerdings erforderlich, dass der Stillhalter der jeweiligen Option bereits bei Abschluss des JV-Vertrages ein Angebot zum Kauf bzw Verkauf und zur Übertragung der Anteile abgibt, das der berechtigte JV-Partner durch Abgabe seiner (nicht beurkundungspflichtigen, *Baumbach/Hueck/Fastrich*, § 15 Rn 31) Ausübungserklärung nur noch anzunehmen braucht. Im Kontext eines JV lässt sich diese Lösung, wenn überhaupt, nur mit außerordentlichen praktischen Schwierigkeiten umsetzen. Denn ein bereits bei Begründung des JV abgegebenes Kauf- und Abtretungsangebot wird die bei Ausübung der Option herrschenden Verhältnisse nicht abbilden können. Es besteht daher die Gefahr, dass aufgrund einer Veränderung der Umstände erforderlich gewordene Regelungen fehlen oder die getroffenen Regelungen nicht mehr interessengerecht sind. In der Praxis wird daher in der Regel die im Form. vorgesehene Lösung gewählt, wonach die JV-Partner innerhalb einer bestimmten Frist nach Optionsausübung zum Abschluss eines Anteilskauf- und -übertragungsvertrags verpflichtet sind. Es empfiehlt sich, bereits bei Abschluss eines JV-Vertrages einen Entwurf des Anteilskauf- und -übertragungsvertrags beizufügen. Sieht der JV-Vertrag die Verpflichtung der JV-Partner vor, einen Anteilskauf- und -übertragungsvertrag im Wesentlichen in der Form. des beigefügten Entwurfs abzuschließen, besteht die Möglichkeit Entwicklungen, die sich nach Abschluss des JV-Vertrags ergeben haben, in dem Anteilskauf- und -übertragungsvertrag zu berücksichtigen. Gleichzeitig lassen sich durch den Rückgriff auf einen bereits vereinbarten Entwurf langwierige Verhandlungen und damit eine Verzögerung des Anteilsübergangs vermeiden.

3. Gesellschaftervereinbarung zwischen Private Equity-Investoren

Gesellschaftervereinbarung

zwischen

A und B (gemeinsam jeweils ein „Gesellschafter" bzw zusammen die „Gesellschafter)

Präambel

(A) A und B haben am . . . . . eine Rahmenvereinbarung bezüglich des beabsichtigten Erwerbs sämtlicher Aktien an der . . . . . AG (die „Gesellschaft") abgeschlossen („Rahmenvereinbarung").

(B) Auf Grundlage dieser Rahmenvereinbarung hat BidCo, eine mittelbare Tochtergesellschaft von A und B, mit Anteilskaufvertrag vom . . . . . („Kaufvertrag") sämtliche Aktien an der Gesellschaft von . . . . . gekauft. Der Vollzug des Kaufvertrages findet am heutigen Tag („Vollzugstag") statt.

(C) A und B haben auf Grundlage der Rahmenvereinbarung ein Gemeinschaftsunternehmen zum indirekten Betrieb der Gesellschaft unter der Firma ..... gegründet (gemeinsam mit JVCo Komplementär-GmbH, BidCo und der Gesellschaft das „Gemeinschaftsunternehmen"), an dem A zu zwei Drittel und die B zu einem Drittel beteiligt ist.[1]

(D) A und B haben sich zum Zwecke der Regelung des Innenverhältnisses des Gemeinschaftsunternehmens in der Rahmenvereinbarung zum Abschluss dieser Gesellschaftervereinbarung („Gesellschaftervereinbarung") am Vollzugstag verpflichtet.

Dies vorausgeschickt vereinbaren die Parteien was folgt:

§ 1 Gegenwärtiger Stand

(1) A und B sind die alleinigen Kommanditistinnen der ..... Joint Venture GmbH & Co. KG mit dem Sitz in ....., eingetragen im Handelsregister des Amtsgerichts ..... unter HRA ..... („JVCo"), sowie die alleinigen Gesellschafterinnen der JVCo Komplementär-GmbH mit dem Sitz in ....., eingetragen im Handelsregister des Amtsgerichts ..... unter HRB ..... Die C ist mit einer Hafteinlage von EUR ..... (in Worten: Euro .....) an der JVCo und mit einem Geschäftsanteil in Höhe von EUR ..... (in Worten: .....) an der JVCo Komplementär-GmbH beteiligt (Kommandit- und Geschäftsanteil der C gemeinsam die „C-Beteiligung"). Die B ist mit einer Hafteinlage von EUR ..... (in Worten: .....) an der JVCo und mit einem Geschäftsanteil in Höhe von EUR ..... (in Worten: Euro .....) an der JVCo Komplementär-GmbH beteiligt (Kommandit- und Geschäftsanteil der B gemeinsam die „B-Beteiligung").

(2) Die JVCo Komplementär-GmbH ist die alleinige Komplementärin der JVCo und hält keinen Kapitalanteil an der JVCo.

(3) Die JVCo ist alleinige Gesellschafterin der ..... Holding GmbH mit dem Sitz in ....., eingetragen im Handelsregister des Amtsgerichts ..... unter HRB ..... („BidCo") mit einem Geschäftsanteil in Höhe von EUR ..... (in Worten: Euro .....).

(4) Mit Vollzug des Kaufvertrages am Vollzugstag wird die BidCo alleinige Aktionärin der Gesellschaft mit dem Sitz in ....., eingetragen im Handelsregister des Amtsgerichts ..... unter HRB ..... („Gesellschaft").

§ 2 Zweck des Gemeinschaftsunternehmens

(1) Die Gesellschafter beabsichtigen, die wirtschaftliche Entwicklung der Gesellschaft und deren Tochtergesellschaften („Gruppe") mit dem Ziel zu fördern, den Unternehmenswert und die Wettbewerbsfähigkeit zu erhöhen und die Profitabilität zu steigern („Unternehmerische Ziele").

(2) Die Gesellschafter beabsichtigen, für das Gemeinschaftsunternehmen oder für die bestehenden Aktien und/oder neue Aktien an der Gesellschaft mittelfristig eine Zulassung zum Handel an einem organisierten Markt im Sinne von § 2 Abs 5 WpHG zu erhalten („Börsengang").[2]

(3) Die Gesellschafter verpflichten sich nach den Bestimmungen dieser Gesellschaftervereinbarung, zu allen Zeiten konstruktiv und im Rahmen einer auf Treu und Glauben, gegenseitigem Vertrauen und Partnerschaftlichkeit gründenden Beziehung als Gesellschafter der JVCo bei allen Angelegenheiten zusammen zu arbeiten, die die Gesellschaft und die Gruppe betreffen, um die Unternehmerischen Ziele des Gemeinschaftsunternehmens gemäß diesem § 2 zu verwirklichen.

(4) Die Gesellschafter haben ihre Mitgliedschaftsrechte, insbesondere ihre Stimmrechte in der Gesellschafterversammlung der JVCo, sowie alle ihnen als Gesellschafter der JVCo zukommenden Verpflichtungen in Übereinstimmung mit dieser Gesellschaftervereinbarung zum Wohle der JVCo, der BidCo und der Gesellschaft auszuüben und zu erfüllen.

(5) Die Gesellschafter haben sich auf Verlangen jederzeit Auskunft über Finanzkennzahlen, Geschäftsführungsmaßnahmen und sonstige geschäftsrelevante Informationen der Gruppe zu erteilen und darauf hinzuwirken, dass die für die verlangten Auskünfte benötigten Informationen innerhalb der Gruppe gesammelt, aufbereitet und in angemessener Form. mitgeteilt werden. Die gesetzlichen Auskunftsrechte der Gesellschafter, insbesondere nach § 51 a GmbHG sowie gemäß § 131 AktG, bestehen unbeschadet fort.[3]

(6) A und C haben jeweils das Recht, bei der Gruppe Prüfungen der Aufbau- und Ablauforganisation durchzuführen. Dies schließt auch die den Prozessen zugrunde liegende IT-Hard- und Software mit ein. Hierfür sind dem die Prüfung durchführenden Gesellschafter die angeforderten Aufzeichnungen, Unterlagen, Berichte und Daten sowie Systemzugänge zur Verfügung zu stellen. Erforderliche Auskünfte sind von den Mitarbeitern und der Geschäftsleitung zu erteilen. Bei Auslagerung von Prozessen und IT-Systemen sind die Prüfrechte auch bei dem jeweiligen Dritten sicherzustellen. Diese Prüfungen dienen der Sicherstellung der Ordnungsmäßigkeit, Wirtschaftlichkeit und Sicherheit insbesondere zur Gewährleistung eines effektiven internen Kontrollsystems und können durch den jeweiligen Gesellschafter selbst oder durch von diesem beauftragte Dritte erfolgen. Ferner sind den Gesellschaftern zeitnah Informationen über Unregelmäßigkeiten entsprechend dem vorgegebenen Meldeprozess mitzuteilen und in die Sachverhaltsaufklärung einzubinden. Die Prüfungsberichte werden den Gesellschaftern zur Verfügung gestellt.[4]

§ 3 Gesellschafterversammlungen der JVCo und der JVCo Komplementär GmbH

(1) Vorbehaltlich anderweitiger Bestimmungen dieser Gesellschaftervereinbarung haben die Gesellschafterversammlungen der JVCo sowie der JVCo Komplementär-GmbH (nachfolgend jeweils „Gesellschafterversammlung") alle ihnen nach Gesetz und Gesellschaftsvertrag bzw Satzung zukommenden Rechte.

(2) Alle Beschlüsse der Gesellschafterversammlung werden mit einfacher Mehrheit der vertretenen Stimmen gefasst, sofern und soweit (i) kein zwingend höheres Mehrheitserfordernis besteht, oder (ii) im Gesellschaftsvertrag der JVCo bzw der Satzung der JVCo Komplementär-GmbH oder (iii) in § 3 Abs 3 dieser Gesellschaftervereinbarung etwas anderes geregelt ist.

(3) Abweichend von § 3 Abs 2 beschließt die Gesellschafterversammlung mit einer Mehrheit von fünfundsiebzig Prozent (75 %) der vertretenen Stimmen sofern und soweit Gegenstände oder Maßnahmen betroffen sind, die auf Ebene der BidCo und/oder der Gesellschaft ebenfalls nach Gesellschaftsvertrag, Satzung oder Gesetz einer Mehrheit von fünfundsiebzig Prozent (75 %) oder mehr der vertretenen Stimmen oder des Kapitals bedürfen. Insbesondere bedürfen Beschlüsse der Gesellschafterversammlung in Bezug auf die folgenden Gegenstände oder Maßnahmen, betreffend die JVCo, die BidCo oder die Gesellschaft einer Mehrheit von fünfundsiebzig Prozent (75 %) der vertretenen Stimmen:[5]

a) Satzungsänderungen oder Änderungen des Gesellschaftsvertrags;
b) Verpflichtung zu Übertragung des ganzen Gesellschaftsvermögens (§ 179 a AktG);
c) Zustimmungsbeschlüsse bei ungeschriebener Hauptversammlungszuständigkeit, insbesondere nach der Holzmüller-Doktrin; ausgenommen hiervon sind Beschlüsse bei Vorstandsverlangen nach § 119 Abs 2 AktG, sofern der Beschlussgegenstand des

Vorstandsverlangens nicht aufgrund sonstiger Regelungen dieser Gesellschaftervereinbarung oder nach dem Gesetz einem besonderen Mehrheitserfordernis unterliegt;

d) Kapitalerhöhungen oder Kapitalherabsetzungen, Schaffung genehmigten und bedingten Kapitals sowie Kapitalerhöhung aus Gesellschaftsmitteln oder sonstigen Maßnahmen mit möglichem Verwässerungseffekt, wie die Begebung von Wandel- oder Gewinnschuldverschreibungen, Genussrechten oder die Verwendung eigener Aktien und vergleichbare Maßnahmen;

e) Maßnahmen nach dem UmwG;

f) Abschluss, Änderung oder Beendigung von Unternehmensverträgen im Sinne der §§ 291 ff AktG;

g) Zustimmung zu Maßnahmen, die, gleich aus welchem Rechtsgrund, der Zustimmung des Aufsichtsrats der Gesellschaft oder ggf des Aufsichtsrats der JVCo Komplementär-GmbH oder der BidCo Komplementär-GmbH bedürfen, sofern der betreffende Aufsichtsrat die Zustimmung verweigert;

h) entgeltliche und unentgeltliche Veräußerung und/oder Belastung von oder sonstige Verfügungen über, sowie Begründung von Rechten Dritter (insbesondere stillen Beteiligungen und Unterbeteiligungen) an der Gesellschaft; ausgenommen hiervon sind Belastungen von Anteilen an der BidCo und/oder der Gesellschaft im Zusammenhang mit Finanzierungsmaßnahmen zur Akquisition der Gesellschaft auf Ebene der BidCo.[6]

(4) In Bezug auf die Geltendmachung von etwaigen Gewährleistungs- oder sonstigen Ansprüchen der BidCo aus oder im Zusammenhang mit dem Kaufvertrag entscheidet die Gesellschafterversammlung der JVCo unter Wahrung der Informationsrechte der A und/oder der B gemäß § 2 Abs 5 mit einfacher Mehrheit.

§ 4 Gesellschafterausschuss und Ausübung von Mitgliedschaftsrechten[7]

(1) Die Gesellschafter errichten einen Gesellschafterausschuss der JVCo (nachfolgend „Gesellschafterausschuss"). Der Gesellschafterausschuss setzt sich aus zehn (10) Mitgliedern zusammen, von denen drei (3) Vertreter von B und sieben (7) Vertreter von A entsandt werden. Jeder Gesellschafter kann ein von ihm entsandtes Mitglied des Gesellschafterausschusses jederzeit durch ein neues Mitglied ersetzen.

(2) Jeder Gesellschafter hat sicherzustellen, dass mindestens ein (1) von ihm gemäß § 6 Abs 2 benanntes Mitglied des Aufsichtsrates der Gesellschaft zugleich Mitglied des Gesellschafterausschusses ist.

(3) Der Gesellschafterausschuss hat einen Vorsitzenden, der durch B benannt wird, und einen stellvertretenden Vorsitzenden, der von A benannt wird. Der Gesellschafterausschuss ist beschlussfähig, sofern mindestens ein von A und ein von B entsandtes Mitglied an der Sitzung teilnimmt. Für die innere Ordnung des Gesellschafterausschusses gilt die als Anlage 4.3 beigefügte Geschäftsordnung. Änderungen dieser Geschäftsordnung können nur durch einstimmigen Beschluss der Gesellschafterversammlung oder des Gesellschafterausschusses erfolgen. Diese Gesellschaftervereinbarung hat im Zweifel Vorrang vor den Regeln der Geschäftsordnung für den Gesellschafterausschuss.

(4) Der Gesellschafterausschuss tagt in persönlichen Sitzungen, per Telefon- oder Videokonferenz oder mit Hilfe jeder anderen vereinbarten Technologie nicht weniger als . . . . . Werktage vor jeder Gesellschafterversammlung und/oder jeder Sitzung des Aufsichtsrats der Gesellschaft und/oder ggf des Aufsichtsrats der JVCo Komplementär-GmbH oder der BidCo. Jeder Gesellschafter hat das Recht, eine [außerordentliche] Sitzung des Gesellschafterausschusses mit einer Einberufungsfrist von . . . . . Werktagen einzuberufen. Die Einberufung erfolgt schriftlich, per Telefax oder E-Mail unter Angabe von Ort, Tag, Zeit und Tagesordnung. Versammlungen finden in der Regel am Sitz der

JVCo statt, soweit nicht die Mitglieder des Gesellschafterausschusses einstimmig im Einzelfall etwas anderes beschließen. Der Gesellschafterausschuss fasst Beschlüsse in der Regel in persönlichen Sitzungen. Außerhalb von persönlichen Sitzungen kann der Gesellschafterausschuss Beschlüsse auch im Umlaufverfahren schriftlich, per Telefax, E-Mail, Videokonferenz oder telefonisch fassen, wenn sich alle Mitglieder des Gesellschafterausschusses an der Beschlussfassung beteiligen und ihr Einverständnis mit diesem Abstimmungsverfahren ausdrücklich erklären.

(5) Der Gesellschafterausschuss berät über folgende Gegenstände:

a) alle Gegenstände der Tagesordnung oder sonstige Beratungsgegenstände der (i) Gesellschafterversammlung, (ii) Gesellschafterversammlung der BidCo sowie (iii) der Hauptversammlung der Gesellschaft;
b) alle Gegenstände der Tagesordnung oder sonstige Beratungsgegenstände der Sitzungen des Aufsichtsrats der Gesellschaft und/oder ggf des Aufsichtsrats der JVCo Komplementär GmbH oder der BidCo;
c) gegenwärtige Lage, Aussichten und Strategie der JVCo, der BidCo und der Gesellschaft;
d) Budget und Finanz- und Investitionsplanung der JVCo, der BidCo und der Gesellschaft;
e) vom Vorstand der Gesellschaft aufzustellendes Jahresbudget einschließlich Finanz- und Investitionsplanung („Jahresbudget“);
f) Investitionsvorhaben außerhalb des Jahresbudgets mit einem Volumen von über EUR . . . . . (in Worten: Euro . . . . .) pa;
g) Kauf oder Verkauf von Betriebsvermögen und/oder Beteiligungen mit einem Volumen von insgesamt über EUR . . . . . (in Worten: Euro . . . . .), sofern diese nicht konkret im Jahresbudget vorgesehen sind;
h) Investitionsvorhaben sowie Kauf oder Verkauf von Betriebsvermögen generell, wenn dadurch der dynamische Verschuldungsgrad (Net Debt/EBITDA) („Verschuldungsgrad“) auf mehr als . . . . . steigt;
i) Eröffnung neuer strategisch relevanter Geschäftsfelder, die nicht im Jahresbudget enthalten sind;
j) Änderungen des Umfangs der nach § 111 Abs 4 AktG zustimmungspflichtigen Maßnahmen der Geschäftsführung (unabhängig davon, ob die Regelung in der Geschäftsordnung des Aufsichtsrats oder anderweitig getroffen wird);
k) Abschluss von Verträgen oder Eingehen von Verpflichtungen durch die JVCo und/oder die BidCo und/oder die Gesellschaft und/oder deren verbundene Unternehmen im Sinne von §§ 15 ff AktG mit bzw gegenüber einem Gesellschafter und/oder dessen verbundenen Unternehmen („Verträge mit Verbundenen Unternehmen“), sofern entweder (i) der Gegenstandswert eines oder mehrerer eine wirtschaftliche Einheit bildender Verträge oder Verpflichtungen einen Betrag von EUR . . . . . überschreitet oder (ii) der Vertrag zu Bedingungen, die nicht dem Fremdvergleichsmaßstab entsprechen, abgeschlossen werden soll, und sofern der andere Gesellschafter innerhalb angemessener Frist nach Information über den geplanten Geschäftsabschluss die Befassung des Gesellschafterausschusses verlangt hat;
l) Änderung oder Aufhebung etwaiger Ergebnisabführungs- und Beherrschungsverträge zwischen der BidCo und der Gesellschaft sowie zwischen der JVCo und der BidCo.

Der Grenzwert für den Verschuldungsgrad wird zwischen den Gesellschaftern in der ersten Sitzung des Gesellschafterausschusses im jeweiligen Geschäftsjahr, erstmalig im Geschäftsjahr . . . . ., einvernehmlich festgelegt. Wird keine Einigung erzielt, bleibt der bis dahin gültige Grenzwert für den Verschuldungsgrad für das jeweilige Geschäftsjahr in Kraft. Die Gesellschafter stehen im Rahmen des rechtlich Zulässigen dafür ein, dass sie einander über den geplanten Abschluss von Verträgen mit verbundenen Unternehmen gemäß § 4 Abs 5 k) unverzüglich nach Einigung über die wesentlichen wirtschaftlichen Eckdaten informieren werden.

(6) Die Gesellschafter bemühen sich darum, im Gesellschafterausschuss einstimmige Beschlüsse über die in § 4 Abs 5 a) bis l) genannten Gegenstände zu erzielen. Kann Einstimmigkeit zwischen den Gesellschaftern nicht herbeigeführt werden, so ist für Beschlüsse über vorbehaltene Gegenstände eine Mehrheit von fünfundsiebzig Prozent (75 %) der vertretenen Stimmen sowie die Zustimmung mindestens eines von der B entsandten Mitglieds des Gesellschafterausschusses erforderlich. Im Übrigen werden Beschlüsse mit einfacher Mehrheit der vertretenen Stimmen gefasst.

(7) Für das Verhältnis der Organe der Gesellschaften des Gemeinschaftsunternehmens zueinander und die Umsetzung der Beschlüsse der Gesellschafterversammlung und des Gesellschafterausschusses gilt Folgendes:

a) Die obersten Entscheidungsorgane des Gemeinschaftsunternehmens sind die Gesellschafterversammlung und der Gesellschafterausschuss der JVCo.
b) Die Gesellschafter stehen im Rahmen des rechtlich Zulässigen dafür ein, dass die Gesellschafterversammlungen (i) der JVCo Komplementär-GmbH, (ii) der BidCo sowie (iii) die Hauptversammlung der Gesellschaft keine Beschlüsse fassen, die Beschlüssen des Gesellschafterausschusses oder der Gesellschafterversammlung der JVCo widersprechen.
c) Die Gesellschafter haben im Rahmen des rechtlich Zulässigen ihren Einfluss (i) auf die JVCo, die BidCo, die Gesellschaft sowie die Gruppe und (ii) auf die Geschäftsführer und Vorstandsmitglieder sowie die Mitglieder des Aufsichtsrats der Gesellschaft und/oder ggf des Aufsichtsrats der JVCo Komplementär-GmbH und der BidCo sowie anderer gesellschaftsrechtlicher Organe dieser Gesellschaften ((ii) nachfolgend die „Geschäftsleiter“) dahingehend auszuüben, dass diese Gesellschaftervereinbarung sowie die Beschlüsse der Gesellschafterversammlung und des Gesellschafterausschusses der JVCo umgesetzt werden.
d) Ferner hat jeder Gesellschafter die von ihm jeweils benannten Mitglieder des Aufsichtsrats der Gesellschaft, soweit rechtlich zulässig, zu veranlassen, ihre Stimmen im Aufsichtsrat und in dessen Ausschüssen im Einklang mit den Beschlüssen der Gesellschafterversammlung und des Gesellschafterausschusses der JVCo abzugeben.

(8) Sofern und sobald der Gesellschafterausschuss den vorbehaltenen Gegenständen, sei es in Bezug auf die JVCo, die BidCo oder die Gesellschaft, zugestimmt hat, haben die Gesellschafter darauf hinzuwirken und stehen im Rahmen des rechtlich Zulässigen dafür ein, dass (i) die Geschäftsleiter diese entsprechend umsetzen und (ii) die Vertreter der Gesellschafter im Aufsichtsrat der Gesellschaft bzw in der Gesellschafterversammlung der JVCo für die entsprechenden Anträge stimmen, insbesondere dafür sorgen, dass im Rahmen eines Beherrschungsvertrags mit der Gesellschaft entsprechende Weisungen erteilt werden.

(9) Sofern und solange der Gesellschafterausschuss noch keinen Zustimmungsbeschluss zu einem vorbehaltenen Gegenstand gefasst hat, haben die Gesellschafter darauf hinzuwirken und stehen im Rahmen des rechtlich Zulässigen dafür ein, dass (i) die Geschäftsleiter dessen Umsetzung unterlassen und (ii) die Vertreter der Gesellschafter im Aufsichtsrat der Gesellschaft bzw in der Gesellschafterversammlung gegen die entsprechenden Anträge stimmen, insbesondere dafür sorgen, dass im Rahmen eines Beherrschungsvertrags mit der Gesellschaft entsprechende Unterlassungsweisungen erteilt werden.

§ 5 Geschäftsführung der JVCo und der BidCo

(1) Die Geschäftsführung der JVCo besteht aus einem Geschäftsführer, der von A benannt wird. B kann jeweils den ersten von A benannten Kandidaten ablehnen; nach einmaliger Ablehnung durch B ist A frei, einen anderen Kandidaten ihrer Wahl zu benennen.

(2) Die Geschäftsführung der BidCo besteht aus zwei Geschäftsführern. Der Vorsitzende der Geschäftsführung wird von A benannt; das zweite Mitglied der Geschäftsführung wird von B benannt. Die Geschäftsführer sind zur gemeinschaftlichen Vertretung berechtigt.

§ 6 Aufsichtsrat

(1) Der Aufsichtsrat der Gesellschaft besteht aus zwanzig (20) Mitgliedern, von denen zehn (10) von den Anteilseignern der Gesellschaft (nachfolgend „Anteilseignervertreter") und zehn (10) von den Arbeitnehmern der Gruppe als Arbeitnehmervertreter nach den Bestimmungen des MitbestG (nachfolgend „Arbeitnehmervertreter") gewählt werden.

(2) A ist berechtigt, von den zehn (10) Anteilseignervertretern im Aufsichtsrat sieben (7) Anteilseignervertreter, B drei (3) Anteilseignervertreter für die Wahl durch die Hauptversammlung vorzuschlagen.[8]

(3) Die Gesellschafter wirken im Rahmen des rechtlich Zulässigen gemeinsam darauf hin, dass der Aufsichtsrat der Gesellschaft die von A und B jeweils für die Wahl vorgeschlagenen Kandidaten bei seinen Beschlussvorschlägen für die Hauptversammlung gemäß § 124 Abs 3 AktG berücksichtigt und dass die benannten Kandidaten in der Hauptversammlung gewählt werden, oder dass diese, im Falle der gerichtlichen Bestellung eines Aufsichtsratsmitglieds gemäß § 104 AktG, vom zuständigen Gericht ernannt werden.

(4) Die derzeitigen Anteilseignervertreter sind mit Wirkung zum Vollzugstag von ihrem Amt zurückgetreten. Die Gesellschafter werden dafür sorgen, dass die Anteilseignervertreter zum frühestmöglichen Zeitpunkt nach den Bestimmungen dieses § 6 bestellt werden.

(5) Verstößt ein Anteilseignervertreter im Aufsichtsrat bei seiner Amtsführung nachhaltig oder in erheblichem Maße gegen Bestimmungen dieser Gesellschaftervereinbarung, so ist dieses Aufsichtsratsmitglied unverzüglich nach dem Verlangen eines Gesellschafters in einer außerordentlichen Hauptversammlung der Gesellschaft abzuberufen. Hierfür stehen die Gesellschafter im Rahmen des rechtlich Zulässigen ein. Die von den Gesellschaftern jeweils benannten Anteilseignervertreter sind auf Antrag desjenigen Gesellschafters, der den betreffenden Anteilseignervertreter benannt hat, unverzüglich durch die Hauptversammlung der Gesellschaft ohne Vorliegen der vorstehenden Voraussetzungen gemäß den Bestimmungen dieses § 6 Abs 5 abzuberufen. Die Gesellschafter stehen ferner im Rahmen des rechtlich Zulässigen dafür ein, dass die BidCo oder der Aufsichtsrat der Gesellschaft von einem Antrag auf Abberufung des Aufsichtsratsmitglieds gemäß § 103 Abs 3 AktG absieht.[9]

(6) B ist berechtigt, den ersten nach Abschluss dieser Gesellschaftervereinbarung zu wählenden Vorsitzenden des Aufsichtsrats der Gesellschaft zu benennen. Das Recht zur Benennung des Vorsitzenden des Aufsichtsrats der Gesellschaft wechselt zwischen der B und A turnusmäßig nach jeder vollen Amtszeit des Aufsichtsratsvorsitzenden. Ein stellvertretender Aufsichtsratsvorsitzender wird gemäß MitbestG von der Arbeitnehmerseite bestellt. Der Gesellschafter, der den Aufsichtsratsvorsitzenden turnusmäßig nicht benennt, ist berechtigt, einen weiteren stellvertretenden Aufsichtsratsvorsitzenden zu benennen.

(7) Gegenwärtig hat der Aufsichtsrat der Gesellschaft einen Präsidialausschuss gebildet, welcher zugleich die Aufgaben des nach § 27 Abs 3 MitbestG zu bildenden Vermittlungsausschusses übernimmt. Der Präsidialausschuss besteht aus sechs (6) Mitgliedern, von denen drei (3) Anteilseignervertreter und drei (3) Arbeitnehmervertreter sind. Gemäß derzeitiger Geschäftsordnung des Aufsichtsrats sind der Aufsichtsratsvorsitzende und dessen Stellvertreter von Amts wegen Mitglied in allen Aufsichtsratsausschüssen. Ferner sind zwei (2) Mitglieder des Vermittlungsausschusses gemäß § 27 Abs 3 MitbestG Mitglieder sämtlicher Ausschüsse des Aufsichtsrats. Darüber hinaus wählt der Aufsichtsrat zwei (2) weitere Aufsichtsratsmitglieder in den Präsidialausschuss, von denen ein (1) Mitglied von den Anteileignervertretern und ein (1) Mitglied von den Arbeitnehmervertretern nominiert wird.

(8) Die Gesellschafter haben darauf hinzuwirken, dass zusätzlich zu den in § 6 Abs 7 bezeichneten Ausschüssen folgende Ausschüsse des Aufsichtsrats der Gesellschaft gebildet werden:

a) ein Finanzausschuss;
b) ein Investitionsausschuss;
c) ein Prüfungsausschuss; sowie
d) ein Ernennungsausschuss.

A und B benennen je eine gleiche Zahl von Mitgliedern für den Prüfungs- sowie den Ernennungsausschuss. Den Vorsitzenden des Prüfungs- sowie des Ernennungsausschusses darf jeweils derjenige Gesellschafter benennen, der gemäß § 6 Abs 6 turnusmäßig nicht den Aufsichtsratsvorsitzenden benennt. B darf für die übrigen Ausschüsse jeweils einen Anteilseignervertreter benennen, wenn mindestens drei (3) Anteilseignervertreter im Ausschuss vertreten sind; im Übrigen stehen die Posten für Anteilseignervertreter in den Ausschüssen A zu.

(9) Sollten in einem Aufsichtsratsausschuss entgegen den Bestimmungen des § 6 Abs 8 keine von B benannten Anteileignervertreter vertreten sein, verpflichtet sich A im Rahmen des rechtlich Zulässigen darauf hinzuwirken und steht dafür ein, dass (i) ein von B benannter Anteilseignervertreter sobald wie möglich zum Mitglied des entsprechenden Aufsichtsratsausschusses gewählt wird, und (ii) die von A benannten Anteilseignervertreter des entsprechenden Aufsichtsratsausschusses ihre Stimmrechte in Übereinstimmung mit den Regelungen dieses § 6 ausüben.

(10) Die Gesellschafter stehen im Rahmen des rechtlich Zulässigen gemeinsam dafür ein, dass die als Anlage 6.10 beigefügte Geschäftsordnung für den Aufsichtsrat durch den Aufsichtsrat der Gesellschaft verabschiedet wird. Die Geschäftsordnung für den Aufsichtsrat enthält insbesondere eine Liste derjenigen Geschäftsführungsmaßnamen, die einer Zustimmung des Aufsichtsrats gemäß § 111 Abs 4 AktG bedürfen.

(11) Die Bestimmungen dieses § 6 gelten für Aufsichtsräte der JVCo Komplementär-GmbH sowie der BidCo, sofern diese aus mitbestimmungsrechtlichen Gründen gebildet werden, entsprechend.

§ 7 Vorstand der Gesellschaft

(1) Der Vorstand der Gesellschaft besteht zunächst aus drei Mitgliedern, die nach Gesetz und Satzung durch den Aufsichtsrat bestellt und abberufen werden.

(2) Die Gesellschafter stehen im Rahmen des rechtlich Zulässigen dafür ein, dass der Aufsichtsrat die als Anlage 7.2 beigefügte Geschäftsordnung für den Vorstand beschließt.

(3) Zum Vollzugstag sind Mitglieder des Vorstands die Herren/Damen ..... Die Gesellschafter stehen im Rahmen des rechtlich Zulässigen dafür ein, dass ..... als neues, für Finanzen zuständiges Mitglied des Vorstands mit Wirkung zum ..... oder zum frühest möglichen späteren Datum ernannt wird.

(4) Vor Ernennung eines Vorstandsmitglieds durch den Aufsichtsrat der Gesellschaft hat der Ernennungsausschuss des Aufsichtsrats eine Liste der in die engere Wahl kommenden Kandidaten zu erstellen, die sich ausschließlich an objektiven Kriterien wie Qualifikation und Fähigkeiten ausrichtet. Die Gesellschafter wirken bei der Identifizierung möglicher Kandidaten mit. Jeder Gesellschafter ist berechtigt, zur Teilnahme an Gesprächen und Interviews mit potentiellen Kandidaten einen Vertreter abzustellen, es sei denn, die Teilnahme ist aus Vertraulichkeitsgründen nicht angemessen.

(5) A ist berechtigt, aus der Kandidatenliste einen Kandidaten für die Bestellung zum Vorstandsmitglied auszuwählen. B kann den ersten Kandidaten ohne Angabe von Gründen ablehnen. In diesem Fall kann A einen anderen Kandidaten der Kandidatenliste für die Bestellung zum Vorstandsmitglied auswählen; ein weiteres Ablehnungsrecht der B besteht, vorbehaltlich eines wichtigen Grundes in der Person des Kandidaten, nicht.

(6) Die Gesellschafter sind dazu verpflichtet, im Rahmen des rechtlich Zulässigen die von ihnen jeweils vorgeschlagenen Aufsichtsratsmitglieder dazu zu veranlassen, den nach § 7 Abs 5 ausgewählten Kandidaten dem Aufsichtsrat der Gesellschaft für die Bestellung zum Vorstandsmitglied vorzuschlagen und für dessen Bestellung zu stimmen.

(7) Die Bestimmungen in den §§ 7 Abs 4 bis 7 Abs 6 gelten entsprechend für die Ernennung des Vorstandsvorsitzenden.

§ 8 Abschluss eines Beherrschungsvertrags zwischen BidCo und Gesellschaft, Ausschüttungen

(1) Die Gesellschafter sind sich einig, dass unverzüglich nach dem Vollzugstag ein Beherrschungsvertrag gemäß dem als Anlage 8.1 beigefügten Muster zwischen der BidCo als herrschender Gesellschaft und der Gesellschaft als abhängiger Gesellschaft abgeschlossen werden soll.

(2) Die Gesellschafter stehen im Rahmen des rechtlich Zulässigen dafür ein, dass die erforderlichen Zustimmungen der Gesellschafter sowie ggf der Gesellschaftsorgane erteilt werden.

(3) Die Gesellschafter sind sich einig, dass Jahresüberschüsse der Gesellschaft sowie Gewinne der BidCo und der JVCo im Rahmen des rechtlich Zulässigen jeweils voll ausgeschüttet werden. Entnahmebeschränkungen in Kreditverträgen sind vorrangig zu beachten.

§ 9 Übertragung von Anteilen an der JVCo[10]

(1) Die Gesellschafter sind ohne die vorherige schriftliche Zustimmung des jeweils anderen Gesellschafters nicht berechtigt, über ihren Kommanditanteil an der JVCo und über ihre Geschäftsanteile an der JVCo Komplementär-GmbH ganz oder teilweise zu verfügen, sofern und soweit in dieser Gesellschaftervereinbarung nicht ausdrücklich etwas anderes bestimmt ist.

(2) Jeder Gesellschafter ist ohne die vorherige schriftliche Zustimmung des anderen Gesellschafters zur vollständigen (nicht nur teilweisen) Übertragung seines Kommanditanteils an der JVCo sowie seiner Geschäftsanteile an der JVCo Komplementär-GmbH an ein mit ihm verbundenes Unternehmen im Sinne von §§ 15 ff AktG berechtigt, sofern (i)

das erwerbende verbundene Unternehmen vor dem Vollzug der Übertragung eine Erklärung zum Beitritt zu dieser Gesellschaftervereinbarung gemäß Anlage 9.2 ausfertigt, (ii) der veräußernde Gesellschafter für die das erwerbende verbundene Unternehmen treffende Verpflichtungen nach dieser Gesellschaftervereinbarung Gewähr übernimmt sowie (iii) die Übertragung unter die auflösende Bedingung gestellt ist, dass das erwerbende verbundene Unternehmen den Unternehmensverbund verlässt. In jedem Fall ist dem anderen Gesellschafter die Übertragung nach diesem § 9 Abs 2 unter Vorlage der unterzeichneten Beitrittserklärung unverzüglich schriftlich mitzuteilen. Die Parteien stimmen hiermit jedem in Einklang mit diesem § 9 Abs 2 erfolgten Beitritt eines mit einem Gesellschafter verbundenen Unternehmens zu.

(3) Nach einem Börsengang können die Gesellschafter frei über ihren Kommanditanteil an der JVCo und über ihre Geschäftsanteile an der JVCo Komplementär-GmbH ganz oder teilweise verfügen.

(5) Sollten die Aktien an der Gesellschaft nach einem Börsengang an einem organisierten Markt im Sinne des § 2 Abs 5 WpHG gehandelt werden, so haben die Gesellschafter darauf hinzuwirken, dass (i) die BidCo auf die JVCo verschmolzen wird, und (ii) innerhalb von . . . . . Werktagen nach dem Wirksamwerden der Verschmelzung in einer unverzüglich einzuberufenden außerordentlichen Gesellschafterversammlung die Auflösung der JVCo im Wege der Liquidation beschlossen wird. Für die Liquidation gelten die gesetzlichen Bestimmungen in §§ 145 ff HGB. Es wird klargestellt, dass jeder Gesellschafter nach Verteilung des Gesellschaftsvermögens von BidCo und JVCo über sämtliche ihm zugewiesenen Vermögensgegenstände, insbesondere über die Aktien an der Gesellschaft, vorbehaltlich etwaiger Mindeshalteperioden (lock-up), die mit den Emissionsbanken und/oder dem Emittenten vereinbart sind, frei verfügen darf. Weitere Rechte des jeweils anderen Gesellschafters, insbesondere Vorkaufsrechte, bestehen insoweit nicht.

§ 10 Vorerwerbsrecht der A[11]

(1) In Ansehung der B-Beteiligung erhält A ein Vorerwerbsrecht nach näherer Maßgabe dieses § 10 („Vorerwerbsrecht").

(2) Beabsichtigt B, die B-Beteiligung an einen Dritterwerber zu veräußern, so hat sie die B-Beteiligung zunächst A zum Kauf anzubieten. Das Angebot hat durch Übermittlung eines Angebots zum Abschluss eines Kauf- und Übertragungsvertrags durch die B zu erfolgen („Vorerwerbsangebot"). Die Konditionen des Vorerwerbsangebots einschließlich des Kaufpreises werden allein von B bestimmt. A kann das Vorerwerbsangebot innerhalb von zehn (10) Werktagen nach Zugang („Annahmefrist") annehmen oder schriftlich ablehnen.

(3) Nimmt A das Vorerwerbsangebot nicht innerhalb der Annahmefrist wirksam an oder lehnt das Vorerwerbsangebot ausdrücklich ab, so ist B berechtigt, die B-Beteiligung innerhalb von sechs (6) Monaten nach Ablauf der Annahmefrist an einen Dritterwerber zu verkaufen und zu veräußern.

(4) Nimmt A das Vorerwerbsangebot zwar innerhalb der Annahmefrist an, kommt es aber aus Gründen, die B nicht zu vertreten hat, innerhalb der im Vorerwerbsangebot hierfür vorgesehenen Frist („Vollzugsfrist") nicht zum Vollzug des durch die Annahme zustande gekommenen Kauf- und Übertragungsvertrags, so ist B berechtigt, die B-Beteiligung innerhalb von neunzig (90) Werktagen nach Ablauf der Vollzugsfrist an einen Dritterwerber zu veräußern.

(5) Im Falle des § 10 Abs 3 oder § 10 Abs 4 darf B nicht (i) zu einem im Vergleich zum Vorerwerbsangebot wirtschaftlich günstigeren Kaufpreis und/oder (ii) zu für den Dritterwerber insgesamt nicht unerheblich günstigeren Bedingungen ((i) und (ii) insgesamt „Dritterwerbsbedingungen") veräußern.

Das Vorerwerbsrecht besteht nicht bei einem Verkauf an ein mit B verbundenes Unternehmen und erlischt (i) nach dem Scheitern der Andienung (wie in § 11 Abs 5 definiert) und/oder (ii) nach einem erfolgten Börsengang.

§ 11 Andienungsrecht der B[11]

(1) Sofern B die B-Beteiligung nicht bis zum . . . . . veräußert hat oder bis zu diesem Zeitpunkt kein Börsengang stattgefunden hat, kann B von A den Abschluss eines Kauf- und Übertragungsvertrags in Ansehung der B-Beteiligung („Übernahmevertrag") nach näherer Maßgabe dieses § 11 verlangen („Andienungsrecht").

(2) Das Andienungsrecht ist durch schriftliche Mitteilung gegenüber A auszuüben.

(3) A hat sich nach Ausübung des Andienungsrechts nach besten Kräften zu bemühen, (i) den Abschluss des Übernahmevertrages innerhalb von . . . . . Monaten nach Zugang der Ausübungserklärung herbeizuführen und (ii) die Finanzierung des Übernahmepreises sicherzustellen.

(4) Der Inhalt des Übernahmevertrages ist zwischen den Gesellschaftern nach Treu und Glauben und nach Maßgabe der folgenden Bedingungen zu verhandeln:

(a) Der Kaufpreis für die B-Beteiligung („Übernahmepreis") beträgt EUR . . . . ., erhöht um den auf B entfallenden Betrag etwaiger geleisteter Kapitalerhöhungen oder Einlagen bzw verringert um den auf B entfallenden Betrag etwaiger Kapitalherabsetzungen oder Entnahmen (ausgenommen Gewinnausschüttungen bzw Gewinnauszahlungen).

(b) Außer für die Inhaberschaft an der B-Beteiligung übernimmt B, soweit gesetzlich zulässig, keinerlei Garantie oder Gewährleistung.

(c) Sollten zum Vollzug des Übernahmevertrages Kartellfreigaben oder andere öffentlich-rechtliche Freigaben, Genehmigungen oder Erlaubnisse erforderlich sein, so gelten die Bestimmungen der Rahmenvereinbarung entsprechend, wobei B für die Zwecke des Übernahmevertrags an die Stelle der A tritt.

(5) Wird der Übernahmevertrag innerhalb von sechs (6) Monaten nach Ausübung des Andienungsrechts gleich aus welchen Gründen nicht abgeschlossen oder, zwar abgeschlossen, aber nicht vollzogen („Scheitern der Andienung"), so erlischt das Andienungsrecht und jeder Gesellschafter kann vom Übernahmevertrag, sofern bereits abgeschlossen, schriftlich zurücktreten. Keiner der Gesellschafter kann in diesem Fall Schadens- oder Aufwendungsersatz von dem anderen Gesellschafter verlangen.

(6) Abweichend von § 10 ist die B in einem Zeitraum von sechs (6) Monaten nach Ausübung des Andienungsrechts nicht berechtigt, die B-Beteiligung an Dritterwerber zu übertragen. Die Aufnahme von Verhandlungen mit möglichen Dritterwerbern (einschließlich des Abschlusses von vorbereitenden Verträgen sowie die Gewährung des Zugangs zu einem nach üblichen Maßstäben ausgestatteten und eingerichteten Datenraum) sowie eine Veräußerung gemäß § 9 ist zu jedem Zeitpunkt zulässig.

§ 12 Drag-Along Recht, Tag-Along Recht[12]

(1) A hat ein zeitlich unbeschränktes Mitveräußerungsrecht nach näherer Maßgabe der nachfolgenden §§ 12 Abs 2 bis 12 Abs 4 („Drag-Along Recht").

(2) Gegenstand des Drag-Along Rechts ist die B-Beteiligung als Ganzes, nicht jedoch nur Teile davon.

(3) Das Drag-Along Recht kann nach dem Scheitern der Andienung durch schriftliche Mitteilung gegenüber B ausgeübt werden.

(4) Mit Ausübung des Drag-Along Rechts ist A berechtigt, die B-Beteiligung im Namen der B zu den Konditionen des zwischen A und dem Dritterwerber geschlossenen Kauf- und Übertragungsvertrags („Abkaufvertrag") zu verkaufen und zu übertragen. Zu diesem Zwecke verpflichtet sich B, unverzüglich, spätestens aber . . . . . Werktage nach Scheitern der Andienung der B, die als Anlage 12.4 beigefügte Vollmacht zum Verkauf und zur Übertragung der B-Beteiligung im Original mit notarieller Unterschriftsbeglaubigung zu übergeben („Verkaufs- und Veräußerungsvollmacht"). Die Mitgliedschaftsrechte der B ruhen vom Scheitern der Andienung bis zur Übergabe der Verkaufs- und Veräußerungsvollmacht. A darf die Verkaufs- und Veräußerungsvollmacht nur zur Durchführung des Drag-Along Rechts verwenden.

(5) Nach dem Scheitern der Andienung und vorausgesetzt, dass A mit einem Dritterwerber einen Kauf- und Übertragungsvertrag über die gesamte A-Beteiligung („Abkaufvertrag") abgeschlossen hat oder abschließen wird, ist B ihrerseits berechtigt, von A zu verlangen, dass A sich nach Kräften bemüht, die gesamte B-Beteiligung, nicht jedoch nur Teile davon, zu den Konditionen des Abkaufvertrages an den Dritterwerber zu verkaufen und zu übertragen („Tag-Along Recht"). Die Ausübung des Tag-Along Rechts ist gegenüber A innerhalb von [zehn] ([10]) Werktagen zu erklären, nachdem A die B schriftlich darüber unterrichtet hat, dass A den Abkaufvertrag abschließen wird. A ist verpflichtet, B unverzüglich über den beabsichtigten Abschluss des Abkaufvertrages zu unterrichten und in angemessener Weise an den Verhandlungen mit dem Dritterwerber teilnehmen zu lassen. Lehnt der Dritterwerber den Kauf sämtlicher Anteile an der JVCo ab, so bleibt B berechtigt, die B-Beteiligung zu verkaufen und zu übertragen. Weitere Rechte oder Ansprüche, insbesondere auf Schadens- oder Aufwendungsersatz, stehen B in diesem Fall nicht zu.

§ 13 Freistellung[13]

(1) Sofern einer der Gesellschafter für Schäden oder Nachteile der Gesellschaft, der BidCo oder der JVCo aufgrund einer nachteiligen Einflussnahme auf Gesellschaften des Gemeinschaftsunternehmens (einschließlich der Einflussnahme auf deren Organe) oder eines existenzbedrohenden Eingriffs in deren Vermögen (insgesamt „Einflussnahme") in Anspruch genommen wird, und diese Einflussnahme von den Gesellschaftern in Einklang mit den Vorgaben dieser Gesellschaftervereinbarung vorgenommen wurde, trifft jeden Gesellschafter nach Maßgabe dieses § 13 eine anteilige Verantwortung gemäß seines im Zeitpunkt der Einflussnahme bestehenden Anteils an der JVCo. Jeder Gesellschafter ist verpflichtet, den anderen Gesellschafter hinsichtlich des Teils der Gesamtverbindlichkeit freizustellen, der seine Verantwortlichkeit nach Maßgabe seines Anteils übersteigt.

(2) A trägt für Verpflichtungen aufgrund einer Einflussnahme die alleinige Verantwortung, falls die zur Einstandspflicht führende Einflussnahme nicht durch B vorgenommen wurde. Gleiches gilt, wenn die Einflussnahme durch B erfolgte, jedoch auf einer Verpflichtung aus dieser Gesellschaftervereinbarung aufgrund des Letztentscheidungsrechts der A beruht. Wenn und soweit B in diesem Fall in Anspruch genommen wird, ist A verpflichtet, B von jeder Haftung freizustellen sowie schadlos zu halten.

§ 14 Laufzeit, Beendigung, Kündigung

(1) Die Gesellschaftervereinbarung tritt am Vollzugstag in Kraft und endet bei Kündigung gemäß § 14 Abs 4 oder mit Abschluss einer Aufhebungsvereinbarung.

(2) Die Bestimmungen der §§ 3 bis 7 dieser Gesellschaftervereinbarung finden nur Anwendung, solange die B (ggf zusammen mit einem mit ihr verbundenen Unternehmen iSd § 15 AktG) mit mindestens einem Drittel am Kommanditkapital der JVCo beteiligt ist. Liegt die Beteiligung darunter, wird im Gesellschafterausschuss und in der Gesellschafterversammlung der JVCo mit einfacher Mehrheit abgestimmt, sofern gesetzlich kein größeres Mehrheitserfordernis gilt. Die nach dieser Gesellschaftervereinbarung der A eingeräumten Sonderrechte finden nur Anwendung, solange A (ggf zusammen mit einem mit ihr verbundenen Unternehmen) mit mehr als fünfzig Prozent (50 %) am Kommanditkapital der JVCo beteiligt ist.

(3) Solange B (ggf zusammen mit einem mit ihr verbundenen Unternehmen) oder ein Erwerber der B-Beteiligung mit mehr als fünfundzwanzig Prozent (25 %), aber weniger als einem Drittel am Kommanditkapital der JVCo beteiligt ist, ist sie in Bezug auf ihre Mitwirkungsrechte so zu stellen, als bestünde die Beteiligung unmittelbar an der BidCo bzw an der Gesellschaft. Dabei ist eine Aktiengesellschaft nach dem gesetzlichen Regelmodell zu unterstellen; etwaige Bestimmungen in der Satzung der Gesellschaft, die die Mehrheitserfordernisse für Hauptversammlungsbeschlüsse reduzieren oder in sonstiger Weise von den gesetzlichen Regelungen in Bezug auf den Schutz von Minderheitsgesellschaftern zum Nachteil des Minderheitsgesellschafters abweichen, bleiben für die Stellung der B oder eines Dritterwerbers der B-Beteiligung außer Betracht.

(4) Das Recht zur ordentlichen Kündigung dieser Gesellschaftervereinbarung ist ausgeschlossen. Das Recht zur Kündigung aus wichtigem Grund bleibt unberührt. Ein wichtiger Grund liegt insbesondere vor, sofern

(a) über das Vermögen des anderen Gesellschafters oder eines diesen im Sinne des § 17 AktG beherrschenden Unternehmens ein Insolvenzverfahren eröffnet wird oder dessen Eröffnung von diesem selbst beantragt oder mangels Masse abgelehnt wird;

(b) der andere Gesellschafter entweder (i) eine wesentliche Pflicht oder (ii) wiederholt Pflichten aus dieser Gesellschaftervereinbarung verletzt und trotz schriftlicher Abmahnung diese Pflichtverletzungen nicht innerhalb von ..... Werktagen abstellt;

(5) Im Falle des § 14 Abs 4 a) oder b) ist der Gesellschafter berechtigt, den anderen Gesellschafter aus der JVCo auszuschließen sowie dessen Geschäftsanteil an der JVCo Komplementär-GmbH einzuziehen. Ausschließungs- und Einziehungsrecht können nur gemeinsam durch schriftliche Erklärung gegenüber dem anderen Gesellschafter ausgeübt werden. Der andere Gesellschafter erhält nach Ausübung von Ausschließungs- und Einziehungsrecht eine Abfindung in Höhe [des Marktwertes] seiner Beteiligung an der JVCo und an der JVCo Komplementär-GmbH. Im Einzelnen gelten die Bestimmungen im Gesellschaftsvertrag der JVCo sowie der Satzung der JVCo Komplementär-GmbH.

(6) Die Beendigung oder Kündigung dieser Gesellschaftervereinbarung lässt die §§ 15 bis 17 dieser Gesellschaftervereinbarung unberührt. Sämtliche Ansprüche oder Verbindlichkeiten, die nach Maßgabe oder in Verbindung mit dieser Gesellschaftervereinbarung am Tag seiner Beendigung bestehen bzw entstehen, bleiben gleichermaßen von der Beendigung dieser Gesellschaftervereinbarung unberührt.

§ 15 Satzung der Gesellschaft, Gesellschaftsvertrag der BidCo

Die Gesellschafter werden darauf hinwirken, dass zum Zwecke der Umsetzung der entsprechenden Regelungen der Gesellschaftervereinbarung die Satzung der Gesellschaft gemäß dem als Anlage 15.1 beigefügten Hauptversammlungsbeschluss und der Gesellschaftsvertrag der BidCo gemäß dem als Anlage 15.2 beigefügten Gesellschafterbeschluss geändert bzw neu gefasst wird. Die entsprechenden Beschlüsse sind am Vollzugstag zu fassen. Im Fall von Widersprüchen zwischen Regelungen dieser Gesellschaftervereinbarung und den Gesellschaftsverträgen der JVCo oder der BidCo oder der Satzung der Gesellschaft haben im Innenverhältnis zwischen den Gesellschaftern die Regelungen dieser Gesellschaftervereinbarung Vorrang.

§ 16 Wettbewerbsverbot[14]

(1) Die Gesellschafter verpflichten sich gegenseitig, ab dem Vollzugstag bis zwei (2) Jahre nach Beendigung der Gesellschaftervereinbarung weder direkt noch indirekt, als Eigentümer, Anteilseigner, Mitgesellschafter, oder auf sonst eine Art und Weise im bisherigen räumlichen und sachlichen Tätigkeitsbereich der Gruppe einschließlich der Tätigkeitsbereiche, für deren Erschließung Unternehmen der Gruppe am Vollzugstag bereits Investitionen getätigt haben, jeden Wettbewerb mit der Gruppe zu unterlassen („Verbotene Tätigkeiten").

(2) Die Gesellschafter verpflichten sich insbesondere, ab dem Vollzugstag bis zwei (2) Jahre nach Beendigung der Gesellschaftervereinbarung folgende Tätigkeiten zu unterlassen:

(a) direkt oder indirekt für sich selbst oder eine dritte Person im Bereich der Verbotenen Tätigkeiten um aktuelle oder ehemalige Kunden, Zulieferer oder andere Personen mit laufenden Geschäftsbeziehungen zu den Gesellschaften der Gruppe zu werben oder diese sonst zum Zwecke eigenen oder fremden Wettbewerbs zu kontaktieren oder

(b) mit Ausnahme allgemeiner Werbung in den Medien, aktiv um die Wichtigsten Mitarbeiter (wie im Kaufvertrag definiert) zu werben oder sich zu bemühen, diese abzuwerben.

(3) Unabhängig hiervon sind die Gesellschafter berechtigt,

(a) Kapitalanteile bis zu einem Anteil von fünfzehn Prozent (15 %) an einer börsennotierten Gesellschaft zu halten, die im Bereich der Verbotenen Tätigkeiten tätig ist, sofern diese Kapitalanteile keine Kontrolle über diese Gesellschaft vermitteln, oder

(b) mit einer Gesellschaft zu fusionieren oder diese zu erwerben, die Verbotene Tätigkeiten ausübt („Konkurrierende Zielgesellschaft") bzw sich an einer Transaktion zu beteiligen, die im Wesentlichen dieselben wirtschaftlichen Auswirkungen wie eine Verschmelzung oder ein Erwerb hat, falls die Geschäftstätigkeit im Bereich der Verbotenen Tätigkeiten nicht mehr als dreißig Prozent (30 %) der gesamten Geschäftstätigkeit der Konkurrierenden Zielgesellschaft beträgt.

(4) Überträgt einer der Gesellschafter seine Beteiligung an Dritte, so steht er im Rahmen des rechtlich Zulässigen dafür ein, dass sich der Dritte seinerseits gegenüber dem verbleibenden Gesellschafter einem mit diesem § 16 im Wesentlichen übereinstimmenden Wettbewerbsverbot unterwirft.

(5) Die Gesellschafter werden sich im Falle eines vollständigen Verkaufs ihrer jeweiligen Beteiligung, etwa infolge der Ausübung des Drag-Along Rechts und des Tag-Along Rechts, in dem Abkaufvertrag, soweit erforderlich, marktüblichen Wettbewerbsbeschränkungen unterwerfen.

§ 17 Vertraulichkeit

.....

§ 18 Sonstiges

. . . . .

Schrifttum: S → Form. II.H.2. sowie *Feldhaus/Veith,* Frankfurter Kommentar zu Private Equity, 2010; *Leopold/Frommann/Kühr,* Private Equity Venture Capital, 2. Aufl. 2003.

Anmerkungen

1. In dem dem Form. zu Grunde liegenden Sachverhalt haben mehrere Private Equity Investoren ein GU („JVCo") zum Zwecke des gemeinsamen Erwerbs des Zielunternehmens gegründet. Man spricht in diesem Fall von einem „Club-Deal". In der Praxis wird der Verkauf des Zielunternehmens vom Verkäufer häufig in der Form. eines strukturierten Auktionsprozesses gestaltet, an dem sich mehrere Bieter beteiligen. Wegen des formalen Charakters dieser Auktionsprozesse und der Notwendigkeit, dem Verkäufer an einem bestimmten Zeitpunkt im Prozess ein verbindliches Kaufangebot zu unterbreiten, ist es ratsam, dass die Private Equity Investoren, die sich an einem Club-Deal beteiligen, ihre Rechtsbeziehungen untereinander bereits während der Angebotsphase regeln. Dem Abschluss der hier dargestellten Gesellschaftervereinbarung wird daher in der Regel der Abschluss einer Vereinbarung zur Gründung eines Bieterkonsortiums (sog „Bidding Consortium Agreement" oder „Interim Investor Agreement") vorausgegangen sein, die die Rechte und Pflichten sowie das Verhalten der Parteien während der Angebots- und Erwerbsphase regelt. Üblicherweise enthält eine solche Vereinbarung auch schon erste Regelungen über die Strukturierung des Erwerbs und die Gründung einer oder mehrerer Gesellschaften als Akquisitionsvehikel. Aus verschiedenen Gründen (Steuern, Haftung, Finanzierung, Beteiligung weiterer Investoren) wird dabei oft eine zweistufige Beteiligungskonstruktion gewählt, in der der eigentlichen Erwerbsgesellschaft (hier: BidCo) eine in- oder ausländische Zwischenholding (hier: JVCo) vorgeschaltet ist. Mit Vollzug des Erwerbs der Zielgesellschaft verliert das Bidding Consortium Agreement seinen Zweck und wird durch eine Gesellschaftervereinbarung ersetzt, die die weitere Führung des Zielunternehmens und mögliche Ausstiegsszenarien zum Gegenstand hat. Denkbar ist auch, dass sich nach dem Erwerb der Zielgesellschaft weitere Finanzinvestoren an dem Investment beteiligen (sog Equity Syndication). Sowohl beim Club Deal als auch im Fall einer „Equity Syndication" geht es darum, die Kosten und das Risiko aus dem Erwerb der Zielgesellschaft auf mehrere Investoren zu verteilen.

2. Private Equity Investoren gehen Beteiligungen stets nur auf Zeit ein. Der durchschnittliche Investitionszeitraum beträgt etwa fünf bis acht Jahre. Ziel ist es, am Ende des Investitionszeitraums das eingesetzte Kapital zurückzuerhalten und etwaige Buchgewinne zu realisieren. Ein Börsengang des Zielunternehmens (sog Initial Public Offering oder IPO) stellt dabei – wenn das Zielunternehmen die wirtschaftlichen und kapitalmarktrechtlichen Voraussetzungen erfüllt – in der Regel die Ausstiegsmöglichkeit mit dem größten Ertragspotential für den Private Equity Investor dar (vgl *Feldhaus,* in Feldhaus/Vieth, Frankfurter Kommentar zu Private Equity, Kap 1 Rn 289 ff). Weitere Möglichkeiten für einen Ausstieg (Exit) des Private Equity Investors bieten der Verkauf aneinen strategischen Investor (sog. „Trade Sale"), der Verkauf an einen weiteren Finanzinvestor (sog „Secondary Buy-Out") oder der – in der Praxis nur selten vorkommende – Rückkauf der Zielgesellschaft durch den ehemaligen Eigentümer (sog „Buy-back") (s *Leopold/Frommann/Kühr,* S 177 ff).

3. Die Regelung will Informationsasymmetrien zwischen den JV-Partnern vermeiden, die sich aufgrund der nur mittelbaren Beteiligung an der operativen Gesellschaft und der unterschiedlichen Vertretung der JV-Partner in den Gesellschaftsorganen ergeben können. Sie soll nicht die gesetzlichen Informations- und Auskunftsrechte der Gesellschafter erweitern, sondern in erster Linie sicherstellen, dass die JV-Partner sich jeweils untereinander informieren, damit beide in gleichem Umfang über die Angelegenheiten der Gesellschaft informiert sind oder zumindest gleichen Zugang zu den Informationen haben.

4. Abhängig von der Branche und den Ländern, in denen das GU tätig ist, kann es vor dem Hintergrund der gestiegenen Bedeutung von Compliance und der haftungsrechtlichen Relevanz von Compliance-Verstößen sinnvoll sein, wenn die JV-Partner im Hinblick auf das GU sicherstellen, dass sie über Unregelmäßigkeiten, insbesondere Gesetzesverstöße im GU, informiert werden und sich die Möglichkeit eröffnen, Compliance-Untersuchungen im GU durchzuführen (zum Ganzen *Hauschka/Moosmayer/Lösler,* Corporate Compliance, 3. Aufl 2016). Da die hier vorgesehene Regelung nur zwischen den JV-Partnern gilt, sind aber ggf weitere Vereinbarungen mit dem GU zu treffen, um eine wirksame Compliance-Organisation einzurichten.

5. Die Regelung soll sicherstellen, dass über Maßnahmen, die für die Gesellschaft von grundlegender Bedeutung sind, nur einvernehmlich entschieden werden kann. Sie verlagert einerseits die auf der Ebene der Gesellschaft bestehenden qualifizierten Mehrheitserfordernisse auf die Ebene der JVCo. Andererseits legt sie zusätzliche Beschlussgegenstände fest, für die ebenfalls eine qualifizierte Mehrheit gelten soll.

6. Die Belastung von Anteilen an der Gesellschaft ist deshalb von dem Erfordernis einer qualifizierten Mehrheit ausgenommen, weil die finanzierenden Banken regelmäßig eine Verpfändung der Anteile an der Zielgesellschaft als Sicherheit für die der BidCo gewährten Akquisitionsfinanzierungsdarlehen verlangen (vgl *Diem/Jahn,* Akquisitionsfinanzierungen, 4. Aufl 2019 § 41 Rn 4). Die Stellung dieser Sicherheiten durch BidCo soll der Minderheitsgesellschafter nicht blockieren können.

7. Die Einrichtung eines – gesetzlich nicht vorgesehenen – Gesellschafterausschusses empfiehlt sich insbesondere bei komplexen, mehrstufigen Beteiligungsstrukturen. Hier kann der Gesellschafterausschuss dazu dienen, dass Verhalten der Gesellschafter in den Organen der einzelnen Gesellschaften zu koordinieren. Auch vor dem Hintergrund, dass der Aufsichtsrat der Gesellschaft mitbestimmt ist, erscheint eine Koordination der Anteilseignerseite ratsam. Bei einer AG können dem Gesellschafterausschuss anders als bei der GmbH oder der GmbH & Co. KG keine Entscheidungskompetenzen übertragen werden. Zwar ist der Gesellschafterausschuss vorliegend Organ der in der Rechtsform der GmbH & Co. KG verfassten JVCo. Da sich die Tätigkeit des Gesellschafterausschusses aber auch auf die als AG verfasste Gesellschaft bezieht, muss er sich – jedenfalls insoweit – auf eine bloße Koordinationsfunktion beschränken. Um zu erreichen, dass die im Gesellschafterausschuss gefassten Beschlüsse auch auf den nachfolgenden Beteiligungsstufen umgesetzt werden, enthält die Bestimmung deshalb einer Verpflichtung der Parteien, dafür Sorge zu tragen, dass ihre jeweiligen Vertreter in den Gesellschaftsorganen der nachgeordneten Unternehmen im Sinne der im Gesellschafterausschuss gefassten Beschlüsse entscheiden und handeln. Da das Gesetz der Einflussnahme auf die Organe einer AG Grenzen setzt, handelt es sich insoweit lediglich um eine Bemühenspflicht.

8. Denkbar wäre auch, entsprechende Entsenderechte der JV-Partner zu vereinbaren. Diese müssten dann in der Satzung der Gesellschaft verankert werden (§ 101 Abs 2 AktG).

9. Nach § 103 Abs 3 AktG besteht die Möglichkeit, ein Aufsichtsratsmitglied auf Antrag durch gerichtliche Entscheidung abberufen zu lassen, wenn in der Person des Aufsichtsratsmitglieds ein wichtiger Grund vorliegt. Antragsberechtigt sind der Aufsichtsrat und – im

Falle von Aufsichtsratsmitgliedern, die aufgrund der Satzung entsandt sind – eine Minderheit der Aktionäre, deren Aktien mindestens 10 % des Grundkapitals oder den anteiligen Betrag von EUR 1 Million beträgt. Die Regelung soll sicherstellen, dass dieses gesetzliche Recht nach Möglichkeit nicht ausgeübt wird, sondern zunächst die in § 6 Abs 5 vorgesehene vertragliche Regelung zur Abberufung durch die Hauptversammlung zum Tragen kommt. Ausschließen lässt sich das Antragsrecht gem § 103 Abs 3 AktG allerdings nicht.

10. S → Form. II.H.1 Anm. 14.

11. S → Form. II.H.2 Anm. 8–10 .

12. Im Falle eines Ausstiegs im Wege des Trade Sale oder Secondary Buy-Out lässt sich regelmäßig ein höherer Verkaufserlös erzielen, wenn nicht lediglich eine (Mehrheits-) Beteiligung sondern sämtliche Anteile an der Zielgesellschaft veräußert werden können. Die Private Equity Investoren vereinbaren daher üblicherweise bereits bei der Begründung ihres Konsortiums Regelungen, die sicherstellen sollen, dass nach Ablauf des Investitionszeitraums sämtliche Anteile des Zielunternehmens verkauft werden können. Solche Regelungen sind typischerweise so ausgestaltet, dass der mit Mehrheit beteiligte Private Equity Investor im Falle eines Verkaufs seiner Anteile auch die Anteile des Minderheitsgesellschafters „mitziehen" kann (sog „Drag-Along Recht"). Das Drag-AlongRecht kann als schuldrechtliche Verpflichtung des Minderheitsgesellschafters ausgestaltet sein, seine Anteile an den von dem Mehrheitsgesellschafter identifizierten Erwerber zu verkaufen. Zumeist wird dabei vereinbart, dass die Veräußerung zu denselben Bedingungen erfolgt, zu denen auch der Mehrheitsgesellschafter an den Erwerber verkauft. Zur Vereinfachung und Beschleunigung des Anteilsverkaufs kann vorgesehen werden, dass der Minderheitsgesellschafter dem Mehrheitsgesellschafter eine Verkaufsvollmacht erteilen muss, so dass er auch in dessen Namen die Bedingungen des Verkaufs mit dem Erwerber verhandeln kann. Allerdings kommen solche Gestaltungen in der Praxis eher selten vor.

Der Minderheitsgesellschafter wird sich umgekehrt dagegen absichern wollen, im Falle einer Veräußerung der Beteiligung des Mehrheitsgesellschafters von diesem gewissermaßen zurück gelassen zu werden. Dazu dient das sog „Tag-Along Recht", das den Minderheitsgesellschafter berechtigt, von dem Mehrheitsgesellschafter zu verlangen, dass er dafür Sorge trägt, dass ein Erwerber der Mehrheitsbeteiligung auch die Beteiligung des Minderheitsgesellschafters zu denselben Bedingungen erwirbt.

13. Eine Schadensersatzhaftung oder Nachteilsausgleichspflicht eines (beherrschenden) Gesellschafters aufgrund seiner Einflussnahme auf die Gesellschaft kann sich insbesondere aus dem allgemeinen Schädigungsverbot des § 117 AktG, der Nachteilsausgleichspflicht im faktischen Konzern gemäß § 311 AktG oder § 826 BGB in Gestalt der Existenzvernichtungshaftung ergeben. In allen diesen Fällen gilt, dass mehrere Schädiger als Gesamtschuldner haften (§§ 830, 840 BGB). Im Rahmen des § 311 AktG gilt darüber hinaus, dass mehrere herrschende Unternehmen unabhängig von der konkreten Veranlassung des Nachteils als Gesamtschuldner für die Nachteile haften, die von einem gemeinsamen Einverständnis gedeckt sind (vgl Münch HdB AG/*Krieger,* § 69 Rn 124). Die Vertragsregelung stellt für das Innenverhältnis der gesamtschuldnerisch haftenden JV-Partner klar, dass die JV-Partner abweichend von der gesetzlichen Regelung (§ 426 Abs 1 BGB) nicht zu gleichen Anteilen, sondern nach Maßgabe ihrer Beteiligung an dem JV haften. Zudem weist die Regelung dem Mehrheitsgesellschafter die alleinige Verantwortung für die Fälle zu, in denen die Einflussnahme durch den Mehrheitsgesellschafter ausgeübt wurde. Abweichend von dem bei § 311 AktG geltenden Grundsatz soll dies auch dann gelten, wenn die Einflussnahme im Einvernehmen mit dem Minderheitsgesellschafter erfolgte.

14. Die Gesellschafter des GU können auch ohne besondere Regelung im JV-Vertrag einem gesetzlichen Wettbewerbsverbot unterliegen. Für persönlich haftende Gesellschafter einer KG ergibt sich dies aus §§ 112, 165 HGB. Kommanditisten unterliegen entgegen § 165 HGB dann einem Wettbewerbsverbot, wenn sie einen maßgeblichen Einfluss auf die Geschäftsführung haben (Baumbach/Hopt/*Hopt* § 165 Rn 3; BGHZ 89, 162, 166). Insbesondere bei paritätischen Gemeinschaftsunternehmen dürfte dies regelmäßig für beide Kommanditisten gelten (*Schulte/Pohl* Rn 637). Für die Gesellschafter einer GmbH gilt Entsprechendes: Ein gesetzliches Wettbewerbsverbot folgt für herrschende GmbH-Gesellschafter aus der gesellschaftsrechtlichen Treuepflicht (Baumbach/Hueck/*Fastrich* § 13 Rn 28). Sollen die JV-Partner einem vertraglichen Wettbewerbsverbot unterworfen werden, das über das gesetzliche hinausgeht, so sind die durch § 1 GWB und § 138 BGB gezogenen Grenzen zu beachten. Das vertragliche Wettbewerbsverbot muss insbesondere Gegenstand, Dauer und räumlichem Geltungsbereich angemessen sein und darf die Marktverhältnisse nicht spürbar beeinflussen (vgl *Schulte/Pohl* Rn 645 ff).

I. Konzernrecht

1. Beherrschungs- und Ergebnisabführungsvertrag mit einer AG[1]

Beherrschungs- und Ergebnisabführungsvertrag zwischen der A-Aktiengesellschaft (A) und der B-Aktiengesellschaft (B)[2]

§ 1 Leitung[3]

(1) Die B unterstellt die Leitung ihrer Gesellschaft der A. Diese ist demnach berechtigt, dem Vorstand der B hinsichtlich der Leitung des Unternehmens allgemeine oder auf Einzelfälle bezogene Weisungen zu erteilen. Die B ist verpflichtet die Weisungen zu befolgen.

(2) Weisungen bedürfen der Textform.[4] Das Weisungsrecht erstreckt sich auch auf die Erstellung des Jahresabschlusses der B.[5]

§ 2 Gewinnabführung

(1) B verpflichtet sich, ihren ganzen, nach den maßgeblichen handelsrechtlichen Vorschriften ermittelten Gewinn gemäß allen Vorschriften des § 301 AktG in seiner jeweils gültigen Fassung an die A abzuführen.[6]

(2) B kann mit Zustimmung von A Beträge aus dem Jahresüberschuss insoweit in andere Gewinnrücklagen einstellen,[7] als dies handelsrechtlich zulässig und bei vernünftiger kaufmännischer Beurteilung wirtschaftlich begründet ist.

(3) Während der Dauer dieses Vertrags gebildete andere Gewinnrücklagen nach § 272 Abs 3 HGB sind, soweit rechtlich zulässig, auf Verlangen von A aufzulösen und zum Ausgleich eines Jahresfehlbetrags zu verwenden oder als Gewinn abzuführen. Kapitalrücklagen, vorvertragliche Gewinnrücklagen und ein vorvertraglicher Gewinnvortrag dürfen weder als Gewinn abgeführt noch zum Ausgleich eines Jahresfehlbetrags verwendet werden.

(4) Die Verpflichtung zur Gewinnabführung gilt erstmals für den ganzen Gewinn des Geschäftsjahres, in dem dieser Vertrag wirksam wird.[8] Sie wird jeweils mit Feststellung des Jahresabschlusses für das abgelaufene Geschäftsjahr fällig und ist ab diesem Zeitpunkt mit 5 % für das Jahr zu verzinsen.[9]

§ 3 Verlustübernahme[10]

(1) A ist gemäß § 302 AktG in der jeweils geltenden Fassung verpflichtet, jeden während der Vertragsdauer bei B entstehenden Jahresfehlbetrag auszugleichen, soweit dieser nicht dadurch ausgeglichen wird, dass gemäß § 2 Abs 3 S 1 dieses Vertrags den anderen Gewinnrücklagen Beträge entnommen werden, die während der Vertragsdauer in sie eingestellt worden sind.

(2) Der Anspruch auf Verlustübernahme verjährt gem § 302 Abs 4 AktG in 10 Jahren seit dem Tag, an dem die Eintragung der Beendigung dieses Vertrags in das Handelsregister nach § 10 HGB bekannt gemacht worden ist.

§ 4 Ausgleichszahlung[11]

(1) A garantiert den außenstehenden Aktionären der B als angemessenen Ausgleich für jedes volle Geschäftsjahr der B und für jede Aktie der B die Zahlung der Hälfte des Betrags, der als Gewinnanteil auf eine Aktie der A entfällt.

(2) Die Ausgleichszahlung ist jeweils am ersten Bankarbeitstag nach der ordentlichen Hauptversammlung der A für das abgelaufene Geschäftsjahr, spätestens aber mit Ablauf des Tages, bis zu dem die ordentliche Hauptversammlung nach den maßgeblichen gesetzlichen Regelungen spätestens stattzufinden hat, fällig. Die Ausgleichszahlung erfolgt erstmals für das Geschäftsjahr, in dem dieser Vertrag wirksam wird. Falls dieser Vertrag während eines Geschäftsjahres der B endet oder B während der Dauer des Vertrags ein Rumpfgeschäftsjahr bildet, vermindert sich der Ausgleich zeitanteilig.

(3) Im Fall einer Erhöhung des Grundkapitals der A aus Gesellschaftsmitteln gegen Ausgabe neuer Aktien oder im Fall einer Neustückelung des Grundkapitals der B durch Erhöhung der Aktienanzahl ohne Veränderung des Grundkapitals (Aktiensplit) erhöht sich der Ausgleich je Aktie um den Prozentsatz, um den sich das Grundkapital der A durch die Kapitalerhöhung bzw um den sich die Anzahl der Aktien der A durch den Aktiensplit verändert hat.[12]

(4) Im Fall einer Erhöhung des Grundkapitals der B aus Gesellschaftsmitteln durch Ausgabe neuer Aktien oder im Fall eines Aktiensplits vermindert sich der Ausgleich je Aktie in dem Maße, dass der Gesamtbetrag des Ausgleichs unverändert bleibt.[13]

(5) Falls das Grundkapital der B durch Bar- oder Sacheinlagen erhöht wird, gelten die Rechte aus diesem § 4 auch für die von außenstehenden Aktionären bezogenen Aktien aus der Kapitalerhöhung.

(6) Falls ein Verfahren nach dem Spruchverfahrensgesetz eingeleitet wird und das Gericht rechtskräftig einen höheren Ausgleich festsetzt, können die außenstehenden Aktionäre, auch wenn sie inzwischen abgefunden wurden, eine entsprechende Ergänzung des von ihnen bezogenen Ausgleichs verlangen. Ebenso werden alle übrigen außenstehenden Aktionäre gleichgestellt, wenn sich A gegenüber einem Aktionär der B in einem Vergleich zur Abwendung oder Beendigung eines Verfahrens nach dem Spruchverfahrensgesetz zu einem höheren Ausgleich verpflichtet.[14]

§ 5 Abfindung[15]

(1) A ist verpflichtet, auf Verlangen eines jeden außenstehenden Aktionärs der B dessen Aktien gegen Abfindung zu erwerben. A gewährt den außenstehenden Aktionären für . . . . . Aktien der B . . . . . Aktien der A mit zeitgleicher Gewinnberechtigung sowie eine bare Zuzahlung von EUR . . . . . Dabei entspricht die Gewährung der Aktien der A der gesetzlich vorgeschriebenen Abfindung.

(2) Die Verpflichtung der A zum Erwerb der Aktien ist befristet. Die Frist endet zwei Monate nach dem Tag, an dem die Eintragung des Bestehens dieses Vertrags im Handelsregister der B nach § 10 HGB als bekanntgemacht gilt. Eine Verlängerung der Frist nach § 305 Abs 4 S 3 AktG wegen eines Antrags auf Bestimmung des Ausgleichs oder der Abfindung durch das in § 2 Spruchverfahrensgesetz bestimmte Gericht bleibt unberührt; in diesem Fall endet die Frist zwei Monate nach dem Tag, an dem die Entscheidung über den zuletzt beschiedenen Antrag im Bundesanzeiger bekannt gemacht worden ist.

(3) Der Umtausch der Aktien ist für die Aktionäre der B kostenfrei.

(4) Falls ein Verfahren nach dem Spruchverfahrensgesetz eingeleitet wird und das Gericht rechtskräftig eine höhere Abfindung festsetzt, können auch die bereits abgefundenen Aktionäre eine entsprechende Ergänzung der Abfindung verlangen. Ebenso werden alle übrigen außenstehenden Aktionäre gleichgestellt, wenn sich A gegenüber einem Aktionär der B in einem Vergleich zur Abwendung oder Beendigung eines Verfahrens nach dem Spruchverfahrensgesetz zu einer höheren Abfindung verpflichtet.

(5) Falls bis zum Ablauf der in Abs 2 bestimmten Frist das Grundkapital der A oder der B aus Gesellschaftsmitteln gegen Ausgabe von Aktien erhöht oder das Grundkapital der A oder der B durch Erhöhung der Aktienanzahl ohne Veränderung des Grundkapitals neu gestückelt (Aktiensplit) wird, erhöht oder vermindert sich die Abfindung je Aktie in dem Maße, dass das Umtauschverhältnis wertmäßig unverändert bleibt. Falls bis zum Ablauf der in Abs 2 bestimmten Frist das Grundkapital der B durch Bar- oder Sacheinlagen erhöht wird, gelten die Rechte aus diesem § 5 auch für die von außenstehenden Aktionären bezogenen Aktien aus der Kapitalerhöhung.[16]

§ 6 Wirksamwerden und Dauer[17]

(1) Dieser Vertrag wird unter dem Vorbehalt der Zustimmung der Aufsichtsräte der A und B abgeschlossen. Er bedarf außerdem der Zustimmung der Hauptversammlungen von A und B.

(2) Der Vertrag wird mit seiner Eintragung in das Handelsregister am Sitz der B wirksam. Die Verpflichtung zur Gewinnabführung gilt rückwirkend ab dem Beginn des Geschäftsjahres der B, in dem dieser Vertrag in das Handelsregister am Sitz der B eingetragen wird.

(3) Um die zeitlichen Anforderungen des § 14 Abs 1 S 1 Nr 3 Satz 1 KStG zu erfüllen, wird der Vertrag für fünf Zeitjahre, gerechnet ab dem Beginn seiner Geltung nach Abs 2 Satz 2 fest geschlossen. Sofern diese fünf Zeitjahre während eines laufenden Geschäftsjahres der B enden, verlängert sich die Mindestvertragsdauer nach S 1 bis zum Ablauf dieses Geschäftsjahres. Der Vertrag setzt sich danach auf unbestimmte Zeit fort, falls er nicht unter Beachtung der vorstehenden Mindestvertragsdauer spätestens sechs Monate vor seinem Ablauf von einem Vertragspartner gekündigt wird.[18]

(4) Das Recht zur Kündigung des Vertrags aus wichtigem Grund ohne Einhaltung einer Kündigungsfrist bleibt unberührt. Als wichtiger Grund gilt insbesondere:

a) wenn der A infolge Veräußerung oder Einbringung oder aus einem anderen Grund nicht mehr die Mehrheit der Stimmrechte aus den Aktien an der A zusteht;
b) die Umwandlung, Verschmelzung, Spaltung oder Liquidation einer der Vertragsparteien;

oder irgendein anderer Grund, der zum Wegfall der steuerlichen Organschaft zwischen der A und der B führt. Das Recht, den Vertrag anstelle einer solchen Kündigung in gegenseitigem Einvernehmen aufzuheben, bleibt unberührt.

(5) Endet der Vertrag während eines laufenden Geschäftsjahres, so ist die A lediglich zum Ausgleich des anteiligen Verlusts der B bis zum Zeitpunkt der Beendigung verpflichtet.

Weisungen gemäß § 1 Abs 1 dieses Vertrags, die vor der Beendigung erteilt, aber noch nicht umgesetzt worden sind, sind nicht mehr zu befolgen.[19]

(6) Endet der Vertrag, so hat die A den Gläubigern der B entsprechend § 303 AktG Sicherheit zu leisten.[20]

. . . . . [Ort, Datum]

[Unterschriften der Vorstandsmitglieder beider Gesellschaften]

Schrifttum: *Hahn,* Vertragsfreiheit bei Unternehmensverträgen, DStR 2009, 589; *Hentzen,* Atypische Risiken, NZG 2008, 201; *Hubertus/Lüdemann,* „Verunglückte" Organschaft infolge gewinnabhängiger Ausgleichszahlungen an Außenstehende, DStR 2009, 2136; *Krieger,* Verlustausgleich und Jahresabschluss, NZG 2005, 787; *Mühl/Wagenseil,* Der Gewinnabführungsvertrag, NZG 2009, 1253; *Olbing,* Ärger ohne Ende: der BFH nimmt Stellung zur Mindestlaufzeit von Gewinnabführungsverträgen, NZG 2011, 773; *Priester,* Rücklagenauskehrung beim Gewinnabführungsvertrag, ZIP 2011, 725; *Priester*, Betriebsführungsverträge im Personengesellschaftsrecht, ZIP 2020, 1685; *Schnorbus,* Der variable Ausgleich nach § 304 Abs 2 S 2 AktG – Der Versuch einer Wiederbelebung –, ZHR 181 (2017), 902; *Simon,* Ausschüttungs- und Abführungssperre als gläubigerschützendes Institut in der reformierten HGB-Bilanzierung, NZG 2009, 1081; *Spindler/Klöhn*, Verlustausgleichspflicht und Jahresfehlbetrag (§ 302 AktG), NZG 2005, 584; *Stephan*, Zum Stand des Vertragskonzernrechts, Der Konzern 2014, 1; *Wachter*, Neues zu Zeit-Gewinnabführungsverträgen mit GmbHs, GmbHR 2019, 1153; *Wolf,* Gewinnabführungsanspruch, NZG 2007, 641.

Anmerkungen

1. Mit einem Beherrschungs- und Ergebnisabführungsvertrag iSd § 291 Abs 1 S 1 AktG unterstellt eine AG oder eine KGaA die Leitung ihrer Gesellschaft einem anderen Unternehmen und verpflichtet sich, ihren ganzen Gewinn an dieses andere Unternehmen abzuführen. Damit wird die wirtschaftliche und rechtliche Struktur der Gesellschaft geändert – insbesondere entfallen die Kapitalerhaltungsvorschriften – weshalb es besonderer Sicherungen für die außenstehenden Aktionäre und Gläubiger nach den §§ 300 ff AktG bedarf. Der Vertrag hat zwei wesentliche Wirkungen: (1) Die herrschende Gesellschaft bekommt ein Weisungsrecht gegenüber dem Vorstand der abhängigen Gesellschaft, das die herrschende Gesellschaft ohne den Beherrschungsvertrag nicht hätte. (2) Zwischen herrschender Gesellschaft (auch Obergesellschaft oder Organträger) und abhängiger Gesellschaft (auch Untergesellschaft oder Organgesellschaft) wird eine ertragssteuerliche Organschaft begründet (siehe § 14 Abs 1 KStG, § 2 Abs 2 Nr 2 S 1 UStG, § 2 Abs 2 S 2 GewStG). Die steuerliche Organschaft erlaubt die Verrechnung von Gewinnen und Verlusten im Konzern und dient letztlich der Konzernfinanzierung (*Mühl/Wagenseil,* NZG 2009, 1257). Der Vertrag bedarf nach § 293 Abs 3 AktG der Schriftform und wird von den Vorständen der beteiligten Gesellschaften unterzeichnet.

Neben dem Beherrschungs- und Gewinnabführungsvertrag haben der Geschäftsführungsvertrag (§ 291 Abs 1 S 2 AktG) und die Gewinngemeinschaft (§ 292 Abs 1 Nr 1 AktG) nur geringe praktische Bedeutung. Teilgewinnabführungsverträge (§ 292 Abs 1 Nr 2 AktG) werden vor allem in Form. einer stillen Beteiligung an einer AG oder KGaA abgeschlossen (zur Einordnung einer stillen Beteiligung als Teilgewinnabführungsvertrag siehe BGH ZIP 2003, 1788). Zum Betriebspachtvertrag s → Form. II.I.3 Anm. 1 ff. Einen weiteren Unternehmensvertrag iSd § 292 AktG stellt der sog Betriebsführungsvertrag dar, bei dem der Betriebsführer auf Grundlage eines unentgeltlichen Auftrags (§ 662 BGB) oder eines entgeltlichen Geschäftsbesorgungsvertrags (§ 675 BGB) die Betriebsführung hinsichtlich des gesamten Unternehmens oder einzelner Teile übernimmt. Erfolgt die Betriebsführung im Namen der Eigentümer-Gesellschaft, so spricht man von einer echten Betriebsführung, bei einer Betriebsführung im eigenen Namen liegt eine unechte Betriebsführung vor (MüKoAktG/*Altmeppen,* § 292 Rn 144, 145; ausf zum Betriebsführungsvertrag zB Happ AktienR II/*Bednarz,* Form. 18.04); zu Betriebsführungsverträgen von Personengesellschaften vgl *Priester*, ZIP 2020, 1685 ff.

2. Als Untergesellschaft sieht § 291 Abs 1 S 1 AktG nur Unternehmen vor, die in der Rechtsform einer AG (dieser ist die deutsche SE gleichgestellt; *Stephan,* Der Konzern 2014, 8) oder einer KGaA organisiert sind und deren Personalstatut deutsches Recht ist (*Hüffer/Koch*, § 291 Rn 5; MüKoAktG/*Altmeppen*, § 291 Rn 17). Nur dann kann das deutsche Konzernrecht zur Anwendung kommen. Darüber hinaus kann – wie auch § 30 Abs 1 S 2 GmbHG idF des MoMiG belegt – auch die GmbH eine Untergesellschaft eines Beherrschungs- und Gewinnabführungsvertrags sein (BGHZ 105, 324 = NJW 1989, 295; BGH NJW 1992, 1452). Die Vorschriften des Aktienrechts finden dabei, unter Berücksichtigung der strukturellen Unterschiede zwischen AG und GmbH analoge Anwendung (MüKoAktG/*Altmeppen,* § 291 Rn 19; Hölters/Weber/*Deilmann,* § 291 Rn 6; BeckOGK AktG/Veil/Walla, § 291 Rn 69). Die Rechtsform der Obergesellschaft ist nicht zwingend vorgeschrieben. § 291 Abs 1 S 1 AktG verlangt lediglich, dass es sich um ein Unternehmen handeln muss. Die Obergesellschaft muss nicht dem deutschen Recht unterliegen; der Sitz der Obergesellschaft ist daher unerheblich (BGH NZG 2005, 215; MüKoAktG/*Altmeppen,* § 291 Rn 23). Ob aus der Verwendung des Begriffs Unternehmen in § 291 Abs 1 S 1 AktG zu folgern ist, dass die Obergesellschaft eine natürliche Person oder Gesellschaft sein muss, die sich „anderweitig unternehmerisch" betätigt, ist str (vgl K. Schmidt/Lutter/*Langenbucher,* § 291 Rn 11 f, 22; MHdB GesR IV/*Krieger,* § 71 Rn 9; *Stephan,* Der Konzern 2014, 9 f).

3. Gesetzlich zwingender Mindestinhalt des Beherrschungsvertrags ist die Abgabe der Leitungsbefugnis durch den Vorstand des abhängigen Unternehmens an das herrschende Unternehmen. Der Begriff der Leitung in § 291 Abs 1 S 1 AktG hat dieselbe Bedeutung wie in § 76 Abs 1 AktG (*Hüffer/Koch*, § 291 Rn 10). Str ist, ob der Beherrschungsvertrag – wie im Form. vorgesehen – zwingend ein Weisungsrecht iSd § 308 Abs 1 S 1 AktG vorsehen muss oder ob auch gänzlich auf ein solches verzichtet und der Vertrag dennoch wirksam abgeschlossen werden kann (Überblick bei *Stephan,* Der Konzern 2014, 11 f; für ein Erfordernis eines umfassenden Weisungsrechts KölnKommAktG/*Koppensteiner,* § 291 Rn 49; für gesetzliche Geltung der Weisungsbefugnis auch ohne Aufnahme in Vertrag *Hüffer/Koch,* § 291 Rn 11; für die Möglichkeit eines nur beschränkten Weisungsrechts BeckOGK AktG/Veil/Walla, § 291 Rn 93; für die Möglichkeit eines Beherrschungsvertrags ohne jedes Weisungsrecht vgl MüKoAktG/*Altmeppen,* § 291 Rn 99 ff).

4. Die Ausübung der Weisung obliegt dem Vorstand. Dieser kann das Weisungsrecht auf (leitende) Angestellte delegieren (*Hüffer/Koch*, § 308 Rn 4 f; MHdB GesR IV/*Krieger,* § 71 Rn 158; Grigoleit/*Servatius,* § 308 Rn 10). Das Gesetz schreibt für die Ausübung der Weisung nach § 308 Abs 1 S 1 AktG keine Form. vor. Der Beherrschungsvertrag kann jedoch Formerfordernisse vorsehen (MHdB GesR IV/*Krieger,* § 71 Rn 155; KölnKommshy;AktG/*Koppensteiner,* § 308 Rn 57).

5. Der Vertrag muss die Abführung des ganzen Gewinns vorsehen. Damit ist der Bilanzgewinn gemeint, der sich ergeben würde, wenn kein Gewinnabführungsvertrag bestünde (teilw auch fiktiver Bilanzgewinn) (*Hüffer/Koch*, § 291 Rn 26; MüKoAktG/*Altmeppen,* § 291 Rn 144 ff). Da die Jahresabschlussbilanz auf Grund der Gewinnabführung keinen Gewinn mehr ausweist, ist dieser im Rahmen einer Vorbilanz zu ermitteln (MüKoAktG/*Altmeppen,* § 291 Rn 145). Der Höchstbetrag der Gewinnabführung ergibt sich aus § 301 AktG. Zweck der gesetzlichen Begrenzung ist die Kapitalerhaltung bei der Untergesellschaft im Interesse der Gesellschaft und der Gläubiger. Die bilanzielle Abbildung richtet sich nach § 277 Abs 3 S 2 HGB. Die Frage, ob eine

Gewinnabführung auch an eine andere Partei als die Vertragspartei zulässig ist, wird von der heute wohl vorherrschenden Ansicht, insbesondere innerhalb eines Konzerns, bejaht (MHdB GesR IV/*Krieger,* § 72 Rn 6; K. Schmidt/Lutter/*Langenbucher,* § 291 Rn 56; *Hüffer/Koch,* § 291 Rn 25). Für diese Ansicht sprechen neben dem Wortlaut des § 291 AktG auch die Regelungen der §§ 302, 308 Abs 1 AktG, die als Legitimation der Umschichtung des Gewinns innerhalb eines mehrstufigen Konzerns interpretiert werden können (K. Schmidt/Lutter/*Langenbucher,* § 291 Rn 56; differenzierend MüKoAktG/*Altmeppen,* § 291 Rn 154 ff).

6. Die Gesellschaft muss auch nach Abschluss des Beherrschungs- und Gewinnabführungsvertrags innerhalb der ersten fünf Jahre gem § 300 Nr 1 AktG die gesetzliche Rücklage auffüllen. Einzustellen ist dabei jährlich ein Fünftel des Betrags, der erforderlich ist, um die Rücklage auf die nach Gesetz oder Satzung vorgeschriebene Höhe zu bringen. Bei Vertragsschluss mit Rückwirkung ist zur Berechnung der Zeitpunkt maßgeblich, auf den der Vertrag rückbezogen wurde (MHdB GesR IV/*Krieger,* § 72 Rn 27; BeckOGK AktG/*Euler/Sabel,* § 300 Rn 12). Andere Rücklagen sind die in § 158 Abs 1 S 1 Nr 4 Buchst d) AktG genannten Rücklagen, deren Bildung gem § 301 AktG weder vorgeschrieben noch verboten ist. Steuerlich wird die Rücklagenbildung nur anerkannt, wenn sie bei vernünftiger kaufmännischer Beurteilung wirtschaftlich begründet ist (§ 14 Abs 1 S 1 Nr 4 KStG). Die neu eingeführte Abführungssperre nach § 268 Abs 8 HGB betrifft im Wesentlichen die Aktivierung selbst geschaffener immaterieller Vermögensgegenstände (vgl MüKoAktG/*Altmeppen,* § 301 Rn 5; BeckOGK AktG/Veil/Walla, § 301 Rn 10 f). Sie findet als zwingendes Recht auch auf Altverträge Anwendung, wenn diese nicht angepasst wurden (*Simon*, NZG 2009, 1086).

7. Die Auflösung und Abführung von während der Vertragsdauer gebildeten anderen Gewinnrücklagen bestimmt sich nach § 301 S 2 AktG iVm § 158 Abs 1 S 1 Nr 4 Buchst d) AktG. Daraus ergibt sich im Umkehrschluss, dass Kapitalrücklagen unabhängig davon, ob sie während des Vertrags gebildet werden oder vorvertraglich sind (das gilt auch für während der Dauer des Gewinnabführungsvertrags gebildete Kapitalrücklagen nach § 272 Abs 2 Nr 4 HGB; s BFH NZG 2002, 832; *Priester,* ZIP 2001, 726 f; zweifelnd *Hüffer/Koch*, § 301 Rn 8), sowie vorvertragliche Gewinnrücklagen (*Hüffer/Koch*, § 301 Rn 6) und ein vorvertraglicher Gewinnvortrag (*Hüffer/Koch*, § 301 Rn 7) nicht aufgelöst und abgeführt werden können.

8. Nach BGHZ 142, 385 = NJW 2000, 210 (bestätigt durch BGH NZG 2005, 482; MüKoAktG/*Altmeppen,* § 302 Rn 71 ff) entsteht der Verlustausgleichsanspruch des abhängigen Unternehmens am Stichtag ihrer Bilanz; zu diesem Zeitpunkt wird er auch fällig und ist von da ab zu verzinsen. Zum Teil wird vertreten, dass das auch für den Gewinnabführungsanspruch gilt (s Köln KommAktG/*Koppensteiner,* § 302 Rn 53). Es ist jedoch nicht sinnvoll, einen Anspruch schon für fällig zu erklären, dessen Höhe noch nicht feststeht. Die Fälligkeit der Verzinsung kann vertraglich an die Feststellung des Jahresabschlusses (*Wolf*, NZG 2007, 645; MüKoAktG/*Altmeppen*, § 291 Rn 148) oder an die HV der Organgesellschaft geknüpft werden. Die Gewinnabführung tritt an die Stelle der Dividende.

9. Sofern nicht anders vereinbart, ist der abzuführende Gewinn mit fünf vom Hundert für das Jahr zu verzinsen (§§ 353 S 1, 352 Abs 1 S 1 HGB).

10. Das herrschende Unternehmen hat gem § 302 Abs 1 AktG jeden während der Vertragsdauer sonst entstehenden Jahresfehlbetrag auszugleichen, soweit dieser nicht durch Entnahme der während der Vertragsdauer eingestellten Gewinnrücklagen ausgeglichen wird. Der primäre Zweck der Verlustübernahme ist der Schutz der Gesellschaft und ihrer Gläubiger. Sekundär dient diese Regelung auch dem Schutz der ausstehenden

Aktionäre. Der Rechtsgrund für die beherrschungsvertragliche Verlustdeckungspflicht ist noch nicht abschließend geklärt (vgl dazu Köln KommAktG/*Koppensteiner*, § 302 Rn 6; *Hüffer/Koch*, § 302 Rn 3; Emmerich/Habersack/*Emmerich*, § 302 Rn 3). Die Verlustausgleichspflicht besteht kraft Gesetz und ist ein an die Vertragsdauer geknüpftes gesetzliches Dauerschuldverhältnis (*Hüffer/Koch*, § 302 Rn 4; KölnKommAktG/*Koppensteiner*, § 302 Rn 15). Auszugleichen ist jeder während der Vertragsdauer entstehende Jahresfehlbetrag. Dabei handelt es sich regelmäßig um einen fiktiven Betrag (BeckOGK AktG/Veil/Walla, § 302 Rn 17), der während der Vertragsdauer entstanden ist. Das herrschende Unternehmen hat die Verluste bis zum Ende des Vertrags auszugleichen (BeckOGK AktG/Veil/Walla, § 302 Rn 22). Der Verlustausgleichsanspruch entsteht unabhängig von der Feststellung des Jahresabschlusses am Bilanzstichtag und wird fällig. Die Höhe bestimmt sich nach dem Jahresfehlbetrag, wie er sich aus einer objektiv ordnungsgemäßen Bilanzierung ergibt (BGHZ 142, 385 = NJW 2000, 210). Der sich aus dem festgestellten Jahresabschluss ergebende Verlust ist nicht maßgeblich (aA *Krieger*, NZG 2005, 787). Gegebenenfalls muss in einer fiktiv zu erstellenden Bilanz der „richtige Verlust" ermittelt werden (*Spindler/Klöhn*, NZG 2005, 585). Auf diese Weise soll verhindert werden, dass die Muttergesellschaft ihre Einflussnahmemöglichkeiten missbräuchlich nutzt, indem sie die Verlustausgleichspflicht durch Feststellung einer ihr günstigen Bilanz vermindert oder durch Verzögerung der Feststellung des Jahresabschlusses hinauszögert (BGHZ 142, 385 f = NJW 2000, 210). Höhe, Fälligkeit und Verzinsung des Verlustausgleichsanspruchs ergeben sich zwingend aus § 302 AktG (s auch bereits → Anm. 8). Durch Regelung im Unternehmensvertrag kann hiervon nicht abgewichen werden (MüKo AktG/*Altmeppen*, § 302 Rn 71). Für die steuerliche Anerkennung Organschaft mit einer abhängigen GmbH nach § 17 KStG ist es im GmbH-Konzern erforderlich, dass im Vertrag eine Verlustübernahme durch Verweis auf die Vorschriften des § 302 AktG in seiner jeweils gültigen Fassung vereinbart wird.

11. Der Beherrschungs- und Gewinnabführungsvertrag muss für die außenstehenden Aktionäre, zur Kompensation ihres Wertverlustes gem § 304 Abs 1 AktG eine Ausgleichszahlung vorsehen. Die außenstehenden Aktionäre sind dabei sämtliche Aktionäre der Gesellschaft, mit Ausnahme des anderen Vertragsteils (BeckOGK AktG/*Veil/Preisser*, § 304 Rn 18). Die Höhe der Ausgleichszahlung kann im Beherrschungs- und Gewinnabführungsvertrag entweder gemäß § 304 Abs 2 S 1 AktG betragsmäßig festgelegt oder nach Maßgabe der § 304 Abs 2 S 2 und 3 AktG – wie im Form. – von der Dividende der Obergesellschaft abhängig gemacht werden (sog variable Ausgleichszahlung; ausf dazu *Schnorbus*, ZHR 181 (2017), 902 ff). Die feste Ausgleichzahlung beträgt mindestens die jährliche Zahlung, die nach der bisherigen Ertragslage der Gesellschaft und ihren künftigen Ertragsaussichten voraussichtlich als durchschnittlicher Gewinnanteil auf die einzelne Aktie verteilt werden könnte. Für die Berechnung maßgeblich sind die künftigen Erfolgsaussichten (MHdB GesR IV/*Krieger*, § 71 Rn 89 f; BeckOGK AktG/*Veil/Preisser*, § 304 Rn 62 ff). Für die variable Ausgleichszahlung ist der Betrag maßgeblich, der unter Herstellung eines angemessenen Umtauschverhältnisses auf die Aktien des herrschenden Unternehmens jeweils als Gewinnanteil entfällt. Das angemessene Umtauschverhältnis entspricht der Verschmelzungswertrelation. Wirtschaftlich sollen die außenstehenden Aktionäre so gestellt werden, als ob es zu einer Verschmelzung der beiden Gesellschaften gekommen wäre. Für die herrschende Gesellschaft eröffnet der variable Ausgleich die Möglichkeit, durch eine restriktive Ausschüttungspolitik die Belastungen aus der Ausgleichszahlung, die ansonsten völlig unabhängig vom Ergebnis der abhängigen und herrschenden Gesellschaft ist, zu steuern. Das kann in schwierigen Jahren von großem Vorteil sein (Emmerich/Habersack/*Emmerich*, § 304 Rn 46 ff). Die Ausgleichszahlung darf nicht an den Gewinn der abhängigen Gesellschaft angeknüpft werden, soweit dadurch wirtschaftlich die Wirkungen der Gewinnabführungsverpflichtung aufgehoben werden. In diesem Fall ist der Gewinnabführungsvertrag steuerlich nicht anerkennungsfähig (BFH DStR 2017, 2429; BFH DStR 2009, 1749; BeckOGK AktG/*Veil/Preisser*, § 304 Rn 49). Auf Antrag kann die Höhe der Ausgleichszahlung gerichtlich im Rahmen eines Spruchverfahrens festgesetzt werden (§ 304 Abs 3 S 3 AktG). Der Anspruch auf Zahlung eines festen Ausgleichs wird in der Regel am Tag der ordentlichen HV der beherrschten Gesellschaft fällig. Die variable Ausgleichszahlung nach § 304 Abs 2 S 2 AktG wird gleichzeitig mit der Dividende der Obergesellschaft fällig.

12. Führt die Obergesellschaft eine Kapitalerhöhung aus Gesellschaftsmitteln durch und ist im Beherrschungs- und Gewinnabführungsvertrag eine variable Ausgleichszahlung vorgesehen, verändert die damit verbundene Ausgabe neuer Aktien die Dividende pro Aktie und damit auch die Höhe der variablen Ausgleichszahlung gemäß § 304 Abs 2 S 2 AktG. Gemäß § 216 Abs 3 S 1 AktG ist daher eine proportionale Erhöhung der Ausgleichszahlung erforderlich (*Hüffer/Koch,* § 216 Rn 15). Dasselbe gilt im Fall eines Aktiensplits. Dazu, ob im Fall effektiver Kapitalerhöhungen der herrschenden Gesellschaften eine Anpassung des Ausgleichs erforderlich sein kann, s *Schnorbus,* ZHR 181 (2017), 937 ff.

13. Werden bei der Untergesellschaft Kapitalmaßnahmen durchgeführt, so ist die Ausgleichszahlung gem § 216 Abs 3 S 1 AktG proportional zu kürzen, unabhängig davon, ob im Beherrschungs- und Gewinnabführungsvertrag eine feste oder variable Ausgleichszahlung vereinbart wurde.

14. Eine rechtskräftige Entscheidung aufgrund eines Verfahrens nach dem SpruchG wirkt gemäß § 13 S 2 SpruchG für und gegen alle, sodass die rechtliche Bestimmung an die Stelle der im Vertrag getroffenen Regelung tritt. § 13 S 2 SpruchG stellt im Übrigen klar, dass auch diejenigen Aktionäre, die das vertragliche Abfindungsangebot bereits angenommen haben, eine entsprechende Ergänzung ihrer Abfindung verlangen können. Für den Ausgleichsanspruch ergibt sich der Nachzahlungsanspruch aus § 304 AktG (Emmerich/Habersack/*Emmerich,* § 13 SpruchG Rn 5). Einer ausdrücklichen Vereinbarung im Vertrag bedarf es in beiden Fällen nicht. Eine Vereinbarung, wonach für den Fall eines außergerichtlichen Vergleichs ebenfalls eine Gleichstellung der bereits ausgeschiedenen Aktionäre erfolgt, ist zulässig und verhindert, dass nach einem außergerichtlichen Vergleich das Verfahren durch den gemeinsamen Vertreter nach § 6 Abs 3 SpruchG weitergeführt wird.

15. Das Erfordernis eines Abfindungsangebots an die außenstehenden Aktionäre ergibt sich aus § 305 Abs 1 AktG. Art und Höhe der Abfindung bestimmen sich nach § 305 Abs 2 AktG sowie § 305 Abs 3 S 1 und 2 AktG. Die herrschende Gesellschaft muss, wenn sie eine unabhängige und nicht im Mehrheitsbesitz stehende AG oder KGaA ist, den außenstehenden Aktionären den Umtausch ihrer Aktien in Aktien der herrschenden Gesellschaft anbieten (§ 305 Abs 2 Nr 1 AktG). Ist die Obergesellschaft ihrerseits von einer AG oder KGaA abhängig oder steht sie im Mehrheitsbesitz einer AG oder KGaA, liegt es gemäß § 305 Abs 2 Nr. 2 AktG im Ermessen der Obergesellschaft, den außenstehenden Aktionären entweder einen Umtausch in Aktien der „Großmutter"-Gesellschaft oder eine Barabfindung anzubieten (hM; vgl KölnKommAktG/*Koppensteiner,* § 305 Rn 46; MHdB GesR IV/*Krieger,* § 71 Rn 119 ff; *Hüffer/Koch,* § 305 Rn 17 mwN). Der Börsenkurs bildet im Regelfall die Untergrenze der Abfindung (BVerfGE 100, 305 ff = NJW 1999, 3769; BGHZ 147, 117 ff = NJW 2001, 2080; *Hüffer/Koch,* § 305 Rn 29 ff mwN). Das Umtauschverhältnis wird aufgrund einer Bewertung beider Unternehmen festgelegt (vgl dazu *Hüffer/Koch,* § 305 Rn 21 ff). Auf Antrag wird die Höhe der Abfindung im Rahmen eines Spruchverfahrens gerichtlich bestimmt (§ 305 Abs 5 S 2 AktG). Müssen Aktien der Obergesellschaft als Abfindung gewährt werden, können die Aktionäre der Obergesellschaft mit der Begründung anfechten, dass die Untergesellschaft überbewertet wurde. Der Anfechtungsausschluss in § 305 Abs 5 S 1 AktG gilt insoweit nicht. Deshalb wird zwischen Obergesellschaft und Untergesellschaft oft eine GmbH zwischengeschaltet, die der Vertragspartner wird (s. oben → Form. → Anm. 2). Gemäß § 305 Abs 4 S 1 bis 3 AktG kann die Verpflichtung des herrschenden Unternehmens zum Erwerb der Aktien außenstehender Aktionäre befristet werden.

16. Relevanter Zeitpunkt für die Höhe der Abfindung ist die Beschlussfassung der HV der Untergesellschaft über den Beherrschungs- und Gewinnabführungsvertrag (§ 305 Abs 3 S 2 AktG). Die Regelung im Form. stellt sicher, dass außenstehende Aktionäre durch nach diesem Zeitpunkt erfolgte Kapitalerhöhungen bei einer der beteiligten Gesellschaften nicht benachteiligt werden.

17. Das Gesetz verlangt für die Wirksamkeit eines Beherrschungs- und Gewinnabführungsvertrags zwischen zwei Aktiengesellschaften die Zustimmung beider HVs (§ 293 Abs 1 S 1 und Abs 2 S 1 AktG). Die zusätzliche Zustimmung der Aufsichtsräte kann nach der Satzung der jeweiligen Gesellschaft oder aufgrund eines Aufsichtsratsbeschlusses erforderlich sein (§ 111 Abs 4 S 2 AktG) oder ebenfalls im Vertrag als Wirksamkeitsvoraussetzung vereinbart werden. Der Vertrag wird gemäß § 294 Abs 2 AktG mit Eintragung des Bestehens des Vertrags in das Handelsregister am Sitz der beherrschten Gesellschaft wirksam. Der Beginn der Gewinnabführungspflicht kann demgegenüber frei vereinbart werden. Die Laufzeit des Beherrschungs- und Gewinnabführungsvertrags kann frei vereinbart werden. Lediglich das Recht zur außerordentlichen Kündigung aus wichtigem Grund (§ 297 Abs 1 S 1 AktG) ist zwingendes Recht. § 297 Abs 2 S 1 AktG gilt nur für die außerordentliche Kündigung, nicht auch für die ordentliche Kündigung zum Ende der fest vereinbarten Laufzeit (BGHZ 122, 211 = NJW 1993, 1976). Ein Gewinnabführungsvertrag muss nach § 14 Abs 1 Nr 3 S 1 KStG auf einen Zeitraum von mindestens fünf Zeitjahren abgeschlossen sein. Der Zeitraum beginnt mit dem Anfang des Wirtschaftsjahres, für das die Rechtsfolgen des § 14 Abs 1 KStG erstmals eintreten. Wird der Vertrag vorher beendet, verliert er rückwirkend seine steuerliche Anerkennung, es sei denn, es lag ein wichtiger Grund für die Kündigung vor. Zu den Wirksamkeitsanforderungen im GmbH-Konzern s BGHZ 105, 324 = NJW 1989, 295; BGH NJW 2002, 822; für einen Teilgewinnabführungsvertrag im GmbH-Konzern BGHZ 223, 13 = AG 2019, 829 ff Tz 21 ff; *Wachter*, GmbHR 2019, 1153 ff.

18. Da die steuerliche Anerkennung des Beherrschungs- und Gewinnabführungsvertrags an eine Mindestlaufzeit von fünf Jahren gekoppelt ist (vgl BFH ZIP 2017, 2055; *Olbing*, NZG 2011, 773), wird in der Praxis regelmäßig eine ordentliche Kündigung ausgeschlossen. Zudem ist vorgesehen, dass die ordentliche Kündigung nur am Ende eines Geschäftsjahres erfolgen kann, damit sie steuerlich nicht auf den Anfang des Geschäftsjahres zurückwirkt. Da streitig ist, ob es ein ordentliches Kündigungsrecht ohne ausdrückliche Vereinbarung gibt, sollte eine Regelung im Vertrag getroffen werden (*Hahn*, DStR 2009, 592). Ist die Mindestlaufzeit noch nicht abgelaufen, entfällt die steuerliche Organschaft rückwirkend, wenn kein im steuerlichen Sinn wichtiger Grund zur Beendigung vorliegt. Steuerlich wird als wichtiger Grund insbesondere die Veräußerung oder Einbringung der Organbeteiligung durch den Organträger, die Verschmelzung, Spaltung oder Liquidation des Organträgers oder der Organgesellschaft anerkannt (R 14.5 Abs 6 KStR 2015). Mehrere Obergerichte haben die Veräußerung der Beteiligung an der Organgesellschaft nicht als ordentlichen Kündigungsgrund gemäß § 297 Abs 1 S 1 AktG anerkannt, weil sich das herrschende Unternehmen andernfalls den Kündigungsgrund selbst schaffen könnte (OLG Oldbg NZG 2000, 1140; OLG Düss AG 1995, 137). Die Veräußerung der Beteiligung kann aber als Kündigungsgrund vereinbart werden (LG München I AG 2009, 919). Eine vertragliche Regelung sollte sich an den steuerrechtlich anerkannten wichtigen Kündigungsgründen orientieren (*Hahn*, DStR 2009, 593). Eine einvernehmliche Beendigung ist gemäß § 296 Abs 1 S 2 AktG nur zum Ende eines Geschäftsjahres möglich. Deshalb wird oft beim Verkauf der Beteiligung ein Rumpfgeschäftsjahr auf den Zeitpunkt der Übertragung der Anteile gebildet.

19. Bei unterjähriger Beendigung hat der Verlustausgleich nur noch anteilig zu erfolgen. Weisungen, die vor Beendigung erteilt aber noch nicht umgesetzt worden sind, verlieren ihre Verbindlichkeit (*Hentzen*, NZG 2008, 204).

20. Nach § 303 AktG muss die herrschende Gesellschaft den Gläubigern für Verbindlichkeiten der abhängigen Gesellschaft Sicherheit leisten, die begründet wurden, bevor die Eintragung der Beendigung in das Handelsregister erfolgt ist, wenn die Gläubiger innerhalb von 6 Monaten nach diesem Zeitpunkt den Anspruch auf Sicherheitsleistungen geltend machen. Bei Beendigung eines Vertrages in Folge eines Unternehmenskaufvertrags kann diese Regelung für den Verkäufer problematisch sein, weil er eventuell Sicherheiten für Verbindlichkeiten stellen muss, die erst nach dem Closing begründet wurden (vgl hierzu *Hentzen*, NZG 2008, 203).

2. Gleichordnungskonzernvertrag

Gleichordnungskonzernvertrag[1, 2]

zwischen der

X AG

und der

Y GmbH

§ 1 Einheitliche Leitung

(1) Die X AG und die Y GmbH vereinbaren hiermit, sich als rechtlich selbstständige Unternehmen[3] einheitlicher Leitung zur Bildung eines Gleichordnungskonzern gemäß §§ 18 Abs 2, 291 Abs 2 AktG zu unterstellen.

(2) Die angestrebte einheitliche Leitung erstreckt sich auf die gesamte Geschäftstätigkeit[4] der X AG und der Y GmbH, insbesondere auf die Bereiche . . . . . .

§ 2 Leitungsausschuss

(1) Die einheitliche Leitung wird durch den gemeinsamen Leitungsausschuss sichergestellt.

(2) Der gemeinsame Leitungsausschuss setzt sich aus jeweils . . . . . Vertretern der X AG und der Y GmbH zusammen. X AG und Y GmbH entscheiden frei über die Benennung und Abberufung ihrer Vertreter. Die X AG benennt stets nur Mitglieder ihres Vorstands in den Leitungsausschuss; das gilt nicht, sofern die Anzahl ihrer Vorstandsmitglieder geringer ist als die Anzahl ihrer Vertreter im Leitungsausschuss.[5]

(3) Der Leitungsausschuss gibt sich eine Geschäftsordnung. Die Beschlussfassung im Leitungsausschuss erfolgt einstimmig.[6]

§ 3 Weisungen des Leitungsausschusses[7]

Der Leitungsausschuss ist nicht berechtigt, der X AG und der Y GmbH nachteilige Weisungen zu erteilen. Sollte sich eine Weisung, obwohl sie im Interesse des Gesamt-

konzerns liegt, für die eine Partei vorteilhaft, für die andere Partei hingegen nachteilig sein, hat die Partei, für welche die Weisung vorteilhaft ist, der anderen den finanziellen Nachteil auszugleichen. Der Ausgleichsanspruch ist der Höhe nach auf den Vorteil begrenzt, den die ausgleichspflichtige Partei aus der betreffenden Weisung erlangt hat.

§ 4 Wirksamwerden und Dauer der Vereinbarung[8]

(1) Diese Vereinbarung tritt mit Genehmigung durch die Gesellschafterversammlung der Y GmbH in Kraft.[9, 10]

(2) Der Vertrag wird bis zum Ablauf des 31. 12. . . . . . geschlossen.[11] Er verlängert sich automatisch um jeweils drei Jahre, wenn er nicht ein Jahr vor Vertragsende von einer Vertragspartei gekündigt wird.

§ 5 Weitere Bestimmungen[12]

. . . . .

. . . . . *[Datum, Ort]*

[Vorstand X AG] *[Geschäftsführung Y GmbH]*

Anmerkungen

1. Der Gleichordnungskonzern ist in §§ 18 Abs 2 und 291 Abs 2 AktG angesprochen. Er zeichnet sich dadurch aus, dass zwei rechtlich selbstständige Unternehmen unter einheitlicher Leitung zusammengefasst werden, ohne dass eines der Unternehmen von dem anderen abhängig würde. Ein Gleichordnungskonzern kann – wie im Form. – vertraglich vereinbart werden oder faktischer Natur sein (zu letzterem s zB K. Schmidt/Lutter/*J. Vetter,* § 18 Rn 25). Zur kartellrechtlichen Behandlung s zB MüKoWettbR/*Bach,* GWB § 37 Rn 48; Immenga/Mestmäcker/*Thomas,* GWB § 36 Rn 751 ff.

2. Für die vertragliche Begründung der einheitlichen Leitung kommen verschiedene Wege in Betracht. (1) So kann – wie im Form. – ein gemeinsames Leitungsgremium vorgesehen werden. (2) Denkbar ist es auch, ein Gemeinschaftsunternehmen zu bilden, das die Leitung der beteiligten Unternehmen koordiniert. (3) Darüber hinaus kommt bei Beteiligung von GmbHs die Vereinbarung der personellen Verflechtung bzw Gleichstellung der Leitungsorgane in Betracht. Bei AGs scheidet dies allerdings aus, da eine solche Vereinbarung mit der zwingenden Zuständigkeit des Aufsichtsrats unvereinbar wäre (MüKoAktG/*Altmeppen,* § 291 Rn 226). Bei einer bloßen faktischen personellen Verflechtung ist insbesondere § 100 Abs 2 Nr 3 AktG zu beachten; § 100 Abs 2 Nr 2 AktG findet hingegen mangels gegenseitiger Abhängigkeit keine Anwendung (KölnKommAktG/*Koppensteiner,* § 18 Rn 13). Durch den Gleichordnungsvertrag werden die vertragsschließenden Gesellschaften zu verbundenen Unternehmen nach § 15 AktG und bilden eine GbR (§§ 705 ff BGB; *Hüffer/Koch,* § 18 Rn 20).

3. Die vertragsschließenden Unternehmen müssen rechtlich selbstständig sein. Sie können jeweils selbst an der Spitze eines Unterordnungskonzerns stehen. Ein untergeordnetes Konzernunternehmen allerdings kann nicht Vertragspartei eines Gleichordnungskonzernvertrags werden, da eine zweifache einheitliche Leitung nicht denkbar ist (MHdB GesR IV/*Krieger,* § 69 Rn 85).

4. Ob es für die Zusammenfassung unter einheitlicher Leitung genügt, dass die einheitliche Leitung nur für bestimmte Bereiche vereinbart wird (KölnKommAktG/*Koppensteiner,* § 18 Rn 22 ff; *Milde,* Der Gleichordnungskonzern im Gesellschaftsrecht, 1996, S 81 ff), oder ob sie – wie im Form. – umfassend sein muss (Hölters/Weber/Krebs, § 18 Rn 24; Emmerich/Habersack/*Emmerich,* § 18 Rn 27), ist str.

5. Die Gleichordnung setzt eine gleichberechtigte Besetzung des Leitungsgremiums (hier des Leitungsausschusses) voraus. Hat eine der Parteien ein Stimmübergewicht, liegt ein Unterordnungskonzern nach § 18 Abs 1 AktG vor (aA KölnKommAktG/*Koppensteiner,* § 18 Rn 9). Durch die gemeinsame Besetzung des Leitungsorgans unterstellen sich die Parteien nicht fremdem, sondern einem gemeinsam gebildeten einheitlichen Leitungswillen (MHdB GesR IV/*Krieger,* § 69 Rn 82). Bei einer AG ist mit Blick auf § 76 AktG zu überlegen, ob dem Leitungsgremium Vorstandsmitglieder angehören sollten, welche die Mehrheit des Gesamtvorstands der AG bilden. Gemeinsam mit dem Einstimmigkeitserfordernis (s → Anm. 6) ist in diesem Fall sichergestellt, dass die Mehrheit des AG-Vorstands die Entscheidung des Leitungsgremiums unterstützt.

6. Diese Bestimmung entspricht dem § 709 Abs 1 BGB; für den Fall, dass der Vertrag Mehrheitsentscheidungen erlaubt, s auch → Anm. 11. Ist Einstimmigkeit erforderlich, ist zu überlegen, ob vertraglich Konfliktlösungsmechanismen vorgesehen werden (Eskalation, Kündigungsmöglichkeiten, etc). Werden im Vertrag keine Regelungen über die Beschlussfassung getroffen, gelten die Vorschriften der §§ 709 ff BGB.

7. Der Leitungsausschuss ist grundsätzlich weisungsbefugt gegenüber den vertragsschließenden Gesellschaften. Weisungen, die für den Gleichordnungskonzern als Ganzes zwar vorteilhaft, für eine Gesellschaft aber nachteilig wären, sind nach hM unzulässig (*Hüffer/Koch,* § 291 Rn 35; BeckOGK AktG/*Schall,* § 18 Rn 31; K. Schmidt/Lutter/*J. Vetter,* § 18 Rn 27; wohl aA MüKoAktG/*Bayer,* § 18 Rn 57). Stellen sich Weisungen als nachteilig heraus, ist wie im Form. eine Ausgleichspflicht zu erwägen. Zu Haftungsfragen im Gleichordnungskonzern s etwa K. Schmidt/Lutter/*J. Vetter,* § 18 Rn 31 ff.

8. Der im Form. vorgesehene Vertrag kann nach hM formfrei abgeschlossen werden und muss nicht in das Handelsregister eingetragen werden (MüKoAktG/*Altmeppen,* § 291 Rn 215; MüHdbGesR III/*Kiefner,* § 67 Rn 42; aA *Milde,* Der Gleichordnungskonzern im Gesellschaftsrecht, 95, S. 232; s auch → Anm. 12).

9. Für die beteiligte GmbH ist der Gleichordnungsvertrag ein Grundlagenbeschluss, da er das Weisungsrecht der Gesellschafterversammlung beeinträchtigt. Daher bedarf er entsprechend § 53 GmbHG der Zustimmung der Gesellschafterversammlung. Str ist, ob für den Beschluss eine satzungsändernde $^{3}/_{4}$-Mehrheit genügt (MHdB GesR III/*Kiefner,* § 67 Rn 42) oder eine Zustimmung aller Gesellschafter erforderlich ist (Emmerich/Habersack/*Emmerich,* § 18 Rn 35).

10. In der AG kann der Vorstand den Gleichordnungsvertrag nach hM ohne Zustimmung der HV abschließen (MHdB GesR IV/*Krieger,* § 69 Rn 86 mwN; aA Emmerich/Habersack/*Emmerich,* § 18 Rn 35; BeckOGK AktG/Veil/Walla, § 291 Rn 128; s auch → Anm. 12). Ein Zustimmungserfordernis gemäß § 293 AktG besteht nicht, da der Gleichordnungskonzernvertrag kein Beherrschungsvertrag ist (§ 291 Abs 2 AktG). Ob sich das Erfordernis einer HV-Zustimmung aus den Grundsätzen der Holzmüller-/Gelatine-Rspr ergeben kann, wird unterschiedlich bewertet (verneinend K. Schmidt/Lutter/*Langenbucher,* § 291 Rn 67; bejahend MüKoAktG/*Altmeppen,* § 291 Rn 217), ist aber richtigerweise abzulehnen.

11. Der Gleichordnungskonzernvertrag begründet eine GbR der Gründungsgesellschaften (s → Anm. 2). Der Vertrag ist daher auf bestimmte Zeit zu schließen (*Hüffer/*

Koch, § 18 Rn 20). Anderenfalls richten sich Laufzeit und Kündigung nach § 723 BGB. Erlaubt der Vertrag – anders als im Form. – Mehrheitsentscheidungen des Leitungsgremiums, soll es erforderlich sein, im Vertrag ein jederzeitiges Kündigungsrecht der Vertragsparteien vorzusehen (MüKoAktG/*Bayer*, § 18 Rn 57; Bürgers/Körber/Lieder/*Fett*, § 18 Rn 19). Um kartellrechtlich nicht als Kartell eingeordnet zu werden (zur kartellrechtlichen Behandlung s auch die Verweise in → Anm. 1), sollte die Vertragsdauer jedenfalls 10 bis 15 Jahre betragen (MHdB GesR IV/*Krieger*, § 69 Rn 92).

12. Zu weiteren möglichen Regelungen s zB KölnKommAktG/*Koppensteiner*, § 18 Rn 37. Wird zusätzlich zur einheitlichen Leitung eine Gewinngemeinschaft der beteiligten Gesellschaften vereinbart (§ 292 Abs 1 Nr 1 AktG), bedarf der Vertrag der Zustimmung der HVs/Gesellschafterversammlungen der Gesellschaften, sowie der Schriftform (§ 293 Abs 3 AktG) und ist im Handelsregister beider Gesellschaften einzutragen (§ 294 AktG; s Happ AktienR II/*Liebscher*, Form. 17.01 Anm. 7.1). Das gilt auch für die GmbH (s MüKoGmbHG/*Liebscher*, § 13 Anh Rn 714).

3. Betriebspachtvertrag

I. Verpachtung des Unternehmens . . . . .[1, 2]

§ 1 Pachtgegenstand[3]

(1) Die Verpächterin verpachtet hiermit ihr gesamtes Unternehmen, dh sämtliche Gegenstände ihres Aktiv- und Passivvermögens, insbesondere wie sie sich aus der Bilanz zum . . . . . („Bilanz“) unter Berücksichtigung der Zu- und Abgänge in der Zeit bis einschließlich . . . . . ergeben, einschließlich der nicht bilanzierten und nicht bilanzierungsfähigen Gegenstände, mit allen Rechten und Pflichten als Gesamtheit an die Pächterin.

(2) Das zu verpachtende Unternehmen umfasst damit alle Aktivitäten der Verpächterin (einschließlich zugeordneter Querschnittsfunktionen) auf dem Gebiet . . . . ., sowie sämtliche im Zusammenhang damit stehenden oder begründeten oder in diesem Vertrag ausdrücklich zugeordneten materiellen und immateriellen Vermögensgegenstände, Verträge, Projekte, Rechte, Forderungen, Verbindlichkeiten, Verpflichtungen, Haftungen und sonstigen Rechtsverhältnisse, insbesondere die in nachfolgender Ziffer II aufgeführten Vermögensgegenstände und Rechte.

II. Gegenstand der Verpachtung[3]

Zu dem von der Verpächterin an die Pächterin zu verpachtenden Vermögen gehören insbesondere die in den nachfolgenden §§ 2–7 näher bezeichneten Vermögensgegenstände:

§ 2 Software, Namens- und Markenrechte

(1) Die Verpächterin verpachtet an die Pächterin sämtliche Software sowie die Nutzungsrechte an dieser Software. Die Pächterin erhält den Besitz an allen Aufzeichnungen, technischen Dokumenten und sonstigen Datenträgern, auf denen die verpachtete Software verkörpert ist.

(2) Die Verpächterin verpachtet an die Pächterin sämtliche inländischen und ausländischen gewerblichen Schutzrechte (Patente, Marken, Gebrauchsmuster), Schutzrechtsanmeldungen, Nutzungsrechte an solchen Schutzrechten und ähnliche Rechte einschließlich Know-how sowie damit im Zusammenhang stehende Arbeitnehmererfindungen.

§ 3 Gegenstände des Sach- und Finanzanlagevermögens

Die Verpächterin verpachtet an die Pächterin alle sonstigen Gegenstände des Sach- und Finanzanlagevermögens einschließlich sämtlicher technischer Arbeitsgeräte, die den Mitarbeitern, die auf die Pächterin übergehen (§ 12), zur Erfüllung ihrer Aufgaben zur Verfügung gestellt wurden, insbesondere die PC-Ausstattung, bestehend aus PC (Desktop oder Laptop), Tastatur, Maus und Monitor sowie – soweit zur Verfügung gestellt – Arbeitsplatzdrucker, Scanner, Digitalkamera und Mobiltelefon oder Smartphone.

§ 4 Übertragung des Umlauf- und Vorratsvermögens

Sämtliche Vorräte, dh Roh-, Hilfs- und Betriebsstoffe sowie unfertige Erzeugnisse und unfertige Leistungen, sämtliche Forderungen, sämtliche sonstigen Vermögensgegenstände des Umlaufvermögens, sämtliche Kassenbestände und Bankguthaben und alle mit den gemäß §§ 2 und 3 verpachteten Gegenständen im Zusammenhang stehenden geringwertigen Wirtschaftsgüter werden jeweils unter Berücksichtigung der Zu- und Abgänge in der Zeit bis einschließlich . . . . . von der Verpächterin mit überlassen und auf die Pächterin übertragen.

§ 5 Rechte und Pflichten sowie Verbindlichkeiten und Steueransprüche

(1) Die Pächterin übernimmt im Innenverhältnis gegenüber der Verpächterin unter Berücksichtigung der Zu- und Abgänge bis einschließlich . . . . . die Erfüllung sämtlicher Verbindlichkeiten und Verpflichtungen, einschließlich etwaiger Eventualverbindlichkeiten, die insbesondere in der Bilanz – auch durch Rückstellungen – erfasst sind.

Die Pächterin verpflichtet sich, die Verpächterin insoweit von der Inanspruchnahme durch Dritte freizustellen.

(2) Ansprüche auf Erstattung und Verpflichtungen zur Nachzahlung von Steuern und Sozialversicherungsbeiträgen, die die Zeit bis Pachtbeginn betreffen, verbleiben bei der Verpächterin. Steuerverbindlichkeiten (insbesondere Ertrag- und Substanzsteuern, Lohnsteuern sowie sämtliche Verkehrssteuern) und Verpflichtungen im Zusammenhang mit Sozialversicherungsansprüchen, die die Zeit nach Pachtbeginn betreffen, trägt im Innenverhältnis die Pächterin; ihr stehen für diesen Zeitraum im Innenverhältnis entsprechend etwaige Erstattungen oder sonstige Forderungen im Zusammenhang mit Steuern und Sozialversicherungsbeiträgen zu. Soweit Nachforderungen oder Erstattungen von Steuern oder Sozialversicherungsbeiträgen für die Zeit bis Pachtbeginn, die nach diesem Abs von der Verpächterin zu tragen sind oder ihr zustehen, Vor- und Nachteile bei der Pächterin zur Folge haben, werden diese zwischen den Parteien nicht ausgeglichen.

(3) Für Verbindlichkeiten aus Pensionszusagen gelten die Sonderregelungen in § 13.

§ 6 Verträge, Projekte und sonstige Rechte

(1) Die Verpachtung umfasst sämtliche Verträge, Vorverträge, Vertragsangebote, Berechtigungen und sonstige Rechtsstellungen (insbesondere Pacht-, Gestattungs- und Nutzungsverträge) der Verpächterin, soweit diese nicht bereits aufgrund anderweitiger Bestimmungen in diesem Vertrag an die Pächterin verpachtet werden (zusammen die „Verträge und Vertragsangebote"). Mit den Verträgen werden jeweils auch erhaltene Anzahlungen und Kautionen von der Verpächterin mit überlassen und auf die Pächterin übertragen. Die Verpachtung umfasst auch sämtliche Projekte einschließlich sämtlicher den Projekten jeweils zuzuordnenden sonstigen Verträge, Vorverträge, Vertragsangebote, Berechtigungen, Genehmigungen und sonstigen Rechtsstellungen einschließlich Freistellungserklärungen Dritter (zusammen die „Projekte").

(2) Soweit für die Übertragung der Verträge, Vertragsangebote und Projekte gemäß § 6 Abs 1 die Zustimmung des Dritten erforderlich ist, werden sich die Verpächterin und die Pächterin, soweit tunlich, bemühen, diese Zustimmung zu beschaffen. Bis zur Erteilung der Zustimmung werden sich die Verpächterin und die Pächtern im Innenverhältnis so stellen, als ob die Rechtstellung aus diesen Verträgen und Vertragsangeboten übertragen worden wäre. Insbesondere wird die Verpächterin nach Weisungen der Pächterin die Rechte aus diesen Verträgen und Vertragsangeboten ausüben und die Pächterin im Verhältnis zur Verpächterin die Verpflichtungen aus diesen Verträgen und Vertragsangeboten erfüllen. Die Verpächterin bevollmächtigt zugleich die Pächterin, im Namen der Verpächterin, jedoch auf eigene Rechnung, die Rechte aus diesen Verträgen und Vertragsangeboten auszuüben.

(3) Verträge, bei denen dem anderen Vertragspartner bei Verpachtung ein Kündigungsrecht zustehen würde, werden nicht übernommen. Vielmehr werden sich die Verpächterin und die Pächterin im Innenverhältnis wirtschaftlich so stellen, als ob die Rechtsstellung aus den Verträgen übertragen worden wäre. § 6 Abs 2 S 3 und 4 gelten entsprechend.

§ 7 Öffentlich-rechtliche Genehmigungen

(1) Die Verpächterin überträgt der Pächterin alle Rechte und Verpflichtungen aus Genehmigungen, Erlaubnissen und ähnlichen Berechtigungen.

(2) Der Pächterin obliegt mit Pachtbeginn die Einhaltung aller mit den Pachtgegenständen und Aktivitäten des Unternehmens im Zusammenhang stehenden öffentlich-rechtlichen Vorschriften sowie die Einhaltung aller Genehmigungen, Erlaubnisse und diesbezüglichen Nebenbestimmungen.

(3) Die Pächterin wird die Genehmigungs- und Aufsichtsbehörden über die Verpachtung informieren sowie, soweit erforderlich, um Zustimmung der jeweiligen Behörde zur Übertragung von Genehmigungen bitten. Die Pächterin wird Genehmigungen, deren Übertragung auf sie nicht möglich ist, neu beantragen. Die Verpächterin wird die Pächterin hierbei vollumfänglich auf eigene Kosten unterstützen und der Pächterin insbesondere sämtliche hierzu erforderlichen Unterlagen und Informationen zur Verfügung stellen.

III. Rechtsstellung der Pächterin

§ 8 Umfang des Nutzungsrechts[4]

(1) Die Pächterin ist berechtigt, die Pachtgegenstände im eigenen Namen und für eigene Rechnung zu nutzen und zu betreiben. Sie ist berechtigt, die ihr zur Nutzung überlassenen Vermögensgegenstände zu verändern. Vorbehaltlich Abs 4 ist sie insbesondere berechtigt, im Rahmen des Vertragszwecks alle zur Rationalisierung notwendigen Maßnahmen zu treffen.

(2) Die Pächterin verpflichtet sich, die ihr zur Nutzung überlassenen Vermögensgegenstände sorgfältig zu behandeln. Dabei hat die Pächterin nur für diejenige Sorgfalt einzustehen, die sie in eigenen Angelegenheiten anzuwenden pflegt. Die Pächterin hat bei Nutzung der Pachtgegenstände die Einhaltung sämtlicher öffentlich- und privat-rechtlicher Vorschriften zu beachten und die Erfüllung der Verkehrssicherungspflichten sicherzustellen.

(3) Die Verpächterin ermächtigt die Pächterin, rechtsgeschäftliche Verfügungen über die ihr gemäß § 6 verpachteten Verträge und Projekte vorzunehmen, die im Rahmen einer ordnungsgemäßen Betriebsführung unter Berücksichtigung des Vertragszwecks liegen.

Die Möglichkeit zur Rückgabe des Unternehmens für den Fall einer Beendigung dieses Vertrags darf durch solche Maßnahmen nicht beeinträchtigt werden. Abs 4 bleibt unberührt.

(4) Maßnahmen von wesentlicher wirtschaftlicher Bedeutung, wie zB die Kündigung wesentlicher Verträge oder eine nicht nur vorübergehende Einstellung eines Teils des Unternehmens, bedürfen der Zustimmung der Verpächterin.

(5) Soweit bei einzelnen zur Verpachtung bestimmten Vermögensgegenständen eine Nutzungsüberlassung rechtlich nicht zulässig oder möglich ist, wird die Verpächterin alles Erforderliche tun, um der Pächterin dennoch eine ungehinderte Nutzung zu ermöglichen, insbesondere ihre Rechte an und aus diesen Vermögensgegenständen nach den Weisungen der Pächterin ausüben und diese im Rahmen des rechtlich Zulässigen wie eine Pächterin dieser Vermögensgegenstände stellen.

§ 9 Investitionen

(1) Investitionen (Ersatz- und Erweiterungsinvestitionen) für die Pachtgegenstände werden während der Dauer dieses Vertrags von der Pächterin im eigenen Namen und für eigene Rechnung durchgeführt. Der Umfang dieser Investitionen steht im wirtschaftlichen Ermessen der Pächterin. Wesentliche Investitionsvorhaben wird die Pächterin der Verpächterin so früh wie möglich anzeigen.

(2) Falls die Pächterin nicht rechtswirksam Eigentum an Investitionsgegenständen erwerben kann, werden die Vertragsparteien einander wirtschaftlich so stellen, als ob die Pächterin Eigentümerin wäre. Die von der Pächterin durch Investitionen angeschafften Gegenstände unterliegen nicht der Pacht. Die Pächterin kann über diese Gegenstände jederzeit ohne Zustimmung der Verpächterin verfügen.

§ 10 Versicherungen

(1) Die Verpächterin wird dafür Sorge tragen, dass die Pächterin mit Wirkung zum Pachtbeginn in die bisher bestehenden Versicherungen der Verpächterin einbezogen wird. Die Pächterin wird sich unverzüglich um eigenen Versicherungsschutz bemühen. Die von der Verpächterin entrichteten Versicherungsprämien sind durch das Pachtentgelt mit abgegolten.

(2) Versicherungsleistungen aus Versicherungen gemäß Abs 1 stehen der Pächterin zu, wenn die Pächterin diese zur Wiederherstellung oder Wiederbeschaffung des betroffenen Pachtgegenstands verwenden will. Ist dies nicht der Fall, stehen die Versicherungsleistungen der Verpächterin zu.

§ 11 Gewährleistungen und Haftung

(1) Die Pachtgegenstände werden in dem Zustand, in dem sie sich bei Pachtbeginn befinden, ohne jede Mängelgewährleistung an die Pächterin verpachtet. Gewährleistungsansprüche der Pächterin, gleich welcher Art und gleich aus welchem Rechtsgrund, gegenüber der Verpächterin werden hiermit ausdrücklich ausgeschlossen. Dies gilt insbesondere auch für Ansprüche der Pächterin aus Störung der Geschäftsgrundlage, c.i.c. (§ 311 Abs 2 und 3 BGB), Schadensersatz wegen Pflichtverletzung aus einem Schuldverhältnis und Delikt in umfassender Weise ausgeschlossen. Etwaige Rücktritts-, Minderungs- und Anfechtungsrechte sind gleichfalls ausgeschlossen.

(2) Die Pächterin stellt die Verpächterin von etwaigen Schadensersatzansprüchen öffentlich- oder privat-rechtlicher Natur – gleich aus welchem Rechtsgrund – frei, die

gegen diese als Eigentümerin der Pachtgegenstände von Dritten erhoben werden, soweit für diese seitens der Verpächterin kein Versicherungsschutz besteht. Dies gilt auch für gegen die Verpächterin von Dritten geltend gemachte Schadensersatzansprüche, die auf dem Vorwurf von Aufsichts- oder Organisationspflichtverletzungen der Verpächterin beruhen.

IV. Mitarbeiter und Pensionsverbindlichkeiten

§ 12 Übergang der Arbeitsverhältnisse[5]

(1) Mit Pachtbeginn gehen die Arbeits- und Ausbildungsverhältnisse der Mitarbeiter der Verpächterin gemäß § 613 a BGB mit allen Rechten und Pflichten, wie sie vor dem . . . . . bestehen, auf die Pächterin über. Die Pächterin steht der Verpächterin dafür ein, dass die Verpächterin nicht für Verpflichtungen aus den Arbeitsverhältnissen in Anspruch genommen wird, soweit sie den Zeitraum nach Pachtbeginn betreffen.

(2) Soweit Arbeitnehmer dem Übergang des Arbeitsverhältnisses auf die Pächterin widersprechen, wird sich die Verpächterin in Abstimmung mit der Pächterin bemühen, die Arbeitsverhältnisse durch Kündigung oder auf andere Weise aufzulösen; alle mit der Fortdauer und der Auflösung der Arbeitsverhältnisse verbundenen Kosten gehen zu Lasten der Pächterin.

§ 13 Pensionsverpflichtungen

(1) Mit dem Eintritt in die Arbeitsverhältnisse nach § 12 Abs 1 gehen auch alle Rechte und Pflichten aus den Pensionszusagen, welche die Verpächterin gegenüber den auf die Pächterin übergehenden Mitarbeitern der Verpächterin übernommen hat oder in die sie eingetreten ist, auf die Pächterin über.

(2) Gegenüber einigen Mitarbeitern der Verpächterin, deren Pensionszusagen früheren Pensionsordnungen als der . . . . . unterliegen, hat die . . . . . entweder die Pensionszusage selbst abgegeben und es besteht ein Schuldbeitritt der Verpächterin oder . . . . . hat den Schuldbeitritt zur Pensionszusage der Verpächterin erklärt. Die Rückstellungen für diese Pensionszusagen sind ebenfalls bei der Verpächterin gebildet.

(3) Mit Pachtbeginn übernimmt die Pächterin den für die Erfüllung von Verpflichtungen aus Pensionszusagen jährlich erforderlichen Pensionsaufwand und den entstehenden Verwaltungsaufwand.

V. Gegenleistung/Laufzeit

§ 14 Pachtzins[6]

(1) Die Pächterin zahlt der Verpächterin einen jährlichen Pachtzins, der . . . . . % des Umsatzes entspricht, den die Pächterin mit dem gepachteten Unternehmen erzielt, zuzüglich Umsatzsteuer, soweit anwendbar. Der Pachtzins ist innerhalb einer Woche, nachdem die Gewinn- und Verlustrechnung gem. Abs 2 vorgelegt worden ist, fällig, spätestens am 31. März des Folgejahres.

(2) Die Pächterin ist verpflichtet, spätestens bis zum 15. März des Folgejahres eine Gewinn- und Verlustrechnung für das verpachtete Unternehmen vorzulegen, die vom Abschlussprüfer der Pächterin geprüft worden ist. Es sind die Rechnungslegungsgrundsätze anzuwenden und fortzuführen, die auch die Verpächterin für das verpachtete Unternehmen angewandt hat.

(3) Der jährliche Pachtzins entspricht mindestens dem Betrag, der sich aus der Summe der buchmäßigen Abschreibungen (im steuerlich höchstzulässigen Umfang ohne Sonderabschreibungen) auf die verpachteten Vermögensgegenstände gem. Abschnitt II sowie anderer Aufwendungen der Verpächterin, die durch die verpachteten Vermögensgegenstände verursacht sind (mit Ausnahme von Zinsen), für das entsprechende Pachtjahr ergibt. Die Verpächterin kann eine Minderzahlung nur geltend machen, wenn sie einen geprüften Jahresabschluss vorlegt, aus dem sich eine Nachzahlung wegen Unterschreitung des Mindestpachtzinses nach diesem Abs 3 ergibt.

(4) Die Pächterin leistet monatliche Vorauszahlungen auf den Pachtzins. Die Vorauszahlung entspricht im ersten Pachtjahr 1/12 von . . . . . % des Umsatzes, den die Verpächterin im letzten Geschäftsjahr vor dem Wirksamwerden des Pachtvertrages erzielt hat. Die Vorauszahlungen sind nachschüssig jeweils am 25. eines Monats für den vorhergehenden Monat zu leisten. Soweit sich nach Vorliegen der Gewinn- und Verlustrechnung gem. Abs 2 und des Vorliegens des geprüften Jahresabschlusses der Verpächterin Mehr- oder Minderzahlungen gegenüber den Vorauszahlungen ergeben, sind diese gleichzeitig mit der nächsten Vorauszahlung nach Vorlage des Abschlusses nach Abs 2 oder, soweit relevant, nach Vorlage des Jahresabschlusses der Verpächterin nach Abs 3 auszugleichen zzgl. . . . . . % Zinsen seit dem 1. Januar des Pachtjahres, für das der Ausgleich erfolgt. Die Vorauszahlungen werden jedes Jahr angepasst. Sie entsprechen 1/12 des Pachtzinses, der für das vergangene Jahr festgestellt wurde. Etwaige Differenzen, die sich aus der Anpassung ergeben, sind mit der ersten Vorauszahlung nach Neufestsetzung der Vorauszahlungen auszugleichen.[7]

(5) Pächter und Verpächterin sind berechtigt, die Bücher der jeweils anderen Partei durch einen Wirtschaftsprüfer im Hinblick auf die Ermittlung des Pachtzinses auf eigene Kosten überprüfen zu lassen.

§ 15 Pachtbeginn/Vertragsdauer/Rückabwicklung

(1) Die Pacht beginnt ab dem . . . . ., 0.00 Uhr (Pachtbeginn).

(2) Der Pachtvertrag wird für die Zeit bis zum Ablauf des . . . . . abgeschlossen und verlängert sich um jeweils [*fünf*] Jahre, falls er nicht spätestens [*zwei*] Jahre vor seinem Ablauf gekündigt wird.

(3) Nach Beendigung der Pacht durch Kündigung oder Vereinbarung der Parteien gemäß Abs 2 wird die Pächterin der Verpächterin die Pachtgegenstände mit allen Ersatzinvestitionen in einem Zustand übergeben, der es der Verpächterin ermöglicht, unmittelbar eine dem heutigen Geschäftsumfang des Unternehmens entsprechende Tätigkeit wieder aufzunehmen. Dies gilt auch für die Gegenstände des Umlauf- und Vorratsvermögens gemäß § 4, die von der Pächterin ohne Gegenleistung auf die Verpächterin zu übertragen sind. Soweit Gegenstände des Umlauf- und Vorratsvermögens verbraucht oder untergegangen sind, wird die Pächterin an die Verpächterin entsprechende Gegenstände mittlerer Art und Güte übergeben. Die Pächterin kann von der Verpächterin verlangen, dass diese auch nach § 9 durchgeführte Erweiterungsinvestitionen übernimmt, es sei denn, die Verpächterin hat dafür offensichtlich keine wirtschaftliche Verwendung.

(4) Im Übrigen gelten die Bestimmungen dieses Vertrags (auch der nachfolgende § 16) bei der Rückabwicklung entsprechend. Dementsprechend wird die Verpächterin nach Beendigung des Pachtverhältnisses die Verbindlichkeiten entsprechend § 5 übernehmen. Die Pächterin wird dafür Sorge tragen, dass die im Fall der Rückabwicklung von der Verpächterin zu übernehmenden Verbindlichkeiten im Saldo nicht wesentlich von dem Saldo der Verbindlichkeiten abweichen, die von der Pächterin gemäß § 5 übernommen

werden. Weiterhin wird die Pächterin nach Beendigung des Pachtverhältnisses alle auf die Pächterin mit diesem Vertrag übergeleiteten oder an deren Stelle getretenen Vertragsverhältnisse auf die Verpächterin überleiten.

(5) Die Vergütung von Ersatz- und Erweiterungsinvestitionen werden die Parteien einvernehmlich regeln.

VI. Schlussbestimmungen

§ 16 Unterrichtung über Verpachtung/Zusammenarbeit

(1) Verpächterin und Pächterin werden Dritte, insbesondere Kunden und Lieferanten der Verpächterin, über die Tatsache der Verpachtung – soweit tunlich – in geeigneter Weise unterrichten. Sie werden dazu ein Kommunikationskonzept abstimmen.

(2) Verpächterin und Pächterin werden darauf hinwirken, einen Übergang der Pachtgegenstände ohne Unterbrechung des Betriebs zu ermöglichen und insbesondere erforderliche oder zweckmäßige Anzeigen gegenüber Dritten und Behörden abgeben.

(3) Die Verpächterin wird der Pächterin die für den Betrieb der Pachtgegenstände erforderlichen Unterlagen, Urkunden und Nachweise, sei es in körperlicher, sei es in elektronischer Form., zur Verfügung stellen.

(4) Die Parteien werden dafür Sorge tragen, dass ihre Mitarbeiter im erforderlichen Umfang bei der Abwicklung von Sachverhalten mitwirken, die Zeiträume vor Pachtbeginn betreffen.

§ 17 Teilunwirksamkeit

(1) Sollten einzelne Bestimmungen dieses Vertrags unwirksam oder undurchführbar sein, so wird hierdurch die Wirksamkeit der übrigen Bestimmungen nicht berührt. Die unwirksame oder undurchführbare Bestimmung ist durch eine andere, für beide Vertragspartner zumutbare Regelung zu ersetzen, die dem mit der unwirksamen oder undurchführbaren Bestimmung verfolgten wirtschaftlichen Zweck am nächsten kommt. Entsprechendes gilt, wenn der Vertrag eine Lücke aufweisen sollte.

(2) Treten nachträglich Umstände ein, durch die der Vertragszweck im wesentlichen und nachhaltig nicht mehr erreicht werden kann, insbesondere wenn neue gesetzliche Vorschriften die Durchführung des Vertragswerks voraussichtlich auf Dauer unmöglich machen, so werden die Vertragspartner sich bemühen, eine andere Lösung zu finden, welche der Erreichung des Vertragszweckes dient.

§ 18 Loyalitätsklausel

(1) Bei Abschluss dieses Vertrags können nicht alle Fragen in tatsächlicher oder rechtlicher Hinsicht, die sich insbesondere aus der künftigen technischen und wirtschaftlichen Entwicklung, aus etwaigen Änderungen der gesetzlichen Bestimmungen oder sonstigen für das Vertragsverhältnis wesentlichen Umständen ergeben können, vorausgesehen und erschöpfend geregelt werden. Die Parteien sind sich darüber einig, dass für ihre Zusammenarbeit die Grundsätze kaufmännischer Loyalität zu gelten haben. Sie sichern sich gegenseitig zu, die vertraglichen Vereinbarungen in diesem Geiste zu erfüllen und ggf. künftigen Änderungen der Verhältnisse sinngemäß Rechnung zu tragen. Sollten sich bei der Abgrenzung der Pachtgegenstände von den bei der Verpächterin verbleibenden Vermögensgegenständen Zweifel hinsichtlich der Zuordnung im Einzelfall ergeben, so sollen diese nach dem Vertragszweck gelöst werden.

(2) Ergibt sich bei der Durchführung des Vertrags unter den vorstehend erwähnten Bedingungen eine unbillige Härte für den einen oder anderen Vertragspartner, so werden beide Partner eine freundschaftliche Veränderung herbeiführen, die dem wirtschaftlichen Zweck dieses Vertrags nach den Grundsätzen von Vernunft und Billigkeit Rechnung trägt.

[Datum, OA]

[Unterschriften]

Schrifttum: Schrifttum zu → Form. II.I.1 Anm. 1 ff.; *Adenauer,* Die organisationsrechtliche Wirkung von Betriebspacht- und Betriebsführungsverträgen, NZG **2019**, 361; *Fenzl,* Betriebspachtvertrag und Betriebführungsvertrag – Verträge im Grenzbereich zwischen gesellschaftsrechtlichen Organisations- und schuldrechtlichen Austauschverträgen, Der Konzern **2006**, 18; *Huber,* Betriebsführungsverträge zwischen selbstständigen Unternehmen, ZHR 152 (**1988**), 1; *Maser,* Betriebsüberlassungsverhältnisse, **1985**; *Nelißen,* Wirksamer Abschluss von Betriebspachtverträgen, DB **2007**, 786; *Schneider,* Beherrschungs- und Gewinnabführungsverträge, **1989**.

Anmerkungen

1. Der Betriebspachtvertrag ist gem § 292 Abs 1 Nr 3 AktG ein sog. anderer Unternehmensvertrag. Der Gesetzgeber qualifiziert diese Verträge, im Gegensatz zu den Beherrschungs- und Gewinnabführungsverträgen des § 291 AktG, als schuldrechtliche Austauschverträge (RegBegr *Kropff* S. 378; wohl hM, statt aller MüKoAktG/*Altmeppen,* § 292 Rn 6 f). Zwar wird teilweise die Auffassung vertreten, dass es sich bei den anderen Verträgen iSd § 292 AktG um Organisationsverträge handelt, da sie nicht selten den wirtschaftlichen Charakter des Unternehmens verändern und sich damit den Verträgen iSd § 291 AktG annähern (BeckOGK AktG/*Veil/Walla,* § 292 Rn 2; *Adenauer,* NZG 2019, 364 f; differenzierend danach, ob dem Verpächter (weitgehende) Einwirkungs-, Mitwirkungs- und Informationsrechte verbleiben – dann Austauschvertrag – oder nicht – dann Organisationsvertrag, *Fenzl,* Der Konzern 2006, 29 ff;). Allerdings besteht der entscheidende Unterschied für die differenzierende Beurteilung darin, dass im Rahmen von anderen Verträgen gem § 292 AktG nicht in die Verfassung der anderen Gesellschaft eingegriffen wird. Alle Organfunktionen und Organverantwortlichkeiten bleiben unverändert erhalten. Die Geschäftstätigkeit und die Verteilung des aus dieser Geschäftstätigkeit resultierenden Gewinns kann sich durch einen solchen Vertrag ändern. Allein die Tatsache, dass der Gewinn nicht oder nur teilweise zur Gewinnausschüttung zur Verfügung steht, macht einen Vertrag nicht zu einem Organisationsvertrag (MüKoAktG/*Altmeppen,* § 292 Rn 6 f). Wie bei Verträgen iSd § 291 AktG bedarf es auch bei Verträgen nach § 292 AktG einer Zustimmung der HV, da der Abschluss solcher Verträge regelmäßig zur Änderung des Unternehmensgegenstandes führt (§ 293 Abs 1 AktG). Im Fall von Betriebspachtverträgen erhält die Gesellschaft lediglich den vereinbarten Pachtzins, produziert wird für ein anderes Unternehmen. Die Gesellschaft wandelt sich daher zur Rentnergesellschaft (MüKoAktG/*Altmeppen,* § 292 Rn 6). Die praktische Bedeutung der Betriebspachtverträge hat sich von der Großindustrie hin zum Handel und zum Hotel- und Gaststättengewerbe verschoben (OLG Hbg AG 2001, 91; LG Bln AG 1992, 91). Das Gesetz sieht keine spezielle Regelung für Sicherungen zugunsten der Gesellschaft, der Gläubiger und der außenstehenden Aktionäre vor. Vielmehr sind die allgemeinen Regeln zur Kapitalerhaltung und zum Gläubigerschutz (§§ 57, 58, 60 AktG) heranzuziehen. § 292 Abs 3 AktG sieht für Betriebspacht- und -überlassungsverträge eine Sonderregelung für den Fall vor, dass eine unangemessene Gegenleistung vereinbart wurde. Der Beschluss ist dann nicht nichtig, kann aber angefochten werden (→ Anm. 7).

2. Die verpachtende Gesellschaft muss zwingend eine AG (der die SE mit Sitz in Deutschland gleichgestellt ist) oder eine KGaA sein (§ 292 AktG), damit der Betriebspachtvertrag als Unternehmensvertrag iSd § 292 AktG qualifiziert wird; ansonsten unterliegt der Pachtvertrag nicht diesen Vorschriften. Anders als bei Beherrschungs- und Gewinnabführungsverträgen (§ 291 AktG) oder Teilgewinnabführungsverträgen (§ 292 Abs 1 Nr 2 AktG) ist für das pachtende Unternehmen keine bestimmte Rechtsform vorgeschrieben. Auch Privatpersonen, Aktionäre oder außenstehende Unternehmen können Vertragspartei sein (konzernexterner Vertrag) (BeckOGK AktG/*Veil/Walla,* § 292 Rn 35; MHdB GesR IV/*Krieger,* § 73 Rn 5).

3. Der Inhalt des Pachtvertrags bestimmt sich nach den §§ 581 ff BGB. Danach hat der Verpächter dem Pächter den Gebrauch der Sache und den Genuss der Früchte während der Gebrauchszeit zu gewähren, vorliegend die Verpachtung des Betriebs des Unternehmens der AG oder KGaA (zum Vertragsinhalt s auch *Fenzl,* Der Konzern 2006, 21 ff; *Adenauer,* NZG 2019, 362 f). Hat die verpachtende Gesellschaft mehrere Betriebe, so hat sich der Pachtvertrag auf alle Betriebe zu beziehen; ansonsten fällt der Vertrag nicht unter § 292 Abs 1 Nr 3 AktG (MHdB GesR IV/*Krieger,* § 73 Rn 28; MüKoAktG/*Altmeppen,* § 292 Rn 97; *Fenzl,* Der Konzern 2006, 29 jeweils mwN; str, aA Grigoleit/*Servatius,* § 292 Rn 37; BeckOGK AktG/*Veil/Walla,* § 292 Rn 41; *Adenauer,* NZG 2019, 365 f). Die Gesellschaft wird nur dann zur Rentnergesellschaft und ändert ihren Unternehmensgegenstand. Aber natürlich kann eine AG oder KGaA auch nur einen einzelnen Betrieb verpachten. Der Vertrag bedarf dann aber nicht der Zustimmung der HV.

4. Die Betriebsführung erfolgt im eigenen Namen und auf eigene Rechnung, da der Pächter auch sämtliche Früchte der Pacht erhält. Wird ein konzernexterner Betriebspachtvertrag geschlossen, so muss der Pächter damit rechnen, dass der Vertrag nach Ablauf der Pachtzeit nicht mehr verlängert wird. Daher wird der Pächter in der Regel mit der Erhaltung, der Erneuerung und der Umgestaltung des Betriebs zurückhaltend sein, weshalb der Pachtvertrag zwischen unabhängigen Unternehmen idR die typischen Merkmale eines Pachtvertrags aufweist (MüKoAktG/*Altmeppen,* § 292 Rn 101); grundsätzlich trifft den Pächter aber eine Betriebspflicht (vgl *Adenauer,* NZG 2019, 362; *Fenzl,* Der Konzern 2006, 22). Stehen die Vertragsparteien hingegen in einem Über- und Unterordnungsverhältnis und sind sie voneinander abhängig, so liegt es in der Regel in der Hand des herrschenden Unternehmens, ob der Vertrag verlängert wird oder nicht. Der verpachtete Betrieb wird daher idR wie eigener behandelt und teilweise fest in den eigenen Produktionsprozess eingegliedert. Daher weicht der Pachtvertrag in seiner Ausgestaltung von den Vorschriften der §§ 581 ff BGB ab. Die Erneuerung, Erhaltung oder den Ausbau wird regelmäßig der Pächter vornehmen (MüKoAktG/*Altmeppen,* § 292 Rn 102).

5. Mit der Übernahme des Betriebs gehen bei der Betriebspacht auch sämtliche Arbeitsverhältnisse mit den in den Betrieben tätigen Arbeitnehmern gem § 613 a BGB auf den Pächter über. Andere Vertragsbeziehungen gehen nicht automatisch über; diese sind vielmehr in Wege einer dreiseitigen Vertragsübernahmevereinbarung überzuleiten (MHdB GesR IV/*Krieger,* § 73 Rn 35).

6. Der Pächter hat gem § 581 Abs 1 S 2 BGB den Pachtzins zu entrichten. Wird auf eine Gegenleistung verzichtet, so liegt kein Betriebspachtvertrag iSd § 292 Abs 1 Nr 3 AktG vor. Teilweise wird vertreten, einen in diesem Zusammenhang stehenden Vertrag ohne Gegenleistung als Betriebsüberlassungsvertrag oder als Geschäftsführungsvertrag zu qualifizieren (MHdB GesR IV/*Krieger,* § 73 Rn 29; aA wohl BeckOGK AktG/*Veill/Walla,* § 292 Rn 43). Von der Frage, ob überhaupt eine Gegenleistung vorliegt, ist die Frage nach der Angemessenheit der Gegenleistung strikt zu differenzieren.

7. Der Pachtzins wird in der Regel zumindest teilweise umsatz- oder ergebnisabhängig sein (BeckOGK AktG/*Veil/Walla,* § 292 Rn 44). Die erforderlichen Regelungen werden dann komplex, weil Rechnungslegungsgrundsätze für die Ermittlung der relevanten Anknüpfungsgröße getroffen werden müssen. Im Form. wurde eine Kombination aus einem umsatzabhängigen Pachtzins und einem Mindestpachtzins gewählt, der sich nach den Kosten des Verpächters richtet. Beide Größen sind noch relativ einfach zu ermitteln. Wird auf das Betriebsergebnis des Verpachteten abgestellt, ist der Regelungsaufwand höher, wenn man Manipulationsmöglichkeiten des Pächters ausschließen will. Die Gegenleistung hat angemessen zu sein und ist so zu bemessen, dass der Ertragswert des Unternehmens erhalten bleibt (MHdB GesR IV/*Krieger,* § 73 Rn 36; MüKoAktG/*Altmeppen,* § 292 Rn 114). Ist die Gegenleistung unangemessen, so führt dies nicht zur Nichtigkeit wegen eines Verstoßes gegen die Kapitalerhaltungs- und -schutzvorschriften (§ 292 Abs 3 S 1 AktG). Eine Anfechtung des Zustimmungsbeschlusses wegen Gesetzesverletzung (§ 243 Abs 1 AktG) oder Verfolgung von Sondervorteilen bleibt jedoch möglich (§ 243 Abs 2 AktG). Sie kommt jedoch nur dann in Betracht, wenn der andere Vertragsteil Aktionär der verpachtenden Gesellschaft ist, da sich die Verbote der §§ 57, 58, 60 AktG nur gegen Aktionäre richten. § 292 Abs 3 AktG gilt ferner dann, wenn die Vertragsparteien in einem Abhängigkeitsverhältnis stehen (MHdB GesR IV/*Krieger,* § 73 Rn 37). Im Fall der abhängigen Gesellschaft führt eine unangemessene Gegenleistung dann zu einer Verlustausgleichspflicht für das herrschende Unternehmen nach § 302 Abs 2 AktG, wobei Voraussetzung ist, dass im Zeitpunkt des Vertragsschlusses bereits ein solches Abhängigkeitsverhältnis bestand. Existiert ein solches nicht, so besteht auch bei einer unangemessenen Gegenleistung keine Ausgleichspflicht (MHdB GesR IV/*Krieger,* § 73 Rn 38). Ist die Betriebspacht mit einem Beherrschungs- und/oder Gewinnabführungsvertrag verbunden, so kommt nicht § 302 Abs 2 AktG zur Anwendung, sondern es besteht die Verlustausgleichspflicht nach § 302 Abs 1 AktG fort.

4. Entherrschungsvertrag

Vereinbarung[1, 2, 3]

zwischen der

X AG

und der

Y AG

Vorwort

Das Grundkapital der Y AG beträgt aktuell EUR . . . . . und ist in . . . . . Aktien eingeteilt. Hiervon gehören der X AG derzeit . . . . . Aktien und damit eine Mehrheitsbeteiligung. Infolgedessen wird gemäß § 17 Abs 2 AktG die Abhängigkeit der Y AG von der X AG vermutet. Die Vermutung soll widerlegt werden, da die Y AG als selbständiges Unternehmen am Markt operiert, als solches über eine starke eigene Marke verfügt und die Unabhängigkeit der Y AG daher erhalten bleiben soll.[4] Zu diesem Zweck schließen die Parteien hiermit folgende Vereinbarung:

§ 1 Verzicht auf Stimmrechtsausübung[5, 6, 7]

Bei der Abstimmung über

a) die Wahl und die Abberufung der Aufsichtsratsmitglieder der Y AG,

b) die Entlastung der Vorstands- und Aufsichtsratsmitglieder der Y AG,
c) . . . . .

wird die X AG ihre Stimmrechtsmacht aus den ihr gehörenden Aktien nur insoweit ausüben, als die Anzahl der von ihr abgegebenen Stimmen 45 % der bei der Beschlussfassung insgesamt abgegebenen gültigen Stimmen nicht übersteigt.

§ 2 Beginn und Dauer der Vereinbarung

(1) Diese Vereinbarung tritt mit sofortiger Wirkung in Kraft.

(2) Sie endet mit der Beendigung der fünften ordentlichen Hauptversammlung, die auf die im laufenden Kalenderjahr stattfindende ordentliche Hauptversammlung folgt.[8]

§ 3 Kündigung der Vereinbarung

(1) Diese Vereinbarung kann nur aus wichtigem Grund gekündigt werden.[9]

(2) Ein wichtiger Grund, der zur Kündigung berechtigt, liegt insbesondere dann vor, wenn[10]

a) die Y AG während der Laufzeit dieser Vereinbarung in zwei oder mehr Geschäftsjahren einen Jahresfehlbetrag in Höhe von jeweils mindestens EUR . . . . . erleidet. Maßgeblich ist der im geprüften Jahresabschluss ausgewiesene Jahresfehlbetrag iSv § 275 Abs 2 Nr 17 bzw. Abs 3 Nr 16 HGB;
b) der X AG nicht mehr eine Mehrheitsbeteiligung iSd § 16 Abs 1 AktG zusteht und sie mit den ihr gehörenden Aktien auch nicht über eine faktische Hauptversammlungsmehrheit verfügt. Über eine faktische Hauptversammlungsmehrheit verfügt sie dann nicht, wenn die Anzahl der Stimmrechte aus allen ihr gehörenden Aktien geringer ist als 50 % aller Stimmrechte aus den von der Y AG jeweils ausgegebenen Aktien multipliziert mit dem geringsten Anteil von gültigen Stimmen, die bei einem Beschluss der Y AG in den letzten drei ordentlichen Hauptversammlungen abgegeben worden sind, am im Zeitpunkt der jeweiligen Beschlussfassung vorhandenen gesamten stimmberechtigten Grundkapital (ausgedrückt in Prozent).
c) . . . . .

§ 4 Schlussbestimmungen

. . . . .

. . . . . *[Datum, Ort]*

[Vorstand X AG][11] *[Vorstand Y AG]*[12, 13]

Schrifttum: *Götz,* Entherrschungsvertrag im Aktienrecht, 1991; *Gräler,* Der Entherrschungsvertrag im Konzern- und Fusionskontrollrecht, 2018; *Hamm,* Der Entherrschungsvertrag, 2017; *Hentzen,* Der Entherrschungsvertrag im Aktienrecht, ZHR 157 (1993), 65; *Hoffmann-Becking,* Der aktienrechtliche Entherrschungsvertrag – unbeachtlich im Kapitalmarktrecht, ZGR 2021, 309; *Hüttemann,* Der Entherrschungsvertrag im Aktienrecht, ZHR 156 (1992), 314; *Jäger,* Der Entherrschungsvertrag, DStR 1995, 1113; *Larisch/Bunz,* Der Entherrschungsvertrag als Mittel der Konzernvermeidung bei faktischen Hauptversammlungsmehrheiten, NZG 2013, 1247; *K. Schmidt,* Entherrschungsvertrag und faktische Entherrschung im Aktienkonzern – Zugleich ein Rückblich auf Peter Hommelhoffs „Konzernleitungspflicht" nach drei Jahrzehnten, FS Hommelhoff 2012, 985.

Anmerkungen

1. Der Entherrschungsvertrag dient der Widerlegung der Vermutung gemäß § 17 Abs 2 AktG, dass ein in Mehrheitsbesitz stehendes Unternehmen von dem Mehrheitsinhaber abhängig ist (aA *K. Schmidt,* FS Hommelhoff 2012, S 996: keine Widerlegung der Vermutung in § 17 Abs 2 AktG, sondern Beseitigung der Abhängigkeit iSv § 17 Abs 1 AktG). Zu diesem Zweck verzichtet der Mehrheitsaktionär im Entherrschungsvertrag auf die Ausübung des Stimmrechts aus einem Teil seiner Aktien. Zur Zulässigkeit derartiger Vereinbarungen vgl Düss NJW-RR 2007, 331; Kln AG 1993, 87; Kölner Komm AktG/*Koppensteiner,* § 17 Rn 109 mwN; *Gräler*, 2018, S 54 ff; aA *Hüttemann,* ZHR 156 (1992), 324 ff; zweifelnd auch *Hoffmann-Becking*, ZGR 2021, 313 ff. Der Entherrschungsvertrag findet bei allen Fällen der Abhängigkeitsvermutung gem § 17 Abs 2 AktG Anwendung. Neben der Mehrheitsbeteiligung ist das insbesondere die faktische HV-Mehrheit (dazu zB *Larisch/Bunz,* NZG 2013, 1247 f).

2. Die kontrollvermeidende Wirkung eines Entherrschungsvertrags ist anerkannt für den Bereich der Erstattung eines Abhängigkeitsberichts (Kln AG 1993, 87) und iRv § 5 Abs 1 MitbestG (vgl Düss NJW-RR 2007, 331; Wißmann/Kleinsorge/Schubert/*Wißmann,* § 5 Rn 26). Nach BGH NZG 2020, 1349 ist davon auszugehen, dass ein Entherrschungsvertrag keine kontrollvermeidende Wirkung für Zwecke von § 290 HGB, da diesem eine formale Betrachtungsweise zugrunde liege (BGH NZG 2020, 1351 Tz 17 ff), und daran anknüpfend für Zwecke der §§ 34 Abs 1 S 1 Nr. 1, 35 WpHG und wohl auch der §§ 30 Abs 1 S 1 Nr. 1, 2 Abs 6 WpÜG hat (s dazu *Hoffmann-Becking*, ZGR 2021, 318 ff). Zur Wirkung im Fusionskontrollrecht s Wiedemann KartellR/*Steinvorth,* § 19 Rn 32 mwN; *Gräler*, 2018, S 131 ff.

3. Der Entherrschungsvertrag bedarf der Schriftform (*Hüffer/Koch*, § 17 Rn 22). Vertragspartner sind der Mehrheitsgesellschafter und die Gesellschaft, an der die Mehrheitsbeteiligung besteht (*Hüffer/Koch*, § 17 Rn 22; aA *Hüttemann*, ZHR 156 (1992), 324 ff), oder ein Dritter, zB andere Aktionäre (BeckOGK AktG/*Schall,* § 17 Rn 53).

4. Empfehlenswert ist es, im Entherrschungsvertrag Ausführungen vorzusehen, die die Ernsthaftigkeit der Vereinbarung erkennen lassen. Das dient der Beseitigung der Vermutung eines Scheinvertrages (s LG Mainz AG 1991, 32; MüKoAktG/*Bayer,* § 17 Rn 112; K. Schmidt/Lutter/*J. Vetter,* § 17 Rn 63). Rechtlich erforderlich ist das aber richtigerweise nicht (Kölner Komm AktG/*Koppensteiner,* § 17 Rn 112; BeckOGK AktG/*Schall,* § 17 Rn 53; *Hamm*, 2017, S 108 ff; *K. Schmidt,* FS Hommelhoff 2012, S 998).

5. Die Stimmrechtsbegrenzung sollte – wie im Form. – variabel sein. Bei einer starren Festlegung (zB 49 % der Stimmrechte des Mehrheitsinhabers/der Gesellschaft) könnte sich anderenfalls je nach Präsenz in der HV/Gesellschafterversammlung doch eine Mehrheit bei der jeweiligen Beschlussfassung ergeben (Grigoleit/*Grigoleit,* § 17 Rn 27; *Larisch/Bunz,* NZG 2013, 1248 f). Als Maßstab kann dabei die Präsenz oder – so das Form. – die Anzahl der abgegebenen gültigen Stimmen herangezogen werden. Vor allem im ersten Fall ist ein Puffer sinnvoll, wonach die Stimmrechtsbegrenzung nicht auf 49,9 %, sondern zB auf 45 % der stimmberechtigten Präsenz festgesetzt ist (s *Larisch/Bunz,* NZG 2013, 1249).

6. Inhaltlich muss sich die Stimmrechtsbeschränkung in AG und mitbestimmter GmbH jedenfalls darauf erstrecken, dass die nächste Aufsichtsratswahl nicht vom Mehrheitsinhaber entscheidend beeinflusst werden kann (*Hüffer/Koch*, § 17 Rn 22; Hölters/Weber/Krebs, § 17 Rn 18a; BeckOGK AktG/*Schall*, § 17 Rn 53). Da es dem Mehrheitsgesellschafter obliegt, die Vermutung der Abhängigkeit zu widerlegen, kann es sich für die Praxis empfehlen, den Stimmrechtsverzicht sachlich weitreichender zu gestalten (MüKoAktG/*Bayer,* § 17 Rn 101; Grigoleit/*Grigoleit,* § 17 Rn 27; *Hentzen,* ZHR 157 (1993), 69; *Jäger,* DStR 1995, 1116). Zwingend ist das jedoch nicht (abl *Larisch/Bunz,* NZG 2013, 1249). Ist die Gesellschaft eine nicht mitbestimmte GmbH, liegt es nahe, dass sich der Stimmrechtsverzicht auf Beschlüsse über die Bestellung und Abberufung der Geschäftsführer (s auch MüKoGmbHG/*Liebscher,* § 13 Anh Rn 135) sowie über Weisungen an die Geschäftsführung zu operativen Fragen erstrecken sollte.

7. Die Einhaltung des Stimmrechtsverzichts ist richtigerweise nicht durch weitere Regelungen (Vertragsstrafen; Hinterlegung der Aktien; Stimmrechtsverzicht als echter Vertrag zugunsten anderer Gesellschafter) abzusichern (KölnKommAktG/*Koppensteiner,* § 17 Rn 113; BeckOGK AktG/*Schall,* § 17 Rn 53). Eine Absicherung kann sich jedoch je nach den Umständen des Einzelfalls empfehlen, um die Entherrschung zu untermauern (s Grigoleit/*Grigoleit,* § 17 Rn 27; *K. Schmidt,* FS Hommelhoff 2012, S 998 f).

8. Um das Ziel der Entherrschung zu erreichen, muss der Vertrag in AG und mitbestimmter GmbH zeitlich über die nächste reguläre Aufsichtsratswahl hinausreichen und somit für mindestens fünf Jahre abgeschlossen werden (Kln AG 1993, 87; LG Mainz AG 1991, 32; *K. Schmidt,* FS Hommelhoff 2012, S 997; *Gräler,* 2018, S 77; *Larisch/Bunz,* NZG 2013, 1249). Bei einer nicht mitbestimmten GmbH dürfte eine kürzere Laufzeit genügen (BeckOGK AktG/*Schall,* § 17 Rn 53; aA MüKoGmbHG/*Liebscher,* § 13 Anh Rn 135). Soll die Widerlegung der Abhängigkeitsvermutung sofort und nicht erst nach der nächsten Organwahl eintreten, ist darauf zu achten, dass der Aufsichtsrat (bei AG und mitbestimmter GmbH) bzw die Geschäftsführung (bei nicht mitbestimmter GmbH) nicht mit Vertretern des Mehrheitsgesellschafters besetzt sind; ggf müssen dieser daher ihre Ämter niederlegen (K. Schmidt/Lutter/*J. Vetter,* § 17 Rn 62; *Hentzen,* ZHR 157 (1993), 72). Dauer des Entherrschungsvertrags und Dauer der Widerlegung der Abhängigkeit sind nicht identisch. Letztere endet mit der letzten in die Vertragslaufzeit fallenden Aufsichtsratswahl unabhängig davon, ob die Vertragslaufzeit gleichzeitig oder später endet; ab Ende der Wahl besteht das Risiko, dass sich die Organe an den Interessen des kontrollierenden Gesellschafters ausrichten, um ihre Wiederwahl (bei welcher der Entherrschungsvertrag nicht mehr besteht) sicherzustellen (K. Schmidt/Lutter/*J. Vetter,* § 17 Rn 62; MüKoAktG/*Bayer,* § 17 Rn 105; *Larisch/Bunz* NZG 2013, 1250; einschränkend MHdB GesR IV/*Krieger,* § 69 Rn 62).

9. Die vorzeitige ordentliche Kündigung ist auszuschließen (Kln AG 1993, 87; MüHdBGesR IV/*Krieger,* § 69 Rn 62; *K. Schmidt,* FS Hommelhoff 2012, S 997). Das Recht zu Kündigung aus wichtigem Grund schadet der Widerlegung der Abhängigkeitsvermutung hingegen nicht (Düss AG 2007, 172; BeckOGK AktG/*Schall,* § 17 Rn 53; *Larisch/Bunz* NZG 2013, 1249).

10. Ob die Gründe für eine außerordentliche Kündigung in der Vereinbarung geregelt sein sollten, ist nicht geklärt (bejahend Emmerich/Habersack/*Emmerich,* § 17 AktG Rn 43; zweiflend MüKoAktG/*Bayer,* § 17 Rn 104; ablehnend *Hamm,* 2017, S 95). Wie im Form. sollten die Gründe daher beispielhaft genannt werden. Der Zweck des Entherrschungsvertrages, die Abhängigkeitsvermutung des § 17 Abs 2 AktG zu beseitigen, entfällt, wenn die Mehrheitsbeteiligung nicht mehr besteht. In diesem Fall sollte daher ein beidseitiges Kündigungsrecht anerkannt werden (*Götz,* 1991, S. 64, der sogar eine vertragliche Regelung für überflüssig hält; zweifelnd MüKoAktG/*Bayer,* § 17 Rn 104); um die Abhängigkeit sicher auszuschließen, sollte die Kündigung – wie im Form. – ferner voraussetzen, dass die verbleibende Beteiligung auch keine faktische Stimmrechtsmehrheit in der HV/Gesellschafterversammlung vermittelt (vgl auch → Anm. 5).

11. Die formalen Voraussetzungen auf Seiten des Mehrheitsgesellschafters sind str. Nach verbreiteter Ansicht ist entweder eine Satzungsregelung, die der Gesellschaft die nichtunternehmerische Verwaltung von Anteilen gestattet, oder bei deren Fehlen ein Zustimmungsbeschluss der HV/Gesellschafterversammlung mit qualifizierter Mehrheit notwendig (K. Schmidt/Lutter/*J. Vetter*, § 17 Rn 64; *K. Schmidt,* FS Hommelhoff 2012, S 995; *Larisch/Bunz,* NZG 2013, 1250; iErg auch *Jäger,* DStR 1995, 1117; das Erfordernis eines HV-Beschlusses grundsätzlich ablehnend LG Mainz AG 1991, 32). Nach aA ist eine Satzungsregelung zwingend erforderlich, aber auch ausreichend (MüKoAktG/*Bayer*, § 17 Rn 111; MHdB GesR IV/*Krieger,* § 69 Rn 63), während wiederum andere Stimmen kumulativ eine Satzungsregelung und HV-Zustimmung verlangen (so zB BeckOGK AktG/*Schall*, § 17 Rn 53 mwN; für Erfordernis eines Zustimmungsbeschlusses in der GmbH BeckOGK AktG/*Schall*, § 17 Rn 53 und *Hentzen*, ZHR 157 (1993), 71). Einer Eintragung im Handelsregister bedarf es nicht (Emmerich/Habersack/*Emmerich*, § 17 AktG Rn 43; MHdB GesR IV/*Krieger,* § 69 Rn 62; *K. Schmidt,* FS Hommelhoff 2012, S 995).

12. Auf Seiten der „entherrschten" Gesellschaft bedarf es keines Beschlusses der Gesellschafter (LG Mainz AG 1991, 32; MüKoAktG/*Bayer*, § 17 Rn 109; *K. Schmidt,* FS Hommelhoff 12, S 995; *Gräler*, 2018, S 67). Str ist hingegen, ob eine vorzeitige Aufhebung des Entherrschungsvertrages die Zustimmung der HV/Gesellschafterversammlung erfordert (bejahend K. Schmidt/Lutter/*J. Vetter*, § 17 Rn 64; *Hentzen*, ZHR 157 (1993), 70: qualifiziertes Mehrheitserfordernis; ablehnend *Gräler*, 2018, S. 114; *Hamm*, 2017, S. 164 ff).

13. Der Entherrschungsvertrag sollte in den Lagebericht aufgenommen werden (K. Schmidt/Lutter/*J. Vetter*, § 17 Rn 65; MüKoAktG/*Bayer*, § 17 Rn 112; *Larisch/Bunz,* NZG 2013, 1250). Für börsennotierte Gesellschaften ist das in §§ 289a S 1 Nr 2, 315a S 1 Nr 2 HGB zwingend vorgeschrieben. Ein Hinweis auf den Entherrschungsvertrag in der HV-Einberufung oder in der HV ist hingegen nicht erforderlich (ebenso K. Schmidt/Lutter/*J. Vetter*, § 17 Rn 65; *Gräler*, 2018, S 79; *Larisch/Bunz,* NZG 2013, 1250; aA *Hentzen*, ZHR 157 (1993), 70).

J. Umwandlungen

1. Verschmelzung zur Aufnahme GmbH auf GmbH

a) Verschmelzungsvertrag[1, 2]

Verhandelt in . . . . . am . . . . .

Vor dem unterzeichneten Notar . . . . . mit dem Amtssitz in . . . . . erschienen

1. V und W, jeweils handelnd nicht in eigenem Namen, sondern als gemeinsam vertretungsberechtigte Geschäftsführer der A GmbH, geschäftsansässig . . . . ., eingetragen im Handelsregister des Amtsgerichts . . . . . unter HRB . . . . .;
2. X und Y, jeweils handelnd nicht in eigenem Namen, sondern als gemeinsam vertretungsberechtigte Geschäftsführer der C GmbH, geschäftsansässig . . . . ., eingetragen im Handelsregister des Amtsgerichts . . . . . unter HRB . . . . .

Aufgrund Einsichtnahme in das elektronische Handelsregister des Amtsgerichts . . . . . (HRB . . . . .) und des Amtsgerichts . . . . . (HRB . . . . .) vom heutigen Tag bescheinige ich, der beurkundende Notar, dass vorstehend in Ziffern 1-2 genannte Vertretungsbefugnis besteht.

[Vorbefassung]

Die Erschienenen baten sodann um die Beurkundung des nachfolgenden Verschmelzungsvertrags:

Verschmelzungsvertrag

zwischen der

A GmbH (nachfolgend auch „übertragender Rechtsträger" genannt)

– als übertragendem Rechtsträger –

und der C GmbH (nachfolgend auch „übernehmender Rechtsträger" genannt)

– als übernehmendem Rechtsträger –

Präambel

0.1 Das Stammkapital der A GmbH mit Sitz in . . . . ., eingetragen im Handelsregister des Amtsgerichts . . . . . unter HRB . . . . ., beträgt EUR . . . . . und ist voll eingezahlt. Alleinige Gesellschafter der A GmbH sind A und B. A hält einen Geschäftsanteil im Nennbetrag von EUR . . . . . mit der laufenden Nummer 1, B einen Geschäftsanteil im Nennbetrag von EUR . . . . . mit der laufenden Nummer 2 der Gesellschafterliste vom . . . . .

0.2 Das Stammkapital der C GmbH mit Sitz in . . . . ., eingetragen im Handelsregister des Amtsgerichts . . . . . unter HRB . . . . ., beträgt EUR . . . . . und ist voll eingezahlt. Alleinige Gesellschafter der C GmbH sind C und D. C hält einen Geschäftsanteil im Nennbetrag von EUR . . . . . mit der laufenden Nummer 1, D einen Geschäftsanteil im Nennbetrag von EUR . . . . . mit der laufenden Nummer 2 der Gesellschafterliste vom . . . . .

0.3 Die A GmbH soll nach Maßgabe dieses Verschmelzungsvertrags als übertragender Rechtsträger auf die C GmbH als übernehmenden Rechtsträger verschmolzen werden.

Dies vorausgeschickt vereinbaren die A GmbH und die C GmbH Folgendes:

§ 1 Vermögensübertragung

1.1 Der übertragende Rechtsträger überträgt im Wege der Verschmelzung zur Aufnahme gemäß §§ 2 Nr. 1, 46 ff UmwG sein Vermögen als Ganzes mit allen Rechten und Pflichten unter Auflösung ohne Abwicklung auf den übernehmenden Rechtsträger.

1.2 Der Verschmelzung wird die geprüfte und mit dem uneingeschränkten Bestätigungsvermerk der . . . . . Wirtschaftsprüfungsgesellschaft versehene Bilanz des übertragenden Rechtsträgers zum 31. Dezember 2021 als Schlussbilanz zugrunde gelegt.

1.3 Die Übertragung des Vermögens des übertragenden Rechtsträgers auf den übernehmenden Rechtsträger erfolgt im Verhältnis zwischen dem übertragenden Rechtsträger und dem übernehmenden Rechtsträger mit Wirkung zum 31. Dezember 2021, 24.00 Uhr. Vom 1. Januar 2022, 0.00 Uhr, an (Verschmelzungsstichtag) gelten im Verhältnis zwischen dem übertragenden Rechtsträger und dem übernehmenden Rechtsträger alle Handlungen und Geschäfte des übertragenden Rechtsträgers als für Rechnung des übernehmenden Rechtsträgers vorgenommen.[3]

1.4 Der übernehmende Rechtsträger wird die in der Schlussbilanz des übertragenden Rechtsträgers angesetzten handelsrechtlichen Werte der übergehenden Gegenstände des

Aktiv- und Passivvermögens in seiner handelsrechtlichen Rechnungslegung übernehmen und fortführen (Buchwertfortführung).

1.5 Der übertragende Rechtsträger wird in seiner nach deutschen steuerlichen Bilanzierungsgrundsätzen aufgestellten steuerlichen Schlussbilanz die übergehenden Aktiva und Passiva mit ihrem Buchwert ansetzen und beim zuständigen Finanzamt . . . . . den nach §§ 11 Abs 2 S 1, Abs 3 iVm 3 Abs 2 S 2 UmwStG erforderlichen Antrag auf Buchwertfortführung fristgerecht stellen. Dementsprechend werden in der Steuerbilanz des übernehmenden Rechtsträgers die steuerlichen Buchwerte des übertragenden Rechtsträgers fortgeführt.[4]

§ 2 Gegenleistung und Kapitalerhöhung

2.1 Als Gegenleistung für die Übertragung des Vermögens des übertragenden Rechtsträgers als Ganzes gewährt der übernehmende Rechtsträger den Gesellschaftern des übertragenden Rechtsträgers Geschäftsanteile an dem übernehmenden Rechtsträger, und zwar A einen Geschäftsanteil im Nennbetrag von EUR . . . . . mit der laufenden Nummer 3 und B einen Geschäftsanteil im Nennbetrag von EUR . . . . . mit der laufenden Nummer 4. Eine bare Zuzahlung wird nicht gewährt.[4]

2.2 Die Geschäftsanteile werden dadurch geschaffen, dass der übernehmende Rechtsträger sein Stammkapital zur Durchführung der Verschmelzung von EUR . . . . . um EUR . . . . . auf EUR . . . . . durch Ausgabe eines neuen Geschäftsanteils im Nennbetrag von EUR . . . . . mit der laufenden Nummer 3 und eines neuen Geschäftsanteils im Nennbetrag von EUR . . . . . mit der laufenden Nummer 4 erhöht.[5]

2.3 Die Einlageleistung erfolgt durch die Übertragung des Vermögens des übertragenden Rechtsträgers als Ganzes mit allen Rechten und Pflichten unter Auflösung ohne Abwicklung im Wege der Verschmelzung zur Aufnahme. Der Gesamtwert, zu dem die Sacheinlage von dem übernehmenden Rechtsträger übernommen wird, entspricht dem handelsrechtlichen Buchwert des übertragenen Nettovermögens zum Verschmelzungsstichtag. Soweit dieser Wert den in § 2.2 genannten Betrag der Stammkapitalerhöhung übersteigt, wird dieser Betrag in die Kapitalrücklage des übernehmenden Rechtsträgers gemäß § 272 Abs 2 Nr. 1 HGB eingestellt.

2.4 Die neuen Geschäftsanteile werden kostenfrei und mit Gewinnbezugsrecht für die Geschäftsjahre ab dem 1. Januar 2022 gewährt.

§ 3 Besondere Rechte und Vorteile

3.1 Es werden keine Rechte iSd § 5 Abs 1 Nr. 7 UmwG für einzelne Anteilsinhaber oder Inhaber besonderer Rechte gewährt und es sind auch keine Maßnahmen im Sinne dieser Vorschrift für solche Personen vorgesehen.[6]

3.2 Es werden keine besonderen Vorteile iSd § 5 Abs 1 Nr. 8 UmwG für Mitglieder des Vertretungsorgans oder eines Aufsichtsorgans der an der Verschmelzung beteiligten Rechtsträger, für einen Abschlussprüfer oder für einen sonstigen Prüfer gewährt.[7]

§ 4 Folgen der Verschmelzung für die Arbeitnehmer und ihre Vertretungen[8]

4.1 Mit dem Wirksamwerden der Verschmelzung gehen sämtliche Arbeits- und Ausbildungsverhältnisse, die im Zeitpunkt des Wirksamwerdens der Verschmelzung mit dem übertragenden Rechtsträger bestehen, gemäß § 613 a Abs 1 BGB iVm § 324 UmwG mit allen Rechten und Pflichten auf den übernehmenden Rechtsträger über. Der Übergang der Arbeitsverhältnisse wirkt nicht auf den Verschmelzungsstichtag zurück. Eine Kündigung der übergehenden Arbeitsverhältnisse wegen des Übergangs durch den Arbeitgeber ist gesetzlich ausgeschlossen (§ 613 a Abs 4 S 1 BGB iVm § 324 UmwG).

4.2 Für den Inhalt der übergehenden Arbeitsverhältnisse ist der Rechtszustand maßgeblich, der im Zeitpunkt des Wirksamwerdens der Verschmelzung besteht. Bei dem übertragenden Rechtsträger erreichte und dort anerkannte Betriebszugehörigkeiten gelten als bei dem übernehmenden Rechtsträger erbracht.

4.3 Die Mitarbeiter werden über den Betriebsübergang nach Maßgabe des § 613 a Abs. 5 BGB informiert. Nach der Rechtsprechung des Bundesarbeitsgerichts haben die Mitarbeiter bei der Verschmelzung kein Widerspruchsrecht nach § 613 a Abs 6 BGB gegen den verschmelzungsbedingten Betriebsübergang, weil der übertragende Rechtsträger mit Wirksamwerden der Verschmelzung erlischt, jedoch ein außerordentliches Kündigungsrecht aus Anlass der Verschmelzung.[9]

4.4 Die Arbeitsverhältnisse der Mitarbeiter des übernehmenden Rechtsträgers bleiben von der Verschmelzung unberührt.

4.5 Die bei dem übertragenden Rechtsträger geltenden tarifvertraglichen Regelungen sind auf die übergegangenen Arbeitsverhältnisse unverändert anzuwenden, da der übernehmende Rechtsträger ebenso wie der übertragende Rechtsträger Mitglied in dem Arbeitgeberverband ..... ist und somit insoweit beide Rechtsträger denselben Tarifbedingungen unterliegen.

4.6 Weitere Maßnahmen im Zusammenhang mit der Verschmelzung mit Auswirkungen auf die Arbeitnehmer und ihre Vertretungen sind nicht vorgesehen.[10]

4.7 Die bestehenden Betriebe des übertragenden und des übernehmenden Rechtsträgers werden fortgeführt.

4.8 Der übertragende und der übernehmende Rechtsträger haben keinen Betriebsrat. Es ergeben sich keine weiteren Auswirkungen tarifvertraglicher oder betriebsverfassungsrechtlicher Art.[11]

4.9 Mitbestimmungsrechtliche Änderungen ergeben sich nicht. Weder auf den übertragenden noch auf den übernehmenden Rechtsträger ist das Drittelbeteiligungsgesetz anwendbar, da weder der übernehmende noch der übertragende Rechtsträger dessen Voraussetzungen erfüllen. Auch nach dem Wirksamwerden der Verschmelzung sind die Anwendungsvoraussetzungen des Drittelbeteiligungsgesetzes bei dem übernehmenden Rechtsträger nicht erfüllt.[12]

§ 5 Kosten

Die durch den Abschluss dieses Vertrags und seine Durchführung entstehenden Kosten trägt der übernehmende Rechtsträger. Die Kosten der jeweiligen Gesellschafterversammlung der A GmbH bzw. der C GmbH, die über die Zustimmung zum Verschmelzungsvertrag beschließen, sowie die Kosten der Anmeldung zum und der Eintragung in das Handelsregister trägt jede Partei selbst. Dies gilt auch für den Fall, dass die Verschmelzung nicht wirksam werden sollte.[13]

b) Verschmelzungsbeschluss des übernehmenden Rechtsträgers[14]

Verhandelt in ..... am .....

Vor dem unterzeichneten Notar ..... mit dem Amtssitz in ..... erschienen C und D.

Die Erschienenen erklärten:

Alleinige Gesellschafter der C GmbH mit Sitz in . . . . ., eingetragen im Handelsregister des Amtsgerichts . . . . . unter HRB . . . . . ., sind C mit einem Geschäftsanteil im Nennbetrag von EUR . . . . . mit der laufenden Nummer 1 und D mit einem Geschäftsanteil im Nennbetrag von EUR . . . . . mit der laufenden Nummer 2.

I.

Unter Verzicht auf alle durch Gesetz oder Gesellschaftsvertrag vorgeschriebenen Formen und Fristen für die Einberufung, Vorbereitung und Durchführung einer Gesellschafterversammlung und die Unterrichtung der Gesellschafter – insbesondere gemäß §§ 47, 49 UmwG – wird hiermit eine Gesellschafterversammlung der C GmbH abgehalten und einstimmig beschlossen was folgt:[15]

1. Dem Verschmelzungsvertrag vom . . . . . 2022 (UR. Nr. . . . . . des Notars . . . . .) zwischen der A GmbH als übertragendem Rechtsträger und der C GmbH als übernehmendem Rechtsträger über die Verschmelzung der A GmbH auf die C GmbH im Wege der Aufnahme wird zugestimmt.
2. Zur Durchführung der Verschmelzung wird das Stammkapital der Gesellschaft von derzeit EUR . . . . . um EUR . . . . . auf EUR . . . . . durch Ausgabe eines neuen Geschäftsanteils im Nennbetrag von EUR . . . . . mit der laufenden Nummer 3 und eines neuen Geschäftsanteils im Nennbetrag von EUR . . . . . mit der laufenden Nummer 4 erhöht.[16] Die neuen Geschäftsanteile sind für die Geschäftsjahre ab dem 1. Januar 2022 gewinnberechtigt.
   Die neuen Geschäftsanteile werden als Gegenleistung für die Übertragung des Vermögens der A GmbH im Wege der Verschmelzung an die Gesellschafter der A GmbH ausgegeben, und zwar der neue Geschäftsanteil im Nennbetrag von EUR . . . . . mit der laufenden Nummer 3 an A und der neue Geschäftsanteil im Nennbetrag von EUR . . . . . mit der laufenden Nummer 4 an B.
3. § . . . . . des Gesellschaftsvertrags wird wie folgt neu gefasst:

„§ . . . . . Stammkapital

(1) Das Stammkapital der Gesellschaft beträgt EUR . . . . .

(2) An der Gesellschaft sind beteiligt:

C mit einem Geschäftsanteil im Nennbetrag von EUR . . . . . mit der laufenden Nummer 1,

D mit einem Geschäftsanteil im Nennbetrag von EUR . . . . . mit der laufenden Nummer 2,

A mit einem Geschäftsanteil im Nennbetrag von EUR . . . . . mit der laufenden Nummer 3,

B mit einem Geschäftsanteil im Nennbetrag von EUR . . . . . mit der laufenden Nummer 4.[17]“

II.[18]

1. C und D verzichten jeder für sich auf die Erstattung eines Verschmelzungsberichts (§ 8 Abs. 3 UmwG)[19] sowie auf eine Prüfung des Verschmelzungsvertrags und die Erstattung eines Verschmelzungsprüfungsberichts (§§ 9 Abs 3, 12 Abs 3, 8 Abs 3 UmwG).[20]
2. C und D verzichten jeder für sich auf Klage gegen die Wirksamkeit des Verschmelzungsbeschlusses (§ 16 Abs 2 S. 2 UmwG) und des Kapitalerhöhungsbeschlusses.[21]

c) Verschmelzungsbeschluss des übertragenden Rechtsträgers

Verhandelt in . . . . . am . . . . .

Vor dem unterzeichneten Notar . . . . . mit dem Amtssitz in . . . . . erschienen A und B.

Die Erschienenen erklärten:

Alleinige Gesellschafter der A GmbH mit Sitz in . . . . ., eingetragen im Handelsregister des Amtsgerichts . . . . . unter HRB . . . . ., sind A mit einem Geschäftsanteil im Nennbetrag von EUR . . . . . mit der laufenden Nummer 1 und B mit einem Geschäftsanteil im Nennbetrag von EUR . . . . . mit der laufenden Nummer 2.

I.

Unter Verzicht auf alle durch Gesetz oder Gesellschaftsvertrag vorgeschriebenen Formen und Fristen für die Einberufung, Vorbereitung und Durchführung einer Gesellschafterversammlung und die Unterrichtung der Gesellschafter – insbesondere gemäß §§ 47, 49 UmwG – wird hiermit eine Gesellschafterversammlung der A GmbH abgehalten und einstimmig beschlossen was folgt:

Dem Verschmelzungsvertrag vom . . . . . 2022 (UR. Nr. . . . . . des Notars . . . . .) zwischen der A GmbH als übertragendem Rechtsträger und der C GmbH als übernehmendem Rechtsträger über die Verschmelzung der A GmbH auf die C GmbH im Wege der Aufnahme wird zugestimmt.

II.

1. A und B verzichten jeder für sich auf die Erstattung eines Verschmelzungsberichts (§ 8 Abs. 3 UmwG) sowie auf eine Prüfung des Verschmelzungsvertrags und die Erstattung eines Verschmelzungsprüfungsberichts (§§ 9 Abs 3, 12 Abs 3, 8 Abs 3 UmwG).
2. A und B verzichten jeder für sich auf Klage gegen die Wirksamkeit des Verschmelzungsbeschlusses (§ 16 Abs 2 S. 2 UmwG).

d) Anmeldung zum Handelsregister des übernehmenden Rechtsträgers[22]

Amtsgericht

– Handelsregister –

. . . . .

Betr.: C GmbH, HRB . . . . .

Wir, die unterzeichnenden sämtlichen Geschäftsführer der C GmbH, überreichen:[23]

1. beglaubigte Abschrift der notariellen Niederschrift UR. Nr. . . . . . des Notars . . . . ., enthaltend den Verschmelzungsvertrag vom . . . . . 2022 zwischen der A GmbH als übertragendem Rechtsträger und der Gesellschaft als übernehmendem Rechtsträger;
2. beglaubigte Abschrift der notariellen Niederschrift UR. Nr. . . . . . des Notars . . . . . über die Gesellschafterversammlung der Gesellschaft vom . . . . . 2022, enthaltend
   – den Zustimmungsbeschluss zu dem Verschmelzungsvertrag,
   – den Beschluss über die Erhöhung des Stammkapitals der Gesellschaft nebst entsprechender Änderung des Gesellschaftsvertrags, sowie
   – die notariell beurkundete Erklärung aller Gesellschafter über den Verzicht auf einen Verschmelzungsbericht, eine Verschmelzungsprüfung und einen Verschmelzungsprüfungsbericht sowie auf eine Klage gegen die Wirksamkeit des Verschmelzungsbeschlusses und des Kapitalerhöhungsbeschlusses;

3. beglaubigte Abschrift der notariellen Niederschrift UR. Nr . . . . . des Notars . . . . . über die Gesellschafterversammlung der A GmbH vom . . . . . 2022, enthaltend
   - den Zustimmungsbeschluss zu dem Verschmelzungsvertrag sowie
   - die notariell beurkundete Erklärung aller Gesellschafter über den Verzicht auf einen Verschmelzungsbericht, eine Verschmelzungsprüfung und einen Verschmelzungsprüfungsbericht sowie auf eine Klage gegen die Wirksamkeit des Verschmelzungsbeschlusses;
4. vollständiger Wortlaut des geänderten Gesellschaftsvertrags mit Bescheinigung des Notars gemäß § 54 Abs 1 S 2 GmbHG;
5. Liste der Übernehmer aus der Kapitalerhöhung;[24]
6. vom Notar unterschriebene und mit entsprechender Bescheinigung gemäß § 40 Abs 2 GmbHG versehene vollständige Gesellschafterliste nach der Kapitalerhöhung.

Wir melden zur Eintragung in das Handelsregister an:

1. Die A GmbH mit dem Sitz in . . . . ., eingetragen im Handelsregister des AG . . . . ., HRB . . . . ., als übertragender Rechtsträger ist gemäß §§ 2 Nr. 1, 46 ff UmwG im Wege der Verschmelzung durch Aufnahme mit der Gesellschaft als übernehmenden Rechtsträger verschmolzen.
2. Zur Durchführung der Verschmelzung ist das Stammkapital der Gesellschaft von derzeit EUR . . . . . um EUR . . . . . auf EUR . . . . . durch Ausgabe eines neuen Geschäftsanteils im Nennbetrag von EUR . . . . . mit der laufenden Nummer 3 und eines neuen Geschäftsanteils im Nennbetrag von EUR . . . . . mit der laufenden Nummer erhöht worden. § . . . . . (Stammkapital) des Gesellschaftsvertrags der Gesellschaft ist entsprechend geändert worden.

Wir geben folgende Erklärungen ab:

1. Sämtliche Gesellschafter der beteiligten Gesellschaften haben durch notariell beurkundete Erklärungen auf eine Klage gegen die Wirksamkeit des Verschmelzungsbeschlusses (§ 16 Abs 2 S 2 UmwG) und des Kapitalerhöhungsbeschlusses verzichtet. Eine Klage ist daher ausgeschlossen und eine Negativerklärung gemäß § 16 Abs 2 S 2 UmwG entbehrlich.
2. Sämtliche Gesellschafter der beteiligten Gesellschaften haben durch notariell beurkundete Erklärungen auf die Erstattung eines Verschmelzungsberichts (§ 8 Abs. 3 UmwG), eine Prüfung des Verschmelzungsvertrags und einen Verschmelzungsprüfungsbericht verzichtet (§§ 9 Abs 3, 12 Abs 3, 8 Abs 3 UmwG).
3. Weder bei dem übertragenden noch bei dem übernehmenden Rechtsträger besteht ein Betriebsrat.[25]
   Im Hinblick auf die Bestimmungen der §§ 19, 53 UmwG bitten wir darum, zunächst die Kapitalerhöhung einzutragen.[26] Wir werden sodann zur Vervollständigung der Anmeldung einen beglaubigten Handelsregisterauszug der A GmbH nachreichen, aus dem sich ergibt, dass die Verschmelzung in das Handelsregister an dem Sitz der A GmbH eingetragen ist.

. . . . . (Ort, Datum) (Unterschriften) (Beglaubigungsvermerk)[29]

e) Anmeldung zum Handelsregister des übertragenden Rechtsträgers

Amtsgericht

– Handelsregister –

. . . . .

Betr.: A GmbH, HRB . . . . .

Wir, die unterzeichnenden Geschäftsführer der A GmbH, überreichen:[27]

1. beglaubigte Abschrift der notariellen Niederschrift UR. Nr. . . . . . des Notars . . . . ., enthaltend den Verschmelzungsvertrag vom . . . . . 2022 zwischen der Gesellschaft als übertragendem Rechtsträger und der C GmbH als übernehmendem Rechtsträger;
2. beglaubigte Abschrift der notariellen Niederschrift UR. Nr . . . . . des Notars . . . . . über die Gesellschafterversammlung der C GmbH vom . . . . . 2022, enthaltend
   - den Zustimmungsbeschluss zu dem Verschmelzungsvertrag,
   - den Beschluss über die Erhöhung des Stammkapitals der C GmbH nebst entsprechender Änderung des Gesellschaftsvertrags sowie
   - die notariell beurkundete Erklärung aller Gesellschafter über den Verzicht auf einen Verschmelzungsbericht, eine Verschmelzungsprüfung und einen Verschmelzungsprüfungsbericht sowie auf eine Klage gegen die Wirksamkeit des Verschmelzungsbeschlusses und des Kapitalerhöhungsbeschlusses.
3. beglaubigte Abschrift der notariellen Niederschrift UR. Nr . . . . . des Notars . . . . . über die Gesellschafterversammlung der Gesellschaft vom . . . . . 2022, enthaltend
   - den Zustimmungsbeschluss zu dem Verschmelzungsvertrag sowie
   - die notariell beurkundete Erklärung aller Gesellschafter über den Verzicht auf einen Verschmelzungsbericht, eine Verschmelzungsprüfung und einen Verschmelzungsprüfungsbericht sowie auf eine Klage gegen die Wirksamkeit des Verschmelzungsbeschlusses;
4. die geprüfte und mit Bestätigungsvermerk versehene Bilanz der Gesellschaft zum . . . . . als Schlussbilanz gemäß § 17 Abs 2 UmwG.[28]

Wir melden zur Eintragung in das Handelsregister an:

Die Gesellschaft als übertragender Rechtsträger ist gemäß §§ 2 Nr. 1, 46 ff UmwG im Wege der Verschmelzung durch Aufnahme mit der C GmbH mit dem Sitz in . . . . ., eingetragen im Handelsregister des AG . . . . ., HRB . . . . ., als übernehmenden Rechtsträger verschmolzen.

Wir geben folgende Erklärungen ab:

1. Sämtliche Gesellschafter der beteiligten Gesellschaften haben durch notariell beurkundete Erklärungen auf eine Klage gegen die Wirksamkeit des Verschmelzungsbeschlusses verzichtet (§ 16 Abs 2 S 2 UmwG). Eine Klage ist daher ausgeschlossen und eine Negativerklärung gemäß § 16 Abs 2 S 2 UmwG entbehrlich.
2. Sämtliche Gesellschafter der beteiligten Gesellschaften haben durch notariell beurkundete Erklärungen auf die Erstattung eines Verschmelzungsberichts (§ 8 Abs. 3 UmwG), eine Prüfung des Verschmelzungsvertrags und einen Verschmelzungsprüfungsbericht verzichtet (§§ 9 Abs 3, 12 Abs 3, 8 Abs 3 UmwG).
3. Weder bei dem übertragenden noch bei dem übernehmenden Rechtsträger besteht ein Betriebsrat.

. . . . . (Ort, Datum) (Unterschriften) (Beglaubigungsvermerk)

Schrifttum: *Böttcher/Habighorst/Schulte*, Umwandlungsrecht, 2. Aufl. 2019; *Dötsch/Pung/Möhlenbrock*, Die Körperschaftsteuer, Loseblatt, Stand: Dezember 2021; *Kallmeyer*, Umwandlungsgesetz, 7. Aufl. 2020; *Kittl/Lorenz*, Was lange währt, wird endlich gut? Vorschau zur erwarteten Rechtsprechung des BFH zur grunderwerbsteuerlichen Konzernklausel, DStR 2019, 897; *Lieder/Wilk/Ghassemi-Tabar*, Münchener Handbuch des Gesellschaftsrechts, Band 8, Umwandlungsrecht etc,

5. Aufl. 2018; *Lutter,* Umwandlungsgesetz, 6. Aufl. 2019; Rödder/Herlinghaus/van Lishaut, UmwStG, 3. Aufl. 2019; *Sagasser/Bula/Brünger*, Umwandlungen, 6. Aufl. 2022; *Schmitt/Hörtnagl/Stratz,* Umwandlungsgesetz, Umwandlungssteuergesetz, 9. Aufl. 2020; *Schwedhelm, Die* Unternehmensumwandlung, 9. Aufl. 2019; *Semler/Stengel/Leonard,* Umwandlungsgesetz, 5. Aufl. 2021; *Widmann/Mayer,* Umwandlungsrecht: Umwandlungsgesetz, Umwandlungssteuergesetz, Loseblatt, Stand: Dezember 2021.[30]

Anmerkungen

1. Das Gesetz sieht zwei Arten der Verschmelzung vor (§ 2 UmwG): Bei der Verschmelzung im Wege der **Aufnahme** wird das Vermögen eines oder mehrerer Rechtsträger (übertragende Rechtsträger) als Ganzes auf einen anderen, bereits bestehenden Rechtsträger (übernehmender Rechtsträger) übertragen. Bei der Verschmelzung im Wege der **Neugründung** wird das Vermögen der mindestens zwei übertragenden Rechtsträger jeweils als Ganzes auf einen neuen, von ihnen dadurch gegründeten Rechtsträger übertragen (s hierzu → Form. II.J.2 Anm. 1 ff.). In beiden Fällen erlischt der oder erlöschen die übertragende(n) Rechtsträger mit der Verschmelzung.

Da bei der Verschmelzung durch Aufnahme das Vermögen des übernehmenden Rechtsträgers außer Betracht bleibt, hat sie Kosten- und uU Grunderwerbsteuervorteile. Das Formular behandelt die Verschmelzung zweier GmbHs zur Aufnahme; möglich ist auch die Verschmelzung mehrere GmbHs (§ 2 Nr. 1 UmwG). Neben den allgemeinen Vorschriften der §§ 2–38 UmwG finden auf die Verschmelzung unter Beteiligung einer GmbH die besonderen Vorschriften der §§ 46–59 UmwG Anwendung.

2. Der Verschmelzungsvertrag muss notariell beurkundet werden (§ 6 UmwG). Zum Mindestinhalt §§ 5, 46 UmwG. Das Formular beschränkt sich weitgehend auf diesen Mindestinhalt. Im Einzelfall können weitergehende Regelungen sinnvoll sein, bspw. Verpflichtungen zur Änderung des Gesellschaftsvertrags der übernehmenden GmbH, Regelungen zur Firma (§ 18 UmwG) oder zur Besetzung der Leitungsorgane des übernehmenden Rechtsträgers, Bedingungen (zB aufschiebende Bedingung der Freigabe bzw. Nichtuntersagung des Zusammenschlusses durch die zuständigen Kartellbehörden oder der Erteilung sonstiger regulatorischer Erfordernisse), Vereinbarung eines Rücktrittsvorbehalts für den Fall, dass die Verschmelzung nicht bis zu einem bestimmten Zeitpunkt wirksam geworden ist; vgl. auch Semler/Stengel/*Schröer* § 5 UmwG Rn 107 ff.

Ob der Verschmelzungsvertrag auch im Ausland beurkundet werden kann, ist umstritten (vgl. Semler/Stengel/*Schröer* § 6 UmwG Rn 15 ff; Lutter/*Drygala* § 6 UmwG Rn 8 ff; Schmitt/Hörtnagl/*Winter* § 6 UmwG Rn 13 ff). Angesichts dieser Rechtsunsicherheit ist von Auslandsbeurkundungen abzuraten. Jedenfalls sollte eine solche Auslandsbeurkundung vorab mit dem Registerrichter abgestimmt werden. Dieser wird die Verschmelzung nicht eintragen, wenn der Verschmelzungsvertrag aus seiner Sicht einem Formfehler unterliegt. Andererseits heilt die erfolgte Eintragung der Verschmelzung im Handelsregister des übernehmenden Rechtsträgers einen etwaigen Formfehler (§ 20 Abs 1 Nr. 4, Abs 2 UmwG).

3. Zur Schlussbilanz s § 17 Abs 2 UmwG und noch → Anm. 28. Der Verschmelzungsvertrag muss Angaben zu dem Zeitpunkt enthalten, von dem an die im Rahmen der Verschmelzung gewährten Anteile an dem übernehmenden Rechtsträger gewinnberechtigt sind (§ 5 Abs 1 Nr. 5 UmwG). Der Zeitpunkt der Gewinnberechtigung kann frei bestimmt werden. In der Praxis wird er zumeist wie im Formular vorgesehen auf den Beginn des Geschäftsjahres des übernehmenden Rechtsträgers gelegt, das auf den Stichtag der letzten Jahresbilanz des übertragenden Rechtsträgers folgt (Semler/Stengel/*Schröer* § 5 UmwG Rn 42 ff; Lutter/*Drygala* § 5 UmwG Rn 68).

Zudem ist die Vereinbarung eines Verschmelzungsstichtags vorgeschrieben (§ 5 Abs 1 Nr. 6 UmwG). Zumeist wird es sich empfehlen, den Verschmelzungsstichtag so zu wählen, dass er mit dem Zeitpunkt des Beginns der Gewinnberechtigung übereinstimmt; zwingend ist dies jedoch nicht (näher Semler/Stengel/*Schröer* § 5 UmwG Rn 58; Schmitt/Hörtnagl/*Winter* § 5 UmwG Rn 61, 63). Umstritten ist, ob ein Auseinanderfallen von Schlussbilanzstichtag und Verschmelzungsstichtag umwandlungsrechtlich zulässig ist (Lutter/*Drygala* § 5 UmwG Rn 46). Jedenfalls in der Praxis fallen die beiden Stichtage immer zusammen, zumal die Finanzverwaltung verlangt, dass der steuerliche Übertragungsstichtag und damit der Schlussbilanzstichtag auf den Tag vor dem Verschmelzungsstichtag fällt (BMF BStBl I 11, 1314 „Umwandlungssteuererlass" Tz 02.01 f).

Die Verschmelzung kann handelsrechtlich auf einen Stichtag zurückbezogen werden, der höchstens acht Monate vor der Anmeldung (nicht Eintragung!) der Verschmelzung zum Handelsregister liegt (§§ 5 Abs 1 Nr. 6, 17 Abs 2 S. 4 UmwG). In Zeiten der Corona-Pandemie galten längere Fristen. Das UmwStG kennt für die Verschmelzung keine eigene Rückwirkungsfrist. Jedoch gilt für steuerliche Zwecke wie bereits erwähnt zwingend der Tag vor dem handelsrechtlichen Umwandlungsstichtag als steuerlicher Übertragungsstichtag (§ 2 Abs 1 UmwStG; s auch BMF BStBl I 11, 1314 „Umwandlungssteuererlass" Tz .02.02). Daraus folgt im Ergebnis, dass auch der steuerliche Übertragungsstichtag maximal acht Monate vor der Anmeldung zum Handelsregister liegen kann. Mit Ablauf des steuerlichen Übertragungsstichtags treten steuerlich die Wirkungen der Verschmelzung ein. Diese steuerliche Rückwirkungs-Fiktion setzt nicht voraus, dass die gesellschaftsrechtlichen Voraussetzungen am steuerlichen Übertragungsstichtag bereits vorlagen. Deshalb ist zB eine rückwirkende Verschmelzung durch Aufnahme möglich, auch wenn der übernehmende Rechtsträger am steuerlichen Übertragungsstichtag zivilrechtlich noch nicht bestand und obwohl die zivilrechtlichen Wirkungen der Verschmelzung erst mit ihrer Eintragung eintreten.

Ist möglicherweise mit Verzögerungen bei der Eintragung der Verschmelzung zu rechnen, bspw. wegen möglicher Klagen von Gesellschaftern gegen die Verschmelzungsbeschlüsse oder wegen kartellrechtlicher Anmeldeerfordernisse, ist die Aufnahme einer variablen Regelung im Verschmelzungsvertrag zum Stichtag der Schlussbilanz und zum Verschmelzungsstichtag zu empfehlen (sog rollierende Stichtagsklausel). Hierdurch werden neue Beschlüsse der Gesellschafterversammlungen vermieden. Dabei wird geregelt, dass und wie sich der Stichtag ändert, falls die Verschmelzung nicht vor Ablauf eines bestimmten Datums eingetragen und damit wirksam wird. Dabei wird es sich zumeist anbieten, den Verschmelzungsstichtag um ein Jahr zu verschieben, so dass die Stichtage wiederum mit dem Ende des nächstfolgenden Geschäftsjahres (Stichtag für die Schlussbilanz) bzw. dem Beginn des darauffolgenden (übernächsten) Geschäftsjahres (Verschmelzungsstichtag) zusammenfallen. Auch die Angabe des Zeitpunkts, ab dem die neuen Geschäftsanteile gewinnberechtigt sind, ist dann entsprechend anzupassen. Ein Formulierungsbeispiel findet sich in → Form. II.J.2 § 10.

4. §§ 5 Abs 1 Nr. 2 und 3, 46 UmwG. Allen Gesellschaftern der übertragenden Rechtsträger sind grds Anteile am übernehmenden Rechtsträger zu gewähren (Grundsatz der Mitgliederidentität). Eine Abfindung in Geld oder Sachwerten ist grds unzulässig (Ausnahmen: bare Zuzahlungen im Rahmen der Verbesserung des Umtauschverhältnisses gemäß § 15 UmwG und Barabfindungen gemäß §§ 29 ff UmwG). Bare Zuzahlungen dürfen den zehnten Teil des Gesamtnennbetrags der gewährten Geschäftsanteile der übernehmenden GmbH nicht übersteigen (§ 54 Abs 4 UmwG).

Aufzuführen sind das Umtauschverhältnis der Anteile und ggf. – unter Beachtung des § 54 Abs 4 UmwG – die Höhe der baren Zuzahlungen (§ 5 Abs 1 Nr. 3 UmwG), zusätzlich jeder Gesellschafter des übertragenden Rechtsträgers namentlich und mit dem Nennbetrag des ihm zustehenden Geschäftsanteils (§ 46 UmwG). Das Umtauschverhältnis berechnet sich nach der Wertrelation des übertragenden Rechtsträgers/der übertragenden Rechtsträger und des übernehmenden Rechtsträgers zueinander. Hierzu ist im

Wege einer vergleichenden Bewertung der Unternehmenswert der beteiligten Rechtsträger zu ermitteln; s *Bungert* in Fleischer/Hüttemann, Rechtshandbuch Unternehmensbewertung Rz. 22.5 ff; Schmitt/Hörtnagl/*Winter* § 5 UmwG Rn 5 ff. Nach hM ist mit Zustimmung aller Anteilsinhaber die Festlegung eines abweichenden Umtauschverhältnisses möglich, sog nicht verhältniswahrende Verschmelzung (Schmitt/Hörtnagl/*Winter* § 5 UmwG Rn 8). Anteilseigner des übertragenden Rechtsträgers können die Angemessenheit des Umtauschverhältnisses in einem Spruchverfahren gemäß § 15 Abs 1 UmwG überprüfen lassen. Anteilseignern des übernehmenden Rechtsträgers steht dieses Instrument nicht zur Verfügung. Sind sie mit dem Umtauschverhältnis nicht einverstanden, müssen sie gestützt auf die Bewertungsrüge Klage gegen den Verschmelzungsbeschluss erheben (vgl. § 14 Abs 1, Abs 2 UmwG).

Eine Ausnahme vom Grundsatz der Mitgliederidentität gilt bei der konzerninternen Verschmelzung einer hundertprozentigen Tochtergesellschaft auf ihre Muttergesellschaft *(upstream merger):* Gemäß § 20 Abs 1 Nr. 3 S 1 Hs 2 UmwG werden der Muttergesellschaft für die von ihr gehaltenen Aktien an der Tochtergesellschaft keine Anteile gewährt. Ebenso darf sie zur Durchführung der Verschmelzung ihr Stammkapital nicht erhöhen. (§ 54 Abs 1 S 1 Nr. 1 UmwG). Die Angaben nach § 5 Abs 1 Nr. 2 bis 5 UmwG entfallen dann (§ 5 Abs 2 UmwG). Im Falle eines solchen *upstream merger* sind im Hinblick auf die grds erforderlichen Verschmelzungsbeschlüsse die Erleichterungen gemäß §§ 62 Abs 1, Abs 4 S. 1 UmwG zu beachten.

Bei der Verschmelzung von Schwestergesellschaften, die denselben Alleingesellschafter oder dieselben Gesellschafter mit jeweils identischer Beteiligung haben, ist die Bildung eines neuen Geschäftsanteils rechtlich grds möglich. Die ist aber oftmals nicht gewollt, weil die Gesellschafter des übertragenden Rechtsträgers auch an dem übernehmenden Rechtsträger im gleichen Maße beteiligt sind und sich auch die Beteiligungsverhältnisse nicht ändern. Das Gesetz lässt zu, dass alle Gesellschafter des übertragenden Rechtsträgers in notariellem Formular auf die Gewährung von Geschäftsanteilen am übernehmenden Rechtsträger verzichten. Dann werden weder neue Geschäftsanteile gewährt noch wird eine Kapitalerhöhung bei dem übernehmenden Rechtsträger durchgeführt (§ 54 Abs 1 S 3 UmwG). Die Anteilsinhaber von Schwestergesellschaften sind damit frei in ihrer Entscheidung, ob sie beim übernehmenden Rechtsträger neue Anteile schaffen (näher Schmitt/Hörtnagl/*Winter* § 2 UmwG Rn 21 ff).

5. § 55 UmwG erleichtert die Kapitalerhöhung zur Durchführung einer Verschmelzung im Hinblick auf die hierbei einzuhaltenden Formalien. So ist ua keine Übernahmeerklärung gemäß § 55 Abs 1 GmbHG erforderlich. Gegenstand der Sacheinlage iSd § 56 Abs 1 S 1 UmwG ist das Vermögen des übertragenden Rechtsträgers; dieses muss jedoch nicht näher bezeichnet werden. Falls die übernehmende GmbH voll eingezahlte eigene Geschäftsanteile hält oder durch die Verschmelzung erwirbt, können diese zur Anteilsgewährung verwendet werden; das Kapital muss nicht, darf aber erhöht werden (§ 54 Abs 1 S 2 UmwG).

Der Notar ist gemäß § 40 Abs 2 GmbHG verpflichtet, nach Wirksamwerden der Verschmelzung dem Handelsregister unverzüglich eine von ihm zu unterzeichnende aktuelle Liste der Gesellschafter zum Handelsregister einzureichen und diese Liste mit einer Bescheinigung über die Veränderungen zu versehen. Der Notar ist weiterhin verpflichtet, die Gesellschaft durch Übersendung einer Kopie der geänderten Gesellschafterliste zu unterrichten. Aus der Liste der Gesellschafter sind Name, Vorname, Geburtsdatum und Wohnort (bei natürlicher Person als Gesellschafter) bzw. Name und Sitz der Gesellschafter sowie die Nennbeträge und die laufenden Nummern der übernommenen Geschäftsanteile zu entnehmen. Im Verhältnis zur Gesellschaft gilt nur der als Gesellschafter, wer als solcher in der im Handelsregister aufgenommenen Gesellschafterliste eingetragen ist (§ 16 Abs1 S 1 GmbHG).

6. § 5 Abs 1 Nr. 7 UmwG. Vgl. § 23 UmwG zum Schutz der Inhaber von Sonderrechten.

7. § 5 Abs 1 Nr. 8 UmwG.

8. § 5 Abs 1 Nr. 9 UmwG. Zum Inhalt s Semler/Stengel/*Simon* § 5 UmwG Rn 76 ff.

9. So das BAG, vgl. NZA 2008, 815/817; *Langner*, in: Schmitt/Hörtnagl/Stratz *Vor* § 322 UmwG Rn 29; Semler/Stengel/*Simon* § 324 UmwG Rn 51 ff. mwN auch zur Gegenansicht, die ein Widerspruchsrecht des Arbeitnehmers bei der Verschmelzung annimmt.

10. Die Verschmelzung allein hat keine Änderung der betrieblichen Strukturen zur Folge, sie können aber als Maßnahmen damit verbunden sein, zB Betriebszusammenlegungen oder -schließungen und -verlegungen, Entlassungen, grundlegende Umstrukturierungen, Änderungen der betrieblichen Organisation, Sozialpläne, mit Betriebsräten vereinbarte Interessenausgleiche, etc Diese Maßnahmen sind im Einzelnen aufzuführen.

11. Besteht bei zumindest einer der an der Verschmelzung beteiligten Gesellschaften ein Betriebsrat, ist hierauf einzugehen. Werden die Betriebe der beteiligten Gesellschaften wie im Formular vorgesehen unverändert fortgeführt, bleiben die bestehenden Betriebsräte unverändert bestehen. Etwaige bei dem übertragenden Rechtsträger bestehende Betriebsvereinbarungen gelten unverändert kollektivrechtlich fort. Ebenso sollte – soweit vorhanden – auf Gesamtbetriebsrat, Konzernbetriebsrat und Europäischen Betriebsrat eingegangen werden. Ferner ist auf mögliche Änderungen für einen Wirtschaftsausschuss iSd § 106 BetrVG oder für einen Sprecherausschuss der leitenden Angestellten einzugehen, wenn diese bei zumindest einem der beteiligten Rechtsträger bestehen. Vgl. hierzu → Form. II.J.2 a Anm. 1 ff.) § 8. Zu der erforderlichen Zuleitung des Verschmelzungsvertrags (oder seines Entwurfs) bei Bestehen eines Betriebsrats → Anm. 25.

12. Infolge der Verschmelzung und des damit verbundenen Übergangs der Mitarbeiter auf die übernehmende GmbH kann bei dieser – abhängig von der Zahl der beschäftigten Arbeitnehmer – erstmals ein Aufsichtsrat erforderlich werden (insb. nach DrittelbG, MitbestG), oder aufgrund der neu hinzugekommenen Mitarbeiter kann sich die Art der Mitbestimmung ändern (bspw. Übergang von der Drittelparität nach dem DrittelbG zum paritätisch besetzten Aufsichtsrat nach dem MitbestG). Hierauf ist dann in den Erläuterungen hinzuweisen. Ist beim übertragenden Rechtsträger ein Aufsichtsrat mit Arbeitnehmervertretern vorhanden, ist darauf hinzuweisen, dass dieser mit Wirksamwerden der Verschmelzung erlischt und die Mandate aller Aufsichtsratsmitglieder automatisch enden.

13. S. 1 und S. 2 sind rein deklaratorisch, da der übertragende Rechtsträger untergeht und daher nur der übernehmende die Kosten tragen kann. Alternativ ist zB auch denkbar, dass die Kosten geteilt werden, oder dass jeder Rechtsträger seine eigenen Kosten trägt und nur gemeinsame Kosten geteilt werden.

14. Die Anteilsinhaber der beteiligten Rechtsträger müssen dem Verschmelzungsvertrag durch Beschluss zustimmen; Ausnahmen gelten für Konzernverschmelzungen (§§ 62 Abs. 1, Abs. 4 S. 1 UmwG). Dieser Verschmelzungsbeschluss kann nur in einer Versammlung der Anteilsinhaber gefasst werden, die der notariellen Beurkundung bedarf (§ 13 Abs 1, 3 UmwG). Der Verschmelzungsvertrag oder sein Entwurf ist dem Beschluss als Anlage beizufügen (§ 13 Abs 3 S 2 UmwG). Im Zeitpunkt des Verschmelzungsbeschlusses muss der Verschmelzungsvertrag noch nicht notariell beurkundet sein; vielmehr kann den Anteilsinhabern auch ein Entwurf vorgelegt werden, der vor der Beschlussfassung schriftlich aufzustellen ist (§ 4 Abs 2 UmwG). Inhaltlich gelten für den Entwurf allerdings die gleichen Anforderungen (vgl. § 5 Abs 1 UmwG).

Für die Einberufung gelten die allgemeinen Vorschriften (insb. §§ 49, 51 GmbHG) und die Regelungen im Gesellschaftsvertrag. Die Verschmelzung ist in der Einberufung als Gegenstand der Beschlussfassung anzukündigen (§ 49 Abs 1 UmwG). Der Verschmelzungsvertrag oder sein Entwurf und der Verschmelzungsbericht (soweit erforderlich) sind den Gesellschaftern spätestens zusammen mit der Einberufung der Gesellschafterversammlung zu übersenden (§ 47 UmwG). Zudem sind von der Einberufung an die Jahresabschlüsse und Lageberichte der an der Verschmelzung beteiligten Rechtsträger für die letzten drei Geschäftsjahre zur Einsicht durch die Gesellschafter auszulegen (§ 49 Abs 2 UmwG). Die Gesellschafter können jedoch wie im Formular vorgesehen auf die Wahrung der Fristen und Formen für die Einberufung und Abhaltung der Gesellschafterversammlung verzichten, wenn sämtliche Gesellschafter damit einverstanden sind.

15. Der Verschmelzungsbeschluss bedarf grds einer Mehrheit von mindestens drei Vierteln der in der Gesellschafterversammlung abgegebenen Stimmen (§ 50 Abs 1 S 1 UmwG). Der Gesellschaftsvertrag kann eine größere Mehrheit und weitere Erfordernisse bestimmen (S 2).

Ist die Abtretung der Geschäftsanteile des übertragenden Rechtsträgers von der Genehmigung bestimmter einzelner Gesellschafter abhängig, müssen diese, soweit sie an der Beschlussfassung nicht teilnehmen, in notariell beurkundetem Formular ihre Zustimmung zum Verschmelzungsbeschluss erklären (§§ 13 Abs 2, Abs 3 S 1, 50 Abs 2 UmwG). Zu weiteren Zustimmungserfordernissen in Sonderfällen s § 51 UmwG. Sind nicht alle Einlagen in voller Höhe geleistet, müssen alle (auch die nicht erschienenen) Gesellschafter der übertragenden GmbH zustimmen (§ 51 Abs 1 S 1 und 2 UmwG).

16. Wegen des Verbots der Unterpari-Emission darf der Gesamtnennbetrag der Kapitalerhöhung (zzgl. etwaiger barer Zuzahlungen) den Wert des übertragenen Vermögens gem. Schlussbilanz nicht übersteigen (Semler/Stengel/*Reichert* § 55 UmwG Rn 8 ff); s im Übrigen zur Kapitalerhöhung → Anm. 4, 5.

17. Aufgrund der Übernahme des Vermögens des übertragenden Rechtsträgers kann eine Erweiterung des Unternehmensgegenstandes des übernehmenden Rechtsträgers erforderlich werden. Dann ist in die notarielle Urkunde, die den Verschmelzungsbeschluss enthält, auch diese Änderung des Gesellschaftsvertrags (§§ 3 Abs 1 Nr. 2, 53 GmbHG) aufzunehmen. Die Änderung des Gesellschaftsvertrags ist zusammen mit der Verschmelzung und der Erhöhung des Stammkapitals zur Eintragung in das Handelsregister des übernehmenden Rechtsträgers anzumelden.

Sollen Geschäftsführer des übertragenden Rechtsträgers eine entsprechende Position beim übernehmenden Rechtsträger übernehmen, kann die Bestellung der Geschäftsführer ebenfalls in der Gesellschafterversammlung des übernehmenden Rechtsträgers beschlossen werden. Sie ist zur Eintragung in das Handelsregister des übernehmenden Rechtsträgers anzumelden.

18. Die Verzichtserklärungen sind Willenserklärungen und müssen vorgelesen, genehmigt und unterschrieben werden (§ 13 BeurkG).

19. Grds haben die Vertretungsorgane jedes der an der Verschmelzung beteiligten Rechtsträgers einen ausführlichen Verschmelzungsbericht zu erstatten (§ 8 Abs 1 UmwG). Er kann von den Vertretungsorganen gemeinsam erstattet werden (§ 8 Abs 1 S 1 Hs 2 UmwG), was in der Praxis der Regelfall ist. Der Bericht erläutert und begründet die Verschmelzung, den Verschmelzungsvertrag bzw. dessen Entwurf und insb. das Umtauschverhältnis sowie ggf. die Höhe einer anzubietenden Barabfindung rechtlich und wirtschaftlich. Hierzu gehört auch eine Erläuterung und Begründung der Bewertung, die der Festlegung des Umtauschverhältnisses zugrunde liegt, einschließlich Darstellung der

Wertverhältnisse, so dass den Anteilseignern eine Plausibilitätskontrolle möglich ist. S zum Verschmelzungsbericht → Form. II.J.2 c Anm. 1 ff.).

Der Bericht ist nicht erforderlich, wenn alle Anteilsinhaber aller beteiligten Rechtsträger auf seine Erstattung verzichten, oder wenn sich alle Anteile des übertragenden Rechtsträgers in der Hand des übernehmenden Rechtsträgers befinden (*upstream merger* auf eine Muttergesellschaft, die 100 % der Anteile an der Tochtergesellschaft hält); die Verzichtserklärungen sind notariell zu beurkunden (§ 8 Abs 3 UmwG).

20. Der Verschmelzungsvertrag oder sein Entwurf ist auf Verlangen eines Gesellschafters durch einen oder mehrere gerichtlich bestellte Verschmelzungsprüfer zu prüfen (§§ 9 ff, 48 UmwG). Der oder die Verschmelzungsprüfer werden auf Antrag der Geschäftsführer der jeweiligen Gesellschaft vom Landgericht (ggf. KfH) bestellt; zuständig ist das LG des Sitzes des übertragenden Rechtsträgers, bei mehreren übertragenden Rechtsträgern sind also mehrere Landgerichte zuständig (§ 10 Abs 2 UmwG). Auf gemeinsamen Antrag der Vertretungsorgane kann ein gemeinsamer Verschmelzungsprüfer für alle beteiligten Rechtsträger bestellt werden (§ 10 Abs 1 S 2 UmwG). Dies ist in der Praxis der Regelfall.

Der Verschmelzungsprüfer erstattet einen Prüfungsbericht, in dem er insbesondere erklären muss, ob das vorgeschlagene Umtauschverhältnis der Anteile und ggf. die Höhe der baren Zuzahlung oder die Mitgliedschaft bei dem übernehmenden Rechtsträger als Gegenwert angemessen ist (§ 12 UmwG). Die Verschmelzungsprüfung und der Bericht sind jeweils nicht erforderlich, wenn keiner der Gesellschafter einen Antrag auf Verschmelzungsprüfung stellt, alle Anteilsinhaber aller beteiligten Rechtsträger (durch notariell beurkundende Erklärung) auf seine Erstattung verzichten, oder sich alle Anteile des übertragenden Rechtsträgers in der Hand des übernehmenden Rechtsträgers befinden (§§ 48 S 1, 9 Abs 3 iVm § 8 Abs 3 UmwG und §§ 48 S 1, 12 Abs 3 iVm § 8 Abs 3 UmwG).

21. Verzichten sämtliche Gesellschafter der beteiligten Rechtsträger auf eine Klage gegen den Verschmelzungsbeschluss, kann bei der Anmeldung der Verschmelzung sogleich die Negativerklärung nach § 16 Abs 2 UmwG abgegeben werden. Dies führt zur Beschleunigung, da andernfalls die entsprechende Erklärung erst nach Ablauf der Monatsfrist des § 14 Abs 1 UmwG abgegeben werden kann.

22. Die Verschmelzung ist bei jedem Register der an der Verschmelzung beteiligten Rechtsträger zur Eintragung anzumelden (§ 16 Abs 1 S 1 UmwG). Wirksam wird die Verschmelzung erst mit ihrer Eintragung im Register des übernehmenden Rechtsträgers (§ 20 Abs 1 UmwG). Mit der Eintragung geht das Vermögen der übertragenden Rechtsträger im Wege der Gesamtrechtsnachfolge auf den übernehmenden Rechtsträger über. Die übertragenden Rechtsträger erlöschen. Den Gläubigern der an der Verschmelzung beteiligten Rechtsträger steht unter den Voraussetzungen des § 22 UmwG ein Anspruch auf Sicherheitsleistung zu.

Die Verschmelzung darf erst eingetragen werden, nachdem die Erhöhung des Stammkapitals eingetragen worden ist (§ 53 GmbHG). Beide Vorgänge können jedoch zusammen zum Handelsregister des übernehmenden Rechtsträgers angemeldet werden. Dies bietet sich in praktischer Hinsicht schon deshalb an, da der Kapitalerhöhung der Verschmelzungsvertrag und die Niederschriften der Verschmelzungsbeschlüsse beizufügen sind (§ 55 Abs 2 UmwG); s noch → Anm. 26.

23. Die Anmeldung der Verschmelzung bei dem übernehmenden Rechtsträger muss gem. § 16 Abs 1 S 1 UmwG von deren Geschäftsführern vorgenommen werden. Grds ist Handeln in vertretungsberechtigter Zahl ausreichend. Falls im Zusammenhang mit der Verschmelzung jedoch zugleich die Kapitalerhöhung angemeldet wird, wie es im Formular vorgesehen und in der Praxis der Regelfall ist, müssen bei der Anmeldung sämtliche Geschäftsführer mitwirken (§ 78 GmbHG); ein Handeln in vertretungsberechtigter Zahl ist dann nicht ausreichend (näher hierzu Schmitt/Hörtnagl/*Winter* § 16 UmwG Rn 8). Zu den erforderlichen Anlagen der Anmeldung vgl. § 17 Abs 1 UmwG iVm § 8 Abs 1 GmbHG.

24. § 57 Abs 3 Nr. 2 GmbHG.

25. Besteht bei einem oder mehreren der beteiligten Rechtsträgern ein Betriebsrat, ist gem. § 5 Abs 3 UmwG der Verschmelzungsvertrag oder sein Entwurf spätestens einen Monat vor dem Tag der Versammlung der Anteilsinhaber jedes beteiligten Rechtsträgers, die über die Zustimmung zum Verschmelzungsvertrag beschließen soll, dem zuständigen Betriebsrat dieses Rechtsträgers zuzuleiten. Besteht bei dem übertragenden Rechtsträger ein Gesamtbetriebsrat, muss der Verschmelzungsvertrag bzw. sein Entwurf in aller Regel allein diesem zugeleitet werden, ansonsten jedem Betriebsrat; ein Konzernbetriebsrat ist in der Regel nicht zuständig in diesem Sinne. In der Praxis wird häufig der Verschmelzungsvertrag vorsorglich gleichwohl an alle in Betracht kommenden Betriebsräte zugeleitet, insbesondere wenn die Betriebsratsstrukturen betriebs- bzw. unternehmensübergreifend ausgestaltet sind (zum Ganzen näher Semler/Stengel/*Simon,* UmwG, § 5 Rn 142 f). Der Betriebsrat kann auf die Einhaltung der Monatsfrist verzichten (Semler/Stengel/*Simon,* UmwG, § 5 Rn 145). Ob der Betriebsrat auch auf die Zuleitung insgesamt verzichten kann, ist demgegenüber umstritten (bejahend Semler/Stengel/*Simon,* UmwG, § 5 Rn 146; verneinend Lutter/*Drygala* § 5 UmwG Rn 109), so dass von einem solchen vollständigen Verzicht in der Praxis jedenfalls ohne vorherige Abstimmung mit dem Registergericht abzuraten ist. Als Nachweis über die rechtzeitige Zuleitung, die der Anmeldung zum Handelsregister beizufügen ist (§ 17 Abs 1 UmwG aE), bietet sich ein vom Betriebsratsvorsitzenden unterzeichnetes Empfangsbekenntniss an.

26. Die Eintragung der Kapitalerhöhung des übernehmenden Rechtsträgers ist Voraussetzung für die Eintragung der Verschmelzung bei der übertragenden, die wiederum Voraussetzung ist für die Eintragung der Verschmelzung bei dem übernehmenden Rechtsträger (§§ 53, 19 Abs 1 UmwG). Deshalb wird zunächst nur die Kapitalerhöhung eingetragen. Eine Versicherung entspr. § 57 Abs 2 GmbHG ist nicht erforderlich (§ 55 Abs 1 S 1 UmwG). Die Eintragung bei der übertragenden GmbH wird dem Handelsregister der übernehmenden GmbH von Amts wegen mitgeteilt (§ 19 Abs 2 UmwG), damit die Verschmelzung dort eingetragen wird. Die Verschmelzung wird erst mit Eintragung bei dem übernehmenden Rechtsträger wirksam (§ 20 Abs 1 UmwG).

27. Handeln der Geschäftsführer in vertretungsberechtigter Zahl ist ausreichend. Im Formular ist vorgesehen, dass die Anmeldung der Verschmelzung zum Handelsregister des übertragenden Rechtsträgers durch die Geschäftsführer des übertragenden Rechtsträgers erfolgt. Daneben sind auch die Geschäftsführer des übernehmenden Rechtsträgers berechtigt, die Verschmelzung auch zur Eintragung in das Register des Sitzes der übertragenden Rechtsträger anzumelden (§ 16 Abs 1 S 2 UmwG).

28. Die Bilanz muss auf einen Stichtag aufgestellt worden sein, der höchstens acht Monate vor der Anmeldung (nicht Eintragung) liegt (§ 17 Abs 2 S 4 UmwG); s auch → Anm. 3. Wegen der COVID-19-Pandemie galt für 2020 eine Ausnahme dahingehend, dass die Bilanz nicht mehr als 12 Monate aufgestellt worden sein durfte. Die Regelung ist bis 31.12.2021 verlängert worden. Grds kann hierfür die Bilanz des übertragenden Rechtsträgers des letzten Geschäftsjahrs verwendet werden. Eine gesonderte Schlussbilanz ist nur erforderlich, wenn der Bilanzstichtag mehr als acht Monate vor der Anmeldung der Verschmelzung liegt (§ 17 Abs 2 UmwG). Die Schlussbilanz dient neben der Möglichkeit der Bilanzkontinuität (§ 24 UmwG) den Gläubigern als Entscheidungshilfe dafür, ob sie Sicherheit verlangen sollen (§ 22 UmwG; vgl. Semler/Stengel/*Schwanna* § 17 Rn 13). Sie ist mangels abweichender Satzungsregelung von den Geschäftsführern aufzustellen und noch von den Gesellschaftern der übertragenden GmbH festzustellen (§§ 46 Nr. 1 GmbHG, 264 Abs 1 HGB); die Pflicht zu ihrer Prüfung richtet sich nach den allgemeinen Vorschriften (§§ 316 ff UmwG).

29. **Steuerhinweise:** S bereits → Anm. 3 zum steuerlichen Übertragungsstichtag. Bei der Verschmelzung einer Körperschaft auf eine andere (unbeschränkt steuerpflichtige) Körperschaft sind die übergehenden Wirtschaftsgüter in der steuerlichen Schlussbilanz grds mit dem gemeinen Wert anzusetzen (§ 11 Abs 1 S 1 UmwStG). Für Pensionsverpflichtungen gilt § 6a EStG. Auf rechtzeitigen Antrag der übertragenden Körperschaft beim für diese zuständigen Finanzamt können sie jedoch abweichend hiervon einheitlich mit dem Buchwert (sog Buchwertfortführung) oder einem höheren Zwischenwert, höchstens jedoch mit dem gemeinen Wert, angesetzt werden (Abs 2). Der Antrag ist spätestens bis zur erstmaligen Abgabe der steuerlichen Schlussbilanz zu stellen. Als Schlussbilanz gilt die Steuerbilanz nach §§ 4 Abs 1, 5 Abs 1 EStG verbunden mit der (unwiderruflichen) Erklärung, dass diese Schlussbilanz sei soll, worin zugleich ein konkludenter Antrag auf Ansatz des Buchwerts zu sehen ist (BMF BStBl. I **11,** 1314, „Umwandlungssteuererlass" Tz 03.01 iVm 11.02).Ein Ansatz unterhalb des gemeinem Wert kommt in Betracht, soweit ausschließlich Gesellschaftsrechte als Gegenleistung gewährt werden oder eine Gegenleistung überhaupt nicht gewährt wird, zB bei einem upstream merger (s → Anm. 5). Weiter muss sichergestellt sein, dass die jetzt nicht versteuerten stillen Reserven später bei der übernehmenden Körperschaft der Körperschaftsteuer unterliegen (§ 11 Abs 2 S 1 Nr. 1 UmwStG). Zudem scheidet nach umstrittener Ansicht der Finanzverwaltung ein Buchwertansatz und damit eine steuerneutrale Umwandlung aus, wenn die übertragende Körperschaft ein negatives steuerliches EK ausweist (BMF BStBl. I **11,** 1314, „Umwandlungssteuererlass" Tz 11.06 iVm 03.12; aA Rödder/Herlinghaus/van Lishaut/*Rödder* § 11 Rn 328 mwN).

Die übernehmende Körperschaft hat die auf sie übergegangenen Wirtschaftsgüter mit dem in der steuerlichen Schlussbilanz der übertragenden Körperschaft enthaltenen Wert zu übernehmen (§ 12 Abs 1 S 1 UmwStG). Hierdurch wird bei einer Verschmelzung unter Ansatz des Buchwertes eine spätere Besteuerung der stillen Reserven sichergestellt. Es besteht keine Maßgeblichkeit der Handelsbilanz für die Steuerbilanz; daher ist eine in der Handelsbilanz mögliche Aufstockung (vgl. § 24 UmwG) in der Steuerbilanz nicht zwingend nachzuvollziehen.

Die danach auf Antrag mögliche Beibehaltung der Buchwerte führt dazu, dass bei dem übertragenden Rechtsträger die stillen Reserven nicht aufgedeckt werden und durch die Übertragung des Vermögens auf die übernehmende Körperschaft kein steuerlicher Gewinn entsteht. Dies ermöglicht eine ertragsteuerneutrale Verschmelzung. Die übertragende Körperschaft kann in ihrer steuerlichen Übertragungsbilanz aber auch eine vollständige (beim gemeinen Wert) oder partielle (bei Zwischenwertansatz) Aufdeckung der stillen Reserven wählen, jedoch nur einheitlich; eine unterschiedliche Behandlung einzelner Wirtschaftsgüter ist nicht zulässig. Es entsteht dann ein Übertragungsgewinn, der bei der übertragenden Körperschaft der Körperschaftsteuer unterliegt (zur Gewerbesteuer s sogleich).

Die teilweise Aufdeckung stiller Reserven durch Ansatz der Zwischenwerte kann zB in der Höhe sinnvoll sein, wie ein dadurch realisierter steuerlicher Gewinn mit einem Verlustvortrag der übertragenden Körperschaft verrechnet und damit von dieser noch genutzt werden kann, so dass beim übernehmenden Rechtsträger Abschreibungsvolumen erhöht und latente Veräußerungsgewinn-Steuern reduziert werden können. Denn nicht genutzte steuerliche Verluste, verbleibende Verlustvorträge, Zinsvorträge und EBITDA-Vorträge der übertragenden Körperschaft gehen nicht auf die übernehmende Körperschaft über und können damit von dieser nicht genutzt werden (§§ 12 Abs 3 Hs 2, 4 Abs 2 S 2 UmwStG; s Schmitt/Hörtnagl/Stratz/*Schmitt* § 12 UmwStG Rn 93). Trotz des Vorliegens von (hohen) Verlusten bei der übertragenden Körperschaft kann bei Ansatz des gemeinen Werts ein teilweiser steuerlicher Übertragungsgewinn entstehen, da Gewinne nur bis zu einem Betrag von 1 Millionen Euro vollständig mit existierenden Verlusten verrechnet werden können und darüber hinaus nur zu 60 % (sog. Mindestbesteuerung, §§ 10 d Abs 2 S 1 EStG iVm 8 Abs 1 KStG; zur möglichen Verfassungswidrigkeit der Mindestbesteuerung s Vorlagebeschluss des BFH vom 26.2.2014 (BStBl II 14, 1016, Az. 2 BvL 19/14).

Ist bei der übertragenden Körperschaft kein Verlustvortrag vorhanden, ist hingegen in der Regel eine Buchwertfortführung sinnvoll. § 12 Abs 3 Hs 2 UmwStG erfasst allein nicht genutzte Verluste der übertragenden Körperschaft, so dass solche der übernehmenden Körperschaft infolge der Verschmelzung grds nicht entfallen. Allerdings können die Verluste untergehen, wenn sich aufgrund der Verschmelzung der Gesellschafterkreis in dem nach § 8 c KStG schädlichen Maß ändert.

Werden den Gesellschaftern des übertragenden Rechtsträgers neben Anteilen am übernehmenden Rechtsträger auch bare Zuzahlungen gewährt, führt dies insoweit zu einer Buchwertaufstockung in der steuerlichen Schlussbilanz und damit aufgrund der teilweisen Aufdeckung stiller Reserven zu einem steuerpflichtigen Übertragungsgewinn (näher Schmitt/Hörtnagl/Stratz/*Schmitt* § 11 UmwStG Rn 132, 140 f).

Jedenfalls für den Fall, dass die übernehmende Körperschaft an der übertragenden Körperschaft beteiligt war (upstream merger), ist § 12 Abs 2 S 1 UmwG zu beachten (vgl. BFH v. 9.1.2013, I R 24/12). Trotz Buchwertfortführung kann dabei ein Übernahmegewinn entstehen, wenn der Wertansatz, mit dem die übergegangenen Wirtschaftsgüter zu übernehmen sind, abzüglich der Kosten für den Vermögensübergang höher ist als der Buchwert der Anteile an der übertragenden Gesellschaft. Gem. § 11 Abs 2 S 2 UmwStG iVm § 8 b Abs 2, 3 KStG ist dieser Übernahmegewinn allerdings grds zu 95 % steuerbefreit.

Für die Besteuerung der Gesellschafter der übertragenden Körperschaft gilt § 13 UmwStG. Gem. Abs 1 gelten die Anteile an der übertragenden Körperschaft als zum gemeinen Wert veräußert und die an ihre Stelle tretenden Anteile an der übernehmenden Körperschaft als mit diesem Wert angeschafft. Es liegt also eine Anschaffung vor bzw. wird durch Abs 1 fingiert. Die Besteuerung der fiktiven Veräußerung richtet sich nach den allgemeinen Vorschriften (§§ 17, 20 Abs 2 Nr. 1, 23 EStG, § 8 b Abs 2 KStG). § 13 Abs 2 UmwStG erlaubt jedoch auf Antrag des einzelnen Gesellschafters bei Vorliegen der dort genannten Voraussetzungen, dass die neu erworbenen Anteile an dem übernehmenden Rechtsträger mit dem Buchwert bzw. den Anschaffungskosten der Anteile an dem übertragenden Rechtsträger anzusetzen sind. In diesem Fall realisieren die Gesellschafter durch die Verschmelzung keinen steuerpflichtigen Gewinn. Zu der Steuerpflichtigkeit barer Zuzahlungen s Schmitt/Hörtnagl/Stratz/*Schmitt* § 11 UmwStG Rn 133.

Für die Gewerbesteuer gelten die dargelegten Regeln gem. § 19 UmwStG entsprechend. Eine Übertragung zu Buchwerten kann damit unter denselben Bedingungen auch gewerbesteuerneutral vorgenommen werden.

Soweit im Vermögen des übertragenden Rechtsträgers dt Grundstücke vorhanden sind, fällt grds nach § 1 Abs 1 Nr. 3 GrEStG Grunderwerbsteuer auf den sog „Bedarfswert" iSd § 138 Abs 2 oder 3 BewG (§ 8 Abs 2 Nr. 2 GrEStG) an. Ausnahmen können in Fällen konzerninterner Umstrukturierungen gelten, § 6 a GrEStG (vgl. zu dessen umstrittenem Anwendungsbereich *Kittl/Lorenz*, DStR 2019, 897). Der Grunderwerbsteuersatz beträgt je nach Bundesland zwischen 3,5 % und 6,5 %.

Umsatzsteuerlich stellt sich die Verschmelzung von zwei Kapitalgesellschaften grds nach § 1 Abs 1 a UStG in der Regel als nicht steuerbare Geschäftsveräußerung im Ganzen dar (OFD Düsseldorf v. 19.7.1999, DB 1999, 1580). Der übernehmende Rechtsträger tritt in die Rechtsstellung des Übertragenden ein, so dass grds keine Umsatzsteuer anfällt.

30. Kosten und Gebühren:

a) Verschmelzungsvertrag
   Notar: 2,0 Gebühren, Nr. 21200 KV-GNotKG.

Wert: Vermögen der übertragenden Gesellschaft ohne Schuldenabzug (§§ 3 Abs. 1, 38 GNotKG) oder der Wert der zu gewährenden Anteilsrechte an der übernehmenden Gesellschaft; der höhere Wert ist maßgebend, § 97 Abs. 2 GNotKG, mindestens EUR 30.000, max. EUR 10 Mio., § 107 Abs. 1 Satz 1 GNotKG.

b) Kapitalerhöhung und Verschmelzungsbeschluss des übernehmenden Rechtsträgers
Zustimmung:
Notar: 2,0 Gebühren, mindestens EUR 120, Nr. 21100 iVm Vorbem. 2.1 Abs. 2 KV-GNotKG, max. EUR 5 Mio., § 108 Abs. 5 GNotKG.
Wert: Wert des Verschmelzungsvertrags plus Nennbetrag der Kapitalerhöhung, §§ 108 Abs. 3, 35 Abs. 1 GNotKG.
Verzichte:
Werden die Zustimmungsbeschlüsse in einer Urkunde beurkundet, fällt die 2,0-fache Gebühr nur einmal an. Mitbeurkundete Zustimmungen und Verzichte sind mit der Verschmelzung gegenstandsgleich (in der Begrifflichkeit des GNotKG: sie stehen in einem Abhängigkeitsverhältnis), vgl. § 109 Abs. 1, Abs. 2 Satz 1 Nr. 4 b) GNotKG. Der Geschäftswert bestimmt sich nach dem höchsten in Betracht kommenden Wert, § 109 Abs. 2 Satz 2 GNotKG.

c) Verschmelzungsbeschluss des übertragenden Rechtsträgers
Zustimmung:
Notar: 2,0 Gebühren, mindestens EUR 120, Nr. 21100 iVm Vorbem. 2.1 Abs. 2 KV-GNotKG, max. EUR 5 Mio., § 108 Abs. 5 GNotKG.
Wert: Vgl a), § 98 Abs. 1 GNotKG.
Verzichte:
Notar: 2,0 Gebühren, mind. EUR 60, Nr. 21200 KV-GNotKG.
Wert: 10 % des Werts gemäß a). Bei Mitbeurkundung gegenstandsgleich, § 109 Abs. 1, Abs. 2 Satz 1 Nr. 4 a) GNotKG.

d) Anmeldung und Eintragung beim übernehmenden Rechtsträger
Notar: 0,5 Gebühren, mindestens EUR 30, Nr. 21201 KV-GNotKG, Wert mindestens EUR 30.000, max. EUR 10 Mio., § 107 Abs. 1 Satz 1 GNotKG.
Wert: Nennbetrag der Kapitalerhöhung, § 105 Abs. 1 Nr. 3 GNotKG plus Wert nach § 105 Abs. 4 Nr. 1 GNotKG, mind. EUR 30.000. Ist der Notar am Entwurf der Anmeldung nicht beteiligt und beglaubigt er lediglich die Unterschriften, erhält er nur die 0,2-Gebühr, Nr. 25100 KV-GNotKG, mind. EUR 20, max. EUR 70.
Register: GV-HRegGebV Teil 2 Abschnitt 4.

e) Anmeldung und Eintragung beim übertragenden Rechtsträger
Notar: 0,5 Gebühren, mindestens EUR 30, Nr. 21201 KV-GNotKG.
Wert: § 105 Abs. 4 Nr. 1 GNotKG, mind. EUR 30.000. Ist der Notar am Entwurf der Anmeldung nicht beteiligt und beglaubigt er lediglich die Unterschriften, erhält er nur die 0,2-Gebühr, Nr. 25100 KV-GNotKG, mind. EUR 20, max. EUR 70.
Register: GV-HRegGebV Teil 2 Abschnitt 4.

f) Berichtigte Gesellschafterliste
Notar: Sofern der Notar auftragsgemäß den Entwurf fertigt, 0,5 Gebühren, Vorbemerkung 2.4.1, 2.2, Nr. 22200 KV-GNotKG.
Wert: 10–20 % des (erhöhten) Stammkapitals.

2. Verschmelzung zur Neugründung AG mit AG

a) Verschmelzungsvertrag[1, 2]

Verhandelt in . . . . . am . . . . .

Vor dem unterzeichneten Notar . . . . . mit dem Amtssitz in . . . . . erschienen

1. V und W, handelnd nicht in eigenem Namen, sondern als gemeinsam vertretungsberechtigte Vorstandsmitglieder der A AG;
2. X und Y, handelnd nicht in eigenem Namen, sondern als gemeinsam vertretungsberechtigte Vorstandsmitglieder der B AG.

Aufgrund Einsichtnahme in das elektronische Handelsregister des Amtsgerichts . . . . . (HRB . . . . .) und des Amtsgerichts . . . . . (HRB . . . . .) vom heutigen Tag bescheinige ich, der beurkundende Notar, dass vorstehend in Ziffern 1-2 genannte Vertretungsbefugnis besteht.

[Vorbefassung]

Die Erschienenen zu 1. und 2. baten um die Beurkundung des nachfolgenden Verschmelzungsvertrags:

Verschmelzungsvertrag

zwischen der

A AG und der B AG

Präambel

0.1 Das Grundkapital der A AG mit Sitz in . . . . ., eingetragen im Handelsregister des Amtsgerichts . . . . . unter HRB . . . . ., beträgt EUR . . . . . und ist eingeteilt in . . . . . auf den Inhaber lautende Stückaktien.

0.2 Das Grundkapital der B AG mit Sitz in . . . . ., eingetragen im Handelsregister des Amtsgerichts . . . . . unter HRB . . . . ., beträgt EUR . . . . . und ist eingeteilt in . . . . . auf den Inhaber lautende Stückaktien.

0.3 Die A AG und die B AG sollen als übertragende Rechtsträger auf einen von ihnen dadurch neu gegründeten Rechtsträger verschmolzen werden.

Dies vorausgeschickt, vereinbaren die A AG und die B AG Folgendes:

§ 1 Vermögensübertragung

1.1 Die übertragenden Rechtsträger übertragen im Wege der Verschmelzung zur Neugründung gemäß §§ 2 Nr. 2, 36 ff, 73 ff UmwG ihr Vermögen als Ganzes mit allen Rechten und Pflichten unter Auflösung ohne Abwicklung auf den von ihnen dadurch unter der Firma Z AG mit Sitz in . . . . . neu gegründeten Rechtsträger.

1.2 Der Verschmelzung werden die geprüften und mit dem uneingeschränkten Bestätigungsvermerk der . . . . . Wirtschaftsprüfungsgesellschaft versehenen Bilanzen der übertragenden Rechtsträger zum 31. Dezember 2021 als Schlussbilanzen zugrunde gelegt.[3]

1.3 Die Übertragung des Vermögens der übertragenden Rechtsträger auf die Z AG erfolgt im Innenverhältnis jeweils mit Wirkung zum 31. Dezember 2021, 24.00 Uhr. Vom 1. Januar 2022, 0.00 Uhr, an (Verschmelzungsstichtag) gelten im Innenverhältnis alle Handlungen und Geschäfte der übertragenden Rechtsträger als für Rechnung der Z AG vorgenommen.[4]

1.4 Die Z AG wird die in den Schlussbilanzen der übertragenden Rechtsträger angesetzten handelsrechtlichen Werte der übergehenden Gegenstände des Aktiv- und Passivvermögens in ihrer handelsrechtlichen Rechnungslegung übernehmen und fortführen (Buchwertfortführung).

§ 2 Gegenleistung

2.1 Als Gegenleistung für die Übertragung des Vermögens der übertragenden Rechtsträger auf die Z AG erhalten die Aktionäre der übertragenden Rechtsträger Aktien der Z AG. Die Aktionäre der A AG erhalten für je . . . . . auf den Inhaber lautende Stückaktie (n) der A AG . . . . . auf den Inhaber lautende Stückaktie(n) der Z AG. Die Aktionäre der B AG erhalten für je . . . . . auf den Inhaber lautende Stückaktie(n) der B AG . . . . . auf den Inhaber lautende Stückaktie(n) der Z AG. Insgesamt werden den Aktionären der übertragenden Rechtsträger . . . . . auf den Inhaber lautende Stückaktien der Z AG im Gesamtnennbetrag von EUR . . . . . gewährt; davon an die Aktionäre der A AG . . . . . auf den Inhaber lautende Stückaktie(n) im Gesamtnennbetrag von EUR . . . . . und an die Aktionäre der B AG . . . . . auf den Inhaber lautende Stückaktie(n) im Gesamtnennbetrag von EUR . . . . .[5]

2.2 Die neuen Aktien werden kostenfrei und mit Gewinnbezugsrecht für die Geschäftsjahre ab dem 1. Januar 2022 gewährt.

2.3 Sollte die Z AG einem Aktionär der A AG oder der B AG für eine zu niedrige Bemessung des Umtauschverhältnisses einen Ausgleich durch bare Zuzahlung gewähren, wird die Z AG alle übrigen Aktionäre der A AG bzw. der B AG durch eine entsprechende bare Zuzahlung gleichstellen.[6]

§ 3 Besondere Rechte und Vorteile

3.1 Es werden keine Rechte iSd § 5 Abs 1 Nr. 7 UmwG für einzelne Aktionäre oder Inhaber besonderer Rechte gewährt und es sind auch keine Maßnahmen im Sinne dieser Vorschrift für solche Personen vorgesehen.[7]

3.2 Es werden keine besonderen Vorteile iSd § 5 Abs 1 Nr. 8 UmwG für Mitglieder des Vertretungsorgans oder eines Aufsichtsorgans der an der Verschmelzung beteiligten Rechtsträger, für einen Abschlussprüfer oder für einen sonstigen Prüfer gewährt.[8]

§ 4 Gründung der Z AG, Feststellung der Satzung und Übernahme der Aktien[9]

4.1 Die übertragenden Rechtsträger errichten hiermit eine Aktiengesellschaft unter der Firma Z AG[10] mit Sitz in . . . . . Für die Z AG wird die Satzung festgestellt, die dieser Urkunde als Anlage beigefügt und Bestandteil dieses Verschmelzungsvertrags ist.[11]

4.2 Auf das Grundkapital der Z AG, das nach § . . . . . ihrer Satzung EUR . . . . . beträgt und in . . . . . auf den Inhaber lautende Stückaktien eingeteilt ist, übernehmen gemäß § 2.1 dieses Verschmelzungsvertrags die Aktionäre der A AG insgesamt . . . . . auf den Inhaber lautende Stückaktien der Z AG im Gesamtnennbetrag von EUR . . . . . und die Aktionäre der B AG insgesamt . . . . . auf den Inhaber lautende Stückaktien der Z AG im Gesamtnennbetrag von EUR . . . . . Die Einlageleistung erfolgt durch

Übertragung des Vermögens der übertragenden Rechtsträger als Ganzes mit allen Rechten und Pflichten unter Auflösung ohne Abwicklung im Wege der Verschmelzung zur Neugründung auf die Z AG.

§ 5 Aufsichtsrat[12]

5.1 Zu Mitgliedern des ersten Aufsichtsrats der Z AG werden bestellt:

1. . . . . . (Name), wohnhaft in . . . . . (Ort), ... (ausgeübter Beruf);
2. . . . . . (Name), wohnhaft in . . . . . (Ort), ... (ausgeübter Beruf); und
3. . . . . . (Name), wohnhaft in . . . . . (Ort), ... (ausgeübter Beruf).

5.2 Ihre Amtszeit endet mit Ablauf der Hauptversammlung, die über die Entlastung des Aufsichtsrats für das erste Voll- oder Rumpfgeschäftsjahr beschließt.

§ 6 Abschlussprüfer

Zum Abschlussprüfer der Z AG für das erste Voll- oder Rumpfgeschäftsjahr wird die . . . . . Wirtschaftsprüfungsgesellschaft in . . . . . bestellt.[13]

§ 7 Treuhänder

Die übertragenden Rechtsträger bestellen . . . . . (Name, Ort) als Treuhänder für den Empfang der zu gewährenden Aktien der Z AG. Der Besitz an den zu gewährenden Aktien wird dem Treuhänder vor Eintragung der Verschmelzung eingeräumt. Der Treuhänder wird angewiesen, die Aktien nach Eintragung des neuen Rechtsträgers den Aktionären der übertragenden Rechtsträger Zug um Zug gegen Aushändigung ihrer Aktien an der A AG bzw. B AG zu verschaffen.[14]

§ 8 Folgen der Verschmelzung für die Arbeitnehmer und ihre Vertretungen[15]

8.1 Mit dem Wirksamwerden der Verschmelzung gehen sämtliche Arbeits- und Ausbildungsverhältnisse, die im Zeitpunkt des Wirksamwerdens der Verschmelzung mit den übertragenden Rechtsträgern bestehen, gemäß § 613 a Abs 1 BGB iVm § 324 UmwG mit allen Rechten und Pflichten auf die Z AG über. Der Übergang der Arbeitsverhältnisse wirkt nicht auf den Verschmelzungsstichtag zurück. Eine Kündigung der übergehenden Arbeitsverhältnisse wegen des Übergangs durch den Arbeitgeber ist gesetzlich ausgeschlossen (§ 613 a Abs 4 S. 1 BGB iVm § 324 UmwG). Die bei den übertragenden Rechtsträgern bestehenden Betriebsvereinbarungen gelten unverändert fort.

8.2 Für den Inhalt der übergehenden Arbeitsverhältnisse ist der Rechtszustand maßgeblich, der im Zeitpunkt des Wirksamwerdens der Verschmelzung besteht. Bei den übertragenden Rechtsträgern erreichte und dort anerkannte Betriebszugehörigkeiten gelten als bei der Z AG erbracht.

8.3 Die Mitarbeiter werden über den Betriebsübergang nach Maßgabe des § 613 a Abs. 5 BGB informiert. Nach der Rechtsprechung des Bundesarbeitsgerichts haben die Mitarbeiter bei der Verschmelzung kein Widerspruchsrecht nach § 613 a Abs 6 BGB gegen den verschmelzungsbedingten Betriebsübergang, weil die übertragenden Rechtsträger mit Wirksamwerden der Verschmelzung erlöschen, jedoch ein außerordentliches Kündigungsrecht aus Anlass der Verschmelzung.[16]

8.4 Die bei den übertragenden Rechtsträgern geltenden tarifvertraglichen Regelungen sind auf die übergegangenen Arbeitsverhältnisse unverändert anzuwenden, da die Z AG ebenso wie die übertragenden Rechtsträger Mitglied in dem Arbeitgeberverband . . . . . sein wird und somit denselben Tarifbedingungen unterliegen wird.

8.5 Die bestehenden Betriebe der übertragenden Rechtsträger werden fortgeführt. Die bisherigen Betriebsstrukturen bleiben insoweit bestehen. Dementsprechend bleiben Bestand, personelle Zusammensetzung und Amtszeit, der bei den übertragenden Rechtsträgern gebildeten Betriebsräte unverändert bestehen. Bei den übertragenden Rechtsträgern gibt es bislang keinen Gesamtbetriebsrat. Bei der Z AG liegen nach dem Wirksamwerden der Verschmelzung die Voraussetzungen für die Errichtung eines Gesamtbetriebsrats, nämlich das Bestehen mehrerer Betriebsräte, vor. Bei dessen Errichtung werden die Betriebsräte der übertragenden Rechtsträger Mitglieder in den Gesamtbetriebsrat der Z AG entsenden.

8.6 Die in den Betrieben der übertragenden Rechtsträger bestehenden Sprecherausschüsse der leitenden Angestellten bleiben bestehen. Bei der Z AG liegen die Voraussetzungen für die Wahl eines Gesamtsprecherausschusses, nämlich das Bestehen mehrerer Sprecherausschüsse, vor.

8.7 Bei den übertragenden Rechtsträgern bestehen derzeit keine Wirtschaftsausschüsse. Bei der Z AG liegen nach dem Wirksamwerden der Verschmelzung die Voraussetzungen für die Wahl eines Wirtschaftsausschusses vor, da sie in der Regel mehr als 100 ständig beschäftigte Arbeitnehmer beschäftigen wird.

8.8 Weitere Maßnahmen im Zusammenhang mit der Verschmelzung mit Auswirkungen auf die Arbeitnehmer und ihre Vertretungen sind nicht vorgesehen. Es ergeben sich keine weiteren Auswirkungen tarifvertraglicher oder betriebsverfassungsrechtlicher Art.[17]

8.9 Bei der Z AG ist ein Aufsichtsrat zu bilden, der nur aus Anteilseignervertretern besteht. Mitbestimmungsrechtliche Änderungen ergeben sich nicht. Weder auf die übertragenden Rechtsträger noch auf die Z AG ist das Drittelbeteiligungsgesetz anwendbar, da weder die übertragenden Rechtsträger noch die Z AG dessen Voraussetzungen erfüllen. Auch nach dem Wirksamwerden der Verschmelzung sind die Anwendungsvoraussetzungen des Drittelbeteiligungsgesetzes nicht erfüllt.[18]

§ 9 Kosten

Für den Fall, dass die Verschmelzung nicht wirksam werden sollte, tragen die übertragenden Rechtsträger die durch den Abschluss dieses Vertrags und seine Ausführung entstehenden Kosten einschließlich der Kosten der Gründung der Z AG und des Treuhänders je zur Hälfte. Die Kosten der Vorbereitung dieses Vertrags und der jeweiligen Hauptversammlung, die über die Verschmelzung beschließen, tragen die übertragenden Rechtsträger selbst.

§ 10 Stichtagsänderung[19]

10.1 Sollte die Verschmelzung nicht bis zum 15. Februar 2023 in das Handelsregister der Z AG eingetragen und damit wirksam sein, gilt abweichend von § 1.3 dieses Verschmelzungsvertrags der 1. Januar 2023, 0.00 Uhr, als Verschmelzungsstichtag. In diesem Fall werden der Verschmelzung die Bilanzen der übertragenden Rechtsträger jeweils zum 31. Dezember 2022, 24.00 Uhr, als Schlussbilanzen zugrunde gelegt. Bei einer weiteren Verzögerung der Eintragung über den 15. Februar des Folgejahres hinaus verschieben sich die Stichtage jeweils entsprechend um ein weiteres Jahr.

10.2 Sollte die Verschmelzung nicht bis zum 15. Februar 2023 in das Handelsregister der Z AG eingetragen und damit wirksam sein, soll die Eintragung erst nach den ordentlichen Hauptversammlungen der übertragenden Rechtsträger erfolgen, die über die Gewinnverwendung für das Geschäftsjahr 2022 beschließen. Die übertragenden Rechtsträger werden dies soweit erforderlich durch einen entsprechenden Nachtrag zur

Anmeldung der Verschmelzung zum Handelsregister sicherstellen. Bei einer weiteren Verzögerung der Eintragung über den 15. Februar des Folgejahres hinaus gilt Entsprechendes.

10.3 Sollte die Verschmelzung erst nach den ordentlichen Hauptversammlungen der übertragenden Rechtsträger im Jahr 2023 in das Handelsregister der Z AG eingetragen und damit wirksam sein, werden die gemäß § 2.1 dieses Verschmelzungsvertrags gewährten neuen Aktien abweichend von § 2.2 mit Gewinnbezugsrecht erst ab dem 1. Januar 2023 gewährt. Bei einer weiteren Verzögerung der Eintragung über die ordentlichen Hauptversammlungen des Folgejahres hinaus verschiebt sich der Beginn des Gewinnbezugsrechts jeweils entsprechend um ein weiteres Jahr.

§ 11 Rücktrittsvorbehalt

Die A AG und die B AG können jeweils von diesem Vertrag zurücktreten, wenn die Verschmelzung nicht bis zum . . . . . wirksam geworden ist.[20]

b) Verschmelzungsbeschluss jedes übertragenden Rechtsträgers[21]

[Auszug aus der Bekanntmachung der Einberufung für die Hauptversammlung]

TOP 1 Zustimmung zu dem Verschmelzungsvertrag zwischen der Gesellschaft und der B AG als übertragenden Rechtsträgern über ihre Verschmelzung auf den von ihnen dadurch unter der Firma Z AG neu gegründeten Rechtsträger einschließlich der im Verschmelzungsvertrag festgestellten Satzung und der Bestellung der Mitglieder des ersten Aufsichtsrats der Z AG

Die Vorstände der Gesellschaft und der B AG mit Sitz in . . . . ., eingetragen im Handelsregister des Amtsgerichts . . . . . unter HRB . . . . ., haben am . . . . . 2020 einen notariell beurkundeten Verschmelzungsvertrag geschlossen. Durch diesen sollen die Gesellschaft und die B AG als übertragende Rechtsträger im Wege der Verschmelzung zur Neugründung gemäß §§ 2 Nr. 2, 36 ff, 73 ff des Umwandlungsgesetzes (UmwG) ihr Vermögen als Ganzes mit allen Rechten und Pflichten unter Auflösung ohne Abwicklung auf den von ihnen dadurch unter der Firma Z AG mit Sitz in . . . . . neu gegründeten Rechtsträger übertragen. In diesem Verschmelzungsvertrag ist auch die Satzung der Z AG festgestellt worden. In der Satzung der Z AG sind die Mitglieder des ersten Aufsichtsrats der Z AG bestellt worden.

Der Vorstand der Gesellschaft hat gemeinsam mit dem Vorstand der B AG einen schriftlichen Bericht über die Verschmelzung erstattet (Verschmelzungsbericht). Darin werden die Verschmelzung, der Verschmelzungsvertrag im Einzelnen und insbesondere die Umtauschverhältnisse der Anteile rechtlich und wirtschaftlich erläutert und begründet.[22] Der Vertrag ist durch die . . . . . Wirtschaftsprüfungsgesellschaft, ... (Ort), als dem vom Landgericht . . . . . (Ort) ausgewählten und bestellten gemeinsamen sachverständigen Prüfer (Verschmelzungsprüfer) geprüft worden. Der Verschmelzungsprüfer hat über das Ergebnis der Prüfung einen schriftlichen Prüfungsbericht erstattet und darin erklärt, dass die vorgeschlagenen Umtauschverhältnisse angemessen sind.[23] Der Verschmelzungsvertrag bedarf zu seiner Wirksamkeit der Zustimmung durch Beschlüsse der Hauptversammlung der Gesellschaft und der B AG (Verschmelzungsbeschluss).[24] Auch die festgestellte Satzung der Z AG und die darin vorgenommene Bestellung der Mitglieder des ersten Aufsichtsrats der Z AG bedürfen für ihre Wirksamkeit der Zustimmung der Hauptversammlung der Gesellschaft und der B AG durch Verschmelzungsbeschluss.[25, 26]

Vorstand und Aufsichtsrat – bezüglich der Zustimmung zu der Bestellung der Mitglieder des ersten Aufsichtsrats der Z AG nur der Aufsichtsrat – schlagen vor, dem Verschmelzungsvertrag vom . . . . . 2020 zwischen der Gesellschaft und der B AG mit Sitz in . . . . . als übertragenden Rechtsträgern über ihre Verschmelzung auf den von ihnen dadurch unter der Firma Z AG neu gegründeten Rechtsträger einschließlich der im Verschmelzungsvertrag festgestellten Satzung und der Bestellung der Mitglieder des ersten Aufsichtsrats der Z AG zuzustimmen.

Der Verschmelzungsvertrag hat den folgenden Wortlaut: . . . . .[27]

Die festgestellte Satzung der Z AG (Anlage 1 zum Verschmelzungsvertrag) hat den folgenden Wortlaut: . . . . .[28]

Der Verschmelzungsvertrag wurde vor der Einberufung der Hauptversammlung zum Handelsregister der Gesellschaft eingereicht.[29]

Von der Einberufung der Hauptversammlung an sind über die Internetseite der Gesellschaft unter www. . . . . zugänglich:

- der Verschmelzungsvertrag vom . . . . . 2022 zwischen der Gesellschaft und der B AG über die Verschmelzung auf den von ihnen dadurch unter der Firma Z AG neu gegründeten Rechtsträger einschließlich der im Verschmelzungsvertrag festgestellten Satzung und der Bestellung der Mitglieder des ersten Aufsichtsrats der Z AG;
- die Jahresabschlüsse und die Lageberichte der Gesellschaft jeweils für die Geschäftsjahre 2019, 2020 und 2021;[30]
- die Jahresabschlüsse und die Lageberichte der B AG jeweils für die Geschäftsjahre 2019, 2020 und 2021;
- der gemäß § 8 Abs 1 UmwG erstattete gemeinsame Verschmelzungsbericht der Vorstände der A AG und der B AG vom . . . . . 2022 (einschließlich der Gutachtlichen Stellungnahme der . . . . . Wirtschaftsprüfungsgesellschaft, ... (Ort) vom . . . . . 2022);
- der gemäß § 60 iVm § 12 Abs. 1 und 2 UmwG erstattete Prüfungsbericht des gerichtlich bestellten sachverständigen Prüfers, der . . . . . Wirtschaftsprüfungsgesellschaft, ... (Ort), vom . . . . . 2022 über die Prüfung des Verschmelzungsvertrags.

Die Unterlagen werden auch in der Hauptversammlung der Gesellschaft am . . . . . 2022 zugänglich gemacht.

c) Verschmelzungsbericht[31]

Gemeinsamer Verschmelzungsbericht

der Vorstände

der A AG

und der

B AG

über die Verschmelzung

der A AG mit Sitz in . . . . .

und

der B AG mit Sitz in . . . . .

zur Neugründung der Z AG

gemäß § 8 UmwG

I. Vorbemerkung

Die Vorstände der A AG mit Sitz in ..... und der B AG mit Sitz in ..... haben am ..... 2022 den Entwurf eines Verschmelzungsvertrags aufgestellt. Der Verschmelzungsvertrag bedarf für seine Wirksamkeit der Zustimmung der Hauptversammlungen der A AG und der B AG. Er wird der Hauptversammlung der A AG am ..... 2022 und der Hauptversammlung der B AG am ..... 2022 zur Zustimmung vorgelegt.

Durch den Verschmelzungsvertrag übertragen die A AG und die B AG als übertragende Rechtsträger im Wege der Verschmelzung zur Neugründung gemäß §§ 2 Nr. 2, 36 ff, 73 ff UmwG ihr Vermögen als Ganzes mit allen Rechten und Pflichten unter Auflösung ohne Abwicklung auf den von ihnen dadurch unter der Firma Z AG mit Sitz in ..... neu gegründeten Rechtsträger. Die A AG und die B AG werden mit Wirksamwerden der Verschmelzung erlöschen. Als Gegenleistung erhalten die Aktionäre der A AG und die Aktionäre der B AG Aktien der Z AG.

Dieser gemeinsame Verschmelzungsbericht gemäß § 8 Abs 1 UmwG enthält die für die Meinungsbildung und Entscheidung der Aktionäre erforderlichen Informationen zur Verschmelzung. In den nachfolgenden Abschnitten werden die beteiligten Unternehmen sowie die wirtschaftlichen Gründe für die Verschmelzung und ihre Auswirkungen beschrieben, der Verschmelzungsvertrag erläutert und insbesondere die Ermittlung der Umtauschverhältnisse im Einzelnen dargestellt. Die Vorstände der A AG und der B AG machen von der in § 127 S. 1 letzter Halbsatz UmwG vorgesehenen Möglichkeit Gebrauch, den Verschmelzungsbericht gemeinsam zu erstatten.

Inhaltsverzeichnis und Stichworte zur Gliederung

3. Strategie und Optionen der B AG (auf Stand-alone-Basis)
4. Strategie und Vorteile des neuen Unternehmens (Z AG) nach der Verschmelzung
   - Strategische Ausrichtung des neuen Unternehmens
   - Kerngeschäftsfelder und ihre strategische Ausrichtung
   - Synergien, Kostenersparnis
5. Organisations- und Führungsstruktur des neuen Rechtsträgers (Z AG)
   - Gesellschafts-/Konzernstruktur
   - Führungs- und Organisationsstruktur
   - Vorstand und Aufsichtsrat
   - Sitz und Verwaltung
6. Kosten der Verschmelzung
7. Alternativen zur Verschmelzung
   - Verschmelzung von A AG und B AG zur Aufnahme
   - Sachkapitalerhöhung mit Umtauschangebot
   - Einbringung der Aktivitäten der A AG und B AG in ein Gemeinschaftsunternehmen

[8. Kartellrechtliche Genehmigungen]

IV. Rechtliche Durchführung der Verschmelzung
1. Wesentliche Schritte der Verschmelzung
2. Die übertragenden und der übernehmende Rechtsträger
3. Verschmelzung zur Neugründung gemäß §§ 2 Nr. 2, 36 ff, 73 ff UmwG
4. Verschmelzungsvertrag
5. Verschmelzungsstichtag
6. Verschmelzungsprüfungsbericht
7. Hauptversammlungen der übertragenden Rechtsträger
8. Gründung der Z AG, Feststellung der Satzung und Übernahme der Aktien
9. Anmeldung und Eintragung der Verschmelzung in die Handelsregister
10. Übergang des Vermögens
11. Erlöschen der übertragenden Rechtsträger
12. Umtausch der Aktien der übertragenden Rechtsträger in Aktien der Z AG, Börsenzulassung und Börsenhandel
13. Beteiligungsverhältnisse nach der Verschmelzung
14. Dividendenberechtigung

V. Bilanzielle und steuerliche Auswirkungen der Verschmelzung
1. Bilanzielle Auswirkungen der Verschmelzung
2. Steuerliche Auswirkungen

2.1 Auswirkungen für die an der Verschmelzung beteiligten Unternehmen

2.2 Auswirkungen für die Aktionäre

VI. Wertpapiere und Börsenhandel

1. Einfluss der Verschmelzung auf ausgegebene Wertpapiere der A AG und B AG

2. Auswirkungen der Verschmelzung auf den börsenmäßigen Handel der Wertpapiere

VII. Erläuterung und Begründung der Umtauschverhältnisse[32]

- Vorbemerkung
- Bewertungsgrundsätze und -methoden
- Ermittlung der Unternehmenswerte
- Bewertung der A AG
- Bewertung der B AG
- Börsenkurs und dessen Relevanz
- Ermittlung und Festlegung der Umtauschverhältnisse

VIII. Erläuterung des Verschmelzungsvertrags

. . . . . (Ort), den . . . . .

A AG

(Unterschriften sämtlicher Vorstandsmitglieder)[33]

B AG

(Unterschriften sämtlicher Vorstandsmitglieder)

d) Anmeldung zum Handelsregister jedes übertragenden Rechtsträgers[34]

Amtsgericht

– Handelsregister –

. . . . .

Betr.: A AG, HRB . . . . .

Wir, die unterzeichnenden Vorstandsmitglieder der A AG überreichen:[35]

1. beglaubigte Abschrift der notariellen Niederschrift UR. Nr. . . . . . des Notars . . . . ., enthaltend den Verschmelzungsvertrag vom . . . . . 2022 zwischen der A AG und der B AG als übertragenden Rechtsträgern über ihre Verschmelzung auf den von ihnen dadurch unter der Firma Z AG neu gegründeten Rechtsträger einschließlich der im Verschmelzungsvertrag festgestellten Satzung, der Bestellung der Mitglieder des ersten Aufsichtsrats der Z AG und der Bestellung des Abschlussprüfers;
2. beglaubigte Abschrift der notariellen Niederschrift UR. Nr . . . . . des Notars . . . . . über die Hauptversammlung der A AG vom . . . . . 2022, enthaltend
   – den Zustimmungsbeschluss zu dem Verschmelzungsvertrag einschließlich der darin festgestellten Satzung der Z AG und der Bestellung der Mitglieder des ersten Aufsichtsrats der Z AG;
3. beglaubigte Abschrift der notariellen Niederschrift UR. Nr . . . . . des Notars . . . . . über die Hauptversammlung der B AG vom . . . . . 2022, enthaltend

– den Zustimmungsbeschluss zu dem Verschmelzungsvertrag einschließlich der darin festgestellten Satzung der Z AG und der Bestellung der Mitglieder des ersten Aufsichtsrats der Z AG;

4. die geprüfte und mit Bestätigungsvermerk versehene Bilanz der Gesellschaft zum 31. Dezember 2021 als Schlussbilanz gemäß § 17 Abs 2 UmwG;[36]
5. Verschmelzungsbericht;
6. Verschmelzungsprüfungsbericht des gerichtlich bestellten Verschmelzungsprüfers;
7. Nachweis der rechtzeitigen Zuleitung des (Entwurfs des) Verschmelzungsvertrags an die zuständigen Betriebsräte.

Wir melden zur Eintragung in das Handelsregister an:

Die Gesellschaft und die B AG mit Sitz in . . . . ., eingetragen im Handelsregister des AG . . . . ., HRB . . . . ., als übertragende Rechtsträger sind gemäß §§ 2 Nr. 2, 36 ff, 73 ff UmwG im Wege der Verschmelzung durch Neugründung mit der von ihnen dadurch neu gegründeten Z AG mit dem Sitz in . . . . . verschmolzen.

Wir werden ggf. die Erklärung nachreichen, dass eine Klage gegen die Wirksamkeit des Verschmelzungsbeschlusses nicht oder nicht fristgemäß erhoben oder eine solche Klage rechtskräftig abgewiesen oder zurückgenommen worden ist.[37]

. . . . . (Ort, Datum) (Unterschriften) (Beglaubigungsvermerk)

e) Anmeldung zum Handelsregister des neuen Rechtsträgers

Amtsgericht

– Handelsregister –

. . . . .

Betr.: In der neu anzulegenden Handelsregistersache Z AG

Wir, die unterzeichnenden Vorstandsmitglieder der A AG und der B AG als die Vertretungsorgane der übertragenden Rechtsträger, die im Wege der Verschmelzung zur Neugründung gemäß §§ 2 Nr. 2, 36 ff, 73 ff UmwG auf den von ihnen dadurch unter der Firma Z AG neu gegründeten Rechtsträger verschmolzen werden, überreichen:[38]

1. beglaubigte Abschrift der notariellen Niederschrift UR. Nr . . . . . des Notars . . . . ., enthaltend den Verschmelzungsvertrag vom . . . . . 2022 zwischen der A AG und der B AG als übertragenden Rechtsträgern über ihre Verschmelzung auf den von ihnen dadurch unter der Firma Z AG neu gegründeten Rechtsträger einschließlich der im Verschmelzungsvertrag festgestellten Satzung, der Bestellung der Mitglieder des ersten Aufsichtsrats und der Bestellung des Abschlussprüfers;
2. beglaubigte Abschrift der notariellen Niederschrift UR. Nr . . . . . des Notars . . . . . über die Hauptversammlung der A AG vom . . . . . 2022, enthaltend
   – den Zustimmungsbeschluss zu dem Verschmelzungsvertrag, zu der festgestellten Satzung der Z AG und zu der Bestellung der Mitglieder des ersten Aufsichtsrats der Z AG;
3. beglaubigte Abschrift der notariellen Niederschrift UR. Nr . . . . . des Notars . . . . . über die Hauptversammlung der B AG vom . . . . . 2022, enthaltend
   – den Zustimmungsbeschluss zu dem Verschmelzungsvertrag, zu der festgestellten Satzung der Z AG und zu der Bestellung der Mitglieder des ersten Aufsichtsrats der Z AG;
4. gemeinsamer Verschmelzungsbericht;

5. Prüfungsbericht des gerichtlich bestellten Verschmelzungsprüfers;
6. beglaubigte Handelsregisterauszüge der A AG und der B AG als Nachweis, dass sie bereits zwei Jahre im Handelsregister eingetragen sind;[39]
7. die geprüften und mit Bestätigungsvermerk versehenen Bilanzen der A AG und der B AG zum 31. Dezember 2021;[40]
8. Liste der Mitglieder des Aufsichtsrats;[41]
9. Niederschrift der ersten Aufsichtsratssitzung vom . . . . . über die Wahl des Aufsichtsratsvorsitzenden und seines Stellvertreters und die Bestellung der Mitglieder des Vorstands der Gesellschaft;
10. Gründungsprüfungsbericht der Mitglieder des Vorstands und des Aufsichtsrats;[42]
11. Berechnung des der Gesellschaft zur Last fallenden Gründungsaufwands;[43]
12. Nachweis der rechtzeitigen Zuleitung des (Entwurfs des) Verschmelzungsvertrags an die zuständigen Betriebsräte.

Wir melden zur Eintragung in das Handelsregister an:

1. Die Z AG mit Sitz in . . . . .[44]
2. Die Geschäftsanschrift lautet: . . . . .
3. Die Satzung wurde als Bestandteil des Verschmelzungsvertrags festgestellt.
4. Das Grundkapital beträgt EUR . . . . . Es ist eingeteilt in . . . . . Stückaktien mit einem anteiligen Betrag des Grundkapitals von je EUR . . . . ., die auf den Inhaber lauten.
5. Zu Mitgliedern des ersten Aufsichtsrats wurden bestellt:
   1. . . . . . (Name), wohnhaft in . . . . . (Ort), ... (ausgeübter Beruf);
   2. . . . . . (Name), wohnhaft in . . . . . (Ort), ... (ausgeübter Beruf); und
   3. . . . . . (Name), wohnhaft in . . . . . (Ort), ... (ausgeübter Beruf).
6. Die allgemeine Bestimmung über die Vertretung der Gesellschaft in der Satzung lautet: Die Gesellschaft wird durch zwei Vorstandsmitglieder oder durch ein Vorstandsmitglied gemeinschaftlich mit einem Prokuristen vertreten. Ist nur ein Vorstandsmitglied bestellt, vertritt dieses die Gesellschaft allein. Der Aufsichtsrat kann bestimmen, dass einzelne oder alle Vorstandsmitglieder einzelvertretungsbefugt sind.
7. Zu Mitgliedern des Vorstands wurden bestellt . . . . . (. . . . . wurde zum Vorsitzenden des Vorstands ernannt.)

Ferner melden wir an, dass . . . . . zum Vorsitzenden des Aufsichtsrats und . . . . . zum stellvertretenden Vorsitzenden des Aufsichtsrats gewählt worden sind.[45]

Wir werden ggf. noch die Erklärung nachreichen, dass eine Klage gegen die Wirksamkeit des Verschmelzungsbeschlusses nicht oder nicht fristgemäß erhoben oder eine solche Klage rechtskräftig abgewiesen oder zurückgenommen worden ist (§ 16 Abs 2 UmwG).

Die Vorstandmitglieder der Gesellschaft versichern – jeweils einzeln –, dass ihnen die Ausübung eines Berufes, Berufszweiges, Gewerbes oder Gewerbezweiges weder durch gerichtliches Urteil noch durch vollziehbare Entscheidung einer Verwaltungsbehörde verboten wurde, sie nicht wegen einer oder mehrerer vorsätzlich begangener Straftaten des Unterlassens der Stellung eines Antrags auf Eröffnung des Insolvenzverfahrens (Insolvenzschleppung), nach den §§ 283 bis 283 d StGB, der falschen Angaben nach § 82 GmbHG oder § 399 AktG, der unrichtigen Darstellung nach § 400 AktG, § 331 HGB, § 313 UmwG oder § 17 PublG oder nach den §§ 263 bis 264 a oder den §§ 265 b bis 266 a StGB oder wegen einer oder mehrerer mit den genannten Straftaten vergleichbarer Taten im Ausland verurteilt worden sind, und sie über ihre unbeschränkte Auskunftspflicht gegenüber dem Gericht durch den beglaubigenden Notar belehrt worden sind.[46]

Die Anzeige des für den Empfang der zu gewährenden Aktien als Treuhänder bestellten ..... (Name, Ort) darüber, dass er im Besitz der Aktien ist, wird der Treuhänder dem Gericht unmittelbar zukommen lassen.[47]

..... (Ort, Datum) (Unterschriften)(Beglaubigungsvermerk)[48]

Anmerkungen

1. S bereits → Form. II.J.1 Anm. 1. Die Verschmelzung zur Neugründung setzt voraus, dass alle übertragenden Rechtsträger bereits zwei Jahre im Handelsregister eingetragen sind (§ 76 Abs 1 UmwG). Sie kommt bspw. für den „Merger of Equals“ in Betracht, bei dem eine Verschmelzung auf eine der an der Verschmelzung beteiligten Rechtsträger im Wege der Aufnahme oftmals aus politischen Gründen nicht gewollt ist. Zudem kann sie sich anbieten, wenn mit der Erhebung von Anfechtungsklagen gegen die Verschmelzungsbeschlüsse mit der Begründung zu rechnen ist, das Umtauschverhältnis sei zu niedrig bemessen (sog Bewertungsrüge). Denn die Bewertungsrüge ist lediglich für Aktionäre der übertragenden Rechtsträger ausgeschlossen (§ 14 Abs 2 UmwG), nicht aber für solche eines übernehmenden Rechtsträgers. Die Anfechtungsklage führt zu einer Registersperre. In dem daraufhin von dem betroffenen Rechtsträger einzuleitenden Freigabeverfahren nach § 16 Abs 2 UmwG ist die Bewertungsrüge in der Praxis nicht immer leicht zu überwinden. Damit drohen erhebliche zeitliche Verzögerungen. Immerhin gibt insbesondere § 16 Abs 3 S 4 Nr. 3 UmwG der betroffenen Gesellschaft eine Möglichkeit zur Überwindung der Bewertungsrüge im Freigabeverfahren an die Hand. Danach ergeht ein Freigabebeschluss ua, wenn das alsbaldige Wirksamwerden der Verschmelzung vorrangig erscheint, weil die vom Antragsteller dargelegten wesentlichen Nachteile für die an der Verschmelzung beteiligten Rechtsträger und ihre Anteilsinhaber nach freier Überzeugung des Gerichts die Nachteile für den Antragsgegner überwiegen, es sei denn, es liegt eine besondere Schwere des Rechtsverstoßes vor. Gleichwohl kann in einem solchen Fall die Verschmelzung im Wege der Neugründung aus Gründen der Transaktionssicherheit die bessere Alternative sein, da bei ihr nur übertragende Rechtsträger vorhanden sind.

Diesen Vorteilen stehen allerdings auch Nachteile gegenüber, va steuerlicher Art im Hinblick auf Grunderwerbsteuer und Untergang von Verlustvorträgen (s → Anm. 48). Zudem können die Kosten der notariellen Beurkundung des Verschmelzungsvertrags höher sein, da sie sich nach dem Wert des Aktivvermögens der übertragenden Rechtsträger richten (§ 18 Abs 1, 3 KostO). Bei der Verschmelzung zur Neugründung sind daher die Vermögen aller beteiligten Rechtsträger zu berücksichtigen, während bei der Verschmelzung zur Aufnahme das Vermögen des übernehmenden Rechtsträgers außen vor bleibt. Bei dieser Betrachtung ist allerdings auch die Kappung des Geschäftswerts auf EUR 5 Millionen (§ 39 Abs 5 KostO) zu beachten. Ein weiterer Nachteil der Verschmelzung zur Neugründung liegt darin, dass die neue Gesellschaft erst mit der Eintragung der Verschmelzung im Handelsregister entsteht. Hiervon erfahren die Beteiligten jedoch erst im Nachhinein. Die Verschmelzung zur Aufnahme erleichtert daher den Fortgang der Geschäfte. Die Verschmelzung im Wege der Neugründung kommt in der Praxis aus den genannten Gründen nur selten vor.

Da es sich um eine Neugründung handelt, finden gemäß §§ 36 Abs 2, 73 UmwG die für die AG geltenden Gründungsvorschriften (§§ 23 ff AktG) weitgehend Anwendung. Die übertragenden Rechtsträger gelten als Gründer (§ 36 Abs 2 S 2 UmwG).

2. S → Form. II.J.1 Anm. 2.

3. Liegen zwischen dem Ablauf des letzten Geschäftsjahrs und damit des letzten Jahresabschlusses und dem Abschluss des Verschmelzungsvertrags (bzw. der Aufstellung seines Entwurfs) mehr als sechs Monate, ist grds eine Zwischenbilanz zu erstellen (§ 63 Abs 1 Nr. 3 UmwG, vgl. aber die Ausnahmen in §§ 63 Abs. 2 S 5–7 UmwG). Erforderlich ist hierfür nur eine Bilanz, die zudem nach hM nicht testiert werden muss (näher Semler/Stengel/*Diekmann* § 63 UmwG Rn 18).

4. Zu der Schlussbilanz, dem Stichtag der Schlussbilanz, dem Zeitpunkt der Gewinnberechtigung und dem Verschmelzungsstichtag s → Anm. 48 und → Form. II.J.1 Anm. 3 und 28.

5. §§ 5 Abs 1 Nr. 2 und 3 UmwG. Allen Gesellschaftern der übertragenden Rechtsträger sind grds Anteile am neuen Rechtsträger zu gewähren (Grundsatz der Mitgliederidentität). Eine Abfindung in Geld oder Sachwerten ist grds unzulässig (Ausnahmen: bare Zuzahlungen gemäß § 15 UmwG und Barabfindungen gemäß §§ 29 ff UmwG). Aufzuführen sind das Umtauschverhältnis der Anteile und ggf. – unter Beachtung der §§ 73, 68 Abs 3 UmwG – die Höhe der baren Zuzahlungen (§ 5 Abs 1 Nr. 3 UmwG). Bare Zuzahlungen dürfen den zehnten Teil des Gesamtnennbetrags der vom neuen Rechtsträger zu gewährenden Aktien nicht übersteigen (§§ 73, 68 Abs 3 UmwG). Zur Ermittlung des Umtauschverhältnis s → Form. II.J.1 Anm. 5. Auch bei der Verschmelzung zur Neugründung ist das Verbot der Unterpari-Emission (§ 36 Abs 2 S 3 AktG) zu beachten (Kölner Kommentar UmwG/*Simon/Niesen,* § 36 Rn. 55). Daher darf der Gesamtnennbetrag der neuen Aktien den tatsächlichen Wert des auf sie übergehenden Vermögens der übertragenden Rechtsträger (abzüglich etwaiger barer Zuzahlungen) nicht unterschreiten.

6. Die 10 %-Grenze für bare Zuzahlungen (§§ 73, 68 Abs 3 UmwG) findet nach dem Gesetz keine Anwendung auf eine gerichtliche Bestimmung im Spruchverfahren (§ 15 Abs 1 S 2 UmwG). Diese Ausnahme gilt nach hM auch für eine Verbesserung des Umtauschverhältnis aufgrund der im Formular vorgesehenen Gleichbehandlungszusage, dh hier gilt die 10 %-Begrenzung nicht (*Semler/Stengel/Diekmann* § 68 UmwG Rn 21).

7. S → Form. II.J.1 Anm. 6.

8. § 5 Abs 1 Nr. 8 UmwG.

9. Die Gründung der neuen AG im Rahmen der Verschmelzung zur Neugründung stellt eine Sachgründung dar. Das übergehende Vermögen der übertragenden Rechtsträger ist dabei die Sacheinlage. Konsequenterweise schreibt § 36 Abs 2 S 1 UmwG grds die Anwendung der Vorschriften über die Gründung der jeweiligen Rechtsform vor. Gründer des neuen Rechtsträgers sind die übertragenden Rechtsträger (§ 36 Abs 2 S 2 UmwG).

10. Bei der Festlegung der Firma der neu zugründenden AG ist § 4 AktG zu beachten. Der neue Rechtsträger kann die Firma eines der übertragenden Rechtsträger fortführen (§ 18 UmwG). Falls sie den Namen einer natürlichen Person enthält, der an einem der übertragenden Rechtsträger beteiligt ist, an dem neuen Rechtsträger aber nicht beteiligt wird, allerdings nur mit deren (oder deren Erben) Einwilligung (§ 18 Abs 2 UmwG).

11. Da eine neue AG gegründet wird, muss deren Satzung festgesetzt werden. Sie ist Bestandteil des Verschmelzungsvertrags (§ 37 UmwG). Ausreichend ist jedoch, wenn die Satzung wie im Formular vorgesehen als Anlage zum Vertrag genommen und damit mit beurkundet wird. Der Inhalt der Satzung wird damit von den Vertretungsorganen der übertragenden Rechtsträger festgestellt. Die Anteilsinhaber der übertragenden Rechtsträger müssen der Satzung zustimmen. Dies erfolgt im Rahmen des Verschmelzungsbeschlusses; s → Form. II.J.2 b → Anm. 21). Zum Inhalt der Satzung einer AG im Allgemeinen vgl. § 23 Abs 2 AktG und → Form. II.E.3 Anm. 1 ff.

Auch § 27 Abs 1 AktG findet Anwendung. Dem wird jedoch genügt, wenn in der Satzung der neuen AG aufgenommen wird, dass die Gründung der AG im Wege einer Verschmelzung erfolgt und sämtliche Aktiva und Passiva der übertragenden Rechtsträger auf die neue Gesellschaft übergegangen sind. Eine Aufnahme der einzelnen übergehenden Vermögensgegenstände in die Satzung ist nicht erforderlich (Kölner Kommentar UmwG/*Simon/Nießen,* § 36 Rn. 60). Darüber hinaus sind in der Satzung die Festsetzungen über Sondervorteile, Gründungsaufwand, Sacheinlagen und Sachübernahmen, die in den Satzungen der übertragenden Rechtsträger enthalten waren, zu übernehmen (§ 74 S 1 UmwG). Ansonsten besteht beim neuen Rechtsträger kein Anspruch mehr auf diese Sondervorteile. Zum Fortbestand der Festsetzungen s § 74 S 2 UmwG iVm § 26 Abs 4, 5 AktG.

12. §§ 36 Abs 2 S 1 UmwG iVm 30, 31 AktG. Die Mitglieder des ersten Aufsichtsrats sind von den übertragenden Rechtsträgern als Gründern der neuen AG zu bestellen. Da die Bestellung notariell zu beurkunden ist (§§ 36 Abs 2 UmwG iVm 30 Abs 1 S 2 AktG), erfolgt sie zweckmäßigerweise in der Urkunde über den Verschmelzungsvertrag (Kölner Kommentar UmwG/*Simon/Nießen,* § 36 Rn. 62). Die Anteilsinhaber der übertragenden Rechtsträger müssen der Bestellung zustimmen; dies erfolgt im Rahmen des Verschmelzungsbeschlusses; s → Form. II.J.2 b → Anm. 21). Zur Amtszeit des ersten Aufsichtsrats vgl. § 30 Abs 3 S 1 AktG: Die Bestellung kann nicht für längere Zeit als bis zur Beendigung der Hauptversammlung der neuen AG erfolgen, die über die Entlastung für das erste (Rumpf-)Geschäftsjahr beschließt. Die spätere Bestellung von Arbeitnehmervertretern im Fall eines mitbestimmten Aufsichtsrats und deren Amtszeit richtet sich nach §§ 36 Abs 2 S 1, 76 Abs 2 S 2 UmwG iVm 31 AktG. Der Aufsichtsrat bestellt seinerseits den ersten Vorstand (§ 30 Abs 4 AktG).

13. §§ 36 Abs 2 S 1 UmwG iVm 30 Abs 1 AktG. Da die Bestellung des Abschlussprüfers des neuen Rechtsträgers für das erste Voll- oder Rumpfgeschäftsjahr der notariellen Beurkundung bedarf (§§ 36 Abs 2 UmwG iVm 30 Abs 1 S 2 AktG), erfolgt sie zweckmäßigerweise ebenfalls in der Urkunde über den Verschmelzungsvertrag. Anders als die Bestellung des ersten Aufsichtsrats ist für die Bestellung des ersten Abschlussprüfers keine Zustimmung der Anteilsinhaber der übertragenden Rechtsträger erforderlich.

14. § 71 UmwG. Jeder übertragende Rechtsträger in der Rechtsform der AG hat einen Treuhänder zu bestellen; es kann aber zweckmäßiger Weise wie im Formular vorgesehen ein gemeinsamer Treuhänder für alle übertragenden Rechtsträger bestellt werden (*Semler/Stengel/Diekmann* § 71 UmwG Rn 6). Der Treuhänder dient dem Schutz der Aktionäre bei der Abwicklung des Aktienumtausches und erleichtert diesen. Die Eintragung der Verschmelzung darf erst erfolgen, wenn der Treuhänder dem Gericht angezeigt hat, dass er im Besitz der Aktien und etwaiger barer Zuzahlungen ist (§ 71 Abs 1 S 2 UmwG). Er kann eine natürliche oder juristische Person sein, in der Praxis handelt es sich zumeist um Kreditinstitute oder Treuhandgesellschaften. Der Treuhänder muss nicht unabhängig von den beteiligten Rechtsträgern sein (Lutter/*Grunewald* § 71 UmwG Rn 4).

15. § 5 Abs 1 Nr. 9 UmwG. Zum Inhalt s Semler/Stengel/*Simon* § 5 UmwG Rn 76 ff.

16. S → Form. II.J.1 Anm. 9.

17. S → Form. II.J.1 Anm. 10, 11.

18. Bei dem neuen Rechtsträger ist ein Aufsichtsrat zu bilden; s § 7 des Verschmelzungsvertrags. Infolge der Verschmelzung und des damit verbundenen Übergangs der Mitarbeiter der übertragenden Rechtsträger auf den neuen Rechtsträger kann dieser

Aufsichtsrat – abhängig von der Zahl der beschäftigten Arbeitnehmer – mit Arbeitnehmervertretern zu besetzen sein (insb. DrittelbG, MitbestG). Dabei kann sich aufgrund der hinzugekommenen Mitarbeiter beider übertragenden Rechtsträger die Art der Mitbestimmung gegenüber der bei den übertragenden Rechtsträgern bestehenden Mitbestimmung ändern (bspw. Übergang von der Drittelparität nach dem DrittelbG zum paritätisch besetzten Aufsichtsrat nach dem MitbestG). Hierauf ist dann in den Erläuterungen hinzuweisen. Ist bei den übertragenden Rechtsträgern ein mitbestimmter Aufsichtsrat vorhanden, ist darauf hinzuweisen, dass dieser mit Wirksamwerden der Verschmelzung erlischt und die Mandate aller Aufsichtsratsmitglieder enden.

19. S → Form. II.J.1 Anm. 3 aE.

20. Ein solcher Rücktrittsvorbehalt kann sinnvoll sein, wenn mit zeitlichen Verzögerungen infolge Anfechtungsklagen zu rechnen ist. Er ist flexibler als eine starre Bedingung, wonach der Vertrag nur wirksam wird, wenn die Eintragung des neuen Rechtsträgers bis zu einem bestimmten Datum erfolgt ist.

21. Das Formular behandelt den Verschmelzungsbeschluss der AG und enthält einen Auszug aus der Bekanntmachung für die Einberufung der Hauptversammlung der A AG. Für den Verschmelzungsbeschluss der B AG gilt entsprechendes.

S zum Verschmelzungsbeschluss zunächst → Form. II.J.1 Anm. 14. Da der Verschmelzungsbeschluss der notariellen Beurkundung bedarf (§ 13 Abs 1, 3 UmwG) genügt auch bei nicht börsennotierten Gesellschaften eine Niederschrift des Vorsitzenden gemäß § 130 Abs 1 S 3 AktG nicht. Für die Einberufung gelten die allgemeinen Vorschriften (insb. §§ 121 ff AktG) und die Regelungen in der Satzung; zusätzlich ist § 76 Abs 2 S 3 UmwG zu beachten. Für die Vorbereitung der Hauptversammlung findet zusätzlich § 63 UmwG Anwendung, für ihre Durchführung § 64 UmwG. Der Verschmelzungsvertrag (oder sein Entwurf) ist vor Einberufung der Hauptversammlung zu den Handelsregistern der beteiligten Rechtsträger einzureichen; das Gericht macht einen Hinweis darauf gemäß § 10 HGB bekannt. S im Übrigen → Form. II.J.1 Anm. 14.

22. S zum Verschmelzungsbericht → Form. II.J.2 b Anm. 1 ff.

23. Der Verschmelzungsvertrag oder sein Entwurf ist grds durch einen oder mehrere gerichtlich bestellte Verschmelzungsprüfer zu prüfen (§§ 9 ff UmwG); zu seiner Bestellung und zu der Prüfung s → Form. II.J.1 Anm. 19. Die Verschmelzungsprüfung und der Bericht sind nicht erforderlich, wenn alle Anteilsinhaber aller übertragenden Rechtsträger (durch notariell beurkundende Erklärung) auf die Prüfung und die Erstattung des Prüfungsberichts verzichten (§ 9 Abs 3 iVm § 8 Abs 3 UmwG und § 12 Abs 3 iVm § 8 Abs 3 UmwG).

24. Der Verschmelzungsbeschluss bedarf grds einer Mehrheit von mindestens drei Vierteln des bei der Beschlussfassung vertretenen Grundkapitals (§ 65 Abs 1 S 1 UmwG). Die Satzung kann eine größere Mehrheit und weitere Erfordernisse bestimmen (S 2). Sind mehrere Gattungen von Aktien vorhanden, bedarf der Verschmelzungsbeschluss der Zustimmung der stimmberechtigten Aktionäre jeder Gattung. Über die Zustimmung haben die Aktionäre jeder Gattung einen Sonderbeschluss zu fassen (§ 65 Abs 2 UmwG). S iÜ → Form. II.J.1 Anm. 15.

25. Die Hauptversammlung jedes übertragenden Rechtsträgers muss der im Rahmen des Verschmelzungsvertrags festgestellten Satzung des neuen Rechtsträgers durch Verschmelzungsbeschluss zustimmen (§ 76 Abs 2 S 1 UmwG); s auch → Anm. 12. Die Zustimmung zum Verschmelzungsvertrag ist zugleich Zustimmung zur Satzung (Semler/Stengel/*Diekmann* § 76 UmwG Rn 8; Lutter/*Grunewald* § 76 UmwG Rn 7). Die Zustimmung zur Satzung kann daher im Rahmen der Zustimmung zum Verschmelzungsvertrag, also in einem Beschluss erfolgen.

26. Die Hauptversammlung jedes übertragenden Rechtsträgers muss der Bestellung der Mitglieder des Aufsichtsrats der neuen Gesellschaft durch Verschmelzungsbeschluss zustimmen (§ 76 Abs 2 S 2 UmwG); s auch → Anm. 12. Die Zustimmung kann jedoch im Rahmen der Zustimmung zum Verschmelzungsvertrag, also in einem Tagesordnungspunkt und Beschluss, erfolgen. Dabei ist allerdings zu beachten, dass hinsichtlich der Bestellung der Mitglieder des Aufsichtsrats allein der Aufsichtsrat des übertragenden Rechtsträgers einen Beschlussvorschlag zu machen hat, nicht auch der Vorstand (§ 76 Abs 2 S 3 UmwG iVm § 124 Abs 3 S 1 AktG). Dem ist dadurch Rechnung zu tragen, dass Vorstand und Aufsichtsrat vorschlagen, dem Verschmelzungsvertrag und der Satzung zuzustimmen, andererseits der Vorschlag für die Zustimmung zu der Bestellung der Aufsichtsratsmitglieder ausschließlich vom Aufsichtsrat zu kommen hat (*Semler/Stengel/Diekmann* § 76 UmwG Rn 15). Dabei hat eine mögliche isolierte Anfechtung des Beschlusses allein hinsichtlich der Zustimmung zu der Bestellung der oder einzelner Aufsichtsratsmitglieder keine Auswirkung auf die Eintragung der Verschmelzung (Semler/Stengel/*Diekmann* § 76 UmwG Rn 13; Lutter/*Grunewald* § 76 UmwG Rn 9).

27. Gemäß § 76 Abs 2 S 3 UmwG iVm § 124 Abs 2 S 2 AktG ist es an sich ausreichend, den wesentlichen Inhalt des Verschmelzungsvertrags bekanntzumachen. In der Praxis wird gleichwohl zur Vermeidung von Anfechtungsrisiken zumeist der vollständige Wortlaut wiedergegeben, zumal sich mit Wiedergabe lediglich des wesentlichen Inhalts nicht viel Platz sparen ließe.

28. Ist wie im Formular vorgesehen der übertragende Rechtsträger eine AG, so ist gemäß § 76 Abs 2 S 3 UmwG iVm § 124 Abs 2 S 2 AktG der – und zwar vollständige – Wortlaut der neuen Satzung des neuen Rechtsträgers in die Bekanntmachung der Tagesordnung aufzunehmen.

29. § 61 S 1 UmwG. Das Registergericht macht dann einen Hinweis auf die Einreichung des (Entwurfs des) Verschmelzungsvertrags nach § 10 HGB bekannt (§ 61 S 2 UmwG).

30. § 63 Abs 1 Nr. 2 UmwG nennt lediglich die Jahresabschlüsse und Lageberichte. Der Wortlaut ist eindeutig, so dass nach herrschender und richtiger Ansicht Konzernabschlüsse und Konzern-Lageberichte nicht ausgelegt werden müssen (Lutter/*Grunewald* § 63 UmwG Rn 4 f mwN). Da dies jedoch nicht unbestritten ist (aA zB Semler/Stengel/*Diekmann* § 63 UmwG Rn 11, sofern diese wesentlich mehr Informationen enthalten als die Jahresabschlüsse), werden in der Praxis häufig auch diese vorsorglich ausgelegt.

31. Zum Verschmelzungsbericht und dessen Inhalt s zunächst → Form. II.J.1 Anm. 19. In dem Formular wird – wie in der Praxis üblich – der Verschmelzungsbericht von den Vertretungsorganen der an der Verschmelzung beteiligten Rechtsträger gemeinsam erstattet (§ 8 Abs 1 S 1 Hs 2 UmwG). Ein solcher Bericht ist nicht erforderlich, wenn alle Anteilsinhaber aller übertragenden Rechtsträger auf seine Erstattung verzichten; die Verzichtserklärungen sind notariell zu beurkunden (§ 8 Abs 3 UmwG).

32. Die Erläuterung des Umtauschverhältnisses gehört zum zentralen Bestandteil eines Verschmelzungsberichts. Ausreichend ist dabei, dass den Anteilseignern eine Plausibilitätskontrolle ermöglicht wird. Der Bericht muss also nicht so detailliert sein, dass die Anteilseigner eine eigene Unternehmensbewertung vornehmen können (Semler/Stengel/*Gehling* § 8 UmwG Rn 22 ff). In der Praxis zieht der Vorstand zur Ermittlung des Umtauschverhältnisses und der hierfür erforderlichen Unternehmensbewertungen in aller Regel eine Wirtschaftsprüfungsgesellschaft heran, die ein schriftliches Bewertungsgutachten erstattet. Dieses wird als Anlage zum Verschmelzungsbericht genommen und ist damit Teil des Berichts.

33. Der Verschmelzungsbericht ist vom Vorstand der beteiligten Rechtsträger eigenhändig zu unterzeichnen. Zwar ist richtiger und herrschender Ansicht nach Handeln in vertretungsberechtigter Zahl ausreichend (BGH NZG 2007, 714; Lutter/*Drygala* § 8 UmwG Rn 6). Da dies indes nicht unbestritten ist (aA zB Semler/Stengel/*Gehling* § 8 UmwG Rn 5), sollte der Bericht vorsorglich von allen Vorstandsmitgliedern unterzeichnet werden.

34. Die Verschmelzung ist bei jedem Register der an der Verschmelzung beteiligten übertragenden Rechtsträger zur Eintragung anzumelden (§ 38 Abs 1 UmwG). Wirksam wird die Verschmelzung mit ihrer Eintragung im Register des neuen Rechtsträgers (§ 20 Abs 1 UmwG). Mit der Eintragung geht das Vermögen der übertragenden Rechtsträger im Wege der Gesamtrechtsnachfolge auf den neuen Rechtsträger über. Die übertragenden Rechtsträger erlöschen. Den Gläubigern der übertragenden Rechtsträger steht unter den Voraussetzungen des § 22 UmwG ein Anspruch auf Sicherheitsleistung zu.

35. Handeln der Vorstandsmitglieder in vertretungsberechtigter Zahl ist ausreichend.

36. S → Form. II.J.1 Anm. 28.

37. § 16 Abs 2 UmwG. Die Anmeldung der Verschmelzung zum Handelsregister kann bereits vor Ablauf der Monatsfrist für Anfechtungsklagen gegen den Verschmelzungsbeschluss (§ 246 Abs 1 AktG) erfolgen. Dies kann insoweit wichtig werden, als bspw. die Schlussbilanz auf einen höchstens acht Monate vor der Anmeldung liegenden Stichtag aufgestellt worden sein darf (§ 17 Abs 2 S 4 UmwG). Die Negativerklärungen können dann wie im Formular vorgesehen nachgereicht werden, wenn keine Klage (fristgerecht) erhoben wird. Eine solche Anfechtungsklage führt zu einer Registersperre. Der betroffene Rechtsträger muss dann ein Freigabeverfahren nach § 16 Abs 2 UmwG einleiten. Der Antrag ist auf Feststellung durch das Gericht gerichtet, dass die Erhebung der Klage der Eintragung der Verschmelzung nicht entgegensteht.

38. § 38 Abs 2 UmwG. Die Anmeldung des neuen Rechtsträgers erfolgt durch die die Vertretungsorgane aller übertragenden Rechtsträger. Handeln in vertretungsberechtigter Zahl ist ausreichend (Semler/Stengel/*Schwanna* § 38 UmwG Rn 3). Zum Inhalt der Anmeldung vgl. § 37 AktG. Sind wie im Formular vorgesehen ausschließlich Kapitalgesellschaften als übertragende Rechtsträger an der Verschmelzung beteiligt, sind ein Gründungsbericht (§ 32 AktG) und eine Gründungsprüfung (§ 33 Abs 2 AktG) nicht erforderlich (§ 75 Abs 2 UmwG). Bei Zweifeln an einer ausreichenden Kapitaldeckung der neuen AG kann das Registergericht allerdings eine Gründungsprüfung anordnen. Die interne Gründungsprüfung durch die Mitglieder des Vorstands und des Aufsichtsrats gemäß § 33 Abs 1 AktG bleibt demgegenüber erforderlich. Diese haben einen schriftlichen Gründungsprüfungsbericht zu erstatten und der Anmeldung zum Handelsregister beizufügen (§ 37 Abs 4 Nr. 4, § 33 Abs 1 AktG); s hierzu → Form. I.E.1.4. Eine Erklärung über die Leistung und freie Verfügbarkeit der Einlage (§ 37 Abs 1 AktG) ist bei der Verschmelzung zur Neugründung nicht erforderlich (Semler/Stengel/*Schwanna* UmwG § 38 Rn 5).

39. § 76 Abs 1 UmwG; s Kallmeyer/*Zimmermann,* § 38 UmwG Rn 15.

40. Die Beifügung der Schlussbilanzen der übertragenden Rechtsträger ist nicht zwingend erforderlich, bietet sich aber an zum Nachweis der Werthaltigkeit (Kölner Kommentar UmwG/*Simon/Nießen,* § 38 Rn. 16 f).

41. § 37 Abs 4 Nr. 3 a AktG.

42. Gemeint ist hiermit der interne Gründungsprüfungsbericht durch Vorstand und Aufsichtsrat (§§ 33 Abs. 1, 34 Abs. 1 und Abs. 2 AktG). Ein Gründungsbericht durch die Gründer (§ 75 Abs 1 S 1 UmwG, § 32 AktG) und eine Gründungsprüfung durch externe Prüfer (§ 75 Abs 1 S 2 UmwG, § 33 Abs. 2–Abs. 5 AktG) sind hingegen nicht erforderlich, soweit wie hier eine Kapitalgesellschaft (oder eingetragene Genossenschaft) übertragender Rechtsträger ist (§ 75 Abs 2 UmwG).

43. §§ 36 Abs 2 S 1 UmwG iVm 37 Abs 4 Nr. 2 AktG.

44. Anzumelden ist der neue Rechtsträger, nicht die Verschmelzung (§ 38 Abs 2 UmwG).

45. § 107 Abs 1 S 2 AktG. Die Anmeldung des Aufsichtsratsvorsitzenden und seines Stellvertreters erfolgt nicht zur Eintragung in das Handelsregister.

46. Versicherung der Vorstandsmitglieder nach §§ 81 Abs 3 S 1, 76 Abs 3 S 2 Nr. 2 und 3 sowie S 3 AktG. Die Versicherung ist durch die Vorstandsmitglieder der neuen AG abzugeben, nicht durch die anmeldenden Vertretungsorgane (Kallmeyer/*Zimmermann*, § 38 UmwG Rn 10). Gleichwohl ist es in der Praxis üblich, die Versicherung der Vorstandsmitglieder in die Anmeldung selbst aufzunehmen. Alternativ kann sie auch separat erklärt und als Anlage zu der Anmeldung genommen werden (Kölner Kommentar UmwG/*Simon/Nießen*, § 36 Rn. 64, § 36 Rn. 8, 11).

47. § 71 Abs 1 S 2 UmwG. Die Anzeige muss allein gegenüber dem für den neuen Rechtsträger zuständigen Registergericht erfolgen (Kölner Kommentar UmwG/*Simon*, § 71 Rn. 26).

48. Steuerhinweise: S bereits → Anm. 1 und → Form. II.J.1 Anm. 3, 29. Die Verschmelzung zur Neugründung hat Nachteile gegenüber der Verschmelzung im Wege der Aufnahme im Hinblick auf die Grunderwerbsteuer und mögliche Verlustvorträge.

Grunderwerbsteuer fällt grds an, soweit im Vermögen der übertragenden Rechtsträger dt Grundstücke vorhanden sind. Da an der Verschmelzung zur Neugründung nur übertragende Rechtsträger beteiligt sind, fällt für alle beteiligten Rechtsträger grds Grunderwerbsteuer an. Anders bei der Verschmelzung zur Aufnahme: Hier werden Grundstücke im Vermögen des übernehmenden Rechtsträgers nicht übertragen und bleiben außer Betracht. Dieser grunderwerbsteuerliche Nachteil gilt allerdings grds nicht bei konzerninternen Umstrukturierungen. Die Konzernausnahme des § 6 a GrEStG setzt nach umstrittener Auslegung durch die Finanzverwaltung einen sog Verbund voraus; das verlangt auf Erwerberseite eine existierende Gesellschaft (Gleichlautender Erlass der Obersten FinBeh der Länder BStBl I 12, 662 Tz. 1). Danach würde die Befreiung in Fällen einer Verschmelzung zur Neugründung grds nicht gelten. Eine Ausnahme macht die Finanzverwaltung nur bei verbundgeborenen Gesellschaften (Gleichlautender Erlass der Obersten FinBeh der Länder BStBl I 12, 662 Tz. 4). Der BFH hat 2019 für die Abspaltung zur Neugründung entschieden, dass die Vorbehaltensfrist in Bezug auf die neugegründete, abhängige Gesellschaft nicht eingehalten werden muss, weil sie aufgrund der Struktur der Umwandlungsmaßnahme nicht eingehalten werden kann (BFH Az. II R 21/19 (II R 56/15), BStBl II 2020, 344). Die Entscheidung gilt entsprechend für die Verschmelzung zur Neugründung.

Ein weiterer steuerlicher Nachteil ist darin zu sehen, dass etwaige Verlustvorträge bei den übertragenden Rechtsträgern untergehen (§§ 12 Abs 3, 4 Abs 2 S 2 UmwStG). Anders als bei der Verschmelzung zur Aufnahme können bei der übernehmenden „neuen" Gesellschaft keine Verluste aus der Zeit vor der Verschmelzung existieren, die nach (und trotz) der Verschmelzung weiter genutzt werden könnten.

48. Kosten und Gebühren:

a) Verschmelzungsvertrag
   Notar: 2,0 Gebühren, mindestens EUR 120, Nr. 21100 KV-GNotKG.
   Wert: Vermögen der beiden übertragenden Gesellschaften ohne Schuldenabzug (§§ 3 Abs. 1, 35 Abs. 2, 38 GNotKG) oder der Wert der zu gewährenden Anteilsrechte an

der neuen Gesellschaft; der höhere Wert ist maßgebend, § 97 Abs. 3 GNotKG, mindestens EUR 30.000, max EUR 10 Mio., § 107 Abs. 1 Satz 1 GNotKG.

b) Verschmelzungsbeschluss der übertragenden Rechtsträger; jeweils
Zustimmung:
Notar: 2,0 Gebühren, Nr. 21100 KV-GNotKG, max EUR 5 Mio., § 108 Abs. 5 GNotKG.
Wert: Vgl a), § 98 Abs. 1 GNotKG.
Verzichte:
Notar: 1,0 Gebühr, mindestens EUR 60, Nr. 21200 KV-GNotKG.
Wert: 10 % des Werts gemäß a). Bei Mitbeurkundung gegenstandsgleich, § 109 Abs. 1, Abs. 2 Satz 1 Nr. 4 g) GNotKG.

c) Anmeldung und Eintragung bei den übertragenden Rechtsträgern; jeweils
Notar: 0,5 Gebühr, mindestens EUR 30, Nr. 21201 KV-GNotKG.
Wert: § 105 Abs. 4 Nr. 1 GNotKG, mindestens EUR 30.000. Ist der Notar am Entwurf der Anmeldung nicht beteiligt und beglaubigt er lediglich die Unterschriften, erhält er nur die 0,2 Gebühr, Nr. 25100 KV-GNotKG, mindestens EUR 20, höchstens EUR 70.
Register: GV-HRegGebV Teil 2 Abschnitt 4.

d) Anmeldung und Eintragung bei dem neuen Rechtsträger
Notar: 0,5 Gebühr, mindestens EUR 30, Nr. 21201 KV-GNotKG, Wert mindestens EUR 30.000, höchstens EUR 10 Mio., § 107 Abs. 1 Satz 2 GNotKG.
Wert: Nennbetrag des Grundkapitals, § 105 Abs. 1 Satz 1 Nr. 1 GNotKG, mindestens EUR 30.000, § 105 Abs. 1 Satz 2 GNotKG. Ist der Notar am Entwurf der Anmeldung nicht beteiligt und beglaubigt er lediglich die Unterschriften, erhält er nur die 0,2 Gebühr, Nr. 25100 KV-GNotKG, mindestens EUR 20, höchstens EUR 70.
Register: Vgl c).

3. Grenzüberschreitende Verschmelzung zur Aufnahme (niederländische NV auf deutsche AG)

a) Verschmelzungsplan[1, 2]

Verhandelt in . . . . . am . . . . .

Vor dem unterzeichneten Notar . . . . . mit dem Amtssitz in . . . . . erschienen

1. V und W, handelnd nicht in eigenem Namen, sondern als gemeinsam vertretungsberechtigte Vorstandsmitglieder der A NV;
2. X und Y, handelnd nicht in eigenem Namen, sondern als gemeinsam vertretungsberechtigte Vorstandsmitglieder der B AG.

Die Erschienenen zu 1. und 2. baten um die Beurkundung des nachfolgenden Verschmelzungsplans:

Gemeinsamer Verschmelzungsplan

für die grenzüberschreitende Verschmelzung

zwischen der

A NV, ..., Niederlande (nachfolgend auch „übertragende Gesellschaft“ genannt)

– als übertragender Gesellschaft –

und der B AG, ..., Deutschland (nachfolgend auch „übernehmende Gesellschaft“ genannt)

– als übernehmender Gesellschaft –

Die Vorstände der A NV und der B AG stellen den folgenden gemeinsamen Verschmelzungsplan auf:

Präambel

0.1 A NV ist eine nach niederländischem Recht gegründete Aktiengesellschaft *(Naamloze Vennootschap)*. Sie hat ihren satzungsmäßigen Sitz in . . . . ., Niederlande, und ist eingetragen im Handelsregister der Handelskammer (*Kamer van koophandel*) von . . . . . unter Nr. . . . . . Ihre Geschäftsanschrift lautet . . . . . Das Gesellschaftskapital *(maatschappelijk kapitaal)* der A NV beträgt EUR . . . . . und ist eingeteilt in . . . . . Namensaktien mit einem Nennwert von jeweils EUR . . . . . Das gezeichnete Kapital *(Geplaatst Kapitaal)* der A NV beträgt EUR . . . . . und ist voll eingezahlt. Es wurden unter Mitwirkung der A NV keine Hinterlegungsscheine *(certificaten van aandelen)* für die genannten Aktien ausgestellt, und an den genannten Aktien wurde weder ein Nießbrauch noch ein Pfandecht bestellt. Alleinige Gesellschafterin der A NV ist die B AG.[3]

0.2 Die B AG ist eine nach deutschem Recht gegründete Aktiengesellschaft. Sie hat ihren satzungsmäßigen Sitz in . . . . ., Deutschland, und ist eingetragen im Handelsregister des Amtsgerichts . . . . . unter HRB . . . . . Ihre Geschäftsanschrift lautet . . . . . Das Grundkapital der B AG beträgt EUR . . . . . und ist eingeteilt in . . . . . auf den Inhaber lautende Stückaktien.

0.3 Keine der zu verschmelzenden Gesellschaften befindet sich in Liquidation oder ist Gegenstand eines Insolvenz- oder Vergleichsverfahrens.

0.4 Die A NV soll im Wege der grenzüberschreitenden Verschmelzung als übertragende Gesellschaft auf die B AG als übernehmende Gesellschaft verschmolzen werden. Die Verschmelzung wird auf der Grundlage der Richtlinie 2005/56/EG des europäischen Parlaments und des Rates vom 26. Oktober 2005 über die Verschmelzung von Kapitalgesellschaften aus verschiedenen Mitgliedstaaten (Verschmelzungsrichtlinie) und deren Umsetzung in nationales Recht durchgeführt. Auf die grenzüberschreitende Verschmelzung sind – soweit deutsches Recht Anwendung findet – die §§ 122 a–122 l des deutschen Umwandlungsgesetzes (UmwG) und – soweit niederländisches Recht Anwendung findet – Titel 7 des zweiten Buchs des niederländischen Burgerlijk Wetboek (BW) und insbesondere dessen Abschnitt 3 a anwendbar.

Dies vorausgeschickt vereinbaren die A NV und die B AG Folgendes:

§ 1 Vermögensübertragung

1.1 Die A NV mit Sitz in den Niederlanden wird als übertragende Gesellschaft gemäß §§ 2 Nr. 1, 46 ff, 122 a ff UmwG und Titel 7 des zweiten Buchs BW auf die B AG mit Sitz in Deutschland als übernehmende Gesellschaft verschmolzen. Die übertragende Gesellschaft überträgt damit im Wege der grenzüberschreitenden Verschmelzung zur Aufnahme ihr Vermögen als Ganzes mit allen Rechten und Pflichten unter Auflösung ohne Abwicklung auf die übernehmende Gesellschaft.

1.2 Die Übertragung des Vermögens der übertragenden Gesellschaft auf die übernehmende Gesellschaft erfolgt im Verhältnis zwischen der übertragenden Gesellschaft und der übernehmenden Gesellschaft mit Wirkung zum 31. Dezember 2021, 24.00 Uhr. Vom 1. Januar 2022, 0.00 Uhr, an gelten im Verhältnis zwischen der übertragenden Gesellschaft und der übernehmenden Gesellschaft alle Handlungen und Geschäfte der übertragenden Gesellschaft als für Rechnung der übernehmenden Gesellschaft vorgenommen (Verschmelzungsstichtag).[4]

1.3 Stichtag für die Bilanzen der verschmelzenden Gesellschaften, die zur Festlegung der Bedingungen der grenzüberschreitenden Verschmelzung verwendet werden, ist der 31. Dezember 2021.[5]

1.4 Die übernehmende Gesellschaft wird die in der geprüften und mit dem uneingeschränkten Bestätigungsvermerk der . . . . . Wirtschaftsprüfungsgesellschaft versehenen Schlussbilanz der übertragenden Gesellschaft zum 31. Dezember 2021 angesetzten handelsrechtlichen Werte der übergehenden Gegenstände des Aktiv- und Passivvermögens in ihrer handelsrechtlichen Rechnungslegung übernehmen und fortführen (Buchwertfortführung).[6]

1.5 Die Verschmelzung hat keinen Einfluss auf den Firmenwert der übernehmenden Gesellschaft und auf die Höhe der freien Rücklagen in der Bilanz der übernehmenden Gesellschaft. Sie beeinflusst aber in Höhe der Differenz zwischen dem Buchwert der Anteile der übernehmenden Gesellschaft an der übertragenden Gesellschaft und dem Buchwert der Aktiva und Passiva des übergehenden Vermögens das Jahresergebnis der übernehmenden Gesellschaft.[7]

1.6 Die übertragende Gesellschaft wird in ihrer nach deutschen steuerlichen Bilanzierungsgrundsätzen aufgestellten steuerlichen Schlussbilanz die übergehenden Aktiva und Passiva mit ihrem Buchwert ansetzen. Dementsprechend werden in der Steuerbilanz der übernehmenden Gesellschaft die steuerlichen Buchwerte der übertragenden Gesellschaft fortgeführt.[8]

1.7 Da die übernehmende Gesellschaft sämtliche Anteile der übertragenden Gesellschaft hält, wird das Grundkapital der übernehmenden Gesellschaft zur Durchführung der Verschmelzung nicht erhöht und werden im Rahmen der Verschmelzung keine neuen Aktien der übernehmenden Gesellschaft als Gegenleistung gewährt.

§ 2 Geschäftsleitung und Aufsichtsrat der übernehmenden Gesellschaft[9]

Es ist nicht beabsichtigt, nach Wirksamwerden der grenzüberschreitenden Verschmelzung die Stellung oder Zusammensetzung des Vorstands der übernehmenden Gesellschaft zu verändern oder in der Zusammensetzung des Aufsichtsrats der übernehmenden Gesellschaft Veränderungen vorzunehmen.

§ 3 Besondere Rechte und Vorteile

3.1 Die übertragende Gesellschaft hat weder Vorzugsaktien, Aktien mit Mehrfachstimmrechten oder andere Sonderrechte iSd § 122 c Abs 2 Nr. 7 UmwG ausgegeben, noch bestehen andere Wertpapiere als Gesellschaftsanteile im Sinne dieser Vorschrift. Es gibt keine natürlichen oder juristischen Personen, denen anders als Aktionär gegenüber der übertragenden Gesellschaft besondere Rechte iSd Art 2:320 iVm Art 2:312 lit c BW zustehen, so dass keine Rechte oder Entschädigungen im Sinne der vorgenannten Vorschriften gewährt werden müssen. Rechte im Sinne dieser Vorschriften werden auch künftig nicht durch die übernehmende Gesellschaft gewährt. Es werden auch keine Maßnahmen im Sinne dieser Vorschriften vorgeschlagen.[10]

3.2 Es werden keine besonderen Vorteile iSd § 122 c Abs 2 Nr. 8 UmwG oder Art. 2:312 Abs 2 lit. d BW den Sachverständigen, die den Verschmelzungsplan prüfen, oder den

Mitgliedern der Verwaltungs- Leitungs-, Aufsichts- oder Kontrollorgane der übertragenden oder der übernehmenden Gesellschaft gewährt.

§ 4 Satzung der übernehmenden Gesellschaft, Zustimmungen

4.1 Die übernehmende Gesellschaft hat die Satzung, die dieser Urkunde als Anlage beigefügt und Bestandteil dieses Verschmelzungsplans ist. Die Satzung soll im Zusammenhang mit der Verschmelzung nicht geändert werden.[11]

4.2 Die Beschlüsse der Hauptversammlung der übertragenden Gesellschaft und der übernehmenden Gesellschaft zur Durchführung der grenzüberschreitenden Verschmelzung in Übereinstimmung mit dem gemeinsamen Verschmelzungsplan bedürfen nicht der Zustimmung eines anderen Gesellschaftsorgans oder anderer Personen.[12]

§ 5 Voraussichtliche Auswirkungen der Verschmelzung auf die Beschäftigung[13]

5.1 Nach dem Wirksamwerden der Verschmelzung werden die Unternehmensaktivitäten und bestehenden Betriebe sowie die Geschäftstätigkeit der übertragenden Gesellschaft durch die übernehmende Gesellschaft fortgeführt.[14]

5.2 Individualrechtliche Auswirkungen der Verschmelzung auf die Arbeitnehmer

5.2.1 Die Arbeitsverhältnisse der Arbeitnehmer der übernehmenden Gesellschaft bleiben von der Verschmelzung unberührt, insbesondere wird die kündigungsrechtliche Stellung der Arbeitnehmer der übernehmenden Gesellschaft nicht verschlechtert. Soweit Tarifverträge, Betriebsvereinbarungen, einzelvertraglich getroffene Vereinbarungen sowie sonstige betriebliche Vereinbarungen, Zusagen und Regelungen bestehen, bleiben diese von der Verschmelzung unberührt. Veränderungen in der Betriebsstruktur und personelle Maßnahmen (insbesondere Entlassungen oder Versetzungen) sind im Zusammenhang mit der Verschmelzung nicht vorgesehen.

5.2.2 Die Verschmelzung führt zu einem Betriebsübergang. Infolge dessen gehen sämtliche Arbeits- und Ausbildungsverhältnisse, die im Zeitpunkt des Wirksamwerdens der Verschmelzung mit der übertragenden Gesellschaft bestehen, kraft Gesetzes mit allen Rechten und Pflichten, wie sie im Zeitpunkt der Verschmelzung bestehen, auf die übernehmende Gesellschaft über. Der Übergang der Arbeitsverhältnisse wirkt nicht auf den Verschmelzungsstichtag zurück. Eine Kündigung der übergehenden Arbeitsverhältnisse wegen des Übergangs durch den Arbeitgeber ist gesetzlich ausgeschlossen. Für den Inhalt der übergehenden Arbeitsverhältnisse ist der Rechtszustand maßgeblich, der im Zeitpunkt des Wirksamwerdens der Verschmelzung besteht. Bei der übertragenden Gesellschaft erreichte und dort anerkannte Betriebszugehörigkeiten gelten als bei der übertragenden Gesellschaft erbracht. Die betroffenen Arbeitnehmer der übertragenden Gesellschaft werden über den Betriebsübergang gemäß den einschlägigen Vorschriften informiert.

5.2.3 Maßnahmen im Zusammenhang mit der Verschmelzung mit individualrechtlichen Auswirkungen auf die Arbeitnehmer sind nicht vorgesehen.

5.3 Auswirkungen der Verschmelzung auf die betriebsverfassungsrechtlichen Vertretungen der Arbeitnehmer

5.3.1 Die übernehmende Gesellschaft ist Mitglied in dem Arbeitgeberverband . . . . ., während die übertragende Gesellschaft nicht Mitglied in einem Arbeitgeberverband in Deutschland ist. Durch die grenzüberschreitende Verschmelzung endet die Mitgliedschaft der A NV in dem Arbeitgeberverband . . . . . automatisch.

5.3.2 Weitere Maßnahmen im Zusammenhang mit der Verschmelzung mit Auswirkungen auf die betriebsverfassungsrechtlichen Vertretungen der Arbeitnehmer sind nicht vorgesehen.[15]

5.3.3 Die übertragende und die übernehmende Gesellschaft haben keinen Betriebsrat. Es ergeben sich keine weiteren Auswirkungen tarifvertraglicher oder betriebsverfassungsrechtlicher Art.[16]

5.4 Keine unternehmerische Mitbestimmung, kein Verhandlungsverfahren

Da weder die übertragende noch die übernehmende Gesellschaft durchschnittlich mehr als 500 Arbeitnehmer beschäftigen und auch kein System der Arbeitnehmermitbestimmung iSd § 2 Abs 7 MgVG, Art 16 Abs 2 Verschmelzungsrichtlinie besteht, ist ein Verhandlungsverfahren zur Regelung der Mitbestimmung der Arbeitnehmer nicht einzuleiten. Die Angaben gemäß § 122 c Abs 2 Nr. 10 UmwG bzw. Art. 2:333 k BW entfallen daher. Mitbestimmungsrechtliche Änderungen ergeben sich nicht.[17] Auch nach dem Wirksamwerden der Verschmelzung sind die Anwendungsvoraussetzungen des Drittelbeteiligungsgesetzes bei der übernehmenden Gesellschaft nicht erfüllt.[18]

§ 6 Kosten

Die durch den Abschluss dieses Verschmelzungsplans und seine Durchführung entstehenden Kosten trägt die übernehmende Gesellschaft. Kosten der jeweiligen Hauptversammlungen der übertragenden und der übernehmenden Gesellschaft, die über die Verschmelzung beschließt, sowie die Kosten der Anmeldung zum und der Eintragung in das Handelsregister trägt jede Partei selbst. Dies gilt auch für den Fall, dass die Verschmelzung nicht wirksam werden sollte.

b) Bekanntmachung gemäß §§ 122 a Abs 2, 62 Abs 3 S 2 UmwG[19]

B AG

. . . . . (Sitz)

Bekanntmachung gemäß §§ 122 a Abs 2, 62 Abs 3 S 2 UmwG

Die B AG gibt hiermit bekannt, dass beabsichtigt ist, ihre 100 %ige Tochtergesellschaft A NV, eine nach niederländischem Recht errichtete Aktiengesellschaft *(Naamloze Vennootschap)* mit satzungsmäßigem Sitz in . . . . ., Niederlande, eingetragen im Handelsregister der Handelskammer (*Kamer van koophandel*) von . . . . . unter Nr. . . . . ., gemäß §§ 2 Nr. 1, 46 ff, 122 a ff UmwG und Titel 7 des zweiten Buchs BW als übertragende Gesellschaft im Wege der grenzüberschreitenden Verschmelzung zur Aufnahme auf die B AG mit satzungsmäßigem Sitz in . . . . ., eingetragen im Handelsregister des Amtsgerichts . . . . . unter HRB . . . . ., als übernehmende Gesellschaft zu verschmelzen.

Der Verschmelzungsplan wurde zum Handelsregister der B AG eingereicht und vom Registergericht am . . . . . 2022 bekannt gemacht.

Da sich das gesamte Grundkapital der übertragenden A NV in der Hand der übernehmenden B AG befindet, ist gemäß §§ 122 a Abs 2, 62 Abs 1 S 1 UmwG ein zustimmender Verschmelzungsbeschluss der Hauptversammlung der B AG nicht erforderlich. Aktionäre, deren Anteile zusammen den zwanzigsten Teil des Grundkapitals der B AG erreichen, haben jedoch gemäß § 62 Abs 2 S. 1 UmwG das Recht, die Einberufung einer Hauptversammlung zu verlangen, in der über die Zustimmung zu der grenzüberschreitenden Verschmelzung beschlossen wird. Ein Einberufungsverlangen kann nur berücksichtigt werden, wenn es innerhalb eines Monats nach Veröffentlichung dieser Mitteilung unter Nachweis des erforderlichen Aktienbesitzes gestellt wird.

. . . . ., im 2022

B AG

Der Vorstand

c) Verschmelzungsbeschluss der übernehmenden Gesellschaft[20]

Hauptversammlung

Niederschrift vom . . . . .

Der unterzeichnete Notar . . . . . mit dem Amtssitz in . . . . . war gebeten worden,

die Niederschrift über die am . . . . . in . . . . . abgehaltene

Außerordentliche Hauptversammlung

der

B AG

mit Sitz in . . . . ., eingetragen im Handelsregister des Amtsgerichts . . . . . unter HRB . . . . .

aufzunehmen.

Der Notar traf dort an:

I. Vom Aufsichtsrat, der besteht aus . . . . ., alle Mitglieder (mit Ausnahme . . . . .).

II. Vom Vorstand, der besteht aus . . . . ., alle Mitglieder (mit Ausnahme . . . . .).

III. die in dem dieser Niederschrift als Anlage 1 beigefügten Verzeichnis der Teilnehmer aufgeführten Aktionäre und Vertreter von Aktionären (nachfolgend gemeinsam „Aktionäre“). Das Verzeichnis der Teilnehmer wird gem. § 129 Abs. 4 AktG bei der Gesellschaft verwahrt.

I.

Den Vorsitz der heutigen außerordentlichen Hauptversammlung übernahm . . . . . Er eröffnete um . . . . . Uhr die Hauptversammlung.

Der Vorsitzende legte zur Einsicht vor:

- das von ihm unterschriebene Verzeichnis der vertretenen Aktionäre (Anlage 1);
- den gemeinsamen Verschmelzungsbericht des Vorstands der A NV und des Vorstands der Gesellschaft.

Der Vorsitzende stellte fest und verkündete, dass nach dem vorliegenden Teilnehmerverzeichnis das gesamte Grundkapital der Gesellschaft in Höhe von EUR . . . . . vertreten ist.

Er gab bekannt, dass Aktionäre der Gesellschaft, deren Anteile zusammen den zwanzigsten Teil des Grundkapitals der Gesellschaft erreichen, die Einberufung der Hauptversammlung nach § 62 Abs 2 S 1 UmwG verlangt haben, in der über die Zustimmung zu der Verschmelzung beschlossen wird. Die Bekanntmachung der Gesellschaft gemäß §§ 122 a Abs 2, 62 Abs 3 S 2 UmwG ist dieser Niederschrift als Anlage 2 beigefügt.

Er stellte weiter fest, dass die außerordentliche Hauptversammlung der B AG als

Universal-Hauptversammlung

der B AG mit Sitz in . . . . .

unter Verzicht auf Formen und Fristen beschlussfähig sei. Der Vorsitzende erklärte, dass sämtliche Aktionäre auf alle durch Gesetz oder Satzung vorgeschriebenen Formen und Fristen für die Einberufung, Bekanntmachung, Vorbereitung und Durchführung einer Hauptversammlung und die Unterrichtung der Gesellschafter – insbesondere gemäß §§ 63, 64 UmwG –, insbesondere auch auf die Bekanntmachung der Tagesordnung, auf die Vorschläge von Vorstand und Aufsichtsrat zu den Gegenständen der Tagesordnung sowie auf die Auslegung und Erläuterung der Unterlagen zu den Gegenständen der Tagesordnung verzichten und mit der Abhaltung der Versammlung als Universal-Hauptversammlung (§ 121 Abs. 6 AktG) einverstanden sind.[21]

Der Vorsitzende gab als einzigen Tagesordnungspunkt bekannt:

Zustimmung zu dem Verschmelzungsplan vom . . . . . 2020 über die grenzüberschreitende Verschmelzung im Wege der Aufnahme zwischen der A NV als übertragender Gesellschaft und der Gesellschaft als übernehmender Gesellschaft.

Der Vorstandsvorsitzende der Gesellschaft, ... (Name), erläuterte den Beschlussvorschlag zu dem einzigen Tagesordnungspunkt, insbesondere den dieser Niederschrift als Anlage 3 beigefügten Verschmelzungsplan (UR. Nr . . . . . des Notars . . . . .).[22]

Der Vorsitzende stellte fest, dass die Einreichung des Verschmelzungsplans zum Handelsregister und dessen Bekanntmachung gemäß § 122 d UmwG ordnungsgemäß erfolgt ist.

. . . . . (Aussprache und Beantwortung etwaiger Fragen von Aktionären)

II.

Sodann beschloss die Hauptversammlung in Erledigung der Tagesordnung was folgt:[23]

Dem Verschmelzungsplan vom . . . . . 2022 (UR. Nr . . . . . des Notars . . . . .) über die grenzüberschreitende Verschmelzung im Wege der Aufnahme zwischen der A NV, einer nach niederländischem Recht errichteten Aktiengesellschaft *(naamloze vennootschap)* mit satzungsmäßigem Sitz in . . . . ., Niederlande, eingetragen im eingetragen im Handelsregister der Handelskammer (*Kamer van koophandel*) von . . . . . unter Nr . . . . ., als übertragender Gesellschaft und der Gesellschaft als übernehmender Gesellschaft wird zugestimmt.

Der Vorsitzende verkündete und stellte fest, dass der vorstehende Beschluss durch mündliche Erklärung bei . . . . . Aktien, für die gültige Stimmen abgegeben wurden (= . . . . . % des Grundkapitals), mit . . . . . Ja-Stimmen (= . . . . . % der abgegebenen gültigen Stimmen) und . . . . . Nein-Stimmen und damit mit der erforderlichen Mehrheit gefasst wurde.[24]

Damit war die Tagesordnung erledigt. Der Vorsitzende schloss die Hauptversammlung um . . . . . Uhr.

d) Anmeldung zum Handelsregister der übernehmenden Gesellschaft[25]

Amtsgericht

– Handelsregister –

. . . . .

Betr.: B AG, HRB . . . . .

Wir, die unterzeichnenden Vorstandsmitglieder der B AG überreichen:[26]

1. beglaubigte Abschrift der notariellen Niederschrift UR. Nr. . . . . . des Notars . . . . ., enthaltend den Verschmelzungsplan vom . . . . . 2022 über die grenzüberschreitende Verschmelzung im Wege der Aufnahme zwischen der A NV als übertragender Gesellschaft und der Gesellschaft als übernehmender Gesellschaft;
2. beglaubigte Abschrift der notariellen Niederschrift UR. Nr. . . . . des Notars . . . . . über die Hauptversammlung der A NV vom . . . . . 2022, enthaltend
   – den Zustimmungsbeschluss zu dem Verschmelzungsplan;
3. beglaubigte Abschrift der notariellen Niederschrift UR. Nr. . . . . des Notars . . . . . über die Hauptversammlung der Gesellschaft vom . . . . . 2022, enthaltend
   – den Zustimmungsbeschluss zu dem Verschmelzungsplan;
4. gemeinsamer Verschmelzungsbericht des Vorstands der A NV und des Vorstands der Gesellschaft;[27]
5. Verschmelzungsbescheinigung des niederländischen Notars . . . . . nach Maßgabe von § 122 l Abs 1 S 2 UmwG, Art. 2:333 i BW darüber, dass für die A NV die Voraussetzungen für die grenzüberschreitende Verschmelzung vorliegen, und beglaubigte Übersetzung der Verschmelzungsbescheinigung;
6. Nachweis der Bekanntmachung gemäß § 62 Abs 3 S 2 UmwG vom . . . . . 2022 (Ausdruck aus dem Bundesanzeiger).

Wir melden zur Eintragung in das Handelsregister an:

Die A NV, eine nach niederländischem Recht errichtete Aktiengesellschaft *(Naamloze Vennootschap)* mit satzungsmäßigem Sitz in . . . . ., Niederlande, eingetragen im Handelsregister der Handelskammer (*Kamer van koophandel*) von . . . . . unter Nr. . . . . ., als übertragende Gesellschaft ist gemäß §§ 2 Nr. 1, 46 ff, 122 a ff UmwG und Titel 7 des zweiten Buchs des niederländischen Burgerlijk Wetboek im Wege der grenzüberschreitenden Verschmelzung durch Aufnahme mit der Gesellschaft als übernehmender Gesellschaft verschmolzen.

Wir geben folgende Erklärungen ab:

1. Hinsichtlich der übertragenden Gesellschaft wird auf § 122 l Abs 1 S 2 Hs 2 UmwG hingewiesen. Danach findet § 16 Abs 2 UmwG auf die übertragende Gesellschaft keine Anwendung.
2. Eine Prüfung des Verschmelzungsplans und die Erstattung eines Verschmelzungsprüfungsberichts waren nicht erforderlich, da sich alle Anteile der übertragenden Gesellschaft in der Hand der Gesellschaft befinden (§§ 122 f S 1 iVm 9 Abs 2, 12 Abs 3, 8 Abs 3 S 1 UmwG und Art. 2:328, 2:333 Abs 1 BW).[28]
3. Hinsichtlich der Schlussbilanz der A NV als übertragender Gesellschaft wird auf § 122 l Abs 1 S 3 Hs 2 UmwG verwiesen. Danach findet § 17 UmwG auf die übertragende Gesellschaft keine Anwendung.
4. Ein Verfahren zur Regelung der Mitbestimmung der Arbeitnehmer war nicht einzuleiten, da weder die übertragende noch die übernehmende Gesellschaft durchschnittlich mehr als 500 Arbeitnehmer beschäftigen und auch kein System der Arbeitnehmermitbestimmung iSd § 2 Abs 7 MgVG, Art 16 Abs 2 Verschmelzungsrichtlinie bestand.
5. Wir versichern gemäß § 122 k Abs 1 S. 2 UmwG, dass allen Gläubigern, die nach § 122 j UmwG einen Anspruch auf Sicherheitsleistung haben, eine angemessene Sicherheit geleistet wurde.[29]
6. Weder bei der übertragenden noch bei der übernehmenden Gesellschaft besteht ein Betriebsrat. Der Verschmelzungsbericht ist gemäß § 122 e S 2 UmwG den Anteils-

inhabern sowie den Arbeitnehmern der A NV und der Gesellschaft fristgerecht zugänglich gemacht worden.

7. Im Hinblick auf die Mitteilungspflicht des Gerichts gemäß § 122 l Abs 3 UmwG teilen wir mit, dass das Register, bei dem die A NV ihre Unterlagen zu hinterlegen hatte, das Handelsregister . . . . ., Niederlande, ist.

Wir werden ggf. noch die Erklärung nachreichen, dass eine Klage gegen die Wirksamkeit des Verschmelzungsbeschlusses durch Anteilsinhaber der übernehmenden Gesellschaft nicht oder nicht fristgemäß erhoben oder eine solche Klage rechtskräftig abgewiesen oder zurückgenommen worden ist.[30, 31, 32]

. . . . . (Ort, Datum) (Unterschriften) (Beglaubigungsvermerk)

Schrifttum: S Schrifttum zu → Form. II.J.1 Anm. 1 ff.; zusätzlich *Benz/Hübner/Zimmermann*, Gesellschafterschutz in der grenzüberschreitenden Verschmelzung, ZIP 2018, 2254; *Brehm/Schümmer*, Grenzüberschreitende Umwandlungen nach der neuen Richtlinie, NZG 2020, 538; *Brocker*, Die grenzüberschreitende Verschmelzung von Kapitalgesellschaften, BB 10, 971; *Bungert/Wansleben*, Die grenzüberschreitende Verschmelzung auf Personengesellschaften ist Wirklichkeit, DB 2019, 49; *Drygala/von Bressensdorf*, Gegenwart und Zukunft grenzüberschreitender Verschmelzungen und Spaltungen, NZG 2016, 1161; *Ege*, Praxisfragen bei grenzüberschreitenden Verschmelzungen im Konzern, GBR 11, 399; *Fink/Chilevych*, Grenzüberschreitende Formwechsel nach und aus Deutschland, NZG 2020, 544; *Fisch*, Der Übergang ausländischen Vermögens bei Verschmelzungen und Spaltungen – Eine Analyse aus Sicht der Praxis, NZG 2016, 448; *Grundke/Feuerstein/Holle* DStR 2016, 1659; *Gsödl/Wuttke*, Ertragsteuerliche Neutralität der (grenzüberschreitenden) Abwärtsverschmelzung bei Kapitalgesellschaften, DStR 2016, 2326; *Herbort/Schwenke*: „Kapitalertragsteuerfalle" beim grenzüberschreitenden Upstream-Merger?, IStR 2016, 567; *Herrler/Schneider*, Grenzüberschreitende Verschmelzungen von Gesellschaften mit beschränkter Haftung zwischen Deutschland und Österreich, GmbHR 11, 795; *Kruse/Kruse*, Grenzüberschreitende Konzernverschmelzungen – Vorgaben und Vereinfachungen der §§ 122 a ff. UmwG, BB 10, 3035; *Lutz*, Hinweise für den Vertragsgestalter bei einer grenzüberschreitenden Verschmelzung unter dem besonderen Gesichtspunkt der Hinausverschmelzung, BB 10, 971; *Schaub*, Arbeitsrechts-Handbuch, 19. Aufl. 2021, Kapitel V. Grenzüberschreitende Verschmelzung; *Schubert*, Fristen bei grenzüberschreitender Hinausverschmelzung, NJW-Spezial 2019, 79; *Wettich*, Umwandlung vom Brexit betroffener britischer Limited mit Verwaltungssitz in Deutschland, WpG 2018, 1590.

Anmerkungen

1. Das Formular behandelt die grenzüberschreitende Verschmelzung einer niederländischen Aktiengesellschaft *(Naamloze Vennootschap – NV)* auf eine deutsche Aktiengesellschaft im Wege der Aufnahme. Rechtsgrundlage für die grenzüberschreitende Verschmelzung von Kapitalgesellschaften aus EU-Mitgliedstaaten ist die Richtlinie 2005/56/EG des europäischen Parlaments und des Rates vom 26. Oktober 2005 über die Verschmelzung von Kapitalgesellschaften aus verschiedenen Mitgliedstaaten (ABl L 310 vom 25.11.2005, S 1 – Verschmelzungsrichtlinie) und deren Umsetzung in nationales Recht. Auf die grenzüberschreitende Verschmelzung auf eine Gesellschaft mit Sitz in Deutschland findet (auch) deutsches Recht Anwendung. In erster Linie gelten damit die §§ 122 a–122 l UmwG, ergänzend aber auch die allgemeinen Vorschriften zu inländischen Verschmelzungen gemäß §§ 2–38 UmwG und die besonderen Vorschriften gemäß §§ 46–78, hier also die §§ 60–72 UmwG. Zusätzlich ist die ausländische Rechtsordnung zu beachten, der die weitere an der Verschmelzung beteiligte Gesellschaft unterliegt. Da die Mitgliedstaaten bei der Umsetzung der Richtlinie gewissen Spielraum haben und zudem – ähnlich wie der deutsche Gesetzgeber in § 122 Abs 2 UmwG – häufig weitgehend auf die Regelungen verweisen, die auf inländische Verschmelzungen Anwendung finden, sind diese Regelungen nicht deckungsgleich. Hieraus können sich bei der praktischen Umsetzung zahlreiche Friktionen ergeben, die frühzeitig angegangen werden müssen.

Die Verschmelzungsrichtlinie und die §§ 122 a ff UmwG erfassen lediglich grenzüberschreitende Verschmelzungen von Gesellschaften mit Sitz in den Mitgliedstaaten (nicht aber Drittstaaten) und allein Kapitalgesellschaften.

Auch bei der grenzüberschreitenden Verschmelzung gibt es zwei Arten, die Verschmelzung im Wege der Aufnahme und die Verschmelzung im Wege der Neugründung; zu den Unterschieden und Vor- und Nachteilen s → Form. II.J.1 Anm. 1. Das Formular behandelt die Verschmelzung im Wege der Aufnahme, bei der das Vermögen eines oder mehrerer Gesellschaften (übertragende Gesellschaften) als Ganzes auf eine andere, bereits bestehende Gesellschaft (übernehmende Gesellschaft) übertragen wird. Die übertragende Gesellschaft erlischt mit der Verschmelzung.

2. Die Vertretungsorgane der an der Verschmelzung beteiligten Gesellschaften haben einen gemeinsamen Verschmelzungsplan aufzustellen (Art 5 Verschmelzungs-RL, in deutsches Recht umgesetzt in § 122 c Abs 1 UmwG). Die Verschmelzungsrichtlinie sieht keine besondere Form. für diesen Verschmelzungsplan vor. Nach deutschem Recht muss er jedoch notariell beurkundet werden (§ 122 c Abs 4 UmwG). Ob diesem Erfordernis eine Beurkundung im Ausland genügt, hängt davon ab, ob die ausländische Beurkundung der durch einen deutschen Notar gleichwertig ist. Bei Gleichwertigkeit der Beurkundung sieht der Gesetzgeber jedenfalls bei der grenzüberschreitenden Verschmelzung (zur inländischen Verschmelzung s → Form. II.J.1 Anm. 2) die Beurkundung durch einen ausländischen Notar als ausreichend an.

Die Rechtsordnung, der die ausländische Gesellschaft unterliegt, kann ebenfalls besondere Formvorschriften wie eine Beurkundung vorsehen (so bspw. in Luxemburg). Genügt dem die notarielle Beurkundung in Deutschland nicht (so bspw. fraglich bei Beteiligung einer Gesellschaft, die dem Recht von Luxemburg unterliegt), ist eine Doppelbeurkundung erforderlich (Semler/Stengel/*Drinhausen* § 122 c UmwG Rn 42 f; Schmitt/Hörtnagl/*Hörtnagl* § 122c UmwG Rn 40). Wegen des Beurkundungserfordernisses und der Einreichung des Verschmelzungsplans zum deutschen Handelsregister muss dieser jedenfalls in deutscher Sprache verfasst sein. Zu empfehlen wird in aller Regel eine mehrsprachige Fassung sein, wobei dann die maßgebliche Sprache im Dokument bestimmt werden sollte.

Zum Mindestinhalt s Art 5 Verschmelzungsrichtlinie, in deutsches Recht umgesetzt in § 122 c Abs 2 und 3 UmwG. Das Formular beschränkt sich weitgehend auf diesen Mindestinhalt. Er ist weitgehend deckungsgleich mit dem des Verschmelzungsvertrags in § 5 Abs 1 und 2 UmwG. Hinzu kommen für den Verschmelzungsplan die Angaben gemäß § 122 c Abs 2 Nr. 9 bis 12 UmwG. Im Einzelfall können weitergehende Regelungen sinnvoll sein (s hierzu → Form. II.J.1 Anm. 2). Der Verschmelzungsplan muss jedoch nicht nur dem deutschen Recht, sondern auch den Regelungen der ausländischen Rechtsordnung genügen, der die übertragende Gesellschaft unterliegt. Hierauf ist besondere Aufmerksamkeit zu legen, da die danach zu beachtenden Anforderungen nicht deckungsgleich mit den Anforderungen nach dem deutschen UmwG sein werden.

Die Aufnahme eines Abfindungsangebots in den Verschmelzungsplan ist hier nicht erforderlich: Den Aktionären der übernehmenden Gesellschaft steht ein solches nach § 122 i UmwG nicht zu, da die übernehmende Gesellschaft (weiterhin) dem deutschen Recht unterliegt. Bei der übertragenden Gesellschaft kommt ein Abfindungsangebot nicht in Betracht, da es sich um eine hundertprozentige Tochtergesellschaft der übernehmenden Gesellschaft handelt.

3. Dem Formular liegt die konzerninterne Verschmelzung einer hundertprozentigen ausländischen Tochtergesellschaft auf ihre deutsche Muttergesellschaft zugrunde *(up-*

stream merger). In diesem Fall sind gemäß § 122 c Abs 3 UmwG (in Umsetzung von Art 15 Abs 1 Verschmelzungsrichtlinie) die Angaben über den Umtausch der Anteile gemäß § 122 c Abs 2 Nr. 2, 3 und 5 UmwG nicht erforderlich. Dies erklärt sich vor dem Hintergrund, dass es bei einem upstream merger zu keiner Gewährung von Aktien der übernehmenden an die übertragende Gesellschaft kommt (§§ 122 a Abs 2, 68 Abs 1 S 1 Nr. 1 UmwG). Daher ist auch ein Umtauschverhältnis nicht zu bestimmen. Weitgehend entsprechendes gilt nach den niederländischen Vorschriften.

4. Der Verschmelzungsplan muss den Verschmelzungsstichtag benennen (§ 122 c Abs 2 Nr. 6 UmwG); s auch → Form. II.J.1 Anm. 3.

5. Bei der grenzüberschreitenden Verschmelzung sind die Bilanzstichtage aller an der Verschmelzung beteiligten Gesellschaften anzugeben, also auch der übernehmenden Gesellschaft (§ 122 c Abs 2 Nr. 12 UmwG). Nicht erforderlich ist hingegen die Aufnahme der gesamten Jahresabschlüsse/Bilanzen selbst in den Verschmelzungsplan (Semler/Stengel/*Drinhausen* § 122 c UmwG Rn 37; Lutter/*Bayer* § 122 c UmwG Rn 29).

Nach niederländischem Recht müssen die Jahresabschlüsse und Lageberichte der übernehmenden Gesellschaft für die letzten drei Geschäftsjahre zusammen mit dem Verschmelzungsplan beim Handelsregister der übertragenden niederländischen Gesellschaft eingereicht werden. Dies kann auch in den Verschmelzungsplan aufgenommen werden. Dann sollte aber klargestellt werden, dass die Jahresabschlüsse nicht Bestandteil des Verschmelzungsplans sind.

6. § 122 c Abs 2 Nr. 11 UmwG. Näher hierzu Lutter/*Bayer* § 122 c UmwG Rn 27 f.

7. Hierbei handelt es sich um eine Besonderheit des niederländischen Rechts. Das deutsche UmwG und die Verschmelzungsrichtlinie kennen ein solches Erfordernis nicht.

8. Zur Buchwertfortführung und zur Ansetzung der Buchwerte in der steuerlichen Schlussbilanz s → Anm. 31.

9. Hierbei handelt es sich wiederum um eine Besonderheit des niederländischen Rechts.

10. § 122 c Abs 2 Nr. 7 UmwG und deren Pendant im niederländischen Recht in Umsetzung von Art 5 lit g Verschmelzungsrichtlinie. Die Vorschrift geht insoweit über § 5 Abs 1 Nr. 7 UmwG hinaus, als auch solche Sonderrechte erfasst sind, die allen (und nicht nur wie bei Nr. 7 einzelnen) Anteilsinhabern gewährt werden (Lutter/*Bayer* § 122 c UmwG Rn 23).

11. § 122 c Abs 2 Nr. 9 UmwG.

12. Auch hierbei handelt es sich wiederum um eine Besonderheit des niederländischen Rechts.

13. § 122 c Abs 2 Nr. 4 UmwG. Anders als nach dem auf nationale Verschmelzungen anwendbaren Recht (§ 5 Abs 1 Nr. 9 UmwG) sind keine Angaben zu den Folgen der Verschmelzungen für die Vertretungen der Arbeitnehmer erforderlich, sondern lediglich zu den voraussichtlichen Auswirkungen der Verschmelzung auf die „Beschäftigung"; insofern ist allerdings § 122 c Abs 2 Nr. 10 UmwG zu beachten.

Zudem besteht ein erheblicher konzeptioneller Unterschied: Bei nationalen Verschmelzungen ist der Verschmelzungsvertrag das Dokument, das der Information der Arbeitnehmer und deren Vertretungen dient. Daher ist der Vertrag bei Bestehen eines Betriebsrats diesem zuzuleiten (§ 5 Abs 3 UmwG). Der Verschmelzungsbericht dient hingegen allein der Information der Anteilseigner. Daher können diese auf dessen Erstattung verzichten (§ 8 Abs 3 UmwG). Umgekehrt bei grenzüberschreitenden Verschmelzungen:

Hier dient der Verschmelzungsbericht der Information der Arbeitnehmer, so dass in dem Bericht auch die Auswirkungen der grenzüberschreitenden Verschmelzung auf die Arbeitnehmer zu erläutern sind (§ 122 e S 1 UmwG). Die Anteilseigner können daher auf ihn nicht verzichten (§ 122 e S 3 UmwG). Der Verschmelzungsbericht – und nicht der Verschmelzungsplan – ist dem zuständigen Betriebsrat bzw., falls es keinen Betriebsrat gibt, den Arbeitnehmern zugänglich zu machen. Daher brauchen in den Verschmelzungsplan richtiger Weise nur diejenigen Angaben aufgenommen werden, die für die Aktionäre relevant sind (Lutter/*Bayer* § 122 c UmwG Rn 19, 33). Da dies indes – trotz der klaren Systematik der Verschmelzungsrichtlinie und der §§ 122 a ff UmwG – nicht unbestritten ist (aA etwa Semler/Stengel/*Drinhausen* § 122 c UmwG Rn 21 f), ist in der Praxis zu erwägen, vorsorglich die Angaben auch in den Verschmelzungsplan aufzunehmen, wie dies im Formular vorgesehen ist.

14. Bei der Ergänzung um die Erwägungen zur Fortsetzung der Unternehmensaktivitäten handelt es sich wiederum um eine Besonderheit des niederländischen Rechts.

15. S → Form. II.J.1 Anm. 11.

16. S → Form. II.J.1 Anm. 12. Zusätzlich ist die Rechtsordnung der ausländischen Gesellschaft zu beachten.

17. Auf die übernehmende Gesellschaft mit Sitz in Deutschland findet deutsches Recht hinsichtlich der Arbeitnehmermitbestimmung Anwendung (Art 16 Abs 1 Verschmelzungsrichtlinie, umgesetzt in deutsches Recht in §§ 3 Abs 1 S 1, 4 MgVG). Das MgVG regelt die Mitbestimmung der Arbeitnehmer in den Unternehmensorganen der aus der grenzüberschreitenden Verschmelzung hervorgehenden Gesellschaft. Ziel des Gesetzes ist die Sicherung der in den an der Verschmelzung beteiligten Gesellschaften erworbenen Mitbestimmungsrechte der Arbeitnehmer (§ 1 Abs 1 MgVG). Die Regelungen des MgVG über die unternehmerische Mitbestimmung finden jedoch nur Anwendung, wenn eine der drei Alternativen des § 5 MgVG erfüllt sind. Bedeutsam ist dabei va Nr. 1, wonach das MgVG zur Anwendung gelangt, wenn in den sechs Monaten vor der Veröffentlichung des Verschmelzungsplans mindestens eine der beteiligten Gesellschaften durchschnittlich mehr als 500 Arbeitnehmer beschäftigt und in dieser Gesellschaft ein System der Mitbestimmung im Sinne des § 2 Abs 7 MgVG besteht. In dem Fall, der dem Formular zugrunde liegt, sind diese Voraussetzungen nicht erfüllt, so dass kein Verhandlungsverfahren erforderlich ist. Dies ist ein entscheidender Vorteil gegenüber der Bildung einer Europäischen Aktiengesellschaft (SE) durch Verschmelzung, bei der das – langwierige und komplexe – Verhandlungsverfahren, vor dessen Durchführung die SE nicht eingetragen werden darf, in jedem Fall zwingend durchzuführen ist.

Im Falle der Anwendbarkeit des MgVG ist grds ein Verhandlungsverfahren über die Mitbestimmung der Arbeitnehmer im Aufsichtsorgan der aus der grenzüberschreitenden Verschmelzung hervorgehenden Gesellschaft durchzuführen. Zu diesem Zweck ist ein Besonderes Verhandlungsgremium zu bilden, das die Interessen der Arbeitnehmer vertritt. Jedoch können die beteiligten Gesellschaften dieses – langwierige und komplexe – Verfahren vermeiden, indem sie sich dafür entscheiden, ohne jede vorhergehende Verhandlung die gesetzliche Auffangregelung zur Mitbestimmung nach den §§ 23 ff MgVG ab dem Zeitpunkt der Eintragung der Verschmelzung unmittelbar anzuwenden (§ 23 Abs 1 S 1 Nr. 3 MgVG, in Umsetzung von Art 16 Abs 4 lit a Verschmelzungsrichtlinie). Dies ist wiederum ein entscheidender Vorteil gegenüber der Bildung einer SE, bei der die beteiligte Gesellschaft nicht unmittelbar die gesetzliche Auffanglösung herbeiführen können. Die §§ 23 ff MgVG enthalten Regelungen zum Umfang der Mitbestimmung, zur Sitzverteilung der Arbeitnehmervertreter im Aufsichtsrat, zur Abberufung und Anfechtung der Wahl von Arbeitnehmervertretern sowie zu deren Rechtstellung.

18. Infolge der Verschmelzung und des damit verbundenen Übergangs der Mitarbeiter auf die übernehmende Gesellschaft kann bei dieser – abhängig von der Zahl der beschäftigten Arbeitnehmer – erstmals ein mitbestimmter Aufsichtsrat erforderlich werden (insb. DrittelbG, MitbestG), oder sich die Art der Mitbestimmung ändern (bspw. Übergang von der Drittelparität nach dem DrittelbG zum paritätisch besetzten Aufsichtsrat nach dem MitbestG). Ist bei der übertragenden Gesellschaft ein Aufsichtsrat mit Arbeitnehmervertretern vorhanden (so bspw. bei einer niederländischen NV, die dem Strukturregime – *structuurregime* – unterliegt), ist darauf hinzuweisen, dass dieser mit Wirksamwerden der Verschmelzung erlischt und die Mandate aller Aufsichtsratsmitglieder enden. In den Fällen, bei denen sich die Art der Mitbestimmung ändert oder die an der Verschmelzung beteiligte NV dem Strukturregime unterliegt, wäre ein Verfahren zur Beteiligung der Arbeitnehmer durchzuführen.

19. §§ 122 a Abs 2, 62 Abs 3 S 2 UmwG; s auch die folgende → Anm. 20.

20. Der Verschmelzungsplan bedarf grds eines zustimmenden Beschlusses der Anteilsinhaber der beteiligten Gesellschaften (Art 9 Abs 1 Verschmelzungsrichtlinie, in deutsches Recht umgesetzt in §§ 122 g, 122 a Abs 2 iVm 13 UmwG). Dieser Verschmelzungsbeschluss kann nur in einer Versammlung der Anteilsinhaber gefasst werden und bedarf der notariellen Beurkundung (§ 13 Abs 1 und 3 UmwG). Sind an der Verschmelzung mitbestimmte Gesellschaften beteiligt, können die Anteilsinhaber jeder Gesellschaft ihre Zustimmung davon abhängig machen, dass die Art und Weise der Mitbestimmung der Arbeitnehmer der übernehmenden Gesellschaft ausdrücklich von ihnen bestätigt wird (Art 9 Abs 2 Verschmelzungsrichtlinie, in deutsches Recht umgesetzt in § 122 g Abs 1 UmwG).

Nach hM findet über den Verweis in § 122 a Abs 2 UmwG auch § 62 Abs 1 und 2 UmwG Anwendung, so dass ein Verschmelzungsbeschluss der übernehmenden Gesellschaft nicht erforderlich ist, wenn die übernehmende deutsche Gesellschaft wie im Formular sämtliche oder zumindest 90 % der Anteile an der übertragenden Gesellschaft hält (Semler/Stengel/*Drinhausen* § 122 g UmwG Rn 15 mwN). Dies gilt jedoch nicht, wenn Aktionäre der B AG, deren Anteile zusammen mindestens 5 % des Grundkapitals ausmachen, die Einberufung einer solchen Hauptversammlung verlangen (§ 62 Abs 2 UmwG); zu der in diesem Zusammenhand erforderlichen Bekanntmachung s → Form. II. J.3 b Anm. 1 ff.). Vor diesem Hintergrund behandelt das Formular den Zustimmungsbeschluss der übernehmenden Gesellschaft mit Sitz in Deutschland und unterstellt hierfür, dass ein solches Verlangen gestellt wird. Auch ansonsten kann im Einzelfall zu überlegen sein, vorsorglich einen solchen Zustimmungsbeschluss einzuholen oder die Frage jedenfalls mit dem zuständigen Registergericht abzuklären, da vereinzelt die Anwendung des § 62 Abs 1 UmwG auf den Fall der grenzüberschreitenden Verschmelzung als europarechtswidrig angesehen wird (vgl. hierzu ausführlich Lutter/*Bayer* § 122 g UmwG Rn 36).

Gemäß § 122 g Abs 2 UmwG ist ein Verschmelzungsbeschluss der Anteilsinhaber einer übertragenden deutschen Gesellschaft nicht erforderlich, wenn sich alle Anteile dieser Gesellschaft in der Hand der übernehmenden Gesellschaft befinden *(upstream merger)*. Grundlage für die Vorschrift ist Art 9 Abs 3 Verschmelzungsrichtlinie; sie gilt allerdings nur für übertragende Gesellschaften mit Sitz in Deutschland (Semler/Stengel/*Drinhausen* § 122 g UmwG Rn 14; Lutter/*Bayer* § 122 c UmwG Rn 35). § 122 g Abs 2 UmwG findet daher keine Anwendung auf übertragende Gesellschaften mit Sitz im Ausland wie hier in den Niederlanden. Der Zustimmungsbeschluss der A NV richtet sich vielmehr nach niederländischem Recht. Danach bedarf die Verschmelzung gemäß Art 2:317 Abs 1 BW eines zustimmenden Gesellschafterbeschlusses der A NV.

Der Verschmelzungsplan ist vor der Gesellschafterversammlung, die über die Zustimmung zu der Verschmelzung beschließt, bekannt zu machen (Art 6 Abs 1 Verschmelzungsrichtlinie). Für deutsche Gesellschaften gilt § 122 d UmwG: Danach ist der Verschmelzungsplan oder sein Entwurf spätestens einen Monat vor der Hauptversammlung zu den Handelsregistern der beteiligten Gesellschaften einzureichen; das Gericht macht einen Hinweis darauf gemäß § 10 HGB bekannt. Nach deutschem Recht reicht also auch die Bekanntmachung des Entwurfs des Verschmelzungsplans aus. Zudem stellt § 122 d S 1 UmwG für den Fristbeginn auf den Zeitpunkt der Einreichung und nicht wie die Verschmelzungsrichtlinie auf den der Bekanntmachung durch das Handelsregister ab. Da hiergegen verbreitet erhebliche Bedenken hinsichtlich der Vereinbarkeit mit der Verschmelzungsrichtlinie geäußert werden (Semler/Stengel/*Drinhausen* § 122 d UmwG Rn 8 Fn 17; Lutter/*Bayer* § 122 d UmwG Rn 7), sollte der Verschmelzungsplan von der deutschen Gesellschaft vorsorglich so frühzeitig zum Handelsregister eingereicht werden, dass die Bekanntmachung noch spätestens einen Monat vor der Beschlussfassung erfolgt und damit vorsorglich auch die in der Verschmelzungsrichtlinie vorgesehene Monatsfrist eingehalten wird. Dabei ist stets zu prüfen, welche Bekanntmachung und Fristen die nationale Rechtsordnung vorsieht, die auf die weitere an der Verschmelzung beteiligte ausländische Gesellschaft anwendbar ist, da diese unterschiedlich sein können. Bspw. lassen einige europäische Rechtsordnungen nicht die Bekanntmachung eines Entwurfs ausreichen, so dass dann im Zeitpunkt der Bekanntmachung bereits der notariell beurkundete Verschmelzungsplan vorliegen muss. Die Anforderungen des ausländischen Rechts können sich damit mittelbar auch auf die deutsche Gesellschaft auswirken.

Der Verschmelzungsplan oder sein Entwurf ist dem Verschmelzungsbeschluss als Anlage beizufügen (§ 13 Abs 3 S 2 UmwG). Im Zeitpunkt des Verschmelzungsbeschlusses der beteiligten deutschen Gesellschaft muss der Verschmelzungsplan aus deutscher Sicht noch nicht notariell beurkundet sein; vielmehr kann den Anteilsinhabern auch ein Entwurf vorgelegt werden, der vor der Beschlussfassung schriftlich aufzustellen ist (§ 4 Abs 2 UmwG). Inhaltlich gelten für den Entwurf allerdings die gleichen Anforderungen. Wie zuvor erläutert, ist im Fall der grenzüberschreitenden Verschmelzung allerdings immer zu prüfen, ob die Rechtsordnung, der die ausländische Gesellschaft unterliegt, insoweit andere oder zusätzliche Anforderungen aufstellt, die ggf. mittelbar auf die deutsche Gesellschaft durchschlagen können.

21. Für die Einberufung gelten die allgemeinen Vorschriften (insb. §§ 121 ff AktG) und die Regelungen in der Satzung. Für die Vorbereitung der Hauptversammlung findet zusätzlich § 63 UmwG Anwendung, für ihre Durchführung § 64 UmwG. im Übrigen → Form. II.J.1 Anm. 14. Die Aktionäre können jedoch wie im Formular vorgesehen auf die Wahrung der Fristen und Formen für die Einberufung und Abhaltung der Hauptversammlung verzichten, wenn sämtliche Aktionäre damit einverstanden sind.

22. § 64 Abs 1 S 2 UmwG.

23. → Form. II.J.2 Anm. 25.

24. Der Verschmelzungsbeschluss bedarf grds einer Mehrheit von mindestens drei Vierteln der in der Hauptversammlung abgegebenen Stimmen (§§ 122 a Abs 2, 65 Abs 1 S 1 UmwG); → Form. II.J.2 Anm. 24. Dem Formular liegt eine solche Mehrheitsentscheidung zu Grunde.

25. Die Anmeldungs- und Eintragungsreihenfolge verläuft in einem zweistufigen Verfahren: Die Anmeldung der Verschmelzung richtet sich hinsichtlich der übertragenden ausländischen Gesellschaft nach dessen Rechtsordnung. Der niederländische Notar als der zuständigen Stelle iSd Art 10 Abs 1 Verschmelzungsrichtlinie im Sitzstaat der übertragenden Gesellschaft prüft nach dem zustimmenden Verschmelzungsbeschluss der A NV, ob die Voraussetzungen für die Verschmelzung nach niederländischem Recht eingehalten wurden. Hierüber stellt er eine Verschmelzungsbescheinigung aus. Der Vorstand der B AG als übernehmender Gesellschaft hat im zweiten Schritt die grenzüberschreitende Verschmelzung zur Eintragung bei dem für die B AG zuständigen deutschen Handelsregister anzumelden (§ 122 l Abs 1 S 1 UmwG). Der Verschmelzung beizufügen sind die Verschmelzungsbescheinigung des niederländischen Notars, die nicht älter als sechs Monaten sein darf, sowie der Verschmelzungsplan (§ 122 l Abs 1 S 2, 3 UmwG). Das deutsche Registergericht prüft, ob sämtliche Vorschriften des deutschen Rechts beachtet wurden. Fällt die Rechtmäßigkeitsprüfung positiv aus und liegen alle Eintragungsvoraussetzungen vor, trägt das Registergericht die Verschmelzung ein. Mit dieser Eintragung im Register der übernehmenden Gesellschaft wird die Verschmelzung wirksam. Sie wird dem zuständigen niederländischen Handelsregister mitgeteilt, das dann das Erlöschen der A NV einträgt.

26. Die Anmeldung der Verschmelzung bei der übernehmenden Gesellschaft muss gem. § 122 l Abs 1 S 1 UmwG von dessen Vorstand vorgenommen werden. Auch bei der grenzüberschreitenden Verschmelzung ist hierfür grds Handeln in vertretungsberechtigter Zahl ausreichend (Lutter/*Bayer* § 122 l UmwG Rn 4). Zu den erforderlichen Anlagen der Anmeldung vgl. §§ 122 l Abs 1 S 2 und 3, 122 a Abs 2, 17 Abs 1 UmwG.

27. Die Vertretungsorgane jedes der an der Verschmelzung beteiligten Gesellschaften haben einen Verschmelzungsbericht zu erstatten (Art 7 Verschmelzungsrichtlinie, in deutsches Recht umgesetzt in §§ 122 e S 1, 122 a Abs 2, 8 UmwG). Anders als bei einer inländischen Verschmelzung (§ 8 Abs 3 UmwG) ist ein Verzicht der Anteilsinhaber auf seine Erstattung nicht möglich (§ 122 e S 3 UmwG).

Der Inhalt des Verschmelzungsberichts ist nach deutschem Recht weitgehend identisch zu dem bei einer inländischen Verschmelzung; daher wird zum Inhalt verwiesen auf → Form. II.J.1 Anm. 18 und → Form. II.J.2 c Anm. 1 ff.). Zusätzlich sind auch die Auswirkungen der grenzüberschreitenden Verschmelzung auf die Gläubiger und Arbeitnehmer der an der Verschmelzung beteiligten Gesellschaften zu erläutern, § 122 e S 1 UmwG (ausführlich hierzu Lutter/*Bayer* § 122 e UmwG Rn 7 ff). Der Bericht kann aus deutscher Sicht von den Vertretungsorganen aller beteiligten Gesellschaften gemeinsam erstattet werden (§ 8 Abs 1 S 1 Hs 2 UmwG). Da ein solcher gemeinsamer Bericht in Art 7 der Verschmelzungsrichtlinie nicht ausdrücklich vorgesehen ist, muss jedoch geprüft werden, ob auch die weitere maßgebliche ausländische Rechtsordnung einen solchen gemeinsamen Bericht als zulässig ansieht. In diesem Fall sind die inhaltlichen und formellen Anforderungen beider Rechtsordnungen zu beachten.

Der Verschmelzungsbericht ist den Anteilsinhabern sowie dem zuständigen Betriebsrat, so ein solcher bei einem oder mehreren der beteiligten Gesellschaften besteht, andernfalls den Arbeitnehmern, spätestens einen Monat vor dem Tag der Versammlung der Anteilsinhaber, die über die Zustimmung zum Verschmelzungsvertrag beschließen soll, nach § 63 Abs 1 Nr. 4 UmwG zugänglich zu machen (§ 122 S 2 UmwG, Art 7 Abs 2 Verschmelzungsrichtlinie).

Anders als bei einer inländischen Verschmelzung für den Verschmelzungsvertrag (§ 5 Abs 3 UmwG) ist demgegenüber eine Zuleitung des Verschmelzungsplans an den Betriebsrat nach herrschender und richtiger Ansicht nicht erforderlich. Weder § 122 c UmwG noch die Verschmelzungsrichtlinie enthalten ein derartiges Erfordernis; § 5 Abs 3 UmwG findet auch über § 122 a Abs 2 UmwG keine Anwendung, da § 122 c UmwG abschließend ist. Dies erklärt sich daraus, dass bei einer grenzüberschreitenden Verschmelzung der Verschmelzungsbericht das Dokument ist, das der Information der Arbeitnehmer dient (näher Semler/Stengel/*Drinhausen* § 122 c UmwG Rn 44 und Lutter/*Bayer* § 122 c UmwG Rn 33).

28. Der Verschmelzungsvertrag oder sein Entwurf ist grds durch einen oder mehrere gerichtlich bestellte Verschmelzungsprüfer zu prüfen (§§ 122 f S 1, 9 ff UmwG); zu seiner

Bestellung und zu der Prüfung s zunächst → Form. II.J.1 Anm. 20. Auch hier ist auf gemeinsamen Antrag aller beteiligten Gesellschaften eine gemeinsame Prüfung durch einen vom Gericht bestellten Prüfer möglich (§§ 122 f S 1, 10 Abs 1 S 2 UmwG) und zweckmäßig. Hinsichtlich der Zuständigkeit ist zu beachten, dass der deutsche Gesetzgeber die Vorgaben aus Art 8 Abs 2 Verschmelzungsrichtlinie nicht vollständig umgesetzt hat. Während die Richtlinie auch die Gerichte bzw. Verwaltungsbehörden am Sitz der übernehmenden Gesellschaften für zuständig ansieht, verweist das UmwG in § 122 f S 1 lediglich auf § 10 Abs 2 UmwG. Danach sind allein die Gerichte am Sitz einer übertragenden Gesellschaft in Deutschland zuständig. Nach dem Wortlaut der Vorschrift wäre demnach bei Verschmelzungen wie der Vorliegenden, an der lediglich übertragende Gesellschaften mit Sitz im Ausland beteiligt sind, aus deutscher Sicht kein Gericht zuständig: Das Gericht am Sitz der deutschen übernehmenden Gesellschaft nicht, weil es sich nicht um eine übertragende Gesellschaft handelt, die Gerichte bzw. Verwaltungsbehörden am Sitz der ausländischen Gesellschaft nicht, weil für sie die §§ 122 f S 1, 10 Abs 2 UmwG nicht gelten. Diese Regelungslücke ist dahingehend zu schließen, dass in einem solchen Fall, bei dem sämtliche an der Verschmelzung beteiligten übertragenden Gesellschaften ihren Sitz im Ausland haben und nur eine übernehmende Gesellschaft mit Sitz in Deutschland beteiligt ist, ausnahmsweise auch das Landgericht am Sitz der übernehmenden Gesellschaft für die Bestellung des Verschmelzungsprüfers zuständig ist. Dies gilt richtiger Weise sowohl für den Fall eines Antrags auf getrennte Prüfung durch die deutsche übernehmende Gesellschaft als auch eines gemeinsamen Antrags aller Gesellschaften auf gemeinsame Prüfung (so die hM, vgl. Semler/Stengel/*Drinhausen* § 122 f UmwG Rn 4 f und Lutter/*Bayer* § 122 f UmwG Rn 5 ff). Alternativ kann der Antrag auf gemeinsame Prüfung in dem EU-Mitgliedstaat gestellt werden, in dem die ausländische beteiligte Gesellschaft ihren Sitz hat. Lässt die Rechtsordnung dieses Mitgliedstaats eine gemeinsame Antragstellung bei dem für diese übertragende oder übernehmende Gesellschaft zuständigen Gericht oder der Verwaltungsbehörde zu, liegt darin eine zulässige Rechtsformwahl, an die die deutschen Gerichte gebunden sind (Lutter/*Bayer* § 122 f UmwG Rn 2 f).

Die Verschmelzungsprüfung und der Bericht sind jeweils nicht erforderlich im Fall eines upstream merger einer hundertprozentigen Tochtergesellschaft auf ihre Muttergesellschaft sowie, wenn alle Anteilsinhaber aller übertragenden Gesellschaften (durch notariell beurkundende Erklärung) auf die Prüfung und die Erstattung des Prüfungsberichts verzichten (§§ 122 e S 1, 9 Abs 3 iVm 8 Abs 3 UmwG und §§ 122 e S 1, 12 Abs 3 iVm 8 Abs 3 UmwG; Art 8 Abs 4 und Art 15 Abs 1 Verschmelzungsrichtlinie).

29. (unbelegt)

30. S → Form. II.J.2 Anm. 37 für den Fall des Verzichts sämtlicher Gesellschafter der beteiligten Gesellschaften auf eine Klage gegen den Verschmelzungsbeschluss.

31. **Steuerhinweise:** Das UmwStG erfasst mittlerweile nach § 1 Abs 1, 2 UmwStG auch grenzüberschreitende Verschmelzungen, die auf der Grundlage der Fusions-RL erfolgen (näher hierzu und zu den zugrundeliegenden europarechtlichen Vorgaben Schmitt/Hörtnagl/Stratz/*Hörtnagl* UmwStG Einf Rn 4 ff). Erforderlich für die Anwendbarkeit des UmwStG ist, dass übertragende und übernehmende Gesellschaft nach dem Recht eines EU-/EWR-Staates gegründete Kapitalgesellschaften und in einem dieser Mitgliedstaaten ansässig sind (§ 1 Abs 2 S 1 Nr. 1 UmwStG; näher hierzu Schmitt/Hörtnagl/Stratz/*Hörtnagl* § 1 UmwStG Rn 56 ff, 78 ff). Es gelten damit im Grundsatz die §§ 11 ff UmwStG über die inländische Verschmelzung einer Körperschaft auf eine andere Körperschaft (hierzu ausführlich → Form. II.J.1 Anm. 29).

Eine ausländische übertragende Kapitalgesellschaft hat also eine steuerliche Schlussbilanz beim für die übernehmende Kapitalgesellschaft zuständigen Finanzamt einzureichen (Dötsch/Pung/Möhlenbrock/*Stimpel* § 11 Rn 87). Danach ist aus deutscher Sicht auch bei einer grenzüberschreitenden Verschmelzung grds eine Buchwertfortführung gemäß § 11 Abs 2 UmwStG möglich. Die Einschränkungen nach § 11 Abs 2 S 1 Nr. 1 und 2 UmwStG stehen dem nicht entgegen, da es in dem Formular um den Fall einer Hereinverschmelzung auf eine in Deutschland unbeschränkt steuerpflichtige übernehmende Gesellschaft geht. Dies gilt jedenfalls, soweit die übertragende ausländische Kapitalgesellschaft vor der Verschmelzung bereits über inländisches und damit verstricktes Betriebsstätten- bzw. Immobilienvermögen verfügt. Schwieriger ist der Sachverhalt, wenn durch die Verschmelzung erstmals das deutsche Besteuerungsrecht für Wirtschaftsgüter begründet wird (betrifft Betriebsvermögen in DBA-Anrechnungs-Betriebsstätten und in Nicht-DBA-Staaten). Insoweit ist umstritten, ob diese Wirtschaftsgüter mit dem gemeinen Wert anzusetzen sind oder ob auch insofern ein Ansatz zum Buchwert möglich ist (so bspw. Schmitt/Hörtnagl/Stratz/*Schmitt* § 11 UmwStG Rn 120; Rödder/Herlinghaus/van Lishaut/*Rödder* § 11 Rn 350).

Im Fall einer Hinausverschmelzung kann es demgegenüber – abhängig von der Möglichkeit der Zuordnung der Wirtschaftsgüter zu einer in Deutschland verbleibenden Betriebsstätte – zu einem Ausschluss bzw. einer Beschränkung des deutschen Besteuerungsrechts kommen, so dass uU eine Buchwertfortführung nicht möglich ist (Schmitt/Hörtnagl/*Stratz/Schmitt* § 11 UmwStG Rn 114). Diese Problematik stellt sich in der Praxis insbesondere für Geschäfts- oder Firmenwert (Goodwill), Beteiligungen, Patente, Urheberrechte (immaterielle Wirtschaftsgüter), da diese sich steuerlich nicht immer eindeutig einer inländischen Betriebsstätte zuordnen lassen (Einzelheiten bei Dötsch/Pung/Möhlenbrock/*Stimpel* § 11 Rn 76 f).

Zusätzlich sind die Rechtsfolgen der grenzüberschreitenden Verschmelzung nach dem auf die übertragende Gesellschaft anwendbaren ausländischen Steuerregime zu beachten. Zudem ist zu berücksichtigen, ob der jeweilige Mitgliedstaat eine steuerliche Rückwirkung anerkennt, und wann es danach zu einer Verstrickung der übergehenden Wirtschaftsgüter kommt (hierzu Schmitt/Hörtnagl/Stratz/*Schmitt* § 11 UmwStG Rn 106 ff). Eine steuerliche Rückwirkung kann (insb bei einer Hinausverschmelzung) ausgeschlossen sein, soweit aufgrund abweichender Regelungen zur steuerlichen Rückwirkung im anderen Staat „weiße Einkünfte" entstehen würden (§ 2 Abs 3 UmwStG).

32. Kosten und Gebühren.

a) Verschmelzungsplan

- Notar: Qualifiziert man den Verschmelzungsplan mit der hM als gesellschaftsrechtlichen Organisationsakt (BeckOGK/*Klett* UmwG § 122c Rn. 10 mwN), so fällt die 2,0-Gebühr nach Nr. 21100 KV-GNotKG an; aber auch bei Qualifikation des Verschmelzungsplans als schuldrechtlicher Vertrag fällt – wie bei der Beurkundung eines Verschmelzungsvertrags – eine 2,0-Gebühr nach Nr. 21100 KV-GNotKG an. Die Qualifikation ist daher kostenrechtlich jedenfalls seit der am 1.8.2013 In Kraft getretenen Kostenrechtsreform bedeutungslos.
- Wert: Aktivvermögen in der Schlussbilanz der übertragenden Gesellschaft ohne Schuldenabzug (§§ 97 Abs. 1, 3, 38 GNotKG) oder der Wert der zu gewährenden Anteilsrechte an der übernehmenden Gesellschaft; der höhere Wert ist maßgebend, § 97 Abs. 3 GNotKG, mindestens EUR 30.000, höchstens EUR 10 Mio, § 107 Abs. 1 S. 1 GNotKG. Bei Verschmelzung mehrerer übernehmender Rechtsträger gilt ein Höchstwert von insgesamt EUR 60 Mio, § 35 Abs. 2 GNotKG.

b) keine

c) Verschmelzungsbeschluss der übernehmenden Gesellschaft; vgl. → Form. II.J.1 b Anm. 1 ff., lediglich ohne Verzichte
d) Anmeldung und Eintragung bei der übernehmenden Gesellschaft; vgl. → Form. I.J.1 d Anm. 1 ff.).

4. Abspaltung zur Aufnahme GmbH auf GmbH

a) Abspaltungsvertrag

Verhandelt am . . . . . in . . . . .

Vor dem unterzeichnenden Notar . . . . . mit Amtssitz in . . . . . erschienen 1. . . . . und 2. . . . .

Der Erschienene zu 1. erklärte, er handle im Folgenden nicht in eigenem Namen, sondern als Bevollmächtigter für die im Handelsregister des Amtsgerichts . . . . . unter HR B . . . . . eingetragene A GmbH mit Sitz in . . . . .

Auf den Erschienenen zu 1. lautende Vollmacht (Original) wurde als Anlage . . . . . zu dieser Urkunde genommen. Die vorstehende Vollmacht wurde am . . . . . von . . . . . und von . . . . . unterzeichnet. Der Notar bestätigt auf Grund am . . . . . vorgenommener elektronischer Einsicht in das Handelsregister des Amtsgerichts . . . . ., dass . . . . . und . . . . . als Geschäftsführer im Zeitpunkt der Unterzeichnung der Vollmacht gemeinschaftlich zur Vertretung der A GmbH berechtigt waren.

Der Erschienene zu 2. erklärte, er handle im Folgenden nicht in eigenem Namen, sondern als Bevollmächtigter für die im Handelsregister des Amtsgerichts . . . . . unter HR B . . . . . eingetragene B GmbH mit Sitz in . . . . .

Auf den Erschienenen zu 2. lautende Vollmacht (Original) wurde als Anlage . . . . . zu dieser Urkunde genommen. Die vorstehende Vollmacht wurde am . . . . . von . . . . . und von . . . . . unterzeichnet. Der Notar bestätigt auf Grund am . . . . . vorgenommener elektronischer Einsicht in das Handelsregister des Amtsgerichts . . . . ., dass . . . . . als Geschäftsführer und . . . . . als Prokurist im Zeitpunkt der Unterzeichnung der Vollmacht gemeinschaftlich zur Vertretung der B GmbH berechtigt waren.

Die Erschienenen verneinten eine Vorbefassung im Sinne von § 3 Abs. 1 Ziff. 7 BeurkG, nach dem der Notar den Inhalt dieser Vorschrift erläutert hatte.

Die Erschienenen baten um die Beurkundung des

Abspaltungs- und Übernahmevertrags[1]

zwischen

A GmbH, – nachfolgend auch „A GmbH“ oder „übertragender Rechtsträger“ genannt –

– als übertragendem Rechtsträger –

und

B GmbH, – nachfolgend auch „B GmbH"„ oder „übernehmender Rechtsträger" genannt –

– als übernehmendem Rechtsträger –

– nachfolgend A GmbH und B GmbH gemeinsam auch „Parteien" genannt –

I. Vorbemerkung

0.1 A GmbH mit Sitz in . . . . . ist eingetragen im Handelsregister des Amtsgerichts . . . . . unter HRB . . . . . Alleinige Gesellschafterin der A GmbH ist die D GmbH. Alleinige Gesellschafterin der D GmbH ist die E Aktiengesellschaft.

0.2 B GmbH mit Sitz in . . . . . ist eingetragen im Handelsregister des Amtsgerichts . . . . . unter HRB . . . . . Alleinige Gesellschafterin von B GmbH ist die E Aktiengesellschaft.

0.3 Mit dem vorliegenden Vertrag wird der Unternehmensbereich . . . . . von A GmbH auf B GmbH abgespalten.[2] [Die Abspaltung wurde bereits zum 1. Februar 2022 operativ umgesetzt. A GmbH hat dazu den Unternehmensbereich C mit allen ihm zuzuordnenden Vermögensgegenständen, Verträgen, Forderungen, Verbindlichkeiten und sonstigen Rechtsverhältnissen mit Wirkung ab dem 1. Februar 2022, 0.00 Uhr an B GmbH verpachtet. Die Mitarbeiter des Unternehmensbereichs C sind zu diesem Zeitpunkt im Wege des Betriebsübergangs gemäß § 613a Abs. 1 BGB auf B GmbH übergegangen. Mit Abspaltung des Unternehmensbereichs C von A GmbH auf B GmbH geht auch die Verpächterstellung aus dem Pachtvertrag auf B GmbH über, so dass der Pachtvertrag durch Konfusion erlischt.][3]

Dies vorweggeschickt vereinbaren A GmbH und B GmbH Folgendes:

II. Abspaltung, Abspaltungsstichtag und Bilanz

§ 1 Abspaltung

1.1 A GmbH als übertragender Rechtsträger überträgt hiermit im Wege der Abspaltung zur Aufnahme gemäß § 123 Abs. 2 Nr. 1 UmwG als Teil ihres Vermögens alle dem Unternehmensbereich C zuzuordnenden Gegenstände des Aktiv- und Passivvermögens mit allen Rechten und Pflichten als Gesamtheit auf B GmbH als übernehmenden Rechtsträger gemäß den nachfolgenden Bestimmungen (insgesamt im Folgenden auch das „abzuspaltende Vermögen" oder der „Unternehmensbereich C").

1.2 Der Unternehmensbereich C umfasst alle sich auf . . . . . beziehenden Aktivitäten des übertragenden Rechtsträgers sowie die hiermit im Zusammenhang stehenden oder begründeten oder in diesem Vertrag ausdrücklich zugeordneten Anlagen, Einrichtungen, sonstigen materiellen und immateriellen Vermögensgegenstände, Verträge, Projekte, Rechte, Forderungen, Verbindlichkeiten, Verpflichtungen, Haftungen und sonstigen Rechtsverhältnisse.

1.3 Anlagen, Einrichtungen, sonstige materielle und immaterielle Vermögensgegenstände, Verträge, Projekte, Rechte, Forderungen, Verbindlichkeiten, Verpflichtungen, Haftungen, und sonstige Rechtsverhältnisse des übertragenden Rechtsträgers, die nach diesem Vertrag nicht dem Unternehmensbereich C zuzuordnen sind, oder die von der Übertragung in diesem Vertrag ausdrücklich ausgenommen sind, werden nicht auf den übernehmenden Rechtsträger übertragen.

§ 2 Abspaltungsstichtag

2.1 Die Übertragung des in § 1 bezeichneten und in §§ 4 bis 11 spezifizierten Vermögens des übertragenden Rechtsträgers erfolgt im Verhältnis zwischen dem übertragenden Rechtsträger und dem übernehmenden Rechtsträger mit Wirkung zum 31. Dezember 2021, 24.00 Uhr. Vom 1. Januar 2022, 0.00 Uhr, an („Abspaltungsstichtag") gelten im Innenverhältnis die Handlungen und Geschäfte des übertragenden Rechtsträgers hinsichtlich des abzuspaltenden Vermögens als für Rechnung des übernehmenden Rechtsträgers vorgenommen.

2.2 Der übertragende Rechtsträger wird bis zum Wirksamwerden der Abspaltung für das abzuspaltende Vermögen intern getrennt Rechnung legen, so als wäre die Abspaltung bereits am Abspaltungsstichtag wirksam geworden.

§ 3 Bilanz

3.1 Die Bestimmung der dem Unternehmensbereich C zuzuordnenden Gegenstände des Aktiv- und Passivvermögens erfolgt auf der Grundlage der aus der zum 31. Dezember 2021 aufgestellten und von der X, Wirtschaftsprüfungsgesellschaft, Niederlassung . . . . ., geprüften Jahresbilanz des übertragenden Rechtsträgers entwickelten Abspaltungsbilanz zum 31. Dezember 2021, die als Anlage 3.1 diesem Vertrag beigefügt ist („Abspaltungsbilanz").[4] Der übertragende Rechtsträger überträgt auf den übernehmenden Rechtsträger auch alle nicht bilanzierungspflichtigen oder bilanzierungsfähigen oder tatsächlich nicht bilanzierten Gegenstände des Aktiv- und Passivvermögens oder sonstigen Rechte und Verbindlichkeiten, die nach Herkunft oder Zweckbestimmung dem Unternehmensbereich C zuzuordnen sind.

3.2 Als Schlussbilanz des übertragenden Rechtsträgers nach §§ 125, 17 Abs. 2 UmwG wird der Abspaltung die geprüfte Jahresbilanz des übertragenden Rechtsträgers zum 31. Dezember 2021 zugrunde gelegt („Schlussbilanz").[5]

3.3 Der übernehmende Rechtsträger wird die in der Abspaltungsbilanz angesetzten handelsrechtlichen Buchwerte der übergehenden Gegenstände des Aktiv- und Passivvermögens in seiner handelsrechtlichen Rechnungslegung fortführen.

3.4 Der übertragende Rechtsträger wird in seiner nach deutschen steuerlichen Bilanzierungsgrundsätzen aufgestellten steuerlichen Schlussbilanz das übergehende Vermögen mit seinen Buchwerten ansetzen und beim zuständigen Finanzamt . . . . . den nach § 15 iVm §§ 11, 3 Abs. 2 S. 2 UmwStG erforderlichen Antrag auf Buchwertfortführung stellen. Der übernehmende Rechtsträger verpflichtet sich, die steuerlichen Buchwerte des übertragenden Rechtsträgers in der Steuerbilanz fortzuführen.

III. Gegenstand der Abspaltung

Zu dem durch den übertragenden Rechtsträger abzuspaltenden Vermögen gehören insbesondere die in den nachfolgenden §§ 4 bis 11 dieses Vertrags näher bezeichneten Vermögensgegenstände:

§ 4 Beteiligungen[6]

Der übertragende Rechtsträger überträgt auf den übernehmenden Rechtsträger die abschließend in Anlage 4.1 aufgeführten Beteiligungen des Unternehmensbereichs C unter Einschluss sämtlicher damit verbundener Rechte und Pflichten, insbesondere sämtlicher Gewinnbezugsrechte, soweit bis zum als Abspaltungsstichtag keine Ausschüttung beschlossen worden ist. Dem übernehmenden Rechtsträger stehen damit alle Ausschüttungen einschließlich aller damit in Zusammenhang stehenden steuerlichen Guthaben zu, die ab dem Abspaltungsstichtag beschlossen werden, unabhängig von dem Zeitpunkt, auf den sie entfallen. Mit dem nach S. 1 zu übertragenden Beteiligungen werden sämtliche damit in Verbindung stehenden Konsortialverträge und sonstige Gesellschaftervereinbarungen und Unternehmensverträge, insbesondere die in Anlage 4.1 genannten übertragen.

§ 5 Gewerbliche Schutzrechte, EDV-Software

5.1 Der übertragende Rechtsträger überträgt auf den übernehmenden Rechtsträger alle gewerblichen Schutzrechte (Patente, Marken, Gebrauchsmuster, Internet-Domains), Schutzrechtsanmeldungen, Nutzrechte an solchen Schutzrechten und damit jeweils im Zusammenhang stehenden Arbeitnehmererfindungen des Unternehmensbereichs C. Der übernehmende Rechtsträger erhält den Besitz an allen Aufzeichnungen, technischen Dokumenten und sonstigen Datenträgern, auf denen die auf ihn übertragenen gewerblichen Schutzrechte, Schutzrechtsanmeldungen und Nutzungsrechte an solchen Schutzrechten verkörpert sind.

5.2 Der übertragende Rechtsträger überträgt auf den übernehmenden Rechtsträger die abschließend in Anlage 5.2 aufgeführte Software sowie die Nutzungsrechte an dieser Software. Der übernehmende Rechtsträger erhält den Besitz an allen Aufzeichnungen, technischen Dokumenten und sonstigen Datenträgern, auf denen die auf ihn übertragene Software verkörpert ist.

5.3 Soweit die in Anlage 5.2 aufgeführte Software oder die Nutzungsrechte an dieser Software sowohl von dem Unternehmensbereich C als auch von den sonstigen Unternehmensbereichen des übertragenden Rechtsträgers genutzt werden, räumt der übernehmende Rechtsträger dem übertragenden Rechtsträger für eine angemessene Übergangszeit nach der Übertragung ein Nutzungsrecht oder Mitnutzungsrecht ein. Die Parteien werden sich auf ein angemessenes Entgelt als Gegenleistung für das Nutzungsrecht oder Mitnutzungsrecht einigen. Beide Parteien verpflichten sich, dafür Sorge zu tragen, dass im Außenverhältnis mit den betroffenen Dritten die Nutzungsrechte im erforderlichen Umfang entsprechend angepasst werden, soweit dies erforderlich oder sinnvoll ist.[7]

§ 6 Grundstücke, grundstücksgleiche Rechte, Grundstücksrechte

6.1 Der übertragende Rechtsträger überträgt auf den übernehmenden Rechtsträger die abschließend in Anlage 6.1 (a) aufgeführten Grundstücke und die abschließend in Anlage 6.1 (b) aufgeführten Erbbaurechte (nachfolgend insgesamt auch der „abzuspaltende Grundbesitz“).[8]

Sämtliche Ansprüche und Verpflichtungen, die sich aus dem gemäß § 6.1 abzuspaltenden Grundbesitz ergeben, werden ebenfalls übertragen. Hierunter fallen auch Ansprüche und Verpflichtungen aus Grundstückskauf- und -tauschverträgen (übertragender Rechtsträger als Erwerber), wenn das Eigentum auf den übertragenden Rechtsträger bereits umgeschrieben ist, zB Kostenforderungen der Grundbuchämter und Notare, Gewährleistungsansprüche, Kaufpreisanpassungsverpflichtungen oder andere mit dem Grundbesitz verbundene Rechte und Pflichten.

6.2 Soweit der übertragende Rechtsträger im Zusammenhang mit öffentlich-rechtlichen Verfahren (Umlegungsverfahren, Flurbereinigungsverfahren, Sanierungsverfahren, städtebaulichen Entwicklungsverfahren oder ähnlichen Verfahren) Anspruch auf die Übertragung von Grundbesitz hat, der dem Unternehmensbereich C zuzuordnen ist, überträgt der übertragende Rechtsträger die Ansprüche auf Eigentumsverschaffung auf den übernehmenden Rechtsträger. Der übernehmende Rechtsträger tritt anstelle des übertragenden Rechtsträgers in alle diesbezüglichen Verfahren und Rechtsbeziehungen ein.

6.3 Der abzuspaltende Grundbesitz wird mit allen dem Grundbesitz zuzuordnenden Belastungen und Beschränkungen, auch soweit sie zum Zeitpunkt des Wirksamwerdens der Abspaltung nicht in den Grundbüchern eingetragen sind, übertragen. Der übernehmende Rechtsträger übernimmt auch sämtliche auf dem abzuspaltenden Grundbesitz ruhende Baulasten, auch solche, die von dem übertragenden Rechtsträger bereits bewilligt, aber noch nicht im Baulastenverzeichnis eingetragen sind.

6.4 Der abzuspaltende Grundbesitz geht nebst allen wesentlichen Bestandteilen, also insbesondere Aufbauten und im Bau befindlichen Anlagen, einschließlich aller Ansprüche aufgrund geleisteter Anzahlungen hierfür, sowie einschließlich des Zubehörs auf den übernehmenden Rechtsträger über.

6.5 Soweit der abzuspaltende Grundbesitz vermietet oder verpachtet ist, überträgt der übertragende Rechtsträger die Miet- bzw. Pachtverträge auf den übernehmenden Rechtsträger. Dies gilt auch für sonstige Nutzungsverhältnisse und auch, soweit der übernehmende Rechtsträger selbst Mieter, Pächter oder Nutzer ist.

6.6 Soweit der übertragende Rechtsträger als Grundstückseigentümer Erbbaurechte zugunsten Dritter bestellt hat und diese Grundstücke nach diesem Vertrag übergehen, überträgt der übertragende Rechtsträger auch die schuldrechtlichen Vereinbarungen, die mit den Erbbauberechtigten getroffen worden sind, auf den übernehmenden Rechtsträger. Soweit nach diesem Vertrag Erbbaurechte übergehen, überträgt der übertragende Rechtsträger auch die schuldrechtlichen Vereinbarungen, die mit den Grundstückseigentümern getroffen worden sind, auf den übernehmenden Rechtsträger.

6.7 Soweit auf dem nach § 6.1 S. 1 abzuspaltenden Grundbesitz Eigentümergrundschulden lasten, werden diese Eigentümergrundschulden auf den übernehmenden Rechtsträger übertragen. Soweit Fremdgrundschulden auf dem nach § 6.1 S. 1 abzuspaltenden Grundbesitz nicht mehr valutieren, werden die entsprechenden Ansprüche auf Löschung bzw. Rückübertragung gegenüber dem Gläubiger der Fremdgrundschuld auf den übernehmenden Rechtsträger übertragen.

6.8 Der übertragende Rechtsträger überträgt auf den übernehmenden Rechtsträger auch alle Rechte und Pflichten aus Miet-, Pacht- oder sonstigen Nutzungsverträgen über Grundbesitz, auf dem sich die gemäß § 7 übertragenen baulichen und technischen Anlagen und Einrichtungen befinden.

§ 7 Anlagen und Einrichtungen

Der übertragende Rechtsträger überträgt auf den übernehmenden Rechtsträger die abschließend in Anlage 7.1[9] aufgeführten und in Plänen graphisch dargestellten Anlagen, Einrichtungen und Gegenstände des Unternehmensbereichs C einschließlich aller im Bau befindlichen baulichen und technischen Anlagen des Unternehmensbereichs C einschließlich der Nebenanlagen sowie der Ansprüche aus hierfür geleisteten Anzahlungen.

§ 8 Sonstige Gegenstände des Sach- und Finanzanlagevermögens und des Umlaufvermögens

8.1 Der übertragende Rechtsträger überträgt auf den übernehmenden Rechtsträger die dem Unternehmensbereich C zuzuordnenden folgenden abschließend aufgeführten sonstigen Gegenstände des Sach- und Finanzanlagevermögens, einschließlich Anlagen im Bau:

8.1.1 Sämtliche dem Unternehmensbereich C zuzuordnenden sonstigen nicht bereits in § 7 genannten technischen Anlagen, Maschinen oder sonstigen beweglichen Sachen, die sich regelmäßig auf dem abzuspaltenden Grundbesitz (§ 6) befinden oder die nur vorübergehend, etwa zu Reparaturzwecken, von diesem entfernt wurden;

8.1.2 sämtliche abschließend in Anlage 8.1.2 aufgeführten Gegenstände der EDV-Hardware;

8.1.3 sämtliche mit den auf den übernehmenden Rechtsträger übertragenen Gegenständen des Sachanlagevermögens im Zusammenhang stehenden geringwertigen Wirtschaftsgüter und sonstigen Betriebsmittel.

8.2 Mit den übertragenen Gegenständen des Sachanlagevermögens werden auch die Rechtspositionen, die dem hiermit im Zusammenhang stehenden, auf der Passivseite der Abspaltungsbilanz ausgewiesenen Sonderposten zugrunde liegen, übertragen.

8.3 Der übertragende Rechtsträger überträgt auf den übernehmenden Rechtsträger die dem Unternehmensbereich C zuzuordnenden in Anlage 8.3 abschließend aufgeführten Forderungen und sonstigen Vermögensgegenstände des Umlaufvermögens.

8.4 Soweit die unter diesem § 8 bezeichneten Gegenstände unter Eigentumsvorbehalt stehen oder der übertragende Rechtsträger diese als Sicherungseigentum an Dritte übertragen hat, überträgt der übertragende Rechtsträger auf den übernehmenden Rechtsträger alle ihm in diesem Zusammenhang zustehenden Rechte und Ansprüche einschließlich aller Herausgabeansprüche.

§ 9 Rechte und Pflichten sowie Verbindlichkeiten und Steueransprüche- und -verbindlichkeiten

9.1 Der übertragende Rechtsträger überträgt auf den übernehmenden Rechtsträger alle dem abzuspaltenden Vermögen zuzuordnenden Verbindlichkeiten und Verpflichtungen, einschließlich etwaiger Eventualverbindlichkeiten, die insbesondere in der Abspaltungsbilanz – auch durch Rückstellungen – erfasst sind. Hierzu gehören insbesondere die folgenden Verbindlichkeiten:

- Verpflichtungen, einschließlich Eventualverbindlichkeiten (unter Einschluss von Pensionsverpflichtungen), für die Rückstellungen gebildet worden sind, gemäß Anlage 9.1;
- die den Posten der passiven Rechnungsabgrenzung zugrunde liegenden Verpflichtungen;
- alle nicht bilanzierten Verpflichtungen und Eventualverbindlichkeiten, die dem abzuspaltenden Vermögen zuzuordnen sind, ungeachtet dessen, ob sie unter der Bilanz genannt sind oder nicht.

9.2 Ansprüche auf Erstattung und Verpflichtungen zur Nachzahlung von Steuern und Sozialversicherungsbeiträgen, die den Unternehmensbereich C und die Zeit bis zum Abspaltungsstichtag betreffen, verbleiben beim übertragenden Rechtsträger. Steuerverbindlichkeiten und Verpflichtungen im Zusammenhang mit Sozialversicherungsbeiträgen, die den Unternehmensbereich C und die Zeit nach dem Abspaltungsstichtag betreffen, trägt der übernehmende Rechtsträger; ihm stehen für diesen Zeitraum entsprechend etwaige Erstattungen oder sonstige Forderungen im Zusammenhang mit Steuern und Sozialversicherungsansprüchen zu. Soweit Nachforderungen oder Erstattungen von Steuern oder Sozialversicherungsbeiträgen für die Zeit bis zum Abspaltungsstichtag, die nach diesem Absatz durch den übertragenden Rechtsträger zu leisten sind oder ihm zustehen, Vor- oder Nachteile bei dem übernehmenden Rechtsträger zur Folge haben, werden diese zwischen den Parteien nicht ausgeglichen.

§ 10 Verträge, Projekte, Genehmigungen, Erlaubnisse, Berechtigungen und sonstige Rechte

10.1 Der übertragende Rechtsträger überträgt auf den übernehmenden Rechtsträger die dem Unternehmensbereich C zuzuordnenden Verträge (einschließlich Vertragsbeziehungen, bei denen kein schriftlicher Vertrag vorliegt), Vorverträge, Vertragsangebote, Berechtigungen und sonstigen Rechtsstellungen (insbesondere Pacht-, Gestattungs- und Nutzungsverträge) sowie die dem Unternehmensbereich C zuzuordnenden Projekte (zusammen die „Verträge"), die abschließend in Anlage 10.1 aufgeführt sind, soweit diese nicht bereits aufgrund anderweitiger Bestimmungen in diesem Vertrag auf den übernehmenden Rechtsträger übertragen werden.

10.2 Die in Anlage 10.2 aufgeführten Verträge, Vertragsangebote, Berechtigungen und sonstigen Rechtsstellungen betreffen nicht nur den auf den übernehmenden Rechtsträger abzuspaltenden Unternehmensbereich C, sondern zugleich auch Unternehmensbereiche des übertragenden Rechtsträgers, die nicht übertragen werden sollen (nachfolgend die „übergreifenden Verträge"). Die übergreifenden Verträge sind von der Abspaltung ausgenommen. Der übertragende und der übernehmende Rechtsträger werden sich auf Verlangen des übernehmenden Rechtsträgers bemühen, dass der einzelne übergreifende Vertrag durch neue Verträge ersetzt wird, wonach der übertragende Rechtsträger und der übernehmende Rechtsträger jeweils eigenständiger Vertragspartner von Verträgen werden, die allein ihren jeweiligen Unternehmensbereich betreffen. Bis dahin werden sich der übertragende und der übernehmende Rechtsträger im Innenverhältnis wirtschaftlich so stellen, als wäre der jeweilige übergreifende Vertrag in dem Umfang auf den übernehmenden Rechtsträger übergegangen, als er den Unternehmensbereich C betrifft. Im Außenverhältnis gegenüber dem jeweiligen Vertragspartner wird der übertragende Rechtsträger nach Weisung des übernehmenden Rechtsträgers die Rechte und Pflichten aus den übergreifenden Verträgen ausüben und erfüllen, soweit der Unternehmensbereich C betroffen ist.[10]

10.3 Soweit die übertragenen Verträge und Rechtsstellungen Gegenstand gerichtlicher oder schiedsgerichtlicher Auseinandersetzungen sind, werden auch diese Prozessrechtsverhältnisse übertragen.

10.4 Der übertragende Rechtsträger überträgt ferner alle Rechte und Verpflichtungen aus Genehmigungen, Erlaubnissen und ähnlichen Berechtigungen, die ausschließlich dem abzuspaltenden Vermögen zuzuordnen sind. Soweit für die Übertragung von Berechtigungen im Sinne von S. 1 die Zustimmung einer Behörde oder deren Neuerteilung erforderlich ist, werden sich beide Parteien nach besten Kräften bemühen, die Zustimmung oder Neuerteilung frühzeitig zu erwirken. Soweit eine Anzeige der Übertragung bei einer Behörde erforderlich ist, verpflichten sich beide Parteien, an einer solchen Anzeige mitzuwirken.

[10.5 Die Verpächterstellung des übertragenden Rechtsträgers aus dem Pachtvertrag betreffend den Unternehmensbereich C wird hiermit mit allen Rechten und Pflichten auf den übernehmenden Rechtsträger übertragen. Der Pachtvertrag endet damit in dem Zeitpunkt des Wirksamwerdens der Abspaltung infolge von Konfusion.][11]

§ 11 Pensionsverbindlichkeiten und Pensionsrückstellungen

11.1 Übernommene Mitarbeiter

11.1.1 Mit dem Übergang der Arbeitsverhältnisse aufgrund des pachtbedingten Betriebsübergangs zum 1. Februar 2022[12]sind alle Rechte und Verpflichtungen aus den beim übertragenden Rechtsträger bestehenden Pensionszusagen gegenüber den auf den übernehmenden Rechtsträger übergegangenen (aktiven) Mitarbeitern des Unternehmensbereichs C (die „übernommenen Mitarbeiter") nach § 613a Abs. 1 BGB auf den übernehmenden Rechtsträger übergegangen.

11.1.2 Der übertragende Rechtsträger und der übernehmende Rechtsträger haften für diese Pensionsverbindlichkeiten als Gesamtschuldner gem. § 133 Abs. 3 UmwG für zehn Jahre ab dem Tage, an dem die Eintragung der Abspaltung in das Handelsregister bekannt gemacht worden ist.

11.1.3 Rückstellungen für die Verpflichtungen aus Pensionszusagen für die übernommenen Mitarbeiter werden ab dem Abspaltungsstichtag von dem übernehmenden Rechtsträger gebildet.

11.2 Ausgeschiedene Mitarbeiter

Verpflichtungen aus Pensionszusagen gegenüber am Abspaltungsstichtag bereits ausgeschiedenen Mitarbeitern des Unternehmensbereichs C und deren Hinterbliebenen (laufende Pensionen und unverfallbare Anwartschaften) werden nicht übertragen.[13]

IV. Modalitäten der Übertragung

§ 12 Vollzugsdatum

12.1 Die Übertragung der Gegenstände des von der Abspaltung erfassten Aktiv- und Passivvermögens und der sonstigen Rechte und Pflichten und Rechtsstellungen des übertragenden Rechtsträgers erfolgt mit dinglicher Wirkung zum Zeitpunkt der Eintragung der Abspaltung in das Handelsregister des übertragenden Rechtsträgers („Vollzugsdatum").

12.2 Der Besitz an den beweglichen Sachen geht am Vollzugsdatum auf den übernehmenden Rechtsträger über, soweit er nicht schon vorher übergegangen ist. Soweit sich bewegliche Sachen im Besitz Dritter befinden, überträgt der übertragende Rechtsträger mit Wirkung zum Vollzugsdatum seine Herausgabeansprüche auf den dies annehmenden übernehmenden Rechtsträger.

12.3 Die in der Zeit zwischen dem Abspaltungsstichtag und dem Vollzugsdatum erfolgenden Zu- und Abgänge von Gegenständen des Aktiv- und Passivvermögens sowie von sonstigen Rechten und Pflichten werden bei der Übertragung berücksichtigt. Demgemäß überträgt der übertragende Rechtsträger auch diejenigen nach Herkunft und Zweckbestimmung dem Unternehmensbereich C zuzuordnenden Gegenstände des Aktiv- und Passivvermögens sowie die sonstigen Vertrags- und Rechtsverhältnisse, die in der Zeit zwischen dem Abspaltungsstichtag und dem Vollzugsdatum dem Unternehmensbereich C zugegangen oder in ihm entstanden sind. Entsprechend werden diejenigen Gegenstände des Aktiv- und Passivvermögens und die sonstigen Vertrags- und Rechtsverhältnisse, die in der Zeit bis zum Vollzugsdatum veräußert oder anders übertragen worden sind oder zu diesem Zeitpunkt nicht mehr bestehen, nicht auf den übernehmenden Rechtsträger übertragen.

§ 13 Auffangbestimmung[14]

13.1 Soweit bestimmte Gegenstände des Aktiv- und Passivvermögens oder sonstige Rechte und Pflichten oder Rechtsstellungen, insbesondere aus Verträgen, Mitgliedschaften oder Verwaltungsakten, die nach diesem Vertrag auf den übernehmenden Rechtsträger übergehen sollen, nicht schon kraft Gesetzes mit der Eintragung der Abspaltung auf den übernehmenden Rechtsträger übergehen, wird der übertragende Rechtsträger diese Gegenstände des Aktiv- und Passivvermögens und die sonstigen Rechte und

Pflichten oder Rechtsstellungen auf den übernehmenden Rechtsträger übertragen. Ist die Übertragung auf den übernehmenden Rechtsträger im Außenverhältnis nicht oder nur mit unverhältnismäßig hohem Aufwand möglich oder unzweckmäßig, werden sich der übertragende und der übernehmende Rechtsträger im Innenverhältnis so stellen, als wäre die Übertragung auch im Außenverhältnis zum Abspaltungsstichtag erfolgt.

13.2 Soweit für die Übertragung von bestimmten Gegenständen des Aktiv- und Passivvermögens oder von sonstigen Rechten und Pflichten oder zum Eintritt in Verträge die Zustimmung Dritter oder eine öffentlich-rechtliche Genehmigung erforderlich ist, werden sich der übertragende Rechtsträger und der übernehmende Rechtsträger bemühen, die Zustimmung oder Genehmigung zu beschaffen. Falls die Zustimmung oder Genehmigung nicht oder nur mit unverhältnismäßig hohem Aufwand erreichbar ist, gilt im Verhältnis der Parteien die Regelung gemäß vorstehendem § 13.1 S. 2 entsprechend.

§ 14 Mitwirkungspflichten

14.1 Der übertragende Rechtsträger und der übernehmende Rechtsträger werden alle Erklärungen abgeben, alle Urkunden ausstellen und alle sonstigen Handlungen vornehmen, die im Zusammenhang mit der Übertragung des abzuspaltenden Vermögens etwa noch erforderlich oder zweckdienlich sind.

14.2 Der übernehmende Rechtsträger erhält zum Vollzugsdatum sämtliche dem Unternehmensbereich C zuzuordnenden oder im Zusammenhang mit diesen durch den übertragenden Rechtsträger geführten Geschäftsunterlagen, insbesondere Vertrags- und Genehmigungsunterlagen, Konstruktions- und Baupläne, Betriebshandbücher, Personalunterlagen etc. Beide Parteien haben das Recht in die sich bei der jeweils anderen Partei befindlichen Geschäftsunterlagen im Sinne des Satzes 1 Einblick zu nehmen und sich von diesen Abschriften zu fertigen. Der übernehmende Rechtsträger erhält auch alle Urkunden, die zur Geltendmachung der auf ihn übergehenden Rechte erforderlich sind.

Der übernehmende Rechtsträger wird die Bücher und sonstigen Aufzeichnungen innerhalb der gesetzlichen Aufbewahrungsfristen für den übertragenden Rechtsträger verwahren und sicherstellen, dass der übertragende Rechtsträger Einblick in diese nehmen und sich Ablichtungen fertigen kann. Der übernehmende Rechtsträger wird sicherstellen, dass der übertragende Rechtsträger Einblick in die dem Unternehmensbereich C zuzuordnenden Bücher und sonstigen Aufzeichnungen nehmen und sich Ablichtungen fertigen kann, soweit diese Zeiträume vor dem 1. Januar 2022 betreffen. Geschäfts- und Betriebsgeheimnisse sind vertraulich zu behandeln.

14.3 Bei behördlichen Verfahren, insbesondere steuerlichen Außenprüfungen und steuerlichen und sonstigen Rechtstreitigkeiten, die Zeiträume bis zum Vollzugsdatum betreffen, werden sich die Parteien gegenseitig unterstützen. Sie werden sich insbesondere gegenseitig sämtliche Informationen und Unterlagen zur Verfügung stellen, die zur Erfüllung steuerlicher oder sonstiger behördlicher Anforderungen oder zur Erbringung von Nachweisen gegenüber Steuerbehörden oder sonstigen Behörden oder Gerichten notwendig und zweckmäßig sind. Die Parteien werden dafür Sorge tragen, dass ihre Mitarbeiter im erforderlichen Umfang bei der Abwicklung von Sachverhalten mitwirken, die Zeiträume vor dem Abspaltungsstichtag betreffen.

§ 15 Gläubigerschutz und Innenausgleich[15]

15.1 Wenn und soweit der übertragende Rechtsträger aufgrund der Bestimmungen in § 133 UmwG oder anderer Bestimmungen von Gläubigern für Verbindlichkeiten und Verpflichtungen sowie aus Haftungsverhältnissen in Anspruch genommen wird, die nach

Maßgabe der Bestimmungen dieses Vertrags auf den übernehmenden Rechtsträger übertragen werden, hat der übernehmende Rechtsträger den übertragenden Rechtsträger auf erste Anforderung von der jeweiligen Verbindlichkeit, Verpflichtung oder Haftung freizustellen. Gleiches gilt für den Fall, dass der übertragende Rechtsträger von solchen Gläubigern auf Sicherheitsleistung in Anspruch genommen wird.

15.2 Wenn und soweit umgekehrt der übernehmende Rechtsträger aufgrund der Bestimmung in § 133 UmwG oder anderer Bestimmungen von Gläubigern für Verbindlichkeiten und Verpflichtungen sowie aus Haftungsverhältnissen in Anspruch genommen wird, die nach Maßgabe dieses Vertrags nicht auf den übernehmenden Rechtsträger übertragen werden, hat der übertragende Rechtsträger den übernehmenden Rechtsträger auf erste Anforderung von der jeweiligen Verbindlichkeit, Verpflichtung oder Haftung freizustellen. Gleiches gilt für den Fall, dass der übernehmende Rechtsträger von solchen Gläubigern auf Sicherheitsleistung in Anspruch genommen wird.

§ 16 Gewährleistungsausschluss

Der übertragende Rechtsträger leistet keine Gewähr für die Beschaffenheit und den Bestand der von ihm nach Maßgabe dieses Vertrags übertragenen Gegenstände des Aktiv- und Passivvermögens sowie des Unternehmensbereichs C im Ganzen. Gewährleistungsansprüche des übernehmenden Rechtsträgers gleich welcher Art und gleich aus welchem Rechtsgrund gegenüber dem übertragenden Rechtsträger werden hiermit ausdrücklich ausgeschlossen. Dies gilt insbesondere auch für Ansprüche aus der Verletzung vertraglicher, vorvertraglicher oder gesetzlicher Verpflichtungen. Ausgeschlossen sind auch sämtliche Ansprüche wegen etwaiger Altlasten in Grund und Boden oder in Auf- bzw. Einbauten. Der übernehmende Rechtsträger stellt den übertragenden Rechtsträger von jeglicher Inanspruchnahme öffentlich-rechtlicher oder privatrechtlicher Natur – gleich aus welchem Rechtsgrund – frei. Im Falle der Inanspruchnahme des übernehmenden Rechtsträgers stehen dem übernehmenden Rechtsträger keine Regressansprüche gegenüber dem übertragenden Rechtsträger zu. Etwaige Rücktrittsrechte sind gleichfalls ausgeschlossen.

V. Gegenleistung und Kapitalmaßnahmen[16]

§ 17 Gewährung von Anteilen und Kapitalmaßnahmen

17.1 Als Gegenleistung für die Abspaltung des Unternehmensbereichs C auf den übernehmenden Rechtsträger erhält die Alleingesellschafterin des übertragenden Rechtsträgers, die D GmbH, einen Geschäftsanteil in Höhe von EUR 1 000 an dem übernehmenden Rechtsträger. Eine bare Zuzahlung erfolgt nicht.[17]

17.2 Der übernehmende Rechtsträger wird sein Stammkapital zur Durchführung der Abspaltung von EUR ..... um EUR 1 000 durch Bildung eines neuen Geschäftsanteils im Nennbetrag von EUR 1 000 auf EUR ..... erhöhen.

17.3 Der neue Geschäftsanteil wird mit Gewinnbezugsrecht für die Geschäftsjahre ab dem 1. Januar 2022 gewährt.

17.4 Der Gesamtwert, zu dem die durch den übertragenden Rechtsträger erbrachte Sacheinlage durch den übernehmenden Rechtsträger übernommen wird, entspricht dem handelsrechtlichen Buchwert des übertragenen Nettovermögens zum Abspaltungsstichtag, so wie in der Schlussbilanz des übertragenden Rechtsträgers zum 31. Dezember 2021 ausgewiesen. Soweit der Wert der Einlage den in § 17.2 genannten Betrag der Erhöhung des Stammkapitals übersteigt, wird dieser Betrag in die Kapitalrücklage des übernehmenden Rechtsträgers gemäß § 272 Abs. 2 Nr. 1 HGB eingestellt.

§ 18 Besondere Rechte und Vorteile

18.1 Die Einräumung von Rechten oder andere Maßnahmen für einzelne Anteilsinhaber oder für Inhaber besonderer Rechte iSd § 126 Abs. 1 Nr. 7 UmwG sind nicht vorgesehen.

18.2 Besondere Vorteile iSd § 126 Abs. 1 Nr. 8 UmwG für Mitglieder der Geschäftsführung oder des Aufsichtsrats der an der Abspaltung beteiligten Rechtsträger oder einen Abschlussprüfer eines beteiligten Rechtsträgers werden nicht gewährt.

VI. Folgen der Abspaltung für die Arbeitnehmer und ihre Vertretungen

§ 19 Übergang der Arbeitsverhältnisse und Betriebe

19.1 Der im Rahmen dieses Abspaltungsvertrags zu übertragende Unternehmensbereich C ist im Vorgriff auf die Abspaltung mit Wirkung ab dem 1. Februar 2022 0.00 Uhr, an den übernehmenden Rechtsträger verpachtet worden (vgl. § 0.3). Der Pachtvertrag wird im Rahmen der Abspaltung auf den übernehmenden Rechtsträger übertragen und erlischt damit im Wege der Konfusion.

19.2 Mit dem pachtbedingten Betriebsübergang am 1. Februar 2022 sind sämtliche dem Unternehmensbereich C zuzuordnenden Arbeits- und Ausbildungsverhältnisse, die zu diesem Zeitpunkt mit dem übertragenden Rechtsträger bestanden, mit allen Rechten und Pflichten, wie sie vor dem 1. Februar 2022 bestanden, nach Maßgabe von § 613a Abs. 1 BGB auf den übernehmenden Rechtsträger übergegangen (der „pachtbedingte Betriebsübergang“).[18] Die dem Unternehmensbereich C zuzuordnenden Mitarbeiter sind in Anlage 19.2 namentlich aufgeführt. Für den Inhalt der übergegangenen Arbeitsverhältnisse ist der Rechtszustand maßgeblich, der am 1. Februar 2022 bestand. Die Arbeitnehmer wurden über den pachtbedingten Betriebsübergang nach Maßgabe des § 613a Abs. 5 BGB informiert. Eine Kündigung der übergegangenen Arbeitsverhältnisse wegen des Übergangs ist gesetzlich ausgeschlossen. Die Abspaltung führt nicht zu einem (erneuten) Betriebsübergang.

19.3 Für die Arbeitnehmer, deren Arbeitsverhältnisse infolge des pachtbedingten Betriebsübergangs auf den übernehmenden Rechtsträger übergangen sind, gelten die beim übertragenden Rechtsträger erreichten und die dort anerkannten Betriebszugehörigkeitszeiten als beim übernehmenden Rechtsträger verbrachte Betriebszugehörigkeitszeiten.[19] Die Rechtslage hinsichtlich der Pensionen ist in § 11 dargestellt.

19.4 Im Zusammenhang mit den organisatorischen Maßnahmen, die der Abspaltung zugrunde liegen, haben der übertragende Rechtsträger und der Gesamtbetriebsrat des übertragenden Rechtsträgers sowie der übernehmende Rechtsträger und der Betriebsrat des übernehmenden Rechtsträgers am ..... einen Interessenausgleich und Sozialplan abgeschlossen. Der Interessenausgleich und Sozialplan ist mit seiner Unterzeichnung in Kraft getreten und hat eine Laufzeit bis zum 31. Dezember 2022.

Der Interessenausgleich und Sozialplan hat folgenden wesentlichen Inhalt:

- .....
- .....
- *(Wiedergabe der wesentlichen Bestimmungen des Interessenausgleichs und Sozialplans)*

19.5 Der übertragende Rechtsträger ist Mitglied im Arbeitgeberverband ..... Der übernehmende Rechtsträger war Mitglied im Arbeitgeberverband ..... Die Mitgliedschaft besteht nicht mehr. Es ist beabsichtigt, dass der übernehmende Rechtsträger dem Arbeitgeberverband ..... beitritt, so dass nach dem Beitritt für die tarifgebundenen

Arbeitnehmer des übernehmenden Rechtsträgers die für die Tarifgruppe . . . . . im Arbeitgeberverband . . . . . abgeschlossenen Tarifverträge Anwendung finden.

§ 20 Betriebsverfassungsrechtliche Vertretungen der Arbeitnehmer

20.1 Die Betriebsräte . . . . . und . . . . . des übertragenden Rechtsträgers, die für die vom übertragenden Rechtsträger auf den übernehmenden Rechtsträger übergegangenen Mitarbeiter zuständig waren, bestehen nach dem pachtbedingten Betriebsübergang und nach dem Wirksamwerden der Abspaltung für die verbleibenden Unternehmensbereiche des übertragenden Rechtsträgers fort.

20.2 Der übernehmende Rechtsträger hat bislang keinen Betriebsrat. Seit dem pachtbedingten Betriebsübergang liegen die Voraussetzungen für die Bildung eines Betriebsrats vor.

20.3 Der Gesamtbetriebsrat des übertragenden Rechtsträgers besteht nach Wirksamwerden der Abspaltung in Bestand, personeller Zusammensetzung und Amtsdauer unverändert fort. Bei dem übernehmenden Rechtsträger liegen gegenwärtig die Voraussetzungen für die Bildung eines Gesamtbetriebsrats nicht vor.

20.4 Beim übernehmenden Rechtsträger liegen die Voraussetzungen für die Errichtung eines Sprecherausschusses der leitenden Angestellten nicht vor. Der für den übertragenden Rechtsträger bestehende Sprecherausschuss der leitenden Angestellten bleibt durch die Verpachtung und die Abspaltung unberührt.

20.5 Der Wirtschaftsausschuss beim übertragenden Rechtsträger besteht nach Verpachtung und Abspaltung fort. Die Zusammensetzung und Amtszeit des Wirtschaftsausschusses beim übertragenden Rechtsträger bleiben durch Verpachtung und Abspaltung unberührt.

20.6 Beim übernehmenden Rechtsträger liegen mit Wirksamwerden der Abspaltung die Voraussetzungen für die Einrichtung eines Wirtschaftsausschusses vor.

§ 21 Aufsichtsrat

21.1 Der Aufsichtsrat des übertragenden Rechtsträgers hat 20 Mitglieder und ist nach dem Mitbestimmungsgesetz von 1976 mitbestimmt. Aus dem pachtbedingten Betriebsübergang und der Abspaltung ergeben sich keine Auswirkungen auf Bestand, Zusammensetzung und Amtszeit des Aufsichtsrats des übertragenden Rechtsträgers.[20]

21.2 Beim übernehmenden Rechtsträger besteht kein Aufsichtsrat. Die Abspaltung führt zu keinen Veränderungen.

VII. Sonstiges[21]

§ 22 Grundbuchberichtigungen, Genehmigungen und Anträge

Der übertragende Rechtsträger und der übernehmende Rechtsträger bewilligen und beantragen nach Wirksamwerden der Abspaltung, die von der Abspaltung betroffenen Grundbücher sowie ggf. weitere in Frage kommende Grundbücher entsprechend den Vorschriften dieses Vertrags zu berichtigen.

§ 23 Vollmachten

Der übertragende Rechtsträger und der übernehmende Rechtsträger bevollmächtigen hiermit die in Anlage 23 benannten Personen, befristet bis zum 30. Juni 2022,

23.1 alle Erklärungen abzugeben und entgegenzunehmen, die im Zusammenhang mit der Umschreibung oder Grundbuchberichtigung oder Neueintragung in Bezug auf den nach diesem Vertrag abzuspaltenden Grundbesitz sowie sonstigen Rechten an Grundstücken, wie zB Grundpfandrechten und Dienstbarkeiten ggf. noch erforderlich sind, unter Einschluss etwa erforderlicher Ergänzungen und/oder Berichtigungen dieses Vertrags nebst allen schuldrechtlichen Erklärungen, dinglichen Einigungen, Bewilligungen und Anträgen;

23.2 ggf. erforderliche Identitätserklärungen in Bezug auf nach diesem Vertrag übertragene Grundstückskaufverträge sowie sonstige Vermögensgegenstände abzugeben und entgegenzunehmen;

23.3 ggf. erforderliche Auflassungs- oder Abtretungserklärungen abzugeben und entgegenzunehmen sowie Bewilligungen und Anträge zu stellen;

23.4 alle Rechtshandlungen vorzunehmen und Erklärungen abzugeben, die im Zusammenhang mit der Umschreibung von immateriellen Rechten (insbesondere gewerblichen Schutzrechten), die nach diesem Abspaltungsvertrag auf den übernehmenden Rechtsträger übertragen werden, erforderlich oder zweckmäßig sind.

§ 24 Kosten und Steuern

24.1 Die externen Kosten für die Beurkundung dieses Vertrags und seine Durchführung, insbesondere für die erforderlichen Grundbucheintragungen und -berichtigungen, trägt der übernehmende Rechtsträger. Die Kosten der jeweiligen Gesellschafterversammlung und die Kosten der Anmeldung zum und Eintragung ins Handelsregister sowie die übrigen Kosten, insbesondere ihre eigenen Kosten, trägt jede Partei selbst.

24.2 Die im Zusammenhang mit der Vermögensübertragung entstehende Grunderwerbsteuer trägt im Verhältnis der Parteien zueinander der übernehmende Rechtsträger.

§ 25 Schlussbestimmungen

25.1 Gerichtsstand für alle Streitigkeiten aus dem Vertrag ist .....

25.2 Änderungen und Ergänzungen dieses Vertrags einschließlich der Abbedingung dieser Bestimmung selbst bedürfen der Schriftform, soweit nicht weitergehende Formvorschriften einzuhalten sind.

25.3 Die Anlagen sind wesentlicher Bestandteil dieses Abspaltungsvertrags.

25.4 Sollten eine oder mehrere Bestimmungen dieses Abspaltungsvertrags ganz oder teilweise nichtig, unwirksam oder undurchführbar sein oder werden, wird die Wirksamkeit dieses Abspaltungsvertrags und seiner übrigen Bestimmungen hiervon nicht berührt. Anstelle der nichtigen, unwirksamen oder undurchführbaren Bestimmungen gilt eine solche Bestimmung, die nach Form, Inhalt, Zeit, Maß und Geltungsbereich dem am nächsten kommt, was von dem übertragenden Rechtsträger und dem übernehmenden Rechtsträger nach dem wirtschaftlichen Sinn und Zweck der nichtigen, unwirksamen oder undurchführbaren Bestimmung gewollt war. Entsprechendes gilt für etwaige Lücken in diesem Abspaltungsvertrag.

Weiter erklärten die Erschienenen:

Alle etwa zur Wirksamkeit der vorstehenden Erklärungen noch erforderlichen Vollmachtsbestätigungen/Genehmigungen sollen mit ihrem Eingang bei dem beurkundenden Notar oder seinem amtlich bestellten Vertreter wirksam sein und allen Beteiligten gegenüber als mitgeteilt gelten.

Der Notar wies darauf hin, dass der Abspaltungs- und Übernahmevertrag erst wirksam werde, wenn ein Zustimmungsbeschluss des übertragenden und des übernehmenden Rechtsträgers gefasst sei und wenn der Abspaltungsvertrag in dem Handelsregister des übertragenden Rechtsträgers eingetragen wurde. Der Notar wies weiter darauf hin, dass ein gutgläubiger, ggf. lastenfreier Erwerb nicht möglich ist und belehrte die Erschienenen über die gesamtschuldnerische Haftung für Verbindlichkeiten der übertragenden Gesellschaft, die vor Wirksamwerden der Abspaltung begründet worden sind oder werden (§ 133 UmwG), den ggf. bestehenden Anspruch der Gläubiger auf Sicherheitsleistung sowie den Schutz der Gläubiger im Fall des § 134 UmwG.

Diese Niederschrift wurde den Erschienenen von dem Notar vorgelesen, von den Erschienenen genehmigt und von ihnen und dem Notar eigenhändig wie folgt unterschrieben:

b) Zustimmungsbeschluss der übertragenden GmbH

Der Erschienene zu 1. erklärte, er handele im Folgenden nicht im eigenen Namen, sondern als Bevollmächtigter für die im Handelsregister des Amtsgerichts . . . . . unter HRB . . . . . eingetragene D GmbH mit Sitz in . . . . . Auf den Erschienenen zu 1. lautende Vollmacht (Original) wurde als Anlage . . . . . zu dieser Urkunde genommen. Die vorstehende Vollmacht wurde am . . . . . von . . . . . und von . . . . . unterzeichnet. Der Notar bestätigt aufgrund am . . . . . vorgenommener elektronischer Einsicht in das Handelsregister des Amtsgerichts . . . . ., dass . . . . . und . . . . . als Geschäftsführer im Zeitpunkt der Unterzeichnung der Vollmacht gemeinschaftlich zur Vertretung der D GmbH berechtigt waren. Der Erschienene erklärte:

Die von mir vertretene D GmbH ist die alleinige Gesellschafterin der A GmbH (nachstehend die „Gesellschaft").

I.

Unter Verzicht auf alle gesetzlichen und gesellschaftsvertraglichen Formen und Fristen der Einberufung, Ankündigung und Durchführung, insbesondere die Auslegung und Erläuterung der Unterlagen der geplanten Abspaltung, halte ich hiermit eine

außerordentliche Gesellschafterversammlung

der

A GmbH

ab und fasse einstimmig folgenden Beschluss:

Zustimmung zu dem Abspaltungs- und Übernahmevertrag zwischen der Gesellschaft und der B GmbH

Dem Abspaltungs- und Übernahmevertrag zwischen der Gesellschaft als dem übertragenden Rechtsträger und der B GmbH als dem übernehmenden Rechtsträger vom . . . . . 2022 (UR-Nr. . . . . . des Notars . . . . .) über die Abspaltung des Unternehmensbereichs C auf die B GmbH wird zugestimmt. Der Abspaltungsvertrag befindet sich in Anlage . . . . . zu dieser Urkunde.

II.

Die Erschienene zu 1. erklärte sodann:

Die von mir vertretene D GmbH verzichtet hiermit bezüglich des Abspaltungs- und Übernahmevertrags auf

- einen Abspaltungsbericht gemäß §§ 127 S. 2, 8 Abs. 3 UmwG,[22]
- eine Abspaltungsprüfung gemäß §§ 125 S. 1, 9 Abs. 3, 8 Abs. 3 UmwG und einen Abspaltungsprüfungsbericht gemäß §§ 125 S. 1, 12 Abs. 3, 8 Abs. 3 UmwG[23] sowie
- eine Klage gegen die Wirksamkeit des Abspaltungsbeschlusses.

Diese Niederschrift wurde dem Erschienenen von dem Notar vorgelesen, von dem Erschienenen genehmigt und von ihm und dem Notar eigenhändig wie folgt unterschrieben:

c) Zustimmungsbeschluss der übernehmenden GmbH

Notarieller Vorspann wie bei J.4 b)

Der Erschienene zu 2. erklärte, er handle nachfolgend für die E Aktiengesellschaft als alleiniger Gesellschafterin des übernehmenden Rechtsträgers B GmbH (nachstehend die „Gesellschaft").

I.

Unter Verzicht auf alle gesetzlichen und gesellschaftsvertraglichen Formen und Fristen der Einberufung, Ankündigung und Durchführung, insbesondere die Auslegung und Erläuterung der Unterlagen der geplanten Abspaltung, halte ich hiermit eine

außerordentliche Gesellschafterversammlung der B GmbH

ab und fasse einstimmig folgende Beschlüsse:

1. Zustimmung zu dem Abspaltungs- und Übernahmevertrag zwischen der A GmbH und der Gesellschaft

1.1 Dem Abspaltungs- und Übernahmevertrag zwischen der A GmbH als dem übertragenden Rechtsträger und der Gesellschaft als dem übernehmenden Rechtsträger vom . . . . . 2022 (UR-Nr. . . . . . des Notars . . . . .) über die Abspaltung des Unternehmensbereichs C auf die Gesellschaft wird zugestimmt.

1.2 Zur Durchführung der Abspaltung wird das Stammkapital der Gesellschaft von EUR . . . . . um EUR 1000 auf EUR . . . . . durch Bildung eines neuen Geschäftsanteils im Nennbetrag von EUR 1000 erhöht.

1.3 Der neue Geschäftsanteil ist mit Gewinnbezugsrecht für die Geschäftsjahre ab dem 1. Januar 2022 ausgestattet.

1.4 Der neue Geschäftsanteil wird als Gegenleistung für die Übertragung des Unternehmensbereichs C im Wege der Abspaltung von der A GmbH auf die Gesellschaft an die D GmbH als Alleingesellschafterin der A GmbH gewährt.

1.5 § 4 der Satzung der Gesellschaft wird zur Anpassung an die Kapitalerhöhung wie folgt neu gefasst:

§ 4 Stammkapital
(1) Das Stammkapital der Gesellschaft beträgt EUR . . . . . (in Worten: . . . . . Euro).
(2) Es setzt sich zusammen aus 3 Geschäftsanteilen im Nennbetrag von
EUR . . . . . ,
EUR . . . . . sowie
EUR . . . . .

2. Änderung des Unternehmensgegenstands[24]

§ 2 Abs. 1 der Satzung der Gesellschaft wird wie folgt neu gefasst:

„. . . . ."

II.

Der Erschienene zu 2. erklärte sodann:

Die von mir vertretene E Aktiengesellschaft verzichtet hiermit bezüglich des Abspaltungs- und Übernahmevertrags auf

- einen Abspaltungsbericht gemäß §§ 127 S. 2, 8 Abs. 3 UmwG,
- eine Abspaltungsprüfung gemäß §§ 125 S. 1, 9 Abs. 3, 8 Abs. 3 UmwG und einen Abspaltungsprüfungsbericht gemäß §§ 125 S. 1, 12 Abs. 3, 8 Abs. 3 UmwG,
- eine Klage gegen die Wirksamkeit des Abspaltungsbeschlusses sowie
- eine Klage gegen die Wirksamkeit des Kapitalerhöhungsbeschlusses.

Diese Niederschrift wurde dem Erschienenen von dem Notar vorgelesen, von dem Erschienenen genehmigt und von ihm und dem Notar eigenhändig wie folgt unterschrieben:

d) Handelsregisteranmeldung der übertragenden GmbH[25]

An das

Amtsgericht . . . . .

– Handelsregister –

In der Handelsregistersache

HRB . . . . . – A GmbH

melden wir als gemeinschaftlich vertretungsberechtigte Geschäftsführer der Gesellschaft[26] zur Eintragung in das Handelsregister an:

I. Anmeldung einer Abspaltung

Die Gesellschaft hat als übertragender Rechtsträger aufgrund des Abspaltungs- und Übernahmevertrags vom . . . . .2022 (UR-Nr. . . . . /2022 des Notars . . . . .), des Beschlusses der Gesellschafterversammlung der B GmbH vom . . . . . 2022 sowie des Beschlusses der Gesellschafterversammlung der Gesellschaft vom . . . . . 2022 den zum Unternehmensbereich C gehörenden Teil ihres Vermögens als Gesamtheit auf die B GmbH als dem übernehmenden Rechtsträger im Wege der Abspaltung zur Aufnahme gemäß § 123 Abs. 2 Nr. 1 UmwG übertragen.

II. Anlagen

Als Anlagen fügen wir bei:

1. Notariell beglaubigte Abschrift des Abspaltungs- und Übernahmevertrags vom . . . . . 2022 zwischen der Gesellschaft als dem übertragenden Rechtsträger sowie der B GmbH als dem übernehmenden Rechtsträger (UR-Nr . . . . . /2022 des Notars . . . . .);

2. Notariell beglaubigte Abschrift der Niederschrift über die außerordentliche Gesellschafterversammlung der Gesellschaft vom . . . . . 2022 nebst Anlagen (UR-Nr. . . . . /2022 des Notars . . . . .) mit
   a) dem Zustimmungsbeschluss zu dem Abspaltungs- und Übernahmevertrag vom 2022,
   b) der notariell beurkundeten Erklärung der alleinigen Gesellschafterin der Gesellschaft über den Verzicht auf einen Abspaltungsbericht gemäß §§ 127 S. 2, 8 Abs. 3 UmwG, eine Abspaltungsprüfung gemäß §§ 125 S. 1, 9 Abs. 3, 8 Abs. 3 UmwG und einen Abspaltungsprüfungsbericht gemäß §§ 125 S. 1, 12 Abs. 3, 8 Abs. 3 UmwG sowie eine Klage gegen die Wirksamkeit des Abspaltungsbeschlusses;
3. Notariell beglaubigte Abschrift der Niederschrift über die außerordentliche Gesellschafterversammlung der B GmbH vom . . . . . 2022 nebst Anlagen (UR-Nr. . . . . /2022 des Notars . . . . .) mit
   a) dem Zustimmungsbeschluss zu dem Abspaltungs- und Übernahmevertrag vom 2022,
   b) dem Beschluss über die Erhöhung des Stammkapitals der B GmbH,
   c) der notariell beurkundeten Erklärung der alleinigen Gesellschafterin der B GmbH über den Verzicht auf einen Abspaltungsbericht gemäß §§ 127 S. 2, 8 Abs. 3 UmwG, eine Abspaltungsprüfung gemäß §§ 125 S. 1, 9 Abs. 3, 8 Abs. 3 UmwG und einen Abspaltungsprüfungsbericht gemäß §§ 125 S. 1, 12 Abs. 3, 8 Abs. 3 UmwG, eine Klage gegen die Wirksamkeit des Abspaltungsbeschlusses sowie eine Klage gegen die Wirksamkeit des Kapitalerhöhungsbeschlusses;
4. Nachweis über die rechtzeitige Zuleitung des Entwurfs des Abspaltungs- und Übernahmevertrags vom . . . . . 2022 gemäß § 126 Abs. 3 UmwG an die zuständigen Betriebsräte der Gesellschaft.[27] Bei B GmbH besteht kein Betriebsrat.
5. Erklärung der Geschäftsführung der Gesellschaft gemäß § 140 UmwG;[28]
6. geprüfte und mit Bestätigungsvermerk versehene Bilanz der Gesellschaft zum 31. Dezember 2021 als Schlussbilanz gemäß §§ 125 S. 1, 17 Abs. 2 UmwG.

III. Erklärung gemäß § 16 Abs. 2 UmwG

Die alleinige Gesellschafterin der Gesellschaft und die alleinige Gesellschafterin der B GmbH haben auf die Anfechtung der jeweiligen Abspaltungsbeschlüsse durch notariell beurkundete Erklärung jeweils im Rahmen der unter Ziffern II.2 und II.3 in Bezug genommenen notariellen Niederschriften verzichtet. Eine Anfechtung ist daher ausgeschlossen und eine Negativerklärung gemäß § 16 Abs. 2 S. 2 UmwG entbehrlich.

IV. Eintragungsreihenfolge und Nachweis der Voreintragung

Im Hinblick auf die Bestimmungen der §§ 125 S. 1, 53, 130 UmwG bitten wir um folgende Eintragungsreihenfolge:

1. Eintragung der Kapitalerhöhung bei der B GmbH im Handelsregister . . . . .
2. Eintragung der Abspaltung bei der B GmbH im Handelsregister . . . . .
3. Eintragung der Abspaltung bei der Gesellschaft im Handelsregister . . . . .

Die Gesellschaft geht davon aus, dass im Hinblick auf § 130 Abs. 1 UmwG ein Nachweis der erforderlichen Voreintragung im Handelsregister des übernehmenden Rechtsträgers bezüglich der angemeldeten Abspaltung nicht erforderlich ist, da die Gesellschaft wie die B GmbH als übernehmender Rechtsträger im Handelsregister des Amtsgerichts . . . . . eingetragen ist.

V. Vollmacht

Der beglaubigende Notar sowie die bei dem beglaubigenden Notar tätigen Mitarbeiter, ..., werden jeweils mit Einzelvertretungsbefugnis ermächtigt und bevollmächtigt, alle Erklärungen abzugeben und entgegenzunehmen und Rechtshandlungen vorzunehmen, welche zum handelsregisterlichen Vollzug noch erforderlich sind, einschließlich Änderungen oder Ergänzungen oder Rücknahme (auch teilweise) der Handelsregisteranmeldung.

. . . . ., den 2022

A GmbH[29, 30]

[Beglaubigungsvermerk]

e) Handelsregisteranmeldung der übernehmenden GmbH

An das

Amtsgericht . . . . .

– Handelsregister –

In der Handelsregistersache

HRB . . . . . – B GmbH

melden wir als gemeinschaftlich vertretungsberechtigte Geschäftsführer der Gesellschaft zur Eintragung in das Handelsregister an:

I. Anmeldung einer Abspaltung mit Kapitalerhöhung

1. Die A GmbH hat als übertragender Rechtsträger aufgrund des Abspaltungs- und Übernahmevertrags vom . . . . . 2022 (UR-Nr. . . . . ./2022 des Notars . . . . .), des Beschlusses der Gesellschafterversammlung der A GmbH vom . . . . . 2022 sowie des Beschlusses der Gesellschafterversammlung der Gesellschaft vom . . . . . 2022 den zum Unternehmensbereich C gehörenden Teil ihres Vermögens als Gesamtheit auf die Gesellschaft als dem übernehmenden Rechtsträger gegen Gewährung eines Geschäftsanteils der Gesellschaft an die D GmbH als Alleingesellschafterin der A GmbH im Wege der Abspaltung zur Aufnahme gemäß § 123 Abs. 2 Nr. 1 UmwG übertragen.
2. Zur Durchführung der Abspaltung ist das Stammkapital der Gesellschaft von EUR . . . . . um EUR 1000 auf EUR . . . . . durch Schaffung eines weiteren Geschäftsanteils im Nennbetrag von EUR 1000 erhöht worden. § 4 des Gesellschaftsvertrags wurde entsprechend geändert.

II. Satzungsänderung

Der Unternehmensgegenstand (§ 2 Abs. 1 der Satzung) wurde geändert.

III. Anlagen

Als Anlagen fügen wir bei:

1. Notariell beglaubigte Abschrift des Abspaltungs- und Übernahmevertrags vom . . . . . 2022 zwischen der A GmbH als dem übertragenden Rechtsträger sowie der Gesellschaft als dem übernehmenden Rechtsträger (UR-Nr. . . . . ./2022 des Notars . . . . .);

2. Notariell beglaubigte Abschrift der Niederschrift über die außerordentliche Gesellschafterversammlung der A GmbH vom . . . . . 2022 nebst Anlagen (UR-Nr. . . . . ./2022 des Notars . . . . .) mit
   a) dem Zustimmungsbeschluss zu dem Abspaltungs- und Übernahmevertrag vom 2022,
   b) der notariell beurkundeten Erklärung der alleinigen Gesellschafterin der A GmbH über den Verzicht auf einen Abspaltungsbericht gemäß §§ 127 S. 2, 8 Abs. 3 UmwG, eine Abspaltungsprüfung gemäß §§ 125 S. 1, 9 Abs. 3, 8 Abs. 3 UmwG und einen Abspaltungsprüfungsbericht gemäß §§ 125 S. 1, 12 Abs. 3, 8 Abs. 3 UmwG sowie eine Klage gegen die Wirksamkeit des Abspaltungsbeschlusses;
3. Notariell beglaubigte Abschrift der Niederschrift über die außerordentliche Gesellschafterversammlung der Gesellschaft vom . . . . . 2022 nebst Anlagen (UR-Nr. . . . . ./2022 des Notars . . . . .) mit
   a) dem Zustimmungsbeschluss zu dem Abspaltungs- und Übernahmevertrag vom 2022,
   b) dem Beschluss über die Erhöhung des Stammkapitals der Gesellschaft,
   c) der notariell beurkundeten Erklärung der alleinigen Gesellschafterin der Gesellschaft über den Verzicht auf einen Abspaltungsbericht gemäß §§ 127 S. 2, 8 Abs. 3 UmwG, eine Abspaltungsprüfung gemäß §§ 125 S. 1, 9 Abs. 3, 8 Abs. 3 UmwG und einen Abspaltungsprüfungsbericht gemäß §§ 125 S. 1, 12 Abs. 3, 8 Abs. 3 UmwG, eine Klage gegen die Wirksamkeit des Abspaltungsbeschlusses sowie eine Klage gegen die Wirksamkeit des Kapitalerhöhungsbeschlusses;
   d) dem Beschluss über die Änderung des Unternehmensgegenstands in der Satzung;
4. Nachweis über die rechtzeitige Zuleitung des Entwurfs des Abspaltungs- und Übernahmevertrags vom . . . . . 2022 gemäß § 126 Abs. 3 UmwG an die zuständigen Betriebsräte der A GmbH. Bei der Gesellschaft besteht kein Betriebsrat;
5. vollständiger Wortlaut des im Hinblick auf Ziffer I.2 und II.1 der Anmeldung geänderten Gesellschaftsvertrags der Gesellschaft mit Bescheinigung des Notars gemäß § 54 Abs. 1 S. 2 GmbHG;
6. von den Anmeldenden unterschriebene Liste der Übernehmer der neuen Geschäftsanteile sowie die vom Notar unterschriebene und mit entsprechender Bescheinigung gemäß § 40 Abs. 2 GmbHG versehene vollständige Gesellschafterliste nach der Kapitalerhöhung;
7. Bescheinigung der . . . . . Wirtschaftsprüfungsgesellschaft über die Werthaltigkeit des im Zusammenhang mit der unter Ziffer I.1 angemeldeten Abspaltung auf die Gesellschaft übertragenen Unternehmensbereichs.

IV. Erklärung gemäß § 16 Abs. 2 UmwG

Die alleinige Gesellschafterin der Gesellschaft und die alleinige Gesellschafterin der A GmbH haben auf die Anfechtung der jeweiligen Abspaltungs- und Übertragungsbeschlüsse durch notariell beurkundete Erklärung jeweils im Rahmen der unter Ziffern III.1 und III.2 in Bezug genommenen notariellen Niederschriften verzichtet. Eine Anfechtung ist daher ausgeschlossen und eine Negativerklärung gemäß § 16 Abs. 2 S. 2 UmwG entbehrlich.

V. Eintragungsreihenfolge und Nachweis der Voreintragung

Im Hinblick auf die Bestimmungen der §§ 125 S. 1, 53, 130 UmwG bitten wir um folgende Eintragungsreihenfolge:

1. Eintragung der Kapitalerhöhung bei der Gesellschaft im Handelsregister . . . . .
2. Eintragung der Abspaltung bei der Gesellschaft im Handelsregister . . . . .

3. Eintragung der Abspaltung bei der A GmbH im Handelsregister . . . . .

Die Gesellschaft geht davon aus, dass im Hinblick auf § 130 Abs. 1 UmwG ein Nachweis der erforderlichen Voreintragung im Handelsregister des übernehmenden Rechtsträgers bezüglich der angemeldeten Abspaltung nicht erforderlich ist, da die Gesellschaft wie die A GmbH als übertragender Rechtsträger im Handelsregister des Amtsgerichts . . . . . eingetragen ist.

VI. Vollmacht

Der beglaubigende Notar sowie die bei dem beglaubigenden Notar tätigen Mitarbeiter . . . . . werden jeweils mit Einzelvertretungsbefugnis ermächtigt und bevollmächtigt, alle Erklärungen abzugeben und entgegenzunehmen und Rechtshandlungen vorzunehmen, welche zum handelsregisterlichen Vollzug noch erforderlich sind, einschließlich Änderungen oder Ergänzungen oder Rücknahme (auch teilweise) der Handelsregisteranmeldung.

. . . . ., den 2022

B GmbH

[Beglaubigungsvermerk]

Schrifttum: *Arnold,* Übergang von Pensionsverbindlichkeiten im Licht der Änderungen des Umwandlungsgesetzes, DB 2008, 986; *Bungert/Lange,* Übertragung von Grundstücken und Rechten an Grundstücken im Wege der Spaltung nach dem UmwG, DB 2010, 547; *Bungert/Wansleben*, Grenzüberschreitende Spaltungen nach dem Richtlinienentwurf der EU-Kommission, DB 2018, 2094; *Bungert/Becker,* Der finale EU-Richtlinienentwurf zu grenzüberschreitenden Formwechseln, Verschmelzungen und Spaltungen, DB 2019, 1609; *Engelmeyer,* Ausgliederung durch partielle Gesamtrechtsnachfolge und Einzelrechtsnachfolge – ein Vergleich, AG 1999, 263; *Fisch*, Der Übergang ausländischen Vermögens bei Verschmelzungen und Spaltungen – Eine Analyse aus Sicht der Praxis, NZG 2016, 448; *IDW,* Stellungnahme HFA 1./1998: Zweifelsfragen bei Spaltungen, WPg. 1998, 508; *Ittner,* Die Spaltung nach dem neuen Umwandlungsrecht, MittRhNotK 1997, 106; *Rubel/Sandhaus,* Der Wegfall des § 132 UmwG: Konsequenzen für die Beachtlichkeit von Übertragungshindernissen bei der Spaltung, Der Konzern 2009, 327; *Rubner/Fischer*, Möglichkeiten einer nicht-verhältniswahrenden Spaltung von Kapitalgesellschaften im Lichte des § 128 UmwG, NZG 2014, 761; *H. Schmidt,* Totalausgliederung nach § 123 Abs. 3 UmwG, AG 2005, 26; *Schmidt/Heinz,* Schlussbilanzen bei Spaltungen, DB 2008, 2696; *Schollmeyer*, Der Verschmelzungs-, Spaltungs- und Formwechselbericht nach der neuen Umwandlungsrichtlinie, AG 2019, 541; *Stelmaszczyk*, Der materielle Stakeholderschutz nach der neuen Umwandlungsrichtlinie, ZIP 2019, 2437; *Thiele/König*, Die Anforderungen an die Bezeichnung der zu übertragenden Gegenstände des Aktiv- und Passivvermögens gem. § 126 I Nr. 9 UmwG, NZG 2015, 178; *Weiler*, Die „Spaltung zu Null“ als Mittel der Umstrukturierung von Unternehmen, NZG 2013, 1326; sowie Schrifttumshinweise zu → Form. II.J.1.

Anmerkungen

1. Notariell zu beurkunden, §§ 125 S. 1, 6 UmwG. Die Beurkundungspflicht erstreckt sich auf alle Vereinbarungen und Nebenabreden, ohne die mindestens ein Partner den Vertrag nicht abgeschlossen hätte, OLG Düsseldorf AG 2017, 900, 908; Lutter UmwG/*Drygala*, 6. Aufl. 2019, § 6 Rn. 2.

2. Gelegentlich stellt eine Abspaltung einen Teil mehrerer Umstrukturierungsmaßnahmen in einem Konzern dar. Zweckmäßigerweise werden die weiteren Maßnahmen jedenfalls dann hier in der Vorbemerkung aufgeführt, wenn eine notwendige Reihenfolge zwischen dem Wirksamwerden mehrerer Umstrukturierungsmaßnahmen besteht.

3. Bei der Abspaltung eines Unternehmensbereichs mag es sich zum Teil empfehlen, einen Vorab-Pachtvertrag abzuschließen. Dies führt dazu, dass der operative Start der Übertragung des Unternehmensbereichs auf ein wählbares Datum fällt. Mit Pachtbeginn findet der Betriebsübergang gem § 613a BGB statt und die operative Tätigkeit in der neuen Struktur beginnt. Bei Übertragung eines Unternehmensbereichs mit Arbeitnehmern per Abspaltung findet der Betriebsübergang dagegen an dem Datum der konstitutiven Eintragung der Abspaltung in das Handelsregister statt und ist – ohne Absprache mit dem Registerrichter – nicht taggenau vorhersehbar.

4. Zur Bestimmung des zu übertragenden Vermögens empfiehlt es sich bei der Abspaltung eines Unternehmensbereichs eine Abspaltungsbilanz zugrunde zu legen, die einen Ausschnitt aus der Schlussbilanz darstellt und die Aktiva und Passiva des zu übertragenden Vermögens enthält. Sie ist inhaltlich zugleich Eröffnungsbilanz des übernehmenden Rechtsträgers, wenn dieser zuvor keine aktive Gesellschaft war.

5. Die Schlussbilanz des übertragenden Rechtsträgers ist bei der Anmeldung der Abspaltung zum Handelsregister des übertragenden Rechtsträgers einzureichen, §§ 125 S. 1, 17 Abs 2 UmwG. Die Schlussbilanz ist nach hM (vgl. nur Kallmeyer UmwG/*Lanfermann*, 7. Aufl. 2020, § 125 Rn. 35a) – ebenso wie bei der Verschmelzung – eine Gesamtbilanz des übertragenden Rechtsträgers, nicht aber eine Teilbilanz des abzuspaltenden Vermögens. Zum Teil wird vertreten, dass eine Teilbilanz als Schlussbilanz dann ausreicht, falls nur ein unwesentlicher Teil des bilanziellen Gesamtvermögens der übertragenden Gesellschaft übertragen werden soll, näher dazu Semler/Stengel/Leonard UmwG/*Schwanna*, 5. Aufl. 2021, § 17 Rn. 23; *Heidtkamp* NZG 2013, 852, 856 f. Die Schlussbilanz darf im Zeitpunkt der Anmeldung der Abspaltung höchstens auf einen acht Monate vor der Anmeldung liegenden Stichtag aufgestellt sein, § 17 Abs 2 S. 4 UmwG. Für die Schlussbilanz gelten die Vorschriften über die Jahresbilanz und deren Prüfung entsprechend, § 17 Abs 2 S. 2 UmwG. Ist diese also nicht mit der Jahresbilanz identisch, bedarf es frühzeitiger Planung, insbesondere auch der Bestellung des Abschlussprüfers für die Schlussbilanz.

6. Sofern sie dem übertragenden Vermögen zuzurechnen sind, werden auch vinkulierte Geschäftsanteile an GmbH, die im Rahmen der Einzelrechtsnachfolge nicht ohne Zustimmung der Gesellschafterversammlung oder der übrigen Gesellschafter übergehen könnten, durch den umwandlungsrechtlichen Spaltungsvorgang übertragen. Dies gilt auch dann, wenn die gesellschaftsvertraglichen Zustimmungserfordernisse nicht eingehalten wurden (OLG Hamm RNotZ 2014, 507).

7. Soweit „Verflechtungen" zwischen dem abzuspaltenden Unternehmensbereich und den sonstigen, beim übertragenden Rechtsträger verbleibenden Unternehmensbereichen bestehen, sind solche Mitberechtigungsklauseln sinnvoll. Es erscheint auch zweckmäßig, dass die Entgeltregelungen separat getroffen werden, da sie die Vorbereitung der Abspaltung aufhalten könnten und im Zweifel späteren Änderungen unterliegen werden.

8. Die Grundstücke sind gemäß § 126 Abs 2 S. 2 entsprechend der Vorgaben des § 28 GBO so genau zu bezeichnen, wie dies der beurkundende Notar bei einer Auflassung tun würde. Soweit die Anforderungen des § 28 GBO nicht eingehalten werden, sollen nach Auffassung des BGH die betroffenen Grundstücke nicht dinglich übergehen können, BGH v 25.1.2008, ZIP 2008, 600; näher dazu *Bungert/Lange*, DB 2009, 103. Zutreffender Auffassung nach scheidet die Übertragung der BGH-Rechtsprechung auf die Abspaltung von beschränkten persönlichen Dienstbarkeiten aus (*Bungert/Lange*, DB 09, 103, 104), str, aber Vorsicht ist geboten. Nach Auffassung des OLG Schleswig gilt eine Ausnahme vom Erfordernis der Bezeichnung entsprechend § 28 GBO, wenn in dem Spaltungsvertrag das Grundstück so klar und eindeutig bestimmt ist, dass eine Auslegung weder veranlasst noch erforderlich ist und Unklarheiten über das abzuspaltende Grundstück nicht entstehen können, wie insbesondere bei Verwendung einer All-Klausel, OLG Schleswig v 26.8.2009, Konzern 2009, 484; dazu *Bungert/Lange,* DB 2010, 547. Zur Abspaltung von Dienstbarkeiten und deren grundbuchscharfer Bezeichnung, s. KG RNotZ 2014, 612. Zur Abspaltung ausländischer Vermögenspositionen, vgl *Fisch* NZG 2016, 448.

9. Sämtliche Vertragsanlagen sind so zu gestalten, dass die aufgeführten Vermögensgegenstände für Dritte eindeutig bezeichnet sind und insoweit den Bestimmtheitsgrundsatz erfüllen. Es genügt Bestimmbarkeit (vgl allg zu den Anforderungen an den Bestimmtheitsgrundsatz *Thiele/König* NZG 2015, 178). Für Sachgesamtheiten kann vereinfacht formuliert werden.

10. Klausel sinnvoll, wenn es „Mischverträge" gibt, die zukünftig sowohl für den zu übertragenden Unternehmensbereich als auch für die beim übertragenden Rechtsträger zurückbleibenden Unternehmensbereiche gelten sollen. Klausel regelt Pflicht zur „schuldrechtlichen Horizontalspaltung" des Vertrags, vgl auch → Anm. 6.

11. Nur erforderlich bei Vorab-Verpachtung des Unternehmensbereichs, s. → Anm. 3.

12. Anzupassen, falls keine Vorab-Verpachtung erfolgte, s. → Anm. 3.

13. Im Wege der partiellen Gesamtrechtsnachfolge bei der Abspaltung ist es möglich, auch Pensionsverbindlichkeiten gegenüber im Zeitpunkt der Abspaltung bereits ausgeschiedenen Mitarbeitern – ohne deren Zustimmung – zu übertragen, was mittels Einzelrechtsnachfolge nicht möglich wäre. Nach BAG GmbHR 2008, 1326, 1330, = NZA 2009, 790, trifft den übertragenden Rechtsträger die Nebenpflicht, eine aufnehmende „Rentnergesellschaft" so auszustatten, dass sie laufende Betriebsrenten bezahlen kann (einschließlich gesetzlich vorgesehener Anpassung). Ist dies nicht der Fall, können Schadensersatzansprüche der Versorgungsempfänger gegen den früheren Arbeitgeber ausgelöst werden. Der Zeitraum der Mithaftung für Pensionsverbindlichkeiten beträgt gemäß § 133 Abs 3 S. 2 UmwG zehn Jahre und ist damit doppelt so lang wie für sonstige Verbindlichkeiten, s. § 133 Abs 3 S. 1 UmwG. Zum gesamten Themenkomplex vgl *Forst/Granetzny,* Der Konzern 11, 1.

14. Auffangbestimmung trifft Vorsorge für den Fall, dass die Übertragung einzelner Vermögensgegenstände fehlschlägt, etwa weil die Voraussetzungen für deren rechtsgeschäftliche Übertragung nach allgemeinen Vorschriften nicht vorliegen oder eine notwendige staatliche Genehmigung fehlt.

15. Nach § 133 Abs 1 und 3 UmwG haftet auch der jeweils andere an der Abspaltung beteiligte Rechtsträger für die – vor dem Wirksamwerden der Abspaltung begründeten – übertragenen bzw die zurückbleibenden Verbindlichkeiten mit. Die Klausel sorgt dafür, dass im Innenverhältnis der jeweils andere Rechtsträger auf erste Anforderung freizustellen hat.

16. Je nach Umfang des aufgrund der Abspaltung abfließenden Nettoreinvermögens kann eine Kapitalherabsetzung beim übertragenden Rechtsträger erforderlich werden. Gemäß § 139 UmwG (ebenso bei AG: § 145 UmwG) kann diese dann in vereinfachter Form vorgenommen werden, wenn sie zur Durchführung der Abspaltung erforderlich ist. Umstritten ist, ob die Kapitalherabsetzung bereits dann erforderlich ist, wenn der Abschluss des Nettoreinvermögens nicht durch Auflösung des gesamten Gewinnvortrags und desjenigen Teils der Kapital- und Gewinnrücklagen ausgeglichen werden kann, der zusammen über 10 % des nach der Herabsetzung verbleibenden Stammkapitals hinausgeht, oder ob zunächst diese gesetzliche Rücklage auch aufzulösen ist; dazu Kallmeyer UmwG/*Sickinger,* 7. Aufl. 2020, § 139 Rn. 2; Lutter UmwG/*Priester,* 6. Aufl. 2019, § 139 Rn. 6.

Früher bestand zusätzlich der Streit, ob der Herabsetzungsbetrag einer erforderlichen Kapitalherabsetzung zusätzlich auf den Betrag des bei der übernehmenden Gesellschaft neu gebildeten Grund- bzw. Stammkapitals begrenzt ist. Argumentiert wurde, dass insgesamt beim Spaltungsvorgang kein Nennkapital „vernichtet" werden durfte. Eine solche zusätzliche Schranke wird von der mittlerweile hM zu Recht verneint, dazu Kölner Komm UmwG/*Simon/Nießen,* 2009, § 139 Rn. 23; Widmann/Mayer UmwG/*Mayer,* Stand 1.4.2021, § 139 Rn. 21; Kallmeyer UmwG/*Sickinger,* 7. Aufl. 2021, § 139 Rn. 3.

17. Die Notwendigkeit einer Kapitalerhöhung richtet sich nach §§ 125 S. 1, 54 UmwG. Gemäß § 54 Abs 1 S. 3 UmwG ist es möglich, bei Verzichtserklärung aller Anteilseigner des übertragenden Rechtsträgers von einer Kapitalerhöhung abzusehen. Dies ist in einem Konzern häufig sinnvoll. Diese Verzichtserklärungen sind notariell zu beurkunden. Notarielle Beglaubigung reicht nicht aus (§ 54 Abs 1 S. 3 UmwG). Zu den Grenzen des Verzichts, s BeckOGK UmwG/*v. Hinden,* Stand: 1.10.2021, § 54 Rn. 67 ff. Zwar bleibt die Ertragsteuerneutralität (s. dazu Steuerhinweise → Anm. 30) in diesem Fall „grundsätzlich" gewahrt; kommt es jedoch im Folgenden zu Wertverschiebungen zwischen den Anteilen der beteiligten Anteilseigner, gilt dies als Vorteilsverwendung, die eine verdeckte Gewinnausschüttung, eine verdeckte Einlage oder eine schenkungsteuerpflichtige freigiebige Zuwendung darstellen kann (vgl BMF, Umwandlungssteuererlass 2011, veröffentlicht auf der Webseite www.bundesfinanzministerium.de, Tz 15.44, 13.03 und 13.09).

18. Anzupassen, falls keine Vorab-Verpachtung erfolgte, s. → Anm. 3.

19. Für die Zuordnung der Arbeitsverhältnisse gilt § 613a BGB, wonach die Arbeitsverhältnisse automatisch mit dem Betrieb oder Betriebsteil übergehen, mit dem sie funktional verbunden sind (Kallmeyer UmwG/*Willemsen,* § 324 Rn 52; *Wlotzke* DB 95, 40). Dabei beschränkt § 613a BGB die gem § 126 Abs 1 Nr 9 UmwG bestehende Gestaltungsfreiheit hinsichtlich der Zuordnung von Betrieben oder Betriebsteilen zu den verschiedenen übernehmenden Rechtsträgern (Kallmeyer UmwG*Willemsen,* § 324 Rn 52; *Boecken* ZIP 94, 1087). Die Parteien des Spaltungsvertrags müssen sich an der objektiven Zugehörigkeit der Arbeitnehmer zu den jeweils zu übertragenden Betrieben oder Betriebsteilen orientieren (BAG BeckRS 2013, 65579; Kallmeyer/UmwG/*Willemsen,* § 324 Rn 53).

20. Eine häufig übersehene Norm ist § 325 Abs 1 UmwG. Darin wird eine fünfjährige Beibehaltung des Mitbestimmungsregimes statuiert: Entfallen durch Abspaltung/Ausgliederung beim übertragenden Rechtsträger die gesetzlichen Voraussetzungen für die Beteiligung der Arbeitnehmer im Aufsichtsrat, so finden die vor der Spaltung geltenden Vorschriften für weitere fünf Jahre Anwendung. Dies ist nur dann nicht der Fall, wenn die bisher anwendbaren Vorschriften eine Mindestzahl von Arbeitnehmern voraussetzten und die entsprechend berechnete Zahl auf weniger als in der Regel $^{1}/_{4}$ der Mindestzahl absinkt. Danach wird also die paritätische Mitbestimmung nur dann für fünf Jahre beibehalten, wenn noch mindestens 501 Arbeitnehmer nach Abspaltung/Ausgliederung vorhanden sind. Eine drittelparitätische Mitbestimmung wird nur beibehalten, wenn nach Abspaltung noch mindestens 126 Arbeitnehmer beim übertragenden Rechtsträger verbleiben. Schließlich gilt die Regelung auch nur dann, wenn der gesetzlich einzurichtende Aufsichtsrat auch tatsächlich errichtet worden war; vgl Kölner Komm UmwG/*Hohenstatt/Schramm,* 2009, § 325 Rn. 8; MHdB GesR VIII 8 Umwandlungsrecht/*Lakenberg,* 5. Aufl 2018, § 57 Rn. 156 ff.

21. Die Aufnahme einer sogenannten rollierenden Stichtagsklausel ist bei konzerninternen Abspaltungen nicht notwendig. Bei Spaltungs- und Verschmelzungsverträgen unter Beteiligung von Gesellschaften mit größerem Aktionärskreis oder Publikumsgesellschaften bietet sich dies dagegen an, um bei Verzögerungen der Eintragungsfähigkeit der Abspaltung oder Verschmelzung etwa durch Anfechtungsklagen und einer damit etwa einhergehenden Verschiebung des Abspaltungsstichtags um ein weiteres Jahr nicht einen erneuten Beschluss der Anteilseignerversammlung einholen zu müssen.

22. Gemäß § 127 UmwG hat das Vertretungsorgan jedes an der Spaltung beteiligten Rechtsträgers grundsätzlich einen ausführlichen schriftlichen Spaltungsbericht zu erstatten, gemeinsame Berichterstattung ist möglich. In dem Bericht ist die Spaltung, der Vertrag im Einzelnen sowie bei Aufspaltung und Abspaltung das Umtauschverhältnis bzw Angaben zu Mitgliedschaften und der Höhe der Barabfindung rechtlich und wirtschaftlich zu erläutern und zu begründen, s zur Bestimmung des Umtauschverhältnisses *Bungert* in Fleischer/Hüttemann, Rechtshandbuch Unternehmensbewertung Rz. 22.89 ff. Ausreichend ist, dass die Anteilsinhaber aufgrund des Spaltungsberichts eine Plausibilitätskontrolle durchführen können, OLG Düsseldorf AG 17, 900, 908 f.; Kallmeyer UmwG/*Sickinger*, 7. Aufl. 2020, § 127 Rn. 8. Verwiesen wird auch auf § 8 Abs 1 S. 2–4, Abs 2 und 3 UmwG. Danach ist ein Spaltungsbericht nicht erforderlich, wenn alle Anteilsinhaber aller beteiligten Rechtsträger auf seine Erstattung verzichten oder sich alle Anteile des übertragenden Rechtsträgers in der Hand des übernehmenden Rechtsträgers befinden. Die Verzichterklärungen sind gemäß § 8 Abs 2 S. 2 notariell zu beurkunden. Beglaubigung reicht nicht aus.

23. Gemäß §§ 125 S. 1, 9–12 UmwG ist eine Prüfung des Spaltungs- und Übernahmevertrags durch Wirtschaftsprüfer vorgeschrieben. Diese Prüfung und die Erstattung des schriftlichen Prüfungsberichts ist entbehrlich, wenn alle Anteilseigner aller beteiligten Rechtsträger durch notariell beurkundete Erklärung hierauf verzichten, §§ 125 S. 1, 9 Abs 3, 8 Abs 3, 12 Abs 3 UmwG. S. auch §§ 125 S. 1, 9 Abs 2, 12 Abs 3 UmwG.

24. Häufig ist bei Aufnahme eines neuen Unternehmensbereichs mittels Abspaltung eine Erweiterung des Unternehmensgegenstands der übernehmenden Gesellschaft erforderlich.

25. Bei hintereinandergeschalteten Umwandlungsmaßnahmen (etwa zwei Abspaltungen hintereinander) empfiehlt es sich häufig, in den jeweiligen Gesellschafterversammlungen die Organe der Gesellschaft anzuweisen, die Anmeldung der Umwandlungsmaßnahmen in einer bestimmten Reihenfolge vorzunehmen. Diese Reihenfolge setzt sich dann bei der Formulierung der einzelnen Eintragungsanträge in den Handelsregisteranmeldungen der beteiligten Gesellschaften fort.

26. Es ist auch möglich, dass die übernehmende Gesellschaft, vertreten durch ihre Geschäftsführer, die Abspaltung zum Handelsregister der übertragenden Gesellschaft anmeldet, § 129 UmwG.

27. Zu Nachweiszwecken sollten die zuständigen Betriebsräte bei Zuleitung des Entwurfs des Abspaltungs- bzw. Übernahmevertrags einen Monat vor der Gesellschafterversammlung ein Empfangsbekenntnis unterzeichnen, so dass gegenüber dem Handelsregister die Einhaltung der Monatsfrist (§ 126 Abs 3 UmwG) nachgewiesen werden kann.

28. Gemäß § 140 UmwG haben die Geschäftsführer der übertragenden GmbH zu erklären, dass die durch Gesetz und Gesellschaftsvertrag vorgesehenen Voraussetzungen für die Gründung der Gesellschaft unter Berücksichtigung der Abspaltung im Zeitpunkt der Anmeldung vorliegen, dh dass aufgrund des durch die Abspaltung abfließenden Nettoreinvermögens keine Kapitalherabsetzung erforderlich ist. Es ist strittig, ob diese Erklärung, die höchstpersönlich ist, durch Geschäftsführer in vertretungsberechtigter Anzahl oder durch sämtliche Geschäftsführer abgegeben werden muss, dazu etwa Kallmeyer UmwG/*Zimmermann,* 7. Aufl. 2020, § 140 Rn. 6. Vorsorglich sollte sie als separates Dokument von sämtlichen Geschäftsführern unterzeichnet werden.

Formulierungsbeispiel:

„Wir, die unterzeichnenden sämtlichen Geschäftsführer der . . . . . GmbH (nachfolgend auch die „Gesellschaft") erklären gemäß § 140 UmwG, dass die durch Gesetz und Gesellschaftsvertrag vorgesehenen Voraussetzungen für die Gründung der Gesellschaft im Zeitpunkt der Anmeldung auch unter Berücksichtigung der Abspaltung von der Gesellschaft auf die B GmbH gemäß dem Abspaltungs- und Übernahmevertrag vom . . . . . (UR-Nr . . . . . /2022 des Notars . . . . .) vorliegen. Insbesondere ist das Stammkapital der Gesellschaft in Höhe von EUR . . . . . durch das nach der Abspaltung verbleibende Nettoaktivvermögen gedeckt."

29. Die Anmeldung hat durch die Geschäftsführer als das Vertretungsorgan und zwar in vertretungsberechtigter Zahl zu erfolgen. Ist unechte Gesamtvertretung im Gesellschaftsvertrag vorgesehen, so reicht dies auch hier, vgl Lutter UmwG/*Decher,* 6. Aufl. 2019, § 16 Rn. 5. Ist bei der übertragenden Gesellschaft zur Durchführung der Abspaltung eine Kapitalherabsetzung nach der vereinfachten Vorgehensweise in § 139 UmwG erforderlich, bleibt es bei der Anmeldung durch das Vertretungsorgan in vertretungsberechtigter Anzahl, bei der AG muss dagegen zusätzlich der Aufsichtsratsvorsitzende anmelden; näher auch Kallmeyer UmwG/*Zimmermann,* 7. Aufl. 2020, § 129 Rn. 4.

30. Steuerhinweise: Die Abspaltung von Vermögen von einer Kapitalgesellschaft auf eine andere Kapitalgesellschaft ist in entsprechender Anwendung der für die Verschmelzung geltenden Regeln (§§ 11–13 UmwStG) steuerneutral, wenn auf die übernehmende Gesellschaft ein Teilbetrieb übertragen wird und das bei der übertragenden Gesellschaft verbleibende Vermögen dort mindestens einen Teilbetrieb bildet (§ 15 Abs 1 UmwStG).

Der Teilbetrieb ist im UmwStG nicht definiert. Nach der Definition der Finanzverwaltung ist ein Teilbetrieb ein mit gewisser Selbständigkeit ausgestatteter, organisch geschlossener Teil des Gesamtbetriebs, der für sich betrachtet alle Merkmale eines Betriebs iSd des Einkommensteuergesetzes aufweist. Er muss für sich lebensfähig sein. Insbesondere müssen alle funktional wesentlichen Betriebsgrundlagen des jeweiligen Teilbetriebs sowie die diesem Teilbetrieb nach wirtschaftlichen Grundsätzen zuzuordnenden Wirtschaftsgüter in der Spaltung ihm zugeordnet werden und mit ihm übergehen (vgl BMF, Umwandlungssteuererlass 2011, veröffentlicht auf der Webseite www.bundesfinanzministerium.de, Tz 15.02, 15.07 ff). Dies bedeutet, dass ihm auch Mitarbeiter zugeordnet sein müssen. Einen mitarbeiterlosen Teilbetrieb gibt es nicht; vgl etwa Lutter UmwG/*Schumacher,* 6. Aufl. 2019, Anh nach § 151 Rn. 14. Darüber hinaus kann das „neutrale" Vermögen des übertragenden Rechtsträgers frei zugeordnet werden, zB liquide Mittel, sonstige Vermögensgegenstände und Wertpapiere des Umlaufvermögens. Im Gegensatz zur hM der Literatur (vgl. nur Rödder/Herlinghaus/van Lishaut, UmwStG/*Schumacher*, 3. Aufl. 2019, § 15 Rz 147) stellt nach Auffassung der Finanzverwaltung ein sog. Teilbetrieb im Aufbau keinen Teilbetrieb iSd § 15 UmwStG dar (BMF, Umwandlungssteuererlass 2011, veröffentlicht auf der Webseite www.bundesfinanzministerium.de, Tz 15.03). Kraft gesetzlicher Fiktion gilt als Teilbetrieb auch ein (Teil eines) Mitunternehmeranteil(s), dh die Beteiligung an einer gewerblich tätigen oder geprägten Personengesellschaft, sowie eine 100 %-Beteiligung an einer Kapitalgesellschaft (§ 15 Abs 1 S. 3 UmwStG), nicht aber eine Mehrheits- oder Minderheitsbeteiligung an einer Kapitalgesellschaft. Nach Auffassung der Finanzverwaltung stellt eine 100 %-Beteiligung an einer Kapitalgesellschaft jedoch keinen eigenständigen Teilbetrieb dar, wenn sie einem Teilbetrieb als wesentliche Betriebsgrundlage zuzurechnen ist. Bei Übertragung gelten weder die Beteiligung noch das zurückbleibende Vermögen als Teilbetrieb (BMF, Umwandlungssteuererlass 2011, veröffentlicht auf der Webseite www.bundesfinanzministerium.de, Tz 15.06).

Zur Vorbeugung gegen Missbrauch gestattet das UmwStG eine steuerneutrale Spaltung nicht in bestimmten Fällen des Hinzuerwerbs innerhalb von drei Jahren vor dem steuerlichen Übertragungsstichtag (§ 15 Abs 2 S. 1 UmwStG). Steuerschädlich ist darüber hinaus, wenn durch die Spaltung eine Veräußerung an außenstehende Personen vollzogen wird oder die Voraussetzungen für eine Veräußerung geschaffen werden. Von letzterem geht das Gesetz aus, wenn innerhalb von fünf Jahren nach dem steuerlichen Übertragungsstichtag Anteile an einer der beteiligten Gesellschaften, die mehr als 20 % der Anteile an der übertragenden Gesellschaft vor der Spaltung ausmachen, an außenstehende (dh nicht konzernangehörige) Personen veräußert werden. Nach Auffassung der Finanzverwaltung stellt der Anteilstausch im Rahmen einer Verschmelzung, Spaltung oder Einbringung in eine Kapitalgesellschaft eine schädliche Veräußerung dar, nicht jedoch eine Kapitalerhöhung, wenn sie gegen angemessenes Agio erfolgt (BMF, Umwandlungssteuererlass 2011, veröffentlicht auf der Webseite www.bundesfinanzministerium. de, Tz 5.24 f), es sei denn, die der Gesellschaft zugeführten Mittel werden innerhalb von fünf Jahren an die bisherigen Anteilseigner ausgekehrt. Eine schädliche Veräußerung führt dazu, dass rückwirkend das übergegangene Vermögen mit dem Teilwert anzusetzen ist. Damit entsteht eine Gewinnrealisierung bei dem übertragenden Rechtsträger.

Eine Trennung von Gesellschafterstämmen im Wege der Spaltung ist steuerneutral nur möglich, wenn der übertragende Rechtsträger selbst sowie die Beteiligungen an ihm als solche fünf Jahre vor dem steuerlichen Übertragungsstichtag bestanden haben. Änderungen der Beteiligungshöhe während dieser Zeit sind unerheblich (§ 15 Abs 3 S. 5 UmwStG; BMF UmwStErl 2011, Tz 5.36 ff).

Soweit zu dem abzuspaltenden Teilbetrieb Grundstücke gehören, fällt grundsätzlich nach § 1 Abs 1 Nr 3 GrEStG Grunderwerbsteuer an. Der Steuersatz beträgt je nach Bundesland zwischen 3,5 und 6,5 % auf den sogenannten Grundbesitzwert iSd § 1151 Abs 1 S. 1 Nr 1 iVm § 157 Abs. 1 bis 3 BewG an (§ 8 Abs 2 S. 1 Nr 2 GrEStG; der dem Verkehrswert im Wesentlichen entspricht). Die Steuervergünstigung bei Umstrukturierungen im Konzern gemäß § 6 a GrEStG gilt für die Verschmelzung, aber auch für die Spaltung. Danach wird Grunderwerbsteuer auch bei Übertragung von Grundstücken oder Beteiligungen an Gesellschaften mit Grundbesitz, so dass sich beim übernehmenden Rechtsträger 95 % oder mehr an der Beteiligung in einer Hand vereinen, nicht erhoben, wenn die Konzern-Vorerwerbsfrist von fünf Jahren sowie eine Nacherwerbsfrist von fünf Jahren eingehalten wird (vgl dazu im Einzelnen die gleich lautenden Erlasse der obersten Finanzbehörden der Länder vom 19.6.2012, BStBl I 2021, S 662 ff).

31. Kosten und Gebühren.

a) Abspaltungs- und Übernahmevertrag: Notar: 2,0 Gebühr gemäß Nr. 21100 KV GNotKG.
   - Wert: Das übergehende Vermögen ohne Schuldenabzug, §§ 97 Abs 1, 38 S. 1 GNotKG oder der Wert der zu gewährenden Anteilsrechte an der übernehmenden Gesellschaft; der höhere Wert ist maßgebend, § 97 Abs 3 GNotKG, max EUR 10 Mio, § 107 Abs 1 GNotKG.

b) Zustimmungsbeschluss übertragende GmbH: Vgl → Form. II.J.1 lit c

c) Zustimmungsbeschluss übernehmende GmbH: Vgl → Form. II.J.1 lit b

d) Handelsregisteranmeldung übertragende GmbH: Notar: 0,5 Gebühr gemäß Nr. 24102 iVm Nr. 21201 KV GNotKG.
   - Wert: 1 % des eingetragenen Grund- oder Stammkapitals, mind. 30000,00 EUR (§§ 119 Abs 1, 105 Abs 2, Abs 4 Nr. 1 GNotKG), max. 1 Mio. EUR (§ 106 GNotKG).
   - Register: HRegGebV Teil 2. Abschnitt 4.
   - Vgl → Form. II.J.1 lit e

e) Handelsregisteranmeldung übernehmende GmbH: Notar: 0,5 Gebühr gemäß Nr. 24102 iVm Nr. 21201 KV GNotKG.
   - Wert: 1 % des eingetragenen Grund- oder Stammkapitals, mind. 30000,00 EUR (§§ 119 Abs 1, 105 Abs 2, Abs 4 Nr. 1 GNotKG), max. 1 Mio. EUR (§ 106 GNotKG).
   - Register: HRegGebV Teil 2. Abschnitt 4.
   - Vgl → Form. II.J.1 lit d

f) Berichtigte Gesellschafterliste: Vgl → Form. II.J.1 lit f

5. Ausgliederung zur Aufnahme AG auf GmbH & Co. KG

a) Ausgliederungsvertrag

(*Notarieller Vorspann wie* → Form. II.J.4 a Anm. 1 ff.)[1]

Ausgliederungs- und Übernahmevertrag[2]

zwischen

A Aktiengesellschaft, – nachfolgend auch „A AG" oder „übertragender Rechtsträger" genannt –

– als übertragendem Rechtsträger –

sowie

B GmbH & Co. KG, – nachfolgend auch „B KG" oder „übernehmender Rechtsträger" genannt –

– als übernehmendem Rechtsträger –

I. Vorbemerkung

0.1 A AG ist eine Aktiengesellschaft mit Sitz in ….., eingetragen im Handelsregister des Amtsgerichts ….. unter HRB ….. Alleinige Gesellschafterin der A AG ist die D GmbH.

0.2 B KG ist eine GmbH & Co. KG mit Sitz in ….., eingetragen im Handelsregister des Amtsgerichts ….. unter HRA ….. Alleinige Kommanditistin der B KG ist A AG mit einem Kommanditanteil von EUR 1 000 000. Alleinige Komplementärin der B KG ist die E GmbH. Sie ist an dem Vermögen der B KG nicht beteiligt.

0.3 Die C GmbH & Co. KG („C GmbH & Co. KG") ist eine KG mit Sitz in ….., eingetragen im Handelsregister des Amtsgerichts ….. unter HRA ….. Die C GmbH & Co. KG hat ein Festkapital von EUR 200 000. A AG ist alleinige Kommanditistin der C GmbH & Co. KG. Alleinige Komplementärin der C GmbH & Co. KG ist die C GmbH mit Sitz in ….., eingetragen im Handelsregister des Amtsgerichts ….. unter HRB ….. („C GmbH"). Alleinige Gesellschafterin der C GmbH ist die A AG. Die C GmbH hat ein Stammkapital von EUR 50 000.

0.4 Durch den vorliegenden Ausgliederungs- und Übernahmevertrag sollen sämtliche von A AG gehaltenen Gesellschaftsanteile an der C GmbH & Co. KG und an der C GmbH auf die B KG ausgegliedert werden.

Dies vorweggeschickt, vereinbaren A AG und B KG Folgendes:

II. Ausgliederung, Ausgliederungsstichtag und Bilanz[3]

§ 1 Ausgliederung[4]

1.1 A AG als übertragender Rechtsträger[5] überträgt hiermit im Wege der Ausgliederung zur Aufnahme gemäß § 123 Abs. 3 Nr. 1 UmwG als Teil ihres Vermögens den von ihr gehaltenen Kommanditanteil an der C GmbH & Co. KG und den von ihr gehaltenen Geschäftsanteil an der C GmbH im Nennbetrag von EUR 50 000, mitsamt aller Rechte und Pflichten (nachfolgend auch das „auszugliedernde Vermögen" oder die „Beteiligungen") als Gesamtheit auf B KG als übernehmenden Rechtsträger.

1.2 Die Übertragung der Beteiligungen erfolgt unter Einschluss sämtlicher damit verbundener Rechte und Pflichten, insbesondere sämtlicher Gewinnbezugsrechte, soweit bis zum Ausgliederungsstichtag keine Ausschüttungen beschlossen worden sind. Dem übernehmenden Rechtsträger stehen damit alle Ausschüttungen einschließlich aller damit im Zusammenhang stehenden steuerlichen Guthaben zu, die ab dem Ausgliederungsstichtag beschlossen werden, unabhängig von dem Zeitraum, auf den sie entfallen.

1.3 Ansprüche auf Steuererstattungen und Verpflichtungen zu Steuernachzahlungen, die das auszugliedernde Vermögen und die Zeit bis zum Ausgliederungsstichtag betreffen, verbleiben beim übertragenden Rechtsträger. Steuerverbindlichkeiten, die das auszugliedernde Vermögen und die Zeit ab dem Ausgliederungsstichtag betreffen, trägt der übernehmende Rechtsträger. Ihm stehen für diesen Zeitraum entsprechend etwaige Erstattungen oder sonstige Forderungen im Zusammenhang mit Steuern zu. Soweit Nachforderungen oder Erstattungen von Steuern für die Zeit bis zum Ausgliederungsstichtag, die nach diesem Absatz durch den übertragenden Rechtsträger zu leisten sind oder ihm zustehen, Vor- oder Nachteile bei dem übernehmenden Rechtsträger zur Folge haben, werden diese zwischen den Parteien nicht ausgeglichen.

§ 2 Ausgliederungsstichtag

2.1 Die Übertragung des auszugliedernden Vermögens des übertragenden Rechtsträgers erfolgt im Verhältnis zwischen dem übertragenden Rechtsträger und dem übernehmenden Rechtsträger mit Wirkung zum Ablauf des 31. Dezember 2021. Vom 1. Januar 2022, 0.00 Uhr, an („Ausgliederungsstichtag") gelten im Innenverhältnis die Handlungen und Geschäfte des übertragenden Rechtsträgers hinsichtlich des auszugliedernden Vermögens als für Rechnung des übernehmenden Rechtsträgers vorgenommen.

2.2 Der übertragende Rechtsträger wird bis zum Wirksamwerden der Ausgliederung für das auszugliedernde Vermögen intern getrennt Rechnung legen, so als wäre die Ausgliederung bereits am Ausgliederungsstichtag wirksam geworden. Bis zum Wirksamwerden der Ausgliederung darf der übertragende Rechtsträger nur mit vorheriger Zustimmung des übernehmenden Rechtsträgers über das auszugliedernde Vermögen verfügen oder andere Rechtshandlungen in Bezug auf das auszugliedernde Vermögen vornehmen.

§ 3 Bilanz

3.1 Als Schlussbilanz des übertragenden Rechtsträgers nach §§ 125, 17 Abs. 2 UmwG wird der Ausgliederung die geprüfte und mit dem uneingeschränkten Bestätigungsvermerk der . . . . . Wirtschaftsprüfungsgesellschaft versehene Jahresbilanz des übertragenden Rechtsträgers zum 31. Dezember 2021 zugrunde gelegt („Schlussbilanz").

3.2 Der übernehmende Rechtsträger wird die in der Schlussbilanz angesetzten handelsrechtlichen Werte des auszugliedernden Vermögens in seiner handelsrechtlichen Rechnungslegung fortführen.

3.3 Der übernehmende Rechtsträger wird das auszugliedernde Vermögen in seiner nach deutschen steuerlichen Bilanzierungsgrundsätzen aufgestellten Steuerbilanz mit seinem Buchwert ansetzen und beim zuständigen Finanzamt . . . . . den erforderlichen Antrag auf Buchwertfortführung fristgerecht stellen.

III. Modalitäten der Übertragung

§ 4 Vollzugsdatum

Die Übertragung des auszugliedernden Vermögens des übertragenden Rechtsträgers erfolgt mit dinglicher Wirkung zum Zeitpunkt der Eintragung der Ausgliederung in das Handelsregister des übertragenden Rechtsträgers („Vollzugsdatum").

§ 5 Auffangbestimmung

5.1 Soweit bestimmte Gegenstände des Aktiv- und Passivvermögens oder sonstige Rechte und Pflichten oder Rechtsstellungen im Zusammenhang mit der Gesellschafterstellung des übertragenden Rechtsträgers bei der C GmbH & Co. KG und der C GmbH, die nach diesem Vertrag auf den übernehmenden Rechtsträger übergehen sollen, nicht schon kraft Gesetzes mit der Eintragung der Ausgliederung auf den übernehmenden Rechtsträger übergehen, wird der übertragende Rechtsträger diese Gegenstände des Aktiv- und Passivvermögens und die sonstigen Rechte und Pflichten oder Rechtsstellungen auf den übernehmenden Rechtsträger übertragen. Ist die Übertragung auf den übernehmenden Rechtsträger im Außenverhältnis nicht oder nur mit unverhältnismäßig hohem Aufwand möglich oder unzweckmäßig, werden sich der übertragende und der übernehmende Rechtsträger im Innenverhältnis so stellen, als wäre die Übertragung auch im Außenverhältnis zum Ausgliederungsstichtag erfolgt.

5.2 Soweit für die Übertragung von bestimmten Gegenständen des Aktiv- und Passivvermögens oder von sonstigen Rechten und Pflichten oder zum Eintritt in Verträge die Zustimmung Dritter oder eine öffentlich-rechtliche Genehmigung erforderlich ist, werden sich der übertragende Rechtsträger und der übernehmende Rechtsträger bemühen, die Zustimmung oder Genehmigung zu beschaffen. Falls die Zustimmung oder Genehmigung nicht oder nur mit unverhältnismäßig hohem Aufwand erreichbar ist, gilt im Verhältnis der beiden Gesellschaften die Regelung gemäß vorstehendem § 5.1 S. 2 entsprechend.

§ 6 Mitwirkungspflichten

6.1 Der übertragende Rechtsträger und der übernehmende Rechtsträger werden alle Erklärungen abgeben, alle Urkunden ausstellen und alle sonstigen Handlungen vornehmen, die im Zusammenhang mit der Übertragung des auszugliedernden Vermögens etwa noch erforderlich oder zweckdienlich sind.

6.2 Der übernehmende Rechtsträger erhält zeitnah nach Kenntniserlangung über den Eintritt des Vollzugsdatums durch den übertragenden Rechtsträger sämtliche dem auszugliedernden Vermögen zuzuordnenden oder im Zusammenhang mit diesem durch den übertragenden Rechtsträger geführten Unterlagen betreffend die C GmbH & Co. KG und die C GmbH, soweit sich diese Unterlagen im Besitz des übertragenden Rechtsträgers befinden.

Der übernehmende Rechtsträger wird die erhaltenen Unterlagen innerhalb der gesetzlichen Aufbewahrungsfristen für den übertragenden Rechtsträger verwahren und sicherstellen, dass der übertragende Rechtsträger Einblick in diese Geschäftsunterlagen nehmen und sich Ablichtungen fertigen kann. Geschäfts- und Betriebsgeheimnisse sind vertraulich zu behandeln.

6.3 Bei behördlichen Verfahren, insbesondere steuerlichen und sozialversicherungsrechtlichen Außenprüfungen und steuerlichen und sonstigen Rechtstreitigkeiten, die Zeiträume bis zum Vollzugsdatum betreffen, werden sich die Vertragsparteien gegenseitig unterstützen. Sie werden sich insbesondere gegenseitig sämtliche Informationen und Unterlagen zur Verfügung stellen, die zur Erfüllung steuerlicher oder sonstiger behördlicher Anforderungen oder zur Erbringung von Nachweisen gegenüber Steuerbehörden oder sonstigen Behörden oder Gerichten notwendig und zweckmäßig sind, und wechselseitig auf eine angemessene Unterstützung durch ihre Mitarbeiter hinwirken.

§ 7 Gläubigerschutz und Innenausgleich

7.1 Wenn und soweit der übertragende Rechtsträger aufgrund der Bestimmungen in § 133 UmwG oder anderer Bestimmungen von Gläubigern für Verbindlichkeiten und Verpflichtungen sowie aus Haftungsverhältnissen in Anspruch genommen wird, die nach Maßgabe der Bestimmungen dieses Vertrags auf den übernehmenden Rechtsträger übertragen werden, hat der übernehmende Rechtsträger den übertragenden Rechtsträger auf erste Anforderung von der jeweiligen Verbindlichkeit, Verpflichtung oder Haftung freizustellen. Gleiches gilt für den Fall, dass der übertragende Rechtsträger von solchen Gläubigern auf Sicherheitsleistung in Anspruch genommen wird.

7.2 Wenn und soweit umgekehrt der übernehmende Rechtsträger aufgrund der Bestimmung in § 133 UmwG oder anderer Bestimmungen von Gläubigern für Verbindlichkeiten und Verpflichtungen sowie aus Haftungsverhältnissen in Anspruch genommen wird, die nach Maßgabe dieses Vertrags nicht auf den übernehmenden Rechtsträger übertragen werden, hat der übertragende Rechtsträger den übernehmenden Rechtsträger auf erste Anforderung von der jeweiligen Verbindlichkeit, Verpflichtung oder Haftung freizustellen. Gleiches gilt für den Fall, dass der übernehmende Rechtsträger von solchen Gläubigern auf Sicherheitsleistung in Anspruch genommen wird.

§ 8 Gewährleistungsausschluss

Der übertragende Rechtsträger leistet keine Gewähr für die Beschaffenheit und den Bestand des von ihm nach Maßgabe dieses Vertrags übertragenen auszugliedernden Vermögens. Gewährleistungsansprüche des übernehmenden Rechtsträgers gleich welcher Art und gleich aus welchem Rechtsgrund gegenüber dem übertragenden Rechtsträger werden hiermit ausdrücklich ausgeschlossen. Dies gilt insbesondere auch für Ansprüche aus der Verletzung vertraglicher, vorvertraglicher oder gesetzlicher Verpflichtungen. Der übernehmende Rechtsträger stellt den übertragenden Rechtsträger von jeglicher Inanspruchnahme öffentlich-rechtlicher oder privatrechtlicher Natur – gleich aus welchem Rechtsgrund – frei. Im Falle der Inanspruchnahme des übernehmenden Rechtsträgers stehen dem übernehmenden Rechtsträger keine Regressansprüche gegenüber dem übertragenden Rechtsträger zu. Etwaige Rücktrittsrechte sind gleichfalls ausgeschlossen.

IV. Gegenleistung und Kapitalmaßnahmen

§ 9 Gewährung von Gesellschaftsanteilen

9.1 Als Gegenleistung für die Ausgliederung der Beteiligungen auf den übernehmenden Rechtsträger wird der Kommanditanteil des übertragenden Rechtsträgers an dem übernehmenden Rechtsträger von derzeit EUR 1 000 000 (in Worten: Euro eine Million) um EUR 100 000 (in Worten: Euro einhunderttausend) auf EUR 1 100 000 (in Worten: Euro eine Million einhunderttausend) erhöht.[6] Eine bare Zuzahlung erfolgt nicht.

9.2 Die Erhöhung des Kommanditanteils erfolgt kostenfrei. Das Gewinnbezugsrecht wird für die Geschäftsjahre ab dem 1. Januar 2022 gewährt.

9.3 Zur Durchführung der Ausgliederung wird der übernehmende Rechtsträger sein Festkapital von derzeit EUR 1 000 000 (in Worten: Euro eine Million) um EUR 100 000 (in Worten: Euro einhunderttausend) auf EUR 1 100 000 (in Worten: Euro eine Million einhunderttausend) erhöhen.

9.4 Der Gesamtwert, zu dem die durch den übertragenden Rechtsträger erbrachte Sacheinlage durch den übernehmenden Rechtsträger übernommen wird, entspricht dem handelsrechtlichen Buchwert des übertragenen Nettovermögens zum Ausgliederungsstichtag, so wie in der Schlussbilanz des übertragenden Rechtsträgers zum 31. Dezember 2021 ausgewiesen. Soweit der Wert der erbrachten Sacheinlage den in § 9.3 genannten Betrag der Erhöhung des Festkapitals übersteigt, wird der Differenzbetrag bei dem übernehmenden Rechtsträger zugunsten des übertragenden Rechtsträgers auf dem Rücklagekonto gutgeschrieben.

9.5 Die in das Handelsregister einzutragende Haftsumme für den übertragenden Rechtsträger als alleinige Kommanditistin wird entsprechend der Erhöhung des Festkapitals gemäß § 9.3 auf EUR 1100000 (in Worten: Euro eine Million einhunderttausend) erhöht.

9.6 Die E GmbH ist weiterhin an dem Vermögen des übernehmenden Rechtsträgers nicht beteiligt.

§ 10 Besondere Rechte und Vorteile

10.1 Der übernehmende Rechtsträger gewährt keine besonderen Rechte iSd § 126 Abs. 1 Nr. 7 UmwG. Besondere Maßnahmen im Sinne dieser Vorschrift sind für einzelne Anteilsinhaber oder Inhaber besonderer Rechte nicht vorgesehen.

10.2 Besondere Vorteile iSd § 126 Abs. 1 Nr. 8 UmwG für Mitglieder eines Vertretungsorgans oder eines Aufsichtsorgans der an der Ausgliederung beteiligten Rechtsträger, einen geschäftsführenden Gesellschafter oder einen Abschlussprüfer eines beteiligten Rechtsträgers werden nicht gewährt.

V. Folgen der Ausgliederung für die Arbeitnehmer und ihre Vertretungen

§ 11 Übergang der Arbeitsverhältnisse

11.1 Der übernehmende Rechtsträger beschäftigt keine Arbeitnehmer.

11.2 Die Ausgliederung hat keine Auswirkungen auf die Arbeitsverhältnisse von Arbeitnehmern des übertragenden Rechtsträgers. Es gehen keine Arbeitnehmer des übertragenden Rechtsträgers im Wege der Ausgliederung auf den übernehmenden Rechtsträger über.

11.3 Es sind derzeit keine personellen Maßnahmen im Zusammenhang mit der Ausgliederung bei dem übertragenden Rechtsträger oder bei dem übernehmenden Rechtsträger vorgesehen.

§ 12 Betriebsverfassungsrechtliche Vertretungen der Arbeitnehmer/Tarifbindung

12.1 Der übernehmende Rechtsträger hat keinen Betriebsrat und ist nicht tarifgebunden. Die Ausgliederung führt insoweit zu keinen Veränderungen.

12.2 Bestand, personelle Zusammensetzung und Amtszeit des bei dem übertragenden Rechtsträger gebildeten Betriebsrats sowie die Tarifbindung des übertragenden Rechtsträgers bleiben durch die Ausgliederung unberührt.

12.3 Bestand, personelle Zusammensetzung und Amtszeit des bei dem übertragenden Rechtsträger bestehenden Sprecherausschusses der leitenden Angestellten und des Wirtschaftsausschusses bleiben durch die Ausgliederung unberührt.

12.4 Bei dem übernehmenden Rechtsträger bestehen kein Sprecherausschuss der leitenden Angestellten und kein Wirtschaftsausschuss.

§ 13 Aufsichtsrat

13.1 Bei dem übernehmenden Rechtsträger besteht kein Aufsichtsrat. Die Ausgliederung führt insoweit zu keinen Veränderungen.

13.2 Der Aufsichtsrat des übertragenden Rechtsträgers ist nach dem Mitbestimmungsgesetz zusammengesetzt und hat 20 Mitglieder. Aus der Ausgliederung ergeben sich keine Auswirkungen auf Bestand, Zusammensetzung und Amtszeit des Aufsichtsrats des übertragenden Rechtsträgers.

§ 14 Folgen für die Arbeitnehmer der C GmbH & Co. KG und der C GmbH

Die Ausgliederung der Beteiligung hat keine Auswirkungen auf Arbeitsverhältnisse von Arbeitnehmern der C GmbH & Co. KG. Die C GmbH beschäftigt keine Arbeitnehmer.

VI. Sonstiges

§ 15 Kosten

Die externen Kosten für die Beurkundung dieses Vertrags und seine Durchführung trägt der übertragende Rechtsträger. Die Kosten der jeweiligen Gesellschafterversammlung und die Kosten der Anmeldung zum und Eintragung ins Handelsregister sowie die übrigen Kosten, insbesondere ihre eigenen Kosten, trägt jede Partei selbst.

§ 16 Schlussbestimmungen

16.1 Gerichtsstand für alle Streitigkeiten aus dem Vertrag ist . . . . .

16.2 Änderungen und Ergänzungen dieses Vertrags einschließlich der Abbedingung dieser Bestimmung selbst bedürfen der Schriftform, soweit nicht weitergehende Formvorschriften einzuhalten sind.

16.3 Sollten eine oder mehrere Bestimmungen dieses Ausgliederungsvertrags ganz oder teilweise nichtig, unwirksam oder undurchführbar sein oder werden, wird die Wirksamkeit dieses Ausgliederungsvertrags und seiner übrigen Bestimmungen hiervon nicht berührt. Anstelle der nichtigen, unwirksamen oder undurchführbaren Bestimmungen gilt eine solche Bestimmung, die nach Form, Inhalt, Zeit, Maß und Geltungsbereich dem am nächsten kommt, was von dem übertragenden Rechtsträger und dem übernehmenden Rechtsträger nach dem wirtschaftlichen Sinn und Zweck der nichtigen, unwirksamen oder undurchführbaren Bestimmung gewollt war. Entsprechendes gilt für etwaige Lücken in diesem Ausgliederungsvertrag.

b) Zustimmungsbeschluss der übertragenden AG

Sodann erklärte die Erschienene zu 2, handelnd für die D GmbH:

Die von mir vertretene D GmbH ist die alleinige Aktionärin der A AG (nachstehend unter C. die „Gesellschaft").

I.

Die Erschienene zu 2 übernahm den Vorsitz der heutigen außerordentlichen Hauptversammlung. Sie eröffnete um . . . . . Uhr die Hauptversammlung.

Sie legte zur Einsicht vor:

- das von ihr unterschriebene Verzeichnis der vertretenen Alleinaktionärin (Anlage 1 zu diesem Protokoll)
- ferner die von der D GmbH ausgestellte Vollmacht zur Ausübung des Stimmrechts, lautend u.a. auf die Erschienene zu 2.

Die Vorsitzende stellte fest und verkündete, dass nach dem vorliegenden Teilnehmerverzeichnis das gesamte Grundkapital der Gesellschaft in Höhe von EUR . . . . . eingeteilt in . . . . . Stückaktien mit einem anteiligen Betrag des Grundkapitals von je EUR 1 vertreten ist. Sie stellte weiter fest, dass die Hauptversammlung als

Universal-Hauptversammlung

der

A AG

mit Sitz in . . . . .

unter Verzicht auf Formen und Fristen beschlussfähig sei. Die Vorsitzende erklärte, dass die Alleinaktionärin auf alle durch Gesetz und/oder Satzung vorgeschriebenen Formen und Fristen der Einberufung, Bekanntmachung, Vorbereitung und Durchführung der Hauptversammlung, insbesondere auch auf die Bekanntmachung der Tagesordnung (insbesondere § 125 iVm §§ 63, 64 UmwG) sowie auf die Auslegung und Erläuterung der Unterlagen zu den Gegenständen der Tagesordnung ausdrücklich verzichte und mit der Abhaltung der Versammlung als Universal-Hauptversammlung (§ 121 Abs. 6 AktG) einverstanden sei.

Die Vorsitzende erklärte als Bevollmächtigte der Alleinaktionärin, dass der Vorstand der Gesellschaft der Alleinaktionärin bereits alle erforderlichen Erläuterungen zu dem in Abschnitt A. geschlossenen Ausgliederungs- und Übernahmevertrag erteilt habe. Die Alleinaktionärin benötige insoweit keine weiteren Erläuterungen oder Auskünfte.

Die Vorsitzende gab als einzigen Tagesordnungspunkt bekannt:

Zustimmung zu dem in Abschnitt A. geschlossenen Ausgliederungs- und Übernahmevertrag zwischen der Gesellschaft und der B KG

Sodann beschloss die Hauptversammlung einstimmig in Erledigung der Tagesordnung:

Dem Ausgliederungs- und Übernahmevertrag in Teil A dieser Urkunde zwischen der Gesellschaft als dem übertragenden Rechtsträger und der B KG, ..., als dem übernehmenden Rechtsträger über die Ausgliederung der Gesellschaftsanteile an der C GmbH & Co. KG und der C GmbH auf die B KG wird zugestimmt.

Die Vorsitzende verkündete und stellte fest, dass der vorstehende Beschluss durch mündliche Erklärung einstimmig gefasst wurde.

Damit war die Tagesordnung erledigt. Die Vorsitzende schloss die Hauptversammlung um . . . . . Uhr.

II.

Die Erschienene zu 2 erklärte sodann:

Die von mir vertretene D GmbH verzichtet hiermit bezüglich des Ausgliederungs- und Übernahmevertrags in Abschnitt A auf

- einen Ausgliederungsbericht gemäß §§ 127 S. 2, 8 Abs. 3 UmwG,[7]
- eine Klage gegen die Wirksamkeit des Ausgliederungsbeschlusses.

Diese Niederschrift wurde dem Erschienenen vorgelesen, von dem Erschienenen genehmigt und von ihm und dem Notar eigenhändig wie folgt unterschrieben:

c) Zustimmungsbeschluss der übernehmenden GmbH & Co. KG

[Notarieller Vorspann]

I.

Die Erschienenen erklärten:

Die A AG mit Sitz in . . . . . ist die alleinige Kommanditistin der B GmbH & Co. KG mit Sitz in . . . . ., eingetragen im Handelsregister des Amtsgerichts . . . . . unter HRA . . . . . (nachfolgend die „Gesellschaft"). Die E GmbH ist die alleinige Komplementärin der B GmbH & Co. KG.

Wir halten hiermit unter Verzicht auf alle durch Gesetz und Gesellschaftsvertrag vorgeschriebenen Frist- und Formerfordernisse der Einberufung, Ankündigung und Durchführung

eine außerordentliche Gesellschafterversammlung

der Gesellschaft ab.

Wir beschließen einstimmig, was folgt:

1. Zustimmung zum Ausgliederungs- und Übernahmevertrag zwischen der A AG und der Gesellschaft

   Dem Ausgliederungs- und Übernahmevertrag zwischen der A AG und der Gesellschaft vom . . . . . 2022 über die Ausgliederung der Gesellschaftsanteile an der C GmbH & Co. KG und an der C GmbH auf die Gesellschaft (UR-Nr . . . . . / 2022 des Notars . . . . .) wird zugestimmt.

   Eine beglaubigte Abschrift des Ausgliederungs- und Übernahmevertrags wird dieser Niederschrift als Anlage . . . . . beigefügt. Diese lag während der Beurkundung vor. Die Erschienenen verzichteten auf das Verlesen dieser Urkunde.

2. Kapitalerhöhung zur Durchführung der Ausgliederung

2.1 Zur Durchführung der Ausgliederung wird das Festkapital der Gesellschaft von derzeit EUR 1 000 000 (in Worten: Euro eine Million) um EUR 100 000 (in Worten: Euro einhunderttausend) auf EUR 1 100 000 (in Worten: Euro eine Million einhunderttausend) erhöht.

2.2 Als Gegenleistung für die Ausgliederung wird der Kommanditanteil der Kommanditistin A AG von derzeit EUR 1 000 000 (in Worten: Euro eine Million) um EUR 100 000 (in Worten: Euro einhunderttausend) auf EUR 1 100 000 (in Worten: Euro eine Million einhunderttausend) erhöht.

2.3 Die Erhöhung des Kommanditanteils erfolgt kostenfrei. Das Gewinnbezugsrecht wird für die Geschäftsjahre ab dem 1. Januar 2022 gewährt.

2.4 Die in das Handelsregister einzutragende Haftsumme der Kommanditistin A AG wird von derzeit EUR 1 000 000 (in Worten: Euro eine Million) um EUR 100 000 (in Worten: Euro einhunderttausend) auf EUR 1 100 000 (in Worten: Euro eine Million einhunderttausend) erhöht.

3. Änderung des Gesellschaftsvertrags

3.1 § . . . . . Abs . . . . . des Gesellschaftsvertrags der Gesellschaft wird zur Anpassung an die Ausgliederung und an die Kapitalerhöhung geändert und wie folgt neu gefasst:

„Sie erbringt eine Einlage von EUR 1 100 000, die in voller Höhe erbracht ist."

3.2 § . . . . . Abs . . . . . des Gesellschaftsvertrags der Gesellschaft wird zur Anpassung an die Ausgliederung und an die Kapitalerhöhung geändert und wie folgt neu gefasst:

„Das feste Kapital der Gesellschaft beträgt mithin EUR 1 100 000."

Damit ist die Gesellschafterversammlung beendet.

II.

Die Erschienene zu 1 erklärte sodann, dass die von ihr vertretene A AG auf

- einen Ausgliederungsbericht gemäß §§ 127, 8 Abs. 3 UmwG sowie
- eine Klage gegen die Wirksamkeit des Ausgliederungsbeschlusses und des Beschlusses über die Erhöhung des Festkapitals zur Durchführung der Ausgliederung

unwiderruflich verzichtet.

Die Erschienene zu 2 erklärte sodann, dass die von ihr vertretene E GmbH auf

- einen Ausgliederungsbericht gemäß §§ 127, 8 Abs. 3 UmwG sowie
- eine Klage gegen die Wirksamkeit des Ausgliederungsbeschlusses und des Beschlusses über die Erhöhung des Festkapitals zur Durchführung der Ausgliederung

unwiderruflich verzichtet.

III.

(Belehrungen des Notars)

Diese Niederschrift wurde den Erschienenen von dem Notar vorgelesen, von ihnen genehmigt, und von ihnen und dem Notar eigenhändig wie folgt unterzeichnet:

d) Handelsregisteranmeldung der übertragenden AG

An das

Amtsgericht . . . . .

– Handelsregister –

In der Handelsregistersache

HRB . . . . . – A AG

melden wir als gemeinsam vertretungsberechtigte Vorstandsmitglieder der A AG zur Eintragung in das Handelsregister an:

I. Anmeldung einer Ausgliederung

Die Gesellschaft hat aufgrund des Ausgliederungs- und Übernahmevertrags vom . . . . . 2022 (UR-Nr. . . . . /2022 des Notars . . . . .), des Beschlusses der außerordentlichen Hauptversammlung der Gesellschaft vom . . . . . 2022 (UR-Nr. . . . . /2022 des Notars . . . . .) und des Beschlusses der außerordentlichen Gesellschafterversammlung der B GmbH & Co. KG mit Sitz in . . . . ., eingetragen im Handelsregister des Amtsgerichts . . . . . unter HRA . . . . ., vom . . . . . 2022 (UR-Nr. . . . . /2022 des Notars . . . . .) als Teil ihres Vermögens sämtliche Gesellschaftsanteile an der C GmbH & Co. KG und an der C GmbH mit allen Rechten und Pflichten als Gesamtheit im Wege der Ausgliederung zur Aufnahme gemäß § 123 Abs. 3 Nr. 1 UmwG auf die B GmbH & Co. KG gegen Gewährung von Anteilen der B GmbH & Co. KG an die Gesellschaft übertragen.

II. Anlagen

Als Anlagen fügen wir bei:

1. Notariell beglaubigte Abschrift des unter Ziffer I. angemeldeten Ausgliederungs- und Übernahmevertrags zwischen der Gesellschaft und der B GmbH & Co. KG vom . . . . . 2022 (UR-Nr. . . . . /2022 des Notars . . . . .);
2. notariell beglaubigte Abschrift der Niederschrift über die außerordentliche Hauptversammlung der Gesellschaft vom . . . . . 2022 (UR-Nr. . . . . /2022 des Notars . . . . .) mit
   - dem Zustimmungsbeschluss zu dem unter Ziffer I. angemeldeten Ausgliederungs- und Übernahmevertrag,
   - den notariell beurkundeten Erklärungen der Alleingesellschafterin der A AG über den Verzicht auf die Erstattung eines Ausgliederungsberichts und die Erhebung einer Klage gegen die Wirksamkeit des Ausgliederungsbeschlusses;
3. notariell beglaubigte Abschrift der Niederschrift über die außerordentliche Gesellschafterversammlung der B GmbH & Co. KG vom . . . . . 2022 (UR-Nr. . . . . / 2022 des Notars . . . . .) mit
   - dem Zustimmungsbeschluss zu dem unter Ziffer I. angemeldeten Ausgliederungs- und Übernahmevertrag,
   - dem Beschluss über die Erhöhung des Festkapitals der B GmbH & Co. KG zur Durchführung der Ausgliederung,
   - dem Beschluss über die Erhöhung der Haftsumme der Kommanditistin A AG,
   - den notariell beurkundeten Erklärungen der Gesellschafterinnen der B GmbH & Co. KG über den Verzicht auf die Erstattung eines Ausgliederungsberichts und die Erhebung einer Klage gegen die Wirksamkeit des Ausgliederungsbeschlusses;

4. Nachweise über die rechtzeitige Zuleitung des Ausgliederungs- und Übernahmevertrags gemäß § 126 Abs. 3 UmwG an den Gesamtbetriebsrat und sämtliche Einzelbetriebsräte der Gesellschaft;
5. geprüfte und mit dem uneingeschränkten Bestätigungsvermerk der . . . . . Wirtschaftsprüfungsgesellschaft versehene Bilanz der Gesellschaft zum 31. Dezember 2021 als Schlussbilanz gemäß §§ 125 S. 1, 17 Abs. 2 UmwG.

III. Erklärungen

Wir geben folgende Erklärungen ab:

1. Die Alleingesellschafterin der Gesellschaft und sämtliche Gesellschafterinnen der B GmbH & Co. KG haben durch notariell beurkundete Verzichtserklärungen jeweils im Rahmen der unter Ziffern II.2. und II.3. in Bezug genommenen notariellen Niederschriften über die außerordentlichen Gesellschafterversammlungen auf eine Klage gegen die Wirksamkeit der Ausgliederungsbeschlüsse dieser Gesellschaften verzichtet. Eine Anfechtung ist daher ausgeschlossen und eine Negativerklärung gemäß § 16 Abs. 2 S. 1 UmwG entbehrlich.
2. Bei der B GmbH & Co. KG besteht kein Betriebsrat.

IV. Vollmacht

Hiermit werden . . . . ., ..., sämtlich dienstansässig im Büro des Notars . . . . ., je einzeln bevollmächtigt, alles zu erklären und zu beschließen, was ihnen zur Eintragung des Vorstehenden notwendig oder zweckmäßig erscheint. Jede Vollmacht ist einzeln widerruflich.

. . . . ., den . . . . .

A AG

(. . . . ., Vorstandsmitglied) (. . . . ., Vorstandsmitglied)

[Beglaubigungsvermerk]

e) Handelsregisteranmeldung der übernehmenden GmbH & Co. KG

An das

Amtsgericht . . . . .

– Handelsregister –

In der Handelsregistersache

HRA . . . . . – B GmbH & Co. KG

melden wir als gemeinsam vertretungsberechtigte Geschäftsführer der Komplementärin E GmbH und als gemeinsam vertretungsberechtigte Vorstandsmitglieder der alleinigen Kommanditistin A AG[8] zur Eintragung in das Handelsregister an:

I. Anmeldung einer Ausgliederung

1. Die A AG mit Sitz in . . . . ., eingetragen im Handelsregister des Amtsgerichts . . . . . unter HRB . . . . ., hat aufgrund des Ausgliederungs- und Übernahmevertrags vom . . . . . 2022 (UR-Nr . . . . . /2022 des Notars . . . . .), des Beschlusses

der außerordentlichen Hauptversammlung der A AG vom . . . . . 2022 (UR-Nr . . . . . /2022 des Notars . . . . .) und des Beschlusses der außerordentlichen Gesellschafterversammlung der Gesellschaft vom . . . . . 2022 (UR-Nr . . . . . /2022 des Notars . . . . .) als Teil ihres Vermögens sämtliche Gesellschaftsanteile an der C GmbH & Co. KG und an der C GmbH mit allen Rechten und Pflichten als Gesamtheit im Wege der Ausgliederung zur Aufnahme gemäß § 123 Abs. 3 Nr. 1 UmwG auf die Gesellschaft gegen Gewährung von Anteilen der Gesellschaft an die A AG übertragen.

2. Die Haftsumme der Kommanditistin A AG wurde von EUR 1 000 000 (in Worten: Euro eine Million) um EUR 100000 (in Worten: Euro einhunderttausend) auf EUR 1 100 000 (in Worten: Euro eine Million einhunderttausend) erhöht.

II. Anlagen

Als Anlagen fügen wir bei:

1. Notariell beglaubigte Abschrift des unter Ziffer I.1 angemeldeten Ausgliederungs- und Übernahmevertrags zwischen der A AG und der Gesellschaft vom . . . . . 2022 (UR-Nr . . . . . /2022 des Notars . . . . .);
2. notariell beglaubigte Abschrift der Niederschrift über die außerordentliche Hauptversammlung der A AG vom . . . . . 2022 (UR-Nr . . . . . /2022 des Notars . . . . .) mit
   - dem Zustimmungsbeschluss zu dem unter Ziffer I.1. angemeldeten Ausgliederungs- und Übernahmevertrag,
   - den notariell beurkundeten Erklärungen der Alleingesellschafterin der A AG über den Verzicht auf die Erstattung eines Ausgliederungsberichts und die Erhebung einer Klage gegen die Wirksamkeit des Ausgliederungsbeschlusses;
3. notariell beglaubigte Abschrift der Niederschrift über die außerordentliche Gesellschafterversammlung der Gesellschaft vom . . . . . 2020 (UR-Nr . . . . . /2020 des Notars . . . . .) mit
   - dem Zustimmungsbeschluss zu dem unter Ziffer I.1 angemeldeten Ausgliederungs- und Übernahmevertrag,
   - dem Beschluss über die Erhöhung des Festkapitals der Gesellschaft zur Durchführung der Ausgliederung,
   - dem Beschluss über die Erhöhung der Haftsumme der Kommanditistin A AG,
   - den notariell beurkundeten Erklärungen der Gesellschafterinnen der B GmbH & Co. KG über den Verzicht auf die Erstattung eines Ausgliederungsberichts und die Erhebung einer Klage gegen die Wirksamkeit des Ausgliederungsbeschlusses und des Beschlusses über die Erhöhung des Festkapitals zur Durchführung der Ausgliederung;
4. Nachweise über die rechtzeitige Zuleitung des Ausgliederungs- und Übernahmevertrags gemäß § 126 Abs. 3 UmwG an den Gesamtbetriebsrat und sämtliche Einzelbetriebsräte der A AG.[9]

III. Erklärungen

Wir geben folgende Erklärungen ab:

1. Die Alleingesellschafterin der A AG und sämtliche Gesellschafterinnen der Gesellschaft haben durch notariell beurkundete Verzichtserklärungen jeweils im Rahmen der unter Ziffern II.2. und II.3. in Bezug genommenen notariellen Niederschriften über die außerordentlichen Gesellschafterversammlungen auf eine Klage gegen die Wirksamkeit der

Ausgliederungsbeschlüsse dieser Gesellschaften verzichtet. Eine Anfechtung ist daher ausgeschlossen und eine Negativerklärung gemäß § 16 Abs. 2 S. 1 UmwG entbehrlich.

2. Bei der Gesellschaft besteht kein Betriebsrat.

IV. Vollmacht

Hiermit werden . . . . ., ..., sämtlich dienstansässig im Büro des Notars . . . . ., je einzeln bevollmächtigt, alles zu erklären und zu beschließen, was ihnen zur Eintragung des Vorstehenden notwendig oder zweckmäßig erscheint. Jede Vollmacht ist einzeln widerruflich.

. . . . ., den . . . . .

A AG

. . . .

(. . . . ., Vorstandsmitglied) (. . . . ., Vorstandsmitglied)

E GmbH

. . . .

(. . . . ., Geschäftsführer) (. . . . ., Geschäftsführer)

[Beglaubigungsvermerk]

Anmerkungen

1. Notariell zu beurkunden, §§ 125 S. 1, 6 UmwG.

2. Die umwandlungsrechtliche Ausgliederung gemäß § 123 Abs 3 Nr 1 UmwG stellt eine Alternative zur gesellschaftsrechtlichen Einbringung aufgrund eines schuld-/gesellschaftsrechtlichen Einbringungsvertrags dar. Beide Verträge haben ihre Vor- und Nachteile, die es im Einzelfall abzuwägen gilt. Der Einbringungsvertrag hat Kostenvorteile und vermeidet das Haftungsregime der §§ 133 f UmwG. Der Ausgliederungsvertrag dürfte jedenfalls immer dann angezeigt sein, wenn es Zustimmungen Dritter zu überwinden gilt (etwa Vinkulierungen, Zustimmungspflichten der Vertragspartner), ist aber zeitaufwändiger (insbesondere die Zuleitungsfrist zum Betriebsrat, zwei Handelsregistereintragungen) und kostenintensiver. Steuerlich stehen sich beide Vorgehensweisen gleich, insbesondere gilt auch die steuerrechtliche Acht-Monats-Frist für die Schlussbilanz für beide Vertragsarten, s. dazu steuerliche Hinweise (→ Anm. 10).

3. Der Ausgliederungs- und Übernahmevertrag hat den Mindestinhalt gemäß § 126 UmwG zu enthalten, anders als bei Abspaltung und Aufspaltung entfallen die Angaben gemäß § 126 Abs 1 Nr 3, 4 und 10 UmwG.

4. Mit diesem Formular werden lediglich die Gesellschaftsanteile an einer einzigen GmbH & Co. KG ausgegliedert. Das Formular kann daher erheblich einfacher ausfallen als bei Ausgliederung eines Unternehmensbereichs, in dem alle betroffenen Vermögensgegenstände eineindeutig bestimmbar im Vertrag definiert werden müssen (s. → Form. II.J.4).

5. Beachte § 141 UmwG (Spaltungsverbot): Danach kann eine AG oder eine KGaA, die noch nicht zwei Jahre im Register eingetragen ist, nicht übertragender Rechtsträger einer Spaltung sein. Im zweiten UmwGÄndG von 2007 wurde vom Spaltungsverbot eine Ausnahme gemacht für die Ausgliederung zur Neugründung. Dies beruht darauf, dass in diesem Fall die übertragende AG oder KGaA für das ausgegliederte Vermögen Anteile an dem neuen Rechtsträger erhält und das ausgegliederte Vermögen ihr daher mittelbar zugeordnet bleibt. Das Spaltungsverbot gilt auch, wenn die AG oder KGaA zuvor im Wege der Verschmelzung durch Neugründung oder Spaltung durch Neugründung entstanden ist; näher dazu Kallmeyer UmwG/*Sickinger*, 7. Aufl. 2020, § 141 Rn. 1.

6. Zur Notwendigkeit einer Kapitalerhöhung und zu den steuerrechtlichen Erwägungen hinsichtlich eines Verzichts auf eine Kapitalerhöhung s. → Form. II.J.4 Anm. 16.

7. Gemäß § 125 S. 2 UmwG gibt es bei der Ausgliederung weder eine Prüfung noch einen Prüfungsbericht, so dass darauf auch nicht verzichtet werden muss.

8. Zwar hat gemäß §§ 125 S. 1, 16 Abs 1 UmwG die Anmeldung durch das *Vertretungsorgan* des an der Ausgliederung beteiligten Rechtsträgers zu erfolgen. Dies gilt also kraft ausdrücklicher gesetzlicher Anweisung auch für die KG, und zwar anders als bei § 108 Abs 1 HGB, so dass an sich Anmeldung durch Geschäftsführer in vertretungsberechtigter Zahl ausreichend wäre; vgl Kallmeyer UmwG/*Zimmermann*, 7. Aufl. 2020, § 16 Rn. 4; Lutter UmwG/*Decher*, 6. Aufl. 2019, § 16 Rn. 5; KölnerKomm UmwG/*Simon*, 2009, § 16 Rn. 5. Das Formular geht hier einen recht vorsichtigen Weg und lässt im Einklang mit § 108 Abs 1 HGB sämtliche Gesellschafter anmelden.

9. Es ist in der Literatur umstritten, ob gemäß § 126 Abs 3 UmwG die Zuleitung eines Ausgliederungsvertrags zum Gesamtbetriebsrat oder zum vom jeweils abgespaltenen Unternehmensbereich betroffenen Einzelbetriebsrat zu erfolgen hat. Vorsorglich wird hier dem Gesamtbetriebsrat sowie sämtlichen Einzelbetriebsräten der Gesellschaft zugeleitet: vgl dazu Semler/Stengel/Leonard UmwG/*Simon*, 5. Aufl. 2021, § 126 Rn. 108. Zudem könnte man argumentieren, dass der Nachweis über die Zuleitung zum Betriebsrat nur jeweils bei dem Registergericht des Rechtsträgers erfolgte, bei dem die Betriebsratszuleitung erforderlich ist. Aus Vorsichtsgründen werden hier aber die Nachweise bei beiden beteiligten Handelsregistern eingereicht.

10. **Steuerhinweise:** Die umwandlungsrechtliche Ausgliederung nach § 123 Abs 3 Nr 1 UmwG wird steuerlich als Einbringung im Sinne der §§ 20 ff UmwStG (mit Sonderregelungen für die Ausgliederung auf Personengesellschaften in § 24 UmwStG) angesehen. Sie ist ertragsteuerneutral, (i) wenn es sich beim zu übertragenden Vermögen um einen Teilbetrieb handelt (s. dazu ausführlich im → Form. II.J.4 Anm. 1 ff.) und (ii) wenn der übertragende Rechtsträger als Gegenleistung neue Anteile an der übernehmenden Gesellschaft erhält. Werden diese Voraussetzungen nicht erfüllt, werden bei der Ausgliederung die stillen Reserven aufgedeckt und sind zu versteuern.

Statt mit dem Buchwert kann die übernehmende Gesellschaft den Teilbetrieb auch mit dem Zwischenwert oder dem Teilwert ansetzen, § 20 Abs 2 S. 1 UmwStG. Wird ein Zwischenwert angesetzt, hat dies für alle Wirtschaftsgüter gleichermaßen zu geschehen. Soweit höhere Werte als der Buchwert angesetzt werden, ist der entstehende Einbringungsgewinn zu versteuern.

Die Ausgliederung wirkt auf Antrag steuerlich auf den Schlussbilanzstichtag zurück, wenn dieser nicht mehr als acht Monate vor der Anmeldung liegt, § 20 Abs 6 S. 2, 1 UmwStG. Andernfalls wird die Einbringung steuerlich im Zeitpunkt des Übergangs des wirtschaftlichen Eigentums wirksam, dh regelmäßig mit der konstitutiven Handelsregistereintragung.

Bei der Ausgliederung auf eine Personengesellschaft wie im Formular gilt bei Übertragung eines Teilbetriebs § 24 UmwStG. Nach § 24 Abs 2 UmwStG kann die übernehmende Personengesellschaft wählen, ob sie den ausgegliederten Teilbetrieb mit dem gemeinen Wert oder auf Antrag und unter Einhaltung der Voraussetzungen des § 24

Abs 2 S. 2 UmwStG mit dem Buchwert oder einem höheren Wert, der den gemeinen Wert nicht übersteigt, ansetzt.

Aus dem Ansatz in der Steuerbilanz der übernehmenden GmbH & Co. KG ergibt sich für die übertragende GmbH der Veräußerungspreis iSv § 24 Abs 3 UmwStG. Nur wenn die übernehmende GmbH & Co. KG die steuerlichen Buchwerte fortführt, ist die Ausgliederung für die übertragende Kapitalgesellschaft steuerneutral. Während § 15 Abs 1 S 3 UmwStG bei der Abspaltung auch eine 100 %-ige Beteiligung an einer Kapitalgesellschaft als Teilbetrieb fingiert, fehlt eine entsprechende Fiktion in § 24 UmwStG. Nach der Gesetzesbegründung soll eine 100 %-Beteiligung an einer Kapitalgesellschaft dennoch als Teilbetrieb iSd § 24 Abs 1 UmwStG gelten können (BT-Drs 16/2710, 50). Der BFH hat dagegen entschieden, dass eine 100 %-Beteiligung an einer Kapitalgesellschaft keinen Teilbetrieb darstellt (BFH BStBl II 2009, 464). Darauf hat die Finanzverwaltung mit einem Nichtanwendungserlass reagiert (s auch BMF, Umwandlungssteuererlass 2011, veröffentlicht auf der Webseite www.bundesfinanzministerium.de, Tz 24.02).

Die Ausgliederung auf eine Personengesellschaft ist nach § 24 UmwStG also dann ertragsteuerneutral, wenn ein Betrieb, ein Teilbetrieb oder Mitunternehmeranteile gegen Gewährung oder Aufstockung eines Mitunternehmeranteils ausgegliedert werden und die aufnehmende Personengesellschaft die Buchwerte der eingebrachten Wirtschaftsgüter in ihrer Steuerbilanz (unter Berücksichtigung von Ergänzungsbilanzen) fortführt und einen entsprechenden Antrag stellt.

Entsprechendes gilt – zumindest bei Einbringung durch eine Kapitalgesellschaft – grundsätzlich auch für Zwecke der Gewerbesteuer, vgl § 7 S 1 GewStG.

Zur Grunderwerbsteuer vgl grundsätzlich Steuerhinweise zu → Form. II.J.4 Anm. 30. Bei der Ausgliederung von Grundstücken auf eine KG bzw. GmbH & Co. KG wird Grunderwerbsteuer nicht erhoben, wenn die ausgliedernde A AG an der KG beteiligt wird oder ist und dies für 5 Jahre bleibt, § 5 Abs 2 und 3 GrEStG.

11. Kosten und Gebühren.

a) Ausgliederungs- und Übernahmevertrag: Notar: 2,0 Gebühr gemäß Nr. 21100 KV GNotKG.
Wert: Das übergehende Vermögen ohne Schuldenabzug, §§ 97 Abs 1, 38 S. 1 GNotKG, max EUR 10 Mio, § 107 Abs 1 GNotKG.

b) Zustimmungsbeschluss übertragende AG: Vgl → Form. II.J.1 lit c

c) Zustimmungsbeschluss übernehmende KG: Vgl → Form. II.J.1 lit b

d) Handelsregisteranmeldung übertragende AG: Notar: 0,5 Gebühr gemäß Nr. 24102 iVm Nr. 21201 KV GNotKG.
Wert: 1 % des eingetragenen Grund- oder Stammkapitals, mind. 30000,00 EUR (§§ 119 Abs 1, 105 Abs 2, Abs 4 Nr. 1 GNotKG), max. 1 Mio. EUR (§ 106 GNotKG).
Register: HRegGebV Teil 2. Abschnitt 4.
Vgl → Form. II.J.1 lit e

e) Handelsregisteranmeldung übernehmende KG: Notar: 0,5 Gebühr gemäß Nr. 24102 iVm Nr. 21201 KV GNotKG.
Wert: 1 % des eingetragenen Grund- oder Stammkapitals, mind. 30000,00 EUR (§§ 119 Abs 1, 105 Abs 2, Abs 4 Nr. 1 GNotKG), max. 1 Mio. EUR (§ 106 GNotKG).
Ist der Notar am Entwurf der Anmeldung nicht beteiligt und beglaubigt lediglich die Unterschriften, erhält er nur die 0,2 Gebühr nach Nr. 25100 KV GNotKG, mind. EUR 20,00, max EUR 70,00.
Register: HRegGebV Teil 1. Abschnitt 4.
Vgl → Form. II.J.1 lit d

6. Ausgliederung zur Neugründung AG auf GmbH

a) Ausgliederungsplan[1]

Verhandelt zu . . . . . am . . . . . 2022.

Vor dem unterzeichnenden Notar

erschienen:

1. . . . . .
2. . . . . .

Die Erschienenen[2] sind dem Notar persönlich bekannt.

Der Erschienene zu 1) erklärte, nachfolgend nicht für sich persönlich zu handeln, sondern als bevollmächtigter Vertreter der A AG mit Sitz in . . . . ., eingetragen im Handelsregister des Amtsgerichts . . . . . unter HR B . . . . .

Der Erschienene zu 2) erklärte, nachfolgend nicht für sich persönlich zu handeln, sondern als bevollmächtigter Vertreter der X AG mit Sitz in . . . . ., eingetragen im Handelsregister des Amtgerichts . . . . . unter HRB . . . . . aufgrund hiermit überreichter notariell beglaubigter Vollmacht vom . . . . .

Die Erschienenen erklärten auf Befragen, dass weder der Notar noch eine mit diesem zur gemeinsamen Berufsausübung verbundene Person außerhalb ihrer Amtstätigkeit als Notar bereits in derselben Angelegenheit für die von ihnen Vertretene tätig war oder ist.

A. Ausgliederungsplan

Ich, der Erschienene zu 1), erstelle folgenden Ausgliederungsplan:

Ausgliederungsplan

der A AG

I. Gegenstand der Ausgliederung[3]

§ 1 Ausgliederung, Schlussbilanz, Ausgliederungsstichtag, Bilanzierung

1.1 Die A AG mit Sitz in . . . . ., HRB . . . . . (nachfolgend „A AG") überträgt den in § 2 dieses Ausgliederungsplans genannten Teil ihres Vermögens (im Folgenden das „auszugliedernde Vermögen") mit allen Rechten und Pflichten als Gesamtheit gemäß § 123 Abs. 3 Nr. 2 UmwG im Wege der Ausgliederung zur Neugründung auf die von ihr dadurch unter der Firma B GmbH mit Sitz in . . . . . gegründete Gesellschaft mit beschränkter Haftung (nachfolgend „B GmbH") gegen Gewährung der in § 6 dieses Ausgliederungsplans bezeichneten Geschäftsanteile der B GmbH.

1.2 Der Ausgliederung wird die geprüfte und mit dem uneingeschränkten Bestätigungsvermerk der . . . . . Wirtschaftsprüfungsgesellschaft versehene Bilanz der A AG zum 31. Dezember 2019 (Schlussbilanz) zugrunde gelegt.[4]

1.3 Die Übertragung des auszugliedernden Vermögens erfolgt im Verhältnis zwischen der A AG und der B GmbH mit Wirkung zum Ablauf des 31. Dezember 2021. Vom 1. Januar 2022 an („Ausgliederungsstichtag") gelten alle Handlungen und Geschäfte, die das auszugliedernde Vermögen betreffen, als für Rechnung der B GmbH vorgenommen.

1.4 Die B GmbH wird die in der Übertragungsbilanz (Anlage 1) angesetzten Werte des übergehenden Aktiv- und Passivvermögens in ihrer Rechnungslegung fortführen.

1.5 Die B GmbH wird das auszugliedernde Vermögen in ihrer nach deutschen steuerlichen Bilanzierungsgrundsätzen aufgestellten Steuerbilanz mit seinem Buchwert ansetzen und beim zuständigen Finanzamt . . . . . den erforderlichen Antrag auf Buchwertfortführung fristgerecht stellen.

§ 2 Auszugliederndes Vermögen

2.1 Die A AG überträgt hiermit auf die B GmbH den Teilbetrieb Y (nachfolgend „Teilbetrieb Y") der A AG. Dazu gehören alle Gegenstände des Aktiv- und Passivvermögens und der sonstigen Rechte und Pflichten des Teilbetriebs Y, insbesondere die, die durch die als Anlage 1 beigefügte Übertragungsbilanz zum 31. Dezember 2021 unter der Spalte Y erfasst werden und/oder die nachfolgend gesondert aufgeführt sind.

2.2 Die A AG überträgt auch alle nicht bilanzierungspflichtigen oder -fähigen oder tatsächlich nicht bilanzierten Gegenstände des Aktiv- und Passivvermögens oder sonstigen Rechte, Pflichten und Rechtsstellungen, die nach Herkunft oder Zweckbestimmung dem Teilbetrieb Y der A AG zuzurechnen sind.

2.3 Insbesondere werden auf die B GmbH übertragen:

a) Alle in Anlage 2 aufgeführten immateriellen Vermögensgegenstände.
b) Alle dem Teilbetrieb Y zuzuordnenden Gegenstände des Anlage- und Umlaufvermögens, insbesondere die in Anlage 3 aufgeführten.
c) Alle dem Teilbetrieb Y zuzuordnenden Verträge, insbesondere die in Anlage 4 a–f aufgeführten.
d) Die dem Teilbetrieb Y zuzuordnenden Forderungen, insbesondere die in Anlage 5 aufgeführten.
e) Die dem Teilbetrieb Y zuzuordnenden Verbindlichkeiten, insbesondere die in Anlage 6 aufgeführten, einschließlich der Verbindlichkeiten und Verpflichtungen aus den gemäß § 2.3.c) übertragenen Verträgen.
   Ferner überträgt die A AG die den sonstigen Rückstellungen des Teilbetriebs Y zugrunde liegenden Verpflichtungen.
f) Sämtliche betrieblich veranlassten Steuerverbindlichkeiten und -forderungen, die dem Teilbetrieb Y zuzurechnen sind, auch soweit sie den Zeitraum vor Ablauf des Vollzugsdatums (§ 5) betreffen.
g) Die in Anlage 7 aufgeführten Mitgliedschaften.

2.4 Die in der Zeit zwischen Ausgliederung und Vollzugsdatum erfolgten Zu- und Abgänge von Gegenständen des Aktiv- und Passivvermögens sowie von sonstigen Rechten und Pflichten werden bei der Übertragung berücksichtigt. Demgemäß überträgt die A AG auch diejenigen nach Herkunft oder Zweckbestimmung dem Teilbetrieb Y zuzuordnenden Gegenstände des Aktiv- und Passivvermögens sowie Vertrags- und Rechtsverhältnisse auf die B GmbH, die in der Zeit zwischen Ausgliederungsstichtag und Vollzugsdatum dem Teilbetrieb Y der A AG zugegangen oder in ihm entstanden sind. Entsprechend werden diejenigen dem Teilbetrieb Y zuzuordnenden Gegenstände des Aktiv- und Passivvermögens sowie Vertrags- und Rechtsverhältnisse nicht auf die B GmbH übertragen, die in der Zeit zwischen Ausgliederungsstichtag und Vollzugsdatum veräußert worden sind oder am Vollzugsdatum nicht mehr bestehen.

2.5 Die Vermögensgegenstände, die nicht ausdrücklich in diesem Ausgliederungsplan aufgeführt sind und die sich nicht eindeutig dem Teilbetrieb Y zuordnen lassen, verbleiben bei der A AG.

§ 3 Arbeitsverhältnisse und Pensionsverpflichtungen

3.1 Die B GmbH tritt nach Maßgabe des § 613a BGB in alle Rechte und Pflichten der Arbeits- und Ausbildungsverhältnissen ein, die dem Teilbetrieb Y zuzuordnen sind. Die übertragenen Arbeitsverhältnisse sind in Anlage 8 aufgeführt.

3.2 Von dem Betriebsübergang gemäß § 613a BGB werden auch alle Rechte und Pflichten aus den bei der A AG bestehenden Pensionszusagen gegenüber den übernommenen Arbeitnehmern erfasst. Die für diese Verpflichtungen gebildeten Rückstellungen werden auf die B GmbH übertragen.

3.3 Die Verpflichtungen der A AG aus den Pensionszusagen gegenüber den vor dem Vollzugsdatum (§ 5) ausgeschiedenen Arbeitnehmern und deren Hinterbliebenen des Teilbetriebs Y werden ebenfalls auf die B GmbH übertragen.

3.4 Bestehende Direktversicherungen werden für die Arbeitnehmer, die aufgrund der Ausgliederung in die B GmbH übergehen, fortgeführt. Die B GmbH wird hierzu den jeweiligen in Anlage 9 aufgeführten Gruppenversicherungsverträgen beitreten.

Soweit für übergehende Arbeitnehmer Individualversicherungsverträge bestehen, werden diese ebenfalls übertragen.

§ 4 Hindernisse bei der Übertragung

4.1 Soweit bestimmte Gegenstände des auszugliedernden Vermögens (einschließlich Haftungen, Verbindlichkeiten und Pflichten) nicht schon kraft Gesetzes mit der Eintragung der Ausgliederung in das Handelsregister der A AG auf die B GmbH übergehen gleich aus welchem Grund, wird die A AG diese Gegenstände, Rechte, Haftungen, Verbindlichkeiten und Pflichten auf die B GmbH übertragen. Ist die Übertragung auf die B GmbH im Außenverhältnis nicht oder nur mit unverhältnismäßig hohem Aufwand möglich oder unzweckmäßig, werden sich die A AG und die B GmbH im Innenverhältnis so stellen, als wäre die Übertragung auch im Außenverhältnis mit Wirkung zum Ausgliederungsstichtag erfolgt.

4.2 Soweit für die Übertragung von bestimmten Gegenständen des auszugliedernden Vermögens (einschließlich Haftungen, Verbindlichkeiten und Pflichten) die Zustimmung eines Dritten oder eine öffentlich-rechtliche Genehmigung erforderlich ist, werden sich die A AG und die B GmbH bemühen, die Zustimmung oder Genehmigung zu beschaffen. Falls die Zustimmung oder Genehmigung nicht oder nur mit unverhältnismäßigem Aufwand einholbar ist, gilt im Verhältnis der beiden Gesellschaften die Regelung gemäß § 4.1 entsprechend.

§ 5 Vollzugsdatum

5.1 Die Übertragung des auszugliedernden Vermögens, der sonstigen Rechte und Pflichten und Rechtsstellungen des Teilbetriebs Y erfolgt mit dinglicher Wirkung zum Zeitpunkt der Eintragung der Ausgliederung in das Handelsregister der A AG („Vollzugsdatum").

5.2 Der Besitz an den von der Ausgliederung erfassten beweglichen Sachen geht am Vollzugsdatum auf die B GmbH über. Soweit sich von der Ausgliederung erfasste bewegliche Sachen im Besitz Dritter befinden, überträgt die A AG mit dinglicher Wirkung zum Vollzugsdatum ihre Herausgabeansprüche auf die B GmbH.

§ 6 Gewährung von Anteilen

6.1 Das Stammkapital der neu zu gründenden B GmbH wird EUR 250 000 betragen. Auf das Stammkapital übernimmt die A AG als Gründerin und alleinige Gesellschafterin einen Geschäftsanteil im Nennbetrag von EUR 250 000 mit der laufenden Nummer 1. Die Einlageleistung erfolgt durch Übertragung des auszugliedernden Vermögens.[5] Soweit der Wert des auf die B GmbH übertragenen Vermögens das Stammkapital der B GmbH übersteigt, wird der Mehrbetrag in die Kapitalrücklage der B GmbH eingestellt.

6.2 Der neue Geschäftsanteil wird mit Gewinnbezugsberechtigung ab dem Ausgliederungsstichtag der A AG gewährt. Falls sich der Ausgliederungsstichtag gemäß § 14 verschiebt, verschiebt sich der Beginn der Gewinnberechtigung aus dem zu gewährenden Geschäftsanteil entsprechend.

§ 7 Besondere Rechte und Vorteile

7.1 Die B GmbH gewährt keine besonderen Rechte im Sinne von § 126 Abs. 1 Nr. 7 UmwG, besondere Maßnahmen im Sinne dieser Vorschrift sind nicht vorgesehen.

7.2 Es werden keine besonderen Vorteile im Sinne von § 126 Abs. 1 Nr. 8 UmwG für einen Geschäftsführer, ein Mitglied des Vorstands oder Aufsichtsrats oder einen Abschlussprüfer gewährt.

§ 8 Folgen für die Arbeitnehmer

8.1 Die Ausgliederung stellt einen Betriebsübergang gemäß § 613a BGB dar, dessen Absätze 1 und 4 gemäß § 324 UmwG unberührt bleiben. Dementsprechend gehen kraft Gesetzes mit Wirksamwerden der Ausgliederung diejenigen Arbeitsverhältnisse auf die B GmbH über, die dem Teilbetrieb Y zuzuordnen sind. Diese Arbeitsverhältnisse sind in Anlage 8 aufgeführt.

Die B GmbH tritt in alle Rechte und Pflichten dieser Arbeitsverhältnisse ein. Die Anstellungsverträge werden demgemäß zu unveränderten Bedingungen fortgeführt. Auch Betriebsvereinbarungen gelten weiter.

8.2 Auf die übrigen mit der A AG bestehenden Arbeitsverhältnisse hat die Ausgliederung keinen Einfluss.

8.3 Im Zusammenhang mit der Ausgliederung sind keine Maßnahmen vorgesehen, die sich auf die Arbeitsverhältnisse der Mitarbeiter der an der Ausgliederung beteiligten Gesellschaften auswirken.

8.4 Die derzeit beabsichtigte Wahl eines Betriebsrats innerhalb der A AG bleibt durch diese Ausgliederung unberührt. Allerdings sind die Arbeitnehmer, die auf die B GmbH vor dem Wahltag übergehen, nicht mehr wahlberechtigt. Die Wahl eines Betriebsrats innerhalb der A AG hat keine Auswirkungen in der B GmbH. Sollten die Arbeitnehmer der B GmbH einen Betriebsrat innerhalb der B GmbH einrichten wollen, ist erstmals ein Betriebsrat zu wählen.

8.5 Da kein Betriebsrat in der A AG vorhanden ist, entfällt eine Zuleitung des Ausgliederungsplans an den Betriebsrat.[6]

§ 9 Mitwirkungspflichten

9.1 Die A AG und die B GmbH werden alle Erklärungen abgeben, alle Urkunden ausstellen und auch alle sonstigen Handlungen vornehmen, die im Zusammenhang mit der Übertragung des nach diesem Vertrag ausgegliederten Vermögens etwa noch erforderlich oder zweckdienlich sind.

9.2 Die B GmbH erhält den Besitz an allen Büchern, Aufzeichnungen, Betriebsdaten und sonstigen geschäftlichen Aufzeichnungen, die im Zusammenhang mit dem Teilbetrieb Y in der A AG geführt werden. Die B GmbH erhält auch alle Urkunden, die zur Geltendmachung der übergehenden Rechte erforderlich sind. Die B GmbH wird die Bücher und sonstigen Aufzeichnungen innerhalb der gesetzlichen Aufbewahrungsfrist für die A AG verwahren.

§ 10 Freistellung

Wird die A AG oder die B GmbH als Gesamtschuldner aufgrund der Bestimmung in § 133 UmwG oder anderer gesetzlicher oder vertraglicher Bestimmungen von Gläubigern für Verbindlichkeiten und Verpflichtungen in Anspruch genommen, die nach diesem Ausgliederungsplan der jeweils anderen Gesellschaft zugeordnet sind, so ist die jeweils andere Gesellschaft verpflichtet, die in Anspruch genommene Gesellschaft von dieser Verbindlichkeit freizustellen. Verpflichtungen zur Freistellung nach diesem Ausgliederungsplan umfassen auch die externen Kosten der freizustellenden Partei für die Aufklärung des zugrunde liegenden Sachverhalts und für die Verteidigung gegen Ansprüche, Haftungen oder sonstige Forderungen, die zu einer Freistellung berechtigen können.

§ 11 Gewährleistungen

Die A AG leistet keine Gewähr für die Beschaffenheit und den Bestand des von ihr nach Maßgabe dieses Vertrages auszugliedernden Vermögens. Gewährleistungsansprüche der B GmbH gleich welcher Art und aus welchem Rechtsgrund gegenüber der A AG werden hiermit, soweit gesetzlich zulässig, ausgeschlossen. Dies gilt insbesondere auch für Ansprüche aus vorvertraglicher Pflichtverletzung (culpa in contrahendo), positiver Forderungsverletzung und/oder der Verletzung vertraglicher, vorvertraglicher oder gesetzlicher Verpflichtungen. Etwaige Rücktrittsrechte sind gleichfalls ausgeschlossen.

II. Bestimmungen zur Gründung der B GmbH

§ 12 Gründung der B GmbH

12.1 Die A AG errichtet hiermit eine Gesellschaft mit beschränkter Haftung unter der Firma . . . . . GmbH[7] mit Sitz in . . . . . und stellt den dieser Niederschrift als Anlage 10 beigefügten Gesellschaftsvertrag fest.[8] Herr . . . . ., ..., wird zum Geschäftsführer bestellt.[9] Herr . . . . . ist berechtigt, die Gesellschaft alleine zu vertreten.

12.2 Der Gesellschaftsvertrag der B GmbH wird nur wirksam, wenn ihm die Gesellschafter der A AG durch Ausgliederungsbeschluss zustimmen.

III. Sonstiges

§ 13 Kosten[10]

Die Kosten der Ausgliederung einschließlich der Kosten dieses Ausgliederungsplans sowie der dazugehörenden Kosten für Berater und Notarkosten und die Kosten der Gründung tragen die A AG und die B GmbH je zur Hälfte.

§ 14 Stichtagsänderung[11]

Falls die Ausgliederung nicht bis zum 31. Januar 2022 in das Handelsregister der A AG eingetragen wird, gilt abweichend von § 1.3 der 1. Januar 2022, 0.00 Uhr als Ausgliederungsstichtag. In diesem Fall wird eine auf den 31. Dezember 2020 aufgestellte Bilanz der A AG als Schlussbilanz zugrunde gelegt. Bei einer weiteren Verzögerung der Eintragung über den 31. Dezember des Folgejahres verschieben sich die Stichtage jeweils um ein weiteres Jahr.

§ 15 Schlussbestimmungen

15.1 Sollte eine Bestimmung dieses Ausgliederungsplans unwirksam sein oder werden, so bleiben die übrigen Bestimmungen davon unberührt. Dasselbe gilt, soweit dieser Ausgliederungsplan eine Lücke aufweist. Anstelle einer unwirksamen Bestimmung oder zur Ausfüllung einer Lücke soll diejenige Bestimmung gelten, die im Rahmen des rechtlichen Zulässigen dem am nächsten kommt, was die Parteien bei Abschluss dieses Ausgliederungsplans beabsichtigt haben oder hätten, hätten sie die Frage bedacht. Dies gilt auch dann, wenn die Unwirksamkeit einer Bestimmung auf einem in diesem Ausgliederungsplan normierten Umfang der Leistung oder Zeit (Frist oder Termin) beruht; in solchen Fällen tritt ein dem Gewollten möglichst nahekommendes, rechtlich zulässiges Maß der Leistung oder Zeit (Frist oder Termin) an die Stelle des Vereinbarten.

15.2 Änderungen und Ergänzungen dieses Ausgliederungsplans einschließlich der Abbedingung dieser Bestimmungen selbst bedürfen der notariellen Beurkundung.

15.3 Gerichtsstand ist .....

Teil A dieser Niederschrift wurde dem Erschienenen zu 1) durch den Notar vorgelesen, von dem Erschienenen zu 1) genehmigt und von diesem und dem Notar wie folgt eigenhändig unterschrieben:

b) Zustimmungsbeschluss der übertragenden A AG

B. Zustimmungsbeschluss zum Ausgliederungsplan

Der Erschienene zu 2) bat um Beurkundung der nachstehenden

Hauptversammlung

der

A AG

Der Erschienene zu 2) erklärte sodann, er übernehme den Vorsitz der heutigen außerordentlichen Hauptversammlung der Gesellschaft. Er eröffnete um ..... Uhr die Hauptversammlung.

Der Vorsitzende erklärte:

Die von mir vertretene X AG, ..., ist die alleinige Aktionärin der A AG. Er legte zur Einsicht ein von ihm unterschriebenes Verzeichnis der vertretenen Alleinaktionärin vor, das als Anlage zu dieser Niederschrift genommen wird.

Der Vorsitzende stellte fest, dass damit das gesamte Grundkapital der Gesellschaft vertreten ist und dass die Hauptversammlung als

Universal-Hauptversammlung

der A AG,

mit Sitz in .....

unter Verzicht auf alle Formen und Fristen beschlussfähig sei.

Der Vorsitzende erklärte, dass die Alleinaktionärin auf alle durch Gesetz oder Satzung vorgeschriebenen Formen und Fristen der Einberufung, Bekanntmachung, Vorbereitung und Durchführung der Hauptversammlung, insbesondere auch auf die Bekanntmachung der Tagesordnung, auf die Vorschläge von Vorstand und Aufsichtsrat zu den Gegenständen der Tagesordnung sowie auf die Auslegung und Erläuterung der Unterlagen zu den Gegenständen der Tagesordnung und insbesondere auch auf die Erfordernisse der §§ 63, 64 UmwG, ausdrücklich verzichte und mit der Abhaltung der Versammlung als Universal-Hauptversammlung einverstanden sei.

Der Vorsitzende gab dann die Tagesordnung bekannt, die aus folgendem Tagesordnungspunkt besteht:

Zustimmungsbeschluss zum vorstehend unter A. erstellten Ausgliederungsplan

Sodann beschloss die Hauptversammlung in Erledigung der Tagesordnung:

1. Dem vorstehend unter A. erstellten Ausgliederungsplan wird zugestimmt.
2. Dem durch den Ausgliederungsplan festgestellten Gesellschaftsvertrag der B GmbH wird zugestimmt.
3. Wir bestätigen die Bestellung von Herrn . . . . ., ..., zum alleinvertretungsberechtigten Geschäftsführer der B GmbH.[12]

Vorstehender Beschluss wurde einstimmig durch mündliche Erklärung gefasst und von dem Vorsitzenden nach seinem Inhalt und dem Abstimmungsergebnis festgestellt und verkündet. Daraufhin wurde die Hauptversammlung von dem Vorsitzenden um . . . . . Uhr geschlossen.

Diese Niederschrift wurde vom Notar eigenhändig wie folgt unterschrieben:

C. Verzichtserklärung

Der Erschienene zu 2) erklärte sodann, dass die von ihm vertretene X AG hinsichtlich des unter A. festgestellten und unter B. beschlossenen Ausgliederungsplans auf

- die Erstellung eines Ausgliederungsberichtes gemäß §§ 125, 127 UmwG iVm § 8 Abs. 3 UmwG sowie
- eine Klage gegen die Wirksamkeit der Beschlüsse, insbesondere des Ausgliederungsbeschlusses

ausdrücklich und unwiderruflich verzichte.

Teil C. dieser Niederschrift wurde dem Erschienenen zu 2) durch den Notar vorgelesen, von dem Erschienenen genehmigt und von diesem und dem Notar wie folgt eigenhändig unterschrieben:

c) Handelsregisteranmeldung der übertragenden A AG

An das

Amtsgericht . . . . .

– Handelsregister –

In der Handelsregistersache

HRB . . . . . – A AG

melden wir als gemeinsam vertretungsberechtigte Vorstandsmitglieder der A AG zur Eintragung in das Handelsregister an:

I. Anmeldung

Die Gesellschaft hat aufgrund des Ausgliederungsplans vom . . . . . 2022 und des Zustimmungsbeschlusses der Hauptversammlung der Gesellschaft vom . . . . . 2022 (UR-Nr. . . . . /2022 des Notars . . . . .) als Teil ihres Vermögens den Teilbetrieb Y mit allen Rechten und Pflichten als Gesamtheit im Wege der Ausgliederung zur Neugründung gemäß § 123 Abs. 3 Nr. 1 UmwG auf die dadurch neu gegründete B GmbH gegen Gewährung von Anteilen der B GmbH an die Gesellschaft übertragen.

II. Anlagen

Als Anlagen fügen wir bei:

1. Notariell beglaubigte Abschrift des Ausgliederungsplans vom . . . . . 2022 mit Feststellung der Satzung und Bestellung des Geschäftsführers (UR-Nr. . . . . /2022 Teil A des Notars . . . . .);
2. notariell beglaubigte Abschrift der Niederschrift über die außerordentliche Hauptversammlung der Gesellschaft vom . . . . . 2022 (UR-Nr. . . . . /2022 Teil B des Notars . . . . .) mit
   – dem Zustimmungsbeschluss zu dem Ausgliederungsplan und zu dem festgestellten Gesellschaftsvertrag der neu gegründeten B GmbH,
   – den notariell beurkundeten Erklärungen der Alleingesellschafterin der A AG über den Verzicht auf die Erstattung eines Ausgliederungsberichts und die Erhebung einer Klage gegen die Wirksamkeit des Ausgliederungsbeschlusses;
3. Erklärung des Vorstand der Gesellschaft gem. § 146 UmwG;[13]
4. geprüfte und mit dem uneingeschränkten Bestätigungsvermerk der . . . . . Wirtschaftsprüfungsgesellschaft versehene Bilanz der Gesellschaft zum 31. Dezember 2021 als Schlussbilanz gemäß §§ 125 S. 1, 17 Abs. 2 UmwG.

III. Erklärungen

Wir geben folgende Erklärungen ab:

1. Die Alleingesellschafterin der Gesellschaft hat durch notariell beurkundete Verzichtserklärung im Rahmen der unter Ziffer II.2 in Bezug genommenen notariellen Niederschrift über die außerordentliche Hauptversammlung der Gesellschaft auf eine Klage gegen die Wirksamkeit des Ausgliederungsbeschlusses verzichtet. Eine Anfechtung ist daher ausgeschlossen und eine Negativerklärung gemäß § 16 Abs. 2 S. 1 UmwG entbehrlich.
2. Bei der A AG besteht kein Betriebsrat.

IV. Vollmacht

Hiermit werden . . . . . , ... , sämtlich dienstansässig im Büro des Notars . . . . . , je einzeln bevollmächtigt, alles zu erklären und zu beschließen, was ihnen zur Eintragung des Vorstehenden notwendig oder zweckmäßig erscheint. Jede Vollmacht ist einzeln widerruflich.

. . . . . , den . . . . .

A AG

. . . .

(. . . . . , Vorstandsmitglied)   (. . . . . , Vorstandsmitglied)

[Beglaubigungsvermerk]

d) Handelsregisteranmeldung der neu gegründeten GmbH[14]

An das

Amtsgericht . . . . .

– Handelsregister –

In der neu anzulegenden Handelsregistersache

B GmbH

melden wir als gemeinsam vertretungsberechtigte Vorstandsmitglieder der A AG mit Sitz in . . . . ., die den Teilbetrieb Y auf die dadurch gegründete B GmbH überträgt (Ausgliederung zur Neugründung), die

B GmbH

mit Sitz in . . . . . zur Eintragung in das Handelsregister an.

I.

Gründer der Gesellschaft ist die A AG (§ 135 Abs. 2 S. 2 UmwG).

Zum Geschäftsführer wurde bestellt: Herr . . . . ., ..., ...

Die Geschäftsräume der Gesellschaft befinden sich in . . . . .

II.

Das Stammkapital der Gesellschaft beträgt EUR 250 000 (in Worten: Euro zweihundertfünfzigtausend). Auf das Stammkapital übernimmt die A AG als Gründerin und alleinige Gesellschafterin einen Geschäftsanteil im Nennbetrag von EUR 250 000.

Die Einlageleistung wird erbracht aufgrund des Ausgliederungsplans vom . . . . . 2022 durch die Übertragung des Teilbetriebs Y der A AG als Teil ihres Vermögens auf die B GmbH als Gesamtheit im Wege der Ausgliederung zur Neugründung gemäß § 123 Abs. 3 Nr. 2 UmwG.[15]

III.

Zur Vertretungsberechtigung melden wir an:

Die Gesellschaft wird durch einen Geschäftsführer allein vertreten, wenn er einziger Geschäftsführer ist oder durch Gesellschafterbeschluss zur Einzelvertretung ermächtigt ist. Im Übrigen wird die Gesellschaft gemeinsam durch zwei Geschäftsführer oder durch einen Geschäftsführer gemeinsam mit einem Prokuristen vertreten.

Herr . . . . . wurde zum alleinigen Geschäftsführer bestellt. Herr . . . . . ist berechtigt, die Gesellschaft alleine zu vertreten.

Der Geschäftsführer . . . . . versichert,

- dass keine Umstände vorliegen, aufgrund derer ich nach § 6 Abs. 2 GmbHG von dem Amt eines Geschäftsführers ausgeschlossen wäre und dass ich vom beglaubigenden Notar über meine unbeschränkte Auskunftspflicht gegenüber dem Gericht gemäß § 8 Abs. 3 GmbHG belehrt worden bin;
- mir weder durch gerichtliches Urteil noch durch vollziehbare Entscheidung einer Verwaltungsbehörde die Ausübung eines Berufs, Berufszweigs, Gewerbes, Gewerbezweigs untersagt wurde;

- ich während der letzten fünf Jahre nicht rechtskräftig wegen einer oder mehrerer vorsätzlicher begangener Straftaten des Unterlassens der Stellung eines Antrags auf Eröffnung eines Insolvenzverfahrens (Insolvenzverschleppung) nach §§ 283–283d StGB, wegen falscher Angaben nach § 82 GmbHG oder § 399 AktG, wegen unrichtiger Darstellung nach § 400 AktG, § 331 HGB, § 313 UmwG oder § 17 PublG verurteilt worden bin oder nach den §§ 263–264a StGB (Betrug) oder den §§ 265b–266a StGB (Kreditbetrug, Veruntreuung) zu einer Freiheitsstrafe von mindestens einem Jahr verurteilt worden bin, und zwar auch nicht im Ausland wegen einer Tat, die mit den vorstehend genannten Taten vergleichbar ist;
- ich überdies nicht aufgrund einer behördlichen Anordnung in einer Anstalt verwahrt wurde.

IV.

Es wird weiter erklärt:

1. Neben dem Ausgliederungsplan bestehen keine weiteren Verträge, die den Festsetzungen der Sacheinlage zugrunde liegen oder zu ihrer Ausführung beschlossen worden sind.
2. Die A AG hat keinen Betriebsrat. Eine Zuleitung gemäß § 126 Abs. 3 UmwG entfiel daher.
3. Die Alleingesellschafterin der A AG hat durch notariell beurkundete Verzichterklärung auf eine Klage gegen die Wirksamkeit des Ausgliederungsbeschlusses verzichtet. Eine Anfechtung ist daher ausgeschlossen und eine Negativerklärung gemäß § 16 Abs. 2 S. 1 UmwG entbehrlich.

V.

Als Anlagen fügen wir bei:

1. Notariell beglaubigte Abschrift des Ausgliederungsplans der A AG vom . . . . . 2022 mit der Feststellung des Gesellschaftsvertrags und der Bestellung des Geschäftsführers (UR-Nr. . . . . ./2022 Teil A des Notars . . . . .);
2. notariell beglaubigte Abschrift der Niederschrift über die außerordentliche Hauptversammlung der A AG vom . . . . . 2022 (UR-Nr. . . . . ./2022 Teil B des Notars . . . . .) mit
   - dem Zustimmungsbeschluss zu dem Ausgliederungsplan und der Feststellung des Gesellschaftsvertrags der neu gegründeten B GmbH,
   - den notariell beurkundeten Erklärungen der Alleingesellschafterin der A AG über den Verzicht auf die Erstattung eines Ausgliederungsberichts und der Erhebung einer Klage gegen die Wirksamkeit des Ausgliederungsbeschlusses;
3. Sachgründungsbericht vom . . . . . 2022;[16]
4. Bescheinigung der . . . . . Wirtschaftsprüfungsgesellschaft vom . . . . . 2022 über die Werthaltigkeit des in die Gesellschaft eingebrachten Teilbetriebs Y;
5. Liste der Gesellschafter der neu gegründeten B GmbH.

VI.

Hiermit werden . . . . ., ..., sämtlich dienstansässig im Büro des Notars . . . . ., je einzeln bevollmächtigt, alles zu erklären und zu beschließen, was ihnen zur Eintragung des Vorstehenden notwendig oder zweckmäßig erscheint. Jede Vollmacht ist einzeln widerruflich.

. . . . ., den 2022

A AG

. . . .

(. . . . ., Vorstandsmitglied)   (. . . . ., Vorstandsmitglied)

[Beglaubigungsvermerk]

e) Sachgründungsbericht[17]

Die A AG mit Sitz in . . . . ., eingetragen im Handelsregister des Amtsgerichts . . . . . unter HRB . . . . ., vertreten durch ihre Vorstandsmitglieder, erstattet folgenden Sachgründungsbericht:

1. Der Vorstand der A AG hat am . . . . . (UR-Nr. . . . . ./2022 des Notars . . . . .) einen Ausgliederungsplan aufgestellt, aufgrund dessen die A AG als übertragende Gesellschaft gem. § 123 Abs. 3 Nr. 2 UmwG auf die dadurch neu gegründete B GmbH als übernehmende Gesellschaft, die ein Stammkapital von EUR 250 000 hat, ihren Teilbetrieb Y ausgegliedert hat. Bei dem auf die B GmbH ausgegliederten Vermögen handelt es sich um alle Gegenstände des Aktiv- und Passivvermögens und sonstigen Rechte und Pflichten, die dem Teilbetrieb Y der A AG wirtschaftlich zugeordnet waren. Die zu übertragenden Gegenstände des Aktiv- und Passivvermögens sind in den Anlagen 1–9 zum Ausgliederungsplan vom . . . . . 2022 im Einzelnen aufgeführt.
2. Die Einbringung erfolgte mit wirtschaftlicher Wirkung zum . . . . . 2022. Der Wert der Sacheinlage übersteigt den Nennbetrag des Stammkapitals von EUR 250 000. Soweit der Wert des Nettoreinvermögens den Betrag des Stammkapitals der B GmbH von EUR 250 000 übersteigt, wird der Mehrbetrag in die Kapitalrücklage der B GmbH eingestellt.
3. Der Wert des ausgegliederten Teilbetriebs Y ist durch die . . . . . Wirtschaftsprüfungsgesellschaft ermittelt worden. Die . . . . . Wirtschaftsprüfungsgesellschaft hat mit Werthaltigkeitsbescheinigung vom . . . . . 2022 bestätigt, dass der Ertragswert des Teilbetriebs Y auf mindestens EUR . . . . . zu schätzen ist und damit den Betrag des Nennbetrags des Stammkapitals der B GmbH übersteigt. Seit dem Bewertungsstichtag sind keine Umstände eingetreten, die die Werthaltigkeit des Teilbetriebs Y beeinträchtigen könnten.
4. Der Jahresüberschuss der letzten beiden Geschäftsjahre betrug für den Teilbetrieb Y im Geschäftsjahr 2020 rund EUR . . . . . und im Geschäftsjahr 2021 rund EUR . . . . .[18] Für das laufende Geschäftsjahr zeichnet sich . . . . . ab.
5. Zu dem Geschäftsverlauf und der Lage des Teilbetriebs Y in den letzten beiden Geschäftsjahren sowie im Hinblick auf die voraussichtliche Entwicklung wird darüber hinaus Folgendes ausgeführt: . . . . .[19]

   . . . . .

. . . . ., den . . . . .

A AG

. . . .

(. . . . ., Vorstandsmitglied)   (. . . . ., Vorstandsmitglied)

Anmerkungen

1. Bei der Ausgliederung zur Neugründung tritt als Grundlage der Ausgliederung an die Stelle des Ausgliederungs- und Übernahmevertrags mit einem oder mehreren übernehmenden Rechtsträgern der Ausgliederungsplan (Spaltungsplan), § 136 UmwG. Gemäß § 136 S. 1 UmwG ist der Spaltungsplan vom Vertretungsorgan des übertragenden Rechtsträgers aufzustellen. Für die Aufstellung des Spaltungsplans genügen Vorstandsmitglieder in vertretungsberechtigter Anzahl; vgl nur Semler/Stengel/Leonard UmwG/*Schröer/Greitemann,* 5. Aufl. 2021, § 136 Rn. 4.

Durch die Richtlinie (EU) 2019/2121 des Europäischen Parlaments und des Rates v. 27.11.2019 zur Änderung der RL (EU) 2017/1132 in Bezug auf grenzüberschreitende Umwandlungen, Verschmelzungen und Spaltungen, ABl L 321, 1 hat der europäische Gesetzgeber einen Rechtsrahmen für grenzüberschreitende Spaltungen geschaffen. Hierbei hat er sich allerdings auf Spaltungen zur Neugründung unter ausschließlicher Beteiligung von Kapitalgesellschaften beschränkt. Hierzu *Bungert/Wansleben*, DB 19, 1609; *Bayer/Schmidt*, BB 19, 1922; *Bungert*, in FS Krieger (2020), 130 (im Erscheinen); *Stelmaszczyk*, ZIP 19, 2437.

2. Notariell zu beurkunden, §§ 135 Abs 1, 125 S. 1, 6 UmwG. Die Vollmacht zur Errichtung des Ausgliederungsplans (Spaltungsplan) muss notariell beurkundet oder beglaubigt sein, §§ 135 Abs 2 S. 1 UmwG, 2 Abs 2 GmbHG.

3. Der Ausgliederungsplan hat den Mindestinhalt gemäß § 126 UmwG zu enthalten, anders als bei Abspaltung und Aufspaltung entfallen die Angaben gemäß § 126 Abs 1 Nr 3, 4 und 10 UmwG.

4. Die Schlussbilanz des übertragenden Rechtsträgers ist wie bei einer Spaltung zur Aufnahme bei der Anmeldung der Ausgliederung durch den übertragenden Rechtsträger zum Handelsregister einzureichen, §§ 135 Abs 1, 125 S. 1, 17 Abs 2 UmwG.

5. Die Ausgliederung zur Neugründung stellt hier inhaltlich die Sachgründung einer GmbH dar. Das auszugliedernde Vermögen ist dabei die Sacheinlage. Konsequenterweise schreibt § 135 Abs 2 UmwG grundsätzlich auch die Anwendung der Vorschriften über die Gründung der jeweiligen Rechtsform vor. Gründer des neuen Rechtsträgers ist der übertragende Rechtsträger. Näher zum Gründungsvorgang etwa Kölner Komm UmwG/*Simon/Nießen*, 2009, § 135 Rn. 24 ff.; BeckOGK UmwG/*Weiß*, Stand: 1.10.2021, § 135 Rn. 45 ff.

6. Wie ein Spaltungsvertrag (Entwurf) muss auch der Spaltungsplan (Entwurf) dem zuständigen Betriebsrat unter Einhaltung der Monatsfrist vor dem Spaltungsbeschluss zugeleitet werden, §§ 135 Abs 1 S. 1, 126 Abs 3. Besteht kein Betriebsrat, entfällt das Zuleitungserfordernis.

7. Bei der Festlegung der Firma der neuzugründenden GmbH ist § 4 GmbHG zu beachten. Nach dem Wortlaut des § 125 S. 1 UmwG ist § 18 UmwG auf die Ausgliederung (und die Abspaltung) nicht anwendbar. Nach zum Teil vertretener Auffassung soll jedoch bei Fortführung des Handelsgeschäfts entgegen dem Wortlaut von § 125 S. 1 UmwG für Ausgliederung und Abspaltung § 18 UmwG dann anwendbar sein, wenn der übertragende Rechtsträger seine Firma gleichzeitig ändert. Dies entspricht auch gängiger Praxis; dazu Lutter UmwG/*Lieder*, 6. Aufl. 2019, § 131 Rn. 96; Semler/Stengel/Leonard UmwG/*Bärwaldt,* 5. Aufl. 2021, § 135 Rn. 21; BeckOGK UmwG/*Weiß*, Stand: 1.10.2021, § 135 Rn. 49.

8. Da die Spaltung zur Neugründung eine Sachgründung iSv § 5 Abs 4 GmbHG darstellt, muss in die Satzung der neuen GmbH aufgenommen werden, dass die Gründung der GmbH im Wege einer Spaltung erfolgte und sämtliche Aktiva und Passiva auf Basis einer Spaltungsbilanz auf die neue Gesellschaft übergegangen sind. Darüber hinaus sind in der Satzung die Festsetzungen über Sondervorteile, Gründungsaufwand, Sacheinlagen und Sachübernahmen, die in der Satzung des übertragenden Rechtsträgers enthalten waren, zu übernehmen, §§ 125 S. 1 iVm 57 UmwG. Vor dem Hintergrund des Sinns und Zwecks der Norm sollen allerdings von § 57 UmwG nur solche Festsetzungen erfasst werden, die im Zeitpunkt der Eintragung der Spaltung noch Rechtswirkungen zeigen und durch die der neue Rechtsträger in irgendeiner Weise berührt ist; vgl näher Kölner Komm UmwG/*Simon/Nießen,* 2009, § 135 Rn. 32; Widmann/Mayer/UmwG/*Mayer,* Stand: April 2021, § 57 Rn 2.

9. Gem §§ 125 S. 1, 59 UmwG sind die ersten Geschäftsführer im Spaltungsplan, also nicht durch Beschluss der Gesellschafter der neugegründeten GmbH zu bestellen. Zusätzlich erforderlich ist die Zustimmung der Gesellschafter des übertragenden Rechtsträgers. Diese erfolgt im Rahmen des Spaltungsbeschlusses. Dagegen kann bei einer Ausgliederung – wie hier – die Bestellung der Geschäftsführer auch außerhalb des Ausgliederungsplans durch das Vertretungsorgan des übertragenden Rechtsträgers erfolgen. Denn § 59 UmwG verlangt die Bestellung der Geschäftsführer im Zustimmungsbeschluss nur, soweit sie von den Anteilsinhabern des übertragenden Rechtsträgers zu wählen sind. Bei der Ausgliederung ist jedoch der übertragende Rechtsträger selbst Gründer und erster Anteilseigner; dazu Kölner Komm UmwG/*Simon/Nießen,* 2009, § 135 Rn. 33; BeckOGK UmwG/*Weiß*, Stand: 1.10.2021, § 135 Rn. 55.

10. Da die übertragende Gesellschaft bei der Ausgliederung zur Neugründung bestehen bleibt, können Kosten auch – wie hier – zwischen übertragender und übernehmender Gesellschaft aufgeteilt werden.

11. Zu den Hintergründen einer solchen rollierenden Stichtagsklausel vgl → Form. II. J.7 Anm. 15.

12. Vgl dazu → Anm. 9.

13. Gem § 146 UmwG haben die Vorstandsmitglieder der übertragenden AG zu erklären, dass die durch Gesetz und Satzung vorgesehenen Voraussetzungen für die Gründung der Gesellschaft unter Berücksichtigung der Ausgliederung im Zeitpunkt der Anmeldung vorliegen, dh das aufgrund des durch die Ausgliederung abfließenden Nettoreinvermögens keine Kapitalherabsetzung erforderlich ist. Mehr dazu und Formulierungsbeispiel in→ Form. II.J.4 Anm. 26.

14. Gemäß § 137 Abs 1 UmwG erfolgt die Anmeldung der durch die Ausgliederung neu gegründeten GmbH bei dem Handelsregister des künftigen Sitzes der GmbH durch das Vertretungsorgan des übertragenden Rechtsträgers. Insoweit werden §§ 7, 78 GmbHG verdrängt. Unechte Gesamtvertretung ist möglich. Bevollmächtigung ist nach herrschender Meinung zulässig; vgl Kallmeyer UmwG/*Zimmermann,* 7. Aufl. 2020, § 137 Rn. 5. Beglaubigung ist erforderlich. Der Bevollmächtigte kann jedoch nicht die Negativerklärung nach § 16 Abs 2 UmwG und die Erklärung gemäß §§ 140, 146 Abs 1 UmwG abgeben; vgl Kallmeyer UmwG/*Zimmermann,* 7. Aufl. 2020, § 137 Rn. 5.

15. Nach hM finden im Rahmen der Ausgliederung zur Neugründung auf die Handelsregisteranmeldung § 7 Abs 2 GmbHG sowie § 8 Abs 2 GmbHG über die Versicherung, dass die Einlagenleistungen bewirkt sind und dass der Gegenstand der Leistungen sich endgültig in der freien Verfügung der Geschäftsführer befindet, keine Anwendung; Kallmeyer UmwG/*Sickinger,* 7. Aufl. 2020, § 135 Rn. 12; Lutter UmwG/*Priester*, 6. Aufl. 2019, §138 Rn. 3; Kölner Komm UmwG/*Simon/Nießen,* 2009, § 137 Rn. 20; Kallmeyer UmwG/

Zimmermann, 7. Aufl. 2020, § 137 Rn. 9; Semler/Stengel/Leonard UmwG/*Schwanna,* 5. Aufl. 2021, § 137 Rn. 5. Anwendbar ist jedoch § 8 Abs 3 GmbHG.

16. Aus §§ 135 Abs 2 UmwG, 8 Abs 1 GmbHG folgt die Notwendigkeit der Einreichung einer Liste der Gesellschafter, eines Sachgründungsberichts und eines Nachweises über die Kapitaldeckung durch die im Wege der Ausgliederung zur Neugründung eingebrachten Vermögensgegenstände.

17. Gem § 138 UmwG ist ein Sachgründungsbericht gem § 5 Abs 4 GmbHG stets erforderlich. Der Sachgründungsbericht ist von dem übertragenden Rechtsträger abzugeben und von seinem Vertretungsorgan in vertretungsberechtigter Zahl zu unterzeichnen. Beurkundung oder Beglaubigung ist nicht erforderlich; Kallmeyer UmwG/*Zimmermann,* 7. Aufl. 2020, § 137 Rn. 16; Münch HdB GesR Bd 8 Umwandlungsrecht/*Oppenhoff,* 5. Aufl 2018, § 29 Rn. 173 ff.

18. Gemäß §§ 138 UmwG, 5 Abs 4 S. 2, 2. Halbsatz GmbHG sind im Sachgründungsbericht die Jahresergebnisse der beiden letzten Geschäftsjahre auch dann anzugeben, wenn in der Ausgliederung/Spaltung nur ein Unternehmensteil übertragen wird, sofern dieser selbständig fortführbar ist wie im Formular hier. Dagegen sind nicht zusätzlich die Jahresergebnisse des Gesamtunternehmens anzugeben; Widmann/Mayer/UmwG/*Mayer,* Stand: April 2021, § 138 Rn 14. Keine Angabe ist erforderlich, sofern nur einzelne Vermögensgegenstände übertragen werden; näher Kölner Komm UmwG/*Simon/Nießen,* 2009, § 138 Rn. 13–14.

19. Gem §§ 125 S. 1, 58 Abs 1 UmwG ist im Sachgründungsbericht auch der Geschäftsverlauf und die Lage des übertragenden Rechtsträgers darzulegen. Bei Ausgliederung bzw Abspaltung von Unternehmensteilen ist der Darstellungsumfang geringer. In jedem Fall bedarf es regelmäßig keiner Darstellung des Geschäftsverlaufs und der Lage des gesamten übertragenden Rechtsträgers, näher Kölner Komm UmwG/*Simon/Nießen,* 2009, § 138 Rn. 16; Kallmeyer UmwG/*Sickinger,* 7. Aufl. 2020, § 125 Rn. 66. Inhaltlich sind Marktentwicklungen mit Chancen und Erwartungen, Wettbewerbsposition und ähnliche Aspekte anzureißen; näher Kölner Komm UmwG/*Simon/Nießen,* 2009, § 138 Rn. 17; Widmann/Mayer/UmwG/*Mayer,* Stand: April 2021, § 138 Rn 16; BeckOGK UmwG/*Brellochs,* Stand: 1.4.2021, § 138 Rn. 28.

20. Steuerliche Hinweise: Entsprechen → Form. II.J.5 Anm. 10 soweit dort auf die Ausgliederung auf eine Kapitalgesellschaft Bezug genommen wird.

Bei Ausgliederungen auf eine Kapitalgesellschaft ist zudem besonderes Augenmerk auf eine 7-jährige Sperrfrist für die Veräußerung der Anteile an der übernehmenden Gesellschaft zu richten: Zwar ist die im Formular vorgesehen Ausgliederung (= Einbringung) zum Buchwert grds steuerneutral. Allerdings gilt § 22 Abs 1 UmwStG bei Einbringung von Wirtschaftsgütern in eine Kapitalgesellschaft: Soweit die A AG die erhaltenen Anteile an der B GmbH innerhalb eines Zeitraums von sieben Jahren nach dem Einbringungszeitpunkt veräußert, ist der Gewinn aus der Einbringung rückwirkend im Wirtschaftsjahr der Einbringung als Gewinn des Einbringenden iSv § 16 EStG zu versteuern (Einbringungsgewinn I). Einbringungsgewinn I ist im Gesetz definiert als der Betrag, um den der gemeine Wert des eingebrachten Betriebsvermögens im Einbringungszeitpunkt (nach Abzug der Kosten für den Vermögensübergang) den Wert, mit dem die übernehmende Gesellschaft das eingebrachte Betriebsvermögen angesetzt hat, übersteigt, vermindert um jeweils ein Siebtel für jedes seit dem Einbringungszeitpunkt abgelaufene Zeitjahr.

Hat die A AG infolge einer späteren Veräußerung der erhaltenen Anteile (innerhalb der 7-Jahres-Frist) einen Einbringungsgewinn I erzielt, kann die B GmbH auf Antrag den versteuerten Einbringungsgewinn im Wirtschaftsjahr der Veräußerung der Anteile in ihrer Steuerbilanz als Erhöhungsbetrag ausweisen, soweit der Einbringende die auf den

Einbringungsgewinn entfallende Steuer entrichtet hat und dies durch Vorlage einer entsprechenden Bescheinigung des Finanzamts nachgewiesen wurde (§ 23 Abs 2 S 1 UmwStG). Auf diese Weise wird ein später bei der B GmbH infolge der Veräußerung der Wirtschaftsgüter ggf entstehender Veräußerungsgewinn vermindert. Zur grunderwerbsteuerlichen Behandlung gelten die Ausführungen für die Verschmelzung zur Neugründung entsprechend → Form. II.J.2 Anm. 48.

21. Kosten und Gebühren.

a) Ausgliederungsplan: Notar: 1,0 Gebühr gemäß Nr. 21200 KV GNotKG. Der Spaltungsplan ist lediglich eine einseitige Erklärung; der im Spaltungsplan enthaltene Gesellschaftsvertrag der neuen GmbH ist gegenstandsgleich (vgl Widmann/Mayer/UmwG/*Mayer,* Stand März 2021, § 136 Rn 37).
Wert: Das übergehende Vermögen ohne Schuldenabzug, §§ 97 Abs 1, 38 GNotKG, max EUR 10 Mio, § 107 Abs 1 GNotKG.

b) Zustimmungsbeschluss: vgl → Form. II.J.1 lit b Anm. 1 ff.

c) Handelsregisteranmeldung übertragende AG: Notar: 0,5 Gebühr gemäß Nr. 24102 iVm Nr. 21201 KV GNotKG.
Wert: 1 % des eingetragenen Grund- oder Stammkapitals, mind. 30000,00 EUR (§§ 119 Abs 1, 105 Abs 2, Abs 4 Nr. 1 GNotKG), max. 1 Mio. EUR (106 GNotKG).
Register: HRegGebV Teil 2. Abschnitt 4.
Vgl → Form. II.J.1e Anm. 1 ff.

d) Handelsregisteranmeldung übernehmende GmbH: 0,5 Gebühr gemäß Nr. 24102 iVm Nr. 21201 KV GNotKG.
Wert: einzutragendes Stammkapital, mind. 30000 EUR (§§ 119 Abs 1, 105 Abs 2, Abs 4 Nr. 1 GNotKG), max. 1 Mio. EUR (106 GNotKG); im Übrigen vgl → Form. II.J.1d Anm. 1 ff.

7. Aufspaltung zur Aufnahme AG auf mehrere AGs

a) Aufspaltungsvertrag

(Notarieller Vorspann wie → Form. II.J.4 a Anm. 1 *ff.)*[1]

Aufspaltungs- und Übernahmevertrag[2]

zwischen

A Aktiengesellschaft, – nachfolgend auch „A AG“ oder „übertragender Rechtsträger“ –

– als übertragender Rechtsträger –

sowie

B 1 Aktiengesellschaft, – nachfolgend auch „B 1 AG“ genannt –

B 2 Aktiengesellschaft, – nachfolgend auch „B 2 AG“ genannt –

B 3 Aktiengesellschaft, – nachfolgend auch „B 3 AG“ genannt –

– als übernehmende Rechtsträger –

I. Vorbemerkung

0.1 A AG mit Sitz in . . . . . ist eingetragen im Handelsregister des Amtsgerichts . . . . . unter HRB . . . . . Das Grundkapital der A AG beträgt bei Abschluss dieses Vertrags

EUR . . . . . und ist eingeteilt in . . . . . Stückaktien mit einem anteiligen Betrag des Grundkapitals von je EUR 1. An A AG sind die B 1 AG mit 90 % sowie vier außenstehende Aktionäre (nachfolgend gemeinsam die „Außenstehenden Aktionäre") mit insgesamt 10 % beteiligt.

0.2 B 1 AG mit Sitz in . . . . . ist eingetragen im Handelsregister des Amtsgerichts . . . . . unter HRB . . . . . Das Grundkapital der B 1 AG beträgt bei Abschluss dieses Vertrags EUR . . . . . und ist eingeteilt in . . . . . Stückaktien mit einem anteiligen Betrag des Grundkapitals von je EUR 1. Alleinige Aktionärin der B 1 AG ist die C Aktiengesellschaft mit Sitz in . . . . . (nachfolgend „C AG").

0.3 B 2 AG mit Sitz in . . . . . ist eingetragen im Handelsregister des Amtsgerichts . . . . . unter HRB . . . . . Das Grundkapital der B 2 AG beträgt bei Abschluss dieses Vertrags EUR 4 000 000 und ist eingeteilt in 4 000 000 Stückaktien mit einem anteiligen Betrag des Grundkapitals von je EUR 1. Alleinige Aktionärin der B 2 AG ist B 1 AG.

0.4 B 3 AG mit Sitz in . . . . . ist eingetragen im Handelsregister des Amtsgerichts . . . . . unter HRB . . . . . Das Grundkapital der B 3 AG beträgt bei Abschluss dieses Vertrags EUR 1 000 000 und ist eingeteilt in 1 000 000 Stückaktien mit einem anteiligen Betrag des Grundkapitals von je EUR 1. Alleinige Aktionärin der B 3 AG ist B 1 AG. Die Gründung der B 3 AG wurde im Juni 2019 in das Handelsregister eingetragen.

0.5 B 1 AG, B 2 AG und B 3 AG werden nachfolgend zusammen auch als die „übernehmenden Rechtsträger" und einzeln auch als je ein „übernehmender Rechtsträger" bezeichnet.

Dies vorweggeschickt vereinbaren A AG, B 1 AG, B 2 AG und B 3 AG Folgendes:

II. Aufspaltung, Aufspaltungsstichtag und Bilanz

§ 1 Aufspaltung

1.1 A AG als übertragender Rechtsträger überträgt im Wege der nichtverhältniswahrenden Aufspaltung[3] zur Aufnahme gemäß §§ 123 Abs. 1 Nr. 1, 128 UmwG ihr Vermögen unter Auflösung ohne Abwicklung durch gleichzeitige Übertragung der Vermögensteile der Gesellschaft jeweils als Gesamtheit auf die B 1 AG, die B 2 AG und die B 3 AG als übernehmende Rechtsträger gegen Gewährung von Anteilen an der B 2 AG und der B 3 AG an die Aktionäre der A AG.

1.2 Auf die B 1 AG werden sämtliche dem Unternehmensbereich Hafen 1 zuzuordnenden Gegenstände des Aktiv- und Passivvermögens der A AG, auf die B 2 AG werden sämtliche dem Unternehmensbereich Hafen 2 zuzuordnenden Gegenstände des Aktiv- und Passivvermögens der A AG und auf die B 3 AG werden sämtliche dem Unternehmensbereich Hafen 3 zuzuordnenden Gegenstände des Aktiv- und Passivvermögens der A AG übertragen, jeweils mit allen Rechten und Pflichten.

§ 2 Aufspaltungsstichtag

2.1 Die Übertragung des Vermögens des übertragenden Rechtsträgers erfolgt im Verhältnis zwischen den beteiligten Rechtsträgern mit Wirkung zum 31. Dezember 2021, 24.00 Uhr. Vom 1. Januar 2022, 0.00 Uhr, an („Aufspaltungsstichtag") gelten im Innenverhältnis die Handlungen und Geschäfte des übertragenden Rechtsträgers als für Rechnung des den jeweiligen Vermögensteil übernehmenden Rechtsträgers vorgenommen.

2.2 Der übertragende Rechtsträger wird bis zum Wirksamwerden der Aufspaltung für sein Vermögen intern getrennt Rechnung legen, so als wäre die Aufspaltung bereits am Aufspaltungsstichtag wirksam geworden.

§ 3 Bilanz

3.1 Der Aufspaltung wird als Schlussbilanz nach §§ 125, 17 Abs. 2 UmwG die geprüfte und mit dem uneingeschränkten Bestätigungsvermerk der . . . . . Wirtschaftsprüfungsgesellschaft versehene Jahresbilanz des übertragenden Rechtsträgers zum 31. Dezember 2021 zugrunde gelegt (nachfolgend auch die „Schlussbilanz").[4]

3.2 Die Bestimmung der dem Unternehmensbereich Hafen 1 zuzuordnenden Vermögensgegenstände des Aktiv- und Passivvermögens erfolgt auf der Grundlage der aus der zum 31. Dezember 2021 aufgestellten Jahresbilanz des übertragenden Rechtsträgers entwickelten Aufspaltungsbilanz des Unternehmensbereichs Hafen 1 zum 31. Dezember 2021, die diesem Vertrag als Anlage 3.2 beigefügt ist („Aufspaltungsbilanz Hafen 1"). Der übertragende Rechtsträger überträgt auf B 1 AG auch alle nicht bilanzierungspflichtigen oder -fähigen oder tatsächlich nicht bilanzierten Gegenstände des Aktiv- und Passivvermögens oder sonstigen Rechte und Verbindlichkeiten, die nach Herkunft oder Zweckbestimmung dem Unternehmensbereich Hafen 1 zuzurechnen sind.

3.3 Die Bestimmung der dem Unternehmensbereich Hafen 2 zuzuordnenden Vermögensgegenstände des Aktiv- und Passivvermögens erfolgt auf der Grundlage der aus der zum 31. Dezember 2021 aufgestellten Jahresbilanz des übertragenden Rechtsträgers entwickelten Aufspaltungsbilanz des Unternehmensbereichs Hafen 2 zum 31. Dezember 2021, die diesem Vertrag als Anlage 3.3 beigefügt ist („Aufspaltungsbilanz Hafen 2"). Der übertragende Rechtsträger überträgt auf B 2 AG auch alle nicht bilanzierungspflichtigen oder -fähigen oder tatsächlich nicht bilanzierten Gegenstände des Aktiv- und Passivvermögens oder sonstigen Rechte und Verbindlichkeiten, die nach Herkunft oder Zweckbestimmung dem Unternehmensbereich Hafen 2 zuzurechnen sind.

3.4 Die Bestimmung der dem Unternehmensbereich Hafen 3 zuzuordnenden Vermögensgegenstände des Aktiv- und Passivvermögens erfolgt auf der Grundlage der aus der zum 31. Dezember 2021 aufgestellten Jahresbilanz des übertragenden Rechtsträgers entwickelten Aufspaltungsbilanz des Unternehmensbereichs Hafen 3 zum 31. Dezember 2021, die diesem Vertrag als Anlage 3.4 beigefügt ist („Aufspaltungsbilanz Hafen 3"). Der übertragende Rechtsträger überträgt auf B 3 AG auch alle nicht bilanzierungspflichtigen oder -fähigen oder tatsächlich nicht bilanzierten Gegenstände des Aktiv- und Passivvermögens oder sonstigen Rechte und Verbindlichkeiten, die nach Herkunft oder Zweckbestimmung dem Unternehmensbereich Hafen 3 zuzurechnen sind.

3.5 Die übernehmenden Rechtsträger übernehmen die in den Aufspaltungsbilanzen angesetzten Buchwerte der auf sie übergehenden Teile des Aktiv- und Passivvermögens der A AG in ihre Rechnungslegung und führen diese Buchwerte fort.

III. Gegenstand der Aufspaltung

III. A Vermögensübertragung auf die B 1 AG

Der auf B 1 AG zu übertragende Unternehmensbereich Hafen 1 umfasst die Aktivitäten des übertragenden Rechtsträgers auf den Gebieten der . . . . ., jeweils einschließlich der hiermit im Zusammenhang stehenden oder begründeten Anlagen, Einrichtungen, Rechte, Verbindlichkeiten und Beteiligungen.

Zu dem durch den übertragenden Rechtsträger als Bestandteil des Unternehmensbereichs Hafen 1 auf die B 1 AG zu übertragenden Vermögen gehören insbesondere die in den nachfolgenden §§ 4 A bis 11 A dieses Vertrags näher bezeichneten Vermögensgegenstände.[5]

§ 4 A Übertragung von Beteiligungen

Der übertragende Rechtsträger überträgt auf B 1 AG alle in Anlage 4 A aufgeführten Beteiligungen. Die Übertragung erfolgt unter Einschluss sämtlicher damit verbundenen Rechte und Pflichten, insbesondere sämtlicher Gewinnbezugsrechte, soweit bis zum Aufspaltungsstichtag keine Ausschüttung beschlossen worden ist. B 1 AG stehen damit alle Ausschüttungen einschließlich aller damit im Zusammenhang stehenden steuerlichen Guthaben zu, die ab dem Aufspaltungsstichtag beschlossen werden, unabhängig von dem Zeitraum, auf den sie entfallen. Mit den zu übertragenden Beteiligungen werden sämtliche Konsortialverträge, sonstigen Gesellschaftervereinbarungen und Unternehmensverträge, insbesondere die in der Anlage 4 A genannten, übertragen.

§ 5 A Gewerbliche Schutzrechte

5.1 A Der übertragende Rechtsträger überträgt auf B 1 AG alle in Anlage 5.1 A aufgeführten inländischen und ausländischen gewerblichen Schutzrechte und Schutzrechtsanmeldungen sowie Nutzungsrechte an solchen Schutzrechten sowie damit im Zusammenhang stehende Arbeitnehmer-Erfindungen. B 1 AG übernimmt eine auf die Nutzung der übertragenen Schutzrechte etwaig entfallende Erfindervergütung.

5.2 A B 1 AG erhält den Besitz an allen Aufzeichnungen, technischen Dokumenten und sonstigen Datenträgern, auf denen die auf sie übertragenen immateriellen Vermögensgegenstände verkörpert sind.

§ 6 A Übertragung von Grundstücken, grundstücksgleichen Rechten und Grundstücksrechten und Bauten auf fremdem Grund

6.1 A Der übertragende Rechtsträger überträgt auf B 1 AG die in Anlage 6.1 A aufgeführten Grundstücke, Grundstücksanteile und grundstücksgleichen Rechte (nachfolgend insgesamt auch der „Grundbesitz Hafen 1“).[6]

Sämtliche Ansprüche und Verpflichtungen des Grundbesitzes Hafen 1 werden ebenfalls übertragen. Hierunter fallen auch Ansprüche und Verpflichtungen aus Grundstückskauf- und Tauschverträgen (übertragender Rechtsträger als Erwerber), wenn das Eigentum auf den übertragenden Rechtsträger bereits umgeschrieben ist, zB Kostenforderungen der Grundbuchämter und Notare, Gewährleistungsansprüche, Kaufpreisanpassungsverpflichtungen oder andere mit dem Grundbesitz Hafen 1 verbundene Rechte und Pflichten.

Soweit der übertragende Rechtsträger Grundbesitz Hafen 1 an Dritte veräußert hat, werden auch alle Rechte und Pflichten aus noch nicht abgewickelten Kaufverträgen über den Grundbesitz Hafen 1 (übertragender Rechtsträger als Veräußerer) übertragen.

6.2 A Soweit der übertragende Rechtsträger in Zusammenhang mit öffentlich-rechtlichen Verfahren (Umlegungsverfahren, Flurbereinigungsverfahren, Sanierungsverfahren, städtebaulichen Entwicklungsverfahren oder ähnlichen Verfahren) Anspruch auf die Übertragung von Grundbesitz hat, der dem Unternehmensbereich Hafen 1 zuzuordnen ist, überträgt der übertragende Rechtsträger die Ansprüche auf Eigentumsverschaffung auf die B 1 AG. Die B 1 AG tritt anstelle des übertragenden Rechtsträgers in alle diesbezüglichen Verfahren und Rechtsbeziehungen ein.

6.3 A Der Grundbesitz Hafen 1 wird mit allen ihm zuzuordnenden Belastungen und Beschränkungen, auch soweit sie nicht in den Grundbüchern eingetragen sind, übertragen. Das gilt auch für solche Belastungen, die vom übertragenden Rechtsträger bereits bewilligt sind oder bis zum Zeitpunkt des Wirksamwerdens der Aufspaltung noch bewilligt werden. B 1 AG übernimmt auch sämtliche auf dem Grundbesitz Hafen 1 ruhenden Baulasten, auch solche, die von dem übertragenden Rechtsträger bereits bewilligt, aber noch nicht im Baulastenverzeichnis eingetragen sind.

Erschließungskosten und sonstige Anliegerbeiträge, die für den Grundbesitz Hafen 1 veranlagt werden, trägt B 1 AG unabhängig davon, wann die Erschließungsanlagen hergestellt worden sind. Dies gilt auch für Abgaben nach dem Kommunalabgabengesetz. Diese Regelungen gelten für etwaige Erstattungen entsprechend.

6.4 A Der Grundbesitz Hafen 1 geht nebst allen wesentlichen Bestandteilen, also insbesondere Aufbauten und im Bau befindlichen Anlagen, einschließlich aller Ansprüche aufgrund hierfür geleisteter Anzahlungen auf B 1 AG über; die Übertragung von Zubehör wird ausschließlich in § 8.1 A geregelt.

6.5 A Soweit der Grundbesitz Hafen 1 vermietet oder verpachtet ist, überträgt der übertragende Rechtsträger die Miet- bzw. Pachtverträge auf B 1 AG. Dies gilt auch für sonstige Nutzungsverhältnisse und auch, soweit B 1 AG selbst Mieter, Pächter oder Nutzer ist.

6.6 A Soweit der übertragende Rechtsträger als Grundstückseigentümer Erbbaurechte zu Gunsten Dritter am Grundbesitz Hafen 1 bestellt hat, überträgt der übertragende Rechtsträger auch die schuldrechtlichen Vereinbarungen, die mit dem Erbbauberechtigten getroffen worden sind, auf B 1 AG.

6.7 A Soweit im Zusammenhang mit dem Verkauf von Grundstücken, die an den Grundbesitz Hafen 1 angrenzen, schuldrechtliche Verpflichtungen zu Lasten des Grundbesitzes Hafen 1 von dem übertragenden Rechtsträger bis zum Zeitpunkt des Wirksamwerdens der Aufspaltung begründet worden sind, werden auch diese schuldrechtlichen Verpflichtungen auf B 1 AG übertragen.

6.8 A Der übertragende Rechtsträger überträgt auf B 1 AG sämtliche dem Unternehmensbereich Hafen 1 zuzuordnenden baulichen und technischen Anlagen auf fremden Grundstücken einschließlich aller im Bau befindlichen Anlagen und einschließlich aller Ansprüche aus hierfür geleisteten Anzahlungen. Der übertragende Rechtsträger überträgt auf B 1 AG auch alle Rechte und Pflichten aus Miet-, Pacht- oder sonstigen Nutzungsverträgen über Grundbesitz, auf dem sich die in S. 1 genannten baulichen und technischen Anlagen befinden.

§ 7 A Anlagen und Einrichtungen

Der übertragende Rechtsträger überträgt auf B 1 AG die in Anlage 7 A beschriebenen Anlagen und Einrichtungen einschließlich Anlagen im Bau und aller Ansprüche aus geleisteten Anzahlungen.

§ 8 A Übertragung sonstiger Gegenstände des Sach-, Finanzanlage- und Umlaufvermögens

8.1 A Der übertragende Rechtsträger überträgt auf B 1 AG die dem Unternehmensbereich Hafen 1 zuzuordnenden sonstigen Gegenstände des Sach- und Finanzanlagevermögens einschließlich Anlagen im Bau. Hierzu gehören insbesondere:

8.1.1 A die gesamte dem Unternehmensbereich Hafen 1 zuzuordnende Betriebs- und Geschäftsausstattung wie Büromobiliar, Schreib- und Rechenmaschinen, Diktier-, Druck- und Vervielfältigungsgeräte, die sich in den dem Unternehmensbereich Hafen 1 zuzuordnenden Gebäuden befinden, die gemäß § 6 A auf B 1 AG übertragen werden;

8.1.2 A sämtliche dem Unternehmensbereich Hafen 1 zuzuordnenden, sonstigen nicht bereits in § 7 A genannten technischen Anlagen und Maschinen einschließlich der technischen Arbeitsgeräte und Werkzeuge, die den Mitarbeitern des Unternehmensbereichs Hafen 1 für ihre berufliche Tätigkeit zum ständigen Gebrauch bzw. in der Regel zum Einsatz überlassen worden sind;

8.1.3 A sämtliche dem Unternehmensbereich Hafen 1 zuzuordnenden EDV-Hardwarekomponenten, soweit sie ausschließlich der Steuerung der gemäß § 7 A auf B 1 AG zu übertragenden Anlagen und Einrichtungen dienen;

8.1.4 A sämtliche dem Unternehmensbereich Hafen 1 zuzuordnenden geringwertigen Wirtschaftsgüter und sonstigen Betriebsmittel;

8.1.5 A sämtliche in Anlage 8.1.5 A aufgeführten Fahrzeuge und mobilen Geräte.

8.1.6 A Mit den vorstehend genannten Sachanlagen werden auch die hiermit im Zusammenhang stehenden, auf der Passivseite der Aufspaltungsbilanz Hafen 1 ausgewiesenen Sonderposten übertragen.

8.1.7 A Soweit die in §§ 8.1.1 A bis 8.1.6 A bezeichneten Gegenstände unter Eigentumsvorbehalt stehen oder der übertragende Rechtsträger diese als Sicherungseigentum an Dritte übertragen hat, überträgt der übertragende Rechtsträger auf B 1 AG alle ihm in diesem Zusammenhang zustehenden Ansprüche einschließlich aller Herausgabeansprüche.

8.2 A Der übertragende Rechtsträger überträgt auf B 1 AG die dem Unternehmensbereich Hafen 1 zuzuordnenden Vorräte. Die wesentlichen Gegenstände des zu übertragenden Vorratsvermögens sind in Anlage 8.2 A aufgeführt. Soweit die vorbezeichneten Gegenstände unter Eigentumsvorbehalt stehen oder der übertragende Rechtsträger diese als Sicherungseigentum an Dritte übertragen hat, überträgt der übertragende Rechtsträger auf B 1 AG alle ihm in diesem Zusammenhang zustehenden Ansprüche einschließlich aller Herausgabeansprüche.

8.3 A Der übertragende Rechtsträger überträgt auf B 1 AG die dem Unternehmensbereich Hafen 1 zuzuordnenden Forderungen und sonstigen Vermögensgegenstände des Umlaufvermögens und die Bestände der für den Unternehmensbereich Hafen 1 geführten Bankkonten und Kassen, insbesondere gemäß Anlage 8.3 A.

§ 9 A Übertragung von Rechten und Pflichten sowie Verbindlichkeiten und Steueransprüchen

9.1 A Der übertragende Rechtsträger überträgt auf B 1 AG alle dem Unternehmensbereich Hafen 1 zuzuordnenden Verbindlichkeiten und Verpflichtungen, einschließlich etwaiger Eventualverbindlichkeiten, insbesondere die in der Aufspaltungsbilanz Hafen 1 – auch durch Rückstellungen – erfassten. Hierzu gehören insbesondere die folgenden Verbindlichkeiten:

- Verpflichtungen, einschließlich Eventualverbindlichkeiten, für die Rückstellungen gebildet worden sind, gemäß Anlage 9.1.1 A;

- Verpflichtungen aus und im Zusammenhang mit Pensionsverbindlichkeiten gegenüber den dem Unternehmensbereich Hafen 1 zuzuordnenden Mitarbeitern und Pensionären (vgl. § 11 A);
- die den Posten der passiven Rechnungsabgrenzung zugrunde liegenden Verpflichtungen gemäß Anlage 9.1.2 A;
- sonstige Verbindlichkeiten gemäß Anlage 9.1.3 A.

9.2 A Für Steuerverbindlichkeiten (insbesondere Ertrag- und Substanzsteuern, Lohnsteuern sowie sämtliche Verkehrssteuern) des übertragenden Rechtsträgers und Verpflichtungen im Zusammenhang mit Sozialversicherungsansprüchen sowie für Ansprüche auf Steuererstattungen und Verpflichtungen zu Steuernachzahlungen sowie Erstattungen und Verpflichtungen zur Nachzahlung im Zusammenhang mit Sozialversicherungsansprüchen gilt die Regelung in § 9.3 B.

§ 10 A Übertragung von Verträgen, Genehmigungen, Erlaubnissen, Berechtigungen und sonstigen Rechten

10.1 A Der übertragende Rechtsträger überträgt auf B 1 AG sämtliche dem Unternehmensbereich Hafen 1 zuzuordnenden Verträge, Vertragsangebote, Kundenbeziehungen, Berechtigungen, Genehmigungen, Konzessionen und sonstige Rechtsstellungen sowie sämtliche dem Unternehmensbereich Hafen 1 zuzuordnenden Projekte mit den hieraus resultierenden Rechtsstellungen, soweit diese nicht bereits aufgrund anderweitiger Bestimmungen in diesem Vertrag auf B 1 AG übertragen werden. Die wesentlichen Vertragstypen oder sonstigen wesentlichen Verträge sind in Anlagen 10.1.1 A (a) und (b) aufgeführt. Soweit die übertragenen Verträge und Rechtsstellungen Gegenstand gerichtlicher oder schiedsgerichtlicher Auseinandersetzung sind, werden auch die Prozessrechtsverhältnisse übertragen. Die wesentlichen Prozessrechtsverhältnisse sind in Anlage 10.1.2 A gesondert aufgeführt.

10.2 A Die in Anlage 10.1.1 A (b) aufgeführten Verträge, Vertragsangebote, Berechtigungen und sonstige Rechtsstellungen betreffen nicht nur den auf B 1 AG zu übertragenden Unternehmensbereich Hafen 1, sondern zugleich auch die Unternehmensbereiche Hafen 2 oder Hafen 3 des übertragenden Rechtsträgers, die auf die B 2 AG oder B 3 AG übertragen werden (nachfolgend die „übergreifenden Verträge"). B 1 AG, B 2 AG und B 3 AG werden sich bemühen, dass der einzelne übergreifende Vertrag durch neue Verträge ersetzt wird, die an die nach dem Integrationskonzept vorgesehene Aufteilung angepasst sind. Danach sollen B 1 AG sowie B 2 AG und B 3 AG eigenständige Vertragspartner von Verträgen werden, die allein den jeweils auf sie übertragenen Unternehmensbereich betreffen. Bis dahin werden sich B 1 AG, B 2 AG und B 3 AG im Innenverhältnis wirtschaftlich so stellen, als wäre der jeweilige übergreifende Vertrag in dem Umfang auf B 2 AG und B 3 AG übertragen worden, als er den auf die jeweilige Gesellschaft zu übertragenden Unternehmensbereich betrifft (der „Drittbereich"). Im Außenverhältnis gegenüber dem Vertragspartner wird B 1 AG im Drittbereich nach Weisung der B 2 AG und/oder B 3 AG die Rechte und Pflichten aus den übergreifenden Verträgen ausüben und erfüllen.[7]

10.3 A Der übertragende Rechtsträger überträgt auf B 1 AG ferner alle Rechte und Verpflichtungen aus Genehmigungen, Erlaubnissen und ähnlichen Berechtigungen, die ausschließlich dem Unternehmensbereich Hafen 1 zuzuordnen sind.

10.4 A Der übertragende Rechtsträger überträgt auf B 1 AG alle Mitgliedschaften und sonstigen Rechtsstellungen in den in Anlage 10.4 A genannten Vereinen.

10.5 A Der zwischen A AG als abhängiger Gesellschaft und B 1 AG als herrschender Gesellschaft bestehende Beherrschungs- und Gewinnabführungsvertrag erlischt mit Wirksamwerden der Aufspaltung.[8]

§ 11 A Pensionsverbindlichkeiten und Pensionsrückstellungen

11.1 A Pensionsverbindlichkeiten gegenüber den übergegangenen (aktiven) Mitarbeitern des Unternehmensbereichs Hafen 1

Mit dem Übergang der Arbeitsverhältnisse mit Wirksamwerden der Aufspaltung gehen alle Rechte und Verpflichtungen aus den beim übertragenden Rechtsträger bestehenden Pensionszusagen gegenüber den auf B 1 AG übergegangenen Mitarbeitern des Unternehmensbereichs Hafen 1 (die „übernommenen Mitarbeiter") nach § 613a BGB auf B 1 AG über.

Daneben haften B 2 AG und B 3 AG für diese Pensionsverbindlichkeiten als Gesamtschuldner gemäß § 133 Abs. 3 UmwG für zehn Jahre ab dem Tage, an dem die Eintragung der Aufspaltung in das Handelsregister bekannt gemacht worden ist.

Die Rückstellungen, die der übertragende Rechtsträger für die Verpflichtungen aus Pensionszusagen für die übernommenen Mitarbeiter des Unternehmensbereichs Hafen 1 gebildet hat, werden ab dem Aufspaltungsstichtag von B 1 AG gebildet.

11.2 A Pensionsverbindlichkeiten gegenüber den im Zeitpunkt des Betriebsübergangs bereits ausgeschiedenen Mitarbeitern

Der übertragende Rechtsträger überträgt seine Verpflichtungen aus Pensionszusagen (laufende Pensionen und unverfallbare Anwartschaften) gegenüber den am Aufspaltungsstichtag bereits ausgeschiedenen Mitarbeitern, die dem Unternehmensbereich Hafen 1 zugeordnet waren, und deren Hinterbliebenen (insgesamt: die „ausgeschiedenen Mitarbeiter des Unternehmensbereich Hafen 1") auf B 1 AG.

Daneben haften B 2 AG und B 3 AG für diese Pensionsverbindlichkeiten als Gesamtschuldner gemäß § 133 Abs. 3 UmwG für zehn Jahre ab dem Tag, an dem die Eintragung der Aufspaltung in das Handelsregister bekannt gemacht worden ist.

Die Rückstellungen, die der übertragende Rechtsträger für die Verpflichtungen aus Pensionszusagen für die ausgeschiedenen Mitarbeiter des Unternehmensbereichs Hafen 1 gebildet hat, werden demgemäß ab dem Aufspaltungsstichtag von B 1 AG gebildet.

III. B Vermögensübertragung auf die B 2 AG

Der auf B 2 AG zu übertragende Unternehmensbereich Hafen 2 umfasst die Aktivitäten des übertragenden Rechtsträgers auf den Gebieten des . . . . ., jeweils einschließlich der hiermit im Zusammenhang stehenden oder begründeten Anlagen, Einrichtungen, Verträge, Rechte, Forderungen und Verbindlichkeiten sowie Beteiligungen.

Zu dem durch den übertragenden Rechtsträger als Bestandteil des Unternehmensbereichs Hafen 2 auf B 2 AG zu übertragenden Vermögen gehören insbesondere die in den nachfolgenden §§ 4 B bis 11 B dieses Vertrags näher bezeichneten Vermögensgegenstände.

§ 4 B Übertragung von Beteiligungen

Der übertragende Rechtsträger überträgt auf B 2 AG alle in Anlage 4 B aufgeführten Beteiligungen. Die Übertragung erfolgt unter Einschluss sämtlicher damit verbundenen Rechte und Pflichten, insbesondere sämtlicher Gewinnbezugsrechte, soweit bis zum Aufspaltungsstichtag keine Ausschüttung beschlossen worden ist. B 2 AG stehen damit alle Ausschüttungen einschließlich aller damit im Zusammenhang stehenden steuerlichen Guthaben zu, die ab dem Aufspaltungsstichtag beschlossen werden, unabhängig von dem Zeitraum, auf den sie entfallen. Mit den zu übertragenden Beteiligungen werden sämtliche Konsortialverträge, sonstigen Gesellschaftervereinbarungen und Unternehmensverträge, insbesondere die in der Anlage 4 B genannten, übertragen.

§ 5 B Gewerbliche Schutzrechte/EDV-Software

(bleibt frei)[9]

§ 6 B Übertragung von Grundstücken, grundstücksgleichen Rechten und Grundstücksrechten und Bauten auf fremdem Grund

(bleibt frei)

§ 7 B Anlagen und Einrichtungen

Der übertragende Rechtsträger überträgt auf B 2 AG die in Anlage 7 B näher beschriebenen Anlagen und Einrichtungen einschließlich Anlagen im Bau und alle Ansprüche aus geleisteten Anzahlungen.

§ 8 B Übertragung sonstiger Gegenstände des Sach-, Finanzanlage- und Umlaufvermögens

8.1 B Der übertragende Rechtsträger überträgt auf B 2 AG die dem Unternehmensbereich Hafen 2 zuzuordnenden sonstigen Gegenstände des Sach- und Finanzanlagevermögens einschließlich Anlagen im Bau. Hierzu gehören insbesondere:

8.1.1 B die gesamte dem Unternehmensbereich Hafen 2 zuzuordnende Betriebs- und Geschäftsausstattung wie Büromobiliar, Schreib- und Rechenmaschinen, Diktier-, Druck- und Vervielfältigungsgeräte, die sich in Gebäuden befinden, die vom Unternehmensbereich Hafen 2 gemietet oder gepachtet sind;

8.1.2 B sämtliche dem Unternehmensbereich Hafen 2 zuzuordnenden, sonstigen nicht bereits in § 7 B genannten technischen Anlagen und Maschinen einschließlich der technischen Arbeitsgeräte und Werkzeuge, die den Mitarbeitern des Unternehmensbereichs Hafen 2 für ihre berufliche Tätigkeit zum ständigen Gebrauch bzw. in der Regel zum Einsatz überlassen worden sind;

8.1.3 B sämtliche dem Unternehmensbereich Hafen 2 zuzuordnenden EDV-Hardwarekomponenten, soweit sie ausschließlich der Steuerung der gemäß § 7 B auf B 2 AG zu übertragenden Anlagen und Einrichtungen dienen;

8.1.4 B sämtliche dem Unternehmensbereich Hafen 2 zuzuordnenden geringwertigen Wirtschaftsgüter und sonstigen Betriebsmittel;

8.1.5 B sämtliche in Anlage 8.1.5 B aufgeführten Fahrzeuge und mobilen Geräte.

8.1.6 B Mit den vorstehend genannten Sachanlagen werden auch die hiermit im Zusammenhang stehenden, auf der Passivseite der Aufspaltungsbilanz Hafen 2 ausgewiesenen Sonderposten übertragen.

8.1.7 B Soweit die in §§ 8.1.1 B bis 8.1.6 B bezeichneten Gegenstände unter Eigentumsvorbehalt stehen oder der übertragende Rechtsträger diese als Sicherungseigentum an Dritte übertragen hat, überträgt der übertragende Rechtsträger auf B 2 AG alle ihm in diesem Zusammenhang zustehenden Ansprüche einschließlich aller Herausgabeansprüche.

8.2 B Der übertragende Rechtsträger überträgt auf B 2 AG die dem Unternehmensbereich Hafen 2 zuzuordnenden Vorräte. Die wesentlichen Gegenstände des zu übertragenden Vorratsvermögens sind in Anlage 8.2 B aufgeführt. Soweit die vorbezeichneten Gegenstände unter Eigentumsvorbehalt stehen oder der übertragende Rechtsträger diese als Sicherungseigentum an Dritte übertragen hat, überträgt der übertragende Rechtsträger auf B 2 AG alle ihm in diesem Zusammenhang zustehenden Ansprüche einschließlich aller Herausgabeansprüche.

8.3 B Der übertragende Rechtsträger überträgt auf B 2 AG die dem Unternehmensbereich Hafen 2 zuzuordnenden Forderungen und sonstigen Vermögensgegenstände des Umlaufvermögens und die Bestände der für den Unternehmensbereich Hafen 2 geführten Bankkonten und Kassen, insbesondere gemäß Anlage 8.3 B.

§ 9 B Übertragung von Rechten und Pflichten sowie Verbindlichkeiten und Steueransprüchen

9.1 B Der übertragende Rechtsträger überträgt auf B 2 AG alle dem Unternehmensbereich Hafen 2 zuzuordnenden Verbindlichkeiten und Verpflichtungen, einschließlich etwaiger Eventualverbindlichkeiten, insbesondere die in der Aufspaltungsbilanz Hafen 2 – auch durch Rückstellungen – erfassten. Hierzu gehören insbesondere die folgenden Verbindlichkeiten:

- Verpflichtungen, einschließlich Eventualverbindlichkeiten, für die Rückstellungen gebildet worden sind, gemäß Anlage 9.1.1 B;
- Verpflichtungen aus und im Zusammenhang mit Pensionsverbindlichkeiten gegenüber den dem Unternehmensbereich Hafen 2 zuzuordnenden Mitarbeitern und Pensionären (vgl § 11 B);
- die den Posten der passiven Rechnungsabgrenzung zugrunde liegenden Verpflichtungen gemäß Anlage 9.1.2 B;
- sonstige Verbindlichkeiten gemäß Anlage 9.1.3 B.

9.2 B B 2 AG übernimmt alle Steuerverbindlichkeiten (insbesondere Ertrag- und Substanzsteuern, Lohnsteuern sowie sämtliche Verkehrssteuern) des übertragenden Rechtsträgers und dessen Verpflichtungen im Zusammenhang mit Sozialversicherungsansprüchen sowie dessen sämtliche Ansprüche auf Steuererstattungen und Verpflichtungen zu Steuernachzahlungen sowie Erstattungen und Verpflichtungen zur Nachzahlung im Zusammenhang mit Sozialversicherungsansprüchen. Dementsprechend übernimmt B 2 AG sämtliche Rückstellungen, die beim übertragenden Rechtsträger in Zusammenhang mit den in S. 1 genannten Verbindlichkeiten gebildet worden sind. Sollten diese Rückstellungen nicht ausreichen, um die nach S. 1 durch B 2 AG übernommenen Verpflichtungen zu begleichen, ist der Differenzbetrag von B 1 AG und B 3 AG auszugleichen *(gewünschte Ausgleichsmodalitäten einzufügen)*.

§ 10 B Übertragung von Verträgen, Genehmigungen, Erlaubnissen, Berechtigungen und sonstigen Rechten

10.1 B Der übertragende Rechtsträger überträgt auf B 2 AG sämtliche dem Unternehmensbereich Hafen 2 zuzuordnenden Verträge, Vertragsangebote, Kundenbeziehungen, Berechtigungen, Genehmigungen, Konzessionen und sonstige Rechtsstellungen sowie sämtliche dem Unternehmensbereich Hafen 2 zuzuordnenden Projekte mit den hieraus resultierenden Rechtsstellungen, soweit diese nicht bereits aufgrund anderweitiger Bestimmungen in diesem Vertrag auf B 2 AG übertragen werden. Die wesentlichen Vertragstypen oder sonstigen wesentlichen Verträge sind in Anlagen 10.1.1 B (a) und (b) aufgeführt. Soweit die übertragenen Verträge und Rechtsstellungen Gegenstand gerichtlicher oder schiedsgerichtlicher Auseinandersetzung sind, werden auch die Prozessrechtsverhältnisse übertragen. Die wesentlichen Prozessrechtsverhältnisse sind in Anlage 10.1.2 B gesondert aufgeführt.

10.2 B Die in Anlage 10.1.1 B (b) aufgeführten Verträge, Vertragsangebote, Berechtigungen und sonstige Rechtsstellungen betreffen nicht nur den auf B 2 AG zu übertragenden Unternehmensbereich Hafen 2, sondern zugleich auch die Unternehmensbereiche Hafen 1 oder Hafen 3 des übertragenden Rechtsträgers, die auf die B 1 AG oder B 3 AG übertragen werden (nachfolgend die „übergreifenden Verträge"). B 1 AG, B 2 AG und B 3 AG werden sich bemühen, dass der einzelne übergreifende Vertrag durch neue Verträge ersetzt wird, die an die nach dem Integrationskonzept vorgesehene Aufteilung angepasst sind. Danach sollen B 1 AG sowie B 2 AG und B 3 AG eigenständige Vertragspartner von Verträgen werden, die allein den jeweils auf sie übertragenen Unternehmensbereich betreffen. Bis dahin werden sich B 1 AG, B 2 AG und B 3 AG im Innenverhältnis wirtschaftlich so stellen, als wäre der jeweilige übergreifende Vertrag in dem Umfang auf B 1 AG und B 3 AG übertragen worden, als er den auf die jeweilige Gesellschaft zu übertragenden Unternehmensbereich betrifft (der „Drittbereich"). Im Außenverhältnis gegenüber dem Vertragspartner wird B 2 AG im Drittbereich nach Weisung der B 1 AG und/oder B 3 AG die Rechte und Pflichten aus den übergreifenden Verträgen ausüben und erfüllen.

10.3 B Der übertragende Rechtsträger überträgt ferner alle Rechte und Verpflichtungen aus Genehmigungen, Erlaubnissen und ähnlichen Berechtigungen, die ausschließlich dem Unternehmensbereich Hafen 2 zuzuordnen sind.

10.4 B Der übertragende Rechtsträger überträgt auf B 2 AG alle Mitgliedschaften und sonstigen Rechtsstellungen in den in Anlage 10.4 B genannten Vereinen.

§ 11 B Pensionsverbindlichkeiten und Pensionsrückstellungen

11.1 B Pensionsverbindlichkeiten gegenüber den übergegangenen (aktiven) Mitarbeitern des Unternehmensbereichs Hafen 2

Mit dem Übergang der Arbeitsverhältnisse mit Wirksamwerden der Aufspaltung gehen alle Rechte und Verpflichtungen aus den beim übertragenden Rechtsträger bestehenden Pensionszusagen gegenüber den auf B 2 AG übergegangenen Mitarbeitern des Unternehmensbereichs Hafen 2 (die „übernommenen Mitarbeiter") nach § 613a BGB auf B 2 AG über.

Daneben haften B 1 AG und B 3 AG für diese Pensionsverbindlichkeiten als Gesamtschuldner gemäß § 133 Abs. 3 UmwG für zehn Jahre ab dem Tage, an dem die Eintragung der Aufspaltung in das Handelsregister bekannt gemacht worden ist.

11.2 B Pensionsverbindlichkeiten gegenüber den im Zeitpunkt des Betriebsübergangs bereits ausgeschiedenen Mitarbeitern

Der übertragende Rechtsträger überträgt seine Verpflichtungen aus Pensionszusagen (laufende Pensionen und unverfallbare Anwartschaften) gegenüber den am Aufspaltungsstichtag bereits ausgeschiedenen Mitarbeitern, die dem Unternehmensbereich Hafen 2 zugeordnet waren, und deren Hinterbliebenen (insgesamt: die „ausgeschiedenen Mitarbeiter des Unternehmensbereichs Hafen 2") auf B 2 AG.

Daneben haften B 1 AG und B 3 AG für diese Pensionsverbindlichkeiten als Gesamtschuldner gemäß § 133 Abs. 3 UmwG für zehn Jahre ab dem Tag, an dem die Eintragung der Aufspaltung in das Handelsregister bekannt gemacht worden ist.

Die Rückstellungen, die der übertragende Rechtsträger für die Verpflichtungen aus Pensionszusagen für die ausgeschiedenen Mitarbeiter des Unternehmensbereichs Hafen 2 gebildet hat, werden demgemäß ab dem Aufspaltungsstichtag von B 2 AG gebildet.

III. C Vermögensübertragung auf die B 3 AG

Der auf B 3 AG zu übertragende Unternehmensbereich Hafen 3 umfasst die Aktivitäten des übertragenden Rechtsträgers auf den Gebieten des . . . . ., jeweils einschließlich der hiermit im Zusammenhang stehenden oder begründeten Anlagen, Einrichtungen, Verträge, Rechte, Forderungen und Verbindlichkeiten sowie Beteiligungen.

Zu dem durch den übertragenden Rechtsträger als Bestandteil des Unternehmensbereichs Hafen 3 auf die B 3 AG zu übertragenden Vermögen gehören insbesondere die in den nachfolgenden §§ 4 C bis 11 C dieses Vertrags näher bezeichneten Vermögensgegenstände.

§ 4 C – § 12 C

(Entspricht strukturell § 4 A – § 11 A, daher wird vom Abdruck abgesehen)

IV. Modalitäten der Übertragung

§ 12 Vollzugsdatum

12.1 Die Übertragung der Gegenstände des von der Aufspaltung erfassten Aktiv- und Passivvermögens und der sonstigen Rechte und Pflichten und Rechtsstellungen des übertragenden Rechtsträgers erfolgt mit dinglicher Wirkung zum Zeitpunkt der Eintragung der Aufspaltung in das Handelsregister des übertragenden Rechtsträgers („Vollzugsdatum“).

12.2 Der Besitz an den beweglichen Sachen geht, soweit ihn der jeweils übernehmende Rechtsträger nicht inne hat, am Vollzugsdatum auf den jeweils übernehmenden Rechtsträger über. Soweit das vorgenannte Vermögen Gegenstand des Pachtvertrags ist, endet der mittelbare Besitz des übertragenden Rechtsträgers mit Wirkung zum Vollzugsdatum. Soweit sich bewegliche Sachen im Besitz Dritter befinden, überträgt der übertragende Rechtsträger mit Wirkung zum Vollzugsdatum seine Herausgabeansprüche auf den jeweils übernehmenden Rechtsträger.

12.3 Die in der Zeit zwischen dem Aufspaltungsstichtag und dem Vollzugsdatum erfolgenden Zu- und Abgänge von Gegenständen des Aktiv- und Passivvermögens sowie von sonstigen Rechten und Pflichten werden bei der Übertragung berücksichtigt. Demgemäß überträgt der übertragende Rechtsträger auch diejenigen nach Herkunft und Zweckbestimmung dem jeweiligen Unternehmensbereich zuzuordnenden Gegenstände des Aktiv- und Passivvermögens sowie sonstigen Vertrags- und Rechtsverhältnisse, die in der Zeit zwischen dem Aufspaltungsstichtag und dem Vollzugsdatum dem jeweiligen Unternehmensbereich zugegangen oder in ihm entstanden sind. Entsprechend werden diejenigen Gegenstände des Aktiv- und Passivvermögens und sonstigen Vertrags- und Rechtsverhältnisse, die in der Zeit bis zum Vollzugsdatum veräußert oder anders übertragen worden sind oder zu diesem Zeitpunkt nicht mehr bestehen, nicht auf die übernehmenden Rechtsträger übertragen.

§ 13 Nicht zugeordnete Gegenstände und Verbindlichkeiten, Erlöschen von Rechtsverhältnissen, Innenausgleich, Gläubigerschutz

13.1 Ist ein bestimmter Gegenstand des Aktiv- oder Passivvermögens oder eine sonstige Rechtsstellung keinem der übernehmenden Rechtsträger zugeordnet worden und lässt sich die Zuordnung auch nicht durch Auslegung der übrigen Bestimmungen dieses Vertrags ermitteln, so wird der Gegenstand oder die Rechtsstellung auf die B 1 AG übertragen. Die übernehmenden Rechtsträger werden sich im Innenverhältnis auf eine etwaige nachfolgende Weiterübertragung solcher Gegenstände oder Rechtsstellungen von der B 1 AG auf die B 2 AG oder B 3 AG, eine geeignete Treuhandlösung und/oder eine Entschädigung für den Wert des übergegangenen Gegenstandes oder der übergegangenen Rechtsstellung verständigen.[10]

13.2.1 Soweit für die Übertragung von bestimmten Gegenständen des Aktiv- und Passivvermögens oder von sonstigen Rechten und Pflichten, Verträgen oder sonstigen Rechtsstellungen die Zustimmung Dritter oder eine öffentlich-rechtliche Genehmigung erforderlich ist, werden sich der übertragende Rechtsträger und die übernehmenden Rechtsträger bemühen, die Zustimmung oder Genehmigung zu beschaffen.

13.2.2 Soweit die in diesem Vertrag vorgesehene Gesamtrechtsnachfolge hinsichtlich bestimmter Gegenstände des Aktiv- und Passivvermögens, Rechte und Pflichten, Verträge oder sonstiger Rechtsstellungen aus rechtlichen Gründen – insbesondere der Nicht-Anerkennung der Gesamtrechtsnachfolge durch eine auf die Übertragung anwendbare fremde Rechtsordnung[11] – nicht erfolgen kann, werden sich der übertragende Rechtsträger und die übernehmenden Rechtsträger bemühen, die Einzelrechtsnachfolge der nach diesem Vertrag auf einen der übernehmenden Rechtsträger zu übertragenden Gegenstände des Aktiv- und Passivvermögens, Rechte und Pflichten, Verträge oder sonstigen Rechtsstellungen herbeizuführen.

13.2.3 Sollte ein Recht oder Rechtsverhältnis, das aufgrund dieses Vertrags einem übernehmenden Rechtsträger zugeordnet ist, erlöschen, da es nicht übertragbar ist und auch nicht nach Ziffern 13.2.1 und 13.2.2 übertragen werden kann, stehen dem übernehmenden Rechtsträger, dem das Recht oder Rechtsverhältnis zugeordnet worden ist, gegen die anderen übernehmenden Rechtsträger keinerlei Rechte, gleich aus welchem Rechtsgrund, zu.

13.3 Wenn und soweit ein übernehmender Rechtsträger aufgrund der Bestimmungen in § 133 UmwG oder anderer Bestimmungen von Gläubigern für Verbindlichkeiten und Verpflichtungen sowie aus Haftungsverhältnissen in Anspruch genommen wird, die nach Maßgabe der Bestimmungen dieses Vertrags auf einen anderen übernehmenden Rechtsträger übertragen werden, so hat dieser übernehmende Rechtsträger den in Anspruch genommenen übernehmenden Rechtsträger auf erste Anforderung von der jeweiligen Verbindlichkeit, Verpflichtung oder Haftung (einschließlich der Inanspruchnahme auf Sicherheitsleistung) freizustellen. Die in Anspruch genommene Gesellschaft kann Ersatz der ihr entstandenen Aufwendungen verlangen.

13.4 Soweit bestimmte Gegenstände des Aktiv- und Passivvermögens, Rechte und Pflichten, Verträge oder sonstige Rechtsstellungen aus rechtlichen Gründen nicht auf denjenigen übernehmenden Rechtsträger, dem sie nach diesen Vertrag zugewiesen worden sind (der „vertraglich bestimmte Empfänger"), übergehen, ist der Rechtsträger, auf den der Gegenstand übergegangen ist (der „tatsächliche Empfänger") zur Weiterübertragung an den vertraglich bestimmten Empfänger und der vertraglich bestimmte Empfänger erforderlichenfalls zur Freistellung des tatsächlichen Empfängers verpflichtet. Der tatsächliche Empfänger wird in diesem Zusammenhang alle erforderlichen oder zweckdienlichen Maßnahmen einleiten und an allen erforderlichen oder zweckdienlichen Rechtshandlungen mitwirken, um die in S. 1 genannten Wirtschaftsgüter und Rechte auf den vertraglich bestimmten Empfänger zu übertragen. Im Innenverhältnis werden sich die Vertragsparteien so stellen, als wären die in S. 1 genannten Wirtschaftsgüter und Rechte auf den vertraglich bestimmten Empfänger übergegangen.[12]

§ 14 Mitwirkungspflichten

14.1 Der übertragende Rechtsträger und die übernehmenden Rechtsträger werden alle Erklärungen abgeben, alle Urkunden ausstellen und alle sonstigen Handlungen vornehmen, die im Zusammenhang mit der Übertragung des aufgespaltenen Vermögens etwa noch erforderlich oder zweckdienlich sind.

14.2 Die übernehmenden Rechtsträger erhalten zum Vollzugsdatum sämtliche den dem jeweils auf sie übertragenen Unternehmensbereich zuzuordnenden oder im Zusammenhang mit diesem durch den übertragenden Rechtsträger geführten Geschäftsunterlagen, insbesondere Vertrags- und Genehmigungsunterlagen, Konstruktions- und Baupläne, Betriebshandbücher, Personalunterlagen etc, soweit sie diese nicht schon im Zusammenhang mit der Verpachtung erhalten haben. Die übernehmenden Rechtsträger erhalten auch alle Urkunden, die zur Geltendmachung der auf sie jeweils übergehenden Rechte erforderlich sind.

14.3 Die Parteien – und ab dem Vollzugsdatum die übernehmenden Rechtsträger – werden dafür Sorge tragen, dass ihre Mitarbeiter im erforderlichen Umfang bei der Abwicklung von Sachverhalten mitwirken, die Zeiträume vor dem Aufspaltungsstichtag betreffen.

V. Gegenleistung und Kapitalmaßnahmen

§ 15 Gewährung von Stückaktien und Kapitalmaßnahmen[13]

15.1 Im Hinblick auf die Übertragung des Unternehmensbereichs Hafen 1 auf B 1 AG gilt:

Soweit B 1 AG am übertragenden Rechtsträger beteiligt ist, darf sie ihr Grundkapital zur Durchführung der Aufspaltung nicht erhöhen. Die Außenstehenden Aktionäre erhalten keine Aktien an der B 1 AG. B 1 AG wird somit ihr Grundkapital zur Durchführung der Aufspaltung nicht erhöhen.

15.2 Im Hinblick auf die Übertragung des Unternehmensbereichs Hafen 2 auf B 2 AG gilt:

Als Gegenleistung für die Übertragung des Vermögens der A AG erhält B 1 AG 1 000 000 auf den Inhaber lautende Stückaktien der B 2 AG mit einem anteiligen Betrag des Grundkapitals von je EUR 1. Zur Durchführung der Aufspaltung wird B 2 AG ihr Grundkapital um EUR 1000000 erhöhen. Eine bare Zuzahlung erfolgt nicht. Die Außenstehenden Aktionäre erhalten keine Aktien an der B 2 AG.

15.3 Im Hinblick auf die Übertragung des Unternehmensbereichs Hafen 3 auf B 3 AG gilt:

Als Gegenleistung für die Übertragung des Vermögens der A AG werden den Außenstehenden Aktionären der A AG für je fünf auf den Namen lautende Stückaktien der A AG mit einem anteiligen Betrag des Grundkapitals von je EUR 1 je zwei auf den Inhaber lautende Stückaktien der B 3 AG mit einem anteiligen Betrag des Grundkapitals von je EUR 1 gewährt. Hieraus ergibt sich die in Anlage 15.3 aufgeführte Zuteilung von Aktien der B 3 AG an die Außenstehenden Aktionäre.

Als Gegenleistung für die Übertragung des Vermögens der A AG werden B 1 AG für die von ihr gehaltenen 9 000 000 auf den Namen lautende Stückaktien der A AG mit einem anteiligen Betrag des Grundkapitals von je EUR 1 6000000 auf den Inhaber lautende Stückaktien der B 3 AG mit einem anteiligen Betrag des Grundkapitals von je EUR 1 gewährt.

Zur Durchführung der Aufspaltung wird B 3 AG ihr Grundkapital um EUR 9 000 000 erhöhen. Eine bare Zuzahlung erfolgt nicht.

15.4 Sämtliche neuen Aktien werden kostenfrei und mit Gewinnbezugsrecht für die Geschäftsjahre ab dem 1. Januar 2022 gewährt.

15.5 Der Gesamtwert, zu dem die durch den übertragenden Rechtsträger erbrachten Sacheinlagen durch die übernehmenden Rechtsträger jeweils übernommen wird, entspricht dem handelsrechtlichen Buchwert des übertragenen Nettovermögens zum Aufspaltungsstichtag, so wie in der Schlussbilanz des übertragenden Rechtsträgers zum 31. Dezember 2021 ausgewiesen. Soweit der Wert der Einlage die in §§ 15.2 und 15.3 genannten Beträge der Erhöhung des Grundkapitals übersteigt, wird der jeweilige Betrag jeweils in die Kapitalrücklage der B 2 AG bzw. der B 3 AG eingestellt.

15.6 Für den Empfang der zu gewährenden Aktien an der B 2 AG und deren Übergabe an die B 1 AG sowie für den Empfang der zu gewährenden Aktien an der B 3 AG und deren Übergabe an die B 1 AG und die Außenstehenden Aktionäre wird der übertragende Rechtsträger einen Treuhänder bestellen. B 2 AG und B 3 AG werden dem Treuhänder vor Eintragung der Aufspaltung in das Handelsregister des übertragenden Rechtsträgers den Besitz an den Aktien verschaffen.[14]

§ 16 Besondere Rechte und Vorteile

16.1 Die Einräumung von Rechten oder andere Maßnahmen für einzelne Aktionäre oder für Inhaber besonderer Rechte iSd § 126 Abs. 1 Nr. 7 UmwG sind nicht vorgesehen.

16.2 Besondere Vorteile iSd § 126 Abs. 1 Nr. 8 UmwG für Mitglieder des Vorstandes oder des Aufsichtsrats der an der Aufspaltung beteiligten Rechtsträger oder einen Abschlussprüfer eines beteiligten Rechtsträgers werden nicht gewährt.

VI. Folgen der Aufspaltung für die Arbeitnehmer und ihre Vertretungen

§ 17 Übergang der Arbeitsverhältnisse und Betriebe

17.1 Am Vollzugsdatum werden sämtliche Arbeits- und Ausbildungsverhältnisse, die zu diesem Zeitpunkt mit dem übertragenden Rechtsträger bestanden, mit allen Rechten und Pflichten nach Maßgabe von § 613a Abs. 1 BGB auf die übernehmenden Rechtsträger übertragen. Für den Inhalt der übergegangenen Arbeitsverhältnisse ist der Rechtszustand maßgeblich, der am Vollzugsdatum besteht.

17.2 Für die Arbeitnehmer, deren Arbeitsverhältnisse auf die übernehmenden Rechtsträger übergehen, gelten die beim übertragenden Rechtsträger erreichten und die dort anerkannten Beschäftigungszeiten als beim jeweils übernehmenden Rechtsträger verbrachte Beschäftigungszeiten. Die Rechtslage hinsichtlich der Pensionen ist in §§ 11 A, 11 B und 11 C dargestellt.

17.3 Arbeitsverhältnisse, die mit den gemäß §§ 4 A, 4 B und 4 C dieses Aufspaltungsvertrags übertragenen Beteiligungsgesellschaften bestehen, verbleiben bei diesen Beteiligungsgesellschaften.

17.4 Betriebsbedingte Beendigungskündigungen infolge des Betriebsübergangs vom übertragenden Rechtsträgers auf die übernehmenden Rechtsträger aufgrund der Aufspaltung sind ausgeschlossen.

17.5 Aus Anlass der Aufspaltung haben die Vorstände der an der Aufspaltung beteiligten Rechtsträger sowie die jeweiligen Gesamtbetriebsräte bzw. Betriebsräte am . . . . . 2022 einen Interessenausgleich und Sozialplan abgeschlossen. Der Interessenausgleich und Sozialplan regelt die individual- und kollektivrechtlichen Auswirkungen der Aufspaltung. Nachfolgend werden die wesentlichen Inhalte dieser Vereinbarungen wiedergegeben:

- [Wiedergabe der wesentlichen Inhalte, insbesondere:
- Die beim übertragenden Rechtsträger geltenden Inhalte von Tarifverträgen, Betriebsvereinbarungen und betrieblichen Regelungen gelten nach dem Vollzugsdatum für die übergehenden Arbeitsverhältnisse fort, bis eine Anschlussregelung getroffen wird, die insbesondere die Harmonisierung der verschiedenen Regelungen zum Ziel haben soll. Werden Tarifverträge für die übergehenden Arbeitnehmer in der Zeit bis zum Wirksamwerden der tariflichen Anschlussregelung geändert, gelten auch die geänderten Inhalte der früheren Tarifverträge und sind bei der Harmonisierung zu berücksichtigen.
- Sämtliche Guthaben der übergehenden Arbeitnehmer auf Arbeitszeitkonten sollen nach dem Stand am Vollzugsdatum auf den jeweiligen übernehmenden Rechtsträger übergehen. Guthaben auf Arbeitszeitkonten sollen auf Wunsch des Arbeitsnehmers mit dem jeweiligen individuellen Stundensatz abgegolten werden.
- Die B 2 AG ist gegenwärtig nicht Mitglied in einem Arbeitgeberverband. Die zum Vollzugsdatum für die auf die B 2 AG übergehenden Mitarbeiter der A AG geltenden tarifvertraglichen Regelungen gelten bei der B 2 AG als Teil des Arbeitsverhältnisses fort. Es ist beabsichtigt, dass die B 2 AG dem . . . . . [Tarifverband] beitritt. Die A AG, die B 1 AG und die B 3 AG sind Mitglied in demselben Arbeitgeberverband, nämlich dem . . . . .
- . . . . .]

17.6 Im Anschluss an die Aufspaltung sind bei den übernehmenden Rechtsträgern keine personellen Maßnahmen geplant.

§ 18 Betriebsverfassungsrechtliche Vertretungen der Arbeitnehmer

18.1 Mit dem Übergang des in . . . . . bestehenden Betriebs des übertragenden Rechtsträgers auf die B 1 AG geht auch der derzeit beim übertragenden Rechtsträger am Standort . . . . . bestehende Betriebsrat auf die B 1 AG über. Die Interessen der am Standort . . . . . beschäftigten Arbeitnehmer werden weiterhin von dem auf die B 1 AG übergehenden Betriebsrat wahrgenommen. Bestand, Zusammensetzung und Amtsdauer der Mitglieder des Betriebsrats bleiben von der Aufspaltung unberührt.

Die Interessen der auf die B 2 AG und auf die B 3 AG übergegangenen Mitarbeiter werden gemäß § 21 a BetrVG durch die Betriebsräte des übertragenden Rechtsträgers am Standort . . . . ., am Standort . . . . . und am Standort . . . . . im Rahmen eines Übergangsmandats wahrgenommen. Das Übergangsmandat endet, wenn in den auf die B 2 AG und die B 3 AG übergegangenen Betrieben eigene Betriebsräte gewählt wurden. Die Durchführung der Wahlen bei der B 2 AG und der B 3 AG werden vom jeweiligen Übergangsbetriebsrat organisiert. Das Übergangsmandat endet jedoch spätestens 6 Monate nach Wirksamwerden der Aufspaltung. Es kann durch Tarifvertrag oder Betriebsvereinbarung um weitere 6 Monate verlängert werden.

18.2 Betriebsratsmitglieder, deren Arbeitsverhältnisse auf B 2 AG oder B 3 AG übergegangen sind, werden von dem jeweiligen übernehmenden Rechtsträger im gleichen Umfang für Betriebsratsaufgaben im Zusammenhang mit dem Übergangsmandat freigestellt wie beim übertragenden Rechtsträger.

18.3 Der bei dem übertragenden Rechtsträger bestehende Gesamtbetriebsrat erlischt mit Wirksamwerden der Aufspaltung. Bei der B 2 AG und bei der B 3 AG besteht ein Gesamtbetriebsrat. Bei der künftigen Zusammensetzung der Gesamtbetriebsräte sind die hinzugekommenen Betriebe zu berücksichtigen. Bei der B 1 AG liegen nach Wirksamwerden der Aufspaltung bzw. Wahl eines Betriebsrats die Voraussetzungen für die Bildung eines Gesamtbetriebsrats vor.

18.4 Mit Wirksamwerden der Aufspaltung erlischt der Wirtschaftsausschuss beim übertragenden Rechtsträger. Der Betriebsrat der B 1 AG sowie die Gesamtbetriebsräte der B 2 AG und B 3 AG haben gemäß § 107 BetrVG jeweils einen Wirtschaftsausschuss gebildet.

18.5 Am Vollzugsdatum scheiden die Mitglieder, deren Arbeitsverhältnisse auf einen anderen Rechtsträger übergehen, aus dem Sprecherausschuss der leitenden Angestellten des übertragenden Rechtsträgers aus. Der Sprecherausschuss der leitenden Angestellten des übertragenden Rechtsträgers erlischt. Bei den übernehmenden Rechtsträgern B 1 AG, B 2 AG und B 3 AG besteht jeweils ein Sprecherausschuss.

§ 19 Aufsichtsrat

19.1 Der Aufsichtsrat des übertragenden Rechtsträgers ist nach dem Drittelbeteiligungsgesetz zusammengesetzt und hat 12 Mitglieder. Mit Wirksamwerden der Aufspaltung erlischt der Aufsichtsrat des übertragenden Rechtsträgers.

19.2 Der Aufsichtsrat der B 1 AG ist nach dem Mitbestimmungsgesetz von 1976 zusammengesetzt und hat 20 Mitglieder. Aus der Aufspaltung ergeben sich keine Auswirkungen auf Bestand, Zusammensetzung und Amtszeit des Aufsichtsrats der B 1 AG.

19.3 Der Aufsichtsrat der B 2 AG ist nach dem Mitbestimmungsgesetz von 1976 zusammengesetzt und hat 12 Mitglieder. Aus der Aufspaltung ergeben sich keine Auswirkungen auf Bestand, Zusammensetzung und Amtszeit des Aufsichtsrats der B 2 AG.

19.4 Der Aufsichtsrat der B 3 AG ist nach dem Mitbestimmungsgesetz von 1976 zusammengesetzt und hat 12 Mitglieder. Mit Rücksicht auf die Beteiligung der Außenstehenden Aktionäre an der B 3 AG (vgl. § 15.3) soll von der Hauptversammlung der B 3 AG ein Vertreter der Außenstehenden Aktionäre als Anteilseignervertreter in den Aufsichtsrat der B 3 AG gewählt werden. Im Übrigen ergeben sich durch die Aufspaltung keine Auswirkungen auf Bestand, Zusammensetzung und Amtszeit des Aufsichtsrats der B 3 AG.

VII. Sonstiges

§ 20 Grundbuchberichtigung und Anträge

Der übertragende Rechtsträger und die übernehmenden Rechtsträger bewilligen und beantragen, nach Wirksamwerden der Aufspaltung die von der Aufspaltung betroffenen Grundbücher sowie gegebenenfalls weiter in Frage kommende Grundbücher entsprechend den Vorschriften dieses Vertrags zu berichtigen.

§ 21 Vollmachten

Der übertragende und die übernehmenden Rechtsträger bevollmächtigen hiermit die in Anlage 21 genannten Personen, und zwar jeden allein und mit dem Recht, Untervollmacht zu erteilen,

21.1 alle Erklärungen abzugeben und entgegenzunehmen, die im Zusammenhang mit der Umschreibung oder Grundbuchberichtigung oder Neueintragungen in Bezug auf den nach diesem Vertrag übertragenen Grundbesitz – auch Bestellung neuer Erbbaurechte – sowie sonstigen Rechten an Grundstücken, wie zB Grundpfandrechten und Dienstbarkeiten gegebenenfalls noch erforderlich sind, unter Einschluss etwa erforderlicher Ergänzungen und/oder Berichtigungen dieses Vertrags nebst aller schuldrechtlichen Erklärungen, dinglichen Einigungen, Bewilligungen und Anträgen;

21.2 gegebenenfalls erforderliche Auflassungserklärungen abzugeben und entgegenzunehmen sowie Bewilligungen und Anträge zu stellen;

21.3 alle Rechtshandlungen vorzunehmen und Erklärungen abzugeben, die im Zusammenhang mit der Umschreibung von immateriellen Rechten (insbesondere gewerblichen Schutzrechten), die nach diesem Aufspaltungsvertrag auf den übernehmenden Rechtsträger übergehen, erforderlich oder zweckmäßig sind;

21.4 alle Erklärungen abzugeben und Rechtshandlungen vorzunehmen, derer es bedarf, um eine Einzelrechtsnachfolge der nach diesem Vertrag auf einen der übernehmenden Rechtsträger zu übertragenden Gegenstände des Aktiv- und Passivvermögens, Rechte und Pflichten, Verträge oder sonstigen Rechtsstellungen herbeizuführen, soweit die in diesem Vertrag vorgesehene Gesamtrechtsnachfolge aus rechtlichen Gründen nicht erfolgen kann.

§ 22 Kosten und Steuern

22.1 Die mit der Beurkundung dieses Vertrags anfallenden Kosten tragen die übernehmenden Rechtsträger jeweils zu einem Drittel. Die bei der Durchführung dieses Vertrags anfallenden Kosten, insbesondere die mit der Übertragung von Grundstücken über die Beurkundungskosten für diesen Vertrag hinaus anfallenden Kosten einschließlich Grundbuchkosten tragen die übernehmenden Rechtsträger jeweils für die auf sie übertragenen Vermögensgegenstände. Die Kosten der jeweiligen Hauptversammlung und die Kosten der Anmeldung und Eintragung ins Handelsregister trägt jede Partei selbst.

22.2 Die im Zusammenhang mit der Vermögensübertragung entstehende Grunderwerbsteuer trägt der jeweilige übernehmende Rechtsträger.

§ 23 Stichtagsänderung

Wenn die Aufspaltung nach diesem Vertrag nicht bis zum Ablauf des 15. Februar 2022 durch Eintragung in das Handelsregister des übertragenden Rechtsträgers wirksam geworden ist, gelten abweichend von § 3.1 der 31. Dezember 2022 als Stichtag für die Schlussbilanz und abweichend von § 2.1 der 1. Januar 2023, 0.00 Uhr als Aufspaltungsstichtag.[15]

§ 24 Schlussbestimmungen

24.1 Gerichtsstand für alle Streitigkeiten aus dem Vertrag ist .....

24.2 Änderungen und Ergänzungen dieses Vertrags einschließlich der Abbedingung dieser Bestimmung selbst bedürfen der Schriftform, soweit nicht weitergehende Formvorschriften einzuhalten sind.

24.3 Die Anlagen sind wesentlicher Bestandteil dieses Aufspaltungsvertrags.

24.4 Sollten eine oder mehrere Bestimmungen dieses Aufspaltungsvertrags ganz oder teilweise nichtig, unwirksam oder undurchführbar sein oder werden, wird die Wirksamkeit dieses Aufspaltungsvertrags und seiner übrigen Bestimmungen hiervon nicht berührt. Anstelle der nichtigen, unwirksamen oder undurchführbaren Bestimmung gilt eine solche Bestimmung, die nach Form, Inhalt, Zeit, Maß und Geltungsbereich dem am nächsten kommt, was von dem übertragenden Rechtsträger und den übernehmenden Rechtsträgern nach dem wirtschaftlichen Sinn und Zweck der nichtigen, unwirksamen oder undurchführbaren Bestimmung gewollt war. Entsprechendes gilt für etwaige Lücken in diesem Aufspaltungsvertrag.

[*notarieller Abspann*]

b) Zustimmungsbeschluss der übertragenden AG

Geschehen

zu . . . . . am 2022

Heute fand im . . . . . in . . . . ., wohin sich der Notar auf Ersuchen der A AG, ..., begeben hatte, eine

außerordentliche Hauptversammlung

der

A AG,

mit Sitz in . . . . .,

eingetragen im Handelsregister des Amtsgerichts . . . . . unter HRB . . . . .

(nachfolgend auch die „Gesellschaft"),

statt, deren Beschlüsse zu beurkunden der unterzeichnende Notar mit dem Amtssitz in . . . . .,

. . . . .,

beauftragt war.

Der Notar traf am Versammlungsort an:

I. Vom Aufsichtsrat der Gesellschaft

. . . . .

II. Vom Vorstand der Gesellschaft

. . . . .

III. Folgende Aktionärsvertreter:

. . . . .

. . . . .

Den Vorsitz der heutigen außerordentlichen Hauptversammlung übernahm der Vorsitzende des Aufsichtsrats, Herr . . . . . Er eröffnete um . . . . . Uhr die Hauptversammlung.

Der Vorsitzende legte zur Einsicht vor:

- das von ihm unterschriebene Verzeichnis der in der Hauptversammlung vertretenen Aktionäre, das als Anlage 1 zu diesem Protokoll genommen wurde,
- die von den in III. genannten Aktionären ausgestellten Vollmachten zur Ausübung des Stimmrechts. Beglaubigte Abschriften der Originalvollmachten wurden als Anlage 2 zu diesem Protokoll genommen.

Der Vorsitzende stellte fest und verkündete, dass nach dem vorliegenden Teilnehmerverzeichnis das gesamte Grundkapital der Gesellschaft vertreten ist. Er stellte weiter fest, dass die Hauptversammlung als

Universal-Hauptversammlung

der

A AG

unter Verzicht auf Formen und Fristen beschlussfähig sei. Die Erschienenen erklärten, dass die Aktionäre auf alle durch Gesetz und/oder Satzung vorgeschriebenen Formen und Fristen der Einberufung, Bekanntmachung, Vorbereitung und Durchführung der Hauptversammlung, insbesondere auch auf die Bekanntmachung der Tagesordnung, auf die Vorschläge von Vorstand und Aufsichtsrat zu den Gegenständen der Tagesordnung (insbesondere gemäß § 125 iVm §§ 63, 64 UmwG) sowie auf die Auslegung und Erläuterung der Unterlagen zu den Gegenständen der Tagesordnung ausdrücklich verzichten und mit der Abhaltung der Versammlung als Universal-Hauptversammlung (§ 121 Abs. 6 AktG) einverstanden seien.

Die Erschienenen erklärten, dass die von ihnen vertretenen Aktionäre bereits alle erforderlichen Erläuterungen zu dem als Anlage 3 beigefügten Aufspaltungs- und Übernahmevertrag erhalten hätten. Weitere Erläuterungen oder Auskünfte seien nicht erforderlich.

Der Vorsitzende gab dann die folgende Tagesordnung bekannt:

Zustimmung zu dem Aufspaltungs- und Übernahmevertrag zwischen der Gesellschaft und der B 1 AG, der B 2 AG und der B 3 AG über die Aufspaltung der Gesellschaft gemäß § 123 Abs. 1 Nr. 1, 128 UmwG

Sodann wurde die Tagesordnung wie folgt erledigt:

Zustimmung zu dem Aufspaltungs- und Übernahmevertrag vom . . . . . 2022 (UR-Nr. . . . . ./2022 des Notars . . . . .) zwischen der Gesellschaft und der B 1 AG, der B 2 AG und der B 3 AG über die Aufspaltung der Gesellschaft gemäß §§ 123 Abs. 1 Nr. 1, 128 UmwG

Die Hauptversammlung beschloss einstimmig:

Dem Aufspaltungs- und Übernahmevertrag vom . . . . . 2022 (UR-Nr. . . . . ./2022 des Notars . . . . .) zwischen der Gesellschaft als dem übertragenden Rechtsträger und der B 1 AG, ..., der B 2 AG, ..., und der B 3 AG, ..., als den übernehmenden Rechtsträgern über die nichtverhältniswahrende Aufspaltung gemäß §§ 123 Abs. 1 Nr. 1, 128 UmwG des Unternehmensbereichs Hafen 1 auf die B 1 AG, des Unternehmensbereichs Hafen 2 auf die B 2 AG und des Unternehmensbereichs Hafen 3 auf die B 3 AG wird zugestimmt.

Eine beglaubigte Abschrift des Aufspaltungs- und Übernahmevertrags vom . . . . . 2022 ist dieser Niederschrift als Anlage 3 beigefügt.

Der Vorsitzende verkündete und stellte fest, dass der vorstehend unter Tagesordnungspunkt 1 genannte Beschluss durch mündliche Erklärung einstimmig gefasst wurde.

Damit war die Tagesordnung erledigt. Der Vorsitzende schloss die Hauptversammlung um . . . . . Uhr.

Der Notar unterschrieb die Niederschrift eigenhändig wie folgt:

Sämtliche Erschienenen erklärten sodann, dass die von ihnen jeweils vertretenen Aktionäre der Gesellschaft hinsichtlich des Aufspaltungs- und Übernahmevertrags auf

- einen Aufspaltungsbericht gemäß §§ 127 S. 2, 8 Abs. 3 UmwG,
- eine Aufspaltungsprüfung und einen Aufspaltungsprüfungsbericht gemäß §§ 125 S. 1, 9 Abs. 3, 12 Abs. 3, 8 Abs. 3 UmwG sowie
- eine Klage gegen die Wirksamkeit des Aufspaltungsbeschlusses,

verzichten.

Sämtliche Erschienenen erklärten weiterhin, dass sie dem als Anlage 3 beigefügten Aufspaltungs- und Übernahmevertrag vom . . . . . 2022 (UR-Nr . . . . . /2022 des Notars . . . . .) über die nichtverhältniswahrende Aufspaltung der A AG gemäß § 128 S. 1 UmwG zustimmen.[16]

Dieser Teil der Urkunde (einschließlich der Personalien der Aktionärsvertreter) wurde den Erschienenen durch den Notar vorgelesen, von den Erschienenen genehmigt und von diesen und dem Notar wie folgt eigenhändig unterschrieben:

c) Zustimmungsbeschluss der übernehmenden B 1 AG

Geschehen

zu . . . . . am 2022

Heute fand in den Geschäftsräumen der B 1 AG, ..., ..., wohin sich der Notar auf Ersuchen der B 1 AG, ..., begeben hatte, eine

außerordentliche Hauptversammlung

der

B 1 AG,

mit Sitz in . . . . .,

eingetragen im Handelsregister des Amtsgerichts . . . . . unter HRB . . . . .

(nachfolgend auch die „Gesellschaft"),

statt, deren Beschlüsse zu beurkunden der unterzeichnende Notar mit dem Amtssitz in . . . . .,

. . . . .,

beauftragt war.

Der Notar traf am Versammlungsort an:

Herr . . . . ., dienstansässig . . . . ., ... von Person bekannt,

als bevollmächtigten Vertreter der C AG, ..., eingetragen im Handelsregister des Amtsgerichts . . . . . unter HRB . . . . ., als alleinige Aktionärin der B 1 AG.

Den Vorsitz der heutigen außerordentlichen Hauptversammlung übernahm . . . . . Er eröffnete um . . . . . Uhr die Hauptversammlung.

Der Vorsitzende legte zur Einsicht vor:

- das von ihm unterschriebene Verzeichnis der in der Hauptversammlung vertretenen Aktionäre, das als Anlage 1 zu diesem Protokoll genommen wurde,
- die von der C AG in . . . . . ausgestellte Vollmacht zur Ausübung des Stimmrechts lautend u.a. auf . . . . ., dienstansässig in . . . . . Eine beglaubigte Abschrift der Originalvollmacht wurde als Anlage 2 zu diesem Protokoll genommen.

Der Vorsitzende stellte fest und verkündete, dass nach dem vorliegenden Teilnehmerverzeichnis das gesamte Grundkapital der Gesellschaft in Höhe von EUR . . . . . , eingeteilt in . . . . . Stückaktien mit einem anteiligen Betrag des Grundkapitals von je EUR 1, vertreten ist. Er stellte weiter fest, dass die Hauptversammlung als

Universal-Hauptversammlung

der

B 1 AG

unter Verzicht auf Formen und Fristen beschlussfähig sei. Der Vorsitzende erklärte, dass die Alleinaktionärin auf alle durch Gesetz und/oder Satzung vorgeschriebenen Formen und Fristen der Einberufung, Bekanntmachung, Vorbereitung und Durchführung der Hauptversammlung, insbesondere auch auf die Bekanntmachung der Tagesordnung (insbesondere § 125 iVm §§ 63, 64 UmwG) sowie auf die Auslegung der Unterlagen zu den Gegenständen der Tagesordnung ausdrücklich verzichte und mit der Abhaltung der Versammlung als Universal-Hauptversammlung (§ 121 Abs. 6 AktG) einverstanden sei.

Der Vorsitzende erklärte als Bevollmächtigter der Alleinaktionärin, dass der Vorstand der Gesellschaft der Alleinaktionärin bereits alle erforderlichen Erläuterungen zu dem als Anlage 3 in beglaubigter Abschrift beigefügten Aufspaltungs- und Übernahmevertrag vom . . . . . 2022 (UR-Nr. . . . . /2022 des Notars . . . . .) erteilt habe. Die Alleinaktionärin benötige insoweit keine weiteren Erläuterungen oder Auskünfte.

Der Vorsitzende gab die folgende Tagesordnung bekannt:

Zustimmung zu dem Aufspaltungs- und Übernahmevertrag (vom . . . . . 2022 (UR-Nr. . . . . /2022 des Notars . . . . .) zwischen der A AG, der Gesellschaft, der B 2 AG und der B 3 AG über die Aufspaltung der A AG gemäß §§ 123 Abs. 1 Nr. 1, 128 UmwG

Sodann wurde die Tagesordnung wie folgt erledigt:

Zustimmung zu dem Aufspaltungs- und Übernahmevertrag vom . . . . . 2022 (UR-Nr. . . . . /2022 des Notars . . . . .) zwischen der A AG, der Gesellschaft, der B 2 AG und der B 3 AG über die Aufspaltung der A AG gemäß §§ 123 Abs. 1 Nr. 1, 128 UmwG

Die Hauptversammlung beschloss einstimmig:

Dem Aufspaltungs- und Übernahmevertrag vom . . . . . 2022 (UR-Nr. . . . . /2022 des Notars . . . . .) zwischen der A AG, ... , als dem übertragenden Rechtsträger und der Gesellschaft, der B 2 AG, ... , und der B 3 AG, ... , als den übernehmenden Rechtsträgern über die nichtverhältniswahrende Aufspaltung gemäß §§ 123 Abs. 1 Nr. 1, 128 UmwG des Unternehmensbereichs Hafen 1 auf die Gesellschaft, des Unternehmensbereichs Hafen 2 auf die B 2 AG und des Unternehmensbereichs Hafen 3 auf die B 3 AG wird zugestimmt.

Eine beglaubigte Abschrift des Aufspaltungs- und Übernahmevertrags vom . . . . . 2022 (UR-Nr. . . . . /2022 des Notars . . . . .) ist dieser Niederschrift als Anlage 3 beigefügt.

Der Vorsitzende verkündete und stellte fest, dass dieser Beschluss durch mündliche Erklärung einstimmig gefasst wurde.

Damit war die Tagesordnung erledigt. Der Vorsitzende schloss die Hauptversammlung um . . . . . Uhr.

Der Notar unterschrieb die Niederschrift eigenhändig wie folgt:

Der Erschienene erklärte sodann, dass die von ihm vertretene alleinige Aktionärin der Gesellschaft hinsichtlich des Aufspaltungs- und Übernahmevertrags auf

- einen Aufspaltungsbericht gemäß §§ 127 S. 2, 8 Abs. 3 UmwG,
- eine Aufspaltungsprüfung und einen Aufspaltungsprüfungsbericht gemäß §§ 125 S. 1, 9 Abs. 3, 12 Abs. 3, 8 Abs. 3 UmwG sowie
- eine Klage gegen die Wirksamkeit des Aufspaltungsbeschlusses

verzichtet.

Dieser Teil der Urkunde (einschließlich der Personalien des Aktionärsvertreters) wurde dem Erschienenen durch den Notar vorgelesen, von dem Erschienenen genehmigt und von diesem und dem Notar wie folgt eigenhändig unterschrieben:

d) Zustimmungsbeschluss der übernehmenden B 2 AG

(Notarieller Vorspann wie bei B 1 AG)

Der Vorsitzende stellte fest und verkündete, dass nach dem vorliegenden Teilnehmerverzeichnis das gesamte Grundkapital der Gesellschaft in Höhe von EUR 4 000 000, eingeteilt in 4000000 Stückaktien, vertreten ist. Er stellte weiter fest, dass die Hauptversammlung als

Universal-Hauptversammlung

der

B 2 AG

unter Verzicht auf Formen und Fristen beschlussfähig sei. Der Vorsitzende erklärte, dass die Alleinaktionärin auf alle durch Gesetz und/oder Satzung vorgeschriebenen Formen und Fristen der Einberufung, Bekanntmachung, Vorbereitung und Durchführung der Hauptversammlung, insbesondere auch auf die Bekanntmachung der Tagesordnung (insbesondere gemäß § 125 iVm §§ 63, 64 UmwG) sowie auf die Auslegung und Erläuterung der Unterlagen zu den Gegenständen der Tagesordnung ausdrücklich verzichte und mit der Abhaltung der Versammlung als Universal-Hauptversammlung (§ 121 Abs. 6 AktG) einverstanden sei.

Der Vorsitzende erklärte als Bevollmächtigter der Alleinaktionärin, dass der Vorstand der Gesellschaft der Alleinaktionärin bereits alle erforderlichen Erläuterungen zu dem Aufspaltungs- und Übernahmevertrag vom . . . . . 2022 (UR-Nr. . . . . ./2022 des Notars . . . . .) erteilt habe. Die Alleinaktionärin benötige insoweit keine weiteren Erläuterungen oder Auskünfte.

Der Vorsitzende gab als einzigen Tagesordnungspunkt bekannt:

Zustimmung zu dem Aufspaltungs- und Übernahmevertrag vom . . . . . 2022 (UR-Nr. . . . . ./2022 des Notars . . . . .) zwischen der A AG, der B 1 AG, der Gesellschaft und der B 3 AG über die Aufspaltung der A AG gemäß §§ 123 Abs. 1 Nr. 1, 128 UmwG sowie Beschluss einer Kapitalerhöhung zur Durchführung der Aufspaltung

Sodann beschloss die Hauptversammlung auf Vorschlag des Vorstands und des Aufsichtsrats einstimmig in Erledigung der Tagesordnung:

a) Dem Aufspaltungs- und Übernahmevertrag vom . . . . . 2022 (UR-Nr. . . . . ./2022 des Notars . . . . .) zwischen der A AG, ..., als dem übertragenden Rechtsträger und der B 1 AG, ..., der Gesellschaft und der B 3 AG als den übernehmenden

Rechtsträgern über die nichtverhältniswahrende Aufspaltung gemäß §§ 123 Abs. 1 Nr. 1, 128 UmwG des Unternehmensbereichs Hafen 1 auf die B 1 AG, des Unternehmensbereichs Hafen 2 auf die Gesellschaft und des Unternehmensbereichs Hafen 3 auf die B 3 AG wird zugestimmt.

b) Zur Durchführung der Aufspaltung wird das Grundkapital der Gesellschaft von EUR 4 000 000 um EUR 1 000 000 auf EUR 5 000 000 durch Ausgabe von 1 000 000 Stück neuen, auf den Inhaber lautenden Stückaktien im anteiligen Betrag des Grundkapitals von je EUR 1 erhöht.
Die neuen Aktien werden als Gegenleistung für die Übertragung des Unternehmensbereichs Hafen 2 der A AG im Wege der nichtverhältniswahrenden Aufspaltung an die B 1 AG ausgegeben. Sie sind für die Geschäftsjahre ab dem 1. Januar 2022 gewinnberechtigt. Der Vorstand wird ermächtigt, die weiteren Einzelheiten der Kapitalerhöhung und ihrer Durchführung festzusetzen.

c) § . . . . . der Satzung der Gesellschaft (Grundkapital) wird zur Anpassung an die Kapitalerhöhung wie folgt neu gefasst:
„Das Grundkapital der Gesellschaft beträgt Euro 5000000 (in Worten: Euro fünf Millionen)."
§ . . . . . Abs . . . . . der Satzung der Gesellschaft (Aktien) wird zur Anpassung an die Kapitalerhöhung wie folgt neu gefasst:

„Das Grundkapital ist eingeteilt in 5000000 Stückaktien."

Eine beglaubigte Abschrift des Aufspaltungs- und Übernahmevertrags vom . . . . . 2022 (UR-Nr . . . . . /2022 des Notars . . . . .) ist dieser Niederschrift als Anlage 3 beigefügt.

Der Vorsitzende verkündete und stellte fest, dass der vorstehende Beschluss durch mündliche Erklärung einstimmig gefasst wurde.

Damit war die Tagesordnung erledigt. Der Vorsitzende schloss die Hauptversammlung um . . . . . Uhr.

Der Notar unterschrieb die Niederschrift eigenhändig wie folgt:

Der Erschienene erklärte sodann, dass die von ihm vertretene alleinige Aktionärin der Gesellschaft hinsichtlich des Aufspaltungs- und Übernahmevertrags auf

- einen Aufspaltungsbericht gemäß §§ 127 S. 2, 8 Abs. 3 UmwG,
- eine Aufspaltungsprüfung und einen Aufspaltungsprüfungsbericht gemäß §§ 125 S. 1, 9 Abs. 3, 12 Abs. 3, 8 Abs. 3 UmwG sowie
- eine Klage gegen die Wirksamkeit des Aufspaltungsbeschlusses und des Kapitalerhöhungsbeschlusses

verzichtet.

Dieser Teil der Urkunde (einschließlich der Personalien des Aktionärsvertreters) wurde dem Erschienenen durch den Notar vorgelesen, von dem Erschienenen genehmigt und von diesem und dem Notar wie folgt eigenhändig unterschrieben:

e) Zustimmungsbeschluss der übernehmenden B 3 AG

(Notarieller Vorspann wie B 1 AG)

Der Vorsitzende stellte fest und verkündete, dass nach dem vorliegenden Teilnehmerverzeichnis das gesamte Grundkapital der Gesellschaft in Höhe von EUR 1000000, eingeteilt in 1000000 Stückaktien, vertreten ist. Er stellte weiter fest, dass die Hauptversammlung als

Universal-Hauptversammlung
der
B 3 AG

unter Verzicht auf Formen und Fristen beschlussfähig sei. Der Vorsitzende erklärte, dass die Alleinaktionärin auf alle durch Gesetz und/oder Satzung vorgeschriebenen Formen und Fristen der Einberufung, Bekanntmachung, Vorbereitung und Durchführung der Hauptversammlung, insbesondere auch auf die Bekanntmachung der Tagesordnung sowie auf die Auslegung der Unterlagen zu den Gegenständen der Tagesordnung (insbesondere gemäß § 125 iVm §§ 63, 64 UmwG) ausdrücklich verzichte und mit der Abhaltung der Versammlung als Universal-Hauptversammlung (§ 121 Abs. 6 AktG) einverstanden sei.

Der Vorsitzende erklärte als Bevollmächtigter der Alleinaktionärin, dass der Vorstand der Gesellschaft der Alleinaktionärin bereits alle erforderlichen Erläuterungen zu

- dem als Anlage 3 in beglaubigter Abschrift beigefügten Aufspaltungs- und Übernahmevertrag vom . . . . . 2022 (UR-Nr. . . . . ./2022 des Notars . . . . .),
- dem Nachgründungsbericht des Aufsichtsrats[17] der Gesellschaft vom . . . . . 2022 über den Aufspaltungs- und Übernahmevertrag,
- dem Nachgründungs- und Sacheinlageprüfungsbericht der . . . . . Wirtschaftsprüfungsgesellschaft als dem gerichtlich bestellten Nachgründungs- und Sacheinlageprüfer vom . . . . . 2022 und

erteilt habe. Die Alleinaktionärin benötige insoweit keine weiteren Erläuterungen oder Auskünfte.

Der Vorsitzende gab dann die folgende Tagesordnung bekannt:

Zustimmung zu dem Aufspaltungs- und Übernahmevertrag vom . . . . . 2022 (UR-Nr. . . . . ./2022 des Notars . . . . .) zwischen der A AG, der B 1 AG , der B 2 AG und der Gesellschaft über die Aufspaltung der A AG, der zugleich einen Nachgründungsvertrag darstellt, gemäß §§ 123 Abs. 1 Nr. 1, 128 UmwG und gemäß §§ 67 UmwG, 52 AktG sowie Beschluss einer Kapitalerhöhung zur Durchführung der Aufspaltung

Sodann wurde die Tagesordnung wie folgt erledigt:

Der Vorsitzende stellte fest, dass vor der Hauptversammlung folgende Dokumente unterzeichnet worden sind:

- Nachgründungsbericht des Aufsichtsrats der Gesellschaft vom . . . . . 2022 über den Aufspaltungs- und Übernahmevertrag zwischen der A AG als übertragendem Rechtsträger sowie der B 1 AG, der B 2 AG und der B 3 AG als übernehmenden Rechtsträgern sowie
- Nachgründungs- und Sacheinlagenprüfungsbericht der . . . . . Wirtschaftsprüfungsgesellschaft als dem gerichtlich bestellten Nachgründungs- und Sacheinlagenprüfer über die Aufspaltung des Unternehmensbereichs Hafen 3 der A AG auf die Gesellschaft vom . . . . . 2022.

Die Hauptversammlung beschloss einstimmig:

a) Dem Aufspaltungs- und Übernahmevertrag vom . . . . . 2022 (UR-Nr. . . . . ./2022 des Notars . . . . .) zwischen der A AG, ..., als dem übertragenden Rechtsträger und der B 1 AG, ..., der B 2 AG, ..., und der Gesellschaft als den übernehmenden Rechtsträgern über die nichtverhältniswahrende Aufspaltung gemäß §§ 123 Abs. 1 Nr. 1, 128 UmwG des Unternehmensbereichs Hafen 1 auf die B 1 AG,

des Unternehmensbereichs Hafen 2 auf die B 2 AG und des Unternehmensbereichs Hafen 3 auf die Gesellschaft, der zugleich einen Nachgründungsvertrag darstellt, wird zugestimmt.
Eine beglaubigte Abschrift des Aufspaltungs- und Übernahmevertrags vom . . . . . 2022 (UR-Nr . . . . . /2022 des Notars . . . . .) ist dieser Niederschrift als Anlage 3 beigefügt.

b) Zur Durchführung der Aufspaltung wird das Grundkapital der Gesellschaft von EUR 1000000 um EUR 9000000 auf EUR 10000000 durch Ausgabe von 9 000 000 Stück neuen, auf den Inhaber lautenden Stückaktien im anteiligen Betrag des Grundkapitals von je EUR 1 erhöht.
Die neuen Stückaktien werden wie folgt an die Aktionäre der A AG ausgegeben:

Name des Aktionärs	Anzahl der als Gegenleistung ausgegebenen neuen Stückaktien
1. Außenstehender Aktionär 1	750 000
2. Außenstehender Aktionär 2	750 000
3. Außenstehender Aktionär 3	1 000 000
4. Außenstehender Aktionär 4	500 000
5. B 1 AG	6 000 000

Die neuen Aktien werden als Gegenleistung für die Übertragung des Unternehmensbereichs Hafen 3 der A AG im Wege der nichtverhältniswahrenden Aufspaltung ausgegeben. Die neuen Aktien sind für die Geschäftsjahre ab dem 1. Januar 2022 gewinnberechtigt. Der Vorstand wird ermächtigt, die weiteren Einzelheiten der Kapitalerhöhung und ihrer Durchführung festzusetzen.

c) § . . . . . der Satzung der Gesellschaft (Grundkapital) wird zur Anpassung an die Kapitalerhöhung wie folgt neu gefasst:
„Das Grundkapital der Gesellschaft beträgt Euro 10 000 000 (in Worten: Euro zehn Millionen)."
§ . . . . . Abs . . . . . der Satzung der Gesellschaft (Aktien) wird zur Anpassung an die Kapitalerhöhung wie folgt neu gefasst:
„Das Grundkapital ist eingeteilt in 10 000 000 Stückaktien."

Der Vorsitzende verkündete und stellte fest, dass der vorstehende Beschluss durch mündliche Erklärung einstimmig erfolgte.

Damit war die Tagesordnung erledigt. Der Vorsitzende schloss die Hauptversammlung um . . . . . Uhr.

Der Notar unterschrieb die Niederschrift eigenhändig wie folgt:

Der Erschienene erklärte sodann, dass die von ihm vertretene alleinige Aktionärin der Gesellschaft hinsichtlich des Aufspaltungs- und Übernahmevertrags) auf

- einen Aufspaltungsbericht gemäß §§ 127 S. 2, 8 Abs. 3 UmwG,
- eine Aufspaltungsprüfung und einen Aufspaltungsprüfungsbericht gemäß §§ 125 S. 1, 9 Abs. 3, 12 Abs. 3, 8 Abs. 3 UmwG sowie
- eine Klage gegen die Wirksamkeit des Aufspaltungsbeschlusses und des Kapitalerhöhungsbeschlusses

verzichtet.

Dieser Teil der Urkunde (einschließlich der Personalien des Aktionärsvertreters) wurde dem Erschienenen durch den Notar vorgelesen, von dem Erschienenen genehmigt und von diesem und dem Notar wie folgt eigenhändig unterschrieben:

f) Handelsregisteranmeldung der übertragenden AG

An das

Amtsgericht . . . . .

– Handelsregister –

In der Handelsregistersache

HRB . . . . . – A AG

melden wir als gemeinschaftlich vertretungsberechtigte Mitglieder des Vorstands der Gesellschaft zur Eintragung in das Handelsregister an:

I. Anmeldung

Die Gesellschaft hat aufgrund des Aufspaltungs- und Übernahmevertrags vom . . . . . . 2022 (UR-Nr. . . . . ./2022 des Notars . . . . .), des Beschlusses der Hauptversammlung der Gesellschaft vom . . . . . 2022, des Beschlusses der Hauptversammlung der B 1 AG vom . . . . . 2022, des Beschlusses der Hauptversammlung der B 2 AG vom . . . . . 2022 und des Beschlusses der Hauptversammlung der B 3 AG vom . . . . . 2022 den Unternehmensbereich Hafen 1 auf die B 1 AG, den Unternehmensbereich Hafen 2 auf die Gesellschaft und den Unternehmensbereich Hafen 3 auf die B 3 AG als Gesamtheit gemäß §§ 123 Abs. 1 Nr. 1, 128 UmwG im Wege der nichtverhältniswahrenden Aufspaltung zur Aufnahme unter Auflösung ohne Abwicklung gegen Gewährung von Aktien an der B 2 AG an die B 1 AG als Gegenleistung für die Übertragung des Unternehmensbereichs Hafen 2 und gegen Gewährung von Aktien an der B 3 AG an die Aktionäre der A AG als Gegenleistung für die Übertragung des Unternehmensbereichs Hafen 3 übertragen.

II. Anlagen

Als Anlagen fügen wir bei:

1. Notariell beglaubigte Abschrift der Niederschrift über die außerordentliche Hauptversammlung der Gesellschaft vom . . . . . 2022 nebst Anlagen (UR-Nr. . . . . ./2022 des Notars . . . . .) mit
   - einer beglaubigten Abschrift des Aufspaltungs- und Übernahmevertrags zwischen der Gesellschaft als dem übertragenden Rechtsträger und der B 1 AG, der B 2 AG und der B 3 AG als den übernehmenden Rechtsträgern vom . . . . . 2022 (UR-Nr. . . . . ./2022 des Notars . . . . .) über die Aufspaltung des Vermögens der Gesellschaft;
   - dem Zustimmungsbeschluss zu dem vorstehend genannten Aufspaltungs- und Übernahmevertrag;
   - den notariell beurkundeten Erklärungen sämtlicher Aktionäre der Gesellschaft über den Verzicht auf einen Aufspaltungsbericht gemäß §§ 127 S. 2, 8 Abs. 3 UmwG, eine Aufspaltungsprüfung und einen Aufspaltungsbericht gemäß §§ 125 S. 1, 9 Abs. 3, 12 Abs. 3, 8 Abs. 3 UmwG sowie eine Klage gegen die Wirksamkeit des Aufspaltungsbeschlusses;
   - den notariell beurkundeten Erklärungen sämtlicher Aktionäre der Gesellschaft über die Zustimmung zur nicht verhältniswahrenden Aufspaltung gemäß § 128 S. 1 UmwG;

2. notariell beglaubigte Abschrift der Niederschrift über die außerordentliche Hauptversammlung der B 1 AG vom ..... 2022 nebst Anlagen (UR-Nr...../2022 des Notars .....) mit
   - einer beglaubigten Abschrift des Aufspaltungs- und Übernahmevertrags zwischen der Gesellschaft als dem übertragenden Rechtsträger und der B 1 AG, der B 2 AG und der B 3 AG als den übernehmenden Rechtsträgern vom ..... 2022 (UR-Nr...../2022 des Notars .....) über die Aufspaltung des Vermögens der Gesellschaft;
   - dem Zustimmungsbeschluss zu dem vorstehend genannten Aufspaltungs- und Übernahmevertrag;
   - der notariell beurkundeten Erklärung der alleinigen Aktionärin der B 1 AG über den Verzicht auf einen Aufspaltungsbericht gemäß §§ 127 S. 2, 8 Abs. 3 UmwG, eine Aufspaltungsprüfung und einen Aufspaltungsbericht gemäß §§ 125 S. 1, 9 Abs. 3, 12 Abs. 3, 8 Abs. 3 UmwG sowie eine Klage gegen die Wirksamkeit des Aufspaltungsbeschlusses;
3. notariell beglaubigte Abschrift der Niederschrift über die außerordentliche Hauptversammlung der B 2 AG vom ..... 2022 nebst Anlagen (UR-Nr...../2022 des Notars .....) mit
   - einer beglaubigten Abschrift des Aufspaltungs- und Übernahmevertrags zwischen der Gesellschaft als dem übertragenden Rechtsträger und der B 1 AG, der B 2 AG und der B 3 AG als den übernehmenden Rechtsträgern vom ..... 2022 (UR-Nr...../2022 des Notars .....) über die Aufspaltung des Vermögens der Gesellschaft;
   - dem Zustimmungsbeschluss zu dem vorstehend genannten Aufspaltungs- und Übernahmevertrag;
   - dem Beschluss über eine Kapitalerhöhung zur Durchführung der Aufspaltung nebst Satzungsänderungen;
   - der notariell beurkundeten Erklärung der alleinigen Aktionärin der B 2 AG über den Verzicht auf einen Aufspaltungsbericht gemäß §§ 127 S. 2, 8 Abs. 3 UmwG, eine Aufspaltungsprüfung und einen Aufspaltungsbericht gemäß §§ 125 S. 1, 9 Abs. 3, 12 Abs. 3, 8 Abs. 3 UmwG sowie eine Klage gegen die Wirksamkeit des Aufspaltungsbeschlusses und des Kapitalerhöhungsbeschlusses;
4. notariell beglaubigte Abschrift der Niederschrift über die außerordentliche Hauptversammlung der B 3 AG vom ..... 2022 nebst Anlagen (UR-Nr...../2022 des Notars .....) mit
   - einer beglaubigten Abschrift des Aufspaltungs- und Übernahmevertrags zwischen der Gesellschaft als dem übertragenden Rechtsträger und der B 1 AG, der B 2 AG und der B 3 AG als den übernehmenden Rechtsträgern vom ..... 2022 (UR-Nr...../2022 des Notars .....) über die Aufspaltung des Vermögens der Gesellschaft;
   - dem Zustimmungsbeschluss zu dem vorstehend genannten Aufspaltungs- und Übernahmevertrag;
   - dem Beschluss über eine Kapitalerhöhung zur Durchführung der Aufspaltung nebst Satzungsänderungen;
   - der notariell beurkundeten Erklärung der alleinigen Aktionärin der B 3 AG über den Verzicht auf einen Aufspaltungsbericht gemäß §§ 127 S. 2, 8 Abs. 3 UmwG, eine Aufspaltungsprüfung und einen Aufspaltungsbericht gemäß §§ 125 S. 1, 9 Abs. 3, 12 Abs. 3, 8 Abs. 3 UmwG sowie eine Klage gegen die Wirksamkeit des Aufspaltungsbeschlusses und des Kapitalerhöhungsbeschlusses;
5. Nachweise über die rechtzeitige Zuleitung des Entwurfs des Aufspaltungs- und Übernahmevertrags gemäß der Anmeldung an sämtliche Betriebsräte der Gesellschaft, der

B 1 AG, der B 2 AG und der B 3 AG sowie die Gesamtbetriebsräte der Gesellschaft, der B 2 AG und der B 3 AG;
6. die geprüfte und mit Bestätigungsvermerk versehene Bilanz der Gesellschaft zum . . . . . 2021 für das Geschäftsjahr 2021 als Schlussbilanz gemäß §§ 125 S. 1, 17 Abs. 2 UmwG.

III. Nachweise und Anzeige

1. Die Gesellschaft wird im Hinblick auf §§ 125 S. 1, 66, 130 Abs. 1 UmwG die erforderlichen Voreintragungen im Handelsregister der übernehmenden Rechtsträger bezüglich der angemeldeten Aufspaltung des Vermögens der Gesellschaft nachweisen, soweit dies möglich ist.
2. Die Anzeige von . . . . . als Treuhänder gemäß §§ 125 S. 1, 71 UmwG, dass er im Besitz der der B 1 AG und den Außenstehenden Aktionären gemäß dem in der Anmeldung genannten Aufspaltungs- und Übertragungsvertrag zu gewährenden Aktien ist, wird nachgereicht.

IV. Erklärung gemäß § 16 Abs. 2 UmwG

Sämtliche Aktionäre der Gesellschaft, die Alleinaktionärin der B 1 AG, die Alleinaktionärin der B 2 AG und die Alleinaktionärin der B 3 AG haben auf die Anfechtung der jeweiligen Aufspaltungs- und Übertragungsbeschlüsse durch notariell beurkundete Erklärung jeweils im Rahmen der unter Ziffer II.1. bis 4. in Bezug genommenen notariellen Niederschriften verzichtet. Eine Anfechtung ist daher ausgeschlossen und eine Negativerklärung gemäß § 16 Abs. 2 S. 2 UmwG entbehrlich.

V. Vollmacht

Hiermit werden . . . . ., ... und . . . . . im Büro des Notars . . . . . je einzeln bevollmächtigt, alles zu erklären und zu beschließen, was ihnen zur Eintragung des Vorstehenden notwendig oder zweckmäßig erscheint. Jede Vollmacht ist einzeln widerruflich.

. . . . ., ...

A AG

. . . .

(. . . . ., Mitglied des Vorstands) (. . . . ., Mitglied des Vorstands)

[Beglaubigungsvermerk]

g) Handelsregisteranmeldung der übernehmenden B 1 AG

An das

Amtsgericht . . . . .

– Handelsregister –

In der Handelsregistersache

HRB . . . . . – B 1 AG

melden wir als gemeinsam zur Vertretung berechtigte Mitglieder des Vorstands der B 1 AG mit Sitz in . . . . . zur Eintragung in das Handelsregister an:

I. Anmeldung

1. Die A AG hat aufgrund des Aufspaltungs- und Übernahmevertrags vom . . . . . 2022 (UR-Nr. . . . . /2022 des Notars . . . . .), des Beschlusses der Hauptversammlung der A AG, ..., vom . . . . . 2022, des Beschlusses der Hauptversammlung der Gesellschaft vom . . . . . 2022, des Beschlusses der Hauptversammlung der B 2 AG, ..., vom . . . . . 2022 und des Beschlusses der Hauptversammlung der B 3 AG, ..., vom . . . . . 2022 den zu ihrem Unternehmensbereich Hafen 1 gehörenden Teil ihres Vermögens auf die Gesellschaft, den zu ihrem Unternehmensbereich Hafen 2 gehörenden Teil ihres Vermögens auf die B 2 AG und den zu ihrem Unternehmensbereich Hafen 3 gehörenden Teil ihres Vermögens auf die B 3 AG im Wege der nichtverhältniswahrenden Aufspaltung zur Aufnahme gemäß §§ 123 Abs. 1 Nr. 1, 128 UmwG jeweils als Gesamtheit unter Auflösung ohne Abwicklung gegen Gewährung von Aktien an der B 2 AG und der B 3 AG an die Aktionäre der A AG übertragen.
2. Eine Kapitalerhöhung bei der Gesellschaft zur Durchführung der Aufspaltung ist nicht beschlossen und auch nicht durchgeführt worden (vgl. §§ 125 S. 1, 68 Abs. 1 S. 1 Nr. 1, 128 UmwG).

II. Anlagen

Als Anlagen fügen wir bei:

1. Notariell beglaubigte Abschrift der Niederschrift über die außerordentliche Hauptversammlung der Gesellschaft vom . . . . . 2022 nebst Anlagen (UR-Nr. . . . . /2022 des Notars . . . . .) mit
   - einer beglaubigten Abschrift des Aufspaltungs- und Übernahmevertrags zwischen der A AG als dem übertragenden Rechtsträger sowie der Gesellschaft, der B 2 AG und der B 3 AG als den übernehmenden Rechtsträgern vom . . . . . 2022 (UR-Nr. . . . . /2022 des Notars . . . . .) über die Aufspaltung des Vermögens der A AG;
   - dem Zustimmungsbeschluss zu dem vorstehend genannten Aufspaltungs- und Übernahmevertrag;
   - der notariell beurkundeten Erklärung der alleinigen Aktionärin der Gesellschaft über den Verzicht auf einen Aufspaltungsbericht gemäß §§ 127 S. 2, 8 Abs. 3 UmwG, eine Aufspaltungsprüfung und einen Aufspaltungsprüfungsbericht gemäß §§ 125 S. 1, 9 Abs. 3, 12 Abs. 3, 8 Abs. 3 UmwG sowie eine Klage gegen die Wirksamkeit des Aufspaltungsbeschlusses;
2. notariell beglaubigte Abschrift der Niederschrift über die außerordentliche Hauptversammlung der A AG vom . . . . . 2022 nebst Anlagen (UR-Nr. . . . . /2022 des Notars . . . . .) mit
   - einer beglaubigten Abschrift des Aufspaltungs- und Übernahmevertrags zwischen der A AG als übertragendem Rechtsträger und der Gesellschaft, der B 2 AG und der B 3 AG als den übernehmenden Rechtsträgern vom . . . . . 2022 (UR-Nr. . . . . / 2022 des Notars . . . . .) über die Aufspaltung des Vermögens der A AG;
   - dem Zustimmungsbeschluss zu dem vorstehend genannten Aufspaltungs- und Übernahmevertrag,
   - den notariell beurkundeten Erklärungen sämtlicher Aktionäre der A AG über den Verzicht auf einen Aufspaltungsbericht gemäß §§ 127 S. 2, 8 Abs. 3 UmwG, eine

Aufspaltungsprüfung und einen Aufspaltungsprüfungsbericht gemäß §§ 125 S. 1, 9 Abs. 3, 12 Abs. 3, 8 Abs. 3 UmwG sowie eine Klage gegen die Wirksamkeit des Aufspaltungsbeschlusses,
- den notariell beurkundeten Erklärungen sämtlicher Aktionäre der A AG über die Zustimmung zur nichtverhältniswahrenden Aufspaltung gemäß § 128 S. 1 UmwG;

3. notariell beglaubigte Abschrift der Niederschrift über die außerordentliche Hauptversammlung der B 2 AG vom . . . . . 2022 nebst Anlagen (UR-Nr . . . . . /2022 des Notars . . . . .) mit
   - einer beglaubigten Abschrift des Aufspaltungs- und Übernahmevertrags zwischen der A AG als dem übertragenden Rechtsträger und der Gesellschaft, der B 2 AG und der B 3 AG als den übernehmenden Rechtsträgern vom . . . . . 2022 (UR-Nr . . . . . /2022 des Notars . . . . .) über die Aufspaltung des Vermögens der A AG;
   - dem Zustimmungsbeschluss zu dem vorstehenden genannten Aufspaltungs- und Übernahmevertrag,
   - dem Beschluss über die Kapitalerhöhung zur Durchführung der Aufspaltung nebst Satzungsänderungen,
   - der notariell beurkundeten Erklärung der alleinigen Aktionärin der B 2 AG über den Verzicht auf einen Aufspaltungsbericht gemäß §§ 127 S. 2, 8 Abs. 3 UmwG, eine Aufspaltungsprüfung und einen Aufspaltungsprüfungsbericht gemäß §§ 125 S. 1, 9 Abs. 3, 12 Abs. 3, 8 Abs. 3 UmwG sowie eine Klage gegen die Wirksamkeit des Aufspaltungsbeschlusses und des Kapitalerhöhungsbeschlusses;
4. notariell beglaubigte Abschrift der Niederschrift über die außerordentliche Hauptversammlung der B 3 AG vom . . . . . 2022 nebst Anlagen (UR-Nr . . . . . /2022 des Notars . . . . .) mit
   - einer beglaubigten Abschrift des Aufspaltungs- und Übernahmevertrags zwischen der A AG als den übertragenden Rechtsträger und der Gesellschaft, der B 2 AG und der B 3 AG als den übernehmenden Rechtsträgern vom . . . . . 2022 (UR-Nr . . . . . /2022 des Notars . . . . .) über die Aufspaltung des Vermögens der A AG;
   - dem Zustimmungsbeschluss zu dem vorstehend genannten Aufspaltungs- und Übernahmevertrag,
   - dem Beschluss über die Kapitalerhöhung zur Durchführung der Aufspaltung nebst Satzungsänderungen,
   - der notariell beurkundeten Erklärung der alleinigen Aktionärin der B 3 AG über den Verzicht auf einen Aufspaltungsbericht gemäß §§ 127 S. 2, 8 Abs. 3 UmwG, eine Aufspaltungsprüfung und einen Aufspaltungsprüfungsbericht gemäß §§ 125 S. 1, 9 Abs. 3, 12 Abs. 3, 8 Abs. 3 UmwG sowie eine Klage gegen die Wirksamkeit des Aufspaltungsbeschlusses und des Kapitalerhöhungsbeschlusses;
5. Nachweise über die rechtzeitige Zuleitung des Entwurfs der angemeldeten Aufspaltungs- und Übernahmevertrags gemäß § 126 Abs. 3 UmwG an sämtliche Betriebsräte der A AG, der Gesellschaft, der B 2 AG und B 3 AG sowie die Gesamtbetriebsräte der A AG, der B 2 AG und B 3 AG.

III. Erklärung gemäß § 16 Abs. 2 UmwG

Sämtliche Aktionäre der A AG, die Alleinaktionärin der Gesellschaft, die Alleinaktionärin der B 2 AG und die Alleinaktionärin der B 3 AG haben auf die Anfechtung der jeweiligen Aufspaltungs- und Übertragungsbeschlüsse durch notariell beurkundete Erklärung jeweils im Rahmen der unter Ziffer II.1 bis II.4 in Bezug genommenen notariellen Niederschriften verzichtet. Eine Anfechtung ist daher ausgeschlossen und eine Negativerklärung gemäß § 16 Abs. 2 S. 2 UmwG entbehrlich.

IV. Eintragungsreihenfolge

1. Im Hinblick auf die § 130 Abs. 1 UmwG wird gebeten, die unter Ziffer I angemeldete Aufspaltung der A AG in das Handelsregister der Gesellschaft einzutragen.
2. Anschließend bitten wir um Übersendung von zwei amtlichen Ausdrucken an den Notar . . . . .

V. Vollmacht

Hiermit werden . . . . ., ... und . . . . . im Büro des Notars . . . . . je einzeln bevollmächtigt, alles zu erklären und zu beschließen, was ihnen zur Eintragung des Vorstehenden notwendig oder zweckmäßig erscheint. Jede Vollmacht ist einzeln widerruflich.

. . . . ., ...

B 1 AG

. . . .

(. . . . ., Mitglied des Vorstands) (. . . . ., Mitglied des Vorstands)

[Beglaubigungsvermerk]

h) Handelsregisteranmeldung der übernehmenden B 2 AG

An das

Amtsgericht . . . . .

– Handelsregister –

In der Handelsregistersache

HRB . . . . . – B 2 AG

melden wir als gemeinsam zur Vertretung berechtigte Mitglieder des Vorstands – hinsichtlich Ziffer I.2 gemeinsam mit dem Vorsitzenden des Aufsichtsrats – der B 2 AG mit Sitz in . . . . . zur Eintragung in das Handelsregister an:

I. Anmeldung

1. Die A AG hat aufgrund des Aufspaltungs- und Übernahmevertrags vom . . . . . 2022 (UR-Nr. . . . . ./2022 des Notars . . . . .), des Beschlusses der Hauptversammlung der A AG vom . . . . . 2022, des Beschlusses der Hauptversammlung der B 1 AG, ..., vom . . . . . 2022, des Beschlusses der Hauptversammlung der Gesellschaft vom . . . . . 2022 und des Beschlusses der Hauptversammlung der B 3 AG, ..., vom . . . . . 2022 den zu ihrem Unternehmensbereich Hafen 1 gehörenden Teil ihres Vermögens auf die B 1 AG, den zu ihrem Unternehmensbereich Hafen 2 gehörenden Teil ihres Vermögens auf die Gesellschaft und den zu ihrem Unternehmensbereich Hafen 3 gehörenden Teil ihres Vermögens auf die B 3 AG im Wege der nichtverhältniswahrenden Aufspaltung zur Aufnahme gemäß §§ 123 Abs. 1 Nr. 1, 128 UmwG jeweils als Gesamtheit unter Auflösung ohne Abwicklung gegen Gewährung von Aktien an der Gesellschaft und der B 3 AG an die Aktionäre der A AG übertragen.
2. Zur Durchführung der Aufspaltung hat die Hauptversammlung der Gesellschaft die Erhöhung des Grundkapitals der Gesellschaft von EUR 4 000 000 um EUR 1 000 000

auf EUR 5000000 durch Ausgabe von 1000000 Stück auf den Inhaber lautende Stückaktien im anteiligen Betrag des Grundkapitals von je EUR 1 beschlossen. Die Erhöhung des Grundkapitals ist durchgeführt.

3. § . . . . . (Grundkapital) und § . . . . . (Aktien) der Satzung der Gesellschaft sind in Anpassung an die in Ziffer I.2 angemeldete Kapitalerhöhung geändert worden.

II. Anlagen

Als Anlagen fügen wir bei:

1. Notariell beglaubigte Abschrift des unter Ziffer I.1 angemeldeten Aufspaltungs- und Übernahmevertrags vom . . . . . 2022 zwischen der A AG als dem übertragenden Rechtsträger sowie der B AG 1, der Gesellschaft und der B 3 AG als den übernehmenden Rechtsträgern (UR-Nr . . . . ./2022 des Notars . . . . .);
2. Notariell beglaubigte Abschrift der Niederschrift über die außerordentliche Hauptversammlung der Gesellschaft vom . . . . . 2022 nebst Anlagen (UR-Nr . . . . ./2022 des Notars . . . . .) mit
   a) dem Zustimmungsbeschluss zu dem unter Ziffer I.1 angemeldeten Aufspaltungs- und Übernahmevertrag,
   b) dem Beschluss über die unter Ziffer I.2 angemeldete Kapitalerhöhung zur Durchführung der Aufspaltung,
   c) dem Beschluss über die unter Ziffer I.3 angemeldete Änderung von § . . . . . (Grundkapital) und § . . . . . (Aktien) der Satzung der Gesellschaft zur Anpassung an die unter Ziffer I.2 angemeldete Kapitalerhöhung,
   d) der notariell beurkundeten Erklärung der alleinigen Aktionärin der Gesellschaft über den Verzicht auf einen Aufspaltungsbericht gemäß §§ 127 S. 2, 8 Abs. 3 UmwG, eine Aufspaltungsprüfung und einen Aufspaltungsprüfungsbericht gemäß §§ 125 S. 1, 9 Abs. 3, 12 Abs. 3, 8 Abs. 3 UmwG sowie eine Klage gegen die Wirksamkeit des Aufspaltungsbeschlusses und des Kapitalerhöhungsbeschlusses;
3. notariell beglaubigte Abschrift der Niederschrift über die außerordentliche Hauptversammlung der A AG vom . . . . . 2022 nebst Anlagen (UR-Nr . . . . ./2022 des Notars . . . . .) mit
   a) dem Zustimmungsbeschluss zu dem unter Ziffer I.1 angemeldeten Aufspaltungs- und Übernahmevertrag,
   b) den notariell beurkundeten Erklärungen sämtlicher Aktionäre der A AG über den Verzicht auf einen Aufspaltungsbericht gemäß §§ 127 S. 2, 8 Abs. 3 UmwG, eine Aufspaltungsprüfung und einen Aufspaltungsprüfungsbericht gemäß §§ 125 S. 1, 9 Abs. 3, 12 Abs. 3, 8 Abs. 3 UmwG sowie eine Klage gegen die Wirksamkeit des Aufspaltungsbeschlusses,
   c) den notariell beurkundeten Erklärungen sämtlicher Aktionäre der A AG über die Zustimmung zur nichtverhältniswahrenden Aufspaltung gemäß § 128 S. 1 UmwG;
4. notariell beglaubigte Abschrift der Niederschrift über die außerordentliche Hauptversammlung der B 1 AG vom . . . . . 2022 nebst Anlagen (UR-Nr . . . . ./2022 des Notars . . . . .) mit
   a) dem Zustimmungsbeschluss zu dem unter Ziffer I.1 angemeldeten Aufspaltungs- und Übernahmevertrag,
   b) der notariell beurkundeten Erklärung der alleinigen Aktionärin der B 1 AG über den Verzicht auf einen Aufspaltungsbericht gemäß §§ 127 S. 2, 8 Abs. 3 UmwG, eine Aufspaltungsprüfung und einen Aufspaltungsprüfungsbericht gemäß §§ 125 S. 1, 9 Abs. 3, 12 Abs. 3, 8 Abs. 3 UmwG sowie eine Klage gegen die Wirksamkeit des Aufspaltungsbeschlusses;

5. notariell beglaubigte Abschrift der Niederschrift über die außerordentliche Hauptversammlung der B 3 AG vom ..... 2022 nebst Anlagen (UR-Nr ..... /2022 des Notars .....) mit
   a) dem Zustimmungsbeschluss zu dem unter Ziffer I.1 angemeldeten Aufspaltungs- und Übernahmevertrag,
   b) dem Beschluss über die Kapitalerhöhung zur Durchführung der Aufspaltung nebst Satzungsänderungen,
   c) der notariell beurkundeten Erklärung der alleinigen Aktionärin der B 3 AG über den Verzicht auf einen Aufspaltungsbericht gemäß §§ 127 S. 2, 8 Abs. 3 UmwG, eine Aufspaltungsprüfung und einen Aufspaltungsprüfungsbericht gemäß §§ 125 S. 1, 9 Abs. 3, 12 Abs. 3, 8 Abs. 3 UmwG sowie eine Klage gegen die Wirksamkeit des Aufspaltungsbeschlusses und des Kapitalerhöhungsbeschlusses;
6. Nachweise über die rechtzeitige Zuleitung des unter Ziffer I.1 angemeldeten Aufspaltungs- und Übernahmevertrags gemäß § 126 Abs. 3 UmwG an sämtliche Betriebsräte der A AG, B 1 AG, der Gesellschaft und der B 3 AG sowie die Gesamtbetriebsräte der A AG, der Gesellschaft und der B 3 AG;
7. Sacheinlageprüfungsbericht vom ..... 2022 der ..... Wirtschaftsprüfungsgesellschaft als dem gerichtlich bestellten Sacheinlagenprüfer über die Aufspaltung des Unternehmensbereichs Hafen 2 der A AG auf die Gesellschaft;
8. Berechnung der der Gesellschaft durch die Ausgabe der neuen Aktien gemäß dem Kapitalerhöhungsbeschluss unter Ziffer I.2 der Anmeldung entstehenden Kosten gemäß § 188 Abs. 3 Nr. 3 AktG;
9. vollständiger Wortlaut der im Hinblick auf Ziffer I.3 der Anmeldung geänderten Satzung mit Bescheinigung des Notars nach § 181 Abs. 1 S. 2 AktG.

III. Nachzureichende Anlagen

Die Anzeige von Herrn Notar ....., als Treuhänder gemäß §§ 125 S. 1, 71 UmwG, dass er im Besitz der den Aktionären der A AG gemäß dem unter Ziffer I.1 angemeldeten Aufspaltungs- und Übertragungsvertrag zu gewährenden Aktien ist, wird nachgereicht.

IV. Erklärung gemäß § 16 Abs. 2 UmwG

Sämtliche Aktionäre der A AG, die Alleinaktionärin der B 1 AG, die Alleinaktionärin der Gesellschaft und die Alleinaktionärin der B 3 AG haben auf die Anfechtung der jeweiligen Aufspaltungs- und Übertragungsbeschlüsse durch notariell beurkundete Erklärung jeweils im Rahmen der unter Ziffer II.2 bis II.5 in Bezug genommenen notariellen Niederschriften verzichtet. Eine Anfechtung ist daher ausgeschlossen und eine Negativerklärung gemäß § 16 Abs. 2 S. 2 UmwG entbehrlich.

V. Eintragungsreihenfolge und Handelsregisterauszüge

1. Im Hinblick auf die §§ 125 S. 1, 66, 130 Abs. 1 UmwG wird zunächst um Eintragung des unter Ziffer I.2 angemeldeten Beschlusses über die Erhöhung des Grundkapitals und ihrer Durchführung sowie im Anschluss daran um die Eintragung der unter Ziffer I.1 angemeldeten Aufspaltung der A AG in das Handelsregister der Gesellschaft gebeten.
2. Anschließend bitten wir um Übersendung von zwei amtlichen Ausdrucken an den Notar .....

VI. Vollmacht

Hiermit werden . . . . . und . . . . . , sämtlich dienstansässig im Büro des Notars . . . . . , je einzeln bevollmächtigt, alles zu erklären und zu beschließen, was ihnen zur Eintragung des Vorstehenden notwendig oder zweckmäßig erscheint. Jede Vollmacht ist einzeln widerruflich.

. . . . . , ... 2022

B 2 AG

. . . .

(. . . . . , Mitglied des Vorstands) (. . . . . , Mitglied des Vorstands)

(. . . . . , Vorsitzender des Aufsichtsrats)

[Beglaubigungsvermerk]

i) Handelsregisteranmeldung der übernehmenden B 3 AG

An das

Amtsgericht . . . . .

– Handelsregister –

In der Handelsregistersache

HRB . . . . . – B 3 AG

melden wir als gemeinsam zur Vertretung berechtigte Mitglieder des Vorstands – hinsichtlich Ziffer I.1.3 gemeinsam mit dem Vorsitzenden des Aufsichtsrats – der B 3 AG mit Sitz in . . . . . zur Eintragung in das Handelsregister an:

I. Anmeldung

1.1 Die A AG, ... , als übertragender Rechtsträger hat am . . . . . 2022 einen Aufspaltungs- und Übernahmevertrag mit der B 1 AG, ... , der B 2 AG, ... , und der Gesellschaft als den übernehmenden Rechtsträgern geschlossen, der für die Gesellschaft zugleich einen Nachgründungsvertrag darstellt (UR-Nr. . . . . ./2022 des Notars . . . . .). Gegenstand des Vertrages ist die Übertragung des zu dem Unternehmensbereich Hafen 1 der A AG gehörenden Teil des Vermögens der A AG auf die B 1 AG, des zu ihrem Unternehmensbereich Hafen 2 gehörenden Teil ihres Vermögens auf die B 2 AG und des zu ihrem Unternehmensbereich Hafen 3 gehörenden Teil ihres Vermögens auf die Gesellschaft im Wege der nichtverhältniswahrenden Aufspaltung zur Aufnahme gemäß §§ 123 Abs. 1 Nr. 1, 128 UmwG jeweils als Gesamtheit unter Auflösung ohne Abwicklung gegen Gewährung von Aktien an der B 2 AG und der Gesellschaft an die Aktionäre der A AG. Die Hauptversammlung der Gesellschaft hat am . . . . . 2022 dem Aufspaltungs- und Übernahmevertrag zugestimmt.

1.2 Die A AG hat aufgrund des Aufspaltungs- und Übernahmevertrags vom . . . . . 2022 (UR-Nr. . . . . ./2022 des Notars . . . . .), des Beschlusses der Hauptversammlung der A AG vom . . . . . 2022, des Beschlusses der Hauptversammlung der B 1 AG vom . . . . . 2022, des Beschlusses der Hauptversammlung der B 2 AG vom . . . . . 2022 und des Beschlusses der Hauptversammlung der Gesellschaft vom . . . . . 2022 den zu ihrem Unternehmensbereich Hafen 1 gehörenden Teil ihres Vermögens auf die B 1 AG, den zu ihrem Unternehmensbereich Hafen 2 gehörenden Teil ihres Vermögens auf die B 2 AG und den zu ihrem Unternehmensbereich Hafen 3 gehörenden Teil ihres Vermögens auf die Gesellschaft im Wege der nichtverhältniswahrenden Aufspaltung zur Aufnahme gemäß §§ 123 Abs. 1 Nr. 1, 128 UmwG jeweils als Gesamtheit unter Auflösung ohne Abwicklung gegen Gewährung von Aktien an der B AG 2 und der Gesellschaft an die Aktionäre der A AG übertragen.

1.3 Zur Durchführung der Aufspaltung hat die Hauptversammlung der Gesellschaft die Erhöhung des Grundkapitals der Gesellschaft von EUR 1 000 000 um EUR 9 000 000 auf EUR 10 000 000 durch Ausgabe von 9 000 000 Stück auf den Inhaber lautende Stückaktien im anteiligen Betrag des Grundkapitals von je EUR 1 beschlossen. Die Erhöhung des Grundkapitals ist durchgeführt.

1.4 § . . . . . (Grundkapital) und § . . . . . (Aktien) der Satzung der Gesellschaft sind in Anpassung an die Ziffer I.1.3 genannte Kapitalerhöhung geändert worden.

II. Anlagen

Als Anlagen fügen wir bei:

1. Notariell beglaubigte Abschrift des unter Ziffer I.1.2 angemeldeten Aufspaltungs- und Übernahmevertrags vom . . . . . 2022 zwischen der A AG als dem übertragenden Rechtsträger sowie der B 1 AG, der B 2 AG und der Gesellschaft als den übernehmenden Rechtsträgern (UR-Nr. . . . . /2022 des Notars . . . . .);
2. notariell beglaubigte Abschrift der Niederschrift über die außerordentliche Hauptversammlung der Gesellschaft vom . . . . . 2022 nebst Anlagen (UR-Nr. . . . . /2022 des Notars . . . . .) mit
   a) dem Zustimmungsbeschluss zu dem unter Ziffer I.1.2 angemeldeten Aufspaltungs- und Übernahmevertrag auch als Nachgründungsvertrag,
   b) dem Beschluss über die unter Ziffer I.1.3 angemeldete Kapitalerhöhung zur Durchführung der Aufspaltung,
   c) dem Beschluss über die unter Ziffer I.1.4 angemeldete Änderung von § . . . . . (Grundkapital) und § . . . . . (Aktien) der Satzung der Gesellschaft zur Anpassung an die unter Ziffer I.1.3 angemeldete Kapitalerhöhung,
   d) der notariell beurkundeten Erklärung der alleinigen Aktionärin der Gesellschaft über den Verzicht auf einen Aufspaltungsbericht gemäß §§ 127 S. 2, 8 Abs. 3 UmwG, eine Aufspaltungsprüfung und einen Aufspaltungsprüfungsbericht gemäß §§ 125 S. 1, 9 Abs. 3, 12 Abs. 3, 8 Abs. 3 UmwG sowie eine Klage gegen die Wirksamkeit des Aufspaltungsbeschlusses und des Kapitalerhöhungsbeschlusses;
3. notariell beglaubigte Abschrift der Niederschrift über die außerordentliche Hauptversammlung der A AG vom . . . . . 2022 nebst Anlagen (UR-Nr. . . . . /2022 des Notars . . . . .) mit
   a) dem Zustimmungsbeschluss zu dem unter Ziffer I.1.2 angemeldeten Aufspaltungs- und Übernahmevertrag,
   b) den notariell beurkundeten Erklärungen sämtlicher Aktionäre der A AG über den Verzicht auf einen Aufspaltungsbericht gemäß §§ 127 S. 2, 8 Abs. 3 UmwG, eine Aufspaltungsprüfung und einen Aufspaltungsprüfungsbericht gemäß §§ 125 S. 1, 9 Abs. 3, 12 Abs. 3, 8 Abs. 3 UmwG sowie eine Klage gegen die Wirksamkeit des Aufspaltungsbeschlusses,

c) den notariell beurkundeten Erklärungen sämtlicher Aktionäre der A AG über die Zustimmung zur nichtverhältniswahrenden Aufspaltung gemäß § 128 S. 1 UmwG;

4. notariell beglaubigte Abschrift der Niederschrift über die außerordentliche Hauptversammlung der B 1 AG vom . . . . . 2022 nebst Anlagen (UR-Nr . . . . . /2022 des Notars . . . . .) mit
   a) dem Zustimmungsbeschluss zu dem unter Ziffer I.1.2 angemeldeten Aufspaltungs- und Übernahmevertrag,
   b) der notariell beurkundeten Erklärung der alleinigen Aktionärin der B 1 AG über den Verzicht auf einen Aufspaltungsbericht gemäß §§ 127 S. 2, 8 Abs. 3 UmwG, eine Aufspaltungsprüfung und einen Aufspaltungsprüfungsbericht gemäß §§ 125 S. 1, 9 Abs. 3, 12 Abs. 3, 8 Abs. 3 UmwG sowie eine Klage gegen die Wirksamkeit des Aufspaltungsbeschlusses;
5. notariell beglaubigte Abschrift der Niederschrift über die außerordentliche Hauptversammlung der B 2 AG vom . . . . . 2022 nebst Anlagen (UR-Nr . . . . . /2022 des Notars . . . . .) mit
   a) dem Zustimmungsbeschluss zu dem unter Ziffer I.1.2 angemeldeten Aufspaltungs- und Übernahmevertrag,
   b) dem Beschluss über die Kapitalerhöhung der B 2 AG zur Durchführung der Aufspaltung nebst Satzungsänderungen,
   c) der notariell beurkundeten Erklärung der alleinigen Aktionärin der B 2 AG über den Verzicht auf einen Aufspaltungsbericht gemäß §§ 127 S. 2, 8 Abs. 3 UmwG, eine Aufspaltungsprüfung und einen Aufspaltungsprüfungsbericht gemäß §§ 125 S. 1, 9 Abs. 3, 12 Abs. 3, 8 Abs. 3 UmwG sowie eine Klage gegen die Wirksamkeit des Aufspaltungsbeschlusses und des Kapitalerhöhungsbeschlusses;
6. Nachweise über die rechtzeitige Zuleitung des Entwurfs des unter Ziffer I.1.2 angemeldeten Aufspaltungs- und Übernahmevertrags gemäß § 126 Abs. 3 UmwG an sämtliche Betriebsräte der A AG, der B 1 AG, der B 2 AG und der Gesellschaft sowie die Gesamtbetriebsräte der A AG, der B 2 AG und der Gesellschaft;
7. Berechnung der der Gesellschaft durch die Ausgabe der neuen Aktien gemäß dem Kapitalerhöhungsbeschluss unter Ziffer I.1.3 der Anmeldung entstehenden Kosten gemäß § 188 Abs. 3 Nr. 3 AktG;
8. vollständiger Wortlaut der im Hinblick auf Ziffer I.1.4 der Anmeldung geänderten Satzung mit Bescheinigung des Notars nach § 181 Abs. 1 S. 2 AktG;
9. Nachgründungsbericht des Aufsichtsrats der Gesellschaft vom . . . . . 2022 über den unter Ziffer I.1.2 angemeldeten Aufspaltungs- und Übernahmevertrag;
10. Nachgründungs- und Sacheinlagenprüfungsbericht vom . . . . . 2022 der . . . . . Wirtschaftsprüfungsgesellschaft als dem gerichtlich bestellten Nachgründungs- und Sacheinlagenprüfer über die Aufspaltung des Unternehmensbereichs Hafen 3 der A AG auf die Gesellschaft.

III. Nachzureichende Anlagen

Die Anzeige von Herrn Notar . . . . . , als Treuhänder gemäß §§ 125 S. 1, 71 UmwG, dass er im Besitz der den Aktionären der A AG gemäß dem unter Ziffer I.1.2 angemeldeten Aufspaltungs- und Übertragungsvertrag zu gewährenden Aktien ist, wird nachgereicht.

IV. Erklärung gemäß § 16 Abs. 2 UmwG

Sämtliche Aktionäre der A AG, die Alleinaktionärin der B 1 AG, die Alleinaktionärin B 2 AG und die Alleinaktionärin der Gesellschaft haben auf die Anfechtung der jeweiligen Aufspaltungs- und Übertragungsbeschlüsse durch notariell beurkundete Erklärung jeweils im Rahmen der unter Ziffer II.2 bis II.5 in Bezug genommenen notariellen Niederschriften verzichtet. Eine Anfechtung ist daher ausgeschlossen und eine Negativerklärung gemäß § 16 Abs. 2 S. 2 UmwG entbehrlich.

V. Eintragungsreihenfolge und Handelsregisterauszüge

1. Im Hinblick auf §§ 125 S. 1, 67 S. 1 UmwG, § 52 Abs. 6 und 8 AktG bitten wir zunächst um Eintragung der unter Ziffer I.1.1 angemeldeten Nachgründung in das Handelsregister der Gesellschaft.
2. Sodann bitten wir – im Hinblick auf die §§ 125 S. 1, 66, 130 Abs. 1 UmwG – um Eintragung des unter Ziffer I.1.3 angemeldeten Beschlusses über die Erhöhung des Grundkapitals und ihrer Durchführung sowie unmittelbar anschließend um Eintragung der unter Ziffer I.1.2 angemeldeten Aufspaltung der A AG in das Handelsregister der Gesellschaft.
3. Anschließend bitten wir um Übersendung von zwei amtlichen Ausdrucken an den Notar . . . . .

VI. Vollmacht

Hiermit werden . . . . ., ... und . . . . . im Büro des Notars . . . . . je einzeln bevollmächtigt, alles zu erklären und zu beschließen, was ihnen zur Eintragung des Vorstehenden notwendig oder zweckmäßig erscheint. Jede Vollmacht ist einzeln widerruflich.

. . . . ., ... 2022

B 3 AG

. . . . .

(. . . . ., Mitglied des Vorstands)

. . . . .

(. . . . ., Mitglied des Vorstands)

. . . . .

(. . . . ., Vorsitzender des Aufsichtsrats)

[Beglaubigungsvermerk]

Anmerkungen

1. Notariell zu beurkunden, §§ 125 S. 1, 6 UmwG.

2. Im Gegensatz zur Abspaltung wird bei der Aufspaltung der übertragende Rechtsträger aufgelöst. Auch hier gibt es – wie bei Abspaltung und Ausgliederung – eine Spaltung zur Neugründung und eine Spaltung zur Aufnahme (Formular hier). Wie bei der Abspaltung werden bei der Aufspaltung als Gegenleistung neue Anteile der übernehmenden Rechtsträger an die Anteilsinhaber des übertragenden Rechtsträgers gewährt. Bei der Ausgliederung werden die Anteile dagegen dem übertragenden Rechtsträger selbst gewährt.

3. Im Hinblick auf die Zuweisung der als Gegenleistung für die Aufspaltung zu gewährenden Anteile an die Anteilsinhaber des übertragenden Rechtsträger kann die Aufspaltung verhältniswahrend oder nichtverhältniswahrend erfolgen (§§ 126 Abs 1 Nr 10, 128 UmwG). Als Unterfälle der nichtverhältniswahrenden Spaltung kommen in Betracht (i) bloße Quotenverschiebungen, dh die Anteilseigner des übertragenden Rechtsträgers sind nach Aufspaltung im Verhältnis zueinander an den mehreren übernehmenden Rechtsträgern im nicht genau gleichen Verhältnis beteiligt wie zuvor beim übertragenden Rechtsträger, aber auch (ii) die sogenannte Spaltung zu Null, bei der der einzelne Anteilsinhaber des übertragenden Rechtsträgers an einem übernehmenden Rechtsträger gar nicht beteiligt wird, dafür an einem anderen in kompensatorisch größerem Umfang (Fall der Trennung von Stämmen) (vgl OLG München NZG 13, 951) oder (iii) sogar die Spaltung zu Null mit vollständigem Verzicht einzelner Anteilseigner auf eine Beteiligung an einem der übernehmenden Rechtsträger, näher dazu Semler/Stengel/Leonard UmwG/*Schröer/Greitemann,* 5. Aufl. 2021, § 128 Rn. 6 ff.; *Weiler* NZG 13, 1326. Bei der nichtverhältniswahrenden Aufspaltung müssen sämtliche Anteilsinhaber des übertragenden Rechtsträgers dem Aufspaltungs- und Übernahmevertrag zustimmen, § 128 UmwG (hierzu *Rubner/Fischer* NZG 14, 761).

4. Die Schlussbilanz des übertragenden Rechtsträgers ist bei der Anmeldung der Aufspaltung zum Handelsregister des übertragenden Rechtsträgers einzureichen, §§ 125 S. 1, 17 Abs 2 UmwG; näher dazu → Form. II.J.4 Anm. 5.

5. Zur Beachtung des Bestimmtheits- bzw. Bestimmbarkeitsgrundsatzes bei der Bezeichnung der zu übertragenden Vermögensgegenstände vgl → Form. II.J.4 Anm. 8. Bei der Erstellung der Anlagen ist noch größere Sorgfalt als bei Abspaltung oder Ausgliederung zu verwenden, da der übertragende Rechtsträger erlischt.

6. Zu den Anforderungen an die Bezeichnung von Grundbesitz gemäß § 28 GBO vgl näher → Form. II.J.4 Anm. 7.

7. Gerade bei einer Aufspaltung kann es bei Verträgen vielfältige Verflechtungen geben. Die Klausel trifft eine Regelung, wie diese im Nachhinein aufzulösen sind. Durch die Spaltung selbst wird ein „Durchschlagen des gordischen Knotens" nicht möglich sein.

8. Die Rechtsfolgen einer Spaltung für bestehende Beherrschungs- und Gewinnabführungsverträge sind je nach der konkreten Fallkonstellation unterschiedlich; vgl zu den einzelnen Fallkonstellationen näher Kallmeyer UmwG/*Sickinger,* 7. Aufl. 2020, § 126 Rn. 26; Kölner Komm UmwG/*Simon,* 2009, § 131 Rn. 24–26.

9. Technisch ist der Vertrag für die drei übernehmenden Rechtsträger parallel aufgebaut. Da zum Unternehmensbereich Hafen 2 keine gewerblichen Schutzrechte gehören, hat es sich bewährt, zur Übersichtlichkeit die Nummerierung parallel beizubehalten und darauf hinzuweisen, dass einzelne Paragraphen nicht besetzt sind.

10. Gemäß § 131 Abs 3 UmwG geht bei der Aufspaltung ein Vermögensgegenstand auf alle übernehmenden Rechtsträger (im Verhältnis, das sich aus dem Aufspaltungsvertrag für die Aufteilung des Überschusses der Aktivseite über die Passivseite ergibt) über, wenn der Vermögensgegenstand im Aufspaltungsvertrag keinem der übernehmenden Rechtsträger zugeteilt worden ist und sich die Zuteilung auch nicht durch Auslegung des Aufspaltungsvertrags ermitteln lässt. Um diese unschöne Konsequenz zu vermeiden, wurde in der Klausel der Vermögensgegenstand bzw die Rechtstellung hilfsweise der B 1 AG zugewiesen. Darüber hinaus wurde eine entsprechende Verständigungsklausel im Innenverhältnis der drei übernehmenden Rechtsträger aufgenommen.

11. Die Aufspaltung hat gesellschaftsrechtliche und dingliche Komponenten. Aus Sicht des deutschen Rechts erfassen die Übertragungswirkungen der Aufspaltung gemäß § 131 Abs 1 Nr 1 UmwG auch das im Ausland befindliche Vermögen des übertragenden Rechtsträgers; dazu vgl Kallmeyer UmwG/*Sickinger,* 7. Aufl. 2020, § 131 Rn. 4, Kallmeyer UmwG/*Marsch-Barner/Oppenhoff* § 20 Rn. 5; *Bungert* in FS Heldrich 2005, S 527; *Racky* DB 03, 923; *Fisch* NZG 16, 448. Sollte für Vermögensgegenstände mit

Auslandsbezug im Ausland die Gesamtrechtsnachfolge der deutschen Aufspaltung nicht anerkannt werden, trifft Klausel hierfür Vorsorge. Darüber hinaus ist bei Aufspaltung zu überlegen, ob vor Anmeldung der Aufspaltung zum Handelsregister noch dingliche Übertragungsakte in der Form des ausländischen Rechts vorgenommen werden sollten.

12. Die Klausel trifft Vorsichtsmaßnahmen im Innenausgleich der mehreren übernehmenden Rechtsträger, soweit aus rechtlichen Gründen ein Vermögensgegenstand nicht den im Aufspaltungsvertrag gewünschten übernehmenden Rechtsträger erreicht haben sollte.

13. Das Formular behandelt die nichtverhältniswahrende Aufspaltung, s. auch Anmerkung 3. Die Außenstehenden Aktionäre erhalten hier nur neue Aktien an B 3 AG. An B 2 AG bleibt weiterhin allein B 1 AG als Anteilseigner des übertragenden Rechtsträgers beteiligt und erhält hier neue Stückaktien. Soweit Vermögen des übertragenden Rechtsträgers auf B 1 AG aufgespalten wird, darf eine Kapitalerhöhung nicht erfolgen. Denn B 1 AG ist am übertragenden Rechtsträger beteiligt, §§ 125 S. 1, 68 Abs 1 S. 1 Nr 1 UmwG. Die Außenstehenden Aktionäre sollen hier gerade nicht beteiligt werden, so dass eine Kapitalerhöhung zur Durchführung der Aufspaltung bei B 1 AG vollständig entfällt.

14. Für die Durchführung der Gewährung der Aktien an die Anteilsinhaber des übertragenden Rechtsträgers ist bei Aktiengesellschaften gemäß §§ 125 S. 1, 71 UmwG ein Treuhänder zu bestellen. Die Aufspaltung wird vom Handelsregister erst eingetragen, wenn der Treuhänder dem Gericht angezeigt hat, dass er im Besitz der Aktien (und ggf. baren Zuzahlungen) ist. Der Treuhänder ist vom übertragenden Rechtsträger zu bestellen; Münch HdB GesR Bd 8 Umwandlungsrecht/*Oppenhoff*, 5. Aufl 2018, § 29 Rn. 139. Klausel regelt hier die Vorgehensweise. Vgl dazu auch II.J.2 Anm. 15.

15. Diese sog rollierende Stichtagsregelung verschiebt den Aufspaltungsstichtag um ein Jahr, falls bis zu einem bestimmten Ablaufdatum (hier 15. Februar 2022) die Aufspaltung etwa wegen schwebender Anfechtungsklagen oder sonstiger Entwicklungen nicht wirksam geworden ist. Durch diese Regelung werden neue Hauptversammlungsbeschlüsse überflüssig.

16. Notariell beurkundete Zustimmungserklärung aller (auch nicht anwesender) Anteilseigner des übertragenden Rechtsträgers gemäß § 128 S. 1 UmwG wegen des Vorliegens einer nichtverhältniswahrenden Aufspaltung zwingend erforderlich. Notarielle Beglaubigung der Erklärungen reicht nicht aus. Nach wohl herrschender Meinung wird auch die Zustimmung von dinglich im Rahmen eines Nießbrauchs oder eines Pfandrechts an den Anteilen des übertragenden Rechtsträgers berechtigten Personen zum Aufspaltungsvertrag in analoger Anwendung von § 128 UmwG gefordert, da auch diese Personen durch die nichtverhältniswahrende Aufspaltung benachteiligt werden; vgl Nachweise bei KölnerKomm UmwG/*Simon,* 2009, § 128 Rn. 26 u BeckOGK UmwG/*Verse*, Stand: 1.10.2020, § 128 Rn. 32.

17. Formular hat die Besonderheit, dass der Aufspaltungs- und Übernahmevertrag bei der B 3 AG als übernehmender Aktiengesellschaft zugleich einen Nachgründungsvertrag gemäß §§ 67 UmwG, 52 AktG darstellt. Denn der Aufspaltungs- und Übernahmevertrag wird in den ersten zwei Jahren seit Eintragung der B 3 AG abgeschlossen und die Ausnahmevorschrift des Satzes 2 und 3, dass der Nennbetrag der zur Durchführung der Aufspaltung zu gewährenden Aktien nicht mehr als 10 % des Grundkapitals der übernehmenden Aktiengesellschaft ausmacht, greift nicht ein. Damit sind als zusätzliche Formerfordernisse insbesondere ein Nachgründungsbericht des Aufsichtsrats zu erstellen und eine Nachgründungsprüfung (parallel zur Sacheinlagenprüfung) durch einen gerichtlich bestellten Prüfer durchzuführen (§ 52 Abs 3, 4 AktG); näher dazu Kallmeyer UmwG/*Marsch-Barner/Oppenhoff*, 7. Aufl. 2020, § 67 Rn. 6 ff.

18. Steuerhinweise:

Die Aufspaltung ist nur dann ertragsteuerneutral möglich, wenn auf jeden der übernehmenden Rechtsträger ein Teilbetrieb gespalten wird. Anders als bei der Abspaltung kann beim übertragenden Rechtsträger kein Teilbetrieb zurückbleiben; § 15 Abs 1, 11–13 UmwStG. Für die Teilbetriebsdefinition vgl → Form. II.J.4 Anm. 30.

Auch eine nicht verhältniswahrende Aufspaltung steht der Steuerneutralität nicht entgegen. Die Wertverschiebungen gelten jedoch als Vorteilszuwendungen. Zu den Folgen s BMF, Umwandlungssteuererlass 2011, veröffentlicht auf der BMF-Webseite www.bundesfinanzministerium.de, Tz 15.44, 13.03 und 13.09.

Wird – anders als im Formular vorgesehen – zum Ausgleich von Wertunterschieden der Vermögensteile eine Ausgleichszahlung in bar geleistet, so ist der daraus erzielte Gewinn steuerpflichtig, unter Umständen tarifbegünstigt nach § 34 Abs 1 EStG. Die Aufspaltung im Übrigen kann auch in einem solchen Fall ertragsteuerneutral zu Buchwerten stattfinden.

Bei einer Aufspaltung ist auf das Nichtvorliegen der in § 15 Abs 2 UmwStG geregelten Missbrauchstatbestände besonders zu achten. Insbesondere darf durch die Aufspaltung nicht die Veräußerung an außenstehende Personen vollzogen werden oder die Voraussetzungen dafür geschaffen werden. Außerdem dürfen bei der Trennung von Gesellschafterstämmen die Beteiligungen an der übertragenden Kapitalgesellschaft nicht weniger als fünf Jahre vor dem steuerlichen Übertragungsstichtag bestanden haben, dazu schon → Form. II.J.4 Anm. 30.

Liegt ein Teilbetrieb vor, löst die Spaltung regelmäßig keine Umsatzsteuer aus (nicht steuerbare Geschäftsveräußerung im Ganzen, § 1 Abs 1 a UStG).

Zur Grunderwerbsteuer vgl Hinweise bei → Form. II.J.4 Anm. 30.

19. **Kosten und Gebühren**

a) Aufspaltungs- und Übernahmevertrag: Notar: 2,0 Gebühr gemäß Nr. 21100 KV GNotKG.
   Wert: Vermögen der aufgespaltenen Gesellschaft ohne Schuldenabzug, § 97 Abs 1 GNotKG, § 38 S. 1 GNotKG, max EUR 10 Mio, § 107 Abs 1 GNotKG.
b) Zustimmungsbeschluss übertragende Gesellschaft: Vgl → Form. II.J.1 lit c.
c) Zustimmungsbeschluss übernehmende Gesellschaft: Vgl → Form. II.J.1 lit b.
d) Zustimmungsbeschluss übernehmende Gesellschaft: Vgl → Form. II.J.1 lit b.
e) Zustimmungsbeschluss übernehmende Gesellschaft: Vgl → Form. II.J.1 lit b.
f) Handelsregisteranmeldung übertragende Gesellschaft: Notar: 0,5 Gebühr gemäß Nr. 24102 iVm Nr. 21201 KV GNotKG.
   Wert: 1 % des eingetragenen Grund- oder Stammkapitals, mind. 30000,00 EUR (§§ 119 Abs 1, 105 Abs 2, Abs 4 Nr. 1 GNotKG), max. 1 Mio. EUR (§ 106 GNotKG).
   Register: HRegGebV Teil 2. Abschnitt 4.
   Vgl → Form. II.J.1 lit e.
g) Handelsregisteranmeldung übernehmende Gesellschaft: Vgl → Form. II.J.1 lit d.
h) Handelsregisteranmeldung übernehmende Gesellschaft: Vgl → Form. II.J.1 lit d.
i) Handelsregisteranmeldung übernehmende Gesellschaft: Vgl → Form. II.J.1 lit d.

8. Formwechsel Offene Handelsgesellschaft in GmbH

a) Umwandlungsbeschluss[1]

Verhandelt in ..... am .....

Vor dem unterzeichneten Notar ..... mit dem Amtssitz in ..... erschienen A und B.

Die Erschienenen erklärten zwecks Umwandlung ihrer Personenhandelsgesellschaft in eine GmbH:

Alleinige Gesellschafter der A OHG mit Sitz in ....., eingetragen im Handelsregister des Amtsgerichts ..... unter HRA ....., sind A und B. A hält einen Kapitalanteil von EUR ....., B einen Kapitalanteil von EUR .....

I. Umwandlungsbeschluss

Unter Verzicht auf alle durch Gesetz oder Gesellschaftsvertrag vorgeschriebenen Formen und Fristen für die Einberufung, Vorbereitung und Durchführung einer Gesellschafterversammlung und die Unterrichtung der Gesellschafter wird hiermit eine Gesellschafterversammlung der A OHG abgehalten und einstimmig beschlossen was folgt:[2]

1. Die A OHG wird gem. §§ 193, 214 ff UmwG formwechselnd in eine Gesellschaft mit beschränkter Haftung umgewandelt.

   Steuerlicher Übertragungsstichtag iSd §§ 25 S. 2, 9 S. 3 UmwStG ist der 31. Dezember 2021, 24.00 Uhr. Die A GmbH wird in ihrer nach deutschen steuerlichen Bilanzierungsgrundsätzen aufgestellten steuerlichen Eröffnungsbilanz auf den 1. Januar 2022, 0.00 Uhr, die Buchwerte aus der steuerlichen Übertragungsbilanz der A OHG zum 31. Dezember 2021 fortführen (§§ 25 S. 1, 20 Abs. 2 S 2 UmwStG).[3]
2. Die Firma lautet künftig: A GmbH.[4] Die Gesellschaft hat ihren Sitz in .....
3. Das Stammkapital der Gesellschaft beträgt EUR ..... An der Gesellschaft sind beteiligt:

   A mit einem Geschäftsanteil im Nennbetrag von EUR ..... mit der laufenden Nummer 1,

   B mit einem Geschäftsanteil im Nennbetrag von EUR ..... mit der laufenden Nummer 2.
4. Der Gesellschaftsvertrag, aus dem sich auch die Rechte der Gesellschafter ergeben, ist dieser Urkunde als Anlage beigefügt und Bestandteil des Umwandlungsbeschlusses.[5]
5. Bei der A GmbH werden keine Rechte iSd § 194 Abs 1 Nr. 5 UmwG für einzelne Anteilsinhaber oder Inhaber besonderer Rechte gewährt und es sind auch keine Maßnahmen im Sinne dieser Vorschrift für solche Personen vorgesehen.[6]
6. Zu Geschäftsführern der A GmbH werden bestellt: A und B. A und B vertreten die Gesellschaft jeweils gemeinschaftlich mit einem weiteren Geschäftsführer oder einem Prokuristen.

7. Auf die Arbeitnehmer und ihre Vertretungen hat der Formwechsel folgende Auswirkungen:

7.1 Die bei der A OHG bestehenden Arbeitsverhältnisse werden von der A GmbH unverändert fortgeführt. Ein Betriebsübergang gem. § 613 a BGB findet nicht statt. Die Direktionsbefugnisse des Arbeitgebers werden nach dem Formwechsel von den Geschäftsführern der A GmbH ausgeübt.

7.2 Betriebsvereinbarungen und Tarifverträge bleiben unberührt.

7.3 Die Betriebsverfassung nach dem Betriebsverfassungsgesetz bleiben ebenso unberührt wie der Betriebsrat und die übrigen Organe, Ausschüsse und sonstigen Institutionen nach dem Betriebsverfassungsgesetz.

7.4 Weitere Maßnahmen mit Auswirkungen auf die Arbeitnehmer und ihre Vertretungen sind nicht vorgesehen. Es ergeben sich keine weiteren Auswirkungen tarifvertraglicher oder betriebsverfassungsrechtlicher Art.[7]

8. Die Kosten der Beurkundung und ihrer Durchführung trägt die A GmbH bis zu einem Gesamtbetrag von EUR . . . . .[8]

9. Ein Umwandlungsbericht nebst Vermögensaufstellung ist nicht erforderlich, da alle Gesellschafter der A OHG zur Geschäftsführung berechtigt sind (§ 215 UmwG).

Ein Abfindungsangebot ist ebenfalls nicht erforderlich, da der Umwandlungsbeschluss gemäß § 217 Abs. 1 UmwG der Zustimmung aller Gesellschafter bedarf und der Gesellschaftsvertrag der A OHG keine abweichende Regelung enthält (§ 194 Abs 1 Nr. 6 UmwG).[9]

Damit ist die Gesellschafterversammlung beendet.

II. Verzichtserklärungen

A und B verzichten jeder für sich auf Klage gegen die Wirksamkeit des vorstehend gefassten Umwandlungsbeschlusses (§§ 198 Abs 3, 16 Abs 2 UmwG).

Anlage 1: Gesellschaftsvertrag

. . . . .

§ . . . . . Stammkapital/Einlagen[10]

(1) Das Stammkapital der Gesellschaft beträgt EUR . . . . .
(2) An der Gesellschaft sind beteiligt:

A mit einem Geschäftsanteil im Nennbetrag von EUR . . . . . mit der laufenden Nummer 1,

B mit einem Geschäftsanteil im Nennbetrag von EUR . . . . . mit der laufenden Nummer 2.

(3) Die Stammeinlagen sind durch formwechselnde Umwandlung der . . . . . OHG mit Sitz in . . . . ., eingetragen im Handelsregister des AG . . . . . unter HRA . . . . ., in die Gesellschaft erbracht.

b) Anmeldung zum Handelsregister

Amtsgericht

– Handelsregister –

. . . . .

Betr.: A OHG, HRA . . . . .[11]

Formwechsel

Wir, die sämtlichen unterzeichnenden Geschäftsführer der künftigen A GmbH, überreichen:[12]

1. beglaubigte Abschrift der notariellen Niederschrift UR. Nr. . . . . . des Notars . . . . ., enthaltend den Umwandlungsbeschluss mit Feststellung des Gesellschaftsvertrags sowie den Verzicht der Gesellschafter auf eine Klage gegen die Wirksamkeit des Umwandlungsbeschlusses;
2. vollständigen Wortlaut des Gesellschaftsvertrags mit Notarbescheinigung gem. § 54 Abs 1 S 2 GmbHG;
3. Sachgründungsbericht;[13]
4. Unterlagen, darüber, dass der Wert des Vermögens der A OHG den Nennbetrag des Stammkapitals der A GmbH erreicht;[14]
5. Liste der Gesellschafter;[15]
6. Nachweis über die Zuleitung an den zuständigen Betriebsrat.[16]

Wir melden zur Eintragung in das Handelsregister an:

1. Die Gesellschaft ist gem. §§ 193, 214 ff UmwG formwechselnd in eine Gesellschaft mit beschränkter Haftung unter der Firma A GmbH mit dem Sitz in . . . . . umgewandelt worden.
2. Die Geschäftsanschrift lautet unverändert: . . . . .
3. Das Stammkapital beträgt EUR . . . . . A übernimmt einen Geschäftsanteil im Nennbetrag von EUR . . . . . mit der laufenden Nummer 1. B übernimmt einen Geschäftsanteil im Nennbetrag von EUR . . . . . mit der laufenden Nummer 2.
4. Der Gesellschaftsvertrag wurde als Bestandteil des Umwandlungsbeschlusses festgestellt.
5. Die allgemeine Bestimmung über die Vertretung der Gesellschaft im Gesellschaftsvertrag lautet: Die Gesellschaft wird durch einen Geschäftsführer einzeln vertreten, wenn er alleiniger Geschäftsführer ist, oder wenn die Gesellschafter ihn zur Einzelvertretung ermächtigt haben. Im Übrigen wird die Gesellschaft gemeinschaftlich durch zwei Geschäftsführer oder durch einen Geschäftsführer gemeinschaftlich mit einem Prokuristen vertreten.
   Die Gesellschafter können einzelne oder alle Geschäftsführer durch Gesellschafterbeschluss von den Beschränkungen des § 181 BGB befreien.
6. Unsere Bestellung zu Geschäftsführern ergibt sich aus Abschnitt II.6. des Umwandlungsbeschlusses: A, ... (Name, Geburtsdatum, Anschrift) und B, ... (Name, Geburtsdatum, Anschrift).
   Wir vertreten die Gesellschaft jeweils gemeinschaftlich mit einem weiteren Geschäftsführer oder einem Prokuristen.

Wir geben folgende Erklärungen ab:

1. Wir versichern – jeweils einzeln –, dass das Vermögen der A OHG, das mit der Eintragung der Umwandlung zum Vermögen der GmbH wird, ab der Eintragung der

neuen Rechtsform GmbH im Handelsregister sich endgültig in unserer freien Verfügung als Geschäftsführer befindet.[17]

2. Wir versichern – jeweils einzeln –, dass uns die Ausübung eines Berufes, Berufszweiges, Gewerbes oder Gewerbezweiges weder durch gerichtliches Urteil noch durch vollziehbare Entscheidung einer Verwaltungsbehörde verboten wurde, wir nicht wegen einer oder mehrerer vorsätzlich begangener Straftaten des Unterlassens der Stellung eines Antrags auf Eröffnung des Insolvenzverfahrens (Insolvenzschleppung), nach den §§ 283 bis 283 d StGB, der falschen Angaben nach § 82 GmbHG oder § 399 AktG, der unrichtigen Darstellung nach § 400 AktG, § 331 HGB, § 313 UmwG oder § 17 PublG, oder nach den §§ 263 bis 264 a oder den §§ 265 b bis 266 a StGB oder wegen einer oder mehrerer mit den genannten Straftaten vergleichbarer Taten im Ausland verurteilt worden sind, und wir über unsere unbeschränkte Auskunftspflicht gegenüber dem Gericht durch den beglaubigenden Notar belehrt worden sind.[18]
3. Sämtliche Gesellschafter haben durch notariell beurkundete Erklärungen auf eine Klage gegen die Wirksamkeit des Umwandlungsbeschlusses verzichtet. Eine Anfechtung ist daher ausgeschlossen und eine Negativerklärung gemäß §§ 198 Abs 3, 16 Abs. 2 S. 2 UmwG entbehrlich.
4. Die Erstattung eines Umwandlungsberichts war nicht erforderlich, da alle Gesellschafter der A OHG zur Geschäftsführung berechtigt sind (§ 215 UmwG). Ein Abfindungsangebot ist ebenfalls nicht erforderlich, da der Umwandlungsbeschluss der Zustimmung aller Gesellschafter bedarf (§ 194 Abs 1 Nr. 6 UmwG).
5. Gemäß § . . . . . des Gesellschaftsvertrags trägt die Gesellschaft die mit ihrer Gründung durch formwechselnde Umwandlung in die Rechtsform der GmbH verbundenen Kosten der Beurkundung und ihrer Durchführung bis zu einem Gesamtbetrag von EUR . . . . . Sie trägt damit auch die Kosten der Anmeldung und ihres Vollzugs im Handelsregister.

. . . . . (Ort, Datum) (Unterschriften) (Beglaubigungsvermerk)

Schrifttum: S Schrifttum zu → Form. II.J.1 Anm. 1; *Heckschen*, Formwechsel und Stimmrechtsvollmachten, NZG 2017, 721; *Olbertz*, Arbeitsrechtliche Aspekte beim Rechtsformwechsel, GWR 2017, 314.[19]

Anmerkungen

1. Der Umwandlungsbeschluss ist in einer Gesellschafterversammlung zu fassen und muss notariell beurkundet werden (§ 193 Abs 1 S 2 und Abs 3 S 1 UmwG).

2. Der Umwandlungsbeschluss über den Formwechsel einer Personenhandelsgesellschaft bedarf grds der Zustimmung aller Gesellschafter, die nicht Erschienenen müssen durch notariell beurkundete Erklärung zustimmen (§§ 217 Abs 1 S 1, 193 Abs 3 S 1 UmwG). Die Gesellschafter gelten als Gründer (§ 219 S 1 UmwG). Ist die Abtretung der Anteile der OHG von der Genehmigung einzelner Gesellschafter abhängig, müssen diese in notariell beurkundeter Form. (zweckmäßiger Weise in der Urkunde über den Umwandlungsbeschluss) ihre Zustimmung zum Umwandlungsbeschluss erklären (§ 193 Abs 2, Abs 3 UmwG).

Nur wenn der Gesellschaftsvertrag es vorsieht, genügt ein Mehrheitsbeschluss von mindestens drei Vierteln der in der Gesellschafterversammlung abgegebenen Stimmen (§ 217 Abs 1 S 2 und 3 UmwG). In diesem Fall muss der Umwandlungsbeschluss ein Abfindungsangebot enthalten, es sei denn alle Gesellschafter verzichten hierauf (§§ 194 Abs 1 Nr. 6, 207 UmwG). Die Verzichtserklärung ist notariell zu beurkunden, zweckmäßiger Weise in der Urkunde über den Umwandlungsbeschluss. Die Gesellschafter, die gegen den Umwandlungsbeschluss Widerspruch zur Niederschrift erklären, können gegen angemessene Barabfindung aus der Gesellschaft ausscheiden. Die Abfindung ist gem. § 212 UmwG in einem Spruchverfahren gerichtlich überprüfbar. Im Fall einer Mehrheitsentscheidung sind in der Urkunde diejenigen Gesellschafter namentlich aufzuführen, die für den Formwechsel gestimmt haben; allein sie gelten als Gründer (§ 219 S 2 UmwG).

3. Angaben zum Umwandlungsstichtag oder eine Umwandlungsbilanz sind gesellschaftsrechtlich nicht erforderlich, da § 194 UmwG für den Formwechsel keine den § 5 Abs 1 Nr. 6 UmwG (Verschmelzungsstichtag) und § 126 Abs 1 Nr. 6 UmwG (Spaltungsstichtag) entsprechende Voraussetzung enthält. Es genügt eine Vermögensaufstellung als Anlage zu dem Umwandlungsbericht, so dieser erforderlich ist und nicht auf ihn verzichtet wird (s → Anm. 9). In dieser ist das Vermögen des formwechselnden Rechtsträgers mit den wirklichen Werten, nicht den Buchwerten, anzusetzen (§ 192 Abs 1 UmwG).

Die Gesellschaft hat wegen des Wechsels von einer Personen- in eine Kapitalgesellschaft für steuerliche Zwecke auf den Zeitpunkt, in dem der Formwechsel steuerlich wirksam wird (steuerlicher Übertragungsstichtag), eine Steuerbilanz aufzustellen (§§ 25 S 2, 9 S 2, 3 UmwStG). Der Stichtag darf nicht länger als acht Monate vor der Anmeldung (nicht Eintragung) des Formwechsels liegen. Steuerlich ist eine Rückwirkung des Formwechsels möglich. Auch wenn es rechtlich nicht erforderlich ist, empfiehlt es sich zur Vermeidung von Rechtsstreitigkeiten, den steuerlichen Übertragungsstichtag im Umwandlungsbeschluss zu regeln (Semler/Stengel/*Moszka* Anhang UmwStG Rn 652). Die steuerliche Eröffnungsbilanz ist auf den Tag zu erstellen, der dem Übertragungsstichtag folgt; zur Ansetzung der Buchwerte in dieser Bilanz und alternativen Möglichkeiten s → Anm. 19.

4. § 194 Abs 1 Nr. 2 UmwG. Die Firma der OHG kann – nunmehr mit dem Rechtsformzusatz „GmbH" anstelle von „OHG" – beibehalten werden (§ 200 Abs 1 UmwG); falls sie den Namen einer natürlichen Person enthält, die an der GmbH nicht beteiligt wird, allerdings nur mit deren (oder deren Erben) Einwilligung (§ 200 Abs 3 UmwG).

5. In dem Beschluss muss der Gesellschaftsvertrag enthalten sein (§ 218 Abs 1 UmwG). Er wird in der Praxis wie im Formular vorgesehen als Anlage zum Umwandlungsbeschluss genommen. Bezüglich der erforderlichen Angaben nach § 194 Abs 1 Nr. 4 und 5 UmwG kann dann auf den der Urkunde beigefügten Gesellschaftsvertrag verwiesen werden (Semler/Stengel/*Bärwaldt* § 194 UmwG Rn 12), s auch → Anm. 10.

6. § 194 Abs 1 Nr. 5 UmwG.

7. § 194 Abs 1 Nr. 7 UmwG. Zum Inhalt s Semler/Stengel/*Bärwaldt* § 194 UmwG Rn 30 ff. Angesichts der Identität der Gesellschaft hat der Formwechsel keine Auswirkungen auf die Arbeitsverhältnisse. § 613 a BGB ist unanwendbar, weil kein Betriebsübergang vorliegt. Bei der GmbH kann abhängig von der Zahl der beschäftigten Arbeitnehmer ein Aufsichtsrat erforderlich werden (insb. DrittelbG, MitbestG). Hierauf ist dann in den Erläuterungen hinzuweisen.

8. Gem. § 197 S 1 UmwG finden grds die für die neue Rechtsform geltenden Gründungsvorschriften (hier also der GmbH) Anwendung. Daher ist ua in entsprechender Anwendung des § 26 Abs 2 AktG im Gesellschaftsvertrag der Gründungsaufwand festzusetzen (Semler/Stengel/*Bärwaldt* § 194 UmwG Rn 21).

9. Sind nicht wie im Formular vorgesehen alle Gesellschafter der OHG zur Geschäftsführung berechtigt, ist grds ein Umwandlungsbericht nebst Vermögensaufstellung zu erstellen; jedoch können alle Gesellschafter auf seine Erstattung verzichten (§ 192

UmwG). Die Erklärung bedarf der notariellen Beurkundung. Zum Abfindungsangebot s → Anm. 2.

10. Auf den Formwechsel sind die für die GmbH geltenden Gründungsvorschriften anzuwenden, soweit sich aus dem UmwG nichts anderes ergibt (§ 197 S 1 UmwG). Beim Formwechsel handelt es sich dabei um eine „Sachgründung", so dass ua §§ 5 Abs 4, 8 Abs 1 Nr. 4 und 5 GmbHG Anwendung finden. Im Gesellschaftsvertrag ist festzuhalten, dass die Sacheinlage durch Formwechsel der bisherigen OHG erbracht wird. Zum Inhalt des Gesellschaftsvertrags einer GmbH im Allgemeinen s → Form. II.D.1 Anm. 1 ff.

11. Die neue Rechtsform des Rechtsträgers ist zur Eintragung in das Handelsregister der formwechselnden Gesellschaft anzumelden, und zwar zu der bisherigen Abteilung des Handelsregisters (hier A), § 198 Abs 1 UmwG. Der Wechsel der Abteilung (B an Stelle von A) stellt keine Änderung der „Art" des Registers dar, so dass keine weitere Anmeldung zu der für die Eintragung der GmbH zuständigen neuen Abteilung des Registergerichts vorzunehmen ist (Semler/Stengel/*Schwanna* § 198 UmwG Rn 2, 4). Eine Ausnahme gilt nur, wenn mit dem Formwechsel zugleich eine Sitzverlegung vorgenommen wird: Dann ist die Anmeldung zu dem für die Eintragung der GmbH zuständigen neuen Registergericht und zusätzlich zu dem für den bisherigen Sitz der OHG zuständigen Registergericht vorzunehmen (§ 198 Abs 2 S 2 UmwG).

12. §§ 198 Abs 1, 222 Abs 1 UmwG. Die Gesellschaft ist durch sämtliche Geschäftsführer der künftigen GmbH anzumelden; Handeln in vertretungsberechtigter Zahl ist nicht ausreichend. Zu den erforderlichen Anlagen der Anmeldung vgl. § 199 UmwG iVm § 8 Abs 1 GmbHG.

Ist bei der GmbH nach mitbestimmungsrechtlichen Vorschriften ein obligatorischer Aufsichtsrat zu bestellen, ist umstritten, ob die Anmeldung auch durch die Aufsichtsratsmitglieder und dabei auch der Arbeitnehmervertreter vorgenommen werden muss (vgl. Semler/Stengel/*Schlitt* § 222 UmwG Rn 9 f, § 218 Rn 27). Sieht der künftige Gesellschaftsvertrag der GmbH einen fakultativen Aufsichtsrat (§ 52 GmbHG) vor, bleibt es in jedem Fall dabei, dass die Anmeldung allein durch die Geschäftsführer erfolgt.

13. §§ 197, 220 Abs 2 UmwG iVm 5 Abs 4 S 2 GmbHG; s → Form. II.J.6 e → Anm. 1 ff. Der Gründungsbericht ist durch die Gesellschafter der formwechselnden OHG als den Gründern der GmbH zu erstellen; im Fall einer Mehrheitsentscheidung nur durch die Gesellschafter, die für den Formwechsel gestimmt haben (§ 219 S 2 UmwG).

14. §§ 220 Abs 1, 197 UmwG, 8 Abs 1 Nr. 5 GmbHG. Ausreichend ist in der Regel die Beifügung einer Bilanz, die grds nicht älter als acht Monate sein sollte. Ein förmliches Wertgutachten eines Wirtschaftsprüfers ist nur in Ausnahmefällen erforderlich; ggf. ist die Frage jedoch vorab mit dem zuständigen Registergericht abzuklären, da diese in der Praxis unterschiedlichen Maßstäbe ansetzen.

Maßgeblich ist der wahre Wert, also der Verkehrswert des Vermögens, nicht der Buchwert. Daher steht eine formelle Unterbilanz der OHG einem Formwechsel bei Vorhandensein stiller Reserven nicht zwingend entgegen (Semler/Stengel/*Schlitt* § 220 UmwG Rn 12 ff). Überschreitet das Reinvermögen der OHG das gesetzliche Mindeststammkapital für die GmbH von EUR 25 000 (§ 5 Abs 1 GmbHG), können die Gesellschafter den Nennbetrag des Stammkapitals darüber hinaus frei wählen, solange er durch das Reinvermögen gedeckt ist. Das Stammkapital der GmbH muss also nicht dem Kapital der formwechselnden OHG entsprechen. Der überschießende Betrag des Vermögens ist bei Verbleib in der Gesellschaft in die Kapitalrücklage einzustellen (§ 272 Abs 2 Nr. 1 HGB); alternativ möglich sind Kapitalrückzahlung oder Umwandlung in eine Darlehensforderung gegen die GmbH.

15. §§ 197 UmwG, 8 Abs 1 Nr. 3 GmbHG. Aus der Liste der Gesellschafter sind Name, Vorname, Geburtsdatum und Wohnort (bei natürlicher Person als Gesellschafter) bzw. Name und Sitz der Gesellschafter sowie die Nennbeträge und die laufenden Nummern der übernommenen Geschäftsanteile zu entnehmen. Die Liste der Gesellschafter ist von den Anmeldenden zu unterschreiben, privatschriftliche Form. genügt. Zur Gesellschafterliste s → Form. II.D.1.1 d → Anm. 1 ff.. Im Verhältnis zur Gesellschaft gilt nur der als Gesellschafter, wer als solcher in der im Handelsregister aufgenommenen Gesellschafterliste eingetragen ist.

16. Besteht ein Betriebsrat, ist diesem gem. § 194 Abs 2 UmwG der Entwurf des Umwandlungsbeschlusses spätestens einen Monat vor der Beschlussfassung über den Formwechsel zuzuleiten. Der Betriebsrat kann auf die Einhaltung der Monatsfrist verzichten (Semler/Stengel/*Bärwaldt,* UmwG § 194 Rn. 38, Semler/Stengel/*Schröer* UmwG § 5 Rn 145). Ob der Betriebsrat auch auf die Zuleitung insgesamt verzichten kann, ist demgegenüber umstritten (bejahend Semler/Stengel/*Simon,* UmwG, § 5 Rn 146), so dass von einem solchen vollständigen Verzicht in der Praxis jedenfalls ohne vorherige Abstimmung mit dem Registergericht abzuraten ist. Als Nachweis über die rechtzeitige Zuleitung, die der Anmeldung zum Handelsregister beizufügen ist (§ 199 UmwG aE), bietet sich ein vom Betriebsratsvorsitzenden unterzeichnetes Empfangsbekenntnis an. Besteht beim formwechselnden Rechtsträger kein Betriebsrat, sollte dies bei der Anmeldung vorsorglich in die Erklärungen aufgenommen werden; vgl. → Form. II.J.9.b Anm. 1 ff.

17. Ob bei der Anmeldung des Formwechsels von den Geschäftsführern eine solche Versicherung nach § 8 Abs 2 GmbHG abzugeben ist, ist umstritten. Richtiger Ansicht nach ist dies nicht der Fall, da die übertragende und die übernehmende Gesellschaft identisch sind (vgl. zum Meinungsstreit Semler/Stengel/*Schlitt* § 220 UmwG Rn 18 ff). Mangels höchstrichterlicher Rechtsprechung ist gleichwohl zu überlegen, vorsorglich eine solche Versicherung abzugeben, um Verzögerungen bei der Eintragung zu vermeiden. Die Versicherung ist entsprechend der Form. anzupassen, da das Vermögen erst mit Entstehung der GmbH, also ihrer Eintragung im Handelsregister, zur freien Verfügung der Geschäftsführer stehen kann.

18. Versicherung der Geschäftsführer nach §§ 8 Abs 3 S 1, 6 Abs 2 S 2 Nr. 2 und 3 sowie S 3 GmbHG.

19. **Steuerhinweise:** Das Umwandlungsrecht geht von einer rechtlichen Identität des formwechselnden Rechtsträgers und einer Kontinuität seines Vermögens aus. Steuerrechtlich wird der Formwechsel einer Personen- in eine Kapitalgesellschaft nach § 25 S 1 UmwStG in entsprechender Anwendung der §§ 20 ff UmwStG wie eine Einbringung der Mitunternehmeranteile an der OHG durch die Gesellschafter der OHG in die GmbH gegen Gewährung von Anteilen an dieser behandelt. Es wird eine Vermögensübertragung fingiert. Der Grund hierfür liegt in den unterschiedlichen Besteuerungskonzepten im Ertragsteuerrecht von Personengesellschaften einerseits und Körperschaften andererseits (Semler/Stengel/*Moszka* Anhang UmwStG Rn 633 ff). Dementsprechend hat die OHG auf den steuerlichen Übertragungsstichtag für steuerliche Zwecke eine Übertragungsbilanz, die GmbH eine Eröffnungsbilanz aufzustellen (§§ 25 S 2, 9 S 2 UmwStG).

Auf Antrag darf der Formwechsel der OHG in die GmbH steuerlich auf einen Übertragungsstichtag zurückbezogen werden, der höchstens acht Monate vor der Anmeldung der des Formwechsels zur Eintragung in das Handelsregister liegen darf (§§ 25, 9 S 3 UmwStG); s → Anm. 3. Der formwechselnde Rechtsträger wird dann steuerlich so behandelt, als bestünde er bereits mit Ablauf des steuerlichen Übertragungsstichtags als Körperschaft, obwohl die zivilrechtlichen Wirkungen erst mit Eintragung des Formwechsels in das Handelsregister eintreten.

Das Gesetz erklärt in § 25 S 1 die §§ 20–23 UmwStG ohne Einschränkung für entsprechend anwendbar. Die Finanzverwaltung wollte früher beim Formwechsel nach § 25 UmwStG gleichwohl aufgrund des Maßgeblichkeitsprinzips auch steuerlich ausschließlich die Fortführung der Buchwerte anerkennen. Mit dem SEStEG hat der Gesetzgeber im neuen UmwStG jedoch generell das Maßgeblichkeitsprinzip aufgegeben; §§ 25, 20 Abs 2 UmwStG stellen ein eigenständiges steuerliches Bewertungswahlrecht dar. Der Verweis des § 25 S 1 UmwStG auf die §§ 20–23 UmwStG stellt nach hM eine Rechtsgrundverweisung dar, dh für die Steuerneutralität des Formwechsels müssen alle Voraussetzungen der §§ 20 ff UmwStG erfüllt sein (Schmitt/Hörtnagl/Stratz/*Schmitt* § 25 UmwStG Rn 4).

Das auf die GmbH übergehende Betriebsvermögen der OHG ist grds mit dem gemeinen Wert anzusetzen (§ 20 Abs 2 S 1 UmwStG). Für Pensionsverpflichtungen gilt § 6a EStG. Auf fristgerechten Antrag der GmbH beim für diese zuständigen Finanzamt kann es unter bestimmten Voraussetzungen abweichend hiervon einheitlich mit dem Buchwert oder einem höheren Zwischenwert, höchstens mit dem gemeinen Wert, angesetzt werden, wenn die Mitunternehmer der OHG als Gegenleistung neue Anteile an der GmbH erhalten (S 2, 3). Bei Ansatz des Buchwerts entsteht kein steuerlicher Gewinn, es wird ein ertragsteuerneutraler Formwechsel ermöglicht. Voraussetzung hierfür ist insb, dass alle funktional wesentlichen Betriebsgrundlagen des Mitunternehmeranteils übertragen werden (zB wesentliche Betriebsgrundlagen, die zum Sonderbetriebsvermögen gehören). Die Voraussetzungen werden für jeden Mitunternehmer, also für jeden Gesellschafter gesondert geprüft. UU kann es daher erforderlich sein, dass zusätzlich zu den Voraussetzungen gemäß §§ 190 ff UmwG im zeitlichen und sachlichen Zusammenhang mit dem Formwechsel ein Einbringungsvertrag geschlossen wird (zur möglichen Regelung im Formwechselbeschluss s Rödder/Herlinghaus/van Lishaut/*Rabback* § 25 Rn 50). Soweit höhere Werte als der Buchwert angesetzt werden, wird hingegen ein Einbringungsgewinn realisiert, der bei den Gesellschaftern der OHG (bei persönlichen Gesellschaftern uU ermäßigt) besteuert wird. Näher Semler/Stengel/*Moszka* Anhang UmwStG Rn 728 f.

Sonstige Gegenleistungen (zB bare Zuzahlungen, Übernahme von Gesellschafterverbindlichkeiten durch die GmbH) sind nur in den Grenzen des § 20 Abs 2 S 2 Nr 4 UmwStG unschädlich.

Der Wert, mit dem die GmbH das als eingebracht geltende Betriebsvermögen ansetzt, gilt für die Gesellschafter als Anschaffungskosten der neuen Anteile an der GmbH (§ 20 Abs 3 S 1 UmwStG). Infolge von § 22 Abs 1 UmwStG gilt: Soweit bei einer Einbringung zum Buchwert oder zu einem (unter dem gemeinen Wert liegenden) Zwischenwert die GmbH-Anteile innerhalb eines Zeitraums von sieben Jahren nach dem Einbringungszeitpunkt veräußert werden, ist der Gewinn aus der Einbringung rückwirkend im Wirtschaftsjahr der Einbringung als Gewinn des Einbringenden iSv § 16 EStG zu versteuern (sog Einbringungsgewinn I). Einbringungsgewinn I ist der Betrag, um den der gemeine Wert des eingebrachten Betriebsvermögens im Einbringungszeitpunkt nach Abzug der Kosten für den Vermögensübergang den Wert, mit dem die übernehmende Gesellschaft das eingebrachte Betriebsvermögen angesetzt hat, übersteigt, vermindert um jeweils ein Siebtel für jedes seit dem Einbringungszeitpunkt abgelaufene Zeitjahr.

Die Fiktion eines Vermögensübergangs in § 25 S. 1 UmwStG betrifft allein die Ertragsteuer. Der Formwechsel löst mangels Rechtsträgerwechsel keine Grunderwerbsteuer aus (Schmitt/Hörtnagl/Stratz/*Schmitt* § 9 UmwStG Rn 46; Erlass FinanzM Baden-Württ DB 97, 2002). Allerdings kann der Formwechsel eine Nachbehaltesfrist nach §§ 5 Abs 3 oder 6 Abs 3 S 2 GrEStG verletzen, so dass eine zunächst steuerbefreite Umwandlung rückwirkend der Grunderwerbsteuer unterworfen wird (Gleichlautende Erlasse der Obersten FinBeh der Länder BStBl I 18, 1334 Tz 7.3.1.2 bzw. 7.3.2.2). Zu einem umsatzsteuerlichen Leistungsaustausch kommt es ebenfalls nicht, so dass der Formwechsel nicht umsatzsteuerbar ist (Semler/Stengel/*Moszka* Anhang UmwStG Rn 711).

20. Kosten und Gebühren:

a) Umwandlungsbeschluss
Notar: $^{20}/_{10}$ Gebühr § 47 S 1 KostO, max. EUR 5000, § 47 S 2 KostO.
Wert: Wert des Aktivvermögens ohne Schuldenabzug, § 41 c Abs 2 KostO.
Ist der Notar am Entwurf des Gesellschaftsvertrags nicht beteiligt und bescheinigt lediglich dessen Wortlaut, handelt es sich um ein gebührenfreies Nebengeschäft, § 47 S 1 Hs 2 KostO.
Verzichte:
Notar: $^{10}/_{10}$ Gebühr §§ 36 Abs 1, 44 Abs 1, 2 a) KostO.
Wert: je Verzicht 10 % vom Wert des Beschlusses.

b) Anmeldung und Eintragung der GmbH
Notar: $^{5}/_{10}$ Gebühr § 38 Abs 2 Nr. 7 KostO.
Wert: Nennbetrag des Stammkapitals der GmbH, mindestens EUR 25 000, max. EUR 500 000, §§ 41 a Abs 1 Nr. 1, 39 Abs 5 KostO. Ist der Notar am Entwurf der Anmeldung nicht beteiligt und beglaubigt lediglich die Unterschriften, erhält er nur die $^{1}/_{4}$ Gebühr § 45 KostO, max. EUR 130.
Register: Eintragung der GmbH HRegGebV Teil 2 Abschnitt 1; Eintragung der Umwandlung bei der OHG HRegGebV Teil 1 Abschnitt 4.

9. Umwandlung GmbH & Co. KG in GmbH (Formwechsel)

a) Gesellschafterbeschluss[1]

Verhandelt in . . . . . am . . . . .

Vor dem unterzeichneten Notar . . . . . mit dem Amtssitz in . . . . . erschienen

1. A und B, handelnd nicht in eigenem Namen, sondern als jeweils von den Beschränkungen des § 181 BGB befreite, gemeinschaftlich vertretungsberechtigte Geschäftsführer der A Verwaltungs GmbH sowie als nach Maßgabe von Teil II.6. dieser Urkunde bestellte Geschäftsführer der nach Maßgabe von Teil II. dieser Urkunde durch Formwechsel der A GmbH & Co. KG in eine Gesellschaft mit beschränkter Haftung entstehenden A GmbH,
2. C, handelnd nicht in eigenem Namen, sondern als von den Beschränkungen des § 181 BGB befreiter, alleinvertretungsberechtigter Geschäftsführer der X GmbH.

Aufgrund Einsichtnahme in das elektronische Handelsregister des Amtsgerichts . . . . . (HRB . . . . .) und des Amtsgerichts . . . . . (HRB . . . . .) vom heutigen Tag bescheinige ich, der beurkundende Notar, dass vorstehend in Ziffern 1-2 genannte Vertretungsbefugnis besteht.

Die Erschienenen zu 1. und 2. erklärten zwecks Umwandlung der A GmbH & Co. KG in eine GmbH:

1. Alleinige Gesellschafter der A GmbH & Co. KG mit Sitz in . . . . ., eingetragen im Handelsregister des Amtsgerichts . . . . . unter HRA . . . . ., sind die von den Erschienenen zu 1. vertretene A Verwaltungs GmbH als alleinige persönlich haftende Gesellschafterin und die von dem Erschienenen zu 2. vertretene X GmbH als alleinige Kommanditistin.
2. Die A Verwaltungs GmbH hält keinen Kapitalanteil. Die Kommanditeinlage der X GmbH entspricht der im Handelsregister eingetragenen Haftsumme und beträgt EUR . . . . . Sie ist in voller Höhe eingezahlt und durch Verlust oder Entnahmen nicht gemindert.

3. Im Hinblick darauf, dass die A GmbH & Co. KG formwechselnd in eine GmbH umgewandelt werden soll, wird die X GmbH einen Teil ihres Kapitalanteils an der A GmbH & Co. KG treuhänderisch auf die A Verwaltungs GmbH übertragen.
4. Die A GmbH & Co. KG ist Eigentümerin des im Grundbuch des Amtsgerichts . . . . . vorgetragenen Grundbesitzes . . . . . Die Grundbuchblätter sind dieser Niederschrift als Anlage beigefügt.

I. Treuhänderische Übertragung eines Teil-Kapitalanteils[2, 3]

1. Die X GmbH überträgt hiermit treuhänderisch einen Teil-Kapitalanteil an der A GmbH & Co. KG in Höhe von EUR 100 an die A Verwaltungs GmbH, die diese Übertragung annimmt. Die A Verwaltungs GmbH erwirbt damit treuhänderisch einen Kapitalanteil von EUR 100. Die Hafteinlage der X GmbH bleibt unverändert.
2. Im Hinblick auf den treuhänderischen Charakter der Inhaberschaft des Gesellschaftsanteils ist eine Gegenleistung nicht zu erbringen.
3. Die X GmbH sichert der A Verwaltungs GmbH zu, dass die übertragene Beteiligung an der A GmbH & Co. KG besteht und die Kommanditeinlage voll erbracht und nicht zurückbezahlt worden ist. Eine weitere Gewähr wird nicht geleistet.
4. Die Kosten der Beurkundung dieser Anteilsübertragung trägt die X GmbH.

II. Umwandlungsbeschluss[4]

Aufgrund der zuvor in Abschnitt I. dieser Urkunde erfolgten treuhänderischen Übertragung eines Teil-Kapitalanteils in Höhe von EUR 100 an der A GmbH & Co. KG von der X GmbH an die A Verwaltungs GmbH hält diese treuhänderisch für die X GmbH einen Kapitalanteil in Höhe von EUR 100 und ist damit am Vermögen der A GmbH & Co. KG beteiligt. Damit ist zugleich die Kommanditeinlage (Pflichteinlage) der X GmbH um EUR 100 herabgesetzt worden und beträgt nunmehr EUR . . . . . Sie ist in voller Höhe eingezahlt und durch Verluste oder Entnahmen nicht gemindert.

Unter Verzicht auf alle durch Gesetz oder Gesellschaftsvertrag vorgeschriebenen Formen und Fristen für die Einberufung, Vorbereitung und Durchführung einer Gesellschafterversammlung und die Unterrichtung der Gesellschafter wird hiermit eine Gesellschafterversammlung der A GmbH & Co. KG abgehalten und einstimmig beschlossen was folgt:[5]

1. Die A GmbH & Co. KG wird gem. §§ 193, 214 ff UmwG formwechselnd in eine Gesellschaft mit beschränkter Haftung umgewandelt.
   Steuerlicher Übertragungsstichtag iSd §§ 25 S. 2, 9 S. 3 UmwStG ist der 31. Dezember 2021, 24.00 Uhr. Die A GmbH wird in ihrer nach deutschen steuerlichen Bilanzierungsgrundsätzen aufgestellten steuerlichen Eröffnungsbilanz auf den 1. Januar 2022, 0.00 Uhr, die Buchwerte aus der steuerlichen Übertragungsbilanz der A GmbH & Co. KG zum 31. Dezember 2019 fortführen (§§ 25 S. 1, 20 Abs. 2 S 2 UmwStG).[6]
2. Die Firma lautet künftig: A GmbH.[7] Die Gesellschaft hat ihren Sitz in . . . . .
3. Das Stammkapital der A GmbH beträgt EUR . . . . . Die Stammeinlagen sind durch formwechselnde Umwandlung der A GmbH & Co. KG mit Sitz in . . . . ., eingetragen im Handelsregister des AG . . . . . unter HRA . . . . ., in die Gesellschaft erbracht. An die Stelle der bisherigen Gesellschaftsanteile an der A GmbH & Co. KG treten Geschäftsanteile an der A GmbH. Die Beteiligung an der A GmbH entspricht dem Verhältnis der bisherigen Beteiligung der Gesellschafter am Vermögen der GmbH & Co. KG. Die X GmbH übernimmt einen Geschäftsanteil im Nennbetrag von EUR . . . . . mit der laufenden Nummer 1. Da die bisherige persönlich haftende Gesellschafterin, die A Verwaltungs GmbH, in Höhe von EUR 100 treuhänderisch

am Kapital der KG beteiligt ist, übernimmt sie – wiederum treuhänderisch für die Gesellschafterin X GmbH – einen Geschäftsanteil im Nennbetrag von EUR 100 mit der laufenden Nummer 2 wird diesen jedoch nach Vollzug des Formwechsels unverzüglich an die X GmbH übertragen. An der A GmbH sind damit beteiligt:

- X GmbH mit einem Geschäftsanteil im Nennbetrag von EUR . . . . . mit der laufenden Nummer 1;
- A Verwaltungs GmbH mit einem Geschäftsanteil im Nennbetrag von EUR 100 mit der laufenden Nummer 2, den sie treuhänderisch für die X GmbH hält.

Eine Buchwertaufstockung des in der Übertragungsbilanz ausgewiesenen Kapitals erfolgt nicht. Sofern der Buchwert des Kapitals der A GmbH & Co. KG die Nennbeträge der von den Gesellschaftern übernommenen Geschäftsanteile übersteigt, ist der überschießende Betrag in die Kapitalrücklage der Gesellschaft einzustellen.

4. Bei der A GmbH werden keine Rechte iSd § 194 Abs 1 Nr. 5 UmwG für einzelne Anteilsinhaber oder Inhaber besonderer Rechte gewährt und es sind auch keine Maßnahmen im Sinne dieser Vorschrift für solche Personen vorgesehen.[8]
5. Der Gesellschaftsvertrag, aus dem sich auch die Rechte der Gesellschafter ergeben, ist dieser Urkunde als Anlage beigefügt und Bestandteil des Umwandlungsbeschlusses.[9]
6. Zu Geschäftsführern der A GmbH werden bestellt: A und B. A und B vertreten die Gesellschaft jeweils gemeinschaftlich mit einem weiteren Geschäftsführer oder einem Prokuristen.
7. Die beiden Geschäftsführer A und B werden vorsorglich ermächtigt, bis zum Wirksamwerden des Formwechsels durch Eintragung der GmbH im Handelsregister der Gesellschaft für die bis dahin bestehende Vor-GmbH zu handeln und diese nach Maßgabe der für die GmbH geltenden Vertretungsberechtigungen zu vertreten.
8. Auf die Arbeitnehmer und ihre Vertretungen hat der Formwechsel folgende Auswirkungen:

8.1 Die bei der A GmbH & Co. KG bestehenden Arbeitsverhältnisse werden von der A GmbH unverändert fortgeführt. Ein Betriebsübergang gem. § 613 a BGB findet nicht statt. Die Direktionsbefugnisse des Arbeitgebers werden nach dem Formwechsel von den Geschäftsführern der A GmbH ausgeübt.

8.2 Weitere Maßnahmen mit Auswirkungen auf die Arbeitnehmer und ihre Vertretungen sind nicht vorgesehen.

8.3 Die A GmbH & Co. KG hat keinen Betriebsrat. Es ergeben sich keine weiteren Auswirkungen tarifvertraglicher oder betriebsverfassungsrechtlicher Art.[10]

9. Die Kosten der Beurkundung und ihrer Durchführung trägt die A GmbH bis zu einem Gesamtbetrag von EUR . . . . .[11]
10. Ein Abfindungsangebot ist nicht erforderlich, da der Umwandlungsbeschluss gemäß § 217 Abs. 1 UmwG der Zustimmung aller Gesellschafter bedarf und der Gesellschaftsvertrag der A GmbH & Co. KG keine abweichende Regelung enthält (§ 194 Abs 1 Nr. 6 UmwG).[12]

Damit ist die Gesellschafterversammlung beendet.

III. Zustimmungs- und Verzichtserklärungen

1. Die X GmbH und die A Verwaltungs GmbH verzichten jeder für sich auf die Erstattung eines Umwandlungsberichts (§ 192 Abs. 2 UmwG).
2. Die Gesellschafter verzichten jeder für sich auf Klage gegen die Wirksamkeit des vorstehend gefassten Umwandlungsbeschlusses (§§ 198 Abs 3, 16 Abs 2 UmwG).

IV. Grundbuchberichtigung

Die GmbH beantragt die Berichtigung der mit der Eintragung des Formwechsels im Handelsregister des Amtsgerichts . . . . . unrichtig werdenden Eigentümerangaben im Grundbuch des Amtsgerichts . . . . . an den in Ziffer 4 der Vorbemerkung bezeichneten und dieser Niederschrift als Anlage beigefügten Grundbuchblättern.

V. Anteilsabtretung und Aufhebung Treuhandverhältnis

Aufgrund der zuvor in Abschnitt I. dieser Urkunde erfolgten treuhänderischen Übertragung eines Teil-Kapitalanteils in Höhe von EUR 100 an der A GmbH & Co. KG von der X GmbH an die A Verwaltungs GmbH hält diese treuhänderisch für die X GmbH einen Kapitalanteil in Höhe von EUR 100. Die Gesellschafter der A GmbH & Co. KG haben zuvor in Abschnitt II. der vorliegenden Urkunde eine formwechselnde Umwandlung der A GmbH & Co. KG in die A GmbH beschlossen. Im Rahmen dieses Umwandlungsvorgangs hat die A Verwaltungs GmbH einen Geschäftsanteil im Nennbetrag von EUR 100 treuhänderisch für die X GmbH übernommen. Im Hinblick darauf, dass die A Verwaltungs GmbH an der A GmbH & Co. KG vor der in Abschnitt I. der vorliegenden Urkunde erfolgten Übertragung des Teil-Kapitalanteils keinen Kapitalanteil gehalten hat und diese Übertragung nur treuhänderisch erfolgt ist, ist bereits im Umwandlungsbeschluss in Abschnitt II.3. die Verpflichtung zur Abtretung des treuhänderisch übernommenen Geschäftsanteils an die X GmbH aufgenommen worden.

1. Die A Verwaltungs GmbH tritt hiermit den zuvor näher bezeichneten künftigen Geschäftsanteil an der A GmbH im Nennbetrag von EUR 100 mit der laufenden Nummer 2 an die X GmbH ab, die diese Abtretung annimmt. Die Abtretung erfolgt aufschiebend bedingt auf die Eintragung des in Abschnitt II. beschlossenen Formwechsels.
2. Die Parteien sind sich einig, dass das Treuhandverhältnis mit Wirksamwerden der Abtretung endet.
3. Im Hinblick auf den treuhänderischen Charakter der Inhaberschaft des übertragenen Geschäftsanteils ist eine Gegenleistung nicht zu erbringen.
4. Wirtschaftlich erfolgt die Abtretung mit Wirkung zum 1. Januar 2022, 0.00 Uhr, dh ab diesem Zeitpunkt gehen Nutzen und Lasten des abgetretenen Geschäftsanteils schuldrechtlich auf die X GmbH über. Im gleichen Zeitpunkt geht insbesondere das Gewinnbezugsrecht mit über. Die Gewinnausschüttung aus dem laufenden Geschäftsjahr erfolgt daher an die X GmbH.
5. Die A Verwaltungs GmbH sichert der X GmbH zu, dass der abgetretene Geschäftsanteil frei von Rechten Dritter auf sie übergeht und die Einlage vollständig erbracht und nicht zurückbezahlt worden ist. Eine weitere Gewähr wird nicht geleistet. Der X GmbH sind die Bestimmungen des Gesellschaftsvertrags der A GmbH bekannt. Sie übernimmt alle sich daraus ergebenden Verpflichtungen, wie ihr auch alle daraus erwachsenden Rechte zustehen.
6. Die Kosten der Beurkundung dieser Anteilsübertragung trägt die X GmbH.

b) Anmeldung der Umwandlung zum Handelsregister (KG)

Amtsgericht

– Handelsregister –

. . . . .

Betr.: A GmbH & Co. KG, HRA . . . . . [13]

Wir, die sämtlichen unterzeichnenden Geschäftsführer der künftigen A GmbH, überreichen:

1. beglaubigte Abschrift der notariellen Niederschrift UR. Nr. . . . . . des Notars . . . . ., enthaltend die Abtretung eines Teil-Kapitalanteils an der A GmbH & Co. KG von der X GmbH an die A Verwaltungs GmbH, den Umwandlungsbeschluss mit Feststellung des Gesellschaftsvertrags sowie den Verzicht der Gesellschafter auf die Erstattung eines Umwandlungsberichts sowie auf eine Klage gegen die Wirksamkeit des Umwandlungsbeschlusses;
2. vollständigen Wortlaut des Gesellschaftsvertrags mit Notarbescheinigung gem. § 54 Abs 1 S 2 GmbHG;
3. Sachgründungsbericht;[14]
4. Unterlagen, darüber, dass der Wert des Vermögens der A GmbH & Co. KG den Nennbetrag des Stammkapitals der A GmbH erreicht;[15]
5. Liste der Gesellschafter.[16]

Wir melden zur Eintragung in das Handelsregister an:

1. Die Gesellschaft ist gem. §§ 193, 214 ff UmwG formwechselnd in eine Gesellschaft mit beschränkter Haftung unter der Firma A GmbH mit dem Sitz in . . . . . umgewandelt worden.
2. Die Geschäftsanschrift lautet unverändert: . . . . .
3. Das Stammkapital beträgt EUR . . . . . Die X GmbH übernimmt einen Geschäftsanteil im Nennbetrag von EUR . . . . . mit der laufenden Nummer 1. Die bisherige persönlich haftende Gesellschafterin, die A Verwaltungs GmbH, übernimmt treuhänderisch für die X GmbH einen Geschäftsanteil im Nennbetrag von EUR 100 mit der laufenden Nummer 2.[17]
4. Der Gesellschaftsvertrag wurde als Bestandteil des Umwandlungsbeschlusses festgestellt.
5. Die allgemeine Bestimmung über die Vertretung der Gesellschaft im Gesellschaftsvertrag lautet: Die Gesellschaft hat einen oder mehrere Geschäftsführer. Die Gesellschaft wird durch einen Geschäftsführer einzeln vertreten, wenn er alleiniger Geschäftsführer ist, oder wenn die Gesellschafter ihn zur Einzelvertretung ermächtigt haben. Im Übrigen wird die Gesellschaft gemeinschaftlich durch zwei Geschäftsführer oder durch einen Geschäftsführer gemeinschaftlich mit einem Prokuristen vertreten.
   Die Gesellschafter können einzelne oder alle Geschäftsführer durch Gesellschafterbeschluss von den Beschränkungen des § 181 BGB befreien.
6. Unsere Bestellung zu Geschäftsführern ergibt sich aus Abschnitt II.6. des Umwandlungsbeschlusses: A, ... (Name, Geburtsdatum Anschrift) und B, ... (Name, Geburtsdatum Anschrift).
   Wir vertreten die Gesellschaft jeweils gemeinschaftlich mit einem weiteren Geschäftsführer oder einem Prokuristen.

Wir geben folgende Erklärungen ab:

1. (Versicherung der Geschäftsführer nach § 8 GmbHG sowie nach §§ 8 Abs 3 S 1, 6 Abs 2 S 2 Nr. 2 und 3 sowie S 3 GmbHG; zum Inhalt vgl. → Form. J.8.b → Anm. 1 ff.
2. Sämtliche Gesellschafter haben durch notariell beurkundete Erklärungen auf eine Klage gegen die Wirksamkeit des Umwandlungsbeschlusses verzichtet. Eine Anfechtung ist daher ausgeschlossen und eine Negativerklärung gemäß §§ 198 Abs 3, 16 Abs 2 S. 2 UmwG entbehrlich.
3. Sämtliche Gesellschafter haben durch notariell beurkundete Erklärungen auf die Erstattung eines Umwandlungsberichts (§ 192 Abs. 2 UmwG) verzichtet. Ein Abfin-

dungsangebot ist nicht erforderlich, da der Umwandlungsbeschluss der Zustimmung aller Gesellschafter bedarf (§ 194 Abs 1 Nr. 6 UmwG).

4. Bei dem formwechselnden Rechtsträger besteht kein Betriebsrat.[18]

5. Gemäß § . . . . . des Gesellschaftsvertrags trägt die Gesellschaft die mit ihrer Gründung durch formwechselnde Umwandlung in die Rechtsform der GmbH verbundenen Kosten der Beurkundung und ihrer Durchführung. Sie trägt damit auch die Kosten der Anmeldung und ihres Vollzugs im Handelsregister.

. . . . . (Ort, Datum) (Unterschriften) (Beglaubigungsvermerk)

Schrifttum: S Schrifttum zu → Form. II.J.1 Anm. 1 ff. und → Form. II.J.8 Anm. 1 ff.; außerdem; *Meissner/Bron*, Umwandlung einer Personengesellschaft in eine Kapitalgesellschaft – Gestaltungsempfehlungen und Fallstricke (Teil I), SteuK 11, 47; *Orth*, Einbringung nach dem sog. erweiterten Anwachsungsmodell, Zugleich Anmerkung zu dem BFH-Urteil vom 28.5.2008, I R 98/06, DStR 09, 192; *Werner*, Der Wechsel von der GmbH & Co. KG in die GmbH, NWB 10, 2717.[19]

Anmerkungen

1. Das Form. stellt eine Umwandlung einer GmbH & Co. KG in eine GmbH im Wege des Formwechsels (Gesamtrechtsnachfolge) gem. §§ 190, 214 UmwG dar. Als Nachteil dieses Vorgehens wird es angesehen, dass die bisherige Komplementär-GmbH nach der Umwandlung ohne Funktion zurückbleibt. Bisweilen werden die Gesellschafter aber noch anderweitige Verwendungsmöglichkeiten hierfür haben; andernfalls kann die Komplementär-GmbH abgewickelt werden.

Als Alternative zu dem Formwechsel nach dem UmwG gibt es neben der Verschmelzung der GmbH & Co. KG auf die Komplementär-GmbH noch zwei andere Wege, das sog einfache und das erweiterte Anwachsungsmodell. Von einfacher oder klassischer Anwachsung (§§ 105 Abs 3, 161 Abs 2 HGB iVm §§ 736, 738 BGB) spricht man, wenn alle Kommanditisten aus der Kommanditgesellschaft – mit oder ohne Abfindung – ausscheiden und das Gesellschaftsvermögen damit der Komplementär-GmbH anwächst. Die ausscheidenden Kommanditisten erhalten keine neuen Anteile an der GmbH. Die einfache Anwachsung hat steuerliche Nachteile; s → Anm. 19.

Bei dem erweiterten Anwachsungsmodell wird bei der Komplementär-GmbH eine Sachkapitalerhöhung durchgeführt, im Rahmen dessen die Kommanditisten ihre Kommanditanteile in die Komplementär-GmbH gegen Gewährung neuer Geschäftsanteile an der GmbH einbringen (näher hierzu Semler/Stengel/*Schlitt* § 214 UmwG Rn 33; *Orth*, DStR 09, 192). Folge der Kapitalerhöhung ist, dass die bisherige Komplementär-GmbH alleinige Gesellschafterin der Kommanditgesellschaft wird. Damit wächst das Vermögen der GmbH an; die KG wird ohne Liquidation beendet. Die frühere Komplementär-GmbH wird damit werbende Gesellschaft. Verbunden mit der erweiterten Anwachsung ist anders als beim Formwechsel ein Anschaffungsvorgang, so dass sich handelsbilanziell etwaige stille Reserven der Gesellschaft in offen ausgewiesenes Kapital umwandeln lassen. Dies ermöglicht eine sanierende Umwandlung. Diesem Vorteil gegenüber dem Formwechsel stehen allerdings deutliche Nachteile bei der steuerlichen Betrachtung beider Modelle gegenüber. Zum einen ist die Anwendbarkeit von § 20 UmwStG auf dieses Modell nicht zweifelsfrei. Hieraus resultieren Rechtsunsicherheiten bzw. kann eine zeitaufwendige und kostenpflichtige Einholung einer verbindlichen Auskunft erforderlich werden. Verfügt die KG wie im Formular über dt Grundstücke, kommt als weiterer Nachteil eine Grunderwerbsteuerbelastung hinzu, die beim Formwechsel nicht anfällt (s → Anm. 19). Insbesondere bei Kommanditgesellschaften mit Grundbesitz ist daher außerhalb der Fälle einer sanierenden Umwandlung das im Formular gewählte Vorgehen in der Regel vorzugswürdig.

2. Anders als der Umwandlungsbeschluss könnte die Übertragung des Kapitalanteils unter II. des Formulars zur Vermeidung von Notarkosten auch privatschriftlich vereinbart werden, und zwar auch dann, wenn die Kommanditgesellschaft Grundbesitz hat.

Es ist darauf zu achten, ob nach dem Gesellschaftsvertrag der KG zur Abtretung von Kommanditgesellschaftsanteilen die Zustimmung der Gesellschafter erforderlich ist.

3. Der Formwechsel einer KG mit einer GmbH als Komplementärin (GmbH & Co. KG) in eine GmbH kann Probleme im Hinblick auf den Grundsatz der Kontinuität der Mitgliedschaft gem. §§ 194 Abs 1 Nr. 3, 202 Abs 1 Nr. 2 S 1 UmwG bereiten, wenn die Komplementärgesellschaft – wie in der Praxis häufig – am Kapital der KG nicht beteiligt ist. Das Formular stellt hierfür den sicheren, aber auch aufwendigeren Weg dar: Die Komplementär-GmbH übernimmt vor Beschlussfassung einen (minimalen) Kapitalanteil an der formwechselnden KG. Dies kann durch treuhänderischen Erwerb eines Kapitalanteils von einem Kommanditisten erfolgen. Der treuhänderisch gehaltene Anteil, nach dem Formwechsel in die GmbH umgewandelt in einen Geschäftsanteil, kann unmittelbar nach Eintragung des Formwechsels im Handelsregister an den abtretenden Gesellschafter, der nunmehr Gesellschafter der GmbH ist, zurück übertragen werden. Dies kann wie im Formular vorgesehen im Zeitpunkt des Umwandlungsbeschlusses mit beschlossen (und beurkundet) werden; die Rückübertragung wird hierzu unter die aufschiebende Bedingung der Eintragung des Formwechsels gestellt.

Der Grundsatz der Kontinuität der Mitgliedschaft setzt jedoch richtiger Ansicht nach nicht zwingend voraus, dass die Komplementär-GmbH vor der Beschlussfassung über den Formwechsel einen Kapitalanteil an der formwechselnden Kommanditgesellschaft hält. Ausreichend ist vielmehr ihr Beitritt zur GmbH als deren Gesellschafterin im Zeitpunkt des Wirksamwerdens des Formwechsels (sog nicht verhältniswahrende Umwandlung). Damit muss die Komplementärgesellschaft nicht zwingend zuvor (treuhänderisch) einen Kapitalanteil an der formwechselnden KG erwerben. Dieser Weg liegt auf der Linie der Rechtsprechung des BGH (NZG 05, 722) und des BayObLG (NZG 00, 166 m Anm. *Bungert* NZG 00, 167) und wird von der hM im Schrifttum gebilligt (Lutter/*Decher/Hoger* § 202 UmwG Rn 12, 14 f mwN auch zur Gegenansicht). Angesichts des nicht eindeutigen Meinungsbilds kann es allerdings ratsam sein, den hier vorgeschlagenen rechtssicheren Weg zu gehen oder jedenfalls die Frage vorab mit dem Registerrichter abzustimmen, da diese noch verbreitet einen Beitritt der Komplementär-GmbH vor dem Formwechsel verlangt (Kallmeyer/*Meister/Klöcker*, § 191 UmwG Rn. 14 f, § 202 UmwG Rn. 31). Für den umgekehrten Fall des Formwechsels einer GmbH in eine GmbH & Co. KG → Form. II.J.10 Anm. 5.

4. S → Form. II.J.8 Anm. 1.

5. Der Umwandlung müssen grundsätzlich alle Gesellschafter zustimmen, es sei denn der Gesellschaftsvertrag sieht ausnahmsweise eine Mehrheitsentscheidung vor (§ 217 Abs 1 UmwG); s → Form. II.J.8 Anm. 2.

6. S → Form. II.J.8 Anm. 3.

7. Die Firma der KG kann – nunmehr mit dem Rechtsformzusatz „GmbH" anstelle von „KG" – beibehalten werden (§ 200 Abs 1 UmwG); s im Übrigen → Form. II.J.8 Anm. 4.

8. § 194 Abs 1 Nr. 5 UmwG.

9. S zunächst → Form. II.J.8 Anm. 5. Angesichts der komplexen Gesellschafterstruktur wurden im Formular die Angaben nach § 194 Abs 1 Nr. 4 und 5 UmwG in den Umwandlungsbeschluss selbst aufgenommen.

Auf den Formwechsel sind die für die GmbH geltenden Gründungsvorschriften anzuwenden, soweit sich aus dem UmwG nichts anderes ergibt (§ 197 S 1 UmwG). Beim Formwechsel handelt es sich dabei um eine „Sachgründung", so dass ua §§ 5 Abs 4, 8 Abs 1 Nr. 4 und 5 GmbHG Anwendung finden. Im Gesellschaftsvertrag ist festzuhalten, dass die Sacheinlage durch Formwechsel der bisherigen KG erbracht wird. Zum Inhalt des Gesellschaftsvertrags einer GmbH im Allgemeinen s → Form. II.D.1.

10. S → Form. II.J.8 Anm. 7. Ein Formulierungsbeispiel bei Bestehen eines Betriebsrats findet sich in Form. II.J.8. a) I. Nr. 7.

11. S → Form. II.J.8 Anm. 8.

12. S → Form. II.J.8 Anm. 9; zum Abfindungsangebot s → Form. II.J.8 Anm. 2.

13. S → Form. II.J.8 Anm. 11.

14. S → Form. II.J.8 Anm. 13.

15. S → Form. II.J.8 Anm. 14.

16. S → Form. II.J.8 Anm. 15, 17.

17. Die Gesellschafterliste, die der Anmeldung der Umwandlung beigefügt wird, gibt die Rechtslage im Zeitpunkt der Eintragung der Umwandlung wieder. Zu diesem Zeitpunkt hält die A Verwaltungs GmbH einen kleinen Geschäftsanteil treuhänderisch für die X GmbH. Mit der Eintragung wird die aufschiebend bedingt erfolgte Abtretung dieses Geschäftsanteils an die X GmbH dinglich wirksam. Der Notar, der die Anteilsübertragung beurkundet, ist gemäß § 40 Abs 2 GmbHG verpflichtet, nach Wirksamwerden der Abtretung des Geschäftsanteils dem Handelsregister unverzüglich eine von ihm zu unterzeichnende aktuelle Liste der Gesellschafter zum Handelsregister über die elektronische Poststelle beim Registergericht einzureichen und diese Liste mit einer Bescheinigung über die Veränderungen zu versehen. Nach Eintragung der Umwandlung wird also eine weitere Gesellschafterliste eingereicht, aus der sich ergibt, dass die X GmbH nunmehr beide Geschäftsanteile an der A GmbH hält. Der Notar ist weiterhin verpflichtet, die Gesellschaft durch Übersendung einer Kopie der geänderten Gesellschafterliste zu unterrichten.

18. S für den Fall des Bestehens eines Betriebsrats → Form. II.J.8.b Anm. 16.

19. **Steuerhinweise:** Zu den steuerlichen Folgen der in der Form. vorgesehenen Umwandlung der GmbH & Co. KG in eine GmbH nach dem UmwG s → Form. II.J.8 Anm. 19. Sie ist steuerneutral möglich, allerdings ist dann eine 7-jährige Sperrfrist zu beachten.

Das einfache Anwachsungsmodell (s → Anm. 1) ist nach Ansicht der Finanzverwaltung nicht steuerneutral möglich (BMF BStBl I 11, 1314, „Umwandlungsteuererlass" Tz. E 20.10). Die §§ 20 ff UmwStG finden hierauf keine Anwendung, da die ausscheidenden Kommanditisten keine neuen Geschäftsanteile an der GmbH erhalten (Schmitt/Hörtnagl/Stratz/*Schmitt* § 20 UmwStG Rn 194). Erhalten sie eine Barabfindung, erzielen sie einen Veräußerungsgewinn, der einkommen- bzw. körperschaftsteuerpflichtig ist. Erhalten sie keine Gegenleistung und scheiden damit entschädigungslos aus der Gesellschaft aus, kommt dem der Charakter einer verdeckten Einlage in die Komplementär-GmbH zu. Diese muss zu Teilwerten erfolgen (§ 6 Abs 6 S 2 EStG), so dass die ausscheidenden Kommanditisten Gewinne aus der Aufgabe ihrer Mitunternehmeranteile zu versteuern haben (Schmitt/Hörtnagl/Stratz/*Schmitt* § 20 UmwStG Rn 194).

Im Fall der erweiterten Anwachsung (→ Anm. 1) stellt die Übertragung der Kommanditanteile auf die Komplementär-GmbH gegen Gewährung von Anteilen an dieser steuerlich eine Einbringung von Mitunternehmeranteilen dar. Hieraus folgt nach hM die Anwendbarkeit von § 20 UmwStG (BMF BStBl I 11, 1314, „Umwandlungsteuererlass" Tz. 01.44; Schmitt/Hörtnagl/Stratz/*Schmitt* § 20 UmwStG Rn 195; Rödder/Herlinghaus/ van Lishaut/*Herlinghaus* § 20 Rn 94 mwN auch zur Gegenansicht). Die Einbringung kann auf Antrag erfolgsneutral zu Buchwerten, aber auch unter Aufstockung der Buchwerte auf die Teilwerte oder Zwischenwerte geschehen. Eine steuerneutrale Einbringung erfordert, dass alle Wirtschaftsgüter, die zu den funktional wesentlichen Betriebsgrundlagen der KG zählen, in die Komplementär-GmbH eingebracht werden; das gilt im Regelfall auch für Wirtschaftsgüter des Sonderbetriebsvermögens. Es gibt allerdings Gegenstimmen, die eine Anwendbarkeit von § 20 UmwStG verneinen. Dies kann dafür sprechen, den im Formular vorgesehenen sicheren Weg des Formwechsels nach dem UmwG zu wählen. Hierfür ist von Gesetzes wegen in § 25 S 1 UmwStG klargestellt, dass die §§ 20–23 UmwG ohne Einschränkung entsprechend anwendbar sind und der Formwechsel daher steuerneutral möglich ist. Entscheidet man sich für das erweiterte Anwachsungsmodell, sollte ggf. eine – zeitaufwendige und kostenpflichtige – verbindliche Auskunft beim zuständigen Finanzamt eingeholt werden (hierzu ratend bspw. *Meissner/ Bron,* SteuK 11, 47).

Verfügt die KG wie in der Form. vorgesehen über Grundbesitz, so löst die erweiterte Anwachsung eine Grunderwerbsteuerbelastung aus. Denn die Anwachsung bei der GmbH bewirkt einen Übergang der Grundstücke auf die GmbH als Rechtsvorgang, der gem. § 1 Abs 1 Nr. 3 GrEStG der Grunderwerbsteuer unterliegt. Der Übergang ist auch nicht gem. § 6 GrEStG begünstigt, wenn die Komplementär-GmbH, wie die Form. zugrunde gelegt, an der KG vorher nicht beteiligt gewesen ist. Der in der Form. vorgesehene Formwechsel löst demgegenüber keine Grunderwerbsteuer aus (s → Form. II.J.8 Anm. 19).

20. Kosten und Gebühren:

a) Treuhänderische Übertragung des Teil-Kapitalanteils
Notar: $^{20}/_{10}$ Gebühr § 36 Abs 2 KostO.
Wert: Tatsächlicher Wert des Anteils, der nach freiem Ermessen zu bestimmen ist, § 30 Abs 1, Abs 2 KostO.

b) Umwandlungsbeschluss vgl. → Form. II.J.8b → Anm. 1 ff..

c) Anteilsabtretung
Notar: $^{20}/_{10}$ Gebühr § 36 Abs 2 KostO.
Wert: Tatsächlicher Wert des Anteils, der nach freiem Ermessen zu bestimmen ist, § 30 Abs 1, Abs 2 KostO.

d) Anmeldung und Eintragung der GmbH vgl. → Form. II.J.8b → Anm. 1 ff.. → Form. II.J.10 Anm. 1 ff.

10. Formwechsel GmbH in Personenhandelsgesellschaft

a) Umwandlungsbeschluss[1]

Verhandelt in . . . . . am . . . . .

Vor dem unterzeichneten Notar . . . . . mit dem Amtssitz in . . . . . erschienen A und B.

Die Erschienenen erklärten zwecks Umwandlung ihrer GmbH in eine offene Handelsgesellschaft:

Alleinige Gesellschafter der A GmbH mit Sitz in . . . . ., eingetragen im Handelsregister des Amtsgerichts . . . . . unter HRB . . . . ., und einem voll eingezahlten Stammkapital von EUR . . . . . sind A mit einem Geschäftsanteil im Nennbetrag von EUR . . . . . mit der laufenden Nummer 1 und B mit einem Geschäftsanteil im Nennbetrag von EUR . . . . . mit der laufenden Nummer 2 der Gesellschafterliste vom . . . . .

I. Umwandlungsbeschluss

Unter Verzicht auf alle durch Gesetz oder Gesellschaftsvertrag vorgeschriebenen Formen und Fristen für die Einberufung, Vorbereitung und Durchführung einer Gesellschafterversammlung und die Unterrichtung der Gesellschafter – insbesondere gemäß §§ 230 ff UmwG – wird hiermit eine außerordentliche Gesellschafterversammlung der A GmbH abgehalten und einstimmig beschlossen was folgt:[2]

1. Die A GmbH wird gem. §§ 193, 226, 228 ff UmwG formwechselnd in eine offene Handelsgesellschaft umgewandelt.

   Steuerlicher Übertragungsstichtag iSd §§ 9 S 2, 3 UmwStG ist der 31. Dezember 2021, 24.00 Uhr. Die A OHG wird in ihrer nach deutschen steuerlichen Bilanzierungsgrundsätzen aufgestellten steuerlichen Eröffnungsbilanz auf den 1. Januar 2022, 0.00 Uhr, die Buchwerte aus der steuerlichen Übertragungsbilanz der A GmbH zum 31. Dezember 2019 fortführen (§ 9 S 1, 2, § 3 Abs 1, Abs 2 UmwStG).[3]

2. Die Firma lautet künftig: A OHG. Die Gesellschaft hat ihren Sitz in . . . . .[4]

3. An der A OHG sind die bisherigen Gesellschafter der A GmbH wie folgt beteiligt:

   a) A mit einem festen Kapitalanteil von EUR . . . . .,

   b) B mit einem festen Kapitalanteil von EUR . . . . .[5]

4. Art und Umfang der Beteiligung an der A OHG sowie die Rechte der Gesellschafter im Einzelnen ergeben sich aus dem Gesellschaftsvertrag der A OHG, der dieser Urkunde als Anlage beigefügt und Bestandteil des Umwandlungsbeschlusses ist.[6]

5. Bei der A OHG werden keine Rechte iSd § 194 Abs 1 Nr. 5 UmwG für einzelne Anteilsinhaber oder Inhaber besonderer Rechte gewährt und es sind auch keine Maßnahmen im Sinne dieser Vorschrift für solche Personen vorgesehen.[7]

6. Auf die Arbeitnehmer und ihre Vertretungen hat der Formwechsel folgende Auswirkungen:[8]

6.1 Die bei der GmbH bestehenden Arbeitsverhältnisse werden von der A OHG unverändert fortgeführt. Ein Betriebsübergang gem. § 613 a BGB findet nicht statt. Die Direktionsbefugnisse des Arbeitgebers werden nach dem Formwechsel von den vertretungsberechtigten Gesellschaftern der A OHG ausgeübt.

6.2 Weitere Maßnahmen mit Auswirkungen auf die Arbeitnehmer und ihre Vertretungen sind nicht vorgesehen.

6.3 Die GmbH hat keinen Betriebsrat. Es ergeben sich keine weiteren Auswirkungen tarifvertraglicher oder betriebsverfassungsrechtlicher Art.

7. Die Kosten der Beurkundung und ihrer Durchführung trägt die A OHG bis zu einem Gesamtbetrag von EUR .....[9]

8. Ein Abfindungsangebot ist nicht erforderlich, da der Umwandlungsbeschluss der Zustimmung aller Gesellschafter bedarf (§§ 194 Abs 1 Nr. 6, 223 Abs 1 UmwG).[10]

Damit ist die Gesellschafterversammlung beendet.

II. Verzichtserklärungen

1. A und B verzichten jeder für sich die Erstattung eines Umwandlungsberichts (§ 192 Abs 2 UmwG).
2. A und B verzichten jeder für sich auf Klage gegen die Wirksamkeit des vorstehend gefassten Umwandlungsbeschlusses (§§ 198 Abs 3, 16 Abs 2 UmwG).

b) Anmeldung zum Handelsregister

Amtsgericht

– Handelsregister –

.....

Betr.: A GmbH, HRB .....[11]

Formwechsel

Wir, die unterzeichnenden Geschäftsführer der A GmbH überreichen:[12]

beglaubigte Abschrift der notariellen Niederschrift UR. Nr. ..... des Notars ....., enthaltend den Umwandlungsbeschluss mit Gesellschaftsvertrag sowie den Verzicht der Gesellschafter auf einen Umwandlungsbericht und auf eine Klage gegen die Wirksamkeit des Umwandlungsbeschlusses.

Wir melden zur Eintragung in das Handelsregister an:

1. Die Gesellschaft ist gem. §§ 193, 226, 228 ff UmwG formwechselnd in eine offene Handelsgesellschaft unter der Firma A OHG mit dem Sitz in ..... umgewandelt worden.
2. Die Geschäftsanschrift lautet unverändert: .....
3. Gesellschafter der A OHG sind A ..... (Name, Vorname, Geburtsdatum und Wohnort), und B .....[13]
4. Der Gegenstand des Unternehmens ist .....
5. Jeder Gesellschafter ist allein zur Vertretung der Gesellschaft berechtigt.[14]

Wir geben folgende Erklärungen:

1. Sämtliche Gesellschafter haben durch notariell beurkundete Erklärungen auf eine Klage gegen die Wirksamkeit des Umwandlungsbeschlusses verzichtet. Eine Anfech-

tung ist daher ausgeschlossen und eine Negativerklärung gemäß §§ 198 Abs 3, 16 Abs. 2 S. 2 UmwG entbehrlich.

2. Sämtliche Gesellschafter haben durch notariell beurkundete Erklärungen auf einen Umwandlungsbericht (§ 192 Abs 2 UmwG) verzichtet. Ein Abfindungsangebot ist nicht erforderlich, da der Umwandlungsbeschluss der Zustimmung aller Gesellschafter bedarf (§ 194 Abs 1 Nr. 6, 223 Abs 1 UmwG).

3. Bei dem formwechselnden Rechtsträger besteht kein Betriebsrat.[15]

. . . . . (Ort, Datum) (Unterschriften) (Beglaubigungsvermerk)[16]

Anmerkungen

1. Der Umwandlungsbeschluss ist in einer Gesellschafterversammlung zu fassen und muss notariell beurkundet werden (§ 193 Abs 1 S 2 und Abs 3 S 1 UmwG). Zum Mindestinhalt §§ 194 Abs 1, 234 UmwG.

2. Der Umwandlungsbeschluss über den Formwechsel in eine OHG bedarf der Zustimmung aller Gesellschafter, die nicht erschienenen müssen durch notariell beurkundete Erklärung zustimmen (§§ 233 Abs 1 S 1, 193 Abs 3 S 1 UmwG). Bei der Umwandlung in eine KG genügt demgegenüber grds ein Mehrheitsbeschluss von mindestens drei Vierteln der in der Gesellschafterversammlung abgegebenen Stimmen (§ 233 Abs 2 S 1, 2 UmwG). Jedoch müssen alle künftigen Komplementäre zustimmen (§ 233 Abs 2 S 3 UmwG).

Ist die Abtretung der GmbH-Anteile von der Genehmigung einzelner Gesellschafter abhängig, müssen diese in notariell beurkundeter Form. (zweckmäßiger Weise in der Urkunde) ihre Zustimmung zum Umwandlungsbeschluss erklären (§ 193 Abs 2, Abs 3 UmwG).

3. S → Form. II.J.8 Anm. 3. Das Erfordernis zur Aufstellung einer Steuerbilanz (Übertragungsbilanz bei der GmbH und Eröffnungsbilanz bei der OHG bzw. KG) folgt beim Wechsel einer Kapital- in eine Personengesellschaft aus § 9 S 2, 3 UmwStG; s auch → Anm. 16.

4. Im Beschluss sind Rechtsform, Firma und Sitz (beim Formwechsel in eine Personengesellschaft zwingend) festzusetzen (§§ 194 Abs 1 Nr. 1 und Nr. 2, 234 Nr. 1 UmwG). Voraussetzung für die Umwandlung in eine OHG (bzw. KG) ist der Betrieb eines Handelsgewerbes oder die Eintragung ins Handelsregister (§ 228 Abs 1 UmwG iVm § 105 Abs 1, 2 HGB). Die Firma der GmbH kann – nunmehr mit dem Rechtsformzusatz „offene Handelsgesellschaft" oder „OHG" anstelle von „GmbH" – beibehalten werden; dabei kann die Gesellschaft auch eine reine Sachfirma der GmbH fortführen (§ 200 Abs 1 UmwG).

5. Bei der Umwandlung in eine KG sind in der Urkunde die Beteiligungen des Komplementärs/der Komplementäre und des/der Kommanditisten aufzuführen, jeweils mit Angabe des Kapitalanteils bzw. der Kommanditeinlage. Die Umwandlung einer GmbH in eine KG mit einer GmbH als Komplementärin (GmbH & Co. KG) kann Probleme im Hinblick auf den Grundsatz der Kontinuität der Mitgliedschaft gem. §§ 194 Abs 1 Nr. 3, 202 Abs 1 Nr. 2 S 1 UmwG bereiten, wenn die künftige Komplementärgesellschaft nicht Gesellschafterin der formwechselnden GmbH ist und – wie in der Praxis häufig – auch am Kapital der künftigen KG nicht beteiligt sein soll (s bereits → Form. II.J.9 Anm. 3 zum umgekehrten Fall des Formwechsels einer GmbH & Co. KG in eine GmbH).

Der rechtssichere, aber auch deutlich aufwendigere Weg ist wie folgt: Die künftige Komplementär-GmbH übernimmt vor Beschlussfassung einen (minimalen) Geschäftsanteil an der formwechselnden GmbH. Dies kann durch Kapitalerhöhung oder – wie in der Praxis üblich und zur Erhaltung der alten Beteiligungsverhältnisse empfehlenswert – durch (ggf. treuhänderischen) Erwerb von einem Gesellschafter erfolgen. Verfügt der abtretende Gesellschafter nur über einen Geschäftsanteil, muss dieser hierfür zunächst geteilt werden. Der treuhänderisch gehaltene Geschäftsanteil kann unmittelbar nach Eintragung der KG an den abtretenden Gesellschafter, der nunmehr Kommanditist ist, zurück übertragen werden. Dies kann im Zeitpunkt des Umwandlungsbeschlusses mit beschlossen (und beurkundet) werden; die Rückübertragung wird hierzu unter die aufschiebende Bedingung der Eintragung des Formwechsels im Handelsregister gestellt. Dieser Weg wird für den umgekehrten Fall des Formwechsels einer GmbH & Co. KG in eine GmbH in → Form. II.J.9 dargestellt.

Der Grundsatz der Kontinuität der Mitgliedschaft setzt jedoch richtiger Ansicht nach nicht zwingend voraus, dass die künftige Komplementär-GmbH bereits vor der Beschlussfassung über den Formwechsel am formwechselnden Rechtsträger beteiligt ist. Ausreichend ist vielmehr ihr Beitritt zur GmbH & Co. KG im Zeitpunkt des Wirksamwerdens des Formwechsels, wobei sie in der mit Eintragung im Handelsregister als GmbH & Co. KG formgewechselten Gesellschaft die Rolle des (am Vermögen nicht beteiligten) Komplementärs übernimmt (sog nicht verhältniswahrende Umwandlung). Damit muss die Komplementärgesellschaft nicht zuvor (treuhänderisch) eine Beteiligung an der formwechselnden GmbH erwerben. Dieser alternative Weg zur Umwandlung einer GmbH in eine GmbH & Co. KG liegt auf der Linie der Rechtsprechung des BayObLG (NZG 00, 167 m Anm. *Bungert*), des BGH (NZG 05, 722) und jüngst der OLG Oldenburg (NZG 2020, 193 m Anm. Fisch NZG 2020, 662). Er wird auch von der hM im Schrifttum gebilligt (Lutter/*Decher*/*Hoger* § 202 UmwG Rn 12, 14 f; Semler/Stengel/*Ihrig* § 228 UmwG Rn 22 ff). Angesichts des nicht eindeutigen Meinungsbilds und der weit verbreiteten gegenteiligen Praxis sollte dieser Weg allerdings vorab mit dem Registerrichter abgestimmt werden.

6. §§ 194 Abs 1 Nr. 4, 234 Nr. 3 S 1 UmwG. In dem Beschluss muss der Gesellschaftsvertrag der OHG (bzw. KG) enthalten sein. Er wird in der Praxis wie im Formular vorgesehen als Anlage zum Umwandlungsbeschluss genommen. Zum Inhalt des Gesellschaftsvertrags einer OHG im Allgemeinen s → Form. II.B.1 Anm. 1 ff. → Form. II.B.2 Anm. 1 ff.

7. § 194 Abs 1 Nr 5 UmwG.

8. S → Form. II.J.8 Anm. 7. Besteht bei der formwechselnden GmbH ein Aufsichtsrat, entfällt dieser durch den Formwechsel in eine OHG bzw. KG; eine Ausnahme kann bei der GmbH & Co. KG gelten. Hierauf ist in der Angabe im Umwandlungsbeschluss hinzuweisen. Formulierungsmöglichkeit: „Durch den Formwechsel in die Rechtsform der OHG entfällt der Aufsichtsrat und die Mitbestimmung nach dem MitbestG. Damit endet auch das Amt der bisherigen Aufsichtsratsmitglieder (einschließlich der Arbeitnehmervertreter)."

9. Anders als bei der Umwandlung in eine Kapitalgesellschaft (s hierzu → Form. II.J.8 Anm. 8) muss der Gründungsaufwand bei der Umwandlung in eine Personengesellschaft nicht im Gesellschaftsvertrag festgesetzt werden.

10. S → Form. II.J.8 Anm. 2, 9. Da der Umwandlung alle Gesellschafter zustimmen müssen, braucht der Beschluss kein Abfindungsangebot gem. § 207 UmwG zu enthalten (§ 194 Abs 1 Nr. 6 UmwG).

Anders beim Formwechsel in eine KG: Hier muss die GmbH jedem Anteilsinhaber, der gegen den Umwandlungsbeschluss Widerspruch zur Niederschrift erklärt, den Erwerb seiner umgewandelten Mitgliedschaften gegen eine angemessene Barabfindung anbieten (§ 207 Abs 1 UmwG). Hierzu ist gem. §§ 194 Abs 1 Nr. 6, 207 UmwG in den Umwandlungsbeschluss eine Abfindungsklausel aufzunehmen. Die Geschäftsführer der GmbH haben den Gesellschaftern spätestens zusammen mit der Einberufung der Gesellschafterversammlung das Abfindungsangebot nach § 207 UmwG zu übersenden bzw. bekanntzumachen (§ 231 UmwG). Die Abfindung ist gem. § 212 UmwG im Spruchverfahren gerichtlich überprüfbar.

11. Die neue Rechtsform des Rechtsträgers ist zur Eintragung in das Handelsregister der formwechselnden Gesellschaft anzumelden, und zwar zu der bisherigen Abteilung des Handelsregisters (hier B), § 198 Abs 1 UmwG. S → Form. II.J.8 Anm. 11.

12. §§ 198 Abs 1, 235 Abs 2 UmwG. Die Gesellschaft ist durch die Geschäftsführer der GmbH in vertretungsberechtigter Zahl anzumelden; die Gesellschafter der OHG (bzw. KG) brauchen nicht anzumelden. Zum erforderlichen Inhalt der Anmeldung und ihren Anlagen vgl. §§ 199, 197 UmwG iVm § 106 Abs HGB.

13. § 197 UmwG iVm § 106 Abs 2 Nr. 1 HGB. Bei der KG sind hier Komplementäre und Kommanditisten aufzuführen, letztere unter Nennung des Betrags ihrer Einlage (§ 162 Abs 1 HGB).

14. § 197 UmwG iVm § 106 Abs 2 Nr. 4 HGB. Die Vertretungsregelung ist selbst dann anzumelden, wenn sie dem gesetzlichen Regelfall (§ 125 Abs 1 bzw. bei der KG §§ 161 Abs 2, 125 Abs 1, 170 HGB) entspricht.

15. S → Form. II.J.8 Anm. 16 für den Fall des Bestehens eines Betriebsrates.

16. **Steuerhinweise:** Der Formwechsel einer GmbH in eine OHG bzw. KG („kreuzender" Formwechsel) wird ertragsteuerlich nach § 9 S 1 UmwStG in entsprechender Anwendung der §§ 3–8 und 10 UmwStG wie eine Vermögensübertragung auf einen anderen Rechtsträger behandelt. Das Steuerrecht folgt also – anders als beim Formwechsel einer Körperschaft in eine andere Körperschaft – nicht dem zivilrechtlichen Grundsatz der Identität der Rechtssubjekte beim Formwechsel. Dementsprechend hat die GmbH auf den steuerlichen Übertragungsstichtag für steuerliche Zwecke eine Übertragungsbilanz, die OHG eine Eröffnungsbilanz aufzustellen (§ 9 S 2 UmwStG); s hierzu → Anm. 3 sowie → Form. II.J.8 Anm. 19.

Ansatz und Bewertung des Vermögens in der steuerlichen Schlussbilanz der „übertragenden" GmbH richten sich allein nach § 3 UmwStG. Denn mit dem SEStEG hat der Gesetzgeber im neuen UmwStG das Maßgeblichkeitsprinzip der Handelsbilanz für die Steuerbilanz insgesamt aufgegeben. Das auf die OHG übergehende Vermögen der GmbH ist grds mit dem gemeinen Wert anzusetzen (§ 3 Abs 1 S 1 UmwStG). Wird das Vermögen der GmbH bei der OHG Betriebsvermögen (dh ist die OHG gewerblich tätig oder zumindest „geprägt", § 15 Abs 1–3 EStG), kann es unter bestimmten Voraussetzungen auf rechtzeitigen Antrag der GmbH beim für diese zuständigen Finanzamt jedoch abweichend hiervon auch einheitlich mit dem Buchwert oder einem höheren Zwischenwert, höchstens jedoch mit dem gemeinen Wert, angesetzt werden (§ 3 Abs 2 UmwStG). Bei Ansatz des Buchwerts wird eine Aufdeckung stiller Reserven im Vermögen der übertragenden Körperschaft vermieden; es entsteht bei dieser kein steuerpflichtiger Gewinn. Die vollständige (beim gemeinen Wert) oder partielle (bei Zwischenwertansatz) Aufdeckung stiller Reserven kann insbesondere dann sinnvoll sein, wenn bei der GmbH Verlustvorträge bestehen, da diese nicht übergehen (§ 4 Abs 2 S 2 UmwStG). Näher Semler/Stengel/*Moszka* Anhang UmwStG Rn 662 ff.

Die „übernehmende" Gesellschaft (OHG) hat das auf sie übergegangene Vermögen mit den Wertansätzen der steuerlichen Schlussbilanz der GmbH in ihre Eröffnungsbilanz (Steuerbilanz) einzustellen (§§ 9 S 1, 4 Abs 1 S 1 UmwStG). Die OHG tritt im Grundsatz in die steuerliche Rechtsstellung der GmbH ein (§§ 9 S 1, 4 Abs 2 S 1 UmwStG). Übersteigt der Wert, mit dem die übergegangenen Wirtschaftsgüter zu übernehmen sind, abzüglich der Kosten für den Vermögensübergang den Wert der Anteile an der formwechselnden GmbH, entsteht ein auf Ebene der Mitunternehmer steuerpflichtiger Übernahmegewinn der OHG, im umgekehrten Fall ein Übernahmeverlust (§§ 9 S 1, 4 Abs 4 UmwStG). Näher Semler/Stengel/*Moszka* Anhang UmwStG Rn 677 ff.

Auf Ebene der Gesellschafter der GmbH kann der Formwechsel auch im Fall der Buchwertfortführung insoweit zu einem steuerpflichtigen Gewinn führen, als bestimmte Teile etwaiger offener Rücklagen der übertragenden Körperschaft als Kapitalertrag (§ 7 UmwStG) besteuert werden. Der Grund hierfür liegt in dem Wechsel des Besteuerungsregimes: Während bei der Körperschaft Gewinne auf Ebene der Gesellschafter erst im Fall ihrer Ausschüttung besteuert werden, werden sie bei der Personengesellschaft nur auf Ebene der Gesellschafter besteuert, und zwar grds unabhängig von ihrer Ausschüttung oder Entnahme. Beim Formwechsel einer Kapital- in eine Personengesellschaft wird daher eine Totalausschüttung fingiert. Die GmbH hatin Höhe der Gewinnrücklagen der Kapitalgesellschaft Kapitalertragsteuer einzubehalten und abzuführen und auf Ebene der Gesellschafter sind entsprechend steuerpflichtige Einkünfte zu versteuern (die nach § 8b KStG zu 95 % bzw 3 Nr. 40 EStG zu 40 % steuerfrei sind).

Für die Gewerbesteuer gelten die dargelegten Regeln nach § 18 Abs 1, 2 UmwStG grds entsprechend mit der Ausnahme, dass ein Übernahmegewinn nicht erfasst wird. Hintergrund ist, dass sowohl eine GmbH als auch eine gewerbliche OHG Gewerbesteuersubjekt sind, dh der vorstehend beschriebene Transparenzgrundsatz gilt nicht für Zwecke der Gewerbesteuer. Wird allerdings der Betrieb der Personengesellschaft innerhalb von 5 Jahren nach der Umwandlung aufgegeben oder veräußert, unterliegt ein Aufgabe- oder Veräußerungsgewinn der Gewerbesteuer (§ 18 Abs 3 GewStG). Zur Grunderwerbsteuer und Umsatzsteuer beim Formwechsel gelten die Steuerhinweise in → Form. II.J.8 Anm. 19 aE.

17. **Kosten und Gebühren:**

a) Umwandlungsbeschluss vgl. → Form. II.J.8 a).

b) Anmeldung und Eintragung
Notar: $^{5}/_{10}$ Gebühr § 38 Abs 2 Nr. 7 KostO.
Wert: abhängig von der Zahl der Gesellschafter der OHG, bei zwei Gesellschaftern EUR 37 500, §§ 41 a Abs 3 Nr. 2, 39 Abs 5 KostO; zur KG §§ 41 a Abs 1 Nr. 5, 39 Abs 5 KostO.
Register: Eintragung bei der OHG HRegGebV Teil 1 Abschnitt 1; Eintragung der Umwandlung bei der GmbH HRB HRegGebV Teil II Abschnitt 4.

11. Formwechsel GmbH in AG

a) Umwandlungsbeschluss[1]

Verhandelt in . . . . . am . . . . .

Vor dem unterzeichneten Notar . . . . . mit dem Amtssitz in . . . . . erschienen A und B.

Die Erschienenen erklärten zwecks Umwandlung ihrer Gesellschaft in eine Aktiengesellschaft:

Alleinige Gesellschafter der A GmbH mit Sitz in . . . . ., eingetragen im Handelsregister des Amtsgerichts . . . . . unter HRB . . . . ., und einem voll eingezahlten Stammkapital von EUR . . . . . sind A mit einem Geschäftsanteil im Nennbetrag von EUR . . . . mit der laufenden Nummer 1 und B mit einem Geschäftsanteil im Nennbetrag von EUR . . . . . mit der laufenden Nummer 2 der Gesellschafterliste vom . . . . .

I. Umwandlungsbeschluss

Unter Verzicht auf alle durch Gesetz oder Gesellschaftsvertrag vorgeschriebenen Formen und Fristen für die Einberufung, Vorbereitung und Durchführung einer Gesellschafterversammlung und die Unterrichtung der Gesellschafter – insbesondere gemäß §§ 238, 230 ff, 239 UmwG – wird hiermit eine außerordentliche Gesellschafterversammlung der A GmbH abgehalten und einstimmig beschlossen was folgt:[2]

1. Die A GmbH wird gem. §§ 193, 226 ff, 238 ff UmwG formwechselnd in eine Aktiengesellschaft umgewandelt.
2. Die Firma lautet künftig: A AG.[3] Die Gesellschaft hat ihren Sitz in . . . . .
3. Das Grundkapital der aus der Umwandlung hervorgehenden Aktiengesellschaft beträgt EUR . . . . . Es ist eingeteilt in . . . . . Stückaktien, die auf den Inhaber lauten. Auf jede Aktie entfällt damit ein Anteil am Grundkapital von EUR . . . . .
   Die Gesellschafter der A GmbH werden Aktionäre der A AG im Verhältnis ihrer Beteiligung am Stammkapital der A GmbH, nämlich
   a) A mit . . . . . Stückaktien,
   b) B mit . . . . . Stückaktien.
4. Für die A AG wird die Satzung festgestellt, die dieser Urkunde als Anlage beigefügt und Bestandteil dieses Umwandlungsbeschlusses ist.[4]
5. Bei der A AG werden keine Rechte iSd § 194 Abs 1 Nr. 5 UmwG für einzelne Anteilsinhaber oder Inhaber besonderer Rechte gewährt und es sind auch keine Maßnahmen im Sinne dieser Vorschrift für solche Personen vorgesehen.[5]
6. Zu Mitgliedern des ersten Aufsichtsrats werden bestellt:
   1. . . . . . (Name), wohnhaft in . . . . . (Ort), ... (ausgeübter Beruf);
   2. . . . . . (Name), wohnhaft in . . . . . (Ort), ... (ausgeübter Beruf); und
   3. . . . . . (Name), wohnhaft in . . . . . (Ort), ... (ausgeübter Beruf).[6]
   Ihre Amtszeit endet mit Ablauf der Hauptversammlung, die über die Entlastung der Mitglieder des Aufsichtsrats für das am . . . . . endende Geschäftsjahr beschließt.
7. Zum Abschlussprüfer für das am . . . . . endende Geschäftsjahr wird . . . . . bestellt.[7]
8. Auf die Arbeitnehmer und ihre Vertretungen hat der Formwechsel folgende Auswirkungen:[8]

8.1 Die bei der A GmbH bestehenden Arbeitsverhältnisse werden von der A AG unverändert fortgeführt. Ein Betriebsübergang gem. § 613 a BGB findet nicht statt. Die Direktionsbefugnisse des Arbeitgebers werden nach dem Formwechsel vom Vorstand der A AG ausgeübt.

8.2 Betriebsvereinbarungen und Tarifverträge bleiben unberührt.

8.3 Die Betriebsverfassung, der Betriebsrat und die übrigen Organe, Ausschüsse und sonstigen Institutionen nach dem Betriebsverfassungsgesetz bleiben unberührt.

8.4 Weitere Maßnahmen mit Auswirkungen auf die Arbeitnehmer und ihre Vertretungen sind nicht vorgesehen. Es ergeben sich keine weiteren Auswirkungen tarifvertraglicher oder betriebsverfassungsrechtlicher Art.

8.5 Bei der A AG ist ein Aufsichtsrat zu bilden, der nur aus Anteilseignervertretern besteht.

9. Die Kosten der Beurkundung und ihrer Durchführung trägt die A AG bis zu einem Gesamtbetrag von EUR . . . . .[9]

Damit ist die Gesellschafterversammlung beendet.

Der Notar stellte gem. § 244 Abs 1 UmwG fest, dass A und B für den Formwechsel gestimmt haben und somit als Gründer gelten.

II. Verzichtserklärungen[10]

1. A und B verzichten jeder für sich auf die Erstattung eines Umwandlungsberichts (§ 192 Abs 2 UmwG) sowie auf ein Abfindungsangebot (§§ 194 Abs 1 Nr. 6, 207 UmwG).
2. A und B verzichten jeder für sich auf Klage gegen die Wirksamkeit des vorstehend gefassten Umwandlungsbeschlusses (§§ 198 Abs 3, 16 Abs 2 UmwG).

b) Anmeldung zum Handelsregister

Amtsgericht

– Handelsregister –

. . . . .

Betr.: A GmbH, HRB . . . . .

Formwechsel

Wir, die unterzeichnenden Geschäftsführer[11] überreichen:

1. beglaubigte Abschrift der notariellen Niederschrift UR. Nr. . . . . . des Notars . . . . ., enthaltend den Umwandlungsbeschluss mit Feststellung der Satzung, Wahl der Aufsichtsratsmitglieder, Bestellung des Abschlussprüfers sowie den Verzicht der Gesellschafter auf einen Umwandlungsbericht und eine Klage gegen die Wirksamkeit des Umwandlungsbeschlusses;
2. Liste der Mitglieder des Aufsichtsrats;
3. Niederschrift über die Aufsichtsratssitzung vom . . . . . über die Wahl des Aufsichtsratsvorsitzenden und seines Stellvertreters und die Bestellung der Mitglieder des Vorstands der Gesellschaft;
4. Umwandlungs-Gründungsbericht der Gründer;[12]
5. Umwandlungs-Gründungsprüfungsbericht der Mitglieder des Vorstands und des Aufsichtsrats;[13]
6. Umwandlungs-Gründungsprüfungsbericht des gerichtlich bestellten Gründungsprüfers;[14]
7. Berechnung des der Gesellschaft zur Last fallenden Gründungsaufwands;
8. Nachweis über die Zuleitung an den zuständigen Betriebsrat.[15]

Wir melden zur Eintragung in das Handelsregister an:

1. Die Gesellschaft ist gem. §§ 193, 226 ff, 238 ff UmwG formwechselnd in eine Aktiengesellschaft unter der Firma A AG mit dem Sitz in . . . . . umgewandelt worden.
2. Die Geschäftsanschrift lautet unverändert: . . . . .
3. Das Grundkapital beträgt EUR . . . . . Es ist eingeteilt in . . . . . Stückaktien mit einem anteiligen Betrag des Grundkapitals von je EUR . . . . ., die auf den Inhaber lauten.
4. Die Satzung wurde als Bestandteil des Umwandlungsbeschlusses festgestellt.
5. Zu Mitgliedern des ersten Aufsichtsrats wurden bestellt: . . . . .

6. Die allgemeine Bestimmung über die Vertretung der Gesellschaft in der Satzung lautet: Die Gesellschaft wird durch zwei Vorstandsmitglieder oder durch ein Vorstandsmitglied gemeinschaftlich mit einem Prokuristen vertreten. Ist nur ein Vorstandsmitglied bestellt, vertritt dieses die Gesellschaft allein. Der Aufsichtsrat kann bestimmen, dass einzelne oder alle Vorstandsmitglieder einzelvertretungsbefugt sind.
7. Zu Mitgliedern des Vorstands wurden bestellt: . . . . . (. . . . . wurde zum Vorsitzenden des Vorstands ernannt.)

Ferner melden wir an, dass . . . . . zum Vorsitzenden des Aufsichtsrats und . . . . . zum stellvertretenden Vorsitzenden des Aufsichtsrats gewählt worden sind.[16]

Wir geben folgende Erklärungen ab:

1. (Versicherung der Vorstandsmitglieder nach §§ 81 Abs 3 S 1, 76 Abs 3 S 2 Nr. 2 und 3 sowie S 3 AktG; zum Inhalt vgl. Form. J.8.b 7. und 8.)
2. Sämtliche Gesellschafter haben durch notariell beurkundete Erklärungen auf eine Klage gegen die Wirksamkeit des Umwandlungsbeschlusses verzichtet. Eine Anfechtung ist daher ausgeschlossen und eine Negativerklärung gemäß §§ 198 Abs 3, 16 Abs. 2 S. 2 UmwG entbehrlich.
3. Sämtliche Gesellschafter haben durch notariell beurkundete Erklärungen auf einen Umwandlungsberichts (§ 192 Abs 2 UmwG) sowie auf ein Abfindungsangebot (§§ 194 Abs 1 Nr. 6, 207 UmwG) verzichtet.
4. Gemäß § . . . . . der Satzung trägt die Gesellschaft die mit ihrer Gründung durch formwechselnde Umwandlung in die Rechtsform der Aktiengesellschaft verbundenen Kosten der Beurkundung und ihrer Durchführung bis zu einem Gesamtbetrag von EUR . . . . . Sie trägt damit auch die Kosten der Anmeldung und ihres Vollzugs im Handelsregister.

. . . . . (Ort, Datum) (Unterschriften) (Beglaubigungsvermerk)

c) Umwandlungs-Gründungsbericht der Gründer[17]

Wir als Gründer der A AG erstatten gemäß §§ 197 S 1, 219 f, 245 Abs 1 UmwG iVm 32 AktG folgenden Gründungsbericht:

1. Durch Gesellschafterbeschluss vom . . . . . (Urkunde des Notars . . . . .) wurde einstimmig die formwechselnde Umwandlung der A GmbH gem. §§ 193, 226 ff, 238 ff UmwG in eine Aktiengesellschaft unter der Firma A AG beschlossen. Die Satzung der A AG wurde als Bestandteil des Umwandlungsbeschlusses festgestellt.
2. Wir, die unterzeichnenden Gesellschafter der A GmbH, haben für den Formwechsel der GmbH in eine Aktiengesellschaft gestimmt und gelten daher gemäß §§ 219, 245 S 1 UmwG als Gründer der Gesellschaft.
3. Das Grundkapital der aus der Umwandlung hervorgehenden Aktiengesellschaft beträgt EUR . . . . . Es ist eingeteilt in . . . . . Stückaktien, die auf den Inhaber lauten. Auf jede Aktie entfällt damit ein Anteil am Grundkapital von EUR . . . . .
   Die Gesellschafter der GmbH werden Aktionäre der Aktiengesellschaft im Verhältnis ihrer Beteiligung am Stammkapital der GmbH, nämlich
   a) A mit . . . . . Stückaktien,
   b) B mit . . . . . Stückaktien.
   Die Einlagen werden dadurch erbracht, dass das Vermögen der A GmbH mit der Umwandlung das Vermögen der A AG wird.

4. Zu Mitgliedern des ersten Aufsichtsrats wurden bestellt: . . . . . Der Aufsichtsrat hat . . . . . zum Vorsitzenden und . . . . . zum stellvertretenden Vorsitzenden des Aufsichtsrats gewählt.
5. Der Aufsichtsrat hat . . . . . zu Vorstandsmitgliedern bestellt. (. . . . . wurde zum Vorsitzenden des Vorstands ernannt.)
6. Für Rechnung von Mitgliedern des Vorstands oder des Aufsichtsrats wurden keine Aktien übernommen.
7. Die Mitglieder des Vorstands und des Aufsichtsrats haben sich keinen besonderen Vorteil, keine Entschädigung und keine Belohnung für die Umwandlung oder deren Vorbereitung ausbedungen.
8. Zum Abschlussprüfer für das am . . . . . endende Geschäftsjahr wurde . . . . . bestellt.
9. Zu der Angemessenheit der Leistung für die vorstehend beschriebene Übertragung des Vermögens der A GmbH als Sacheinlage erklären wir Folgendes:
   Der Wert der Sacheinlage erreicht die Höhe des Grundkapitals der Gesellschaft. Das nach Abzug aller Schulden verbleibende Vermögen der A GmbH liegt über dem Betrag des im Umwandlungsbeschluss festgesetzten Grundkapitals der durch Formwechsel entstehenden Aktiengesellschaft. Ausweislich des von der Wirtschaftsprüfungsgesellschaft X geprüften und mit dem uneingeschränkten Bestätigungsvermerk versehenen Jahresabschlusses der A GmbH zum . . . . ., der diesem Gründungsbericht als Anlage beigefügt ist, betrug das Reinvermögen der Gesellschaft zum Stichtag EUR . . . . . Es übersteigt damit deutlich das Grundkapital der AG von EUR . . . . . Es ist nicht ersichtlich, dass sich das Reinvermögen in der Zeit nach dem Stichtag verringert hat.
10. Zum bisherigen Geschäftsverlauf und zur Lage der formwechselnden Gesellschaft erklären wir gem. § 220 Abs 2 UmwG Folgendes: . . . . .
    Die Geschäftsentwicklung in der Zeit seit dem Stichtag des Jahresabschlusses zum . . . . . bis zur Erstellung dieses Sachgründungsberichts ist positiv . . . . . (Erläuterung hierzu)
11. In den letzten beiden Jahren vor der Beschlussfassung über den Formwechsel, den Geschäftsjahren 2020 und 2021, sind für die formwechselnde Gesellschaft folgende Anschaffungs- und Herstellungskosten entstanden: . . . . .
12. Die formwechselnde Gesellschaft hat im Geschäftsjahr 2020 einen Betriebsertrag in Höhe von EUR . . . . . und im Geschäftsjahr 2021 in Höhe von EUR . . . . . erzielt.
13. Dem Beschluss über den Formwechsel sind keine Rechtsgeschäfte vorausgegangen, die auf den Erwerb des Vermögens des bisherigen Rechtsträgers durch die Aktiengesellschaft hingezielt haben.
14. Die Gesellschafter haben sich keinen besonderen Vorteil, keine Entschädigung und keine Belohnung für die Umwandlung oder deren Vorbereitung ausbedungen.
15. Gemäß § . . . . . der Satzung trägt die AG die mit ihrer Gründung durch formwechselnde Umwandlung verbundenen Kosten bis zu einem Gesamtbetrag von EUR . . . . .

. . . . . (Ort, Datum) (Unterschriften aller Gründer)

d) Umwandlungs-Gründungsprüfungsbericht des Vorstands und des Aufsichtsrats

Wir, die unterzeichnenden sämtlichen Mitglieder des Vorstands und des Aufsichtsrats der durch formwechselnde Umwandlung gem. §§ 193, 226 ff, 238 ff UmwG entstehenden A

AG erstatten gem. § 197, 245 Abs 1 UmwG iVm § 33 Abs 1, 34 AktG folgenden Umwandlungs-Gründungsprüfungsbericht:

Uns liegen vor:

1. Beglaubigte Abschrift der notariellen Niederschrift UR. Nr. . . . . . des Notars . . . . ., enthaltend den Umwandlungsbeschluss mit Feststellung der Satzung, Wahl des ersten Aufsichtsrats, Bestellung des Abschlussprüfers sowie den Verzicht der Gesellschafter auf einen Umwandlungsbericht und eine Klage gegen die Wirksamkeit des Umwandlungsbeschlusses;
2. Niederschrift der ersten Aufsichtsratssitzung vom . . . . . über die Wahl des Aufsichtsratsvorsitzenden und seines Stellvertreters und die Bestellung der Mitglieder des Vorstands der Gesellschaft;
3. Umwandlungs-Gründungsbericht der Gründer vom . . . . .;
4. geprüfte und mit dem uneingeschränkten Bestätigungsvermerk versehene Jahresabschlüsse der Gesellschaft zum 31. Dezember 2021 und 31. Dezember 2022 sowie eine Zusammenstellung der Anschaffungs- und Herstellungskosten der Gesellschaft in den letzten zwei Jahren vor der Beschlussfassung über den Formwechsel.

Wir geben folgende Erklärungen ab:

1. Wir haben den Hergang der formwechselnden Umwandlung der A GmbH in die A AG geprüft. Die von den Gesellschaftern, die die Umwandlung beschlossen haben, im Gründungsbericht gemachten Angaben sind nach unseren Feststellungen vollständig und richtig.
2. Das Grundkapital der AG von EUR . . . . . ist durch das Reinvermögen der A GmbH gedeckt. Gemäß § . . . . . der Satzung trägt die AG die mit ihrer Gründung durch formwechselnde Umwandlung verbundenen Kosten bis zu einem Gesamtbetrag von EUR . . . . . Der Aufwand für den Formwechsel wird auf ca. EUR . . . . . geschätzt. Sonstiger Gründungsaufwand zu Lasten der Gesellschaft ist nicht erstattet worden. Einwendungen gegen diesen Ansatz sind nicht zu erheben.
3. Die Mitglieder des Vorstands und des Aufsichtsrats haben sich keinen besonderen Vorteil, keine Entschädigung und keine Belohnung für die Umwandlung oder deren Vorbereitung ausbedungen. Für Rechnung von Mitgliedern des Vorstands oder des Aufsichtsrats wurden keine Aktien übernommen.
4. Die formwechselnde Umwandlung entspricht nach dem Ergebnis unserer Prüfung den gesetzlichen Vorschriften.

. . . . . (Ort, Datum) (Unterschriften aller Vorstands- und Aufsichtsratsmitglieder)[18]

Anmerkungen

1. Der Umwandlungsbeschluss ist in einer Gesellschafterversammlung zu fassen und muss notariell beurkundet werden (§ 193 Abs 1 S 2 und Abs 3 S 1 UmwG). Zum Mindestinhalt §§ 194 Abs 1, 243 Abs 1 S 1, 218 UmwG.

2. Für den Umwandlungsbeschluss genügt grds eine Mehrheit von mindestens drei Vierteln der in der Gesellschafterversammlung abgegebenen Stimmen. Der Gesellschaftsvertrag der formwechselnden GmbH kann jedoch eine größere Mehrheit und weitere Erfordernisse bestimmen (§ 240 Abs 1 UmwG). Ist die Abtretung der GmbH-Anteile von der Genehmigung einzelner Gesellschafter abhängig, müssen diese in notariell beurkundeter Form. (zweckmäßiger Weise in der Urkunde) ihre Zustimmung zum Umwandlungsbeschluss erklären (§ 193 Abs 2, Abs 3 UmwG); wegen weiterer Zustimmungserfordernisse s § 241 AktG.

3. § 194 Abs 1 Nr. 2 UmwG. Die Firma der GmbH kann – nunmehr mit dem Rechtsformzusatz „AG" anstelle von „GmbH" – beibehalten werden (§ 200 Abs 1 UmwG). Falls sie den Namen einer natürlichen Person enthält, die an der GmbH nicht beteiligt wird, allerdings nur mit deren (oder deren Erben) Zustimmung (§ 200 Abs 3 UmwG).

4. §§ 243, 218 Abs 1 S 1 UmwG. Zum Inhalt einer Satzung im Allgemeinen vgl. § 23 Abs 2 AktG und s → Form. II.E.3. In der Satzung sollte festgehalten werden, dass die Sacheinlage durch Formwechsel der bisherigen GmbH erbracht wird. Formulierungsmöglichkeit: „Das Grundkapital wird durch formwechselnde Umwandlung der ..... GmbH mit Sitz in ....., eingetragen im Handelsregister des AG ...... unter HRB ....., in die Gesellschaft erbracht."

5. § 194 Abs 1 Nr. 5 UmwG.

6. Ist bei der GmbH ein Aufsichtsrat vorhanden, der nach dem DrittelbG, MitbestG (oder MontanMitbestG, MitbestErgG) gebildet wird, erübrigt sich die Wahl der *Anteilseigner*vertreter wegen § 203 S 1 UmwG. Danach bleiben die Mitglieder des Aufsichtsrats für den Rest ihrer Wahlzeit als Mitglieder des Aufsichtsrats des Rechtsträgers neuer Rechtsform im Amt. Allerdings können die Anteilseignervertreter abberufen werden (§ 203 S 2 UmwG) und müssen dann neu gewählt werden. Die *Arbeitnehmer*vertreter bleiben beim obligatorischen Aufsichtsrat zwingend im Amt.

Hat die GmbH lediglich einen fakultativen Aufsichtsrat, findet § 203 UmwG keine Anwendung. In diesem Fall ist wie bei einer GmbH ohne Aufsichtsrat zwingend ein (neuer) Aufsichtsrat zu bestellen (§§ 95 ff AktG). Gem. § 197 S 2 und 3 UmwG gelten dabei die Bestimmungen zur Bestellung des ersten Aufsichtsrats in § 30 AktG nicht, § 31 AktG ist demgegenüber anwendbar.

7. §§ 197 S 1, 245 UmwG iVm 30 Abs 1 AktG.

8. Angesichts der Identität der Gesellschaft hat der Formwechsel keine Auswirkungen auf die Arbeitsverhältnisse, s auch → Form. II.J.8 Anm. 7.

9. § 197 S 1 UmwG iVm § 26 Abs 2 AktG; s → Form. II.J.8 Anm. 8.

10. Auf die externe Gründungsprüfung kann beim Formwechsel in eine AG (oder KGaA) nicht verzichtet werden (§ 220 Abs 3 UmwG).

Verzichten nicht wie in der Form. vorgesehen alle Gesellschaft auf ein Abfindungsangebot, ist gem. §§ 194 Abs 1 Nr. 6, 207 UmwG in den Umwandlungsbeschluss eine Abfindungsklausel aufzunehmen. Die Gesellschafter, die gegen den Umwandlungsbeschluss Widerspruch zur Niederschrift erklären, können gegen angemessene Barabfindung aus der Gesellschaft ausscheiden. Die Abfindung ist gem. § 212 UmwG im Spruchverfahren gerichtlich überprüfbar. S auch → Form. II.J.10 Anm. 10.

11. §§ 198 Abs 1, 246 Abs 1, Abs 2 UmwG. Die Anmeldung ist durch Geschäftsführer der formwechselnden GmbH in vertretungsberechtigter Zahl anzumelden. Zu den erforderlichen Anlagen der Anmeldung vgl. § 199 UmwG iVm § 37 Abs 4 AktG.

12. §§ 197 S. 1, 219 f. UmwG, 245 Abs 1 iVm 32 AktG; s → Form. II.J.11.c).

13. §§ 197, 245 Abs 1 UmwG iVm § 33 Abs 1, 34 AktG; s → Form. II.J.11.d).

14. §§ 197, 220 Abs 3, 245 Abs 1 S 2 UmwG iVm § 33 Abs 2 AktG. Zur erforderlichen Qualifikation des gerichtlich bestellten Prüfers s § 33 Abs 4 AktG; in der Praxis werden vom Gericht Wirtschaftsprüfer oder Wirtschaftsprüfungsgesellschaften bestellt.

15. S → Form. II.J.8 Anm. 16.

16. § 107 Abs 1 S 2 AktG. Die Anmeldung des Aufsichtsratsvorsitzenden und seines Stellvertreters erfolgt nicht zur Eintragung in das Handelsregister.

17. Es handelt sich um einen Sachgründungsbericht, § 32 Abs 2 und 3 AktG findet Anwendung. Hinsichtlich des notwendigen Inhalts ist zusätzlich § 220 Abs 2 UmwG zu beachten. Der Bericht ist von allen Gründern eigenhändig zu unterschreiben; rechtsgeschäftliche Vertretung ist nicht zulässig. Gründer sind beim Formwechsel einer GmbH in eine AG die Gesellschafter, die für den Formwechsel gestimmt haben (§ 245 Abs 1 S 1 UmwG).

18. Steuerhinweise: Der Formwechsel einer Kapitalgesellschaft in eine andere Kapitalgesellschaft hat steuerlich keinerlei Auswirkungen; die Identität der Gesellschaft wird auch steuerlich anerkannt.

19. Kosten und Gebühren:

a) Umwandlungsbeschluss: Vgl. → Form. II.J.8 a).

b) Anmeldung und Eintragung
Notar: $^5/_{10}$ Gebühr § 38 Abs 2 Nr. 7 KostO.
Wert: 1 % des Grundkapitals, mindestens EUR 25 000, max. EUR 500 000, §§ 41 a Abs 4 Nr. 1, 39 Abs 5 KostO.
Register: Eintragung der AG HRegGebV Teil 2 Abschnitt 1 I Nr. 2105.
Eintragung bei der GmbH HRegGebV Teil 2 Abschnitt 4 I Nr. 2402.

c) Umwandlungs-Gründungsbericht der Gründer bei notarieller Mitwirkung
Notar: $^5/_{10}$ Gebühr § 147 Abs 2 KostO.
Wert: $^1/_5$ bis $^1/_3$ des Werts gem. § 41 c Abs 2 KostO.

d) Umwandlungs-Gründungsprüfungsbericht des Vorstands und des Aufsichtsrats: wie c).

K. Restrukturierung in der Krise

1. Rangrücktritt bei Gesellschafterdarlehen

Rangrücktrittsvereinbarung[1]

zwischen

A

und

B

§ 1 Vorbemerkung

(1) A ist mit . . . . . % an B beteiligt.

(2) Zwischen A und B besteht ein Darlehensvertrag datierend vom . . . . ., unter dem A dem B ein Darlehen über EUR . . . . . gewährt hat. Das Darlehen ist zu . . . . . % p.a. verzinst.

(3) Zum . . . . . beläuft sich der unter dem Darlehen ausstehende Darlehensbetrag auf EUR . . . . . Der Betrag an aufgelaufenen und noch nicht bezahlten Zinsen beläuft sich zum selben Datum auf EUR . . . . .

§ 2 Rangrücktritt

(1) Zur Vermeidung einer Passivierungspflicht in einem etwaigen Überschuldungsstatus[2] des B vereinbaren A und B hinsichtlich sämtlicher gegenwärtiger und zukünftiger Forderungen des A gegenüber B

(a) auf Rückzahlung des Darlehens aus vorstehend genanntem Darlehensvertrag und

(b) auf Zahlung von Zinsen und Kosten sowie auf Geld gerichtete Nebenleistungen aus oder im Zusammenhang mit diesem Darlehen bzw. diesem Darlehensvertrag

(zusammen, die „Nachrangigen Forderungen") gemäß § 39 Abs 2 InsO den Nachrang hinter die in § 39 Abs 1 Nr 1 bis 5 InsO[3] bezeichneten sämtlichen Forderungen der gegenwärtigen und zukünftigen Gläubiger von B (die „Vorrangigen Gläubiger").[4]

(2) Diese Rangrücktrittsvereinbarung gilt ab dem Zeitpunkt der Unterzeichnung sowohl vor als auch nach Eröffnung eines etwaigen Insolvenzverfahrens über das Vermögen des B.[5]

(3) Für die Zeit vor Eröffnung eines Insolvenzverfahrens über das Vermögen des B gilt der Rangrücktritt mit der Maßgabe, dass A Befriedigung aus den Nachrangigen Forderungen gegen B nur verlangen kann, wenn und soweit B zur Zahlung aus freiem Vermögen (dh ein die sonstigen Verbindlichkeiten des B übersteigendes Vermögen) oder aus einem etwaigen Liquidationsüberschuss nach Tilgung sämtlicher Verbindlichkeiten in der Lage ist.[6]

(4) A kann Befriedigung aus den Forderungen gegenüber B auch dann nicht verlangen, soweit eine Überschuldung im Sinne des § 19 InsO oder eine Zahlungsunfähigkeit im Sinne des § 17 InsO des B entweder vorliegt oder als Folge der Befriedigung einträte oder einzutreten drohte.

(5) Diese Rangrücktrittsvereinbarung begründet ein rechtsgeschäftliches Zahlungsverbot dahin gehend, dass Zahlungen auf die Nachrangigen Forderungen nur nach Maßgabe der Bestimmungen dieser Rangrücktrittsvereinbarung von B geleistet und von A verlangt werden dürfen. Verbotswidrige Zahlungen auf die Nachrangigen Forderungen haben keine Erfüllungswirkung. Im Übrigen ist A uneingeschränkt befugt, die Erfüllung der Nachrangigen Forderungen von B zu verlangen.[7]

(6) Diese Rangrücktrittsvereinbarung beinhaltet keinen Forderungsverzicht; die Nachrangigen Forderungen bestehen fort.[8]

(7) A und B vereinbaren diese Rangrücktrittsvereinbarung im Wege eines Vertrages zu Gunsten Dritter im Sinne des § 328 Bürgerliches Gesetzbuch (BGB) zugunsten sämtlicher Vorrangiger Gläubiger des B. Änderungen oder eine Aufhebung dieser Rangrücktrittsvereinbarung bedürfen der Zustimmung sämtlicher im betreffenden Zeitpunkt begünstigter Vorrangiger Gläubiger. Eine Zustimmung ist nicht erforderlich, wenn im Zeitpunkt der Änderung oder Aufhebung eine Überschuldung im Sinne des § 19 InsO oder Zahlungsunfähigkeit im Sinne des § 17 InsO des B weder vorliegt oder einzutreten droht, noch als Folge der Änderung bzw. Aufhebung eintritt oder einzutreten droht.[9][10]

§ 3 Sonstiges

. . . . .

. . . . . (Ort, Datum)

(Unterschriften)

Schrifttum: *Adolff*, Der Rangrücktritt zur Vermeidung der Insolvenz, FS Hellwig 2010, 433; *Berger*, Zahlungsverbote kraft Rangrücktritts – zugleich Besprechung BGH v. 5.3.2015, ZIP 2015, 238, ZIP 2016, 1 ff.; *Blöse*, Insolvenz, Liquidation und Wandel vom Eigenkapitalersatz zum Recht der Gesellschafterleistungen, GmbHR-Sonderheft Oktober 2008, 71; *Dahl/Schmitz*, Probleme von Überschuldung und Zahlungsunfähigkeit nach FMStG und MoMiG, NZG 2009, 567; *Ekkenga*, Die Vernachlässigung des Bilanz- und Kapitalschutzrechts und die Folgen nach BGHZ 204, 231 = ZIP 2015, 638 – eine Fundamentalkritik, ZIP 2017, 1493 ff.; *Funk*, Der Rangrücktritt bei Gesellschafterdarlehen nach MoMiG im Steuerrecht, BB 2009, 867; *Gehrlein*, Das Eigenkapitalersatzrecht im Wandel seiner gesetzlichen Kodifikationen, BB 2011, 3; *Goette*, Haftung des Geschäftsführers in Krise und Insolvenz der GmbH, ZInsO 2001, 529; Gottwald/Hass, 6. Aufl. 2020, Insolvenzrechts-Handbuch, 5. Aufl. 2015; *Haas*, Die Passivierung von Gesellschafterdarlehen in der Überschuldungsbilanz nach MoMiG und FMStG, DStR 2009, 326; *Heerma*, Passivierung bei Rangrücktritt: widersprüchliche Anforderungen an Überschuldungsbilanz und Steuerbilanz?, BB 2005, 537; *Hoffmann*, Bilanzielle (Nicht)Schulden trotz (Nicht)Verpflichtung, StuB 2016, 881 ff.; *Hoos/Köhler*, Überschuldungsverhindernde Rangrücktrittsvereinbarungen in der Finanzierungs- und Restrukturierungspraxis, GmbHR 2015, 729 ff.; *Kammeter/Geißelmeier*, Der Rangrücktritt – Bestandsaufnahme und Auswirkungen des MoMiG im Handelsbilanz- und Steuerrecht, NZI 2007, 214; *Kahlert*, Aktuelle Rechtsfragen von Rangrücktrittsvereinbarungen – Anmerkung zu Helios/Kröger DStR 2015, 2478, DStR 2016, 209 ff.; *Kahlert/Gehrke*, Der Rangrücktritt nach MoMiG im GmbH-Recht: Insolvenz- und steuerrechtliche Aspekte, DStR 2010, 227; *Leithaus/Schäfer*, Rangrücktrittsvereinbarungen zur Vermeidung der Überschuldung anno 2010 – Unter welchen Voraussetzungen lässt sich eine Rangrücktrittsvereinbarung aufheben?, NZI 2010, 844; *Mayer/Wagner*, Bilanzierung von Verbindlichkeiten bei Rangrücktritt in der Liquidationsschlussbilanz – Finanzverwaltung schafft doppelt Klarheit, DStR 2017, 2025 ff; *Müller*, Bilanzierung des qualifizierten Rangrücktritts, BB 2016, 491 ff.; *Oser*, Auflösung von Verbindlichkeiten mit Rangrücktritt in Handels- und Steuerbilanz, DStR 2017, 1889 ff.; *Rätke*, Beständigkeit und Wandel beim Rangrücktritt, StuB 2015, 771 ff.; *K. Schmidt/Uhlenbruck*, Die GmbH in Krise, Sanierung und Insolvenz, 5. Aufl. 2016; *Scheifele/Nees*, Der Rangrücktritt aus steuerrechtlicher Sicht – Unter Berücksichtigung von BGH v. 5.3.2015 – IX ZR 133/14 und BFH vom 15.4.2015 – I R 44/14, Der Konzern 2015, 417; *Wacker*, Zum steuerbilanziellen Ausweis von Rückstellungen und Verbindlichkeiten – ein Streifzug durch die jüngere Rechtsprechung des 1. BFH-Senats, FS Gosch 2016, 416 ff.; *Wittig*, Rangrücktritt – Antworten und offene Fragen nach dem Urteil des BGH v. 8.1.2001, NZI 2001, 169; *Wolf*, die Handelsrechtliche Bilanzierung von Rangrücktrittserklärung, StuB 2017, 333 ff.

Anmerkungen

1. Allgemeines. In der Praxis findet sich anstelle der hier verwendeten Bezeichnung „Rangrücktrittsvereinbarung“ häufig der Ausdruck „Rangrücktrittserklärung“. Der Rangrücktritt stellt indes ein zweiseitiges Rechtsgeschäft dar, das unter Austausch zweier übereinstimmender grundsätzlich (Ausnahme: § 151 BGB) empfangsbedürftiger Willenserklärungen zustande kommt (vgl BGHZ 138, 211, 219 = NJW 1988, 2667; BGH, Urt. v. 20.2.2014 – IX ZR 137/13 = NJW-RR 2014, 937; *Wittig* NZI 2001, 169, 170 f; *Heerma* BB 2005, 537, 538), und nicht bloß eine einseitige rechtsgeschäftliche Erklärung des mit seiner Forderung im Rang zurücktretenden Gläubigers. Der Begriff „Rangrücktrittserklärung“ ist vor diesem Hintergrund wenigstens missverständlich, die Verwendung der Bezeichnung „Rangrücktrittsvereinbarung“ vorzugswürdig (ebenso *Hoos/Köhler* GmbHR 2015, 729, 730).

Die Rechtsnatur des Rangrücktritts ist im Übrigen in Rechtsprechung und Literatur umstritten (zu diesem Streit vgl *Leithaus/Schäfer* NZI 2010, 844, 847; *Heerma* BB 2005, 537, 538; Uhlenbruck/*Hirte*, § 39 InsO Rn 53). Teile der Literatur sehen im Rangrücktritt eine Variante des pactum de non petendo, also eines Stillhalteabkommens zwischen Gläubiger und Schuldner (vgl *K. Schmidt*, Rn 2.367). Andere Stimmen in der Literatur hingegen ordnen den Rangrücktritt als einen bedingten Forderungserlass ein. Wiederum andere Stimmen in der Literatur sehen im Rangrücktritt dagegen einen Vertrag mit dinglicher Wirkung gemäß § 311 Abs 1 BGB. Letzterer Ansicht hat sich der BGH in einer weiteren Leitentscheidung aus dem Jahr 2015 angeschlossen (BGH, Urt. v. 5.3.2015 – IX ZR 133/14 = BGHZ 204, 231 = NJW 2015, 1672) mit durchaus überzeugenden Argumenten: Gegen die Annahme eines bedingten Forderungserlasses spricht aus Sicht des BGH der Parteiwille, da die Annahme eines bedingten Forderungserlasses zu dem überschießenden Ergebnis führen würde, dass gleichfalls akzessorische Sicherungsrechte sowie der Anspruch auf Zinsen aus der Forderung erlöschen. Durch den Erlass würde der Gläubiger in der Insolvenz des Schuldners nicht einmal an einem etwaigen Restvermögen des Schuldners (quotal) teilhaben. Auch die Einordnung als eine Variante des pactum de non petendo kann laut BGH nicht überzeugen. Hierdurch würde lediglich ein einfaches Leistungsverweigerungsrecht begründet, dessen Ausübung im Blieben des Schuldners stünde und das nicht dazu führe, dass die Forderung im Überschuldungsstatus unberücksichtigt bleibt. Wenn der Zweck des Rangrücktritts in der Vermeidung der Insolvenz liege, sei die Vereinbarung daher als verfügender Schuldänderungsvertrag gemäß § 311 Abs. 1 BGB zu qualifizieren, durch den die Forderung dinglich dahingehend umgewandelt werde, dass sie nicht mehr zu passivieren sei. Durch die Vereinbarung werde die Rangfolge, nicht aber der Bestand der Forderung geändert, so dass etwaige Sicherungsrechte unberührt blieben (BGHZ 204, 231, 242 ff.).

Die Einordnung des Rangrücktritts als lediglich schuldrechtlich wirkender Vertrag oder als dinglich wirkende Verfügung entscheidet darüber, ob gesetzliche Verfügungsverbote bzw -einschränkungen wie zB §§ 80, 81 InsO der Wirksamkeit der Aufhebung entgegenstehen können. Dem BGH folgend sprechen, jedenfalls wenn mit dem Rangrücktritt die Vermeidung des Eintritts der Überschuldung bezweckt ist, die besseren Argumente für seine Einordnung als Vertrag mit verfügender Wirkung. Denn der Rangrücktritt soll nicht nur im Verhältnis zwischen den Vertragsparteien wirken, sondern die Tilgungsreihenfolge auch zugunsten von unbeteiligten Drittgläubigern verändern (vgl *Leithaus/Schäfer* NZI 2010, 844, 848; *Wittig* NZI 2001, 169, 170). Eine solche Drittwirkung entfalten aber grundsätzlich nur Verträge mit verfügendem Charakter.

2. Rangrücktritt zur Abwendung der Überschuldung. Die Vereinbarung von Rangrücktritten, insbesondere mit Gesellschafter-Gläubigern, stellt ein beliebtes Mittel zur Restrukturierung und Sanierung in Not geratener Unternehmen dar. Unter bestimmten Voraussetzungen lässt die Vereinbarung eines Rangrücktritts nämlich die Passivierungspflicht des Schuldners im Hinblick auf die dem Rangrücktritt unterliegende Forderung im Überschuldungsstatus entfallen und ermöglicht so die Abwendung des Eintritts des Insolvenzgrundes der Überschuldung gemäß § 19 InsO. Das Form. zielt in seiner Ausgestaltung auf die Herbeiführung dieser Wirkungen ab. Es sollte demgemäß nur verwandt werden, wenn durch die Rangrücktrittsvereinbarung der Eintritt der Überschuldung vermieden werden soll.

Welche Anforderungen an den Rangrücktritt des Gesellschafters zu stellen sind, damit die Passivierungspflicht entfällt, war bis zu einer ersten Leitentscheidung des BGH aus dem Jahr 2001 (vgl BGHZ 146, 264) umstritten. Danach musste, sollte die Passivierungspflicht entfallen, der Gesellschafter-Gläubiger erklären, er wolle mit seiner Forderung erst nach Befriedigung sämtlicher Gesellschaftsgläubiger und – bis zur Abwendung der Krise – auch nicht vor, sondern nur zugleich mit den Einlagenrückgewähransprüchen seiner Mitgesellschafter berücksichtigt werden, als handele es sich bei der Gesellschafterleistung um statutarisches Eigenkapital (BGHZ 146, 264, 272). Anders formuliert musste vereinbart sein, dass die Forderung des Gesellschafters nur aus dem freien Nettovermögen des Schuldners zu begleichen ist, so dass bis zur Abwendung der Krise der Gesellschaft die Forderung einer sog faktischen Durchsetzungssperre unterlag. Später hat sich für derartige Rangrücktrittsvereinbarungen der Begriff des „qualifizierten Rangrücktritts" etabliert (vgl *Adolff*, S 439).

Mit dem Gesetz zur Modernisierung des GmbH-Rechts und zur Bekämpfung von Missbräuchen (MoMiG) vom 23.10.2008 (BGBl I S 2026) wurden die Anforderungen, unter denen der Rangrücktritt zum Wegfall der Passivierungspflicht führt, erstmals gesetzlich kodifiziert. Maßstab für die Beantwortung der Frage, ob ein vereinbarter Rangrücktritt zum Wegfall der Passivierungspflicht führt, ist seither im Wesentlichen § 19 Abs 2 S 2 InsO, an dem sich daher auch das Form. grundsätzlich orientiert (zu rechtsprechungsbedingten Änderungen des Form. gegenüber der Vorauflage, → Anm. 5). Nach § 19 Abs 2 S 2 InsO sind Forderungen aus Gesellschafterdarlehen im Überschuldungsstatus dann nicht zu passivieren, wenn für sie gemäß § 39 Abs 2 InsO „der Nachrang im Insolvenzverfahren hinter den in § 39 Abs 1 Nr 1 bis 5 bezeichneten Forderungen vereinbart worden ist." Der Gesetzgeber ist mit dieser Regelung von gewissen Vorgaben abgewichen, die der BGH in seiner Leitentscheidung aus 2001 gemacht hatte, und hat dadurch für neuen Diskussionsstoff in der Literatur gesorgt (zur Diskussion seit Inkrafttreten des MoMiG vgl *Leithaus/Schaefer* NZI 2010, 844 ff).

3. Rangtiefe. Die erforderliche „Rangtiefe", die ein Rangrücktritt herbeiführen musste, damit es zum Entfallen der Passivierungspflicht der Forderung kam, war auch nach Ergehen der ersten Leitentscheidung des BGH im Jahre 2001 noch umstritten (vgl *Goette* ZInsO 2001, 529, 535; *K. Schmidt/Uhlenbruck*, Rn 2.370; *Wittig* NZI 2001, 169, 172 ff). Diese Frage ist seit Einführung von § 19 Abs 2 S 2 InsO dahingehend geklärt, dass der Rücktritt in den Rang hinter die in § 39 Abs 1 Nr 1 bis 5 InsO bezeichneten Forderungen genügt, es also keiner Gleichstellung mit statutarischem Eigenkapital mehr bedarf (vgl *Dahl/Schmitz* NZG 2009, 567, 569; bestätigt durch BGHZ 204, 231, 238; OLG Hamburg Urt. v. 13.4.2018 – 11 U 127/17 = NZI 2019, 83, 85). Zu beachten bleibt, dass die Rechtsprechung einen ausdrücklich erklärten Rücktritt in den erforderlichen Nachrang verlangt, damit es zur Befreiung von der Passivierungspflicht kommt (vgl BGH WM 10, 1080, 1081; BGHZ 146, 264, 273, BGH NJW-RR 2010, 955, OLG Karlsruhe, Urt. v. 12.6.2017 – 8 U 97/16 = GmbHR 2018, 913). Es reicht daher nicht, sich auf die in § 39 Abs 2 InsO enthaltene Auslegungsregel zu verlassen, sondern es muss, wie im Form. vorgesehen, explizit der Nachrang hinter den in § 39 Abs 1 Nr 1 bis 5 InsO genannten Forderungen vereinbart werden (vgl BT-Drs 16/9737, S 58 re Sp; *Blöse*, GmbHR-Sonderheft Oktober 2008, 71, 78; Gottwald/Haas, InsR-HdB/*Obermüller/Kuder* § 97 Rn 67). Allerdings kann sich bei einer zu engen Vereinbarung im Wege der Auslegung ergeben, dass ein umfassender Rücktritt gewollt war (BGHZ 204, 231, 238).

4. Rangrücktritt gesellschaftsfremder Dritter. § 19 Abs 2 S 2 InsO regelt ausdrücklich lediglich die Anforderungen, die an den Rangrücktritt von Gesellschafter-Gläubigern zu stellen sind, damit die Passivierungspflicht entfällt. Vor diesem Hintergrund drängt sich die Frage auf, welche Anforderungen für Rangrücktritte von Gläubigern gelten, die keine Gesellschafter sind. In der Literatur wird insoweit eine analoge Anwendung von § 19 Abs 2 S 2 InsO vertreten, da an den Rangrücktritt von gesellschaftsfremden Dritten keine höheren Anforderungen zu stellen seien als an den Rangrücktritt von Gesellschaftern (vgl *Leithaus/Schäfer* NZI 2010, 844, 846; *Kahlert/Gehrke* DStR 2010, 227, 230). Teilweise wird sogar die Vereinbarung des Nachrangs nur hinter die in § 39 Abs 1 Nr 1 bis 4 InsO genannten Forderungen für ausreichend erachtet, weil dem gesellschaftsfremden Dritten, der die Gesellschaft zu stützen bereit ist, nicht zugemutet werden könne, auch hinter die Forderungen von Gesellschaftern zu treten (vgl *de Bra*, Anm. zu BGH v. 1.3.2010, FD-InsR 10, 304567). Der BGH hat in seiner Leitentscheidung aus 2015 (BGHZ 204, 231,

235; vgl auch OLG Hamm Urt. v. 17.7.2017 19 U 104/17 = NJOZ 2018, 1331, 1332) die Anwendbarkeit von § 19 Abs 2 S 2 InsO in Verbindung mit § 39 Abs 2 InsO auf den Rangrücktritt außenstehender Gläubiger bejaht. Aufgrund der Vertragsautonomie könne ein Rangrücktritt ohne weiteres auch mit einem Nichtgesellschafter vereinbart werden; die Rechtsfolgen der Rangrücktrittsvereinbarung stimmten überein, gleich ob sie zwischen einer Gesellschaft und einem Gesellschafter oder einer Gesellschaft und einem außenstehenden Dritten geschlossen wurde. Der BGH ist damit nicht den Bedenken hinsichtlich einer analogen Anwendung des § 19 Abs 2 S 2 InsO gefolgt, die in der Vorauflage aufgezeigt wurden. Diese Bedenken, die sich im Wesentlichen darauf stützten, dass auf Nichtgesellschafter die Anfechtungsregel des § 135 InsO keine Anwendung findet und damit der Wegfall des Erfordernisses der Erstreckung des Rangrücktritts auch auf die Zeit vor Insolvenzeröffnung innerhalb der Neuregelung in § 19 Abs 2 S 2 InsO nicht über die insolvenzrechtlichen Anfechtungsregeln kompensiert, greifen indes in der Konzeption des BGH, der entgegen dem Wortlaut in § 19 Abs 2 S 2 InsO weiterhin daran festhält, dass der Rangrücktritt auch den Zeitraum vor Insolvenzeröffnung erfassen muss, nicht Platz.

5. **Zeitliche Reichweite.** Seit Einführung von § 19 Abs 2 S 2 InsO durch das MoMiG war in der Literatur umstritten, welche Reichweite der Rangrücktritt in zeitlicher Hinsicht haben muss, damit die betroffene Forderung nicht in der Überschuldungsbilanz des Schuldners ausgewiesen werden muss. In BGHZ 146, 246 hatte der BGH noch verlangt, dass der Gesellschafter-Gläubiger mit seiner Forderung „bis zur Abwendung der Krise" und damit auch schon vor einem eventuellen Insolvenzverfahren in den erforderlichen Nachrang tritt (sog präventive Durchsetzungssperre). In Abweichung hierzu verlangt der Gesetzgeber in § 19 Abs 2 S 2 InsO nur noch die Vereinbarung des Nachrangs „im Insolvenzverfahren". Trotz dieses klaren Wortlauts, der eine bewusste Abwendung des Gesetzgebers von den Anforderungen der Rechtsprechung vor Inkrafttreten des MoMiG nahelegt, forderten verschiedene Stimmen in der Literatur, dass sich der Nachrang weiterhin auch auf die Zeit vor Eröffnung des Insolvenzverfahrens erstrecken müsse, um die Passivierungspflicht entfallen zu lassen (vgl *Haas* DStR 2009, 326, 327; *Funk* BB 2009, 867, 869). Bei der in § 19 Abs 2 S 2 InsO gewählten Formulierung handele es sich lediglich um ein redaktionelles Versehen, da der Gesetzgeber von der bisherigen Rechtslage in Gestalt der BGH-Rechtsprechung nicht habe abweichen wollen (so *Haas* DStR 2009, 326, 327).

Der BGH hat in seiner Leitentscheidung aus dem Jahre 2015 entschieden, dass, entgegen dem Wortlaut von § 19 Abs 2 S 2 InsO, der Rangrücktritt auch für den Zeitraum vor Eröffnung des Insolvenzverfahrens erklärt werden muss (vgl BGHZ 204, 231, 236 f.; *Oser* DStR 2017, 1889 f.; *Hoos/Köhler*, GmbHR 2015, 729, 730). Auch nach der Einführung des neuen MoMiG habe der Gesetzeber an den von BGH entwickelten Grundsätzen für einen Rangrücktritt zwecks Befreiung von der Passivierungspflicht festhalten wollen (BGHZ 204, 231, 238 f.). Eine Forderung könne nicht vor Insolvenzeröffnung durchsetzbar sein, nach Verfahrenseröffnung aber ausgeblendet werden, wenn es um die Feststellung der Überschuldung ginge; der Überschuldungsstatus würde die Schuldendeckungsfähigkeit nicht zutreffend abbilden, wenn eine vorinsolvenzliche Durchsetzungssperre fehlte.

Der BGH ist damit nicht Stimmen in der Literatur gefolgt, die aus der konzeptionellen Neuordnung, die das Kapitalersatz- und Kapitalerhaltungsrecht im Zuge des MoMiG erfahren hat (vgl zu dieser konzeptionellen Neuordnung des Eigenkapitalersatzrechts *Gehrlein* BB 2011, 3 ff), gefolgert haben, dass es im Hinblick auf das neue insolvenzrechtliche Anfechtungsregime einer faktischen Durchsetzungssperre bereits vor Insolvenzeröffnung nicht mehr bedarf, damit die Passivierungspflicht entfällt, und es daher ausreiche, wenn der Nachrang nur im Insolvenzverfahren vereinbart wird (*Adolff*, S 440 ff; *Kahlert/Gehrke* DStR 2010, 227, 229 f). Das Form. war insoweit gegenüber der Vorauflage anpassungsbedürftig.

6. Steuerliche Behandlung. Rangrücktrittsvereinbarungen eignen sich nur dann als Mittel der Restrukturierung, wenn sie steuerneutral sind. Zielt die Vereinbarung des Rangrücktritts einerseits also darauf ab, die Passivierungspflicht im Hinblick auf die zugrundeliegende Forderung im Rahmen der Überschuldungsbilanz zu beseitigen, ist dieses Ergebnis in steuerbilanzieller Hinsicht gerade unerwünscht, weil der Wegfall der Passivierung hier zum Anstieg des steuerpflichtigen Ertrages führen würde.

Im handelsrechtlichen Schrifttum halten einige Autoren aufgrund der Rechtsnatur, die dem insolvenzvermeidenden Rangrücktritt aufgrund der Entscheidung des BGH aus 2015 (BGHZ 204, 231) beizumessen ist, eine Ausbuchung für geboten (*Müller* BB 16, 491, 493 f.; *Hoffmann* StuB 2016, 881, 882; *Oser* DStR 17, 1889 ff.; aA *Wolf* StuB 2017, 333 ff.). Sollte die Verbindlichkeit in der Handelsbilanz auszubuchen sein, bliebe (wohl) kein Raum für ihren Ansatz in der Steuerbilanz (§ 5 Abs. 1 S. 1 EStG, § 8 Abs. 1 KStG, § 7 S. 1 GewStG) (*Oser* DStR 2017, 1889, 1890 f.). Allerdings spricht sich der HFA des IDW auch nach und trotz der BGH-Entscheidung im Hinblick auf das handelsrechtliche Vorsichtsprinzip weiter für eine Passivierung in der Handelsbilanz aus (IDW Life 11/2016, 1000 f.).

Finanzgerichtliche Rechtsprechung und hM im steuerrechtlichen Schrifttum sehen dagegen auch im Hinblick auf § 5 Abs. 2a EStG im Falle eines Rangrücktritts keinen Anlass zur gewinnwirksamen Ausbuchung der Verbindlichkeit aus der Steuerbilanz, sofern in der Tilgungsabrede die Pflicht zur Tilgung aus sonstigem freien Vermögen ausdrücklich vorgesehen ist (BFH v. 20.10.2004, I R 11/03, BStBl. II 2005, 581; v. 15.4.2015, I R 44/14, BStBl. II 2015, 769; v. 10.8.2016, I R 25/15, BStBl. II 2017, 670; *Wacker*, S 416 und 419; *Gosch*, BFH/PR 2015, 287 f.; *Rätke* StuB 15, 771, 774; *Scheifele/Nees* Der Konzern 2015, 417, 426). Eine solchermaßen formulierte Rangrücktrittsvereinbarung lässt die Passivierungspflicht selbst dann nicht entfallen, wenn der Schuldner aufgrund einer fehlenden operativen Geschäftstätigkeit aus der Sicht des Bilanzstichtages nicht in der Lage sein wird, freies Vermögen zu schaffen (BFH v. 19.8.2020, XI R 32/18, BStBl. II 2021, 279).

Aus steuerrechtlicher Sicht ist es zu empfehlen, eine ausdrückliche Tilgungsabrede (auch Besserungsabrede genannt, so *Rätke* StuB 2015, 771 ff.) in die Rangrücktrittsvereinbarung aufzunehmen (sog. spezifizierter Rangrücktritt; zum Begriff siehe *Wacker*, HFR 2016, 108 f. und *Gosch*, BFH/PR 2015, 287). Denn es ist ungeklärt, ob ein Rangrücktritt ohne Tilgungsabrede (sog. unspezifizierter Rangrücktritt) so zu verstehen ist, dass er ohne weiteres die Pflicht zur Tilgung aus freiem Vermögen beinhaltet (*Gosch*, BFH/PR 2015, 288; gegen Passivierung bei fehlender Tilgungsabrede BMF v. 8.9.2006, BStBl. I 2006, 497; für eine Passivierung auch bei fehlender Tilgungsabrede BFH v. 10.11.2005, IV R 13/04, BStBl. II 2006, 618; *Wacker*, S 419; *Rätke* StuB 15, 771, 774). Soweit im Schrifttum die Auffassung vertreten wird, eine Abrede über Tilgung aus freiem Vermögen passe nicht mehr in das vom BGH mit Urt. v. 15.3.2015 (BGHZ 204, 231) für insolvenzvermeidende Rangrücktritte entwickelte Konzept und sei daher nicht in die Rangrücktrittsvereinbarung aufzunehmen (*Kahlert* DStR 2016, 209 f.; *Kahlert*, ZIP 2015, 1389 f.), steht dem uE entgegen, dass eine solche Klausel keinen insolvenzrechtlichen Bedenken begegnet, weil der BGH diese ihrem Regelungsgehalt nach selbst als gleichwertig im Verhältnis zur Abrede eines Erfüllungsverbots im Falle der (drohenden) Insolvenzreife ansieht, und die Klausel zudem in der Praxis der Betriebsprüfung im Hinblick auf Rn. 6 des veralteten, aber nach wie vor gültigen BMF-Schreibens v.

8.9.2006 (BStBl. I 2006, 497) nach wie vor zum Prüfungsstandard gehört. Die weiterhin bestehende Gültigkeit des BMF-Schreibens v. 8.9.2006 (BStBl. I 2006, 497) wird durch die Verfügung der OFD Frankfurt a.M. v. 26.7.2021, S 2743 A – 12 – St 523, DStR 2021, 2973 bestätigt. Dabei schließt sie die Entwicklung durch das BGH Urt. v. 15.3.2015 (BGHZ 204, 231) mit ein (sa *Mayer/Wagner* DStR 2017, 2025, 2027).

Ergänzend sei an dieser Stelle noch darauf hingewiesen, dass die Vereinbarung eines Rangrücktritts in Bezug auf eine Darlehensrückzahlungsforderung nach Ansicht des BFH grundsätzlich nicht auf das Fehlen einer ernsthaften Zinsvereinbarung schließen lässt (vgl BFH v 29.6.2009, I B 57/09, BB 2009, 1083, 2084). Es muss daher grundsätzlich nicht befürchtet werden, dass infolge des Rangrücktritts eine erfolgswirksame Abzinsung der Darlehensverbindlichkeit als nicht verzinsliche Verbindlichkeit gemäß § 6 Abs 1 Nr 3 EStG in der Steuerbilanz des Schuldners zu erfolgen hat (so auch *Kahlert/Gehrke* DStR 2010, 227, 232).

7. Wirkung von verbotenen Zahlungen. Durch den Rangrücktritt wird die Schuld nicht erlassen, es besteht aber für den Schuldner – bis zur Überwindung der Krise – ein Zahlungsverbot. Leistet er dennoch, leistet er auf eine Nichtschuld (kritisch hierzu *Berger* ZIP 2016, 1, der darauf verweist, dass es an einer dogmatischen Grundlage dafür fehle, einer schuldrechtlichen Vereinbarung die Wirkung eines Zahlungsverbotes im Sinne einer materiellen Durchsetzungssperre zu verleihen). Die Zahlung ist daher auf Basis von § 812 Abs. 1 S. 1, 1.Alt. BGB kondizierbar. Der Kondiktion kann im Einzelfall jedoch § 814 BGB entgegenstehen, wenn der Schuldner in Kenntnis der Nichtschuld leistet. Selbst dann ist die Zahlung als rechtsgrundlose und damit unentgeltliche Leistung unter den Voraussetzungen des § 134 InsO anfechtbar und gemäß § 143 InsO zurück zu gewähren (BGHZ 204, 231, 249 ff.; *Mock*, Anm. zu BGH v. 5.3.2015, JZ 2015, 525, 528; *Oser* DStR 2017, 1890).

8. Kein Forderungsverzicht. Diese Klarstellung ist zu empfehlen, da die Tatsache, dass in der Rangrücktrittsvereinbarung ein Forderungsverzicht explizit ausgeschlossen war, in der finanzgerichtlichen Rechtsprechung wiederholt Bedeutung für die Annahme einer fortbestehenden Passivierungspflicht beigemessen wurde (zB FG Köln v. 6.3.2012, EFG 2012, 1421).

9. Vertrag zugunsten der Vorrangigen Gläubiger. Nach der Rechtsprechung des BGH aus 2015 ist der Rangrücktritt, der auf die Vermeidung der Überschuldung gerichtet ist, als Vertrag zugunsten aller gegenwärtigen und zukünftigen Gläubiger des Schuldners zu qualifizieren (BGHZ 204, 231, 245 ff.; kritisch dazu *Ekkenga* ZIP 2017, 1493 ff.). Der Gläubiger muss nach Ansicht des BGH aufgrund des Rangrücktritts dauerhaft daran gehindert sein, seine Forderung geltend zu machen. Nur so erlangten die übrigen Gläubiger des Schuldners eine gesicherte Rechtsposition, die es rechtfertige, die Passivierungspflicht im Überschuldungsstatus entfallen zu lassen und Insolvenzantragspflichten zu suspendieren. Der BGH liest daher in den Rangrücktritt zur Vermeidung der Passivierungspflicht die Einräumung einer gesicherten Rechtsposition der Gläubiger ohne weiteres mit hinein. Dass die Gläubiger bei Abschluss der Rangrücktrittsvereinbarung nicht im Einzelnen feststehen bzw. bekannt sind, hält der BGH dabei für unschädlich und lässt es insofern genügen, dass die begünstigen Dritten nachträglich bestimmt werden können.

Folge der Einordnung des Rangrücktritts als Vertrag zugunsten der sonstigen Gläubiger des Schuldners ist zugleich, dass es für seine Aufhebung bzw. Abänderung der Zustimmung aller Gläubiger bedarf, eine nachträgliche, einseitige Aufhebung des Rangrücktritts ohne Beteiligung der Gläubiger folglich grds. nicht ausreicht (vgl auch OLG Karlsruhe v. 12.9.2017 – 8 U 97/16; *Oser* DStR 2017, 1890). Praktisch wird die

Einholung der Zustimmung aller Gläubiger in der Regel wohl ausgeschlossen sein. Dennoch ist der Rangrücktritt damit nicht etwa endgültig oder vollständig irreversibel. Vielmehr bleibt zu berücksichtigen, dass nach dem Inhalt der Rangrücktrittsvereinbarung die nachrangig gestellte Forderung aus dem freien Vermögen des Schuldners weiterhin beglichen werden darf. Daraus folgert der BGH, dass die Aufhebung der Rangrücktrittsvereinbarung ohne Mitwirkung der Gläubiger zulässig bleibt, sofern keine Insolvenzreife des Schuldners (mehr) besteht (BGHZ 204, 231, 247 f.). Obwohl der BGH vorstehende Wirkungen der Rangrücktrittsvereinbarung ohne weiteres mit in die Vereinbarung hineinliest, enthält das Form. aus Gründen der Transparenz ausdrückliche Regelungen. Dabei orientiert sich das Form. an der Formulierung, welcher der Entscheidung des BGH zugrunde lag und welche für die Frage der Reichweite des Zahlungsverbots (mithin der Frage der Aufhebbarkeit der Rangrücktrittsvereinbarung) darauf abstellte, dass Insolvenzreife weder vorlag, noch einzutreten drohte. In der Literatur wird insoweit jedoch vertreten, dass es ebenso ausreichen müsse, wenn lediglich auf das Vorliegen bzw. den Eintritt der Insolvenzreife abgestellt würde. Eine weitergehende Einbeziehung auch drohender Insolvenzgründe sei nicht erforderlich (vgl *Berger* ZIP 2016, 1, 4, der sich darüber hinaus für die jederzeit mögliche Aufhebung/Änderung von solchen Teilen der Rangrücktrittsvereinbarung ausspricht, welche über das für die Vermeidung der Überschuldung notwendige Maß hinausgehen).

10. Rangrücktrittsvereinbarungen in AGB. Gegenstand der Rangrücktrittsvereinbarung gemäß dem Form. ist ein nachträglich vereinbarter Rangrücktritt im Hinblick auf eine bereits bestehende Forderung zur Vermeidung der Überschuldung. Bei einem solchen nachträglich vereinbarten Rangrücktritt handelt es sich in aller Regel um eine Individualvereinbarung, so dass sich Fragen des AGB-Rechts nicht stellen. Aufgrund der mit einem solchen Rücktritt verbundenen vorinsolvenzlichen Durchsetzungssperre dürften die Anforderungen, die das AGB-Recht an die formularmäßige Vereinbarung eines solchen Rücktritts stellt, jedenfalls strenger sein, als bei einer einfachen Nachrangvereinbarung.

Nach der Rechtsprechung des BGH (BGH v. 6.12.2018 – IX ZR 143/17 = NJW 2019, 1446) ist der Rangrücktritt im Rahmen eines Nachrangdarlehens allerdings der Inhaltskontrolle gemäß § 307 Abs 3 S. 1 BGB entzogen. Der BGH ordnet sowohl die Vereinbarung des Nachrangs als auch der vorinsolvenzlichen Durchsetzungssperre als unmittelbare Ausgestaltung der Hauptleistungspflichten ein. Das Nachrangdarlehen stelle einen eigenständigen Vertragstyp dar, dessen Hauptleistung in einem von vornherein vertraglich gebundenen Darlehenskapital bestünde. Auch die vorinsolvenzliche Durchsetzungssperre betreffe nicht lediglich die als bloße Nebenabrede einzuordnenden Fälligkeits- und Kündigungsbestimmungen (§§ 488 Abs. 1 S. 2, 490 BGB), sondern gestalte vielmehr die Hauptleistungspflicht des Darlehensgebers aus, welcher den vereinbarten Geldbetrag für die Laufzeit des Darlehens beim Darlehensnehmer belassen und diesem auch in Krisenzeiten zur Verfügung stellen muss (BGH NJW 19, 1446, 1448 f.) Von hinreichender Transparenz des überschuldungsvermeidenden Rangrücktritts sei insbesondere gegenüber Verbrauchern jedoch nur auszugehen, wenn zusätzlich zur Rangtiefe auch die vorinsolvenzliche Durchsetzungssperre als solche sowie deren Dauer und die Erstreckung auf die Zinsen klar und unmissverständlich hervorgehen. Mangels Entscheidungserheblichkeit offen gelassen hat der BGH in vorstehender Entscheidung, ob die Rangrücktrittsvereinbarung und ihre weitreichenden Wirkungen in Form. der vorinsolvenzlichen Durchsetzungssperre als überraschend gemäß § 305c Abs 1 BGB anzusehen war und daher nicht wirksam in den Vertrag einbezogen wurde (BGH NJW 2019, 1446, 1449 f.).

2. Abwendungsvergleich

Abwendungsvergleich[1]

Zwischen A mit Sitz in ..... und der Geschäftsanschrift ....., eingetragen im Handelsregister des Amtsgerichts ..... unter HR..... und B mit Sitz in ..... und der Geschäftsanschrift ....., eingetragen im Handelsregister des Amtsgerichts ..... unter HR.....

A und B jeweils einzeln eine „Partei" und gemeinsam die „Parteien" genannt.

§ 1 Vorbemerkung

(1) A ist mit .....% an B beteiligt. Weitere Gesellschafterin der B ist mit .....% die C, die wiederum eine 100 %ige Tochtergesellschaft von A ist.

(2) A hat am ..... zugunsten der B für das Geschäftsjahr ..... eine freiwillige Verlustübernahmeverpflichtung nach §§ 264 Abs 3 Nr 2 HGB, 302 AktG erklärt,[2] nach der B von A Ausgleich ihres Jahresfehlbetrags zum ..... verlangen kann (der „Verlustausgleichsanspruch"). Diese Erklärung wurde nach § 325 HGB veröffentlicht. Die Erklärung ist als Anlage 1 beigefügt. Der Verlustausgleichsanspruch verzinst sich gemäß §§ 352, 353 HGB.

(3) Nach der Einschätzung der Parteien beläuft sich der Jahresfehlbetrag der B zum ..... auf EUR ..... Die endgültige Höhe des Jahresfehlbetrags der B – und damit des Verlustausgleichsanspruchs – wird erst mit der Feststellung des Jahresabschlusses der B für das am ..... endende Geschäftsjahr feststehen. Neben dem Verlustausgleichanspruch ist A Schuldnerin einer nicht fälligen Forderung der B in Höhe von EUR ..... aus dem mit dieser geschlossenen Cash-Pool Vertrag vom ..... (die „Cash-Pool Forderung").

(4) A verfügt ausweislich des den Parteien bekannten Gutachtens der Wirtschaftsprüfungsgesellschaft ..... vom ..... über Forderungen gegen andere Gesellschaften der A Gruppe im Buchwert von EUR ..... (die „Gruppeninternen Forderungen"), denen ausweislich des Gutachtens ein (Liquidations-)Wert von EUR ..... beizumessen ist.

(5) B ist derzeit die einzige den Parteien bekannte Gläubigerin der A. Der Fiskus könnte künftig Gewerbesteuerforderungen in Höhe von voraussichtlich EUR ..... (der „Rückstellungsbetrag") gegen A haben, für die im Jahresabschluss ..... der A Rückstellungen gebildet werden sollen.

(6) Mit Fälligwerden des Verlustausgleichsanspruchs und Zahlungsverlangen der B wäre die A zahlungsunfähig.[3] Wie sich aus dem Gutachten der Wirtschaftsprüfungsgesellschaft ..... ergibt, weisen sowohl A als auch B – bei Zugrundelegung der nach § 19 Abs 2 InsO maßgeblichen Bilanzierungsgrundsätze – ein positives Nettovermögen auf. Keine der beiden Gesellschaften ist nach dem gemeinsamen Verständnis der Parteien iSd § 19 Abs 2 InsO überschuldet.

(7) Vor diesem Hintergrund haben sich die Parteien entschlossen, eine Generalbereinigung sämtlicher Schulden der A herbeizuführen. Diese Generalbereinigung erfolgt mit der Zielsetzung der Abwendung des Insolvenzverfahrens iSd § 302 Abs 3 S 2 AktG, dh einer nachhaltigen Beseitigung der Gefahr einer Insolvenz der A. Da die B die einzige Gläubigerin der A ist,[4] liegen nach dem gemeinsamen Verständnis der Parteien die Voraussetzungen für einen Abwendungsvergleich analog § 302 Abs 3 Satz 2 AktG vor.

(8) Um sicherzustellen, dass sowohl der Rückstellungsbetrag als auch etwaige künftige, heute nicht vorhersehbare Verbindlichkeiten der A von hinreichendem freien Vermögen der A abgedeckt sein werden, soll A nach der Durchführung des Abwendungsvergleichs – zusätzlich zu ihrem Kassenbestand von EUR ..... – ein Teilbetrag der Gruppeninternen Forderungen im Nominalwert von EUR ..... (ausschließlich bereits aufgelaufener Zinsen auf diesen) (der „Aktiva-Puffer") verbleiben.

(9) Die C hat als außenstehende Gesellschafterin der B dem Abwendungsvergleich in einem Sonderbeschluss nach § 302 Abs 3 S 3 AktG iVm § 138 AktG zugestimmt, ohne dass eine Minderheit, deren Anteile zusammen den zehnten Teil des bei der Beschlussfassung vertretenen Kapitals der B erreichen, zur Niederschrift Widerspruch erhoben hat.[5] Der Sonderbeschluss ist als Anlage 3 beigefügt.

§ 2 Abtretung von Gruppeninternen Forderungen an Erfüllung statt

(1) Die Parteien vereinbaren, dass A

(a) die gesamte Cash-Pool Forderung, und
(b) einen Teil des Verlustausgleichsanspruchs

insgesamt in Höhe des Erfüllungsbetrags dadurch an Erfüllung statt[6] (§ 364 Abs 1 BGB) erfüllen kann, dass A an B die in der Anlage 2 als „Abzutretende Forderungen" aufgeführten Gruppeninternen Forderungen (einschließlich der Ansprüche auf die auf sämtliche Gruppeninternen Forderungen aufgelaufenen Zinsen) von EUR ..... („Erfüllungsbetrag") abtritt. Die Parteien sind sich einig, dass diese Abtretung Erfüllungswirkung zuerst für die Cash-Pool Forderung und sodann für den Verlustausgleichsanspruch haben soll (Tilgungsbestimmung). Die in der Anlage 2 als „Zurückzubehaltende Forderungen" aufgeführten Gruppeninternen Forderungen (ohne die bereits auf die Zurückzubehaltenden Forderungen aufgelaufenen Zinsen) werden nicht abgetreten, sondern verbleiben als Aktiva-Puffer im Vermögen der A.

(2) A tritt hiermit an B die Abzutretenden Forderungen (einschließlich der Ansprüche auf die auf sämtliche Gruppeninternen Forderungen aufgelaufenen Zinsen) ab. B nimmt diese Abtretung hiermit an.

(3) A verpflichtet sich gegenüber B, die Abtretung dem jeweiligen Schuldner nach Eintritt der aufschiebenden Bedingung gemäß § 5 unverzüglich gemäß § 409 Abs 1 BGB anzuzeigen.

§ 3 Stundung

(1) B stundet der A den Verlustausgleichsanspruch in Höhe des Stundungsbetrags (der „Restanspruch") bis zum ..... („Stundungsfrist"). A nimmt diese Stundung hiermit an. Der Stundungsbetrag berechnet sich wie folgt: Verlustausgleichsanspruch PLUS Cash-Pool Forderung (EUR .....) MINUS Erfüllungsbetrag (EUR .....).

(2) Zwischen den Parteien besteht Einigkeit darüber, dass sich der Restanspruch während der Stundungsfrist weiterhin gemäß §§ 352, 353 HGB verzinst. Die Zahlung dieser künftigen Zinsen und ggf bereits auf den Verlustausgleichsanspruch aufgelaufenen Zinsen wird ebenfalls gestundet. Der Restanspruch im Sinne dieser Vereinbarung beinhaltet neben dem Stundungsbetrag die ggf bereits aufgelaufenen und noch auflaufenden Zinsen.

(3) Der Restanspruch wird mit Ablauf der Stundungsfrist zur sofortigen Zahlung fällig. Soweit und solange die Einforderung des Restanspruchs zur Zahlungsunfähigkeit der A führen würde, kann A verlangen, dass B sich nicht auf den Eintritt der Fälligkeit des Restanspruchs beruft.

§ 4 Rangrücktritt[7]

[S → Form. II.K.1]

§ 5 Aufschiebende Bedingung

Diese Vereinbarung – einschließlich insbesondere der Abtretung nach § 2 Abs 1 b – wird wirksam mit der Zustimmung der Gesellschafterversammlungen von A und B.

§ 6 Sonstiges

. . . . .

. . . . . (Ort, Datum)

(Unterschriften)

Anlage 1: Freiwillige Verlustübernahmeverpflichtung

Hiermit verpflichtet sich A, jeden Jahresfehlbetrag von B, mit Sitz in . . . . . , HR . . . . . , auszugleichen, der in einem ihrer bis zum . . . . . endenden Geschäftsjahre eintreten sollte. Entsprechend den Regelungen in AktG § 302 besteht die Ausgleichspflicht nur, soweit der Jahresfehlbetrag nicht dadurch ausgeglichen wird, dass den anderen Gewinnrücklagen Beträge entnommen werden, die während der Dauer dieser Vereinbarung in sie eingestellt worden sind. B kann nur entsprechend den Bestimmungen des § 302 Abs 3 AktG auf den Anspruch auf Ausgleich der Jahresfehlbeträge verzichten oder sich über ihn vergleichen.

. . . . . [*Ort*], den . . . . .

A

Die Geschäftsführung

Anlage 2: Abzutretende und Zurückzubehaltende Forderungen

. . . . .

Anlage 3: Sonderbeschluss

. . . . .

Schrifttum: *Bitter*, Das „TBB"-Urteil und das immer noch vergessene GmbH-Vertragskonzernrecht, ZIP 2001, 265; *Habersack/Emmerich*, Aktien- und GmbH- Konzernrecht, 11. Aufl. 2020; *Hirte*, Der Abwendungsvergleich nach § 302 Abs. 3 S. 2 AktG, Liber amicorum Happ 2009, 65; *Hoffmann-Becking*, Münchener Handbuch des Gesellschaftsrechts, Bd. 4 (Aktiengesellschaft), 5. Aufl. 2020: *Hoffmann/Theusinger*, Die Behandlung des Verlustausgleichsanspruchs gem. § 302 I AktG, NZG 2014. 1170.

Anmerkungen

1. Allgemeines. § 302 Abs 3 S 1 AktG statuiert eine dreijährige Sperrfrist für jeglichen Verzicht auf bzw Vergleich über den Verlustausgleichsanspruch einer beherrschten Gesellschaft gegenüber ihrem herrschenden Unternehmen aus Beherrschungs- oder Gewinnabführungsvertrag. Vor Ablauf dieser Sperrfrist ist eine Verfügung der beherrschten Gesellschaft über ihren Verlustausgleichsanspruch lediglich im Wege eines Abwendungsvergleichs oder im Rahmen eines Insolvenzplans möglich, vgl § 302 Abs 3 S 2. Jeder andere Verzicht oder Vergleich während der Sperrfrist ist dagegen nichtig (K. Schmidt/Lutter/*Stephan* AktG § 302

Rn 68; KölnKomm-AktG/*Koppensteiner* AktG § 302 Rn 71). Zweck der gesetzlichen Sperrfrist ist es, die beherrschte Gesellschaft vor voreiligen Verfügungen über ihren Anspruch zu schützen (vgl *Hirte*, S 66). Ähnliche Regelungen finden sich in Parallelnormen (vgl §§ 50 S 2, 93 Abs 4, 309 Abs 3 S 2 AktG, 130 a Abs 2 S 5 HGB).

Die Sperrfrist des § 302 Abs 3 S 1 AktG beginnt erst an dem Tag zu laufen, an dem die Eintragung der Beendigung des Vertrages in das Handelsregister erfolgt. Sie erfasst in gegenständlicher Hinsicht den Verzicht auf sowie jede vergleichsweise Einigung über den Verlustausgleichsanspruch. Mit Verzicht ist dabei im Kern der Erlassvertrag nach § 397 BGB gemeint, darüber hinaus aber auch jede andere Handlung, die wirtschaftlich betrachtet zum Verlust des Anspruchs der beherrschten Gesellschaft führen kann (*Hirte*, S 66; K. Schmidt/Lutter/*Stephan* AktG § 302 Rn 69; MüKoAktG/*Altmeppen* AktG § 302 Rn 94 f.; *Hoffmann/Theusinger* plädieren dafür, Stundungsvereinbarungen und Stillhalteabkommen zuzulassen, vgl *Hoffmann/Theusinger*, NZG 2014, 1170, 1171 ff). Der Begriff des Vergleichs ist ebenfalls weit auszulegen und erfasst neben dem Vergleich nach § 779 BGB auch den Prozessvergleich (Hüffer/*Koch* AktG § 302 Rn 25; GK-AktG/*Hirte* AktG § 302 Rn 70).

2. Analoge Anwendung. AktG § 302 ist nach herrschender Meinung auf Gewinnabführungs- und Beherrschungsverträge mit anderen Kapitalgesellschaften, insbesondere mit einer GmbH als beherrschter Gesellschaft, entsprechend anzuwenden (BGHZ 116, 37, 39; BGHZ 168, 285, 288; Habersack/Emmerich/*Emmerich*, Aktien- und GmbH-Konzernrecht, AktG § 302 Rn 25; GK-AktG/*Hirte* AktG § 302 Rn 97 f; aA *Bitter* ZIP 2001, 265, 270 f). Hierfür muss seine Geltung nicht einmal vertraglich ausdrücklich vereinbart sein. Einer ausdrücklichen vertraglichen Vereinbarung des AktG § 302 bedarf es jedoch zur Begründung einer steuerrechtlichen Organschaft (vgl § 17 S 2 Nr 2 KStG; BFH v 17.12.1980, I R 220/78, BStBl II 1981 383).

Die analoge Anwendung des AktG § 302 im GmbH-Recht erstreckt sich nach der Rechtsprechung des BGH auch auf die dreijährige Verzichtssperre des § 302 Abs 3 S 1 AktG (BGH NJW 2002, 822, 824). Man wird vor diesem Hintergrund davon ausgehen können, dass auch die Ausnahmeregelung des § 302 Abs 3 S 2 AktG auf die GmbH entsprechend anzuwenden ist. Entgegenstehende Wertungen des GmbH-Rechts sind jedenfalls nicht ersichtlich (so *Hirte*, S 78).

Hingegen generell abgelehnt wird die analoge Anwendung des AktG § 302 auf reine Verlustübernahmeverträge, durch die sich der eine Vertragspartner, ohne dafür eine besondere Gegenleistung zu erhalten, dem anderen gegenüber zur Übernahme der Verluste verpflichtet. Solche Verträge dienen regelmäßig der Verbesserung der Kreditwürdigkeit oder der Abwendung der Insolvenzreife von Tochtergesellschaften und sind nach ganz herrschender Ansicht nicht als Unternehmensverträge iSd §§ 291, 292 AktG einzustufen (OLG Celle AG 1984, 266, 268 f; Hüffer/*Koch* AktG § 291 Rn 28; MüKoAktG/*Altmeppen* AktG § 291 Rn 163 f.; KölnKomm-AktG/*Koppensteiner*, § 291 AktG Rn 80; MHdb GesR IV Aktiengesellschaft/*Krieger*, § 73 Rn 3). Daraus wurde gefolgert, dass für die analoge Geltung der Schutzvorschriften in §§ 300 ff, 304 ff AktG ebenfalls kein Bedarf bestehe (vgl MüKo-AktG/*Altmeppen* AktG § 291 Rn 164; KölnKomm-AktG/*Koppensteiner* AktG § 291 Rn 80). Etwas anderes dürfte jedoch gelten, wenn die freiwillige Verlustübernahme durch das Mutterunternehmen der Befreiung der Tochtergesellschaft von ihren Bilanzierungspflichten gemäß § 264 Abs 3 Nr 3 HGB dient und zu diesem Zweck gemäß § 325 HGB im Handelsregister publiziert wurde. Die analoge Anwendung des AktG § 302, einschließlich der dreijährigen Sperrfrist und den zugehörigen Ausnahmetatbeständen, erscheint in diesen Fällen aus Vertrauensgesichtspunkten und Gründen des Gläubigerschutzes geboten.

3. Zahlungsunfähigkeit. Ein Abwendungsvergleich gemäß § 302 Abs 3 S 2 AktG ist nur zulässig, wenn das herrschende Unternehmen zahlungsunfähig im Sinne von § 17 InsO ist oder durch die Bedienung der Verlustausgleichsforderung zahlungsunfähig würde (K. Schmidt/Lutter/*Stephan* AktG § 302 Rn 71). Eine drohende Zahlungsunfähigkeit nach § 18 InsO oder die bloße Überschuldung gemäß § 19 InsO ist nach dem Wortlaut der Vorschrift hingegen nicht ausreichend (GK-AktG/*Hirte* AktG § 302 Rn 74). Darüber hinaus muss der Abwendungsvergleich seinem Namen gemäß auf die Abwendung der Insolvenz des herrschenden Unternehmens gerichtet sein und diese auch erwarten lassen. Unklar ist nach der gesetzlichen Regelung, ob der Vergleich lediglich die Zahlungsunfähigkeit des herrschenden Unternehmens abwenden muss oder darüber hinaus auch die Eröffnung des Insolvenzverfahrens wegen anderer Insolvenzgründe. Im Interesse der am Vergleich mitwirkenden Gläubiger wird man jedoch verlangen müssen, dass der Abwendungsvergleich zur Abwendung der Insolvenz insgesamt führt (ebenso *Hirte*, S 73).

4. Gläubigerbeteiligung. Das Form. behandelt den Fall, dass das herrschende Unternehmen nur einen Gläubiger hat, der zudem identisch mit der beherrschten Gesellschaft ist. Eine andere Konstellation liegt vor, wenn das herrschende Unternehmen mehrere Gläubiger hat. Auch in dieser Konstellation kann aber der Vergleich des Ausgleichspflichtigen mit „seinen Gläubigern" gemäß § 302 Abs 3 S 2 AktG vernünftigerweise nicht voraussetzen, dass tatsächlich sämtliche Gläubiger ihre Zustimmung zu dem Vergleich erteilen. Die Ausnahmevorschrift liefe sonst weitestgehend leer. Es sollte vielmehr ausreichen, wenn sich so viele Gläubiger am Vergleich beteiligen, dass mit Abschluss des Vergleichs ein ansonsten bestehender Insolvenzeröffnungsgrund beseitigt wird und sich die Situation der Gläubiger, einschließlich der abhängigen Gesellschaft, gegenüber einem sonst drohenden Insolvenzverfahren dadurch verbessert (ausführlich und instruktiv *Hirte*, S 68 ff; Habersack/Emmerich/*Emmerich*, Aktien- und GmbH-Konzernrecht, AktG § 302 Rn 52; K. Schmidt/Lutter/*Stephan* AktG § 302 Rn 73).

5. Beteiligung außenstehender Aktionäre. Nach § 302 Abs 3 S 3 AktG wird ein Abwendungsvergleich nur wirksam, wenn die außenstehenden Aktionäre ihm in einem Sonderbeschluss iSv § 138 AktG zustimmen. Zweck des Erfordernisses des Sonderbeschlusses ist es, zu verhindern, dass das herrschende Unternehmen, welches in der Regel über eine Majorität in der Hauptversammlung verfügt, diese ausnutzt, um im Ergebnis selbst über den Verzicht oder Vergleich zu entscheiden (vgl Hüffer/Koch, AktG § 302 Rn 27; Emmerich/Habersack/*Emmerich*, Aktien- und GmbH-Konzernrecht AktG § 302 Rn 54). Der Begriff des außenstehenden Aktionärs entspricht dem in § 295 AktG (vgl Emmerich/Habersack/*Emmerich*, Aktien- und GmbH-Konzernrecht AktG § 302 Rn 55) und bezeichnet alle Aktionäre mit Ausnahme des anderen Vertragsteils und derjenigen Aktionäre, die aufgrund ihrer rechtlichen und wirtschaftlichen Verknüpfung mit dem anderen Vertragsteil diesem gleichzustellen sind (MüKoAktG/*Altmeppen* AktG § 295 Rn 40 ff). Für das Form. wurde davon ausgegangen, dass mit C lediglich ein weiterer Aktionär an B in einer nicht beherrschenden Weise beteiligt ist. Denkbar sind aber auch Konstellationen, in denen mehrere außenstehende Aktionäre an der beherrschten Gesellschaft beteiligt sind. Sämtliche dieser außenstehenden Aktionäre sind unter Bekanntgabe des wesentlichen Inhalts des Vergleichs zur Fassung des erforderlichen Sonderbeschlusses einzuladen (vgl §§ 138 S 2, 124 Abs 2 S 2 AktG). Der Beschluss muss mit einfacher Stimmenmehrheit der vertretenen außenstehenden Aktionäre gefasst werden, vgl §§ 138 S 2, 133 Abs 1 AktG (Spindler/Stilz/*Veil* AktG § 302 Rn 45). Allerdings ist die Beschlussfassung unwirksam, wenn von einer Aktionärsminderheit, deren Anteile zusammen wenigstens 10 % des bei der Beschlussfassung vertretenen Grundkapitals erreicht, Widerspruch zur Niederschrift eingelegt wurde, ohne dass es zusätzlich einer besonderen Anfechtung des Beschlusses bedarf (MüKoAktG/*Altmeppen*, § 302 Rn 99).

6. Leistungen an Erfüllung statt. Das Gesetz schreibt nicht vor, in welcher Form. der Verlustausgleichsanspruch zu erfüllen ist. Nach seinem Sinn und Zweck ist der Verlustausgleich auf die bilanzielle Neutralisierung des Fehlbetrags gerichtet und kann daher nicht nur in Zahlung durch Geld, sondern auch durch Leistungen an Erfüllung statt erfüllt werden (vgl *Hoffmann/Theusinger* NZG 2014, 1170, 1171 mwN).

7. Rangrücktritt. Soweit dem herrschenden Unternehmen neben der Zahlungsunfähigkeit auch die Überschuldung droht, sollte im Hinblick auf den Restanspruch ein qualifizierter Rangrücktritt in Gestalt der → Form. II.K.1 Anm. 1 ff. vereinbart werden, da der Abwendungsvergleich darauf gerichtet ist, das Insolvenzverfahren über das Vermögen des herrschenden Unternehmens abzuwenden (so Fn 3). Insofern ist sicherzustellen, dass der Rangrücktritt in Bezug (allein) auf den Restanspruch geeignet ist, die (drohende) Überschuldung zu beseitigen.

L. Erklärung zum Deutschen Corporate Governance Kodex

Schrifttum: Literaturübersichten bei GK/AktG/*Leyens* § 161; *Leyens/Quast* in: Hdb Corporate Governance von Banken und Versicherungen, hrsg v Hopt/Binder/Böcking, 2. Aufl 2020, S. 717; *Leyens/Köhnlein* in: Unternehmensführung durch Vorstand und Aufsichtsrat, hrsg v Hommelhoff/Hopt/Leyens, 2023 iE. Weitere Nachw: AK CGR (Arbeitskreis Corporate Governance Reporting), Gemeinsame Berichterstattung zur Corporate Governance durch Vorstand und Aufsichtsrat, DB 2019, 317; ders, Überlegungen zur Reform des Corporate Governance Reportings und zur Einführung einer Mustergliederung, DB 2018, 2125; ders, Weiterentwicklung der Unternehmensberichterstattung, DB 2016, 2130; *Bayer/Scholz* Die Anfechtung von Hauptversammlungsbeschlüssen wegen unrichtiger Entsprechenserklärung ZHR 181 (2017) 861; DCGK-Kommentar, hrsg v Kremer/Bachmann/Lutter/v Werder, 8. Aufl 2021; *Habersack* Staatliche und halbstaatliche Eingriffe in die Unternehmensführung, Gutachten E, 69. DJT 2012; Hdb Kapitalmarktinformation, hrsg v Habersack/Mülbert/Schlitt, 3. Aufl 2020; *Heidel* (Hrsg), Aktienrecht und Kapitalmarktrecht, 5. Aufl 2020; *Hirte* (Hrsg), Das Transparenz- und Publizitätsgesetz, 2003; *Hopt* Vergleichende Corporate Governance, ZHR 175 (11) 444; *Hopt/Leyens* Der Deutsche Corporate Governance Kodex 2020 – Grundsatz- und Praxisprobleme –, ZGR 2019, 929; JIG *(Johannsen-Roth/Illert/Ghassemi-Tabar)*, DCGK, 2020; *Kirschbaum* Entsprechenserklärungen zum englischen Combined Code und zum Deutschen Corporate Governance Kodex, 2006; *Leyens* Die Mitunterzeichnung der Erklärung zur Unternehmensführung durch den Aufsichtsrat (§ 289f HGB), in: FS Vetter, 2019, S 397; ders, Comply or Explain im Europäischen Privatrecht, ZEuP 2016, 388; ders, Information des Aufsichtsrats, 2006; *Lutter/Krieger/Verse* Rechte und Pflichten des Aufsichtsrats, 7. Aufl 2020; Münchener VertragsHdB, Bd 1, 8. Aufl 2018, V.68: Entsprechenserklärung *(Favoccia)*; *Mutter* Überlegungen zur Justiziabilität von Entsprechenserklärungen nach § 161 AktG, ZGR 2009, 788; *Nowak/Rott/Mahr* Wer den Kodex nicht einhält, den bestraft der Kapitalmarkt? ZGR 2005, 252; *Rosengarten/S.H. Schneider* Die „jährliche" Abgabe der Entsprechenserklärung nach § 161 AktG, ZIP 2009, 1837; *Scholz* Keine Anfechtungsrelevanz der Entsprechenserklärung nach § 161 AktG?, ZIP 2019, 407; *Seibt* Deutscher Corporate Governance Kodex und Entsprechens-Erklärung (§ 161 AktG-E), AG 2002, 249; *Stenger* Kodex und Entsprechenserklärung, 2013; Vetter, Bändigung des Tigers? NZG 2019, 379; *v Werder* EU-Empfehlung für das Corporate Governance Reporting, DB 2015, 847; *v Werder/Danilov/Schwarz* Corporate Governance Report 2021, DB 2021, 2097 (jährl Berichterstattung); *Wilsing* (Hrsg.), Deutscher Corporate Governance Kodex, 2012.

a) Vollständige Befolgung

1. Befolgung[1–3]

Den Empfehlungen des Deutschen Corporate Governance Kodexes[6] wurde entsprochen und wird[5] entsprochen.[7–9, 14–18]

. . . . . (Ort), ... (Datum)[10–12]

Für den Aufsichtsrat/Für den Vorstand[4]

Aufsichtsratsvorsitzender/Vorstandsvorsitzender[13]

2. Befolgung mit zusätzlichen Angaben

Vorstand und Aufsichtsrat der X-AG haben in ihren Sitzungen vom . . . . . und vom . . . . . die Entsprechenserklärung gemäß § 161 AktG wie folgt beschlossen: Den vom Bundesministerium der Justiz im amtlichen Teil des elektronischen Bundesanzeigers bekannt gemachten Empfehlungen der Regierungskommission Deutscher Corporate Governance Kodex in der Fassung vom . . . . . wurde seit Abgabe der letzten Entsprechenserklärung vom . . . . . entsprochen.[10] Vorstand und Aufsichtsrat beabsichtigen, die Empfehlungen und Anregungen des Deutschen Corporate Governance Kodex auch in Zukunft zu beachten.

3. Befolgung nach Kodexänderung

Den Empfehlungen der Regierungskommission Deutscher Corporate Governance Kodex in der Fassung vom . . . . . wurde seit Abgabe der letzten Entsprechenserklärung vom . . . . . entsprochen. Den Empfehlungen in der geänderten Fassung des Deutschen Corporate Governance Kodex vom . . . . . wurde ab dem . . . . . entsprochen und soll auch künftig entsprochen werden.[11]

Anmerkungen

1. Abgedruckt sind drei praxisübliche Formulierungen einer **Erklärung der vollständigen Befolgung** der Empfehlungen des DCGK 2020 (zur Neufassung → Anm. 6; zur Formulierung der Erklärung DCGK-Komm/*Lutter/Bachmann/v Werder* Teil 4 Rn 53; BeckOGK AktG/*Bayer/Scholz* § 161 Rn 93; Hdb Kapitalmarktinformation/*Mülbert/Sajnovits* § 12 Rn 53; Heidel/AktR und KapMR/*Wittmann/Kirschbaum* Anh. zu § 161; Hölters/Weber/AktG/*Hölters* § 161 Rn. 24; KöKo/AktG/*Lutter* § 161 Rn 81; MVHdB I GesR/*Favoccia* V.68). Im Weiteren abgedruckt und kommentiert sind Formulierungsvorschläge zur verpflichtenden Aktualisierung einer bereits abgegebenen Erklärung (→ Form. II.L.4-5) sowie zur Erklärung der Nichtbefolgung (→ Form. II.L.6–8). Die hier zunächst besprochene vollständige Befolgung verdeutlicht den grundsätzlichen Umgang mit der gesetzlichen Erklärungspflicht.

2. Die **Erklärungspflicht** von Vorstand und Aufsichtsrat ergibt sich aus § 161 I 1 AktG (TransPuG, BGBl I 2002, 2681; *Hirte* TransPuG). Die sog Entsprechenserklärung zum DCGK ist nach § 289f II Nr 1 HGB in die Erklärung zur Unternehmensführung aufzunehmen (Baumbach/Hopt/*Merkt* HGB § 289f HGB Rn 3). Die Erklärung zur Unternehmensführung fällt in den Zuständigkeitsbereich des Vorstands, greift aber inhaltlich auf vom Aufsichtsrat verantworteten Entscheidungen zurück (BeBiKo/*Grottel* § 289f HGB Rn 35 f). Sie sollte aus Gründen der Vertrauenswerbung beim Anlegerpublikum ebenso wie die Entsprechenserklärung von beiden Organen gemeinsam abgegeben werden (AK CGR, DB 2019, 317; *Leyens* FS Vetter 2019, 397, 407). Dieses Verständnis liegt Grundsatz 22 DCGK 2020 zugrunde (zur Neufassung des DCGK → Anm. 6). In der Praxis wird angesichts der Zersplitterung des Berichtswesens zunehmend eine integrierte Berichterstattung gewählt (näher GK/AktG/*Leyens* § 161 Rn 23e). Dazu werden die Informationen zur Corporate Governance in einem einzigen Erklärungsinstrument zusammengeführt. Als Überschrift gewählt wird zB „Erklärung zur Unternehmensführung und zur Corporate Governance".

3. Vom **Anwendungsbereich** der Erklärungspflicht erfasst sind deutsche börsennotierte Aktiengesellschaften (auch KGaA, § 278 III AktG), außerdem wegen § 161 I 2 AktG Gesellschaften, die andere Wertpapiere als Aktien zum Handel an einem organisierten Markt ausgegeben haben und deren Aktien zB im Freiverkehr auf eigene Veranlassung gehandelt werden (Schmidt/Lutter AktG/*Spindler* § 161 Rn 17). Nach hM ist die Europäische Aktiengesellschaft (Societas Europaea) ebenfalls erklärungspflichtig (BGHZ 194, 14 Rn 26 = NZG 2012, 1064 – Fresenius). Dies soll auch dann gelten, wenn die SE einstufig organisiert ist und deshalb die auf den Aufsichtsrat bezogenen Kodexempfehlungen nicht, jedenfalls nicht unmittelbar befolgen kann (krit GK/AktG/Leyens § 161 Rn 128 f). Ausländische Aktiengesellschaften mit Börsennotierung im Inland sind nicht erklärungspflichtig (KöKo/AktG/*Lutter* § 161 AktG Rn 14).

4. Gefordert ist eine **Erklärung durch Vorstand und Aufsichtsrat.** Die Organe entscheiden jeweils eigenständig, haben aber nach zutr Verständnis eine einheitliche Erklärung abzugeben (GK/AktG/Leyens § 161 Rn 297; KöKo/AktG/Lutter § 161 Rn 40, 53; MüKo/AktG/*Goette* § 161 Rn 47; aA *Hüffer/Koch* AktG § 161 Rn 11 mwN). Der Hauptversammlung kommt keine, auch keine gewillkürte Entscheidungszuständigkeit zu. Vorstand und Aufsichtsrat haben zu den das jeweils andere Organ oder einzelne Mitglieder betreffenden Kodexempfehlungen nach bestem Wissen zu entscheiden. Nach allgemeiner Regel dürfen sich die Organe gegenseitig vertrauen. Wie sonst auch ist aber Zweifeln nachzugehen. Das gilt insbesondere für den Aufsichtsrat (GK/AktG/*Hopt/Roth* § 111 Rn 254, 304). Allgemein sinnvoll, aber nicht zwingend, ist eine gemeinsame Sitzung mit dem Vorstand (Schmidt/Lutter/AktG/*Spindler* § 161 Rn 19). Einer Vorbereitung der Erklärung durch den Vorstand oder durch eine Stabsabteilung steht nichts entgegen (zum Ablauf AK CGR, DB 2019, 317, 321).

5. Die Beschlüsse sind auf die abzugebende Erklärung auszurichten, müssen also wie diese **Vergangenheits- und Zukunftsbezug** aufweisen. Dies kann dem Wortlaut von § 161 I 1 AktG folgend durch die Verwendung von Präteritum und Präsenz zum Ausdruck gebracht werden. Möglich sind auch Perfekt und Präsenz bzw Futur. Die Befolgungserklärung kann knapp ausfallen (→ Form. II.L.1). Ausführlichere Formulierungen oder Angaben zum DCGK (→ Form. II.L.2) sind nicht erforderlich. Inhalt der Organbeschlüsse zum zukunftsbezogenen Teil der Entsprechenserklärung ist neben der Inaussichtstellung eines eigenen Verhaltens des betreffenden Organs die Einschätzung, dass das jeweils andere Organ bzw einzelne Mitglieder tatsächlich die Absicht haben, sich in der anzugebenden Art und Weise zu verhalten. Weder kann das eine Organ verbindlich über das künftige Verhalten des anderen befinden, noch kann eines der Organe einen Mehrheitsbeschluss zum künftigen Verhalten eines einzelnen Mitglieds fassen (GK/AktG/*Leyens* § 161 Rn 167 ff). Bei Uneinigkeit oder Zweifeln über das Vorliegen der Absichten ist die Nichtbefolgung zu beschließen und zu erklären (→ Form. II.L.6–8 Anm. 1ff.).

6. Die Erklärungspflicht bezieht sich allein auf den **Umgang mit den Empfehlungen des Deutschen Corporate Governance Kodex** (DCGK), zu dem eine unverbindliche Übersetzung ins Englische verfügbar ist (www.dcgk.de). Die Regierungskommission DCGK hat am 16.12.2019 eine vollständig überarbeite Fassung des Kodexwerks vorgelegt und diese am 23.1.2020 beim Bundesministerium der Justiz und für Verbraucherschutz zur Prüfung eingereicht. Mit der Veröffentlichung im elektronischen Bundesanzeiger am 20.3.2020 ist der neue DCGK 2020 in Kraft getreten (zur Neufassung *Hopt/Leyens* ZGR 2019, 929, 934). Auf den früher empfohlenen zusätzlichen Corporate Governance Bericht (Ziff 3.10. DCGK aF) ist künftig zu verzichten. Die erklärungspflichtigen Empfehlungen kennzeichnet der DCGK auch weiterhin durch die Verwendung des Wortes „soll". Darüber hinaus enthält der DCGK durch „sollte" gekennzeichnete Anregungen, zu denen Stellung bezogenen werden kann, aber nicht muss, und außerdem die neu hinzugekommene Kategorie der Grundsätze, denen informatorische Wirkung zukommt (Präambel Abs 4 DCGK 2020). Wird auch den Anregungen entsprochen, kann dies angegeben werden (zB „befolgen die Empfehlungen und Anregungen"). Die vollständige Befolgung der Empfehlungen (und Anregungen) kommt nur vereinzelt vor, wenngleich gerade bei großen Gesellschaften eine hohe Akzeptanz zu verzeichnen ist (*v Werder/Danilov/Schwarz* DB 2021, 2097, jährl Auswertung). Die vollständige Befolgung ist aber nur ratsam, wenn keine Gründe bestehen, einen individualisierten Umgang mit der Corporate Governance zu wählen und von einzelnen Empfehlungen des DCGK abzuweichen (→ Form. II.L.6–8 Anm. 2).

7. Voraussetzung der vollständigen Befolgung ist, dass **keine wesentlichen Abweichungen** zu verzeichnen sind (Begr RegE Trans-PuG, BT-Drs 14/8769, S 21; DCGK-Komm/*Lutter/Bachmann/v Werder* Teil 4 Rn 54 f). Im Falle einer wesentlichen Abweichung ist die Nichtbefolgung zu erklären (→ Form. II.L.6–8 Anm. 3 f.).

8. Nach dem Regelungsansatz des § 161 I 1 AktG (comply or explain) besteht **bei Befolgung keine allgemeine Erläuterungspflicht.** Eine Pflicht zur Begründung ist gesetzlich nur für die Nichtbefolgung von Empfehlungen des DCGK vorgesehen (seit BilMoG, BGBl I 2009, 1102).

9. Allerdings sieht der neugefasste DCGK 2020 an mehreren Stellen **Empfehlungen der Erläuterung in der Erklärung zur Unternehmensführung** nach § 289f HGB vor (B.2 Vorgehensweise bei Nachfolgeplanung für den Vorstand, B.5/C.2 Altersgrenze für Vorstands- und Aufsichtsratsmitglieder, C.8 Unabhängigkeit der Aufsichtsratsmitglieder trotz abweichender Indikation, D.13 Selbstbeurteilung des Aufsichtsrats, F.4 Nichtanwendung des DCGK wegen vorrangiger Gesetzesregeln). Darüber hinaus soll der Aufsichtsrat in seinem Bericht an die Hauptversammlung (§ 171 II 1 AktG) Erläuterungen zu Einzelfragen der Aufsichtsratsüberwachung aufnehmen (D.8 Sitzungsteilnahme, D.12 Aus- und Fortbildung, E.1 Interessenkonflikte und ihre Behandlung). Die vollständige Befolgung der Empfehlungen des DCGK darf nur erklärt werden, wenn auch solchen kodeximmanenten Erläuterungspflichten nachgekommen wird. Anderenfalls ist insoweit die Nichtbefolgung zu erklären (→ Form. II.L.6–8). Vorgaben zu Art und Tiefe der Erläuterungen enthält sich auch der neugefasste DCGK 2020. Eine Übung wird sich erst über die künftigen Erklärungsperioden entwickeln. Die Orientierung am früheren Corporate Governance Bericht (Ziff. 3.10. DCGK idF 2017) erscheint ratsam (zum Ganzen *Hopt/Leyens* ZGR 2019, 929, 990 ff.), im Übrigen an den Anforderungen an die Begründung der Nichtbefolgung von Empfehlungen (→ Form. II.L.6–8 Anm. 6 f.).

10. Es bietet sich an, das **Datum der letzten Entsprechenserklärung** zu nennen (→ Form. II.L.2), weil eine zeitlich lückenlose Berichterstattung gefordert und ein ständig zutreffendes Bild von der Corporate Governance vorzuhalten ist. Gesetzlich ist nur die Erklärung zu *diesem* Berichtsjahr gefordert. Unschädlich ist, wenn wahrheitsgemäß erklärt wird, dass die Empfehlungen (und Anregungen) des DCGK bereits in vergangenen Berichtszeiträumen befolgt wurden. Die Daten der Organbeschlüsse und/oder der in Bezug genommenen Fassung des DCGK können, müssen aber nicht aufgenommen werden. Bei Absehen von diesen Angaben ist die ihrer Natur nach rechtsgeschäftsähnliche Erklärung gem §§ 133, 157 BGB analog dahingehend auszulegen, dass sie sich auf die zum Zeitpunkt ihrer Veröffentlichung geltende Kodexfassung bezieht.

11. In der auf eine **Änderung des DCGK** folgenden Entsprechenserklärung (→ Form. II.L.3) ist auf das Verhalten zu angepassten oder neuen Empfehlungen (und Anregungen) einzugehen. Eine unterjährige Aktualisierungs*pflicht* (→ Form. II.L.4.-5 Anm. 1, 3 ff.) besteht insoweit nicht, weil die abgegebene Erklärung anders als bei anfänglicher Unrichtigkeit des vergangenheitsbezogenen Teils oder unterjährigen Änderungen von Befolgungsabsichten nicht unrichtig geworden ist (BeckOGK AktG/*Bayer/Scholz* § 161 Rn 108 f). Im vergangenheitsbezogenen Teil ist das Datum anzugeben, zu dem die Verhaltensänderung tatsächlich eingetreten ist. Die künftige Befolgung kann nur erklärt werden, wenn tatsächlich eine Absicht der Organe hierzu besteht. Das Datum kann mit der Veröffentlichung der neuen Kodexfassung zusammenfallen, zB wenn der Kodex bereits zuvor übererfüllt wurde. Häufig wird eine Anpassung erst nach Veröffentlichung erfolgen. Dann ist dieses Datum anzugeben.

12. Gesetzlich ist eine **jährliche Erklärung** vorgeschrieben, die zudem dauerhaft öffentlich zugänglich zu machen ist (§ 161 II AktG). Zum Erklärungszeitpunkt werden alle denkbaren Auslegungsalternativen vertreten (*Schneider/Rosengarten* ZIP 2009, 1837, 1839 mwN). Nach Auffassung des OLG München bestimmt das Datum der Entsprechenserklärung dasjenige der spätesten Folgeerklärung (OLG München WM 2008, 645, 648). Die Entsprechenserklärung kann hiernach in kürzeren Zeiträumen, muss aber spätestens binnen eines Jahres abgeben werden. Das ist dem Gesetz nicht zu entnehmen und entspricht (zu Recht) auch nicht der bislang geübten Praxis (GK/AktG/*Leyens* § 161 Rn 362 mwN). Häufig wird die Erklärung zum Ende des Kalenderjahres abgegeben, was zulässig ist (zum Ablauf AK CGR, DB 2019, 317, 321). Infolge von Datierung und pflichtgemäßer Aktualisierung bei Änderung zukunftsgerichteter Befolgungsabsichten entstehen keine Lücken der Berichterstattung (→ Form. II.L.5 Anm. 5 ff.).

13. Die **Form der Entsprechenserklärung** regelt das Gesetz nicht. Schon wegen der Pflicht zur Veröffentlichung der Erklärung auf der Internetseite der Gesellschaft (§ 161 II AktG) kommt allein eine Erklärung in Textform (§ 126b BGB) in Betracht. Die Unterzeichnung (→ Form. II.L.1 Anm. 1 ff.) kann intern zu Protokollierungszwecken erfolgen, ist aber für die Erklärung nach außen nicht erforderlich (*Hüffer/Koch* § 161 Rn 22). Eine Unterzeichnung der einzelnen Mitglieder ist weder erforderlich noch geboten, auch nicht in Bezug auf die Kodexregeln mit Individualbezug (dazu noch → Form. II.L.7 Anm. 1 ff.). Dies ergibt sich aus der gesetzlichen Anordnung einer Erklärungspflicht der Organe, nicht ihrer einzelnen Mitglieder.

14. Die Entsprechenserklärung muss **auf der Internetseite der Gesellschaft dauerhaft öffentlich zugänglich** sein (§ 161 II AktG). Dauerhaft bedeutet nicht, „dass die Gesellschaft den stets und immer möglichen technischen Zugriff auf die Internetseite zu garantieren hat, sie hat aber dafür Sorge zu tragen, dass unter normalen Umständen die Erklärung einsehbar ist" (Begr RegE TransPuG, BT-Drs 14/8769, S 22). Die Nichtverfügbarkeit infolge kürzerer Serverausfälle ist hiernach unschädlich.

15. Im **Anhang zum (Konzern-)Jahresabschluss** ist anzugeben, *dass* die Entsprechenserklärung abgegeben wurde und *wo* sie öffentlich zugänglich gemacht worden ist (§§ 285 Nr 16, 314 I Nr 8 HGB). In Betracht kommt eine zusammengefasste Erklärung für alle börsennotierten Gesellschaften im Konzern (§ 298 II HGB). Die Entsprechenserklärung ist Bestandteil der Erklärung zur Unternehmensführung, die einen gesonderten Abschnitt des Lageberichts bilden kann (§ 289f I 1 HGB). Soll die Erklärung zur Unternehmensführung stattdessen allein im Internet zugänglich gemacht werden, ist ein Hinweis auf die Internetseite in den Lagebericht aufzunehmen (§ 289f I 2, 3 HGB). Die Entsprechenserklärung ist mit den Unterlagen zum Jahresabschluss beim Betreiber des eBAnz einzureichen (§ 325 I 1 Nr 2 HGB).

16. Die **Pflichtprüfung durch den Abschlussprüfer** richtet sich dementsprechend allein darauf, *ob* die gesetzlich vorgeschriebene Entsprechenserklärung von Vorstand und Aufsichtsrat abgegeben wurde und *wo* sie öffentlich zugänglich gemacht wurde (KöKo/RechnungslegungsR/*Peters* § 285 Rn 181). Die Prüfungspflicht folgt aus §§ 317 I 1 HGB, da es sich bei der Abgabe und dem Ort der öffentlichen Zugänglichmachung um sonstige Pflichtangaben im Anhang zum (Konzern-)Jahresabschluss handelt (§§ 285 Nr 16, 314 I Nr 8 HGB). Die berufsständische Auffassung zu den Gründen für Einschränkungen ist in IDW PS 345 (IDW Life 2021, 984) niedergelegt. Nicht zur Prüfungspflicht gehört die Richtigkeit der Entsprechenserklärung. Die Entsprechenserklärung und weitere Berichte zur Corporate Governance sind nach ISA 720 (revised) (DE) als „sonstige Informationen" vom Abschlussprüfer zu lesen und kritisch zu würdigen (näher AK CGR, DB 2018, 2125, 2126).

17. Die gesetzliche **Redepflicht des Prüfers** betrifft nur bestandsgefährdende Umstände oder solche, welche die Entwicklung wesentlich beeinträchtigen, sowie schwerwiegende Rechtsverstöße (Baumbach/Hopt/*Hopt/Merkt* § 321 HGB Rn 2 ff). Deshalb schlägt Empfehlung D.10 DCGK vor, den Abschlussprüfer durch den Prüfungsvertrag auch zur Mitteilung von Tatsachen zu verpflichten, die eine Unrichtigkeit der von Vorstand und Aufsichtsrat gemeinsam abgegebenen Entsprechenserklärung begründen. ZB die Zusammenarbeit zwischen den Organen nach D.II DCGK ist aber ohne zusätzliche und ggf kostenintensive Prüfungen kaum zu beurteilen. Die Beauftragung hiermit kann sich zu einzelnen Kodexregeln oder auch zur gesamten Entsprechenserklärung anbieten, letzteres insbesondere bei breitflächiger öffentlicher Kritik an der Corporate Governance des Unternehmens. Vereinbarungen zur Erweiterung des Prüfungsmandats stehen im Ermessen des Aufsichtsrats, der den Prüfungsauftrag erteilt (§ 111 II 3 AktG), sich aber angesichts der gemeinsamen Verantwortung für die Kodexerklärung idR mit dem Vorstand abstimmen sollte (*Leyens* Information des Aufsichtsrats, S 359 mwN).

18. Eine **fehlerhafte oder unterlassene Entsprechenserklärung** birgt das Risiko der Anfechtung von Entlastungsbeschlüssen, weniger das einer Haftungsklage. Ursache ist stets die mangelnde oder verspätete Aktualisierung, so dass die Einzelfragen in diesem Zusammenhang zu klären sind (→ Form. II.L.4 Anm. 6–9)

b) Aktualisierung, zukünftige Befolgung

4. Aktualisierung[1, 6–9]

Vorstand und Aufsichtsrat haben in ihrer Entsprechenserklärung vom . . . . . erklärt, dass sie die Empfehlungen[3] nach . . . . . DCGK nicht befolgen.[4] Es wird beabsichtigt, künftig sämtlichen Empfehlungen des DCGK zu entsprechen.

. . . . . (Ort), den . . . . . (Datum)[5]

Vorsitzender des Vorstands[4]

5. Aktualisierung nach Kodexänderung[2, 3]

Vorstand und Aufsichtsrat beabsichtigen, den Empfehlungen des DCGK in seiner neuen Fassung vom . . . . . ab dem . . . . . zu entsprechen.

Anmerkungen

1. Die **Verpflichtung zur unterjährigen Aktualisierung** (→ Form. II.L.4) besteht, wenn die veröffentlichte Entsprechenserklärung nicht die wahre Sachlage widerspiegelt (BGHZ 180, 9 = WM 2010, 459, 462 – Kirch/Dt. Bank; BGHZ 182, 272 = WM 2009, 2085, 2088 – Umschreibungsstopp). Dies betrifft zunächst die von vornherein unzutreffende Erklärung. ZB kann ein einzelnes Organmitglied, der Befolgungserklärung zu Empfehlungen C.6 ff DCGK entgegen, einem Interessenkonflikt unterliegen. Denkbar ist auch der umgekehrte Fall, also der einer erklärten Nichtbefolgung trotz tatsächlicher Befolgung. Die ursprünglich zutreffende Entsprechenserklärung kann außerdem infolge von Änderungen des tatsächlichen Verhaltens oder der Absichten eines der erklärungspflichtigen Organe über die Zeit gewollt oder ungewollt unrichtig werden. Die Entsprechenserklärung bindet nur bis zu ihrem Widerruf bzw genauer bis zu ihrer Aktualisierung. Die Aktualisierung bei unterjähriger Abweichung muss „umgehend" erfolgen (→ Anm. 5).

2. **Freiwillige Aktualisierungen** sind möglich. In Betracht kommt die freiwillige Aktualisierung im Falle einer Kodexänderung (→ Form. II.L.5).

3. Gegenstand der **verpflichtenden Aktualisierung** ist nach § 161 I 1 AktG allein der Umgang mit den Empfehlungen des DCGK (Soll-Bestimmungen). Wurde freiwillig eine Erklärung zum Umgang mit Anregungen (Sollte-Bestimmungen) abgegeben, liegt nahe, auch insoweit eine Aktualisierung zu verlangen. Von vornherein kann keine Aktualisierungspflicht bei Änderungen der Gesetzeslage bestehen, denn zu dieser wurde keine Entsprechenserklärung abgegeben und die Kodexregeln hierzu dienen nur der Information (Grundsätze des DCGK). Ebenso wenig ergibt sich eine Aktualisierungspflicht infolge von Kodexänderungen. Die veröffentlichte Entsprechenserklärung bezieht sich auch ohne explizite Angabe auf die in Bezug genommene frühere Fassung des DCGK (→ Form. II.L.1–3 Anm. 11). Die abgegebene Erklärung wird also infolge einer Kodexänderung nicht unrichtig.

4. Eine **bloß kleinere Abweichung** erfordert keine erneuten Organbeschlüsse. Die Änderung kann von den Organvorsitzenden übernommen (AK CGR DB 2019, 317, 321) und die Aktualisierungserklärung vom Vorstandsvorsitzenden abgegeben werden. Kleinere Fehler, insbesondere des vergangenheitsbezogenen Teils der Erklärung, sollten durch einen schlichten Zusatz zur abgegebenen Entsprechenserklärung korrigierbar sein.

5. Erforderlich ist die **umgehende Aktualisierung.** „Umgehend" bedeutet nicht „unverzüglich" (§ 121 I 1 BGB). Dem Aufsichtsrat bleibt idR Zeit bis zur nächsten turnusgemäßen Sitzung. Bei wichtigen Änderungen bietet sich die Einberufung einer außerplanmäßigen Sitzung und Beschlussfassung an. Angelegt ist die rechtspolitisch umstrittene Aktualisierungspflicht in der von § 161 II AktG angeordneten dauerhaften Zugänglichmachung von Informationen über den Umgang mit dem DCGK. Die Entsprechenserklärung weist hiernach den Charakter einer Dauererklärung auf, muss also jederzeit zutreffen (GK/AktG/*Leyens* § 161 Rn 386).

6. Rechtspraktisch ergibt sich die Notwendigkeit der Aktualisierung daraus, dass **Entlastungsbeschlüsse bei Fehlern der Entsprechenserklärung anfechtbar** sind, sofern es sich um einen wesentlichen Informationsmangel iSv § 243 IV 1 AktG handelt (BGHZ 180, 9 = WM 2010, 459, 462; BGHZ 182, 272 = WM 2009, 2085, 2088; Überbl bei *Mutter* ZGR 2009, 788; befürwortend *Habersack* Gutachten E, 69. DJT 2012, S E64; ablehnend *Tröger* ZHR 175 (11) 746).

7. Demgegenüber besteht **keine Anfechtbarkeit der Aufsichtsratswahl** (BGH, WM 2019, 258 – Mologen; bespr ua v *Scholz* ZIP 2019, 407; *Vetter* NZG 2019, 379). Jedenfalls im Ergebnis ist diese Rspr zu befürworten (GK/AktG/*Leyens* § 161 Rn 476, 491).

8. Die Risiken der **Innenhaftung** bei fehlerhafter oder unterlasser Erklärung sind nicht abschließend geklärt. Formulierungen mit dem Ziel der Haftungsfreizeichnung wie „ohne Rechtspflicht" sind zweifelsohne unbeachtlich, weil eine gesetzliche Pflicht zur Abgabe der Entsprechenserklärung besteht und Kapitalmarktinformationen der Wahrheit entsprechen müssen. Mit Blick auf die Innenhaftung iSd §§ 93 II 1, 116 S 1 AktG ist die Nichtbefolgung des DCGK kein zwingendes Indiz einer Pflichtwidrigkeit. Umgekehrt begründet die Befolgung keinen Haftungsfreiraum (näher *Lutter/Krieger/Verse* Rechte und Pflichten des Aufsichtsrats, Rn 995). Die Nichtbefolgung kann durchaus im Unternehmensinteresse liegen. Dies folgt schon aus der Unverbindlichkeit der Empfehlungen (und Anregungen). Denkbar ist allenfalls, dass eine mit dem Unternehmensinteresse im Ausnahmefall unvereinbare Nichtbefolgung des DCGK zugleich einen Verstoß gegen §§ 93 I 1, 116 S 1 AktG darstellt. Dann ist aber dieser Verstoß und nicht die fehlende Kodexbefolgung haftungsbegründend (GK/AktG/Leyens § 161 Rn 521 ff, 530). Wie bei der im Folgenden angesprochenen Außenhaftung wird es meist an einem nachweisbar kausal entstandenen Vermögensschaden fehlen (KöKo/AktG/Lutter § 161 Rn 154).

9. Hinsichtlich der **Außenhaftung** scheiden spezialgesetzliche Haftungstatbestände schon wegen der mangelnden Subsumierbarkeit der Entsprechenserklärung aus (HdbKapitalmarktinformation/*Paschos* § 29 Rn 291 ff). Eine Fortentwicklung der von der Rechtsprechung entwickelten Grundsätze zur bürgerlich-rechtlichen Prospekthaftung hin zur allgemeinen (Kapitalmarkt-)Informationshaftung, von der auch die Entsprechenserklärung erfasst sein könnte, ist nicht grundsätzlich ausgeschlossen (vor allem KöKo/AktG/*Lutter* § 161 Rn 173 f; zurückhaltend GK/AktG/*Leyens* § 161 Rn 561), wird aber bislang überwiegend abgelehnt (MüKo/AktG/*Goette* § 161 Rn 102). Die deliktische Haftung nach § 823 II BGB ist in Ermangelung einer Schutzgesetzeigenschaft von § 161 AktG oder des DCGK nicht denkbar. Die Haftung nach § 826 BGB kommt bei Erfüllung der allgemein hohen Hürden für die Annahme einer vorsätzlichen sittenwidrigen Schädigung in Betracht (Fallgruppen bei GK/AktG/*Leyens* § 161 Rn 581). Bei Kursrelevanz der

Entsprechenserklärung bestehen ernstzunehmende Haftungsgefahren, allerdings nicht wegen der Kodexerklärung, sondern nur bei unwahrer oder unterlassener Ad-hoc-Mitteilung aus §§ 97, 98 WpHG (Begr RegE TransPuG, BT-Drs 14/8769, S 22).

c) Begründete Nichtbefolgung

6. Begründete Nichtbefolgung einzelner Empfehlungen[1–4]

Vorstand und Aufsichtsrat haben den Empfehlungen des DCGK entsprochen und werden ihnen entsprechen mit Ausnahme von:

- **Empfehlungen B.5 und C.2 DCGK: Von der Festlegung einer Altersgrenze für Vorstands- und Aufsichtsratsmitglieder wird abgesehen, weil hierdurch die Auswahl geeigneter Kandidaten pauschal und unangemessen eingeschränkt würde.**[2, 5–7]

7. Begründete Nichtbefolgung von Empfehlungen mit Individualbezug[3, 5–7]

Vorstand und Aufsichtsrat haben den Empfehlungen des DCGK entsprochen und werden ihnen entsprechen mit Ausnahme von:

- **Empfehlung C.5 DCGK: Aufsichtsratsmitglied A gehört dem geschäftsführenden Organ einer Unternehmung an und nimmt drei Aufsichtsratsmandate in konzernexternen Gesellschaften wahr. A beabsichtigt, sein Amt als Mitglied des geschäftsführenden Organs zum Ende des Geschäftsjahrs niederzulegen. Die temporäre Abweichung von Empfehlung C.5 DCGK wird angesichts der Vorteile einer Mitwirkung von A im Aufsichtsrat als angemessen erachtet. Die Fortsetzung der von A wahrgenommenen konzernexternen Aufsichtsratsmandate erscheint unbedenklich. Es handelt sich um Mandate in nicht-börsennotierten Gesellschaften, deren Wahrnehmung einem angemessenen Zeiteinsatz nicht entgegensteht.**

8. Begründete Nichtbefolgung bei vollständiger Ablehnung[7, 8]

Vorstand und Aufsichtsrat haben den Empfehlungen des DCGK nicht entsprochen und werden ihnen aus folgenden Gründen nicht entsprechen:

- **. . . .**
- **Empfehlung D.2 DCGK: Aufsichtsratsausschüsse werden nicht gebildet, da der Aufsichtsrat nur aus drei Personen besteht.**
- **. . . .**

Anmerkungen

1. Abgedruckt sind mögliche Formulierungen der **begründeten Nichtbefolgung** (DCGK-Komm/*Lutter/Bachmann/v Werder* Teil 4 Rn 56; BeckOGK AktG/*Bayer/Scholz*

§ 161 Rn 97; Happ-AktR/Happ Abschn 6.2; Heidel/AktR und KapMR/*Wittmann/Kirschbaum* Anh. zu § 161; Hölters/AktG/*Hölters* § 161 Rn 27; MVHdB I GesR/*Favoccia* V.68). Einschränkungen der Befolgungserklärung sind üblich, erfordern aber nach § 161 I 1 AktG eine Begründung der Nichtbefolgung (→ Form. II.L.6). Besonderheiten ergeben sich bei Abweichungen von Empfehlungen mit Individualbezug, also von Kodexregeln, die sich an einzelne Organmitglieder richten (→ Form. II.L.7). Im (seltenen) Fall der vollständigen Nichtbefolgung sind wie bei der teilweisen Ablehnung auf die jeweilige Empfehlung bezogene Gründe anzugeben (→ Form. II.L.8). Zusätzliche Angaben, insbesondere das Datum der letzten Entsprechenserklärung, die Daten der Organbeschlüsse und die in Bezug genommene Kodexfassung können sich anbieten, sind aber nicht zwingend (siehe bereits → Form. II.L.1–3 Anm. 10 ff.).

2. Die **Pflicht zur Begründung einer Nichtbefolgung** betrifft nur die Abweichung von Kodexempfehlungen, nicht von bloßen Anregungen. Die Nichtbefolgung von Empfehlungen „ermöglicht den Gesellschaften, branchen- oder unternehmensspezifische Besonderheiten zu berücksichtigen. Eine gut begründete Abweichung von einer Kodexempfehlung kann im Interesse einer guten Unternehmensführung liegen." (DCGK 2020 Präambel Abs 4; DCGK-Komm/*v Werder* DCGK Präambel Rn 39 ff). Die Organe entscheiden darüber nach pflichtgemäßem Ermessen. Eine Nichtbefolgung liegt vor, wenn in nicht nur unwesentlichem Umfang von den Empfehlungen des DCGK abgewichen wird (zur Wesentlichkeitsschwelle → Form. II.L1–3 Anm. 7). Maßstab ist das tatsächliche Verhalten in der Vergangenheit bzw die tatsächlich gebildete Absicht zum Verhalten in der Zukunft. Die nicht befolgte Empfehlung ist anzugeben. Bei tatsächlicher Befolgung muss die Befolgung erklärt werden (JIG/*Illert* AktG § 161 Rn 11).

3. Insbesondere bei **Uneinigkeit der Organe** über die Kodexbefolgung ist nach zutr Ansicht eine Negativerklärung abzugeben (Heidel/AktR und KapMR/*Wittmann/Kirschbaum* § 161 Rn 27 ff; KöKo/AktG/Lutter § 161 Rn 72 f). Es besteht kein Einigungszwang (*Hüffer/Koch* AktG § 161 Rn 11; in der Sache auch *Seibt* AG 2002, 249, 253). Für den vergangenheitsbezogenen Teil der Erklärung ergibt sich die Pflicht zur Abgabe einer Negativerklärung daraus, dass bei auseinanderfallenden Beurteilungen der Organe aus Sicht des Anlegerpublikums im Zweifel keine Befolgung erklärt werden darf. Denkbar ist eine Uneinigkeit über die Vergangenheit letztlich nur, wenn mit Blick auf eine bestimmte Kodexregel ein Beurteilungsspielraum eröffnet ist. Dies ist zB bei der Frage der Fall, ob es sich um ein Aufsichtsgremium mit dem deutschen Aufsichtsrat vergleichbaren Anforderungen handelt (Empfehlung C.5 DCGK). Für die zukunftsbezogenen Absichten zum Zusammenwirken der Organe darf die Befolgung bei tatsächlichem Fehlen der Absichten schon deshalb nicht erklärt werden, weil bei auseinanderfallenden Überzeugungen der Organe oder, im Falle von Empfehlungen mit Individualbezug, ihrer Mitglieder nicht mit der Umsetzung zu rechnen ist. ZB können Uneinigkeiten über die Zukunft bestehen, wenn entweder unterschiedliche Auffassungen zum Umgang mit den an beide Organe gerichteten Kodexregeln vorliegen oder Zweifel dazu aufkommen, dass das jeweils andere Organ bzw ein einzelnes Organmitglied tatsächlich die Absicht hat, sich in der betreffenden Art und Weise zu verhalten (zum Ganzen GK/AktG/*Leyens* § 161 Rn 177 ff).

4. Ein **unternehmenseigener Kodex (Hauskodex)** befreit weder von der Erklärungs- noch von der Begründungspflicht. Nur soweit der Hauskodex mit den Empfehlungen des DCGK übereinstimmt, darf bei seiner Befolgung eine positive Erklärung abgegeben werden (DCGK-Komm/*Lutter/Bachmann/v Werder* Teil 4 Rn 60 ff). Demgegenüber besteht die Pflicht zur Abgabe einer begründeten Nichtbefolgungserklärung, wenn der Hauskodex nicht mit dem DCGK übereinstimmt oder der Hauskodex zwar mit dem DCGK übereinstimmt, aber nicht befolgt wurde. Der bloße Verweis auf einen Hauskodex reicht keinesfalls aus, denn dies würde der gesetzlichen Erklärungspflicht aus § 161 I 1 AktG, die eine Kennzeichnung der Abweichungen vom DCGK fordert, nicht gerecht (jetzt auch *Hüffer/Koch* AktG § 161 Rn 17a, 18; aA MüKo/AktG/*Goette* § 161 Rn 54).

5. Die **Begründung** ist bei Nichtbefolgung einzelner oder aller Empfehlungen erforderlich. Keine Erklärungs- und deshalb auch keine Begründungspflicht besteht bei Abweichung von Anregungen des DCGK oder von der Gesetzeslage, wie sie in der neuen Kategorie der Grundsätze des DCGK 2020 wiedergegeben wird. Die Begründung muss den übergreifenden Zielen der Erklärung zur Unternehmensführung (§ 289f HGB) gerecht werden, also leicht zugängliche Schlüsselinformationen über die tatsächlich angewandten Unternehmensführungspraktiken vermitteln (BegrRegE BilMoG, BT-Drs 16/10067, S 39). Insgesamt müssen die Aussagen zum Umgang mit dem DCGK bzw, bei integrierter Berichterstattung, die der Entsprechenserklärung zuzuordnenden Passagen kurz, prägnant und klar sein (GK/AktG/*Leyens* § 161 Rn 308).

6. Zu **Art und Weise der Begründung** besteht mangels Anleitung durch Gesetz oder Kodex keine abschließende Sicherheit (*Hopt/Leyens* ZGR 2019, 929, 990 ff). Der BGH fordert „lediglich sachbezogene, rationale, am Unternehmenswohl orientierte Erwägungen" ((BGH WM 2019, 258 Rn 39 – Mologen). Die Europäischen Kommission hat am 9.4.2014 eine Empfehlung zur Qualität der Berichterstattung über die Unternehmensführung („Comply or Explain") vorgelegt (ABl EU Nr L 109 vom 12.4.2014, S 43). Darin empfiehlt sie eine Erläuterung, wie das alternativ gewählte Verhalten den Kodexzielen Rechnung trägt. Verpflichtend ist diese Erläuterung nicht (GK/AktG/*Leyens* § 161 Rn 118e). Erläuterungen können sich im Zeichen einer „proaktiven" Berichterstattung anbieten (*v Werder* DB 2015, 847, 849 und 851; *Leyens* ZEuP 2016, 388, 411). Sie sind, Grundsatz 22 DCGK folgend, in die Erklärung zur Unternehmensführung nach § 289f HGB aufzunehmen.

7. Einerseits sind **pauschale Begründungen nicht ausreichend**. Unzureichend ist zB die Erklärung, der Kodex passe nicht auf die betreffende Gesellschaft, auch bei gleichzeitigem Verweis auf einen Hauskodex. Bei genereller Nichtbefolgung aus Gründen der Kostenersparnis sind Gründe dafür zu nennen, warum die Kosten der Befolgung außer Verhältnis zum Nutzen stehen (Schmidt/Lutter/AktG/*Spindler* § 161 Rn 42). Andererseits lässt sich aus dem Gesetz kein Erfordernis detaillierter unternehmensindividueller Begründungen herleiten. Individualisierungen mögen wünschenswert sein, sind aber nicht verpflichtend. Deshalb reicht zB bei der Nichteinrichtung von Ausschüssen der Verweis auf einen kleinen Aufsichtsrat (→ Form. II.L.8).

8. Insbesondere bei vollständiger Nichtbefolgung können sich **zusammenfassende Begründungen** anbieten. Der Befund vollständiger Nichtbefolgung muss zutreffen. In der Regel dürfte – ggf auch unbewusst – eine nicht unbeträchtliche Anzahl von Empfehlungen befolgt werden. Ist dies der Fall, muss eine Befolgungserklärung abgegeben werden. Sollte im rechtspraktisch eng begrenzten Ausnahmefall eine vollständige Nichtbefolgung zu verzeichnen sein, erscheint es zulässig, zu mehreren Empfehlungen gesammelt Stellung zu beziehen, weil nur so eine Kenntnisnahme in angemessener Zeit zu gewährleisten ist (BegrRegE BilMoG, BT-Drs 16/10 067, S 39).

2. Kapitel. Schiedsgerichte

Übersicht

M. Schiedsklauseln, Schiedsvertrag

Vorbemerkung
1. Schiedsklausel zwischen zwei inländischen Parteien (nach der Schiedsgerichtsordnung der DIS)
2. Schiedsklausel zwischen zwei inländischen Parteien für gesellschaftsrechtliche Streitigkeiten (nach den Ergänzenden Regeln der Deutschen Institution für Schiedsgerichtsbarkeit e. V. für gesellschaftsrechtliche Streitigkeiten)
3. Schiedsklausel zwischen einer deutschen und einer ausländischen Partei (mit Bezugnahme auf die Schiedsgerichtsordnung der Internationalen Handelskammer in Paris, ICC)

N. Schiedsrichtervertrag, Vergütungsvereinbarung

O. Schiedsklage, Benennung und Ablehnung von Schiedsrichtern
1. Einleitung eines Schiedsverfahrens mit Aufforderung zur Benennung eines Schiedsrichters (nach der ZPO)
2. Benennung eines Schiedsrichters durch das zuständige Gericht oder die zuständige Institution (nach der ZPO und der Schiedsgerichtsordnung der DIS)
3. Schiedsklage nach der Schiedsgerichtsordnung der Internationalen Handelskammer in Paris (ICC) mit Hinweisen auf vergleichbare Regelungen im Falle eines Verfahrens nach der UNCITRAL-SchiedsGO
4. Ablehnung eines Schiedsrichters gegenüber dem Schiedsgericht (nach der Schiedsgerichtsordnung der ICC und der DIS)
5. Antrag über Ablehnung eines Schiedsrichters im Verfahren vor dem staatlichen Gericht (nach der ZPO)

P. Schiedsverfahren, Verfahrenskonferenz und Schiedsspruch
1. Verfahrenskonferenz (nach der Schiedsgerichtsordnung der DIS)
2. Verfahrensleitende Verfügung (nach der Schiedsgerichtsordnung DIS)
3. Schiedsauftrag (Terms of Reference) nach der Schiedsgerichtsordnung der Internationalen Handelskammer in Paris (ICC) mit Hinweisen auf das Verfahren nach der UNCITRAL-SchiedsGO
4. Zeugenerklärung (Witness Statement) (nach den IBA-Regeln zur Beweisaufnahme)
5. Protokoll über die mündliche Verhandlung vor dem Schiedsgericht
6. Antrag an das zuständige Gericht auf Vernehmung eines Zeugen (nach der ZPO)
7. Einstweiliger Rechtsschutz (nach der ZPO und der Schiedsgerichtsordnung der DIS)
8. Antrag auf Anordnung von Eilmaßnahmen (nach der Schiedsgerichtsordnung der Internationalen Handelskammer in Paris, ICC)
9. Schiedsspruch (nach der ZPO und der Schiedsgerichtsordnung der DIS)
10. Schiedsspruch (nach der Schiedsgerichtsordnung der Internationalen Handelskammer in Paris, ICC)

Q. Vollstreckung, Aufhebung des Schiedsspruchs
1. Antrag auf Zulassung der Vollziehung einer vorläufigen oder sichernden Maßnahme des Schiedsgerichts (nach der ZPO)
2. Antrag auf Vollstreckbarerklärung eines inländischen Schiedsspruchs (nach der ZPO)
3. Antrag auf Vollstreckbarerklärung eines ausländischen Schiedsspruchs (nach der ZPO)
4. Klage auf Aufhebung eines inländischen Schiedsspruchs (nach der ZPO)

M. Schiedsklauseln, Schiedsvertrag

Gesetzesmaterialien: Begründung des Gesetzesentwurfs der Regierung zum Schiedsverfahrens-Neuregelungsgesetz BT-Drs 13/5374; BR-Drs 211/96 (MatZPO-E)

Schrifttum: Schiedsgerichtsbarkeit in Deutschland: *Baumbach/Lauterbach/Albers/Hartmann,* Zivilprozessordnung, 77. Aufl 2019; *Benedict,* Mehrvertragsverfahren, Mehrparteienverfahren, Einbeziehung Dritter und Verbindung von Verfahren, SchiedsVZ **2018**, *Berger,* Herausforderungen für die (deutsche) Schiedsgerichtsbarkeit, SchiedsVZ **2009**, 289; *Berger,* Die Ergänzenden Regeln für Beschleunigte Verfahren der Deutschen Institution für Schiedsgerichtsbarkeit, SchiedsVZ **2008**, 105; *Böckstiegel,* Die Schiedsgerichtsbarkeit in Deutschland – Standort und Stellenwert, SchiedsVZ **2009**, 3; *Böckstiegel/Berger/Bredow* (Hrsg), Schiedsgutachten versus Schiedsgerichtsbarkeit, 2007; *Böckstiegel/Kröll/Nacimiento* (Hrsg), Arbitration in Germany – The Model Law in Practice, 2. Aufl 2014; *Das Gupta,* Kurzkommentare zu den Änderungen in der 2018 DIS-Schiedsgerichtsordnung, SchiedsVZ-Beilage **2018,** 44; *Duve/Keller,* Privatisierung der Justiz – bleibt die Rechtsfortbildung auf der Strecke?, SchiedsVZ **2005**, 169; *Gharibian/Pieper,* Parteimehrheit in Schiedsverfahren – Zulässigkeit, Vorteile der Konsolidierung und Herausforderungen bei Mehrparteikonflikten, BB **2018**, 387; *Glossner/Bredow/Bühler,* Das Schiedsgericht in der Praxis, 4. Aufl 2017; *Harbst,* Die Rolle der staatlichen Gerichte im Schiedsverfahren, 2002; *Hartmann/Hörnig/Tuna,* Universität Bayreuth – Tagung „Schiedsverfahrensrecht heute", SchiedsVZ **2018**, 311; *Hunter,* Arbitration in Germany – A Common Law Perspective, SchiedsVZ **2003**, 155; *Kreindler,* Leitfaden zur Schiedsgerichtsbarkeit, 2005; *Kasolowsky/Schnabl,* Schiedsgutachten als Alternative zu Schiedsverfahren bei Streit über Rechtsfragen, SchiedsVZ **2012**, 84; *Kröll,* Die Entwicklung des Schiedsrechts 2017, NJW **2018**, 836*; Kröll,* Die schiedsrechtliche Rechtsprechung des Jahres 2016 und 2017, SchiedsVZ **2018**, 61; *Kröll,* Die schiedsrechtliche Rechtsprechung des Jahres 2016 und 2017 – Fortsetzung, SchiedsVZ **2018**, 201; *Kröll,* Die schiedsrechtliche Rechtsprechung des Jahres 2012, SchiedsVZ **2013**, 185; *Kröll,* Die schiedsrechtliche Rechtsprechung des Jahres 2012 – Teil 2, SchiedsVZ **2013**, 259; *Kröll,* Die schiedsrechtliche Rechtsprechung des Jahres 2011 – Teil 1, SchiedsVZ **2012**, 136; *Kröll,* Die schiedsrechtliche Rechtsprechung des Jahres 2010, SchiedsVZ **2011**, 131; *Kröll,* Die schiedsrechtliche Rechtsprechung des Jahres 2009, SchiedsVZ **2010**, 144; *Kröll,* Die schiedsrechtliche Rechtsprechung 2008, SchiedsVZ **2009**, 161; *Kröll,* Die schiedsrechtliche Rechtsprechung 2007, SchiedsVZ **2008**, 62, 112; *Kröll,* Die schiedsrechtliche Rechtsprechung 2006, SchiedsVZ **2007**, 145; *Kröll,* Die schiedsrechtliche Rechtsprechung 2005, SchiedsVZ **2006**, 197; *Lachmann,* Handbuch für die Schiedsgerichtspraxis, 3. Aufl 2008; *Lachmann,* Zehn Jahre Rechtsprechung zum 10. Buch der ZPO, SchiedsVZ **2009**, 9; *Lionnet/Lionnet,* Handbuch der internationalen und nationalen Schiedsgerichtsbarkeit, 3. Aufl 2005; *Lörcher/Lörcher/Lörcher,* Das Schiedsverfahren – national/international – nach deutschem Recht, 2. Aufl 2001; Münchener Kommentar zur Zivilprozessordnung Bd 3, 6. Aufl. 2020; *Lotz,* Der Sachverständige im Schiedsverfahren, SchiedsVZ **2011**, 203; *Mazza,* Vorwort anlässlich der Veröffentlichung der 2018 DIS-Schiedsgerichtsordnung, SchiedsVZ-Beilage **2018**, 3; *Mazza/Menz,* Neuerungen in der 2018 DIS-Schiedsgerichtsordnung im Überblick, SchiedsVZ-Beilage **2018**, 39; *Menz/Toscanelli,* DIS-Verfahren aus dem Jahre 2015 – Ein statistischer Zwischenstand, SchiedsVZ **2018**, 114; *Pörnbacher/Lederer,* Die Reform der DIS-Schiedsgerichtsordnung, BB **2018**, 707*; Musielak/Voit,* Kommentar zur Zivilprozessordnung, 18. Aufl. 2021; *Prütting,* Die rechtliche Stellung des Schiedsrichters, SchiedsVZ **2011**, 233; *Raeschke-Kessler/Berger,* Recht und Praxis des Schiedsverfahrens, 4. Aufl 2012; *Rützel/Wegen/Wilske;* Commercial Dispute Resolution in Germany: Litigation, Arbitration, Mediation, 2. Aufl 2016; *Schardt,* Neue Regelungen der DIS-Schiedsgerichtsordnung zur Steigerung der Verfahrenseffizienz, SchiedsVZ **2019**, 28; *Schaefer,* Informationstechnologie in Schiedsverfahren nach 2018 DIS-Schiedsgerichtsordnung – Hinweise zu Art 27.4(i) und Anlage 3 lit G 2018 DIS-Schiedsgerichtsordnung, SchiedsVZ **2019**, 195; *Schiffer,* Mandatspraxis Schiedsverfahren und Mediation, 2. Aufl 2005; *Schmidt-Ahrendts/Höttler,* Anwendbares Recht bei Schiedsverfahren mit Sitz in Deutschland, SchiedsVZ **2011**, 267; *Schütze/Thümmel,* 7. Aufl. 2021, *Schütze,* Die Bestimmung des schiedsrichterlichen Verfahrens, insbesondere bei Anwendung dem deutschen Prozessrecht unbekannter Beweisformen, SchiedsVZ **2018**, 101; *Schütze*, Schiedsgericht und Schiedsverfahren, 5. Aufl 2012; *Schütze,* Ausgewählte Probleme des deutschen und internationalen Schiedsverfahrensrechts, 2006; *Schwab/Walter,* Schiedsgerichtsbarkeit, 7. Aufl 2005; *Stein/Jonas,* Kommentar zur Zivilprozessordnung Bd 9 (§§ 916–1068), 23. Aufl 2020 (Stein/Jonas/*Bearbeiter*); *Thomas/Putzo,* Zivilprozessordnung, 42. Aufl 2021; *Trittmann,* Die Kostenerstattung im Schiedsverfahren – Gibt es einen nationalen/internationalen Standard?, ZVglRWiss **2015**, 469; *Trittmann,* Vertriebsrecht und Schiedsgerichtsbarkeit, in: Flohr/Waschkuhn, Vertriebsrecht Kommentar, 2. Aufl. 2018; *Trittmann/Schroeder,* Der Einfluss der Reformen des Zivilprozesses auf die Schiedsgerichtsbarkeit in Deutschland, SchiedsVZ **2005**, 71; *Vorndran*, Schiedsrichtervergütung und Honorarfestsetzung nach 2018 DIS-Schiedsgerichtsordnung, SchiedsVZ **2018**, 358; *Weitbrecht,* Schiedsklauseln und Kartellschadensersatz, SchiedsVZ **2018**, 159; *Wilske/Markert/Bräuninger*, Entwicklungen in der internationalen Schiedsgerichtsbarkeit im Jahr 2017 und Ausblick auf 2018, SchiedsVZ **2018**, 134; *Zöller,* Zivilprozessordnung, 34. Aufl. 2022.

Internationale Schiedsgerichtsbarkeit: *Aden,* Internationale Handelsschiedsgerichtsbarkeit, 2. Aufl 2002; *Affaki/Naón,* Jurisdictional Choices in Times of Trouble, 2015; *Ashford,* Handbook on International Commercial Arbitration, 2009; *Balthasar,* International Commercial Arbitration – A Practitioner's Guide, 2016; *Basedow*, EU Law in International Arbitration: Referrals to the European Court of Justice, J Int'l Arb Vol **32**, 367; *Berg, van den/Sanders/Paulsson,* International Handbook on Commercial Arbitration, 1984 ff; *Berger,* Private Dispute Resolution in International Business: Negotiation, Mediation, Arbitration, 3. Aufl 2015; *Berger,* Arbitration Interactive – A Case Study for Students and Practitioners, 2002; *Berger,* Internationale Wirtschaftsschiedsgerichtsbarkeit, 1992; *Bermann/Mistelis,* Mandatory rules in international arbitration, 2010; *Betancourt,* Defining Issues in International Arbitration, 2016; *Binder,* International Commercial Arbitration and Conciliation in UNCITRAL Model Law Jurisdictions, 4. Aufl 2019; *Blackaby/Partasides* (Hrsg), Redfern and Hunter on International Arbitration, 6. Aufl 2015; *Born,* International Commercial Arbitration, 3. Aufl 2020; *Bortolotti/Mayer*, The Application of Substantive Law by International Arbitrators, 2014; *Böckstiegel/Berger/Bredow* (Hrsg), The Taking of Evidence in International Commercial Arbitration, Köln 2010; *Carbonneau,* The Law and Practice of Arbitration, 5. Aufl 2014; *Carbonneau/Jaeggi/Patridge* (Hrsg), Handbook on International Arbitration and ADR, 2006; *Cole/Lew*, The Roles of Psychology in International Arbitration, 2017; *Czernich*, Die Rom I-VO als Grundlage für die Anwendung von Eingriffsnormen durch Schiedsgerichte, RIW **2016**, 11, 701; *Ehle/Baizeau*, Stories from the Hearing Room: Experience from Arbitral Practice, 2015; *Elsing/Townsend,* Bridging the Common Law-Civil Law Divide in Arbitration, Arb Int Vol 18 No 1 (**2002**), 59; *Engelmann,* International Commercial Arbitration and the Commercial Agency Directive, 2017; *Ferrari/Kröll,* Conflict of Laws in International Arbitration, 2010; *Finizio/Speller,* A Practitioner's Guide to International Commercial Arbitration, 2010; *Giaretta*, The practice of emergency arbitration, Belgian Review of Arbitration **2017**, 83; *Girsberger/Voser/Fuchs,* International arbitration in Switzerland, 2008; *Goeler*, Third-Party Funding in International Arbitration and its Impact on Procedure, 2016; *Gómez-Acebo*, Party-Appointed Arbitrators in International Commercial Arbitration, 2016; *Gomez/Lopez-Rodriguez,* 60 Years of the New York Convention: Key Issues and Future Challenges, 2019; *Gößling*, Europäisches Kollisionsrecht und internationale Schiedsgerichtsbarkeit, 2018; *Haller/Keilmann,* In Claimant's Hands? Admissibility and Consequences of a Withdrawal of Claim in International Arbitration, J Int'l Arb 35 No 6 (**2018**), 649; *Hanotiau/Schwartz,* Class and Group Actions in Arbitration, 2016; *Horst*, Das Spannungsverhältnis zwischen Schiedsrichter und Parteivertreter in der internationalen Schiedsgerichtsbarkeit, 2017; *Indlekofer/Lew*, International Arbitration and the Permanent Court of Arbitration, 2013; *Karrer*, Introduction to International Arbitration Practice, 2014; *Kaufmann-Kohler/Schultz,* Online Dispute Resolution: Challenges for Contemporary Justice, 2005; *Kern,* Internationale Schiedsverfahren zwischen Civil Law und Common Law, ZVglRWiss 109 (**10**) 78; *Kidane*, The Culture of International Arbitration, 2017; *Kreindler/Schäfer/Wolff,* Schiedsgerichtsbarkeit Kompendium für die Praxis, 2006; *Kröll,* Die Entwicklung des Schiedsrechts 2017, NJW **2018**, 836; *Lew/Mistelis/Kröll,* Comparative International Commercial Arbitration, 2003; *Lionnet,* Die UNCITRAL-Schiedsgerichtsordnung aus der Sicht der Parteien, 9 BB **1993**/27, Beilage Nr. 17; *Menaker*, International Arbitration and the Rule of Law: Contribution and Conformity, 2017; *Mistelis*, Concise International Arbitration, 2. Aufl 2015; *Moses,* The Principles and Practice of International Commercial Arbitration, 3. Aufl 2017; *Müller* (Hrsg), New Developments in International Commercial Arbitration 2018, 2018; *Müller,* Swiss case law in international arbitration, 2010; *Newman/Hill,* The Leading Arbitrators' Guide to International Arbitration, 3. Aufl 2014; *Paulsson/Petrochilos,* UNCITRAL Arbitration, 2017; *Pennicott,* Why are There so Many Sets of Arbitration Rules?, Asian Dispute Review **2018,** 20, 69; *Piltz,* Münchener Anwaltshandbuch Internationales Wirtschaftsrecht, 2017; *Rubino-Sammartano,* International Arbitration Law and Practice, 3. Aufl, 2015; *Santens/Kudrna,* The State of Play of Enforcement of Emergency Arbitrator Decisions, J Int'l Arb Vol 34 No 1, 1; *Schima/Sesser,* Die von Parteivertretern in internationalen Schiedverfahren zu beachtenden Ethikstandards, SchiedsVZ **2016,** 61; *Schroeder,* Die lex mercatoria arbitralis: Strukturelle Transnationalität und transnationale Rechtsstrukturen im Recht der internationalen Schiedsgerichtsbarkeit, 2007; *Schütze,* Rechtsverfolgung im Ausland: Prozessführung vor ausländischen Gerichten und Schiedsgerichten, 5. Aufl 2016; *Schütze,* Institutionelle Schiedsgerichtsbarkeit, 3. Aufl 2018; *Smit,* International Commercial Arbitration and the Courts, 4. Aufl 2004; *Salger/Trittmann* (Hrsg), Internationale Schiedsverfahren, 2019; *Trittmann,* The interplay between procedural and substantive law in international arbitration, SchiedsVZ **2016,** 7; *Turner/Mohtashami,* A guide to the LCIA arbitration rules, 2009; *van den Berg,* Yearbook Commercial Arbitration 2017 Volume XLI, 2017; *Voser,* Harmonization by Promulgating Rules of Best International Practice in International Arbitration, SchiedsVZ **2005,** 113; *Webster,* Handbook of UNCITRAL Arbitration, 3. Aufl 2018; *Weigand/Baumann* (Hrsg), Practitioner's Handbook on International Arbitration, 3. Aufl 2019 (Practitioner's Handbook); *Wilske/Markert,* Entwicklungen in der internationalen Schiedsgerichtsbarkeit im Jahre 2010 und Ausblick auf 2011, SchiedsVZ **2011,** 57; *Wilske/Markert,* Entwicklungen in der internationalen Schiedsgerichtsbarkeit im Jahr 2011 und Ausblick auf 2012, SchiedsVZ **2012,** 58; *Wilske/Markert,* Entwicklungen in der internationalen Schiedsgerichtsbarkeit im Jahr 2013 und Ausblick auf 2014, SchiedsVZ **2014,** 49; *Wilske/Markert,* Entwicklungen in der internationalen Schiedsgerichtsbarkeit im Jahr 2016 und Ausblick auf 2017, SchiedsVZ **2017,** 49; *Wilkse/Markert,* Entwicklungen in der internationalen Schiedsgerichtsbarkeit im Jahr 2017 und Ausblick auf 2018, SchiedsVZ **2018,** 134; *Wilske/Markert/Bräuninger,* Entwicklungen in der internationalen Schiedsgerichtsbarkeit im Jahr 2018 und Ausblick auf 2019, SchiedsVZ **2019,** 101; *Wilske/Markert/Ebert,* Entwicklungen in der internationalen Schiedsgerichtsbarkeit und Ausblick auf 2020, SchiedsVZ 2020, 97.

Regeln der Internationalen Handelskammer ICC: *Arroyo,* Arbitration in Switzerland: The Practitioner's Guide, 2. Aufl 2018; *Baigel,* The Emergency Arbitrator Procedure under the 2012 ICC Rules: A Juridical Analysis, J Int'l Arb Vol 31 No 1, 1; *Blackaby/Partasides* (Hrsg), Redfern and Hunter on International Arbitration, 6. Aufl 2015; *Born,* International Arbitration and Forum Selection Agreements: Drafting and Enforcing, 5. Aufl 2016; *Born,* International Arbitration: Cases and Materials, 2. Aufl 2015 (*Born,* Cases and Materials); *Born,* International Commercial Arbitration, 3. Aufl 2020 (*Born,* International Commercial Arbitration); *Born,* International Arbitration: Law and Practice, 2. Aufl 2015; *Brekoulakis/Lew/Mistelis,* The Evolution and Future of International Arbitration, 2016; *Bühler/Heitzmann,* The 2017 ICC Expedited Rules: From Softball to Hardball?, J Int'l Arb Vol 34 No 2, 121; *Bühler/von Schlabrendorff,* 10 Jahre ICC-Schiedsordnung 1998. Ein Blick zurück, zwei Blicke nach vorne . . . . ., SchiedsVZ **2009,** 26; *Bühler/Webster,* Handbook of ICC Arbitration, 5. Aufl. 2021; *Carlevaris/Nau,* The 2015 ICC Expert Rules, ASA Bulletin **2015,** 485; *Colombini,* Vorsorglicher Rechtsschutz vor Konstituierung des Schiedsgerichts: unter besonderer Berücksichtigung des Eilschiedsrichterverfahrens der ICC, 2016; *Craig/Park/Paulsson,* International Chamber of Commerce Arbitration, 4. Aufl. 2021; *Derains/Schwartz,* A Guide to the ICC Rules of Arbitration, 2. Aufl 2005; *Fry/Greenberg/Mazza,* The Secretariat's Guide to ICC Arbitration, 2012; *Gerbay,* The Functions of Arbitral Institutions, 2016; *Gharibian,* Die neuen Regeln der ICC-Schiedsgerichtsordnung für mehr Transparenz und Effizienz von Schiedsverfahren, BB **2017,** 136; *Gharibian/Pieper,* Parteimehrheit in Schiedsverfahren – Zulässigkeit, Vorteile der Konsolidierung und Herausforderungen bei Mehrparteikonflikten, BB **2018,** 387; *Gonzalez-Bueno* (Hrsg), 40 under 40 International Arbitration, 2018; *Harbst/Mahnken,* Adjudication und Dispute Review Boards nach den neuen ICC Regeln, SchiedsVZ **2015,** 34; *ICC International Court of Arbitration,* Note to Parties and Arbitral Tribunals on the Conduct of the Arbitration under the ICC Rules of Arbitration vom 1.1.2019; *International Chamber of Commerce,* ICC Commission Report: Emergency Arbitrator Proceedings, 2019; *Jarvin/Nguyen,* Compendium of International Commercial Arbitration Forms: Letters, Procedural Instructions, Briefs and Other Documents, 2017; *Lévy/Polkinghorne,* Expedited Procedures in International Arbitration – Dossiers of the ICC Institute of World Business Law, 16. Aufl 2017; *Nedden/Herzberg,* Praxiskommentar ICC-SchO/DIS-SchGO, 2014; *Pörnbacher/Baur,* Die Reform der Schiedsgerichtsordnung der ICC, BB **2011**, 2627; *Schäfer/Verbist/Imhoos,* ICC Arbitration in Practice, 2. Aufl 2016; *Schütt,* Fast-Track Arbitration: Das neue beschleunigte Verfahren der ICC, SchiedsVZ **2017**, 81; *Sessler/Voser,* Die Revidierte ICC-Schiedsgerichtsordnung – Schwerpunkte, SchiedsVZ **12**, 120; *Voser,* Overview of the Most Important Changes in the Revised ICC Arbitration Rules, ASA Bulletin **11**, 783; *Wilske/Markert,* Entwicklungen in der internationalen Schiedsgerichtsbarkeit im Jahr 2016 und Ausblick auf 2017, SchiedsVZ **17**, 49.

Schiedsgerichtsbarkeit im Gesellschaftsrecht: *Ahrens,* Die subjektive Reichweite internationaler Schiedsvereinbarungen und ihre Erstreckung in der Unternehmensgruppe, 2001; *Albrecht,* Offene Fragen zu Schiedsfähigkeit II, NZG **10**, 486; *Asmussen,* Schiedsfähigkeit von Beschlussmängelkonflikten in Körperschaften, 2008; *Baumann/Wagner,* Schiedsfähigkeit I, II oder III – Ob Ihr Recht habt oder nicht, sagt Euch der BGH, BB **17**, 1993; *Böckstiegel* (Hrsg), Schiedsgerichtsbarkeit in gesellschaftsrechtlichen und erbrechtlichen Angelegenheiten, 1996; *Bötcher/Fischer,* Einbeziehung von Schiedsordnungen in die Satzung einer GmbH, NZG **2011**, 601; *Bork,* Zur Schiedsfähigkeit von Beschlussmängelstreitigkeiten, ZHR 160 (**1996**), 374; *Borris,* Gesellschaftsrechtliche Streitigkeiten in der Schiedspraxis, SchiedsVZ **2018**, 242; *Borris,* Die „Schiedsfähigkeit" von Beschlussmängelstreitigkeiten in der Personengesellschaft, NZG **2017**, 761; *Borris,* Die Schiedsfähigkeit gesellschaftsrechtlicher Streitigkeiten in der Aktiengesellschaft, NZG **2010**, 481; *Borris,* Die „Ergänzenden Regeln für gesellschaftsrechtliche Streitigkeiten" der DIS, SchiedsVZ **2009**, 299; *Borris,* Gesellschaftsrechtliche Streitigkeiten in der Schiedspraxis, SchiedsVZ **2018**, 242; *Borris,* Streiterledigung bei (MAC-) Klauseln in Unternehmenskaufverträgen: ein Fall für „Fast-Track"-Schiedsverfahren, BB **2008**, 294; *Gal,* Die Haftung des Schiedsrichters in der internationalen Handelsschiedsgerichtsbarkeit, 2014; *Göz/Peitsmeyer,* Schiedsverfahren bei Beschlussmängelstreitigkeiten in Personengesellschaften, SchiedsVZ **2018**, 7; *Haas,* Schiedsgerichte in Erbsachen und das New Yorker Übereinkommen über die Anerkennung und Vollstreckung ausländischer Schiedssprüche, SchiedsVZ **2011**, 289; *Habersack,* Die Personengesellschaft und ihre Mitglieder in der Schiedsgerichtspraxis, SchiedsVZ **2003**, 241; *Hafner/Friebel,* Präklusion und „Heilung" der Unzuständigkeit bei GmbH-Beschlussmängelstreitigkeiten im Schiedsverfahren, SchiedsVZ **2009**, 313; *Hilbig,* Schiedsvereinbarungen über GmbH-Beschlussmängelstreitigkeiten, SchiedsVZ **2009**, 247; *Massuras,* Dogmatische Strukturen der Mehrparteienschiedsgerichtsbarkeit, 1998; *Müller,* GmbH-Beschlussmängelstreitigkeiten im Schiedsverfahren, GmbHR **2010**, 729; *Münch,* Der Beschlussmängelstreit im Schiedsverfahrensrecht – Roma locuta causa finita!?, ZZP 123 (**2010**) 3; *Nolting,* Schiedsfähigkeit von Beschlussmängelstreitigkeiten bei der GmbH, SchiedsVZ **2011**, 311; *Papmehl,* Die Schiedsfähigkeit gesellschaftsrechtlicher Streitigkeiten, 2001; *Petermann,* Die Schiedsfähigkeit von Beschlüssen im Recht der GmbH, BB **1996**, 277; *Primozic/Handrup,* Die Ausweitung der Existenzvernichtungshaftung durch den BGH und deren Auswirkungen auf gesellschaftsrechtliche Gestaltungen, NZI **2019**, 266; *Quinke,* Die neuen DIS-ERGeS im Überblick, SchiedsVZ **2018**, 241; *Raeschke-Kessler,* Gesellschaftsrechtliche Schiedsverfahren und das Recht der EU, SchiedsVZ **2003**, 145; *Sackmann,* Anforderungen an Schiedsvereinbarungen für Beschlussmängelklagen im Personengesellschaftsrecht, NZG **2016**, 1041; *Saenger/Splittgerber,* Gesellschafterstreitigkeiten im Kapitalgesellschaftsrecht – Zur Perspektive der schiedsgerichtlichen Streitbeilegung, DZWiR **2010**, 177; *K. Schmidt,* Schiedsklauseln in Personengesellschaftsverträgen, NZG **2008**, 12; *K. Schmidt,* Schiedsklauseln und Schiedsverfahren im Gesellschaftsrecht als prozessuale Legitimationsprobleme – Ein Beitrag zur Verzahnung von Gesellschafts- und Prozessrecht, BB **2001**, 1857; *K. Schmidt,* Neues Schiedsverfahrensrecht und Gesellschaftsrechtspraxis, ZHR 162 (**1998**) 265; *M. Schröder,* Schiedsgerichtliche Konfliktbeilegung bei aktienrechtlichen Beschlussmängelstreitigkeiten, 1999; *Timm,* Vergleichs- und Schiedsfähigkeit der Anfechtungsklage im Kapitalgesellschaftsrecht, ZIP **1996**, 445; *Triebel/Hafner,* Präklusion und „Heilung" der Unzuständigkeit bei GmbH-Beschlussmängelstreitigkeiten im Schiedsverfahren, SchiedsVZ **2009**, 313; *Trittmann,* Die Auswirkungen des Schiedsverfahrens-Neuregelungsgesetzes auf gesellschaftsrechtliche Streitigkeiten, ZGR **1999**, 340; *Umbeck,* Managerhaftung als Gegenstand schiedsgerichtlicher Verfahren, SchiedsVZ **2009**, 143; *Wiegand,* Die „neue" Gesellschaft bürgerlichen Rechts im Schiedsverfahren, SchiedsVZ **2003**, 52; *Wolff,* Die Ergänzenden Regeln für gesellschaftsrechtliche Streitigkeiten der DIS: Bilanz der DIS-ERGeS 2009 und Vorstellung der DIS-ERGeS 2018, SchiedsVZ **2018**, 246; *Wolff,* Beschlussmängelstreitigkeiten im Schiedsverfahren, NJW **2009**, 2021; *Zilles,* Schiedsgerichtsbarkeit im Gesellschaftsrecht, 2002.

Schiedsgerichtsbarkeit, insbes Schiedsfähigkeit, in ausgewählten Bereichen: *Baizeau/Kreindler,* Addressing Issues of Corruption in Commercial and Investment Arbitration, 2015; *Bary,* Gerichtsstands- und Schiedsvereinbarungen im internationalen Erbrecht, 2018; *Baumann*, Patentstreitigkeiten vor Schiedsgerichten, 2008; *Blessing*, EG/U. S. Kartellrecht in Internationalen Schiedsverfahren vor Staatsgerichten im In- und Ausland, 2002; *Böckstiegel/Berger/Bredow* (Hrsg), Schiedszusagen in der Europäischen Fusionskontrolle, 2006; *Böckstiegel/Berger/Bredow*, Schiedsgerichtsbarkeit und Kartellrecht, 2006; *Casey-Obrist*, Individualarbeitsrechtliche Streitigkeiten im Schiedsverfahren, 2016; *Eilmansberger*, Die Bedeutung der Art 81 und 82 EG für Schiedsverfahren, SchiedsVZ **2006**, 5; *Flöther*, Auswirkungen des inländischen Insolvenzverfahrens auf Schiedsverfahren und Schiedsabrede, 2001; *Heidbrink*, Die Insolvenzanfechtung im Schiedsverfahren, SchiedsVZ **2009**, 258; *Hilbig*, Das gemeinschaftsrechtliche Kartellverbot im internationalen Handelsschiedsverfahren, 2006; *Hobe/Müller*, Die Schiedsgerichtsbarkeit des International Centre for Settlement of Investment Disputes (ICSID), WiVerw **2009**, 1; *Kasolowsky/Steup*, Insolvenz in internationalen Schiedsverfahren – lex arbitri oder lex fori concursus, IPRax **2010**, 180; *Lübke*, Unionsrechtliche Grenzen von Investitionsschiedsklauseln, GPR **2018**, 149; *Möller*, Echte Schiedsgerichtsbarkeit im Verwaltungsrecht, 2014; *Nacimiento/Bähr*, Insolvenz in nationalen und internationalen Schiedsverfahren, NJW **2010**, 414; *Ruess*, Schiedsgerichtsvereinbarungen im Gewerblichen Rechtsschutz – eine Einführung, SchiedsVZ **2010**, 23; *Sachs*, Schiedsgerichtsverfahren über Unternehmenskaufverträge – Unter besonderer Berücksichtigung kartellrechtlicher Aspekte, SchiedsVZ **2004**, 123; *Stubbe/Wietzorek*, Das 1+1 Modell: Optimierung von Dispute Boards, SchiedsVZ **2011**, 328; *Versin*, Zur Schiedsfähigkeit von GmbH-Beschlussmängelstreitigkeiten, GmbHR **2015**, 969; *Wagner*, Insolvenz und Schiedsverfahren, KTS **2010**, 39; *Weinreich*, Das familienrechtliche Mandat – Schiedsgerichtsbarkeit, 2016; *Weitbrecht*, Schiedsklauseln und Kartellschadensersatz, SchiedsVZ **2018**, 159.

Inhalt, Form und Reichweite der Schiedsvereinbarung: *Böckstiegel/Berger/Bredow* (Hrsg), Aufrechnung und Widerklage in der Schiedsgerichtsbarkeit, 2006; *Blackaby/Partasides* (Hrsg), Redfern and Hunter on International Arbitration, 6. Aufl 2015; *Born*, International Arbitration and Forum Selection Agreements, 5. Aufl 2016; *Born*, International Commercial Arbitration, 3. Aufl 2020 (*Born*, International Commercial Arbitration); *Breßler/Korte/Kröger/Rollin/von Bodenhausen*, Pathologische Schiedsklauseln – Beispiele aus der Beratungspraxis, IHR **2008**, 89; *Broichmann/Matthäus*, Beurkundung von Schiedsordnungen, SchiedsVZ **2008**, 274; *Busse*, Die Bindung Dritter an Schiedsvereinbarungen, SchiedsVZ **2005**, 118; *Czernich/Geimer*, Streitbeilegungsklauseln im internationalen Vertragsrecht, 2017; *Frohloff*, Verletzung von Schiedsvereinbarungen, 2017; *Hamann/Lennarz*, Parallele Verfahren mit identischem Schiedsgericht als Lösung für Mehrparteienkonflikte?, SchiedsVZ **2006**, 289; *Hanefeld/Wittinghofer*, Schiedsklauseln in Allgemeinen Geschäftsbedingungen, SchiedsVZ **2005**, 117; *Haubner*, Formularmäßige Schiedsvereinbarungen in Verbraucherverträgen, 2017; *Hobeck/Stubbe*, Genese einer Schiedsklausel, SchiedsVZ **2003**, 15; *Joseph*, Jurisdiction and arbitration agreements and their enforcement, 3. Aufl 2015; *Kleinschmidt*, Die Widerklage gegen einen Dritten im Schiedsverfahren, SchiedsVZ **2006**, 142; *Köhne/Langner*, Geltendmachung von Gegenforderungen im Internationalen Schiedsverfahren, RIW **2003**, 361; *Kühner*, The Impact of Party Impecuniosity on Arbitration Agreements: The Example of France and Germany, J Int'l Arb **2014** Vol 31, 807; *Lachmann*, Klippen für die Schiedsvereinbarung, SchiedsVZ **2003**, 28; *Lachmann/Lachmann*, Schiedsvereinbarungen im Praxistest, BB **2000**, 1633; *Landbrecht/Wehowsky*, Determining the Law Applicable to the Personal Scope of Arbitration Agreements and its "Extension", ASA Bulletin **2017**, 837; *Moyano*, Impecuniosity and Validity of Arbitration Agreements, J Int'l Arb **2017**, Vol 34, 631; *Niklas*, Die subjektive Reichweite von Schiedsvereinbarungen, 2008; *Paulsson/Rawding/Reed*, The Freshfields Guide to Arbitration Clauses in International Contracts, 3. Aufl 2011; *Reichert/Harbarth*, Statutarische Schiedsklauseln – Einführung, Aufhebung und umwandlungsrechtliche Behandlung, NZG **2003**, 379; *Schütze*, Die Vereinbarung der Zuständigkeit eines institutionellen Schiedsgerichts – Probleme der Redaktion der Schiedsklausel, BB-Beil **9/1998**, 1; *Schütze*, Kollisionsrechtliche Probleme der Schiedsvereinbarung, insbesondere der Erstreckung ihrer Bindungswirkung auf Dritte, SchiedsVZ **2014**, 274; *Wagner*, Impecunious Parties and Arbitration Agreements, SchiedsVZ **2003**, 206; *Wörle/Schopper*, Die internationale Effektivität von Schiedsvereinbarungen, 2014.

Vorbemerkung*

Die nachfolgenden Formulare nebst Kommentierungen berücksichtigen die im 10. Buch der ZPO niedergelegten Regeln der Schiedsgerichtsbarkeit (§§ 1025 ff) sowie die dazu bis zum 30.6.2019 ergangene und veröffentlichte Rechtsprechung. Dies gilt auch für die am 1.3.2018 in Kraft getretene Schiedsgerichtsordnung der Deutschen Institution für Schiedsgerichtsbarkeit (DIS).

Die ICC-Schiedsgerichtsordnung mit Gültigkeit ab dem 1.1.21 wurde ebenso wie die neuen Regelungen der UNCITRAL-SchiedsGO berücksichtigt.

Gegenüber der Vorauflage wurden umfangreiche Überarbeitungen vorgenommen. Denn die ICC-Schiedsgerichtsordnung („**ICC-SchiedsGO**") sowie die DIS-Schiedsordnung („**DIS-SchGO**") wurden mit Wirkung zum 1.3.2017 und 1.1.2021 bzw zum 1.3.2018 **grundlegend überarbeitet** (für die DIS-SchGO siehe SchiedsVZ Beilage zu Heft 1/2018).

Einem Schiedsverfahren liegt diejenige Fassung einer Schiedsordnung zugrunde, die zum Zeitpunkt der Verfahrenseröffnung gilt (es kommt demnach nicht auf den Zeitpunkt des Abschlusses der Schiedsklausel an). Dieser Beitrag bezieht sich – soweit nicht anders gekennzeichnet – auf die aktuelle Fassung der jeweiligen Schiedsordnung.

Ebenfalls wurde die seit der Vorauflage ergangene Rechtsprechung berücksichtigt. Die Rechtsprechung hat sich zu zahlreichen Fragen im Bereich des Schiedsverfahrensrechts positioniert. Insbesondere eine neue Entscheidung des BGH (BGH NZG **2017**, 657 – „Schiedsfähigkeit III") dürfte erhebliche praktische Auswirkungen auf Schiedsverfahren über Streitigkeiten von deutschen Personengesellschaften haben. Nach dieser Entscheidung müssen Schiedsverfahren für Beschlussmängel- und vergleichbare Streitigkeiten in Personengesellschaften ebenfalls die erhöhten Anforderungen erfüllen, die bisher nur für die GmbH galten (vgl BGH NJW **2009**, 1962 – „Schiedsfähigkeit II"). Das noch in der Vorauflage vorhandene Muster einer Klausel für ein ad-hoc-Schiedsverfahren für Personengesellschaften wird hier wegen der erheblichen Rechtsunsicherheiten in diesem Bereich nicht mehr aufgeführt. Stattdessen wird nun auch für Personengesellschaften – wie bereits für Streitigkeiten innerhalb der GmbH – auf die in Anlage 5 der DIS-SchGO enthaltenen „Ergänzende Regeln für gesellschaftsrechtliche Streitigkeiten" (DIS-ERGeS) verwiesen (→ Form II.M.2 Anm 1 ff).

Mit zunehmender Internationalisierung und Spezialisierung der Handels- und Wirtschaftsbeziehungen, aber auch aufgrund erhöhter Komplexität der Materie wie der Streitigkeiten, sind zahlreiche Vertragsparteien dazu übergegangen, ihre Rechtsstreitigkeiten nicht von staatlichen, sondern von Schiedsgerichten entscheiden zu lassen. Stellvertretend für die zahlreichen Vorteile, die die Schiedsgerichtsbarkeit bietet, sollen hier nur wenige Vorzüge hervorgehoben werden, die von besonderer Bedeutung sind: Das Schiedsgerichtsverfahren ist im Gegensatz zum Verfahren vor den staatlichen Gerichten **nicht öffentlich**; jedenfalls wird dies von den Parteien regelmäßig vereinbart.

Durch die **Auswahl der Schiedsrichter** können die Parteien auf die Besetzung des Schiedsgerichts Einfluss nehmen indem sie Schiedsrichter wählen, die über die für den konkreten Fall erforderlichen spezifischen Fachkenntnisse verfügen und das Vertrauen der Parteien genießen. Die **Vollstreckbarkeit von Schiedssprüchen** im internationalen

---

* Wir danken Frau *Nina das Gupta*. Sie hat als Mitarbeiterin der DIS die gesamte Überarbeitung der DIS-Regeln organisiert und begleitet und bei uns insbesondere an den DIS-Mustern mitgearbeitet.

Wirtschaftsverkehr wird durch zahlreiche völkerrechtliche Vereinbarungen (vor allem das UN-Übereinkommen über die Anerkennung und Vollstreckung ausländischer Schiedssprüche vom 10.6.1958, **New Yorker Abkommen**) gesichert. Die deutsche Rechtsprechung und die deutschen Gerichte stehen der Schiedsgerichtsbarkeit offen gegenüber.

Zu beachten ist, dass seit dem 25.5.2018 auch auf Schiedsverfahren die DSGVO (Datenschutzgrundverordnung) Anwendung findet, sobald Daten mit personenbezogenem Inhalt elektronisch verarbeitet werden. Dies hat praktische Auswirkungen auf Belehrungspflichten, Auskunftsrechte und Abstimmungsfragen, aber auch auf die Sicherheitsstandards der genutzten IT-Systeme und Kommunikationsmittel. Der Trend, das gesamte Verfahren durch Einsatz von Informationstechnologie effizient zu gestalten, ist deutlich zu beobachten. Im Vergleich zu staatlichen Verfahren in Deutschland können die Anwendungsmöglichkeiten der Digitalisierung vergleichsweise unproblematisch in ein Verfahren integriert werden (vgl 2018 International Arbitration Survey, S 32). Die neue DIS-SchGO sieht in Anlage 3, lit G ausdrücklich die Nutzbarmachung von Informationstechnologie zur Effizienzsteigerung vor (*Schaefer*, SchiedsVZ 2019, 195). Zur Konkretisierung von Anlage 3, lit G hat die DIS einen „Leitfaden zur Nutzung von Informationstechnologie im Schiedsverfahren" veröffentlicht.

Im Folgenden werden einige Formulare dargestellt und besprochen, die dem Praktiker als Basis zunächst bei der Formulierung der Schiedsvereinbarung, dann bei der Durchführung des Schiedsverfahrens und schließlich bei der Vollstreckung des Schiedsspruches dienen sollen. Die Formulare und praktischen Hinweise richten sich hierbei sowohl an die Parteien und ihre Vertreter im Schiedsverfahren, als auch an die Schiedsrichter selbst. Weiterhin erfolgt aus Gründen der besseren Darstellbarkeit eine Unterteilung nach Schiedsverfahren zwischen inländischen Parteien nach den Regeln der ZPO und der DIS-SchGO sowie für Schiedsverfahren vorrangig zwischen Parteien verschiedener Nationalitäten unter besonderer Berücksichtigung der ICC-SchiedsGO bzw der UNCITRAL-SchiedsGO. Selbstverständlich sind die Regeln der DIS-SchGO auch auf internationale Schiedsverfahren anwendbar, und ebenso können nationale Schiedsverfahren nach den Regeln der ICC-SchiedsGO geführt werden.

Die Berücksichtigung weiterer Schiedsgerichtsordnungen und institutionalisierter Schiedsgerichtshöfe gerade im internationalen Bereich musste aus Platzgründen unterbleiben; insoweit ist auf die entsprechende Fachliteratur zu verweisen. Dieser Hinweis gilt auch für weitergehende Informationen zu den nachfolgend aufgeführten Formularen und den hierbei angesprochenen Problembereichen.

1. Schiedsklausel zwischen zwei inländischen Parteien (nach der Schiedsgerichtsordnung der DIS)[1, 2, 3, 4]

(1) Alle Streitigkeiten,[5] die sich aus oder im Zusammenhang mit diesem Vertrag (genaue Benennung des Vertrages mit Datum)[6] oder über dessen Gültigkeit ergeben[7], werden nach der Schiedsgerichtsordnung der Deutschen Institution für Schiedsgerichtsbarkeit e.V. (DIS)[8] unter Ausschluss des ordentlichen Rechtsweges[9] endgültig entschieden.

(2) Das Schiedsgericht besteht aus [bitte eintragen: „einem Einzelschiedsrichter" oder „drei Schiedsrichtern"].[10, 11, 12]

(3) Der Schiedsort ist [bitte gewünschten Schiedsort eintragen].

(4) Die Verfahrenssprache ist [bitte gewünschte Verfahrenssprache eintragen].

(5) Das in der Sache anwendbare Recht ist [bitte gewünschtes Recht oder gewünschte Rechtsregeln eintragen].[13, 14, 15, 16, 17]

Anmerkungen

1. Nach dem Grad der Selbstgestaltung des Schiedsverfahrens durch die Parteien lassen sich die angebotenen **Schiedsverfahrensregeln** in drei Kategorien einteilen.

a) **Ad-hoc-Verfahren.** Als Ad-hoc-Schiedsverfahren werden alle Schiedsverfahren bezeichnet, bei welchen die Parteien ohne Mitwirkung einer Institution die Schiedsordnung selbst entsprechend ihren individuellen Bedürfnissen formulieren und sich auf diesem Wege eine eigene Verfahrensordnung schaffen, die dann ausschließlich von den zwingenden Bestimmungen des Zivilprozessrechts begrenzt wird. Dies schließt nicht aus, dass sich die Parteien einer Standardverfahrensordnung unterwerfen können. Als Muster-Prozessordnung für Ad-hoc-Schiedsverfahren hat die UN-Kommission für Internationales Handelsrecht (United Nations Commission on International Trade Law) Schiedsregeln (UNCITRAL-SchiedsGO) entworfen, die von einer nationalen Rechtsordnung völlig unabhängig sind.

Die UNCITRAL-SchiedsGO stellt jedoch keine institutionelle Schiedsorganisation zur Verfügung. Mit Ausnahme der Schiedsrichterbenennung wird die Übernahme administrativer Aufgaben nicht geregelt. Obwohl die UNCITRAL-SchiedsGO für den Fall der Nichtregelung seitens der Parteien selbst Lösungen vorschlägt, ist zu empfehlen, den Schiedsort, die Zahl der Schiedsrichter und die benennende Stelle, die im Falle der Nichtbenennung des Schiedsrichters durch eine Partei den bzw die Schiedsrichter benennt, in der Schiedsvereinbarung zu vereinbaren. Als benennende Stelle kommen jede beliebige Institution, aber auch Privatpersonen in Betracht. Es sollte jedoch sichergestellt werden, dass diese Institution/Person auch kompetent ist und die Benennung zuverlässig durchführt.

Für die Durchführung eines Schiedsverfahrens ad hoc spricht, dass hierdurch Kosten für die Institution – die bei institutionellen Schiedsverfahren zusätzlich zu den Schiedsrichterhonoraren anfallen – vermieden werden. Tatsächlich eröffnet ein Ad-hoc-Schiedsverfahren vielfältige Gestaltungsspielräume. Es schafft aber auch einen erhöhten Regelungsbedarf (*Lörcher/Lörcher*, Schieds VZ 2005, 179).

In der Praxis werden institutionelle Verfahren bevorzugt, da die Unterstützung durch eine Schiedsorganisation das Schiedsgericht entlastet. Die spezialisierten Institutionen übernehmen die administrativen Aufgaben des Schiedsverfahrens. Die konkrete Ausgestaltung dieser Aufgaben hängt wiederum von der jeweiligen Institution ab. Die Schiedsordnungen sehen auch vor, dass zur Fristwahrung die Zustellung eines Schriftsatzes bei der Schiedsinstitution fristwahrende Wirkung gegenüber der Gegenseite hat. Gerade in internationalen Streitigkeiten, bei denen die Zustellung von Schriftsätzen schwierig sein kann, ist dies eine große Hilfe.

b) **Administriertes-institutionalisiertes Verfahren.** Die in der Praxis am häufigsten gewählte Muster-Schiedsverfahrensordnung wird von der International Chamber of Commerce („**ICC**") angeboten (ICC-SchiedsGO). Nach der ICC-SchiedsGO kann das Schiedsverfahren in jedem Land durchgeführt und von der Einreichung der Schiedsklage bis zur Hinterlegung des Schiedsspruches organisiert werden. Die ICC-SchiedsGO fördert durch die Benennung der Schiedsrichter einerseits eine zügige Durchführung des Verfahrens und gibt andererseits den Parteien größtmögliche Freiheit in der Gestaltung des Verfahrens. Die ICC-SchiedsGO hat mit dem ICC-Schiedsgerichtshof („**der Gerichtshof**") ein Gremium geschaffen, das die Anwendung der Schiedsordnung sicherstellt und im Streitfall ein nach der ICC-SchiedsGO gebildetes Schiedsgericht einsetzt, dem dann die verfahrensbeendende Entscheidung obliegt. Die von dem Gerichtshof eingesetzten Schiedsgerichte unterliegen der permanenten Aufsicht des Gerichtshofes, der die Schiedsrichter daraufhin überwacht, ob sie das in der ICC-SchiedsGO vorgesehene Verfahren einhalten und ihrer Aufgabe innerhalb der auferlegten Fristen nachkommen.

Nach der ICC-SchiedsGO steht es den Parteien frei, die Schiedsrichter, den Schiedsort und die Verfahrenssprache zu bestimmen. Sollten die Parteien von dieser Möglichkeit keinen Gebrauch machen, ernennt der Gerichtshof die Schiedsrichter und erleichtert durch seine sonstigen subsidiären Regelungen die Durchführung des Verfahrens.

Mit der Vereinbarung der ICC-SchiedsGO sind auch die Administrierung des Verfahrens durch den Gerichtshof, die Honorare der Schiedsrichter und die Verwaltungskosten der ICC gem der Kostentabelle vereinbart und werden entsprechend vom Gerichtshof festgesetzt.

Da die ICC-SchiedsGO sich heute weitgehend in internationalen Rechtsstreitigkeiten durchgesetzt hat, wird in dem verwendeten Formular von deren Anwendbarkeit ausgegangen. Entsprechend wird im Einzelnen auch auf die Regelungen der ICC-SchiedsGO Bezug genommen.

Soweit die Parteien nicht etwas anderes vereinbaren, gelten die **Regeln des 10. Buches der ZPO über Schiedsverfahren (§§ 1025 ff)**; wenn der Schiedsort (§ 1043) in Deutschland liegt, sind die Regelungen des 10. Buches der ZPO verbindlich anzuwenden. Das 10. Buch der ZPO enthält ein einheitliches Recht der Schiedsgerichtsbarkeit und umfasst auch internationale Schiedsverfahren. Es basiert auf dem UNCITRAL-Modellgesetz, das Grundlage vieler internationaler Schiedsregeln ist. Damit wird die Schiedsgerichtsbarkeit in Deutschland ua für ausländische Parteien attraktiver.

2. Häufig werden die Begriffe „Schiedsvertrag“, „Schiedsabrede“ und „Schiedsvereinbarung“ synonym verwendet. Unterschiedlich definiert werden jedoch die Begriffe „Schiedsvertrag“ und „Schiedsklausel“. So wird ein Schiedsvertrag als eine einen gegenwärtigen Streit betreffende Schiedsvereinbarung definiert, während eine Schiedsklausel als eine einen künftigen Streit betreffende Schiedsvereinbarung bezeichnet wird.

Da diese Abgrenzung zumindest im deutschen Recht nicht zu einer unterschiedlichen rechtlichen Behandlung führt, wird nachfolgend der Begriff **„Schiedsklausel“** für eine Schiedsvereinbarung verwendet, die als Teil des Hauptvertrages formuliert wurde und auf eine Schiedsordnung verweist, während der Begriff **„Schiedsvertrag“** eine gesondert abgeschlossene Schiedsvereinbarung bezeichnet. Einführend Baumbach/Hopt/*Hopt*, HGB Einl Rn 88 ff vor § 1.

Allgemein ist bezüglich des Abschlusses eines individuell ausgehandelten Schiedsvertrages ohne Bezugnahme auf eine Schiedsordnung darauf hinzuweisen, dass diese Form der schiedsgerichtlichen Vereinbarung hinsichtlich der zu berücksichtigenden Elemente (Verfahren, Sitz, Bestellung der Schiedsrichter, anwendbares materielles Recht) aufwändiger ist. Wie die schiedsrichterliche Praxis zeigt, enthält eine erhebliche Anzahl der individuell ausgehandelten Schiedsvereinbarungen „pathologische“ Elemente. Die Gefahr, einen unvollständigen oder sogar nicht realisierbaren Schiedsvertrag zu verfassen, ist groß (*Glossner/Bredow/Bühler*, Rn 12). Durch die Bezugnahme auf eine vorgegebene Schiedsgerichtsordnung wird der Rahmen des Schiedsgerichtsverfahrens festgelegt, ohne dass es weiterer Formalien bedarf.

3. Abgrenzung der Schiedsvereinbarung vom Schiedsgutachtervertrag: Durch ein Schiedsgericht wird ein Rechtsstreit endgültig entschieden, während der Schiedsgutachter (§§ 317 ff BGB) dagegen nur – ggf in einem Verfahren vor einem staatlichen Gericht oder einem Schiedsgericht – ein (vorrangig) sachliches Element des Rechtsstreits für Parteien und (Schieds-)Gericht bindend feststellt (*Stubbe* SchiedsVZ 2006, 150, 152; *Kröll*, SchiedsVZ 2012, 137). Diese Feststellung ist gem § 319 BGB durch ein ordentliches Gericht auf grobe Unbilligkeit überprüfbar. Ein praktisch bedeutsamer Fall des Schiedsgutachtens ist die Qualitätsarbitrage: Ein oder mehrere sachverständige Dritte stellen verbindlich fest, ob die Qualität einer verkauften Ware von den vereinbarten Eigenschaften abweicht und stellen ggf auch einen Minderwert fest. Das Schiedsgutachten ist ferner

iVm Anlage 6 DIS-SchGO) (http://www.disarb.org/upload/rules/2018-DIS-Schiedsgerichtsordnung.pdf, vgl auch *Scherer,* SchiedsVZ 2010, 122). Nach der Konfliktmanagementordnung haben die Parteien die Möglichkeit, vor oder im Laufe eines Schiedsverfahrens einen Konfliktmanager einzusetzen. Dieser berät und unterstützt die Parteien darin, den für den Konflikt am besten geeigneten Streitbeilegungsmechanismus zu identifizieren. Darüber hinaus bietet die DIS die Verfahrensordnung für Adjudikation (http://www.disarb.org/de/16/regeln/dis-verfahrensordnung-für-adjudikation-10-id26, (vgl auch *Köntges/Mahnken,* SchiedsVZ 2010, 310) für eine projektbegleitende Adjudikation mit vorläufig bindender Entscheidung an. Die DIS-Schlichtungsordnung ist seit dem Jahr 2002 gültig (http://www.disarb.org/de/16/regeln/dis-schlichtungsordnung-02-id6). Zu Anforderungen an Streitbeilegungsverfahren aus Unternehmenssicht, insbesondere im Bereich des Anlagenbaus, vgl *Hobeck/Mahnken/Koebke,* SchiedsVZ 2007, 225.

9. Wesentliches Merkmal der Schiedsgerichtsbarkeit als private Gerichtsbarkeit ist, dass die **staatliche Gerichtsbarkeit** (nicht aber der einstweilige Rechtsschutz, siehe § 1033 ZPO bzw Art 25 DIS-SchGO) **ausgeschlossen** ist. In einigen Rechtsordnungen kann ein Zusatz in der Schiedsvereinbarung, der dies klarstellt, erforderlich sein.

10. Als **notwendiger Inhalt** der Schiedsvereinbarung ist von den Parteien lediglich eine Einigung darüber zu erzielen, alle oder einzelne bestimmte Streitigkeiten aus allen oder einem bestimmten Rechtsverhältnis durch ein Schiedsgericht entscheiden zu lassen (§ 1029 ZPO). Größter Vorteil einer Verweisung auf die Schiedsordnung, hier die DIS-SchGO, in einer Schiedsklausel ist, dass sie den Parteien die Möglichkeit einräumt, die Schiedsvereinbarung individuell auszugestalten, aber zugleich für den Fall fehlender Parteivereinbarungen subsidiäre Regelungen bereithält.

11. Nach der nicht abdingbaren Vorschrift des § 1031 Abs 1 ZPO muss die Schiedsvereinbarung in einer **Form** erfolgen, die einen schriftlichen Nachweis des Abschlusses der Vereinbarung ermöglicht. Nach § 1031 Abs 1 erste Alternative ZPO ist das Formerfordernis dann erfüllt, wenn die Schiedsvereinbarung in einem von den Parteien unterzeichneten Schriftstück enthalten ist. Darüber hinaus ist nach Abs 1 zweite Alternative die Form auch dann erfüllt, wenn die Schiedsvereinbarung in zwischen den Parteien gewechselten Schreiben, Telefaxen, Telegrammen oder ähnlichen Formen der Nachrichtenübermittlung, die einen Nachweis der Vereinbarung erlauben, enthalten ist. Handelt eine Person bei dem einer Schiedsvereinbarung zugrunde liegenden Geschäft im Rahmen ihrer gewerblichen oder selbständigen beruflichen Tätigkeit, wozu schon die Aufnahme dieser Tätigkeit (sog Existenzgründung) gehört (BGH NJW 2005, 1273), kann die Schiedsvereinbarung schriftlich, stillschweigend, durch Unterwerfung unter allgemeine Geschäftsbedingungen oder durch Schweigen auf ein kaufmännisches Bestätigungsschreiben, welches erstmalig eine Schiedsklausel enthält, vereinbart werden (§ 1031 Abs 2 ZPO; vgl OLG Hamburg, SchiedsVZ 2009, 71). Schiedsvereinbarungen, an denen ein Verbraucher (§ 13 BGB) beteiligt ist, müssen in einem notariell beurkundeten Schriftstück oder in einer von den Parteien eigenhändig unterzeichneten Urkunde enthalten sein, die nur Vereinbarungen enthält, die sich auf das Schiedsverfahren beziehen (§ 1031 Abs 5 ZPO). Die elektronische Form gilt als ausreichend (§ 126a BGB, vgl MüKoBGB, 3. Aufl. 2008, Rz 56 zu § 1031). Dies gilt auch für Schiedsklauseln in Verträgen ausländischer Broker mit inländischen Verbrauchern (BGH, SchiedsVZ **2011,** 46). Ob eine formularmäßige Schiedsklausel über die Anforderungen des § 1031 Abs 5 ZPO hinaus noch der AGB-Kontrolle nach §§ 305 ff BGB unterliegt, ist zwar umstritten (vgl *Hanefeld/Wittinghofer,* SchiedsVZ 2005, 217), wird aber nach wohl herrschender Meinung bejaht (*Zöller,* 34. Aufl, § 1031 Rn 32).

Formmängel einer Schiedsvereinbarung werden durch die vorbehaltlose Einlassung der Parteien zur Hauptsache im Verfahren vor dem Schiedsgericht rückwirkend geheilt

(§ 1031 Abs 6 ZPO, vgl auch BGH SchiedsVZ 2005, 259). Als rügelose Einlassung gilt noch nicht die Mitwirkung an der Bildung des Schiedsgerichts (§§ 1034 ff ZPO), die Rüge fehlender Kompetenz (§ 1040 ZPO) oder die vor einer sachlichen Einlassung abgegebene Erklärung, nichts gegen die Entscheidung durch das Schiedsgericht einwenden zu wollen (*Schütze/Tscherning/Wais*, Rn 163). Nicht erforderlich für die Heilung ist das Bewusstsein der Parteien hinsichtlich bestehender Formmängel.

Andere Mängel als Formmängel können durch Einlassung zur Hauptsache entweder gar nicht oder nur dann geheilt werden, wenn die Parteien bei ihrer Einlassung wissen oder zumindest damit rechnen, dass möglicherweise die ursprünglich abgeschlossene Schiedsvereinbarung unwirksam ist und so auf die Rüge des Mangels verzichten, oder wenn die Voraussetzungen der Unwirksamkeit im Zeitpunkt der Einlassung nicht mehr vorliegen.

12. Ein nicht hinzunehmendes **Übergewicht einer Partei** im Schiedsverfahren soll durch die Regelung des § 1042 Abs 1 ZPO sowie des Art 21 Abs 1 DIS-SchGO ausgeschlossen werden, nach der die Parteien gleich zu behandeln sind und jeder Partei rechtliches Gehör zu gewähren ist. In der Praxis tritt eine derartige Überlegenheit einer Partei vor allem im Zusammenhang mit der Benennung des Schiedsgerichts auf, insbesondere in der Form von Benennungsregelungen, die eine Partei vom Recht der Benennung ausschließen. Mit der Regelung des § 1034 Abs 2 ZPO ist eine ausgewogene Zusammensetzung des Schiedsgerichts gewährleistet. Der benachteiligten Partei steht es frei, bei Gericht zu beantragen, den oder die Schiedsrichter abweichend von der erfolgten oder der vereinbarten Benennungsregelung zu bestellen; zB ist der Insolvenzverwalter, der an eine von der Gemeinschuldnerin getroffene Schiedsvereinbarung gebunden ist (BGH DZWiR 2004, 161 m Anm *Flöther*), an eine von ihr vorgenommene Schiedsrichterbenennung nicht gebunden, wenn im Zeitpunkt der Benennung ein besonderes Näheverhältnis des benannten Schiedsrichters zu der Gemeinschuldnerin und der anderen Partei bestand (KG Berlin, SchiedsVZ 2005, 100). Das Gericht hat in diesem Verfahren den Grundsatz der Unparteilichkeit und Unabhängigkeit aller Schiedsrichter von Amts wegen zu berücksichtigen (§ 1035 Abs 5 ZPO). Zu beachten ist in diesem Zusammenhang die Frist von 2 Wochen ab Kenntnis von der Zusammensetzung des Schiedsgerichts (§ 1034 Abs 2 ZPO). Eine dem § 1034 Abs 2 ZPO vergleichbare Regelung findet sich in der DIS-SchGO allerdings nicht. Art 9 Abs 5 sieht lediglich eine von der DIS zu setzende Frist vor, innerhalb derer die Parteien zu der Bestellung eines benannten Schiedsrichters stellungnehmen können.

13. Kompetenz-Kompetenz-Klausel: Das Schiedsgericht hat nach § 1040 Abs 1 S 1 ZPO nicht nur die Kompetenz, über Streitigkeiten aus dem Vertragsverhältnis zu entscheiden. Vielmehr ist in § 1040 ZPO normiert, dass das Schiedsgericht auch über das Bestehen oder die Gültigkeit der Schiedsvereinbarung entscheiden kann. Soweit das Schiedsgericht sich für zuständig hält, kann diese Entscheidung auf Antrag einer Partei von einem ordentlichen Gericht überprüft werden (§ 1040 Abs 3 ZPO). Diese (Letzt-)Kompetenz-Kompetenz des staatlichen Gerichts kann von den Parteien der Schiedsvereinbarung nicht abbedungen werden (BGH SchiedsVZ 2005, 95 m Anm *Huber/Bach*).

14. Unterschriften der Parteien: Die Unterschriften müssen von den Parteien bzw ihrem gesetzlichen Vertreter geleistet werden. Der rechtsgeschäftliche Vertreter bedarf einer Vollmacht zu seiner rechtswirksamen Unterschrift.

15. Wie jeder andere materiellrechtliche Vertrag kann die Schiedsvereinbarung durch **Aufhebung, Rücktritt, Anfechtung,** Bedingung oder Befristung bei gleichzeitigem Eintritt oder Nichteintritt des maßgeblichen Ereignisses, Eintritt der vom Gesetz genannten Fälle

(§ 1032 ZPO) oder durch Kündigung aus wichtigem Grund, wenn sich zB eine Partei hartnäckig weigert, den vom Schiedsgericht angeforderten Vorschuss zu bezahlen, erlöschen. Nach dem Erlöschen können die Parteien vor den staatlichen Gerichten klagen (vgl KG Berlin, SchiedsVZ 2003, 239).

16. Die Schiedsvereinbarung begründet eine **prozesshindernde Einrede** (§ 1032 ZPO). Wird entgegen der Schiedsvereinbarung vor einem staatlichen Gericht Klage erhoben, weist das Gericht deshalb auf die Einrede des Beklagten die Klage ohne Sachprüfung als unzulässig ab, es sei denn, das Gericht stellt fest, dass die Schiedsvereinbarung nichtig, unwirksam oder undurchführbar ist (§ 1032 Abs 1 ZPO). Das Schiedsgericht ist an eine rechtskräftige Unzuständigkeitsentscheidung eines – in- oder ausländischen – staatlichen Gerichts gebunden (SchiedsGIHK Kassel, NJOZ 2005, 2038). Bis zur Bildung eines Schiedsgerichts kann beim staatlichen Gericht Antrag auf Zulässigkeit oder Unzulässigkeit eines Schiedsverfahrens gestellt werden (§ 1032 Abs 2 ZPO, ausführlich *Schroeter,* SchiedsVZ 2004, 288; zur Wirkung auf die Verjährung *Windthorst,* SchiedsVZ 2004, 230), danach kann eine Unzuständigkeitsrüge nur vor dem Schiedsgericht geltend gemacht werden (§ 1040 Abs 2 ZPO). In jedem Fall kann die Einleitung und Durchführung eines Schiedsverfahrens nicht durch derartige Verfahrensrügen verhindert werden (§ 1032 Abs 3 ZPO).

17. Fakultativ können von den Parteien insbesondere bezüglich nachfolgender Punkte Vereinbarungen getroffen werden:

a) den **Schiedsort** (§ 1043 ZPO, Art 22 DIS-SchGO). Die Parteien können bereits in der Schiedsvereinbarung den Ort bestimmen, an dem das Schiedsverfahren durchgeführt werden soll (§ 1043 Abs 1 ZPO, vgl DIS-Musterklausel). Haben die Parteien den Schiedsort nicht vereinbart, bestimmt ihn das Schiedsgericht. Liegt der Schiedsort in Deutschland, ist die Anwendung des 10. Buches der ZPO verbindlich (§ 1025 Abs 1 ZPO, vgl Art 21 Abs 4 DIS-SchGO). Bei der Vereinbarung eines Schiedsortes im Ausland ist das dort geltende zwingende Verfahrensrecht zu berücksichtigen. Der Schiedsort bestimmt die prozessrechtlichen Rahmenbedingungen des Verfahrens sowie die Zuständigkeit für eine gegebenenfalls notwendige Inanspruchnahme staatlicher Gerichte und ist in der Regel ausschlaggebend für die Methodik der Sachverhaltsermittlung und der Beweisaufnahme. Jedoch ist es nicht notwendig, das Schiedsverfahren an diesem Ort durchzuführen.

b) die **Zahl der Schiedsrichter** (§ 1034 Abs 1 ZPO, Art 10 DIS-SchGO). Mangels anderweitiger Parteivereinbarung oder (stattgegebenem) Antrag nach Art 10 Abs 2 DIS-SchGO besteht das Schiedsgericht aus drei Schiedsrichtern. Häufig wird jedoch empfohlen, bei Streitigkeiten von geringerer Bedeutung aus Kostengründen einen Einzelschiedsrichter einem Dreierschiedsgericht vorzuziehen. Inwieweit diese Empfehlung richtig ist, hängt häufig vom Einzelfall ab. Zudem ist es möglich und empfehlenswert, bestimmte berufliche Qualifikationen der zu benennenden Schiedsrichter zu vereinbaren. Allerdings sollten diese Einschränkungen nicht zu weit gehen, um die Auswahl des Schiedsgerichts nicht über die Maße zu erschweren.

c) die **Sprache** des Schiedsverfahrens. Haben die Parteien diese nicht vereinbart, bestimmt das Schiedsgericht die Verfahrenssprache (§ 1045 Abs 1 ZPO, Art 23 DIS-SchGO). Bei fehlender Vereinbarung der Verfahrenssprache wissen die Parteien bei Verfahrenseinleitung nicht, über welche Sprachqualifikation die Parteivertreter und die Schiedsrichter verfügen müssen.

d) das **in der Sache anwendbare Recht,** soweit dies nicht bereits an anderer Stelle des Vertrages vereinbart wurde. Die Parteien können auch die schiedsrichterliche Kompetenz vereinbaren, nach **Billigkeitsgrundsätzen** zu entscheiden (§ 1051 Abs 3 ZPO, Art 24 Abs 4 DIS-SchGO). Hiernach können die Parteien durch ausdrückliche Vereinbarung das Schiedsgericht ermächtigen, auch nach Billigkeitsgrundsätzen (ex aequo et bono) zu entscheiden. Inwieweit eine solche Entscheidung wünschenswert ist, muss jede Partei im Einzelfall beurteilen. Generell ist eine solche Ermächtigung eher nicht empfehlenswert.

2. Schiedsklausel zwischen zwei inländischen Parteien für gesellschaftsrechtliche Streitigkeiten (nach den Ergänzenden Regeln der Deutschen Institution für Schiedsgerichtsbarkeit e. V. für gesellschaftsrechtliche Streitigkeiten)

(1) Alle Streitigkeiten zwischen den Gesellschaftern oder zwischen der Gesellschaft und ihren Gesellschaftern im Zusammenhang mit diesem Gesellschaftsvertrag oder über dessen Gültigkeit werden nach der Schiedsgerichtsordnung und den Ergänzenden Regeln für gesellschaftsrechtliche Streitigkeiten (DIS-ERGeS) der Deutschen Institution für Schiedsgerichtsbarkeit e. V. (DIS) unter Ausschluss des ordentlichen Rechtswegs endgültig entschieden.[1, 2, 3, 4, 5, 6]

(2) Ausgeschiedene Gesellschafter bleiben an diese Schiedsvereinbarung gebunden.[7, 8]

(3) Die Gesellschaft hat gegenüber Klagen, die gegen sie vor einem staatlichen Gericht anhängig gemacht werden und Streitigkeiten betreffen, die gemäß Ziffer 1 der Schiedsvereinbarung unterfallen, stets die Einrede der Schiedsvereinbarung zu erheben.[9]

(4) Das Schiedsgericht besteht aus [bitte eintragen: „einem Einzelschiedsrichter" oder „drei Schiedsrichtern"].[5]

(5) Der Schiedsort ist [bitte gewünschten Schiedsort eintragen].

(6) Die Verfahrenssprache ist [bitte gewünschte Verfahrenssprache eintragen].

(7) Das in der Sache anwendbare Recht ist [bitte gewünschtes Recht eintragen].

Anmerkungen

1. Die Ergänzenden Regeln für gesellschaftsrechtliche Streitigkeiten (DIS-ERGeS) ergänzen die DIS-SchGO für gesellschaftsrechtliche Streitigkeiten. Sie finden sich als Bestandteil der DIS-SchGO in Anlage 5. Konkreter Anlass für die Schaffung der DIS-ERGeS war die Sicherstellung der Schiedsfähigkeit von Beschlussmängelstreitigkeiten bei der GmbH gem den Anforderungen des Urteils des BGH vom 6.4.2009 (BGH NJW 2009, 1962 „Schiedsfähigkeit II", s Vorb zu II.M.1). Die DIS-ERGeS bieten darüber hinaus auch eine Lösung für andere gesellschaftsrechtliche Streitigkeiten, die Beschlussmängelstreitigkeiten insoweit strukturell ähnlich sind, als auch über sie nur einheitlich gegenüber allen Gesellschaftern und der Gesellschaft entschieden werden kann. Die DIS-SchGO bleibt auf die nach den Ergänzenden Regeln für gesellschaftsrechtliche Streitigkeiten geführten Verfahren anwendbar, soweit diese Regeln keine spezielle Bestimmung enthalten. Die DIS eröffnet damit einen praktikablen Weg, gesellschaftsrechtliche Streitigkeiten umfassend auf schiedsgerichtlichem Weg beizulegen.

2. Die DIS-ERGeS sind zwar in erster Linie mit Blick auf die GmbH entwickelt worden, jedoch gelten seit einer jüngeren Entscheidung des BGH die Mindestanforderungen an die Wirksamkeit von Schiedsvereinbarungen in Gesellschaftsverträgen grundsätzlich auch für Personengesellschaften (BGH NZG 2017, 657 – „Schiedsfähigkeit III" unter Verweis auf – „Schiedsfähigkeit II"). Die Übertragung der in „Schiedsfähigkeit II" für die

GmbH entwickelten Mindestanforderungen auf Personengesellschaften steht allerdings in der Kritik (*Habersack*, FS Graf Schlicker, 2018, 37; *Borris*, NZG 2017, 761), da sich die Beschlussanfechtung in Kapitalgesellschaften erheblich von dem Beschlussmängelrecht der Personengesellschaften unterscheidet. Beschlussanfechtungsklagen in der GmbH sind allein gegen die passivlegitimierte Gesellschaft zu erheben. Die Entscheidung entfaltet jedoch Gestaltungswirkung für alle Gesellschafter. Beschlussmängelklagen in der Personengesellschaft hingegen sind allein gegen alle entgegentretenden Gesellschafter im Rahmen einer Feststellungsklage zu erheben. Das Feststellungsurteil erstreckt sich demnach auch nur auf die am Verfahren Beteiligten. Die auf den Schutz der nicht am Verfahren beteiligten Gesellschafter abzielenden Mindestanforderungen aus „Schiedsfähigkeit II" laufen somit ins Leere, da dieser Personenkreis keiner Gestaltungswirkung unterworfen ist (*Koller/Kindler/Roth/Drüen*, in: HGB 9. Aufl 19). Es kann jedoch im Gesellschaftsvertrag vereinbart werden, dass die Beschlussanfechtungsklage wie im Kapitalgesellschaftsrecht gegen die Gesellschaft zu richten ist.

3. Zudem empfielt die DIS, an anderer Stelle im Gesellschaftsvertrag – und nicht notwendig in der Schiedsvereinbarung selbst – zu regeln, dass jeder Gesellschafter verpflichtet ist, der Gesellschaft eine aktuelle zustellungsfähige Adresse oder einen Zustellungsbevollmächtigten mitzuteilen, und dass der Zugang eines an die Adresse übermittelten Schriftstücks nach Ablauf einer angemessenen Frist fingiert wird.

4. Die Eignung der DIS-ERGeS für die Aktiengesellschaft ist derzeit noch zweifelhaft. Bei nicht personalistisch strukturierten, insbesondere börsennotierten Aktiengesellschaften, kommt die Vereinbarung einer Schiedsklausel im Hinblick auf die Satzungsstrenge des Aktienrechts (§ 23 Abs 5 AktG) nicht in Betracht (Baumbach/Lauterbach/Albers/*Hartmann*, § 1066 Rn 3; *Borris*, SchiedsVZ 2009, 299, 303). Noch nicht höchstrichterlich entschieden ist, ob dies im Falle einer personalistisch strukturierten Aktiengesellschaft anders zu sehen ist (so *Goette*, GWR 09, 103; vgl auch *Borris*, NZG 2010, 481).

5. Besonderes Anliegen bei der Schaffung der DIS-ERGeS war es, die spezifischen Vorzüge der Schiedsgerichtsbarkeit, insbesondere die **Mitwirkung der Parteien an der Auswahl der Schiedsrichter**, beizubehalten. Die DIS-ERGeS sehen im Grundsatz vor, dass die Parteien und Nebenintervenienten ein Recht auf Beteiligung an der Auswahl und Bestellung der Schiedsrichter haben. Im Falle der Bestellung eines **Einzelschiedsrichters** haben sich alle Parteien und Nebenintervenienten auf einen Einzelschiedsrichter zu einigen.

Besteht das Schiedsgericht aus **drei Schiedsrichtern**, steht bei Einleitung des Schiedsverfahrens noch nicht fest, ob und gegebenenfalls wie viele weitere Parteien oder Nebenintervenienten auf Seiten des Schiedsklägers dem Verfahren beitreten. Soweit Gesellschafter oder die Gesellschaft sich dafür entscheiden, dem Verfahren auf Schiedsklägerseite beizutreten, haben sie auch das Recht, an der Auswahl des von der Schiedsklägerseite zu benennenden Schiedsrichters beteiligt zu werden. Deshalb ist in den DIS-ERGeS vorgesehen, dass der Schiedskläger bei Einleitung des Schiedsverfahrens nicht schon in der Schiedsklage einen Schiedsrichter benennen muss (gem Art 8 Abs 1 DIS-ERGeS). Gem Art 8 Abs 2 DIS-ERGeS haben die Parteien und etwaige Nebenintervenienten dann innerhalb eines Monats nach Übermittlung der Schiedsklage an den Schiedsbeklagten und alle Betroffenen, oder im Falle des zulässigen Beitritts eines Betroffenen, innerhalb eines Monats nach dem erfolgten Beitritt auf der Schiedsklägerseite und der Parteien und etwaigen Nebenintervenienten auf der Schiedsbeklagtenseite jeweils einen beisitzenden Schiedsrichter gegenüber der DIS zu benennen.

6. Soweit die Schiedsvereinbarung im Einzelfall zwischen den Gesellschaftern und der Gesellschaft geschlossen werden soll, ist die **Form** des § 1031 ZPO zu beachten, dh die

Schiedsvereinbarung muss entweder in einem von den Parteien unterzeichneten Dokument oder in zwischen ihnen gewechselten Schreiben, E-Mails, Fernkopien, Telegrammen oder anderen Formen der Nachrichtenübermittlung, die einen Nachweis der Vereinbarung sicherstellen, enthalten sein. Dies gilt nicht für Schiedsklauseln in der GmbH-Satzung, die keine Schiedsvereinbarung gem § 1029 ZPO darstellt. Jedoch ist die Satzung gem § 2 GmbHG notariell zu beurkunden. Soll die Schiedsvereinbarung also Satzungsbestandteil werden, ist sie gemeinsam mit den übrigen Satzungsbestimmung notariell zu beurkunden (*Behme*, BB 2008, 685, 686; *Lüttmann/Breyer*, ZZP 119 (2006) 475, 480). Das Beurkundungserfordernis bezieht sich allein auf die statutarische Schiedsabrede selbst. Es ist nicht erforderlich, die in der statutarischen Schiedsabrede in Bezug genommenen Regelwerke, hier also die DIS-SchGO und die DIS-ERGeS, ebenfalls mitzubeurkunden. Allerdings stellt dies den sichersten Weg dar.

7. Die Wirkungen des Schiedsspruchs erstrecken sich nicht nur auf die Parteien, sondern auch auf die Betroffenen, die ordnungsgemäß nach den DIS-ERGeS benannt wurden, aber von der ihnen eingeräumten Möglichkeit, dem Schiedsverfahren als Partei oder Nebenintervenient beizutreten, keinen Gebrauch gemacht haben. Die als Betroffene benannten Gesellschafter verpflichten sich, die Wirkungen des Schiedsspruchs anzuerkennen. Zudem erstrecken sich die Wirkungen des Schiedsspruchs auch auf diejenigen Betroffenen, die zwar nach Ablauf der für die Benennung von Betroffenen vorgesehenen Fristen benannt wurden, aber dem Schiedsverfahren als Partei oder Nebenintervenient beigetreten sind (Art 11 Abs 2 DIS-ERGeS). Diese Bindung tritt zusätzlich neben die bereits aus § 1055 ZPO, § 248 Abs 1 S 1 AktG analog folgende.

8. Die Musterschiedsklausel sieht vor, dass **ausgeschiedene** Gesellschafter an die Schiedsvereinbarung gebunden bleiben.

9. Unverzichtbar ist die Regelung, wonach die Gesellschaft gegenüber Klagen, die gegen sie vor einem staatlichen Gericht anhängig gemacht werden und Streitigkeiten betreffen, die in den Anwendungsbereich der Schiedsabrede fallen, stets die **Einrede** der Schiedsabrede zu erheben hat.

3. Schiedsklausel zwischen einer deutschen und einer ausländischen Partei (mit Bezugnahme auf die Schiedsgerichtsordnung der Internationalen Handelskammer in Paris, ICC)[1, 2, 3, 4, 5]

Alle Streitigkeiten, die sich aus oder im Zusammenhang mit dem Vertrag . . . . . (genaue Bezeichnung des Vertrages mit Datum) ergeben, werden nach der Schiedsgerichtsordnung der Internationalen Handelskammer (ICC)[6] von einem *oder* drei gem dieser Ordnung ernannten Schiedsrichtern[7] endgültig entschieden.

[Optional: Die Bestimmungen zum Eilschiedsrichterverfahren finden keine Anwendung.[8]]

[Optional: Die Bestimmungen zum beschleunigten Verfahren finden keine Anwendung.[9]]

Das Schiedsgericht kann auch über die Gültigkeit dieser Schiedsvereinbarung bindend entscheiden.[10]

Schiedsort ist . . . . .[11]

Auf alle Ansprüche im Zusammenhang mit dem Vertrag findet . . . . . Recht Anwendung.[12]

Ergänzend zu den Regeln der ICC sowie den bindenden anderweitigen Regelungen findet auf das Schiedsverfahren ..... Recht Anwendung.[13]

Die Parteien vereinbaren ..... als die in dem Schiedsgerichtsverfahren anzuwendende Sprache.[14]

Unterschriften der Parteien[15]

Anmerkungen

1. Die **Internationale Handelskammer** (International Chamber of Commerce/Chambre de Commerce Internationale, **ICC**) **in Paris** ist ein seit 1919 bestehender Zusammenschluss von Firmen und Wirtschaftsorganisationen mit dem Ziel, die Liberalisierung des Welthandels auf der Basis des freien Wettbewerbs zu fördern. Die Organisation hat Mitglieder in mehr als hundert Ländern, die in der Mehrzahl jeweils in Ländergruppen zusammengeschlossen sind. Mit der 1975 verabschiedeten und danach mehrfach geänderten ICC-Schiedsgerichtsordnung (**ICC-SchiedsGO**) (gültige Fassung: 1.1.2021, auf der Website der ICC unter www.iccwbo.org verfügbar) hat die ICC ein hohes Ansehen genießendes Regelwerk für den Ablauf von Schiedsverfahren geschaffen (Hauptsitz: ICC Headquarters, 33-43 Avenue du Président Wilson, 75- 116 Paris, France, Telefon: +33 (0) 1 49 53 28 28, Telefax: +33 (0) 1 49 53 29 33, E-Mail: arb@iccwbo.org).

Die ICC-Schiedsgerichtsordnung ist nur eine von ca 75 zur Auswahl stehenden institutionellen internationalen Schiedsverfahrensordnungen (kurzer Überblick bei Baumbach/Hopt/*Hopt*, HGB Einl Rn 96 ff vor § 1). Gemessen an den jährlichen Fallzahlen gehört die ICC-SchiedsGO zu den führenden Schiedsverfahrensordnungen weltweit (Übersicht bei *Born*, Cases and Materials, 111).

Die neue Fassung der Schiedsgerichtsordnung trat am 1.1.2021 in Kraft. Seit diesem Datum gilt die neue Schiedsgerichtsordnung grundsätzlich für alle Schiedsverfahren, die nach diesem Zeitpunkt anhängig gemacht wurden bzw werden.

Die **neue ICC-SchiedsGO** von 2021 bleibt den bisherigen Grundsätzen der ICC-Schiedsgerichtsbarkeit treu. Sie behält ihre wesentlichen Bestimmungen bei, einige Regeln wurden überarbeitet und einige ergänzt.

2. Das Wesen der aktuellen ICC-SchiedsGO wird durch ihre vorangegangenen Fassungen aus 2012 und 2017 geprägt. Die Überarbeitung von 2012 führte eine Reihe von Änderungen in die SchiedsGO ein: Ziel der ICC-SchiedsGO aus 2012 war die Beschleunigung der Schiedsverfahren und die Erhöhung der Verfahrenseffizienz (*Bühler/v. Schlabrendorff,* SchiedsVZ 2009, 37; *Pörnbacher/Baur,* BB 2011, 2628; *Voser,* ASA Bulletin 2011, 785; *Sessler/Voser,* SchiedsVZ 2012, 120 f). Hierzu dienen insbesondere verschiedene Verfahrensmanagementtechniken, die in Anhang IV zur ICC-SchiedsGO aufgeführt werden und die dem Schiedsrichter Anhaltspunkte für Maßnahmen geben, die er im Interesse der Beschleunigung und Effizienz des Schiedsverfahrens anordnen kann (Art 22 Abs 2 ICC-SchiedsGO). Ferner führte die ICC unter anderem Regeln für Entscheidungen eines Eilschiedsrichters vor der Konstituierung des Schiedsgerichts ein (Art 29 ICC-SchiedsGO iVm Eilschiedsrichterverfahrensordnung in Anhang V zur ICC-SchiedsGO). Der Anwendungsbereich dieses Eilschiedsrichterverfahrens ist immer dann eröffnet, wenn Sicherungsmaßnahmen oder vorläufige Maßnahmen benötigt werden, die nicht bis zur Bildung des Schiedsgerichts warten können (*Voser*, ASA Bulletin 2011, 812–818). Zum Eilschiedsrichterverfahren sa → Form II.P.8 Anm 1 ff.

3. Das Leitmotiv der Reform von 2017 war ebenfalls die Effizienzsteigerung und dabei insbesondere die Verfahrensbeschleunigung (Vorwort zur ICC-SchiedsGO v 1.3.2017).

Die Reform zum 1.3.2017 nutzte hierzu zwei Mechanismen. Erstens wurde mit dem vollständig reformierten Art 30 ICC-SchiedsGO ein neuer Verfahrenstypus, das beschleunigte Verfahren (Expedited Procedure), unmittelbar in die SchiedsGO eingeführt (*Schütt*, SchiedsVZ 2017, 81 ff), und zweitens wurden bestimmte Fristen generell gekürzt. Beispielsweise wurde die Frist zur Formulierung des Schiedsauftrages nach Erhalt der Akten von zwei Monaten auf dreißig Tage verkürzt.

Art 30 ICC-SchiedsGO wird durch detaillierte Regelungen in Anlage VI zur ICC-SchiedsGO ergänzt. Noch 2012 entschied sich die ICC klar gegen die Einführung eines separaten gekürzten Verfahrens und hielt es für ausreichend, dass die Parteien durch privatautonome Vereinbarungen, zB durch die Verständigung auf kurze Fristen oder wenige Schriftsatzrunden, die Verfahrenseffizienz und Kostensparsamkeit ihrer Streitigkeiten sichern konnten (sog Fast-Track-Arbitration, s *Schütt*, SchiedsVZ 2017, 81; mwN *Born*, Cases and Materials, 133; zu den Methoden *Marchili* in *Gonzalez-Bueno,* 189 ff). Solche Vereinbarungen sind nach wie vor möglich.

Mit Art 30 ICC-SchiedsGO entsprach die ICC den Forderungen nach einem **separaten beschleunigten Verfahren** (*Alves* in *Gonzalez-Bueno,* 179 ff). Andere bedeutende Schiedsinstitutionen hatten bereits zuvor ähnliche Verfahrenstypen in ihre Schiedsordnungen implementiert oder in gesonderten Regelwerken entworfen (*Bühler/Heitzmann*, J Int'l Arb Vol 34 No 2, 121 ff; *Schütt*, SchiedsVZ 2017, 81). Die ICC kombiniert in Art 30 der ICC-SchiedsGO iVm Anlage VI zur ICC-SchiedsGO verschiedene Elemente und Methoden dieser Äquivalente anderer Schiedsinstitutionen (detailliert → Anm 8).

Das prägende Merkmal des beschleunigten Verfahrens der ICC-SchiedsGO ist die grundsätzliche Entscheidung durch einen **Einzelschiedsrichter** auch bei entgegenstehender Schiedsvereinbarung (hierzu → Anm 6 ausführlich). Hierdurch soll zu Lasten der Privatautonomie der Parteien eine besonders effektive und schnelle Konfliktlösung gewährleistet werden.

Zu den weiteren Wesensmerkmalen zählen unter anderem kurze Fristen, der Wegfall des Schiedsauftrages sowie Beschränkungen bei der Geltendmachung neuer Ansprüche nach erfolgter Konstitution des Schiedsgerichts (eine Aufzählung der Wesensmerkmale findet sich bei *Arroyo*, 2430; sa → Anm 8).

Nach Art 30 Abs 1 ICC-SchiedsGO gehen die Bestimmungen des beschleunigten Verfahrens grundsätzlich allen abweichenden Bestimmungen der Schiedsvereinbarung vor. Mit diesem Anwendungsvorrang entschied sich die ICC für eine starke Einschränkung der die Schiedsgerichtsbarkeit prägenden Privatautonomie (*Schütt*, SchiedsVZ 2017, 82). Dies macht es notwendig, in Schiedsvereinbarungen ab dem 1.3.2017 genau auf die Formulierung einzelner Klauseln zu achten, um Überraschungen im möglicherweise automatisch anwendbaren beschleunigten Verfahren vorzubeugen. Vor allem für Schiedsbeklagte stellen sich in einem beschleunigten Verfahren besondere Herausforderungen. Während der Schiedskläger die Einleitung des Verfahrens nach seinem Ermessen in der Hand hat, muss die Schiedsbeklagte innerhalb kürzester Zeit, möglicherweise unvorbereitet, reagieren können (weiter zum beschleunigten Verfahren nach der ICC-SchiedsGO unter → Anm 6, 8).

Das zweite Hauptmotiv der Reform von 2017 war die **Transparenzsteigerung** der Arbeit des Gerichtshofs (Vorwort zur ICC-SchiedsGO v 1.3.2017, vgl hierzu *Gharibian*, BB 17, 138). Der Gerichtshof kann Entscheidungen im Sinne von Art 11 Abs 4 ICC-SchiedsGO nunmehr begründen, während die aF eine Begründung ausdrücklich ausschloss.

4. Die mit der Fassung vom 1.1.2021 vorgenommenen Änderungen der ICC-SchiedsGO lassen den bestehenden Charakter der Schiedsordnung weitestgehend unangetastet. Wie schon zuvor, besteht das Ziel der Anpassungen darin, die Effizienz, Flexibilität und Transparenz der Schiedsverfahren unter der ICC-SchiedsGO zu verbessern. Hierzu wurden die Möglichkeiten ausgedehnt, zusätzliche Parteien in ein Schiedsverfahren einzubeziehen (sa II.O.3 Anm 6) und Verfahren miteinander zu verbinden. Zudem wurde die Streitwertobergrenze für das mit der Reform von 2017 eingeführte beschleunigte Verfahren auf USD 3 Millionen angehoben, sodass dieses für eine größere Anzahl an Streitigkeiten zugänglich ist (sa Anm 8). Die ICC erweiterte außerdem die Möglichkeit, mündliche Verhandlungen per Videokonferenz, Telefon oder unter Nutzung ähnlicher Kommunikationsmittel vorzunehmen. Um die Integrität von Schiedsverfahren unter der ICC-SchiedsGO zu verbessern, enthält die Neufassung von 2021 zudem erweiterte Regelungen zur Offenlegung von Drittfinanzierungen der Parteien und zu Informationspflichten bei einem Wechsel der Parteivertreter (sa II.O.3 Anm 13). Dies dient insbesondere der Sicherstellung der Unabhängigkeit von Schiedsrichtern.

5. Ob die Schiedsvereinbarung **wirksam** ist, bestimmt sich nach dem **auf die Schiedsvereinbarung anzuwendenden materiellen Recht** (sa → Anm 5, 10 f; ggf abzugrenzen vom materiellen Recht, das auf die Streitigkeit anzuwenden ist). Welches materielle Recht auf die Schiedsvereinbarung anzuwenden ist, ist gem Art 21 Abs 1 ICC-SchiedsGO vorrangig von den Parteien zu bestimmen.

Haben die Parteien keine derartige Vereinbarung getroffen, bestimmt das Schiedsgericht gem Art 21 Abs 1 ICC-SchiedsGO das anwendbare materielle Recht nach eigenem Ermessen unter Berücksichtigung der Bestimmung der zwischen den Parteien bestehenden Verträge, sofern vorhanden, und aller einschlägigen Handelsbräuche (zu diesen Baumbach/Hopt/*Hopt* § 346 HGB Rn 12 ff). (*Craig/Park/Paulsson,* § 17.01; *Derains/Schwartz,* 238 ff; dazu → Anm 4, 5, 10). Nach der Rechtsprechung des BGH ist eine Schiedsvereinbarung kraft Handelsbrauchs nicht mehr möglich, wenn nicht auch den Formerfordernissen von § 1031 ZPO entsprochen wird (BGH Beschl v 6.4.2017, Az I ZB 69/16; *Kröll*, NJW 2018, 837). Zu den Formerfordernissen des § 1031 ZPO vgl (→ Form II.M.1 Anm 11).

In der Regel unterbleibt in Schiedsvereinbarungen eine Bestimmung des auf die Schiedsvereinbarung anwendbaren Rechts (→ Anm 5, 9, 11). Dies ist in den meisten Fällen nicht weiter von Relevanz, da die Parteien nur selten über die eigentliche Wirksamkeit der Schiedsvereinbarung streiten. Regelmäßig sind sich die Parteien zumindest darüber einig, ihren Konflikt jedenfalls vor einem Schiedsgericht austragen zu wollen, weswegen die (Un-)Wirksamkeitsfrage der Schiedsvereinbarung in den Hintergrund rückt. Sollte es auf diese Frage jedoch ankommen, kann einerseits die Nichtberücksichtigung und andererseits auch die unüberlegte Bestimmung des auf die Schiedsvereinbarung anwendbaren Rechts kaskadenartige Folgen haben.

Das Recht, welches auf die Schiedsvereinbarung und ihre Wirksamkeitsfrage selbst Anwendung findet, kann in der Theorie, obgleich die Schiedsvereinbarung integraler Bestandteil des zugrundeliegenden Vertrages ist, von dem auf den Vertrag anwendbaren Recht abweichen (*Born,* International Commercial Arbitration, 507; *Blackaby/Partasides*, 157 f). Die Wahl des Rechts, welches auf die Schiedsvereinbarung Anwendung findet, ist eine komplexe und vielmals unterschätzte Materie und kann mit unvorhergesehenen Konsequenzen behaftet sein. Wird das auf die Schiedsvereinbarung anwendbare Recht in der Schiedsvereinbarung ausdrücklich geregelt, sollten die entwickelten Grundsätze der verschiedenen staatlichen Gerichte, Schiedsgerichte und Kommentatoren Berücksichtigung finden (ausführlich hierzu *Born,* International Commercial Arbitration, 507 ff). Zu den Grundsätzen, die gelten, wenn kein auf die Schiedsvereinbarung anwendbares Recht bestimmt wird, s *Blackaby/Partasides*, 158 ff und → Anm 10.

6. Art 6 der ICC-SchiedsGO verlangt für die Wirksamkeit der Schiedsvereinbarung, dass diese ausdrücklich auf die SchiedsGO der ICC Bezug nimmt, wobei sich dies auf die **jeweils gültige Schiedsgerichtsordnung bei Beginn des Schiedsverfahrens** bezieht. In allen Schiedsverfahren, die am oder nach dem 1.1.2021 begonnen haben, gilt die neue ICC-SchiedsGO in der aktuellen Fassung, es sei denn, die Parteien haben ausdrücklich die Geltung einer älteren ICC-SchiedsGO vereinbart oder Teilbereiche der neuen ICC-SchiedsGO ausgeschlossen (*Schnyder* in *Arroyo*, 2195; vgl Eilschiedsrichter (→ Anm 7). Sollten das Sekretariat und die Parteien darüber uneinig sein, welche Fassung der ICC-SchiedGO Anwendung findet, entscheidet das Schiedsgericht über diese Frage (*Schnyder* in *Arroyo*, 2195). Außerdem muss für die Wirksamkeit der Schiedsvereinbarung das Rechtsverhältnis, das der schiedsrichterlichen Entscheidung unterliegen soll, ausreichend bestimmt sein.

Die Schiedsvereinbarung unterliegt nach der **ICC-SchiedsGO keinem Formzwang.** Ein Formzwang kann sich jedoch aus dem auf die Vereinbarung anzuwendenden Recht ergeben (dazu → Anm 4). Ist auf die Schiedsvereinbarung **deutsches Recht** anzuwenden, zB weil der Schiedsort in Deutschland liegt (§ 1025 Abs 1 ZPO), sind die **Formvorschriften des § 1031 ZPO** zu beachten (→ Form II.M.1 Anm 11). In jedem Fall empfiehlt sich Schriftform, da diese gem Art II Abs 1 des New Yorker Übereinkommens über die Anerkennung und Vollstreckung ausländischer Schiedssprüche vom 10.6.1958 (UNÜbkSchG, BGBl 61 II 122) Wirksamkeitsvoraussetzung für die Anerkennung und Vollstreckung im Ausland ist. Dabei genügt gem Art II Abs 2 UNÜbkSchG der Austausch von Briefen/Telegrammen. Soweit auf das Verfahren deutsches Recht anzuwenden ist, muss darüber hinaus beachtet werden, dass im Falle der Beteiligung eines Verbrauchers die Schiedsvereinbarung in einer getrennten Vereinbarung enthalten sein muss (§ 1031 Abs 5 ZPO). Liegt eine wirksame Schiedsvereinbarung vor, ist eine nachfolgende Klage vor einem deutschen Gericht unzulässig, wenn sich die andere Partei vor Beginn der mündlichen Verhandlung auf die Schiedsvereinbarung beruft (§ 1032 Abs 1 ZPO), (→ Form II.M.1 Anm 16).

7. Die Parteien können die **Besetzung des Schiedsgerichts** mit einem oder drei Schiedsrichtern regeln (Art 12 Abs 1 ICC-SchiedsGO). Zwar bietet ein Schiedsgericht mit drei Schiedsrichtern mutmaßlich die höhere Gewähr für die sachliche Richtigkeit eines Schiedsspruches, doch ist zu berücksichtigen, dass die anfallenden Schiedsrichterhonorare im Verhältnis 3 : 1 steigen. Dies mag jedoch dadurch ausgeglichen werden, dass die Parteien drei Schiedsrichtern größeres Vertrauen entgegenbringen, da sie zumindest durch die Benennung eines Schiedsrichters an der Konstituierung des Schiedsgerichts beteiligt sind (Art 12 Abs 4 ICC-SchiedsGO).

Vereinbarungen mit einer Schiedsrichteranzahl abweichend von der Regel des Art 12 Abs 1 ICC-SchiedsGO sind äußerst selten und nicht empfehlenswert (*Reiner/Petkutė/Kern* in Schütze, Institutionelle Schiedsgerichtsbarkeit, 87). Vor allem Vereinbarungen über eine gerade Anzahl an Schiedsrichtern können sich als problematisch erweisen.

Besondere Vorsicht ist im Hinblick auf ein **mögliches beschleunigtes Verfahren** nach Art 30 ICC-SchiedsGO iVm Anlage VI zur ICC-SchiedsGO geboten. Aus Art 30 Abs 1 iVm Anhang VI Art 2 Abs 1 zur ICC-SchiedsGO ergibt sich, dass der Gerichtshof auch bei gegenteiliger Bestimmung in der Schiedsvereinbarung einen Einzelschiedsrichter benennen kann. Dies bedeutet, dass ein Einzelschiedsrichter die Streitigkeit entscheiden kann, wenn der Gerichtshof einen solchen bestimmt, auch wenn die Schiedsvereinbarung grundsätzlich eine Besetzung mit drei Schiedsrichtern vorsieht. Sollte ein beschleunigtes Verfahren in Betracht kommen, sei es mangels Opt-Out und automatischem Anwendungsbereich oder aufgrund eines Opt-In, sollte die Schiedsvereinbarung expressis verbis vorsehen, dass ein Dreier-Schiedsgericht auch für den Fall eines beschleunigten Verfahrens bestellt werden soll, sofern die Parteien auf drei Schiedsrichter Wert legen (*Schütt*, SchiedsVZ 2017, 85), zB

„Alle Streitigkeiten, die sich aus oder im Zusammenhang mit dem Vertrag . . . . . (genaue Bezeichnung des Vertrages mit Datum) ergeben, werden nach der Schiedsgerichtsordnung der Internationalen Handelskammer (ICC) von drei gem dieser Ordnung ernannten Schiedsrichtern

endgültig entschieden. Das Schiedsgericht soll auch im Falle eines beschleunigten Verfahrens mit drei gem dieser Ordnung ernannten Schiedsrichtern besetzt sein . . . . .“

Dies erscheint als einzige Möglichkeit, um den Parteiwillen zu wahren. Sollte der Gerichtshof die Vereinbarung der Parteien ignorieren, droht nach Abschluss des Verfahrens das Risiko der Aufhebung bzw Nichtvollstreckbarkeit des Schiedsspruchs (*Schütt*, SchiedsVZ 2017, 84f).

Neben der vertraglichen Bestimmung der Zahl der Schiedsrichter steht es den Parteien frei, auch den Benennungsmodus, einschließlich der Staatsangehörigkeit und etwaiger besonderer (fachlicher) Qualifikationen der Schiedsrichter, selbst zu regeln. Treffen die Parteien diesbezüglich keine Vereinbarung, benennt der Gerichtshof je nach der Bedeutung des Streitfalles einen oder drei Schiedsrichter (Art 12 Abs 2 ICC-SchiedsGO). Zudem kann der Gerichtshof die Schiedsrichter – trotz entgegenstehender Parteivereinbarung – dann benennen, wenn außerordentliche Umstände bestehen, welche das erhebliche Risiko einer ungleichen Behandlung der Parteien besorgen und dadurch die Gültigkeit des Schiedsspruches beeinflussen können (Art 12 Abs 9 ICC-SchiedsGO).

Weniger frei sind die Parteien bei der Bestimmung eines Einzelschiedsrichters im beschleunigten Verfahren bei einem Streitwert von bis zu USD 2 Millionen bzw USD 3 Millionen, wenn die Schiedsvereinbarung nach dem 1.1.2021 geschlossen wurde. Nach Anlage VI Art 2 Abs 2 zur ICC-SchiedsGO haben die Parteien nach wie vor das gemeinsame Recht, sich auf einen Einzelschiedsrichter zu einigen. Wenn dies jedoch nicht innerhalb einer vom Sekretariat zu setzenden Frist geschieht, wird der Gerichtshof unmittelbar in einer möglichst kurzen Zeitspanne einen Einzelschiedsrichter auswählen. Dies gilt gemäß Appendix VI Art 2 Abs 1 selbst dann, wenn die Parteien sich auf ein Dreierschiedsgericht geeinigt hatten.

Alle Schiedsrichter bedürfen der Benennung bzw Bestätigung durch den Gerichtshof bzw der Bestätigung durch den Generalsekretär (Art 12 Abs 2, 13 Abs 2 ICC-SchiedsGO).

Mehrere Parteien auf Kläger- oder Beklagtenseite haben bei einer Besetzung des Schiedsgerichts mit drei Schiedsrichtern jeweils gemeinsam einen Schiedsrichter zu benennen; erfolgt keine gemeinsame Benennung und können sich die Parteien nicht auf ein Verfahren zur Benennung von Schiedsrichtern einigen, so kann der Gerichtshof alle Schiedsrichter benennen und einen von ihnen als Vorsitzenden bestimmen (Art 12 Abs 6, 7, 8 ICC-SchiedsGO).

8. Die Konstituierung eines ICC-Schiedsgerichts kann, je nach Bereitschaft der gegnerischen Partei zur Mitwirkung bei der Bestellung des Schiedsgerichts, mehrere Wochen in Anspruch nehmen. Jede Partei einer Schiedsvereinbarung nach der ICC-SchiedsGO hat das Recht, für dringende Eilmaßnahmen vor Konstituierung des Schiedsgerichts einen **Eilschiedsrichter** anzurufen, und zwar selbst dann, wenn eine ausdrückliche Bestimmung in der Schiedsvereinbarung fehlt (s dazu ausführlich → Form II.P.8 Anm 1 ff).

Bis zum 30.4.2018 wurden insgesamt 80 Eilschiedsrichterverfahren eingeleitet. Hieraus entwickelte sich eine übersichtliche Fallpraxis (s hierzu *International Chamber of Commerce*, ICC Commission Report: Emergency Arbitrator Proceedings, 3 ff).

Wenn nach dem Willen der Parteien die Bestimmungen zum Eilschiedsrichterverfahren keine Anwendung finden sollen, dann müssen sich die Parteien ausdrücklich **gegen** deren Anwendbarkeit entscheiden, indem sie den hier vorgeschlagenen Satz in die Schiedsvereinbarung einfügen (Opt-out-Prinzip). Die Möglichkeit des Einstweiligen Rechtsschutzes vor staatlichen Gerichten wird durch das Eilschiedsrichterverfahren nicht ausgeschlossen, ebensowenig durch dessen Abbedingung.

In Deutschland dürfte der Eilschiedsrichter häufig nicht von Vorteil sein; die Möglichkeit des Einstweiligen Rechtsschutzes vor staatlichen Gerichten, verbunden mit der Möglichkeit, bei einem konstituierten Schiedsgericht um Einstweiligen Rechtsschutz nachzusuchen, werden meist ausreichend sein. Auch im Hinblick auf die internationale Vollstreckung von

Beschlüssen des Eilschiedsrichters werden Zweifel an dessen Eignung geäußert, wenn beispielsweise eine Partei durch Arrestantrag daran gehindert werden soll, Vermögen dem Zugriff der anderen Seite zu entziehen (*Pörnbacher/Baur,* BB 2011, 2631). Ein Anwendungsspielraum bleibt für den Bereich vorläufiger Regelungen, wo Parteien sich in den meisten Fällen freiwillig an Anordnungen von Schiedsgerichten halten, und insbesondere in Jurisdiktionen, wo einstweiliger Rechtsschutz vor staatlichen Gerichten nur eingeschränkt zur Verfügung steht. Die ICC-SchiedsGO selbst trifft keine Aussage zur Vollstreckung der Beschlüsse des Eilschiedsrichters, denn die Frage der Vollstreckbarkeit wird durch das Recht am Ort der erstrebten Vollstreckung entschieden. Da die Entscheidung des Eilschiedsrichters dieselbe Rechtsnatur wie eine Anordnung des Schiedsgerichts nach Art 28 ICC-SchiedsGO hat, sollte der Beschluss des Eilschiedsrichters grundsätzlich ebenso vollstreckbar sein wie eine solche Anordnung des Schiedsgerichts (*Boog* in *Arroyo*, 2395). Dennoch stellt ein Beschluss des Eilschiedsrichters in der Regel kein Urteil im Sinne des New Yorker Abkommens von 1958 dar, weswegen er jedenfalls nicht nach deren Regeln vollstreckt werden kann (mit Nachweisen zu einzelnen Jurisdiktionen *Santens/Kudrna,* 10 ff; *Garimella/Sooksripaisarnkit* in *Gomez/Lopez-Rodriguez*, 70 ff).

9. Das **beschleunigte Verfahren**, geregelt in Art 30 ICC-SchiedsGO iVm Appendix VI, weist eine Reihe an Besonderheiten gegenüber dem üblichen Verfahren nach der ICC-SchiedsGO auf (hierzu → Form II.P.3 Anm 1 ff). Nach Art 30 Abs 1 ICC-SchiedsGO genießen Art 30 ICC-SchiedsGO und der Appendix VI zur ICC-SchiedsGO grundsätzlich Anwendungsvorrang gegenüber abweichenden Bestimmungen in der Schiedsvereinbarung. Der Gerichtshof kann nach Appendix VI Art 2 zur ICC-SchiedsGO auch bei entgegenstehendem Parteiwillen einen Einzelschiedsrichter benennen (siehe → Anm 7). Nach Appendix VI Art 3 Abs 1 zur SchiedsGO wird kein Schiedsauftrag nach Art 23 SchiedsGO formuliert (hierzu vgl → Form II.P.3). Neue Ansprüche kann eine Partei nach Konstituierung des Schiedsgerichts nur eingeschränkt geltend machen, Appendix VI Art 3 Abs 2 zur ICC-SchiedsGO. Grundsätzlich hat die Verfahrensmanagementkonferenz spätestens 15 Tage nach Übergabe der Akten an das Schiedsgericht stattzufinden, Appendix VI Art 3 Abs 3 zur ICC-SchiedsGO. Das Schiedsgericht kann nach eigenem Ermessen die Vorlage von Dokumenten und Anzahl, Länge und Inhalt der Schrifsätze und der schriftlichen Beweisführung einschränken, Appendix VI Art 3 Abs 4 zur ICC-SchiedsGO. Nach einer Anhörung der Parteien kann das Schiedsgericht auch ohne mündliche Verhandlung und ohne Befragung von Zeugen und Sachverständigen nach Aktenlage entscheiden, Appendix VI Art 3 Abs 5 S 1 zur ICC-SchiedsGO. Grundsätzlich muss der Schiedspruch binnen sechs Monaten nach der Verfahrensmanagementkonferenz erlassen werden, Appendix VI Art 4 Abs 1 zur ICC-SchiedsGO.

Das beschleunigte Verfahren findet **automatisch Anwendung** bei Streitigkeiten mit einem Streitwert, der nicht über USD 2 Millionen liegt, und einer Schiedsvereinbarung, die nach dem 1.3.2017 geschlossen wurde. Für Schiedsvereinbarungen, die nach dem 1.1.2021 geschlossen wurden, liegt die Grenze bei USD 3 Millionen, Appendix VI, Art 1 Abs 2 b) zur ICC-SchiedsGO. Die Berechnung des Grenzwertes berücksichtigt den Streitwert der Schiedsklage sowie von etwaigen Widerklagen, sich kreuzenden Ansprüchen (Aufrechnung) und Ansprüchen nach den Art 7, 8 ICC-SchiedsGO (*ICC International Court of Arbitration*, Note to Parties and Arbitral Tribunals on the Conduct of the Arbitration under the ICC Rules of Arbitration vom 1.1.2019, Ziffern 97 ff). Grundsätzlich werden Feststellungsklagen und Klagen mit nichtbezifferbaren Ansprüchen nicht im beschleunigten Verfahren durchgeführt, es sei denn sie dienen der Unterstützung bezifferbarer Ansprüche oder weisen eine geringe Komplexität auf (vgl *ICC International Court of Arbitration*, Note to Parties and Arbitral Tribunals on the Conduct of the Arbitration under the ICC Rules of Arbitration vom 1.1.2019, Ziffer 100). Aus der automatischen Anwendung des beschleunigten Verfahrens bei Streitwerten von nicht über USD 2 Millionen bzw USD 3 Millionen bzw lässt sich die allgemeine Wertung der ICC ableiten, dass sich derartige Streitigkeiten für verkürzte Verfahren grundsätzlich eignen (*Schütt*, SchiedsVZ 2017, 81). Etwa ein Drittel aller Verfahren unter der Administration der ICC weisen einen Streitwert von unter USD 2 Millionen auf (*Seraglini/Baeten* in *Lévy/Polkinghorne*, 39).

Um die Anwendung des beschleunigten Verfahrens generell auszuschließen, können die Parteien ein **Opt-Out** vereinbaren. Daneben kann der Gerichtshof jederzeit während des Schiedsverfahrens von Amts wegen oder auf Antrag auch nur einer Partei über die Sachdienlichkeit und die Anwendbarkeit des beschleunigten Verfahrens entscheiden, Art 30 Abs 3 lit c ICC-SchiedsGO iVm Anhang VI Art 1 Abs 4 zur ICC-SchiedsGO. Kommt der Gerichtshof zum Ergebnis, dass das beschleunigte Verfahren keine Anwendung mehr findet, bleibt das bereits konstituierte Schiedsgericht grundsätzlich im Amt, es sei denn der Gerichtshof hält es von Amts wegen oder auf Antrag einer Partei für sachdienlich, das Schiedsgericht zu ersetzen oder seine Zusammensetzung zu ändern (*ICC International Court of Arbitration*, Note to Parties and Arbitral Tribunals on the Conduct of the Arbitration under the ICC Rules of Arbitration vom 1.1.2019, Ziffer 113).

Spiegelbildlich zum Opt-Out können die Parteien die Anwendung des beschleunigten Verfahrens positiv bestimmen (**Opt-In-Prinzip**), unabhängig davon, ob dessen Regelanwendungsbereich nach der ICC-SchiedsGO eröffnet ist. Das Opt-In kann zB in folgender Weise formuliert werden:

> **„Die Parteien vereinbaren gemäß Art 30 Abs 2 b) der Schiedsgerichtsordnung der Internationalen Handelskammer, dass die Verfahrensordnung zum beschleunigten Verfahren unabhängig vom Streitwert Anwendung findet."** oder
> **„Die Parteien vereinbaren gemäß Art 30 Abs 2 b) der Schiedsgerichtsordnung der Internationalen Handelskammer, dass die Verfahrensordnung zum beschleunigten Verfahren Anwendung findet, sofern der Streitwert im Zeitpunkt der Mitteilung gemäß Art 1 Abs 3 der Verfahrensordnung zum beschleunigten Verfahren den Betrag von US $ [Betrag] nicht übersteigt."**

Den Parteien einer Schiedsvereinbarung ist die Berücksichtigung des beschleunigten Verfahrens in der Schiedsvereinbarung dringend zu empfehlen, da andernfalls überraschende und unerwartete Konsequenzen eintreten könnten. So könnte der potenzielle Schiedskläger durch die Erhebung von lediglich Teilklagen auch bei erwarteten Streitigkeiten mit einem Gesamtstreitwert von über USD 2 Millionen bzw USD 3 Millionen ein beschleunigtes Verfahren auslösen. Ein solches schnelles Verfahren kann den potenziell unvorbereiteten Schiedsbeklagten überfordern und als Druckmittel für die außergerichtliche Streitbeilegung missbraucht werden.

10. Nach der Regelung des § 1040 ZPO bedarf es dieser **„Kompetenz-Kompetenz-Regelung"** nicht mehr, wenn der Schiedsort in Deutschland liegt, da dann die Anwendung des 10. Buches der ZPO verbindlich vorgeschrieben ist (§ 1025 Abs 1 ZPO). Die vorgeschlagene Formulierung empfiehlt sich deshalb vor allem im Falle eines Schiedsortes im Ausland. Im Anwendungsbereich deutschen Rechts kann ein Schiedsgericht auch über die eigene Zuständigkeit entscheiden, wenn entgegenstehende Entscheidungen ausländischer Gerichte in der dem Schiedsverfahren zugrunde liegenden Streitigkeit vor deutschen Gerichten nicht anerkennungsfähig sind (Internationaler Gerichtshof der ICC, Schiedsverfahren Nr 11 339/DK).

Aus Art 6 Abs 3, 8, 9 ICC-SchiedsGO lässt sich ableiten, dass unter der ICC-SchiedsGO das Schiedsgericht prima facie die Kompetenz hat, über seine eigene Zuständigkeit zu entscheiden (siehe hierzu im Vergleich zu anderen Schieds-GO mit Nachweisen *Gerbay*, 68 ff; *Schnyder* in *Arroyo*, 2196 ff).

11. Obwohl der **Schiedsort** oft für die Vollstreckbarkeit des Schiedsspruches in anderen Ländern maßgeblich ist und Einfluss auf das Schiedsverfahren hat, da neben dieser Schiedsordnung jeweils das am Schiedsort geltende zwingende Verfahrensrecht (ordre public) anzuwenden ist, kann es sinnvoll sein, von einer vertraglichen Vorabvereinbarung des Schiedsortes abzusehen und die Bestimmung dem Gerichtshof zu überlassen (Art 18 Abs 1 ICC-SchiedsGO). Aufgrund seiner Fachkompetenz wird dieser einen Schiedsort auswählen, der die Vollstreckbarkeit des Schiedsspruches in den relevanten Ländern garantiert, in denen der Schiedsspruch voraussichtlich zu vollstrecken wäre. Der Schiedsort ist nicht zu verwechseln mit dem Ort, an dem die Schiedsverhandlungen oder die Beratungen des Schiedsgerichts stattfinden. Diese Orte können vom Schiedsort abweichen (Art 18 Abs 2, 3 ICC-SchiedsGO). Die Bedeutung des Schiedsortes wird durch die Nationalität der Schiedsrichter ergänzt. Falls diese dem Staat angehören, in dem auch der Schiedsort liegt, hat dies zur Folge, dass mutmaßlich ergänzend das relevante Prozessrecht dieses Landes Anwendung findet. Zu betonen ist somit, dass der Schiedsort von erheblicher Bedeutung sein kann und deshalb nicht aus untergeordneten Erwägungen, wie zB nach seiner allgemeinen Attraktivität, gewählt werden sollte (ausführlich *Berger,* RIW 93, 8).

12. Zum **anwendbaren materiellen Recht** siehe auch Art 21 ICC-SchiedsGO und oben → Anm 5. Das auf den Vertrag bzw die Streitigkeit anwendbare materielle Recht (sog *substantive law*) ist abzugrenzen vom Recht, das auf die Schiedsvereinbarung anwendbar ist (→ Anm 4, 11), dem Verfahrensrecht (→ Anm 13), von den möglicherweise anderen anwendbaren Rechten und Richtlinien (sog *soft law*) und dem Recht im Zusammenhang mit der Anerkennung und Vollstreckung des Schiedsspruchs (Übersicht und Einzelheiten bei *Blackaby/Partasides,* 157 ff; sa → Form II.Q.3 Anm 1 ff).

13. Das **Verfahrensrecht** ist in der Regel nicht identisch mit dem materiellen Recht, welches auf den Vertrag und die Streitigkeit als solche Anwendung findet (*Blackaby/Partasides,* 166). Von großer Bedeutung für das auf das Verfahren anwendbare Recht ist die Wahl des Schiedsortes (hierzu → Anm 11; Weiterführendes zum sog *lex arbitri* bei *Blackaby/Partasides,* 166). Das Verfahrensrecht kann jedoch vom nationalen Recht am gewählten Schiedsort, mit einigen Ausnahmen, abweichen.

Aus Art 19 ICC-SchiedsGO ergibt sich zwingend, dass **Parteivereinbarungen über Verfahrensbestimmungen** im Verhältnis zu den Verfahrensbestimmungen in der ICC-SchiedsGO grundsätzlich nachrangig sind. Damit wird das Verfahren als solches grundsätzlich von der ICC-SchiedsGO regiert, soweit nicht das nationale Recht am Schiedsort (*lex arbitri*) zwingend ist (*Schramm* in *Arroyo,* 2299). Schon aufgrund dieser Hierarchie sind verfahrensrechtliche Regelungen seitens der Parteien selten, jedoch unter Umständen durchaus empfehlenswert, zB im Hinblick auf die Durchführung der Ermittlung des Sachverhalts bzw der Beweisaufnahme (Discovery, dazu → Form II.P.3 Anm 17).

Besondere Berücksichtigung verdient abermals das beschleunigte Verfahren mit dem Anwendungsvorrang der ICC-SchiedsGO gegenüber Parteivereinbarungen gem Art 30 Abs 1 ICC-SchiedsGO und das mögliche Opt-Out der Parteien aus dem beschleunigten Verfahren (vgl → Anm 9).

14. Da Art 20 ICC-SchiedsGO einer Parteivereinbarung hinsichtlich der **Verfahrenssprache** Vorrang vor der Bestimmung durch den Gerichtshof einräumt, ist insoweit eine Parteivereinbarung empfehlenswert.

15. Vgl zu den **Wirkungen** der Schiedsvereinbarung § 1032 ZPO sowie → Form II.M.1 Anm 4.

N. Schiedsrichtervertrag, Vergütungsvereinbarung

Präambel

Die Parteien . . . . . (hier Parteiname einsetzen) und . . . . . (hier Parteiname einsetzen) haben eine Schiedsvereinbarung getroffen.

Die Schiedsrichter Herr/Frau . . . . . und Herr/Frau . . . . ., sowie der Vorsitzende Herr/Frau . . . . . haben das ihnen angetragene Amt angenommen.

Dies vorausgeschickt, schließen die drei Schiedsrichter jeweils einerseits und die obengenannten Parteien andererseits . . . . . folgenden Schiedsrichtervertrag:[1, 2]

§ 1

Die Schiedsrichter verpflichten sich, das Verfahren zügig und nach Maßgabe der Schiedsvereinbarung durchzuführen. Weiterhin verpflichten sie sich, an einem Verfahren auf Beantragung vorläufiger oder sichernder Maßnahmen mitzuwirken, soweit dieses in Zusammenhang mit dem Schiedsverfahren steht.[3] Die Schiedsrichter verpflichten sich darüber hinaus, jeweils allen Parteien, auf schriftliche Anfrage mindestens einer Partei, schriftlich Auskunft über den Stand des Verfahrens zu geben, Rechnung zu legen und nach Beendigung des Verfahrens nicht verbrauchte Vorschüsse an die Parteien zurückzuzahlen. Das Schiedsgericht verpflichtet sich zur Verschwiegenheit.

§ 2

Die Schiedsrichter versichern, dass keine Gründe vorliegen, die berechtigte Zweifel an ihrer persönlichen Unparteilichkeit und Unabhängigkeit entstehen lassen könnten. Sollten insoweit während des Schiedsgerichtsverfahrens Änderungen eintreten, werden die Schiedsrichter dies den Parteien umgehend mitteilen.[4]

Die Schiedsrichter haften nur für vorsätzliche Pflichtverletzungen.[5]

§ 3

1) Jeder Schiedsrichter erhält für seine Tätigkeit eine Vergütung (Gebühren und Auslagen)[6] jeweils zuzüglich der gesetzlich geschuldeten Umsatzsteuer.[7]

2) Die Parteien haben den Schiedsrichtern alle angemessenen Auslagen zu erstatten, insbesondere Reisekosten, Verpflegung, Fernsprechkosten, Porti, Umsatzsteuer usw, sowie alle Aufwendungen, die für die Durchführung von Beweisaufnahmen notwendig werden.

3) Das Schiedsgericht legt der Berechnung der Gebühren einen Streitwert zugrunde, der nach den Grundsätzen der Zivilprozessordnung (ZPO) und des Gerichtskostengesetzes (GKG) zu bemessen ist. Die Bestimmung des Streitwertes erfolgt im Rahmen des § 315 BGB.

4) Die Fälligkeit der Honoraransprüche der Schiedsrichter richtet sich nach den Bestimmungen des Rechtsanwaltsvergütungsgesetzes (§ 8 RVG).

5) Die Parteien haften den Schiedsrichtern für die Gebühren und Auslagen als Gesamtschuldner.

6) Die Schiedsrichter können von den Parteien je zur Hälfte die Zahlung eines Vorschusses bis zur Höhe der voraussichtlich entstehenden Vergütung zuzüglich der erwar-

teten Auslagen verlangen. Ist der geleistete Vorschuss verbraucht, so kann Vorschuss nachgefordert werden. Das Schiedsgericht kann den Beginn seiner Tätigkeit von dem Eingang des Vorschusses abhängig machen. Im Falle eines Verfahrens auf Anordnung einer vorläufigen oder sichernden Maßnahme ist dieses zusätzlich zu vergüten.[8]

§ 4

Fällt ein Schiedsrichter ohne sein Verschulden weg, so stehen ihm, im Falle seines Todes seinen Erben, die Gebühren und Auslagen zu, die bis zu seinem Ausscheiden entstanden sind. Das gleiche gilt für alle Schiedsrichter, wenn ein Schiedsspruch nicht zustande kommt.

Ist ein Verschulden von Schiedsrichtern Grund für das Nichtzustandekommen, so stehen diesen keine Vergütungsansprüche zu. Die Schiedsrichter haben bereits erhaltene Vorschüsse zurückzuzahlen; weitergehende Ansprüche der Parteien bleiben unberührt.

Der Vorsitzende des Schiedsgerichts gilt als ermächtigt, die Zahlung einer Vergütung sowie eines Vorschusses hierauf für alle Mitglieder des Schiedsgerichts von den Parteien einzufordern und in Empfang zu nehmen. Er hat von den Parteien eingehende Zahlungen auf einem getrennten Konto treuhänderisch zu verwalten.

§ 5

Die Schiedsrichter können den Schiedsrichtervertrag nur aus wichtigem Grund, insbesondere bei Nichtbezahlung des von den Parteien geforderten Vorschusses kündigen.

Die Parteien können den Schiedsrichtervertrag jederzeit ohne Angabe von Gründen kündigen.

§ 6

Für Streitigkeiten aus dieser Vereinbarung ist das dem im Schiedsvertrag vorgesehene Oberlandesgericht angeschlossene Landgericht, in Ermangelung einer solchen Bestimmung des Schiedsvertrages auch das Landgericht, in dessen Bezirk der Vorsitzende des Schiedsgerichts bzw der Einzelschiedsrichter seinen Hauptwohnsitz hat, zuständig.[9]

Unterschriften aller Schiedsrichter und Parteien

Schrifttum: s vor → Form II.M.1 Anm 1 ff; *Armbrüster*, Schiedsrichterhonorar bei vorzeitiger Verfahrensbeendigung, SchiedsVZ 2016, 61; *Böckstiegel/Berger/Bredow* (Hrsg), Verhaltensstandards für Schiedsrichter, 2008; *Gal,* Die Haftung des Schiedsrichters in der internationalen Handelsschiedsgerichtsbarkeit, 2009; *Götz*, Der Schiedsrichter zwischen Dienstleistungserbringung und Richtertätigkeit – Zum sogenannten Spruchrichterprivileg im System der Schiedsrichterhaftung, SchiedsVZ 2012, 311; *Lachmann,* Die Haftung des Schiedsrichters nach deutschem Recht, AG 1997, 170; *Lionnet,* The Arbitrators' Contract, Arb Int Vol 15 No 2 (1999), 161; *Risse/Meyer-Burow,* Umsatzsteuerpflicht von Schiedsrichterleistungen, SchiedsVZ 2009, 326; *Prütting,* Die rechtliche Stellung des Schiedsrichters, SchiedsVZ 2011, 233; *Schlosser,* Der Schiedsgerichtsobmann als Vertragspartner, SchiedsVZ 2004, 21; *ders,* Befugnisse und Pflichten des Schiedsgerichtsobmanns, SchiedsVZ 2003, 1; *Sachs G.,* Verhaltensstandards für Schiedsrichter, 2008.

Anmerkungen

1. Mit dem Schiedsrichtervertrag, der vom Schiedsvertrag bzw der Schiedsvereinbarung und auch von der Benennung zum Schiedsrichter zu unterscheiden ist, wird das Rechtsverhältnis zwischen den Schiedsrichtern einerseits und den Parteien andererseits geregelt. Die **Rechtsnatur** des Schiedsrichtervertrages ist zwar umstritten, *Baumbach/*

Lauterbach/Albers/Hartmann, Anh zu § 1035 ZPO Rn 1, aber §§ 611 ff, 662 ff BGB sind entspr anwendbar, ganz hL.

2. Der Schiedsrichtervertrag unterliegt weder den **Formvorschriften** des § 1031 ZPO noch sonstigen Formvorschriften. Die Schriftform empfiehlt sich jedoch, um vorab Streitfragen insbesondere über den Haftungsumfang zu vermeiden.

3. Nach § 1041 ZPO besteht die Möglichkeit, beim Schiedsgericht den **Erlass vorläufiger oder sichernder Maßnahmen** zu beantragen. Es empfiehlt sich, die Schiedsrichter insoweit mit korrespondierender Vergütungspflicht (vgl § 3 Abs 6) zu verpflichten.

4. Zu beachten ist, dass sich die **Unabhängigkeit und Unparteilichkeit** des Schiedsrichters nicht nur auf seine eigene Person, sondern ggf auch zB auf die Kanzlei, der er angehört, bezieht. Nochmals erweitert wird der Anwendungsbereich dadurch, dass ggf auch mit einer der Parteien gesellschaftsrechtlich verbundene Unternehmen in die Unabhängigkeits- und Unparteilichkeitsprüfung mit einbezogen werden müssen. Die **IBA Guidelines on Conflicts of Interest in International Arbitration** stellen weltweit anerkannte Grundsätze zu Unparteilichkeit, Unabhängigkeit und Offenlegungspflichten von Schiedsrichtern zusammen (*Trittmann/Mekat*, Teil B, § 5, IV 2). Wegen der weitreichenden Folgen eines Ablehnungsverfahrens gem § 1037 ZPO ist es unbedingt ratsam, vor der endgültigen Konstituierung des Schiedsgerichts derartige Umstände offen zu legen und ggf eine Zustimmungserklärung der Parteien des Schiedsverfahrens einzuholen.

5. Mit Ausnahme der eigentlichen Spruchtätigkeit haftet der Schiedsrichter im Rahmen des Schiedsrichtervertrages grundsätzlich für alle vorsätzlichen und fahrlässigen **Pflichtverletzungen.** Art 40 ICC-SchiedsGO sieht einen ausdrücklichen Haftungsausschluss außer im Fall von Vorsatz vor. In Anlehnung an das Richterprivileg, § 839 Abs 2 BGB, haftet der Schiedsrichter für Pflichtverletzungen bei Erlass des Schiedsspruches nur, wenn die Pflichtverletzung mit öffentlicher Strafe (§§ 331 ff StGB) bedroht ist (BGHZ 15, 12; *Schwab/Walter*, Kap 12 Rn 9; *Lachmann*, Rn 4308 ff), dh bei vorsätzlicher Rechtsbeugung oder Bestechlichkeit. Andernfalls würden die Schiedsrichter „der zur Ausübung ihres Richteramtes unumgänglich notwendigen Unbefangenheit beraubt" werden (BGHZ 15, 12; BGHSt 10, 294).

6. Die Parteien des Schiedsrichtervertrages können die **Vergütung** der Schiedsrichter frei vereinbaren. In der Vorauflage wurde die Vergütung nach dem Rechtsanwaltsvergütungsgesetz (RVG) in dieses Muster aufgenommen, die allerdings insbesondere deshalb wenig praktikabel ist, weil das RVG für die jedenfalls in internationalen Schiedsverfahren teilweise mit erheblichem Aufwand verbundene Aufklärung des Sachverhaltes ebensowenig einen Gebührentatbestand vorsieht wie für das Abfassen des Schiedsspruches. Denkbar ist eine Vergütung unter Bezugnahme auf eine institutionelle Schiedsordnung (zB der DIS). Ebenfalls möglich ist eine Abrechnung nach Zeitaufwand unter Vereinbarung eines bestimmten Stundensatzes.

Welche der verschiedenen Formen im Einzelfall angemessen erscheint, muss jeweils individuell geprüft werden. Ebenfalls zu berücksichtigen ist im Fall einer Abrechnung nach dem Gegenstandswert eine Erhöhung der Honorare für den Fall eines Mehrparteienverfahrens.

7. Zur Umsatzsteuerpflicht von Schiedsrichterleistungen vgl *Risse/Meyer-Burow*, SchiedsVZ 2009, 326.

8. Dieser Hinweis empfiehlt sich zur Vermeidung späterer Diskussionen zwischen Schiedsgericht und den Parteien um die Schiedsrichtervergütung bei Anträgen auf vorläufige oder sichernde Maßnahmen.

9. Für den Fall eines Schiedsgerichtsverfahrens mit Auslandsbezug empfiehlt es sich, ergänzend eine Rechtswahlklausel vorzusehen.

O. Schiedsklage, Benennung und Ablehnung von Schiedsrichtern

Schrifttum: (→ Form II.M.1 Anm 1 ff); *Armbrüster/Wächter,* Ablehnung von Schiedsrichtern wegen Befangenheit im Verfahren, SchiedsVZ 2017, 213; *Effer-Uhe,* Schiedsrichterliche Unabhängigkeit bei wissenschaftlichen Äußerungen, SchiedsVZ 2018, 75; *Elsing,* Streitverkündung und Schiedsverfahren, SchiedsVZ 2004, 88; *ders* Schiedsrichterliche Unabhängigkeit – Vorurteile und Wirklichkeit; SchiedsVZ 2009, *16; Froitzheim,* Die Kanzleimitgliedschaft und die Ablehnung von Schiedsrichtern in der internationalen Schiedsgerichtsbarkeit, SchiedsVZ, 2017, 172; *Hantke,* Die Bildung des Schiedsgerichts, SchiedsVZ 03, 269; *Hilgard,* Zur Ablehnung eines Richters im Schiedsverfahren, BB 2015, 456; *Karl,* Die Gewährleistung der Unabhängigkeit und Unparteilichkeit des Schiedsrichters, 2004; *Koepp,* Staatliche Diskriminierungsverbote bei der Auswahl von Schiedsrichtern, SchiedsVZ 2011, 306; *Mankowski,* Die Ablehnung von Schiedsrichtern, SchiedsVZ 2004, 304; *Pörnbacher/Lederer,* Die Reform der DIS-Schiedsgerichtsordnung, BB 2018, 707; *Prütting,* Die rechtliche Stellung des Schiedsrichters, SchiedsVZ 2011, 233; *Weigel,* Befangenheit im Schiedsgerichtsverfahren, MDR 1999, 1360.

1. Einleitung eines Schiedsverfahrens mit Aufforderung zur Benennung eines Schiedsrichters (nach der ZPO)

Mit Zustellungsnachweis[1, 2, 3]

An die Firma

Sehr geehrte Damen und Herren,

hiermit leiten wir das zwischen den Parteien vereinbarte Schiedsverfahren ein und beantragen, den Rechtsstreit gemäß der in dem Vertrag (genaue Bezeichnung) enthaltenen Schiedsklausel einem Schiedsgericht vorzulegen.

Als Schiedsrichter benennen wir . . . . . (volle Adresse).[4] Er ist von den Parteien des Schiedsverfahrens unabhängig und unparteilich.

Wir fordern Sie auf, innerhalb eines Monats nach Übermittlung dieses Schreibens den von Ihnen benannten Schiedsrichter zu benennen.[5]

Unterschrift Schiedskläger[6, 7]

Anlage[8]

An

das Schiedsgericht

In dem Schiedsverfahren A ./. B[9, 10]

der Firma A, ..., vertreten durch . . . . .

– Schiedsklägerin –

Verfahrensbevollmächtigte/r: . . . . .[11]

gegen

die Firma B, ... , vertreten durch . . . . . ,

Verfahrensbevollmächtigter:

– Schiedsbeklagte –

vorläufiger Gegenstandswert: . . . . . [12]

Namens und im Auftrag der Schiedsklägerin erhebe ich Schiedsklage zum Schiedsgericht mit dem Antrag:

Die Schiedsbeklagte wird verurteilt, an die Schiedsklägerin . . . . . nebst . . . . . % Zinsen hierauf seit dem . . . . . zu zahlen.[13]
Die Kosten sind der Schiedsbeklagten aufzuerlegen.[14]

Begründung:

I.

Die Parteien haben am . . . . . eine Schiedsvereinbarung im Hinblick auf Ansprüche aus dem . . . . . (Vertrag) geschlossen.[15]

Beweis: Vorlage der Schiedsvereinbarung vom . . . . .

II.

[Darstellung des Sach- und Streitstandes][16]

Unterschrift

Anmerkungen

1. Im Folgenden wird zunächst eine Schiedsklage nach der deutschen ZPO dargestellt. Soweit sich für die Einleitung eines Schiedsverfahrens bei der DIS Abweichungen ergeben, sind diese im Text ausgeführt. Die Bestimmungen der ZPO sind auf nationale wie internationale Schiedsverfahren anwendbar, soweit der Schiedsort in Deutschland liegt, § 1025 ZPO. Mangels Parteivereinbarung bestimmen dabei die Schiedsrichter gem § 1043 Abs 1 ZPO den Schiedsort. Im zweiten Abschnitt wird auf die Schiedsklage nach den Regeln der DIS-SchGO eingegangen (→ Form II.O.2 Anm 1 ff)

Nach welchem **Verfahrensrecht** sich das Schiedsverfahren richtet, ergibt sich (erforderlichenfalls nach Auslegung) aus der Schiedsvereinbarung. Soweit keine Vereinbarung der Parteien vorliegt und das 10. Buch der ZPO, beziehungsweise die DIS-SchGO keine Regelungen enthält, werden die Verfahrensregelungen vom Schiedsgericht bestimmt, § 1042 Abs 3, 4 ZPO; vgl Art 21 Abs 3 DIS-SchGO. Sofern vertraglich nichts anderes bestimmt ist, muss die Schiedsklägerin zur Einleitung des Verfahrens nach den Regeln der ZPO gem § 1044 ZPO zunächst einen entsprechenden **Antrag** stellen, der die Bezeichnung der Parteien, die Angabe des Streitgegenstandes und einen Hinweis auf die Schiedsvereinbarung enthält. Zudem empfiehlt es sich, in dem Antrag bereits einen geeigneten Schiedsrichter zu bezeichnen sowie den Schiedsbeklagten seinerseits aufzufordern, einen Schiedsrichter zu benennen. Die Aufforderung muss dabei den von der Schiedsklägerin benannten **Schiedsrichter** so deutlich bezeichnen, dass sich die Schiedsbeklagte über dessen Person informieren kann, BGH NJW 60, 1296. Zur Frage, wer Schiedsrichter sein kann, vgl Vorb zu II.M.1. Zur Neutralität des Schiedsrichters vgl → Form II.O.4 Anm 4 ff. Zu eventuellen Problemen im Zusammenhang mit der Nationalität der Schiedsrichter → Form II.O.4 Anm 5 ff.

Der Antrag auf Einleitung eines Schiedsverfahrens ist der Schiedsbeklagten zu übermitteln. Der Vorlegungsantrag in der hier gewählten Form hat nur Bedeutung für das Adhoc Schiedsverfahren. Die institutionellen Schiedsgerichte sehen besondere Formen der Einleitung des Schiedsverfahrens vor (vgl *Schütze*, Institutionelle Schiedsgerichtsbarkeit, 3. Auflage 2018).

Das Schiedsverfahren nach den Regeln der ZPO beginnt auch ohne Beifügung einer Schiedsklage. Vielmehr reichen die Mindestangaben des Streitgegenstandes, der Parteien und der Schiedsvereinbarung für den Beginn des Schiedsverfahrens aus, § 1044 ZPO. Jedoch empfiehlt sich eine Verbindung mit der Schiedsklage zur Selbstkontrolle der Schiedsklägerin, um der Schiedsbeklagten die Prüfung der Einschlägigkeit der Schiedsvereinbarung und die Benennung eines geeigneten Schiedsrichters zu ermöglichen sowie zur Vermeidung von Streitigkeiten über die Wirkung des Antrags (sa → Anm 7).

Im Gegensatz zu den Regeln der DIS-SchGO, wonach die Frist zur Klageerwiderung (grundsätzlich maximal 75 Tage) automatisch nach Übermittlung der Schiedsklage zu laufen beginnt (unten 2.), setzen nach den Regeln der ZPO die Schiedsgerichte oder die Parteien die Frist zur Klageerwiderung fest, § 1046 Abs 1 S 1 ZPO. Reicht der Schiedsbeklagte innerhalb der vereinbarten oder vom Schiedsgericht gesetzten Frist keine Klageerwiderung ein, so beschließt das Schiedsgericht die Beendigung des Verfahrens, § 1056 Abs 2 Nr 1 a ZPO.

2. Eine Partei, die ein Schiedsverfahren gem der DIS-SchGO einleiten will, hat die Schiedsklage direkt bei der DIS einzureichen (vgl Art 5 Abs 1 DIS-SchGO). Gem Art 6 Abs 1 DIS-SchGO **beginnt das Schiedsverfahren** unmittelbar am Tag des Eingangs der **Schiedsklage** bei der Hauptgeschäftsstelle der **DIS**, Marienforster Str 52, 53177 Bonn oder Lennéstr 9, 10785 Berlin bzw Balanstraße 55–59, 81541 München, sofern die Schiedsklage mindestens die in Art 5 Abs 2 (i), (iii), (v) und (vi) DIS-SchGO aufgezählten Angaben enthält:

(i) die Namen und Adressen der Parteien,

(iii) einen bestimmten Klageantrag,

(v) Tatsachen und Umstände, auf die die Klageansprüche gestützt werden,

(vi) die Schiedsvereinbarung(en), auf die der Schiedskläger sich beruft.

Enthält die Schiedsklage diese Mindestangaben nicht, kann die DIS gem Art 5 Abs 4 DIS-SchGO dem Schiedskläger eine Frist setzen, innerhalb derer die Mindestangaben zu ergänzen sind. Kommt die Partei dem innerhalb der gesetzten Frist nach, gilt das Verfahren am Tag der Einreichung der Schiedsklage als begonnen. Erfolgen die Mindestangaben hingegen nicht rechtzeitig, kann die DIS die Verfahrensakte schließen (Art 6 Abs 2 DIS-SchGO). Das Recht des Schiedsklägers, seine Ansprüche erneut geltend zu machen, bleibt hiervon jedoch unberührt (Art 6 Abs 2 DIS-SchGO; *Besch/Kreuzeder*, RIW 2018, 256, 257).

Neben den in Art 5 Abs 2 (i), (iii), (v) und (vi) DIS-SchGO genannten Mindestangaben hat die Schiedsklage darüber hinaus die in Art 5 Abs 2 DIS-SchGO genannten Angaben zu enthalten:

(ii) die Namen und Adressen etwaiger Verfahrensbevollmächtigter des Schiedsklägers,

(iv) den Betrag bezifferter Ansprüche und eine Schätzung des Streitwerts sonstiger Ansprüche,

(vii) die Benennung eines Schiedsrichters, sofern dies gemäß dieser Schiedsgerichtsordnung erforderlich ist,

und

(v) Angaben oder Vorschläge zum Schiedsort, zur Verfahrenssprache und zu den in der Sache anzuwendenden Rechtsregeln.

Erfolgen diese Angaben nicht innerhalb einer von der DIS gesetzten Frist, so kann die DIS das Schiedsverfahren gem Art 42 Abs 6 DIS-SchGO beenden.

Liegen die Angaben des Art 5 Abs 2 DIS-SchGO vor und hat der Schiedskläger an die DIS Bearbeitungsgebühren gezahlt (Art 5 Abs 3 DIS-SchGO), übermittelt die DIS dem **Schiedsbeklagten** die Schiedsklage, Art 5 Abs 5 DIS-SchGO. Sie fordert ihn gleichzeitig auf, innerhalb von 21 Tagen nach Übermittlung der Schiedsklage seinerseits einen Schiedsrichter zu benennen, Art 7 Abs 1 (i) DIS-SchGO.

Neben der Benennung des Schiedsrichters hat der Schiedsbeklagte innerhalb von 21 Tagen nach Übermittlung der Schiedsklage weitere erste Angaben zu machen (gem Art 7 Abs 1 DIS-SchGO):

(ii) Angaben oder Vorschläge zum Schiedsort, zur Verfahrenssprache und zu den in der Sache anzuwendenden Rechtsregeln

und

(iii) einen Antrag auf Fristverlängerung gem Art 7 Abs 2 DIS-SchGO, sofern der Schiedsbeklagte eine Verlängerung der Frist zur Erwiderung auf die Schiedsklage („Klageerwiderung“) benötigt.

In einem zweiten Schritt hat der Schiedsbeklagte die **Klageerwiderung** einzureichen (Art 7 Abs 2 DIS-SchGO). Die Frist zur Einreichung der Klageerwiderung beträgt grundsätzlich 45 Tage nach Übermittlung der Schiedsklage. Diese Frist kann jedoch um bis zu 30 Tage verlängert werden (Art 7 Abs 2 DIS-SchGO), sodass die Frist zur Erwiderung auf die Schiedsklage grundsätzlich maximal 75 Tage beträgt. Ausnahmsweise kann eine noch längere Frist gewährt werden, wenn der Schiedsbeklagte darlegt, dass aufgrund besonderer Umstände eine Verlängerung der Klageerwiderungsfrist um 30 Tage nicht ausreichend ist. Das Schiedsgericht kann in diesem Fall auf Antrag des Schiedsbeklagten eine längere Frist gewähren. Sofern das Schiedsgericht zu diesem Zeitpunkt noch nicht gebildet ist, verlängert die DIS die Frist zunächst vorläufig bis zu einer Entscheidung des Schiedsgerichts über die Fristverlängerung (*Besch/Kreuzeder*, RIW 2018, 256, 257).

Die Klagerwiderung hat gemäß Art 7 Abs 4 DIS-SchGO zu enthalten:

(i) die Namen und Adressen der Parteien,
(ii) die Namen und Adressen etwaiger Verfahrensbevollmächtigter des Schiedsbeklagten,
(iii) Tatsachen und Umstände, auf die die Klageerwiderung gestützt wird,
(iv) einen bestimmten Antrag

und

(v) gegebenenfalls Angaben zur Schiedsvereinbarung, zur Zuständigkeit des Schiedsgerichts und zum Streitwert.

3. Das Schiedsverfahren beginnt mit Zugang des Antrages bei der Beklagten, § 1044 ZPO. Von diesem Zeitpunkt an tritt Schiedshängigkeit ein, es wird insbesondere die Verjährung gehemmt (§ 204 Abs 1 Nr 11 BGB, *Schütze*, RIW 2018, 481 ff). Aus diesem Grund wird ein Zustellungsnachweis empfohlen. Der **Zustellungsnachweis** dient Beweiszwecken im Hinblick auf den Beginn der Benennungsfrist, der Fristen gem Art 5 DIS-SchGO sowie einer eventuellen Verjährungshemmung. Sinnvoll ist die Übermittlung per Boten oder Kurier gegen Nachweis des Empfangs.

4. Das Verfahren zur Bestellung des Schiedsgerichts unterliegt der Autonomie der Parteien. Haben die Parteien keine besondere Regelung getroffen, bestellt jede Partei einen Schiedsrichter (§ 1035 Abs 3 ZPO). Zweckmäßigerweise benennt der Schiedskläger bereits in dem Antrag auf Einleitung des Schiedsverfahrens „seinen" Schiedsrichter. Das ist zwar nicht erforderlich, dient aber der Beschleunigung.

Die von den beiden Parteien benannten Schiedsrichter einigen sich in Folge auf einen dritten Schiedsrichter als Vorsitzenden. Gem § 1035 Abs 3 ZPO ist der Schiedsrichter auf Antrag einer Partei durch das Gericht (= Oberlandesgericht, § 1062 Abs 1 Nr 1 ZPO) zu bestellen, wenn die andere Partei einen Schiedsrichter nicht fristgemäß benennt oder die Parteischiedsrichter sich nicht binnen einer Monatsfrist auf einen Vorsitzenden einigen. Auch wenn die Schiedsvereinbarung bei der Zusammensetzung des Schiedsgerichts einer Partei ein Übergewicht einräumt, kann die benachteiligte Partei binnen zwei Wochen ab Kenntnis von der Zusammensetzung eine gerichtliche Benennung des oder der Schiedsrichter/s beantragen, § 1034 Abs 2 ZPO.

Ist die Anwendbarkeit der DIS-SchGO vereinbart worden und benennt eine der Parteien keinen Schiedsrichter oder benennen die beisitzenden Schiedsrichter den Vorsitzenden des Schiedsgerichts nicht gemeinsam innerhalb einer Frist von 21 Tagen nach Aufforderung durch die DIS, wählt die DIS den Schiedsrichter gem Art 12 Abs 1, 3, Art 13 Abs 1 DIS-SchGO aus. Das gleiche gilt, wenn keine gemeinsame Benennung des Einzelschiedsrichters durch die Parteien innerhalb einer von der DIS gesetzten Frist erfolgt, Art 11 DIS-SchGO.

Das deutsche Recht schreibt keine besondere Qualifikation für das Schiedsrichteramt vor. Es ist auch nicht erforderlich, dass der Schiedsrichter Jurist ist. Allerdings können die Parteien in der Scheidsvereinbarung besondere Qualifikationsmerkmale festlegen, zum Beispiel die Befähigung zum Richteramt. Sofern Richter oder Beamte zu Schiedsrichtern bestellt werden, ist zu beachten, dass hierfür eine dienstrechtliche Genehmigung erforderlich ist.

5. Die gesetzliche Frist zur Benennung eines Schiedsrichters durch die Schiedsbeklagte beträgt einen Monat (§ 1035 Abs 3 ZPO). Die Parteien können in der Schiedsvereinbarung eine hiervon abweichende Frist vereinbaren. Bei Einreichung der Schiedsklage bei der DIS fordert die DIS den Schiedsbeklagten mit Übermittlung der Schiedsklage auf, innerhalb von 21 Tagen seinerseits einen Schiedsrichter zu benennen, Art 7 Abs 1 (i) DIS-SchiedsGO.

6. Für das Schiedsverfahren besteht **kein Anwaltszwang.** Die Einschaltung eines Anwaltes ist jedoch (schon bei der Aufforderung zur Benennung eines Schiedsrichters) idR zur zweckentsprechenden Rechtsverfolgung notwendig iSd § 91 Abs 2 S 1 ZPO. Die Anwaltsgebühren richten sich mangels anderweitiger Vereinbarung nach VV RVG Nr 3100 (Verfahrensgebühr in Höhe von 1,3) und VV RVG Nr 3104 (Terminsgebühr in Höhe von 1,2).

7. Bei separatem Antrag bzw nach Konstituierung des Schiedsgerichts ist die eigentliche **Schiedsklage** noch einmal in einer den Zugangsnachweis ermöglichenden Weise an das Schiedsgericht zu übersenden. Nach § 1046 Abs 1 ZPO sollen in der Klageschrift neben dem Anspruch selbst auch die Tatsachen dargelegt werden, auf die sich der Anspruch stützt, wobei zugleich alle der Schiedsklägerin erheblich erscheinenden Schriftstücke vorzulegen und andere Beweismittel zu bezeichnen sind; das gleiche gilt für die Klageerwiderung.

Versäumt es die Schiedsklägerin, ihre Schiedsklage fristgerecht einzureichen, so beendet das Schiedsgericht gem § 1056 Abs 2 Nr 1 a) ZPO das Verfahren durch Beschluss.

8. Die Schiedsklage ist nach institutionellen Regeln, etwa an die DIS (vgl → Form II.O.2 Anm 1 ff) andernfalls an das Ad-hoc-Schiedsgericht zu richten.

9. Was Partei- und Prozessfähigkeit anbelangt, gelten im Vergleich zum Zivilprozess keine Besonderheiten. Problematisch können allerdings **Mehrparteienverfahren** im weitesten Sinne sein. Dies betrifft insbesondere die erforderliche Einigung der verschiedenen Schiedskläger oder Schiedsbeklagten auf einen Schiedsrichter, vgl hierzu Art 18, 20 DIS-SchGO. An dieser Stelle sei zudem erwähnt, dass sich die Zulässigkeit von Mehrparteienverfahren, Mehrvertragsverfahren, die Einbeziehung zusätzlicher Parteien und die Verbindung mehrerer Schiedsverfahren nach den Regeln der DIS-SchGO (vgl Art 17 DIS-SchGO, Art 18 DIS-SchGO, Art 19 DIS-SchGO, Art 8 DIS-SchGO) ausschließlich nach dem übereinstimmenden Parteiwillen richtet. Nur bei Vorliegen eines übereinstimmenden Parteiwillens sind diese Vorschriften anwendbar. Besteht über den Parteiwillen Streit, entscheidet das Schiedsgericht, ohne dass es sich dabei von Zweckmäßigkeitserwägungen leiten lassen darf. Grundlage ist immer und allein die – ggf auszulegende – Parteivereinbarung. Eine Vorabentscheidung („Prima-facie-Entscheidung") durch die DIS über Zuständigkeitsfragen erfolgt nicht.

10. a) **Rechtsnachfolge nach ZPO:** Bei Gesamtrechtsnachfolge (Erbschaft, Verschmelzung, Spaltung, Vermögensübertragung, Formwechsel) geht die Schiedsvereinbarung regelmäßig auf den Rechtsnachfolger über. Die Schiedsvereinbarung bindet auch die Rechtsnachfolger bei einer Abtretung, zB von Geschäftsanteilen (BGH NJW 1998, 371), einer Vertragsübernahme oder dem Erwerb eines vermieteten Hausgrundstücks (BGH NJW 2000, 2346). Ob auf der Klägerseite eine Antragsumstellung auf Leistung an den Rechtsnachfolger erforderlich ist, ist umstritten. Auf der Beklagtenseite ist eine solche Umstellung jedenfalls nach allgM nicht erforderlich (BGH ZZP 1988, 324 m Anm *Henckel; Schwab/Walter,* Kap 16 Rn 7).

b) Es ergeben sich regelmäßig diverse Verfahrensfragen, wenn anfänglich oder nachträglich andere Vertragsparteien der Schiedsabrede in das schon eingeleitete Verfahren aufgenommen werden sollen. **Streitverkündung und Nebenintervention** sind in Schiedsverfahren grundsätzlich nicht vorgesehen (*Lachmann,* Rn 2826, 2830). Beide sind nur mit Zustimmung aller Betroffenen möglich. **Streitgenossenschaft,** §§ 59 ff ZPO: Alle Streitgenossen müssen dem Schiedsverfahren unterworfen sein (evtl durch rügelose Einlassung). Allerdings erfordert eine solche ausdrückliche oder konkludente Unterwerfung auch das Einverständnis gerade mit einem Schiedsverfahren zwischen mehr als zwei Parteien sowie gleichberechtigten Einfluss auf die Besetzung des Schiedsgerichts. Liegen diese Voraussetzungen nicht vor, so ist im Falle notwendiger Streitgenossenschaft ein Schiedsverfahren unzulässig und das staatliche Gericht zur Entscheidung berufen. Im Falle einfacher Streitgenossenschaft ist die Verbindung zu einem einheitlichen Schiedsverfahren nicht möglich. Das gleiche gilt für die Streitverkündung.

c) Bei einem **Beitritt eines Dritten** müssen beide Streitparteien und der Dritte zustimmen, da sich kein Dritter einem Schiedsverfahren „aufdrängen" kann (*Raeschke-Kessler/Berger,* Rn 776 ff; *Elsing,* SchiedsVZ 2004, 88, 92; *Hamann/Lennarz,* SchiedsVZ 2006, 289, 290f).

11. § 1042 Abs 2 ZPO: **Rechtsanwälte** sind nicht gesetzlich vorgeschrieben, dürfen aber als Prozessbevollmächtigte nicht zurückgewiesen werden (vgl oben → Anm 5). Dazu gehören auch ausländische Rechtsanwälte. Auch gesetzliche Vertreter einer Partei können nicht zurückgewiesen werden.

12. Die Angabe des **vorläufigen Gegenstandswertes** dient dem Schiedsgericht zur Berechnung eines evtl vereinbarten Vorschusses auf die Verfahrenskosten (die streitwertabhängig sind). Nach den Regeln der DIS-SchGO ist eine Schätzung des Streitwerts sowie der Betrag bezifferter Ansprüche in der Schiedsklage anzugeben, Art 5 Abs 2 (iv) DIS-SchGO. Danach bestimmen sich die Honorare der Schiedsrichter, die DIS-Bearbeitungsgebühr sowie die vorläufige Sicherheit und Kostensicherheit, vgl Art 36 Abs I iVm Anlage 2 DIS-SchGO.

13. Abgesehen davon, dass bestimmte Streitgegenstände nicht Gegenstand eines Schiedsverfahrens sein können (→ Form II.M.2 Anm 1 ff), sind **grundsätzlich alle Klagearten** zulässig, die auch vor einem staatlichen Gericht erhoben werden können. Im Hinblick auf folgende Klagen bzw Anträge sind jedoch Besonderheiten zu beachten:

a) **Klage auf künftige Leistung, Feststellungsklage:** In beiden Fällen sind keine zu hohen Anforderungen an das Rechtsschutzbedürfnis zu stellen; es genügt ein rein wirtschaftliches Interesse, auch wenn es geringwertig ist.

b) **Urkundsprozess, Wechsel- und Scheckprozess:** Die Parteien können vereinbaren, dass im Schiedsverfahren nur Urkunden als Beweismittel zulässig sind. Ob auch ein Urkunds-, Wechsel- oder Scheckprozess zulässig ist, ist umstritten, da nach wie vor nicht gesetzlich geregelt. Dagegen wird vor allem eingewandt, es gebe keinen dem Vorbehaltsurteil entsprechenden Schiedsspruch mit Überprüfung in einem Nachverfahren (*Raeschke-Kessler/Berger,* Rn 293). Der BGH hat 1953 die Zulässigkeit eines Vorbehaltsschiedsspruchs ohne Weiteres vorausgesetzt (BGHZ 10, 235), andererseits 1993 entschieden, dass Schiedsgerichte nicht die Befugnis haben, in Form von Urkunds- und Wechselverfahren anstelle von staatlichen Gerichten zu entscheiden (BGH NJW 1994, 136). Jedenfalls handelt es sich bei einem Vorbehaltsschiedsspruch nur um eine Zwischenentscheidung, die der Vollstreckbarerklärung gem § 1060 ZPO nicht zugänglich ist. Eine endgültige Entscheidung ergeht somit erst im Nachverfahren, sodass wegen der damit verbundenen Verzögerung diese Verfahrensarten jedenfalls praktisch irrelevant sein dürften.

c) **Einstweiliger Rechtsschutz:** Nach § 1041 ZPO kann das Schiedsgericht auch Maßnahmen des Einstweiligen Rechtsschutzes anordnen, wobei die Frage, ob das Schiedsgericht hierzu befugt sein soll, der Parteivereinbarung überlassen bleibt. Zum Einstweiligen Rechtsschutz nach der DIS-SchiedsGO (→ Form II.P.7 Anm 1 ff). Sofern die Parteien keine Bestimmung getroffen haben, sind sowohl das Schiedsgericht als auch das ordentliche Gericht zur Gewährung Einstweiligen Rechtsschutzes befugt. Das Bestimmungsrecht liegt beim Antragsteller.

d) **Vollstreckungsgegenklage:** Ihre Zulässigkeit ist umstritten (*Lachmann*, Rn 1793 ff, 2434 ff mwN). Für die Zulässigkeit spricht, dass über den Klagegegenstand, die Vollstreckung aus einem gerichtlichen Urteil, ein Vergleich geschlossen werden kann. Die Klage führt zu einem feststellenden Schiedsspruch über die Unzulässigkeit der Zwangsvollstreckung. Im Exequaturverfahren sollte zugleich die Unzulässigkeit der Vollstreckungsmaßnahmen ausgesprochen werden, § 775 Nr 1 ZPO. Dasselbe gilt für Abänderungs- und Drittwiderspruchsklage.

Entsprechend § 260 ZPO ist auch die objektive Klagehäufung zulässig.

14. Ein **Kostenantrag** ist wie im Verfahren vor den staatlichen Gerichten nicht erforderlich. Gem § 1057 ZPO entscheidet das Schiedsgericht im Schiedsspruch – oder bei erst nachträglich festsetzbaren Kosten in einem gesonderten (Kosten-)Schiedsspruch – auch über die gerichtlichen und die außergerichtlichen Kosten.

Haben sich die Parteien auf die Geltung der DIS-SchGO geeinigt, entscheidet das Schiedsgericht über die Verteilung der Kosten, Art 33 DIS-SchGO. Hiervon ausgenommen sind jedoch Entscheidungen über Honorare und Auslagen der Schiedsrichter sowie über die Bearbeitungsgebühren der DIS. Entscheidungen darüber werden von der DIS selbst getroffen, Art 33 Abs I, Art 32 (i), (iv) DIS-SchGO.

Ein Antrag zur Vollstreckbarkeit ist nicht erforderlich, da die Vollstreckbarerklärung gem §§ 1060 ff ZPO in einem gesonderten Verfahren (Exequatur) vor den staatlichen Gerichten erfolgt (→ Form II.Q.2 Anm 1 ff).

15. Die **Angaben über die Schiedsvereinbarung** nach § 1044 S 2 ZPO begründen die Zulässigkeit der Schiedsklage im Schiedsverfahren und die Zuständigkeit des Schiedsgerichts. Die Vorlage der Schiedsvereinbarung ist nötig, damit das Schiedsgericht seine Entscheidungsbefugnis prüfen kann (Kompetenz-Kompetenz). Art 5 Abs 2 DIS-SchGO fordert diese Angaben gleichermaßen. An dieser Stelle der Schiedsklage ist im DIS-Schiedsverfahren außerdem ein Schiedsrichter zu benennen bzw vorzuschlagen (falls die Parteien einen Einzelschiedsrichter vereinbart haben). Das Schiedsgericht besteht idR aus drei Schiedsrichtern. Der Vorsitzende wird von den beiden beisitzenden Schiedsrichtern benannt (hilfsweise von dem zuständigen Gericht, bzw von der DIS), § 1035 Abs 3 ZPO, Art 12 Abs 2 DIS-SchGO. Beizufügen sind Sicherheiten für die Verfahrenskosten sowie Exemplare für jede Partei, das Schiedsgericht und die DIS, vgl Art 4, 5 Abs 3, 35 DIS-SchGO.

16. Im Rahmen der Darstellung des Sach- und Streitstandes sollen die Parteien bereits mit der Schiedsklageschrift (bzw der Klagebeantwortung) Schriftstücke vorlegen und Beweismittel bezeichnen, auf die sie sich zur Begründung ihres Anspruchs berufen wollen. Es empfiehlt sich eine möglichst umfassende Darlegung der tatsächlichen und rechtlichen Position bereits im Rahmen der Schiedsklage, da das Schiedsgericht häufig nur zwei Schriftsatzrunden vorsieht und die Fristen bisweilen knapp bemessen sind (*Lew/Mistelis/Kröll*, Rn 21-51 f). Auf die Schiedsklage und die Konstituierung des Schiedsgerichts folgt als nächster Verfahrensschritt die **Klageerwiderung**, soweit nicht zuvor prozessleitende Verfügungen des Schiedsgerichts ergehen. Die ZPO und die DIS-SchiedsGO enthalten keine detaillierten Anforderungen an die Klageerwiderung.

Eine **Klageänderung** ist gem § 1046 Abs 2 ZPO im Laufe des Schiedsverfahrens zulässig, es sei denn das Schiedsgericht lehnt diese wegen unentschuldigter Verspätung ab.

Eine **Klagerücknahme** ist gem § 1056 Abs 2 Nr 1 b) ZPO zulässig, es sei denn die Schiedsbeklagte widerspricht der Rücknahme und das Schiedsgericht erkennt ein berechtigtes Interesse der Schiedsbeklagten an der endgültigen Streitbeilegung an.

Mit der Erwiderung auf den Vortrag der Schiedsklage kann die Schiedsbeklagte **Schieds-Widerklage** (§ 1046 Abs 3 ZPO) erheben oder mit einer Gegenforderung aufrechnen. Widerklage **und Aufrechnung** sind zulässig, soweit sie derselben Schiedsvereinbarung unterliegen (*Raeschke-Kessler/Berger*, Rn 699 ff, str). Außerdem muss ein personell identisches Schiedsgericht über die Widerklage entscheiden. Unterliegt die Gegenforderung keiner oder einer anderen Schiedsvereinbarung, ist die Zuständigkeit des Schiedsgerichts nur gegeben, wenn die Gegenforderung rechtskräftig festgestellt oder unstreitig ist oder der Schiedskläger der Zulässigkeit der Widerklage nicht widerspricht (Baumbach/Lauterbach/Albers/*Hartmann*, § 1046 Rn 7). Beide wirken streitwerterhöhend, wobei die DIS-SchGO ausdrücklich nur auf die Widerklage verweist, Art 7 DIS-SchGO.

2. Benennung eines Schiedsrichters durch das zuständige Gericht oder die zuständige Institution (nach der ZPO und der Schiedsgerichtsordnung der DIS)

An das[1]

Oberlandesgericht[2]

Zivilsenat -

in . . . . .

In dem Schiedsverfahren der

Schiedsklägerin

Verfahrensbevollmächtigter

gegen

Schiedsbeklagte

Verfahrensbevollächtigter

beantrage ich namens der Schiedsklägerin,

für die Schiedsbeklagte einen Schiedsrichter zu bestellen.

Zwischen der Antragstellerin und Schiedsklägerin und der Antragsgegnerin und Schiedsbeklagten ist am ..... eine Schiedsvereinbarung geschlossen worden.

Beweis: Vorlage der Schiedsvereinbarung vom ..... in Kopie[3]

Die Antragstellerin und Schiedsklägerin hat mit Schreiben vom ..... [beiliegend in Kopie als Anlage X] das Schiedsverfahren eingeleitet und die Antragsgegnerin und Schiedsbeklagte zur Benennung eines Schiedsrichters innerhalb eines Monats ab Zugang aufgefordert.

Die Antragsgegnerin hat jedoch innerhalb dieser Frist keinen Schiedsrichter benannt.

Der streitgegenständliche Vertrag zwischen Antragstellerin und Antragsgegnerin vom ..... hat ..... zum Gegenstand.[4]

Beweis: Kopie des Vertrages vom .....

Die Streitigkeit betrifft einen Anspruch aus ..... auf .....

Beweis: Ablichtung des Anspruchsschreibens vom .....

Vorläufiger Streitwert: .....[5]

Rechtsanwalt[6]

Anmerkungen

1. § 1035 Abs 3 S 3 ZPO sieht die Benennung des zweiten beisitzenden Schiedsrichters durch das zuständige (Oberlandes-)Gericht vor, wenn der Schiedsbeklagte der Aufforderung zur Bestellung eines Schiedsrichters nicht nachkommt.

Teilweise sehen Schiedsvereinbarungen auch die Schiedsrichterbenennung durch private Dritte vor, an die dann ein entsprechender Antrag zu richten ist. Bei der Abfassung einer derartigen Regelung ist allerdings zu beachten, dass der Dritte zur Schiedsrichterbenennung auch tatsächlich bereit und in der Lage sein muss.

Haben sich die Parteien auf die Regelungen der DIS-SchGO geeinigt, und benennt der Schiedsbeklagte den beisitzenden Schiedsrichter nicht oder nicht rechtzeitig, wählt gem Art 12 Abs 1 DIS-SchGO der DIS-Ernennungsausschuss den Schiedsrichter aus und bestellt ihn nach Art 13 Abs 2 DIS-SchGO. Gleiches gilt, wenn sich die beisitzenden Schiedsrichter nicht auf den Vorsitzenden des Schiedsgerichts einigen können. In diesem Fall bestellt und benennt ebenfalls der DIS-Ernennungsausschuss den Vorsitzenden, Art 12 Abs 3, Art 13 Abs 2 DIS-SchGO (*Das Gupta*, SchiedsVZ-Beilage 2018, 44, 55). Über die Bestellung eines Schiedsrichters kann auch der Generalsekretär der DIS entscheiden, sofern keine Partei der Bestellung des betreffenden Schiedsrichters innerhalb der gem Art 9 Abs 5 DIS-SchGO gesetzten Frist widerspricht, Art 13 Abs 3 DIS-SchGO.

2. Gem § 1062 Abs 1 ZPO ist das **Oberlandesgericht** in Bezug auf die Bestellung bzw Ablehnung eines Schiedsrichters oder die Beendigung des Schiedsrichteramtes ausschließlich zuständig. Die Entscheidung – gleichgültig ob ablehnend oder ernennend – kann ohne mündliche Verhandlung ergehen. Andere Zuständigkeiten ergeben sich bei Vereinbarung einer Schiedsgerichtsordnung wie etwa der DIS-SchGO, nach der die DIS für die Bestellung der Schiedsrichter zuständig ist, Art 13 DIS-SchGO.

Örtlich zuständiges Gericht ist gem § 1062 Abs 1 ZPO vorrangig das in der Schiedsvereinbarung bezeichnete Oberlandesgericht und hilfsweise das Oberlandesgericht, in dessen Bezirk der Schiedsort liegt. Die örtliche Zuständigkeit kann auch durch rügelose Einlassung der Schiedsbeklagten begründet werden, § 1027 ZPO. Zur **internationalen** Zuständigkeit, wenn ein konkreter Schiedsort noch nicht bestimmt ist, vgl § 1025 Abs 2 ZPO und BayObLG, SchiedsVZ 2005, 316 m Anm *Wagner*.

3. Der Antrag muss die nötigen Angaben und Unterlagen zur Beurteilung der Zuständigkeit des Gerichts enthalten, insbesondere auch die Schiedsvereinbarung. Diese Erfordernisse sind von Amts wegen zu prüfen (vgl OLG Naumburg, SchiedsVZ 2003, 235; KG, Beschl v 9.7.2003, 23 SchH 2/03 – unveröff).

4. Die Angaben zum streitgegenständlichen Vertrag sollen die Auswahl eines geeigneten Schiedsrichters erleichtern. Gem § 1035 Abs 5 ZPO hat das Gericht alle nach der Parteivereinbarung für den Schiedsrichter vorgesehenen Voraussetzungen und (bei der Bestellung eines Einzelschiedsrichters oder Vorsitzenden) bei der Involvierung ausländischer Parteien auch die Frage der Nationalität zu berücksichtigen.

5. Streitwert idR $^{1}/_{3}$ des Hauptsachewertes (OLG Frankfurt/M, SchiedsVZ 2004, 168, str; Überblick bei *Kröll,* NJW 2005, 194, 196). Gerichtsgebühren vgl KV 1623 zum GKG: 0,5 Gerichtsgebühr. Der Gerichtskostenvorschuss ist mit dem Antrag an das Gericht zu zahlen. Anwaltsgebühren: Ist der Rechtsanwalt als Prozessbevollmächtigter im Schiedsverfahren tätig, entstehen keine gesonderten Gebühren. Wird er dagegen ausschließlich im gerichtlichen Verfahren bei der Benennung des zweiten Schiedsrichters tätig, erhält er eine Verfahrensgebühr (RVG-VV 3327) in Höhe von 0,75 und eine Terminsgebühr (RVG-VV 3332) in Höhe von 0,5.

Im Falle der Vereinbarung der DIS-SchGO fallen für die Benennung der Schiedsrichter durch die DIS keine weiteren Gebühren an, da die Schiedsrichterbenennung von der Bearbeitungsgebühr umfasst ist.

6. Solange das OLG eine mündliche Verhandlung nicht angeordnet hat, ist die Einschaltung eines dort zugelassenen Rechtsanwaltes nicht erforderlich, §§ 1063 Abs 4, 78 Abs 3 ZPO, aber empfehlenswert.

3. Schiedsklage nach der Schiedsgerichtsordnung der Internationalen Handelskammer in Paris (ICC) mit Hinweisen auf vergleichbare Regelungen im Falle eines Verfahrens nach der UNCITRAL-SchiedsGO

Mit Zustellungsnachweis[1, 2]

Au Secrétariat de la

Cour Internationale d'Arbitrage

Chambre de Commerce Internationale

33-43 Avenue du Président Wilson

F-75116 Paris

France[3]

E-Mail: arb@iccwbo.org

Schiedsklage im Schiedsverfahren der ICC[4, 5]

der Firma A (vollständiger Name, Rechtsform, Adresse, sonstige Kontaktdaten),[6, 7]

– Schiedsklägerin –

Verfahrensbevollmächtigte/r (vollständiger Name, Adresse, sonstige Kontaktdaten): . . . . .[8]

gegen die Firma B (vollständiger Name, Rechtsform, Adresse, sonstige Kontaktdaten),

vertreten durch . . . . .

– Schiedsbeklagte –

vorläufiger Streitwert: . . . . .[9]

Namens und im Auftrag der Schiedsklägerin erhebe ich Klage im Schiedsverfahren der ICC und beantrage, wie folgt zu erkennen:

Die Schiedsbeklagte wird verurteilt, an die Schiedsklägerin . . . . . nebst . . . . . % Zinsen hierauf seit dem . . . . . zu zahlen.[10]

I. Schiedsvereinbarung[11]

Die Parteien haben am . . . . . eine Schiedsvereinbarung mit folgendem Inhalt getroffen: . . . . .

Beweis: Schiedsvereinbarung vom . . . . .

II. Schiedsrichter[12]

(1) Die Parteien haben in ihrer Vereinbarung vom . . . . . die Benennng eines Einzelschiedsrichters vorgesehen.

Beweis: Vereinbarung vom . . . . .

Die Parteien haben sich auf . . . . . als Schiedsrichter geeinigt

Beweis: Einigung vom . . . . .

und bitten den Generalsekretär um eine Bestätigung der Schiedsrichterbenennung.[13]

oder: Die Parteien haben sich bisher nicht über die Person des Schiedsrichters geeinigt. Die Schiedsklägerin bittet deshalb den Schiedsgerichtshof um Benennung des Einzelschiedsrichters.[14]

oder

(2) Die Parteien haben in ihrer Vereinbarung vom . . . . . , [optional] auch für den Fall eines beschleunigten Verfahrens, die Benennung von drei Schiedsrichtern vorgesehen.[15]

Beweis: Vereinbarung vom . . . . .

Die Klägerin benennt . . . . . als Schiedsrichter und bittet den Generalsekretär um Bestätigung der Benennung.[16] *Weiterhin wird beantragt, die Schiedsbeklagte aufzufordern, innerhalb von 30 Tagen nach Zugang auf die Klage zu erwidern und ihrerseits einen Schiedsrichter zu benennen.*

oder

(3) Die Parteien haben keine Vereinbarung über die Benennung der Schiedsrichter getroffen. Sollte der Schiedsgerichtshof wegen der Bedeutung des Streitfalles drei Schiedsrichter für erforderlich halten,[17] *so benennt die Schiedsklägerin schon jetzt . . . . . zum Schiedsrichter und bittet den Generalsekretär um Bestätigung der Benennung. Andernfalls bittet sie den Schiedsgerichtshof um Benennung eines Einzelschiedsrichters.*

III. Darlegung der Ansprüche der Schiedsklägerin[18]

(Darlegung des Sachverhalts und der Rechtsauffassung der Schiedsklägerin einschließlich insbesondere des anwendbaren Rechts unter Beifügung des Hauptvertrages und sonstiger Unterlagen, auf die sich die Klage stützt.)[19, 20]

IV. Sonstiges

Schiedsort ist . . . . . Die Schiedssprache ist . . . . .[21]

Andere Verfahren zwischen denselben Parteien aus dem gleichen Rechtsverhältnis sind nicht bei der ICC anhängig.[22]

[Optional: Nach der Schiedsvereinbarung/Vereinbarung vom . . . . . finden die Bestimmungen des beschleunigten Verfahrens keine Anwendung (Opt-Out). oder Nach der Schiedsvereinbarung/Vereinbarung vom . . . . . finden die Bestimmungen des beschleunigten Verfahrens Anwendung (Opt-In).[23]*]*

Ein vorläufiger Vorschuss auf die Verwaltungskosten in Höhe von USD 5.000,–[24] ist der Klage per Verrechnungsscheck beigefügt.[25]

Ordnungsgemäße Bevollmächtigung wird durch beiliegende Vollmachtsurkunde nachgewiesen.

Unterschrift[26, 27]

Schrifttum: s Vorb II.M.1. und Vorb II.O.1.

Anmerkungen

1. Im Folgenden wird die Schiedsklage nach der ICC-SchiedsGO dargestellt (vgl auch (→ Form II.M.3 Anm 1 ff). Auf Abweichungen oder Besonderheiten nach der UNCITRAL-SchiedsGO wird jeweils an geeigneter Stelle hingewiesen.

2. Der Antrag an den Gerichtshof hat ua **verjährungshemmende bzw -unterbrechende Wirkung,** Art 4 Abs 2 ICC-SchiedsGO und zwar unabhängig davon, ob der Klagegrund darin bereits in allen Einzelheiten dargelegt ist (*Lionnet,* BB-Beil 17/93, 13, 15). Allein schon deshalb sollte der Antrag in einer den Zustellungszeitpunkt nachweisbaren Weise übersandt werden (Bote, Kurier, Einschreiben gegen Rückschein oä). Darüber hinaus hat das Sekretariat des Gerichtshofs gem Art 4 Abs 1 ICC-SchiedsGO beide Parteien mit Datumsnennung über den Antragseingang zu unterrichten.

3. Die Schiedsklage ist unmittelbar an das **Sekretariat des Internationalen Gerichtshofs** in Paris zu richten, entweder durch direkte Übersendung an das Sekretariat oder durch Übersendung an eines der offiziell vom Generalsekretär benannten Büros, Art 4 Abs 1 ICC-SchiedsGO iVm Anhang II Art 5 Abs 3 zur ICC-SchiedsGO. Der Gerichtshof nimmt die Klage entgegen, stellt sie dem Gegner zu, verwaltet die Konstituierung des Schiedsgerichts, leitet die Akten an das Schiedsgericht weiter und überwacht das Schiedsverfahren. Art 4 erlaubt auch die Einreichung „at any offices specified in the International Rules". Dies sind Hongkong und New York (Art 5 Abs 3, II).

4. Mit den jüngsten Überarbeitungen der ICC-SchiedsGO sind die Anforderungen an den Inhalt einer Schiedsklage gestiegen. War nach der ICC-SchiedsGO 1998 die vollständige Begründung einer Schiedsklage zwar empfehlenswert, aber nicht unbedingt erforderlich, hat der jetzige Art 4 ICC-SchiedsGO die Anforderungen präzisiert. Ein **Schiedsbegehren** muss gem Art 4 Abs 3 ICC-SchiedsGO folgenden Mindestinhalt haben: a) volle Namen, Rechtsform, Anschriften der Parteien und sonstige Kontaktdaten; b) vollständige Namen, Adresse und sonstige Kontaktdaten der Vertreter des Klägers im Schiedsverfahren; c) Beschreibung der Art und Umstände der anspruchsbegründenden Auseinandersetzung; d) Bezeichnung der beantragten Rechtsfolge einschließlich, soweit möglich, Angabe der beanspruchten Beträge; e) die erheblichen Vereinbarungen, insbesondere die Schiedsvereinbarung, einschließlich der Anspruchsgrundlage; f) bei Ansprüchen aus einer Schiedsvereinbarung: Angabe der Schiedsvereinbarung, unter welcher der geltend gemachte Anspruch eingeklagt wird; g) alle erforderlichen Angaben zur Anzahl der Schiedsrichter und ihrer Wahl sowie erforderlichenfalls die Benennung eines Schiedsrichters und h) Anmerkungen zum Schiedsort, dem anwendbaren Recht und der Verfahrenssprache.

Nach Art 3 Abs 1 und Abs 2 UNCITRAL-SchiedsGO wird das Schiedsverfahren durch **Benachrichtigung der anderen Partei** von der Absicht, das Schiedsverfahren zu beginnen, eingeleitet. Die Benachrichtigung hat im Wesentlichen dieselben Angaben zu enthalten wie das ICC-Schiedsbegehren, Art 3 Abs 3 UNCITRAL-SchiedsGO. Der Schiedskläger hat die Schiedsklage innerhalb einer Frist, die das Schiedsgericht nach seiner Konstituierung bestimmt, an die Schiedsbeklagte und jeden Schiedsrichter zu übersenden. Er kann auch wählen, dass seine Benachrichtigung gemäß Art 3 UNCITRAL-SchiedsGO als Schiedsklage behandelt wird, sofern diese die Voraussetzungen einer Schiedsklage erfüllt, Art 20 Abs 1 UNCITRAL-SchiedsGO.

5. Die Schiedsklage sollte in der **Sprache** abgefasst werden, die nach der Schiedsvereinbarung oder nach Auffassung des Schiedsklägers Verfahrenssprache ist. Obgleich die offiziellen ICC-Sprachen Englisch und Französisch sind, kann das Schiedsverfahren in jeder gewünschten Sprache durchgeführt werden. Mangels Parteivereinbarung bestimmt das Schiedsgericht die Verfahrenssprache/n unter Berücksichtigung aller Umstände, insbesondere der Sprache des Vertrages, Art 20 ICC-SchiedsGO.

6. Die Möglichkeit, das Verfahren auf Dritte zu erweitern, ist vor allem unter dem Gesichtspunkt der Prozessökonomie wünschenswert: Es wird verhindert, dass verschiedene Verfahren über denselben Sachverhalt geführt und letztlich divergierende Entscheidungen erlassen werden. Die Einbeziehung zusätzlicher Parteien in ein Schiedsverfahren ist in der ICC-SchiedsGO umfänglich geregelt. Die Regeln in Art 7–10 ICC-SchiedsGO sollen vor allem die bisher schon bestehende Praxis der ICC transparent machen, deren Prinzipien in der ICC-SchiedsGO festhalten und einen prozeduralen Rahmen für solche Verfahren schaffen.

Jede Partei kann gegen einen Dritten beim Sekretariat des Schiedsgerichts eine Schiedsklage mit dem Ziel einreichen, den Dritten in ein bestehendes Schiedsverfahren einzubeziehen (Antrag auf Einbeziehung, Art 7 Abs 1 ICC-SchiedsGO). Die Klage wird dem Dritten durch das Sekretariat zugestellt (Art 7 Abs 3, Art 4 Abs 5 ICC-SchiedsGO). Er muss darauf wie auf eine Schiedsklage antworten. Im Falle eines Dreierschiedsgerichts kann der Dritte gemeinsam mit der Partei, die ihn einbezieht, einen Schiedsrichter benennen (Art 12 Abs 7 ICC-SchiedsGO).

Da es ein zentraler Grundsatz des Schiedsverfahrens ist, dass die Parteien Einfluss auf die Zusammensetzung des Schiedsgerichts haben, ist nach Benennung des Schiedsrichters durch den Gerichtshof oder Bestätigung eines Schiedsrichters durch das Sekretariat die Einbeziehung Dritter nur in zwei Fällen möglich: Zum einen können alle Parteien (einschließlich des einzubeziehenden Dritten) der Einbeziehung zustimmen (Art 7 Abs 1

ICC-SchiedsGO). Zum anderen kann das konstituierte Schiedsgericht über die Einbeziehung entscheiden, wenn die einzubeziehende Person zustimmt (Art 7 Abs 5 ICC-SchiedsGO). Hierbei hat das Schiedsgericht alle relevanten Umstände zu berücksichtigen, wie den Zeitpunkt des Beitritts, mögliche Interessenkonflikte, den Einfluss der Einbeziehung auf das schiedsgerichtliche Verfahren und ob es dem ersten Anschein nach für die Partei zuständig ist.

7. Parteimehrheit, Parteiwechsel. Für Verfahren mit mehreren Parteien wird durch Art 8 ICC-SchiedsGO klargestellt, dass jede Partei gegen jeden anderen Beteiligten Ansprüche geltend machen kann (*Gharibian/Pieper*, BB 2018, 390 ff); Art 9 ICC-SchiedsGO konkretisiert, dass Ansprüche, die sich aus oder im Zusammenhang mit einem Vertrag ergeben, in einem einzigen Schiedsverfahren geltend gemacht werden können. Dies gilt sowohl für Ansprüche aus *einer* Schiedsvereinbarung als auch für Ansprüche aus *mehreren* Schiedsvereinbarungen (Art 9 ICC-SchiedsGO), allerdings nur, solange der Schiedsauftrag noch nicht unterzeichnet ist. Dies ergibt sich aus Art 23 Abs 4 ICC SchiedsGO, wonach nach Unterzeichnung oder Genehmigung des Schiedsauftrags neue Ansprüche nur noch geltend gemacht werden können, soweit sie sich in den Grenzen des Schiedsgerichts halten oder das Schiedsgericht sie zulässt.

8. Die Parteien können ihre Anträge selbst stellen oder sich durch **Bevollmächtigte** vertreten lassen; Art 26 Abs 4 ICC-SchiedsGO lässt dies für mündliche Verhandlungen ausdrücklich zu. Die Parteivertreter sind zugleich Zustellungsbevollmächtigte, Art 3 Abs 2, 3 ICC-SchiedsGO.

Gem Art 5 UNCITRAL-SchiedsGO können sich die Parteien durch Personen ihrer Wahl vertreten lassen; Name, Anschrift und Stellung (Vertreter, Beistand) sind den anderen Parteien und dem Schiedsgericht schriftlich mitzuteilen.

9. Die Angabe des vorläufigen Streitwerts dient dem Sekretariat und danach dem Gerichtshof zur Berechnung des vorläufigen und endgültigen **Kostenvorschusses,** ohne dessen Zahlung die Schiedsklage als zurückgenommen gilt, die Akten nicht an das Schiedsgericht weitergeleitet werden oder das Verfahren durch den Gerichtshof beendet wird, Art 4 Abs 4 und 5, 16, 35 ICC-SchiedsGO iVm Anl III zur ICC-SchiedsGO; Art 3 Abs 3 e), 41, 43 UNCITRAL-SchiedsGO. Näher dazu unten → Anm 24, 25 ff.

Seit 2017 hat die Angabe des Streitwertes eine weitere prozessuale Bedeutung. Mithilfe dieser Angabe wird das Sekretariat ggf die Frage darüber klären und bestimmen, **ob das beschleunigte Verfahren nach Art 30 ICC-SchiedsGO Anwendung findet** (s → Anm 23 und → Form II.M.3 Anm 3, 8). Bei dieser Berechnung wird nicht nur der Wert der Schiedsklage, sondern auch der Wert eventueller Widerklagen, sich kreuzender Ansprüche (Aufrechnung) und von Ansprüchen nach den Art 7 und 8 ICC-SchiedsGO berücksichtigt (*ICC International Court of Arbitration*, Note to Parties and Arbitral Tribunals on the Conduct of the Arbitration under the ICC Rules of Arbitration vom 1.1.2019, Ziffern 97 ff; *Schütt*, SchiedsVZ 17, 83). Sollten die Parteien und das Sekretariat uneinig darüber sein, ob der Schwellenwert für das beschleunigte Verfahren überschritten ist, entscheidet der Gerichtshof unter Berücksichtigung des Parteivortrags über die streitige Frage (Art 30 Abs 3 lit c ICC-SchiedsGO; *ICC International Court of Arbitration*, Note to Parties and Arbitral Tribunals on the Conduct of the Arbitration under the ICC Rules of Arbitration vom 1.1.2019, Ziffer 101).

10. Jedenfalls nach Unterzeichnung des Schiedsauftrages (vgl → Form II.P.3 Anm 1 ff) ist die **Stellung neuer, nicht vom Schiedsauftrag erfasster Anträge** nur noch mit Zustimmung des Schiedsgerichts gem Art 23 Abs 4 ICC-SchiedsGO möglich. Falls bereits bei Klageerhebung feststeht oder zu erwarten ist, dass solche neuen Anträge erforderlich werden, sollte eine allgemeine Vorbehaltsklausel aufgenommen werden, zB

„Die Schiedsklägerin behält sich vor, ihre Anträge zu ändern, einzuschränken, zu erweitern, umzustellen, zu ergänzen oder neue bzw weitergehende Anträge zu stellen, falls und soweit sie dies für erforderlich hält."

Zu beachten ist, dass Art 23 ICC-SchiedsGO nach Anhang VI Art 3 Abs 1 zur ICC-SchiedsGO **keine Anwendung im Falle des beschleunigten Verfahrens** findet. Die Zulässigkeit neuer Anträge richtet sich im beschleunigten Verfahren damit nicht nach Art 23 Abs 4 ICC-SchiedsGO, sondern nach Anhang VI Art 3 Abs 2 zur ICC-SchiedsGO, welcher festlegt, dass neue Ansprüche nach Konstituierung des Schiedsgerichts als relevantem Bezugspunkt nur noch mit dessen Genehmigung geltend gemacht werden können. Dementsprechend genau muss bei der Formulierung der Schiedsklage auf die Stellung aller in Betracht kommender Anträge geachtet werden.

Die Zulässigkeit einer **Klagerücknahme** wird in der ICC-SchiedsGO nicht ausdrücklich geregelt, weshalb die Klagerücknahme ohne Anspruchsverzicht im Ermessen des Schiedsgerichts liegt, Art 19 ICC-SchiedsGO (zur Klagerücknahme insgesamt: *Haller/Keilmann*, J Int'l Arb 35 No 6 (2018), 652 ff). In Anlehnung an die Mehrheit der nationalen Regelungen ist sie ab der Unterzeichnung des Schiedsauftrags oder zumindest ab der ersten mündlichen Verhandlung wohl nur noch mit Zustimmung der Schiedsbeklagten möglich. In jedem Fall wird die Schiedsklägerin zum Kostenersatz verpflichtet sein, worüber – mangels Einigung der Parteien – das Schiedsgericht durch Schiedsspruch entscheiden muss. Auch der Gerichtshof wird im Falle der Klagerücknahme über bestimmte Verfahrenskosten, wie zB die Schiedsrichterhonorare entscheiden, Art 38 Abs 6 ICC-SchiedsGO. In der Regel wird die Klage in Übereinstimmung mit der Schiedsbeklagten zurückgenommen, da meistens ein Vergleich Anlass zur Klagerücknahme ist. Insgesamt wird etwa die Hälfte aller ICC-Schiedsklagen zurückgenommen, bevor ein Endschiedsspruch erlassen worden ist (*Schäfer/Verbist/Imhoos*, 180). Ein besonderer Fall der Klagerücknahme ist in Art 37 Abs 6 ICC-SchiedsGO erwähnt. Nach dieser Bestimmung gilt die Klage als zurückgenommen, wenn ein angeforderter Kostenvorschuss nicht gezahlt wird.

Gem Art 5 Abs 5 ICC-SchiedsGO kann die Schiedsbeklagte zusammen mit der Klagebeantwortung **Widerklage** erheben, auf die die Schiedsklägerin ihrerseits binnen 30 Tagen antworten kann, Art 5 Abs 6 ICC-SchiedsGO. Die Widerklage muss durch die Schiedsvereinbarung gedeckt sein. Der Streitwert der Widerklage kann Auswirkungen auf die Anwendung des beschleunigten Verfahrens haben (→ Anm 9).

Auch gem Art 21 Abs 3 UNCITRAL-SchiedsGO kann die Schiedsbeklagte eine auf denselben Vertrag gestützte Widerklage erheben oder sich zum Zwecke der Aufrechnung auf eine sich aus demselben Vertrag ergebende Forderung berufen. Beides unterliegt denselben Zulässigkeitsvoraussetzungen wie die Klageerhebung.

Klageänderungen sind nach Art 22 UNCITRAL-SchiedsGO großzügig zuzulassen, insbesondere hinsichtlich rein rechnerischer Änderungen auf der Basis bereits vorgetragener Fakten.

Ein **Kostenantrag** ist nicht unbedingt erforderlich, da Art 38 ICC-SchiedsGO die Kostentragungspflichten umfassend regelt. Sowohl die Gebühren und Auslagen des Schiedsgerichts als auch die Verwaltungsgebühren des Gerichtshofs, die Honorare und Auslagen der Sachverständigen und die Kosten der Parteien für Rechtsrat und anderes werden von Amts wegen im Schiedsspruch festgesetzt und verteilt, Art 38 Abs 4 ICC-SchiedsGO. Im Verfahren nach der UNCITRAL-SchiedsGO (vgl Art 40 Abs 1 (e)) ist die Pflicht zur Tragung der außergerichtlichen Kosten der Parteien nur ungenau geregelt, deshalb empfiehlt sich dort in jedem Fall ein entsprechender Antrag.

11. Gem Art 4 Abs 3 e) ICC-SchiedsGO ist die **Schiedsvereinbarung** beizufügen. Falls die Schiedsbeklagte auf die Schiedsklage nicht erwiderte oder eine Partei das Bestehen, die Gültigkeit oder den Umfang der Schiedsvereinbarung angriff, prüfte der Gerichtshof vor

2012 nach Art 6 Abs 2 ICC-SchiedsGO 1998, ob nach dem ersten Anschein eine Schiedsvereinbarung vorlag, die auf die ICC-SchiedsGO verwies. Dies konnte zu erheblichen Verzögerungen des Verfahrens führen. Weniger als 3 % dieser Zuständigkeitsrügen waren erfolgreich. Unter dem aktuellen Art 6 Abs 3 ICC-SchiedsGO ist ein Screening-Prozess durch den Generalsekretär vorgeschaltet. Nur Zuständigkeitsrügen mit erheblichen Erfolgsaussichten werden vom Generalsekretär an den Gerichtshof übermittelt. Die Fälle, in denen eine solche Mitteilung erfolgt, lassen sich wie folgt unterteilen: a) fehlende Schiedsklausel, b) sog „pathologische“ Schiedsklauseln und c) (fehlende) Ausdehnung der Schiedsvereinbarung auf Dritte (*Derains/Schwartz,* S 89 ff). Bejaht der Gerichtshof eine prima-facie-Schiedsvereinbarung, bleibt die endgültige Entscheidung über dessen Zuständigkeit dem Schiedsgericht vorbehalten.

12. Gem Art 4 Abs 3 g) ICC-SchiedsGO ist diese Angabe erforderlich.

Die Zahl der Schiedsrichter und die Art und Weise ihrer **Bestellung** hängen in erster Linie von der Parteivereinbarung ab (Art 12 ICC-SchiedsGO).

In Art 12 Abs 6 ICC-SchiedsGO ist die Schiedsrichterbenennung bei Mehrparteienverfahren geregelt. Dabei sollen sich alle Parteien einer Seite (Kläger/Beklagter) auf jeweils eine Schiedsrichterbenennung einigen. Kann sich auch nur eine Seite nicht einigen und legen alle Parteien dann nicht gemeinsam ein anderes Verfahren der Schiedsrichterbestellung fest, dann kann der Gerichtshof sämtliche Mitglieder des Schiedsgerichts (auch den Schiedsrichter der „geeinigten“ Seite) nach freiem Ermessen benennen, Art 12 Abs 8 ICC-SchiedsGO.

Eine ähnliche Regelung ist in Art 10 UNCITRAL-SchiedsGO vorgesehen.

13. Der Einzelschiedsrichter bedarf gem Art 13 Abs 2 ICC-SchiedsGO der Bestätigung durch den Generalsekretär, wenn sich die Parteien geeinigt haben. Ist eine Einigung nicht möglich, wird er vom Gerichtshof ernannt, Art 12 Abs 3 ICC-SchiedsGO (→ Anm 14).

Auch der von den Parteien einvernehmlich ernannte **Schiedsrichter muss unparteiisch und von den Parteien unabhängig sein und bleiben,** Art 11 Abs 1 ICC-SchiedsGO. Deshalb muss auch er dem Gerichtshof alle Umstände **offenlegen,** die geeignet sein können, seine Unabhängigkeit in Frage zu stellen, einschließlich solcher Umstände, die erst während des Schiedsverfahrens auftreten, Art 11 Abs 2, 3 ICC-SchiedsGO. Diese Mitteilungen werden an die Parteien weitergeleitet, Art 11 Abs 2 ICC-SchiedsGO. Diese Offenlegungspflicht umfasst nicht nur die Tätigkeit des Schiedsrichters selbst, sondern nach allgemeinem Verständnis auch die Tätigkeit der mit ihm gemeinsam (zB als Anwalt) tätigen Personen. Offengelegt werden sollten auch Tätigkeiten im Zusammenhang mit Unternehmen, die mit einer Partei gesellschaftsrechtlich verbunden sind. Ebenfalls sind enge Verbindungen anderweitiger Art zu den Parteien und ihren Vertretern offen zu legen. Um den zu ernennenden oder bereits ernannten Schiedsrichtern die Erfüllung ihrer Offenlegungspflichten zu erleichtern, haben die Parteien das Sekretariat, das Schiedsgericht und die anderen Parteien unverzüglich über alle nicht parteigebundenen Finanzierungsvereinbarungen mit Dritten zu informieren (Art 11 Abs 7 ICC-SchiedsGO). Damit die Unabhängigkeit der Schiedsrichter auch während des Verfahrens sichergestellt ist, haben die Parteien einen Wechsel ihrer Vertreter umgehend gegenüber dem Sekretariat, dem Schiedsgericht und den anderen Parteien anzuzeigen (Art 17 Abs I ICC-SchiedsGO). Das Schiedsgericht darf in einem solchen Fall alle notwendigen Maßnahmen vornehmen, um Zweifel an seiner Unabhängigkeit zu vermeiden. Dies umfasst insbesondere die Möglichkeit, die neuen Parteivertreter ganz oder teilweise von dem Verfahren auszuschließen (Art 17 Abs 2 ICC-SchiedsGO). Soweit ein Schiedsrichter nur eine eingeschränkte Unabhängigkeitserklärung abgibt, wird der Gerichtshof ihn regelmäßig nicht als Einzelschiedsrichter oder Vorsitzenden benennen, es sei denn, die Parteien stimmen zu.

Eine entsprechende Offenlegungspflicht der Schiedsrichter ist in Art 11 UNCITRAL-SchiedsGO geregelt. Die von der UNCITRAL-SchiedsGO vorgesehenen Standard-Unabhängigkeitserklärungen der Schiedsrichter sehen ferner eine fakultative Erklärung vor, in welcher der Schiedsrichter bestätigt, auf der Grundlage der bisherigen Informationen über die notwendige Zeit zu verfügen, um das Schiedsverfahren sorgfältig, effizient und gemäß den Zeitvorgaben der Schiedsordnung zu führen.

14. Haben sich die Parteien nicht über die Person des Schiedsrichters geeinigt, ersucht der Gerichtshof eine **Landesgruppe der ICC**, die er für geeignet hält, um einen **Vorschlag**, an den er allerdings nicht gebunden ist, Art 13 Abs 3 ICC-SchiedsGO. Der Einzelschiedsrichter soll nicht dieselbe Staatsangehörigkeit besitzen wie die Parteien, Art 13 Abs 5 ICC-SchiedsGO, sofern nicht besondere Umstände dies sinnvoll erscheinen lassen und keine der Parteien Einwendungen erhebt. Die Staatsangehörigkeit ist darüber hinaus insofern von Bedeutung, als das Schiedsgericht mangels anderweitiger Parteivereinbarung das ergänzend anwendbare Verfahrensrecht bestimmt, Art 19 ICC-SchiedsGO, und dabei erfahrungsgemäß dem Verfahrensrecht des Heimatlandes des Einzelschiedsrichters oder Vorsitzenden, in dem er sich auskennt, den Vorzug geben wird. Deshalb benennt der Gerichtshof häufig Einzelschiedsrichter (und Vorsitzende) aus dem Land, in dem sich der Schiedsort befindet und dessen Verfahrensrecht dann idR ergänzend zur Anwendung kommt.

Gem Art 8 Abs 1 UNCITRAL-SchiedsGO wird der Einzelschiedsrichter von der Benennenden Stelle bestellt, auf die sich die Parteien geeinigt haben, Art 6 Abs 1 UNCITRAL-SchiedsGO, wenn die Parteien nicht innerhalb von 30 Tagen nach Zustellung des Vorschlags, einen Einzelschiedsrichter zu benennen, eine Einigung über die Person des Schiedsrichters herbeiführen konnten. Fehlt es an einer Einigung über die Benennende Stelle, die binnen 30 Tagen nach entsprechendem Antrag einer Partei zu erfolgen hat, kann jede Partei den Generalsekretär des Ständigen Gerichtshofs in Den Haag um die Bestimmung der Benennenden Stelle ersuchen (zu den Einzelheiten Art 6 UNCITRAL-SchiedsGO).

15. Grundsätzlich bestimmten die Parteien gemäß ihrer Privatautonomie allein, ob ihre Streitigkeit durch einen **Einzelschiedsrichter oder ein Dreierschiedsgericht** entschieden wird, vgl Art 12 Abs 4 ff ICC-SchiedsGO. Die Einigung auf ein Dreierschiedsgericht muss durch den Gerichtshof berücksichtigt werden. Seit 2017 gibt es jedoch im **beschleunigten Verfahren** die Besonderheit, dass nach Art 30 Abs 1 iVm Anhang VI Art 2 Abs 1 zur ICC-SchiedsGO der Gerichtshof auch bei der abstrakten Festlegung der Parteien auf ein Dreierschiedsgericht einen Einzelschiedsrichter bestimmen kann. Sollte ein beschleunigtes Verfahren in Betracht kommen, ist in Bezug auf die Anzahl der Schiedsrichter dringend anzuraten, spätestens in der Schiedsklage ausdrücklich auf den Fall des beschleunigten Verfahrens Bezug zu nehmen (*Schütt*, SchiedsVZ 17, 85; vgl auch → Form II.M.3 Anm 4, 8 → Form II.M.3 Anm 4, 7, 9). Das Sekretariat kann den Parteien eine Frist zur Benennung eines Einzelschiedsrichters setzen, Anhang VI Art 2 Abs 2 zur ICC-SchiedsGO. Wird ein solcher nicht fristgemäß benannt, benennt der Gerichtshof in möglichst kurzer Zeit den Einzelschiedsrichter.

Nach Art 7 Abs 1 UNCITRAL-SchiedsGO sind drei Schiedsrichter die Regel. Art 7 Abs 1 UNCITRAL-SchiedsGO ist motiviert von der Überlegung, dass Dreierschiedsgerichte grundsätzlich Schiedssprüche mit höherer Legitimationswirkung fällen (*Paulsson/Petrochilos*, 56). Unterlässt es eine Partei, einen Schiedsrichter zu benennen, so wird dieser auf Antrag von der Benennenden Stelle benannt, Art 9 Abs 2 und 3 UNCITRAL-SchiedsGO.

16. Art 13 Abs 2 ICC-SchiedsGO. Auch in diesem Fall muss die Unabhängigkeit des vom Gerichtshof zu bestätigenden Schiedsrichters gewahrt sein und bleiben. Unterlässt es eine Partei, einen Schiedsrichter zu benennen, so wird dieser vom Gerichtshof ernannt. Nach Art 7 Abs 1 UNCITRAL-SchiedsGO sind drei Schiedsrichter die Regel. Unterlässt es eine Partei, einen Schiedsrichter zu benennen, so wird dieser auf Antrag von der Benennenden Stelle benannt, Art 9 Abs 2 und 3 UNCITRAL-SchiedsGO.

17. Die Schiedsklägerin kann insoweit auch die Benennung von drei Schiedsrichtern beantragen. Widerspricht die Schiedsbeklagte nicht, so gelten drei Schiedsrichter als vereinbart. Sonst wird nur ein Einzelschiedsrichter ernannt, es sei denn, der Gerichtshof hält wegen der besonderen rechtlichen Probleme, des besonderen Umfangs oder der Bedeutung des Verfahrens drei Schiedsrichter für erforderlich, Art 12 Abs 2 ICC-SchiedsGO. Aus der Praxis des Gerichtshofs ergibt sich als Faustregel, dass ab einem Streitwert von USD 10 Millionen drei Schiedsrichter ernannt werden, vgl *Fry/Greenberg/Mazza*, The Secretariat's Guide, 3–440 zu Art 12.

18. Der notwendige Inhalt der **materiellen Begründung** ergibt sich aus Art 4 Abs 3 c), d) ICC-SchiedsGO (Art 20 Abs 2 a)–e) UNCITRAL-SchiedsGO). Eine möglichst umfassende Darlegung empfiehlt sich, da häufig vom Schiedsgericht nur zwei Schriftsatzrunden zugelassen werden und das Schiedsverfahren knappe Fristen vorsieht.

19. Gem Art 4 Abs 3 e) ICC-SchiedsGO sind nicht mehr sämtliche Unterlagen, sondern nur noch alle erheblichen Vereinbarungen und insbesondere die Schiedsvereinbarung beizufügen. Eine frühzeitige Unterlagenvorlage beschleunigt das Verfahren. Gem Art 20 Abs 3 UNCITRAL-SchiedsGO sind der Vertrag und die Schiedsvereinbarung der Klageschrift beizufügen. Mit der Klageschrift sollen ferner alle Dokumente und Beweismittel vorgelegt werden, auf die sich die Schiedsklägerin bezieht, soweit dies möglich ist, Art 20 Abs 4 UNCITRAL-SchiedsGO.

20. Falls absehbar ist, dass im Verlauf des Verfahrens weiterer (neuer) **Tatsachenvortrag** bekannt und erforderlich werden wird, sollte – jedenfalls zur Klarstellung – folgender **Vorbehalt** aufgenommen werden:

„Diese Darstellung ist nicht abschließend. Die Schiedsklägerin behält sich vor, dem Schiedsgericht im Verlauf des Schiedsverfahrens weitere Tatsachen oder Rechtsauffassungen zu unterbreiten oder Schriftsätze und Unterlagen zu übermitteln, die sich auf die von ihr dann geltend gemachten Ansprüche beziehen."

Wegen des Präklusionsrisikos nach Art 22 UNCITRAL-SchiedsGO ist diese Klausel auch in Verfahren nach der UNCITRAL-SchiedsGO zu empfehlen.

21. Art 4 Abs 3 h) ICC-SchiedsGO verlangt die Angabe des Schiedsortes und der Verfahrenssprache.

22. Falls eine Schiedsklage in Zusammenhang mit einem Rechtsstreit eingereicht wird, hinsichtlich derer zwischen denselben Parteien bereits ein ICC-Schiedsverfahren anhängig ist, kann der Gerichtshof auf Antrag einer Partei die **Verbindung** der neuen Klage zu dem bereits anhängigen Verfahren beschließen, Art 10 ICC-SchiedsGO.

Die Verbindung ist nur in drei Fällen möglich: wenn (a) die Parteien die Verbindung ausdrücklich vereinbart haben oder (b) alle Ansprüche in den Schiedsverfahren aufgrund derselben Schiedsvereinbarung oder denselben Schiedsvereinbarungen geltend gemacht werden oder (c) die Ansprüche in den Schiedsverfahren nicht aufgrund derselben Schiedsvereinbarung oder denselben Schiedsvereinbarungen geltend gemacht werden, diese Verfahren aber zwischen denselben Parteien anhängig sind, die Streitigkeiten aus denselben Rechtsverhältnissen stammen und der Gerichtshof der ICC die Verfahren für miteinander vereinbar hält. Der Antrag auf Verbindung der Verfahren muss schriftlich an das Sekretariat gerichtet sein und sollte alle Informationen enthalten, die nötig sind, damit der Gerichtshof das ihm eingeräumte Ermessen ausüben kann (vgl *Fry/Greenberg/Mazza*, The Secretariat's Guide, 3–351).

Der Antrag auf Verfahrensverbindung ist nicht zuletzt deshalb interessant, weil damit die Konstituierung eines neuen Schiedsgerichts verhindert und der Streit vor das bereits bestehende Schiedsgericht gebracht werden kann.

23. S hierzu insgesamt → Form II.M.3 Anm 8, 6, 3. Die Parteien können, wenn das **beschleunigte Verfahren** nach Art 30 ICC-SchiedsGO iVm Anhang VI zur ICC-SchiedsGO automatisch Anwendung findet, das beschleunigte Verfahren ausschließen (**Opt-Out**) oder die Anwendung des beschleunigten Verfahrens bestimmen, wenn es nicht automatisch Anwendung findet (**Opt-In**). Das Sekretariat und ggf der Gerichtshof prüft die Anwendbarkeit des beschleunigten Verfahrens eigenständig (vgl *ICC International Court of Arbitration*, Note to Parties and Arbitral Tribunals on the Conduct of the Arbitration under the ICC Rules of Arbitration vom 1.1.2019, Ziffern 93 ff). Um die Verfahrenseffizienz zu wahren, ist zu empfehlen, bereits in der Schiedsklage auf das beschleunigte Verfahren hinzuweisen, falls ein Opt-Out oder ein Opt-In vereinbart wurde. Dies gilt insbesondere dann, wenn das Opt-Out oder Opt-In nicht unmittelbar in der Schiedsklausel vereinbart wurde.

24. Ohne Zahlung der **Einreichungsgebühr** von USD 5.000,00 (Art 4 Abs 4 lit b iVm Anhang III Art 1 Abs 1 zur ICC-SchiedsGO) und gegebenenfalls eines darüber hinausgehenden, vorläufig vom Sekretariat festgesetzten, die Kosten bis zur Erstellung des Schiedsauftrages abdeckenden **Vorschusses** (Art 37 Abs 1 ICC-SchiedsGO) wird die Klage nicht zugestellt. Nach fruchtlosem Verstreichen einer Nachfrist wird das Verfahren (ohne Präklusionswirkung für die Klage) beendet, Art 4 Abs 4 ICC-SchiedsGO. Die Gebühr wird nicht erstattet. Der Vorschuss wird auf die endgültigen Verfahrenskosten angerechnet.

25. Anhand des vorläufigen Streitwertes setzt der Gerichtshof gem Art 37 Abs 2 ICC-SchiedsGO auf der Grundlage der voraussichtlichen Honorare und Auslagen der Schiedsrichter, der ICC-Verwaltungskosten sowie sonstiger Kosten, die der ICC im Zusammenhang mit dem Schiedsverfahren entstehen, den Kostenvorschuss fest und fordert die Parteien zur jeweils hälftigen Zahlung des Vorschusses auf. Der Schiedsklägerin wird der gezahlte vorläufige Vorschuss gem Art 37 Abs 4 ICC-SchiedsGO angerechnet. Weigert sich die Schiedsbeklagte, ihren Vorschussanteil zu zahlen, so kann ihn die Schiedsklägerin zahlen (ohne dazu verpflichtet zu sein), Art 37 Abs 5 ICC-SchiedsGO. Tut sie dies nicht, endet das Schiedsverfahren gem Art 37 Abs 6 ICC-SchiedsGO.

Gem Art 43 UNCITRAL-SchiedsGO kann das Schiedsgericht die Parteien zur Zahlung gleich hoher Vorschüsse auffordern. Werden diese nicht innerhalb von 30 Tagen nach Aufforderung gezahlt und leistet auch die andere Partei den Vorschuss nicht an Stelle der eigentlich verpflichteten Partei, kann das Schiedsgericht die Unterbrechung oder Einstellung des Verfahrens beschließen, Art 43 Abs 4 UNCITRAL-SchiedsGO. Hinterlegte Beträge werden mit den Verfahrenskosten verrechnet, Art 43 Abs 5 UNCITRAL-SchiedsGO.

26. Die Wirkungen einer **rügelosen Einlassung** zur Sache im ICC-Schiedsverfahren hängen in erster Linie von dem zugrunde liegenden nationalen Verfahrensrecht ab. Nicht erst mit Unterzeichnung des Schiedsauftrages, sondern mit jeder weiteren Verfahrensteilnahme, verlieren jedoch die Parteien, mangels eines ausdrücklichen Vorbehalts gem Art 40 ICC-SchiedsGO, das Recht, einzelne Anordnungen des Schiedsgerichts, die Einhaltung von Anforderungen der Schiedsvereinbarung oder die fehlerhafte Besetzung des Schiedsgerichts zu rügen. Dementsprechend bestimmt auch Art 23 Abs 2 der UNCITRAL-SchiedsGO, dass die Einrede der Unzuständigkeit des Schiedsgerichts spätestens in der Klagebeantwortung oder, im Falle einer Widerklage oder Aufrechnung, in der Beantwortung der Widerklage oder der Aufrechnung zu erheben ist. Aus Art 32 UNCITRAL-SchiedsGO ergibt sich, dass im Falle einer solchen rügelosen Einlassung die berechtigte

Partei auf die Einrede der Unzuständigkeit verzichtet hat, mit der Folge, dass das Schiedsgericht (endgültig) zuständig ist.

27. Dem Schiedsbegehren bzw der Schiedsklage sollen Kopien für die übrigen Parteien, jeden der Schiedsrichter und das Sekretariat beigefügt werden, wenn der Schiedskläger die Zustellung des Begehrens oder der Klage gegen Empfangsbestätigung, per Einschreiben oder Kurier verlangt, Art 4 Abs 4b ICC-SchiedsGO. Andernfalls kann das Sekretariat eine Nachfrist setzen und nach deren fruchtlosem Ablauf die Akte schließen, Art 4 Abs 4 ICC-SchiedsGO.

4. Ablehnung eines Schiedsrichters gegenüber dem Schiedsgericht (nach der Schiedsgerichtsordnung der ICC und der DIS)

An das Schiedsgericht[1, 2]

bestehend aus

1. Schiedsrichter A als Obmann
2. Schiedsrichter B
3. Schiedsrichter C

In dem Schiedsverfahren

der Schiedsklägerin

Verfahrensbevollmächtigter

gegen

die Schiedsbeklagte

Verfahrensbevollmächtigter

lehnt die Schiedsklägerin den von der Schiedsbeklagten benannten Schiedsrichter wegen der Besorgnis der Befangenheit ab und beantragt:

Dem Ablehnungsantrag der Schiedsklägerin gegenüber dem Schiedsrichter . . . . . wird stattgegeben.

Begründung:

Herr/Frau . . . . . wurde am . . . . . zum Schiedsrichter bestellt/als Schiedsrichter bestätigt.

Die Schiedsklägerin hat vor wenigen Tagen, am . . . . .[3] erfahren, dass

(Darlegung des Ablehnungsgrundes, zB wirtschaftliche Abhängigkeit des Schiedsrichters von einer Partei, einschließlich der zugrunde liegenden Tatsachen unter Beifügung aller Unterlagen)[4]

Beweis:

Für den Fall der Ablehnung des Befangenheitsgesuches[5] beantrage ich schon jetzt,

das Verfahren vor dem Schiedsgericht bis zur Entscheidung des Oberlandesgerichts über die Ablehnung auszusetzen.[6]

Unterschrift

Anmerkungen

1. Der Umfang der Literatur betreffend Schiedsrichterablehnung übertrifft die Anzahl der tatsächlichen Ablehnungsentscheidungen bei weitem. Denn die meisten Ablehnungsverfahren scheitern daran, dass kein Ablehnungsgrund vorliegt (*Kröll*, SchiedsVZ 2018, 61, 71). Auf das Ablehnungsrecht kann nicht generell, wohl aber im Einzelfall verzichtet werden. Die rügelose Verhandlung vor dem Schiedsgericht kann hierbei als Vertrauensbeweis und stillschweigender Verzicht ausgelegt werden, sofern die betreffende Partei von dem Ablehnungsgrund Kenntnis hat, vgl näher *Schwab/Walter*, Kap 14 Rn 12 ff. Ebenso kann gem § 1036 Abs 2 S 2 ZPO eine Partei einen von ihr selbst benannten Schiedsrichter nur ablehnen, wenn ihr der Grund dafür erst nach der Bestellung bekannt wurde.

2. Die Parteien können in der Schiedsvereinbarung oder in einer späteren Vereinbarung Bestimmungen über die Durchführung eines Ablehnungsverfahrens treffen. Machen die Parteien von dieser Regelungsbefugnis keinen Gebrauch, ist zunächst das Schiedsgericht zur Entschidung über einen Ablehnungsantrag zuständig.

3. Nach § 1037 Abs 2 ZPO, Art 15 Abs 2 DIS-SchGO ist ein Antrag auf Ablehnung innerhalb von zwei Wochen nach Erhalt der Information über die Konstituierung des Schiedsgerichts (§ 1037 Abs 2 ZPO) bzw nach Kenntniserlangung des Ablehnungsgrundes (Art 15 Abs 2 DIS-SchGO) bei dem Schiedsgericht bzw der DIS zu stellen und zu begründen. Gem Art 14 Abs 1, 2 ICC-SchiedsGO ist der Ablehnungsantrag innerhalb von 30 Tagen ab Zugang der Mitteilung über die Bestellung oder Bestätigung des Schiedsrichters bzw Kenntnis des Ablehnungsgrundes zu stellen. Im Eilverfahren gelten kürzere Fristen (vgl zB Form II.P.8 Anm 1). Nach Art 13 Abs 1 UNCITRAL-SchiedsGO beträgt die Frist 15 Tage. Die Angabe, seit wann die Partei Kenntnis von dem Ablehnungsgrund hatte, ist erforderlich, da die Frist von 30 Tagen (Art 14 Abs 2 ICC-SchiedsGO) bzw 14 Tagen (Art 15 Abs 2 DIS-SchGO) für die Ablehnung des betreffenden Schiedsrichters erst mit der Kenntnis vom Ablehnungsgrund zu laufen beginnt, falls dieses Datum nach dem Zugang der Mitteilung über die Bestellung bzw Bestätigung des Schiedsrichters liegt (in Eilverfahren gelten kürzere Fristen, vgl zB → Form II.P.8 Anm 1). Angesichts der Offenlegungspflicht der Schiedsrichter reicht ein bloßes Kennenmüssen insoweit nicht aus. Das gleiche gilt hinsichtlich der 15-Tage-Frist nach Art 13 Abs 1 UNCITRAL-SchiedsGO.

4. Die Ablehnung des Schiedsrichters vor Erlass des Schiedsspruches setzt nicht voraus, dass der Schiedsrichter tatsächlich befangen ist. Ablehnungsgrund ist jeder Umstand, der berechtigte Zweifel an der Unparteilichkeit oder Unabhängigkeit des Schiedsrichters aufkommen lassen könnte. Der Maßstab entspricht weitgehend dem Maßstab für die Ablehnung eines staatlichen Richters.

Gem § 1036 Abs 1 ZPO hat eine Person, der ein Schiedsrichteramt angetragen wird, alle Umstände **offenzulegen,** die Zweifel an ihrer Unparteilichkeit oder Unabhängigkeit wecken können. Diese Pflicht dauert bis zum Ende des Schiedsverfahrens an. Dieselbe Pflicht ergibt sich aus Art 9 Abs 4 DIS-SchGO.

Liegen Umstände vor, die berechtigte Zweifel an seiner Unparteilichkeit oder Unabhängigkeit aufkommen lassen, oder erfüllt er die zwischen den Parteien vereinbarten Voraussetzungen nicht, kann ein Schiedsrichter abgelehnt werden (§ 1036 Abs 2 ZPO; Art 15 Abs 1 DIS-SchGO iVm Art 9 Abs 1 DIS-SchGO). Rein subjektive, unvernünftige Vorstellungen einer Partei reichen dafür nicht aus (*Kröll*, SchiedsVZ 2018, 72 mwN).

Die **Ablehnungsgründe** sind möglichst vollständig und detailliert vorzubringen, da ein zweiter Schriftsatzwechsel, dh eine Replik der ablehnenden Partei auf die eingegangenen Stellungnahmen der anderen Partei und der Schiedsrichter sowie eine anschließende

Duplik nicht vorgesehen sind, wie sich aus Art 14 Abs 3 ICC-SchiedsGO ergibt. Das Verfahren nach der DIS-SchGO sieht ebenfalls keine zweite Schriftsatzrunde vor.

Die Ablehnung kann auf fehlende Unparteilichkeit oder Unabhängigkeit sowie andere Gründe gestützt werden (Art 14 Abs 1 ICC-SchiedsGO, Art 15 Abs 1 DIS-SchGO). Entsprechend ist im UNCITRAL-Modellgesetz sowie in den institutionellen Regelungen festgelegt, dass ein Schiedsrichter alle Umstände offenzulegen hat, die Zweifel an seiner Unparteilichkeit oder Unabhängigkeit wecken, und zwar von der Bestellung bis zur Beendigung desVerfahrens (§ 1036 Abs 1 ZPO, Art 9 Abs 6 DIS-SchGO; Art 12 Abs 1 UNCITRAL-Modellgesetz; OLG Frankfurt Beschl v 28. März 2011 – 26 SchH 2/11, BeckRS 2014, 12967; *Lew/Mistelis/Kröll*, Comparative International Commercial Arbitration, Rn 13-5).

Diese dürften vorliegen, wenn ein Schiedsrichter rechtlich oder tatsächlich an der ordnungsgemäßen Erfüllung seines Amtes gehindert ist (ausführlich *Craig/Park/Paulsson* § 13.05). In jedem Falle empfiehlt es sich, in dieser Frage immer auch die Rechtsprechung der staatlichen Gerichte im Lande des Schiedsortes zu Rate zu ziehen, da der Gerichtshof bei der Ablehnungsentscheidung gerade auch die Anerkennung bzw Aufhebbarkeit des Schiedsspruches vor diesen Gerichten berücksichtigt (*Craig/Park/Paulsson* § 13.05).

Für **Mitschiedsrichter** ergeben sich noch eigene, zusätzliche potentielle Befangenheitsgründe, insbesondere aus der Nähe zu der Partei, die den Mitschiedsrichter als „ihren" Schiedsrichter benannt hat; Beispiele bei *Craig/Park/Paulsson* § 13.05. Hinsichtlich des **Einzelschiedsrichters** bzw des **Vorsitzenden** ist daneben auch das Erfordernis der Neutralität zu beachten; je größer die Unterschiede im Rechts-, Wirtschafts-, Gesellschafts- und politischen System, in Religion, Sprache und Zivilisation der Länder sind, aus denen die Parteien stammen, um so wichtiger ist es, dass der Einzelschiedsrichter bzw Vorsitzende weder dem einen noch dem anderen Rechts-, Zivilisations- oder Kulturkreis angehört oder näher steht. Art 12 Abs 5 ICC-SchiedsGO schreibt daher vor, dass der Einzelschiedsrichter bzw der Vorsitzende nicht aus dem Land einer der beiden Parteien kommen soll, es sei denn, der Gerichtshof bejaht besondere Umstände und keine Partei widerspricht.

Eine von der International Bar Association (IBA) eingesetzte internationale Arbeitsgruppe hat Richtlinien hinsichtlich Interessenkonflikten (**IBA Guidelines on Conflicts of Interest in International Arbitration**) erarbeitet, die am 22.5.2004 vom Council der IBA verabschiedet und deren jüngste Überarbeitung am 23.10.2014 veröffentlicht wurde. Der Text steht auf der Website der IBA (www.ibanet.org) zur Verfügung. Diese Richtlinien können als Anhaltspunkt für den internationalen Stand im Hinblick auf Interessenkonflikte herangezogen werden.

5. Das Schiedsgericht kann, sobald ein Ablehnungsantrag gestellt wurde, darüber entscheiden, ob es das Schiedsverfahren bis zur Erledigung des Ablehnungsantrages **unterbrechen** will.

In Verfahren nach der DIS-SchGO übermittelt die DIS den Ablehnungsantrag dem abgelehnten Schiedsrichter, den anderen Schiedsrichtern und der anderen Partei und setzt ihnen eine Frist zur Stellungnahme, Art 15 Abs 3 DIS-SchGO. Die eingereichten Stellungnahmen übermittelt sie im Anschluss den Parteien und den Schiedsrichtern, Art 15 Abs 3 DIS-SchiedsGO. Danach entscheidet der DIS-Rat über den Ablehnungsantrag. Eine dem § 1036 Abs 2 S 2 ZPO entsprechende Vorschrift zur Ablehnung eines eigens bestellten Schiedsrichters sieht die DIS-SchiedsGO nicht vor.

In ICC Verfahren wird der Ablehnungsantrag vom Sekretariat des Gerichtshofs dem abgelehnten Schiedsrichter, den anderen Parteien und den anderen Schiedsrichtern mit der Aufforderung zur Stellungnahme zugestellt, Art 14 Abs 3 ICC-SchiedsGO. Nach Eingang dieser Stellungnahmen legt das Sekretariat diese mit dem Ablehnungsantrag dem Gerichtshof zur Entscheidung vor. Nach Art 13 Abs 4 UNCITRAL-SchiedsGO entscheidet die Ernennende Stelle, wenn sich die Parteien nicht über die Ablehnung einigen können oder der abgelehnte Schiedsrichter sein Amt nicht niederlegt.

Der DIS-Rat entscheidet über das Ablehnungsgesuch und teilt den Schiedsrichtern und den Parteien das Ergebnis mit, Art 15 Abs 4 DIS-SchGO. Bis zu einer ablehnenden Entscheidung des DIS-Rates kann das Schiedsgericht das Schiedsverfahren fortsetzen, Art 15 Abs 5 DIS-SchGO.

In Verfahren nach der ICC-SchiedsGO entscheidet der **Gerichtshof** über die Zulässigkeit und Begründetheit des Ablehnungsantrages, Art 14 Abs 3 ICC-SchiedsGO (dazu oben→ Anm 2). Diese Entscheidung teilt das Sekretariat den Parteien und Schiedsrichtern mit, ohne dass allerdings die Gründe der Entscheidung angegeben werden müssen (Art 14 Abs 3 ICC-SchiedsGO; vgl *Bühler/Welster,* Rn 11).

Gem Art 15 Abs 4 ICC-SchiedsGO steht es **im Ermessen des neu besetzten Schiedsgerichts,** Verfahrenshandlungen nach erfolgreicher Ablehnung eines Schiedsrichters zu wiederholen, wobei die Parteien zu dieser Frage anzuhören sind. Nach Art 15 UNCITRAL-SchiedsGO ist die Verhandlung nach erfolgreicher Ablehnung eines Schiedsrichters und seiner Ersetzung durch einen neuen Schiedsrichter an der Stelle wieder aufzunehmen, an welcher der ersetzte Schiedsrichter seine Funktion nicht mehr ausübte. Es steht jedoch im Ermessen des Schiedsgerichts, vorher durchgeführte mündliche Verhandlungen zu wiederholen.

6. Die Ablehnungsentscheidung unterliegt immer der nachfolgenden Kontrolle durch den staatlichen Richter (vgl bei einem Verfahren in Deutschland § 1037 Abs 3 ZPO), spätestens in dem Verfahren auf Aufhebung oder Vollstreckbarerklärung des Schiedsspruchs. Wird das Ablehnungsverfahren vor dem Gerichtshof als vorgeschaltetes Verfahren verstanden und zugelassen, so kann anschließend auch der Antragsgegner, wenn der Gerichtshof dem Ablehnungsantrag stattgegeben hat, den staatlichen Richter anrufen, was sich zwingend daraus ergibt, dass sogar die dem Ablehnungsantrag stattgebende Entscheidung des staatlichen Richters anfechtbar ist.

5. Antrag über Ablehnung eines Schiedsrichters im Verfahren vor dem staatlichen Gericht (nach der ZPO)

An das[1]

Oberlandesgericht[2]

In dem Schiedsverfahren

(vollständiges Rubrum)

beantrage ich namens und im Auftrag der Antragstellerin, wie folgt zu erkennen:

Die von der Antragstellerin erklärte Ablehnung des Schiedsrichters . . . . . wird für begründet erklärt.

Begründung (wie → Form II.O.4 Anm 1 ff)

Das Schiedsgericht hat mit Entscheidung vom . . . . . den Ablehnungsantrag zurückgewiesen. Diese Entscheidung ist der Schiedsklägerin am . . . . . zugegangen.

Die Schiedsvereinbarung vom . . . . ., das Ablehnungsgesuch der Schiedsklägerin sowie die Entscheidung des Schiedsgerichts sind dem Antrag beigefügt.

Unterschrift[3]

Anmerkungen

1. Der Antrag ist erforderlich, wenn der Schiedsrichter sein Amt nicht niederlegt oder die andere Partei der Ablehnung nicht zustimmt und auch das Schiedsgericht den Ablehnungsantrag zurückweist, §§ 1037 Abs 3, 1038 Abs 1 ZPO. Der Antrag ist nur bis zur Beendigung des Schiedsverfahrens zulässig, BGH NJW 1964, 93; BGHZ 40, 342, und muss innerhalb eines Monats nach Kenntniserlangung von der Zurückweisung der Ablehnung durch das Schiedsgericht gestellt werden, § 1037 Abs 3 ZPO. Die Parteien können eine andere Frist vereinbaren.

2. Gem § 1062 Abs 1 ZPO ist das vereinbarte **Oberlandesgericht** oder das OLG zuständig, in dessen Bezirk der Schiedsort liegt. Für die Bestimmung des Schiedsortes ist gem § 1062 Abs 2 ZPO das OLG zuständig, in dessen Bezirk der Antragsgegner seinen Sitz, gewöhnlichen Aufenthaltsort oder Vermögen hat, oder sich der Klagegegenstand befindet, hilfsweise das Kammergericht (Berlin). Gem § 1025 Abs 3 ZPO kann der **Antrag** auch bei einem zuständigen deutschen Gericht gestellt werden, solange der Schiedsort noch nicht bestimmt ist und eine Partei ihren Sitz oder gewöhnlichen Aufenthaltsort in Deutschland hat.

3. Das Gericht entscheidet nach Anhörung des Gegners durch Beschluss, der unanfechtbar ist, §§ 1063 Abs 1 S 1, 1065 ZPO. Die Rechtsbeschwerde ist nicht statthaft, § 1037 Abs 3 ZPO. Möglich ist nur die Anhörungsrüge gem § 321a ZPO, wenn das Gericht bei der Behandlung des Ablehnungsgesuches rechtliches Gehör verletzt hat (*Kröll*, SchiedsVZ 2018, 72 unter Hinweis auf das pathologische Kettenablehnungsverfahren des OLG München mwN). Wird der Antrag rechtskräftig zurückgewiesen, ist der Ablehnungsgrund endgültig erledigt.

Wird die Ablehnung für begründet erklärt, so wirkt diese Ablehnung für die Zukunft. Handlungen des abgelehnten Schiedsrichters vor Geltendmachung der Ablehnung und unaufschiebbare Handlungen zwischen Geltendmachung und rechtskräftiger Entscheidung über die Ablehnung bleiben wirksam (*Schwab/Walter,* Kap 14 Rn 3). Wenn im Schiedsvertrag ein bestimmter Schiedsrichter ernannt und keine Ersatzbestellung vorgesehen ist, wird durch die rechtskräftige Ablehnung des Schiedsrichters die Schiedsvereinbarung nach § 1039 Abs 2 ZPO nur hinfällig, wenn die Parteien dies vereinbart haben. In der Regel ist nach den für die Schiedsrichterbestellung geltenden Bestimmungen ein Ersatzschiedsrichter zu bestimmen.

P. Schiedsverfahren, Verfahrenskonferenz und Schiedsspruch

Schrifttum: Schiedsverfahren: s → Form. II.M.1. Anm 1 ff sowie *Besch/Kreuzeder*, Die neue DIS-Schiedsordnung, RIW 18, 256; *Böckstiegel/Berger/Bredow* (Hrsg), Die Umsatzsteuer im Schiedsverfahren – Ein praktischer Leitfaden für Schiedsrichter und Parteivertreter, 2008; *Böckstiegel/Berger/Bredow,* Die Beteiligung Dritter an Schiedsverfahren, 2005; *Boog/Wimalasena,* The 2018 DIS Rules: New Rules for a Renewed Institution, ASA Bulletin, 18, Vol 36, Issue 1, p 10; *Decker,* Das neue beschleunigte Verfahren der Deutschen Institution für Schiedsgerichtsbarkeit, SchiedsVZ **2019**, 75; *Demeyere,* Draft Schedule for International Commercial Arbitration: Checklist, Planning, Follow-Up, Assessment, SchiedsVZ **2007**, 124; *Demeyere,* An essay on differing approaches to procedures under common and civil law, SchiedsVZ **2008**, 279; *Dendorfer/Lack,* The Interaction Between Arbitration and Mediation: Vision and Reality, SchiedsVZ **2007**, 195; *Dendorfer/Wilhelm,* DIS Arbitration Rules 2018 in a nutshell: Revision for efficiency, transparency and modernization, Yearbook on International Arbitration and ADR, 2019, Vol VI, 73; *Elsing/Shchavelev,* Die neue DIS-

Schiedsgerichtsordnung 2018, IPRax 2018, 461; *Geiben,* Die Privatsphäre und Vertraulichkeit im Schiedsverfahren, 2001; *Hilgard,* Verschwiegenheitspflichten eines Schiedrichters, BB **2015**, 1091; *Horvath,* Schiedsgerichtsbarkeit und Mediation – Ein glückliches Paar?, SchiedsVZ **2005**, 292; *Jäger/Zavodsky,* Verfahrenssprache im Schiedsverfahren, SchiedsVZ **2019**, 181; *Karrer,* Naives Sparen birgt Gefahren – Kostenfragen aus Sicht der Parteien und des Schiedsgerichts, SchiedsVZ **2006**, 113; *Kröll,* Ergänzung und Anpassung von Verträgen durch Schiedsgerichte, 1998; *Kläsener/Dolgorukow,* Die Überarbeitung der IBA-Regeln zur Beweisaufnahme in der internationalen Schiedsgerichtsbarkeit, SchiedsVZ **2010**, 302; *Lörcher/Lörcher,* Organisation eines Ad-hoc-Schiedsverfahrens, SchiedsVZ **2005**, 179; *Andrea Meier,* Einbezug Dritter vor internationalen Schiedsgerichten, 2007; *Anke Meier,* Pre-hearing Conferences as a Means of Improving the Effectiveness of Arbitration, SchiedsVZ **2009**, 143; *Nicklisch,* Terms of Reference, Sinn und Zweck der Terms of Reference, Technik der Abfassung, RIW **1988**, 763; *Risse/Kuhli,* Schiedsrichtervergütung und Umsatzsteuer, SchiedsVZ **2016**, 1; *Rombach/Shalbanava,* The Prague Rules: A New Era of Procedure in Arbitration or Much Ado about Nothing?, SchiedsVZ **2019**, 64; *Sandrock,* Die „Terms of Reference" und die Grenzen ihrer Präklusionswirkungen, RIW 87, 649; *Scherer,* Acceleration of Arbitration Proceedings, SchiedsVZ **2005**, 229; *Schütze,* Die Vorlageberechtigung von Schiedsgerichten an den EuGH, SchiedsVZ **07**, 121; *Steinbrück,* Die Unterstützung ausländischer Schiedsverfahren durch staatliche Gerichte, 2009; *Stürner,* Das Protokoll im Schiedsverfahren, SchiedsVZ **2018**, 299; *Trittmann,* When Should Arbitrators Issue Interim or Partial Awards and/or Procedural Orders, J Int'l Arb Vol 20 No 3 (03), 255; *Vocke,* Die Bestimmung des anzuwendenden materiellen Rechts in internationalen Handelsschiedsverfahren im Lichte des deutschen Schiedsverfahrensrechts vom 1.1.1998, 2002; *Wilske,* Cost Sanctions in the Event of Unreasonable Exercise or Abuse of Procedural Rights, SchiedsVZ **2006**, 188.

Beweiserhebung: *Benzing,* Das Beweisrecht vor internationalen Gerichten und Schiedsgerichten in zwischenstaatlichen Streitigkeiten, 2010; *Böckstiegel,* Beweiserhebung im Internationalen Schiedsverfahren, 2000; *Böckstiegel/Berger/Bredow* (Hrsg), The Taking of Evidence in International Commercial Arbitration, 2010; *Burianski/Reindl,* Truth or Dare? The Conflict Between E-discovery in International Arbitration and German Data Protection Rules, SchiedsVZ **2010**, 187; *Eberl,* Beweis im Schiedsverfahren, 1. Aufl 2015; *Fölsing,* US-Richter als Helfer in internationalen Schiedsverfahren, RIW 2013, 340; *Giovannini/Mourre/Reed,* Written evidence and discovery in international arbitration, 2009; *Hilgard,* Electronic Discovery im Schiedsverfahren, SchiedsVZ **2008**, 122; *Howell,* Electronic Disclosure in International Arbitration, 2008; *Jolivet (Hrsg),* Document production in international arbitration, 2006; *Kasolowsky/Schnabl,* Schiedsgutachten als Alternative zu Schiedsverfahren bei Streit über Rechtsfragen, SchiedsVZ **2012**, 84; *Kaufmann-Kohler/Bärtsch,* Discovery in International Arbitration: How much is too much?, SchiedsVZ **2004**, 13; *Kraayvanger/Richter/Wendler,* US-Beweishilfe in Schiedsverfahren – ein Anschlag auf die internationale Schiedsgerichtsbarkeit?, SchiedsVZ **2008**, 301; *Krapfl,* Die Dokumentenvorlage im internationalen Schiedsverfahren, 2007; *Kreindler,* Praktiken und Verfahren im Hinblick auf die Beweisführung in internationalen Schiedsverfahren: Die Notwendigkeit größerer Präzision, ZvglRWiss **2015**, 431; *Anke Meier,* The Production of Electronically Stored Information in International Commercial Arbitration, SchiedsVZ **2008**, 179; *Mekat,* Cross Examination: Das Kreuzverhör in der deutschen Schiedsverfahrenspraxis, SchiedsVZ **17** 119; *Newman/Sheppard* (Hrsg), Take the Witness: Cross Examination in International Arbitration, 2010; *Nicklisch/Trittmann,* Der Experte im Verfahren, 2006; *Peter,* Witness ‚Conferencing', Arb Int Vol 18 No 1 **(2002)**, 47; *K. Sachs,* Use of Documents and Document Discovery: „Fishing Expeditions" versus Transparency and Burden of Proof, SchiedsVZ 2003, 193; *Sachs/Niedermaier,* Die Durchsetzung von Document Production Orders in internationalen Schiedsverfahren, ZVglRWIss **2015**, 449; *Schlosser,* Verfahrensrechtliche und berufsrechtliche Zulässigkeit der Zeugenvorbereitung, SchiedsVZ **2004**, 225; *Schütze,* Die Ermessensgrenzen des Schiedsgerichts bei der Bestimmung der Beweisregeln, SchiedsVZ **2006**, 1; *Varga,* Beweiserhebung in transatlantischen Schiedsverfahren, 2006; *Trittmann,* Basics and Differences of the Continental and Common Law System and State Court Proceedings, in Böckstiegel/Berger/Bredow 2010, 15; *Wirth,* Ihr Zeuge, Herr Rechtsanwalt!, SchiedsVZ **2003**, 9; *Wirth/Hoffmann-Nowotny,* Rechtshilfe deutscher Gerichte zugunsten ausländischer Schiedsgerichte bei der Beweisaufnahme – ein Erfahrungsbericht, SchiedsVZ **2005**, 66.

Einstweiliger Rechtsschutz: *Bandel,* Einstweiliger Rechtsschutz im Schiedsverfahren, 2000; *Horn,* Der Eilschiedsrichter im institutionellen Schiedsverfahren, SchiedsVZ **2006**, 22; *International Chamber of Commerce,* ICC Commission Report: Emergency Arbitrator Proceedings, 2019; *Kröll,* Die internationale Zuständigkeit deutscher Gerichte für einstweiligen Rechtsschutz bei ausländischem Schiedsort, IHR **2005**, 142; *Landbrecht,* Staatlicher Eilrechtsschutz am deutschen Schiedsort und grenzüberschreitende Vollstreckung, SchiedsVZ **2013**, 241; *Risse/Frohlhoff,* Schadensersatzansprüche nach einstweiligen Verfügungen im Schiedsverfahren, SchiedsVZ **2011**, 139; *Scheef,* Der einstweilige Rechtsschutz und die Stellung der Schiedsrichter bei dem Abschluss von Schiedsvergleichen, 2000; *Schroth,* Einstweiliger Rechtsschutz im deutschen Schiedsverfahren, SchiedsVZ **2003**, 102; *Schlosser,* Der einstweilige Rechtsschutz in Sportangelegenheiten vor und nach Bildung des Schiedsgerichts, SchiedsVZ 09, 84; *Zeiler,* Erstmals einstweilige Maßnahmen im Schiedsverfahren?, SchiedsVZ **2006**, 79; *Zekoll,* Das ex parte-Eilverfahren und das Exequaturverfahren für schiedsgerichtliche Eilmaßnahmen im UNCITRAL Model Law; SchiedsVZ **2010**, 137.

Beendigung des Schiedsverfahrens: *Altenkirch,* Die Beendigung des Schiedsverfahrens durch den Schiedsrichter, SchiedsVZ 14, 113; *Bredow,* Schiedsspruch mit vereinbartem Wortlaut – Form und Inhalt, SchiedsVZ **2010**, 295; *Busse,* Der Schiedsvergleich als verfahrensrechtliche Falle, SchiedsVZ 10, 57; *Christ,* Berichtigung, Auslegung und Ergänzung des Schiedsspruchs, 2008; *Gerstenmaier,* Beendigung des Schiedsverfahrens durch Beschluss nach § 1056 ZPO, SchiedsVZ **2010**, 281; *Haas,* Aufhebungsklage und Beendigungsbeschluss nach § 1056 Abs 2 ZPO, SchiedsVZ **2010**, 286; *Mankowski,* Der Schiedsspruch mit vereinbartem Wortlaut, ZZP 114 (**2001**), 37; *Schmidt,* Der Schiedsspruch, SchiedsVZ **2013**, 32; *Schroeter,* Der Schiedsspruch mit vereinbartem Wortlaut als Formäquivalent zur notariellen Beurkundung, SchiedsVZ **2006**, 298; *Schütze,* Das Zustandekommen des Schiedsspruchs, SchiedsVZ **2008**, 10; *H. P. Westermann,* Das dissenting vote im Schiedsgerichtsverfahren, SchiedsVZ **2009**, 102.

1. Verfahrenskonferenz (nach der Schiedsgerichtsordnung der DIS)

Teilnehmer[1, 2]

Für den Schiedskläger:

Prozessbevollmächtigte; ggf der Schiedskläger in Person vgl Art 27Abs 4 DIS-SchGO

Für den Schiedsbeklagten:

Prozessbevollmächtigte; ggf der Schiedsbeklagte in Person vgl Art 27 Abs4 DIS-SchGO

Das Schiedsgericht:

Kläger benannter Schiedsrichter; Beklagter benannter Schiedsrichter; Vorsitzender des Schiedsgerichts; ggf Einzelschiedsrichter

In der (Telefon-) Verfahrenskonferenz am (Datum) wurden mit den Verfahrensbeteiligten gemäß Art 27 DIS-SchGO folgende Punkte diskutiert:

1. Der Verfahrenskalender[2]

Die Reihenfolge und Fristen für weitere Schriftsätze bis zur mündlichen Verhandlung sowie das Datum und der Ort der mündlichen Verhandlung. Die Parteien haben sich darauf geeinigt, dass die mündliche Verhandlung in den Räumen von (Angabe des Ortes) stattfindet. Das Schiedsgericht hat angekündigt, dass es alsbald einen Verfahrenskalender, der die Ergebnisse der Diskussion zusammenfasst, und eine erste verfahrensleitende Verfügung erstellen wird.

2. Verfahrensregeln[2]

Das Schiedsgericht hat mit den Parteien erörtert, welche Verfahrensregeln gemäß Art 21 DIS-SchGO auf das vorliegende Schiedsverfahren anzuwenden sind.

3. Anwendung von Maßnahmen zur Steigerung der Verfahrenseffizienz (Anlage 3 DIS-SchGO) (Art 27 Abs 4 (i) DIS-SchGO)[2]

Die Verfahrensbeteiligten erklärten, dass sie die Maßnahmen zur Steigerung der Verfahrenseffizienz gemäß Anlage 3 DIS-SchGO (nicht) anwenden wollen.

4. Anwendung der Regeln des beschleunigten Verfahrens (Anlage 4 DIS-SchGO)[2]

Die Parteien einigen sich darauf, dass sie das vorliegende Schiedsverfahren (nicht) nach den Regeln des beschleunigten Verfahrens gemäß Anlage 4 DIS-SchGO führen wollen.

5. Einvernehmliche Beilegung der Streitigkeit oder einzelner Streitpunkte mittels einer Mediation oder eines anderen alternativen Streitbeilegungsverfahrens (Art 27 Abs 4 (iii) DIS-SchGO)[2]

Die Parteien bestätigen, dass sie eine Mediation oder eine andere alternative Streitbeilegung (nicht) wünschen.

6. Einsatz von Sachverständigen[2]

Die Parteien bestätigen, dass sie den Einsatz von Sachverständigen (nicht) wünschen. Die Parteien erörtern, wie das Sachverständigenverfahren effizient gestaltet werden kann.

Anmerkungen

1. Art 27 DIS-SchGO verankert den Effizienzgedanken und verpflichtet alle Verfahrensbeteiligten grundsätzlich zu einer effizienten Verfahrensführung unter Berücksichtigung der Komplexität und wirtschaftlichen Bedeutung des Falles.

2. Zu diesem Zweck ist das Schiedsgericht verpflichtet, spätestens 21 Tage nach dessen Konstituierung mit den Parteien eine frühe **Verfahrenskonferenz** durchzuführen und mit den Parteien eine „verpflichtende Tagesordnung“ zu diskutieren, Art 27 Abs 4 DIS-SchGO.

Neben den anwendbaren Verfahrensregeln und einem Verfahrenskalender hat das Schiedsgericht mit den Parteien insbesondere die in Art 27 Abs 4 DIS-SchGO aufgelisteten Effizienzmaßnahmen und Verfahrenstechniken (i-iii; Art 27 Abs 7 DIS-SchGO) zu erörtern:

(i) Anwendung der in Anlage 3 aufgeführten Effizienzsteigerungsmaßnahmen

Die in Anlage 3 DIS-SchGO aufgeführten Maßnahmen funktionieren wie ein „Baukasten“. Er enthält sieben mögliche Effizienzmaßnahmen, die stark vom civil law geprägt sind (*Schardt,* SchiedsVZ 2019, 30):

A. Begrenzung des Umfangs und der Anzahl der Schriftsätze sowie etwaiger schriftlicher Zeugenaussagen und von den Parteien vorgelegter Sachverständigengutachten

B. Durchführung nur einer mündlichen Verhandlung, einschließlich einer etwaigen Beweisaufnahme

C. Aufteilung des Schiedsverfahrens in mehrere Phasen

D. Erlass von Teilschiedssprüchen oder von anderen Teilentscheidungen

E. Regelung der Frage, ob die Möglichkeit der Vorlage von Dokumenten durch die nicht beweisbelastete Partei eingeräumt werden soll, sowie ggf Beschränkung der Vorlage von Dokumenten

F. Mitteilung der vorläufigen Einschätzung des Schiedsgerichts zur Sach- und Rechtslage bei Einwilligung aller Parteien

G. Nutzung von Informationstechnologie

Diese Maßnahmen ermöglichen es den Verfahrensbeteiligten, ihr Schiedsverfahren den Besonderheiten des Falles anzupassen. Sie können vereinbaren, dass nur bestimmte Maßnahmen oder das gesamte Maßnahmenpaket oder keine der Maßnahmen zur Anwendung kommen. Soweit zwischen den Parteien keine Einigkeit über die Anwendung einer oder mehrerer dieser Effizienzmaßnahmen besteht, legt das Schiedsgericht in der Verfahrenskonferenz oder alsbald danach die anzuwendende(n) Maßnahme(n) nach seinem Ermessen fest (*Schardt,* SchiedsVZ 19, 28, 29).

(ii) Anwendung der Regeln des beschleunigten Verfahrens nach Anlage 4 DIS-SchGO

Neben den in (i) aufgelisteten Effizienzmaßnahmen, der Möglichkeit einer einvernehmlichen Streitbeilegung (iii) und der effizienten Gestaltung des Sachverständigenverfahrens (Art 27 Abs 7 DIS-SchGO) ist das Schiedsgericht dazu verpflichtet, in der ersten Verfahrenskonferenz (vgl Art 27 Abs 2 DIS-SchGO) mit den Parteien zu erörtern, ob (ii) das beschleunigte Verfahren nach Anlage 4 DIS-SchGO angewendet werden soll. Damit soll erreicht werden, dass die Schiedsrichter das Schiedsverfahren von Anfang an proaktiv und effizient führen.

Das beschleunigte Verfahren sieht fünf Artikel vor:

Artikel 1

Der Endschiedsspruch ist spätestens sechs Monate nach Abschluss der Verfahrenskonferenz gemäß Art 27.2 der Schiedsgerichtsordnung zu erlassen.

Artikel 2

Das Schiedsgericht hat bei der Gestaltung des beschleunigten Verfahrens, insbesondere bei der Bestimmung von Fristen, stets das Beschleunigungsinteresse der Parteien zu berücksichtigen.

Artikel 3

Jede Partei kann zusätzlich zur Schiedsklage gemäß Art 5.1 der Schiedsgerichtsordnung und zur Klageerwiderung gemäß Art 7.2 der Schiedsgerichtsordnung nur einen weiteren Schriftsatz einreichen. Im Falle einer Widerklage gemäß Art 7.5 kann zusätzlich noch ein weiterer Schriftsatz zur Erwiderung auf die Widerklage eingereicht werden.

Artikel 4

Es findet nur eine mündliche Verhandlung, einschließlich einer etwaigen Beweisaufnahme, statt. Auf eine mündliche Verhandlung kann verzichtet werden, wenn alle Parteien zustimmen.

Artikel 5

Kann das Schiedsverfahren nicht innerhalb des in Art 1 dieser Anlage genannten Zeitraums beendet werden, hat das Schiedsgericht die Parteien und die DIS schriftlich über die Gründe zu informieren und das Schiedsverfahren schnellstmöglich zu Ende zu führen. Die Überschreitung des in Art 1 dieser Anlage genannten Zeitraums führt nicht zum Wegfall der Zuständigkeit des Schiedsgerichts.

Während die in Anlage 3 DIS-SchGO genannten Effizienzsteigerungsmaßnahmen einzeln angewendet werden können, sind die Vorschriften für das beschleunigte Verfahren in Anlage 4 DIS-SchGO ein in sich geschlossenes Regelwerk, das nur in seiner Gesamtheit zur Anwendung kommen kann. Die Anlagen 3 und 4 DIS-SchGO schließen sich jedoch nicht gegenseitig aus. Vielmehr können die Regeln des beschleunigten Verfahrens zusätzlich zu den Maßnahmen in Anlage 3 DIS-SchGO angewendet werden.

Sollten sich die Parteien in der Verfahrenskonferenz auf die Anwendung des beschleunigten Verfahrens einigen, gilt zudem die DIS-Schiedsgerichtsordnung mit den Änderungen, die sich aus der Anlage 4 DIS-SchGO ergeben (Art 1 Abs 4 DIS-SchGO).

Insgesamt stellen die Regelungen in Anlage 4 eine geeignete Maßnahme dar, um eine wirksame Beschleunigung des Schiedsverfahrens zu erzielen. Die Parteien und Berater sollten jedoch sorgfältig prüfen, ob sich die konkrete Streitigkeit bzw jede denkbare Streitigkeit aus dem Vertragsverhältnis für ein beschleunigtes Verfahren eignet. Denn das beschleunigte Verfahren erhöht mit seinen abgekürzten Fristen auch den Druck auf die Parteien (*Berger*, SchiedsVZ 2008, 105, 109). Im Ergebnis ist daher abzuwägen, ob das Beschleunigungsinteresse oder das Interesse an einer vollständigen Aufarbeitung des Streitstoffes durch das Schiedsgericht und die Parteien überwiegt. Kommen die Parteien zu dem Schluss, dass das Beschleunigungsinteresse von entscheidender Bedeutung ist, ist das beschleunigte Verfahren uneingeschränkt zu empfehlen.

(iii) Einvernehmliche Beilegung der Streitigkeit oder einzelner Streitpunkte mittels einer Mediation oder eines anderen alternativen Streitbeilegungsverfahrens (Art 27 Abs 4 (iii) DIS-SchGO)

Das Schiedsgericht ist dazu verpflichtet, mit den Parteien zu klären, ob die einvernehmliche Streitbeilegung durch Mediation oder ADR gewünscht ist.

Art 27 Abs 7 DIS -SchGO Einsatz von Sachverständigen

Das Schiedsgericht soll mit den Parteien auch den Einsatz von Sachverständigen besprechen.

2. Verfahrensleitende Verfügung (nach der Schiedsgerichtsordnung DIS)

Verfahrensleitende Verfügung

In dem Schiedsverfahren

(Rubrum)

erlässt das Schiedsgericht bestehend aus . . . . . (Angabe des/der Schiedsrichter) im Anschluss an die (Telefon-) Verfahrenskonferenz am (Datum) gemäß Art 27 Abs 5 der DIS-Schiedsgerichtsordnung folgende verfahrensleitende Verfügung (Prozessuale Regelungen)[1]

1. Übermittlungen[2]

1.1 Alle Übermittlungen und Mitteilungen zwischen den Parteien und dem Schiedsgericht – einschließlich Exemplare an weitere Empfänger im Fall von Übermittlungen oder Mitteilungen der Parteien an das Schiedsgericht – sind vorzunehmen durch eingeschriebenen Brief, durch einen professionellen Kurierdienst, per Fax oder per E-Mail. Im Falle einer Übermittlung per Fax oder E-Mail ist das Originaldokument spätestens am darauffolgenden Werktag nachzureichen, wobei jedoch der Empfang bereits zu dem Zeitpunkt als erfolgt gilt, zu dem das Fax oder die E-Mail übermittelt ist.

1.2 Übermittlungen und Mitteilungen, einschließlich Abschriften an weitere Empfänger, müssen an alle Empfänger vor Ablauf der jeweiligen Frist erfolgen. Zur

Klarstellung wird darauf hingewiesen, dass Übermittlungen und Mitteilungen als rechtzeitig erfolgt gelten, wenn eine E-Mail oder ein Fax von der jeweiligen Partei an alle Empfänger vor Ablauf der Frist versandt wurde.

1.3 Mitteilungen, Schriftsätze und andere Dokumente sind von jeder Partei direkt an alle Mitglieder des Schiedsgerichts zu schicken, einschließlich jeweils einer Abschrift für die andere Partei. Es ist nicht erforderlich, eine Kopie an die DIS zu schicken.

1.4 Alle Übermittlungen und Mitteilungen in diesem Schiedsverfahren sind wirksam, wenn sie wie folgt bewirkt werden:

(i) bei Übermittlungen und Mitteilungen an das Schiedsgericht: an jeden Schiedsrichter des Schiedsgerichts gemäß den durch Schreiben der DIS vom . . . . . mitgeteilten Adressen bzw an andere Adressen, die im Laufe des Schiedsverfahrens mitgeteilt werden;

(ii) bei Übermittlungen und Mitteilungen an die Parteien: an deren jeweilige Verfahrensbevollmächtigte gemäß den Adressen, die in der ersten prozessleitenden Verfügung angegeben sind bzw an die Adressen, die im Laufe des Schiedsverfahrens mitgeteilt werden.

2. Schriftsätze

2.1 Die Schriftsätze an das Schiedsgericht sollen alle tatsächlichen und rechtlichen Ausführungen in komprimierter Form wiedergeben, wobei konkret auf die tatsächlichen und rechtlichen Ausführungen der jeweils anderen Partei eingegangen werden soll.

2.2 Im Anschluss an jede tatsächliche Behauptung sollen die Parteien die Beweismittel angeben, auf die sie ihre Behauptungen stützen (Urkunden, Zeugenbeweis, Sachverständigengutachten etc).

2.3 Im Anschluss an jede rechtliche Begründung sollen die Parteien, soweit dies möglich ist, präzise zitierte Fundstellen angeben. Die Parteien sollen Kopien aller Fundstellen, auf die sie ihre rechtliche Begründung stützen, gemeinsam mit den Schriftsätzen, in denen die Fundstellen angeführt sind, einreichen.

3. Dokumente und Anlagen

3.1 Alle Anlagen sollen in ihrer Originalsprache überreicht werden, gemeinsam mit einer Übersetzung der relevanten Abschnitte in deutscher Sprache, es sei denn, es handelt sich um Dokumente in englischer Sprache (einschließlich rechtlicher Fundstellen). Zwecks Übersichtlichkeit sollen die Parteien etwaige Übersetzungen in derselben Weise kennzeichnen wie das jeweilige Originaldokument. Das Schiedsgericht kann von den Parteien die Überreichung einer gemeinsamen Übersetzung bestimmter Dokumente verlangen.

3.2 Alle dem Schiedsgericht vorgelegten Anlagen einschließlich solcher Anlagen, die als Kopien vorgelegt werden, sind als authentisch und vollständig anzusehen, es sei denn, die andere Partei bestreitet dies.

3.3 Das Schiedsgericht kann die Nutzung von Informationstechnologie (zB Extranet) zur Organisation und Präsentation von Dokumenten und Beweismitteln gestatten, nachdem es diese Frage mit den Parteien abgestimmt hat und stets nur unter der Voraussetzung, dass strenge Vertraulichkeit gesichert ist.

4. Zeugen[3]

4.1 Zeuge kann jede Person sein, einschließlich Angestellter, gesetzlicher Vertreter und Geschäftsführer der Parteien.

4.2 Für jeden Zeugen ist dem Schiedsgericht eine schriftliche, von dem Zeugen unterschriebene Zeugenaussage zu überreichen. Falls es einer Partei nicht möglich ist, eine schriftliche Zeugenaussage zu überreichen, hat die jeweilige Partei dem Schiedsgericht die dafür gegebenen Gründe vorzutragen. Schriftliche Zeugenaussagen haben folgende Angaben zu enthalten:

- Vor-, Zuname und Anschrift des Zeugen;
- das Verhältnis des Zeugen zu den Parteien;
- eine kurze Beschreibung der beruflichen Qualifikation und Tätigkeit des Zeugen;
- eine detaillierte Beschreibung der für das Schiedsverfahren relevanten Fakten;
- eine Bestätigung des Zeugen, dass seine Aussage der Wahrheit entspricht und er darüber aufgeklärt wurde, dass falsche Angaben unter Umständen strafgerichtlich verfolgt werden können;
- Angaben darüber, ob und in welcher Form die Streitparteien oder deren Vertreter an der Errichtung der schriftlichen Zeugenaussagen mitgewirkt haben;
- Unterschrift des Zeugen;
- Datum der Unterschrift.

4.3 Jede Partei ist selbst dafür verantwortlich, ihre eigenen Zeugen für die jeweilige Verhandlung zu laden, es sei denn, das Schiedsgericht verzichtet auf die Vernehmung des Zeugen.

4.4 Jede Partei hat die im Zusammenhang mit dem Erscheinen ihrer eigenen Zeugen anfallenden Kosten selbst vorzuschießen. Das Schiedsgericht wird über die endgültige Kostentragungspflicht im Rahmen der Kostenentscheidung des Schiedsspruchs abschließend entscheiden.

4.5 Falls ein Zeuge in der mündlichen Verhandlung nicht erscheint, kann das Schiedsgericht entscheiden, dass der Zeuge in einer späteren Verhandlung vernommen wird, wenn das Schiedsgericht davon überzeugt ist, dass die Abwesenheit durch hinreichende Gründe entschuldigt ist und die Zeugenaussage entscheidungserheblich erscheint.

4.6 Bei der Vernehmung von Zeugen wird wie folgt verfahren:

4.6.1 Zunächst wird allen Zeugen die Möglichkeit gegeben, ihre schriftliche Zeugenaussage zu bestätigen.

4.6.2 Im Anschluss wird der Zeuge von dem Schiedsgericht befragt.

4.6.3 Im Anschluss an die Befragung durch das Schiedsgericht dürfen die Parteien dem Zeugen zusätzliche Fragen stellen. Dabei kann das Schiedsgericht zu jeder Zeit zusätzliche Fragen stellen.

4.7 Das Schiedsgericht hat zu jeder Zeit die Leitungsbefugnis über die Vernehmung der Zeugen. Das Schiedsgericht kann insbesondere:

4.7.1 die Anhörung eines Zeugen ablehnen, wenn das Schiedsgericht die Tatsachen, zu denen der Zeuge vernommen werden soll, als bereits erwiesen oder irrelevant ansieht;

4.7.2 das Recht der Parteien, den Zeugen zusätzliche Fragen zu stellen, einschränken oder ausschließen, wenn das Schiedsgericht die jeweilige Frage bereits durch andere Beweismittel als beantwortet oder als irrelevant ansieht; oder

4.7.3 zu jeder Zeit anordnen, dass ein Zeuge – einzeln oder gemeinsam mit anderen Zeugen – wieder aufgerufen wird zur weiteren Befragung des Zeugen.

5. Sachverständige

5.1 Jede Partei kann Sachverständige beauftragen und Sachverständigenbeweis antreten. Die prozessualen Regelungen für Zeugen gelten entsprechend für den Beweis durch von den Parteien benannte Sachverständige. Dabei tritt an die Stelle der schriftlichen Zeugenaussage ein Sachverständigengutachten, welches die Einschätzungen und Schlussfolgerungen des Sachverständigen sowie die Tatsachen, Informationen und Methoden angibt, welche den Sachverständigen zu seinen Schlussfolgerungen veranlasst haben.

5.2 Das Schiedsgericht kann selbst oder auf Antrag einer der Parteien einen oder mehrere Sachverständige beauftragen. Das Schiedsgericht wird sich dabei vor Beauftragung des Sachverständigen mit den Parteien über die Auswahl des Sachverständigen, die Reichweite seiner Beauftragung und die an den Sachverständigen zu richtenden Fragen abstimmen. Das Schiedsgericht kann selbst oder auf Antrag einer der Parteien Sachverständige auch mündlich befragen. Die oben angeführten prozessualen Regelungen für Zeugen gelten entsprechend.

5.3 Wenn das Schiedsgericht entscheidet, einen oder mehrere Sachverständige selbst zu beauftragen, wird es die Beauftragung im Namen der und für die Parteien vornehmen. Dementsprechend sind die Kosten für die Hinzuziehung etwaiger Sachverständiger von den Parteien zu gleichen Teilen zu tragen. Falls ein Sachverständiger einen Vorschuss verlangt, so ist dieser Vorschuss zu gleichen Teilen von den Parteien zu tragen. Über die endgültige Kostentragungspflicht wird das Schiedsgericht im Rahmen der Kostenentscheidung des Schiedsspruchs abschließend entscheiden.

6. Schiedsverhandlung[4]

6.1 Die Schiedsverhandlung wird in (Angabe des Ortes) stattfinden.

6.2 Zu Beginn der mündlichen Verhandlung haben die Parteien Gelegenheit zu einem kurzen Eröffnungsplädoyer (Opening Statement), das jeweils 30 Minuten nicht überschreiten soll. Die verbleibende Zeit der Verhandlung entfällt auf die Befragung von Zeugen und Sachverständigen im oben beschriebenen Sinne sowie auf die Diskussion zwischen dem Schiedsgericht und den Parteien zum Sach- und Streitstand.

6.3 Das Schiedsgericht kann einen Gerichtsstenographen im Namen und für die Parteien beauftragen, der ein wörtliches Protokoll der mündlichen Verhandlung erstellt und ggf einen Übersetzer, der die Aussagen von Zeugen und Sachverständigen übersetzt. Bis zu einer endgültigen Entscheidung über die Kosten haben die Parteien die Kosten für Gerichtsstenographen und Übersetzer jeweils hälftig zu tragen. Das Schiedsgericht kann von den Parteien die Zahlung eines Vorschusses für diese Kosten vor der jeweiligen mündlichen Verhandlung verlangen.

6.4 Im Rahmen der mündlichen Verhandlung findet kein abschließendes Plädoyer statt. Anstelle dessen erhalten die Parteien Gelegenheit zur Einreichung weiterer Schriftsätze im Anschluss an die mündliche Verhandlung. Die Fristen für die Einreichung dieser Schriftsätze werden von dem Schiedsgericht in einer eigenständigen prozessleitenden Verfügung im Anschluss an die mündliche Verhandlung festgelegt, nachdem das Schiedsgericht dies mit den Parteien abgestimmt hat.

7. Fristen und weitere prozessuale Regelungen

7.1 Das Schiedsgericht legt die Fristen für jeden Schritt dieser Schiedsverhandlung nach eigenem Ermessen fest, nachdem es sich dazu mit den Parteien abgestimmt hat.

7.2 Der Vorsitzende des Schiedsgerichts kann Fristverlängerung gewähren, wenn dies erforderlich und angemessen erscheint. Der Vorsitzende des Schiedsgerichts soll Fristverlängerung dabei aber nur im Ausnahmefall gewähren und nur dann, wenn der Antrag auf Fristverlängerung rechtzeitig, spätestens eine Woche vor Fristablauf, gestellt wurde.

7.3 Die weiteren prozessualen Fragen werden im Laufe des Schiedsverfahrens durch verfahrensleitende Verfügungen entschieden. Verfahrensleitende Verfügungen werden durch das Schiedsgericht getroffen, dabei jedoch allein durch den Vorsitzenden des Schiedsgerichts für das Schiedsgericht unterschrieben.

8. Verstoß gegen die prozessualen Regelungen und Anordnungen[5]

Falls eine der Parteien nicht innerhalb der vorgesehenen Frist erscheint oder vorbringt oder den hier niedergelegten prozessualen Regelungen bzw etwaigen späteren Anordnungen durch das Schiedsgericht nicht nachkommt, kann das Schiedsgericht selbst oder auf Antrag einer Partei, nachdem es die Parteien rechtzeitig vorher darauf hingewiesen hat, mit dem Schiedsverfahren fortfahren und, falls dies angezeigt ist, einen Schiedsspruch erlassen.

9. Beendigung des Schiedsverfahrens[6]
   9.1 Gem Art 42.2 der DIS-SchGO erklärt das Schiedsgericht das Schiedsverfahren durch Beendigungsbeschluss für beendet.
   9.2 Der Beendigungsbeschluss ergeht unbeschadet des Rechts einer Partei, ihre Ansprüche erneut geltend zu machen.
10. Sekretär[7]
   10.1 Das Schiedsgericht wird die Dienste von . . . . . als Sekretär des Schiedsgerichts nutzen.
   10.2 Der Sekretär wird an allen mündlichen Verhandlungen teilnehmen und soll eine zusätzliche Abschrift aller von den Parteien eingereichten Schriftsätze einschließlich Anlagen direkt von den Parteien erhalten.
   10.3 Der Sekretär unterliegt denselben Pflichten (zB Vertraulichkeit) wie jedes Mitglied des Schiedsgerichts.

Schiedsort:

. . . . . Ort, Datum

Für das Schiedsgericht

– Vorsitzender des Schiedsgerichts –

Anmerkungen

1. Die Regelung des Schiedsverfahrens unterliegt in erster Linie der Parteivereinbarung, § 1042 Abs 3 ZPO, Art 21 Abs 2 DIS-SchGO. In einem der ZPO bzw der DIS-SchGO unterliegenden Verfahren können allerdings einige Vorschriften nicht abbedungen werden, so insbesondere solche, die den Anspruch der Parteien auf Gleichbehandlung und auf Gewährung rechtlichen Gehörs gewährleisten, § 1042 Abs 1 ZPO, Art 21 Abs 1 DIS-SchGO. Im Übrigen wird das Verfahren von den Schiedsrichtern nach freiem Ermessen bestimmt, § 1042 Abs 4 ZPO, Art 21 Abs 3 DIS-SchGO. Gem § 1052 Abs 3 ZPO können die Parteien oder die Schiedsrichter den Vorsitzenden zur alleinigen Entscheidung einzelner Verfahrensfragen ermächtigen.

Zu den Verfahrensgrundsätzen, die jedes nationale Schiedsverfahren bestimmen, gehört unabdingbar die Gewährung **rechtlichen Gehörs,** § 1042 Abs 1 S 2 ZPO, Art 21 Abs 1 DIS-SchGO. Dazu gehört insbesondere, dass die Erklärungen einer Partei der anderen mitgeteilt werden (§ 1047 Abs 3 ZPO), dass das Schiedsgericht das Vorbringen der Parteien zur Kenntnis nimmt und in Erwägung zieht und die Parteien Gelegenheit haben, sich zu allen tatsächlichen Erwägungen zu äußern, auf die die Entscheidung des Schiedsgerichts gegründet werden soll (§ 1047 ZPO). Der Grundsatz der Mündlichkeit, § 128 Abs 1 ZPO, gilt für das Schiedsverfahren nicht. Es steht vielmehr im Ermessen des Schiedsgerichts, ob es die Parteien mündlich oder schriftlich hören will, solange ihnen Gelegenheit zur Äußerung gegeben wird (§ 1047 Abs 1 ZPO, Art 26, 28 DIS-SchGO). Gem § 1047 Abs 1 S 2 ZPO ist auf Antrag einer Partei in einem geeigneten Verfahrensabschnitt mündlich zu verhandeln. Daneben ist mündliche Verhandlung in jedem Fall anzuordnen, wenn die Parteien sie vereinbart oder übereinstimmend beantragt haben; unterbleibt sie entgegen der Parteivereinbarung, so führt dieser Verfahrensfehler gem § 1059 Abs 2 Nr 1 d ZPO nur dann zur Aufhebung des Schiedsspruchs, wenn anzunehmen ist, dass er sich auf den Schiedsspruch ausgewirkt hat.

Der **Beibringungsgrundsatz** gilt im Schiedsverfahren nur eingeschränkt; das Schiedsgericht ist nicht daran gehindert, von Amts wegen Ermittlungen jedweder Art anzustellen, Beweise zu erheben, die die Parteien nicht angetreten haben, privates Wissen der Schiedsrichter zu verwerten (BGH NJW 1984, 595; Art 27 Abs 1 DIS-SchGO) oder einen Sachverständigen zu bestellen, § 1049 ZPO. Beschlüsse des Schiedsgerichts sind den Parteien mitzuteilen und werden erst mit dieser Mitteilung wirksam (*Schwab/Walter*, Kap 16 Rn 56). Aus der Aufgabe, mit der das Schiedsgericht betraut ist, folgt zugleich, dass es den Parteien für schriftlichen Vortrag, Vorlage von Urkunden, Benennung von Zeugen etc **Fristen** setzen kann. Nicht fristgerecht vorgelegte Beweismittel oder Säumnis einer Partei im Termin können gem § 1048 Abs 3 ZPO zur Entscheidung nach Aktenlage führen. Ohne ausdrückliche Vereinbarung sind die vom Schiedsgericht gesetzten Fristen allerdings nicht als Ausschlussfristen anzusehen; das Schiedsgericht kann sie im Einzelfall jedoch als solche ausgestalten, indem es bei der Fristsetzung ausdrücklich auf die Ausschlussfolgen im Falle der unentschuldigten Säumnis einer Partei hinweist. In jedem Fall kann das Schiedsgericht die Nichtbeachtung von Fristen im Rahmen der Würdigung des Parteivorbringens und bei der weiteren Verfahrensgestaltung berücksichtigen.

Gem § 1027 ZPO geht die Regelung der **rügelosen Einlassung** so weit, dass alle Verstöße gegen abdingbare Verfahrensvorschriften nicht mehr geltend gemacht werden können, wenn sie nicht unverzüglich oder innerhalb einer gesetzten Frist gerügt werden, es sei denn der Mangel war der betreffenden Partei nicht bekannt und musste ihr nicht bekannt sein.

Richterliche Handlungen, zu deren Vornahme das Schiedsgericht nicht befugt ist, die es aber für erforderlich erachtet, sind auf Antrag des Schiedsgerichts oder einer Partei mit Zustimmung des Schiedsgerichts von dem zuständigen (Amts-)Gericht vorzunehmen, § 1050 ZPO, Art 27 DIS-SchGO. Dazu gehört insbesondere die Beweisaufnahme durch Vernehmung von Zeugen (→ Form II.P.6 Anm 1 ff).

Die Bestimmung des anwendbaren **materiellen Rechts** erfolgt gem § 1051 ZPO, Art 24 DIS-SchGO anhand abgestufter Kollisionsregeln. Anwendbar sind: a) das von den Parteien bestimmte Recht, welches mangels anderweitiger Vereinbarung das materielle und nicht das Kollisionsrecht der von den Parteien bestimmten Rechtsordnung umfasst; b) hilfsweise das Recht des Staates, mit dem der Verfahrensgegenstand die engsten Verbindungen aufweist; c) Billigkeitsgrundsätze (ex aequo et bono bzw lex mercatoria) nur bei ausdrücklicher entsprechender Ermächtigung durch die Parteien; und d) in allen Fällen die Bestimmungen des Vertrages und dabei bestehende Handelsbräuche.

Sachverhaltsermittlung durch das Schiedsgericht **nach ZPO und DIS-SchGO:** Die Sachverhaltsermittlung durch das Schiedsgericht ist davon geprägt, dass das Schiedsgericht in der Anordnung und Durchführung der Beweisaufnahme freier und flexibler als **ein staatliches Gericht** ist, andererseits aber keinerlei Zwang zur Durchsetzung der Beweisaufnahme ausüben kann. Gem § 1042 Abs 4 S 2 ZPO, Art 28 DIS-SchGO ist das Schiedsgericht ausdrücklich ermächtigt, über die Zulässigkeit einer Beweiserhebung zu entscheiden, diese durchzuführen und das Ergebnis frei zu würdigen. Das Schiedsgericht kann auch eigene Ermittlungen anstellen, insbesondere Sachverständige bestellen, andere als von den Parteien benannte Zeugen vernehmen und anordnen, dass Dokumente oder elektronisch gespeicherte Daten vorgelegt oder zugänglich gemacht werden, Art 28 DIS-SchGO. Es kann dann auch die Parteien dazu auffordern, dem Sachverständigen Auskünfte zu erteilen bzw Schriftstücke oder Sachen zugänglich zu machen, § 1049 Abs 1 S 2 ZPO. Den Beweis durch Sachverständigengutachten kann das Schiedsgericht durch seine eigene Sachkunde ersetzen. Es ist an Beweisanträge der Parteien nicht gebunden. Als Beweismittel kommen neben Zeugen auch Sachverständige, Urkunden und Parteivernehmung in Frage. Auch eine Augenscheinseinnahme durch das Schiedsgericht ist möglich. Sofern das Schiedsgericht beschließt, einen Zeugen oder Sachverständigen zur Vernehmung zu laden, sollte es in der Ladung darauf hinweisen, dass das Erscheinen und die Aussage freiwillig sind und dass die beweisbelastete Partei die Möglichkeit hat, Antrag an das zuständige Gericht auf eidliche Vernehmung zu stellen. In der Praxis kann es sich empfehlen, die Parteien aufzufordern, zunächst von den von ihnen benannten Zeugen schriftliche Erklärungen zu den Beweisthemen einzureichen. Ebenfalls kann es verfahrensfördernd sein, die Parteien aufzufordern, die von ihnen jeweils benannten Zeugen zur Beweisaufnahme zu stellen.

Die **Kosten der Beweisaufnahme** sind von den Parteien gesamtschuldnerisch zu tragen, *Schwab/Walter,* Kap 15 Rn 12. Das Schiedsgericht kann gem § 1057 Abs 2 S 1 ZPO die Kosten der Beweisaufnahme betragsmäßig festsetzen. Die Kostenerstattung für Zeugen und Sachverständige richtet sich nicht nach dem ZSEG (*Schwab/Walter,* Kap 15 Rn 12). Zu erstatten sind die tatsächlich entstandenen Auslagen sowie, im Falle eines Sachverständigengutachtens, die vereinbarte oder übliche Vergütung. Es empfiehlt sich daher, eine von den Parteien genehmigte Vereinbarung des Schiedsgerichts mit den Zeugen bzw Sachverständigen herbeizuführen. Soweit den Schiedsrichtern selbst durch eine Beweisaufnahme bare Auslagen entstehen (zB Reisekosten), haben sie die Parteien vorzuschießen, *Schwab/Walter,* Kap 15 Rn 12.

Wenn die Gegenpartei bzw die Schiedsrichter aus dem anglo-amerikanischen Rechtskreis stammen, sollte die Frage, inwieweit **(pre-trial)discovery** bzw disclosure zulässig ist, angesprochen werden (vgl *Kaufmann/Kohler/Bärtsch,* SchiedsVZ 2004, 13; *Sachs,* SchiedsVZ 2003, 193). Das Schiedsgericht sollte im Rahmen seines Verfahrensgestaltungsermessens einen Weg zur Überbrückung der unterschiedlichen Prozesssysteme finden, zB ist eine Bezugnahme auf die jüngst überarbeiteten IBA-Regeln zur Beweisaufnahme in der internationalen Schiedsgerichtsbarkeit vom 29. Mai 2010 zu empfehlen (veröffentlicht auf der Website der IBA www.ibanet.org), die unter anderem auch Regelungen zur sog e-Disclosure, dh der Vorlegung von elektronischen Dokumenten, vorsieht. Wegen der divergierenden Beweislast- und Beweiserhebungsvorstellungen in verschiedenen Rechtskreisen sollte das Schiedsgericht zumindest dazu angehalten werden, die Parteien auf die beweiserheblichen Gesichtspunkte, die angenommene Beweislastverteilung und die zugelassenen Beweismittel hinzuweisen (vgl Special Section: The Standards and Burden of Proof in International Arbitration, in ArbInt Vol 10 (1994) No 3, 317 ff). Das vorliegende Muster einer Prozessleitenden Verfügung stellt den Vorschlag eines „milden hybriden Ansatzes" dar, in welchem Elemente sowohl des „common law" als auch des „civil law" berücksichtigt werden.

2. Art 4 DIS-SchGO regelt die Form der Übermittlung von Schriftstücken sowie die Anzahl der Exemplare, die zu übermitteln sind. Grundsätzlich sind der DIS alle Schriftstücke der Parteien und des Schiedsgerichts vorbehaltlich der Art 4 Abs 2 und Abs 3 DIS-SchGO elektronisch zu übermitteln, und zwar mittels E-Mail, auf mobilem Datenträger oder in einer anderen von der DIS zugelassenen Weise. Zur Vermeidung von Unklarheiten empfiehlt es sich, in die prozessleitende Verfügung eine umfassende Klausel aufzunehmen, wie **Übermittlungen** dieser Schriftsätze sowie weiterer Mitteilungen vorzunehmen sind. Gem Art 4 Abs 6 DIS-SchGO sind Schriftstücke in Papierform gegen Empfangsbescheinigung, durch eingeschriebenen Brief, Kurier, Telefax oder auf eine andere Art, die einen Nachweis des Empfangs ermöglicht, zu übermitteln.

3. Da das Schiedsgericht in der Anordnung und Durchführung der Beweisaufnahme freier und flexibler ist als ein staatliches Gericht, kann es Personen, die nach der ZPO Partei sind, wie etwa die gesetzlichen Vertreter und Geschäftsführer der Parteien, im Schiedsverfahren als **Zeuge** behandeln.

Zur sachgerechten Vorbereitung der mündlichen Verhandlung kann es ratsam sein, wie in den „common law"-Jurisdiktionen üblich, schriftliche Zeugenaussagen („witness statements", → Form II.P.4 Anm 2) zu verlangen. Das vorliegende Muster geht davon aus, dass die anschließende Befragung der Zeugen dann jedoch nicht durch die Parteien erfolgt, wie es in einer „common law"-Jurisdiktion erfolgen würde, sondern das Schiedsgericht zu jeder Zeit die Leitungsbefugnis über die Vernehmung der Zeugen hat.

4. Vorbehaltlich einer Vereinbarung oder eines Antrags der Parteien entscheidet das Schiedsgericht, ob mündlich verhandelt werden soll oder ob das Schiedsverfahren auf der Grundlage von Schriftstücken und anderen Unterlagen durchzuführen ist, Art 29 DIS-SchGO. Eine **mündliche Verhandlung** ist allerdings die Regel und erforderlich, wenn Zeugen und Sachverständige befragt werden sollen. Regelmäßig wird auch der Sach- und Streitstand erörtert.

Eine mündliche Verhandlung ist zu protokollieren, was in Form eines Wortprotokolls geschehen kann, Art 29 Abs 2 DIS-SchGO. Zum **Protokoll** vgl → Form II.P.5 Anm 20.

5. Diese Regelung nimmt die Bestimmung des Art 30 DIS-SchGO auf, nach der das Schiedsgericht das Verfahren fortsetzen und den Schiedsspruch nach den vorliegenden Erkenntnissen erlassen kann, wenn es die Partei versäumt, trotz ordnungsgemäßer Ladung zur mündlichen Verhandlung zu erscheinen oder innerhalb einer festgelegten Frist ein Schriftstück zum Beweis vorzulegen.

6. Das Schiedsgericht erklärt nach der letzten mündlichen Verhandlung oder dem letzten zugelassenen Schriftsatz durch verfahrensleitende Verfügung, die auch der DIS zu übermitteln ist, das Verfahren für geschlossen. Danach dürfen Schriftsätze oder Beweismittel nur mit Einwilligung des Schiedsgerichts eingereicht werden, Art 31 DIS-SchGO.

7. Es ist in der Praxis durchaus verbreitet, dass das Schiedsgericht die Dienste eines **Sekretärs** nutzt. Hierbei handelt es sich in der Regel um einen Volljuristen, der das Schiedsgericht von administrativen Aufgaben entlastet und bei der Bearbeitung des Falles unterstützt. Die Einsetzung eines Sekretärs bedarf der Zustimmung der Parteien. Der Sekretär ist an das Beratungsgeheimnis gebunden und auch ansonsten zur Verschwiegenheit verpflichtet.

3. Schiedsauftrag (Terms of Reference) nach der Schiedsgerichtsordnung der Internationalen Handelskammer in Paris (ICC) mit Hinweisen auf das Verfahren nach der UNCITRAL-SchiedsGO

ICC-Schiedsverfahren[1] Nr .....

der Firma A als Schiedsklägerin

gegen die Firma B als Schiedsbeklagte

Schiedsauftrag[2]

I. Parteien

1. Schiedsklägerin: Firma A mit Sitz in .....,
   gesetzlich vertreten durch .....
   Verfahrensbevollmächtigte/r: .....
2. Schiedsbeklagte: Firma B mit Sitz in .....,
   gesetzlich vertreten durch .....
   Verfahrensbevollmächtigte/r: .....

Jede Ergänzung oder Änderung des eingetragenen Sitzes einer Partei oder deren anwaltlichen Vertretung nach dem Datum dieses Schiedsauftrags ist den anderen Parteien, dem Schiedsgericht und dem Sekretariat unverzüglich schriftlich mitzuteilen.

II. Zustellungsadressen der Parteien

1. Schiedsklägerin: Name, Straße, Ort, Land, Telefon, Telefax, E-Mail
2. Schiedsbeklagte: Name, Straße, Ort, Land, Telefon, Telefax, E-Mail

III. Zustellungsadressen der Verfahrensbevollmächtigten

1. Verfahrensbevollmächtigter der Schiedsklägerin: Name, ggf Kanzlei, Straße, Ort, Land, Telefon, Telefax, E-Mail
2. Verfahrensbevollmächtigter der Schiedsbeklagten: Name, ggf Kanzlei, Straße, Ort, Land, Telefon, Telefax, E-Mail

Mit Unterzeichnung des vorliegenden Schiedsauftrags bestätigen die Parteien, dass die obengenannten Vertreter der Parteien ordnungsgemäß handlungsbevollmächtigt sind und sich in diesem Schiedsverfahren im Namen und auf Rechnung der Partei äußern, die sie ernannt hat, insbesondere für die Ausführung dieses Schiedsauftrags. Die Vollmacht und Befugnis kann von jedem Vertreter einzeln oder gemeinsam ausgeübt werden.

IV. Das Schiedsgericht

1. Vorsitzende/r: Name, ggf Kanzlei, Straße, Ort, Land, Telefon, Telefax, E-Mail
2. Mitschiedsrichter:
   a) . . . . ., von der Schiedsklägerin benannt: ggf Kanzlei, Straße, Ort, Land, Telefon, Telefax, E-Mail
   b) . . . . . ., von der Schiedsbeklagten benannt: ggf Kanzlei, Straße, Ort, Land, Telefon, Telefax, E-Mail

   Die Schiedsrichter bestätigen durch ihre Unterschrift, dass sie ihr Amt annehmen. Die Parteien erkennen die ordnungsgemäße Besetzung und Zuständigkeit des Schiedsgerichts an und erklären, keinen Grund zur Ablehnung der Schiedsrichter zu haben.[3]
3. *[Optional: Sekretär: Name, ggf Kanzlei, Straße, Ort, Land, Telefon, Telefax, E-Mail. Das Schiedsgericht darf, unter anderem zur Protokollierung mündlicher Verhandlungen, einen Sekretär bestellen. Die Parteien stimmen insoweit der Mitteilung über Verwaltungssekretäre der ICC zu.[4]]*

V. Verfahrensmanagement-Team der ICC

Hauptsitz *oder* offizieller Standort

Referent/in: Name, Telefon

Stellvertretende/r Referent/in: Name, Telefon

Adresse

E-Mail

[Optional: VI. Definierte Begriffe

Im vorliegenden Schiedsauftrag werden die folgenden definierten Begriffe verwendet:

- *Internationale Handelskammer („ICC")*
- *Internationaler Schiedsgerichtshof der Internationalen Handelskammer („Gerichtshof")*

- *Sekretariat des Internationalen Schiedsgerichtshofs („Sekretariat")*
- *. . . . .]*

VI. Schiedsvereinbarung/en

Die Kläger/innen, die Beklagte/n und zusätzliche Partei/en hat/haben auf Grundlage der Schiedsvereinbarung/en, die in . . . . . (genaue Bezeichnung des Vertrages) enthalten ist/sind, Ansprüche geltend gemacht. Diese Bestimmungen sehen vor: . . . . . (vollständige Bestimmung/en zur Streitbeilegung).

VII. Schiedsort[5]

Schiedsort ist . . . . . Mündliche Verhandlungen vor dem Schiedsgericht können nach Abstimmung mit den Parteien auch an anderen Orten stattfinden.

VIII. Einleitung des Schiedsverfahrens

Das Schiedsverfahren wurde eingeleitet durch Einreichung der Schiedsklage vom . . . . . beim Gerichtshof am . . . . . Dem Schiedsgericht liegen folgende Schriftsätze nebst Anlagen vor: . . . . .

IX. Mitteilungen der Parteien[6]

Alle Schriftsätze, Anträge und sonstigen Schriftstücke (einschließlich Anlagen) sind dem Gerichtshof, jedem Schiedsrichter und der anderen Partei unmittelbar gegen Empfangsbescheinigung, durch eingeschriebenen Brief, Kurierdienst, E-Mail oder jede andere Form der Telekommunikation, bei der ein Sendebericht erstellt wird, unter den oben angegebenen Adressen zu übermitteln. Alle Adressänderungen sind unverzüglich in der gleichen Weise mitzuteilen.

X. Anwendbares materielles Recht[7]

XI. Darstellung der Ansprüche der Parteien[8]

1. Unstreitiger Sachverhalt und unstreitige Ansprüche . . . . .
   Die Zustimmung der Parteien zu der folgenden Darstellung bezieht sich nur darauf, dass das Vorbringen der Parteien jeweils korrekt wiedergegeben ist. Keine Partei stimmt inhaltlich den Darstellungen der anderen Partei zu.[9]
2. Tatsächliches und rechtliches Vorbringen und Anträge der Schiedskläger/innen . . . . .[10]
3. Tatsächliches und rechtliches Vorbringen und Anträge der Schiedsbeklagten . . . . .[11]
   Zur Vermeidung von Missverständnissen wird festgehalten, dass diese Darstellung nur die derzeitigen Prozessstandpunkte der Parteien umreißt. Weiteres tatsächliches oder rechtliches Vorbringen wird dadurch nicht ausgeschlossen. Das Schiedsgericht wird im weiteren Verfahrensverlauf und bei seiner Entscheidung auch solches spätere Vorbringen berücksichtigen.[12]

XII. Feststellung der zu entscheidenden Streitfragen

1. Vorfragen[13]
2. Hauptfragen[14]
3. Kosten[15]

Das Schiedsgericht wird auch über jede sonstige Frage entscheiden, die mit den hier genannten Streitfragen in Zusammenhang steht und deren Entscheidung zur Erfüllung seiner Aufgabe erforderlich ist. Das Schiedsgericht kann jede Streitfrage im Wege eines Teil-, Zwischen- oder Endschiedsspruchs entscheiden, wie es das Schiedsgericht für zweckmäßig hält, nachdem den Parteien eine angemessene Gelegenheit zur Stellungnahme eingeräumt wurde.

XIII. Verfahrensregeln

1. Anwendbares Verfahrensrecht[16]
   Das Verfahren unterliegt den hierin festgelegten Bestimmungen sowie ergänzend der Schiedsgerichtsordnung der ICC und, soweit diese keine Regelung enthält, den jeweils von den Schiedsrichtern festgelegten Bestimmungen.
2. Sachverhaltsermittlung[17]
   Das Schiedsgericht kann den Sachverhalt von Amts wegen ermitteln, insbesondere die Parteien zur Vorlage von Urkunden und anderen Dokumenten auffordern, Zeugen vernehmen und Sachverständige beauftragen. Die Beauftragung von Sachverständigen erfolgt im Namen der Parteien.[18]
3. Sprache
   Die Sprache des Schiedsverfahrens und des Schiedsspruchs ist . . . . .[19]
4. Protokollführung[20]
5. Verfahrensmanagement-Konferenz[21]
6. Verfügungen des Schiedsgerichts
   Der Vorsitzende des Schiedsgerichts ist befugt, nach formloser Abstimmung mit den anderen Schiedsrichtern verfahrensleitende Verfügungen zu erlassen, insbesondere Fristen zu setzen, diese zu Ausschlussfristen zu erklären und von ihm gesetzte Fristen oder sonstige Verfügungen abzuändern bzw aufzuheben,[22] wobei er den Parteien davon jeweils gem Ziffer 8 unverzüglich Mitteilung zu machen hat. Die Feststellung von Fristen für den weiteren Verfahrensverlauf bleibt einer gesonderten Verfügung vorbehalten.
7. Mündliche Verhandlung[23]
8. Mitteilung gerichtlicher Entscheidungen
   Das Schiedsgericht teilt seine Verfügungen, Beschlüsse, Zwischenschiedssprüche und sonstigen Entscheidungen den Parteien unter den oben angegebenen Adressen per E-Mail/Telefax und per Boten oder eingeschriebenen Brief mit.[24]

XIV. Streitwert

Für die Zwecke von Anhang III der Schiedsgerichtsordnung der ICC berechnet sich der Streitwert wie folgt: . . . . .[25]

[Optional: XV. Vertraulichkeit[26]

(Raum für eine individuelle Vertraulichkeitsvereinbarung)]

Aufgestellt am . . . . .

Unterzeichnet am . . . . .[27]

Schiedsklägerin | Schiedsbeklagte

Schiedsgericht:

Vorsitzender

Mitschiedsrichter Mitschiedsrichter[27]

Anlage: Vorläufiger Terminplan[28, 29]

Schrifttum: vor → Form II.M.1 und → Form II.P.1 Anm 1 ff

Anmerkungen

1. Nach Art 19 ICC-SchiedsGO und Art 1 Abs 3 UNCITRAL-SchiedsGO richtet sich das Schiedsverfahren in erster Linie nach den Bestimmungen der betreffenden Schiedsordnung über das Verfahren, in zweiter Linie nach der Parteivereinbarung und wird im Übrigen von den Schiedsrichtern bestimmt. Haben die Parteien die Anwendbarkeit eines bestimmten nationalen **Verfahrensrechts** vereinbart, bedeutet das idR nur eine Verweisung auf die dort geltenden Vorschriften für internationale (Handels-)Schiedsverfahren, nicht auch auf die Vorschriften für nationale Schiedsverfahren oder Rechtsstreite vor den nationalen Gerichten (es sei denn, die Vorschriften über internationale Schiedsverfahren verweisen ihrerseits wieder auf das allgemeine Prozessrecht dieses Staates), *Craig/Park/Paulsson* § 16.01. Auch im Falle einer solchen Parteivereinbarung hat das Schiedsgericht jedoch immer die zwingenden Vorschriften am Schiedsort und die zwingenden Vorschriften in möglichen Vollstreckungsstaaten zu beachten (andernfalls wird der Schiedsspruch dort evtl nicht anerkannt und nicht für vollstreckbar erklärt). Findet ein ICC-Schiedsverfahren in Deutschland statt, sind entsprechend die Regelungen des 10. Buches der ZPO zu beachten, § 1025 Abs 1 ZPO.

Fehlt es an einer ausdrücklichen Parteivereinbarung, so gilt das Recht des Landes, in dem der Schiedsspruch ergangen ist, § 1061 Abs 1 S 1 ZPO, Art V 1 a) UNÜbkSchG.

Nach Art 1 Abs 3 UNCITRAL-SchiedsGO unterliegt das Verfahren der UNCITRAL-SchiedsGO und der Parteivereinbarung. Zwingende Vorschriften des anzuwendenden nationalen Verfahrensrechts gehen zwar vor, sind im Streitfall aber von der Partei, die sich auf sie beruft, darzutun. Die Schiedsrichter bestimmen das Verfahren, soweit die UNCITRAL-SchiedsGO schweigt, ohne dass sie auf ein bestimmtes nationales Verfahrensrecht zurückgreifen müssen (*Böckstiegel,* RIW 82, 706, 707 ff).

Das Schiedsgericht kann nach Aktenlage entscheiden, sofern keine Partei eine mündliche Verhandlung beantragt, Art 25 Abs 5 ICC-SchiedsGO. Im beschleunigten Verfahren kann das Schiedsgericht nach Anhang VI Art 3 Abs 5 zur ICC-SchiedsGO nach Anhörung der Parteien nach Aktenlage, ohne mündliche Verhandlung und ohne Befragung von Zeugen und Sachverständigen, entscheiden. Nach Art 17 Abs 3 UNCITRAL-SchiedsGO findet eine Verhandlung nur auf Antrag einer Partei statt oder wenn sie vom Schiedsgericht als erforderlich angeordnet wird. In ICC-Schiedsverfahren ist die mündliche Verhandlung fast immer nicht-öffentlich. Eine mündliche Verhandlung kann per Videokonferenz, Telefon oder unter Nutzung ähnlicher Kommunikationsmittel stattfinden, Art 26 Abs 1 ICC-SchiedsGO. Nach Art 28 Abs 3 UNCITRAL-SchiedsGO ist eine solche Geheimhaltung ausdrücklich vorgeschrieben.

Bezüglich der weiteren **Verfahrensgrundsätze,** wie Gewährung rechtlichen Gehörs, gilt grundsätzlich das oben zum ZPO/DIS-Verfahren Ausgeführte (→ Form II.P.1 Anm 1 ff). Bleibt eine Partei der mündlichen Verhandlung trotz ordnungsgemäßer Ladung unentschuldigt fern, so kann das Schiedsgericht die mündliche Verhandlung in Abwesenheit der Partei durchführen und, wenn der Prozessstoff schriftlich hinreichend geklärt ist, nach Aktenlage entscheiden, Art 25 Abs 5 ICC-SchiedsGO. Dabei wird auch der bisherige schriftliche Vortrag der säumigen Partei berücksichtigt. Auch das Vorbringen des Erschienenen, das dem Säumigen noch nicht bekannt gegeben wurde, kann berücksichtigt werden.

Dabei darf allerdings der Rahmen des Verfahrens nicht grundsätzlich geändert werden (keine Widerklagen, Klageänderungen oder Klageerweiterungen möglich), andernfalls wird der Grundsatz rechtlichen Gehörs verletzt. Wenn ein Verhandlungsabschnitt für abgeschlossen erklärt wird (ohne dass eine Partei protestiert), ist neues Vorbringen zu den dort behandelten Fragen nicht mehr möglich, Art 40 ICC-SchiedsGO (insbesondere nach Schluss der mündlichen Verhandlung, Art 27 Abs 1 ICC-SchiedsGO). Wenn allerdings glaubhaft gemacht wird, dass das Vorbringen nicht früher geltend gemacht werden konnte bzw dass die säumige Partei der mündlichen Verhandlung entschuldigt ferngeblieben ist, gebietet der Grundsatz rechtlichen Gehörs die Wiedereinsetzung bzw Wiedereröffnung der mündlichen Verhandlung.

Sowohl Art 27 ICC-SchiedsGO als auch Art 31 Abs 1 UNCITRAL-SchiedsGO sehen vor, dass das Schiedsgericht die Parteien am Ende der mündlichen Verhandlung fragt, ob sie noch etwas vorzutragen haben, und, wenn dies nicht der Fall ist, die mündliche Verhandlung für geschlossen erklärt. Danach ist neuer Vortrag nur noch möglich, wenn er ausdrücklich vorbehalten wurde (zB hinsichtlich außergerichtlicher Kosten der Parteien) oder ein Grund für den Wiedereintritt in die mündliche Verhandlung vorliegt. In jedem Fall ist eine Anordnung oder Erlaubnis des Schiedsgerichts für weiteres Vorbringen erforderlich.

Auch im Schiedsverfahren der ICC gilt ein eingeschränkter **Amtsermittlungsgrundsatz,** Art 25 Abs 1 ICC-SchiedsGO. Das Schiedsgericht soll den Sachverhalt in möglichst kurzer Zeit mit allen geeigneten Mitteln feststellen. Es kann von sich aus Parteien zur Vorlage von Urkunden, in Augenschein zu nehmenden Gegenständen oder anderen Beweismitteln auffordern und Sachverständige benennen, Art 25 Abs 2 und 4 ICC-SchiedsGO. Gerade in Schiedsverfahren mit Parteien aus unterschiedlichen Rechtskreisen tritt immer wieder das Problem der Vorlagepflicht von Dokumenten bzw allgemein der Zulässigkeit von „discovery“ im anglo-amerikanischen Sinn auf (vgl hierzu unten → Anm 17).

Das **Schiedsgericht** kann kraft seines **Verfahrensausgestaltungsermessens** auch ohne besondere Ermächtigung verfahrensleitende Verfügungen treffen, insbesondere Fristen setzen.

Da die Schiedsrichter und die Parteien zur ordnungsgemäßen Durchführung des Schiedsverfahrens unter Umständen die **Unterstützung staatlicher Gerichte** benötigen, stellt sich die Frage, welches staatliche Gericht hierfür zuständig ist. In den meisten nationalen Rechtsordnungen sind die nationalen Gerichte des Landes zuständig, nach dessen Verfahrensrecht sich das Schiedsverfahren richtet. Versagt diese Zuständigkeit, sind konsequenterweise die Gerichte des Landes zuständig, in dem das Schiedsgericht seinen Sitz hat.

Besonders problematisch ist die Frage des vom Schiedsgericht **anzuwendenden materiellen Rechts.** Nach Art 21 Abs 1 ICC-SchiedsGO wenden die Schiedsrichter in Ermangelung einer Parteivereinbarung das materielle Recht an, das sie für angemessen halten. Nach Art 21 Abs 2 ICC-SchiedsGO sind dabei stets die vertraglichen Vereinbarungen der Parteien und die Handelsbräuche zu berücksichtigen. Auch Art 35 UNCITRAL-SchiedsGO räumt den Schiedsrichtern bei der Auswahl der Kollisionsnorm, nach der sich das materielle Recht bestimmt, ein Wahlrecht ein.

Teilweise vereinbaren die Parteien eine Entscheidung in der Sache ex aequo et bono oder als **amiable compositeur,** wie zB in Art 21 Abs 3 ICC-SchiedsGO vorgesehen. Solche von allen gesetzlichen Bestimmungen losgelösten schiedsrichterlichen Entscheidungen werden nur begrenzt anerkannt, näher *Craig/Park/Paulsson* § 18.01. Ohne eine ausdrückliche Zustimmung der Parteien ist eine derartige Entscheidungsgrundlage nicht zulässig.

2. Binnen 30 Tagen nach Übergabe der Akten an das Schiedsgericht und vor Beginn des eigentlichen Schiedsverfahrens entwirft das Schiedsgericht aufgrund der Akten oder in Gegenwart der Parteien schriftlich den **Schiedsauftrag** (Terms of Reference/Acte de Mission) und lässt ihn von den Parteien unterzeichnen, Art 23 ICC-SchiedsGO. Nach heute hM ersetzt der Schiedsauftrag nur in besonderen Ausnahmefällen eine Schiedsvereinbarung; vielmehr konkretisiert und ergänzt der Schiedsauftrag die Schiedsvereinbarung, *Schäfer/Verbist/Imhoss,* 127 u *Kühner/Flecke-Giammarco* in *Böckstiegel/Kröll/Nacimiento*, 768 f. Teilweise empfiehlt sich die Anberaumung eines ersten Organisationsmeetings zur Erzielung eines Einvernehmens über den Schiedsauftrag und der Bestimmung eines Zeitplanes für den Verfahrensablauf.

Nach Art 30 ICC-SchiedsGO iVm Anhang VI Art 3 Abs 1 zur ICC-SchiedsGO wird **im Falle des beschleunigten Verfahrens kein Schiedsauftrag** formuliert, da Art 23 ICC-SchiedsGO keine Anwendung findet. Mangels Schiedsauftrags kommt damit der Schiedsklage eine gesteigerte Bedeutung zu.

Auch die UNCITRAL-SchiedsGO sieht einen Schiedsauftrag nicht vor. Nach Art 17 Abs 2 UNCITRAL-SchiedsGO soll jedoch das Schiedsgericht nach seiner Konstituierung so schnell wie möglich einen provisorischen Zeitplan aufstellen. Dies ist Ausdruck der in Art 17 Abs 1 UNCITRAL-SchiedsGO niedergelegten Anforderung an das Schiedsgericht, das Schiedsverfahren fair und effizient zu führen und unnötige Verzögerungen und Kosten zu vermeiden.

3. Zumindest hinsichtlich der Besetzung des Schiedsgerichts und des Fehlens von Ablehnungsgründen sollte diese Klausel aufgenommen werden, da die Parteien damit auf ihnen bekannte Besetzungsmängel bzw Ablehnungsgründe verzichten und dadurch die Möglichkeit einer späteren Aufhebungsklage gegen den Schiedsspruch eingeschränkt wird. Falls die Schiedsbeklagte die Zuständigkeit des Schiedsgerichts bestreitet, kann schon an dieser Stelle ein entsprechender Vorbehalt aufgenommen werden.

4. Ein etwaiger **Sekretär** des Schiedsgerichts unterliegt denselben Standards an Unparteilichkeit und Unabhängigkeit wie das Schiedsgericht selbst und handelt nur auf Weisung und unter Aufsicht des Schiedsgerichts. Die aktuelle Fassung der Mitteilung von Januar 2019 (Note to Parties and Arbitral Tribunals on the Conduct of the Arbitration under the ICC Rules of Arbitration) stellt klar, dass die Vergütung des Schiedsgerichtssekretärs, der das Schiedsgericht mit reinen Hilfsfunktionen entlastet, in der Regel aus dem Schiedsrichterhonorar zu begleichen ist. Einzig angemessene persönliche Aufwendungen für die mündliche Verhandlung und Konferenzen, zB Reisekosten, können von den Parteien unter Umständen getragen werden. Das Schiedsgericht darf den Parteien weitere Kosten für die Bestellung und Tätigkeit des Sekretärs nicht auferlegen. Es darf auch unter keinen Umständen Entscheidungsfindungsprozesse auf den Sekretär übertragen und muss zu jeder Zeit alle Akten selbst begutachten. Zu den zulässigen Funktionen eines Sekretärs siehe: *ICC International Court of Arbitration*, Note to Parties and Arbitral Tribunals on the Conduct of the Arbitration under the ICC Rules of Arbitration, Ziffer 185.

5. Haben die Parteien in der Schiedsvereinbarung keinen **Schiedsort** vereinbart, so können sie sich im Rahmen des Schiedsauftrages noch auf einen Schiedsort einigen. Im Übrigen setzt der Gerichtshof den Schiedsort fest, Art 18 Abs 1 ICC-SchiedsGO. Dieser ist insbesondere von Bedeutung für die Zuständigkeit staatlicher Gerichte zur Unterstützung des Schiedsverfahrens, aber auch zur Bestimmung des anzuwendenden Verfahrensrechts.

6. **Schriftliche Mitteilungen** sind jeweils an die Parteien, die Schiedsrichter und das Sekretariat zu versenden, Art 3 Abs 1 ICC-SchiedsGo. Soweit Fristen zu wahren sind, gelten die Mitteilungen als erfolgt, wenn sie von der betreffenden Partei oder deren Bevollmächtigten empfangen werden oder, falls sie ordnungsgemäß abgesandt wurden, hätten empfangen werden müssen, Art 3 Abs 3 ICC-SchiedsGO. Die Kommunikation per E-Mail zwischen ICC-Sekretariat und Schiedsgericht einerseits und den Parteien andererseits ist ausdrücklich zugelassen, sofern ein Sendebericht erstellt wird. Für fristwahrende

Mitteilungen und insbesondere für die Einreichung der Schiedsklage empfiehlt sich nach wie vor die Übermittlung gegen Empfangsbestätigung per Boten oder eingeschriebenem Brief (*Voser*, ASA Bulletin 11, 787). Art 3 Abs 2 S 2 ICC-SchiedsGO enthält eine Aufzählung der zulässigen Übersendungsformen.

Zugangsanschrift ist die letzte bekannte Anschrift der Partei oder ihres Bevollmächtigten.

7. Soweit sich die Parteien nicht schon im Rahmen ihrer vertraglichen Vereinbarungen über die Anwendung eines bestimmten **materiellen Rechts** oder eines bestimmten Kollisionsrechts geeinigt haben, können sie dies im Rahmen des Schiedsauftrages tun. Andernfalls wendet das Schiedsgericht dasjenige materielle Recht an, das es für anwendbar hält, Art 21 Abs 1 ICC-SchiedsGO. Vgl auch oben → Anm 1.

8. Zur Darstellung der Ansprüche der Parteien genügt eine Verweisung auf die gewechselten Schriftsätze, sofern der Sach- und Streitstand darin übersichtlich dargestellt ist. Andernfalls empfiehlt sich die hier vorgeschlagene ausführlichere Darstellung.

9. Diese Klausel dient der Klarstellung, dass es sich bei den Darstellungen unter 2 (→ Anm 2) und 3 (→ Anm 3) des Formulars um streitiges Vorbringen der Parteien handelt.

10. Zu dem tatsächlichen und rechtlichen Vorbringen der Schiedsklägerin gehören auch die von der Schiedsklägerin gestellten **Anträge,** Art 23 Abs 1 c) ICC-SchiedsGO. Soweit absehbar ist, dass im weiteren Verlauf des Verfahrens eine Klageerweiterung oder -änderung erforderlich sein könnte, sollte dies bereits hier vorbehalten werden (zB Umstellung von Feststellungs- auf Leistungsantrag). Gem Art 23 Abs 4 ICC-SchiedsGO können die Parteien neue Ansprüche und Gegenansprüche nämlich grundsätzlich nur geltend machen, sofern diese sich in den Grenzen des Schiedsauftrags halten. Für das beschleunigte Verfahren, in dem Art 23 ICC-SchiedsGO insgesamt nach Anhang VI Art 3 Abs 1 zur ICC-SchiedsGO nicht anwendbar ist, gilt Anhang VI Art 3 Abs 2 zur ICC-SchiedsGO.

11. Wegen Art 23 Abs 4 ICC-SchiedsGO sollte sich die Schiedsbeklagte gegebenenfalls bereits an dieser Stelle das Recht zur **Widerklage** bzw **Aufrechnung** mit Gegenansprüchen vorbehalten, sofern absehbar ist, dass diese Verteidigungsmittel im weiteren Verlaufe des Verfahrens erheblich werden könnten. Andernfalls ist sie damit präkludiert bzw von der Genehmigung des Schiedsgerichts abhängig. Für das beschleunigte Verfahren, in dem Art 23 ICC-SchiedsGO insgesamt nach Anhang VI Art 3 Abs 1 zur ICC-SchiedsGO nicht anwendbar ist, gilt sinngemäß Anhang VI Art 3 Abs 2 zur ICC-SchiedsGO.

12. Diese Klausel dient lediglich der Klarstellung. Nach der ICC-SchiedsGO ist auch nach Aufstellung des Schiedsauftrages neuer Tatsachenvortrag und eine neue rechtliche Argumentation möglich, *Craig/Park/Paulsson* § 15.02. Das Schiedsgericht hat bei seiner Entscheidung das gesamte Vorbringen der Parteien zu berücksichtigen und ist nicht auf den Inhalt des Schiedsauftrages beschränkt. Wegen der jedenfalls für die frühere Fassung der ICC-SchiedsGO zT umstrittenen Präklusionswirkung empfiehlt sich eine solche Klarstellung.

13. Das Schiedsgericht hat gegebenenfalls zunächst mit der Entscheidung über **Vorfragen** (Zuständigkeit des Schiedsgerichts, das anwendbare Verfahrensrecht, das anwendbare materielle Recht, die Verfahrenssprache etc) zu entscheiden. Insoweit kann ein Zwischenschiedsspruch zweckmäßig sein.

14. Die vom Schiedsgericht zu entscheidenden **Hauptfragen** sollten möglichst umfassend dargestellt sein, sodass im weiteren Verfahrensverlauf eine Konkretisierung möglich ist. Zwar liegt in der Einführung neuer Beweismittel, der neuen rechtlichen Einordnung eines Anspruchs oder der neuen Berechnung eines Anspruchs nicht die Geltendmachung eines neuen Anspruchs, die nach Unterzeichnung des Schiedsauftrages grundsätzlich unzulässig wäre. Zur Vermeidung von späteren Streitigkeiten darüber, ob ein geändertes Begehren einen neuen Anspruch darstellt oder nicht, sollten die Hauptfragen jedoch nicht zu spezifiziert abgefasst werden.

15. **Kosten:** Zur Klarstellung kann festgehalten werden, dass das Schiedsgericht nicht nur über die Tragung der Gebühren des Schiedsgerichts, sondern auch über Zeugenauslagen, Sachverständigenkosten und Anwaltsgebühren zu entscheiden hat, während der ICC-Schiedsgerichtshof über die Höhe der Schiedsrichterhonorare und Auslagen entscheidet, auch wenn Art 38 ICC-SchiedsGO dies inzwischen umfassend regelt, ebenso Art 40 ff UNCITRAL-SchiedsGO. Art 41 Abs 4 UNCITRAL-SchiedsGO sieht vor, dass das Schiedsgericht zu erläutern hat, wie die Gebühren und Auslagen berechnet wurden. Die Parteien können binnen 15 Tagen die Benennende Stelle bzw den Generalsekretär des Ständigen Gerichtshofs in Den Haag um Überprüfung dieser Berechnung bitten. Diese können Änderungen vornehmen, welche für das Schiedsgericht bindend sind; die Änderungen sind in den Schiedsspruch aufzunehmen bzw der Schiedsspruch ist entsprechend zu korrigieren.

16. Die hier vorgeschlagene Klausel entspricht der Regelung in Art 19 ICC-SchiedsGO, wonach, wenn die ICC-SchiedsGO keine Regel vorsieht und die Parteien keine Verfahrensregelungen getroffen haben, die Schiedsrichter das Verfahren bestimmen, ohne sich dabei auf eine nationale Prozessordnung beziehen zu müssen. Wenn die Parteien oder ihre Vertreter das Recht des Schiedsortes gut kennen, können sie stattdessen folgende Klausel vereinbaren:

„Das Verfahren unterliegt der ICC-SchiedsGO und, soweit diese keine Regelung enthält, den in . . . . . [Schiedsort] anwendbaren Verfahrensregeln (über in . . . . . [Schiedsort] stattfindende Schiedsverfahren)."

Eine Verweisung auf das am Schiedsort geltende Verfahrensrecht stellt sicher, dass der ergehende Schiedsspruch dort nicht wegen der Nichtbeachtung dieser Verfahrensregeln vor den nationalen Gerichten im Wege der Aufhebungsklage angegriffen werden kann. Zu den Klauseln *Craig/Park/Paulsson* § 16.04.

17. **Sachverhaltsermittlung:** Nach der weiten Generalklausel in Art 25 Abs 1 ICC-SchiedsGO stellt das Schiedsgericht den Sachverhalt in möglichst kurzer Zeit mit allen geeigneten Mitteln fest. Dabei stützt es sich auf die Schriftsätze der Parteien und die vorgelegten schriftlichen Unterlagen, es kann die Parteien anhören und andere Personen in Gegenwart der Parteien (oder in deren Abwesenheit, falls sie ordnungsgemäß geladen wurden) vernehmen sowie Sachverständige benennen, deren schriftliche Gutachten entgegennehmen und/oder sie vernehmen, Art 25 Abs 2 ICC-SchiedsGO. Das Schiedsgericht hat selbständig die Tatsachen zu ermitteln und nicht lediglich passiv die von den Parteien vorgetragenen Tatsachen entgegenzunehmen (wie dies in anglo-amerikanischen Staaten üblich ist). Dabei sind die ICC-Schiedsgerichte nicht an Beweisanträge gebunden. Unabhängig davon, ob das Schiedsverfahren einem bestimmten nationalen Verfahrensrecht unterliegt, hat das Schiedsgericht nach Art 25 ICC-SchiedsGO ein Ermessen bei der Ausgestaltung des Verfahrens. Es ist nicht gehalten, das nationale Beweisverfahrenssystem anzuwenden, wie es ein nationales Gericht tun müsste; es kann vielmehr auch eine Mischform anwenden. Wegen dieser Verfahrensausgestaltungsfreiheit kann sich das Schiedsgericht auch mittelbarer Beweise bedienen; es kann die Vornahme einzelner Beweisaufnahmehandlungen durch den Vorsitzenden oder durch ein anderes Mitglied des Schiedsgerichts beschließen.

Zu den **Grundprinzipien** der Beweisaufnahme in ICC-Schiedsverfahren zählen die folgenden: Die Verfahrensregeln sollten nicht einem nationalen Recht entnommen, sondern anhand des aktuellen Falles pragmatisch entwickelt werden; wegen der oftmals beträchtlichen geographischen Entfernungen zwischen den Beteiligten liegt das Schwergewicht auf schriftlichen Unterlagen; da sie den Fall kennen, spielen die Schiedsrichter bei Vernehmungen eine bedeutendere Rolle als im Common Law-Verfahren; schriftliche Zeugenaussagen zur Vorbereitung der mündlichen Vernehmung sind sinnvoll; der Zeuge sollte ergänzend selbst befragt werden; zu dem differenzierten Einsatz von Beweismitteln des kontinentaleuropäischen bzw anglo-amerikanischen Rechtskreises *Böckstiegel* (Hrsg), Beweiserhebung in Internationalen Schiedsverfahren, 2000; *Bühler/Dorgan,* J Int'l Arb Vol 17 No 1 (2000), 3; *Wirth,* SchiedsVZ 2003, 9.

Das Schiedsgericht kann darüber entscheiden, ob die Zeugen vom Gericht oder auch von den Parteivertretern befragt werden, ob ein Kreuzverhör stattfindet, ob die Zeugen getrennt voneinander verhört werden und in welchem Umfange die Parteivertreter Kontakt zu Zeugen aufnehmen dürfen. Im Einzelfall empfiehlt sich zur Beschleunigung des Verfahrens, aber auch zur besseren Sachverhaltsaufklärung die gleichzeitige Vernehmung mehrerer Zeugen („witness conferencing“, vgl *Peter,* Arb Int Vol 18 No 1 (2002), 47).

Eine weitere entscheidende Frage der Sachverhaltsermittlung ist, ob und wie ausführlich eine **(E-)Discovery**, auch **(E-)Disclosure**, durchgeführt werden soll (hierzu *Born*, International Commercial Arbitration, 2493 ff). Unter Disclosure wird der Vorgang verstanden, in dem eine Partei die Vorlage von Dokumenten bzw Beweisen durch die gegnerische Partei verlangt, um mit diesen den eigenen Fall zu stützen. Der Begriff E-Discovery beschreibt eine elektronische Variante hiervon, zB mittels Datenräumen (hierzu *Born*, International Commercial Arbitration, 2493 ff). Die Durchführung einer extensiven (E-)Disclosure kann zu erheblichen Zeitverzögerungen und immensen Kosten führen. Aufgrund der Digitalisierung rechtlicher Vorgänge und der damit verbundenen gestiegenen Anzahl an elektronischen Daten durch E-Mails, Notizen ua können insbesondere die Auswirkungen einer elektronischen E-Discovery unüberschaubar sein und das Verfahren um viele Monate verlängern.

Die ICC-SchiedsGO selbst trifft keine Regelung zu einer etwaigen (E-)Disclosure und stellt diese damit nach der Generalklausel des Art 25 Abs 1 ICC-SchiedsGO in das Ermessen des Schiedsgerichts sowie unter das anwendbare Recht und die Privatautonomie der Parteien. Insoweit kann eine Absprache mit den Parteien zu einem möglichst frühen Verfahrenszeitpunkt sinnvoll sein, zB in der Verfahrensmanagementkonferenz (dazu → Anm 21).

Gerade Parteien aus dem Common-Law-Rechtskreis drängen häufig zu einer umfassenden (E-)Disclosure, welche ihnen geläufig ist und welche ungeübte kontinentaleuropäische Parteien leicht überfordern kann. Ein Ausgleich beider rechtlichen Traditionen erweist sich dann häufig als sachdienlich.

Kommt eine (E-)Disclosure in Betracht, kann deswegen die Einbeziehung der international anerkannten ***IBA Guidelines on the Taking of Evidence in International Arbitration*** aus dem Jahr 2010 als sog *soft law* sinnvoll sein (online abrufbar unter www.ibanet.org). Diese unabhängigen Richtlinien liefern einen angemessenen Ausgleich zwischen dem extensiven Discovery-Verständnis im Common-Law-Rechtskreis und den zurückhaltenden kontinentaleuropäischen Sichtweisen (hierzu insgesamt *Born*, International Commercial Arbitration, 2493 ff). Die IBA-Richtlinien erlauben nur die Stellung von spezifizierten Anträgen auf Dokumentenvorlage (sog Document Requests), welche belegen müssen, dass die angeforderten Dokumente relevant und von Einfluss auf das Ergebnis des Falles sind (Art 3 Abs 2, 3 IBA Guidelines on the Taking of Evidence). Die gegnerische Partei kann gegen die Anträge bestimmte Einwendungen erheben (Art 3 Abs 5, 9 Abs 2 IBA Guidelines on the Taking of Evidence), und das Schiedsgericht kann auf Antrag letztendlich über die Einwendungen und damit die Anträge entscheiden (Art 3 Abs 7 IBA Guidelines on the Taking of Evidence). Mit diesem Mechanismus bieten die IBA Richtlinien einen kosteneffektiven und angemessenen Mittelweg zwischen ausführlichem und zurückhaltendem (E-)Discovery-Verständnis.

Neben diesen IBA-Richtlinien kann auch die Verwendung von sogenannten **Redfern Schedules** zur Erleichterung der Regelung der Disclosure Requests beitragen. Ein Redfern Schedule ist eine standardisierte Tabelle, welche Anträge auf Dokumentenvorlagen, Einwendungen hiergegen, Antworten auf die Einwendungen und die möglichen Entscheidungen des Schiedsgerichts übersichtlich organisiert (siehe hierzu mit Beispielen *Jarvin/ Nguyen*, 213 ff; *Luttrell/Harris*, J Int'l Arb 33 No 4 (2016), 353 ff).

Einen anderen Ansatz bieten die ***Rules on the Efficient Conduct of Proceedings in International Arbitration*** (sog **Prague Rules**, online abrufbar unter www.praguerules.com). Die Prague Rules wurden 2018 verabschiedet und von führenden Schiedsrechtlern weltweit entworfen. Sie liefern ein Gegenmodell zu ausufernden (E-)Discovery-Sichtweisen und sehen in Art 4 Abs 2 Prague Rules vor, dass grundsätzlich jede Form von (E-)Discovery zu vermeiden ist. Die Prague Rules eignen sich damit insbesondere für kontinentaleuropäische Streitparteien, welche eine langwierige Dokumentenvorlage vermeiden wollen, und sichern einen effizienten Verfahrensablauf.

Unabhängig davon, ob eine (E-)Discovery zwischen den Parteien stattfindet, ist das Schiedsgericht nach Art 25 Abs 1, 4 ICC-SchiedsGO unter Berücksichtigung des anwendbaren (nationalen) Rechts und der Parteivereinbarungen grundsätzlich dazu berechtigt, die Vorlage von Dokumenten zu verlangen (hierzu *Born*, International Commercial Arbitration, 2493 ff).

18. Diese Regelung dient der Klarstellung, dass die Schiedsrichter den Gutachtervertrag mit dem **Sachverständigen** als Vertreter der Parteien und nicht im eigenen Namen abschließen.

19. Es können sowohl eine als auch mehrere Sprachen als **Verfahrenssprachen** festgelegt werden. Gleichzeitig sollte bestimmt werden, ob in anderen Sprachen abgefasste Schriftstücke zu übersetzen sind und wer für diese Übersetzung Sorge zu tragen hat.

20. Die ICC-SchiedsGO sieht keine Regelungen über die **Protokollierung** von mündlichen Verhandlungen vor. Deshalb sollten die Parteien im Schiedsauftrag die Art und Weise der Protokollierung festlegen. Mündliche Verhandlungen müssen nicht notwendigerweise protokolliert werden, eine Protokollierung von Zeugenaussagen ist aber unbedingt anzuraten. Die Protokollierung kann auch durch Tonbandmitschnitt oder Wortprotokoll erfolgen. Das erstellte Protokoll ist allen Beteiligten zu übersenden.

21. Ein erklärtes Ziel der Überarbeitung der ICC-SchiedsGO 2017 ist die Verbesserung der Zeit- und Kosteneffizienz von Schiedsverfahren. Deshalb sieht Art 24 ICC-SchiedsGO eine verpflichtende **Verfahrensmanagementkonferenz** vor, über deren Form mangels Parteivereinbarung das Schiedsgericht entscheidet (Art 24 Abs 1, 4 ICC-SchiedsGO). Es empfiehlt sich deshalb, bereits im Schiedsauftrag die gewünschte Form sowie Vorschläge für den Ablauf der Verfahrensmanagementkonferenz festzulegen. Im Falle des beschleunigten Verfahrens, in welchem nach Anhang VI Art 3 Abs 1 zur ICC-SchiedsGO gerade kein Schiedsauftrag formuliert wird, hat die Verfahrensmanagementkonferenz, sofern die Frist durch den Gerichtshof nicht verlängert wurde, innerhalb von 15 Tagen nach Übergabe der Akten an das Schiedsgericht stattzufinden, Anhang VI Art 3 Abs 3 zur ICC-SchiedsGO.

Anhang IV zur ICC-SchiedsGO nennt Beispiele für effektive Verfahrensmanagementtechniken, wie etwa die Aufforderung an die Parteien, Dokumente bereits mit den zugehörigen Schriftsätzen vorzulegen, Anträge auf Vorlage von Dokumenten auf Dokumente oder Kategorien von Dokumenten zu begrenzen, die für den Ausgang des Falles relevant und wesentlich sind; Begrenzung von Länge und Inhalt von Schriftsätzen und schriftlicher und mündlicher Beweisführung; Einsatz von Telefon- und Videokonferenzen und Ähnlichem. Im Rahmen der Verfahrensmanagementkonferenz sollen die Parteien zu den Verfahrensmaßnahmen, die das Schiedsgericht zur effizienten Behandlung des Falles nach Art 22 Abs 2 ICC-SchiedsGO iVm Appendix IV zur ICC-SchiedsGo für angemessen hält, angehört werden (Art 24 Abs 1 ICC-SchiedsGO). Auf der Grundlage der Ergebnisse dieser Verfahrensmanagementkonferenz wird ein Zeitplan für den weiteren Verfahrensablauf erstellt, Art 24 Abs 2 ICC-SchiedsGO. Dabei kann das Schiedsgericht insbesondere die Anzahl und Fristen der zwischen den Parteien noch zu wechselnden Schriftsätze festlegen, Fristen für Beweisangebote setzen, Termine für mündliche Verhandlungen bestimmen und sonstige Verfügungen treffen, die zur Beschleunigung des Verfahrens und zur Sicherstellung eines ordnungsgemäßen Verfahrensablaufs sinnvoll erscheinen. Dieser Plan, der Anlage zum Schiedsauftrag sein sollte, und alle Planänderungen sind dem Gerichtshof und den Parteien zu übermitteln (Art 24 Abs 2, 3 ICC-SchiedsGO). Auch sollte spätestens in der Verfahrensmanagementkonferenz eine etwaige (E-)Discovery (→ Anm 17) besprochen werden. Potenziell können sich die Parteien an dieser Stelle auf eine limitierte (E-)Discovery mit bestimmten formalen Anforderungen, Fristen und Antragsrunden im vorläufigen Zeitplan einigen.

22. Wie oben in → Anm 1 dargestellt, ist das Schiedsgericht befugt, das Verfahren zu bestimmen, also insbesondere **verfahrensleitende Verfügungen** zu erlassen und **Fristen** festzusetzen. Zur Vereinfachung und Beschleunigung des Verfahrens sollte dem Vorsitzenden das Recht eingeräumt werden, solche Verfügungen, nach vorhergehender formloser Abstimmung mit den anderen Schiedsrichtern, allein zu treffen.

23. Nach Art 25 Abs 6 ICC-SchiedsGO findet eine **mündliche Verhandlung** nur statt, wenn eine der Parteien dies beantragt oder das Schiedsgericht von sich aus mündliche Verhandlung anordnet. Andernfalls entscheidet das Schiedsgericht im schriftlichen Verfahren. Es empfiehlt sich, bereits im Schiedsauftrag eine Regelung hierüber zu treffen. Immer wieder Streitgegenstand vor nationalen Gerichten ist die Frage der Geheimhaltung in Schiedsverfahren (*Paulsson/Rawding*, Arb Int Vol 11 No 3 (1995), 303 ff). Anders als andere Verfahrensregeln sieht die ICC-SchiedsGO keine Vertraulichkeit für Schiedsverfahren vor. Abhängig von den nationalen Regeln, die auf Schiedsvereinbarungen anzuwenden sind, unterliegen ICC-Verfahren daher uU nicht der Verschwiegenheit (*Voser*, ASA Bulletin 2011, 803; Anm 26). Art 22 Abs 3 ICC-SchiedsGO regelt, dass das Schiedsgericht auf Antrag einer Partei Maßnahmen zum Schutz von Geschäftsgeheimnissen und vertraulichen Informationen treffen kann. Welcher Natur die Maßnahmen sein können, legt die ICC-SchiedsGO nicht fest. Einigkeit herrscht wohl darüber, dass mündliche Verhandlungen unter Ausschluss der Öffentlichkeit stattfinden und auch deren Protokolle Außenstehenden nicht zugänglich gemacht werden dürfen (*Paulsson/Rawding*, Arb Int Vol 11, No 3 (1995), 303, 306 f; Art 26 Abs 3 ICC-SchiedsGO). Im Übrigen wird idR von einer konkludenten Geheimhaltungsvereinbarung in der Schiedsklausel ausgegangen, soweit es um Unterlagen geht, die ausschließlich für das Schiedsverfahren erstellt wurden (Schriftsätze etc, vgl *Paulsson/Rawding*, Arb Int Vol 11, No 3 (1995), 303, 309). Einige Schiedsgerichte haben versucht, Geheimhaltungsprobleme dadurch zu vermeiden, dass sie die Vorlage von Unterlagen etc erst dann anordnen, wenn die gegnerische Partei sich zur Geheimhaltung verpflichtet hat (*Paulsson/Rawding*, Arb Int Vol 11, No 3 (1995), 303, 312).

24. Nach Art 3 Abs 2 ICC-SchiedsGO sind **Mitteilungen des Schiedsgerichts** ordnungsgemäß erfolgt, wenn sie in einer die Übersendung belegenden Weise an die Anschrift der Partei oder ihre Bevollmächtigten übersandt werden. Nach Art 35 Abs 1 ICC-SchiedsGO stellt das Sekretariat des Gerichtshofs den Parteien eine vom Schiedsgericht unterzeichnete Ausfertigung des Schiedsspruchs zu, wobei die Parteien auf eine weitere Zustellung oder Niederlegung durch das Schiedsgericht verzichten. Hinsichtlich der Zustellung auch des Schiedsspruchs können die Parteien eine anderweitige Vereinbarung im Schiedsauftrag treffen.

25. Der Gerichtshof schätzt den **Streitwert** und damit auch den festzusetzenden Vorschuss. Das Schiedsgericht selbst darf den Streitwert nicht festsetzen, da es dadurch Richter in eigener Sache wäre. Die Streitwerte von Klage und Widerklage bzw Aufrechnung (Art 37 Abs 5 ICC-SchiedsGO) werden grundsätzlich addiert; Vorschüsse können aber auch getrennt für jeden Antrag festgesetzt werden (Art 37 Abs 2 ICC-SchiedsGO), wodurch der Gesamtbetrag wegen der Degression der Streitwerttabelle höher wird, *Craig/Park/Paulsson* § 14.01 ii). Sofern zusätzliche Parteien in das Verfahren einbezogen (Art 7 ICC-SchiedsGO) oder Ansprüche zwischen mehreren Parteien geltend gemacht werden (Art 8 ICC-SchiedsGO), setzt der Gerichtshof einen oder mehrere Kostenvorschüsse fest, die von den Parteien entsprechend einzuzahlen sind. Anderweitig festgesetzte und möglicherweise bereits einbezahlte Vorschüsse werden angerechnet (Art 37 Abs 4 ICC-SchiedsGO).

26. Der Schiedsauftrag kann eine Vertraulichkeitsklausel enthalten, dies ist jedoch nicht zwingend. Die ICC-SchiedsGO selbst trifft keine abstrakte Regelung zur **Vertraulichkeit des Schiedsverfahrens** und überlässt dies den Parteien (→ Anm 23 u *Voser,* ASA Bulletin 2011, 803). Sollte das Bedürfnis nach einer Vertraulichkeitsvereinbarung bestehen, kann unabhängig von Art 22 Abs 3 ICC-SchiedsGO eine solche bereits im Schiedsauftrag formuliert werden. In diesem Fall ist darauf zu achten, dass die rechtlichen Anforderungen an derartige Klauseln des jeweils anwendbaren Rechts eingehalten werden. Die Klausel sollte die Parteien und alle Teilnehmer des Schiedsverfahrens in der Regel dazu verpflichten, keine Fakten oder anderen Informationen in Verbindung mit der Streitigkeit und/oder dem Schiedsverfahren Dritten gegenüber offenzulegen, wobei in der Regel folgende Ausnahmen vorgesehen sind: das Schiedsgericht verfügt etwas anderes, es besteht eine rechtliche Pflicht zur Offenlegung, eine Offenlegung ist zur Sicherung und Verfolgung eines Rechts oder zur Vollstreckung und Aufhebung eines Schiedsspruchs ua erforderlich (s zB *Grierson/van Hooft,* 303).

27. Der Schiedsauftrag muss gem Art 23 Abs 2 ICC-SchiedsGO von den Parteien und dem Schiedsgericht unterzeichnet werden. Verweigert eine Partei die **Unterzeichnung,** kann der Gerichtshof über die Genehmigung des Schiedsauftrags entscheiden. Das ist unproblematisch, solange der Gerichtshof den Schiedsauftrag in vollem Umfang genehmigt, weil darin die Rechte der säumigen Partei hinreichend gewahrt sind, *Sandrock* RIW 1987, 648, 652. Nach erfolgter Genehmigung wird das Schiedsverfahren auf der Grundlage des genehmigten Schiedsauftrages fortgesetzt, Art 23 Abs 3 ICC-SchiedsGO.

Nach Art 31 Abs 1 ICC-SchiedsGO muss das Schiedsgericht binnen sechs Monaten nach Unterzeichnung (letzte Unterschrift oder Mitteilung der Genehmigung des Schiedsauftrages gem Art 23 Abs 4 ICC-SchiedsGO) seinen Schiedsspruch erlassen (sa → Form II.P.10 Anm 2). Der Ablauf der **Entscheidungsfrist** führt jedoch nicht automatisch zu einer Beendigung des Schiedsrichteramtes; der Gerichtshof kann diese Frist vielmehr auf begründeten Antrag des Schiedsgerichts und auch von Amts wegen verlängern, ohne dass eine Fristverlängerung der Begründung bedarf.

28. Das Schiedsgericht hat nach Art 24 Abs 2 ICC-SchiedsGO während oder so zeitnah wie möglich nach der Verfahrensmanagementkonferenz den vorläufigen Verfahrenskalender zu entwerfen und diesen den Parteien und dem Gerichtshof zu übermitteln (siehe zur Verfahrensmanagementkonferenz ausführlich → Anm 21). Es empfiehlt sich, den vorläufigen Verfahrenskalender als Anlage dem Schiedsauftrag oder der ersten prozessleitenden Verfügung beizufügen. Der vorläufige Zeitplan sollte in der Regel in einem separaten Dokument oder zumindest nicht im originären Text des Schiedsauftrages enthalten sein, da er andernfalls Bindungswirkung entfalten kann (dazu *Kühner/Flecke-Giammarco* in *Böckstiegel/Kröll/Nacimiento*, 769 f).

29. Wenn den Parteien ausreichend Gelegenheit zur Vertretung ihres Standpunktes gegeben wurde, erklärt das Schiedsgericht die Verhandlung für geschlossen, Art 27 Abs 1 ICC-SchiedsGO. Danach sind neues tatsächliches und rechtliches Vorbringen und neue Beweisanträge nur noch auf Anforderung bzw mit Zustimmung des Gerichts zulässig. Mit dem **Verhandlungsschluss** hat das Schiedsgericht dem Sekretariat das ungefähre Datum der Fertigstellung eines Schiedsspruch-Entwurfs mitzuteilen.

Fällt nach Verhandlungsschluss ein Schiedsrichter wegen Ablehnung oder aus anderen Gründen weg, kann der Gerichtshof unter Berücksichtigung der Auffassungen der Parteien und der übrigen Schiedsrichter entscheiden, dass die verbleibenden Schiedsrichter das Verfahren fortsetzen sollen, ohne dass eine Ersatzbestellung stattfindet, Art 15 Abs 5 ICC-SchiedsGO.

4. Zeugenerklärung (Witness Statement) (nach den IBA-Regeln zur Beweisaufnahme)

Name[1]

Anschrift

Beschreibung der gegenwärtigen und vergangenen Beziehungen zu den Parteien

Beschreibung der beruflichen Stellung und der Qualifikationen, soweit relevant im Hinblick auf die Streitigkeit.

Mir ist bekannt, dass . . . . . (Beschreibung der Streitigkeit).

Ich erinnere mich an diese Vorgänge (und habe mir auch noch einmal die seinerzeit gewechselte Korrespondenz angeschaut).

Insgesamt kann ich folgende wahrheitsgemäße und vollständige Aussage machen:

. . . . . (vollständige Beschreibung der Tatsachen, einschließlich der Quellen der Kenntnis des Zeugen)[2]

. . . . . Ort, Datum

Unterschrift[3, 4]

Anmerkungen

1. Dem deutschen Zivilverfahrensrecht liegt ein enger Zeugenbegriff zugrunde. Dieser findet sich im Schiedsverfahrensrecht in dieser Form nicht. Dort lassen sich auch Organmitglieder (oder andere, nach deutschem Verständnis nicht als Zeugen befugte Personen) als Zeugen vernehmen. Bei einem Witness Statement handelt es sich um eine schriftliche Zeugenerkläung, die idR der Vorbereitung der mündlichen Vernehmung dient. Teilweise wird als Voraussetzung dafür, dass ein Zeuge überhaupt gehört werden kann, vereinbart, dass zunächst ein Witness Statement vorgelegt werden muss. Das soll die mündliche Verhandlung straffen und Überraschungen verhindern. Nach Art 8.1 der IBA-Regeln zur Beweisaufnahme in der internationalen Schiedsgerichtsbarkeit wird ein Zeuge geladen, wenn entweder eine Partei dies ausdrücklich beantragt oder das Schiedsgericht das

Erscheinen anordnet. Eine weitere Besonderheit ist jedoch, dass das Schiedsgericht einen Zeugen zwar laden kann, aber keine Zwangsmittel zur Verfügung hat, um sein Erscheinen durchzusetzen. In Internationalen Schiedsverfahren ist es weit verbreitet, dass schon vor der mündlichen Verhandlung eine schriftliche Zeugenaussage in das Verfahren eingeführt wird. Erscheint der Zeuge in der Beweisverhandlung unentschuldigt nicht, wird das Witness Statement grundsätzlich nicht verwertet (Art 4.7 IBA-Regeln zur Beweisaufnahme 2010).

Schriftliche Zeugenerklärungen sind einzureichen, wenn die entsprechende Schiedsordnung, die Schiedsvereinbarung, die Terms of Reference oder eine andere Parteivereinbarung dies vorsieht, oder das Schiedsgericht die Einreichung solcher schriftlichen Zeugenerklärungen angeordnet hat (vgl Art 4.4 IBA-Regeln zur Beweisaufnahme 2010).

2. Durch die Einreichung von Witness Statements können sich die Parteien besser auf die Aussagen der vom Gegner berufenen Zeugen vorbereiten. Überraschungen werden vermieden. Der Vorteil von Witness Statements ist, dass der wesentliche Inhalt des Beweismittels den Prozessbeteiligten zuvor bekannt ist. Sie können ihre Verteidigung daran ausrichten.

Das Erfordernis von schriftlichen Zeugenerklärungen hat darüber hinaus eine disziplinierende Wirkung auf Parteien, die zur Reduktion der angebotenen Zeugen und zur Konzentration auf Schlüsselzeugen angehalten werden.

Hierdurch kann das Schiedsgericht die Beweisaufnahme besser strukturieren und straffen und eine zuverlässigere Entscheidung über die Notwendigkeit fällen, einen Zeugen in der mündlichen Verhandlung anzuhören. Das Ziel ist eine besser vorbereitete und damit forciertere Befragung der Zeugen, was zu einer Verkürzung der Beweisaufnahme und dadurch zur Beschleunigung des Verfahrens sowie zu einer Kostenreduktion durch Vermeidung unnötiger Anhörungen von Zeugen führen kann. Dem stehen Vorbehalte wegen der vorherigen Kontakte zwischen Partei bzw Prozessbevollmächtigten und Zeugen gegenüber. Wegen der angesprochenen Vor- und Nachteile empfiehlt sich eine möglichst frühe Abstimmung zwischen den Parteien und dem Schiedsgericht über die Einreichung von Witness Statements im Hinblick auf die Besonderheiten des individuellen Verfahrens.

3. Bei der Gestaltung des Inhalts des Witness Statements ist es empfehlenswert, sich an den Anforderungen des Art 4.5 IBA-Regeln zur Beweisaufnahme 2010 zu orientieren.

4. Erscheint der Zeuge nicht, oder weigert sich der Zeuge, auszusagen, so bleibt der Weg über § 1050 ZPO. Das Schiedsgericht, oder mit Zustimmung des Schiedsgerichts auch die beweisbelastete Partei, kann beim zuständigen Amtsgericht beantragen, den Zeugen zu laden und zu vernehmen, vgl → Form II.P.6 Anm 1 ff.

5. Protokoll über die mündliche Verhandlung vor dem Schiedsgericht

1. Auf den Abdruck des Musters eines Protokolls wird verzichtet. Stattdessen sollen in Form einer Check-List die Themen kurz angerissen werden, die üblicherweise in der ein oder anderen Form im Rahmen einer mündlichen Verhandlung behandelt und sinnvollerweise auch in Form eines Protokolls festgehalten werden.

2. Die Parteien können vereinbaren, dass keine mündliche Verhandlung stattfindet, sondern das Schiedsgericht im **schriftlichen Verfahren** entscheiden soll. Auch ohne Vereinbarung kann das Schiedsgericht diese Entscheidung treffen, § 1047 Abs 1 ZPO, Art 29 Abs 1 DIS-SchGO, sofern keine entgegenstehende Parteivereinbarung und kein entgegenstehender Parteiantrag vorliegt und das Schiedsgericht eine mündliche Verhandlung nach seinem Ermessen nicht für notwendig hält.

3. Sofern eine mündliche Verhandlung stattfindet, empfehlen sämtliche gängigen Handbücher und Kommentierungen eine Protokollierung dieser Verhandlung (*Schwab/Walter*, Kap 16, Rn 40; Wieczorek/Schütze/*Schütze*, ZPO, § 1047 Rn 25; Stein/Jonas/*Schlosser*, § 1042 Rn 104, *Stürner*, SchiedsVZ 2018, 299). Dementsprechend wird in fast allen Schiedsverhandlungen protokolliert, wobei Varianten und Inhalt mannigfaltig sind.

3. Durch die in dem Protokoll über die mündliche Verhandlung vor dem Schiedsgericht enthaltenen Erklärungen der Parteien werden wesentliche Verfahrensfragen einvernehmlich gelöst und die spätere Anerkennung und Vollstreckung des Schiedsspruchs erleichtert. Das Protokoll ist jedoch auch ein Element der Verfahrensleitung durch das Schiedsgericht.

4. **Protokollführer:** Das Protokoll kann durch eine außenstehende Person, einen der Mitschiedsrichter, eine/n Angestellte/n des Vorsitzenden des Schiedsgerichts oder auch durch Tonbandmitschnitt aufgenommen werden. In der Praxis hat sich ein Wortprotokoll durch einen auf Protokollierung von Schiedsverfahren spezialisierten Dienstleister bewährt. Dieses kann auf verschiedene Arten erstellt werden, zB Aufnahme auf Tonband mit nachfolgender Abschrift. Besser ist die Beauftragung eines aus dem anglo-amerikanischen Rechtskreis bekannten court reporters, der die gesamte Beweisaufnahme ohne Zeitverlust protokolliert. Die Kosten hierfür können jedoch erheblich sein und die Anzahl derjenigen, die ein solches Protokoll in deutscher Sprache erstellen können, ist begrenzt. Die Kosten des Protokolls sind Kosten des Schiedsverfahrens, die von den Schiedsparteien entsprechend der Kostenentscheidung des Schiedsgerichts zu tragen sind (*Stürner*, SchiedsVZ **2018**, 299, 305).

5. Das Protokoll sollte eine **Vielzahl von Formalien** dokumentieren, wie beispielsweise Aktenzeichen, Institution, Namen der Schiedsrichter und eventueller Hilfspersonen (zB auch des Protokollanten), Ort und Datum der Aufzeichnungen, die erschienenen Parteien und ihre gesetzlichen Vertreter, Bevollmächtigte und Beistände mit vollständigen Namen sowie Beginn und Ende des protokollierten Vorgangs.

6. Es empfiehlt sich, in das Protokoll eine Formulierung aufzunehmen, wonach die Anwesenden die Zuständigkeit des Schiedsgerichts bestätigen. Dieses **ausdrückliche Anerkenntnis der Zuständigkeit** verhindert die spätere Aufhebung des Schiedsspruchs wegen fehlerhafter Besetzung oder Unzuständigkeit des Schiedsgerichts. Insbesondere nach Gewährung hinreichenden rechtlichen Gehörs auch zu diesen Punkten ist hierin eine erneute Schiedsabrede zu sehen, falls Zuständigkeit bzw Besetzung des Schiedsgerichts nicht mit den bisherigen vertraglichen Vereinbarungen übereinstimmen. Auf die Rüge der Unzuständigkeit oder Befugnisüberschreitung des Schiedsgerichts hin – die spätestens mit der Klageerwiderung bzw bei Erörterung zu erheben ist, § 1040 Abs 2 ZPO – entscheidet das Schiedsgericht durch Zwischenentscheid, § 1040 Abs 3 S 1 ZPO, gegen den binnen eines Monats gerichtliche Entscheidung beantragt werden kann, § 1040 Abs 3 S 2 ZPO.

Auch im Schiedsverfahren heilt ansonsten die **rügelose Einlassung zur Sache** verzichtbare Mängel des Verfahrens, § 1027 ZPO. So werden insbesondere Wirksamkeitsmängel des Schiedsvertrages, das Fehlen eines Schiedsvertrages überhaupt und Besetzungsmängel der Schiedsrichterbank geheilt, wenn der sich einlassenden Partei die den Mangel begründenden tatsächlichen Umstände bekannt sind, wobei das Schiedsgericht nicht verpflichtet ist, die Partei auf diese Folgen einer rügelosen Einlassung hinzuweisen (OLG Hamburg, Urt v 8.12.1989, 1 U 88/88). Beruht allerdings die Unzuständigkeit des Schiedsgerichts auf Gründen, auf welche die Parteien nicht wirksam verzichten können, tritt insofern eine Heilung nicht ein, *Schwab/Walter*, Kap 5 Rn 7; § 295 Abs 2 ZPO.

7. Sinnvollerweise werden die **verfahrenseinleitenden Erklärungen** der Schiedsparteien gegenüber dem Schiedsgericht zu Protokoll genommen, **sowie weitere verfahrensbegleitende Erklärungen** wie bspw zur Vergütung des Schiedsgerichts oder zum durchzuführenden Verfahren, aber auch **Prozesserklärungen und Prozesshandlungen** (Sach- und Verfahrensanträge, Verfahrensrügen, Befangenheitsanträge, Verzicht- und Anerkenntnisanträge, Protokollanträge).

8. Gem § 1040 Abs 1 ZPO entscheidet das Schiedsgericht auch über seine eigene Zuständigkeit (**Kompetenz-Kompetenz**) und damit über das Bestehen, die Gültigkeit und den Umfang der Schiedsvereinbarung, wobei – mit Blick auf § 139 BGB – die Schiedsklausel als von den übrigen Vertragsbestimmungen unabhängig anzusehen ist. Verneint das Schiedsgericht seine Zuständigkeit, kann gem §§ 1032 Abs 2, 1062 Abs 1 Nr 2 ZPO beim zuständigen Oberlandesgericht die Feststellung der Zulässigkeit oder Unzulässigkeit des Schiedsverfahrens beantragt werden; das Oberlandesgericht entscheidet auch über den Antrag auf Aufhebung eines zuständigkeitsbejahenden Zwischenentscheids des Schiedsgerichts.

9. Zu den größeren Herausforderungen gehört eine gelungene Protokollierung einer Beweisaufnahme, wozu nicht nur Fragen und Antworten gehören, sondern auch Einlassungen der Partei, Verlesung von Urkunden und Dokumenten und Augenschein an Gegenständen.

10. Eine **Zustellungsvereinbarung** empfiehlt sich insbesondere, wenn an dem Schiedsverfahren Parteien beteiligt sind, die ihren Sitz im Ausland haben. Ohne eine solche Vereinbarung sind Zustellungen ggf nach internationalen Abkommen vorzunehmen, was gerade bei grenzüberschreitenden Zustellungen zu erheblichen Schwierigkeiten, insbesondere zu zeitlichen Verzögerungen, führen kann. Nach § 1028 Abs 1 ZPO gilt eine Mitteilung bei unbekanntem Aufenthalt einer Partei als empfangen, wenn sie an der letzten bekannten Anschrift durch Einschreiben gegen Rückschein oder auf andere belegbare Weise hätte empfangen werden können. Gem Art 4 Abs 6, 7 DIS-SchGO gilt ein Schriftstück zu dem Zeitpunkt als übermittelt, zu dem es tatsächlich empfangen wurde, oder zu dem es bei nachweisbarem Übermittlungsvorgang empfangen worden wäre. Um eine Aufhebung des Schiedsspruchs wegen Verletzung des rechtlichen Gehörs gem § 1059 Abs 2 Nr 1 b) ZPO zu vermeiden, ist dieser Bestimmung besondere Aufmerksamkeit zu widmen.

11. Da es an einer gesetzlichen Aufbewahrungsregelung für die Schiedsakten fehlt, empfiehlt es sich, eine **Aufbewahrungsfrist** festzulegen. Eine längere Aufbewahrung kann vom Antrag einer Partei abhängig gemacht werden und ist nur dann erforderlich, wenn die Durchsetzung des Schiedsspruchs mit tatsächlichen oder rechtlichen Schwierigkeiten verbunden ist.

12. Da das Schiedsgericht nicht Richter in eigener Sache sein darf und von der Höhe des Streitwerts regelmäßig auch die Gebühren der Schiedsrichter abhängen, können die Schiedsrichter in einem solchen Fall den Streitwert nicht festsetzen, sondern es muss insoweit das staatliche Gericht angerufen werden. Es empfiehlt sich deshalb, eine Vereinbarung der Parteien **über die Höhe des Streitwerts** herbeizuführen. Nach den Regeln der DIS-SchGO kann die DIS innerhalb von 14 Tagen nach einer Streitwertfestsetzung des Schiedsgerichts auf Antrag der Parteien den Streitwert überprüfen, Art 36 Abs 3 DIS-SchGO. Die Entscheidung der DIS dient jedoch ausschließlich der Bestimmung der Berechnungsgrundlage für die Kostensicherheiten und die DIS-Bearbeitungsgebühren.

13. **Schriftsatzfristen** empfehlen sich zur Beschleunigung des Verfahrens. Zwar ist eine Säumnisentscheidung im Schiedsverfahren nicht möglich, im Falle der Fristversäumung durch eine Partei kann jedoch das verspätete Vorbringen ausgeschlossen werden und eine Entscheidung nach Aktenlage ergehen, § 1048 Abs 2, 3 ZPO.

14. Da dem **Protokoll** die Beweiskraft des § 165 ZPO nicht zukommt, muss alles getan werden, um das Protokoll zu einer möglichst zuverlässigen Urkunde zu machen (*Schwab/Walter,* Kap 16 Rn 40). Das Protokoll ist daher mindestens von dem Vorsitzenden und dem/der Protokollführer/in zu **unterzeichnen,** sodass eine geeignete Protokollierung vorliegt. Eine Unterzeichnung durch das gesamte Schiedsgericht und die Parteien ist jedenfalls erforderlich, wenn ein Schiedsvergleich protokolliert wurde (Art 41 Abs 1, 3, Art 39 Abs 4 DIS-SchGO). Das Protokoll ist allen Schiedsrichtern und den Parteien (zu Händen ihrer Prozessbevollmächtigten) zu übersenden. Sinnvoll kann es auch sein, die Parteien aufzufordern, etwaige Verfahrensrügen vor Schluss der mündlichen Verhandlung vorzubringen. Dies bezieht sich allerdings nur auf Umstände, die zu diesem Zeitpunkt bekannt waren.

6. Antrag an das zuständige Gericht auf Vernehmung eines Zeugen (nach der ZPO)

An das[1, 2, 3]

Amtsgericht[4]

Antrag auf Vernehmung eines Zeugen

In der Schiedssache

(vollständiges Rubrum)

Namens und im Auftrag der Schiedsklägerin/-beklagten und Antragstellerin beantrage ich, wie folgt zu beschließen:[5]

1. Zu der Behauptung der Antragstellerin, ..., ist der Zeuge . . . . . zu vernehmen.[6]
2. Der Zeuge wird vereidigt.

Die Parteien führen vor dem Schiedsgericht, bestehend aus den Schiedsrichtern . . . . . ein Schiedsverfahren. Das Schiedsgericht hat mit Beschluss vom . . . . . beschlossen, den Zeugen . . . . . eidlich zu vernehmen.

Da der Zeuge das Erscheinen/die Aussage vor dem Schiedsgericht verweigert/wahrscheinlich verweigern wird, ist die Vernehmung durch das zuständige Gericht notwendig und dem Antrag gem § 1050 ZPO zu entsprechen. Hinderungsgründe nach § 393 ZPO liegen nicht vor.

Die Schiedsvereinbarung, die Schiedsklage und der Beweisbeschluss des Schiedsgerichts sind diesem Antrag beigefügt.[7]

Durch diesen Beschluss hat das Schiedsgericht die Schiedsklägerin/-beklagte ermächtigt, die eidliche Vernehmung des Zeugen . . . . . durch das angerufene Gericht herbeizuführen.

Unterschrift[8]

Anmerkungen

1. Schiedsgerichte sind nicht zur zwangsweisen Durchsetzung von Anordnungen über die Beweisaufnahme sowie zur Zeugenvereidigung befugt. Insoweit bedürfen sie der **Mithilfe staatlicher Gerichte**, die jeweils nach ihrem nationalen Verfahrensrecht tätig werden.

2. Wenn ein im Ausland lebender Zeuge die Aussage vor dem Schiedsgericht verweigert, kann die beweisbelastete Partei das zuständige Gericht gem § 1050 ZPO anrufen, das dann nach anwendbaren Rechtshilfeabkommen, insbesondere dem Haager Übereinkommen über die Beweisaufnahme im Ausland in Zivil- und Handelssachen vom 18.3.1970, ein Rechtshilfeersuchen an das ausländische Gericht richtet. Zur Anwendbarkeit des Haager Beweisabkommens vgl BT-Drs 8/217. Das zuständige Gericht bzw die zuständige Behörde im Ausland nimmt die Beweisaufnahme dann nach den dort geltenden Vorschriften vor.

3. Gem §§ 1025 Abs 2, 1050 ZPO kann das **zuständige Gericht** auch angerufen werden, wenn der Schiedsort im Ausland liegt (also die übrigen Bestimmungen der ZPO keine Anwendung finden) oder noch nicht bestimmt ist. Das zuständige Gericht kann nicht nur zur Unterstützung bei der Zeugenvernehmung angerufen werden, sondern auch in anderen Fällen, in denen das Schiedsgericht eine Beweisaufnahme mangels eigener Zwangsgewalt nicht durchführen kann, § 1050 ZPO. Dazu gehören die Vereidigung von Zeugen oder Sachverständigen, die Vorlage von Urkunden durch die gegnerische Partei oder öffentliche Behörden bzw Beamte, die Vernehmung über den Verbleib einer Urkunde, §§ 426, 432 ZPO, und die Einholung amtlicher Auskünfte (*Schwab/Walter,* Kap 15 Rn 22). Die Urkundenvorlage durch Dritte, §§ 429, 432 ZPO, und die Duldung der Augenscheinseinnahme bei Dritten kann die beweisbelastete Partei nur im Klageweg vor den staatlichen Gerichten durchsetzen (*Schwab/Walter,* Kap 15 Rn 22). Eine Beweisaufnahme zB vor einem deutschen Notar in der Form einer eidlichen Vernehmung ist nicht zulässig.

Das Schiedsgericht kann der beweisbelasteten Partei in seinem Beweisbeschluss eine Frist für die Einreichung des entsprechenden Antrags beim zuständigen Gericht setzen.

4. Die gerichtliche Unterstützung gem § 1050 ZPO wird in Deutschland durch das Amtsgericht geleistet, in dessen Bezirk die richterliche Handlung vorzunehmen ist, § 1062 Abs 4 ZPO. Dies wird in der Regel entweder das Gericht am Schiedsort, das Gericht am Sitz bzw Wohnort einer Partei oder das Gericht am Wohnort des Zeugen sein.

5. Antragstellerin ist die beweisbelastete Partei. Das Schiedsgericht kann den Antrag nur stellen, wenn es von den Parteien dazu ausdrücklich ermächtigt ist. Eine solche Ermächtigung sollte in das Protokoll der mündlichen Verhandlung aufgenommen werden (vgl oben → Form II.P.5 Anm 5 ff).

6. Welche Zeugen zu welchen Beweisthemen zu vernehmen sind, richtet sich ausschließlich nach dem Beweisbeschluss des Schiedsgerichts und nicht nach den Vorstellungen der antragstellenden Partei oder des zuständigen Gerichts.

7. Das zuständige Gericht hat nicht zu prüfen, ob die Schiedsvereinbarung wirksam ist, denn das Schiedsgericht hat primäre Kompetenz-Kompetenz. Es prüft jedoch, ob das Schiedsgericht die Beweiserhebung angeordnet hat und ob die Partei ermächtigt ist, die eidliche Vernehmung anzuordnen (Zöller/Geimer, ZPO, § 1050 Rn. 6). Das zuständige Gericht prüft jedoch auch, ob der Antrag zulässig ist. Unzulässige Beweismethoden kann das Gericht ablehnen, zum Beispiel Urkundenbeweis in Form einer US-amerikanischen Disclosure of Documents (BT-Drs 13/5274, 51). Wenn das deutsche Verfahrensrecht für die beantragte Maßnahme keine Grundlage gibt, ist der Antrag abzulehnen (Zöller/*Geimer*, ZPO, § 1050 Rn 6).

8. Das zuständige Gericht entscheidet über den Antrag durch Beschluss, der zu verkünden oder zuzustellen ist, § 1063 Abs 1 ZPO. Die Parteien sind von der Beweisaufnahme zu benachrichtigen; ihnen und dem Schiedsgericht ist die Anwesenheit zu gestatten. Daneben sind den Parteien Abschriften des Vernehmungsprotokolls zu erteilen.

7. Einstweiliger Rechtsschutz (nach der ZPO und der Schiedsgerichtsordnung der DIS)

Schiedsspruch wegen Anordnung einer vorläufigen oder sichernden Maßnahme[1]

Schiedsspruch[2]

In der Schiedssache

(volles Rubrum)

hat das Schiedsgericht bestehend aus .....

aufgrund der mündlichen Verhandlung vom .....

für Recht erkannt:[3]

1. Der Antragsgegnerin wird verboten, ...[4]
2. Die Antragsgegnerin hat die außergerichtlichen Kosten der Antragstellerin sowie des Schiedsgerichts zu tragen. Die Kostenfestsetzung bleibt einem Ergänzungsschiedsspruch vorbehalten.[5]

Begründung[6]

..... (Ort, Datum)[7]

(Unterschriften der Schiedsrichter)[8, 9]

Anmerkungen

1. Einstweiliger Rechtsschutz im Schiedsverfahren: Schiedsordnungen bzw Verfahrensordnungen internationaler institutioneller Schiedsgerichte sehen inzwischen häufig auch die Anordnung einstweiliger Maßnahmen vor (Art 25 DIS-SchGO, Art 28 f ICC-SchiedsGO, Art 26 UNCITRAL-SchiedsGO). Dabei wird die konkurrierende Zuständigkeit der staatlichen Gerichte nicht ausgeschlossen (Art 25 Abs 3 DIS-SchGO, Art 28 f ICC-SchiedsGO, Art 26 Abs 9 UNCITRAL-SchiedsGO), es sei denn, die Parteien sehen dies ausdrücklich vor. § 1041 ZPO sieht entsprechend ausdrücklich die Möglichkeit vor, ebenfalls einstweiligen Rechtsschutz vor dem Schiedsgericht zu beantragen, es sei denn die Parteien haben etwas anderes vereinbart, dh die Parteien können auch umgekehrt einstweiligen Rechtsschutz auf die staatlichen Gerichte beschränken. Zur internationalen Zuständigkeit deutscher Gerichte für den Erlass einstweiliger Maßnahmen in ausländischen Schiedsverfahren vgl OLG Nürnberg, SchiedsVZ 2005, 50 m Anm *Geimer; Kröll,* IHR 2005, 142.

Im Wesentlichen lehnt sich § 1041 ZPO an die Regelung der §§ 916 ff ZPO an. Inwieweit einstweiliger Rechtsschutz tatsächlich effektiv vor einem Schiedsgericht beantragt werden kann, hängt vom Einzelfall ab. Die notwendige Konstituierung des Schiedsgerichts nach Antragstellung macht das Verfahren unflexibel und langsam, sodass einstweiliger Rechtsschutz vor dem Schiedsgericht wohl in erster Linie dann effizient sein kann, wenn die Notwendigkeit der Beantragung im laufenden Schiedsfahren auftritt und das Schiedsgericht schon konstituiert ist. Umstritten ist, ob einstweiliger Rechtsschutz auch in einem einseitigen Verfahren vor dem Schiedsgericht beantragt werden kann („ex parte", vgl *Leitzen,* Die Anordnung vorläufiger oder sichernder Maßnahmen durch

Schiedsgerichte nach § 1041 ZPO, 2002, S 113 ff; *Bandel,* Einstweiliger Rechtsschutz im Schiedsverfahren, 2000, S 97 f).

2. § 1041 ZPO enthält ebenso wie Art 25 DIS-SchGO keine Regelung über das **Anordnungsverfahren** selbst, jedoch ist aufgrund der Notwendigkeit der Gewährung rechtlichen Gehörs (§ 1042 Abs 1 ZPO) einstweiliger Rechtsschutz im Rahmen des Schiedsverfahrens wohl eher nur im zweiseitigen Verfahren möglich, wobei eine mündliche Verhandlung gem § 1047 ZPO, bzw Art 29 Abs 1 DIS-SchGO nicht zwingend vorgeschrieben ist. Aufgrund dessen ist eine überraschende einstweilige Verfügung außerhalb eines bereits in Gang befindlichen Schiedsverfahrens praktisch nicht möglich, wozu auch beiträgt, dass gem § 1035 Abs 4 ZPO der Antragsgegner in jedem Fall einen eigenen Schiedsrichter bestellen und der Schiedsspruch für vollstreckbar erklärt werden muss.

3. Nach dem Wortlaut des § 1041 ZPO wird dem Schiedsgericht ein weitergehendes **Ermessen** als dem staatlichen Gericht im Hinblick auf die Voraussetzungen als auch den Inhalt der Anordnung eingeräumt. Ebenfalls ist das Schiedsgericht nicht gezwungen („kann"), eine vorläufige oder sichernde Maßnahme anzuordnen. Als Maßnahmen kommen in erster Linie einstweilige Verfügungen und Arreste in Frage; aber auch ein selbständiges Beweisverfahren kann Gegenstand eines Verfahrens nach § 1041 ZPO oder Art 25 DIS-SchGO sein.

4. § 1041 Abs 1 S 2 ZPO sieht vor, dass das Schiedsgericht im Zusammenhang mit der Anordnung einstweiliger Maßnahmen eine angemessene **Sicherheitsleistung,** die nach eigenem Ermessen festgesetzt werden muss, verlangen kann. Dieses wäre zB in der Weise möglich, dass die Anordnung nur unter dem Vorbehalt vorheriger Sicherheitsleistung angeordnet oder aber die anschließende Vollziehung von dieser abhängig gemacht wird.

5. Gem § 1057 ZPO bzw Art 33 Abs 2 DIS-SchGO hat das Schiedsgericht auch über die **Kosten** zu entscheiden. Wegen der bei Maßnahmen des einstweiligen Rechtsschutzes erforderlichen Dringlichkeit kann eine Festsetzung jedoch auch getrennt erfolgen.

6. Gem § 1054 Abs 2 ZPO bzw Art 39 Abs 1 DIS-SchGO ist ein Schiedsspruch zu **begründen,** wobei im Gegensatz zur Praxis der staatlichen Gerichte eine Bezugnahme auf die Antragsschrift der Anforderung nicht entsprechen dürfte. Die wesentlichen Gesichtspunkte, auf denen die Entscheidung aufbaut, sollten deshalb vom Schiedsgericht ausgeführt werden.

7. Der Schiedsspruch sollte den Anforderungen des § 1054 ZPO entsprechen.

8. **Rechtsbehelfe** gegen die einstweiligen Anordnungen des Schiedsgerichts sehen weder § 1041 ZPO noch die DIS-SchGO vor, jedoch kann das staatliche Gericht nach § 1041 Abs 3 ZPO die Vollziehbarerklärung auf Antrag aufheben oder ändern. Das staatliche Gericht ist deshalb befugt, sowohl die ursprüngliche Berechtigung der einstweiligen Verfügung als auch die Vollziehbarerklärung zu überprüfen.

9. § 1041 Abs 4 ZPO sieht ausdrücklich einen **Schadenersatzanspruch** des Antragsgegners bei von Anfang an ungerechtfertigter Anordnung in Anlehnung an § 945 ZPO vor. Dieser kann auch im Schiedsverfahren selbst geltend gemacht werden (§ 1041 Abs 4 S 2 ZPO).

8. Antrag auf Anordnung von Eilmaßnahmen (nach der Schiedsgerichtsordnung der Internationalen Handelskammer in Paris, ICC)

Mit Zustellungsnachweis[1, 2]

Au Secrétariat de la

Cour Internationale d'Arbitrage

Chambre de Commerce Internationale

33-43 Avenue du Président Wilson

F 75116 Paris

France[3]

E-Mail: arb@iccwbo.org

Antrag auf Anordnung von Eilmaßnahmen nach der Schiedsordnung der ICC[4, 5]

der Firma A (vollständiger Name, Rechtsform, Adresse, sonstige Kontaktdaten), vertreten durch . . . . .[6]

– Antragstellerin –

Verfahrensbevollmächtigte/r (vollständiger Name, Adresse, sonstige Kontaktdaten): . . . . .[7]

gegen die Firma B (vollständiger Name, Rechtsform, Adresse, sonstige Kontaktdaten), vertreten durch . . . . .[8, 9]

– Antragsgegnerin –

Namens und im Auftrag der Antragstellerin stelle ich einen Antrag auf Anordnung von Eilmaßnahmen und beantrage folgende Eilmaßnahmen:

Die Antragsgegnerin . . . . . (= Darlegung der beantragten Eilmaßnahmen).[10]

I. Schiedsvereinbarung[11], Vereinbarung zum Schiedsort[12], zu den anwendbaren Rechtsregeln[12] oder zur Verfahrenssprache[12] und sonstige einschlägige Vereinbarungen[13]

Die Parteien haben am . . . . . eine Schiedsvereinbarung mit folgendem Inhalt getroffen: . . . . .

Beweis: Schiedsvereinbarung vom . . . . .

Die Parteien haben am . . . . . eine Vereinbarung über den Schiedsort mit folgendem Inhalt getroffen: . . . . .

Beweis: . . . . .

Die Parteien haben am . . . . . eine Vereinbarung über die anwendbaren Rechtsregeln mit folgendem Inhalt getroffen: . . . . .

Beweis: . . . . .

Die Parteien haben am ..... eine Vereinbarung über die Verfahrenssprache mit folgendem Inhalt getroffen: .....

Beweis: .....

Die Parteien haben am ..... sonstige einschlägige Vereinbarungen mit folgendem Inhalt getroffen: .....

Beweis: Vereinbarung vom .....

II. Darstellung der antragsbegründenden Umstände sowie der zugrundeliegenden Streitigkeit, die Gegenstand des Schiedsverfahrens sind oder werden sollen[14]

Dem Antrag liegen folgende Umstände und folgende Streitigkeit zugrunde: ..... (Zusammenfassung der Umstände des Antrags und Zusammenfassung der Streitigkeit)

III. Darlegung der Eilbedürftigkeit[15]

Die Eilbedürftigkeit der beantragten Maßnahmen ergibt sich aus: .....

V. Sonstiges

Schiedsort ist .....[16] Die Schiedssprache ist .....[17]

Eine Schiedsklage ist bereits beim Sekretariat eingereicht und wird diesem Antrag beigefügt. *oder* Eine Schiedsklage wurde beim Sekretariat noch nicht eingereicht.[18]

Optional: Sonstiges Vorbringen in Zusammenhang mit der zugrundeliegenden Streitigkeit.[19]

Optional: Sonstige gebotene Dokumente oder Informationen, die zu einer effizienten Prüfung des Antrags beitragen könnten.[20]

Nachweis der Zahlung des gem Anhang V Art 7 Abs 1 zur ICC-SchiedsGO zu zahlenden Betrags.[21]

Ordnungsgemäße Bevollmächtigung wird durch beiliegende Vollmachtsurkunde nachgewiesen.

Unterschrift[22]

Schrifttum: s vor → Form II.M.1, vor → Form II.O.1 und vor → Form II.P.1.

Anmerkungen

1. Antrag auf Eilmaßnahmen: Gem Art 29 der ICC-SchiedsGO und Anhang V zur ICC-SchiedsGO hat jede Partei (oder der jeweilige Rechtsnachfolger) einer ICC-Schiedsvereinbarung noch vor Konstituierung des Schiedsgerichts das Recht und die Möglichkeit, einen Antrag auf Eilmaßnahmen zu stellen. Eilmaßnahmen in diesem Sinne sind dringende Sicherungsmaßnahmen oder vorläufige Maßnahmen. Bis zum 30.4.2018 wurden 80 Eilschiedsrichterverfahren eingeleitet. Hieraus entwickelte sich eine übersichtliche Einzelfallpraxis (hierzu *International Chamber of Commerce*, ICC Commission Report: Emergency Arbitrator Proceedings, 3 ff).

Keine Anwendung finden die Bestimmungen für Eilschiedsrichterverfahren (i) bei Schiedsvereinbarungen, die vor dem 1.1.2012 abgeschlossen wurden, (ii) bei vereinbartem Opt-Out aus den Bestimmungen durch die Parteien (sa → Form II.M.3 Anm 7 ff) oder (iii) wenn die Schiedsvereinbarung, auf welcher der Antrag beruht, einem (internationalen) Abkommen entstammt (Art 29 Abs 6 ICC-SchiedsGO). Der Antrag kann auch gestellt werden, wenn bereits eine Schiedsklage eingereicht worden ist. Nach Art 29 Abs 1 S 2 ICC-SchiedsGO ist der Antrag aber nur dann zulässig, wenn er vor Übergabe der Verfahrensakten an das Schiedsgericht beim Sekretariat eingeht. Der Antrag dient nur vorläufigen Maßnahmen und nicht der Vorwegnahme der Hauptsache. Sollte noch keine Schiedsklage erhoben worden sein, hat dies grundsätzlich innerhalb von zehn Tagen zu erfolgen → Anm 14, 18. Über die Eilmaßnahmen entscheidet der sog **Eilschiedsrichter**. Der Eilschiedsrichter wird so schnell wie möglich, in der Regel innerhalb von zwei Tagen, durch den Präsidenten des Gerichtshofs ernannt (Anhang V Art 2 Abs 1 zur ICC-SchiedsGO). Eilschiedsrichter müssen ebenso wie Schiedsrichter unparteiisch und unabhängig sein und bleiben (Einzelheiten in Anhang V Art 2 zur ICC-SchiedsGO). Ein **Ablehnungsantrag** ist grundsätzlich nur innerhalb von drei Tagen nach Benachrichtigung über die Benennung des Eilschiedsrichters möglich (Anhang V Art 3 Abs 1 zur ICC-SchiedsGO). Ein späterer Ablehnungsantrag ist nur möglich, wenn die Umstände für die Ablehnung nicht bereits vorher bekannt waren. Über den Ablehnungsantrag entscheidet der Gerichtshof, nachdem das Sekretariat dem Eilschiedsrichter und den anderen Parteien Gelegenheit zur schriftlichen Stellungnahme gegeben hat (Anhang V Art 3 Abs 2 zur ICC-SchiedsGO).

Der Eilschiedsrichter erstellt so schnell wie möglich einen **Verfahrenskalender** für das Eilverfahren (Anhang V Art 5 Abs 1 zur ICC-SchiedsGO).

Am Ende des Eilverfahrens entscheidet er nicht durch Schiedsspruch, sondern per **Beschluss** (Art 29 Abs 2 ICC-SchiedsGO). Ex parte-Entscheidungen sind nach Anhang V Art 5 Abs 2 zur ICC-SchiedsGO grundsätzlich nicht möglich (→ Anm 8). Der Beschluss des Eilschiedsrichters hat keine Bindungswirkung für das Schiedsgericht, sodass dieses den Beschluss ändern, die Wirkung beenden oder insgesamt aufheben kann (Art 29 Abs 3 ICC-SchiedsGO). Der Beschluss ergeht schriftlich und muss begründet und mit Datum unterschrieben sein (Anhang V Art 6 Abs 3 zur ICC-SchiedsGO). Er hat spätestens 15 Tage nach Übergabe der Akten an den Eilschiedsrichter zu ergehen, wenn der Präsident diese Frist nicht verlängert (Anhang V Art 6 Abs 4 zur ICC-SchiedsGO). Der Beschluss verliert seine Verbindlichkeit, wenn der Präsident das Eilschiedsrichterverfahren nach Anhang V Art 1 Abs 6 zur ICC-SchiedsGO einstellt, der Eilschiedsrichter abgelehnt wird, der Endschiedsspruch erlassen wird (es sei denn das Schiedsgericht bestimmt etwas anderes) oder wenn die Schiedsklage zurückgenommen bzw das Schiedsverfahren vor Erlass eines Endschiedsspruchs beendet wird (Anhang V Art 6 Abs 6 zur ICC-SchiedsGO). Der Beschluss kann von einer Bedingung, zB der Leistung einer angemessenen Sicherheit, abhängig gemacht werden, Anhang V Art 6 Abs 7 zur ICC-SchiedsGO. Vor Übergabe der Akten an das Schiedsgericht kann der Beschluss auf begründeten Antrag einer Partei geändert, aufgehoben oder in seiner Wirkung beendet werden, Anhang V Art 6 Abs 8 zur ICC-SchiedsGO.

Fraglich ist, inwieweit Beschlüsse des Eilschiedsrichters vollstreckbar sind. Die ICC-SchiedsGO selbst trifft zur **Vollstreckbarkeit** keine Aussage, da die Frage der Vollstreckbarkeit durch das Recht am Ort der erstrebten Vollstreckung entschieden wird. Nach zutreffender Ansicht sollte der Beschluss des Eilschiedsrichters grundsätzlich ebenso vollstreckbar sein wie eine Anordnung des Schiedsgerichts nach Art 28 ICC-SchiedsGO, da sie dieselbe Rechtsnatur hat (*Boog* in *Arroyo*, 2395). Einige nationale Rechtsordnungen erklären schiedsrechtliche Eilmaßnahmen ausdrücklich für vollstreckbar. Die Beschlüsse des Eilschiedsrichters stellen in der Regel kein Urteil im Sinne des New Yorker Abkommens von 1958 dar, weswegen sie jedenfalls nicht nach deren Regeln vollstreckt werden können (mit Nachweisen zu einzelnen Jurisdiktionen *Santens/Kudrna,* 10 ff).

2. Der Antrag sollte in einer den **Zustellungszeitpunkt** nachweisbaren Weise übersandt werden (Bote, Kurier, Einschreiben gegen Rückschein oä). Darüber hinaus sollte auf eine möglichst schnelle Versendungsart geachtet werden, um der Eilbedürftigkeit der Sache gerecht zu werden. Sollte eine Schiedsklage schon eingereicht sein, ist der Antrag nur dann zulässig, wenn die Akten noch nicht dem Schiedsgericht übergeben wurden. Ist eine Schiedsklage noch nicht eingereicht, muss dies grundsätzlich innerhalb von zehn Tagen nach Eingang des Antrags beim Sekretariat geschehen (vgl → Anm 14, 18). Auch ist es möglich, dass der Antrag nach Art 29 ICC-SchiedsGO verjährungshemmende Wirkung bezüglich der in Streit stehenden Ansprüche entfaltet. Insgesamt ist der Zustellungszeitpunkt damit von hoher Relevanz.

3. Der Antrag muss nach Anhang V Art 1 zur ICC-SchiedsGO beim Sekretariat in einem beliebigen der in Anhang II zur ICC-SchiedsGO benannten Büros eingereicht werden.

4. Der Antrag ist in einer solchen Anzahl einzureichen, dass jede Partei, der Eilschiedsrichter und das Sekretariat jeweils ein Exemplar erhalten, wenn der Schiedskläger die Zustellung des Antrags gegen Empfangsbestätigung per Einschreiben oder Kurier verlangt, Anhang V Art 1 zur ICC-SchiedsGO.

5. Nach Anhang V Art 1 Abs 4 zur ICC-SchiedsGO ist der Antrag in der **Sprache des Schiedsverfahrens** zu verfassen. Haben die Parteien eine solche nicht vereinbart, ist der Antrag in der Sprache der Schiedsvereinbarung zu formulieren.

6. Angaben nach Anhang V Art 1 Abs 3 lit a, b zur ICC-SchiedsGO.

7. Angaben nach Anhang V Art 1 Abs 3 lit b zur ICC-SchiedsGO. Die Parteien können ihre Anträge selbst stellen oder sich durch **Bevollmächtigte** vertreten lassen. Die Parteien müssen nicht zwingend anwaltlich vertreten sein (*Verbist/Schäfer/Imhoos*, 164 f).

8. Angaben nach Anhang V Art 1 Abs 3 lit a zur ICC-SchiedsGO. Aus Anhang V Art 5 Abs 2 ICC-SchiedsGO ergibt sich, dass im Eilschiedsrichterverfahren grundsätzlich keine ex parte-Entscheidungen möglich sind. Ein Eilschiedsrichter muss sicherstellen, dass jede Partei ausreichend Gelegenheit zum Sachvortrag erhält. In Abhängigkeit von der Redlichkeit der Antragsgegnerin kann dieses Erfordernis das Eilschiedsrichterverfahren für die Antragsstellerin unbrauchbar machen. In einigen Situationen empfiehlt sich deshalb eher die Beantragung einstweiligen Rechtsschutzes vor staatlichen Gerichten als das ICC-Eilschiedsrichterverfahren.

9. Nach Art 29 Abs 5 ICC-SchiedsGO finden die Bestimmungen zum Eilschiedsrichterverfahren nur Anwendung auf diejenigen Parteien, welche die dem Eilantrag zugrundeliegende Schiedsvereinbarung unterzeichnet haben, oder auf deren Rechtsnachfolger. Der Präsident des Gerichtshofs prüft die Anforderungen von Art 29 Abs 5 ICC-SchiedsGO.

10. Nach Anhang V Art 1 Abs 3 lit d zur ICC-SchiedsGO muss der Antrag die beantragten **Eilmaßnahmen** darlegen. Der Antrag sollte daher darstellen, welche konkreten Maßnahmen beantragt werden. Diese Angaben sind essentiell für den Erfolg des gesamten Antrags. Anträge auf Eilmaßnahmen betreffen in der Fallpraxis typischerweise die Erhaltung eines *status quo*, Vertragserfüllung, Feststellungsanträge, Hinterlegung, vorläufige Zahlung auf eine behauptete Schuld und Anti-Suit Injunctions (*International Chamber of Commerce*, ICC Commission Report: Emergency Arbitrator Proceedings, 40 f).

Neben Anträgen, welche die eigentlichen Eilmaßnahmen betreffen, sollten auch Anträge hinsichtlich der Kosten des Eilschiedsrichterverfahrens gestellt werden (vgl *International Chamber of Commerce*, ICC Commission Report: Emergency Arbitrator Proceedings, 35).

11. Dem Antrag sind gem Anhang V Art 1 Abs 3 lit f zur ICC-SchiedsGO einschlägige Vereinbarungen zwischen den Parteien beizufügen. Hiermit ist insbesondere die **Schieds-**

vereinbarung gemeint. Diese sollte nicht nur lediglich zitiert werden. Dem Antrag sollte eine Kopie des Dokuments, in dem die Schiedsvereinbarung enthalten ist, beigefügt werden (*Verbist/Schäfer/Imhoos*, 165 f). Die Schiedsvereinbarung ist von entscheidender Bedeutung, da der Präsident des Gerichtshofs nur anhand dieser entscheiden kann, ob die Bestimmungen zum Eilschiedsrichterverfahren im Hinblick auf Art 29 Abs 5 u 6 ICC-SchiedsGO überhaupt Anwendung finden (Anhang V Art 1 Abs 5 zur ICC-SchiedsGO). Erst wenn der Präsident des Gerichtshofs zum Ergebnis gelangt, dass die Bestimmungen zum Eilschiedsrichterverfahren Anwendung finden, übermittelt das Sekretariat der Antragsgegnerin ein Exemplar des Antrags mit allen ihm beigefügten Dokumenten. Sollte der Präsident zu einer ablehnenden Entscheidung gelangen, so unterrichtet das Sekretariat die Parteien darüber, dass kein Eilschiedsrichterverfahren im Hinblick auf einige oder sämtliche Parteien stattfindet, und übermittelt ihnen ein Exemplar des Antrags zu Informationszwecken.

In der Schiedspraxis hat sich die Frage nach der Anwendung des Eilschiedsrichterverfahrens in Hinblick auf Art 29 Abs 5 u 6 ICC-SchiedsGO als entscheidende Hürde eines jeden Antrags auf Eilmaßnahmen gezeigt (Einzelfälle in: *International Chamber of Commerce*, ICC Commission Report: Emergency Arbitrator Proceedings, 4 ff).

12. Dem Antrag sind, falls vorhanden und nicht schon in der Schiedsvereinbarung enthalten, nach Anhang V Art 1 Abs 3 lit g zur ICC-SchiedsGO Vereinbarungen zum Schiedsort, zu den anwendbaren Rechtsregeln und/oder zur Verfahrenssprache beizufügen (sa → Form II.M.3 Anm 1 ff und → Form II.O.3 Anm 1 ff).

Das Eilschiedsrichterverfahren findet nach Anhang V Art 4 Abs 1 zur ICC-SchiedsGO grundsätzlich am Schiedsort statt, sollte ein solcher vereinbart worden sein. Ist ein **Schiedsort** nicht vereinbart, bestimmt der Präsident des Gerichtshofs den Ort des Eilschiedsrichterverfahrens. Eine solche Bestimmung hat keinen Einfluss auf die Bestimmung des Ortes des Schiedsverfahrens nach Art 18 ICC-SchiedsGO. Verhandlungen vor dem Eilschiedsrichter können an einem vom Eilschiedsrichter für geeignet gehaltenen Ort als Treffen in Person, per Videokonferenz, Telefon oder mit ähnlichen Kommunikationsmitteln geführt werden, Anhang V Art 4 Abs 2 zur ICC-SchiedsGO.

Der Antrag ist grundsätzlich in der **Sprache** des Schiedsverfahrens zu verfassen (→ Anm 5).

13. Darüber hinaus sollte dem Antrag der zugrundeliegende Vertrag beigefügt werden, typischerweise der Vertrag, in dem die Schiedsklausel enthalten ist. Sonstige relevante Vereinbarungen sind ebenfalls beizufügen.

14. Der Antrag muss eine Darstellung der antragsbegründenden Umstände sowie der zugrundeliegenden Streitigkeit, die Gegenstand des Schiedsverfahrens sind oder werden sollen, enthalten (Anhang V Art 1 Abs 3 lit c zur ICC-SchiedsGO).

Antragsbegründende Umstände: Der Antrag sollte zumindest eine Zusammenfassung der Fakten und rechtlichen Argumente des Antrags auf Eilmaßnahmen beinhalten. Nicht nötig ist, dass die Antragstellerin im Antrag zu jedem Detail abschließend Stellung nimmt (*Verbist/Schäfer/Imhoos*, 165). Angesichts der Schnelle des Eilschiedsrichterverfahrens liegt es jedoch im Interesse der Antragstellerin, so viele sachdienliche Informationen wie möglich anzubieten.

Zugrundeliegende Streitigkeit: Auch hier sollte eine Zusammenfassung genügen. Sollte eine Schiedsklage noch nicht erhoben worden sein, sollte dies spätestens innerhalb von zehn Tagen nach Eingang des Antrags beim Sekretariat vorgenommen werden, da andernfalls das Eilschiedsrichterverfahren beendet wird, wenn nicht der Eilschiedsrichter bestimmt, dass eine längere Frist gilt (Anhang V Art 1 Abs 6 zur ICC-SchiedsGO; sa → Anm 18).

15. Der Antrag muss die **Eilbedürftigkeit** der beantragten Maßnahmen begründen, Anhang V Art 1 Abs 3 lit e zur ICC-SchiedsGO. Die Eilbedürftigkeit muss sich darauf beziehen, dass die Maßnahmen nicht bis zur Bildung des Schiedsgerichts warten können. Die Schiedspraxis beschränkt den Prüfungsumfang jedoch nicht nur auf dieses Kriterium, sondern verlangt eine darüber hinausgehende Eilbedürftigkeit der beantragten Maßnahmen (*International Chamber of Commerce*, ICC Commission Report: Emergency Arbitrator Proceedings, 5 u 24 ff). Die Darstellung der Eilbedürftigkeit ist essentiell für die Zulässigkeit des Eilschiedsrichterverfahrens bzw die Zuständigkeit des Eilschiedsrichters, welcher die Zulässigkeit und Zuständigkeit im Rahmen des beantragten Beschlusses prüfen muss (Anhang V Art 6 Abs 2 zur ICC-SchiedsGO). Der Antrag muss zumindest darstellen, weshalb die beantragten Maßnahmen nicht bis zur Konstituierung des Schiedsgerichts warten können (*Verbist/Schäfer/Imhoos*, 165).

16. Die Angabe des **Schiedsortes** ist relevant für den Ort des Eilschiedsrichterverfahrens (ausf. → Anm 12).

17. Die Angabe der **Schiedssprache** ist relevant für die Sprache des Antrags und des Eilschiedsrichterverfahrens (ausf. → Anm 5, 12).

18. Ist zum Zeitpunkt der Antragstellung bereits eine Schiedsklage beim Sekretariat eingereicht worden, so ist diese nach Anhang V Art 1 Abs 3 lit i zur ICC-SchiedsGO dem Antrag beizufügen. Nach Art 29 Abs 1 ICC-SchiedsGO kann der Antrag schon vor Erhebung der eigentlichen Schiedsklage gestellt werden. Das Eilschiedsrichterverfahren dient jedoch nicht der Vorwegnahme der Hauptsache und soll nur in besonders dringenden Fällen vorläufige Maßnahmen treffen. Deswegen wird das Eilschiedsrichterverfahren beendet, sofern nicht innerhalb von zehn Tagen nach Eingang des Antrags beim Sekretariat eine Schiedsklage eingegangen ist, es sei denn der Eilschiedsrichter bestimmt, dass eine längere Frist erforderlich sei, Anhang V Art 1 Abs 6 zur ICC-SchiedsGO.

19. Nach Anhang V Art 1 Abs 3 lit i zur ICC-SchiedsGO ist dem Antrag, soweit vorliegend, sonstiges Vorbringen im Zusammenhang mit der zugrundeliegenden Streitigkeit beizufügen.

20. Nach Anhang V Art 1 Abs 3 aE zur ICC-SchiedsGO können dem Antrag weitere Dokumente und Informationen beigefügt werden, soweit die Antragstellerin dies für geboten hält oder soweit diese zu einer effizienten Prüfung des Antrags beitragen können. Aus Sicht der Antragstellerin ist darauf zu achten, dass der Antrag nicht mit unnötigen Informationen überfrachtet wird. Das Eilschiedsrichterverfahren dient nicht der Klärung der Hauptsache, sondern einzig der Anordnung eilbedürftiger Maßnahmen. Der Eilschiedsrichter sollte hiervon nicht abgelenkt werden.

21. Nach Anhang V Art 1 Abs 3 lit h zur ICC-SchiedsGO ist dem Antrag ein Nachweis der Zahlung des gemäß Anhang V Art 7 Abs 1 zur ICC-SchiedsGO zu zahlenden Betrages beizufügen. Der Antrag wird erst zugestellt, wenn die Zahlung beim Sekretariat eingegangen ist. Die Höhe der Zahlung beträgt USD 40.000,00, wovon USD 10.000,00 auf die ICC-Verwaltungskosten und USD 30.000,00 auf das Honorar und die Auslagen des Eilschiedsrichters entfallen. Wird das Eilschiedsrichterverfahren nicht durchgeführt oder vor Beschlussfassung beendet, setzt der Präsident des Gerichtshofs fest, welcher Betrag ggf an die Antragsstellerin zurückzuerstatten ist (Anhang V Art 7 Abs 5 zur ICC-SchiedsGO). Ein Betrag von USD 5.000,00 für die ICC-Verwaltungskosten wird in jedem Fall einbehalten.

In jedem Stadium des Eilschiedsrichterverfahrens kann der Präsident entscheiden, das Honorar des Eilschiedsrichters oder die ICC-Verwaltungskosten zu erhöhen, Anhang V Art 7 Abs 2 zur ICC-SchiedsGO.

Wird das Eilschiedsrichterverfahren durchgeführt, so setzt der Eilschiedsrichter in seinem Beschluss die Kosten des Verfahrens fest und entscheidet, welche der Parteien die Kosten zu tragen hat oder in welchem Verhältnis sie verteilt werden sollen, Anhang V Art 7 Abs 3 zur ICC-SchiedsGO. Gem Art 29 Abs 4 ICC-SchiedsGO ist das Schiedsgericht auch an diese Entscheidung des Eilschiedsrichters nicht gebunden und kann die Kosten neu verteilen.

22. Das Eilschiedsrichterverfahren verkürzt grundsätzlich nach Art 29 Abs 7 ICC-SchiedsGO nicht die Möglichkeit der Parteien, vor Antragstellung und ggf sofern geboten auch danach, einstweilige Maßnahmen vor einem **staatlichen Gericht** zu beantragen. Der Antrag auf Erlass einstweiliger Maßnahmen vor einem Justizorgan verletzt gem Art 29 Abs 7 ICC-SchiedsGO nicht die Schiedsvereinbarung und gilt nicht als Verzicht auf die Schiedsvereinbarung. Jedoch sind ein solcher Antrag und die von dem angerufenen Justizorgan getroffenen Maßnahmen unverzüglich dem Sekretariat mitzuteilen, Art 29 Abs 7 S 3 ICC-SchiedsGO. Ein Antrag auf einstweiligen Rechtsschutz vor einem staatlichen Justizorgan nach erfolgter Antragstellung nach Art 29 Abs 1 ICC-SchiedsGO kann geboten sein, wenn die begehrte Anordnung beispielsweise unmittelbar vollstreckbar sein muss oder im Rahmen einer ex parte-Entscheidung ergehen soll (*Boog* in *Arroyo*, 2398).

9. Schiedsspruch (nach der ZPO und der Schiedsgerichtsordnung der DIS)

Schiedsspruch[1, 2]

In der Schiedssache

(volles Rubrum)

hat das Schiedsgericht in . . . . . bestehend aus . . . . .

aufgrund der mündlichen Verhandlung vom . . . . .

für Recht erkannt:[3]

1. **Die Klage wird abgewiesen.**
2. **Die Schiedsklägerin hat die außergerichtlichen Kosten der Schiedsbeklagten und die Kosten des Schiedsgerichts sowie der Zustellung zu tragen. Die Kostenfestsetzung bleibt einem Ergänzungsschiedsspruch vorbehalten.[4]**

Begründung[5]

. . . . . (Ort, Datum)[6]

(Unterschriften)[7, 8, 9, 10, 11, 12]

Anmerkungen

1. Hauptpflicht der Schiedsrichter aus dem Schiedsrichtervertrag ist, den ihnen zur Entscheidung übertragenen Streit durch einen **Schiedsspruch** zu erledigen. Das schließt allerdings andere Formen der Streiterledigung nicht aus. So kann das Schiedsverfahren insbesondere auch durch einen **Vergleich** abgeschlossen werden, § 1053 ZPO, Art 41 DIS-SchGO. Gem § 1053 Abs 1 S 1 ZPO kann ein Vergleich vom Schiedsgericht in Form eines Schiedsspruchs mit vereinbartem Wortlaut festgehalten werden, sofern dessen Inhalt nicht gegen den ordre public verstößt. Ein solcher Schiedsspruch ist nach den gleichen

Regeln zu erlassen (§ 1054 ZPO) und hat die gleichen Wirkungen (§ 1055 ZPO) wie jeder andere Schiedsspruch, § 1053 Abs 3 ZPO. Er ersetzt außerdem die Form der notariellen Beurkundung. Mit Zustimmung der Parteien kann er gem § 1053 Abs 4 ZPO – vorbehaltlich eines Verstoßes gegen den ordre public – von einem Notar im Bezirk des sonst zuständigen Oberlandesgerichts für vollstreckbar erklärt werden. Daneben können die Parteien auch außerschiedsgerichtlich einen Vergleich über den Streitgegenstand schließen, mit dessen Anzeige an das Schiedsgericht die Schiedsrichterverträge erlöschen. Da in diesem Fall das Schiedsverfahren ohne Titel beendet wird, empfiehlt es sich, den Inhalt des Vergleichs zusätzlich noch einmal zum Gegenstand eines Schiedsspruchs zu machen. Aufgrund der Tatsache, dass das Schiedsverfahren auf einer Vereinbarung zwischen den Parteien beruht, können diese das Schiedsverfahren auch durch übereinstimmende **Erledigung**serklärungen beenden, § 1056 Abs 2 Nr 2 ZPO, Art 42 Abs 2 (i) DIS-SchGO. Ebenfalls zur Verfahrensbeendigung führt gem § 1056 Abs 2 Nr 3 ZPO, Art 42 Abs 2 (ii) DIS-SchGO das Nichtweiterbetreiben durch die Parteien bzw die Unmöglichkeit der Verfahrensfortführung. Weiterhin endet das Schiedsverfahren durch **Klagerücknahme,** die allerdings regelmäßig nach Benennung eines Schiedsrichters durch den Schiedsbeklagten nur noch mit Zustimmung des Schiedsbeklagten zulässig ist, die nach § 1056 Abs 2 Nr 1 b) ZPO nicht verweigert werden kann, wenn das Schiedsgericht kein Interesse des Beklagten an der endgültigen Streitbeilegung anerkennt.

Die Verfahrensbeendigung wird – außer im Falle eines Schiedsspruches bzw Schiedsspruches mit vereinbartem Wortlaut – nach § 1056 Abs 2 ZPO durch Beschluss des Schiedsgerichts festgestellt.

2. § 1054 ZPO ebenso wie Art 39 DIS-SchGO gehen von einem **schriftlichen Schiedsspruch** aus, der Ort und Datum seines Erlasses enthalten muss. Mit Ausnahme der Begründung sind die gesetzlich aufgestellten Formerfordernisse unabdingbar für die Bindungswirkung des Schiedsspruches, BGH NJW 1980, 1284; NJW-RR 1986, 61.

Grundsätzlich möglich sind neben einem endgültigen Schiedsspruch in einem Schiedsverfahren mit Schiedsort in Deutschland auch ein Teil-, Zwischen- oder Vorbehalts-Schiedsspruch. Anerkenntnis bzw Verzicht auf den prozessualen Anspruch lösen dieselben prozessualen Wirkungen aus wie im ordentlichen Prozess, sodass auf Antrag hin gem dem Anerkenntnis oder dem Verzicht der Schiedsspruch zu erlassen ist. Ein Versäumnis-Schiedsspruch iS eines Versäumnisurteils, §§ 330 ff ZPO, ist nicht zulässig, § 1048 ZPO. Art 39 DIS-SchGO legt die Förmlichkeiten des Schiedsspruchs fest.

3. Die Schiedsrichter können die Art und Weise ihrer **internen Beratung** selbst regeln, so insbesondere, ob sie mündlich oder auf dem Korrespondenzwege stattfindet, wobei letzteres nur ausnahmsweise zu empfehlen ist. Weigert sich ein Schiedsrichter, an der Beratung teilzunehmen, können die Schiedsrichter gem § 1052 Abs 2 ZPO, in diesem Fall nach vorheriger Unterrichtung der Parteien, ohne den fehlenden Schiedsrichter entscheiden.

Gem § 1052 Abs 2 S 3 ZPO sind die Parteien nachträglich von dem Abstimmungsverhalten in Kenntnis zu setzen.

Für die **Entscheidung** ist regelmäßig die **einfache Mehrheit** erforderlich und ausreichend, falls nicht der Schiedsvertrag eine qualifizierte Mehrheit oder gar Einstimmigkeit der Schiedsrichter vorschreibt (§ 1052 Abs 1 ZPO, Art 14 Abs 2 DIS-SchGO).

4. Das Schiedsgericht entscheidet über die **Kosten**tragungspflicht nach § 1057 ZPO bzw Art 33 Abs 2 DIS-SchGO. Die Entscheidung umfasst neben den Verfahrenskosten auch die zur zweckentsprechenden Rechtsverfolgung notwendigen Auslagen. Sie ergeht nach pflichtgemäßem Ermessen unter Berücksichtigung der Umstände des Einzelfalls, insbesondere des Verfahrensausgangs.

Soweit die Kosten betragsmäßig feststehen, entscheidet das Schiedsgericht auch über die Höhe der Kosten im Schiedsspruch. Andernfalls erfolgt die Kostenfestsetzung in einem gesonderten (späteren) Schiedsspruch (§ 1057 Abs 2 S 2 ZPO) der den gesetzlichen Formerfordernissen eines Schiedsspruches (vgl oben → Anm 2) entsprechen muss (OLG Köln SchiedsVZ 2005, 269). Im Hinblick auf die Schiedsrichtergebühren kann eine Kostenfestsetzung und -verteilung nur im Umfang der geleisteten Vorschüsse erfolgen. Überzahlte oder weitergehende Gebühren müssen als vertragliche (Rück-)Zahlungsansprüche auf dem ordentlichen Rechtsweg geltend gemacht werden. Andernfalls würden die Schiedsrichter als Richter in eigener Sache tätig, BGH WM 77, 319, 320, ebenso MatZPO-E 180 f.

5. **Die Angabe von Gründen** ist **erforderlich,** sofern nicht die Parteien darauf verzichtet haben, § 1054 Abs 2 ZPO; ebenso Art 39 Abs 1 (ii) DIS-SchGO. Dies gilt nicht für den Schiedsspruch mit vereinbartem Wortlaut, § 1054 Abs 2 ZPO, Art 39 Abs 1 (ii) DIS-SchGO. Das Schiedsgericht braucht in der Begründung des Schiedsspruchs nicht auf alle von den Parteien vorgetragenen Tatsachen und Rechtsauffassungen einzugehen. Dem Grundsatz rechtlichen Gehörs ist Genüge getan, wenn das Schiedsgericht sich auf die Erörterung des Parteivorbringens und die Gesichtspunkte beschränkt, die für die tragenden Urteilserwägungen von Bedeutung sind, BGH DIS-Mitteilungen 2/90 mwN; genauer Schwab/*Walter,* Kap 19 Rn 11 f.

6. Nach § 1054 Abs 3 ZPO, Art 39 Abs 7 DIS-SchGO ist der Schiedsspruch mit dem **Datum seiner Abfassung** zu versehen. § 1054 Abs 3 ZPO, Art 39 Abs 7 DIS-SchGO sieht neben der Angabe des Erlasstages auch die Angabe des Schiedsortes vor.

7. Der Schiedsspruch ist von den Schiedsrichtern zu unterzeichnen. Nach § 1054 Abs 1 S 2 ZPO genügt die **Unterschrift** der Mehrheit der Mitglieder des Schiedsgerichts, sofern der Grund für das Fehlen einer Unterschrift angegeben wird. Auch gem Art 39 Abs 4 DIS-SchGO ist bei Fehlen einer Unterschrift ein Grund anzugeben.

8. Nach § 1055 ZPO, Art 38 DIS-SchGO hat der Schiedsspruch unter den Parteien dieselbe Wirkung wie ein **rechtskräftiges Urteil.** Er erlaubt also die Vollstreckung der darin zugesprochenen Ansprüche gegen die unterlegene Partei und gibt die Einrede der Rechtskraft.

9. Abweichend von den Regelungen der ZPO hat das Schiedsgericht den Schiedsspruch gem Art 37 DIS-SchGO in der Regel innerhalb einer Frist von drei Monaten nach der letzten mündlichen Verhandlung oder dem letzten zugelassenen Schriftsatz an die DIS zur Durchsicht zu übermitteln. Erfolgt dies nicht im Rahmen der vorgegebenen Zeit, so ist die DIS befugt, das Honorar der Schiedsrichter entsprechend der für den Erlass des Schiedsspruchs benötigten Zeit nach eigenem Ermessen herabzusetzen.

10. Eine weitere Besonderheit gegenüber der ZPO stellt Art 39 Abs 3 DIS-SchGO dar, der der DIS die Möglichkeit einräumt, den vom Schiedsgericht verfassten Schiedsspruch auf formale Fehler zu überprüfen und unverbindliche Änderungsanträge vorzuschlagen.

11. Gem § 1058 ZPO, Art 40 DIS-SchGO kann jede Partei binnen eines Monats ab Empfang des Schiedsspruchs bei dem Schiedsgericht die **Berichtigung** des Schiedsspruches, die **Auslegung** des Schiedsspruches oder den Erlass eines **ergänzenden** Schiedsspruches für Ansprüche, die im Schiedsverfahren geltend gemacht, im Schiedsspruch aber nicht berücksichtigt worden sind, beantragen. Die Berichtigung kann das Schiedsgericht auch von Amts wegen vornehmen, § 1058 Abs 4 ZPO. Art 40 Abs 5 DIS-SchGO setzt hierfür die vorherige Anhörung der Parteien voraus. Über Berichtigungs-, Auslegungs- und Ergänzungsanträge ist gem Art 40 Abs 4 DIS-SchGO binnen eines Monats zu entscheiden. § 1058 Abs 3 ZPO erfordert abweichend für Ergänzungsanträge eine Entscheidung binnen zweier Monate, und zwar in der Form eines Schiedsspruches, § 1058 Abs 5 ZPO.

12. Gem § 1056 Abs 1, 2 ZPO endet das Amt des Schiedsgerichts mit der Verfahrensbeendigung durch Schiedsspruch oder Beschluss. Ausnahmen von dieser Amtsbeendigung sind die Befugnis zur nachträglichen Kostenentscheidung bzw -festsetzung, zur Berichtigung, Auslegung und Ergänzung des Schiedsspruchs sowie die Aufhebung des Schiedsspruches durch das gem § 1062 Abs 1 ZPO zuständige Oberlandesgericht unter Zurückverweisung an das Schiedsgericht, §§ 1059 Abs 4, 1056 Abs 3 ZPO.

10. Schiedsspruch (nach der Schiedsgerichtsordnung der Internationalen Handelskammer in Paris, ICC)

ICC-Schiedsverfahren Nr . . . . .[1]

der Firma A . . . . . als Schiedsklägerin

gegen die Firma B . . . . . als Schiedsbeklagte

Schiedsspruch[2]

Das Schiedsgericht mit Sitz in . . . . .

bestehend aus . . . . .

hat gemäß Schiedsauftrag vom . . . . .

aufgrund der Schriftsätze/mündlichen Verhandlung/Beweisaufnahme vom . . . . .

für Recht erkannt:[3, 4]

1. Aufgrund Schiedsvereinbarung der Parteien vom . . . . . ist das Schiedsgericht zur Entscheidung im Schiedsverfahren zuständig.
2. Das Schiedsgericht hat unter Anwendung des Rechts . . . . . über folgende Streitfragen zu entscheiden:

(Wiedergabe entsprechend dem Schiedsauftrag → Form II.P.3)

3. (Entscheidung zu jeder Streitfrage; Festlegung der zugesprochenen Geld- oder sonstigen Leistungen, einschließlich Schadensersatz und Zinsen)
4. (Kosten des Schiedsverfahrens, einschließlich ggf Anwaltskosten)[5]

Begründung[6]

. . . . . (Ort, Datum)[7]

(Unterschriften)[8, 9, 10]

Anmerkungen

1. Beendigung des Schiedsverfahrens: Üblicherweise endet das Schiedsverfahren durch Erlass eines Schiedsspruchs. Gem Art 33 ICC-SchiedsGO sollen auch Vergleiche der Parteien in Form eines Schiedsspruchs aufgrund Einvernehmens ergehen, um deren Vollstreckbarkeit sicherzustellen, falls die Parteien dies beantragen. Ein solcher „einvernehmlicher" Schiedsspruch unterliegt dann denselben Erfordernissen wie ein regulärer Schiedsspruch.

Zwischen- und Teilschiedssprüche sind zulässig und ebenfalls gem Art 2 (v), 34 ICC-SchiedsGO dem Gerichtshof zur Überprüfung und Genehmigung vorzulegen. Ob sie erlassen werden, steht im Ermessen des Schiedsgerichts, sofern nicht im Schiedsauftrag hinsichtlich bestimmter Streitfragen ausdrücklich ein Zwischen-/Teilschiedsspruch vorgesehen ist. Nur sofern dadurch jedoch bereits hinsichtlich eines Teils des Streits eine endgültige Entscheidung getroffen wird, sind diese Schiedssprüche der Vollstreckung zugänglich. Eine genaue Abgrenzung zwischen Schiedsspruch (inkl Teil- oder Zwischenschiedsspruch) und prozessualer Verfügung ist von erheblicher Bedeutung, da nur Schiedssprüche gerichtlich überprüfbar sind. Prozessuale Verfügungen können jedoch auch erhebliche Auswirkungen haben, zB die Ablehnung von bestimmten Beweisaufnahmeformen (näher *Trittmann,* J Int'l Arb 20 No 3 (2003), 255).

2. **Frist** für den Erlass des Schiedsspruchs: Nach Art 31 Abs 1 ICC-SchiedsGO muss der Schiedsspruch binnen sechs Monaten ab Unterzeichnung (letzte Unterschrift) oder Mitteilung der Genehmigung des Schiedsauftrages ergehen (sa → Form II.P.3 Anm 27). Der Gerichtshof kann diese Frist nach Art 31 Abs 2 ICC-SchiedsGO auf Antrag oder von Amts wegen verlängern, falls dies erforderlich ist. Der Gerichtshof hat demnach bei der Entscheidung über die Fristverlängerung freies Ermessen und muss dazu weder die Parteien hören noch eine Begründung geben (*Arroyo*, 2448). Die Parteien haben aber auch die Möglichkeit, durch Vereinbarung kürzere Fristen zu vereinbaren, die dann vom Schiedsgericht einzuhalten sind.

Im beschleunigten Verfahren muss das Schiedsgericht den Schiedsspruch binnen sechs Monaten nach der Verfahrensmanagementkonferenz erlassen, Anhang VI Art 4 Abs 1 S 1 zur ICC-SchiedsGO. Die Frist kann nach Anhang VI Art 4 Abs 1 S 2 zur ICC-SchiedsGO nach Art 31 Abs 2 ICC-SchiedsGO verlängert werden.

3. Die ICC-SchiedsGO enthält **keine Formvorschrift** für den Schiedsspruch. Aus Art 34 ICC-SchiedsGO ergibt sich aber, dass der Schiedsspruch schriftlich abgefasst und unterzeichnet werden muss. Gem Art 32 Abs 2 ICC-SchiedsGO muss der Schiedsspruch begründet werden.

Außerdem sollte der Schiedsspruch folgenden weiteren **Mindestinhalt** haben: Namen und Anschrift der Parteien, ihrer Vertreter und/oder Verfahrensbevollmächtigten; Namen der Schiedsrichter; Sitz des Schiedsgerichts (Art 32 Abs 3 ICC-SchiedsGO); Wiedergabe der wesentlichen Verfahrensschritte zum Nachweis für die Gewährung rechtlichen Gehörs; Entscheidung über die Zuständigkeit des Schiedsgerichts und Hinweis auf die zugrunde liegende Schiedsvereinbarung; Feststellung des anwendbaren materiellen Rechts; Wiedergabe der Ansprüche und Einwendungen der Parteien und der zu entscheidenden Streitfragen; Entscheidung über die im Schiedsauftrag enthaltenen Streitfragen; Entscheidung über jeden Klageanspruch und ggf Gegenanspruch mit Begründung; Festlegung der zugesprochenen Geld- oder sonstigen Leistungen einschließlich Schadensersatz, Zinsen und Kosten des Schiedsverfahrens und ggf Anwaltskosten; nach Prüfung durch den Gerichtshof Unterschrift der Schiedsrichter (oder des Vorsitzenden gem Art 32 Abs 1 ICC-SchiedsGO) und Datum des Schiedsspruchs (Art 32 Abs 3 ICC-SchiedsGO).

Ähnliches gilt für den Schiedsspruch nach der UNCITRAL-SchiedsGO; Art 34 UNCITRAL-SchiedsGO regelt nur die wesentlichen Grundsätze wie Schriftform, Begründungszwang, Unterschriften, Angabe des Schiedsortes und des Datums.

4. Die **Beratungen** des Schiedsgerichts sind geheim und finden idR unmittelbar nach Schluss der mündlichen Verhandlung statt. Nach Art 32 Abs 1 ICC-SchiedsGO ergeht der Schiedsspruch aufgrund einer Mehrheitsentscheidung. Kommt keine Mehrheit zustande, entscheidet der Vorsitzende allein, Art 32 Abs 1 ICC-SchiedsGO. Nach Art 33 Abs 2 UNCITRAL-SchiedsGO besteht ein Alleinentscheidungsrecht des Vorsitzenden nur in Verfahrensfragen, nicht hinsichtlich der Entscheidungen des Schiedsgerichts in der Sache. Insoweit bleibt es bei der Mehrheitsentscheidung.

5. Kosten: Art 38 Abs 4 ICC-SchiedsGO sieht vor, dass der Schiedsspruch auch eine Entscheidung über die Kosten enthalten muss. Dabei entscheidet das Schiedsgericht quotenmäßig über die Kostenverteilung und setzt alle Gebühren und Kosten fest, die nicht dem Gerichtshof vorbehalten sind (Art 38 Abs 1 und 2 ICC-SchiedsGO). Zur Höhe der Schiedsrichterhonorare und Verwaltungsgebühren vgl Anhang III zur ICC-SchiedsGO. Hierbei ist auch zu berücksichtigen, inwieweit jede der Parteien das Verfahren in einer zügigen und kosteneffizienten Weise betrieben hat (Art 38 Abs 5 ICC-SchiedsGO).

Nach Art 38 Abs 1 ICC-SchiedsGO gehören zu den erstattungsfähigen Kosten des Schiedsverfahrens auch die angemessenen Anwaltsgebühren, die den Parteien entstehen. Welche Anwaltsgebühren „angemessen" sind, richtet sich nicht nach einer nationalen Gebührenregelung für die betreffenden Anwälte, sondern steht im Ermessen des Schiedsgerichts. Die Regelungen des Rechtsanwaltsvergütungsgesetzes (RVG) sollten eine im Sinne des Art 38 Abs 1 ICC-SchiedsGO „angemessene" Vergütung darstellen, was die Angemessenheit auch anderer Vergütungsstrukturen nicht ausschließt.

Nach Art 42 Abs 1, 40 Abs 1 UNCITRAL-SchiedsGO trägt grundsätzlich die unterlegene Partei die Kosten des Verfahrens, wobei das Schiedsgericht die Kosten zwischen den Parteien teilen kann, wenn es aufgrund der konkreten Umstände des Falles eine solche Kostenteilung für sachgerecht erachtet.

6. Eine **Begründung** des Schiedsspruchs ist in Art 31 Abs 2 ICC-SchiedsGO zwingend vorgesehen.

Nach Art 34 Abs 3 UNCITRAL-SchiedsGO können die Parteien auf eine Begründung verzichten.

7. Überprüfung des Schiedsspruchs durch den Gerichtshof: Im ICC-Verfahren muss das Schiedsgericht den Entwurf des Schiedsspruches vor Unterzeichnung dem Gerichtshof zur Überprüfung und Genehmigung vorlegen, Art 34 ICC-SchiedsGO (sog *scrutiny*). Diese Überprüfung ist ein Alleinstellungsmerkmal der ICC-SchiedsGO und sichert die Qualität der Schiedssprüche unter der ICC-SchiedsGO. Der Gerichtshof hat das Recht, seine Genehmigung zu verweigern, solange der Schiedsspruch nicht alle formellen Voraussetzungen erfüllt. Hinsichtlich materieller Mängel des Schiedsspruches hat der Gerichtshof nur beratende Funktion; Entscheidungsträger bleibt das Schiedsgericht, vgl Art 34 ICC-SchiedsGO. Durch die Vermeidung von Fehlern im Schiedsspruch fördert die Überprüfung dessen spätere Vollstreckbarkeit. Im Schnitt verlangt der Gerichtshof lediglich bei 10 % der Schiedssprüche eine ausführlichere Überarbeitung (*ICC*, ICC Dispute Resolution Bulletin 2018 No 2, 62: abrufbar unter www.iccwbo.org).

8. Wirksamwerden des Schiedsspruchs: Der Schiedsspruch wird mit dem in ihm genannten Datum seines Erlasses wirksam, Art 32 Abs 3 ICC-SchiedsGO. Er wird den Parteien aber nur bekanntgegeben, wenn die Verfahrenskosten vollständig bezahlt sind, Art 35 Abs 1 ICC-SchiedsGO. Die Weigerung eines Schiedsrichters, den vom Gerichtshof genehmigten Schiedsspruch zu unterzeichnen, macht diesen nicht unwirksam.

9. Nachdem der Schiedsspruch wirksam ist, wird das Schiedsgericht grundsätzlich zum functus officio. Es gibt nur wenige Handlungen, die das Schiedsgericht nach Beendigung des Mandats noch vornehmen kann oder muss (hierzu *Isaacs* in *Kaplan/Moser,* 357 ff). Gem Art 36 Abs 1 ICC-SchiedsGO kann das Schiedsgericht binnen 30 Tagen ab dem Datum, an welchem das Sekretariat die Parteien über den Schiedsspruch nach Art 35 Abs 1 ICC-SchiedsGO informiert hat von Amts wegen rechnerische, Tipp- oder ähnliche Fehler im Schiedsspruch berichtigen. Binnen 30 Tagen ab Empfang des Schiedsspruches kann jede Partei die Berichtigung derartiger Fehler auch beim Sekretariat beantragen oder die Auslegung des Schiedsspruches verlangen, Art 36 Abs 2 ICC-SchiedsGO. Dasselbe gilt für den Antrag einer Partei auf Erlass eines zusätzlichen

Schiedsspruchs hinsichtlich eines Anspruchs, der im Schiedsverfahren geltend gemacht wurde, über den das Schiedsgericht aber nicht entschieden hat, Art 36 Abs 3 ICC-SchiedsGO. Beide Anträge werden dem Schiedsgericht und den anderen Parteien durch das Sekretariat zugestellt. Das Schiedsgericht setzt der anderen Partei daraufhin eine kurze, normalerweise höchstens 30-tägige Frist zur Stellungnahme, Art 36 Abs 4 ICC-SchiedsGO. Spätestens 30 Tage nach Ablauf der vorgenannten Stellungnahmefrist hat das Schiedsgericht seine Entscheidung im Entwurf dem Gerichtshof zur Genehmigung vorzulegen. Die Korrektur oder Interpretationsentscheidung ergeht in Form eines Nachtrags und wird zu einem Bestandteil des betreffenden Schiedsspruches, Art 36 Abs 4 ICC-SchiedsGO. Die Entscheidung über einen Antrag nach Art 36 Abs 3 ICC-SchiedsGO stellt jedoch einen eigenständigen Schiedsspruch dar. Im Übrigen gelten Art 32 (Form des Schiedsspruches), Art 34 (Überprüfung durch den Gerichtshof) und Art 35 (Zustellung, Hinterlegung und Vollstreckbarkeit) ICC-SchiedsGO.

10. Ein Original des Schiedsspruches wird vom Sekretariat aufbewahrt, Art 35 Abs 4 ICC-SchiedsGO. Das Sekretariat und das Schiedsgericht sind gem Art 35 Abs 5 ICC-SchiedsGO verpflichtet, die Parteien dabei zu unterstützen, alle sonstigen erforderlichen Formalitäten einzuhalten.

Jeder Schiedsspruch ist gem Art 35 Abs 6 ICC-SchiedsGO für die Parteien bindend. Die Einlassung auf das ICC-Schiedsverfahren stellt einen Verzicht auf jedwede Rechtsmittel gegen den Schiedsspruch dar, soweit dies möglich ist.

Q. Vollstreckung, Aufhebung des Schiedsspruchs

Schrifttum: s vor Form II.M. *Aden*, Verfahrensverstoß und Ursächlichkeit für den Schiedsspruch im Aufhebungsverfahren nach § 1059 Abs 2 Nr 1 d ZPO, DZWir 2013, 149; *Baumert,* Ordre public international versus ordre public interne bei inländischen Schiedssprüchen, SchiedsVZ **2014**, 139; *Böckstiegel/Berger/Bredow* (Hrsg), Die Vollstreckung von Schiedssprüchen, 2008; *Borris/Schmidt,* Vollstreckbarkeit von Schiedssprüchen und materiellrechtliche Einwendungen des Schiedsbeklagten, SchiedsVZ **2004**, 273; *dies,* Nochmals: Vollstreckbarkeit von Schiedssprüchen und materiellrechtliche Einwendungen des Schiedsbeklagten, SchiedsVZ **2005**, 254; *Gessner,* Anerkennung und Vollstreckung von Schiedssprüchen in den USA und in Deutschland, 2001; *Glossner,* Das Übereinkommen über die Anerkennung und Vollstreckung von ausländischen Schiedssprüchen vom 10. Juni 1958, SchiedsVZ **2009**, 39; *Haas,* Aufhebungsklage und Beendigungsbeschluss nach § 1056 Abs 2 ZPO, SchiedsVZ **2010**, 286; *Harbst,* Korruption und andere ordre public-Verstöße als Einwände im Schiedsverfahren, SchiedsVZ 07, 22; *Herzberg*, Germany, Place of Enforcement? Die Sicherungsanordnung zur Vollstreckung aus Schiedsspüchen gemäß § 1063 Abs 3 ZPO, SchiedsVZ 2018, 336; *Kasolowsky/Steup,* Révision au fond – Einheitliche europäische Maßstäbe bei der Überprüfung von Schiedssprüchen auf kartellrechtliche ordre public-Verstöße?, SchiedsVZ **2008**, 72; *Kärcher,* Die Aufhebung von Schiedssprüchen wegen der Besorgnis der Befangenheit eines Sachverständigen, SchiedsVZ **2017**, 277; *Kröll,* 50 Jahre UN-Übereinkommen über die Anerkennung und Vollstreckung ausländischer Schiedssprüche – Standortbestimmung und Zukunftsperspektive, SchiedsVZ 09, 40; *Kröll,* Die Schiedsvereinbarung im Verfahren zur Anerkennung und Vollstreckbarkeit ausländischer Schiedssprüche, ZZP **2004**, 453; *Kühn,* Aktuelle Fragen zur Anwendung der New Yorker Konvention von 1958 – Eine Betrachtung der deutschen Rechtsprechung, SchiedsVZ **2009**, 53; *Leitzen,* Die Anordnung vorläufiger oder sichernder Maßnahmen durch Schiedsgerichte nach § 1041 ZPO, 2002; *Lörcher,* Enforceability of Agreed Awards in Foreign Jurisdictions, Arb Int Vol 17 No 3 (**2001**), 275; *Mallmann,* Die Bedeutung der Schiedsvereinbarung im Verfahren zur Anerkennung und Vollstreckbarerklärung ausländischer Schiedssprüche, SchiedsVZ **2004**, 152; *Maurer,* Begründet die völkerrechtswidrige Verweigerung der Vollstreckung eines ausländischen Schiedsspruchs einen Schadensersatzanspruch des Schiedsklägers? – Die „Durchsetzung“ multilateraler völkerrechtlicher Verträge durch private Parteien, SchiedsVZ **2011**, 75; *Nienaber,* Die Anerkennung und Vollstreckung im Sitzstaat aufgehobener Schiedssprüche, 2002; *Plaßmeier,* Vollstreckung nicht „endgültiger“ Schiedssprüche, SchiedsVZ **2004,** 234; *Schmidt,* Der Schiedsspruch, SchiedsVZ **2013,** 32; *Schroeder,* Zur Aufhebung von Scheinschiedssprüchen und anderen formellen Schiedssprüchen durch staatliche Gerichte, SchiedsVZ **2005,** 244; *Schütze,* Die gerichtliche Überprüfung von Entscheidungen des Schiedsgerichts, SchiedsVZ **2009,** 241; *Van de Sande,* Zum Hilfsantrag auf Aufhebung eines Schiedsspruchs mit Vollstreckbarerklärungsverfahren, SchiedsVZ **2016,** 72; *Wagner/Schlosser,* Die Vollstreckung von Schiedssprüchen, 2007; *Weinacht,* Enforcement of Annulled Foreign Arbitral Awards in Germany, J Int'l Arb Vol 19 No 4 (2002), 313; *Wighardt,* Verfahrensfragen bei der Zurückverweisung der Sache an das Schiedsgericht, SchiedsVZ **2010,** 252.

1. Antrag auf Zulassung der Vollziehung einer vorläufigen oder sichernden Maßnahme des Schiedsgerichts (nach der ZPO)[1, 2]

An das Oberlandesgericht[3]

In der Schiedssache

Firma A

– Antragstellerin –

Prozessbevollmächtigte: . . . . .

gegen

Firma B

– Antragsgegnerin –

Prozessbevollmächtigte: . . . . .

beantragen wir für die Antragstellerin unter Beifügung des Schiedsspruchs des Schiedsgerichts vom . . . . .[4] sowie der zwischen den Parteien des Verfahrens getroffenen Schiedsvereinbarung:[5]

1. die Vollziehung der vom Schiedsgericht im Schiedsspruch vom . . . . . angeordneten vorläufigen Maßnahmen zuzulassen;[6]
2. vorab durch den Vorsitzenden des Zivilsenats anzuordnen, dass die vom Schiedsgericht im Schiedsspruch vom . . . . . angeordnete vorläufige Maßnahme von der Antragstellerin bis zur Entscheidung des Senats vollzogen werden darf;
3. der Antragsgegnerin für jeden Fall der Zuwiderhandlung gegen das vom Schiedsgericht im Schiedsspruch vom . . . . . angeordnete Verbot ein festzusetzendes Ordnungsgeld bis zu EUR 250 000,00, ersatzweise Ordnungshaft oder Ordnungshaft bis zu 6 Monaten anzudrohen;
4. der Antragsgegnerin die Kosten des Verfahrens der Vollziehung aufzuerlegen.

Wir versichern hiermit, dass eine dem vom Schiedsgericht ausgesprochenen Verbot entsprechende einstweilige Verfügung von der Antragstellerin nicht bei einem staatlichen Gericht in der Bundesrepublik Deutschland beantragt wurde.[7, 8]

Rechtsanwalt

Anmerkungen

1. Sofern eine Partei während eines laufenden Schiedsverfahrens vorläufige oder sichernde Maßnahmen betreffend den Streitgegenstand benötigt, stehen ihr generell die staatlichen Gerichte (gem § 1033 ZPO) oder das Schiedsgericht nach dessen Konstituierung zur Verfügung. Dem staatlichen Eilrechtsschutz kam im Bereich der Schiedsgerichtsbarkeit schon immer eine Auffangfunktion zu, weil viele Schiedsordnungen vor Konstituierung des Schiedsgerichts keinen Eilrechtsschutz vorsahen. Bereits durch die Einführung von Emergency Arbitrators mag diese Bedeutung in den Hintergrund getreten sein. Allerdings verbleibt wegen der unmittelbaren Vollziehbarkeit und der Möglichkeit von Ex-parte Entscheidungen ein wichtiger Anwendungsbereich bestehen.

2. Sofern sich die Partei für die Beantragung einstweiligen Rechtsschutzes beim Schiedsgericht entscheidet, ist zwingend eine Vollziehbarerklärung der Maßnahme durch das staatliche Gericht erforderlich (§ 1041 Abs 2 ZPO). Erst nach dieser Vollziehbarerklärung der Anordnung des Schiedsgerichts liegt ein Titel vor, der dann Grundlage der entsprechenden staatlichen Vollstreckungsmaßnahmen sein kann.

3. Gem § 1062 Abs 1 Nr 3, Abs 2 ZPO ist das **Oberlandesgericht** am Sitz des Schiedsgerichts, hilfsweise am Sitz des Antragsgegners, für den Antrag auf Zulassung der Vollziehung zuständig. Das Gericht entscheidet durch unanfechtbaren Beschluss (§§ 1063, 1065 Abs 1 S 2 ZPO). Das staatliche Gericht kann den Antrag auf Vollziehbarerklärung zurückweisen, die vom Schiedsgericht angeordnete Maßnahme für vollziehbar erkären oder die vom Schiedsgericht angeordnete Maßnahme abweichend fassen, wenn dies unter vollstreckungsrechtlichen Gesichtspunkten geboten ist.

4. Mit dem Antrag auf Vollziehbarerklärung eines Schiedsspruchs ist der Schiedsspruch oder eine beglaubigte Abschrift vorzulegen. Die Beglaubigung kann hierbei von dem für das gerichtliche Verfahren bevollmächtigten Rechtsanwalt vorgenommen werden, § 1064 Abs 1 ZPO.

5. Dem staatlichen Gericht wird bei der Entscheidung, ob es die Vollziehung der Anordnung zulässt, ein pflichtgemäßes **Ermessen** eingeräumt. Es ist allerdings unklar, wie die gerichtlichen Prüfungskompetenzen genau ausgestattet sind. Einerseits wird davon ausgegangen, dass eine inhaltliche Richtigkeitsprüfung nicht stattzufinden habe, auch keine Schlüssigkeitsprüfung (Böckstiegel/Kröll/Nacimiento/*Schäfer*, § 1041 Rn 32; MüKoZPO/*Münch*, § 1041 Rn 40, der eine Prüfung auf offensichtliche schiedsrichterliche *Ermessensfehler* zu befürworten scheint). In Fällen von „greifbarer Gesetzeswidrigkeit" soll die Vollziehbarkeit versagt bleiben (OLG Saarbrücken, Beschl v 27.2.2007 – 4 Sch 1/07, SchiedsVZ 2007, 323, 325). Teile des Schrifttums gehen von einer umfassenden Nachprüfungsbefugnis der staatlichen Gerichte aus (*Schütze*, SchiedsVZ 2009, 241, 244).

Nach hier vertretener Ansicht sollte eine Überprüfung durch das staatliche Gericht restriktiv ausfallen. Eine révision au fond ist im Schiedsgerichtsverfahren nicht vorgesehen, was auch für den Einstweiligen Rechtsschutz gelten sollte. Keine Bedenken bestehen, wenn das Gericht die schiedsgerichtliche Anordnung abweichend fasst, um dem Bestimmtheitsgrundsatz des Zwangsvollstreckungsrechts zu genügen (Zöller/*Geimer*, ZPO, § 1041 Rn 3).

6. Gem § 1063 Abs 3 ZPO kann der Vorsitzende des Zivilsenates ohne vorherige Anhörung des Gegners anordnen, dass der Antragsteller bis zur Entscheidung über den Antrag die Zwangsvollstreckung aus dem Schiedsspruch betreiben oder die vorläufige oder sichernde Maßnahme des Schiedsgerichts vollziehen darf. Allerdings kann der Antragsgegner die Zwangsvollstreckung durch Leistung einer Sicherheit abwenden.

7. Gem § 1041 Abs 2 S 1 ZPO soll die Vollziehbarerklärung ausgeschlossen sein, wenn eine vergleichbare Maßnahme des einstweiligen Rechtsschutzes bereits beim staatlichen Gericht beantragt worden ist. Der Antrag muss deshalb eine entsprechende Versicherung enthalten, womit jedoch das Recht der Parteien unberührt bleiben soll, in dem Stadium des Schiedsverfahrens zwischen den beiden Rechtsschutzmöglichkeiten vor einem staatlichen bzw Schiedsgericht zu wählen.

8. Die Entscheidung des Oberlandesgerichts, die gem § 1063 Abs 1 ZPO durch **Beschluss** ergehen kann, ist gem § 1065 Abs 1 S 2 ZPO endgültig; jedoch kann das Oberlandesgericht gem § 1041 Abs 3 ZPO den Beschluss über die Vollziehung auf Antrag aufheben oder ändern.

2. Antrag auf Vollstreckbarerklärung eines inländischen Schiedsspruchs (nach der ZPO)[1]

An das

Oberlandesgericht[2]

In Sachen

Schiedsklägerin

– Antragstellerin –[3]

Prozessbevollmächtigte: . . . . .

gegen

Schiedsbeklagte

– Antragsgegnerin –[4]

Prozessbevollmächtigte: . . . . .

wegen Vollstreckbarerklärung eines inländischen Schiedsspruchs

beantragen wir für die Antragstellerin,

1. den von dem Schiedsgericht, bestehend aus dessen Vorsitzenden . . . . . (Name) sowie den Schiedsrichtern . . . . . (Name), am . . . . . in . . . . . erlassenen in beglaubigter Form beigefügten Schiedsspruch, mit dem die Antragsgegnerin zur Zahlung von . . . . . EUR nebst Zinsen hieraus seit . . . . . und Kosten in Höhe von . . . . . verurteilt worden ist, für vollstreckbar zu erklären;[5]
2. den die Vollstreckbarkeit aussprechenden Beschluss[6] für vorläufig vollstreckbar zu erklären;[7]
3. die Kosten des Verfahrens der Antragsgegnerin aufzuerlegen.[8]

Begründung:

In dem Vertrag vom . . . . . zwischen den Parteien wurde vereinbart, sämtliche Streitigkeiten aus diesem Vertrag einem Schiedsgericht zur Entscheidung vorzulegen.

Beweis: Vorlage der Schiedsvereinbarung vom . . . . .

In dem Schiedsverfahren hat das Schiedsgericht, bestehend aus den Schiedsrichtern A, B, C am . . . . . einen Schiedsspruch erlassen, durch den die Antragsgegnerin verurteilt wurde zu . . . . .

Beweis: Vorlage des Schiedsspruches

Die Antragsgegnerin hat trotz Aufforderung nicht gezahlt.[9]

Es bestehen keine zur Aufrechnung berechtigenden Gegenforderungen.[10] Einer der in § 1059 Abs 2 ZPO genannten Gründe für die Aufhebung des Schiedsspruches ist nicht gegeben.[11]

Rechtsanwalt[12]

Anmerkungen

1. § 1055 ZPO legt fest, dass inländische Schiedssprüche zwischen den Parteien in ihrer Wirkung einem rechtskräftigen gerichtlichen Urteil gleichgestellt sind. Eine Anerkennung durch ein staatliches Gericht ist nicht erforderlich (vgl BT-Drs. 13/5274, S 61; MüKo ZPO/*Münch*, § 1060 Rn 1). Wegen des staatlichen Vollstreckungsmonopols stellt der Schiedsspruch aber keinen vollstreckbaren Titel gem § 794 Abs 1 ZPO dar. Vielmehr muss ein staatliches Gericht den Schiedsspruch für vollstreckbar erklären (sog Exequatur, § 1060 Abs 1 ZPO). Diese Vollstreckbarerklärung ist ein Titel im Sinne des § 794 Abs 1 Nr 4 lit a) ZPO, aus dem die Zwangsvollstreckung betrieben werden kann.

Die Bedeutung der Vollstreckbarerklärung liegt jedoch nicht nur in der Ermöglichung der Vollstreckung, sondern ganz wesentlich auch in der Feststellung der Unanfechtbarkeit des Schiedsspruchs. Einer Hinterlegung des Schiedsspruches bedarf es nach der novellierten ZPO nicht mehr.

§ 1060 ZPO setzt für die Vollstreckbarerklärung einen inländischen, wirksamen und den Förmlichkeiten des § 1054 ZPO entsprechenden Schiedsspruch voraus. Der Schiedsspruch, dessen Vollstreckbarkeit begehrt wird, muss keinen vollstreckbaren Inhalt haben. Die Vollstreckbarerklärung dient auch dazu, den Schiedsspruch gegen die Geltendmachung von Aufhebungsgründen zu sichern (*Kröll*, SchiedsVZ 2019, 188, 189). Für vollstreckbar erklärt werden können auch feststellende oder gestaltende Schiedssprüche (BGH, Beschl v 30.3.2006 – III ZB 78/05, NJW-RR 2006, 995; Beschl v 29.1.2009 – III ZB 88/07, SchiedsVZ 2009, 176 (177); Stein/Jonas/*Schlosser*, ZPO, § 1060 Rn 8; aA Zöller/*Geimer*, ZPO, § 1060 Rn 6), klageabweisende Schiedssprüche (BGH BB 1960, 302) oder Schiedssprüche mit vereinbartem Wortlaut (OLG Frankfurt/M, SchiedsVZ 2003, 288). Ob und inwieweit Zwischenschiedssprüche für vollstreckbar erklärt werden können, ist umstritten (offengelassen von BGH Beschl v 18.1.2007 – III ZB 35/06, NJW-RR 2006, 1008 mwN, BeckOKZPO/*Wilske/Markert*, § 1060 Rn 3; jedenfalls nur Sachentscheidungen München SpuRt 2003, 199, großzügiger Jena SchiedsVZ 2008, 44, 45).

2. Zuständig ist das OLG, das in der Schiedsvereinbarung bezeichnet ist. Fehlt eine Parteivereinbarung, ist das OLG zuständig, in dessen Bezirk der Ort des schiedsrichterlichen Verfahrens liegt, § 1062 Abs 1 Nr 4, Abs 2 ZPO. Der Antrag kann beim zuständigen Oberlandesgericht schriftlich oder mündlich zu Protokoll der Geschäftsstelle vorgebracht werden. Der Antrag unterliegt keiner Frist (Musielak/Voit/*Voit*, ZPO, § 1060 Rn 6).

3. Antragsberechtigt ist die wenigstens teilweise siegreiche Partei.

4. Der Schiedsspruch kann unmittelbar auch gegenüber den **Rechtsnachfolgern** der Parteien für vollstreckbar erklärt werden (BGH, Beschl v 8.11.200 – III ZB 95/06, SchiedsVZ 2008, 40 (42); MüKo ZPO/*Münch*, § 1060 Rn 19).

5. Dem Antrag ist der Schiedsspruch bzw eine beglaubigte Abschrift des Schiedsspruchs beizufügen, § 1064 Abs 1 S 1 ZPO. Eine ausreichende Bezeichnung der Parteien und ihrer Vertreter, die Bezeichnung des Schiedsspruches und die Angabe, in welchem Umfang die Vollstreckbarerklärung beantragt wird, ist erforderlich.

6. Das Oberlandesgericht entscheidet in jedem Fall durch Beschluss, § 1063 Abs 1 S 1 ZPO, gegen den gem § 1065 Abs 1 ZPO die Rechtsbeschwerde zum Bundesgerichtshof stattfindet. Wenn keine Aufhebungsgründe entgegenstehen, lautet dieser Beschluss auf Vollstreckbarerklärung des Schiedsspruches. Der Antrag wird abglehnt, wenn ein Aufhebungsgrund vorliegt oder eine nachträglich entstandene materielle Einwendung gegen den Anspruch besteht. In diesem Fall ist der Schiedsspruch aufzuheben (§ 1060 Abs 2 S 1 ZPO).

Der Beschluss kann ohne mündliche Verhandlung ergehen; in diesem Fall ist der Antragsgegner schriftlich zu hören, § 1063 Abs 1 ZPO. Wird die Aufhebung des Schiedsspruches beantragt oder kommen von Amts wegen zu prüfende Aufhebungsgründe gem § 1059 Abs 2 Nr 2 ZPO in Betracht, so hat das Oberlandesgericht mündliche Verhandlung anzuordnen. Andere, nicht geltend gemachte Aufhebungsgründe erfordern eine mündliche Verhandlung nur im Aufhebungsverfahren selbst, nicht hingegen im Verfahren der Vollstreckbarerklärung (BGHZ 142, 204).

7. Dies entspricht § 1064 Abs 2 ZPO. Die Leistung einer Sicherheit ist nicht erforderlich (Musielak/Voit/*Voit*, ZPO, § 1060 Rn 5).

8. Die Neuregelung der ZPO enthält keine Bestimmung über die **Kosten** des Vollstreckbarerklärungsverfahrens.

Sachlich angemessen erscheint die Heranziehung des Rechtsgedankens des § 93 ZPO, wonach bei sofortigem Anerkenntnis der Antragsteller die Verfahrenskosten zu tragen hat (OLG Stuttgart, SchiedsVZ 2009, 68). Bei streitiger Auseinandersetzung über die Vollstreckbarkeit oder Aufhebung des Schiedsspruches erscheinen die Regelungen der §§ 91 ff ZPO sachgerecht. Auch wenn die Aufhebungsgründe des § 1059 Abs 2 Nr 2 ZPO von Amts wegen zu berücksichtigen sind, unterliegt das Vollstreckbarerklärungsverfahren der Parteiherrschaft, wie sich zB aus § 1060 Abs 2 S 3 ZPO ergibt, wonach Aufhebungsgründe gem § 1059 Abs 2 Nr 1 ZPO nach Ablauf der in § 1059 Abs 3 ZPO genannten Fristen nicht mehr geltend gemacht – und damit auch nicht mehr von Amts wegen berücksichtigt – werden können. Der der Kostenentscheidung zugrundeliegende Streitwert ist mit dem Wert des Schiedsspruchs identisch. Dabei ist umstritten, ob Zinsen und Kosten in Ansatz zu bringen sind (verneinend OLG München, SchiedsVZ 2009, 68, 69).

9. Streitig ist, ob die Kostentragung durch den unterlegenen Gegner voraussetzt, dass dieser zuvor zur Zahlung aufgefordert wurde. Der Gläubiger hat Anspruch auf einen vollstreckungsfähigen Titel als Druckmittel. Er muss nicht abwarten, ob seine Forderung möglicherweise freiwillig erfüllt wird (OLG München SchiedsVZ 2007, 164; 2008, 151; Zöller/*Geimer*, ZPO § 1060 Rn 4, aber strittig).

10. Einwendungen, die nach Erlass des Schiedsspruches, aber vor Abschluss des Vollstreckbarerklärungsverfahrens entstanden sind, können – soweit sie nicht ihrerseits der Zuständigkeit eines Schiedsgerichts unterfallen – gegen den Vollstreckbarerklärungsantrag geltend gemacht werden (aA *Kröll*, FS Schütze II, 2014, 31, 32). Mit Gegenforderungen, welche ihrerseits einer Schiedsvereinbarung unterliegen, kann vor einem staatlichen Gericht nicht aufgerechnet werden (BGHZ 60, 95; OLG München, BeckRS 2005, 07429). Der Antragsgegner kann im Verfahren auf Vollstreckbarkeitserklärung jedenfalls dann mit einer Gegenforderung aufrechnen, soweit die Gegenforderung unstreitig oder rechtskräftig festgestellt ist (OLG Düsseldorf, SchiedsVZ 2005, 214; *Wagner*, JZ 2000, 1171, 1173). Bei bestrittenen materiell-rechtlichen Einwendungen gegen den Anspruch ist umstritten, ob diese der Vollstreckungsabwehrklage gem § 767 Abs 2 ZPO vorbehalten sind oder ob sie präkludiert sind, wenn sei nicht im Vollstreckbarerklärungsverfahren geltend gemacht werden (gegen Präklusion BayObLG, Beschl v 12.4.2000 – 4 Z Sch 2/00, NJW-RR 2001, 1363 (1364); *Borris/Schmidt*, SchiedsVZ 2004, 273 und SchiedsVZ 2005, 254; für

Präklusion BGH NJW 1990, 3210; BGH SchiedsVZ 2008, 40, 43; OLG Hamm, NJW-RR 2001, 1362; OLG Dresden, SchiedsVZ 2005, 210; *Schwab/Walter,* Kap 27 Rn 12, 13 mwN). Der Einwendende müsste sonst im Anschluss an das Vollstreckbarerklärungsverfahren eine Vollstreckungsabwehrklage erheben. Dies führte zu dem unbefriedigenden Ergebnis, dass zunächst ein Schiedsspruch für vollstreckbar erklärt wird (einschließlich der Kostenfolge des § 91 ZPO), obwohl unstreitig der Antragsgegner bereits ganz oder teilweise erfüllt hat.

Im Interesse der Verfahrenskonzentration erscheint es jedoch vorzugswürdig, diese Einwendungen bereits im Vollstreckbarerklärungsverfahren zu beachten (BGH, Beschl v. 8.11.2007- III ZB 95/06, SchiedsVZ 2008, 40, 43; Zöller/*Geimer* ZPO § 1060 Rn 9).

11. Der Antrag auf Vollstreckbarerklärung ist begründet, wenn kein **Aufhebungsgrund** gem § 1059 Abs 2 ZPO vorliegt. Zu den Aufhebungsgründen → Form II.Q.4 Anm 5. Wie im Aufhebungsverfahren ist die Überprüfung des Schiedsspruches auf grobe Mängel beschränkt. Eine Kontrolle inhaltlicher Richtigkeit findet nicht statt. Gem § 1060 Abs 2 S 2 ZPO sind Aufhebungsgründe, soweit sie bereits im Aufhebungsverfahren rechtskräftig zurückgewiesen wurden, im Vollstreckbarerklärungsverfahren nicht mehr zu berücksichtigen. Das gleiche gilt für die in § 1059 Abs 2 Nr 1 ZPO genannten Aufhebungsgründe (fehlende Schiedsvereinbarung, Verletzung des rechtlichen Gehörs, Überschreitung des Umfangs der Schiedsvereinbarung, entscheidungserhebliche Verfahrensfehler), wenn der Antragsgegner nicht binnen der in § 1059 Abs 3 ZPO bestimmten 3-Monats-Frist einen Aufhebungsantrag gestellt hat. In diesem Fall beschränkt sich die Kontrolle des Gerichts auf die von Amts wegen zu prüfenden Aufhebungsgründe nach § 1059 Abs 2 Nr 2 ZPO.

12. Gem § 1063 Abs 3 ZPO kann der Vorsitzende des Zivilsenates beim OLG die einstweilige Vollstreckung des Schiedsspruchs anordnen, die allerdings nur Sicherungsmaßnahmen umfasst. Dagegen steht dem Antragsgegner eine Abwendungsbefugnis durch Sicherheitsleistung zu.

3. Antrag auf Vollstreckbarerklärung eines ausländischen Schiedsspruchs (nach der ZPO)[1, 2, 3]

An das Oberlandesgericht[4]

In der Schiedssache

A

– Antragstellerin –

Prozessbevollmächtigte: . . . . .

gegen

B

– Antragsgegnerin –

Prozessbevollmächtigte: . . . . .

Namens und im Auftrag der Antragstellerin beantragen wir,

1. den Schiedsspruch des Schiedsgerichts . . . . . der Internationalen Handelskammer (ICC) in Paris, bestehend aus dem Vorsitzenden . . . . . (Namen) und den Schieds-

richtern . . . . . (Namen) vom . . . . . (Datum), durch den die Antragsgegnerin zu . . . . . verurteilt worden ist, für vollstreckbar zu erklären;

2. der Antragsgegnerin die Kosten des Verfahrens aufzuerlegen;[5]
3. den Beschluss[6] für vorläufig vollstreckbar[7] zu erklären.

Begründung

Die Parteien haben am . . . . . (Datum) einen Vertrag über . . . . . abgeschlossen. Sie haben die ausschließliche Zuständigkeit eines Schiedsgerichts mit Sitz in . . . . . nach der Verfahrensordnung der Internationalen Handelskammer in Paris (ICC) vereinbart.

Beweis: Vertrag vom . . . . . (Datum)

Die Antragstellerin hat Ansprüche gegen die Antragsgegnerin vor dem vereinbarten Schiedsgericht geltend gemacht. Dieses hat nach ordnungsgemäßem Verfahren den im Antrag näher bezeichneten Schiedsspruch erlassen.

Beweis: Vorlage der beglaubigten Abschrift des Schiedsspruchs vom . . . . . (Datum)[8]

Der Schiedsspruch ist zwischen den Parteien verbindlich geworden.[9]

Die Erfordernisse des UN-Übereinkommens vom 10.6.1958 über die Vollstreckung ausländischer Schiedssprüche sind erfüllt.[10, 11]

Rechtsanwalt

Anmerkungen

1. Anerkennung und Vollstreckung ausländischer Schiedssprüche sind in § 1061 ZPO geregelt. Sie richten sich gem § 1061 Abs 1 S 1 ZPO nach dem **New Yorker Übereinkommen vom 10.6.1958 über die Anerkennung und Vollstreckung ausländischer Schiedssprüche (New Yorker Abkommen)** (UNÜbkSchG, BGBl 1961 II 122) und dem Genfer Abkommen zur Vollstreckung ausländischer Schiedssprüche vom 29.9.1927 (RGBl 30 II 1068). Das UNÜbkSchG findet auf alle ausländischen Schiedssprüche Anwendung. Zwischen den übrigen Staatsverträgen und dem autonomen deutschen Recht besteht überwiegend ein Verhältnis der Meistbegünstigung (Art VII UNÜbkSchG). Zum Zweck der Vollstreckung im Inland bedarf es jedoch der Vollstreckbarerklärung durch ein inländisches Gericht. Zur Aufhebung eines ausländischen Schiedsspruches ist ein inländisches Gericht nicht berechtigt (Stein/Jonas/*Schlosser*, ZPO Anhang zu § 1061 Rn 146).

2. Ob ein ausländischer oder ein inländischer Schiedsspruch vorliegt, beurteilt sich aus der Perspektive des deutschen staatlichen Richters nach dem Territorialitätsprinzip des § 1025 ZPO.

3. Ob es sich sachlich um einen Schiedsspruch handelt, richtet sich nach der lex fori, dh nach deutschem Recht (OLG Düsseldorf, SchiedsVZ 05, 214, 215; OLG Rostock, IPRax 02, 401 m Anm *Kröll,* 384). Probleme können etwa auftreten, wenn ein Spruchkörper nach ausländischem Recht als Schiedsgericht bezeichnet wird, obwohl dies nicht dem Verständnis des deutschen Rechts entspricht (BGH, NJW 1982, 1224, 1225). Zwischenschiedssprüche sind keine Schiedssprüche im Sinne des § 1061 ZPO (Zöller/*Geimer*, ZPO, § 1060, Rn 8). Auch wenn im Ausland bereits durch Exequaturuurteil die Vollstreckbarkeit des Schiedsspruches angeordnet worden ist, kann dieser noch ein weiteres Mal im Inland gem § 1061 ZPO für vollstreckbar erklärt werden, vgl hierzu → Form II.Q.4 Anm 2.

4. **Sachlich zuständig** ist gem § 1062 ZPO das Oberlandesgericht. Gem § 1062 Abs 1 ZPO ist das zunächst das in der Schiedsvereinbarung bezeichnete OLG. Fehlt es an einer solchen Vereinbarung, so ist das OLG zuständig, in dessen Bezirk der Antragsgegner seinen Sitz oder gewöhnlichen Aufenthaltsort hat, sich Vermögen des Antragsgegners befindet oder sich der mit der Schiedsklage in Anspruch genommene oder von der Vollstreckung betroffene Gegenstand befindet. Hilfsweise ist das Kammergericht Berlin zuständig.

5. Zu den Verfahrenskosten vgl → Form II.Q.2 Anm 8.

6. Das OLG entscheidet, auch wenn es mündliche Verhandlung anordnet, durch Beschluss, § 1063 Abs 1 ZPO, s → Form II.Q.2 Anm 6.

7. s → Form II.Q.2 Anm 4f

8. § 1064 Abs 1 ZPO verlangt die Vorlage des Schiedsspruches oder einer beglaubigten Abschrift (BGH SchiedsVZ 2003, 281 m Anm *Kröll*).

9. Gem Art V (1) lit e UNÜbkSchG muss der Schiedsspruch Verbindlichkeit erlangt haben. Verbindlich ist ein Schiedsspruch dann, wenn keinerlei Rechtsbehelf an ein höheres Schiedsgericht oder an ein staatliches Gericht möglich ist, der zu einer umfassenden Nachprüfung in sachlicher und rechtlicher Hinsicht führen kann (BGH RIW 1990, 493; BGH NJW 1984, 2763; BGHZ 52, 184, vgl a BayObLG, SchiedsVZ 2003, 142 m Anm *Plaßmeier,* SchiedsVZ 2004, 234). Liegen die Voraussetzungen des § 1064 Abs 1 ZPO vor, der Art IV UNÜbkSchG verdrängt (BGH SchiedsVZ 2003, 281 m Anm *Kröll*), dh hat der Antragsteller eine beglaubigte Abschrift des Schiedsspruches vorgelegt, so trägt der Antragsgegner die Beweislast dafür, dass der Schiedsspruch gleichwohl nicht verbindlich geworden ist. Die Verbindlichkeit richtet sich nach dem auf das Verfahren anwendbaren Recht (OLG Stuttgart, IPRax 1987, 369, 371); sie entfällt nicht schon dadurch, dass der Schiedsspruch mit einem der Aufhebungsklage ähnlichen außerordentlichen Rechtsbehelf angegriffen werden könnte (BGHZ 104, 178 = NJW 1988, 3090; BayObLG NJW 2003, 386). Wird der ausländische Schiedsspruch allerdings nach der Vollstreckbarerklärung im Ausland aufgehoben, so kann die Aufhebung der Vollstreckbarerklärung beantragt werden, § 1061 Abs 3 ZPO. Da der Ursprungsstaat international ausschließlich für die Aufhebung zuständig ist, bedeutet das gleichwohl nicht, dass jedes Aufhebungsurteil aus dem Heimatstaat anerkannt werden muss (BGH, SchiedsVZ 2013, 229, 230). Die Doktrin, die den in einem Ursprungsstaat aufgehobenen Schiedsspruch als „nullum" betrachtet, überbetont den Herkunftsstaat (Zöller/*Geimer*, ZPO, § 1060 Rn 25 unter Berufung auf *Siehr*, ZZP 115 (2002), 143, 154.

10. Die Vollstreckbarerklärung wird mit der Feststellung gem § 1061 Abs 2 ZPO, dass der Schiedsspruch in Deutschland nicht anzuerkennen ist, **versagt**, wenn der Antragsgegner darlegt und erforderlichenfalls beweist, dass keine gültige Schiedsvereinbarung vorliegt (München SchiedsVZ 2009, 340; 2010, 50; *Kröll*, SchiedsVZ 10, 213, 218), sein rechtliches Gehör bei der Schiedsrichterbestellung oder im Verfahren verletzt wurde, wenn die Entscheidung des Schiedsgerichts auf diesem Verstoß beruhen kann (BGH, SchiedsVZ 2009, 126), der Gegenstand des Schiedsspruches den Umfang der Schiedsvereinbarung überschreitet, das Schiedsgericht nicht vereinbarungsgemäß oder sonst rechtswidrig gebildet wurde oder der Schiedsspruch nicht verbindlich geworden, aufgehoben oder in seinen Wirkungen einstweilen gehemmt ist, Art V Abs 1 UNÜbkSchG. Gem Art V Abs 2 UNÜbkSchG kann die Vollstreckung von Amts wegen versagt werden, wenn der Gegenstand des Schiedsverfahrens in Deutschland nicht schiedsfähig ist oder die Vollstreckung dem deutschen ordre public widerspricht.

Ob die Nichtausschöpfung von Rechtsmitteln gem der anwendbaren ausländischen Verfahrensordnung den Einwand des **Nichtbestehens einer wirksamen Schiedsvereinbarung** präkludiert, wird von den Gerichten uneinheitlich beurteilt (dafür OLG Stuttgart 1 Sch 16/02, BeckRS 2003, 18189; dagegen OLG Celle, SchiedsVZ 2004, 165, 168; BayObLGZ 2002, 392). Die unterlegene Partei sollte deshalb nicht ohne weiteres darauf vertrauen, dass sie die Einwendung des Nichtbestehens einer wirksamen Schiedsvereinbarung noch im Verfahren über die Vollstreckbarerklärung geltend machen kann.

Verstoß gegen den ordre public (§ 1059 Abs 2 Nr 2 b ZPO; Art V (2) lit b UNÜbkSchG): Maßgeblich ist der ordre public international, dh ein Verstoß liegt nur dann vor, wenn der Inhalt des Schiedsspruches oder das zu Grunde liegende Verfahren mit den Grundgedanken und den Gerechtigkeitsvorstellungen der deutschen Rechtsprechung in so starkem Widerspruch steht, dass eine Vollstreckung nach inländischen Vorstellungen untragbar erscheint (OLG Bremen, RPS 2/2000, BB-Beil 50/2000, 18, 12; OLG Hamburg, NJW-RR 1999, 1738). Der ordre public erzwingt auch eine Kontrolle des ausländischen Schiedsverfahrens. Deren Gegenstand ist nicht die Beachtung der nach dem maßgeblichen Schiedsverfahrensstatut zwingenden Verfahrensregeln, sondern des in Deutschland **schlechthin unabdingbaren Mindeststandards an Verfahrensgerechtigkeit** (Saarbrücken, SchiedsVZ 2012, 48, 50; Köln, SchiedsVZ 2005, 163, 165; *Geimer*, IPrax 2006, 298). Das ordre public-widrige Verfahren muss **von der beschwerten Partei** rechtzeitig gerügt worden sein und der Verfahrensverstoß muss für den Schiedsspruch kausal gewesen sein (Zöller/*Geimer*, ZPO § 1061, Rn 31). Die ordre public Kontrolle dient nicht dazu, nachlässige Prozessführung im Nachhinein zu korrigieren. Vielmehr kann Anerkennung und Vollstreckung nur versagt werden, wenn das schiedsgerichtliche Verfahren an einem schwerwiegenden, die Grundlagen des staatlichen und wirtschaftlichen Lebens berührenden Mangel leidet (Saarbrücken, SchiedsVZ 2012, 48, 50; BGH NJW-RR 2017, 313).

In materiellrechtlicher Hinsicht darf lediglich die Vereinbarkeit des Ergebnisses mit den Grundnormen des deutschen Rechtssystems geprüft werden, nicht die Richtigkeit der Rechtsanwendung und des Ergebnisses (BGHZ 142, 204, 206). Die Gerichte haben somit nur eine ausgesprochen geringe Kontrollbefugnis. Ein Verstoß gegen den materiellrechtlichen ordre public international liegt zB bei einer Weiterbetreibung des Schiedsverfahrens durch eine Partei vor, wenn zuvor beide Schiedsparteien außerhalb des Schiedsverfahrens einen Streit beendenden Vergleich geschlossen haben (BayObLG, NJOZ 2004, 997). Nach der Rechtsprechung stellt das bloße Übergewicht einer Partei bei Bildung des Schiedsgerichts jedoch noch keinen Verstoß gegen den verfahrensrechtlichen ordre public dar, anders allerdings bei strukturellem Übergewicht (BGH NJW 2016, 2266). Vielmehr muss das Schiedsverfahren an einem schwerwiegenden, die Grundlage des staatlichen und wirtschaftlichen Lebens berührenden Mangel leiden (BGHZ 55, 162, 175). Ein Verstoß liegt dann vor, wenn der Ernannte wegen seiner besonderen Beziehung zu einer der Parteien als Schiedsrichter ungeeignet ist (BGH WM 1986, 982, 983).

11. Gegen die Entscheidung des OLG findet die Rechtsbeschwerde statt, § 1065 ZPO. Es gelten die Grundsätze des Revisionsverfahrens, § 1065 Abs 2 ZPO.

4. Klage auf Aufhebung eines inländischen Schiedsspruchs (nach der ZPO)[1, 2]

An das Oberlandesgericht[3]

Klage

der Firma A GmbH[4]

– Klägerin –

Prozessbevollmächtigte: . . . . .

gegen

die Firma B GmbH

– Beklagte –

Namens und im Auftrag der Klägerin erheben wir Klage und beantragen:

Der in dem Schiedsverfahren zwischen der Klägerin und der Beklagten von den Schiedsrichtern . . . . ., ... und . . . . . am . . . . . abgefasste Schiedsspruch wird aufgehoben.

Begründung[5, 6]

Rechtsanwalt

Anmerkungen

1. Der Aufhebungsantrag ist der einzige statthafte Rechtsbehelf gegen einen inländischen Schiedsspruch: Er ist als **Notbehelf** ausgestattet. Als wesentlicher Sinn und Zweck wird die Verhinderung des Missbrauchs der Rechtsprechungsbefugnis durch private Schiedsgerichte genannt (vgl MüKo ZPO/*Münch*, § 1059 Rn 1).

Mit der Aufhebungsklage kann ein **inländischer Schiedsspruch** rückwirkend (ex tunc) vernichtet werden (Böckstiegel/Kröll/Nacimiento/*Kröll*, § 1059 Rn 3; Stein/Jonas/*Schlosser*, ZPO § 1059 Rn 3), wenn der rechtsgestaltende Antrag auf Aufhebung nach § 1059 Abs 2 und 3 ZPO gestellt wird. Eine Abänderung des Schiedsspruches ist nicht möglich, auch nicht als Minus des Aufhebungsantrages (Zöller/*Geimer*, ZPO, § 1059 Rn 7).

Der Schiedsspruch muss zwingend von einem Schiedsgericht mit Sitz in Deutschland erlassen worden sein. Das zuständige Gericht prüft von Amts wegen, ob ein den Voraussetzungen entsprechender Schiedsspruch vorliegt (Zöller/*Geimer*, ZPO, § 1059 Rn 1). Die Aufhebung eines ausländischen Schiedsspruches durch ein inländisches staatliches Gericht ist nicht möglich. Einem ausländischen Schiedsspruch kann lediglich gem § 1061 Abs 2 ZPO im Rahmen des Vollstreckbarerklärungsverfahrens vor dem Oberlandesgericht die Anerkennung in Deutschland versagt werden (Zöller/*Geimer*, ZPO, § 1059 Rn 1b).

Das **Rechtsschutzbedürfnis** für eine Aufhebungsklage fehlt, wenn die Vollstreckbarerklärung gem § 1060 ZPO beantragt ist, denn gem § 1060 Abs 2 ZPO endet das die Vollstreckbarerklärung zurückweisende Verfahren mit der Aufhebung des Schiedsspruches. Es ist einfacher und billiger und dem Schuldner auch zuzumuten, die Aufhebung nach § 1060 Abs 2 ZPO zu betreiben (Zöller/*Geimer*, ZPO, § 1060, Rn 22). Die Aufhebungsgründe sind in dem Vollstreckbarerklärungsverfahren geltend zu machen, sobald sichergestellt ist, dass keine Präklusion des Antragsgegners (§ 1059 Abs 3 ZPO) durch Antragsrücknahme eintreten kann.

Ist die Aufhebungsklage bereits anhängig, wenn die unterliegende Partei die Vollstreckbarerklärung beantragt, ist das Aufhebungsverfahren auszusetzen. Wird der Schiedsspruch aufgehoben, ist das Verfahren auf Aufhebung in der Hauptsache erledigt.

2. Der **Aufhebungsantrag** muss binnen 3 Monaten ab Zugang des Schiedsspruches an den Antragsteller gestellt werden, § 1059 Abs 3 ZPO. Die Anforderungen an die ebenfalls innerhalb dieser Frist zu leistende Begründung des Antrags entsprechen in formeller Hinsicht denen an eine Revisionsbegründung nach § 551 Abs 3 ZPO (KG, SchiedsVZ 2009, 179). Für den Fristbeginn ist nach hL keine förmliche Zustellung iSd §§ 166 ff ZPO erforderlich (vgl BGH NJW 2001, 3787, 3788 mwN). Ist explizit eine förmliche Zustellung vereinbart worden, so beginnt die Frist erst mit Rücksendung des Rückscheins zu laufen (BGH NJW 2001, 3787). Die Frist läuft für jeden Schiedsspruch gesondert, sodass zB für einen Kostenfestsetzungsschiedsspruch eine eigenständige Aufhebungsfrist läuft (OLG Stuttgart, Beschl v 4.6.2002 – 1 Sch 22/01, unveröff). Diese Frist verlängert sich um höchstens einen Monat nach Zugang einer Entscheidung gem § 1058 ZPO über einen Berichtigungs-, Auslegungs- oder Ergänzungsantrag. Unklar ist, wie diese Verlängerungsvorschrift zu verstehen ist, um wie viel sich im Einzelfall die Frist also verlängert („höchstens" 1 Monat) und was geschieht, wenn die Frist bereits vor der Entscheidung gem § 1058 ZPO verstrichen ist. Laut MatZPO-E 187 f soll im letzteren Fall die Aufhebungsklage dennoch möglich sein und in allen Fällen des Antrages gem § 1058 ZPO die Klagefrist ab Zugang der Entscheidung über den Antrag (nicht: förmliche Zustellung) jedenfalls noch 1 Monat (möglicherweise bis zum Ablauf der 3 Monate ab Zugang des Schiedsspruches, auch einen längeren Zeitraum) betragen.

Ist der Schiedsspruch bereits von einem deutschen Gericht für vollstreckbar erklärt worden, kann der Aufhebungsantrag gem § 1059 Abs 3 S 4 ZPO nicht mehr gestellt werden. Zur Frage, ob und inwieweit ein Verzicht auf die Geltendmachung von Aufhebungsgründen wirksam ist vgl *Lachmann,* Rn 2436 mwN.

3. Zuständiges Gericht ist gem § 1062 Abs 1 ZPO das vereinbarte bzw dasjenige **Oberlandesgericht,** in dessen Bezirk der Schiedsort liegt.

4. **Antragsberechtigt** ist, wer durch die prozessualen Wirkungen des Schiedsspruches beschwert ist (Stein/Jonas/*Schlosser,* § 1059, Rn 10). Beschwert ist in der Regel die unterlegene Partei. Der Antrag ist gegen denjenigen zu richten, dem Rechte aus dem Schiedsspruch zum Zeitpunkt der letzten mündlichen Verhandlung des Aufhebungsantrags zustehen (Zöller/*Geimer*, ZPO, § 1059, Rn 5).

5. Die **Aufhebungsgründe** sind in § 1059 Abs 1 ZPO **abschließend** aufgezählt. Die Aufhebungsgründe sind in Wortlaut und Struktur an die Aufhebungsgründe des Art V New York Abkommen angelehnt. Liegt ein von Amts wegen zu berücksichtigender (§ 1059 Abs 2 Nr 2 ZPO) oder ein auf Rüge zu prüfender (§ 1059 Abs 2 Nr 1 ZPO) Aufhebungsgrund vor, muss das staatliche Gericht den Schiedsspruch aufheben (Stein/Jonas/*Schlosser*, ZPO, § 1059 Abs 4). Ein Ermessensspielraum besteht nicht (MüKoZPO/*Münch*, § 1059 Rn 5). Der Antrag ist (nur) begründet, wenn einer der Aufhebungsgründe des § 1059 ZPO vorliegt.

Das Gericht prüft von Amts wegen die Aufhebungsgründe gem § 1059 Abs 2 Nr 2 ZPO (fehlende objektive Schiedsfähigkeit und Verletzung des ordre public). Das Fehlen der objektiven Schiedsfähigkeit ist einschlägig, wenn das Schiedsgericht über einen nach deutschem Recht nicht schiedsfähigen Anspruch (zB Patentnichtigkeitsverfahren) oder über einen nicht vermögensrechtlichen Anspruch entscheidet, über den die Parteien nicht verfügen können. Der Begriff des ordre public im Sinne des § 1059 Abs 2 Nr 2 lit b) ZPO beschreibt die deutsche öffentliche Ordnung, die gleichwohl auch einen internationalen ordre public umfasst und die sich nicht nur mit dem Schiedsspruch als solchem befasst, sondern auch mit dem Resultat seiner Anerkennung und Vollstreckung im Inland. Es geht hier um eine offensichtliche Unvereinbarkeit mit wesentlichen Grundsätzen des deutschen Rechts (BGH, Beschl v 30.10.2008 – III ZB 17/08, NJW 2009, 1215), die nur in extremen Ausnahmefällen in Betracht kommt (BGH, Beschl v 28.1.2014 – III ZB 40/13, SchiedsVZ 2014, 98). Eine falsche Rechtsanwendung allein begründet keinen ordre public-Verstoß.

Der Antragsteller muss die Aufhebungsgründe des § 1052 Abs 2 Nr 1 ZPO, wie beispielsweise das Fehlen einer gültigen Schiedsvereinbarung, Vorenthaltung des rechtlichen Gehörs bei der Schiedsgerichtsbildung bzw im Schiedsverfahren, Unzuständigkeit des Schiedsgerichts geltend machen und begründen. Eine Inhaltskontrolle (**révision au fond**) des Schiedsspruches findet nicht statt.

Andere Gründe als die vorgenannten Aufhebungsgründe, etwa die nachträgliche Änderung der Rechtslage oder relevanter Tatsachen, sind nicht im Aufhebungsverfahren, sondern im Rahmen der Vollstreckung geltend zu machen (BayObLG, Beschl v 20.3.2004, 4 Z Sch 23/02 – unveröff).

a) **Fehlen bzw Ungültigkeit der Schiedsvereinbarung bzw der Schiedsklausel,** § 1059 Abs 2 Nr 1 a): Die Ungültigkeit der Schiedsvereinbarung kann sich zum einen aus der fehlenden subjektiven Schiedsfähigkeit einer Partei ergeben (Zöller/*Geimer*, ZPO, § 1029 Rn 19). Maßstab zur Beurteilung der Schiedsfähigkeit ist das Personalstatut der Partei, für natürliche Personen gilt Art 7 Abs 1, 12 EGBGB (Musielak/*Voit*, ZPO, § 1059 Rn 6; *Borges*, ZZP 111 (98), 487, 489), bei juristischen Personen gilt das internationale Gesellschaftsrecht (Prütting/Gehrlein/*Raeschke-Kessler*, ZPO, § 1059 Rn 21). Das Fehlen einer gültigen Schiedsvereinbarung ist als selbständiger Aufhebungsgrund nur von geringer praktischer Bedeutung, da die fehlende Zuständigkeit des Schiedsgerichts grundsätzlich spätestens mit der Klageerwiderung geltend gemacht werden muss, § 1040 Abs 2 ZPO. Anderenfalls ist die Partei in einem Aufhebungsverfahren mit diesem Vortrag präkludiert (Zöller/*Geimer*, ZPO, § 1059 Rn 39). Bejaht das Schiedsgericht seine Zuständigkeit in einem Zwischenbescheid vorab (§ 1040 Abs 2 Nr 1 ZPO), musss der Beklagte nach § 1040 Abs 2 Nr 2 ZPO vorgehen, sonst droht Präklusion (BGH, SchiedsVZ 2016, 339 = NJW-RR 2016, 1464; BGH SchiedsVZ 2016, 328).

b) Das **rechtliche Gehör** bei der Schiedsgerichtsbildung ist **verletzt** (§ 1059 Abs 2 Nr 1 b ZPO) durch nicht hinreichende Inkenntnissetzung von der Bestellung eines Schiedsrichters (§ 1053 ZPO) oder von dem Schiedsverfahren (§§ 1044, 1046 ZPO), vgl BayObLG, NJW-RR 2001, 431. Sobald eine Partei jedoch Kenntnis von der Bildung des Schiedsgerichts hat, muss sie in geeigneter Form dafür Sorge tragen, dass ihre Interessen in dem Verfahren wahrgenommen werden können, insbesondere bei längerer Ortsabwesenheit durch Instruierung eines Vertreters (OLG Hamburg, BB-Beil 4/2000, 13). Der Gehörsverstoß muss bereits im laufenden Schiedsverfahren gerügt werden. Verletzung des rechtlichen Gehörs kann auch zu bejahen sein, wenn Angriffs- oder Verteidigungsmittel nicht geltend gemacht werden konnten (München SchiedsVZ 2015, 303 und 2012, 156; Frankfurt SchiedsVZ 2014, 154). Im Aufhebungsverfahren muss die Partei darlegen, was sie bei Gewährung rechtlichen Gehörs vorgebracht hätte und wie die Entscheidung des Schiedsgerichts ohne diese Gehörsverletzung ausgefallen wäre (OLG München SchiedsVZ 12, 107, 110; *Kröll*, SchiedsVZ 2004, 113, 118).

c) **Unzuständigkeit des Schiedsgerichts** (§ 1059 Abs 2 Nr 1 c ZPO), wenn der mit der Schiedsklage geltend gemachte Streitgegenstand nicht unter die konkrete Schiedsvereinbarung fällt. Dies ist durch Auslegung zu ermitteln (BGH, Urt v 4.10.2001 – III ZR 281/00, NJW-RR 2002, 387). Die Aufhebung eines Prozessschiedsspruchs, in dem sich das Schiedsgericht zu Unrecht für unzuständig erklärt, kann nicht auf diesen Grund gestützt werden; hier steht der Partei der Weg zum staatlichen Gericht offen (BGH NJW 2002, 3031). Falls sich der Schiedsspruch nach Zuständigkeit und Unzuständigkeit des Schiedsgerichts trennen lässt, ist nur der abtrennbare, von der Kompetenzüberschreitung erfasste Teil aufzuheben, zB bei Anspruchshäufung (§ 260 ZPO), einfacher Streitgenossenschaft (§§ 59 ff ZPO) oder Widerklage.

d) Eine **fehlerhafte Bildung des Schiedsgerichts oder Fehler im Schiedsverfahren** (§ 1059 Abs 2 Nr 1 d ZPO) liegt vor bei einem strukturellen Übergewicht einer Partei bei der Zusammensetzung des Schiedsgerichts (§ 1034 Abs 2 ZPO), der Mitwirkung eines Schiedsrichters, bei dem Ausschließungs- oder Befangenheitsgründe vorgelegen haben (§ 1037 Abs 2, 3 ZPO) oder der Mitwirkung eines Schiedsrichters, der rechtlich oder tatsächlich außer Stande war, seine Aufgaben zu erfüllen (§ 1038 Abs 1 ZPO). Eine Aufhebung des Schiedsspruches kann nur begehrt werden, wenn die Partei vorher sämtliche ihr verfahrensrechtlich zur Verfügung stehenden Möglichkeiten ausgeschöpft hat, die Besetzung des Schiedsgerichts zu korrigieren (vgl § 1027 S 1 ZPO) und das Schiedsgericht das Verfahren dennoch gem § 1034 Abs 2 iVm §§ 1032 Abs 3, 1037 Abs 3 S 2 ZPO fortgesetzt hat (OLG Frankfurt SchiedsVZ 2006, 219, 221; München, SchiedsVZ 2010, 52; München, SchiedsVZ 2014, 258, 260).

e) **Verfahrensfehler** können gem § 1059 Abs 2 Nr 1 d ZPO nur zur Aufhebung führen, wenn sie entscheidungserheblich gewesen und nicht gem § 1027 S 1 ZPO präkludiert sind (OLG Naumburg, NJW-RR 2003, 71) und wenn sich der Verfahrensverstoß auf den Schiedsspruch ausgewirkt hat (BGH SchiedsVZ 2008, 40, 42; München SchiedsVZ 2010, 52, 55; Frankfurt SchiedsVZ 2013, 341, 343). Verfahrensfehler führen nur selten zu einer Aufhebung des Schiedsspruches. Einen entscheidungserheblichen Verfahrensfehler stellt zB die Entscheidung nach Billigkeit ohne entsprechende Ermächtigung der Parteien dar (OLG München, BeckRS 2005, 07606). Zu weiteren Beispielen vgl *Thomas/Putzo,* § 1059 Rn 13. Das staatliche Gericht prüft grundsätzlich nicht, ob das Schiedsgericht das Recht richtig angewendet hat (BGH RIW 1982, 972; *Sandrock*, BB 2001, 2179).

6. Die **Rechtsfolgen,** die sich bei Aufhebung des Schiedsspruches ergeben können, regelt § 1059 Abs 4 und 5 ZPO. Sofern nicht der Wille der Parteien entgegensteht, endet mit der Aufhebung des Schiedsspruches das Mandat des Schiedsgerichts. Die Schiedsvereinbarung lebt wieder auf, §§ 1059 Abs 5, 1056 Abs 3 ZPO. Der Schiedskläger kann seinen Anspruch vor einem **neuen Schiedsgericht** geltend machen. Alternativ kann das OLG *„in geeigneten Fällen"* auf Antrag einer Partei die Sache unter Aufhebung des Schiedsspruches **an dasselbe Schiedsgericht** zurückverweisen, das dann unter Beachtung der für die Aufhebung maßgebenden Gründe einen erneuten Schiedsspruch zu fällen hat (MatZPO-E 188). Eine solche Zurückverweisung kann zwar – zB zur Vermeidung einer erneuten Beweisaufnahme – ökonomisch sinnvoll sein. Andererseits stellen die Gründe, die zu einer Aufhebung des Schiedsspruches führen können, aber derart schwerwiegende Verstöße gegen grundlegende Verfahrensvorschriften und Rechtsgedanken dar, dass es schwer vorstellbar ist, dass den Parteien an einem erneuten Schiedsspruch desselben Schiedsgerichts gelegen ist. Zudem stellt sich dann die Frage, ob die Schiedsrichter für den erneuten Schiedsspruch überhaupt noch zur Verfügung stehen.

III. Bilanzrecht

Schrifttum: *Adler/Düring/Schmaltz,* Rechnungslegung und Prüfung der Unternehmen, Kommentar, 6. Aufl 1994/1998 *(ADS);* Beck'scher Bilanz-Kommentar, 12. Aufl 2020 (BeBiKo); *Brandis/Heuermann,* Einkommensteuer, Kommentar, Loseblatt, Stand Oktober 2021; *Böcking/Gros/Oser/Scheffler/Thormann,* Beck'sches Handbuch der Rechnungslegung, Loseblatt, Stand November 2021 *(Beck-HdR); Schmitt/Hörtnagl,* Umwandlungsgesetz, Umwandlungssteuergesetz, 9. Aufl. 2020; *Haritz/Menner,* Umwandlungssteuergesetz, 5. Aufl 2019; *Herrmann/Heuer/Raupach,* Einkommensteuer- und Körperschaftsteuergesetz, Kommentar Loseblatt, Stand Dezember 2021; *Küting/Pfitzer/Weber,* Handbuch der Rechnungslegung Einzelabschluss, 5. Aufl Loseblatt, Stand Juni 2019 (*Küting/Weber,* HdR); *Küting/Weber,* Handbuch der Konzernrechnungslegung, Bd II, 2. Aufl 1998 (*Küting/Weber,* HdKR); *Ludwig Schmidt,* EStG Kommentar, 40. Aufl. 2021 *(L. Schmidt*[40]*); Staub,* Großkommentar HGB, 6. Aufl 2021 (GK-HGB); *Widmann/Mayer,* Umwandlungsrecht, Kommentar, Loseblatt, Stand Juni 2020 *(Widmann/Mayer); Wiedmann/Böcking/Gros,* Bilanzrecht, 4. Aufl 2019; *Winnefeld,* Bilanzhandbuch, 5. Aufl 2015; IDW WP-Handbuch Wirtschaftsprüfung und Rechnungslegung, 17. Aufl. 2021 (WP-Hdb 21); *Schulze-Osterloh/Hennrichs/Wüstemann* (Hrsg), Handbuch des Jahresabschlusses, Loseblatt, Stand November 2021 (HdJ); *Küting/Pfitzer/Weber,* Das neue deutsche Bilanzrecht, 2. Aufl 2009.

Übersicht

A. Bilanz

1. Eröffnungsbilanz

Eröffnungsbilanz 1.1.x1[1, 4, 7]

Aktiva		Passiva	
	EUR		EUR
Bank[6]	50.000,–	Eigenkapital[14]	50.000,–
	50.000,–		50.000,–

Schrifttum: zum Inventar vgl *ADS* § 240 HGB; BeBiKo/*Störk/Philipps,* § 240; *IDW* HFA Stellungnahme 1/90, Zur körperlichen Bestandsaufnahme im Rahmen von Inventurverfahren, WPg **1990,** 143; *IDW* HFA Stellungnahme 1/81, Stichprobenverfahren für die Vorratsinventur zum Jahresabschluß, WPg **1981,** 479; *Jaspers,* Inventur von Vertriebseinrichtungen des Handels mit Hilfe von Stichprobenverfahren, WPg **2010,** 692; *Köhler,* Die Prüfung des Vorratsvermögens – Einzelfragen zum Nachweis und Ansatz sowie zum Bilanzausweis und zur Bewertung –, DStR **2009,** 309;

zur Eröffnungsbilanz: *ADS* § 242 HGB Tz 14; BeBiKo/*Störk/Philipps*, § 242 Rn 3; *Küting/Weber/Ellerich/Swart*, HdR § 242 Rn 4; *Zwirner*, Notwendigkeit einer eigenständigen BilMoG-Eröffnungsbilanz, DB **2010**, 1844; zur Buchführung: *ADS* § 238 HGB; BeBiKo/*Störk/Lewe*, § 238; *Küting/Weber/Pfitzer/Oser*, HdR § 238; *IDW* HFA Stellungnahme zur Rechnungslegung bei Personenhandelsgesellschaften: IDW RS HFA 7 nF, IDW Life **2018**, 258; *Küting/Weber/Knop*, HdR § 240; *Hachmeister/Zeyer* in Hdb Abt. I/14: Inventur und Inventar, Sept. 2021; zu Änderungen durch das BilMoG: *Ernst/Seidler*, Der Regierungsentwurf eines Gesetzes zur Modernisierung des Bilanzrechts, ZGR **2008**, 631; *Hennrichs*, Bilanzrechtsmodernisierung – erste Grundsatzfragen aus handels- und gesellschaftsrechtlicher Sicht, FS Karsten Schmidt, **2009**, 581; *Meyer*, Bilanzierung nach IFRS, US-GAAP und HGB – Probleme beim Buchen für parallele Abschlüsse, DB **2004**, 2060; *Meyer*, Gesetz zur Modernisierung des Bilanzrechts (Bilanzrechtsmodernisierungsgesetz – BilMoG) – die wesentlichen Änderungen, DStR **2009**, 762; *Theile*, Der neue Jahresabschluss nach dem BilMoG, DStR **2009**, 21; zur Steuerbilanz: *Schulze-Osterloh*, Handelsrechtliche GoB und steuerliche Gewinnermittlung, DStR **2011**, 534; *Künkele/Zwirner*, BilMoG: Handelsrechtliche Reform mit steuerlichen Konsequenzen? – Übersicht über die Änderungen durch das BilMoG und die steuerlichen Folgen, DStR **2009**, 1277; *Förster/Schmidtmann*, Steuerliche Gewinnermittlung nach dem BilMoG, BB **2009**, 1342; *Herzig/Briesemeister*, Das Ende der Einheitsbilanz – Abweichungen zwischen Handels- und Steuerbilanz nach dem BilMoG-RegE, DB **2009**, 1; *Herzig/Briesemeister*, Unterschiede zwischen Handels- und Steuerbilanz nach BilMoG – Unvermeidbare Abweichungen und Gestaltungsspielräume, WPg **10**, 63; *Schenke/Risse*, Das Maßgeblichkeitsprinzip nach dem Bilanzrechtsmodernisierungsgesetz, DB **2009**, 1957; *Herzig/Briesemeister/Schäperclaus*, E-Bilanz und Steuer-Taxonomie, DB **2010**, 1; *Lange/Rengier*, Die Verlagerung der elektronischen Buchführung in das Ausland – zur Auslegung von § 146 Abs. 2a und 2b AO, DB **2009**, 1256; *Ravenstein*, Outsourcing der Buchführung in das Ausland: Neuregelung durch das Jahressteuergesetz 2009, BRZ **2009**, 59; *Schubert/Penner/Ravenstein*, Verlagerung der Buchführung in das Ausland vor dem Hintergrund des § 146 Abs. 2 AO, DStR 2008, 632.

Anmerkungen

1. Rechtsgrundlage. Der Kaufmann hat zu Beginn seines Handelsgewerbes eine Eröffnungsbilanz aufzustellen. Nach Inkrafttreten des Bilanzrechtsmodernisierungsgesetzes (G v 25.5.2009, BGBl I 2009, 1102 (BilMoG)) besteht eine Ausnahme für „kleine" Einzelkaufleute iSv § 241a (vgl → Anm. 2). Für die Bilanzierung gelten nach § 242 Abs 1 S 2 die für den Jahresabschluss geltenden Vorschriften (Baumbach/Hopt/*Merkt* § 242 Rn 1). Durch die Eröffnungsbuchungen wird die Anfangsbilanz in Konten aufgelöst. Die Eröffnung der Konten kann mit Hilfe eines Vermittlungskontos (Eröffnungsbilanzkonto) erfolgen.

2. Buchführungspflicht. §§ 238 ff. verpflichten grundsätzlich jeden Kaufmann zur Buchführung; Nichtkaufleute und freiberuflich Tätige sind handelsrechtlich nicht zur Buchführung verpflichtet (Baumbach/Hopt/*Merkt* § 238 Rn 8).

Durch das BilMoG wurde § 241a eingefügt, der eine Befreiung von der Buchführungspflicht für Einzelkaufleute, die an den Abschlussstichtagen in zwei aufeinander folgenden Geschäftsjahren nicht mehr als EUR 500.000,00 Umsatzerlöse und EUR 50.000,00 Jahresüberschüsse aufweisen, vorsieht; im Fall der Neugründung sind die Werte am ersten Abschlussstichtag maßgebend (vgl *Ernst/Seidler*, ZGR 2008, 631). Durch das Bürokratieentlastungsgesetz (G v 28.7.2015, BGBl I 15, 1400) wurden die entsprechenden Werte ab dem 1.1.2016 auf EUR 600.000,00 (Umsatzerlöse) und EUR 60.000,00 (Jahresüberschüsse) erhöht.

Bei Handelsgesellschaften sind die Organe für die Erfüllung der Buchführungspflicht verantwortlich (OHG, KG: geschäftsführende Gesellschafter; GmbH: Geschäftsführer, § 41 GmbHG; AG: Vorstand, § 91 AktG). Grundsätzlich besteht Gesamtverantwortung, die nach der Geschäftsverteilung konkretisiert werden kann (Baumbach/Hopt/*Merkt* § 238 Rn 9). Für steuerliche Zwecke dehnt § 141 AO den Rahmen der Buchführungspflicht für gewerbliche Unternehmer sowie Land- und Forstwirte (nicht: selbstständig Tätige) aus, wenn sie eine der angegebenen Größenordnungen (nach Maßgabe des Bürokratieentlastungsgesetzes (G v 28.7.2015, BGBl I 15, 1400) für gewerbliche Unternehmer ab dem 1.1.2016: Umsätze von mehr als EUR 600.000,00 im Kalenderjahr, Gewinn von mehr als EUR 60.000,00 im Wirtschaftsjahr) überschritten haben. Allerdings muss die Finanzbehörde den Steuerpflichtigen darauf hingewiesen haben (§ 141 Abs 2 AO). Besteht Buchführungspflicht, muss für das Unternehmen ein Kontenplan aufgestellt werden, nach dem die Geschäftsvorfälle gebucht werden. Inhaltliche Anforderungen folgen aus §§ 146 ff. AO; besondere Aufzeichnungspflichten ergeben sich zB bei Sachverhalten mit Auslandsbezug, § 90 Abs 3 AO. Zur Buchführung bei Erstellen paralleler Abschlüsse nach HGB und nach internationaler Rechnungslegung vgl *Meyer,* DB 2004, 2060 ff.

Wird die Buchführungspflicht bei einem Einzelkaufmann oder einer Personenhandelsgesellschaft verletzt, bestehen handelsrechtlich keine Sanktionen. Wird indes über das Vermögen des Kaufmanns ein Insolvenzverfahren eröffnet oder die Eröffnung mangels Masse abgelehnt, kann die Verletzung der öffentlich-rechtlichen Buchführungspflicht strafrechtliche Konsequenzen haben, §§ 283 Abs 1 Nr 5, Abs 2, 283b Abs 1 Nr 1 StGB. Steuerrechtlich kann es, wenn die Bücher oder Aufzeichnungen unvollständig oder formell oder sachlich unrichtig sind, zur Schätzung nach § 162 AO kommen. Bei Nichterfüllung von Aufzeichnungspflichten nach § 90 Abs 3 AO führt § 162 Abs 4 AO zu signifikanten Steuerzuschlägen. Werden Geschäftsvorfälle vorsätzlich oder fahrlässig nicht oder falsch gebucht und damit eine Verminderung der Steuern erreicht, greifen Bußgeld- und Strafvorschriften des Steuerrechts (§§ 369 ff. AO); ferner kann hierin der strafrechtliche Untreuetatbestand (§ 266 StGB) verwirklicht werden.

Die Handelsbücher sind nach § 146 Abs 2 AO grundsätzlich im Inland zu führen und aufzubewahren; auf Antrag können ab dem 14.12.2010 (JStG 2010 v 8.12.2010, BGBl I 2010, 1768) elektronische Bücher und sonstige erforderliche elektronische Aufzeichnungen auch im Ausland (und nicht länger nur – wie seit 2008 möglich – in einem anderen EU/EWR-Mitgliedstaat) geführt und aufbewahrt werden (§ 146 Abs 2a AO); dazu BayLAfSt vom 29.1.2021, veröffentlicht in juris. Die Pflicht zur Aufbewahrung von Unterlagen beläuft sich auf 6 bzw 10 Jahre (§ 147 Abs 3 AO).

3. Zweck. Mit der kaufmännischen Buchführung als der geordneten, zeitgerechten und systematischen Erfassung von Geschäftsvorfällen soll eine in Geldgrößen ausgedrückte Dokumentation der buchungspflichtigen Ereignisse erfolgen. Sie dient dazu, die einzelnen Geschäftsvorfälle in ihrer Entstehung und Abwicklung chronologisch zu erfassen und damit einen permanenten Überblick über Vermögen und Vermögensentwicklung des zur Buchführung Verpflichteten zu verschaffen (Baumbach/Hopt/*Merkt* § 238 Rn 12 f.; BeBiKo/*Störk/Lewe,* § 238 Rn 90).

4. Beginn und Ende der Buchführungspflicht. Die Buchführungspflicht beginnt mit der Aufnahme des Handelsgewerbes durch den Kaufmann. Dies gilt nunmehr grundsätzlich für alle Kaufleute; ausgenommen sind nach Inkrafttreten des BilMoG die „kleinen" Einzelkaufleute iSv § 241a (iE → Anm. 2). Die nichteingetragenen Kleingewerbetreibenden iSv § 1 Abs 2 gelten nicht als Kaufleute, so dass für sie keine Buchführungspflicht gilt. Die frühere Unterscheidung von Muss- und Sollkaufmann ist entfallen. Bei Kapitalgesellschaften besteht die Buchführungspflicht ab Gründung der Gesellschaft, außer wenn bereits vor Gründung Geschäfte aufgenommen wurden (Baumbach/Hopt/*Merkt* § 238 Rn 17).

Die Buchführungspflicht endet, wenn die Kaufmannseigenschaft nicht mehr besteht. Das bedeutet beim Kaufmann nach § 1 die Aufgabe/Einstellung des Handelsgewerbes, nach § 2 den Verlust der zur Kaufmannseigenschaft führenden Sachverhalte, bei Handelsgesellschaften nach Abwicklung aller Geschäfte (BeBiKo/*Störk/Lewe,* § 238 Rn 78 ff.).

5. Kontenrahmen mit Zuordnung zum Jahresabschluss. Der Kontenrahmen ist ein Organisationsplan für die Buchführung des Betriebs, durch den Ordnung und Übersicht in die Vielzahl der Konten gebracht werden soll. Der Industrie-Kontenrahmen nutzt die

Klassen (= erste Zahl der Kontennummer) 0 bis 4 für die Bilanz und die Klassen 5 bis 7 für die Gewinn- und Verlustrechnung, während die Klasse 8 die Eröffnungs- und Abschlusskonten enthält und Klasse 9 für eine Kosten- und Leistungsrechnung genutzt werden kann.

6. Umfang des Betriebsvermögens. Der Kaufmann hat „sein" Vermögen im Rahmen der Buchführung und Bilanzierung auszuweisen, §§ 242 Abs 1, 246 Abs 1. Maßgebend für die Zuordnung ist zunächst das bürgerlich-rechtliche Eigentum. Decken sich das bürgerlich-rechtliche Eigentum und das wirtschaftliche Eigentum (= tatsächliche Herrschaft über einen Vermögensgegenstand) nicht, ist sowohl in der Handels- als auch in der Steuerbilanz (§ 39 Abs 2 AO) das wirtschaftliche Eigentum ausschlaggebend. Durch das BilMoG wurde das Prinzip der wirtschaftlichen Zurechnung nunmehr ausdrücklich in § 246 Abs 1 S 2 normiert (Baumbach/Hopt/*Merkt* § 246 Rn 3). Eine wirtschaftliche Zurechnung kommt indes nur in Betracht, wenn Substanz und Ertrag des Vermögensgegenstandes auf Dauer dem Kaufmann (wirtschaftlicher Eigentümer) und nicht dem bürgerlich-rechtlichen Eigentümer zuzuordnen sind (BGH DB 1996, 268 mit Anm. *Schulze-Osterloh* WiR 1996, 177; BGHZ 137, 378 (Tomberger); BFH BStBl II 2002, 741; *Kusterer,* DStR 1996, 438).

Der Begriff „sein Vermögen" umfasst nur das Betriebsvermögen, nicht das ausschließlich privat genutzte Vermögen des Kaufmanns (= notwendiges Privatvermögen). Vermögensgegenstände, die sowohl betrieblich als auch privat genutzt werden und deshalb nicht eindeutig einem Bereich zugeordnet werden können, sind durch den Kaufmann dem Betriebsvermögen oder dem Privatvermögen zuzuordnen. Entscheidet sich der Kaufmann für das Betriebsvermögen, so muss dieses in der Buchführung/Bilanz zum Ausdruck kommen (zur steuerlichen Zuordnung BFH BStBl II 03, 297).

Für Zwecke der steuerlichen Gewinnermittlung gibt es in Verbindung mit der Beteiligung an einer Mitunternehmerschaft sog Sonderbetriebsvermögen. Dazu gehören Wirtschaftsgüter, die nicht zum Gesamthandsvermögen der Gesellschaft gehören, aber im Eigentum eines Mitunternehmers stehen und entweder der Personengesellschaft (= Sonderbetriebsvermögen I) oder der Beteiligung des Gesellschafters an dieser dienen (= Sonderbetriebsvermögen II; Bsp: bei einer GmbH & Co KG: der Geschäftsanteil eines Kommanditisten an der Komplementär-GmbH), s Form. III.J.1. Vermögensgegenstände dieser Art dürfen im handelsrechtlichen Jahresabschluss nicht bilanziert werden (vgl IDW RS HFA 7 nF, IDW Life 2018, 258; BFH BStBl II 2004, 804). Die Buchführungspflicht erstreckt sich gleichwohl auf das Sonderbetriebsvermögen (vgl *L. Schmidt/Weber-Grellet,* EStG^{40} § 5 Rn 12).

7. Zeitpunkt. Maßgeblicher Zeitpunkt für die Aufstellung der Eröffnungsbilanz ist idR derjenige, an dem die Buchführungspflicht beginnt (→ Anm. 4; *ADS* § 242 HGB Tz 23). Das sind zB die Aufnahme des Handelsgewerbes oder die Gründung der Handelsgesellschaft. Auch bei Zuordnung von Rechtsgeschäften zu einem zurückliegenden Zeitpunkt (zB Verschmelzungsstichtag nach § 5 Abs 1 Nr 6 UmwG) kann die Eröffnungsbilanz nicht zu einem zuvor liegenden Zeitpunkt aufgestellt werden.

8. Inventur/Inventar. Inventur ist die körperliche Aufnahme aller Vermögensgegenstände des Betriebes, die am Ende jedes Wirtschaftsjahres vorzunehmen ist (vgl § 240 Abs 2). Das Ergebnis der Inventur findet Eingang in das Inventar (§ 240 Abs 1), in dem alle Vermögensgegenstände und Schulden aufgeführt werden (Baumbach/Hopt/*Merkt* § 240 Rn 1).

Bei der Inventur der Vorräte sind die Menge (Maß, Zahl, Gewicht), die Bezeichnung (Art, Größe) und der Wert der Maßeinheit für jeden Gegenstand des Umlaufvermögens zu ermitteln und aufzuzeichnen. Daraus sind der Wert des jeweiligen Vorrats und der Wert des gesamten Bestandes der Vorräte zu errechnen. Bestand und Höhe von unkörperlichen Vermögensgegenständen wie Forderungen und Schulden wird durch Buchinventur, durch Belege, Kontoauszüge und Saldenbestätigungen ermittelt. Auf die jährliche körperliche Bestandsaufnahme bei den beweglichen Gegenständen des Anlagevermögens kann verzichtet werden, wenn ein Anlageverzeichnis geführt wird (vgl → Anm. 11).

Keine Verpflichtung zur Inventur und zur Erstellung des Inventars besteht für „kleine" Einzelkaufleute iSv § 241a (vgl → Anm. 2).

9. Inventurerleichterungen. Für die körperliche Bestandsaufnahme ist die Anwendung des Stichprobenverfahrens (§ 241 Abs 1; Baumbach/Hopt/*Merkt* § 241 Rn 1), der permanenten Inventur (§ 241 Abs 2; Baumbach/Hopt/*Merkt* § 241 Rn 2), der vor- oder nachverlagerten Stichtagsinventur (§ 241 Abs 3; drei Monate vor bzw zwei Monate nach dem Bilanzstichtag; Baumbach/Hopt/*Merkt* § 241 Rn 3) und der zeitnahen Inventur (R 5.3 Abs 1 S 2 EStR: 10 Tage vor oder nach dem Bilanzstichtag) zulässig. Bewertungserleichterungen bestehen durch Ansatz eines Festwerts (§ 240 Abs 3; Baumbach/Hopt/*Merkt* § 240 Rn 7) oder durch Gruppenbewertung und Ansatz zum Durchschnittswert (§ 240 Abs 4; Baumbach/Hopt/*Merkt* § 240 Rn 8).

10. Inventurgrundsätze. Zur Vorbereitung, Durchführung, Auswertung und Überwachung einer Inventur gelten §§ 238–241: **a)** Vollständigkeit der Bestandsaufnahme (Bedeutung insbesondere bei um den Bilanzstichtag ein- und ausgehender Ware, schwimmender Ware); **b)** Richtigkeit der Bestandsaufnahme (eindeutige Identifizierung der Vermögensgegenstände und Erfassung sämtlicher für die Bewertung erforderlicher Informationen); **c)** Einzelerfassung der Bestände (Ausnahme: Festwert- und Gruppenbewertung); **d)** Nachprüfbarkeit der Bestandsaufnahme (Dokumentation der Inventur, Nachvollziehbarkeit, Aufbewahrung der Inventurunterlagen). Vgl auch R 5.3 EStR.

11. Im **Anlageverzeichnis** ist jeder Zugang und Abgang laufend in einem Bestandsverzeichnis einzutragen; auf Grund dieses Verzeichnisses müssen die am Bilanzstichtag vorhandenen Gegenstände ohne weiteres ermittelt werden können (vgl R 5.4 EStR). In dem Anlageverzeichnis müssen geringwertige Anlagegüter, deren Anschaffungs- oder Herstellungskosten nicht mehr als EUR 800,00 (seit dem 1.1.2018) betragen, nicht aufgeführt werden (R 5.4 Abs 1 S. 3 EStR iVm § 6 Abs 2 EStG).

12. Die Inventur ist Voraussetzung für die Erstellung der Eröffnungsbilanz und eines ordnungsmäßigen **Jahresabschlusses.** Die Überleitung des Inventars zur Bilanz erfordert die Zusammenfassung der im Inventar verzeichneten Vermögensgegenstände zu den Bilanzposten und ggf die Korrektur der aus der Buchführung ermittelten Werte, und zwar zB: **a)** verlustfreie Bewertung für Vorräte (Niederstwertansatz zB infolge niedrigerer Tagespreise, Gängigkeitsrisiken), Korrekturen auf Grund von steuerlichen Vorschriften und anderer Bewertungsverfahren; **b)** Ermittlung von Einzel- und Pauschalwertberichtigung für Forderungen.

13. Aktivvermögen. Die Eröffnungsbilanz hat die dem Kaufmann gehörenden und dem Betrieb zugeordneten Vermögensgegenstände vollständig wiederzugeben, §§ 242 Abs 1 S 2, 246 Abs 1 S 1. Dazu gehören alle aktivierungsfähigen und aktivierungspflichtigen Vermögensgegenstände. Mit Neufassung durch das BilMoG wurde das Bilanzierungsverbot für selbstgeschaffenen immaterielle Wirtschaftsgüter des Anlagevermögens (§ 248 Abs 2 aF) gestrichen; für solche Güter gilt nun ein Aktivierungswahlrecht, sofern es sich um Vermögensgegenstände iSd § 246 Abs 1 handelt.

Bei eingeforderter, aber nicht vollständig geleisteter Bareinlage ist bei Kapitalgesellschaften eine entsprechende Forderung zu aktivieren, § 272 Abs 1 S 2 Halbs 2; mit Neufassung durch das BilMoG sind demgegenüber ausstehende, aber nicht eingeforderte Einlagen stets auf der Passivseite auszuweisen, § 272 Abs 1 S 2 Halbs 1.

Zur Zuordnung bei gewillkürtem Betriebsvermögen BFH BStBl II 2004, 985; BMF-Schreiben v 17. 11. 04, BStBl I 2004, 1064. Bei Sacheinlagen konnte bereits nach bisherigem Recht auch ein eingebrachter immaterieller Vermögensgegenstand des Anlagevermögens angesetzt werden, da die Sacheinlage einem entgeltlichen Erwerb entspricht, § 248 Abs 2 aF; *ADS* § 248 HGB Tz 21. Zur Bewertung von Sacheinlagen BFH BStBl II 2004, 639.

Nr 6, Abs 2), s Baumbach/Hueck/*Haas,* § 42 GmbHG Rn 15 f. In der Bilanz der Personenhandelsgesellschaft sind nur die dem Gesamthandsvermögen bürgerlich-rechtlich oder wirtschaftlich zuzuordnenden Vermögensgegenstände anzusetzen (→ Form. III.A.1 Anm. 6).

3. Für den Jahresabschluss der Einzelkaufleute und Personenhandelsgesellschaften im Allgemeinen ist ein **Gliederungsschema** nicht vorgeschrieben (Ausnahme → Anm. 4). Unter Berücksichtigung der **formellen GoB** ist eine klare und übersichtliche Gliederung erforderlich, § 243 Abs 2. In der Bilanz sind das Anlage- und Umlaufvermögen, das Eigenkapital, die Schulden, die Rechnungsabgrenzungsposten sowie die Abgrenzungen für latente Steuern gesondert auszuweisen und hinreichend aufzugliedern, § 247 Abs 1. Bei der Wahl des Bilanzschemas ist der Informationszweck des Jahresabschlusses zu berücksichtigen. Es wird daher empfohlen, die Gliederungsvorschriften des HGB für große Kapitalgesellschaften, soweit sie auch die Einzelkaufleute und Personenhandelsgesellschaften betreffen, anzuwenden (Bundessteuerberaterkammer StB 1988, 46, 48).

4. Für **Personengesellschaften** iSv § 264a gelten auch die besonderen Regelungsvorschriften der §§ 265–289 f. Abweichungen zu den sonst für Kapitalgesellschaften geltenden Vorschriften enthält § 264c zB für Ausleihungen, Forderungen und Verbindlichkeiten gegenüber Gesellschaften, die nach Abs 1 gesondert auszuweisen oder im Anhang anzugeben sind; die Gliederung des Eigenkapitals folgt aus Abs 2 statt aus §§ 272, 266 Abs 3 A I–V. Die Kapitalanteile aller phG und aller Kommanditisten können grundsätzlich jeweils zusammengefasst werden. Allerdings dürfen bei Personengesellschaften iSv § 264a negative Kapitalkonten einzelner Gesellschafter nicht mit positiven Kapitalkonten anderer Gesellschafter, auch nicht in der gleichen Gesellschaftergruppe, saldiert werden (IDW RS HFA 7 nF Tz 44, IDW Life 2018, 258). Verluste werden mit dem Kapitalanteil verrechnet; übersteigende Verluste dürfen nur bei bestehender Einzahlungspflicht auf der Aktivseite als „Einzahlungsverpflichtungen von phG“ ausgewiesen werden, sonst als „Nicht durch Vermögenseinlagen gedeckter Verlustanteil“. Als Rücklage sind nur die Beträge auszuweisen, die auf Grund einer gesellschaftsrechtlichen Vereinbarung gebildet wurden. Der Ausweis eines Gewinnvortrags, Verlustvortrags, Jahresüberschusses und Jahresfehlbetrags ist wegen § 120 Abs 2 und § 167 nur bei abweichender gesellschaftsvertraglicher Regelung, die einen Beschluss über die Verwendung des Jahresergebnisses (und für diese Beschlussfassung mehrere Alternativen) vorsieht (vgl § 268 Abs 1), möglich; IDW RS HFA 7 Tz 47 f.; BeBiKo/*Schmidt/K. Hoffmann* § 264c Rn 41, 51.

5. Regelungen im Gesellschaftsvertrag. Enthält der Gesellschaftsvertrag (vgl → Form. II.B.1 Anm. 1 ff.) zulässigerweise Regelungen über den Jahresabschluss, sind diese zu beachten; der Vorrang der gesetzlichen Bestimmungen bleibt bestehen. In Betracht kommen Regelungen über die Gliederung, Ansatz und Bewertung, insb. jedoch über die Bildung von Rücklagen (vgl *ADS* Vorbem zu §§ 41–42a GmbHG Tz 3). Sollen zB Abschreibungen nach § 253 Abs 3 S 4 sowie steuerliche Sonderabschreibungen zulässig sein, muss dies im Gesellschaftsvertrag vorgesehen sein oder es bedarf einer einvernehmlichen Entscheidung der Gesellschafter, vgl BGH ZIP 1996, 750, ferner *Hopt,* FS Odersky, 1996, 799, 801 ff. Die allg Anweisung, dass die Handelsbilanz mit der Steuerbilanz übereinstimmen soll, wird unwirksam, soweit das Steuerrecht mit zwingenden Regelungen des Handelsrechts in Widerspruch steht (BayObLG NJW 1998, 916 ff.; *ADS* Vorbem zu §§ 41–42a GmbHG Tz 3).

6. Eine Aufgliederung der **Forderungen** gegenüber Gesellschaften, mit denen ein Beteiligungsverhältnis besteht, oder gegenüber verbundenen Unternehmen ist im Allgemeinen nicht erforderlich. Von Bedeutung ist die Abgrenzung von Kapitalkonten der Gesellschafter und Forderungen und Verbindlichkeiten, die zB aus Lieferungen und

Leistungen entstanden sind. Bei Personenhandelsgesellschaften iSv § 264a sind Ausleihungen, Forderungen und Verbindlichkeiten gegenüber Gesellschaftern gesondert auszuweisen oder im Anhang anzugeben, § 264c Abs 1. Zur Aktivierung von Beteiligungserträgen aus Kapitalgesellschaften s → Form. III.B.1 Anm. 12.

7. Eigenkapital. Die Kapitalanteile der Gesellschafter einer OHG können in der Bilanz in einem Posten, die Kapitalanteile der persönlich haftenden Gesellschafter und der Kommanditisten können in jeweils einem Posten unter der entsprechenden Bezeichnung zusammengefasst werden. Zu den Kapitalanteilen der Gesellschafter einer Personenhandelsgesellschaft iSv § 264a vgl → Anm. 4. Bilden die Gesellschafter auf Grund des Gesellschaftsvertrages oder durch Mehrheitsbeschluss Rücklagen, sind diese Teil des Eigenkapitals und können gesondert ausgewiesen werden. Gesellschafterkonten, die Fremdkapitalcharakter haben, dürfen nicht als Eigenkapital ausgewiesen werden.

8. Verbindlichkeiten sind Schulden der Gesellschaft; Verbindlichkeiten der Gesellschafter dürfen nicht in der Gesellschaftsbilanz ausgewiesen werden. Verbindlichkeiten der Gesellschaft gegenüber Gesellschaftern sollten aus Gründen der Bilanzklarheit (bei Personenhandelsgesellschaften iSv § 264a: müssen) getrennt von den übrigen Verbindlichkeiten dargestellt werden; zulässig ist die Kenntlichmachung durch einen Davon-Vermerk. Soweit die Vorschriften des Zweiten Unterabschnitts des Dritten Buchs keine Anwendung finden, ist eine Aufgliederung der Verbindlichkeiten gegenüber Gesellschaften, die verbundene Unternehmen sind oder mit denen ein Beteiligungsverhältnis besteht, nicht erforderlich. Vor Inkrafttreten des G zur Modernisierung des GmbH-Rechts und zur Bekämpfung von Missbräuchen (G vom 23. 10. 08, BGBl I 2008, 2026 (MoMiG)) konnten Gesellschafterdarlehen bei Personenhandelsgesellschaften iSv § 264a kapitalersetzenden Charakter haben, §§ 129a, 172a aF. Nunmehr gelten nach § 39 Abs 4 S 1 InsO alle Darlehensrückzahlungsansprüche von Gesellschaftern einer Gesellschaft ohne eine natürliche Person als phG als nachrangige Insolvenzforderungen. Trotz dieser Behandlung waren und sind Gesellschafterdarlehen im Jahresabschluss als Verbindlichkeit auszuweisen; BGH DStR 2001, 175 m Anm. *Goette;* BFH BStBl II 2010, 177.

9. Die **Haftungsverhältnisse** müssen unter der Bilanz in einem Betrag angegeben werden, § 251 (*Kortmann* DB 87, 2577). Zu Änderungen durch das BilRUG → Form. III.A.4 Anm. 15; zu Patronatserklärungen → Form. II.K.1, → Form. II.K.2.

10. Unterschrift, Währung. Der Jahresabschluss ist in deutscher Sprache aufzustellen (§ 244) und ist zu **unterschreiben** (§ 245), bei Einzelkaufleuten und Personenhandelsgesellschaft Bilanz und GuV, bei Kapitalgesellschaft Bilanz, GuV und Anhang (*Erle* WPg 87, 637). Seit der dritten Stufe der Währungsunion (in Kraft seit 1.1.1999) ist der Jahresabschluss in **EUR** aufzustellen (§ 244). Nach den Übergangsregelungen war letztmals für die im Jahr 2001 endenden Geschäftsjahre die Aufstellung in DM zulässig, so Art 42 Abs 1 EGHGB.

11. Aufstellungsfrist. Der Jahresabschluss eines Einzelkaufmannes oder einer Personenhandelsgesellschaft ist innerhalb der einem ordnungsmäßigen Geschäftsgang entsprechenden Zeit aufzustellen, § 243 Abs 3. Eine kalendermäßig bestimmte Frist besteht hier nicht, Baumbach/Hopt/*Merkt* § 243 Rn 11. Im Gesellschaftsvertrag kann mit interner Bindungswirkung eine Aufstellungsfrist vorgesehen werden (s → Form. II.B.1 Anm. 11 [3 Monate]). Für Personenhandelsgesellschaften iSv § 264a gilt die 3-Monatsfrist aus § 264 Abs 1 S 3, bei kleinen Gesellschaften verlängert auf längstens 6 Monate, § 264 Abs 1 S 4. Zu den Folgen der Fristversäumung Baumbach/Hopt/*Merkt* § 243 Rn 11; zu den steuerlichen Folgen *L. Schmidt/Weber-Grellet,* EStG[40] § 5 Rn 18 f.

12. Publizitätsgesetz. Überschreitet ein Unternehmen, welches nicht unter §§ 264a oder b fällt, an drei aufeinander folgenden Stichtagen (§ 2 Abs 1 PublG) zwei der drei Größenmerkmale des § 1 PublG (Bilanzsumme EUR 65 Mio, Umsatzerlöse in 12 Monaten vor dem Abschlussstichtag EUR 130 Mio, 5000 Arbeitnehmer im Durchschnitt von 12 Monaten vor dem Abschlussstichtag), müssen nach § 5 Abs 1 PublG am dritten Stichtag die Vorschriften über Inhalt und Gliederung der Bilanz für große Kapitalgesellschaften beachtet werden (*ADS* § 2 PublG Tz 4; BeBiKo/*Schubert*/*Waubke* § 266 Rn 30; *Küting*/*Weber*/*Ischebeck*/*Nissen-Schmidt*, HdR PublG § 2 Rn 1).

3. Kurzfassung einer Bilanz (mit Aufgliederung im Anhang)

Aktiva[1] — Bilanz 31.12.x2 — Passiva[2, 4]

	31.12.x2 EUR	31.12.x1 TEUR		31.12.x2 EUR	31.12.x1 TEUR
A. Anlagevermögen			A. Eigenkapital		
I. Immaterielle Vermögensgegenstände	816.021,–	712	I. Gezeichnetes Kapital	2.000.000,–	2.000
II. Sachanlagen	2.768.888,–	2.644	II. Kapitalrücklage	200.000,–	200
III. Finanzanlagen	1.200.000,–	1.000	III. Gewinnrücklagen	500.000,–	300
			IV. Bilanzgewinn	510.800,–	487
	4.784.909,–	4.356		3.210.800,–	2.987
B. Umlaufvermögen			B. Rückstellungen	1.827.100,–	1.810
I. Vorräte	1.766.406,73	1.523	C. Verbindlichkeiten	3.651.284,46	3.163
II. Forderungen und sonst. Vermögensgegenstände[3]	1.218.866,20	1.173	D. Rechnungsabgrenzung	23.000,–	21
III. Wertpapiere	323.000,–	303	E. Passive Latente Steuern	20.000,–	-
IV. Kassenbestand, Bank	601.190,53	599			
	3.909.463,46	3.598			
C. Rechnungsabgrenzung	37.812,–	17			
D. Aktive latente Steuern	–,–	10			
	8.732.184,46	7.981		8.732.184,46	7.981

Schrifttum: *ADS* § 265 HGB Tz 86; BeBiKo/*Störk*/*Büssow* § 265 Rn 17; *Küting*/*Weber*/*Hütten*/*Lorson*, HdR § 265 Rn 108 ff.

Anmerkungen

1. Kurzfassung. Nach § 265 Abs 7 können bei einer Bilanz für mittelgroße und große Personenhandelsgesellschaften nach § 264a und Kapitalgesellschaften iSv § 267 Abs 2 und 3 die mit arabischen Zahlen versehenen Posten der Bilanz zusammengefasst ausgewiesen werden. Eine Zusammenfassung ist zulässig, wenn für die Vermittlung eines den tatsächlichen Verhältnissen entsprechenden Bildes nach § 264 Abs 2 unerhebliche Beträge ausgewiesen werden (Nr 1). Dabei ist der Gesamteindruck des Jahresabschlusses maßgeblich. Die Zusammenfassung darf nach Nr 2 ferner erfolgen zur Vergrößerung der Klarheit, wobei die zusammengefassten Posten im Anhang entsprechend dem Gliederungsschema des § 266 gesondert darzustellen sind. Dabei sind jeweils auch die

Vorjahresbeträge anzugeben; der Stetigkeitsgrundsatz ist zu beachten. Da durch die Anhangangabe ein Informationsverlust nicht eintritt, sollten keine strengen Maßstäbe an die Zulässigkeit der Zusammenfassung von Posten angelegt werden (BeBiKo/*Störk/Büssow* § 265 Rn 17).

2. Gesonderter Ausweis im Anhang. Werden mit arabischen Ziffern versehene Posten in der Bilanz zusammengefasst, muss im Anhang nach § 265 Abs 7 eine Aufgliederung erfolgen; sie lautet zB für den Posten „Forderungen und sonstige Vermögensgegenstände" (§ 266 Abs 2 B II):

1. Forderungen aus Lieferungen und Leistungen (davon mit einer Restlaufzeit von mehr als einem Jahr),
2. Forderungen gegen verbundene Unternehmen (davon mit einer Restlaufzeit von mehr als einem Jahr),
3. Forderungen gegen Unternehmen, mit denen ein Beteiligungsverhältnis besteht (davon mit einer Restlaufzeit mit mehr als einem Jahr),
4. Sonstige Vermögensgegenstände.

3. Aufstellung der Angaben, die wahlweise in der Bilanz als **„Davon-Vermerk"** oder im Anhang genannt werden können: *ADS* § 284 HGB Tz 45.

4. Posteninhalte iE. S → Form. III.A.1 Anm. 1 ff., → Form. III.A.2 Anm. 1 ff. und → Form. III.A.4 Anm. 1 (Langfassung einer Bilanz).

4. Langfassung einer Bilanz

Aktivseite **Bilanz zum 31.12.x2[1, 2]** **Passivseite**

		31.12.x2 EUR	31.12.x1 TEUR
A.	Anlagevermögen[3]		
I.	Immaterielle Vermögensgegenstände		
1.	Selbst geschaffene gewerbliche Schutzrechte und ähnliche Rechte und Werte	190.000,–	–
2.	entgeltlich erworbene Konzessionen, gewerbliche Schutzrechte und ähnliche Rechte und Werte sowie Lizenzen an solchen Rechten und Werten	550.000,–	700
3.	Geschäfts- oder Firmenwert	200.000,–	300
4.	geleistete Anzahlungen	66.021,–	12
II.	Sachanlagen		
1.	Grundstücke, grundstücksgleiche Rechte und Bauten einschließl. der Bauten auf fremden Grundstücken	5.700.000,–	5.640
2.	technische Anlagen und Maschinen	1.400.000,–	1.350

		31.12.x2 EUR	31.12.x1 TEUR
A.	Eigenkapital[10]		
I.	Gezeichnetes Kapital	(4.000.000,–)	(4.000)
–	./. nicht eingeforderte Einlagen	(100.000,–)	(100)
–	Eingefordertes Kapital	(3.900.000,–)	(3.900)
–	./. Nennbeträge/rechnerischer Wert eigener Anteile	(10.000,–)	(10)
–	Ausstehendes Kapital	3.890.000,–	3.890
II.	Kapitalrücklage	4.200.000,–	4.200
III.	Gewinnrücklagen		
1.	gesetzliche Rücklage	50.000,–	50
2.	Rücklage für Anteile an einem herrschenden oder mehrheitlich beteiligten Unternehmen	20.000,–	20
3.	satzungsmäßige Rücklagen	190.000,–	190
4.	andere Gewinnrücklagen	250.000,–	50
IV.	Gewinnvortrag/ Verlustvortrag	10.000,–	50
V.	Bilanzgewinn	510.800,–	487

3.	andere Anlagen, Betriebs- und Geschäftsausstattung	610.000,–	520
4.	geleistete Anzahlungen und Anlagen im Bau	58.888,–	134
III.	Finanzanlagen		
1.	Anteile an verbundenen Unternehmen	800.000,–	800
2.	Ausleihungen an verbundene Unternehmen	–,–	10
3.	Beteiligungen	280.000,–	180
4.	Ausleihungen an Unternehmen, mit denen ein Beteiligungsverhältnis besteht	–,–	10
5.	Wertpapiere des Anlagevermögens	100.000,–	–
6.	sonstige Ausleihungen	30.000,–	–
		9.984.909,–	9.656
B.	Umlaufvermögen[4]		
I.	Vorräte		
1.	Roh–, Hilfs– und Betriebsstoffe	1.388.466,73	1.280
2.	unfertige Erzeugnisse, unfertige Leistungen	3.143.400,–	2.998
3.	fertige Erzeugnisse und Waren	218.540,–	245
4.	geleistete Anzahlungen	16.000,–	–
II.	Forderungen und sonstige Vermögensgegenstände		
1.	Forderungen aus Lieferungen und Leistungen	123.000,–	212
–	davon mit einer Restlaufzeit von mehr als 1 Jahr	(–,–)	22
2.	Forderungen gegen verbundene Unternehmen	238.000,–	190
–	davon mit einer Restlaufzeit von mehr als 1 Jahr	(–,–)	(10)
3.	Forderungen gegen Unternehmen, mit denen ein Beteiligungsverhältnis besteht	–,–	1
–	davon mit einer Restlaufzeit von mehr als 1 Jahr	(–,–)	(–)
4.	eingeforderte ausstehende Einlagen	100.000,–	100
5.	sonstige Vermögensgegenstände[5]	2.847.886,20	2.708
III.	Wertpapiere		
1.	Anteile an verbundenen Unternehmen	–,–	10
2.	sonstige Wertpapiere	303.000,–	293

		9.120.800,–	8.937
B.	Rückstellungen		
1.	Rückstellungen für Pensionen und ähnliche Verpflichtungen	918.700,–	860
2.	Steuerrückstellungen	260.000,–	200
3.	Sonstige Rückstellungen[11]	668.360,–	740
		1.847.060,–	1.800
C.	Verbindlichkeiten[12]		
1.	Anleihen	15.000,–	8
–	davon konvertibel	(–,–)	(–)
–	davon Restlaufzeit bis zu 1 Jahr	(–,–)	(8)
–	davon Restlaufzeit von mehr als 1 Jahr	(–,–)	(–)
2.	Verbindlichkeiten gegenüber Kreditinstituten	6.200.000,–	5.900
–	davon Restlaufzeit bis zu 1 Jahr	(1.000.000,–)	(1.000)
–	davon Restlaufzeit von mehr als 1 Jahr	(5.200.000,–)	(4.900)
3.	erhaltene Anzahlungen auf Bestellungen	12.000,–	–
4.	Verbindlichkeiten aus Lieferungen und Leistungen	2.592.483,12	2.600
–	davon Restlaufzeit bis zu 1 Jahr	(2.592.483,12)	(2.600)
–	davon Restlaufzeit von mehr als 1 Jahr	(–,–)	(0)
5.	Verbindlichkeiten aus der Annahme gezogener Wechsel und der Ausstellung eigener Wechsel	–,–[13]	12
–	davon Restlaufzeit bis zu 1 Jahr	(–,–)	(12)
–	davon Restlaufzeit von mehr als 1 Jahr	(–,–)	(–)
6.	Verbindlichkeiten gegenüber verbundenen Unternehmen	232.800,–	300
–	davon Restlaufzeit bis zu 1 Jahr	(212.800,–)	(300)
–	davon Restlaufzeit von mehr als 1 Jahr	(20.000,–)	(–)
7.	Verbindlichkeiten gegenüber Unternehmen, mit denen ein Beteiligungsverhältnis besteht	–,–	4
–	davon Restlaufzeit bis zu 1 Jahr	(–,–)	(4)
–	davon Restlaufzeit von mehr als 1 Jahr	(–,–)	(–)
8.	sonstige Verbindlichkeiten	969.001,34	759
–	davon aus Steuern	(44.212,–)	(42)

IV.	Kassenbestand, Bundesbankguthaben, Guthaben bei Kreditinstituten und Schecks	2.601.190,53	2.599
		10.979.483,46	10.658
C.	Rechnungsabgrenzungsposten[7]		
I.	Disagio[6]	28.000,–	–
II.	Sonstige Rechnungsabgrenzungsposten	9.812,–	17
		37.812,–	17
D.	Aktive latente Steuern[8]	–,–	10
E.	Aktiver Unterschiedsbetrag aus der Vermögensrechnung[9]	10.000,–	–
Bilanzsumme		21.012.204,46	20.341

–	davon im Rahmen der sozialen Sicherheit	(38.720,–)	(36)
–	davon Restlaufzeit bis zu 1 Jahr	(969.001,34)	(759)
–	davon Restlaufzeit von mehr als 1 Jahr	(–,–)	(–)
		10.021.284,46	9.583
D.	Rechnungsabgrenzungsposten	23.000,–	21
E.	Passive latente Steuern[8]	60	–
Bilanzsumme		21.012.204,46	20.341

Schrifttum: *ADS* § 266 HGB; Baumbach/*Hueck/Haas,* § 42 GmbHG; BeBiKo/*Schubert/Waubke,* § 266; *IDW* HFA Stellungnahme zur Rechnungslegung bei Personenhandelsgesellschaften: IDW RS HFA 7 nF, IDW Life **18**, 258; *IDW* HFA Stellungnahme 1/94, Zur Behandlung von Genußrechten im Jahresabschluß von Kapitalgesellschaften, WPg **1994**, 419, WPg **1998**, 891; *IDW* HFA, geänderter Entwurf einer Verlautbarung zur Währungsumrechnung im Jahres- und Konzernabschluss, WPg **1996**, 664; *IDW* HFA Stellungnahme zu Zweifelsfragen zum Ansatz und zur Bewertung von Drohverlustrückstellungen: IDW RS HFA 4, WPg Supplement **3/10**, 51; WPg Supplement **1/13**, 131; *IDW* Rechnungslegungshinweis: Rückstellungen für die Aufbewahrung von Geschäftsunterlagen sowie für die Aufstellung, Prüfung und Offenlegung von Abschlüssen und Lageberichten nach § 249 Abs. 1 HGB: IDW RH HFA 1.009, WPg Supplement **3/10**, 108; *Küting/Weber/Dusemond/Heusinger-Lange/Knop,* HdR § 266 HGB; *Lüdenbach/Hoffmann,* Verbindliches Mindestgliederungsschema für die IFRS-Bilanz, KoR **2004**, 89; *Marx/Dallmann,* Jahresabschlußpublizität mittelständischer Unternehmen, BB **2004**, 929; *Meyer,* Bilanzierung nach IFRS, US-GAAP und HGB – Probleme beim Buchen für parallele Abschlüsse, DB **2004**, 2060; *Kropff,* Nettoausweis des Gezeichneten Kapitals und Kapitalschutz, ZIP **2009**, 1137; zu Änderungen durch das BilMoG und das BilRUG: *Oser/Roß/Wader/Drögemüller,* Ausgewählte Neuregelungen des Bilanzrechtsmodernisierungsgesetzes (BilMoG), WPg **2008**, 49; *Meyer,* Gesetz zur Modernisierung des Bilanzrechts (Bilanzrechtsmodernisierungsgesetz – BilMoG) – die wesentlichen Änderungen, DStR **2009**, 762; *Eppinger,* Zur Bilanzierung von Urlaubsrückstellungen im Lichte der aktuellen arbeitsrechtlichen Rechtsprechung, DB **2010**, 9; *Herzig/Briesemeister,* Steuerliche Konsequenzen der Bilanzrechtsmodernisierung für Ansatz und Bewertung, DB **2009**, 976; *Schülke,* Zur Aktivierbarkeit selbstgeschaffener immaterieller Vermögensgegenstände, DStR **2010**, 992; *Hennrichs,* Immaterielle Vermögensgegenstände nach dem Entwurf des Bilanzrechtsmodernisierungsgesetzes (BilMoG) – Gemeinsamkeiten und verbleibende Unterschiede zwischen modernisiertem HGB-Bilanzrecht und IFRS (IAS 38, IFRS 3) –, DB **2008**, 537; *Moxter,* Aktivierungspflicht für selbsterstellte immaterielle Anlagewerte?, DB **2008**, 1514; *Wehrheim/Rupp,* Die Passivierung von Rückstellungen für Innenverpflichtungen nach Inkrafttreten des BilMoG, DStR **2010**, 821; *Löw/Scharpf/Weigel,* Auswirkungen des Regierungsentwurfs zur Modernisierung des Bilanzrechts auf die Bilanzierung von Finanzinstrumenten, WPg **2008**, 1011; *Schmidt,* Grundfragen zur abstrakten Aktivierungsfähigkeit selbst geschaffener immaterieller Vermögensgegenstände des Anlagevermögens, DB **2014**, 1273; *Wulf,* Änderungen der Anhangangaben durch das BilRUG – Erhebliche Erleichterungen für kleine Gesellschaften, DStZ **15**, 826; zu mezzaninen Finanzierungsformen: *Emmerich/Naumann,* Zur Behandlung von Genußrechten im Jahresabschluss von Kapitalgesellschaften, WPg **1994**, 677, 678 ff.; *Küting/Dürr,* Mezzanine-Kapital – Finanzierungsentscheidung im Sog der Rechnungslegung, DB **2005**, 1529; *Baetge/Brüggemann,* Ausweis von Genussrechten auf der Passivseite der Bilanz des Emittenten, DB **2005**, 2145.

Anmerkungen

1. Rechtsgrundlagen: Der Jahresabschluss von bestimmten Personengesellschaften oder von Kapitalgesellschaften hat nach §§ 264 ff. besonderen Vorschriften ua über Aufstellung, Ausweis, Bewertung und ergänzende Angaben zu genügen. Nach § 264 Abs 3 brauchen die Vorschriften des 1., 3. und 4. Unterabschnitts des 3. Buchs zum HGB nicht angewandt werden, wenn das Unternehmen Tochterunternehmen eines nach § 290 zur Aufstellung eines Konzernabschlusses verpflichteten Mutterunternehmens ist und ua mit Zustimmung der Gesellschafter der Einbeziehung in den Konzernabschluss des Mutterunternehmens und Verlustübernahmepflicht des Mutterunternehmens von der Anwendung abgesehen wird. Für die **Langfassung** der Bilanz gelten § 266 Abs 1, § 268 Abs 4, 6, 7, § 270 Abs 1. Die Darstellung in der gezeigten Langfassung ist in der Praxis wenig üblich. Weitere Rechtsgrundlagen zur Bilanzierung finden sich im Gesellschaftsvertrag (→ Form. II.D.1.3 Anm. 13 (§ 8)). Die Befugnis der Gesellschafter zur Disposition über die Rechnungslegung ist bei den nach §§ 264 ff. zur Rechnungslegung verpflichteten Gesellschaften eingeschränkt. Zugelassene Regelungen betreffen vorrangig die Rücklagenbildung. Ferner → Form. III.A.2 Anm. 1 ff.

2. Definitionen der Bilanzposten. Zu den Inhalten und gegenseitigen Abgrenzungen der Bilanzposten Baumbach/Hopt/*Merkt* § 266. Die Bezeichnung der beiden Kontenspalten mit „Aktivseite" und „Passivseite" entspricht dem Wortlaut in § 266 Abs 2, 3; in der Praxis wird auch „Aktiva" und „Passiva" verwendet.

Durch das BilMoG (G v 25.5.2009, BGBl I 2009, 1102) wurde der Kreis der in § 266 genannten Bilanzposten tw modifiziert. So ist für Geschäftsjahre, die nach dem 31.12.2009 beginnen, auf der Aktivseite der Ausweis von „Ausstehenden Einlagen auf das Eigenkapital" sowie von „Aufwendungen für die Ingangsetzung und Erweiterung des Geschäftsbetriebs" nicht mehr möglich. Zu weiteren Änderungen durch das BilMoG s in den nachfolgenden Anmerkungen.

3. Zum **Anlagevermögen** gehören Vermögensgegenstände, die dazu bestimmt sind, dauernd dem Geschäftsbetrieb zu dienen, § 247 Abs 2; dazu Baumbach/Hopt/*Merkt* § 247 Rn 5. Für sie ist im Anhang ein Anlagespiegel zu erstellen, § 284 Abs. 3. Die zuvor in § 268 Abs 2 aF enthaltene Regelung, wonach die Entwicklung der einzelnen Posten des Anlagevermögens in der Bilanz oder im Anhang darzustellen ist, wurde durch das BilRUG v. 17.7.2015, BGBl I 2015, 1245 ersatzlos gestrichen. Die Vorgaben sind nunmehr in § 284 Abs. 3 konzentriert (dazu Baumbach/Hopt/*Merkt* § 268 Rn 2); ausführlich hierzu → Form. III.A.6 Anm. 1 ff.. Zu Ansatz und Bewertung von Anlagevermögen vgl. dort.

Infolge der Neufassung des § 248 Abs 2 durch das BilMoG besteht für Geschäftsjahre, die nach dem 31.12.2009 beginnen, ein Aktivierungswahlrecht für selbst erstellte immaterielle Vermögensgegenstände des Anlagevermögens. Ein Aktivierungsverbot besteht jedoch weiterhin für selbst geschaffene Marken, Drucktitel, Verlagsrechte, Kundenlisten oder vergleichbare immaterielle Vermögensgegenstände des Anlagevermögens (dazu Baumbach/Hopt/*Merkt* § 248 Rn 3 f.).

4. Zum **Umlaufvermögen** gehören Vermögensgegenstände, die in die Herstellung der Erzeugnisse oder Dienstleistungen eingehen, die zum Absatz bestimmt sind, sowie Vermögensgegenstände, deren Umschlag in liquide Mittel kurzfristig vorgesehen ist. Sie sind mit den Anschaffungskosten/Herstellungskosten (§ 255 Abs 1, 2) anzusetzen, § 253 Abs 1. Für ihre Bewertung gilt das **strenge Niederstwertprinzip;** sie sind mit dem niedrigeren Wert (Börsen- oder Marktpreis, niedrigerer beizulegender Wert) anzusetzen, der sich zum Abschlussstichtag ergibt, § 253 Abs 4 (zB niedrigerer Beschaffungs- und/oder Absatzmarktpreis; Abschläge für Lagerreichweite oder Gängigkeit; Baumbach/Hopt/*Merkt*

§ 253 Rn 18 ff. mwN). Zur Aktivierung von bei Bilanzverlust nicht zu bedienenden Zinsansprüchen BFH BStBl II 2003, 400.

Abschreibungen nach vernünftiger kaufmännischer Beurteilung (§ 253 Abs 4 aF) sind nach Inkrafttreten des BilMoG nicht länger zulässig.

Nach Inkrafttreten des BilMoG regelt § 256a ausdrücklich, dass auf **fremde Währung** lautende Vermögensgegenstände und Verbindlichkeiten zum Devisenkassamittelkurs (also dem arithmetischen Mittel aus Brief- und Geldkurs) am Abschlussstichtag in EUR umzurechnen sind. Zwar regelt § 256a nur die Folgebewertung; aus dem Zusammenhang mit dem Anschaffungskostenprinzip ergibt sich aber, dass auch die Erstbewertung zum Devisenkassamittelkurs zu erfolgen hat (Baumbach/Hopt/*Merkt* § 256a Tz 2). Zum Abschlussstichtag kommt ein höherer Ansatz als zu Anschaffungskosten nicht in Frage (Imparitäts- und Realisationsprinzip), außer bei einer Restlaufzeit von weniger als einem Jahr (§ 256a S 2). Zur Währungsumrechnung bisher *IDW* HFA, WPg 1996, 664; ferner DRS 25 zur Umrechnung von Fremdwährungsgeschäften entspr. Zur Behandlung von Ansprüchen und Verpflichtungen in fremder Währung als geschlossene Position *ADS* § 253 HGB Tz 103 ff.

Ausleihungen (Anlagevermögen) und Forderungen (Umlaufvermögen) gegenüber Gesellschaftern einer GmbH oder GmbH & Co. KG sind idR gesondert auszuweisen oder im Anhang anzugeben.

Vermögensgegenstände, die unter **Eigentumsvorbehalt** erworben oder als **Sicherheit** für eigene oder fremde Verbindlichkeiten verpfändet oder in anderer Weise übertragen wurden, sind gleichwohl in die Bilanz des **Sicherungsgebers** aufzunehmen.

Für die Bewertung in der **Steuerbilanz** gilt § 6 Abs 1 Nr 2 EStG. Danach ist Umlaufvermögen grundsätzlich mit den Anschaffungs- oder Herstellungskosten am Stichtag anzusetzen. Weitergehende steuerliche Bewertungswahlrechte gibt das Lifo-Verfahren für Vorratsvermögen bei Gleichartigkeit, § 6 Abs 1 Nr 2a EStG (*L. Schmidt/Kulosa*, EStG[40] § 6 Rn 411 ff). Der Ansatz eines niedrigeren Teilwerts ist nach § 6 Abs 1 Nr 2 EStG mit steuerlicher Wirkung nur bei dauernder Wertminderung zulässig. Ferner gilt ein strenges Wertaufholungsgebot. Seit Inkrafttreten des BilMoG ist die Ausübung steuerlicher Bewertungswahlrechte nicht länger an den handelsbilanziellen Ansatz geknüpft (§ 5 Abs 1 S 2 EStG nF aE).

Erhaltene Anzahlungen auf Bestellungen können von den **Vorräten** offen abgesetzt werden, § 268 Abs 5 S 2.

5. Beträge, die erst nach dem Abschlussstichtag rechtlich entstehen, müssen, wenn sie größeren Umfang haben, im Anhang erläutert werden, § 268 Abs 4 S 2.

6. Disagio. Ein gesonderter Ausweis des Disagios als Teil des aktiven Rechnungslegungsabgrenzungspostens ist nach § 268 Abs 6 in der Bilanz oder im Anhang erforderlich.

7. Aktiver Abgrenzungsposten. Beispiele: vorausbezahlte Versicherungsprämie, Miete, Zinsen.

8. Latente Steuern. Gesonderter Ausweis nach § 274. Nach Inkrafttreten des BilMoG ist Einordnung in das Gliederungsschema an dieser Stelle vorgeschrieben (aktive latente Steuern, § 266 Abs 2 D; passive latente Steuern, § 266 Abs 3 E). Als aktive latente Steuern dürfen entweder der Überhang aus der Saldierung aller aktiven mit allen passiven latenten Steuern oder alle aktiven latenten Steuern brutto (ohne Verrechnung mit den passiven latenten Steuern) ausgewiesen werden (§ 274 Abs 1 S 2, 3).

Vor Inkrafttreten des BilMoG war in bestimmten Fällen die Bildung von Sonderposten mit Rücklagenanteil in der Handelsbilanz erforderlich, da sich nach dem Grundsatz der umgekehrten Maßgeblichkeit Handelsbilanz und Steuerbilanz entsprechen mussten (§ 247 Abs 3 aF; § 273 aF). Durch die Abschaffung der umgekehrten Maßgeblichkeit durch das BilMoG sind bei Ansatz eines Sonderpostens mit Rücklagenanteil in der Steuerbilanz nunmehr in der Handelsbilanz passive latente Steuern anzusetzen. Hierzu können insbesondere führen: unversteuerte Rücklagen nach §§ 6b, 7g EStG (dazu BFH BStBl II 2004, 181), § 6 FördergebietsG und R 6.6 EStR (dazu BFH BStBl II 2004, 421), steuerrechtliche Wertberichtigungen (Sonderabschreibungen) nach §§ 7b, c, h, i EStG, § 82a EStDV, § 4 FördergebietsG sowie die Regelungen in § 7g EStG, § 81 EStDV, § 254.

9. Aktiver Unterschiedsbetrag aus der Vermögensrechnung. Nach § 246 Abs 2 S 2 idF des BilMoG sind Vermögensgegenstände, die dem Zugriff aller übrigen Gläubiger entzogen sind und ausschließlich der Erfüllung von Schulden aus Altersvorsorgeverpflichtungen oder vergleichbaren langfristigen fälligen Verpflichtungen dienen, mit diesen Schulden zu verrechnen. Daraus kann sich ein aktiver Unterschiedsbetrag ergeben, der separat auszuweisen ist (§ 246 Abs 2 S 3).

10. Zur Darstellung des **Eigenkapitals** vgl § 272. Bei eingeforderter, aber nicht vollständig geleisteter Bareinlage ist bei Kapitalgesellschaften eine entsprechende Forderung zu aktivieren, § 272 Abs 1 S 2 Halbs 3; mit Neufassung durch das BilMoG sind demgegenüber ausstehende, aber nicht eingeforderte Einlagen stets auf der Passivseite auszuweisen, § 272 Abs 1 S 2 Halbs 1. Die nicht eingeforderten ausstehenden Einlagen sind vom Posten „Gezeichnetes Kapital" offen abzusetzen; der verbleibende Betrag ist als Posten „Eingefordertes Kapital" in der Hauptspalte der Bilanz auszuweisen (dazu *Kropff* ZIP 2009, 1137).

Bei erworbenen **eigenen Anteilen** ist nach Inkrafttreten des BilMoG deren Nennbetrag oder rechnerischer Wert (und zwar unabhängig davon, zu welchem Zweck der Erwerb erfolgt) ebenfalls offen vom Posten „Gezeichnetes Kapital" abzusetzen; der verbleibende Betrag in der Hauptspalte kann als „Ausgegebenes Kapital" bezeichnet werden (dazu BeBiKo/*Störk*/*Kliem*/*Meyer* § 272 Rn 130 ff).

Nach § 272 Abs 4 idF des BilMoG ist eine Rücklage für Anteile an einem herrschenden oder mit Mehrheit beteiligten Unternehmen zu bilden. Durch das BilRUG wurde § 272 Abs. 5 eingefügt: Übersteigt danach der auf eine Beteiligung entfallende Teil des Jahresüberschusses in der Gewinn- und Verlustrechnung die Beträge, die als Dividende oder Gewinnanteil eingegangen sind oder auf deren Zahlung die Kapitalgesellschaft einen Anspruch hat, ist der Unterschiedsbetrag in eine Rücklage einzustellen, die nicht ausgeschüttet werden darf. Die Rücklage ist aufzulösen, soweit die Kapitalgesellschaft die Beträge vereinnahmt oder einen Anspruch auf ihre Zahlung erwirbt.

Nach § 268 Abs 1 richtet sich der Ausweis nach der Verwendung des Jahresergebnisses (→ Form. III.C.1 Anm. 32). Es entfallen dann die Posten „Jahresüberschuss/Jahresfehlbetrag" und „Gewinnvortrag/Verlustvortrag". An deren Stelle treten die Posten „Bilanzgewinn/Bilanzverlust"; ein vorhandener Gewinn- oder Verlustvortrag ist in den Posten „Bilanzgewinn/Bilanzverlust" einzubeziehen und in der Bilanz gesondert anzugeben. Besteht ein Gewinnabführungsvertrag, beträgt der Jahresüberschuss EUR Null; ggf bestehende Verpflichtungen aus Dividendengarantien gegenüber außenstehenden Gesellschaftern sind als Aufwand und Verbindlichkeit auszuweisen (*ADS* § 277 HGB Tz 69). Zum Eigenkapitalausweis von Personenhandelsgesellschaften iSv § 264a vgl (→ Form. III.A.2 Anm. 1 ff.).

11. Sonstige Rückstellungen. Infolge des BilMoG wurde die Möglichkeit der Rückstellungsbildung in der Handelsbilanz eingeschränkt (§ 249 Abs 2): Andere als in § 249 Abs 1 genannte Rückstellungen (zB Aufwandsrückstellungen nach § 249 Abs 2 aF) dürfen nicht länger gebildet werden. Vgl zu Rückstellungen für die Aufbewahrung von Geschäftsunterlagen sowie für die Aufstellung, Prüfung und Offenlegung von Abschlüssen und Lageberichten IDW RH HFA 1.009, WPg Supplement 3/10, 108; zu Urlaubsrückstellungen *Eppinger*, DB 2010, 9.

Seit dem G zur Fortsetzung der Unternehmenssteuerreform vom 29.10.1997 (BGBl I 1997, 2590) dürfen in der Steuerbilanz nach §§ 5 Abs 4a, 52 Abs 6a EStG Rückstellungen für drohende Verluste (§ 249 Abs 1 S 1) nicht mehr gebildet werden. In der Handelsbilanz gilt die Verpflichtung zur Bildung und Fortführung solcher Rückstellungen weiterhin (dazu IDW RS HFA 4, WPg Supplement 3/10, 51; zur Abzinsung der Rückstellung BFH DB 1998, 1162). In der Steuerbilanz ist die Passivierung von Verbindlichkeiten, die nur aus zukünftigen Einnahmen oder Gewinnen zu tilgen sind, eingeschränkt (§ 5 Abs 2a EStG, dazu BMF v 18.8.2004, BStBl I 2004, 850); weitere Einschränkungen bestehen bei der Rückstellungsbildung in der Steuerbilanz: Jubiläumsrückstellungen, § 5 Abs 4 EStG (dazu BFH BStBl II 2004, 41); Rückstellungen für aktivierungspflichtigen Aufwand, § 5 Abs 4b EStG. Nach § 285 Nr 12 ist im Anhang eine Erläuterung der nicht gesondert ausgewiesenen Rückstellungen erforderlich, sofern sie nicht unerheblichen Umfang haben.

Zur Rückstellungsbewertung vgl § 253 Abs 1 S 2, Abs 2; § 6 Abs 1 Nr 3a EStG.

12. Für die **Verbindlichkeiten** ist im Anhang ein Verbindlichkeitenspiegel aufzustellen, § 285 Nr 1, 2, (→ Form. III.C.1.) Verbindlichkeiten gegenüber Gesellschaftern einer GmbH sind nach § 42 Abs 3 GmbHG, gegenüber Gesellschaftern einer Personengesellschaft nach § 264a sind nach § 264c Abs 1 gesondert auszuweisen oder im Anhang anzugeben (vgl → Form. III.C.1). Aufgrund des durch das BilRUG v. 17.7.2015 geänderten § 268 Abs. 5 ist nunmehr neben dem Betrag der Verbindlichkeiten mit einer Restlaufzeit von bis zu einem Jahr auch der Betrag der Verbindlichkeiten mit einer Restlaufzeit von mehr als einem Jahr zu jedem gesondert auszuweisenden Posten (einschließlich des Gesamtbetrags) zu vermerken.

Zu den Verbindlichkeiten gehören auch (ggf eigenkapitalersetzende) Gesellschafterdarlehen, BGH NJW 1994, 724; OLG München NZG 1999, 603; ferner vereinnahmte Prämien für die Verpflichtung aus einer Option als Stillhalter, BFH BStBl II 2004, 126; BMF v 12.1.2004, BStBl I 2004, 192.

Zu den Verbindlichkeiten gehören auch Verpflichtungen aus **Genussrechten** (Form. II. G.5), sofern das Genusskapital an Verlusten nicht teilnimmt, Zinsen und Tilgungen ergebnisunabhängig zu leisten sind oder das Genusskapital von beiden Seiten gekündigt werden kann (*ADS* § 266 HGB Tz 190 ff.; *Emmerich/Naumann* WPg 1994, 677, 678 ff.; *Küting/Dürr* DB 2005, 1529; *Baetge/Brüggemann* DB 2005, 2145; *IDW* HFA 1/94, WPg 1994, 419; ferner WPg 1998, 891). Als Eigenkapital darf ein Genusskapital nur dann ausgewiesen werden, wenn es langfristig gewährt wird (idR > 15 Jahre), von Genussrechtsgläubigern nicht gekündigt werden kann, die Vergütung erfolgsabhängig ist und das Kapital in voller Höhe am Verlust teilhat. Gleiches gilt für Verpflichtungen, die nur aus künftigen Gewinnen oder einem Liquidationsüberschuss getilgt zu werden brauchen (zur Abgrenzung → Form. III.K.1 Anm. 1 ff. zum Rangrücktritt).

13. Zu nach dem Stichtag entstandenen Beträgen vgl (→ Anm. 5).

14. **Leerposten.** Ein Posten der Bilanz oder GuV, der keinen Betrag ausweist, braucht nicht aufgeführt zu werden, es sei denn, dass unter den Vorjahreszahlen ein Betrag anzugeben ist, § 265 Abs 8.

15. Bislang waren nach §§ 251, 268 Abs 7 S 1aF die **Haftungsverhältnisse** jeweils gesondert unter der Bilanz oder im Anhang unter Angabe der gewährten Pfandrechte und sonstiger Sicherheiten anzugeben. Seit dem BilRUG v. 17.7.2015, BGBl I 15, 1245 sind nach § 268 Abs. 7 nF für die in § 251 bezeichneten Haftungsverhältnisse die Angaben zu nicht auf der Passivseite auszuweisenden Verbindlichkeiten und Haftungsverhältnissen ausschließlich im Anhang zu machen, dabei die Haftungsverhältnisse jeweils gesondert unter Angabe der gewährten Pfandrechte und sonstigen Sicherheiten anzugeben und dabei Verpflichtungen betreffend die Altersversorgung und Verpflichtungen gegenüber verbundenen oder assoziierten Unternehmen jeweils gesondert zu vermerken. Nur die dem PublG unterliegenden Einzelkaufleute und reine Personengesellschaften, die nach § 5

Abs 2 S 1 PublG keinen Anhang zum Jahresabschluss aufstellen müssen, müssen die Haftungsverhältnisse weiterhin nach § 251 unter der Bilanz vermerken (BeBiKo/*Grottel/Haußer*, § 268 Rn 50). Zu den angabepflichtigen Gewährleistungsverhältnissen gehören auch sog „harte“ Patronatserklärungen (→ Form. III.K.2 Anm. 1 ff.).

16. Jahresabschluss nach Internationalen Rechnungslegungsstandards. Infolge des BilReG v 4.12.2004 (BGBl I 2004, 3166) sehen §§ 324a, 325 Abs 2a vor, dass anstelle eines nach den Vorschriften des HGB aufgestellten Jahresabschlusses bei der Offenlegung ein **Einzelabschluss** treten kann, der nach den in § 315a Abs 1 (seit dem CSR-RUG v. 11.4.2017, BGBl I 2017, 802: § 315e Abs. 1) bezeichneten internationalen Rechnungslegungsstandards aufgestellt worden ist. Der Offenlegung eines solchen Abschlusses kommt nach Maßgabe der weiteren Regelungen des § 325 Abs 2a gegenüber dem sonst offenzulegenden Jahresabschluss befreiende Wirkung zu, vgl Baumbach/Hopt/*Merkt* § 325 Rn 8.

Das in Art 5 der IAS-Verordnung (EG Nr 1725/2003) enthaltene Mitgliedstaatenwahlrecht wurde in Deutschland in einer Weise umgesetzt, die den Unternehmen weitgehende Flexibilität erhalten soll. Eine Verpflichtung zur Anwendung von IFRS für den Jahresabschluss wird nicht vorgesehen, wohl aber das Wahlrecht für große Kapitalgesellschaften, für die IFRS-Anwendung in einem vom Jahresabschluss zu unterscheidenden Einzelabschluss zu optieren. Dieser Einzelabschluss dient ausschließlich der Information; er hat keine Bedeutung für die gesellschaftsrechtliche Kapitalerhaltung, die Ausschüttungsbemessung, die Besteuerung oder für Zwecke der Beaufsichtigung von Unternehmen bestimmter Wirtschaftszweige (Kredit- und Versicherungsunternehmen). Der weiterhin erforderliche HGB-Abschluss bleibt wie bisher durch einen Abschlussprüfer zu prüfen; der IAS-Einzelabschluss unterliegt nach § 324a Abs 1 S 1 ebenfalls der Pflichtprüfung.

Die Befreiungswirkung der Veröffentlichung des IFRS-Abschlusses tritt ein, wenn außer den in § 325 Abs 2a vorgeschriebenen Regelungen des HGB die IFRS-Regelungen vollständig befolgt werden. Ferner muss der Lagebericht (und ggf der Bericht des Aufsichtsrats, § 171 Abs 2 AktG) in erforderlichem Umfang auf den IFRS-Einzelabschluss eingehen (ausführlich Baumbach/Hopt/*Merkt* § 325 Rn 7). Zur Bilanzierung nach HGB und IFRS *Meyer* DB 2004, 2060 ff.

17. Steuerrecht. Der den handelsrechtlichen Vorschriften entsprechende Jahresabschluss ist für die steuerliche Gewinnermittlung maßgeblich, § 5 Abs 1 EStG; dazu BFH BStBl. II, 2015, 519. Allerdings wird nach der Neufassung des § 5 Abs 1 S 1 EStG durch das BilMoG der Grundsatz der Maßgeblichkeit durch zahlreiche Ansatz- und Bewertungsvorbehalte durchbrochen. Soweit steuerliche Vorschriften speziellere Vorschriften über Ansatz oder Bewertung enthalten, gelten diese für die Steuerbilanz, befreien aber nicht von der Anwendung zwingender handelsrechtlicher Vorschriften. Dies gilt auch bei den Einschränkungen von Teilwertabschreibungen und der Pflicht zur Abzinsung bestimmter Verbindlichkeiten nach § 6 EStG.

5. Bilanz einer kleinen Gesellschaft

Aktiva[1, 2, 3, 4] Bilanz 31.12.x2[1, 2, 3] Passiva[4]

	31.12.x2 EUR	31.12.x1 TEUR		31.12.x2 EUR	31.12.x1 TEUR
A. Anlagevermögen			A. Eigenkapital		
I. Immaterielle Vermögensgegenstände	316.021,–	212	I. Gezeichnetes Kapital	1.000.000,–	1.000
II. Sachanlagen	1.268.888,–	1.144	II. Kapitalrücklage	200.000,–	200
III. Finanzanlagen	200.000,–		III. Gewinnrücklagen	500.000,–	300
	2.284.909,–	1.856	IV. Bilanzgewinn	510.800,–	487
				2.210.800,–	1.987
B. Umlaufvermögen					
I. Vorräte	1.266.406,73	1.023	B. Rückstellungen	827.100,–	810
II. Forderungen und sonstige Vermögensgegenstände[2, 3]	718.866,20	1.173	C. Verbindlichkeiten	1.651.284,46	1.663
III. Wertpapiere	323.000,–	303	D. Rechnungsabgrenzung	23.000,–	21
IV. Kassenbestand, Bank	601.190,53	599			
	2.909.463,46	3.098	E. Passive latente Steuern	20.000,–	–
C. Rechnungsabgrenzung	27.812,–	17			
D. Aktive latente Steuern	–,–	10			
E. Aktiver Unterschiedsbetrag aus der Vermögensrechnung	10.000,–	–			
	4.732.184,46	4.481		4.732.184,46	4.481

Schrifttum: *ADS* § 266 HGB Rn 19; BeBiKo/*Schubert/Waubke* § 266 Rn 20; *Winnefeld,* Bilanz-Handbuch, 5. Aufl. 2014, F 40–44; *Farr,* Der Jahresabschluß der kleinen GmbH, GmbHR **1996**, 92 (Teil I), 185 (Teil 2); *Küting/Weber/Dusemond/Heusinger-Lange/Knop,* HdR § 266 Anm. 4; *Blöink/Knoll-Biermann*, Bilanzrichtlinie-Umsetzungsgesetz (BilRUG)- Hintergrund und Kernelemente des Regierungsentwurfs vom 7.1.2015, Der Konzern **2015**, 65; *Lüdenbach/Freiberg*, BilRUG-RefE: Nur „punktuelle Änderungen"?, **BB** 2014, 2219; *Oser/Orth/Wirtz*, Neue Vorschriften zur Rechnungslegung und Prüfung durch das Bilanzrichtlinie-Umsetzungsgesetz – Anmerkungen zum RegE vom 7.1.2015, DB **2015**, 197; *Müller/Stawinoga*, Implikationen der rückwirkenden Schwellenwerterhöhung mit dem BilRUG-RefE bei der Bestimmung der Unternehmensgrößenklassen, BB **2014**, 2411; *Zwirner/Busch/Boecker*, Aktueller Fokus von Aufsichtsräten bei der Rechnungslegung – Worauf ist zu achten?, Der Konzern **2016**, 287.

Anmerkungen

1. Rechtsgrundlage. Nach § 266 Abs 1 S 3 brauchen kleine Personengesellschaften (iSv § 264 a) und Kapitalgesellschaften (iSv § 267 Abs 1) nur eine verkürzte Bilanz (vgl Form. III.A.2) aufzustellen. Kleine Gesellschaften sind nach Inkrafttreten des BilRUG (G v. 17.7.2015, BGBl I 15, 1245) solche, die zwei der drei folgenden Merkmale nicht überschreiten: (1) Bilanzsumme EUR 6.000.000,00 (2) Umsatzerlöse der letzten 12 Monate EUR 12.000.000,00 (3) 50 Arbeitnehmer im Jahresdurchschnitt (zuvor betrugen die

Werte nach dem BilMoG: (1) Bilanzsumme EUR 4.840.000,00 (2) Umsatzerlöse der letzten 12 Monate EUR 9.680.000,00 (3) 50 Arbeitnehmer im Jahresdurchschnitt). Das Form. stellt die Bilanz einer kleinen GmbH dar. Bei einer kleinen Personengesellschaft nach § 264a ergeben sich Unterschiede in der Darstellung des Eigenkapitals (vgl → Form. III.A.2 Anm. 1 ff.).

§ 267 Abs. 4a stellt nach Inkrafttreten des BilRUG (G v. 17.7.2015, BGBl I 2015, 1245) klar, dass sich die Bilanzsumme aus den Posten zusammensetzt, die in den Buchstaben A bis E des § 266 Abs. 2 aufgeführt sind. Ein auf der Aktivseite ausgewiesener Fehlbetrag (§ 268 Abs. 3) wird nicht in die Bilanzsumme einbezogen. Die Bilanzsumme kann durch Ausnutzung der Ansatz- und Bewertungswahlrechte beeinflusst werden. Zur Verringerung der Bilanzsumme führen zB die Nichtausübung von Ansatzwahlrechten, weitestgehende Nutzung von Abschreibungsmöglichkeiten, offenes Absetzen erhaltener Anzahlungen von den Vorräten.

2. Wesentliche Erleichterungen. Die Bilanz der kleinen Gesellschaft braucht nur die in § 266 Abs 2, 3 mit Buchstaben und römischen Zahlen bezeichneten Posten zu enthalten. Eine Angabe und Aufgliederung der mit arabischen Zahlen versehenen Posten im Anhang ist entbehrlich. Die Aufgliederung der Forderungen und Verbindlichkeiten nach der Restlaufzeit ist auch für kleine Gesellschaften erforderlich (BeBiKo/*Schubert/Waubke* § 266 Rn 21). Die durch Beteiligungsverhältnisse bedingte Aufgliederung wird als erforderlich angesehen, BeBiKo/*Schubert/Waubke* § 266 Rn 22.

3. Weitergehende Ausnahmen. § 274a enthält weitere Erleichterungen für kleine Kapitalgesellschaften und bestimmte Personengesellschaften in Nr. 1 und Nr. 2 (keine Erläuterung von Forderungen oder Verbindlichkeiten, die erst nach dem Abschlussstichtag entstehen), Nr. 3 (keine Aufgliederung der Rechnungsabgrenzungsposten), Nr. 4 (kein Ausweis latenter Steuern; zu Ausnahmen s BeBiKo/*Grottel* § 274a Rn 6 f).

4. Posteninhalte iE. (→ Form. III.A.4 Anm. 1 ff. (Langfassung Bilanz). Für die inhaltlichen Anforderungen gelten gegenüber großen oder mittelgroßen Personengesellschaften nach § 264a oder Kapitalgesellschaften keine Abweichungen.

5. Lagebericht. Eine kleine Personengesellschaft nach § 264a oder eine kleine Kapitalgesellschaft nach § 264 Abs 1 S 4 braucht keinen Lagebericht aufzustellen.

6. Bilanzänderung, Bilanzberichtigung[1]

An das

Finanzamt A-Stadt

12345 A-Stadt

betr: B GmbH, StNr 0815

hier: Berichtigung der Handelsbilanz zum 31.12.x1

Hiermit teile ich mit, dass in der Handelsbilanz[2] zum 31.12.x1 und damit auch in der Steuerbilanz[5] zum 31.12.x1 die Rückstellung für Prozessrisiken zu hoch ausgewiesen worden ist. Das Gutachten der . . . . . . vom . . . . . . ergibt gegenüber dem bisherigen Gutachten der . . . . . . vom . . . . . . eine Abweichung von EUR . . . . . .

Der fehlerhafte Bilanzsatz[2, 5] ist daher zu berichtigen.

Schrifttum: *ADS* § 252 HGB Rn 19, § 172 AktG Rn 32, § 256 AktG Rn 90; BeBiKo/*Schubert* § 253 Anm. 800 ff.; *Beckerath,* Bilanzberichtigung und Bilanzänderung, DStJG 2014, 65; Deutscher Rechnungslegungs Standard Nr 13 (DRS 13): Grundsatz der Stetigkeit und Berichtigung von Fehlern; *IDW* HFA Stellungnahme zur Rechnungslegung: Änderung von Jahres- und Konzernabschlüssen: IDW RS HFA 6, WPg Supplement 2/07, 77 ff.; *Kowalski,* Der nichtige Jahresabschluß, AG 1993, 502; *Küting/Kaiser,* Aufstellung oder Feststellung, WPg 2000, 577; *W. Müller,* Die Änderung von Jahresabschlüssen, Möglichkeiten und Grenzen, FS Quack 1991, 359; *Küting/Ranker,* Die buchhalterische Änderung handelsrechtlicher Jahresabschlüsse, WPg 2005, 1; *Prinz,* Die handels- und steuerrechtliche Änderung von Bilanzen, FS W. Müller 01, 687; *Forster,* Der nach Feststellung der Nichtigkeit neu aufgestellte Jahresabschluss und sein Prüfer, FS W. Müller, 2001, 183; *Breker/Kuhn,* Änderung von Jahres- und Konzernabschlüssen – Eine Darstellung der Neuerungen aus der Überarbeitung von IDW RS HFA 6, WPg 2007, 770; *Schulze-Osterloh,* Bilanzberichtigung bei Verkennung der Grundsätze ordnungsgemäßer Buchführung, BB 2007, 2335; *Stapperfend,* Bilanzberichtigung und Bindung der Finanzverwaltung an die vom Steuerpflichtigen eingereichte Bilanz – Subjektiver Fehlerbegriff auf dem Prüfstand, DStR 2010, 2161; *Hoffmann,* Fehlerhafte Bilanzen – Replik zu Stapperfend in DStR 2010, 2161, DStR 2011, 88; *Drüen,* Der Große Senat des BFH und die objektiv richtige Bilanz – Überlegungen zum BFH-Beschl. v. 31.1.2013 – GrS 1/10 zur Aufgabe des subjektiven Fehlerbegriffs hinsichtlich bilanzieller Rechtsfragen, GmbHR 2013, 505; *Prinz,* Abschied vom subjektiven Fehlerbegriff für steuerbilanzielle Rechtsfragen – Anmerkungen zum BFH-Beschl. v. 31.1.2013, WPg 2013, 650.

Anmerkungen

1. Abgrenzung. Der handelsrechtliche Begriff **Bilanzänderung** betrifft die Änderung eines festgestellten handelsrechtlichen Jahresabschlusses, und zwar unabhängig davon, ob dieser fehlerfrei oder fehlerhaft war. Die Bilanzänderung umfasst die steuerrechtlichen Begriffe Bilanz*berichtigung* als Ersetzung eines fehlerhaften Bilanzansatzes durch einen zutreffenden Bilanzansatz (→ Anm. 2) sowie die Bilanz*änderung* als Ersetzen eines zutreffenden Bilanzansatzes durch einen anderen zutreffenden Bilanzansatz (→ Anm. 3); Baumbach/Hopt/*Merkt* § 245 Rn 4, 5.

Das Form. betrifft eine Bilanzänderung wegen eines **fehlerhaften Bilanzansatzes** (steuerlich **Bilanzberichtigung**). Die Änderung eines Jahresabschlusses, dessen Feststellungsbeschluss für nichtig erklärt wurde, fällt nicht hierunter, da es sich um die Erstaufstellung, nicht um die Änderung eines wirksam festgestellten Abschlusses handelt (BGH BB 1994, 107; *ADS* § 256 AktG Rn 90; *Geist* DStR 1996, 306). Zu den Folgen eines nichtigen handelsrechtlichen Jahresabschlusses s IDW RS HFA 6, WPg Supplement 2/07, 77 Tz 15 ff.

Bis zur Feststellung kann ein Jahresabschluss (unabhängig davon, ob er fehlerfrei oder fehlerhaft ist) handelsrechtlich ohne Einschränkung geändert werden (IDW RS HFA 6, WPg Supplement 2/07, 77 Rn 3).

2. Ein Bilanzansatz ist **fehlerhaft,** wenn er unzulässig ist, dh, wenn er gegen zwingende Vorschriften des Einkommensteuerrechts oder des Handelsrechts oder gegen die einkommensteuerrechtlich zu beachtenden handelsrechtlichen Grundsätze ordnungsmäßiger Buchführung verstößt (objektiver Fehlerbegriff). Der BFH hat mit Beschl. v. 31.1.2013 (GrS 1/10, BStBl II 2013, 317) dem subjektiven Fehlerbegriff eine Absage erteilt, wonach auch erforderlich war, dass der Steuerpflichtige die Fehlerhaftigkeit bei gewissenhafter Prüfung am Bilanzstichtag erkennen konnte (vgl. § 4 Abs 2 S 1 EStG; R 4.4 EStR; BeBiKo/*Schubert* § 253 Anm. 803 ff.; *L. Schmidt/Loschelder,* EStG[40] § 4 Rn 280 ff.).

Die Notwendigkeit der **Änderung eines fehlerhaften Bilanzansatzes** ist davon abhängig, wann der fehlerhafte Bilanzansatz festgestellt wird: **a)** Erkennen bis zur Feststellung des Jahresabschlusses: Der handelsrechtliche Abschluss muss korrigiert werden (vgl IDW RS HFA 6, WPg Supplement 2/07, 77 Tz 4). **b)** Erkennen nach Feststellung des Jahresabschlusses: Der **handelsrechtliche Abschluss** kann, muss aber nicht geändert werden; die Fehlerbeseitigung selbst ist ausreichender Grund, um eine Änderung durchzuführen, sofern die Fehler betrags- oder ausweismäßig von einigem Gewicht sind (BeBiKo/*Schubert* § 253 Rn 806; IDW RS HFA 6, WPg Supplement 2/07, 77 Tz 14). Die Berichtigung wird dann notwendig, wenn es sich um wesentliche Sachverhalte handelt, in jedem Fall, wenn der fehlerhafte Jahresabschluss Grundlage eines Gewinnverwendungsbeschlusses war und der Gewinnausschüttung wegen Fehlens ausreichenden Vermögens zur Auszahlung von nach § 30 Abs 1 GmbHG gebundenen Vermögens geführt hat. Im Übrigen steht die Änderung im pflichtmäßigen Ermessen der Organe. Zur **Steuerbilanz** → Anm. 5.

Zur Behandlung eines Bilanzansatzes, der infolge einer späteren Änderung der Rechtsprechung unrichtig wird BFH BStBl II 2007, 818; bei Änderung der Gesetzeslage bleibt das Recht für das betr Geschäftsjahr maßgeblich.

3. Im Interesse der Aufrechterhaltung eines festgestellten Jahresabschlusses soll die **Änderung eines fehlerfreien Bilanzansatzes in der Handelsbilanz** grundsätzlich nur bei Vorliegen eines gewichtigen rechtlichen, wirtschaftlichen oder steuerrechtlichen Grundes erfolgen, IDW RS HFA 6, WPg Supplement 2/07, 77 Tz 9. Die Änderung darf nicht in bestehende Rechte von Gesellschaftern oder Dritten eingreifen. Bei einer Personengesellschaft kann eine Änderung auch vorgenommen werden, wenn zwar nicht alle Gesellschafter zustimmen, aber die zur Zustimmung bereiten Gesellschafter die Gewinnkürzung allein übernehmen (IDW RS HFA 6, WPg Supplement 2/07, 77 Tz 10; *ADS* § 172 AktG Rn 63). Zur Möglichkeit der Änderung eines fehlerfreien Bilanzansatzes in der **Steuerbilanz** → Anm. 6.

4. Für die Berichtigung der Handelsbilanz ist das für die Feststellung des Jahresabschlusses zuständige **Organ** (zB Gesellschafterversammlung, Einzelkaufmann, Vorstand mit Aufsichtsrat oder Hauptversammlung) **zuständig.** Eine Berichtigung im laufenden Abschluss wird durch das für die Aufstellung zuständige Organ (persönlich haftender Gesellschafter, Einzelkaufmann, Geschäftsführer, Vorstand) veranlasst (BeBiKo/*Schubert* § 253 Rn 808). Sie wird erst verbindlich, wenn das Feststellungsorgan darüber Beschluss gefasst hat. War der geänderte Jahresabschluss prüfungspflichtig (§ 316 Abs 1), muss infolge der Änderung nach Ablieferung des Prüfungsberichts eine Nachtragsprüfung durch den Abschlussprüfer durchgeführt werden, § 316 Abs 3.

5. Steuerlich liegt eine **Bilanzberichtigung** bei Ersetzung eines fehlerhaften Bilanzansatzes durch einen zutreffenden Bilanzansatz vor (zur Bilanzänderung → Anm. 6). Ist ein **Bilanzansatz unrichtig,** kann, ggf muss der Steuerpflichtige die Bilanz (jederzeit) richtigstellen (vgl § 4 Abs 2 S 1 EStG). Die Zustimmung des Finanzamts ist hierfür, auch bei Berichtigung einer bereits eingereichten Bilanz, nicht erforderlich.

Die Notwendigkeit einer Bilanzberichtigung ist davon abhängig, wann der fehlerhafte Bilanzansatz festgestellt wird: **a**) Erkennen bis zur Einreichung des Jahresabschlusses beim Finanzamt: Der Bilanzierungsfehler muss berichtigt werden (*L. Schmidt/Loschelder,* EStG[40] § 4 Rn 282). **b**) Erkennen nach Einreichung des Jahresabschlusses beim Finanzamt: Der Bilanzierungsfehler ist nach § 153 AO zu berichtigen, wenn der Fehler zu einer Steuerverkürzung führen kann, anderenfalls kann er berichtigt werden, BFH BStBl II 2000, 129. Voraussetzung ist jedoch jeweils, dass die Verfahrensvorschriften der AO die Änderung noch zulassen (*L. Schmidt/Loschelder,* EStG[40] § 4 Rn 284). Auf die Frage, ob der Steuerpflichtige bei einer pflichtgemäßen und gewissenhaften Prüfung den Fehler der Bilanz aufgrund der bei der Bilanzerstellung bestehenden Erkenntnismöglichkeiten über die tatsächlichen und rechtlichen Verhältnisse am Bilanzstichtag hätte erkennen müssen, kommt es nach dem Beschluss des BFH Beschl. v. 31.1.2013 (GrS 1/10, BStBl II 2013, 317) nicht länger an.

Beispiele zur Bilanzberichtigung bei *L. Schmidt/Loschelder,* EStG[40] § 4 Rn 315 ff. Zur Bilanzberichtigung bei Änderung der Verwaltungsauffassung OFD Niedersachsen v 29.7.2014, veröffentlicht in juris.

6. Steuerlich liegt eine **Bilanzänderung** bei Ersetzen eines zutreffenden Bilanzansatzes durch einen anderen zutreffenden Bilanzansatz vor. Die Bilanzänderung ermöglicht es, ein bestehendes Wahlrecht anders als im bisherigen Jahresabschluss auszuüben (Bsp: Wahl einer anderen Bewertungsmethode, Bildung einer Rücklage nach § 6b EStG). Tatsächliche Vorgänge wie Einlagen, Entnahmen, Veräußerungen oder andere Sachverhaltsgestaltungen können nicht über die Bilanzänderung verändert werden.

Bis zur Einreichung des Jahresabschlusses beim Finanzamt dürfen Bilanzansätze beliebig geändert werden. Nach Einreichung beim Finanzamt ist nach der mehrfach geänderten Fassung von § 4 Abs 2 S 2 EStG auch ohne Zustimmung des Finanzamts eine Bilanzänderung zulässig, die in zeitlichem (unverzüglich, BMF 18.5.2000, BStBl I 2000, 587; BMF v 23.3.2001, BStBl I 2001, 244; BMF v 13.8.2008, BStBl I 2008, 845; zur Verfassungsmäßigkeit von § 4 Abs 2 S 2 EStG BFH, BStBl II 2004, 728; BFH/NV 2006, 1099) und sachlichem (allerdings nicht wirtschaftsbezogenem) Zusammenhang mit einer Bilanzberichtigung (= Berichtigung eines Bilanzpostens nach § 4 Abs 2 S 1 EStG, → Anm. 5) steht (*L. Schmidt/Loschelder* EStG[40] § 4 Rn 350 f); die Änderung ist allerdings betragsmäßig auf die Berichtigung nach § 4 Abs 2 S 1 beschränkt (vgl auch BFH BStBl II 2008, 924).

B. Gewinn- und Verlustrechnung (GuV)

1. GuV – Gesamtkostenverfahren (Langfassung)

			Gj. x2 EUR[1, 2, 3]	Gj. x1 TEUR[4]
1.	Umsatzerlöse[5]		26.287.367,89	25.202
2.	Verminderung des Bestands an fertigen und unfertigen Erzeugnissen[6]		./. 54.723,–	./. 41
3.	andere aktivierte Eigenleistungen		36.841,–	39
4.	sonstige betriebliche Erträge[7]		328.710,–	412
5.	Materialaufwand:[8]			
	a)	Aufwendungen für Roh-, Hilfs- und Betriebsstoffe und für bezogene Waren	13.789.890,04	13.608
	b)	Aufwendungen für bezogene Leistungen	612.500,08	598
6.	Personalaufwand:[5]			
	a)	Löhne und Gehälter	7.142.050,12	6.991
	b)	soziale Abgaben und Aufwendungen für Altersversorgung und für Unterstützung	1.278.024,42	1.118
		davon für Altersversorgung: Euro 293.712,– (Geschäftsjahr x1: TEuro 274)		
7.	Abschreibungen:[10]			
	a)	auf immaterielle Vermögensgegenstände des Anlagevermögens und Sachanlagen	1.026.189,–	1.089
	b)	auf Vermögensgegenstände des Umlaufvermögens, soweit diese die in der Kapitalgesellschaft üblichen Abschreibungen überschreiten	26.130,–	–
8.	Sonstige betriebliche Aufwendungen[11]		938.723,–	920
9.	Erträge aus Beteiligungen[12]		137.480,–	104
	davon aus verbundenen Unternehmen: Euro 42.000,– (Geschäftsjahr x1: TEuro 40)			

		Gj. x2 EUR[1, 2, 3]	Gj. x1 TEUR[4]
10.	Erträge aus anderen Wertpapieren und Ausleihungen des Finanzanlagevermögens davon aus verbundenen Unternehmen: Euro 212,– (Geschäftsjahr x1: TEuro –)	35.780,–	27
11.	Sonstige Zinsen und ähnliche Erträge, davon aus verbundenen Unternehmen: Euro 1.410,– (Geschäftsjahr x1: TEuro 4)	29.513,12	18
12.	Abschreibungen auf Finanzanlagen und auf Wertpapiere des Umlaufvermögens	21.846,–	–
13.	Zinsen und ähnliche Aufwendungen, davon an verbundene Unternehmen: Euro 3.548,– (Geschäftsjahr x1: TEuro)	413.712,11	398
14.	Steuern vom Einkommen und vom Ertrag	819.742,24	532
15.	Ergebnis nach Steuern	732.162,–	507
16.	sonstige Steuern	21.362,–	20
17.	Jahresüberschuss[13]	710.800,–	487
18.	Einstellung in die Gewinnrücklagen[15]	200.000,–	–
19.	Bilanzgewinn[15]	510.800,–	487

Schrifttum: *ADS* § 275 HGB; BeBiKo/*Schmidt/Kliem* § 275; *IDW* HFA Positionspapier zu wesentlichen Rechnungslegungsfragen im Zusammenhang mit der Einführung des EUR, WPg **1997**, 400; *IDW* HFA Stellungnahme zur Rechnungslegung bei Personenhandelsgesellschaften: IDW RS HFA 7 nF, IDW Life **2018**, 258; *IDW* HFA Verlautbarung zur phasengleichen Vereinnahmung von Erträgen aus Beteiligungen an Kapitalgesellschaften nach dem Urteil des BGH vom 12. Januar 1998, WPg **1998**, 427; *IDW* Stellungnahme zur phasengleichen Aktivierung von Dividendenansprüchen; Beschluss des Großen Senats des BFH GrS 2/99 vom 7.8.2000, WPg **2000**, S. 1068, WPg **2000**, 1129; *Küting/Weber/Budde*, HdR § 275; *Leffson, Hoffmann/Sauter*, Vom Pyrrhussieg zur blinden Justitia? Anmerkungen und Beratungshinweise zum BGH Urt. v. 17.2.1997 – II ZR 41/96 („Tomberger II"), GmbHR **1997**, 639; *Küting/Keßler/Gattung*, Die Gewinn- und Verlustrechnung nach HGB und IFRS, KoR **2005**, 15; *Zwirner/Künkele*, Auswirkungen des BilMoG auf die Gewinn- und Verlustrechnung, BC **2009**, 417; *Theile*, Der Jahres- und Konzernabschluss der GmbH & Co. nach dem Regierungsentwurf eines Bilanzrichtlinie-Umsetzungsgesetzes (BilRUG), GmbHR **2015**, 281.

Anmerkungen

1. Das Gliederungsschema ergibt sich aus § 275 Abs 2. Die GuV ist in Staffelform aufzustellen. Die Kontoform ist nicht zulässig.

2. Die GuV hat die Funktion, die Entstehung des Jahresergebnisses aus den einzelnen Erfolgsquellen aufzuzeigen, um unter Berücksichtigung der Aufwandsposten einen Einblick in die Ertragslage des Unternehmens zu ermöglichen.

3. Wahlrecht zwischen Gesamtkosten-/Umsatzkostenverfahren. In → Form. III.B.1 Anm. 1 ff., → Form. III.B.2 Anm. 1 ff., → Form. III.B.3 Anm. 1 ff., → Form. III.B.4 Anm. 1 ff. werden die Gliederungsmöglichkeiten für die GuV nach dem Gesamtkostenverfahren und dem Umsatzkostenverfahren dargestellt. Beim Gesamtkostenverfahren wird die Gesamtleistung der Periode, das sind Umsatzerlöse, die Veränderungen des Bestandes an fertigen und unfertigen Erzeugnissen sowie die anderen aktivierten Eigenleistungen, den Aufwendungen des Geschäftsjahres gegenübergestellt; beim Umsatzkostenverfahren werden den im Geschäftsjahr erzielten Umsatzerlösen die Selbstkosten der abgesetzten Betriebsleistung gegenübergestellt. Das in der GuV ausgewiesene Jahresergebnis ist, unabhängig von der Wahl der Rechnung, in beiden Fällen gleich. Die Wahl des Gliederungsverfahrens steht dem Kaufmann frei, gebräuchlicher ist das Gesamtkostenverfahren. Die Entscheidung für ein Verfahren bindet wegen des Grundsatzes der Stetigkeit. Zu Vorteilen der beiden Gliederungsschemata BeBiKo/*Schmidt/Kliem* § 275 Rn 34 f.

4. Beträge. Die Betragsangaben in der GuV erfolgen nach § 244 in EUR. Bei hohen Beträgen kann der Euro-Ausweis zu Unübersichtlichkeiten führen. Es wird deswegen zugelassen, solche Beträge in TEUR, Vorjahreszahlen ggf sogar in Mio EUR auszuweisen.

5. Umsatzerlöse (Nr 1). Der Begriff der Umsatzerlöse wurde durch das BilRUG v. 17.7.2015, BGBl I 2015, 1245 erweitert. Als Umsatzerlöse werden nunmehr die Erlöse aus dem Verkauf und der Vermietung oder Verpachtung von Produkten sowie aus der Erbringung von Dienstleistungen der Kapitalgesellschaft nach Abzug von Erlösschmälerungen und der Umsatzsteuer sowie sonstiger direkt mit dem Umsatz verbundener Steuern ausgewiesen, § 277 Abs 1. Erlösschmälerungen zB aus Preisnachlässen aus verschiedenen Geschäftssparten werden hier zusammengefasst; eine Aufgliederung erfolgt im Anhang, § 285 Nr 4. Zuvor waren die Umsatzerlöse auf Erlöse aus der gewöhnlichen Geschäftstätigkeit beschränkt, so dass das Bedürfnis für den separaten Ausweis außerordentlicher Erträge (§ 277 Abs. 4 aF) bestanden hatte, vgl. BeBiKo/*Schmidt/Kliem* § 275 Rn 47 ff.; *Theile*, GmbHR 2015, 281.

6. Bestandsveränderungen (Nr 2) sind der Saldo aus Erhöhungen oder Verminderungen (wie im Form.) der fertigen und unfertigen Erzeugnisse oder Leistungen. Erfasst werden sowohl Änderungen der Menge als auch des Wertes der Bestände (§ 277 Abs 2); nur Abschreibungen, die das in der Gesellschaft übliche Maß übersteigen, werden nicht hier, sondern unter dem Posten 7b ausgewiesen. Dieser Posten ist nur bei Aufstellung der GuV nach dem Umsatzkostenverfahren von Bedeutung.

7. Andere aktivierte Eigenleistungen (Nr 3) betreffen die Aufwendungen, die im Geschäftsjahr auf selbst geschaffene Gegenstände des Anlagevermögens geleistet wurden, sofern diese zu einer über den bisherigen Zustand des Gegenstandes wesentlich hinausgehenden Verbesserung geführt haben (*ADS* § 275 HGB Rn 61). Die **sonstigen betrieblichen Erträge** (Nr 4) beinhalten alle anderen betrieblichen Erträge der Gesellschaft, die nicht zu den Umsatzerlösen oder zu sonst gesondert auszuweisenden Erträgen gehören. Hierzu gehören zB Buchgewinne aus dem Abgang von Anlagevermögen, Erträge aus der Auflösung bestimmter Passivposten und schließlich ordentliche Erträge, die jedoch nicht aus dem Absatz der typischen Erzeugnisse und Dienstleistungen resultieren (zB sonstige Miet- und Pachterträge, Zuschüsse).

8. Der **Materialaufwand** (Nr 5) enthält die Aufwendungen für Roh-, Hilfs- und Betriebsstoffe sowie für bezogene Waren (Posten 5 a) und für bezogene Leistungen (Posten 5 b), soweit sie im Geschäftsjahr verbraucht wurden. Der Posten wird traditionell ermittelt aus dem Bestand zu Beginn des Geschäftsjahres, erhöht um die Zugänge und vermindert um den (durch Inventur ermittelten) Bestand am Ende des Geschäftsjahres.

9. Der **Personalaufwand** (Nr 6) wird unterteilt in die Posten a) Löhne und Gehälter (Bruttobeträge einschließlich aller Zuschläge und anderer Leistungen), b) Soziale Abgaben und Aufwendungen für Altersversorgung und Unterstützung. Die Aufwendungen für Altersversorgung sind gesondert zu vermerken (*ADS* § 275 HGB Rn 123).

10. Unter den **Abschreibungen** (Nr 7) werden gesondert ausgewiesen die Abschreibungen auf immaterielle Vermögensgegenstände und das Sachanlagevermögen einerseits (Posten 7a), unübliche Abschreibungen auf das Umlaufvermögen andererseits (Posten 7b, vgl auch → Anm. 6). Die Abschreibungen auf Finanzanlagen fallen demgegenüber unter Nr. 12.

11. Die **sonstigen betrieblichen Aufwendungen** (Nr 8) sind eine Sammelposition vergleichbar der Nr 4 für alle Aufwendungen der gewöhnlichen Geschäftstätigkeit, die keinem anderen Posten vorrangig zugewiesen sind. Hierher gehören zB Verlust aus dem Abgang von Anlage- oder Umlaufvermögen (ohne Vorratsvermögen), Zuführungen zu Rückstellungen, Aufwendungen aus derivaten Finanzinstrumenten, BeBiKo/*Schmidt/ Kliem,* § 275 Rn 156.

12. Erträge aus Beteiligungen (Nr 9) umfassen zB Dividenden von Kapitalgesellschaften oder Gewinnanteile von Personengesellschaften an verbundenen Unternehmen und solchen, mit denen ein Beteiligungsverhältnis besteht. Bei Dividenden ist eine einbehaltene Kapitalertragsteuer nicht abzuziehen (*ADS* § 275 HGB Rn 146). Anderes gilt bei Beteiligung einer Personenhandelsgesellschaft an einer Kapitalgesellschaft, die die Nettodividende einschließlich der Kapitalertragsteuer ansetzt (IDW RS HFA 7 nF, IDW Life 2018, 258 Anm. 31).

Der Dividendenanspruch ist grundsätzlich erst zum Zeitpunkt des Gewinnverwendungsbeschlusses beim Gesellschafter zu aktivieren. Gehören einer Gesellschaft alle Anteile einer anderen Gesellschaft, die einen Konzern bilden und deren Geschäftsjahre deckungsgleich sind, ist ein Gewinn, den das Tochterunternehmen in seinem Jahresabschluss dem Mutterunternehmen zugewiesen hat, zeitgleich im Jahresabschluss des Mutterunternehmens zu vereinnahmen, vgl BGH, DB 1998, 567 nach EuGH DB 1996, 1400 mit Berichtigungsbeschluss DB 1997, 1513; zum Vorlagebeschluss des BGH DB 1994, 1868. Eine wesentliche Veränderung der Rechtslage ist hierdurch insoweit eingetreten, als ein Mutterunternehmen, das allein an einem Tochterunternehmen beteiligt ist, bei Erfüllung der zeitlichen Voraussetzungen den zur Ausschüttung vorgesehenen Gewinn des Tochterunternehmens als Ertrag im eigenen Jahresabschluss ausweisen muss (IDW Verlautbarung, WPg 1998, 427; *ADS* § 246 HGB Tz 216 mwN). Minderheitsgesellschafter eines Mutterunternehmens haben keinen Anspruch darauf, dass bei den Tochterunternehmen entsprechend bilanziert wird (BGH GmbHR 1997, 655; *Hoffmann/Sauter,* GmbHR 1997, 639). In der Steuerbilanz ist die phasengleiche Aktivierung eines Dividendenanspruchs seit dem Beschluss des GrS BFH (BStBl II 2000, 632; zuvor BFH BStBl II 1999, 547 und 551) grundsätzlich unzulässig, es sei denn, es wird objektiv nachgewiesen, dass die ausschüttende Gesellschaft am maßgeblichen Bilanzstichtag unwiderruflich zur Ausschüttung entschlossen war (BFH BStBl II 2001, 409; *L. Schmidt/Weber-Grellet* $EStG^{40}$ § 5 Rn 270 (Dividendenansprüche); vgl nunmehr auch BFH BStBl II 2008, 340; BFH BFH/NV 2015, 495). Das BMF hat hingegen für die Zeit des Anrechnungsverfahrens die bisherige Praxis weiter zugelassen (BMF v 24.8.1999, BStBl I 1999, 822; BMF v 1.11.2000, BStBl I 2000, 1510; ferner IDW WPg 2000, 1129).

Der Gewinnanteil an einer Personengesellschaft entsteht grundsätzlich mit Ablauf des Geschäftsjahres der Personengesellschaft, es sei denn, dass nach Maßgabe der gesellschaftsrechtlichen Bestimmungen den Gesellschaftern die Verfügung über den Anspruch entzogen ist.

13. Besonderheiten gelten bei **Unternehmensverträgen.** Im Falle der Gewinnabführung ist das Tochterunternehmen zur Abführung des gesamten, sonst entstehenden Jahresüberschusses an das berechtigte Unternehmen verpflichtet. Das durch einen Gewinnabführungsvertrag berechtigte Mutterunternehmen hat dann einen Ertrag aus der Gewinnabführung vor oder hinter Posten 9 auszuweisen (§ 277 Abs 3 S 2); die Forderung entsteht bereits zum Bilanzstichtag. Bei der verpflichteten Gesellschaft wird die Gewinnabführung im Gliederungsschema der GuV vor dem Posten „Jahresüberschuss“ berücksichtigt; die Gesellschaft weist idR keinen Jahresüberschuss aus. Im Ausnahmefall können Beträge von der Abführung ausgenommen sein, wie zB zur vorrangigen Tilgung von Verlustvorträgen aus dem Vorjahr nach § 301 S 1 AktG oder zur Bildung von Gewinnrücklagen. Im Falle der **Verlustübernahme** ist das berechtigte Unternehmen zum Ausgleich sonst entstehender Jahresfehlbeträge verpflichtet. Der hieraus entstehende Aufwand wird beim Mutterunternehmen idR vor oder nach dem Posten 13 ausgewiesen. Das Tochterunternehmen wird den Ertrag aus der Verlustübernahme unmittelbar vor dem Jahresergebnis ausweisen (WP-Hdb 2021 I F 783). Die Verpflichtung aus/Forderung auf den Verlustausgleich wird regelmäßig erst mit der Feststellung des Jahresabschlusses des Tochterunternehmens fällig; dem Grunde nach entsteht sie bereits zum Bilanzstichtag und ist korrespondierend in den Jahresabschlüssen beider Unternehmen zu berücksichtigen, § 277 Abs 3 S 2.

14. Außerhalb der im § 275 Abs 2 enthaltenen Gliederungsschema vorgeschriebenen Posten ergeben sich weitere, im Einzelfall aufzunehmende Posten, zB aus § 277 Abs 3 S 1 (außerplanmäßige Abschreibungen nach § 253 Abs 3 S 5 und 6) und § 277 Abs 3 S 2 (zB Aufwendungen und Erträge aus Verlustübernahme, Gewinngemeinschaft, Gewinnabführungs- oder Teilgewinnabführungsvertrag, vgl → Anm. 13).

15. Die **Überleitung zum Bilanzgewinn** ist nach § 158 Abs 1 AktG für AG vorgeschrieben; für GmbH oder Personengesellschaften nach § 264a ist diese Angabe freiwillig.

16. Größenabhängige Erleichterungen → Form. III.B.2 Anm. 2.

2. GuV – Gesamtkostenverfahren (Kurzfassung mit Aufgliederung im Anhang)

		Geschäftsjahr x2	Geschäftsjahr x1
		EUR	TEUR
1.	Rohergebnis[1, 3]	9.195.805,77	8.719
2.	Vertriebskosten	2.408.721,19	2.399
3.	Verwaltungskosten	4.724.678,21	4.781
4.	Sonstige betriebliche Aufwendungen	277.717,14	251
5.	Beteiligungsergebnis	+ 173.260,–	+ 131
6.	Zinsergebnis	– 384.198,99	– 380
7.	Abschreibungen auf Finanzanlagen	21.846,–	–
8.	Steuern vom Einkommen und vom Ertrag	819.742,24	532
9.	Ergebnis nach Steuern	732.162,–	507
10.	sonstige Steuern	21.362,–	20
11.	Jahresüberschuss	710.800,–	487
12.	Einstellung in die Gewinnrücklagen	200.000,–	–
13.	Bilanzgewinn	510.800,–	487

Schrifttum: *ADS* § 265 HGB Tz 86; BeBiKo/*Störk/Büssow* § 265 Rn 17; BeBiKo/*Schmidt/Kliem* § 275 Anm. 18.

Anmerkungen

1. Das Gliederungsschema ergibt sich aus § 275 Abs 2.

2. Größenabhängige Erleichterungen. Für kleine und mittelgroße Kapitalgesellschaften und bestimmte Personengesellschaften besteht die Möglichkeit, die Posten „Umsatzerlöse" bis „Materialaufwand" zu einem Posten „Rohergebnis" zusammenzufassen (§ 276; vgl Form.).

3. Wahlrecht für Darstellung. Große Kapitalgesellschaften und bestimmte Personengesellschaften können eine Zusammenfassung der GuV-Posten nach § 275 Abs 2 vornehmen, § 265 Abs 7 Nr 2. Auch wenn die Zusammenfassung der mit arabischen Zahlen bezeichneten Posten erlaubt ist und nur solche in der GuV erscheinen, ist eine weitergehende Zusammenfassung von Posten im Hinblick auf die Notwendigkeit der klaren Darstellung der Ertragslage nicht zulässig. Die Praxis wählt eine zusammengefasste Darstellung der GuV und Aufgliederung im Anhang.

4. Die in der GuV zusammengefasst dargestellten Posten sind im Anhang **aufzugliedern.** Bei der Aufgliederung müssen die Einzelposten des gesetzlichen Gliederungsschemas sowie die zusätzlichen Posten der GuV im Einzelnen erkennbar werden. Dabei müssen die Vorjahresbeträge angegeben werden. Zu den Posten → Form. III.B.1 Anm. 1 ff.

3. GuV – Umsatzkostenverfahren (Langfassung)

		Geschäftsjahr x2	Geschäftsjahr x1
		EUR	TEUR
1.	Umsatzerlöse[1, 2]	26.287.367,89	25.202
2.	Herstellungskosten[4] zur Erzielung der Umsatzerlöse erbrachten Leistungen	17.420.272,12	16.895
3.	Bruttoergebnis vom Umsatz	8.867.095,77	8.307
4.	Vertriebskosten[5]	2.408.721,19	2.399
5.	Allgemeine Verwaltungskosten[6]	4.724.678,21	4.781
6.	Sonstige betriebliche Erträge	328.710,–	412
7.	Sonstige betriebliche Aufwendungen	277.717,14	251
8.	Erträge aus Beteiligungen[8] davon aus verbundenen Unternehmen: Euro 42.000,– (Geschäftsjahr x1 : TEuro 40)	137.480,–	104
9.	Erträge aus anderen Wertpapieren und Ausleihungen des Finanzanlagevermögens davon aus verbundenen Unternehmen: Euro 212,– (Geschäftsjahr x1: TEuro –)	35.780,–	27
10.	Sonstige Zinsen und ähnliche Erträge davon aus verbundenen Unternehmen: Euro 1.410,– (Geschäftsjahr x1: TEuro 4)	29.513,12	18
11.	Abschreibungen auf Finanzanlagen und auf Wertpapiere des Umlaufvermögens	21.846,–	-
12.	Zinsen und ähnliche Aufwendungen, davon an verbundene Unternehmen: Euro 3.548,– (Geschäftsjahr x1: TEuro –)	413.712,11	398

		Geschäftsjahr x2 EUR	Geschäftsjahr x1 TEUR
13.	Steuern von Einkommen und vom Ertrag	819.742,24	532
14.	Ergebnis nach Steuern	732.162,–	507
15.	Sonstige Steuern	21.362,–	20
16.	Jahresüberschuss	710.800,–	487
17.	Einstellung in die Gewinnrücklagen	200.000,–	–
18.	Bilanzgewinn	510.800,–	487

Schrifttum: *Dörner,* Wann und für wen empfiehlt sich das Umsatzkostenverfahren? WPg **1987,** 154; *Fischer/Ringling,* Grundsätze des Umsatzkostenverfahrens, BB **1988,** 442; *Neumann,* Gesamtkosten- versus Umsatzkostenverfahren bei der Aufstellung der Gewinn- und Verlustrechnung, BuW **1997,** 681; *Rogler,* Herstellungskosten beim Umsatzkostenverfahren, BB **1992,** 1459; *ders,* Vermittelt das Umsatzkostenverfahren ein besseres Bild der Ertragslage als das Gesamtkostenverfahren?, DB **1992,** 749; *Wimmer,* Theoretische Konzeption und praktische Umsetzungsprobleme des Umsatzkostenverfahrens nach HGB, WPg **1993,** 161; *Engel-Ciric,* Umstellung vom Gesamtkostenverfahren auf das Umsatzkostenverfahren nach HGB und IAS/IFRS, BC **2004,** 173.

Anmerkungen

1. Das **Gliederungsschema** ergibt sich aus § 275 Abs 3. Die GuV ist in der Staffelform aufzustellen. Der Kaufmann kann bei der erstmaligen Aufstellung der GuV frei zwischen dem Gesamtkosten- und dem Umsatzkostenverfahren wählen.

2. Größenabhängige Erleichterungen → Form. III.B.2 Anm. 2.

3. Die GuV nach dem **Umsatzkostenverfahren** stellt den Umsätzen die Selbstkosten der abgesetzten Betriebsleistung gegenüber. Die GuV gliedert sich nach Funktionsbereichen oder Produktgruppen. Der in der GuV gezeigte Aufwand ist nicht nach den Primäraufwendungen, sondern nach den Funktionsbereichen Herstellung, Vertrieb und allgemeine Verwaltung aufgegliedert. Die Aufstellung der GuV nach diesem Verfahren erfordert die funktionsbezogene Erfassung der Aufwendungen. Die in der GuV ausgewiesenen **Umsatzerlöse (Nr 1)** entsprechen denen nach dem Gesamtkostenverfahren, § 277 Abs 1 → Form. III.B.1 Anm. 5.

4. Herstellungskosten (Nr 2). Der für die GuV verwendete Begriff entspricht im Grundsatz dem Herstellungskostenbegriff der Bilanz, § 255 Abs 2. Im Einzelnen bestehen zwischen diesen Begriffen zT erhebliche Unterschiede; s insbes *ADS* § 275 HGB Rn. 216; *Rogler* BB 1992, 1459. Der Posten beinhaltet sämtliche Herstellungskosten der abgesetzten Erzeugnisse des Geschäftsjahres, unabhängig vom Jahr ihrer Entstehung. Hierzu gehören Material- und Personalkosten, auch Gemeinkosten und Abschreibungen, ferner auch Aufwendungen für Forschung und Entwicklung. Bestandsveränderungen führen zur Erhöhung/Verringerung der Herstellungskosten in dem Umfange, in dem Herstellungskosten in der Bilanz aktiviert werden/wurden (*ADS* § 275 HGB Rn 223; BeBiKo/*Schmidt/Kliem,* § 275 Rn 270 ff).

5. Unter dem Posten **Vertriebskosten (Nr 4)** werden alle im Geschäftsjahr entstandenen Kosten ausgewiesen, die anlässlich des Absatzes der Produkte oder Dienstleistungen entstehen und dem Vertriebsbereich direkt oder über Schlüsselungen und ähnliches zuzuordnen sind. Sondereinzelkosten des Vertriebs können in den Herstellungskosten enthalten sein.

6. Unter dem Posten **Allgemeine Verwaltungskosten** (Nr 5) werden diejenigen Verwaltungskostenanteile ausgewiesen, die nicht in die Herstellungskosten einzubeziehen sind; in Betracht kann auch die anteilige Zurechnung zu den Vertriebskosten kommen; *ADS* § 275 HGB Rn 238. Hierzu gehören zB Aufwendungen der Geschäftsführung sowie von Verwaltungsbereichen, nicht dem Produktionsbereich zuzuordnende Kosten der Personalverwaltung, des Betriebsrats, ferner zB Spenden und Beiträge. Bei der Gliederung der GuV nach dem Gesamtkostenverfahren wird ein Teil der hier auszuweisenden Aufwendungen unter den sonstigen betrieblichen Aufwendungen ausgewiesen.

7. Die Anwendung des Umsatzkostenverfahrens für die GuV führt nach § 285 Nr 8 zu zusätzlichen **Angaben im Anhang,** da diese Informationen aus der GuV sonst nicht zu entnehmen sind. Es handelt sich um den Materialaufwand des Geschäftsjahres, gegliedert nach § 275 Abs 2 Nr 5, sowie den Personalaufwand des Geschäftsjahres, gegliedert nach § 275 Abs 2 Nr 6. Hierzu → Form. III.B.1 Anm. 8, gesondert auszuweisen oder im Anhang anzugeben sind ferner die außerplanmäßigen Abschreibungen auf Anlagevermögen nach § 253 Abs 3 S 5 und 6, so § 277 Abs 3 S 1.

8. Zu Beteiligungserträgen vgl → Form. III.B.1 Anm. 12, 13. Zur Überleitung auf den Bilanzgewinn vgl → Form. III.B.1 Anm. 15.

4. GuV – Umsatzkostenverfahren (Kurzfassung mit Aufgliederung im Anhang)

		Geschäftsjahr x2	Geschäftsjahr x1
		EUR	TEUR
1.	Rohergebnis	9.195.805,77	8.719
2.	Vertriebskosten	2.408.721,19	2.399
3.	Verwaltungskosten	4.724.678,21	4.781
4.	Sonstige betriebliche Aufwendungen	277.717,14	251
5.	Beteiligungsergebnis	+ 173.260,–	+ 131
6.	Zinsergebnis	- 384.198,99	- 380
7.	Abschreibungen auf Finanzanlagen	21.846,–	–
8.	Steuern vom Einkommen und vom Ertrag	819.742,24	532
9.	Ergebnis nach Steuern	732.162,–	507
10.	sonstige Steuern	21.362,–	20
11.	Jahresüberschuss	710.800,–	487
12.	Einstellung in die Gewinnrücklagen	200.000,–	–
13.	Bilanzgewinn	510.800,–	487

Anmerkungen

1. Das Gliederungsschema ergibt sich aus § 275 Abs 3. Zur Erläuterung der einzelnen Posten der GuV → Form. III.B.3 Anm. 1 ff.

2. Größenabhängige Erleichterungen. Vgl → Form. III.B.2 Anm. 2.

3. Angaben im Anhang. Vgl → Form. III.B.3 Anm. 7.

5. Anlage zur Bilanz bei Offenlegung nach PublG

		Geschäftsjahr x2 EUR	Geschäftsjahr x1 TEUR
1.	Umsatzerlöse	326.432.180,–	325.202
2.	Erträge aus Beteiligungen	10.173.260,–	9.131
3.	Löhne, Gehälter, soziale Abgaben sowie Aufwendungen für Altersversorgung und Unterstützung	106.420.074,54	105.109
4.	Bewertungs- und Abschreibungsmethoden einschließlich wesentlicher Änderungen	Vgl → Form. III.D.1	Vgl → Form. III.D.1
5.	durchschnittliche Zahl der in den letzten zwölf Monaten vor dem Abschlussstichtag beschäftigten Arbeitnehmer	2.375	2.412

Schrifttum: *ADS* § 5 PublG Tz 64 ff.; BeBiKo/*Schmidt/Kliem,* § 275 Rn 324 ff.; *Förschle/Kropp,* Mindestinhalt der Gewinn- und Verlustrechnung für Einzelkaufleute und Personenhandelsgesellschaften, DB 89, 1037, 1096.

Anmerkungen

1. Für Einzelkaufleute und Personenhandelsgesellschaften, die nicht zu den Gesellschaften nach § 264a gehören, ist nach § 242 Abs 2 die Aufstellung einer GuV vorgeschrieben (nach Inkrafttreten des BilMoG (G v 25.5.2009, BGBl I 2009, 1102) besteht jedoch keine Aufstellungspflicht für „kleine" Einzelkaufleute iSv § 241a); außerhalb des PublG (→ Anm. 5) gibt es jedoch **kein gesetzlich vorgeschriebenes GuV-Gliederungsschema,** die GuV hat lediglich den formalen GoB, und zwar insbesondere dem Gebot der Klarheit und Übersichtlichkeit zu entsprechen, vgl §§ 243 Abs 2, 246 Abs 1. Es wird sich daher auch für solche Gesellschaften empfehlen, die Gliederung der GuV am gesetzlichen Schema des § 275 zu orientieren. Gründe hierfür sind insbesondere die Informationsinteressen Dritter (wie zB Gläubiger von größeren Krediten), sowie die gegenüber nicht geschäftsführenden Gesellschaftern bestehende gesellschaftsrechtliche Informationspflicht (*Förschle/Kropp* DB 1989, 1037, 1039; BeBiKo/*Schmidt/Kliem,* § 247 Rn 664 ff.; Steuerberaterkammer StB 1988, 46, 48). Werden Bezeichnungen des Gliederungsschemas aus § 275 verwendet, muss aus Gründen der Klarheit auch sichergestellt sein, dass die Posteninhalte den dazu bestehenden Konventionen entsprechen (*Förschle/Kropp* DB 1989, 1037, 1040).

2. Zum Ausweis des Jahresergebnisses und der Notwendigkeit der Abgrenzung zwischen Ergebnisentstehung und Ergebnisverteilung s BeBiKo/*Schmidt/Kliem* § 247 Rn 652. Angaben über die Ergebnisverwendung sind bei Einzelkaufleuten und Personengesellschaften entspr § 325 Abs 1 S 4 entbehrlich, wenn dadurch Gewinnanteile natürlicher Personen, die Gesellschafter sind, feststellbar werden (*ADS* § 9 PublG Rn 25).

3. Der **Steuerausweis** bei Einzelunternehmen und Personengesellschaften bezieht sich nur auf die von dem Unternehmen geschuldeten Steuern vom Einkommen und Ertrag (zB Gewerbesteuer). Die Einkommen- und Körperschaftsteuer des Gesellschafters ist nach überwiegender Auffassung hier nicht auszuweisen; gleiches gilt für eine auf das Betriebsvermögen entfallende (derzeit nicht erhobene) Vermögensteuer.

4. **Steuerliche Hinweise.** Vergütungen, die der Gesellschafter von der PersGes für die Überlassung von Gegenständen, Darlehen oder seiner Arbeitsleistung erhält, sind handelsrechtlich in aller Regel als Aufwand auszuweisen. Steuerlich werden sie nach § 15 Abs 1 Nr 2 EStG als Gewinnverwendung behandelt und ua zur Berechnung der Gewerbesteuer dem Jahresergebnis hinzugerechnet. IE zur Steuerbilanz der PersGes BeBiKo/*Grottel/Baldamus* § 247 Rn 700 ff.

5. **Publizitätsgesetz.** Ist ein Jahresabschluss nach § 5 PublG zu erstellen, weil die Grenzen nach § 1 Abs 1 PublG überschritten wurden (→ Form. III.A.2 Anm. 12), kann die GuV entsprechend den Grundsätzen für eine große Kapitalgesellschaft oder eine Personengesellschaft iSv § 264a aufgestellt werden (§ 5 Abs 1 PublG). Für Einzelkaufleute und Personengesellschaften besteht die Möglichkeit, die GuV nach dem von ihnen sonst gewählten GuV-Schema aufzustellen (→ Anm. 1).

6. **Offenlegung.** Nach § 9 Abs 2 iVm § 5 Abs 5 S 3 PublG brauchen nur die im Form. genannten Informationen (geringfügig angepasst durch das BilRUG v. 17.7.2015, BGBl I 15, 1245) in einer Anlage zur Bilanz offengelegt zu werden. Die nach PublG offenlegungspflichtige Gesellschaft kann jedoch freiwillig eine GuV offenlegen. Bei einer **GmbH & Co KG** gelten für Publizität jetzt die Regeln in §§ 325 ff. (vgl § 264 a).

C. Anhang

1. Anhang

Anhang zum Jahresabschluss für das Geschäftsjahr x2[1, 2]

I. Allgemeine Angaben

Der Jahresabschluss der XY-Gesellschaft wurde nach den Vorschriften des HGB und des GmbHG aufgestellt.

Die Gewinn- und Verlustrechnung wurde unverändert nach dem Gesamtkostenverfahren aufgestellt.

Die XY GmbH ist eine mittelgroße Kapitalgesellschaft nach § 267 Abs 2 HGB. Der Jahresabschluss ist in TEUR aufgestellt.

II. Angaben zu Bilanzierungs- und Bewertungsmethoden[3]

Die Bilanzierungs- und Bewertungsmethoden haben wir gegenüber dem Vorjahr unverändert beibehalten.

Unter den immateriellen Vermögensgegenständen ist zum einen entgeltlich erworbene EDV-Software ausgewiesen. Diese wurde mit den Anschaffungskosten angesetzt und planmäßig linear abgeschrieben. Zum anderen wurde als selbst geschaffener immaterielle Vermögensgegenstand ein Patent ausgewiesen. Dieses wurde mit den Herstellungskosten angesetzt und ebenfalls planmäßig linear abgeschrieben.

Der derivativ erworbene Firmenwert (Erwerb der Sparte B in x0) wird über 10 Jahre abgeschrieben.[19] Eine Abschreibung auf 10 Jahre ist branchenüblich. Zudem haben die Absatzverträge in Sparte B typischerweise eine Laufzeit von 10 Jahren.

Die Gegenstände des Sachanlagevermögens wurden zu Anschaffungs- oder Herstellungskosten abzüglich planmäßiger Abschreibungen angesetzt. Im Einzelfall wurden außerplanmäßige Abschreibungen vorgenommen. Die Abschreibungsmethoden und die Abschreibungshöhe richten sich nach den von der Finanzverwaltung herausgegebenen Abschreibungstabellen; dabei wird nach Möglichkeit zunächst degressiv, später linear abgeschrieben. Zugänge des Geschäftsjahres wurden zeitanteilig abgeschrieben. Geringwertige Vermögensgegenstände wurden im Zugangsjahr voll abgeschrieben.

Ausleihungen sind zu Anschaffungskosten abzüglich Tilgungen angesetzt.

Die Roh-, Hilfs- und Betriebsstoffe sind mit den Anschaffungskosten bewertet, sofern nicht niedrigere Tagespreise am Bilanzstichtag zum Ansatz gelangten. Mangelnder oder eingeschränkter Verwertbarkeit wurde durch Abschläge Rechnung getragen.

Unfertige und fertige Erzeugnisse sind zu Herstellungskosten bewertet; als Herstellungskosten wurden die nach R 6.3 EStH 2018 anzusetzenden Pflichtbestandteile in Ansatz gebracht. Wegen schlechter Verwertbarkeit wurden entsprechend dem Niederstwertprinzip Abschläge vorgenommen.

Handelswaren sind zu Anschaffungskosten abzüglich Abschlägen wegen eingeschränkter Verwertbarkeit im Einzelfall bewertet worden. Die verlustfreie Bewertung wurde durch die Gegenüberstellung der voraussichtlichen Verkaufserlöse abzüglich noch anfallender Kosten berücksichtigt.

Die Forderungen werden grundsätzlich mit dem Nominalwert bewertet. Zweifelhafte Forderungen sind in voller Höhe einzelwertberichtigt.

Die übrigen Aktiva sind mit dem Nominalwert angesetzt.

Dem allgemeinen Kreditrisiko wird durch die Bildung einer angemessenen pauschalen Wertberichtigung Rechnung getragen.

Währungsforderungen werden mit dem Kurs zum Zeitpunkt der Erstbuchung und gegebenenfalls mit dem niedrigeren Stichtagskurs ausgewiesen.[5]

Die Pensionsrückstellungen[26] werden nach versicherungsmathematischen Grundsätzen bei Anwendung eines Zinsfußes von 6 % nach dem Teilwertverfahren ermittelt. Den Berechnungen wurden die Sterbetafeln von XX sowie eine Lohn- und Gehaltssteigerung von 1,5 % p. a. zugrunde gelegt. Es besteht keine Unterdeckung.

Die Steuerrückstellungen entsprechen der zu erwartenden Steuerbelastung.

Die anderen Rückstellungen sind in Höhe der Beträge angesetzt, die nach vernünftiger kaufmännischer Beurteilung zur Abdeckung der Risiken notwendig sind.

Die Verbindlichkeiten sind zum Nominalbetrag oder zum Rückzahlungsbetrag angesetzt. Die Verbindlichkeiten gegenüber Gesellschaftern betragen EUR 3.548,– (Geschäftsjahr x1: TEUR 5).

III. Erläuterungen der Bilanzposten

1. Anlagespiegel[34]

	Anschaf-fungs-/ Her-stellungskos-ten zu Beginn GJ	Zugänge GJ	Abgänge GJ	Umbuchun-gen GJ	Anschaf-fungs-/ Her-stellungskos-ten zu Ende GJ	Abschreibun-gen zu Beginn des GJ x2	Abschrei-bungen in GJ x2	Zu-schrei-bun-gen in GJ x2	Änderun-gen Ab-schrei-bungen iZm Zu-gängen	Änderun-gen Ab-schrei-bungen iZm Ab-gängen	Änderun-gen Ab-schreibun-gen iZm Umbu-chungen	Abschreibun-gen (zum Ende des GJ x2)	Restbuch-wert 31. 12. x2	Rest-buch-wert 31. 12. x1
	EUR	EUR	EUR	EUR	EUR	EUR	EUR	EUR	EUR	EUR	EUR	EUR	EUR	TEUR
Immaterielle Vermögensge-genstände														
Konzessionen	770.000,–	–,–	–,–	+ 20.000,–	790.000,–	90.000,–	150.000,–	–,–	–,–	–,–	–,–	240.000,–	550.000,–	700
Firmenwert	400.000,–	–,–	–,–	–,–	400.000,–	100.000,–	100.000,–	–,–	–,–	–,–	–,–	200.000,–	200.000,–	300
Patent	–,–	200.000,–	–,–	–,–	200.000,–	–,–	10.000,–		–,–	–,–	–,–	10.000,–	190.000,–	–,–
geleistete An-zahlungen	12.000,–	74.021,–	–,–	./. 20 000,–	66.021,–	–,–	–,–	–,–	–,–	–,–	–,–	–,–	66.021,–	12
	1.182.000,–	274.021,–	–,–	0,–	1.456.021,–	190 000,–	260 000,–	–,–	–,–	–,–	–,–	450. 000,–	1 006. 021,–	1.012
Sachanlagen									–,–	–,–	–,–			
Grundstücke	1.001.587,–	83.413,–	–,–	–,–	1.085.000,–	361.587,–	23.413,–	–,–	–,–	–,–	–,–	385.000,–	700 000,–	640
Technische Anlagen und Maschinen	4.550.400,10	680.435,90	103.048,–	+ 75.112,–	5.202.900,–	3.200.400,10	602 649,90	150,–	–,–	–,–	+ 6.234,–	3.809.284,–	1.400.000,–	1.350
Betriebs- und Geschäftsaus-stattung	1.379.281,90	296.888,–	66.761,90	–,–	1.609.408,–	99.281,90	140.126,10	–,–	–,–	37.401,–	–,–	202.007,–	610.000,–	520
Anlagen im Bau	134.000,–	–,–	–,–	./.7.75.112,–	58.888,–	6.234,–	–,–	–,–	–,–	–,–	- 6234,–	–,–	58.888,–	134
	7.065.269,–	1.060.736,90	169.809,90	0,–	7.956.196,–	3.667.503,–	766.189,–	150,–		37.401,–	0-	4.396.291,–	2.768.888,–	2.644
Finanzanla-gen[1]														
Beteiligungen	1.000.000,–	230.000,–	–,–	–,–	1.230.000,–	–,–	20.000,–	–,–	–,–	–,–	–,–	20.000,–	1.210.000,–	1.000
	9.247.269,–	1.564.757,90	169 809,90	0,–	10 642 217,–	3.857.503,–	1.046.189,–	150,–		37.401,–	0-	4.866.291,–	4.984.909,–	4.656

2. Finanzanlagen

Die Zunahme der Finanzanlagen, hier insbesondere der Anteile an verbundenen Unternehmen, beruht auf dem Erwerb einer Mehrheitsbeteiligung an der AB GmbH sowie dem Zeichnen von Schuldverschreibungen der IJ AG.

Folgende zu den Finanzanlagen gehörende Finanzinstrumente sind über ihrem beizulegenden Zeitwert ausgewiesen worden:[22]

Finanzinstrument	Buchwert (in TEUR)	Beizulegender Zeitwert (in TEUR)	Gründe für Unterlassen der Abschreibung
Schuldverschreibung der IJ AG	80	75	Die IJ AG ist ein Start-up Unternehmen, bei dem typische Anlaufverluste eingetreten sind. Der vorgelegte Business Plan lässt erwarten, dass der Wert des Unternehmens und somit auch der Schuldverschreibung im GJ x2 wieder ansteigt.

3. Forderungen und sonstige Vermögensgegenstände

In den sonstigen Vermögensgegenständen sind abgegrenzte Mietzinsforderungen in Höhe von TEUR 12 (31.12.x1: TEUR 11) enthalten. Die Forderungen haben wie im Vorjahr eine Restlaufzeit von unter einem Jahr.

4. Rückstellungen[18]

Die sonstigen Rückstellungen beinhalten zu einem wesentlichen Teil (TEUR 600) Beträge zur Risikovorsorge wegen erhobener Ansprüche aus behaupteten Patentrechtsverletzungen.

5. Verbindlichkeiten

Verbindlichkeitenspiegel[7]

	Gesamtbetrag	davon mit einer Restlaufzeit	
		bis zu 1 Jahr	über 5 Jahre
	31.12.x2 EUR (31.12.x1) (TEUR)	31.12.x2 EUR (31.12.x1) (TEUR)	31.12.x2 EUR
Anleihen	15.000,– (8)		15.000,–
Verbindlichkeiten gegenüber Kreditinstituten	2.200.000,– (1.900)	1.000.000,– (1.000)	500.000,–
Erhaltene Anzahlungen auf Bestellungen	12.000,– (0)		
Verbindlichkeiten aus Lieferungen u. Leistungen	592.483,12 (600)	592.483,12 (600)	–,–
Verbindlichkeiten gegenüber verbundenen Unternehmen	232.800,– (300)	212.800,– (300)	–,–

	Gesamtbetrag	davon mit einer Restlaufzeit	
		bis zu 1 Jahr	über 5 Jahre
	31.12.x2	31.12.x2	31.12.x2
	EUR	EUR	EUR
	(31.12.x1)	(31.12.x1)	
	(TEUR)	(TEUR)	
sonstige Verbindlichkeiten	996.001,34	996.001,34	–,–
	(759)	(759)	
– davon aus Steuern	44.212, – (42)	44.212, – (42)	
– davon im Rahmen der sozialen Sicherheit	38.720, – (36)	38.720, – (36)	
Gesamtbetrag	4.021.284,46	2.801.284,46	500.000,–
	(3.583)	(2.683)	
davon gesichert:			
– durch Pfandrechte	1.340.000,–		

Die Verbindlichkeiten gegenüber Kreditinstituten sind in Höhe von EUR 1.340.000,– durch Grundschulden gesichert.

6. Verrechnung von Vermögensgegenständen und Schulden[27]

Die Gesellschaft hat zur Erfüllung von Altersvorsorgeverpflichtungen eines Teils ihrer Arbeitnehmer ein Contractual Trust Agreement mit YY geschlossen, das bewirkt, dass bestimmte Vermögensgegenstände (Wertpapiere) dem Zugriff aller übrigen Gläubiger entzogen sind und ausschließlich der Erfüllung von Schulden der genannten Altersvorsorgeverpflichtungen dienen. Nach § 246 Abs 2 S 2 wurden in diesem Zusammenhang die Posten „sonstige Wertpapiere“ und „Rückstellungen für Pensionen und ähnliche Verpflichtungen“ miteinander verrechnet:

Verrechnete Vermögensgegenstände/Schulden

Sonstige Wertpapiere:	Anschaffungskosten (EUR)	250.000,–
	Beizulegender Zeitwert (EUR)	225.000,–
Verrechnete Schulden:	Erfüllungsbetrag (EUR)	215.000,–
Saldo (§ 246 Abs 2 S 2)		10.000,–

Verrechnete Erträge/Aufwendungen

Erträge:	17.250,–
Aufwendungen:	15.000,–
Saldo	2.250,–

7. Ausschüttungsgesperrte Beträge[28]

Der Gesamtbetrag der ausschüttungsgesperrten Beträge nach § 268 Abs 8 beträgt EUR 200.000,–. Er setzt sich aus folgenden Beträgen (in EUR) zusammen:

– Aktivierung selbst geschaffener immaterieller Vermögensgegenstände des Anlagevermögens	200.000,–
– Aktivierung latenter Steuern	–
– Aktivierung von Vermögensgegenständen zum beizulegenden Zeitwert	–

8. Latente Steuern[30]

Die passiven latenten Steuern resultieren aus der Ausübung des Wahlrechts, selbst geschaffene immaterielle Vermögensgegenstände des Anlagevermögens (hier: Patent) in der Handelsbilanz zu aktivieren (EUR 200.000,–; davon wurden EUR 10.000 in x2 abgeschrieben). Eine solche Aktivierung scheidet in der Steuerbilanz aus. Der zugrunde gelegte Steuersatz der Gesellschaft (Körperschaftsteuer und Gewerbesteuer) beträgt 30 %.

Ab- und Aufbau latenter Steuern

	Stand zu Beginn des GJ	Veränderung	Stand zu Ende des GJ
Aktive latente Steuern	–,–		
Passive latente Steuern	–,–	+ 57.000	57.000

9. Haftungsverhältnisse und sonstige Geschäfte[8, 9, 28]

Die Haftungsverhältnisse nach §§ 251, 268 Abs 7 HGB stellen sich wie folgt dar:

Wechselobligo	EUR 300.000,–
Bürgschaften	EUR 132.100,–
Bürgschaften für verbundene Unternehmen	EUR –,–

Diese Haftungsverhältnisse sind zum 31.12.x2 nicht passiviert worden, da zum Bilanzstichtag mit einer Inanspruchnahme noch nicht zu rechnen war: Der von der Gesellschaft ausgestellte Wechsel war zum Bilanzstichtag noch nicht eingelöst. Die Bürgschaft bezieht sich auf eine Forderung gegen einen Lieferanten, die erst im GJ x4 fällig wird.

Nicht in der Bilanz enthaltene Geschäfte (§ 285 Nr 3 HGB):

Nicht in der Bilanz ausgewiesen ist ein Leasingvertrag über Anlagevermögen (Fabrikationsmaschine für Sparte C). Der Zweck des Abschlusses des Leasingvertrages (im Vergleich zum finanzierten Erwerb) lag zum einen in dem geringeren Abfluss von Liquidität, zum anderen in der Verbesserung der Eigenkapitalquote der Gesellschaft infolge einer unterbliebenen Bilanzverlängerung. Die Summe der Leasingraten im GJ x2 betrug EUR 125.000,–. Der Barwert der noch während der Laufzeit des Leasingvertrages zu errichteten Mieten beträgt rd. EUR 750.000,–.

Sonstige finanzielle Verpflichtungen nach § 285 Nr 3a HGB bestehen für folgende Verpflichtungen:

	Jahresbetrag EUR
Mieten (Büroräume)	144.000,–

IV. Erläuterungen der Gewinn- und Verlustrechnung[6]

1. Umsatzerlöse[10]

Die Umsatzerlöse der Gesellschaft belaufen sich in den wesentlichen Geschäftsbereichen auf folgende Beträge:

	Geschäftsjahr x2 TEUR	Geschäftsjahr x1 TEUR
Sparte A	16.432	15.430
Sparte B	4.199	4.771
Sparte C	2.400	4.714
Sparte D	3.401	287

Die Umsatzerlöse verteilen sich auf folgende Regionen:

	Geschäftsjahr x2 TEUR	Geschäftsjahr x1 TEUR
Deutschland	9.459	7.895
Übriges Europa	9.081	10.507
Nordamerika	4.557	4.500
Fernost	2.435	1.400
Sonstige Gebiete	900	900

2. Personalaufwand, Mitarbeiter[11]

Der Personalaufwand verteilt sich auf

	Geschäftsjahr x2 TEUR	Geschäftsjahr x1 TEUR
Löhne, Gehälter	7.142	6.991
Soziale Aufwendungen	984	844
Aufwendungen für Altersversorgung	294	274

Im Jahresdurchschnitt wurden Mitarbeiter in folgenden Gruppen beschäftigt:

	Geschäftsjahr x2	Geschäftsjahr x1
Gewerbliche Arbeitnehmer	251	251
Angestellte	45	46
Auszubildende	2	2
	298	299

Von den vorgenannten Mitarbeitern waren 4 (Geschäftsjahr x1: 3) Teilzeitbeschäftigte.

3. Forschungs- und Entwicklungskosten[24]

Im Geschäftsjahr x2 sind folgende Forschungs- und Entwicklungskosten angefallen:

Forschungskosten (EUR)	Entwicklungskosten (EUR)	Gesamt (EUR)
225.000,–	125.000,–	350.000,–

Davon entfielen auf das Patent, das die Gesellschaft als selbst geschaffenen immateriellen Vermögensgegenstand ausgewiesen hat, folgende Beträge:

Forschungskosten (EUR)	Entwicklungskosten (EUR)	Gesamt (EUR)
125.000,–	75.000,–	200.000,–

4. Erträge und Aufwendungen von außerordentlicher Größenordnung oder Bedeutung[12]

Aus der Veräußerung des Unternehmensbereiches CA an Y wurde ein Gewinn von 2.500.000,– erzielt. Ferner wurde in x2 eine Rückstellung für einen Gewährleistungsprozess in Höhe von 250.000,– aufgelöst, da der Kläger die Klage zwischenzeitlich zurückgenommen hat.

Aus einem Schadensfall im Unternehmensbereich DD resultierte Aufwand von 875.000,–.

5. Erträge und Aufwendungen, die einem anderen GJ zuzurechnen sind[13]

Im GJ x2 erfolgte eine Steuererstattung für x0 in Höhe von 634.000,–.

6. Vorgänge von besonderer Bedeutung nach Schluss des GJ[31]

Aufgrund der politischen Instabilität in XX seit Anfang x3 ist davon auszugehen, dass der mit der in diesem Land ansässigen Gesellschaft XYZ abgeschlossene Dienstleistungsvertrag nicht plangemäß durchgeführt werden kann. Es besteht insoweit Anlass für eine Drohverlustrückstellung in Höhe von 250.000,–

IV. Sonstige Angaben

1. Organe der Gesellschaft[15]

Dem Aufsichtsrat der Gesellschaft gehören an

Herr A (Vorsitzender),	Kaufmann
Frau B,	Unternehmensberaterin
Herr C*,	kaufm Angestellter

* von den Arbeitnehmern gewählt.

Mitglieder der Geschäftsführung sind

Herr D

Frau E (ab 1. April x2)

Herr F (bis 28. Februar x2).

2. Gesamtbezüge des Aufsichtsrats und der Geschäftsführer[14]

Die Bezüge des Aufsichtsrats belaufen sich für das Geschäftsjahr auf EUR 52.500,–.

Die Bezüge der Geschäftsführer werden sich – auf der Grundlage der vorgeschlagenen Gewinnausschüttung – für das Geschäftsjahr auf EUR 500.000,– belaufen. Die Geschäftsführer erhalten neben einer festen Vergütung eine variable Vergütung, die sich nach der Höhe der Gewinnausschüttung richtet. Im Einzelnen entfielen auf:

	Feste Vergütung	Variable Vergütung	Leistung für vorzeitige Beendingung der Tätigkeit
Herrn D	120.000,–	100.000,–	
Frau E	70.000,–	75.000,–	
Herrn F	35.000,–		100.000,–

Die Gesamtbezüge der ehemaligen Geschäftsführer und ihrer Hinterbliebenen betragen im Geschäftsjahr EUR 120.000,–. Für die Pensionsverpflichtungen gegenüber früheren Geschäftsführern und ihren Hinterbliebenen wurden EUR 580.000,– zurückgestellt.

Vorschüsse oder Kredite wurden an Organmitglieder nicht gewährt.

3. Aufstellung des Anteilsbesitzes[16]

Die Gesellschaft ist am 31. Dezember x2 an folgenden Gesellschaften im Sinne von § 285 Nr 11 HGB beteiligt.

Name, Rechtsform, Sitz	Eigenkapital	Anteil am Kapital	Ergebnis des letzten Geschäftsjahres
A GmbH, München	EUR 5 Mio	40%	EUR 1,0 Mio
AB GmbH, Hamburg	EUR 0,25 Mio	75%	EUR 0,1 Mio
B AG, Berlin	EUR 10 Mio	20%	EUR 1,8 Mio
C KG, Frankfurt	EUR 1 Mio	30%	EUR 0,5 Mio

4. Honorar des Abschlussprüfers[21]

Für das Geschäftsjahr x2 wurde vom Abschlussprüfer Z folgendes Honorar berechnet:

	TEUR
Abschlussprüfungsleistungen	52
Andere Bestätigungsleistungen	10
Steuerberatungsleistungen	20
Sonstige Leistungen	–
Gesamthonorar	82

5. Derivative Finanzinstrumente[21, 24]

Zur Absicherung von Währungsrisiken (Änderungen im Wechselkurs zwischen EUR und USD) aus Lieferantenverträgen wurden derivative Finanzinstrumente in Form. von Futures mit einem Gesamtvolumen von EUR 175.000 eingesetzt. Der beizulegende Zeitwert der Futures betrug zum Bilanzstichtag EUR 144.000.

Aufgrund des Bestehens einer Bewertungseinheit[25] zwischen den Futures und den abgesicherten Fremdwährungsforderungen wurde keine Drohverlustrückstellung gebildet. Der Bewertungseinheit liegt ein Mikro-Hedge zugrunde, bei der das Wertänderungsrisiko aufgrund von Fremdwährungsschwankungen (hier: zwischen EUR und USD) abgesichert wird. Abgesichert wurden im Geschäftsjahr x2 Lieferantenverträge in einer Größenordnung von USD 1.000.000. Die Futures, die ebenfalls auf USD lauten, sichern dabei Währungsschwankungen bis zu einer Höhe von EUR 150.000 vollständig ab.

6. Geschäfte mit nahestehenden Personen[23]

Die Gesellschaft hat der AB GmbH, einer 75%igen Tochtergesellschaft, ein zinsloses Darlehen in Höhe von EUR 25.000 gewährt.

7. Vorschlag für die Ergebnisverwendung[33]

Der Gesellschafterversammlung wird vorgeschlagen, den im Jahresabschluss zum 31. Dezember x2 ausgewiesenen Bilanzgewinn in Höhe von EUR 510.800,– wie folgt zu verwenden:

a) Von dem Bilanzgewinn wird ein Betrag in Höhe von EUR 200.000,– zur Zahlung einer Dividende ausgeschüttet.
b) Ein Betrag in Höhe von EUR 200.000,– wird den anderen Gewinnrücklagen zugeführt.
c) Der verbleibende Gewinn in Höhe von EUR 110.800,– wird auf neue Rechnung vorgetragen.

Schrifttum: Allgemein: *ADS* § 284 HGB Rn 41; BeBiKo/*Grottel* § 285; *Küting/Weber/Oser/Holzwarth*, HdR § 284–288; *Kupsch*, HdJ Abt IV/4; *IDW* HFA Stellungnahme 3/1997, Zum Grundsatz der Bewertungsstetigkeit, WPg **1997**, 540; *IDW* Prüfungsstandard: Die Beurteilung der Fortführung der Unternehmenstätigkeit im Rahmen der Abschlussprüfung (IDW PS 270), WPg **2003**, 775; *IDW* HFA Stellungnahme zur Rechnungslegung bei Personenhandelsgesellschaften: IDW RS HFA 7 nF, IDW Life 2018, 258; IDW Rechnungslegungshinweis: Anhangangaben nach § 285 S. 1 Nr. 18 und 19 HGB sowie Lageberichterstattung nach § 289 Abs. 2 Nr. 2 HGB in der Fassung des Bilanzrechtsreformgesetzes: IDW RH HFA 1.005, WPg **2005**, 531; *IDW* HFA Stellungnahme zur Rechnungslegung: Anhangangaben nach §§ 285 Nr. 17, 314 Abs. 1 Nr. 9 HGB über das Abschlussprüferhonorar: IDW

RS HFA 36, WPg Supplement 2/10, 59; *IDW* HFA Stellungnahme zur Rechnungslegung: Anhangangaben nach §§ 285 Nr. 3, 314 Abs. 1 Nr. 2 HGB zu nicht in der Bilanz enthaltenen Geschäften: IDW RS HFA 32, WPg Supplement 4/10, 68; *IDW* HFA Stellungnahme zur Rechnungslegung: Anhangangaben nach §§ 285 Nr. 21, 314 Abs. 1 Nr. 13 HGB zu Geschäften mit nahe stehenden Unternehmen und Personen, WPg Supplement 4/10, 72; *IDW* HFA Stellungnahme zur Rechnungslegung: Handelsrechtliche Bilanzierung von Bewertungseinheiten: IDW RS HFA 35, WPg Supplement 3/11, 59; *Schnapauff,* Fragebogen zur Prüfung des Anhangs nach § 264 Abs 1 S 1 HGB, WPg **1986,** 555; *Schulte,* Inhalt und Gliederung des Anhangs, BB **86,** 1468; *Selchert/Karsten,* Inhalt und Gliederung des Anhangs – Ein Gestaltungsvorschlag, BB **85,** 1889; *Baums,* Zur Offenlegung von Vorstandsvergütungen, ZHR 169 (**2005**), 299; *Fleischer,* Das Vorstandsvergütungs-Offenlegungsgesetz, DB **2005,** 1611; *Spindler,* Das Gesetz über die Offenlegung von Vorstandsvergütungen, VorstOG, NZG **2005,** 689; *Lücke,* Die Angemessenheit von Vorstandsbezügen – Der erste unbestimmbare unbestimmte Rechtsbegriff?, NZG **2005,** 692; *Thüsing,* Das Gesetz über die Offenlegung von Vorstandsvergütungen, ZIP **2005,** 1389; *Büchel/Semjonow,* DRS 17 – Berichterstattung über die Vergütung der Organmitglieder und DRS 15a – Übernahmerechtliche Angaben und Erläuterungen im Konzernlagebericht, WPg **2008,** 1143; *Fleischer,* Das Gesetz zur Angemessenheit der Vorstandsvergütung (VorstAG), NZG **2009,** 801; *Lenz/Möller/Höhn,* Offenlegung der Honorare für Abschlussprüferleistungen im Geschäftsjahr 2005 bei DAX-Unternehmen, BB **2006,** 1787; *Bischof,* Anhangangaben zu den Honoraren für Leistungen des Abschlussprüfers, WPg **2006,** 705; *Petersen/Zwirner,* Angabepflicht der Honoraraufwendungen für den Abschlussprüfer – Theoretische und empirische Betrachtung der Offenlegungserfordernisse zur Stärkung der Prüferunabhängigkeit, WPg **2008,** 279; *Küting/Gattung,* Nahe stehende Unternehmen und Personen nach IAS 24, WPg **2005,** 1061, 1105; zu den Änderungen durch BilMoG und BilRUG: *Niehus,* Berichterstattung über Geschäfte mit nahe stehenden natürlichen Personen nach dem BilMoG und dem Deutschen Corporate Governance Kodex, DB **2008,** 2493; *Wiechers,* Auswirkungen des BilMoG auf den Anhang, BBK **2009,** 1220; *Zwirner,* Herausforderungen und Risiken der neuen Anhangberichterstattung nach BilMoG, BB **09,** 2302; *Wendholt/Wesemann,* Zur Umsetzung der der HGB Modernisierung durch das BilMoG: Bilanzierung von latenten Steuern im Einzel- und Konzernabschluss, DB Beilage 5/**2019,** 64; *Philipps,* Konkretisierung der Anhangangaben zu außerbilanziellen Geschäften, DB **2011,** 125; *Küting/Strauß,* Die Intensität und Komplexität der Anhangsangaben nach HGB und IFRS im Vergleich, StuB **2011,** 439; *Dißhars,* Änderungen im Anhang des Jahresabschlusses der Kapitalgesellschaft nach dem BilMoG, StC **2010,** 25; *Hoffmann,* Der Anhang vor und nach dem BilMoG, BC **2009,** 259; *Fink/Theile,* Anhang und Lagebericht nach dem RegE zum Bilanzrichtlinie-Umsetzungsgesetz, DB **2015,** 753; *Knobloch/Baumeister,* Aspekte der handelsrechtlichen Bilanzierung schwebender Warenbeschaffungsgeschäfte, DB **2015,** 2769; *Wulf,* Änderungen der Anhangangaben durch das BilRUG – Erhebliche Erleichterungen für kleine Gesellschaften, DStZ **2015,** 826; *Blöink/Knoll-Biermann,* Bilanzrichtlinie-Umsetzungsgesetz (BilRUG) – Hintergrund und Kernelemente des Regierungsentwurfs vom 7.1.2015, Der Konzern **2015,** 65; *Lüdenbach/Freiberg,* BilRUG-RefE: Nur „punktuelle Änderungen"?, BB **2014,** 2219; *Oser/Orth/Wirtz,* Neue Vorschriften zur Rechnungslegung und Prüfung durch das Bilanzrichtlinie-Umsetzungsgesetz, DB **2015,** 197; zur Ergebnisverwendung: *ADS* § 278 HGB Rn 23, § 268 Rn 10, 19; BeBiKo/*Grottel* § 285 Rn 960 ff.; BeBiKo/*Grottel/Waubke* § 268 Anm. 1 ff.; zum Anlagespiegel: BeBiKo/*Grottel* § 284 Rn 220 ff.; Baumbach/Hopt/*Merkt,* § 284 Rn 5; *IDW* HFA Stellungnahme zur Rechnungslegung: Auswirkungen der Verschmelzung auf den handelsrechtlichen Jahresabschluss: IDW RS HFA 42, WPg Supplement 4/12, 91; *Rimmelspacher/Meyer,* Änderungen im (Konzern-)Anhang durch das BilRUG, DB **2015,** Beilage 5, 23; *Rimmelspacher/Reitmeier,* WPg **2015,** 1003.

Anmerkungen

1. Kapitalgesellschaften und Personengesellschaften nach § 264a haben nach §§ 264, 284–288 einen Anhang aufzustellen.

Dies gilt auch für nach PublG publizitätspflichtige Unternehmen. Diese Personengesellschaften/Einzelkaufleute haben nur dann einen Anhang aufzustellen, wenn sie Wahlpflichtangaben nicht in der Bilanz machen wollen, sondern im Anhang, § 5 Abs 2 S 1 PublG. Nach Inkrafttreten des BilMoG (G v 25.5.2009, BGBl I 2009, 1102) haben darüber hinaus kapitalmarktorientierte Unternehmen (§ 264 d) unabhängig von ihrer Rechtsform einen Anhang aufzustellen, § 5 Abs 2a PublG.

Das Form. beinhaltet den Anhang einer mittelgroßen Kapitalgesellschaft (GmbH). Die Darstellung im Form. beschränkt sich auf beispielhafte Angaben zu → Form. III.A.4 Anm. 1 ff. (Bilanz) und → Form. III.B.1 Anm. 1 ff. (Gewinn- und Verlustrechnung). Nach § 264 Abs 3 sind Tochterunternehmen nach Maßgabe der Nrn 1–5 von der Pflicht zur Aufstellung eines Anhangs befreit.

2. Grundsätze, Gliederung. Der Anhang hat die Funktion, zusammen mit der Bilanz und der Gewinn- und Verlustrechnung unter Beachtung der Grundsätze ordnungsmäßiger Buchführung ein den tatsächlichen Verhältnissen entsprechendes Bild der Vermögens-, Finanz- und Ertragslage der Kapitalgesellschaft zu vermitteln. Er ist vollständig und richtig aufzustellen; der Grundsatz der Wesentlichkeit findet Anwendung (*ADS* § 284 HGB Rn 23).

In den Anhang sind diejenigen Angaben aufzunehmen, die zu den einzelnen Posten der Bilanz oder der Gewinn- und Verlustrechnung vorgeschrieben sind. Seit Inkrafttreten des BilRUG v. 17.7.2015, BGBl I 2015, 1245 sind sie in der Reihenfolge der einzelnen Posten der Bilanz und der Gewinn- und Verlustrechnung darzustellen. Umfangreiche Angaben (wie zB der Anlagenspiegel) können dem Anhang als Anlagen beigefügt werden; darauf ist dann bei den entsprechenden Posten zu verweisen.

Es hat sich die Praxis herausgebildet, den Anhang als dritten Teil des Jahresabschlusses einzuordnen. Bei der inhaltlichen Gestaltung ist der Kaufmann im Rahmen der gesetzlichen Vorschriften (und unter Beachtung der nach dem BilRUG normierten Darstellungsreihenfolge) grds frei. Der Anhang wird in deutscher Sprache und unter Anwendung der Währungseinheit EUR aufgestellt, Baumbach/Hopt/*Merkt,* § 284 Rn 3 ff. Der Funktion des Anhangs, Informationen zur Lage der Gesellschaft zu geben, ist indes durch eine klare und übersichtliche Gestaltung Rechnung zu tragen. Demzufolge ist für den Anhang die Beachtung des folgenden Gliederungsprinzips sachgerecht:

I. Allgemeine Angaben (einschließlich der einleitenden Angaben gemäß § 264 Abs. 1)
II. Angaben zu Bilanzierungs- und Bewertungsmethoden
III. Erläuterung der Bilanzposten
IV. Erläuterung der GuV-Posten
IV. Sonstige Angaben einschließlich Angaben zu Organmitgliedern

Ausführlich zu den Pflichtangaben im Anhang: BeBiKo/*Grottel* § 284 Rn 40 ff.

3. Nach § 284 Abs 2 Nr 1 müssen die auf die Posten der Bilanz und GuV angewandten **Bilanzierungs- und Bewertungsmethoden** angegeben werden. Diese Angabe darf nicht alleine auf die Wiedergabe des Wortlauts der gesetzlichen Bilanzierungs- und Bewertungsvorschriften beschränkt werden, sondern es muss daraus hervorgehen, wie im konkreten Fall Wahlrechte ausgeübt und Beurteilungsspielräume ausgefüllt wurden. Die Angabe über die Bilanzierungsmethoden bezieht sich auf die Bilanzierung dem Grunde nach und auf den Zeitpunkt der Bilanzierung. Die Angabe zu den Bewertungsmethoden genügt in einer verbalen Berichterstattung.

Im HGB sind insbesondere die folgenden Ansatzwahlrechte vorgesehen: selbst geschaffene immaterielle Vermögensgegenstände des Anlagevermögens (§ 248 Abs 2 S 1), Disagio (§ 250 Abs 3 S 1), aktive latente Steuern (§ 274 Abs 1 S 2), unsaldierter Ausweis aktiver und passiver latenter Steuern (§ 274 Abs 1 S 3).

Daneben gibt es nach den GoB Bewertungsmethodenwahlrechte, deren Ausübung im Ermessen der Kapitalgesellschaft steht, zB Abschreibungsmethoden bei Gegenständen des Anlagevermögens (§ 253 Abs 3 S 1, 2), Ermittlungsmethoden für Herstellungskosten (§ 255 Abs 2, 2a), Methoden der Ermittlung des beizulegenden Wertes (§ 253 Abs 3 S 3), vgl BeBiKo/*Grottel* § 284 Anm. 100 ff.

Die Berichterstattung gründet auf der Annahme der Unternehmensfortführung, § 252 Abs 1 Nr 2. Sofern hieran Zweifel bestehen könnten, sind Erläuterungen zu den Bewertungsprämissen zu machen (*IDW* PS 270 WPg 2003, 775).

4. Die Erläuterung der **Änderung in der Anwendung von Bilanzierungs- und Bewertungsmethoden** gehört zu den durch § 284 Abs 2 Nr 2 vorgeschriebenen Pflichtangaben. Sie sind wesentlich für die Vermittlung des zutreffenden Einblicks in die Lage der Kapitalgesellschaft durch Herstellung der Vergleichbarkeit bei Ausübung von Wahlrechten und im Verhältnis zum Vorjahresabschluss. Die Abweichungen sind zu begründen (s auch § 252 Abs 2), der Einfluss der Abweichungen auf die Vermögens-, Finanz- und Ertragslage ist gesondert darzustellen (IDW RS HFA 38, WPg Supplement 3/11, 74; *ADS* § 284 HGB Rn. 100; BeBiKo/*Grottel,* § 284 Rn 170 ff).

5. Währungsumrechnung. Die Grundlagen der Währungsumrechnung unterlagen bisher der speziellen Angabepflicht nach § 284 Abs 2 Nr 2 aF. Diese wurde durch das BilRUG aufgehoben. In der Sache hat sich uE nichts geändert, da diese Angabe zum Verständnis der tatsächlichen Verhältnisse der Kapitalgesellschaft erforderlich ist und somit konzeptionell unter die Angaben zu den Bewertungsmethoden (§ 284 Abs. 2 Nr. 1) zu fassen ist (*Wulf*, DStZ 15, 826). Anzugeben sind zumindest die Art des Kurses sowie der Stichtag, auf den der Kurs ermittelt wurde.

6. Angaben zur Bilanz und Gewinn- und Verlustrechnung. Die Pflichtangaben im Anhang ergeben sich zB aus §§ 264, 265, 268, 274, 277. Hierzu kommen die in §§ 284, 285 vorgeschriebenen Angaben (Baumbach/Hopt/*Merkt,* § 284 Rn 3 f. sowie Erl zu § 285). Ausleihungen, Forderungen und Verbindlichkeiten gegenüber Gesellschaftern sind, wenn sie nicht in der Bilanz vermerkt wurden, im Anhang anzugeben (GmbH: § 42 Abs 3 GmbHG, Personengesellschaften: § 264c Abs 1).

7. Im **Verbindlichkeitenspiegel** sind nach § 285 Nr 1 und 2 die Restlaufzeiten, ermittelt nach den tatsächlichen Fälligkeitsterminen, auszuweisen. Dabei ist die objektive Verpflichtung zugrundezulegen. Besteht ein vorzeitiges Kündigungsrecht, erfolgt die Berechnung nach dem Zeitpunkt, zu dem der Gläubiger den Kredit frühestens fällig stellen kann. Wird eine Verbindlichkeit ratenweise zurückgezahlt, so ist die Verbindlichkeit in Teilbeträge aufzuteilen (BeBiKo/*Grottel,* § 285 Rn 16). Soweit die Verbindlichkeiten durch Pfandrechte und ähnliche Rechte an Vermögensgegenständen des Unternehmens gesichert sind, sind diese ebenfalls im Verbindlichkeitenspiegel anzugeben, § 285 Nr 1b iVm Nr 2. Das bislang bestehende Wahlrecht, diese Angaben alternativ in der Bilanz zu machen, wurde durch das BilMoG abgeschafft.

Zum Aufbau des Verbindlichkeitenspiegels: BeBiKo/*Grottel* § 285 Rn 38.

8. Infolge des BilMoG (semantisch, wenn auch ohne inhaltliche Änderung, neugefasst durch das BilRUG) sind im Anhang verschiedene **Angaben** (Art und Zweck, Risiken und Vorteile sowie finanzielle Auswirkungen) **über nicht in der Bilanz enthaltene Geschäfte** zu machen, soweit die Risiken und Vorteile wesentlich sind und die Offenlegung für die Beurteilung der Finanzlage des Unternehmens erforderlich ist (§ 285 Nr 3). Diese Vorschrift bezweckt eine Verbesserung der Transparenz von außerbilanziellen Geschäften (IDW RS HFA 32, WPg Supplement 4/10, 68).

Unter die Angabepflicht fallen Transaktionen, die von Vornherein keinen dauerhaften Eingang in die Bilanz finden oder den dauerhaften Abgang von Vermögensgegenständen und Schulden nach sich ziehen. Dazu können auch schwebende Geschäfte zählen, zumindest, wenn sie dauerhaft schwebend sind. Beispiele: Geschäfte im Zusammenhang mit der Gründung von Zweckgesellschaften, Forderungsverbriefungen, Leasing- oder Pensionsgeschäfte (BeBiKo/*Grottel,* § 285 Rn 50 ff.; Baumbach/Hopt/*Merkt,* § 285 Rn 3).

Die Angabepflicht tritt nur ein, wenn die aus den Geschäften entstehenden Risiken und Vorteile für die Gesellschaft wesentlich sind und die Offenlegung der Risiken und Vorteile für die Beurteilung der Finanzlage des Unternehmens erforderlich ist. Dies ist der Fall, wenn sie erwarten lassen, dass sich die Liquiditätslage der Gesellschaft künftig wesentlich verschlechtert oder verbessert oder die Gesellschaft dadurch künftig wesentlich besser oder schlechter in der Lage ist, ihre bestehenden Verpflichtungen zu erfüllen. Für die Erfassung der Geschäfte ist der Bilanzstichtag maßgebend. Die Angaben sind zu jedem Bilanzstichtag erneut zu machen, solange die (Rück-)Abwicklung dieser Geschäfte währt (BeBiKo/*Grottel* § 285 Rn 80).

9. Die **Angabe** des Gesamtbetrags der **sonstigen finanziellen Verpflichtungen** (§ 285 Nr 3a), die nicht in der Bilanz erscheinen (zB als Rückstellungen oder Verbindlichkeiten) und nicht nach § 268 Abs. 7 als Haftungsverhältnisse anzugeben sind, soll die Beurteilung der Finanzlage erleichtern. Relevant sind nur solche Verpflichtungen, deren Angabe nicht bereits nach § 285 Nr 3 zu erfolgen hat. Unter Verpflichtungen sind idR künftige Zahlungsansprüche Dritter zB aus schwebenden Vertragsverhältnissen zum Bilanzstichtag zu verstehen, denen die Kapitalgesellschaft sich nicht entziehen kann. Insoweit deckt sich die Definition mit der von Verbindlichkeiten, der Inhalt geht aber darüber hinaus. In Betracht kommen nicht bilanzierungsfähige Zahlungsverpflichtungen (mehrjährige Verpflichtungen aus Miet- und Leasingverträgen, Verpflichtungen aus langfristigen Abnahmeverträgen, zum Erwerb von Sachanlagen (schwebende Bestellungen), zur Übernahme von Beteiligungen, zur Abführung von Liquiditätsüberschüssen, zur Verlustabdeckung bei Beteiligungsgesellschaften); bilanzierungsfähige aber nicht bilanzierte Zahlungsverpflichtungen (Verträge über Großreparaturen) und sonstige Haftungsverhältnisse (Resteinzahlungsverpflichtungen, Nachschusspflichten, Vertragsstrafen, gesetzliche Haftungen uä). Davon sind Verpflichtungen betreffend die Altersvorsorge und Verpflichtungen gegenüber verbundenen oder assoziierten Unternehmen gesondert anzugeben.

Für die Beurteilung der Finanzlage von Bedeutung sind finanzielle Verpflichtungen, deren Art oder Umfang außerhalb des üblichen Rahmens liegen. Kontinuierlich im Rahmen der Tätigkeit der Gesellschaft entstehende Verpflichtungen (Lohn- und Gehaltszahlungen, Mieten, Pachten, Instandhaltungen) sind nur anzugeben, wenn sie wesentlich sind. Finanzielle Verpflichtungen außerhalb des laufenden Geschäftsbetriebes und des geschäftsüblichen Rahmens sind grundsätzlich in den Gesamtbetrag einzubeziehen. Für die Erfassung der Verpflichtungen ist der Bilanzstichtag maßgebend. Die künftigen Zahlungsverpflichtungen müssen entweder am Bilanzstichtag bereits bestehen oder mit ihrem Entstehen wegen vor dem Abschlussstichtag verursachter Sachverhalte muss mit Sicherheit oder großer Wahrscheinlichkeit gerechnet werden (BeBiKo/*Grottel* § 285 Rn 102). Vgl ABC der möglichen sonstigen finanziellen Verpflichtungen, BeBiKo/*Grottel* § 285 Rn 165.

10. Aufgliederung der Umsatzerlöse. Sie führt nach § 285 Nr 4 (geringfügig modifiziert durch das BilRUG) zur Aufgliederung der Umsatzerlöse nach Tätigkeitsbereichen und geographisch bestimmten Märkten, soweit sich unter Berücksichtigung der Organisation des Verkaufs, der Vermietung oder Verpachtung von Produkten und der Erbringung von Dienstleistungen der Kapitalgesellschaft die Tätigkeitsbereiche und geografisch bestimmten Märkte untereinander erheblich unterscheiden (BeBiKo/*Grottel* § 285 Rn 170 ff).

11. Zahl der beschäftigten Arbeitnehmer. Nach § 285 Nr 7 ist die durchschnittliche Zahl der während des Geschäftsjahres beschäftigten Arbeitnehmer getrennt nach Gruppen anzugeben. Die Gruppenbildung folgt den wesentlichen arbeitsrechtlichen Gruppierungen. Die Angabe des Personalaufwands des Geschäftsjahres ist nach Nr 8b nur bei Aufstellung der Gewinn- und Verlustrechnung nach dem Umsatzkostenverfahren vorgeschrieben.

12. Angaben zu **Erträgen/Aufwendungen von außerordentlicher Größe/Bedeutung** folgen nach Inkrafttreten des BilRUG aus § 285 Nr. 31. Die ursprüngliche Angabepflicht nach § 277 Abs. 4 S. 2 aF für „außerordentliche Aufwendungen und Erträge" entfällt. Die neue Angabepflicht flankiert die Aufgabe der Unterscheidung zwischen gewöhnlicher und außergewöhnlicher Geschäftstätigkeit, indem sie als Ort für die Angabe von Erträgen und Aufwendungen von außerordentlicher Größenordnung oder Bedeutung allein den Anhang vorschreibt. Die außergewöhnliche Größenordnung richtet sich nach den das Unternehmen ansonsten prägenden Größenordnungen, kann aber auch Erträge aus gewöhnlicher Geschäftstätigkeit erfassen. Die außerordentliche Bedeutung orientiert sich an den das Unternehmen prägenden Vorgängen; die gewöhnliche Geschäftstätigkeit kann dabei als Indiz herangezogen werden (BeBiKo/*Grottel* § 285 Rn 860 ff.; Baumbach/Hopt/*Merkt,* § 285 Rn 33).

13. Infolge des BilRUG wird die bisher in § 277 Abs 4 S 3 aF enthaltene Angabepflicht für **periodenfremde Erträge und Aufwendungen** in § 285 Nr. 32 niedergelegt. Danach sind die einzelnen Aufwendungen und Erträge hinsichtlich ihres Betrags und ihrer Art zu erläutern, die einem anderen Geschäftsjahr zuzuordnen sind (zB Zuschreibungen, Abschreibungsnachholungen, Erträge aus der Auflösung nicht mehr benötigter Rückstellungen, Steuererstattungen bzw -nachzahlungen), soweit die Beträge nicht von untergeordneter Bedeutung sind. S dazu iE BeBiKo/*Grottel* § 285 Rn 910 ff.

14. Angabe der Organbezüge. Nach § 285 Nr 9 sind anzugeben:
a) Gesamtbezüge für die Tätigkeit im Geschäftsjahr: Anzugeben sind die Gesamtbezüge (zu den einzelnen Komponenten: BeBiKo/*Grottel* § 285 Rn 245 ff), die von der Gesellschaft unmittelbar an das Organmitglied geleistet wurden. Nicht zu erfassen sind Zahlungen von Dritten oder von verbundenen Unternehmen, die auf vertragsmäßige Bezüge der Gesellschaft angerechnet werden, und Zahlungen, die nicht in den Tätigkeitsbereich des Organmitgliedes fallen (zB besondere Leistungen auf Grund eines Beratungsvertrages; beachte aber § 114 Abs 1 AktG). Durch Änderung von Nr 9a wurden Bezugsrechte und sonstige aktienbasierte Vergütungen einbezogen.

Bei Personengesellschaften nach § 264a sind die Gesamtbezüge anzugeben, die den Geschäftsführern der Komplementär-Kapitalgesellschaft gewährt werden (IDW RS HFA 7 nF, IDW Life 18, 258 Rn. 34; BeBiKo/*Grottel* § 285 Rn 235).

Durch das VorstOG v 3.8.2005, BGBl I 2005, 2267 f. sowie das VorstAG v 31.7.2009, BGBl I 2009, 2509 ff. wurden die Angabepflichten erweitert. Bei **börsennotierten AG** sind jetzt die Bezüge eines jeden, namentlich zu benennenden Vorstandsmitglieds anzugeben. Über den Umfang der Bezüge hinaus unterliegen folgende Leistungen an das Vorstandsmitglied der individualisierten Angabepflicht: **aa)** Leistungen, die dem Vorstandsmitglied für den Fall einer vorzeitigen Beendigung seiner Tätigkeit zugesagt worden sind; **bb)** Leistungen, die dem Vorstandsmitglied für den Fall der regulären Beendigung seiner Tätigkeit zugesagt worden sind, mit ihrem Barwert, sowie den von der Gesellschaft während des Geschäftsjahrs hierfür aufgewandten oder zurückgestellten Betrag; **cc)** während des Geschäftsjahrs vereinbarte Änderungen dieser Zusagen; **dd)** Leistungen, die einem früheren Vorstandsmitglied, das seine Tätigkeit im Laufe des Geschäftsjahrs beendet hat, in diesem Zusammenhang zugesagt und im Laufe des Geschäftsjahrs gewährt worden sind (vgl *Baums,* ZHR 169 (2005), 299; *Fleischer,* DB 2005, 1611; *Spindler,* NZG 2005, 689; *Lücke,* NZG 2005, 692; *Thüsing,* ZIP 2005, 1389; *Büchel/Semjonow,* WPg 2008, 1143 (DRS 17); *Fleischer,* NZG 2009, 801). Nach dem ARUG II v 12.12.2019, BGBl I 2019, 2637 ff. entfallen die für börsennotierte AGen individualisierten Angaben der Vorstandsbezüge nach § 285 Nr. 9a S 5–8. Stattdessen werden künftig entspr. Angaben in einem gesonderten Vergütungsbericht nach § 162 AktG erforderlich (BeBiKo/*Grottel* § 285 Rn 260).

Im Form. erfolgen diese Angaben freiwillig.

b) Gesamtbezüge der ehemaligen Organmitglieder und von deren Hinterbliebenen: Zum Inhalt vgl a).

c) Vorschüsse und Kredite einschließlich der für Organmitglieder eingegangenen Haftungsverhältnisse: Es sind Nominalbeträge anzugeben, ferner die Entwicklung der Vorschüsse und Kredite im Geschäftsjahr (Zugang, Rückzahlung und Endstand zum Bilanzstichtag; seit dem BilRUG sind auch Angeben zu erlassenen Beträgen erforderlich). Bei der Angabe der wesentlichen Bedingungen sind Laufzeit, Tilgungsmodalitäten und erhaltene Sicherheiten sowie ggf außerordentliche Kreditbedingungen wie Stundungen zu nennen. Unter den Tilgungen sind die tatsächlich der Kapitalgesellschaft zugeflossenen Zahlungen zu verstehen.

Die Angaben nach § 285 Nr 9a, b können bei nicht börsennotierten Unternehmen unterbleiben, wenn sich anhand der Angaben die Bezüge eines Mitglieds der Organe festgestellt werden können (§ 286 Abs 4).

Der Auskunftsanspruch des Aktionärs nach § 131 Abs 1 AktG bleibt unberührt (OLG Düsseldorf DB 1997, 1609; LG Köln DB 1997, 320).

15. Angaben zu den Organmitgliedern. Nach § 285 Nr 10 ist die Namensangabe der Organmitglieder vorgeschrieben. Bei Personengesellschaften nach § 264a Abs 1 sind die Organmitglieder der unbeschränkt haftenden Kapitalgesellschaft anzugeben. Die Angabe nach Nr 10 muss den ausgeübten Beruf und bei börsennotierten Gesellschaften auch die Mitgliedschaft in Aufsichtsräten und anderen Kontrollgremien enthalten.

16. Angaben zum Anteilsbesitz. Nach § 285 Nr 11 in der Fassung des BilRUG ist im Anhang die Angabe der Unternehmen (mit Name und Sitz, Höhe des Anteils am Kapital, Eigenkapital und Ergebnis des letzten Geschäftsjahres) vorgeschrieben, von denen die Kapitalgesellschaft oder eine für ihre Rechnung handelnde Person eine Beteiligung im Sinne des § 271 Abs. 1 hält. Dies ist der Fall, wenn die Anteile an dem Unternehmen dazu bestimmt sind, dem eigenen Geschäftsbetrieb durch Herstellung einer dauernden Verbindung zu jenem Unternehmen zu dienen und wird bei einer Mindestbeteiligung von 20 % (widerlegbar) vermutet (§ 271 Abs. 1 S. 3).

Im Hinblick auf Entscheidungen der Instanzgerichte geben Publikumsgesellschaften freiwillig diejenigen Anteile an anderen Unternehmen an, bei denen eine Beteiligungsquote von mehr als 10 % besteht oder die einen Börsenwert von damals mehr als DM 100 Mio aufweisen (KG ZIP 1993, 1618 ff.; OLG Düsseldorf WM 1991, 2148 ff.; Hans OLG DB 1994, 569; *ADS* § 284 HGB Rn 9; § 285 HGB Tz 219).

Weitergehende Angabepflichten bestehen für börsennotierte Kapitalgesellschaften (nach der Neufassung durch das BilRUG gemäß § 285 Nr 11 b), die alle Beteiligungen an großen Kapitalgesellschaften, die 5 % der Stimmrechte überschreiten, anzugeben haben.

17. Angaben persönlich haftender Kapitalgesellschaften. Nach § 285 Nr 11a hat eine Kapitalgesellschaft, die zum Bilanzstichtag persönlich haftende Gesellschafterin zB einer Personenhandelsgesellschaft ist, diese Tatsache sowie Name, Sitz und Rechtsform der Gesellschaft, deren haftender Gesellschafter sie ist, anzugeben.

18. Angaben zu sonstigen Rückstellungen. Zu erläutern sind nach § 285 Nr 12 die auf der Passivseite ausgewiesenen „sonstigen Rückstellungen", wenn sie einen nicht unwesentlichen Umfang haben.

19. Angaben zur planmäßigen Abschreibung des Firmenwerts. Ein nach § 246 Abs 1 S 4 anzusetzender derivativ erworbener Geschäfts- oder Firmenwert ist als Vermögensgegenstand planmäßig (oder außerplanmäßig) abzuschreiben. Ein maximaler Abschreibungszeitraum ist nicht festgelegt, sondern von der betrieblichen Nutzungsdauer abhängig. Nach der Neufassung des § 285 Nr. 13 durch das BilRUG ist nunmehr stets (und nicht länger nur bei einem Abschreibungszeitraum von mehr als 5 Jahren) zu erläutern, über welchen Zeitraum er abgeschrieben wird (BeBiKo/*Grottel* § 285 Rn 440 ff).

20. Zusatzangaben bei Personengesellschaften nach § 264a. Nach § 285 Nr 15 müssen im Anhang von Personengesellschaften nach § 264a der persönlich haftende Gesellschafter mit Name, Firma, Sitz und dem gezeichneten Kapital angegeben werden. Die Angabe entfällt nicht, wenn die Personengesellschaft alle Anteile an dieser Gesellschaft hält (*ADS* Ergbd § 285 Rn 57; BeBiKo/*Grottel* § 285 Rn 473).

21. Angaben zum Honorar des Abschlussprüfers. Seit dem BilMoG statuiert § 285 Nr. 17 für alle Gesellschaften (nicht länger nur für kapitalmarktorientierte Gesellschaften) die Pflicht, das von dem Abschlussprüfer für das Geschäftsjahr berechnete Gesamthonorar, aufgeschlüsselt in das Honorar für **a**) die Abschlussprüfungsleistungen, **b**) andere Bestätigungsleistungen, **c**) Steuerberatungsleistungen und **d**) sonstige Leistungen anzugeben, soweit diese Angaben nicht in einem das Unternehmen einbeziehenden Konzernabschluss enthalten sind (BeBiKo/*Grottel* § 285 Rn 500 ff.; *Lenz/Möller/Höhn*, BB 2006, 1787; *Bischof*, WPg 2006, 705; *Petersen/Zwirner*, WPg 2008, 279; IDW RS HFA 36, WPg Supplement 2/10, 59).

22. Angaben zu Finanzinstrumenten. Nach § 285 Nr 18 sind für unter den Finanzanlagen iSd § 266 Abs 2 A III ausgewiesene Finanzinstrumente, die in Ausübung des Wahlrechts nach § 253 Abs 3 S 6 in Anbetracht nur vorübergehender Wertminderung nicht auf den niedrigeren beizulegenden Wert am Abschlussstichtag außerplanmäßig abgeschrieben wurden, verschiedene Angaben zu machen (Buchwert; beizulegender Zeitwert; Gründe für das Unterlassen der außerplanmäßigen Abschreibung). Zweck der Vorschrift ist die Stärkung der Informationsfunktion des Anhangs im Hinblick auf die Vergleichbarkeit des Jahresabschlusses auf internationalem Niveau (BeBiKo/*Grottel* § 285 Rn 530 ff).

Ferner schreibt § 285 Nr. 19 im Anhang bestimmte Angaben zu nicht zum beizulegenden Zeitwert bilanzierte *derivative Finanzinstrumente* vor (Art, Umfang, beizulegender Zeitwert, Buchwert, Bilanzposten und die Gründe, warum der beizulegende Zeitwert nicht bestimmt werden kann). Der Begriff des derivativen Finanzinstruments ist gesetzlich nicht definiert. Es handelt sich dabei idR um Verträge, die auf den künftigen Kauf/Verkauf bzw über Rechte zum künftigen Kauf/Verkauf originärer Finanzinstrumente abzielen (zB bedingte oder unbedingte Termingeschäfte). Siehe dazu iE IDW RH HFA 1.005, WPg 2005, 531; BeBiKo/*Grottel* § 285 Rn 555 ff. Sind die Derivate Gegenstand eines Sicherungsgeschäfts und mit dem Grundgeschäft zu einer Bewertungseinheit zusammengefasst, greifen demgegenüber die Angabepflichten nach § 285 Nr 23 (s Ziffer 25). Zur Bilanzierung von Bewertungseinheiten vgl IDW RS HFA 35, WPg Supplement 3/11, 72. Zur steuerlichen Anerkennung von Bewertungseinheiten vgl Vfg OFD Rheinland v. 11.3.2011, DB 2011, 737.

23. Angaben zu Geschäften mit nahestehenden Personen. Infolge des BilMoG ist nach § 285 Nr 21 im Anhang über nicht zu marktüblichen Bedingungen zustande gekommene Geschäfte mit nahestehenden Personen bzw Unternehmen zu berichten. Anzugeben sind die Art der Beziehung, der Wert des Geschäfts sowie weitere für die Beurteilung der Finanzlage der Gesellschaft notwendige Angaben. Der Begriff der nahestehenden Person ist iSd IAS 24 zu verstehen (zu Einzelheiten: IAS 24.9; BeBiKo/*Grottel* § 285 Rn 600 ff.; *Küting/Gattung*, WPg 2005, 1061, 1105; *Niehus*, DB 2008, 2493; IDW RS HFA 33, WPg Supplement 4/10, 72).

Ausgenommen sind: **a**) Geschäfte, die die Gesellschaft als Mutterunternehmen mit den in ihren Konzernabschluss einbezogenen und mittelbar oder unmittelbar in ihrem 100 %-igen Anteilsbesitz stehenden Unternehmen tätigt; **b**) Geschäfte, die die Gesellschaft als in

100 %-igen Anteilsbesitz eines Mutterunternehmens stehend und in ihren Konzernabschluss einbezogen mit ihrem Mutterunternehmen und den anderen in 100 %-igen Anteilsbesitz stehenden, in den Konzernabschluss einbezogenen Unternehmen tätigt (BeBiKo/*Grottel* § 285 Rn 660 ff).

24. Angaben zu Forschungs- und Entwicklungskosten. Die Angabe nach § 285 Nr 22 steht in Zusammenhang mit dem durch das BilMoG eingeführten Wahlrecht zur Aktivierung selbst geschaffener immaterieller Vermögensgegenstände des Anlagevermögens. Anzugeben sind – sofern dieses Wahlrecht nach § 248 Abs 2 ausgeübt wurde – sämtliche Forschungs- und Entwicklungskosten (§ 255 Abs 2a) des Geschäftsjahrs, unterteilt in solche, die auf selbst geschaffene immaterielle Vermögensgegenstände des Anlagevermögens entfallen und sonstige, jeweils differenziert nach Forschungs- und Entwicklungskosten (Baumbach/Hopt/*Merkt* § 285 Rn 24).

25. Angaben zu Bewertungseinheiten. Bei der Bildung von Bewertungseinheiten (§ 254) sind im Anhang anzugeben (§ 285 Nr 23): **a)** mit welchem Betrag jeweils Vermögensgegenstände, Schulden, schwebende Geschäfte und mit hoher Wahrscheinlichkeit erwartete Transaktionen zur Absicherung welcher Risiken in welche Arten von Bewertungseinheiten einbezogen sind und die Höhe der mit der Bewertungseinheit abgesicherten Risiken; **b)** für die jeweils abgesicherten Risiken, warum, in welchem Umfang und für welchen Zeitraum sich die gegenläufigen Wertänderungen oder Zahlungsströme künftig voraussichtlich ausgleichen (einschließlich der Methode der Ermittlung), **c)** eine Erläuterung der mit hoher Wahrscheinlichkeit erwarteten Transaktionen, die in Bewertungseinheiten einbezogen wurden (Baumbach/Hopt/*Merkt* § 285 Rn 25). Diese Angaben stellen eine Konkretisierung der Berichterstattung nach § 284 Abs 2 Nr 1 über die angewandten Bewertungsmethoden dar. Die Angaben können unterbleiben, sofern sie im Lagebericht gemacht worden sind. Zur Bildung von Bewertungseinheiten nach dem BilMoG ausführlich: BeBiKo/*Schmidt/Usinger* § 254; IDW RS HFA 35, WPg Supplement 3/11, 72.

26. Angaben zu Pensionsrückstellungen und ähnlichen Verpflichtungen. Das BilMoG hat in § 285 Nr 24 die Verpflichtung eingeführt, zu den Rückstellungen für Pensionen und ähnliche Verpflichtungen das angewandte versicherungsmathematische Verfahren sowie die grundlegenden Annahmen der Berechnung, wie den Zinssatz, die erwarteten Lohn- und Gehaltssteigerungen und die zugrunde gelegten Sterbetafeln anzugeben (BeBiKo/*Grottel* § 285 Rn 740 ff). Damit sollte die bereits bestehende Berichtspflicht nach § 284 Abs 2 Nr 1 vereinheitlicht und eine bessere Vergleichbarkeit hergestellt werden.

27. Angaben zur Verrechnung von Vermögensgegenständen und Schulden. Nach § 246 Abs 2 S 2 idF des BilMoG sind Vermögensgegenstände, die dem Zugriff aller übrigen Gläubiger entzogen sind und ausschließlich der Erfüllung von Schulden aus Altersvorsorgeverpflichtungen oder vergleichbaren langfristigen fälligen Verpflichtungen dienen, mit diesen Schulden zu verrechnen. Nach § 285 Nr 25 sind in einem solchen Fall die Anschaffungskosten und der beizulegende Zeitwert der verrechneten Vermögensgegenstände, der Erfüllungsbetrag der verrechneten Schulden sowie die verrechneten Aufwendungen und Erträge anzugeben (Baumbach/Hopt/*Merkt* § 285 Rn 27; BeBiKo/*Grottel* § 285 Rn 750 ff).

28. Angaben zu den Haftungsverhältnissen. Gegenstand der Angabepflicht nach § 285 Nr 27 sind die nach § 251 unter der Bilanz oder nach § 268 Abs 7 Hs 1 im Anhang zu vermerkenden Haftungsverhältnisse (Wechselobligo, Bürgschaften, Gewährleistungsverträge, Bestellung von Sicherheiten für fremde Verbindlichkeiten). Anzugeben sind die Gründe der Einschätzung des Risikos der Inanspruchnahme.

29. Angabe des Gesamtbetrags der ausschüttungsgesperrten Beträge. Die Angabe nach § 285 Nr 28 steht im Zusammenhang mit der durch das BilMoG in § 268 Abs 8 eingeführten Ausschüttungssperre für bestimmte Beträge. Anzugeben ist zunächst der Gesamtbetrag der ausschüttungsgesperrten Beträge. Darüber hinaus hat eine Aufgliederung zu erfolgen in: **a)** Beträge aus der Aktivierung selbst geschaffener immaterieller Vermögensgegenstände des Anlagevermögens; **b)** Beträge aus der Aktivierung latenter Steuern (allerdings nur ein entsprechender Aktivüberhang); **c)** Beträge aus der Aktivierung von Vermögensgegenständen zum beizulegenden Zeitwert (hierunter fallen die Beträge, die sich aus der Bewertung von nach § 246 Abs 2 S 2 zu verrechnenden Vermögensgegenständen zum beizulegenden Zeitwert nach § 253 Abs 1 S 4 unter Abzug ihrer ursprünglichen Anschaffungskosten ergeben; die Differenz ist zu jedem Abschlussstichtag neu zu ermitteln). S dazu iE BeBiKo/*Grottel* § 285 Rn 800 ff.

30. Angaben zu latenten Steuern. § 285 Nr 29 wurde durch das BilMoG eingeführt, um eine Vereinheitlichung und Vergleichbarkeit der Angaben zu latenten Steuern zu erreichen. Anzugeben ist, auf welchen Differenzen zwischen Handels- und Steuerbilanz sowie auf welchen steuerlichen Verlustvorträgen die latenten Steuern beruhen und mit welchen Steuersätzen die Bewertung erfolgt ist (BeBiKo/*Grottel* § 285 Rn 830 ff.; DRS 18 (Latente Steuern)).

Durch das BilRUG wurde § 285 Nr. 30 eingefügt, der die Angabepflicht nach § 285 Nr. 29 um quantitative Angaben zu latenten Steuersalden und ihren Bewegungen im Geschäftsjahr, insbesondere zum Auf- und Abbau latenter Steuern erweitert (Baumbach/Hopt/*Merkt* § 285 Rn 32; BeBiKo/*Grottel* § 285 Rn 840 ff).

31. Infolge der Ergänzung durch das BilRUG sind nach § 285 Nr. 33 in den Anhang **Angaben zu Vorgänge von besonderer Bedeutung, die nach dem Schluss des Geschäftsjahrs eingetreten und weder in der Gewinn- und Verlustrechnung noch in der Bilanz berücksichtigt sind,** unter Angabe ihrer Art und ihrer finanziellen Auswirkung aufzunehmen. Bislang waren dieser Vorgänge von besonderer Bedeutung ausschließlich im Lagebericht anzugeben (§ 289 Abs 2 Nr 1 aF). Diese Verpflichtung wird nun in den Anhang verlagert. Allerdings müssen Vorgänge von besonderer Bedeutung, die in der Bilanz oder GuV schon berücksichtigt sind, nicht erneut im Anhang dargestellt werde. Berichtspflichtige Vorgänge, die nach dem Schluss des Geschäftsjahres eingetreten sind, können ua sein: bedeutsame Entwicklungen und Tendenzen im neuen Geschäftsjahr (positive und negative), die Branche betreffende wirtschaftliche oder politische Ereignisse, Marktänderungen, Verschlechterung der Geschäftslage, Eintritt oder Drohen von schweren Verlusten, wesentliche sonstige Geschäftsvorfälle (Baumbach/Hopt/*Merkt* § 285 Rn 33; BeBiKo/*Grottel* § 285 Rn 930 ff).

32. Angaben zur Ergebnisverwendung. Nach Inkrafttreten des BilRUG muss der Vorschlag für die Verwendung des Ergebnisses oder der Beschluss über seine Verwendung in den Anhang aufgenommen werden (§ 285 Nr. 34). Da die Angaben schon zu einem Zeitpunkt zu machen sind, zu dem die Verfahren zur Prüfung, Billigung oder Feststellung noch nicht eingeleitet werden können, dürfte im Anhang idR nur ein Vorschlag für die Ergebnisverwendung darstellbar sein (Baumbach/Hopt/*Merkt* § 285 Rn 33).

Ergebnisverwendung. Die Gesellschafter haben – je nach gesellschaftsvertraglichen Regelungen – Anspruch auf den Jahresüberschuss zuzüglich eines Gewinnvortrags, abzüglich eines Verlustvortrags oder auf den Bilanzgewinn, § 29 GmbHG. Dieser Anspruch wird durch den Gewinnverwendungsbeschluss, der eine Ausschüttung beinhaltet, konkretisiert. Die Gesellschafterversammlung ist an einen Ergebnisverwendungsvorschlag der Geschäftsführung nicht gebunden (Hachenburg/*Goerdeler/Müller* § 29 GmbHG Rn 45, 54). Wird der Jahresabschluss indes nach teilweiser oder vollständiger Ergebnisverwendung aufgestellt, so entscheidet die Gesellschafterversammlung bereits mit der Feststellung über die Gewinnverteilung (*Hommelhoff* ZGR 1986, 418, 421).

Die Ergebnisverwendung kann sich auch aus dem Gesellschaftsvertrag (Thesaurierungsregelung) ergeben. Kann die Gesellschafterversammlung über solche Beträge im Grundsatz nicht verfügen, können diese im Rahmen der teilweisen Ergebnisverwendung bei Aufstellung des Jahresabschlusses den Gewinnrücklagen zugeführt werden, § 268 Abs 1.

§ 268 Abs 1 eröffnet die Möglichkeit, einen **Jahresabschluss vor, nach teilweiser oder nach vollständiger Gewinnverwendung** aufzustellen. Wird eine Gewinnverwendung (teilweise oder vollständig) beschlossen, tritt an die Stelle des Jahresüberschusses/-fehlbetrages der Bilanzgewinn/-verlust. Die Zulässigkeit dieser Bilanzierung richtet sich nach den gesetzlichen und gesellschaftsvertraglichen Regelungen. Eine lediglich beabsichtigte Ergebnisverwendung kann nicht Grundlage der Bilanzierung nach § 268 Abs 1 sein.

Das Form. unterstellt, dass keine gesellschaftsvertragliche Regelung zur Einstellung eines Teils des Ergebnisses in gesellschaftsvertragliche Rücklagen vorliegt, so dass die Gesellschafter über den Bilanzgewinn zu beschließen haben (*ADS* § 268 HGB Rn 18, § 278 HGB Rn 23). Im Übrigen folgt die Gewinnverwendung den gesellschaftsvertraglichen Regelungen sowie § 29 Abs 1 GmbHG. Je nach den dort enthaltenen Bestimmungen können weitere Einstellungen in die anderen Gewinnrücklagen oder ein Gewinnvortrag beschlossen werden.

33. Sonstige Angabepflichten. Weitere Angabepflichten folgen aus § 285 Nr 14 und 14a zum Mutterunternehmen (Baumbach/Hopt/*Merkt* § 285 Rn 17, auch zu Änderungen durch das BilRUG), seit Inkrafttreten des BilRUG aus § 285 Nr. 15a zu ausgegebenen Genussscheinen und ähnlichen Rechten auf Gewinnbezug (Baumbach/Hopt/*Merkt* § 285 Rn 19), aus § 285 Nr 16 zur Entsprechenserklärung nach dem Corporate Governance Codex bei börsennotierten Unternehmen sowie – nach Inkrafttreten des BilMoG – dem Ort ihrer öffentlichen Zugänglichmachung (Baumbach/Hopt/*Merkt* § 285 Rn 20), aus § 285 Nr 20 (Angaben zu den nach § 255 Abs 4 S 2 mit dem Zeitwert beizulegenden Finanzinstrumenten) sowie aus § 285 Nr 26 (Angaben zu Anteilen an in- oder ausländischen Investmentvermögen).

34. Anlagespiegel. Der Anlagespiegel ist von mittelgroßen und großen Kapitalgesellschaften und bestimmten Personengesellschaften für die einzelnen Posten des Anlagevermögens nach Inkrafttreten des BilRUG v.17.7.2015, BGBl I 2015, 1245 (und Aufhebung des § 268 Abs. 2 aF) ausschließlich im Anhang aufzustellen (§ 284 Abs. 3). Vgl ferner § 5 Abs 2 PublG. Der Anlagespiegel soll einen Überblick über die Entwicklung des Anlagevermögens, gesondert für die auszuweisenden Posten, geben. Er enthält ua die historischen Anschaffungs- und Herstellungskosten, Zugänge, Abgänge, Zuschreibungen, Umbuchungen, die kumulierten Abschreibungen sowie die Abschreibungen des Geschäftsjahres. Diese Angaben erleichtern die analytische Beurteilung der Bilanz (zB Abschreibungsgrad, Altersstruktur des Sachanlagevermögens). Zu den Abschreibungen sind darüber hinaus nunmehr die folgenden Angaben zu machen, § 284 Abs. 3 S. 3: (i) die Abschreibungen in ihrer gesamten Höhe zu Beginn und Ende des Geschäftsjahrs; (ii) die im Laufe des Geschäftsjahrs vorgenommenen Abschreibungen und (iii) Änderungen in den Abschreibungen in ihrer gesamten Höhe im Zusammenhang mit Zu- und Abgängen sowie Umbuchungen im Laufe des Geschäftsjahrs. Es ergibt sich (nunmehr) eine vierzehnspaltige Darstellung (BeBiKo/*Grottel* § 284 Rn 224 ff).

Anlagevermögen. Zum Anlagevermögen gehören die Vermögensgegenstände, die auf Dauer dazu bestimmt sind, dem Geschäftsbetrieb zu dienen (§ 247 Abs 2). Dazu gehören auch immaterielle Vermögensgegenstände (mit Neufassung durch das BilMoG (G v 25.5.2009, BGBl I 2009, 1102) wurde das Bilanzierungsverbot für selbstgeschaffene immaterielle Wirtschaftsgüter des Anlagevermögens gestrichen; für solche Güter gilt nun

von untergeordneter Bedeutung sind (Anteilsbesitz nach Nr 11 und Nr 11b, Abs 3 S 1 Nr 1). Für bestimmte Unternehmen im Anteilsbesitz (Beteiligungsgesellschaft und Minderheitsbeteiligung) darf Angabe des Eigenkapitals und des Jahresergebnisses unterblieben (Abs 3 S 2). Ferner zulässig ist die Unterlassung der Angabe der Organbezüge bei Gesellschaften, die nicht börsennotierte AG sind, wenn sich die Bezüge eines Mitglieds erkennen lassen (Abs 4). Als Ausnahmevorschrift ist § 286 grundsätzlich eng auszulegen (OLG Düsseldorf DB 1997, 1609; LG Köln DB 1997, 320).

2. Angabepflicht. Die Inanspruchnahme der Unterlassungsvorschrift ist im Fall des Abs 3 S 1 Nr 2 im Anhang zu nennen (Abs 3 S 4), eine Begründung ist nicht erforderlich.

3. Anwendungsbereich. Kapitalgesellschaften, Personengesellschaften iSv § 264a Abs 1 und publizitätspflichtige Unternehmen, die einen Anhang aufzustellen haben (BeBiKo/*Grottel* § 286 Rn 1 ff). Kapitalmarktorientierte Gesellschaften iSv § 264d dürfen jedoch diese Ausnahmeregelung nicht anwenden (§ 286 Abs 3 S 3).

4. Erheblicher Nachteil. Für eine von beiden Gesellschaften entsteht sonst ein fühlbarer geschäftlicher Schaden wie zB Umsatzeinbußen. Die Eignung zur Nachteilszufügung genügt, wenn sie mit großer Wahrscheinlichkeit gegeben ist.

5. Teilweise Unterlassung von Angaben. Die Möglichkeit zum Verzicht auf sonst vorgeschriebene Angaben besteht, soweit der Ausnahmegrund reicht. Es kann daher im Einzelfall geboten sein, nur Teilbestandteile zB der Angabe nach § 285 Nr 11 zu unterlassen.

D. Lagebericht

1. Lagebericht zum Jahresabschluss

Wirtschaftsbericht[1, 2, 4, 13]

Im Berichtsjahr konnte der Inlandsumsatz im Vergleich zum Vorjahr erneut gesteigert werden.[4] Das Exportgeschäft hingegen war rückläufig, nachdem vorübergehend eine Marktsättigung im Bereich B-Waren eingetreten ist. Die Umsatzerlöse belaufen sich nunmehr auf TEUR 26.432, was insgesamt eine Steigerung gegenüber dem Vorjahr in Höhe von 4,9 % bedeutet. Steigerungen konnten vor allem im Bereich der A-Spezialartikel sowie mit Handelswaren erreicht werden. Der Auftragseingang, der zu Beginn des Jahres noch über dem des Vorjahres lag, zeigte im weiteren Verlauf des Jahres eine leicht abschwächende Tendenz.

(Es folgt ein Bericht über die Geschäftsarten).

Unsere Gesellschaft ist wie nahezu alle Unternehmen in der . . . . . . Branche von einer leichten konjunkturellen Abschwungphase betroffen, die in der zweiten Hälfte des vergangenen Geschäftsjahres begann und in die ersten Monate dieses Geschäftsjahres hinein andauert. Durch die hervorragende Qualität unserer Erzeugnisse und die erfolgreichen Absatzbemühungen konnten wir unsere Stellung am Markt im In- und Ausland insgesamt ausbauen. Mit besonderem Engagement hatten wir uns den Märkten in Osteuropa zugewandt. Die schwierigen wirtschaftlichen Rahmenbedingungen haben dazu geführt, dass wir nur in Einzelfällen Absatzerfolge erzielen konnten. Diese Bemühungen haben wir im laufenden Geschäftsjahr verstärkt fortgeführt. Die Ertragsentwicklung für das Geschäftsjahr x2 betrachten wir als insgesamt befriedigend.

Die Materialkosten erhöhten sich in begrenztem Umfang. Infolge der Tariflohnerhöhung war ein Anstieg der Personalkosten unvermeidbar. Nachdem geplante Investitionen erst gegen Ende des Geschäftsjahres realisiert werden konnten, wirkten sich die darauf entfallenden Abschreibungen nur noch zeitanteilig aus.

Das Ergebnis der gewöhnlichen Geschäftstätigkeit lag um 63,2 % über dem Vorjahreswert. Unter Berücksichtigung der außerordentlichen Ergebnisse aus der Veräußerung eines Betriebsbereichs und infolge eines Schadensfalls in einem Unternehmensbereich ergibt sich zum 31.12.x2 nach Steuern ein Jahresüberschuss in Höhe von TEUR 711.

Das vergangene Geschäftsjahr war wiederum von erheblicher Investitionstätigkeit geprägt. Zur weiteren Rationalisierung der Fertigung für die Produkte der A-Sparte wurden wiederum EUR 1,3 Mio für Sachanlagen investiert, die in Höhe von 22 % Investitionen zum Schutz der Umwelt dienen. Die Investitionen in unserem Werk D dienten sowohl Erhaltungs- als auch Erweiterungszwecken. Diese Investitionen konnten wir zum erheblichen Teil aus Abschreibungen finanzieren; im Übrigen konnten wir auf Zusagen langfristiger Kredite zurückgreifen.

Im vergangenen Geschäftsjahr haben wir uns durch die Veräußerung des Betriebsbereichs AC und des Unternehmensbereichs XY von unserer Produktsparte C (C1 und C2) getrennt, die im Hinblick auf die technische Entwicklung nicht mehr zu unserem Produktprogramm passt. Wir haben jedoch durch den Erwerb einer Mehrheitsbeteiligung an der DE GmbH unsere strategische Position in der D-Sparte wesentlich verstärken können.

Am 17. November x2 wurde in einer außerordentlichen Gesellschafterversammlung einem Beherrschungs- und Gewinnabführungsvertrag vom 25. Oktober x2 mit der E GmbH zugestimmt.

Verbessert zeigte sich die Beschäftigungslage zu Beginn des neuen Geschäftsjahres. Auftragseingang und Umsatz liegen über dem Vergleichszeitraum des Vorjahres. In den nächsten Monaten rechnen wir mit Kostenerhöhungen sowohl auf der Material- als auch auf der Personalseite. Ein Hauptaugenmerk bleibt weiterhin die Entwicklung neuer Produkte, die auch in Zusammenarbeit mit dem verbundenen Unternehmen DE GmbH verstärkt betrieben wird.

Die Gesellschaft verfügt über ein konzernweit eingerichtetes Risikomanagementsystem, um die potentiellen Risiken des Konzerns rechtszeitig und angemessen darstellen zu können. Die Risikoerfassung erfolgt auf der jeweiligen operativen Ebene und wird auf der Ebene der Gesellschaft mit dem Zweck der Risikobewertung zusammengeführt. Es wurden keine Risiken festgestellt, die den Fortbestand der Gesellschaft gefährden.

Bericht über Finanzinstrumente

Zur Absicherung von Währungsrisiken aus Lieferantenverträgen (Wechselkursänderungen zwischen EUR und USD) setzen wir derivative Finanzinstrumente ein.[8] (. . . . . . nähere Einzelheiten . . . . . .)

Forschungs- und Entwicklungsbericht[9]

Im Bereich der D-Sparte lagen die Schwerpunkte unserer Forschungs- und Entwicklungstätigkeiten. (. . . . . . nähere Einzelheiten . . . . . .) Wir beschäftigen dazu . . . . . . Mitarbeiter.

Niederlassungsbericht[10]

Die Gesellschaft verfügt über eine im Handelsregister eingetragene Zweigniederlassung in Z-Heim. In ihr findet im Wesentlichen die Produktion der Produktpalette XYZ statt. Sie beschäftigt . . . . . . Mitarbeiter.

Prognose-, Chancen- und Risikobericht[5]

Die konjunkturelle Entwicklung und die Wechselkurseinflüsse insbesondere auf unsere Rohstoffpreise sowie verstärkte Konkurrenz aus Billiglohnländern sind Risiken, die den Geschäftsverlauf wesentlich beeinflussen können. Wir sind uns dieser Risiken bewusst und führen kontinuierlich Überprüfungen unserer Sicherheitslage durch. Die Entwicklung neuer Produkte und die Forschungsinvestitionen dienen der Stärkung unseres Wettbewerbspotentials.

Wechselkursänderungen können Preise für Güter und Dienstleistungen beeinflussen. Trotz Absicherung durch Derivate verbleibt ein Restrisiko, falls tatsächliche Zahlungen in Höhe und Zeitpunkt von der Planung abweichen.

(Weitere Angaben zu den Risiken der künftigen Entwicklung).

Falls sich keine weiteren gesamtwirtschaftlichen Belastungen ergeben, rechnen wir für das laufende und darauffolgende Geschäftsjahr mit befriedigenden Ergebnissen.[5]

Bei unseren Mitarbeitern, mit deren Hilfe, Fleiß und Engagement wir dieses Ergebnis erzielen konnten, bedanken wir uns.

X-Stadt, den

Die Geschäftsführer

. . . . .

Schrifttum: *ADS* § 289 HGB; BeBiKo/*Grottel* § 289; Deutscher Rechnungslegungs Standard Nr 15 (DRS 15): Lageberichterstattung; Deutscher Rechnungslegungs Standard Nr 5 (DRS 5): Risikoberichterstattung; Deutscher Rechnungslegungs Standard Nr. 20 (DRS 20): Konzernlagebericht; IDW PS 350 nF – Prüfung des Lageberichts im Rahmen der Abschlussprüfung, IDW Life **2018**, 115; *Kajüter,* Berichterstattung über Chancen und Risiken im Lagebericht, BB **2004**, 427; *Küting/Weber/Kajüter,* HdR, § 289; *IDW* Rechnungslegungshinweis: Anhangangaben nach § 285 Satz 1 Nr. 18 und 19 HGB sowie Lageberichterstattung nach § 289 Abs. 2 Nr. 2 HGB in der Fassung des Bilanzrechtsreformgesetzes: IDW RH HFA 1.005, WPg **2005**, 531; *Selchert ua,* Prüfung des Lageberichts 2000; *Kaiser,* Auswirkungen des Bilanzrechtsreformgesetzes auf die zukunftsorientierte Lageberichterstattung, WPg **2005**, 405; *Hoffmann/Lüdenbach,* Bilanzrechtsreformgesetz – Seine Bedeutung für den Einzel- und Konzernabschluß der GmbH, GmbHR **2004**, 145; *Strieder,* Erweiterung der Lageberichterstattung nach dem BilMoG, BB **2009**, 1002; *Baetge/Brüggemann/Haenelt,* Erweiterte Offenlegungspflichten in der handelsrechtlichen Lageberichterstattung – Übernahmerechtliche Angaben und Erläuterungen nach § 315 Abs. 4 HGB und E-DRS 23, BB **2007**, 1887; *Schmidt/Wulbrand,* Umsetzung der Anforderungen an die Lageberichterstattung nach dem BilReg und DSR 15, KoR **2007**, 417; *Rabenhorst,* Zusätzliche Angabepflichten im Lagebericht durch das Übernahmerichtlinie-Umsetzungsgesetz, WPg **2008**, 139; *Büchel/Semjonow,* DRS 17 – Berichterstattung über die Organmitglieder und DRS 15a – Übernahmerechtliche Angaben und Erläuterungen im Konzernlagebericht, WPg **2008**, 1143; *Ernst/Seidler,* Der Regierungsentwurf eines Gesetzes zur Modernisierung des Bilanzrechts, ZGR **2008**, 631; *Melcher/Mattheus,* Zu Referentenentwurf des Bilanzrechtsmodernisierungsgesetzes (BilMoG): Lageberichterstattung, Risikomanagement-Bericht und Corporate Governance Statement, DB **2008** Beilage Heft 7, 52; *Strieder,* Erweiterung der Lageberichterstattung nach dem BilMoG, BB **2009**, 1002; *Baetge/Brüggemann/Haenelt,* Erweiterte Offenlegungspflichten in der handelsrechtlichen Lageberichterstattung – Übernahmerechtliche Angaben und Erläuterungen nach § 315 Abs. 4 HGB und E-DRS 23, BB **2007**, 1887; *Rabenhorst,* Zusätzliche Angabepflichten im Lagebericht durch das Übernahmerichtlinie-

Umsetzungsgesetz, WPg 2008, 139; *Bischof/Selch,* Neuerungen für den Lagebericht nach dem Regierungsentwurf eines Bilanzrechtsmodernisierungsgesetzes (BilMoG), WPg 2008, 1021; *Gödel,* Unverzichtbarkeit der Prognoseberichterstattung im (Konzern-)Lagebericht, DB 2010, 431; *Baetge/Hippel/Sommerhoff,* Anforderungen und Praxis der Prognoseberichterstattung, DB 2011, 365; *Lüdenbach/Freiberg,* BilRUG-RefE: Nur „punktuelle Änderungen"?, BB 2014, 2219; *Pauli/Albrecht,* Wachsende Bedeutung der Risikoberichterstattung in Konzernen durch DRS 20, BB 2014, 1195; *Fink/Theile,* Anhang und Lagebericht nach dem RegE zum Bilanzrichtlinie-Umsetzungsgesetz, DB 2015, 754; *Oser/Orth/Wirtz,* Neue Vorschriften zur Rechnungslegung und Prüfung durch das Bilanzrichtlinie-Umsetzungsgesetz – Anmerkungen zum RegE vom 7.1.2015, DB 2015, 197; *Blöink/Knoll-Biermann,* Bilanzrichtlinie-Umsetzungsgesetz (BilRUG) – Hintergrund und Kernelemente des Regierungsentwurfs vom 7.1.2015, Der Konzern 2015, 65; *Schäfer/Rimmelspacher,* Änderungen im (Konzern-)Lagebericht inkl. der Erklärung zur Unternehmensführung durch das BilRUG, DB 2015, 57; *Hinze,* „Nichtfinanzielle Leistungsindikatoren" in der Berichterstattung, WPg 2016, 1168; *Seibt,* CSR-Richtlinie-Umsetzungsgesetz: Berichterstattung über nichtfinanzielle Aspekte der Geschäftstätigkeit – Neues Element des Corporate Reputation Management, DB 2016, 2707; *Mock,* Berichterstattung über Corporate Social Responsibility nach dem CSR-Richtlinie-Umsetzungsgesetz, ZIP 2017, 1195.

Anmerkungen

1. Große und mittelgroße Kapitalgesellschaften und Personengesellschaften iSv § 264a Abs 1 sowie die unter das PublG fallenden Unternehmen haben einen Lagebericht nach § 289 aufzustellen, § 264 Abs 1. Kleine Kapitalgesellschaften und Tochterunternehmen, die § 264 Abs 3 anwenden können, sind von der Aufstellungspflicht befreit. Der Inhalt des Lageberichtes ist nicht begrenzt, § 289 gibt nur den Mindestumfang an. Das Form. enthält eine beispielhafte Darstellung. § 289 wurde durch das ÜbUG v 8.7.2006 (BGBl I 2006, 1426), das TUG v 5.1.2007 (BGBl I 2007, 10) sowie das BilMoG v 25.5.2009 (BGBl I 2009, 1102) wesentlich erweitert und sowohl durch das BilRUG v. 17.7.2015, BGBl I 2015, 1245 als auch das CSR-RUG v. 11.4.2017, BGBl I 2017, 802 ergänzt.

2. Der Lagebericht hat **Informations- und Rechenschaftsfunktion** (BeBiKo/*Grottel* § 289 Rn 7).

3. **Grundsätze.** Die Form der Darstellung im Lagebericht ist grundsätzlich frei. Die Darstellung hat unter Beachtung des Wesentlichkeitsgrundsatzes vollständig zu sein. Sie muss wahr, klar und übersichtlich sein und unterliegt – mit Einschränkungen – dem Gebot der Stetigkeit entspr § 265 Abs 1. Abweichungen von den Berichterstattungsgrundsätzen des Vorjahres sind offenzulegen. Auch wenn DRS 20 nur für Konzernlageberichte verpflichtend ist, wird in der Praxis eine Orientierung an DRS 20 auch für den Lagebericht empfohlen (BeBiKo/*Grottel* § 289 Rn 30; WP-HdB 2021 I F 1366 ff).

4. Nach § 289 Abs 1 S 1 sind **Erläuterungen zur Lage und zum Geschäftsverlauf** einschließlich des Geschäftsergebnisses zu geben. Dabei ist einzugehen auf die Rahmenbedingungen und das Umfeld der geschäftlichen Tätigkeit, mit Angaben zu den Bereichen Beschaffung, Produktion, Absatz, ferner zu Auftragseingang und -bestand, Investition und Finanzierung sowie Liquidität. In diesem Rahmen sind Angaben über wichtige Ereignisse im Geschäftsjahr zu machen, wenn sie für den Geschäftsverlauf und die Lage der Gesellschaft von Bedeutung sind (BeBiKo/*Grottel* § 289 Rn 45; BeBiKo/*Grottel* § 315 Rn 60 ff). Nach § 289 Abs 1 S 2 muss durch die Darstellung des Geschäftsverlaufs die Lage der Gesellschaft den tatsächlichen Verhältnissen entsprechend abgebildet werden. Dazu sind umfassend und der Komplexität der Geschäftstätigkeit entsprechend der Geschäftsverlauf und die Lage der Gesellschaft zu analysieren. Wesentliche finanzielle Leistungsmerkmale, wie zB die Ergebnisentwicklung sowie Liquidität und Kapitalausstattung müssen analysiert werden. Dabei sind auch die wesentlichen Ziele und Strategien des Managements sowie die voraussichtliche Entwicklung mit ihren wesentlichen Chancen und Risiken darzustellen (dazu Baumbach/Hopt/*Merkt* § 289 Rn 1; *Kaiser* WPg 2005, 405 ff.; BeBiKo/*Grottel* § 289 Rn 50; BeBiKo/*Grottel* § 315 Rn 60 ff).

5. Angabe nach § 289 Abs 1 S 4. Zu der **voraussichtlichen Entwicklung** der Gesellschaft sind Tendenzaussagen zu machen. Dazu gehören Erwartungen der Geschäftsführung sowie wichtige Eckdaten des Unternehmens. Die Berichterstattung umfasst das Eingehen auf die spezifischen Chancen und Risiken der Geschäftstätigkeit der Gesellschaft, die zugrundeliegenden wesentlichen Prämissen sind transparent zu machen (WP-HdB 2021 I F 1384 ff). Auf bestandsgefährdende Risiken ist gesondert hinzuweisen (DRS 5.15). Über die Chancen und Risiken ist getrennt zu berichten. Eine Saldierung der Risiken mit den Chancen und damit eine Darstellung nur der Restchancen oder -risiken ist nicht zulässig (DRS 5.26; DRS 15.12). Es ist zulässig, auf die Maßnahmen zur Abwendung, Absicherung oder zum Ausgleich der Risikopotentiale einzugehen. Der Prognosezeitraum sollte etwa 2 Jahre umfassen (nach DRS 20.127 Mindestprognosezeitraum von 1 Jahr); es sollte angegeben werden, welcher Prognosezeitraum zugrunde gelegt wird (vgl Baumbach/Hopt/*Merkt* § 289 Rn 1; BeBiKo/*Grottel* § 289 Rn 60; BeBiKo/*Grottel* § 315 Rn 115 ff.; IDW RH HFA 1.005, WPg 2005, 531, 533; *Kajüter,* BB 2004, 427; *Hoffmann/Lüdenbach,* GmbHR 2004, 145; *Kaiser,* WPg 2005, 405 ff.; OLG Frankfurt, NZG 2010, 63; *Gödel,* DB 2010, 431).

6. Bilanzeid. Nach § 289 Abs 1 S 5 idF des TUG (zul. geändert durch ESEF-KG, BGBl I 2020, 1874) haben die gesetzlichen Vertreter einer börsennotierten AG/KGaA zu versichern, dass nach bestem Wissen im Lagebericht der Geschäftsverlauf einschließlich des Geschäftsergebnisses und die Lage der Gesellschaft so dargestellt sind, dass ein den tatsächlichen Verhältnissen entsprechendes Bild vermittelt wird, und dass die wesentlichen Chancen und Risiken iSv § 289 Abs 1 S 4 beschrieben sind (BeBiKo/*Grottel* § 289 Rn 65 ff). Die Versicherung zu Jahresabschluss und zum Lagebericht können zu einer einheitlichen Erklärung zusammengefasst werden (vgl DRS 15.142).

7. Seit der Neufassung des **§ 289 Abs 2** durch das BilRUG muss (zuvor: nur Sollvorschrift) auf die dort genannten Tatbestände eingegangen werden: Finanzinstrumente, Abs. 2 Nr. 1; den Bereich Forschung und Entwicklung, Abs. 2 Nr. 2; sowie bestehende Zweigniederlassungen der Gesellschaft, Abs. 2 Nr. 3; durch das BilRUG wurde die Berichterstattung über Vorgänge von besonderer Bedeutung, die nach dem Schluss des Geschäftsjahres eingetreten sind – Abs. 2 Nr. 1 aF – in den Anhang verschoben (BeBiKo/*Grottel* § 289 Rn 85 ff). Damit soll dem externen Leser des Lageberichts ermöglicht werden, eine Einordnung in kapitalmarktübliche Risikoklassen vorzunehmen (*Moxter,* BB 1997, 722; ferner BegrRegE zu § 289 Abs 1, BR-Drs 872/97, 12).

8. Finanzinstrumente. Angabe nach § 289 Abs 2 Nr 1. Es ist einzugehen auf **a)** Risikomanagementziele und -methoden der Gesellschaft einschließlich ihrer Methoden zur Absicherung aller wichtigen Arten von Transaktionen, die im Rahmen der Bilanzierung von Sicherungsgeschäften erfasst werden, sowie **b)** auf Preisänderungs-, Ausfall- und Liquiditätsrisiken und Risiken von Zahlungsstromschwankungen, denen die Gesellschaft ausgesetzt ist, und zwar jeweils in Bezug auf die Verwendung von Finanzinstrumenten und soweit dies für die Beurteilung der Lage oder der voraussichtlichen Entwicklung von Belang ist (vgl IDW RH HFA 1.005, WPg 2005, 531 (533); *Kajüter,* BB 2004, 427; *Hoffmann/Lüdenbach,* GmbHR 2004, 145; *Kaiser* WPg 2005, 405 ff.; BeBiKo/*Grottel* § 289 Rn 90; BeBiKo/*Grottel* § 315 Rn 165 ff).

9. Bereich der Forschung und Entwicklung. Angabe nach § 289 Abs 2 Nr 2. Es sind die Forschungs- und Entwicklungsaktivitäten zu beschreiben, Forschungs- und Entwicklungsinvestitionen, bestehende Forschungs- und Entwicklungseinrichtungen sowie die

Anzahl der in diesem Bereich tätigen Mitarbeiter sind zu nennen. Die Berichterstattung findet ihre Grenze in den schutzwürdigen Interessen der Gesellschaft (BeBiKo/*Grottel* § 289 Rn 95; BeBiKo/*Grottel* § 315 Rn 185 ff).

10. **Zweigniederlassungen.** Angabe nach § 289 Abs 2 Nr 3. Anzugeben sind inländische sowie ausländische Zweigniederlassungen; auf die Eintragung im Handelsregister kommt es nicht an (BeBiKo/*Grottel* § 289 Rn 100 ff).

11. **Vergütungssystem.** Bisher Angabe nach § 289a Abs 2 (seit dem CSR-RUG; zuvor inhaltsgleich in § 289 Abs. 2 Nr. 5 aF geregelt). Bei einer börsennotierten AG waren die Grundzüge des Vergütungssystems zu erläutern. Nach dem ARUG II v 12.12.2019, BGBl I 2019, 2637 ff. entfallen die für börsennotierte AGen geltenden Vorschriften nach § 289a Abs 2 für den Vergütungsbericht. Stattdessen werden künftig entspr. Angaben in einem gesonderten Vergütungsbericht nach § 162 AktG erforderlich (BeBiKo/*Grottel* § 289a Rn 80).

Im Form. erfolgen diese Angaben freiwillig.

12. **Nichtfinanzielle Leistungsindikatoren.** Nach § 289 Abs 3 haben große Kapitalgesellschaften die Angaben nach § 289 Abs 1 S 3 entsprechend für nichtfinanzielle Leistungsindikatoren, wie Informationen über Umwelt- und Arbeitnehmerbelange, soweit diese für das Verständnis des Geschäftsverlaufs und der Lage von Bedeutung sind, zu machen. Dazu können Angaben zur Entwicklung des Kundenstamms, des Stammkapitals, gegebenenfalls auch des Sponsorings oder anderer Aktivitäten im karitativen Bereich gehören (dazu Baumbach/Hopt/*Merkt* § 289 Rn 3; BeBiKo/*Grottel* § 289 Rn 115; BeBiKo/*Grottel* § 315 Rn 205 ff).

13. **Angabepflichten für AG und KGaA, die einem organisierten Markt angehören.** § 289a S 1 (ursprünglich eingefügt durch das ÜbUG v 8.7.2006 (BGBl I 2006, 1426) als § 289 Abs. 4, durch das CSR-RUG nunmehr in § 289a geregelt), verpflichtet Gesellschaften, deren stimmberechtigte Wertpapiere ganz oder zT zum Handel auf einem geregelten Markt zugelassen sind, zusätzliche Angaben in ihren Lagebericht aufzunehmen, um so potentiellen Bietern ein möglichst umfassendes Bild von der Gesellschaft, ihrer Struktur und etwaige Übernahmehindernisse zu geben (Begr RegE BT-Drs 16/1003, 24). Die Angabepflicht besteht für AG und KGaA, die einen organisierten Markt iSv § 2 Abs 7 WpÜG durch von ihnen ausgegebene stimmberechtigte Aktien in Anspruch nehmen, zu folgenden Angaben: **a)** Zusammensetzung des gezeichneten Kapitals unter gesondertem Ausweis der mit jeder Gattung verbundenen Rechte und Pflichten und des Anteils am Gesellschaftskapital (Nr 1); **b)** Beschränkungen, die Stimmrechte oder die Übertragung von Aktien betreffen, auch wenn sie sich aus Vereinbarungen zwischen Gesellschaftern ergeben können, soweit sie dem Vorstand der Gesellschaft bekannt sind (Nr 2); **c)** direkte oder indirekte Beteiligungen am Kapital, die 10 % der Stimmrechte überschreiten (Nr 3); **d)** die Inhaber von Sonderrechtsaktien, die Kontrollbefugnisse verleihen (mit Beschreibung der Sonderrechte) (Nr 4); **e)** die Art der Stimmrechtskontrolle, wenn Arbeitnehmer am Kapital beteiligt sind und ihre Kontrollrechte nicht unmittelbar ausüben (Nr 5); **f)** die Regelungen im Gesetz und in der Satzung über die Ernennung und Abberufung der Vorstandsmitglieder und über Satzungsänderungen (Nr 6); **g)** die Befugnisse des Vorstands insbesondere hinsichtlich der Möglichkeit, Aktien auszugeben oder zurückzukaufen (Nr 7); **h)** wesentliche Vereinbarungen der Gesellschaft für den Fall eines übernahmebedingten Kontrollwechsels und die daraus folgenden Wirkungen (Nr 8); **i)** Entschädigungsvereinbarungen der Gesellschaft mit den Mitgliedern des Vorstands oder Arbeitnehmern für den Fall eines Übernahmeangebots (Nr 9). Die Angaben nach Nr. 8 können unterbleiben, soweit sie geeignet sind, der Gesellschaft einen erheblichen Nachteil zuzufügen kann; Angabepflicht nach anderen gesetzlichen Vorschriften bleibt unberührt. Die Angabe nach Nr 1, Nr 3 und

Nr 4 kann bei Pflicht zur Angabe im Anhang unterbleiben, dann ist aber ein Verweis auf die Anhangangabe erforderlich (vgl *Baetge/Brüggemann/Haenelt,* BB 2007, 1887; *Schmidt/ Wulbrand,* KoR 2007, 417; *Rabenhorst,* WPg 2008, 139; *Büchel/Semjonow,* WPg 2008, 1143; BeBiKo/*Grottel* § 289a Rn 20 ff).

14. Internes Kontroll- und Risikomanagementsystem. § 289 Abs 4 (eingefügt durch das BilMoG v 25.5.2009 (BGBl I 2009, 1102) als Abs. 5, ohne inhaltliche Änderung verschoben nach Abs. 4 durch das CSR-RUG), verpflichtet kapitalmarktorientierte Gesellschaften iSv § 264d, im Lagebericht die wesentlichen Merkmale des internen Kontroll- und Risikomanagements im Hinblick auf den Rechnungslegungsprozess zu beschreiben. Besteht kein solches System, ist dies anzugeben (vgl *Ernst/Seidler,* ZGR 2008, 631, 672 f.; *Melcher/Mattheus,* DB 2008 Beilage Heft 7, 52; *Strieder,* BB 2009, 1002; BeBiKo/*Grottel* § 289 Rn 170 ff).

15. Pflicht zur nichtfinanziellen Erklärung. §§ 289b ff., eingefügt durch CSR-RUG v. 11.4.2017, BGBl I 17, 802, verpflichtet bestimmte Gesellschaften, eine sog. nichtfinanzielle Erklärung abzugeben. Betroffen sind Kapitalgesellschaften und (haftungsbeschränkte) Personenhandelsgesellschaften iSv § 264a, die die Voraussetzungen des § 267 Abs. 3 S. 1, Abs. 4 und 5 erfüllen, dh *„groß"* sind, wenn sie mehr als 500 Arbeitnehmer beschäftigen und zugleich kapitalmarktorientiert iSv § 264d sind (§ 289b Abs. 1 S. 1; Baumbach/Hopt/ *Merkt* § 289b Rn 2; BeBiKo/*Störk/Schäfer/Schönberger* § 289b Rn 5 ff).

Eine Gesellschaft ist jedoch von der Pflicht zur Erweiterung des Lageberichts um eine nichtfinanzielle Erklärung befreit, wenn die Gesellschaft in den Konzernlagebericht eines Mutterunternehmens einbezogen ist und der Konzernlagebericht nach Maßgabe des nationalen Rechts eines Mitgliedstaats der EU/des EWR im Einklang mit der Richtlinie 2013/34/EU aufgestellt wird und eine nichtfinanzielle Konzernerklärung enthält (§ 289b Abs. 2 S. 1). Sie ist ferner von der Pflicht zur Erweiterung des Lageberichts um eine nichtfinanzielle Erklärung befreit, wenn die Kapitalgesellschaft für dasselbe Geschäftsjahr einen gesonderten nichtfinanziellen Bericht außerhalb des Lageberichts erstellt und folgende Voraussetzungen erfüllt sind: (i) der gesonderte nichtfinanzielle Bericht erfüllt zumindest die inhaltlichen Vorgaben nach § 289c und (ii) die Gesellschaft macht den gesonderten nichtfinanziellen Bericht öffentlich zugänglich durch Offenlegung zusammen mit dem Lagebericht nach § 325 oder Veröffentlichung auf der Internetseite der Gesellschaft spätestens vier Monate nach dem Abschlussstichtag und mindestens für zehn Jahre, sofern der Lagebericht auf diese Veröffentlichung unter Angabe der Internetseite Bezug nimmt (§ 289b Abs. 3 S. 1). S. Baumbach/Hopt/*Merkt* § 289b Rn 3 f.; BeBiKo/ *Störk/Schäfer/Schönberger* § 289b Rn 30 ff.

Der Inhalt der nichtfinanziellen Erklärung folgt aus § 289c: Zunächst ist das Geschäftsmodell kurz zu beschreiben (§ 289c Abs. 1). Die nichtfinanzielle Erklärung bezieht sich darüber hinaus zumindest auf folgende Aspekte: Umweltbelange; Arbeitnehmerbelange; Sozialbelange; die Achtung der Menschenrechte; und die Bekämpfung von Korruption und Bestechung (§ 289c Abs. 2). Zu den genannten Aspekten sind jeweils diejenigen Angaben zu machen, die für das Verständnis des Geschäftsverlaufs, des Geschäftsergebnisses, der Lage der Kapitalgesellschaft sowie der Auswirkungen ihrer Tätigkeit auf die genannten Aspekte erforderlich sind (§ 289c Abs. 3 mit weiteren Detailanforderungen). S. Baumbach/ Hopt/*Merkt* § 289c Rn 2 ff.; BeBiKo/*Störk/Schäfer/Schönberger* § 289c Rn 16 ff. Wenn die Gesellschaft in Bezug auf einen oder mehrere der in Abs. 2 genannten Aspekte kein Konzept verfolgt, hat sie dies in der nichtfinanziellen Erklärung klar und begründet zu erläutern (§ 289c Abs. 4), sog. „Comply or Explain-Konzept" (Baumbach/Hopt/*Merkt* § 289c Rn 16; BeBiKo/*Störk/Schäfer/Schönberger* § 289c Rn 84 ff).

Nach § 289d kann die Gesellschaft für die Erstellung der nichtfinanziellen Erklärung nationale, europäische oder internationale Rahmenwerke (etwa die Leitsätze der OECD für multinationale Unternehmen, die GRI G4, der Deutsche Nachhaltigkeitskodex, das Umweltmanagement- und -betriebsprüfungssystem EMAS, der UN Global Compact, die VN Leitprinzipien für Wirtschaft und Menschenrechte, die ISO 26.000 der Internationalen Organisation für Normung, die Dreigliedrige Grundsatzerklärung über multinationale Unternehmen und Sozialpolitik der Internationalen Arbeitsorganisation) nutzen (Baumbach/Hopt/*Merkt* § 289d Rn 1; BeBiKo/*Störk/Schäfer/Schönberger* § 289d Rn 1 ff).

Nach § 289e Abs. 1 muss die Gesellschaft in die nichtfinanzielle Erklärung ausnahmsweise keine Angaben zu künftigen Entwicklungen oder Belangen, über die Verhandlungen geführt werden, aufnehmen, wenn (i) die Angaben nach vernünftiger kaufmännischer Beurteilung der Mitglieder des vertretungsberechtigten Organs der Gesellschaft geeignet sind, der Gesellschaft einen erheblichen Nachteil zuzufügen, und (ii) Weglassen der Angaben ein den tatsächlichen Verhältnissen entsprechendes und ausgewogenes Verständnis des Geschäftsverlaufs, des Geschäftsergebnisses, der Lage der Gesellschaft und der Auswirkungen ihrer Tätigkeit nicht verhindert. Entfallen die Gründe für die Nichtaufnahme der Angaben jedoch nach der Veröffentlichung der nichtfinanziellen Erklärung, sind die Angaben in die darauffolgende nichtfinanzielle Erklärung aufzunehmen (Baumbach/Hopt/*Merkt* § 289e Rn 1 f.; BeBiKo/*Störk/Schäfer/Schönberger* § 289e Rn 1 ff).

16. Erklärung zur Unternehmensführung. § 289f (ursprünglich eingefügt durch das BilMoG v 25.5.2009 (BGBl I 2009, 1102) als § 289a, erweitert durch das GleichberTeilhabeG vom 24.4.2015 (BGBL. I 15, 642), weiter modifiziert und verschoben durch das CSR-RUG nach § 289f und zuletzt ergänzt durch das G zur Ausübung von Optionen der EU-Prospektverordnung und zur Anpassung weiterer Finanzmarktgesetze vom 10.7.2018 (BGBl. I 18, 1102) sowie das ARUG II v. 12.12.2019, BGBl 2019, 2367 ff.), verpflichtet bestimmte Gesellschaften, eine Erklärung zur Unternehmensführung abzugeben. Betroffen sind alle börsennotierten AG, ferner solche AG, die ausschließlich andere Wertpapiere als Aktien zum Handel an einem organisierten Markt (§ 2 Abs 11 WpHG) ausgegeben haben und deren Aktien mit Wissen der Gesellschaft lediglich im Freiverkehr über ein multilaterales Handelssystem (§ 2 Abs 8 S 1 Nr 8 WpHG) gehandelt werden. Die Erklärung ist entweder in den Lagebericht aufzunehmen oder auf der Internetseite der Gesellschaft (dann aber mit Hinweis darauf im Lagerbericht) zu veröffentlichen. In die Erklärung zur Unternehmensführung sind aufzunehmen: **a)** Erklärung iSv § 161 AktG, dass den Empfehlungen des Deutschen Corporate Governance-Kodex entsprochen wurde oder in welchen Punkten und weshalb hiervon abgewichen wurde (§ 289f Abs 2 Nr 1); **b)** eine Bezugnahme auf die Internetseite der Gesellschaft, auf der der Vergütungsbericht über das letzte Geschäftsjahr und der Vermerk des Abschlussprüfers gem § 162 AktG, das geltende Vergütungssystem gem § 87a Abs 1 und 2 S 1 AktG und der letzte Vergütungsbeschluss gem § 113 Abs 3 AktG öffentlich zugänglich gemacht wurden (§ 289f Abs 2 Nr 1a, eingefügt durch das ARUG II, sog. Verlinkung aktienrechtlicher und handelsrechtlicher Publizität, BeBiko/*Grottel* § 289 f Rn 64); **c)** Angaben zu solchen Unternehmenspraktiken, die über die gesetzlichen Anforderungen hinausgehen (Bsp: im der Unternehmenswelt gültige ethische Standards, Arbeits- und Sozialstandards); **d)** Beschreibung der Arbeitsweise von Vorstand und Aufsichtsrat sowie der Zusammensetzung und Arbeitsweise von deren Ausschüssen; **e)** bei börsennotierten Aktiengesellschaften die Festlegungen der Zielgrößen zur Erhöhung des Frauenanteils in den Führungsebenen und die Fristen zu deren Erreichung (nach § 76 Abs. 4 und § 111 Abs. 5 AktG) und die Angabe, ob die festgelegten Zielgrößen während des Bezugszeitraums erreicht worden sind, und wenn nicht, Angaben zu den Gründen; **f)** bei börsennotierten Aktiengesellschaften und Europäischen Gesellschaften (SE), die bestimmte fixe Geschlechterquoten im Aufsichtsrat einhalten müssen, die Angabe, ob die Gesellschaft bei der Besetzung des Aufsichtsrats mit Frauen und Männern jeweils Mindestanteile im Bezugszeitraum eingehalten hat, und wenn nicht, Angaben zu den Gründen; **g)** bei großen kapitalmarktorientierten Unternehmen eine Beschreibung des Diversitätskonzepts, das im Hinblick auf die Zusammensetzung des vertretungsberechtigten Organs und des Aufsichtsrats in Bezug auf Aspekte wie beispielsweise Alter, Geschlecht, Bildungs- oder Berufshintergrund verfolgt wird, sowie der Ziele dieses Diversitätskonzepts, der Art und Weise seiner Umsetzung und der im Geschäftsjahr erreichten Ergebnisse (vgl Baumbach/Hopt/*Merkt*, § 289 f; BeBiKo/*Grottel* § 289 f).

Aufgrund des durch das GleichberTeilhabeG vom 24.4.2015 (BGBL. I 2015, 642) eingefügten Abs. 4 gelten die Berichtspflichten des Abs. 2 Nr. 4 (Zielgröße für den Frauenanteil) – aber auch nur diese – darüber hinaus für sämtliche Unternehmen, deren Organe nach gesetzlichen Vorschriften (insb. §§ 36, 52 GmbHG und § 76 Abs. 4 AktG) verpflichtet sind, Zielgrößen und Fristen für die Erhöhung des Frauenanteils festzulegen. Diese haben insoweit die Erklärung zur Unternehmensführung in ihren Lagebericht aufzunehmen (Baumbach/Hopt/*Merkt*, § 289 f Rn 10).

E. Bestätigungsvermerk

1. Bestätigungsvermerk bei Pflichtprüfung einer Kapitalgesellschaft

An die Gesellschaft

Prüfungsurteile

Wir haben den Jahresabschluss der Gesellschaft – bestehend aus der Bilanz zum 31.12.x2 und der Gewinn- und Verlustrechnung für das Geschäftsjahr vom 1.1.x2 bis 31.12.x2 sowie dem Anhang, einschließlich der Darstellung der Bilanzierungs- und Bewertungsmethoden geprüft. Darüber hinaus haben wir den Lagebericht der Gesellschaft für das Geschäftsjahr vom 1.1.x2 bis 31.12.x2 geprüft. Die Erklärung zur Unternehmensführung nach § 289f Abs. 4 HGB (Angaben zur Frauenquote) haben wir in Einklang mit den deutschen gesetzlichen Vorschriften nicht inhaltlich geprüft.

Nach unserer Beurteilung aufgrund der bei der Prüfung gewonnenen Erkenntnisse

- Entspricht der beigefügte Jahresabschluss in allen wesentlichen Belangen den deutschen, für Kapitalgesellschaften geltenden handelsrechtlichen Vorschriften und vermittelt unter Beachtung der deutschen Grundsätze ordnungsmäßiger Buchführung ein den tatsächlichen Verhältnissen entsprechendes Bild der Vermögens- und Finanzlage der Gesellschaft zum 31. 12. x2 sowie ihrer Ertragslage für das Geschäftsjahr vom 1.1.x2 bis 31.12.x2 und
- Vermittelt der beigefügte Lagebericht insgesamt ein zutreffendes Bild von der Lage der Gesellschaft. In allen wesentlichen Belangen steht dieser Lagebericht in Einklang mit dem Jahresabschluss, entspricht den deutschen gesetzlichen Vorschriften und stellt die Chancen und Risiken der zukünftigen Entwicklung zutreffend dar. Unser Prüfungsurteil zum Lagebericht erstreckt sich nicht auf den Inhalt der oben genannten Erklärung zur Unternehmensführung.

Gemäß § 322 Abs. 3 Satz 1 HGB erklären wir, dass unsere Prüfung zu keinen Einwendungen gegen die Ordnungsmäßigkeit des Jahresabschlusses und des Lageberichts geführt hat.

Grundlage für die Prüfungsurteile

. . . . .

Sonstige Informationen

. . . . .

Verantwortlichkeit der gesetzlichen Vertreter und des Aufsichtsrats für den Jahresabschluss und den Lagebericht

Die gesetzlichen Vertreter sind verantwortlich für die Aufstelung des Jahresabschlusses, der den deutschen, für Kapitalgesellschaften geltenden handelsrechtlichen Vorschriften in allen wesentlichen Belangen entspricht, und dafür, dass der Jahresabschluss unter Beachtung der deutschen Grundsätze ordnungsmäßiger Buchführung ein den tatsächlichen Verhältnissen entsprechendes Bild der Vermögens-, Finanz- und Ertragslage der Gesellschaft vermittelt. Ferner sind die gesetzlichen Vertreter verantwortlich für die internen Kontrollen, die sie in Übereinstimmung mit den deutschen Grundsätzen ordnungsmäßiger Buchführung als notwendig bestimmt haben, um die Aufstellung eines Jahresabschlusses zu ermöglichen, der frei von wesentlichen – beabsichtigten oder unbeabsichtigten – falschen Darstellungen aufgrund von dolosen Handlungen (d.h. Manipulationen der Rechnungslegung und Vermögensschädigung oder Irrtümern ist. . . . . .

Verantwortung des Abschlussprüfers für die Prüfung des Jahresabschlusses und des Lageberichts

Unsere Zielsetzung ist es, hinreichende Sicherheit darüber zu erlangen, ob der Jahresabschluss als Ganzes frei von wesentlichen falschen Darstellungen aufgrund von dolosen Handlungen oder Irrtümern ist, und ob der Lagebericht insgesamt ein zutreffendes Bild von der Lage der Gesellschaft vermittelt sowie mit den bei der Prüfung gewonnenen Erkenntnissen in Einklang steht, den deutschen gesetzlichen Vorschriften entspricht und die Chancen und Risiken der zukünftigen Entwicklung zutreffend darstellt, sowie einen Bestätigungsvermerk zu erteilen, der unsere Prüfungsurteile zum Jahresabschluss und zum Lagebericht beinhaltet.

Hinreichende Sicherheit ist ein hohes Maß an Sicherheit, aber keine Garantie dafür, dass eine in Übereinstimmung mit § 317 HGB unter Beachtung der vom Institut der Wirtschaftsprüfer (IDW) festgestellten deutschen Grundsätze ordnungsmäßiger Abschlussprüfung durchgeführten Prüfung eine wesentliche falsche Darstellung stets aufdeckt. Falsche Darstellungen können aus dolosen Handlungen oder Irrtümern resultieren und werden als wesentlich angesehen, wenn vernünftigerweise erwartet werden könnte, dass sie einzeln oder insgesamt die auf der Grundlage dieses Jahresabschlusses und Lageberichts getroffenen wirtschaftlichen Entscheidungen von Adressaten beeinflusst.

. . . . .

Ort (der Niederlassung des Abschlussprüfers)

Datum

Unterschrift, Wirtschaftsprüfer

Schrifttum: *IDW* Prüfungsstandard: Bildung eines Prüfungsurteils und Erteilung eines Bestätigungsvermerks: IDW PS 400 nF, IDW Life 2018, 29; IDW Prüfungsstandard: Bildung eines Prüfungsurteils und Erteilung eines Bestätigungsvermerks IDW PS 400 n.F. (10.2021; IDW Life 2021, 1291; BeBiKo/*Schmidt/Küster/Bernhardt* § 322; *Freichel/Brösch* Grundsätze ordnungsmäßiger Berichterstattung im Bestätigungsvermerk, DStR 2019, 1222; *Hennrichs*, Die Grundkonzeption der CSR-Berichterstattung und ausgewählte Problemfelder, ZGR **2018**, 206; *Pfizer/Oser/Orth*, Offene Fragen und Systemwidrigkeiten des Bilanzrechtsreformgesetzes (BilReG), DB **2004**, 2593 (2601); *Reisch/Schmidt*, Ausgestaltung des neuen Bestätigungsvermerks des Abschlussprüfers bei den DAX, M-DAX, TecDAX und S-DAX-Unternehmen, DB **2018**, 2829; *Skirk/Kuhn*, Neuerungen der Berichterstattung im Bestätigungsvermerk (IDW PS 400er Reihe), WPg **2018**, 63.

Anmerkungen

1. Inhalt und Gegenstand des Prüfungsanteils (Bestätigungsvermerks) nach deutschen Vorschriften ergeben sich bei Pflichtprüfungen nach den Vorschriften des HGB aus § 322, dazu Baumbach/Hopt/*Merkt*, § 322 Rn 1, 2. Der Bestätigungsvermerk ist in Berichtsform zu erteilen. Der Bestätigungsvermerk hat Gegenstand, Art und Umfang der Prüfung zu beschreiben und dabei die angewandten Rechnungslegungs- und Prüfungsgrundsätze; er hat eine Beurteilung des Prüfungsergebnisses zu enthalten. Der Wortlaut ist nicht gesetzlich vorgegeben, sondern ist nach den Vorgaben des § 322 zu formulieren. Auch durch den Hinweis auf die Verantwortung der Unternehmensleitung soll der sonst denkbaren Erwartungslücke entgegengewirkt werden.

2. Der Bestätigungsvermerk darf nur von einem WP (in bestimmten Fällen durch vBP) und nur nach Durchführung einer den handelsrechtlichen Vorschriften entsprechenden Prüfung erteilt werden.

3. Der gesetzlichen **Prüfungspflicht** unterliegen mittelgroße und große Kapitalgesellschaften (§ 316 Abs 1) außer im Falle der Befreiung nach § 264 Abs 3, Personengesellschaften nach § 264a Abs 1 außer bei Befreiung nach § 264b, publizitätspflichtige Unternehmen (§ 6 Abs 1 S 1 iVm § 3 Abs 1 PublG), Genossenschaften (§§ 53 ff. GenG), ferner Unternehmen in bestimmten Wirtschaftszweigen (Übersicht bei BeBiKo/*Schmidt/ Küster/Bernhardt,* § 316 Rn 4 f). Bei nicht prüfungspflichtigen Kapitalgesellschaften gelten die Grundsätze für freiwillige Abschlussprüfungen (→ Form. II.E.4 Anm. 1 ff.). Zur Nichtigkeit des Jahresabschlusses bei einer den Mindestanforderungen nicht genügender Prüfung OLG Stuttgart, NZG 2009, 951.

4. Der Bestätigungsvermerk ist das Gesamturteil über die durchgeführte Abschlussprüfung. Er bringt das **Positivurteil** zum Ausdruck, dass die nach den gesetzlichen Vorschriften und anerkannten Grundsätzen durchgeführte Prüfung des in der Verantwortung der gesetzlichen Vertreter der Gesellschaft aufgestellten Jahresabschlusses und des Lageberichts zu keinen Einwendungen geführt hat (bei Einwendungen vgl → Form. III.E.2 Anm. 1 ff.) und dieser unter Beachtung der Grundsätze ordnungsmäßiger Buchführung ein den tatsächlichen Verhältnissen entsprechendes Bild von der Vermögens-, Finanz- und Ertragslage der Gesellschaft vermittelt. Dem Abschlussprüfer steht es im Rahmen der allgemeinverständlichen und problemorientierten Beurteilung des Prüfungsergebnisses frei, Hinweise auf Umstände aufzunehmen, auf die er in besonderer Weise aufmerksam macht, ohne den Bestätigungsvermerk einzuschränken (vgl § 322 Abs 3 S 2). Auf Risiken, die den Fortbestand des Unternehmens gefährden, ist gesondert einzugehen, § 322 Abs 2 S 3. Im Bestätigungsvermerk ist auch darauf einzugehen, ob der Lagebericht eine zutreffende Vorstellung von der Lage des Unternehmens vermittelt. Dabei ist jetzt ebenfalls darauf einzugehen, ob die Risiken der künftigen Entwicklung zutreffend dargestellt worden sind, § 322 Abs 6 S 2. Mit dieser gesetzlichen Vorgabe sollten dem Abschlussprüfer Formulierungen ermöglicht werden, die auch dem nicht fachkundigen Leser die Grenzen der Beurteilungsmöglichkeit aufzeigen. Die sonst befürchtete Erwartungslücke soll hierdurch geschlossen werden. Bei einer Kapitalgesellschaft, die als Inlandsemittent Wertpapiere begibt, hat sich die Prüfung auch auf die zum Zweck der Offenlegung erstellten Unterlagen zu beziehen, über das Ergebnis ist in einem besonderen Abschnitt zu berichten. § 322 Abs 1 S 4 (ESEF-Konformität).

Das Form. entspricht den Formulierungsvorschlägen des IDW PS 400 nF (10.2021) Anlage Beispiel 1 für Unternehmen, das kein Unternehmen von öffentlichem Interesse ist IDW Life 2021, 1291.

5. Der Bestätigungsvermerk soll an dem Tag erteilt werden, an dem die Prüfung des Jahresabschlusses und des Lageberichts materiell abgeschlossen (zB Tag der Schlussbesprechung) und zeitnah eine Vollständigkeitserklärung eingeholt wurde.

6. Der Bestätigungsvermerk ist unter Angabe von Ort der Niederlassung des Abschlussprüfers und Tag zu unterzeichnen und in den Prüfungsbericht aufzunehmen, § 322 Abs 7. Bei Prüfung durch eine Wirtschaftsprüfungsgesellschaft hat die Unterzeichnung mindestens durch den Wirtschaftsprüfer zu erfolgen, welcher die Abschlussprüfung durchgeführt hat.

2. Eingeschränkter Bestätigungsvermerk

(Eingangsformulierung wie in → Form. III.E.1 Anm. 1 ff.)

Nach unserer Beurteilung aufgrund der bei der Prüfung gewonnenen Erkenntnisse

- Entspricht der beigefügte Jahresabschluss mit Ausnahme der Auswirkungen des im Abschnitt „Grundlagen für das eingeschränkte Prüfungsurteil zum Jahresabschluss und für das Prüfungsurteil zum Lagebericht" beschriebenen Sachverhalts in allen wesentlichen Belangen den deutschen, für Kapitalgesellschaften geltenden handelsrechtlichen Vorschriften. Der Jahresabschluss vermittelt unter Beachtung der deutschen Grundsätze ordnungsmäßiger Buchführung ein den tatsächlichen Verhältnissen entsprechendes Bild der Vermögens- und Finanzlage der Gesellschaft zum 31.12.x2 sowie ihrer Ertragslagefür das Geschäftsjahr vom 1.1.x2 bis zum 31.12.x2 und
- Vermittelt der beigefügte Lagebericht insgesamt ein zutreffendes Bild von der Lage der Gesellschaft. In allen wesentlichen Belangen steht dieser Lagebericht in Einklnag mit einem den deutschen gesetzlichen Vorschriften entsprechenden Jahresabschluss, entspricht den deutschen gesetzlichen Vorschriften und stellt die Chancen und Risiken der zukünftigen Entwicklung zutreffend dar. Unser Prüfungsurteil zum Lagebericht erstreckt sich nicht auf den Inhalt der oben genannten Erklärung zur Unternehmensführung.

Gemäß § 322 Abs. 3 Satz 1 HGB erklären wir, dass unsere Prüfung mit der Ausnahme der genannten Einschränkung des Prüfungsurteils zum Jahresabschluss zu keinen Einwendungen gegen die Ordnungsmäßigkeit des Jahresabschlusses und des Lageberichts geführt hat.

Grundlage für das eingeschränkte Prüfungsurteil zum Jahresabschluss und für das Prüfungsurteil zum Lagebericht

Entgegen § 253 Abs 3 Satz 1 HGB wurden für bestimmte abnutzbare Gegenstände des Anlagevermögens im Bereich von . . . . . keine planmäßigen Abschreibungen vorgenommen. Die Vornahme der Abschreibungen führt zu einer Minderung des Vermögens und zu zusätzlichen Aufwendungen in Höhe von EUR . . . . . .

. . . . .

Schrifttum: *IDW* Prüfungsstandard: Modifizierungen des Prüfungsurteils im Bestätigungsvermerk, IDW PS 405, IDW Life 2018, 101 sowie IDW, IDW PS 405 n.F. (10.2021) IDW Life 2021, 1367; *ADS*, § 322 HGB Rn 46; BeBiKo/*Schmidt/Küster/Bernhardt*, § 322 Rn 182 ff.

Anmerkungen

1. Voraussetzungen. Der Bestätigungsvermerk (das Prüfungsurteil) ist einzuschränken, wenn und soweit der Abschlussprüfer Einwendungen zu erheben hat. Dies ist der Fall, wenn sich nach § 322 Abs 4 iVm Abs 2 S 1 Nr 2 materielle Einwendungen ergeben haben, dennoch aber zu den wesentlichen Teilen der Rechnungslegung ein positives Gesamturteil möglich ist, dh wenn der geprüfte Abschluss unter Beachtung der vom Abschlussprüfer vorgenommenen und in ihrer Tragweite erkennbaren Einschränkung ein den tatsächlichen Verhältnissen im Wesentlichen entsprechendes Bild von der Vermögens-, Finanz- und Ertragslage vermittelt, § 322 Abs 4 S 4. Dann (und nur dann) ist die abschließende Erklärung des Abschlussprüfers einzuschränken. Ist demgegenüber zu den wesentlichen Teilen der Rechnungslegung ein positives Gesamturteil nicht möglich, ist der Bestätigungsvermerk zu versagen.

Zu einer Einwendung führen Beanstandungen bei der Anwendung von Vorschriften und Grundsätzen über die Rechnungslegung. Sie sind erst ab einer gewissen Erheblichkeit von Bedeutung, IDW PS 405 n.F. (10.2021) IDW Life 2021, 1367, Tz 4. Sie sind dann wesentlich, wenn damit zu rechnen ist, dass der Mangel wegen seiner relativen Bedeutung zu einer unzutreffenden Beurteilung der Rechnungslegung und der Vermögens-, Finanz- und Ertragslage des Unternehmens führen kann (vgl Baumbach/Hopt/*Merkt* § 322 Rn 9). Mehrere für sich genommen unwesentliche Mängel können in ihrer Gesamtheit wesentlich werden. Einwendungen können sich auch nur auf den Lagebericht beziehen. Die Einschränkung ist dann nur in das Prüfungsurteil zum Lagebericht aufzunehmen.

2. Erklärung der Einschränkung. Sofern Einwendungen zu erheben sind, hat der Abschlussprüfer seine Erklärung nach § 322 Abs 4 einzuschränken. Die Einschränkung ist zu begründen und ist so darzustellen, dass ihre Tragweite erkennbar wird. Eine formalisierte Erklärung ist im Bestätigungsvermerk nicht vorgesehen. Für die Formulierung besteht im Rahmen der freien Formulierung des Bestätigungsvermerks Gestaltungsfreiheit. Das Form. entspricht den Formulierungsvorschlägen des IDW PS 405 n.F. (10.2021) Anlage Beispiel 1, IDW Life 2021, 1367.

3. Gründe für eine Einschränkung. Einwendungen führen zu einer Einschränkung bei Verstößen gegen Gesetze, wie zB bei Mängeln in der Ordnungsmäßigkeit der Buchführung, bei Verstößen gegen Ansatz-, Bewertungs- und Ausweisvorschriften für den Jahresabschluss, die Verletzung von Gewinn- und Rücklagenverwendungsregelungen oder unzureichende Angaben und Erläuterungen im Anhang oder bei Mängeln des Lageberichts (IDW PS 405 n.F. (10.2021), IDW Life 2021, 1367, Rn. 40 f.). Im Einzelfall können auch Verstöße gegen den Gesellschaftsvertrag oder gegen Gesellschafterbeschlüsse eine Einschränkung rechtfertigen.

3. Versagung des Bestätigungsvermerks

(Eingangsformulierung wie in Form. III.E.1)

Vermerk über die Prüfung des Jahresabschlusses und des Lageberichts

Versagte Prüfungsurteile

. . . . . .

Nach unserer Beurteilung aufgrund der bei der Prüfung gewonnenen Erkenntnisse

- **Entspricht der beigefügte Jahresabschluss wegen der Bedeutung der im Abschnitt „Grundlage für die versagten Prüfungsurteile" beschriebenen Sachverhalte nicht den deutschen gesetzlichen Vorschriften und vermittelt kein unter Beachtung dieser Vorschriften den tatsächlichen Verhältnissen entsprechendes Bild der Vermögens- und Finanzlage der Gesellschaft zum 31.12.x2 und der Ertragslage für das Geschäftsjahr vom 1.1.x2 bis zum 31.12.x2, und**
- **Vermittelt der beigefügte Lagebericht wegen der Bedeutung der im Abschnitt „Grundlage für die versagten Prüfungsurteile" beschriebenen Sachverhalte insgesamt kein**

zutreffendes Bild von der Lage der Gesellschaft, steht nicht in Einklang mit einem den deutschen gesetzlichen Vorschriften entsprechenden Jahresabschluss, entspricht nicht den deutschen gesetzlichen Vorschriften und stellt die Chancen und Risiken der zukünftigen Entwicklung nicht zutreffend dar. Unser Prüfungsurteil erstreckt sich nicht auf den Inhalt der in der Anlage genannten Bestandteile des Lageberichts.

Gemäß § 322 Abs. 3 Satz 1 HGB erklären wir, dass unsere Prüfung zu den genannten Einwendungen gegen die Ordnungsmäßigkeit des Jahresabschlusses und des Lageberichts geführt hat, und versagen daher den Bestätigungsvermerk.

Grundlage für die versagten Prüfungsurteile

. . . . .

Schrifttum: → Form. III.E.2.

Anmerkungen

1. Voraussetzungen. Sind Einwendungen zu erheben, die zur Folge haben, dass ein Positivbefund zu den wesentlichen Teilen der Rechnungslegung nicht mehr möglich ist, ist der Bestätigungsvermerk nach § 322 Abs 2 S 1 Nr 3 iVm Abs 4 S 1, 2 zu versagen. Dies ist der Fall, wenn der Jahresabschluss unter Berücksichtigung der von dem Prüfer vorgenommenen Einschränkung ein den tatsächlichen Verhältnissen entsprechendes Bild im Wesentlichen nicht vermittelt. Mängel, die zur Versagung führen, sind beispielsweise die Verletzung wesentlicher Bestimmungen über die Ordnungsmäßigkeit der Buchführung, die dazu führen, dass die vollständige Erfassung der Geschäftsvorfälle in Buchführung und Jahresabschluss nicht gewährleistet ist (zu den Versagungsgründen BeBiKo-*Schmidt/Küster/Bernhardt,* § 322 Rn 193 f.).

2. Prüfungsurteil bei Versagung. Die Versagung des Bestätigungsvermerks ist versagtes Prüfungsurteil zu erklären, der nicht als Bestätigungsvermerk bezeichnet werden darf, § 322 Abs 4 S 2. Der Wortlaut ist nicht in einer Kernformulierung vorgeschrieben. Das Form. wurde entsprechend den Formulierungsvorschlägen des IDW PS 405 n.F. (10.2021) Anlage Beispiel 6, IDW Life 2021, 1367 gestaltet.

3. § 322 Abs 1 Nr 4 iVm Abs 5 gibt darüber hinaus die Möglichkeit, den Bestätigungsvermerk zu versagen, wenn nach Ausschöpfung aller angemessenen Möglichkeiten zur Klärung eines Sachverhalts der Abschlussprüfer nicht in der Lage ist, ein Prüfungsurteil abzugeben. Das setzt voraus, dass der Prüfer alle angemessenen und vertretbaren Möglichkeiten zur Klärung des (zweifelhaften) Sachverhalts ausgeschöpft hat. Weitere Voraussetzung ist, dass eine Einschränkung des Bestätigungsvermerks nicht ausreicht, um dem Mangel der Beurteilungsgrundlage Rechnung zu tragen.

4. Bestätigungsvermerk bei nicht prüfungspflichtigen Unternehmen

(Eingangsformulierung wie → Form. III.E.1 Anm. 1 ff.)

Prüfungsurteil

Wir haben den Jahresabschluss der Gesellschaft, bestehend aus der Bilanz zum 31.12.x2 und der Gewin- und Verlustrechnung für das Geschäftsjahr vom 1.1.x2 bis zum 31.12.x2 geprüft.

Nach unserer Beurteilung aufgrund der bei der Prüfung gewonnenen Erkenntnisse entspricht der beigefügte Jahresabschluss in allen wesentlichen Belangen den deutschen, für alle Kaufleute geltenden handelsrechtlichen Vorschriften.

Gemäß § 322 Abs. 3 Satz 1 HGB erklären wir, dass unsere Prüfung zu keinen Einwendungen gegen die Ordnungsmäßigkeit des Jahresabschlusses geführt hat.

Grundlage für das Prüfungsurteil

. . . . .

Schrifttum: *IDW* Prüfungsstandard: Bildung eines Prüfungsurteils und Erteilung eines Bestätigungsvermerks IDW PS 400 nF (10.2021) Anlage Beispiel 5, IDW Life 2021, 1291.

Anmerkungen

1. Freiwillige Prüfung. Der Jahresabschluss von Unternehmen, die nicht unter § 316 Abs 1, die Vorschriften des PublG oder branchenbezogene Sondervorschriften fallen und nicht zu den Unternehmen im öffentlichen Interesse gehören, ist nach gesetzlichen Vorschriften nicht prüfungspflichtig. Unberührt bleiben ggf satzungsmäßig angeordnete Prüfungspflichten. Wird der Jahresabschluss freiwillig geprüft, ist der Wortlaut des Bestätigungsvermerks (zB zum Prüfungsumfang oder der true and fair view Aussage) gegebenenfalls anzupassen. Werden indes freiwillig die Vorschriften für den Jahresabschluss von Kapitalgesellschaften angewendet und eine Prüfung nach Art einer Pflichtprüfung durchgeführt, ist der in → Form. III.E.1 Anm. 1 ff. dargestellte Wortlaut des Bestätigungsvermerks zu verwenden.

2. Der **Wortlaut** des Bestätigungsvermerks ist gesetzlich nicht vorgeschrieben. Das Form. lehnt sich an die Formulierung des Bestätigungsvermerks für prüfungspflichtige Gesellschaften an, → Form. III.E.1; IDW PS 400 n.F. (10.2021) IDW Life 2021, 1291. Es betrifft eine kleine Kapitalgesellschaft oder Personengesellschaft nach § 264a Abs 1, die von der Verpflichtung, einen Lagebericht aufzustellen, befreit ist. Der Bestätigungsvermerk beschränkt sich deswegen auf die Einhaltung der gesetzlichen Vorschriften (BeBiKo/*Schmidt/Küster/Bernhardt* § 322 Rn 235 ff.). Gleiches gilt für Unternehmen iSv § 264 Abs 3 und § 264b. Wird die Prüfung auftragsgemäß nicht nach Art und Umfang einer Pflichtprüfung durchgeführt und auch kein Prüfungsbericht erstellt (§ 321), kann über die Prüfung idR nur eine Bescheinigung ausgestellt werden (BeBiKo/*Schmidt/Küster/Bernhardt* § 322 Rn 241 ff.).

3. Zu Bestimmungen im Gesellschaftsrecht, die die Rechnungslegung betreffen, s BeBiKo/*Schmidt/Küster/Bernhardt,* § 322 Rn 50, 233.

4. Zur **Einschränkung** oder **Versagung** → Form. III.E.2 Anm. 1 ff. und → Form. III.E.3 Anm. 1 ff. entsprechend.

5. Bestätigungsvermerk bei Inanspruchnahme von Offenlegungserleichterungen des § 9 PublG

Vorstehende zur Veröffentlichung bestimmte Jahresbilanz nebst Anlage entspricht den gesetzlichen Vorschriften. Zu dem vollständigen Jahresabschluss haben wir den folgenden Bestätigungsvermerk erteilt:

(Wortlaut des Bestätigungsvermerks wie in Form. III.E.1).

Schrifttum: *ADS*[5] § 322 HGB Rn 99; BeBiKo/*Grottel* § 325 Rn 120 ff.; WP-Hdb 2021 M 1162 ff.

Anmerkungen

1. Anwendungsbereich. Der Jahresabschluss einer Personenhandelsgesellschaft, die dem PublG unterliegt, ist nach § 6 Abs 1 S 2 PublG iVm §§ 316 ff. prüfungspflichtig (BeBiKo/*Schmidt/Küster/Bernhardt* § 322 Rn 230 ff). Der Bestätigungsvermerk hat den in § 322 Abs 1–4 vorgezeichneten Wortlaut; im Hinblick auf die Besonderheiten des PublG können Anpassungen des Wortlauts des Bestätigungsvermerks erforderlich werden. Macht die Personenhandelsgesellschaft von dem Wahlrecht des § 9 Abs 2 PublG Gebrauch und legt ihre GuV nicht offen, hat sie die nach § 5 Abs 5 S 3 PublG bestimmten Angaben zur Bilanz einzureichen und zu veröffentlichen (BeBiKo/*Grottel* § 325 Rn 123). Der erteilte Bestätigungsvermerk bezieht sich hingegen auf den vollständigen Jahresabschluss. Das Form. beinhaltet die gesonderte Bescheinigung über die zutreffende Inanspruchnahme der Offenlegungserleichterungen (WP-Hdb 2021 M 1183 f.).

6. Management Letter

An[1]

A-GmbH

– Geschäftsführung[2] –

Z-Stadt

1. Die Gesellschaft betreibt Handelsgeschäfte in fremder Währung. Die abgeschlossenen und noch nicht erfüllten Verträge haben zT eine Laufzeit von mehr als einem Jahr. Die Währungsrisiken aus solchen Geschäften wurden im Geschäftsjahr nur zum geringen Teil gesichert. Wir haben festgestellt, dass interne Anweisungen über Art und Umfang der Geschäfte in Fremdwährung, die mit oder ohne Kurssicherung vorgenommen werden dürfen, nicht für alle üblichen Geschäftsarten vorhanden sind.[3] Wir empfehlen, schriftlich festzulegen, ob und in welcher Weise Handelsgeschäfte, jedenfalls oberhalb einer Erheblichkeitsschwelle, gegen Kursrisiken zu sichern sind, und festzulegen, dass bei solchen Geschäften eine verantwortliche Person informiert wird.
2. Soweit die Gesellschaft für die unter 1. genannten Handelsgeschäfte Maßnahmen zur Währungssicherung unternommen hat, wurden die Sicherungsgeschäfte ausschließlich durch die im Ein- oder Verkauf beschäftigten Personen eigenverantwortlich abgeschlossen. Die Überwachung dieser Personen erfolgte nicht in allen Fällen, in einzelnen Fällen unterblieb die zentrale Erfassung der Sicherungsgeschäfte. Wir empfehlen, die Vornahme von Maßnahmen der Währungssicherung durch eine Stelle im Haus koordinieren zu lassen sowie für einen ordnungsmäßigen Belegfluss sowie die Überwachung der Geschäfte Sorge zu tragen.[4]
3. Durch die Festlegung entsprechender Vorgaben (zB von Limits) ist Vorsorge zu treffen, dass Maßnahmen der Währungssicherung ausschließlich im Zusammenhang mit Handelsgeschäften über Rohstoffe oder Produkte der Gesellschaft abgeschlossen werden können. Für das Geschäftsjahr haben wir keine Anhaltspunkte dafür, dass Handelsgeschäfte über Währungen ohne Bezug zu einem Grundgeschäft abgeschlossen wurden.[4]
4. . . . . . .

Auf diese Sachverhalte haben wir Sie auch im Rahmen der am . . . . . . geführten Schlussbesprechung[5] aufmerksam gemacht.

Schrifttum: *IDW* Prüfungsstandard: Grundsätze ordnungsmäßiger Erstellung von Prüfungsberichten: IDW PS 450 nF, IDW Life 2018, 145 Rn 17, 60/3; IDW Prüfungsstandard: Grundsätze für die Kommunikation mit den für die Überwachung Verantwortlichen, IDW PS 470 n.F. (10.2021) IDW Life 2021, 1411; WP-Hdb 2021 Wirtschaftsprüfung und Rechnungslegung, M 147.

Anmerkungen

1. Der Management Letter ist gesetzlich **nicht vorgeschrieben.** Es hatte sich allerdings eine gewisse **Übung** herausgebildet, dass der Abschlussprüfer im Anschluss an die Durchführung seiner Prüfung darin bestimmte organisatorische oder sonstige Feststellungen zusammenfasst. Zu beachten ist, dass keinesfalls notwendige Angaben des Prüfungsberichts verlagert werden. Ein Anspruch auf Abfassung eines Management Letters besteht indes nicht.

2. Der Management Letter kann als Bestandteil der Kommunikation zwischen dem Abschlussprüfer und den Verantwortlichen des Unternehmens verstanden werden (IDW PS 470 n.F. (10.2021) Tz 26 und A 51 ff, IDW Life 2021, 1411); es wird durch den Abschlussprüfer idR in Form eines **schriftlichen Berichts** (auch in Briefform) (WP-Hdb 2021 Rn 147) an die Geschäftsführung oder die für die Überwachung Verantwortlichen gerichtet, soweit diese zur Erteilung des Prüfungsauftrags zuständig ist. In geeigneten Fällen werden auch die Aufsichtsorgane und/oder Gesellschafter informiert. Die Adressaten haben idR das Interesse, über Sachverhalte, die nicht Bestandteil der Abschlussprüfung sind, informiert zu werden. Die gesteigerten Anforderungen an die Berichterstattung im Prüfungsbericht nach § 321 HGB stellen die Zweckmäßigkeit eines Management Letters stärker in Frage (WP Hdb 2021 M Rn 147).

3. Der **Gegenstand** eines Management Letters ist nicht vorgegeben. Er betrifft Feststellungen des Abschlussprüfers, die aus Anlass der Prüfung getroffen wurden (1) in Bezug auf den geprüften Jahresabschluss, die aber im Rahmen des zu treffenden Gesamturteils nicht ins Gewicht fallen, (2) über Sachverhalte, die nicht unmittelbar Gegenstand der Abschlussprüfung sind, über die die Geschäftsleitung aber gleichwohl informiert werden sollte. Sie betreffen in erster Linie **Empfehlungen** zu den Abläufen des Unternehmens, wie zB zum internen Kontrollsystem, in problembehafteten Abläufen oder in den Organisations-, Rechnungslegungs- und Berichterstattungserfordernissen (WP-Hdb 2021 M Rn 147), sofern über diese Sachverhalte nicht pflichtmäßig wie bei börsennotierter AG nach §§ 321 Abs 4, 317 Abs 4 zu berichten ist. Hieraus ergibt sich auch, dass die Berichterstattung über Mängel des Rechnungswesens, die die Ordnungsmäßigkeit der Buchführung oder des Jahresabschlusses betreffen, nicht im Management Letter gegeben werden dürfen, sondern im Prüfungsbericht enthalten sein müssen, soweit sie nicht unwesentliche Sachverhalte zum Gegenstand haben. Aus dem Prüfungsbericht muss sich ferner ergeben, inwieweit sich aus diesen Mängeln **Einwendungen** gegen die Ordnungsmäßigkeit von Buchführung und Jahresabschluss ergeben. Der Management-Letter darf nicht notwendige Angaben des Prüfungsberichts nach § 321 enthalten (IDW PS 450 nF IDW Life 2018, 145 Tz. 17).

4. Der Management Letter gibt die Möglichkeit, **Hinweise** für Verbesserungen zu geben. Hierdurch kann auch zur Beseitigung von Mängeln angeregt werden. Schließlich können **Analyseinformationen** Gegenstand der Berichterstattung sein.

5. Die Informationsmöglichkeit durch den Management Letter besteht unabhängig von der Berichtspflicht im Prüfungsbericht. Der Abschlussprüfer hat nach § 321 über die Durchführung der Abschlussprüfung einen Prüfungsbericht zu erstatten. Hierin hat er über Art und Umfang sowie das Ergebnis der Prüfung zu berichten und festzustellen, ob Buchführung und Jahresabschlusses den gesetzlichen Vorschriften entsprechen. Er hat die Posten des Jahresabschlusses aufzugliedern und ausreichend zu erläutern. Im Bericht ist zur Beurteilung der Lage des Unternehmens durch die gesetzlichen Vertreter Stellung zu nehmen, wobei auf die Beurteilung des Fortbestands und der künftigen Entwicklung unter Beachtung des Lageberichts einzugehen ist. Stellt der Abschlussprüfer bestands- oder entwicklungsgefährdende Tatsachen oder schwerwiegende Verstöße gegen Gesetz oder Gesellschaftsvertrag fest, trifft ihn eine weitergehende Berichtspflicht, § 321 Abs 1 S 3 (vgl *ADS* § 321 HGB Tz 159). Wurde ein Management Letter an das Unternehmensleitungsorgan erstattet, ist nach Art. 11 Abs. 2 Buchst. D) EU-APrVO im Prüfungsbericht auf diese Korrespondenz hinzuweisen (IDW PS 450 nF IDW Life 2018, 145 Tz P60/3).

Neben den **Prüfungsbericht** tritt die Berichterstattung gegenüber dem Auftraggeber, somit bei Vorhandensein eines Aufsichtsrats, der den Prüfungsauftrag erteilt, an diesen sowie gegebenenfalls die Teilnahme an der Bilanzsitzung des Aufsichtsrats und/oder des Prüfungsausschusses (z.B. § 171 Abs. 1 S. 2 AktG; WP-Hdb 2021 M Rn 98 ff.).

F. Offenlegung

1. Elektronische Einreichung der offenzulegenden Unterlagen beim Betreiber des Bundesanzeigers

elektronische[2] Einreichung

An die

Bundesanzeiger Verlag GmbH

als Betreiber des Bundesanzeigers

XY GmbH, Sitz und Anschrift

Bekanntmachung des Jahresabschlusses . . . . . . zum 31. 12. x2 im Bundesanzeiger

Hiermit reichen wir folgende Unterlagen[3] elektronisch ein:

- Jahresabschluss zum 31.12.x2 (Bilanz, GuV und Anhang),
- Lagebericht zum 31.12.x2,
- Bestätigungsvermerk des Abschlussprüfers.

Schrifttum: *ADS* § 325 HGB; BeBiKo/*Grottel* § 325; Baumbach/Hopt/*Merkt,* § 325; *Bode,* Befreiung eines Tochterunternehmens von der Pflicht zur Offenlegung des Jahresabschlusses nach dem RegE zum BilRUG, DB 2015, 816; *Küting/Weber/Haller/Hütten/Löffelmann,* HdR, § 325; *Paefgen,* Handelsregisterpublizität und Verkehrsschutz im Lichte des EHUG, ZIP 2008, 1653; *Kolb/Roß,* Zweifelsfragen zum MicroBilG – unter Berücksichtigung des Referentenentwurfs zum BilRuG, WPg 2014, 991; *Kräußlein,* Praktische Probleme bei der Offenlegung von Jahresabschlüssen nach EHUG – empirische Analyse und Lösungswege, DStR 2009, 869; *Krawitz/Hartmann,* Aktueller handelsrechtlicher Lage- und Konzernlagebericht im Rahmen eines IAS/IFRS-Abschlusses, WPg 2006, 1262; *Henselmann/Kaya,* Empirische Analyse des Offenlegungszeitpunkts von Jahresabschlüssen nach dem EHUG, WPg 2009, 497; *Stollenwerk/Kurpat,* BB-Rechtsprechungsreport zum Ordnungsgeldverfahren nach dem EHUG, BB 2009, 150; *Kußmaul/Ruiner,* Das Gesetz über elektronische Handelsregister und Genossenschaftsregister sowie das Unternehmensregister (EHUG), KoR 2007, 672; *Zwirner;* Wesentliche Änderungen über den handelsrechtlichen Einzel- und Konzernabschluss hinaus, DStR 2014, 1889; *Zwirner,* Offenlegung und Hinterlegung nach BilRUG, StbG 2019, 17.

Anmerkungen

1. Anwendungsbereich. Die Verpflichtung zur Offenlegung wird in Form der Einreichung zum elektronischen Bundesanzeiger sowie der Bekanntmachung im (elektronischen) Bundesanzeiger aus § 325 Abs 1 für Kapitalgesellschaften und Personengesellschaften iSv § 264a Abs 1, aus § 9 Abs 1 PublG iVm § 325 für andere Unternehmen erfüllt. Zur Offenlegung verpflichtet ist das zur Vertretung der Gesellschaft berufene Organ. Gesellschaften nach § 264 Abs 3 und § 264b sind von der Verpflichtung zur Offenlegung ihres Jahresabschlusses befreit (BeBiKo/*Grottel* § 325 Rn 22). Die Pflicht zur Offenlegung stellt keinen Verstoß gegen das Recht zur informationellen Selbstbestimmung dar, LG Köln BB 2009, 211.

2. Elektronische Offenlegung. Nach Inkrafttreten des EHUG (und geringfügiger Anpassung durch das CSR-RUG v. 11.4.2017, BGBl I 2017, 802) sieht § 325 Abs 1 S 2 als Art der Offenlegung ausschließlich die Einreichung von bestimmten Unterlagen beim Betreiber des elektronischen Bundesanzeigers (Bundesanzeiger Verlag GmbH) vor, also zentrale Publizität beim elektronischen Bundesanzeiger. Dies dient der Entlastung der Registergerichte von justizfernem Verwaltungsaufwand (Baumbach/Hopt/*Merkt*, § 325 Rn 4).

3. Offenzulegende Unterlagen. Der Jahresabschluss der Kapitalgesellschaft (Bilanz, Gewinn- und Verlustrechnung) ist einschließlich des Anhangs (einschl. des Vorschlags für die Verwendung des Ergebnisses oder den Beschluss über seine Verwendung, § 285 Nr. 34 HGB) vollständig offenzulegen, § 325 Abs 1. Ferner sind der Lagebericht sowie der Bestätigungsvermerk des Abschlussprüfers oder der Vermerk über die Versagung einzureichen, soweit vorhanden zusätzlich der Bericht des Aufsichtsrats. Als Bestandteil des Jahresabschlusses gehört dazu auch die Entsprechenserklärung nach § 161 AktG. Hat die Gesellschaft einen Aufsichtsrat, ist auch sein Bericht einzureichen (das Form. unterstellt, dass kein Aufsichtsrat vorhanden ist). Die Offenlegung muss in deutscher Sprache erfolgen. Der Jahresabschluss muss von den gesetzlichen Vertretern der Gesellschaft unterzeichnet worden sein, eine original unterzeichnete Fassung ist jedoch nicht erforderlich. Dem PublG unterliegende Unternehmen haben nach § 9 Abs 1 S 1 PublG unter sinngemäßer Anwendung des § 325 Abs 1, 2, 2a, 2b, 4 bis 6 den Jahresabschluss (Einzelkaufmann und Personenhandelsgesellschaft: Bilanz, Gewinn- und Verlustrechnung) und die sonst in § 325 Abs 1 bezeichneten Unterlagen offenzulegen (BeBiKo/*Grottel* § 325 Rn 112). Kapitalmarktorientierte Unternehmen haben infolge des ESEF-UG die Unterlagen nach Maßgabe des einheitlichen elektronischen Berichtsformats offenzulegen.

4. Fristen. Gesellschaften aller Größenklassen haben die unter Anm. 3 bezeichneten Unterlagen spätestens ein Jahr nach dem Abschlussstichtag des Geschäftsjahrs einzureichen, auf das sie sich beziehen (§ 325 Abs. 1a S. 1). Liegen die Unterlagen nicht innerhalb dieser Frist vor, sind sie unverzüglich nach ihrem Vorliegen offenzulegen, § 325 Abs 1a S 2. Für kapitalmarktorientierte Kapitalgesellschaften (§ 264 d), die keine Kapitalgesellschaften iSv § 327a sind, gilt eine Frist von vier Monaten, § 325 Abs 4.

5. Verfahren. Die gesetzlichen Vertreter der Gesellschaften aller Größenklassen reichen die zur Offenlegung bestimmten Unterlagen beim Betreiber des Bundesanzeigers elektronisch ein (§ 325 Abs 1 S 1) und lassen sie unverzüglich danach im (elektronischen) Bundesanzeiger bekannt machen (§ 325 Abs 2). Der Bundesanzeiger Verlag stellt für diese Zwecke eine Publikationsplattform im Internet zur Verfügung (www.bundesanzeiger.de). Der Differenzierung zwischen der Einreichung der Unterlagen auf der einen und der Willenserklärung zur Bekanntmachung auf der anderen Seite wird in der Praxis keine große Bedeutung zukommen, da mit der Einreichung auch die konkludente Willenserklärung zur Bekanntmachung verbunden sein wird. Für Gesellschaften, die nach dem PublG offenzulegen haben, gelten im Grundsatz die Pflichten wie für Kapitalgesellschaften, § 9 Abs 1 PublG. Personenhandelsgesellschaften und Einzelkaufleute brauchen die GuV und den Beschluss über die Ergebnisverwendung nicht offenzulegen, sind indes verpflichtet, in einer Anlage zur Bilanz die nach § 5 Abs 5 S 3 PublG erforderlichen Angaben aufzunehmen. Zu nennen sind die Umsatzerlöse iSv § 277 Abs 1 (Nr 1), Erträge aus Beteiligungen (Nr 2), Löhne, Gehälter, soziale Abgaben sowie Aufwendungen für Altersversorgung und Unterstützung (Nr 3), Bewertungs- und Abschreibungsmethoden einschließlich wesentlicher Änderungen (Nr 4) und die durchschnittliche Zahl der in den letzten zwölf Monaten vor dem Abschlussstichtag beschäftigten Arbeitnehmer (Nr 5). Ferner darf bei Personengesellschaften das Eigenkapital in einem Posten ausgewiesen werden, § 9 Abs 3 PublG.

6. Die Mitglieder des vertretungsberechtigen Organs von Kapitalgesellschaften sind zur Offenlegung verpflichtet. Ein **Verstoß gegen die Offenlegungspflicht** macht den Jahresabschluss nicht anfechtbar und stellt keinen Nichtigkeitsgrund dar. Bei Verletzung der Offenlegungspflicht kann vom Registergericht auf Antrag einer jeden Person (OLG Köln GmbHR 2001, 303) (wiederholt) ein Ordnungsgeld nach §§ 335 a/b festgesetzt werden. Zu weiteren Sanktionen vgl BeBiKo/*Grottel* § 325 Rn 108 ff.; zu möglichen Rechtsmitteln OLG Köln, NZG 2009, 593. Der Abschlussprüfer ist nicht verpflichtet, nachzuprüfen, ob der Jahresabschluss offengelegt wurde. Wird ihm dies im Rahmen seiner Prüfung bekannt, wird er im Prüfungsbericht nach § 321 Abs. 1 S 3 darüber berichten (IDW PS 450 nF, IDW Life 2018, 145 Rn 50).

7. Personengesellschaften und **Einzelunternehmen** sind nicht zur Offenlegung des Jahresabschlusses verpflichtet, solange das Unternehmen nicht zu den Gesellschaften iSv § 264a gehört und den Vorschriften des PublG unterliegt (vgl → Anm. 1).

8. Kleine Gesellschaften brauchen lediglich die Bilanz und den Anhang beim elektronischen Bundesanzeiger einzureichen und bekannt zu machen; der Anhang braucht in der zur Offenlegung bestimmten Fassung die die GuV betreffenden Angaben nicht zu enthalten, § 326 Abs 1. Mittelgroße Gesellschaften dürfen bei der Offenlegung die Bilanz in einer unter Beachtung von § 327 S 2 Nr 1 zusammengefassten Form. einreichen und bekannt machen; im Anhang können die in § 327 S 2 Nr 2 bezeichneten Angaben unterbleiben. Zu den Erleichterungen nach § 9 PublG s → Anm. 5. Kleinste Gesellschaften (§ 267a) brauchen lediglich die Bilanz in elektronischer Form. zur dauerhaften Hinterlegung beim Betreiber des Bundesanzeigers zu hinterlegen, § 326 Abs. 2, vgl BeBiKo/*Grottel* § 325 Rn 7.

9. Konzernabschluss nach HGB. Ein nach HGB aufzustellender Konzernabschluss ist nach § 325 Abs 3 offenzulegen.

10. Einzelabschluss nach IFRS. § 325 Abs 2a lässt zu, dass bei der Offenlegung an die Stelle des Jahresabschlusses ein Einzelabschluss treten kann, der freiwillig nach internationalen Rechnungslegungsgrundsätzen (IFRS) aufgestellt worden ist; Baumbach/Hopt/*Merkt* § 325 Rn 6 f. Ein nach Maßgabe von Abs 2a offengelegter Einzelabschluss befreit von der Pflicht zur Offenlegung des Jahresabschlusses, wenn bestimmte in Abs 2b genannte Voraussetzungen erfüllt sind; Baumbach/Hopt/*Merkt* § 325 Rn 8. Dieses Offenlegungswahlrecht befreit indes nicht von der Verpflichtung zur Aufstellung und Prüfung des Jahresabschlusses nach den handelsrechtlichen Vorschriften. Durch das CSR-RUG wurde in § 325 Abs. 2a S 4 klargestellt, dass Verpflichtung, einen Lagebericht offenzulegen, unberührt bleibt (Baumbach/Hopt/*Merkt* § 325 Rn 7).

G. Konzernabschluss und Konzernlagebericht

1. Konzernbilanz

Aktiva[1–5, 12–15]	31.12.x2[10] TEUR	31.12.x1 TEUR	Passiva	31.12.x2[12] TEUR	31.12.x1 TEUR
A. Anlagevermögen			A. Eigenkapital[8]		
I. Immaterielle Vermögensgegenstände[7]	19.350	12.862	I. Gezeichnetes Kapital	45.000	45.000
			II. Kapitalrücklage	8.000	8.000
II. Sachanlagen	75.005	70.983	III. Gewinnrücklagen	24.900	20.100
III. Finanzanlagen[8]	185	95	IV. Nicht beherrschende Anteile[10, 11]	9.874	8.431
IV. Vermietete Vermögens-Gegenstände (4)[4, 11]	490	480	V. Bilanzgewinn	20.066	19.117
	95.030	84.420		107.840	100.648
B. Umlaufvermögen					
I. Vorräte	68.363	64.002			
II. Forderungen	46.879	44.864			
III. Sonstige Vermögensgegenstände	12.188	10.874	C. Rückstellungen I. Rückstellungen für Pensionen und ähnliche Verpflichtungen	20.685	19.714
IV. Wertpapiere	540	390			
V. Kassenbestand, Bundesbankguthaben, Guthaben bei Kreditinstituten und Schecks	6.300	5.740	II. Übrige Rückstellungen	30.618	25.104
				51.303	44.818
			D. Verbindlichkeiten		
	134.270	125.870	I. Verbindlichkeiten gegenüberKreditinstituten	37.800	35.760
C. Rechnungsabgrenzungsposten	858	695	II. Verbindlichkeiten aus Lieferungen und Leistungen	15.980	16.840
			III. Übrige Verbindlichkeiten	17.079	12.780
				70.859	65.380
			E. Rechnungsabgrenzungsposten	86	54
			F. Passive latente Steuern	70	85
	230.158	210.985		230.158	210.985

Haftungsverhältnisse: TEUR 1.832

Schrifttum: *ADS* § 298 HGB Rn 63, 112; *Adler/Düring/Schmaltz,* Rechnungslegung nach internationalen Standards, 2005; *Baetge/Kirsch/Thiele,* Konzernbilanzen, 14. Aufl 2021; BeBiKo/*Störk/Deubert* § 298; *Baetge/Wollmert/Kirsch,* Rechnungslegung nach IFRS Losenblatt (Stand 2018); *Heuser/Theile,* IFRS Handbuch, 6. Aufl 2019; *Lüdenbach/Hoffmann/Freiberg,* IFRS, 16. Aufl 2018; *Erchinger/Melcher,* Zur Umsetzung der HGB-Modernisierung durch das BilMoG: Neuerungen im Hinblick auf die Abschlussprüfung und die Einrichtung eines Prüfungsausschusses, DB Beil 5/2009, 91; *Gaber,*

Neuerungen im handelsrechtlichen Konzernabschluss, WPg **2016**, 444; *Hoffmann/Lüdenbach*, Bilanzrechtsreformgesetz – Seine Bedeutung für den Einzel- und Konzernabschluß der GmbH, GmbHR **2004**, 145; *Schellhorn*, Offenlegungsfragen des Konzernabschlusses der Personenhandelsgesellschaft nach dem Publizitätsgesetz, DB **2008**, 1700; *Erchinger/Melcher*, IFRS – Konzernrechnungslegung – Neuerung nach IFRS 10, DB **2011**, 1229; *Zwirner*, Das neue deutsche Bilanzrecht nach BilMoG: Umfassende Reformierung, NZG **2009**, 530; *Zwirner/Busch*, Neuerungen in der handelsrechtlichen Konzernrechnungslegung durch das Bilanzrichtlinienumsetzungsgesetz (BilRUG), Der Konzern **2016**, 113.

Anmerkungen

1. Konzernabschluss, Aufstellungspflicht. Seit dem BilMoG (G v 25.5.2009, BGBl I 2009, 1102) wurden die Vorschriften zur Konzernrechnungslegung, zB durch das BilRUG (G v 17.7.2015 BGBl I 2015, 1245) und das CSR-Richtlinie-Umsetzungsgesetz (G v 11.4.2017 BGBl I 2017, 802 weitergehend geändert. Die Neuregelungen des BilRUG sind erstmals auf GJ, die nach dem 31.12.2015, Änderungen des CSR-Richtlinie-UmsetzungsG (CSR-RUG) erstmals auf GJ, die nach dem 31.12.2016 beginnen, verpflichtend anzuwenden (Art 75 und 80 EGHGB). Letzte Änderungen ergaben sich durch das ARUG II.

Zur Aufstellung eines Konzernabschlusses sind Kapitalgesellschaften und Personengesellschaften nach § 264a Abs 1 (Mutterunternehmen) verpflichtet, die ihren Sitz im Inland haben und auf ein anderes Unternehmen (Tochterunternehmen) unmittelbar oder mittelbar einen beherrschenden Einfluss ausüben können (§ 290 Abs 1 S 1). Nach § 290 Abs 2 besteht der beherrschende Einfluss eines Mutterunternehmens stets, wenn **a)** ihm bei einem anderen Unternehmen die Mehrheit der Stimmrechte der Gesellschafter zusteht; **b)** ihm bei einem anderen Unternehmen das Recht zusteht, die Mehrheit der Mitglieder des die Finanz- und Geschäftspolitik bestimmenden Verwaltungs-, Leitungs- oder Aufsichtsorgans zu bestellen oder abzuberufen, und es gleichzeitig Gesellschafter ist; **c)** ihm das Recht zusteht, die Finanz- und Geschäftspolitik auf Grund eines mit einem anderen Unternehmen geschlossenen Beherrschungsvertrages oder auf Grund einer Bestimmung in der Satzung des anderen Unternehmens zu bestimmen; oder **d)** es bei wirtschaftlicher Betrachtung die Mehrheit der Risiken und Chancen eines Unternehmens trägt, das zur Erreichung eines eng begrenzten und genau definierten Ziels des Mutterunternehmens dient (Zweckgesellschaft). Vgl iE Baumbach/Hopt/*Merkt*, § 290 Rn 6 ff.; BeBiKo/*Grottel/Kreher* § 290 Rn 20 ff. Zu größenabhängigen Befreiungen vgl § 293.

Durch das BilMoG wurde die Konzernrechnungslegungspflicht in § 290 an die damals anzuwendenden Regelungsinhalte nach IAS (IAS 27; SIC 12) angeglichen. Durch die ab 1.1.2013 geltenden Neuregelungen in IFRS 10, vgl *Erchinger/Melcher*, DB 2011, 1229 ff., ergeben sich jetzt wieder unterschiedliche Anknüpfungspunkte.

2. Wesen des Konzernabschlusses. Der Konzernabschluss besteht nach § 297 Abs 1 aus der Konzernbilanz (→ Form. III.G.1 Anm. 1 ff.), der Konzern-Gewinn- und Verlustrechnung (→ Form. III.G.2 Anm. 1 ff.), dem Konzernanhang (→ Form. III.G.3 Anm. 1 ff.), der Kapitalflussrechnung (→ Form. III.G.6 Anm. 1 ff.) und dem Eigenkapitalspiegel (→ Form. III.G.5 Anm. 1 ff.). Er kann um eine Segmentberichterstattung (→ Form. III.G.7 Anm. 1 ff.) erweitert werden. Nach §§ 290, 315 ff. ist ein Konzernlagebericht aufzustellen (→ Form. III.G.4 Anm. 1 ff.). Der Konzernabschluss dient der Darstellung der Geschäftsentwicklung des Konzerns; in ihm ist die Vermögens-, Finanz- und Ertragslage der in den Konzernabschluss einbezogenen Unternehmen so darzustellen, als ob diese Unternehmen insgesamt ein einziges Unternehmen wären. Dem Konzernabschluss liegt nach § 300 Abs 1 das Prinzip zugrunde, dass der Jahresabschluss des Mutterunternehmens mit den Jahresabschlüssen der Tochterunternehmen derart zusammenzufassen ist, dass an die Stelle der den Mutterunternehmen gehörenden Anteile an den Tochterunternehmen die Vermögensgegenstände, Schulden, Rechnungsabgrenzungsposten, und Sonderposten treten, soweit diese nach dem Recht des Mutterunternehmens bilanzierungsfähig sind (Baumbach/Hopt/Merkt, § 300 Rn 1).

3. Anzuwendende Vorschriften. Die Pflicht zur Aufstellung eines Konzernabschlusses und zur Einbeziehung von Tochterunternehmen ergibt sich aus §§ 290 ff. Von der Pflicht zur Aufstellung eines Konzernabschlusses im Allgemeinen befreien § 291 bei Einbeziehung des Mutterunternehmens in einen EU/EWR-Konzernabschluss und § 292 idF des BilRuG v 17.7.2015 (BGBl I 2015, 802) bei Einbeziehung in einen befreienden Konzernabschluss eines Mutterunternehmens außerhalb von EU/EWR (dazu *Oser/Orth/Wirtz* DB 2015, 197). Von der Aufstellungspflicht nach HGB befreit § 315e bei Aufstellung eines Konzernabschlusses nach den internationalen Rechnungslegungsstandards nach Art 2, 3, 6 VO (EG) 1606/2002 des Europäischen Parlaments und des Rates v 19.7.2002 (Rechnungslegung nach IAS/IFRS). Vgl Baumbach/Hopt/*Merkt* § 315e Rn 1 ff. sowie → Anm. 18. Die Pflicht zur Aufstellung eines Konzernabschlusses entfällt, wenn die Größenmerkmale des § 293 Abs 1–3 nicht erfüllt sind; zu den Einzelheiten Baumbach/Hopt/*Merkt,* § 293 Rn 1, zu den Ausnahmen § 293 Rn 4, 5. Die maßgeblichen Beträge wurden durch das BilRuG heraufgesetzt.

In den Konzernabschluss sind nach § 294 Abs 1 alle Tochterunternehmen ohne Rücksicht auf deren Sitz und Rechtsform einzubeziehen. Von der Einbeziehung von Tochterunternehmen kann in den Fällen des § 296 abgesehen werden; zu den Einzelheiten Baumbach/Hopt/*Merkt,* § 296 Rn 1 ff.

Für den Konzernabschluss gelten die allgemeinen Vorschriften §§ 297 bis 299 (Inhalt und Form. des Konzernabschlusses), die besonderen Vorschriften über die Vollkonsolidierung (§§ 300 bis 307), die Bewertungsvorschriften (§§ 308, 308a und 309), die Vorschriften über anteilige Konsolidierung (§ 310), über assoziierte Unternehmen (§§ 311, 312), den Konzernanhang (§§ 313, 314) und den Konzernlagebericht (§§ 315 bis 315d). Nach § 297 Abs 1 S 1 gehören zum Konzernabschluss auch die Kapitalflussrechnung und ein Eigenkapitalspiegel; nach § 297 Abs 1 S 2 kann der Konzernabschluss um eine Segmentberichterstattung erweitert werden (vgl → Form. III.G.5 Anm. 1 ff. bis → Form. III.G.7 Anm. 1 ff.). Seit dem BilRUG verweist § 298 Abs 1 auf die auch für den Konzernabschluss anzuwendenden Vorschriften der §§ 244 bis 256a, 264c 265, 266, 268 Abs. 1 bis 7, die 270, 271, 272 Abs. 1 bis 4, die 274, 275 und 277 über den Jahresabschluss und die für die Rechtsform und den Geschäftszweig der in den Konzernabschluss einbezogenen Unternehmen mit Sitz im Geltungsbereich des Gesetzes geltenden Vorschriften, soweit sie für große Kapitalgesellschaften gelten.

4. Gliederung des Konzernabschlusses. Der Konzernabschluss im Form. wurde in Anwendung der §§ 298 Abs 1, 266, 265 Abs 7, 313 Abs 1 S 2 in verkürzter Form. aufgestellt. Die Angaben sind in der Reihenfolge der Posten der Konzernbilanz und der Konzern-Gewinn- und Verlustrechnung darzustellen. Die mit arabischen Ziffern versehenen Posten sind im Konzernanhang anzugeben (→ Form. III.G.3 Anm. 1 ff.); vgl BeBiKo/ *Störk/Deubert* § 298 Rn 58. Im Form. wurde die Bilanzgliederung durch Einfügen des weiteren Postens „Vermietete Vermögensgegenstände“ erweitert. Die Einfügung ist nach § 298 iVm § 265 Abs 5 S 1 geboten, da dies zur Verbesserung der Klarheit des Abschlusses gefordert ist; vgl GK-HGB/*Kraft* § 298 Rn 51 ff; zur Gliederung nach IFRS *Lüdenbach/Hoffmann/Freiberg,* IFRS-Komm. § 2 Rn 16 ff.

5. Posteninhalte. Im Konzernabschluss kommen – von wenigen Ausnahmefällen abgesehen – die gleichen Posten der Bilanz und der Gewinn- und Verlustrechnung zur Anwendung (→ Form. III.A.4 Anm. 1 ff., → Form. III.B.1 Anm. 1 ff.).

6. Kapitalkonsolidierung; Unterschiedsbeträge. Der Konzernabschluss beinhaltet die Zusammenfassung des Jahresabschlusses des Mutterunternehmens mit den Jahresabschlüssen der Tochterunternehmen, dazu DRS 23. An die Stelle der Anteile des Mutterunternehmens an den Tochterunternehmen treten die Vermögensgegenstände, Schulden, Rechnungsabgrenzungsposten und Sonderposten der Tochterunternehmen, § 300 Abs 1. Bei der Übernahme dieser Posten in den Konzernabschluss gilt das Vollständigkeitsprinzip; Bilanzierungsverbote und Bilanzierungswahlrechte nach dem Recht des Mutterunternehmens finden Anwendung, § 300 Abs 2. Die in den Konzernabschluss übernommenen Posten sind einheitlich zu bewerten; nach dem Recht des Mutterunternehmens anwendbare Bewertungswahlrechte können neu ausgeübt werden, § 308 Abs 1, 2.

Kapitalkonsolidierung bedeutet die Verrechnung des Wertansatzes der dem Mutterunternehmen gehörenden Anteile an einem einbezogenen Tochterunternehmen mit dem auf diese Anteile entfallenden Eigenkapital. Dies erfolgt ausschließlich nach der Neubewertungsmethode; danach ist das Eigenkapital mit dem Betrag anzusetzen, der dem Zeitwert der in den Konzernabschluss aufzunehmenden Vermögensgegenstände, Schulden, Rechnungsabgrenzungsposten und Sonderposten entspricht (§ 301 Abs 1 S 2; vgl BeBiKo/*Störk/Deubert* § 301 Rn 53 ff); zum Zeitpunkt der Ermittlung der Wertansätze s § 301 Abs 2. Ein sich bei der Verrechnung ergebender Unterschiedsbetrag ist, wenn es sich um einen aktiven Betrag handelt, als Geschäfts- oder Firmenwert anzusetzen; ein passiver Unterschiedsbetrag ist als Unterschiedsbetrag aus der Kapitalkonsolidierung auszuweisen, § 301 Abs 3. Ein nach § 301 Abs 3 angesetzter Unterschiedsbetrag ist in den folgenden Geschäftsjahren nach Maßgabe von § 309 Abs 1 planmäßig über die Nutzungsdauer oder außerplanmäßig abzuschreiben. Die Möglichkeit der offenen Verrechnung mit den Rücklagen ist seit Inkrafttreten des BilMoG nicht mehr möglich. Zur Darstellung im Form. vgl → Anm. 9. Ein passiver Unterschiedsbetrag kann nach Maßgabe von § 309 Abs 2 ergebniswirksam aufgelöst werden, wenn dies den Grundsätzen der §§ 297, 298 iVm den Vorschriften des ersten Abschnitts entspricht.

7. Zu den **immateriellen Vermögensgegenständen** gehören ua (1) selbst geschaffene gewerbliche Schutzrechte und ähnliche Rechte und Werte, (2) entgeltlich erworbene Konzessionen, gewerbliche Schutzrechte, ähnliche Rechte und Werte sowie Lizenzen, (3) Geschäfts- und Firmenwerte und (4) darauf geleistete Anzahlungen. Von besonderer Bedeutung sind Geschäfts- und Firmenwerte, zu denen außer den aus den Jahresabschlüssen übernommenen Werten (§ 246 Abs 1 S 4) im Konzernabschluss der bei der Kapitalkonsolidierung nach der Verrechnung nach § 301 Abs 1 verbleibende aktive Unterschiedsbetrag gehört (Baumbach/Hopt/*Merkt,* § 301 Rn 8 sowie → Anm. 6).

8. Assoziierte Unternehmen. Wird von einem in den Konzernabschluss einbezogenen Unternehmen ein maßgeblicher Einfluss auf die Geschäfts- oder Finanzpolitik eines nicht einbezogenen Unternehmens ausgeübt, an dem jedoch eine Beteiligung im Sinne von § 271 Abs 1 besteht, ist die Beteiligung an diesem Unternehmen in der Konzernbilanz unter einem besonderen Posten mit entsprechender Bezeichnung auszuweisen (assoziierte Unternehmen; § 311 Abs 1). Ein maßgeblicher Einfluss wird bei Innehaben von mindestens einem Fünftel der Stimmrechte vermutet. Der Ausweis erfolgt in Konzernbilanz und Anlagespiegel, bei Aufstellung einer verkürzten Bilanz auch im Konzernanhang. Zur Ermittlung des Wertansatzes der Beteiligung an dem assoziierten Unternehmen und zur Behandlung des Unterschiedsbetrags s § 312 (Baumbach/Hopt/*Merkt,* § 312 Rn 1 ff.; dazu DRS 26, der in GJ, die nach dem 31.12.2019 beginnen, anzuwenden ist).

9. Zur Zusammensetzung des **Eigenkapitals** s → Form. III.A.3 Anm. 1 ff. und → Form. III.A.4 Anm. 1 ff. Im Konzernabschluss und Jahresabschluss weist lediglich das gezeichnete Kapital des Mutterunternehmens denselben Betrag auf; die anderen Eigenkapitalposten können durch die Eigenart des Konzernabschlusses verändert sein (zB Verrechnung von Unterschiedsbeträgen aus §§ 303 bis 306; abweichender Konzernjahresüberschuss oder

-fehlbetrag); dies gilt insbes für Gewinnrücklagen und Bilanzgewinn. Zum Eigenkapitalspiegel vgl → Form. III.G.5 Anm. 1 ff.

10. Stehen dem den Konzernabschluss aufstellenden Mutterunternehmen nicht sämtliche Anteile an den einzubeziehenden Tochterunternehmen zu, ist im Konzernabschluss für die dem Mutterunternehmen nicht gehörenden Anteile ein Ausgleichsposten **für nicht beherrschende Anteile** zu bilden. Der Posten bemisst sich nach der Höhe des Anteils der außenstehenden Gesellschafter am Eigenkapital; der Ausgleichsposten ist unter dem Posten „nicht beherrschende Anteile" innerhalb des Eigenkapitals gesondert auszuweisen; § 307 Abs 1 (Baumbach/Hopt/*Merkt,* § 307 Rn 1).

11. Anhangverweisung durch Ziffern. Im Form. werden zu Aktivseite A IV sowie Passivseite A IV beispielhaft Verweise durch Ziffern auf Darstellungen im Konzernanhang gegeben; vgl dazu Form. III.G.3. Diese Verweisungstechnik dient der Klarheit der Darstellung; § 313 Abs 1 S 1 schreibt vor, dass die Angaben in der Reihenfolge der einzelnen Posten der Konzernbilanz und der Konzern-Gewinn- und Verlustrechnung darzustellen sind.

12. Der Konzernabschluss ist auf den **Stichtag** des Jahresabschlusses des Mutterunternehmens aufzustellen. Die Jahresabschlüsse der einbezogenen Unternehmen sollen auf den Stichtag des Konzernabschlusses aufgestellt sein. Ist das nicht der Fall, ist für das Unternehmen mit abweichendem Stichtag ein Zwischenabschluss aufzustellen, wenn sein Abschlussstichtag um mehr als drei Monate vor dem Konzernabschlussstichtag liegt; § 299 Abs 2 (Baumbach/Hopt/*Merkt,* § 299 Rn 2).

13. Fristen für die Aufstellung. Die gesetzlichen Vertreter des Mutterunternehmens haben nach § 290 Abs 1 den Konzernabschluss und den Konzernlagebericht grundsätzlich innerhalb der ersten fünf Monate des Konzerngeschäftsjahres für das vergangene Konzerngeschäftsjahr aufzustellen. Größenabhängige Erleichterungen bestehen nicht; für Mutterunternehmen in der Form. einer Kapitalgesellschaft iSd § 325 Abs 4 S 1 (kapitalmarktorientierte Gesellschaften) beträgt die Frist nur vier Monate.

14. Prüfung von Konzernabschluss und Konzernlagebericht. Der Konzernabschluss und der Konzernlagebericht sind durch einen Abschlussprüfer zu prüfen, § 316 Abs 2. Abschlussprüfer können nur Wirtschaftsprüfer oder Wirtschaftsprüfungsgesellschaften sein, § 319 Abs 1 (*ADS* § 319 HGB Tz 35). Der Abschlussprüfer des Konzernabschlusses und Konzernlageberichts wird wie der Prüfer des Jahresabschlusses gewählt; unterbleibt die Wahl, gilt der Prüfer als bestellt, der für die Prüfung des Jahresabschlusses des Mutterunternehmens von den Gesellschaftern gewählt worden war, § 318 Abs 2. Für die Auswahl des Abschlussprüfers gelten bei Unternehmen im öffentlichen Interesse die Besonderheiten der § 318 Abs 1a (Pflichtrotation) und § 319a (besondere Ausschlussgründe). Die Prüfung erstreckt sich darauf, ob die im Konzernabschluss zusammengefassten Jahresabschlüsse den GoB entsprechen und die gesetzlichen Vorschriften beachtet wurden. Zur Reichweite der Prüfung des Konzernlageberichts vgl § 317 Abs. 2; iE Baumbach/Hopt/*Merkt* § 317 Rn 7. Der Abschlussprüfer hat auch die einbezogenen Jahresabschlüsse, wenn auch aus Konzernsicht, vollumfänglich zu prüfen. Erleichterungen bestehen, wenn diese bereits von einem anderen Abschlussprüfer geprüft wurden; dann nur noch Überprüfung von dessen Arbeit und entspr Dokumentation, § 317 Abs 3 S 2 (iE Baumbach/Hopt/*Merkt,* § 317 Rn 8 ff). Wurde für Tochterunternehmen von den Befreiungen nach § 264 Abs 3 oder § 264b Gebrauch gemacht, hat der Konzernabschlussprüfer diese im Konzernabschluss zusammengefassten Abschlüsse zu prüfen; zum Bestätigungsvermerk und Prüfungsbericht vgl §§ 322 und 321 (vgl Form. III.E entspr). Zur Abschlussprüfung nach Inkrafttreten des BilMoG *Petersen/Zwirner,* WPg 2008, 967; *Erchinger/Melcher,* DB Beil 5/2009, 91; *Kelm/Schmitz-Herkendell* DB 2016 2365; *Petersen/Zwirner/Boecker* DStR 2016 984.

15. Offenlegung. Der Konzernabschluss und der Konzernlagebericht sind durch die Mitglieder des vertretungsberechtigten Organs der aufstellenden Kapitalgesellschaft spätestens vor Ablauf des zwölften Monats des dem Konzernabschlussstichtag folgenden Geschäftsjahres beim Betreiber des Bundesanzeigers elektronisch einzureichen und dort bekannt machen zu lassen. Der Bestätigungsvermerk oder der Vermerk über seine Versagung ist der Bekanntmachung beizufügen, § 325 Abs 3. Größenabhängige Erleichterungen bestehen nicht (vgl → Form. III.F.1 Anm. 8 entspr). Allerdings gilt für kapitalmarktorientierte Kapitalgesellschaften (§ 264 d), die keine Kapitalgesellschaften iSv § 327a sind, eine Einreichungsfrist von vier Monaten, § 325 Abs 3, 4 S 1.

16. Konzernabschluss nach PublG. Nach PublG zur Rechnungslegung verpflichtete Unternehmen sind unter den Voraussetzungen der §§ 11 ff. PublG zur Konzernrechnungslegung verpflichtet. Das gilt für Mutterunternehmen und die Tochterunternehmen, auf die das Mutterunternehmen einen beherrschenden Einfluss ausüben kann, die für drei aufeinander folgende Konzernabschlussstichtage zwei der drei folgenden Merkmale erfüllen: **a)** die Konzernbilanzsumme übersteigt 65 Mio EUR; **b)** die Umsatzerlöse in der Konzern-Gewinn- und Verlustrechnung in den zwölf Monaten vor dem Konzernabschlussstichtag übersteigen 130 Mio EUR; **c)** die inländischen Konzernunternehmen beschäftigten in den zwölf Monaten vor dem Konzernabschlussstichtag durchschnittlich mehr als 5000 Arbeitnehmer. Für die Aufstellung von Konzernabschluss und Konzernlagebericht verweist § 13 PublG auf wesentliche Vorschriften des HGB. Konzernabschluss und Konzernlagebericht sind zu prüfen (§ 14 PublG) und offenzulegen (§ 15 PublG).

17. Internationalisierung der Konzernrechnungslegung. Die Internationalisierung deutscher Unternehmensgruppen hat, bedingt durch die Zielsetzung der Vergleichbarkeit von Abschlüssen sowie die Inanspruchnahme ausländischer Kapitalmärkte die Internationalisierung der Rechnungslegung belebt. Unternehmen, die an der New York Stock Exchange gelistet sein wollten, stellten zunächst den Konzernabschluss nach den in den USA für börsennotierte Gesellschaften anzuwendenden Regelungen (US-GAAP) auf oder legten eine Überleitungsrechnung vor (Form. 20-F). Andere Unternehmen stellten Abschlüsse unter Beachtung der International Accounting Standards (IAS) des IASB auf.

Im Jahre 2004 wurde durch das Bilanzrechtsreformgesetz (BilReG vom 4.12.2004, BGBl I 04, 3166 ff) § 315a geschaffen. Nach dieser Vorschrift befreite die Aufstellung eines Konzernabschlusses nach den internationalen Rechnungslegungsstandards nach Art 2, 3, 6 VO (EG) 1606/2002 des Europäischen Parlaments und des Rates v 19.7.2002 (Rechnungslegung nach IAS/IFRS) von der Aufstellungspflicht nach HGB. Ein solcher Abschluss gilt als Konzernabschluss auch iSv § 42a Abs 4 GmbHG, §§ 170 ff. AktG. Durch G v 11.4.2017 (BGBl I 2017, 802) wurde § 315a durch § 315e ersetzt.

Das mit dem BilMoG verfolgte Ziel, die HGB-Bilanz zu einer dauerhaften und im Verhältnis zu den IFRS vollwertigen, aber kostengünstigeren und einfacheren Alternative weiterzuentwickeln, gilt fort, auch wenn sich die Rechnungslegungssysteme nicht parallel entwickeln. Zu den Einzelheiten der Annäherung an die IFRS-Prinzipien s *Merkt/Fink/Probst,* Rechnungslegung Kap. I.F.

18. Konzernabschluss nach IAS/IFRS. In Umsetzung von VO (EG) 1606/2002 des Europäischen Parlaments und des Rates v 19.7.2002 wird durch § 315e den Unternehmen, die entsprechend der VO die internationalen Rechnungslegungsstandards anzuwenden haben, vorgeschrieben, diese Regelungen sowie die in § 315e aufgeführten Vorschriften des HGB anzuwenden; vgl Baumbach/Hopt/*Merkt* § 315e Rn 3 ff.

Der Konzernabschluss nach IFRS besteht aus einer Bilanz, Gewinn- und Verlustrechnung, Kapitalflussrechnung, einem Eigenkapitalspiegel, Anhang und der erstmalige Abschluss aus einer Überleitungsrechnung für das Eigenkapital und das Jahresergebnis. Ein Lagebericht ist nicht vorgeschrieben; es wird aber ein vergleichbarer Bericht empfohlen

(IAS 1.19) und für nach § 290 zur Konzernrechnungslegung verpflichteten Unternehmen durch § 315e vorgeschrieben. Die Regelungen für den Inhalt und die Darstellung der Bilanz und der Gewinn- und Verlustrechnung sowie die Übersicht zur Entwicklung des Eigenkapitals ergeben sich aus IAS 1, für die Kapitalflussrechnung aus IAS 7 und die Segmentberichterstattung aus IFRS 8. Anders als das HGB enthalten die IFRS keine detaillierten Vorschriften zur Gliederung der Bilanz und der Gewinn- und Verlustrechnung; IAS 1.54 beinhaltet lediglich Mindestregelungen. Vgl dazu *Merkt/Fink/Probst,* Rechnungslegung Kap. I F. III; *Küting/Weber* Konzernabschluss 723 f.

Die Grundsätze für die Konsolidierung ergeben sich für die einbezogenen Unternehmen nach IFRS 10, die Kapitalkonsolidierung bei Unternehmenszusammenschlüssen aus IFRS 3, die Aufrechnung von Forderungen und Verbindlichkeiten, Umsätzen, Erträgen und Aufwendungen zwischen den konsolidierten Gesellschaften aus IFRS 3. Gemeinschaftsunternehmen werden nach IFRS 11 einbezogen, die Anteilsbewertung bei assoziierten Unternehmen richtet sich nach IAS 28 (vgl *Erchinger/Melcher,* DB 2011, 1229).

Zwischen den Bilanzierungs- und Bewertungsgrundsätzen nach HGB und IFRS bestehen – trotz der durch das BilMoG erfolgten Angleichung – weiterhin Unterschiede. Für den Ansatz und die Bewertung von Finanzinstrumenten verfolgt IFRS 9 eine von HGB abweichende Methodik. Unterschiede bei der Bewertung von Rückstellungen, insbes von Pensionsrückstellungen wurden verringert, bei der Abschreibung des Geschäfts- oder Firmenwertes und der Bewertung anderer immaterieller Vermögensgegenstände und des Sachanlagevermögens bestehen sie fort. Zu Einzelheiten s *Merkt/Fink/Probst* Rechnungslegung Kap. I.F. III. und IV.

19. Vorlagepflicht des Konzernabschlusses. Die zur Aufstellung eines Konzernabschlusses verpflichtete Gesellschaft hat den Konzernabschluss und Konzernlagebericht den Gesellschaftern zur Feststellung vorzulegen, § 42a Abs 4 GmbHG. Zugleich ist der Prüfungsbericht über die Prüfung des Konzernabschlusses ebenfalls den Gesellschaftern vorzulegen (bei AG: Vorlage des Konzernabschlusses und Konzernlageberichts einschließlich des nichtfinanziellen Konzernberichts nach § 315b sowie des Prüfungsberichts durch den Abschlussprüfer an den Aufsichtsrat, § 170 Abs 1 AktG zum Zwecke der Billigung, § 171 Abs 2 S 5 AktG. Unter den Voraussetzungen des § 173 Abs 1 AktG entscheidet die Hauptversammlung über die Billigung).

2. Konzern-Gewinn- und Verlustrechnung

		Gj.x2 TEUR	Gj.x1 TEUR
1.	[1, 5]Umsatzerlöse[2]	348.592	310.247
2.	Erhöhung des Bestands an fertigen und unfertigen Erzeugnissen und andere aktivierte Eigenleistungen[4]	+ 9.799	+ 5.900
3.	Gesamtleistung	358.391	316.147
4.	Sonstige betriebliche Erträge[3]	+1.501	+300
5.	Materialaufwand	186.160	164.296
6.	Personalaufwand	85.922	75.975
7.	Abschreibungen	15.000	13.198
8.	Sonstige betriebliche Aufwendungen	23.639	17.077

9.	Beteiligungsergebnis[6]	+18	+12
10.	Zinsergebnis	./. 2.083	./. 2.105
11.	Steuern vom Einkommen und Ertrag[7]	20.505	20.293
12.	Ergebnis nach Steuern	26.601	23.515
13.	Sonstige Steuern	835	798
14.	Konzernjahresüberschuss	25.766	22.717
15.	Einstellung in Konzerngewinnrücklagen	./. 4.800	./. 3.000
16.	Auf nicht beherrschende Anteile entfallender Gewinn[8]	./. 900	./. 600
17.	Konzerngewinn	20.066	19.117

Schrifttum: *ADS* § 298 HGB Tz 166; BeBiKo/*Störk/Deubert* § 298 Rn 75 ff.; GK-HGB[6]/*Kraft* § 298 Rn 66 ff; Deutscher Rechnungslegungsstandard Nr 18 (DRS 18): Latente Steuern.

Anmerkungen

1. Anzuwendende Vorschriften. Die Konzern-Gewinn- und Verlustrechnung ist wesentlicher Bestandteil des Konzernabschlusses, § 297 Abs 1 (Baumbach/Hopt/*Merkt*, § 297 Rn 1). Die Vorschriften über die GuV einer großen Kapitalgesellschaft finden Anwendung. Zu den Posten der Konzern-Gewinn- und Verlustrechnung vgl → Form. III. B.1 Anm. 1 ff. Dieses Form. macht von der durch § 298 Abs 1 iVm § 265 Abs 7 zugelassenen Möglichkeit Gebrauch, einzelne Postengruppen zusammenzufassen. In diesem Fall ist eine Aufgliederung im Anhang erforderlich, § 313 Abs 1 iVm § 265 Abs 7.

Die abgebildete Konzern-Gewinn- und Verlustrechnung ist nach dem **Gesamtkostenverfahren** aufgestellt. Zulässig ist auch das Umsatzkostenverfahren nach §§ 298 Abs 1, 275 Abs 3; → Form. III.B.3 Anm. 1 ff.; dazu BeBiKo/*Störk/Deubert* § 298 Rn 75; GK-HGB/*Kraft* § 298 Rn 66 und 83.

2. Der Konzernabschluss ist unter der Maßgabe aufzustellen, die Vermögens-, Finanz- und Ertragslage der einbezogenen Unternehmen so darzustellen, als ob diese ein einziges Unternehmen wären (sog Einheitsgrundsatz, Baumbach/Hopt/*Merkt*, § 297 Rn 5; *ADS* § 297 HGB Tz 39). Zu den Umsatzerlösen gehören auch die Erlöse aus der Vermietung und Verpachtung von Produkten, jeweils ohne Umsatzsteuer und sonstigen direkten Steuern. Der Konzernabschluss darf nur diejenigen **Umsatzerlöse** und Erträge ausweisen, die die gedachte Einheit der Konzernunternehmen mit Dritten erzielt hat. § 305 Abs 1 schreibt vor, bei den Umsatzerlösen (Nr 1) und anderen Erträgen (Nr 2) die Erlöse sowie anderen Erträge aus Lieferungen und Leistungen zwischen den in den Konzernabschluss einbezogenen Unternehmen mit den auf sie entfallenden Aufwendungen zu verrechnen, soweit sie nicht als Erhöhung des Bestands an fertigen oder unfertigen Erzeugnissen oder als andere aktivierte Eigenleistungen auszuweisen sind; dazu GK-HGB/*Kraft* § 305 Rn 11 ff. Von der Anwendung der Vorschrift darf abgesehen werden, wenn die zu verrechnenden oder umzugliedernden Beträge von untergeordneter Bedeutung sind (§ 305 Abs 2; Baumbach/Hopt/*Merkt*, § 305 Rn 2).

3. Andere Erträge aus (konzerninternen) Lieferungen und Leistungen sind nach § 305 Abs 1 Nr 2 ebenfalls mit den auf sie entfallenden Aufwendungen zu verrechnen. Zu diesen Erträgen gehören zB die sonstigen betrieblichen Erträge, Erträge aus Gewinnabführungsverträgen, Erträge aus Wertpapieren, Ausleihungen wie zB Zinsen sowie außerordentliche Erträge (mwN *ADS* § 305 Tz 56).

4. Die zu verrechnenden Umsatzerlöse oder andere Erträge sind, sofern nicht eine Umgliederung zB in Bestandsveränderungen oder aktivierte Eigenleistungen in Betracht kommt, mit den korrespondierenden **Aufwendungen** zu verrechnen, wie zB Materialaufwand, Zinsaufwand, sonstige betriebliche Aufwendungen (*ADS* § 305 Tz 11; WP-Hdb 2021 G 494).

5. Zur Konzern-Gewinn- und Verlustrechnung nach dem Umsatzkostenverfahren *ADS* § 305 HGB Rn 41, 54; WP-Hdb 2021 I G 510 ff.

6. Besonderheiten der Ergebnisübernahme nach der Equity-Methode. Die anteiligen Jahresergebnisse assoziierter Unternehmen (§ 312) werden unabhängig von einer Gewinnausschüttung im Jahr der Entstehung in die Konzern-Gewinn- und Verlustrechnung übernommen. Beschließt das assoziierte Unternehmen eine Gewinnausschüttung, wird eine Konsolidierung der Gewinnausschüttung erforderlich (§ 312 Abs 4 S 1 HS 2).

7. Steuerabgrenzung. Weicht das im Konzernabschluss ausgewiesene Ergebnis auf Grund von Konsolidierungsmaßnahmen nach §§ 300 bis 305 oder 307 von der Summe der Einzelergebnisse der einbezogenen Unternehmen ab, ist der zu hohe oder zu niedrige Steueraufwand nach § 306 abzugrenzen, s iE dazu DRS 18.

8. Auf nicht beherrschende Gesellschafter entfallender Gewinn. Der im Jahresergebnis der Konzern-Gewinn- und Verlustrechnung enthaltene, anteilige Gewinn oder Verlust, der auf nicht beherrschende Gesellschafter entfällt, ist nach § 307 Abs 2 unter dieser Bezeichnung nach dem Posten „Jahresüberschuss/Jahresfehlbetrag" gesondert auszuweisen; Baumbach/Hopt/*Merkt,* § 307 Rn 2; GK-HGB/*Kraft* § 307 Rn 74 ff.

3. Konzernanhang

I. Allgemeine Angaben[1–3]

Der Konzernabschluss der XY GmbH, A Stadt wurde für das Geschäftsjahr x2 nach den Vorschriften des HGB und des GmbHG aufgestellt. Im Interesse der Klarheit und besseren Übersichtlichkeit sind in der Konzernbilanz und der Konzern-Gewinn- und Verlustrechnung Posten zusammengefasst und im Konzernanhang gesondert ausgewiesen worden. Für die Konzern-Gewinn- und Verlustrechnung haben wir das Gesamtkostenverfahren gewählt.

1. Konsolidierungskreis[4]

In den Konzernabschluss wurden außer der XY GmbH deren 100 %iges Tochterunternehmen AB Ltd., Birmingham sowie erstmals CD GmbH, B-Heim, ferner die EF GmbH & Co KG, C-Burg, an der eine 75 %ige Kommanditbeteiligung gehalten wird, einbezogen. Die in der Auflistung des Anteilsbesitzes unter (5) und (6) genannten Gesellschaften wurden wegen ihrer untergeordneten Bedeutung für die Darstellung der Vermögens-, Finanz- und Ertragslage des Konzerns nach § 296 Abs 2 HGB nicht einbezogen.

Die Beteiligung an der NN GmbH, A-Stadt, auf die die XY GmbH maßgeblichen Einfluss ausübt, wurde als assoziiertes Unternehmen mit dem anteiligen Eigenkapital in den Konzernabschluss übernommen.

2. Konsolidierungsgrundsätze[4]

Die Kapitalkonsolidierung erfolgt nach der Neubewertungsmethode auf den Zeitpunkt des Erwerbs. Die sich zum Erwerbszeitpunkt ergebenden Unterschiedsbeträge wurden in den Vorjahren als Geschäfts- oder Firmenwerte ausgewiesen; der zusätzliche Unterschiedsbetrag aus der erstmaligen Einbeziehung der CD GmbH wurde ebenfalls als Geschäfts- oder Firmenwert ausgewiesen.

Für die Anteile nicht beherrschender Gesellschafter an den einbezogenen Tochterunternehmen wurde ein gesonderter Posten für Anteile nicht beherrschender Gesellschafter am konsolidierungspflichtigen Kapital und Bilanzgewinn ermittelt.[9]

Forderungen und Verbindlichkeiten sowie Aufwendungen und Erträge zwischen den einbezogenen Unternehmen wurden verrechnet, dabei entstehende Zwischenergebnisse wurden eliminiert. Auf die ergebniswirksamen Konsolidierungsmaßnahmen wurde eine Steuerabgrenzung vorgenommen.

3. Währungsumrechnung[5]

Im Konzernabschluss der XY GmbH erfolgte die Umrechnung aller Bilanzposten des ausländischen Tochterunternehmens von der Landeswährung in EUR für das Anlagevermögen mit historischen Kursen, für das Umlaufvermögen, das Fremdkapital und den Bilanzgewinn mit Kursen am Bilanzstichtag. Das Eigenkapital ergibt sich als Saldogröße der umgerechneten Vermögensgegenstände sowie der Schulden und des Bilanzgewinns. Die sich aus der Umrechnung der Bilanzposten ergebenden Differenzen werden mit den Konzerngewinnrücklagen verrechnet.

Aufwands- und Ertragsposten werden grundsätzlich mit Jahresdurchschnittskursen umgerechnet, außer den das Anlagevermögen betreffenden Posten, die zu historischen Kursen umgerechnet werden. Jahresüberschuss und Rücklagenzuführung werden mit dem Stichtagskurs umgerechnet; hierbei sich ergebende Differenzen werden mit den Konzerngewinnrücklagen verrechnet.

4. Bilanzierungs- und Bewertungsgrundsätze[6]

Die Vermögensgegenstände und Schulden der in den Konzernabschluss einbezogenen Unternehmen werden nach den für die XY GmbH geltenden Bilanzierungs- und Bewertungsmethoden einheitlich angesetzt. Bei der Ermittlung des anteiligen Kapitals des assoziierten Unternehmens werden abweichende Bewertungsmethoden angewendet.

Unter den immateriellen Vermögensgegenständen des Anlagevermögens werden die im Rahmen der Kapitalkonsolidierung sich ergebenden Unterschiedsbeträge, die als Geschäfts- oder Firmenwert anzusehen sind, ferner Software ausgewiesen. Der Geschäfts- oder Firmenwert wird über 10 Jahre abgeschrieben.

Das Sachanlagevermögen . . . . . .

. . . . .

II. Erläuterungen zur Konzernbilanz und zur Konzern-Gewinn- und Verlustrechnung

Die Ziffern der nachfolgenden Anmerkungen beziehen sich auf die entsprechenden Angaben in der Konzernbilanz und in der Konzern-Gewinn- und Verlustrechnung.

Erläuterungen der Konzernbilanz

. . . .

(4)[7] Vermietete Vermögensgegenstände[8]

Die durch in den Konzernabschluss einbezogene Unternehmen an Kunden vermieteten Erzeugnisse werden, um die Aussagefähigkeit des Konzernabschlusses zu verbessern, in diesem Posten ausgewiesen.

. . . .

(11) Nicht beherrschende Anteile

Die Anteile nicht beherrschender Gesellschafter am Eigenkapital einbezogener Gesellschafter betreffen die EF GmbH & Co KG.

. . . . . Haftungsverhältnisse[10]

. . . . . Sonstige finanzielle Verpflichtungen[13]

. . . . . Angaben zur Aktivierung von Forschungs- und Entwicklungskosten[13]

. . . . . Angaben zur Bildung von Bewertungseinheiten[13]

. . . . . Angaben zu Pensionsrückstellungen[13]

. . . . . Angaben zur Verrechnung von Vermögensgegenständen und Schulden[13]

. . . . . Angaben zur Abschreibung eines Geschäfts- oder Firmenwerts sowie Erläuterung des Zeitraumes, überden ein entgeltlich erworbener Geschäfts- oder Firmenwert abgeschrieben wird[13]

. . . . . Angaben zu latenten Steuern, zB auf welche Differenzen oder Verlustvorträge sich die latenten Steuern beziehen; Angabe latenter Steuersalden und deren Veränderung[13]

Erläuterungen der Konzern-Gewinn- und Verlustrechnung

. . . .

Betrag und Art einzelner Erträge und Aufwendungen von außergewöhnlicher Größenordnung oder Bedeutung

III. Sonstige Angaben

- Angabe zu Art und Zweck sowie Risiken, Vorteilen und finanziellen Auswirkungen von nicht in der Konzernbilanz enthaltenen Geschäften
- Durchschnittliche Anzahl der Arbeitnehmer
- Angaben zu anderen Unternehmen[11]
- Gesamtbezüge der Mitglieder der Geschäftsführung, des Aufsichtsrats sowie von ehemaligen Mitgliedern des Vorstands; Kredite an Organmitglieder[12]
- Bestand an (eigenen) Anteilen an dem Mutterunternehmen
- Zahl der Aktien jeder Gattung, die im Rahmen eines genehmigten Kapitals gezeichnet wurden
- Angabe von Genussscheinen, Wandelschuldverschreibungen, Optionen oder vergleichbaren Wertpapieren
- bei AG für jedes einbezogene Unternehmen, dass die nach § 161 AktG vorgeschriebene Erklärung abgegeben und wo sie öffentlich zugänglich gemacht wurde
- Angaben zu Dienstleistungen und Honoraren des Abschlussprüfers[13]
- Angaben zu derivativen Finanzinstrumenten[13]
- Angaben zu unterbliebenen außerplanmäßigen Abschreibungen bei zu den Finanzanlagen gehörenden Finanzinstrumenten[13]

- Angaben zu Geschäften mit nahestehenden Personen[13]
- Angabe zu in der Konzernbilanz ausgewiesenen Anteilen an Sondervermögen iSv § 1 Abs 10 KAGB oä
- Vorgänge von besonderer Bedeutung, die nach dem Schluss des Geschäftsjahres eingetreten und in der Konzernbilanz oder der Konzern-Gewinn- und Verlustrechnung nicht berücksichtigt sind
- Vorschlag für die Verwendung des Ergebnisses des Mutterunternehmens

Schrifttum: *ADS* § 298 HGB Rn 168 sowie §§ 313, 314; GK-HGB/*Kraft* § 297 Rn 15 sowie §§ 313, 314; BeBiKo/*Grottel* §§ 313 und 314; *Farr,* Checkliste für die Aufstellung, Prüfung und Offenlegung des Konzernanhangs, 8. Aufl, 2017; *Russ/Janssen/Götze* BilRUG – Auswirkungen auf das deutsche Bilanzrecht, 2015; *Anzinger*, Vorstands- und Aufsichtsratsvergütung: Kompetenzverteilung und Offenlegung nach der zweiten Aktionärsrechterichtlinie, ZGR **2019**, 39.

Anmerkungen

1. Rechtsgrundlagen, Anwendungsbereich. Der Konzernanhang ist der dritte Pflichtbestandteil des Konzernabschlusses, § 297 Abs 1. In den Konzernanhang sind diejenigen Angaben aufzunehmen, die zu den einzelnen Posten der Konzernbilanz oder der Konzern-Gewinn- und Verlustrechnung vorgeschrieben oder die im Konzernanhang infolge der Ausübung eines Wahlrechts zu machen sind. Die Vorschriften für den Konzernanhang ergeben sich aus § 313 Abs 1 iVm § 298 Abs 1 sowie den Regelungen aus §§ 313, 314. Die Angaben sind in der Reihenfolge der einzelnen Posten der Konzernbilanz und der Konzern-Gewinn- und Verlustrechnung darzustellen. Zu den Pflicht- und Wahlpflichtangaben im Konzernanhang Baumbach/Hopt/*Merkt,* § 313 Rn 3 ff.

2. Zusammenfassung von Konzernanhang und Anhang des Jahresabschlusses. Nach § 298 Abs 2 S 1 ist es zulässig, den Konzernanhang und den Anhang des Jahresabschlusses zusammenzufassen. Bei Zusammenfassung können gleichartige Angaben des Konzernanhangs und des Anhangs des Jahresabschlusses verbunden werden; im Form. wurde von dieser Möglichkeit kein Gebrauch gemacht. Wird der Konzernanhang mit dem Anhang des Mutterunternehmens zusammengefasst, muss nach § 298 Abs 2 S 3 klar hervorgehen, welche Angaben sich auf den Konzern und welche sich nur auf das Mutterunternehmen beziehen.

3. Grundsätze, Gliederung. S → Form. III.C.1 Anm. 2; zu den Pflichtangaben vgl Baumbach/Hopt/*Merkt,* HGB § 313 Rn 3. Im Konzernanhang ist zusätzlich auf die Grundsätze der Konsolidierung einzugehen. § 313 Abs 2 verlangt in Nr 1 bis 4 die Angabe von Namen, Sitz und Anteil am Kapital der eingezogenen Tochterunternehmen, der assoziierten Unternehmen sowie der nach § 310 nur anteilmäßig einbezogenen Unternehmen sowie anderer Unternehmen, an denen das Mutterunternehmen, ein Tochterunternehmen oder ein auf deren Rechnung handelnder Dritter mindestens den fünften Teil der Anteile besitzt. In Nr 5 bis 8 wurde die Angabepflicht auf bestimmte weitere Beteiligungen und Anteile ausgedehnt; vgl. → Anm. 11.

4. Konsolidierungsgrundsätze. Näher §§ 300, 301, 303 bis 307, 309 sowie § 312.

5. Währungsumrechnung. S § 313 Abs 1 S 2 Nr 2. Das Form. folgt der sog Fristigkeits-Methode (DRS 25; *ADS* § 298 HGB Rn 12 ff., insbesondere Rn 18). Zur Umrechnung von auf fremde Währung lautenden Abschlüssen s § 308a.

6. Bilanzierungs- und Bewertungsvorschriften. Vgl §§ 300 (einheitliche Bilanzierung) und 308 (einheitliche Bewertung); zu den Unterschiedsbeträgen s §§ 301 Abs 3, 309. Für die weiteren Angaben → Form. III.C.1 Anm. 5 zu den Methoden. Die Abschreibung des Geschäfts- oder Firmenwerts richtet sich nach §§ 298 Abs 1, 253 Abs 3 S 3 und 4.

7. Die **Bezifferung** der Angaben im Konzernanhang und Referenzierung in der Konzernbilanz und der Konzern-Gewinn- und Verlustrechnung ist zwar nicht vorgeschrieben, jedoch zur Verbesserung der Übersichtlichkeit, insbesondere bei Zusammenfassung von Konzernanhang und Anhang des Jahresabschlusses empfehlenswert; die Angaben sind in der Reihenfolge der Posten darzustellen, § 313 Abs 1 S 1 (→ Form. III. G.1 Anm. 1 ff.).

8. Vermietvermögen. Der Posten beruht auf einer Erweiterung des Gliederungsschemas nach § 298 Abs 1, § 265 Abs 5 S 2.

9. Nicht beherrschende Anteile. → Form. III.G.1 Anm. 9, → Form. III.G.2 Anm. 8.

10. Finanzielle Verpflichtungen, Haftungsverhältnisse. S §§ 313 Abs 1 S 1, 298 Abs 1, 268 Abs 7, 251 sowie 314 Abs 1 Nr 2 und 2a. Finanzielle Verpflichtungen einschl der Risiken aus nicht bilanzierten Geschäften sowie Haftungsverhältnisse auf Grund konzerninterner Zusagen sind entspr § 303 zu verrechnen, so dass – dem Einheitsgrundsatz entsprechend – nur die Verpflichtungen gegenüber Konzernfremden angegeben werden.

11. Auflistung von Name, Sitz, Kapitalanteil an anderen Unternehmen. S § 313 Abs 2 Nr. 1 bis 8. Die Angabe bezieht sich auf einbezogene Unternehmen, assoziierte Unternehmen, anteilsmäßig einbezogene Unternehmen, Beteiligungen iSv § 271 Abs 1, Beteiligungen (börsennotierter Unternehmen) an großen Kapitalgesellschaften, die 5 % der Stimmrechte überschreiten, Unternehmen, deren persönlich haftender Gesellschafter das Mutterunternehmen oder ein TU ist; das Unternehmen, das den Konzernabschluss für den größten sowie den kleinsten Kreis von Unternehmen aufstellt, dem das Mutterunternehmen angehört. Im Hinblick auf drohende erhebliche Nachteile brauchen diese Angaben nicht gemacht zu werden; die Anwendung der Ausnahmeregelung ist im Konzernanhang anzugeben. Die Ausnahmeregelung gilt seit Inkrafttreten des BilMoG nicht, wenn ein Mutterunternehmen oder eines seiner Tochterunternehmen kapitalmarktorientiert iSd § 264d ist (§ 313 Abs 3 S 3). Vgl auch → Form. III.C.3 Anm. 1 ff.

12. Organbezüge. Die Angabepflicht beruht auf § 314 Abs 1 Nr 6 a) bis c). Die Angabe bezieht sich auf die Organmitglieder des Mutterunternehmens und deren Bezüge beim Mutterunternehmen und den Tochterunternehmen. Durch das VorstOG v 3.8.2005 (BGBl I 2005, 2267 f) wurden die Angabepflichten insbes für börsennotierte Mutterunternehmen ausgeweitet. Die Angabe bezieht sich auf die Gesamtbezüge (einer jeden Personengruppe) einschließlich Aktienoptionen. Ist das Mutterunternehmen börsennotiert, erfolgt die Angabe unter Namensnennung und individualisiert für jedes einzelne Vorstandsmitglied; die Angabe schließt Zusagen für Bezüge, die aus Anlass der Beendigung des Dienstverhältnisses gewährt werden, ein. Infolge des ARUG II sind bei börsennotierten AG die Angaben der bisherigen S. 5 bis 8 nicht mehr im Konzernanhang, sondern in einem **Vergütungsbericht** zu machen (§ 162 AktG). Eine Befreiung entspr § 286 Abs 4 ist für den Konzernanhang nur für nicht börsennotierte Unternehmen vorgesehen. Für die Angaben bei börsennotierten Unternehmen ist in Abs 3 S 1 durch Verweis auf § 286 Abs 5 lediglich vorgesehen, dass die Hauptversammlung solche Unternehmen von der Verpflichtung befreien kann.

13. Weitere Angaben. Durch das BilReG sowie das BilMoG wurde die Verpflichtung zu Angaben zu den im Form. vermerkten Angaben bereits durch § 314 Abs 1 Nr 2 bis 2a sowie 9 bis 21 ausgeweitet; durch das BilRUG kamen die Angaben aus Nr 7a und 7b sowie 22 bis 26 hinzu (vgl Baumbach/Hopt/*Merkt,* § 314 Rn 3 ff.; *Russ/Janssen/Götze,* BilRUG 219 ff.).

4. Konzernlagebericht[1–6]

Überblick über den Geschäftsverlauf und die Rahmenbedingungen der Tätigkeit des XY-Konzerns

Der Verlauf des Geschäftsjahres x2 war von weiterem Wachstum des Geschäftsvolumens bei gleichzeitig stark kompetitiver Wirtschaftslage gekennzeichnet. Die Ertragsentwicklung konnte mit der Entwicklung des Geschäftsvolumens insgesamt nicht ganz Schritt halten.

Grund für unser weiteres geschäftliches Wachstum im Konzern war unter anderem der Erwerb aller Anteile an der CD GmbH, die mit ihren Produkten im D-Segment eine wichtige Ergänzung unserer Angebots- und Leistungspalette darstellte. Bereits im Verlauf des abgelaufenen Geschäftsjahres zeigten sich positive Auswirkungen auf den Absatz der Erzeugnisse unserer bisherigen Geschäftsbereiche. Der Gesamtumsatz im Konzern erhöhte sich um 12,3 % auf EUR 349 Mio, bereinigt um die Auswirkungen der Erweiterung des Konsolidierungskreises gleichwohl um 6,3 %.

Die Absatzentwicklung der einzelnen Geschäftsbereiche . . . . . .

Schrifttum: *ADS* § 315 HGB; BeBiKo/*Grottel* § 315 bis § 315d; Deutscher Rechnungslegungs Standard Nr 20 (DRS 20): Konzernlagebericht; *Böcking/Althoff*, Konzernlagebericht: Änderungen von DRS 20, WPg **2017**, 1450; *Kajüter*, Berichterstattung über Chancen und Risiken im Lagebericht, BB 2004, 427; *Kajüter/Wirth*, Praxis der nicht finanziellen Berichterstattung nach dem CSR-RUG, DB **2018**, 1605; *Withus*, Standardisierungsrat überarbeitet Rechnungslegungsstandards zum Konzernlagebericht, DB **2010**, 68; *Strieder*, Erweiterung der Lageberichterstattung nach dem BilMoG, BB **2009**, 1002; *Velte*, Reporting über Forschung und Entwicklung (F&E) im (Konzern-)Abschluss und -Lagebericht, IRZ **2011**, 355; *Zwirner*, Das Bilanzrechtlinie-Umsetzungsgesetz (BilRUG) – ein Überblick über die Änderungen und Auswirkungen in der Praxis, StbG **2016**, 411.

Anmerkungen

1. Zum Konzernabschluss ist ein Konzernlagebericht aufzustellen, in dem der Geschäftsverlauf einschließlich des Geschäftsergebnisses und die Lage des Konzerns so darzustellen sind, dass ein den tatsächlichen Verhältnissen entsprechendes Bild vermittelt wird, § 315 Abs 1. Auf die Risiken der künftigen Entwicklung ist ebenfalls einzugehen. Zur Lageberichterstattung für nach dem 31.12.2016 beginnende Geschäftsjahre vgl ferner DRS 20.

2. Der Lagebericht muss eine ausgewogene, den Umfang und die Komplexität der Geschäftstätigkeit entsprechende Analyse des Geschäftsverlaufs und der Lage des Konzerns enthalten. Dabei sind finanzielle und nicht finanzielle Leistungsindikatoren (zB Umwelt- oder Arbeitnehmerbelange) zu erläutern, § 315 Abs. 3. Die Risikoberichterstattung nach Abs 2 enthält insbes die Verpflichtung zur Darstellung von Risikomanagementzielen und Methoden des Konzerns und zu Preisänderungs-, Ausfall- und Liquiditätsrisiken (Baumbach/Hopt/*Merkt* Rn 3). Bei einbezogenen kapitalmarktorientierten Unternehmen (§ 264d) ist nach Abs 4 auch auf die wensentlichen Merkmale des internen Kontroll- und Risikomanagementprozesses im Hinblick auf die Konzernrechnungslegung einzugehen.

3. Zum Inhalt § 315 Abs 1, 2; ferner → Form. III.D.1 Anm. 2 ff. Dabei hat der Konzernlagebericht das wirtschaftliche Gesamtgeschehen und die Risikolage des Konzerns abzubilden. § 315a Abs 2 verlangt für die in § 314 Abs 1 Nr 6 genannten Gesamtbezüge die Angabe der Grundzüge des Vergütungssystems bei börsennotierten AG. Die Mitglieder des vertretungsberechtigten Organs eines kapitalmarktorientierten Mutterunternehmens haben nach § 315 Abs 1 S 5 in einer schriftlichen Erklärung zu versichern, dass im Konzernlagebericht Geschäftsverlauf, Geschäftsergebnisse und die Lage des Konzerns so dargestellt werden, dass sie ein den tatsächlichen Verhältnissen entsprechendes Bild vermitteln und dass die wesentlichen Risiken und Chancen beschrieben sind.

4. Ergänzende Berichtsgegenstände. Durch das CSR-RUG v 11.4.2017 wurden §§ 315a bis d neu gestaltet und ergänzt, dazu DRS 20. § 315a führt Regelungen für Mutterunternehmen fort, die in einem organisierten Markt (§ 2 Abs. 7 WpÜG) engagiert sind, und zwar über Angaben zu Aktien (insbes zu Sonderrechten, Stimmrechten und Stimmrechtsbeschränkungen (Nr 1, 2 und 4), zu direkten und indirekten Beteiligungen (Nr 3), die 10 % der Stimmrechte überschreiten, zu Besonderheiten der Stimmrechtskontrolle, wenn Arbeitnehmer ihre aus Stimmrechten resultierenden Kontrollrechte nicht selber ausüben (Nr 5), ferner die gesetzlichen und satzungsmäßigen Vorschriften über die Ernennung und Abberufung von Vorstandsmitgliedern und über die Änderung der Satzung (Nr 6), zu Befugnissen des Vorstands insbes zur Ausgabe und zum Rückerwerb von Aktien (Nr 7), die wesentlichen Vereinbarungen des Mutterunternehmens für den Fall eines Kontrollwechsels infolge eines Übernahmeangebots und deren Wirkungen (Nr 8) sowie zu Entschädigungsvereinbarungen des Mutterunternehmens mit Mitgliedern des Vorstands oder Arbeitnehmern für den Fall eines Übernahmeangebots (Nr 9). Bei Überschneidungen zu Angaben im Konzernanhang brauchen die Angaben nicht gemacht zu werden, § 315 Abs 1 S 2.

5. Nichtfinanzielle Konzernerklärung. §§ 315b und c verpflichten Mutterunternehmen, die kapitalmarktorientierte Kapitalgesellschaften und bei denen 2 der 3 Größenkriterien des § 293 überschritten sind, zu einer nicht finanziellen Konzernerklärung. Zum Inhalt vgl → Form. III.D.1 Anm. 1 ff.; hier geht es indes um die Lage und Entwicklung des Konzerns. Mutterunternehmen, die zugleich Tochterunternehmen eines anderen Mutterunternehmens sind und dieses Mutterunternehmen das Mutterunternehmen und seine Tochterunternehmen in die nichtfinanzielle Konzernerklärung des anderen Mutterunternehmens einbezogen werden, sind von der Aufstellung befreit, § 315b Abs 2; Baumbach/Hopt/*Merkt* Rn 3.

6. Konzernerklärung der Unternehmensführung. Als gesonderten Abschnitt des Konzernlageberichts ist die Konzernerklärung zur Unternehmensführung aufzunehmen (§ 315d, bisher § 315 Abs 5). Der Inhalt bestimmt sich nach § 289 f.

7. Zusammenfassung von Konzernlagebericht und Lagebericht ist nach § 315 Abs 3 gestattet; entspr § 298 Abs 3 sind Konzernlagebericht und Lagebericht dann gemeinsam offenzulegen (*ADS* § 315 HGB Rn 30).

5. Konzern-Eigenkapitalspiegel

Konzerneigenkapital Stand 31.12.x1

Kapitalerhöhung/-herabsetzung zB:

- Ausgabe von Anteilen
- Erwerb/Veräußerung eigener Anteile
- Einziehung von Anteilen
- Kapitalerhöhung aus Gesellschaftsmitteln

Einforderung/Einzahlung bisher nicht eingeforderter Einlagen

Einstellung in/Entnahme aus Rücklagen

Ausschüttung

Sonstige Veränderungen

Änderungen des Konsolidierungskreises

Konzernjahresüberschuss/-fehlbetrag

Eigenkapital Stand 31.12.x2

Schrifttum: BeBiKo/*Störk/Rimmelspacher* § 297 Anm. 100 ff.; Deutscher Rechnungslegungs Standard Nr 22 (DRS 22): Konzerneigenkapital.

Anmerkungen

1. Anwendungsbereich. Der Konzernabschluss ist um einen Eigenkapitalspiegel zu ergänzen. Der Eigenkapitalspiegel bezieht sich ausschließlich auf das Konzerneigenkapital. Das Form. beruht auf der Darstellung senkrechten Spalte (Veränderungsposten) des DRS 22 (anzuwenden ab dem nach dem 31.12.2016 beginnenden Geschäftsjahr); als Bestandsposten sind darzustellen das gezeichnete Kapital, eigene Anteile, nicht eingeforderte ausstehende Einlagen; die Kapitalrücklage, die Gewinnrücklagen, Eigenkapitaldifferenzen aus der Währungsumrechnung, der Gewinn-/Verlustvortrag sowie der Konzernjahresüberschuss/-fehlbetrag, der dem Mutterunternehmen zuzurechnen ist. Hieraus resultiert das Eigenkapital des Mutterunternehmens; mit den nicht beherrschenden Anteilen ergibt sich das Konzerneigenkapital (vgl BeBiKo/*Störk/Rimmelspacher* § 297 Anm. 102).

2. Gliederung. Die Darstellung unterscheidet zwischen den og Bestands- und Veränderungsposten; bei den Bestandsposten ergibt sich aus dem den Gesellschaftern des Mutterunternehmens zuzuordnenden Eigenkapital und dem auf nicht beherrschende Anteile entfallenden Eigenkapital das Konzerneigenkapital.

3. Inhalt. Der Konzerneigenkapitalspiegel ist für das jeweilige Berichtsjahr und für das Vorjahr aufzustellen. Zu den Inhalten der Begriffe vgl DRS 22.9. Der Stand der den einzelnen Posten zuzuordnenden Beträgen zum Stichtag des Vorjahresabschlusses ist unter Berücksichtigung der im Geschäftsjahr erfolgten Veränderungen im Zusammenhang mit der Ausgabe von Anteilen, dem Erwerb und der Einziehung eigener Anteile oder Kapitalerhöhungen aus Gesellschaftsmitteln zu entwickeln. Anzugeben sind ferner die Einforderung/Einzahlung bisher nicht eingeforderter Einlagen, die Einstellung in oder Entnahme aus den Rücklagen, Ausschüttungen, Effekte aus der Währungsumrechnung, aus sonstigen Veränderungen und Veränderungen des Konsolidierungskreises, ferner der Konzernjahresüberschuss/-fehlbetrag. Ausgehend vom Stand des Vorjahres ergibt sich daraus der Stand zum Ende des Geschäftsjahres. Vgl dazu auch Anlage 1 zu DRS 22.

4. Zusätzliche Angaben. Nach DRS 22.60 sind zur Erläuterung des Konzerneigenkapitals anzugeben **a)** der Betrag, der am Stichtag zur Ausschüttung an die Gesellschafter zur Verfügung steht, **b)** der Betrag, der gesetzlichen Ausschüttungssperren unterliegt und **c)** der Betrag, der nach der Satzung/dem Gesellschaftsvertrag einer Ausschüttungssperre unterliegt.

6. Konzern-Kapitalflussrechnung

		x2 EUR Mio	x1 EUR Mio
	Periodenergebnis (einschließlich Ergebnisanteilen von Minderheitsgesellschaftern) vor außerordentlichen Posten		
+/–	Abschreibungen/Zuschreibungen auf Gegenstände des Anlagevermögens		
+/–	Zunahme/Abnahme der Rückstellungen		
+/–	Sonstige zahlungsunwirksame Aufwendungen/Erträge (zB Abschreibung auf ein aktiviertes Disagio)		
–/+	Gewinn/Verlust aus dem Abgang von Gegenständen des Anlagevermögens		
–/+	Zunahme/Abnahme der Vorräte, der Forderungen aus Lieferungen und Leistungen sowie anderer Aktiva, die nicht der Investitions- oder Finanzierungstätigkeit zuzuordnen sind		
+/–	Zunahme/Abnahme der Verbindlichkeiten aus Lieferungen und Leistungen sowie anderer Passiva, die nicht der Investitions- oder Finanzierungstätigkeit zuzuordnen sind		
+/–	Ein- und Auszahlungen aus außerordentlichen Posten		
=	Cashflow aus laufender Geschäftstätigkeit		
	Einzahlungen aus Abgängen von Gegenständen des Sachanlagevermögens		
–	Auszahlungen für Investitionen in das Sachanlagevermögen		
+	Einzahlungen aus Abgängen von Gegenständen des immateriellen Anlagevermögens		
–	Auszahlungen für Investitionen in das immaterielle Anlagevermögen		
+	Einzahlungen aus Abgängen von Gegenständen des Finanzanlagevermögens		
–	Auszahlungen für Investitionen in das Finanzanlagevermögen		
+	Einzahlungen aus dem Verkauf von konsolidierten Unternehmen und sonstigen Geschäftseinheiten		
–	Auszahlungen aus dem Erwerb von konsolidierten Unternehmen und sonstigen Geschäftseinheiten		

		x2 EUR Mio	x1 EUR Mio
+	Einzahlungen aufgrund von Finanzmittelanlagen im Rahmen der kurzfristigen Finanzdisposition		
–	Auszahlungen aufgrund von Finanzmittelanlagen im Rahmen der kurzfristigen Finanzdisposition		
=	Cashflow aus der Investitionstätigkeit		
	Einzahlungen aus Eigenkapitalzuführungen (Kapitalerhöhungen, Verkauf eigener Anteile etc)		
–	Auszahlungen an Unternehmenseigner und Minderheitsgesellschafter (Dividende, Erwerb eigener Anteile, Eigenkapitalrückzahlungen, andere Ausschüttungen)		
+	Einzahlungen aus der Begebung von Anleihen und der Aufnahme von (Finanz-)Krediten		
–	Auszahlungen aus der Tilgung von Anleihen und (Finanz-)Krediten		
=	Cashflow aus der Finanzierungstätigkeit		
	Zahlungswirksame Veränderung des Finanzmittelfonds		
+/–	Wechselkurs-, konsolidierungskreis- und bewertungsbedingte Änderungen des Finanzmittelfonds		
+	Finanzmittelfonds am Anfang der Periode		
=	Finanzmittelfonds am Ende der Periode		

Schrifttum: BeBiKo/*Störk/Rimmelspacher* § 297 Anm. 52 ff.; Deutscher Rechnungslegungs Standard Nr 21 (DRS 21): Kapitalflussrechnung.

Anmerkungen

1. Anwendungsbereich. Der Konzernabschluss muss eine Kapitalflussrechnung enthalten (§ 297 Abs 1 S 1). Die Kapitalflussrechnung bezieht sich ausschließlich auf den Konzern. Das Form. beruht auf der Darstellung des DRS 21 Anlage 1 (Tabelle 5) Mindestgliederungsschema.

2. Inhalt und Gliederung. Die Konzern-Kapitalflussrechnung unterscheidet Zahlungsströme aus der laufenden Geschäftstätigkeit, der Investitionstätigkeit und der Finanzierungstätigkeit (vgl DRS 21.38 ff., 42 ff. und 47 ff). Im Konzernabschluss können diese Teilbereiche separat oder in einer Gesamtdarstellung zu einer einheitlichen Darstellung zusammengefasst werden. Für die Darstellung des cash-flow aus der laufenden Geschäftstätigkeit steht die direkte und die indirekte Methode zur Wahl (BeBiKo/*Störk/Rimmelspacher* § 297 Anm. 65; DRS 21.38 f). Das Form. folgt der direkten Methode. Zur Abgrenzung der Teilbereiche und zur Erläuterung der Unterposten vgl BeBiKo/*Störk*/Rimmelspacher § 297 Anm. 65 f.; DRS 21 Anlage 1 Tabelle 5 und 6.

3. Zusätzliche Erläuterungen. Die Angaben in der Kapitalflussrechnung bedürfen für die entscheidungsorientierte Interpretation und Analyse weiterer Angaben. Dazu gehören Angaben **a)** zur Definition, **b)** zur Zusammensetzung des Finanzmittelfonds und gegebenenfalls zur Überleitung, **c)** wesentliche zahlungsunwirksame Investitions- und Finanzierungsvorgänge und Geschäftsvorfälle, **d)** Bestände des Finanzmittelsfonds von quotal einbezogenen Unternehmen, und **e)** zu Verfügungsbeschränkungen von Beständen; vgl DRS 21.52.

7. Segmentberichterstattung

Segmentinformation nach Bereichen in EUR Mio	Jahr	Segment 1	Segment 2	Gesamt
Umsatzerlöse				
– mit externen Dritten	x2			
	x1			
– Intersegmenterlöse	x2			
	x1			
Segmentergebnis				
– darin enthaltene Abschreibungen	x2			
	x1			
– andere nicht zahlungs-	x2			
wirksame Posten	x1			
– Ergebnis aus Beteiligungen an	x2			
assoziierten Unternehmen	x1			
– Ergebnis aus sonstigen	x2			
Beteiligungen	x1			
Vermögen	x2			
(einschließlich Beteiligungen)	x1			
Investitionen in das	x2			
langfristige Vermögen	x1			
Schulden	x2			
	x1			

Schrifttum: BeBiKo/*Störk/Rimmelspacher* § 297 Anm. 151 ff.; Deutscher Rechnungslegungs Standard Nr 28 (DRS 28): Segmentberichterstattung v. 12.5.2020; GK-HGB[6]/*Kraft,* § 297 Rz 30 ff.

Anmerkungen

1. Anwendungsbereich. Nach § 297 Abs 1 kann der Konzernabschluss um eine Segmentberichterstattung erweitert werden. Die Segmentberichterstattung bezieht sich ausschließlich auf die Berichtssegmente des Konzerns. Das Form. gliedert sich entsprechend DRS 28.14 und 28.38 ff.

2. Inhalt und Gliederung. Die Segmentberichterstattung beinhaltet ergänzende Angaben entsprechend den isolierbaren Bereichen der differenzierten Wirtschaftseinheit. Die Differenzierung erfolgt regelmäßig nach operativen Segmenten (Geschäftsfeldern), vgl DRS 28.10 ff. Die Berichterstattung gliedert sich nach der internen Berichtsstruktur und folgt den produktorientierten und/oder geographischen Segmenten des Konzerns. Zu den Segmenten sind betragsmäßige Angaben zu Umsatzerlösen (Außenumsatzerlöse und Erlöse mit anderen Segmenten), Zinserträgen und Aufwendungen, wesentlichen sonstigen Ertrags- und Aufwendungsposten, den planmäßigen Abschreibungen, anderen nicht zahlungswirksamen Posten, dem Ergebnis assoziierter Unternehmen und zu Erträgen aus sonstigen Beteiligungen, und zum Segmentergebnis zu machen, ferner zum Vermögen einschließlich der Beteiligungen, zu Investitionen in das langfristige Vermögen und den Schulden und dem Eigenkapital anzugeben (vgl DRS 28.34 f.). Die umsatzbezogenen Angaben sollen 75 % der konsolidierten Umsatzerlöse umfassen, anderenfalls sind zusätzliche Segmente zu bilden. Nach Maßgabe der Umsatzerlöse ist ein Segment immer dann isoliert darzustellen, wenn es mindestens 10 % der gesamten oder der segmentinternen Umsatzerlöse aufweist. Die Beträge der einzelnen Posten aus dem Konzern sind auf die einzelnen Segmente aufzuteilen.

3. Zusätzliche Erläuterungen. Die Gesamtbeträge wichtiger Segmentgrößen sind auf die entsprechenden Posten in der Konzernbilanz und der Konzern-Gewinn- und Verlustrechnung überzuleiten. Die anzugebenden Segmente sind zu beschreiben, DRS 28.29, Ansatz- und Bewertungsgrundlagen sind zu erläutern, DRS 28.32.

4. Abgrenzungen. Mutterunternehmen, die eine Segmentberichterstattung freiwillig darstellen, sind von der Angabe nach § 314 Abs 1 Nr 3 (Aufgliederung der Umsatzerlöse) befreit, § 314 Abs 2.

H. Bilanzierung bei Strukturveränderungen

1. Anwachsung des Vermögens einer GmbH & Co. KG in die GmbH

A-GmbH Bilanz zum 31.12.x1

Aktiva					Passiva
		31.12.x1 Euro			31.12.x1 Euro
A.	Anlagevermögen		A.	Eigenkapital	
I.	Immaterielle Vermögensgegenstände	100.000	I.	Gezeichnetes Kapital	3.000.000
			II.	Kapitalrücklagen	400.000
II.	Sacheinlagen	3.124.000	III.	Gewinnrücklagen	215.000
III.	Finanzanlagen	2.400.000	IV.	Bilanzgewinn	74.000

A-GmbH Bilanz zum 31.12.x1

Aktiva		31.12.x1 Euro		Passiva	31.12.x1 Euro
B.	Umlaufvermögen		B.	Rückstellungen	2.348.000
I.	Vorräte	1.854.000			
II.	Forderungen und sonstige Vermögensgegenstände	1.025.000	C.	Verbindlichkeiten	4.123.000
III.	Wertpapiere	125.000	D.	Rechnungsabgrenzungsposten	2.000
IV.	Kassenbestand, Guthaben bei Kreditinstituten	1.404.000			
C.	Rechnungsabgrenzungsposten	107.000			
D.	Aktive Latente Steuern	23.000			
		10.162.000			10.162.000

Schrifttum: *ADS* § 255 HGB Tz 95 ff.; *Schmitt/Hörtnagl,* Umwandlungsgesetz, Umwandlungssteuergesetz, 9. Aufl. 2020; *Haritz/Menner,* Umwandlungssteuergesetz, 5. Aufl 2019; *Widmann/Mayer,* Umwandlungsrecht, Kommentar, Loseblatt, Stand Juni 2020; *Link*, Münchener Handbuch des Gesellschaftsrechts, Bd 8, 5. Aufl. 2018, § 61 B.; *Salzmann/Lose,* Grunderwerbsteuerneutrale Umstrukturierung im Konzern, DStR **04**, 1941; Erlass zur Anwendung des UmwStG (UmwSt-Erlass 2011) v 11.11.2011, BStBl I **11**, 1314; *Schüppen,* Erweiterte Anwachsung und Spaltungshindernisse im Lichte des UmwStG, JbFfSt **10/11**, 312.

Anmerkungen

1. Das Form. zeigt die Bilanz der A-GmbH nach erfolgter Anwachsung. Zugrunde liegt eine Umwandlung nach dem sog „erweiterten" Anwachsungsmodell. Im Jahr x1 haben die Kommanditisten der A-GmbH & Co KG ihre Kommanditanteile in die Komplementärin (A-GmbH) gegen Übernahme weiterer GmbH-Anteile aus einer Kapitalerhöhung eingebracht.

2. Die **Anwachsung** des Vermögens der KG bei der GmbH erfolgt nach Übertragung des Kommanditanteils zur Durchführung der Sacheinlageverpflichtung bei der GmbH. Die **handelsbilanziellen** Folgen sind nach den beiden Teilakten a) Sacheinlage und b) Anwachsung zu unterscheiden. Weder für die Sacheinlage noch für die Anwachsung ist die Vorlage oder Beschlussfassung auf der Grundlage eines handelsrechtlichen Abschlusses erforderlich, wenn auch zur Bestimmung der Kapitalkonten zweckmäßig.

a) Sacheinlagen sind mit ihren **Anschaffungskosten** anzusetzen § 255 Abs 1. Als Anschaffungskosten der eingebrachten Sachgegenstände ist der für die Begebung der neuen Geschäftsanteile festgesetzte Ausgabebetrag (Nennbetrag oder höherer Ausgabebetrag) anzusetzen. Die Obergrenze der Anschaffungskosten wird durch den Zeitwert der Vermögensgegenstände bestimmt (*ADS* § 255 HGB Rn 96). Übersteigt der Zeitwert der Vermögensgegenstände den festgesetzten Ausgabebetrag, bestehen folgende Möglichkeiten: die Kapitalgesellschaft setzt die Vermögensgegenstände mit Werten an, die insgesamt dem Ausgabebetrag entsprechen. Hierdurch werden zulässigerweise stille Reserven gebildet. Der Wertansatz kann aber auch zum Zeitwert erfolgen; in Höhe des hierdurch entstehenden Mehrwertes der Sacheinlage wird die Kapitalrücklage (§ 272 Abs 2 S 1) dotiert (zu den steuerlichen Folgen des Ansatzes zu einem den Buchwert übersteigenden Wert s → Anm. 5). Die Zulässigkeit dieser Vorgehensweise hängt von den Festlegungen im Kapitalerhöhungsbeschluss oder Einbringungsvertrag ab. Im Form wird die Sacheinlage „zu Buchwerten" geleistet. Sind die Buchwerte der eingebrachten Kommanditeinlagen und der Nennbetrag der neuen Stammeinlagen gleich hoch, ist der Wertansatz bindend. Übersteigen die Buchwerte der Kommanditeinlage den Nennbetrag, entsteht ein stilles Aufgeld, das in die Kapitalrücklage einzustellen ist.

Müssen neben den Anteilen an der KG weitere Vermögensgegenstände aus dem Eigentum des Gesellschafters in die GmbH eingebracht werden, um die steuerliche Buchwertfortführung erlangen zu können (sog Sonderbetriebsvermögen), ist dieses bei der Sacheinlage gesondert anzusetzen und zu bewerten.

b) Infolge der **Anwachsung** geht die Beteiligung an der KG unter, die GmbH hat die Vermögensgegenstände und Schulden der KG anzusetzen. Sie sind mit den Anschaffungskosten anzusetzen, die sich aus dem Wert des untergehenden KG-Anteils und der zu übernehmenden Schulden ergeben. Grundsätzlich treten im handelsrechtlichen Jahresabschluss die Werte der einzelnen, übergehenden Aktiva und Passiva erfolgsneutral an die Stelle des Beteiligungs**buch**wertes (*ADS* § 255 HGB Rn 101). Entspricht der handelsrechtliche Beteiligungsbuchwert (wie idR) nicht dem Saldo der Aktiva und Passiva der KG, treten infolge der Anwachsungen Auf- oder Abstockungen der handelsrechtlichen Buchwerte ein. Zur Vermeidung der letztgenannten Konsequenz wird es auch für zulässig gehalten, die in der Handelsbilanz der KG geführten Buchwerte (entsprechend § 24 UmwG) durch die GmbH fortzuführen. In der Handelsbilanz der aufnehmenden GmbH kann dann in Höhe des Unterschiedsbetrags zwischen Anteilsbuchwert und Eigenkapital ein Anwachsungsgewinn oder -verlust entstehen.

3. Die Sacheinlage und Anwachsung werden in den Büchern der GmbH ab dem **Zeitpunkt** gebucht, ab dem die Sachverhalte gesellschaftsrechtlich durchgeführt worden sind. Der Ansatz der übergehenden Vermögensgegenstände und Schulden bei der GmbH kommt ab dem Zeitpunkt des Übergangs des rechtlichen Eigentums, ggf des bereits früher übergehenden wirtschaftlichen Eigentums in Betracht. Rückwirkende Gestaltungen sind handelsbilanziell unbeachtlich (zB Ausweis zum 1. 1. x1 unzulässig); sie dienen allenfalls als Grundlage für die wirtschaftliche Zuordnung der seit dem 1. 1. x1 eingetretenen Erfolgswirkungen zur aufnehmenden GmbH.

4. Die Auswirkungen in den **Folgeabschlüssen** der GmbH hängen von der Wahl der Wertansätze bei Einbuchen der Sacheinlage und der Anwachsung ab. Veränderungen gegenüber den in der KG angesetzten Buchwerten ziehen Veränderungen der Ertragslage der GmbH nach sich (zB höhere Abschreibungsaufwendungen).

5. Steuerhinweise. Nach hM ist § 20 UmwStG auf den Fall einer erweiterten Anwachsung anwendbar (vgl *Schmitt/Hörtnagl* § 20 UmwStG Rn 195; Tz 01.44 UmwSt-Erlass 2011). Der Ansatz des auf die GmbH übergehenden Vermögens (Mitunternehmeranteils) erfolgt, wenn als Gegenleistung ein neuer Anteil an der GmbH gewährt wird, grundsätzlich zum gemeinen Wert (§ 20 Abs 2 S 1, 1. HS UmwStG). Nach Inkrafttreten des Gesetzes über steuerliche Begleitmaßnahmen zur Einführung der Europäischen Gesellschaft und zur Änderung weiterer steuerrechtlicher Vorschriften (SEStEG, G v 7.12.2006, BGBl I 2006, 2782; modifiziert durch StÄndG 2015, BGBl I 2015, 1834) kann der Ansatz nach § 20 Abs 2 S 2 UmwStG auch mit dem Buchwert oder einem Zwischenwert erfolgen, soweit a) sichergestellt ist, dass das eingebrachte Betriebsvermögen später bei der übernehmenden Körperschaft der Besteuerung mit Körperschaftsteuer unterliegt, b) die Passivposten des eingebrachten Betriebsvermögens die Aktivposten nicht übersteigen (dabei ist das Eigenkapital nicht zu berücksichtigen); c) das Recht der Bundesrepublik Deutschland hinsichtlich der Besteuerung des Gewinns aus der Veräußerung des eingebrachten Betriebsvermögens bei der übernehmenden Gesellschaft nicht ausgeschlossen oder beschränkt wird und und d) der gemeine Wert von sonstigen Gegenleistungen, die neben den neuen Gesellschaftsanteilen gewährt werden, nicht mehr beträgt als

25 Prozent des Buchwerts des eingebrachten Betriebsvermögens oder 500.000 EUR, höchstens jedoch den Buchwert des eingebrachten Betriebsvermögens.

Ein Ansatz- und Bewertungswahlrecht, soweit für die Steuerbilanz ein Wahlrecht besteht, kann – nach der generellen Aufgabe des Grundsatzes der Maßgeblichkeit der Handelsbilanz für die Steuerbilanz (§ 5 Abs 1 S 2 EStG aF) durch das BilMoG (G v 25.5.2009, BGBl I 2009, 1102) – ausschließlich in der Steuerbilanz ausgeübt werden. Bereits zuvor galt infolge des SEStEG im Rahmen des § 20 Abs 2 UmwStG keine Maßgeblichkeit der Handelsbilanz für den steuerbilanziellen Ansatz.

Bei der Einlage von Kommanditanteilen war allerdings bereits vor Inkrafttreten des SEStEG zu beachten, dass deren Ansatz in der Handelsbilanz für die Steuerbilanz nicht maßgeblich ist und dass es stattdessen auf das steuerliche Kapitalkonto des Gesellschafters bei der Mitunternehmerschaft ankommt. Erfolgt die Einlage zum Wert des steuerlichen Kapitalkontos (einschl. Ergänzungsbilanzen und Sonderbetriebsvermögen), erfolgen Einbringung und Anwachsung steuerlich erfolgsneutral.

Die Übertragung der Kommanditanteile verursacht Grunderwerbsteuer, § 1 Abs 2a, 3 GrEStG. Ob die sich anschließende Anwachsung ein weiteres Mal Grunderwerbsteuer (diesmal nach § 1 Abs. 1 Nr. 3 GrEStG) auslöst, ist nicht abschließend geklärt. Ggf. kommt Befreiung nach § 6a GrEStG in Betracht (vgl. Boruttau/*Viskorf*, GrEStG, 19. Aufl. 2019, § 6a Rn. 47 ff).

2. Verschmelzung

B-GmbH Schlussbilanz zum 31.12.x1

Aktiva		31.12.x1 Euro		Passiva	31.12.x1 Euro
A.	Anlagevermögen		A.	Eigenkapital	
I.	Immaterielle Vermögensgegenstände	816.000	I.	Gezeichnetes Kapital	3.500.000
			II.	Kapitalrücklagen	400.000
II.	Sacheinlagen	4.768.000	III.	Gewinnrücklagen	1.763.000
III.	Finanzanlagen	3.600.000	IV.	Bilanzgewinn	1.820.000
B.	Umlaufvermögen		B.	Rückstellungen	3.227.000
I.	Vorräte	3.266.000			
II.	Forderungen und sonstige Vermögensgegenstände	1.816.000	C.	Verbindlichkeiten	5.567.000
III.	Wertpapiere	523.000	D.	Rechnungsabgrenzungsposten	23.000
IV.	Kassenbestand, Guthaben bei Kreditinstituten	1.404.000			
C.	Rechnungsabgrenzungsposten	97.000			
D.	Aktive Latente Steuern	10.000			
		16.300.000			16.300.000

Schrifttum: Schrifttum:*ADS* § 272 HGB Tz 45; *IDW* HFA Stellungnahme zur Rechnungslegung: Auswirkungen einer Verschmelzung auf den handelsrechtlichen Jahresabschluss: IDW RS HFA 42, WPg Supplement 4/12, 91; *Schmitt/Hörtnagl,* Umwandlungsgesetz, Umwandlungssteuergesetz, 9. Aufl 2020; *Lutter,* Umwandlungsgesetz 6. Aufl 2019; *Widmann/Mayer,* Umwandlungsrecht, Kommentar, Loseblatt, Stand Juni 2020; *Link,* Münchener Handbuch des Gesellschaftsrechts, Bd 8,

5. Aufl. 2018, § 58; Erlass zur Anwendung des UmwStG (UmwSt-Erlass 2011) v 11.11.2011, BStBl I 2011, 1314; *Sistermann,* Der neue Umwandlungssteuer-Erlass – Umwandlung Kapital- auf Kapitalgesellschaft (§§ 11 ff. UmwStG), DStR Beihefter 2012 zu Nr 2, 9.

Anmerkungen

1. Zu den gesellschaftsrechtlichen Grundlagen s → Form. II.J.1 Anm. 1 ff.

2. Bilanzierung bei der übertragenden Gesellschaft, Schlussbilanz. Bei der Beschlussfassung über die Verschmelzung sind die Jahresabschlüsse und Lageberichte der Gesellschaft der letzten drei Geschäftsjahre auszulegen. Der Anmeldung der Verschmelzung zum Handelsregister des Sitzes der übertragenden Gesellschaft ist eine Schlussbilanz dieser Gesellschaft beizufügen, die auf einen höchstens acht Monate vor der Anmeldung liegenden Stichtag aufgestellt sein darf, § 17 Abs 2 UmwG. In der Praxis wird der Anmeldung der letzte Jahresabschluss zugrundegelegt; wird eine gesonderte Schlussbilanz erstellt, muss diese den Vorschriften für eine Jahresbilanz entsprechen. Das bedeutet, dass die handelsrechtlichen Bilanzierungs- und Bewertungsvorschriften zur Anwendung kommen. Wertveränderungen in der handelsrechtlichen Schlussbilanz sind nur in den Grenzen von § 252 Abs 1 Nr 6, Abs 2 zulässig. Hierdurch kann die Bilanzierung bei der übertragenden Gesellschaft – in Grenzen – an die Methoden der übernehmenden Gesellschaft angepasst werden. Die Schlussbilanz ist Grundlage für die durch § 24 UmwG zugelassene Fortführung der Buchwerte der übertragenden Gesellschaft. Die Aufstellung einer GuV, eines Anhangs und eines Lageberichts sind grundsätzlich nicht erforderlich, die Aufstellung eines Anhangs jedoch dann, wenn – wie im Form. – die Bilanz in abgekürzter Form. aufgestellt ist. Der Anhang hat dann die auf die Bilanz bezogenen Angaben zu enthalten. Ist der Jahresabschluss der übertragenden Gesellschaft prüfungspflichtig, unterliegt auch die Schlussbilanz der Pflichtprüfung durch einen Abschlussprüfer (IDW RS HFA 42, WPg Supplement 4/12, 91, Tz 7).

3. Bilanzierung bei der übernehmenden Gesellschaft. Die Übernahme des Vermögens und der Schulden der übertragenden Gesellschaft sind bei der aufnehmenden Gesellschaft ein laufender Geschäftsvorfall. Eine Eröffnungsbilanz ist entbehrlich. Der Wertansatz für das übernommene Vermögen bestimmt sich im Grundsatz nach den Anschaffungskosten; diese ergeben sich aus der Gegenleistung der übernehmenden Gesellschaft (zB neue Geschäftsanteile ggf mit höherem Ausgabebetrag; Anteile an der übertragenden Gesellschaft) oder aus den Buchwerten des Vermögens bei der übertragenden Gesellschaft, § 24 UmwG.

a) **Erhöht** die übernehmende Gesellschaft zur Durchführung der Verschmelzung ihr Stammkapital (→ Form. II.J.1 Anm. 1 ff.), ergeben sich die Anschaffungskosten des übernommenen Vermögens der übertragenden Gesellschaft (bei Fehlen von Anteilen der übernehmenden an der übertragenden Gesellschaft) aus dem Ausgabebetrag (Nennbetrag oder höherer Ausgabebetrag) der neuen Anteile. Die aufnehmende Gesellschaft ist dann an die Wertansätze bei der übernehmenden Gesellschaft nicht gebunden. Zur Obergrenze des Zeitwertes und zur Möglichkeit der Einstellung von Beträgen in die Kapitalrücklage vgl → Form. III.H.1 Anm. 2. Werden indes, wie in → Form. II.J.1 Anm. 1 ff. vorgesehen, die Buchwerte nach § 24 UmwG fortgeführt, ist ein den Kapitalerhöhungsbetrag übersteigender Betrag ebenfalls in die Kapitalrücklage nach § 272 Abs 2 Nr 1 einzustellen, während ein dahinter zurückbleibender Betrag zu einem Verschmelzungsverlust führt, der nicht durch Ansatz eines Aktivpostens (zB Geschäfts- oder Firmenwert) ausgeglichen werden kann (IDW RS HFA 42, WPg Supplement 4/12, 91 Tz 70).

b) **Unterbleibt** eine **Kapitalerhöhung,** da die übernehmende Gesellschaft am Kapital der übertragenden Gesellschaft beteiligt ist (zB 100 % Anteilsbesitz), § 54 Abs 1 UmwG, bestimmen sich die Anschaffungskosten des übertragenden Vermögens nach dem Wert der untergehenden Anteile. Die Gesellschaft hat – vorbehaltlich des § 24 UmwG, dazu d) – das Wahlrecht zwischen der Bewertung der hingegebenen Beteiligung mit dem Buchwert, dem Zeitwert oder einem Zwischenwert (*ADS* § 255 HGB Rn. 96 ff). Wird die Beteiligung mit dem Buchwert bewertet, erfolgt die Verschmelzung handelsrechtlich erfolgsneutral. Die Werte des übernommenen Vermögens sind auf- oder abzustocken. Bei Ansatz des Vermögens zum Zeitwert der untergehenden Beteiligung entsteht bei der aufnehmenden Gesellschaft ein Verschmelzungsgewinn; die Wertansätze der einzelnen Gegenstände des übernommenen Vermögens sind auf- oder abzustocken. Obergrenze der Wertansätze der einzelnen Vermögensgegenstände ist deren Zeitwert, s → Form. III.H.1 Anm. 1 ff.

c) Erfolgt die Verschmelzung zT gegen Gewährung **neuer Geschäftsanteile,** zT gegen Untergang vorhandener Anteile an der übertragenden Gesellschaft, gelten die Grundsätze von a) und b).

d) Als Anschaffungskosten iSv § 253 Abs 1 darf die übernehmende Gesellschaft stets auch die Buchwerte der einzelnen Vermögensgegenstände der übertragenden Gesellschaft fortführen, **Wahlrecht** aus § 24 UmwG. Bei Ansatz der Vermögensgegenstände und Schulden der übertragenden Gesellschaft durch die übernehmende Gesellschaft ergibt sich bei dieser idR ein handelsrechtlicher Verschmelzungsgewinn oder -verlust in Höhe des Unterschiedsbetrags zwischen dem Beteiligungsbuchwert und dem Eigenkapital der übertragenden Gesellschaft. Dieser kann nicht durch den Ansatz eines Aktivpostens (Geschäfts- oder Firmenwert) ausgeglichen werden.

4. Zum **Zeitpunkt** der Bilanzierung der Verschmelzung s → Form. III.H.1 Anm. 3. Zum nach § 5 Abs 1 Nr 6 UmwG gewählten Stichtag darf die Verschmelzung bei der übernehmenden Gesellschaft regelmäßig nur abgebildet werden, wenn zu diesem Zeitpunkt die Vermögensgegenstände und Schulden wirtschaftlich bereits der aufnehmenden Gesellschaft zugeordnet werden konnten, was regelmäßig indes *nicht* der Fall ist; IDW RS HFA 42, WPg Supplement 4/12, 91 Tz 29 f.

5. Die bilanziellen Auswirkungen in den Folgebilanzen ergeben sich je nach den bei Übernahme des Vermögens durch die aufnehmende Gesellschaft bestimmten Werten. Erfolgsauswirkungen in den Folgeabschlüssen sind stets dann festzustellen, wenn die Wertansätze gegenüber den Buchwerten bei der übertragenden Gesellschaft verändert wurden.

6. Steuerhinweise. Die Verschmelzung von Kapitalgesellschaften kann nach Maßgabe von §§ 11, 12 UmwStG ertragsteuerneutral durchgeführt werden. Die steuerlichen Vorschriften wurden durch das SEStEG grundlegend überarbeitet. Infolge der gesetzlichen Neuregelung ist eine steuerneutrale Verschmelzung unter den nachfolgend genannten Voraussetzungen nicht nur bei einem sog *„up-stream merger"* zulässig, sondern auch – und zwar ohne den zuvor erforderlichen Antrag auf Billigkeitsentscheidung – bei einem *„down-stream merger"* (vgl § 11 Abs 2 S 2 UmwStG). Zu den Einzelheiten der Steuerfolgen bei einem „down-stream-merger" s Tz 11.17 ff. UmwSt-Erlass 2011. Grundsätzlich sind die infolge der Verschmelzung übergehenden Wirtschaftsgüter in der Schlussbilanz des übertragenden Rechtsträgers mit dem gemeinen Wert anzusetzen (§ 11 Abs 1 S 1 UmwStG). Auf Antrag können die übergehenden Wirtschaftsgüter jedoch einheitlich mit dem Buchwert oder einem Zwischenwert angesetzt werden, soweit a) sichergestellt ist, dass sie später bei der übernehmenden Körperschaft der Besteuerung mit Körperschaftsteuer unterliegen, b) das Recht der Bundesrepublik Deutschland hinsichtlich der Besteuerung des Gewinns aus der Veräußerung der übertragenen Wirtschaftsgüter bei der übernehmenden Körperschaft nicht ausgeschlossen oder beschränkt wird und c) eine Gegenleistung nicht gewährt wird oder in Gesellschaftsrechten besteht (§ 11 Abs 2 S 1 UmwStG). Der Wertansatz in der Schlussbilanz des übertragenden Rechtsträgers ist für den aufnehmenden Rechtsträger bindend (§ 12 Abs 1 S 1 UmwStG). Im Rahmen des SEStEG wurde bei Verschmelzungsvorgängen der Grundsatz der Maßgeblichkeit der

Handelsbilanz für die Steuerbilanz aufgegeben. Damit kann der übertragende Rechtsträger die durch § 11 Abs 1 S 2 UmwStG eröffneten Ansatzwahlrechte unabhängig von den Wertansätzen in seiner Handelsbilanz ausüben. Die Wahlrechtsausübung ist auch unabhängig von den Wertansätzen des übernehmenden Rechtsträgers in seiner Handelsbilanz nach § 24 UmwG (keine sog diagonale Maßgeblichkeit, vgl *Haritz/Menner,* UmwStG, § 11 Rn 34).

Die Beträge des steuerlichen Einlagekontos sind zu addieren und ggf anzupassen, § 29 Abs 2 KStG.

Bei Verschmelzung von Kapital- und Personengesellschaften gelten §§ 3 ff. UmwStG.

Die Verschmelzung verursacht **Grunderwerbsteuer,** § 1 Abs 1 Nr 3 GrEStG. Der Steuersatz beträgt je nach Bundesland 3,5 % (Bayern und Sachsen), 4,5 % (Hamburg), 5 % (Baden-Württemberg, Bremen, Niedersachsen, Rheinland-Pfalz und Sachsen-Anhalt), 6 % (Berlin, Hessen und Mecklenburg-Vorpommern), 6,5 % (Brandenburg, Nordrhein-Westfalen, Saarland, Schleswig-Holstein und Thüringen). Die Bemessungsgrundlage richtet sich nach den bewertungsrechtlichen Grundbesitzwerten, § 8 Abs 2 Nr 2 GrEStG iVm §§ 151 Abs. 1 S 1 Nr. 1, 157 Abs. 1 bis 3 BewG. **Umsatzsteuer** fällt bei Verschmelzung nicht an, § 1 Abs 1a UStG.

Vgl zu den Steuerfolgen auch → Form. II.J.1 Anm. 30.

3. Aufspaltung, Abspaltung

Form.: vgl → Form. III.H.2 Anm. 1 ff.

Schrifttum: *ADS* § 272 HGB Tz 50; *IDW* HFA Stellungnahme zur Rechnungslegung: Auswirkungen einer Spaltung auf den handelsrechtlichen Jahresabschluss: IDW RS/HFA 43, WPg Supplement 4/12, 104; *Schmitt/Hörtnagl,* Umwandlungsgesetz, Umwandlungssteuergesetz, 9. Aufl 2020; *Lutter,* Umwandlungsgesetz, 6. Aufl 2019; *Link,* Münchener Handbuch des Gesellschaftsrechts, Bd 8, 5. Aufl. 2018, § 59 B., C.; Erlass zur Anwendung des UmwStG (UmwSt-Erlass 2011) v 11.11.2011, BStBl I 2011, 1314; *Sistermann,* Der neue Umwandlungssteuer-Erlass – Umwandlung Kapital- auf Kapitalgesellschaft (§§ 11 ff. UmwStG), DStR Beihefter **2012** zu Nr 2, 9.

Anmerkungen

1. Zu den gesellschaftsrechtlichen Grundlagen s → Form. II.J.4 Anm. 1 ff. und → Form. II.J.7 Anm. 1 ff.

2. Bilanzierung beim übertragenden Rechtsträger: s → Form. III.H.2 Anm. 2 entspr. Die auf die beiden GmbHs zu übertragenden Vermögensgegenstände und Schulden im Einzelnen sollten sich aus einer Trennungsbilanz iVm der Schlussbilanz nach §§ 17 Abs 2, 135, 125 UmwG ergeben. Die Schlussbilanz ist eine Bilanz des übertragenden Rechtsträgers, die dessen gesamtes Vermögen erfasst. Die Aufstellung von Teilbilanzen ist zulässig, neben einer (Voll-)Schlussbilanz jedoch nicht erforderlich (IDW RS HFA 43, WPg Supplement 4/12, 104 Tz 7 f).

3. Bilanzierung beim übernehmenden Rechtsträger: Es handelt sich idR um die Übernahme von Vermögen infolge einer Sacheinlage. Die durch die einzelnen Rechtsträger zu übernehmenden Vermögensgegenstände und Schulden ergeben sich aus dem Spaltungsplan/-vertrag iVm der Schlussbilanz. Es gelten die Grundsätze wie unter → Form. III.H.1 Anm. 3 dargestellt.

4. Die Spaltung des übertragenden Rechtsträgers bewirkt bei dessen Gesellschaftern die Aufteilung des bisherigen Beteiligungsbuchwerts idR im Verhältnis der Verkehrswerte der von der Spaltung betroffenen Vermögensteile. Bei der Aufspaltung gehen die bisherigen Anteile unter; der Buchwert der untergehenden Anteile verteilt sich auf die neu entstehenden Anteile der spaltungsbeteiligten Rechtsträger anteilig im Verhältnis der Verkehrswerte (IDW RS HFA 43, WPg Supplement 4/12, 104 Tz 32 ff).

5. **Zeitpunkt** der Bilanzierung: → Form. III.H.2 Anm. 4.

6. Bilanzierung in den **Folgeabschlüssen:** → Form. III.H.1 Anm. 4.

7. **Steuerhinweise:** Eine Aufspaltung oder Abspaltung von Kapitalgesellschaften kann nach Maßgabe von § 15 iVm §§ 11, 12 UmwStG ertragsteuerneutral durchgeführt werden. Grundsätzlich sind die infolge der Aufspaltung bzw Abspaltung übergehenden Wirtschaftsgüter in der Schlussbilanz des übertragenden Rechtsträgers mit dem gemeinen Wert anzusetzen (§ 15 Abs 1 S 1 iVm § 11 Abs 1 S 1 UmwStG). Auf Antrag können die übergehenden Wirtschaftsgüter jedoch einheitlich mit dem Buchwert oder einem Zwischenwert angesetzt werden, soweit **a)** sichergestellt ist, dass sie später bei der übernehmenden Körperschaft der Besteuerung mit Körperschaftsteuer unterliegen, **b)** das Recht der Bundesrepublik Deutschland hinsichtlich der Besteuerung des Gewinns aus der Veräußerung der übertragenen Wirtschaftsgüter bei der übernehmenden Körperschaft nicht ausgeschlossen oder beschränkt wird und **c)** eine Gegenleistung nicht gewährt wird oder in Gesellschaftsrechten besteht (§ 15 Abs 1 S 1 iVm § 11 Abs 2 S 1 UmwStG). Weitere Voraussetzung ist nach § 15 Abs 1 S 2 UmwStG, dass auf den übernehmenden Rechtsträger ein Teilbetrieb übertragen wird und im Falle der Abspaltung bei der übertragenden Körperschaft ein Teilbetrieb verbleibt. Ferner setzt eine Buch- oder Zwischenwertfortführung voraus, dass durch die Aufspaltung bzw Abspaltung nicht die Voraussetzungen für eine Veräußerung geschaffen werden (zu Einzelheiten s § 15 Abs 2 S 3 bis 5 sowie Tz 15.22 ff. UmwSt-Erlass 2011). S. zu den steuerlichen Folgen auch → Form. III.H.2 Anm. 6 sowie → Form. II.J.4 Anm. 28 und → Form. II.J.7 Anm. 18.

4. Ausgliederung

Form: vgl → Form. III.H.2 Anm. 1 ff.

Schrifttum: *ADS* § 272 HGB Tz 54; *Fenske,* Besonderheiten bei der Rechnungslegung der ausgegliederten Kapitalgesellschaft, WPg **97,** 256; *IDW* HFA Stellungnahme zur Rechnungslegung: Auswirkungen einer Spaltung auf den handelsrechtlichen Jahresabschluss: IDW RS HFA 43, WPg Supplement 4/12, 104; *Link,* Münchener Handbuch des Gesellschaftsrechts, Bd 8, 5. Aufl. 2018, § 59 D.; Erlass zur Anwendung des UmwStG (UmwSt-Erlass 2011) v 11.11.2011, BStBl I **2011,** 1314; *Benz/Rosenberg,* Einbringungen von Unternehmensteilen in eine Kapitalgesellschaft und Anteilstausch (§§ 20–23 UmwStG), DB Beilage **2012,** Nr 1, 38. Weitere Hinweise bei → Form. III.H.2 Anm. 1 ff.

Anmerkungen

1. Zu den gesellschaftsrechtlichen Grundlagen vgl → Form. II.J.5 Anm. 1 ff, → Form. II.J.6 Anm. 1 ff.

2. **Bilanzierung des übertragenden Rechtsträgers.** Es bedarf der Differenzierung, ob der übertragende Rechtsträger nach der Ausgliederung erhalten bleibt oder nicht. Geht – wie im Form. – das übertragende einzelkaufmännische Unternehmen infolge der Ausgliederung als bilanzierender Kaufmann unter, findet dessen Rechnungslegung mit dem

Wirksamwerden der Ausgliederung durch Eintragung im Handelsregister ihr Ende (zum Zeitpunkt s Anm. 4). Es gelten die Grundsätze wie unter→ Form. III.H.1 Anm. 2, → Form. III.H.2 Anm. 2 dargestellt. Bleibt der Rechtsträger als bilanzierende Einheit bestehen – zB bei Ausgliederung nur eines Teilbetriebs oder zur Fortführung als Holding-Kapitalgesellschaft (→ Form. II.J.6 Anm. 1 ff.) – führt die Ausgliederung (lediglich) zu einem Abgang von Vermögensgegenständen und Schulden. Diese werden durch den Ausgliederungsplan/-vertrag und die zugrundeliegende Trennungsbilanz bestimmt. An die Stelle der abgehenden Vermögensgegenstände und Schulden tritt der infolge der Ausgliederung erworbene Geschäftsanteil an der aufnehmenden GmbH. In der Handelsbilanz wird dieser Anteil mit den Anschaffungskosten, die sich aus dem Buchwert, Zeitwert oder einem Zwischenwert des übertragenen Vermögens ergeben, angesetzt. Bei einem Ansatz zu einem Wert oberhalb des Buchwerts ergibt sich beim übertragenden Rechtsträger handelsrechtlich ein Übertragungsgewinn (IDW RS HFA 43, WPg Supplement 4/12, 104 Tz 21). Dieses Bewertungswahlrecht bleibt ohne Auswirkungen auf den steuerlichen Wertansatz.

3. Zur **Bilanzierung bei der übernehmenden Gesellschaft** s → Form. III.H.1 Anm. 2 sowie → Form. III.H.3 Anm. 3.

4. Die Übertragung wird mit Eintragung der Ausgliederung im Handelsregister wirksam. Spätestens ab diesem Zeitpunkt, ggf ab dem Zeitpunkt des zuvor übergehenden wirtschaftlichen Eigentums an den Vermögensgegenständen, sind diese der aufnehmenden Gesellschaft zuzuordnen. Der Ausweis zu einem früheren Zeitpunkt ist nicht zulässig.

5. Folgeabschlüsse. Vermögen und Erträge werden der aufnehmenden Gesellschaft zugeordnet und scheiden dementsprechend aus Vermögen und Erträgen des übertragenden Rechtsträgers aus. Der Vermögensausweis bei diesem bezieht sich auf den Geschäftsanteil, der Erfolgsausweis auf Dividenden und ggf Abschreibungen.

6. Steuerhinweise. Die Ausgliederung von Vermögensteilen auf eine Kapitalgesellschaft kann nach Maßgabe von § 20 UmwStG idF des SEStEG ertragsteuerneutral erfolgen. Dies setzt zunächst voraus, dass ein Betrieb, Teilbetrieb oder Mitunternehmeranteil in eine Kapitalgesellschaft eingebracht wird und der Einbringende dafür neue Anteile an der Gesellschaft erhält (§ 20 Abs 1 UmwStG). Ist diese Voraussetzung erfüllt, hängen die einkommensteuerlichen Folgen der Einbringung für den Einbringenden davon ab, wie die übernehmende GmbH das eingebrachte Betriebsvermögen bewertet.

Grds hat die übernehmende Gesellschaft das eingebrachte Betriebsvermögen mit dem gemeinen Wert anzusetzen. Nach § 20 Abs 2 S 2 UmwStG kann der Ansatz stattdessen mit dem Buchwert oder einem Zwischenwert erfolgen, soweit **a)** sichergestellt ist, dass das eingebrachte Betriebsvermögen später bei der übernehmenden Körperschaft der Besteuerung mit Körperschaftsteuer unterliegt, **b)** die Passivposten des eingebrachten Betriebsvermögens die Aktivposten nicht übersteigen (dabei ist das Eigenkapital nicht zu berücksichtigen), **c)** das Recht der Bundesrepublik Deutschland hinsichtlich der Besteuerung des Gewinns aus der Veräußerung des eingebrachten Betriebsvermögens bei der übernehmenden Gesellschaft nicht ausgeschlossen oder beschränkt wird und **d)** der gemeine Wert von sonstigen Gegenleistungen, die neben den neuen Gesellschaftsanteilen gewährt werden, nicht mehr beträgt als 25 Prozent des Buchwerts des eingebrachten Betriebsvermögens oder 500.000 EUR, höchstens jedoch den Buchwert des eingebrachten Betriebsvermögens.

Der Wert, mit dem die übernehmende Gesellschaft das eingebrachte Betriebsvermögen ansetzt, gilt für den Einbringenden als Veräußerungspreis und als Anschaffungskosten der neuen Anteile, § 20 Abs 3 S 1 UmwStG.

Folgen beim **Einbringenden:** Der Wertansatz des eingebrachten Betriebsvermögens bei der übernehmenden Gesellschaft gilt als Veräußerungspreis für das eingebrachte Betriebsvermögen. Bei Ansatz eines über dem Buchwert liegenden gemeinen Werts bzw eines Zwischenwerts erzielt der Einbringende einen Veräußerungsgewinn (zu Einzelheiten s § 20 Abs 4 UmwStG). Eine Einbringung zum Buchwert ist grds steuerneutral. Allerdings ist die durch das SEStEG eingeführte Neuregelung in § 22 Abs 1 UmwStG zu beachten: Soweit der Einbringende in den Fällen einer Einbringung zum Buchwert oder zu einem (unter dem gemeinen Wert liegenden) Zwischenwert die erhaltenen Anteile innerhalb eines Zeitraums von sieben Jahren nach dem Einbringungszeitpunkt veräußert, ist der Gewinn aus der Einbringung rückwirkend im Wirtschaftsjahr der Einbringung als Gewinn des Einbringenden iSv § 16 EStG zu versteuern (Einbringungsgewinn I). Einbringungsgewinn I ist der Betrag, um den der gemeine Wert des eingebrachten Betriebsvermögens im Einbringungszeitpunkt nach Abzug der Kosten für den Vermögensübergang den Wert, mit dem die übernehmende Gesellschaft das eingebrachte Betriebsvermögen angesetzt hat, übersteigt, vermindert um jeweils ein Siebtel für jedes seit dem Einbringungszeitpunkt abgelaufene Zeitjahr. Zu Einzelheiten s Tz 22.01 ff. UmwSt-Erlass 2011.

Folgen bei der **übernehmenden Gesellschaft:** Beim Ansatz mit dem gemeinen Wert sind sämtliche infolge der Einbringung erworbenen Wirtschaftsgüter mit dem gemeinen Wert auszuweisen (dh die stillen Reserven sind zu realisieren). Ferner ist ein Firmenwert (der vom Einbringenden geschaffen und von diesem noch nicht bilanziert war) zu zeigen (vgl *Schmitt/Hörtnagl,* UmwStG § 20 Rn 285 ff). Die eingebrachten Wirtschaftsgüter gelten als im Zeitpunkt der Einbringung von der GmbH angeschafft; die GmbH tritt nicht in die Rechtsstellung der übertragenden Gesellschaft ein und kann damit die Abschreibungen neu festlegen, wenn die Einbringung im Wege der Einzelrechtsnachfolge erfolgte, § 23 Abs 4 1. Alt UmwStG; erfolgte sie als Gesamtrechtsnachfolge nach UmwG, richten sich die Rechtsfolgen nach § 23 Abs 3 UmwStG (§ 23 Abs 4 2. Alt UmwStG).

Beim Ansatz mit Zwischenwerten (über dem Buchwert, aber unter dem gemeinen Wert) stockt die übernehmende Kapitalgesellschaft die Buchwerte der Wirtschaftsgüter des eingebrachten Betriebsvermögens auf. Die Aufstockung ist gleichmäßig vorzunehmen (*Schmitt/Hörtnagl,* UmwStG § 20 Rn 300 ff), zum Ansatz eines Firmenwerts s *Schmitt/Hörtnagl,* UmwStG § 20 Rn 306 f. Die Bemessung der Abschreibungen richtet sich nach § 23 Abs 3 UmwStG.

Hat der Einbringende in den Fällen des § 22 Abs 1 UmwStG infolge einer späteren Veräußerung der erhaltenen Anteile (innerhalb der 7-Jahres-Frist) einen Einbringungsgewinn I erzielt, kann die übernehmende Gesellschaft auf Antrag den versteuerten Einbringungsgewinn im Wirtschaftsjahr der Veräußerung der Anteile in ihrer Steuerbilanz als Erhöhungsbetrag ausweisen, soweit der Einbringende die auf den Einbringungsgewinn entfallende Steuer entrichtet hat und dies durch Vorlage einer entsprechenden Bescheinigung des Finanzamts nachgewiesen wurde (§ 23 Abs 2 S 1 UmwStG; zu Einzelheiten, insbes zur bilanziellen Aufteilung des Erhöhungsbetrags s *Schmitt/Hörtnagl,* UmwStG § 23 Rn 36 ff). Vgl auch → Form. II.J.6 Anm. 20.

Handelt es sich bei der Ausgliederung um eine **Betriebsaufspaltung,** vgl → Form. III. H.10 Anm. 1 ff.

5. Formwechsel einer Personengesellschaft in eine GmbH

Vermögensaufstellung 31.12.x1

Aktiva					Passiva
		31.12.x1 Euro			31.12.x1 Euro
A.	Anlagevermögen		A.	Eigenkapital	15.250.000
I.	Immaterielle Vermögensgegenstände	1.250.000	B.	Rückstellungen	2.750.000
II.	Sacheinlagen	4.800.000	C.	Verbindlichkeiten	4.750.000
III.	Finanzanlagen	4.000.000			
B.	Umlaufvermögen				
I.	Vorräte	3.000.000			
II.	Forderungen und sonstige Vermögensgegenstände	5.500.000			
III.	Wertpapiere	1.450.000			
IV.	Kassenbestand, Guthaben bei Kreditinstituten	2.750.000			
		22.750.000			22.750.000

Schrifttum: *ADS* § 272 HGB Tz 55–57; *IDW* HFA Stellungnahme zur Rechnungslegung: Auswirkungen eines Formwechsels auf den handelsrechtlichen Jahresabschluss (IDW RS HFA 41), WPg Supplement 4/12, 85; *Link*, Münchener Handbuch des Gesellschaftsrechts, Bd 8, 5. Aufl. 2018, § 60; Erlass zur Anwendung des UmwStG (UmwSt-Erlass 2011) v 11.11.2011, BStBl I **2011**, 1314; *Hruschka*, Der neue Umwandlungssteuer-Erlass – Umwandlung Kapital- auf Personengesellschaften (§§ 3 ff. UmwStG), DStR Beihefter **2012** zu Nr 2, 4. Weitere Hinweise unter → Form. III.H.2 Anm. 1 ff.

Anmerkungen

1. Allgemeines. Der Formwechsel von Rechtsträgern ist in den §§ 190 ff. UmwG geregelt. Der Formwechsel einer Personenhandelsgesellschaft (OHG, KG) in eine GmbH erfolgt nach §§ 191 Abs 1, 214 ff. UmwG. Zu den gesellschaftsrechtlichen Grundlagen vgl → Form. II.J.8 Anm. 1 ff., → Form. II.J.9 Anm. 1 ff.

2. Grundlagen des Formwechsels. Der Formwechsel erfolgt auf Grundlage eines Umwandlungsbeschlusses der Anteilsinhaber. In dem Beschluss ist die Rechtsform des Rechtsträgers, die durch den Formwechsel erlangt werden soll, zu bestimmen, §§ 194 Abs 1 Nr 1, 218 UmwG; zum Mehrheitserfordernis vgl § 217 Abs 1 UmwG. Vor dem Formwechsel ist ein Umwandlungsbericht zu erstatten, §§ 192 Abs 1, 215 UmwG, außer wenn bei der Personenhandelsgesellschaft alle Gesellschafter zur Geschäftsführung berechtigt waren. Eine Umwandlungsbilanz des übertragenden Rechtsträgers ist nicht erforderlich. Die Verpflichtung, dem Bericht eine Vermögensaufstellung, die auf Grundlage der wirklichen Werte aufzustellen ist, beizufügen (§ 192 Abs 2 UmwG aF), wurde durch das 2. Gesetz zur Änderung des UmwG v 25.4.2007 (BGBl I 2007, 542) ersatzlos aufgehoben. Eine solche Vermögensaufstellung (vgl Form.) kann dem Umwandlungsbericht aber weiterhin freiwillig beigefügt werden. Der Formwechsel auf einen zurückliegenden Stichtag ist im UmwG nicht vorgesehen.

3. Bilanzierung. Der Formwechsel lässt die Identität des Rechtsträgers unberührt, § 202 UmwG. Dieser ändert (lediglich) die Rechtsform seiner Erscheinung. Die Bilanzierung bleibt infolgedessen unverändert. Eine handelsrechtliche Schlussbilanz ist daher nicht aufzustellen.

4. **Festsetzung des Kapitals.** Nach § 197 UmwG, § 5 Abs 4 GmbHG muss bei Umwandlung einer Personengesellschaft in eine GmbH das Stammkapital festgesetzt werden. An die Stelle der Kapitalkonten der Personengesellschafter tritt nun das Eigenkapital in der Gliederung des § 272 HGB. Maßgeblich ist der wahre Wert des Vermögens, nicht der Buchwert, so dass es zur Bildung eines Ausgleichspostens kommen kann (IDW RS HFA 41, WPg Supplement 4/12, 85 Tz 9). Ein über das gezeichnete Kapital (§ 272 Abs 1) hinausgehendes Reinvermögen der Personengesellschaft führt bei der GmbH zum Ausweis einer Kapitalrücklage, § 272 Abs 2 Nr 1.

5. **Folgeabschlüsse.** Zu Fragen der Überleitung der Rechnungslegung beim Formwechsel von einer Personengesellschaft in eine Kapitalgesellschaft s IDW RS HFA 41, WPg Supplement 4/12, 85 Tz 7 ff. Bei der Rechnungslegung hat die Gesellschaft nach dem Formwechsel die (strengeren) Vorschriften für Kapitalgesellschaften anzuwenden, §§ 264 ff. Hierzu gehört auch die Prüfungspflicht nach § 316 Abs 1 für nicht kleine Kapitalgesellschaften iSv § 267.

6. Der Formwechsel findet seinen Niederschlag im ersten Jahresabschluss nach Eintragung des Formwechsels im Handelsregister. Ein rückwirkender Formwechsel findet nicht statt.

7. **Steuerhinweise.** Der Formwechsel einer Personenhandelsgesellschaft in eine GmbH wird steuerlich wie die Einbringung eines Betriebs, Teilbetriebs oä in eine Kapitalgesellschaft behandelt, § 25 UmwStG (s UmwSt-Erlass 2011, Tz 25.01). Für steuerliche Zwecke ist vorgeschrieben, dass die formwechselnde Gesellschaft auf den steuerlichen Übertragungsstichtag eine Steuerbilanz aufstellt. Der Stichtag dieser Bilanz darf auf einen Tag zurückbezogen werden, der höchstens 8 Monate vor dem Zeitpunkt des Vermögensübergangs liegt, § 20 Abs 6 S 3 UmwStG. Die einkommensteuerlichen Folgen der Einbringung eines Betriebs gegen Gewährung neuer Anteile für den Einbringenden hängen davon ab, wie die übernehmende GmbH das eingebrachte Betriebsvermögen bewertet. Zu Einzelheiten s. → Form. III.H.4 Anm. 6.

8. **Steuerliche Folgen für Gesellschafter.** Der Wert, mit dem die GmbH das als eingebracht geltende Betriebsvermögen ansetzt, gilt für die Gesellschafter als Anschaffungskosten der neuen Anteile an der GmbH, § 20 Abs 3 S 1 UmwStG. Infolge der durch das SEStEG eingeführten Neuregelung in § 22 Abs 1 UmwStG gilt: Soweit bei einer Einbringung zum Buchwert oder zu einem (unter dem gemeinen Wert liegenden) Zwischenwert die GmbH-Anteile innerhalb eines Zeitraums von sieben Jahren nach dem Einbringungszeitpunkt veräußert werde, ist der Gewinn aus der Einbringung rückwirkend im Wirtschaftsjahr der Einbringung als Gewinn des Einbringenden iSv § 16 EStG zu versteuern (sog Einbringungsgewinn I). Einbringungsgewinn I ist der Betrag, um den der gemeine Wert des eingebrachten Betriebsvermögens im Einbringungszeitpunkt nach Abzug der Kosten für den Vermögensübergang den Wert, mit dem die übernehmende Gesellschaft das eingebrachte Betriebsvermögen angesetzt hat, übersteigt, vermindert um jeweils ein Siebtel für jedes seit dem Einbringungszeitpunkt abgelaufene Zeitjahr.

9. **Sonderbetriebsvermögen** (→ Form. III.J.1 Anm. 1 ff.) muss, wenn es eine wesentliche Grundlage des Betriebs darstellt, in die Kapitalgesellschaft eingebracht werden (vgl *Schmitt/Hörtnagl*, UmwStG, § 20 Rn 77). IÜ kann es zum steuerlichen Buchwert entweder in das umzuwandelnde Gesamthandsvermögen (§ 6 Abs 5 S 3 Nr 2 EStG) oder in ein anderes Betriebsvermögen des Gesellschafters (§ 6 Abs 5 S 1 EStG) eingebracht werden; anderenfalls kommt es zur Überführung der Vermögensgegenstände ins steuerliche Privatvermögen, mit der Folge der Aufdeckung der stillen Reserven. Handelte es sich um wesentliches Betriebsvermögen, steht die Zurückhaltung der steuerneutralen Einbringung nach § 20 UmwStG entgegen.

10. Umsatzsteuer. Die Einbringung des Betriebes in die GmbH ist nach § 1 Abs 1a UStG als Geschäftsveräußerung im Ganzen nicht umsatzsteuerbar.

11. Grunderwerbsteuer. Der Formwechsel löst grds keine Grunderwerbsteuer aus, da zivilrechtlich keine Übertragung eines Grundstücks vorliegt (BFH DB 1997, 79; ferner Erl FinMin BaWü v 19.12.1997 idF v 31.1.2000, DStR 2000, 284).

6. Formwechsel einer GmbH in eine Personengesellschaft

Form.: vgl → Form. III.H.5 Anm. 1 ff.

Anmerkungen

1. Zu den gesellschaftsrechtlichen Grundlagen → Form. II.J.10 Anm. 1 ff.

2. Dazu → Form. III.H.5 Anm. 1 ff. Anstelle des gezeichneten Kapitals und der Rücklagen der GmbH werden nach dem Formwechsel Kapitalkonten der Gesellschafter ausgewiesen. Die Bindung an die Vorschriften für Kapitalgesellschaften und die Prüfungspflicht entfallen.

3. Steuerhinweise: Der Formwechsel einer GmbH in eine Personengesellschaft wird steuerlich wie die Verschmelzung auf eine Personengesellschaft behandelt, § 9 UmwStG idF des SEStEG. Für steuerliche Zwecke ist vorgeschrieben, dass die formwechselnde GmbH auf den Zeitpunkt, in dem der Formwechsel wirksam wird, eine Übertragungsbilanz und die Personengesellschaft eine Eröffnungsbilanz aufstellt. Der Stichtag dieser Bilanzen darf auf einen Tag zurückbezogen werden, der höchstens 8 Monate vor der Anmeldung des Formwechsels zur Eintragung in ein öffentliches Register liegt (sog Übertragungsstichtag, § 9 S 3 UmwStG).

Die einkommensteuerlichen Folgen des Formwechsels hängen davon ab, wie die formwechselnde GmbH die Wirtschaftsgüter in ihrer Übertragungsbilanz ansetzt. Grds hat die formwechselnde GmbH ihre Wirtschaftsgüter in der Übertragungsbilanz mit dem gemeinen Wert anzusetzen (§ 3 Abs 1 S 1 UmwStG). Nach § 3 Abs 2 S 1 UmwStG kann der Ansatz stattdessen mit dem Buchwert oder einem Zwischenwert erfolgen, soweit **a)** sie Betriebsvermögen der übernehmenden Personengesellschaft werden und sichergestellt ist, dass sie später der Besteuerung mit Einkommensteuer oder Körperschaftsteuer unterliegt, **b)** das Recht der Bundesrepublik Deutschland hinsichtlich der Besteuerung des Gewinns aus der Veräußerung der übertragenen Wirtschaftsgüter bei den Gesellschaftern der übernehmenden Personengesellschaft nicht ausgeschlossen oder beschränkt wird und **c)** eine Gegenleistung nicht gewährt wird oder in Gesellschaftsrechten besteht.

Erfolgt der Formwechsel nicht zu Buchwerten, hat die formwechselnde GmbH den aus der Aufstockung der Wirtschaftsgüter resultierenden Gewinn zu besteuern.

Die Personengesellschaft hat die auf sie übergegangenen Wirtschaftsgüter mit den Werten, die die GmbH in ihrer Übertragungsbilanz angesetzt hat, zu übernehmen (§ 4 Abs 1 S 1 UmwStG). Die Personengesellschaft tritt dabei in die steuerliche Rechtsstellung der formwechselnden GmbH ein, insbes bzgl der Bewertung der übernommenen Wirtschaftsgüter, der AfA und der den steuerlichen Gewinn mindernden Rücklagen; allerdings gehen verrechenbare Verluste, verbleibende Verlustvorträge, von der formwechselnden GmbH nicht ausgeglichene negative Einkünfte sowie bestimmte für die Zinsschranke (§ 4h EStG) relevante Positionen (Zinsvortrag; EBITDA-Vortrag) nicht über (§ 4 Abs 2 UmwStG).

4. **Steuerliche Folgen für Gesellschafter.** Bei den Gesellschaftern der GmbH (= den zukünftigen Mitunternehmern der Personengesellschaft) entsteht ein Übernahmegewinn oder Übernahmeverlust in Höhe des Unterschiedsbetrags zwischen dem Wert, mit dem die übergegangenen Wirtschaftsgüter von der Personengesellschaft zu übernehmen sind, abzüglich der Kosten für den Formwechsel und dem Wert der Anteile an der formwechselnden GmbH. Auf einen Übernahmegewinn ist § 8b KStG anzuwenden (95 %ige Steuerbefreiung), soweit dieser auf eine Körperschaft, Personenvereinigung oder Vermögensmasse als Mitunternehmer der übernehmenden Personengesellschaft entfällt; in den übrigen Fällen gilt eine 40 %ige Steuerbefreiung (§ 4 Abs 7 UmwStG). Ein Übernahmeverlust bleibt grds außer Ansatz, soweit er auf eine Körperschaft, Personenvereinigung oder Vermögensmasse als Mitunternehmer der übernehmenden Personengesellschaft entfällt; in den übrigen Fällen ist er – von bestimmten Ausnahmen abgesehen – zu 60 % zu berücksichtigen (§ 4 Abs 6 UmwStG; dazu iE *Schmitt/Hörtnagl*, UmwStG, § 9 Rn 35).

5. **Umsatzsteuer.** Vgl. → Form. III.H.5 Anm. 10.

6. **Grunderwerbsteuer.** Vgl. → Form. III.H.2 Anm. 6.

7. Eintritt in eine Personengesellschaft

Form.: vgl → Form. III.J.2 Anm. 1 ff.

Anmerkungen

1. Die Aufnahme eines weiteren Gesellschafters in eine bestehende Gesellschaft führt nicht zu Veränderungen der Wertansätze im **handelsrechtlichen Jahresabschluss** der Gesellschaft. Eine Bareinlage des Gesellschafters wird erfolgsneutral als Zugang auf dem Kassenkonto oder den Konten der Gesellschaft bei Kreditinstituten gebucht. Die Gesellschaft hat infolge des Beitritts kein Wahlrecht zur Veränderung der fortgeführten Anschaffungs- und Herstellungskosten ihrer angesetzten Vermögensgegenstände und Schulden. Stille Reserven werden durch den Eintritt in der Handelsbilanz nicht aufgedeckt, selbst wenn die geleistete Einlage des neuen Gesellschafters nicht allein auf seinem Kapitalkonto gebucht wird.

2. Die Jahresabschlüsse der **Folgejahre** werden durch den Eintritt des neuen Gesellschafters nicht verändert. Erfolgsauswirkungen infolge des Beitritts unterbleiben.

3. Zur Darstellung des Beitritts des Gesellschafters und den Auswirkungen in der **Steuerbilanz** und der **steuerlichen Ergänzungsbilanz** → Form. III.J.2 Anm. 1 ff.

8. Kapitalerhöhung durch Bar- oder Sacheinlage bei der GmbH

A-GmbH

Aktiva			Passiva
A.	Anlagevermögen	A.	Eigenkapital
I.		I.	Gezeichnetes Kapital
II.	Sachanlagevermögen	II.	Kapitalrücklage
III.		III.	
		IV.	
B.	Umlaufvermögen		
I.		B.	
II.			
III.		C.	Verbindlichkeiten
IV.	Kassenbestand, Guthaben bei Kreditinstituten		
		D.	
C.			
		E.	
D.			

Schrifttum: *ADS* § 272 HGB Tz 17 ff.; *Dettmeier/Prodan,* Das Eigenkapital der Kapitalgesellschaften, HdJ Abt. III/2 Rn 84 ff.

Anmerkungen

1. Zu den gesellschaftsrechtlichen Grundlagen s → Form. II.D.2.3 Anm. 1 ff.

2. Zur Bilanzierung bei Kapitalerhöhungen s → Form. III.H.2 Anm. 2 und → Form. III.H.3 Anm. 3 a). Das Form. zeigt am Beispiel des Mindestgliederungsschemas diejenigen Bilanzposten, die infolge der in → Form. II.D.2.3 Anm. 1 ff. dargestellten Kapitalerhöhung anzusprechen sind. Zum Ausweis einer ausstehenden Einlage bei Kapitalgesellschaften s Form. III.A.1 Anm. 13. Übersteigt der Wert des eingebrachten Vermögens den Nenn- oder höheren Ausgabebetrag der Kapitalerhöhung, wird der übersteigende Betrag in der Kapitalrücklage oder, wie in Form., als Verbindlichkeit ausgewiesen; vgl → Form. II.D.2.3 Anm. 12.

3. Zu steuerlichen Hinweisen s → Form. II.D.2.3 Anm. 12 aE.

9. Vereinfachte Kapitalherabsetzung und -erhöhung (Sanierung einer GmbH)

A-GmbH 31.12.x1

Aktiva			Passiva
		A.	Eigenkapital
		I.	Gezeichnetes Kapital
		II.	Kapitalrücklage
		III.	Gewinnrücklagen
		IV.	Bilanzverlust
E.	Nicht durch Eigenkapital gedeckter Fehlbetrag		

Schrifttum: *ADS* § 272 HGB Tz 36 ff.; § 240 AktG Tz 3 sowie Ergbd. § 272 HGB Tz 9 ff.; *Dettmeier/Prodan*, Das Eigenkapital der Kapitalgesellschaften, HdJ, Abt III/2 Rn 198 ff.

Anmerkungen

1. Zu den gesellschaftsrechtlichen Grundlagen s → Form. II.D.2.6 Anm. 1 ff.

2. Bilanzierung der Kapitalherabsetzung. Die sanierende Kapitalherabsetzung und ggf nachfolgende Erhöhung ist die Möglichkeit zum Ausgleich von Wertminderungen oder Verlusten der Kapitalgesellschaft.

a) **Voraussetzungen:** die sog sanierende Kapitalherabsetzung darf nur beschlossen werden, wenn Kapital- und Gewinnrücklagen nicht größer als 10 vom Hundert des nach Kapitalherabsetzung verbleibenden Kapitals sind; im Übrigen sind sie zuvor aufzulösen und ggf gemeinsam mit einem Gewinnvortrag, mit Verlusten oder der Wertminderung zu verrechnen (§§ 58a Abs 2, 58b und c GmbHG). Sind keine Kapital- oder Gewinnrücklagen vor Kapitalherabsetzung vorhanden, dürfen in die Kapitalrücklage nur Beträge eingestellt werden, die 10 vom Hundert des Stammkapitals nicht übersteigen. Die weiteren Voraussetzungen – Verluste oder Wertminderungen – müssen auf Grund eines sachverständig erstellten Rechenwerks, nicht notwendig einem Jahresabschluss, erkennbar sein (Baumbach/*Hueck/Zöllner*, § 58a GmbHG Rn 6).

b) **Ausweis:** anders als bei der AG (dort § 240 AktG) ist bei GmbH ein Ausweis der Erträge aus der Kapitalherabsetzung in der GuV nicht erforderlich. Stattdessen darf eine Verrechnung (Umbuchung) der betreffenden Posten des Eigenkapitals erfolgen.

3. Die Kapitalerhöhung wird als **gezeichnetes Kapital** (§ 272 Abs 1) ausgewiesen, ein Aufgeld ist in die **Kapitalrücklage** (§ 272 Abs 2 Nr 1) einzustellen. Die Festsetzung von Sacheinlagen ist unzulässig, § 58 f. Abs 1 S 2 GmbHG. Werden nur die nach §§ 58 f. Abs 1 S 2, 56a iVm § 7 Abs 2 GmbHG verlangten Mindestbeträge einbezahlt, ist eine ausstehende Einlage nach § 272 Abs 1 S 2 auszuweisen.

4. Rückwirkender bilanzmäßiger Vollzug (*ADS* § 272 HGB Rn 41). §§ 58e Abs 1 S 1, 58 f. Abs 1 S 1 GmbHG lassen als Ausnahme zu den allgemeinen Grundsätzen den rückwirkenden Ausweis der „sanierenden“ Kapitalherabsetzung und Kapitalerhöhung zu; nur der Ausweis, nicht die Maßnahme als solche erfolgen mit Rückwirkung. Voraussetzung ist, dass der Jahresabschluss durch die Gesellschafter festgestellt wird (Regelfall bei GmbH) und die Beschlussfassung mit der über die Kapitalherabsetzung verbunden wird, § 58e Abs 2 GmbHG. Die Beschlüsse über die Feststellung des Jahresabschlusses und über die Kapitalmaßnahmen sind nichtig, wenn sie nicht binnen drei Monaten nach der Beschlussfassung in das Handelsregister eingetragen worden sind.

10. Betriebsaufspaltung

An der OHG AB sind die Gesellschafter A und B zu je 50 % beteiligt. Durch Übertragung des Betriebs auf eine GmbH, deren Anteilseigner C und B sind und Zurückbehalten der Grundstücke und Gebäude in der OHG, wird eine Betriebsaufspaltung[1–4] herbeigeführt. Dem Vorgang liegen folgende Bilanzen zugrunde:

Aktiva		Bilanz OHG AB zum 31.12.x1		Passiva
		Euro		Euro
A.	Anlagevermögen		Kapitalanteil A	2.000.000,–
I.	Sachanlagen		Kapitalanteil B	2.000.000,–
1.	Grundstücke	4.000.000,–	Verbindlichkeiten	6.000.000,–
2.	Technische Anlagen und Maschinen	1.000.000,–		
B.	Umlaufvermögen			
I.	Vorräte	3.000.000,–		
II.	Forderungen und sonstige Vermögensgegenstände	2.000.000,–		
		10.000.000,–		10.000.000,–

Aktiva	Bilanz OHG AB zum 1.1.x2		Passiva
Bebaute Grundstücke		Kapitalanteil A	1.000.000,–
und Gebäude	4.000.000,–	Kapitalanteil B	1.000.000,–
		Verbindlichkeiten	2.000.000,–
	4.000.000,–		4.000.000,–

Aktiva	Eröffnungsbilanz AB GmbH zum 1.1.x2		Passiva
Technische Anlagen und Maschinen	1.000.000,–	Gezeichnetes Kapital Verbindlichkeiten	2.000.000,– 4.000.000,–
Vorräte	3.000.000,–		
Forderungen und sonstige Vermögensgegenstände	2.000.000,–		
	6.000.000,–		6.000.000,–

Schrifttum: *Fichtelmann,* Betriebsaufspaltung im Steuerrecht, 10. Aufl 1999; *Kaligin,* Die Betriebsaufspaltung, 11. Aufl. 2019; *Knobbe-Keuk,* Bilanz- und Unternehmenssteuerrecht, 9. Aufl 1993, 862; *L. Schmidt/Wacker,* EStG[40] § 15 Rn 800 ff.; *Schoor,* Personelle Verflechtung bei Betriebsaufspaltung und Einstimmigkeitsprinzip, StBP **2003,** 42; *Schulze zur Wiesche,* Die Betriebsaufspaltung unter Berücksichtigung des StSenkG und der UntStFG sowie der neueren Rechtsprechung, WPg **2003,** 90; *Söffing,* Die sachliche Verflechtung im Rahmen der Betriebsaufspaltung, DStR **1990,** 503; *ders,* Umstrukturierung von Betriebsaufspaltungen, DStR **1992,** 633; *ders,* Gedanken zur Rechtfertigung der Betriebsaufspaltung, DStR **1996,** 1225; *Tillmann,* Betriebsaufspaltung und Beteiligung von Mitarbeitern – Steuerliche Überlegungen, GmbHR **1992,** 98; *Hopt,* Handelsgesellschaften ohne Gewerbe und Gewinnerzielungsabsicht, ZGR **1987,** 145; *Schön,* Die vermögensverwaltende Personengesellschaft – Ein Kind der HGB-Reform –, DB **1998,** 1169; *Ebenroth/Wilken,* Kapitalersatz und Betriebsaufspaltung, BB **1993,** 305; *K. Schmidt,* Gesellschafterhaftung und „Konzernhaftung" bei der GmbH, NJW **2001,** 3577; *Kempermann,* Aktuelle Entwicklungen bei der Betriebsaufspaltung, NWB F 3 (**2003**), 12.501; *Strahl,* Betriebsaufspaltung: Verflechtung, Auswirkungen der Unternehmensteuerreform und Entstrickung, KÖSDI **2008,** 16.027; *ders.,* Umgekehrte und mitunternehmerische Betriebsaufspaltung als Gestaltungsmodelle unter besonderer Berücksichtigung der Unternehmensteuerreform 2008, FS Schaumburg **2009,** 493; R 15.7 Abs 4 EStH 18.

Anmerkungen

1. Betriebsaufspaltung bezeichnet idR ein „Doppelunternehmen", das aus der Aufteilung eines zunächst einheitlichen Unternehmens in ein Besitz- und ein oder mehrere Betriebsunternehmen hervorgegangen ist, zwischen denen enge sachliche und personelle Verflechtungen bestehen. Betriebsunternehmen weisen idR die Rechtsform einer Kapitalgesellschaft auf. Eine Betriebsaufspaltung kann durch Ausgliederung nach § 123 Abs 3 UmwG mit der Folge der Gesamtrechtsnachfolge oder als Einzelrechtsübertragung herbeigeführt werden, vgl auch §§ 133, 134 UmwG. Dem Form. liegt eine sog echte Betriebsaufspaltung durch Aufteilung zugrunde. Zu den zivilrechtlichen Problemen der Betriebsaufspaltung, wie Handelsgewerbe des Besitzunternehmens *Hopt* ZGR 1987, 145, 162; *Schön* DB 1998, 1169, 1171; zu Haftungsfragen, insbes Eigenkapitalersatz BGHZ 109, 55 = NJW 1990, 516; BGH DB 1993, 318; BGH DStR 1995, 814; *Ebenroth/Wilken* BB 1993, 305, zum Konzernrecht vgl *K. Schmidt* NJW 2001, 3577; mwN *L. Schmidt/Wacker,* EStG[40] § 15 Rn 805.

2. Steuerliche Besonderheiten. Die Betriebsaufspaltung führt dazu, dass die Besitzgesellschaft, obwohl an sich vermögensverwaltend tätig, über mindestens eine der wesentlichen Betriebsgrundlagen verfügt und deswegen als Gewerbebetrieb behandelt und besteuert wird, weil sie über die Betriebsgesellschaft, der diese wesentliche Betriebsgrundlage zur Nutzung überlassen wird, iVm der personellen Verflechtung am allgemeinen wirtschaftlichen Verkehr teilnimmt (BFHE 172, 91 = BStBl II 1994, 23); zivil- und steuerrechtlich handelt es sich um selbstständige Unternehmen, BFH BStBl II 2002, 662. Die Anteile an der Betriebsgesellschaft werden, wenn nicht Gesamthandsvermögen der Besitzgesellschaft, Sonderbetriebsvermögen der Gesellschafter. Grund ist der hinter dem Besitz- und Betriebsunternehmen stehende einheitliche geschäftliche Betätigungswille, der auf die Ausübung einer gewerblichen Betätigung gerichtet ist (BFHE 131, 388, 390 = BStBl II 1981, 39; R 15.7 Abs 4 EStR). Voraussetzungen: a) **Sachliche Verflechtung.** Die Besitzgesellschaft stellt der Betriebsgesellschaft wesentliche Betriebsgrundlagen zur Verfügung. Wesentliche Betriebsgrundlagen liegen idR nur dann vor, wenn die Vermögensgegenstände auf die Bedürfnisse der Betriebsgesellschaft zugeschnitten sind und deren funktionalen Erfordernissen dienen; *L. Schmidt/Wacker,* EStG[40] § 15 Rn 808; BFH BStBl II 2002, 527; 1993, 718; auch bei mittelbarer Nutzungsüberlassung, BFH BStBl II 2002, 363. Zur Bewertung der Anteile an der Betriebs-GmbH BFH BStBl II 2004, 416. **b) Personelle Verflechtung.** Betriebs- und Besitzunternehmen unterliegen dem einheitlichen geschäftlichen Betätigungswillen der Gesellschafter bei Beteiligungsidentität oder Beherrschungsidentität. Die Aufrechterhaltung der personellen Beziehungen durch gleichgerichtete Interessen einer geschlossenen Personengruppe genügt; *L. Schmidt/Wacker,* EStG[40] § 15 Rn 820; BFH GrS BStBl II 1972, 63; ferner BFH BStBl II 2002, 363; 2000, 417.

3. Gewinnrealisierung bei Betriebsaufspaltung. Die Übertragung der Vermögensgegenstände in eine Betriebsgesellschaft kann, auch wenn die Voraussetzungen der Betriebsaufspaltung (sachliche und personelle Verflechtung) gegeben sind, ohne Vorliegen der Voraussetzungen von § 20 UmwStG nach Maßgabe von § 6 Abs 6 EStG nicht mehr zu Buchwerten ohne Aufdeckung der stillen Reserven erfolgen (mwN vgl *L. Schmidt/Wacker,* EStG[40] § 15 Rn 807). Der Wegfall der Voraussetzungen einer Betriebsaufspaltung führt grundsätzlich zur Betriebsaufgabe (BFH BFH/NV 2000, 559; BStBl II 1984, 474) und zur Realisierung aller stillen Reserven im Vermögen des Besitzunternehmens (einschließlich derjenigen der Anteile an der Betriebsgesellschaft im Sonderbetriebsvermögen), *L. Schmidt/Wacker,* EStG[40] § 15 Rn 865 mwN.

4. Sonstige Steuern. Der Vorteil der Betriebsaufspaltung gegenüber der (reinen) Personengesellschaft liegt in der gewerbesteuerlichen Abzugsfähigkeit von Aufwendungen (zB Gehälter, Pensionsrückstellungen für Gesellschaftergeschäftsführer). Zwischen Besitz- und Betriebsgesellschaft kann eine umsatzsteuerliche Organschaft hergestellt werden (UStAE zu § 2, Abschn 2.8 Abs 6b; BFH/NV 1994, 277).

11. Realteilung von Personengesellschaften

Die Personenhandelsgesellschaft AB, an der die Gesellschafter A und B mit je 50 % am Kapital und am Gewinn beteiligt sind, wird real geteilt. Es wird zum 31.12.x1 folgende Schlussbilanz aufgestellt:

Aktiva — Schlussbilanz Personenhandelsgesellschaft AB zum 31.12.x1 — Passiva

	EUR		EUR
Grund und Boden I	50.000,–	Kapital A	450.000,–
Grund und Boden II	100.000,–	Kapital B	450.000,–
Gebäude I	200.000,–	Verbindlichkeiten I	600.000,–
Gebäude II	350.000,–	Verbindlichkeiten II	600.000,–
Maschinen I	300.000,–		
Maschinen II	100.000,–		
Sonstige Besitzposten I	500.000,–		
Sonstige Besitzposten II	500.000,–		
	2.100.000,–		2.100.000,–

Im Betriebsvermögen sind stille Reserven enthalten:

	Buchwert	Teilwert	stille Reserven
	EUR	EUR	EUR
Grund und Boden I	50.000,–	70.000,–	20.000,–
Grund und Boden II	100.000,–	130.000,–	30.000,–
Gebäude I	200.000,–	250.000,–	50.000,–
Gebäude II	350.000,–	380.000,–	30.000,–
Maschinen I	300.000,–	320.000,–	20.000,–
Maschinen II	100.000,–	130.000,–	30.000,–
Summe	1.100.000,–	1.280.000,–	180.000,–

Mit der Realteilung zum 1.1.x2 soll der Gesellschafter A die Vermögensgegenstände (I), der Gesellschafter B die Vermögensgegenstände (II) erhalten. Beide wollen mit den erhaltenen Vermögensgegenständen Einzelunternehmen fortführen.

Sie erstellten für die Unternehmen folgende Eröffnungsbilanzen:

Aktiva	Eröffnungsbilanz Einzelfirma A zum 1.1.x2		Passiva
	Euro		Euro
Grund und Boden	50.000,–	Kapital A	450.000,–
Gebäude	200.000,–	Verbindlichkeiten	600.000,–
Maschinen	300.000,–		
Sonstige Besitzposten	500.000,–		
	1.050.000,–		1.050.000,–

Aktiva	Eröffnungsbilanz Einzelfirma B zum 1.1.x2		Passiva
	Euro		Euro
Grund und Boden	100.000,–	Kapital B	450.000,–
Gebäude	350.000,–	Verbindlichkeiten	600.000,–
Maschinen	100.000,–		
Sonstige Besitzposten	500.000,–		
	1.050.000,–		1.050.000,–

Schrifttum: BMF Schr v 19. 12. 18, BStBl I **2019**, 6; *Obermayer* ua, Übertragung von Einzelwirtschaftsgütern einschl. Schulden zwischen Schwesterpersonengesellschaften, BB **2003**, 1305; *L. Schmidt/Wacker,* EStG[39] § 16 Rn 530 ff.; *Widmann/Mayer,* Umwandlungsrecht, Kommentar, Loseblatt, Stand Februar 2019 Anh. 10: Realteilung; *Winkemann,* Die Realteilung – eine Zwischenbilanz, BB **2004**, 130; *Paus,* Offene Fragen bei der Realteilung von Personengesellschaften, DStZ **2006**, 285; *Heß,* Die Realteilung einer Personengesellschaft, DStR **2006**, 777; *Dietel,* Die Sachwertabfindung von Mitunternehmern – Ungeklärte Rechtslage bei der Abfindung mit betrieblichen Sachgesamtheiten, DStR **2009**, 1352; *Röhner*, Die bilanzielle Durchführung der Realteilung, StuW 2008, 144; *Bünning*, Steuerneutrale Realteilung bei Abfindung mit Einzelwirtschaftsgütern weitergehend möglich als bisher, BB **2017**, 1649; *Wendt*, Ausscheiden aus Mitunternehmerschaft gegen Sachwertabfindung mit Einzelwirtschaftsgütern folgt Realteilungsgrundsätzen, BFH/PR **2017**, 290; *Gläser/Zöller*, Der neue Realteilungserlass des BMF – (un-)echte Erhöhung der Rechtssicherheit? DB **2019**, 692; Gragert, Echte und unechte Realteilung – Unterschiede in der steuerlichen Behandlung, NWB **2019**, 476; *Riedel*, Der neue Realteilungserlass, GmbHR *19*, 221; *Stenert*, Der neue Realteilungserlass ist da! DStR **2019**, 245.

Anmerkungen

1. Die Realteilung ist keine gesetzlich geregelte Form der Trennung der Gesellschaft, der Auflösung und Beendigung von zwei- oder mehrgliedrigen Personenhandelsgesellschaften. Die Gesellschafter können sich jedoch in der Weise auseinandersetzen, dass jeder Gesellschafter einen Teil des Gesellschaftsvermögens, insbes einen Teilbetrieb (dazu Baumbach/Hopt/*Roth,* § 145 Rn 10) übernimmt und als eigene unternehmerische Aktivität fortführt. Die Aufteilung des Gesellschaftsvermögens gilt als Sachabfindung. Das Form. geht von der Auflösung der PersGes aus. Für Personenhandelsgesellschaften gelten die Regelungen über die Spaltung (§ 123 UmwG). Die Aufspaltung einer Personengesellschaft (§ 123 Abs 1 UmwG) in zwei Einzelunternehmen ist nach §§ 125, 3 Abs 1 UmwG nicht vorgesehen.

2. Die Realteilung erfolgt idR auf der Grundlage einer Bilanz, die das Vermögen der zu spaltenden Gesellschaft wiedergibt. Eine gesetzliche (handelsrechtliche) Verpflichtung besteht hierzu nicht.

3. Bei **Übernahme des Vermögens** der PersGes haben die Gesellschafter eine Bilanz aufzustellen, wenn sie hiermit ein Handelsgewerbe beginnen; § 242 Abs 1. Wird das zu übernehmende Vermögen auf ein bereits bestehendes kaufmännisches Unternehmen übertragen, stellt die Übernahme einen laufenden Geschäftsvorfall dar.

4. Das **Eigenkapital** der errichteten Unternehmen richtet sich nach Umfang und Bewertung des übernommenen Vermögens. Eine Bindung an die Ansätze und Bewertungen in der Bilanz der PersGes besteht – handelsrechtlich – nicht; vgl jedoch die Hinweise zur steuerlichen Buchwertfortführung.

5. Steuerliche Bewertung. Die jüngere Rechtsprechung (BFH, Urteil vom 16.3.2017, IV R 31/14, BStBl. 19 II, 24) – und im Anschluss daran die FinVerw (BMF Schr v 19.12.18, BStBl I 2019, 6) unterscheidet zwischen der *echten Realteilung* (= Auflösung der Mitunternehmerschaft oder Aufgabe des Gewerbebetriebs der Mitunternehmerschaft) und der unechten Realteilung (= Ausscheiden zumindest eines Mitunternehmers unter Mitnahme von mitunternehmerischem Vermögen aus der fortbestehenden Mitunternehmerschaft, dh Aufgabe des Mitunternehmeranteils), iE. *Schmidt/Wacker,* EStG[40] § 16 Rn 521. Im Form. ist eine echte Realteilung dargestellt, für die die nachstehenden Grundsätze gelten:

Buchwertfortführung. Werden die Vermögensgegenstände einer PersGes auf ihre Gesellschafter übertragen, wobei jeder Gesellschafter Wirtschaftsgüter erhält, die in das jeweilige Betriebsvermögen der Mitunternehmer eingehen, sind die in der Schlussbilanz der Personengesellschaft nach allgemeinen Regeln angesetzten Werte anzusetzen und fortzuführen, § 16 Abs 3 S 2 EStG. Es ist eine personendifferenzierte sowie eine objektdifferenzierende Betrachtung anzustellen. Die Kapitalkonten der Mitunternehmer sind nach der Kapitalkontenanpassungsmethode an die übernommenen Buchwerte anzupassen, die Bildung von Ergänzungsbilanzen unterbleibt (vgl BMF BStBl I 2019, 34 Tz. 22; BFH BStBl II 1992, 385). Werden übernommene Wirtschaftsgüter, die einzeln übertragen worden waren, innerhalb einer Frist von drei Jahren nach Abgabe der Steuererklärung der Mitunternehmerschaft veräußert oder entnommen, ist für den jeweiligen Übertragungsvorgang rückwirkend der Teilwert anzusetzen, § 16 Abs 3 S 3 EStG. Der **gemeine Wert** ist anzusetzen, wenn bei einer Realteilung einzelne Wirtschaftsgüter mittelbar oder unmittelbar auf eine Kapitalgesellschaft übertragen werden, § 16 Abs 3 S 4 EStG; *L. Schmidt/Wacker*, EStG[40] § 16 Rn 555. Erfolgt die Realteilung mit Wertausgleich, steht dies der zwingenden Buchwertverknüpfung nicht entgegen. Der Wertausgleich hat indes das Entstehen eines – unter den Voraussetzungen von § 7 S 2 GewStG gewerbesteuerfreien – Gewinns zur Folge (*L. Schmidt/Wacker*, EStG[40] § 16 Rn 548 f). Die Ermittlung des steuerpfl Gewinns im Einzelnen ist str. Nach hM wird nur im Verhältnis der Ausgleichszahlung zum Wert des übernommenen Vermögens entgeltlich angeschafft und veräußert (*Groh* WPg 1991, 620; BMF BStBl I 2019, 34 (Tz. 16 ff.)). Folgt der Realteilung die Einbringung der zugeteilten Wirtschaftsgüter in eine andere Personengesellschaft, gelten die allgemeinen Grundsätze, BFH BStBl II 2004, 893. Werden im Rahmen der Realteilung einzelne Wirtschaftsgüter in das Privatvermögen des ausscheidenden Mitunternehmers übertragen, realisiert er einen Veräußerungsgewinn nach § 16 Abs. 2 EStG.

6. Sonstige Steuern: Zur Umsatzsteuer vgl § 1 Abs 1a UStG; zur Grunderwerbsteuer vgl §§ 1 Abs 1 Nr 1, 6 GrEStG.

I. Bilanzen für besondere steuerliche Zwecke

1. Steuerliche Sonderbilanz

Verpachtung von Grund und Boden sowie Gebäude an eine Mitunternehmerschaft, an der der Eigentümer beteiligt ist.

Aktiva	Sonderbilanz zum 31.12.x1		Passiva
	Euro		Euro
Grund und Boden	200.000,–	Verbindlichkeit	1.500.000,–
Gebäude	800.000,–		
Minderkapital	500.000,–		
	1.500.000,–		1.500.000,–

Aktiva	Sonderbilanz zum 31.12.x2		Passiva
	Euro		Euro
Grund und Boden	200.000,–	Verbindlichkeit	1.300.000,–
Gebäude	776.000,–		
Minderkapital	324.000,–		
	1.300.000,–		1.300.000,–

Ermittlung des Vorweggewinnanteils nach § 15 Abs 1 S 1 Nr 2 EStG:

Sonderbetriebseinnahmen:	**Euro**
– Pachteinnahmen von PersGes (12 × 30.000,–)	**360.000,–**
Sonderbetriebsausgaben:	
– Abschreibung Gebäude (3%)	**24.000,–**
Zinsaufwand (8%)	**120.000,–**
Als steuerlicher Gewinnanteil vorweg zuzurechnende Vergütung für x1 nach § 15 Abs 1 S 1 Nr 2 EStG	**216.000,–**

Schrifttum: BeBiKo/*Grottel/Baldamus* § 247 Rn 757 ff.; *Brandis/Heuermann,* Einkommensteuer, Stand Oktober 2021, § 15 Rn 458 ff.; *Jacobs/Scheffler/Spengel,* Unternehmensbesteuerung und Rechtsform, 5. Aufl 2015, S 252; *L. Schmidt/Wacker,* EStG[39] § 15 Rn 475 ff., 506 ff.; R 15.7(4) EStH 2018 „Sonderbetriebsvermögen"; *Ley,* Zur Buchführungs- und Abschlusserstellungspflicht sowie zur Ausübung von Bilanzierungswahlrechten in der Sonderbilanz eines Mitunternehmers, WPg 2006, 904; *Ley* in HdJ Abt VII/4 Sonderbetriebsvermögen, Sept. 2021; *Schmitz,* Grundprinzipien der Zuordnung. Bilanzierungskonkurrenzen bei Sonderbetriebsvermögen, NWB 6/2010, 425; *Kahle,* Die Sonderbilanz bei der Personengesellschaft, FR 2012, 109.

Anmerkungen

1. Die steuerliche **Sonderbilanz** ist ein Hilfsmittel der steuerlichen Zuordnung von aktiven und passiven Wirtschaftsgütern und der Gewinnermittlung bei Personengesellschaften (Mitunternehmerschaft). In ihr werden Vermögensgegenstände (Wirtschaftsgüter) geführt, die einem oder mehreren Mitunternehmern gehören, der Personengesellschaft oder der Beteiligung der Gesellschafter an dieser dienen, die aber nicht zum Gesellschaftsvermögen der Personengesellschaft gehören. Diese Vermögensgegenstände und Schulden dürfen nicht in der Bilanz der Gesellschaft angesetzt werden (→ Form. III. A.2 Anm. 1 ff.). Die zivilrechtliche Zuordnung der Vermögensgegenstände und die Behandlung von Aufwendungen und Erträgen im Verhältnis der Gesellschafter zueinander bleibt durch die steuerlichen Besonderheiten unberührt. Nach § 15 Abs 1 S 1 Nr 2 EStG werden bei den Einkünften aus Gewerbebetrieb auch die Einnahmen aus an die PersGes überlassenen Wirtschaftsgütern einbezogen.

2. Wirtschaftsgüter, die zivilrechtlich im Eigentum eines Mitunternehmers stehen oder diesem wirtschaftlich zugerechnet werden (§ 39 Abs 2 Nr 1 AO), sind notwendiges oder gewillkürtes **Sonderbetriebsvermögen,** wenn sie geeignet und bestimmt sind, dem Betrieb der Personengesellschaft (sog Sonderbetriebsvermögen I) oder der Beteiligung des Gesellschafters an der Personengesellschaft (sog Sonderbetriebsvermögen II) zu dienen (BFH BStBl II 1990, 677; BFH BStBl II 2002, 733).

Sonderbetriebsvermögen I liegt vor, wenn Wirtschaftsgüter der Personengesellschaft zur Nutzung überlassen (§ 15 Abs 1 S 1 Nr 2 EStG) und von dieser für betriebliche Zwecke genutzt werden. Gleichgültig ist, ob das Wirtschaftsgut entgeltlich oder unentgeltlich zur Nutzung überlassen wird, ob dies im Gesellschaftsvertrag oder in einem besonderen Vertrag vereinbart ist und ob die Nutzungsüberlassung schuldrechtlicher oder dinglicher Art ist (vgl Form). Sonderbetriebsvermögen II liegt vor, wenn das Wirtschaftsgut unmittelbar zur Begründung oder Stärkung der Beteiligung an der Personengesellschaft eingesetzt wird, dazu gehören zB die Anteile der Kommanditisten einer GmbH & Co KG an der Komplementär-GmbH oder Anteile des Mitunternehmers einer

Organträger-Personengesellschaft an der Organgesellschaft, BFH BStBl II 2004, 216. Zum jeweiligen Sonderbetriebsvermögen gehören auch Verbindlichkeiten, die der Mitunternehmer bei Erwerb des Wirtschaftsguts oder der Beteiligung eingegangen ist; BFH BStBl II 2001, 335; BFH BStBl II 2002, 733.

Sind die Voraussetzungen der Betriebsaufspaltung (→ Form. III.H.10 Anm. 1 ff.) und die des § 15 Abs 1 S 1 Nr 2 EStG zugleich erfüllt, gehen nach BFH BStBl II 1998, 325; BStBl II 1999, 483 sowie BMF BStBl I 1998, 583 nur dann die Grundsätze der Betriebsaufspaltung vor, wenn eine Personengesellschaft wesentliche Betriebsgrundlagen der Betriebsgesellschaft zur Nutzung überlässt und nicht sie selbst, sondern ihre Gesellschafter (oder einzelne von ihnen) beherrschend an der Betriebsgesellschaft beteiligt sind. In diesen Fällen gehören die zur Nutzung überlassenen Wirtschaftsgüter nicht zum Sonderbetriebsvermögen, sondern zu einem daneben bestehenden Besitzunternehmen; im Übrigen verbleibt es bei dem Vorrang der Zuordnung zum Sonderbetriebsvermögen (*L. Schmidt/Wacker* EStG[40] § 15 Rn 858 mwN).

3. Notwendiges oder gewillkürtes Sonderbetriebsvermögen. Der Mitunternehmer kann – wie ein Einzelunternehmer – Wirtschaftsgüter zum gewillkürten Sonderbetriebsvermögen machen (BFH BStBl II 1977, 150; BFH BStBl II 1993, 21), wenn diese (objektiv) geeignet sind, mittelbar den Betrieb der Personengesellschaft oder die Beteiligung des Mitunternehmers an der Personengesellschaft zu fördern und (subjektiv) dazu bestimmt sind, dem Betrieb der Personengesellschaft oder Beteiligung des Mitunternehmers zu dienen (s BFH FR 1999, 31; *L. Schmidt/Wacker* EStG[40] § 15 Rn 527).

4. Für das Sonderbetriebsvermögen der Gesellschafter ist die Personengesellschaft **buchführungspflichtig,** § 141 AO; über die Ausübung von Wahlrechten entscheidet der betroffene Mitunternehmer (BFH BStBl II 1991, 401, 404; BStBl II 1992, 797; BStBl II 2006, 418; *Ley* WPG 2006, 904).

5. Gewinnermittlung. Der steuerliche Gesamtgewinn des Mitunternehmers besteht aus dem (Anteil am) Gewinn in der Steuerbilanz der Personengesellschaft sowie dem Gewinn in der Sonderbilanz. Bei der einheitlichen und gesonderten Gewinnfeststellung sind neben dem anteiligen Gewinn aus der Personengesellschaft die den Gesellschafter betreffenden Sonderbetriebseinnahmen und -ausgaben vorweg zuzurechnen. Die Sonderbilanz ist fortzuschreiben, Abschreibungen sind als Sonderbetriebsausgaben zu berücksichtigen. Der Gesamtgewinn ist Bemessungsgrundlage für die Gewerbesteuer.

6. Der **Verlustabzug** des Mitunternehmens zB bei Beteiligung als Kommanditist wird unter Berücksichtigung des Kapitalkontos durch § 15a EStG eingeschränkt. Maßgeblich ist das Kapitalkonto in der Steuerbilanz der KG zuzügl./abzügl. des Mehr-/Minderkapitals aus einer Ergänzungsbilanz (*L. Schmidt/Wacker* EStG[40] § 15a Rn 41 ff.). Eine Verbindlichkeit des Sonderbetriebsvermögens mindert nicht das Verlustausgleichspotential (BFH DStR 2008, 1577; BFH BStBl II 1989, 1018); positives Sonderbetriebsvermögen erhöht das Kapitalkonto nach § 15a EStG nicht (*L. Schmidt/Wacker,* EStG[40] § 15a Rn 41). Zur Berücksichtigung von Gewinnen und Verlusten aus Sonderbetriebsvermögen bei § 15a EStG: BFH BStBl II 1992, 167; BFH DStR 2008, 1577; Vfg OFD Frankfurt v 29.11.2017, veröffentlicht in juris; zur Ergebnisverrechnung *L. Schmidt/Wacker,* EStG[40] § 15a Rn 162.

7. Subsidiaritätsgrundsatz. Befindet sich ein Wirtschaftsgut im Betriebsvermögen eines Einzelunternehmers oder einer GmbH, der/die gleichzeitig Mitunternehmer ist, und wird dieses durch die Personengesellschaft genutzt, ist es in der steuerlichen Sonderbilanz und nicht in dem Betriebsvermögen, sondern als Sonderbetriebsvermögen bei der Personengesellschaft zu erfassen (Ablehnung des Subsidiaritätsgrundsatzes, BFH BStBl II 1988, 667; BStBl II 2000, 399; BFH BStBl II 2005, 830; BMF v 28.4.1998, BStBl I 1998, 583; *L. Schmidt/Wacker* EStG[40] § 15 Rn 534).

2. Steuerliche Ergänzungsbilanz

An der Personengesellschaft X sind die Gesellschafter A, B, C und D mit je EUR 200.000 am Kapital und mit je 25 % am Gewinn und Verlust beteiligt. Die Personengesellschaft stellt zum 31.12.x1 folgende Bilanz auf:

Personengesellschaft X

Aktiva	Bilanz zum 31.12.x1		Passiva
	EUR		EUR
Grund und Boden	100.000,–	Kapitalanteil A	200.000,–
Gebäude	800.000,–	Kapitalanteil B	200.000,–
Maschinen und		Kapitalanteil C	200.000,–
Einrichtung	200.000,–	Kapitalanteil D	200.000,–
Waren und Material	2.000.000,–	Verschiedene	
Forderungen	4.000.000,–	Verbindlichkeiten	6.600.000,–
Sonstige Besitzposten	300.000,–		
	7.400.000,–		7.400.000,–

An stillen Reserven sind am 31.12.x1 vorhanden:

	Buchwert	Teilwert	stille Reserven
	Euro	Euro	Euro
Grund und Boden	100.000,–	180.000,–	80.000,–
Gebäude	800.000,–	960.000,–	160.000,–
Geschäftswert	0,–	160.000,–	160.000,–
	900.000,–	1.300.000,–	400.000,–

Gesellschafter D überträgt seinen Geschäftsanteil zum 31.12.x1 auf E. E zahlt an D eine Abfindung in Höhe von EUR 300.000,–. Mit der über das Kapitalkonto hinausgehenden Zahlung werden die Anteile des D an den stillen Reserven der Gesellschaft (einschließlich des Anteils am Geschäftswert) abgegolten. Das Kapitalkonto des E in der Gesellschaftsbilanz wird in Höhe von EUR 200.000,– angesetzt. Das Gebäude hatte ursprüngliche Anschaffungskosten von EUR 1.500.000 und wurde bei einer Nutzungsdauer von 50 Jahren mit 2 % p.a. abgeschrieben. Die Restnutzungsdauer beläuft sich ebenfalls auf 50 Jahre.

a) Eröffnungsbilanz Personengesellschaft X zum 1.1.x2

Aktiva	Eröffnungsbilanz Personengesellschaft X zum 1.1.x2		Passiva
	Euro		Euro
Grund und Boden	100.000,–	Kapitalanteil A	200.000,–
Gebäude	800.000,–	Kapitalanteil B	200.000,–
Maschinen und		Kapitalanteil C	200.000,–
Einrichtung	200.000,–	Kapitalanteil E	200.000,–
Waren und Material	2.000.000,–	Verschiedene	
Forderungen	4.000.000,–	Verbindlichkeiten	6.600.000,–
Sonstige Besitzposten	300.000,–		
	7.400.000,–		7.400.000,–

b) Ergänzungsbilanz des Gesellschafters E zum 1.1.x2

Aktiva	Ergänzungsbilanz E zum 1.1.x2		Passiva
	Euro		Euro
Mehrwert für		Mehrkapital E	100.000,–
Grund und Boden	20.000,–		
Gebäude	40.000,–		
Geschäftswert	40.000,–		
	100.000,–		100.000,–

c) Ergänzungsbilanz des Gesellschafters E zum 31.12.x2

Aktiva	Ergänzungsbilanz E zum 31.12.x2[1, 2, 3]			Passiva
		Euro		Euro
Mehrwert für			Mehrkapital	
Grund und Boden		20.000,–	1.1.x2	100.000,–
Gebäude 1.1.x2	40.000,–			
			+ Gewinn x2	33,–
./. AfA 2% aus 240.000	4.800,–			
./. AfA Gesamthand	*./. 7500,–*			
	2.700,–	42.700,–		
Geschäftswert	40.000,–			
./. AfA	2.667,–	37.333,–		100.033,–
		100.033,–		100.033,–

d) Einheitliche und gesonderte Gewinnfeststellung für Personengesellschaft X zum 31.12. x2[4]

	A	B	C	D	E	einheitlicher Gewinn
	Euro	Euro	Euro	Euro		Euro
Gewinnanteil	50.000,–	50.000,–	50.000,–	50.000,–	50.000,–	200.000,–
Verlust						
Ergänzungsbilanz		–	–	–	– 3.867,–	– 3.867,–
insgesamt	50.000,–	50.000,–	50.000,–	50.000,–	46.133,–	196.133,–

Schrifttum: BeBiKo/*Grottel/Baldamus* § 247 Rn 744 ff.; *Bolk* Auflösung von Ergänzungsbilanzen, DStZ 15, 472; *L. Schmidt/Wacker,* EStG[40] § 15 Rn 460 ff.; *Brandis/Heuermann,* Einkommensteuer, Stand Oktober 2021, § 15 Rn 553 ff.; *Wendt*, Keine tarifbegünstigte Anteilsveräußerung bei nur teilweiser Aufdeckung der in der Person des Veräußerers vorhandenen stillen Reserven, FR 2015, 525.

Anmerkungen

1. Ergänzungsbilanzen sind ein **Bestandteil der steuerlichen Gewinnermittlung und dienen der Korrektur von Wertansätzen.** Sie entstehen bei Eintritt in eine Mitunternehmerschaft, Anteilseignerwechsel, Sacheinlagen (Einbringung), Verschmelzung oder auch der Übertragung einzelner Wirtschaftsgüter. Der Erwerb eines Anteils an einer PersGes wird steuerlich als entgeltliche Anschaffung von Anteilen an den einzelnen zum Gesellschaftsvermögen gehörenden Wirtschaftsgütern angesehen. Der Erwerber hat seine Aufwendungen, soweit sie das Kapitalkonto in der Steuerbilanz der Gesellschaft übersteigen, als zusätzliche Anschaffungskosten für die Anteile an den Wirtschaftsgütern in der Ergänzungsbilanz zu aktivieren und ein Mehrkapital in gleicher Höhe auszuweisen (BFH BStBl II 1998, 180; GrS BFH BStBl II 1991, 691). Die Ergänzungsbilanz ist zu jedem folgenden Bilanzstichtag fortzuentwickeln. Die aktivierten Mehrwerte sind planmäßig abzuschreiben. Seit BFH BStBl II 2017, 34, dazu BMF BStBl I 2017, 35 bestimmt sich die AfA für Wirtschaftsgüter des Gesellschaftsvermögens nach der zum Zeitpunkt des Anteilserwerbs geltenden Restnutzungsdauer; dem Erwerber stehen die Abschreibungswahlrechte zu, die ein Einzelunternehmer in Anspruch nehmen könnte. Die durch den eintretenden Gesellschafter vorzunehmende Abschreibung wird unter Berücksichtigung der in der Gesamthandbilanz vorgenommenen Abschreibung ermittelt und kann uU auch negativ werden; die Minderabschreibung erhöht den Aktivansatz des Wirtschaftsguts in der Ergänzungsbilanz. Bei Veräußerung oder außerplanmäßiger Abschreibung auf die jeweiligen Gegenstände sind die Mehrwerte in der Ergänzungsbilanz abzuschreiben oder aufzulösen. Der dadurch entstehende Aufwand mindert den Gewinnanteil des Gesellschafters (vgl zur einheitlichen und gesonderten Gewinnfeststellung § 180 Abs 1 Nr 2a AO).

2. Ergänzungsbilanz und Sonderbilanz können bei Erwerb eines Mitunternehmeranteils nebeneinander treten (zB Erwerb des Mitunternehmeranteils in → Form. III.J.2 Anm. 1 ff. unter Kreditaufnahme wie in → Form. III.J.1 Anm. 1 ff.).

3. Für die Ergänzungsbilanz ist der betroffene Gesellschafter **buchführungspflichtig.** Es ist offen, ob sich aus dem zur Sonderbilanz ergangenen BFH-Urteil (BStBl II 1991, 401) eine abweichende Ansicht, die die Personengesellschaft für buchführungspflichtig hält, ergeben könnte.

4. Der **steuerliche Gewinnanteil** des Gesellschafters ermittelt sich aus seinem Ergebnisanteil nach der Gesamtbilanz unter Berücksichtigung der Entwicklung der Ergänzungsbilanz. Das sich danach ergebende Ergebnis ist für die Gewerbesteuer maßgeblich.

5. Der **Verlustabzug** wird unter Berücksichtigung des Kapitalkontos durch § 15a EStG eingeschränkt. Nach hM wird das Kapitalkonto nach § 15a EStG durch ein Mehrkapital in der Eröffnungsbilanz erhöht, durch ein Minderkapital gemindert (BFH BStBl II 1992, 167; BStBl II 1999, 163; BStBl II 2000, 347; Vfg OFD Frankfurt v 27.1.2021, veröffentlicht in juris).

J. Sicherungsvereinbarungen mit bilanzrechtlicher Bedeutung

1. Patronatserklärung („weiche" Fassung)

An[1, 3]

XY-Bank Aktiengesellschaft[2]

– Vorstand –

Z-Stadt

Sie haben uns davon in Kenntnis gesetzt, dass Sie der T-GmbH, deren sämtliche Geschäftsanteile wir halten, mit einer Kreditlinie in Höhe von bis zu Euro . . . . . . zur Verfügung stehen.

Im Hinblick auf Ihr Kreditengagement unserer Tochtergesellschaft gegenüber erklären wir Ihnen, dass es nicht unsere Absicht ist, Geschäftsanteile der T-GmbH zu veräußern oder Dritten die Möglichkeit einzuräumen, sich durch Übernahme neuer Geschäftsanteile an T-GmbH zu beteiligen.[4]

Ferner bestätigen wir Ihnen, dass es stets unsere Geschäftspolitik gewesen ist, die uns zustehenden Anteilsrechte an unseren Tochtergesellschaften in der Weise auszuüben, dass die Gesellschaften beeinflusst werden, ihren Verpflichtungen und damit auch den Verbindlichkeiten Ihnen gegenüber aus dem Kreditvertrag nachzukommen.

Wir werden Sie informieren, sobald derzeit nicht absehbare Entwicklungen eine Änderung unserer Geschäftspolitik erforderlich machen. Im Übrigen halten wir uns an die vorstehende Erklärung gebunden, solange Ihr Kreditengagement für unsere Tochtergesellschaft andauert.

gez. A-GmbH

– Geschäftsführung –

Schrifttum: *ADS* § 251 HGB Tz 78 ff.; *Ammelung/Sorocean;* Patronatserklärungen zugunsten ausländischer Tochterunternehmen, RiW **1996**, 668; 666; *Habersack,* Patronatserklärungen ad incertas personas, ZIP **1996**, 257; *Hauck/von Rumohr,* Haftung aus einer harten Patronatserklärung – Zugleich eine Anmerkung zu BGH, NJW **2010**, 144 und der Frage der Wirksamkeit einer Patronatserklärung durch behördlichen Negativtest, NOJZ **2010**, 1250; *IDW* HFA Rechnungslegungshinweis: Handelsrechtliche Vermerk- und Berichterstattungspflichten bei Patronatserklärungen: IDW RH HFA 1.013, WPg Supplement 1/**2008**, 37; *Küffner,* Patronatserklärungen im Bilanzrecht, DStR **1996**, 146; *Loitz/Schulze,* Jahresabschlussprüfung bei Vorliegen von Patronats-/Rangrücktrittserklärungen, DB **2004**, 769; *Michalski,* Die Patronatserklärung, WM **1994**, 1229;

Mosch, Patronatserklärungen deutscher Konzernmuttergesellschaften und ihre Bedeutung für die Rechnungslegung, 1977; *Pesch,* Patronatserklärungen im Geschäftsbericht von Banken, WM **1998**, 1609; *Schimansky/Bunte/Lwowski,* Bankrechts-Handbuch, 5. Aufl 2017, Band 2, § 98 II; *Schütze,* Münchener Vertragshandbuch Bd 2, 7. Aufl 2015, V.19 bis 21; *A. Wittig,* Moderne Patronatserklärungen, WM **2003**, 1981; *Bomhard/Haase,* Gestaltung von Patronatserklärungen als Sicherungsmittel in Gewerberaummietverträgen, BB 2010, 2651.

Anmerkungen

1. Allgemeines, Begriff. Patronatserklärungen sind ein Mittel der **Kreditsicherung** im weiteren Sinne. Sie werden häufig, aber nicht notwendigerweise in Bezug auf konzernangehörige Unternehmen gegeben. Sie beinhalten atypische Kreditsicherheiten in Fällen, in denen die üblichen dinglichen oder obligatorischen Sicherungsmittel nicht zur Verfügung stehen oder gestellt werden. Patronatserklärungen haben ein vielschichtiges Erscheinungsbild. Das Interesse an solchen Erklärungen beruht auf Kostengründen oder Gründen zur Vermeidung von Rechtsproblemen bei anderen Sicherheiten, nicht zuletzt auf bilanzrechtlichen Überlegungen, hierdurch nicht ausweispflichtige Sicherheiten zur Verfügung zu stellen (*Michalski* WM 1994, 1229, 1230 f). Ausgehend von der bilanzrechtlichen Einordnung werden sie in sog. **„weiche"** oder **„harte"** Patronatserklärungen typisiert. Weiche Erklärungen enthalten regelmäßig Tatsachenbeschreibungen oder Erklärungen über (beabsichtigtes) Verhalten des Erklärungsgebers, ohne eine Haftung zu übernehmen. In einer harten Patronatserklärung hingegen übernimmt der Erklärungsgeber zB eine aufschiebend bedingte Bürgschaft oder verpflichtet sich zu bestimmten Leistungen im Hinblick auf die Liquidität oder das Eigenkapital der begünstigten Gesellschaft. Die Hinnahme einer nicht ausweispflichtigen „weichen" Patronatserklärung durch den Vertragspartner kann die vom Wortlaut abgeleitete Würdigung stützen, eine mit Gewährleistungscharakter verbundene „harte" Patronatserklärung liege nicht vor (OLG Karlsruhe ZIP 1992, 1394). Das Spektrum möglicher Vereinbarungen ist weit; vgl *Mosch,* Patronatserklärungen, 8 ff. Zu außerbilanziellen Gründen: *Schütze,* Münchener Vertragshandbuch Bd 2, IV.19 Anm. 4.

2. Beteiligte. Die Erklärungen werden idR durch ein konzernangehöriges Unternehmen, häufig das Mutterunternehmen, gegenüber einem Kreditgeber abgegeben. Begünstigt wird ein nachgeordnetes konzernangehöriges Unternehmen. Die Abgabe der Erklärung kommt jedoch auch durch andere nahestehende Unternehmen oder, gegen eine Haftungsvergütung, auch durch Dritte in Betracht.

3. Rechtscharakter, Form. Die durch die Patronatserklärung abgegebene Sicherungserklärung kommt als Vertrag zustande. Der Vertrag enthält die einseitig verpflichtenden Erklärungen des Erklärungsgebers. Eine einseitige Willenserklärung genügt nicht. Der Vertrag kann **formlos** geschlossen werden, auch wenn in der Praxis idR die **Schriftform** gewählt wird. Häufig wird die Vereinbarung, wie im Form., durch den Austausch von Schreiben vorgenommen. Unterbleibt die schriftliche Annahmeerklärung des Sicherungsnehmers, liegt in der Auszahlung des Kreditbetrags die schlüssig erklärte Annahme; nach § 151 S 1 BGB wird dann auf den Zugang der Annahmeerklärung verzichtet (*Michalski* WM 1994, 1229, 1232 f.; *Schütze,* Münchener Vertragshandbuch Bd 3, V.19 Anm. 5). Weitere Regelungen können getroffen werden zur Regelung des Sicherungszwecks, Ablösung, Dauer, Rechtswahl und Gerichtsstand. Zur Kündbarkeit einer Patronatserklärung BGH ZIP 2010, 2092 („Star 21").

4. Für Wortlaut und Inhalt von Patronatserklärungen haben sich verschiedene Grundtypen herausgebildet. Diese Grundtypen geben zugleich die Differenzierung in der Rechtsnatur vor. Im Wesentlichen handelt es sich um folgende **fünf Varianten** (weitere Möglichkeiten sind zB der Rangrücktritt, → Form. III.K.3 Anm. 1 ff.):

Grundform 1: Die Muttergesellschaft verpflichtet sich, das Gesellschaftsverhältnis mit der Tochtergesellschaft beizubehalten. Eine solche Erklärung enthält keine Gewährleistungszusage. Insbesondere ergibt sich keine Einstandspflicht für die Verpflichtungen der Tochtergesellschaft.

Grundform 2: Die Muttergesellschaft verpflichtet sich, den Unternehmensvertrag mit der Tochtergesellschaft nicht zu ändern, aufzuheben oder zu kündigen. Eine solche Erklärung enthält ebenfalls keine Gewährleistungszusage.

Grundform 3: Die Muttergesellschaft verpflichtet sich, die Tochtergesellschaft dahin zu beeinflussen, dass sie ihren Verbindlichkeiten (gegenüber dem Gläubiger) nachkommt. Die Muttergesellschaft verpflichtet sich zwar, die Tochtergesellschaft dahingehend zu beeinflussen, dass sie ihre Geschäfte (auf einem Teilgebiet) mit der Sorgfalt eines ordentlichen Kaufmanns führt, sie steht aber nicht für einen bestimmten Erfolg dieser Geschäftsführung – die Befriedigung des Gläubigers – ein. Die Erklärung enthält demnach ebenfalls keine Gewährleistungszusage.

Grundform 4: Die Muttergesellschaft verpflichtet sich, die Tochtergesellschaft finanziell so ausgestattet zu halten, dass sie ihren Verbindlichkeiten (gegenüber dem Gläubiger) nachkommen kann. Damit übernimmt die Muttergesellschaft gegenüber dem Kreditgeber die Gewähr für die künftige finanzielle Leistungsfähigkeit der Tochtergesellschaft. Unklar ist, ob es sich – in Bezug auf die Tochtergesellschaft – um einen echten (berechtigenden) Vertrag zugunsten Dritter handelt oder um einen unechten Vertrag zugunsten Dritter handelt.

Grundform 5: Die Muttergesellschaft verpflichtet sich, eine bestimmte Kapitalausstattung bei der Tochtergesellschaft aufrechtzuerhalten. Diese Erklärung ist als Gewährleistungsvertrag (in der Form. eines unechten Vertrags zugunsten Dritter, der Tochtergesellschaft) zu werten, wobei – im Gegensatz zu Grundform 4 – nicht nur die Schuldendeckung, sondern darüber hinaus ein positives Kapital zugesichert wird.

Das Form. enthält Bestandteile aus den Grundformen 1 und 3. Zu den Grundformen 4 und 5 vgl → Form. III.K.2.

5. Die **bilanzielle Behandlung** der Patronatserklärungen hängt ab von ihrem Verpflichtungsgrad. Das Mutterunternehmen hatte bislang nach § 251 S 1 Verbindlichkeiten aus Gewährleistungsverträgen und Haftungsverhältnissen unter der Bilanz zu vermerken oder im Anhang anzugeben (seit dem BilRUG v. 17.7.2015, BGBl I 15, 1245 sind nach § 268 Abs. 7 nF für die in § 251 bezeichneten Haftungsverhältnisse die Angaben zu nicht auf der Passivseite auszuweisenden Verbindlichkeiten und Haftungsverhältnissen ausschließlich im Anhang zu machen). → Form. III.B.4; Baumbach/Hopt/*Merkt,* § 251 Rn 2). Das betrifft Vereinbarungen, aus denen die Gesellschaft verpflichtet ist, für einen Erfolg oder eine bestimmte Leistung einzustehen. Erklärungen nach den Grundformen 1 bis 3 beinhalten (als sog „weiche" Patronatserklärungen) keine derartige Verpflichtung und sind deswegen nicht angabepflichtig. Aus ihnen wird das Mutterunternehmen erst im Falle der Vertragsverletzung (zB: pVV, § 280 BGB) verpflichtet; in diesen Fällen ist entsprechend dem Risiko der Inanspruchnahme Vorsorge durch eine Rückstellung zu treffen. Zur Behandlung der Grundformen 4 und 5 → Form. III.K.2 Anm. 1 ff.

2. Patronatserklärung („harte" Fassung)

An[1, 2]

XY-Bank Aktiengesellschaft

– Vorstand –

Z-Stadt

(Einleitung wie → Form. III.K.1 Anm. 1 ff.).

Zur Aufrechterhaltung der Kreditwürdigkeit unseres Tochterunternehmens werden wir dafür Sorge tragen, dass dieses stets über Vermögen in einem Umfange verfügen wird, dass daraus die Verpflichtungen der Gesellschaft erfüllt werden können. Wir werden dafür Sorge tragen, dass bis zur vollständigen Rückzahlung des von Ihnen gewährten Kredits unsere Tochtergesellschaft finanziell so ausgestattet ist, dass sie jederzeit in der Lage ist, ihre Verpflichtungen Ihnen gegenüber zu erfüllen.[3]

(Weiter wie → Form. III.K.1 Anm. 1 ff.).

Schrifttum: vgl → Form. III.K.1

Anmerkungen

1. → Anm. zu Form. III.K.1.

2. Das Form. beinhaltet eine Erklärung, durch die sich das Mutterunternehmen dazu verpflichtet, eine bestimmte Eigenkapitalausstattung des Tochterunternehmens aufrecht zu erhalten und dessen zukünftige finanzielle Leistungsfähigkeit gewährleistet. Mit diesen Erklärungen geht das Mutterunternehmen eigene, wenn zT auch bedingte Verpflichtungen ein; Ausstattungsverpflichtung, vgl *Wittig* WM 2003, 1981 f. Vgl zu den Rechtsfolgen einer „harten" Patronatserklärung auch BGH v 19.5.2011, NZG 2011, 913.

3. Die **Rechtsnatur** dieser Verpflichtungen im Einzelnen ist str. Sie beinhaltet Elemente eines Schuldbeitritts, einer Garantie oder Bürgschaft, jeweils in Form. eines Vertrags zugunsten Dritter. Es ist zweckmäßig, den Patronatsvertrag als Rechtsverhältnis **sui generis** zu verstehen (vgl *Michalski* WM 1994, 1229, 1238). Infolge der Patronatserklärung übernimmt der Sicherungsgeber die Verpflichtung, das Tochterunternehmen in einer in der Erklärung definierten Weise finanziell auszustatten. Sie hat das Ziel, einen rechtsverbindlichen und einklagbaren Anspruch des Sicherungsnehmers zu begründen. Das Mutterunternehmen ist berechtigt, die Leistung an das Tochterunternehmen zu erbringen. Soll ein unmittelbarer Anspruch des Erklärungsempfängers gegenüber dem Mutterunternehmen ausgeschlossen sein, ist die Vereinbarung klarzustellen:

„Wir werden die uns gegebenenfalls treffende Verpflichtung ausschließlich durch Leistung an unsere Tochtergesellschaft erfüllen."

4. Verpflichtungen aus solchen „harten" Patronatserklärungen waren bislang unter der Bilanz als Gewährleistungsvertrag zu vermerken (§ 251 S 1), Kapitalgesellschaften konnten die Angabe in ihren **Anhang** aufnehmen; dort waren die einzelnen Haftungsverhältnisse gesondert aufzuführen (§ 268 Abs 7). Seit dem BilRUG v. 17.7.2015, BGBl I 2015, 1245 sind nach § 268 Abs. 7 nF für die in § 251 bezeichneten Haftungsverhältnisse die Angaben zu nicht auf der Passivseite auszuweisenden Verbindlichkeiten und Haftungsverhältnissen ausschließlich im Anhang zu machen. In die Angaben sind auch bedingte Gewährleistungsverpflichtungen aufzunehmen, wie zB eine konditionierte Bürgschaft oder eine Ausstattungsverpflichtung. Die Angabeverpflichtung bezieht sich auf den **Betrag,** in dessen Höhe das Unternehmen verpflichtet ist. Die Leistungspflicht wird idR in Höhe des Kreditengagements des Dritten limitiert; dann entspricht der Betrag den Beträgen, die die Tochtergesellschaft schuldet. Hat sich das Mutterunternehmen – wie im Form. – jedoch dazu verpflichtet, für eine bestimmte Kapitalausstattung Sorge zu tragen, kann die Leistung des Mutterunternehmens über den Kreditbetrag hinausgehen. Da der Umfang der Verpflichtung dann unbestimmt ist, ist zumindest der Kreditbetrag anzugeben (IDW RH 1.013, WPg Supplement 1/08, 37 Rn 20, zu Grundform 4).

Sobald und soweit sich das übernommene Risiko zu einer Einstandspflicht konkretisiert und die Gefahr der Inanspruchnahme ernsthaft droht, hat das Mutterunternehmen eine **Rückstellung** nach § 249 Abs 1 S 1 zu bilden (vgl auch → Form. III.A.4 Anm. 1 ff.). Eine solche Gefahr droht nicht, wenn ein Schwesterunternehmen die erforderliche Liquidität für das Tochterunternehmen bereitstellt und selbst keine Ansprüche gegen das Mutterunternehmen geltend machen kann (BFH BStBl II 2007, 384).

3. Rangrücktrittserklärung

An[1, 2]

A-GmbH[4]

– Geschäftsführung –

Z-Stadt

Zur Vermeidung einer Überschuldung treten[3] wir hiermit mit der/den uns gegen Sie zustehenden Forderung/en[5] aus . . . . . . in Höhe von (insgesamt)[6] . . . . . . EUR/im Teilbetrag von . . . . . . EUR nach §§ 19 Abs 2 S 2 InsO, 39 Abs 2 InsO im Rang hinter die in § 39 Abs 1 Nr. 1 bis 5 InsO bezeichneten Forderungen aller anderen Gläubiger Ihrer Gesellschaft zurück.

Dieser Rangrücktritt gilt auch außerhalb eines Insolvenzverfahrens mit der Maßgabe, dass wir Befriedigung aus unserer nachrangigen Forderung nur verlangen können, wenn Sie zur Zahlung aus ihrem ungebundenen Vermögen (dh dem ihre sonstigen Verbindlichkeiten übersteigenden Vermögen) oder aus einem etwaigen Liquidationsüberschuss nach Tilgung sämtlicher Verbindlichkeiten in der Lage sind und keine Überschuldung (§ 19 InsO) oder Zahlungsunfähigkeit (§ 17 InsO) besteht oder zu entstehen droht.

Dieser Rangrücktritt begründet ein rechtsgeschäftliches Zahlungsverbot dahingehend, dass Zahlungen auf unsere nachrangige Forderung von Ihnen nur nach Maßgabe des vorigen Absatzes geleistet und von uns verlangt werden dürfen.

Ihr Einverständnis mit dieser Erklärung wollen Sie uns bitte bestätigen.[3]

Schrifttum: *ADS* § 246 HGB Tz 128 ff.; BeBiKo/*Schubert,* § 247 Rn 232; *Burmeister/Schmidt-Hern,* Münchener Vertragshandbuch Bd 1, 8. Aufl 2018, IV.35; *Bäuml,* Gesellschafterdarlehen nach MoMiG: (Steuer-)rechtliche Beratungsschwerpunkte in der Krise, GmbHR 2009, 632; *Funk,* Der Rangrücktritt bei Gesellschafterdarlehen nach MoMiG, BB **2009**, 867; *Heerma,* Passivierung bei Rangrücktritt: widersprüchliche Anforderungen an Überschuldungsbilanz und Steuerbilanz?, BB 2005, 537; *Hirte/Uhlenbruck,* InsO, Bd. 1, 15. Aufl. 2019, § 39 Rn 52; *Obermüller,* Insolvenzrecht in der Bankpraxis, 9. Aufl 2016; *Schulze-Osterloh,* Rangrücktritt, Besserungsschein, eigenkapitalersetzende Darlehen – Voraussetzungen, Rechtsfolgen, Bilanzierung, WPg **1996**, 97; *Schumacher,* FK-InsO, 6. Aufl 2011, § 39 Rn 14 f.; *Schwenker/Fischer,* Restrukturierungsmaßnahmen in der Krise der GmbH, DStR **2010**, 1117; *Uhlenbruck/Uhlenbruck,* InsO, 15. Aufl. 2019, Bd. 1, § 19 Rn 5, 117; *Kahlert/Gehrke,* Der Rangrücktritt nach MoMiG im GmbH-Recht: Insolvenz- und steuerrechtliche Aspekte, DStR 2010, 227, 232; *Hamminger,* Bilanzierung des qualifizierten Rangrücktritts – Passivierung oder keine Passivierung bei qualifiziertem Rangrücktritt?, NWB **2012**, 1498; *Leuering/Bahns,* Die steuerliche Behandlung von Rangrücktrittserklärungen, NJW-Spezial **2012**, 207; *Scheifele/Nees,* Der Rangrücktritt aus steuerrechtlicher Sicht – Unter Berücksichtigung von BGH vom 5.3.2015 – IX ZR 133/14 und BFH vom 15.4.2015 – I R 44/14 –, Der Konzern **2015**, 417.

Anmerkungen

1. Rangrücktrittsvereinbarungen bewirken im Allgemeinen, dass die einem Gläubiger gegen einen Schuldner zustehenden Ansprüche im Range hinter die Ansprüche bestimmter oder aller Gläubiger zurücktreten. Sie werden vor allem geschlossen, um eine sonst bestehende **Überschuldung** abzuwenden. Die Überschuldung ist bei der GmbH (wie bei allen juristischen Personen) nach § 19 Abs 1 InsO Insolvenzgrund. Hierbei ist zu unterscheiden, ob die Erklärung der **tatsächlichen** oder der **bilanziellen** Überschuldungsabwehr dienen soll. Vereinbarungen über einen Rangrücktritt sind bei Erfüllung bestimmter Voraussetzungen (vgl → Anm. 9) nach § 39 InsO geeignet, die Überschuldung der Gesellschaft abzuwenden (BeBiKo/*Schubert,* § 247 Rn 232). In einem Überschuldungsstatus brauchen bestimmte nachrangige Verpflichtungen nicht angesetzt zu werden; eine Stundungsvereinbarung ist jedoch nicht ausreichend. Zur Überschuldungsabwehr bedarf es daher keines aufschiebend bedingten Erlasses (Verzichts), allerdings – nach der Reform des Insolvenzrechts zum 1.11.2008 durch das MoMiG – der Erklärung, dass bestimmte Forderungen nach §§ 19 Abs 2 S 2 InsO, 39 Abs 2 InsO hinter die in § 39 Abs 1 Nr. 1 bis 5 InsO bezeichneten Forderungen zurücktreten sollen. Nach Ansicht des BGH, Urt v 5.3.2015, NJW 2015, 1672 darf der Rangrücktritt (gegen den Wortlaut des § 19 Abs. 2 S 2 InsO) nicht auf die Insolvenz beschränkt werden, sondern muss sich gleichermaßen auf den Zeitraum vor und nach der Insolvenzeröffnung erstrecken (*Burmeister/Schmidt-Hern,* Münchener Vertragshandbuch Bd 1, 8. Aufl 2018, IV.35 → Anm. 6). Es muss ferner ein entsprechendes rechtsgeschäftliches Zahlungsverbot vereinbart sein. Das Form. setzt diese Vorgaben um.

Zur Überschuldungsbeseitigung im bilanzrechtlichen Sinne → Anm. 9.

2. Arten. Rangrücktrittsvereinbarungen werden in unterschiedlichen Arten vereinbart. Sie beinhalten idR (1) die obligatorische Abrede, eine Forderung hinter die Forderungen anderer Gläubiger zu subordinieren, (2) die Abrede, die Forderung innerhalb einer bestimmten Zeit oder bis zum Eintritt bestimmter Ereignisse nicht geltend zu machen, (3) die Abrede, die Befriedigung der Forderung nur aus definiertem, freiem Vermögen oder einem Liquidationsüberschuss verlangen zu wollen. Das Form. schließt einige der og Regelungsgegenstände ein. Zu weiteren Auslegungsmöglichkeiten vgl *Obermüller,* Insolvenzrecht, Rn 1.1015 mwN.

3. Die Erklärung beruht auf **vertraglicher** Grundlage; eine einseitige Erklärung genügt nicht. Sie ist Vertrag sui generis, nicht nur Stundung. Weitergehend *Priester* DB 1977, 2429, 2430, der einen zivilrechtlichen Erlassvertrag nach § 397 BGB verlangt. Sie beinhaltet die schuldrechtliche Subordination, die schuldrechtliche Verpflichtung zur Nichtgeltendmachung sowie häufig einen aufschiebend bedingten Verzicht, hat somit quasi dingliche Wirkung und die Erklärung der Unwiderruflichkeit. IdR ist ein Verzicht im Rechtssinn wegen des damit verbundenen Verlusts von Sicherungsrechten nicht beabsichtigt. **Formvorschriften** bestehen nicht. Die Vereinbarung ist zwar formlos wirksam, sollte jedoch – wie im Form. – zu Beweiszwecken schriftlich niedergelegt werden (*Heerma* BB 2005, 539).

4. **Beteiligte** der Rangrücktrittsvereinbarung können einerseits jeder Gläubiger der Gesellschaft, andererseits die Gesellschaft selbst sein. Regelmäßig werden solche Erklärungen von Gesellschaftern abgegeben, denen zugleich schuldrechtliche Ansprüche gegen die Gesellschaft zustehen. Bei Vereinbarung zwischen der Gesellschaft und dem Gesellschafter gilt das Stimmverbot aus § 47 Abs 4 S 2 GmbHG.

5. Wird die Rangrücktrittsvereinbarung mit einem **Gesellschafter** abgeschlossen, sind nach Inkrafttreten des MoMiG seine Ansprüche auf Rückgewähr aus Gesellschafterdarlehen oder aus Rechtshandlungen, die die einem solchen Darlehen wirtschaftlich entsprechen, nach § 19 Abs 2 S 2 InsO nicht als Verbindlichkeit in der Überschuldungsbilanz zu berücksichtigen. Voraussetzung dafür ist (lediglich) das Vorliegen einer Rangrücktritterklärung nach § 39 Abs 2 InsO, die ausdrücklich den Nachrang der Ansprüche des Gläubigers hinter die Ansprüche des § 39 I Nr 1–5 InsO bestimmt. Zu den weiteren vom BGH gemachten Vorgaben → Anm. 1. Die Unterscheidung zwischen „normalen" und „eigenkapitalersetzenden" Gesellschafterdarlehen (vgl §§ 32a, 32b GmbHG aF) wurde durch das MoMiG aufgegeben. Zur Auslegung des Begriffs der wirtschaftlich entsprechenden Rechtshandlungen in §§ 19 Abs 2 S 2, 39 Abs 1 Nr. 5 InsO: *Schumacher,* FK-InsO, § 39 Rn 17 f.

Für Alltfälle eines Rangrücktritts für die Zeit vor dem 1. 11. 2008 ist die Entscheidung des BGH vom 8. 1. 2001 (BGHZ 146, 271) maßgebend. Danach entfiel eine Passivierungspflicht von Forderungen aus *eigenkapitalersetzenden* Gesellschafterdarlehen in der Überschuldungsbilanz nur bei Vereinbarung eines *qualifizierten* Rangrücktritts (zur Darstellung der Rechtslage vor und nach MoMiG s *Funk,* BB 2009, 867).

6. **Gegenstand** eines Rangrücktritts können Forderungen aus jedem Rechtsgrund sein. In der Vereinbarung über den Rangrücktritt ist zu bestimmen, welche Forderungen und gegebenenfalls Nebenleistungen (zB Kosten oder Zinsansprüche) einbezogen werden. In Betracht kommt der Rangrücktritt für (1) alle dem Gläubiger zustehenden Forderungen, (2) bestimmte, betragsmäßig bezifferte Forderungen oder (3) Teilbeträge aus einer oder mehreren Forderungen.

7. **Dauer:** Als Vertrag zugunsten aller anderen Gläubiger, der die öffentlich-rechtliche Insolvenzantragspflicht (§ 15a InsO) suspendiert, darf der Rangrücktritt weder zeitlich befristet noch frei kündbar oder aufhebbar sein. Ohne Zustimmung der anderen Gläubiger darf der Rangrücktritt daher nur ex nunc aufgehoben werden, wenn keine Insolvenzreife (mehr) besteht (BGH, NJW 2015, 1672).

8. Regelmäßiger Bestandteil von Rangrücktrittsvereinbarungen sind Abreden über Zeitpunkt und Inhalt einer **Rückzahlung** der subordinierten Forderung. Im Form. ist die Rückzahlungsverpflichtung aufgeschoben, solange die Gesellschaft die Tilgung nicht aus ihrem ungebundenen Vermögen oder einem Liquidationsüberschuss leisten kann. Wird demgegenüber nur ein pactum de non petendo geschlossen, erlangt die Gesellschaft lediglich einen (befristeten) Zahlungsaufschub, jedoch keine materielle Veränderung des Schuldcharakters. Zur Bilanzierung von solchen Verpflichtungen → Anm. 9. Die Vereinbarung muss erkennen lassen, ob die Subordination an die Wiederherstellung eines bilanzbezogenen (wie im Form) oder verkehrswertbezogenen Vermögenssaldos gebunden ist.

9. **Bilanzielle Wirkungen.** Die Auswirkungen einer Rangrücktrittsvereinbarung auf die Bilanz (Jahresabschluss) oder einen Überschuldungsstatus sind unterschiedlich und hängen vom konkreten Inhalt der Vereinbarung ab. Subordinierte Verpflichtungen sind im Jahresabschluss der Gesellschaft grundsätzlich zu passivieren (BeBiKo/*Schubert,* § 247 Rn 232; WP-Hdb 2021 F Rn 690; *ADS* § 246 HGB Tz 128, 140; BGH WM 2008, 2215). Eine Ausnahme besteht nur dann, wenn auf den Anspruch verzichtet wird oder Rückzahlungen ausschließlich gewinnabhängig auf Grund einer Besserungsabrede zu leisten sind. Eine Vereinbarung wie im Form. führt zur Passivierung im handelsrechtlichen Jahresabschluss, doch braucht die Verpflichtung in einem Überschuldungsstatus nicht angesetzt zu werden.

10. Steuerliche Wirkungen. Soweit der vereinbarte Rangrücktritt die handelsrechtliche Bilanzierung nicht beeinflusst, bleibt die Erklärung für die steuerliche Gewinnermittlung grds ohne Wirkung (Grundsatz der Maßgeblichkeit der Handelsbilanz für die Steuerbilanz, § 5 Abs 1 S 2 EStG, näher *L. Schmidt/Weber-Grellet,* EStG[40] § 5 Rn 26 ff). Führt der Rangrücktritt nicht zu einem Forderungsverzicht, bleibt die Passivierung der Verbindlichkeit unberührt (BFH BStBl II 1993, 502 f. = DB 1993, 1266 mwN. Allerdings ist für die Steuerbilanz § 5 Abs 2a EStG zu beachten: Ist die Verbindlichkeit ausschließlich aus künftigen Einnahmen oder Gewinnen, nicht jedoch aus anderem Vermögen des Schuldners zu bedienen, ist die Verpflichtung in der Steuerbilanz nicht anzusetzen (vgl BMF v 8. 9. 2006, BStBl I 2006, 497, insbes zur Frage, ob und unter welchen Voraussetzungen ein *einfacher* oder *qualifizierter* Rangrücktritt vor Inkrafttreten des MoMiG zu einer Abzugsbeschränkung nach § 5 Abs 2a EStG geführt hat). UE ist § 5 Abs 2a EStG auf einen Rangrücktritt nach § 19 Abs 2 S 2 InsO (idF MoMiG) generell nicht anwendbar, so dass es insbes des vom BMF beim *einfachen* Rangrücktritt geforderten Vorbehalts der Möglichkeit der Tilgung auch aus „sonstigem freien Vermögen“ nicht bedarf (so im Ergebnis auch *Kahlert/Gehrke,* DStR 2010, 227, 232). In der Praxis ist gleichwohl ein Hinweis auf die Möglichkeit der Tilgung aus freiem / ungebundenem Vermögen empfehlenswert (*Scheifele/Nees*, Der Konzern 2015, 417), vgl. auch OFD Frankfurt aM, DB 2017, 1237.

4. Besserungsvereinbarung

Vereinbarung

zwischen

A-GmbH

– Geschäftsführung –

Z-Stadt

und

B-GmbH

– Geschäftsführung –

Z-Stadt

§ 1

Auf der Grundlage des Vertrags vom –.–.– zwischen den Vertragsparteien steht A-GmbH gegen B-GmbH ein Zahlungsanspruch aus . . . . . . in Höhe von EUR . . . . . . zu. Der Zahlungsanspruch ist seit dem –.–.– zur Zahlung fällig. B-GmbH erkennt an, den vorstehend genannten Betrag zu schulden.

§ 2

A-GmbH erlässt B-GmbH nach Maßgabe der nachfolgenden Bestimmungen ihre in § 1 beschriebenen Ansprüche. B-GmbH nimmt den Erlass an. Der Erlass wird sofort wirksam.

§ 3

Der Erlass der Ansprüche nach § 1 ist auflösend bedingt. Die Bedingung tritt ein, sobald und insoweit

a) B-GmbH ohne Berücksichtigung dieser Vereinbarung einen Jahresüberschuss im Sinne von § 275 Abs 2 Nr 20 oder Abs 3 Nr 19 HGB erzielen würde, der den zum 31.12.18 vorhandenen Verlustvortrag übersteigt. Die gegebenenfalls als Aufwand verrechnete Körperschaft-steuer ist dem Jahresüberschuss hinzuzurechnen. Für die Ermittlung der Jahresergebnisse gelten die Vorschriften des HGB für große Kapitalgesellschaften. Im Falle des Abschlusses eines Gewinnabführungsvertrags gilt das ohne Berücksichtigung eines solchen Vertrags maßgebliche Jahresergebnis. B-GmbH ist verpflichtet, spätestens 8 Monate nach dem jeweils letzten Bilanzstichtag den vom Abschlussprüfer mit einem Bestätigungsvermerk versehenen Jahresabschluss an A-GmbH zu übersenden und eine Erklärung über die Entwicklung dieses Besserungsscheins und der sich daraus ergebenden Ansprüche abzugeben;
b) B-GmbH aufgelöst oder abgewickelt wird und nach Begleichung aller Verbindlichkeiten der B-GmbH ein Liquidationsüberschuss verbleibt;
c) über das Vermögen der B-GmbH das Insolvenzverfahren eröffnet, mangels Masse abgewiesen oder über einen Antrag binnen 3 Monaten nicht entschieden wird; in diesem Falle ist der Anspruch nachrangig nach allen anderen Verbindlichkeiten der B-GmbH iSv Abschn. b) zu bedienen;
d) B-GmbH vorsätzlich oder grob fahrlässig die zwischen den Vertragsparteien bestehenden Rechte und Pflichten verletzt.

§ 4

Ansprüche aus dieser Vereinbarung sind 14 Tage nach Feststellung des zugrundeliegenden Jahresabschlusses, spätestens aber 6 Wochen nach Vorlage des mit einem Bestätigungsvermerk versehenen Jahresabschlusses fällig.

§ 5

Die Vereinbarung tritt mit ihrer Unterzeichnung in Kraft. Sie wird auf unbestimmte Dauer abgeschlossen.

Schrifttum: *ADS* § 246 HGB Tz 148 ff.; BeBiKo/*Schubert,* § 247 Rn 233 f.; *Herlinghaus,* Forderungsverzichte und Besserungsscheinvereinbarung zur Sanierung von Kapitalgesellschaften, 1994, 94 ff.; *Hoffmann,* Die Besserungsvereinbarung als Gestaltungsmittel im Rahmen von Unternehmenssanierung, DStR **1998**, 196; *IDW* Prüfungsstandard: Beurteilung eingetretener oder drohender Zahlungsunfähigkeit bei Unternehmen (IDW PS 800), WPg Supplement 2/**09**, 42; *Obermüller,* Insolvenzrecht in der Bankpraxis, 8. Aufl 2011; *Schrader,* Die Besserungsabrede, 1995; *Schulze-Osterloh,* Rangrücktritt, Besserungsschein, eigenkapitalersetzende Darlehen – Voraussetzungen, Rechtsfolgen, Bilanzierung, WPg **1996**, 97; *Sinz/Uhlenbruck,* InsO, 14. Aufl 2015, § 38 Rn 22; *Hoffmann,* Der Forderungsverzicht mit Besserungsvereinbarung, PiR **2009**, 214; WP-Hdb **2021** I F 691.

Anmerkungen

1. Arten. Besserungsvereinbarungen kennen keinen typischen Anwendungsbereich. Sie sind anzutreffen, zB um (1) leistungs- oder erfolgsabhängige Anspruchsbestandteile zu regeln, wie zB bei Kaufverträgen, die eine variable Komponente enthalten, die bei Eintritt bestimmter Bedingungen, zB Leistungs- oder Erfolgswerten zu zusätzlichen Ansprüchen aus dem Vertrag führen; (2) im Zusammenhang mit Stundungsabreden, die den Ablauf der Stundungsvereinbarung an die Besserung der wirtschaftlichen Verhältnisse knüpfen; (3) wie im Form. eine Unterstützung zugunsten des Schuldners zu gewähren, indem die alte Schuld unter der auflösenden Bedingung erlassen wird, dass der Schuldner diese bei Besserung seiner wirtschaftlichen Verhältnisse, zB aus einem sonst entstehenden Jahresüberschuss, bedienen kann.

2. Vertragliche Grundlagen. Besserungsvereinbarungen sind zweiseitige Verträge. Der Abschluss ist formlos möglich, soweit nicht das zugrundeliegende Geschäft eine besondere Form. verlangt. Im Form. verzichtet ein Vertragspartner gegen Einräumung eines bedingten Anspruchs auf ein ihm bereits zustehendes Recht. Die Vereinbarungen sind rechtlich als Erlass mit auflösender Bedingung oder als endgültiger Erlass mit Einräumung einer aufschiebend bedingten Zahlungsverpflichtung zu interpretieren; bei entspr Vereinbarung kann der Besserungsabrede auch lediglich Stundungscharakter zukommen (*Schulze-Osterloh* WPg 1996, 102; MünchKommInsO/*Ehricke,* § 38 Rn 51; *Sinz/Uhlenbruck,* InsO, § 38 Rn 22).

3. Beteiligte. Die Besserungsvereinbarung wird grundsätzlich zwischen den Beteiligten eines bereits bestehenden Schuldverhältnisses abgeschlossen. Ist der Inhaber des Forderungsrechts zugleich Gesellschafter der Schuldner-GmbH, ist bei Vereinbarung eines Verzichts mit Besserungsschein das Stimmverbot aus § 47 Abs 4 GmbHG zu beachten. Die Vereinbarung eines Besserungsscheins fällt bei AG nicht unter § 221 AktG, da hierdurch eine besondere Tilgungsabrede und nicht eine Gewinnbeteiligung geregelt wird.

4. Maßgebliche Besserungsgrundlagen. Die Besserungsvereinbarung im Form. knüpft die Leistungspflicht des Schuldners – hier geregelt durch auflösende Bedingung des Erlasses – an das Entstehen eines Jahresüberschusses oder Liquidationsüberschusses. Der Jahresüberschuss ergibt sich hier aus der handelsrechtlichen GuV (→ Form. III.B.1 Anm. 1 ff.; weitere denkbare Bedingungen bei *Schulze-Osterloh* WPg 96, 103). Ergänzend kann geregelt werden, dass zB Sonderabschreibungen oder außerordentliche Aufwendungen und Erträge die maßgeblichen Besserungsgrundlagen nicht beeinflussen. Im Falle der Liquidation wird der Besserungsschein nur aus Vermögen bedient, welches nach Befriedigung aller Gläubiger verbleibt. Die im Form. in § 3 c) und d) enthaltenen Bedingungen dienen der Rechtswahrung des Gläubigers.

5. Dauer. Wird die Besserungsvereinbarung im Hinblick auf die nachstehend dargestellten bilanziellen Folgen eingegangen, ist eine unbestimmte Laufzeit unabdingbar. Dem angestrebten bilanziellen Effekt steht die Vereinbarung zB eines einseitigen Kündigungsrechts des Gläubigers entgegen.

6. Nebenforderungen. Der Verzicht auf die Hauptschuld kann sich nach dem Parteiwillen auch auf bereits entstandene Ansprüche auf Nebenleistungen wie Zinsen oder Kosten erstrecken. Vereinbart werden kann auch, dass die dem Besserungsschein unterliegenden Ansprüche verzinst werden. In diesen Fällen fällt die Zinsschuld idR ebenfalls unter die Besserungsabrede.

7. Bilanzielle Wirkungen. Die bilanziellen Wirkungen der Besserungsabrede beim Schuldner ergeben sich aus den Bedingungen, von denen die zukünftige Leistungspflicht abhängt. Entscheidend ist, ob das gegenwärtige Vermögen durch die Vereinbarung bereits belastet ist oder nicht (*ADS* § 246 HGB Rn 149). Eine solche Belastung liegt nicht vor – gleichgültig, ob die Besserungsabrede unter auflösender oder aufschiebender Bedingung vereinbart wurde – wenn die Leistungspflicht ausschließlich an das Entstehen eines zukünftigen Jahresüberschusses oder eines Liquidationserlöses geknüpft ist, da gewinnabhängig zu bedienende Verpflichtungen vor Erzielung des maßgeblichen Gewinns im handelsrechtlichen Jahresabschluss nicht zu passivieren sind (BeBiKo/*Schubert,* § 247 HGB Anm. 233; *Obermüller,* Rn 1.1017). Das Aufleben des Anspruchs in der Insolvenz führt zur Passivierungspflicht (*ADS* § 246 HGB Tz 155 mwN), sofern nicht wie im Form. der Anspruch nachrangig gestellt und somit nur aus einem Überschuss zu bedienen ist. Bei Vereinbarung von Forderungserlass/Besserungsabrede erzielt der Schuldner handelsrechtlich idR einen Sanierungsertrag, wenn der Erlass nicht als Stärkung des Kapitals beabsichtigt war; dann Kapitalrücklage, wenn Gläubiger = Gesellschafter; § 272 Abs 2 Nr 4. Beim Gläubiger entsteht Aufwand, soweit nicht ein werthaltiger Teil der Altforderung als Anschaffungskosten des Besserungsscheins oder als nachträgliche Anschaffungskosten auf die Beteiligung am Schuldnerunternehmen zu qualifizieren ist. Die Leistung auf die Besserungsabrede ist beim Schuldner Aufwand, beim Gläubiger Ertrag, soweit nicht eine aktivierte Besserungsforderung getilgt wird.

8. Steuerliche Wirkungen. Bei Erlass treten folgende Wirkungen ein: **a**) beim Gläubiger, der nicht zugleich Gesellschafter ist, entsteht Aufwand, soweit nicht im Ausnahmefall der werthaltige Teil der Forderung Anschaffungskosten für einen Besserungsschein darstellen (*Weber-Grellet,* BB 2002, 35, 40); **b**) beim Gesellschaftergläubiger entsteht Aufwand, soweit die Forderung nicht werthaltig ist, im Übrigen nachträgliche Anschaffungskosten auf die Beteiligung; **c**) beim Schuldner ist der Erlass des nicht werthaltigen Teils der Verbindlichkeit Ertrag (BFH GrS BStBl II 1998, 307). Der werthaltige Teil eines Gesellschafterverzichts ist gesellschaftsrechtliche Einlage und steuerneutral dem steuerlichen Einlagekonto zuzuführen (BMF v 2. 12. 2003, BStBl I 2003, 648). Leistungen auf den Besserungsschein sind beim Schuldner in dem Geschäftsjahr Aufwand, in dem sie geleistet werden, es sei denn, dass der Gegenwert steuerneutral vereinnahmt werden konnte (vgl bei Behandlung als Einlage). Beim Gläubiger entsteht Ertrag, außer bei Tilgung einer aktivierten Besserungsscheinforderung.

IV. Bankgeschäfte (mit Börse und Kapitalmarkt)

Übersicht

1. Kapitel: Bankvertrag und Geschäftsverbindung

A. Bankvertrag einschließlich Kontoführung und Vollmachten*

Schrifttum: *Arretz, Artzt, Barleon ua* Kontoführung & Zahlungsverkehr, 5. Aufl. 2017; Baumbach/Hopt/*Hopt*, HGB, 39. Aufl 2020, (7) Bankgeschäfte A/1 ff., 36 ff.; *Hopt/Roth,* Bankrechts-Handbuch, 5. Aufl 2017, § 1; *Becker/Berndt/Klein,* Neues Zahlungsverkehrsrecht – Zivil- und aufsichtsrechtlicher Rechtsrahmen für Zahlungsdienste, 3 Aufl 2013; *Canaris*, Bankvertragsrecht, 3. Aufl 1988, Rn 14 ff.; *Ellenberger/Findeisen/Nobbe/Böger,* Kommentar zum Zahlungsverkehrsrecht, 3. Aufl 2020; *Krepold/Fischbeck/Kropf/Werner,* Bankrecht, 2. Aufl 2018; *Roth*, Geschäftsverbindung zwischen Bank und Kunden, Bankrecht und Bankpraxis (BuB) Rn 2/1 a ff; *Müller-Christmann,* in Langenbucher/Bliesener/Spindler, Bankrechtskommentar 3. Aufl., 1. Kap; *Kropf* in Kümpel/Mülbert/Früh/Seyfried, Bank- und Kapitalmarktrecht, 5. Aufl 2019, Rn 3.841 ff.; *Schiman-*

* Die abgebildeten Kontoeröffnungs- und Vollmachtsvordrucke wurden vom Bank-Verlag freundlicherweise zum Abdruck in diesem Formularbuch zur Verfügung gestellt.

sky/Bunte/Lwowski, Bankrechts-Handbuch, Bd I, 5. Aufl 2017, §§ 29 ff.; *Schwintowski,* Bankrecht, 5. Aufl 2017, Kap. 3 II.

1. Eröffnung von Einzel-Konten/Einzel-Depots

Eröffnung von Konten und Depots[1]

Interne Angaben der Bank

	Kontoform[2] (z.B. Sparkonto)	Das Konto/Depot wird wie folgt genutzt:[3]	**Konto-/Depot-Nr.**	Konto-/ Depot-Währung
1		☐ privat ☐ betrieblich		
2		☐ privat ☐ betrieblich		
3		☐ privat ☐ betrieblich		
4		☐ privat ☐ betrieblich		
5		☐ privat ☐ betrieblich		
	Gegebenenfalls Zusatzbezeichnung			

Hiermit beantrage ich die Eröffnung von Konten/Depots zu nachfolgenden Vereinbarungen:

Name, Vornamen (auch Geburtsname)			
Wohnanschrift (in D inkl. Bundesland)[3]			
Beruf/Branche[5]		Staatsangehörigkeit(en)[4] Familienstand[5]	
Geburtsdatum, Geburtsort		Telefon-Nr.[5] Fax-Nr.[5]	
Übermittlungsform der Kontoauszüge	☐ **Kontoauszugsdrucker** ☐ Sonstiges:	Deutsche Steuer-ID[7]	
		E-Mail-Adresse[5]	
		Postanschrift[5] (falls abweichend von obiger Anschrift)	
Nutzung elektronischer Zugangsmedien[6]	☐ Debitkarte ☐ Online-Banking ☐ Telefonbanking ☐ Sonstiges Zugangsmedium:		

Ausfertigung für die Bank

Muster

1. Kontokorrentabrede, Rechnungsperiode

Die Konten werden in laufender Rechnung geführt (Kontokorrentkonto), sofern nicht eine abweichende Regelung besteht. Bei einem Kontokorrentkonto erteilt die Bank jeweils zum Ende eines Kalenderquartals einen Rechnungsabschluss, sofern nachstehend keine abweichende Rechnungsperiode angegeben ist:

Abweichende Rechnungsperiode	

Die Rechtswirkungen eines Rechnungsabschlusses sowie die Pflicht, dessen Inhalt zu prüfen und gegebenenfalls Einwendungen zu erheben, sind in Nr. 7 der Allgemeinen Geschäftsbedingungen geregelt.

2. Datenübermittlung an die SCHUFA und Befreiung vom Bankgeheimnis

Die Bank übermittelt im Rahmen dieses Vertragsverhältnisses erhobene personenbezogene Daten über die Beantragung, die Durchführung und Beendigung dieser Geschäftsbeziehung sowie Daten über nicht vertragsgemäßes Verhalten oder betrügerisches Verhalten an die SCHUFA Holding AG, Kormoranweg 5, 65201 Wiesbaden. Rechtsgrundlagen dieser Übermittlungen sind Artikel 6 Absatz 1 Buchstabe b und Artikel 6 Absatz 1 Buchstabe f der Datenschutz-Grundverordnung (DSGVO). Übermittlungen auf der Grundlage von Artikel 6 Absatz 1 Buchstabe f DSGVO dürfen nur erfolgen, soweit dies zur Wahrung berechtigter Interessen der Bank oder Dritter erforderlich ist und nicht die Interessen oder Grundrechte und Grundfreiheiten der betroffenen Person, die den Schutz personenbezogener Daten erfordern, überwiegen. Der Datenaustausch mit der SCHUFA dient auch der Erfüllung gesetzlicher Pflichten zur Durchführung von Kreditwürdigkeitsprüfungen von Kunden (§ 505a des Bürgerlichen Gesetzbuches, § 18a des Kreditwesengesetzes).

Der Kunde befreit die Bank insoweit auch vom Bankgeheimnis.

Die SCHUFA verarbeitet die erhaltenen Daten und verwendet sie auch zum Zwecke der Profilbildung (Scoring), um ihren Vertragspartnern im Europäischen Wirtschaftsraum und in der Schweiz sowie ggf. weiteren Drittländern (sofern zu diesen ein Angemessenheitsbeschluss der Europäischen Kommission besteht) Informationen unter anderem zur Beurteilung der Kreditwürdigkeit von natürlichen Personen zu geben. Nähere Informationen zur Tätigkeit der SCHUFA können dem SCHUFA-Informationsblatt nach Art. 14 DSGVO entnommen oder online unter www.schufa.de/datenschutz eingesehen werden.

[1]**Weitere Angaben zur Aufzeichnung gemäß GwG, KWG und AO sind auf dem Vordruck 41.220 sowie Aufzeichnungen gemäß Steuerrecht auf dem Vordruck 41.320 aufzuzeichnen und zu den Kontoeröffnungsunterlagen hinzuzunehmen.** [2]Angabe, falls sich aus der Konto-/Depotnummer die Kontoform nicht erkennen lässt. [3]Die Angaben sind erforderlich in Hinblick auf den korrekten Einbehalt der Abgeltungsteuer. [4]Eine US-Staatsangehörigkeit ist immer (ggf. zusätzlich) anzugeben (FATCA-USA-Umsetzungsverordnung). [5]Die Angabe ist freiwillig. [6]Die Nutzung der elektronischen Zugangsmedien setzt voraus, dass hierüber zwischen der Bank und dem Konto-/Depotinhaber eine gesonderte Vereinbarung getroffen worden ist. [7]Steuerliche Identifikationsnummer (ab 1.1.2018 verpflichtend anzugeben, sofern vom BZSt zugeteilt).

1

3. Einbeziehung der Geschäftsbedingungen

Maßgebend für die Geschäftsverbindung sind die Allgemeinen Geschäftsbedingungen der Bank. Daneben gelten für einzelne Geschäftsbeziehungen Sonderbedingungen, die Abweichungen oder Ergänzungen zu diesen Allgemeinen Geschäftsbedingungen enthalten; insbesondere handelt es sich hierbei um die Bedingungen für den Scheckverkehr, für den Überweisungsverkehr, für Zahlungen mittels Lastschrift, für die girocard, für den Sparverkehr sowie für das Wertpapier- und Termingeschäft. Der Wortlaut der einzelnen Regelungen kann in den Geschäftsräumen der Bank eingesehen werden. Der Konto-/Depotinhaber kann auch später noch die Übersendung der Allgemeinen Geschäftsbedingungen und Sonderbedingungen an sich verlangen.

Ort, Datum, Unterschrift (Unterschriftsprobe)	

Datenschutzrechtlicher Hinweis

Die Bank verarbeitet und nutzt die von Ihnen erhobenen personenbezogenen Daten im Einklang mit den Bestimmungen der Europäischen Datenschutz-Grundverordnung (DSGVO) und dem Bundesdatenschutzgesetz (BDSG) zur Erfüllung von vertraglichen Pflichten, im Rahmen der Interessenabwägung, aufgrund Ihrer Einwilligung, aufgrund gesetzlicher Vorgaben oder im öffentlichen Interesse. Weitere Einzelheiten können Sie unseren Informationen zum Datenschutz und den jeweils maßgeblichen Vertragsunterlagen entnehmen.

Die Bank verarbeitet und nutzt die von Ihnen erhobenen personenbezogenen Daten auch für Zwecke der Werbung oder der Markt- oder Meinungsforschung. Sie können jederzeit der Verarbeitung und Nutzung Ihrer personenbezogenen Daten für Zwecke der Werbung sowie der Markt- und Meinungsforschung widersprechen.

Hinweis zur Verarbeitung personenbezogener Daten gemäß EU-Geldtransferverordnung

Die „Verordnung (EU) 2015/847 des Europäischen Parlaments und des Rates vom 20. Mai 2015 über die Übermittlung von Angaben bei Geldtransfers" (EU-Geldtransferverordnung) dient dem Zweck der Verhinderung, Aufdeckung und Ermittlung von Geldwäsche und Terrorismusfinanzierung bei Geldtransfers. Sie verpflichtet die Bank, bei der Ausführung von Geldtransfers Angaben zum Auftraggeber (Zahler) und Begünstigten (Zahlungsempfänger) zu prüfen und zu übermitteln. Diese Angaben bestehen aus Name und Kundenkennung von Zahler und Zahlungsempfänger und der Adresse des Zahlers.

Bei Geldtransfers innerhalb des Europäischen Wirtschaftsraums kann auf die Weiterleitung der Adresse des Zahlers zunächst verzichtet werden, jedoch kann gegebenenfalls diese Angabe vom Zahlungsdienstleister des Zahlungsempfängers angefordert werden. Bei der Angabe von Name und gegebenenfalls Adresse nutzt die Bank die in ihren Systemen hinterlegten Daten, um den gesetzlichen Vorgaben zu entsprechen. Mit der Verordnung wird erreicht, dass aus den Zahlungsverkehrsdatensätzen selbst immer eindeutig bestimmbar ist, wer Zahler und Zahlungsempfänger ist. Das heißt auch, dass die Bank Zahlungsdaten überprüfen, Nachfragen anderer Kreditinstitute zur Identität des Zahlers bzw. Zahlungsempfängers beantworten und auf Anfrage diese Daten den zuständigen Behörden zur Verfügung stellen muss.

Ausfertigung für die Bank

	Ihre IBAN* lautet:	Der BIC** lautet:
1		
2		
3		
4		
5		

*International Bank Account Number (Internationale Bankkontonummer)

**Bank Identifier Code (Bank-Identifizierungscode)

40.220 (05/18)

☐ Sie erhalten die Angaben zur IBAN mit separater Post.

2

Anmerkungen

1. Rechtsnatur des Kontoeröffnungsantrags. In der Regel stellt die Eröffnung eines Zahlungskontos, bei dem es sich um einen Zahlungsdiensterahmenvertrag gem. § 675f Abs. 2 BGB handelt, über das eine Vielzahl von Transaktionen abgewickelt werden kann, den Beginn der Geschäftsbeziehung zu einem Zahlungsinstitut oder einem Kreditinstitut dar *(vgl.* Krepold/Fischbeck/Kropf/Werner/*Fischbeck,* Bankrecht, 2. Aufl. A. I. 1. S. 2f*)*. Die früher umstrittene Frage, ob darin ein eigenständiger Vertragstyp zu sehen ist und welche Rechtsfolgen sich daraus ergaben (vgl dazu Baumbach/Hopt/*Hopt*, HGB (7) Bankgeschäfte A/6, Bankrechts-Handbuch/*Hopt* § 1 mit Nachweisen zum Streitstand; *Müller-Christmann* in: Langenbucher/Bliesener/Spindler, Bankrechtskommentar, 1. Kap, Rn 1 ff.; BGHZ 152, 114), hat sich mit Inkrafttreten des § 675 f. BGB zum 1. November 2009 erledigt, denn gem § 675 f. Abs 2 S 1 BGB gehört zum Zahlungsdienstevertrag gem § 675 f. BGB auch das Führen eines Zahlungskontos auf den Namen eines oder mehrerer Zahlungsdienstenutzer. Damit ist der Kontovertrag ein Zahlungsdienstevertrag in der Form. eines Zahlungsdiensterahmenvertrags (vgl *Walz/Ahmedi* in Ellenberger/Findeisen/Nobbe/Böger, Kommentar zum Zahlungsverkehrsrecht, § 675 f. Rn 3; Palandt/*Sprau,* 79. Aufl 2020, § 675 f. Rn 22 ff). Soweit jedoch Gegenstand des Vertrags auch die Führung eines Depots ist, passen darauf die Regelungen zum Zahlungsdiensterahmenvertrag nicht, denn Gegenstand dieses Vertragsteils ist nicht die Ausführung von Zahlungsdienstleistungen, sondern Leistungen im Zusammenhang mit der Depotführung. Insoweit handelt es sich bei diesem Vertrag um einen Geschäftsbesorgungsvertrag mit verwahrrechtlichen Elementen gem §§ 675 Abs 1, 688 BGB (*Bauer* in Kümpel Rn 18.14).

Aufgrund seiner Rechtstellung erhält der Kunde aus dem Konto- bzw Depotvertrag Forderungen iSv §§ 398 ff BGB gegen das Zahlungsinstitut und/oder Kreditinstitut. Folglich hat im Falle eines Zahlungseingangs der Kontoinhaber gegen seinen Zahlungsdienstleister gem §§ 675 f. Abs 2 S 1 und Abs 4, 675t BGB einen Anspruch auf Gutschrift. Durch Gutschrift **auf** dem Konto gibt der Zahlungsdienstleister ein abstraktes Schuldversprechen gem §§ 780 ff. BGB gegenüber seinem Kunden ab, auf Grund dessen er einen Anspruch **aus** der Gutschrift erlangt (BGH WM 1970, 75; WM 1971, 110; WM 1979, 1381 u 1383; WM 1982, 2391 u 293).

2. Vertragspartner. Das abgedruckte Formular wird für die Eröffnung von Konten und/oder Depots von Verbrauchern, teilweise aber auch Unternehmern verwendet.

In der Namensspalte ist der Kunde so genau zu bezeichnen, dass keine Zweifel über die Identität des Kontoinhabers entstehen können, denn die kontoführende Stelle ist aufgrund von § 154 Abs 2 S 1 AO und § 3 GWG verpflichtet, bei der Kontoeröffnung zu überprüfen, wer nach dem erkennbaren Willen des die Kontoeröffnung Beantragenden Vertragspartner der kontoführenden Stelle werden soll (BGH NJW 1988, 709; BGH NJW-RR 1988, 1259; BGH NJW-RR 1900, 178; BGHZ 124, 298; BGH NJW 1994, 931; BGH NJW-RR 1995, 130; BGH NJW 1995, 261; BGH NJW 1995, 1284; BGHZ 21, 150; Baumbach/Hopt/*Hopt,* HGB, (7) Bankgeschäfte A/50; *Kropf* in Kümpel Rn 3.912 ff.).

3. Zustandekommen des Konto- und des Depotvertrags. Das abgebildete Formular enthält nur einen **Antrag** auf Konto- und Depoteröffnung, den der potentielle Kunde dem Zahlungs- oder Kreditinstitut auf dessen Formular stellt. Damit ein Vertrag zustande kommt, muss er vom konto- und depotführenden Institut noch angenommen werden. Die Annahme kann sofort oder zu einem späteren Zeitpunkt erklärt werden. Letzteres dürfte insbesondere dann in Betracht kommen, wenn die für die Kontoeröffnung erforderlichen

Unterlagen (wie zB Handelsregisterauszüge, Gesellschaftssatzung, Unterschriften der vertretungsberechtigten Organe etc) fehlen.

Vor allem bei der Errichtung eines Kontos für Firmen ist die Überprüfung der Vertretungsmacht der handelnden Person anhand eines Handelsregisterauszugs erforderlich (OLG Hamm, WM 1985, 1159). Handelt ein Stellvertreter, ist nicht nur die Überprüfung seiner Identität, sondern auch die des Kontoinhabers anhand eines amtlichen Ausweises erforderlich (BGH WM 1977, 1019). Aus §§ 3 Abs 1 Nr 1, Abs 2 Nr 1 Geldwäschegesetz folgt die Verpflichtung, bei Kontoeröffnung den Vertragspartner zu identifizieren (dazu *Kropf* in Kümpel, Rn 3.922 ff; *Körner/Dach*, Geldwäsche, 8. Aufl. 1994, 149 ff).

In der Vergangenheit bestand grundsätzlich kein Anspruch gegen ein Zahlungsinstitut auf Abschluss eines Kontovertrags, da es den Instituten freigestellt war, den Abschluss eines derartigen Vertrags abzulehnen, wenn er mit Risiken verbunden war oder unter wirtschaftlichen Gesichtspunkten nicht zweckmäßig erschien (*Liesecke* WM 1975, 4, 219; BGH Urt v 15.1.2013, Az: XI ZR 22/12, NJW 2013, 1519, allerdings zu einer GmbH als Kontoinhaber; BVerfG NJW 2001, 1413). Ausnahmen konnten sich jedoch bei öffentlich-rechtlich organisierten Instituten ergeben, sofern sich ein Kontrahierungszwang aus entsprechenden Regelungen in den Statuten oder nach Landesrecht ergab (BGH NJW 03, 1658; *Günnewig* ZIP 1992, 1670; *Reifner* ZBB 1995, 243; *Steuer* WM 1998, 439). Dies hat sich jedoch durch das zum 19. Juni 2016 (teilweise) in Kraft getretene Zahlungskontengesetz (ZKG) geändert. Nach § 31 ZKG steht natürlichen Personen, soweit es sich bei ihnen um Verbraucher gem. § 13 BGB handelt, die sich rechtmäßig innerhalb der EI aufhalten, das Recht auf Eröffnung eines Basiskontos zu. Der Kreis der Berechtigten erfasst auch – wie sich aus § 31 Abs. 1 S. 2 ZKG ergibt –Personen ohne festen Wohnsitz, Asylsuchende und Personen ohne Aufenthaltstitel, die aus rechtlichen oder tatsächlichen Gründen nicht abgeschoben werden können. Dieses Basiskonto muss gem. § 30 Abs. 1 ZKG grundlegende Funktionen haben. Dem Berechtigten steht gegenüber jedem Institut, das die Führung von Zahlungskonten für Verbraucher anbietet, ein Anspruch auf Eröffnung eines Basiskontos zu. Das Institut darf die Kontoeröffnung nicht willkürlich ablehnen; der entsprechende Katalog mit Ablehnungesgründen gem. §§ 35 bsi 37 ZKG ist abeschließend (vgl. Krepold/Fischbeck/Kropf/Werner/*Fischbeck,* Bankrecht, 2. Aufl 2018, A. II. 1. S. 12 ff.). Auch die Möglichkeiten zur Kündigung durch das kontoführende Institut sind, wie sich aus der Kündgungsregelung in § 42 ZKG ergibt, erheblich eingeschränkt und analog zu den den Ablehnungsgründen ausgestaltet. Selbst bei schwerwiegenden Pflichtverstößen kommt, wie sich aus § 42 Abs. 3 und Abs. 4 ZKG ergibt, nicht zwingend eine fristlose Kündigung in Betracht; nach dem Katalog in § 42 Abs. 3 Nr. 1 und Nr. 2 ZKG muss bei den darin aufgeführten Fällen eine Kündigungsfrist von zwei Monaten eingehalten werden. Im Interesse der Grundversorgung der Bevölkerung mit Zahlungsdienstleistungen, die als zur Teilnahme am wirtschaftlichen und gesellschaftlichen Leben notwendig angesehen werden, wird das Institut der Vertragsfreiheit eingeschränkt. Damit nicht durch eine entsprechende Entgeltgestaltung das Recht auf ein Basiskonto untermininiert werden kann, sieht § 41 Abs. 2 ZKG die „Angemessenheit" des Kontoführungsentgelts vor. Als Maßstäbe werden dafür die „Marktüblichkeit" und das „Nutzerverhalten" angesehen, wobei mit letzterem lediglich gemeint ist, ob der Kontoinhaber die Dienstleistungen eher über die Filiale oder online in Anspruch nimmt (vgl. Krepold/Fischbeck/Kropf/Werner/*Fischbeck*, Bankrecht, 2. Aufl. 2018, A. II. 1 S. 14). Aufgrund der „Marktüblichkeit" blebit auch für institutsindividuelle Gegebenheiten wenig Raum.

4. Gegenstand der Kontokorrentabrede. Gegenstand der Kontokorrentabrede ist die Inrechnungstellung, Verrechnung und Saldofeststellung gem § 355 HGB (Baumbach/Hopt/*Hopt*, HGB, § 355 Rn 1 ff).

Eine andere Art der Kontoführung (zB Staffelkonto) kann in Abänderung der formularmäßigen Abrede gesondert vereinbart werden. Die Kontokorrentabrede muss eine antizipierte Verrechnungsvereinbarung vorsehen, wonach am Ende einer Verrechnungsperiode die Verrechnung automatisch vollzogen wird (BGH NJW 1979, 1658; BGH NJW 1985, 1218; BGH NJW 1989, 2121).

Soll der Rechnungsabschluss nicht jährlich erfolgen, muss gem § 355 Abs 2 HGB ein anderer Zeitpunkt vereinbart werden. Aus diesem Grund sieht das Formular die Möglichkeit der Vereinbarung einer abweichenden Rechnungsperiode vor. In der Regel enthalten die Kontoeröffnungsformulare der kontoführenden Institute eine entsprechende Regelung, wobei die Erteilung eines Rechnungsabschlusses meist zum Ende eines Kalenderquartals erfolgt. Diese üblicherweise mit Privatkunden vereinbarte quartalsmäßige Rechnungsperiode geht auf §§ 493 Abs 2, 504 Abs. 2 und 505 Abs. 2 BGB zurück, wonach bei einer eingeräumten oder geduldeten Überziehung eines laufenden Kontos über einen Zeitraum von mehr als drei Monaten das Kreditinstitut bestimmte Informations- oder Beratungspflichten treffen.

Durch die Kontokorrentabrede werden bei Abschluss der Abrechnungsperiode die Einzelansprüche unter Anrechnung der in der Periode erbrachten Leistungen durch den Saldoanspruch ersetzt (BGHZ 77, 256). Die Bank ist gem Nr 7 Abs 1 AGB-Banken berechtigt, auf den Saldo, der sich aus der Verrechnung ergibt, Zinsen zu berechnen. Die Verzinsungspflicht besteht selbst dann, wenn in den Abschlusssaldo fällige Zinsforderungen des Zahlungsdienstleisters eingeflossen sind. § 355 Abs 1 HGB, der als lex specialis dem Zinseszinsverbot gem § 248 Abs 1 BGB beim Kontokorrentverhältnis vorgeht, stellt dies ausdrücklich klar (*Kropf* in Kümpel, Rn 3.86.2).

Gem. Nr 7 Abs 2 AGB-Banken kann der Kunde innerhalb von sechs Wochen nach Zugang des Rechnungsabschlusses Einwendungen wegen Unrichtigkeit oder Unvollständigkeit eines Abschlusses schriftlich erheben. Sofern er eine entsprechende Einwendung unterlässt, gilt der Abschluss als genehmigt. Auch nach Ablauf dieser Frist ist jedoch die Berichtigung des Rechnungsabschlusses möglich. Der Kunde muss dann aber beweisen, dass der Kontoabschluss unrichtig ist; es kommt damit durch Verstreichenlassen der Einwendungsfrist zu einer Beweislastumkehr (vgl. Krepold/Fischbeck/Kropf/Werner/*Fischbeck*, Bankrecht, 2. Aufl. 2018, A. I. 2.4 S. 12).

5. Übermittlung von Daten an die SCHUFA. Ursprünglich hatte die deutsche Kreditgewerbe eine einheitliche SCHUFA-Klausel, die auf Grund einer höchstrichterlichen Entscheidung (BGH NJW 1986, 46 = WM 1985, 1305) nach Abstimmung mit den Datenschutz-Aufsichtsbehörden sowie den Verbraucherschutzverbänden immer wieder überarbeitet worden war (*Dammann/Stange* ZIP 1986, 488) verwendet, durch die der Kunde in die Übermittlung seiner Daten an die SCHUFA seine Einwilligung erteilte und insoweit auch auf den Schutz durch das Bankgeheimnis verzichtete.

Aufgrund der EU-DSGVO ist eine solche Einwilligung nicht mehr erforderlich, ggf. sogar Unwirksam, wenn ohne diese der Vertrag nicht zustande käme. Eine erklärte Einwilligung wäre deshalb ggf. unwirksam, da sie nicht auf Freiwilligkeit beruhen würde. Deshalb sieht die Klausel im Formular keine Einwilligung, sondern nur noch eine Information darüber vor, unter welchen Voraussetzungen die Übermittlung der Kundendaten im Zusammenhang mit der Beantragung, Aufnahme und Beendigung der Kontoverbindung zulässig ist. Der (zukünftige) Kontoinhaber wird darüber unterrichtet, dass das kontoführende Institut gem. Art. 6 Abs. 1b und f DSGVO berechtigt ist, Daten des Kontoinhabers an die SCHUFA zu übermitteln, soweit dies zur Wahrung berechtigter Interessen des kontoführenden Instituts oder Dritter erforderlich ist und die schutzwürdigen Interessen des Kontoinhaber nicht überwiegen.Weiterhin ist die Übermittlung der Daten auch zulässig, wenn dies zur Erfüllung gesetzlicher Pflichten erforderlich ist. Dies gilt insbesondere im Zusammenhang mit den Anforderungen an die Kreditwürdigkeitsprüfung gem. § 505a BGB und § 18a KWG. Die Bank ist aber in jedem Einzelfall verpflichtet, vor der Übermittlung von Daten an die SCHUFA die schutzwürdigen Belange des Betroffenen gegen ihre eigenen sowie die Interessen der SCHUFA abzuwägen.

Insbesondere ist es zulässig, all jene Merkmale zu speichern, aus denen sich die Zahlungsunfähigkeit oder die Zahlungsunwilligkeit des Kunden ergibt. Das gilt vor allem für gegen den Kunden gerichtete Zwangsvollstreckungsmaßnahmen (so schon BGH WM 1983, 1189; WM 1984, 399 auch vor Inkrafttreten der EU-DSGVO).

Soweit nach der EU-DSGVO Daten an die SCHUFA übermittelt werden dürfen, tritt auch das Bankgeheimns zurück.

Der Kunde wird weiterhin darüber unterrichtet, zu welchen weiteren Zwecken die SCHUFA die Daten verwenden darf. Nähere Inforamtionen über die Tätigkeit der SCHUFA erhält der Kunde über ein SCHUFA-Informationsblatt gem. § 14 EU-DSGVO oder online über die entsprechende SCHUFA-Website.

Weiterhin enthält das Formular datenschutzrechtliche Regelungen, die darüber unterrichtet, dass unter den Bedingungen, unter denen Daten an die SCHUFA übermittelt werden dürfen, die Bank entweder weitergeben oder verarbeiten darf. Weiterhin wird darauf hingewiesen, dass das kontoführende Institut aufgrund der EU-GeldtranferVO bestimmte Zahlerdaten bei der Zahlung mitübermitteln muss.

6. Konzerndatenübermittlungsklausel. Insbesondere Kreditinstitute, die Teil eines Konzerns sind, nehmen in die Kontoeröffnungsanträge eine entsprechende Klausel auf. Sofern die Bank Bestandteil eines Konzerns ist, kann sie die (freiwillige) Erklärung des Kunden einholen, die Daten im Konzern weiterzugeben, um ihm ein breiteres Produktangebot offerieren zu können. Soweit die Erklärung hervorgehoben und der Kunde nachdrücklich auf die Freiwilligkeit seiner Erklärung hingewiesen wird, liegt eine auch AGB-rechtlich unbedenkliche Befreiung vom Bankgeheimnis und eine den Anforderungen der EU-DSGVO genügende Einwilligungserklärung zur Datenweitergabe vor, zumal diese auf konkret angegebene Daten beschränkt wird. Allerdings setzt die Freiwilligkeit voraus, dass das Institut den Kontovertrag auch dann unverändert mit dem Interessenten abschließt, wenn er die Klausel nicht akzeptiert. Dem Kunden muss diese Freiwilligkeit auch eindeutig mitgeteilt werden. Andernfalls besteht das Risiko der Unwirksamkeit mangels entsprechender Freiwilligkeit.

7. Allgemeine Geschäftsbedingungen. Schließlich werden durch das Formular die im Kreditgewerbe üblichen Allgemeinen Geschäftsbedingungen in das Vertragsverhältnis mit dem Kunden einbezogen. Außerdem werden Sonderbedingungen, die bei Inanspruchnahme einzelner Dienstleistungen zwischen Kunde und Bank zusätzlich gelten, ebenfalls vereinbart.

Das Formular gibt damit eine in Nr 1 Abs 1 AGB-Banken enthaltene Bestimmung wieder. Üblicherweise jedoch wird der Kunde vor erstmaliger Inanspruchnahme einer entsprechenden Bankdienstleistung oder vor Erwerb eines Bankprodukts auf die jeweils geltenden Sonderbedingungen hingewiesen und diese mit ihm gesondert vereinbart, um die wirksame Einbeziehung sicherzustellen (zB Bedingungen für die girocard, Bedingungen für Kreditkarten, Bedingungen für das Online-Banking).

Die AGB sowie die wesentlichen Sonderbedingungen liegen in den Geschäftsstellen der Kreditinstitute zur Einsichtnahme aus. Sie werden auf Wunsch aber auch jederzeit ausgehändigt, worauf im Kontoeröffnungsantrag ebenfalls hingewiesen wird. Für Zahlungsdiensteverträge müssen die Informationen gem. Art. 248 § 4 EGBGB vorvertraglich gem. Art. 248 § 3 EGBGB auf einem dauerhaften Datenträger zur Verfügung gestellt werden. Für Zahlungskonten – wie hier – müssen außerdem noch die vorvertraglichen Informationen zu Entgelten gem. §§ 5 ff. ZKG zur Verfügung gestellt werden.

8. Geldwäschegesetz. Gemäß § 3 Abs 1 Nr 1, Abs 2 Nr 1 GWG sind die Kreditinstitute verpflichtet, den Vertragspartner bei der Kontoeröffnung zu identifizieren und gem § 3

Abs 1 Nr 3 GwG zu klären, ob er für eigene oder fremde Rechnung handelt (*Kropf* in Kümpel, Rn 3.924).

Gibt er an, für eine andere Person zu handeln, ist die Bank verpflichtet, Name und Adresse dieser Person festzuhalten. Das Kreditinstitut braucht die Identität dieser Person jedoch nicht zu überprüfen, sondern darf sich auf die Angaben ihres Kunden verlassen. Eine Ausnahme gibt es für Sammelanderkonten von Rechtsanwälten, hier genügt die Bezeichnung „Sammelanderkonto". Für die Einholung entsprechender Angaben ist mittlerweile ein neues Formular entwickelt worden, das zusammen mit dem Kontoformular auszufüllen ist.

9. Identifizierung. Aus § 154 Abs 1 AO folgt die Pflicht zur Identifizierung des Kontoinhabers, da danach niemand auf einen falschen oder erdichteten Namen für sich oder einen anderen ein Konto errichten oder eine Buchung vornehmen, Wertsachen (Wertpapiere, Geld oder Kostbarkeiten) in Verwahrung geben oder verpfänden oder sich ein Schließfach geben lassen darf (BuB/*Hoffmann* 2/34 ff.; Bankrechts-Handbuch/*Joeres*, 5. Aufl. 2017, § 31 Rn 16 ff). Die Legitimationsprüfung muss anhand eines amtlichen Lichtbildausweises erfolgen (Personalausweis oder Reisepass; Baumbach/Hopt/*Hopt*, HGB, (7) Bankgeschäfte A/47, 49; *Nobbe* Rn 151; Bankrechts-Handbuch/*Kropf* in Kümpel, Rn 3.914 f.; Bankrechts-Handbuch/*Joeres* 5. Aufl. 2017, § 31 Rn 16 ff).

2. Eröffnung von Konten/Depots für Minderjährige

Interne Angaben der Bank

	Kontoform[2] (z.B. Sparkonto)	Das Konto/Depot wird wie folgt genutzt:[3]	Konto-/Depot-Nr.	Konto-/Depot-Währung
1		☐ privat ☐ betrieblich		
2		☐ privat ☐ betrieblich		
3		☐ privat ☐ betrieblich		
4		☐ privat ☐ betrieblich		
5		☐ privat ☐ betrieblich		
Gegebenenfalls Zusatzbezeichnung				

Eröffnung von Konten/Depots für Minderjährige[1]

Hiermit beantrage(n) ich/wir die Eröffnung von Konten/Depots für nachstehend genannten Minderjährigen zu nachfolgenden Vereinbarungen:

Name, Vornamen d. Minderjährigen			
Wohnanschrift (in D inkl. Bundesland)[3]			
Staatsangehörigkeiten(en)[4]		Deutsche Steuer-ID[7]	
Beruf/Branche[5]		Familienstand[5]	
Geburtsdatum, Geburtsort		**volljährig am**	
		Telefon-Nr.[5]	
Name und Wohnanschrift des/der gesetzl. Vertreter(s)/ Vormunds			
Geburtsdatum			
Geburtsort			
Staatsangehörigkeiten(en)[4]			
E-Mail-Adresse[5]			
Deutsche Steuer-ID[7]			
Fax-Nr.[5]			
Kundenkarte	Kundenkarte wurde ausgehändigt ☐ ja ☐ nein		
Übermittlungsform der Kontoauszüge	☐ **Kontoauszugsdrucker** ☐ Sonstiges:	Postzusendung	☐ an Minderjährigen ☐ an gesetzlichen Vertreter
		Eventuell abweichende Postanschrift[4]	
Nutzung elekronischer Zugangsmedien[6]	☐ Debitkarte ☐ Online-Banking ☐ Telefon-Banking ☐ Sonstiges Zugangsmedium:		

Ausfertigung für die Bank

1. Kontokorrentabrede, Rechnungsperiode

Die Konten werden in laufender Rechnung geführt (Kontokorrentkonto), sofern nicht eine abweichende Regelung besteht. Bei einem Kontokorrentkonto erteilt die Bank jeweils zum Ende eines Kalenderquartals einen Rechnungsabschluss, sofern nachstehend keine abweichende Rechnungsperiode angegeben ist:

Abweichende Rechnungsperiode	

Die Rechtswirkungen eines Rechnungsabschlusses sowie die Pflicht, dessen Inhalt zu prüfen und gegebenenfalls Einwendungen zu erheben, sind in Nr. 7 der Allgemeinen Geschäftsbedingungen geregelt.

2. Verfügungsberechtigung des/der gesetzlichen Vertreter(s)

Bis zur Volljährigkeit des Minderjährigen soll(en) verfügungsberechtigt sein

☐ die gesetzlichen Vertreter **gemeinsam**	☐ **jeder** der gesetzlichen Vertreter **allein** bis zu einem jederzeit zulässigen Widerruf durch einen gesetzlichen Vertreter	☐ **ein** gesetzlicher Vertreter **allein**

3. Verfügungsberechtigung des Minderjährigen

☐ Der Minderjährige soll **nicht** verfügungsberechtigt sein.

☐ Neben der in der Nr. 2 geregelten Vertretungsberechtigung darf der Minderjährige selbst – ohne Zustimmung des/der gesetzlichen Vertreter(s) – über sein Kontoguthaben durch Bar-, Ein- und Auszahlungen sowie durch Überweisungen und Daueraufträge verfügen.

[1] **Weitere Angaben zur Aufzeichnung gemäß GwG, KWG und AO sind auf dem Vordruck 41.225 sowie Aufzeichnungen gemäß Steuerrecht auf dem Vordruck 41.325 aufzuzeichnen und zu den Kontoeröffnungsunterlagen hinzuzunehmen.** [2] Angabe, falls sich aus der Konto-/Depotnummer die Kontoform nicht erkennen lässt. [3] Die Angaben sind erforderlich in Hinblick auf den korrekten Einbehalt der Abgeltungsteuer. [4] Eine US-Staatsangehörigkeit ist immer (ggf. zusätzlich) anzugeben (FATCA-USA-Umsetzungsverordnung). [5] Die Angabe ist freiwillig. [6] Die Nutzung der elektronischen Zugangsmedien setzt voraus, dass hierüber zwischen der Bank und dem Konto-/Depotinhaber eine gesonderte Vereinbarung getroffen worden ist. [7] Steuerliche Identifikationsnummer (ab 1.1.2018 verpflichtend anzugeben, sofern vom BZSt zugeteilt).

1

Raum für besondere Vereinbarungen

Die vorstehend eingeräumten Verfügungsmöglichkeiten des Minderjährigen können jederzeit durch einen gesetzlichen Vertreter widerrufen werden, mit der Folge, dass der Minderjährige nicht mehr verfügungsberechtigt ist. Änderungen oder Erweiterungen der Verfügungsberechtigung des Minderjährigen sind nur mit Zustimmung der gesetzlichen Vertreter möglich. Über Depotwerte kann der Minderjährige nicht verfügen.

4. Einbeziehung der Geschäftsbedingungen

Maßgebend für die Geschäftsverbindung sind die Allgemeinen Geschäftsbedingungen der Bank. Daneben gelten für einzelne Geschäftsbeziehungen Sonderbedingungen, die Abweichungen oder Ergänzungen zu diesen Allgemeinen Geschäftsbedingungen enthalten; insbesondere handelt es sich hierbei um die Bedingungen für den Überweisungsverkehr, für den Sparverkehr und für Wertpapiergeschäfte. Der Wortlaut der einzelnen Regelungen kann in den Geschäftsräumen der Bank eingesehen werden. Der Konto-/Depotinhaber kann auch später noch die Übersendung der Allgemeinen Geschäftsbedingungen und Sonderbedingungen an sich verlangen.

Ort/Datum Unterschrift(en) des/der gesetzlichen Vertreter(s)	Ort/Datum Unterschrift des Minderjährigen

Datenschutzrechtlicher Hinweis

Die Bank verarbeitet und nutzt die von Ihnen erhobenen personenbezogenen Daten im Einklang mit den Bestimmungen der Europäischen Datenschutz-Grundverordnung (DSGVO) und dem Bundesdatenschutzgesetz (BDSG) zur Erfüllung von vertraglichen Pflichten, im Rahmen der Interessenabwägung, aufgrund Ihrer Einwilligung, aufgrund gesetzlicher Vorgaben oder im öffentlichen Interesse. Weitere Einzelheiten können Sie unseren Informationen zum Datenschutz und den jeweils maßgeblichen Vertragsunterlagen entnehmen.

Die Bank verarbeitet und nutzt die von Ihnen erhobenen personenbezogenen Daten auch für Zwecke der Werbung oder der Markt- oder Meinungsforschung. Sie können jederzeit der Verarbeitung und Nutzung Ihrer personenbezogenen Daten für Zwecke der Werbung sowie der Markt- und Meinungsforschung widersprechen.

Hinweis zur Verarbeitung personenbezogener Daten gemäß EU-Geldtransferverordnung

Die „Verordnung (EU) 2015/847 des Europäischen Parlaments und des Rates vom 20. Mai 2015 über die Übermittlung von Angaben bei Geldtransfers" (EU-Geldtransferverordnung) dient dem Zweck der Verhinderung, Aufdeckung und Ermittlung von Geldwäsche und Terrorismusfinanzierung bei Geldtransfers. Sie verpflichtet die Bank, bei der Ausführung von Geldtransfers Angaben zum Auftraggeber (Zahler) und Begünstigten (Zahlungsempfänger) zu prüfen und zu übermitteln. Diese Angaben bestehen aus Name und Kundenkennung von Zahler und Zahlungsempfänger und der Adresse des Zahlers.

Bei Geldtransfers innerhalb des Europäischen Wirtschaftsraums kann auf die Weiterleitung der Adresse des Zahlers zunächst verzichtet werden, jedoch kann gegebenenfalls diese Angabe vom Zahlungsdienstleister des Zahlungsempfängers angefordert werden. Bei der Angabe von Name und gegebenenfalls Adresse nutzt die Bank die in Ihren Systemen hinterlegten Daten, um den gesetzlichen Vorgaben zu entsprechen. Mit der Verordnung wird erreicht, dass aus den Zahlungsverkehrsdatensätzen selber immer eindeutig bestimmbar ist, wer Zahler und Zahlungsempfänger ist. Das heißt auch, dass die Bank Zahlungsdaten überprüfen, Nachfragen anderer Kreditinstitute zur Identität des Zahlers bzw. Zahlungsempfängers beantworten und auf Anfrage diese Daten den zuständigen Behörden zur Verfügung stellen muss.

	Ihre IBAN* lautet:	**Der BIC** lautet:**
1		
2		
3		
4		
5		

*International Bank Account Number (Internationale Bankkontonummer)

**Bank Identifier Code (Bank-Identifizierungscode)

☐ Sie erhalten die Angaben zur IBAN mit separater Post.

40.223 (05/18)

2

Anmerkungen

1. Kontoeröffnung. Die Formulare für die Eröffnung von Konten für Minderjährige sind bei den Kreditinstituten unterschiedlich ausgestaltet. Teilweise sind sie in die üblichen Kontoeröffnungsvordrucke für natürliche Personen integriert, teilweise verfügen die Kreditinstitute aber auch über eigene Muster.

Beim Konto für Minderjährige werden Kontoinhaberschaft und Verfügungsmacht aufgespalten. Während Kontoinhaber und damit „verfügungsberechtigt" der Minderjährige ist (BGH ZIP 1990, 303; OLG Zweibrücken, WM 1990, 754), liegt die Verfügungsmacht beim gesetzlichen Vertreter (*Kropf* in Kümpel, Rn 3.944 ff.; BuB- *Roth/Stöhr*, Rn 461 a ff).

2. Gesetzliche Vertreter. Die Verfügungsbefugnis liegt bei den gesetzlichen Vertretern, in aller Regel den Eltern gem §§ 1626 Abs 1, 1642, 1649 BGB.

Die gesetzlichen Vertreter haben jedoch gem § 107 BGB die Möglichkeit, dem Minderjährigen die generelle Befugnis einzuräumen, die üblicherweise mit dem Konto in Verbindung stehenden Geschäfte zu tätigen, ohne vor der jeweiligen Verfügung ihre Einwilligung einholen zu müssen (BGHZ 47, 352, 359; MVHdB III Wirtschaftsrecht II/*Westphalen* III.6 Anm. 87; aA *Scheuer* FamRZ 1976, 673; *Lindacher* in FS Bosch 1976, 533, 535). Durch eine derartige Generalermächtigung – die alternativ auf den Kontoeröffnungsformularen enthalten sein kann – können die gesetzlichen Vertreter dem beschränkt Geschäftsfähigen das umfassende Verfügungsrecht über das Kontoguthaben bis zum jederzeitigen Widerruf einräumen (Bankrechts-Handbuch/*Joeres* § 30 Rn 5 ff). Das abgedruckte Muster sieht in Ziff 3 verschiedene Möglichkeiten vor, die ihm die Verfügungsbefugnis vollständig untersagen, in dem Umfange einräumen, wie sie auch den gesetzlichen Vertretern zusteht oder in dem Umfange, in dem sie von den gesetzlichen Vertretern individuell festgelegt wird.

Auch bei Lohn- und Gehaltskonten, deren Eröffnung gem § 113 BGB auf Grund des unmittelbaren Zusammenhangs zu einem Dienst- oder Arbeitsverhältnisses genehmigungsfrei ist, ist eine derartige Generaleinwilligung erforderlich, da auch über diese Konten ansonsten nur im Wege von Barverfügungen, nicht jedoch Überweisungen, bei denen die erforderliche Verbindung zum Arbeits- oder Dienstverhältnis fehlt, verfügt werden kann (*Kropf* in Kümpel Rn 3.951 ff.).

Die Generalermächtigung, die gem § 1629 BGB von beiden Elternteilen gemeinschaftlich erteilt werden muss (vgl II. 1 a) bb) einer Verlautbarung des BAKred (der jetzigen BAFin) vom 22. März 1995 zu „Bankgeschäften mit Minderjährigen", abgedr bei BuB-*Roth/Stöhr* 2/472), kann gem § 183 BGB jederzeit widerrufen werden.

Bei der Kontoeröffnung für einen Minderjährigen durch nur einen Elternteil ist der Nachweis erforderlich, dass der andere Elternteil an der Ausübung der gesetzlichen Vertretung gehindert ist (zB gem § 1678 Abs 1 BGB), ihm die Vertretungsbefugnis entzogen wurde (§ 1680 BGB), er sich mit der Kontoeröffnung durch den anderen Elternteil einverstanden erklärt hat (zur Vertretung durch einen Vormund § 1773 BGB) oder – im Falle des nichtehelichen Kindes – gem § 1626a Abs 2 BGB die elterliche Sorge bei der Mutter liegt.

Es ist möglich, das Verfügungsrecht der Eltern als gemeinschaftliches oder als Einzelverfügungsrecht auszugestalten, wobei letzteres durch einseitigen Widerruf eines Elternteils in ein gemeinsames abgeändert werden kann.

3. Genehmigung des Vormundschaftsgerichts. Gem §§ 1643, 1825, 1816, 1821, 1822 Nr 8 BGB bedarf die Kreditaufnahme und damit auch die Kontoüberziehung – selbst eine stillschweigende im banküblichen Rahmen –, die zulasten des Kontos eines Minderjährigen geht, der Genehmigung durch das Vormundschaftsgericht. Auch Scheck- und Wechselgeschäfte dürfen Minderjährige ohne familiengerichtliche Genehmigung gem § 1822 Nr 9 BGB nicht vornehmen.

Bis zur familiengerichtlichen Genehmigung oder bis zur Genehmigung durch den volljährig gewordenen Kontoinhaber sind diese Geschäfte, die zulasten eines Minderjährigen-Kontos ausgeführt werden, gem § 1829 BGB schwebend unwirksam. Wird die Genehmigung verweigert, sind die Geschäfte endgültig unwirksam.

4. Verfügungsbefugnis. Die Kontoeröffnungsformulare für Minderjährige enthalten zT den Hinweis, dass die Verfügungsbefugnis der Eltern im Rahmen ihres elterlichen Sorgerechts gem §§ 1626 ff BGB beschränkt ist. Dadurch soll klargestellt werden, dass sie, da es sich um Vermögenswerte ihres Kindes und nicht um eigene handelt, darüber nicht im Eigeninteresse verfügen dürfen. Zinseinkünfte stehen deshalb den Kindern zu, die diese auch zu versteuern haben (BFH BStBl II 1990, 754).

Da die Bank in der Regel nicht überprüfen kann, ob die Eltern ihren Verpflichtungen aus der elterlichen Sorge bei Verfügungen über das Konto des Minderjährigen nachkommen, haben die Kreditinstitute auch keine entsprechende Kontrollpflicht, soweit nicht ausnahmsweise ein Missbrauch der Vertretungsmacht evident ist (BGH WM 1992, 1362, 1363; OLG Frankfurt aM BKR 2003, 999 f., dazu *Kelien/Meinhardt,* BKR 2004, 180 ff).

5. Existenznachweis. Sofern ein Minderjähriger noch keinen amtlichen Lichtbildausweis besitzt, ist die Bank auf Grund des Einführungserlasses zu § 154 AO (BStBl I 1976, 576) verpflichtet, sich einen Existenznachweis, beispielsweise durch Vorlage der Geburtsurkunde oder des Familienstammbuchs, zu verschaffen.

6. Sonstiges. Im Übrigen enthält das Formular die für Kontoeröffnung üblichen Regelungen.

3. Eröffnung von Gemeinschaftskonten/-depots mit Einzelverfügungsberechtigung („Oder-Konto“)

Interne Angaben der Bank

	Kontoform[2] (z.B. Sparkonto)	Das Konto/Depot wird wie folgt genutzt:[3]	Konto-/Depot-Nr.	Konto-/Depot-Währung
1		☐ privat ☐ betrieblich		
2		☐ privat ☐ betrieblich		
3		☐ privat ☐ betrieblich		
4		☐ privat ☐ betrieblich		
5		☐ privat ☐ betrieblich		
	Gegebenenfalls Zusatzbezeichnung			

Eröffnung von Gemeinschaftskonten/-depots mit Einzelverfügungsberechtigung („Oder-Konto“)[1]

Hiermit beantragen wir die Eröffnung von Gemeinschaftskonten/-depots mit Einzelverfügungsberechtigung für jeden Kontoinhaber zu nachfolgenden Vereinbarungen:

Name, Vorname (auch Geburtsname)	A	B	C
Wohnanschrift (in D inkl. Bundesland)[3]			
Beruf/Branche[5]			
Staatsangehörigkeit(en)[4]			
Familienstand[5]			
Geburtsort			
Geburtsdatum			
Telefon[5]			
Fax-Nr.[5]			
E-Mail-Adresse[5]			
Deutsche Steuer-ID[7]			
Übermittlungsform der Kontoauszüge	☐ **Kontoauszugsdrucker** ☐ Sonstiges:	Zusendung der Konto-/Depotauszüge an:	
Nutzung elektronischer Zugangsmedien[6]	☐ Debitkarte ☐ Online-Banking ☐ Telefonbanking ☐ Sonstiges:	☐ Debitkarte ☐ Online-Banking ☐ Telefonbanking ☐ Sonstiges:	☐ Debitkarte ☐ Online-Banking ☐ Telefonbanking ☐ Sonstiges:

Muster

Kopie für die Bank

1. Kontokorrentabrede, Rechnungsperiode

Die Konten werden in laufender Rechnung geführt (Kontokorrentkonto), sofern nicht eine abweichende Regelung besteht. Bei einem Kontokorrentkonto erteilt die Bank jeweils zum Ende eines Kalenderquartals einen Rechnungsabschluss, sofern nachstehend keine abweichende Rechnungsperiode angegeben ist:

Abweichende Rechnungsperiode	

Die Rechtswirkungen eines Rechnungsabschlusses sowie die Pflicht, dessen Inhalt zu prüfen und gegebenenfalls Einwendungen zu erheben, sind in Nr. 7 der Allgemeinen Geschäftsbedingungen geregelt.

2. Einzelverfügungsberechtigung

Jeder Konto-/Depotinhaber darf über die Konten/Depots ohne Mitwirkung der anderen Konto-/Depotinhaber verfügen und zu Lasten der Konten/Depots alle mit der Konto-/Depotführung im Zusammenhang stehenden Vereinbarungen treffen, sofern nicht nachstehend etwas anderes geregelt ist:

a) Kreditverträge und Kontoüberziehungen
Für den Abschluss und die Änderung von Kreditverträgen zu Lasten der Konten/Depots ist die Mitwirkung aller Konto-/Depotinhaber erforderlich. Jedoch ist jeder Konto-/Depotinhaber selbstständig berechtigt, über die auf dem Gemeinschaftskonto etwa eingeräumten Kredite jeder Art zu verfügen und von der Möglichkeit vorübergehender Kontoüberziehungen im banküblichen Rahmen Gebrauch zu machen.

b) Termingeschäfte
Zum Abschluss und zur Durchführung von Termingeschäften, insbesondere von Finanz- und Devisentermingeschäften zu Lasten der Konten/Depots bedarf es einer Vereinbarung mit allen Konto-/Depotinhabern.

c) Erteilung und Widerruf von Vollmachten
Eine Konto-/Depotvollmacht kann nur von allen Konto-/Depotinhabern gemeinschaftlich erteilt werden. Der Widerruf durch einen der Konto-/Depotinhaber führt zum Erlöschen der Vollmacht. Über einen Widerruf ist die Bank unverzüglich und aus Beweisgründen möglichst schriftlich zu unterrichten.

d) Auflösung der Konten/Depots
Eine Auflösung der Konten/Depots kann nur durch alle Konto-/Depotinhaber gemeinschaftlich erfolgen (zur Ausnahme für den Todesfall siehe Ziffer 7).

[1] **Weitere Angaben zur Aufzeichnung gemäß GwG, KWG und AO sind auf dem Vordruck 41.220 sowie Aufzeichnungen gemäß Steuerrecht auf dem Vordruck 41.326 aufzuzeichnen und zu den Kontoeröffnungsunterlagen hinzuzunehmen.** [2] Angabe, falls sich aus der Konto-/Depotnummer die Kontoform nicht erkennen lässt. [3] Die Angaben sind erforderlich in Hinblick auf den korrekten Einbehalt der Abgeltungsteuer. [4] Eine US-Staatsangehörigkeit ist immer (ggf. zusätzlich) anzugeben (FATCA-USA-Umsetzungsverordnung). [5] Die Angabe ist freiwillig. [6] Die Nutzung der elektronischen Zugangsmedien setzt voraus, dass hierüber zwischen der Bank und dem Konto-/Depotinhaber eine gesonderte Vereinbarung getroffen worden ist. [7] Steuerliche Identifikationsnummer (ab 1.1.2018 verpflichtend anzugeben, sofern vom BZSt zugeteilt).

1

3. Eröffnung weiterer Konten/Depots
Jeder Konto-/Depotinhaber ist allein berechtigt, zum Zwecke der Geldanlage Sparkonten und Festgeldkonten mit Einzelverfügungsberechtigung für jeden Konto-/Depotinhaber zu den hier getroffenen Vereinbarungen zu eröffnen. Die Bank wird alle Kontomitinhaber hierüber unterrichten.

4. Gesamtschuldnerische Haftung
Für die Verbindlichkeiten aus den Gemeinschaftskonten/-depots haften die Konto-/Depotinhaber als Gesamtschuldner, d. h., die Bank kann von jedem einzelnen Konto-/Depotinhaber die Erfüllung sämtlicher Ansprüche fordern.

5. Widerruf der Einzelverfügungsberechtigung
Jeder Konto-/Depotinhaber kann die Einzelverfügungsberechtigung eines anderen Konto-/Depotinhabers jederzeit mit Wirkung für die Zukunft der Bank gegenüber widerrufen. Über den Widerruf ist die Bank unverzüglich und aus Beweisgründen möglichst schriftlich zu unterrichten. Sodann können alle Konto-/Depotinhaber nur noch gemeinsam über die Konten/Depots verfügen.

6. Konto-/Depotmitteilungen
Konto- und Depotauszüge werden in der oben vereinbarten Form übermittelt. Wenn eine unmittelbare Benachrichtigung geboten ist (z.B. bei der Nichtausführung von Zahlungsverkehrsaufträgen), wird die Bank die Mitteilung stets an die oben genannte Postanschrift richten. Konto- und Kreditkündigungen sowie die Ankündigung solcher Maßnahmen werden jedoch jedem Konto-/Depotinhaber zugeleitet. Jeder Konto-/Depotinhaber kann verlangen, dass ihm künftig alle Konto-/Depotmitteilungen zusätzlich übermittelt werden.

7. Regelung für den Todesfall eines Konto-/Depotinhabers
Nach dem Tode eines Konto-/Depotinhabers bleiben die Befugnisse des/der anderen Konto-/Depotinhaber(s) unverändert bestehen. Jedoch kann/können der/die überlebende(n) Konto-/Depotinhaber ohne Mitwirkung der Erben die Konten/Depots auflösen.
Die Rechte des Verstorbenen werden durch dessen Erben gemeinschaftlich wahrgenommen. Das Recht zum Widerruf der Einzelverfügungsberechtigung steht jedoch jedem Erben allein zu. Widerruft ein Miterbe, bedarf jede Verfügung über die Konten/Depots seiner Mitwirkung. Widerrufen sämtliche Miterben die Einzelverfügungsberechtigung eines Konto-/Depotinhabers, so können sämtliche Konto-/Depotinhaber nur noch gemeinschaftlich mit sämtlichen Miterben über die Konten/Depots verfügen.

8. Datenübermittlung an die SCHUFA und Befreiung vom Bankgeheimnis
Die Bank übermittelt im Rahmen dieses Vertragsverhältnisses erhobene personenbezogene Daten über die Beantragung, die Durchführung und Beendigung dieser Geschäftsbeziehung sowie Daten über nicht vertragsgemäßes Verhalten oder betrügerisches Verhalten an die SCHUFA Holding AG, Kormoranweg 5, 65201 Wiesbaden. Rechtsgrundlagen dieser Übermittlungen sind Artikel 6 Absatz 1 Buchstabe b und Artikel 6 Absatz 1 Buchstabe f der Datenschutz-Grundverordnung (DSGVO). Übermittlungen auf der Grundlage von Artikel 6 Absatz 1 Buchstabe f DSGVO dürfen nur erfolgen, soweit dies zur Wahrung berechtigter Interessen der Bank oder Dritter erforderlich ist und nicht die Interessen oder Grundrechte und Grundfreiheiten der betroffenen Person, die den Schutz personenbezogener Daten erfordern, überwiegen. Der Datenaustausch mit der SCHUFA dient auch der Erfüllung gesetzlicher Pflichten zur Durchführung von Kreditwürdigkeitsprüfungen von Kunden (§ 505a des Bürgerlichen Gesetzbuches, § 18a des Kreditwesengesetzes).
Der Kunde befreit die Bank insoweit auch vom Bankgeheimnis.
Die SCHUFA verarbeitet die erhaltenen Daten und verwendet sie auch zum Zwecke der Profilbildung (Scoring), um ihren Vertragspartnern im Europäischen Wirtschaftsraum und in der Schweiz sowie ggf. weiteren Drittländern (sofern zu diesen ein Angemessenheitsbeschluss der Europäischen Kommission besteht) Informationen unter anderem zur Beurteilung der Kreditwürdigkeit von natürlichen Personen zu geben. Nähere Informationen zur Tätigkeit der SCHUFA können dem SCHUFA-Informationsblatt nach Art. 14 DSGVO entnommen oder online unter www.schufa.de/datenschutz eingesehen werden.

9. Einbeziehung der Geschäftsbedingungen
Maßgebend für die Geschäftsverbindung sind die Allgemeinen Geschäftsbedingungen der Bank. Daneben gelten für einzelne Geschäftsbeziehungen Sonderbedingungen, die Abweichungen oder Ergänzungen zu diesen Allgemeinen Geschäftsbedingungen enthalten; insbesondere handelt es sich hierbei um die Bedingungen für den Scheckverkehr, für den Überweisungsverkehr, für Zahlungen mittels Lastschrift, für die girocard, für den Sparverkehr sowie für das Wertpapier- und Termingeschäft. Der Wortlaut der einzelnen Regelungen kann in den Geschäftsräumen der Bank eingesehen werden. Der Konto-/Depotinhaber kann auch später noch die Übersendung der Allgemeinen Geschäftsbedingungen und Sonderbedingungen an sich verlangen.

Ort, Datum		
Unterschrift (= Unterschriftsprobe) A	Unterschrift (= Unterschriftsprobe) B	Unterschrift (= Unterschriftsprobe) C

Datenschutzrechtlicher Hinweis

Die Bank verarbeitet und nutzt die von Ihnen erhobenen personenbezogenen Daten im Einklang mit den Bestimmungen der Europäischen Datenschutz-Grundverordnung (DSGVO) und dem Bundesdatenschutzgesetz (BDSG) zur Erfüllung von vertraglichen Pflichten, im Rahmen der Interessenabwägung, aufgrund Ihrer Einwilligung, aufgrund gesetzlicher Vorgaben oder im öffentlichen Interesse. Weitere Einzelheiten können Sie unseren Informationen zum Datenschutz und den jeweils maßgeblichen Vertragsunterlagen entnehmen.

Die Bank verarbeitet und nutzt die von Ihnen erhobenen personenbezogenen Daten auch für Zwecke der Werbung oder der Markt- oder Meinungsforschung. Sie können jederzeit der Verarbeitung und Nutzung Ihrer personenbezogenen Daten für Zwecke der Werbung sowie der Markt- und Meinungsforschung widersprechen.

Kopie für die Bank

40.226 (05/18)

2

Hinweis zur Verarbeitung personenbezogener Daten gemäß EU-Geldtransferverordnung

Die „Verordnung (EU) 2015/847 des Europäischen Parlaments und des Rates vom 20. Mai 2015 über die Übermittlung von Angaben bei Geldtransfers" (EU-Geldtransferverordnung) dient dem Zweck der Verhinderung, Aufdeckung und Ermittlung von Geldwäsche und Terrorismusfinanzierung bei Geldtransfers. Sie verpflichtet die Bank, bei der Ausführung von Geldtransfers Angaben zum Auftraggeber (Zahler) und Begünstigten (Zahlungsempfänger) zu prüfen und zu übermitteln. Diese Angaben bestehen aus Name und Kundenkennung von Zahler und Zahlungsempfänger und der Adresse des Zahlers.

Bei Geldtransfers innerhalb des Europäischen Wirtschaftsraums kann auf die Weiterleitung der Adresse des Zahlers zunächst verzichtet werden, jedoch kann gegebenenfalls diese Angabe vom Zahlungsdienstleister des Zahlungsempfängers angefordert werden. Bei der Angabe von Name und gegebenenfalls Adresse nutzt die Bank die in ihren Systemen hinterlegten Daten, um den gesetzlichen Vorgaben zu entsprechen. Mit der Verordnung wird erreicht, dass aus den Zahlungsverkehrsdatensätzen selber immer eindeutig bestimmbar ist, wer Zahler und Zahlungsempfänger ist. Das heißt auch, dass die Bank Zahlungsdaten überprüfen, Nachfragen anderer Kreditinstitute zur Identität des Zahlers bzw. Zahlungsempfängers beantworten und auf Anfrage diese Daten den zuständigen Behörden zur Verfügung stellen muss.

Kopie für die Bank

	Ihre IBAN* lautet:	Der BIC** lautet:
1		
2		
3		
4		
5		

*International Bank Account Number (Internationale Bankkontonummer)

**Bank Identifier Code (Bank-Identifizierungscode)

40.226 (05/18)

☐ Sie erhalten die Angaben zur IBAN mit separater Post.

3

Anmerkungen

1. Rechtsnatur. Gemeinschaftskonten sind Konten, die mindestens zwei verfügungsberechtigte Inhaber haben, zB Eheleute, Erbengemeinschaften, Arbeitsgemeinschaften (*Canaris* Rn 224).

Es ist zwischen dem „Oder-Konto" und dem „Und-Konto" zu unterscheiden. Ein „Oder-Konto" (→ Form. IV.A.3) ist dann gegeben, wenn mind zwei Personen bei einem Zahlungsinstitut ein Gemeinschaftskonto mit Einzelverfügungsberechtigung unterhalten Krepold/Fischbeck/Kropf/Werner/*Fischbeck*, A. IV. 1, S. 20 ff.). Die Inhaber eines solchen Kontos sind Gesamtgläubiger gem § 428 BGB (BGHZ 95, 185; BGH NJW-RR 1986, 991; BGH WM 1990, 2067; Baumbach/Hopt/*Hopt*, HGB (7) Bankgeschäfte A/39; *Canaris* Rn 225 Bankrechts-Handbuch/*Hadding/Häuser*, § 35 Rn 8). Jeder Inhaber hat deshalb ein eigenes Recht auf das Guthaben. Für das Oder-Konto gilt das Prioritätsprinzip, dh, das kontoführende Institut ist nicht berechtigt, nach Belieben an einen der Kontoinhaber zu leisten, vielmehr hat die Leistung an denjenigen zu erfolgen, der sie als erster geltend macht (KG WM 1976, 67; *Canaris* Rn 225; *Wagner* ZIP 1985, 855). Jeder Kontoinhaber ist berechtigt, über das Konto ohne Mitwirkung des anderen Kontoinhabers zu verfügen, da er selbst Forderungsinhaber ist (Bankrechts-Handbuch/*Hadding/Häuser*, § 35 Rn 8; *Peterek* in Kümpel/Wittig, Rn 6.725; BGH WM 1985, 1059).

Das „Und-Konto" (s → Form. IV.A.4 Anm. 1 ff.) ist dadurch gekennzeichnet, dass mehrere Inhaber eines Gemeinschaftskontos nur gemeinsam verfügen können (*Hadding/Häuser*, in: Bankrechts-Handbuch, § 35 Rn 16; *Peterek* in Kümpel/Wittig, Rn 6.740; OLG Köln WM 1990, 1914). Die Rechtsnatur des „Und-Kontos" richtet sich nach dem zwischen den Kontoinhabern bestehenden Innenverhältnis (*Canaris* Rn 232; MüKoBGB/*Schmidt*, § 741 BGB, Rn 50). Folglich bilden die Kontoinhaber entweder eine einfache Forderungsgemeinschaft als Bruchteilsgemeinschaft gem §§ 741 ff BGB oder eine Gesamthandsgemeinschaft (BGH WM 1987, 318; BGH WM 1990, 2067). Eine Gesamthandsgemeinschaft ist dann gegeben, wenn das Kontoguthaben Bestandteil eines Sondervermögens ist, das den Kontoinhabern zur gesamten Hand zusteht. Dies ist insbesondere bei der BGB-Gesellschaft, der OHG, der KG, der ehelichen Gütergemeinschaft und der Miterbengemeinschaft der Fall. Verfügungen auf einem „Und-Konto" sind – unabhängig davon, ob eine Bruchteils- oder Gesamthandsgemeinschaft vorliegt – nur auf Grund gemeinschaftlicher Weisung der Kontoinhaber zulässig. Lässt die Bank bei einem „Und-Konto" einen Kontoinhaber alleine verfügen, haben die anderen Kontoinhaber einen Anspruch auf Rückgängigmachung der Belastungsbuchung, da die Verfügung unberechtigt erfolgt ist (BGH WM 1980, 438).

Bei beiden Formen des Gemeinschaftskontos haften die Kontoinhaber gesamtschuldnerisch für die Verbindlichkeiten aus der Kontobeziehung (Baumbach/Hopt/*Hopt* HGB, (7) Bankgeschäfte A/38; *Kropf* in Kümpel Rn 3.992 ff.).

2. Kontokorrentabrede, Rechnungsperiode. → Form. IV.A.1 Anm. 4.

3. Einzelverfügungsberechtigung. Aus der Natur des Vertrages über ein Gemeinschaftskonto mit Einzelverfügungsberechtigung folgt, dass grundsätzlich jeder Kontoinhaber unbeschränkt über das Konto/Depot verfügen sowie Verträge zulasten des Kontos/Depots abschließen darf (BGH WM 1980, 438). Allerdings ist die Verfügungsbefugnis auf solche Rechtsgeschäfte beschränkt, die mit der Konto-Depotführung in unmittelbarem Zusammenhang stehen.

Das Kontoeröffnungsformular enthält im Abschnitt „Einzelverfügungsberechtigung" eine Aufzählung derjenigen Geschäfte, die nicht von der Einzelverfügungsberechtigung gedeckt werden. Insbesondere für Kreditverträge und Kontoüberziehungen – soweit es sich dabei nicht um die auf dem Gemeinschaftskonto eingeräumten Kredite oder den banküblichen

Kontoüberziehungskredit handelt – ist die Zustimmung aller Kontoinhaber erforderlich. Das Gleiche gilt für Börsentermin- und Devisentermingeschäfte (BGH WM 1991, 313).

Da die Kontoinhaber gesamtschuldnerisch für die Verbindlichkeiten aus dem Gemeinschaftskonto/-depot haften, ist für die Erteilung einer Vollmacht die Zustimmung aller Kontoinhaber erforderlich, während sie bereits – wie sich aus dem Formular ergibt – durch Widerruf eines einzelnen Kontoinhabers erlischt.

4. Berechtigung zur Eröffnung weiterer Konten/Depots. Zur Berechtigung zur Eröffnung weiter Konten/Depots s nachfolgende Anmerkungen zu → Form. IV.A.5 Anm. 1 ff.

5. Gesamtschuldnerische Haftung. Die gesamtschuldnerische Haftung folgt aus der Natur des Gemeinschaftskontos (*Kropf* in Kümpel Rn 3.995), so dass eine entsprechende Regelung im Kontoeröffnungsformular nur deklaratorische Bedeutung hat und der Transparenz dient (*Canaris* Rn 224).

6. Widerruf der Einzelverfügungsberechtigung. Ein Gemeinschaftskonto mit Einzelverfügungsberechtigung kann nur dann durch eine einseitige Erklärung eines Kontoinhabers in ein Konto mit gemeinschaftlicher Verfügungsbefugnis umgewandelt werden, wenn dies zuvor zwischen der kontoführenden Stelle und den Kontoinhabern vereinbart wurde (BGH WM 1990, 2067; WM 1993, 141; Baumbach/Hopt/*Hopt*, HGB, (7) Bankgeschäfte A/39; *Canaris* Rn 226, *Kropf* in Kümpel Rn 3.1000). Die Praxis kennt für den Sparverkehr eine Modifikation: Danach ist der Bank mit Zugang des Widerrufs auch das Sparbuch zu übergeben, damit die Änderung im Sparbuch eingetragen und dadurch ein Missbrauch durch Verfügungen einzelner Kontoinhaber wirksam verhindert werden kann. Zum Widerruf im Todesfall eines Kontoinhabers s nachfolgend → Anm. 8.

7. Konto- und Depotnachrichten. Die Form. der Übermittlung von Konto- und Depotnachrichten wird gesondert vereinbart (Abholung am Schalter oder Inanspruchnahme des Kontoauszugsdruckerdienstes, Zusendung von Tagesauszügen oder Monatsauszügen etc). Die kontoführende Stelle ist jedoch verpflichtet, den Kontoinhabern in bestimmten Fällen eine gesonderte, an seine Postanschrift abzusendende Benachrichtigung zukommen zu lassen, um ihm entsprechende Dispositionen zu ermöglichen. Dies gilt beispielsweise für die Nichtausführung von Aufträgen im Zahlungsverkehr gem § 675o BGB (BGH WM 1989, 625 noch zum früheren Recht). Konto- und Kreditkündigungen sowie die Ankündigung derartiger Maßnahmen wird die kontoführende, um eine evtl Unwirksamkeit zu vermeiden, jedem einzelnen Kontoinhaber zusenden, auch wenn sie ihrer Verpflichtung zur Benachrichtigung nachgekommen ist, sofern sie die Nachrichten an die vereinbarte Postanschrift übermittelt hat.

8. Tod eines Kontoinhabers. Sofern ein Kontoinhaber stirbt, fällt – sofern das Konto ein Guthaben aufweisen sollte – die Forderung gegen die kontoführende Stelle in den Nachlass. Der Erbe/die Erben werden Gesamtrechtsnachfolger gem § 1922 Abs 1 BGB. Die Forderungen der anderen Kontoinhaber bleiben davon unberührt (*Hadding/Häuser*, in: Bankrechts-Handbuch, § 35 Rn 10). Deshalb unterscheidet sich die Vereinbarung für den Todesfall eines Kontoinhabers nicht von der gesetzlichen Regelung (dazu Baumbach/Hopt/*Hopt* HGB, (7) Bankgeschäfte A/51 mwN). Sie wird allerdings dahingehend modifiziert, dass die überlebenden Kontoinhaber ohne Mitwirkung der Erben des verstorbenen Kontoinhabers die Konten/Depots auflösen dürfen. Anders als bei Gemeinschaftskonten mit gemeinschaftlicher Verfügungsberechtigung ist bei der Einzelverfügungsberechtigung das Recht zur Beendigung der Kontoverbindung durch die überlebenden Kontoinhaber ohne Mitwirkung der Erben des verstorbenen Kontoinhabers durch dessen mutmaßlichen Willen gerechtfertigt, es sei denn, es liegen Anhaltspunkte dafür vor, dass der verstorbene Kontoinhaber dies nicht wollte (*Hadding/Häuser*, in: Bankrechts-Handbuch, § 35 Rn 10).

Macht allerdings ein Kontoinhaber von seinem Weisungsrecht dahingehend Gebrauch, dass wegen des Todes eines anderen Kontomitinhabers das Kontoguthaben zunächst bei der Bank verwahrt werden soll, ist dies für die Bank verbindlich (vgl OLG Celle WM 1995, 1871; *Werner* WuB I. B 2.–2.95).

Auch die Regelung über das Recht der Erben zum Widerruf der Einzelverfügungsmacht entspricht dem Gesetzesrecht.

9. SCHUFA-Klausel. Zur Berechtigung zur Übermittlung von Daten an die SCHUFA s → Form. IV.A.1 Anm. 5.

10. Einbeziehung von Allgemeinen Geschäftsbedingungen. Zur Einbeziehung der Allgemeinen Geschäftsbedingungen s → Form. IV.A.1 Anm. 6.

11. Legitimation und Identifizierung. Wie bei den anderen Kontoeröffnungsformularen auch, fehlen die Angaben zur Legitimationsprüfung und sonstige Verarbeitungshinweise, da es dafür jetzt einen Zusatzbogen gibt, in den diese Angaben zusammen mit denen zum wirtschaftlich berechtigten einzugeben sind (vgl *Hartmann/Höche/Wand/Weber,* Kurzkommentar Bankvordrucke, Sonderbeil Bl 2). Hinsichtlich der Anmerkungen dazu wird auf → Form. IV.A.1. Anm. 8 und 9 Bezug genommen.

4. Eröffnung von Gemeinschaftskonten/-depots mit gemeinschaftlicher Verfügungsberechtigung („Und-Konto“)

Interne Angaben der Bank

	Kontoform[2] (z.B. Sparkonto)	Das Konto/Depot wird wie folgt genutzt:[3]	Konto-/Depot-Nr.	Konto-/Depot-Währung
1		☐ privat ☐ betrieblich		
2		☐ privat ☐ betrieblich		
3		☐ privat ☐ betrieblich		
4		☐ privat ☐ betrieblich		
5		☐ privat ☐ betrieblich		
Gegebenenfalls Zusatzbezeichnung				

Eröffnung von Gemeinschaftskonten/-depots mit gemeinschaftlicher Verfügungsberechtigung („Und-Konto“)[1]

Hiermit beantragen wir die Eröffnung von Konten/Depots mit gemeinschaftlicher Verfügungsberechtigung für sämtliche Kontoinhaber zu nachfolgenden Vereinbarungen:

Ausfertigung für die Bank

	A	B	C
Name, Vorname(n) (auch Geburtsname)			
Wohnanschrift (in D inkl. Bundesland)[3]			
Beruf/Branche[5]			
Staatsangehörigkeit(en)[4]			
Familienstand[5]			
Geburtsort			
Geburtsdatum			
Telefon[5]			
Fax-Nr.[5]			
E-Mail-Adresse[5]			
Deutsche Steuer-ID[7]			
Übermittlungsform der Kontoauszüge	☐ **Kontoauszugsdrucker** ☐ Sonstiges Zugangsmedium:	Zusendung der Konto-/Depotauszüge an:	
Nutzung elektronischer Zugangsmedien[6]	☐ Debitkarte ☐ Online-Banking ☐ Telefonbanking ☐ Sonstiges:	☐ Debitkarte ☐ Online-Banking ☐ Telefonbanking ☐ Sonstiges:	☐ Debitkarte ☐ Online-Banking ☐ Telefonbanking ☐ Sonstiges:

1. Kontokorrentabrede, Rechnungsperiode

Die Konten werden in laufender Rechnung geführt (Kontokorrentkonto), sofern nicht eine abweichende Regelung besteht. Bei einem Kontokorrentkonto erteilt die Bank jeweils zum Ende eines Kalenderquartals einen Rechnungsabschluss, sofern nachstehend keine abweichende Rechnungsperiode angegeben ist:

Abweichende Rechnungsperiode	

Die Rechtswirkungen eines Rechnungsabschlusses sowie die Pflicht, dessen Inhalt zu prüfen und gegebenenfalls Einwendungen zu erheben, sind in Nr. 7 der Allgemeinen Geschäftsbedingungen geregelt.

2. Gemeinschaftliche Verfügungsberechtigung

Die Konto-/Depotinhaber sind nur gemeinschaftlich über die Konten/Depots verfügungsberechtigt. Eine Änderung der Verfügungsberechtigung kann von den Konto-/Depotinhabern nur gemeinschaftlich bestimmt werden.

[1] **Weitere Angaben zur Aufzeichnung gemäß GwG, KWG und AO sind auf dem Vordruck 41.220 sowie Aufzeichnungen gemäß Steuerrecht auf dem Vordruck 41.326 aufzuzeichnen und zu den Kontoeröffnungsunterlagen hinzuzunehmen.** [2] Angabe, falls sich aus der Konto-/Depotnummer die Kontoform nicht erkennen lässt. [3] Die Angaben sind erforderlich in Hinblick auf den korrekten Einbehalt der Abgeltungsteuer. [4] Eine US-Staatsangehörigkeit ist immer (ggf. zusätzlich) anzugeben (FATCA-USA-Umsetzungsverordnung). [5] Die Angabe ist freiwillig. [6] Die Nutzung der elektronischen Zugangsmedien setzt voraus, dass hierüber zwischen der Bank und dem Konto-/Depotinhaber eine gesonderte Vereinbarung getroffen worden ist. [7] Steuerliche Identifikationsnummer (ab 1.1.2018 verpflichtend anzugeben, sofern vom BZSt zugeteilt).

1

3. Erteilung und Widerruf von Vollmachten

Eine Konto-/Depotvollmacht kann nur von allen Konto-/Depotinhabern gemeinschaftlich erteilt werden. Der Widerruf durch einen der Konto-/Depotinhaber führt zum Erlöschen der Vollmacht. Über den Widerruf ist die Bank unverzüglich und aus Beweisgründen möglichst schriftlich zu unterrichten. Jeder Konto-/Depotinhaber ist jedoch berechtigt, für seine Befugnisse ohne Mitwirkung der anderen Konto-/Depotinhaber Vollmacht zu erteilen.

4. Gesamtschuldnerische Haftung

Für die Verbindlichkeiten aus den Gemeinschaftskonten/-depots haften die Konto-/Depotinhaber als Gesamtschuldner, d. h., die Bank kann von jedem einzelnen Konto-/Depotinhaber die Erfüllung sämtlicher Ansprüche fordern.

5. Konto-/Depotmitteilungen

Konto- und Depotauszüge werden in der oben vereinbarten Form übermittelt. Wenn eine unmittelbare Benachrichtigung geboten ist (z.B. bei der Nichtausführung von Zahlungsverkehrsaufträgen), wird die Bank die Mitteilung stets an die oben genannte Postanschrift richten. Konto- und Kreditkündigungen sowie die Ankündigung solcher Maßnahmen werden jedoch jedem Konto-/Depotinhaber zugeleitet. Jeder Konto-/Depotinhaber kann verlangen, dass ihm künftig alle Konto-/Depotmitteilungen zusätzlich übermittelt werden.

6. Regelung für den Todesfall eines Konto-/Depotinhabers

Nach dem Tode eines Konto-/Depotinhabers können die anderen Konto-/Depotinhaber nur zusammen mit den Erben über die Konten/Depots verfügen oder diese auflösen.

7. Datenübermittlung an die SCHUFA und Befreiung vom Bankgeheimnis

Die Bank übermittelt im Rahmen dieses Vertragsverhältnisses erhobene personenbezogene Daten über die Beantragung, die Durchführung und Beendigung dieser Geschäftsbeziehung sowie Daten über nicht vertragsgemäßes Verhalten oder betrügerisches Verhalten an die SCHUFA Holding AG, Kormoranweg 5, 65201 Wiesbaden. Rechtsgrundlagen dieser Übermittlungen sind Artikel 6 Absatz 1 Buchstabe b und Artikel 6 Absatz 1 Buchstabe f der Datenschutz-Grundverordnung (DSGVO). Übermittlungen auf der Grundlage von Artikel 6 Absatz 1 Buchstabe f DSGVO dürfen nur erfolgen, soweit dies zur Wahrung berechtigter Interessen der Bank oder Dritter erforderlich ist und nicht die Interessen oder Grundrechte und Grundfreiheiten der betroffenen Person, die den Schutz personenbezogener Daten erfordern, überwiegen. Der Datenaustausch mit der SCHUFA dient auch der Erfüllung gesetzlicher Pflichten zur Durchführung von Kreditwürdigkeitsprüfungen von Kunden (§ 505a des Bürgerlichen Gesetzbuches, § 18a des Kreditwesengesetzes).

Der Kunde befreit die Bank insoweit auch vom Bankgeheimnis.

Die SCHUFA verarbeitet die erhaltenen Daten und verwendet sie auch zum Zwecke der Profilbildung (Scoring), um ihren Vertragspartnern im Europäischen Wirtschaftsraum und in der Schweiz sowie ggf. weiteren Drittländern (sofern zu diesen ein Angemessenheitsbeschluss der Europäischen Kommission besteht) Informationen unter anderem zur Beurteilung der Kreditwürdigkeit von natürlichen Personen zu geben. Nähere Informationen zur Tätigkeit der SCHUFA können dem SCHUFA-Informationsblatt nach Art. 14 DSGVO entnommen oder online unter www.schufa.de/datenschutz eingesehen werden.

8. Einbeziehung der Geschäftsbedingungen

Maßgebend für die Geschäftsverbindung sind die Allgemeinen Geschäftsbedingungen der Bank. Daneben gelten für einzelne Geschäftsbeziehungen Sonderbedingungen, die Abweichungen oder Ergänzungen zu diesen Allgemeinen Geschäftsbedingungen enthalten; insbesondere handelt es sich hierbei um die Bedingungen für den Scheckverkehr, für den Überweisungsverkehr, für Zahlungen mittels Lastschrift, für die girocard, für den Sparverkehr sowie für das Wertpapier- und Termingeschäft. Der Wortlaut der einzelnen Regelungen kann in den Geschäftsräumen der Bank eingesehen werden. Der Konto-/Depotinhaber kann auch später noch die Übersendung der Allgemeinen Geschäftsbedingungen und Sonderbedingungen an sich verlangen.

Ort, Datum	Unterschrift (= Unterschriftsprobe) A
Unterschrift (= Unterschriftsprobe) B	Unterschrift (= Unterschriftsprobe) C

Datenschutzrechtlicher Hinweis

Die Bank verarbeitet und nutzt die von Ihnen erhobenen personenbezogenen Daten im Einklang mit den Bestimmungen der Europäischen Datenschutz-Grundverordnung (DSGVO) und dem Bundesdatenschutzgesetz (BDSG) zur Erfüllung von vertraglichen Pflichten, im Rahmen der Interessenabwägung, aufgrund Ihrer Einwilligung, aufgrund gesetzlicher Vorgaben oder im öffentlichen Interesse. Weitere Einzelheiten können Sie unseren Informationen zum Datenschutz und den jeweils maßgeblichen Vertragsunterlagen entnehmen.

Die Bank verarbeitet und nutzt die von Ihnen erhobenen personenbezogenen Daten auch für Zwecke der Werbung oder der Markt- oder Meinungsforschung. Sie können jederzeit der Verarbeitung und Nutzung Ihrer personenbezogenen Daten für Zwecke der Werbung sowie der Markt- und Meinungsforschung widersprechen.

Ausfertigung für die Bank

40.227 (05/18)

2

Hinweis zur Verarbeitung personenbezogener Daten gemäß EU-Geldtransferverordnung

Die „Verordnung (EU) 2015/847 des Europäischen Parlaments und des Rates vom 20. Mai 2015 über die Übermittlung von Angaben bei Geldtransfers" (EU-Geldtransferverordnung) dient dem Zweck der Verhinderung, Aufdeckung und Ermittlung von Geldwäsche und Terrorismusfinanzierung bei Geldtransfers. Sie verpflichtet die Bank, bei der Ausführung von Geldtransfers Angaben zum Auftraggeber (Zahler) und Begünstigten (Zahlungsempfänger) zu prüfen und zu übermitteln. Diese Angaben bestehen aus Name und Kundenkennung von Zahler und Zahlungsempfänger und der Adresse des Zahlers.

Bei Geldtransfers innerhalb des Europäischen Wirtschaftsraums kann auf die Weiterleitung der Adresse des Zahlers zunächst verzichtet werden, jedoch kann gegebenenfalls diese Angabe vom Zahlungsdienstleister des Zahlungsempfängers angefordert werden. Bei der Angabe von Name und gegebenenfalls Adresse nutzt die Bank die in ihren Systemen hinterlegten Daten, um den gesetzlichen Vorgaben zu entsprechen. Mit der Verordnung wird erreicht, dass aus den Zahlungsverkehrsdatensätzen selber immer eindeutig bestimmbar ist, wer Zahler und Zahlungsempfänger ist. Das heißt auch, dass die Bank Zahlungsdaten überprüfen, Nachfragen anderer Kreditinstitute zur Identität des Zahlers bzw. Zahlungsempfängers beantworten und auf Anfrage diese Daten den zuständigen Behörden zur Verfügung stellen muss.

Ausfertigung für die Bank

	Ihre IBAN* lautet:	Der BIC** lautet:
1		
2		
3		
4		
5		

*International Bank Account Number (Internationale Bankkontonummer)

**Bank Identifier Code (Bank-Identifizierungscode)

☐ Sie erhalten die Angaben zur IBAN mit separater Post.

40.227 (05/18)

3

Anmerkungen

1. Rechtsnatur. Das Gemeinschaftskonto mit gemeinschaftlicher Verfügungsberechtigung („Und-Konto“) unterscheidet sich vom Konto mit Einzelverfügungsberechtigung („Oder-Konto“) dadurch, dass die Inhaber eines Und-Kontos eine Gemeinschaft nach Bruchteilen gem §§ 741 ff BGB bilden, soweit nicht ausnahmsweise eine Gesamthandsgemeinschaft vorliegt (*Kropf* in Kümpel, Rn 3.1013; BGH WM 1987, 318). Als Mitgläubiger können sie gem § 747 Satz 2 BGB selbstständig nur über ihren Anteil an der gemeinschaftlichen Einlageforderung, nicht aber über das gesamte Kontoguthaben verfügen (BGH WM 1987, 318; WM 1990, 2067 f.; Baumbach/Hopt/*Hopt*, HGB, (7) Bankgeschäfte A/40; *Canaris* Rn 232; im Einzelnen streitig, vgl MVHdB III WirtschaftsR II/*Westphalen* III.2 Anm. 3). Das Zahlungsinstitut kann deshalb, anders als bei einem Oder-Konto, mit befreiender Wirkung nur an alle Kontoinhaber gemeinschaftlich, nicht aber an einzelne von ihnen leisten (BGH WM 1990, 2067).

2. Gemeinschaftliche Verfügungsberechtigung. Aus der Rechtsnatur des Gemeinschaftskontos (dazu im einzelnen MVHdB III Wirtschaftsrecht II/*Westphalen* III.2 Anm. 2) mit gemeinschaftlichem Verfügungsrecht folgt, dass nur alle Kontoinhaber gemeinsam verfügen und Verträge zulasten des Kontos abschließen dürfen (BGH WM 1990, 2067, WM 1980, 438). Dementsprechend ist eine nicht von allen Inhabern eines Und-Kontos veranlasste Überweisung unwirksam. Sie wird den Inhabern des Gemeinschaftskontos nicht zugerechnet und führt dazu, dass diese einen Anspruch gegen das kontoführende Institut auf Rückgängigmachung der Belastungsbuchung, nicht aber auf Rückzahlung des überwiesenen Betrages erlangen (BGH WM 1980, 438). Es bedarf deshalb keines Negativkatalogs wie bei der Einzelverfügungsberechtigung.

Aus der gemeinschaftlichen Verfügungsbefugnis folgt, dass Änderungen der Verfügungsberechtigung in eine Einzelverfügungsberechtigung sowie die Erteilung von Vollmachten nur gemeinsam vorgenommen werden können, während die Vollmacht auch durch den Widerruf nur eines Kontoinhabers erlischt.

Entsprechend § 1922 BGB dürfen nach dem Tod eines Kontoinhabers die überlebenden Kontoinhaber nur mit dessen Erben über das Konto verfügen und dieses auflösen.

Gem § 749 Abs 1 BGB kann jeder Mitinhaber eines „Und-Kontos“ jederzeit die Aufhebung der Gemeinschaft verlangen. Gem § 749 Abs 2 BGB ist es jedoch möglich, dieses Recht durch Vertrag der Kontoinhaber untereinander auszuschließen oder zu erschweren. Ist die Aufhebung der Gemeinschaft dagegen nicht ausgeschlossen, erfolgt im Zweifel die Aufteilung des Guthabens gem § 752 BGB zu gleichen Teilen. Wird ein anderer Verteilungsschlüssel behauptet, trägt derjenige, der sich darauf beruft, die Beweislast (BGH NJW-RR 1991, 946).

3. Sonstiges. Hinsichtlich der SCHUFA-Klausel gelten die Ausführungen zu → Form. IV.A.1, hinsichtlich der Identifizierung die Ausführungen zu → Form. IV.A.1. Anm. 8 und 9. Viele Institute bieten heute das Und-Konto nicht mehr an, da das gemeinschaftliche Verfügen häufig gerade im elektronischen Zahlungsverkehr allenfalls mi einem erheblichen Aufwand sichergestellt werden könnte und insbesondere auch dann Probleme aufwerfen wird, wenn Drittdienste gem. § 1 Abs. 33 und Abs. 34 ZAG eingeschaltet werden sollen. Deren Einbindung setzt – wie sich aus § 675f Abs. 3 BGB ergibt, voraus, dass ein Konto online zugänglich ist und vom Zahlungsdienstnutzer eingeschaltet wurde. Beim „Und-Konto“ müsste dann sichergestellt werden, dass die Kontoinhaber nur gemeinsam Drittdienste beauftragen.

5. Konto-/Depotvollmacht

	Interne Angaben der Bank/Ablagehinweise

Konto-/Depotvollmacht
für ein einzelnes Konto/Depot

Kontoinhaber

Name, Vorname (auch Geburtsname)	A	B	C
Wohnanschrift (in D inkl. Bundesland)			
Firma (Name oder Bezeichnung)			
Anschrift des Sitzes oder der Hauptniederlassung (in D inkl. Bundesland)			

Ich/Wir bevollmächtige(n) hiermit den nachstehend genannten Bevollmächtigten

Vor- und Nachname (auch Geburtsname)		Geburtsdatum	
		Geburtsort	
		Deutsche Steuer-ID[1]	
Wohnanschrift		Staatsangehörigkeit	
		Telefon-Nr.	

mich/uns im Geschäftsverkehr mit der Bank zu vertreten. Die Vollmacht gilt für mein/unser **nachstehend aufgeführtes Konto/Depot:**

Konto-/Depotnummer	

Ausfertigung für die Bank

1

Im Einzelnen gelten folgende Regelungen:

1. Umfang der Vollmacht

Die Vollmacht berechtigt gegenüber der Bank zur Vornahme aller Geschäfte, die mit der Konto- und Depotführung in unmittelbarem Zusammenhang stehen.

Der Bevollmächtigte kann insbesondere
- über jeweilige Guthaben (zum Beispiel durch Überweisungen, Barabhebungen, Schecks) verfügen und in diesem Zusammenhang auch Festgeldkonten und Sparkonten einrichten
- eingeräumte Kredite in Anspruch nehmen
- von der Möglichkeit vorübergehender Kontoüberziehungen im banküblichen Rahmen Gebrauch machen
- Wertpapiere und Devisen an- und verkaufen sowie die Auslieferung an sich verlangen
- Abrechnungen, Kontoauszüge, Wertpapier-, Depot- und Erträgnisaufstellungen sowie sonstige Abrechnungen und Mitteilungen entgegennehmen und anerkennen.

Diese Vollmacht berechtigt nicht
- zur Eröffnung weiterer Konten/Depots (mit Ausnahme der oben erwähnten Spar-/Festgeldkonten)
- zum Abschluss und zur Änderung von Kreditverträgen
- zum Abschluss von Finanztermingeschäften
- zum Abschluss von Schrankfach- und Verwahrverträgen
- zur Beantragung von Bankkunden- und Kreditkarten
- zur Bestellung und Rücknahme von Sicherheiten
- zur Entgegennahme von Konto- und Kreditkündigungen.

2. Elektronische Zugangsmedien

Die Nutzung elektronischer Zugangsmedien (z.B. Telefonbanking, Online-Banking) durch den Bevollmächtigten setzt voraus, dass zwischen der Bank und dem Konto-/Depotinhaber hierüber eine gesonderte Vereinbarung geschlossen worden ist.

3. Auflösung von Konten/Depots

Zur Auflösung der Konten/Depots ist der Bevollmächtigte erst nach dem Tode des Konto-/Depotinhaber berechtigt. Bei mehreren Konto-/Depotinhabern besteht diese Berechtigung erst nach dem Tode aller Konto-/Depotinhaber.

4. Untervollmachten

Zur Erteilung von Untervollmachten ist der Bevollmächtigte nicht berechtigt.

5. Geltungsdauer der Vollmacht

Die Vollmacht kann vom Konto-/Depotinhaber jederzeit gegenüber der Bank oder dem Bevollmächtigten widerrufen werden. Widerruft der Konto-/Depotinhaber die Vollmacht gegenüber dem Bevollmächtigten, so hat er die Bank hierüber unverzüglich und aus Beweisgründen möglichst schriftlich zu unterrichten. Bei mehreren Konto-/Depotinhabern führt der Widerruf der Vollmacht eines Konto-/Depotinhabers zum Erlöschen der Vollmacht.

Die Vollmacht erlischt nicht mit dem Tode des/der Konto-/Depotinhaber(s); sie bleibt für die Erben des jeweils verstorbenen Konto-/Depotinhabers in Kraft.

Widerruft einer von mehreren Miterben die Vollmacht, so kann der Bevollmächtigte nur noch diejenigen Miterben vertreten, die seine Vollmacht nicht widerrufen haben. In diesem Fall kann der Bevollmächtigte von der Vollmacht nur noch gemeinsam mit dem Widerrufenden Gebrauch machen. Die Bank kann verlangen, dass sich der Widerrufende als Erbe ausweist.

Ort, Datum, Unterschrift(en) der/des Konto-/Depotinhaber(s)	

Ausfertigung für die Bank

Hinweis für den/die zur Verfügung Bevollmächtigten:
Die Bank ist nach § 154 Abgabenordnung sowie den Vorgaben der Finanzverwaltung verpflichtet, zum Zweck der Verifizierung von jedem über das Konto Verfügungsberechtigten dessen Vor- und Nachname, Geburtsdatum, Geburtsort, Staatsangehörigkeit, Wohnanschrift und – soweit vorhanden – Steueridentifikationsnummer festzustellen und zu Nachweiszwecken zu speichern.

Der Bevollmächtigte zeichnet:

Ort, Datum, Unterschrift des Bevollmächtigten = Unterschriftsprobe	

Vermerke der Bank

Erteilung der Vollmacht	☐ Die Unterschrift des Vollmachtgebers wurde in meiner Gegenwart vollzogen. ☐ Der Vollmachtgeber hat die zuvor geleistete Unterschrift mir gegenüber anerkannt. ☐ Dem Vollmachtgeber wurde der Empfang der Vollmacht durch Einschreibebrief mit Rückschein (eigenhändig) ☐ mit PostIdent-Verfahren bestätigt. Die Unterschrift wurde geprüft.	☐ Rückschein eingegangen am:	
Datum, Unterschrift des Sachbearbeiters		Datum, Unterschrift des Sachbearbeiters	

40.237 (12/17c)

2

Legitimation des Bevollmächtigten
Form der Verifizierung[2]

Art der Verifizierung	**Aufgrund der Art der Verifizierung zudem erfasst**
☐ **dokumentenbasiert:**	
☐ durch eigene Mitarbeiter ☐ Ausführung durch geeignete Dritte im Inland[3] ☐ Ausführung durch geeignete Dritte im Ausland[4] ☐ Fernidentifizierung über dokumentenbasiertes Identifizierungsmittel aus e-IDAS-VO-Notifiziertem Identifizierungssystem	☐ Ausweiskopie/-scan[5] Art des Dokuments ___ Dokumentennummer ___ ausstellende Behörde ___
☐ Video-Ident nach BaFin RS 3/2017	☐ Ausweiskopie/-scan[5] Art des Dokuments ___ Dokumentennummer ___ ausstellende Behörde ___ Speicherung des Identifikationsprozessvideos (Video- und Audio)[6] ___
☐ **rein digital:**	
☐ Fernidentifizierung nach QES nach e-IDAS-VO	☐ Validierungsdaten der QES, zudem Referenzüberweisung erhalten vom Konto innerhalb des EWR bzw. Drittstaat mit vergleichbarem AML/CFT Standard[7] Nr.: ___ am ___
☐ Fernidentifizierung nach eID[8]	☐ dienste- und kartenspezifische Kennzeichen
☐ Fernidentifizierung über nicht dokumentenbasiertes Identifizierungsmittel aus e-IDAS-VO-Notifiziertem Identifizierungssystem)	☐ Aufzeichnung entsprechend dem notifizierten Identifizierungssystem nach der e-IDAS-VO dessen Identifizierungsmittel verwendet wurde, nämlich: ___
☐ **anderweitig:** ___	☐ **anderweitig:** ___

Klärung PEP-Status[9]	Raum für etwaige Aktualisierung der erhobenen Daten
Vertragspartner: ☐ ist erfolgt ☐ erfolgt vor erster Verfügung Wirtschaftl. Berechtigter: ☐ ist erfolgt ☐ erfolgt vor erster Verfügung	
Ort, Datum Unterschrift des Bankmitarbeiters	Ort, Datum Unterschrift des Bankmitarbeiters

☐ Neueröffnung ☐ Änderung	Kündigungsfrist bei Spareinlagen:	Zusätzliche Bearbeitungshinweise Ort, Datum Unterschrift des Bankmitarbeiters

Ausfertigung für die Bank

[1] Steuerliche Identifikationsnummer (ab 1.1.2018 verpflichtend anzugeben, sofern vom BZSt zugeteilt). [2] Der in den Formularen genutzte Begriff der „Verifizierung" umfasst die Identifizierung nach dem GwG und die Legitimation nach der AO. [3] Z.B. PostIdent-Verfahren. [4] Z.B. durch deutsche Außenhandelskammern. [5] Die Ausweiskopie muss den Identifizierungsrelevanten Teil des Ausweisdokumentes umfassen. [6] Der Videoidentifizierungsprozess muss bis fünf Jahre nach Beendigung der Geschäftsbeziehung aufgehoben werden. [7] Ob ein vergleichbarer AML/CFT Standard in bestimmten Drittstaaten vorliegt, ist der hausinternen Risikoanalyse zu entnehmen. [8] eID des deutschen Personalausweises oder des deutschen elektronischen Aufenthaltstitels. [9] PEP = Politisch exponierte Person; Klärung des PEP-Status ist erforderlich bei jeder natürlichen Person – sowohl beim Vertragspartner als auch bei wirtschaftlich Berechtigten.

40.237 (12/17c) 3

Anmerkungen

1. Rechtsnatur und Reichweite der Konto-/Depotvollmacht. Die rechtsgeschäftliche Vollmacht gem §§ 164 ff BGB erfasst nicht automatisch die gesamte Geschäftsverbindung des Kunden zu seinem Zahlungsdienstleister, sondern richtet sich nach dem Vereinbarten. Die Reichweite der einzelnen Vollmacht ist hinsichtlich der einbezogenen Konten/Depots unterschiedlich (MVHdB III Wirtschaftsrecht II/*Westphalen* 8 Anm. 7) und hängt vom Willen des Kontoinhabers als Vollmachtsgeber sowie der Struktur des Kundennummern-Systems der einzelnen Zahlungsinstitute ab. Die gebräuchlichsten Beschränkungen sind entweder auf „sämtliche bestehenden und künftigen Konten und Depots unter oben stehender Kundenstammnummer" oder „sämtliche bestehenden und künftigen Konten/ Depots bei der oben genannten Geschäftsstelle" oder „oben aufgeführtes Konto/Depot."

a) Die erste Variante setzt das Vorhandensein eines „Kundenstammnummern-Systems" voraus. Dieses System ist durch eine für die gesamte Geschäftsverbindung einer Bankgeschäftsstelle zu einem Kunden geltenden „Stammnummer" gekennzeichnet, an die für spezielle Geschäfte, zB Spargeschäfte, Kreditgeschäfte, Festgelder, etc „Unterkonto-Nummern" angehängt werden (zB Stammnummer 1234; Sparkonto 1234–10; Festgeld 1234–20; Kredit 1234–30). Die Bevollmächtigung erfasst in diesem Fall alle unter einer bestimmten Kundenstammnummer geführten und zukünftig zu führenden Konten, nicht aber Konten, die unter einer anderen Kundenstammnummer – unabhängig von der Bankgeschäftsstelle – geführt werden. Diese Konsequenzen werden im Antragsformular durch Fettdruck deutlich hervorgehoben. Die Einbeziehung von künftigen Konten und Depots unter der festgelegten Kundenstammnummer beruht auf praktischen Erwägungen; häufig ergibt sich die Notwendigkeit zur Eröffnung weiterer Konten aus zusätzlichen Vermögensanlagen des Kunden, zB in Form. von Termingeldern oder Spargeldern. Die Eröffnung derartiger Konten ist für den Kontoinhaber unproblematisch. Auch Kreditkonten werden als Unterkonten geführt, doch berechtigt die Vollmacht, wie sich aus ihrem Wortlaut ergibt, nicht zur Aufnahme oder zur Änderung von Kreditverträgen.

b) Die zweite Variante beschränkt die Reichweite der Konto- und Depotvollmacht auf Konten/Depots, die der Vollmachtgeber bei einer bestimmten Geschäftsstelle unterhält. Diese Variante wird in der Regel von Zahlungsinstituten verwendet, die das beschriebene Stammnummern-System nicht haben und für jede Geldanlage eine neue Kontonummer oder IBAN – soweit es um Zahlungsverkehrskonten geht – vergeben. Deshalb wird in diesen Fällen auch in der Regel bei Festlegung des Vollmachtsumfanges klargestellt, dass der Bevollmächtigte im Zusammenhang mit der Verfügung über Guthaben und Festgelder auch entsprechende Konten eröffnen darf. Diese Vollmachtsvariante geht über die Stammnummern-Variante insofern hinaus, als sämtliche Konten/Depots bei einer bestimmten Geschäftsstelle vom Vollmachtsformular erfasst werden.

c) Die Reichweite der dritten Variante beschränkt die Vollmacht auf ein einzelnes Konto oder Depot, das im Formular konkret zu benennen ist. Allerdings wird auch in dieser Variante dem Bevollmächtigten bei Festlegung des Vollmachtsumfanges das Recht zur Eröffnung von Festgeld- und Sparkonten eingeräumt, nicht jedoch zur Eröffnung weiterer Konten oder Depots.

2. Umfang der Vollmacht. Die für die Konto-/Depotvollmacht üblicherweise verwendeten Formulare enthalten – wie das vorstehende –eine beispielhafte Aufzählung der Geschäfte, die der Bevollmächtigte tätigen darf (Positivkatalog) sowie eine abschließende Aufzählung derjenigen, zu deren Vornahme die Vollmacht nicht berechtigt (Negativkatalog).

Die Konto-/Depotvollmacht berechtigt nur zur Vornahme solcher Geschäfte, die mit der Konto- und Depotführung in unmittelbarem Zusammenhang stehen (BGH WM 1991, 313). Sie umfasst damit grundsätzlich nicht das Recht, die Gläubigerstellung zu verändern.

Folglich umfasst sie nicht die Vornahme von Geschäften, die weder im (abschließenden) Negativkatalog, noch im (beispielhaften) Positivkatalog aufgeführt sind. Stets muss geprüft werden, ob der unmittelbare Zusammenhang zur Konto- oder Depotführung gegeben ist, wobei den aufgeführten Beispielen eine Leitbildfunktion zukommt.

a) Der **Positivkatalog** besteht aus einer beispielhaften Aufzählung von Geschäften, die typischerweise im Zusammenhang mit der Konto- und/oder Depotführung stehen.

Die Vollmacht zur Konto- und Depotführung umfasst normalerweise die Befugnis zur Verfügung über das Guthaben oder auch Inanspruchnahme von vereinbarten Kreditlinien. Die denkbaren Formen werden durch den erläuterten Klammerzusatz transparent gemacht.

Das Recht zur Inanspruchnahme von Krediten wird beschränkt auf solche, die zwischen Kontoinhaber und kontoführendem Institut im Rahmen der Konto- und Depotführung vereinbart werden, während es sonstige Kredite nicht umfasst (BGH MDR 1953, 345 f).

Das Gleiche gilt für vorübergehende Kontoüberziehungen, die nur im banküblichen Rahmen von einem Bevollmächtigten veranlasst werden dürfen (BGH WM 1991, 313; WM 1991, 1414 f).

Die Konto- und Depotvollmacht umfasst auch die Befugnis zum An- und Verkauf von Wertpapieren und Devisen, wozu die Auslieferung an den Bevollmächtigten gehört. Die Vollmacht ginge ins Leere, dürfte der Bevollmächtigte entsprechende Geschäfte nicht tätigen.

Mit der Konto- und Depotführung in Zusammenhang steht schließlich auch die Entgegennahme von Mitteilungen der konto-/depotführenden Stelle, die im Zusammenhang mit der Konto- und Depotführung stehen, wie zB Kontoauszüge und Erträgnisaufstellungen, aber auch Abrechnungen, wie zB Rechnungsabschlüsse oder Depotabrechnungen. Die Entgegennahme, Überprüfung und Anerkennung von Mitteilungen oder" Abrechnungen stellen Rechtsfolgen der rechtsgeschäftlichen Vertretungsmacht dar und sind im Vollmachtsformular nur aus Gründen der Transparenz erwähnt, um dem Kontoinhaber die Konsequenzen der Vollmachtserteilung möglichst deutlich vor Augen zu führen (MVHdB III Wirtschaftsrecht II/*Westphalen* VIII.8 Anm. 5).

b) Der **Negativkatalog** umfasst eine abschließende Aufzählung von Geschäftsvorfällen, die von der Vollmacht nicht gedeckt werden, weil sie nicht typischerweise im Zusammenhang mit der Konto- und Depotführung stehen.

Zunächst ist der Bevollmächtigte nicht berechtigt, weitere Konten/Depots unter einer anderen Kundenstammnummer zu eröffnen, um dadurch die Beschränkung seiner Vollmacht zu umgehen.

Weiterhin folgt im Umkehrschluss aus der Beschränkung des Rechts zur Inanspruchnahme von Krediten im Zusammenhang mit der Konto- und Depotführung sowie der Kontoüberziehung, dass der Bevollmächtigte nicht zum Abschluss weiterer und zur Änderung bestehender Kreditverträge berechtigt ist.

Da Termingeschäfte keine Wertpapiergeschäfte sind, stehen sie nicht in unmittelbarem Zusammenhang mit der Konto-/Depotführung. Auch Edelmetallgeschäfte sind keine Geschäfte, die mit der üblichen Konto- und/oder Depotführung in unmittelbarem Zusammenhang stehen. Das Gleiche gilt für Verfügungen über bei der kontoführende Stelle eingelagerte Verwahrstücke oder hinsichtlich eines Schließfaches. Zur Durchführung derartiger Geschäfte bedarf es folglich einer gesonderten Vollmacht.

Kunden-, Debit- und Kreditkartengeschäfte sind dagegen eng mit dem Konto verbunden. Da diese Medien uU auch die Möglichkeit eröffnen, Kredit zu Lasten des Kontoinhabers in Anspruch zu nehmen, ist es jedoch konsequent, den Abschluss derartiger Vereinbarungen von einer gesonderten Vollmacht abhängig zu machen. Ausdrücklich darauf hingewiesen wird, dass die Nutzung elektronischer Zugangsmedien durch den Bevollmächtigten eine gesondere Vereinbarung zwischen dem Konto- bzw. Depotinhaber und dem Kreditinstitut voraussetzt. Damit deckt die Kontovollmacht diese Zugangswege nicht automatisch ab, was sie täte, gäbe es diese Regelung nicht.

Nicht in unmittelbarem Zusammenhang mit der Konto- und Depotführung stehen die Bestellung und Rücknahme von Sicherheiten. Sicherheiten, die der Kontoinhaber selbst gestellt hat, sind an diesen und nicht an den Bevollmächtigten herauszugeben. Der Bevollmächtigte darf allerdings, wie sich aus dem Positivkatalog ergibt, Mitteilungen von der kontoführenden Stelle entgegennehmen, also auch Mitteilungen über die Freigabe von Sicherheiten in Empfang nehmen.

Konto- und Kreditkündigungen stehen zwar in unmittelbarem Zusammenhang mit der Konto- und/oder Depotführung, sie sind jedoch als so schwerwiegende Maßnahmen anzusehen, dass es sich empfiehlt, derartige Nachrichten – trotz des Rechts des Bevollmächtigten, Mitteilungen entgegennehmen zu dürfen – dem Kontoinhaber direkt zukommen zu lassen.

3. Auflösung der Konten/Depots. Die Berechtigung des Bevollmächtigten, einzelne Konten oder Depots aufzulösen, ist spiegelbildlich Ausfluss seines Rechts, Unterkonten unter der Kundenstammnummer (zB in Form. von Spar- und Termingeldkonten) eröffnen zu dürfen. Der Bevollmächtigte ist allerdings auf Grund der weitreichenden Folgen nicht berechtigt, die Kontoverbindung insgesamt aufzulösen. Dieses Recht bleibt allein dem Kontoinhaber vorbehalten. Dagegen ist der Bevollmächtigte nach dem Tod des Kontoinhabers auch berechtigt, das Kontoverhältnis mit der Bank aufzulösen.

4. Untervollmachten. Das Recht, Vollmachten zu erteilen, ist originäres Recht des Kontoinhabers, da nur dieser darüber bestimmen darf, welche Personen über sein Konto/Depot verfügen dürfen. Konsequenterweise wird deshalb das Recht zur Erteilung von Untervollmachten ausgeschlossen (BuB/*Roth/Stöhr* 2/784).

5. Dauer der Vollmacht. Die Regelung über die Geltungsdauer der Vollmacht in Nr 5 des Formulars enthält einen deklaratorischen Hinweis auf die Rechtslage gem § 171 Abs 2 BGB, wonach die Vertretungsmacht bis zu ihrem Widerruf bestehen bleibt. Allerdings wird diese Verpflichtung insofern modifiziert, als der Widerruf zu Beweiszwecken möglichst in schriftlicher Form. erfolgen sollte. Aus § 173 BGB folgt, dass die Bank den Widerruf selbst dann, wenn er ihr nicht gesondert mitgeteilt worden ist, beachten muss, sofern sie davon Kenntnis erlangt (MVHdB III Wirtschaftsrecht II/*Westphalen* VIII.8 Anm. 8).

Das Formular stellt weiterhin ausdrücklich klar, dass die Vollmacht nicht mit dem Tod des Kontoinhabers (s → Form. IV.A.3 Anm. 8) endet, sondern darüber hinaus bestehen und für die Erben des jeweiligen Kontoinhabers in Kraft bleibt (dazu BuB/*Roth/Stöhr* 2/762 b; MVHdB III Wirtschaftsrecht II/*Westphalen* VIII.8 Anm. 10; Staudinger/*Dilcher*, § 168 BGB, Rn 31). Die Erben sind allerdings befugt, die Vollmacht zu widerrufen, wobei der Widerruf nur für die Person des Widerrufenden gilt. Gibt es mehrere Erben und widerrufen die anderen nicht, so hat ein solcher Widerruf zur Folge, dass der Bevollmächtigte dann nur noch gemeinsam mit den widerrufenden Erben verfügen darf (BGH NJW 1962, 1718; MVHdB III Wirtschaftsrecht II/*Westphalen* III.8 Anm. 11). Das Recht der kontoführenden Stelle, vom Widerrufenden zu verlangen, dass er sich als Erbe ausweist, ergibt sich aus der Regelung in Nr 5 AGB-Banken.

6. Legitimation des Kontobevollmächtigten. Aufgrund des Anwendungserlasses zu § 154 AO sind die Kreditinstitute seit 1.1.1992 verpflichtet, neben der Legitimation des Kontoinhabers, auch die Legitimation des Kontobevollmächtigten zu überprüfen. Hierauf sowie auf die Speicherung dieser Daten wird im Feld für die Unterschriftsprobe des Bevollmächtigten hingewiesen.

6. Vollmacht für den Todesfall

	Interne Angaben der Bank/Ablagehinweise

Vollmacht für den Todesfall

Vollmachtgeber

Name(n), Anschrift(en)	

Ich/Wir bevollmächtige(n) hiermit den/die nachstehend genannte(n) Bevollmächtigte(n) – nachstehend „der Bevollmächtigte" genannt –

Name, Vorname (auch Geburtsname)		Geburtsdatum	
		Geburtsort	
Anschrift		Staatsangehörigk.	
		Telefon-Nr.	

nach meinem/unserem der Bank durch Vorlegung einer amtlichen Urkunde nachgewiesenen **Tode** über meine/unsere **sämtlichen bestehenden und künftigen Konten/Depots bei der oben genannten Geschäftsstelle** zu verfügen.

Im Einzelnen gelten folgende Regelungen:

1. Umfang der Vollmacht

Die Vollmacht berechtigt gegenüber der Bank zur Verfügung über alle vorhandenen Konto- und Depotguthaben. Der Bevollmächtigte kann ferner Abrechnungen, Kontoauszüge, Wertpapier-, Depot- und Erträgnisaufstellungen sowie sonstige Abrechnungen und Mitteilungen entgegennehmen und anerkennen. Er ist ferner zur Entgegennahme von Kreditsicherheiten und von Konto- und Kreditkündigungen befugt.

2. Auflösung von Konten/Depots

Der Bevollmächtigte ist zur Auflösung der Konten/Depots berechtigt.

3. Untervollmachten

Zur Erteilung von Untervollmachten ist der Bevollmächtigte nicht berechtigt.

4. In-Kraft-Treten der Vollmacht bei Gemeinschaftskonten

Bei Gemeinschaftskonten mit Einzelverfügungsberechtigung (Oder-Konto) tritt die Vollmacht erst nach dem Tode sämtlicher Kontoinhaber in Kraft. Bei Gemeinschaftskonten mit gemeinschaftlicher Verfügungsberechtigung (Und-Konten) tritt die Vollmacht für den verstorbenen Kontoinhaber bereits mit dessen Ableben in Kraft. Der Bevollmächtigte ist dann berechtigt, die Erben des verstorbenen Kontoinhabers mit Wirkung für dessen Nachlass zusammen mit dem/den überlebenden Kontoinhaber(n) gegenüber der Bank zu vertreten.

5. Geltungsdauer der Vollmacht

Die Vollmacht kann von mir/uns und nach meinem/unserem Tode von meinen/unseren Erben jederzeit gegenüber der Bank oder dem Bevollmächtigten widerrufen werden. Bei einem Widerruf der Vollmacht gegenüber dem Bevollmächtigten ist die Bank hierüber unverzüglich und aus Beweisgründen möglichst schriftlich zu unterrichten.

Bei mehreren Kontoinhabern führt der Widerruf der Vollmacht eines Kontoinhabers zum Erlöschen der Vollmacht.

Widerruft einer von mehreren Miterben die Vollmacht, so kann der Bevollmächtigte nur noch diejenigen Miterben vertreten, die seine Vollmacht nicht widerrufen haben. In diesem Fall kann der Bevollmächtigte von der Vollmacht nur noch gemeinsam mit dem Widerrufenden Gebrauch machen. Die Bank kann verlangen, dass sich der Widerrufende als Erbe ausweist.

Ausfertigung für die Bank

Ort, Datum, Unterschrift des Vollmachtgebers	

Der Bevollmächtigte zeichnet:[1]

Ort, Datum, Unterschrift des Bevollmächtigten	

[1] Auf Wunsch des Vollmachtgebers kann von der Einholung der Unterschrift des Bevollmächtigten Abstand genommen werden; wenn dies geschieht, muss wegen der späteren Identitätsprüfung der Geburtstag des Bevollmächtigten aus der Vollmacht ersichtlich sein.

1

Vermerke der Bank

Erteilung der Vollmacht	☐ Die Unterschrift des Vollmachtgebers wurde in meiner Gegenwart vollzogen. ☐ Der Vollmachtgeber hat die zuvor geleistete Unterschrift mir gegenüber anerkannt. ☐ Dem Vollmachtgeber wurde der Empfang der Vollmacht durch Einschreibebrief mit Rückschein (eigenhändig) ☐ mit PostIdent-Verfahren bestätigt.	☐ Rückschein eingegangen am:	
Datum, Unterschrift des Sachbearbeiters		Unterschrift des Sachbearbeiters	

Legitimation des Bevollmächtigten (Bitte beachten Sie auch die vorgenannte Fußnote)

Ausweis (Art des Dokuments, Nr., ausgestellt von, am)		anderweitige Form der Legitimation	☐ durch PostIdent
Zusätzliche Bearbeitungshinweise			
Datum, Unterschrift des Sachbearbeiters			

40.222 (01/06) I

2

Anmerkungen

1. Anwendungsbereich. Die Vollmacht auf den Todesfall erleichtert nach dem Tod eines Kunden allen Beteiligten die Abwicklung des weiteren Geschäftsverkehrs. Sie erfasst sämtliche bestehenden und zukünftigen Konten und Depots bei einer Geschäftstelle des kontoführenden Instituts. Da es sich bei ihr um eine Abwicklungsvollmacht handelt, fehlen die bei anderen Vollmachten üblichen Differenzierungen hinsichtlich des Umfanges.

2. Umfang der Vollmacht. Da es sich bei der Vollmacht auf den Todesfall um eine reine Abwicklungsvollmacht handelt, darf der Kontoinhaber nur über Guthaben verfügen, aber keine evtl. bestehenden Kreditlinien ausnutzen. Andererseits ist der Bevollmächtige hier – im Gegensatz zur normalen Vollmacht – befugt, Konten und Depots auch aufzulösen, da andernfalls der Abwicklungszweck nicht erreicht werden könnte. Die Erteilung von Untervollmachten ist nicht zulässig, um zu verhindern, dass Dritte Verfügungsbefugnis über das Konto erhalten, den der Kontoinhaber nicht kennt und dem er folglich auch keine Verfügungsbefugnis über sein Vermögen hat einräumen wollen. Da bei „Oder“-Konten auch beim Tod eines Kontoinhabers eine Verfügung durch die anderen Kontoinhaber noch möglich ist, tritt hier die Vollmacht erst mit Ableben des letzten Kontoinhabers in Kraft. Anders dagegen ist es beim „Und-“Konto. Hier wird die Vollmacht mit dem Tod eines Kontoinhabers wirksam, da andernfalls keine Verfügungen mehr möglich wären.

3. Geltungsdauer. Die Vollmacht ist bis zu ihrem Widerruf durch den Konto-/Depotinhaber oder seine Erben wirksam. wirksam.

4. Legitimation. Zwar ist gem Nr 7 e) des Anwendungserlasses zu § 154 AO weder bei Erteilung der Vollmacht noch bei Eintritt des Todesfalles eine Legitimationsprüfung des Vollmachtsinhabers erforderlich, gleichwohl enthalten derartige Vollmachtformulare eine Rubrik über die Legimitation, um den Anforderungen an die Legitimation nach dem GwG bei einer evtl Überschreitung des Schwellenbetrages bei einer vom Bevollmächtigten veranlassten Transaktion gerecht zu werden.

5. Sonstiges. Bei der „Vollmacht auf den Todesfall“ handelt es sich um eine „Vorsorgevollmacht“, die – mit entsprechenden Abweichungen in der Gestaltung – in allen Konstellationen denkbar ist, in denen eine Vollmacht nur zu dem Zweck erteilt werden soll, dass der Kontoinhaber an der Ausübung seiner Befugnisse vorübergehend oder auch dauerhaft gehindert ist.

7. Kontoeröffnung für Firmen und Vereine

Interne Angaben der Bank

	Kontoform[1] (z.B. Sparkonto)	Das Konto/Depot wird wie folgt genutzt:[2]	Konto-/Depot-Nr.	Konto-/Depot-Währung
1		☐ privat ☐ betrieblich		
2		☐ privat ☐ betrieblich		
3		☐ privat ☐ betrieblich		
4		☐ privat ☐ betrieblich		
5		☐ privat ☐ betrieblich		
	Gegebenenfalls Zusatzbezeichnung			

Eröffnung von Konten und Depots für

- Personenhandels- und Kapitalgesellschaften
- Vereine
- Partnerschaftsgesellschaften
- juristische Personen des öffentlichen Rechts einschließlich kirchlicher juristischer Personen

Hiermit beantrage(n) ich/wir die Eröffnung von Konten/Depots. Für diese sowie für alle künftig zu eröffnenden Konten/Depots gelten nachfolgende Vereinbarungen:

Konto-/Depotinhaber			
Rechtsform		Branche	
Anschrift des Sitzes oder der Hauptniederlassung (in D inkl. Bundesland)[2]			
Wirtschafts-ID bzw. Steuernummer[6]			
Telefon-Nr./Fax-Nr.[3]		E-Mail-Adresse[3]	
Übermittlungsform der Kontoauszüge	☐ Kontoauszugsdrucker ☐ Sonstiges:		
Nutzung elektronischer Zugangsmedien[4]	☐ Debitkarte ☐ Online-Banking ☐ Telefonbanking ☐ Sonstiges Zugangsmedium:		

Art und Zweck der Geschäftsbeziehung	
☐ Zahlungsverkehr (z.B. Girokonto) ☐ Vermögens-/Geldanlage ☐ Kreditgeschäft	☐ Sonstiges:

Ausfertigung für die Bank

1. Kontokorrentabrede, Rechnungsperiode

Die Konten werden in laufender Rechnung geführt (Kontokorrentkonto), sofern nicht eine abweichende Regelung besteht. Bei einem Kontokorrentkonto erteilt die Bank jeweils zum Ende eines Kalenderquartals einen Rechnungsabschluss, sofern nachstehend keine abweichende Rechnungsperiode angegeben ist.

Abweichende Rechnungsperiode	

Die Rechtswirkungen eines Rechnungsabschlusses sowie die Pflicht, dessen Inhalt zu prüfen und gegebenenfalls Einwendungen zu erheben, sind in Nr. 7 der Allgemeinen Geschäftsbedingungen geregelt.

2. Vertretungsberechtigung[5]

Die Personen, die gegenüber der Bank als Vertretungsberechtigte auftreten, werden im Unterschriftsprobenblatt gesondert bekannt gegeben. Die Vertretungsberechtigung gilt auch für alle künftigen Konten/Depots, sofern nichts Abweichendes mitgeteilt wird. Der Konto-/Depotinhaber hat das Erlöschen oder die Änderung einer der Bank bekannt gegebenen Vertretungsberechtigung unverzüglich und aus Beweisgründen möglichst schriftlich der Bank mitzuteilen. Diese Mitteilungspflicht besteht auch dann, wenn die Vertretungsberechtigung in ein öffentliches Register (zum Beispiel in das Handelsregister) eingetragen ist und ihr Erlöschen oder ihre Änderung in dieses Register eingetragen wird.

3. Mitwirkungspflicht des Konto-/Depotinhabers nach dem Geldwäschegesetz

Der Konto-/Depotinhaber ist verpflichtet, die zur Abklärung von wirtschaftlich Berechtigten notwendigen Informationen und Unterlagen zur Verfügung zu stellen. Weitere Angaben nach Steuerrecht sind auf dem Vordruck **41.321** aufzuzeichnen und zu den Kontoeröffnungsunterlagen hinzuzunehmen. Etwaige sich im Laufe der Geschäftsbeziehung ergebende Änderungen der gegenüber der Bank gemachten Pflichtangaben hat er dieser unverzüglich anzuzeigen.

4. Einbeziehung der Geschäftsbedingungen

Maßgebend für die Geschäftsverbindung sind die Allgemeinen Geschäftsbedingungen der Bank. Daneben gelten für einzelne Geschäftsbeziehungen Sonderbedingungen, die Abweichungen oder Ergänzungen zu diesen Allgemeinen Geschäftsbedingungen enthalten; insbesondere handelt es sich hierbei um die Bedingungen für den Scheckverkehr, für den Überweisungsverkehr, für Zahlungen mittels Lastschrift, für die girocard, für den Sparverkehr sowie für das Wertpapier- und Termingeschäft. Der Wortlaut der einzelnen Regelungen kann in den Geschäftsräumen der Bank eingesehen werden. Der Konto-/Depotinhaber kann auch später noch die Übersendung der Allgemeinen Geschäftsbedingungen und Sonderbedingungen an sich verlangen.

[1]Angabe, falls sich aus der Konto-/Depotnummer die Kontoform nicht erkennen lässt. [2]Die Angaben sind erforderlich in Hinblick auf den korrekten Einbehalt der Abgeltungsteuer. [3]Die Angabe ist freiwillig. [4]Die Nutzung der elektronischen Zugangsmedien setzt voraus, dass hierüber zwischen der Bank und dem Konto-/Depotinhaber eine gesonderte Vereinbarung getroffen worden ist. [5]Ein Unterschriftprobenblatt muss zusätzlich unterschrieben werden. [6]Wirtschafts-Identifikationsnummer; wenn nicht vorhanden: Steuernummer (verpflichtend anzugeben ab 1.1.2018). 1

Ort, Datum, Unterschrift(en) (Firmenstempel und Unterschriften der Geschäftsinhaber, persönlich haftenden Gesellschafter, Partner, Vorstandsmitglieder oder Geschäftsführer)

Datenschutzrechtlicher Hinweis

Die Bank verarbeitet und nutzt die von Ihnen erhobenen personenbezogenen Daten im Einklang mit den Bestimmungen der Europäischen Datenschutz-Grundverordnung (DSGVO) und dem Bundesdatenschutzgesetz (BDSG) zur Erfüllung von vertraglichen Pflichten, im Rahmen der Interessenabwägung, aufgrund Ihrer Einwilligung, aufgrund gesetzlicher Vorgaben oder im öffentlichen Interesse. Weitere Einzelheiten können Sie unseren Informationen zum Datenschutz und den jeweils maßgeblichen Vertragsunterlagen entnehmen.

Die Bank verarbeitet und nutzt die von Ihnen erhobenen personenbezogenen Daten auch für Zwecke der Werbung oder der Markt- oder Meinungsforschung. Sie können jederzeit der Verarbeitung und Nutzung Ihrer personenbezogenen Daten für Zwecke der Werbung sowie der Markt- und Meinungsforschung widersprechen.

Hinweis zur Verarbeitung personenbezogener Daten gemäß EU-Geldtransferverordnung

Die „Verordnung (EU) 2015/847 des Europäischen Parlaments und des Rates vom 20. Mai 2015 über die Übermittlung von Angaben bei Geldtransfers" (EU-Geldtransferverordnung) dient dem Zweck der Verhinderung, Aufdeckung und Ermittlung von Geldwäsche und Terrorismusfinanzierung bei Geldtransfers. Sie verpflichtet die Bank, bei der Ausführung von Geldtransfers Angaben zum Auftraggeber (Zahler) und Begünstigten (Zahlungsempfänger) zu prüfen und zu übermitteln. Diese Angaben bestehen aus Name und Kundenkennung von Zahler und Zahlungsempfänger und der Adresse des Zahlers.

Bei Geldtransfers innerhalb des Europäischen Wirtschaftsraums kann auf die Weiterleitung der Adresse des Zahlers zunächst verzichtet werden, jedoch kann gegebenenfalls diese Angabe vom Zahlungsdienstleister des Zahlungsempfängers angefordert werden. Bei der Angabe von Name und gegebenenfalls Adresse nutzt die Bank die in Ihren Systemen hinterlegten Daten, um den gesetzlichen Vorgaben zu entsprechen. Mit der Verordnung wird erreicht, dass aus den Zahlungsverkehrsdatensätzen selber immer eindeutig bestimmbar ist, wer Zahler und Zahlungsempfänger ist. Das heißt auch, dass die Bank Zahlungsdaten überprüfen, Nachfragen anderer Kreditinstitute zur Identität des Zahlers bzw. Zahlungsempfängers beantworten und auf Anfrage diese Daten den zuständigen Behörden zur Verfügung stellen muss.

	Ihre IBAN* lautet:	Der BIC** lautet:
1		
2		
3		
4		
5		

*International Bank Account Number (Internationale Bankkontonummer)

**Bank Identifier Code (Bank-Identifizierungscode)

☐ Sie erhalten die Angaben zur IBAN mit separater Post.

Ausfertigung für die Bank

Sonstige Bearbeitungshinweise zum Konto/Depot

☐ Neueröffnung ☐ Änderung	Kündigungsfrist bei Spareinlagen:	Zusätzliche Bearbeitungshinweise: Ort, Datum Unterschrift des Bankmitarbeiters

Abklärung des wirtschaftlich Berechtigten und Klärung seines PEP-Status;
Abklärung der Vertretungs-/Verfügungsberechtigten

Weitere Angaben nach GwG zur Abklärung des/der wirtschaftlich Berechtigten sind auf einem separaten Vordruck aufzuzeichnen und zu den Kontoeröffnungsunterlagen hinzuzunehmen: **41.220** (grundsätzlich auch bei Vereinen), **41.222** („Juristische Personen") oder **41.223** (Stiftung oder vergleichbare Rechtsformen).

Weitere Angaben nach GwG zur Abklärung des/der Vertretungs-/Verfügungsberechtigten sind auf einem separaten Unterschriftsprobenblatt aufzuzeichnen: **40.240** (BGB-Gesellschaften), **40.290** (Personenhandels- und Kapitalgesellschaften; Partnerschaftsgesellschaften), **40.291** (Vereine), **40.292** (juristische Personen des öffentlichen Rechts einschließlich kirchlicher juristischer Personen).

40.232 (05/18a)

2

Anmerkungen

1. Berechtigung zur Kontoeröffnung. Die Befugnis, Firmenkonten zu eröffnen, haben Geschäftsinhaber, bei juristischen Personen die Organe, aber auch Prokuristen. In der Praxis wird von den kontoführenden Instituten jedoch verlangt, dass die Geschäftsverbindung, dh die erstmalige Kontoeröffnung, durch den Geschäftsinhaber bzw bei juristischen Personen durch deren Organe erfolgt. Aus dem abgedruckten Formular ergibt sich, dass die Eröffnung weiterer Konten durch alle anderen Vertretungsberechtigten erfolgen kann.

2. Kontokorrentabrede. Hinsichtlich der Bestimmung über die Kontokorrentabrede sowie die Einbeziehung der Allgemeinen Geschäftsbedingungen wird auf die Erläuterungen zu → Form. IV.A.1 Anm. 4. verwiesen.

3. Legitimation. Aus dem Anwendungserlass zu § 154 AO folgt, dass sich bei Firmen, die von mehr als fünf Personen vertreten werden, sich mindestens fünf zu legitimieren haben. Im Übrigen richten sich die Angaben, die erforderlich sind, nach der jeweiligen Rechtsform, weshalb im Anschluss an das Kontoeröffnungsformular zwei verschiedene Muster abgedruckt sind, die alternativ verwendet werden können.

4. Unterschriftprobenblatt. Durch das nicht abgebildete Unterschriftsprobenblatt wird das zuvor erläuterte Kontoeröffnungsformular für im Handelsregister eingetragene Einzelkaufleute, Personenhandels- und Kapitalgesellschaften, eingetragene Vereine, juristische Personen des öffentlichen Rechts und Partnerschaftsgesellschaften ergänzt. Die Unterschriftsprobenblätter dienen nicht der Vollmachtserteilung, sondern geben eine entsprechende Vertretungsbefugnis lediglich konstitutiv wieder. Dies wird insbesondere anhand der Überschriften zu den Angaben über Handlungsbevollmächtigte deutlich, wonach nur solche Handlungsbevollmächtigte bzw (bei Partnergesellschaften) Bevollmächtigte benannt werden dürfen, denen die Befugnis erteilt wurde, Wechselverbindlichkeiten einzugehen und Kreditverträge abzuschließen.

Die Regelung über die Beschränkung einer gegenüber der Bank erteilten Einzelvollmacht bei ansonsten satzungsmäßiger Gesamtvertretung auf Geschäfte, die mit der Konto-/Depotführung in unmittelbarem Zusammenhang stehen, trägt den Anforderungen der höchstrichterlichen Rechtsprechung Rechnung, wonach bei Gesamtvertretung die Einzelvollmacht nur Geschäfte erfassen darf, die mit der Konto-/Depotführung in unmittelbarem Zusammenhang stehen (BGH WM 1986, 315).

5. Hinweis auf Allgemeine Geschäftsbedingungen. Wie im Formular über die „Eröffnung von Konten/Depots“ auch, wird auch in diesen Formularen darauf hingewiesen, dass für die einzelnen Geschäftsvorfälle die Allgemeinen Geschäftsbedingungen des Instituts sowie einschlägige Sonderbedingungen Anwendung finden (vg → Form. IV.A.1 Anm. 1 ff.).

8. Pfändungsschutzkonto

	Interne Ablagehinweise der Bank

An das Kreditinstitut	Name und Vornamen des Kunden
	Konto-Nummer

Umwandlung eines Kontos in ein Pfändungsschutzkonto

gemäß § 850 k ZPO[1]

Hiermit beantrage ich gemäß § 850 k Abs. 7 ZPO, dass mein o.g. Konto zukünftig als Pfändungsschutzkonto geführt wird.

Ich wurde von der Bank darauf hingewiesen, dass ich nur ein Pfändungsschutzkonto führen darf.

Ich versichere hiermit gegenüber der Bank, dass ich weder bei ihr noch bei einem anderen Kreditinstitut ein weiteres Pfändungsschutzkonto führe.

Ausfertigung für die Bank

Hinweis:
Ergänzende Informationen enthält das Kundenmerkblatt
P-Konto-Information, Allgemeine Informationen zum neuen Kontopfändungsschutz
das mir ausgehändigt worden ist.

Ort, Datum, Unterschrift des Kunden

[1] Zivilprozessordnung

1

Anmerkungen

1. Rechtliche Grundlage. Am 1. Juli 2010 ist das Gesetz zur Reform des Kontopfändungsschutzes (BGBl I 2009, 1707) in Kraft getreten. Im Wesentlichen sind dadurch Regelungen in der ZPO im 8. Buch (§§ 828 bis 863), der Abgabenordnung (§§ 309, 314 und 316), des Einkommenssteuergesetzes (§ 76 a) und des Ersten Buches des Sozialgesetzbuches (§ 55 Abs 1) geändert worden. Im Gegensatz jedoch zu den Vorschriften im Recht der Zahlungsdienste in §§ 675c bis 676c BGB, die auf die EU-Zahlungsdiensterichtlinie (Richtlinie 2007/64/EG des Europäischen Parlaments und des Rates vom 13.11.2007 über Zahlungsdienste im Binnenmarkt, ABl 2007, L 319/1) und die zweite EU-Zahlungsdiensterichtlinie (Richtlinie 2015/2366/EG des Europäischen Parlaments und des Rates vom 25.11.2015 über Zahlungsdienste im Binnenmarkt, ABl 2015, L337/35) zurückzuführen sind, hat das vorstehend bezeichnete Gesetz seine Ursprünge nicht im EU-Recht, sondern beruht auf den Grundüberlegungen, dass im modernen Wirtschaftsleben dem bargeldlosen Zahlungsverkehr eine besondere Bedeutung für die Teilnahme am Wirtschaftsleben zukommt, weshalb für den Bürger ein Girokonto unverzichtbar ist. Da häufig die Pfändung von aktuellem und künftigem Guthaben auf Girokonten dazu führen soll, dass Kreditinstitute dies zum Anlass nehmen, eine Kontoverbindung zu kündigen, und es keinen einheitlichen, sondern einen individuell zu gewährenden Kündigungsschutz gibt, der sehr aufwendig ausgestaltet sein kann, soll es Ziel der neuen gesetzlichen Regelungen sein, den Schuldner zu schützen und ihm gleichzeitig das Konto, mit seinen Möglichkeiten zur Teilnahme am bargeldlosen Zahlungsverkehr, zu erhalten. Das durch § 850k ZPO eingeführte Pfändungsschutzkonto dient dazu, dem Schuldner das Existenzminimum beim bargeldlosen Zahlungsverkehr zu sichern.

Diese Regelungen stehen mit der EU-Gesetzgebung zum Verbraucherschutz oder zum Zahlungsverkehr in keinerlei Zusammenhang und sind getrennt davon zu betrachten.

2. Der Anspruch auf das P-Konto. Grundsätzlich besteht kein Anspruch auf die Eröffnung eines P-Kontos, sondern nur darauf, ein bereits bestehendes Konto in ein P-Konto umzuwandeln. Aus § 850k Abs 7 S 2 ZPO folgt, dass ein Bankkunde, der bereits ein Girokonto hat, jederzeit die Umwandlung in ein P-Konto verlangen kann. Das Kreditinstitut hat dann drei Bankarbeitstage Zeit, das Konto entsprechend umzustellen. Aus dem Recht zur Umstellung folgt jedoch nicht, dass auch alle mit dem bisherigen Konto verbundenen Dienstleistungen noch weiter erbracht werden müssen und Leistungen zu gewähren sind. Hat also der Bankkunde mit seinem Institut ein bestimmtes Kontomodell vereinbart, das bestimmte Leistungen (zB eine Kreditkreditkarte und/oder eine girocard) mit umfasst, kann er dieser Leistungen verlustig gehen, da er darauf keinen gesetzlichen Anspruch hat.

Aufgrund eines gesetzlichen Anspruchs auf Umwandlung eines Kontos in ein P-Konto darf die Bank für die Umwandlung kein Entgelt in Rechnung stellen. Sie ist aber berechtigt, für die Kontoführung selbst ein Entgelt zu vereinbaren, allerdings ist nur ein „sachgerechtes" Entgelt zulässig, da andernfalls der Anspruch auf das P-Konto konterkariert würde. Das Verlagen auf Umwandlung eines Girokontos in ein P-Konto führt nicht dazu, dass für die Kontoführung kein Entgelt zu bezahlen ist, eine Bank kann das P-Konto für ein bestimmtes Entgelt anbieten. Macht der Kontoinhaber dann von seinem Umwandlungsanspruch Gebrauch, gilt für das Konto dann der angebotene Preis, den der Kontoinhaber durch Ausübung seines Anspruchs angenommen hat. Allerdings war die Frage der Entgeltlichkeit und insbesondere deren zulässige Höhe nicht ununmstritten; die Meinungen dazu reichten von der Unentgeltlichkeit bis hin zu einem moderat erhöhten Kontoführungsentgelt (vgl LG Leipzig Urt v 2.12.2010, 08 O 3529/10, BeckRS 2011, 2064; OLG Köln, Urt v 19.5.2011, 13 U 50/11, BeckRS 2013, 3861; OLG Naumburg,

Urt v 27.5.2011, 10 U 5/11, BeckRS 2013, 3859; LG Frankfurt aM, Urt v 29.9.2011, 2/10 O 149/11, BeckRS 2012, 10555). Der BGH hat jedoch durch seine Urteile vom 14.1.2012 (BGH XI ZR 500/11, XI ZR 145/12, NJW 2013, 995) Klarheit geschaffen; danach darf das Kontoführungsentgelt für ein Pfändungsschutzkonto nicht höher sein als für ein vergleichbares Girokonto. Dies hat zur Folge, dass grundsätzlich jeweils die Konditionen des günstigsten Preismodells angehoben werden müssen. isch ist dies besonders in den Fällen, in denen für ein solches Modell kein Entgelt in Rechnung gestellt wird, dieses „0-Euro-Entgelt“ aber von einem Mindestumsatz abhängig ist. In diesem Fall darf für das „P-Konto“ nur dann ein Entgelt in Rechnung gestellt werden, wenn der entsprechende zuvor vereinbarte Mindestumsatz nicht erreicht wird und für diesen Fall ausdrücklich ein Entgelt vereinbart wurde. Für die Umwandlung jedenfalls darf kein Entgelt in Rechnung gestellt werden.

Der Anspruch auf Umwandlung in ein P-Konto ist unabhängig davon, ob es sich um ein kreditorisch oder debitorisch geführtes Konto handelt. Der Pfändungsschutz kann allerdings, wie sich aus § 850k Abs 1 ZPO ergibt, nur greifen, wenn ein Guthaben vorhanden ist. Fehlt ein solche, kann der Pfändungsschutz zunächst keine Wirkungen entfalten, sodass die Umwandlung des Kontos möglicherweise zunächst keinen Sinn macht.

Das Recht auf ein Pfändungsschutzkonto steht, wie sich aus § 850k Abs 7 S 1 ZPO ergibt, nur einer natürlichen Person und nur gegen ein Kreditinstitut – nicht gegenüber Zahlungsinstituten gem. § 1 Abs. 1 ZAG, soweit es sich dabei nicht gleichzeitigum Kreditinstitute handelt – zu. Sie muss aber kein Verbraucher gem § 13 BGB, sondern kann auch ein Unternehmer gem § 14 BGB, soweit es sich dabei um eine natürliche Person handelt, sein. Beantragt werden kann es nur von dieser oder einem gesetzlichen Vertreter, nicht jedoch von einem Bevollmächtigten.

Auch wenn ein Umwandlungsanspruch besteht, erfolgt die Umsetzung – wie sich aus § 850k Abs 7 S 1 ZPO ergibt – durch eine vertragliche Vereinbarung. Damit besteht jedoch über die gesetzlichen Anforderungen an ein P-Konto hinaus das Recht der Bank, Regelungen mit dem Kunden zu treffen.

Bei der Vereinbarung über die Umwandlung eines Girokontos in ein P-Konto muss der Kontoinhaber dem Kreditinstitut gem § 850k Abs 8 S 2 ZPO versichern, dass er kein weiteres P-Konto hat, da insgesamt nur Anspruch auf ein P-Konto besteht und nicht auf ein P-Konto bei einem Institut. Die Bank braucht die Angaben nicht zu überprüfen, die SCHUFA ist allerdings berechtigt, dem Kreditinstitut auf Nachfrage Auskunft darüber zu erteilen, ob der entsprechende Kunde bereits ein P-Konto hat, umgekehrt ist das Institut berechtigt, der SCHUFA die Führung eines P-Kontos mitzuteilen. Sollte ein Kreditinstitut nachträglich erfahren, dass bereits ein P-Konto besteht, ist es berechtigt, den Vertrag zu kündigen, da der Kontoinhaber dann eine Täuschung begangen hat. Sofern keine Pfändung auf dem Konto vorliegen sollte, besteht die Möglichkeit, das Konto wieder in ein normales Konto umzuwandeln. Sollten bereits Pfändungen auf dem Konto vorliegen, kommt eine Umwandlung nicht mehr in Betracht. In diesem Fall sieht § 850k Abs 9 ZPO vor, dass der Gläubiger befugt ist, beim Vollstreckungsgericht einen Antrag zu stellen, welches Konto dem Schuldner als P-Konto verbleiben soll.

Da ein P-Konto nur als Einzelkonto einer natürlichen Person geführt werden kann, besteht kein Anspruch darauf, ein Gemeinschaftskonto in ein P-Konto zu überführen. Folglich haben auch die Inhaber eines Gemeinschaftskontos keinen Anspruch auf Einrichtung eines P-Kontos, denn dazu müsste entweder das Gemeinschaftskonto in zwei Einzelkonten „umgewandelt“ oder demjenigen, der einen entsprechenden Anspruch geltend macht, zusätzlich ein Konto eingerichtet werden. Dies aber widerspricht der Regelung, dass nur ein Umwandlungsanspruch und kein Anspruch auf Kontoeröffnung besteht. Will ein Gemeinschaftskontoinhaber für sich ein P-Konto, benötigt er zuvor ein Einzelkonto, auf dessen Eröffnung er einen Anspruch nach dem ZKG geltend machen kann, soweit die Voraussetzungen für einen Anspruch auf ein Basiskonto vorliegen.

Allerdings kann auch dann kein Anspruch auf Eröffnung eines P-Kontos erhoben werden, sondern nach Geltendmachung des Anspruchs auf ein Basiskonto muss dann der Umwandlungsanspruch erhoben werden.

Ist ein Kontovertrag bereits gekündigt und macht der Kontoinhaber dann seinen Anspruch auf Umwandlung in ein P-Konto geltend, lässt dies die Kündigung unberührt. Allenfalls hat er dann einen Anspruch auf Umwandlung des Kontos für die restliche Laufzeit.

Da es keinen Anspruch auf eine IBAN gibt, ist ein Kreditinstitut berechtigt, dem Kontoinhaber eine neue IBAN zu geben und ggf das Konto auch bei einer anderen Filiale zu führen, soweit dadurch nicht der Umwandlungsanspruch ausgehöhlt wird. Der Bank steht es frei, das P-Konto als eigenständiges Produkt anzubieten oder es in das bestehende Kontomodell zu integrieren.

3. **Wirkungen des P-Kontos.** Soweit ein Konto in ein P-Konto umgewandelt worden ist, scheidet ein Pfändungsschutz auf allen anderen Konten aus, da der Kunde die Einrichtung eines P-Kontos und Pfändungsschutz unabhängig davon, wo die Konten geführt werden, nur alternativ und nicht kumulativ verlangen kann. Dies gilt auch für den besonderen Schutz von Sozialleistungen, der mit der Eröffnung eines P-Kontos entfällt, wie sich aus § 55 Abs 5 SGB I und § 76a Abs 5 EStG ergibt. Hat jedoch das Kreditinstitut keine Kenntnis von dem P-Konto und zahlt deshalb Sozialleistungen an den Kontoinhaber aus, leistet es gem §§ 55 Abs 5 S 2 SGB I, 76a Abs 5 S 2 EStG mit befreiender Wirkung.

Sollten eine Pfändung und ein entsprechender Freigabebeschluss vor der Umwandlung eines Kontos in ein P-Konto vorliegen, verliert mit der Umwandlung der Freigabebeschluss seine Wirkungen, da durch diese ein automatischer Pfändungsschutz greift.

Da die Eigenschaft eines Kontos als P-Konto mit der Person des Kontoinhabers verknüpft ist, entfällt sie mit dessen Tod, sodass der Pfändungsschutz endet und das Guthaben ggf an die Gläubiger auszukehren ist, soweit keine Antrag nach § 765a ZPO erfolgreich gestellt werden kann.

Der Pfändungsschutz ist gem. § 850k Abs. 1 S. 4 ZPO auch dann möglich, wenn ein Konto im Zeitpunkt der Pfändung noch nicht als P-Konto geführt worden ist. Deshalb unterliegt ein Guthaben auf einem Girokonto auch dann dem gleichen Pfändungsschutz wie ein Guthaben auf einem P-Konto, wenn das Girokonto vor Ablauf von vier Wochen nach der Zustellung des Pfändungs- und Überweisungsbeschlusses in ein P-Konto umgewandelt worden ist. Die Wirkungen des P-Kontos gem § 850k Abs 1 S 4 ZPO greifen auch dann, wenn ein neuer Kalendermonat angebrochen ist, sollte es in dieser Zeit zu Verfügungen gekommen sein, muss nachberechnet werden und Gläubiger wie Schuldner so gestellt werden, als wäre das Girokonto im Zeitpunkt der Zustellung des Pfändungs- und Überweisungsbeschlusses bereits als P-Konto geführt worden. Zu Verfügungen kann es trotz einer Sperre kommen, wenn über Sozialleistungen verfügt wird. Sollte jedoch die Umwandlung in ein P-Konto erst nach Ablauf von vier Wochen nach der Zustellung des Pfändungs- und Überweisungsbeschlusses erfolgen, hat die Umwandlung Wirkungen nur für die Zukunft.

4. **Aspekte der Berechnung des Pfändungsfreibetrags.** Zunächst einmal steht dem Kontoinhaber gem § 850k Abs 1 ZPO der derzeitige Grundfreibetrag in Höhe von EUR 1.252,64 zu, der sich aus § 850c Abs 1, Abs 2 ZPO iVm der Pfändungsfreigrenzenbekanntmachung des BMJ ergibt. Aktiviert wird dieser Betrag mit Zugang eines Pfändungs- und Überweisungsbeschlusses. Keine Rolle spielt es dabei, worauf das Guthaben zurückzuführen ist.

Der Kontoinhaber kann eine Erhöhung des Freibetrags nach den Grundsätzen gem § 850k Abs 4 ZPO beantragen, sofern er gem § 850k Abs 5 ZPO gegenüber der Bank den Nachweis führen kann, dass er Unterhaltspflichten nachzukommen hat, es sich um einmalige Sozialleistungen, den Mehraufwand aufgrund von Behinderungen oder Kindergeld handelt.

Das Kreditinstitut ist allerdings nicht verpflichtet zu überprüfen, ob dann, wenn ein erhöhter Freibetrag für bestimmte Ausgaben gewährt wird, wie zB zur Erfüllung von Unterhaltspflichten, das Geld dazu auch effektiv eingesetzt wird.

Als Nachweis für die Erhöhung des Pfändungsfreibetrags sind entsprechende Bescheinigungen erforderlich. Diese müssen offensichtlich echt sein und es muss sich aus ihnen ergeben, dass die Voraussetzungen für die Erhöhung des Freibetrags vorliegen. Die inhaltliche Richtigkeit muss vom Kreditinstitut nicht überprüft werden, wohl aber die Echtheit. Ausgestellt worden sein dürfen die Bescheinigungen nur von den in § 850k Abs 5 S 2 ZPO genannten Stellen.

Im Gesetz nicht geregelt ist das Alter, das die Bescheinigungen maximal haben dürfen. Sie sollten jedoch hinsichtlich ihres Inhalts noch den Schluss erlauben, dass sie nach wie vor noch gültig sind. Geht dies aus ihnen nicht eindeutig hervor, wäre ein neuer Nachweis zu verlangen. Sollten Bescheinigungen befristet sein, kommt eine Beachtung des Freibetrags nur während der Befristung in Betracht.

Unabhängig vom Alter der Bescheinigung ergibt sich aus dem Grundgedanken des § 850k Abs 7 S 3 ZPO, dass diese spätestens am vierten auf die Vorlage folgenden Geschäftstag zu beachten ist. Eine Rückwirkung dagegen kommt nur innerhalb von vier Wochen nach der Zustellung eines Überweisungsbeschlusses gem § 850k Abs 1 S 3 ZPO in Betracht, da gem § 835 Abs 3 S 2 ZPO innerhalb dieses Zeitraums nicht an den Gläubiger geleistet werden darf, denn gem § 835 Abs 3 S 2 ZPO darf das Kreditinstitut erst vier Wochen nach Zustellung eines Pfändungs- und Überweisungsbeschlusses an den Gläubiger das von der Pfändung erfasste Guthaben auszahlen.

Sollte ein Girokonto erst nach Zustellung eines Pfändungs- und Überweisungsbeschlusses in ein P-Konto umgewandelt worden sein und hat das Kreditinstitut bereits zuvor eine Drittschuldnererklärung des Inhalts abgegeben, dass das Girokonto nicht als P-Konto geführt wird, muss es diese Erklärung nicht korrigieren.

Nach § 835 Abs 3 S 2 ZPO darf ein Kreditinstitut erst vier Wochen nach Zustellung eines Pfändungs- und Überweisungsbeschlusses das erfasste Guthaben auszahlen. Deshalb hat der Kontoinhaber während dieses Zeitraums die Möglichkeit, gem § 850k Abs 2 ZPO einen höheren Freibetrag geltend zu machen. Durch eine entsprechende Erhöhung des Freibetrags oder durch Umwandlung eines Kontos in ein P-Konto kann nur Guthaben, das im Monat der Zustellung des Pfändungs- und Überweisungsbeschlusses auf dem Konto vorhanden war, nachträglich der Verpfändung und Verstrickung für den Monat der Pfändung gem § 850k Abs 1 S 3 ZPO entzogen werden. Guthaben, das darüber lag, kann im Folgemonat nicht erneut der Verstrickungswirkung entzogen werden. Die Vier-Wochenfrist gilt nur für Pfändungen nach dem 1. Juli 2010.

Während der Vier-Wochenfrist kann er Kontoinhaber im Rahmen des Freibetrags verfügen, die Kontosperre gilt nur für diesen übersteigende Beträge.

Soweit Guthaben, das unter den Freibetrag fällt, in einem Monat nicht genutzt worden ist, wird es in den folgenden Monat übertragen. Wird es auch in diesem Monat nicht verwendet, steht es den Gläubigern zur Verfügung.

Gem § 850k Abs 2 Nr 2 ZPO sind einmalige Geldleistungen bei der Ermittlung des Pfändungsfreibetrags zu berücksichtigen, dh, sie sind nur in dem jeweiligen Monat, in dem sie fließen, zu beachten.

Bei der Reihenfolge der Freibeträge ist bei Kontoverfügungen darauf zu achten, diese zunächst auf die Freibeträge des Vormonats und dann auf den Folgemonat anzurechnen.

Soweit es zu Pfändungen wegen Unterhalts kommen sollte, ist nicht der Freibetrag des P-Kontos, sondern automatisch der vom Vollstreckungsgericht im Pfändungsbeschluss belassene Betrag gem § 850k Abs 3 ZPO maßgeblich.

Kreditkartenverfügungen sowie Abhebungen an Geldautomaten erfolgen grundsätzlich zu Lasten des Freibetrags. Bei Rücklastschriften wird der Freibetrag des Monats, in dem die Rücklastschrift erfolgt, um den Betrag der Rücklastschrift erhöht.

Vorpfändungen gem § 845 ZPO haben keine weitergehenden Wirkungen als Pfändungen auch, dh auch hier kann der Inhaber des P-Kontos weiter über den Freibetrag verfügen.

Gem § 850k Abs 6 ZPO unterliegen Sozialleistungen und Kindergeld einem besonderen Schutz. Deshalb darf auch im Falle eines P-Kontos das Kreditinstitut innerhalb von 14 Tagen nach Zahlungseingang keine Auf- oder Verrechnung mit eigenen Forderungen vornehmen. Danach gelten § 55 SGB I und § 76a EStG nur noch, wenn der Kontoinhaber kein P-Konto hat, ab 1. Januar 2012 werden die beiden Vorschriften ganz aufgehoben. Ist einem Kreditinstitut nicht bekannt, dass der Kontoinhaber ein P-Konto hat und leistet es nach § 55 Abs 5 SGB I bzw § 76a Abs 5 EStG, erfolgt diese Leistung mit befreiender Wirkung.

5. Praktische Probleme bei der Umsetzung der Anforderungen des P-Kontos. Ein Problem im Zusammenhang mit dem durch das P-Konto gewährten Schutzes konnte darin bestehen, dass dann, wenn Leistungen am Ende eines Monats, die für den kommenden Monat gewährt werden, nicht mehr dem Pfändungsschutz unterlagen, wenn ihm laufenden Monat der Freibetrag bereits ausgeschöpft wurde. Deutlich geworden ist diese Monatsanfangsproblematik mit Einführung des P-Kontos zum Juli, da hier der Kontoinhaber über die Ende Juli gewährten Zahlungen für den Monat August nicht mehr verfügen konnte, wenn im Juli der pfändungsfreie Guthabenbetrag bereits ausgeschöpft worden war.

Um das Problem der Monatsanfangsproblematik zu lösen, sind § 835 Abs 4 eingeführt und § 850k Abs 1 und Abs 2 ZPO geändert worden. Die aktuelle Fassung des § 835 Abs 4 ZPO sieht deshalb vor, dass der Betrag, der von einem Gläubiger gepfändet und an ihn überweisen wurde, vom Drittschuldner bis zum Ende des auf den Zahlungseingang folgenden Kalendermonats zurückzuhalten ist. Dadurch soll sichergestellt werden, dass Zahlungen, die am Ende eines Monats auf dem P-Konto eingehen und für den Folgemonat sowie zur Sicherung des Pfändungsschutzes bestimmt sind, dem Inhaber des P-Kontos nicht durch Weiterleitung an den Gläubiger entzogen werden. Deshalb darf der Drittschuldner erst nach Ablauf des Folgemonats den Betrag, der nicht dem Pfändungsschutz unterliegt, an den Gläubiger auskehren (BT-Drs 17/4776, S 8). Durch § 850k Abs 1 S 2 ZPO soll klargestellt werden, dass das Guthaben gem § 850k Abs 1 S 1 ZPO auch aus dem Guthaben gespeist werden kann, das aufgrund der automatischen Auszahlungsfrist gem § 835 Abs 4 S 1 ZPO nicht an den Gläubiger ausgekehrt wurde. Dies hat zur Folge, dass der dadurch zurückbehaltene Betrag in Höhe des monatlichen Freibetrags mit Beginn des Folgemonats nicht von der Pfändung erfasst wird (BT-Drs 17/4776, S 8).

6. Formulare. Für die Geltendmachung des Anspruchs auf Umwandlung eines Kontos in ein Pfändungsschutzkonto ist von der Kreditwirtschaft das abgedruckte Formular entwickelt worden. Dazu gehört auch das ebenfalls abgedruckte Formular „P-Konto-Information – Allgemeine Informationen zum neuen Kontopfändungsschutz". Es handelt sich dabei nicht um allgemeine Geschäftsbedingungen, die die Grundlage für die Führung eins P-Kontos bilden, sondern es wird erläutert, was dann, wenn ein P-Konto eingerichtet wurden zu beachten ist und wie die daraus sich ergebenden Rechte wahrgenommen werden können. Dazu gehört auch der Hinweis, dass die Einrichtung, Löschung oder auch der Widerruf des P-Kontos vom kontoführenden Institut aufgrund der gesetzlichen Regelungen der SCHUFA gemeldet werden. Durch eine solche Meldung soll insbesondere verhindert werden, dass mehrere P-Konten für einen Kontoinhaber geführt werden, denn es besteht nur Anspruch auf ein einziges P-Konto. Die Meldung des P-Kontos hat jedoch keine Auswirkungen auf die Auskunft der SCHUFA zur Bonität des Kontoinhabers.

7. Sonstiges. Die Eröffnung eines P-Kontos oder die Umwandlung eines bereits bestehenden Kontos in ein P-Konto führt nicht dazu, dass auf dieses Konto ausschließlich die gesetzlichen Regelungen zum P-Konto, wie sie in den „P-Konto-Informationen" dargestellt werden, Anwendung finden. Auch auf dieses Konto sind ergänzend die einschlägigen Sonderbedingungen zu den über das Konto nutzbaren Leistungen anwendbar, soweit sie wirksam bei der Kontoeröffnung oder auch einem späteren Zeitpunkt vereinbart werden. Dabei kann es sich insbesondere um die „Bedingungen für den Überweisungsverkehr" oder die Bedingungswerke für Zahlungen in einem Lastschriftverfahren handeln. Die Regelungen zum P-Konto gehen nur vor, soweit sie im Widerspruch zu den entsprechenden Sonderbedingungen stehen.

Gemäß der geltenden Regelung kann eine Bank ihre Forderungen gegenüber dem Kontoinhaber auch bei Gutschriften von Sozialleistungen und Kindergeld einschließlich Forderungen wegen aktueller Kontoführungsentgelte mit den Gutschriften verrechnen. Andere Forderungen dürfen generell nicht verrechnet werden (§ 850k Abs 6 ZPO).

2. Kapitel: Passivgeschäft, insbesondere Einlagengeschäft

Schrifttum: *Canaris*, Bankvertragsrecht, 3. Aufl 1988, Rn 142 ff.; Baumbach/Hopt/*Hopt*, HGB, 39. Aufl. 2020, (7) Bankgeschäfte B/1 ff.; *Hopt/Mülbert*, Kreditrecht 1989: II. Einlagengeschäft; *Kaiser*, Anforderungen der Rechnungslegungsverordnung an die Spareinlage, WM **1996**, 141; Kümpel/Mülbert/Früh/Seyfried/*Peterek*, Bank- und Kapitalmarktrecht 6. Aufl 2022, Rn 91 ff.; Bankrechts-Handbuch/*Schürmann* 5. Aufl 2018, §§ 69–71.

B. Einlagengeschäft

1. Bedingungen für Sparkonten – ohne Vorfälligkeitspreis

1.

(1) Die Bank stellt dem Sparkontoinhaber ein auf dessen Namen lautendes Sparbuch aus. Im Sparbuch vermerkt die Bank Einzahlungen und Auszahlungen, alle übrigen Gutschriften und Belastungen sowie den jeweiligen Kontostand. Wenn Gutschriften oder Belastungen im Sparbuch noch nicht nachgetragen sind, können sich Abweichungen zwischen dem Kontostand in den Geschäftsbüchern der Bank und den Eintragungen im Sparbuch ergeben.

(2) Der Sparkontoinhaber hat sein Sparbuch sorgfältig aufzubewahren und einen Verlust unverzüglich der Bank, möglichst der Konto führenden Stelle anzuzeigen.

(3) Bei Auszahlungen ist das Sparbuch vorzulegen.

(4) Die Bank ist befugt, an den Vorleger des Sparbuches fällige Zahlungen zu leisten, sofern ihr nicht die fehlende Berechtigung des Vorlegers bekannt war oder infolge grober Fahrlässigkeit unbekannt geblieben ist.

2.

(1) Das Sparkonto dient der Geldanlage und darf nicht für Zwecke des Zahlungsverkehrs (z B Scheckziehung) verwendet werden.

(2) Der Kunde kann Sparguthaben, soweit nichts anderes vereinbart ist, mit einer Frist von drei Monaten kündigen (Kündigungsfrist).

(3) Von Sparkonten mit einer Kündigungsfrist von drei Monaten können, soweit keine andere Vereinbarung getroffen ist, innerhalb eines Kalendermonats bis zu 2.000,– EUR ohne Kündigung abgehoben werden.

(4) Wenn der Kunde den zur Rückzahlung gekündigten Betrag nicht innerhalb eines Monats abhebt oder keine anderweitige Vereinbarung getroffen wird, wird der Sparvertrag für den gekündigten Betrag mit einer Kündungsfrist von drei Monaten fortgesetzt; für dieses Sparguthaben werden sodann die für Sparkonten mit dreimonatiger Kündigungsfrist maßgeblichen Zinsen vergütet. Sie können niedriger sein, als für den gekündigten Betrag vereinbart war. Die Bank wird die Kündigung gegenüber dem Kunden schriftlich bestätigen und ihn hierbei darauf hinweisen, dass sie von seiner Zustimmung zur Fortsetzung des Sparvertrages ausgeht, wenn er über den gekündigten Betrag nicht innerhalb eines Monats verfügt.

3.

(1) Die Höhe der jeweils maßgeblichen Zinsen und Entgelte ergibt sich aus dem „Preisaushang – Regelsätze im standardisierten Privatkundengeschäft" der Konto führenden Stelle und ergänzend aus deren „Preis- und Leistungsverzeichnis".

(2) Zinsen werden, sofern nichts anderes vereinbart ist, zum Ende des Kalenderjahres gutgeschrieben. Der Kunde kann hierüber ohne Einhaltung von Kündigungsfristen verfügen. Wird über die Zinsen nicht innerhalb von zwei Monaten nach Gutschrift verfügt, werden sie der Spareinlage zugerechnet. Sie unterliegen ab diesem Zeitpunkt der Kündigungsregelung gemäß Nr 2 dieser Bedingungen.

Anmerkungen

1. Rechtsgrundlage. Bei den abgedruckten Bedingungen für Sparkonten handelt es sich um einen Mustertext, den der Bundesverband deutscher Banken seinen angeschlossenen Mitgliedsinstituten auf Wunsch zur Verfügung stellt, der jedoch nicht bindend ist. Daneben existieren Sparbedingungen des Deutschen Sparkassen- und Giroverbandes sowie des Bundesverbandes der deutschen Volksbanken und Raiffeisenbanken für ihre Mitgliedsinstitute. Außerdem haben die meisten Banken eigene Sparbedingungen entwickelt. Alle existierenden Sparbedingungen gehen auf die Regelungen in §§ 21 Abs 4, 39 Abs 6 der VO über die Rechnungslegung der Kreditinstitute (RechKredV) von 1992 zurück, durch die die bis zum 1.7.1993 geltenden Regelungen zum Sparbuch in §§ 21 u 22 KWG ersetzt wurden.

Die abgedruckten Bedingungen beziehen sich auf gebundene Sparbücher. Daneben werden von einigen Instituten auch Loseblatt-Sparbücher verwendet, für die zwar besondere Bedingungen gelten, die jedoch inhaltlich mit den Bedingungen für Sparkonten übereinstimmen und lediglich Besonderheiten bezüglich der Form. des Loseblatt-Verfahrens enthalten.

Durch das zum 1.1.2002 in Kraft getretene EuroBilG ist die Freibetragsregelung in § 21 Abs 4 S 2 RechKredV von DM 3.000,00 auf EUR 2.000,00 angehoben worden.

2. Kündigungsregelung. Im Wesentlichen werden durch die Texte die Regelungen der RechKredV wiedergegeben. Von Bedeutung ist insbesondere die Kündigungsregelung in Nr 2 Abs 2, die weder eine Kündigungssperrfrist noch eine Regelung für Vorschusszinsen enthält. Es bleibt im Hinblick auf die Mindestreservevorschriften jedoch jedem Kreditinstitut unbenommen, davon abweichende Vereinbarungen über die Voraussetzungen und die Modalitäten vorzeitiger Abhebungen von nicht fälligen Sparkonten mit den Kunden zu vereinbaren. § 21 Abs 4 sieht vor, dass in den Sparbedingungen die Bank ihren Kunden das Recht einräumen darf, über seine Einlagen bis zu einem bestimmten Betrag, der jedoch pro Sparkonto und Kalendermonat EUR 2.000,00 nicht überschreiten darf, ohne Kündigung zu verfügen. Eine Pflicht, Vorschusszinsen vom Kunden zu verlangen, wenn er mehr als EUR 2.000,00 ohne Kündigung abheben will, enthält die RechKredV – im Gegensatz zur weggefallenen Regelung im § 22 Abs 3 KWG – nicht. Unabhängig davon, ist es den Kreditinstituten freigestellt, eine solche mit den Kunden in den Sparbedingungen zu vereinbaren.

3. Kündigungsfrist. Die Bedingungen sehen in Nr 2 Abs 4 bzw Nr 2 Abs 5 vor, dass der Sparvertrag automatisch mit einer Kündigungsfrist von drei Monaten verlängert wird, wenn der Kunde über den gekündigten Betrag nicht innerhalb eines Monats verfügt oder eine anderweitige Vereinbarung getroffen wird.

Die Bedingungen enthalten in Nr 3 Regelungen über den maßgeblichen Zinssatz, der sich aus dem jeweils aktuellen „Preisaushang-Regelsätze im standardisierten Privatkundengeschäft" und ergänzend aus dem „Preis- und Leistungsverzeichnis" ergibt. Schließlich wird in Nr 3 Abs 2 jeweils festgelegt, dass die Zinsen – soweit nichts Abweichendes vereinbart wird – am Ende eines Kalenderjahres gutgeschrieben werden und der Kunde darüber ohne Einhaltung einer Kündigungsfrist innerhalb von zwei Monaten nach Gutschrift verfügen darf. Nach Ablauf von zwei Monaten werden die Zinsen der Spareinlage zugerechnet.

4. Zinsen. Gem § 808 Abs 1 Satz 1 BGB handelt es sich beim Sparbuch um ein Legitimationspapier, das die Bank berechtigt, an jeden Inhaber zu leisten. Diese Legitimationswirkung hebt jedoch nicht die Aufhebung eines Sperrvermerks durch einen lediglich formell berechtigten Inhaber des Sparbuchs auf. Der Sperrvermerk ist eine vertragliche Einschränkung der Legitimationswirkung, so dass der mit einer entsprechenden Einschränkung Berechtigte nicht die Befugnis hat, die Einschränkung der Legitimation zu beseitigen (BGH WM 1988, 1478; zu den Formen der Sperrung *Hopt/Mülbert* Rn 158; zum Sperrkonto Baumbach/Hopt/*Hopt,* HGB, (7) Bankgeschäfte A/46).

3. Kapitel: Zahlungsverkehr

Schrifttum: *Canaris*, Bankvertragsrecht, 3. Aufl 1988, Rn 519 ff.; Baumbach/Hopt//*Hopt*, HGB, 40. Aufl 2020, (7) Bankgeschäfte C/1 ff., D/1 ff., E/1 ff., F/1 ff.; *Hellner/Escher-Weingart*, Bankrecht und Bankpraxis (BuB) 6/7 ff.; Krepold/Fishcbeck/Kropf/*Werner,* Bankrecht, 2. Aufl. 2018, B.; Bankrechts-Handbuch/*Mayen* Bd I, 5. Aufl 2017, §§ 48 ff.; *Schwintowski* Bankrecht 4. Aufl 2014 §§ 8 ff.; Kümpel/Mülbert/Früh/Seyfried/*Werner* Bank- und Kapitalmarktrecht, 6. Aufl 2022, Rn 4.1 ff.; Langenbucher/Bliesener/Spindler, Bankrechtskommentar 3. Aufl 2020, 1. Teil, Kap. 2 bis 11.

(Fortsetzung auf der nächsten Seite)

C. Giroüberweisung

1. Bedingungen für Datenfernübertragung

Nähere Angaben zur Bank sind im „Preis- und Leistungsverzeichnis" enthalten.

Bedingungen für Datenfernübertragung

1 Leistungsumfang

(1) Die Bank steht ihrem Kunden (Kontoinhaber), der kein Verbraucher ist, für die Datenfernübertragung auf elektronischem Wege – nachfolgend „Datenfernübertragung" oder „DFÜ" genannt – zur Verfügung. Die Datenfernübertragung umfasst die Einreichung und den Abruf von Dateien (insbesondere Übermittlung von Aufträgen und Informationsabruf).

(2) Die Bank gibt dem Kunden die Dienstleistungsarten bekannt, die er im Rahmen der Datenfernübertragung nutzen kann. Zur Nutzung der Datenfernübertragung gelten die mit der Bank vereinbarten Verfügungslimite.

(3) Die Datenfernübertragung ist über die EBICS-Anbindung (Anlagen 1a bis 1c) möglich.

(4) Der Satz- und Dateiaufbau für die Übermittlung von Aufträgen und den Informationsabruf wird in der Spezifikation der Datenformate (Anlage 3) beschrieben.

2 Nutzer und Teilnehmer, Legitimations- und Sicherungsmedien

(1) Aufträge können über die EBICS-Anbindung nur vom Kunden oder seinen Kontobevollmächtigten erteilt werden. Kunde und Kontobevollmächtigte werden im Folgenden einheitlich als „Nutzer" bezeichnet. Zur Autorisierung von per DFÜ übermittelten Auftragsdaten mittels Elektronischer Unterschrift benötigt jeder Nutzer jeweils individuelle, von der Bank freigeschaltete Legitimationsmedien. Die Anforderungen an die Legitimationsmedien sind in Anlage 1a definiert. Wenn mit der Bank vereinbart, können per DFÜ übermittelte Auftragsdaten mit unterschriebenem Begleitzettel/Sammelauftrag autorisiert werden.

(2) Für den Datenaustausch über die EBICS-Anbindung kann der Kunde zusätzlich zu den Bevollmächtigten „Technische Teilnehmer" benennen, die lediglich befugt sind, den Datenaustausch durchzuführen. Nutzer und Technische Teilnehmer werden im Folgenden unter dem Begriff „Teilnehmer" zusammengefasst. Für die Absicherung des Datenaustauschs benötigt jeder Teilnehmer jeweils individuelle, von der Bank freigeschaltete Sicherungsmedien. Die Anforderungen an die Sicherungsmedien sind in Anlage 1a beschrieben.

3 Verfahrensbestimmungen

(1) Für das zwischen Kunde und Bank vereinbarte Übertragungsverfahren gelten die in Anlage 1a sowie die in der Dokumentation der technischen Schnittstelle (Anlage 1b) und der Spezifikation der Datenformate (Anlage 3) beschriebenen Anforderungen.

(2) Der Kunde ist verpflichtet sicherzustellen, dass alle Teilnehmer das DFÜ-Verfahren und die Spezifikationen beachten.

(3) Die Belegung der Datenfelder richtet sich nach den Belegungs- und Kontrollrichtlinien des jeweils genutzten Formates (Anlage 3).

(4) Der Nutzer hat die Kundenkennung des Zahlungsempfängers beziehungsweise des Zahlers gemäß den maßgeblichen Sonderbedingungen zutreffend anzugeben.

Die in die Abwicklung des Zahlungsauftrages eingeschalteten Zahlungsdienstleister sind berechtigt, die Bearbeitung ausschließlich anhand der Kundenkennung vorzunehmen. Fehlerhafte Angaben können Fehlleitungen des Auftrags zur Folge haben. Schäden und Nachteile, die hieraus entstehen, gehen zu Lasten des Kunden.

(5) Vor der Übertragung von Auftragsdaten an die Bank ist eine Aufzeichnung der zu übertragenden Dateien mit deren vollständigem Inhalt sowie der zur Prüfung der Legitimation übermittelten Daten zu erstellen. Diese ist von dem Kunden mindestens für einen Zeitraum von 30 Kalendertagen ab dem in der Datei angegebenen Ausführungstermin (für Überweisungen) bzw. Fälligkeitstermin (Lastschriften) oder bei mehreren Terminen dem spätesten Termin in der Form nachweisbar zu halten, dass die Datei auf Anforderung der Bank kurzfristig erneut zur Verfügung gestellt werden kann, sofern nichts Abweichendes vereinbart wird.

(6) Außerdem hat der Kunde für jede Einreichung und jeden Abruf von Dateien ein maschinelles Protokoll, das inhaltlich den Bestimmungen von Kapitel 10 der Spezifikation für die EBICS-Anbindung (Anlage 1b) entspricht, zu erstellen, zu seinen Unterlagen zu nehmen und auf Anforderung der Bank zur Verfügung zu stellen.

(7) Soweit die Bank dem Kunden Daten über Zahlungsvorgänge zur Verfügung stellt, die noch nicht endgültig bearbeitet sind, stellen diese lediglich eine unverbindliche Information dar. Die Daten sind jeweils besonders gekennzeichnet.

(8) Die per DFÜ eingelieferten Auftragsdaten sind wie mit der Bank vereinbart entweder mit Elektronischer Unterschrift oder dem unterschriebenen Begleitzettel/Sammelauftrag zu autorisieren. Diese Auftragsdaten werden als Auftrag wirksam

a) bei Einreichung mit Elektronischer Unterschrift, wenn
   - alle erforderlichen Elektronischen Unterschriften der Nutzer per Datenfernübertragung innerhalb des vereinbarten Zeitraumes eingegangen sind und
   - die Elektronischen Unterschriften mit den vereinbarten Schlüsseln erfolgreich geprüft werden können

oder

b) bei Einreichung mit Begleitzettel/Sammelauftrag, wenn
   - der Begleitzettel/Sammelauftrag im vereinbarten Zeitraum bei der Bank eingegangen ist und
   - der Begleitzettel/Sammelauftrag der Kontovollmacht entsprechend unterzeichnet worden ist.

4 Verhaltens- und Sorgfaltspflichten im Umgang mit den Legitimationsmedien für die Autorisierung des Auftrags

(1) Der Kunde ist in Abhängigkeit von dem mit der Bank vereinbarten Übertragungsverfahren verpflichtet sicherzustellen, dass alle Nutzer die Pflichten aus diesen Bedingungen und die in Anlage 1a beschriebenen Legitimationsverfahren einhalten.

(2) Mit Hilfe eines von der Bank freigeschalteten Legitimationsmediums kann der Nutzer Aufträge erteilen. Der Kunde stellt sicher, dass jeder Nutzer dafür Sorge trägt, dass keine andere Person in den Besitz seines Legitimationsmediums kommt sowie Kenntnis von dem zu dessen Schutz dienenden Passwort erlangt. Denn jede andere Person, die im Besitz des Mediums oder eines entsprechenden Duplikates ist, kann in Verbindung mit dem dazugehörigen Passwort die vereinbarten Dienstleistungen missbräuchlich nutzen. Insbesondere Folgendes ist zum Schutz des Legitimationsmediums und des Passwortes zu beachten:

- Das Legitimationsmedium muss vor unberechtigtem Zugriff geschützt und sicher verwahrt werden;
- das zum Schutz des Legitimationsmediums dienende Passwort darf nicht auf dem Legitimationsmedium notiert oder als Abschrift mit diesem zusammen aufbewahrt werden oder ungesichert elektronisch abgespeichert werden;
- das Legitimationsmedium darf nicht dupliziert werden;
- bei Eingabe des Passwortes ist sicherzustellen, dass andere Personen dieses nicht ausspähen können.

5 Verhaltens- und Sorgfaltspflichten im Umgang mit den Sicherungsmedien für den Datenaustausch

Der Kunde ist im Rahmen der EBICS-Anbindung verpflichtet sicherzustellen, dass alle Teilnehmer die in Anlage 1a beschriebenen Sicherungsverfahren einhalten.

Mit Hilfe der von der Bank freigeschalteten Sicherungsmedien sichert der Teilnehmer den Datenaustausch ab. Der Kunde ist dazu verpflichtet sicherzustellen, dass jeder Teilnehmer dafür Sorge trägt, dass keine andere Person in den Besitz seines Sicherungsmediums kommt oder dieses nutzen kann. Insbesondere im Falle der Ablage auf einem technischen System muss das Sicherungsmedium des Teilnehmers in einer technischen Umgebung gespeichert werden, die vor unautorisiertem Zugriff geschützt ist. Denn jede andere Person, die Zugriff auf das Sicherungsmedium oder ein entsprechendes Duplikat hat, kann den Datenaustausch missbräuchlich durchführen.

6 Sicherheit des Kundensystems

Der Kunde hat für einen ausreichenden Schutz der von ihm für die Datenfernübertragung eingesetzten Systeme Sorge zu tragen. Die für das EBICS-Verfahren geltenden Sicherheitsanforderungen sind in Anlage 1c beschrieben.

1

7 Sperre der Legitimations- und Sicherungsmedien

(1) Gehen die Legitimations- oder Sicherungsmedien verloren, werden sie anderen Personen bekannt oder besteht der Verdacht ihrer missbräuchlichen Nutzung, so hat der Teilnehmer unverzüglich seinen DFÜ-Zugang bei der Bank zu sperren oder sperren zu lassen. Näheres regelt die Anlage 1a. Der Teilnehmer kann der Bank eine Sperranzeige jederzeit auch über die gesondert mitgeteilten Kontaktdaten aufgeben.

(2) Der Kunde kann außerhalb des DFÜ-Verfahrens die Verwendung der Legitimations- und Sicherungsmedien eines Teilnehmers oder den gesamten DFÜ-Zugang über die von der Bank bekannt gegebene Sperrfazilität sperren lassen.

(3) Die Bank wird den gesamten DFÜ-Zugang sperren, wenn der Verdacht einer missbräuchlichen Nutzung des DFÜ-Zugangs besteht. Die Bank wird den Kunden hierüber außerhalb des DFÜ-Verfahrens informieren. Diese Sperre kann mittels DFÜ nicht aufgehoben werden.

8 Behandlung eingehender Auftragsdaten durch die Bank

(1) Die der Bank per DFÜ-Verfahren übermittelten Auftragsdaten werden im Rahmen des ordnungsgemäßen Arbeitsablaufes bearbeitet.

(2) Die Bank prüft anhand der von den Teilnehmern mittels der Sicherungsmedien erstellten Signaturen, ob der Absender berechtigt ist, den Datenaustausch durchzuführen. Ergibt die Prüfung Unstimmigkeiten, wird die Bank die betreffenden Auftragsdaten nicht verarbeiten und dem Kunden hierüber unverzüglich eine Information zur Verfügung stellen.

(3) Die Bank prüft die Legitimation des Nutzers beziehungsweise der Nutzer und die Autorisierung der per DFÜ übermittelten Auftragsdaten anhand der von den Nutzern mittels der Legitimationsmedien erstellten elektronischen Unterschriften oder des übermittelten Begleitzettels/Sammelauftrages sowie die Übereinstimmung der Auftragsdatensätze mit den Bestimmungen gemäß Anlage 3. Ergibt die Prüfung Unstimmigkeiten, wird die Bank die betreffenden Auftragsdaten nicht bearbeiten und dem Kunden hierüber unverzüglich eine Information zur Verfügung stellen. Die Bank ist berechtigt, nicht vollständig autorisierte Auftragsdaten nach Ablauf des von der Bank gesondert mitgeteilten Zeitlimits zu löschen.

(4) Ergeben sich bei den von der Bank durchgeführten Prüfungen der Dateien oder Datensätze nach Anlage 3 Fehler, so wird die Bank die fehlerhaften Dateien oder Datensätze in geeigneter Form nachweisen und sie dem Nutzer unverzüglich mitteilen. Die Bank ist berechtigt, die fehlerhaften Dateien oder Datensätze von der weiteren Bearbeitung auszuschließen, wenn die ordnungsgemäße Ausführung des Auftrages nicht sichergestellt werden kann.

(5) Die Bank ist verpflichtet, die Abläufe (siehe Anlage 1a) und die Weiterleitung der Aufträge zur Bearbeitung im Kundenprotokoll zu dokumentieren. Der Kunde ist seinerseits verpflichtet, das Kundenprotokoll zeitnah abzurufen und sich über den Status der Auftragsbearbeitung zu informieren. Bei Unstimmigkeiten soll er sich mit der Bank in Verbindung setzen.

9 Rückruf

(1) Vor der Autorisierung der Auftragsdaten kann der Kunde die Datei zurückrufen. Änderungen einzelner Auftragsdaten sind nur durch Rückruf der gesamten Datei und erneute Einlieferung möglich. Die Bank kann einen Rückruf nur beachten, wenn ihr dieser so rechtzeitig zugeht, dass seine Berücksichtigung im Rahmen des ordnungsgemäßen Arbeitsablaufes möglich ist.

(2) Die Widerrufbarkeit eines Auftrags richtet sich nach den dafür geltenden Sonderbedingungen (z. B. Bedingungen für den Überweisungsverkehr). Der Widerruf von Aufträgen kann außerhalb des DFÜ-Verfahrens oder, wenn mit dem Kunden vereinbart, nach den Vorgaben von Kapitel 11 der Anlage 3 erfolgen. Hierzu hat der Kunde der Bank die Einzelangaben des Originalauftrages mitzuteilen.

10 Ausführung der Aufträge

(1) Die Bank wird die Aufträge ausführen, wenn alle nachfolgenden Ausführungsbedingungen vorliegen:

- Die per DFÜ eingelieferten Auftragsdaten wurden gemäß Nummer 3 Absatz 8 autorisiert.
- Das festgelegte Datenformat ist eingehalten.
- Das Verfügungslimit ist nicht überschritten.
- Die Ausführungsvoraussetzungen nach den für die jeweilige Auftragsart maßgeblichen Sonderbedingungen (z. B. ausreichende Kontodeckung gemäß den Bedingungen für den Überweisungsverkehr) liegen vor.

(2) Liegen die Ausführungsbedingungen nach Absatz 1 nicht vor, wird die Bank den Auftrag nicht ausführen und den Kunden über die Nichtausführung unverzüglich auf dem vereinbarten Weg unterrichten. Soweit möglich, nennt die Bank dem Kunden die Gründe und Fehler, die zur Nichtausführung geführt haben, und Möglichkeiten, wie diese Fehler berichtigt werden können.

11 Haftung

11.1 Haftung der Bank bei einer nicht autorisierten DFÜ-Verfügung und einer nicht, fehlerhaft oder verspätet ausgeführten DFÜ-Verfügung

Die Haftung der Bank bei einer nicht autorisierten DFÜ-Verfügung und einer nicht, fehlerhaft oder verspätet ausgeführten DFÜ-Verfügung richtet sich nach den für die jeweilige Auftragsart vereinbarten Sonderbedingungen (z. B. Bedingungen für den Überweisungsverkehr).

11.2 Haftung des Kunden bei missbräuchlicher Nutzung der Legitimations- oder Sicherungsmedien

11.2.1 Haftung des Kunden für nicht autorisierte Zahlungsvorgänge vor der Sperranzeige

(1) Kommt es vor der Sperranzeige zu nicht autorisierten Zahlungsvorgängen aufgrund einer missbräuchlichen Nutzung der Legitimations- oder Sicherungsmedien, haftet der Kunde gegenüber der Bank für die ihr dadurch entstehenden Schäden, wenn der Teilnehmer fahrlässig oder vorsätzlich gegen seine Verhaltens- und Sorgfaltspflichten verstoßen hat. Der § 675v des Bürgerlichen Gesetzbuchs findet keine Anwendung.

(2) Der Kunde ist nicht zum Ersatz des Schadens nach Absatz 1 verpflichtet, wenn der Teilnehmer die Sperranzeige nach Nummer 7 Absatz 1 nicht abgeben konnte, weil die Bank nicht die Möglichkeit zur Entgegennahme der Sperranzeige sichergestellt hatte und der Schaden dadurch vermieden worden wäre.

(3) Die Haftung für Schäden, die innerhalb des Zeitraums, für den das Verfügungslimit gilt, verursacht werden, beschränkt sich jeweils auf das vereinbarte Verfügungslimit.

(4) Die Absätze 2 und 3 finden keine Anwendung, wenn der Teilnehmer in betrügerischer Absicht gehandelt hat.

11.2.2 Haftung des Kunden bei sonstigen nicht autorisierten Vorgängen vor der Sperranzeige

Beruhen nicht autorisierte Vorgänge, die keine Zahlungsvorgänge sind, vor der Sperranzeige auf der Nutzung eines verlorengegangenen oder gestohlenen Legitimations- oder Sicherungsmediums oder auf der sonstigen missbräuchlichen Nutzung des Legitimations- oder Sicherungsmediums und ist der Bank hierdurch ein Schaden entstanden, haften der Kunde und die Bank nach den gesetzlichen Grundsätzen des Mitverschuldens.

11.2.3 Haftung der Bank ab der Sperranzeige

Sobald die Bank eine Sperranzeige eines Teilnehmers erhalten hat, übernimmt sie alle danach durch nicht autorisierte DFÜ-Verfügungen entstehenden Schäden. Dies gilt nicht, wenn ein Teilnehmer in betrügerischer Absicht gehandelt hat.

11.3 Haftungsausschluss

Haftungsansprüche sind ausgeschlossen, wenn die einen Anspruch begründenden Umstände auf einem ungewöhnlichen und unvorhersehbaren Ereignis beruhen, auf das diejenige Partei, die sich auf dieses Ereignis beruft, keinen Einfluss hat, und dessen Folgen trotz Anwendung der gebotenen Sorgfalt von ihr nicht hätten vermieden werden können.

12 Schlussbestimmungen

Die in diesen Bedingungen erwähnten Anlagen sind Bestandteil der mit dem Kunden geschlossenen Vereinbarung.

Anlage 1a: **EBICS-Anbindung**
Anlage 1b: **Spezifikation der EBICS-Anbindung**
Anlage 1c: **Sicherheitsanforderungen an das EBICS-Kundensystem**
Anlage 2: **derzeit nicht belegt**
Anlage 3: **Spezifikation der Datenformate**

47.008 (09/19a)

Bedingungen für die Datenfernübertragung

Anlage 1a: EBICS-Anbindung

1. Legitimations- und Sicherungsverfahren

Der Kunde (Kontoinhaber) benennt der Bank die Teilnehmer und deren Berechtigungen im Rahmen der Datenfernübertragung.

Folgende Legitimations- und Sicherungsverfahren werden in der EBICS-Anbindung eingesetzt:

- Elektronische Unterschriften
- Authentifikationssignatur
- Verschlüsselung

Für jedes Legitimations- und Sicherungsverfahren verfügt der Teilnehmer über ein individuelles Schlüsselpaar, das aus einem privaten und einem öffentlichen Schlüssel besteht. Die öffentlichen Teilnehmerschlüssel sind der Bank gemäß dem in Nummer 2 beschriebenen Verfahren mitzuteilen. Die öffentlichen Bankschlüssel sind gemäß dem in Nummer 2 beschriebenen Verfahren gegen unautorisiertes Verändern zu schützen. Die Schlüsselpaare des Teilnehmers können auch für die Kommunikation mit anderen Banken eingesetzt werden.

1.1 Elektronische Unterschriften

1.1.1 Elektronische Unterschriften der Teilnehmer

Für die Elektronischen Unterschriften (EU) der Teilnehmer sind die folgenden Unterschriftsklassen definiert:

- Einzelunterschrift (Typ „E")
- Erstunterschrift (Typ „A")
- Zweitunterschrift (Typ „B")
- Transportunterschrift (Typ „T")

Als bankfachliche EU bezeichnet man EU vom Typ „E", „A" oder „B". Bankfachliche EU dienen der Autorisierung von Aufträgen. Aufträge können mehrere bankfachlichen EU benötigen, die von unterschiedlichen Nutzern (Kontoinhaber und deren Bevollmächtigte) geleistet werden müssen. Für jede unterstützte Auftragsart wird zwischen Bank und Kunde eine Mindestanzahl erforderlicher bankfachlicher EU vereinbart.

EU vom Typ „T", die als Transportunterschriften bezeichnet werden, werden nicht zur bankfachlichen Freigabe von Aufträgen verwendet, sondern lediglich zu deren Übertragung an die Banksysteme. "Technische Teilnehmer" (siehe Nummer 2.2) können nur eine EU vom Typ „T" zugewiesen bekommen.

Mit dem vom Kunden verwendeten Programm können verschiedene Nachrichten (z. B. Aufträge für den Inlands- und Auslandszahlungsverkehr, aber auch für Initialisierung, den Protokollabruf und die Abholung von Konto- und Umsatzinformationen etc.) erstellt werden. Die Bank teilt dem Kunden mit, welche Nachrichtenarten genutzt werden können und welcher EU-Typ hierfür anzuwenden ist.

1.1.2 Authentifikationssignatur

Im Gegensatz zur EU, die Auftragsdaten signiert, wird die Authentifikationssignatur über die einzelne EBICS-Nachricht einschließlich Steuerungs- und Anmeldedaten und die darin enthaltenen EU gebildet. Mit Ausnahme einiger in der EBICS-Spezifikation definierter systembedingter Auftragsarten wird die Authentifikationssignatur bei jedem Transaktionsschritt sowohl vom Kunden- als auch vom Banksystem geleistet. Der Kunde muss gewährleisten, dass eine Software eingesetzt wird, die die Authentifikationssignatur jeder von der Bank übermittelten EBICS-Nachricht unter Berücksichtigung der Aktualität und Authentizität der gespeicherten öffentlichen Schlüssel der Bank gemäß den Vorgaben der EBICS-Spezifikation (siehe Anlage 1b) prüft.

1.2 Verschlüsselung

Zur Gewährleistung der Geheimhaltung der bankfachlichen Daten auf Anwendungsebene sind die Auftragsdaten vom Kunden unter Berücksichtigung der Aktualität und Authentizität der gespeicherten öffentlichen Schlüssel der Bank gemäß den Vorgaben der EBICS-Spezifikation (siehe Anlage 1b) zu verschlüsseln.

Darüber hinaus ist auf den externen Übertragungsstrecken zwischen Kunden- und Banksystem zusätzlich eine Transportverschlüsselung vorzunehmen. Der Kunde muss gewährleisten, dass eine Software eingesetzt wird, die gemäß den Vorgaben der EBICS-Spezifikation (siehe Anlage 1b) Aktualität und Authentizität der hierfür eingesetzten Serverzertifikate der Bank überprüft.

2 Initialisierung der EBICS-Anbindung

2.1 Einrichtung der Kommunikationsverbindung

Der Kommunikationsaufbau erfolgt unter Verwendung einer URL (Uniform Resource Locator). Alternativ kann auch eine IP-Adresse der jeweiligen Bank benutzt werden. Die URL oder die IP-Adresse werden dem Kunden bei Vertragsabschluss mit der Bank mitgeteilt.

Die Bank teilt den vom Kunden benannten Teilnehmern zur Aufnahme der EBICS-Anbindung folgende Daten mit:

- URL oder IP-Adresse der Bank
- Bezeichnung der Bank
- HostID
- Zulässige Version(en) für das EBICS-Protokoll und der Sicherungsverfahren
- Partner-ID (Kunden-ID)
- User-ID
- System-ID (für technische Teilnehmer)
- Weitere spezifische Angaben zu Kunden- und Teilnehmerberechtigungen

47.008 (09/19a)

Für die dem Kunden zugeordneten Teilnehmer vergibt die Bank jeweils eine User-ID, die den Teilnehmer eindeutig identifiziert. Soweit dem Kunden ein oder mehrere technische Teilnehmer zugeordnet sind (Multi-User-System), vergibt die Bank zusätzlich zur User-ID eine System-ID. Soweit kein technischer Teilnehmer festgelegt ist, sind System-ID und User-ID identisch.

2.2 Initialisierung der Teilnehmerschlüssel

Die vom Teilnehmer eingesetzten Schlüsselpaare für die bankfachliche EU, die Verschlüsselung der Auftragsdaten und die Authentifikationssignatur müssen zusätzlich zu den in Nummer 1 beschriebenen allgemeinen Bedingungen den nachfolgenden Anforderungen genügen:

1. Die Schlüsselpaare sind ausschließlich und eindeutig dem Teilnehmer zugeordnet.
2. Soweit der Teilnehmer seine Schlüssel eigenständig generiert, sind die privaten Schlüssel mit Mitteln zu erzeugen, die der Teilnehmer unter seiner alleinigen Kontrolle halten kann.
3. Sofern die Schlüssel von einem Dritten zur Verfügung gestellt werden, ist sicherzustellen, dass der Teilnehmer in den alleinigen Besitz der privaten Schlüssel gelangt.
4. Für die zur Legitimation eingesetzten privaten Schlüssel definiert jeder Nutzer pro Schlüssel ein Passwort, das den Zugriff auf den jeweiligen privaten Schlüssel absichert.
5. Für die zur Absicherung des Datenaustausches eingesetzten privaten Schlüssel definiert jeder Teilnehmer pro Schlüssel ein Passwort, das den Zugriff auf den jeweiligen privaten Schlüssel absichert. Auf dieses Passwort kann verzichtet werden, wenn das Sicherungsmedium des Teilnehmers in einer technischen Umgebung gespeichert ist, die vor unautorisiertem Zugriff geschützt ist.

Für die Initialisierung des Teilnehmers bei der Bank ist die Übermittlung der öffentlichen Schlüssel des Teilnehmers an das Banksystem erforderlich. Hierfür übermittelt der Teilnehmer der Bank seine öffentlichen Schlüssel auf zwei voneinander unabhängigen Kommunikationswegen:

- Über die EBICS-Anbindung mittels der hierfür vorgesehenen systembedingten Auftragsarten.
- Mit einem vom Kontoinhaber oder einem Kontobevollmächtigten unterschriebenen Initialisierungsbrief.

Für die Freischaltung des Teilnehmers überprüft die Bank auf Basis der vom Kontoinhaber oder einem Kontobevollmächtigten unterschriebenen Initialisierungsbriefe die Authentizität der über EBICS übermittelten öffentlichen Teilnehmerschlüssel.

Zu jedem öffentlichen Teilnehmerschlüssel enthält der Initialisierungsbrief die folgenden Daten:

- Verwendungszweck des öffentlichen Teilnehmerschlüssels
- Elektronische Unterschrift
- Authentifikationssignatur
- Verschlüsselung
- Die jeweils unterstützte Version pro Schlüsselpaar
- Längenangabe des Exponenten
- Exponent des öffentlichen Schlüssels in hexadezimaler Darstellung
- Längenangabe des Modulus
- Modulus des öffentlichen Schlüssels in hexadezimaler Darstellung
- Hashwert des öffentlichen Schlüssels in hexadezimaler Darstellung

Die Bank prüft die Unterschrift des Kontoinhabers beziehungsweise des Kontobevollmächtigten auf dem Initialisierungsbrief sowie die Übereinstimmung zwischen den über die EBICS-Anbindung und den schriftlich übermittelten Hashwerten des öffentlichen Schlüssels des Teilnehmers. Bei positivem Prüfergebnis schaltet die Bank den betreffenden Teilnehmer für die vereinbarten Auftragsarten frei.

2.3 Initialisierung der bankseitigen Schlüssel

Der Teilnehmer holt den öffentlichen Schlüssel der Bank mittels einer eigens dafür vorgesehenen systembedingten Auftragsart ab.

Der Hashwert des öffentlichen Bankschlüssels wird von der Bank zusätzlich über einen zweiten, mit dem Kunden gesondert vereinbarten Kommunikationsweg bereitgestellt.

Vor dem ersten Einsatz von EBICS hat der Teilnehmer die Echtheit der ihm per Datenfernübertragung übermittelten öffentlichen Bankschlüssel dadurch zu überprüfen, dass er deren Hashwerte mit den Hashwerten vergleicht, die von der Bank über den gesondert vereinbarten Kommunikationsweg mitgeteilt wurden.

Der Kunde muss gewährleisten, dass eine Software eingesetzt wird, die die Gültigkeit der im Rahmen der Transportverschlüsselung eingesetzten Serverzertifikate anhand des von der Bank gesondert mitgeteilten Zertifizierungspfades überprüft.

3 Besondere Sorgfaltspflichten bei Erzeugung von Legitimations- und Sicherungsmedien durch den Kunden

Soweit der Kunde seine Legitimations- und Sicherungsmedien nach den Vorgaben der EBICS-Spezifikation selbst erzeugt und er diese bei seiner Bank initialisiert, hat er Folgendes sicherzustellen: 3

- In allen Phasen der Authentifizierung, inklusive Anzeige, Übermittlung und Speicherung sind Vertraulichkeit und Integrität des Legitimationsmediums zu gewährleisten.
- Private Teilnehmerschlüssel auf den Legitimations- und Sicherungsmedien dürfen nicht im Klartext abgespeichert werden.
- Spätestens nach fünfmaliger Fehleingabe des Passwortes wird das Legitimationsmedium gesperrt.
- Die Generierung der privaten und öffentlichen Teilnehmerschlüssel muss in einer sicheren Umgebung erfolgen.
- Die Legitimations- und Sicherungsmedien sind ausschließlich und eindeutig dem Teilnehmer zuzuordnen und zu verwenden.

4 Auftragserteilung an die Bank

Der Nutzer überprüft die Auftragsdaten auf ihre Richtigkeit und stellt sicher, dass genau diese Daten elektronisch unterschrieben werden. Bei Aufnahme der Kommunikation werden seitens der Bank zuerst teilnehmerbezogene Berechtigungsprüfungen durchgeführt, wie etwa die Auftragsartberechtigung oder gegebenenfalls vereinbarte Limitprüfungen. Die Ergebnisse weiterer bankfachlicher Prüfungen wie beispielsweise Limitprüfungen oder Kontoberechtigungsprüfungen werden dem Kunden im Kundenprotokoll zu einem späteren Zeitpunkt mitgeteilt. Auftragsdaten, die an das Banksystem übermittelt werden, können wie folgt autorisiert werden:

1. Alle erforderlichen bankfachlichen EU werden zusammen mit den Auftragsdaten übertragen.
2. Sofern mit dem Kunden für die jeweilige Auftragsart die Verteilte Elektronische Unterschrift (VEU) vereinbart wurde und die übermittelten EU für die bankfachliche Freigabe nicht ausreichen, wird der Auftrag bis zur Abgabe aller erforderlichen EU im Banksystem gespeichert.
3. Soweit Kunde und Bank vereinbaren, dass die Autorisierung von per DFÜ übermittelten Auftragsdaten mittels gesondert übermittelten Begleitzettels/Sammelauftrags erfolgen kann, ist an Stelle der bankfachlichen EU des Nutzers eine Transportunterschrift (Typ „T") für die technische Absicherung der Auftragsdaten zu leisten. Hierfür ist die Datei mit einer speziellen Kennung zu versehen, die angibt, dass es außer der Transportunterschrift (Typ „T") keine weitere EU für diesen Auftrag gibt. Die Freigabe des Auftrags erfolgt nach erfolgreicher Prüfung der Unterschrift des Nutzers auf dem Begleitzettel/Sammelauftrag durch die Bank.

4.1 Auftragserteilung mittels Verteilter Elektronischer Unterschrift (VEU)

Die Art und Weise, wie die Verteilte Elektronische Unterschrift durch den Kunden genutzt wird, muss mit der Bank vereinbart werden.

Die Verteilte Elektronische Unterschrift (VEU) ist dann einzusetzen, wenn die Autorisierung von Aufträgen unabhängig vom Transport der Auftragsdaten und gegebenenfalls auch durch mehrere Teilnehmer erfolgen soll.

Solange noch nicht alle zur Autorisierung erforderlichen bankfachlichen EU vorliegen, kann der Auftrag von einem hierzu berechtigten Nutzer gelöscht werden. Soweit der Auftrag vollständig autorisiert wurde, ist nur noch ein Rückruf gemäß Nummer 9 der Bedingungen für die Datenfernübertragung möglich.

Die Bank ist dazu berechtigt, nicht vollständig autorisierte Aufträge nach Ablauf des von der Bank gesondert mitgeteilten Zeitlimits zu löschen.

4.2 Legitimationsprüfung durch die Bank

Per DFÜ eingelieferte Auftragsdaten werden als Auftrag durch die Bank erst dann ausgeführt, wenn die erforderlichen bankfachlichen EU beziehungsweise der unterschriebene Begleitzettel/Sammelauftrag eingegangen sind und mit positivem Ergebnis geprüft wurden.

4.3 Kundenprotokolle

Die Bank dokumentiert in Kundenprotokollen die folgenden Vorgänge:

- Übertragung der Auftragsdaten an das Banksystem.
- Übertragung von Informationsdateien von dem Banksystem an das Kundensystem.
- Ergebnis einer jeden Legitimationsprüfung von Aufträgen des Kunden an das Banksystem.
- Weiterverarbeitung von Aufträgen, sofern sie die Unterschriftsprüfung und die Anzeige von Auftragsdaten betreffen.

Der Teilnehmer hat sich durch zeitnahen Abruf des Kundenprotokolls über das Ergebnis der auf Seiten der Bank durchgeführten Prüfungen zu informieren.

Der Teilnehmer hat dieses Protokoll, das inhaltlich den Bestimmungen von Kapitel 10 der Anlage 1b entspricht, zu seinen Unterlagen zu nehmen und auf Anforderung der Bank zur Verfügung zu stellen.

5 Änderung der Teilnehmerschlüssel mit automatischer Freischaltung

Wenn die vom Teilnehmer eingesetzten Legitimations- und Sicherungsmedien in ihrer Gültigkeit zeitlich begrenzt sind, hat der Teilnehmer der Bank die neuen öffentlichen Teilnehmerschlüssel rechtzeitig vor dem Erreichen des Ablaufdatums zu übermitteln. Nach dem Erreichen des Ablaufdatums der alten Schlüssel ist eine Neuinitialisierung vorzunehmen.

47.008 (09/19a)

Wenn der Teilnehmer seine Schlüssel selbst generiert, so hat er zu dem mit der Bank vereinbarten Zeitpunkt die Teilnehmerschlüssel unter Verwendung der dafür vorgesehenen systembedingten Auftragsarten zu erneuern und rechtzeitig vor dem Erreichen des Ablaufdatums der alten Schlüssel zu übermitteln.

Für eine automatische Freischaltung der neuen Schlüssel ohne eine erneute Teilnehmerinitialisierung sind die folgenden Auftragsarten zu nutzen:

- Aktualisierung des öffentlichen bankfachlichen Schlüssels (PUB)

und

- Aktualisierung des öffentlichen Authentifikationsschlüssels und des öffentlichen Verschlüsselungsschlüssels (HCA)

oder alternativ

- Aktualisierung aller drei oben genannter Schlüssel (HCS).

Die Auftragsarten PUB und HCA bzw. HCS sind hierfür mit einer gültigen bankfachlichen EU des Nutzers zu versehen. Nach erfolgreicher Änderung sind nur noch die neuen Schlüssel zu verwenden.

Wenn die Elektronische Unterschrift nicht erfolgreich geprüft werden konnte, wird wie unter Nummer 8 Absatz 3 der Bedingungen für die Datenfernübertragung verfahren.

Die Schlüsseländerung darf erst nach Abarbeitung aller Aufträge erfolgen. Ansonsten sind die noch nicht ausgeführten Aufträge mit dem neuen Schlüssel neu zu erteilen.

6 Sperrung der Teilnehmerschlüssel

Besteht der Verdacht des Missbrauchs der Teilnehmerschlüssel, ist der Teilnehmer dazu verpflichtet, seine Zugangsberechtigung zu allen Banksystemen zu sperren, die den/die kompromittierten Schlüssel verwenden.

Soweit der Teilnehmer über gültige Legitimations- und Sicherungsmedien verfügt, kann er seine Zugangsberechtigung via EBICS-Anbindung sperren. Hierbei wird durch Senden einer Nachricht mit der Auftragsart „SPR" der Zugang für den jeweiligen Teilnehmer, unter dessen User-ID die Nachricht gesendet wird, gesperrt. Nach einer Sperre können bis zu der unter Nummer 2 beschriebenen Neuinitialisierung keine Aufträge von diesem Teilnehmer per EBICS-Anbindung mehr erteilt werden.

Wenn der Teilnehmer nicht mehr über gültige Legitimations- und Sicherungsmedien verfügt, kann er außerhalb des DFÜ-Verfahrens seine Legitimations- und Sicherungsmedien über die von der Bank gesondert bekannt gegebene Sperrfazilität sperren lassen.

Der Kunde kann außerhalb des DFÜ-Verfahrens die Legitimations- und Sicherungsmedien eines Teilnehmers oder den gesamten DFÜ-Zugang über die von der Bank bekannt gegebene Sperrfazilität sperren lassen.

Anlage 1b:

Spezifikation der EBICS-Anbindung

Die Spezifikation ist auf der Webseite www.ebics.de veröffentlicht.

Anlage 1c:

Sicherheitsanforderungen an das EBICS-Kundensystem

Über die in Anlage 1a Nummer 6 beschriebenen Sicherheitsmaßnahmen hinaus sind durch den Kunden folgende Anforderungen zu berücksichtigen:

- Die vom Kunden für das EBICS-Verfahren eingesetzte Software muss die in Anlage 1a beschriebenen Anforderungen erfüllen.
- EBICS-Kundensysteme dürfen nicht ohne Firewall eingesetzt werden. Eine Firewall ist eine Einrichtung, die den gesamten ein- und ausgehenden Nachrichtenverkehr überwacht und nur bekannte oder autorisierte Verbindungen zulässt.
- Es ist ein Virenscanner zu installieren, der regelmäßig mit den neuesten Virendefinitions-Dateien auszustatten ist.
- Das EBICS-Kundensystem ist so einzurichten, dass sich der Teilnehmer vor dessen Nutzung anmelden muss. Die Anmeldung hat als normaler Benutzer und nicht als Administrator, der z. B. berechtigt ist, die Installation von Programmen vorzunehmen, zu erfolgen.
- Die internen IT-Kommunikationswege für unverschlüsselte bankfachliche Daten oder für unverschlüsselte EBICS-Nachrichten sind gegen Abhören und Manipulationen zu schützen.
- Wenn sicherheitsrelevante Updates für das jeweils eingesetzte Betriebssystem und weiterer installierter sicherheitsrelevanter Software-Programme vorliegen, sollten die eingesetzten EBICS-Kundensysteme mit diesen aktualisiert werden.

Die Umsetzung dieser Anforderungen liegt ausschließlich in der Verantwortung des Kunden.

Anlage 2: derzeit nicht besetzt

Anlage 3:

Spezifikation der Datenformate

Die Spezifikation ist auf der Webseite www.ebics.de veröffentlicht. 4

Anmerkungen

1. Rechtsgrundlage. Zur Durchführung des beleglosen Zahlungsverkehrs sind einheitliche Normen für den Austausch von Zahlungsverkehrsdateien erforderlich. Die Kreditwirtschaft hat solche Normen für den Interbankenverkehr – beispielsweise in dem „Abkommen über die Datenfernübertragung zwischen Kunden und Kreditinstituten“ – festgelegt. An diesem Verfahren können aber auch Bankkunden teilnehmen, sofern sie Dateien mit der entsprechenden Dateiformatierung übermittelt. Rechtsgrundlage für das Verhältnis zwischen Kunde und Bank sind die „Bedingungen für Datenfernübertragung“, die einheitlich von nahezu allen privaten Geschäftsbanken in Deutschland verwendet werden. Wie sich aus Ziff. 1 Abs. 1 der Bedingungen ergibt, werden die Bedingungen nur mit Kunden abgeschlossen, die keine Verbraucher iSd § 13 BGB sind.

Die in den Bereichen des Bundesverbandes der Deutschen Volksbanken und Raiffeisenbanken, des Deutschen Sparkassen- und Giroverbandes sowie des Verbandes öffentlicher Banken organisierten Institute verwenden ähnliche Bedingungen, die sich lediglich hinsichtlich der Haftungsregelungen von denen der Privatbanken unterscheiden.

2. Auftragserteilung. Gem. Ziff. 2 Abs. 2 der Bedingungen kann der Auftrag per Datenfernübertragung erteilt werden, sofern dem Nutzer (Zahlungsdiesntnutzer oder sein Bevollmächtigter) entsprechende, vom Institut freigeschaltete Authentifizierungselemente (Legitimationsmedien) zur Verfügung gestellt wurden. Die Anforderungen an diese Medien werden in Anlage 1a festgelegt. Es ist allerdings auch möglich, mit der Bank zu vereinbaren, dass der Auftrag mit einem unterschriebenen Begleitzettel oder einem Sammelauftrag autorisiert wird. Ziff. 3 Abs. 8 ergänzt dies ergänzt die Bestimmungen zur Autorisierung um Details zur Elektronischen Unterschrift und zum Begleitzettel/Sammelauftrag, je nachdem, welches der beiden Elemente als Autorisierung vereinbart worden ist.

Um die mit dem Verfahren verbundenen Rationalisierungseffekte umzusetzen, werden die Aufträge allein auf Grund numerischer Angaben verarbeitet. Dies entspricht § 675r BGB, der ausdrücklich die Ausführung von Zahlungsaufträgen anhand numerischer Angaben vorsieht (vgl dazu Burghardt in Ellenberger/Findeisen/Nobbe/Böger, Kommentar zum Zahlungsverkehrsrecht, § 675r Rn 1 ff). Im beleglosen Verfahren wurde bereits vor Einführung des § 675r BGB zum 31. Oktober 2009 die angegebene Kontonummer nicht mehr mit dem Namen des Empfängers abgeglichen, sondern die Buchung erfolgt allein anhand einer in einschlägiggen Sonderbedingungen vereinbarten Kundenkennungen, wie sich aus Ziff. 3 Abs. 4 der Bedingungen ergibt.

3. Haftungsverteilung. Ziff. 11 der Bedingungen enthält spezielle Haftungsregelungen, die sich am Gesetz orientieren. Hinsichtlich einer nicht, fehlerhaft oder verspäteten Autorisierung verweisen die Bedingungen in Ziff. 11.1 auf die für die jeweilige Verfahrensart einschlägigen Bedingungen. In Ziff. 11.2.1, der die Haftung des Zahlers bei missbräuchlicher Nutzung eines Zahlungsinstruments regelt, wird von der sich in § 675e Abs. 4 BGB eingeräumten Möglichkeit Gebrauch gemacht, im Verhältnis zu Unternehmern von einzelnen gesetzlichen Regelungen des Rechts der Zahlungsdienste abzuweichen. Deshalb wird § 675v BGB ausdrücklich abgeschlossen.Foglich haftet der Kunde im Falle eines Mißbrauchs für alle Formen des Verschuldens, während nach den gesetzlichen Regelungen die Haftung auf den gesamten Schaden mindestens grobe Fahrlässigkeit voraussetzt. Damit kommen hier auch die Haftungseinschränkungen des Zahlers gem. § 675v Abs. 4 BGB für den Fall des Erfordernisses einer „starken Kundenauthentifizierung“ gem. § 1 Abs. 24 ZAG nicht in Betracht.

2. Bedingungen für den Überweisungsverkehr

Nähere Angaben zur Bank sind im „Preis- und Leistungsverzeichnis" enthalten.

Bedingungen für den Überweisungsverkehr

Für die Ausführung von Überweisungsaufträgen von Kunden gelten die folgenden Bedingungen.

1 Allgemein

1.1 Wesentliche Merkmale der Überweisung einschließlich des Dauerauftrags

Der Kunde kann die Bank beauftragen, durch eine Überweisung Geldbeträge bargeldlos zugunsten eines Zahlungsempfängers an den Zahlungsdienstleister des Zahlungsempfängers zu übermitteln. Der Kunde kann die Bank auch beauftragen, jeweils zu einem bestimmten wiederkehrenden Termin einen gleich bleibenden Geldbetrag an das gleiche Konto des Zahlungsempfängers zu überweisen (Dauerauftrag).

1.2 Kundenkennungen

Für das Verfahren hat der Kunde folgende Kundenkennung des Zahlungsempfängers zu verwenden:

Zielgebiet	Währung	Kundenkennung des Zahlungsempfängers
Inland	Euro	• IBAN[1]
Grenzüberschreitend innerhalb des Europäischen Wirtschaftsraums[2]	Euro	• IBAN
Inland oder innerhalb des Europäischen Wirtschaftsraums	Andere Währung als Euro	• IBAN und BIC[3] **oder** • Kontonummer und BIC
Außerhalb des Europäischen Wirtschaftsraums	Euro oder andere Währung	• IBAN und BIC **oder** • Kontonummer und BIC

Die für die Ausführung der Überweisung erforderlichen Angaben bestimmen sich nach Nummern 2.1, 3.1.1 und 3.2.1.

1.3 Erteilung des Überweisungsauftrags und Autorisierung

(1) Der Kunde erteilt der Bank einen Überweisungsauftrag mittels eines von der Bank zugelassenen Formulars oder in der mit der Bank anderweitig vereinbarten Art und Weise (zum Beispiel per Online Banking) mit den erforderlichen Angaben gemäß Nummer 2.1 beziehungsweise Nummern 3.1.1 und 3.2.1.
Der Kunde hat auf Leserlichkeit, Vollständigkeit und Richtigkeit der Angaben zu achten. Unleserliche, unvollständige oder fehlerhafte Angaben können zu Verzögerungen und zu Fehlleitungen von Überweisungen führen; daraus können Schäden für den Kunden entstehen. Bei unleserlichen, unvollständigen oder fehlerhaften Angaben kann die Bank die Ausführung ablehnen (siehe auch Nummer 1.7). Hält der Kunde bei der Ausführung der Überweisung besondere Eile für nötig, hat er dies der Bank gesondert mitzuteilen. Bei formularmäßig erteilten Überweisungen muss dies außerhalb des Formulars erfolgen, falls das Formular selbst keine entsprechende Angabe vorsieht.

(2) Der Kunde autorisiert den Überweisungsauftrag durch Unterschrift oder in der anderweitig mit der Bank vereinbarten Art und Weise (zum Beispiel per Online-Banking-PIN/TAN). In dieser Autorisierung ist zugleich die ausdrückliche Zustimmung enthalten, dass die Bank die für die Ausführung der Überweisung notwendigen personenbezogenen Daten des Kunden abruft (aus ihrem Datenbestand), verarbeitet, übermittelt und speichert.

(3) Auf Verlangen des Kunden teilt die Bank vor Ausführung eines einzelnen Überweisungsauftrags die maximale Ausführungsfrist für diesen Zahlungsvorgang sowie die in Rechnung zu stellenden Entgelte und gegebenenfalls deren Aufschlüsselung mit.

(4) Der Kunde ist berechtigt, für die Erteilung des Überweisungsauftrages an die Bank auch einen Zahlungsauslösedienst gemäß § 1 Absatz 33 Zahlungsdiensteaufsichtsgesetz zu nutzen, es sei denn, das Zahlungskonto des Kunden ist für ihn nicht online zugänglich.

1.4 Zugang des Überweisungsauftrags bei der Bank

(1) Der Überweisungsauftrag wird wirksam, wenn er der Bank zugeht. Das gilt auch, wenn der Überweisungsauftrag über einen Zahlungsauslösedienstleister erteilt wird. Der Zugang erfolgt durch den Eingang des Auftrags in den dafür vorgesehenen Empfangsvorrichtungen der Bank (zum Beispiel mit Abgabe in den Geschäftsräumen oder Eingang auf dem Online-Banking-Server der Bank).

(2) Fällt der Zeitpunkt des Eingangs des Überweisungsauftrags nach Absatz 1 Satz 3 nicht auf einen Geschäftstag der Bank gemäß „Preis- und Leistungsverzeichnis", so gilt der Überweisungsauftrag erst am darauf folgenden Geschäftstag als zugegangen.

(3) Geht der Überweisungsauftrag nach dem an der Empfangsvorrichtung der Bank oder im „Preis- und Leistungsverzeichnis" angegebenen Annahmezeitpunkt ein, so gilt der Überweisungsauftrag im Hinblick auf die Bestimmung der Ausführungsfrist (siehe Nummer 2.2.2) erst als am darauf folgenden Geschäftstag zugegangen.

1.5 Widerruf des Überweisungsauftrags

(1) Bis zum Zugang des Überweisungsauftrags bei der Bank (siehe Nummer 1.4 Absätze 1 und 2) kann der Kunde diesen durch Erklärung gegenüber der Bank widerrufen. Nach dem Zugang des Überweisungsauftrags ist vorbehaltlich der Absätze 2 und 3 ein Widerruf nicht mehr möglich. Nutzt der Kunde für die Erteilung seines Überweisungsauftrags einen Zahlungsauslösedienstleister, so kann er den Überweisungsauftrag abweichend von Satz 1 nicht mehr gegenüber der Bank widerrufen, nachdem er dem Zahlungsauslösedienstleister die Zustimmung zur Auslösung der Überweisung erteilt hat.

(2) Haben Bank und Kunde einen bestimmten Termin für die Ausführung der Überweisung vereinbart (siehe Nummer 2.2.2 Absatz 2), kann der Kunde die Überweisung beziehungsweise den Dauerauftrag (siehe Nummer 1.1) bis zum Ende des vor dem vereinbarten Tag liegenden Geschäftstags der Bank widerrufen. Die Geschäftstage der Bank ergeben sich aus dem „Preis- und Leistungsverzeichnis". Nach dem rechtzeitigen Zugang des Widerrufs eines Dauerauftrags bei der Bank werden keine weiteren Überweisungen mehr aufgrund des bisherigen Dauerauftrags ausgeführt.

(3) Nach den in Absätzen 1 und 2 genannten Zeitpunkten kann der Überweisungsauftrag nur widerrufen werden, wenn Kunde und Bank dies vereinbart haben. Die Vereinbarung wird wirksam, wenn es der Bank gelingt, die Ausführung zu verhindern oder den Überweisungsbetrag zurück zu erlangen. Nutzt der Kunde für die Erteilung seines Überweisungsauftrags einen Zahlungsauslösedienstleister, bedarf es ergänzend der Zustimmung des Zahlungsauslösedienstleisters und

[1] International Bank Account Number (Internationale Bankkontonummer).
[2] EWR = Europäischer Wirtschaftsraum. Hierzu gehören derzeit die EU-Staaten Belgien, Bulgarien, Dänemark, Deutschland, Estland, Finnland, Frankreich (einschließlich Französisch-Guayana, Guadeloupe, Martinique, Mayotte, Réunion), Griechenland, Irland, Italien, Kroatien, Lettland, Litauen, Luxemburg, Malta, Niederlande, Österreich, Polen, Portugal, Rumänien, Schweden, Slowakei, Slowenien, Spanien, Tschechische Republik, Ungarn sowie Zypern und die Länder Island, Liechtenstein und Norwegen.
[3] Bank Identifier Code (Bank-Identifizierungscode).

des Zahlungsempfängers. Für die Bearbeitung eines solchen Widerrufs des Kunden berechnet die Bank das im „Preis- und Leistungsverzeichnis" ausgewiesene Entgelt.

1.6 Ausführung des Überweisungsauftrags

(1) Die Bank führt den Überweisungsauftrag des Kunden aus, wenn die zur Ausführung erforderlichen Angaben (siehe Nummern 2.1, 3.1.1 und 3.2.1) in der vereinbarten Art und Weise (siehe Nummer 1.3 Absatz 1) vorliegen, dieser vom Kunden autorisiert ist (siehe Nummer 1.3 Absatz 2) und ein zur Ausführung der Überweisung ausreichendes Guthaben in der Auftragswährung vorhanden oder ein ausreichender Kredit eingeräumt ist (Ausführungsbedingungen).

(2) Die Bank und die weiteren an der Ausführung der Überweisung beteiligten Zahlungsdienstleister sind berechtigt, die Überweisung ausschließlich anhand der vom Kunden angegebenen Kundenkennung des Zahlungsempfängers (siehe Nummer 1.2) auszuführen.

(3) Die Bank unterrichtet den Kunden mindestens einmal monatlich über die Ausführung von Überweisungen auf dem für Kontoinformationen vereinbarten Weg. Mit Kunden, die keine Verbraucher sind, kann die Art und Weise sowie die zeitliche Folge der Unterrichtung gesondert vereinbart werden.

1.7 Ablehnung der Ausführung

(1) Sind die Ausführungsbedingungen (siehe Nummer 1.6 Absatz 1) nicht erfüllt, kann die Bank die Ausführung des Überweisungsauftrags ablehnen. Hierüber wird die Bank den Kunden unverzüglich, auf jeden Fall aber innerhalb der in Nummer 2.2.1 beziehungsweise 3.1.2 und 3.2.2 vereinbarten Frist, unterrichten. Dies kann auch auf dem für Kontoinformationen vereinbarten Weg geschehen. Dabei wird die Bank, soweit möglich, die Gründe der Ablehnung sowie die Möglichkeiten angeben, wie Fehler, die zur Ablehnung geführt haben, berichtigt werden können.

(2) Ist eine vom Kunden angegebene Kundenkennung für die Bank erkennbar keinem Zahlungsempfänger, keinem Zahlungskonto oder keinem Zahlungsdienstleister des Zahlungsempfängers zuzuordnen, wird die Bank dem Kunden hierüber unverzüglich eine Information zur Verfügung stellen und ihm gegebenenfalls den Überweisungsbetrag wieder herausgeben.

(3) Für die berechtigte Ablehnung der Ausführung eines autorisierten Überweisungsauftrags berechnet die Bank das im „Preis- und Leistungsverzeichnis" ausgewiesene Entgelt.

1.8 Übermittlung der Überweisungsdaten

Im Rahmen der Ausführung der Überweisung übermittelt die Bank die in der Überweisung enthaltenen Daten (Überweisungsdaten) unmittelbar oder unter Beteiligung zwischengeschalteter Stellen an den Zahlungsdienstleister des Zahlungsempfängers. Der Zahlungsdienstleister des Zahlungsempfängers kann dem Zahlungsempfänger die Überweisungsdaten, zu denen auch die IBAN des Zahlers gehört, ganz oder teilweise zur Verfügung stellen.

Bei grenzüberschreitenden Überweisungen und bei Eilüberweisungen im Inland können die Überweisungsdaten auch über das Nachrichtenübermittlungssystem Society for Worldwide Interbank Financial Telecommunication (SWIFT) mit Sitz in Belgien an den Zahlungsdienstleister des Zahlungsempfängers weitergeleitet werden. Aus Gründen der Systemsicherheit speichert SWIFT die Überweisungsdaten vorübergehend in seinen Rechenzentren in der Europäischen Union, in der Schweiz und in den USA.

1.9 Anzeige nicht autorisierter oder fehlerhaft ausgeführter Überweisungen

Der Kunde hat die Bank unverzüglich nach Feststellung eines nicht autorisierten oder fehlerhaft ausgeführten Überweisungsauftrags zu unterrichten. Dies gilt auch im Fall der Beteiligung eines Zahlungsauslösedienstleisters.

1.10 Entgelte und deren Änderung

1.10.1 Entgelte für Verbraucher

Die Entgelte im Überweisungsverkehr ergeben sich aus dem „Preis- und Leistungsverzeichnis".

Änderungen der Entgelte im Überweisungsverkehr werden dem Kunden spätestens zwei Monate vor dem Zeitpunkt ihres Wirksamwerdens in Textform angeboten. Hat der Kunde mit der Bank im Rahmen der Geschäftsbeziehung einen elektronischen Kommunikationsweg vereinbart, können die Änderungen auch auf diesem Wege angeboten werden. Die von der Bank angebotenen Änderungen werden nur wirksam, wenn der Kunde diese annimmt. Eine Vereinbarung über die Änderung eines Entgelts, das auf eine über die Hauptleistung hinausgehende Zahlung des Kunden gerichtet ist, kann die Bank mit dem Kunden nur ausdrücklich treffen.

Die Änderung von Entgelten für den Zahlungsdiensterahmenvertrag (Girovertrag) richtet sich nach Nummer 12 Absatz 5 der Allgemeinen Geschäftsbedingungen.

1.10.2 Entgelte für Kunden, die keine Verbraucher sind

Bei Entgelten und deren Änderung für Überweisungen von Kunden, die keine Verbraucher sind, verbleibt es bei den Regelungen in Nummer 12 Absätze 2 bis 6 der Allgemeinen Geschäftsbedingungen.

1.11 Wechselkurs

Erteilt der Kunde einen Überweisungsauftrag in einer anderen Währung als der Kontowährung, wird das Konto gleichwohl in der Kontowährung belastet. Die Bestimmung des Wechselkurses bei solchen Überweisungen ergibt sich aus der Umrechnungsregelung im „Preis- und Leistungsverzeichnis".

Eine Änderung des in der Umrechnungsregelung genannten Referenzwechselkurses wird unmittelbar und ohne vorherige Benachrichtigung des Kunden wirksam. Der Referenzwechselkurs wird von der Bank zugänglich gemacht oder stammt aus einer öffentlich zugänglichen Quelle.

1.12 Meldepflichten nach Außenwirtschaftsrecht

Der Kunde hat die Meldepflichten nach dem Außenwirtschaftsrecht zu beachten.

2 Überweisungen innerhalb Deutschlands und in andere Staaten des Europäischen Wirtschaftsraums[4] (EWR) in Euro oder in anderen EWR-Währungen[5]

2.1 Erforderliche Angaben

Der Kunde muss im Überweisungsauftrag folgende Angaben machen:

- Name des Zahlungsempfängers,
- Kundenkennung des Zahlungsempfängers (siehe Nummer 1.2), ist bei Überweisungen in anderen EWR-Währungen als Euro der BIC unbekannt, ist stattdessen der vollständige Name und die Adresse des Zahlungsdienstleisters des Zahlungsempfängers anzugeben,
- Währung (gegebenenfalls in Kurzform gemäß Anlage 1),
- Betrag,
- Name des Kunden,
- IBAN des Kunden,
- und bei grenzüberschreitenden Überweisungen die Entgeltweisung „Entgeltteilung" zwischen Kunde und Zahlungsempfänger.

2.2 Maximale Ausführungsfrist

2.2.1 Fristlänge

Die Bank ist verpflichtet sicherzustellen, dass der Überweisungsbetrag spätestens innerhalb der im „Preis- und Leistungsverzeichnis" angegebenen Ausführungsfrist beim Zahlungsdienstleister des Zahlungsempfängers eingeht.

2.2.2 Beginn der Ausführungsfrist

(1) Die Ausführungsfrist beginnt mit dem Zeitpunkt des Zugangs des Überweisungsauftrags des Kunden bei der Bank (siehe Nummer 1.4).

(2) Vereinbaren die Bank und der Kunde, dass die Ausführung der Überweisung an einem bestimmten Tag oder am Ende eines bestimmten Zeitraums oder an dem Tag, an dem der Kunde der Bank den zur Ausführung erforderlichen Geldbetrag in der Auftragswährung zur Verfügung gestellt hat, beginnen soll, so ist der im Auftrag angegebene oder anderweitig vereinbarte Termin für den Beginn der Ausführungsfrist maßgeblich. Fällt der vereinbarte Termin nicht auf einen Geschäftstag der

48.001 (09/21)

[4] Siehe Fußnote 2.

[5] Zu den EWR-Währungen gehören derzeit: Euro, Bulgarischer Lew, Dänische Krone, Isländische Krone, Kroatischer Kuna, Norwegische Krone, Polnischer Zloty, Rumänischer Leu, Schwedische Krone, Schweizer Franken, Tschechische Krone, Ungarischer Forint.

Bank, so beginnt die Ausführungsfrist am darauf folgenden Geschäftstag. Die Geschäftstage der Bank ergeben sich aus dem „Preis- und Leistungsverzeichnis".

(3) Bei Überweisungsaufträgen in einer vom Konto des Kunden abweichenden Währung beginnt die Ausführungsfrist erst an dem Tag, an dem der Überweisungsbetrag in der Auftragswährung vorliegt.

2.3 Erstattungs-, Berichtigungs- und Schadensersatzansprüche des Kunden

2.3.1 Erstattung bei einer nicht autorisierten Überweisung

Im Fall einer nicht autorisierten Überweisung (siehe Nummer 1.3 Absatz 2) hat die Bank gegen den Kunden keinen Anspruch auf Erstattung ihrer Aufwendungen. Sie ist verpflichtet, dem Kunden den Überweisungsbetrag zu erstatten und, sofern der Betrag einem Konto des Kunden belastet worden ist, dieses Konto wieder auf den Stand zu bringen, auf dem es sich ohne die Belastung mit der nicht autorisierten Überweisung befunden hätte. Diese Verpflichtung ist spätestens bis zum Ende des Geschäftstags gemäß „Preis- und Leistungsverzeichnis" zu erfüllen, der auf den Tag folgt, an welchem der Bank angezeigt wurde, dass die Überweisung nicht autorisiert ist oder die Bank auf andere Weise davon Kenntnis erhalten hat. Hat die Bank einer zuständigen Behörde berechtigte Gründe für den Verdacht, dass ein betrügerisches Verhalten des Kunden vorliegt, schriftlich mitgeteilt, hat die Bank ihre Verpflichtung aus Satz 2 unverzüglich zu prüfen und zu erfüllen, wenn sich der Betrugsverdacht nicht bestätigt. Wurde die Überweisung über einen Zahlungsauslösedienstleister ausgelöst, so treffen die Pflichten aus den Sätzen 2 bis 4 die Bank.

2.3.2 Ansprüche bei nicht erfolgter, fehlerhafter oder verspäteter Ausführung einer autorisierten Überweisung

(1) Im Fall einer nicht erfolgten oder fehlerhaften Ausführung einer autorisierten Überweisung kann der Kunde von der Bank die unverzügliche und ungekürzte Erstattung des Überweisungsbetrages insoweit verlangen, als die Zahlung nicht erfolgt oder fehlerhaft war. Wurde der Betrag dem Konto des Kunden belastet, bringt die Bank dieses wieder auf den Stand, auf dem es sich ohne den nicht erfolgten oder fehlerhaft ausgeführten Zahlungsvorgang befunden hätte. Wird eine Überweisung vom Kunden über einen Zahlungsauslösedienstleister ausgelöst, so treffen die Pflichten aus den Sätzen 1 und 2 die Bank. Soweit vom Überweisungsbetrag von der Bank oder zwischengeschalteten Stellen Entgelte abgezogen worden sein sollten, übermittelt die Bank zugunsten des Zahlungsempfängers unverzüglich den abgezogenen Betrag.

(2) Der Kunde kann über den Absatz 1 hinaus von der Bank die Erstattung derjenigen Entgelte und Zinsen insoweit verlangen, als ihm diese im Zusammenhang mit der nicht erfolgten oder fehlerhaften Ausführung der Überweisung in Rechnung gestellt oder auf seinem Konto belastet wurden.

(3) Im Fall einer verspäteten Ausführung einer autorisierten Überweisung kann der Kunde von der Bank fordern, dass die Bank vom Zahlungsdienstleister des Zahlungsempfängers verlangt, die Gutschrift des Zahlungsbetrags auf dem Zahlungskonto des Zahlungsempfängers so vorzunehmen, als sei die Überweisung ordnungsgemäß ausgeführt worden. Die Pflicht aus Satz 1 gilt auch, wenn die Überweisung vom Kunden über einen Zahlungsauslösedienstleister ausgelöst wird. Weist die Bank nach, dass der Zahlungsbetrag rechtzeitig beim Zahlungsdienstleister des Zahlungsempfängers eingegangen ist, entfällt diese Pflicht. Die Pflicht nach Satz 1 gilt nicht, wenn der Kunde kein Verbraucher ist.

(4) Wurde eine Überweisung nicht oder fehlerhaft ausgeführt, wird die Bank auf Verlangen des Kunden den Zahlungsvorgang nachvollziehen und den Kunden über das Ergebnis unterrichten.

2.3.3 Schadensersatz wegen Pflichtverletzung

(1) Bei nicht erfolgter, fehlerhafter oder verspäteter Ausführung einer autorisierten Überweisung oder bei einer nicht autorisierten Überweisung kann der Kunde von der Bank einen Schaden, der nicht bereits von den Nummern 2.3.1 und 2.3.2 erfasst ist, ersetzt verlangen. Dies gilt nicht, wenn die Bank die Pflichtverletzung nicht zu vertreten hat. Die Bank hat hierbei ein Verschulden, das einer zwischengeschalteten Stelle zur Last fällt, wie eigenes Verschulden zu vertreten, es sei denn, dass die wesentliche Ursache bei einer zwischengeschalteten Stelle liegt, die der Kunde vorgegeben hat. Hat der Kunde durch ein schuldhaftes Verhalten zu der Entstehung eines Schadens beigetragen, bestimmt sich nach den Grundsätzen des Mitverschuldens, in welchem Umfang Bank und Kunde den Schaden zu tragen haben.

(2) Die Haftung nach Absatz 1 ist auf 12.500 Euro begrenzt. Diese betragsmäßige Haftungsgrenze gilt nicht

- für nicht autorisierte Überweisungen,
- bei Vorsatz oder grober Fahrlässigkeit der Bank,
- für Gefahren, die die Bank besonders übernommen hat, und
- für den Zinsschaden, wenn der Kunde Verbraucher ist.

2.3.4 Ansprüche von Kunden, die keine Verbraucher sind

Abweichend von den Ansprüchen in Nummer 2.3.2 und in Nummer 2.3.3 haben Kunden, die keine Verbraucher sind, bei einer nicht erfolgten, fehlerhaft oder verspätet ausgeführten autorisierten Überweisung oder bei einer nicht autorisierten Überweisung neben etwaigen Herausgabeansprüchen nach § 667 BGB und §§ 812 ff. BGB lediglich Schadensersatzansprüche nach Maßgabe folgender Regelungen:

– Die Bank haftet für eigenes Verschulden. Hat der Kunde durch ein schuldhaftes Verhalten zu der Entstehung eines Schadens beigetragen, bestimmt sich nach den Grundsätzen des Mitverschuldens, in welchem Umfang Bank und Kunde den Schaden zu tragen haben.

– Für das Verschulden der von der Bank zwischengeschalteten Stellen haftet die Bank nicht. In diesen Fällen beschränkt sich die Haftung der Bank auf die sorgfältige Auswahl und Unterweisung der ersten zwischengeschalteten Stelle (weitergeleiteter Auftrag).

– Ein Schadensersatzspruch des Kunden ist der Höhe nach auf den Überweisungsbetrag zuzüglich der von der Bank in Rechnung gestellten Entgelte und Zinsen begrenzt. Soweit es sich hierbei um die Geltendmachung von Folgeschäden handelt, ist der Anspruch auf höchstens 12.500 Euro je Überweisung begrenzt. Diese Haftungsbeschränkungen gelten nicht für Vorsatz oder grobe Fahrlässigkeit der Bank und für Gefahren, die die Bank besonders übernommen hat, sowie für nicht autorisierte Überweisungen.

2.3.5 Haftungs- und Einwendungsausschluss

(1) Eine Haftung der Bank nach Nummern 2.3.2 bis 2.3.4 ist in folgenden Fällen ausgeschlossen:

- Die Bank weist gegenüber dem Kunden nach, dass der Überweisungsbetrag rechtzeitig und ungekürzt beim Zahlungsdienstleister des Zahlungsempfängers eingegangen ist.
- Die Überweisung wurde in Übereinstimmung mit der vom Kunden angegebenen fehlerhaften Kundenkennung des Zahlungsempfängers (siehe Nummer 1.2) ausgeführt. In diesem Fall kann der Kunde von der Bank jedoch verlangen, dass sie sich im Rahmen ihrer Möglichkeiten darum bemüht, den Zahlungsbetrag wiederzuerlangen. Ist die Wiedererlangung des Überweisungsbetrags nicht möglich, so ist die Bank verpflichtet, dem Kunden auf schriftlichen Antrag alle verfügbaren Informationen mitzuteilen, damit der Kunde gegen den tatsächlichen Empfänger der Überweisung einen Anspruch auf Erstattung des Überweisungsbetrags geltend machen kann. Für die Tätigkeiten der Bank nach den Sätzen 2 und 3 dieses Unterpunkts berechnet die Bank das im „Preis- und Leistungsverzeichnis" ausgewiesene Entgelt.

(2) Ansprüche des Kunden nach Nummern 2.3.1 bis 2.3.4 und Einwendungen des Kunden gegen die Bank aufgrund nicht oder fehlerhaft ausgeführter Überweisungen oder aufgrund nicht autorisierter Überweisungen sind ausgeschlossen, wenn der Kunde die Bank nicht spätestens 13 Monate nach dem Tag der Belastung mit einer nicht autorisierten oder fehlerhaft ausgeführten Überweisung hiervon unterrichtet hat. Der Lauf der Frist beginnt nur, wenn die Bank den Kunden über die Belastungsbuchung der Überweisung entsprechend dem für Kontoinformationen vereinbarten Weg spätestens innerhalb eines Monats nach der Belastungsbuchung unterrichtet hat; anderenfalls ist für den Fristbeginn der Tag der Unterrichtung maßgeblich. Schadensersatzansprüche nach Nummer 2.3.3 kann der Kunde auch nach Ablauf der Frist in Satz 1 geltend machen, wenn er ohne Verschulden an der Einhaltung dieser Frist verhindert war. Die Sätze 1 bis 3 gelten auch dann, wenn der Kunde die Überweisung über einen Zahlungsauslösedienstleister auslöst.

(3) Ansprüche des Kunden sind ausgeschlossen, wenn die einen Anspruch begründenden Umstände

- auf einem ungewöhnlichen und unvorhersehbaren Ereignis beruhen, auf das die Bank keinen Einfluss hat und dessen Folgen trotz Anwendung der gebotenen Sorgfalt nicht hätten vermieden werden können, oder
- von der Bank aufgrund einer gesetzlichen Verpflichtung herbeigeführt wurden.

48.001 (09/21) 3

3 Überweisungen innerhalb Deutschlands und in andere Staaten des Europäischen Wirtschaftsraums (EWR)[6] in Währungen eines Staates außerhalb des EWR (Drittstaatenwährung)[7] sowie Überweisungen in Staaten außerhalb des EWR (Drittstaaten)[8]

3.1 Überweisungen innerhalb Deutschlands und in andere Staaten des Europäischen Wirtschaftsraums (EWR) in Währungen eines Staates außerhalb des EWR (Drittstaatenwährung)

3.1.1 Erforderliche Angaben

Der Kunde muss für die Ausführung der Überweisung folgende Angaben machen:

- Name des Zahlungsempfängers,
- Kundenkennung des Zahlungsempfängers (siehe Nummer 1.2); ist bei grenzüberschreitenden Überweisungen der BIC unbekannt, ist stattdessen der vollständige Name und die Adresse des Zahlungsdienstleisters des Zahlungsempfängers anzugeben,
- Zielland (gegebenenfalls in Kurzform gemäß Anlage 1),
- Währung (gegebenenfalls in Kurzform gemäß Anlage 1),
- Betrag,
- Name des Kunden,
- Kontonummer und Bankleitzahl oder IBAN des Kunden.

3.1.2 Ausführungsfrist

Die Überweisungen werden baldmöglichst bewirkt.

3.1.3 Erstattungs-, Berichtigungs- und Schadensersatzansprüche des Kunden

3.1.3.1 Erstattung bei einer nicht autorisierten Überweisung

Im Fall einer nicht autorisierten Überweisung (siehe Nummer 1.3 Absatz 2) hat die Bank gegen den Kunden keinen Anspruch auf Erstattung ihrer Aufwendungen. Sie ist verpflichtet, dem Kunden den Zahlungsbetrag zu erstatten und, sofern der Betrag einem Konto des Kunden belastet worden ist, dieses Konto wieder auf den Stand zu bringen, auf dem es sich ohne die Belastung durch die nicht autorisierte Überweisung befunden hätte.

Diese Verpflichtung ist spätestens bis zum Ende des Geschäftstags gemäß „Preis- und Leistungsverzeichnis" zu erfüllen, der auf den Tag folgt, an welchem der Bank angezeigt wurde, dass die Überweisung nicht autorisiert ist oder die Bank auf andere Weise davon Kenntnis erhalten hat. Hat die Bank einer zuständigen Behörde berechtigte Gründe für den Verdacht, dass ein betrügerisches Verhalten des Kunden vorliegt, schriftlich mitgeteilt, hat die Bank ihre Verpflichtung aus Satz 2 unverzüglich zu prüfen und zu erfüllen, wenn sich der Betrugsverdacht nicht bestätigt. Wurde die Überweisung über einen Zahlungsauslösedienstleister ausgelöst, so treffen die Pflichten aus den Sätzen 2 bis 4 die Bank.

3.1.3.2 Ansprüche bei nicht erfolgter, fehlerhafter oder verspäteter Ausführung einer autorisierten Überweisung

(1) Im Fall einer nicht erfolgten oder fehlerhaften Ausführung einer autorisierten Überweisung kann der Kunde von der Bank die unverzügliche und ungekürzte Erstattung des Überweisungsbetrags insoweit verlangen, als die Zahlung nicht erfolgt oder fehlerhaft war. Wurde der Betrag dem Konto des Kunden belastet, bringt die Bank dieses wieder auf den Stand, auf dem es sich ohne den nicht erfolgten oder fehlerhaft ausgeführten Zahlungsvorgang befunden hätte. Wird eine Überweisung vom Kunden über einen Zahlungsauslösedienstleister ausgelöst, so treffen die Pflichten aus den Sätzen 1 und 2 die Bank. Soweit vom Überweisungsbetrag von der Bank oder zwischengeschalteten Stellen Entgelte abgezogen worden sein sollten, übermittelt die Bank zugunsten des Zahlungsempfängers unverzüglich den abgezogenen Betrag.

(2) Der Kunde kann über den Absatz 1 hinaus von der Bank die Erstattung derjenigen Entgelte und Zinsen insoweit verlangen, als ihm diese im Zusammenhang mit der nicht erfolgten oder fehlerhaften Ausführung der Überweisung in Rechnung gestellt oder auf seinem Konto belastet wurden.

(3) Im Fall einer verspäteten Ausführung einer autorisierten Überweisung kann der Kunde von der Bank fordern, dass die Bank vom Zahlungsdienstleister des Zahlungsempfängers verlangt, die Gutschrift des Zahlungsbetrags auf dem Zahlungskonto des Zahlungsempfängers so vorzunehmen, als sei die Überweisung ordnungsgemäß ausgeführt worden. Die Pflicht aus Satz 1 gilt auch, wenn die Überweisung vom Kunden über einen Zahlungsauslösedienstleister ausgelöst wird. Weist die Bank nach, dass der Zahlungsbetrag rechtzeitig beim Zahlungsdienstleister des Zahlungsempfängers eingegangen ist, entfällt diese Pflicht. Die Pflicht nach Satz 1 gilt nicht, wenn der Kunde kein Verbraucher ist.

(4) Wurde eine Überweisung nicht oder fehlerhaft ausgeführt, wird die Bank auf Verlangen des Kunden den Zahlungsvorgang nachvollziehen und den Kunden über das Ergebnis unterrichten.

3.1.3.3 Schadensersatz wegen Pflichtverletzung

(1) Bei nicht erfolgter, fehlerhafter oder verspäteter Ausführung einer autorisierten Überweisung oder bei einer nicht autorisierten Überweisung kann der Kunde von der Bank einen Schaden, der nicht bereits von Nummern 3.1.3.1 und 3.1.3.2 erfasst ist, ersetzt verlangen. Dies gilt nicht, wenn die Bank die Pflichtverletzung nicht zu vertreten hat. Die Bank hat hierbei ein Verschulden, das einer zwischengeschalteten Stelle zur Last fällt, wie eigenes Verschulden zu vertreten, es sei denn, dass die wesentliche Ursache bei einer zwischengeschalteten Stelle liegt, die der Kunde vorgegeben hat. Hat der Kunde durch ein schuldhaftes Verhalten zu der Entstehung eines Schadens beigetragen, bestimmt sich nach den Grundsätzen des Mitverschuldens, in welchem Umfang Bank und Kunde den Schaden zu tragen haben.

(2) Die Haftung nach Absatz 1 ist auf 12.500 Euro begrenzt. Diese betragsmäßige Haftungsgrenze gilt nicht

- für nicht autorisierte Überweisungen,
- bei Vorsatz oder grober Fahrlässigkeit der Bank,
- für Gefahren, die die Bank besonders übernommen hat, und
- für den Zinsschaden, wenn der Kunde Verbraucher ist.

3.1.3.4 Sonderregelung für die außerhalb des EWR getätigten Bestandteile der Überweisung

Für die außerhalb des EWR getätigten Bestandteile der Überweisung bestehen abweichend von den Ansprüchen in Nummern 3.1.3.2 und 3.1.3.3 bei einer nicht erfolgten, fehlerhaft oder verspätet ausgeführten autorisierten Überweisung neben etwaigen Herausgabeansprüchen nach § 667 BGB und §§ 812 ff. BGB lediglich Schadensersatzansprüche nach Maßgabe folgender Regelungen:

- Die Bank haftet für eigenes Verschulden. Hat der Kunde durch ein schuldhaftes Verhalten zu der Entstehung eines Schadens beigetragen, bestimmt sich nach den Grundsätzen des Mitverschuldens, in welchem Umfang Bank und Kunde den Schaden zu tragen haben.
- Für das Verschulden der von der Bank zwischengeschalteten Stellen haftet die Bank nicht. In diesen Fällen beschränkt sich die Haftung der Bank auf die sorgfältige Auswahl und Unterweisung der ersten zwischengeschalteten Stelle (weitergeleiteter Auftrag).
- Die Haftung der Bank ist auf höchstens 12.500 Euro je Überweisung begrenzt. Diese Haftungsbeschränkung gilt nicht für Vorsatz oder grobe Fahrlässigkeit der Bank und für Gefahren, die die Bank besonders übernommen hat.

3.1.3.5 Ansprüche von Kunden, die keine Verbraucher sind

Abweichend von den Ansprüchen in Nummern 3.1.3.2 und 3.1.3.3 haben Kunden, die keine Verbraucher sind, bei einer nicht erfolgten, fehlerhaft oder verspätet ausgeführten autorisierten Überweisung oder bei einer nicht autorisierten Überweisung neben etwaigen Herausgabeansprüchen nach § 667 BGB und §§ 812 ff. BGB lediglich Schadensersatzansprüche nach Maßgabe folgender Regelungen:

- Die Bank haftet für eigenes Verschulden. Hat der Kunde durch ein schuldhaftes Verhalten zu der Entstehung eines Schadens beigetragen, bestimmt sich nach den Grundsätzen des Mitverschuldens, in welchem Umfang Bank und Kunde den Schaden zu tragen haben.
- Für das Verschulden der von der Bank zwischengeschalteten Stellen haftet die Bank nicht. In diesen Fällen beschränkt sich die Haftung der Bank auf die sorgfältige Auswahl und Unter-

[6] EWR = Europäischer Wirtschaftsraum. Hierzu gehören derzeit die EU-Staaten Belgien, Bulgarien, Dänemark, Deutschland, Estland, Finnland, Frankreich (einschließlich Französisch-Guayana, Guadeloupe, Martinique, Mayotte, Réunion), Griechenland, Irland, Italien, Kroatien, Lettland, Litauen, Luxemburg, Malta, Niederlande, Österreich, Polen, Portugal, Rumänien, Schweden, Slowakei, Slowenien, Spanien, Tschechische Republik, Ungarn sowie Zypern und die Länder Island, Liechtenstein und Norwegen.

[7] Z. B. US-Dollar

[8] Drittstaaten sind alle Staaten außerhalb des Europäischen Wirtschaftsraums (Staaten des Europäischen Wirtschaftsraums derzeit: siehe Fußnote 6).

weisung der ersten zwischengeschalteten Stelle (weitergeleiteter Auftrag).

– Ein Schadensersatzanspruch des Kunden ist der Höhe nach auf den Überweisungsbetrag zuzüglich der von der Bank in Rechnung gestellten Entgelte und Zinsen begrenzt. Soweit es sich hierbei um die Geltendmachung von Folgeschäden handelt, ist der Anspruch auf höchstens 12.500 Euro je Überweisung begrenzt. Diese Haftungsbeschränkungen gelten nicht für Vorsatz oder grobe Fahrlässigkeit der Bank und für Gefahren, die die Bank besonders übernommen hat, sowie für nicht autorisierte Überweisungen.

3.1.3.6 Haftungs- und Einwendungsausschluss

(1) Eine Haftung der Bank nach Nummern 3.1.3.2 bis 3.1.3.5 ist in folgenden Fällen ausgeschlossen:

– Die Bank weist gegenüber dem Kunden nach, dass der Überweisungsbetrag ordnungsgemäß beim Zahlungsdienstleister des Zahlungsempfängers eingegangen ist.

– Die Überweisung wurde in Übereinstimmung mit der vom Kunden angegebenen fehlerhaften Kundenkennung des Zahlungsempfängers (siehe Nummer 1.2) ausgeführt. In diesem Fall kann der Kunde von der Bank jedoch verlangen, dass sie sich im Rahmen ihrer Möglichkeiten darum bemüht, den Zahlungsbetrag wiederzuerlangen. Ist die Wiedererlangung des Überweisungsbetrags nach Satz 2 nicht möglich, so ist die Bank verpflichtet, dem Kunden auf schriftlichen Antrag alle verfügbaren Informationen mitzuteilen, damit der Kunde gegen den tatsächlichen Empfänger der Überweisung einen Anspruch auf Erstattung des Überweisungsbetrags geltend machen kann. Für die Tätigkeiten nach den Sätzen 2 bis 3 dieses Unterpunkts berechnet die Bank das im „Preis- und Leistungsverzeichnis" ausgewiesene Entgelt.

(2) Ansprüche des Kunden nach Nummern 3.1.3.1 bis 3.1.3.5 und Einwendungen des Kunden gegen die Bank aufgrund nicht oder fehlerhaft ausgeführter Überweisungen oder aufgrund nicht autorisierter Überweisungen sind ausgeschlossen, wenn der Kunde die Bank nicht spätestens 13 Monate nach dem Tag der Belastung mit einer nicht autorisierten oder fehlerhaft ausgeführten Überweisung hiervon unterrichtet hat. Der Lauf der Frist beginnt nur, wenn die Bank den Kunden über die Belastungsbuchung der Überweisung entsprechend dem für Kontoinformationen vereinbarten Weg spätestens innerhalb eines Monats nach der Belastungsbuchung unterrichtet hat; anderenfalls ist für den Fristbeginn der Tag der Unterrichtung maßgeblich. Schadensersatzansprüche nach Nummer 3.1.3.3 kann der Kunde auch nach Ablauf der Frist in Satz 1 geltend machen, wenn er ohne Verschulden an der Einhaltung dieser Frist verhindert war. Die Sätze 1 bis 3 gelten auch dann, wenn der Kunde die Überweisung über einen Zahlungsauslösedienstleister auslöst.

(3) Ansprüche des Kunden sind ausgeschlossen, wenn die einen Anspruch begründenden Umstände

– auf einem ungewöhnlichen und unvorhersehbaren Ereignis beruhen, auf das die Bank keinen Einfluss hat und dessen Folgen trotz Anwendung der gebotenen Sorgfalt nicht hätten vermieden werden können, oder

– von der Bank aufgrund einer gesetzlichen Verpflichtung herbeigeführt wurden.

3.2 Überweisungen in Staaten außerhalb des EWR (Drittstaaten)[9]

3.2.1 Erforderliche Angaben

Der Kunde muss für die Ausführung der Überweisung folgende Angaben machen:

– Name des Zahlungsempfängers,

– Kundenkennung des Zahlungsempfängers (siehe Nummer 1.2); ist bei grenzüberschreitenden Überweisungen der BIC unbekannt, ist stattdessen der vollständige Name und die Adresse des Zahlungsdienstleisters des Zahlungsempfängers anzugeben,

– Zielland (gegebenenfalls in Kurzform gemäß Anlage 1),

– Währung (gegebenenfalls in Kurzform gemäß Anlage 1),

– Betrag,

– Name des Kunden,

– Kontonummer und Bankleitzahl oder IBAN des Kunden.

3.2.2 Ausführungsfrist

Die Überweisungen werden baldmöglichst bewirkt.

3.2.3 Erstattungs- und Schadensersatzansprüche des Kunden

3.2.3.1 Erstattung bei einer nicht autorisierten Überweisung

(1) Im Fall einer nicht autorisierten Überweisung (siehe oben Nummer 1.3 Absatz 2) hat die Bank gegen den Kunden keinen Anspruch auf Erstattung ihrer Aufwendungen. Sie ist verpflichtet, dem Kunden den Zahlungsbetrag zu erstatten und, sofern der Betrag einem Konto des Kunden belastet worden ist, dieses Konto wieder auf den Stand zu bringen, auf dem es sich ohne die Belastung durch die nicht autorisierte Überweisung befunden hätte. Diese Verpflichtung ist spätestens bis zum Ende des Geschäftstags gemäß „Preis- und Leistungsverzeichnis" zu erfüllen, der auf den Tag folgt, an welchem der Bank angezeigt wurde, dass die Überweisung nicht autorisiert ist oder die Bank auf andere Weise davon Kenntnis erhalten hat. Hat die Bank einer zuständigen Behörde berechtigte Gründe für den Verdacht, dass ein betrügerisches Verhalten des Kunden vorliegt, schriftlich mitgeteilt, hat die Bank ihre Verpflichtung aus Satz 2 unverzüglich zu prüfen und zu erfüllen, wenn sich der Betrugsverdacht nicht bestätigt. Wurde die Überweisung über einen Zahlungsauslösedienstleister ausgelöst, so treffen die Pflichten aus den Sätzen 2 bis 4 die Bank.

(2) Bei sonstigen Schäden, die aus einer nicht autorisierten Überweisung resultieren, haftet die Bank für eigenes Verschulden. Hat der Kunde durch ein schuldhaftes Verhalten zu der Entstehung eines Schadens beigetragen, bestimmt sich nach den Grundsätzen des Mitverschuldens, in welchem Umfang Bank und Kunde den Schaden zu tragen haben.

3.2.3.2 Haftung bei nicht erfolgter, fehlerhafter oder verspäteter Ausführung einer autorisierten Überweisung

Bei einer nicht erfolgten, fehlerhaft oder verspätet ausgeführten autorisierten Überweisung hat der Kunde neben etwaigen Herausgabeansprüchen nach § 667 BGB und §§ 812 ff. BGB Schadensersatzansprüche nach Maßgabe folgender Regelungen:

– Die Bank haftet für eigenes Verschulden. Hat der Kunde durch ein schuldhaftes Verhalten zu der Entstehung eines Schadens beigetragen, bestimmt sich nach den Grundsätzen des Mitverschuldens, in welchem Umfang Bank und Kunde den Schaden zu tragen haben.

– Für das Verschulden zwischengeschalteter Stellen haftet die Bank nicht. In diesen Fällen beschränkt sich die Haftung der Bank auf die sorgfältige Auswahl und Unterweisung der ersten zwischengeschalteten Stelle (weitergeleiteter Auftrag).

– Die Haftung der Bank ist auf höchstens 12.500 Euro je Überweisung begrenzt. Diese Haftungsbeschränkung gilt nicht für Vorsatz oder grobe Fahrlässigkeit der Bank und für Gefahren, die die Bank besonders übernommen hat.

3.2.3.3 Haftungs- und Einwendungsausschluss

(1) Eine Haftung der Bank nach Nummer 3.2.3.2 ist in folgenden Fällen ausgeschlossen:

– Die Bank weist gegenüber dem Kunden nach, dass der Überweisungsbetrag ordnungsgemäß beim Zahlungsdienstleister des Zahlungsempfängers eingegangen ist.

– Die Überweisung wurde in Übereinstimmung mit der vom Kunden angegebenen fehlerhaften Kundenkennung des Zahlungsempfängers (siehe Nummer 1.2) ausgeführt. In diesem Fall kann der Kunde von der Bank jedoch verlangen, dass sie sich im Rahmen ihrer Möglichkeiten darum bemüht, den Zahlungsbetrag wiederzuerlangen. Für die Tätigkeiten der Bank nach Satz 2 dieses Unterpunkts berechnet die Bank das im „Preis- und Leistungsverzeichnis" ausgewiesene Entgelt.

(2) Ansprüche des Kunden nach Nummern 3.2.3.1 und 3.2.3.2 und Einwendungen des Kunden gegen die Bank aufgrund nicht oder fehlerhaft ausgeführter Überweisungen oder aufgrund nicht autorisierter Überweisungen sind ausgeschlossen, wenn der Kunde die Bank nicht spätestens 13 Monate nach dem Tag der Belastung mit einer nicht autorisierten oder fehlerhaft ausgeführten Überweisung hiervon unterrichtet hat. Der Lauf der Frist beginnt nur, wenn die Bank den Kunden über die Belastungsbuchung der Überweisung entsprechend dem für Kontoinformationen vereinbarten Weg spätestens innerhalb eines Monats nach der Belastungsbuchung unterrichtet hat; anderenfalls ist für den Fristbeginn der Tag der Unterrichtung maßgeblich. Schadensersatzansprüche kann

[9] Drittstaaten sind alle Staaten außerhalb des Europäischen Wirtschaftsraums (Staaten des Europäischen Wirtschaftsraums derzeit: siehe Fußnote 6).

der Kunde auch nach Ablauf der Frist in Satz 1 geltend machen, wenn er ohne Verschulden an der Einhaltung dieser Frist verhindert war. Die Sätze 1 bis 3 gelten auch dann, wenn der Kunde die Überweisung über einen Zahlungsauslösedienstleister auslöst.

(3) Ansprüche des Kunden sind ausgeschlossen, wenn die einen Anspruch begründenden Umstände

- auf einem ungewöhnlichen und unvorhersehbaren Ereignis beruhen, auf das die Bank keinen Einfluss hat und dessen Folgen trotz Anwendung der gebotenen Sorgfalt nicht hätten vermieden werden können, oder
- von der Bank aufgrund einer gesetzlichen Verpflichtung herbeigeführt wurden.

Anlage 1: Verzeichnis der Kurzformen für Zielland und Währung

Zielland	Kurzform	Währung	Kurzform
Belgien	BE	Euro	EUR
Bulgarien	BG	Bulgarischer Lew	BGN
Dänemark	DK	Dänische Krone	DKK
Estland	EE	Euro	EUR
Finnland	FI	Euro	EUR
Frankreich	FR	Euro	EUR
Griechenland	GR	Euro	EUR
Irland	IE	Euro	EUR
Island	IS	Isländische Krone	ISK
Italien	IT	Euro	EUR
Japan	JP	Japanischer Yen	JPY
Kanada	CA	Kanadischer Dollar	CAD
Kroatien	HR	Kroatischer Kuna	HRK
Lettland	LV	Euro	EUR
Liechtenstein	LI	Schweizer Franken*	CHF
Litauen	LT	Euro	EUR
Luxemburg	LU	Euro	EUR
Malta	MT	Euro	EUR
Niederlande	NL	Euro	EUR
Norwegen	NO	Norwegische Krone	NOK
Österreich	AT	Euro	EUR
Polen	PL	Polnischer Zloty	PLN
Portugal	PT	Euro	EUR
Rumänien	RO	Rumänischer Leu	RON
Russische Föderation	RU	Russischer Rubel	RUB
Schweden	SE	Schwedische Krone	SEK
Schweiz	CH	Schweizer Franken	CHF
Slowakei	SK	Euro	EUR
Slowenien	SI	Euro	EUR
Spanien	ES	Euro	EUR
Tschechische Republik	CZ	Tschechische Krone	CZK
Türkei	TR	Türkische Lira	TRY
Ungarn	HU	Ungarischer Forint	HUF
USA	US	US-Dollar	USD
Vereinigtes Königreich von Großbritannien und Nordirland	GB	Britische Pfund Sterling	GBP
Zypern	CY	Euro	EUR

*Schweizer Franken als gesetzliches Zahlungsmittel in Liechtenstein

48.001 (09/21)

6

Anmerkungen

1. Rechtsgrundlage. Die „Bedingungen für den Überweisungsverkehr" sind in ihrer ersten Fassung mit dem In-Kraft-Treten des Überweisungsgesetzes gem §§ 676 a ff BGB aF zum 1.1.2002 für den Inlandszahlungsverkehr eingeführt worden. Sie sind an die Stelle der 1999 eingeführten „Bedingungen für grenzüberschreitende Überweisungen in EU- und EWR-Staaten" getreten. Die aktuellen Bedingungen sind zum 13. Januar 2018 in Kraft getreten, nachdem die Zweite EU-Zahlungsdiensterichtlinie in nationales Recht umgesetzt worden ist. Sie beruhen auf dem Recht der Zahlungsdienste in §§ 675 c ff BGB, die nicht nur für Überweisungen, sondern für alle Arten von Zahlungsdiensten gelten.

Bereits durch das Überweisungsgesetz waren die Sonderregelungen zum Überweisungsverkehr in den Bereich des Geschäftsbesorgungsvertrages integriert worden. Dadurch waren neue Sonderformen des Geschäftsbesorgungsvertrages geschaffen worden, so dass sich der entsprechende Abschnitt im BGB untergliederte in den Geschäftsbesorgungsvertrag (Übertragungsvertrag) gemäß § 676 BGB aF, den Überweisungsvertrag gemäß §§ 676 a ff BGB aF, den Zahlungsvertrag gemäß §§ 676 b ff BGB aF, den Girovertrag gemäß §§ 676 ff. BGB aF sowie den Zahlungskartenvertrag gemäß § 676h BGB aF. Allerdings waren diese gesetzlichen Regelungen, wie sich insbesondere aus den Bestimmungen zum Girovertrag gemäß §§ 676 ff. BGB aF und dem Zahlungskartenvertrag gemäß § 676h BGB aF ergaben, nicht abschließend. Im Zuge der Umsetzung der Zahlungsdiensterichtlinie ist die Unterscheidung in die verschiedenen Vertragstypen wieder aufgegeben worden. Es gibt gem § 675 f. BGB den Zahlungsdienstevertrag, der sich untergliedert in den Einzelzahlungsvertrag gem § 675 f. Abs 1 BGB und den Zahlungsdiensterahmenvertrag gem § 675 f. Abs 2 BGB. Diese Regelungen gelten für alle Arten von Zahlungsdiensten – außer für Schecks und Wechsel, die weiterhin im ScheckG und WG geregelt sind –, also für Überweisungen, Lastschriften, Kartenzahlungen etc. Außerdem ist auch das Hintereinanderschalten von Überweisungsvertrag, Zahlungsvertrag und Girovertrag aufgegeben worden. Die entsprechenden Leistungsbeziehungen unterfallen alle nunmehr dem Vertragstypus des Zahlungsdienstevertrags gem § 675 f. BGB, soweit sich nicht aus Sonderregeln ergibt, dass diese Regeln im Interbankenverhältnis keine Anwendung finden (s. z.B. § 2 Abs. 1 Nr. 7 ZAG) wobei der Girovertrag gem § 675 f. Abs 2 S 1 BGB ein Zahlungsdiensterahmenvertrag ist. Jeder Zahlungsvorgang wird wieder – wie vor Inkrafttreten des Überweisungsgesetzes – durch einen Zahlungsauftrag gem § 675 f. Abs 4 S 2 BGB ausgelöst. Allerdings erfasst der Zahlungsauftrag nicht nur Überweisungen, sondern auch Zahlungen mittels Lastschrift oder Karten. Der Zahlungsdienstevertrag bleibt eingebettet in das Recht zum Auftrag und zum Geschäftsbesorgungsvertrag, weshalb der entsprechende Titel 12 im BGB jetzt auch die Überschrift Auftrag, Geschäftsbesorgungsvertrag und Zahlungsdienste trägt. Da es sich bei der Überweisung um einen Zahlungsdienst gem § 1 Abs 1 S. 2 Nr 3c) ZAG handelt, finden die zivilrechtlichen Regelungen zu den Zahlungsdiensten in den §§ 675 c ff BGB auch darauf Anwendung, wenn auch nicht mehr nur auf die Überweisung.

Neben diesen gesetzlichen Regelungen finden auf den Überweisungsverkehr – wenn unmittelbar auch nur im Interbankenverhältnis – verschiedene Abkommen der Bankverbände Anwendung. Dabei handelt es sich in erster Linie um das Abkommen über die SEPA-Inlandsüberweisung in der aktuellen Fassung vom 17.11.2019, das die Spitzenverbände der deutschen Kreditwirtschaft, also der Bundesverband der deutschen Volksbanken und Raiffeisenbanken, der Bundesverband deutscher Banken, der Bundesverband öffentlicher Banken Deutschlands, der deutsche Sparkassen und Giroverband, der Verband deutscher Pfandbriefbanken sowie die Deutsche Bundesbank abgeschlossen haben und das die Abwicklung des Überweisungsverkehrs zwischen den Kreditinstituten regelt. Das Überweisungsabkommen begründet aber ebenso wenig wie die Giroverträge zwischen den einzelnen Kreditinstituten eine Schutzwirkung zugunsten Dritter (BGH WM

2008, 1252, 1254 f). Vergleichbare Interbankenabkommen gibt es auch für Lastschriftverfahren, wie das Abkommen über die SEPA-Inlandslastschrift, oder das electronic cash-Verfahren und das Geldautomatenabkommen für Zahlungen bzw Geldabhebungen mittels Karten.

Schließlich sind für das Verhältnis Zahlungsdienstleister – Kunde die in der deutschen Kreditwirtschaft weitestgehend einheitlichen „Bedingungen für den Überweisungsverkehr" einschlägig, die für inländische, grenzüberschreitende Überweisungen innerhalb der Europäischen Union und der EWR-Staaten und entsprechende Überweisungen in Staaten außerhalb der Europäischen Union und der EWR-Staaten (Drittstaaten) Sonderregelungen im Rahmen des gesetzlich Zulässigen enthalten. Auch diese Bedingungen finden für die anderen Zahlungsverfahren Entsprechungen in den verschiedenen, verfahrensabhängigen Bedingungen zum Lastschriftverkehr oder den girocard-Bedingungen. Durch die „EU-Verordnung 260/2012 zur Festlegung der technischen Vorschriften und der Geschäftsanforderungen für Überweisungen und Lastschriften in Euro und zur Änderung der Verordnung (EG) Nr 924/2009 („MigrationsVO")" vom 14.3.2012, die mit Veröffentlichung am 30.3.2012 in Kraft getreten ist (ABl L 94/22 v. 30.3.2012), sind die EWR-Staaten gem. Art 6 (1) dieser Verordnung verpflichtet worden, die darin festgelegten technischen Anforderungen an Überweisungen bis zum 1.2.2014 in nationales Recht umzusetzen, was bedeutet, dass seit diesem Zeitpunkt das nationale Überweisungsverfahren nicht mehr angeboten werden darf. Allerdings war diese Frist durch eine weitere EU-Verordnung vom 23.2.2014 zum 2.8.2014 verlängert worden. Aufgrund der EU-VO 260/2012 („MigrationsVO") und der dazu gehörenden VerlängerungsVO 248/2014 vom 26.2.2014 musste zum 2.8.2014 die Kundenkennung den darin festgelegten Vorgaben entsprechen. Die IBAN genügt diesen Anforderungen. Aufgrund dessen ist das frühere Überweisungsabkommen, das nur für Inlandsüberweisungen galt, aufgehoben worden, weil ab dem vorstehend bezeichneten Zeitpunkt eine Unterscheidung zwischen nationalen und EWR-internen Überweisungen nicht mehr zulässig ist.

2. Anwendungsbereich. Zur konkreten Umsetzung der rechtlichen Anforderungen sind von der Kreditwirtschaft die Bedingungen für den Überweisungsverkehr überarbeitet worden. Diese regeln insbesondere in den Abschnitten 2.2 und 3.2.2 die Ausführungsfristen, in Abschnitt 1.5 den Widerruf sowie in den Abschnitten 2.3, 3.1.3 und 3.2.3 die Haftung der Bank.

Die Bedingungen für den Überweisungsverkehr unterteilen sich, den gesetzlichen Vorgaben folgend, nach einem Teil Allgemein (Abschnitt 1) in Regelungen zu Überweisungen innerhalb Deutschlands und in andere Staaten des Europäischen Wirtschaftsraums (EWR) in Euro oder in anderen EWR-Währungen (Abschnitt 2) sowie Überweisungen innerhalb Deutschlands und in andere Staaten des Europäischen Wirtschaftsraums (EWR) in Währungen eines Staates außerhalb des EWR (Drittstaatenwährung) sowie Überweisungen in Staaten außerhalb des EWR (Drittstaaten) (Abschnitt 3).

Aus § 675e Abs 2 Nr. 1a) und Abs. 3 BGB folgt weiterhin für Überweisungen in Drittstaatenwährungen oder Drittstaaten, dass einzelne Regelungen des Zahlungsdiensterechts nicht gelten oder davon abgewichen werden kann. Davon ist insofern Gebrauch gemacht worden, als die Bank bei entsprechenden Überweisungen nur für eigenes Verschulden und nicht für das von Zwischenbanken haftet.

Konkrete Ausführungsfristen gibt es hier nicht, Überweisungen sind nur gem Abschnitt 3.2.2 „baldmöglichst" zu bewirken.

Außerdem wird die Haftung in Ziff. 3.2.3.2 , letzter Spiegelstrich, auf EUR 12.500,00 je Überweisung beschränkt; diese bezieht sich aber nicht auf den Überweisungsbetrag, sondern auf Folgeschäden (vgl. Staudinger/*Omlor*, Neubearb. 2020 § 675z BGB Rn. 10; *Böger* in Baas/Buck-Heeb/Werner, Anlegerschutzgesetze, Dritter Teil, Kap. 3 § 675z BGB Rn. 7).

3. Auswirkungen des Fernabsatzrechts. Das zum 1.10.2004 in Kraft getretene Fernabsatzrecht hatte ebenfalls Auswirkungen auf das Überweisungsrecht, soweit Überweisungsaufträge – zB im Online- oder Telefon-Banking-Verfahren – mittels Fernkommunikationsmedien erteilt werden. Allerdings sieht § 312 Abs 5 S 1 BGB vor, dass die Vorschriften über Fernabsatzverträge bei der erstmaligen Vereinbarung mit sich daran anschließenden, aufeinander folgenden Vorgängen der gleichen Art nur auf die erste Vereinbarung Anwendung finden. Folglich finden die Informationspflichten der Kreditinstitute gem § 312d Abs 2 BGB sowie die Widerrufsrechte des Verbrauchers gem §§ 312g, 355 BGB auf Einzelakte – wie zB Überweisungen – auf der Grundlage eines Rahmenvertrages keine Anwendung, sofern sie in bei der ersten Vereinbarung berücksichtigt worden sind.

In anderen Bereichen werden die gesetzlichen Anforderungen an die Informationspflichten des Fernabsatzrechts für Kreditinstitute durch entsprechende Informationsschriften für alle im Fernabsatz angebotenen Bankprodukte umgesetzt.

D. Lastschrift

Schrifttum: Bankrechts-Handbuch/*Haug* Bd I, 5. Aufl 2017, § 51; Baumbach/Hopt/*Hopt*, HGB, 39. Aufl 2020, (7), Bankgeschäfte D/1 ff.; *Omlor* in MüKoHGB, Bd. 6, 4. Aufl. 2019; *Werner* in Kümpel/*Mülbert/Früh/Seyfried* Bank- und Kapitalmarktrecht, 6. Aufl 2021, Rn 4.423 ff.; *ders* in: Langenbucher/Biesener/Spindler, Bankrechts-Kommentar 3. Aufl 2020, 5. Kap.

1. Abkommen über die SEPA-Inlandslastschrift

Text s Beyritz/Hartmann/Wand (Hrsg.), Zahlungsverkehr – Richtlinien/Abkommen/Bedingungen, Loseblattausgabe, Stand: 8/2019, C 1.1

Anmerkungen

Einführung in das Recht der Lastschriftverfahren

Vorbemerkungen

Um den neuen rechtlichen Anforderungen an eine EWR-weites Lastschriftverfahren gerecht zu werden, die in Übereinstimmung mit den gesetzlichen Regelungen steht, gibt es spezielle Bedingungswerke, die *„Bedingungen für das SEPA-Basis-Lastschrifverfahren"* und die *„Bedingungen für das SEPA-Firmenlastschriftverfahren"*, die die deutsche Kreditwirtschaft inhaltlich weitestgehend einheitlich anbietet. Sie sind gem Art 248 § 4 Nr 2a EGBGB sogar erforderlich, da Verbrauchern vorvertraglich die Beschreibung eines Zahlungsdienstes zur Verfügung gestellt werden muss.

1. Rechtsgrundlage. Bei der Umsetzung der (ersten) Zahlungsdiensterichtlinie in innerdeutsches Recht ist die Lastschrift zunächst in § 675j BGB berücksichtig worden, der vorsieht, dass Zahlungen auch nachträglich genehmigt werden können. Von Relevanz war dies für das frühere Einziehungsermächtigungsverfahren, dass aber aufgrund der EU-MigrationsVO eingestellt werden musste. Für die beiden SEPA-Verfahren ist diese Möglichkeit nicht mehr von Relevanz, da hier der Zahler die Zahlung auch gegenüber seinem kontoführenden Institut, der Zahlstelle, autorisiert (vgl. Ziff. 2.2.1 S. 2 der Bedingungen für Zahlungen mittels Lastschrift im SEPA-Basislastschriftverfahren und Ziff. 2.2.1 S. 2 der Bedingungen für Zahlungen mittels Lastschrift im SEPA-Firmenlastschriftverfahren). Darüber hinaus ist es gem § 675j Abs 1 S 3 BGB ausdrücklich zulässig, eine entsprechende

Zustimmung stillschweigend oder konkludent zu erteilen, sofern dies zwischen dem Zahler und dem Zahlungsdienstnutzer ausdrücklich vereinbart worden ist. Für die beiden aktuellen SEPA-Basislastschriftverfahren ist diese Möglichkeit jedch nicht von Relevanz, da hier – wie ausgeführt eine ausdrückliche Autorisierung der Zahlung erfolgt.

Gem. § 675p Abs. 2 BGB endet bei über den Zahlungsempfänger ausgelösten Zahlungen das Widerrufsrecht, nachdem er dem Zahlungsempfänger die Zustimmung zur Ausführung des Zahlungsvorgangs erteilt hat. Der Zeitpunkt des Zugangs der Zustimmung zur Zahlungsaufführung bei der Zahlstelle ist bei Lastschriften für den Zeitraum der Widerrufsmöglichkeit folglich ohne Belang. Vom Widerruf zu unterscheiden sind im Falle von Belastungen aufgrund von Lastschriften die Ansprüche aus § 675x BGB, auf die § 675p Abs 2 S. 2 BGB verweist. Dabei handelt es sich um Erstattungsansprüche, die vom Ablauf der Widerrufsfrist unberührt bleiben. Gem § 675x Abs 2 und Abs 4 BGB ist im Falle von Zahlungen mittels der beiden SEPA-Lastschriftverfahren auch für die Zeit nach Ablauf der Widerrufsfrist ein Erstattungsanspruch, der nicht begründet werden muss, zulässig. Die Regelung ist nur im Verhältnis zu einem Unternehmer gem. § 14 BGB als Zahlungsdienstnutzer abdingbar, wie sich aus § 675e Abs. 4 BGB ergibt. Aufgrund dessen kann ohne Angabe von Gründen die Erstattung während eines Zeitraums von acht Wochen nach der Belastung geltend gemacht werden, nicht nur obwohl, sondern gerade dann, wenn eine ordnungsgemäße Autorisierung vorliegt. In Ziff 2.5 der Bedingungen für Zahlungen mittels Lastschrift im SEPA-Firmenlastschriftverfahren ist von der Möglichkeit des Ausschlusses des Erstattungsanspruchs gegebenüber Unternehmern Gebrauch gemacht worden.

Für die SEPA-Verfahren stellt sich das Problem der nachträglichen Genehmigung – im Gegensatz zum früheren Einziehungsermächtigungslastschrift – gem § 675j Abs 1 S 2 BGB nicht, da hier das Zahlungsinstitut vor Belastung durch den Zahlenden autorisiert wird, sein Konto zu belasten. Allerdings besteht auch in diesen Fällen das sich aus der Ausnahmeregelung für Lastschriften gem § 675p Abs 2 S 2 BGB ergebende Widerrufsrecht des Zahlungsauftrags bis zum Ende des vor dem Fälligkeitstermin endenden Geschäftstags. Für nicht autorisierte, aber gleichwohl ausgeführte Zahlungen folgt aus § 676b Abs 2 BGB, dass Erstattungsansprüche gem. §§ 675u S. 1, 670 BGB ausgeschlossen sind, wenn dem Zahlungsdienstleister nicht innerhalb von 13 Monaten nach der Belastung mitgeteilt wird, dass keine Autorisierung erfolgt ist.

§ 675x Abs 1 BGB gibt dem Zahler in den Fällen einen Erstattungsanspruch, in denen der Anstoß für die Kontobelastung durch oder über den Zahlungsempfänger gegeben wird, sofern der Zahler die Autorisierung ohne genaue Betragsangabe gemacht hat und der konkrete Zahlungsbetrag sowohl über seinem Ausgabeverhalten als auch dem liegt, was nach dem entsprechenden Rahmenvertrag als Zahlung zu erwarten gewesen wäre.

Erfasst werden davon vor allem Zahlungen in den Lastschriftverfahren, die sich wiederholte regelmäßige Zahlungen in unterschiedlicher Höhe beziehen.

2. Rechtliche EWR-weite Vereinheitlichung der Lastschriftverfahren. a) Rechtsgrundlage. Auf der Grundlage der „Richtlinie 2007/64/EG des Europäischen Parlaments und des Rates über Zahlungsdienste im Binnenmarkt" zur Schaffung einer „Single Euro Payment Area (SEPA)" vom 13. November 2007 (ABl v 5.12.2007, L 319/1) gibt es erstmals ein einheitliches europäisches Lastschriftverfahren („Pan-European Direct Debit"). Bei der „SEPA-Lastschrift" handelt es sich um ein EU-/EWR-weites Lastschriftverfahren, dass die europäischen Bankverbände im Vorgriff die spätere (erste) Zahlungsdiensterichtlinie und deren Umsetzung in nationales Recht entwickelt haben, um ein EU-/EWR-weit einheitliches Lastschriftverfahren anbieten zu können.

Die europäischen Bankverbände haben ihre Anforderungen an ein europäisches Lastschriftverfahren, dem SEPA-Lastschriftverfahren, im *„SEPA Direct Debit Scheme Rulebook"* und im *„SEPA Business to Business Direct Debit Scheme Rulebook"* (für den reinen Geschäftsverkehr) des European Payments Council (EPC) niedergelegt. Bei der EPC handelt es sich um eine Vereinigung europäischer Banken, die unter der Federführung der europäischen Bankenverbände im Jahre 2002 gegründet worden ist, um die Schaffung eines einheitlichen europäischen Zahlungsverkehrsraum voran zu treiben. Organisatorisch handelt es sich dabei um eine „Non-Profit-Vereinigung" nach belgischem Recht mit Sitz in Brüssel. Über die entsprechenden Rulebooks sollen die sich aus der Richtlinie ergebenden Anforderungen unter Berücksichtigung der wirtschaftlichen und organisatorischen Interessen der Kreditwirtschaft umgesetzt werden. Eines dieser Instrumente ist die SEPA-Lastschrift („SEPA Direct Debit"), die in den vorstehend bezeichneten „Rulebooks" unter Berücksichtigung der sich aus der Richtlinie ergebenden rechtlichen Anforderungen sowohl für den Geschäftsverkehr mit dem Verbraucher als auch ausschließlich zwischen Unternehmen näher geregelt wird.

Gem Art 6 (2) der MigrationsVO (s dazu im Einzelnen → Form. IV.C.2 Anm. 1) mussten die rein nationalen Lastschriftverfahren zum 2.8.2014 – mit Ausnahme der Elektronischen Lastschriftverfahren, die, wie sich aus Art 16 (4) ergibt, bis zum 1.2.2016 fortgeführt werden durften – eingestellt werden.

b) Struktur der SEPA-Lastschrift. Die Besonderheit des SEPA-Lastschriftverfahrens ergibt sich daraus, dass der gesamte Prozess am Belastungstag („Due Date") ausgerichtet ist, während es sich bei den bisherigen Verfahren – also sowohl dem Einziehungsermächtigungs- als auch dem Abbuchungsauftragslastschriftverfahren – um „Sichtverfahren" handelt, dh, die Belastung erfolgte mit Vorlage der Lastschrift, sieht das neue Verfahren dagegen vor, dass der Lastschrifteinreicher ein konkretes Belastungs- und damit Fälligkeitsdatum (Due Date – „D") vorgibt. An diesem Tag muss die Belastung erfolgen, weshalb das Fälligkeitsdatum, das Settlement-Datum und das Belastungsdatum identisch sein müssen.

Der Zahlungspflichtige erteilt dem Gläubiger ein „Mandat", bei dem es sich gleichzeitig um eine Autorisierung der Zahlstelle zur Belastung des Schuldnerkontos mittels Lastschrift handelt.

Sofern zwischen dem Lastschriftgläubiger und dem -schuldner nichts Abweichendes vereinbart worden ist, hat dieser jenen zwei Wochen vor dem Fälligkeitsdatum („D-14") zu unterrichten, dass er dessen Konto belasten werde, wobei diese Erklärung auch in einer anderen Erklärung – zB einer Rechnung – enthalten sein kann.

Außerdem muss die Lastschrift mit einer eindeutigen Identifizierung („Creditor Identifier" = CI) des Zahlungsempfängers versehen werden, damit der Zahlungspflichtige die Belastung zuordnen kann.

Zwar wird auch bei der SEPA-Lastschrift der Zahlungsempfänger ermächtigt, eine Zahlung vom Konto des Zahlungspflichtigen einzuziehen, das dafür in papierhafter oder elektronischer Form. zu erstellende Mandant geht über die Einziehungsermächtigung insofern jedoch hinaus, als es gleichzeitig auch die Bank des Zahlungspflichtigen ermächtigt, dessen Konto zu belasten, sodass diese – nicht mehr wie bisher – das Konto des Zahlungspflichtigen zunächst ohne dessen Genehmigung belastet. Damit handelt es sich bei dem Mandat nicht um eine nachträgliche Genehmigung gem § 675j Abs 1 S 2 BGB, sondern um eine vorherige Einwilligung („Vorautorisierung), sodass sich die Probleme im Zusammenhang mit der nachträglichen Genehmigung – wie bei der Einziehungsermächtigungslastschrift – nicht stellen. Das Mandat wird in elektronische Datensätze überführt und an die Zahlstelle als Teil der Lastschrifteinreichung übermittelt. Der Lastschriftgläubiger hat das Mandat, das ihn autorisiert, die Lastschrift anzustoßen und die Zahlstelle ermächtigt, das Konto des Lastschriftschuldners zu belasten und das elektronisch oder manuell signierte worden sein muss, entsprechend den gesetzlichen Vorgaben aufzubewahren. Ihren Inhalt muss er in elektronische Datensätze überführen und unter Einschaltung einer oder mehrerer Inkassostellen der Zahlstelle übermitteln.

Der Lastschriftgläubiger hat danach bei Durchführung der Belastung verschiedene Fristen zu beachten:

- Zwei Wochen vor der Belastung des Kontos des Lastschriftschuldners muss der Lastschriftgläubiger diesem, sofern nichts Abweichendes vereinbart wurde, eine Vorabinformation übermitteln („D-14“).
- Danach kann der Lastschriftgläubiger bei seiner Bank, der ersten Inkassostelle, die Lastschrift initiieren.
- Sofern es sich um eine erste oder einmalige Lastschrift handelt, muss sie mindestens fünf Tage vor der Belastung des Schuldners bei der ersten Inkassostelle eingereicht werden („D-5“), im „B2B-Bereich“ ist diese Frist auf einen Tag verkürzt.
- Bei wiederkehrenden Lastschriften verkürzt sich diese Frist auf zwei Tage („D-2“). Allerdings muss der Einreicher – damit eine Unterscheidung überhaupt möglich wird – die Lastschrift entsprechend als einmalige, erstmalige oder wiederkehrende kennzeichnen.

Seit November 2012 erlaubt eine Änderung im Regelwerk zur SEPA-Basislastschrift die Vorlagefristen optional von fünf bzw zwei Tagen auf einen Tag zu verkürzen. Zu diesem Zweck ist mit Wirkung zum 4.11.2013 das Abkommen über die SEPA-Inlandslastschrift entsprechend geändert worden.

Die erste Inkassostelle reicht danach die Lastschrift unter Nutzung des Clearing & Settlement Mechanismus an die bezogene Bank weiter. Dabei muss sichergestellt werden, dass die Lastschriftdateien für die Belastungsbuchung innerhalb der oben dargestellten Fristen von fünf bzw zwei Tagen beim bezogenen Institut eingehen.

Innerhalb der Vorlauffristen kann das bezogene Institut bei seinem Kunden eine Vorabgenehmigung einholen, obwohl es dieser auf der Grundlage, dass das Mandat bereits eine Einwilligung darstellt, nach den aktuellen gesetzlichen Regelungen nicht bedarf. Da das SEPA-Lastschriftverfahren für den Zahler günstiger ist als die gesetzlichen Regelungen, geht es, sofern es vereinbart worden ist, dem Gesetz vor.

Im „B2B-Bereich“ dagegen ist vorgesehen, dass eine Belastung des Kontos des Zahlers erst dann erfolgen darf, aber auch muss, sofern die erforderliche Deckung vorhanden oder eine Kreditlinie eingeräumt worden ist, wenn das Institut des Schuldners vom Schuldner die Bestätigung über die Erteilung des Mandats erhalten hat. Außerdem ist die Schuldnerbank gehalten, ihre „B2B-Kunden“ in den Bedingungen zu verpflichten, sie unverzüglich darüber zu unterrichten, wenn ein Mandat unwirksam geworden ist.

Die Belastung hat aber in jedem Fall an dem in der Lastschrift vorgegebenen Tag („Due Date“) zu erfolgen.

Das Regelwerk zu den SEPA-Lastschriften („SEPA Direct Debit Scheme Rulebook“) räumt dem Zahler die Möglichkeit ein, sein Konto gegen SEPA-Lastschriften sperren zu lassen.

Die Rückgabe von SEPA-Lastschriften kommt aus verschiedenen Gründen in Betracht und wird über das „Exception Handling – Rückgabe der Lastschrift“ – ein spezielles Verfahren – abgewickelt:

- Technische Gründe;
- Mangelnde technische Fähigkeit des bezogenen Instituts, Lastschriften entgegen zu nehmen;
- Erstattungsanspruch des Lastschriftschuldners innerhalb von acht Wochen, ohne dass die Angabe von Gründen erforderlich ist, auch wenn durch das „Mandat“ seine Bank berechtigt worden ist, das Konto zu belasten – dies entspricht § 675x Abs 1, Abs 2, Abs 4 S 1 und Abs 5 BGB. Im „B2B-Bereich“ gibt es – wie bereits weiter oben ausgeführt – den Erstattungsanspruch innerhalb einer Frist von acht Wochen nicht, da in den entsprechenden Bedingungswerken von der nur im unternehmerischen Bereich zulässigen Ausschlussmöglichkeit des § 675x Abs. 2 BGB gem. § 675e Abs. 4 BGB Gebrauch gemacht worden ist.
- Sofern der Lastschriftschuldner nachweisen kann, dass der Einzug zu Unrecht erfolgt ist, kann eine Belastung während eines Zeitraums von bis zu 13 Monaten zurückgegeben

werden. Im Grundsatz gilt dies auch für den „B2B-Bereich“, der Zahler muss hier darlegen, dass die Belastung nicht durch ein „Mandat“ gedeckt ist. § 676b Abs 2 BGB trägt dem aufgrund der Anforderungen der Zahlungsdiensterichtlinie Rechnung. Während allerdings im Grundsatz beim SEPA-Basis-Lastschriftverfahren vorgesehen ist, dass die Bank des Zahlers der Gläubigerbank die Beträge zurückbelasten kann, die sie dem Zahler aus den vorstehend dargelegten Gründen erstattet hat, steht ihr ein solches Recht im „B2B-Bereich“ nicht zu. Ebenso gibt es für den „B2B-Bereich“ – im Gegensatz zu dem Bereich mit dem Verbraucher – keine ausdrücklichen Regelungen nach dem SEPA-Regelwerk, die der Bank des Zahlungsempfängers das Recht einräumen würde, den ursprünglichen Zahlungsempfänger mit den Erstattungsbeträgen zurück zu belasten. Dies schließt entsprechende Ansprüche außerhalb des SEPA-Verfahrens aber nicht aus.

Insgesamt gibt es nach dem Rulebook für das „Direct Debit-Vefahren“ im Verhältnis zum Verbraucher sieben Rückgabeprozesse – als „R-Transaktionen“ bezeichnet.

Für die Phase vor Settlement sind folgende Rückgabeprozesse vorgesehen (in dieser Phase als „Reject“ bezeichnet):

- Technische Gründe;
- Rückruf durch den Lastschrifteinreicher („Revocation“), sofern der Rückruf vor der Annahme durch die erste Inkassostelle erfolgt;
- „Request for Cancellation“, wenn der Rückruf durch die 1. Inkassostelle erfolgt, bevor die Lastschrift in den Clearing & Settlement Mechanismus überführt worden ist;
- Widerspruch des Lastschriftschuldners („Refusal“), wobei im „B2B-Bereich“ dieser Widerspruch vor Settlement zwingend beachtet und vorrangig bearbeitet werden muss, während ansonsten eine nur eine vorrangige Beachtung in Betracht kommen soll, aber nicht muss, da es ggf noch den „Return“ gibt.

Nach Settlement kommen folgende Rückgabegründe in Betracht:

- Rückgabe durch das bezogene Institut („Return“);
- Rückgabe der Lastschrift durch den Lastschriftschuldner nach Kontobelastung („Refund“), entsprechend dem derzeitigen Widerspruch;
- „Reversal“ (optional), dh Rückgabe durch den Lastschrifteinreicher nach Akzeptanz durch die erste Inkassostelle, jedoch spätestens innerhalb von zwei Tagen nach Settlement, sofern die erste Inkassostelle ein Reversal-Verfahren anbietet, wozu sie jedoch nicht verpflichtet ist.

2. Bedingungen für Zahlungen mittels Lastschrift im SEPA-Basislastschriftverfahren

Nähere Angaben zur Bank sind im „Preis- und Leistungsverzeichnis" enthalten.

Bedingungen für Zahlungen mittels Lastschrift im SEPA-Basislastschriftverfahren

Für Zahlungen des Kunden an Zahlungsempfänger mittels SEPA-Basislastschrift über sein Konto bei der Bank gelten folgende Bedingungen.

1 Allgemein

1.1 Begriffsbestimmung

Eine Lastschrift ist ein vom Zahlungsempfänger ausgelöster Zahlungsvorgang zu Lasten des Kontos des Kunden, bei dem die Höhe des jeweiligen Zahlungsbetrags vom Zahlungsempfänger angegeben wird.

1.2 Entgelte und deren Änderungen

1.2.1 Entgelte für Verbraucher

Die Entgelte im Lastschriftverkehr ergeben sich aus dem „Preis- und Leistungsverzeichnis".

Änderungen der Entgelte im Lastschriftverkehr werden dem Kunden spätestens zwei Monate vor dem Zeitpunkt ihres Wirksamwerdens in Textform angeboten. Hat der Kunde mit der Bank im Rahmen der Geschäftsbeziehung einen elektronischen Kommunikationsweg vereinbart, können die Änderungen auch auf diesem Wege angeboten werden. Die von der Bank angebotenen Änderungen werden nur wirksam, wenn der Kunde diese annimmt. Eine Vereinbarung über die Änderung eines Entgelts, das auf eine über die Hauptleistung hinausgehende Zahlung des Kunden gerichtet ist, kann die Bank mit dem Kunden nur ausdrücklich treffen.

Die Änderung von Entgelten für den Zahlungsdiensterahmenvertrag (Girovertrag) richtet sich nach Nummer 12 Absatz 5 der Allgemeinen Geschäftsbedingungen.

1.2.2 Entgelte für Kunden, die keine Verbraucher sind

Für Entgelte und deren Änderung für Zahlungen von Kunden, die keine Verbraucher sind, verbleibt es bei den Regelungen in Nummer 12 Absätze 2 bis 6 der Allgemeinen Geschäftsbedingungen.

2 SEPA-Basislastschrift

2.1 Allgemein

2.1.1 Wesentliche Merkmale des SEPA-Basislastschriftverfahrens

Mit dem SEPA-Basislastschriftverfahren kann der Kunde über die Bank an den Zahlungsempfänger Zahlungen in Euro innerhalb des Gebiets des einheitlichen Euro-Zahlungsverkehrsraums („Single Euro Payments Area", SEPA) bewirken. Zur SEPA gehören die im Anhang genannten Staaten und Gebiete.

Für die Ausführung von Zahlungen mittels SEPA-Basislastschriften muss

- der Zahlungsempfänger und dessen Zahlungsdienstleister das SEPA-Basislastschriftverfahren nutzen und
- der Kunde vor dem Zahlungsvorgang dem Zahlungsempfänger das SEPA-Lastschriftmandat erteilen.

Der Zahlungsempfänger löst den jeweiligen Zahlungsvorgang aus, indem er über seinen Zahlungsdienstleister der Bank die Lastschriften vorlegt.

Der Kunde kann bei einer autorisierten Zahlung aufgrund einer SEPA-Basislastschrift binnen einer Frist von acht Wochen ab dem Zeitpunkt der Belastungsbuchung auf seinem Konto von der Bank die Erstattung des belasteten Lastschriftbetrags verlangen.

2.1.2 Kundenkennungen

Für das Verfahren hat der Kunde die ihm mitgeteilte IBAN[1] und bei grenzüberschreitenden Zahlungen außerhalb des Europäischen Wirtschaftsraums[2] zusätzlich den BIC[3] der Bank als seine Kundenkennung gegenüber dem Zahlungsempfänger zu verwenden, da die Bank berechtigt ist, die Zahlung aufgrund der SEPA-Basislastschrift ausschließlich auf Grundlage der ihr übermittelten Kundenkennung auszuführen. Die Bank und die weiteren beteiligten Stellen führen die Zahlung an den Zahlungsempfänger anhand der im Lastschriftdatensatz vom Zahlungsempfänger als dessen Kundenkennung angegebenen IBAN und bei grenzüberschreitenden Zahlungen außerhalb des EWR zusätzlich angegebenen BIC aus.

2.1.3 Übermittlung von Lastschriftdaten

Bei SEPA-Basislastschriften können die Lastschriftdaten auch über das Nachrichtenübermittlungssystem der Society for Worldwide Interbank Financial Telecommunication (SWIFT) mit Sitz in Belgien und Rechenzentren in der Europäischen Union, in der Schweiz und in den USA weitergeleitet werden.

2.2 SEPA-Lastschriftmandat

2.2.1 Erteilung des SEPA-Lastschriftmandats (SEPA Direct Debit Mandate)

Der Kunde erteilt dem Zahlungsempfänger ein SEPA-Lastschriftmandat. Damit autorisiert er gegenüber seiner Bank die Einlösung von SEPA-Basislastschriften des Zahlungsempfängers. Das Mandat ist schriftlich oder in der mit seiner Bank vereinbarten Art und Weise zu erteilen. In dieser Autorisierung ist zugleich die ausdrückliche Zustimmung enthalten, dass die am Lastschrifteinzug beteiligten Zahlungsdienstleister und etwaige zwischengeschaltete Stellen die für die Ausführung der Lastschrift notwendigen personenbezogenen Daten des Kunden abrufen, verarbeiten, übermitteln und speichern.

In dem SEPA-Lastschriftmandat müssen die folgenden Erklärungen des Kunden enthalten sein:

- Ermächtigung des Zahlungsempfängers, Zahlungen vom Konto des Kunden mittels SEPA-Basislastschrift einzuziehen, und
- Weisung an die Bank, die vom Zahlungsempfänger auf sein Konto gezogenen SEPA-Basislastschriften einzulösen.

Das SEPA-Lastschriftmandat muss folgende Autorisierungsdaten enthalten:

- Bezeichnung des Zahlungsempfängers,
- eine Gläubigeridentifikationsnummer,
- Kennzeichnung als einmalige oder wiederkehrende Zahlung,
- Name des Kunden (sofern verfügbar),
- Bezeichnung der Bank des Kunden und
- seine Kundenkennung (siehe Nummer 2.1.2).

Über die Autorisierungsdaten hinaus kann das Lastschriftmandat zusätzliche Angaben enthalten.

2.2.2 Einzugsermächtigung als SEPA-Lastschriftmandat

Hat der Kunde dem Zahlungsempfänger eine Einzugsermächtigung erteilt, mit der er den Zahlungsempfänger ermächtigt, Zahlungen von

[1] International Bank Account Number (Internationale Bankkontonummer).
[2] Mitgliedsstaaten siehe Anhang.
[3] Bank Identifier Code (Bank-Identifizierungscode).

seinem Konto mittels Lastschrift einzuziehen, weist er zugleich damit die Bank an, die vom Zahlungsempfänger auf sein Konto gezogenen Lastschriften einzulösen. Mit der Einzugsermächtigung autorisiert der Kunde gegenüber seiner Bank die Einlösung von Lastschriften des Zahlungsempfängers. Diese Einzugsermächtigung gilt als SEPA-Lastschriftmandat. Sätze 1 bis 3 gelten auch für vom Kunden vor dem Inkrafttreten dieser Bedingungen erteilte Einzugsermächtigungen.

Die Einzugsermächtigung muss folgende Autorisierungsdaten enthalten:

- Bezeichnung des Zahlungsempfängers,
- Name des Kunden,
- Kundenkennung nach Nummer 2.1.2 oder Kontonummer und Bankleitzahl des Kunden.

Über die Autorisierungsdaten hinaus kann die Einzugsermächtigung zusätzliche Angaben enthalten.

2.2.3 Widerruf des SEPA-Lastschriftmandats

Das SEPA-Lastschriftmandat kann vom Kunden durch Erklärung gegenüber dem Zahlungsempfänger oder seiner Bank – möglichst schriftlich – mit der Folge widerrufen werden, dass nachfolgende Zahlungsvorgänge nicht mehr autorisiert sind.

Erfolgt der Widerruf gegenüber der Bank, wird dieser ab dem auf den Eingang des Widerrufs folgenden Geschäftstag gemäß „Preis- und Leistungsverzeichnis" wirksam. Zusätzlich sollte dieser auch gegenüber dem Zahlungsempfänger erklärt werden, damit dieser keine weiteren Lastschriften einzieht.

2.2.4 Begrenzung und Nichtzulassung von SEPA-Basislastschriften

Der Kunde kann der Bank gesondert die Weisung erteilen, Zahlungen aus SEPA-Basislastschriften zu begrenzen oder nicht zuzulassen. Diese Weisung muss der Bank bis spätestens zum Ende des Geschäftstags gemäß „Preis- und Leistungsverzeichnis" vor dem im Datensatz der Lastschrift angegebenen Fälligkeitstag zugehen. Diese Weisung sollte möglichst schriftlich und möglichst gegenüber der kontoführenden Stelle der Bank erfolgen. Zusätzlich sollte diese auch gegenüber dem Zahlungsempfänger erklärt werden.

2.3 Einzug der SEPA-Basislastschrift auf Grundlage des SEPA-Lastschriftmandats durch den Zahlungsempfänger

(1) Das vom Kunden erteilte SEPA-Lastschriftmandat verbleibt beim Zahlungsempfänger. Dieser übernimmt die Autorisierungsdaten und setzt etwaige zusätzliche Angaben in den Datensatz zur Einziehung von SEPA-Basislastschriften. Der jeweilige Lastschriftbetrag wird vom Zahlungsempfänger angegeben.

(2) Der Zahlungsempfänger übermittelt elektronisch den Datensatz zur Einziehung der SEPA-Basislastschrift unter Einschaltung seines Zahlungsdienstleisters an die Bank als Zahlstelle. Dieser Datensatz verkörpert auch die Weisung des Kunden an die Bank zur Einlösung der jeweiligen SEPA-Basislastschrift (siehe Nummer 2.2.1 Sätze 2 und 4 beziehungsweise Nummer 2.2.2 Satz 2). Für den Zugang dieser Weisung verzichtet die Bank auf die für die Erteilung des SEPA-Lastschriftmandats vereinbarte Form (siehe Nummer 2.2.1 Satz 3).

2.4 Zahlungsvorgang aufgrund der SEPA-Basislastschrift

2.4.1 Belastung des Kontos des Kunden mit dem Lastschriftbetrag

(1) Eingehende SEPA-Basislastschriften des Zahlungsempfängers werden am im Datensatz angegebenen Fälligkeitstag mit dem vom Zahlungsempfänger angegebenen Lastschriftbetrag dem Konto des Kunden belastet. Fällt der Fälligkeitstag nicht auf einen im „Preis- und Leistungsverzeichnis" ausgewiesenen Geschäftstag der Bank, erfolgt die Kontobelastung am nächsten Geschäftstag.

(2) Eine Kontobelastung erfolgt nicht oder wird spätestens am zweiten Bankarbeitstag[4] nach ihrer Vornahme rückgängig gemacht (siehe Nummer 2.4.2), wenn

- der Bank ein Widerruf des SEPA-Lastschriftmandats gemäß Nummer 2.2.3 zugegangen ist,
- der Kunde über kein für die Einlösung der Lastschrift ausreichendes Guthaben auf seinem Konto oder über keinen ausreichenden Kredit verfügt (fehlende Kontodeckung); Teileinlösungen nimmt die Bank nicht vor,
- die im Lastschriftdatensatz angegebene IBAN des Zahlungspflichtigen keinem Konto des Kunden bei der Bank zuzuordnen ist, oder
- die Lastschrift nicht von der Bank verarbeitbar ist, da im Lastschriftdatensatz
  - eine Gläubigeridentifikationsnummer fehlt oder für die Bank erkennbar fehlerhaft ist,
  - eine Mandatsreferenz fehlt,
  - ein Ausstellungsdatum des Mandats fehlt oder
  - kein Fälligkeitstag angegeben ist.

(3) Darüber hinaus erfolgt eine Kontobelastung nicht oder wird spätestens am zweiten Bankarbeitstag nach ihrer Vornahme rückgängig gemacht (siehe Nummer 2.4.2), wenn dieser SEPA-Basislastschrift eine gesonderte Weisung des Kunden nach Nummer 2.2.4 entgegensteht.

2.4.2 Einlösung von SEPA-Basislastschriften

SEPA-Basislastschriften sind eingelöst, wenn die Belastungsbuchung auf dem Konto des Kunden nicht spätestens am zweiten Bankarbeitstag nach ihrer Vornahme rückgängig gemacht wird.

2.4.3 Unterrichtung über die Nichtausführung oder Rückgängigmachung der Belastungsbuchung oder Ablehnung der Einlösung

Über die Nichtausführung oder Rückgängigmachung der Belastungsbuchung (siehe Nummer 2.4.1 Absatz 2) oder die Ablehnung der Einlösung einer SEPA-Basislastschrift (siehe Nummer 2.4.2) wird die Bank den Kunden unverzüglich, spätestens bis zu der gemäß Nummer 2.4.4 vereinbarten Frist unterrichten. Dies kann auch auf dem für Kontoinformationen vereinbarten Weg geschehen. Dabei wird die Bank, soweit möglich, die Gründe sowie die Möglichkeiten angeben, wie Fehler, die zur Nichtausführung, Rückgängigmachung oder Ablehnung geführt haben, berichtigt werden können.

Für die berechtigte Ablehnung der Einlösung einer autorisierten SEPA-Basislastschrift wegen fehlender Kontodeckung (siehe Nummer 2.4.1 Absatz 2 zweiter Spiegelstrich) berechnet die Bank das im „Preis- und Leistungsverzeichnis" ausgewiesene Entgelt.

2.4.4 Ausführung der Zahlung

(1) Die Bank ist verpflichtet sicherzustellen, dass der von ihr dem Konto des Kunden aufgrund der SEPA-Basislastschrift des Zahlungsempfängers belastete Lastschriftbetrag spätestens innerhalb der im „Preis- und Leistungsverzeichnis" angegebenen Ausführungsfrist beim Zahlungsdienstleister des Zahlungsempfängers eingeht.

(2) Die Ausführungsfrist beginnt an dem im Lastschriftdatensatz angegebenen Fälligkeitstag. Fällt dieser Tag nicht auf einen Geschäftstag gemäß „Preis- und Leistungsverzeichnis" der Bank, so beginnt die Ausführungsfrist am darauf folgenden Geschäftstag.

(3) Die Bank unterrichtet den Kunden über die Ausführung der Zahlung auf dem für Kontoinformationen vereinbarten Weg und in der vereinbarten Häufigkeit.

2.5 Erstattungsanspruch des Kunden bei einer autorisierten Zahlung

(1) Der Kunde kann bei einer autorisierten Zahlung aufgrund einer SEPA-Basislastschrift binnen einer Frist von acht Wochen ab dem Zeitpunkt der Belastungsbuchung auf seinem Konto von der Bank ohne Angabe von Gründen die Erstattung des belasteten Lastschriftbetrags verlangen. Dabei bringt sie das Konto wieder auf den Stand, auf dem es sich ohne die Belastung durch die Zahlung befunden hätte. Etwaige Zahlungsansprüche des Zahlungsempfängers gegen den Kunden bleiben hiervon unberührt.

(2) Der Erstattungsanspruch nach Absatz 1 ist ausgeschlossen, sobald der jeweilige Betrag der Lastschriftbelastungsbuchung durch eine ausdrückliche Genehmigung des Kunden unmittelbar gegenüber der Bank autorisiert worden ist.

(3) Erstattungsansprüche des Kunden bei einer nicht erfolgten oder fehlerhaft ausgeführten autorisierten Zahlung richten sich nach Nummer 2.6.2.

2.6 Erstattungs-, Berichtigungs- und Schadensersatzansprüche des Kunden

2.6.1 Erstattung bei einer nicht autorisierten Zahlung

Im Fall einer vom Kunden nicht autorisierten Zahlung hat die Bank gegen den Kunden keinen Anspruch auf Erstattung ihrer Aufwendungen. Sie ist verpflichtet, dem Kunden den von seinem Konto abgebuchten Lastschriftbetrag zu erstatten. Dabei bringt sie das Konto wieder auf den Stand, auf dem es sich ohne die Belastung durch die nicht autorisierte Zahlung befunden hätte. Diese Verpflichtung ist spätestens bis zum Ende des Geschäftstags gemäß „Preis- und Leis-

48.007 (09/21)

[4] Bankarbeitstage sind alle Werktage außer: Sonnabende, 24. und 31. Dezember.

tungsverzeichnis" zu erfüllen, der auf den Tag folgt, an welchem der Bank angezeigt wurde, dass die Zahlung nicht autorisiert ist oder die Bank auf andere Weise davon Kenntnis erhalten hat. Hat die Bank einer zuständigen Behörde berechtigte Gründe für den Verdacht, dass ein betrügerisches Verhalten des Kunden vorliegt, schriftlich mitgeteilt, hat die Bank ihre Verpflichtung aus Satz 2 unverzüglich zu prüfen und zu erfüllen, wenn sich der Betrugsverdacht nicht bestätigt.

2.6.2 Ansprüche bei nicht erfolgter, fehlerhafter oder verspäteter Ausführung von autorisierten Zahlungen

(1) Im Falle einer nicht erfolgten oder fehlerhaften Ausführung einer autorisierten Zahlung kann der Kunde von der Bank die unverzügliche und ungekürzte Erstattung des Lastschriftbetrages insoweit verlangen, als die Zahlung nicht erfolgt oder fehlerhaft war. Die Bank bringt dann das Konto wieder auf den Stand, auf dem es sich ohne den fehlerhaft ausgeführten Zahlungsvorgang befunden hätte.

(2) Der Kunde kann über den Anspruch nach Absatz 1 hinaus von der Bank die Erstattung derjenigen Entgelte und Zinsen verlangen, die die Bank ihm im Zusammenhang mit der nicht erfolgten oder fehlerhaften Ausführung der Zahlung in Rechnung gestellt oder mit denen sie das Konto des Kunden belastet hat.

(3) Geht der Lastschriftbetrag beim Zahlungsdienstleister des Zahlungsempfängers erst nach Ablauf der Ausführungsfrist in Nummer 2.4.4 Absatz 2 ein (Verspätung), kann der Zahlungsempfänger von seinem Zahlungsdienstleister verlangen, dass dieser die Gutschrift des Lastschriftbetrags auf dem Konto des Zahlungsempfängers so vornimmt, als sei die Zahlung ordnungsgemäß ausgeführt worden.

(4) Wurde ein Zahlungsvorgang nicht oder fehlerhaft ausgeführt, wird die Bank auf Verlangen des Kunden den Zahlungsvorgang nachvollziehen und den Kunden über das Ergebnis unterrichten.

2.6.3 Schadensersatz wegen Pflichtverletzung

(1) Bei nicht erfolgter, fehlerhafter oder verspäteter Ausführung einer autorisierten Zahlung oder bei einer nicht autorisierten Zahlung kann der Kunde von der Bank einen Schaden, der nicht bereits von Nummern 2.6.1 und 2.6.2 erfasst ist, ersetzt verlangen. Dies gilt nicht, wenn die Bank die Pflichtverletzung nicht zu vertreten hat. Die Bank hat hierbei ein Verschulden, das einer von ihr zwischengeschalteten Stelle zur Last fällt, wie eigenes Verschulden zu vertreten. Hat der Kunde durch ein schuldhaftes Verhalten zu der Entstehung eines Schadens beigetragen, bestimmt sich nach den Grundsätzen des Mitverschuldens, in welchem Umfang Bank und Kunde den Schaden zu tragen haben.

(2) Die Haftung nach Absatz 1 ist auf 12.500 Euro begrenzt. Diese betragsmäßige Haftungsgrenze gilt nicht

- für nicht autorisierte Zahlungen,
- bei Vorsatz oder grober Fahrlässigkeit der Bank,
- für Gefahren, die die Bank besonders übernommen hat, und
- für den dem Kunden entstandenen Zinsschaden, wenn der Kunde Verbraucher ist.

2.6.4 Ansprüche von Kunden, die keine Verbraucher sind

Abweichend von den Ansprüchen in Nummer 2.6.2 und 2.6.3 haben Kunden, die keine Verbraucher sind, bei einer nicht erfolgten, fehlerhaft oder verspätet ausgeführten autorisierten Zahlung oder bei einer nicht autorisierten Zahlung neben etwaigen Herausgabeansprüchen nach § 667 BGB und §§ 812 ff. BGB lediglich Schadensersatzansprüche nach Maßgabe folgender Regelungen:

- Die Bank haftet für eigenes Verschulden. Hat der Kunde durch ein schuldhaftes Verhalten zu der Entstehung eines Schadens beigetragen, bestimmt sich nach den Grundsätzen des Mitverschuldens, in welchem Umfang Bank und Kunde den Schaden zu tragen haben.
- Für das Verschulden der von der Bank zwischengeschalteten Stellen haftet die Bank nicht. In diesen Fällen beschränkt sich die Haftung der Bank auf die sorgfältige Auswahl und Unterweisung der ersten zwischengeschalteten Stelle.
- Ein Schadensersatzanspruch des Kunden ist der Höhe nach auf den Lastschriftbetrag zuzüglich der von der Bank in Rechnung gestellten Entgelte und Zinsen begrenzt. Soweit es sich hierbei um die Geltendmachung von Folgeschäden handelt, ist der Anspruch auf höchstens 12.500 Euro je Zahlung begrenzt. Diese Haftungsbeschränkungen gelten nicht für Vorsatz oder grobe Fahrlässigkeit der Bank und für Gefahren, die die Bank besonders übernommen hat sowie für nicht autorisierte Zahlungen.

2.6.5 Haftungs- und Einwendungsausschluss

(1) Eine Haftung der Bank nach Nummern 2.6.2 bis 2.6.4 ist in folgenden Fällen ausgeschlossen:

- Die Bank weist gegenüber dem Kunden nach, dass der Zahlungsbetrag rechtzeitig und ungekürzt beim Zahlungsdienstleister des Zahlungsempfängers eingegangen ist.
- Die Zahlung wurde in Übereinstimmung mit der vom Zahlungsempfänger angegebenen fehlerhaften Kundenkennung des Zahlungsempfängers ausgeführt. In diesem Fall kann der Kunde von der Bank jedoch verlangen, dass sie sich im Rahmen ihrer Möglichkeiten darum bemüht, den Zahlungsbetrag wiederzuerlangen. Ist die Wiedererlangung des Zahlungsbetrags nach Satz 2 dieses Unterpunktes nicht möglich, so ist die Bank verpflichtet, dem Kunden auf schriftlichen Antrag alle verfügbaren Informationen mitzuteilen, damit der Kunde einen Anspruch auf Erstattung des Zahlungsbetrags geltend machen kann. Für die Tätigkeiten nach den Sätzen 2 und 3 dieses Unterpunkts berechnet die Bank das im „Preis- und Leistungsverzeichnis" ausgewiesene Entgelt.

(2) Ansprüche des Kunden nach Nummern 2.6.1 bis 2.6.4 und Einwendungen des Kunden gegen die Bank aufgrund nicht oder fehlerhaft ausgeführter Zahlungen oder aufgrund nicht autorisierter Zahlungen sind ausgeschlossen, wenn der Kunde die Bank nicht spätestens 13 Monate nach dem Tag der Belastung mit einer nicht autorisierten oder fehlerhaft ausgeführten Zahlung hiervon unterrichtet hat. Der Lauf der Frist beginnt nur, wenn die Bank den Kunden über die Belastungsbuchung der Zahlung entsprechend dem für Kontoinformationen vereinbarten Weg spätestens innerhalb eines Monats nach der Belastungsbuchung unterrichtet hat; anderenfalls ist für den Fristbeginn der Tag der Unterrichtung maßgeblich. Schadensersatzansprüche nach Nummer 2.6.3 kann der Kunde auch nach Ablauf der Frist in Satz 1 geltend machen, wenn er ohne Verschulden an der Einhaltung dieser Frist verhindert war.

(3) Ansprüche des Kunden sind ausgeschlossen, wenn die einen Anspruch begründenden Umstände

- auf einem ungewöhnlichen und unvorhersehbaren Ereignis beruhen, auf das die Bank keinen Einfluss hat, und dessen Folgen trotz Anwendung der gebotenen Sorgfalt nicht hätten vermieden werden können, oder
- von der Bank aufgrund einer gesetzlichen Verpflichtung herbeigeführt wurden.

Anhang: Liste der zu SEPA gehörigen Staaten und Gebiete

Staaten des Europäischen Wirtschaftsraums (EWR)

Mitgliedstaaten der Europäischen Union:

Belgien, Bulgarien, Dänemark, Deutschland, Estland, Finnland, Frankreich (einschließlich Französisch-Guayana, Guadeloupe, Martinique, Mayotte, Réunion), Griechenland, Irland, Italien, Kroatien, Lettland, Litauen, Luxemburg, Malta, Niederlande, Österreich, Polen, Portugal, Rumänien, Schweden, Slowakei, Slowenien, Spanien, Tschechische Republik, Ungarn, Zypern.

Weitere Staaten:

Island, Liechtenstein, Norwegen.

Sonstige Staaten und Gebiete

Andorra, Guernsey, Insel Man, Jersey, Monaco, Saint-Pierre und Miquelon, San Marino, Schweiz, Vatikanstadt, Vereinigtes Königreich von Großbritannien und Nordirland.

48.007 (09/21)

Anmerkungen

Das SEPA-Basis-Lastschriftverfahren (vgl. dazu MüKoHGB/*Omlor* Bd. 6., C Rn. 45 ff.) sieht für den nicht-unternehmerischen Bereich vor, dass der Zahlungspflichtige dem Zahlungsempfänger ein SEPA-Lastschrift-Mandat erteilt. Die Besonderheit dieses Mandats, das die Bezeichnung des Zahlungsempfängers, eine Gläubigeridentifikationsnummer, die Kennzeichnung als einmalige oder wiederholte Zahlung, ggf. den Namen des Zahlers, dessen Institut und seine Kundenkennung gem. Ziff. 2.2.1 der Bedingungen enthalten muss, besteht darin, dass dadurch nicht nur der Zahlungsempfänger zum Einzug des Forderungsbetrags ermächtigt wird, sondern es auch eine Weisung an das Institut des Zahlungspflichtigen enthält, die SEPA-Lastschrift einzulösen. Damit kommt das Mandat hinsichtlich seiner rechtlichen Wirkungen dem früheren Abbuchungsauftrag nahe, allerdings mit dem Unterschied, dass es (körperlich) beim Zahlungsempfänger bleibt, nicht an die Zahlstelle weitergeleitet und auch nicht ihr gegenüber unmittelbar erteilt wird. Hinsichtlich der Form. des Mandats enthält zwar Ziff. 2.2.1 S. 2 der Bedingungen die vertraglich vereinbarte Schriftform, sodass Abweichungen davon, nur zwischen dem Zahler und seinem Institut, nicht aber zwischen dem Zahlungsempfänger – der in der Regel die Mandatsform vorgibt – und dem Zahler vereinbart werden können, jedoch erlaubt § 127 Abs. 2 BGB davon Abweichungen, ohne dass es einer ausdrücklichen Vereinbarung bedarf. Deshalb kann ein entsprechendes Mandat auch per oder mittels Email übermittelt werden (vgl Palandt/*Ellenberger,* § 127 BGB Rn. 2)

Der Widerruf des Mandats kann jederzeit gegenüber der Zahlstelle oder dem Zahlungsempfänger erklärt werden, wie sich aus Ziff. 2.2.3 der Bedingungen ergibt. Allerdings kann der Widerruf Wirkungen nur für die Zukunft entfalten, wenn der Widerrufszeitpunkt gem. § 675p S. 1 oder S. 2 BGB bereits verstrochen ist.Außerdem kann der Zahlungspflichtige gegenüber seiner Bank innerhalb von acht Wochen ohne Nennung von Gründen die Rückerstattung des Lastschriftbetrags gem. § 675x Abs. 2 und Abs. 4 BGB verlangen. Es spielt für den Erstattungsanspruch keine Rolle, ob der Lastschrifteinzug im Verhältnis zum Empfänger aus dem Valutaverhältnis berechtigt war oder nicht. Die Ansprüche daraus bleiben von dem Rückerstattungsverlangen unberührt.

Entsprechend § 676b Abs 2 S 1 BGB beträgt die Frist für das Rückerstattungsverlangen 13 Monate, sofern der Zahler den Zahlungsempfänger nicht innerhalb dieses Zeitraums davon unterrichtet hat, dass er kein Lastschriftmandant erteilt, ein erteiltes Mandant vor Einreichung widerrufen oder das Mandat seine Gültigkeit verloren hat, weil es zB nicht innerhalb einer bestimmten vereinbarten Frist verwendet worden ist.

Im Falle einer nicht ausgeführten oder fehlerhaften Lastschrift hat der Zahlungsdienstleister des Zahlers diesem den abgebuchten Zahlungsbetrag gem § 675y Abs 2 S 2 BGB ungekürzt zurück zu erstatten, sofern die Einlösevoraussetzungen nicht vorgelegen haben und muss ggf Ersatz für Folgeschäden leisten. Für den Fall, dass der Zahlungsdienstleister an der nicht oder fehlerhaft ausgeführten Lastschrift keine grobe Fahrlässigkeit oder keinen Vorsatz trifft, kann seine Haftung für Folgeschäden gem § 675z BGB auf EURO 12.500,00 je Lastschrift begrenzt werden. Ansonsten haftet er – ebenso wie für Gefahren, die sie besonders übernommen hat – unbegrenzt, wobei er sich ein Verschulden einer Zwischenstelle wie eigenes Verschulden zurechnen lassen muss, sofern das wesentliche Verschulden nicht bei einer vom Kunden vorgegeben Zwischenstelle liegt. Entsprechende Ansprüche bestehen aber dann nicht, wenn die Zahlung mit der im Lastschriftdatensatz angegebenen Kundenkennung erfolgt.

Hat der Kunde kein Mandat erteilt, ist der Zahlungsdienstleister verpflichtet, den Kunden gem. §§ 675u S. 2, 670 BGB so zustellen, wie er ohne die unzulässige Abbuchung gestanden hätte. Geregelt wird dies in Ziff. 2.6.1 S. 2 und S. 3. Die in Ziff. 2.6.2 behandelten Fälle der nicht erfolgten, fehlerhaften oder verspäteten Zahlung entsprechen den gesetzlichen Vorschriften gem. § 675y Abs. 2, Abs. 4 und Abs. 7 BGB.

3. Bedingungen für Zahlungen mittels Lastschrift im SEPA-Firmenlastschriftverfahren

Nähere Angaben zur Bank sind im „Preis- und Leistungsverzeichnis" enthalten.

Bedingungen für Zahlungen mittels Lastschrift im SEPA-Firmenlastschriftverfahren

Für Zahlungen des Kunden, der kein Verbraucher[1] ist, an Zahlungsempfänger mittels SEPA-Firmenlastschrift über sein Konto bei der Bank gelten folgende Bedingungen.

1. Allgemein

1.1 Begriffsbestimmung

Eine Lastschrift ist ein vom Zahlungsempfänger ausgelöster Zahlungsvorgang zu Lasten des Kontos des Kunden, bei dem die Höhe des jeweiligen Zahlungsbetrags vom Zahlungsempfänger angegeben wird.

1.2 Entgelte

Bei Entgelten und deren Änderung sind die Regelungen in Nummer 12 Absätze 2 bis 6 der Allgemeinen Geschäftsbedingungen maßgeblich.

2. SEPA-Firmenlastschrift

2.1 Allgemein

2.1.1 Wesentliche Merkmale des SEPA-Firmenlastschriftverfahrens

Das SEPA-Firmenlastschriftverfahren kann nur von Kunden genutzt werden, die keine Verbraucher sind.

Mit dem SEPA-Firmenlastschriftverfahren kann der Kunde über die Bank an einen Zahlungsempfänger Zahlungen in Euro innerhalb des Gebiets des einheitlichen Euro-Zahlungsverkehrsraums („Single Euro Payments Area", SEPA) bewirken. Zur SEPA gehören die im Anhang genannten Staaten und Gebiete.

Für die Ausführung von Zahlungen mittels SEPA-Firmenlastschrift muss

- der Zahlungsempfänger und dessen Zahlungsdienstleister das SEPA-Firmenlastschriftverfahren nutzen,
- der Kunde vor dem Zahlungsvorgang dem Zahlungsempfänger das SEPA-Firmenlastschrift-Mandat erteilen und
- der Kunde der Bank die Erteilung des SEPA-Firmenlastschrift-Mandats bestätigen.

Der Zahlungsempfänger löst den jeweiligen Zahlungsvorgang aus, indem er über seinen Zahlungsdienstleister der Bank die Lastschriften vorlegt.

Der Kunde kann bei einer autorisierten Zahlung aufgrund einer SEPA-Firmenlastschrift von der Bank keine Erstattung des seinem Konto belasteten Lastschriftbetrags verlangen.

2.1.2 Kundenkennungen

Für das Verfahren hat der Kunde die ihm mitgeteilte IBAN[2] und bei grenzüberschreitenden Zahlungen (außerhalb des Europäischen Wirtschaftsraums[3]) zusätzlich den BIC[4] der Bank als seine Kundenkennung gegenüber dem Zahlungsempfänger zu verwenden, da die Bank berechtigt ist, die Zahlung aufgrund der SEPA-Firmenlastschrift ausschließlich auf Grundlage der ihr übermittelten Kundenkennung auszuführen. Die Bank und die weiteren beteiligten Stellen führen die Zahlung an den Zahlungsempfänger anhand der im Lastschriftdatensatz vom Zahlungsempfänger als dessen Kundenkennung angegebenen IBAN und bei grenzüberschreitenden Zahlungen außerhalb des EWR zusätzlich angegebenen BIC aus.

2.1.3 Übermittlung von Lastschriftdaten

Bei SEPA-Firmenlastschriften können die Lastschriftdaten auch über das Nachrichtenübermittlungssystem der Society for Worldwide Interbank Financial Telecommunication (SWIFT) mit Sitz in Belgien und Rechenzentren in der Europäischen Union, in der Schweiz und in den USA weitergeleitet werden.

2.2 SEPA-Firmenlastschrift-Mandat

2.2.1 Erteilung des SEPA-Firmenlastschrift-Mandats (SEPA Business-to-Business Direct Debit Mandate)

Der Kunde erteilt dem Zahlungsempfänger ein SEPA-Firmenlastschrift-Mandat. Damit autorisiert er gegenüber seiner Bank die Einlösung von SEPA-Firmenlastschriften des Zahlungsempfängers. Das Mandat ist schriftlich oder in der mit seiner Bank vereinbarten Art und Weise zu erteilen. In dieser Autorisierung ist zugleich die ausdrückliche Zustimmung enthalten, dass die am Lastschrifteinzug beteiligten Zahlungsdienstleister und etwaige zwischengeschaltete Stellen die für die Ausführung der Lastschrift notwendigen personenbezogenen Daten des Kunden abrufen, verarbeiten, übermitteln und speichern.

In dem SEPA-Firmenlastschrift-Mandat müssen die folgenden Erklärungen des Kunden enthalten sein:

- Ermächtigung des Zahlungsempfängers, Zahlungen vom Konto des Kunden mittels SEPA-Firmenlastschrift einzuziehen, und
- Weisung an die Bank, die vom Zahlungsempfänger auf sein Konto gezogenen SEPA-Firmenlastschriften einzulösen.

Das SEPA-Firmenlastschrift-Mandat muss folgende Angaben (Autorisierungsdaten) enthalten:

- Bezeichnung des Zahlungsempfängers,
- eine Gläubigeridentifikationsnummer,
- Kennzeichnung einmalige Zahlung oder wiederkehrende Zahlungen,
- Name des Kunden,
- Bezeichnung der Bank des Kunden und
- seine Kundenkennung (siehe Nummer 2.1.2).

Über die Autorisierungsdaten hinaus kann das Lastschriftmandat zusätzliche Angaben enthalten.

2.2.2 Bestätigung der Erteilung eines SEPA-Firmenlastschrift-Mandats

Der Kunde hat seiner Bank die Autorisierung nach Nummer 2.2.1 unverzüglich zu bestätigen, indem er der Bank folgende Daten aus dem dem Zahlungsempfänger erteilten SEPA-Firmenlastschrift-Mandat übermittelt:

- Bezeichnung des Zahlungsempfängers,
- Gläubigeridentifikationsnummer des Zahlungsempfängers,
- Mandatsreferenz,
- Kennzeichnung einmalige Zahlung oder wiederkehrende Zahlungen und
- Datum der Unterschrift auf dem Mandat.

Hierzu kann der Kunde der Bank auch eine Kopie des SEPA-Firmenlastschrift-Mandats übermitteln.

Über Änderungen oder die Aufhebung des SEPA-Firmenlastschrift-Mandats gegenüber dem Zahlungsempfänger hat der Kunde die Bank unverzüglich, möglichst schriftlich, zu informieren.

2.2.3 Widerruf des SEPA-Firmenlastschrift-Mandats

Das SEPA-Firmenlastschrift-Mandat kann vom Kunden durch Erklä-

[1] Verbraucher ist gemäß § 13 BGB jede natürliche Person, die ein Rechtsgeschäft zu einem Zweck abschließt, der weder ihrer gewerblichen noch ihrer selbstständigen beruflichen Tätigkeit zugerechnet werden kann.
[2] International Bank Account Number (Internationale Bankkontonummer).
[3] Mitgliedstaaten siehe Anhang.
[4] Bank Identifier Code (Bank-Identifizierungscode).

1

rung gegenüber seiner Bank widerrufen werden. Der Widerruf wird ab dem auf den Eingang des Widerrufs folgenden Geschäftstag gemäß „Preis- und Leistungsverzeichnis" wirksam. Der Widerruf sollte möglichst schriftlich und möglichst gegenüber der kontoführenden Stelle der Bank erfolgen. Zusätzlich sollte dieser auch gegenüber dem Zahlungsempfänger erklärt werden. Der Widerruf des SEPA-Firmenlastschrift-Mandats erfasst bereits dem Konto des Kunden belastete SEPA-Firmenlastschriften nicht. Für diese gilt Nummer 2.2.4 Absätze 2 und 3.

2.2.4 Zurückweisung einzelner SEPA-Firmenlastschriften

(1) Der Kunde kann der Bank gesondert die Weisung erteilen, Zahlungen aus bestimmten SEPA-Firmenlastschriften des Zahlungsempfängers nicht zu bewirken. Diese Weisung muss der Bank bis spätestens zum Ende des Geschäftstags gemäß „Preis- und Leistungsverzeichnis" vor dem im Datensatz der Lastschrift angegebenen Fälligkeitstag zugehen. Diese Weisung sollte möglichst schriftlich und möglichst gegenüber der kontoführenden Stelle der Bank erfolgen. Zusätzlich sollte dieser auch gegenüber dem Zahlungsempfänger erklärt werden.

(2) Am Tag der Belastungsbuchung der SEPA-Firmenlastschrift kann diese nur noch zurückgewiesen werden, wenn Kunde und Bank dies vereinbart haben. Die Vereinbarung wird wirksam, wenn es der Bank gelingt, den Lastschriftbetrag endgültig zurück zu erlangen. Für die Bearbeitung eines solchen Widerrufs des Kunden berechnet die Bank das im „Preis- und Leistungsverzeichnis" ausgewiesene Entgelt.

(3) Nach dem Tag der Belastungsbuchung der SEPA-Firmenlastschrift kann der Kunde diese nicht mehr zurückweisen.

2.3 Einzug der SEPA-Firmenlastschrift auf Grundlage des SEPA-Firmenlastschrift-Mandats durch den Zahlungsempfänger

(1) Das vom Kunden erteilte SEPA-Firmenlastschrift-Mandat verbleibt beim Zahlungsempfänger. Dieser übernimmt die Autorisierungsdaten und etwaige zusätzliche Angaben in den Datensatz zur Einziehung von SEPA-Firmenlastschriften. Der jeweilige Lastschriftbetrag wird vom Zahlungsempfänger angegeben.

(2) Der Zahlungsempfänger übermittelt elektronisch den Datensatz zur Einziehung der SEPA-Firmenlastschrift unter Einschaltung seines Zahlungsdienstleisters an die Bank als Zahlstelle. Dieser Datensatz verkörpert auch die im SEPA-Firmenlastschrift-Mandat enthaltene Weisung des Kunden an die Bank zur Einlösung der jeweiligen SEPA-Firmenlastschrift (siehe Nummer 2.2.1 Sätze 2 und 5). Für den Zugang dieser Weisung verzichtet die Bank auf die für die Erteilung des SEPA-Firmenlastschrift-Mandats vereinbarte Form (siehe Nummer 2.2.1 Satz 3).

2.4 Zahlungsvorgang aufgrund der SEPA-Firmenlastschrift

2.4.1 Belastung des Kontos des Kunden mit dem Lastschriftbetrag

(1) Eingehende SEPA-Firmenlastschriften des Zahlungsempfängers werden am im Datensatz angegebenen Fälligkeitstag mit dem vom Zahlungsempfänger angegebenen Lastschriftbetrag dem Konto des Kunden belastet. Fällt der Fälligkeitstag nicht auf einen im „Preis- und Leistungsverzeichnis" ausgewiesenen Geschäftstag der Bank, erfolgt die Kontobelastung am nächsten Geschäftstag.

(2) Eine Kontobelastung erfolgt nicht oder wird spätestens am dritten Bankarbeitstag[5] nach ihrer Vornahme rückgängig gemacht, wenn

- der Bank keine Bestätigung des Kunden gemäß Nummer 2.2.2 vorliegt,
- der Bank ein Widerruf des Firmenlastschrift-Mandats gemäß Nummer 2.2.3 zugegangen ist,
- der Bank eine Zurückweisung der Lastschrift des Kunden gemäß Nummer 2.2.4 zugegangen ist,
- der Kunde über kein für die Einlösung der Lastschrift ausreichendes Guthaben auf seinem Konto oder über keinen ausreichenden Kredit verfügt (fehlende Kontodeckung); Teileinlösungen nimmt die Bank nicht vor,
- die im Lastschriftdatensatz angegebene IBAN des Zahlungspflichtigen keinem Konto des Kunden bei der Bank zuzuordnen ist, oder
- die Lastschrift nicht von der Bank verarbeitbar ist, da im Lastschriftdatensatz
  - eine Gläubigeridentifikationsnummer fehlt oder für die Bank erkennbar fehlerhaft ist,
  - eine Mandatsreferenz fehlt,
  - ein Ausstellungsdatum des Mandats fehlt oder
  - kein Fälligkeitstag angegeben ist.

2.4.2 Einlösung von SEPA-Firmenlastschriften

SEPA-Firmenlastschriften sind eingelöst, wenn die Belastungsbuchung auf dem Konto des Kunden nicht spätestens am dritten Bankarbeitstag nach ihrer Vornahme rückgängig gemacht wird.

2.4.3 Unterrichtung über die Nichtausführung oder Rückgängigmachung der Belastungsbuchung oder Ablehnung der Einlösung

Über die Nichtausführung oder Rückgängigmachung der Belastungsbuchung (siehe Nummer 2.4.1 Absatz 2) oder die Ablehnung der Einlösung einer SEPA-Firmenlastschrift (siehe Nummer 2.4.2) wird die Bank den Kunden unverzüglich, spätestens bis zu der gemäß Nummer 2.4.4 vereinbarten Frist unterrichten. Dies kann auch auf dem für Kontoinformationen vereinbarten Weg geschehen. Dabei wird die Bank, soweit möglich, die Gründe sowie die Möglichkeiten angeben, wie Fehler, die zur Nichtausführung, Rückgängigmachung oder Ablehnung geführt haben, berichtigt werden können.
Für die berechtigte Ablehnung der Einlösung einer autorisierten SEPA-Firmenlastschrift wegen fehlender Kontodeckung (siehe Nummer 2.4.1 Absatz 2 vierter Spiegelstrich) berechnet die Bank das im „Preis- und Leistungsverzeichnis" ausgewiesene Entgelt.

2.4.4 Ausführung der Zahlung

(1) Die Bank ist verpflichtet sicherzustellen, dass der von ihr dem Konto des Kunden aufgrund der SEPA-Firmenlastschrift des Zahlungsempfängers belastete Lastschriftbetrag spätestens innerhalb der im „Preis- und Leistungsverzeichnis" angegebenen Ausführungsfrist beim Zahlungsdienstleister des Zahlungsempfängers eingeht.

(2) Die Ausführungsfrist beginnt an dem im Lastschriftdatensatz angegebenen Fälligkeitstag. Fällt dieser Tag nicht auf einen Geschäftstag gemäß „Preis- und Leistungsverzeichnis" der Bank, so beginnt die Ausführungsfrist am darauf folgenden Geschäftstag.

(3) Die Bank unterrichtet den Kunden über die Ausführung der Zahlung auf dem für Kontoinformationen vereinbarten Weg und in der vereinbarten Häufigkeit.

2.5 Ausschluss des Erstattungsanspruchs bei einer autorisierten Zahlung

Der Kunde kann bei einer autorisierten Zahlung aufgrund einer SEPA-Firmenlastschrift von der Bank keine Erstattung des seinem Konto belasteten Lastschriftbetrags verlangen; Ansprüche aus § 675x BGB sind ausgeschlossen.
Erstattungsansprüche des Kunden bei einer nicht erfolgten oder fehlerhaft ausgeführten autorisierten Zahlung richten sich nach Nummer 2.6.2.

2.6 Erstattungs- und Schadensersatzansprüche des Kunden

2.6.1 Erstattung bei einer nicht autorisierten Zahlung

Im Falle einer vom Kunden nicht autorisierten Zahlung hat die Bank gegen den Kunden keinen Anspruch auf Erstattung ihrer Aufwendungen. Sie ist verpflichtet, dem Kunden den von seinem Konto abgebuchten Lastschriftbetrag zu erstatten. Dabei bringt sie das Konto wieder auf den Stand, auf dem es sich ohne die Belastung durch die nicht autorisierte Zahlung befunden hätte. Diese Verpflichtung ist spätestens bis zum Ende des Geschäftstags gemäß „Preis- und Leistungsverzeichnis" zu erfüllen, der auf den Tag folgt, an welchem der Bank angezeigt wurde, dass die Zahlung nicht autorisiert ist oder die Bank auf andere Weise davon Kenntnis erhalten hat. Hat die Bank einer zuständigen Behörde berechtigte Gründe für den Verdacht, dass ein betrügerisches Verhalten des Kunden vorliegt, schriftlich mitgeteilt, hat die Bank ihre Verpflichtung aus Satz 2 unverzüglich zu prüfen und zu erfüllen, wenn sich der Betrugsverdacht nicht bestätigt.

2.6.2 Schadensersatz wegen Pflichtverletzung

Bei einer nicht erfolgten autorisierten Zahlung, einer fehlerhaft oder verspätet ausgeführten autorisierten Zahlung oder einer nicht autorisierten Zahlung kann der Kunde von der Bank, neben etwaigen Herausgabeansprüchen nach § 667 und §§ 812 ff. BGB, den Ersatz eines hierdurch entstehenden Schadens nach Maßgabe folgender Regelungen verlangen.

48.008 (02/19)

[5] Bankarbeitstage sind alle Werktage außer: Sonnabende, 24. und 31. Dezember.

2

- Die Bank haftet für eigenes Verschulden. Hat der Kunde durch ein schuldhaftes Verhalten zu der Entstehung eines Schadens beigetragen, bestimmt sich nach den Grundsätzen des Mitverschuldens, in welchem Umfang Bank und Kunde den Schaden zu tragen haben.
- Für das Verschulden der von der Bank zwischengeschalteten Stellen haftet die Bank nicht. In diesen Fällen beschränkt sich die Haftung der Bank auf die sorgfältige Auswahl und Unterweisung der ersten zwischengeschalteten Stelle.
- Die Haftung der Bank für Schäden ist der Höhe nach auf den Lastschriftbetrag zuzüglich der von der Bank in Rechnung gestellten Entgelte und Zinsen begrenzt. Soweit es sich hierbei um Folgeschäden handelt, ist die Haftung zusätzlich auf höchstens 12.500 Euro je Zahlung begrenzt. Diese Haftungsbeschränkungen gelten nicht für Vorsatz oder grobe Fahrlässigkeit der Bank und für Gefahren, die die Bank besonders übernommen hat sowie für nicht autorisierte Zahlungen.

Ansprüche aus § 675y BGB sind ausgeschlossen.

2.6.3 Haftungs- und Einwendungsausschluss

(1) Eine Haftung der Bank nach Nummer 2.6.2 ist in folgenden Fällen ausgeschlossen:
- Die Bank weist gegenüber dem Kunden nach, dass der Zahlungsbetrag rechtzeitig und ungekürzt beim Zahlungsdienstleister des Zahlungsempfängers eingegangen ist.
- Die Zahlung wurde in Übereinstimmung mit der vom Zahlungsempfänger angegebenen fehlerhaften Kundenkennung des Zahlungsempfängers ausgeführt. In diesem Fall kann der Kunde von der Bank jedoch verlangen, dass sie sich im Rahmen ihrer Möglichkeiten darum bemüht, den Zahlungsbetrag wiederzuerlangen. Ist die Wiedererlangung des Zahlungsbetrags nach Satz 2 dieses Unterpunkts nicht möglich, so ist die Bank verpflichtet, dem Kunden auf schriftlichen Antrag alle verfügbaren Informationen mitzuteilen, damit der Kunde einen Anspruch auf Erstattung des Zahlungsbetrags geltend machen kann. Für die Tätigkeiten nach den Sätzen 2 und 3 dieses Unterpunkts berechnet die Bank das im „Preis- und Leistungsverzeichnis" ausgewiesene Entgelt.

(2) Ansprüche des Kunden nach Nummern 2.6.1 und 2.6.2 und Einwendungen des Kunden gegen die Bank aufgrund nicht oder fehlerhaft ausgeführter Zahlungen oder aufgrund nicht autorisierter Zahlungen sind ausgeschlossen, wenn der Kunde die Bank nicht spätestens 13 Monate nach dem Tag der Belastung mit einer nicht autorisierten oder fehlerhaft ausgeführten Zahlung hiervon unterrichtet hat. Der Lauf der Frist beginnt nur, wenn die Bank den Kunden über die Belastungsbuchung der Zahlung entsprechend dem für Kontoinformationen vereinbarten Weg spätestens innerhalb eines Monats nach der Belastungsbuchung unterrichtet hat; anderenfalls ist für den Fristbeginn der Tag der Unterrichtung maßgeblich. Schadensersatzansprüche aus einer verschuldensabhängigen Haftung der Bank nach Nummer 2.6.2 kann der Kunde auch nach Ablauf der Frist in Satz 1 geltend machen, wenn er ohne Verschulden an der Einhaltung dieser Frist verhindert war.

(3) Ansprüche des Kunden sind ausgeschlossen, wenn die einen Anspruch begründenden Umstände
- auf einem ungewöhnlichen und unvorhersehbaren Ereignis beruhen, auf das die Bank keinen Einfluss hat und dessen Folgen trotz Anwendung der gebotenen Sorgfalt nicht hätten vermieden werden können, oder
- von der Bank aufgrund einer gesetzlichen Verpflichtung herbeigeführt wurden.

Anhang: Liste der zu SEPA gehörigen Staaten und Gebiete

Staaten des Europäischen Wirtschaftsraums (EWR)

Mitgliedstaaten der Europäischen Union:
Belgien, Bulgarien, Dänemark, Deutschland, Estland, Finnland, Frankreich (einschließlich Französisch-Guayana, Guadeloupe, Martinique, Mayotte, Réunion), Griechenland, Irland, Italien, Kroatien, Lettland, Litauen, Luxemburg, Malta, Niederlande, Österreich, Polen, Portugal, Rumänien, Schweden, Slowakei, Slowenien, Spanien, Tschechische Republik, Ungarn, Vereinigtes Königreich von Großbritannien und Nordirland, Zypern.

Weitere Staaten:
Island, Liechtenstein, Norwegen.

Sonstige Staaten und Gebiete

Andorra, Guernsey, Jersey, Insel Man, Monaco, San Marino, Schweiz, St. Pierre und Miquelon, Vatikanstadt.

48.008 (02/19)

3

Anmerkungen

Der wesentliche Unterschied zwischen dem SEPA-Basis- und dem SEPA-Firmen-Lastschriftverfahren (zum SEPA-Firmenlastschriftverfahren vgl. MüKoHGB/*Omlor* Bd. 6 Rn 117 f.) besteht darin, dass der Schuldner im Basis-Verfahren gem Ziff 2.5 der Bedingungen für Zahlungen mittels Lastschrift im SEPA-Basislastschriftverfahren einen Erstattungsanspruch auch im Falle autorisierter Lastschriften innerhalb eines Zeitraums von acht Wochen geltend machen kann, während ein solcher Erstattungsanspruch gem Ziff 2.5 der Bedingungen für Zahlungen mittels Lastschrift im SEPA-Firmenlastschriftverfahren ausdrücklich ausgeschlossen ist. Hier besteht – wie sich aus Ziff 2.6 der Bedingungen ergibt – ein Erstattungs- oder Schadenersatzanspruch nur im Falle nicht autorisierter Zahlungen oder wenn die Bank ihre Pflichten im Zusammenhang mit der Ausführung der Zahlung verletzt hat. Im SEPA-Firmenlastschriftverfahren ist folglich ausdrücklich von der gem § 675e Abs 4 BGB eingeräumten Möglichkeit Gebrauch gemacht worden, den Erstattungsanspruch gem. § 675x Abs. 2 und Abs. 4 BGB gegenüber Unternehmern gem. § 14 BGB auszuschließen.

4. Vereinbarung über den Einzug von Forderungen durch Lastschriften

Interne Angaben der Bank/Ablagehinweise

Vereinbarung über den Einzug von Forderungen durch Lastschriften (Lastschriftinkassovereinbarung)

Zwischen

Anschrift des Kunden (Zahlungsempfänger)

IBAN/Kundennummer:

und der oben genannten Bank wird folgende Vereinbarung getroffen:

1 Inkassoabrede

Der Kunde als Zahlungsempfänger ist berechtigt, fällige Forderungen, für deren Geltendmachung die Vorlage einer Urkunde nicht erforderlich ist, mittels des oder der nachstehend vereinbarten Lastschriftverfahren einzuziehen. Der Kunde verpflichtet sich, wenn nicht anders mit der Bank vereinbart, Lastschriften nur dann zum Einzug einzureichen, wenn ihm hierzu eine schriftliche Ermächtigung des Zahlers vorliegt. Der Kunde hat der Bank auf Verlangen die Ermächtigung vorzulegen.

Der Kunde kann folgende Lastschriftverfahren nutzen:
(Zutreffendes ankreuzen)

☐ **SEPA-Basislastschriftverfahren**

☐ **SEPA-Firmenlastschriftverfahren**

Für das (die) ausgewählte(n) Lastschriftverfahren gelten die „Bedingungen für den Lastschrifteinzug".

2 Lastschrifteinzug

Lastschriften sind der Bank mittels elektronischer Datensätze einzureichen. Hierfür gelten die Bedingungen für die Datenfernübertragung und das Online Banking.

Die Bank schreibt Lastschrifteinzugsbeträge – bei einem Sammeleinzugsauftrag den Gesamtbetrag – dem Konto des Kunde mit „Eingang vorbehalten" gut (Vorbehaltsgutschrift).

Teileinlösungen werden nicht vorgenommen. Lastschriften, die zurückbelastet worden sind, dürfen nicht erneut zum Einzug eingereicht werden.

☐[1] Regelmäßig einzuziehende Kleinstbeträge sollten zu viertel- oder halbjährlichem Einzug zusammen gezogen werden, so dass sich nach Möglichkeit ein Einzugsbetrag von ____________ Euro je Lastschrift ergibt.

[1] gilt nur, wenn angekreuzt

3 Entgelt

(Raum für die Dokumentation individueller Entgeltvereinbarungen für die Einreichung von Lastschriften und für die Bearbeitung von Rücklastschriften)

4 Sonstige Vereinbarungen

(Raum für die Dokumentation sonstiger Vereinbarungen)

Ort, Datum, Unterschrift der Bank	Ort, Datum, Unterschrift des Kunden (Zahlungsempfänger)

1

Ausfertigung für die Bank

Anmerkungen

S. hierzu die Anmerkungen zu → Form. IV.D.7 Anm. 1 ff. („Bedingungen für den Lastschrifteinzug“).

5. Bedingungen für den Lastschrifteinzug (mit Anlage A)

Nähere Angaben zur Bank sind im „Preis- und Leistungsverzeichnis" enthalten.

Bedingungen für den Lastschrifteinzug

Für den Einzug von Forderungen des Kunden als Zahlungsempfänger mittels Lastschrift gelten folgende Bedingungen.

1 Allgemein

1.1 Begriffsbestimmung

Eine Lastschrift ist ein vom Kunden als Zahlungsempfänger ausgelöster Zahlungsvorgang zu Lasten des Kontos des Zahlers bei dessen Zahlungsdienstleister, bei dem die Höhe des jeweiligen Zahlungsbetrags vom Kunden angegeben wird.

1.2 Einreichungsfristen

Lastschriften sind vom Kunden innerhalb der in Anlage A geregelten Fristen bei der Bank einzureichen.

1.3 Entgelte und deren Änderung

1.3.1 Entgeltvereinbarung

Die Entgelte für den Einzug von Lastschriften ergeben sich aus der Lastschriftinkassovereinbarung, soweit nicht anderweitig vereinbart.

1.3.2 Änderungen der Entgelte für Verbraucher

Änderungen der Entgelte werden dem Kunden spätestens zwei Monate vor dem Zeitpunkt ihres Wirksamwerdens in Textform angeboten. Hat der Kunde mit der Bank im Rahmen der Geschäftsbeziehung einen elektronischen Kommunikationsweg vereinbart, können die Änderungen auch auf diesem Wege angeboten werden. Die von der Bank angebotenen Änderungen werden nur wirksam, wenn der Kunde diese annimmt. Eine Vereinbarung über die Änderung eines Entgelts, das auf eine über die Hauptleistung hinausgehende Zahlung des Kunden gerichtet ist, kann die Bank mit dem Kunden nur ausdrücklich treffen.

Die Änderung von Entgelten für den Zahlungsdiensterahmenvertrag (Girovertrag) richtet sich nach Nummer 12 Absatz 5 der Allgemeinen Geschäftsbedingungen.

1.3.3 Änderungen der Entgelte für Kunden, die keine Verbraucher sind

Bei Änderungen der Entgelte für Kunden, die keine Verbraucher sind, verbleibt es bei den Regelungen in Nummer 12 Absätze 2 bis 6 der Allgemeinen Geschäftsbedingungen.

1.3.4 Abzug von Entgelten von der Lastschriftgutschrift

Die Bank darf die ihr zustehenden Entgelte von dem gutzuschreibenden Lastschriftbetrag abziehen.

1.4 Unterrichtung

Die Bank unterrichtet den Kunden mindestens einmal monatlich über die Ausführung von Lastschriftinkassoaufträgen und Lastschriftrückgaben auf dem für Kontoinformationen vereinbarten Weg. Mit Kunden, die keine Verbraucher sind, kann die Art und Weise sowie die zeitliche Folge der Unterrichtung gesondert vereinbart werden. Bei Kunden, die keine Verbraucher sind, werden bei Sammelgutschriften von Lastschrifteinzügen nicht die einzelnen Zahlungsvorgänge ausgewiesen, sondern nur der Gesamtbetrag.

1.5 Erstattungs- und Schadensersatzansprüche des Kunden

1.5.1 Unterrichtungspflicht des Kunden

Der Kunde hat die Bank unverzüglich nach Feststellung fehlerhaft ausgeführter Lastschrifteinzüge zu unterrichten.

1.5.2 Ansprüche bei einer nicht erfolgten oder fehlerhaften Ausführung eines Lastschriftinkassoauftrags durch die Bank und bei verspätetem Eingang des Lastschriftbetrags

(1) Im Fall einer nicht erfolgten oder fehlerhaften Ausführung eines Lastschriftinkassoauftrags durch die Bank kann der Kunde verlangen, dass die Bank diesen unverzüglich, gegebenenfalls erneut, an den Zahlungsdienstleister des Zahlers übermittelt.

(2) Der Kunde kann über den Anspruch nach Absatz 1 hinaus von der Bank die Erstattung derjenigen Entgelte und Zinsen verlangen, die die Bank ihm im Zusammenhang mit der nicht erfolgten oder fehlerhaften Ausführung eines Lastschriftinkassoauftrags in Rechnung gestellt oder mit denen sie das Konto des Kunden belastet hat.

(3) Ist der Lastschriftbetrag lediglich verspätet bei der Bank eingegangen, kann der Kunde von der Bank im Rahmen des § 675y Absatz 4 BGB verlangen, dass sie die Gutschrift des Lastschriftbetrags auf dem Konto des Kunden so vornimmt, als sei der Zahlungsvorgang ordnungsgemäß ausgeführt worden.

1.5.3 Schadensersatz bei Pflichtverletzung

(1) Bei nicht erfolgter, fehlerhafter oder verspäteter Ausführung eines Lastschriftinkassoauftrags kann der Kunde von der Bank den Ersatz des hierdurch entstehenden Schadens verlangen. Dies gilt nicht, wenn die Bank die Pflichtverletzung nicht zu vertreten hat. Hat der Kunde durch ein schuldhaftes Verhalten zu der Entstehung eines Schadens beigetragen, bestimmt sich nach den Grundsätzen des Mitverschuldens, in welchem Umfang Bank und Kunde den Schaden zu tragen haben.

(2) Soweit es sich bei dem Kunden nicht um einen Verbraucher handelt, ist die Haftung der Bank für Schäden der Höhe nach auf den Lastschriftbetrag begrenzt. Soweit es sich hierbei um Folgeschäden handelt, ist die Haftung zusätzlich auf höchstens 12.500 Euro je Zahlung begrenzt. Diese Haftungsbeschränkungen gelten nicht für Vorsatz oder grobe Fahrlässigkeit der Bank und für Gefahren, die die Bank besonders übernommen hat.

1.5.4 Haftungs- und Einwendungsausschluss

Ansprüche des Kunden nach Nummer 1.5.2 und Einwendungen des Kunden gegen die Bank aufgrund nicht oder fehlerhaft ausgeführter Inkassoaufträge sind ausgeschlossen, wenn der Kunde die Bank nicht spätestens 13 Monate nach dem Tag der Buchung mit einem fehlerhaft ausgeführten Inkassovorgang hiervon unterrichtet hat. Der Lauf der Frist beginnt nur, wenn die Bank den Kunden über den Vorgang entsprechend dem für Kontoinformationen vereinbarten Weg spätestens innerhalb eines Monats nach der Buchung unterrichtet hat; anderenfalls ist für den Fristbeginn der Tag der Unterrichtung maßgeblich.

1.6 Sonstige Sonderregelung mit Kunden, die keine Verbraucher sind

(1) Bei Kunden, die keine Verbraucher sind, gelten § 675d Absatz 1, Absätze 3 bis 5 (Informationspflichten) und § 675f Absatz 5 Satz 2 (Auslagen und Entgelte für die Erfüllung von Nebenpflichten) des Bürgerlichen Gesetzbuchs nicht.

(2) Die Mindestkündigungsfrist von zwei Monaten in Nummer 19 Absatz 1 Satz 3 der Allgemeinen Geschäftsbedingungen gilt nicht für die Inkassovereinbarung mit Kunden, die keine Verbraucher sind.

1.7 Zurverfügungstellung von Kopien der Lastschriftmandate

Auf Anforderung hat der Kunde der Bank innerhalb von sieben Geschäftstagen Kopien der Einzugsermächtigung, des SEPA-Lastschriftmandats beziehungsweise des SEPA-Firmenlastschrift-Mandats und gegebenenfalls weitere Informationen zu den eingereichten Lastschriften zur Verfügung zu stellen.

2 SEPA-Basislastschrift

2.1 Wesentliche Merkmale des SEPA-Basislastschriftverfahrens

Das SEPA-Basislastschriftverfahren richtet sich nach dem „SEPA Core Direct Debit Scheme Rulebook" des European Payments Council.

Mit dem SEPA-Basislastschriftverfahren kann ein Zahler über seinen Zahlungsdienstleister an den Zahlungsempfänger Zahlungen in Euro innerhalb des Gebiets des einheitlichen Euro-Zahlungsverkehrsraums („Single Euro Payments Area", SEPA)[1] bewirken.

[1] Liste der zu SEPA gehörenden Staaten und Gebiete siehe Anlage D.

1

Für die Ausführung von Zahlungen mittels SEPA-Basislastschriften muss der Zahler vor dem Zahlungsvorgang dem Zahlungsempfänger das SEPA-Lastschriftmandat (siehe Nummer 2.4) erteilen.

Der Kunde als Zahlungsempfänger löst den jeweiligen Zahlungsvorgang aus, indem er über die Bank dem Zahlungsdienstleister des Zahlers die Lastschriften vorlegt.

Der Zahler kann bei einer autorisierten Zahlung aufgrund einer SEPA-Basislastschrift binnen einer Frist von acht Wochen ab dem Zeitpunkt der Belastungsbuchung auf seinem Konto von seinem Zahlungsdienstleister die Erstattung des belasteten Lastschriftbetrags ohne Angabe von Gründen verlangen. Dies führt zu einer Rückgängigmachung der Gutschrift auf dem Konto des Kunden als Zahlungsempfänger.

2.2 Kundenkennungen

Für das Verfahren hat der Kunde

- die ihm von der Bank erteilte IBAN – und bei grenzüberschreitenden Lastschrifteinzügen in Staaten außerhalb des Europäischen Wirtschaftsraums[2] zusätzlich den BIC der Bank – als seine Kundenkennung sowie
- die ihm vom Zahler mitgeteilte IBAN – und bei grenzüberschreitenden Lastschrifteinzügen in Staaten außerhalb des Europäischen Wirtschaftsraums[3] zusätzlich den BIC des Zahlungsdienstleisters des Zahlers – als die Kundenkennung des Zahlers zu verwenden.

Die Bank ist berechtigt, den Einzug der Lastschriften ausschließlich auf Grundlage der ihr übermittelten Kundenkennungen durchzuführen.

2.3 Übermittlung von Lastschriftdaten

Bei SEPA-Basislastschriften können die Lastschriftdaten auch über das Nachrichtenübermittlungssystem der Society for Worldwide Interbank Financial Telecommunication (SWIFT) mit Sitz in Belgien und Rechenzentren in der Europäischen Union, in der Schweiz und in den USA weitergeleitet werden.

2.4 SEPA-Lastschriftmandat

2.4.1 Erteilung des SEPA-Lastschriftmandats (SEPA Direct Debit Mandate)

Der Kunde muss vor Einreichung von SEPA-Basislastschriften vom Zahler ein SEPA-Lastschriftmandat einholen. In dem SEPA-Lastschriftmandat müssen die folgenden Erklärungen des Zahlers enthalten sein:

- Ermächtigung des Kunden durch den Zahler, Zahlungen vom Konto des Zahlers mittels SEPA-Basislastschrift einzuziehen, und
- Weisung des Zahlers an seinen Zahlungsdienstleister, die vom Kunden auf das Konto des Zahlers gezogenen SEPA-Basislastschriften einzulösen.

Der Kunde muss hierzu den als Anlage B.1 beigefügten Text oder einen inhaltsgleichen Text in einer Amtssprache der in Anlage D genannten Staaten und Gebiete gemäß den Vorgaben des European Payments Council (siehe: www.europeanpaymentscouncil.eu) verwenden.

Zusätzlich müssen folgende Angaben im Mandat enthalten sein:

- Name des Kunden, seine Adresse und seine Gläubiger-Identifikationsnummer (diese wird für in Deutschland ansässige Kunden von der Deutschen Bundesbank vergeben, siehe http://glaeubiger-id.bundesbank.de),
- Angabe, ob das Mandat für wiederkehrende Zahlungen oder eine einmalige Zahlung gegeben wird,
- Name des Zahlers oder Bezeichnung gemäß Anlage C Nummer 2,
- Kundenkennung des Zahlers (siehe Nummer 2.2),
- Zeichnung durch den Zahler sowie
- Datum der Zeichnung durch den Zahler.

Die vom Kunden individuell vergebene Mandatsreferenz

- bezeichnet in Verbindung mit der Gläubiger-Identifikationsnummer das jeweilige Mandat eindeutig,
- ist bis zu 35 alphanumerische Stellen lang und
- kann bereits im Mandat enthalten sein oder muss dem Zahler nachträglich bekannt gegeben werden.

Über die genannten Daten hinaus kann das SEPA-Lastschriftmandat zusätzliche Angaben enthalten.

2.4.2 Einzugsermächtigung als SEPA-Lastschriftmandat

(1) Der Kunde kann eine vor dem 1. Februar 2014 erteilte Einzugsermächtigung als SEPA-Lastschriftmandat nutzen. Dazu müssen die folgenden Voraussetzungen vorliegen:

- Der Zahler hat dem Kunden als Zahlungsempfänger eine schriftliche Einzugsermächtigung erteilt, mit der er den Zahlungsempfänger ermächtigt, Zahlungen von seinem Konto mittels Lastschrift einzuziehen.
- Der Zahler und dessen Zahlungsdienstleister haben vereinbart, dass
  - der Zahler mit der Einzugsermächtigung zugleich seinen Zahlungsdienstleister anweist, die vom Zahlungsempfänger auf sein Konto gezogenen Lastschriften einzulösen, und
  - diese Einzugsermächtigung als SEPA-Lastschriftmandat genutzt werden kann.

(2) Die Einzugsermächtigung muss folgende Autorisierungsdaten enthalten:

- Bezeichnung des Zahlungsempfängers,
- Bezeichnung des Zahlers,
- Kundenkennung nach Nummer 2.2 oder Kontonummer und Bankleitzahl des Zahlers.

Über die Autorisierungsdaten hinaus kann die Einzugsermächtigung zusätzliche Angaben enthalten.

(3) Vor dem ersten SEPA-Basislastschrifteinzug hat der Kunde den Zahler über den Wechsel vom Einzug per Einzugsermächtigungslastschrift auf den Einzug per SEPA-Basislastschrift unter Angabe von Gläubiger-Identifikationsnummer und Mandatsreferenz in Textform zu unterrichten. Auf Nachfrage der Bank hat der Kunde die Unterrichtung des Zahlers nach Satz 1 in geeigneter Weise nachzuweisen.

(4) Die erste SEPA-Basislastschrift, die nach dem Wechsel von der Einzugsermächtigungslastschrift erfolgt, wird als Erstlastschrift gekennzeichnet. Im Datensatz der eingereichten Lastschriften ist als Datum der Unterschrift des Zahlers das Datum der Unterrichtung des Zahlers nach Absatz 3 anzugeben.

2.4.3 Aufbewahrungspflicht

Der Kunde ist verpflichtet, das vom Zahler erteilte SEPA-Lastschriftmandat – einschließlich Änderungen – in der gesetzlich vorgegebenen Form aufzubewahren. Nach Erlöschen des Mandats ist dieses noch für einen Zeitraum von mindestens 14 Monaten, gerechnet vom Einreichungsdatum der letzten eingezogenen Lastschrift, aufzubewahren.

2.4.4 Widerruf des SEPA-Lastschriftmandats durch einen Zahler

Widerruft ein Zahler gegenüber dem Kunden ein SEPA-Lastschriftmandat, darf der Kunde keine weiteren SEPA-Basislastschriften mehr auf Grundlage dieses SEPA-Lastschriftmandats einziehen.

Erhält der Kunde eine SEPA-Basislastschrift mit dem Rückgabegrund „no mandate/unauthorised transaction" zurück, teilt der Zahlungsdienstleister des Zahlers damit dem Kunden mit, dass der Zahler das dem Kunden erteilte SEPA-Lastschriftmandat widerrufen hat. Der Kunde darf dann keine weiteren SEPA-Basislastschriften mehr auf Grundlage dieses SEPA-Lastschriftmandats einziehen.

2.5 Ankündigung des SEPA-Basislastschrift-Einzugs

Der Kunde hat dem Zahler spätestens 14 Kalendertage vor der Fälligkeit der SEPA-Basislastschrift-Zahlung den SEPA-Basislastschrift-Einzug anzukündigen (z. B. durch Rechnungsstellung); Kunde und Zahler können auch eine andere Frist vereinbaren. Bei wiederkehrenden Lastschriften mit gleichen Lastschriftbeträgen genügen eine einmalige Unterrichtung des Zahlers vor dem ersten Lastschrifteinzug und die Angabe der Fälligkeitstermine.

2.6 Einreichung der SEPA-Basislastschrift

(1) Das vom Zahler erteilte SEPA-Lastschriftmandat verbleibt beim Kunden als Zahlungsempfänger. Dieser übernimmt die Autorisierungsdaten und etwaige zusätzliche Angaben in den Datensatz zur Einziehung von SEPA-Basislastschriften. Der jeweilige Lastschriftbetrag und der Fälligkeitstag der Lastschriftzahlung werden vom Kunden angegeben. Wird die SEPA-Basislastschrift auf ein Konto des Zahlers außerhalb des Europäischen Wirtschaftsraums[4] gezogen, ist im Datensatz zusätzlich die Anschrift des Zahlers anzugeben.

46.601 (09/21)

[2] Liste der zum Europäischen Wirtschaftsraum gehörenden Staaten und Gebiete siehe Anlage D.
[3] Liste der zum Europäischen Wirtschaftsraum gehörenden Staaten und Gebiete siehe Anlage D.
[4] Liste der zum Europäischen Wirtschaftsraum gehörenden Staaten und Gebiete siehe Anlage D.

(2) Der Kunde übermittelt elektronisch den Datensatz zur Einziehung der SEPA-Basislastschrift unter Beachtung der vereinbarten Einreichungsfristen an die Bank. Die Lastschrift ist gemäß Anlage C zu kennzeichnen. Der Zahlungsdienstleister des Zahlers (Zahlstelle) ist berechtigt, die Lastschrift nach der Kennzeichnung zu bearbeiten.

(3) Fällt der im Datensatz vom Kunden angegebene Fälligkeitstag auf keinen TARGET2-Geschäftstag[5], ist die Bank berechtigt, den folgenden TARGET2-Geschäftstag als Fälligkeitstag im Lastschriftdatensatz anzugeben.

(4) Reicht der Kunde zu einem SEPA-Lastschriftmandat in einem Zeitraum von 36 Monaten (gerechnet vom Fälligkeitstermin der zuletzt vorgelegten SEPA-Basislastschrift) keine SEPA-Basislastschrift ein, hat er Lastschrifteinzüge auf Basis dieses Mandats zu unterlassen und ist verpflichtet, ein neues SEPA-Lastschriftmandat einzuholen, wenn er zukünftig SEPA-Basislastschriften von dem Zahler einziehen möchte. Die Bank ist nicht verpflichtet, die Einhaltung der Maßnahmen in Satz 1 zu prüfen.

(5) Die Bank wird die rechtzeitig und ordnungsgemäß eingereichte SEPA-Basislastschrift so an den Zahlungsdienstleister des Zahlers übermitteln, dass die Verrechnung an dem im Lastschriftdatensatz enthaltenen Fälligkeitstag ermöglicht wird.

2.7 Ausführung des Zahlungsvorgangs und Rücklastschriften

(1) Der Zahlungsdienstleister des Zahlers leitet den von ihm dem Konto des Zahlers aufgrund der SEPA-Basislastschrift belasteten Lastschriftbetrag der Bank zu.

(2) Bei einer von dem Zahlungsdienstleister des Zahlers nicht eingelösten oder wegen des Erstattungsverlangens des Zahlers zurückgegebenen Lastschrift macht die Bank die Vorbehaltsgutschrift beziehungsweise Gutschrift rückgängig. Dies geschieht unabhängig davon, ob in der Zwischenzeit ein Rechnungsabschluss erteilt wurde.

3 SEPA-Firmenlastschrift

3.1 Wesentliche Merkmale des SEPA-Firmenlastschriftverfahrens

Das SEPA-Firmenlastschriftverfahren richtet sich nach dem „SEPA Business to Business Direct Debit Scheme Rulebook" des European Payments Council. Das SEPA-Firmenlastschriftverfahren kann nur von Zahlern genutzt werden, die keine Verbraucher sind.

Mit dem SEPA-Firmenlastschriftverfahren kann ein Zahler über seinen Zahlungsdienstleister an den Zahlungsempfänger Zahlungen in Euro innerhalb des Gebiets des einheitlichen Euro-Zahlungsverkehrsraums („Single Euro Payments Area", SEPA)[6] bewirken.

Für die Ausführung von Zahlungen mittels SEPA-Firmenlastschrift

– müssen der Zahlungsempfänger und dessen Zahlungsdienstleister das SEPA-Firmenlastschriftverfahren nutzen,
– muss der Zahler vor dem Zahlungsvorgang dem Zahlungsempfänger das SEPA-Firmenlastschrift-Mandat erteilen und
– muss der Zahler seinem Zahlungsdienstleister die Erteilung des SEPA-Firmenlastschrift-Mandats bestätigen.

Der Kunde als Zahlungsempfänger löst den jeweiligen Zahlungsvorgang aus, indem er über die Bank dem Zahlungsdienstleister des Zahlers die Lastschriften vorlegt.

Der Zahler kann bei einer autorisierten Zahlung aufgrund einer SEPA-Firmenlastschrift von seinem Zahlungsdienstleister keine Erstattung des seinem Konto belasteten Lastschriftbetrages verlangen.

3.2 Kundenkennungen

Für das Verfahren hat der Kunde

– die ihm von der Bank erteilte IBAN – und bei grenzüberschreitenden Lastschrifteinzügen in Staaten außerhalb des Europäischen Wirtschaftsraums[7] zusätzlich den BIC – als seine Kundenkennung sowie
– die ihm vom Zahler mitgeteilte IBAN – und bei grenzüberschreitenden Lastschrifteinzügen in Staaten außerhalb des Europäischen Wirtschaftsraums[8] zusätzlich den BIC des Zahlungsdienstleisters des Zahlers – als die Kundenkennung des Zahlers zu verwenden.

Die Bank ist berechtigt, den Einzug der Lastschriften ausschließlich auf Grundlage der ihr übermittelten Kundenkennungen durchzuführen.

3.3 Übermittlung von Lastschriftdaten

Bei SEPA-Firmenlastschriften können die Lastschriftdaten auch über das Nachrichtenübermittlungssystem der Society for Worldwide Interbank Financial Telecommunication (SWIFT) mit Sitz in Belgien und Rechenzentren in der Europäischen Union, in der Schweiz und in den USA weitergeleitet werden.

3.4 SEPA-Firmenlastschrift-Mandat

3.4.1 Erteilung des SEPA-Firmenlastschrift-Mandats (SEPA Business-to-Business Direct Debit Mandate)

Der Kunde muss vor Einreichung von SEPA-Firmenlastschriften vom Zahler ein SEPA-Firmenlastschrift-Mandat einholen. In dem SEPA-Firmenlastschrift-Mandat müssen die folgenden Erklärungen des Zahlers enthalten sein:

– Ermächtigung des Kunden, Zahlungen vom Konto des Zahlers mittels SEPA-Firmenlastschrift einzuziehen, und
– Weisung des Zahlers an seinen Zahlungsdienstleister, die vom Kunden auf das Konto des Zahlers gezogenen SEPA-Firmenlastschriften einzulösen.

Der Kunde muss hierzu den als Anlage B.2 beigefügten Text oder einen inhaltsgleichen Text in einer Amtssprache der in Anlage D genannten Staaten und Gebiete gemäß den Vorgaben des European Payments Council (siehe: www.europeanpaymentscouncil.eu) verwenden.

Zusätzlich müssen folgende Angaben im Mandat enthalten sein:

– Name des Kunden, seine Adresse und seine Gläubiger-Identifikationsnummer (diese wird für in Deutschland ansässige Kunden von der Deutschen Bundesbank vergeben, siehe http://glaeubiger-id.bundesbank.de),
– Angabe, ob das Mandat für wiederkehrende Zahlungen oder eine einmalige Zahlung gegeben wird,
– Name des Zahlers,
– Kundenkennung des Zahlers (siehe Nummer 3.2),
– Zeichnung durch den Zahler sowie
– Datum der Zeichnung durch den Zahler.

Die vom Kunden individuell vergebene Mandatsreferenz

– bezeichnet in Verbindung mit der Gläubiger-Identifikationsnummer das jeweilige Mandat eindeutig,
– ist bis zu 35 alphanumerische Stellen lang und
– kann bereits im Mandat enthalten sein oder muss dem Zahler nachträglich bekannt gegeben werden.

Über die genannten Daten hinaus kann das SEPA-Firmenlastschrift-Mandat zusätzliche Angaben enthalten.

3.4.2 Aufbewahrungspflichten

Der Kunde ist verpflichtet, das vom Zahler erteilte SEPA-Firmenlastschrift-Mandat – einschließlich Änderungen – in der gesetzlich vorgegebenen Form aufzubewahren. Nach Erlöschen des Mandats ist dieses noch für einen Zeitraum von mindestens 14 Monaten, gerechnet vom Einreichungsdatum der letzten eingezogenen Lastschrift, aufzubewahren.

3.5 Ankündigung des SEPA-Firmenlastschrift-Einzugs

Der Kunde hat dem Zahler spätestens 14 Kalendertage vor der Fälligkeit der SEPA-Firmenlastschrift-Zahlung den SEPA-Firmenlastschrift-Einzug anzukündigen (z. B. durch Rechnungsstellung); Kunde und Zahler können auch eine andere Frist vereinbaren. Bei wiederkehrenden Lastschriften mit gleichen Lastschriftbeträgen genügt eine einmalige Unterrichtung des Zahlers vor dem ersten Lastschrifteinzug und die Angabe der Fälligkeitstermine.

3.6 Einreichung der SEPA-Firmenlastschrift

(1) Das vom Zahler erteilte SEPA-Firmenlastschrift-Mandat verbleibt beim Kunden. Dieser übernimmt die Autorisierungsdaten und etwaige zusätzliche Angaben in den Datensatz zur Einziehung von SEPA-Firmenlastschriften. Der jeweilige Lastschriftbetrag und der Fälligkeitstag der Lastschriftzahlung werden vom Kunden angegeben. Wird die SEPA-Firmenlastschrift auf ein Konto des Zahlers außerhalb des Europäischen Wirtschaftsraums[9] gezogen, ist im Datensatz zusätzlich die Anschrift des Zahlers anzugeben.

(2) Der Kunde übermittelt elektronisch den Datensatz zur Einziehung der SEPA-Firmenlastschrift unter Beachtung der ver-

[5] TARGET2 steht für Trans-European Automated Real-time Gross Settlement Express Transfer System. TARGET2 ist täglich außer samstags, sonntags, an Neujahr, am Karfreitag und Ostermontag, am 1. Mai sowie am 25. und 26. Dezember geöffnet.
[6] Liste der zu SEPA gehörenden Staaten und Gebiete siehe Anlage D.
[7] Liste der zum Europäischen Wirtschaftsraum gehörenden Staaten und Gebiete siehe Anlage D.
[8] Liste der zum Europäischen Wirtschaftsraum gehörenden Staaten und Gebiete siehe Anlage D.
[9] Liste der zum Europäischen Wirtschaftsraum gehörenden Staaten und Gebiete siehe Anlage D.

46.601 (09/21) 3

einbarten Einreichungsfristen an die Bank. Die Lastschrift ist gemäß Anlage C zu kennzeichnen. Der Zahlungsdienstleister des Zahlers (Zahlstelle) ist berechtigt, die Lastschrift nach der Kennzeichnung zu bearbeiten.

(3) Fällt der im Datensatz vom Kunden angegebene Fälligkeitstag auf keinen TARGET2-Geschäftstag[10], ist die Bank berechtigt, den folgenden TARGET2-Geschäftstag als Fälligkeitstag im Lastschriftdatensatz anzugeben.

(4) Reicht der Kunde zu einem SEPA-Firmenlastschrift-Mandat in einem Zeitraum von 36 Monaten (gerechnet vom Fälligkeitstermin der zuletzt vorgelegten SEPA-Firmenlastschrift) keine SEPA-Firmenlastschrift ein, hat er Lastschrifteinzüge auf Basis dieses Mandats zu unterlassen und ist verpflichtet, ein neues SEPA-Firmenlastschrift-Mandat einzuholen, wenn er zukünftig SEPA-Firmenlastschriften von dem Zahler einziehen möchte. Die Bank ist nicht verpflichtet, die Einhaltung der Maßnahmen in Satz 1 zu prüfen.

(5) Die Bank wird die rechtzeitig und ordnungsgemäß eingereichte SEPA-Firmenlastschrift so an den Zahlungsdienstleister des Zahlers übermitteln, dass die Verrechnung an dem im Lastschriftdatensatz enthaltenen Fälligkeitstag ermöglicht wird.

3.7 Ausführung des Zahlungsvorgangs und Rücklastschriften

(1) Der Zahlungsdienstleister des Zahlers leitet den von ihm dem Konto des Zahlers aufgrund der SEPA-Firmenlastschrift belasteten Lastschriftbetrag der Bank zu.

(2) Bei einer von dem Zahlungsdienstleister des Zahlers nicht eingelösten Lastschrift macht die Bank die Vorbehaltsgutschrift rückgängig. Dies geschieht unabhängig davon, ob in der Zwischenzeit ein Rechnungsabschluss erteilt wurde.

Anlage A

Einreichungsfristen

SEPA-Basislastschrift	
SEPA-Firmenlastschrift	

Die Geschäftstage sind im „Preis- und Leistungsverzeichnis" bestimmt.

Anlage B.1*

Text für das SEPA-Lastschriftmandat an den Zahlungsempfänger

SEPA-Lastschriftmandat

Ich ermächtige/Wir ermächtigen [Name des Zahlungsempfängers], Zahlungen von meinem/unserem Konto mittels Lastschrift einzuziehen. Zugleich weise ich meinen/weisen wir unseren Zahlungsdienstleister an, die von [Name des Zahlungsempfängers] auf mein/unser Konto gezogenen Lastschriften einzulösen.

Hinweis: Ich kann/Wir können innerhalb von acht Wochen, beginnend mit dem Belastungsdatum, die Erstattung des belasteten Betrages verlangen. Es gelten dabei die mit meinem/unserem Zahlungsdienstleister vereinbarten Bedingungen.

_______________________________ _ _ _ _ _ _ _ _|_ _ _

Zahlungsdienstleister des Zahlers (Name und BIC[11])

IBAN: _ _|_ _ _ _|_ _ _ _|_ _ _ _|_ _ _ _|_ _

....

Ort, Datum, Unterschrift(en) der/des Zahler(s)

46.601 (09/21)

[10] Siehe Fußnote 5.

* Gemäß Nummer 2.4.1 der „Bedingungen für den Lastschrifteinzug" ist der Text des SEPA-Lastschrift-Mandats verbindlich.

[11] Die Angabe kann bei Zahlungen innerhalb des Europäischen Wirtschaftsraums (EWR) entfallen.

4

Anlage B.2**

Text für das SEPA-Firmenlastschrift-Mandat an den Zahlungsempfänger

SEPA-Firmenlastschrift-Mandat

Ich ermächtige/Wir ermächtigen [Name des Zahlungsempfängers], Zahlungen von meinem/unserem Konto mittels Lastschrift einzuziehen. Zugleich weise ich meinen/weisen wir unseren Zahlungsdienstleister an, die von [Name des Zahlungsempfängers] auf mein/unser Konto gezogenen Lastschriften einzulösen.

Hinweis: Dieses Lastschriftmandat dient nur dem Einzug von Lastschriften, die auf Konten von Unternehmen gezogen sind.
Ich bin/Wir sind nicht berechtigt, nach der erfolgten Einlösung eine Erstattung des belasteten Betrages zu verlangen. Ich bin/Wir sind berechtigt, meinen/unseren Zahlungsdienstleister bis zum Fälligkeitstag anzuweisen, Lastschriften nicht einzulösen.

_______________________________ _ _ _ _ _ _ _ _ | _ _ _

Zahlungsdienstleister des Zahlers (Name und BIC[12])

IBAN: _ _ | _ _ _ _ | _ _ _ _ | _ _ _ _ | _ _ _ _ | _ _

....

Ort, Datum, Unterschrift(en) der/des Zahler(s)

**Gemäß Nummer 3.4.1 der „Bedingungen für den Lastschrifteinzug“ ist der Text des SEPA-Firmenlastschrift-Mandats verbindlich.
[12]Die Angabe kann bei Zahlungen innerhalb des Europäischen Wirtschaftsraums (EWR) entfallen.

Anlage C

1. Kennzeichnung der jeweiligen Lastschriftverfahren im Datensatz

Verfahren	Kennzeichnung des Datensatzes	
SEPA-Basislastschrift	„CORE“ im Element „Code“ der Elementgruppe „Local instrument“	
SEPA-Firmenlastschrift	„B2B“ im Element „Code“ der Elementgruppe „Local instrument“	

2. Name des Zahlers gemäß Nummer 2.4.1 Absatz 3 dritter Spiegelstrich

Sofern ein Lastschriftmandat für eine SEPA-Basis-Lastschrift („Local Instrument“ enthält „CORE“) am POS (Point Of Sale/Kartenterminal) aus Bankkartendaten generiert wird und soweit der Name des Zahlers nicht verfügbar ist, können zur Identifizierung des Zahlers anstelle des Namens auch Daten der Karte wie folgt angegeben werden: Konstante/CDGM (Card Data Generated Mandate), gefolgt von /Kartennummer, /Kartenfolgenummer und /Verfalldatum der Karte (vierstellig im Format JJMM). Soweit die Kartennummer nicht verfügbar ist, ist die PAN zu verwenden. Um eine gleiche Feldlänge Kartennummer/PAN zu bewirken, ist die Kartennummer linksbündig mit Nullen auf 19 Stellen aufzufüllen.

Anlage D

Liste der zu SEPA gehörigen Staaten und Gebiete

Staaten des Europäischen Wirtschaftsraums (EWR)

Mitgliedstaaten der Europäischen Union

Belgien, Bulgarien, Dänemark, Deutschland, Estland, Finnland, Frankreich (einschließlich Französisch-Guayana, Guadeloupe, Martinique, Mayotte, Réunion), Griechenland, Irland, Italien, Kroatien, Lettland, Litauen, Luxemburg, Malta, Niederlande, Österreich, Polen, Portugal, Rumänien, Schweden, Slowakei, Slowenien, Spanien, Tschechische Republik, Ungarn, Zypern.

Weitere Staaten

Island, Liechtenstein, Norwegen.

Sonstige Staaten und Gebiete

Andorra, Guernsey, Insel Man, Jersey, Monaco, Saint-Pierre und Miquelon, San Marino, Schweiz, Vatikanstadt, Vereinigtes Königreich von Großbritannien und Nordirland.

46.601 (09/21)

5

Anmerkungen

1. Rechtsgrundlage. Grundlage des Lastschriftverfahrens ist das Abkommen der Spitzenverbände des Kreditgewerbes und der Deutschen Bundesbank über die SEPA-Inlandslastschrift in der seit 21.11.2016 geltenden Fassung. Dieses Abkommen begründet – wie jedes Interbankenabkommen – Rechte und Pflichten nur zwischen den beteiligten Kreditinstituten (BGH WM 1977, 1042; 1977, 1196, 89, 520). Allerdings ist dieses deutsche Interbankenabkommen nicht mehr das alleinige, zwischen den Banken geltende Regelwerk für die Abwicklung des Lastschriftverkehrs. Da die beiden SEPA-Lastschriftverfahren im gesamten EU-/EWR-Raum einsetzbar sind, gibt es für sämtliche Banken, die in diesem Bereich räumlich tätig sind, „Rulebooks", die die beiden Lastschriftverfahren einehitliche regeln und insbesondere technische Anforderungen daran festlegen: Das „SEPA Core Direct Debit Scheme Rulebook" für das SEPA-Basislastschriftverfahren und das „SEPA Business to Business Direct Debit Scheme Rulebook" für das SEPA-Firmenlastschriftverfahren, beide herausgegeben vom European Payments Council für SEPA Inlandslastschriften.

2. Rechtsnatur der Lastschriftvereinbarung. Der Einzug von Lastschriften bedarf im Rahmen der girovertraglichen Beziehung zwischen Lastschrifteinreicher und seinem Zahlungsdienstleister (1. Inkassostelle) gem §§ 675 Abs 1, 611 BGB einer gesonderten Vereinbarung. Diese Inkassovereinbarung ergänzt den Girovertrag, bei dem es sich um einen Zahlungsdiensterahmenvertrag gem § 675 f. Abs 2 S 1 BGB handelt und legt die Rechte und Pflichten aus der Lastschriftvereinbarung fest.

Es entstehen im Lastschriftverfahren, an dem neben dem Lastschrifteinreicher als Zahlungsempfänger und seinem Zahlungsinstitut als 1. Inkassostelle auch der Zahlungspflichtige und sein Zahlungsdienstleister, die Zahlstelle, beteiligt sind, keine unmittelbaren vertraglichen Beziehungen zwischen dem Schuldner und der 1. Inkassostelle (BGH WM 1977, 1196) sowie zwischen dem Gläubiger und der Zahlstelle (BGH WM 1977, 1042).

3. SEPA-Basis- und SEPA-Firmenlastschriftverfahren. Im SEPA-Lastschriftverfahren erteilt der Zahlungspflichtige durch ein „Mandat" nicht nur dem Zahlungsempfänger eine Ermächtigung, sein Konto zu belasten, sondern gleichzeitig stellt dieses auch einen Zahlungsauftrag an seinen Zahlungsdienstleister sowie eine Autorisierung gem § 675j BGB dar. Zwar steht im SEPA-Basislastschriftverfahren dem Zahlungspflichtigen ein Erstattungsanspruch zu, den er innerhalb eines Zeitraums von acht Wochen nach der Belastung geltend machen kann, gleichwohl ändert dies nichts daran, dass ein wirksames Mandant einen Auftrag an das Institut des Zahlers darstellt, die Zahlung auszuführen. Der Erstattungsanspruch gem. § 675x Abs. 2 und Abs. 4 BGB setzt ja gerade ein wirksames Mandat voraus und stellt einen eigenständigen Anspruch und keinen Widerspruch gegen eine Belastung dar. Nur im SEPA-Firmenlastschriftverfahren ist von der sich aus § 675e Abs. 4 BGB dafür eröffneten Möglichkeit Gebrauch gemacht worden, im Verhältnis zu einem Unternehmer als Zahler den Erstattungsanspruch auszuschließen. Zwar betrifft dies nicht die Inassovereinbarung, wird in dieser jedoch insofern reflektiert, als die in Ziff. 2.7 Abs. 2 vorgesehene Rückbelastungsmöglichkeit wegen des Erstattungsverlangens des Zahlers im SEPA-Basislastschriftverfahren in der vergleichbaren Regelung in Ziff. 3.7 für das SEPA-Firmenlastschriftverfahren nicht vorgesehen ist. Das abgebildete Vertragsmuster verbindet beide Verfahren miteinander.

Mustertexte werden von den kreditwirtschaftlichen Spitzenverbänden den angeschlossenen Instituten empfohlen und von diesen in der Regel als Rechtsgrundlage für das Lastschriftinkasso auch verwendet.

4. Einzug fälliger Forderungen. Eine Vereinbarung mit dem Zahlungsempfänger über nur tatsächlich bestehende und fällige Forderungen enthält die Vereinbarung nicht. Zwar hat der Zahlungsempfänger dieseVerpflichtung gegenüber dem Zahlungspflichtigen im Valutaverhältnis, im hier vorliegenden Deckungsverhältnis hat die Inkassostelle jedoch keine Möglichkeit, diese Voraussetzung zu prüfen; sie ist zur Einziehung einer Zahlung berechtigt und verpflichtet, wenn der Zahlungsempfänger gem. Ziff. 2.6 Abs. 2 und Ziff. 3.6 Abs. 2 die Lastschriftdateien zum Einzug einreicht.

5. Bedingungen für den Lastschrifteinzug. Die Lastschriftinkassovereinbarung enthält hinsichtlich der einzelnen Zahlungsverfahren keine besonderen Regelungen. Die entsprechenden Voraussetzungen für die Verarbeitung von Inkassoaufträgen ergibt sich aus den Bedingungen für den Lastschrifteinzug, der zwischen der Inkassostelle und dem Lastschrifteinreicher zusammen mit der Lastschriftinkassovereinbarung abgeschlossen wird. Darin werden nicht nur allgemeine Voraussetzungen für den Lastschrifteinzug festgelegt, sondern für jedes angebotenen Lastschriftverfahren die jeweils zu beachtenden organisatorischen, technischen und rechtlichen Voraussetzungen.

6. Anlage B.1 (Anhang zu Bedingungen für den Lastschrifteinzug)

Anlage B.1*

Text für das SEPA-Lastschriftmandat an den Zahlungsempfänger

SEPA-Lastschriftmandat

Ich ermächtige/Wir ermächtigen [Name des Zahlungsempfängers], Zahlungen von meinem/unserem Konto mittels Lastschrift einzuziehen. Zugleich weise ich meinen/weisen wir unseren Zahlungsdienstleister an, die von [Name des Zahlungsempfängers] auf mein/unser Konto gezogenen Lastschriften einzulösen.

Hinweis: Ich kann/Wir können innerhalb von acht Wochen, beginnend mit dem Belastungsdatum, die Erstattung des belasteten Betrages verlangen. Es gelten dabei die mit meinem/unserem Zahlungsdienstleister vereinbarten Bedingungen.

____________________________ _ _ _ _ _ _ _ _ | _ _ _

Zahlungsdienstleister des Zahlers (Name und BIC[11])

IBAN: _ _ | _ _ _ _ | _ _ _ _ | _ _ _ _ | _ _ _ _ | _ _

....

Ort, Datum, Unterschrift(en) der/des Zahler(s)

46.601 (09/21)

[10]Siehe Fußnote 5.

*Gemäß Nummer 2.4.1 der „Bedingungen für den Lastschrifteinzug" ist der Text des SEPA-Lastschrift-Mandats verbindlich.

[11]Die Angabe kann bei Zahlungen innerhalb des Europäischen Wirtschaftsraums (EWR) entfallen.

4

Anmerkungen

1. Zweck des Formulars. Bei dem abgebildeten Muster handelt es sich um ein Formular, das die Kreditinstitute ihren Kunden zur Vereinbarung im Valutaverhältnis zur Verfügung stellen. Das Formular enthält den Text für ein SEPA-Mandat im SEPA-Basislastschriftverfahren. Die Verwendung dieses Formulars ist jedoch nicht zwingend.

2. Rechtsnatur. Das Mandant erteilt der Schuldner (= Zahlungspflichtige) im Valutaverhältnis seinem Gläubiger (= Zahlungsempfänger). Bei dieser Vereinbarung handelt es sich um eine unselbstständige Nebenabrede zu dem der Mandatserteilung zugrunde liegenden Kausalgeschäft. Aufgrund der Lastschriftvereinbarung zwischen Schuldner und Gläubiger wird die Geldschuld, die gem § 270 BGB eine qualifizierte Schickschuld ist, zur Holschuld (BGHZ 69, 361; BGH WM 1985, 461).

Der Zahlungspflichtige hat dafür Sorge zu tragen, dass bei Fälligkeit ausreichende Deckung auf seinem Konto vorhanden ist oder ein entsprechender Kredit in Anspruch genommen werden kann (vgl BGH WM 1985, 461, 462; OLG Nürnberg WM 1995, 1307, 1308).

Im Kausalverhältnis kann die Zahlung mittels Lastschriftverfahren formularmäßig vereinbart werden (vgl BGH WM 1996, 335).

3. Schriftform. Der Zahlungsempfänger ist verpflichtet, dafür Sorge zu tragen, dass seine Schuldner bei der Vereinbarung einer Zahlung das Mandat gem § 127 BGB schriftlich erteilen, soweit nicht zulässigerweise eine andere Form. vereinbart wird. Allerdings ist es möglich, die Schriftform gem. § 127 Abs. 2 BGB durch die Form. der „telekommunikativen Übermittlung" zu substituieren. Dass nur fällige Forderungen eingezogen werden dürfen, ergibt sich aus dem Kausalverhältnis zwischen Zahlungsempfänger und Zahlungspflichtigem.

4. Fälle der Nichteinlösung. Sofern die ausreichende Deckung als Zahlungsvoraussetzung gem § 675o Abs. 2 BGB für die Einlösung einer Lastschrift im Verhältnis zwischen Zahlstelle und Zahler vereinbart worden ist, muss dieser für die erforderliche Deckung sorgen oder mit seiner kontoführenden Stelle einen entsprechenden Kreditrahmen vereinbaren. Kommt er dieser Verpflichtung nicht nach, darf die Zahlstelle gem. § 675o Abs. 1 BGB die Einlösung der Lastschrift ablehnen.

5. Erstattungsanspruch des Zahlungspflichtigen. Im SEPA-Basislastschriftverfahren steht dem Zahlungspflichtigen, wie sich aus Ziff 2.5 der Bedingungen für Zahlungen mittels Lastschrift im SEPA-Basislastschriftverfahren ergibt, ein Erstattungsanspruch auch oder besser gerade für autorisierte Zahlungen innerhalb eines Zeitraums von acht Wochen nach der Belastung zu. Darauf wird der Lastschriftschuldner im Formular ausdrücklich hingewiesen. Dieses ihm gem. § 675x Abs. 2 und Abs. 4 BGB eingeräumte Recht ist zwingend, da es – wie sich aus § 675e Abs. 4 BGB ergibt – im Verhältnis zu Verbrauchern nicht ausgeschlossen werden kann.

7. Anlage B.2
(Anhang zu Formular IV.D.5. Bedingungen für den Lastschrifteinzug)

Anlage B.2**

Text für das SEPA-Firmenlastschrift-Mandat an den Zahlungsempfänger

SEPA-Firmenlastschrift-Mandat

Ich ermächtige/Wir ermächtigen [Name des Zahlungsempfängers], Zahlungen von meinem/unserem Konto mittels Lastschrift einzuziehen. Zugleich weise ich meinen/weisen wir unseren Zahlungsdienstleister an, die von [Name des Zahlungsempfängers] auf mein/unser Konto gezogenen Lastschriften einzulösen.

Hinweis: Dieses Lastschriftmandat dient nur dem Einzug von Lastschriften, die auf Konten von Unternehmen gezogen sind.
Ich bin/Wir sind nicht berechtigt, nach der erfolgten Einlösung eine Erstattung des belasteten Betrages zu verlangen. Ich bin/Wir sind berechtigt, meinen/unseren Zahlungsdienstleister bis zum Fälligkeitstag anzuweisen, Lastschriften nicht einzulösen.

______________________________ _ _ _ _ _ _ _ _ | _ _ _

Zahlungsdienstleister des Zahlers (Name und BIC[12])

IBAN: _ _ | _ _ _ _ | _ _ _ _ | _ _ _ _ | _ _ _ _ | _ _

....

Ort, Datum, Unterschrift(en) der/des Zahler(s)

**Gemäß Nummer 3.4.1 der „Bedingungen für den Lastschrifteinzug" ist der Text des SEPA-Firmenlastschrift-Mandats verbindlich.

[12]Die Angabe kann bei Zahlungen innerhalb des Europäischen Wirtschaftsraums (EWR) entfallen.

Anmerkungen

Die Formulare B.1 und B.2 enthalten für die beiden SEPA-Lastschriftverfahren, das Basis- und des Firmenlastschriftverfahren, den Text für das jeweilige Mandat, das der Zahlungspflichtige dem Zahlungsempfänger erteilt, durch das sowohl der Zahlungsempfänger als auch die Zahlstelle ermächtigt werden, die dem Mandat zugrunde liegende Forderung vom Konto des Lastschriftschuldners einzuziehen. Das Mandat hat im Hinblick auf die Zahlstelle die Wirkungen einen Zahlungsauftrags gem § 675 f. Abs 4 S 2 BGB und autorisiert diese gem § 675j BGB das Konto des Zahlungspflichtigen mit dem entsprechenden Betrag zu belasten. Aufgrund dessen hat der Zahlungspflichtige – anders als im früheren Einziehungsermächtigungsverfahren – kein Widerspruchsrecht gegen die Belastung, wenn ein wirksames Mandat vorliegt. Im Basisverfahren steht dem Zahlungspflichtigen allerdings für einen Zeitraum von acht Wochen nach der Belastung ein Erstattungsanspruch gem. § 675x Abs. 2 und Abs. 4 BGB auch dann zu, wenn ein wirksames Mandat vorliegt (s dazu oben, → Form. IV.D.8 Anm. 5). Im SEPA-Firmenlastschriftverfahren gibt es diesen Erstattungsanspruch jedoch nicht, da dieser gem. § 675e Abs. 4 BGB ausgeschlossen worden ist.

8. Anlage C und Anlage D
(Anhang zu Formular IV.D.5. Bedingungen für den Lastschrifteinzug)

Anlage C

1. Kennzeichnung der jeweiligen Lastschriftverfahren im Datensatz

Verfahren	Kennzeichnung des Datensatzes	
SEPA-Basislastschrift	„CORE" im Element „Code" der Elementgruppe „Local instrument"	
SEPA-Firmenlastschrift	„B2B" im Element „Code" der Elementgruppe „Local instrument"	

2. Name des Zahlers gemäß Nummer 2.4.1 Absatz 3 dritter Spiegelstrich

Sofern ein Lastschriftmandat für eine SEPA-Basis-Lastschrift („Local Instrument" enthält „CORE") am POS (Point Of Sale/Kartenterminal) aus Bankkartendaten generiert wird und soweit der Name des Zahlers nicht verfügbar ist, können zur Identifizierung des Zahlers anstelle des Namens auch Daten der Karte wie folgt angegeben werden: Konstante/CDGM (Card Data Generated Mandate), gefolgt von /Kartennummer, /Kartenfolgenummer und /Verfalldatum der Karte (vierstellig im Format JJMM). Soweit die Kartennummer nicht verfügbar ist, ist die PAN zu verwenden. Um eine gleiche Feldlänge Kartennummer/PAN zu bewirken, ist die Kartennummer linksbündig mit Nullen auf 19 Stellen aufzufüllen.

Anlage D

Liste der zu SEPA gehörigen Staaten und Gebiete

Staaten des Europäischen Wirtschaftsraums (EWR)

Mitgliedstaaten der Europäischen Union

Belgien, Bulgarien, Dänemark, Deutschland, Estland, Finnland, Frankreich (einschließlich Französisch-Guayana, Guadeloupe, Martinique, Mayotte, Réunion), Griechenland, Irland, Italien, Kroatien, Lettland, Litauen, Luxemburg, Malta, Niederlande, Österreich, Polen, Portugal, Rumänien, Schweden, Slowakei, Slowenien, Spanien, Tschechische Republik, Ungarn, Zypern.

Weitere Staaten

Island, Liechtenstein, Norwegen.

Sonstige Staaten und Gebiete

Andorra, Guernsey, Insel Man, Jersey, Monaco, Saint-Pierre und Miquelon, San Marino, Schweiz, Vatikanstadt, Vereinigtes Königreich von Großbritannien und Nordirland.

9. Allgemeine Geschäftsbedingungen der Deutschen Bundesbank

(Nicht abgedruckt; der vollständige Text ist zu finden auf der Website der Deutschen Bundesbank unter https://www.bundesbank.de)

Anmerkungen

1. Giroverkehr. Der Giroverkehr mit der Deutschen Bundesbank ist in Abschn II der Allgemeinen Geschäftsbedingungen der Deutschen Bundesbank (idF 1.3.2022) geregelt.

2. **Der Scheckeinzug und SEPA-Zahlungen für die Kreditinstitute.** Der Scheck- und das SEPA-Clearing für alle Arten von SEPA-Zahlungen (SEPA-Überweisungen und -Lastschriften) ist in Abschn III., Abschnitte B. und C. der Allgemeinen Geschäftsbedingungen der Deutschen Bundesbank geregelt. Dabei handelt es sich um einen Rahmenvertrag, durch den die Bundesbank die Zahlungen für die beauftragenden Banken abwickelt (zur früheren Rechtslage, wonach sie als Botin handelte: BGHZ 96, 9, 12). Sie wird diesbezüglich – wie sich aus Abschn III. A. ihrer Allgemeinen Geschäftsbedingungen ergibt – nur für Kreditinstitute tätig.

Die Bundesbankbedingungen regeln den vereinfachten Scheckeinzug und die Abwicklung von SEPA-Zahlungen im Wesentlichen hinsichtlich organisatorisch-technischer Abwicklungsfragen.

E. Scheck

Schrifttum: *Baumbach/Hefermehl/Casper,* WG und ScheckG 24. Aufl 2020, insbesondere Kommentierung zu Art 3 ScheckG, *Canaris*, Bankvertragsrecht, 3. Aufl 1988, Rn 689 ff.; Baumbach/Baumbach/Hopt/*Hopt,* HGB, 39. Aufl 2020, (7) Bankgeschäfte E/1 ff.; *Nobbe*, WM Sonderbeil 10/91; Bankrechts-Handbuch/*Nobbe* Bd I, 5. Aufl 2017, §§ 60 ff.; *Pleyer/Wallach*, ZHR 153 (89), 539; *Schwark* ZHR 151 (87) 325.

1. Bedingungen für den Scheckverkehr

Bedingungen für den Scheckverkehr

1. Scheckvordrucke

Die Bank gibt an den Kunden Scheckvordrucke zur Teilnahme am Scheckverkehr aus. Für den Scheckverkehr dürfen nur die vom bezogenen Institut zugelassenen Scheckvordrucke verwendet werden.

2. Sorgfaltspflichten

Scheckvordrucke und Schecks sind mit besonderer Sorgfalt aufzubewahren. Das Abhandenkommen von Scheckvordrucken und Schecks ist der Bank, möglichst der kontoführenden Stelle, unverzüglich mitzuteilen.

Die Scheckvordrucke sind deutlich lesbar auszufüllen. Der Scheckbetrag ist in Ziffern und in Buchstaben unter Angabe der Währung so einzusetzen, dass nichts hinzugeschrieben werden kann. Hat sich der Kunde beim Ausstellen eines Schecks verschrieben oder ist der Scheck auf andere Weise unbrauchbar geworden, so ist er zu vernichten.

Bei Beendigung des Scheckvertrages sind nicht benutzte Vordrucke unverzüglich entweder an die Bank zurückzugeben oder entwertet zurückzusenden.

3. Haftung von Kunde und Bank

Die Bank haftet für die Erfüllung ihrer Verpflichtungen aus dem Scheckvertrag. Hat der Kunde durch ein schuldhaftes Verhalten, insbesondere durch eine Verletzung seiner Sorgfaltspflichten, zur Entstehung eines Schadens beigetragen, bestimmt sich nach den Grundsätzen des Mitverschuldens, in welchem Umfang Bank und Kunde den Schaden zu tragen haben.

Löst die Bank Schecks ein, die dem Kunden nach der Ausstellung abhanden gekommen sind, so kann sie das Konto des Kunden nur belasten, wenn sie bei der Einlösung nicht grob fahrlässig gehandelt hat.

4. Verhalten der Bank bei mangelnder Kontodeckung

Die Bank ist berechtigt, Schecks auch bei mangelndem Guthaben oder über einen zuvor für das Konto eingeräumten Kredit hinaus einzulösen. Die Buchung solcher Verfügungen auf dem Konto führt zu einer geduldeten Kontoüberziehung. Die Bank ist berechtigt, in diesem Fall den höheren Zinssatz für geduldete Kontoüberziehungen zu verlangen.

5. Scheckwiderruf

Der Scheck kann widerrufen werden, solange er von der Bank nicht eingelöst ist. Der Widerruf kann nur beachtet werden, wenn er der Bank so rechtzeitig zugeht, dass seine Berücksichtigung im Rahmen des ordnungsgemäßen Arbeitsablaufes möglich ist.

6. Zusätzliche Regelungen für Orderschecks

Der Aussteller von Orderschecks steht allen Kreditinstituten, die am Einzug der von ihm begebenen Orderschecks beteiligt sind, für deren Bezahlung ein. Jedes dieser Kreditinstitute kann gegen Vorlage der innerhalb der Vorlegungsfrist vorgelegten und nicht bezahlten Schecks Zahlung vom Aussteller verlangen. Die vorstehenden Bestimmungen gelten auch für nach Beendigung des Scheckvertrages ausgestellte Orderschecks.

Bank-Verlag Medien GmbH 45.271 (12/00) Fassung: 1.12.2000

1

Anmerkungen

1. Rechtsnatur des Scheckvertrags. Die im Kreditgewerbe weitestgehend einheitlich verwendeten Scheckbedingungen, wobei zwischen denen der Sparkassen, Volksbanken und Raiffeisenbanken einerseits und denen der Privatbanken andererseits zu unterscheiden ist, regeln das Rechtsverhältnis zwischen der bezogenen Bank und dem Scheckaussteller. Sie werden vor der erstmaligen Aushändigung von Scheckformularen mit dem Kunden vereinbart und berechtigen diesen, Schecks in der Regel auf von der Bank ausgegebenen Scheckformularen auszustellen (Nr 1 der Scheckbedingungen).

Die Rechtsnatur des Scheckvertrages ist umstritten. Teils wird er als Geschäftsbesorgungsvertrag mit Dienstleistungscharakter gem §§ 675 Abs 1, 611 BGB (Baumbach/Hopt/*Hopt,* HGB (7) Bankgeschäfte E/1), teils als Geschäftsbesorgungsvertrag mit Werkvertragscharakter gem §§ 675 Abs 1, 631 BGB (*Canaris* Rn 682) verstanden. Es handelt sich bei ihm aber um keinen Zahlungsdienstevertrag gem § 675 f. BGB, da dieser Vertragstyp nur, wie sich aus § 675c Abs 1 BGB ergibt, Zahlungsdienste erfasst. Was darunter zu verstehen ist, ergibt sich aus dem Katalog in § 1 Abs 1 S. 2 ZAG, der das Scheckgeschäft nicht erwähnt. Stattdessen werden in § 2 Abs 1 Nr 6a.) ZAG Zahlungsvorgänge, denen ein Scheck zugrunde liegt, ausdrücklich aus dem Kreis der Zahlungsdienste ausgenommen.

2. Wesentlicher Inhalt der Scheckbedingungen. Zum 1.1.1995 wurden die Bedingungen für den Scheckverkehr nach einer grundlegenden Überarbeitung neu gefasst. Zum 1.1.2001 wurden sie einer weiteren, wenn auch geringfügigen Überarbeitung unterzogen. Sie gelten für alle Scheckformen. Die eigenständigen Orderscheckbedingungen sind deshalb weggefallen. Die Texte der Scheckbedingungen bei den Sparkassen einerseits und den Privatbanken andererseits sind nicht identisch. Die Bedingungen der Sparkassen sind umfangreicher, da sie sich jedoch inhaltlich nicht grundsätzlich von denen der Privatbanken unterscheiden, wird vom Abdruck der Scheckbedingungen der Sparkassen abgesehen.

Wesentlicher Inhalt der Scheckbedingungen – neben den Hinweisen auf die Sorgfaltspflichten beim Umgang mit den Schecks und der sich daraus ergebenden Haftung – ist insbesondere das in Nr 4 normierte Recht des Kreditinstituts, Schecks auch bei mangelndem Kontoguthaben einzulösen (BGHZ 53, 204), ohne dass sich daraus eine Verpflichtung zur Einlösung ergibt.

Nicht mehr enthalten ist in den Scheckbedingungen eine frühere Regelung über die Vordatierung von Schecks.

Geregelt wird in Nr 5 die Möglichkeit zum Scheckwiderruf. Entgegen der Regelung in Art 2 Abs 1 ScheckG ist der Scheckwiderruf jederzeit bis zur Einlösung des Schecks durch das bezogene Kreditinstitut möglich (BGH WM 1988, 1325, m Anm. *Fischer* WuB I D.3–15.88; *Hadding* EWIR 2/88 zu Art 32 ScheckG und *Ahlers* NJW 1990, 1149). Die Schecksperre gilt nicht nur für eine begrenzte Zeit und braucht folglich auch nicht erneuert zu werden.

Während frühere Scheckbedingungen das Risiko des Abhandenkommens von Schecks und Scheckvordrucken pauschal auf den Kunden verlagert hatten, knüpft die jetzige Regelung in den Bedingungen an das Verschulden des Bankkunden an, da die ursprüngliche Sphärenhaftung sowohl im nicht-kaufmännischen als auch im kaufmännischen Bereich rechtlich nicht mehr haltbar war (vgl zur Diskussion *Canaris* Rn 711 ff., S 799 ff.; BGH WM 1991, 1112, 1993, 14, 1997, 910 ff.; Baumbach/Hopt/*Hopt,* HGB, (7) Bankgeschäfte E/1 ff.; BGH WM 1997, 910 zum kaufmännischen Bereich). Die im gegenwärtigen Recht eingeschränkt zulässige Sphärenhaftung gem § 675v Abs 1 BGB erfasst nur Zahlungsvorgänge, die auf der Nutzung von Zahlungsinstrumenten gem § 675j Abs 1 S 4 BGB beruhen, zu denen der Scheck nicht gehört. Ausnahmsweise kann jedoch entsprechend den nachfolgend dargestellten Fallgruppen gem Ziff 3 Abs 2 der Scheckbedingungen die Haftung der Bank ausgeschlossen sein:

Kommen vom Kunden ausgestellte Schecks nach Ausstellung abhanden und werden sie unverändert eingereicht, ist die bezogene Bank zur Belastung des Kundenkontos berechtigt, soweit sie vom Abhandenkommen der Schecks keine Kenntnis hatte bzw ihre Unkenntnis vom Abhandenkommen nicht auf grober Fahrlässigkeit beruht. Ein Fall der groben Fahrlässigkeit ist insbesondere dann gegeben, wenn eine Schecksperre nicht beachtet wird. Diese Haftungsregelung entspricht den gesetzlichen Regelungen und hat deshalb lediglich deklaratorischen Charakter.

Werden nach Ausstellung abhanden gekommene Schecks verfälscht und eingelöst, haftet die Bank für den dadurch entstandenen Schaden, da im Falle eines verfälschten Schecks keine wirksame Anweisung vorliegt. Ausnahmsweise kann eine Beteiligung des Kunden am eingetretenen Schaden dann in Betracht kommen, wenn er durch sein Verhalten schuldhaft zum Abhandenkommen und/oder zur Verfälschung des Schecks beigetragen hat. Im Falle eines verfälschten Schecks ist die bezogene Bank jedoch grundsätzlich nicht berechtigt, das Kundenkonto zu belasten.

Auch bei gefälschten Schecks, dh der Fälschung von Scheckvordrucken oder dem rechtswidrigen Ausfüllen von Blankoschecks, kann das Kundenkonto nicht mit dem Scheckbetrag belastet werden, da keine wirksame Anweisung vorliegt. Hat er durch sein Verhalten – zB durch einen unsorgfältigem Umgang mit oder einer pflichtwidrigen Herstellung von Blankoschecks – schuldhaft zur Fälschung beigetragen, kommt jedoch eine Beteiligung am eingetretenen Schaden gem § 254 BGB in Betracht, die bis zur vollständigen Haftung durch den Kunden führen kann.

2. Unterrichtung des Kunden über die Nichteinlösung eines BSE-Schecks

Der von Ihnen eingereichte Scheck wurde dem Kreditinstitut des Scheckausstellers auf elektronischem Wege übermittelt. Dieses Kreditinstitut hat die Zahlung des Scheckgegenwertes abgelehnt. Wir haben die Nichtbezahlung auf der beigefügten Scheckkopie/auf dem beigefügten Scheck vermerkt. Sie können Ihre Rechte aus dem mit dem Scheckaussteller geschlossenen Vertrag geltend machen. Dabei können Sie diese Scheckkopie/diesen Scheck zum Nachweis der Nichtbezahlung verwenden. Die Führung eines Urkundenprozesses ist jedoch als Folge des elektronischen Einzugsverfahrens nicht möglich. Sollte sich herausstellen, dass Ihnen hierdurch ein Schaden entsteht, so werden wir diesen ersetzen und schlagen vor, dass Sie sich möglichst bald zur Regulierung Ihres Schadens mit uns in Verbindung setzen.

Schrifttum: *Canaris,* Bankvertragsrecht, 3. Aufl, 1988 Rn 743 a; *Schlie* WM **1990,** 617; *Reiser* WM **1986,** 409.

Anmerkungen

1. Rechtsgrundlage. Rechtsgrundlage für das beleglose Scheckeinzugsverfahren (BSE) bildete das „Abkommen über das beleglose Scheckeinzugsverfahren" von 1985, das die Kreditinstitute sowie die Deutsche Bundesbank im Interesse einer rationellen Abwicklung des Zahlungsverkehrs abgeschlossen hatten (abgedruckt in WM 1985, 486 ff. und *Baumbach/Hefermehl/Casper,* WG u ScheckG, III. Nr 13), das in die seit 7.9.1998 in kraft getretene Neufassung des Scheckabkommens integriert wurde. In der Fassung des Abkommens über den Einzug von Schecks vom 12.12.2014, das seit 21.11.2016 gilt, findet sich der vorstehende Hinweis als Anlage 7 unter der Überschrift „Information für Scheckeinreicher bei nicht eingelöstem BSE-Scheck (zum Beispiel auf der Rückrechnung) Abschnitt V Nummer 3 Abs. 2". Gegenstand dieses Verfahrens ist die beleglose Weiterleitung der reinen Scheckdaten unter Einsatz von Datenträgern oder im Wege der Datenfernübertragung an das bezogene Institut, das allein auf Grund der Daten über die Einlösung entscheidet. Die Einlösung erfolgt ohne Überprüfung der körperlichen Schecks. Das bezogene Institut kann deshalb nur anhand der überlassenen Daten überprüfen, ob es sich um einen ordnungsgemäßen Scheck handelt. Dadurch werden die Schecks entgegen Art 28, 29 und 43 ScheckG den Kreditinstituten nicht mehr körperlich vorgelegt. Bei Nichteinlösung eines solchen Schecks kann der nach Art 40 Nr 2 ScheckG notwendige Vorlegungsvermerk von der bezogenen Bank nicht bzw nicht zum vorgeschriebenen Zeitpunkt angebracht werden. Aufgrund dessen kann der Scheckeinreicher keinen Scheckprozess führen und seine Forderungen nur im ordentlichen Gerichtsverfahren geltend machen (AG Königswinter, WM 1990, 1416 m Anm. *Harbeke* WuB I D.3–1.91; AG Lünen WM 1990, 389 m Anm. *Reiser* WuB I.D.3–9.90; *Reiser* WM 1986, 409; aA *Canaris* Rn 743 a).

2. Kein Urkundenprozess. Das BSE-Verfahren kann dann zu einem Schaden des Scheckeinreichers führen, wenn im Urkundenprozess gem § 605 a ZPO rechtzeitig ein Titel hätte erwirkt werden können, um die Ansprüche durchsetzen zu können, während die Durchsetzung im ordentlichen Zivilprozess nicht mehr rechtzeitig möglich war (AG Lünen WM 1990, 389). Das Gleiche gilt, wenn auf Grund des beleglosen Scheckeinzugsverfahrens durch Ausschluss des förmlichen Scheckprotestes ein Rückgriff gegen den Aussteller nicht möglich ist (AG Hamburg, NJW-RR 1996, 369).

3. Schadensersatzpflicht. Aufgrund der von ihnen verursachten Vereitelung der Rückgriffsmöglichkeiten erkennen die Kreditinstitute an, dass sie bei belegloser Weiterleitung der Scheckdaten entgegen den Vorschriften des Scheckgesetzes die zwischen ihnen und den Scheckeinreichern geschlossenen Scheckinkasso-Aufträge gem §§ 675 Abs 1, 611 BGB verletzen und für die entstandenen Schäden einzustehen haben (*Reiser* WM 1996, 413; BuB/*Gößmann* Rn 1/240).

4. Pflicht zur Kundenunterrichtung. Die BaFin verlangt, dass bei Rückgabe nicht eingelöster Schecks, deren Daten im BSE-Verfahren an die bezogene Bank weitergeleitet werden, der Scheck oder eine Scheckkopie mit dem vorstehend bezeichneten Haftungshinweis an den Einreicher zurückgegeben wird, durch den sich die 1. Inkassostelle verpflichtet, alle Schäden zu übernehmen, die dem Einreicher dadurch entstehen, dass er die Möglichkeit verliert, seine Ansprüche im Urkundenprozess geltend zu machen.

F. girocard, Kreditkarte, automatisierte Zahlungssysteme, Online-Banking

1. Bedingungen für die girocard

Nähere Angaben zur Bank sind im „Preis- und Leistungsverzeichnis" enthalten.

Bedingungen für die girocard (Debitkarte)

A Garantierte Zahlungsformen

I Geltungsbereich

Die von der Bank ausgegebene girocard ist eine Debitkarte (im Folgenden „Karte" genannt). Der Karteninhaber kann die Karte, soweit diese entsprechend ausgestattet ist, für folgende Zahlungsdienste nutzen.

1 In Verbindung mit der persönlichen Geheimzahl (PIN) in deutschen Debitkartensystemen

a) Zum Abheben von Bargeld an Geldautomaten im Rahmen des deutschen Geldautomatensystems, die mit dem girocard-Logo gekennzeichnet sind.

b) Zum Einsatz bei Handels- und Dienstleistungsunternehmen an automatisierten Kassen im Rahmen des deutschen girocard-Systems, die mit dem girocard-Logo gekennzeichnet sind („girocard-Terminals").

c) Zum Aufladen der GeldKarte an Ladeterminals, die mit dem GeldKarte-Logo gekennzeichnet sind.

d) Zum Aufladen eines Prepaid-Mobilfunk-Kontos, das ein Mobilfunknutzer bei einem Mobilfunkanbieter unterhält, an einem Geldautomaten, sofern der Geldautomatenbetreiber diese Funktion anbietet und der Mobilfunkanbieter an dem System teilnimmt.

2 In Verbindung mit der persönlichen Geheimzahl (PIN) in fremden Debitkartensystemen

a) Zum Abheben von Bargeld an Geldautomaten im Rahmen eines fremden Geldautomatensystems, soweit die Karte entsprechend ausgestattet ist.

b) Zum Einsatz bei Handels- und Dienstleistungsunternehmen an automatisierten Kassen im Rahmen eines fremden Systems, soweit die Karte entsprechend ausgestattet ist.

c) Zum Aufladen eines Prepaid-Mobilfunk-Kontos, das ein Mobilfunknutzer bei einem Mobilfunkanbieter unterhält, an dem Geldautomaten eines fremden Systems, sofern der Geldautomatenbetreiber diese Funktion anbietet und der Mobilfunkanbieter an dem System teilnimmt.

Die Akzeptanz der Karte im Rahmen eines fremden Systems erfolgt unter dem für das fremde System geltenden Akzeptanzlogo.

3 Ohne Einsatz der persönlichen Geheimzahl (PIN)

a) Zum kontaktlosen Einsatz bei Handels- und Dienstleistungsunternehmen an automatisierten Kassen im Rahmen des deutschen girocard-Systems, die mit dem girocard-Logo gekennzeichnet sind, bis zu 50 Euro pro Bezahlvorgang, soweit an den automatisierten Kassen für den jeweiligen kontaktlosen Einsatz nicht die Eingabe einer PIN verlangt wird.

b) Zum kontaktlosen Einsatz bei Handels- und Dienstleistungsunternehmen an automatisierten Kassen im Rahmen von fremden Debitkartensystemen bis zu 50 Euro pro Bezahlvorgang, soweit an den automatisierten Kassen für den jeweiligen kontaktlosen Einsatz nicht die Eingabe einer PIN verlangt wird. Die Akzeptanz der Karte im Rahmen eines fremden Systems erfolgt unter dem für das fremde System geltenden Akzeptanzlogo.

c) Als GeldKarte zum bargeldlosen Bezahlen an automatisierten Kassen des Handels- und Dienstleistungsbereiches im Inland, die mit dem GeldKarte-Logo gekennzeichnet sind (GeldKarte-Terminals).

d) Außerhalb der Erbringung von Zahlungsdiensten und ohne dass mit der Funktion eine Garantie der Bank verbunden ist, als Speichermedium für Zusatzanwendungen

- der Bank nach Maßgabe des mit der Bank abgeschlossenen Vertrages (bankgenerierte Zusatzanwendung) oder
- eines Handels- und Dienstleistungsunternehmens nach Maßgabe des vom Karteninhaber mit diesem abgeschlossenen Vertrages (unternehmensgenerierte Zusatzanwendung).

II Allgemeine Regeln

1 Ausgabe der Karte

Die Karte kann als physische Karte oder als digitale Karte zur Speicherung auf einem Telekommunikations-, Digital- oder IT-Gerät (mobiles Endgerät) ausgegeben werden. Diese Sonderbedingungen gelten für beide Kartenformen gleichermaßen, es sei denn, es ist ausdrücklich etwas anderes geregelt. Für die digitale Karte gelten ergänzend die gesondert mit der Bank vereinbarten Nutzungsbedingungen für die digitale Karte.

2 Karteninhaber und Vollmacht

Die Karte gilt für das auf ihr angegebene Konto. Sie kann nur auf den Namen des Kontoinhabers oder einer Person ausgestellt werden, der der Kontoinhaber Kontovollmacht erteilt hat. Wenn der Kontoinhaber die Kontovollmacht widerruft, ist er dafür verantwortlich, dass die an den Bevollmächtigten ausgegebene Karte an die Bank zurückgegeben wird. Die Bank wird die Karte nach Widerruf der Vollmacht für die Nutzung an Geldautomaten und automatisierten Kassen sowie für die Aufladung der GeldKarte elektronisch sperren. Eine Sperrung einer unternehmensgenerierten Zusatzanwendung kommt nur gegenüber dem Unternehmen in Betracht, das die Zusatzanwendung in den Chip der Karte eingespeichert hat, und ist nur dann möglich, wenn das Unternehmen die Möglichkeit zur Sperrung seiner Zusatzanwendung vorsieht. Die Sperrung einer bankgenerierten Zusatzanwendung der Bank kommt nur gegenüber der Bank in Betracht und richtet sich nach dem mit der Bank abgeschlossenen Vertrag. Solange die Rückgabe der Karte nicht erfolgt ist, besteht die Möglichkeit, dass sie weiterhin zum Verbrauch der noch in der GeldKarte gespeicherten Beträge verwendet wird. Auch eine Nutzung der auf der Karte gespeicherten Zusatzanwendungen ist weiterhin möglich.

3 Finanzielle Nutzungsgrenze

Der Karteninhaber darf Verfügungen mit seiner Karte nur im Rahmen des Kontoguthabens oder eines vorher für das Konto eingeräumten Kredits vornehmen. Auch wenn der Karteninhaber diese Nutzungsgrenze bei seinen Verfügungen nicht einhält, ist die Bank berechtigt, den Ersatz der Aufwendungen zu verlangen, die aus der Nutzung der Karte entstehen. Die Buchung solcher Verfügungen auf dem Konto führt zu einer geduldeten Kontoüberziehung.

4 Umrechnung von Fremdwährungsbeträgen

Nutzt der Karteninhaber die Karte für Verfügungen, die nicht auf Euro lauten, wird das Konto gleichwohl in Euro belastet. Die Bestimmung des Kurses bei Fremdwährungsgeschäften ergibt sich aus dem „Preis- und Leistungsverzeichnis". Eine Änderung des in der Umrechnungsregelung genannten Referenzwechselkurses wird unmittelbar und ohne vorherige Benachrichtigung des Kunden wirksam.

5 Rückgabe der Karte

Die Karte bleibt im Eigentum der Bank. Sie ist nicht übertragbar. Die Karte ist nur für den auf der Karte angegebenen Zeitraum gültig.

Mit Aushändigung der neuen, spätestens aber nach Ablauf der Gültigkeit der Karte ist die Bank berechtigt, die alte Karte zurückzuverlangen *bzw. die Löschung der digitalen Karte zu verlangen oder selbst zu veranlassen**. Endet die Berechtigung, die Karte zu nutzen, vorher (zum Beispiel durch Kündigung der Kontoverbindung oder des Kartenvertrages), so hat der Karteninhaber die Karte unverzüglich an die Bank zurückzugeben *bzw. die digitale Karte zu löschen**. Ein zum Zeitpunkt der Rückgabe noch in der GeldKarte gespeicherter Betrag wird dem Karteninhaber erstattet. Auf der Karte befindliche unternehmensgenerierte Zusatzanwendungen hat der Karteninhaber bei dem Unternehmen, das die Zusatzanwendung auf die Karte aufgebracht hat, unverzüglich entfernen zu lassen. Die Möglichkeit zur weiteren Nutzung einer bankgenerierten Zusatzanwendung richtet sich nach dem Vertragsverhältnis zwischen dem Karteninhaber und der Bank.

* Der kursiv gedruckte Text ist nur relevant, wenn eine digitale Karte ausgegeben wurde.

6 Sperre und Einziehung der Karte

(1) Die Bank darf die Karte sperren und den Einzug der Karte (zum Beispiel an Geldautomaten) veranlassen, *bzw. die Löschung der digitalen Karte verlangen oder diese selbst veranlassen**,

- wenn sie berechtigt ist, den Kartenvertrag aus wichtigem Grund zu kündigen,
- wenn sachliche Gründe im Zusammenhang mit der Sicherheit der Karte dies rechtfertigen oder
- wenn der Verdacht einer nicht autorisierten oder betrügerischen Verwendung der Karte besteht.

Darüber wird die Bank den Kontoinhaber unter Angabe der hierfür maßgeblichen Gründe möglichst vor, spätestens jedoch unverzüglich nach der Sperre *oder Löschung** unterrichten. Die Bank wird die Karte entsperren oder diese durch eine neue Karte ersetzen, wenn die Gründe für die Sperre nicht mehr gegeben sind. Auch hierüber unterrichtet sie den Karteninhaber unverzüglich.

(2) Zum Zeitpunkt der Einziehung noch in der GeldKarte gespeicherte Beträge werden dem Karteninhaber erstattet.

(3) Befindet sich auf der Karte für das Online-Banking ein TAN-Generator oder eine Signaturfunktion, so hat die Sperre der Karte auch eine Sperrung des Online-Banking-Zugangs zur Folge.

(4) Hat der Karteninhaber auf einer eingezogenen Karte eine Zusatzanwendung gespeichert, so hat der Einzug der Karte zur Folge, dass er die Zusatzanwendung nicht mehr nutzen kann. Zum Zeitpunkt der Einziehung in der Karte gespeicherte unternehmensgenerierte Zusatzanwendungen kann der Karteninhaber vom kartenausgebenden Institut herausverlangen, nachdem dieses die Karte von der Stelle, die die Karte eingezogen hat, zur Verfügung gestellt bekommen hat. Die Bank ist berechtigt, das Herausgabeverlangen in Bezug auf die unternehmensgenerierten Zusatzanwendungen dadurch zu erfüllen, dass sie dem Karteninhaber die um die Zahlungsverkehrsfunktionen bereinigte Karte aushändigt. Die Möglichkeit zur weiteren Nutzung einer bankgenerierten Zusatzanwendung richtet sich nach den für jene Zusatzanwendung geltenden Regeln.

7 Sorgfalts- und Mitwirkungspflichten des Karteninhabers

7.1 Unterschrift

Sofern die Karte ein Unterschriftsfeld vorsieht, hat der Karteninhaber die Karte nach Erhalt unverzüglich auf dem Unterschriftsfeld zu unterschreiben.

7.2 Sorgfältige Aufbewahrung der Karte

Die Karte ist mit besonderer Sorgfalt aufzubewahren, um zu verhindern, dass sie abhandenkommt oder missbräuchlich verwendet wird. Sie darf insbesondere nicht unbeaufsichtigt im Kraftfahrzeug aufbewahrt werden, da sie (zum Beispiel im Rahmen des girocard-Systems) missbräuchlich eingesetzt werden kann. Darüber hinaus kann jeder, der im Besitz der Karte ist, den in der GeldKarte gespeicherten Betrag verbrauchen sowie Transaktionen an automatisierten Kassen ohne PIN bis zur Sperre *oder Löschung** tätigen.

7.3 Geheimhaltung der persönlichen Geheimzahl (PIN)

Der Karteninhaber hat dafür Sorge zu tragen, dass keine andere Person Kenntnis von der persönlichen Geheimzahl (PIN) erlangt. Die PIN darf insbesondere nicht auf der Karte vermerkt, *bei einer digitalen Karte nicht im mobilen Endgerät oder in einem anderen Kommunikationsgerät gespeichert** oder in anderer Weise zusammen mit dieser aufbewahrt werden. Denn jede Person, die die PIN kennt und in den Besitz der Karte kommt, hat die Möglichkeit, zu Lasten des auf der Karte angegebenen Kontos Verfügungen zu tätigen (zum Beispiel Geld an Geldautomaten abzuheben). *Sofern der Karteninhaber eine digitale Karte nutzt und der Zugriff auf das mobile Endgerät oder ein anderes Kommunikationsgerät durch ein vom Karteninhaber wählbares Legitimationsmedium abgesichert werden kann, so darf der Karteninhaber zur Absicherung des Zugriffs nicht dieselbe PIN verwenden, die für die Nutzung der Debitkarte erforderlich ist.**

7.4 Unterrichtungs- und Anzeigepflichten

(1) Stellt der Karteninhaber den Verlust oder Diebstahl seiner Karte, *des mobilen Endgeräts mit digitaler Karte**, die missbräuchliche Verwendung oder eine sonstige nicht autorisierte Nutzung von Karte oder PIN fest, so ist die Bank, und zwar möglichst die kontoführende Stelle, unverzüglich zu benachrichtigen (Sperranzeige). Die Sperranzeige kann der Karteninhaber auch jederzeit gegenüber dem Zentralen Sperrannahmedienst (Tel. 116 116 aus dem Inland und +49 116 116 aus dem Ausland) abgeben. In diesem Fall ist eine Kartensperre nur möglich, wenn der Name der Bank und die IBAN angegeben werden. Der Zentrale Sperrannahmedienst sperrt alle für das betreffende Konto ausgegebenen Karten für die weitere Nutzung an Geldautomaten und automatisierten Kassen. Zur Beschränkung der Sperre auf die abhanden gekommene Karte muss sich der Karteninhaber mit seiner Bank, möglichst mit der kontoführenden Stelle, in Verbindung setzen. Die Kontaktdaten, unter denen eine Sperranzeige abgegeben werden kann, werden dem Karteninhaber gesondert mitgeteilt. Der Karteninhaber hat jeden Diebstahl oder Missbrauch unverzüglich bei der Polizei anzuzeigen.

(2) Hat der Karteninhaber den Verdacht, dass eine andere Person unberechtigt in den Besitz seiner Karte gelangt ist, eine missbräuchliche Verwendung oder eine sonstige nicht autorisierte Nutzung von Karte oder PIN vorliegt, muss er ebenfalls unverzüglich eine Sperranzeige abgeben.

(3) Für den Ersatz einer verlorenen, gestohlenen, missbräuchlich verwendeten oder sonst nicht autorisiert genutzten Karte berechnet die Bank dem Kontoinhaber das im „Preis- und Leistungsverzeichnis" der Bank ausgewiesene Entgelt, das allenfalls die ausschließlich und unmittelbar mit dem Ersatz verbundenen Kosten abdeckt. Satz 1 gilt nicht, wenn die Bank die Umstände, die zur Ausgabe der Ersatzkarte geführt haben, zu vertreten hat oder diese ihr zuzurechnen sind.

(4) Befindet sich auf der Karte für das Online-Banking ein TAN-Generator oder eine Signaturfunktion, so hat die Sperre der Karte auch eine Sperrung des Online-Banking-Zugangs zur Folge.

*(5) Durch die Sperre der Karte bei der Bank bzw. dem Zentralen Sperrannahmedienst wird nicht der Zugang zum mobilen Endgerät gesperrt. Eine Sperrung der sonstigen Funktionen auf dem mobilen Endgerät kann nur gegenüber dem jeweiligen Anbieter dieser Funktionen erfolgen.**

(6) Eine Sperrung einer unternehmensgenerierten Zusatzanwendung kommt nur gegenüber dem Unternehmen in Betracht, das die Zusatzanwendung in den Chip der Karte eingespeichert hat, und ist nur dann möglich, wenn das Unternehmen die Möglichkeit zur Sperrung seiner Zusatzanwendung vorsieht. Die Sperrung einer bankgenerierten Zusatzanwendung kommt nur gegenüber der Bank in Betracht und richtet sich nach dem mit der Bank abgeschlossenen Vertrag.

(7) Der Kontoinhaber hat die Bank unverzüglich nach Feststellung einer nicht autorisierten oder fehlerhaft ausgeführten Kartenverfügung zu unterrichten.

8 Autorisierung von Kartenzahlungen durch den Karteninhaber

Mit dem Einsatz der Karte erteilt der Karteninhaber die Zustimmung (Autorisierung) zur Ausführung der Kartenzahlung. Soweit dafür zusätzlich eine PIN erforderlich ist, wird die Zustimmung erst mit deren Einsatz erteilt. Nach Erteilung der Zustimmung kann der Karteninhaber die Kartenzahlung nicht mehr widerrufen. In dieser Autorisierung ist zugleich die ausdrückliche Zustimmung enthalten, dass die Bank die für die Ausführung der Kartenzahlung notwendigen personenbezogenen Daten des Karteninhabers verarbeitet, übermittelt und speichert.

9 Sperrung eines verfügbaren Geldbetrags

Die Bank ist berechtigt, auf dem Konto des Kontoinhabers einen im Rahmen der finanziellen Nutzungsgrenze gemäß Nummer II.3 verfügbaren Geldbetrag zu sperren, wenn

- der Zahlungsvorgang vom oder über den Zahlungsempfänger ausgelöst worden ist und
- der Karteninhaber auch der genauen Höhe des zu sperrenden Geldbetrags zugestimmt hat.

Den gesperrten Geldbetrag gibt die Bank unbeschadet sonstiger gesetzlicher oder vertraglicher Rechte unverzüglich frei, nachdem ihr der genaue Zahlungsbetrag mitgeteilt oder der Zahlungsauftrag zugegangen ist.

10 Ablehnung von Kartenzahlungen durch die Bank

Die Bank ist berechtigt, die Kartenzahlung abzulehnen, wenn

- der Karteninhaber die Kartenzahlung nicht gemäß Nummer II.8 autorisiert hat,
- der für die Kartenzahlung geltende Verfügungsrahmen oder die finanzielle Nutzungsgrenze nicht eingehalten ist oder
- die Karte gesperrt ist.

Hierüber wird der Karteninhaber über das Terminal, an dem die Karte eingesetzt wird, unterrichtet.

11 Ausführungsfrist

Der Zahlungsvorgang wird vom Zahlungsempfänger ausgelöst. Nach Zugang des Zahlungsauftrages bei der Bank ist diese verpflichtet sicherzustellen, dass der Kartenzahlungsbetrag spätestens an dem im „Preis- und Leistungsverzeichnis" angegebenen Zeitpunkt beim Zahlungsdienstleister des Zahlungsempfängers eingeht.

12 Entgelte und deren Änderung

(1) Die vom Kontoinhaber gegenüber der Bank geschuldeten Entgelte ergeben sich aus dem „Preis- und Leistungsverzeichnis" der Bank.

(2) Änderungen der Entgelte für Verbraucher:

Änderungen der Entgelte werden dem Kontoinhaber spätestens zwei Monate vor dem Zeitpunkt ihres Wirksamwerdens in Textform angeboten. Hat der Kontoinhaber mit der Bank im Rahmen der Geschäftsbeziehung einen elektronischen Kommunikationsweg vereinbart (zum Beispiel das Online-Banking), können die Änderungen auch auf diesem Wege angeboten werden.

* Der kursiv gedruckte Text ist nur relevant, wenn eine digitale Karte ausgegeben wurde.

45 401 (09/21)

2

Die von der Bank angebotenen Änderungen werden nur wirksam, wenn der Kontoinhaber diese annimmt. Eine Vereinbarung über die Änderung eines Entgelts, das auf eine über die Hauptleistung hinausgehende Zahlung des Kontoinhabers gerichtet ist, kann die Bank mit dem Kontoinhaber nur ausdrücklich treffen.

Die Änderung von Entgelten für den Zahlungsdiensterahmenvertrag (Girovertrag) richtet sich nach Nummer 12 Absatz 5 der Allgemeinen Geschäftsbedingungen.

(3) Änderungen der Entgelte für Kunden, die keine Verbraucher sind:

Bei Entgelten und deren Änderung für Zahlungen von Kontoinhabern, die keine Verbraucher sind, bleibt es bei den Regelungen in Nummer 12 Absätze 2 bis 6 der Allgemeinen Geschäftsbedingungen.

13 Information des Kontoinhabers über den Kartenzahlungsvorgang

Die Bank unterrichtet den Kontoinhaber mindestens einmal monatlich über die mit der Karte getätigten Zahlungsvorgänge auf dem für Kontoinformationen vereinbarten Weg. Mit Kontoinhabern, die nicht Verbraucher sind, wird die Art und Weise sowie die zeitliche Folge der Unterrichtung gesondert vereinbart. Über die mit der GeldKarte getätigten einzelnen Bezahlvorgänge und den Zahlungsempfänger unterrichtet die Bank den Kontoinhaber nicht. Die mit der GeldKarte getätigten Bezahlvorgänge kann der Karteninhaber mit Hilfe eines Chipkartenlesers nachvollziehen.

14 Erstattungs-, Berichtigungs- und Schadensersatzansprüche des Kontoinhabers

14.1 Erstattung bei nicht autorisierter Kartenverfügung

Im Falle einer nicht autorisierten Kartenverfügung in Form der

– Abhebung von Bargeld an einem Geldautomaten,
– Verwendung der Karte an automatisierten Kassen von Handels- und Dienstleistungsunternehmen,
– Aufladung der GeldKarte,
– Verwendung der Karte zum Aufladen eines Prepaid-Mobilfunk-Kontos

hat die Bank gegen den Kontoinhaber keinen Anspruch auf Erstattung ihrer Aufwendungen. Die Bank ist verpflichtet, dem Kontoinhaber den Betrag ungekürzt zu erstatten. Wurde der Betrag seinem Konto belastet, bringt die Bank dieses wieder auf den Stand, auf dem es sich ohne die nicht autorisierte Kartenverfügung befunden hätte. Diese Verpflichtung ist spätestens bis zum Ende des Geschäftstags gemäß „Preis- und Leistungsverzeichnis" zu erfüllen, der auf den Tag folgt, an welchem der Bank angezeigt wurde, dass die Kartenzahlung nicht autorisiert ist oder die Bank auf andere Weise davon Kenntnis erhalten hat. Hat die Bank einer zuständigen Behörde berechtigte Gründe für den Verdacht, dass ein betrügerisches Verhalten des Karteninhabers vorliegt, schriftlich mitgeteilt, hat die Bank ihre Verpflichtung aus Satz 2 unverzüglich zu prüfen und zu erfüllen, wenn sich der Betrugsverdacht nicht bestätigt.

14.2 Ansprüche bei nicht erfolgter, fehlerhafter oder verspäteter Ausführung einer autorisierten Kartenverfügung

(1) Im Falle einer nicht erfolgten oder fehlerhaften Ausführung einer autorisierten Kartenverfügung in Form der

- Abhebung von Bargeld an einem Geldautomaten,
- Verwendung der Karte an automatisierten Kassen von Handels- und Dienstleistungsunternehmen,
- Aufladung der GeldKarte oder
- Verwendung der Karte zum Aufladen eines Prepaid-Mobilfunk-Kontos

kann der Kontoinhaber von der Bank die unverzügliche und ungekürzte Erstattung des Verfügungsbetrages insoweit verlangen, als die Kartenverfügung nicht erfolgte oder fehlerhaft war. Wurde der Betrag seinem Konto belastet, bringt die Bank dieses wieder auf den Stand, auf dem es sich ohne die nicht erfolgte oder fehlerhafte Kartenverfügung befunden hätte.

(2) Der Kontoinhaber kann über den Absatz 1 hinaus von der Bank die Erstattung der Entgelte und Zinsen insoweit verlangen, als ihm diese im Zusammenhang mit der nicht erfolgten oder fehlerhaften Ausführung der autorisierten Kartenverfügung in Rechnung gestellt oder seinem Konto belastet wurden.

(3) Geht der Zahlungsbetrag beim Zahlungsdienstleister des Zahlungsempfängers erst nach Ablauf der Ausführungsfrist in Nummer II.11 ein (Verspätung), kann der Zahlungsempfänger von seinem Zahlungsdienstleister verlangen, dass dieser die Gutschrift des Zahlungsbetrages auf dem Konto des Zahlungsempfängers so vornimmt, als sei die Kartenzahlung ordnungsgemäß ausgeführt worden.

(4) Wurde eine autorisierte Kartenverfügung nicht oder fehlerhaft ausgeführt, wird die Bank die Kartenverfügung auf Verlangen des Karteninhabers nachvollziehen und ihn über das Ergebnis unterrichten.

14.3 Schadensersatz wegen Pflichtverletzung

Im Falle einer nicht autorisierten Kartenverfügung oder im Falle einer nicht erfolgten, fehlerhaften oder verspäteten Ausführung einer autorisierten Kartenverfügung kann der Kontoinhaber von der Bank einen Schaden, der nicht bereits von Nummer II.14.1 oder II.14.2 erfasst ist, ersetzt verlangen. Dies gilt nicht, wenn die Bank die Pflichtverletzung nicht zu vertreten hat. Die Bank hat hierbei ein Verschulden, das einer zwischengeschalteten Stelle zur Last fällt, wie eigenes Verschulden zu vertreten, es sei denn, dass die wesentliche Ursache bei einer zwischengeschalteten Stelle liegt, die der Karteninhaber vorgegeben hat. Handelt es sich bei dem Kontoinhaber nicht um einen Verbraucher oder erfolgt der Einsatz der Karte in einem Land außerhalb Deutschlands und des Europäischen Wirtschaftsraums[1], beschränkt sich die Haftung der Bank für das Verschulden einer an der Abwicklung des Zahlungsvorgangs beteiligten Stelle auf die sorgfältige Auswahl und Unterweisung einer solchen Stelle. Hat der Karteninhaber durch ein schuldhaftes Verhalten zur Entstehung des Schadens beigetragen, bestimmt sich nach den Grundsätzen des Mitverschuldens, in welchem Umfang Bank und Kontoinhaber den Schaden zu tragen haben. Die Haftung nach diesem Absatz ist auf 12.500 Euro je Kartenverfügung begrenzt. Diese betragsmäßige Haftungsbeschränkung gilt nicht

– für nicht autorisierte Kartenverfügungen,
– bei Vorsatz oder grober Fahrlässigkeit der Bank,
– für Gefahren, die die Bank besonders übernommen hat und
– für den dem Kontoinhaber entstandenen Zinsschaden, soweit der Kontoinhaber Verbraucher ist.

14.4 Haftungs- und Einwendungsausschluss

(1) Ansprüche gegen die Bank nach Nummer II.14.1 bis 14.3 sind ausgeschlossen, wenn der Kontoinhaber die Bank nicht spätestens 13 Monate nach dem Tag der Belastung mit der Kartenverfügung darüber unterrichtet hat, dass es sich um eine nicht autorisierte, nicht erfolgte oder fehlerhafte Kartenverfügung handelt. Der Lauf der 13-monatigen Frist beginnt nur, wenn die Bank den Kontoinhaber über die aus der Kartenverfügung resultierende Belastungsbuchung entsprechend dem für Kontoinformationen vereinbarten Weg spätestens innerhalb eines Monats nach der Belastungsbuchung unterrichtet hat; anderenfalls ist für den Fristbeginn der Tag der Unterrichtung maßgeblich. Haftungsansprüche nach Nummer II.14.3 kann der Kontoinhaber auch nach Ablauf der Frist in Satz 1 geltend machen, wenn er ohne Verschulden an der Einhaltung dieser Frist verhindert war.

(2) Ansprüche des Kontoinhabers gegen die Bank sind ausgeschlossen, wenn die einen Anspruch begründenden Umstände

- auf einem ungewöhnlichen und unvorhersehbaren Ereignis beruhen, auf das die Bank keinen Einfluss hat, und dessen Folgen trotz Anwendung der gebotenen Sorgfalt von ihr nicht hätten vermieden werden können oder
- von der Bank aufgrund einer gesetzlichen Verpflichtung herbeigeführt wurden.

15 Haftung des Kontoinhabers für nicht autorisierte Kartenverfügungen

15.1 Haftung des Kontoinhabers bis zur Sperranzeige

(1) Verliert der Karteninhaber seine Karte oder PIN, werden sie ihm gestohlen, kommen sie sonst abhanden oder werden diese sonst missbräuchlich verwendet und kommt es dadurch zu nicht autorisierten Kartenverfügungen in Form der

- Abhebung von Bargeld an einem Geldautomaten,
- Verwendung der Karte an automatisierten Kassen von Handels- und Dienstleistungsunternehmen,
- Aufladung der GeldKarte,
- Verwendung der Karte zum Aufladen eines Prepaid-Mobilfunk-Kontos,

so haftet der Kontoinhaber für Schäden, die bis zum Zeitpunkt der Sperranzeige verursacht werden, in Höhe von maximal 50 Euro, ohne dass es darauf ankommt, ob den Karteninhaber an dem Verlust, Diebstahl oder sonstigen Abhandenkommen oder sonstigem Missbrauch ein Verschulden trifft.

(2) Der Kontoinhaber haftet nicht nach Absatz 1, wenn

– es dem Karteninhaber nicht möglich gewesen ist, den Verlust, den Diebstahl, das Abhandenkommen oder eine sonstige missbräuchliche Verwendung der Karte *oder des mobilen Endgeräts mit der digitalen Karte** vor der nicht autorisierten Kartenverfügung zu bemerken oder
– der Verlust der Karte durch einen Angestellten, einen Agenten, eine Zweigniederlassung der Bank oder eine sonstige Stelle, an die Tätigkeiten der Bank ausgelagert wurden, verursacht worden ist.

(3) Handelt es sich bei dem Kontoinhaber nicht um einen Verbraucher oder erfolgt der Einsatz der Karte in einem Land außerhalb Deutschlands und des Europäischen Wirtschaftsraums[2], trägt der Kontoinhaber den aufgrund nicht autorisierter Kartenverfügungen entstehenden Schaden nach Absatz 1 auch über einen Betrag von maximal 50 Euro hinaus, wenn der Karteninhaber die ihm nach diesen Bedingungen obliegenden Pflichten fahrlässig verletzt hat. Hat die Bank durch eine Verletzung ihrer Pflichten zur Entstehung des Schadens beigetragen, haftet die Bank für den entstandenen Schaden im Umfang des von ihr zu vertretenden Mitverschuldens.

[1+2] EWR = Europäischer Wirtschaftsraum. Hierzu gehören derzeit die EU-Staaten Belgien, Bulgarien, Dänemark, Deutschland, Estland, Finnland, Frankreich (einschließlich Französisch-Guayana, Guadeloupe, Martinique, Mayotte, Réunion), Griechenland, Irland, Italien, Kroatien, Lettland, Litauen, Luxemburg, Malta, Niederlande, Österreich, Polen, Portugal, Rumänien, Schweden, Slowakei, Slowenien, Spanien, Tschechische Republik, Ungarn sowie Zypern und die Länder Island, Liechtenstein und Norwegen.

* Der kursiv gedruckte Text ist nur relevant, wenn eine digitale Karte ausgegeben wurde.

45.401 (09/21)

3

(4) Kommt es vor der Sperranzeige zu nicht autorisierten Verfügungen und hat der Karteninhaber in betrügerischer Absicht gehandelt oder seine Sorgfaltspflichten nach diesen Bedingungen vorsätzlich oder grob fahrlässig verletzt, trägt der Kontoinhaber den hierdurch entstandenen Schaden in vollem Umfang. Grobe Fahrlässigkeit des Karteninhabers kann insbesondere dann vorliegen, wenn
- er den Verlust oder den Diebstahl der Karte oder die missbräuchliche Verfügung der Bank oder dem Zentralen Sperrannahmedienst schuldhaft nicht unverzüglich mitgeteilt hat, nachdem er hiervon Kenntnis erlangt hat,
- er die persönliche Geheimzahl auf der physischen Karte vermerkt oder zusammen mit der physischen Karte verwahrt hat (zum Beispiel im Originalbrief, in dem sie dem Karteninhaber mitgeteilt wurde),
- *er die persönliche Geheimzahl der digitalen Karte im mobilen Endgerät oder in einem anderen Endgerät gespeichert hat**,
- er die persönliche Geheimzahl einer anderen Person mitgeteilt hat und der Missbrauch dadurch verursacht worden ist.

(5) Die Haftung für Schäden, die innerhalb des Zeitraums, für den der Verfügungsrahmen gilt, verursacht werden, beschränkt sich jeweils auf den für die Karte geltenden Verfügungsrahmen.

(6) Abweichend von den Absätzen 1 und 3 ist der Kontoinhaber nicht zum Schadensersatz verpflichtet, wenn die Bank vom Karteninhaber eine starke Kundenauthentifizierung im Sinne des § 1 Absatz 24 Zahlungsdiensteaufsichtsgesetz (ZAG) nicht verlangt hat (z.B. bei Kleinbetragszahlungen gemäß Nummer A.I.3 dieser Bedingungen) oder der Zahlungsempfänger oder sein Zahlungsdienstleister diese nicht akzeptiert hat, obwohl die Bank zur starken Kundenauthentifizierung nach § 55 ZAG verpflichtet war. Eine starke Kundenauthentifizierung erfordert insbesondere die Verwendung von zwei voneinander unabhängigen Authentifizierungselementen aus den Kategorien Wissen (das ist die PIN), Besitz (das ist die Karte) oder Sein (etwas, das der Karteninhaber ist, zum Beispiel Fingerabdruck).

(7) Der Kontoinhaber ist nicht zum Ersatz des Schadens nach den Absätzen 1, 3 und 4 verpflichtet, wenn der Karteninhaber die Sperranzeige nicht abgeben konnte, weil die Bank nicht die Möglichkeit zur Entgegennahme der Sperranzeige sichergestellt hatte.

(8) Die Absätze 2 und 5 bis 7 finden keine Anwendung, wenn der Karteninhaber in betrügerischer Absicht gehandelt hat.

15.2 Haftung des Kontoinhabers ab Sperranzeige

Sobald der Bank oder dem Zentralen Sperrannahmedienst der Verlust oder Diebstahl der Karte, die missbräuchliche Verwendung oder eine sonstige nicht autorisierte Nutzung von Karte oder PIN angezeigt wurde, übernimmt die Bank alle danach durch Verfügungen in Form der
- Abhebung von Bargeld an einem Geldautomaten,
- Verwendung der Karte an automatisierten Kassen von Handels- und Dienstleistungsunternehmen,
- Aufladung der GeldKarte und
- Verwendung der Karte zum Aufladen eines Prepaid-Mobilfunk-Kontos

entstehenden Schäden. Handelt der Karteninhaber in betrügerischer Absicht, trägt der Kontoinhaber auch die nach der Sperranzeige entstehenden Schäden.

15.3 Haftung des Kontoinhabers für den in der GeldKarte gespeicherten Betrag

Eine Sperrung der GeldKarte für das Bezahlen an automatisierten Kassen ist nicht möglich. Bei Verlust, Diebstahl sowie im Falle der missbräuchlichen Verwendung oder einer sonstigen nicht autorisierten Nutzung der GeldKarte zum Bezahlen an automatisierten Kassen erstattet die Bank den in der GeldKarte gespeicherten Betrag nicht, denn jeder, der im Besitz der Karte ist, kann den in der GeldKarte gespeicherten Betrag ohne Einsatz der PIN verbrauchen.

III Besondere Regeln für einzelne Nutzungsarten

1 Geldautomaten-Service und Einsatz an automatisierten Kassen von Handels- und Dienstleistungsunternehmen

1.1 Verfügungsrahmen der Karte

Verfügungen an Geldautomaten, automatisierten Kassen und die Aufladung der GeldKarte sind für den Karteninhaber nur im Rahmen des für die Karte geltenden Verfügungsrahmens möglich. Bei jeder Nutzung der Karte an Geldautomaten und automatisierten Kassen wird geprüft, ob der Verfügungsrahmen der Karte durch vorangegangene Verfügungen bereits ausgeschöpft ist. Verfügungen, mit denen der Verfügungsrahmen der Karte überschritten würde, werden unabhängig vom aktuellen Kontostand und einem etwa vorher zum Konto eingeräumten Kredit abgewiesen. Der Karteninhaber darf den Verfügungsrahmen der Karte nur im Rahmen des Kontoguthabens oder eines vorher für das Konto eingeräumten Kredits in Anspruch nehmen. Der Kontoinhaber kann mit der kontoführenden Stelle eine Änderung des Verfügungsrahmens der Karte für alle zu seinem Konto ausgegebenen Karten vereinbaren. Ein Bevollmächtigter, der eine Karte erhalten hat, kann nur eine Herabsetzung für diese Karte vereinbaren.

1.2 Fehleingabe der Geheimzahl

Die Karte kann an Geldautomaten sowie an automatisierten Kassen, an denen im Zusammenhang mit der Verwendung der Karte die PIN eingegeben werden muss, nicht mehr eingesetzt werden, wenn die persönliche Geheimzahl dreimal hintereinander falsch eingegeben wurde. Der Karteninhaber sollte sich in diesem Fall mit seiner Bank, möglichst mit der kontoführenden Stelle, in Verbindung setzen.

1.3 Zahlungsverpflichtung der Bank; Reklamationen

Die Bank hat sich gegenüber den Betreibern von Geldautomaten und automatisierten Kassen vertraglich verpflichtet, die Beträge, über die unter Verwendung der an den Karteninhaber ausgegebenen Karte verfügt wurde, an die Betreiber zu vergüten. Einwendungen und sonstige Beanstandungen des Karteninhabers aus dem Vertragsverhältnis zu dem Unternehmen, bei dem bargeldlos an einer automatisierten Kasse bezahlt worden ist, sind unmittelbar gegenüber diesem Unternehmen geltend zu machen.

1.4 Vorauswahl an automatisierten Kassen

Die Handels- und Dienstleistungsunternehmen haben die Möglichkeit, bei den von ihnen akzeptierten Karten in ihren automatisierten Kassen Mechanismen zu installieren, die eine Vorauswahl einer bestimmten Zahlungsmarke oder Zahlungsanwendung treffen. Dabei dürfen sie den Karteninhaber nicht daran hindern, sich über diese Vorauswahl hinwegzusetzen.

2 GeldKarte

2.1 Servicebeschreibung

Die mit einem Chip ausgestattete Karte kann auch als GeldKarte eingesetzt werden. Der Karteninhaber kann an GeldKarte-Terminals des Handels- und Dienstleistungsbereiches bargeldlos bezahlen.

2.2 Aufladen und Entladen der GeldKarte

Der Karteninhaber kann seine GeldKarte an den mit dem GeldKarte-Logo gekennzeichneten Ladeterminals innerhalb des ihm von seiner Bank eingeräumten Verfügungsrahmens (Nummer III.1.1) zu Lasten des auf der Karte angegebenen Kontos bis zu einem Betrag von maximal 200 Euro aufladen. Vor dem Aufladevorgang muss er seine persönliche Geheimzahl (PIN) eingeben. Der Karteninhaber kann seine GeldKarte auch gegen Bargeld sowie im Zusammenwirken mit einer anderen Karte zu Lasten des Kontos, über das die Umsätze mit dieser Karte abgerechnet werden, aufladen. Aufgeladene Beträge, über die der Karteninhaber nicht mehr mittels GeldKarte verfügen möchte, können nur bei der kartenausgebenden Bank entladen werden. Bei einer Funktionsunfähigkeit der GeldKarte erstattet die kartenausgebende Bank dem Karteninhaber den nicht verbrauchten Betrag. Benutzt der Karteninhaber seine Karte, um seine GeldKarte oder die GeldKarte eines anderen aufzuladen, so ist die persönliche Geheimzahl (PIN) am Ladeterminal einzugeben. Die Auflademöglichkeit besteht nicht mehr, wenn die PIN dreimal hintereinander falsch eingegeben wurde. Der Karteninhaber sollte sich in diesem Fall mit seiner Bank, möglichst mit der kontoführenden Stelle, in Verbindung setzen.

2.3 Sofortige Kontobelastung des Ladebetrages

Benutzt der Karteninhaber seine Karte, um seine GeldKarte oder die GeldKarte eines anderen aufzuladen, so wird der Ladebetrag dem Konto, das auf der Karte angegeben ist, belastet.

2.4 Zahlungsvorgang mittels GeldKarte

Beim Bezahlen mit der GeldKarte ist die PIN nicht einzugeben. Bei jedem Bezahlvorgang vermindert sich der in der GeldKarte gespeicherte Betrag um den verfügten Betrag.

3 Aufladen von Prepaid-Mobilfunk-Konten

3.1 Servicebeschreibung

Unter Verwendung seiner Karte und der persönlichen Geheimzahl (PIN) kann der Karteninhaber ein Prepaid-Mobilfunk-Konto eines Mobilfunkanbieters, auf dem vorausbezahlte Telefonwerteinheiten verbucht werden, an Geldautomaten innerhalb des ihm von seiner Bank eingeräumten Verfügungsrahmens (Nummer III.1.1) zu Lasten des auf der Karte angegebenen Kontos aufladen. Voraussetzung ist, dass der vom Karteninhaber gewählte Geldautomat über eine entsprechende Ladefunktion verfügt und der Mobilfunkanbieter, der das Prepaid-Mobilfunk-Konto führt, das aufgeladen werden soll, an dem System teilnimmt. Zum Aufladen eines Prepaid-Mobilfunk-Kontos hat der Karteninhaber am Display des Geldautomaten den Menüpunkt zum Aufladen des Prepaid-Mobilfunk-Kontos zu wählen, die Mobilfunk-Telefonnummer („Handy-Nummer") einzugeben und einen angezeigten Aufladebetrag zu wählen. Nach Autorisierung der Ladetransaktionen durch die Bank des Karteninhabers wird das Prepaid-Mobilfunk-Konto beim Mobilfunkanbieter aufgeladen. Mit diesem Verfahren kann der Karteninhaber sowohl sein eigenes Prepaid-Mobilfunk-Konto als auch das eines Dritten aufladen. Wird die Aufladung von der Bank, etwa

45 401 (09/21)

* Der kursiv gedruckte Text ist nur relevant, wenn eine digitale Karte ausgegeben wurde.

4

wegen fehlender Kontodeckung, nicht autorisiert, wird am Display ein ablehnender Hinweis angezeigt.

3.2 Fehleingabe der Geheimzahl

Die Karte kann an Geldautomaten nicht mehr eingesetzt werden, wenn die persönliche Geheimzahl dreimal hintereinander falsch eingegeben wurde. Der Karteninhaber sollte sich in diesem Fall mit seiner Bank, möglichst mit der kontoführenden Stelle, in Verbindung setzen.

3.3 Zahlungsverpflichtung der Bank; Reklamationen

Die Bank ist vertraglich verpflichtet, Ladebeträge für ein Prepaid-Mobilfunk-Konto, die unter Verwendung der an den Karteninhaber ausgegebenen Karte autorisiert worden sind, zu bezahlen. Die Zahlungspflicht beschränkt sich auf den jeweils autorisierten Betrag. Einwendungen und sonstige Beanstandungen des Karteninhabers aus dem Vertragsverhältnis zu dem Mobilfunkanbieter, der das Prepaid-Mobilfunk-Konto führt, sind unmittelbar gegenüber diesem Unternehmen geltend zu machen.

B Von der Bank angebotene andere Service-Leistungen

1 Besondere Bedingungen

Für weitere von der Bank für die Karte bereitgestellte Service-Leistungen gelten besondere Bedingungen, die vor Inanspruchnahme mit dem Kontoinhaber vereinbart werden.

2 Vereinbarung über die Nutzungsarten

Die Bank vereinbart mit dem Kontoinhaber, welche Dienstleistungen er mit der Karte in Anspruch nehmen kann.

C Zusatzanwendungen

1 Speicherung von Zusatzanwendungen auf der Karte

(1) Der Karteninhaber hat die Möglichkeit, den auf der Karte befindlichen Chip als Speichermedium für eine bankgenerierte Zusatzanwendung (zum Beispiel in Form eines Jugendschutzmerkmals) oder als Speichermedium für eine unternehmensgenerierte Zusatzanwendung (zum Beispiel in Form eines elektronischen Fahrscheins) zu benutzen.

(2) Die Nutzung einer bankgenerierten Zusatzanwendung richtet sich nach dem Rechtsverhältnis des Karteninhabers zur Bank. Eine unternehmensgenerierte Zusatzanwendung kann der Karteninhaber nach Maßgabe des mit dem Unternehmen geschlossenen Vertrages nutzen. Es obliegt der Entscheidung des Karteninhabers, ob er seine Karte zur Speicherung unternehmensgenerierter Zusatzanwendungen nutzen möchte. Die Speicherung einer unternehmensgenerierten Zusatzanwendung auf der Karte erfolgt am Terminal des Unternehmens nach Absprache zwischen dem Karteninhaber und dem Unternehmen. Kreditinstitute nehmen vom Inhalt der am Unternehmensterminal kommunizierten Daten keine Kenntnis.

2 Verantwortlichkeit des Unternehmens für den Inhalt einer unternehmensgenerierten Zusatzanwendung

Die kartenausgebende Bank stellt mit dem Chip auf der Karte lediglich die technische Plattform zur Verfügung, die es dem Karteninhaber ermöglicht, in der Karte unternehmensgenerierte Zusatzanwendungen zu speichern. Eine Leistung, die das Unternehmen über die unternehmensgenerierte Zusatzanwendung gegenüber dem Karteninhaber erbringt, richtet sich ausschließlich nach dem Inhalt des Vertragsverhältnisses zwischen dem Karteninhaber und dem Unternehmen.

3 Reklamationsbearbeitung in Bezug auf Zusatzanwendungen

(1) Einwendungen, die den Inhalt einer unternehmensgenerierten Zusatzanwendung betreffen, hat der Karteninhaber ausschließlich gegenüber dem Unternehmen geltend zu machen, das die Zusatzanwendung in die Karte eingespeichert hat. Das Unternehmen bearbeitet derartige Einwendungen auf Basis der bei ihm gespeicherten Daten. Der Karteninhaber darf die Karte zum Zwecke der Reklamationsbearbeitung nicht dem Unternehmen aushändigen.

(2) Einwendungen, die den Inhalt einer bankgenerierten Zusatzanwendung betreffen, hat der Karteninhaber ausschließlich gegenüber der Bank geltend zu machen.

4 Keine Angabe der von der Bank an den Kunden ausgegebenen PIN bei unternehmensgenerierten Zusatzanwendungen

Bei der Speicherung, inhaltlichen Änderung oder Nutzung einer unternehmensgenerierten Zusatzanwendung auf der Karte wird die von der kartenausgebenden Bank an den Karteninhaber ausgegebene PIN nicht eingegeben. Sofern das Unternehmen, das eine unternehmensgenerierte Zusatzanwendung in die Karte eingespeichert hat, dem Karteninhaber die Möglichkeit eröffnet, den Zugriff auf diese Zusatzanwendung mit einem separaten, von ihm wählbaren Legitimationsmedium abzusichern, so darf der Karteninhaber zur Absicherung der unternehmensgenerierten Zusatzanwendung nicht die PIN verwenden, die ihm von der kartenausgebenden Bank für die Nutzung der Zahlungsverkehrsanwendungen zur Verfügung gestellt worden ist.

5 Sperrmöglichkeit von Zusatzanwendungen

Die Sperrung einer unternehmensgenerierten Zusatzanwendung kommt nur gegenüber dem Unternehmen in Betracht, das die Zusatzanwendung in den Chip der Karte eingespeichert hat, und ist nur dann möglich, wenn das Unternehmen die Möglichkeit zur Sperrung seiner Zusatzanwendung vorsieht. Die Sperrung von bankgenerierten Zusatzanwendungen kommt nur gegenüber der Bank in Betracht und richtet sich nach dem mit der Bank geschlossenen Vertrag.

45 401 (09/21)

Schrifttum: *Baumbach/Hefermehl/Casper,* WG u ScheckG, 24. Aufl 2020, Art 4 ScheckG Anh; Baumbach/Hopt/*Hopt,* HGB, 39. Aufl 2020, (7) Bankgeschäfte F/1 ff.; *Koch/Vogel,* in Langenbucher/Gößmann/Werner, Zahlungsverkehr, 2004, § 5; Bankrechts-Handbuch/*Maihold* Bd I, 5. Aufl 2017, § 54; Krepold/Fischbeck/Kriopf/*Werner,* Bankrecht, 2. Aufl. 2018, 83; Langembucher/Bliesener/Spindler/*Herresthal,* Bankrechts-Kommentar, 3. Aufl. 2020, 7. Kap.;*Werner,* Anscheinsbeweis und Sicherheit des ec-PIN-Systems im Lichte der neueren Rechtsprechung, WM **1997,** 1516; *Werner,* Der Wegfall der ec-Garantie zum 1.1.2002, BKR 2002, 149; *ders* in Kümpel/Mülbert/Früh/Seyfried, Bank- und Kapitalmarktrecht, 6. Aufl 2022, Rn 4646 ff.

Anmerkungen

1. Rechtsgrundlage. Rechtsgrundlage für das eurocheque-System bildete die „Vereinbarung über das eurocheque-System", die zwischen dem Bundesverband der Deutschen Volksbanken und Raiffeisenbanken eV, dem Bundesverband Deutscher Banken eV, dem Deutsche Sparkassen- und Giroverband eV, dem Verband der Gemeinwirtschaftlichen Geschäftsbanken (VGG) sowie der Bundespost zum 1.1.1983 in Kraft getreten war. In dieser Vereinbarung wurde die Berechtigung zur Ausgabe von ec-Karten und ec-Vordrucken sowie die Geltung des ec-Handbuchs geregelt. Sie betraf jedoch nicht das Rechtsverhältnis zwischen den Kunden und ihrer Bank. Dieses wird – auch nach Aufhebung der „Vereinbarung über das eurocheque-System" zum 31.12.2001 (BuB/*Werner* Rn 6/1303) – in den „Bedingungen für den ec-/Maestro-Service" geregelt. Diese sind in weiten Teilen bei allen Kreditinstituten gleich. Unterschiede bestehen jedoch zwischen den Bedingungen der Privatbanken einerseits und denen der Sparkassen und Genossenschaftsbanken andererseits hinsichtlich der Haftungsregeln, auf die an späterer Stelle noch einzugehen ist. Zum 1.1.2002 ist die eurocheque-Garantie ausgelaufen, dh, die ec-/Maestro-Karte kann zwar noch zur bargeldlosen Zahlung an automatisierten Kassen, zur Abhebung an Geldautomaten und sonstigen, mit der elektronischen Funktion der Karte verbundenen Dienstleistungen eingesetzt werden, sie hat jedoch ihre Funktion als Garantiekarte für eurocheques verloren. Zurückzuführen war dies auf einen Beschluss der Lizenzgeberin, der Europay International SA (EPI) vom 22.4.1999, die Lizenz auslaufen zu lassen (BuB-*Werner* Rn 6/1303).

Eine weitere wesentlicheÄnderung haben die Bedingungen der ec-Karte durch die Umsetzung der EU-Zahlungsdiensterichtlinie in nationales Recht zum 30.10.2009 erfahren. Aufgrund dieser Bestimmungen sind auch die Bedingungen überarbeitet worden. Seit diesem Zeitpunkt heißt die ec-Karte im Bereich der Privatbanken „girocard". Die nächste größere Änderung erfolgte aufgrund der Umsetzung der zweiten EU-Zahlungsdiensterichtlinie zum 13.1.2018, mit leichten Modifikationen zum 14.9.2019, aufgrund der Delegierten EU-Verordnung 2018/389 vom 27.11.2017.

2. Keine Verpflichtung zur Ausgabe einer Karte. Die „Bedingungen für die girocard" sind, soweit sie vereinbart werden, ein eigenständiger Zahlungsdiensterahmenvertrag gem. § 675f Abs. 2 BGB, die in der Regel insofern mit einem Girovertrag verknüpft sind, als sie einen solchen voraussetzen (Krepold/Fischbeck/Kropf/*Werner,* Bankrecht, 2. Aufl. 2018, 85). Aufgrund der mit der Karte verbundenen Selbstverpflichtung des kartenemittierenden Instituts gegenüber Dritten (zB aus der Garantie gegenüber den Betreibern von automatisierten Kassen im electronic-cash-Verfahren) und den daraus resultierenden Risiken für den Emittenten besteht keine Verpflichtung der kontoführenden Zahlungsdienstleister, jeden Kunden mit einer girocard auszustatten und ihm damit die Möglichkeit zu verschaffen, das Institut zu den girocard-Leistungen zu verpflichten.

3. Gegenstand der Bedingungen für die girocard (Debitkarte). Voraussetzung für die Geltung der girocard-Bedingungen ist die Ausgabe einer entsprechenden Karte an den Kontoinhaber oder seinen Kontobevollmächtigten und die ausdrückliche Vereinbarung dieser Bedingungen gem Nr 1 Abs 1 AGB-Banken bzw Nr 1 Abs 2 AGB-Sparkassen.

Gegenstand der Vereinbarung ist die institutsübergreifende Nutzung der girocard für Abhebungen an in- und ausländischen Geldautomaten, zur garantierten bargeldlosen Zahlung an automatisierten Karten, als GeldKarte zum bargeldlosen Bezahlen an automatisierten Kassen des Handels- und Dienstleistungsbereichs mittels Übertragung elektronischer Werteinheiten, soweit die Karte mit einer entsprechenden Funktion ausgestattet ist, sowie als Medium zur Zahlung im Elektronischen-SEPA-Lastschriftverfahren (SEPA-ELV) zur Generierung elektronischer SEPA-Basislastschriften. Daneben haben die emittierenden Institute auch die Möglichkeit, institutsindividuelle Leistungen an die girocard zu knüpfen (zB den Zugang zu Kontoauszugsdruckern, zu Selbstbedienungsterminals, zu Schließfachanlagen etc). Diese Leistungen sind, sollen sie Vertragsbestandteil werden, entweder im Leistungskatalog in Abschn I der Karten-Bedingungen oder an einer anderen Stelle (zB in einem Anhang) aufzuführen, da ansonsten die Bedingungen darauf gegenständlich nicht anwendbar sind (LG Essen, WM 93, 546; *Reiser* WuB I D 5–3.93).

4. Ausgabe einer girocard an einen Bevollmächtigten. Abschn II Nr 1 der Kartenbedingungen enthält allgemeine Regelungen für alle Nutzungsarten, zu denen insbesondere auch die Erteilung einer Vollmacht gehört. Dafür gibt es die Regelung des Abschn. II. Nr. 2 der Bedingungen.

Die Ausgabe einer Karte an einen Bevollmächtigten setzt eine Kontovollmacht voraus, wobei diese allein das Zahlungsinstitut noch nicht zur Ausgabe einer Karte berechtigt. Vielmehr ist für die Ausgabe einer girocard an einen Bevollmächtigten eine zusätzliche Vollmacht (s hierzu auch Konto- und Depotvollmacht, → Form. IV.A.5 Anm. 1 ff.) erforderlich. Beide Vollmachten können vom Kontoinhaber jederzeit widerrufen werden. Nach einem Widerruf ist der Bevollmächtigte nicht mehr berechtigt, über das Konto zu verfügen. Das kontoführende Institut muss dies im Rahmen ihrer technischen Möglichkeiten sicherstellen. Sie kann die elektronische Nutzung der girocard an Geldautomaten und elektronischen Kassen durch sofortige Eingabe einer entsprechenden Sperre in das System verhindern, die zur Abweisung der Karte an den Geldautomaten und Terminals führt. Das Gleiche gilt auch für die Auflademöglichkeit der in die Karte integrierten GeldKarte. Dagegen ist es nicht möglich zu verhindern, dass die Karte zum Verbrauch der noch auf der GeldKarte gespeicherten Beträge verwendet wird. Dieses Risiko muss der Kunde, wie sich aus §§ 675i Abs 3 BGB ergibt, tragen.

Um nach einer Kündigung die Nutzung der girocard durch einen Bevollmächtigten zu verhindern, ist der Karteninhaber gem A. Abschn II Nr 2 S 3 der Kartenbedingungen verpflichtet, dafür Sorge zu tragen, dass die an den Bevollmächtigten ausgegebene Karte an das kartenemittierende Institut zurückgegeben wird. Geschieht das nicht, hat der Kontoinhaber die Aufwendungen aus der weiteren Nutzung der Karte zu tragen, da nach analoger Anwendung von § 172 Abs 2 BGB davon ausgegangen werden kann, dass es zum endgültigen Erlöschen der Bevollmächtigung im girocard-Verfahren erst mit Rückgabe der Karte kommt. Allerdings dürfte dies – wie sich aus A. Abschn II Nr 2 S 6 ff. der Kartenbedingungen ergibt – nur für die Funktionen eine Rolle spielen, die nicht gesperrt werden können, denn in der Mitteilung des Widerrufs der Kontovollmacht kann eine Mitteilung iSd § 675l S 2 BGB gesehen werden, durch die das kartenemittierende Institut verpflichtet wird, die Karte des Bevollmächtigten gem § 675m Abs 1 Nr 5 BGB zu sperren. Aufgrund dessen sieht A. Abschn II Nr 2 S 3 der Kartenbedingungen auch vor, dass die Bank die Karte für den Einsatz an automatisierten Kassen, Geldautomaten und für Aufladevorgänge der GeldKarten-Funktion sperren wird. Ab dem Zeitpunkt der Mitteilung endet deshalb für die Funktionen, die gesperrt sind, die Verantwortung des Kontoinhabers, sodass der Hauptkarteninhaber weder gem § 675v Abs 5 BGB für evtl. auf den Einsatz der Karte zurückzuführende Schäden, noch gem § 675u BGB für die von der Bank getätigten Aufwendungen für den Karteneinsatz gem § 670 BGB einzustehen hat.

Aufgrund der Aufladung der GeldKarte ist das Kreditinstitut berechtigt, das Konto des Kontoinhabers gem §§ 675 f. Abs 2, 675c, 670, 168 BGB mit dem Betrag als Aufwendungsersatz zu belasten, der in die Karte eingeladen wurde. Dadurch ist der entsprechende Gegenwert an den Karteninhaber übertragen worden. Der Kontoinhaber muss sich deshalb ggf. beim unberechtigten Karteninhaber schadlos halten.

5. Finanzielle Nutzungsgrenze der girocard. Die Ausgabe der Karte dient der Möglichkeit, an Geldautomaten Bargeld zu beziehen, Waren und Dienstleistungen durch Bargeldsubstitution (insbesondere electronic-cash- und GeldKartenfunktion) zu bezahlen oder sonstige im Rahmen des Zahlungsdiensterahmenvertrags gem § 675 f. Abs 2 BGB liegende Leistungen über das Kartenmedium in Anspruch zu nehmen. Die Ausgabe einer Karte ist jedoch nicht als Einräumung eines zusätzlichen Kredits anzusehen. Aus diesem Grund wird in A. Abschn II Nr 3 der girocard-Bedingungen festgelegt, dass im Verhältnis zur Bank die Nutzung der Karte grundsätzlich nur im Rahmen des Kontoguthabens oder eines vorher eingeräumten Kredits erfolgen darf. Von dieser subjektiven Nutzungsgrenze ist der objektiv bestehende Verfügungsrahmen nach A. Abschn III Nr 1.1, der auch für Verfügungen an Geldautomaten, Aufladeterminals der GeldKarte und electronic-cash-Terminals gilt, zu unterscheiden. Dieser Verfügungsrahmen gibt die betragsmäßige Grenze vor, bis zu der an Geldautomaten, GeldKarten-Terminals und electronic-cash-Terminals innerhalb eines bestimmten Zeitraums verfügt werden darf. Es ist deshalb möglich, dass durch Verfügungen an unterschiedlichen Terminals (Geldautomaten, GeldKarten-Ladeterminals und electronic-cash-Terminals) die Nutzungsgrenze überschritten wird, was dann zu einer Kontoüberziehung oder Kreditüberschreitung führt. Durch den Verfügungsrahmen wird das Haftungsrisiko für Kunde und Bank an Geldautomaten und electronic-cash-Terminals begrenzt (OLG Celle WM 1988, 150; *Hadding* WuB I D–3.88; BGH WM 2012, 164 ff), er kann jedoch höher liegen als die Nutzungsgrenze. Sofern der Kontoinhaber oder sein Bevollmächtigter die Nutzungsgrenze nicht einhält, ist die Bank im Rahmen der Geldautomaten-, GeldKarten- und electronic-cash-Systeme trotzdem gegenüber den Automatenbetreibern auf Grund der bestehenden Garantie zur Zahlung verpflichtet, da die Nutzungsgrenze nur im Innenverhältnis zwischen Bank und Kunde, nicht jedoch gegenüber denjenigen gilt, gegenüber denen eine wirksame (elektronische) Einlösungszusage abgegeben wurde. Sämtliche auch aus der vertragswidrigen Verwendung entstehenden Aufwendungen hat der Karteninhaber im Wege des Aufwendungsersatzes gem §§ 675 f. Abs 2 und Abs 3, 675c Abs 1, 670 BGB oder gem § 675v Abs 3 BGB wegen einer Verletzung des Bankvertrags zuzüglich des Zinses für Kontoüberziehungen (vgl Nr 12 AGB-Banken) der Bank zu erstatten allerdings nur, soweit sich die entsprechenden Verfügungen im Rahmen des zwischen der Bank und dem Kontoinhaber vereinbarten Verfügungsrahmen bewegen (BGH WM 2012, 164 ff).

6. Umrechnung von Fremdwährungsbeträgen. Das internationale Maestro-System ermöglicht es, auch Fremdwährungsverfügungen vorzunehmen, ohne dass zuvor Devisen auf Fremdwährungskonten angeschafft werden müssen. Das Konto des Karteninhabers wird immer mit der Währung belastet, die am Ort der Kontoführung maßgebliches Zahlungsmittel ist. Dies erfordert jedoch eine Umrechnung, über die die Bank im Rahmen des Zahlungsdiensterahmenvertrags gem §§ 675f. Abs 2, 675c Abs 1 666 BGB dem Karteninhaber Rechnung zu legen hat. Die girocard-Bedingungen sehen deshalb in A. Abschn II Nr 4 vor, dass der Karteninhaber über die Umrechnungskurse durch das Preis- und Leistungsverzeichnis unterrichtet wird, soweit die Angaben zur Währungsumrechnung nicht in den Anwendungsbereich der EU-PreisVO vom 19.3.2019 fallen.

7. Sperre und Einziehung der girocard. Die Bank darf die Karte im Besitz eines Kunden nur sperren und einziehen, wenn die Voraussetzungen gem A. Abschn II Nr 6 der Kartenbedingungen für eine Kündigung des Karten-Vertrags, bei dem es sich um einen

Zahlungsdiensterahmenvertrag gem § 675 f. Abs 2 BGB handelt, vorliegen; dabei müssen sachliche Gründe im Zusammenhang mit der Sicherheit der Karte dies rechtfertigen oder es muss der Verdacht einer nicht autorisierten oder betrügerischen Verwendung der Karte bestehen. Ein wichtiger Grund ist beispielsweise dann gegeben, wenn die Voraussetzungen gem Nr 19 Abs 3 AGB-Banken vorliegen. Dies kann dann der Fall sein, wenn der Kunde unrichtige Angaben über seine Vermögensverhältnisse macht, die für die Entscheidung der Bank über eine Kreditgewährung oder über andere, mit Risiken für die Bank verbundene Geschäfte von erheblicher Bedeutung sind oder wenn eine wesentliche Verschlechterung seiner Vermögensverhältnisse eintritt oder einzutreten droht und dadurch die Erfüllung der Verbindlichkeiten gegenüber der Bank gefährdet wird. Sind diese Voraussetzungen gegeben, darf die Karte gesperrt bzw eingezogen werden, ohne dass zuvor eine förmliche Kündigung unter Einhaltung der dafür erforderlichen Fristen erklärt worden sein muss.

8. Verpflichtungen und Obliegenheiten. A. Abschn II Nr 7 der Bedingungen enthält eine Auflistung derjenigen Verpflichtungen und Obliegenheiten, die der Karteninhaber im Zusammenhang mit dem Kartenvertrag zu erfüllen hat.

Dazu gehört auch der Hinweis in Abschn II Ziff 7.2, dass die Karte sorgfältig aufzubewahren ist, um eine sorgfaltspflichtwidrige Verwendung durch unberechtigte Dritte zu verhindern. Insbesondere ist die unbeaufsichtigte Aufbewahrung des Mediums „Karte“ im Kraftfahrzeug als grob fahrlässig anzusehen (vgl zur Rechtslage vor Abschaffen der eurocheque-Garantie: LG Köln WM 1988, 160; *Harbeke* WuB I D-3.–5.88; zum aktuellen Recht LG Berlin WM 2010, 2353), da es als Erfahrungstatsache anzusehen ist, dass Kraftfahrzeuge leicht aufgebrochen werden können und auch aufgebrochen werden (vgl LG Essen WM 1993, 546; LG Berlin WM 10, 2353). Etwas anderes soll jedoch dann in Betracht kommen, wenn die Karte in einem Wohnmobil aufbewahrt wird und dieses während eines Urlaubs zu Wohnzwecken benutzt wird, sodass darin eher die Aufbewahrung in einer Wohnung als in einem Kraftfahrzeug zu sehen sein soll (OLG Frankfurt aM WM 2002 = WuB I 5 b.–1.02 *Hertlein*). Dies darf jedoch nicht verallgemeinert werden. Vielmehr wird es von den Umständen des Einzelfalles, insbesondere auch von der Möglichkeit des Absicherns des Wohnmobils oder der Mitnahmemöglichkeit, abhängen, ob die Aufbewahrung im Wohnmobil nicht sorgfaltspflichtwidrig ist. Grundsätzlich bleibt deshalb die Aufbewahrung im Kraftfahrzeug bedenklich (AG Nürnberg WM 2002, 1060 = WuB I D 5 b.–1.02 *Hertlein*), sofern keine besondere Situation – wie zB die Nutzung eines Wohnmobils zu Wohnzwecken – vorliegt, denn wenn es keine Alternativen gibt, kann ausnahmsweise auch die Aufbewahrung im Kraftfahrzeug zulässig sein (LG Berlin WM 2010, 2353). Gleiches gilt – auch wenn dies nicht ausdrücklich in den girocard-Bedingungen ausgeführt wird – für die unbeaufsichtigte Aufbewahrung der Karte im Büro, selbst wenn die Büroräume nicht der Öffentlichkeit zugänglich sind (AG Hannover WM 1996, 2013).

Gleichfalls kann jeder, der im Besitz einer Karte mit GeldKarten-Funktion ist, den darauf aufgeladenen Betrag ausgeben, da die Karte in ihrer GeldKarten-Funktion weder – außer hinsichtlich des Aufladevorganges – gesperrt werden kann noch für die Entladung die Eingabe der PIN erforderlich ist.

Eine weitere wesentliche Verpflichtung des Karteninhabers besteht in der Geheimhaltung der persönlichen PIN, da mit dieser, sofern noch keine Sperre veranlasst wurde, an Geldautomaten Geld abgehoben bzw an POS-Terminals bezahlt werden kann. Nach ständiger Rechtsprechung begründet der Einsatz der Karte unter Verwendung der richtigen Geheimzahl den Beweis des ersten Anscheins dafür, dass der Karteninhaber mit der Geheimzahl nicht sorgfältig umgegangen ist (LG Bonn WM 1995, 575 = WuB I D 5 c.–2.95 *Harbeke;* LG Köln WM 1995, 976 = WuB I D 5 c.–3.96 *Ahlers;* AG Frankfurt WM 1995, 880 ff. = WuB I D 5 c.–2.96 *Salje*; AG Diepholz WM 1995, 1919 = WuB I

D 5 c.–1.96 *Hertel;* OLG Nürnberg EWiR 1995, 64; AG Schöneberg WM 1997, 66 f. = WuB I D 5 c.–2.97 *Werner;* AG Hannover WM 1997, 64 = WuB I D 5 c.–2.97 *Werner;* AG Charlottenburg WM 1997, 2082= WuB I D 5 c.–1.98 *Werner;* AG Frankfurt aM NJW 1998, 687 f.; AG Osnabrück NJW 1998, 688 f.; AG Dinslaken WM 1998, 1126; LG Frankfurt aM WM 1999, 1930 ff.; LG Köln WM 2001, 852; AG Frankfurt aM BKR 2003, 514; OLG Stuttgart BKR 2002, 549; OLG Frankfurt aM WM 2002, 2101 ff.; LG Berlin WM 2003, 128 f.; AG Hohenschönhausen WM 2002, 1057 ff.; AG Regensburg WM 2002, 2105 ff.; BGH WM 2004, 2309; diese Rspr nicht beanstandend BVerfG WM 2010, 208, 209 f.; auch – einschränkend – WM 2012, 164, 166ff). Allerdings ist diese Ansicht nicht unumstritten. ZT (OLG Hamm WM 1997, 1203; kritisch dazu *Aepfelbach/Cimiotti* WuB I D 5 c.–3.97) ist die Meinung vertreten worden, es sei möglich, die PIN zu ermitteln, so dass die Bank im Einzelfall den Vollbeweis für den Missbrauch der Karte führen müsste (OLG Hamm WM 1997, 1203 ff.; AG Wildershausen WM 1998, 1128; LG Berlin ZBB 1999, 85; OLG Frankfurt aM BKR 2002, 331 ff. = WuB I D 5 B.–1.02. *Haertlein;* OLG Oldenburg WM 2000, 2337; die Kritik zusammenfassen *Strube* WM 1998, 1210). Dem steht jedoch entgegen, dass bisher noch kein Sachverständiger die Ermittlung der PIN hat demonstrieren können (zusammenfassend einerseits *Werner* WM 1997, 1516 und andererseits *Strube* WM 1998, 1210). Aufgrund dessen geht die Rechtsprechung weiterhin überwiegend davon aus, dass das PIN-System sicher ist und der Bank deshalb der Anscheinsbeweis zugute kommt (AG Herne, Az: 20 C 571/95, unveröffentlicht; AG Wuppertal WM 1997, 1209; AG Hannover WM 1997, 1207). Dem steht auch nicht der mit Umsetzung der Zahlungsdiensterichtlinie in das BGB eingeführte § 675w BGB entgegen, denn diese Regelung lässt die Anwendung der Grundsätze zum Anscheinsbeweis unberührt und legt nur fest, was alleine nicht genügt, um den Nachweis einer Authentifizierung zu führen (vgl dazu die Gesetzesbegründung in BT-Drs 16/11.613, 115; die Diskussion zusammenfassend *Nobbe,* in Ellenberger/Findeisen/Nobbe, Kommentar zum Zahlungsverkehrsrecht, § 675w BGB Rn 25 ff). Dies dürfte sich auch nicht durch die Ergänzung von § 675w BGB um einen vierten Satz aufgrund der Umsetzung der zweiten EU-Zahlungsdiensterichtlinie geändert haben; dieser besagt lediglich, dass der Zahlungsdienstleister „unterstützende Beweismittel vorlegen" muss, „um Betrug, Vorsatz oder grobe Fahrlässigkeit des Zahlungsdienstnutzers nachzuweisen". Damit soll nur klargestellt werden, dass die Authentifizierung und die technisch ordnungsgemäße Ausführung des Zahlungsvorgangs nicht reichen, um die gesetzlich vorgesehenen, qualifizierten Verschuldensformen, die vorliegen müssen, damit der Karteninhaber auf den vollen Schaden haftet, nachzuweisen. Vielmehr müssen auch die konkrete Verschuldensform nachgewiesen werden. Da ein Anscheinsbeweis grundsätzlich für den Nachweis von Tatsachen ausreichend sein kann, schließt die Ergänzung in § 675w BGB die Anwendung der Grundsätze zum Anscheinsbeweis nicht aus. Dieser kann weiter Anwendung finden, sofern die speziellen Voraussetzungen vorliegen. Der BGH hat bereits in seiner Entscheidung vom 29.11.2011 seine Anforderungen an die Anwendung der Grundsätze des Anscheinsbeweises verschärft: Danach soll die Bank ggf. zusätzlich nachweisen müssen, dass die Originalkarte verwendet wurde, wenn dies strittig sein sollte (BGH Urt. v. 29.11.2011, XI ZR 370/10, WM 2012, 164ff). Freilich bleibt offen, wie dieser Nachweis erbracht werden kann, da die Überprüfung anhand technischer Daten und nicht der Karte als solche erfolgt. Unter Berücksichtigung jedoch, dass der Chip auf der Karte nach derzeitigem Erkenntnisstand nicht kopierbar ist, spricht immer dann, wenn eine Transaktion nur unter Einsatz des Chips veranlasst werden kann, die Ausführung dafür, dass nur die Originalkarte eingesetzt worden ist.

Allerdings kommt dem Problem des „Ausspähens" aufgrund fortschreitender technischer Entwicklungen größere Bedeutung zu. Aufgrund dessen wurde zT der Anscheinsbeweis mit der Begründung nicht angewendet, unabhängig von der Sicherheit des PIN-Verfahrens könne die PIN ausgespäht werden (LG Osnabrück WM 2003, 1951; AG

Dortmund VuR 2003, 312; AG Essen BKR 2003, 514). Allerdings steht dem entgegen, dass die nur theoretische Möglichkeit des Ausspähens nicht genügt, um den Anscheinsbeweis zu erschüttern. Vielmehr müssen konkrete Anhaltspunkte dafür vorliegen. Dies ist der Fall, wenn die Karte in einem näheren zeitlichen Zusammenhang mit der Eingabe der PIN an einem Geldautomaten oder einer elektronischen Kasse entwendet worden ist. Durch das Ausspähen erlangt ein Dritter zunächst nur Kenntnis von der PIN, sodass er noch die Karte benötigt. Da dieser in der Regel kein persönliche Beziehung zum berechtigten Karteninhaber hat, muss er die Karte unmittelbar nach dem Ausspähen entwenden (BGH WM 2004, 2309; OLG Brandenburg, WM 2007, 2193, 2195; OLG Frankfurt am Main WM 2009, 1602, 1603; LG WM 2010, 2353; *Nobbe,* in Ellenberger/Findeisen/Nobbe/Böger, Kommentar zum Zahlungsverkehrsrecht, § 675w BGB Rz 42).

Außerdem kann mit Hilfe der PIN die GeldKarten-Funktion auf der Karte mit entsprechenden Werteinheiten aufgeladen werden. Die rechtliche Bewertung dieses Risikos unterscheidet sich aber nicht grundsätzlich vom Einsatz der PIN bei Verwendung der Karte zum Bargeldabheben an Geldautomaten oder zum Bezahlen an automatisierten Kassen, deshalb trägt der Karteninhaber gem A. Abschn II Nr 16.3 der Karteninhaber auch das Risiko des Aufladens der Karte als GeldKarte oder gem. Abschn. II Nr. 3.3 als Karte zum Aufladen eines Prepaid-Mobilfunk-Kontos.

Das Nichteinhalten der besonderen Verpflichtungen und Obliegenheiten kann dazu führen, dass der Karteninhaber im Schadensfall seine Ansprüche gegen den Kartenemittenten ganz oder zum Teil gem A. Abschn II Nr 14.1, 14.2 oder 14.3 der Karten-Bedingungen verliert bzw das Zahlungsinstitut Ersatzansprüche in entsprechendem Umfange dem entgegensetzen kann (OLG Nürnberg WM 1989, 405; LG Karlsruhe WM 1990, 63; *Reiser* WuB I D 5.–1.90; LG Osnabrück WM 1990, 1740; *Harbeke* WuB I D 5.–2.91; OLG Zweibrücken WM 1991, 67; *Fervers* WuB I D 5.–3.91; LG Berlin WM 1991, 1335; *Reiser* WuB I D 5.–6.91; KG WM 1991, 729; *Harbeke* WuB I D 5.–1.93).

9. Haftungsregelungen. Die Haftungsregelungen in Abschn A. II Nr 15.1, sind von den Sparkassen und Genossenschaftsbanken einerseits und den privatrechtlich organisierten Banken andererseits teilweise unterschiedlich ausgestaltet worden. In allen Bedingungen wird jedoch zwischen der Haftung für Schäden durch die missbräuchliche Verwendung der Karte an Geldautomaten und an elektronischen Kassen sowie für den Verlust und die missbräuchliche Verwendung der GeldKarte unterschieden. Die Haftungsregelungen orientieren sich am Verschuldensprinzip, geben die nach § 675v BGB eingeräumte Möglichkeit einer verschuldensunabhängigen Sphärenhaftung bis zu einem Betrag von Euro 50,00 in den Bedingungen der Privatbanken wieder und sind deshalb letztlich deklaratorischer Natur.

Hat der Karteninhaber einen Schaden nicht verschuldet und erfüllt er seine Verpflichtungen aus den Karten-Bedingungen, entfällt nach den Bedingungen aller Kreditinstitute grundsätzlich seine Haftung aus dem Einsatz der Karte, es sei denn, es kommt vor der Sperranzeige gem A. Abschn II Nr 15.1 (1) und (2) zu einem Verlust der Karte oder PIN, einem Diebstahl oder Abhandenkommen, wodurch es zu einer der in der Regelung aufgeführten Kartenverfügungen kommt, oder zu einer nicht autorisierten Kartenverfügung, ohne dass ein Verlust, Diebstahl oder sonstiges Abhandenkommen der Karte oder der PIN festgestellt werden kann, der Karteninhaber aber seine Pflicht zur sicheren Aufbewahrung von Karte und PIN schuldhaft verletzt hat, haftet der Karteninhaber auch bis zu einem Betrag von EUR 50,00 in speziellen Fallkonstellationen, ohne dass den Karteninhaber ein Verschulden am Missbrauch trifft. Im zweiten Fall ist für die Haftung bis zu einem Betrag von EUR 50,00 nur eine verschuldete Sorgfaltspflichtverletzung erforderlich, die aber keinen höheren Verschuldensgrad als die leichte Fahrlässigkeit umfasst. Wie sich aus der Zusammenschau mit A. Abschn II 15.1 (5) ergibt, gilt in beiden Fällen die Haftungsbeschränkung auf EUR 50,00 auch für die Fälle des fahrlässigen Handelns, soweit keine grobe Fahrlässigkeit vorliegt. Sollte es sich beim Kontoinhaber nicht um einen Verbraucher handeln oder der Einsatz der Karte in einem Nicht-EWR-Staat erfolgen, gilt die Haftungsbegrenzung auf EUR 50,00 nicht, hier haftet der Karteninhaber bei allen Formen des fahrlässigen Handelns unbeschränkt. Diese Regelungen in den Kartenbedingungen stehen in Übereinsstimmung mit § 675v Abs 1 und §§ 675d Abs 6 S. 1 Nr. 1 iVm 675e Abs 2 Nr. 1, 675e Abs 4 BGB. Bei Verlust der aufgeladenen GeldKarte hat der Karteninhaber unabhängig von einer Kartensperre gem A. Abschn II Nr 15.3 den Schaden für den missbräuchlichen Einsatz der Karte für Bezahlvorgänge zu tragen. Diese Regelung ist, da die GeldKarte eine Bargeldsurrogat-Funktion hat, konsequent, denn der Karteninhaber verliert mit Verlust der Karte auch die erworbenen Werteinheiten. Diese Regelung steht in Übereinstimmung mit § 675i Abs 3 BGB, da es sich bei der GeldKarte um ein Kleinbetragszahlungsinstrument gem § 675i Abs 1 S 3 BGB handelt, das nicht gesperrt werden kann.

Haben Kartenemittent und Kunde einen Schaden gemeinsam verursacht, haften sie nach den Bedingungen aller Kreditinstitute im Rahmen ihres jeweiligen Mitverschuldens entsprechend § 254 BGB.

Bei Schäden auf Grund missbräuchlicher Verwendung der girocard an Geldautomaten oder elektronischen Kassen sowie für die missbräuchliche Aufladung des GeldKarten-Chip ist die Haftung des Kontoinhabers für jeden Schaden ausgeschlossen, der nach der Verlustanzeige entsteht, wie sich aus A. Abschn II Nr 15.2 der Karten-Bedingungen ergibt, es sei denn, der Karteninhaber handelt in betrügerischer Absicht. Dann kann auch die Sperranzeige seine Haftung nicht ausschließen. Die Verpflichtung des Kartenemittenten, eine Sperrmöglichkeit zur Verfügung zu stellen, ergibt sich aus § 675m Abs 1 Nr 4 BGB, die mit der Verpflichtung des Karteninhabers korrespondiert, gem § 675l S 2 BGB jederzeit den Verlust, den Diebstahl, die missbräuchliche Verwendung oder die sonstige nicht autorisierte Verwendung der Karte anzuzeigen. Die entsprechenden Pflichten sind in den Bedingungen in A. Abschn II Nr 7.4 näher geregelt. Für vor Verlustanzeige entstandene Schäden haftet der Karteninhaber bei einer Sparkasse oder Genossenschaftsbank nur bei wenigstens grob fahrlässigem Verschulden, wobei die Bedingungen Beispielsfälle für grobe Fahrlässigkeit beschreiben, die Regelung der Privatbanken sieht dagegen – wie dargelegt – für unverschuldetes oder leicht fahrlässiges Verhalten des Karteninhabers im gesetzlichen Rahmen eine Haftung bis zu einem Betrag von EUR 50,00 vor. Bei grober Fahrlässigkeit haftet der Karteninhaber bei allen Kartenemittenten, sofern die Bank ihren Verpflichtungen nachgekommen ist, dagegen grundsätzlich für den gesamten Schaden, allerdings nur bis zur Höhe des ihm mitgeteilten Verfügungsrahmens. Im Übrigen enthalten die Bedingungen auch hier Beispielsfälle für die grobe Fahrlässigkeit.

Die Haftungsregeln orientieren sich an dem zivilrechtlichen Verschuldensprinzip, an dem sich nach der höchstrichterlicher Rechtsprechung formularmäßige Haftungsklauseln messen lassen müssen (BGH WM 1991, 1110; BGH DB 1992, 1518; BGH WM 1991, 1368; BGH WM 1993, 12; BGH WM 1997, 910).

Allerdings ist im Zuge der Umsetzung der PSD2 das Haftungsrisiko der Zahlungsinstitute für einen evtl. Mißbrauch der Zahlungsinstrumente verschärft worden. Gem. § 675v Abs. 4 BGB scheidet selbst im Falle einer grob fahrlässig oder sogar vorsätzlich verursachten Pflichtverletzung des Karteninhabers im Zusammenhang mit des ihm zugeordneten Zahlungsinstruments (dh Karte und PIN, wie sich aus der Definition in § 1 Abs. 20 ZAG ergibt) seine Haftung aus, wenn entweder gem § 675v Abs. 1 Nr. 1 BGB das Zahlerinstitut kein starke Kundenauthentifizierung gem. § 1 Abs. 24 ZAG verlangt oder gem. § 675v Abs. 1 Nr. 2 BGB der Zahlungsempfänger oder sein Institut eine starke Kundenauthentifizierung gem. § 1 Abs. 24 ZAG nicht akzeptiert. Nur im Falle einer betrügerischen Absicht des Karteninhabers bleibt es bei dessen Haftung, auch wenn die starke Kundenauthentifizierung beim Zahlungsvorgang aus den vorstehend genannten Gründen nicht eingesetzt werden konnte. Voraussetzung für diese Haftungsbeschränkung des Karteninhabers ist allerdings, dass für den entsprechenden Zahlungsvorgang eine starke Kundenauthentifizierung erforderlich war. Wann dies der Fall ist, folgt aus § 55 Abs. 1 Nr. 1 bis 3 ZAG. Zwar ist § 55 ZAG zusammen mit §§ 45 bis 52 ZAG gem Art. 15 Abs. 1 ZDUG iVm Art. 38 Abs. 2 delegierte EU-VO 2018/389 erst zum 14.9.2019 wirksam geworden, doch hat § 68 Abs. 4 ZAG bestimmt, dass bis zu diesem Zeitpunkt sich der Einsatz der starken Kundenauthentifizierung nach dem Rundschreiben 4/2015 der BaFin vom 5.5.2015 bestimmte. Welchen Anforderungen eine starke Kundenauthentifizerung genügen muss, folgt aus § 1 Abs. 24 ZAG, wobei die delegierte EU-VO 2018/389 ergänzend – nicht nur – technische Details festlegt. Die sich aus dem Erfordernis der starken Kundenauthentifizierung ergebenden Konsequenzen für die Haftung des Karteninhabers haben ihren Niederschlag in Abschn. A. II. Nr. 15.1 Abs. 6 der Bedingungen für die girocard gefunden.

Der Haftungsregelung in den Karten-Bedingungen steht § 675u BGB nicht entgegen, denn danach kommt die Geltendmachung von Aufwendungsersatz nur in Betracht, wenn die Karte vom berechtigten Karteninhaber eingesetzt wird. Bei den Haftungsregeln geht es jedoch um die Geltendmachung von Schadenersatzansprüchen wegen einer Verletzung des Kartenvertrags und nicht um Aufwendungsersatzansprüche.

10. SEPA-ELV-System. Das elektronische Lastschriftverfahren, dh das bargeldlose Bezahlen ohne Zahlungsgarantie an automatisierten Kassen mittels SEPA-Lastschrift, gehört nicht zum institutsübergreifenden girocard-Service des deutschen Kreditgewerbes, da bei diesem Verfahren die Karte lediglich zur Generierung von Lastschriften auf elektronischem Weg eingesetzt wird, ohne dass dabei – im Gegensatz zum inländischen electronic-cash-Verfahren oder zum elektronischen Maestro-System – eine Garantieverpflichtung des Kartenherausgebers gegenüber dem Zahlungsempfänger begründet wird. Es werden dadurch SEPA-Basis-Lastschriften generiert, sodass der Zahlungsempfänger sowohl das Einlöserisiko als auch das Risiko der Geltendmachung von Erstattungsansprüchen gem. § 675x Abs. 2 und Abs. 4 BGB durch den Zahler zu tragen hat, da er dann seinerseits zur Erstattung des Zahlungsbetrags gegenüber der Inkassostelle verpflichtet ist, die wiederum die kontoführende Stelle erkennen muss. Urprünglich beruhte dieses Zahlungsverfahren auf dem Einziehungesermächtigungs-Lastschriftverfahren, das gem Art 6 (2) MigrationsVO zum 1.2.2014 (später verlängert auf den 2.8.2014) eingestellt werden musste. Für entsprechend kartenbasierte Verfahren hatte der EU-Gesetzgeber in Art 16 (4) MigrationsVO dem nationalen Gesetzgeber die Befugnis eingeräumt, diese noch bis 1.2.2016 zuzulassen. Davon hatte der deutsche Gesetzgeber Gebrauch gemacht, in dem er in Art 2 des SEPA-Begleitgesetzes § 7c ZAG aF eingeführt hatte, der in Absatz 1 die Anwendung von Art 6 (2) MigrationsVO bis zum 1.2.2016 aussetzte. Mit Ablauf des 1.2.2016 durfte das Verfahren aber nicht mehr eingesetzt werden, weshalb es jetz auf dem SEPA-Basis-Lastschriftverfahren aufsetzt.

11. GeldKarten-Funktion. Die GeldKarten-Funktion ist zusätzlich in die girocard integriert worden, ohne dass sie Bestandteil des girocard-Systems geworden ist. Es kann deshalb auch ausschließliche GeldKarten geben, dh Karten, die nur die GeldKarten-Funktion tragen und keine girocard-Serviceleistungen ermöglichen. Anderseits ist die Ausstattung einer girocard mit einer GeldKarten-Funktionalität nicht zwingend. Manche Institute statten ihre Karten nur auf Wunsch des Kunden und gegen Zahlung eines zusätzlichen Entgelts mit der entsprechenden Funktion aus, andere Institute bieten sie gar nicht erst an. Der Bundesverband der Deutschen Volksbanken und Raiffeisenbanken e.V. hat die Teilnahme an der GeldKartenvereinbarung, bei der es sich um ein Interbankenabkommen handelt, mit Wirkung zum 30.6.2018 gekündigt, sodass seit diesem Zeitpunkt die entsprechende Funktionalität durch die Genossenschaftsbanken nicht mehr angeboten wird. Mittlerweile hat auch der DSGV, der Deutsche Sparkassen- und Giroverband e.V., das Geldkonten-Abkommen zum 30.6.2025 gekündigt. Bei der GeldKarte (n-Funktion) handelt es sich um ein „Kleinbetragsinstrument“ gem § 675i BGB, das aber auch die Voraussetzungen des „elektronischen Geldes“ gem § 1 Abs. 2 S. 3 ZAG erfüllt (vgl dazu Langenbucher/Bliesener/Spindler/*Borges*/Sesing, Bankrechtskommentar, 3. Aufl 2020, Kap 8, § 675c Rn 7 und § 675i Rn 4).

Grundlage für den Aufbau des Systems GeldKarte ist die „Vereinbarung über das institutsübergreifende System „GeldKarte“, die zwischen den verschiedenen Bankverbänden abgeschlossen wurde. Es handelt sich dabei um ein Rahmenabkommen, durch das sich die Vertragspartner zum Aufbau eines institutsübergreifenden Systems „GeldKarte“ zum bargeldlosen Zahlen von Waren und Dienstleistungen an speziell dafür ausgestatteten Terminals verpflichten. Außerdem legt dieses Abkommen die technischen Anforderungen, insbesondere an die Sicherheitstechnologie, den Aufbau einer institutsübergreifenden Infrastruktur, den Systemablauf sowie die Risikoverteilung fest. Schließlich ergeben sich aus dieser Rahmenvereinbarung auch die Ergänzungen der girocard-Bedingungen für mit einer GeldKartenfunktionalität ausgestatteten Karten, wodurch sichergestellt werden soll, dass die Teilnahmevoraussetzungen für das System GeldKarte einheitlich sind.

Die „Bedingungen für die Teilnahme am System „GeldKarte“, legen die Voraussetzungen fest, unter denen Unternehmen am System „GeldKarte“ als Kartenakzeptanten teilnehmen können. Aus ihnen ergeben sich die technischen Anforderungen sowie die Entgelte, die das einzelne Unternehmen dafür zu zahlen hat, dass es am GeldKarten-System teilnimmt.

Außerdem enthalten diese Bedingungen eine Regelung, wonach das kartenakzeptierende Unternehmen durch Abschluss eines ordnungsgemäßen Bezahlvorgangs am GeldKarten-Terminal eine Garantie gegen das kartenemittierende Institut erhält. Diese Garantie erfasst auch gefälschte oder verfälschte oder auf sonstige Weise missbräuchlich verwendete – mit Ausnahme verloren gegangener – GeldKarten, soweit mit ihnen ein technisch einwandfreier Bezahlvorgang möglich ist. Folglich trägt das kartenakzeptierende Unternehmen die diesbezüglichen Risiken nicht. Dadurch soll die Bargeldsurrogat-Funktion der GeldKarte sichergestellt werden.

Das System „GeldKarte“ unterscheidet sich von den auf Debit- oder Kreditkarten beruhenden Zahlungsdiensten grundlegend dadurch, dass diesen Systemen – wie zB beim girocard–System oder bei Kreditkarten – der Karteninhaber erst nach Einsatz der entsprechenden Karte für einen Zahlungsvorgang belastet wird, während hier die Karte vor Einsatz mit einem gewünschten Geldbetrag aufgeladen wird und die Belastungen des Kontos des Karteninhabers unmittelbar nach dem Aufladevorgang erfolgt. Mit jedem Bezahlvorgang wird der auf die Karte gespeicherte Betrag entsprechend reduziert. Der Kartenakzeptant reicht seine Umsätze bei seiner Bank ein, die unter Einschaltung einer „Evidenzzentrale“ die Beträge – zugeordnet nach Bankleitzahlen und Kontonummern – von den Börsenverrechnungskonten der kartenemittierenden Institute einzieht.

Die Börsenverrechnungskonten sind nicht den einzelnen Karteninhabern zugeordnet, sondern in sie werden die Beträge eingestellt, mit denen das Konto eines Kartenkunden beim Aufladevorgang belastet wird.

Es bestehen mehrere Möglichkeiten, die GeldKarte aufzuladen. GeldKarten, die auf Konten ausgestellt sind, können unter Einsatz der PIN zulasten des Kontos des Karteninhabers innerhalb des Verfügungsrahmens aufgeladen werden.

Darüber hinaus besteht die Möglichkeit, die GeldKarte unter Einsatz einer weiteren Karte (girocard, Kunden- oder Kreditkarte) zulasten des Kontos des Inhabers dieser Karte aufzuladen.

Außerdem ist es auch möglich, GeldKarten gegen Bargeld aufzuladen.

Aufgrund der beiden letztgenannten Möglichkeiten können auch inhaberunabhängige Karten ausgegeben werden.

Da der GeldKarte eine Surrogatfunktion von Bargeld zugedacht ist, ist die Risikoverteilung – wie bereits ausgeführt – ähnlich zu Bargeld geregelt. Folglich trägt gem A. Abschn II Nr 15.3 der ec-Bedingungen der Kartenkunde das Risiko des Verlusts des auf die Karte aufgeladenen Betrages, da die Karte von jedem, der in sie in Besitz hat, verwendet werden kann, worauf in A. Abschn II Nr 7.2 der girocard-Bedingungen ausdrücklich hingewiesen wird. Dagegen ist das missbräuchliche Aufladen der Geld-Karte vergleichbar mit der Abhebung von Bargeld an Geldautomaten, so dass die bereits dargestellten Haftungsregelungen identisch sind.

Im Falle einer Beschädigung bzw Funktionsunfähigkeit der GeldKarte erhält der Karteninhaber entsprechend A. Abschn III Nr 2.2 der girocard-Bedingungen den in die Karte eingeladenen Restbetrag erstattet. Auch dies ist in Analogie zum Bargeld zu sehen, da hier die Bundesbank für beschädigte oder teilweise vernichtete Geldscheine Ersatz leistet, soweit davon noch mehr als die Hälfte übrig ist oder wenn bei einer zu mehr als 50 % vernichteten Note der Nachweis geführt werden kann, dass der fehlende Teil tatsächlich nicht mehr existiert.

Keine speziellen Bedingungen gelten für die „weiße Karte“, dh die GeldKarte, die nicht in eine andere Karte integriert und nicht auf ein Konto gezogen ist, da diese – im Gegensatz zu der in die girocard implementierten GeldKarte – beliebig übertragbar ist, so dass allenfalls mit dem ersten Karteninhaber vertragliche Regelungen getroffen werden könnten, nicht jedoch mit den nachfolgenden. Hier ergibt sich jedoch aus der Bargeldfunktion eine Risikoverteilung, die den Regelungen über die GeldKarte in den girocard-Bedingungen entsprechen dürfte.

2. Bedingungen für die SparkassenCard

Bedingungen für die SparkassenCard

(Hinweis: Da sich die Bedingungen für die SparkassenCard nur in wenigen Punkten von den Bedingungen für die girocard unterscheiden, wird von einem Abdruck abgesehen. Auf die Unterschiede wird in den nachfolgenden Anmerkungen hingewiesen)

Anmerkungen

1. Anwendungsbereich. Die Bedingungen für die SparkassenCard im Bereich der Landesbanken und den dem Deutsche Sparkassen- und Giroverband sowie im Bereich der dem Bundesverband der Volksbanken und Raiffeisenbanken angeschlossenen Institute mit Bezeichnung des dortigen Namens für dort ausgegebenen Debitlkarten, die der girocard entsprechen, verwendet.

2. Regelungsbereich. Das Bedingungswerk unterscheidet sich von den im Bereich der Privatbanken verwendeten dadurch, dass zusätzlich noch weitere Bedingungen für die Verwendung der Karte zur Erteilung von Überweisungsaufträgen an Selbstbedienungsterminals, zur Nutzung des Services im SB-Sparverkehr sowie zur Benutzung der Kontoauszugsdrucker und zum Erhalt von Kontoinformationen im Online-Banking angehängt sind, während diese Bedingungen bei den Privatbanken ggf gesondert vereinbart werden. Allerdings handelt es sich dabei nicht um spezielle girocard-Serviceleistungen, da diese auch über andere Medien, zB Kundenkarten, die nicht mit den ec-/Maestro-Sonderfunktionen ausgestattet sind, in Anspruch genommen werden können. Sie sind Annexe, die mit dem eigentlichen girocard-Service nicht in Zusammenhang stehen.

3. Unterscheidung zu den girocard-Bedingungen der privaten Geschäftsbanken. Wie bereits zu den Bedingungen für die girocard der privaten Geschäftsbanken im Einzelnen ausgeführt, ergeben sich die wesentlichen Unterschiede aus den Haftungsregeln.

Unterschiedlich ist die Ausgestaltung der Haftung für Schäden durch die missbräuchliche Verwendung der Karte an Geldautomaten und automatisierten Kassen sowie für die GeldKarten-Funktion. Gem A. Abschn II Ziff 15.2 der Bedingungen für die girocard übernimmt im privatwirtschaftlichen Bereich die Bank beim Missbrauch der -Karte an Geldautomaten oder electronischenn Kassen sowie der Aufladung der GeldKarte nach Anzeige des Verlusts alle Schäden, es sei denn, der Karteninhaber handelt in betrügerischer Absicht; dann trägt er auch die weiteren Schäden nach Sperranzeige. Bis zu diesem Zeitpunkt richtet sich die Beteiligung des Kunden nach dem Grad des Verschuldens, wobei bei den in A. Abschn II Ziff 15.1 (1) der Bedingungen für die girocard beschriebenen Fällen der Karteninhaber ggf auch ohne sein Verschulden, in jedem Fall aber bei nicht über die leichte Fahrlässigkeit hinausgehender Schadensverursachung bis zu max EUR 50,00 am eingetretenen Schaden haftet, bei grober Fahrlässigkeit, vorsätzlicher Pflichtverletzung oder betrügerischer Absicht hat er dagegen den gesamten Schaden zu tragen, sofern das Kreditinstitut daran kein Mitverschulden trifft. Die Karten-Bedingungen der Sparkassen, Landesbanken, Volksbanken und Raiffeisenkassen sehen dagegen in A. Abschn II Ziff 14.1 der Bedingungen für die SparkassenCard vor, dass das kartenemittierende Institut die Schäden auch dann übernimmt, wenn der Karteninhaber nicht grob fahrlässig gehandelt hat. Eine Beteiligung in Höhe von bis zu EUR 50,00 bei unverschuldeten unberechtigten Kartenverfügungen oder bei leicht fahrlässig verursachten, scheidet folglich im Bereich der Sparkassen und Landesbanken sowie der Volks- und Raiffeisenbanken aus. Hier setzt die Haftung des Karteninhabers mindestens grobe Fahrlässigkeit voraus. Allerdings sind die entsprechenden Regelungen nicht so ausgestaltet, dass die Haftung des Karteninhabers für die nicht schuldhaft oder nur leicht fahrlässig verschuldeten Schäden ausgeschlossen wird, sondern es finden sich zwar entsrpechende Haftungsregelung, das kartenemittierende Institut übernimmt die entsprechenden Schäden.

Im Übrigen s Anm. zu → Form. IV.F.1 Anm. 1 ff.

3. Bedingungen für die MasterCard (Kreditkarte)

Bedingungen für die MasterCard (Kreditkarte)

I Zahlungsverkehrsbezogene Anwendungen

1 Verwendungsmöglichkeiten

1.1 Zu Zahlungsverkehrszwecken

Die MasterCard ist eine Kreditkarte. Die von der Bank ausgegebene MasterCard kann der Karteninhaber im Inland und als weitere Dienstleistung auch im Ausland im Rahmen des MasterCard-Verbundes einsetzen

– zum Bezahlen bei Vertragsunternehmen vor Ort an automatisierten Kassen oder online und
– darüber hinaus als weitere Dienstleistung zum Abheben von Bargeld an Geldautomaten sowie an Kassen von Kreditinstituten, dort zusätzlich gegen Vorlage eines Ausweispapiers (Bargeldservice).

Die Vertragsunternehmen sowie die Kreditinstitute und die Geldautomaten im Rahmen des Bargeldservices sind an den Akzeptanzsymbolen zu erkennen, die auf der MasterCard zu sehen sind. Soweit mit der MasterCard zusätzliche Leistungen (zum Beispiel Hilfe in Notfällen, Versicherungen) verbunden sind, richtet sich dies nach den insoweit geltenden besonderen Regeln.

Die Karte kann als physische Karte oder als digitale Karte zur Speicherung auf einem Telekommunikations-, Digital- oder IT-Gerät (mobiles Endgerät) ausgegeben werden. Diese Sonderbedingungen gelten für beide Kartenformen gleichermaßen, es sei denn, es ist ausdrücklich etwas anderes geregelt. Für die digitale Karte gelten ergänzend die gesondert mit der Bank vereinbarten Nutzungsbedingungen für die digitale Karte.

1.2 Als Speichermedium für Zusatzanwendungen

Verfügt die an den Karteninhaber ausgegebene MasterCard über einen Chip, so kann die MasterCard auch als Speichermedium für Zusatzanwendungen

– der kartenausgebenden Bank nach Maßgabe des mit der Bank abgeschlossenen Vertrages (bankgenerierte Zusatzanwendung) oder
– eines Vertragsunternehmens nach Maßgabe des mit diesem abgeschlossenen Vertrages (unternehmensgenerierte Zusatzanwendung)

verwendet werden.

2 Persönliche Geheimzahl (PIN)

Für die Nutzung von automatisierten Kassen bei Vertragsunternehmen und von Geldautomaten kann dem Karteninhaber für seine Karte eine persönliche Geheimzahl (PIN) zur Verfügung gestellt werden.

Die Karte kann an automatisierten Kassen sowie an Geldautomaten, an denen im Zusammenhang mit der Verwendung der Karte die PIN eingegeben werden muss, nicht mehr eingesetzt werden, wenn die PIN dreimal hintereinander falsch eingegeben wurde. Der Karteninhaber sollte sich in diesem Fall mit seiner Bank, möglichst mit der kontoführenden Stelle, in Verbindung setzen.

3 Autorisierung von Kartenzahlungen durch den Karteninhaber

(1) Bei Nutzung der MasterCard ist entweder

- ein Beleg zu unterschreiben, auf den das Vertragsunternehmen die Kartendaten übertragen hat, oder
- an Geldautomaten und automatisierten Kassen die PIN einzugeben.

Nach vorheriger Abstimmung zwischen Karteninhaber und Vertragsunternehmen kann der Karteninhaber – insbesondere zur Beschleunigung eines Geschäftsvorfalls im Rahmen eines fernmündlichen Kontakts – ausnahmsweise darauf verzichten, den Beleg zu unterzeichnen und stattdessen lediglich seine MasterCard-Nummer angeben.

Beim Karteneinsatz an automatisierten Kassen kann von der Eingabe der PIN abgesehen werden:

- Zur Bezahlung von Verkehrsnutzungsentgelten oder Parkgebühren an unbeaufsichtigten automatisierten Kassen.
- Zur kontaktlosen Bezahlung von Kleinbeträgen. Hierbei ist die MasterCard mit Kontaktlosfunktion an ein Kartenlesegerät zu halten. Es gelten die von der Bank festgelegten Betrags- und Nutzungsgrenzen.

Bei Online-Bezahlvorgängen erfolgt die Authentifizierung des Karteninhabers, indem er auf Anforderung die gesondert vereinbarten Authentifizierungselemente einsetzt. Authentifizierungselemente sind

- Wissenselemente (etwas, das der Karteninhaber weiß, zum Beispiel Online-Passwort),
- Besitzelemente (etwas, das der Karteninhaber besitzt, zum Beispiel mobiles Endgerät zur Erzeugung zum Empfang von einmal verwendbaren Transaktionsnummern (TAN) als Besitznachweis) oder
- Seinselemente (etwas, das der Karteninhaber ist, zum Beispiel Fingerabdruck).

(2) Mit dem Einsatz der Karte erteilt der Karteninhaber die Zustimmung (Autorisierung) zur Ausführung der Kartenzahlung. Soweit dafür zusätzlich die Unterschrift, eine PIN oder ein sonstiges Authentifizierungselement gefordert wird, wird die Zustimmung erst mit deren Einsatz erteilt. Nach der Erteilung der Zustimmung kann der Karteninhaber die Kartenzahlung nicht mehr widerrufen. In dieser Autorisierung ist zugleich die ausdrückliche Zustimmung enthalten, dass die Bank die für die Ausführung der Kartenzahlung notwendigen personenbezogenen Daten des Karteninhabers verarbeitet, übermittelt und speichert.

4 Sperrung eines verfügbaren Geldbetrags

Die Bank ist berechtigt, auf dem Konto des Karteninhabers einen im Rahmen der finanziellen Nutzungsgrenze (siehe Nummer I.7) verfügbaren Geldbetrag zu sperren, wenn

– der Zahlungsvorgang vom Zahlungsempfänger ausgelöst worden ist und
– der Karteninhaber auch der genauen Höhe des zu sperrenden Geldbetrags zugestimmt hat.

Den gesperrten Geldbetrag gibt die Bank unbeschadet sonstiger gesetzlicher oder vertraglicher Rechte unverzüglich frei, nachdem ihr der genaue Zahlungsbetrag mitgeteilt worden oder der Zahlungsauftrag zugegangen ist.

5 Ablehnung von Kartenzahlungen durch die Bank

Die Bank ist berechtigt, die Kartenzahlung abzulehnen, wenn

– sich der Karteninhaber nicht mit seiner PIN oder seinem sonstigen Authentifizierungselement legitimiert hat,
– der für die Kartenzahlung geltende Verfügungsrahmen der Karte oder die finanzielle Nutzungsgrenze nicht eingehalten ist oder
– die Karte gesperrt ist.

Hierüber wird der Karteninhaber über das Terminal, an dem die Karte eingesetzt wird, oder beim Online-Einsatz auf dem vereinbarten Weg unterrichtet.

6 Ausführungsfrist

Der Zahlungsvorgang wird vom Zahlungsempfänger ausgelöst. Nach Zugang des Zahlungsauftrages bei der Bank ist diese verpflichtet sicherzustellen, dass der Kartenzahlungsbetrag spätestens an dem im „Preis- und Leistungsverzeichnis" angegebenen Zeitpunkt beim Zahlungsdienstleister des Zahlungsempfängers eingeht.

7 Finanzielle Nutzungsgrenze

Der Karteninhaber darf die MasterCard nur innerhalb des Verfügungsrahmens der Karte und nur in der Weise nutzen, dass ein Ausgleich der Kartenumsätze bei Fälligkeit gewährleistet ist. Der Karteninhaber kann mit seiner Bank eine Änderung seines Verfügungsrahmens der Karte vereinbaren.

Auch wenn der Karteninhaber die finanzielle Nutzungsgrenze nicht einhält, ist die Bank berechtigt, den Ersatz der Aufwendungen zu verlangen, die aus der Nutzung der MasterCard entstehen. Die Genehmigung einzelner MasterCard-Umsätze führt weder zur Einräumung eines Kredites noch zur Erhöhung eines zuvor eingeräumten Kredites, sondern erfolgt in der Erwartung, dass ein Ausgleich der MasterCard-Umsätze bei Fälligkeit gewährleistet ist.

Übersteigt die Buchung von MasterCard-Umsätzen ein vorhandenes Kontoguthaben oder einen vorher für das Konto eingeräumten Kredit, so führt die Buchung zu einer geduldeten Kontoüberziehung.

8 Sorgfalts- und Mitwirkungspflichten des Karteninhabers

8.1 Unterschrift

Der Karteninhaber hat seine Karte nach Erhalt unverzüglich auf dem Unterschriftsfeld zu unterschreiben.

8.2 Sorgfältige Aufbewahrung der Karte

Die Karte ist mit besonderer Sorgfalt aufzubewahren, um zu verhindern, dass sie abhanden kommt oder missbräuchlich verwendet wird. Sie darf insbesondere nicht unbeaufsichtigt im Kraftfahrzeug aufbewahrt werden. Denn jede Person, die im Besitz der Karte ist, hat die Möglichkeit, mit ihr missbräuchliche Verfügungen zu tätigen.

8.3 Geheimhaltung der PIN

Der Karteninhaber hat dafür Sorge zu tragen, dass keine andere Person Kenntnis von seiner persönlichen Geheimzahl (PIN) erlangt. Sie darf insbesondere nicht auf der Karte vermerkt oder in anderer Weise zusammen mit dieser aufbewahrt werden. Jede Person, die die PIN kennt und in den Besitz der Karte kommt beziehungsweise die MasterCard-Nummer kennt, hat die Möglichkeit, missbräuchliche Verfügungen zu tätigen (zum Beispiel Geld an Geldautomaten abzuheben).

8.4 Schutz der Authentifizierungselemente für Online-Bezahlvorgänge

Der Karteninhaber hat alle zumutbaren Vorkehrungen zu treffen, um seine mit der Bank vereinbarten Authentifizierungselemente für

Online-Bezahlvorgänge (siehe Nummer 3 Absatz 1 letzter Unterabsatz dieser Bedingungen) vor unbefugtem Zugriff zu schützen. Ansonsten besteht die Gefahr, dass die Authentifizierungselemente für Online-Bezahlvorgänge missbräuchlich verwendet oder in sonstiger Weise nicht autorisiert genutzt werden.
Zum Schutz der einzelnen Authentifizierungselemente für Online-Bezahlvorgänge hat der Karteninhaber vor allem Folgendes zu beachten:

(a) Wissenselemente, wie z.B. das Online-Passwort, sind geheim zu halten; sie dürfen insbesondere
- nicht mündlich (zum Beispiel telefonisch oder persönlich) mitgeteilt werden,
- nicht außerhalb von Online-Bezahlvorgängen in Textform (z.B. per E-Mail oder Messenger-Dienst) weiter gegeben werden,
- nicht ungesichert elektronisch gespeichert (zum Beispiel Speicherung des Online-Passworts im Klartext im mobilen Endgerät) werden und
- nicht auf einem Gerät notiert oder als Abschrift zusammen mit einem Gerät aufbewahrt werden, das als Besitzelement (zum Beispiel mobiles Endgerät) oder zur Prüfung des Seinselements (z.B. mobiles Endgerät mit Anwendung für Kreditkartenzahlung und Fingerabdrucksensor) dient.

(b) Besitzelemente, wie zum Beispiel ein mobiles Endgerät, sind vor Missbrauch zu schützen, insbesondere
- ist sicherzustellen, dass unberechtigte Personen auf das mobile Endgerät des Karteninhabers (zum Beispiel Mobiltelefon) nicht zugreifen können,
- ist dafür Sorge zu tragen, dass andere Personen die auf dem mobilen Endgerät (z.B. Mobiltelefon) befindliche Anwendung für Kreditkartenzahlungen (zum Beispiel Karten-App, Authentifizierungs-App) nicht nutzen können,
- ist die Anwendung für Online-Bezahlvorgänge (zum Beispiel Karten-App, Authentifizierungs-App) auf dem mobilen Endgerät des Teilnehmers zu deaktivieren, bevor der Teilnehmer den Besitz an diesem mobilen Endgerät aufgibt (z.B. durch Verkauf oder Entsorgung des Mobiltelefons) und
- dürfen die Nachweise des Besitzelements (z.B. TAN) nicht außerhalb der Online-Bezahlvorgänge mündlich (z.B. per Telefon) oder in Textform (z.B. per E-Mail, Messenger-Dienst) weiter gegeben werden.

(c) Seinselemente, wie z.B. Fingerabdruck des Karteninhabers, dürfen auf einem mobilen Endgerät des Karteninhabers für Online-Bezahlvorgänge nur dann als Authentifizierungselement verwendet werden, wenn auf dem mobilen Endgerät keine Seinselemente anderer Personen gespeichert sind. Sind auf dem mobilen Endgerät, das für das Online-Bezahlvorgänge genutzt wird, Seinselemente anderer Personen gespeichert, ist für Online-Bezahlvorgänge das von der Bank ausgegebene Wissenselement (z.B. Online-Passwort) zu nutzen und nicht das auf dem mobilen Endgerät gespeicherte Seinselement.

8.5 Kontrollpflichten bei Online-Bezahlvorgängen

Sollten bei Online-Bezahlvorgängen an den Karteninhaber Angaben zum Zahlungsvorgang (zum Beispiel der Name des Vertragsunternehmens und der Verfügungsbetrag) mitgeteilt werden, sind diese Daten vom Karteninhaber auf Richtigkeit zu prüfen.

8.6 Unterrichtungs- und Anzeigepflichten des Karteninhabers

(1) Stellt der Karteninhaber den Verlust oder Diebstahl seiner Karte, die missbräuchliche Verwendung oder eine sonstige nicht autorisierte Nutzung von Karte, PIN oder für Online-Bezahlvorgänge vereinbarter Authentifizierungselemente fest, so ist die Bank, und zwar möglichst die kontoführende Stelle, oder eine Repräsentanz des MasterCard-Verbundes unverzüglich zu unterrichten, um die MasterCard sperren zu lassen. Die Kontaktdaten, unter denen eine Sperranzeige abgegeben werden kann, werden dem Karteninhaber gesondert mitgeteilt. Der Karteninhaber hat jeden Diebstahl oder Missbrauch auch unverzüglich bei der Polizei anzuzeigen.

(2) Hat der Karteninhaber den Verdacht, dass eine andere Person unberechtigt in den Besitz seiner Karte gelangt ist, eine missbräuchliche Verwendung oder eine sonstige nicht autorisierte Nutzung von Karte, PIN oder für Online-Bezahlvorgänge vereinbarter Authentifizierungselemente vorliegt, muss er ebenfalls unverzüglich eine Sperranzeige abgeben.
Für den Ersatz einer verlorenen, gestohlenen, missbräuchlich verwendeten oder sonst nicht autorisiert genutzten Karte berechnet die Bank dem Karteninhaber das im „Preis- und Leistungsverzeichnis" der Bank ausgewiesene Entgelt, das allenfalls die ausschließlich und unmittelbar mit dem Ersatz verbundenen Kosten abdeckt. Satz 1 gilt nicht, wenn die Bank die Umstände, die zur Ausgabe der Ersatzkarte geführt haben, zu vertreten hat oder diese ihr zuzurechnen sind.

(3) Befindet sich auf der Karte ein TAN-Generator oder eine Signaturfunktion für das Online-Banking, so hat die Sperre der Karte auch eine Sperrung des Online-Banking-Zugangs zur Folge.

(4) Die Sperrung einer unternehmensgenerierten Zusatzanwendung kommt nur gegenüber dem Unternehmen in Betracht, das die Zusatzanwendung in den Chip der MasterCard eingespeichert hat, und ist nur dann möglich, wenn das Unternehmen die Möglichkeit zur Sperrung seiner Zusatzanwendung vorsieht. Die Sperrung einer bankgenerierten Zusatzanwendung kommt nur gegenüber der kartenausgebenden Bank in Betracht und richtet sich nach dem mit der kartenausgebenden Bank abgeschlossenen Vertrag.

(5) Der Karteninhaber hat die Bank unverzüglich nach Feststellung einer nicht autorisierten oder fehlerhaft ausgeführten Kartenverfügung zu unterrichten.

9 Zahlungsverpflichtung des Karteninhabers

Die Bank ist gegenüber Vertragsunternehmen sowie den Kreditinstituten, die die MasterCard an ihren Geldautomaten akzeptieren, verpflichtet, die vom Karteninhaber mit der Karte getätigten Umsätze zu begleichen.
Die Bank unterrichtet den Karteninhaber mindestens einmal monatlich auf dem vereinbarten Weg über alle im Zusammenhang mit der Begleichung der Kartenumsätze entstehenden Aufwendungen. Mit Karteninhabern, die keine Verbraucher sind, wird die Art und Weise sowie die zeitliche Folge der Unterrichtung gesondert vereinbart. Der Betrag ist fällig, nachdem die Bank dem Karteninhaber Abrechnung erteilt hat. Nach Erteilung der Abrechnung werden die Umsätze dem vereinbarten Abrechnungskonto belastet.
Einwendungen und sonstige Beanstandungen des Karteninhabers aus seinem Vertragsverhältnis zu dem Vertragsunternehmen, bei dem die Karte eingesetzt wurde, sind unmittelbar gegenüber dem Vertragsunternehmen geltend zu machen.

10 Fremdwährungsumrechnung

Nutzt der Karteninhaber die Karte für Verfügungen, die nicht auf Euro lauten, wird das Konto gleichwohl in Euro belastet. Die Bestimmung des Kurses bei Fremdwährungsgeschäften ergibt sich aus dem „Preis- und Leistungsverzeichnis". Eine Änderung des in der Umrechnungsregelung genannten Referenzwechselkurses wird unmittelbar und ohne vorherige Benachrichtigung des Karteninhabers wirksam.

11 Entgelte

(1) Die vom Karteninhaber gegenüber der Bank geschuldeten Entgelte ergeben sich aus dem „Preis- und Leistungsverzeichnis" der Bank.

(2) Änderungen der Entgelte für Verbraucher:
Änderungen der Entgelte werden dem Karteninhaber spätestens zwei Monate vor dem Zeitpunkt ihres Wirksamwerdens in Textform angeboten. Hat der Karteninhaber mit der Bank im Rahmen der Geschäftsbeziehung einen elektronischen Kommunikationsweg vereinbart (zum Beispiel das Online-Banking), können die Änderungen auch auf diesem Wege angeboten werden. Die von der Bank angebotenen Änderungen werden nur wirksam, wenn der Karteninhaber diese annimmt. Eine Vereinbarung über die Änderung eines Entgelts, das auf eine über die Hauptleistung hinausgehende Zahlung des Karteninhabers gerichtet ist, kann die Bank mit dem Karteninhaber nur ausdrücklich treffen.
Die Änderung von Entgelten für den Zahlungsdiensterahmenvertrag (Girovertrag) richtet sich nach Nummer 12 Absatz 5 der Allgemeinen Geschäftsbedingungen.

(3) Änderungen der Entgelte für Kunden, die keine Verbraucher sind:
Bei Entgelten und deren Änderung für Zahlungen von Karteninhabern, die keine Verbraucher sind, bleibt es bei den Regelungen in Nummer 12 Absätze 2 bis 6 der Allgemeinen Geschäftsbedingungen.

12 Erstattungs-, Berichtigungs- und Schadensersatzansprüche des Karteninhabers

12.1 Erstattung bei nicht autorisierter Kartenverfügung

Im Falle einer nicht autorisierten Kartenverfügung in Form
– der Abhebung von Bargeld oder
– der Verwendung der Karte zur Bezahlung bei einem Vertragsunternehmen

hat die Bank gegen den Karteninhaber keinen Anspruch auf Erstattung ihrer Aufwendungen. Die Bank ist verpflichtet, dem Karteninhaber den Betrag ungekürzt zu erstatten. Wurde der Betrag einem Konto belastet, bringt die Bank dieses wieder auf den Stand, auf dem es sich ohne die nicht autorisierte Kartenverfügung befunden hätte. Diese Verpflichtung ist spätestens bis zum Ende des Geschäftstags gemäß „Preis- und Leistungsverzeichnis" zu erfüllen, der auf den Tag folgt, an welchem der Bank angezeigt wurde, dass die Kartenzahlung nicht autorisiert ist, oder die Bank auf andere Weise davon Kenntnis erhalten hat. Hat die Bank einer zuständigen Behörde berechtigte Gründe für den Verdacht, dass ein betrügerisches Verhalten des Karteninhabers vorliegt, schriftlich mitgeteilt, hat die Bank ihre Verpflichtung aus Satz 2 unverzüglich zu prüfen und zu erfüllen, wenn sich der Betrugsverdacht nicht bestätigt.

12.2 Ansprüche bei nicht erfolgter, fehlerhafter oder verspäteter Ausführung einer autorisierten Kartenverfügung

(1) Im Falle einer nicht erfolgten oder fehlerhaften Ausführung einer autorisierten Kartenverfügung in Form

- der Abhebung von Bargeld oder
- der Verwendung der Karte zur Bezahlung bei einem Vertragsunternehmen

kann der Karteninhaber von der Bank die unverzügliche und ungekürzte Erstattung des Verfügungsbetrages insoweit verlangen, als die Kartenverfügung nicht erfolgte oder fehlerhaft war. Wurde der Betrag einem Konto belastet, bringt die Bank dieses wieder auf den Stand, auf dem es sich ohne die nicht erfolgte oder fehlerhafte Kartenverfügung befunden hätte.

(2) Der Karteninhaber kann über den Absatz 1 hinaus von der Bank die Erstattung der Entgelte und Zinsen insoweit verlangen, als ihm diese im Zusammenhang mit der nicht erfolgten oder fehlerhaften Ausführung der autorisierten Kartenverfügung in Rechnung gestellt oder seinem Konto belastet wurden.

(3) Geht der Zahlungsbetrag beim Zahlungsdienstleister des Zahlungsempfängers erst nach Ablauf der Ausführungsfrist in Nummer I.6 ein (Verspätung), kann der Zahlungsempfänger von seinem Zahlungsdienstleister verlangen, dass dieser die Gutschrift des Zahlungsbetrages auf dem Konto des Zahlungsempfängers so vornimmt, als sei die Kartenzahlung ordnungsgemäß ausgeführt worden. Die Pflicht nach Satz 1 gilt nicht, wenn der Karteninhaber kein Verbraucher ist.

(4) Wurde eine autorisierte Kartenverfügung nicht oder fehlerhaft ausgeführt, wird die Bank die Kartenverfügung auf Verlangen des Karteninhabers nachvollziehen und ihn über das Ergebnis unterrichten.

12.3 Schadensersatzansprüche des Karteninhabers aufgrund einer nicht autorisierten oder einer nicht erfolgten oder fehlerhaften Ausführung einer autorisierten Kartenverfügung

Im Falle einer nicht autorisierten Kartenverfügung oder im Falle einer nicht erfolgten, fehlerhaften oder verspäteten Ausführung einer autorisierten Kartenverfügung kann der Karteninhaber von der Bank einen Schaden, der nicht bereits von Nummer I.12.1 und I.12.2 erfasst ist, ersetzt verlangen. Dies gilt nicht, wenn die Bank die Pflichtverletzung nicht zu vertreten hat. Die Bank hat hierbei ein Verschulden, das einer zwischengeschalteten Stelle zur Last fällt, wie eigenes Verschulden zu vertreten, es sei denn, dass die wesentliche Ursache bei einer zwischengeschalteten Stelle liegt, die der Karteninhaber vorgegeben hat. Handelt es sich bei dem Karteninhaber nicht um einen Verbraucher oder erfolgt der Einsatz der Karte in einem Land außerhalb Deutschlands und des Europäischen Wirtschaftsraumes[1], beschränkt sich die Haftung der Bank für das Verschulden einer an der Abwicklung des Zahlungsvorgangs beteiligten Stelle auf die sorgfältige Auswahl und Unterweisung einer solchen Stelle. Hat der Karteninhaber durch ein schuldhaftes Verhalten zur Entstehung des Schadens beigetragen, bestimmt sich nach den Grundsätzen des Mitverschuldens, in welchem Umfang Bank und Karteninhaber den Schaden zu tragen haben. Die Haftung nach diesem Absatz ist auf 12.500 Euro je Kartenverfügung begrenzt. Diese betragsmäßige Haftungsbeschränkung gilt nicht

- für nicht autorisierte Kartenverfügungen,
- bei Vorsatz oder grober Fahrlässigkeit der Bank,
- für Gefahren, die die Bank besonders übernommen hat, und
- für den dem Karteninhaber entstandenen Zinsschaden, wenn der Karteninhaber Verbraucher ist.

12.4 Frist für die Geltendmachung von Ansprüchen nach Nummern I.12.1 bis I.12.3

Ansprüche gegen die Bank nach Nummern I.12.1 bis I.12.3 sind ausgeschlossen, wenn der Karteninhaber die Bank nicht spätestens 13 Monate nach dem Tag der Belastung mit der Kartenverfügung darüber unterrichtet hat, dass es sich um eine nicht autorisierte, nicht erfolgte oder fehlerhafte Kartenverfügung handelt. Der Lauf der 13-monatigen Frist beginnt nur, wenn die Bank den Karteninhaber über die aus der Kartenverfügung resultierende Belastungsbuchung entsprechend dem für Umsatzinformationen vereinbarten Weg, spätestens innerhalb eines Monats nach der Belastungsbuchung unterrichtet hat; anderenfalls ist für den Fristbeginn der Tag der Unterrichtung maßgeblich. Haftungsansprüche nach Nummer I.12.3 kann der Karteninhaber auch nach Ablauf der Frist in Satz 1 geltend machen, wenn er ohne Verschulden an der Einhaltung dieser Frist verhindert war.

12.5 Erstattungsanspruch bei autorisierter Kartenverfügung ohne genaue Betragsangabe und Frist für die Geltendmachung des Anspruchs

(1) Der Karteninhaber kann von der Bank die unverzügliche und ungekürzte Erstattung des Verfügungsbetrages verlangen, wenn er eine Kartenverfügung bei einem Vertragsunternehmen in der Weise autorisiert hat, dass

- bei der Autorisierung der genaue Betrag nicht angegeben wurde und
- der Zahlungsvorgang den Betrag übersteigt, den der Karteninhaber entsprechend seinem bisherigen Ausgabeverhalten, dem Inhalt des Kartenvertrages und den jeweiligen Umständen des Einzelfalles hätte erwarten können; mit einem etwaigen Währungsumtausch zusammenhängende Gründe bleiben außer Betracht, wenn der vereinbarte Referenzwechselkurs zugrunde gelegt wurde.

Der Karteninhaber ist verpflichtet, gegenüber der Bank die Sachumstände darzulegen, aus denen er seinen Erstattungsanspruch herleitet.

(2) Der Anspruch auf Erstattung ist ausgeschlossen, wenn er nicht innerhalb von acht Wochen nach dem Zeitpunkt der Belastung des Umsatzes auf dem Abrechnungskonto gegenüber der Bank geltend gemacht wird.

12.6 Haftungs- und Einwendungsausschluss

Ansprüche des Karteninhabers gegen die Bank nach Nummern I.12.1 bis I.12.5 sind ausgeschlossen, wenn die einen Anspruch begründenden Umstände

- auf einem ungewöhnlichen und unvorhersehbaren Ereignis beruhen, auf das die Bank keinen Einfluss hat, und dessen Folgen trotz Anwendung der gebotenen Sorgfalt von ihr nicht hätten vermieden werden können, oder
- von der Bank aufgrund einer gesetzlichen Verpflichtung herbeigeführt wurden.

13 Haftung des Karteninhabers für nicht autorisierte Kartenverfügungen

13.1 Haftung des Karteninhabers bis zur Sperranzeige

(1) Verliert der Karteninhaber seine Karte oder PIN, werden sie ihm gestohlen, kommen sie ihm sonst abhanden oder werden die Karte oder die für Online-Bezahlvorgänge vereinbarten Authentifizierungselemente sonst missbräuchlich verwendet und kommt es dadurch zu nicht autorisierten Kartenverfügungen in Form

- der Abhebung von Bargeld oder
- der Verwendung der Karte zur Bezahlung bei einem Vertragsunternehmen,

so haftet der Karteninhaber für Schäden, die bis zum Zeitpunkt der Sperranzeige verursacht werden, in Höhe von maximal 50 Euro, ohne dass es darauf ankommt, ob den Karteninhaber an dem Verlust, Diebstahl oder sonstigen Abhandenkommen oder sonstigem Missbrauch ein Verschulden trifft.

(2) Der Karteninhaber haftet nicht nach Absatz 1, wenn

- es ihm nicht möglich gewesen ist, den Verlust, den Diebstahl, das Abhandenkommen oder eine sonstige missbräuchliche Verwendung der Karte oder der für Online-Bezahlvorgänge vereinbarten Authentifizierungselemente vor dem nicht autorisierten Zahlungsvorgang zu bemerken oder
- der Verlust der Karte durch einen Angestellten, einen Agenten, eine Zweigniederlassung der Bank oder eine sonstige Stelle, an die Tätigkeiten der Bank ausgelagert wurden, verursacht worden ist.

(3) Handelt es sich bei dem Karteninhaber nicht um einen Verbraucher oder erfolgt der Einsatz der Karte in einem Land außerhalb Deutschlands und des Europäischen Wirtschaftsraumes[2], trägt der Karteninhaber den aufgrund nicht autorisierter Kartenverfügungen entstehenden Schaden nach Absatz 1 auch über einen Betrag von maximal 50 Euro hinaus, wenn der Karteninhaber die ihm nach diesen Bedingungen obliegenden Pflichten fahrlässig verletzt hat. Hat die Bank durch eine Verletzung ihrer Pflichten zur Entstehung des Schadens beigetragen, haftet die Bank für den entstandenen Schaden im Umfang des von ihr zu vertretenen Mitverschuldens.

(4) Kommt es vor der Sperranzeige zu nicht autorisierten Verfügungen und hat der Karteninhaber in betrügerischer Absicht gehandelt oder seine Sorgfaltspflichten nach diesen Bedingungen vorsätzlich oder grob fahrlässig verletzt, trägt der Karteninhaber den hierdurch entstandenen Schaden in vollem Umfang. Grobe Fahrlässigkeit des Karteninhabers kann insbesondere dann vorliegen, wenn

- er den Verlust oder den Diebstahl der Karte oder die missbräuchliche Verfügung der Bank oder einer MasterCard-Repräsentanz schuldhaft nicht unverzüglich mitgeteilt hat, nachdem er hiervon Kenntnis erlangt hat,
- die persönliche Geheimzahl oder das vereinbarte Wissenselement für Online-Bezahlvorgänge (zum Beispiel Online-Passwort) auf der Karte vermerkt oder zusammen mit der Karte verwahrt war (zum Beispiel im Originalbrief, in dem sie dem Karteninhaber mitgeteilt wurde),
- die persönliche Geheimzahl oder das vereinbarte Wissenselement für Online-Bezahlvorgänge (zum Beispiel Online-Passwort) einer anderen Person mitgeteilt und der Missbrauch dadurch verursacht wurde.

[1+2] EWR = Europäischer Wirtschaftsraum. Hierzu gehören derzeit die EU-Staaten Belgien, Bulgarien, Dänemark, Deutschland, Estland, Finnland, Frankreich (einschließlich Französisch-Guayana, Guadeloupe, Martinique, Mayotte, Réunion), Griechenland, Irland, Italien, Kroatien, Lettland, Litauen, Luxemburg, Malta, Niederlande, Österreich, Polen, Portugal, Rumänien, Schweden, Slowakei, Slowenien, Spanien, Tschechische Republik, Ungarn sowie Zypern und die Länder Island, Liechtenstein und Norwegen.

Blatt 3 für den Karteninhaber

(5) Die Haftung für Schäden, die innerhalb des Zeitraums, für den der Verfügungsrahmen gilt, verursacht werden, beschränkt sich jeweils auf den für die Karte geltenden Verfügungsrahmen.
(6) Der Karteninhaber ist nicht zum Ersatz des Schadens nach den Absätzen 1, 3 und 4 verpflichtet, wenn der Karteninhaber die Sperranzeige nicht abgeben konnte, weil die Bank nicht die Möglichkeit zur Entgegennahme der Sperranzeige sichergestellt hatte.
(7) Abweichend von den Absätzen 1, 3 und 4 ist der Karteninhaber nicht zum Schadensersatz verpflichtet, wenn die Bank vom Karteninhaber eine starke Kundenauthentifizierung im Sinne des § 1 Absatz 24 Zahlungsdiensteaufsichtsgesetz (ZAG) nicht verlangt hat oder der Zahlungsempfänger oder sein Zahlungsdienstleister diese nicht akzeptiert hat, obwohl die Bank zur starken Kundenauthentifizierung nach § 55 ZAG verpflichtet war. Eine starke Kundenauthentifizierung erfordert die Verwendung von zwei voneinander unabhängigen Authentifizierungselementen aus den Kategorien Wissen (etwas, das der Karteninhaber weiß, zum Beispiel PIN oder Online-Passwort), Besitz (etwas, das der Karteninhaber besitzt, zum Beispiel Kreditkarte oder mobiles Endgerät) oder Sein (etwas, das der Karteninhaber ist, zum Beispiel Fingerabdruck).
(8) Die Absätze 2, 5 bis 7 finden keine Anwendung, wenn der Karteninhaber in betrügerischer Absicht gehandelt hat.

13.2 Haftung des Karteninhabers ab Sperranzeige

Sobald der Verlust oder Diebstahl der Karte, die missbräuchliche Verwendung oder eine sonstige nicht autorisierte Nutzung von Karte, PIN oder für Online-Bezahlvorgänge vereinbarter Authentifizierungselemente gegenüber der Bank oder einer MasterCard Repräsentanz angezeigt wurde, übernimmt die Bank alle danach durch Verfügungen in Form

– der Abhebung von Bargeld oder
– der Verwendung der Karte zur Bezahlung bei einem Vertragsunternehmen

entstehenden Schäden. Handelt der Karteninhaber in betrügerischer Absicht, trägt der Karteninhaber auch die nach der Sperranzeige entstehenden Schäden.

14 Gesamtschuldnerische Haftung mehrerer Antragsteller

Für die Verbindlichkeiten aus einer gemeinsam beantragten MasterCard haften die Antragsteller als Gesamtschuldner, d.h. die Bank kann von jedem Antragsteller die Erfüllung sämtlicher Ansprüche fordern.
Jeder Antragsteller kann das Vertragsverhältnis nur mit Wirkung für alle Antragsteller jederzeit durch Kündigung beenden.
Jeder Antragsteller hat dafür Sorge zu tragen, dass die an ihn ausgegebene Karte mit Wirksamwerden der Kündigung unverzüglich an die Bank zurückgegeben wird. Die Aufwendungen, die aus der weiteren Nutzung einer Karte bis zu ihrer Rückgabe an die Bank entstehen, haben die Antragsteller ebenfalls gesamtschuldnerisch zu tragen. Unabhängig davon wird die Bank zumutbare Maßnahmen ergreifen, um MasterCard-Verfügungen nach der Kündigung des MasterCard-Vertragsverhältnisses zu unterbinden.

15 Eigentum und Gültigkeit der Karte

Die Karte bleibt im Eigentum der Bank. Sie ist nicht übertragbar. Die Karte ist nur für den auf der Karte angegebenen Zeitraum gültig.
Mit der Aushändigung einer neuen, spätestens aber nach Ablauf der Gültigkeit, ist die Bank berechtigt, die alte Karte zurückzuverlangen. Endet die Berechtigung, die Karte zu nutzen, vorher (zum Beispiel durch Kündigung des MasterCard-Vertrages), so hat der Karteninhaber die Karte unverzüglich an die Bank zurückzugeben. Auf der MasterCard befindliche unternehmensgenerierte Zusatzanwendungen hat der Karteninhaber bei dem Unternehmen, das die Zusatzanwendung auf die MasterCard aufgebracht hat, unverzüglich entfernen zu lassen. Die Möglichkeit zur weiteren Nutzung einer bankgenerierten Zusatzanwendung richtet sich nach dem Vertragsverhältnis zwischen dem Karteninhaber und der kartenausgebenden Bank.
Die Bank behält sich das Recht vor, auch während der Laufzeit einer Karte diese gegen eine neue auszutauschen. Kosten entstehen dem Karteninhaber dadurch nicht.

16 Kündigungsrecht des Karteninhabers

Der Karteninhaber kann den MasterCard-Vertrag jederzeit ohne Einhaltung einer Kündigungsfrist kündigen.

17 Kündigungsrecht der Bank

Die Bank kann den MasterCard-Vertrag unter Einhaltung einer angemessenen, mindestens zweimonatigen Kündigungsfrist kündigen. Die Bank wird den MasterCard-Vertrag mit einer längeren Kündigungsfrist kündigen, wenn dies unter Berücksichtigung der berechtigten Belange des Karteninhabers geboten ist.
Die Bank kann den MasterCard-Vertrag fristlos kündigen, wenn ein wichtiger Grund vorliegt, durch den die Fortsetzung des MasterCard-Vertrages auch unter angemessener Berücksichtigung der berechtigten Belange des Karteninhabers für die Bank unzumutbar ist.
Ein solcher Grund liegt insbesondere vor, wenn der Karteninhaber unrichtige Angaben über seine Vermögenslage gemacht hat und die Bank hierauf die Entscheidung über den Abschluss des MasterCard-Vertrages gestützt hat oder wenn eine wesentliche Verschlechterung seiner Vermögenslage eintritt oder einzutreten droht und dadurch die Erfüllung der Verbindlichkeiten aus dem MasterCard-Vertrag gegenüber der Bank gefährdet ist.

18 Folgen der Kündigung

Mit Wirksamwerden der Kündigung darf die MasterCard nicht mehr benutzt werden. Die Karte ist unverzüglich und unaufgefordert an die Bank zurückzugeben. Auf der Karte befindliche unternehmensgenerierte Zusatzanwendungen hat der Karteninhaber bei dem Unternehmen, das die Zusatzanwendung auf die MasterCard aufgebracht hat, unverzüglich entfernen zu lassen. Die Möglichkeit zur weiteren Nutzung einer bankgenerierten Zusatzanwendung richtet sich nach den für jene Zusatzanwendung geltenden Regeln.

19 Einziehung und Sperre der MasterCard

(1) Die Bank darf die Karte sperren und den Einzug der Karte (zum Beispiel an Geldautomaten) veranlassen,
- wenn sie berechtigt ist, den Kartenvertrag aus wichtigem Grund zu kündigen,
- wenn sachliche Gründe im Zusammenhang mit der Sicherheit der Karte dies rechtfertigen oder
- wenn der Verdacht einer nicht autorisierten oder betrügerischen Verwendung der Karte besteht.

Die Bank wird den Karteninhaber unter Angabe der hierfür maßgeblichen Gründe möglichst vor, spätestens jedoch unverzüglich nach der Sperre, über die Sperre unterrichten. Die Bank wird die Karte entsperren oder diese durch eine neue Karte ersetzen, wenn die Gründe für die Sperre nicht mehr gegeben sind. Auch hierüber unterrichtet sie den Karteninhaber unverzüglich.
(2) Befindet sich auf der Karte für das Online-Banking ein TAN-Generator oder eine Signaturfunktion, so hat die Sperre der Karte auch eine Sperrung des Online-Banking-Zugangs zur Folge.
(3) Hat der Karteninhaber auf einer eingezogenen Karte eine Zusatzanwendung gespeichert, so hat der Einzug der Karte zur Folge, dass er die Zusatzanwendung nicht mehr nutzen kann. Zum Zeitpunkt der Einziehung in der Karte gespeicherte unternehmensgenerierte Zusatzanwendungen kann der Karteninhaber von der Bank herausverlangen, nachdem diese die Karte von der Stelle, die die Karte eingezogen hat, zur Verfügung gestellt bekommen hat. Die Bank ist berechtigt, das Herausgabeverlangen in Bezug auf die unternehmensgenerierten Zusatzanwendungen dadurch zu erfüllen, dass sie dem Karteninhaber die um die Zahlungsverkehrsfunktionen bereinigte Karte aushändigt. Die Möglichkeit zur weiteren Nutzung einer auf der Karte befindlichen bankgenerierten Zusatzanwendung richtet sich nach den für jene Zusatzanwendung geltenden Regeln.

II Zusatzanwendungen

1 Speicherung von Zusatzanwendungen auf der Karte

(1) Der auf der Kreditkarte befindliche Chip kann auch als Speichermedium für eine bankgenerierte Zusatzanwendung (zum Beispiel in Form eines Jugendschutzmerkmals) oder für eine unternehmensgenerierte Zusatzanwendung (zum Beispiel in Form eines elektronischen Fahrscheins) genutzt werden.
(2) Die Nutzung einer bankgenerierten Zusatzanwendung richtet sich nach dem Rechtsverhältnis des Karteninhabers zur kartenausgebenden Bank.
(3) Eine unternehmensgenerierte Zusatzanwendung kann der Karteninhaber nach Maßgabe des mit dem Unternehmen geschlossenen Vertrages nutzen. Es obliegt der Entscheidung des Karteninhabers, ob er seine Karte zur Speicherung einer unternehmensgenerierten Zusatzanwendung nutzen möchte. Die Speicherung einer unternehmensgenerierten Zusatzanwendung auf der Karte erfolgt am Terminal des Unternehmens nach Absprache zwischen dem Karteninhaber und dem Unternehmen. Kreditinstitute nehmen vom Inhalt der am Unternehmensterminal kommunizierten Daten keine Kenntnis.

2 Verantwortlichkeit des Unternehmens für den Inhalt einer unternehmensgenerierten Zusatzanwendung

Die kartenausgebende Bank stellt mit dem Chip auf der Karte lediglich die technische Plattform zur Verfügung, die es dem Karteninhaber ermöglicht, in der MasterCard unternehmensgenerierte Zusatzanwendungen zu speichern. Eine Leistung, die das Unternehmen über die unternehmensgenerierte Zusatzanwendung gegenüber dem Karteninhaber erbringt, richtet sich ausschließlich nach dem Inhalt des Vertragsverhältnisses zwischen dem Kunden und dem Unternehmen.

3 Reklamationsbearbeitung bei Zusatzanwendungen

(1) Einwendungen, die den Inhalt einer unternehmensgenerierten Zusatzanwendung betreffen, hat der Karteninhaber ausschließlich gegenüber dem Unternehmen geltend zu machen, das die

Zusatzanwendung in die Karte eingespeichert hat. Das Unternehmen bearbeitet derartige Einwendungen auf Basis der bei ihm gespeicherten Daten. Der Karteninhaber darf die MasterCard zum Zwecke der Reklamationsbearbeitung nicht dem Unternehmen aushändigen.

(2) Einwendungen, die den Inhalt einer bankgenerierten Zusatzanwendung betreffen, hat der Karteninhaber ausschließlich gegenüber der Bank geltend zu machen.

4 Keine Angabe der von der Bank an den Karteninhaber ausgegebenen PIN bei unternehmensgenerierten Zusatzanwendungen

Bei der Speicherung, inhaltlichen Änderung oder Nutzung einer unternehmensgenerierten Zusatzanwendung auf der Kreditkarte wird die von der kartenausgebenden Bank an den Karteninhaber ausgegebene PIN nicht eingegeben.

Sofern das Unternehmen, das eine unternehmensgenerierte Zusatzanwendung in die MasterCard eingespeichert hat, dem Karteninhaber die Möglichkeit eröffnet, den Zugriff auf diese Zusatzanwendung mit einem separaten, von ihm wählbaren Legitimationsmedium abzusichern, so darf der Karteninhaber zur Absicherung der unternehmensgenerierten Zusatzanwendung nicht die PIN verwenden, die ihm von der kartenausgebenden Bank für die Nutzung der Zahlungsverkehrsanwendungen zur Verfügung gestellt worden ist.

5 Sperrmöglichkeit von Zusatzanwendungen

Die Sperrung einer unternehmensgenerierten Zusatzanwendung kommt nur gegenüber dem Unternehmen in Betracht, das die Zusatzanwendung in den Chip der MasterCard eingespeichert hat, und ist nur dann möglich, wenn das Unternehmen die Möglichkeit zur Sperrung seiner Zusatzanwendung vorsieht. Die Sperrung von bankgenerierten Zusatzanwendungen kommt nur gegenüber der Bank in Betracht und richtet sich nach dem mit der Bank geschlossenen Vertrag.

III Änderungen der Geschäftsbedingungen

1 Änderungsangebot

Änderungen dieser Geschäftsbedingungen werden dem Karteninhaber spätestens zwei Monate vor dem vorgeschlagenen Zeitpunkt ihres Wirksamwerdens in Textform angeboten. Hat der Karteninhaber mit der Bank im Rahmen seiner Geschäftsbeziehung einen elektronischen Kommunikationsweg vereinbart (zum Beispiel das Online-Banking), können die Änderungen auch auf diesem Weg angeboten werden.

2 Annahme durch den Karteninhaber

Die von der Bank angebotenen Änderungen werden nur wirksam, wenn der Karteninhaber diese annimmt, gegebenenfalls im Wege der nachfolgend geregelten Zustimmungsfiktion.

3 Annahme durch den Kunden im Wege der Zustimmungsfiktion

Das Schweigen des Karteninhabers gilt nur dann als Annahme des Änderungsangebots (Zustimmungsfiktion), wenn

a) das Änderungsangebot der Bank erfolgt, um die Übereinstimmung der vertraglichen Bestimmungen mit einer veränderten Rechtslage wiederherzustellen, weil eine Bestimmung dieser Bedingungen
   - aufgrund einer Änderung von Gesetzen, einschließlich unmittelbar geltender Rechtsvorschriften der Europäischen Union, nicht mehr der Rechtslage entspricht oder
   - durch eine rechtskräftige gerichtliche Entscheidung, auch durch ein Gericht erster Instanz, unwirksam wird oder nicht mehr verwendet werden darf oder
   - aufgrund einer verbindlichen Verfügung einer für die Bank zuständigen nationalen oder internationalen Behörde (z. B. der Bundesanstalt für Finanzdienstleistungsaufsicht oder der Europäischen Zentralbank) nicht mehr mit den aufsichtsrechtlichen Verpflichtungen der Bank in Einklang zu bringen ist,

und

b) der Karteninhaber das Änderungsangebot der Bank nicht vor dem vorgeschlagenen Zeitpunkt des Wirksamwerdens der Änderungen abgelehnt hat.

Die Bank wird den Karteninhaber im Änderungsangebot auf die Folgen seines Schweigens hinweisen.

4 Ausschluss der Zustimmungsfiktion

Die Zustimmungsfiktion findet keine Anwendung
- bei Änderungen dieser Regelung in Ziffer III. oder
- bei Änderungen, die die Hauptleistungspflichten des Vertrages und die Entgelte für Hauptleistungen betreffen, oder
- bei Änderungen von Entgelten, die auf eine über das vereinbarte Entgelt für die Hauptleistung hinausgehende Zahlung des Verbrauchers gerichtet sind, oder
- bei Änderungen, die dem Abschluss eines neuen Vertrages gleichkommen, oder
- bei Änderungen, die das bisher vereinbarte Verhältnis von Leistung und Gegenleistung erheblich zugunsten der Bank verschieben würden.

In diesen Fällen wird die Bank die Zustimmung des Kunden zu den Änderungen auf andere Weise einholen.

5 Kündigungsrecht des Karteninhabers bei der Zustimmungsfiktion

Macht die Bank von der Zustimmungsfiktion Gebrauch, kann der Karteninhaber diese Geschäftsbeziehung vor dem vorgeschlagenen Zeitpunkt des Wirksamwerdens der Änderungen auch fristlos und kostenfrei kündigen. Auf dieses Kündigungsrecht wird ihn die Bank in ihrem Angebot besonders hinweisen.

IV Beschwerde- und Alternative Streitbeilegungsverfahren

Der Karteninhaber hat folgende außergerichtliche Möglichkeiten:
- Der Karteninhaber kann sich mit einer Beschwerde an die im „Preis- und Leistungsverzeichnis" genannte Kontaktstelle der Bank wenden. Die Bank wird Beschwerden in Textform (zum Beispiel mittels Brief, Telefax oder E-Mail) beantworten.
- Die Bank nimmt am Streitbeilegungsverfahren der Verbraucherschlichtungsstelle „Ombudsmann der privaten Banken" (www.bankenombudsmann.de) teil. Dort hat der Verbraucher die Möglichkeit, zur Beilegung einer Streitigkeit mit der Bank den Ombudsmann der privaten Banken anzurufen. Betrifft der Beschwerdegegenstand eine Streitigkeit über einen Zahlungsdienstevertrag (§ 675f des Bürgerlichen Gesetzbuches), können auch Karteninhaber, die keine Verbraucher sind, den Ombudsmann der privaten Banken anrufen. Näheres regelt die „Verfahrensordnung für die Schlichtung von Kundenbeschwerden im deutschen Bankgewerbe", die auf Wunsch zur Verfügung gestellt wird oder im Internet unter www.bankenverband.de abrufbar ist. Die Beschwerde ist in Textform (zum Beispiel mittels Brief, Telefax oder E-Mail) an die Kundenbeschwerdestelle beim Bundesverband deutscher Banken e. V., Postfach 04 03 07, 10062 Berlin, Fax (030) 1663-3169, E-Mail ombudsmann@bdb.de, zu richten.
- Ferner besteht für den Karteninhaber die Möglichkeit, sich jederzeit schriftlich oder zur dortigen Niederschrift bei der Bundesanstalt für Finanzdienstleistungsaufsicht, Graurheindorfer Straße 108, 53117 Bonn, über Verstöße der Bank gegen das Zahlungsdiensteaufsichtsgesetz (ZAG), die §§ 675c bis 676c des Bürgerlichen Gesetzbuches (BGB) oder gegen Artikel 248 des Einführungsgesetzes zum Bürgerlichen Gesetzbuch (EGBGB) zu beschweren.
- Die Europäische Kommission hat unter http://ec.europa.eu/consumers/odr/ eine Europäische Online-Streitbeilegungsplattform (OS-Plattform) errichtet. Die OS-Plattform kann ein Verbraucher für die außergerichtliche Beilegung einer Streitigkeit aus Online-Verträgen mit einem in der EU niedergelassenen Unternehmen nutzen.

Schrifttum: *Böger,* in: Baas/Buck-Heeb/Werner, Anlegerschutzgesetze, 2019, Dritter Teil, § 675f BGB Rn. 136 ff.; *Gößmann,* in: Langenbucher/Gößmann/Werner, Zahlungsverkehr, 2004, § 3, Baumbach/Hopt/*Hopt,* HGB, 39. Aufl 2020, (7) Bankgeschäfte F/32 ff.; *Horn,* Die Kreditkarte im europäischen Gemeinschaftsrecht und der deutschen Rechtsprechung, ZBB **1995**, 273; *Jungmann,* in Langenbucher/Bliesner/Spindler, Bankrechts-Kommentar, 3. Aufl. 2020, 6. Kap.; *Jungmann.,* Die Verteilung des Missbrauchsrisikos beim Einsatz von Kreditkarten im E-Commerce, WM **2005**, 1351; *Martinek/Omlor,* in: Bankrechts-Handbuch Bd I, 5. Auflage 2017, § 67; 262; *Omlor,* in Staudinger, Neubearb. 2020, Vor §§ 675c-676c BGB Rn. 135 ff.; *Werner* in Kümpel/Mülbert/Früh/Seyfried, Bank- und Kapitalmarktrecht, 6. Auflage 2022, Rn 4.801 ff.

Anmerkungen

1. Rechtsnatur. Die Emittenten von Kreditkarten schließen mit ihren Kunden, den Karteninhabern, Formularverträge, die seit Umsetzung der (ersten) Zahlungsdiensterichtlinie in deutsches Recht zum 31.10.2009 als Zahlungsdiensterahmenverträge gem § 675 f. Abs 2 S 1 BGB anzusehen sind (*Grundmann,* WM 2009, 1157, 1161). Nach früherer Rechtslage galten diese Verträge als entgeltliche Geschäftsbesorgungsverträge mit werkvertraglichem Einschlag gem §§ 675, 631 BGB aF (BGH WM 1984, 1213; LG Berlin WM 1986, 1496; Bankrechts-Handbuch/*Martinek/Oechsler* § 67 Rn 1; *Gößmann,* in: Langenbucher/Gößmann/Werner, Zahlungsverkehr, § 3 Rn 11). Bei den oben abgedruckten Bedingungen handelt es sich um das für die MasterCard relevante Bedingungswerk, also die Kreditkarte, die in Deutschland einen großen Verbreitungsgrad gefunden hat. Die Bedingungen für die Kreditkarte sind für die meisten Kreditkarten ähnlich, gleichwohl gibt es kartenspezifische Besonderheiten. Unterschiede können sich auch dann ergeben, wenn es sich bei den Kartenemittenten um Zahlungsinstitute handelt, bei denen keine Girokonten geführt werden, über die die Kreditkartenumsätze unmittelbar abgewickelt werden können.

2. Vertragsgegenstand. Die Regelungen über die Verwendungsmöglichkeiten in Nr 1 der Bedingungen sind als Produktbeschreibung anzusehen, die den Vertragsgegenstand sowie die verfahrensmäßige Verwendung der Kreditkarte zur Zahlung bestimmen. Unterschiede zwischen dem Inlands- und dem Auslandseinsatz der Karte finden in Nr 10, der Fremdwährungsumrechnungsklausel, ihren Niederschlag. Darin wird vereinbart, dass die Kontobelastung auch dann in Euro erfolgt, wenn die Verfügung in einer anderen Währung erfolgt. Die Kursbestimmung erfolgt dann entsprechend der Regelungen im Preis- und Leistungsverzweichnis des kartenemittierenden Instituts. Dagegen gibt es keine Regelungen mehr, wonach das kartenemittierende Institut berechtigt ist, für verschiedene Zusatzleistungen, zu denen auch der Einsatz der Karte im Ausland gehört, ein besonderes Entgelt zu berechnen (*Meder* NJW 1996, 1849; *Meder* WM 1996, 2085; AG Frankfurt WM 1996, 1177; aA OLG Hamburg NJW 1996, 1902), obwohl der BGH hat die Berechnung eines Fremdwährungsumrechnungsentgeltes ausdrücklich gebilligt hatte (BGH WM 1997, 2244). Allerdings finden sich entsprechende Regelungen häufig in den Preis- und Leistungsverzeichnissen der Kreditinstitute, wobei bereits aufgrund der Verordnung 924/2009 des Europäischen Parlaments und des Rates vom 16.9.2009 (ABl v 9. 10. 09, L 266/11), der EU-Preisverordnung, durch die die Verordnung 2560/2001 des Europäischen Parlaments und des Rates vom 19.12.2001 über grenzüberschreitende Zahlungen in Euro (ABl v 28. 12. 01, L 344/13), die frühere EU-Preisverordnung, abgelöst worden war, entsprechende Entgelte nicht für Zahlungen innerhalb der EU berechnet werden dürfen. Deshalb sind die Entgelte für den Auslandseinsatz auf entsprechende Einsätze außerhalb der EU beschränkt wurden. Die EU-PreisVO ist wiederum durch die EU-VO 2019/518 vom 19.3.2019 (ABl v. 29.3.19, L91/36) geändert worden. U.a. sind in Art. 3a zusätzliche Regeln für die Währungsumrechnung, insbesondere hinsichtlich der Transparenz, eingeführt worden. Die neuen Vorschriften sind allerdings, wie sich aus Art. 2 (2) der vorstehend bezeichneten VO ergibt, erst zu unterschiedlichen

Terminen in Kraft getreten. Insbesondere die einzelnen Absätze des Art. 3a der EU-VO gelten erst in Abhängigkeit vom konkreten Absatz zum 19.4.2020 oder sogar erst zum 19.4.2021.

3. Dispositionsrahmen. Zur finanziellen Nutzungsgrenze, innerhalb deren der Kunde seine Karte nutzen kann, findet sich unter Nr 7 der Bedingungen unter der Überschrift „Finanzielle Nutzungsgrenze" eine allgemein beschreibende Regelung. Unter Berücksichtigung, dass der Dispositionsrahmen das Leistungsprofil einer Karte widerspiegelt und Ausdruck des individuellen Leistungsangebots des kartenemittierenden Instituts gegenüber dem Kunden ist, hängt der konkrete Leistungsumfang davon ab, welcher Verfügungsrahmen mit dem Kunden vereinbart wird.

Durch die Regelung wird der mit der Kreditkarte zur Verfügung stehende Rahmen konkret berechenbar. Der Karteninhaber weiß nach Festlegung des Verfügungsrahmens, in welchem Umfang er die Karte nutzen darf. Allerdings ist die Regelung dieses besonderen Verfügungsrahmens als in den zu seinem Girokonto vereinbarten Überziehungskredit eingebettet anzusehen und damit zusätzlich begrenzt (zB EUR 20.000,00 Überziehungskredit, der zu EUR 15.000,00 ausgeschöpft ist; in diesem Fall kann der Kunde trotz eines Kreditkartenverfügungsrahmens über beispielsweise EUR 10.000,00 nur noch über EUR 5.000,00 verfügen). Auch erlauben die Kreditinstitute in der Regel ein gelegentliches Überschreiten des Rahmens, sofern dies in überschaubaren Umfang geschieht. Der Kunde ist dann jedoch verpflichtet, den im Preisaushang angegebenen höheren Zinssatz für Überziehungskredite zu bezahlen.

4. Sorgfaltspflichten. Nr 8 der Bedingungen enthält die Festlegung der allgemeinen Sorgfaltspflichten des Kunden, verbunden mit Hinweisen darauf, welche Schäden bei Nichtbeachtung eintreten können. Allerdings ist hinsichtlich der Haftung zu unterscheiden: Kommt es zu nicht autorisierten oder fehlerhaften Verfügungen mit der Karte, steht dem Karteninhaber, wie sich aus Abschn I Nr 12.1 und 13.2 der Kartenbedingungen ergibt, dem Karteninhaber ein Erstattungsanspruch auf den Verfügungsbetrag sowie evtl. sonstiger angefallener Kosten (zB berechneter Entgelte oder Zinsen) zu, sofern er mit diesem Betrag bereits belastet wurde. Dieser Erstattungsanspruch entspricht im ersten Fall§ 675u BGB, im zweiten Fall § 675y Abs 2 S 2 BGB. Davon zu unterscheiden sind Schadenersatzansprüche des Karteninhabers für darüber hinausgehende Schäden. Für diese haftet die Bank gem Abschn I Nr 12.3 der Bedingungen nicht, wenn sie den Schaden nicht zu vertreten hat. Sie haftet allerdings für das Verschulden eines zwischengeschalteten Instituts, es sei denn, dieses ist vom Karteninhaber vorgegeben. Diese Haftungsregelung entspricht § 675z BGB, wobei für die Fälle des nicht grob fahrlässigen oder vorsätzlichen Handelns die Haftung auf EUR 12.500,00 begrenzt werden kann, wovon auch in den Bedingungen Gebrauch gemacht worden ist. Ist der Karteninhaber kein Verbraucher, wird die Karte außerhalb des EWR oder zu Zahlungen in einer Nicht-EWR-Währung eingesetzt, haftet das kartenemittierende Institut nicht für die zwischengeschalteten Stellen, soweit diese sorgfältig ausgewählt und angewiesen worden sind. Bei dieser Regelung ist der Ausschluss bzw die Abdingbarkeit des § 675z S 3 BGB gem §§ 675d Abs 6 S 1 Nr. 1 und Nr. 2 iVm 675e Abs 2 und Abs 4 BGB wiedergegeben bzw. umgesetzt worden.

Wird die Karte mit einer PIN zur Bezahlung an automatisierten Kassen oder zu Abhebungen an Geldautomaten eingesetzt, enthalten die Regelungen in Abschn I Nr 13.1 und Nr 13.2 Regelungen, die den entsprechenden Regelungen in den girocard-Bedingungen entsprechen; insbesondere sind I Nr. 13.1 (7) die Sonderregelungen für den weitgehenden Haftungsausschluss des Karteninhabers im Falle des erforderlichen Einsatzes einer starken Kundenauthtentifizierung, der aber aufgrund entsprechender Verhaltensweisen des kartenemittierenden Instituts, des Empfängerinstituts oder des Empfängers nicht erfolgen konnte (s. dazu → Form. IV.F.1 Anm. 8).

Ziff 12.5 regelt einen Erstattungsanspruch, der innerhalb von acht Wochen nach dem Karteneinsatz geltend gemacht werden kann, wenn bei der Kartenverfügung kein Betrag angegeben worden ist. Darin sind die Anforderungen des § 675x Abs 1 Nr 1 BGB wiedergegeben worden. Dieser Erstattungsanspruch besteht unabhängig davon, ob der Karteninhaber die Karte eingesetzt und der Kartenakzeptant entsprechend der Absprache die Zahlung eingezogen hat. Diesbzgl Streitigkeiten über die Berechtigung der Ausübung des Erstattungsanspruchs müssen im Valutaverhältnis geklärt werden und nicht im Deckungsverhältnis.

5. Zahlungsverpflichtung des Kunden. Basis der Regelung in Nr 3 der Bedingungen ist der Vertrag zwischen dem kartenemittierenden Institut und seinen Vertragsunternehmen. Während ursprünglich davon ausgegangen wurde, dass dieses Rechtsverhältnis als Garantie oder Forderungskauf ausgestaltet sein sollte (vgl. dazu *Kümpel,* 1. Aufl 1995 Rn 4.320 ff), wobei grundsätzlich vom Wortlaut des Vertrages auszugehen war (BGH WM 1990, 1950 = WuB I D 5.–5.90 *Hadding*), hat der BGH diese Rechtsprechung aufgegeben und geht von einem abstrakten Schuldversprechen, unabhängig vom Wortlaut der Bedingungen, aus (BGH WM 2002, 1120 = BGH BKR 2002, 508; *Gößmann,* in: Langenbucher/Gößmann/Werner, § 3 Rn 66 ff.; *Werner,* in: Beyer/Böhm/Engel/Krepold/Lang/Schmidt/Werkmüller/Werner, Kontoführung & Zahlungsverkehr, 420 ff).

6. Fremdwährungsumrechnung. Da die Kreditkartenzahlungen auch in Fremdwährung erfolgen können, werden in Nr 10 die entsprechenden Umrechnungsmodalitäten vereinbart. Die Kreditkartenumsätze werden in „EURO-Land" grundsätzlich in Euro umgerechnet und in dieser Währung dem Konto des Karteninhabers belastet.

7. Entgeltregelung. Die Entgeltregelung in Ziff 11 nimmt hinsichtlich der konkreten Preise – soweit sie nicht ausnahmsweise gem § 315 BGB nach billigem Ermessen festgesetzt werden dürfen – auf das Preis- und Leistungsverzeichnis Bezug. Sie enthält aber den sich aus § 675g BGB ergebenden Änderungsmechanismus für Zahlungsdiensterahmenverträge. Die Befugnis zur Vereinbarung eines Entgelts folgt aus § 675 f. Abs 5 S 1 BGB.

8. Widerruflichkeit von Weisungen. Aus der Natur des Kreditkartenvertrages folgt, dass der Kreditkartenemittent nicht auf das Valutaverhältnis zwischen Karteninhaber und Vertragsunternehmen einwirken kann, weil er keine Möglichkeit hat, dieses zu beurteilen. Aus diesem Grund verweist Nr 9 Abs 3 der Bedingungen hinsichtlich von Reklamationen auf das Verhältnis des Kartenkunden zum Vertragsunternehmen. Ob der Kreditkarteninhaber das kartenemittierende Institut anweisen kann, den Kreditkartenbetrag nicht an das Vertragsunternehmen zu zahlen, solange diese Zahlung noch nicht geleistet wurde, ist strittig. Während das OLG Karlsruhe (WM 1991, 184) die Auffassung vertritt, dass die Widerruflichkeit von Weisungen beim Kreditkartengeschäft nicht ausgeschlossen sei, vertreten das OLG Schleswig (WM 1991, 453), das LG und das OLG Frankfurt (WM 1994, 111 ff. und WM 1994, 942 ff) die Ansicht, dass Weisungen beim Kreditkartengeschäfte aus verfahrensbedingten Gründen unwiderruflich sind (vgl auch die Anmerkungen zu den genannten Urteilen von *Etzkorn* WuB I D.5–4.91 und *Reiser* WuB I D.5 a–2.95). Ein Widerruf dürfte nach Sinn und Zweck der Kreditkartenzahlung unzulässig sein, da die Vertragsunternehmen die Kreditkarte als Bargeldsurrogat akzeptieren (vgl zur Unwiderruflichkeit *Gößmann,* in: Langenbucher/Gößmann/Werner, Zahlungsverkehr, § 3 Rn 43; *Meder* NJW 1995, 3245, 3246).

Allerdings lässt die Rechtsprechung den Widerruf dann zu, wenn die Vorlage des Leistungsbelegs durch das Vertragsunternehmen rechtsmissbräuchlich ist. Dazu gehören die Fälle, in denen es an einer wirksamen Weisung durch den Karteninhaber zB auf Grund einer Fälschung oder Verfälschung des Leistungsbelegs fehlt. Dagegen sind alle

Reklamationen im Valuta-Verhältnis zu klären (*Jungmann,* in: Langenbucher/Bliesener/Spindler, Bankrechts-Kommentar, Kap. 6, Vorb. Vor §§ 675f ff. BGB, Rn 42); *Omlor,* in Staudinger, Vorb. zu §§ 675c – 676c BGB Rn 160; BGH NJW 2002, 3698). Im Übrigen ist gem § 675p Abs 2 BGB der Widerruf grundsätzlich ab dem Zeitpunkt ausgeschlossen, ab dem der Karteninhaber dem Zahlungsempfänger den Zahlungsauftrag oder die Zustimmung zur Ausführung des Auftrags an den Zahlungsempfänger übermittelt hat. Dieser Zeitpunkt ist ab dem Moment gegeben, ab dem der Karteninhaber seine Karte gegenüber dem Kartenakzeptanten eingesetzt hat. Nur im Falle des § 675x Abs 1 Nr 1 BGB kommt dann trotz des berechtigten Karteneinsatzes eine Erstattungsanspruch in Betracht. Der Erstattungsanspruch ist jedoch vom Widerruf des Auftrags zu unterscheiden.

9. Recht zur Kreditkartenzahlung. Der Kreditkarteninhaber hat grundsätzlich gegen das Vertragsunternehmen einen Anspruch, mit der Kreditkarte bezahlen zu dürfen, da es sich bei der Vereinbarung zwischen dem Kreditkartenemittenten und dem Vertragsunternehmen um einen Vertrag zugunsten Dritter gem § 328 BGB handelt (LG Düsseldorf, WM 1991, 1027 = WuB I D.5.–8.91 *Etzkorn; Hadding,* FS Pleyer 1986, 26; BGH WM 1991, 1111; *Werner* in Kümpel/Wittig, Bank- und Kapitalmarktrecht, 6. Aufl 2022, Rn 4.840). Deshalb ist das Vertragsunternehmen verpflichtet, die Kreditkarte seines Vertragspartners – nicht aber einer dritten Person, die kein Geschäft bei ihm getätigt hat – zu akzeptieren (LG Düsseldorf, WM 1991, 1027 = WuB I D.5.–8.91 *Etzkorn*). Der Kartenemittent wird dies in den Verträgen mit dem Vertragsunternehmen vereinbaren. Durchgesetzt werden kann die Verpflichtung, die Kartenzahlung zu akzeptieren, jedoch allenfalls unter Androhung der Kündigung des Vertrags, falls sich das Vertragsunternehmen nicht an die Vereinbarung hält und Kreditkarten des Kreditkartenunternehmens nicht annimmt. Darüber hinaus wäre noch an die Geltendmachung von Schadensersatzansprüchen zu denken, wobei diese schwer zu beziffern sein dürften. Dagegen hat die Kartengesellschaft – wie sich aus § 675f Abs. 6 BGB ergibt – kein Recht, dem Kartenakzeptanten, also dem Händler, zu untersagen, für den Fall, dass der Zahler ein anderes Zahlungsinstrument als die Kreditkarte einsetzt, eine Ermäßigung oder einen anderen Anreiz anzubieten. Sie kann mit dem Händler lediglich vereinbaren, dass er für den Einsatz der Karte keinen Preisaufschlag oder ein zusätzliches Entgelt in Rechnung stellen darf. Unberührt von der Regelung bleiben Barzahlungspreise, da die sich nur auf Zahlungsinstrumente nach der Definition in § 1 Abs. 20 ZAG bezieht, die Barzahlungen nicht erfasst. Folglich wäre es zulässig, mit dem Händler zu vereinbaren, dass für Barzahlungen keine Nachlässe oder sonstige Anreize gegenüber der Kartenzahlung geben darf (vgl. dazu *Böger,* in: Baas/Buck-Heeb/Werner, Anlegerschutzgesetze, 2019, Dritter Teil, § 675f BGB Rn 79 ff.). Allerdings folgt aus § 270a S. 2 BGB, dass im Anwendungsbereich der MIF-VO der Händler mit dem Zahlungsdienstnutzer kein gesondertes Entgelt für den Einsatz von Zahlungskarten nehmen darf. Da die gängigen Kreditkarten hierunter fallen (vgl. Palandt/*Grüneberg,* § 270a BGB Rn 2), darf der Händler für entsprechende Kartenzahlungen selbst dann kein zusätzliches Entgelt berchnen, wenn die Kartengesellschaft von der ihr durch § 675f Abs. 6 BGB eingeräumten Möglichkeit keinen Gebrauch gemacht und es seiner Entscheidung überlassen hat, ob er die Zahlung mittels Karte zusätzlich bepreisen möchte.

10. Gesamtschuldnerische Haftung. Nr 14 der Bedingungen enthält eine Regelung zur gesamtschuldnerischen Haftung mehrer Antragsteller. Dabei ist die frühere sprachliche Differenzierung zwischen „Hauptkarteninhaber“ und „Zusatzkarteninhaber“ nicht aufrechterhalten worden. Unter Berücksichtigung, dass bei Beantragung einer Zusatzkarte sowohl der bisherige Inhaber einer Kreditkarte als auch der zukünftige weitere Karteninhaber den Kartenantrag unterzeichnen und damit beide als „Antragsteller“ für die Zusatzkarte anzusehen sind, ist die bisherige Begriffsdifferenzierung zwischen Haupt-

und Zusatzkarten-Inhabern geändert worden. Inhaltlich entspricht die aktuelle Regelung der früheren, nach der der Inhaber der Hauptkarte und der Inhaber der Zusatzkarte für die mit der Zusatzkarte getätigten Umsätze gesamtschuldnerisch haften (vgl zur Zulässigkeit dieser Regelung OLG Düsseldorf WM 1976, 1101; OLG München NJW-RR 1988, 1076; OLG Frankfurt NJW-RR 1983, 1523; aA LG Bremen NJW-RR 1989, 1522).

11. Kündigung. Die Regelung in Nr 16 der Bedingungen, die das Kündigungsrecht des Karteninhabers regelt, sieht in Anlehnung an Nr 18 Abs 2 AGB-Banken für den Karteninhaber die Möglichkeit vor, den Kartenvertrag jederzeit ohne Einhaltung einer Frist zu kündigen. Dies entspricht der gesetzlichen Regelung in § 675h Abs 1 S 1 BGB, wobei nicht von der sich aus § 675h Abs 1 S 2 BGB ergebenden Möglichkeit, eine Frist von bis zu einem Monat zu vereinbaren, Gebrauch gemacht worden ist. Das Kündigungsrecht der Bank in Nr 17 entspricht der Kündigungsregelung in § 675h Abs 2 BGB. Sofern ein Karteninhaber den Kartenvertrag vorzeitig kündigt, ist das Kreditkarteninstitut verpflichtet, den vom Kunden bereits bezahlten Kreditkartenbetrag zeitanteilig unter Abzug der laufzeitunabhängigen Einmalkosten zu erstatten. Da sich diese Rechtsfolge unmittelbar aus § 675h Abs 3 BGB ergibt, ist sie nicht in den Bedingungstext aufgenommen worden. Unzulässig ist es gem. § 675h Abs. 4 BGB für die Kündigung ein Entgelt zu vereinbaren.

Die Kreditkarte ist nach Kündigung des Vertrags, da sie im Eigentum des kartenemittierenden Instituts steht, zurückzugeben, sofern in den Kartenbedingungen nichts Abweichendes geregelt wird. Die Einzelheiten dazu werden in I Nr. 18 der Bedingungen geregelt.

12. Änderung der Geschäftsbedingungen. Die Regelung in Abschn III der Bedingungen über die Änderung und Ergänzung der Geschäftsbedingungen entspricht Nr 1 Abs 2 AGB-Banken.

4. Vereinbarung über ein institutsübergreifendes System zur bargeldlosen Zahlung an automatisierten Kassen (electronic cash-System)

Der

Bundesverband der Deutschen Volksbanken und Raiffeisenbanken e. V., Berlin, Bundesverband deutscher Banken e. V., Berlin,
Deutsche Sparkassen- und Giroverband e. V., Berlin,
und
der Bundesverband Öffentlicher Banken e. V., Berlin
– nachstehend Kreditwirtschaft genannt –

schließen folgende Vereinbarung:

1. Zahlungssysteme

a) Das electronic cash-System der deutschen Kreditwirtschaft

Die Kreditwirtschaft vereinbart den Aufbau und den Betrieb eines institutsübergreifenden Systems zur bargeldlosen Zahlung an automatisierten Kassen (electronic cash-System), das den Kunden der Zahlungsdienstleister, die diese Vereinbarung anerkannt haben (angeschlossene Zahlungsdienstleister), bargeldlose Zahlungen mittels einer Debitkarte, die mit einem electronic cash-Zeichen gemäß Anlage 1 versehen ist, zu Lasten ihres Kontos an automatisierten Kassen – electronic cash-Terminals – ermöglicht.

b) Kooperation des electronic cash-Systems mit in anderen Staaten ansässigen garantierten PIN-gestützten Debitkartensystemen

Soweit die Kreditwirtschaft darüber hinaus mit Wirkung für und gegen die angeschlossenen Zahlungsdienstleister mit in anderen Staaten ansässigen Betreibern oder Teilnehmern garantierter und PIN-gestützter Debitkartensysteme (Kooperationspartner) entsprechende Kooperationsvereinbarungen abgeschlossen hat, gelten – vorbehaltlich spezieller abweichender Regelungen im Rahmen des zwischen der Kreditwirtschaft und dem Kooperationspartner abgeschlossenen Vertrages – folgende Grundsätze:

- Die von den angeschlossenen Zahlungsdienstleistern des electronic cash-Systems der deutschen Kreditwirtschaft ausgegebenen Karten werden im Debitkartensystem des Kooperationspartners von den jenem System angeschlossenen Unternehmen unter den für dieses System geltende Logos sowie zusätzlich unter dem EAPS-Logo (Anlage 2) zu den technischen und rechtlichen Rahmenbedingungen akzeptiert, die im System des Kooperationspartners gelten. Zu diesem Zwecke können die angeschlossenen Zahlungsdienstleister das EAPS-Logo (Anlage 2) zusätzlich auf ihre ausgegebenen Debitkarten aufbringen.
- Die dem electronic cash-System angeschlossenen Zahlungsdienstleister garantieren in ihrer Eigenschaft als kartenausgebender Zahlungsdienstleister auch die Transaktionen, die ihre Karteninhaber bei Unternehmen tätigen, die dem System eines Kooperationspartners angeschlossen sind.
- Die angeschlossenen kartenausgebenden Zahlungsdienstleister erhalten für die Autorisierung des Umsatzes und die Abgabe der im vorangehenden Spiegelstrich genannte Garantie das im electronic cash-System der deutschen Kreditwirtschaft vereinbarte Entgelt.
- Die dem electronic cash-System der deutschen Kreditwirtschaft angeschlossenen Handels- und Unternehmen sind verpflichtet, auch die im Rahmen des Debitkartensystems eines Kooperationspartners von kartenausgebenden Zahlungsdienstleistern ausgegebenen Karten an ihren electronic cash- Terminals unter dem als Anlage 1 beigefügten Logo des electronic cash-Systems sowie dem EAPSLogo (Anlage 2) zu akzeptieren.
- Ein dem electronic cash-System der deutschen Kreditwirtschaft angeschlossenes Unternehmen schuldet bei Akzeptanz einer Karte, die im Rahmen des Systems eines Kooperationspartners ausgegeben wurde, das nach Maßgabe des Kooperationsvertrages vereinbarte Entgelt.

c) Zusätzliche Teilnahme am internationalen Maestro-System durch angeschlossene Kreditinstitute

Die Kreditwirtschaft ermöglicht den ihr angeschlossenen Kreditinstituten, die diese Vereinbarung anerkannt haben, außerdem, an ihre Kunden Debitkarten auszugeben, mit denen die Karteninhaber am internationalen Maestro-System teilnehmen können. Das internationale Maestro-System ermöglicht den Inhabern der Debitkarten den bargeldlosen Einsatz der Karte an den dem internationalen Maestro-System angeschlossenen automatisierten Kassen. Die am internationalen Maestro-System angeschlossenen Kreditinstitute sind berechtigt, die von ihnen ausgegebenen Debitkarten mit dem Maestro-Zeichen (Anlage 3) nach Maßgabe der Bestimmungen der Maestro-Rules zu versehen. Für die Autorisierung und Abwicklung von internationalen Maestro-Umsätzen sind die Maestro-Rules ergänzend maßgeblich.

d) Zugang zum electronic cash-System der der deutschen Kreditwirtschaft

Ein Zahlungsdienstleister, der am electronic cash-System der deutschen Kreditwirtschaft teilnimmt, hat zu gewährleisten, dass sämtliche Garantieansprüche, die einem Unternehmen gegen den kartenausgebenden Zahlungsdienstleister zustehen, für den Falle von dessen Insolvenz abgesichert sind. Hierzu ist der Zahlungsdienstleister verpflichtet, vor seinem Beitritt zum electronic cash-System eine Absicherung in Form. einer entsprechenden Versicherung oder einer Bürgschaft eines im Europäischen Wirtschaftsraum (EWR) zugelassenen Kreditinstituts nachzuweisen und diese Absicherung während der Dauer seiner Teilnahme am electronic cash-System fortlaufend aufrechtzuerhalten. Soll der Nachweis durch fremdsprachige Urkunden geführt werden, sind diese in deutscher Übersetzung vorzulegen. Änderungen der Absicherung sind gegenüber dem in der Deutschen Kreditwirtschaft (DK) federführenden Verband unverzüglich anzuzeigen. Bei der Teilnahme des Zahlungsdienstleisters an einem Einlagen- oder Institutssicherungssystem der Kreditwirtschaft gilt die Absicherung als nachgewiesen.

2. Anerkennung der Vereinbarung durch die angeschlossenen Zahlungsdienstleister

Die Kreditwirtschaft stellt sicher, dass jeder angeschlossene Zahlungsdienstleister, der seinen Kunden die Teilnahme am electronic cash-System der deutschen Kreditwirtschaft ermöglichen will, diese Vereinbarung nebst Anlagen anerkennt.

3. Umsatzautorisierung

Es ist Aufgabe der Kreditwirtschaft, einheitliche Schnittstellen für die Autorisierung und Verrechnung von electronic cash-Umsätzen festzulegen. Die angeschlossenen Zahlungsdienstleister stellen sicher, dass bei der Autorisierung von electronic cashUmsätzen, soweit sie online zu erfolgen hat, jeweils auf dasselbe Autorisierungssystem über von der Kreditwirtschaft zugelassene Stellen (Kopfstellen) zugegriffen wird, damit vorausgegangene Verfügungen bei der Autorisierung berücksichtigt werden.

Soweit ein Umsatz vom Karteninhaber im Rahmen des Debitkartensystems eines Kooperationspartners getätigt wurde, wird dieser Umsatz jeweils über eine vom kartenausgebenden Zahlungsdienstleister zu bestimmende und von der Kreditwirtschaft zugelassene Stelle (Übergabestelle) in das electronic cash-System der deutschen Kreditwirtschaft geleitet. Diese Übergabestelle wird sowohl für die Autorisierung als auch die Verrechnung des Umsatzes eingeschaltet. Die angeschlossenen Zahlungsdienstleister stellen sicher, dass auch bei der Autorisierung derartiger Umsätze, soweit sie online erfolgen, jeweils auf dasselbe Autorisierungssystem zugegriffen wird, damit vorausgegangene Verfügungen bei der Autorisierung berücksichtigt werden.

Soweit im Rahmen des electronic cash-Systems der deutschen Kreditwirtschaft bei einem angeschlossenen Unternehmen die von einem kartenausgebenden Zahlungsdienstleister eines Kooperationspartners ausgegebene Karte akzeptiert wurde, wird der Umsatz über eine Übergabestelle an den Kooperationspartner geleitet. Die zuständige Übergabestelle wird von dem Zahlungsdienstleister bestimmt, über den der electronic cash-Umsatz vom Unternehmen zum Einzug eingereicht wird (Inkasso-Zahlungsdienstleister). Diese Übergabestelle wird sowohl für die Autorisierung als auch die Verrechnung des Umsatzes eingeschaltet.

4. Verfahren zur Online-Personalisierung von Terminals (OPT-Verfahren)

Die Kreditwirtschaft stellt die für den Betrieb des electronic cash-Systems erforderlichen Schlüssel gegenüber den diesem System angeschlossenen Unternehmen im Rahmen des Verfahrens zur Online-Personalisierung von Terminal-Hardwaresicherheitsmodulen (OPT-Verfahren) bereit. Im Verhältnis zu dem einzelnen Unternehmen obliegt die Verpflichtung der Bereitstellung des jeweils aktuellen kryptographischen Schlüssels dem Zahlungsdienstleister, gegenüber dem sich das Unternehmen vertraglich verpflichtet hat, die für den Betrieb des electronic cash-Systems notwendigen Schlüssel zu beziehen

(Terminal-Zahlungsdienstleister). Der Terminal-Zahlungsdienstleister ist verpflichtet, eine Bestätigung entsprechend der Anlage 4 zur Vorlage beim Netzbetreiber auszustellen. Der Terminal-Zahlungsdienstleister ist berechtigt, die in Satz 2 bezeichnete Aufgabe, das Unternehmen vertraglich zum Bezug der jeweils aktuellen kryptographischen Schlüssel zu verpflichten, auf einen Netzbetreiber zu übertragen. Wird die Aufgabe von einem Netzbetreiber übernommen, muss seitens des Terminal-Zahlungsdienstleisters keine Bestätigung nach Anlage 4 ausgestellt werden. Der Terminal-Zahlungsdienstleister kann, auch wenn sie den in Satz 2 bezeichneten Pflichtenkreis selbst wahrnimmt, mit der technischen Abwicklung des OPT-Verfahrens Dritte beauftragen.

5. Ausstattung der Karten

Für die Ausstattung der Debitkarten, die mit einem electronic cash-Zeichen versehen sind, gelten die entsprechenden Festlegungen im Technischen Anhang zum Vertrag über die Zulassung als Netzbetreiber im electronic cash-System der deutschen Kreditwirtschaft (Anlage 6).

6. Vereinbarung von Kundenbedingungen mit Karteninhabern

Die angeschlossenen Zahlungsdienstleister verpflichten sich, mit ihren Kunden die „Bedingungen für Debitkarten“ (Anlage 5) oder entsprechende Bedingungen zu vereinbaren.

7. Zulassung von Netzbetreibern, Kopf- und Übergabestellen und IP-NetzProvidern

Die Bereitstellung des electronic cash-Terminals ist Aufgabe der Netzbetreiber. Als Netzbetreiber kann zugelassen werden, wer die notwendige Zuverlässigkeit besitzt und die Voraussetzungen aus dem als Anlage 6 beigefügten „Vertrag über die Zulassung als Netzbetreiber im electronic cash-System der deutschen Kreditwirtschaft“ erfüllt. Die Netzbetreiber sind für die Aufstellung der electronic cash-Terminals, deren Anschluss an den Betreiberrechner sowie deren technische Betreuung verantwortlich.

Zur technischen Abwicklung der electronic cash-Transaktionen werden Kopf- und Übergabestellen eingeschaltet, die gemäß dem als Anlage 7 beigefügten „Vertrag über die Zulassung als Kopf- und/oder Übergabestelle im electronic cash-System und dem Deutschen Geldautomaten-System der deutschen Kreditwirtschaft“ zugelassen wurden.

Im Rahmen des institutsübergreifenden Betriebs des electronic cash-Systems erfolgt der Austausch von Autorisierungsnachrichten zwischen von der Kreditwirtschaft zugelassenen electronic cash-Netzbetreibern und von der Kreditwirtschaft zugelassenen Kopf- und Übergabestellen auf technischer Ebene durch zugelassene IP-Netz-Provider, nach Maßgabe des als Anlage 8 beigefügten „Vertrag über die Zulassung als IP-NetzProvider im electronic cash-System der deutschen Kreditwirtschaft“.

8. Anschluss von Unternehmen nach Maßgabe der Händlerbedingungen

Der Anschluss der Unternehmen, die electronic cash-Terminals zur bargeldlosen Zahlung einsetzen wollen, erfolgt auf der Grundlage der „Bedingungen für die Teilnahme am electronic cash-System der Kreditwirtschaft“ (Anlage 9).

Ein Entgelt für inländische electronic cash-Umsätze nach Nummer 1a) dieser Vereinbarung darf nur dann berechnet werden, wenn dieses zuvor zwischen dem kartenausgebenden Zahlungsdienstleister und dem Unternehmen bzw. zwischen denen von diesen Beauftragten vereinbart worden ist.

Für grenzüberschreitende electronic cash-Umsätze, die innerhalb der Europäischen Union und des Europäischen Wirtschaftsraumes an electronic cashTerminals getätigt werden, jeweils ein Entgelt von 0,2 Prozent, mindestens aber 0,04 EUR berechnet. Zahlungsdienstleistern und Unternehmen bleibt es unbenommen, in Bezug auf die vorstehend genannten Entgelte abweichende Vereinbarungen zu treffen.

Sofern ein angeschlossenes Unternehmen den geänderten Händlerbedingungen nach Ziffer 14 der „Bedingungen für die Teilnahme am electronic cash-System der deutschen Kreditwirtschaft" widerspricht, muss der kontoführende Zahlungsdienstleister den Widerspruch unverzüglich über den zuständigen Vertragspartner oder unmittelbar gegenüber dem in der Deutschen Kreditwirtschaft federführenden Verband anzeigen.

9. Entgeltverrechnung des vom Unternehmen zu zahlenden electronic cashEntgeltes

Die vereinbarten electronic cash-Entgelt werden nach Vorgaben der Kreditwirtschaft insbesondere wie im technischen Anhang beschrieben, ermittelt und monatlich, spätestens zum 15. des folgenden Monats, an die kartenausgebenden Zahlungsdienstleister oder eine von diesen bestimmte zentrale Stelle überwiesen.

10. Zahlungsversprechen des kartenausgebenden Zahlungsdienstleisters

(a) Die kartenausgebenden Zahlungsdienstleister werden gegenüber Unternehmen, die die „Bedingungen für die Teilnahme am electronic cash-System der Kreditwirtschaft" (Anlage 9) anerkannt haben, ein Zahlungsversprechen in Höhe des am electronic cash-Terminal autorisierten Betrages abgeben.

(b) Soweit die Kreditwirtschaft mit Kooperationspartnern entsprechende Kooperationsvereinbarungen geschlossen hat, garantieren die angeschlossenen Zahlungsdienstleister auch die von ihren Karteninhabern im Rahmen des Systems der Kooperationspartner bei angeschlossenen Handels- und Dienstleistungsunternehmen getätigten Umsätze in Höhe des autorisierten Betrages.

(c) Weiterhin geben die kartenausgebenden Zahlungsdienstleister innerhalb des internationalen Maestro-Systems ein solches Zahlungsversprechen für die im Rahmen jenes Systems von ihnen gegenüber angeschlossenen Unternehmen autorisierten Umsätze ab.

(d) Voraussetzung für das Zahlungsversprechen gegenüber den dem electronic cash-System der deutschen Kreditwirtschaft angeschlossenen Unternehmen ist, dass das electronic cash-Terminal zugelassen und nach den mit dem Netzbetreiber vereinbarten Verfahren betrieben wurde und dass die vom Unternehmen zu beachtenden Anforderungen eingehalten wurden und eine Entgeltvereinbarung für inländische electronic cash-Transaktionen nach Nummer 1a) dieser Vereinbarung mit dem kartenausgebenden Zahlungsdienstleister besteht. Weiterhin ist Voraussetzung, dass der electronic cash-Umsatz einem InkassoZahlungsdienstleister innerhalb von 8 Tagen eingereicht wurde. Durch eine vom Unternehmen veranlasste Stornierung eines autorisierten Betrages entfällt das Zahlungsversprechen.

(e) Voraussetzung für das Zahlungsversprechen gegenüber Unternehmen, die im Rahmen des Systems eines Kooperationspartners zugelassen sind ist, dass das POS-Terminal nach dem zwischen dem Kooperationspartner und der Kreditwirtschaft vereinbarten Verfahren betrieben wurde und die vom Kooperationspartner für den Betrieb seines Systems aufgestellten Anforderungen eingehalten wurden.

11. Umsatzinkasso

(a) Soweit ein Umsatz bei einem dem electronic cash-System angeschlossenen Unternehmen
- mit einer Debitkarte getätigt worden ist, die von einem der electronic cash Vereinbarung angeschlossenen Zahlungsdienstleister ausgegeben wurde, und
- bei einem Zahlungsdienstleister zum Inkasso eingereicht wird, der dem „Abkommen über den Lastschriftverkehr" des deutschen Kreditgewerbes beigetreten ist,

wickelt der Inkasso-Zahlungsdienstleister, dem die Forderung zum Einzug eingereicht wird, den Einzug der Forderung für den Inhaber der Forderung per technischer Lastschrift auf Basis des Einzugsermächtigungslastschriftverfahrens ab. Durch die Ausgabe von Debitkarten gemäß Nr. 1 dieser Vereinbarung ermächtigen die der electronic cash-Vereinbarung angeschlossenen kartenausgebenden Zahlungsdienstleister jeden anderen der electronic cashVereinbarung angeschlossenen Zahlungsdienstleister zur Einziehung von electronic cash-Umsätzen, die durch eine Benutzung dieser Karten an electronic cash-Terminals getätigt worden sind. Die angeschlossenen Zahlungsdienstleister lösen Lastschriften, mit denen die electronic cash-Umsätze eingezogen werden, unverzüglich ein. Eine Rückgabe dieser Lastschriften durch das kartenausgebende Kreditinstitut wegen Widerspruchs, fehlender Deckung oder aus anderen Gründen i.S. des „Abkommens über den Lastschriftverkehr" ist nicht möglich.

(b) Soweit der Umsatz bei einem dem electronic cash-System angeschlossenen Handels- und Dienstleistungsuntemehmen mit einer Debitkarte getätigt wurde, die von einem Zahlungsdienstleister im System eines Kooperationspartner ausgegebenen wurde, leitet der Inkasso-Zahlungsdienstleister, dem die Forderung zum Einzug eingereicht wird, den Inkassovorgang der in Nr. 3 dieser Vereinbarung genannten Übergabestelle zu. Nach Maßgabe des zwischen der Kreditwirtschaft und dem Kooperationspartner abgeschlossenen Kooperationsvertrages leitet die Übergabestelle den Einzugsauftrag in das Debitkartensystem des Kooperationspartners, wo der Umsatz nach Maßgabe des mit dem Kooperationspartner abgeschlossenen Kooperationsvertrages eingelöst wird.

(c) Soweit der Umsatz im Debitkartensystem eines Kooperationspartners mit einer Karte getätigt wurde, die von einem der electronic cash-Vereinbarung angeschlossenen Zahlungsdienstleister ausgegeben wurde, wird der Umsatz vom Debitkartensystem des Kooperationspartners der zuständigen Übergabestelle im Sinne von Nr. 3 dieser Vereinbarung zugeleitet. Die Übergabestelle wickelt den Einzug der Forderung per technischer Lastschrift auf Basis des Einzugsermächtigungslastschriftverfahrens ab. Durch die Ausgabe von Debitkarten gemäß Nr. 1 dieser Vereinbarung ermächtigen die der electronic cashVereinbarung angeschlossenen kartenausgebenden Zahlungsdienstleister ihre jeweilige Übergabestelle zur Einziehung von Umsätzen, die mit ihren Debitkarten bei Unternehmen im System eines Kooperationspartners getätigt worden sind. Die angeschlossenen Zahlungsdienstleister lösen Lastschriften, mit denen autorisierte Umsätze, die im System eines Kooperationspartners getätigt wurden, eingezogen werden, unverzüglich ein. Eine Rückgabe dieser Lastschriften durch den kartenausgebenden Zahlungsdienstleister wegen Widerspruchs, fehlender Deckung oder aus anderen Gründen iSd „Abkommens über den Lastschriftverkehr" ist nicht möglich.

12. Fortentwicklung des Vertragswerkes

Die Kreditwirtschaft bildet einen Arbeitsstab, der für alle Fragen zuständig ist, die im Zusammenhang mit dem electronic cash-System und dieser Vereinbarung auftreten.

Die im Zusammenhang mit dem Betrieb des electronic cash-Systems vorhandenen Rechte (zB Markenrechte) werden für die Kreditwirtschaft von einer als Treuhänder beauftragten Stelle zentral gehalten. Diese nimmt für die der Vereinbarung angeschlossenen Zahlungsdienstleister die mit dem Betrieb verbundenen Gemeinschaftsaufgaben war, deren Inhalt von der Kreditwirtschaft in Absprache mit der beauftragten Stelle festgelegt wird. Die Zahlungsdienstleister sind verpflichtet für die von der beauftragten Stelle erbrachten Leistungen ein Entgelt zu entrichten, das die Kreditwirtschaft im Arbeitsstab beschließt.

Die angeschlossenen Zahlungsdienstleister haben die Beschlüsse des Arbeitsstabes zu befolgen.

13. Schäden aus Fälschungen oder Verfälschungen von Debitkarten

Wurden bei Unternehmen des electronic cash-System oder bei Unternehmen, die dem System eines Kooperationspartners angeschlossen sind, Fälschungen oder Verfälschungen von Debitkarten angeschlossener kartenausgebender Zahlungsdienstleister verwendet, so bezahlt der im Datensatz der Lastschrift benannte angeschlossene Zahlungsdienstleister die Forderung des Unternehmens. Schäden, die im Interesse des electronic cash-Systems abgedeckt werden müssen und deren Übernahme dem einzelnen angeschlossenen Zahlungsdienstleister nicht zugemutet werden kann, insbesondere Schäden aus dem Einsatz von gefälschten Karten, werden zwischen den Vertragspartnern der electronic cash-Vereinbarung ausgeglichen. Die näheren Einzelheiten sowie insbesondere der Schlüssel zur Umlage derartiger Schäden werden vom Arbeitsstab festgelegt. Die Verteilung auf die einzelnen angeschlossenen Zahlungsdienstleister bleibt internen Regelungen durch die einzelnen Vertragspartner der electronic cash-Vereinbarung vorbehalten.

14. Meldepflichten

Die teilnehmenden Zahlungsdienstleister sind verpflichtet, gegenüber der von der Kreditwirtschaft beauftragten Stelle die Angaben zu machen, die erforderlich sind, um die Meldepflichten des electronic cash-Systems gegenüber dem Eurosystem zu erfüllen.

15. Änderungen der Vereinbarung und Kündigung

Änderungen dieser Vereinbarung nebst Anlagen beschließt die Kreditwirtschaft auf Anregung des Arbeitsstabes. Die Änderungen werden für die angeschlossenen Zahlungsdienstleister verbindlich, wenn diese den Änderungen nicht binnen einer Frist von einem Monat nach deren Bekanntgabe widersprechen; auf die Möglichkeit des Widerspruchs werden die angeschlossenen Zahlungsdienstleister bei der Bekanntgabe der Änderung besonders hingewiesen. Widerspricht ein angeschlossener Zahlungsdienstleister einer Änderung der Vereinbarung, die bei der Bekanntgabe ausdrücklich als wesentlich bezeichnet worden ist, so scheidet er mit dem Zeitpunkt des Inkrafttretens dieser Änderung aus dem electronic cash-System aus.

Diese Vereinbarung und alle Anlagen zur Vereinbarung unterliegen dem Recht der Bundesrepublik Deutschland. Gerichtsstand für Auseinandersetzungen, die diese Vereinbarung betreffen, ist Berlin. Ein beklagtes Kreditinstitut kann auch an seinem Geschäftssitz verklagt werden. Bei Übersetzungen der Vereinbarung bzw. von Anlagen zur Vereinbarung ist jeweils die Fassung in deutscher Sprache verbindlich.

Diese Vereinbarung kann von jedem Vertragspartner mit einer Frist von 24 Monaten zum Ende eines jeden Monats gekündigt werden. Jeder angeschlossene Zahlungsdienstleister kann seine Teilnahme ebenfalls mit einer Frist von 24 Monaten zum Ende eines jeden Monats kündigen. Er haftet unbeschadet der Kündigung für Schäden, die durch die Benutzung der von ihm ausgegebenen und an Akzeptanzterminals nach Maßgabe dieser Vereinbarung einsetzbaren Karten entstanden sind, sowie für sonstige Schäden nach Maßgabe der Nr. 13 in Verbindung mit der jeweiligen bereichsinternen Regelung zur Verteilung von Kosten auf die einzelnen angeschlossenen Zahlungsdienstleister.

Kündigungen haben durch eingeschriebenen Brief gegenüber dem in der Deutschen Kreditwirtschaft federführenden Verband zu erfolgen. Kündigt ein angeschlossener Zahlungsdienstleister, so ist die Erklärung über den zuständigen Vertragspartner oder unmittelbar an den in der Deutschen Kreditwirtschaft federführenden Verband zu richten. Die Kündigung muss in diesen Fällen spätestens am 14. Tage der Kündigungsfrist bei dem federführenden Verband eingegangen sein. Dieser hat die Kündigung den übrigen

Vertragspartnern unverzüglich anzuzeigen. Wird diese Vereinbarung von einem Vertragspartner gekündigt, so kann sich jeder andere Vertragspartner dieser Kündigung innerhalb einer Nachfrist von drei Monaten anschließen.

16. Inkrafttreten

Diese Vereinbarung tritt am 1. November 2014 in Kraft.

Berlin, im September 2014

. . . . .

Bundesverband der Deutschen Volksbanken und Raiffeisenbanken e. V., Berlin

. . . . .

Bundesverband deutscher Banken e. V., Berlin

. . . . .

Deutscher Sparkassen- und Giroverband e. V., Berlin

. . . . .

Bundesverband Öffentlicher Banken e. V., Berlin

Anlagen:

Anlage 1:	Zeichen des electronic cash-Systems
Anlage 2:	EAPS-Zeichen
Anlage 3:	Maestro-Zeichen
Anlage 4:	Erklärung über die Verpflichtung zur Abnahme von kryptographischen Schlüsseln
Anlage 5:	Bedingungen für Debitkarten
Anlage 6:	Vertrag über die Zulassung als Netzbetreiber im electronic cash-System der deutschen Kreditwirtschaft
Anlage 7:	Vertrag über die Zulassung als Kopf- und/oder Übergabestelle im electronic cash-System und dem Deutschen Geldautomaten-System der deutschen Kreditwirtschaft
Anlage 8:	Vertrag über die Zulassung als IP-Netz-Provider im electronic cash-System der deutschen Kreditwirtschaft
Anlage 9:	Bedingungen der deutschen Kreditwirtschaft für die Teilnahme am electronic cash-System

Schrifttum: *Canaris*, Bankvertragsrecht, 3. Aufl 1988, Rn 527 cc) und dd); *Harbeke*, Die POS-Systeme der deutschen Kreditwirtschaft, WM-Sonderbeil 1/94; Baumbach/Hopt/*Hopt*, HGB, 40. Aufl. 2020, (7) Bankgeschäfte F/19 ff.; *Petring*, Störungen bei POS-Zahlungen, 1990; *Herresthal*, in Langebucher/Bliesener/Spindler, Bankrechts-Kommentar, 3. Aufl. 2020, 7. Kap. Vorbem. vor § 675f ff BGB Rn 43 ff.; *Omlor*, in Staudinger Neubearb. 2020 Vorbem. zu §§ 675c-676c BGB Rz. 205 ff.; *Reiser*, Die Rechtsgrundlagen für das POS-System des deutschen Kreditgewerbes („electronic-cash") WM-Sonderbeil 3/89; *Schneider*, Point of Sale-Zahlungen mit der ec-Karte, 1990; *Werner* in Kümpel/Mülbert/Früh/Seyfried, Bank- und Kapitalmarktrecht, 6. Auflage 2022, Rn 4.712 f.

Anmerkungen

1. Das POS-System und seine Grundlagen. Unter dem Begriff „POS" (point of sale) werden Verfahren zur bargeldlosen Bezahlung von Waren und Dienstleistungen an automatisierten Kassen mittels Karte (Debitkarte, Bankkarten, Kreditkarten, etc) verstanden.

In Deutschland gab es zwei verschiedene POS-Systeme: Das electronic-cash-Verfahren und das POZ-Verfahren (point of sale ohne Zahlungsgarantie, auch online-Lastschriftverfahren, OLV, genannt), die von der deutschen Kreditwirtschaft organisiert und einheitlich geregelt wurden. Daneben existieren aber auch POS-Verfahren unter verschiedenen Bezeichnungen, die von einzelnen oder mehreren Unternehmen gemeinsam betrieben werden. Diese Verfahren sind nicht einheitlich geregelt.

Zugangsmedien zu den POS-Terminals – unabhängig ob mit oder ohne Zahlungsgarantie – sind die girocard (Debitakrte), bankindividuelle Kundenkarten und Kreditkarten. Während jedoch im electronic-cash-Verfahren das kartenemittierenden Institut dem Kartenakzeptanten für die an der Kasse autorisierten Beträge ein Zahlungsversprechen abgibt, wurde im POZ-Verfahren auf elektronischem Wege lediglich eine Lastschrift generiert.

Im electronic-cash-Verfahren erfolgt die Bezahlung mittels Karte und PIN, so dass die Kassenbeträge vom kartenemittierenden Institut auf Grund der Garantieverpflichtung bezahlt werden, während dieses gegenüber dem Karteninhaber einen Aufwendungsersatzanspruch gem §§ 675c Abs 1, 670 BGB hat, den es durch Einstellung des Betrags in das Kontokorrent des Kunden geltend macht (s Bedingungen für die girocard → Form. IV.F.1 Anm. 1 ff., und Bedingungen für die Verwendung von SparkassenCards, → Form. IV.F.2 Anm. 1 ff.).

Im POZ-Verfahren wurde dagegen allein die Karte ohne Eingabe einer PIN zur Bezahlung verwendet. In diesem Verfahren wurde auf elektronischem Weg eine Einzugsermächtigungs-Lastschrift erstellt, die einem Kreditinstitut zum Einzug weitergeleitet wurde. Das kartenakzeptierende Unternehmen trug hier das Lastschriftrisiko. Allerdings ist dieses Verfahren zum 31.12.2006 eingestellt worden. Es gibt jedoch weiterhin Online-Lastschriftverfahren, die jedoch nicht auf einem speziellen Interbankenabkommen beruhen, sondern bei denen es sich um ganz normale SEPA-Basislastschrifverfahren handelt, bei denen die Lastschrift unter Zuhilfenahme der girocard generiert wird. Maßgeblich für diese Verfahren ist das Abkommen über die SEPA-Inlandslastschrift, das jedoch keine Sonderregelungen zum Karteneinsatz enthält (vgl *Werner* in Kümpel/Mülbert/Früh/Seyfried, Bank- und Kapitalmarktrecht, 6. Aufl 2022, Rn 4.635). Zwar sieht die Migrations-VO (Verordnung (EU) Nr 260/2012 des Europäischen Parlaments und des Rates vom 14.3.2012, ABl L 94 vom 30.3.2012, S. 22) vor, dass die nationalen Zahlungsverfahren – und damit auch das Einziehungsermächtigungsverfahren, auf dem das ELV beruht – zum 2.8.2014 eingestellt werden mussten, gem Art 16 (4) MigrationsVO durften die Staaten jedoch Ausnahmen für kartenbasierte Verfahren vorsehen, die dann erst zum 1.2.2016 einzustellen waren. Davon hatte der deutsche Gesetzgeber durch § 7c ZAG aF Gebrauch gemacht.

2. Vertragswerke für das electronic-cash-System. Rechtsgrundlage für das electronic-cash-System ist die „Vereinbarung über ein institutsübergreifendes System zur bargeldlosen Zahlung an automatisierten Kassen (electronic-cash-System)", das die Bankverbände der deutschen Kreditwirtschaft 1990 in seiner Ursprungsform abgeschlossen haben und das zwischenzeitlich mehrfach überarbeitet wurde. Es liegt in der aktuellen, hier abgedruckten Fassung vom 1.11.2014 vor.

Bestandteile des Vertragswerks – neben den technischen Anhängen – sind u a

– die „Händlerbedingungen – Bedingungen für die Teilnahme am electronic-cash-System der deutschen Kreditwirtschaft" (su → Form. V.F.5 Anm. 1 ff.) und

– der „Netzbetreibervertrag – Vertrag über die Zulassung als Netzbetreiber im electronic-cash-System der deutschen Kreditwirtschaft“ (su → Form. IV.F.6 Anm. 1 ff.).

Das Rechtsverhältnis zwischen den kartenausgebenden Kreditinstituten und den Karteninhabern wird – wie bereits dargelegt – in den Bedingungen für den die girocard bzw die SparkassenCard geregelt (→ Form. IV.F.1 Anm. 1 ff. und I → Form. V.F.2 Anm. 1 ff.).

Zum electronic cash_Verfahren gehört die „Online-Personalisierung von Terminal-Hardware-Sicherheitsmodulen“ (OPT-Verfahren, die von der deutschen Kreditwirtschaft technisches Verfahren entwickelt worden ist, durch das es möglich ist, kryptographische Schlüssel, auf denen das electronic-cash-Verfahren basiert, nicht nur im Rahmen der Produktion oder beim erstmaligen Anschluss eines Terminals an das Netz in das electronic-cash-Terminal einzubringen, sondern auch während des Betriebs eines solchen Terminals. Dadurch ist es möglich, die in den Terminals enthaltenen kryptographischen Schlüssel regelmäßig auszutauschen und damit den jeweils aktuellen Sicherheitsstandards anzupassen. Der Austausch erfolgt über eine Onlineverbindung zwischen dem Terminal und der zuständigen Personalisierungsstelle, über die der Schlüsselwechsel vorgenommen wird. Zur vertragstechnischen Umsetzung ist die „Vereinbarung über eine institutsübergreifendes System zur bargeldlosen Zahlung an automatisierten Kassen (electronic-cash-System)“ überarbeitet und ergänzt worden. Zu diesem Zweck sind die die Banken, Netzbetreiber sowie die die Unternehmen betreffenden Pflichten in die Interbankenvereinbarung, den Netzbetreibervertrag und die Händlerbedingungen des electronic-cash-Vertragswerks integriert worden.

Da es sich beim Netzbetreibervertrag nicht um ein Interbankenabkommen, sondern um einen bilateralen Vertrag mit den Netzbetreibern handelt, ist es nur möglich, Änderungen durch Änderungskündigung umzusetzen. Gleichzeitig werden die Netzbetreiber in den Verträgen auch verpflichtet, die „Händlerbedingungen“ bei den angeschlossenen Unternehmen umzusetzen. Die Unternehmen haben nach Bekanntgabe von Änderungen der „Händlerbedingungen“ die Möglichkeit, diesen gem Nr 14 dieser Bedingungen zu widersprechen. Allerdings wird es dann, wenn diese Änderungen auf technischen Anpassungen beruhen, für solche Unternehmen aus technischen Gründen nicht mehr möglich sein, am electronic-cash-Verfahren teilzunehmen. Das Vertragsverhältnis wird dann, um den Sicherheitsstandard aufrecht erhalten zu können, mit einem solchen Unternehmen beendet werden müssen.

5. Händlerbedingungen – Bedingungen für die Teilnahme am electronic cash-System der deutschen Kreditwirtschaft

Händlerbedingungen

Bedingungen für die Teilnahme am electronic cash-System der deutschen Kreditwirtschaft

1. Teilnahme am electronic cash-System der deutschen Kreditwirtschaft

Das Unternehmen ist berechtigt, am electronic cash-System der deutschen Kreditwirtschaft nach Maßgabe dieser Bedingungen teilzunehmen. Das electronic cash-System ermöglicht die bargeldlose Zahlung an automatisierten Kassen -electronic cash-Terminals. Vertragspartner des Unternehmens im Zusammenhang mit der Autorisierung jeder einzelnen Zahlungstransaktion ist der jeweilige kartenausgebende Zahlungsdienstleister (siehe 5.). Die Gesamtheit der am electronic cash-System teilnehmenden Zahlungsdienstleister wird im Folgenden als Kreditwirtschaft bezeichnet.

2. Kartenakzeptanz

An den electronic-cash-Terminals des Unternehmens sind die von Zahlungsdienstleistern emittierten Debitkarten, die mit einem electronic cash-Zeichen gemäß Kap. 2.5 des Technischen Anhangs versehen sind, zu akzeptieren. Den Unternehmen bleibt es unbenommen, Rabatte zu gewähren oder einen Aufschlag auf den Barzahlungspreis und einen eventuellen Barauszahlungsbetrag (s. Nr. 13) vorzunehmen. Auf einen eventuellen Aufschlag muss der Karteninhaber vor einer Zahlung deutlich hingewiesen werden. Ein eventueller Aufschlag muss angemessen und an den tatsächlichen Kosten des Unternehmens ausgerichtet sein.

Soweit die Kreditwirtschaft mit in anderen Staaten ansässigen Betreibern oder Teilnehmern garantierter und PIN gestützter Debitkartensysteme (Kooperationspartner) entsprechende Kooperationsvereinbarungen getroffen hat, ist das Unternehmen verpflichtet, auch die im System eines Kooperationspartners von einem Zahlungsdienstleister ausgegebenen Debitkarten für die bargeldlose Zahlung an electronic cash-Terminals zu den im electronic cash System geltenden Bedingungen zu akzeptieren. Der Netzbetreiber wird das Unternehmen über die Debitkarten der Kooperationspartner, die im Rahmen des electronic cash-Systems zu akzeptieren sind, unterrichten und diese bei der technischen Abwicklung im Rahmen des electronic cash-Systems berücksichtigen. Die Akzeptanz von Karten weiterer Systeme an electronic cash-Terminals ist hiervon nicht berührt, soweit sie die ordnungsgemäße Verarbeitung der im electronic cash-System zu akzeptierenden Karten nicht beeinträchtigt.

3. Anschluss des Unternehmens an das Betreibernetz eines Netzbetreibers

Die Teilnahme des Unternehmensam electronic cash-System setzt, sofern das Unternehmen nicht selbst die Aufgabe des Netzbetreibers übernimmt, den Anschluss an ein Betreibernetz auf der Grundlage einer gesonderten Vereinbarung zwischen dem Unternehmen und einem Netzbetreiber voraus. Aufgabe des Betreibernetzes ist, die electronic cash-Terminals mit den Autorisierungssystemen der Kreditwirtschaft, in denen die electronic cash-Umsätze genehmigt werden, zu verbinden. Der Netzbetreiber ist für die Aufstellung der electronic cash-Terminals, deren Anschluss an den Betreiberrechner sowie deren technische Betreuung einschließlich der Einbringung von kryptographischen Schlüsseln verantwortlich. Sofern hierfür das Verfahren zur Online-Personalisierung von Terminal-Hardewaresicherheitsmodulen (OPT-Verfahren) zur Anwendung kommt, ist er für die Durchleitung von kryptographischen Schlüsseln im Rahmen jenes Verfahrens verantwortlich. Der Netzbetreiber hat sicherzustellen, dass das Betreibernetz die von der Kreditwirtschaft vorgegebenen Sicherheitsanforderungen erfüllt.

4. Austausch von für den Terminalbetrieb erforderlichen kryptographischen Schlüsseln

Zur Aufrechterhaltung der Sicherheit des electronic cash-Systems besteht die Notwendigkeit die kryptographischen Schlüssel in regelmäßigen Abständen oder anlassbezogen auszutauschen. Die für den Betrieb des Terminals erforderlichen kryptographischen Schlüssel werden von der Kreditwirtschaft erstellt.

Das Unternehmen ist verpflichtet, diese kryptographischen Schlüssel, so wie sie von der Kreditwirtschaft bereitgestellt werden, abzunehmen. Dies erfolgt über den Netzbetreiber. Sofern für die Einbringung das OPT- Verfahren Verwendung findet, schließt das Unternehmen hierzu eine entsprechende Vereinbarung mit einem von ihm gewählten Zahlungsdienstleister (Terminal-Zahlungsdienstleister) oder mit einem von diesem beauftragten Netzbetreiber.

5. Umsatzautorisierung durch den kartenausgebenden Zahlungsdienstleister

Der kartenausgebende Zahlungsdienstleister, der dem electronic cash-System angeschlossen ist, gibt mit der positiven Autorisierung des Umsatzes die Erklärung ab, dass es die Forderung in Höhe des am electronic cash-Terminal autorisierten Betrages (electronic cash-Umsatz) begleicht. Akzeptiert das Unternehmen an seinem electronic cash-Terminal die im System eines Kooperationspartners von einem Kreditinstitut ausgegebene Debitkarte, so gibt der kartenausgebende Zahlungsdienstleister im System des Kooperationspartners mit der positiven Autorisierung des Umsatzes die Erklärung ab, dass es die Forderung in Höhe des am electronic cash-Terminal autorisierten Betrages (electronic cash-Umsatz) begleicht. Voraussetzung für die Begleichung des electronic cash-Umsatzes ist, dass das electronic cash-Terminal gegenüber dem Netzbetreiber zugelassen, nach den mit dem Netzbetreiber vereinbarten Verfahren betrieben wurde und die in Nr. 2 und Nr. 7 genannten Anforderungen vom Unternehmen eingehalten wurden. Ist der kartenausgebende Zahlungsdienstleister dem electronic cash-System angeschlossen, ist weiterhin Voraussetzung, dass der electronic cash-Umsatz einem Zahlungsdienstleister des Unternehmens (Inkasso-Zahlungsdienstleister) innerhalb von 8 Tagen eingereicht wurde. Die Einreichung des electronic cash-Umsatzes durch das Unternehmen bei seinem Zahlungsdienstleister ist nicht Bestandteil der Autorisierung des Umsatzes durch den kartenausgebenden Zahlungsdienstleister gegenüber dem Unternehmen. Durch eine Stornierung des electronic cash-Umsatzes entfällt die Zahlungsverpflichtung des kartenausgebenden Zahlungsdienstleisters.

Das angeschlossene Unternehmen ist verpflichtet, der Kreditwirtschaft auf Anforderung, die über den Netzbetreiber geleitet wird, näher spezifizierte Unterlagen bezüglich des reklamierten electronic cash-Umsatzes (zB Belegkopie, Händlerjournal) unverzüglich, spätestens aber innerhalb einer Frist von 10 Tagen nach Erhalt der Anfrage zur Verfügung zu stellen.

6. Entgelte

Für den Betrieb des electronic cash-Systems und die Genehmigung der electronic cash-Umsätze in den Autorisierungssystemen der Kreditwirtschaft oder im Autorisierungssystem eines Kooperationspartners schuldet das Unternehmen bzw. ein von diesem Beauftragter dem kartenausgebenden Zahlungsdienstleister das mit diesem vereinbarte Entgelt. Bei der Vereinbarung individueller Entgelte werden beide die technischen Anforderungen des electrnic cash-Systems beachten. Für stornierte Umsätze wird kein Entgelt erhoben.

Das Unternehmen ist verpflichtet, dem Netzbetreiber das Bestehen seiner Entgeltvereinbarungen mit alle kartenausgebenden Zahlungsdienstleisterns nachzuweisen sowie den Netzbetreiber über die Eckpunkte in Kenntnis zu setzen, die der Netzbetreiber für die technische Abwicklung der Transaktion zwienged benötigt (zB möglicherweise die Angabe über einen individuell vereinbarten Grundberechnungswert). Fehlen dem Unternehmen Entgeltabreden mit einem oder mehreren kartenausgebenden Zahlungsdienstleistern, muss es sich unverzüglich um den Abschluss von Entgeltabreden mit den fehlenden kartenausgebenden Zahlungsdienstleistern bemühen. Solange der Nachweis nicht oder nicht vollständig erbracht ist, kann der Netzbetreiber unter Einbeziehung des Unternehmens geeignete und angemessene Vorkehrungen treffen, wie etwa einen Hinweis an den Karteninhaber durch das Unternehmen über die Nichtakzeptanz von Debitkarten von bestimmmten kartenausgebenden Zahlungsdienstleistern mangels Entgeltvereinbarung oder die (vorübergehende) Außerbetriebnahme des Terminals bis zum Nachweis der fehlenden Entgeltabrede(n).

Direkt zwischen einem Unternehmen und kartenausgebenden Zahlungsdienstleister(n) ausgehandelte Entgeltvereinbarungen kann der Netzbetreiber auf Wunsch des Händlers nach Eingang auf einen Servicevertrag technisch abwickeln. Nutzt das Unternehmen für Entgeltabrechnungen von electrnic cash-Entgelten einen Beauftragtten, verpflichtet es diesen zudem, die electronic-cash-Entgelte getrennt von seinem sonstigen Vermögen auf einem separaten Konto zu verbuchen. Es handelt sich auch bei diesen Entgelten, vorbehaltlich einer anderslautenden Vereinbarung, um Treuhandvermögen der kartenausgebenden Zahlungsdienstleister.

Das dem jeweiligen kartenausgebenden Zahlungsdienstleister geschuldete Entgelt wird über den Netzbetreiber periodisch an die kartenausgebenden Zahlungsdienstleister abgeführt, sofern dies zwischen dem Unternehmen bzw. seinem Beauftragten und dem jeweiligen kartenherausgebenden Zahlungsdsdienstleister bzw. seinem Beaufgragten unter Berücksichtigung der technischen Anforderungen des Netzbetreibers vereinbart worden ist.

7. Betrieb von Terminals nach Maßgabe der Vorgaben des Technischen Anhangs

Das Unternehmen wird die electronic cash-Terminals für die nach diesen Bedingungen zugelassenen Karten (Nr. 2) ausschließlich nach der im beigefügten Technischen Anhang formulierten „Betriebsanleitung" betreiben. Die darin enthaltenen Anforderungen sind Bestandteil dieser Bedingungen. Um insbesondere ein Ausspähen der PIN bei der Eingabe am Terminal auszuschließen, sind bei der Aufstellung von Terminals die im beigefügten Technischen Anhang aufgeführten Sicherheitsanforderungen zu beachten.

Das Unternehmen hat alles zu unterlassen, was die Sicherheit oder den ordnungsgemäßen Ablauf des electronic cash-Systems beeinträchtigen könnte.

Für die Teilnahme am electronic cash-System dürfen nur Terminals eingesetzt werden, die über eine Zulassung der Kreditwirtschaft verfügen. Notwendige Anpassungen am Terminal sind nach Vorgabe der Kreditwirtschaft termingerecht umzusetzen, so dass geltende Zulassungsbestimmungen eingehalten werden. Nicht umgestellte Terminals dürfen nach Fristablauf nicht im electronic cash-Netz betrieben werden.

8. Eingabe der persönlichen Geheimzahl (PIN) beim Bezahlvorgang

Zur Bezahlung an electronic cash-Terminals ist neben der Karte die persönliche Geheimzahl (PIN) einzugeben. Die PIN darf nur durch den Karteninhaber eingegeben werden.

9. Zutrittsgewährung

Das Unternehmen gewährleistet, dass Beauftragte der Kreditwirtschaft auf Wunsch Zutritt zu den electronic cash-Terminals erhalten und diese überprüfen können.

10. Einzug von electronic-cash-Umsätzen

Der Einzug der electronic cash-Umsätze erfolgt aufgrund gesonderter Vereinbarungen zwischen dem Unternehmen und dem gewählten Zahlungsdienstleister und ist nicht Gegenstand dieser Bedingungen. Der Netzbetreiber hat sich bereit erklärt, das Unternehmen bei der Abwicklung des Zahlungsverkehrs dadurch zu unterstützen, dass er aus den electronic cash- bzw. Umsätzen des Unternehmens Lastschriftdateien erstellt und diese unter anderem

- dem Unternehmen zur Einreichung bei seinem kontoführenden Zahlungsdienstleister bzw. einer von diesem benannten Zentralstelle zur Verfügung stellt,
- die Einreichung beim kontoführenden Zahlungsdienstleister des Unternehmens in dessen Auftrag selbst vornimmt,
- oder nach Abtretung der Forderung durch das Unternehmen seinem kontoführenden Zahlungsdienstleister zur Einziehung übergibt.

11. Aufbewahrungsfristen

Das Unternehmen wird die Händlerjournale von electronic cash-Terminals, ungeachtet der gesetzlichen Aufbewahrungsfristen, für mindestens 15 Monate aufbewahren und auf Verlangen dem Inkasso-Zahlungsdienstleister, über das der electronic cash-Umsatz eingezogen wurde, zur Verfügung stellen. Einwendungen und sonstige Beanstandungen von Karteninhabern nach Nr. 2 Satz 1, die das Vertragsverhältnis mit dem Unternehmen betreffen, werden unmittelbar gegenüber dem Unternehmen geltend gemacht.

12. Akzeptanzzeichen

Das Unternehmen hat auf das electronic cash-System mit einem zur Verfügung gestellten Zeichen gemäß Kap. 2.5 des Technischen Anhangs und auf die Akzeptanz von Karten der Kooperationspartner mit dem zur Verfügung gestellten EAPS-Zeichen deutlich hinzuweisen. Dabei darf das Unternehmen einen Zahlungsdienstleister oder eine Gruppe von Zahlungsdienstleistern werblich nicht herausstellen.

13. Sonderbestimmungen für die Auszahlung von Bargeld durch den Händler

Falls ein Unternehmen im Rahmen des electronic cash-Verfahrens die Möglichkeit der Bargeldauszahlung anbietet, gelten dafür zusätzlich folgende Bestimmungen:

- Die Auszahlung von Bargeld ist nur in Verbindung mit einer electronic cash-Transaktion zur Bezahlung von Waren und Dienstleistungen des Händlers zulässig. Die Höhe der electronic cash-Transaktion soll mindestens 20,00 EUR betragen.
- Die Auszahlung von Bargeld erfolgt ausschließlich aufgrund einer zwingenden Autorisierung des angeforderten Betrages durch den kartenausgebenden Zahlungsdienstleister.
- Vorbehaltlich eines hinreichenden Bargeldbestandes in der Kasse ist der Händler an das Ergebnis der Autorisierung des Zahlungsdienstleisters gebunden.
- Die Barauszahlung darf höchstens 200,00 EUR betragen.
- Der Händler wird hinsichtlich des Angebotes der Auszahlung von Bargeld keine Differenzierung zwischen Karteninhabern verschiedener kartenausgebender Zahlungsdienstleister vornehmen. Dabei kann der Händler den jeweiligen Bargeldbestand in der Kasse berücksichtigen.

14. Änderung der Bedingungen

Änderungen dieser Bedingungen werden dem Unternehmen schriftlich bekannt gegeben. Ist mit dem Unternehmen ein elektronischer Kommunikationsweg vereinbart, können die Änderungen auch auf diesem Wege übermittelt werden, wenn die Art der Übermittlung es dem Unternehmen erlaubt, die Änderungen in lesbarer Form. zu speichern oder auszudrucken. Sie gelten als genehmigt, wenn das Unternehmen nicht schriftlich oder auf dem vereinbarten elektronischen Weg Widerspruch erhebt. Auf diese Folge wird das Unternehmen bei der Bekanntgabe der Änderung besonders hingewiesen. Das Unternehmen muss den Widerspruch innerhalb von sechs Wochen nach Bekanntgabe der Änderung an seinen kontoführenden Zahlungsdienstleister absenden.

15. Rechtswahl, Gerichtsstand und Sprache

Diese Bedingungen und ihre Anlagen unterliegen dem Recht der Bundesrepublik Deutschland. Ausschließlicher Gerichtsstand für Auseinandersetzungen, die diese Bedingungen betreffen, ist Berlin. Ein beklagter Zahlungsdienstleister und das Unternehmen können auch an ihrem Geschäftssitz verklagt werden. Bei Übersetzungen ist jeweils die Fassung in deutscher Sprache verbindlich.

Anlage:

Technischer Anhang zu den Händlerbedingungen

[nicht abgedruckt]

Anmerkungen

1. Rechtsgrundlage. Neben der Absprache, ein institutsübergreifende Systems zur bargeldlosen Zahlung an automatisierten Kassen aufzubauen und zu betreiben sowie den damit einhergehenden technisch-organisatorischen Einzelheiten, enthält die Vereinbarung zwischen den Kreditinstituten (s → Form. IV.F.4) auch die Verpflichtung, mit einzelnen Systembeteiligten verschiedene Bedingungswerke abzuschließen.

Dazu gehören insbesondere die „Händlerbedingungen – Bedingungen für die Teilnahme am electronic-cash-System der deutschen Kreditwirtschaft", die das Rechtsverhältnis zwischen den Kartenakzeptanten und den kartenausgebenden Instituten regeln. Es handelt sich dabei um Allgemeine Geschäftsbedingungen, die für alle kartenemittierenden Institute zur Sicherstellung eines einheitlichen Standards identisch sind.

2. Regelungsgegenstand. Die Bedingungen für die Teilnahme von Handels- und Dienstleistungsunternehmen am electronic cash-System der deutschen Kreditwirtschaft legen die Voraussetzungen zur Teilnahme am electronic cash-System fest.

Zunächst wird mit Abschluss eines Vertrags auf der Grundlage der Händlerbedingungen das Vertragsunternehmen berechtigt, am electronic cash-System der deutschen Kreditwirtschaft teilzunehmen. Gleichzeitig werden die technischen Anforderungen an die electronic cash-Terminals bestimmt. Außerdem werden in diesen Bedingungen auch die Entgelte für den Betreib des electronic cash-Systems und insbesondere für die Einholung der Autorisierung geregelt.

Durch die positive Autorisierung verpflichtet sich das kartenemittierende Institut, Forderungen gegen den Karteninhaber auszugleichen, sofern weitere formale und technische Voraussetzungen eingehalten werden und der electronic cash-Umsatz dem Inkassoinstitut innerhalb von acht Tagen eingereicht wird. Diese Zahlungszusage ist als selbstständiges Schuldversprechen des kartenausgebenden Instituts anzusehen. Im Gegensatz zu den früheren Fassungen der Bedingungen sieht Ziff 2 vor, dass die Händler befugt sind, Rabatte zu gewähren oder Aufschläge auf den Barzahlungspreis zu erheben. Dies ist dem Umstand geschuldet, dass § 675 f. Abs 6 BGB verbietet, in Zahlungsdiensterahmenverträgen die Gewährung von Ermäßigungen oder sanderweitige Anreize für bestimmte Zahlungsinstrumente zu untersagen. Allerdings verbietet dies nicht, Ermäßigungen für Barzahlungen zu untersagen (*Walz/Ahmedi* in Ellenberger/Findeisen/Nobbe/Böger, § 675f. Abs 5 BGB Rn 8), sodass die Regelung, die jede beliebige Ermäßigung oder Aufschlag erlaubt, nicht in dieser Form. zwingend erforderlich gewesen wäre. Außerdem sieht Ziff 13 der Händlerbedingungen ein „Cash-Back-Verfahren" vor, dh im Zusammenhang mit einem electronic cash-Umsatz können Barauszahlungen zwischen EURO 20,00 und EURO 200,00 vorgenommen werden. Diese Regelung ist von der Kreditwirtschaft mit der Bundesanstalt für Finanzdienstleistungsaufsicht (BaFin) abgestimmt worden um sicherzustellen, dass darin kein nach dem KWG bzw. ZAG erlaubnispflichtiges Bank- oder Zahlungsdienstgeschäft zu sehen. Als Nebenleistung in geringem Umfange ist dieser Auszahlungsservice gem § 2 Abs 1 Nr 4 ZAG zulässig (vgl. *Casper* in Casper/Terlau, ZAG, 2. Aufl. § 2 ZAG Rn. 317.). Die Händlerbedingungen legen keine Entgelte mehr fest. Die Entgelte sollen individuell vereinbart werden, wie sich aus Ziff. 6 der Bedingungen ergibt.

6. Netzbetreibervertrag – Vertrag über die Zulassung als Netzbetreiber im electronic cash-System der deutschen Kreditwirtschaft

Netzbetreibervertrag

Vertrag über die Zulassung als Netzbetreiber im electronic cash-System der deutschen Kreditwirtschaft

Der

Bundesverband der Deutschen Volksbanken und Raiffeisenbanken e. V., Berlin,
Bundesverband deutscher Banken e. V., Berlin,
Deutsche Sparkassen- und Giroverband e. V., Berlin,
Bundesverband Öffentlicher Banken Deutschlands e. V., Berlin
(Kreditwirtschaft)

und

(Netzbetreiber)

schließen folgenden Vertrag:

1. Zulassung als Netzbetreiber

Die Kreditwirtschaft vereinbart mit dem Netzbetreiber – vorbehaltlich der unter Nr. 4 genannten Voraussetzungen – die Zulassung zum electronic cash-System der deutschen Kreditwirtschaft. Im electronic cash-System sind zum einen die von den Zahlungsdienstleistern (kartenausgebende Zahlungsdienstleister) emittierten Debitkarten, die mit einem electronic cash-Zeichen gemäß Anlage 1 versehen sind, für die bargeldlose Zahlung an automatisierten Kassen – electronic cash-Terminals – zu akzeptieren. Soweit die Kreditwirtschaft mit in anderen Staaten ansässigen Betreibern oder Teilnehmern garantierter und PIN gestützter Debitkartensysteme (Kooperationspartner) entsprechende Kooperationsvereinbarungen getroffen hat, ist der Netzbetreiber verpflichtet, auch die im System eines Kooperationspartners von einem Zahlungsdienstleister ausgegebenen Debitkarten für die bargeldlose Zahlung an electronic cash-Terminals zu akzeptieren. Die Kreditwirtschaft wird den Netzbetreiber über die Debitkarten der Kooperationspartner, die im Rahmen des electronic cash-Systems zu akzeptieren sind, unterrichten und diese im Technischen Anhang (siehe Anlage 2) berücksichtigen. Der Netzbetreiber ist seinerseits verpflichtet, die seinem Terminalnetz angeschlossenen Handels- und Dienstleistungsunternehmen („Unternehmen") über die Debitkarten der Kooperationspartner, die im Rahmen des electronic cash-Systems akzeptiert werden, zu unterrichten. Die Akzeptanz von Karten weiterer Systeme an den electronic cash-Terminals ist hiervon nicht berührt, soweit sie die ordnungsgemäße Verarbeitung der im electronic cash-System zu akzeptierenden Karten nicht beeinträchtigt.

Nach Maßgabe der folgenden Vorschriften obliegt

- dem Netzbetreiber die Bereitstellung von electronic cash-Terminals, die durch Rechner des Netzbetreibers gesteuert werden (electronic cash-Terminal-Netz), sowie die Weiterleitung von electronic cash-Umsätzen an die innerhalb der Kreditwirtschaft hierfür zuständige Stelle zum Zwecke der Autorisierung,
- der Kreditwirtschaft die Genehmigung der electronic cash-Umsätze in ihren Autorisierungssystemen, soweit der Umsatz mit einer im Rahmen des electronic cash-Systems

ausgegebenen Debitkarte getätigt wurde. Soweit im Rahmen des electronic cash-Systems Debitkarten aus dem System eines Kooperationspartners akzeptiert werden, stellt die Kreditwirtschaft für die Autorisierung und Verrechnung der Umsätze Übergabestellen bereit, über die die Umsätze in das System des Kooperationspartners geleitet werden. In diesen Fällen leitet der Netzbetreiber den Umsatz an die zuständige Übergabestelle,

- der Kreditwirtschaft die Bereitstellung der für den Betrieb des Systems notwendigen kryptographischen Schlüssel im Rahmen des Verfahrens zur Online-Personalisierung von Terminal-Hardwaresicherheitsmodulen (OPT-Verfahren) durch die jeweils zuständige OPT-Personalisierungsstelle.

Es ist dem Netzbetreiber untersagt, die im Zusammenhang mit der Autorisierung, der Umsatzverarbeitung oder anderen Dienstleistungen im Rahmen des electronic cash-Systems anfallenden Daten für Zwecke außerhalb des electronic cash-Systems zu verwenden.

Die technischen Spezifikationen gemäß Anlage 2 dürfen ausschließlich für die Entwicklung und Verwertung von durch die Kreditwirtschaft definierte und freigegebene Zahlungsverkehrsanwendungen und Zusatzanwendungen benutzt werden. Eine darüber hinausgehende Nutzung, Verwertung oder Weitergabe an Dritte ist nicht gestattet.

2. Betrieb des electronic cash-Terminal-Netzes

Der Netzbetreiber ist für die Aufstellung der electronic cash-Terminals, deren Anschluss an den Betreiberrechner sowie deren technische Betreuung einschließlich der Durchleitung von kryptographischen Schlüsseln im Rahmen des OPT-Verfahrens verantwortlich. Nutzt der Netzbetreiber für die Einbringung asymmetrischer, kryptographischer Schlüssel einen Mechanismus außerhalb des OPT-Verfahrens, so ist er dafür verantwortlich, dass dieses Verfahren den im Technischen Anhang für die Einbringung derartiger Schlüssel beschriebenen Vorgaben entspricht.

Die Kosten der Anschaffung, der Installation, der Wartung und des Betriebs des electronic cash-Terminal-Netzes sowie die Verbindungsgebühren bis zum Eingang bei den zugelassenen Kopf- und Übergabestellen und OPT-Personalisierungsstellen, Bereitstellungsgebühren und laufende Gebühren für Anschlüsse und Endstelleneinrichtungen werden von der Kreditwirtschaft nicht übernommen.

3. Einhaltung von Sicherheitsanforderungen

Der Netzbetreiber hat sicherzustellen, dass das electronic cash-Terminal-Netz die im Technischen Anhang enthaltenen Sicherheitsanforderungen erfüllt. An das Netz dürfen von dem Netzbetreiber im Rahmen des electronic cash-Systems der Kreditwirtschaft nur Terminals angeschlossen werden, die den im Technischen Anhang beschriebenen Anforderungen entsprechen.

4. Zulassungsverfahren

Der Netzbetreiber wird auf Antrag durch die Kreditwirtschaft zugelassen, wenn er die Einhaltung der Anforderungen gemäß des Technischen Anhangs (Anlage 2) gegenüber der Kreditwirtschaft nachgewiesen hat. Die Zulassung wird gemäß des „DK Approval Scheme" in der jeweils aktuellen Version erteilt. Die aktuelle Fassung des „DK Approval Scheme" wird jeweils veröffentlicht auf der Internetseite der Kreditwirtschaft (http://www.die-deutsche-kreditwirtschaft.de).

Die Einhaltung der Zulassungsanforderungen ist vor Aufnahme des Betriebs im Rahmen einer Zulassung nachzuweisen. Die Kosten des Verfahrens und der für die Zulassung notwendigen Nachweise trägt der Netzbetreiber. Entsprechendes gilt für die Umsetzung der von der Kreditwirtschaft vorgegebenen Änderungen des Technischen Anhangs. Die Kreditwirtschaft schlägt dem Netzbetreiber mehrere geeignete Sachverständige vor. Der Netzbetreiber unterrichtet die Kreditwirtschaft über den ausgewählten Sachverständigen und verpflichtet sich, sämtliche Untersuchungsergebnisse – einschl. der Zwischenergebnisse – der Kreditwirtschaft vorzulegen. Auf der Grundlage des endgültigen Berichts wird von der Kreditwirtschaft die Frage entschieden, ob die Zulassung ausgesprochen wird. Falls die Kreditwirtschaft in konkreten Einzelfragen Zweifel an den Untersuchungsergebnissen hat, ist sie berechtigt, zur Klärung dieser Zweifelsfragen einen Zweitgutachter auf eigene Kosten heranzuziehen.

Die Zulassung als Netzbetreiber kann von dem Unternehmen nicht auf Dritte übertragen werden.

Über vom Netzbetreiber beabsichtigte Änderungen an seinen jeweiligen Systemen, welche die im Technischen Anhang niedergelegten Anforderungen berühren, unterrichtet dieser die Kreditwirtschaft unverzüglich. In diesen Fällen ist auf Anforderung der Kreditwirtschaft die Einhaltung der im Technischen Anhang niedergelegten Anforderungen durch ein ergänzendes Sachverständigengutachten nachzuweisen.

Der Netzbetreiber gewährleistet, dass auf Wunsch der Kreditwirtschaft von ihr Beauftragte Zutritt zu seinen Einrichtungen erhalten, um das electronic cash-Netz zu überprüfen[,] und leistet die notwendige Unterstützung. Festgestellte Mängel werden vom Netzbetreiber unverzüglich beseitigt.

5. Technische Schnittstellen

Soweit der Umsatz mit einer im Rahmen des electronic cash-Systems ausgegebenen Debitkarte getätigt wurde, legt die Kreditwirtschaft für die Genehmigung der electronic cash-Umsätze eine einheitliche Schnittstelle fest, über die eingehende electronic cash-Umsätze in den jeweiligen Autorisierungssystemen der Kreditwirtschaft genehmigt werden. Gleiches gilt für die Schnittstelle zwischen dem Netzbetreiber und der OPT-Personalisierungsstelle.

Soweit im Rahmen des electronic cash-Systems Debitkarten aus dem System eines Kooperationspartners akzeptiert werden, legt die Kreditwirtschaft eine Schnittstelle fest, über die die für die Autorisierung und Verrechnung der Umsätze maßgeblichen Daten an die jeweilige Übergabestelle übermittelt werden.

Die Kreditwirtschaft übernimmt die notwendige Pflege der Routingtabellen.

6. Verfahren zur Online-Personalisierung von Terminals (OPT-Verfahren)

Die Kreditwirtschaft erzeugt die für den Betrieb des electronic cash-Systems notwendigen Schlüssel und stellt diese den Netzbetreibern zur Einbringung in die Hardware-Sicherheitsboxen zur Verfügung. Im Rahmen des OPT-Verfahrens können die Schlüssel des electronic cash-Verfahrens in die Hardwaresicherheitsmodule der Terminals eingebracht werden. Für die Einbringung von öffentlichen, kryptographischen Schlüsseln in die Terminals steht es dem Netzbetreiber frei, auch andere Verfahren zu implementieren, sofern diese den Anforderungen in Anlage 2 entsprechen.

7. Online-Registrierung von Terminals und Aufgaben des Terminal-Zahlungsdienstleisters

Ein Unternehmen kann die für den Betrieb eines electronic cash-Terminals erforderlichen kryptographischen Schlüssel von einem dem electronic cash-System angeschlossenen Zahlungsdienstleister (Terminal-Zahlungsdienstleister) beziehen. Übernimmt ein Netzbetreiber im Auftrage des Terminal-Zahlungsdienstleisters im Rahmen des OPT-Verfahrens die Registrierung der Terminals (Online-Registrierung), so bedarf er hierfür einer gesonderten Zulassung durch die Kreditwirtschaft.

Vor Beginn der Online-Registrierung eines Terminals hat sich der Netzbetreiber davon zu überzeugen, dass sich das Unternehmen gegenüber dem Terminal-Zahlungsdienstleister vertraglich verpflichtet hat, die jeweils aktuellen kryptographischen Schlüssel zu beziehen. Hierzu hat sich der Netzbetreiber eine von dem Terminal-Zahlungsdienstleister unterzeichnete Erklärung entsprechend der Anlage 3 vorlegen zu lassen.

Hat sich ein Unternehmen entschlossen, das OPT-Verfahren zu nutzen, ist der Terminal-Zahlungsdienstleister berechtigt, eine Aufgabe, dh das Unternehmen zum Bezug der kryptographischen Schlüssel zu verpflichten, auf den Netzbetreiber zu übertragen. In diesem Falle obliegt es dem Netzbetreiber, das angeschlossene Unternehmen vertraglich zum Bezug der Schlüssel zu verpflichten. Die Ausstellung einer Erklärung nach Anlage 3 durch den Terminal-Zahlungsdienstleister ist in diesem Fall entbehrlich.

8. Einhaltung/Änderungen von Sicherheits- und funktionalen Anforderungen und Vertragsstrafe

Der Netzbetreiber hat sicherzustellen, dass die in den Anlagen enthaltenen Anforderungen erfüllt werden. Bei anstehenden Änderungen wird der Netzbetreiber frühzeitig (dh bereits während der laufenden Planungsphase der Kreditwirtschaft) über die vorgesehenen Änderungen unterrichtet und ihm die Möglichkeit zur Stellungnahme gegeben, um eine partnerschaftliche Abstimmung der Änderungen zwischen Neztbetreiber und Kreditwirtschaft sicherzustellen. Notwendige Änderungen der Anforderungen müssen vom Netzbetreiber innerhalb einer zusammen mit der Änderung bekannt gegebenen, unter Berücksichtigung der berechtigten Interessen der Netzbetreiber, angemessenen Frist umgesetzt werden sowie durch eine schriftliche Erklärung über die fristgerechte Umstellung seines aktiven Netzbetriebes gegenüber der Kreditwirtschaft nach Abschluss der Umsetzung der Änderungen nachgewiesen werden. Notwenidg ist eine Änderung, wenn sie zB zur Abwehr von konkreten, unmittelbaren Bedrohungen der Sicherheit des Gesamtsystems seitens der Kreditwirtschaft beschlossen wird. Verletzt der Netzbetreiber die Verpflichtung zur fristgerechten Umstellung, so hat er den daraus entstehenden Schaden zu ersetzen. Nach Ablauf der Frist wird eine Vertragsstrafe fällig, welche an eine von der Kreditwirtschaft beauftragte Stelle mit schuldbefreiender Wirkung zu leisten ist. Dies gilt nicht, wenn der Netzbetreiber die Pflichtverletzung nicht zu vertreten hat, etwa weil die gesetzte Frist nicht angemessen war. Pflichtverletzungen im Falle höherer Gewalt hat der Netzbetreiber nicht zu vertreten.

Die Vertragsstrafe beläuft sich für jedes vom Netzbetreiber nicht umgestellte Terminal des aktiven Netzbetriebes auf einen Betrag von 15,– Euro pro Monat und fällt für das Terminal jeden Monat erneut an, solange das Terminal nicht umgestellt ist. Der maßgebliche Bewertungsstichtag dafür, ob ein Terminal umgestellt ist oder nicht, ist jeweils das Ende eines Monats. Der in Bezug auf ein nicht umgestelltes Terminal geschuldete monatliche Betrag ist jeweils zum Ende des Monats zahlbar, der auf den Monat folgt, in dem das Terminal nicht umgestellt wurde.

Die Höhe der Vertragsstrafe ist für jede Umstellung wie folgt begrenzt. Für Netzbetreiber mit einem Netzbetrieb

von 1 bis zu 10.000 Terminals:	100.000 EUR
von 10.001 bis zu 100.000 Terminals:	500.000 EUR
über 100.000 Terminals:	1 Million EUR.

Verletzt der Netzbetreiber die Verpflichtungen aus diesem Vertrag, so hat er den daraus entstehenden Schaden zu ersetzen. Kausalität und Schaden sind durch die Kreditwirtschaft nachzuweisen. Eine Schadensersatzpflicht entsteht nicht, wenn der Netzbetreiber die Pflichtverletzung nicht zu vertreten hat. Soweit der Netzbetreiber eine Vertragsstrafe nach Maßgabe dieser Vorschrift schuldet, wird diese auf einen vom Netzbetreiber zu leistenden Schadensersatz angerechnet.

9. Sicherstellung des kontinuierlichen Betriebs

Der Netzbetreiber ist verpflichtet, Maßnahmen zu treffen, um die Durchführung der in diesem Vertrag getroffenen Verpflichtungen auch bei ungewöhnlichen Ereignissen sicherzustellen bzw. schnellstmöglich wiederherzustellen. Um dies zu gewährleisten, ist der Netzbetreiber verpflichtet, einen Plan zur Sicherstellung des kontinuierlichen Betriebs (Business Continuity Plan) vorzuhalten und regelmäßig zu aktualisieren.

Der Plan muss von dem Netzbetreiber mindestens einmal pro Jahr auf seine Aktualität geprüft und gegebenenfalls aktualisiert werden.

Um die Anwendbarkeit und Eignung der im Plan festgelegten Maßnahmen sicherzustellen, muss der Netzbetreiber diesen mindestens einmal pro Jahr testweise durchführen. Die Dokumentation der Testergebnisse ist der Kreditwirtschaft auf Anforderung vorzulegen.

Der Netzbetreiber muss innerhalb einer Zeitspanne von weniger als 2 Stunden nach dem Zeitpunkt, zu dem der Ausfall im Netzbetrieb erstmalig auftrat, die Weiterleitung von Autorisierungsnachrichten wieder aufnehmen (Recovery Time Objective).

Der Netzbetreiber hat auf Verlangen der Kreditwirtschaft die Einhaltung der vorgenannten Anforderungen, zB durch die Vorlage eines geeigneten Gutachtens, nachzuweisen.

10. Mitwirkungsverpflichtung

Der Netzbetreiber verpflichtet sich, die Kreditwirtschaft über alle Vorgänge im Betreibernetz oder an den electronic cash-Terminals, die auf eine missbräuchliche Nutzung des electronic cash-Systems hindeuten, unverzüglich zu unterrichten.

11. Vereinbarung von Händlerbedingungen mit den Unternehmen

Der Netzbetreiber unterstützt die Kreditwirtschaft bei der Akquisition von Unternehmen, die am electronic-cash-System teilnehmen wollen, dadurch, dass er mit diesen die „Händlerbedingungen – Bedingungen der deutschen Kreditwirtschaft für die Teilnahme am electronic cash-System" („Händlerbedingungen", siehe Anlage 4) in der deutschsprachigen Fassung vereinbart.

12. Einsatz der PIN beim Bezahlvorgang

Zur Bezahlung an electronic cash-Terminals ist neben der Karte die persönliche Geheimzahl (PIN) einzugeben. Die PIN darf nur durch den Karteninhaber eingegeben werden.

13. Unterstützung der Zahlungsverkehrsabwicklung

Der Netzbetreiber erklärt sich bereit, die Einleitung des Zahlungsverkehrs aufgrund entsprechender Vereinbarung mit dem Unternehmen dadurch zu unterstützen, dass er aus den electronic cash-Umsätzen des Unternehmens die im Technischen Anhang beschriebenen, technischen Lastschriftdateien erstellt und diese unter anderem

- dem Unternehmen zur Einreichung bei seinem kontoführenden Zahlungsdienstleister bzw. einer von diesem benannten Zentralstelle zur Verfügung stellt
- oder die Einreichung beim kontoführenden Zahlungsdienstleister des Unternehmens in dessen Auftrag selbst vornimmt oder nach Abtretung der Forderung durch das Unternehmen seinem kontoführenden Zahlungsdiensleister zur Einziehung übergibt.

14. Entgeltabrechnung

Vorbehaltlich anderlautender Vereinbarungen zwischen kartenausgebenden Zahlungsdienstleistern und Unternehmen wird der Netzbetreiber sämtlichen bei ihm derzeit und künftig angeschlossenen Unternhmen zuvor mit den kartenausgebenden Zahlungsdienstleistern ausgehandelte Entgeltangebote unterbreiten, um die Kreditwirtschaft dabei zu unterstützen, dass bei den vom Netzbetreiber angeschlosssenen Unternehmen inländische electronic cash-Transaktionen mit von Zahlungsdienstleistern ausgegebenen Debitkarten an ihren Terminals nur mit Entgeltvereinbarung abgewickelt werden. Soweit die Unternehmen über die Vermittlung eines Drittten am Netzbetrieb teilnehmen, wird der Netzbetreiber den Dritten verpflichten, die Kreditwirtschaft in gleicher Weise zu unterstützen.

In die Vereinbarung individueller Entgelte können die kartenausgebenden Zahlungsdienstleister auch andere Personen (als die Netzbetreiber) einbeziehen. Bei der Einbeziehung der Netzbetreiber oder anderer Personen sind die kartenausgebenden Zahlungsdienstleister nicht an eine bestimmte vertragsrechtliche Ausgestaltung gebunden. Die Kreditwirtschaft wird alle technisch-organisatorisch möglichen und wirtschaftlich zumutbaren Maßnahmen ergreifen, um alle am electronic cash-System teilnehmenden Zahlunsdienstleister (kartenausgebende Zahlungsdienstleister) darin zu unterstützen, mit den Unternehmen individuelle Entgeltvereinbarunge unter Einhaltung der Anforderungen des Technischen Anhangs zu schließen.

Lehnt ein Unternehmen die durch den Netzbetreiber unterbreiteten Entgeltangebote ganz oder teilweise im Hinblick auf einzelne kartenausgebende Zahlungsdienstleister ab, weist der Netzbetreiber das Unternehmen darauf hin, dass für eine Teilnahme am electronic cash-System das Bestehen individueller Entgeltabreden mit allen kartenausgebenden Zahlungsdiernstleistern erforderlich ist und lässt sich durch eine Erklärung des Unternehmens nachweisen, dass anderweitige Entgeltvereinbarungen vorliegen. Solange der Nachweis nicht oder nicht vollständig erbracht ist, wird der Netzbetreiber unter Einbeziehung des Unternehmens geeignete und angemessene Vorkehrungen treffen, wie etwa der Hinweis an den Karteninhaber durch das Unternehmen über dieNichtakzeptanz von Debitkarten von Zahlungsdienstleistern mangels Entgeltvereinbarung oder die (vorübergehende) Außerbetriebnahme des Terminals bis zum Nachweis der fehlenden Entgeltabrede(n). Wenn der Nachweis erbracht wurde, kann der Netzbetreiber die technische Abwicklung auf Wunsch des Unternehmens nach Einigung auf einen entsprechenden Servicevertrag erbringen.

Die Kreditwirtschaft trifft alle technisch-organisatorisch möglichen und wirtschaftlich zumutbaren Vorkehrungen, um die Online-Autorisierung von Transaktionen ohne entsprechende Entgeltvereinbarung zu verhindern.

Der Netzbetreiber darf von einem ihm angeschlossenen Unternehmen hinsichtlich der Entgeltvereinbarung, die das Unternehmen oder ein vom Unternehmen Beauftragter geschlossen hat, nicht die Entgeltvereinbarung als solche, sondern nur die Eckpunke (zB einen individuell vereinbarten Grundberechnungswert) erfragen, die für die technische Abwicklung der Transaktion zwingend benötigt werden. Die Einzelheiten der technischen Abwicklung vereinbarter Entgelte ergeben sich aus dem Technischen Anhang.

Der Netzbetreiber rechnet die von den seinem electronic cash-Terminal-Netz angeschlossenen Unternehmen bzw. deren Beauftragten geschuldeten electronic cash-Entgelte nach den Vorgaben der Kreditwirtschaft, so wie im technischen Anhnag beschrieben, ab und zieht die Entgelte mindestens einmal monatlich von den angeschlossenen Unternehmen bzw. deren Beauftragten ein.

Soweit nicht anderweitig vereinbart, überweist der Netzbetreiber monatlich, spätestens zum 15. des folgenden Monats, die von den angeschlossenen Unternehmen bzw. deren Beauftragten gegenüber dem jeweiligen kartenausgebendene Zahlungsdienstleiser geschuldeten Entgelte an diese oder an eine von diesen bestimmte Zentralstelle in der im Technischen Anhang beschriebenen Weise.

Vorbehaltlich anderslautender Vereeinbarungen hat der Netzbetreiber die von den Unternehmen bzw. deren Beauftragten erhaltenen electronic cash-Entgelte getrennt von seinem sonstigen Vermögen auf einem separaten Konto zu verbuchen. Es handelt sich bei den Entgelten um Treuhandvermögen der kartenausgebenden Zahlungsdienstleister.

Sollten bei der Überprüfung der Entgeltabrechnungen Unregelmäßigkeiten nachgewiesen werden können, ist der Netzbetreiber verpflichtet, eine Revision durchzuführen und dem betroffenen kartenausgebenden Zahlungsdienstleister die Fehlerursache mitzuteilen. Falls sich die Fehlerlursache nicht feststellen lässt, ist die Kreditwirtschaft berechtigt, dem Netzbetreiber ein Verfahren zur Entgeltberechnung und –überweisung vorzuschreiben. Lässt sich kein Fehler feststellen, trägt die Kreditwirtschaft die Kosten der Revision. Der Federführer der deutschen Kreditwirtschaft („DK-Federführer") ist berechtigt, die entsprechenden Maßnahmen nach Absprache im Arbeitstab gegenüber dem Netzbetreiber zu ergreifen.

15. Reklamationsbearbeitung

Zur Unterstützung der Reklamationsbearbeitung hat der Netzbetreiber alle ein- und ausgehenden Nachrichten an der Schnittstelle komplett zu speichern und 6 Monate aufzubewahren. Der Netzbetreiber ist verpflichtet, in Reklamationsfällen der Kreditwirtschaft Auskunft zu erteilen.

16. Geplante Migration

Die Kreditwirtschaft und der Netzbetreiber vereinbaren,

- dass die noch zu finalisierende Anlage C1 bis zum Eintritt der Phase 2 als vereinbartgilt

sowie

- dass sie sich vor dem 1. November 2016 auf den Inhalt eines neu abzuschließenden Technischen Anhangs einigen werden, der für die Phase 2 gelten und weitegehend den Inhalt des als Anlage C2 vorliegenden Entwurfs haben soll.

17. Schriftform, Rechtswahl, Gerichtsstand und Vertragssprache

Unter Ausnahme klarstellender Erläuterungen der Kreditwirtschaft bedürfen Änderungen und/oder Ergänzungen deises Vertrages einschleißelich seiner Anlagen und dieser Schriftformklausel selbst der Schriftform gemäß § 126 Abs. 2 des Bürgerlichen Gesetzbuchs. Dieser Vertrag und alle Anlagen unterliegen dem Recht der Bundesrepublik Deutschland. Ausschließlicher Gerichtsstand für Auseinandersetzungen, die diese Vereinbarung betreffen, ist Berlin. Ein beklagter Netzbetreiber kann auch an seinem Geschäftssitz verklagt werden. Bei Übersetzungen ist jeweils die Fassung in deutscher Sprache verbindlich.

18. Kündigungsfrist

Dieser Vertrag kann von jedem Vertragspartner mit einer Frist von 3 Monaten zum Monatsende gekündigt werden.

19. Inkrafttreten

Diese Vereinbarung tritt am 1. November 2014 in Kraft.

Anlagen:

Anlage 1: Zeichen des electronic cash-Systems

[hier nicht wiedergegeben]

Anlage 2: Technischer Anhang zum Netzbetreibervertrag

[hier nicht wiedergegeben]

Anlage 3: Erklärung über die Verpflichtung zur Abnahme kryptographischer Schlüssel

[hier nicht wiedergegeben]

Anlage 4: Bedingungen der deutschen Kreditwirtschaft für die Teilnahme am electronic cash-System („Händlerbedingungen")

[hier nicht wiedergegeben]

Anmerkungen

1. Regelungsgegenstand. Der „Netzbetreibervertrag – Vertrag über die Zulassung als Netzbetreiber im electronic-cash-System der deutschen Kreditwirtschaft" regelt das Rechtsverhältnis zwischen der deutschen Kreditwirtschaft, vertreten durch die Bankverbände, und dem jeweiligen Netzbetreiber. Allerdings ist das electronic cash-Verfahren noch um den „Vertrag über die Zulassung als Kopf- und/oder Übergabestelle im electronic cash-System und dem Deutschen Geldautomaten-System der deutschen Kreditwirtschaft" sowie den „Vertrag über die Zulassung als IP-Netz-Provider im electronic cash-System der deutschen Kreditwirtschaft" erweitert worden. Diese beiden Vertragswerke – von deren Abdruck abgesehen wird – sind eingeführt worden, nachdem die Europäische Zentralbank im Jahr 2008 allgemeine bankaufsichtsrechtliche, abwicklungstechnische und rechtliche Anforderungen vorgelegt hat, die von allen im EWR tätigen kartengestützten Zahlungssystemen im Interesse der Funktionsfähigkeit des europäischen Kartenmarkts eingehalten werden müssen; zusätzlich ist von der EZB ein Prüfkriterienkatalog aufgestellt worden, anhand dessen die für die Aufsicht zuständigen Zentralbanken ihre Aufsichts- und Überwachungspflichten ausüben sollen. Um diesen Anforderungen gerecht zu werden, sind die beiden vorstehend genannten Verträge zusätzlich in das electronic cash-System integriert worden.

2. Funktion des Netzbetreibers. Aufgabe des Netzbetreibers ist es, die Daten der Terminals der kartenakzeptierenden Unternehmen zum kartenausgebenden Kreditinstitut und/oder dessen Autorisierungszentrale weiterzuleiten und die Autorisierungsantwort vom kartenausgebenden Institut oder dessen Autorisierungszentrale zum Unternehmen zurückzuleiten. Außerdem wird der Netzbetreiber durch den Vertrag verpflichtet, das Inkasso der autorisierten Kassenumsätze dadurch zu unterstützen, dass er die auf Grund dieser Umsätze erstellten Dateien dem Kartenakzeptanten zur Einreichung bei seinem Zahlungsdienstleiser zur Verfügung stellt, die Einreichung in dessen Auftrag selbst vornimmt oder ihm ggf die Forderungen des Unternehmens gegen die kartenausgebenden

Institute abkauft. Im Interesse der Sicherheit des Systems für Verbraucher, Unternehmer und die Kreditwirtschaft ist eine spezielle Zulassung, wie sich aus Ziff 3 und 4 des Formulars ergibt, erforderlich.

3. Pflichten des Netzbetreibers. Nachdem der Netzbetreiber durch den Netzbetreibervertrag als Betreiber zum electronic-cash-System zugelassen ist, muss er mit den Kartenakzeptanten Verträge über die Verarbeitung von electronic-cash-Dateien über sein Netz abschließen.

7. Bedingungen für das Online-Banking

Nähere Angaben zur Bank sind im „Preis- und Leistungsverzeichnis" enthalten.

Bedingungen für das Online Banking

1 Leistungsangebot

(1) Der Kunde und dessen Bevollmächtigte können Bankgeschäfte mittels Online Banking in dem von der Bank angebotenen Umfang abwickeln. Zudem können sie Informationen der Bank mittels Online Banking abrufen. Des Weiteren sind sie gemäß § 675f Absatz 3 BGB berechtigt, Zahlungsauslösedienste und Kontoinformationsdienste gemäß § 1 Absätze 33 und 34 Zahlungsdiensteaufsichtsgesetz (ZAG) zu nutzen. Darüber hinaus können sie von ihnen ausgewählte sonstige Drittdienste nutzen.

(2) Kunde und Bevollmächtigte werden einheitlich als „Teilnehmer", Konto und Depot einheitlich als „Konto" bezeichnet, es sei denn, dies ist ausdrücklich anders bestimmt.

(3) Zur Nutzung des Online Banking gelten die mit der Bank gesondert vereinbarten Verfügungslimite.

2 Voraussetzungen zur Nutzung des Online Banking

(1) Der Teilnehmer kann das Online Banking nutzen, wenn die Bank ihn authentifiziert hat.

(2) Authentifizierung ist das mit der Bank gesondert vereinbarte Verfahren, mit dessen Hilfe die Bank die Identität des Teilnehmers oder die berechtigte Verwendung eines vereinbarten Zahlungsinstruments, einschließlich der Verwendung des personalisierten Sicherheitsmerkmals des Teilnehmers überprüfen kann. Mit den hierfür vereinbarten Authentifizierungselementen kann der Teilnehmer sich gegenüber der Bank als berechtigter Teilnehmer ausweisen, auf Informationen zugreifen (siehe Nummer 3 dieser Bedingungen) sowie Aufträge erteilen (siehe Nummer 4 dieser Bedingungen).

(3) Authentifizierungselemente sind
- Wissenselemente, also etwas, das nur der Teilnehmer weiß (z.B. persönliche Identifikationsnummer (PIN)),
- Besitzelemente, also etwas, das nur der Teilnehmer besitzt (z.B. Gerät zur Erzeugung oder zum Empfang von einmal verwendbaren Transaktionsnummern (TAN), die den Besitz des Teilnehmers nachweisen, wie die girocard mit TAN-Generator oder das mobile Endgerät), oder
- Seinselemente, also etwas, das der Teilnehmer ist (Inhärenz, z.B. Fingerabdruck als biometrisches Merkmal des Teilnehmers).

(4) Die Authentifizierung des Teilnehmers erfolgt, indem der Teilnehmer gemäß der Anforderung der Bank das Wissenselement, den Nachweis des Besitzelements und/oder den Nachweis des Seinselements an die Bank übermittelt.

3 Zugang zum Online Banking

(1) Der Teilnehmer erhält Zugang zum Online Banking der Bank, wenn
- er seine individuelle Teilnehmerkennung (z.B. Kontonummer, Anmeldename) angibt und
- er sich unter Verwendung des oder der von der Bank angeforderten Authentifizierungselemente(s) ausweist und
- keine Sperre des Zugangs (siehe Nummern 8.1 und 9 dieser Bedingungen) vorliegt.

Nach Gewährung des Zugangs zum Online Banking kann auf Informationen zugegriffen oder können nach Nummer 4 dieser Bedingungen Aufträge erteilt werden.

(2) Für den Zugriff auf sensible Zahlungsdaten im Sinne des § 1 Absatz 26 Satz 1 ZAG (z.B. zum Zweck der Änderung der Anschrift des Kunden) fordert die Bank den Teilnehmer auf, sich unter Verwendung eines weiteren Authentifizierungselements auszuweisen, wenn beim Zugang zum Online Banking nur ein Authentifizierungselement angefordert wurde. Der Name des Kontoinhabers und die Kontonummer sind für den vom Teilnehmer genutzten Zahlungsauslösedienst und Kontoinformationsdienst keine sensiblen Zahlungsdaten (§ 1 Absatz 26 Satz 2 ZAG).

4 Aufträge

4.1 Auftragserteilung

Der Teilnehmer muss einem Auftrag (zum Beispiel Überweisung) zu dessen Wirksamkeit zustimmen (Autorisierung). Auf Anforderung hat er hierzu Authentifizierungselemente (zum Beispiel Eingabe einer TAN als Nachweis des Besitzelements) zu verwenden.

Die Bank bestätigt mittels Online Banking den Eingang des Auftrags.

4.2 Widerruf von Aufträgen

Die Widerrufbarkeit eines Auftrags richtet sich nach den für die jeweilige Auftragsart geltenden Sonderbedingungen (zum Beispiel Bedingungen für den Überweisungsverkehr). Der Widerruf von Aufträgen kann nur außerhalb des Online Banking erfolgen, es sei denn, die Bank sieht eine Widerrufsmöglichkeit im Online Banking ausdrücklich vor.

5 Bearbeitung von Aufträgen durch die Bank

(1) Die Bearbeitung der Aufträge erfolgt an den für die Abwicklung der jeweiligen Auftragsart (zum Beispiel Überweisung) auf der Online-Banking-Seite der Bank oder im „Preis- und Leistungsverzeichnis" bekannt gegebenen Geschäftstagen im Rahmen des ordnungsgemäßen Arbeitsablaufes. Geht der Auftrag nach dem auf der Online-Banking-Seite der Bank oder im „Preis- und Leistungsverzeichnis" angegebenen Zeitpunkt (Annahmefrist) ein oder fällt der Zeitpunkt des Eingangs nicht auf einen Geschäftstag gemäß Online-Banking-Seite der Bank oder „Preis- und Leistungsverzeichnis" der Bank, so gilt der Auftrag als am darauf folgenden Geschäftstag zugegangen. Die Bearbeitung beginnt erst an diesem Geschäftstag.

(2) Die Bank wird den Auftrag ausführen, wenn folgende Ausführungsbedingungen vorliegen:
- Der Teilnehmer hat den Auftrag autorisiert (vgl. Nummer 4.1 dieser Bedingungen).
- Die Berechtigung des Teilnehmers für die jeweilige Auftragsart (zum Beispiel Wertpapierorder) liegt vor.
- Das Online-Banking-Datenformat ist eingehalten.
- Das gesondert vereinbarte Online-Banking-Verfügungslimit ist nicht überschritten (vgl. Nummer 1 Absatz 3 dieser Bedingungen).
- Die weiteren Ausführungsbedingungen nach den für die jeweilige Auftragsart maßgeblichen Sonderbedingungen (zum Beispiel ausreichende Kontodeckung gemäß den Bedingungen für den Überweisungsverkehr) liegen vor.

Liegen die Ausführungsbedingungen nach Satz 1 vor, führt die Bank die Aufträge nach Maßgabe der Bestimmungen der für die jeweilige Auftragsart geltenden Sonderbedingungen (zum Beispiel Bedingungen für den Überweisungsverkehr, Bedingungen für das Wertpapiergeschäft) aus.

(3) Liegen die Ausführungsbedingungen nach Absatz 2 Satz 1 nicht vor, wird die Bank den Auftrag nicht ausführen. Sie wird den Teilnehmer hierüber mittels Online Banking eine Information zur Verfügung stellen und soweit möglich dabei die Gründe und die Möglichkeiten nennen, mit denen Fehler, die zur Ablehnung geführt haben, berichtigt werden können.

6 Information des Kunden über Online-Banking-Verfügungen

Die Bank unterrichtet den Kunden mindestens einmal monatlich über die mittels Online Banking getätigten Verfügungen auf dem für Kontoinformationen vereinbarten Weg.

7 Sorgfaltspflichten des Teilnehmers

7.1 Schutz der Authentifizierungselemente

(1) Der Teilnehmer hat alle zumutbaren Vorkehrungen zu treffen, um seine Authentifizierungselemente (siehe Nummer 2 dieser Bedingungen) vor unbefugtem Zugriff zu schützen. Ansonsten besteht die Gefahr, dass das Online Banking missbräuchlich verwendet oder in sonstiger Weise nicht autorisiert genutzt wird (vergleiche Nummer 3 und 4 dieser Bedingungen).

(2) Zum Schutz der einzelnen Authentifizierungselemente hat der Teilnehmer vor allem Folgendes zu beachten:

(a) Wissenselemente, wie z.B. die PIN, sind geheim zu halten; sie dürfen insbesondere
- nicht mündlich (z.B. telefonisch oder persönlich) mitgeteilt werden,
- nicht außerhalb des Online Banking in Textform (z.B. per E-Mail, Messenger-Dienst) weiter gegeben werden,
- nicht ungesichert elektronisch gespeichert (z.B. Speicherung der PIN im Klartext im Computer oder im mobilen Endgerät) werden und
- nicht auf einem Gerät notiert oder als Abschrift zusammen mit einem Gerät aufbewahrt werden, das als Besitzelement (z.B. girocard mit TAN-Generator, mobiles Endgerät, Signaturkarte) oder zur Prüfung des Seinselements (z.B. mobiles Endgerät mit Anwendung für das Online Banking und Fingerabdrucksensor) dient.

(b) Besitzelemente, wie z.B. die girocard mit TAN-Generator oder ein mobiles Endgerät, sind vor Missbrauch zu schützen, insbesondere
- sind die girocard mit TAN-Generator oder die Signaturkarte vor dem unbefugten Zugriff anderer Personen sicher zu verwahren,
- ist sicherzustellen, dass unberechtigte Personen auf das mobile Endgerät des Teilnehmers (z.B. Mobiltelefon) nicht zugreifen können,
- ist dafür Sorge zu tragen, dass andere Personen die auf dem mobilen Endgerät (z.B. Mobiltelefon) befindliche Anwendung für das Online Banking (z.B. Online-Banking-App, Authentifizierungs-App) nicht nutzen können,

1

- ist die Anwendung für das Online Banking (z.B. Online-Banking-App, Authentifizierungs-App) auf dem mobilen Endgerät des Teilnehmers zu deaktivieren, bevor der Teilnehmer den Besitz an diesem mobilen Endgerät aufgibt (z.B. durch Verkauf oder Entsorgung des Mobiltelefons),
- dürfen die Nachweise des Besitzelements (z.B. TAN) nicht außerhalb des Online Banking mündlich (z.B. per Telefon) oder in Textform (z.B. per E-Mail, Messenger-Dienst) weiter gegeben werden und
- muss der Teilnehmer, der von der Bank einen Code zur Aktivierung des Besitzelements (z.B. Mobiltelefon mit Anwendung für das Online Banking) erhalten hat, diesen vor dem unbefugten Zugriff anderer Personen sicher verwahren; ansonsten besteht die Gefahr, dass andere Personen ihr Gerät als Besitzelement für das Online Banking des Teilnehmers aktivieren.

(c) Seinselemente, wie z.B. Fingerabdruck des Teilnehmers, dürfen auf einem mobilen Endgerät des Teilnehmers für das Online Banking nur dann als Authentifizierungselement verwendet werden, wenn auf dem mobilen Endgerät keine Seinselemente anderer Personen gespeichert sind. Sind auf dem mobilen Endgerät, das für das Online Banking genutzt wird, Seinselemente anderer Personen gespeichert, ist für das Online Banking das von der Bank ausgegebene Wissenselement (z.B. PIN) zu nutzen und nicht das auf dem mobilen Endgerät gespeicherte Seinselement.

(3) Beim mobileTAN-Verfahren darf das mobile Endgerät, mit dem die TAN empfangen wird (zum Beispiel Mobiltelefon), nicht gleichzeitig für das Online Banking genutzt werden.

(4) Die für das mobile-TAN-Verfahren hinterlegte Telefonnummer ist zu löschen oder zu ändern, wenn der Teilnehmer diese Telefonnummer für das Online Banking nicht mehr nutzt.

(5) Ungeachtet der Schutzpflichten nach den Absätzen 1 bis 4 darf der Teilnehmer seine Authentifizierungselemente gegenüber einem von ihm ausgewählten Zahlungsauslösedienst und Kontoinformationsdienst sowie einem sonstigen Drittdienst verwenden (siehe Nummer 1 Absatz 1 Sätze 3 und 4 dieser Bedingungen). Sonstige Drittdienste hat der Teilnehmer mit der im Verkehr erforderlichen Sorgfalt auszuwählen.

7.2 Sicherheitshinweise der Bank

Der Teilnehmer muss die Sicherheitshinweise auf der Online-Banking-Seite der Bank, insbesondere die Maßnahmen zum Schutz der eingesetzten Hard- und Software (Kundensystem), beachten.

7.3 Prüfung der Auftragsdaten mit von der Bank angezeigten Daten

Die Bank zeigt dem Teilnehmer die von ihr empfangenen Auftragsdaten (zum Beispiel Betrag, Kontonummer des Zahlungsempfängers, Wertpapierkennnummer) über das gesondert vereinbarte Gerät des Teilnehmers an (zum Beispiel mittels mobilem Endgerät, Chipkartenlesegerät mit Display). Der Teilnehmer ist verpflichtet, vor der Bestätigung die Übereinstimmung der angezeigten Daten mit den für den Auftrag vorgesehenen Daten zu prüfen.

8 Anzeige- und Unterrichtungspflichten

8.1 Sperranzeige

(1) Stellt der Teilnehmer
- den Verlust oder den Diebstahl eines Besitzelements zur Authentifizierung (z.B. girocard mit TAN-Generator, mobiles Endgerät, Signaturkarte) oder
- die missbräuchliche Verwendung oder die sonstige nicht autorisierte Nutzung eines Authentifizierungselements

fest, muss der Teilnehmer die Bank hierüber unverzüglich unterrichten (Sperranzeige). Der Teilnehmer kann eine solche Sperranzeige jederzeit auch über die gesondert mitgeteilten Kommunikationskanäle abgeben.

(2) Der Teilnehmer hat jeden Diebstahl oder Missbrauch eines Authentifizierungselements unverzüglich bei der Polizei zur Anzeige zu bringen.

(3) Hat der Teilnehmer den Verdacht einer nicht autorisierten oder betrügerischen Verwendung eines seiner Authentifizierungselemente, muss er ebenfalls eine Sperranzeige abgeben.

8.2 Unterrichtung über nicht autorisierte oder fehlerhaft ausgeführte Aufträge

Der Kunde hat die Bank unverzüglich nach Feststellung eines nicht autorisierten oder fehlerhaft ausgeführten Auftrags hierüber zu unterrichten.

9 Nutzungssperre

9.1 Sperre auf Veranlassung des Teilnehmers

Die Bank sperrt auf Veranlassung des Teilnehmers, insbesondere im Fall der Sperranzeige nach Nummer 8.1 dieser Bedingungen,
- den Online-Banking-Zugang für ihn oder alle Teilnehmer oder
- seine Authentifizierungselemente zur Nutzung des Online-Banking.

9.2 Sperre auf Veranlassung der Bank

(1) Die Bank darf den Online-Banking-Zugang für einen Teilnehmer sperren, wenn
- sie berechtigt ist, den Online-Banking-Vertrag aus wichtigem Grund zu kündigen,
- sachliche Gründe im Zusammenhang mit der Sicherheit der Authentifizierungselemente des Teilnehmers dies rechtfertigen oder
- der Verdacht einer nicht autorisierten oder einer betrügerischen Verwendung eines Authentifizierungselements besteht.

47.000 (09/19)

(2) Die Bank wird den Kunden unter Angabe der hierfür maßgeblichen Gründe möglichst vor, spätestens jedoch unverzüglich nach der Sperre auf dem vereinbarten Weg unterrichten. Die Angabe von Gründen darf unterbleiben, soweit die Bank hierdurch gegen gesetzliche Verpflichtungen verstoßen würde.

9.3 Aufhebung der Sperre

Die Bank wird eine Sperre aufheben oder die betroffenen Authentifizierungselemente austauschen, wenn die Gründe für die Sperre nicht mehr gegeben sind. Hierüber unterrichtet sie den Kunden unverzüglich.

9.4 Automatische Sperre eines chip-basierten Besitzelements

(1) Eine Chipkarte mit Signaturfunktion sperrt sich selbst, wenn dreimal in Folge der Nutzungscode für die elektronische Signatur falsch eingegeben wird.

(2) Ein TAN-Generator als Bestandteil einer Chipkarte, der die Eingabe eines eigenen Nutzungscodes erfordert, sperrt sich selbst, wenn dieser dreimal in Folge falsch eingegeben wird.

(3) Die in Absätzen 1 und 2 genannten Besitzelemente können dann nicht mehr für das Online Banking genutzt werden. Der Teilnehmer kann sich mit der Bank in Verbindung setzen, um die Nutzungsmöglichkeiten des Online Banking wiederherzustellen.

9.5 Zugangssperre für Zahlungsauslösedienst und Kontoinformationsdienst

Die Bank kann Kontoinformationsdienstleistern oder Zahlungsauslösedienstleistern den Zugang zu einem Zahlungskonto des Kunden verweigern, wenn objektive und gebührend nachgewiesene Gründe im Zusammenhang mit einem nicht autorisierten oder betrügerischen Zugang des Kontoinformationsdienstleisters oder des Zahlungsauslösedienstleisters zum Zahlungskonto, einschließlich der nicht autorisierten oder betrügerischen Auslösung eines Zahlungsvorgangs, es rechtfertigen. Die Bank wird den Kunden über eine solche Zugangsverweigerung auf dem vereinbarten Weg unterrichten. Die Unterrichtung erfolgt möglichst vor, spätestens jedoch unverzüglich nach der Verweigerung des Zugangs. Die Angabe von Gründen darf unterbleiben, soweit die Bank hierdurch gegen gesetzliche Verpflichtungen verstoßen würde. Sobald die Gründe für die Verweigerung des Zugangs nicht mehr bestehen, hebt die Bank die Zugangssperre auf. Hierüber unterrichtet sie den Kunden unverzüglich.

10 Haftung

10.1 Haftung der Bank bei Ausführung eines nicht autorisierten Auftrags und eines nicht, fehlerhaft oder verspätet ausgeführten Auftrags

Die Haftung der Bank bei einem nicht autorisierten Auftrag und einem nicht, fehlerhaft oder verspätet ausgeführten Auftrag richtet sich nach den für die jeweilige Auftragsart vereinbarten Sonderbedingungen (zum Beispiel Bedingungen für den Überweisungsverkehr, Bedingungen für das Wertpapiergeschäft.)

10.2 Haftung des Kunden bei missbräuchlicher Nutzung seiner Authentifizierungselemente

10.2.1 Haftung des Kunden für nicht autorisierte Zahlungsvorgänge vor der Sperranzeige

(1) Beruhen nicht autorisierte Zahlungsvorgänge vor der Sperranzeige auf der Nutzung eines verlorengegangenen, gestohlenen oder sonst abhanden gekommenen Authentifizierungselements oder auf der sonstigen missbräuchlichen Verwendung eines Authentifizierungselements, haftet der Kunde für den der Bank hierdurch entstehenden Schaden bis zu einem Betrag von 50 Euro, ohne dass es darauf ankommt, ob den Teilnehmer ein Verschulden trifft.

(2) Der Kunde ist nicht zum Ersatz des Schadens nach Absatz 1 verpflichtet, wenn
- es ihm nicht möglich gewesen ist, den Verlust, den Diebstahl, das Abhandenkommen oder eine sonstige missbräuchliche Verwendung des Authentifizierungselements vor dem nicht autorisierten Zahlungsvorgang zu bemerken, oder
- der Verlust des Authentifizierungselements durch einen Angestellten, einen Agenten, eine Zweigniederlassung eines Zahlungsdienstleisters oder eine sonstige Stelle, an die Tätigkeiten des Zahlungsdienstleisters ausgelagert wurden, verursacht worden ist.

(3) Kommt es vor der Sperranzeige zu nicht autorisierten Zahlungsvorgängen und hat der Teilnehmer in betrügerischer Absicht gehandelt oder seine Sorgfalts- und Anzeigepflichten nach diesen Bedingungen vorsätzlich oder grob fahrlässig verletzt, trägt der Kunde abweichend von den Absätzen 1 und 2 den hierdurch entstandenen Schaden in vollem Umfang. Grobe Fahrlässigkeit des Teilnehmers kann insbesondere vorliegen, wenn er eine seiner Sorgfaltspflichten nach
- Nummer 7.1 Absatz 2,
- Nummer 7.1 Absatz 4,
- Nummer 7.3 oder
- Nummer 8.1 Absatz 1

dieser Bedingungen verletzt hat.

(4) Abweichend von den Absätzen 1 und 3 ist der Kunde nicht zum Schadensersatz verpflichtet, wenn die Bank vom Teilnehmer eine starke Kundenauthentifizierung im Sinne des § 1 Absatz 24 ZAG nicht verlangt hat. Eine starke Kundenauthentifizierung erfordert insbesondere die Verwendung von zwei voneinander unabhängigen Authentifizierungselementen aus den Kategorien Wissen, Besitz oder Sein (siehe Nummer 2 Absatz 3 dieser Bedingungen).

(5) Die Haftung für Schäden, die innerhalb des Zeitraums, für den das Verfügungslimit gilt, verursacht werden, beschränkt sich jeweils auf das vereinbarte Verfügungslimit.

(6) Der Kunde ist nicht zum Ersatz des Schadens nach Absatz 1 und 3 verpflichtet, wenn der Teilnehmer die Sperranzeige nach Nummer 8.1 2

dieser Bedingungen nicht abgeben konnte, weil die Bank nicht die Möglichkeit zur Entgegennahme der Sperranzeige sichergestellt hatte.

(7) Die Absätze 2 und 4 bis 6 finden keine Anwendung, wenn der Teilnehmer in betrügerischer Absicht gehandelt hat.

(8) Ist der Kunde kein Verbraucher, gilt ergänzend Folgendes:
- Der Kunde haftet für Schäden aufgrund von nicht autorisierten Zahlungsvorgängen über die Haftungsgrenze von 50 Euro nach Absatz 1 und 3 hinaus, wenn der Teilnehmer fahrlässig oder vorsätzlich gegen seine Anzeige- und Sorgfaltspflichten nach diesen Bedingungen verstoßen hat.
- Die Haftungsbeschränkung in Absatz 2 erster Spiegelstrich findet keine Anwendung.

10.2.2 Haftung des Kunden bei nicht autorisierten Verfügungen außerhalb von Zahlungsdiensten (z.B. Wertpapiertransaktionen) vor der Sperranzeige

Beruhen nicht autorisierte Verfügungen außerhalb von Zahlungsdiensten (z.B. Wertpapiertransaktionen) vor der Sperranzeige auf der Nutzung eines verlorengegangenen oder gestohlenen Authentifizierungselements oder auf der sonstigen missbräuchlichen Nutzung des Authentifizierungselements und ist der Bank hierdurch ein Schaden entstanden, haften der Kunde und die Bank nach den gesetzlichen Grundsätzen des Mitverschuldens.

10.2.3 Haftung ab der Sperranzeige

Sobald die Bank eine Sperranzeige eines Teilnehmers erhalten hat, übernimmt sie alle danach durch nicht autorisierte Online-Banking-Verfügungen entstehenden Schäden. Dies gilt nicht, wenn der Teilnehmer in betrügerischer Absicht gehandelt hat.

10.2.4 Haftungsausschluss

Haftungsansprüche sind ausgeschlossen, wenn die einen Anspruch begründenden Umstände auf einem ungewöhnlichen und unvorhersehbaren Ereignis beruhen, auf das diejenige Partei, die sich auf dieses Ereignis beruft, keinen Einfluss hat, und dessen Folgen trotz Anwendung der gebotenen Sorgfalt von ihr nicht hätten vermieden werden können.

47.000 (09/19)

Schrifttum: *Böger,* in: Baas/Buck-Heeb/Werner, Anlegerschutzgesetze, 2019, Dritter Teil, § 675w BGB Rn 23 ff.; *Borsum/Hoffmeister*, Bildschirmtext und Bankgeschäfte, BB **1983**, 1441; Bankrechts-Handbuch/*Maihold* 5. Aufl 2017, § 55; *Canaris*, Bankvertragsrecht, 3. Aufl 1988, Rn 527 e ff); *Hellner*, Rechtsfragen des Zahlungsverkehrs unter besonderer Berücksichtigung des Bildschirmtext-verfahrens, FS Werner **1984**, 251; *Herresthahl,* in: Langenbucher/Bliesener/Spindler, 3. Aufl 2020, Kap 3; *Hoeren,* Das Internet für Juristen – Eine Einführung, NJW **1995**, 3295; Baumbach/Hopt/*Hopt,* HGB, 39. Aufl. 2020, (7) Bankgeschäfte F/29 f.; *Jaskulla,* Directbanking im Cyberspace, ZBB **1996**, 214; *Koch/Vogel,* in: Langenbucher/Gößmann/Werner, Zahlungsverkehr, § 4 C; *Werner* in Kümpel/Mülbert/Früh/Seyfried, Bank- und Kapitalmarktrecht, 6. Aufl 2022, Rn 4.564 ff.; *Werner* Electronic Banking, 1. Aufl. 2009.

Anmerkungen

1. Regelungsgegenstand. Das aus dem Jahre 1984 stammende ursprüngliche Regelwerk trug den Namen „Bedingungen über die Nutzung von Bildschirmtext" und lehnte sich sprachlich an das seinerzeit von der Deutschen Bundespost betriebene Btx-System an. Um die Produktunabhängigkeit zu unterstreichen, wurde der Begriff „Bildschirmtext" bzw „Btx" aufgegeben und durch den neutraleren Begriff „Online-Banking" ersetzt.

Gegenstand der Bedingungen ist ein Sicherungskonzept, das auf zwei unabhängigen Authentifizierungselementen beruht: Für den Zugang zur kontobezogenen Online-Anwendung muss der Kunde neben seiner Kundenkennung als Authentifizerieungselement in der Regel ein Wissenselement iSd § 1 Abs. 24 Nr. 1 ZAG – meist eine (PIN) – sowie für die Auftragserteilung zusätzlich ein auf einem Besitzelement gem. § 1 Abs. 24 Nr. 2 ZAG beruhendes Authentifizierungsmerkmal einsetzen. Üblicherweise wird durch das Besitzelement eine einmal verwendbare Transaktionsnummer (TAN) generiert (zum Ablauf Bankrechts-Handbuch/*Maihold* § 55 Rn 5 ff.; *Werner,* in: in Kümpel Rn 4.592 ff). Ergänzend kommt aber auch statt der TAN eine durch ein Besitzelement erzeugte elektronische Signatur oder ein Seinselement als zur Inhärenz gem. § 1 Abs. 24 Nr. 3 ZAG gehörendes Element in Betracht. Die Medien, über die eine TAN generiert werden kann oder die alternativen Seinselemente werden unter Nr. 2 der Online-Banking-Bedingungen näher geregelt. Wie sich aus Nr. 2 der abgedruckten Bedingungen ergibt, wird nicht mehr auf eine papierhafte Liste mit einmal verwendbaren TAN, sondern auf verschiedene Verfahren zur Übermittlung oder Erzeugung einer TAN oder sonstiger Authentifizierungselement Bezug genommen Soweit statt der TAN eine elektronische Signatur eingesetzt wird, kann diese sich auf einer Chipkarte oder einem anderen Authentifizierungsinstrument befinden.

Dieses Sicherungskonzept liegt den abgedruckten Bedingungen zugrunde, die vom Kreditgewerbe in Deutschland (weitgehend) einheitlich verwandt werden. Die Bedingungen werden mit den Kunden außerhalb des Online-Services vereinbart; erst anschließend wird ein Zugang zum Konto und/oder Depot des Kunden freigeschaltet. Die Probleme bei der Einbeziehung von Allgemeinen Geschäftsbedingungen bei Vertragsabschluss mittels Online-Service stellen sich daher so lange nicht, solange die Bedingungen gesondert vereinbart werden (vgl zur Problematik LG Frankental NJW-RR 1992, 954 und LG Aachen RDV 1992, 35; Bankrechts-Handbuch/*Maihold* § 55 Rn 9). Allerdings ist es auch möglich, Allgemeine Geschäftsbedingungen entsprechend den Anforderungen des § 305 Abs 2 BGB zu vereinbaren, sofern sich diese auf einem dauerhaften Datenträger befinden. Soweit sich die Online-Banking-Bedingungen auf Zahlungsdienstleistungen beziehen und es sich damit um einen Zahlungsdiensterahmenvertrag gem. § 675f Abs. 2 BGB handelt, folgt dies aus Art. 248 Abs. 3 EGBGB. Der Kunden muss außerdem deutlich auf ihre Einbeziehung hingewiesen werden und die Möglichkeit haben, sie nicht nur zu lesen, sondern auch abzuspeichern oder auszudrucken (*Werner* in Kümpel Rn 4.564).

2. Regelungsinhalt. Aus Ziff. 4.1 der Bedingungen folgt, dass Willenserklärungen dann als abgegeben gelten, wenn sie abschließend zur Übermittlung an das Kreditinstitut unter Einsatz der vereinbarten Authentifizierungselemente freigegeben worden sind (vgl *Werner*, in: Krepold/Fischbeck/Kropf/Werner, Bankrecht, 2. Aufl. 2018, 60).

Aus Ziff 5 (2) folgt, dass ein Online-Banking-Verfügungslimit gesondert vereinbart werden kann. Doch bedeutet dies nicht, dass Verfügungen darüberhinaus unwirksam sind, es sei denn es handelt sich bei dem Verfügungslimit um eine ausdrückliche Nutzungsgrenze. Soweit das Verfügungslimit überschritten wird, ist das kontoführende Institut nicht verpflichtet, wohl aber berechtigt, den Auftrag auszuführen. Kommt es zur Ausführung, steht ihm der volle Aufwendungsersatzanspruch gem §§ 675c Abs 1, 670 BGB zu.

Um den Kunden auch im Hinblick auf die Haftungsrisiken umfassend aufzuklären, werden in Ziff 7 und 8 verschiedene Pflichten des Online-Banking-Teilnehmers im Zusammenhang mit der Geheimhaltung der Authentifizierungselemente gem Ziff 2 (3) der Bedingungensowie von Anzeige- und Unterrichtungspflichten begründet. Danach muss der Teilnehmer am Online-Banking zum einen dafür Sorge tragen, dass keine unberechtigte Person Kenntnis von einem Wissenselement oder die Verfügbarkeit über ein Besitzelement als Authentifizierungselemente erlangen kann. Außerdem hat er den Online-Banking-Anbieter über alle Umstände zu unterrichten, die Anhaltspunkte für einen Missbrauch darstellen können und muss ggf zur Vermeidung (weiterer) Schäden eine Sperregem. Ziff. 8.1 der Bedingungen veranlassen. Diese Pflichten entsprechen den sich aus § 675l BGB ergebenden Anforderungen an den Zahler, der Zahlungen mittels eines Zahlunginstruments vornehmen kann.

Ziff 10 enthält umfangreiche Haftungsregelungen, die sich im Hinblick auf Zahlungsvorgänge in 10.2.1 eng an die entsprechenden Bestimmungen in Ziff. 15 der Bedingungen für die girocard anlehnen. Auch hier haftet der Online-Banking-Teilnehmer für den gesamten Schaden in der Regel nur im Falle grob fahrlässigen oder vorsätzlichen Handelns, ansonsten greift die Haftungsbegrenzung auf EURO 50,00, die jedoch auch in einigen Fallkonstellationen Anwendung finden kann, in denen der Teilnehmer nicht einmal leicht fahrlässig an der Schadensverursachung mitgewirkt hat. Folglich spiegelt sich hier die gem § 675v Abs 1 BGB eingeschränkt zulässige Sphärenhaftung wider, wobei § 675v Abs. 2 BGB den Bereich der Spährenhaftung stark einschränkt und dafür nur noch wenig Raum lässt (s zu den Haftungsregelungen im Übrigen die Anmerkungen unter → Form. IV.F.1 Anm. 9). Näher präzisiert worden waren die Anforderungen an die Sorgfaltspflichten des Nutzers durch die Rechtsprechung. So sollte zumindest fahrlässiges Handeln vorliegen, wenn der Online-Banking-Teilnehmer im Zuge eines sog Pharming-Angriffs aufgefordert wurde, mehrere TAN einzugeben, obwohl das Verfahren dies für einzelne Transaktionen nicht vorsah und obwohl die Bank davor gewarnt hatte (BGH NJW 2012, 2422). Allerdings dürfte bei den aktuellen Authentifizierungsverfahren für solche Angriffe kein Raum mehr bleiben. Aufgrund der gem. § 55 Abs. 2 ZAG bei elektronisch ausgelösten Zahlungsvorgängen erforderlichen dynamischen Verknüpfung der starken Kundenauthentifizierung mit einem bestimmten Betrag und einem bestimmten Empfänger bleibt kein Raum mehr für den Einsatz von auf Vorrat gewonnener Authentifizierungselementen.

Soweit es sich um die Ausführung von unberechtigten Wertpapiertransaktionen handelt, findet § 675v Abs 1 BGB und damit die (eingeschränkte) Sphärenhaftung keine Anwendung. Die darauf anwendbare Regelung in Ziff 10.2. orientiert sich ausschließlich an der Verschuldenshaftung, wonach der Teilnehmer den von ihm verschuldeten Schaden entsprechend des Grades seines Mitverschuldens zu tragen hat.

Aber auch auf der Grundlage des Verschuldensprinzips kann ausnahmsweise unter Rechtsscheingesichtspunkten eine Haftung des Kunden in Betracht kommen, wenn die richtigen Authentifizierungselemente verwendet wurden und der Berechtigte durch sein Verhalten schuldhaft zum Missbrauch beigetragen hat (LG Oldenburg DB 1993, 532;

LG Koblenz NJW 1991, 1360; *Canaris* Rn 527 ff.; *Herresthal,* in: Langebucher/Bliesener/Spindler, Bankrechts-Kommentar, Kap. 3, 3. Aufl. 2020, Rn 40 ff.).

Im Übrigen unterscheiden sich die neugefassten Bedingungen – in Anlehnung an die Bedingungen für das ec-System – von den früheren Btx-Bedingungen auch dadurch, dass Kontobevollmächtigte mitberücksichtigt werden. Ähnlich wie in den „Bedingungen für die girocard (Debitkarte)", wonach sowohl Kontoinhaber als auch Bevollmächtigte mit einer eigenen Karte selbstständig über das Konto verfügen können, erhalten beim Online-Banking sowohl der Kontoinhaber als auch die Bevollmächtigten eine eigene Authentifizierungselemte. In den Online-Bedingungen wird deshalb der Begriff „Kunde" insoweit verwendet, soweit er sich auf den Inhaber bezieht, der Begriff „Bevollmächtigter", soweit es um Sonderregelungen für den Bevollmächtigten geht und „Teilnehmer", soweit es um Regelungen geht, die sowohl den Kunden als auch den Kontobevollmächtigten betreffen.

Im Zuge der Umsetzung der PSD2 und der delegierten EU-VO 2018/389 sind zwei wesentliche Aspekte in die Online-Banking-Bedingungen mit aufgenommen worden: Die Möglichkeit des Kunden, Drittdienste – Kontoinformations- und Zahlungsauslösedienste – den Zugang zu seinem Konto mittels Online-Banking einzuräumen, sowie die starke Kundenauthentifizierung sowie die Folgen, falls diese, obwohl nach den gesetzlichen Vorschriften erforderlich, vom Teilnehmer nicht eingesetzt werden kann.

Ziff. 1 (2) ist um die Berechtigung des Kunden uns seines Bevollmächtigten erweitert worden, gem. § 675f Abs. 3 BGB Zahlungsauslösedienste und Kontoinformationsienste gem. § 1 Abs. 33 ZAG zu nutzen. Damit wird nur eine mit Umsetzung der PSD2 zum 13.1.2019 in das deutsche Recht eingeführte Verpflichtung in den Bedingungen wiedergegeben. Ergänzt wurde aber auch seine Befugnis, sonstige Drittdienste – also auch solche, die nicht unter § 1 Abs. 33 ZAG fallen – einzuschalten. Diese fallen aber nicht unter den gesetzlichen Anspruch gem. § 675f Abs. 3 BGB. Während die Drittdienste gem. § 1 Abs. 33 ZAG Zahlungsdienstleistungen gem. § 1 Abs. 1 S. 2 Nr. 7 und Nr. 8 ZAG erbringen und der Zulassung gem. §§ 10, 12 Nr. 3b) ZAG (Zahlungsauslösedienst) oder der Registrierung gem. § 34 ZAG (Kontoinformationsdienst) bedürfen und damit der Überwachung durch die BaFin unterliegen, werden sonstige Drittdienste nicht erfasst. Deshalb sieht Ziff. 7.1 (5) S. 2 der Bedingungen vor, dass derartige Drittdienste mit der im Verkehr erforderlichen Sorgfalt ausgewählt werden müssen, da diese keinen besonderen regulatorischen Anforderungen unterliegen. Dies ist dem Umstand geschuldet, dass die Teilnehmer gem. Ziff. 7.1 (5) S. 2 der Bedingungen berechtigt sind, gegenüber diesen Dritten ihre Authentifizierungselemente einzusetzen. Kommt es durch diese zu einem Mißbrauch und hat der Teilnehmer seine Pflichten zur sorgfältigen Auswahl verletzt, kommt seine Haftung gem. Ziff. 10.2. 1 der Bedingungen in Betracht.

Im Übrigen unterliegen bei der Einschaltung von Zahlungsauslöse- und Kontoinformationsdiensten sowohl diese Dienste als auch das kontoführende Institut besonderen Pflichten im Zusammenhang mit dem Zugang zu Zahlungskonten, die im einzelnen in §§ 48 bis 52 ZAG geregelt sind. Insbesondere darf das kontoführende Institut den unter das ZAG fallenden Drittdiensten nicht willkürlich den Zugang zu einem Zahlungskonto verweigern, sondern nur aus den in § 52 Abs. 1 ZAG genannten Gründen und hat dabei das in § 52 Abs. 2 ZAG beschriebene Verfahren einzuhalten. Voraussetzung für das Tätigwerden entsprechender Dienste ist allerdings immer die Zustimmung des Zahlers, hier also des Teilnehmers, wie sich aus §§ 48 Abs. 1 S. 1, 1. Halbs und 51 Abs. 1 S. 1 ZAG ergibt.

Da beim Online-Banking sowohl Online-Zugriffe auf ein Zahlungskonto erfolgen, als auch elektronische Zahlungsvorgänge ausgelöst werden, ist gem. § 55 Abs. 1 Nr. 1 und Nr. 2 (und auch der Nr. 3) ZAG der Einsatz einer starken Kundenauthentifizierung gem. § 1 Abs. 24 ZAG erforderlich, die bei Auslösung eines elektronischen Zahlungsvorgangs noch der dynamischen Verknüpfung mit einem bestimmten Betrag und einem bestimmten

Empfänger bedarf. Dem trägt insbesondere Ziff. 2 (3) der Bedingungen Rechnung, die entsprechende Authentifizierungselemte beschreibt.

Wirksam geworden sind die Regelungen zu de Drittdiensten und zur starken Kundenauthentiifizierung in §§ 48 bis 52 und 55 ZAG gem. Art. 15 ZDUG iVm Art. 38 Anbs. 2 delegierte EU-VO 2018/389 zum 14.9.2019.

Die zivilrechtlichen Regelungen zu den Drittdiensten und zur starken Kundenauthentifizierung sind dagegen bereits zum 18.1.2018 in Kraft getreten, sodass seit diesem Zeitpunkt der Zahlungsdienstnutzer gem. § 675f Abs. 3 BGB einen Anspruch auf Einbdindung eines Drittdienstes hat.

Für die starke Kundenauthentifizierung folgt aus § 675v Abs. 4 BGB, dass im Falle eines Mißbrauchs der Zahler dann unabhängig von seinem Verschulden nicht haftet, wenn trotz des Erfordernisses einer entsprechenden qualifizierten Authentifizierung sein Zahlungsdienstleister eine solche für die Zahlung entweder nicht verlangt oder der Zahlungsempfänger oder sein Zahlungsdienstleister eine solche nicht akzeptiert hat. Diese Haftungsbeschränkung gilt nur dann nicht, wenn der Zahler in betrügerischer Absicht gehandelt hat. Diese gesetzliche Regelung, die für Verbraucher gem. § 675e Abs. 4 BGB auch nicht abdingbar ist, findet sich in Ziff. 10.2.1 (4) wieder.

4. Kapitel: Kreditgeschäft und Kreditsicherung

G. Kreditgeschäft (mit Finanzierungsdarlehen und Verbraucherdarlehensverträgen)

Schrifttum: *Ady,* Die „Unechte Abschnittsfinanzierung" nach der Umsetzung der Verbraucherkreditrichtlinie, WM **2010**, 1305; *Ady/Paetz,* Die Umsetzung der Verbraucherkreditrichtlinie in deutsches Recht und besondere verbraucherpolitische Aspekte, WM **2009**, 1061; Bankrecht und Bankpraxis (BuB), hrsg von *Hellner/Steuer,* 1978 ff., Stand September 2021; *Becher/Lauterbach,* Darlehenskündigung nach § 490 Abs 2 BGB wegen günstiger Zinskonditionen?, WM **2004**, 1163; *Beckers,* Die Berechnung der Nichtabnahmeentschädigung, WM **1991**, 2049; *Bellinger/Kerl,* Kommentar zum HypothenbankG, 5. Aufl 2000; *Berger/Rübsamen,* Verfassungsrechtliche Grenzen der gerichtlichen Kontrolle von Klauseln über Bearbeitungsentgelte in Verbraucherkreditverträgen, WM **2011**, 1877; *Braunert,* Anteilige Rückerstattung des Disagios bei vorzeitiger Beendigung eines Darlehensvertrages, NJW **1990**, 2252; *Bülow,* Beweislast für die Verbrauchereigenschaft nach § 13 BGB, WM **2011**, 1349; *Bülow/Artz,* Verbraucherkreditrecht, 10. Aufl. 2019; *Canaris,* Bankvertragsrecht, 2. Aufl 1981, 3. Kap Kreditwesen; 3. Aufl Teil 1, 1988; *Claussen,* Bank- und Börsenrecht, 5. Aufl 2014; *Derleder,* Schadensersatzansprüche der Banken bei Nichtabnahme der Darlehensvaluta, JZ **1989**, 165; *Emmerich,* Das Recht der Leistungsstörungen, 6. Aufl 2005; *Fischer/Klanten,* Bankrecht, 4. Aufl 2010; *Früh,* Kreditvertragsrecht, in: Bankrecht und Bankpraxis (BuB), Bd 1 Teil 3 Rdn 3/1 ff., Stand September 2021; *Grundmann,* Darlehens- und Kreditrecht nach dem Schuldrechtsmodernisierungsgesetz, BKR **2001**, 66; *Hadding/Hopt,* Verbraucherkreditrecht, AGB-Gesetz und Kreditwirtschaft, 1991; *Halstenberg,* Die neuere Rechtsprechung des BGH zum Darlehensrecht, WM **1988**, Sonderbeil 4; *Hammen,* Zum Verzicht auf die Rückgewähr des nicht verbrauchten Teils eines Disagios, WM **1994**, 1104; Baumbach/Hopt/*Hopt,* HGB, (7) Bankgeschäfte G/1 ff., 40. Aufl 2020; *Hopt/Mülbert,* Kreditrecht, 1989; *dies,* Die Darlehenskündigung nach § 609a BGB, WM **1990**, Sonderbeilage 3; *Knütel,* Befreite Ehefrauen? – Zur Mithaftung für Bankkredite von Angehörigen, ZIP **1991**, 493; *Köndgen,* Gewährung und Abwicklung grundpfandrechtlich gesicherter Kredite, 4. Aufl 1994; *Köndgen,* Die Entwicklung des Bankkreditrechts in den Jahren 1991–93, NJW **1994**, 1504; *Köndgen.* Darlehen, Kredit und finanzierte Geschäfte nach neuem Schuldrecht – Fortschritt oder Rückschritt?, WM **2001**, 1637; *Köhler,* Die Regelungen zur Angabe des effektiven Jahreszinses bei Immobilienkrediten: Mehr – oder weniger – Transparenz und Vergleichbarkeit von Kreditangeboten?, WM **2012**, 149; *Köndgen/König,* Grenzen zulässiger Konditionenanpassung beim Hypothekenkredit, ZIP **1984**, 129; *Kohls,* Bankrecht, 1994; *Kohte,* Marktzinsvergleich und Marktzinsüberschreitung im Verbraucherkredit, JZ **1991**, 814; *Koller,* Die Erstattung des Disagios bei vorzeitiger Rückzahlung subventionierter Kredite, DB **1992**, 1125; *Kümpel/Mülbert/Früh/Seyfried* (Hg), Bank- und Kapitalmarktrecht, 6. Aufl 2022; *Kurz,* Ist der Mehrheitsgesellschafter und Alleingeschäftsführer einer GmbH Verbraucher? NJW **1997**, 1828; *Langenbucher,* Vereinbarungen über den Zinssatz – zugleich eine Anmerkung für den gewerblichen Musterdarlehensvertrag, BKR **2005**, 134; *Lwowski/Fischer/Langenbucher* (Hg), Das Recht der Kreditsicherung, 10. Aufl 2015; *Meincke/Hingst,* Der Kreditbegriff im deutschen Recht, WM **2011**, 633; *Melzer,* Vorfälligkeitsentschädigung als Gegenanspruch der Bank bei anteiliger Rückerstattung des Disagios?, BB **1995**, 321; *Metz,* Die Vorfälligkeitsentschädigung: Entgelt für Vertragsauflösung, Schadensersatz oder kontrollierter Freiraum?, ZBB **1994**, 205; *Mülbert,* Das Darlehen in der höchstrichterlichen Rechtsprechung 1988–91, JZ **1992**, 289, 401, 448; *Mülbert,* Die Auswirkungen der Schuldrechtsmodernisierung im Recht des „bürgerlichen" Darlehensvertrages, WM **2002**, 465; *Mülbert,* Neuerungen im Recht der Darlehenskündigung anlässlich der Umsetzung der Verbraucherkreditrichtlinie 2008/48/EG in: Festschrift für Georg Maier-Reimer zum 70. Geburtstag; MüKo/*Berger* und *Schürnbrand/Weber,* Bürgerliches Gesetzbuch, Schuldrecht Besonderer Teil I, §§ 488–512,; *Nobbe,* Bankrecht, Neue höchstrichterliche Rechtsprechung zum Bankrecht, 2. Aufl 2011; *Nobbe,* Neuregelungen im Verbraucherkreditrecht, WM **2011**, 625; *Nobbe.* (Hg.), Kommentar zum Kreditrecht, 3. Aufl., 2018; *Peters,* Die „novellierte" Gesamtbetragsangabepflicht nach dem Verbraucherkreditgesetz, WM **1994**, 1405; *Reinicke/Tiedtke,* Zweifelsfragen bei der Anwendung des Verbraucherkreditgesetzes, ZIP **1992**, 217; *Rösler,* Vorfälligkeitsentgelt bei Festzinskrediten, BB **1997**, 1369; *Rösler,* Aktuelle Rechtsfragen zu grundpfandrechtlich gesicherten Krediten, WM **1998**, 1377; *Rösler/Wimmer/Lang,* Vorzeitige Beendigung von Darlehensverträgen, 2003; *Schebesta,* Zinsklauseln im Spiegel der aktuellen Rechtsprechung, BKR 2005, 217 ff.; *Schimansky/Bunte/Lwowski,* Bankrechts-Handbuch, 5. Aufl 2017; *Schimansky,* Aktuelle Rechtsprechung des BGH zur krassen finanziellen Überforderung von Mithaftenden bei der Kreditgewährung, WM **2002**, 2437; *Schlachter,* Kreditmithaftung einkommensloser Angehöriger, BB **1993**, 802; *Scholz,* Fünf Jahre Verbraucherkreditgesetz – Eine Rechtsprechungsübersicht, WM **1996**, 1425; *Schürnbrand,* Reichweite des Widerrufsdurchgriffs bei Darlehensverträgen mit Restschuldversicherung, BKR **11**, 309; *Simon,* Kreditumschuldung, 1990; *Sonnenhol,* Änderungen der AGB-Banken zum 1. April 2002 – auch im Hinblick auf das Schuldrechtsmodernisierungsgesetz, WM **2002**, 1259; *Staudinger/Kessal-Wulf,* BGB §§ 491–512, 2012; *Vortmann,* Existenzgründungsdarlehen im neuen Verbraucherkreditrecht, ZIP **1992**, 229; *Wenzel,* Rechtliche Grundlagen der Vereinbarung eines Vorfälligkeitsentgelts mit Verbrauchern, WM **1995**, 1433; *Werhahn/Schebesta* (Hg), AGB und Sonderbedingungen der Banken, 1995 ff. (Loseblatt); *Wimmer/Rösler,* Praxisprobleme bei Preisangaben im neuen Verbraucherkreditrecht; BKR **2011**, 6 ff.; *dies,* Zinsanpassungsklauseln: Praxisfragen zur BGH-Rechtsprechung, WM **2011**, 1788; *Wittig,* Financial Covenants im inländischen Kreditgeschäft, WM **1996**, 1381; *Wittig/Wittig,* Das neue Darlehensrecht im Überblick, WM **2002**, 145; *Wittig/Wittig,* Das neue Verbraucherdarlehensrecht – Schritte zur Vermeidung der Privatinsolvenz?, ZInsO **2009**, 633; *WuB,* Entscheidungssammlung zum Wirtschafts- und Bankrecht, Stand Februar 2022.

1. Kreditlinie für wirtschaftlich Selbständige

Kreditlinie für wirtschaftlich Selbständige[1] Darlehensvertrag	Konto-Nr./Ukto.-Nr.

Darlehensgeber	– nachstehend „Bank" genannt –

1. Darlehensnehmer[2] Vor- und Zuname, Firma, Anschrift, Telefon	2. Darlehensnehmer[3] Vor- und Zuname, Firma, Anschrift, Telefon

1. und 2. Darlehensnehmer nachstehend „Darlehensnehmer" genannt

Darlehensdaten

Verwendungszweck[4]

Darlehensbetrag EURO (Höchstgrenze)[5]	Sollzinssatz z. Z. p.a.[6]	Laufzeit

Zu stellende Sicherheiten[7]

Im Übrigen gelten die nachstehenden Bedingungen für die Kreditlinie

Bedingungen für die Kreditlinie

1. Kontokorrent[8]

Die Kreditlinie wird im Kontokorrent mit Rechnungsabschluss jeweils zum Ende eines Kalenderquartals geführt.

2. Überziehung[9]

(1) Der Darlehensnehmer ist verpflichtet, den mit der Bank vereinbarten Darlehensbetrag (Höchstgrenze) einzuhalten.

(2) Duldet die Bank eine Überschreitung des vereinbarten Darlehensbetrages (Höchstgrenze), so ist die Überziehung unverzüglich, spätestens jedoch innerhalb von zwei Wochen zurückzuführen, sofern mit der Bank keine andere Vereinbarung getroffen worden ist.

(3) Auf den Betrag, um den der Darlehensbetrag (Höchstgrenze) überschritten wird (Überziehung), wird die Bank ihren während der Überziehung gültigen „Zinssatz für Überziehungen" berechnen.

3. Änderung des Sollzinssatzes[10]

(1) Der Sollzinssatz für das Darlehen ist variabel. Erhöht sich der letzte veröffentlichte Monatsdurchschnittssatz für . . . . . (Referenzzinssatz einsetzen wie zB EURIBOR-Dreimonatsgeld) gegenüber dem im Vormonat der letzten Zinsanpassung bzw. Zinsvereinbarung ermittelten Monatsdurchschnittssatz um mehr als . . . . . (zB 0,25 Prozentpunkte), so ist die Bank berechtigt, den Sollzinssatz nach billigem Ermessen (§ 315 BGB) maximal um die Veränderung des Monatsdurchschnittssatzes anzuheben. Entsprechend wird die Bank den Sollzinssatz nach billigem Ermessen um die Veränderung des Monatsdurchschnittssatzes senken, wenn sich der Monatsdurchschnittssatz für . . . . . (Referenzzinssatz einsetzen; zB EURIBOR-Dreimonatsgeld) um mehr als . . . . . (zB 0,25 Prozentpunkte) ermäßigt hat; bei Zinserhöhungen und Zinssenkungen wird die Bank ihr Ermessen in gleicher Weise ausüben. Faktoren wie Veränderungen des Kreditausfallrisikos des Kunden, des Ratings der Bank sowie der innerbetrieblichen Kostenkalkulation bleiben bei der Ausübung des billigen Ermessens außer Betracht.

Zinsänderungen erfolgen unverzüglich nach Veröffentlichung der vorbezeichneten Änderung des Monatsdurchschnittssatzes durch Erklärung gegenüber dem Darlehensnehmer. Die Unterrichtung über die Zinsänderung darf auch in Form. eines Ausdrucks auf dem Kontoauszug für das Konto erfolgen, über das das Darlehen in Anspruch genommen wird.

Bei einer Erhöhung des Sollzinssatzes kann der Darlehensnehmer, sofern nichts anderes vereinbart ist, das Darlehen innerhalb von sechs Wochen nach Bekanntgabe der Änderung mit sofortiger Wirkung kündigen. Kündigt der Darlehensnehmer, so wird der erhöhte Sollzinssatz dem gekündigten Darlehen nicht zugrunde gelegt. Die Bank wird dem Darlehensnehmer zur Abwicklung des Darlehens eine angemessene Frist einräumen.

Hinweis:

Der Euro-Inter-Bank-Offered Rate (EURIBOR) ist der täglich festgelegte Referenzzinssatz im Europäischen Interbankgeschäft, der an einem TARGET-Tag um 11.00 Uhr Brüsseler Zeit kalkuliert wird (sollte sich der konkrete Zeitpunkt ändern, an dem der EURIBOR kalkuliert wird, soll dieser Zeitpunkt maßgeblich sein). TARGET-Tag ist jeder Tag, an dem das Trans-European Automated Real-Time Gross-Settlement Express Transfer System („TARGET") geöffnet ist. Administrator des EURIBOR ist das European Money Market Institute („EMMI"). Der EURIBOR wird täglich auf der Website von EMMI [einfügen der Webseite], im Reuters System und in dem Wirtschaftsteil oder Finanzmarktteil überregionaler Tageszeitungen veröffentlicht. Diese spiegeln jedoch wegen der vielschichtigen Refinanzierungsmethodik der Bank die Änderungen der Refinanzierungs- bedingungen nicht exakt wieder.

4. Offenlegung der wirtschaftlichen Verhältnisse[11]

Der Darlehensnehmer verpflichtet sich, auf Verlangen der Bank mindestens einmal jährlich seine wirtschaftlichen Verhältnisse offen zu legen, insbesondere die Jahresabschlüsse und/oder andere Unterlagen vorzulegen, die einen zeitnahen Einblick in die wirtschaftlichen Verhältnisse des Darlehensnehmers gestatten.

5. Rückzahlung[12]

Ist eine Laufzeit vereinbart, ist das Darlehen am Ende der Laufzeit in einer Summe zurückzuzahlen.

6. Mehrere Darlehensnehmer[13]

(1) Die Darlehensnehmer ermächtigen sich auf bis Widerruf gegenseitig, die Kreditlinie jeweils einzeln in Anspruch nehmen zu können und haften gesamtschuldnerisch für den in Anspruch genommenen Betrag. Wird diese Ermächtigung von einem der Darlehensnehmer widerrufen, so dürfen die Darlehensnehmer das Darlehen nur noch gemeinsam in Anspruch nehmen.

(2) Wird die Kreditlinie von einem der Darlehensnehmer gekündigt, so wirkt die Kündigung auch für und gegen den anderen Darlehensnehmer. Das Darlehen wird dann gegenüber beiden Darlehensnehmern mit Wirksamwerden der Kündigung zur Rückzahlung fällig.

Im Übrigen gelten die Allgemeinen Geschäftsbedingungen der Bank, die in jeder Filiale der Bank eingesehen werden können und die auf Wunsch zugesandt werden.[14]

Ort, Datum	Unterschrift des 1. Darlehensnehmers	Unterschrift des 2. Darlehensnehmers

Ort, Datum	Unterschrift der Bank (Stempel mit Adresse und Unterschriften)

Anmerkungen

1. Die Kreditlinie für wirtschaftlich Selbständige ist ein **formularisierter Betriebsmittelkredit,** der auf einem laufendem Konto bzw. Girokonto im Kontokorrent geführt wird. *Kropf* in: Kümpel/Mülbert/Früh/Seyfried, Bank- und Kapitalmarktrecht, Rn 6.40. Der Kontokorrentkredit (Bankrechts-Handbuch/*Pamp* § 75 Rn 8 ff) wird dem Darlehensnehmer bis zu einer bestimmten Höhe eingeräumt und kann je nach Bedarf in wechselndem Umfang bis zur vereinbarten Höchstgrenze wiederholt in Anspruch genommen werden; laufende Zahlungseingänge bewir-ken aufgrund des Kontokorrents gemäß § 355 HGB eine entsprechende Rückführung des Darlehens (BGHZ 103, 143 = WM 1988, 321 = NJW 1988, 1320 = WuB I D 1.–2.88 *Hadding/Häuser;*). Zum Darlehensvertrag allgemein: BuB/*Früh* Rn 3/12 ff.; Bankrechts-Handbuch/*Pamp*, §§ 75, 76 mwN. Zu Betriebsmittelkrediten *Kropf* in: Kümpel/Mülbert/Früh/Seyfried, Bank- und Kapitalmarktrecht, Rn 6.36.

2. Als Darlehensnehmer kommen wirtschaftlich selbstständige natürliche Personen (freie Berufe, Gewerbetreibende) und im Handelsregister eingetragene Kaufleute in Betracht.

Diese Personen sind keine Verbraucher im Sinne von § 13 BGB, sondern Unternehmer im Sinne des § 14 BGB, sofern sich aus dem Inhalt des Vertrages die gewerbliche oder berufliche Zweckbestimmung des Kredits ergibt und die Darlehensaufnahme in Ausübung einer gewerblichen oder selbstständigen Tätigkeit erfolgt (§ 14 Abs 1 BGB).

3. Bei mehreren Darlehensnehmern hat die Auszahlung der Valuta grundsätzlich an alle zu erfolgen (Mitgläubigerschaft gemäß § 432 BGB). Für die Rückzahlung des Kredits haften sie im Zweifel als Gesamtschuldner (§§ 427, 421 BGB; BGH WM 1991, 445 = WuB IV A. § 421 BGB 1.91 *Koller*), wenn sie das Darlehen iSv § 488 BGB empfangen haben (BGH WM 88, 1814 = WuB I E 1.–1.89*Hein;* WM 1985, 686 = NJW 1985, 1831 = WuB I E 1.–13.85*Schröter*). Echter Mitdarlehensnehmer ist nur, wer ein eigenes unmittelbares wirtschaftliches Interesse an der Darlehensaufnahme hat und über die Auszahlung und Verwendung des Darlehens selbstständig und gleichberechtigt neben dem anderen Darlehensnehmer mit entscheiden darf (*Hopt,* HGB (7) BankGesch G/10 a; BGHZ 146, 37, BGH WM 2005, 418). Die Auszahlung an Dritte (auch nur an den 1. Darlehensnehmer) setzt daher eine entsprechende Anweisung des 2. Darlehensnehmers und den Zufluss beim Dritten zur freien Verfügung voraus (BGHZ 93, 264 = WM 1985, 221 = NJW 1985, 1020 = WuB I E 1.–7.85 *Wolff;* WM 86, 933 = NJW 1986, 2947 = WuB IV A. § 607 BGB 2.96 *Pohle;* WM 1989, 1718 = NJW-RR 1990, 246 = WuB I G 7.–3.90 *v. Heymann;* WM 1997, 1659). Eine (formularmäßige) wechselseitige Bevollmächtigung zur Entgegennahme aller Erklärungen ist mit §§ 307 Abs 1, 308 Nr 6 BGB (vormals §§ 9 Abs 1, 10 Nr 6 AGBG) nicht vereinbar (BGHZ 108, 98 = WM 1989, 1086 = NJW 1989, 2383 = WuB I F 4.–4.89 *Bruchner*).

4. Die Angabe des Verwendungszwecks ist im Hinblick auf § 491 Abs 1 BGB iVm § 13 BGB in der Praxis zwingend; es muss stets angegeben werden, für welche gewerbliche oder berufliche Geschäftstätigkeit die Kreditlinie verwendet wird. Die Nichtangabe des Verwendungszwecks kann zur Anwendbarkeit des Verbraucherdarlehensrechts mit den sich daraus ergebenden Angabepflichten im Darlehensvertrag (§ 492 BGB) und Wirkungen (§ 494 BGB) führen , wenn es sich beim Darlehensnehmer um eine natürliche Person handelt oder um Personenzusammenschlüsse natürlicher Personen (BGH WM 2001, 2379, zur BGB-Gesellschaft als Verbraucher). Juristische Personen sind kraft Gesetzes keine Verbraucher. Zur Beweislast siehe *Bülow,* WM 2011, 1349. Zur Abgrenzung der Aufnahme eines Darlehens durch eine natürliche Person zu privaten oder gewerblichen Zwecken, BGH WM 2018, 782.

5. Der Darlehensnehmer darf das Darlehen nur bis zur vereinbarten Höchstgrenze in Anspruch nehmen; wiederholt geduldete Überziehungen begründen keinen Anspruch auf ein höheres Darlehen (Bankrechts-Handbuch/*Pamp,* § 77 Rn 25).

6. Der Sollzins (§ 489 Abs. 5 BGB) für die Kreditlinie ist regelmäßig veränderlich, dh er kann entsprechend Nr 3 der Bedingungen (s Anm. 11) bei Änderung des vereinbarten Referenzzinssatzes angepasst werden. Bei der Vereinbarung einer Zinsanpassungsklausel sind die von der Rechtsprechung (BGH WM 2009, 1077) entwickelten Grundsätze zu berücksichtigen (. Die Vereinbarung eines veränderlichen Sollzinses ist rechtlich zulässig und unterliegt nicht der Inhaltskontrolle durch die Rechtsprechung (BGH WM 2009, 1077). Alternativ zu einer Zinsanpassungsklausel kann auch eine Zinsgleitklausel vereinbart werden (*Kropf* in: Kümpel/Mülbert/Früh/Seyfried, Rn 6.22). Etwaige Zeiten, in denen der Darlehensnehmer die Kreditlinie nicht oder nur geringfügig in Anspruch nimmt, kann der Darlehensgeber durch eine Mischkalkulation auf Basis gleichartiger Produkte bei Vereinbarung des Sollzinssatzes berücksichtigen (BGH WuB 2017, 72 Anm. *Nobbe*). Die zeitweise unterbleibende oder ungewisse Inanspruchnahme rechtfertigt nicht, bei einer formularmäßig vereinbarten Kreditlinie ein einmaliges, laufzeitunabhängiges Entgelt zu vereinbaren (BGH WuB 2017, 72 Anm. *Nobbe*).

7. Eine rechtliche Verpflichtung, zu stellende Sicherheiten im Darlehensvertrag anzugeben, besteht bei gewerblichen Krediten – im Gegensatz zu Allgemein-Verbraucherdarlehensverträgen (§ 491 Abs 2 BGB) gemäß § 492 Abs 1 BGB iVm Art 247 § 4 Abs 1 Nr 2 EGBGB – nicht. Gemäß Nr 13 AGB-Banken und Nr 22 AGB-Sparkassen hat das Kreditinstitut grundsätzlich einen Anspruch auf Bestellung bankmäßiger Sicherheiten (BGH WM 1984, 1178 u 1465; BGHZ 33, 389; *Federlin* in: Kümpel/Mülbert/Früh/Seyfried, Rn 8.6). Hat das Kreditinstitut zunächst auf die Bestellung von Sicherheiten ganz oder teilweise verzichtet, kann es dennoch später die Bestellung oder Verstärkung von Sicherheiten verlangen, wenn eine erhöhte Risikobewertung der Ansprüche gegen den Darlehensnehmer es rechtfertigen (Nr 13 Abs 2 AGB-Banken bzw Nr 22 Abs 1 AGB-Sparkassen; *Federlin* in: Kümpel/Mülbert/Früh/Seyfried, Rn 8.6).)

8. Die Kontokorrentabrede (BGH WM 1991, 1630 = NJW-RR 1991, 1251 = WuB IV D. § 355 HGB 1.91*Emmerich;* WM 1986, 1355) mit entsprechendem Rechnungsabschluss zum Quartalsende oder – aufgrund gesonderter Vereinbarung – kürzerer (zum Beispiel zum Ende eines Kalendermonats) oder längerer Rechnungsabschlussperioden (zum Ende eines Kalenderhalbjahres) ist bei gewerblichen Kreditlinien üblich; sog. Periodenkontokorrent (*Kropf* in: Kümpel/Mülbert/Früh/Seyfried, Rn 6.42). für sie gilt Nr 7 AGB-Banken bzw Nr 7 AGB-Sparkassen. Zu den Voraussetzungen: BGH WM 1991, 1630 = NJW-RR **1991,** 1251 = WuB IV D. § 355 HGB 1.**1991** *Emmerich,* zu den Wirkungen: Bankrechts-Handbuch/*Bunte*, § 12 Rn 24 ff.; *Hopt,* HGB (1) § 355 Rn 7 ff.

9. Nimmt der Kunde ohne ausdrückliche Vereinbarung oder über den vereinbarten Höchstbetrag hinaus das Darlehen in Anspruch, kann die Bank einen höheren als den vereinbarten Sollzins verlangen (BGHZ 118, 126 = NJW 1992, 1751 = WM 1992, 940 = WuB I A. Nr 14 AGB-Banken 2.92*Hadding; Wittig* in: Kümpel/Mülbert/Früh/Seyfried, Rn 3.791). Eine Überschreitung von 4 %-Punkten wird vom BGH als angemessen angesehen, wenn der Zinsaufschlag im Marktüblichen liegt (BGH WM 1991, 1630 = NJW-RR **1991,** 1251 = WuB IV D. § 355 HGB 1.**1991** *Emmerich,* zu den Wirkungen: Bankrechts-Handbuch/*Bunte*, § 12 Rn 24 ff.; *Hopt,* HGB (1) § 355 Rn 7 ff., *Pap* in: Nobbe, Kommentar zum Kreditrecht, § 505, Rn 63).

10. Mangels entsprechender Regelungen in den AGB-Banken (Nr 12 Abs 3 ABG-Banken) wird in den Darlehensbedingungen festgelegt, unter welchen Voraussetzungen die Bank berechtigt und – ggf – verpflichtet ist, den Zinssatz an geänderte Marktbedingungen anzupassen. Die Klausel enthält die erforderlichen Parameter, wie Referenzzinssatz iSv § 675g Abs 3 Satz 2 BGB, Anpassungs- bzw Überprüfungsintervalle sowie eine Anpassungsschwelle, die es dem Darlehensnehmer ermöglichen, die Entwicklung des Vertragszinssatzes vorherzusehen und nachzuvollziehen (vgl. *Lange* in: Nobbe, Kommentar zum Kreditrecht, § 488 Rn 49). Damit genügt die Klausel den Anforderungen der Rechtsprechung des BGH (BGH WM 2009, 1077) mit der er seine vorherige Rechtsprechung (BGH WM 1986, 580) aufgegeben hatte. sa *Kropf* in: Kümpel/Mülbert/Früh/Seyfried, Rn 6.22 ff).

11. Die Verpflichtung der Darlehensnehmer, die wirtschaftlichen Verhältnisse auf Verlangen der Bank einmal jährlich offenzulegen, beruht grundsätzlich auf § 18 KWG, aber auch auf der Verpflichtung der Kreditinstitute, ihre Kreditrisiken iSv § 25a Abs 1 KWG aktiv steuern zu müssen (BGH WM **1994,** 838 = NJW 1994, 2154 = WuB I E 1.–8.**94** *Eckhardt-Letzelter*); zu Financial Covenants *Wittig,* WM 1996, 1381, WM 1997, 1381 mwN).

12. Ist eine Laufzeit bestimmt, ist das Darlehen am Ende der Laufzeit zur Rückzahlung fällig (§ 488 Abs 1 Satz 2 BGB). Nur wenn das Darlehen unbefristet gewährt wird und über die Rückzahlung keine Regelung getroffen wurde, ist die Fälligkeit des Rückzahlungsanspruchs des Kreditinstituts von einer Kündigung abhängig. Haben die Vertragsparteien hierüber keine Regelung getroffen, so kommt die gesetzliche Regelung über das ordentliche Kündigungsrecht beider Vertragsparteien zur Anwendung (§ 488 Abs 3 BGB). Danach kann der Vertrag unter Einhaltung einer Frist von 3 Monaten gekündigt werden.

13. Bei mehreren Darlehensnehmern empfiehlt es sich, eine Regelung über die Verfügungsbefugnis der Darlehensnehmer über die Valuta und über die Wirkung einer Kündigung des Darlehensvertrages durch einen Darlehensnehmer zu treffen. Fehlen derartige Regelungen gelten insbesondere Kündigungen und andere Tatsachen nur für und gegen den Gesamtschuldner, in dessen Person sie eintreten (§ 425 Abs 1 BGB).

14. Durch die nach § 307 Abs 2 BGB wirksame Einbeziehung der Allgemeinen Geschäftsbedingungen in diesen Darlehensvertrag finden auch die in den AGB-Banken und AGB-Sparkassen enthaltenen Kündigungsregelungen unmittelbare Anwendung, soweit die Vertragsparteien keine gesonderte Regelung über etwaige Kündigungsrechte getroffen haben. Daher gelten bei unbefristet zugesagten Kreditlinien Nr 19 Abs 2 AGB-Banken bzw. Nr 26 Abs 1 AGB-Sparkassen. Sie gelten als vereinbar mit den Vorschriften über Allgemeine Geschäftsbedingungen (BGH WM 1985, 1136 = WuB I A.–2.85 *Obermüller;* WM 85, 769 = WuB I A.–1.85 *Pleyer;* WM 1991, 317 = NJW 1991, 778 = WuB III A. § 6 SpKG Ba-Wü 1.91 *Fischer*). Die Kündigung darf jedoch nicht „zur Unzeit" erfolgen (BGH WM 1984, 586; WM 1985, 1128) und nicht rechts-missbräuchlich sein (BGH WM 1985, 769; WM 1985, 1136 = WuB I A. Nr 17 AGB-Banken 2.85 *Obermüller;* WM 1985, 1437 = WuB I A. Nr 17 AGB-Banken 2.86 *Bruchner;* WM 87, 921 = WuB I E 4.–7.87W. *Weber,* Frankfurt WM 1992, 1018 = WuB I A. Nr 17 AGB-Banken 1.92*Hadding; Büchel* in: Kümpel/Mülbert/Früh/Seyfried, Rn 3.663). Daher besteht die vertraglich zu vereinbarende Pflicht des Kreditinstituts, bei Ausübung des Kündigungsrechts auf die berechtigten Belange des Darlehensnehmers Rücksicht zu nehmen (Nr 19 Abs 2 S. 2 AGB-Banken bzw Nr 26 Abs 1 Satz 2 AGB-Sparkassen).

2. Darlehen für wirtschaftlich Selbständige

Darlehen für wirtschaftlich Selbständige[1] Darlehensvertrag	Konto-Nr./Ukto.-Nr.
Darlehensgeber	– nachstehend „Bank" genannt –

1. Darlehensnehmer[2] Vor- und Zuname, Firma, Anschrift und Telefon	2. Darlehensnehmer[3] Vor- und Zuname, Firma, Anschrift und Telefon

1. und 2. Darlehensnehmer nachstehend „Darlehensnehmer" genannt

Darlehensdaten[4]

Darlehensbetrag	darauf Sollzinssatz % p.a. fest für[5]	Sollzinsbegrenzung Untergr. / Obergr. / für Monate	Auszahlungskurs %[6]	Bereitstellungsprovision % p.a[7]

Tilgung % p. a.[8])	Darlehenslaufzeit Jahre/Monate	Annuitätsrate/Sollzins-/Tilgungsrate	fällig und zahlbar mtl./viertelj./jährl.	jeweils am

Verwendungszweck[9]				
Ablösung durch (Institut) siehe 7.2 der Darlehensbedingungen	Vertrags-Nr.	Sparrate/LV-Beitrag	Zahlungsweise	Fälligkeit/Laufzeit Jahre

Zu stellende Sicherheiten[10]

1. ❐ Abtretung von Forderungen gegenüber kassen(zahn-)ärztlicher Vereinigung
   ❐ Sicherungsübereignung der Praxis-/Geschäftseinrichtung einschließlich etwaiger Ersatzbeschaffungen, frei von Rechten Dritter
   ❐ Höchstbetragsbürgschaft des/der [Name des Bürgen] über EUR
   ❐ Grundschuld mit persönlicher Haftungsübernahme und Zwangsvollstreckungsunterwerfung über EUR
2. Sonstige Sicherheiten:

Darlehensbedingungen

1. Bereitstellungsprovision

Bereitstellungsprovisionen sind ab dem 30. Tag nach Annahme des Darlehensvertrages durch die Bank auf nicht ausgezahlte Beträge zu zahlen.

2. Auszahlungen[11]

Das Darlehen wird nach Vorliegen der vereinbarten Sicherheiten und Erfüllung der sonstigen Auszahlungsvoraussetzungen, insbesondere Nachweis der Gesamtfinanzierung, der Einkommens-/Vermögensverhältnisse und der Einreichung der üblichen Beleihungsunterlagen auf Anforderung ausgezahlt. Fällige Zinsen werden gesondert belastet. Die Bank ist berechtigt, die bestimmungsgemäße Verwendung des Darlehens zu überwachen.

3. Kontokorrent

Das Darlehen wird im Kontokorrent mit Rechnungsabschluss jeweils zum Ende eines Kalenderquartals geführt.

4. Festschreibungsfrist[12]

(1) Bei Darlehen mit gebundenem Sollzinssatz beginnt die Sollzinsfestschreibung mit dem Datum, an dem die Bank den Darlehensvertrag unterschrieben hat und endet am letzten Tag des Monats, in dem die Sollzinsfestschreibung ausläuft.

(2) Sofern kein neuer gebundener Sollzinssatz vereinbart wird, gilt nach Ablauf der Sollzinsbindung eine veränderliche Verzinsung gemäß dem dann gültigen Sollzinssatz für veränderliche Darlehen als vereinbart. Über diesen Sollzinssatz wird die Bank den Darlehensnehmer in geeigneter Form. informieren.

5. Änderung des Zinssatzes[13]

1) Bei Darlehen mit veränderlichem Sollzinssatz gilt für die Änderung dieses Sollzinssatz folgendes:

Erhöht sich der letzte veröffentlichte Monatsdurchschnittssatz für . . . . . (Referenzzinssatz einsetzen wie zB EURIBOR-Dreimonatsgeld) gegenüber dem im Vormonat der letzten Zinsanpassung bzw. Zinsvereinbarung ermittelten Monatsdurchschnittssatz um mehr als . . . . . (zB 0,25 Prozentpunkte), so ist die Bank berechtigt, den Sollzinssatz nach billigem Ermessen (§ 315 BGB) maximal um die Veränderung des Monatsdurchschnittssatzes anzuheben. Entsprechend wird die Bank den Sollzinssatz nach billigem Ermessen um die Veränderung des Monatsdurchschnittssatzes senken, wenn sich der Monatsdurchschnittssatz für . . . . . (Referenzzinssatz einsetzen; zB EURIBOR-Dreimonatsgeld) um mehr als . . . . . (zB 0,25 Prozentpunkte) ermäßigt hat; bei Zinserhöhungen und Zinssenkungen wird die Bank ihr Ermessen in gleicher Weise ausüben. Faktoren wie Veränderungen des Kreditausfallrisikos des Kunden, des Ratings der Bank sowie der innerbetrieblichen Kostenkalkulation bleiben bei der Ausübung des billigen Ermessens außer Betracht.

Zinsänderungen erfolgen unverzüglich nach Veröffentlichung der vorbezeichneten Änderung des Monatsdurchschnittssatzes durch Erklärung gegenüber dem Darlehensnehmer. Die Unterrichtung über die Zinsänderung darf auch in Form. eines Ausdrucks auf dem Kontoauszug für das Konto erfolgen, über das das Darlehen in Anspruch genommen wird.

Bei einer Erhöhung des Sollzinssatzes kann der Darlehensnehmer, sofern nichts anderes vereinbart ist, das Darlehen innerhalb von sechs Wochen nach Bekanntgabe der Änderung mit sofortiger Wirkung kündigen. Kündigt der Darlehensnehmer, so wird der erhöhte Sollzinssatz dem gekündigten Darlehen nicht zugrunde gelegt. Die Bank wird dem Darlehensnehmer zur Abwicklung des Darlehens eine angemessene Frist einräumen.

Hinweis:

Der Euro-Inter-Bank-Offered Rate (EURIBOR) ist der täglich festgelegte Referenzzinssatz im Europäischen Interbankgeschäft, der an einem TARGET-Tag um 11.00 Uhr Brüsseler Zeit kalkuliert wird (sollte sich der konkrete Zeitpunkt ändern, an dem der EURIBOR kalkuliert wird, soll dieser Zeitpunkt maßgeblich sein). TARGET-Tag ist jeder Tag, an dem das Trans-European Automated Real-Time Gross-Settlement Express Transfer System („TARGET“) geöffnet ist. Administrator des EURIBOR ist das European Money Market Institute („EMMI“). Der EURIBOR wird täglich auf der Website von EMMI [einfügen der Webseite], im Reuters System und in dem Wirtschaftsteil oder Finanzmarktteil überregionaler Tageszeitungen veröffentlicht. Diese spiegeln jedoch wegen der vielschichtigen Refinanzierungsmethodik der Bank die Änderungen der Refinanzierungsbedingungen nicht exakt wieder.

6. Laufende Tilgung und Tilgung bei Endfälligkeit[14]

(1) Das Darlehen ist, soweit nicht eine Tilgungsaussetzung vereinbart ist, von dem auf die Vollauszahlung folgenden Fälligkeitstermin ab zu tilgen.

(2) Reicht der vorgesehene Tilgungsersatz für die Tilgung des Darlehens nicht aus, ist der Darlehensnehmer verpflichtet, zusätzliche Eigenmittel zur vollständigen Rückführung des fälligen Darlehensbetrages einzusetzen. Die Bank kann auch eine laufende und ggf. erhöhte Tilgung verlangen.

7. Offenlegung der wirtschaftlichen Verhältnisse[15]

Der Darlehensnehmer verpflichtet sich, auf Verlangen der Bank mindestens einmal jährlich seine wirtschaftlichen Verhältnisse offen zu legen, insbesondere die Jahresabschlüsse und/oder andere Unterlagen vorzulegen, die einen zeitnahen Einblick in seine wirtschaftlichen Verhältnisse gestatten.

8. Außerordentliches Kündigungsrecht der Bank[16]

Eine fristlose Kündigung ist zulässig, wenn ein wichtiger Grund vorliegt, der der Bank, auch unter Berücksichtigung der berechtigten Belange des Darlehensnehmers, deren Fortsetzung unzumutbar werden lässt. Ein wichtiger Grund liegt insbesondere vor, wenn

a) die Voraussetzungen für die Auszahlung des Darlehens gemäß Nr. 2 dieser Bedingungen nach Ablauf des Auszahlungstermins nicht erfüllt werden;
b) das Darlehen nach Ablauf des Auszahlungstermins nicht abgenommen wird;
c) wesentliche Angaben in den Beleihungsunterlagen, im Darlehensvertrag und in der Selbstauskunft nicht zutreffend sind;
d) Grundschulden mit einem schlechteren als dem vereinbarten Rang im Grundbuch eingetragen werden;
e) der Darlehensnehmer mit den von ihm zu erbringenden Leistungen länger als einen Monat in Verzug geraten ist und diese Leistung auch nach Zugang einer schriftlichen Mahnung nicht innerhalb eines Monats gezahlt hat;
f) der Darlehensnehmer der Verpflichtung zur Offenlegung seiner wirtschaftlichen Verhältnisse nicht nachgekommen ist;
g) ohne die Zustimmung der Bank ein Wechsel im Eigentum der belasteten Grundstücke erfolgt.

Besteht der wichtige Grund in der Verletzung einer vertraglichen Pflicht, ist die Kündigung erst nach erfolglosem Ablauf einer zur Abhilfe bestimmten angemessenen Frist oder nach erfolgloser Abmahnung zulässig, es sei denn, dies ist wegen der Besonderheit des Einzelfalls (§ 323 Abs. 2 und 3 BGB) entbehrlich.

Gesetzliche Kündigungsrechte bleiben unberührt.

9. Mehrere Darlehensnehmer[17]

(1) Die Darlehensnehmer ermächtigen sich bis auf Widerruf gegenseitig, das Darlehen jeweils einzeln in Anspruch nehmen zu können und haften gesamtschuldnerisch für den in Anspruch genommenen Betrag. Wird diese Ermächtigung widerrufen, so dürfen die Darlehensnehmer das Darlehen nur noch gemeinsam in Anspruch nehmen.

(2) Wird der Darlehensvertrag von einem der Darlehensnehmer gegenüber der Bank gekündigt, so wirkt die Kündigung auch gegenüber dem anderen Darlehensnehmer. Das Darlehen wird dann gegenüber beiden Darlehensnehmern mit Wirksamwerden der Kündigung zur Rückzahlung fällig.

Im Übrigen gelten die Allgemeinen Geschäftsbedingungen der Bank, die in jeder Filiale der Bank eingesehen werden können und die auf Wunsch zugesandt werden. (18)

Ort, Datum	Unterschrift des 1. Darlehensnehmers	Unterschrift des 2. Darlehensnehmers

Ort, Datum	Unterschrift der Bank (Stempel mit Adresse und Unterschriften)

Anmerkungen

1. Darlehen für wirtschaftlich Selbstständige werden standardisiert und formularmäßig wirtschaftlich selbstständigen natürlichen Personen (freie Berufe wie Ärzte, Rechtsanwälte und Gewerbebetreibende) und im Handelsregister eingetragenen Kaufleuten gewährt. Zum Kreditvertrag allgemein: *Lange* in Nobbe, Kommentar zum Kreditrecht, § 488 1 ff.; *Kropf* in: Kümpel/Mülbert/Früh/Seyfried, Rn 6.51 ff.

2. Darlehensnehmer sind keine Verbraucher im Sinne von § 13 BGB, wenn der Darlehensvertrag von einer natürlichen Person zu einem Zweck abgeschlossen wird, der entweder in Ausübung der gewerblichen oder einer selbstständigen beruflichen Tätigkeit abgeschlossen wurde. Dann handelt es sich bei dem Darlehensnehmer um einen Unternehmer iSv § 14 BGB. Darlehensnehmer können die unter Anm. 1 genannten Personenkreise sowie juristische Personen sein. Eine natürliche Person handelt gewerblich und damit als Unternehmer bei Unterhalten eines planmäßigen Geschäftsbetriebs BGH WM 2018, 782.

3. Bei mehreren Darlehensnehmern hat die Auszahlung der Valuta grundsätzlich an alle zu erfolgen (§ 432 BGB). Für die Rückzahlung des Darlehens haften sie im Zweifel als Gesamtschuldner (§§ 427, 421 BGB; BGH WM 1991, 445), wenn sie das Darlehen iSv § 488 BGB empfangen haben (BGH WM 88, 1814; WM 85, 686 = NJW 85, 1831). Echter Mitdarlehensnehmer ist nur, wer ein eigenes unmittelbares wirtschaftliches Interesse an der Darlehensaufnahme hat und über das Darlehen selbstständig und gleichberechtigt neben dem anderen Darlehensnehmer verfügen kann. Die Auszahlung an Dritte (auch nur an den 1. Darlehensnehmer) setzt daher eine entsprechende Anweisung des 2. Darlehensnehmers und den Zufluss beim Dritten zur freien Verfügung voraus (BGHZ 93, 264 = WM 1985, 221; WM 97, 1659). Eine (formularmäßige) wechselseitige Bevollmächtigung zur Entgegennahme aller Erklärungen ist mit §§ 307 Abs 1, 308 Nr 6 BGB (früher §§ 9 Abs 1, 10 Nr 6 AGBG) nicht vereinbar (BGH WM 1989, 1086). Liegen die Voraussetzungen für die Annahme eines echten Mitdarlehensnehmers nicht vor, dann haftet der Mitdarlehensnehmer lediglich als Mithaftender oder Bürge (zur Abgrenzung: BGH WM 2005, 418 ff).

4. Die Darlehensdaten wie Sollzinssatz (gebunden oder veränderlich, § 489 Abs 5 BGB), Tilgungsart (in Raten, annuitätisch oder in einer Summe am Ende der Laufzeit) und Laufzeit sind bei Vertragsschluss festzulegen.

5. Zur Verzinsung im einzelnen (Beginn/Ende der Zinspflicht, Fälligkeit, Bankrechts-Handbuch/*Krepold* § 78 Rn 6 ff., *Kropf* in Kümpel/Mülbert/Früh/Seyfried, Rn 6.21ff). Der nach dem Gesetz für die Kapitalüberlassung vom Darlehensnehmer vertraglich geschuldete Zins (§ 488 BGB) ist das Entgelt, das der Darlehensgeber für die Kreditgewährung verlangen kann. Damit werden nach der Rechtsprechung des BGH sämtliche Leistungen abgegolten, die der Darlehensgeber im Vorfeld der Kreditvergabe und während der Vertragsverhältnisses erbringt. Einmalentgelte, die nicht laufzeitabhängig ausgestaltet sind, kann der Darlehensgeber neben dem Zins daher formularmäßig nur für Sonderleistungen verlangen, zu denen er nicht bereits aufgrund gesetzlicher oder vertraglichen Vorschriften zu erbringen verpflichtet ist. Einmalige, laufzeitunabhängige Entgelte, wie Bearbeitungskosten, -provisionen oder -gebühren sind nach der Rechtsprechung des BGH auch bei formularmäßig vereinbarten Darlehensverträgen mit Unternehmern unwirksam (BGH BeckRS 2018, 14438 Rn 27).

6. Bei veränderlich verzinslichen Darlehen mit Cap wird der Zinssatz bei Veränderung des vereinbarten Referenzzinssatzes iSv § 675g Abs 3 S 2 BGB nur innerhalb der vereinbarten Zinsober- und Zinsuntergrenzen angepasst. Eine einmalig zu zahlende und laufzeitunabhängig geschuldete Cap-Prämie kann der Darlehensgeber für die Einhaltung des vereinbarten Zinskorridors nicht aufgrund eines Formularvertrags verlangen (BGH NJW 2018, 2950 mAnm. von *Bausch*).

7. Bei vorzeitiger Rückzahlung des Darlehens hat der Darlehensnehmer im Regelfall Anspruch auf Erstattung eines etwaig vereinbarten und nicht verbrauchten Disagios, das mangels anderweitiger Vereinbarung als Zinsvorauszahlung anzusehen ist (BGH WM 1990, 1150; WM 1992, 1058; WM 1993, 2003; WM 1995, 1617; WM 2000, 1243; BKR 2014, 415). Bei unkündbaren Darlehen besteht generell kein Anspruch auf Erstattung nicht verbrauchter Disagioanteile (BGH WM 1992, 1058; 1993, 2204; WM 1996, 2047; aber: BGH BKR 2014, 415, wonach das Disagio als zinsähnliches Teilentgelt und integraler Bestandteil der laufzeitabhängigen Zinskalkulation angesehen wird). Der Darlehensnehmer kann einen Darlehensvertrag, bei dem der Zinssatz für einen bestimmten Zeitraum vereinbart wurde und bei dem zur Besicherung ein Grund- oder Schiffspfandrecht bestellt wurde, 6 Monate nach vollständigem Erhalt der Darlehensvaluta unter Einhaltung einer Kündigungsfrist von 3 Monaten kündigen, wenn die berechtigten Belange des Darlehensnehmers dies gebieten, § 490 Abs. 2 BGB. Der Darlehensnehmer ist dem Kreditinstitut zum Ersatz desjenigen Schadens verpflichtet, der diesem aus der vorzeitigen Kündigung entsteht (Vorfälligkeitsentschädigung), § 490 Abs 2 BGB. Für die Berechnung der Vorfälligkeitsentschädigung können sowohl die Aktiv-Passiv-Methode als auch die Aktiv-Aktiv-Methode herangezogen werden (*Hopt,* HGB (7) BankGesch Rn G/19 a; BGH WM 1997, 1747 und 1799 = WuB I E 3.–1.98 *v. Heymann/Rösler; Rösler* BB 1997, 1369; *Rösler/Wimmer,* WM 2000, 164; *v. Heymann/Rösler,* ZIP 2001, 441; BGH WM 2005, 322 = WuB I E 3 Hypothekarkredit 1.55 *Merz*).

8. Für zugesagte, aber nicht in Anspruch genommene Darlehensmittel kann die Bank eine Bereitstellungsprovision verlangen (BGH WM 1985, 686; *Nobbe* 137 Rn 316). Die formularmäßige Vereinbarung von Bereitstellungszinsen ist auch dann wirksam, wenn es nicht zur Darlehensauszahlung kommt (BGH WM 2020, 1204).

9. Neben dem Zins kann der Darlehensgeber für die Verschaffung und Belassung der Darlehensvaluta kein weiteres einmaliges, laufzeitunabhängiges Entgelt, wie Bearbeitungskosten (BGH BKR 2014, 415; zum Kreditgeschäft mit Unternehmern BGH WuB 2018, 72 Anm. *Nobbe*) oder ein Mindestentgelt für geduldete Überzehungen (BGH WM 2017, 80) verlangen. Der Aufwand für die Prüfung der Kreditwürdigkeit, Sicherheitenhereinnahme, den Abschluss und Verwaltung des Kreditvertrags werden mit dem Zins abgegolten. Auch die formularmäßige Vereinbarung einer Zinsbegrenzungsprämie oder Cap-Prämie im Falle einer Zinsbegrenzung ist nicht zulässig (BGH BKR 2018, 333). Die Aufteilung des Entgelts – auch bei einem Darlehensvertrag – in mehrere Preisbestandteile ist zwar nach dieser Rechtsprechung des BGH weiterhin zulässig (BGHZ 116, 117; BGH WM 1998, 2432; BGH BKR 2014, 415), aber nur, wenn das zusätzliche Entgelt ebenfalls laufzeitabhängig vereinbart wird, wie zB bei einem Disagio (BGH BKR 2014, 415).

10. Das Darlehen für wirtschaftlich Selbständige ist ein idR mittel-/langfristiger Darlehensvertrag zur Finanzierung von Investitionsgütern (zB Maschinenanschaffungen, Praxis-, Laden- und Geschäftseinrichtungen). Die Angabe des Verwendungszwecks ist im Hinblick auf § 491 iVm § 13 BGB in der Praxis zwingend, wenn es sich bei dem Darlehensnehmer um eine natürliche Person handelt (*Graf von Westphalen/Emmerich/von Rottenburg* § 1 Rn 36). Die Nichtangabe des Verwendungszwecks kann andernfalls zur Anwendbarkeit des Verbraucherdarlehensrechts führen.

11. Eine rechtliche Verpflichtung, zu stellende Sicherheiten im Kreditvertrag anzugeben, besteht bei gewerblichen Krediten grundsätzlich nicht. Gemäß Nr 13 AGB-Banken hat das Kreditinstitut Anspruch auf Bestellung bankmäßiger Sicherheiten (BGH WM 1984, 1178 u 1465). Hat die Bank jedoch zunächst von einer Sicherheitenbestellung ganz oder teilweise Abstand genommen, kann sie die Bestellung oder Verstärkung von Sicherheiten nur verlangen, wenn Umstände bekannt werden, die eine erhöhte Risikobewertung der Bank rechtfertigen (Nr 13 AGB-Banken bzw Nr 26 AGB-Sparkassen; *Federlin* in: Kümpel/Mülbert/Früh/Seyfried, Rn 8.6).

12. Der Darlehensnehmer kann die Auszahlung des Darlehens (ganz oder teilweise) erst dann verlangen, wenn die vereinbarten Sicherheiten bestellt und die sonstigen Auszahlungsvoraussetzungen erfüllt sind.

13. Beginn und Ende der Zinsfestschreibungsfrist sind mit Blick auf die laufzeitkongruente Refinanzierung und die zum Ablauf der Festschreibungsfrist erforderliche Neuvereinbarung des Sollzinssatzes und dessen Bindung geregelt. Kommt eine Einigung über einen neuen Sollzinssatz nicht zustande, ist nach diesem Muster die Fortführung des Darlehens mit einem veränderlichen Sollzins vorgesehen. Eine solche Regelung ist im Interesse des Darlehensnehmers, da andernfalls bei Nichteinigung die – vorzeitige – Rückführung des Darlehens vorzusehen ist.

14. Mangels entsprechender Regelungen in den AGB-Banken (Nr 12 Abs 3; BuB/*Sonnenhol* Rn 1/333 ff) wird in den Darlehensbedingungen festgelegt, unter welchen Voraussetzungen die Bank berechtigt und – ggf – verpflichtet ist, den Sollzinszinssatz an geänderte Marktbedingungen anzupassen (BGHZ 97, 212 = WM 1986, 580 = NJW 1986, 1803 = WuB I E 1.–13. 86 *Stützle;* BGH NJW-RR 1987, 1184 = WM 1987, 921 = WuB I E 4.–7.87W. *Weber;* WM 1989, 740 = NJW 1989, 1796 = WuB I E 4.–5.89 *Bellinger;* NJW 1991, 832 = WM 1991, 179 = WuB I E 2 b.–4.91 *Kessler;* BGHZ 118, 126 = NJW 1992, 1751 = WM 1992, 940 WuB I A. Nr 14 AGB-Banken 2.92 *Hadding;* BGH NJW 1992, 1753 = WM 1992, 942). Die Klausel enthält die erforderlichen Parameter, wie Referenzzinssatz iSv § 675g Abs 3 S 2 BGB, Anpassungs- bzw Überprüfungsintervalle sowie eine Anpassungsschwelle, die es dem Darlehensnehmer ermöglichen, die Entwicklung des Vertragszinssatzes vorherzusehen und nachzuvollziehen. Damit genügt die Klausel den Anforderungen der neueren Rechtsprechung des BGH (BGH WM 2009, 1077) mit der er die vorherige ständige Rechtsprechung (BGH WM 1986, 580 aufgegeben hatte, vgl BuB/*Früh* Rn 3/119 d; *Kropf* in: Kümpel//Mülbert/Früh/Seyfried, Rn 6.22ff).

15. Während der Auszahlungsphase brauchen Darlehen, insbesondere Annuitätensdarlehen, regelmäßig nicht getilgt zu werden.

16. Die Verpflichtung der Darlehensnehmer, die wirtschaftlichen Verhältnisse auf Verlangen der Bank einmal jährlich offenzulegen, beruht auf § 18 KWG (BGH WM 1994, 838); zu Financial Covenants *Wittig* WM 1997, 1381 mwN.

17. Die Bank kann den Darlehensvertrag aus wichtigem Grund jederzeit kündigen; (*Graf von Westphalen* BB 1993, 8, 12 f.; Bankrechts-Handbuch/*Krepold*, § 79 Rn 177ff mwN; BGH WM 1988, 195 und 1223; WM 1994, 838). Dieses Kündigungsrecht besteht auch nach Nr 19 Abs 3 AGB-Banken 2002 (*Hopt*, HGB, (8) AGB-Banken Nr 19 Rn 4, 5,5 a–c; *Sonnenhol*, WM 2002, 465).

18. Bei mehreren Darlehensnehmern empfiehlt es sich, eine Regelung über die Verfügungsbefugnis der Darlehensnehmer über die Valuta und über die Wirkung einer Kündigung des Darlehensvertrages durch einen Darlehensnehmer zu treffen. Fehlen derartige Regelungen, gelten insbesondere Kündigungen und andere Tatsachen nur für und gegen den Gesamtschuldner, in dessen Person sie eintreten (§ 425 Abs 1 BGB).

19. Durch die nach § 307 Abs 2 BGB wirksame Einbeziehung der Allgemeinen Geschäftsbedingungen in diesen Darlehensvertrag finden die in den AGB-Banken und AGB-Sparkassen enthaltenen Kündigungsregelungen unmittelbare Anwendung, soweit die Vertragsparteien keine gesonderte Regelung über etwaige Kündigungsrechte getroffen haben.

3. Darlehen für Existenzgründer

Darlehensvertrag für Existenzgründer[1]

Vertrag über ein befristetes Darlehen mit annuitätischer Tilgung (Annuitätendarlehen)[2]

Darlehensgeber: [Name und Anschrift des Darlehensgebers] – nachstehend „Bank“ genannt.[3]

I Darlehensnehmer

Nachstehend – auch bei mehreren – „Darlehensnehmer“ genannt.

1. Darlehensnehmer	2. Darlehensnehmer[4]
Vor- und Zuname, Firma, Anschrift und Telefon	Vor- und Zuname, Firma, Anschrift und Telefon

Datenschutzrechtlicher Hinweis: Die Bank verarbeitet und nutzt die von den Darlehensnehmern erhobenen personenbezogenen Daten auch für Zwecke der Werbung oder der Markt- oder Meinungsforschung. Der Verarbeitung und Nutzung der personenbezogenen Daten für die vorgenannten Zwecke kann jeder Darlehensnehmer jederzeit einzeln widersprechen.

II Darlehensvermittler

[Name und Adresse des Darlehensvermittlers]

III Darlehensdaten[5]

Darlehensbetrag		darauf Sollzinssatz % p. a.	gebunden für Monate	für Monate	Auszahlungskurs (Disagio) %	EZB-Zinssatz im Monat der letzten Sollzinsanpassung: EZB-Satz in %	Monat der Anpassung
Bereitstellungsprovision % p. a.	ab	effektiver Jahreszins % *	Tilgung % p. a.	Vertragslaufzeit . Monate *	fällig und zahlbar	erstmals in	Anzahl. Raten

Gesamtkosten des Darlehens in EURO[6]						Nettodarlehensbetrag	Gesamtbetrag *
Summe der Sollzinsen *	Disagio	Kosten für den Vertrag zur Vermögensbildung					
		einmalig (Summe)	laufend (Summe)				
Vermittlungsprovision	Summe Risiko-LV Prämie ***	Kosten für Sicherheiten		Sonstigen Kosten ****			
		einmalig (Summe)	laufend (Summe)	einmalig (Summe)	laufend (Summe)		

* Bzgl. der Annahmen für die Berechnung siehe Nr. 7 der Darlehensbedingungen

** Die Höhe basiert auf dem angegebenen Sollzinssatz und ist abhängig von der weiteren Entwicklung desselben nach den Nummern 5 und 6 der Darlehensbedingungen

*** Ohne Berücksichtigung im effektiven Jahreszins und Gesamtbetrag.

**** Zusätzlich fallen noch folgende betragsmäßig nicht bekannte Kosten für die Bestellung einer Grundschuld an: Notarkosten, Gebäudeversicherung, Kosten für die Bestellung (zB Kosten für Grundbuchamt)

IV Zu stellende Sicherheiten/Versicherungen[7]

Pfandrecht an Wertpapieren, Sachen und Ansprüchen gemäß Nr. 11 der Darlehensbedingungen

Im Übrigen gelten die nachfolgenden Darlehensbedingungen

Darlehensbedingungen[8]

Für das Darlehen für Existenzgründer (im Folgenden „Darlehen") gelten die nachstehenden Bedingungen:

1. Disagio

Das bei den Darlehensdaten unter Auszahlungskurs aufgeführte Disagio wird zum Zeitpunkt der ersten Auszahlung des Darlehens fällig. Es wird vom Darlehensbetrag abgezogen, soweit keine andere Vereinbarung getroffen wurde.

2. Bereitstellungsprovision/Sollzinsen

2.1 Bereitstellungsprovisionen sind ab dem bei den Darlehensdaten vereinbarten Termin auf noch nicht ausgezahlte Beträge zu zahlen. Sie sind täglich fällig und werden von den jeweils noch auszuzahlenden Darlehensbeträgen abgezogen oder dem Darlehensnehmer separat belastet, soweit der Darlehensnehmer der Bank hierzu eine Einzugs-/Belastungsermächtigung erteilt hat.

2.2 Die Bank wird die Sollzinsen auf der Basis von $^{30}/_{360}$ berechnen, dabei wird jeder Kalendermonat mit 30 Tagen und jedes Kalenderjahr mit 360 Tagen zugrunde gelegt.

Die Sollzinsen werden, soweit sich aus Nr. 2.3 nichts anderes ergibt, nachträglich am Ende eines jeden Kalenderquartals sowie bei Beendigung des Darlehens fällig.

2.3 Sollzinsen, die während der Auszahlungsphase auf bereits ausgezahlte Beträge anfallen, sind täglich fällig und werden von den jeweils noch auszuzahlenden Darlehensbeträgen abgezogen oder, dem Darlehensnehmer separat belastet, soweit der Darlehensnehmer der Bank hierzu eine Einzugs-/Belastungsermächtigung erteilt hat.

3. Auszahlungsbedingungen

3.1 Das Darlehen wird nach rechtswirksamer Bestellung der vereinbarten Sicherheiten, Erbringung des Nachweises über den Abschluss der vereinbarten Versicherungen und Erfüllung der nachstehenden Auszahlungsbedingungen auf schriftliche Anforderung aller Darlehensnehmer ausgezahlt:

Ergänzende Nachweise zu den Sicherheiten

- ❒ Abtretung von Lebens- und Rentenversicherungsverträgen: Versicherungspolice, Abtretungsbestätigung der Lebensversicherungsgesellschaft
- ❒ Verpfändung Depot und Kontoguthaben: Verpfändungsbestätigung des depot- und/ oder kontoführenden Kreditinstituts, soweit ausgestellt Sparurkunde
- ❒ Bürgschaften: bei Höchstbetragsbürgschaften Einkommens- und Vermögensangaben des Bürgen
- ❒ Fahrzeug-Sicherungsübereignung: Zulassungsbescheinigung Teil II (KFZ-Brief)
  - ❒ ______________________________

  Einkommens- und Vermögensunterlagen
  - ❒ ______________________________

  Nachweise der Finanzierung
- ❒ Nachweise der Gesamtfinanzierung, Nachweis Eigenkapital, ggf. Zusage anderer Darlehensgeber und Verwendungsnachweis durch Rechnungsvorlage
- ❒ ______________________________

3.2 Bedingung für die Auszahlung des Darlehens ist ferner, dass sich die Kreditwürdigkeit des Darlehensnehmers zwischen dem Abschluss des Darlehensvertrags und dem Auszahlungszeitpunkt nicht verschlechtert hat.

3.3 Die Bank ist berechtigt, die bestimmungsgemäße Verwendung des Darlehens zu überwachen.

4. Kontokorrent

Das Darlehen wird im Kontokorrent mit Rechnungsabschluss jeweils zum Ende eines Kalenderquartals geführt.

5. Art und Weise der Anpassung des veränderlichen Sollzinssatzes[9]

Für die Änderung des Sollzinssatzes bei veränderlicher Verzinsung gilt Folgendes:

5.1 Ist der am vorletzten Bankarbeitstag vor dem 15. eines Kalendermonats festgestellte so genannte Mindestbietungssatz oder Zinssatz der Hauptrefinanzierungsgeschäfte der Europäischen Zentralbank (nachstehend „EZB-Zinssatz" genannt) gegenüber dem im Monat der letzten Sollzinsanpassung festgestellten EZB-Zinssatz um mehr als 0,20 Prozentpunkte erhöht, so ist die Bank berechtigt, den Sollzinssatz nach billigem Ermessen (§ 315 BGB) maximal um die Veränderung des EZB-Zinssatzes anzuheben. Entsprechend wird die Bank den Sollzinssatz nach billigem Ermessen mindestens um die Veränderung des EZB-Zinssatzes senken, wenn sich der EZB-Zinssatz um mehr als 0,20 Pro-

zur Rückzahlung des Darlehens ausreichen. Reichen die als Vermögen gebildeten Mittel für die Rückzahlung des Darlehens am Ende der Vertragslaufzeit nicht aus, ist der Darlehensnehmer verpflichtet, zusätzliche Eigenmittel zur vollständigen Rückführung des fälligen Darlehensbetrages einzusetzen. Die Bank kann auch eine laufende und ggf. eine erhöhte Tilgung verlangen.

9. Mehrere Darlehensnehmer[13]

9.1 Mehrere Darlehensnehmer haften gesamtschuldnerisch.

9.2 Bei mehreren Darlehensnehmern ermächtigen sich die Darlehensnehmer bis auf Widerruf gegenseitig, das Darlehen jeweils einzeln in Anspruch nehmen zu können. Wird diese Ermächtigung von einem der Darlehensnehmer widerrufen, so dürfen die Darlehensnehmer das Darlehen nur noch gemeinsam in Anspruch nehmen.

9.3 Wird das Darlehen von einem der Darlehensnehmer gegenüber der Bank gekündigt, so wirkt die Kündigung auch für und gegen die anderen Darlehensnehmer. Das Darlehen wird dann gegenüber allen Darlehensnehmern mit Wirksamwerden der Kündigung zur Rückzahlung fällig.

9.4 Bei mehreren Darlehensnehmern steht das Widerrufsrecht jedem einzelnen Darlehensnehmer zu. Sollte einer der Darlehensnehmer den Darlehensvertrag innerhalb der Widerrufsfrist widerrufen, so gilt der Widerruf für und gegen alle Darlehensnehmer. Der Darlehensvertrag ist mit Zugang des Widerrufs bei der Bank rückabzuwickeln. Die Bank wird den/die Darlehensnehmer über den Widerruf des Darlehensvertrages durch einen Darlehensnehmer informieren.

10. Abschluss des Darlehensvertrages[14]

10.1 Der Darlehensvertrag ist erst dann wirksam abgeschlossen, wenn Bank und Darlehensnehmer ihre Vertragserklärungen unterschrieben haben und den jeweils anderen Vertragsparteien die jeweilige Vertragserklärung zugegangen ist.

10.2 Verzichtet der Darlehensnehmer bei Abgabe seiner Vertragserklärung auf den Zugang der Vertragserklärung der Bank in Schriftform, ist der Darlehensvertrag auch dann wirksam abgeschlossen, wenn dem Darlehensnehmer die Vertragserklärung der Bank als Abschrift zugeht.

10.3 Unterschreibt die Bank den Darlehensvertrag vor dem Darlehensnehmer, wird der Darlehensvertrag erst wirksam abgeschlossen, wenn der Bank die von allen Darlehensnehmern unterschriebene Vertragserklärung zugeht. Die Bank wird in diesem Fall den Darlehensnehmern den Zeitpunkt des Zugangs der Vertragserklärung und damit den Zeitpunkt des Abschlusses des Darlehensvertrags gesondert mitteilen.

11. Pfandrecht[15]

11.1 Der Darlehensnehmer und die Bank sind sich darüber einig, dass die Bank ein Pfandrecht an den Wertpapieren und Sachen erwirbt, an denen eine inländische Geschäftsstelle im bankmäßigen Geschäftsverkehr Besitz erlangt hat oder noch erlangen wird. Die Bank erwirbt ein Pfandrecht auch an Ansprüchen, die dem Darlehensnehmer gegen die Bank aus der bankmäßigen Geschäftsverbindung zustehen oder künftig zustehen werden (zB Kontoguthaben).

11.2 Gelangen Gelder oder andere Werte mit der Maßgabe in die Verfügungsgewalt der Bank, dass sie nur für einen bestimmten Zweck verwendet werden dürfen (zum Beispiel Bareinzahlung zur Einlösung eines Wechsels), erstreckt sich das Pfandrecht der Bank nicht auf diese Werte. Dasselbe gilt für die von der Bank selbst ausgegebenen Aktien (eigene Aktien) und für die Wertpapiere, die die Bank im Ausland für den Kunden verwahrt. Außerdem erstreckt sich das Pfandrecht nicht auf die von der Bank selbst ausgegebenen eigenen Genussrechte/Genussscheine und nicht auf die verbrieften und nicht verbrieften nachrangigen Verbindlichkeiten der Bank.

12. Pflicht zur Offenlegung der wirtschaftlichen Verhältnisse[16]

Der Darlehensnehmer verpflichtet sich, auf Verlangen der Bank seine wirtschaftlichen Verhältnisse offen zu legen, insbesondere Unterlagen vorzulegen, die einen zeitnahen Einblick in seine wirtschaftlichen Verhältnisse gestatten.

13. Tilgungsplan[17]

Der Darlehensnehmer kann von der Bank jederzeit kostenlos einen Tilgungsplan verlangen.

14. Verfahren bei Kündigung durch den Darlehensnehmer[18]

14.1 Der Darlehensnehmer kann den Darlehensvertrag, sofern der Sollzinssatz für einen bestimmten Zeitraum gebunden ist, ganz oder teilweise kündigen, wenn die Sollzinsbindung vor der für die Rückzahlung bestimmten Zeit endet und keine neue Vereinbarung über den Sollzinssatz getroffen ist, unter Einhaltung einer Kündigungsfrist von einem Monat frühestens für den Ablauf des Tages, an dem die Sollzinsbindung endet, in jedem Fall nach Ablauf von zehn Jahren nach dem vollständigen Empfang unter Einhaltung einer Kündigungsfrist von sechs Monaten; wird nach dem Empfang des Darlehens eine neue Vereinbarung über die Zeit der Rückzahlung oder den Sollzinssatz getroffen, so tritt der Zeitpunkt dieser Vereinbarung an die Stelle des Zeitpunkts des Empfangs (§ 489 Abs. 1 BGB). Der Darlehensnehmer kann den Darlehensvertrag, sofern der Sollzinssatz veränderlich ist, jederzeit mit einer Frist von drei Monaten kündigen (§ 489 Abs. 2 BGB). Eine Kündigung des Darlehensnehmers nach diesem Absatz gilt als nicht erfolgt, wenn er den geschuldeten Betrag nicht binnen zwei Wochen nach Wirksamwerden der Kündigung zurückzahlt (§ 489 Abs. 3 BGB).

14.2 Der Darlehensnehmer kann den Darlehensvertrag ohne Einhaltung einer Kündigungsfrist aus wichtigem Grund kündigen (§ 314 BGB). Ein wichtiger Grund liegt vor, wenn dem Darlehensnehmer unter Berücksichtigung aller Umstände des Einzelfalls und unter Abwägung der beiderseitigen Interessen die Fortsetzung des Vertragsverhältnisses bis zur vereinbarten Beendigung nicht zugemutet werden kann. Besteht der wichtige Grund in der Verletzung einer Pflicht aus dem Vertrag, ist die Kündigung erst nach erfolglosem Ablauf einer zur Abhilfe bestimmten Frist oder nach erfolgloser Mahnung zulässig. § 323 Abs. 2 BGB findet entsprechend Anwendung. Der Darlehensnehmer kann nur innerhalb einer angemessenen Frist kündigen, nachdem er vom Kündigungsgrund Kenntnis erlangt hat.

14.3 Die Kündigung seitens des Darlehensnehmers bedarf keiner Form. und keiner Begründung und wird mit Zugang bei der Bank – bzw. bei Kündigung unter Einhaltung einer Kündigungsfrist mit Ablauf der Kündigungsfrist – wirksam.

15. Verfahren bei Kündigung durch die Bank

15.1 Die Bank kann den Darlehensvertrag vor Auszahlung des Darlehens im Zweifel stets, nach Auszahlung nur in der Regel fristlos kündigen (§ 490 Abs. 1 BGB), wenn in den Vermögensverhältnissen des Darlehensnehmers oder in der Werthaltigkeit einer für das Darlehen gestellten Sicherheit eine wesentliche Verschlechterung eintritt oder einzutreten droht, durch die die Rückzahlung des Darlehens, auch unter Verwertung der Sicherheit, gefährdet wird.

15.2 Wegen Zahlungsverzugs des Darlehensnehmers kann die Bank das Darlehen kündigen, wenn der Darlehensnehmer mit mindestens zwei aufeinander folgenden Teilzahlungen ganz oder teilweise und mit mindestens 10 Prozent, bei einer Laufzeit des Darlehensvertrages von mehr als drei Jahren mit mindestens 5 Prozent des Nennbetrags des Darlehens in Verzug ist und die Bank dem Darlehensnehmer erfolglos eine zweiwöchige Frist zur Zahlung des rückständigen Betrags mit der Erklärung gesetzt hat, dass sie bei Nichtzahlung innerhalb der Frist die gesamte Restschuld verlange. Die Bank wird dem Darlehensnehmer spätestens mit der Fristsetzung ein Gespräch über die Möglichkeit einer einverständlichen Regelung anbieten.

15.3 Dessen ungeachtet ist die Bank berechtigt, den Darlehensvertrag ohne Einhaltung einer Kündigungsfrist aus wichtigem Grund zu kündigen (§ 314 BGB). Ein wichtiger Grund liegt vor, wenn der Bank unter Berücksichtigung aller Umstände des Einzelfalls und unter Abwägung der beiderseitigen Interessen die Fortsetzung des Vertragsverhältnisses bis zur vereinbarten Beendigung nicht zugemutet werden kann. Dies ist insbesondere der Fall, wenn

- die Voraussetzungen für die Auszahlung des Darlehens gem. Nr. 3 der Darlehensbedingungen bzw. nach Ablauf des Auszahlungstermins nicht erfüllt werden;
- der Darlehensnehmer der Verpflichtung zur Offenlegung seiner wirtschaftlichen Verhältnisse nicht nachgekommen ist;
- wesentliche Angaben in den Beleihungsunterlagen, im Darlehensvertrag, der Selbstauskunft oder sonstigen Unterlagen, die für die Darlehensentscheidung der Bank von wesentlicher Bedeutung waren, nicht zutreffend sind.

Besteht der wichtige Grund in der Verletzung einer Pflicht aus dem Vertrag, ist die Kündigung erst nach erfolglosem Ablauf einer zur Abhilfe bestimmten Frist oder nach erfolgloser Abmahnung zulässig. In Einzelfällen kann diese Frist entbehrlich sein (§ 323 Abs. 2 BGB). Die Bank kann nur innerhalb einer angemessenen Frist kündigen, nachdem sie vom Kündigungsgrund Kenntnis erlangt hat.

15.4 Im Falle einer Kündigung wird die Bank dem Darlehensnehmer für die Rückzahlung des Darlehens eine angemessene Frist einräumen.

15.5 Eine von der Bank ausgesprochene Kündigung bedarf der Textform und wird mit Zugang bei dem Darlehensnehmer – bzw. bei Kündigung unter Einhaltung einer Kündigungsfrist mit Ablauf der Kündigungsfrist – wirksam.

16. Vorzeitige Rückzahlung/Vorfälligkeitsentschädigung bei gebundenem Sollzinssatz[19]

16.1 Der Darlehensnehmer kann seine Verbindlichkeiten aus diesem Darlehensvertrag jederzeit ganz oder teilweise vorzeitig erfüllen (§ 500 Abs. 2 BGB).

16.2 Im Falle einer vorzeitigen Rückzahlung innerhalb einer noch bestehenden Sollzinsvereinbarung kann die Bank eine angemessene Vorfälligkeitsentschädigung für den unmittelbar mit der vorzeitigen Rückzahlung zusammenhängenden Schaden verlangen. In diesem Fall wird sie diesen Schaden nach den vom Bundesgerichtshof für die Berechnung vorgeschriebenen finanzmathematischen Rahmenbedingungen berechnen, die insbesondere

- ein zwischenzeitlich verändertes Zinsniveau,
- die für das Darlehen ursprünglich vereinbarten Zahlungsströme,
- den der Bank entgangenen Gewinn,

- den mit der vorzeitigen Rückzahlung verbundenen Verwaltungsaufwand sowie
- die infolge der vorzeitigen Rückzahlung ersparten Risiko- und Verwaltungskosten berücksichtigen.

Die Vorfälligkeitsentschädigung darf folgende Beträge nicht überschreiten:

- 1 Prozent beziehungsweise, wenn der Zeitraum zwischen der vorzeitigen und der vereinbarten Rückzahlung 1 Jahr nicht übersteigt, 0,5 Prozent des vorzeitig zurückgezahlten Betrags,
- den Betrag der Sollzinsen, den der Darlehensnehmer in dem Zeitraum zwischen der vorzeitigen und der vereinbarten Rückzahlung entrichtet hätte.

17. Verzugszinssatz und -kosten/Folgen ausbleibender Zahlungen[20]

Für ausbleibende Zahlungen wird dem Darlehensnehmer der gesetzliche Verzugszinssatz in Höhe von 5 Prozentpunkten über dem Basiszinssatz berechnet. Per 1.1. (*oder 1.7.*) beträgt der Basiszinssatz 0,12 Prozent p. a. Er wird von der Deutschen Bundesbank ermittelt und jeweils zum 1. Januar und 1. Juli eines jeden Jahres festgesetzt. Ausbleibende Zahlungen können schwerwiegende Folgen für den Darlehensnehmer haben und die Erlangung eines Kredits erschweren (zB aufgrund eines negativen SCHUFA-Eintrags).

18. Zuständige Aufsichtsbehörde[21]

Bundesanstalt für Finanzdienstleistungsaufsicht, Graurheindorfer Straße 108 in 53117 Bonn und Lurgiallee 12 in 60439 Frankfurt am Main (Internet: www.bafin.de)

19. Maßgebliches Recht/Gerichtsstand/Sprache

Für den Darlehensvertrag zwischen dem Darlehensnehmer und der Bank gilt deutsches Recht. Es gibt keine vertragliche Gerichtsstandsklausel. Die Bank wird während der Laufzeit des Darlehensvertrags in deutscher Sprache mit dem Darlehensnehmer Kontakt halten.

20. Einbeziehung der Geschäftsbedingungen

Maßgebend für die Geschäftsverbindung sind die Allgemeinen Geschäftsbedingungen der Bank. Daneben gelten für einzelne Geschäftsbeziehungen Sonderbedingungen (zB für den Zahlungsverkehr), die Abweichungen oder Ergänzungen zu den Allgemeinen Geschäftsbedingungen enthalten. Die einzelnen Bedingungen können in den Geschäftsräumen der Bank oder unter www.deutsche-bank.de/start eingesehen werden. Sie werden auf Wunsch ausgehändigt oder zugesandt.

Hinweis auf das Widerrufsrecht des Darlehensnehmers[22]

Der Darlehensnehmer hat das Recht, den Darlehensvertrag innerhalb von 14 Kalendertagen zu widerrufen. Angaben zur Frist und die anderen Umstände für die Erklärung des Widerrufs sowie die Verpflichtung des Darlehensnehmers, ein bereits ausgezahltes Darlehen zurückzuzahlen und Zinsen zu vergüten sowie die Angabe über den pro Tag zu zahlenden Zinsbetrag sind der nachstehenden Widerrufsinformation zu entnehmen.

Widerrufsinformation

Abschnitt 1
Widerrufsrecht
Der Darlehensnehmer kann seine Vertragserklärung innerhalb von 14 Tagen ohne Angabe von Gründen widerrufen.
Die Frist beginnt nach Abschluss des Vertrages, aber erst, nachdem der Darlehensnehmer alle nachstehend unter Abschnitt 2 aufgeführten Pflichtangaben erhalten hat. Der Darlehensnehmer hat alle Pflichtangaben erhalten, wenn sie in der für den Darlehensnehmer bestimmten Ausfertigung seines Antrags oder in der für den Darlehensnehmer bestimmten Ausfertigung der Vertragsurkunde oder in einer für den Darlehensnehmer bestimmten Abschrift seines Antrags oder der Vertragsurkunde enthalten sind und dem Darlehensnehmer eine solche Unterlage zur Verfügung gestellt worden ist. Über in den Vertragstext nicht aufgenommene Pflichtangaben kann der Darlehensnehmer nachträglich auf einem dauerhaften Datenträger informiert werden; die Widerrufsfrist beträgt dann einen Monat. Der Darlehensnehmer ist mit den nachgeholten Pflichtangaben nochmals auf den Beginn der Widerrufsfrist hinzuweisen. Zur Wahrung der Widerrufsfrist genügt die rechtzeitige Absendung des Widerrufs, wenn die Erklärung auf einem dauerhaften Datenträger (z.B. Brief, Telefax, E-Mail) erfolgt.
Der Widerruf ist zu richten an:
[Name der Bank
Ladungsfähige Adresse der Bank
Telefax (optional)
E-Mail (optional)]

Abschnitt 2
Für den Beginn der Widerrufsfrist erforderliche vertragliche Pflichtangaben
Die Pflichtangabe nach Abschnitt 1 Satz 2 umfassen:

1. den Namen und die Anschrift des Darlehensgebers und des Darlehensnehmers;
2. die Art des Darlehens;
3. den Nettodarlehensbetrag;
4. den effektiven Jahreszins;
5. den Gesamtbetrag;
   Zu den Nummern 4. und 5.: Die Angabe des effektiven Jahreszinses und des Gesamtbetrags hat unter Angabe der Annahmen zu erfolgen, die zum Zeitpunkt des Abschlusses des Vertrags bekannt sind und die in die Berechnung des effektiven Jahreszinses einfließen.
6. den Sollzins;
   Die Angabe zum Sollzinssatz muss die Bedingungen und den Zeitraum für seine Anwendung sowie die Art und Weise seiner Anpassung enthalten. Ist der Sollzinssatz von einem Index oder Referenzzinssatz abhängig, so sind diese anzugeben. Sieht der Darlehensvertrag mehrere Sollzinssätze vor, so sind die Angaben für alle Sollzinssätze zu erteilen.
7. die Vertragslaufzeit;

8. den Betrag, die Zahl und die Fälligkeit der einzelnen Teilzahlungen;
Sind im Fall mehrerer vereinbarter Sollzinssätze Teilzahlungen vorgesehen, so ist anzugeben, in welcher Reihenfolge die ausstehenden Forderungen des Darlehensgebers, für die unterschiedliche Sollzinssätze gelten, durch die Teilzahlungen getilgt werden.
9. die Auszahlungsbedingungen;
10. den Verzugszinssatz und die Art und Weise seiner etwaigen Anpassung sowie gegebenenfalls anfallende Verzugskosten;
11. einen Warnhinweis zu den Folgen ausbleibender Zahlungen;
12. das Bestehen oder Nichtbestehen eines Widerrufsrechts, die Frist und die anderen Umstände für die Erklärung des Widerrufs sowie einen Hinweis auf die Verpflichtung des Darlehensnehmers, ein bereits ausbezahltes Darlehen zurückzuzahlen und Zinsen zu vergüten; der pro Tag zu zahlende Zinsbetrag ist anzugeben;
13. das Recht des Darlehensnehmers, das Darlehen vorzeitig zurückzuzahlen;
14. die für den Darlehensgeber zuständige Aufsichtsbehörde;
15. das einzuhaltende Verfahren bei der Kündigung des Vertrags;
16. den Hinweis, dass der Darlehensnehmer Zugang zu einem außergerichtlichen Beschwerde- und Rechtsbehelfsverfahren hat, und die Voraussetzungen für diesen Zugang;
17. ist ein Zeitpunkt für die Rückzahlung bestimmt, einen Hinweis auf den Anspruch des Darlehensnehmers, während der Gesamtlaufzeit des Darlehens jederzeit kostenlos einen Tilgungsplan zu erhalten;
Verlangt der Darlehensnehmer einen Tilgungsplan, muss aus diesem hervorgehen, welche Zahlungen in welchen Zeitbständen zu leisten sind und welche Bedingungen für diese Zahlungen gelten. Dabei ist aufzuschlüsseln, in welcher Höhe die Teilzahlungen auf das Darlehen, die nach dem Sollzinssatz berechneten Zinsen und die sonstigen Kosten angerechnet werden. Ist der Sollzinssatz nicht gebunden oder die sonstigen Kosten angepasst werden, so ist in dem Tilgungsplan kin klarer und verständlicher Form anzugeben, dass die Daten des Tilgungsplans nur bis zur nächsten Anpassung des Sollzinssatzes oder der sonstigen Kosten gelten. Der Tilgungsplan ist dem Darlehensnehmer auf einen dauerhaften Datenträger zur Verfügung zu stellen.
18. einen Hinweis, dass der Darlehensnehmer Notarkosten zu tragen hat;
19. die vom Darlehensnehmer verlangten Sicherheiten und Versicherungen, im Fall von entgeltlichen Finanzierungshilfen insbesondere einen Eigentumsvorbehalt;
20. die Berechnungsmethode des Anspruchs auf Vorfälligkeitsentschädigung, soweit der Darlehensgeber beabsichtigt, diesen Anspruch geltend zu machen, falls der Darlehensnehmer das Darlehen vorzeitig zurückzahlt;
21. den Namen und die Anschrift des beteiligten Darlehensvermittlers;
22. im Zusammenhang mit dem Verbraucherdarlehensvertrag erhobene Kontoführungsgebühren sowie die Bedingungen, unter denen die Gebühren angepasst werden können, wenn der Darlehensgeber den Abschluss eines Kontoführungsvertrags verlangt, sowie alle sonstigen Kosten, insbesondere in Zusammenhang mit der Auszahlung oder der Verwendung eines Zahlungsinstruments, mit dem sowohl Zahlungsvorgänge als auch Abhebungen getätigt werden können, sowie die Bedingungen, unter denen die Kosten angepasst werden können;
23. soweit die vom Darlehensnehmer geleisteten Zahlungen nicht der unmittelbaren Darlehenstilgung dienen, eine Aufstellung der Zeiträume und Bedingungen für die Zahlung der Sollzinsen und der damit verbundenen wiederkehrenden und nicht wiederkehrenden Kosten im Darlehensvertrag;

24. soweit sich der Darlehensnehmer mit dem Abschluss eines Darlehensvertrags auch zur Vermögensbildung verpflichtet, einen Hinweis, dass weder die während der Vertragslaufzeit fälligen Zahlungsverpflichtungen noch die Ansprüche, die der Darlehensnehmer aus der Vermögensbildung erwirbt, die Tilgung des Darlehens gewährleisten, es sei denn, dies wird vertraglich vereinbart;
25. sämtliche weitere Vertragsbedingungen.

Abschnitt 3
Widerrufsfolgen
Soweit das Darlehen bereits ausbezahlt wurde, hat der Darlehensnehmer es spätestens innerhalb von 30 Tagen zurückzuzahlen und für den Zeitraum zwischen der Auszahlung und der Rückzahlung des Darlehens den vereinbarten Sollzins zu entrichten. Die Frist beginnt mit der Absendung der Widerrufserklärung. Für den Zeitraum zwischen der Auszahlung und der Rückzahlung ist bei vollständiger Inanspruchnahme des Darlehens pro Tag ein Zinsbetrag in Höhe von [Tageszinsbetrag, Format 999,99] Euro zu zahlen. Dieser Betrag verringert sich entsprechend, wenn das Darlehen nur teilweise in Anspruch genommen wurde.

Ort, Datum	Unterschrift des 1. Darlehensnehmers	Unterschrift des 2. Darlehensnehmers

Ort, Datum	Unterschrift der Bank (Filialstempel mit Adresse und Unterschriften)

Anmerkungen

1. Auf Darlehen für Existenzgründer bis EUR 75.000,00 Nettodarlehensbetrag finden die Vorschriften über das Verbraucherdarlehensrecht entsprechende Anwendung, wenn es sich bei dem Darlehensnehmer um eine natürliche Person handelt, die sich das Darlehen für die Aufnahme einer gewerblichen oder selbständigen Tätigkeit gewähren lässt (§§ 513, 491 bis 512 BGB). Der Bruttodarlehensbetrag kann den Betrag von EUR 75. 000,00 übersteigen. Zur Abgrenzung zwischen der Aufnahme einer neuen und der Erweiterung einer bereits ausgeübten gewerblichen oder selbständigen beruflichen Tätigkeit BGH WM 2000, 81, noch zum Verbraucherkreditgesetz. Zum Darlehensvertrag und Verbraucherdarlehensrecht allgemein: BuB/*Früh* Rn 3/12 ff.; Bankrechts-Handbuch/*Pamp,* §§ 75, 76 mwN; *Merz/Wittig* in: Kümpel/Mülbert/Früh/Seyfried, Rn 6.11).

2. Die Art des Darlehens ist in dem Darlehensvertrag anzugeben (Art 247 § 6 Abs 1 Nr 1, § 3 Abs 1 Nr 2 EGBGB). Bei dem abgedruckten Mustervertrag handelt es sich um einen Annuitätendarlehensvertrag, bei dem die zahlenden Annuitäten während der Laufzeit gleich bleiben. Mögliche weitere Arten sind Zinszahlungsdarlehen, bei denen während der Laufzeit nur die Sollzinsen bezahlt werden und die Tilgung am Ende der Laufzeit in einer Summe erfolgt oder Tilgungsdarlehen, bei denen die Rückzahlungen zu bestimmten Fälligkeitsterminen in gleich hohen Tilgungsraten erfolgen, während die Zinsraten mit zunehmender Tilgung sinken und gesondert gezahlt werden. Daneben kann ergänzend angegeben werden, ob es sich um ein Allgemein-Verbraucherdarlehen (§ 491 Abs. 2

BGB) oder um ein Immobiliar-Verbraucherdarlehen handelt (§ 491 Abs. 3 BGB). Zwingend ist dies nicht, eine entsprechende sprachliche Unterscheidung findet sich nicht in der Verbraucherkreditrichtlinie, aus der sich aber die Pflicht ergibt, die Art des Darlehens anzugeben. Abgedruckt ist hier ein Allgemein-Verbraucherdarlehensvertrag. Soll dem Existenzgründer ein Darlehen zur Verfügung gestellt werden, das einem Immobiliar-Verbraucherdarlehensvertrag entspricht, kann auf das hier abgedruckte Vertragsmuster Nr. 6 zurückgegriffen werden.

3. In dem Darlehensvertrag sind die an dem Vertragsabschluss beteiligten Parteien mit Namen und Adresse zu nennen; dies gilt für den Darlehensgeber (Art 247 § 6 Abs 1 Nr 1 iVm § Abs 1 Nr 1 EGBGB), den Darlehensnehmer, Art 247 § 6 Abs 1 Nr 2 EGBGB und – soweit eingebunden – für den Darlehensvermittler, Art 247 § 13 Abs 1 EGBGB.

4. Zur Darlehensnehmereigenschaft BGH WM 1995, 284; WM 1996, 475; WM 1997, 710. Echter Mitdarlehensnehmer ist nur, wer ein eigenes unmittelbares wirtschaftliches Interesse an der Darlehensaufnahme hat und über die Auszahlung und Verwendung der Darlehenvaluta selbstständig und gleichberechtigt neben dem anderen Darlehensnehmer mit entscheiden darf (*Hopt*, HGB (7) BankGesch G/10 a; BGHZ 146, 37; BGH WM 2005, 418). Die Auszahlung an Dritte (auch nur an den 1. Kreditnehmer) setzt eine entsprechende Anweisung auch des 2. Kreditnehmers) und den Zufluss beim Dritten zur freien Verfügung voraus (BGHZ 93, 264 = WM 1985, 221; WM 1986, 933; WM 1989, 1718; WM 1997, 1659). Eine (formularmäßige) wechselseitige Bevollmächtigung zur Entgegennahme aller Erklärungen ist mit §§ 307 Abs 1, 308 Nr 6 BGB (vormals §§ 9, 10 AGBG) nicht vereinbar (BGHZ 108, 98 = WM 1989, 1086). Bei mehreren Kreditnehmern hat die Auszahlung der Valuta grundsätzlich an alle zu erfolgen (Mitgläubigerschaft gemäß § 432 BGB). Für die Rückzahlung des Kredits haften sie im Zweifel als Gesamtschuldner (§§ 427, 421 BGB; BGH WM 1991, 445), wenn sie das Darlehen iSv § 488 BGB empfangen haben (BGH WM 88, 1814). Die Auszahlung an Dritte (auch nur an den 1. Darlehensnehmer) setzt eine entsprechende Anweisung (auch des 2. Kreditnehmers) und den Zufluss beim Dritten zur freien Verfügung voraus (BGHZ 93, 264 = WM 1985, 221; WM 1986, 933; WM 1989, 1718; WM 1997, 1659). Eine (formularmäßige) wechselseitige Bevollmächtigung zur Entgegennahme aller Erklärungen ist mit §§ 9, 10 AGBG nicht vereinbar (BGHZ 108, 98 = WM 1989, 1086).

5. Gem. Art 247 §§ 6 Abs 1 Nr 1 iVm § 3 Abs 1 Nr 3, 4, 5, 6, 8, 10 EGBGB sind beim Allgemein-Verbraucherdarlehensvertrag anzugeben: der Nettodarlehensbetrag, alle sonstigen Kosten (hier, Disagio, Kosten für Sicherheiten – soweit bekannt –, Vermittlungsprovision, soweit sie dem Darlehensnehmer gesondert in Rechnung gestellt werden), die Sollzinsen, der Gesamtbetrag, die Vertragslaufzeit, der Sollzins und seine Art (gebunden oder veränderlich) sowie der effektive Jahreszins. Diese Angaben werden unter den Darlehensdaten dieses Vertragsmusters genannt.

6. Sind die Angaben zunächst in Prozent angegeben, sind unter dem weiteren Abschnitt unter den Darlehensdaten die Zinsen und Kosten in EURO-Beträgen angegeben. Dabei ist dieser Teil so aufgebaut, dass der Nettodarlehensbetrag und die Summe der betragsmäßig ausgewiesenen Kosten und die Summe der zu zahlenden Sollzinsen den Gesamtbetrag ergeben. Damit wird entsprechend der gesetzlichen Definition der Gesamtbetrag für den Verbraucher transparent dargestellt, denn der Gesamtbetrag ist die Summe aus Nettodarlehensbetrag und der Gesamtkosten des Darlehens (Art 247 § 3 Abs 2 S 1 EGBGB). Der Nettodarlehensbetrag ist der Höchstbetrag, auf den der Darlehensnehmer aufgrund des Darlehensvertrags Anspruch hat (Art 247 § 3 Abs 2 Satz 2 EGBGB). Kosten, die in den Gesamtbetrag einzurechnen sind, sind auch bei der Berechnung des effektiven Jahreszinses zu berücksichtigen, denn als Preis sind die Gesamtkosten als jährlicher Vomhundertsatz des

Kredits anzugeben und als „effektiver Jahreszins" zu bezeichnen (§ 6 Abs 1 PAngV, ab 28.5.2022: § 16 PAngV, BGBl. I 2021, 4921).

7. Die vom Darlehensgeber verlangten Sicherheiten sind bei einem Allgemein-Verbraucherdarlehensvertrag anzugeben, Art 247 § 7 Nr 2 EGBGB. Sind die Sicherheiten auf Verlangen des Darlehensgebers zu versichern, so sind auch die abzuschließenden Versicherungen anzugeben. Diese Pflicht besteht zwar nicht bei einem Immobiliar-Verbraucherdarlehensvertrag (siehe Art 247 § 6 Abs 1 S 2 EGBGB); fehlt jedoch die Angabe der verlangten Sicherheiten, hat der Darlehensgeber keinen Anspruch auf Bestellung der Sicherheit (§ 494 Abs 6 S 2 BGB; bei Allgemein-Verbraucherdarlehensverträgen jedoch nur bis zu einem Nettodarlehensbetrag von EUR 75.000,00).

8. Unter dem Abschnitt „Darlehensbedingungen" finden sich vor allem die Regelungen, die nach dem seit dem 11.6.2010 geltenden Verbraucherdarlehensrecht im Vertrag enthalten sein müssen. Die Auszahlungsbedingungen, unter denen die spätere Valutierung des Darlehens steht, sind im Vertrag abzugeben, Art 247 §§ 6 Abs, 1 Nr 1, 3 Abs 1 Nr 9 EGBGB.

9. Hinsichtlich des Sollzinses ist anzugeben, wie lange er gültig ist (Art 247 § 3 Abs 4 EGBGB). Die Art des Sollzinses wird bereits auf Seite 1 des Darlehensvertrags angegeben. Kann sich der Sollzinssatz während der Laufzeit verändern, ist die Art und Weise zu beschreiben, nach der der Sollzinssatz sich verändern kann. Unter Nr 5 der Vertragsbedingungen wird der Zinsanpassungsmechanismus bei veränderlichen Sollzinsen beschrieben. Diese Klausel enthält sowohl einen den Anforderungen des § 675g Abs 3 S 2 BGB und § 492 Abs 7 BGB entsprechenden Referenzzinssatz, die Prüfungsintervalle als auch die Anpassungsschwelle und berücksichtigt damit die Anforderungen, die die Rechtsprechung an die Wirksamkeit an eine Zinsanpassungsklausel stellt (BGH WM 2009, 1077, unter Aufgabe der Rechtsprechung des BGH WM 1986, 580; *Wimmer/Rösler*, WM 2011, 1788). Diese Angabepflicht besteht auch bei einem Immobiliar-Verbraucherdarlehensvertrag.

10. Unter Nr 6 der Darlehensbedingungen wird zunächst bestimmt, wie sich der Zeitraum der ersten Sollzinsbindung für den gebundenen Sollzinssatz bestimmt; damit wird die Angabepflicht zu den Sollzinsen gemäß § 489 Abs 5 BGB erfüllt. Unter Nr 6.2 BGB wird beschrieben, wie die Neuvereinbarung des Sollzinssatzes zustande kommt, wenn der Zeitraum der Sollzinsbindung abläuft. In diesem Muster ist vorgesehen, dass der Darlehensgeber dem Darlehensnehmer rechtzeitig vor Ablauf der Zinsbindungsfrist einen neuen Sollzinssatz und einen neuen Zeitraum für die Sollzinsbindung anbieten wird. Mit diesem im Vertrag beschriebenen Angebotsverfahren erfüllt der Darlehensgeber nicht seine bei unechten Abschnittsfinanzierungen nach § 493 Abs 1 BGB geschuldete Informationspflicht. Die Informationspflicht nach § 493 Abs 1 BGB beinhaltet die Pflicht des Darlehensgebers rechtzeitig, mindestens aber 3 Monate vor Ablauf der Sollzinsbindung dem Darlehensnehmer mitzuteilen, ob die Bereitschaft für eine weitere Sollzinsbindung besteht und wenn ja, zu welchem Sollzinssatz. Der zu diesem Zeitpunkt genannte Sollzinssatz muss der zum Zeitpunkt dieser Information gültige sein. Der im Vertrag geregelte Prolongationsvorgang folgt somit zeitlich der Information gem § 493 Abs 1 BGB nach; zur Erfüllung des vertraglich geregelten Vorgangs anlässlich des Ablaufs der Sollzinsbindung muss der Darlehensgeber dem Darlehensnehmer ein verbindliches Angebot zur Fortsetzung des Darlehens zu einem bestimmten neuen Sollzinssatz unterbreiten. Kommt eine Einigung über den neuen Zinssatz nicht zustande, wird nach der vertraglichen Vereinbarung das Darlehen mit einem veränderlichen Sollzinssatz fortgesetzt. Über die Höhe des veränderlichen Sollzinses treffen die Parteien bereits bei Vertragsabschluss eine Einigung, in dem sie sich über einen geeigneten Referenzzinssatz iSv § 675g Abs 3 S 2 BGB und § 492 Abs 7 BGB einigen, der um einen festen Prozentpunktsatz erhöht wird und somit sich die Vertragsparteien gemeinsam auf den Anfangszinssatz festlegen, der am Ende der Sollzinsbindung gelten soll, s BGH WM 2009, 1077. Für den Darlehensnehmer ist damit der Sollzinssatz auch bei einer Fortsetzung des Darlehensverhältnisses mit einem veränderlichen Sollzins am Ende der Sollzinsbindung vorhersehbar.

11. Gem Art 247 § 6 Abs 3 EGBGB hat die Angabe des effektiven Jahreszinses und die Angabe des Gesamtbetrags unter der Angabe der Annahmen zu erfolgen, die zum Zeitpunkt des Vertragsabschlusses bekannt waren und die Einfluss auf die Berechnung des effektiven Jahreszinses haben. Diese Information schuldet der Darlehensgeber auch bei einem Immobiliar-Verbraucherdarlehensvertrag.

12. Unter Nr 8 der Vertragsbedingungen wird in Absatz 1 die Tilgung bei einem Annuitätendarlehen beschrieben. Da die Darlehensbedingungen auch eingesetzt werden könnten, wenn es sich um ein Zinszahlungsdarlehen handelt, bei dem gleichzeitig mit Abschluss des Darlehensvertrags ein Vertrag zur Vermögensbildung (z.B. eine Kapitallebensversicherung oder ein Bausparvertrag) auf Verlangen des Darlehensgebers mit abgeschlossen wird, werden in Nr 8 Abs 2 der Darlehensbedingungen die nach Art 247 § 8 Abs 2 EGBGB zwingenden Hinweise aufgenommen. Damit wird deutlich, dass der Abschluss eines Vertrags zur Vermögensbildung den Darlehensnehmer nicht von der Rückzahlung des Darlehens in voller Höhe entbindet, wenn die Ablaufleistung des Vertrags zur Vermögensbildung die ausstehende Darlehenssumme bei Fälligkeit des Darlehens nicht vollständig decken sollte.

13. Schließen mehrere Darlehensnehmer den Darlehensvertrag empfiehlt es sich, eine Regelung über die Verfügungsbefugnis eines Darlehensnehmer über die Valuta und über die Wirkung einer Kündigung bzw eines Widerrufs durch einen Darlehensnehmer zu treffen. Fehlen derartige Regelungen gelten insbesondere Gestaltungsrechte (wie Kündigungen und Widerrufe) und andere Tatsachen nur für und gegen den Gesamtschuldner, in dessen Person sie eintreten (§ 425 Abs 1 BGB).

14. Die Widerrufsfrist von 14 Tagen (§ 355 Abs 2 BGB) beginnt auch bei Verbraucherdarlehensverträgen nicht vor Vertragsabschluss (§ 355 Abs 2 S 2 BGB). Der abgedruckte Darlehensvertrag beinhaltet daher eine Beschreibung, wie der Vertrag zwischen dem Darlehensnehmer und dem Darlehensgeber abgeschlossen wird. Diese Regelung hat nur deklaratorische Wirkung und beschreibt lediglich die rechtlichen Grundsätze, wie ein Vertrag wirksam zustande kommt. Dabei sollen die unterschiedlichen Abläufe, die bei dem Vertragsabschluss möglich sein können, für den Darlehensnehmer aufgezeigt werden. Die Klausel ist für die Wirksamkeit des Vertrages nicht zwingend.

15. Die Pfandrechtsklausel entspricht im Wesentlichen Nr 14 AGB-Banken (BGH WM 1985, 78; WM 1985, 116). Dieses AGB-Pfandrecht ist als vollgültiges Pfandrecht nach § 1204 BGB anerkannt (BGH WM 1983, 926; WM 1996, 375).

16. Die Verpflichtung zur Offenlegung der wirtschaftlichen Verhältnisse beruht auf § 18 KWG (BGH WM 1994, 838).

17. Soweit für die Rückzahlung des Darlehens ein Zeitpunkt bestimmt ist, kann der Darlehensnehmer während der Laufzeit des Darlehensvertrags jederzeit, auch mehrmals, einen Tilgungsplan in Textform nach Art 247 § 14 EGBGB verlangen, § 492 Abs 3 S 2 BGB. Der Darlehensnehmer ist auf dieses Recht in dem Darlehensvertrag hinzuweisen, Art 247 § 6 Abs 1 Nr 4 EGBGB. Der Inhalt und die Form. des Tilgungsplans bestimmen sich nach Art 247 § 14 EGBGB.

18. Bei der Beschreibung der Verfahren bei der Kündigung handelt es sich um gesetzlich vorgeschriebene Vertragsinhalte (Art 247 § 6 Abs 1 Nr 5 EGBGB) für einen Allgemein-

Verbraucherdarlehensvertrag. Der früher durchaus übliche Verweis auf gesetzliche Kündigungsrechte reicht nach der Novellierung des Verbraucherdarlehensrechts zum 11.6.2010 nicht mehr aus. Da beide Vertragsparteien den Vertrag kündigen können, müssen die Verfahren für beide beschrieben werden. Die Beschreibung der Kündigungsrechte und des jeweiligen Verfahrens nur für eine Partei reicht nicht aus. Die Kündigungsrechte und die Verfahren bei ihrer Ausübung müssen in klarer und verständlicher Weise vertraglich geregelt werden, wofür die Wiedergabe des Gesetzeswortlauts genügt (*Mülbert* in: Festschrift für Georg Maier-Reimer zum 70. Geburtstag, S 471; genauer als der Gesetzgeber muss der Darlehensgeber nicht formulieren, BGH BKR 2017, 21). Bei dieser Vertragsart – befristeter Allgemein-Verbraucherdarlehensvertrag mit annuitätischer Tilgung – finden die Kündigungsvorschriften des § 489 BGB Anwendung; dies gilt selbst dann bei einer unechten Abschnittsfinanzierung, wenn die Vertragslaufzeit mit Blick auf die mögliche Änderung des Sollzinssatzes bei Ablauf der Zinsbindungsfrist nur mit „ca" angegeben wird (aA *Nobbe,* WM 2011, 625). Bei einem Immobiliar-Verbraucherdarlehensvertrag gehören die Kündigungsregeln nicht zu den zwingenden Angaben im Vertrag, Art 247 § 6 Abs. 1 Satz 2 EGBGB. Jedoch sollten die Kündigungsregeln für den Verbraucher in den Vertrag aufgenommen werden, da andernfalls nach § 502 BGB der Verbraucher keine Vorfälligkeitsentschädigung bei vorzeitiger Erfüllung nach § 500 Abs. 2 BGB schuldet. Zum Umfang der Angabepflichten zum Kündigungsrecht, BGH, NJW 2020, 461. Nach dieser Rechtsprechung reicht die Angabe zum Kündigungsrecht nach § 500 Abs. 1 BGB, soweit dieses Kündigungsrecht einschlägig ist; insbesondere ist es nicht erforderlich, auf außerordentliche Kündigungsrechte, wie §§ 313, 314 BGB, hinzuweisen.

19. Der Darlehensnehmer kann seine Verbindlichkeiten aus dem Darlehensvertrag jederzeit ganz oder teilweise vorzeitig erfüllen (§ 500 Abs 2 BGB). Einer vorherigen Kündigung des Darlehensvertrags oder einer vorherigen Ankündigung der vorzeitigen Erfüllung durch den Darlehensnehmer bedarf es nicht. Mit der Erfüllung tritt regelmäßig das Erlöschen des Schuldverhältnisses ein (§ 362 Abs 1 BGB). Bei Darlehensverträgen, die die wiederholte Inanspruchnahme des Darlehens vorsehen, wird mit der vorzeitigen Erfüllung jedoch nicht das Erlöschen des Schuldverhältnisses einhergehen, sondern der Anspruch auf Wiederauszahlung des Darlehensbetrags bis zur endgültigen Beendigung des Vertrags durch Zeitablauf oder Kündigung fortbestehen. Auf das jederzeitige Erfüllungsrecht ist im Vertrag hinzuweisen (Art 247 § 6 Abs 1 Nr 1, § 3 Abs 1 Nr 14 EGBGB iVm § 500 Abs 2 BGB). Schuldet der Darlehensnehmer zum Zeitpunkt der vorzeitigen Erfüllung einen bei Vertragsabschluss gebundenen Sollzins, hat er dem Darlehensgeber eine angemessene Vorfälligkeitsentschädigung zu zahlen (§ 502 Abs 1 Satz 1 BGB). Die Berechnung der Vorfälligkeitsentschädigung ist gesetzlich nicht geregelt; die im Allgemeinen üblichen Berechnungsmethoden (Aktiv-Aktiv- oder Aktiv-Passiv-Methode) sind gleichermaßen zulässig. Der Schaden ist jedoch der Höhe nach begrenzt (§ 502 Abs 1 Satz 2 BGB). Die Berechnung des Schadens und seine Beschränkung sind ebenfalls im Vertrag aufzunehmen (Art 247 § 7 Nr 3 EGBGB). Für die Beschreibung der Berechnung der Vorfälligkeitsentschädigung ist eine hinreichende Transparenz und Nachvollziehbarkeit gegeben, wenn der Darlehensgeber die wesentlichen Parameter für die Berechnung der Vorfälligkeitsentschädigung in groben Zügen benennt (BGH NJW 2020, 461) AA EuGH NJW 2022, 40, nach dessen Auffassung muss die Berechnungsmethode im Darlehensvertrag so genau beschrieben werden, dass der Verbraucher in der Lage ist, die von ihm zu entrichtende Vorfälligkeitsentschädigung selbst errechnen zu können.

20. Im Darlehensvertrag muss der Verzugszinssatz angegeben werden und der Darlehensnehmer auf die Folgen des Verzugs warnend hingewiesen werden (Art 247 § 6 Abs 1 Nr 1, § 3 Abs 1 Nr 11 und 12 EGBGB). Der Verzugszinssatz richtet sich nach § 288 Abs 1 BGB und beträgt 5-Prozentpunkte über dem Basiszinssatz (§ 247 Abs 1 BGB),

§ 497 Abs 1 BGB. Der Basiszinssatz wird zweimal im Jahr jeweils zum 1. Januar und 1. Juli neu festgesetzt und von der Deutschen Bundesbank im Bundesanzeiger bekannt gegeben (§ 247 Abs 2 BGB). Eine konkrete Angabe des Verzugsszinses zum Zeitpunkt des Vertragsabschlusses ist dagegen nicht erforderlich (BGH NJW 2020, 461).

21. Der Darlehensgeber muss die für ihn zuständige Aufsichtsbehörde nennen (Art 247 § 6 Abs 1 Nr 3 EGBGB). Unterliegt der Darlehensgeber auch der Aufsicht der Europäischen Zentralbank ist diese an dieser Stelle ebenfalls zu nennen.

22. Die Widerrufsinformation richtet sich nach Art 247 § 6 Abs 2 EGBGB. Nutzt der Darlehensgeber das in Anlage 7 zum Gesetz enthaltene Muster für die Widerrufsinformation, besteht die gesetzliche Vermutung, dass der Darlehensgeber seine Informationspflichten erfüllt hat. Die Widerrufsinformation wurde im Nachgang zur Rechtsprechung des EuGH zum sog Kaskadenverweis (EuGH WM 2020, 688) durch den Gesetzgeber mit Wirkung zum 15.6.2021 (BGBl. I 2021, 1666) grundlegend überarbeitet. Bei der Verwendung der Widerrufsinformation sind im Abschnitt 2 die vertraglichen Pflichtangaben numerisch aufgezählt, wobei zwischen den mandatorischen (Nummern 1–18) und den optionalen Angaben (ab 19) zu unterscheiden ist. Ist eine Angabe entbehrlich und demzufolge nicht im Vertrag aufzunehmen, kann diese Angabe ebenfalls in der Widerrufsinformation unterbleiben; die Nummerierung ist dann anzupassen. Handelt es sich dem Darlehensvertrag um einen verbundenen Vertrag (§ 358 Abs. 2 BGB) ist die Widerrufsinformation um weitere Hinweise zu dem verbundenen Vertrag zu ergänzen. Bei dem Vorliegen von zusammenhängenden Verträgen, § 360 BGB, sind die Ergänzungen optional. Die entsprechende Vertragsklausel muss in hervorgehobener und deutlich gestalteter Form. unter Beachtung des im Muster enthaltenden Fettdrucks einiger Testpassagen im Vertrag enthalten sein (Art 247 § 6 Abs 2 S 3 EGBGB, zur Gestaltung BGH NJW 16, 1881). Hat der Darlehensnehmer die Darlehensvaluta vor Ablauf der Widerrufsfrist erhalten, kann er zwar dennoch widerrufen, schuldet dann aber die Vertragszinsen. Der Darlehensgeber hat in der Widerrufsinformation die Tageszinsen in EURO Beträgen anzugeben, dabei ist die Vollauszahlung des Darlehens zu unterstellen (Art 247 § 6 Abs 2 Satz 1 und 2 EGBGB). Bei der Berechnung der Tageszinsen kann der Darlehensgeber die im Darlehensvertrag für die Berechnung der Sollzinsen vereinbarte Zinsberechnungsmethode zugrundelegen. Die in diesem Musterdarlehensvertrag abgebildete kaufmännische deutsche Zinsberechungsmethode ist üblich und nach der Rechtsprechung zulässig (BGH NJW-RR 2017, 1077). Gibt der Darlehensgeber den geschuldeten Tageszins nach erfolgtem Widerruf mit EUR 0,00 an, ist dies ein Hinweis darauf, dass der Darlehensgeber auf eine Verzinsung des in Anspruch genommenen Darlehensbetrags während der Widerrufsfrist verzichtet wird. Als eine den Darlehensnehmer begünstigende Abweichung von der gesetzlichen Rechtslage, ist eine solche Angabe nicht zu beanstanden und wirksam (BGH NJW 2020, 461).

Vor IV.G.4 Vorbemerkungen zu den Verbraucherdarlehensverträgen

Das deutsche Verbraucherdarlehensrecht wird maßgeblich durch zwei Europäische Richtlinien bestimmt: zum einen durch die Richtlinie des Europäischen Parlaments und des Europäischen Rats zum Verbraucherkredit (2008/48/EG, „Verbraucherkreditrichtlinie“), die mit Wirkung zum 11.6.2010 in deutsches Recht umgesetzt wurde. Zum anderen durch die Richtlinie des Europäischen Parlaments und des Europäischen Rats zum Wohnimmobilienkredit für Verbraucher (2014/17/EU – „Wohnimmobilienkreditrichtlinie“), deren Umsetzungsgesetz mit Wirkung zum 21.3.2016 in Kraft trat. Der deutsche Gesetzgeber hat beide Richtlinien überschießend umgesetzt. So fallen beispielsweise Existenzgründungsdarlehensverträge über einen Nettodarlehensbetrag von bis einschließlich EUR 75.000,00 unter die Regelungen des Verbraucherdarlehensrechts. Die Betragsgrenze von EUR 75.000,00 wie sie sich in der Verbraucherkreditrichtlinie findet, hat der Gesetzgeber dagegen nicht übernommen, so dass grundsätzlich alle entgeltlichen Darlehensverträge, die zwischen einem Verbraucher und einem Unternehmer abgeschlossen werden, in den Anwendungsbereich der §§ 491 ff. BGB fallen, es sei denn, der Darlehensvertrag zählt zu den unter § 491 Abs. 2 oder 3 BGB abschließend aufgeführten Ausnahmen. Seit dem Inkrafttreten des Umsetzungsgesetzes zur Wohnimmobilienkreditrichtlinie wird der Begriff des Verbraucherdarlehensvertrags als Oberbegriff verwendet; darunter ist zwischen dem Allgemein-Verbraucherdarlehensvertrag (§ 491 Abs. 2 BGB) und dem Immobiliar-Verbraucherdarlehensvertrag (§ 491 Abs. 3 BGB) zu unterscheiden.

Neben der umfangreichen Vertragsdokumentation (§ 492 Abs. 2 BGB iVm Art 247 §§ 6 bis 13 EGBGB) erhält der Verbraucher vorvertragliche Informationen, deren Umfang, Inhalt und textliche Gestaltung vom europäischen Richtliniengeber sowie deutschen Gesetzgeber vorgegeben werden (§ 491a Abs 1 BGB iVm Art 247 EGBGB). Außerdem schuldet der Darlehensgeber die Erläuterung der vorvertraglichen Informationen, des Darlehensvertrags, dessen spezifischen Merkmale und deren Auswirkungen auf den Darlehensnehmer sowie die Folgen eines etwaigen Verzugs (§ 491a Abs 3 BGB). Darüber hinaus ist der Darlehensgeber gegenüber dem Verbraucher neben seiner aufsichtsrechtlichen Pflicht (§ 18a KWG) auch zivilrechtlich verpflichtet, vor Abschluss des Verbraucherdarlehensvertrags die Kreditwürdigkeit des Verbrauchers zu prüfen (§ 505a BGB). Wird die Kreditwürdigkeit verneint, darf der Darlehensgeber den Darlehensvertrag nicht abschließen. Bei diesem Verbot handelt es sich nicht um ein gesetzliches Verbot iSd § 134 BGB, denn der Darlehensvertrag bleibt wirksam und der Darlehensnehmer zur Nutzung des Darlehenskapitals berechtigt. Allerdings treten die Sanktionen des § 505d BGB ein, wenn der Darlehensgeber nicht nachweisen kann, dass der Verbraucher auch bei ordungsgemäßer Kreditwürdigkeitsprüfung kreditwürdig gewesen wäre (§ 505d Abs. 1 Satz 5 BGB) oder die fehlerhafte Kreditwürdigkeitsprüfung auf die Verletzung von Mitwirkungspflichten des Verbrauchers zurückzuführen war (§ 505d Abs. 3 BGB). Eine vorherige Beratung zu einem Verbraucherdarlehensvertrag schuldet der Darlehensgeber dagegen grundsätzlich nicht. Bietet er sie aber als eigenständige Leistung (BGH BKR **14**, 415) an, hat der Darlehensgeber bei einem Immobiliar-Verbraucherdarlehensvertrag die Anforderungen des § 511 BGB an die Finanzierungsberatung zu erfüllen.

Grundsätzlich fallen alle entgeltlichen Darlehensverträge im Sinne von § 488 BGB zwischen einem Verbraucher (§ 13 BGB) als Darlehensnehmer und einem Unternehmer (§ 14 BGB) als Darlehensgeber, in der Regel einem Kreditinstitut im Sinne von § 1 KWG, unter die Regelungen des Verbraucherdarlehensrechts, § 491 Abs 1 BGB, es sei denn, der Vertrag zählt entweder zu den unter § 491 Abs 2 BGB oder unter § 491 Abs. 3 S BGB aufgezählten Ausnahmen. Für Immobiliar-Verbraucherdarlehensverträge (§ 491 Abs 3 BGB), Umschuldungen im Sinne von § 495 Abs 3 Nr 1 BGB, eingeräumte Überziehungsmöglichkeiten (§ 504 Abs 2 BGB) und geduldete Überziehungen (§ 505 BGB) gelten Besonderheiten. Darüber hinaus finden auf unentgeltliche Darlehen die Regelungen des Verbraucherdarlehensrecht teilweise entsprechende Anwendung (§ 514 BGB).

Nachstehend werden praxisübliche Musterdarlehensverträge, die mit Verbrauchern abgeschlossen werden, behandelt. Im Einzelnen handelt es um folgende Vertragstypen

- Nr. 4: Raten- oder Konsumentenkreditvertrag
- Nr. 5: Kreditlinienvertrag als eingeräumte Überziehungsmöglichkeit (§ 504 Abs 2 Satz 1 BGB),
- Nr. 7: Immobiliar-Verbraucherdarlehensvertrag (§ 491 Abs. 3 BGB).

4. Ratenkredit für Verbraucher

Darlehensvertrag[1]

Darlehensgeber: [Name und Anschrift des Darlehensgebers] – nachstehend „Bank" genannt[2]

Darlehensvermittler: [Name und Anschrift des Darlehensvermittlers]

Darlehensnehmer (1. und 2. Darlehensnehmer nachstehend „Darlehensnehmer" genannt)			
1. Darlehensnehmer Name und Adresse		2. Darlehensnehmer[3] Name und Adresse	
Geburtsdatum	Geburtsort	Geburtsdatum	Geburtsort
Arbeitgeber	Dort beschäftigt seit	Arbeitgeber	Dort beschäftigt seit
Datenschutzrechtlicher Hinweis			
Die Bank verarbeitet und nutzt die von Ihnen erhobenen personenbezogenen Daten auch für Zwecke der Werbung oder der Markt- oder Meinungsforschung. Der Verarbeitung und Nutzung Ihrer personenbezogenen Daten für die vorgenannten Zwecke können Sie jederzeit widersprechen.			

Darlehensdaten[4]					
Nettodarlehensbetrag in EUR	Sollzinsen in EUR 1)	Gesamtbetrag in EUR 1)	Vertragslaufzeit in Monaten 1)	gebundener Sollzinssatz % p. a.	effektiver Jahreszins in % 1)

1) siehe Ziffer 3 der Bedingungen

Daten zum beantragten Versicherungsschutz (gem. gesondertem Antrag) (siehe Nr. 14 der Darlehensbedingungen)				
Hinweis: Der Abschluss einer Versicherung ist nicht Voraussetzung für den Abschluss des Darlehensvertrags. Der Abschluss einer Versicherung ist ❐ gewünscht ❐ nicht gewünscht.				
Tarif	anfängliche Todesfallsumme in EUR	Einmalbeitrag gesamt in EUR	davon Beitrag ALV in EUR (inkl. 19 % Versicherungssteuer)	Versicherungsdauer in Monaten

Darlehensauszahlung[5]				
Der Darlehensnehmer beauftragt die Bank, den Nettodarlehensbetrag wie folgt zu überweisen: Der auszuzahlende Teil des Darlehens verringert oder erhöht sich entsprechend, wenn ein Teil dieses Darlehens zur Ablösung eines Vorkredits vereinbart wurde und sich der Ablösebetrag des Vorkredits zwischen Antragstellung und Auszahlung dieses Darlehens verändert. Die Bank kann die Verrechnung des übrigen auszuzahlenden Betrages nach eigener Wahl vornehmen, wenn dieser auf mehrere Konten verteilt wird.				
Betrag in EUR	Kontoinhaber	Kontonummer	BLZ	Kreditinstitut/Sitz

Darlehensrückzahlung[6]				
Vereinbarte Zins- und Tilgungsrate		jeweils fällig am	erstmals am	Anzahl der Raten
	EUR			

Zu stellende Sicherheiten[7]
1. Abtretung von Lohn-/Gehalts-/Versicherungsansprüchen: Zur Sicherung sämtlicher Ansprüche der Bank aus diesem Darlehensvertrag tritt der Darlehensnehmer hiermit den der Pfändung unterworfenen Teil seiner gegenwärtigen und künftigen Ansprüche auf Arbeitsentgelt jeder Art einschließlich Renten, Pensions- und Provisionsforderungen, Tantiemen, Gewinnbeteiligungen sowie Abfindungen gegen seinen jeweiligen Arbeitgeber sowie aus einer Unfall-/und/oder Rentenversicherung an die Bank ab. Die Abtretung ist gemäß Nr. 7.1 der Darlehensbedingungen beschränkt. 2. Pfandrecht an Wertpapieren, Sachen und Ansprüchen gemäß Nr. 7.3 der Darlehensbedingungen

Darlehensbedingungen[8]

1. Art des Darlehens

Bei diesem Darlehensvertrag handelt es sich um einen Allgemein-Verbraucherdarlehenvertrag über einen Ratenkredit mit annuitätischer Tilgung und einem gebundenen Sollzins.

2. Auszahlungsbedingungen

Voraussetzung für die Auszahlung des Darlehens ist, dass sich die Kreditwürdigkeit des Darlehensnehmers zwischen dem Abschluss des Darlehensvertrags und dem vorgesehenen Auszahlungszeitpunkt nicht verschlechtert hat. Hat der Darlehensnehmer eine Restkreditversicherung abgeschlossen, wird die im Nettodarlehensbetrag enthaltene und mitfinanzierte Versicherungsprämie (Einmalbeitrag) für diese Restkreditversicherung an die Versicherung ausgezahlt.

3. Differenzbeträge bei nicht planmäßigem Darlehensverlauf

3.1 Der Darlehensnehmer kann seine Verbindlichkeit aus diesem Darlehensvertrag jederzeit und ohne zusätzliche Kosten ganz oder teilweise vorzeitig erfüllen.

3.2 Im Falle von Auszahlungen und/oder Ratenzahlungen zu früheren oder späteren Terminen ändern sich die Angaben hinsichtlich Laufzeit, Sollzinsen, Gesamtbetrag und effektivem Jahreszins entsprechend. In diesen Fällen wird je nach dem tatsächlichen Darlehensverlauf entweder die letzte Rate entsprechend reduziert oder der sich ergebende Betrag nachgefordert.

4. Sollzinsen

Der Sollzinssatz gilt für die gesamte Vertragslaufzeit. Die Sollzinsen werden ab dem Tag der ersten Inanspruchnahme auf den jeweils in Anspruch genommenen Nettodarlehensbetrag berechnet. Der Monat wird mit 30 Zinstagen, das Jahr mit 360 Zinstagen berechnet. Die während der Vertragslaufzeit anfallenden Sollzinsen werden mit den Raten beglichen.

5. Verrechnung der Rückzahlungen[9]

Jeder Zahlungseingang wird zunächst mit dem bis zum Tag des Eingangs der Zahlung anfallenden Sollzinsen verrechnet. Der dann noch verbleibende Betrag wird zur Tilgung des Darlehens verwendet.

6. Effektiver Jahreszins[10]

Die Berechnung des effektiven Jahreszinses richtet sich nach § 6 Preisangabenverordnung (PAngV).

7. Besicherung[11]

7.1 Die als Besicherung dienende Abtretung von Arbeitsentgelt sowie von Unfall- und Rentenversicherungen des Darlehensnehmers ist auf Ansprüche bis zu einem Höchstbetrag beschränkt, der dem Nettodarlehensbetrag zuzüglich 20 % entspricht. Der Höchstbetrag ermäßigt sich um diejenigen Beträge, die die Bank aufgrund einer Einziehung nach Maßgabe des folgenden Absatzes erhält.

7.2 Die Bank ist berechtigt, die Abtretung offenzulegen und die abgetretenen Ansprüche beim Arbeitgeber oder der auszahlenden Stelle einzuziehen, wenn der Darlehensnehmer mit einem Betrag, der mindestens zwei vollen Raten entspricht, in Verzug ist und mindestens zweimal schriftlich zur Zahlung aufgefordert worden ist. Die erste Zahlungsaufforderung kann schon nach Verzug mit nur einer Rate erfolgen. Die Offenlegung wird die Bank dem Darlehensnehmer in der zweiten Zahlungsaufforderung mit einer Frist von einem Monat androhen. In der Androhung wird die Bank den Betrag bezeichnen, wegen dessen die Offenlegung erfolgen soll.

7.3 Der Darlehensnehmer und die Bank sind sich darüber einig, dass die Bank ein Pfandrecht an den Wertpapieren und Sachen erwirbt, an denen eine inländische Geschäftsstelle im bankmäßigen Geschäftsverkehr Besitz erlangt hat oder noch erlangen wird. Die Bank erwirbt ein Pfandrecht auch an Ansprüchen, die dem Darlehensnehmer gegen die Bank aus der bankmäßigen Geschäftsverbindung zustehen oder künftig zustehen werden (zB Kontoguthaben). Gelangen Gelder oder andere Werte mit der Maßgabe in die Verfügungsgewalt der Bank, dass sie nur für einen bestimmten Zweck verwendet werden dürfen (zum Beispiel Bareinzahlung zur Einlösung eines Wechsels), erstreckt sich das Pfandrecht der Bank nicht auf diese Werte. Dasselbe gilt für die von der Bank selbst ausgegebenen Aktien (eigene Aktien) und für die Wertpapiere, die die Bank im Ausland für den Kunden verwahrt. Außerdem erstreckt sich das Pfandrecht nicht auf selbst ausgegebene eigene Genussrechte/Genussscheine und nicht auf die verbrieften und nicht verbrieften nachrangigen Verbindlichkeiten der Bank.

8. Unterrichtungspflichten des Darlehensnehmers[12]

Der Darlehensnehmer ist verpflichtet, auf Verlangen der Bank seine Einkommens- und Vermögensverhältnisse offenzulegen. Er ist darüber hinaus verpflichtet, die Bank von einer Änderung seiner Anschrift sowie von einer wesentlichen Verschlechterung seiner wirtschaftlichen Verhältnisse, insbesondere durch Arbeitslosigkeit, unverzüglich zu unterrichten.

9. Tilgungsplan[13]

Der Darlehensnehmer kann von der Bank jederzeit kostenlos einen Tilgungsplan verlangen.

10. Mehrere Darlehensnehmer[14]

10.1 Mehrere Darlehensnehmer haften gesamtschuldnerisch.

10.2 Wird der Darlehensvertrag von einem Darlehensnehmer gegenüber der Bank gekündigt, so wirkt die Kündigung auch für und gegen den anderen Darlehensnehmer. Das Darlehen wird dann gegenüber beiden Darlehensnehmern mit Ablauf der Kündigungsfrist zur Rückzahlung fällig.

10.3 Bei mehreren Darlehensnehmern steht das Widerrufsrecht jedem einzelnen Darlehensnehmer zu. Sollte einer der Darlehensnehmer den Darlehensvertrag innerhalb der Widerrufsfrist widerrufen, so gilt der Widerruf auch für und gegen den anderen Darlehensnehmer. Der Darlehensvertrag ist mit Zugang des Widerrufs bei der Bank rückabzuwickeln. Die Bank wird den/die Darlehensnehmer über den Widerruf bzw. die Nichtunterzeichnung des Darlehensvertrages durch einen Darlehensnehmer informieren.

11. Abschluss des Vertrages[15]

Der Darlehensvertrag kommt zustande, wenn der Darlehensnehmer und die Bank ihre Vertragserklärungen unterschrieben haben und die jeweilige Vertragserklärung der anderen Vertragspartei zugeht.

12. Verfahren bei Kündigung[16]

12.1 Sowohl der Darlehensnehmer als auch die Bank können den Darlehensvertrag ohne Einhaltung einer Kündigungsfrist aus wichtigem Grund kündigen (§ 314 BGB). Ein wichtiger Grund liegt vor, wenn dem kündigenden Teil unter Berücksichtigung aller Umstände des Einzelfalls und unter Abwägung der beiderseitigen Interessen die Fortsetzung des Vertragsverhältnisses bis zur vereinbarten Beendigung nicht zugemutet werden kann. Besteht der wichtige Grund in der Verletzung einer Pflicht aus dem Vertrag, ist die Kündigung erst nach erfolglosem Ablauf einer zur Abhilfe bestimmten Frist oder nach erfolgloser Abmahnung zulässig. § 323 Abs. 2 BGB findet entsprechend Anwendung. Der Berechtigte kann nur innerhalb einer angemessenen Frist kündigen, nachdem er vom Kündigungsgrund Kenntnis erlangt hat.

12.2 Die Bank kann den Darlehensvertrag vor Auszahlung des Darlehens im Zweifel stets, nach Auszahlung nur in der Regel fristlos kündigen (§ 490 Abs. 1 BGB), wenn in den Vermögensverhältnissen des Darlehensnehmers oder in der Werthaltigkeit einer für das Darlehen gestellten Sicherheit eine wesentliche Verschlechterung eintritt oder einzutreten droht, durch die die Rückzahlung des Darlehens, auch unter Verwertung der Sicherheit, gefährdet wird.

12.3 Die Bank kann diesen Darlehensvertrag wegen Zahlungsverzugs des Darlehensnehmers kündigen (§ 498 Abs. 1 BGB), wenn der Darlehensnehmer mit mindestens zwei aufeinander folgenden Teilzahlungen ganz oder teilweise und mit mindestens 10 Prozent, bei einer Laufzeit des Darlehensvertrages von mehr als drei Jahren mit mindestens 5 Prozent des Nennbetrags des Darlehens in Verzug ist und die Bank dem Darlehensnehmer erfolglos eine zweiwöchige Frist zur Zahlung des rückständigen Betrags mit der Erklärung gesetzt hat, dass sie bei Nichtzahlung innerhalb der Frist die gesamte Restschuld verlange. Die Bank wird dem Darlehensnehmer spätestens mit der Fristsetzung ein Gespräch über die Möglichkeit einer einverständlichen Regelung anbieten.

12.4 Die Kündigung seitens der Bank bedarf der Textform und wird mit Zugang bei dem Darlehensnehmer – bzw. bei Kündigung unter Einhaltung einer Kündigungsfrist mit Ablauf der Kündigungsfrist – wirksam.

12.5 Die Kündigung seitens des Darlehensnehmers bedarf keiner Form. und keiner Begründung und wird mit Zugang bei der Bank – bzw. bei Kündigung unter Einhaltung einer Kündigungsfrist mit Ablauf der Kündigungsfrist – wirksam.

13. Vorzeitige Rückzahlung/Vorfälligkeitsentschädigung[17]

Der Darlehensnehmer kann seine Verbindlichkeit aus diesem Darlehensvertrag jederzeit ganz oder teilweise vorzeitig erfüllen (§ 500 Abs. 2 BGB). Im Falle einer vorzeitigen Rückzahlung kann die Bank gemäß § 502 BGB eine angemessene Vorfälligkeitsentschädigung für den unmittelbar mit der vorzeitigen Rückzahlung zusammenhängenden Schaden verlangen. In diesem Fall wird sie diesen Schaden nach den vom Bundesgerichtshof für die Berechnung vorgeschriebenen finanzmathematischen Rahmenbedingungen berechnen, die insbesondere

- ein zwischenzeitlich verändertes Zinsniveau,
- die für das Darlehen ursprünglich vereinbarten Zahlungsströme,
- den der Bank entgangenen Gewinn,
- den mit der vorzeitigen Rückzahlung verbundenen Verwaltungsaufwand (Bearbeitungsentgelt) sowie
- die infolge der vorzeitigen Rückzahlung ersparten Risiko- und Verwaltungskosten berücksichtigen.

Die Vorfälligkeitsentschädigung darf folgende Beträge jeweils nicht überschreiten:

- 1 Prozent beziehungsweise, wenn der Zeitraum zwischen der vorzeitigen und der vereinbarten Rückzahlung 1 Jahr nicht übersteigt, 0,5 Prozent des vorzeitig zurückgezahlten Betrags,
- den Betrag der Sollzinsen, den der Darlehensnehmer in dem Zeitraum zwischen der vorzeitigen und der vereinbarten Rückzahlung entrichtet hätte.

14. Verzugszinssatz und -kosten/Folgen ausbleibender Zahlungen[18]

14.1 Für ausbleibende Zahlungen wird dem Darlehensnehmer der gesetzliche Verzugszinssatz in Höhe von 5 Prozentpunkten über dem Basiszinssatz berechnet. Der Basiszinssatz beträgt per 1./1. oder 1.7. X,XX % p. a. Er wird von der Deutschen Bundesbank ermittelt und jeweils zum 1. Januar und 1. Juli eines jeden Jahres festgesetzt.

14.2 Ausbleibende Zahlungen können schwerwiegende Folgen für den Darlehensnehmer haben (zB Offenlegung von Lohn-/Gehaltsabtretung) und die Erlangung eines Kredits erschweren (zB aufgrund eines negativen SCHUFA-Eintrags).

15. Beitragsinkasso im Falle einer abgeschlossenen Restkreditlebensversicherung ggf. mit Arbeitsunfähigkeitsversicherung und Arbeitslosigkeitszusatzversicherung

Sofern eine Restkreditlebensversicherung – ggf. mit Arbeitsunfähigkeitsversicherung und Arbeitslosigkeitszusatzversicherung – abgeschlossen wurde, ist der Beitrag mit Vertragsabschluss fällig. Die Bank wird beauftragt, diesen Beitrag vom auszuzahlenden Betrag des Darlehens an die xxx Lebensversicherung Aktiengesellschaft zu überweisen.

16. Maßgebliches Recht/Gerichtsstand/Sprache

Für den Darlehensvertrag und die gesamte Geschäftsverbindung zwischen dem Darlehensnehmer und der Bank gilt deutsches Recht. Es gibt keine vertragliche Gerichtsstandsklausel. Die Bank wird während der Laufzeit des Darlehensvertrags in Deutsch mit dem Darlehensnehmer Kontakt halten.

Zuständige Aufsichtsbehörde[19]

Bundesanstalt für Finanzdienstleistungsaufsicht, Graurheindorfer Straße 108 in Bonn und Lurgiallee 12 in 60 439 Frankfurt (Internet: www.bafin.de)

Außergerichtliche Beschwerdestelle[20]

Für die Beilegung von Streitigkeiten mit der Bank besteht die Möglichkeit, den Ombudsmann der privaten Banken anzurufen. Näheres regelt die „Verfahrensordnung des Ombudsmanns der privaten Banken"„ die auf Wunsch zur Verfügung gestellt wird oder auf der Internetseite des Bundesverbandes deutscher Banken e. V., www.bankenverband.de, abrufbar ist. Die Beschwerde kann in Textform (zB mittels Brief, Telefax oder E-Mail) an die Schlichtungsstelle beim Bundesverband deutscher Banken e. V., [Adresse] gerichtet werden.

Hinweis auf das Widerrufsrecht des Darlehensnehmers[21]

Der Darlehensnehmer hat das Recht, den Darlehensvertrag innerhalb von 14 Kalendertagen zu widerrufen. Angaben zur Frist und die anderen Umstände für die Erklärung des Widerrufs sowie die Verpflichtung des Darlehensnehmers, ein bereits ausgezahltes Darlehen zurückzuzahlen und Zinsen zu vergüten sowie die Angabe über den pro Tag zu zahlenden Zinsbetrag sind der nachstehenden Widerrufsinformation zu entnehmen.

Widerrufsinformation
Abschnitt 1 Widerrufsrecht **Der Darlehensnehmer kann seine Vertragserklärung innerhalb von 14 Tagen ohne Angabe von Gründen widerrufen.** **Die Frist beginnt nach Abschluss des Vertrages, aber erst,** nachdem der Darlehensnehmer alle nachstehend unter Abschnitt 2 aufgeführten Pflichtangaben **erhalten** hat. Der Darlehensnehmer hat alle Pflichtangaben erhalten, wenn sie in der für den Darlehensnehmer bestimmten Ausfertigung seines Antrags oder in der für den Darlehensnehmer bestimmten Ausfertigung der Vertragsurkunde oder in einer für den Darlehensnehmer bestimmten Abschrift seines Antrags oder der Vertragsurkunde enthalten sind und dem Darlehensnehmer eine solche Unterlage zur Verfügung gestellt worden ist. Über in den Vertragstext nicht aufgenommene Pflichtangaben kann der Darlehensnehmer nachträglich auf einem dauerhaften Datenträger informiert werden; die Widerrufsfrist beträgt dann einen Monat. Der Darlehensnehmer ist mit den nachgeholten Pflichtangaben nochmals auf den Beginn der Widerrufsfrist hinzuweisen. **Zur Wahrung der Widerrufsfrist genügt die rechtzeitige**

Absendung des Widerrufs, wenn die Erklärung auf einem dauerhaften Datenträger (zB Brief, Telefax, E-Mail) erfolgt. Der Widerruf ist zu richten an:
[Name der Bank
Ladungsfähige Adresse der Bank
Telefax (optional)
E-Mail (optional)]

Abschnitt 2
Für den Beginn der Widerrufsfrist erforderliche vertragliche Pflichtangaben
Die Pflichtangabe nach Abschnitt 1 Satz 2 umfassen:

1. den Namen und die Anschrift des Darlehensgebers und des Darlehensnehmers;
2. die Art des Darlehens;
3. den Nettodarlehensbetrag;
4. den effektiven Jahreszins;
5. den Gesamtbetrag;
   Zu den Nummern 4. und 5.: Die Angabe des effektiven Jahreszinses und des Gesamtbetrags hat unter Angabe der Annahmen zu erfolgen, die zum Zeitpunkt des Abschlusses des Vertrags bekannt sind und die in die Berechnung des effektiven Jahreszinses einfließen.
6. den Sollzins;
   Die Angabe zum Sollzinssatz muss die Bedingungen und den Zeitraum für seine Anwendung sowie die Art und Weise seiner Anpassung enthalten. Ist der Sollzinssatz von einem Index oder Referenzzinssatz abhängig, so sind diese anzugeben. Sieht der Darlehensvertrag mehrere Sollzinssätze vor, so sind die Angaben für alle Sollzinssätze zu erteilen.
7. die Vertragslaufzeit;
8. den Betrag, die Zahl und die Fälligkeit der einzelnen Teilzahlungen;
   Sind im Fall mehrerer vereinbarter Sollzinssätze Teilzahlungen vorgesehen, so ist anzugeben, in welcher Reihenfolge die ausstehenden Forderungen des Darlehensgebers, für die unterschiedliche Sollzinssätze gelten, durch die Teilzahlungen getilgt werden.
9. die Auszahlungsbedingungen;
10. den Verzugszinssatz und die Art und Weise seiner etwaigen Anpassung sowie gegebenenfalls anfallende Verzugskosten;
11. einen Warnhinweis zu den Folgen ausbleibender Zahlungen;
12. das Bestehen oder Nichtbestehen eines Widerrufsrechts, die Frist und die anderen Umstände für die Erklärung des Widerrufs sowie einen Hinweis auf die Verpflichtung des Darlehensnehmers, ein bereits ausbezahltes Darlehen zurückzuzahlen und Zinsen zu vergüten; der pro Tag zu zahlende Zinsbetrag ist anzugeben;
13. das Recht des Darlehensnehmers, das Darlehen vorzeitig zurückzuzahlen;
14. die für den Darlehensgeber zuständige Aufsichtsbehörde;
15. das einzuhaltende Verfahren bei der Kündigung des Vertrags;
16. den Hinweis, dass der Darlehensnehmer Zugang zu einem außergerichtlichen Beschwerde- und Rechtsbehelfsverfahren hat, und die Voraussetzungen für diesen Zugang;
17. ist ein Zeitpunkt für die Rückzahlung bestimmt, einen Hinweis auf den Anspruch des Darlehensnehmers, während der Gesamtlaufzeit des Darlehens jederzeit kostenlos einen Tilgungsplan zu erhalten;
   Verlangt der Darlehensnehmer einen Tilgungsplan, muss aus diesem hervorgehen, welche Zahlungen in welchen Zeitbständen zu leisten sind und welche Bedingungen für diese Zahlungen gelten. Dabei ist aufzuschlüsseln, in welcher Höhe die Teilzahlungen auf das Darlehen, die nach dem Sollzinssatz berechneten Zinsen

und die sonstigen Kosten angerechnet werden. Ist der Sollzinssatz nicht gebunden oder die sonstigen Kosten angepasst werden, so ist in dem Tilgungsplan kin klarer und verständlicher Form anzugeben, dass die Daten des Tilgungsplans nur bis zur nächsten Anpassung des Sollzinssatzes oder der sonstigen Kosten gelten. Der Tilgungsplan ist dem Darlehensnehmer auf einen dauerhaften Datenträger zur Verfügung zu stellen.

18. einen Hinweis, dass der Darlehensnehmer Notarkosten zu tragen hat;
19. die vom Darlehensnehmer verlangten Sicherheiten und Versicherungen, im Fall von entgeltlichen Finanzierungshilfen insbesondere einen Eigentumsvorbehalt;
20. die Berechnungsmethode des Anspruchs auf Vorfälligkeitsentschädigung, soweit der Darlehensgeber beabsichtigt, diesen Anspruch geltend zu machen, falls der Darlehensnehmer das Darlehen vorzeitig zurückzahlt;
21. den Namen und die Anschrift des beteiligten Darlehensvermittlers;
22. im Zusammenhang mit dem Verbraucherdarlehensvertrag erhobene Kontoführungsgebühren sowie die Bedingungen, unter denen die Gebühren angepasst werden können, wenn der Darlehensgeber den Abschluss eines Kontoführungsvertrags verlangt, sowie alle sonstigen Kosten, insbesondere in Zusammenhang mit der Auszahlung oder der Verwendung eines Zahlungsinstruments, mit dem sowohl Zahlungsvorgänge als auch Abhebungen getätigt werden können, sowie die Bedingungen, unter denen die Kosten angepasst werden können;
23. soweit die vom Darlehensnehmer geleisteten Zahlungen nicht der unmittelbaren Darlehenstilgung dienen, eine Aufstellung der Zeiträume und Bedingungen für die Zahlung der Sollzinsen und der damit verbundenen wiederkehrenden und nicht wiederkehrenden Kosten im Darlehensvertrag;
24. soweit sich der Darlehensnehmer mit dem Abschluss eines Darlehensvertrags auch zur Vermögensbildung verpflichtet, einen Hinweis, dass weder die während der Vertragslaufzeit fälligen Zahlungsverpflichtungen noch die Ansprüche, die der Darlehensnehmer aus der Vermögensbildung erwirbt, die Tilgung des Darlehens gewährleisten, es sei denn, dies wird vertraglich vereinbart;
25. sämtliche weitere Vertragsbedingungen.

Abschnitt 3
Widerrufsfolgen
Soweit das Darlehen bereits ausbezahlt wurde, hat der Darlehensnehmer es spätestens innerhalb von 30 Tagen **zurückzuzahlen** und für den Zeitraum zwischen der Auszahlung und der Rückzahlung des Darlehens **den vereinbarten Sollzins zu entrichten.** Die Frist beginnt mit der Absendung der Widerrufserklärung. Für den Zeitraum zwischen der Auszahlung und der Rückzahlung ist bei vollständiger Inanspruchnahme des Darlehens pro Tag ein Zinsbetrag in Höhe von [Tageszinsbetrag, Format 999,99] Euro zu zahlen. Dieser Betrag verringert sich entsprechend, wenn das Darlehen nur teilweise in Anspruch genommen wurde.

	x	x
Ort, Datum	Unterschrift des 1. Darlehensnehmers	Unterschrift des 2. Darlehensnehmers

Ort, Datum	Unterschrift der Bank (Filialstempel mit Adresse und Unterschrift)

Anmerkungen

1. Zum Darlehensvertrag allgemein: BuB/*Früh* Rn 3/12 ff.; Bankrechts-Handbuch/*Pamp*, §§ 75, 76 mwN). Bei den Ratenkrediten für Verbraucher wird unterstellt, dass die Darlehensaufnahme immer privat veranlasst ist und der Abschluss des Vertrages nicht einer gewerblichen oder selbstständigen beruflichen Tätigkeit zuzurechnen ist. Der Darlehensnehmer – soweit es sich um eine natürliche Person handelt – ist stets Verbraucher iSv § 13 BGB. Damit finden auf Darlehen, die nicht grundpfandrechtlich besichert werden und nicht dazu dienen, Eigentumsrechte an einer Immobilie zu erwerben oder zu erhalten, die Vorschriften zum Allgemein-Verbraucherdarlehensrecht uneingeschränkte Anwendung, soweit das Darlehen von einem Unternehmer im Sinne von § 14 BGB gewährt wird und nicht unter die Ausnahmen des § 491 Abs 2 Satz 2 BGB fällt. Dem Darlehensnehmer steht gem § 495 BGB ein Widerrufsrecht nach § 355 BGB zu, über das er im Darlehensvertrag zu informieren ist. Mit dem Inkraftreten des „Gesetzes zur Einführung einer Musterwiderrufsinformation für Verbraucherdarlehensverträge, zur Änderung der Vorschriften über das Widerrufsrecht bei Verbraucherdarlehensverträgen und zur Änderung des Darlehensvermittlungsrechts" vom 24.7.2010 (BGBl I S 977) zum 30.7.2010 hat der Gesetzgeber den Darlehensgebern Musterwiderrufsinformationen mit Gesetzesrang an die Hand gegeben. Ziel des Gesetzes war die Schaffung von Rechtssicherheit für beide Vertragsparteien. In seiner Entscheidung zum sog Kaskadenverweis (EuGH WM 2020, 688) stellte der EuGH jedoch fest, dass die Widerrufsinformationen nicht den Anforderungen an Klarheit und Verständlichkeit entsprachen, die durch die Verbraucherkreditrichtlinie gesetzt worden sind. Der Gesetzgeber hat daraufhin die Widerrufsinformation für Allgemein-Verbraucherdarlehensverträge grundlegend überarbeitet und mit der Aufzählung der vertraglichen Pflichtangaben (Art 247 §§ 6 ff EGBGB) in Abschnitt 2 der Widerrufsinformation (Anlage 7 zu Art 247 § 6 Abs 2 und § 12 Abs 1 EGBGB) den Kaskadenverweis vermieden. Soweit ein Darlehensgeber die bis zur Novellierung der Muster-Widerrufsinformationen geltenden Muster verwendet hat, kann er sich auf die Gesetzlichkeitsfiktion berufen (BGH WM 2020, 838; WM 2020, 2320; WM 2021, 44). Vor Abschluss des Verbraucherdarlehensvertrags müssen dem Verbraucher die vorvertraglichen Informationen gemäß § 491a Abs 1 BGB, Art 247 § 2 EGBGB in Textform zur Verfügung gestellt werden. Der Inhalt der vorvertraglichen Informationen bestimmt sich nach Art 247 §§ 3 bis 5, §§ 8 bis 13 EGBGB. Zur Erfüllung dieser Informationspflichten steht dem Darlehensgeber ein gesetzliches Muster (Art 247 § 2 Abs 1 EGBGB, Anlage 4) zur Verfügung, dessen Verwendung verbindlich ist. Wird das Muster ordnungsgemäß ausgefüllt und dem Verbraucher in Textform übermittelt, besteht die gesetzliche Vermutung, dass der Darlehensgeber seine Informationspflicht erfüllt hat („Gesetzlichkeitsfiktion", *Schürnbrand,* BKR 2011, 309). Neben den vorvertraglichen Informationen schuldet der Darlehensgeber eine angemessene Erläuterung; die Erläuterung erstreckt sich auf die vorvertraglichen Informationen, die Hauptmerkmale der vom Darlehensgeber angebotenen Verträge und ihre vertragstypischen Auswirkungen sowie die Folgen des Zahlungsverzugs (§ 491a Abs 3 BGB). Durch die Erläuterungen soll der Verbraucher in die Lage versetzt werden, für sich selbst entscheiden zu können, ob er mit dem angebotenen Kredit den von ihm verfolgten Zweck erzielen kann und ob der Kredit seinen Vermögensverhältnissen gerecht wird. Die Erläuterungspflicht ist rein produktbezogen (*Nobbe,* WM 2011, 625) und bleibt hinter einer Finanzierungsberatung zurück (*Wittig* in: Kümpel/Mülbert/Früh/Seyfried, Rn 5.155). Der Inhalt des Allgemein-Verbraucherdarlehensvertrages richtet sich nach Art 247 §§ 6 ff. EGBGB. Darüber hinaus schuldet der Darlehensgeber vor Abschluss eines Verbraucherdarlehensvertrags, sowohl aufsichtsrechtlich als auch zivilrechtlich die Prüfung der Kreditwürdigkeit nach §§ 505a Abs. 1, 505b Abs. 1 BGB und § 18a KWG.

2. In dem Darlehensvertrag sind die an dem Vertragsschluss beteiligten Parteien mit Namen und Adresse zu nennen; dies gilt für den Darlehensgeber (Art 247 § 6 Abs 1 Nr 1 iVm § Abs 1 Nr 1 EGBGB), den Darlehensnehmer, Art 247 § 6Abs 1 Nr 2 EGBGB und – soweit eingebunden – für den Darlehensvermittler, Art 247 § 13 Abs 1 EGBGB.

3. Echter Mitdarlehensnehmer ist nur, wer ein eigenes unmittelbares wirtschaftliches Interesse an der Darlehensaufnahme hat und über die Auszahlung und Verwendung der Darlehenvaluta selbstständig und gleichberechtigt neben dem anderen Darlehensnehmer mit entscheiden darf (*Hopt,* HGB (7) BankGesch G/10 a; BGHZ 146, 37; BGH WM 05, 418). Die Auszahlung an Dritte (auch nur an den 1. Kreditnehmer) setzt eine entsprechende Anweisung auch des 2. Kreditnehmers) und den Zufluss beim Dritten zur freien Verfügung voraus (BGHZ 93, 264 = WM 85, 221; WM 1986, 933; WM 89, 1718; WM 1997, 1659). Eine (formularmäßige) wechselseitige Bevollmächtigung zur Entgegennahme aller Erklärungen ist mit §§ 307 Abs 1, 308 Nr 6 BGB (vormals §§ 9, 10 AGBG) nicht vereinbar (BGHZ 108, 98 = WM 1989, 1086).

4. Gem. Art 247 §§ 6 Abs 1 Nr 1 iVm § 3 Abs 1 Nr 3, 4, 5, 6, 8, 10 EGBGB sind beim Allgemein-Verbraucherdarlehensvertrag (**Konsumentenratenkredit**) anzugeben: Nettodarlehensbetrag, alle sonstigen Kosten – soweit rechtlich zulässig –, die Sollzinsen (§ 489 Abs. 5 BGB), der Gesamtbetrag (Art 247 § 3 Abs 1 S 1 EGBGB), die Vertragslaufzeit, der Sollzins und seine Art (gebunden oder veränderlich) sowie der effektive Jahreszins (Art 247 § 3 Abs 2 S 3 EGBGB iVm § 6 PAngV (ab 28.5.2022: § 1b PAngV)). Der Bruttodarlehensbetrag ist dagegen nicht anzugeben. Diese Angaben werden unter den Darlehensdaten dieses Vertragsmusters genannt. Dabei ist dieser Teil so aufgebaut, dass der Nettodarlehensbetrag und die Summe der betragsmäßig ausgewiesenen Sollzinsen (also die hier anfallenden Gesamtkosten des Kredits) den Gesamtbetrag ergeben. Damit wird entsprechend der gesetzlichen Definition der Gesamtbetrag für den Verbraucher transparent dargestellt, denn der Gesamtbetrag ist die Summe aus Nettodarlehensbetrag und der Gesamtkosten des Darlehens (Art 247 § 3 Abs 2 S 1 EGBGB). Der Nettodarlehensbetrag ist der Höchstbetrag, auf den der Darlehensnehmer aufgrund des Darlehensvertrags Anspruch hat (Art 247 § 3 Abs 2 S 2 EGBGB).

5. Bei mehreren Kreditnehmern hat die Auszahlung der Valuta grundsätzlich an alle zu erfolgen (Mitgläubigerschaft gemäß § 432 BGB). Für die Rückzahlung des Kredits haften sie im Zweifel als Gesamtschuldner (§§ 427, 421 BGB; BGH WM 1991, 445), wenn sie das Darlehen iSv § 488 BGB empfangen haben (BGH WM 1988, 1814). Die Anweisungen an den Darlehensgeber für die Auszahlung der Darlehensvaluta treffen daher die Darlehensnehmer gemeinsam.

6. Unter dem Abschnitt der „Darlehensrückzahlung“ werden die Zins- und Tilgungsraten, mit denen das Darlehen zurückzuzahlen ist, konkretisiert, und zwar durch die Angabe der Anzahl der Raten, der Höhe der Raten und ihre Fälligkeiten. Diese Angaben sind zwingend im Darlehensvertrag aufzunehmen, Art 247 §§ 6 Abs 1 Nr 1 iVm § 3 Abs 1 Nr 7 EGBGB.

7. Die vom Darlehensgeber verlangten Sicherheiten sind im Vertrag anzugeben, Art 247 § 7 Nr 2 EGBGB. IdR erfolgt bei einem Konsumentenratenkredit die Abtretung von Lohn-, Gehalts- und Rentenansprüchen, die grundsätzlich zulässig ist (BGH WM 76, 151 mwN; Bankrechts-Handbuch/*Ganter,* § 96 Rn 129 ff.

8. Unter dem Abschnitt „Darlehensbedingungen“ finden sich vor allem die Regelungen, die nach dem Verbraucherdarlehensrecht im Vertrag enthalten sein müssen. So ist die Art des Darlehens in dem Darlehensvertrag anzugeben (Art 247 § 6 Abs 1 Nr 1, § 3 Abs 1 Nr 2 EGBGB). Ratenkredite sind regelmäßig Darlehen mit gleich bleibenden Monatsraten und festem Sollzinssatz für die gesamte Vertragslaufzeit, häufig erfolgt die Auszahlung in einer Summe, die Laufzeiten liegen zwischen 6 bis 84 Monaten und die Kredithöhe kann je nach

Kreditinstitut bis zu EUR 75.000.– und höher gehen; der Verwendungszweck ist immer überwiegend privat veranlasst und dient in der Regel zur Anschaffung von Konsumgütern. In Einzelfällen finden sich in derartigen Darlehensverträgen Regelungen zur Beschränkung der Verwendung des Darlehensbetrags und der Besicherung des Darlehensvertrags. Solche Regelungen sollen sicherstellen, dass der Darlehensvertrag unter die Regelungen des Allgemein-Verbraucherdarlehensrechts fällt und nicht ohne Absprache mit dem Darlehensgeber durch eine geänderte Verwendung des Darlehensbetrags die Vorschriften zum Immobiliar-Verbraucherdarlehensvertrag zur Anwendung kommen. In dem Vertrag sind die Auszahlungsbedingungen zu nennen, Art 247 §§ 6 Abs, 1 Nr 1, 3 Abs 1 Nr 9 EGBGB; hinsichtlich des Sollzinses ist anzugeben, wie lange er gültig ist (Art 247 § 3 Abs 4 EGBGB). Die Art des Sollzinses – in der Regel gebunden – wird bereits auf Seite 1 des Darlehensvertrags angegeben.

9. Die taggenaue Tilgungsverrechnung entspricht der BGH-Rechtsprechung (BGHZ 106, 42 = NJW 84, 222 = WM 1988, 1780; WM **1990,** 1367; WM **1991,** 1452, 2055; WM 1992, 50; Bankrechts-Handbuch/*Krepold,* § 78 Rn 100 ff).

10. Die Berechnung des effektiven Jahreszinses erfolgt nach § 6 PAngV (Art 247 § 6 Abs 3 S 3 EGBGB; ab dem 28.5.2022 nach § 16 PAngV). Insoweit hat die Regelung in den Darlehensbedingungen nur deklaratorische Wirkung. Soweit die Berechnung des effektiven Jahrszinses unter Annahmen erfolgt, sind diese anzugeben (Art 247 § 6 Abs. 3 EGBGB).

11. Die Abtretung von Arbeitsentgelt ist auf einen Höchstbetrag beschränkt, ohne diese Beschränkung ist die Abtretung von Arbeitsentgelt unwirksam (BGH WM **1989,** 1086; WM **92,** 1359; NJW 1994, 2754; *Steppeler* WM **1989,** 1993). Die Pfandrechtsklausel entspricht im Wesentlichen Nr 14 AGB-Banken (BGH WM **1985,** 78; WM **1985,** 116). Dieses AGB-Pfandrecht ist als vollgültiges Pfandrecht nach § 1204 BGB anerkannt (BGH WM 83, 926; WM 1996, 375).

12. Die Verpflichtung zur Offenlegung der wirtschaftlichen Verhältnisse beruht auf § 18 KWG (BGH WM 1994, 838).

13. Soweit für die Rückzahlung des Darlehens ein Zeitpunkt bestimmt ist, kann der Darlehensnehmer während der Laufzeit des Darlehensvertrags jederzeit, auch mehrmals, kostenlos einen Tilgungsplan in Textform nach Art 247 § 14 EGBGB verlangen, § 492 Abs 2 Satz 2 BGB. Der Darlehensnehmer ist auf dieses Recht in dem Darlehensvertrag hinzuweisen, Art 247 § 6 Abs 1 Nr 4 EGBGB. Welchen Inhalt ein Tilgungsplan haben muss, wird nunmehr in der Widerrufsinformation unter Abschnitt 2 der Muster-Widerrufsinformation für Allgemein-Verbraucherdarlehen beschrieben. Der Inhalt und die Form. des Tilgungsplans bestimmen sich nach Art 247 § 14 EGBGB. Der Tilgungsplan ist auf die künftige Entwicklung des Darlehens gerichtet, bei der die vertragsgemäße Erfüllung durch beide Vertragsparteien unterstellt wird. Eine Rechenschaft über den bisherigen Verlauf des Darlehens bis zur Erstellung des Tilgungsplans ist nicht Inhalt des Tilgungsplans; allerdings setzt der Tilgungsplan auf die tatsächlich ausstehende Valuta des Darlehens auf und knüpft insoweit an das zurückliegende Zahlungsverhalten des Darlehensnehmers an.

14. Schließen mehrere Darlehensnehmer den Darlehensvertrag, empfiehlt es sich, eine Regelung über die Verfügungsbefugnis der Darlehensnehmer über die Valuta und über die Wirkung einer Kündigung bzw. des Widerrufs durch einen Darlehensnehmer zu treffen. Fehlen derartige Regelungen gelten insbesondere Gestaltungsrechte (wie Kündigungen und Widerrufe) und andere Tatsachen nur für und gegen den Gesamtschuldner, in dessen Person sie eintreten (§ 425 Abs 1 BGB).

15. Die Widerrufsfrist von 14 Tagen (§ 355 Abs 2 BGB) beginnt auch bei Verbraucherdarlehensverträgen nicht vor Vertragsabschluss (§ 355 Abs 2 S 2 BGB). Der abgedruckte Darlehensvertrag beinhaltet daher eine Beschreibung, wie der Vertrag zwischen dem Darlehensnehmer und dem Darlehensgeber wirksam abgeschlossen wird. Diese Regelung hat nur deklaratorischen Charakter und ist für die Wirksamkeit des Vertrages nicht zwingend.

16. Bei der Beschreibung der Verfahren bei der Kündigung handelt es sich dagegen um gesetzlich vorgeschriebene Vertragsinhalte (Art 247 § 6 Abs 1 Nr 5 EGBGB). Der früher in der Praxis übliche Verweis auf die gesetzlichen Kündigungsrechte reicht nach der Novellierung des Verbraucherdarlehensrechts zum 11.6.2010 nicht mehr aus. Da beide Vertragsparteien den Vertrag kündigen können, müssen die Verfahren für beide beschrieben werden. Die Kündigungsrechte und die Verfahren bei ihrer Ausübung sind in klarer und verständlicher Weise vertraglich zu regeln, wofür die Wiedergabe des Gesetzeswortlauts genügt (*Mülbert* in: Festschrift für Georg Maier-Reimer zum 70. Geburtstag, S 471; zur vollständigen Darstellung der Kündigungsrechte bei einem Verbraucherdarlehensvertrag vgl. BGH NJW – RR 2017, 1077; nach BGH NJW 2020, 461 ist bei befristeten Verbraucherdarlehensverträgen die Information über außerordentliche Kündigungsrechte nicht erforderlich)

17. Der Darlehensnehmer kann seine Verbindlichkeiten aus dem Darlehensvertrag jederzeit ganz oder teilweise vorzeitig erfüllen (§ 500 Abs 2 BGB). Einer vorherigen Kündigung des Darlehensvertrags oder einer vorherigen Ankündigung der vorzeitigen Erfüllung durch den Darlehensnehmer bedarf es nicht. Mit der Erfüllung tritt regelmäßig das Erlöschen des Schuldverhältnisses ein (§ 362 Abs 1 BGB). Außerdem wird bei Verträgen, für die eine feste Laufzeit vereinbart wurde und die nur einmal in Anspruch genommen werden können, die vorzeitige Erfüllung als konkludente (Teil-)Kündigung des Darlehensvertrags zu werten sein, weil der Darlehensnehmer kein Interesse hat, den Vertrag insoweit weiterhin aufrecht zu erhalten (*Mülbert* in: Festschrift für Georg Maier-Reimer zum 70. Geburtstag, S 472). Bei Darlehensverträgen, die die wiederholte Inanspruchnahme des Darlehens vorsehen, wird mit der vorzeitigen Erfüllung nicht das Erlöschen des Schuldverhältnisses einhergehen, sondern der Anspruch auf Wiederauszahlung des Darlehensbetrags bis zur endgültigen Beendigung des Vertrags durch Zeitablauf oder Kündigung fortbestehen. Auf das jederzeitige Erfüllungsrecht ist im Vertrag hinzuweisen (Art 247 § 6 Abs 1 Nr 1, § 3 Abs 1 Nr 14 EGBGB iVm § 500 Abs 2 BGB). Schuldet der Darlehensnehmer zum Zeitpunkt der vorzeitigen Erfüllung einen bei Vertragsabschluss gebundenen Sollzins, hat er dem Darlehensgeber eine angemessene Vorfälligkeitsentschädigung zu zahlen (§ 502 Abs 1 S 1 BGB). Die Berechnung der Vorfälligkeitsentschädigung ist gesetzlich nicht geregelt; die im Allgemeinen üblichen Berechnungsmethoden (Aktiv-Aktiv- oder Aktiv-Passiv-Methode) werden gleichermaßen als zulässig erachtet. Der Schaden ist jedoch der Höhe nach begrenzt (§ 502 Abs 1 S 2 BGB). Die Berechnung des Schadens und seine Beschränkung sind ebenfalls im Vertrag aufzunehmen (Art 247 § 7 Nr 3 EGBGB). Benennt der Darlehensgeber im Vertrag die wesentlichen Parameter für die angewandte Berechnungsmethode der Vorfälligkeitsentschädigung sind die Anforderungen an Transparenz und Nachvollziehbarkeit hinreichend erfüllt (BGH NJW 2020, 461); a.A. EuGH NJW 2022, 40, wonach die Beschreibung der Berechnungsmethode für die Vorfälligkeitsentschädigung so genau erfolgen muss, dass es dem Verbraucher möglich ist, die von ihm geschuldete Vorfälligkeitsentschädigung selbst zu errechnen).

18. Im Darlehensvertrag muss der Verzugszinssatz angegeben werden und der Darlehensnehmer auf die Folgen des Verzugs warnend hingewiesen werden (Art 247 § 6 Abs 1 Nr 1, § 3 Abs 1 Nr 11 und 12 EGBGB). Der Verzugszinssatz richtet sich nach § 288 Abs 1 BGB und beträgt 5-Prozentpunkte über dem Basiszinssatz (§ 247 Abs 1 BGB), § 497 Abs 1 BGB. Der Basiszinssatz wird zweimal im Jahr jeweils zum 1. Januar und 1. Juli neu festgesetzt und von der Deutschen Bundesbank im Bundesanzeiger bekannt gegeben (§ 247 Abs 2 BGB). Die konkrete Angabe des zum Zeitpunkt des Vertragsabschlusses gültigen Verzugszinses oder Basiszinssatzes ist nicht erforderlich (BGH NJW 2020, 461).

19. Gem Art 247 § 6 Abs 1 Nr 3 EGBGB muss der Darlehensgeber seine für ihn zuständige Aufsichtsbehörde im Vertrag angeben. Unterliegt der Darlehensgeber der Aufsicht der Europäischen Zentralbank ist diese ebenfalls anzugeben.

20. Zur Vermeidung von zeit- und kostenintensiven Klageverfahren vor den ordentlichen Gerichten soll der Verbraucher auf die Möglichkeit von außergerichtlichen Beschwerde- und Rechtsbehelfsverfahren hingewiesen werden. Es ist mittlerweile üblich, dass die Verbände der privatrechtlichen, genossenschaftlichen oder öffentlich rechtlichen Kreditinstitute sog. Ombudsmannverfahren eingerichtet haben, die für die Verbraucher kostenlos genutzt werden können und für die teilnehmenden Kreditinstitute je nach Beschwerdegegenstand und -höhe verbindlich sind. Welche Angaben zum Zugang zu den außerordentlichen Schlichtungsstellen s BGH NJW 2020, 461; nicht ganz eindeutig EuGH NJW 2022, 40.

21. Die Widerrufsinformation richtet sich nach Art 247 § 6 Abs 2 EGBGB. Nutzt der Darlehensgeber das in Anlage 7 zum Gesetz enthaltene Muster für die Widerrufsinformation, erfüllt der Darlehensgeber seine Informationspflichten. Die entsprechende Vertragsklausel muss in hervorgehobener und deutlich gestalteter Form unter Beachtung des im Muster verwendeten Fettdrucks einzelner Textpassagen im Vertrag enthalten sein (Art 247 § 6 Abs 2 Satz 3 EGBGB, zur deutlichen Gestaltung einer Widerrufsinformation im Darlehensvertrag BGH NJW 2016, 1881). Hat der Darlehensnehmer die Darlehensvaluta vor Ablauf der Widerrufsfrist erhalten, kann er zwar dennoch widerrufen, schuldet dann aber die Vertragszinsen. Der Darlehensgeber hat in der Widerrufsinformation die Tageszinsen in EURO Beträgen anzugeben, dabei ist die Vollauszahlung des Darlehens zu unterstellen (Art 247 § 6 Abs 2 Satz 1 und 2 EGBGB, bei der Berechnung der Tageszinsen kann der Darlehensgeber die im Darlehensvertrag vereinbarte Zinsberechnungsmethode 30/360 verwenden, BGH NJW-RR 2017, 1077). Gibt der Darlehensgeber den nach erfolgtem Widerruf geschuldeten Tageszins mit EUR 0,00 an, obwohl es sich um ein verzinsliches Darlehen handelt, ist die Widerrufsinformation für den Darlehensnehmer dennoch nicht missverständlich oder unklar. Ein Darlehensnehmer kann verstehen, dass der Darlehensgeber in diesem Fall auf seinen Zinsanspruch verzichten will (BGH NJW 2020, 461). Schließt der Darlehensnehmer neben dem Darlehensvertrag auch eine branchenübliche Restkreditversicherung ab, deren Prämie durch das Darlehen mitfinanziert wird, ist die Widerrufsinformation um die Hinweise zu den Besonderheiten bei weiteren Verträgen zu erweitern, weil der Darlehensvertrag und der Versicherungsvertrag verbundene Verträge iSv § 358 Abs 2 und 3 BGB darstellen können (BGH WM 2010, 166; BGH BKR 2021, 164 (Gruppenversicherung) zu den Folgen eines Widerrufs bei Darlehensverträgen mit Restschuldversicherung, siehe *Schürnbrand*, BKR 2011, 309).

5. Kreditlinie für Verbraucher

Allgemein-Verbraucherdarlehensvertrag über eine unbefristet eingeräumte Überziehungsmöglichkeit auf einem laufenden Konto (Kontoüberziehungsmöglichkeit)[1, 2]

Darlehensgeber: [Name und Anschrift des Darlehensgebers] – nachstehend „Bank" genannt[3]

I Darlehensnehmer[4]

Nachstehend – auch bei mehreren – „Darlehensnehmer" genannt.

1. Darlehensnehmer	2. Darlehensnehmer
Vor- und Zuname, Firma	Vor- und Zuname, Firma
Geburtsdatum	Geburtsdatum
Familienstand Güterstand Gebj. unterhb. Kinder Staatsang.	Familienstand Güterstand Gebj. unterhb. Kinder Staatsang.
Privatanschrift bzw. Geschäftsanschrift (Straße, Haus-Nr.)	Privatanschrift bzw. Geschäftsanschrift (Straße, Haus-Nr.)
PLZ, Ort	PLZ, Ort
Telefon Telefax	Telefon Telefax
Beruf/Branche	Beruf/Branche

Datenschutzrechtlicher Hinweis: Die Bank verarbeitet und nutzt die von den Darlehensnehmern erhobenen personenbezogenen Daten auch für Zwecke der Werbung oder der Markt- oder Meinungsforschung. Der Verarbeitung und Nutzung der personenbezogenen Daten für die vorgenannten Zwecke kann jeder Darlehensnehmer jederzeit einzeln widersprechen.

II Darlehensvermittler[5]

[Name und Adresse des Darlehensvermittlers]

III Darlehensdaten[6]

<table>
<tr><td>Nettodarlehensbetrag (Höchstgrenze)[7]</td><td>Sollzinssatz z.Z. % p.a.[8]</td><td>effektiver Jahreszins % p. a. *)[9]</td><td colspan="3">Vertragslaufzeit b. a. w.[10]</td><td colspan="2">Rückzahlung
jederzeit möglich</td></tr>
<tr><td colspan="3" rowspan="2">Vermittlungsprovision</td><td rowspan="2">Kosten für Sicherheiten
einmalig
laufend</td><td rowspan="2">Sonstige Kosten **)
einmalig
laufend</td><td rowspan="2">Gesamtkosten *)[11]</td><td colspan="2">EZB-Zinssatz im Monat der letzten Sollzinsanpassung</td></tr>
<tr><td>In %[12]</td><td>Monat der Anpassung</td></tr>
<tr><td colspan="8">Verwendungszweck[13]</td></tr>
</table>

* Bezüglich der Annahmen für die Berechnung siehe Nr. 7 der Darlehensbedingungen

** Zusätzlich fallen noch folgende betragsmäßig nicht bekannte Kosten für die Bestellung einer Grundschuld an: Notarkosten, Gebäudeversicherung, Kosten für die Bestellung (zB Kosten für Grundbuchamt)

IV Zu stellende Sicherheiten/Versicherungen[14]

Pfandrecht an Wertpapieren, Sachen und Ansprüchen gemäß Nr. 10 der Darlehensbedingungen

Im Übrigen gelten die nachfolgenden Darlehensbedingungen:

Bedingungen:

Für die Kreditlinie (im Folgenden „Darlehen") gelten die nachstehenden Bedingungen:

1. Kontokorrent[15]

Das Darlehen wird revolvierend im Kontokorrent mit Rechnungsabschluss jeweils zum Ende eines Kalenderquartals geführt.

2. Auszahlungsbedingungen[16]

2.1 Das Darlehen kann nach rechtswirksamer Bestellung der vereinbarten Sicherheiten und Erfüllung der nachstehenden Auszahlungsbedingungen durch den Darlehensnehmer in Anspruch genommen werden:

Ergänzende Nachweise zu den Sicherheiten

- ❐ Abtretung von Lebens- und Rentenversicherungsverträgen: Versicherungspolice, Abtretungsbestätigung der Lebensversicherungsgesellschaft
- ❐ Verpfändung Depot und Kontoguthaben: Verpfändungsbestätigung des depot- und/oder kontoführenden Kreditinstituts, soweit ausgestellt Sparurkunde
- ❐ Bürgschaften: bei Höchstbetragsbürgschaften Einkommens- und Vermögensangaben des Bürgen
- ❐ Fahrzeug-Sicherungsübereignung: Zulassungsbescheinigung Teil II (KFZ-Brief)
- ❐ ____________________

Einkommens- und Vermögensunterlagen

- ❐ ____________________

2.2 Bedingung für die Inanspruchnahme des Darlehens ist ferner, dass sich die Kreditwürdigkeit des Darlehensnehmers zwischen dem Abschluss des Darlehensvertrags und dem Zeitpunkt einer gewünschten Inanspruchnahme nicht verschlechtert hat.

2.3 Das Darlehen darf nur zu dem vereinbarten Zweck verwendet werden. Die Bank ist – auch nach erfolgter Inanspruchnahme – jederzeit berechtigt, die bestimmungsgemäße Verwendung des Darlehens zu überwachen und sich durch geeignete Unterlagen, auch wiederholt, nachweisen zu lassen, dass das Darlehen zu dem vereinbarten Verwendungszweck verwendet wird/wurde.

3. Geduldete Überziehung[17]

3.1 Der Darlehensnehmer ist verpflichtet, den mit der Bank vereinbarten Nettodarlehensbetrag (Höchstgrenze) einzuhalten.

3.2 Duldet die Bank eine Überschreitung des vereinbarten Nettodarlehensbetrages (Höchstgrenze), so ist die Überziehung unverzüglich, spätestens jedoch innerhalb von zwei Wochen zurückzuführen, sofern mit der Bank keine andere Vereinbarung getroffen worden ist.

3.3 Auf den Betrag, um den der Nettodarlehensbetrag (Höchstgrenze) überschritten wird (Überziehung), wird die Bank den Sollzinssatz gemäß den „Bedingungen für geduldete Überziehungen" berechnen.

4. Sollzinssatz/Art und Weise der Anpassung[18]

4.1 Sollzinsen fallen nur auf den tatsächlich in Anspruch genommenen Betrag an. Sie werden nachträglich am Ende eines jeden Kalenderquartals sowie bei Beendigung des Darlehens fällig.

4.2 Der bei den Darlehensdaten angegebene Sollzinssatz ist veränderlich.

4.3 Ist der am vorletzten Bankarbeitstag vor dem 15. eines Kalendermonats festgestellte so genannte Mindestbietungssatz oder Zinssatz der Hauptrefinanzierungsgeschäfte der Europäischen Zentralbank (nachstehend „EZB-Zinssatz" genannt) gegenüber dem im Monat der letzten Sollzinsanpassung festgestellten EZB-Zinssatz um mehr als 0,20 Prozentpunkte erhöht, so ist die Bank berechtigt, den Sollzinssatz nach billigem Ermessen (§ 315 BGB) maximal um die Veränderung des EZB-Zinssatzes anzuheben. Entsprechend wird die Bank den Sollzinssatz nach billigem Ermessen mindestens um die Veränderung des EZB-Zinssatzes senken, wenn sich der EZB-Zinssatz um mehr als 0,20 Prozentpunkte ermäßigt hat; bei Sollzinserhöhungen und Sollzinssenkungen wird die Bank ihr Ermessen in gleicher Weise ausüben. Faktoren wie Veränderungen des Kreditausfallrisikos des Darlehensnehmers, des Ratings der Bank sowie der innerbetrieblichen Kostenkalkulation bleiben bei der Ausübung des billigen Ermessens außer Betracht.

Die Sollzinsanpassungen erfolgen jeweils am 15. des Kalendermonats (soweit dieser ein Bankarbeitstag in Frankfurt/Main ist), in dem die Änderungen festgestellt wurden, durch Erklärung gegenüber dem Darlehensnehmer. Sollte der 15. des Kalendermonats kein Bankarbeitstag sein, verschiebt sich die Sollzinsanpassung auf den folgenden Bankarbeitstag. Die Unterrichtung über die Sollzinsänderung darf auch in Form. eines Ausdrucks auf dem Kontoauszug für das Darlehenskonto erfolgen.

Bei einer Erhöhung des Sollzinssatzes kann der Darlehensnehmer, sofern nichts anderes vereinbart ist, das Darlehen innerhalb von sechs Wochen nach Bekanntgabe der Änderung mit sofortiger Wirkung kündigen. Kündigt der Darlehensnehmer aus diesem Grund, so wird der erhöhte Sollzinssatz dem gekündigten Darlehen nicht zugrunde gelegt. Die Bank wird dem Darlehensnehmer zur Abwicklung des Darlehens eine angemessene Frist einräumen.

Hinweis:

Hauptrefinanzierungsgeschäfte sind das wichtigste geldpolitische Instrument der Europäischen Zentralbank, mit dem sie die Zinsen und die Liquidität am Geldmarkt steuert und Signale über ihren geldpolitischen Kurs gibt (Leitzinsen). Dieser Zinssatz spiegelt jedoch wegen der vielschichtigen Refinanzierungsmethodik der Bank die Änderungen der Refinanzierungsbedingungen nicht exakt wider.

4.4 Tritt an die Stelle des EZB-Zinssatzes ein anderer Zinssatz zur Steuerung der Liquidität am Geldmarkt, so ist dieser Zinssatz maßgeblich für die Sollzinsanpassung nach Nr. 6.3.

4.5 Der EZB-Zinssatz wird in den Monats- und Jahresberichten der Deutschen Bundesbank, in der Tagespresse und in anderen öffentlichen Medien bekannt gegeben.

5. Annahmen für die Berechnung des effektiven Jahreszinses sowie der Gesamtkosten[19]

Für die Berechnung des effektiven Jahreszinses sowie der Gesamtkosten wird angenommen, dass der Kredit für die gesamte Vertragslaufzeit und in voller Höhe in Anspruch genommen wird. Mangels Bestimmung einer Vertragslaufzeit wird diese mit drei Monaten unterstellt. Des Weiteren wird ein gleich bleibender Sollzinssatz angenommen.

6. Pflicht zur Offenlegung der wirtschaftlichen Verhältnisse[20]

Der Darlehensnehmer verpflichtet sich, auf Verlangen der Bank seine wirtschaftlichen Verhältnisse offen zu legen, insbesondere Unterlagen vorzulegen, die einen zeitnahen Einblick in seine wirtschaftlichen Verhältnisse gestatten.

7. Mehrere Darlehensnehmer[21]

7.1 Mehrere Darlehensnehmer haften gesamtschuldnerisch.

7.2 Bei mehreren Darlehensnehmern ermächtigen sich die Darlehensnehmer bis auf Widerruf gegenseitig, das Darlehen jeweils einzeln in Anspruch nehmen zu können. Wird diese Ermächtigung von einem der Darlehensnehmer widerrufen, so dürfen die Darlehensnehmer das Darlehen nur noch gemeinsam in Anspruch nehmen.

7.3 Wird das Darlehen von einem der Darlehensnehmer gegenüber der Bank gekündigt, so wirkt die Kündigung auch für und gegen die anderen Darlehensnehmer. Das Darlehen wird dann gegenüber allen Darlehensnehmern mit Wirksamwerden der Kündigung zur Rückzahlung fällig.

7.4 Das Darlehen mit mehreren Darlehensnehmern kommt auch mit Wirkung gegenüber jedem einzelnen Darlehensnehmer nur dann zustande, wenn alle Darlehensnehmer und die Bank den Darlehensvertrag unterschrieben haben und der jeweils anderen Vertragspartei die jeweilige Vertragserklärung zugegangen ist.

8. Pfandrecht[22]

8.1 Der Darlehensnehmer und die Bank sind sich darüber einig, dass die Bank ein Pfandrecht an den Wertpapieren und Sachen erwirbt, an denen eine inländische Geschäftsstelle im bankmäßigen Geschäftsverkehr Besitz erlangt hat oder noch erlangen wird. Die Bank erwirbt ein Pfandrecht auch an Ansprüchen, die dem Darlehensnehmer gegen die Bank aus der bankmäßigen Geschäftsverbindung zustehen oder künftig zustehen werden (zB Kontoguthaben).

8.2 Gelangen Gelder oder andere Werte mit der Maßgabe in die Verfügungsgewalt der Bank, dass sie nur für einen bestimmten Zweck verwendet werden dürfen (zum Beispiel Bareinzahlung zur Einlösung eines Wechsels), erstreckt sich das Pfandrecht der Bank nicht auf diese Werte. Dasselbe gilt für die von der Bank selbst ausgegebenen Aktien (eigene Aktien) und für die Wertpapiere, die die Bank im Ausland für den Kunden verwahrt. Außerdem erstreckt sich das Pfandrecht nicht auf die von der Bank selbst ausgegebenen eigenen Genussrechte/Genussscheine und nicht auf die verbrieften und nicht verbrieften nachrangigen Verbindlichkeiten der Bank.

9. Vorzeitige Erfüllung durch den Darlehensnehmer[23]

Der Darlehensnehmer kann seine Verbindlichkeiten aus diesem Darlehen jederzeit ganz oder teilweise vorzeitig erfüllen (§ 500 Abs. 2 BGB).

10. Verfahren bei Kündigung durch den Darlehensnehmer[24]

10.1 Der Darlehensnehmer kann den Darlehensvertrag ganz oder teilweise kündigen, ohne eine Frist einzuhalten (§ 500 Abs. 1 S. 1 BGB).

10.2 Ungeachtet der vorgenannten Regelungen kann der Darlehensnehmer den Darlehensvertrag ohne Einhaltung einer Kündigungsfrist aus wichtigem Grund kündigen (§ 314 BGB). Ein wichtiger Grund liegt vor, wenn dem Darlehensnehmer unter Berücksichtigung aller Umstände des Einzelfalls und unter Abwägung der beiderseitigen Interessen die Fortsetzung des Vertragsverhältnisses bis zur vereinbarten Beendigung nicht zugemutet werden kann. Besteht der wichtige Grund in der Verletzung einer Pflicht aus dem Vertrag, ist die Kündigung erst nach erfolglosem Ablauf einer zur Abhilfe bestimmten Frist oder nach erfolgloser Mahnung zulässig. § 323 Abs. 2 BGB findet entsprechend Anwendung. Der Darlehensnehmer kann nur innerhalb einer angemessenen Frist kündigen, nachdem er vom Kündigungsgrund Kenntnis erlangt hat.

10.3 Die Kündigung seitens des Darlehensnehmers bedarf keiner Form. und keiner Begründung und wird mit Zugang bei der Bank wirksam.

11. Verfahren bei Kündigung durch die Bank[25]

11.1 Die Bank kann den Darlehensvertrag ganz oder teilweise kündigen, ohne eine Frist einzuhalten. Sie wird bei der Ausübung des Kündigungsrechts auf die berechtigten Belange des Darlehensnehmers Rücksicht nehmen.

11.2 Die Bank kann den Darlehensvertrag vor Auszahlung des Darlehens im Zweifel stets, nach Auszahlung nur in der Regel fristlos kündigen (§ 490 Abs. 1 BGB), wenn in den Vermögensverhältnissen des Darlehensnehmers oder in der Werthaltigkeit einer für das Darlehen gestellten Sicherheit eine wesentliche Verschlechterung eintritt oder einzutreten droht, durch die die Rückzahlung des Darlehens, auch unter Verwertung der Sicherheit, gefährdet wird.

11.3 Ungeachtet der vorgenannten Regelungen ist die Bank berechtigt, den Darlehensvertrag ohne Einhaltung einer Kündigungsfrist aus wichtigem Grund zu kündigen (§ 314 BGB). Ein wichtiger Grund liegt vor, wenn der Bank unter Berücksichtigung aller Umstände des Einzelfalls und unter Abwägung der beiderseitigen Interessen die Fortsetzung des Vertragsverhältnisses nicht zugemutet werden kann. Dies ist insbesondere der Fall, wenn

- die Voraussetzungen für die Auszahlung des Darlehens gem. Nr. 2 dieser Bedingungen nicht erfüllt werden;
- der Darlehensnehmer der Verpflichtung zur Offenlegung seiner wirtschaftlichen Verhältnisse nicht nachgekommen ist;
- wesentliche Angaben in den Beleihungsunterlagen, im Darlehensvertrag, der Selbstauskunft oder sonstigen Unterlagen, die für die Darlehensentscheidung der Bank von wesentlicher Bedeutung waren, nicht zutreffend sind;
- ohne Zustimmung der Bank ein Wechsel im Eigentum der belasteten Grundstücke erfolgt.

Besteht der wichtige Grund in der Verletzung einer Pflicht aus dem Vertrag, ist die Kündigung erst nach erfolglosem Ablauf einer zur Abhilfe bestimmten Frist oder nach erfolgloser Abmahnung zulässig. § 323 Abs. 2 BGB findet entsprechend Anwendung. Die Bank kann nur innerhalb einer angemessenen Frist kündigen, nachdem sie vom Kündigungsgrund Kenntnis erlangt hat.

11.4 Im Falle einer Kündigung ohne Kündigungsfrist wird die Bank dem Darlehensnehmer für die Rückzahlung des Darlehens eine angemessene Frist einräumen, soweit nicht eine sofortige Erledigung erforderlich ist.

11.5 Eine von der Bank ausgesprochene Kündigung bedarf der Textform und wird mit Zugang bei dem Darlehensnehmer – bzw. bei Kündigung unter Einhaltung einer Kündigungsfrist mit Ablauf der Kündigungsfrist – wirksam.

12. Zuständige Aufsichtsbehörde[26]

Bundesanstalt für Finanzdienstleistungsaufsicht, Graurheindorfer Straße 108 in 53117 Bonn und Lurgiallee 12 in 60439 Frankfurt am Main (Internet: www.bafin.de)

13. Außergerichtliche Beschwerdestelle[27]

Für die Beilegung von Streitigkeiten mit der Bank besteht die Möglichkeit, den Ombudsmann der privaten Banken anzurufen. Näheres regelt die „Verfahrensordnung des Ombudsmanns der privaten Banken", die auf Wunsch zur Verfügung gestellt wird oder auf der Internetseite des Bundesverbandes deutscher Banken e. V., www.bankenverband.de, eingesehen werden kann. Die Beschwerde ist in Textform an die Schlichtungsstelle beim Bundesverband deutscher Banken e. V., [Adresse] zu richten.

14. Maßgebliches Recht/Gerichtsstand/Sprache

Für den Darlehensvertrag zwischen dem Darlehensnehmer und der Bank gilt deutsches Recht. Es gibt keine vertragliche Gerichtsstandsklausel. Die Bank wird während der Laufzeit des Darlehensvertrags in deutscher Sprache mit dem Darlehensnehmer Kontakt halten.

15. Einbeziehung der Geschäftsbedingungen

Maßgebend für die Geschäftsverbindung sind die Allgemeinen Geschäftsbedingungen der Bank. Daneben gelten für einzelne Geschäftsbeziehungen Sonderbedingungen (zB für den Zahlungsverkehr), die Abweichungen oder Ergänzungen zu den Allgemeinen Geschäftsbedingungen enthalten. Die einzelnen Bedingungen können in den Geschäftsräumen der Bank oder unter [Internetseite des Darlehensgebers] eingesehen werden. Sie werden auf Wunsch ausgehändigt oder zugesandt.

Besonderer Hinweis:[28] Der Darlehensnehmer kann von der Bank jederzeit zur Rückzahlung des gesamten Darlehensbetrags aufgefordert werden.

Ort, Datum	Unterschrift des 1. Darlehensnehmers	Unterschrift des 2. Darlehensnehmers

Ort, Datum	Unterschrift der Bank (Filialstempel mit Adresse und Unterschriften)

Anmerkungen

1. Die Kreditlinie als eingeräumte Überziehungsmöglichkeit (§ 504 BGB) wird wirtschaftlich Selbstständigen (zB Ärzte, Rechtsanwälte) und unselbstständigen Privatpersonen (Verbraucher iSv § 13 BGB) mit zweifelsfreier Bonität und mit entsprechend liquiden Sicherheiten (insbesondere gegen Werte und Guthaben, die der Darlehensnehmer bei der darlehensausreichenden Bank unterhält) für deren überwiegend privat veranlasste Darlehensaufnahme zur freien Verfügung eingeräumt. Der Nettodarlehensbetrag liegt idR nicht unter EUR 10.000,00. Da dieser Vertrag auch dann verwendet werden kann, wenn der Darlehensvertrag mit Verbrauchern abgeschlossen werden soll, findet bei Abschluss des Vertrages das Verbraucherdarlehensrecht (§§ 491 ff., 488 BGB iVm § 247 § 1 ff. EGBGB) Anwendung. Ist der Darlehensnehmer Verbraucher, steht ihm grundsätzlich ein Widerrufsrecht gem. §§ 495, 355 BGB zu, über das er zu informieren ist.

Eine Ausnahme gilt bei Kreditlinienverträgen, die als eingeräumte Überziehungsmöglichkeit im Sinne von § 504 Abs 2 BGB zur Verfügung gestellt werden. Voraussetzung ist, dass das Allgemein-Verbraucherdarlehen in der Weise gewährt wird, dass dem Darlehensnehmer im Rahmen eines Vertragsverhältnisses über ein laufendes Konto das Recht eingeräumt wird, das Konto in bestimmter Höhe zu überziehen (§ 504 Abs 1 Satz 1 BGB). Ist das Darlehen nach Auszahlung innerhalb von drei Monaten nach Auszahlung zurückzuzahlen oder kann der Darlehensgeber den Kredit jederzeit ohne Einhaltung einer Kündigungsfrist kündigen, finden bestimmte Vorschriften auf den Kreditlinienvertrag keine Anwendung (§ 504 Abs 2 S 1 BGB). So schuldet der Darlehensgeber dem Darlehensnehmer gegenüber keine Erläuterung (§ 491a Abs 3 BGB); ferner finden §§ 495 (Widerrufsrecht), 499 Abs 2 (Leistungsverweigerungsrecht des Darlehensgebers), 500 Abs 1 Satz 2 BGB (Schranken bei der Vereinbarung einer vom Darlehensnehmer einzuhaltenden Kündigungsfrist) keine Anwendung. Abgedruckt als Muster ist hier ein Kreditlinienvertrag im Sinne von § 504 Abs 2 S 1 BGB. Zwingende Voraussetzung für diesen Kredit ist das Zugrundeliegen eines laufenden Kontos, also eines Kontokorrentkontos, das für den Zahlungsverkehr geeignet und zugelassen ist, *Wittig* in: Kümpel/Mülbert/Früh/Seyfried, Rn 10.372; MüKoBGB/*Schürnbrand*/*Weber*, § 504 Rn 9). Der Vertragsinhalt bei einer eingeräumten Überziehungsmöglichkeit im Sinne von § 504 Abs 2 BGB bestimmt sich nach Art 247 § 10 Nr 2 EGBGB. (Zum Kreditvertrag allgemein: BuB/*Früh* Rn 3/12 ff.; Bankrechts-Handbuch/*Pamp* §§ 75, 76 mwN; zum Verbraucherdarlehensvertrag *Wittig* in: Kümpel/Mülbert/Früh/Seyfried, Rn 10.11 ff).

2. Die Art des Darlehens ist im Darlehensvertrag zu nennen (Art 247 § 6, § Nr 2 EGBGB). Hier handelt es sich um einen Allgemein-Verbraucherdarlehensvertrag in Form. einer eingeräumten Überziehungsmöglichkeit nach § 504 Abs 2 S 1 BGB.

3. In dem Darlehensvertrag sind Name und ladungsfähige Anschrift des Darlehensgebers anzugeben (Art 247 § 6 iVm § Nr 1 EGBGB).

4. Der Darlehensnehmer ist mit Namen und Anschrift im Vertrag anzugeben (Art 247 § 6 Abs 1 Nr 2 EGBGB). Bei mehreren Darlehensnehmern hat die Auszahlung der Valuta grundsätzlich an alle zu erfolgen (Mitgläubigerschaft gemäß § 432 BGB). Für die Rückzahlung des Kredits haften sie im Zweifel als Gesamtschuldner (§§ 427, 421 BGB; BGH WM 1991, 445), wenn sie das Darlehen iSv § 488 BGB empfangen haben (BGH WM 1988, 1814). Echter Mitdarlehensnehmer ist nur, wer ein eigenes unmittelbares wirtschaftliches Interesse an der Darlehensaufnahme hat und über das Darlehen selbstständig und gleichberechtigt neben dem anderen Darlehensnehmer verfügen kann (*Hopt*, HGB (7) BankGesch G/10 a). Die Auszahlung an Dritte (auch nur an den 1. Darlehensnehmer) setzt eine entsprechende Anweisung des 2. Darlehensnehmers und den Zufluss beim Dritten zur freien Verfügung voraus (BGHZ 93, 264 = WM 1985, 221; WM 1986, 933; WM 1989, 1718; WM 1997, 1659). Eine (formularmäßige) wechselseitige Bevollmächtigung zur Entgegennahme aller Erklärungen ist mit §§ 307 Abs 1, 308 Nr 6 BGB (vormals §§ 9, 10 AGBG) nicht vereinbar (BGHZ 108, 98 = WM 1989, 1086). Liegen die Voraussetzungen für die Annahme eines echten Mitdarlehensnehmers nicht vor, dann haftet der Mitdarlehensnehmer lediglich als Mithaftender oder Bürge (zur Abgrenzung BGH WM 2005, 418).

5. Wurde das Darlehen vermittelt, ist der Darlehensvermittler (§ 655a BGB) mit Namen und Anschrift im Darlehensvertrag anzugeben (Art 247 § 13 Abs 1 EGBGB).

6. Der vom Gesetz vorgegebene Vertragsinhalt bei einem Vertrag über eine eingeräumte Überziehungsmöglichkeit im Sinne von § 504 Abs 2 Satz 1 BGB ergibt sich aus Art 247 § 10 Abs 1 Nr 2 EGBGB; danach sind zwingend im Vertrag anzugeben: die Informationen nach § 3 Abs 1 Nr 1 bis 6, 9 und 10, Abs 4, nach § 6 Abs 1 Nr 2 und 5, die Gesamtkosten und ggf der Hinweis, dass der Darlehensnehmer jederzeit zur Rückzahlung aufgefordert werden kann, sollte ein entsprechendes Kündigungsrecht vereinbart worden sein (Art 247 § 10 Abs 1 Nr 2 d), Nr 1 c) EGBGB. Der Vertragsinhalt entspricht in wesentlichen Teilen dem Inhalt der vorvertraglichen Informationen; die Form. für die vorvertraglichen Informationen hat der Gesetzgeber dem Darlehensgeber in Reihenfolge und Gestaltung als Muster in der Anlage 5 zum Einführungsgesetz vorgegebenen, vgl Art 247 § 2 S 1 EGBGB. Hinsichtlich der Reihenfolge und Gestaltung der verbindlich vorgegebenen Vertragsinhalte gibt es keine gesetzlichen Vorgaben, diesbezüglich sind die Darlehensgeber frei. Das hier abgedruckte Muster stellt die Darlehenskonditionen zunächst übersichtlich tabellarisch in Zahlen, Prozentsätzen und Beträgen dar. Die weiteren vertraglichen Erläuterungen und Bedingungen sowie Annahmen sind im Bedingungswerk im Anschluss an die Zahlen zu finden.

7. Bei der Kreditlinie ist eine Inanspruchnahme (auch wiederholt) bis zum angegebenen Nettodarlehensbetrag möglich; der Nettodarlehensbetrag ist der Höchstbetrag, auf den der Darlehensnehmer aufgrund des Darlehensvertrags Anspruch hat (Art 247 § 3 Abs 2 S 2 EGBGB).

8. Begrifflich sind die Darlehenszinsen nunmehr präzisiert worden und werden durchgehend als Sollzinsen (§ 489 Abs 5 BGB) bezeichnet. Die Verzinsung ist bei einem Kreditlinienvertrag regelmäßig veränderlich. Gemäß Art 247 § 10 EGBGB braucht der Gesamtbetrag bei der eingeräumten Überziehungsmöglichkeit im Sinne von § 504 Abs 2 BGB nicht angegeben zu werden.

9. Neben dem Sollzinssatz muss der effektive Jahreszins angegeben werden, Art 247 §§ 10 Nr 1, 3 Abs 1 Nr 3 EGBGB; der Begriff des „anfänglichen" effektiven Jahreszinses ist seit dem 11.6.2010 entfallen. Der effektive Jahreszins errechnet sich gem. Art 247 § 3 Abs 2 Satz 3 EGBGB nach § 6 PAngV (ab 28.5.2022: § 16 PAngV) und unter Berücksichtigung der in der Anlage zu § 6 PAngV unter Abschnitt II vorgegebenen Annahme (siehe auch Nr 7 der Darlehensbedingungen), dass der Kreditvertrag bei Abschluss in voller Höhe in Anspruch genommen wurde und nach 3 Monaten zur Rückzahlung fällig ist (vgl. Abschnitt 2 d) Anlage zu § 6 PAngV (§ 16 PAngV)). Mit dem effektiven Jahreszins wird der Preis bezeichnet, mit dem die Gesamtkosten des Kredits als jährlicher Prozentsatz angegeben werden (§ 6 Abs 1 PAngV (§ 16 Abs. 1 PAngV))).

10. Die Vertragslaufzeit – hier „bis auf weiteres" oder b. a. w. – ist unbefristet; die Angabe der Vertragslaufzeit ist zwingend, Art 247 § 10 Abs 1 Nr 2, § 3 Abs 1 Nr 6 EGBGB.

11. Die rechnerisch ermittelten Gesamtkosten für den Kredit sind als Basis für den effektiven Jahreszins in einer Summe angegeben (Art 247 § 10 Abs 1 Nr 2c EGBGB).

Unter welchen Annahmen diese errechnet werden, ergibt sich ebenfalls aus Nr 7 der Darlehensbedingungen.

12. Der Sollzins ist veränderlich und wird entsprechend Nr 6 der Darlehensbedingungen angepasst. Für die Wirksamkeit einer Zinsanpassungsklausel ist aus Transparenzgründen (→ Anm. 18) ein geeigneter Referenzzinssatz anzugeben. Dieser ist hier als EZB-Satz angegeben, kann aber jeder andere Zinssatz sein, der aus einer öffentlich zugänglichen und für beide Vertragsparteien überprüfbaren Quelle stammt (§ 675g Abs 3 Satz 2 BGB). Darüber hinaus muss der verwendetet Referenzzinssatz oder Index die Anforderungen des § 492 Abs. 7 BGB erfüllen, dh er muss objektiv, eindeutig bestimmt und für die Vertragsparteien verfügbar und überprüfbar sein. Neben dem EZB Satz können auch andere Zinssätze, wie zB EURIBOR oder EONIA verwendet werden.

13. Die Angabe der verlangten Sicherheiten ist bei einer eingeräumten Überziehung gem. § 504 Abs 2 BGB nicht gesetzlich vorgeschrieben. Dennoch ist es üblich, die zu stellenden Sicherheiten im Darlehensvertrag zu nennen und damit für den Darlehensgeber einen schuldrechtlichen Anspruch auf die Stellung der konkret genannten Sicherheiten zu begründen. Als Sicherheiten für diese Kreditart kommen insb. in Betracht: bei der Kredit gebenden Bank auf dem Namen des Darlehensnehmers verbuchte Festgelder, Sparguthaben, Effekten. Aus Transparenzgründen wird das in den Bedingungen näher geregelte AGB-Pfandrecht als zu stellende Sicherheit ausdrücklich genannt.

14. Die Kontokorrentabrede (BGH WM 1991, 1630 = NJW-RR 1991, 1251 = WuB IV D. § 355 HGB 1.91*Emmerich;* WM 1986, 1355) mit entsprechendem Rechnungsabschluss zum Quartalsende (ist bei Kreditlinien üblich; für sie gilt Nr 7 AGB-Banken bzw Nr 7 AGB-Sparkassen (BuB/*Wagner-Wieduwilt* Rn 1/187 ff). Zu den Voraussetzungen: BGH WM 1991, 1630 = NJW-RR 1991, 1251 = WuB IV D. § 355 HGB 1.91 *Emmerich,* zu den Wirkungen: Bankrechts-Handbuch/*Bunte*, § 12 Rn 4 ff.

15. Die Bedingungen, unter denen der Darlehensnehmer die Auszahlung verlangen kann, sind im Vertrag anzugeben (Art 247 § 10 iVm § 3 Abs 1 Nr 9 EGBGB).

16. Zur Begrenzung der Überziehungen ist eine Rückzahlungsverpflichtung für etwaige geduldete Überziehungen vorgesehen. Bei Überschreitung der vereinbarten Höchstgrenze ist in entsprechender Anwendung von § 505 BGB der Zinssatz für geduldete Überziehungen zu zahlen.

17. Der Zinssatz für die Kreditlinie ist idR veränderlich; die Vereinbarung eines veränderlichen Sollzinssatzes ist rechtlich zulässig und unterliegt der Vertragsfreiheit der Parteien. Die Zinsänderungsmechanismen sind im Vertrag zu regeln, üblich sind sog Zinsgleitklauseln oder Zinsanpassungsklauseln. In dem abgedruckten Vertrag ist eine Zinsanpassungsklausel enthalten, wonach bei Änderung des im Vertrag genannten Referenzzinssatzes der Vertragszinssatz einseitig von der Bank angepasst werden kann. Bei der Abfassung einer solchen Zinsanpassungsklausel ist für deren Wirksamkeit den Vorgaben der Rechtsprechung Rechnung zu tragen (BGH WM 2009, 1077). Die Klausel enthält daher die hierfür erforderlichen Parameter, wie Referenzzinssatz, Anpassungs- bzw Überprüfungsintervalle und eine Anpassungsschwelle, die es dem Darlehensnehmer ermöglichen, die Entwicklung des Vertragszinssatzes vorherzusehen und nachzuvollziehen. Diese Angaben sind nach der Rechtsprechung des BGH Wirksamkeitsvoraussetzung für eine Zinsanpassungsklausel (BGH WM 09, 1077, mit der er die vorherige ständige Rechtsprechung (BGH WM 86, 580) aufgegeben hatte, vgl auch *Kropf* in: Kümpel/Mülbert/Früh/Seyfried, Bank- und Kapitalmarktrecht, Rn 6.25). Zu den Zinsanpassungen und den damit einhergehenden Informationspflichten bei veränderlichen Sollzinsen siehe auch Art 247 § 15 EGBGB.

18. Die Berechnungen des effektiven Jahreszinses und der Gesamtkosten haben unter Angabe der gesetzlich vorgegebenen Annahmen für eingeräumte Überziehungen zu erfolgen (Art 247 § 3 Abs 3 EGBGB, Anlage (zu § 6 PAngV (ab 28.5.2022: § 16 PAngV), 2 d).

19. Die Verpflichtung der Kreditnehmer, die wirtschaftlichen Verhältnisse auf Verlangen der Bank einmal jährlich offenzulegen, beruht auf § 18 KWG (BGH WM 1994, 838 = NJW 1994, 2154). Darüber hinaus besteht die Pflicht des Darlehensgebers, die Kreditwürdigkeit vor Abschluss des Darlehensvertrags zu prüfen (§ 18a KWG, § 505a BGB). Diese Verpflichtung besteht selbst dann, wenn das Darlehen ausreichend und liquide besichert ist.

20. Schließen mehrere Darlehensnehmer den Darlehensvertrag, empfiehlt es sich, eine Regelung über die Verfügungsbefugnis der Darlehensnehmer über die Valuta und über die Wirkung einer Kündigung bzw. eines Widerrufs durch einen Darlehensnehmer zu treffen. Fehlen derartige Regelungen gelten insbesondere Gestaltungsrechte (wie zB die Kündigung) und andere Tatsachen nur für und gegen den Gesamtschuldner, in dessen Person sie eintreten (§ 425 Abs 1BGB).

21. Die Pfandrechtsklausel entspricht im wesentlichen Nr 14 AGB-Banken (*Hopt,* HGB, (8) AGB-Banken Nr 14 Rn 1 ff.; BGH WM 1985, 78; WM 1985, 116). Dieses AGB-Pfandrecht ist als vollgültiges Pfandrecht nach § 1204 BGB anerkannt (BGH WM 1983, 926; WM 1996, 375).

22. Die Kreditlinie für Verbraucher im Sinne von § 504 Abs 2 Satz 1 BGB wird regelmäßig unbefristet zugesagt. Der Darlehensnehmer kann seine Verbindlichkeit jederzeit erfüllen (§ 500 Abs 2 BGB). Die hier als Muster abgedruckte Kreditlinie kann aber auch zeitlich befristet vereinbart werden; die Darlehenslaufzeit dürfte dann aber einen Zeitraum von drei Monaten nach Auszahlung nicht überschreiten (vgl § 504 Abs 2 Satz 1 BGB). Wird dieser Zeitraum bei einer Befristung überschritten, ist zwingend der Vertrag unter Berücksichtigung des § 504 Abs 1 BGB und im Übrigen unter Beachtung aller für das Verbraucherdarlehensrecht zu beachtenden Vorschriften zu vereinbaren. Die Ausnahmen des § 504 Abs 2 S 1 BGB gelten dann nicht. Wird das Darlehen befristet, sind die Inanspruchnahme und die bis zum Ende der Laufzeit aufgelaufenen Zinsen bei Fristablauf zur Rückzahlung fällig.

23–24. Gemäß Art 247 § 10 Nr 2b, § 6 Abs 1 Nr 5 EGBGB sind die einzuhaltenden Verfahren bei der Kündigung im Vertrag zu beschreiben. Dies führt dazu, dass sämtliche Kündigungsregelungen – vertragliche und gesetzliche – nach denen die Bank oder der Darlehensnehmer kündigen können, im Vertrag aufzunehmen sind. Bei unbefristeten Kreditlinien im Sinne von § 504 Abs 2 Satz 1 BGB kann der Vertrag von beiden Vertragsparteien ohne Einhaltung einer Kündigungsfrist jederzeit gekündigt werden. Diese Regelung entspricht Nr 18 Abs 1, Nr 19 Abs 2 AGB-Banken bzw Nr 26 Abs 1 AGB-Sparkassen. Wegen der Pflicht seitens der Bank, die berechtigten Belange des Darlehensnehmers bei Ausübung des Kündigungsrechts zu berücksichtigen und die Pflicht zur Einräumung einer Abwicklungsfrist, ist die Kündigungsregelung nicht benachteiligend (*Wittig/Wittig,* WM 2002, 145, *Grundmann* BKR 2001, 66). Das in den Bedingungen aufgenommene außerordentliche Kündigungsrecht der Bank entspricht in seiner Grundstruktur den außerordentlichen Kündigungsrechten in Nr 19 Abs 3 AGB-Banken sowie Nr 26 Abs 2 AGB-Sparkassen.

25–26. Diese Angaben sind bei einem Vertrag, der unter die Regelung des § 504 Abs 2 Satz 1 BGB fällt, nicht zwingend (anders bei „normalen" Verbraucherdarlehensverträgen, bei diesen gehören diese Angaben zu den Pflichtangaben nach Art 247 § 6 Abs 1 Nr 3 (zuständige Aufsichtsbehörde), § 7 Nr 4 Zugang zu außergerichtlichen Beschwerde- und Rechtshelfsverfahren.

27. Haben die Vertragsparteien vereinbart, dass der Darlehensgeber, die eingeräumte Überziehungsmöglichkeit jederzeit kündigen kann, besteht zusätzlich die Pflicht auf das Recht des Darlehensgebers, den Darlehensnehmer jederzeit zur Rückzahlung des gesamten Darlehensbetrags auffordern zu können, hinzuweisen, Art 247 § 6 Abs 1 Nr 2 d) iVm § 6 Abs 1 Nr 1 c) BGB.

6. Immobiliar-Verbraucherdarlehensvertrag

Darlehensvertrag über ein Immobiliar-Verbraucherdarlehen[1]

Darlehensgeber: [Name und Anschrift des Darlehensgebers] nachstehend „Bank" genannt[2]

I Darlehensnehmer[3]

Nachstehend – auch bei mehreren – „Darlehensnehmer" genannt.

1. Darlehensnehmer	2. Darlehensnehmer
Vorname und Name	Vorname und Name
Geburtsdatum, ggf. Geburtsname — Staatsangehörigkeit	Geburtsdatum, ggf. Geburtsname — Staatsangehörigkeit
Anschrift (Straße, Haus-Nr., PLZ, Ort)	Anschrift (Straße, Haus-Nr., PLZ, Ort)
Beruf — beschäftigt/selbständig seit — Position im Beruf	Beruf — beschäftigt/selbständig seit — Position im Beruf
Familienstand — Anzahl der Kinder	Familienstand — Anzahl der Kinder

Datenschutzrechtlicher Hinweis: Die Bank verarbeitet und nutzt die von den Darlehensnehmern erhobenen personenbezogenen Daten auch für Zwecke der Werbung oder der Markt- und Meinungsforschung. Der Verarbeitung und Nutzung der personenbezogenen Daten für die vorgenannten Zwecke kann jeder Darlehensnehmer jederzeit widersprechen.

II Darlehensdaten[4]

Unter-Konto-Nr.	Darlehensbetrag	darauf Sollzinssatz		Sollzinssatz in % p. a. veränderlich	Auszahlungskurs in %	Zinsbegrenzung			Tilgung		Rate fällig und zahlbar am	Ratenhöhe	Anzahl Raten
		in % p. a.	gebunden für Jahre/Monate			Untergrenze	Obergrenze	für Jahre	in % p. a.	ausgesetzt für Jahre/gegen			
											☐ monatlich am 15. ☐ zur Quartalsmitte ☐ zum Quartalsende		
											☐ monatlich am 15. ☐ zur Quartalsmitte ☐ zum Quartalsende		

Unter-Konto-Nr.	Effektiver Jahreszins in %	Bereitstellungsprovision		Vertragslaufzeit Jahre/Monate	EZB-Zinssatz in % im Monat vor der letzten Zinsanpassung		Rechnerischer Sollzinssatz ohne Disagio (Basis für Berechnungen nach Ablauf der Sollzinsbindung)	Art des Darlehens*)
		in % p. a.	frei für Monate		EZB-Zinssatz in %	Monat der Anpassung		

*) Art des Darlehens: (A = Annuitätendarlehen, AC = Annuitäten mit Cap (= Zinsbegrenzung), AF = Annuitäten Forward, Z = Zinszahlungsdarlehen, ZC = Zinszahlungsdarlehen mit Cap (= Zinsbegrenzung), ZF = Zinszahlungsdarlehen Forward)[5]

Gesamtkosten des Darlehens (ohne Sollzinsen) in EURO, soweit zum Zeitpunkt der Vertragserstellung bekannt[6]							
Unter-Konto-Nr.	Disagio	Vermittlungsprovision	Summe der einmaligen Kosten für den Vertrag zur Vermögensbildung/Sicherheiten	Summe der laufenden Kosten für Vertrag zur Vermögensbildung/Sicherheiten	Summe der einmaligen sonstigen Kosten	Summe der laufenden sonstigen Kosten	Nettodarlehensbetrag

III. Weitere Kosten*) ohne Berücksichtigung im effektiven Jahreszins

*) Zusätzlich fallen noch Kosten im Zusammenhang mit der Bestellung der Grundschulden an, wie Notarkosten, Kosten der Sicherheitenbestellung (zB Kosten für Grundbuchamt), Gebäudeversicherung, soweit zum Zeitpunkt der Vertragserstellung nicht bekannt.

Unter-Konto-Nr.	Jährliche Prämie für Risiko-LV	Einmalprämie für Risiko-LV	Monatlicher Beitrag für freiwillige Restschuldversicherung	Jährliche Kosten für Sicherheiten	Einmalige weitere Kosten	Jährliche weitere Kosten	

IV. Vertrag zur Vermögensbildung (siehe Nr. 9.2 der Darlehensbedingungen)[7]

Vertrag zur Vermögensbildung (KLV = Kapitallebensversicherung, RV = Rentenversicherung, FV = fondsgebundene Kapitallebens-/Rentenversicherung, BSV= Bausparvertrag, ISV = Investmentsparvertrag, EM = Eigenmittel/Sonstige Ansparung)

Unterkonto Nr.	Art	Institut	Vertragsnummer	Vertragssumme	Ansparrate/Prämie mtl.	Abschlussgebühr	Jährliche sonstige Kosten **)	Fälligkeit/ Laufzeit ca.

**) Bei ISV fallen 0,25 – 1,4 % Vertriebsfolgeprovisionen jährlich auf den Kurswert an (Stand: 1.3.2010). #wenn dynamisch, dann ohne **) + **) an Sonstige Kosten p. a.#

V. Zu stellende Sicherheiten[8]

1. Grundpfandrechte

Buchgrundschuld nebst Grundschuldzinsen und etwaiger Nebenleistungen mit Übernahme der dinglichen und persönlichen Unterwerfung unter die sofortige Zwangsvollstreckung über EUR

Objektbezeichnung und Anschrift (Straße und Hausnummer, Ort)

Grundbuch von PLZ	Amtsgericht	Band	Blatt	Flur	Flurstück	Abt.III lfd.Nr.

nach vorgehenden/gleichrangigen Belastungen

Abt.II

Abt.III

Der Darlehenehmer ist verpflichtet, dafür Sorge zu tragen, dass das Gebäude samt Zubehör zum vollen – soweit möglich zum gleitenden – Neuwert gegen alle Gefahren versichert ist, derentwegen die Bank einen Versicherungsschutz für erforderlich hält, insbesondere wird eine wertangemessen Versicherung für Feuer-, Leitungswasser-, Hagel- und Strumschäden abgeschlossen und solange unterhalten, wie durch die Grundschuld gesicherte Ansprüche aus diesem Darlehensvertrag bestehen.

2. Abtretung bzw. Verpfändung aller Ansprüche aus oben unter Abschnitt IV. aufgeführten Verträge

❒ Lebens-/Rentenversicherung ❒ Bausparvertrag ❒ Investmentsparvertrag

3. Pfandrecht an Wertpapieren, Sachen und Ansprüchen gemäß Nr. 13 der Darlehensbedingungen für die Baufinanzierung
4. Weitere Sicherheiten

VII. Darlehensbedingungen

1. Bereitstellungsprovision

Bereitstellungsprovisionen sind ab dem Tag der Annahme des Darlehensvertrages durch die Bank auf noch nicht ausgezahlte Beträge zu zahlen, es sei denn, der Darlehensnehmer und die Bank haben einen späteren Termin, ab dem die Bereitstellungsprovision zu zahlen ist, vereinbart. Die Bereitstellungsprovisionen sind täglich fällig und werden von den jeweils noch auszuzahlenden Darlehensbeträgen abgezogen.

2. Auszahlungen/Sollzinsen während Auszahlungsphase

2.1 Die Auszahlungsvoraussetzungen sind der Aufstellung unter Abschnitt VIII. des Darlehensvertrags zu entnehmen.

2.2 Auf bereits ausgezahlte Darlehensbeträge anfallende Sollzinsen sind täglich fällig und werden von den jeweils noch auszuzahlenden Darlehensbeträgen abgezogen.

2.3 Die Bank ist berechtigt, die ordnungsgemäße Verwendung des Darlehens zu überwachen.

3. Verzinsung während der Vertragslaufzeit

Während der Laufzeit des Darlehensvertrags wird die Bank die Sollzinsen auf der Basis von $^{30}/_{360}$ berechnen. Dabei wird jeder Kalendermonat mit 30 Tagen und jedes Kalenderjahr mit 360 Tagen zugrundegelegt.

4. Zeitraum der Sollzinsbindung und Art und Weise der Anpassung des gebundenen Sollzinssatzes[9]

4.1 Bei Darlehen mit gebundenem Sollzinssatz beginnt der Zeitraum der ersten Sollzinsbindung mit dem Datum der Unterzeichnung des Darlehensvertrages durch die Bank bzw. zum Auszahlungstermin, soweit ein solcher vereinbart ist, und endet am letzten Tag des Monats, in dem die Sollzinsbindung ausläuft. Alle weiteren Sollzinsbindungszeiträume beginnen am ersten Tag des Monats, der auf den Monat, in dem der vorangegangene Sollzinsbindungszeitraum endet, folgt und enden am letzten Tag des Monats, in dem die Sollzinsbindung ausläuft.

4.2 Die Bank wird dem Darlehensnehmer rechtzeitig vor Ablauf der Sollzinsbindung ein Angebot über einen neuen gebundenen Sollzinssatz und einen neuen Zeitraum für eine Sollzinsbindung unterbreiten. Sollte der Darlehensnehmer das Angebot der Bank nicht annehmen bzw. sollten sich Darlehensnehmer und Bank nicht über einen neuen Sollzinssatz und einen neuen Sollzinsbindungszeitraum einigen können, vereinbaren die Bank und der Darlehensnehmer bereits jetzt, dass das Darlehen mit einem nach Maßgabe von Nr. 5. der Darlehensbedingungen veränderlichen Sollzinssatz in Höhe von 5 Prozentpunkten über dem am letzten Prüftermin vor dem Datum des Angebotsschreibens gültigen EZB-Zinssatz fortgeführt wird. Die Bank wird dem Darlehensnehmer den veränderlichen Sollzinssatz mitteilen. Den für die letzte Zinsanpassung bei veränderlichen Sollzinsen maßgeblichen EZB-Zinssatz wird die Bank auf ihrer Homepage www.deutsche-bank.de veröffentlichen; außerdem kann der Darlehensnehmer diesen EZB-Zinssatz in den Geschäftsräumen der Bank erfragen.

5. Art und Weise der Anpassung bei veränderlichem Sollzinssatz[10]

Für die Änderung des Sollzinssatzes bei veränderlicher Verzinsung gilt Folgendes:

5.1 Ist der am vorletzten Bankarbeitstag vor dem 15. eines ungeraden Kalendermonats (= Januar, März, Mai, Juli, September, November, auch „Prüftermin(e)" genannt) festgestellte, so genannte Mindestbietungssatz oder Zinssatz der Hauptrefinanzierungsgeschäfte der Europäischen Zentralbank (nachstehend „EZB-Zinssatz" genannt) gegenüber dem am Prüftermin vor der letzten Zinsanpassung festgestellten EZB-Zinssatz um mehr als 0,20 Prozentpunkte erhöht, so ist die Bank berechtigt, den Sollzinssatz nach billigem Ermessen (§ 315 BGB) maximal um die Veränderung des EZB-Zinssatzes anzuheben. Entsprechend wird die Bank den Sollzinssatz nach billigem Ermessen mindestens um die Veränderung des EZB-Zinssatzes senken, wenn sich der EZB-Zinssatz um mehr als 0,20 Prozentpunkte ermäßigt hat; bei den Sollzinserhöhungen und bei den Sollzinssenkungen wird die Bank ihr Ermessen in gleicher Weise ausüben. Faktoren wie Veränderungen des Kreditausfallrisikos des Darlehensnehmers, des Ratings der Bank sowie der innerbetrieblichen Kostenkalkulation bleiben bei der Ausübung des billigen Ermessens außer Betracht.

5.2 Die Sollzinsanpassungen erfolgen jeweils zum 1. des Kalendermonats, der auf den Prüftermin folgt, durch Erklärung gegenüber dem Darlehensnehmer

5.3 Bei einer Erhöhung des Sollzinssatzes kann der Darlehensnehmer das Darlehen innerhalb von sechs Wochen nach Bekanntgabe des neuen Sollzinssatzes mit sofortiger Wirkung kündigen. Kündigt der Darlehensnehmer, wird der erhöhte Sollzinssatz dem gekündigten Darlehen nicht zugrunde gelegt. Mit Wirksamwerden der Kündigung wird das Darlehen zur Rückzahlung fällig. Die Bank wird dem Darlehensnehmer zur Abwicklung des Darlehens eine angemessene Frist einräumen. Gesetzliche Kündigungsrechte des Darlehensnehmers bleiben unberührt.

Hinweis:

Hauptrefinanzierungsgeschäfte sind das wichtigste geldpolitische Instrument der Europäischen Zentralbank, mit dem sie die Zinsen und die Liquidität am Geldmarkt steuert und Signale über ihren geldpolitischen Kurs gibt (Leitzinsen). Dieser Zinssatz spiegelt jedoch wegen der vielschichtigen Refinanzierungsmethodik der Bank die Änderungen der Refinanzierungsbedingungen nicht exakt wider.

5.4 Die Bank und der Darlehensnehmer haben sich auf einen veränderlichen Sollzins geeinigt, der aufgrund Nr. 6.1. entsprechend den Entwicklungen des EZB-Zinssatzes (nachstehend „Referenzzinssatz") angepasst werden darf. Die Bank berechtigt, diesen Referenzzinssatz zu ersetzen, wenn sich die Verfahrensweise für seine Ermittlung wesentlich verändert oder er nicht mehr bereitgestellt wird. In diesem Fall wird die Bank den Zinssatz als Referenzzinssatz verwenden, den die EZB oder eine andere Zentralbank im Euroraum künftig für die Steuerung der Liquidität am Geldmarkt verwenden und als solchen öffentlich bekannt machen wird.

Die Bank wird den Darlehensnehmer rechtzeitig, mindestens aber drei Monate vor einem solchen Wechsel in Textform unterrichten. Dabei teilt die Bank dem Darlehensnehmer die Bezeichnung des neuen Referenzzinssatzes sowei den Zeitpunkt mit, ab wan der neue Referenzzinssatz Gültigkeit hat und zur Anwendung kommen wird und wo der neue Referenzzinssatz öffentlich bekannt gegeben wird.

Der Darlehensnehmer kann das Darlehen innerhalb von sechs Wochen nach Bekanntgabe des neuen Referenzzinssatzes mit sofortiger Wirkung kündigen. Mit Wirksamwerden der Kündigung ist das Darlehen zur Rückzahlung fällig. Für die bis zum Wirksamwerden der Kündigung anfallenden Sollzinsen wird die Bannk den Sollzinssatz für Inanspruchnahmen des Darlehens berechnen, der zum Zeitpunkt der Bekanntgabe des neuen Referenzzinssatzes Gültigkeit hatte. Die Bank wird dem Darlehensnehmer bei einer Kündigung ohne Kündigungsfrist zur Abwicklung des Darlehensvertrags eine angemessene Frist einräumen. Gesetzliche und weitere vertragliche Kündigungsrechte des Darlehensnehmers bleiben unberührt.

Diese Regelung gilt auch für veränderliche Sollzinsen nach Nr. 5.2. dieser Darlehensbedingungen.

5.5 Der EZB-Zinssatz wird in den Monats- und Jahresberichten der Deutschen Bundesbank, in der Tagespresse und in anderen öffentlichen Medien bekannt gegeben.

6. Annahmen zur Berechnung des effektiven Jahreszinses und zur Vertragslaufzeit[11]

6.1 Die Berechnung des effektiven Jahreszinses erfolgt unter der Annahme, dass der Darlehensnehmer die von ihm nach dem Darlehensvertrag geschuldeten Leistungen bei deren Fälligkeit erbringt.

6.2 Bei der Berechnung des effektiven Jahreszinses werden das Disagio auf den vereinbarten Zeitraum der Sollzinsbindung anteilig verrechnet.

6.3 Bei der Berechnung des effektiven Jahreszinses werden etwaig vereinbarte Sondertilgungsrechte nicht berücksichtigt.

6.4 Die Berechnung des effektiven Jahreszinses erfolgt unter den weiteren Annahmen, dass

a) der gesamte Darlehensbetrag sofort am Tag der Erstellung des Vertragsformulars (siehe Druckdatum in der Fußzeile) in voller Höhe in Anspruch genommen wird; ist ein Auszahlungstermin vereinbart, wird unterstellt, dass der Darlehensbetrag an diesem Tag voll in Anspruch genommen wird;
b) sich der Sollzinssatz während der gesamten Vertragslaufzeit nicht verändert;
c) wiederkehrende Kosten während der Vertragslaufzeit gleich bleiben.

6.5 Bei Darlehen mit Disagiovereinbarung (Damnum) wird bei der Berechnung des effektiven Jahreszinses für den Zeitraum nach Ablauf der ersten Sollzinsbindung bis zum Ende der errechneten Vertragslaufzeit ein Sollzinssatz zu Grunde gelegt, der sich ergeben hätte, wenn für den ersten Sollzinsbindungszeitraum kein Disagio (Damnum) vereinbart worden wäre. Dieser rechnerische Sollzinssatz wird unter Abschnitt II des Darlehensvertrags bei den Darlehensdaten gesondert ausgewiesen.

6.6 Werden bei der Berechnung des effektiven Jahreszinses die Kosten für Verträge zur Vermögensbildung oder Sicherheiten einbezogen und sind die Zahlungstermine für die Einmalkosten und laufenden Kosten nicht bekannt, so unterstellt die Bank folgende Zahlungstermine:

a) Bei Einmalkosten den Tag, an dem der Vertrag zur Vermögensbildung zu laufen beginnt oder, ist der Vertragsbeginn nicht bekannt, den Tag der Erstellung dieses Vertragsformulars (siehe Druckdatum in der Fußzeile);
b) Bei laufenden Kosten den Tag der Erstellung dieses Vertragsformulars (siehe Druckdatum in der Fußzeile) als Stichtag monatlich, quartalsweise oder jährlich in Abhängigkeit davon, ob die laufenden Kosten monatlich, quartalsweise oder jährlich zu zahlen sind.

6.7 Die im Vertrag genannte Vertragslaufzeit wird unter den gleichen Annahmen errechnet, die der Berechnung des effektiven Jahreszinses zugrunde liegen.

7. Laufende Tilgung/Tilgung bei Endfälligkeit/Verrechnung von Tilgungsleistungen[12]

7.1 Das Darlehen ist, soweit kein Zinszahlungsdarlehen vereinbart worden ist, von dem auf die Vollauszahlung folgenden Fälligkeitstermin ab zu tilgen. Bei Darlehen mit gleich bleibender Sollzins- und Tilgungsrate (Annuitätendarlehen) gilt der im Darlehensvertrag genannte Tilgungssatz für die erste Rate. Er erhöht sich bei den Folgeraten in dem Umfang, in dem der an Sollzinsen zu zahlende Betrag sinkt (Annuitätenprinzip).

7.2 Soweit die Rückzahlung des Darlehens zum Ende der Vertragslaufzeit vereinbart worden ist, erbringt der Darlehensnehmer während der Vertragslaufzeit gegenüber der Bank ausschließlich Sollzinsleistungen (Zinszahlungsdarlehen). Das Darlehen ist am Ende der Vertragslaufzeit in voller Höhe zur Rückzahlung fällig. Der Abschluss eines Vertrages zur Vermögensbildung, mit dessen Hilfe das Darlehen zurückgeführt werden soll, gewährleistet nicht, dass die Ansprüche, die der Darlehensnehmer aus dem Vertrag zur Vermögensbildung erwirbt, zur Rückzahlung ausreichen. Reichen die als Vermögen gebildeten Mittel zur Rückzahlung des Darlehens am Ende der Vertragslaufzeit nicht aus, ist der Darlehensnehmer verpflichtet, zusätzliche Eigenmittel zur vollständigen Rückzahlung des fälligen Darlehensbetrages einzusetzen. Die Bank kann auch eine laufende und ggf. erhöhte Tilgung verlangen.

7.3 Alle Tilgungsleistungen werden nicht auf die Grundschuld, sondern nur auf die durch die Grundschuld gesicherten Ansprüche, dh auf das Darlehen verrechnet.

8. Offenlegung der wirtschaftlichen Verhältnisse[13]

Der Darlehensnehmer verpflichtet sich, auf Verlangen der Bank seine wirtschaftlichen Verhältnisse offen zu legen, insbesondere Unterlagen vorzulegen, die einen zeitnahen Einblick in seine wirtschaftlichen Verhältnisse gestatten.

9. Recht zur vorzeitigen Rückzahlung und Vorfälligkeitsentschädigung bei gebundenem Sollzinssatz

9.1 Der Darlehensnehmer kann seine Verbindlichkeiten aus diesem Darlehensvertrag jederzeit ganz oder teilweise vorzeitig erfüllen.

9.2 Falls es sich um ein Darlehen mit gebundenem Sollzinssatz handelt, kann der Darlehensnehmer das Darlehen während des Sollzinsbindungszeitraums nur dann über die vereinbarten Tilgungsleistungen und Sondertilgungen hinaus vorzeitig zurückzahlen, wenn er hierzu ein berechtigtes Interesse hat. In diesem Fall hat der Darlehensnehmer der Bank den dadurch entstehenden Schaden zu ersetzen (Vorfälligkeitsentschädigung).

Die Berechnung der Vorfälligkeitsentschädigung erfolgt nach der „Aktiv-Passiv-Methode" und soll den finanziellen Nachteil der Bank ermitteln. Dieser finanzielle Nachteil der Bank ist die Differenz zwischen den Sollzinsen, die der Bank Darlehensnehmer bei vereinbarungsgemäßer Durchführung der Darlehens tatsächlich nach dem Zins- und Tilgungsplan bis zum Ende der Sollzinsbindung gezahlt hätte und die Rendite, die sich aus einer hypothetischen laufzeitkongruenten Wiederanlage der freigewordenen Beträge in sicheren Kapitalmarktanleihen ergibt. Ist der Sollzinsbindungszeitraum länger als 10 Jahre und sechs Monate nach vollständiger Auszahlung des Darlehens, werden die Sollzinsen nur bis zu dem Zeitpunkt gerechnet, zu dem eine Kündigung des Darlehensvertrags durch den Darlehensnehmer nach Nr. xx frühestens wirksam geworden wäre. Das hieraus resultierende Ergebnis wird um die entfallenden Risikokosten und ersparten Verwaltungskosten reduziert. Sämtliche Beträge werden zum Rückzahlungstermin abgezinst. Etwaig vereinbarte Sondertilgungsrechte werden schadensmindernd berücksichtigt. Anschließend wird für den mit der Berechnung der Vorfälligkeitsentschädigung verbundenen Verwaltungsaufwand eine Kostenpauschale hinzugerechnet. Das Ergebnis dieser Berechnung stellt den der Bank entstehenden Schaden dar.

Ein Anspruch der Bank auf Vorfälligkeitsentschädigung besteht nicht, wenn

1. die Rückzahlung aus den Mitteln einer Versicherung bewirkt wird, die aufgrund einer entsprechenden Verpflichtung im Darlehensvertrag abgeschlossen wurde, um die Rückzahlung zu sichern, oder
2. im Vertrag die Angaben über die Laufzeit des Vertrags, das Kündigungsrecht des Darlehensnehmers oder die Berechnung der Vorfälligkeitsentschädigung unzureichend ist, oder
3. der Bank aufgrund der vorzeitigen Rückzahlung des Darlehens nach Maßgabe der vorstehend dargestellten Berechnung kein Schaden entsteht.

Wenn der Darlehensnehmer mitteilt, dass er eine vorzeitige Rückzahlung des Darlehens beabsichtigt, wird ihm die Bank unverzüglich folgendes mitteilen:

1. Auskunft über die Zulässigkeit der vorzeitigen Rückzahlung,
2. im Falle der Zulässigkeit, die Höhe des zurückzuzahlenden Betrags und
3. gegebenenfalls die Höhe der Vorfälligkeitsentschädigung.

10. Tilgungsplan

Der Darlehensnehmer kann nach dem Abschluss des Darlehensvertrags jederzeit von der Bank einen Tilgungsplan verlangen.

11. Kündigungsrechte und Verfahren bei Kündigung durch den Darlehensnehmer

11.1 Der Darlehensnehmer kann den Darlehensvertrag, sofern der Sollzinssatz für einen bestimmten Zeitraum gebunden ist, ganz oder teilweise kündigen,

1. wenn die Sollzinsbindung vor der für die Rückzahlung bestimmte Zeit endet und keine neue Vereinbarung über den Sollzinssatz getroffen ist, unter Einhaltung einer Kündigungsfrist von einem Monat frühestens für den Ablauf des Tages, an dem die Sollzinsbindung endet;
2. wenn eine Anpassung des Sollzinssatzes in bestimmten Zeiträumen bis zu einem Jahr vereinbart ist, jeweils nur für den Ablauf des Tages, an dem die Sollzinsbindung endet;
3. in jedem Fall nach Ablauf von zehn Jahren nach dem vollständigen Empfang unter Einhaltung einer Kündigungsfrist von sechs Monaten; wird nach dem Empfang des Darlehens eine neue Vereinbarung über die zeit der Rückzahlung oder den Sollzinssatz getroffen, so tritt der Zeitpunkt dieser Vereinbarung an die Stelle des Zeitpunnkts des Empfangs;
4. wenn das Darlehen durch ein Grundpfandrecht gesichert ist und nach dem vollständigen Empfang des Darlehens sechs Monate abgelaufen sind, vor Ablauf der Sollzinsbindung mit einer Kündigungsfrist von drei Monaten, wenn er ein berechtigtes Interesse hat, zB bei Verkauf der Immobilie. In diesem Fall ist der Bank jedoch der dadurch entstehende Schaden zu ersetzen (Vorfälligkeitsentschädigung).

11.2 Der Darlehensnehmer kann den Darlehensvertrag, sofern der Sollzinssatz veränderlich ist, jederzeit mit einer Frist von drei Monaten kündigen. Mit Wirksamwerden der Kündigung kann er das Darlehen ohne Zahlung einer Vorfälligkeitsentschädigung zurückzahlen.

11.3 Eine Kündiung des Darlehensnehmers nach 12.1 und 12.2 gilt als nicht erfolgt, wenn er den geschuldeten Betrag nicht binnen zwei Wochen nach Wirksamwerden der Kündigung zurückzahlt. In diesem Fall wird der Darlehensvertrag fortgesetzt.

11.4 Der Darlehensnehmer kann den Darlehensvertrag ohne Einhaltung einer Kündigungsfrist aus wichtigem Grund kündigen (§ 490 Abs 3 in Verbindung mit § 314 BGB) und das Darlehen ohne Zahlung einer Vorfälligkeitsentschädigung vorzeitig an die Bank zurückzahlen. Ein wichtiger Grund liegt vor, wenn dem Darlehensnehmer unter Berücksichtigung aller Umstände des Einzelfalls und unter Abwägung der beiderseitigen Interessen die Fortsetzung des Vertragsverhältnisses bis zur vereinbarten Beendigung nicht zugemutet werden kann. Besteht der wichtige Grund in der Verletzung einer Pflicht aus dem Vertrag, ist die Kündigung erst nach erfolglosem Ablauf einer zur Abhilfe bestimmten Frist oder nach erfolgloser Abmahnung zulässig. § 323 Abs 2 und 3 BGB finden entsprechend Anwendung. Der Darlehensnehmer kann nur innerhalb einer angemessenen Frist kündigen, nachdem er vom Kündigungsgrund Kenntnis erlangt hat.

11.5 Der Darlehensnehmer kann der Darlehensvertrag gemäß § 490 Abs 3 BGB in Verbindung mit § 313 Abs. 3 BGB kündigen,

1. wenn sich die Umstände, die zur Grundlage des Vertrags geworden sind, nach Vertragsabschluss schwerwiegend verändert haben oder wenn wesentliche Vorstellungen, die zur Grundlage des Vertrags geworden sind, sich als falsch herausstellen
2. und der Darlehensnehmer und die Bank den Vertrag nicht oder mit einem anderen Inhalt geschlossen hätten, wenn sie diese Veränderung vorausgesehen hätten
3. und soweit dem Darlehensnehmer unter Berücksichtigung aller Umstände des Einzelfalls, insbesondere der vertraglichen oder gesetzlichen Risikoverteilung, das Festhalten am unveränderten Vertrag nicht zugemutet werden kann
4. und eine Anpassung des Vertrags nicht möglich oder dem Darlehensnehmer oder der Bank nicht zumutbar ist.

11.6 Der Darlehensnehmer kann den Darlehensvertrag jederzeit fristlos kündigen, wenn die Bank gegen ihre Pflicht zur Kreditwürdigkeitprüfung verstoßen hat. Ein Anspruch auf Zahlung einer Vorfälligkeitsentschädigung besteht in diesem Fall nicht. Dieses Kündigungsrecht besteht nicht,

1. wenn bei einer ordnungsgemäßen Kreditwürdigkeitsprüfung der Darlehensvertrag hätte geschlossen werden dürfen oder
2. soweit der Mangel der Kreditwürdigkeitsprüfung darauf beruht, dass der Darlehensnehmer der Bank vorsätzlich oder grob fahrlässig Informationen, die für die Kreditwürdigkeitprüfung erforderlich gewesen wären, unrichtig erteilt oder vorenthalten hat.

11.7 Der Darlehensnehmer kann den Darlehensvertrag jederzeit kündigen, wenn im Darlehensvertrag Angaben zur Laufzeit oder zum Kündigungsrecht fehlen.

11.8 Die Kündigung seitens des Darlehensnehmers bedarf keiner Form. und keiner Begründung und wird mit Zugang bei der Bank – bzw. Kündigung unter Einhaltung einer Kündigungsfrist mit Ablauf der Kündigungsfrist – wirksam.

12. Kündigungsrechte und Verfahren bei Kündigung durch die Bank

12.1 Die Bank kann den Darlehensvertrag vor Auszahlung des Darlehens im Zweifel stets, nach Auszahlung nur in der Regel fristlos kündigen, wenn in den Vermögensverhältnissen des Darlehensnehmers oder in der Werthaltigkeit einer für das Darlehen gestellten Sicherheit eine wesentliche Verschlechterung eintritt oder einzutreten droht, durch die die Rückzahlung des Darlehens, auch unter Verwertung der Sicherheit gefährdet wird.

12.2 Wegen Zahlungsverzugs des Darlehensnehmer kann die Bank das Darlehen kündigen, wenn der Darlehensnehmer mit mindestens zwei aufeinander folgenden Teilzahlungen ganz oder teilweise und mit mindestens 2,5 Prozent des Nennbetrags des Darlehens in Verzug ist und die Bank dem Darlehensnehmer erfolglos eine zweiwöchige First zur Zahlung des rcükständigen Betrags mit der Erklärung gesetzt hat, dass sie bei Nichtzahlung innerhalb der Frist dies gesamte Restschuld verlange. Die Bank wird dem Darlehensnehmer spätestens mit der Fristsetzung ein Gespräch über die Möglichkeit einer einverständlichen Regelung anbieten.

12.3 Die Bank ist berechtigt, den Darlehensvertrag ohne Einhaltung einer Kündgungsfrist aus wichtigem Grund zu kündigen (§ 490 Abs. 3 BGB in Verbindung mit § 314 BGB). Ein wichtiger Grund liegt vor, wenn der Bank unter Berücksichtigung aller Umstände des Einzelfalls und unter Abwägung der beiderseitigen Interessen die Forstetzung des Vertragsverhältnisses bis zur Vereinbarten Beendigung nicht zugemutet werden kann. Dies ist insbesondere der Fall, wenn

- die Voraussetzungen für die Auszahlung des Darlehens gemäß Abschnitt VIII des Darlehensvertrags nicht erfüllt werden,
- das Darlehen nach Ablauf des Auszahlungstermins, sofern bei den Darlehensdaten ein solcher vereinbart wurde, nicht abgenommen wird,
- der Darlehensnehmer der Verpflichtung zur Offenlegung seiner wirtschaftlichen Verhältnisse nicht nachgekommen ist;
- der Darlehensnehmer wesentliche Angaben in den Beleihungsunterlagen, im Darlehensvertrag, der Selbstauskunft oder sonstigen Unterlagen, die für die Kreditwürdigkeitsprüfung der Bank relevant waren, wesentlich vorenthalten oder Dokumente gefälscht hat. Gleiches gilt, wenn er die relevanten Informationen vorsätzliche oder grob fahrlässig unrichtig erteilt oder vorenthalten hat;
- Grundschulden mit einem schlechteren als dem vereinbarten Rang im Grundbuch eingetragen werden;
- ohne Zustimmung der Bank ein Wechsel im Eigentum der belasteten Grundstücke erfolgt.

Besteht der wichtige Grund in der Verletzung einer Pflicht aus dem Vertrag, ist die Kündigung erst nach erfolglosem Anlauf einer zur Abhilfe bestimmten Frist oder nach erfolgloser Abmahnung zulässig. In Einzelfällen kann diese Frist entbehrlich sein. § 323 Abs. 2 und 3 BGB finden entsprechend Anwendung. Die Bank kann nur innerhalb einer angemessenen Frist kündgen, nachdem sie vom Kündigungsgrund Kenntnis erlangt hat.

12.4 Die Bank kann den Darlehensvertrag gemäß § 490 Abs. 3 in Verbindung mit § 313 Abs. 3 BGB kündigen,

1. wenn sich die Umstände, die zur Grundlage des Vertrags geworden sind, nach Vertragsabschluss schwerwiegend verändert haben oder wenn wesentliche Vorstellungen, die zur Grundlage des Vertrags geworden sind, sich als falsch herausstellen
2. und der Darlehensnehmer und die Bank den Vertrag nicht oder mit einem anderen Inhalt geschlossen hätten, wenn sie diese Veränderung vorausgesehen hätten
3. und soweit dem Darlehensnehmer unter Berücksichtigung aller Umstände des Einzelfalls, insbesondere der vertraglichen oder gesetzlichen Risikoverteilung, das Festhalten am unveränderten Vertrag nicht zugemutet werden kann
4. und eine Anpassung des Vertrags nicht möglich oder dem Darlehensnehmer oder der Bank nicht zumutbar ist.

12.5 Eine von der Bank ausgesprochene Kündiung bedarf der Textform und wird mit Zugang bei dem Darlehensnehmer – bzw. Kündigung unter Einhaltung einer Kündigungsfrsit mit Ablauf der Kündigungsfrist – wirksam.

13. Pfandrecht

13.1 Darlehensnehmer und Bank sind sich darüber einig, dass die Bank ein Pfandrecht an den Wertpapieren und Sachen erwirbt, an denen eine inländische Geschäftsstelle im bankmäßigen Geschäftsverkehr Besitz erlangt hat oder noch erlangen wird. Die Bank erwirbt ein Pfandrecht auch an den Ansprüchen, die dem Darlehensnehmer aus der bankmäßigen Geschäftsverbindung gegen die Bank zustehen oder künftig zustehen werden (zB Kontoguthaben).

13.2 Gelangen Gelder oder andere Werte mit der Maßgabe in die Verfügungsgewalt der Bank, dass sie nur für einen bestimmten Zweck verwendet werden dürfen (zB Bareinzahlung zur Einlösung eines Wechsels), erstreckt sich das Pfandrecht der Bank nicht auf diese Werte. Dasselbe gilt für die von der Bank selbst ausgegebenen Aktien (eigene Aktien) und für die Wertpapiere, die die Bank im Ausland für den Darlehensnehmer verwahrt. Außerdem erstreckt sich das Pfandrecht nicht auf die von einer zum Konzern der Bank gehörenden Gesellschaft selbst ausgegebenen eigenen Genussrechte, Genussscheine sowie nicht auf die verbrieften und nicht verbrieften nachrangigen Verbindlichkeiten einer zum Konzern der Bank gehörenden Gesellschaft. Das Pfandrecht dient der Sicherung aller bestehenden, künftigen und bedingten Ansprüche der Bank gegen den Darlehensnehmer aus diesem Darlehensvertrag.

14. Mehrere Darlehensnehmer

14.1 Mehrere Darlehensnehmer haften gesamtschuldnerisch.

14.2 Wird der Darlehensvertrag von einem Darlehens-nehmer gegenüber der Bank gekündigt, so wirkt die Kündigung auch für und gegen die anderen Darlehensnehmer. Das Darlehen wird dann gegenüber allen Darlehensnehmern mit Ablauf der Kündigungsfrist zur Rückzahlung fällig.

14.3 Bei mehreren Darlehensnehmern steht das Widerrufsrecht jedem einzelnen Darlehensnehmer zu. Sollte einer der Darlehensnehmer innerhalb der Widerrufsfrist widerrufen, so gilt der Widerruf auch für und gegen andere Darlehensnehmer. Der Darlehensvertrag ist mit Zugang des Widerrufs bei der Bank rückabzuwickeln. Die Bank wird den/die Darlehensnehmer über den Widerruf des Darlehensvertrages durch einen Darlehensnehmer informieren.

15. Abschluss des Darlehensvertrages[14]

Der Darlehensvertrag ist erst dann wirksam abgeschlossen, wenn Bank und Darlehensnehmer ihre Vertragserklärungen unterschrieben haben und den jeweils anderen Vertragsparteien die jeweilige Vertragserklärung zugegangen ist.

Unterschreibt die Bank den Darlehensvertrag vor dem Darlehensnehmer wird der Darlehensvertrag erst wirksam abgeschlossen, wenn der Bank die von allen Darlehensnehmern unterschriebene Vertragserklärung zugeht. Die Bank wird in diesem Fall den Darlehensnehmern den Zeitpunkt des Zugangs der Vertragserklärung und damit den Zeitpunkt des Abschlusses des Darlehensvertrags gesondert mitteilen.

16. Übertragungsklausel und Befreiung vom Bankgeheimnis[15]

16.1 Die Bank darf ohne Zustimmung des Darlehensnehmers die Forderungen aus diesem Darlehensvertrag sowie die in diesem Zusammenhang bestellten Sicherheiten, insbesondere die Grundschulden, an einen Dritten abtreten oder das Vertragsverhältnis

– einschließlich der zu stellenden Sicherheiten – auf einen Dritten übertragen, soweit nicht der Darlehensnehmer der Übertragung zustimmen muss.

16.2. Im Falle einer Abtretung der Forderungen aus diesem Darlehensvertrag oder einer Übertragung des Vertragsverhältnisses ist die Bank berechtigt, alle hierfür erforderlichen Informationen solchen Dritten zur Verfügung zu stellen, die aufgrund rechtlicher oder technischer Gründe bei derartigen Rechtsgeschäften einzubinden sind und die aufgrund vertraglicher, gesetzlicher oder beruflicher/berufsständiger Gründe verpflichtet sind, diese Informationen vertraulich zu behandeln. Bei diesen Dritten kann es sich zB um Wirtschaftsprüfer, Rechtsanwälte/Notare, Rating-Agenturen oder Treuhänder handeln. Die Bank wird insoweit vom Bankgeheimnis befreit.

18. Aufsichtsbehörde

Bundesanstalt für Finanzdienstleistungsaufsicht, Graurheindorfer Staße 108 in 53117 Bonn und Marie-Curie-Straße 24–28 in 60439 Frankfurt am Main (internet: www.bafin.de) und Europäische Zentralbank, Sonnemannstraße 20 in 60314 Frankfurt am Main (internet: www.ecb.europa.eu).

19. Außergerichltiche Beschwerdestelle

Für die Beilegung von Streitigkeiten mit der Bank besteht die Möglichkeit, den Ombudsmann der privaten Banken anzurufen. Näheres regelt die „Verfahrensordnung des Ombudsmanns der privaten Banken“, die auf Wunsch zur Verfügung gestellt wird oder auf der Internetseite des Bundesverbandes deutscher Banken e. V. www.bankenverband.de, eingesehen werden kann. Die Beschwerde ist in Textform (zB mittels Brief, Telefax oder E-Mail) an die Schlichtungsstelle beim Bundesverband deutscher Banken e. V., [Adresse]zu richten.

20. Maßgebliches Recht/Gerichtsstand/Sprache

Für den Darlehensvertrag zwischen dem Darlehensnehmer und der Bank gilt deutsches Recht. Es gibt keine vertragliche Gerichtsstandklausel. Die Bank wird während der Laufzeit des Darlehensvertrags in deutscher Sprache mit dem Darlehensnehmer Kontakt halten.

VIII. Auszahlungsvoraussetzungen[16]

Das Darlehen wird nach Erfüllung der unten angegebenen/angekreuzten Voraussetzungen bzw. nach Vorlage der unten angegebenen/angekreuzten Unterlagen auf schriftliche Anforderung aller Darlehensnehmer (bei Teilauszahlungen jeweils separat) ausgezahlt. Sofern für das Darlehen ein Auszahlungstermin angegeben ist, erfolgt die Auszahlung jedoch frühestens zu diesem Termin.

Weitere Bedingung für die Auszahlung des Darlehens ist ferner, dass sich die Kreditwürdigkeit des Darlehensnehmers zwischen dem Abschluss des Darlehensvertrags und dem Auszahlungszeitpunkt nicht verschlechtert hat.

Nachweise zu den Sicherheiten

Bestellung der vereinbarten Sicherheiten, insbesondere ranggerechte Eintragung der Grundschuld, Vorliegen der vollstreckbaren Ausfertigung der Grundschuldbestellungsurkunde und Sicherungszweckerklärung sowie ggf. des Grundschuldbriefes. Darüber hinaus

❐ Versicherungspolice, Abtretungserklärung, Abtretungsbestätigung für die Abtretung der Lebensversicherung
❐ Sparurkunde, Verpfändungserklärung, ggf. Verpfändungsbestätigung für die Verpfändung eines Sparvertrages

- ❒ Letzter Kontoauszug Bausparvertrag, Abtretungserklärung und Abtretungsbestätigung für die Abtretung eines Bausparvertrages
- ❒ Aktueller Depotauszug, Verpfändungserklärung, ggf. Verpfändungsbestätigung für die Verpfändung von Depotwerten
- ❒ Zustellungsvollmacht des Sicherungsgebers mit Wohnsitz im Ausland/Ausländern
- ❒ Bürgschaftserklärung, Einkommens- und Vermögensangaben des Bürgen bei Höchstbetragsbürgschaft
- ❒ ____________________

Nachweise zum Beleihungsobjekt

Einreichung der üblichen Beleihungsunterlagen, insbesondere Kaufvertrag, Werkvertrag, Teilungserklärung, vom Architekten bestätigte Gesamtkostenaufstellung sowie bautechnische Unterlagen wie Wohn-/Nutzflächenberechnung, Bauzeichnungen, Baubeschreibung, Kubaturberechnung, Grundbuchauszug, Lageplan, Baugenehmigung. Darüber hinaus

- ❒ Nachweis der Mieteinnahmen (Mietaufstellung) bei vermieteten Objekten
- ❒ Zustimmung des Eigentümers zur Belastung/Veräußerung des Erbbaurechts, ggf. Stillhalteerklärung bzw. Bestehensbleibensvereinbarung des Eigentümers bei Erbbaurechten
- ❒ ____________________

Nachweise zur persönlichen Situation

Nachweise der Einkommens- und Vermögensverhältnisse, insbesondere

- ❒ Nachweis Einkommen der letzten zwei Monate aller Darlehensnehmer
- ❒ Lohn-/Gehaltsabrechnung per Dezember des Vorjahres mit Jahressummen aller Darlehensnehmer
- ❒ Einkommensteuererklärung
- ❒ Einkommensteuerbescheid
- ❒ Zustellungsvollmacht für Darlehensnehmer mit Wohnsitz im Ausland
- ❒ ____________________

Nachweise zur Finanzierung

- ❒ Nachweis der Gesamtfinanzierung
- ❒ Zusage anderer Darlehensgeber
- ❒ Nachweis Eigenkapital
- ❒ Aufstellung der Eigenleistung
- ❒ Nachweis des Bautenstandes, ggf. Verwendungsnachweis durch Rechnungsvorlage
- ❒ ____________________

IX. Information über das Widerrufsrecht jedes einzelnen Darlehensnehmers[17]

Widerrufsinformation

Widerrufsrecht
Der Darlehensnehmer kann seine Vertragserklärung innerhalb von 14 Tagen ohne Angabe von Gründen widerrufen. Die Frist beginnt nach Abschluss des Vertrags, aber erst, nachdem der Darlehensnehmer diese Widerrufsinformation erhalten hat. Der Darlehensnehmer hat diese Widerrufsinformation erhalten, wenn sie in der für den Darlehensnehmer bestimmten Ausfertigung seines Antrags oder in der für den Darlehensnehmer bestimmten Ausfertigung der Vertragsurkunde oder in einer für den Darlehensnehmer bestimmten Abschrift seines Antrags oder der Vertragsurkunde

enthalten ist und dem Darlehensnehmer eine solche Unterlage zur Verfügung gestellt worden ist. Über eine in den Vertragstext nicht aufgenommene Angabe zum Widerrufsrecht kann der Darlehensnehmer nachträglich auf einem dauerhaften Datenträger informiert werden; die Widerrufsfrist beträgt dann einen Monat. Der Darlehensnehmer ist mit der nachgeholten Widerrufsinformation nochmals auf den Beginn der Widerrufsfrist hinzuweisen. Zur Wahrung der Widerrufsfrist genügt die rechtzeitige Absendung des Widerrufs, wenn die Erklärung auf einem dauerhaften Datenträger (zB Brief, Telefax, E-Mail) eriolgt. Der Widerruf ist zu richten an:
[Name und ladungsfähige Anschrift des Darlehensgebers, ggf. einschließlich Email-Adresse und Telefaxnummer]
Informationen über das Erlöschen des Widerrufsrechts
Das Widerrufsrecht erlischt spätestens zwölf Monate und 14 Tage nach dem Zeitpunkt des Vertragsschlusses oder, sofern dieser Zeitpunkt nach dem Vertragsschluss liegt, dem Zeitpunkt, zu dem dem Darlehensnehmer eine für ihn bestimmte Ausfertigung oder Abschriift seines Antras oder der Vertragsurkunde zur Verfügung gestellt worden ist. Das Widerrufsrecht erlischt auch dann, wenn die Widerrufsinformation oder die Angaben hierzu im Vertrag fehlerhaft waren oder ganz unterblieben sind.
Widerrufsfolgen
Der Darlehensnehmer hat innerhalb von 30 Tagen das Darlehen, soweit es bereits ausbezahlt wurde, zurückzuzahlen und für den Zeitraum zwischen der Auszahlung und der Rückzahlung des Darlehens den vereinbarten Sollzins zu entrichten. Die Frist beginnt mit der Absendung der Widerrufserklärung.
Für den Zeitraum zwischen Auszahlung und Rückzahlung ist bei vollständiger Inanspruchnahme des Darlehens pro Tag ein Zinsbetrag in Höhe von [Tageszinsen in EUR = ZINSSATZ/100/360}] Euro zu zahlen. Dieser Betrag verringert sich entsprechend, wenn das Darlehen nur teilweise in Anspruch genommen wurde.
Wenn der Darlehensnehmer nachweist, dass der Wert seines Gebrauchsvorteils niedriger war als der Vertragszins, muss er nur den niedrigeren Betrag zahlen. Dies kann zB in Betracht kommen, wenn der marktübliche Zins geringer war als der Vertragszins.

- Der Darlehensnehmer hat dem Darlehensgeber auch die Aufwendungen zu ersetzen, die der Darlehensgeber gegenüber öffentlichen Stellen erbracht hat und nicht zurückverlangen kann.

Ort, Datum	Ort, Datum
Unterschrift 1. Darlehensnehmer	Unterschrift der Bank (Filialstempel mit Adresse und Unterschrift)
Unterschrift 2. Darlehensnehmer	

Anmerkungen

1. Das Formular wird eingesetzt für Immobiliar-Verbraucherdarlehensverträge (§ 491 Abs 3 BGB. Bei diesen Verträgen handelt es sich um solche Verbraucherdarlehensverträge, bei denen entweder zur Besicherung des entgeltlichen Darlehens ein Grundpfandrecht oder eine Reallast bestellt wird oder dessen Verwendung dem Erhalt oder Erwerb von Eigentumsrechten an einem Grundstück, an bestehenden oder zu errichtenden Gebäuden oder für die Erhaltung oder den Erwerb an grundstücksgleichen Recht bestimmt ist. Die Regelung für den Immobiliar-Verbraucherdarlehensvertrag gehen auf die Wohnimmobilienkreditrichtlinie zurück, die zum 21.3.2016 ins deutsche Recht überführt worden ist. Der Inhalt des Darlehensvertrags bestimmt sich nach Art 247 § 6 Abs 1 S 2 EGBGB. Das Formular ist so gestaltet, dass für die Finanzierung eines Objekts mehrere Finanzierungsbausteine (= verschiedene Darlehen) eingesetzt werden können. Bereits seit Inkrafttreten des OLG-VertretungsÄnderungsG steht dem Darlehensnehmer auch bei Abschluss eines Immobiliar-Verbraucherdarlehensvertrages ein Widerrufsrecht gem §§ 495, 355 BGB zu, über das er zu belehren ist. Mit der Wohnimmobilienkreditrichtlinie haben die Mitgliedstaaten sicherzustellen, dass der Verbraucher entweder eine Bedenkzeit oder ein Widerrufsrecht nach nationalem Recht zusteht. Der deutsche Gesetzgeber hat das Widerrufsrecht beibehalten und nur dort eine Bedenkzeit vorgesehen, wo dem Verbraucher kein gesetzliches Widerrufsrecht zusteht (§ 495 Abs 3 BGB). Da die Widerrufsinformation integraler Bestandteil der Vertragsurkunde ist, muss sie dem Darlehensnehmer gem. § 356b BGB mindestens als Abschrift des Vertrags zur Verfügung gestellt werden. Unterbleibt die Information, beginnt die Widerrufsfrist nicht zu laufen, § 356b BGB. Es sollte daher aus Beweisgründen der Empfang der Vertragsabschrift einschließlich der Widerrufsinformation schriftlich bestätigt werden (Staudinger/*Kessal-Wulf* § 495 Rn 24).

2. In dem Darlehensvertrag ist der Name und die Adresse des Darlehensgebers anzugeben, Art 247 § 9 Abs 1 iVm § 3 Abs 1 Nr 1 EGBGB.

3. Der Name und die Adresse des Darlehensnehmers sind im Immobiliar-Verbraucherdarlehensvertrag nicht zwingend zu dokumentieren, es entspricht aber der allgemeinen Praxis, diese Angaben in den Vertrag aufzunehmen. Zur Darlehensnehmereigenschaft BGH WM 1995, 284; WM 1996, 475; WM 1997, 710. Zum Schuldbeitritt BGH WM 1996, 1258, 1781; WM 1997, 158, 663. Bei mehreren Darlehensnehmern hat die Auszahlung der Valuta grundsätzlich an alle zu erfolgen (Mitgläubigerschaft gemäß § 432 BGB). Für die Rückzahlung des Darlehens haften sie im Zweifel als Gesamtschuldner (§§ 427, 421 BGB; BGH WM 1991, 445), wenn ihnen ein Geldbetrag in der vereinbarten Höhe iSv § 488 Abs 1 S 2 BGB zur Verfügung gestellt wurde (BGH WM 1988, 1814). Die Auszahlung an Dritte (auch nur an den 1. Darlehensnehmer) setzt eine entsprechende Anweisung (auch des 2. Darlehensnehmers) und den Zufluss beim Dritten zur freien Verfügung voraus (BGHZ 93, 264 = WM 1985, 221; WM 1986, 933; WM 1989, 1718; WM 1997, 1659). Eine (formularmäßige) wechselseitige Bevollmächtigung zur Entgegennahme aller Erklärungen ist mit §§ 307, 308 BGB nicht vereinbar (BGHZ 108, 98 = WM 1989, 1086). Echter (Mit-)Darlehensnehmer ist nach der Rechtsprechung nur, wer ein eigenes unmittelbares wirtschaftliches Interesse an der Darlehensaufnahme hat und neben dem anderen Darlehensnehmer gleichberechtigt und selbstständig über die Valuta verfügen kann (st Rspr BGH WM 2005, 418). Liegen diese Voraussetzungen nicht vor, ist der zweite Darlehensnehmer nur Mithaftender.

4. Unter den Darlehensdaten werden in diesem Vertragsmuster in tabellerischer Form. sämtliche Angaben in Prozent und in Beträgen aufgenommen, die nach dem Gesetz zwingend im Vertrag enthalten sein müssen. Etwaige erläuternde Angaben finden sich in den Darlehensbedingungen. So sind unter dem Abschnitt II des Vertrags folgende Darlehensdaten zu finden: als freiwillige Angabe der Darlehensbetrag als Bruttodarlehensbetrag. Der Sollzinssatz wird als Prozentsatz angegeben, damit wird die Informationspflicht nach Art 247 § 6 Abs 1 S 2, 3 Abs 1 Nr 5 EGBGB erfüllt. Außerdem kann bestimmt werden, ob es sich um einen gebundenen Sollzins oder um einen veränderlichen Sollzins handelt; die Information über die Art des Sollzinssatzes (veränderlich oder gebunden und den Zeitraum seiner Anwendung) sind bei einem Immobiliar-Verbraucherdarlehensvertrag zwingend anzugeben (Art 247 § 6 Abs 1 S 2, § 3 Abs 4 EGBGB). Um einen gebundenen Sollzins handelt es sich auch dann, wenn die Sollzinsbindung kürzer ist als die Darlehenslaufzeit, § 489 Abs 5 S 3 BGB. Bei veränderlich verzinslichen Darlehen mit Cap wird der Sollzinssatz bei Veränderung des im Vertrag enthaltenen Referenzzinssatzes nur innerhalb der vereinbarten Zinsober- und Zinsuntergrenzen angepasst. Eine Cap- oder Zinsbegrenzungs-Prämie kann der Darlehensgeber formularmäßig mit dem Darlehensnehmer nicht wirksam vereinbaren (BGH NJW 2018, 2950). Der effektive Jahreszins wird als jährlicher Prozentsatz angegeben (vgl § 6 Abs 1 PAngV, ab 28.5.2022: § 16 Abs 1 PAngV). Er errechnet sich aus den Gesamtkosten des Kredits für die gesamte Darlehenslaufzeit. Ferner sind angegeben die Termine, zu denen die während der Vertragslaufzeit geschuldeten Zins-und etwaigen Tilgungsraten fällig werden, sowie die Ratenhöhe, die Anzahl der Raten und die voraussichtliche Vertragslaufzeit; diese Angaben sind gemäß Art 247 § 6 Abs 1 S 2 EGBGB ebenfalls zwingend. Für zugesagte, aber nicht in Anspruch genommene Darlehensmittel kann die Bank eine Bereitstellungsprovision oder – zinsen verlangen (BGH WM 1985, 686; *Nobbe* 137 Rn 316; *Köndgen* 124; BGH NJW 2020, 1204). Die formularmäßige Vereinbarung von Bereitstellungszinsen ist auch dann wirksam, wenn es nicht zur Darlehensauszahlung kommt (BGH WM 1986, 156, 577).

5. Die Angabe der Art des Darlehens ist ebenfalls eine Pflichtangabe (Art 247 § 6 Abs 1 S 2 EGBGB.

6. Unter dieser Rubrik werden die Gesamtkosten des Darlehens für die gesamte Darlehenslaufzeit in EURO-Beträgen angegeben, dabei werden die einmaligen Kosten und die laufenden Kosten als Summe über die Gesamtlaufzeit aufaddiert. Die Gesamtkosten des Darlehens bilden die Grundlage für die Berechnung des effektiven Jahreszinses (§ 6 Abs 1 PAngV, ab 28.5.2022: § 16 Abs 1 PAngV). Laufzeitunabhängige Einmalentgelte (wie zB Bearbeitungskosten, Cap-Prämie), für die der Darlehensgeber keine im Interesse des Darlehensnehmers stehende Sonderleistunge erbringt, können aufgrund eines Formularvertrags nicht wirksam vereinbart werden (gefestigte Rechtsprechung des BGH WM 2014, 1224; Überblick über Rechtsprechung zu Entgelten im Kreditgeschäft s *Wittig* in: Kümpel/Mülbert/Früh/Seyfried, Rn 3.747ff). Bei vorzeitiger Rückzahlung des Darlehens hat der Darlehensnehmer im Regelfall Anspruch auf Erstattung des nicht verbrauchten Disagios, das mangels anderweitiger Vereinbarung als Zinsvorauszahlung anzusehen ist (BGH WM 1990, 1150 WM 1992, 1058; WM 1993, 2003; WM 1995, 1617). Zum Vorfälligkeitsentgelt BGH WM 1997, 1747 und 1799 = WuB I E 3.–1.98 *v. Heymann/Rösler; Rösler* BB 1997, 1379, *Rösler/Wimmer/Lang,* C II 6 ff. Die Vereinbarung von Schätzkosten (Wertermittlungsgebühren) ist nur dann zulässig, wenn sie mit dem Darlehensnehmer individuell ausgehandelt wurden (OLG Düsseldorf WM 2010, 215). Die vom Darlehensnehmer zu tragende Vermittlungsprovision ist gem. Art 247 § 6 Abs 1 S 2, § 3 Abs 1 Nr 10 EGBGB anzugeben, es sei denn, sie sind bereits in den anderen Kosten (wie im Sollzins) enthalten. Weiter werden explizit die laufenden und einmaligen Kosten für etwaige Verträge zur Vermögensbildung (s. Abschnitt IV. des Vertrags) angegeben, soweit der Abschluss dieser Verträge sie nach Art 247 § 8 EGBGB verlangt wird. Bei den Verträgen im Sinne von Art 247 § 8 EGBGB handelt es sich in der Regel um Bausparverträge, Renten- und Kapitallebensversicherungen. Die Kosten (Abschluss-, Vertriebs- und Verwaltungskosten) für diese vermögensbildenden Verträge sind bei der Berechnung des effektiven Jahreszinses zu berücksichtigen, soweit sie dem Darlehensgeber bei Abschluss des Darlehensvertrags bekannt sind. Nicht einzurechnen sind jedoch diejenigen Beträge, die der Kapitalbildung dienen, denn diese sind nicht Kosten, sondern zum Aufbau des Kapitals bestimmt, mit dem der ausstehende Darlehensbetrag am Ende der Vertragslaufzeit zurückzuzahlen ist. Die Kosten für die Sicherheiten sind anzugeben und im effektiven Jahreszins zu berücksichtigen (§ 6 Abs 3 PAngV, ab 28.5.2022: § 16 Abs 1 PAngV). Der Nettodarlehensbetrag ist gem Art 247 § 6 Abs 1 S 2, § 3 Abs 1 Nr 4 EGBGB anzugeben, dabei handelt es sich um den Höchstbetrag, auf den der

Darlehensnehmer aufgrund des Darlehensvertrags einen Anspruch hat (Art 247 § 3 Abs 2 S 2 EGBGB).

7. Mit den Angaben in Abschnitt IV des Mustervertrags werden die Anforderungen aus Art 247 § 8 Abs 2 S 1 EGBGB erfüllt, wonach die im Zusammenhang mit dem Vertrag zur Vermögensbildung wiederkehrenden und nicht wiederkehrenden Kosten im Darlehensvertrag anzugeben sind.

8. Die zu stellenden Sicherheiten (insbes Grundpfandrechte) werden zwar in dem Vertrag genannt; nach neuem Recht handelt es sich aber um eine freiwillige Angabe, da Art 247 § 4 EGBGB nicht zu den zwingend anzuwendenden Vorschriften gem Art 247 § 6 Abs 1 S EGBGB zählt. Da die Bank aber einen schuldrechtlichen Anspruch auf die Stellung der Sicherheit begründen will, muss sie diesen Anspruch im Vertrag unter Nennung der konkreten Sicherheit regeln.

9. Unter Nr 5 der Darlehensbedingungen wird zunächst bestimmt, wie sich der Zeitraum der ersten Sollzinsbindung für den gebundenen Sollzinssatz bestimmt; damit wird die Angabepflicht zu den Sollzinsen gemäß § 489 Abs 5 BGB erfüllt. Unter Nr 4.2 BGB wird geregelt, wie die Prolongation des Sollzinssatzes zustande kommt, wenn der Zeitraum der Sollzinsbindung abläuft. In diesem Muster ist vorgesehen, dass der Darlehensgeber dem Darlehensnehmer einen neuen Sollzinssatz und einen neuen Zeitraum für die Sollzinsbindung rechtzeitig vor Ablauf der Sollzinsbindung mitteilen wird. Damit ist aber nicht die Informationspflicht gemeint, zu der der Darlehensgeber gemäß § 493 Abs 1 BGB verpflichtet ist, wenn der Zeitraum der Sollzinsbindung kürzer als die Laufzeit des Darlehensvertrags ist (sog. unechte Abschnittsfinanzierung). Die Information gemäß § 493 Abs 1 BGB hat mindestens drei Monate vor Ablauf der Sollzinsbindung in Textform zu erfolgen und muss den zum Zeitpunkt der Information gültigen Sollzinssatz nennen. Das konkrete Prolongationsangebot kann zu einem späteren Zeitpunkt erfolgen, zB sechs Wochen vor Ablauf der Zinsbindung und enthält den konkreten Sollzinssatz, zu dem der Darlehensgeber bereit ist, den Vertrag fortzusetzen.

10. Unter Nr 5 der Vertragsbedingungen wird der Zinsanpassungsmechanismus bei veränderlichen Sollzinsen beschrieben. Diese Klausel enthält sowohl einen den Anforderungen des § 675g Abs 3 Satz 2 BGB bzw. § 492 Abs 7 BGB entsprechenden Referenzzinssatz, die Prüfungsintervalle sowie die Anpassungsschwelle und berücksichtigt somit die Anforderungen, die die Rechtsprechung an die Wirksamkeit an eine Zinsanpassungsklausel stellt (BGH WM 2009, 1077, unter Aufgabe der Rechtsprechung des BGH WM 1986, 580).

11. Unter Nr 6 der Darlehensbedingungen werden die Annahmen, unter denen der effektive Jahreszins berechnet wird, dargelegt.

12. Nr 7 der Darlehensbedingungen beschreibt die vereinbarte Tilgung, nämlich zum einen die Tilgung bei einem Annuitätendarlehen und zum anderen die Tilgung bei einem Zinszahlungsdarlehen. Des Weiteren ist an dieser Stelle der Hinweis nach Art 247 § 8 Abs 2 Satz 2 EGBGB enthalten, dass die laufenden Zahlungen in den Vertrag zur Vermögensbildung nicht die Gewähr dafür bieten, dass das angesparte Vermögen zur Rückzahlung des Darlehens ausreicht. Mit diesem Hinweis wird klargestellt, dass der Darlehensgeber keine Garantie für die Höhe der Ablaufleistung aus dem Vertrag zur Vermögensbildung übernimmt und der Darlehensnehmer das Risiko für eine etwaige Deckungslücke am Ende der Vertragslaufzeit zu tragen hat. Damit wird dem Grundsatz Rechnung getragen, dass die Vereinbarung eines Vertrags zur Vermögensbildung während der Darlehenslaufzeit regelmäßig Erfüllungs halber erfolgt und nicht an Erfüllungs Statt. Eine Ausnahme von diesem Grundsatz hatte das OLG Karlsruhe in seiner Entscheidung vom 4. April 2003 – WM 2003, 2412 – angenommen. Zur Klarstellung empfiehlt es sich daher, ausdrücklich vertraglich zu regeln, dass der Darlehensnehmer auch bei einer geringeren Ablaufleistung des Tilgungsersatzes verpflichtet bleibt, das geschuldete Darlehen vollständig zurückzuzahlen.

13. Die Verpflichtung der Darlehensnehmer, die wirtschaftlichen Verhältnisse auf Verlangen der Bank einmal jährlich offenzulegen, beruht auf § 18 KWG (BGH WM 1994, 838). Außerdem ist der Darlehensgeber vor Darlehensgewährung aufsichtsrechtlich und zivilrechtlich verpflichtet, selbst wenn das Darlehen liquide besichert ist, die Kreditwürdigkeit des Verbraucherdarlehensnehmers zu überprüfen, § 18a 2 KWG und § 505a BGB. Der Darlehensnehmer ist zur Mitwirkung verpflichtet; kommt er dieser Mitwirkungspflicht nicht nach, wird die fehlerhafte Kreditwürdigkeitsprüfung nicht nach § 505d BGB sanktioniert (§ 505d Abs 3 BGB):

14. Die Bank kann die Darlehen aus wichtigem Grund jederzeit kündigen; (*Graf von Westphalen* BB 1993, 8, 12 f.; Bankrechts-Handbuch/*Krepold* § 79 Rn 179ff mwN; BGH WM 1988, 195 und 1223; WM 1994, 838). Dieses Kündigungsrecht besteht auch nach Nr 19 Abs 3 AGB-Banken (*Hopt,* HGB, (8) AGB-Banken Nr 19 Rn 4, 5, *Sonnenhol* WM 2002, 1259) bzw § 490 Abs 1 BGB. Bei Zahlungsverzug gilt § 498 Abs 2 BGB BGB.

15. Da die Widerrufsfrist erst mit Abschluss des Darlehensvertrags zu laufen beginnt, empfiehlt es sich im Darlehensvertrag eine Beschreibung über den Abschluss des Darlehensvertrags aufzunehmen. Die Regelung hat rein deklaratorische Wirkung und dient der Transparenz, damit der Darlehensnehmer in die Lage versetzt wird, den Zeitpunkt zu bestimmen, wann der Vertrag wirksam geschlossen ist.

16. Unter Nr 14 der Darlehensbedingungen ist – ebenfalls deklaratorisch – der Hinweis enthalten, dass die Darlehensforderung – einschließlich der gestellten Sicherheiten – ohne Zustimmung des Darlehensgebers übertragbar ist. Damit wird die Rechtslage beschrieben, wie sie sich aus § 398 BGB ergibt. War dieser Hinweis nach dem Risikobegrenzungsgesetz noch zwingend als deutlich gestalteter Hinweis in den Vertragsbedingungen aufzunehmen, muss er nach der Novellierung nur noch zwingend zusätzlich zu den vorvertraglichen Information enthalten sein (Art 247 § 1 Abs 3 EGBGB).

17. Die Bedingungen, unter denen die Auszahlung des Darlehens erfolgt, sind bei Immobiliar-Verbraucherdarlehensverträgen, obwohl hier von besonderer Bedeutung, nicht zwingend in den Vertrag aufzunehmen. Dennoch ist es üblich und sachlich gerechtfertigt, die Voraussetzungen, unter der Darlehensgeber bereit ist, die Auszahlung des Darlehens vorzunehmen, vertraglich zu regeln.

H. Kreditsicherungsverträge

Schrifttum: *Bauch*, Fälligkeit von Grundschuldzinsen, Rpfleger **1985**, 466; *Becker-Eberhard*, Die Forderungsgebundenheit der Sicherungsrechte, 1993; *Bengel/Simmerding*, Grundbuch, Grundstück, Grenze, 4. Aufl 1995; *Bourgeois*, Die Sicherheitentreuhandvereinbarung unter besonderer Berücksichtigung der Stellung der Sicherheitentreuhänderin, BKR **2011**, 103 ff.; *Bruchner*, Recht und Praxis der Sicherheitenfreigabe in der höchstrichterlichen Rechtsprechung, BrV 1995, Hrsg *Hadding/Hopt/Schimansky*, S 35 ff.; *Bunte*, Bürgschaft und Haustürwiderrufsgesetz, WM **1993**, 877; *Bydlinsky*, Personaler numerus clausus bei der Bürgschaft auf erstes Anfordern, WM **1991**, 257; *Canaris*, Bankenvertragsrecht, 2. Aufl 1981, 3. Aufl 1988; *Canaris*, Die Problematik der Sicherheitenfreigabeklauseln im Hinblick auf § 9 AGBG und § 138 BGB, ZIP **1996**, 1109; *Canaris*, Deckungsgrenze und Bewertungsmaßstab beim Anspruch auf Freigabe von Sicherheiten gemäß § 242 BGB, ZIP **1996**, 1577; *Canaris*, Voraussetzungen und Inhalt des Anspruchs auf Freigabe von Globalsicherheiten gemäß § 242 BGB, ZIP **1997**, 813; *Cartano*, Sicherungsübereignung, BuB Rn 4/300 ff.; *Claussen*, Bank- und Börsenrecht, 5. Aufl. 2015; *Clemente*, Recht der Sicherungsgrundschuld, 2. Aufl 1992; *Claussen*, Die Sicherungsabrede der Grundschuld – eine Bestandsaufnahme, ZIP **1990**, 969; *Dieterich*, Bundesverfassungsgericht und Bürgschaftsrecht, WM **2000**,11; *Drukarzyk/Duttle/Rieger*, Mobiliarsicherheiten, 1985; *v. Drygalski/Welter/Gemmeke* (Hrsg), Immobilienhandbuch Ost, 2. Aufl 1996; *Fielenbach*, Zur Haftung des Bürgen für Bereicherungsverbindlichkeiten, WM **11**, 2349 ff.; *Fischer*, Aktuelle Rechtsprechung des Bundesgerichtshofs zur Bürgschaft und zum Schuldbeitritt, WM **1998**, 1705 und 1749; *Fischer*. Die Bürgschaft zwischen Dogmatik, Verbraucherschutz und Praxis, WM **2000**,14; *Fischer/Alisch*, Bank- und Kreditsicherungsrecht, 1988; *Frey*, Die Haftung mittelloser Bürgen zwischen Verfassungs- und Vertragsrecht, WM **1996**, 1612; *Gaberdiel*, Kreditsicherung durch Grundschulden, 10. Aufl 2020; *Ganter*, Aktuelle Probleme der Kreditsicherheiten in der Rechtsprechung des Bundesgerichtshofes, WM **1996**, 1705; *Gaberdiel*, Rechtsprechung des BGH zum Kreditsicherungsrecht, WM **1998**, 2045 und 2081; *Gaberdiel*. Wiederaufleben von Sicherheiten nach Tilgung der gesicherten Hauptforderung durch Anfechtung, WM **2011**, 245 ff.; *Gerhardt*, Grundpfandrechte im Insolvenzverfahren, 12. Aufl 2009; *Göbel*, Übersicherung und Freigabeklauseln in vorformulierten Kreditsicherungsverträgen, 1993; *Graupeter*, Die Auswechselung der Sicherungsabrede bei Grundschulden als genehmigungspflichtiger Vorgang in förmlich festgelegten Sanierungsgebieten und Entwicklungsbereichen, WM **2011**, 535; *Haegele/Schöner/Stöber*, Grundbuchrecht, 16. Aufl 2020; *Hein*, Zum Bestimmtheitserfordernis bei der Pfändung von Sicherheitenrückgewähransprüchen, WM **1986**, 1379; *Hellner/Steuer* (Hrsg.), Bankrecht und Bankpraxis (BuB), 1978 ff., Stand September 2021; *Henseler/Adomeit*, Kreditsicherungsrecht, 1980; *Hoffmann*, Abtretungsrechtlicher Schuldnerschutz bei nichtiger Globalzession und bei dinglicher Teilverzichtsklausel, WM **2011**, 433 ff.; *Horn*, Bürgschaften und Garantien, 8. Aufl 2001; *Horn*, Übermäßige Bürgschaften mittelloser Bürgen: wirksam, unwirksam oder mit eingeschränktem Umfang? WM **1997**, 1081; *Kesseler*, „Rechtsnachfolge" in Vollstreckungsklauseln, WM **2011**, 486 ff:; *Klingsporn*, Die Bürgschaft als Haustürgeschäft, NJW **1993**, 829; *Kolling*, Aktuelle Rechtsprechung zur Zwangsvollstreckung durch den Zessionar einer Sicherungsgrundschuld, BKR **1991**, 501 ff.; *Kreft*, Die Rechtsprechung des BGH zur Bürgschaft, WM Sonderbeil 5/**1997**; Lambsdorff/*Skora*, Handbuch des Bürgschaftsrechts, 1994; 4. Aufl 2007; *Ludwig*, Die Verpfändung des Auflassungsanspruchs, DNotZ **1992**, 339; *Lwowski/Fischer/Gehrlein* (Hrsg.), Das Recht der Kreditsicherung, 10. Aufl. 2018; *Mann/Nagel*, Zession und Drittwirkung im internationalen Kreditsicherungsgeschäft, WM **2011**, 1499 ff.; *Meikel*, Grundbuchordnung, 12. Aufl 2020; *Mülbert/Früh/Seyfried*, Bank- u. Kapitalmarktrecht, 6. Aufl. 2022; *Neuhof*, 16 Jahre Kreditsicherheiten Makulatur? NJW **1993**, 2840; *Nielsen*, Sicherungsverträge der Import- und Exportfinanzierung im Lichte der aktuellen Rechtsprechung zur Deckungsgrenze und zur Sicherheitenfreigabe, WM **1994**, 2221; *Nobbe*, Aktuelle Entwicklungen zur Sicherungsübereignung und Globalzession im Lichte des AGB-Gesetzes, ZIP **1996**, 657; *Nobbe*, Neue höchstrichterliche Rechtsprechung zum Bankrecht, 6. Aufl 1995; *Nobbe* (Hrsg.), Kommentar zum Kreditrecht, 3. Aufl 2018; *Nodoushani*, Die Verpfändung konkreter Bezugsrechte, WM **2011**, 1 ff.; *Pape*. Die Verwertung von Grundpfandrechten im Anwendungsbereich der Gesamtvollstreckungsordnung, KTS **1996**, 231; *Pfeiffer*, Übersicherung, Freigabeanspruch, Freigabeklauseln, WM **1995**, 1565; *Rainer*, Die Auswirkungen des AGB-Gesetzes auf die formularmäßige

Sicherungszweckerklärung für Grundschulden und dingliche und persönliche Zwangsvollstreckungsunterwerfung, WM 1988, 1657; *Rastätter*, Grenzen der banküblichen Sicherung durch Grundpfandreche, DNotZ 1987, 459; *Rauch/Zimmermann*, Grundschuld und Hypothek, 1996; *Reinicke/Tiedtke*, Kreditsicherung, 5. Aufl 2006; *dies.*, Bestimmtheitserfordernis und weite Sicherungsabrede im Bürgschaftsrecht, WM **1995**, 2301; *dies*, Das Schicksal der persönlichen Forderung bei Ablösung der Grundschuld durch den Eigentümer, WM **1987**, 485; *dies*, Die Rechtsstellung des Kreditnehmers und des Grundstückseigentümers als Sicherungsgeber einer Grundschuld, WM Sonderbeil **5/1991**; *Reithmann*, Der Rückübertragungsanspruch bei Grundschulden, DNotZ **1994**, 168; *Reithmann*, Die Zweckerklärung bei der Grundschuld, WM **1985**, 441; *Rellenmeyer*, Objektive Bezugsgrößen für die Bewertung von Kreditsicherheiten, WM **1994**, 1009; *Riedel*, Abtretung und Verpfändung von Forderungen und anderen Rechten, 1982; *Robrecht*, Anforderungen an die Bestellung oder Abtretung von Grundpfandrechten zu Sicherungszwecken, DB **1996**, 313; *Rüchardt*, Handbuch des Hypothekarkredits, 3. Aufl 1993; *Sandkühler*, Bankrecht, 1992; *Schimansky/Bunte/Lwowski*, Bankrechts-Handbuch, 5. Aufl 2017; *Schmidt-Räntsch*, Das neue Grundbuchrecht, 1994; *Schmitz*, Die neue Rechtsprechung des Bundesgerichtshofes zu Hypothek und Grundschuld, WM **1991**, 1061; *Scholz*, Die Lohnabtretung als Sicherungsmittel im Konsumentenkredit, MDR **1990**, 193; *Schwintowski*, Bankrecht, 6. Aufl 2021; *Serick*, Eigentumsvorbehalt und Sicherungsübertragung, Bd I–IV, 1963–1986; *Serick*, Formularverträge und Mobiliarsicherheiten mit Freigabeklauseln in höchstrichterlicher Rechtsprechung, BB **1995**, 2013; *Siol*, Die neuere Rechtsprechung des Bundesgerichtshofes zu Hypothek und Grundschuld, WM **1996**, 2217; *Steppeler*, Die neuen Rechtsprechungsgrundsätze zur Lohnabtretung, WM **1989**, 1913; *Stöber*, Verpfändung des Eigentumübertragungsanspruchs und Grundbucheintragung, DNotZ **1985**, 587; *Thamm*, Kreditsicherungsvereinbarungen, 6. Aufl 1994; *Tiedtke*, Enge und weite Bürgschaftsverpflichtungen, ZIP **1994**, 1237; *Vortmann*, Raumsicherungsübereignung und Vermieterpfandrecht, ZIP **1988**, 626; *Wäger*, Umsatzsteuer bei der Verwertung von Kreditsicherheiten und Krediten, WM **2012**, 769; *Weber*, Kreditsicherheiten, 10. Aufl 2018; *Wäger*, Die Rechtsprechung des Bundesgerichtshofes zu Freigabeklauseln bei Kreditsicherheiten, WM **1994**, 1549; *Wäger*, Aktuelle BGH-Rechtsprechung zur Sicherheitenfreigabe und -verwertung, Die Bank **1997**, 101; *de Weerth*, Die Verwertung sicherungsübereigneter Gegenstände nach Inkrafttreten der Insolvenzreform im Blickwinkel des Umsatzsteuerrechts, BB 1994, 821; *Wenzel*, Die Auswirkungen des Registerverfahrensbeschleunigungsgesetzes (RegVBG) für den Grundpfandrechtsgläubiger, WM **1994**, 1269 und 1313; *Wiegand/Brunner*, Übersicherung und Freigabeanspruch, NJW **1995**, 2513.

a) Sicherungsübereignung

1. Sicherungsübereignung einzelner Sachen

Interne Angaben der Bank/Ablagehinweise

Sicherungsübereignung einzelner Sachen

Zwischen (nachstehend „Sicherungsgeber" genannt)

Name und Anschrift des Sicherungsgebers

und dem oben genannten Kreditinstitut (nachstehend „Bank" genannt) **wird folgendes vereinbart:**

1. Gegenstand der Sicherungsübereignung

(1) Der Sicherungsgeber übereignet der Bank hiermit die nachstehend aufgeführten / in der beigefügten Liste aufgeführten Gegenstände (nachstehend „Sicherungsgut" genannt):

Übereignete Gegenstände

(2) Das Sicherungsgut befindet sich an dem Standort:

Bezeichnung des Standorts

Der Sicherungsgeber wird der Bank jede Änderung des Standortes unverzüglich bekanntgeben.

2. Übertragung von Eigentum, Miteigentum, Anwartschaftsrecht

Soweit der Sicherungsgeber Eigentum oder Miteigentum an dem Sicherungsgut hat oder dieses künftig erwirbt, überträgt er der Bank das Eigentum oder Miteigentum. Soweit der Sicherungsgeber Anwartschaftsrechte auf Eigentumserwerb (aufschiebend bedingtes Eigentum) an den von seinen Lieferanten unter Eigentumsvorbehalt gelieferten Waren hat, überträgt er hiermit der Bank diese Anwartschaftsrechte.

3. Übergabeersatz

Die Übergabe des Sicherungsgutes an die Bank wird dadurch ersetzt, dass der Sicherungsgeber es für die Bank sorgfältig unentgeltlich verwahrt. Soweit Dritte unmittelbaren Besitz am Sicherungsgut erlangen, tritt der Sicherungsgeber bereits jetzt seine bestehenden und künftigen Herausgabeansprüche an die Bank ab.

4. Sicherungszweck

Die Übereignung und die Übertragung der sonstigen mit diesem Vertrag bestellten Rechte erfolgt

☐ zur **Sicherung der Ansprüche,** die der Bank **aus dem nachstehend bezeichneten Kreditvertrag** zustehen, und zwar auch dann, wenn die vereinbarte Laufzeit des Kredits verlängert wird. Sollte der Vertrag nichtig sein, wirksam angefochten, widerrufen oder aufgehoben werden oder aus sonstigen Gründen unwirksam oder nicht vollziehbar sein, so sind auch alle hieraus resultierenden vertraglichen und gesetzlichen Ansprüche der Bank gegen den Kreditnehmer gesichert.

Bezeichnung des Kreditvertrages, ggf. Name und Anschrift des Kreditnehmers, falls mit dem Sicherungsgeber nicht identisch

☐ zur **Sicherung aller bestehenden, künftigen und bedingten Ansprüche** der Bank mit ihren sämtlichen in- und ausländischen Geschäftsstellen **aus der bankmäßigen Geschäftsverbindung** gegen den Sicherungsgeber. Hat dieser die Haftung für Verbindlichkeiten eines anderen Kunden der Bank übernommen (z. B. als Bürge), so sichert die Übereignung die aus der Haftungsübernahme folgende Schuld erst ab deren Fälligkeit.

5. Ablösung von Eigentumsvorbehalten

Der Sicherungsgeber ist verpflichtet, einen etwa bestehenden Eigentumsvorbehalt durch Zahlung des Kaufpreises zum Erlöschen zu bringen. Die Bank ist befugt, eine Kaufpreisrestschuld des Sicherungsgebers an die Lieferanten zu zahlen.

6. Behandlung und Kennzeichnung des Sicherungsgutes

Der Sicherungsgeber hat das Sicherungsgut an seinem Standort zu belassen und sorgfältig zu behandeln. Zur Wahrung ihrer berechtigten Belange kann die Bank in einer ihr zweckmäßig erscheinenden Weise das Sicherungsgut als ihr Eigentum kennzeichnen. In den Unterlagen des Sicherungsgebers ist die Übereignung mit dem Namen der Bank kenntlich zu machen.

7. Versicherung des Sicherungsgutes

(1) Der Sicherungsgeber verpflichtet sich ferner, das Sicherungsgut für die Dauer der Übereignung in voller Höhe gegen die üblichen Gefahren und gegen diejenigen, gegen die der Bank Versicherungsschutz erforderlich erscheint, versichert zu halten. Alle daraus entstehenden gegenwärtigen und künftigen Ansprüche gegen die Versicherungsgesellschaft tritt der Sicherungsgeber hiermit an die Bank ab. Der Sicherungsgeber hat der Versicherungsgesellschaft davon Mitteilung zu machen, dass das Sicherungsgut Eigentum der Bank ist, dass sämtliche Rechte aus dem Versicherungsvertrag, soweit sie das Sicherungsgut betreffen, der Bank zustehen sowie dass die Bank nur in die Rechte und nicht in die Pflichten des Versicherungsvertrages eintritt mit der Maßgabe, dass der Sicherungsgeber zur Aufhebung der Versicherung ohne Zustimmung der Bank nicht berechtigt ist. Der Sicherungsgeber wird die Versicherungsgesellschaft ersuchen, der Bank einen entsprechenden Sicherungsschein zu übersenden.

(2) Kommt der Sicherungsgeber seiner Verpflichtung trotz Aufforderung nicht nach, kann die Bank eine Versicherung, die sie den Umständen nach für erforderlich halten darf, abschließen.

8. Gesetzliche Pfandrechte Dritter

Soweit gesetzliche Pfandrechte Dritter, z. B. Vermieter, Verpächter, Lagerhalter, an dem Sicherungsgut bestehen, hat der Sicherungsgeber auf Wunsch der Bank jeweils nach Fälligkeit des Mietzinses, Pachtzinses oder Lagergeldes deren Zahlung nachzuweisen. Wird dieser Nachweis nicht erbracht, ist die Bank befugt, zur Abwendung der Pfandrechte den Miet- oder Pachtzins oder das Lagergeld zu bezahlen.

9. Informationspflichten des Sicherungsgebers

(1) Der Sicherungsgeber hat der Bank unverzüglich anzuzeigen, wenn die Rechte der Bank an dem Sicherungsgut durch Pfändung oder sonstige Maßnahmen Dritter beeinträchtigt oder gefährdet werden sollten, und zwar unter Übersendung einer Abschrift des Pfändungsprotokolls sowie aller sonstigen zu einem Widerspruch gegen die Pfändung erforderlichen Schriftstücke. Außerdem hat der Sicherungsgeber den Pfändungsgläubiger oder sonstige Dritte unverzüglich in Textform von dem Eigentumsrecht der Bank in Kenntnis zu setzen.

1

(2) Auch von sonstigen das Sicherungsgut betreffenden Ereignissen, insbesondere von Schadensfällen, hat der Sicherungsgeber der Bank unverzüglich Mitteilung zu machen.

10. Prüfungsrecht der Bank

(1) Die Bank ist berechtigt, das Sicherungsgut an seinem Standort zu überprüfen oder durch ihre Beauftragten überprüfen zu lassen. Der Sicherungsgeber hat jede zu diesem Zweck erforderliche Auskunft zu erteilen und die betreffenden Unterlagen zur Einsicht vorzulegen.

(2) Soweit sich das Sicherungsgut in unmittelbarem Besitz Dritter (z. B. Lagerhalter) befindet, werden diese vom Sicherungsgeber hiermit angewiesen, der Bank Zutritt zum Sicherungsgut zu gewähren.

11. Herausgabe des Sicherungsgutes an die Bank

Die Bank ist zur Wahrung ihrer berechtigten Belange befugt, die Herausgabe des Sicherungsgutes zu verlangen, wenn der Sicherungsgeber erheblich gegen die Pflicht zur sorgfältigen Behandlung des Sicherungsgutes verstößt. Dies gilt auch, wenn der Sicherungsgeber seine Zahlungen eingestellt hat oder die Eröffnung eines gerichtlichen Insolvenzverfahrens über sein Vermögen beantragt worden ist. Die Bank darf die Herausgabe von Sicherungsgut ferner verlangen, wenn sie gemäß Nr. 12 Abs. 1 wegen des Zahlungsverzuges des Kreditnehmers zur Verwertung des Sicherungsgutes befugt ist.

12. Verwertungsrecht der Bank

(1) Die Bank ist berechtigt, das Sicherungsgut zu verwerten, wenn der Kreditnehmer mit fälligen Zahlungen auf die durch diesen Vertrag gesicherten Forderungen in Verzug ist. Die Bank wird das Sicherungsgut nur in dem Umfange verwerten, als dies zur Erfüllung der rückständigen Forderungen erforderlich ist.

(2) Die Verwertung wird die Bank dem Sicherungsgeber unter Fristsetzung in Textform androhen. Stellt der Abschluss dieses Vertrages für den Sicherungsgeber ein Handelsgeschäft dar, beträgt die Frist mindestens eine Woche. In allen übrigen Fällen beträgt sie einen Monat.

(3) Die Bank darf das Sicherungsgut auch durch freihändigen Verkauf im eigenen Namen oder im Namen des Sicherungsgebers veräußern. Sie wird auf die berechtigten Belange des Sicherungsgebers Rücksicht nehmen. Sie kann auch von dem Sicherungsgeber verlangen, dass dieser nach ihren Weisungen das Sicherungsgut bestmöglich verwertet oder bei der Verwertung mitwirkt. Der Sicherungsgeber hat alles bei der Verwertung des Sicherungsgutes Erlangte unverzüglich an die Bank herauszugeben.

(4) Nach Verwertung des Sicherungsgutes wird die Bank den ihr nach Abführung der Umsatzsteuer verbleibenden Erlös zur Abdeckung der gesicherten Ansprüche verwenden. Wenn der Verwertungsvorgang der Umsatzsteuer unterliegt, wird die Bank eine Gutschrift erteilen, die als Rechnung für die Lieferung der als Sicherheit dienenden Sache gilt und den Voraussetzungen des Umsatzsteuerrechts entspricht.

13. Nutzungsrecht

Nach Ablauf der in Nr. 12 Abs. 2 genannten Frist steht der Bank das Recht an den vom Sicherungsgeber aus dem Sicherungsgut gezogenen Nutzungen zu.

14. Rückübertragung, Sicherheitenfreigabe

(1) Nach Befriedigung ihrer durch diesen Vertrag gesicherten Ansprüche hat die Bank an den Sicherungsgeber die mit dieser Vereinbarung übertragenen Sicherheiten zurückzuübertragen und einen etwaigen Übererlös aus der Verwertung herauszugeben. Die Bank wird jedoch diese Sicherheiten an einen Dritten übertragen, falls sie hierzu verpflichtet ist.

(2) Die Bank ist schon vor vollständiger Befriedigung ihrer durch die Sicherungsübereignung gesicherten Ansprüche verpflichtet, auf Verlangen das ihr übertragene Sicherungsgut sowie auch etwaige andere ihr bestellte Sicherheiten (z.B. abgetretene Forderungen, Grundschulden) nach ihrer Wahl an den jeweiligen Sicherungsgeber ganz oder teilweise freizugeben, sofern der realisierbare Wert sämtlicher Sicherheiten

110%

der gesicherten Ansprüche der Bank nicht nur vorübergehend überschreitet. Sofern die Bank bei der Verwertung mit der Umsatzsteuer belastet wird, erhöht sich dieser Prozentsatz um den gesetzlichen Umsatzsteuersatz.

(3) Die Bank wird bei der Auswahl der freizugebenden Sicherheiten auf die berechtigten Belange des Sicherungsgebers und der Besteller zusätzlicher Sicherheiten Rücksicht nehmen.

15. Bewertung des Sicherungsgutes

Die Bank überprüft den Marktpreis des Sicherungsgutes mindestens einmal jährlich. Ist der Markt starken Schwankungen ausgesetzt, findet diese Überprüfung häufiger statt.

16. Rechtswirksamkeit

Sollte eine Bestimmung dieses Vertrages nicht rechtswirksam sein oder nicht durchgeführt werden, so wird dadurch die Gültigkeit des übrigen Vertragsinhaltes nicht berührt.

Ort, Datum, Unterschrift des Sicherungsgebers	
Ort, Datum, Unterschrift der Bank	

42.252 (04/17)

2

Anmerkungen

1. Zur Sicherungsübereignung als Kreditsicherheit allgemein: BuB/*Cartano* Rn 4/300 ff.; *Wittig* in: Lwowski/Fischer/Gehrlein (Hrsg.), Recht der Kreditsicherung, § 11 § 1 ff.; Schimansky/Bunte/Lwowski BankR-HdB/*Ganter*, § 95 Rn 20 ff; *Federlin* in: Kümpel/Mülbert/Früh/Seyfried, Bank- und Kapitalmarktrecht, Rn 8.441

2. Zur Wirksamkeit der Sicherungsübereignung ist die bestimmte Bezeichnung des Sicherungsguts erforderlich (BGH WM 1988, 346; WM 1991, 88; WM 1993, 2161; *Federlin* in: Bank-und Kapitalmarktrecht, Rn 8.474; die bloße Bestimmbarkeit genügt nicht (BGH WM 1961, 431; WM 1986, 594). Die bestimmte Bezeichnung ist nur dann gegeben, wenn allein anhand des Sicherungsübereignungsvertrags ein Dritter in der Lage ist, den sicherungsübereigneten Gegenstand aufgrund der im Vertrag vorhandenen Beschreibung eindeutig zu identifizieren (BGH WM 2008, 1442; *Fischer/Klindworth* in: Nobbe, Kommentar zum Kreditrecht, § 930 Rn 17). Die Bezeichnung einzelner Gegenstände kann durch die Angabe einer vom Hersteller ausgegebenen Maschinennummer oder durch eine, zwischen den Parteien vereinbarte und auch für Dritte eindeutig erkennbare Kennzeichnung/Markierung des Sicherungsguts erfolgen (*Wittig* in: Lwowski/Fischer/*Gehrlein*, Recht der Kreditsicherung, § 11, Rn 27).

3. Die Übertragung des Eigentums setzt Einigung und Übergabe voraus (§ 929 ff. BGB; BGH NJW 1979, 714; WM 1996, 1256; BuB/*Cartano* Rn 4/316 ff. mwN). Anwartschaftsrechte sind wie das Vollrecht zu übertragen (BGHZ 35, 85 = WM 1961, 668; WM 1979, 1306; NJW 1991, 353). Zum gutgläubigen Erwerb: Schimansky/Bunte/Lwowski BankR-HdB/*Ganter*, § 95 Rn 143 ff.

4. Die Übergabe kann durch Vereinbarung eines konkreten Besitzmittlungsverhältnisses erfolgen (§ 930 iVm § 868 BGB, BGH WM 1966, 94; WM 1979, 758; WM 1981, 405; *Fischer/Klindworth* in: Nobbe (Hrsg.), Kommentar zum Kreditrecht, § 930 BGB, Rn 3). Befindet sich das Sicherungsgut in unmittelbarem Besitz eines Dritten, wird regelmäßig der Herausgabeanspruch abgetreten (BGH WM 1964, 426; *Federlin* in: Kümpel/Mülbert/Früh/Seyfried, Bank- und Kapitalmarktrecht, Rn 8.456).

5. Das Formular eröffnet dem Verwender die Möglichkeit, einen engen oder einen weiten Sicherungszweck zu vereinbaren. Sind **Kreditnehmer und Sicherungsgeber nicht identisch**, darf regelmäßig nur der enge Sicherungszweck vereinbart werden, dh es dürfen nur Ansprüche gesichert werden, die den Anlass zu dem Abschluss des jeweiligen Sicherungsübereignungsvertrags gebildet haben (BGHZ 109, 197 = WM 1989, 1926; BGH WM 1991, 1748; WM 1992, 563 und 1648; WM 1994, 1242; WM 1995, 790; WM 1995, 1397; WM 1995, 1663; WM 1997, 1280, WM 2000, 1328; WM 2002, 1117). Auch Eheleute sind im Verhältnis zueinander wie Dritte zu behandeln (BGH WM 1994, 1242; WM 1997, 1280; WM 2001, 455; Schimansky/Bunte/Lwowski BankR-HdB/*Epp*, § 94 Rn 333; BuB/*Wenzel* 4/2300). **Trotz Nichtidentität** von Kreditnehmer und Sicherungsgeber ist die Vereinbarung eines weiten Sicherungszwecks **ausnahmsweise** zulässig, wenn der Sicherungsgeber selbst Einfluss auf die Entstehung künftiger Forderungen gegen den Dritten nehmen kann (BGH WM 1987, 586; WM 1992, 563; WM 2001, 455).

6. Sind **Kreditnehmer und Sicherungsgeber identisch**, ist die Vereinbarung des weiten Sicherungszwecks („ . . . . . **Sicherung aller bestehenden, künftigen und bedingten Ansprüche aus der bankmäßigen Geschäftsverbindung** . . . . .“) zulässig (BGHZ 106, 19 = WM 1989, 88; BGHZ 109, 197 = WM 1989, 1926; BGH WM 1990, 969; WM 1995, 790; WM 1997, 1280 und 1615). Zur Filialklausel BGH WM 1969, 1276; WM 1983, 926; Bamberg WM 1990, 1019. Zur bankmäßigen Geschäftsverbindung gehören alle

Forderungen, die in banküblicher Form. erworben werden, zB Ansprüche aus Darlehen, Zinsen, Kosten, Schecks, Wechsel (BGH WM 1981, 162, 519; WM 1987, 584; WM 1990, 8; WM 1991, 954). Bei einem weiten Sicherungszweck sind die Ansprüche, die dem Sicherungsnehmer aus der Rückabwicklung eines Darlehensvertrags im Falle des Rücktritts oder des Widerrufs gegen den Darlehensnehmer zustehen, ebenfalls mit besichert (so zur Grundschuld BGH WM 2003, 64). Ob bei einem engen Sicherungszweck etwaige Bereicherungs-, Rückgewähr- oder Herausgabeansprüche, die dem Sicherungsnehmer aufgrund der Nichtigkeit, der Anfechtung, des Widerrufs oder aus anderen Rechtsgründen zustehen, mitbesichert sind, ist höchstrichterlich nicht entschieden. Daher empfiehlt es sich, diese Ansprüche ausdrücklich in der Vereinbarung des engen Sicherungszwecks aufzunehmen.

7. Haftet der Sicherungsgeber persönlich gegenüber der Bank für die Verbindlichkeiten eines anderen Kunden (zB aufgrund einer Bürgschaft), besichert die Sicherungsübereignung diesen Anspruch der Bank erst, wenn dieser fällig ist. Diese Klausel entspricht im Wesentlichen Nr 14 Abs. 2 AGB-Banken/Nr 21 Abs. 3 AGB-Sparkassen. Der bankmäßigen Geschäftsverbindung nicht ohne weiteres zurechenbar sind Bürgschaftsübernahmen des Kunden für einen anderen Kunden der Bank. Die Ausweitung des Sicherungszwecks auch für diese Verbindlichkeiten gilt nur bei Identität von Kreditnehmer und Sicherungsgeber und erst ab Fälligkeit der durch die Bürgschaft gesicherten Verbindlichkeiten (BGH WM 1989, 129; WM 1990, 1910 = WuB I F 1a. – 6.1991 *Ott*; WM 1998, 2463).

8. Etwaige Eigentumsvorbehalte beeinträchtigen das Sicherungsgut, das nur unter engen Voraussetzungen gutgläubig erworben werden kann (BGH WM 1963, 1186; WM 1969, 175). Zahlt die Bank die restliche Kaufpreissumme, kann der Käufer/Sicherungsgeber nach § 267 Abs. 2 BGB bei übertragenem Anwartschaftsrecht nicht widersprechen (*Wittig* in: Lwowski/Fischer/Gehrlein, Anhang 1 zu § 11 Rn 7).

9. Im Hinblick auf die Vorrangigkeit gesetzlicher Pfandrechte des Vermieters, § 562 BGB, des Verpächters, § 583 BGB und des Lagerhalters, § 475b HGB (BGH WM 1972, 721; WM 1992, 600) kann die Bank den Nachweis der Zahlung von Mietzins, Pachtzins oder Lagergeld verlangen. Kommt der Sicherungsgeber seinen Nachweispflichten gegenüber der Bank oder seinen Zahlungspflichten gegenüber seinen Vertragspartnern nicht nach, kann die Bank auf seine Kosten die ausstehende Miete, Pacht oder das Lagergeld zahlen.

10. Der Sicherungsgeber hat die Bank zu unterrichten, wenn Dritte in das Sicherungsgut vollstrecken oder durch sonstige Maßnahmen das Sicherungsgut gefährden. Die Bank kann bei entsprechender Unterrichtung einer drohenden Verwertung durch Rechtsbehelfe, meist Drittwiderspruchsklage gemäß § 771 ZPO, entgegentreten (BGH WM 1988, 346; WM 1991, 353) und bei unrechtmäßiger Verwertung Schadensersatz verlangen (BGH WM 1972, 590; NJW 1992, 2014).

11. Verstößt der Sicherungsgeber erheblich gegen die Pflicht zur sorgfältigen Behandlung des Sicherungsguts, kann die Bank die Herausgabe (§ 985 BGB) oder bei abredewidriger Wegschaffung auch Zurückbringung verlangen (München WM 1984, 304; BGH WM 1976, 1192; DB 1981, 1925).

12. Bei Fälligkeit/Zahlungsverzug oder bei Vorliegen sonstiger wichtiger Gründe zur vorzeitigen Kündigung des Kredits kann die Bank das Sicherungsgut grundsätzlich selbst verwerten, sobald die gesicherte Forderung zur Rückzahlung fällig ist (BGH WM 1981, 150; WM 1984, 586; WM 1984, 1273; WM 1988, 1223; BuB/*Cartano* Rn 4/357 ff) und das Verwertungsrecht nicht zwischenzeitlich auf den Insolvenzverwalter übergegangen ist (§ 166 Abs. 1 InsO). Die Verwertung wird aufgrund vertraglicher Vereinbarung dem Schuldner bei Handelsgeschäften mit Wochenfrist (§ 368 HGB), ansonsten grundsätzlich mit Monatsfrist (§§ 1234, 1273 Abs. 2 BGB) angedroht. Mit der vertraglich vereinbarten vorherigen Androhung der Verwertung geht die Kreditpraxis über das rechtlich Gebotene hinaus. Die vorherige Androhung von Verwertungsmaßnahmen bei abstrakten Sicherheiten wurde von der Rechtsprechung bislang nur bei der Zession von Lohn- und Gehaltsansprüchen verlangt (BGH WM 1989, 1086). Bei der Sicherungsübereignung einzelner Gegenstände ist die Pflicht zur Verwertungsandrohung jedoch nicht Voraussetzung für die Wirksamkeit des Sicherungsvertrags (BGH WM 1994, 414).

13. Hinsichtlich der Art der Verwertung (öffentliche Versteigerung, freihändiger Verkauf, Selbstübernahme) ist die Bank frei (BGH WM 1962, 673; WM 1973, 366; WM 1985, 1117; WM 1990, 445), jedoch sind die Belange des Sicherungsgebers angemessen zu wahren (BGH WM 1972, 72; WM 1982, 480; WM 1991, 846). Das Sicherungsgut ist bestmöglich zu verwerten (BGH WM 1987, 853; WM 1997, 1474; WM 2000, 68).

14. Der Verwertungserlös ist auf die gesicherte Forderung zu verrechnen (BGH WM 1971, 1120; WM 1982, 329). Ein etwaiger Übererlös ist dem Sicherungsgeber auszukehren (*Federlin* in: Kümpel/Mülbert/Früh/Seyfried, Bank- und Kapitalmarktrecht, Rn 12.508). Die Verwertung von Sicherungseigentum unterliegt der Umsatzsteuer (§§ 1–3 UStG; BuB/*Cartano* Rn 4/527 ff.; *de Weerth*, BB 1999, 821; *de Weerth* in: Lwowski/Fischer/Gehrlein, § 19 Rn 1ff; *Wäger*, WM 2012, 769).

15. Die Freigabeklausel berücksichtigt die frühere Rechtsprechung zur Globalzession, wonach diese zu keiner unangemessenen Benachteiligung des Sicherungsgebers führen darf (BGH WM 1991, 1499; WM 1993, 213; WM 1994, 104; WM 1994, 1283; WM 1995, 695). Für die Wirksamkeit der Sicherheitenbestellung sind Regelungen zur Freigabe, Deckungsgrenze und Bewertung jedoch nicht erforderlich (BGH GS BGHZ 137, 212 = WM 1998, 227; *Schröter* WM 1997, 2193, BGH WM 1994, 414). Die im Formular dennoch enthaltene Freigabeklausel dient lediglich der Klarstellung, wann und unter welchen Voraussetzungen der Sicherungsgeber die Rückübertragung der Sicherheit verlangen kann.

2. Raumsicherungsübereignungsvertrag

	Interne Angaben der Bank/Ablagehinweise

Raumsicherungsübereignungsvertrag

Zwischen (nachstehend „Sicherungsgeber" genannt)

Name und Anschrift des Sicherungsgebers

und dem oben genannten Kreditinstitut (nachstehend „Bank" genannt) **wird Folgendes vereinbart:**

1. Gegenstand der Sicherungsübereignung

(1) Der Sicherungsgeber übereignet der Bank hiermit den gesamten jeweiligen Bestand an

Bezeichnung des Sicherungsgutes

der sich in

Beschreibung des Sicherungsgebietes

befindet und in Zukunft dorthin verbracht wird.

(2) Das Sicherungsgebiet ist in der beigefügten Lageskizze[1] wie folgt gekennzeichnet

Art der Kennzeichnung

Die Lageskizze bildet einen Bestandteil dieses Vertrages.

2. Übertragung von Eigentum, Miteigentum, Anwartschaftsrecht

Soweit der Sicherungsgeber Eigentum oder Miteigentum an dem Sicherungsgut hat oder diese künftig erwirbt, überträgt er der Bank das Eigentum oder Miteigentum. Soweit der Sicherungsgeber Anwartschaftsrechte auf Eigentumserwerb (aufschiebend bedingtes Eigentum) an den von seinen Lieferanten unter Eigentumsvorbehalt gelieferten Waren hat, überträgt er hiermit der Bank diese Anwartschaftsrechte. Eigentum, Miteigentum und Anwartschaftsrechte gehen mit Abschluss dieses Vertrages oder bei späterer Verbringung der Gegenstände in das Sicherungsgebiet zu diesem Zeitpunkt auf die Bank über.

3. Übergabeersatz

Die Übergabe des Sicherungsgutes an die Bank wird dadurch ersetzt, dass der Sicherungsgeber es für die Bank sorgfältig unentgeltlich verwahrt. Soweit Dritte unmittelbaren Besitz am Sicherungsgut erlangen, tritt der Sicherungsgeber bereits jetzt seine bestehenden und künftigen Herausgabeansprüche an die Bank ab.

4. Sicherungszweck

(1) Die Übereignung und die Übertragung der sonstigen mit diesem Vertrag bestellten Rechte erfolgt zur Sicherung aller bestehenden, künftigen und bedingten Ansprüche, die der Bank mit ihren sämtlichen in- und ausländischen Geschäftsstellen aus der bankmäßigen Geschäftsverbindung gegen

☐ den Sicherungsgeber oder

☐ den vom Sicherungsgeber verschiedenen Kreditnehmer

Name und Anschrift des Kreditnehmers

zustehen.

(2) Hat der Kreditnehmer die Haftung für Verbindlichkeiten eines anderen Kunden der Bank übernommen (z.B. als Bürge), so sichert die Übereignung die aus der Haftungsübernahme folgende Schuld erst ab deren Fälligkeit und nur dann, wenn der Kreditnehmer zugleich der Sicherungsgeber ist.

5. Bestandslisten

(1) Der Sicherungsgeber hat der Bank bei Abschluss des Vertrages und zu den mit der Bank vereinbarten Zeitpunkten, mindestens jedoch einmal jährlich, eine Bestandsliste über das an die Bank übertragene Sicherungsgut einzureichen. Zur Wahrung ihrer berechtigten Belange kann die Bank auch in kürzeren als den vereinbarten Zeitabständen und auch mehr als einmal jährlich die Übersendung von Bestandslisten verlangen. Die Bestandsliste hat Angaben über Art, Menge, Einkaufs- und Verkaufspreise zu enthalten.

(2) Der tatsächlich vorhandene Bestand ist auch dann übereignet, wenn die Bestandslisten unrichtig oder in irgendeiner Weise unvollständig sind.

(3) Sofern der Sicherungsgeber die Buchführung und/oder Datenverarbeitung von einem Dritten vornehmen lässt, wird die Bank hiermit ermächtigt, im eigenen Namen die Bestandslisten unmittelbar bei dem Dritten einzuholen.

6. Verfügung über das Sicherungsgut

Die Bank gestattet dem Sicherungsgeber, über das Sicherungsgut im Rahmen eines ordnungsgemäßen Geschäftsbetriebes zu verfügen.

7. Ablösung von Eigentumsvorbehalten

Der Sicherungsgeber ist verpflichtet, einen etwa bestehenden Eigentumsvorbehalt durch Zahlung des Kaufpreises zum Erlöschen zu bringen. Die Bank ist befugt, eine Kaufpreisrestschuld des Sicherungsgebers an die Lieferanten zu zahlen.

8. Behandlung und Kennzeichnung des Sicherungsgutes

Der Sicherungsgeber hat das Sicherungsgut vorbehaltlich der Verfügungsbefugnis gemäß Nr. 6 in dem Sicherungsgebiet zu belassen und es sorgfältig zu behandeln. Zur Wahrung ihrer berechtigten Belange kann die Bank in einer ihr zweckmäßig erscheinenden Weise das Sicherungsgut als ihr Eigentum kennzeichnen. In den Unterlagen des Sicherungsgebers ist die Übereignung mit dem Namen der Bank kenntlich zu machen.

9. Versicherung des Sicherungsgutes

(1) Der Sicherungsgeber verpflichtet sich ferner, das Sicherungsgut für die Dauer der Übereignung in voller Höhe gegen die üblichen Gefahren und gegen diejenigen, gegen die der Bank Versicherungsschutz erforderlich erscheint, versichert zu halten. Alle daraus entstehenden gegenwärtigen und künftigen Ansprüche gegen die Versicherungsgesellschaft tritt der Sicherungsgeber hiermit an die Bank ab. Der Sicherungsgeber hat der Versicherungsgesellschaft davon Mitteilung zu machen, dass das Sicherungsgut Eigentum der Bank ist, dass sämtliche Rechte aus dem Versicherungsvertrag, soweit sie das Sicherungsgut betreffen, der Bank zustehen sowie dass die Bank nur in die Rechte und nicht in die Pflichten des Versicherungsvertrages eintritt mit der Maßgabe, dass der Sicherungsgeber zur Aufhebung der Versicherung ohne Zustimmung der Bank nicht berechtigt ist. Der Sicherungsgeber wird die Versicherungsgesellschaft ersuchen, der Bank einen entsprechenden Sicherungsschein zu übersenden.

(2) Kommt der Sicherungsgeber seiner Verpflichtung trotz Aufforderung nicht nach, kann die Bank eine Versicherung, die sie den Umständen nach für erforderlich halten darf, abschließen.

10. Gesetzliche Pfandrechte Dritter

Soweit gesetzliche Pfandrechte Dritter, z.B. Vermieter, Verpächter, Lagerhalter, an dem Sicherungsgut bestehen, hat der Sicherungsgeber auf Wunsch der Bank jeweils nach Fälligkeit des Mietzinses, Pachtzinses oder Lagergeldes deren Zahlung nachzuweisen. Wird dieser Nachweis nicht erbracht, ist die Bank befugt, zur Abwendung der Pfandrechte den Miet- oder Pachtzins oder das Lagergeld zu bezahlen.

[1] Hier folgt die nähere Kennzeichnung, also z.B. „rot schraffiert".

1

11. Informationspflichten des Sicherungsgebers

(1) Der Sicherungsgeber hat der Bank unverzüglich anzuzeigen, wenn die Rechte der Bank an dem Sicherungsgut durch Pfändung oder sonstige Maßnahmen Dritter beeinträchtigt oder gefährdet werden sollten, und zwar unter Übersendung einer Abschrift des Pfändungsprotokolls sowie aller sonstigen zu einem Widerspruch gegen die Pfändung erforderlichen Schriftstücke. Außerdem hat der Sicherungsgeber den Pfändungsgläubiger oder sonstige Dritte unverzüglich in Textform von dem Eigentumsrecht der Bank in Kenntnis zu setzen.

(2) Auch von sonstigen das Sicherungsgut betreffenden Ereignissen, insbesondere von Schadensfällen, hat der Sicherungsgeber der Bank unverzüglich Mitteilung zu machen.

12. Prüfungsrecht der Bank

(1) Die Bank ist berechtigt, das Sicherungsgut am jeweiligen Lagerort zu überprüfen oder durch ihre Beauftragten überprüfen zu lassen. Der Sicherungsgeber hat jede zu diesem Zweck erforderliche Auskunft zu erteilen und die betreffenden Unterlagen zur Einsicht vorzulegen.

(2) Soweit sich das Sicherungsgut in unmittelbarem Besitz Dritter (z.B. Lagerhalter) befindet, werden diese vom Sicherungsgeber hiermit angewiesen, der Bank Zutritt zum Sicherungsgut zu gewähren.

13. Herausgabe des Sicherungsgutes an die Bank

Die Bank ist zur Wahrung ihrer berechtigten Belange befugt, die Verfügungsbefugnis zu widerrufen und die Herausgabe des Sicherungsgutes zu verlangen, wenn der Sicherungsgeber erheblich gegen die Pflicht zur sorgfältigen Behandlung des Sicherungsgutes verstößt oder aber über das Sicherungsgut Verfügungen trifft, die nicht im Rahmen eines ordnungsgemäßen Geschäftsbetriebes liegen. Dies gilt auch, wenn der Sicherungsgeber seine Zahlungen eingestellt hat oder die Eröffnung eines gerichtlichen Insolvenzverfahrens über sein Vermögen beantragt worden ist. Die Bank darf die Herausgabe von Sicherungsgut ferner verlangen, wenn sie gemäß Nr. 14 Abs. 1 wegen des Zahlungsverzuges des Kreditnehmers zur Verwertung des Sicherungsgutes befugt ist.

14. Verwertungsrecht der Bank

(1) Die Bank ist berechtigt, das Sicherungsgut zu verwerten, wenn der Kreditnehmer mit fälligen Zahlungen auf die durch diesen Vertrag gesicherten Forderungen in Verzug ist. Die Bank wird das Sicherungsgut nur in dem Umfange verwerten, als dies zur Erfüllung der rückständigen Forderungen erforderlich ist.

(2) Die Verwertung wird die Bank dem Sicherungsgeber unter Fristsetzung in Textform androhen. Stellt der Abschluss dieses Vertrages für den Sicherungsgeber ein Handelsgeschäft dar, beträgt die Frist mindestens eine Woche. In allen übrigen Fällen beträgt sie einen Monat.

(3) Die Bank darf das Sicherungsgut auch durch freihändigen Verkauf im eigenen Namen oder im Namen des Sicherungsgebers veräußern. Sie wird auf die berechtigten Belange des Sicherungsgebers Rücksicht nehmen. Sie kann auch von dem Sicherungsgeber verlangen, dass dieser nach ihren Weisungen das Sicherungsgut bestmöglich verwertet oder bei der Verwertung mitwirkt. Der Sicherungsgeber hat alles bei der Verwertung des Sicherungsgutes Erlangte unverzüglich an die Bank herauszugeben.

(4) Nach Verwertung des Sicherungsgutes wird die Bank den ihr nach Abführung der Umsatzsteuer verbleibenden Erlös zur Abdeckung der gesicherten Ansprüche verwenden. Wenn der Verwertungsvorgang der Umsatzsteuer unterliegt, wird die Bank eine Gutschrift erteilen, die als Rechnung für die Lieferung der als Sicherheit dienenden Sache gilt und den Voraussetzungen des Umsatzsteuerrechts entspricht.

15. Nutzungsrecht

Nach Ablauf der in Nr. 14 Abs. 2 genannten Frist steht der Bank das Recht an den vom Sicherungsgeber aus dem Sicherungsgut gezogenen Nutzungen zu.

16. Rückübertragung, Sicherheitenfreigabe

(1) Nach Befriedigung ihrer durch diesen Vertrag gesicherten Ansprüche hat die Bank an den Sicherungsgeber die mit dieser Vereinbarung übertragenen Sicherheiten zurückzuübertragen und einen etwaigen Übererlös aus der Verwertung herauszugeben. Die Bank wird jedoch diese Sicherheiten an einen Dritten übertragen, falls sie hierzu verpflichtet ist.

(2) Die Bank ist schon vor vollständiger Befriedigung ihrer durch die Sicherungsübereignung gesicherten Ansprüche verpflichtet, auf Verlangen das ihr übertragene Sicherungsgut sowie auch etwaige andere ihr bestellte Sicherheiten (z.B. abgetretene Forderungen, Grundschulden) nach ihrer Wahl an den jeweiligen Sicherungsgeber ganz oder teilweise freizugeben, sofern der realisierbare Wert sämtlicher Sicherheiten

110%

der gesicherten Ansprüche der Bank nicht nur vorübergehend überschreitet. Sofern die Bank bei der Verwertung mit der Umsatzsteuer belastet wird, erhöht sich dieser Prozentsatz um den gesetzlichen Umsatzsteuersatz.

(3) Die Bank wird bei der Auswahl der freizugebenden Sicherheiten auf die berechtigten Belange des Sicherungsgebers und der Besteller zusätzlicher Sicherheiten Rücksicht nehmen.

17. Bewertung des Sicherungsgutes

(1) Soweit keine abweichende Vereinbarung getroffen worden ist, wird der realisierbare Wert des Sicherungsgutes wie folgt ermittelt: Maßgeblich ist

- der Marktpreis im Zeitpunkt des Freigabeverlangens, bei Fehlen eines solchen,
- der Einkaufspreis für Sicherungsgut, das vom Sicherungsgeber gekauft worden ist,
- der Herstellungspreis für Sicherungsgut, das vom Sicherungsgeber selbst hergestellt oder be- oder verarbeitet worden ist.

(2) Von dem vorstehend festgestellten Wert wird zunächst der Wert derjenigen Sicherungsgüter abgezogen, an denen ein Dritter ein vorrangiges Sicherungsrecht (z.B. Eigentumsvorbehalt, Sicherungsübereignung, Pfandrecht) hat, jedoch nur in Höhe der gesicherten Ansprüche des jeweiligen Gläubigers.

(3) Von dem gemäß Absatz 2 ermittelten Wert wird ein Sicherungsabschlag wegen möglicher Mindererlöse (z.B. bei Zwangsverkauf, veraltetem Sicherungsgut) vorgenommen, dessen Höhe erst im Zeitpunkt des Freigabeverlangens ermittelt werden kann.

(4) Die Bank überprüft den Marktpreis des Sicherungsgutes mindestens einmal jährlich. Ist der Markt starken Schwankungen ausgesetzt, findet diese Überprüfung häufiger statt.

18. Verarbeitungsbefugnis

(1) Vorbehaltlich des aus wichtigem Grund zulässigen Widerrufs gestattet die Bank dem Sicherungsgeber, das Sicherungsgut in eigenen oder fremden Betrieben zu ver- oder bearbeiten. Die Ver- oder Bearbeitung erfolgt unentgeltlich im Auftrag der Bank derart, dass die Bank in jedem Zeitpunkt und in jedem Grade der Ver- oder Bearbeitung das Eigentum, Miteigentum oder Anwartschaftsrecht an den Erzeugnissen behält oder erwirbt.

(2) Sollte trotzdem bei der Ver- oder Bearbeitung das Eigentum, Miteigentum oder Anwartschaftsrecht der Bank an dem Sicherungsgut untergehen, so sind sich Bank und Sicherungsgeber einig, dass das Eigentum, Miteigentum oder Anwartschaftsrecht an den neuen Sachen auf die Bank in dem Zeitpunkt übergeht, in dem der Sicherungsgeber diese Rechte erwirbt. Die Übergabe an die Bank wird dadurch ersetzt, dass der Sicherungsgeber die neuen Sachen für die Bank sorgfältig unentgeltlich verwahrt. Soweit Dritte Besitzer der neuen Sachen sind oder werden, tritt der Sicherungsgeber hiermit seine bestehenden und künftigen Herausgabeansprüche an die Bank ab.

19. Rechtswirksamkeit

Sollte eine Bestimmung dieses Vertrages nicht rechtswirksam sein oder nicht durchgeführt werden, so wird dadurch die Gültigkeit des übrigen Vertragsinhaltes nicht berührt.

Ort, Datum, Unterschrift des Sicherungsgebers	
Ort, Datum, Unterschrift der Bank	

42.254 (04/17)

2

Anmerkungen

1. Zu Raumsicherungsverträgen allgemein *Serick*, Eigentumsvorbehalt und Sicherungsübertragung, Bd II 1965, § 21 III 2 a; *Wittig* in: Lwowski/Fischer/Gehrlein, Recht der Kreditsicherung, § 11 Rn. 28 ff.; Rn 557 ff.; BuB/*Cartano* Rn 4/374 ff.; Schimansky/Bunte/Lwowski BankR-HdB/*Ganter*, § 95 Rn 96 ff.; *Federlin* in: Bank- und Kapitalmarkrecht, Rn. 8.441ff) zur Übereignung von Warenlagern mit Praxisbeispielen s *Fischer/Klindworth* in: Nobbe, Kommentar zum Kreditrecht, § 930, Rn 19 ff.

2. Die Übereignung von Warenlagern ist zulässig (BGH WM 1965, 1248). Der Grundsatz der Bestimmtheit des Sicherungsguts ist besonders zu beachten (BGHZ 73, 253; BGH NJW 1984, 803; NJW 1986, 1985; NJW 1992, 1161; ZIP 1995, 1078). Bestimmtheit liegt vor, wenn es infolge der Wahl einfacher äußerer Abgrenzungskriterien für jeden, der die Parteiabreden in dem für den Eigentumsübergang vereinbarten Zeitpunkt kennt, ohne Weiteres ersichtlich ist, welche individuell bestimmten Sachen übereignet worden sind (BGH NJW 1992, 1161; WM 2008, 1441). Bei der Sicherungsübereignung eines Warenlagers (in der Regel mit wechselndem Bestand) mittels Raumsicherungsübereignungsvertrags, werden die einzelnen Gegenstände, durch eine so genannte „All-Formel" hinreichend konkretisiert; es folgt daraus, dass sich die Übereignung auf sämtliche, in dem Lager vorhandenen Waren erstreckt (BGH NJW 1994, 133; WM 2008, 1141). Die Übereignung aller in bestimmten Räumen befindlichen Sachen ist möglich (BGH WM 1983, 1409 = NJW 1984, 803; Köln WM 1985, 119), setzt aber die konkrete Kennzeichnung des Sicherungsraums voraus. Der „Vollzug der Sonderung" muss durch räumliche Zuordnung oder bestimmte äußere Merkmale offenkundig sein (BGH WM 1988, 346; OLG Düsseldorf, WM 2012, 1715).

3. Das **Sicherungsgebiet** ist genau zu bezeichnen (BGH WM 1958, 891; WM 1962, 740; München WM 1986, 1521) und erfolgt in der Praxis regelmäßig durch Kennzeichnung des konkreten Raums in einem Grundriss, der dem Vertrag als Bestandteil des Vertrags hinzugefügt wird. Die einseitige Bestimmung des Sicherungsgebietes durch den Sicherungsgeber ist generell zulässig (BGH WM 1960, 1223).

4. Mit dem Raumsicherungsvertrag wird das sich in dem Sicherungsgebiet bei Vertragsabschluss befindende und das in Zukunft dorthin verbrachte Sicherungsgut übereignet. Mit der späteren Einbringung in das Sicherungsgebiet erwirbt die Bank unmittelbar das Eigentum an dem künftigen Sicherungsgut zum Zeitpunkt der Einbringung (BGH WM 1959, 52; WM 1962, 740; WM 1965, 1248; NJW 1991, 2144). Zum gutgläubigen Erwerb: Schimansky/Bunte/Lwowski BankR-HdB/*Ganter,* § 95 Rn 143 ff).

5. Mit der Übertragung der Anwartschaftsrechte unterfallen auch Waren, die unter **Eigentumsvorbehalt** der Lieferanten in das Sicherungsgebiet geliefert wurden, dem Sicherungseigentum der Bank (BGH WM 1986, 594; NJW 1991, 353).

6. Die körperliche Übergabe des Sicherungsguts an die Bank erfolgt bei der Sicherungsübereignung regelmäßig nicht, sie wird durch die Vereinbarung eines konkreten Besitzmittlungsverhältnisses ersetzt (§ 930 iVm § 868 BGB, BGH WM 1961, 1046; WM 1966, 94; WM 1979, 758; WM 1981, 405; WM 1989, 1393). Die Abtretung von Herausgabeansprüchen gegen einen Dritten, der im unmittelbaren Besitz des Sicherungsguts ist, ist zulässig (BGH WM 1964, 426).

7. Die Vereinbarung des weiten Sicherungszwecks („ … **Sicherung aller bestehenden, künftigen und bedingten Ansprüche aus der bankmäßigen Geschäftsverbindung**") ist grundsätzlich nur zulässig, wenn **Kreditnehmer und Sicherungsgeber identisch** sind (BGHZ 106, 19 = WM 1989, 88; BGHZ 109, 197 = WM 1989, 1926; BGH WM 1990,

969; WM 1995, 790; WM 1997, 1280 und 1615, WM 2000, 1328; WM 2002, 1117). Auch **bei Nichtidentität** von Kreditnehmer und Sicherungsgeber ist die Vereinbarung des weiten Sicherungszwecks ausnahmsweise zulässig, wenn der Sicherungsgeber selbst Einfluss auf die Entstehung künftiger Forderungen nehmen kann (BGH WM 1987, 586; WM 1992, 563, WM 2001, 455). Zur Filialklausel BGH WM 1969, 1276; WM 1983, 926; Bamberg WM 1990, 1019. Zur bankmäßigen Geschäftsverbindung gehören alle Forderungen, die in banküblicher Form. erworben werden, zB Ansprüche aus Darlehen, Zinsen, Kosten, Schecks, Wechsel (BGH WM 1981, 162, 519; WM 1987, 584; WM 1990, 8; WM 1991, 954).

8. Der bankmäßigen Geschäftsverbindung nicht ohne Weiteres zurechenbar sind dagegen Bürgschaftsübernahmen des Sicherungsgebers für einen anderen Kunden der Bank. Die Ausweitung des Sicherungszwecks auch für diese Verbindlichkeiten gilt nur bei Identität von Kreditnehmer und Sicherungsgeber und erst ab Fälligkeit der durch die Bürgschaft gesicherten Verbindlichkeiten (BGH WM 1990, 1910; WM 1998, 2463).

9. Die **Bestandslisten** sind für die Konkretisierung des Sicherungsguts häufig unerlässlich (BGH WM 1961, 431; *Serick,* Eigentumsvorbehalt und Sicherungsübertragung, Bd II, 1965, § 21 III 2 e), dienen aber primär zur Bestimmung des Sicherheitenwerts des Sicherungsguts.

10. Bei dem mit einem Raumsicherungsübereignungsvertrag übereigneten Sicherungsgut handelt es sich häufig um das kreditfinanzierte Umlaufvermögen (zB Warenlager) des Sicherungsgebers. Dem Sicherungsgeber wird daher die Verfügungsbefugnis über das Sicherungsgut als Nichtberechtigter (§ 185 Abs. 1 BGB) vertraglich eingeräumt (*Federlin* in: Kümpel/Mülbert/Früh/Seyfried, Bank- und Kapitalmarktrecht, Rn. 8.480). Zulässig sind aber nur Verfügungen im Rahmen eines ordnungsmäßigen Geschäftsbetriebes (BGH WM 1988, 740 = NJW 1988, 1774). Unzulässig ist die anderweitige Übereignung (BGH WM 1966, 1327; BGH ZIP 1988, 1534).

11. Etwaige Eigentumsvorbehalte beeinträchtigen das Sicherungsgut, das nur unter engen Voraussetzungen gutgläubig erworben werden kann (BGH WM 1963, 1186; WM 1969, 175). Zahlt die Bank die restliche Kaufpreissumme, kann der Käufer/Sicherungsgeber nach § 267 Abs. 2 BGB bei übertragenem Anwartschaftsrecht nicht widersprechen *Wittig* in: Lwowski/Fischer/Gehrlein, Anhang 1 zu § 11 Rn 7).

12. In der möglichen Kennzeichnung liegt das von der Rechtsprechung zur Individualisierung geforderte „einfache, nach außen erkennbare Geschehen“ (BGH WM 1962, 740; WM 1965, 1248).

13. Im Hinblick auf die Vorrangigkeit gesetzlicher Pfandrechte Dritter (BGH WM 1972, 721; WM 1992, 600), wie die des Vermieters (§ 562 BGB), des Verpächters (§ 583 BGB) und des Lagerhalters (§ 475b HGB) kann die Bank den Nachweis der Zahlung von Mietzins, Pachtzins oder Lagergeld verlangen.

14. Mit der vertraglichen Pflicht des Sicherungsgebers, die Bank über etwaige Gefährdungen und Beeinträchtigungen durch Maßnahmen Dritter zu unterrichten, kann die Bank einer drohenden Verwertung durch Rechtsbehelfe, meist **Drittwiderspruchsklage** gemäß § 771 ZPO, entgegentreten (BGH WM 1987, 539; WM 1988, 346; WM 1991, 353) und bei unrechtmäßiger Verwertung Schadensersatz verlangen (BGH WM 1971, 16; WM 1972, 590; NJW 1992, 2014).

15. Verstößt der Sicherungsgeber erheblich gegen die Pflicht zur sorgfältigen Behandlung des Sicherungsguts, kann die Bank die Herausgabe (§ 985 BGB) oder bei abredewidriger Wegschaffung auch Zurückbringung verlangen (München WM 1984, 304; BGH

WM 1976, 1192; DB 1981, 1925). Durch die Entfernung des Sicherungsguts aus den Sicherungsräumen geht das einmal begründete Sicherungseigentum nicht unter.

16. Bei Vorliegen der genannten Voraussetzungen – nämlich Fälligkeit der gesicherten Ansprüche und Zahlungsverzug – ist die Bank zur Verwertung berechtigt (BGH WM 1984, 586, 1273; WM 1988, 1223; BuB/*Cartano* Rn 4/448). Zur Verwertung ist die Bank nicht mehr berechtigt, wenn das Verwertungsrecht auf den Insolvenzverwalter kraft Gesetzes übergegangen ist (§ 166 InsO).

17. Die Verwertung wird aufgrund vertraglicher Vereinbarung dem Schuldner bei Handelsgeschäften mit Wochenfrist (vgl. § 368 HGB), ansonsten grundsätzlich mit Monatsfrist (vgl. §§ 1234, 1273 Abs. 2 BGB) angedroht. Die vertraglich vereinbarte Verwertungsandrohung unter Androhung einer Frist ist für die Rechtswirksamkeit des Raumsicherungsvertrags nicht erforderlich (BGH WM 1994, 414).

18. Hinsichtlich der Art der Verwertung (öffentliche Versteigerung, freihändiger Verkauf, Selbstübernahme) ist die Bank frei (BGH WM 1962, 673; WM 1973, 366 = NJW 1973, 246; WM 1985, 1117; WM 1990, 445), jedoch sind die Belange des Sicherungsgebers angemessen zu wahren (BGH WM 1967, 343; WM 1972, 72; WM 1982, 480; WM 1991, 846). Das Sicherungsgut ist bestmöglich zu verwerten (BGH WM 1987, 853 = NJW-RR 1987, 1291; WM 1997, 1474; WM 2000, 68).

19. Der Verwertungserlös ist auf die gesicherte Forderung zu verrechnen (BGH WM 1982, 329) und unter Berücksichtigung der Sicherungsabrede alsbald zur Tilgung der gesicherten Verbindlichkeiten zu verwenden (*Federlin* in: Kümpel/Mülbert/Früh/Seyfried, Bank- und Kapitalmarktrecht, Rn 8.507). Ein etwaiger Übererlös ist dem Sicherungsgeber auszukehren (*Federlin* in: Kümpel/Mülbert/Früh/Seyfried, Bank- und Kapitalmarktrecht, Rn. 8.508). Die Verwertung von Sicherungseigentum unterliegt der Umsatzsteuer (§§ 1–3 UStG; BuB/*Cartano* Rn 4/527 ff.; *de Weerth*, BB 1999, 821; *de Weerth* in: Lwowski/Fischer/Gehrlein, § 19 Rn 1ff).

20. Obwohl für die Wirksamkeit des Raumsicherungsübereignungsvertrags nicht erforderlich (BGH GS BGHZ 137, 212 = WM 1998, 227; *Schröter* WM 1997, 2193), sind Regelungen zur Freigabe, Deckungsgrenze und Bewertung im Formularvertrag enthalten. Diese dienen der Transparenz über die bestehende Rechtslage und geben den Vertragsparteien Aufschluss darüber, wann und in welchem Umfang der Sicherungsgeber die Rückübertragung bzw. Freigabe des Sicherungsguts verlangen kann.

21. Mit Rücksicht auf die Freigaberegelung in Nr 15 wird in Nr 16 die Ermittlung des realisierbaren Wertes aller Sicherheiten festgelegt (BGH WM 1992, 813; WM 1994, 414; WM 1994, 419). Maßgeblich ist zunächst der Händlereinkaufspreis (BGH WM 1991, 88) oder der Gestehungspreis für das Sicherungsgut, das vom Sicherungsgeber selbst hergestellt, be- oder verarbeitet worden ist (BGH WM 1995, 1394 = WuB I F 5.–6.95 *Eckert*).

22. Die Verarbeitungsklausel ist generell zulässig (BGH WM 1956, 527; WM 1966, 1219; WM 1972, 188). Bei bestimmten Produkten wird die Bank dem Sicherungsgeber die Verarbeitung gestatten (BuB/*Cartano* Rn 4/337 ff. mwN; *Wittig* in: Lwowski/Fischer/Gehrlein, Anhang 2 zu § 11 Rn 20).

b) Sicherungsabtretung (Zession)

3. Globalzessionsvertrag

Globalzessionsvertrag

Zwischen (nachstehend „Sicherungsgeber" genannt)

Name, Firma und Anschrift des Sicherungsgebers

und dem oben genannten Kreditinstitut (nachstehend „Bank" genannt) **wird Folgendes vereinbart:**

1. Gegenstand der Abtretung

(1) Der Sicherungsgeber tritt hiermit an die Bank seine sämtlichen bestehenden und künftigen Forderungen ab

- aus Warenlieferungen und Leistungen
- sowie aus

Bezeichnung des Rechtsverhältnisses

gegen

a) Name/Firma des Drittschuldners

b) alle Schuldner des Sicherungsgebers mit den Anfangsbuchstaben

von bis einschließlich

(2) Für die Feststellung der Anfangsbuchstaben ist maßgebend

- bei Nichtkaufleuten, Einzelfirmen, Personengesellschaften und sonstigen Drittschuldnern, deren Name (Firmenbezeichnung) aus Personennamen besteht oder mit solchen beginnt, der erste Familienname (nicht Vorname, Adelsbezeichnung, Zusatz wie Gebrüder usw.),
- bei allen anderen Drittschuldnern das erste Wort der Firmenbezeichnung oder sonstigen Bezeichnung.

2. Zeitpunkt des Übergangs der Forderung

Die gegenwärtigen Forderungen gehen mit Abschluss dieses Vertrages, alle künftig entstehenden Forderungen jeweils mit ihrer Entstehung auf die Bank über.

3. Sicherungszweck

(1) Die Abtretung erfolgt zur Sicherung **aller bestehenden, künftigen und bedingten Ansprüche,** die der Bank mit ihren sämtlichen in- und ausländischen Geschäftsstellen **aus der bankmäßigen Geschäftsverbindung** gegen

☐ den Sicherungsgeber oder

☐ den vom Sicherungsgeber verschiedenen Kreditnehmer

Name und Anschrift des Kreditnehmers

zustehen.

(2) Hat der Kreditnehmer die Haftung für Verbindlichkeiten eines anderen Kunden der Bank übernommen (z.B. als Bürge), so sichert die Abtretung die aus der Haftungsübernahme folgende Schuld erst ab deren Fälligkeit und nur, wenn der Kreditnehmer zugleich der Sicherungsgeber ist.

4. Bestandslisten

(1) Der Sicherungsgeber hat der Bank zu den mit der Bank vereinbarten Zeitpunkten, mindestens jedoch einmal jährlich eine Bestandsliste über die an die Bank abgetretenen, noch ausstehenden Forderungen einzureichen. Zur Wahrung ihrer berechtigten Belange kann die Bank auch in kürzeren als den vereinbarten Zeitabständen und auch mehr als einmal jährlich die Übersendung von Bestandslisten verlangen. Aus der Bestandsliste sollen, soweit nichts anderes vereinbart wird, Namen und Anschriften der Drittschuldner, Betrag sowie Rechnungs- und Fälligkeitstag ersichtlich sein. Ferner muss zu jedem Drittschuldner mitgeteilt werden, ob ein Kontokorrentverhältnis mit ihm besteht oder nicht.

(2) Die nach Nr. 1 dieses Vertrages abgetretenen Forderungen stehen der Bank auch dann zu, wenn sie aus irgendeinem Grunde nicht oder nicht in voller Höhe in den der Bank eingereichten Listen verzeichnet sein sollten.

(3) Sofern der Sicherungsgeber die Buchführung und/oder Datenverarbeitung von einem Dritten vornehmen lässt, wird die Bank hiermit ermächtigt, im eigenen Namen auf Kosten des Sicherungsgebers die Bestandslisten unmittelbar bei dem Dritten einzuholen.

5. Abtretung von Ansprüchen aus einem Kontokorrentverhältnis

Besteht zwischen dem Sicherungsgeber und den Drittschuldnern ein echtes oder unechtes Kontokorrentverhältnis oder wird später ein solches begründet, so tritt er hiermit an die Bank zusätzlich die Forderungen aus gezogenen oder in Zukunft zu ziehenden Salden, das Recht auf Feststellung des gegenwärtigen Saldos sowie das Recht auf Kündigung des Kontokorrents ab.

6. Übergang von Rechten und Sicherheiten

(1) Mit den abgetretenen Forderungen gehen die Rechte aus den zugrunde liegenden Rechtsgeschäften auf die Bank über. Soweit für die abgetretenen Forderungen Sicherheiten bestellt sind, die nicht schon kraft Gesetzes auf die Bank übergehen, kann die Bank deren Übertragung auf sich verlangen.

(2) Besteht für eine abgetretene Forderung eine Versicherung oder wird sie später versichert, so umfasst die Abtretung auch die Versicherungsansprüche. Der Sicherungsgeber hat der Bank auf ihre Anforderung Abtretungsanzeigen auszuhändigen. Die Bank ist berechtigt, die Abtretung dem Kreditversicherer anzuzeigen.

7. Blankobenachrichtigungsschreiben

Der Sicherungsgeber hat der Bank auf ihre Anforderung Blankobenachrichtigungsschreiben zur Unterrichtung der Drittschuldner über die Abtretung auszuhändigen. Die Bank ist berechtigt, vom Sicherungsgeber unterschriebene Blankobenachrichtigungsschreiben zu vervielfältigen.

8. Verkauf der Forderungen

Der Verkauf der an die Bank abgetretenen Forderungen im Rahmen eines echten Factoring-Geschäftes bedarf der vorherigen Zustimmung der Bank in Textform.

9. Einziehung der Forderungen durch den Sicherungsgeber, Abtretung der Ansprüche aus Schecks und Wechseln

Dem Sicherungsgeber ist es gestattet, die an die Bank abgetretenen Forderungen im Rahmen eines ordnungsgemäßen Geschäftsbetriebes einzuziehen. Wenn der Sicherungsgeber zur Bezahlung der der Bank abgetretenen Forderungen Schecks oder Wechsel

1

erhält, tritt der Sicherungsgeber die ihm daraus zustehenden Ansprüche schon jetzt im Voraus sicherungshalber an die Bank ab. Die Bank kann zur Wahrung ihrer berechtigten Belange die Einziehungsbefugnis beschränken oder für die Einziehung Auflagen erteilen.

10. Einziehung der Forderungen durch die Bank

(1) Wenn der Kreditnehmer mit fälligen Zahlungen auf die durch diesen Vertrag gesicherten Forderungen in Verzug ist, seine Zahlungen eingestellt hat oder die Eröffnung eines gerichtlichen Insolvenzverfahrens über sein Vermögen beantragt worden ist, ist die Bank berechtigt, die Einziehungsbefugnis zu widerrufen und die Forderungsabtretung auch im Namen des Sicherungsgebers gegenüber den jeweiligen Drittschuldnern offen zu legen und die Forderungen einzuziehen. Diese Maßnahmen wird die Bank nur in dem Umfange ergreifen, als es zur Erfüllung der rückständigen Forderungen erforderlich ist.

(2) Die Offenlegung der Forderungsabtretung und die Einziehung der Forderungen wird die Bank dem Sicherungsgeber unter Fristsetzung in Textform androhen. Stellt der Abschluss dieses Vertrages für den Sicherungsgeber ein Handelsgeschäft dar, beträgt die Frist mindestens eine Woche. In allen übrigen Fällen beträgt sie einen Monat.

(3) Erlischt die Einziehungsbefugnis des Sicherungsgebers, so kann die Bank die Aushändigung aller Unterlagen über die abgetretenen Forderungen verlangen.

(4) Wenn die Bank Forderungen selbst einzieht, darf sie alle Maßnahmen- und Vereinbarungen mit den Drittschuldnern treffen, die zur Realisierung der Forderungen erforderlich sind, insbesondere Stundungen und Nachlässe gewähren und Vergleiche abschließen.

(5) Der Sicherungsgeber wird auf Verlangen der Bank für diese die Forderungen einziehen.

11. Rechte von Vorbehaltslieferanten

(1) Falls an die Bank eine Forderung abgetreten ist, die von einem Lieferanten des Sicherungsgebers aufgrund eines branchenüblichen verlängerten Eigentumsvorbehaltes gegenwärtig oder zukünftig berechtigterweise in Anspruch genommen werden kann, soll die Abtretung erst mit Erlöschen des verlängerten Eigentumsvorbehalts wirksam werden. Soweit die Forderung einem Lieferanten nur teilweise zusteht, ist die Abtretung an die Bank zunächst auf den Forderungsteil beschränkt, der dem Sicherungsgeber zusteht; der Restteil wird auf die Bank erst übergehen, wenn er durch den verlängerten Eigentumsvorbehalt nicht mehr erfasst wird.

(2) Der Sicherungsgeber tritt der Bank seine etwaigen Ansprüche auf Rückabtretung der an den Lieferanten aufgrund des verlängerten Eigentumsvorbehaltes abgetretenen Forderungen sowie seine etwaigen Ansprüche auf Abführung der an den Lieferanten geflossenen Erlöse mit allen Nebenrechten ab.

(3) Die Bank ist berechtigt, den verlängerten Eigentumsvorbehalt durch Befriedigung des Lieferanten abzulösen.

12. Informationspflichten des Sicherungsgebers

Werden abgetretene Forderungen gepfändet, hat der Sicherungsgeber die Bank hiervon unverzüglich zu informieren und den Pfändungsgläubiger unverzüglich in Textform von dem Sicherungsrecht der Bank zu unterrichten.

13. Einsichts- und Prüfungsrechte der Bank

(1) Der Sicherungsgeber ist verpflichtet, der Bank auf Verlangen alle Auskünfte, Nachweise und Urkunden zu geben, die zur Prüfung, Bewertung und zur Geltendmachung der abgetretenen Forderungen erforderlich sind. Beim Einsatz von EDV-Anlagen hat der Sicherungsgeber die erforderlichen Belege auszudrucken; falls der Ausdruck nicht vorgenommen wird, sind der Bank die hierfür erforderlichen Datenträger und EDV-Programme auszuhändigen, damit sie sich selber die Ausdrucke erstellen kann. Für die Erstellung von Bestandslisten gilt Nr. 4 Abs. 3.

(2) Der Sicherungsgeber gestattet der Bank, zur Prüfung, Bewertung und Geltendmachung der abgetretenen Forderungen seine Unterlagen einzusehen oder durch einen Bevollmächtigten einsehen zu lassen.

14. Sicherheitenfreigabe

(1) Nach Befriedigung ihrer durch die Abtretung gesicherten Ansprüche hat die Bank an den Sicherungsgeber die ihr abgetretenen Forderungen zurückzuübertragen und einen etwaigen Übererlös aus der Verwertung herauszugeben. Die Bank wird jedoch die Sicherheit an einen Dritten übertragen, falls sie hierzu verpflichtet ist.

(2) Die Bank ist schon vor vollständiger Befriedigung ihrer durch die Abtretung gesicherten Ansprüche verpflichtet, auf Verlangen die ihr abgetretenen Forderungen sowie auch etwaige andere ihr bestellte Sicherheiten (z.B. übereignete Sachen, Grundschulden) nach ihrer Wahl an den jeweiligen Sicherungsgeber ganz oder teilweise freizugeben, sofern der realisierbare Wert sämtlicher Sicherheiten

110%

der gesicherten Ansprüche der Bank nicht nur vorübergehend überschreitet.

(3) Die Bank wird bei der Auswahl der freizugebenden Sicherheiten auf die berechtigten Belange des Sicherungsgebers und der Besteller zusätzlicher Sicherheiten Rücksicht nehmen.

15. Bewertung der Forderungen

(1) Zur Ermittlung des realisierbaren Wertes der abgetretenen Forderungen wird vom Nennwert der in den Bestandslisten als abgetreten gemeldeten Forderungen ausgegangen. Hiervon werden zunächst solche Forderungen abgesetzt,

- bei denen die Bank wegen eines Abtretungsverbotes die Forderung nicht erworben hat;
- die gemäß Nr. 11 wegen eines branchenüblichen verlängerten Eigentumsvorbehaltes nicht an die Bank abgetreten worden sind;
- wenn und soweit ihnen aufrechenbare Forderungen gegenüberstehen;
- die in ein Kontokorrentverhältnis eingestellt sind;
- bei denen die Abtretung im Hinblick auf den Sitz des Drittschuldners im Ausland und die Geltung ausländischen Rechts nicht wirksam vorgenommen worden ist;
- soweit sie einredebehaftet sind, weil die zugrunde liegenden Lieferungen und Leistungen nicht oder nicht vollständig erbracht worden sind. Ist eine dieser Lieferungen oder Leistungen rechtlich nicht teilbar oder weist der Drittschuldner die teilweise Lieferung oder Leistung zurück, ist die ganze Forderung abzusetzen.

(2) In Zweifelsfällen (z.B. bei Auslandsforderungen) ist die Bank berechtigt, die jeweiligen Forderungen an den Sicherungsgeber zurückzuübertragen.

(3) Von dem vorstehend ermittelten Nennbetrag ist ein Sicherungsabschlag wegen etwaiger möglicher Forderungsausfälle vorzunehmen, dessen Höhe erst im Zeitpunkt des Freigabeverlangens ermittelt werden kann.

16. Rechtswirksamkeit

Sollte eine Bestimmung dieses Vertrages nicht rechtswirksam sein oder nicht durchgeführt werden, so wird dadurch die Gültigkeit des übrigen Vertragsinhaltes nicht berührt. Das gilt insbesondere, wenn die Unwirksamkeit sich nur auf einzelne Forderungen oder Forderungsteile erstreckt.

Ort, Datum, Unterschrift des Sicherungsgebers	
Ort, Datum, Unterschrift der Bank	

42 401 (04.17) 2

Anmerkungen

1. Zur Globalzession allgemein *Wittig* in: Lwowski/Fischer/Gehrlein, Das Recht der Kreditsicherung, 10. Aufl. 2018, § 13, Rn. 81 ff.; BuB/*Huber* Rn 4/686 ff; Schimansky/Bunte/Lwowski BankR-HdB/*Ganter*, § 96 Rn 93 ff.; *Federlin* in: Kümpel/Mülbert/Früh/Seyfried, Bank- und Kapitalmarktrecht, 5. Auflage, Rn. 8.540. Mit einer Globalzession werden sämtliche gegenwärtigen und künftigen Forderungen gegen eine Vielzahl von (Dritt-)schuldnern des Sicherungsgebers, die aus gleichartigen Rechtsgeschäften (zB aus Warenlieferungen und Leistungen) resultieren, an die Bank abgetreten (*Wittig* in: Lwowski/Fischer/Gehrlein, Recht der Kreditsicherung, § 11 Rn 81).

2. Die abgetretenen Forderungen müssen spätestens im Zeitpunkt ihrer Entstehung ohne umständliches Verfahren **bestimmbar** sein (BGH WM 1961, 350; WM 1966, 13; WM 1976, 151; WM 1978, 370; WM 1985, 12; WM 1989, 229; WM 1990, 197; BuB/*Huber* Rn 4/625 ff mwN). Künftige Forderungen müssen hinreichend bestimmbar sein (WM 1981, 167; WM 1990, 1389). Hierzu müssen regelmäßig Zedent, Drittschuldner, Gegenstand (Rechtsgrund) und Umfang der Forderungen angegeben werden (*Federlin* in: Kümpel/Mülbert/Früh/Seyfried, Bank- und Kapitalmarktrecht, Rn 8.549).

3. Die Angabe „sämtliche bestehenden und künftigen Forderungen aus Warenlieferungen und Leistungen" wird als ausreichend angesehen (BGHZ 30, 149; BGH WM 1960, 395 und 838; WM 1966, 13; WM 1968, 644).

4. Die **Individualisierung der Forderungen** durch Angabe der Anfangsbuchstaben der in Betracht kommenden Schuldner ist allgemein anerkannt (BuB/*Huber* Rn 4/629a mwN).

5. Die gegenwärtigen Forderungen gehen mit Vertragsschluss und die künftigen Forderungen gehen mit ihrer Entstehung, dh ohne neue Rechtshandlung auf die Bank als Zessionarin über (BGH WM 1973, 489; NJW 1982, 2371; WM 1990, 197). Der Übertragungstatbestand ist mit Abschluss des Abtretungsvertrags abgeschlossen, sog. „Direkterwerb" (*Federlin* in: Kümpel/Mülbert/Früh/Seyfried, Bank- und Kapitalmarktrecht, Rn 8.541).

6. Die Vereinbarung des weiten Sicherungszwecks („ . . . . . **Sicherung aller bestehenden, künftigen und bedingten Ansprüche aus bankmäßiger Geschäftsverbindung** . . . . . ") ist rechtlich zulässig, wenn **Kreditnehmer und Sicherungsgeber** identisch sind (BGHZ 106, 19 = WM 1989, 88; BGHZ 109, 197 = WM 1989, 1926; BGH WM 1990, 969; WM 1995, 790; WM 1997, 1280 und 1615; WM 2000, 1328; WM 2002, 1117). Auch **bei Nichtidentität** von Kreditnehmer und Sicherungsgeber ist die Vereinbarung des weiten Sicherungszwecks ausnahmsweise zulässig, wenn der Sicherungsgeber selbst Einfluss auf die Entstehung künftiger gesicherter Forderungen nehmen kann (BGH WM 1987, 586; WM 1992, 563). Zur Filialklausel BGH WM 1969, 1276; WM 1983, 926; Bamberg WM 1990, 1019. Zur bankmäßigen Geschäftsverbindung gehören alle Forderungen, die in banküblicher Form. erworben werden, zB Ansprüche aus Darlehen, Zinsen, Kosten, Schecks, Wechsel (BGH WM 1981, 162, 519; WM 1987, 584; WM 1990, 8; WM 1991, 954). Die in dem hier verwendeten Globalzessionsvertrag als Standard vorgesehene Vereinbarung des weiten Sicherungszwecks soll nicht zu den durch die Rechtsprechung entwickelten Grundsätzen zur Zulässigkeit des weiten Sicherungszwecks im Widerspruch stehen. Nach dieser Rechtsprechung ist die formularmäßige Vereinbarung eines weiten Sicherungszwecks dann unwirksam, wenn Sicherungsgeber und Kreditnehmer nicht identisch sind (BGH WM 1992, 563; 1992, 1648; 1994, 1242; 2000, 1328; 2002, 1117). Der im Formular „Globalzessionsvertrag" als Standard vorgesehene weite Sicherungszweck trägt vielmehr der Bankpraxis Rechnung. Da die Globalzession häufig als Sicherheit für einen Betriebsmittelkredit verwendet wird, sind Kreditnehmer und Sicherungsgeber regelmäßig identisch oder stehen sich so nahe, dass der Sicherungsgeber den Sicherungsumfang jederzeit kontrollieren kann. In dieser speziellen Fallkonstellation kann der weite Sicherungszweck wirksam vereinbart werden (*Federlin* in: Kümpel/Mülbert/Früh/Seyfried, Bank- und Kapitalmarktrecht, Rn. 8.366). Handelt es sich bei dem Sicherungsgeber tatsächlich um einen echten Dritten, bei dem die genannten Voraussetzungen nicht vorliegen, so ist die Sicherungsvereinbarung aber nicht in Gänze unwirksam. Der Sicherungszweck beschränkt dann aber auf die ausschließliche Besicherung des Anlass gebenden Kredits (BGH WM 1998, 2815). Im Übrigen steht es den Vertragsparteien frei, den Sicherungszweck als engen auszugestalten.

7. Der bankmäßigen Geschäftsverbindung nicht ohne Weiteres zurechenbar sind Bürgschaftsübernahmen des Kunden für einen anderen Kunden der Bank. Die Ausweitung des Sicherungszwecks auch für diese Verbindlichkeiten gemäß Abs. 2 gilt nur bei Identität von Kreditnehmer und Sicherungsgeber und erst ab Fälligkeit der durch die Bürgschaft gesicherten Verbindlichkeiten (BGH WM 1990, 1910; WM 1998, 2463).

8. Der Sicherungsgeber ist nach diesem Muster verpflichtet, bei der Bank mindestens einmal im Jahr Bestandslisten über die abgetretenen Forderungen einzureichen. Für die Insolvenzfestigkeit einer Globalzession wird jedoch von der Rechtsprechung des BGH eine vierteljährliche Einreichung von Bestandslisten für erforderlich gehalten (BGH NJW 2008, 430; *Federlin* in: Kümpel/Mülbert/Früh/Seyfried, Bank- und Kapitalmarktrecht, Rn. 8.578). Bei der Globalzession kommt den Bestandslisten Kontrollfunktion zu (BuB/*Huber* Rn 4/689 ff). Sie dienen dem Sicherungsnehmer dazu, den Sicherheitenwert der abgetretenen Forderungen feststellen zu können.

9. Die Abtretung von (kreditorischen) Kontokorrentsalden (§ 355 HGB) ist grundsätzlich zulässig (BGH WM 1960, 371; WM 1971, 178; WM 1982, 81). Wird der Kontokorrentsaldo aber infolge der Eröffnung des Insolvenzverfahrens über das Vermögen des Sicherungsgebers gezogen, steht der (kreditorische) Saldo nicht dem Sicherungsnehmer zu, sondern der Insolvenzmasse (BGH ZinsO, 2009, 1492).

10. Die akzessorischen Sicherungsrechte gehen kraft Gesetzes auf die Bank über (§§ 398, 401 BGB; BGH WM 1987, 553; BuB/*Huber* Rn 4/6436 ff. mwN); die nicht akzessorischen Sicherheiten müssen ausdrücklich auf deren Verlangen an die Bank abgetreten werden (BGH WM 1986, 670; WM 1988, 564).

11. Bei der Globalzession handelt es sich regelmäßig um eine stille Zession, die Drittschuldner werden über die Abtretung nicht unterrichtet und können demzufolge gegenüber ihrem Vertragspartner und Zedenten der abgetretenen Forderungen schuldbefreiend leisten. Die **Anzeige** über die Abtretung durch den Schuldner (§§ 407, 409 BGB) wird generell als ausreichend angesehen, nicht jedoch die Anzeige des Zessionars/Bank (RGZ 1974, 117; 1988, 6; BGH WM 1963, 507; WM 1969, 1416; WM 80, 799; WM 1988, 1762; WM 1989, 116; Düsseldorf WM 1975, 398). Dementsprechend benötigt die Bank mit Blick auf die im Ernstfall notwendige schnelle Benachrichtigung des Drittschuldners durch den Schuldner uU Blankobenachrichtigungsschreiben. Stehen diese nicht zur Verfügung, kann der Sicherungsnehmer stattdessen dem Anzeigeschreiben den Sicherungsvertrag zum Nachweis des Forderungsübergangs in Kopie beifügen.

12. Das **echte Factoring** stellt im Allgemeinen einen Forderungskauf dar (BGH WM 1977, 1198; WM 1991, 554). Die beim echten Factoring vorgenommene Zession ist im Verhältnis zur zeitlich früher liegenden Globalzession an den Kreditgeber nicht wirksam, wenn sie ohne vorherige Zustimmung der Bank erfolgt (BGHZ 75, 391 = WM 1980, 333; BGHZ 82, 283 = WM 1982, 37).

13. Die (widerrufliche) Ermächtigung zur Einziehung der abgetretenen Forderungen durch den Schuldner entspricht dem Wesen der stillen Zession (BGHZ 26, 175; BGH WM 1960, 1407; WM 1974, 389; WM 1976, 470; WM 1978, 1406; WM 1979, 363; Schimansky/Bunte/Lwowski BankR-HdB *Ganter*, § 96 Rn 85). Bei den zur Bezahlung der Forderung erhaltenen Schecks und Wechseln tritt der Kunde lediglich die ihm daraus zustehenden Forderungsansprüche an die Bank ab (BGH WM 1958; 302; WM 1970, 245; NJW 1988, 700).

14. Die Berechtigung, die Einziehungsbefugnis zu widerrufen, die Abtretung offenzulegen und die Forderungen selbst einzuziehen, ist allgemein nur unter engen Voraussetzungen möglich (BGH WM 1963, 507 und 962; WM 1972, 995; WM 1974, 389; WM 78, 234; WM 1989, 1086 = NJW 1989, 2383; WM 1990, 51). Die Offenlegung und Verwertung wird hier vom Zahlungsverzug oder von der Beantragung eines gerichtlichen Insolvenzverfahrens sowie von einer vorherigen Androhung abhängig gemacht (BGH WM 1992, 1359). Fehlt eine solche Verwertungsregelung in einem Globalzessionsvertrag ist der Vertrag aber nicht insgesamt unwirksam, sondern bleibt im Übrigen in seinem Bestand erhalten (BGH WM 1995, 1264; WM 1996, 56; WM 1996, 251 mAnm. *Sonnenhol*, WuB I F 4 3.96; BGH WM 1998, 1280; *Federlin* in: Kümpel/Mülbert/Früh/Seyfried, Bank- und Kapitalmarktrecht, Rn 8.601).

15. Die **dingliche Teilverzichtsklausel** bei gleichzeitigem verlängerten Eigentumsvorbehalt wird allgemein als erforderlich angesehen, um die Nichtigkeit der Globalzession (§ 138 BGB) zu vermeiden (BGH WM 1974, 368; WM 1974, 389; WM 1986, 1545; WM 1999, 126; *Serick* Bd IV § 50 V 2, S 477 und BB 1974, 845). Derartige Klauseln sind rechtlich nicht zu beanstanden (BGH NJW 1991, 2144; WM 1994, 104; Schimansky/Bunte/Lwowski BankR-HdB/*Ganter*, § 96 Rn 186; BuB/*Huber* Rn 4/690mwN).

16. Durch **Pfändung** der abgetretenen Forderungen entsteht kein Pfändungspfandrecht, auch keine Verstrickung; die Pfändung ist nichtig (BGHZ 56, 340, 350 f). Gleichwohl muss die Bank hierüber Kenntnis erlangen, um ggf. mit einer Drittwiderspruchsklage (§ 771 ZPO) gegen die Pfändung vorgehen zu können.

17. Die in dem Formular enthaltene Freigabeklausel ist für die rechtliche Wirksamkeit der Globalzession nicht erforderlich (BGH GS BGHZ 137, 212 = WM 1998, 227; BGH WM 1998, 1280; *Schröter* WM 1997, 2193). Dennoch ist sie weiterhin aus Transparenzgründen und zur Klarstellung der bestehenden Rechtslage in den Formularen enthalten, um die vertragliche Grundlage zu legen, wann der Sicherungsgeber die Freigabe bzw. Rückgabe der gestellten Sicherheit vom Sicherungsnehmer verlangen kann.

18. Mit Rücksicht auf die Freigaberegelung in Nr 14 wird in Nr 15 die Ermittlung des realisierbaren Wertes aller Sicherheiten festgelegt (BGH WM 1992, 813; WM 1994, 414; WM 1994, 419; WM 1994, 104; WM 1994, 1283).

4. Mantelzessionsvertrag

	Interne Angaben der Bank/Ablagehinweise

Mantelzessionsvertrag

Zwischen (nachstehend „Sicherungsgeber" genannt)

Name, Firma und Anschrift des Sicherungsgebers

und dem oben genannten Kreditinstitut (nachstehend „Bank" genannt) **wird Folgendes vereinbart:**

1. Verpflichtung zur Abtretung von Forderungen

(1) Der Sicherungsgeber verpflichtet sich, an die Bank laufend Forderungen abzutreten.

(2) Der realisierbare Wert (Nummer 12) der abgetretenen Forderungen muss jeweils mindestens

[ ] % der Verbindlichkeiten des Kreditnehmers gegenüber der Bank betragen[1]. Soweit kein Prozentsatz eingetragen und auch anderweitig nichts vereinbart worden ist, muss der realisierbare Wert der abgetretenen Forderungen unter Anrechnung des realisierbaren Wertes sonstiger Sicherheiten zumindest dem Gesamtbetrag der Verbindlichkeiten des Kreditnehmers entsprechen.

2. Gegenstand und Form der Abtretung

(1) Der Sicherungsgeber und die Bank sind sich darüber einig, dass Forderungen jeweils an die Bank übergehen, wenn der Sicherungsgeber der Bank Listen mit den abzutretenden Forderungen (Zessionslisten) oder Durchschriften der über die abzutretenden Forderungen erteilten Rechnungen einreicht.

(2) Aus den der Bank einzureichenden Unterlagen (Zessionslisten oder Rechnungsdurchschriften) sollen, soweit nichts anderes vereinbart wird, die Drittschuldner mit Namen und genauer Anschrift, Betrag der einzelnen Forderungen sowie Rechnungs- und Fälligkeitstag ersichtlich sein.

3. Sicherungszweck

(1) Die Abtretung erfolgt zur Sicherung **aller bestehenden, künftigen und bedingten Ansprüche,** die der Bank mit ihren sämtlichen in- und ausländischen Geschäftsstellen **aus der bankmäßigen Geschäftsverbindung** gegen

☐ den Sicherungsgeber oder

☐ den vom Sicherungsgeber verschiedenen Kreditnehmer

Name und Anschrift des Kreditnehmers

zustehen.

(2) Hat der Kreditnehmer die Haftung für Verbindlichkeiten eines anderen Kunden der Bank übernommen (z.B. als Bürge), so sichert die Abtretung die aus der Haftungsübernahme folgende Schuld erst ab deren Fälligkeit und nur dann, wenn der Kreditnehmer zugleich der Sicherungsgeber ist.

4. Bestandslisten

(1) Um der Bank einen Überblick über den aktuellen Stand der ihr zustehenden, noch offenen Forderungen zu ermöglichen, hat der Sicherungsgeber der Bank spätestens bis zum 10. eines jeden Monats, abgestellt auf das Ende des Vormonats, – auf Verlangen der Bank auch in anderen Zeitabständen und zu anderen Terminen – unter Bezugnahme auf diesen Vertrag eine Bestandsliste einzureichen. Aus den Bestandslisten sollen, soweit nichts anderes vereinbart wird, Namen und Anschriften der Drittschuldner, Betrag sowie Rechnungs- und Fälligkeitstag ersichtlich sein. Ferner muss zu jedem Drittschuldner mitgeteilt werden, ob ein Kontokorrentverhältnis mit ihm besteht oder nicht.

(2) Die nach Nr. 2 dieses Vertrages abgetretenen Forderungen stehen der Bank auch dann zu, wenn sie aus irgendeinem Grunde nicht oder nicht in voller Höhe in den der Bank eingereichten Bestandslisten verzeichnet sein sollten.

(3) Sofern der Sicherungsgeber die Buchführung und/oder Datenverarbeitung von einem Dritten vornehmen lässt, wird die Bank hiermit ermächtigt, im eigenen Namen auf Kosten des Sicherungsgebers die Bestandslisten unmittelbar bei dem Dritten einzuholen.

5. Übergang von Rechten und Sicherheiten

Mit den abgetretenen Forderungen gehen die Rechte aus den zugrunde liegenden Rechtsgeschäften auf die Bank über. Soweit für die abgetretenen Forderungen Sicherheiten bestellt sind, die nicht schon kraft Gesetzes auf die Bank übergehen, kann die Bank deren Übertragung auf sich verlangen.

6. Verkauf der Forderungen

Der Verkauf der an die Bank abgetretenen Forderungen im Rahmen eines echten Factoring-Geschäftes bedarf der vorherigen Zustimmung der Bank in Textform.

7. Blankobenachrichtigungsschreiben

Der Sicherungsgeber hat der Bank auf ihre Anforderung Blankobenachrichtigungsschreiben zur Unterrichtung der Drittschuldner über die Abtretung auszuhändigen. Die Bank ist berechtigt, vom Sicherungsgeber unterschriebene Blankobenachrichtigungsschreiben zu vervielfältigen.

8. Einziehung der Forderungen durch den Sicherungsgeber, Abtretung der Ansprüche aus Schecks und Wechseln

Dem Sicherungsgeber ist es gestattet, die an die Bank abgetretenen Forderungen im Rahmen eines ordnungsgemäßen Geschäftsbetriebes einzuziehen. Wenn der Sicherungsgeber zur Bezahlung der der Bank abgetretenen Forderungen Schecks oder Wechsel erhält, tritt der Sicherungsgeber die ihm daraus zustehenden Ansprüche schon jetzt im Voraus sicherungshalber an die Bank ab. Die Bank kann zur Wahrung ihrer berechtigten Belange die Einziehungsbefugnis beschränken oder für die Einziehung Auflagen erteilen.

9. Einziehung der Forderungen durch die Bank

(1) Wenn der Kreditnehmer mit fälligen Zahlungen auf die durch diesen Vertrag gesicherten Forderungen in Verzug ist, seine Zahlungen eingestellt hat oder die Eröffnung eines gerichtlichen Insolvenzverfahrens über sein Vermögen beantragt worden ist, ist die Bank berechtigt, die Einziehungsbefugnis zu widerrufen und

[1] **Hinweis:** Der eingetragene Prozentsatz soll den in Nummer 12 Abs. 2 genannten Prozentsatz nicht übersteigen.

1

die Forderungsabtretung auch im Namen des Sicherungsgebers gegenüber den jeweiligen Drittschuldnern offen zu legen und die Forderungen einzuziehen. Diese Maßnahmen wird die Bank nur in dem Umfange ergreifen, als es zur Erfüllung der rückständigen Forderungen erforderlich ist.

(2) Die Offenlegung der Forderungsabtretung und die Einziehung der Forderungen wird die Bank dem Sicherungsgeber unter Fristsetzung in Textform androhen. Stellt der Abschluss dieses Vertrages für den Sicherungsgeber ein Handelsgeschäft dar, beträgt die Frist mindestens eine Woche. In allen übrigen Fällen beträgt sie einen Monat.

(3) Erlischt die Einziehungsbefugnis des Sicherungsgebers, so kann die Bank die Aushändigung aller Unterlagen über die abgetretenen Forderungen verlangen.

(4) Wenn die Bank Forderungen selbst einzieht, darf sie alle Maßnahmen und Vereinbarungen mit den Drittschuldnern treffen, die zur Realisierung der Forderungen erforderlich sind, insbesondere Stundungen und Nachlässe gewähren und Vergleiche abschließen.

(5) Der Sicherungsgeber wird auf Verlangen der Bank für diese die Forderungen einziehen.

10. Informationspflichten des Sicherungsgebers

Werden abgetretene Forderungen gepfändet, hat der Sicherungsgeber die Bank hiervon unverzüglich zu informieren und den Pfändungsgläubiger unverzüglich in Textform von dem Sicherungsrecht der Bank zu unterrichten.

11. Einsichts- und Prüfungsrechte der Bank

(1) Der Sicherungsgeber ist verpflichtet, der Bank auf Verlangen alle Auskünfte, Nachweise und Urkunden zu geben, die zur Prüfung, Bewertung und zur Geltendmachung der abgetretenen Forderungen erforderlich sind. Beim Einsatz von EDV-Anlagen hat der Sicherungsgeber die erforderlichen Belege auszudrucken; falls der Ausdruck nicht vorgenommen wird, sind der Bank die hierfür erforderlichen Datenträger und EDV-Programme auszuhändigen, damit sie sich selber die Ausdrucke erstellen kann. Für die Erstellung von Bestandslisten gilt Nr. 4 Abs. 3.

(2) Der Sicherungsgeber gestattet der Bank, zur Prüfung, Bewertung und Geltendmachung der abgetretenen Forderungen seine Unterlagen einzusehen oder durch einen Bevollmächtigten einsehen zu lassen.

12. Sicherheitenfreigabe

(1) Nach Befriedigung ihrer durch die Abtretung gesicherten Ansprüche hat die Bank an den Sicherungsgeber die ihr abgetretenen Forderungen zurückzuübertragen und einen etwaigen Übererlös aus der Verwertung herauszugeben. Die Bank wird jedoch die Sicherheit an einen Dritten übertragen, falls sie hierzu verpflichtet ist.

(2) Die Bank ist schon vor vollständiger Befriedigung ihrer durch die Abtretung gesicherten Ansprüche verpflichtet, auf Verlangen die ihr abgetretenen Forderungen sowie auch etwaige andere ihr bestellte Sicherheiten (z. B. übereignete Sachen, Grundschulden) nach ihrer Wahl an den jeweiligen Sicherungsgeber ganz oder teilweise freizugeben, sofern der realisierbare Wert sämtlicher Sicherheiten

110%

der gesicherten Ansprüche der Bank nicht nur vorübergehend überschreitet.

(3) Die Bank wird bei der Auswahl der freizugebenden Sicherheiten auf die berechtigten Belange des Sicherungsgebers und der Besteller zusätzlicher Sicherheiten Rücksicht nehmen.

13. Rechtswirksamkeit

Sollte eine Bestimmung dieses Vertrages nicht rechtswirksam sein oder nicht durchgeführt werden, so wird dadurch die Gültigkeit des übrigen Vertragsinhaltes nicht berührt. Das gilt insbesondere, wenn die Unwirksamkeit sich nur auf einzelne Forderungen oder Forderungsteile erstreckt.

Ort, Datum, Unterschrift des Sicherungsgebers	
Ort, Datum, Unterschrift der Bank	

42.402 (04/17)

2

Anmerkungen

1. Zur Mantelzession allgemein vgl BuB/*Huber* Rn 4/682 ff.; *Wittig* in: Lwowski/Fischer/Gehrlein, Das Recht der Kreditsicherung, 10. Aufl. 2018, § 11, Rn 76 ff.; *Federlin* in: Kümpel/Mülbert/Früh/Seyfried, Bank- und Kapitalmarktrecht, Rn. 8.545.

2. Die Mantelzession ist von der Rechtsprechung allgemein anerkannt (BGH BB 1963, 574; BB 1963, 1075; WM 1963, 748), spielt in der Kreditpraxis aber wegen ihrer umstrittenen Insolvenzfestigkeit eine eher untergeordnete Rolle.

3. Die Übertragung der künftigen Forderungen erfolgt nicht schon mit Abschluss des Zessionsvertrages, sondern erst (mit konstitutiver Wirkung) bei Einreichung der Zessionslisten bzw Rechnungsdurchschriften (BGH WM 1957, 1099; WM 1963, 507; zur Verbuchung auf einem Sonderkonto BGH WM 1963, 748; BuB/*Huber* Rn 4/688).

4. Die Vereinbarung des weiten Sicherungszwecks („. . . . . **Sicherung aller bestehenden, künftigen und bedingten Ansprüche aus der bankmäßigen Geschäftsverbindung** . . . . .“) ist zulässig, wenn **Kreditnehmer und Sicherungsgeber** identisch sind (BGHZ 106, 19 = WM 1989, 88; BGHZ 109, 197 = WM 1989, 1926; BGH WM 1990, 969; WM 1995, 790; WM 1997, 1280 und 1615, WM 2000, 1328; WM 2002, 1117). Auch **bei Nichtidentität** von Kreditnehmer und Sicherungsgeber ist die Vereinbarung des weiten Sicherungszwecks ausnahmsweise zulässig, wenn der Sicherungsgeber selbst Einfluss auf die Entstehung künftiger Forderungen nehmen kann (BGH WM 1987, 586; WM 1992, 563). Zur Filialklausel BGH WM 1969, 1276; WM 1983, 926; Bamberg WM 1990, 1019. Zur bankmäßigen Geschäftsverbindung gehören alle Forderungen, die in banküblicher Form. erworben werden, zB Ansprüche aus Darlehen, Zinsen, Kosten, Schecks, Wechsel (BGH WM 1981, 162, 519; WM 1987, 584; WM 1990, 8; WM 1991, 954). Grundsätzlich ist nach der Rechtsprechung die formularmäßige Vereinbarung eines weiten Sicherungszwecks unwirksam, wenn Sicherungsgeber und Kreditnehmer nicht identisch sind (BGH WM 1992, 563; 1992, 1648; 1994, 1242; 2000, 1328; 2002, 1117). Dennoch ist in dem abgedruckten Formularmantelzessionsvertrag die Vereinbarung des weiten Sicherungszwecks als Standard vorgesehen. Damit wird der Bankpraxis Rechnung getragen, dass die Mantelzession in den überwiegenden Fällen ihrer Verwendung von dem Kreditnehmer selbst als Sicherheit gestellt wird oder von einem Sichergeber gestellt wird, der dem Kreditnehmer so nahe steht, dass er Einfluss auf die Entwicklung der zu sichernden Forderungen nehmen kann. In dem letztgenannten Fall hat der BGH die formularmäßige Vereinbarung eines weiten Sicherungszwecks auch dann für wirksam gehalten, wenn Sicherungsgeber und Kreditnehmer nicht identisch waren (*Federlin* in: Kümpel/Mülbert/Früh/Seyfried, Bank- und Kapitalmarktrecht, Rn 8.366).

Handelt es sich bei dem Sicherungsgeber um einen echten Dritten, so ist die Sicherungsvereinbarung trotz Vereinbarung eines weiten Sicherungszwecks aber nicht in Gänze unwirksam, der Sicherungszweck beschränkt sich in diesem Fall auf die Besicherung des Anlass gebenden Kredits (BGH WM 1998, 2815).

5. Der bankmäßigen Geschäftsverbindung nicht ohne Weiteres zurechenbar sind Bürgschaftsübernahmen des Kunden für einen anderen Kunden der Bank. Die Ausweitung des Sicherungszwecks auch für diese Verbindlichkeiten gilt nur bei Identität von Kreditnehmer und Sicherungsgeber und erst ab Fälligkeit der durch die Bürgschaft gesicherten Verbindlichkeiten (vgl BGH WM 1990, 1910; WM 1998, 2463).

6. Die unter Nr 4 der Bedingungen geregelten Bestandslisten sind nicht gleichzusetzen mit den Zessionslisten, die der Sicherungsgeber entsprechend der unter Nr 2 getroffenen Vereinbarung einzureichen verpflichtet ist (→ Anm. 3). Die Bestandslisten dienen dagegen

– wie bei den Globalzessionen – lediglich einer Kontrollfunktion (BuB/*Huber* Rn 4/689 ff.), um den aktuellen Sicherheitenwert der Mantelzession beurteilen zu können.

7. Die akzessorischen Sicherungsrechte gehen kraft Gesetzes auf die Bank über (§§ 398, 401 BGB; BGH WM 1987, 553; BuB/*Huber* Rn 4/643 ff. mwN); die nicht akzessorischen Sicherheiten müssen ausdrücklich an die Bank abgetreten werden (BGH WM 1986, 670; WM 1988, 564).

8. Das echte Factoring (zum Factoring: → Form. IV.O.1) stellt im Allgemeinen einen Forderungskauf dar (BGH WM 1977, 1198; WM 1991, 554). Die beim echten Factoring vorgenommene Zession ist im Verhältnis zur zeitlich früher liegenden Mantelzession an den Kreditgeber nicht wirksam, wenn sie ohne vorherige Zustimmung der Bank erfolgt (BGHZ 75, 391 = WM 1980, 333 = NJW 1980, 772; BGHZ 1982, 283 = WM 1982, 37 = NJW 1982, 571).

9. Auch bei der Mantelzession wird der Drittschuldner über die Abtretung regelmäßig nicht benachrichtigt („stille" Zession). Die spätere **Anzeige** über die Abtretung durch den Schuldner (§§ 407, 409 BGB) wird generell als ausreichend angesehen, nicht jedoch die Anzeige des Zessionars/Bank (RGZ 74, 117; 88, 6; BGH WM 1963, 507; WM 1969, 1416; WM 1980, 799; WM 1988, 1762; WM 1989, 116; Düsseldorf WM 1975, 398). Dementsprechend benötigt die Bank mit Blick auf die im Ernstfall notwendige schnelle Benachrichtigung des Drittschuldners durch den Schuldner uU Blankobenachrichtigungsschreiben. Liegen diese nicht vor, kann der Sicherungsnehmer eine Kopie des Sicherungsvertrags der Abtretungsanzeige gegenüber dem Drittschuldner beifügen.

10. Die (widerrufliche) Ermächtigung zur Einziehung der abgetretenen Forderungen durch den Schuldner entspricht dem Wesen der stillen Zession (BGHZ 26, 175, 191; BGH WM 1960, 1407; WM 1974, 389; WM 1976, 470; WM 1978, 1406; WM 1997, 363; Bankrechts-Handbuch/*Ganter*, § 96 Rn 85). Bei den zur Bezahlung der Forderung erhaltenen Schecks und Wechseln tritt der Kunde lediglich die ihm daraus zustehenden Forderungsansprüche an die Bank ab (BGH WM **1958**; 302; WM 1970, 245; NJW 1988, 700).

11. Die Berechtigung, die Einziehungsbefugnis zu widerrufen, die Abtretung offenzulegen und die Forderungen selbst einzuziehen, ist allgemein nur unter engen Voraussetzungen möglich (BGH WM 63, 507 und 962; WM 1972, 995; WM 1974, 389; WM 1978, 234; WM 1989, 1086 = NJW 1989, 2383; WM 1990, 51). Fehlt es an einer vergleichbaren Verwertungsklausel bleibt der Mantelzessionsvertrag bleibt aber insgesamt wirksam, wenn die zur Globalzession ergangene Rechtsprechung zugrundelegt wird (BGH WM 1995, 1264; WM 1996, 56; WM 1996, 251 mAnm. *Sonnenhol*, WuB I F 4 3.1996; BGH WM 1998, 1280).

12. Durch **Pfändung** der abgetretenen Forderungen entsteht kein Pfändungspfandrecht, auch keine Verstrickung; die Pfändung ist nichtig (BGHZ 56, 340, 350 f). Gleichwohl muss die Bank hierüber Kenntnis erlangen, um ggf. mit einer Drittwiderspruchsklage (§ 771 ZPO) gegen die Pfändung vorgehen zu können.

13. Die Freigabeklausel berücksichtigt die frühere Rechtsprechung zur Globalzession, wonach diese nur dann zu keiner unangemessenen Benachteiligung des Sicherungsgebers führte, wenn in den Vertragsbedingungen eine objektive Bezugsgröße zwischen Sicherheit und zu sichernder Forderung (Deckungsgrenze) *und* eine Verpflichtung zur Freigabe von Sicherheiten bei Überschreiten dieser Bezugsgröße festgelegt sind (BGH WM 1990, 51 = NJW 1990, 716; WM 1990, 1326; WM 1991, 276; WM 1991, 1273; WM 1991, 1499; WM 1993, 213; WM 1994, 104; WM 1994, 419; WM 1994, 1283). Eine Überdeckung von 20 % bezogen auf den realisierbaren Wert der abgetretenen Forderungen wurde von der Rechtsprechung für zulässig erachtet (BGH WM 1995, 1267). Bei Anknüpfung an den Nennwert kann auch 200 % berechtigt sein (BGH WM 1996, 56). Für die Wirksamkeit der Sicherheitenbestellung sind Regelungen zur Freigabe, Deckungsgrenze und Bewertung jedoch nach nunmehr gefestigter Rechtsprechung nicht erforderlich (BGH GS BGHZ 137, 212 = WM 1998, 227; *Schröter* WM 1997, 2193). Die Freigabeklausel wurde aber dennoch in diesem Mustervertrag beibehalten, sie dient der Klarstellung und Transparenz, wann und unter welchen Voraussetzungen der Sicherungsgeber die Freigabe der Zession verlangen kann.

5. Abtretung von Ansprüchen auf Arbeitseinkommen und Sozialleistungen

Interne Angaben der Bank/Ablagehinweise

Abtretung von Ansprüchen auf Arbeitseinkommen und Sozialleistungen

Zwischen (nachstehend „Sicherungsgeber" genannt)

Name und Anschrift des Sicherungsgebers

und dem oben genannten Kreditinstitut (nachstehend „Bank" genannt) wird Folgendes vereinbart:

1. Gegenstand der Abtretung

(1) Der Sicherungsgeber tritt hiermit an die Bank den der Pfändung unterworfenen Teil aller seiner gegenwärtigen und künftigen Ansprüche auf **Arbeitsentgelt** jeder Art einschließlich Pensionsansprüchen, Provisionsforderungen, Tantiemen, Gewinnbeteiligungen sowie Abfindungen gegen seinen jeweiligen Arbeitgeber und auf **Sozialleistungen** (insbesondere Arbeitslosengeld, Übergangsgeld, Leistungen der gesetzlichen Kranken-, Unfall- und Rentenversicherung einschließlich eventueller Beitragserstattungsansprüche, Renten wegen Minderung der Erwerbsfähigkeit) ab. Mehrere Arbeitseinkommen und/oder laufende Geldleistungen nach dem Sozialgesetzbuch werden zusammengerechnet. Der nach dem so festgestellten Gesamteinkommen unpfändbare Betrag ist dem höheren Einkommen bzw. bei Zusammentreffen mit Sozialgeldleistungen den Sozialgeldleistungen zu entnehmen.

(2) Die Abtretung ist auf einen **Höchstbetrag** von

€

beschränkt und besteht, bis die Bank aufgrund der Abtretung diesen Betrag von dem Arbeitgeber/der auszahlenden Stelle (Drittschuldner) erhalten hat.

(3) Der Drittschuldner hat aufgrund einer Offenlegung Zahlungen auf die abgetretenen Forderungen nur bis zu dem genannten Höchstbetrag zu leisten. Der Höchstbetrag vermindert sich um die von dem Drittschuldner aufgrund der Offenlegung an die Bank erbrachten Leistungen.

(4) Arbeitgeber/Auszahlende Stelle ist zur Zeit

Bezeichnung und Anschrift

2. Sicherungszweck

(1) Die Abtretung erfolgt zur

☐ **Sicherung der Ansprüche,** die der Bank **aus dem nachstehend bezeichneten Kreditvertrag** zustehen, und zwar auch dann, wenn die vereinbarte Laufzeit des Kredits verlängert wird. Sollte der Vertrag nichtig sein, wirksam angefochten, widerrufen oder aufgehoben werden oder aus sonstigen Gründen unwirksam oder nicht vollziehbar sein, so sind auch alle hieraus resultierenden vertraglichen und gesetzlichen Ansprüche der Bank gegen den Kreditnehmer gesichert.

Bezeichnung des Kreditvertrages, ggf. Name und Anschrift des Kreditnehmers, falls mit dem Sicherungsgeber nicht identisch

☐ **Sicherung aller bestehenden, künftigen und bedingten Ansprüche,** die der Bank mit ihren sämtlichen in- und ausländischen Geschäftsstellen aus **der bankmäßigen Geschäftsverbindung** gegen den Sicherungsgeber zustehen.

(2) Hat der Kreditnehmer die Haftung für Verbindlichkeiten eines anderen Kunden der Bank übernommen (z.B. als Bürge), so sichert die Abtretung die aus der Haftungsübernahme folgende Schuld erst ab deren Fälligkeit, und nur, wenn der Kreditnehmer zugleich der Sicherungsgeber ist.

3. Informationspflichten des Sicherungsgebers

Der Sicherungsgeber verpflichtet sich, die Bank von einem Arbeitsplatzwechsel, einer Änderung des Wohnsitzes oder einer Pfändung abgetretener Ansprüche unverzüglich zu unterrichten.

4. Inanspruchnahme der Zession

(1) Die Bank ist berechtigt, die Abtretung offen zu legen und die abgetretenen Ansprüche beim Drittschuldner einzuziehen, wenn der Kreditnehmer mit einem Betrag, der mindestens zwei vollen Raten entspricht, in Verzug ist und mindestens zweimal schriftlich zur Zahlung aufgefordert worden ist, wobei die erste Zahlungsaufforderung schon nach Verzug mit nur einer Rate erfolgen kann. Bei einem Kreditverhältnis ohne Ratenvereinbarung kann die Einziehung nach zwei vorangegangenen fruchtlosen schriftlichen Zahlungsaufforderungen erfolgen. Die Bank wird von der Einziehungsbefugnis nur in dem Umfange Gebrauch machen, wie es zur Erfüllung der rückständigen Forderungen erforderlich ist.

(2) Die Offenlegung wird die Bank dem Sicherungsgeber mit einer Frist von einem Monat androhen. Ist der Sicherungsgeber zugleich der Kreditnehmer, kann die Bank die Androhung mit einer Zahlungsaufforderung verbinden.

5. Freigabe der Abtretung

(1) Die Bank wird ihre Rechte aus der Abtretung zurückübertragen, wenn sie wegen ihrer nach dieser Vereinbarung gesicherten Ansprüche befriedigt ist.

(2) Sobald und soweit der Gesamtbetrag der gesicherten Forderungen sich nicht nur vorübergehend um jeweils 20% ermäßigt, ist die Bank auf Verlangen des Sicherungsgebers zu einer Teilfreigabe der Abtretung durch entsprechende Herabsetzung des Höchstbetrages in Nr. 1 Absatz 2 verpflichtet.

Ort, Datum, Unterschrift des Sicherungsgebers	
Ort, Datum, Unterschrift der Bank	

1

Original für die Bank

Anmerkungen

1. Zur Lohnzession allgemein BuB/*Huber* Rn 4/696; Schimansky/Bunte/Lwowski BankR-HdB/*Ganter*, § 96 Rn 129.

2. Die Abtretung aller gegenwärtigen und künftigen Ansprüche auf Arbeitsentgelt jeder Art, insbesondere Lohn und Gehalt, ist grundsätzlich zulässig (BGH WM 1976, 151; WM 1985, 14; BAG DB 93, 1245). Die Abtretung muss jedoch genügend bestimmt oder bestimmbar sein (BGH WM 1976, 470; WM 1987, 325; WM 1989, 1086; WM 1992, 1359). Der Begriff des Arbeitseinkommens ist unter Berücksichtigung von Sinn und Zweck des gezahlten Entgelts auszulegen (BAG WM 1980, 661). Abtretbar sind grundsätzlich auch Sozialleistungen im Rahmen von §§ 53, 54 SGB. Allerdings ist die Lohnzession seit dem 1.7.2014 nicht mehr insolvenzfest, da die Privilegierung der Lohnzession im Insolvenzverfahren des Sicherungsgebers durch § 114 InsO a. F. weggefallen ist (*Cranshaw* in: Nobbe, Kommentar zum Kreditrecht, § 398 Rn 111).

3. Die Abtretung muss auf einen **Höchstbetrag** (Nettokreditbetrag zzgl Kredit- und Rechtsverfolgungskosten) beschränkt sein (BGHZ 108, 98 = WM 1989, 1086 = NJW 1989, 2383; WM 1992, 1359). Dabei unterliegt die Zession nicht von vornherein einer zeitlichen Begrenzung (BGH WM 1989, 1086, 1089) dh der Höchstbetrag (= Deckungssumme) „verbraucht" sich erst und nur insoweit, als Zahlungen vom Drittschuldner auf die Zession eingehen.

4. Bei Lohnabtretungen für **Ratenkredite** kommt im Allgemeinen nur die Vereinbarung eines engen Sicherungszwecks in Betracht (BGH WM 1989, 1086 = NJW 1989, 2383). Allerdings ist eine Lohnabtretung mit weitem Sicherungszweck, dh zur Sicherung aller gegenwärtigen und künftigen Ansprüche der Bank nicht generell ausgeschlossen (BGH WM 1976, 151; WM 1976, 470), vielmehr möglich, wenn Sicherungsgeber und Kreditnehmer identisch sind und die Abtretung zur Sicherung eines Kontokorrentkredites oder einer Baufinanzierung dient.

5. Der bankmäßigen Geschäftsverbindung nicht ohne weiteres zurechenbar sind Bürgschaftsübernahmen des Kunden für einen anderen Kunden der Bank. Die Ausweitung des Sicherungszwecks auch für diese Verbindlichkeiten wird hier entsprechend beschränkt (BGH WM 1990, 1910; WM 1998, 2463).

6. Die Abtretung erfasst auch **künftige Lohnforderungen** aus noch nicht bestehenden Arbeitsverhältnissen (BGH WM 1968, 1047; WM 1976, 470; WM 1992, 1359); deshalb ist die Verpflichtung zur Angabe eines Arbeitsplatzwechsels erforderlich.

7. Die Berechtigung, die Abtretung offenzulegen und die abgetretenen Forderungen einzuziehen, ist nur unter engen Voraussetzungen möglich (BGH WM 1974, 389; WM 1978, 234). Die **Offenlegung** ist vom Verzug des Schuldners abhängig (BGH WM 1989, 1086 = NJW 1989, 2383; WM 1992, 1359), wobei Verzug in Höhe von zwei Raten und mindestens zweimal schriftlicher Zahlungsaufforderung ausreichend erscheint (*Bruchner* WuB I F 4.–4.89). Für die Ankündigung der Offenlegung ist eine angemessene Frist vorzusehen (BGH WM 1994, 1614); ein Zeitraum von einem Monat kann als ausreichend angesehen werden (§§ 1234, 1273 Abs 2 BGB; BGH WM 1992, 1359). Für die Verwertung darf nicht auf Nr 20 AGB-Banken/alt verwiesen werden (BGH NJW 1994, 2574). Das Fehlen einer Verwertungsregelung kann die Abtretung insgesamt unwirksam machen (BGH WM 1994, 414). Eine Freigabeklausel ist entbehrlich, wenn der Zessionar vom Gebrauch eines vollstreckbaren Zahlungstitels abgehalten werden soll (BGH WM 1995, 1345).

8. Die Freigabeklausel berücksichtigt die Rechtsprechung zur Lohnabtretung, wonach diese zu keiner unangemessenen Benachteiligung des Sicherungsgebers führen darf (BGH WM 1989, 1086). Die Teilfreigabe kann durch entsprechende Herabsetzung des Höchstbetrages erfolgen (BGH WM 1990, 51 = NJW 1990, 716).

c) Bürgschaft

6. Selbstschuldnerische Höchstbetragsbürgschaft zur Sicherung bestimmter Forderungen der Bank

	Interne Angaben der Bank/Ablagehinweise

Selbstschuldnerische Höchstbetragsbürgschaft zur Sicherung bestimmter Forderungen der Bank

Name und Anschrift des/der Bürgen

Ich/Wir (nachstehend „der Bürge" genannt) **übernehme(n) hiermit**

die selbstschuldnerische Bürgschaft bis zum Höchstbetrage von

€	in Worten: Euro

für alle bestehenden, künftigen und bedingten Ansprüche, die der Bank gegen

Name und Anschrift des Hauptschuldners

– bei mehreren Hauptschuldnern auch gegen jeden Einzelnen von ihnen – aus nachstehend bezeichneter Forderung zustehen:

Bezeichnung der Forderung der Bank

Sollte der der verbürgten Forderung zugrundeliegende Vertrag nichtig sein, wirksam angefochten, widerrufen oder aufgehoben werden oder aus sonstigen Gründen unwirksam und nicht vollziehbar sein, so sind auch alle hieraus resultierenden vertraglichen und gesetzlichen Ansprüche der Bank gegen den Hauptschuldner mit dieser Bürgschaft gesichert.

Handelt es sich bei der gesicherten Forderung um einen auf zunächst höchstens ein Jahr befristeten Kontokorrentkredit, der periodisch verlängert werden kann, so bleibt die Bürgschaft im Falle der Verlängerung des Kredits bestehen, sofern dessen Zweck nicht geändert wird.

1. Umfang der Bürgschaft

Der Bürge haftet aus dieser Bürgschaft insgesamt nur bis zum oben genannten Höchstbetrag, und zwar auch dann, wenn er die Bürgschaft für mehrere Hauptschuldner übernimmt.

2. Fortbestand der Bürgschaft bei zwischenzeitlicher Rückzahlung

Handelt es sich bei dem verbürgten Kredit um einen solchen in laufender Rechnung (Kontokorrentkredit), so erlischt die Bürgschaft nicht, wenn der Hauptschuldner die durch die Bürgschaft gesicherten Ansprüche vorübergehend zurückführt.

3. Verzicht auf Einreden

Der Bürge kann die Befriedigung der Bank nicht unter Berufung darauf verweigern, dass die Bank zunächst im Wege der Zwangsvollstreckung gegen den Hauptschuldner vorzugehen hat (Verzicht auf Einrede der Vorausklage gemäß § 771 BGB). Die Bank ist ferner nicht verpflichtet, vor einer Inanspruchnahme des Bürgen gegen den Hauptschuldner gerichtlich vorzugehen oder ihr gestellte Sicherheiten zu verwerten.

4. Übergang von Sicherheiten

(1) Vor vollständiger Erfüllung der Bürgschaftsschuld hat der Bürge keinen Anspruch auf Übertragung von Sicherheiten, die der Bank zur Sicherung der verbürgten Ansprüche bestellt worden sind.

(2) Soweit Sicherheiten kraft Gesetzes auf den Bürgen übergehen (z.B. Pfandrechte), bleibt es jedoch bei der gesetzlichen Regelung. Wenn die Ansprüche der Bank den oben genannten Höchstbetrag übersteigen und die kraft Gesetzes auf den Bürgen übergehenden Sicherheiten auch zur Sicherung des nicht verbürgten Teils der Ansprüche dienen, so steht hierfür der Bank gegenüber dem Bürgen ein vorrangiges Befriedigungsrecht zu.

5. Anrechnung von Zahlungseingängen

Die Bank darf den Erlös aus der Verwertung von Sicherheiten, die ihr der Hauptschuldner oder ein Dritter zur Sicherung der verbürgten Forderung bestellt hat, zunächst auf den Teil ihrer Forderung anrechnen, der den oben genannten verbürgten Höchstbetrag übersteigt. Dies gilt auch für Sicherheiten, die der Bürge zur zusätzlichen Sicherung der Ansprüche gegen den Hauptschuldner bestellt hat, es sei denn, dass diese nur zur Unterlegung der Bürgschaft bestimmt waren. In derselben Weise – nämlich vorrangig mit dem hier nicht verbürgten Teil ihrer Ansprüche – darf die Bank alle vom Hauptschuldner oder für dessen Rechnung geleisteten Zahlungen verrechnen.

6. Haftung mehrerer Bürgen

(1) Haben sich mehrere Bürgen in gesonderten Bürgschaftsurkunden für dieselben Verbindlichkeiten des Hauptschuldners verbürgt, haftet jeder einzelne Bürge – im Verhältnis zur Bank unter Ausschluss eines Gesamtschuldverhältnisses – ungeachtet etwaiger Zahlungen eines anderen Bürgen auf den vollen Betrag der von ihm übernommenen Bürgschaft, und zwar so lange, bis alle von ihm verbürgten Ansprüche der Bank vollständig erfüllt sind.

(2) Haben sich mehrere Bürgen in dieser Urkunde verbürgt, haften sie gegenüber der Bank als Gesamtschuldner. Dies bedeutet, dass die Bank den oben vereinbarten Höchstbetrag von jedem einzelnen Bürgen ganz oder teilweise fordern kann, insgesamt jedoch nicht mehr als diesen Betrag.

(3) Der Bürge wird von seiner Bürgschaftsverpflichtung nicht frei, wenn die Bank andere Bürgen aus der Haftung entlässt.

(4) Ausgleichsansprüche des in Anspruch genommenen Bürgen gegen die anderen Bürgen werden durch die vorstehende Reglung nicht berührt.

7. Zusätzliche Bürgschaftserklärungen

Die Bürgschaft gilt zusätzlich zu etwaigen weiteren vom Bürgen abgegebenen Bürgschaftserklärungen.

8. Freigabe von Sicherheiten

Der Bürge wird von seiner Bürgschaftsverpflichtung nicht frei, wenn die Bank Verfügungen über Gegenstände zulässt, die dem Pfandrecht aufgrund der Allgemeinen Geschäftsbedingungen der Bank unterliegen und dies im Rahmen der ordnungsgemäßen Durchführung der Geschäftsverbindung zum Hauptschuldner geschieht.

1

9. Recht des Bürgen zur Kündigung der Bürgschaft

(1) Der Bürge kann die Bürgschaft nach Ablauf eines Jahres ab dem Zeitpunkt ihrer Übernahme in Textform kündigen. Die Kündigung wird mit einer Frist von drei Monaten nach dem Eingang bei der Bank wirksam.

(2) Dieses Kündigungsrecht besteht nicht für zeitlich befristete Bürgschaften und für Bürgschaften für Kredite mit fest vereinbarter Laufzeit. Bei Krediten in laufender Rechnung mit fest vereinbarter Laufzeit kann der Bürge im Falle der Prolongation des Kredits die Bürgschaft mit einer Kündigungsfrist von drei Monaten zum Ende der jeweiligen Laufzeit kündigen.

(3) Das Recht auf Kündigung aus wichtigem Grund bleibt unberührt.

(4) Die Haftung des Bürgen besteht auch nach Wirksamwerden der Kündigung fort, beschränkt sich jedoch auf den Bestand der verbürgten Ansprüche, der zum Zeitpunkt der Kündigungswirkung vorhanden war (Tagessaldo). Die Regelungen dieser Bürgschaft gelten bis zum vollständigen Ausgleich der verbürgten Verbindlichkeiten des Hauptschuldners weiter. Alle Zahlungen – gleich welcher Art – die zugunsten des Hauptschuldners nach Wirksamwerden der Kündigung eingehen, werden zunächst auf denjenigen Teil der Ansprüche angerechnet, der bei Wirksamwerden der Kündigung nicht durch die Bürgschaft gesichert ist. Weitere Zahlungseingänge führen zu einer Ermäßigung der Bürgschaftsschuld, es sei denn, es handelt sich um einen Kredit in laufender Rechnung (Kontokorrent). In diesem Falle ermäßigt sich die fortbestehende Haftung des Bürgen in Höhe des Tagessaldos bei Wirksamwerden der Kündigung nur dann, wenn sich bei einem der nachfolgenden Rechnungsabschlüsse ein geringerer Schuldsaldo ergibt.

(5) Handelt es sich bei dem verbürgten Kredit um einen solchen in laufender Rechnung (Kontokorrentkredit), können bis zum Wirksamwerden der Kündigung Kreditlinien, die vor Eingang der Kündigung zugesagt wurden, vom Hauptschuldner in Anspruch genommen werden.

(6) Der Bürge haftet nach Wirksamwerden der Kündigung auch für solche Ansprüche der Bank gegen den Hauptschuldner, die dadurch entstehen, dass die Bank sich im Auftrage des Hauptschuldners Dritten gegenüber – zum Beispiel durch Übernahme einer Bürgschaft oder einer Garantie – verpflichtet hat, für Verbindlichkeiten des Hauptschuldners einzustehen. Dies gilt jedoch nur dann, wenn der durch die Bürgschaft gesicherte Kredit vom Hauptschuldner in dieser Weise in Anspruch genommen werden kann.

10. Verjährung

Die Ansprüche aus der Bürgschaft verjähren nach Ablauf von fünf Jahren beginnend mit dem Ende des Jahres, in dem diese Ansprüche fällig werden.

11. Offenlegung der wirtschaftlichen Verhältnisse

Der Bürge verpflichtet sich, der Bank seine wirtschaftlichen Verhältnisse bei Eingehung und – auf Verlangen der Bank – auch während der Laufzeit der Bürgschaft, insbesondere durch Nachweis seiner Einkommens- und Vermögensverhältnisse (inklusive Verbindlichkeiten) sowie Vorlage seiner jeweiligen Jahresabschlüsse – sofern solche erstellt werden – offen zu legen.

12. Anwendbares Recht

Für das Bürgschaftsverhältnis gilt deutsches Recht.

Ort, Datum, Unterschrift(en) des/der Bürgen	

Bearbeitungsvermerke der Bank

Legitimation

Eingetragen im Register beim Amtsgericht	unter der Nummer	begl. Registerauszug liegt vor vom

Name	Ausweis (Art des Dokuments, ausgestellt von, am, Nr.)/ anderweitige Form der Legitimation		Geburtsdatum
	bestätigt am	Unterschrift des Sachbearbeiters	

42.145 (12/19)

2

Anmerkungen

1. Zu Kreditbürgschaften allgemein BuB/*Piekenbrock,* Rn 4/1000 ff.; *Fischer* in: Lwowski/Fischer/Gehrlein, Das Recht der Kreditsicherung, 10. Aufl. 2018, § 9, Rn 1 ff.; Bankrechts-Handbuch/*Nobbe* § 91; *Federlin* in: Kümpel/Mülbert/Früh/Seyfried, Bank- und Kapitalmarktrecht, Rn. 8.201ff;

2. Durch den Bürgschaftsvertrag verpflichtet sich der Bürge gegenüber der Bank, für Verbindlichkeiten des Kreditnehmers (= Hauptschuldner) einzustehen (§ 765 Abs 1 BGB). Die Vermögenslosigkeit des Bürgen kann bei dem Hinzutreten weiterer belastender Umstände, wie die emotionale Verbundenheit des Bürgen gegenüber dem persönlich besonders nahe stehenden Hauptschuldner (wie Ehegatten, Kinder) (BGH WM 2010, 32; WM 2009, 1460; WM 2003, 2379 mwN), zur Nichtigkeit der Bürgschaft wegen Sittenwidrigkeit führen (BVerfG NJW 1994, 36 und 2749; WM 1996, 948; BGH WM 1996, 53; WM 1996, 519; WM 1996, 1124; WM 1996, 2194; WM 1997, 465; WM 1997, 2117; WM 1998, 239; WM 1998, 2327). Vermögenslosigkeit wird angenommen, wenn der Bürge nicht in der Lage ist, die laufende Zinsbelastung aus der gesicherten Hauptschuld aus dem pfändbaren Teil des Einkommens und Vermögens dauerhaft allein zu tragen (BGH WM 1998, 239; WM 2002, 125; WM 2002, 223; WM 2002, 1347; WM 2002, 1350;WM 2002, 1649; WM 2003, 275; WM 2010, 32). Die Anwendung der Rechtsprechungsgrundsätze zur Sittenwidrigkeit von Angehörigenbürgschaften auf Bürgschaftserklärungen von GmbH-Gesellschaftern für Gesellschaftsverbindlichkeiten ist zu verneinen (OLG Schleswig WM 2011, 69). Die Bank hat gegenüber dem Bürgen grundsätzlich keine Sorgfaltspflichten (BGM WM 1978, 924; WM 1980, 330); sie muss den Bürgen insbesondere nicht über die mit der Bürgschaft verbundenen Risiken aufklären (BGH WM 1987, 1481; WM 1989, 480; NJW 1994, 2146; WM 1997, 1045). Nach der Rechtsprechung des BGH (WM 2020, 2082) fällt die Bestellung einer Kreditsicherheit, insb die Übernahme einer Bürgschaft, nicht in den Anwendungsbereich der §§ 312 ff BGB idF v. 14.6.2012 bis 31.12.2021. Etwas anderes gilt nur, wenn die Bank einen Irrtum des Bürgen über das Ausmaß seines Risikos veranlasst hat (BGH WM 1986, 11; WM 1987, 853; WM 1992, 1016). Zur Anwendung von VerbrKrG (nun: Verbraucherdarlehensrecht, §§ 491 ff. BGB) und HWiG (nun: Haustürgeschäfte, § 312 BGB) auf Bürgschaften BGH WM 1998, 1120; WM 1998, 1388.

3. Durch Angabe des EUR-Betrages wird das Risiko des Bürgen hinsichtlich einer möglichen Inanspruchnahme **„bis zum Höchstbetrag von EUR** . . . . .“ begrenzt (Höchstbetragsbürgschaft, BGH WM 1980, 863; WM 1984, 198). Über den Umfang der Höchstbetragsbürgschaft muss die Bank den Bürgen grundsätzlich nicht aufklären (BGH WM 1974, 1129).

4. Der Hauptschuldner muss bei Abschluss des Bürgschaftsvertrages weder mitwirken noch Kenntnis von der Bürgschaft erhalten (BGH WM 1975, 348). Hat der Bürge die Bank befriedigt, so kann er den Hauptschuldner gemäß § 774 BGB in Anspruch nehmen (BGH WM 1976, 687; BGHZ 1992, 374 = WM 1984, 1630; BuB/*Piekenbrock* Rn 4/1113 ff. mwN).

5. Mit Bezeichnung der Forderung der Bank, insbesondere durch Angabe des konkreten Kreditverhältnisses wird der sog. „enge“ Sicherungszweck vereinbart (BGH WM 1959, 969). Eine formularmäßige Ausdehnung der Bürgschaft auf alle bestehenden und künftigen Verbindlichkeiten aus der bankmäßigen Geschäftsverbindung (= „weiter“ Sicherungszweck) ist grundsätzlich unwirksam (BGH WM 1996, 436, 766 und 1391; WM 1998, 1675; WM 1998, 2186). Dies gilt auch, wenn der Bürge eine juristische Person ist (BGH ZIP 1901, 1361). Sie ist aber zulässig, wenn der Bürge selbst Einfluss auf die künftige

Entwicklung der verbürgten Hauptschuld nehmen kann (zB als geschäftsführender Gesellschafter oder Mehrheitsgesellschaft der Hauptschuldnerin). Wurde der weite Sicherungszweck vereinbart, obwohl Bürge und Hauptschuldner nicht identisch sind, führt dies nicht zur Unwirksamkeit der Bürgschaft insgesamt, sondern beschränkt die Haftung des Bürgen auf den der Bürgschaftsübernahme Anlass gebenden Kredit (BGH WM 1998, 2815).

6. Handelt es sich bei der gesicherten Forderung um einen auf ein Jahr befristeten Kontokorrentkredit, der periodisch verlängert wird, bleibt die Bürgschaft im Falle der Verlängerung bestehen, sofern sich der Zweck des Kontokorrentkredits nicht ändert und betragsmäßig gleich bleibt.

7. Die Klausel über den **Umfang der Bürgschaft** macht dem Bürgen deutlich, dass er insgesamt nur bis zum angegebenen Höchstbetrag haftet, der Bürgschaftsbetrag sich also nicht durch Nebenansprüche der Bank (zB Zinsen, Provisionen, Spesen und Kosten) erhöhen kann. Damit wird den Bedenken gegen die früher übliche Aufstockungsklausel (BGH WM 1980, 863, WM 1984, 198) Rechnung getragen (Nürnberg WM 1991, 985 = WuB I F 1a. – 13.1991 *Moritz;* BuB/*Piekenbrock* Rn 4/1060).

8. Die Bürgschaft bleibt über die Beendigung der Geschäftsverbindung hinaus solange bestehen, bis alle durch die Bürgschaft gesicherten Ansprüche der Bank endgültig erfüllt sind (BGH WM 1984, 1630; WM 1988, 1301); sie erlischt insbesondere nicht durch vorübergehende Rückführung der durch die Bürgschaft gesicherten Ansprüche, soweit die gesicherte Forderung aus einem Kredit in laufender Rechnung resultiert (Kontokorrentkredit), bei dem die revolvierende Inanspruchnahme der Valuta vertragstypisch ist (BGH WM 1980, 773; NJW 1994, 1656; BuB/*Piekenbrock* Rn 4/1064).

9. Die Klausel beschreibt lediglich die Wirkungsweise einer selbstschuldnerischen Bürgschaft, eine Fälligkeitsabrede ist damit nicht verbunden. Ist eine Fälligkeitsabrede nicht getroffen, wird die Bürgschaft gleichzeitig mit der gesicherten Forderung fällig (BGH WM 2008, 729; WM 2011, 541; zum Vorliegen einer zulässigen Fälligkeitsabrede BGH WM 13, 969). Darüber hinaus ist auch der Verzicht des Bürgen auf die ihm ansonsten zustehenden Einreden der Aufrechenbarkeit (§ 770 Abs 2 BGB) zulässig (BGHZ 95, 350 = WM 1985, 1307; WM 1986, 95; WM 1991, 1294). Die formularmäßige Verlängerung der gesetzlichen Verjährungsfrist von drei auf fünf Jahre (siehe Nr 10 der Bürgschaftsbedingungen) ist rechtlich zulässig und benachteiligt den Bürgen nicht (BGH WM 2015, 2571).

10. Der nach § 774 BGB vorgesehene Übergang von **Sicherheiten** kann auf den Zeitpunkt hinausgeschoben werden, zu dem der Bürge seine Bürgschaftsschuld vollständig erfüllt hat (BGH WM 1984, 1630; WM 1986, 95). Die akzessorischen Sicherheiten erwirbt der zahlende Bürge kraft Gesetzes (§§ 774, 412, 401 BGB, BGH WM 1986, 155). Die nicht akzessorischen, sog. fiduziarischen Sicherheiten hat die Bank auf den Bürgen zu über-tragen, soweit sie vom Hauptschuldner stammen (BGH WM 1984, 1630; WM 1989, 1205; WM 1994, 1161). Sicherheiten Dritter hat die Bank mangels anderweitiger Vereinbarungen grundsätzlich an diese zurückzuübertragen (BGH WM 1980, 842; WM 1980, 1255; WM 1981, 691). Soweit eine gemeinschaftliche Sicherheit entsteht, hat der Bürge nach dem Rechtsgedanken von § 774 Satz 2 BGB nur ein nachrangiges Sicherungsrecht (BGH WM 1990, 260).

11. Bei einem Nebeneinander von verbürgten und nicht verbürgten Ansprüchen kann die Bank bestimmen, dass Zahlungen und Sicherheitenerlöse entsprechend dem Rechtsgedanken von § 366 Abs 2 BGB zunächst auf die Forderungen verrechnet werden, die durch die Bürgschaft nicht gesichert sind (BGH WM 1974, 1129; WM 1977, 334; WM 1985, 1307; WM 1990, 260). Insoweit ist § 776 BGB in zulässiger Weise abbedungen (BGHZ 95, 350 = WM 1985, 1307). Etwas anderes gilt, wenn nach Übernahme der Bürgschaft der Sicherungszweck weiterer Sicherheiten ohne Mitwirken des Bürgen erweitert wird. In diesem Fall kann der Bürge Befreiung aus der Bürgschaft in dem Umfang verlangen, wie der Sicherheitenerlös zur Rückführung der weiteren Forderung verwendet wird (BGH WM 2000, 764; WM 2000, 1141, WM 2005, 2400).

12. Die **gesamtschuldnerische Haftung** nach § 769 BGB kann abbedungen werden (BGH WM 1983, 928; WM 1986, 95; WM 1989, 609). Die Ausgleichsansprüche der Bürgen untereinander werden jedoch durch den Ausschluss der gesamtschuldnerischen Haftung nicht berührt (BGH WM 1986, 961; WM 1987, 928; WM 1992, 1212; Köln WM 1991, 1718). Haben sich jedoch mehrere Bürgen in einer Urkunde verbürgt, bleibt es bei der gesamtschuldnerischen Haftung (§ 769 BGB) mit den sich daraus ergebenden Wirkungen (§ 421 BGB, BGH WM 1986, 961; Schimansky/Bunte/Lwowski BankR-HdB/*Nobbe*, § 91 Rn 99). Der Innenausgleich zwischen den Mitbürgern richtet sich grundsätzlich nach dem Verhältnis der einzelnen Höchstbeträge (BGH WM 1998, 235).

13. Mit der Klausel über zusätzliche Bürgschaftserklärungen wird nur klargestellt, dass die Bürgschaft zusätzlich zu etwaigen weiteren vom Bürgen abgegebenen Bürgschaftserklärungen gilt, also mit Entgegennahme der Bürgschaftsurkunde keine Entlassung aus früheren Bürgschaften verbunden ist (Düsseldorf WM 1989, 1122; Schimansky/Bunte/Lwowski BankR-HdB/*Lwowski*, Anh zu § 91 Nr 8).

14. Eine zeitlich nicht befristete Bürgschaft kann nach angemessener Laufzeit und Einhaltung einer angemessenen Kündigungsfrist sowie unter Wahrung der Belange der Bank und des Hauptschuldners mit Wirkung für die Zukunft **gekündigt** werden (BGH WM 1980, 330; WM 1985, 155; WM 1985, 969; WM 1985, 1061; Celle WM 1989, 1224). Bank und Kreditnehmer müssen sich auf die veränderte Lage einstellen können (BGH WM 1959, 855; WM 1985, 965; NJW-RR 1993, 944). Eine Frist von 3 Monaten analog §§ 1133 Satz 1, 488 Abs. 3 BGB (§ 609a Abs 1 Nr 2 und Abs 2 BGB –alt–) wird als Richtwert angesehen (BGH NJW-RR 1989, 548; BuB/*Piekenbrock* Rn 4/1174).

Mit der Kündigung kann der Bürge seine Haftung beschränken, aber nicht beenden; die Bürgschaftsschuld reduziert sich dann auf den Kreditsaldo, der zum Zeitpunkt des Wirksamwerdens der Kündigung besteht (BGH WM 1985, 969). Zahlungseingänge führen erst nach der Abdeckung der ungesicherten Forderungen zu einer Ermäßigung der Bürgschaftsschuld.

d) Pfandrechte

7. Verpfändung von beweglichen Sachen

	Interne Angaben der Bank/Ablagehinweise

Verpfändung von beweglichen Sachen[1]

Zwischen (nachstehend „Verpfänder" genannt)

Name und Anschrift des Verpfänders

und dem oben genannten Kreditinstitut (nachstehend „Bank" genannt) **wird Folgendes vereinbart:**

1. Gegenstand der Verpfändung

Der Verpfänder verpfändet der Bank unter gleichzeitiger Übergabe die nachstehend / in der **Anlage** aufgeführten Sachen:

Verpfändete Sachen

2. Sicherungszweck

Die Verpfändung erfolgt

☐ **zur Sicherung der Ansprüche,** die der Bank **aus dem nachstehend bezeichneten Kreditvertrag** zustehen, und zwar auch dann, wenn die vereinbarte Laufzeit des Kredits verlängert wird

Bezeichnung des Kreditvertrages, ggf. Name des Kreditnehmers, falls dieser mit dem Verpfänder nicht identisch ist

☐ **zur Sicherung aller bestehenden, künftigen und bedingten Ansprüche,** die der Bank mit ihren sämtlichen in- und ausländischen Geschäftsstellen **aus der bankmäßigen Geschäftsverbindung** gegen den Verpfänder zustehen. Hat dieser die Haftung für Verbindlichkeiten eines anderen Kunden der Bank übernommen (z.B. als Bürge), so sichert die Verpfändung die aus der Haftungsübernahme folgende Schuld erst ab deren Fälligkeit.

3. Versicherung der Pfandgegenstände

Die Pfandgegenstände sind versichert bei

Name und Anschrift der Versicherungsgesellschaft
gegen (versicherte Risiken)

Die dem Verpfänder zustehenden Ansprüche aus dieser Versicherung werden hiermit bei gleichzeitiger Übergabe des Versicherungsscheins

Nummer des Versicherungsscheins

verpfändet, und zwar für denselben, oben genannten Sicherungszweck, dem die Pfandgegenstände dienen. Der Verpfänder verpflichtet sich, die Verpfändung dieser Ansprüche unverzüglich der Versicherungsgesellschaft mit der Bitte anzuzeigen, der Bank den Erhalt der Anzeige zu bestätigen. Zugleich bevollmächtigt der Verpfänder jedoch auch die Bank zur Anzeige in seinem Namen. Der Verpfänder verpflichtet sich, die Versicherung ordnungsgemäß aufrechtzuerhalten und insbesondere pünktlich die Prämie zu zahlen.

4. Verwertungsrecht der Bank

(1) Die Bank ist berechtigt, die Pfandgegenstände zu verwerten, wenn der Kreditnehmer mit fälligen Zahlungen auf die durch diesen Vertrag gesicherten Forderungen in Verzug ist. Die Bank wird die Pfandgegenstände nur in dem Umfange verwerten, als dies zur Erfüllung der rückständigen Forderungen erforderlich ist.

(2) Die Bank wird die Verwertung der Pfandgegenstände dem Verpfänder unter Fristsetzung schriftlich androhen. Stellt der Abschluss dieses Vertrages für den Verpfänder ein Handelsgeschäft dar, beträgt die Frist mindestens eine Woche. In allen übrigen Fällen beträgt sie einen Monat.

(3) Nach Verwertung der Pfandgegenstände wird die Bank den Erlös zur Befriedigung der gesicherten Ansprüche verwenden. Wenn der Verwertungsvorgang der Umsatzsteuer unterliegt, wird die Bank eine Gutschrift erteilen, die als Rechnung für die Lieferung der als Sicherheit dienenden Sache gilt und den Voraussetzungen des Umsatzsteuerrechts entspricht.

(4) Handelt es sich bei dem Verpfänder um ein Unternehmen, eine juristische Person des öffentlichen Rechts oder ein öffentlich-rechtliches Sondervermögen, vereinbaren die Bank und der Verpfänder hiermit, dass die Verwertung der Pfandgegenstände gemäß § 1259 BGB durch Verkauf aus freier Hand zum laufenden Preis durch die Bank oder durch Dritte vorgenommen werden kann. Einer Androhung der Verwertung bedarf es nicht.

5. Rückgabe, Sicherheitenfreigabe

(1) Nach Befriedigung ihrer durch diese Verpfändung gesicherten Ansprüche hat die Bank an den Verpfänder die Pfandgegenstände und einen etwaigen Übererlös aus der Verwertung herauszugeben. Die Bank wird jedoch die Pfandgegenstände an einen Dritten herausgeben, falls sie hierzu verpflichtet ist.

(2) Die Bank ist schon vor vollständiger Befriedigung ihrer durch die Verpfändung gesicherten Ansprüche verpflichtet, auf Verlangen ihr verpfändete Gegenstände sowie auch etwaige andere ihr bestellte Sicherheiten (z.B. abgetretene Forderungen, Grundschulden) nach ihrer Wahl an den jeweiligen Sicherungsgeber ganz oder teilweise freizugeben, sofern der realisierbare Wert sämtlicher Sicherheiten

110%

der gesicherten Ansprüche der Bank nicht nur vorübergehend überschreitet. Sofern die Bank bei der Verwertung mit der Umsatzsteuer belastet wird, erhöht sich dieser Prozentsatz um den gesetzlichen Umsatzsteuersatz. 1

[1] Der Vordruck ist für die Nutzung im Rahmen einer Kundenbeziehung konzipiert und enthält daher keine geldwäscherechtlichen Abfragen.

(3) Die Bank wird bei der Auswahl der freizugebenden Sicherheiten auf die berechtigten Belange des Verpfänders und der Besteller zusätzlicher Sicherheiten Rücksicht nehmen.

6. Zusätzliche Vereinbarungen für den Fall, dass der Verpfänder nicht zugleich der Kreditnehmer ist:

a) Verzicht auf Einreden

Der Verpfänder kann sich nicht darauf berufen, dass die Bank ihre Ansprüche durch Aufrechnung gegen fällige Forderungen des Kreditnehmers befriedigen kann (Verzicht auf die dem Verpfänder nach § 1211 Abs. 1 BGB zustehende Einrede der Aufrechenbarkeit).

b) Übergang von Sicherheiten

(1) Hat der Verpfänder gesicherte Ansprüche der Bank befriedigt, gilt Folgendes: Die Übertragung von Sicherheiten kann der Verpfänder erst dann verlangen, wenn die durch das Pfandrecht gesicherten Ansprüche vollständig befriedigt sind und die zu übertragenden anderweitigen Sicherheiten nicht mehr zur Sicherung anderer Ansprüche der Bank dienen.

(2) Soweit Sicherheiten kraft Gesetzes auf den Verpfänder übergehen, bleibt es bei der gesetzlichen Regelung. Wenn die Ansprüche der Bank den Verwertungserlös übersteigen und die kraft Gesetzes auf den Verpfänder übergehenden Sicherheiten auch zur Sicherung des durch den Verwertungserlös nicht gedeckten Teils der Ansprüche dienen, so steht hierfür der Bank gegenüber dem Verpfänder ein vorrangiges Befriedigungsrecht zu.

7. Rechtswirksamkeit

Sollte eine Bestimmung dieses Vertrages nicht rechtswirksam sein oder nicht durchgeführt werden, so wird dadurch die Gültigkeit des übrigen Vertragsinhaltes nicht berührt.

Ort Datum, Unterschrift(en) des/der Verpfänder(s)	
Ort, Datum, Unterschrift(en) der Bank	

42.271 (03/10)

2

Anmerkungen

1. Zur Verpfändung von beweglichen Sachen allgemein: BuB/*Benckendorff* Rn 4/1400; *Brünink* in: Lwowski/Fischer/Gehrlein, Das Recht der Kreditsicherung, 10. Aufl. 2018, § 10, Rn 1 ff.; Schimansky/Bunte/Lwowski BankR-HdB/*Merkel* § 93 Rn 113 ff.

2. Das Vertragspfandrecht an beweglichen Sachen hat in der Bankpraxis nur eine untergeordnete Bedeutung (BuB/*Benckendorff* Rn 4/1401). Gegenstand des Pfandrechts kann jede bewegliche Sache sein – auch eine verbrauchbare (§ 92 BGB), eine vertretbare (§ 91 BGB), sowie grundsätzlich auch eine unpfändbare (§ 811 ZPO), die nicht wesentlicher Bestandteil einer anderen beweglichen Sache oder eines Grundstücks bzw Gebäudes ist (§§ 93 ff. BGB).

3. Ob bzw inwieweit eine bewegliche Sache als Pfand geeignet ist, hängt für die Praxis vor allem vom Beleihungswert der Sache ab, der regelmäßig niedriger als der Verkehrswert ist. Dabei ist das Rangverhältnis (§ 1209 BGB) von besonderer Bedeutung (BGH WM 1986, 720; BGH NJW 1993, 2876; BuB/*Benckendorff* Rn 4/1445), insbesondere auch der Umstand, ob und inwieweit die Sache bereits anderweitig belastet ist, zB durch gesetzliche oder vorrangige Vertragspfandrechte, Zurückbehaltungsrechte, Urheber- oder Patentrechte (BuB/*Benckendorff* Rn 4/1413).

4. Zur Wirksamkeit der Verpfändung sind erforderlich: die bestimmte Bezeichnung der verpfändeten Sachen sowie deren Übergabe (§ 1205 BGB; BGHZ 21, 52; WM 1958, 902). Die Einräumung des Mitbesitzers genügt, wenn die Sache unter den „Mitverschluss" der Bank gelangt (§ 1206 BGB; BGHZ 86, 300; WM 1983, 366). Gutgläubiger Erwerb des Pfandrechts ist möglich (§ 1297 BGB, § 366 HGB; BGHZ 35, 85 = NJW 1961, 1349; BGH WM 1968, 198).

5. Sind **Kreditnehmer und Sicherungsgeber nicht identisch**, darf regelmäßig nur der enge Sicherungszweck vereinbart werden, dh es dürfen nur Ansprüche gesichert werden, die den Anlass zu dem Vertrag über die Verpfändung einer beweglichen Sache gebildet haben (BGHZ 109, 197 = WM 1989, 1926; BGH WM 1991, 1748; WM 1992, 563 und 1648; WM 1994, 1242; WM 1995, 790; WM 1995, 1397; WM 1995, 1663; WM 1997, 1280; WM 1998, 443; WM 00, 1328; WM 02, 1117). Auch Eheleute sind im Verhältnis zueinander wie Dritte zu behandeln (BGH WM 1994, 1242; WM 1997, 1280; WM 2001, 455; Schimansky/Bunte/Lwowski BankR-HdB/*Epp*, § 94 Rn 333; BuB/*Wenzel* 4/2300). Bei einem engen Sicherungszweck sind etwaige Bereicherungs-, Rückgewähr- oder Herausgabeansprüche, die dem Sicherungsnehmer aufgrund der Nichtigkeit, der Anfechtung, des Widerrufs oder aus anderen Rechtsgründen zustehen, ausdrücklich mit in den Sicherungszweck einzubeziehen. Die Klausel über die Vereinbarung des engen Sicherungszwecks ist in diesem Formular entsprechend ergänzt worden. **Trotz Nichtidentität** von Kreditnehmer und Sicherungsgeber ist die Vereinbarung eines weiten Sicherungszwecks **ausnahmsweise** zulässig, wenn der Sicherungsgeber selbst Einfluss auf die Entstehung künftiger Forderungen gegen den Dritten nehmen kann (BGH WM 1987, 586; WM 1992, 563).

6. Sind **Kreditnehmer und Sicherungsgeber identisch,** ist die Vereinbarung des weiten Sicherungszwecks („ . . . . . **Sicherung aller bestehenden, künftigen und bedingten Ansprüche aus der bankmäßigen Geschäftsverbindung** . . . . .") zulässig (BGHZ 106, 19 = WM 1989, 88; BGHZ 109, 197 = WM 1989, 1926; BGH WM 1990, 969; WM 1995, 790; WM 1997, 1280 und 1615). Zur Filialklausel BGH WM 1969, 1276; WM 1983, 926; Bamberg WM 1990, 1019. Zur bankmäßigen Geschäftsverbindung gehören alle Forderungen, die in banküblicher Form. erworben werden, zB Ansprüche aus Darlehen,

Zinsen, Kosten, Schecks, Wechsel (BGH WM 1981, 162, 519; WM 1987, 584; WM 1990, 8; WM 1991, 954). Bei einem weiten Sicherungszweck sind die Ansprüche, die dem Sicherungsnehmer aus der Rückabwicklung eines Darlehensvertrags im Falle des Rücktritts oder des Widerrufs gegen den Darlehensnehmer zustehen, ebenfalls mit besichert (so zur Sicherungszweckvereinbarung bei einer Grundschuld BGH WM 2003, 64).

7. Haftet der Sicherungsgeber der Bank gegenüber für Verbindlichkeiten eines anderen Kunden, zB aufgrund einer Bürgschaft, so dient die Verpfändung erst dann der Sicherung dieser Ansprüche, wenn diese fällig sind. Diese Klausel entspricht im wesentlichen Nr 14 Abs 2 AGB-Banken/Nr 21 Abs 3 AGB-Sparkassen. Der bankmäßigen Geschäftsverbindung nicht ohne weitere zurechenbar sind Bürgschaftsübernahmen des Kunden für einen anderen Kunden der Bank. Die Ausweitung des Sicherungszwecks auch für diese Verbindlichkeiten gilt nur bei Identität von Kreditnehmer und Sicherungsgeber und erst ab Fälligkeit der durch die Bürgschaft gesicherten Verbindlichkeiten (BGH WM 1989, 129; WM 1990, 1910 = WuB I F 1a. – 6.1991 *Ott* WM 1998, 2463).

8. Für den Fall, dass die verpfändeten Sachen untergehen, beschädigt werden oder der Bank in sonstiger Weise entzogen werden, lässt sich die Bank auch die dem Verpfänder zustehenden Ansprüche aus einer abgeschlossenen Versicherung verpfänden, um den Wert auch für den Versicherungsfall zu erhalten (BGH WM 1979, 200; Schimansky/Bunte/Lwowski BankR-HdB/*Merkel* § 93 Rn 114).

9. Die Verwertungsregelung entspricht inhaltlich den gesetzlichen Vorschriften (§§ 1228, 1230, 1234 BGB, § 368 HGB) und dient deshalb nur der Transparenz und dem Informationsbedürfnis des Verpfänders. Bei Fälligkeit/Zahlungsverzug oder bei Vorliegen sonstiger wichtiger Gründe zur vorzeitigen Kündigung des Kredits kann die Bank die verpfändeten Gegenstände verwerten (§ 1228 BGB; BGH WM 1962, 673; WM 1984, 1273; WM 1988, 1223; BuB/*Benckendorff* Rn 4/1452). Die **Verwertung** muss dem Schuldner bei Handelsgeschäften mit Wochenfrist (§ 368 HGB), ansonsten grundsätzlich mit Monats-frist (§§ 1234, 1273 Abs 2 BGB) angedroht werden (BGH WM 1962, 393; WM 1992, 1359; WM 1994, 414; NJW 1994, 1796). Handelt es sich bei dem Verpfänder um einen Unternehmer, eine juristische Person des öffentlichen Rechts oder ein öffentlich-rechtliches Sondervermögen, so gelten für die Verwertung besondere Regelungen nach § 1259 BGB. Der Pfandgläubiger kann dann das Pfand durch Verkauf aus freier Hand zum laufenden Preis selbst vornehmen oder durch einen Dritten vornehmen lassen. Der vorherigen Androhung der Verwertung bedarf es nicht. Voraussetzung ist, dass der verpfändete Gegenstand einen Markt- oder Börsenpreis hat (. Der Verwertungserlös ist auf die gesicherte Forderung zu verrechnen (BGH WM 1971, 1120; WM 1982, 329). Die Verwertung des Pfandes unterliegt der Umsatzsteuer (§§ 1–3 UStG; BuB/*Benckendorff* Rn 4/1469 und BuB/*Cartano* Rn 4/527 ff).

10. Obwohl für die Wirksamkeit der Sicherheitenbestellung nicht erforderlich (BGH GS BGHZ 137, 212 = WM 1998, 227; *Schröter* WM 1997, 2193), sind Regelungen zur Freigabe in dem Formularvertrag aus Gründen der Transparenz und der Zweckmäßigkeit enthalten.

11. Sind Verpfänder und Kreditnehmer nicht identisch, kann die Geltendmachung von Einreden zu einer wertmindernden Beeinträchtigung der Sicherheit führen. Um dies zu vermeiden, regelt die Klausel – wie bei der Bürgschaft – den Verzicht auf die Einreden der Aufrechenbarkeit (§ 770 BGB; BGH WM 1985, 1307; WM 1986, 95; WM 1991, 1294).

12. Soweit Verpfänder und Kreditnehmer nicht identisch sind, kann der Verpfänder die Übertragung von Sicherheiten, die der Kreditnehmer gestellt hat, erst dann verlangen, wenn die durch das Pfandrecht gesicherten Ansprüche vollständig befriedigt sind und die zu übertragenden Sicherheiten nicht mehr der Sicherung anderer Ansprüche der Bank dienen. Hinsichtlich des Übergangs von Drittsicherheiten wird zwischen akzessorischen Sicherheiten (§§ 1225, 774, 412, 401 BGB) und abstrakten Sicherheiten unterschieden, für die die jeweiligen Besonderheiten zu beachten sind (Schimansky/Bunte/Lwowski BankR-HdB/*Merkel*, § 93 Rn 255 ff., 258 ff. und Anh 1 zu § 93 Nr 12–15).

8. Verpfändung von Sparguthaben, Sparbriefen, Festgeldern, Wertpapieren

	Interne Angaben der Bank/Ablagehinweise

Verpfändung von Sparguthaben, Sparbriefen, Festgeldern, Wertpapieren[1]

Zwischen (nachstehend „Verpfänder" genannt)

Name und Anschrift des Verpfänders

und dem oben genannten Kreditinstitut (nachstehend „Bank" genannt) **wird Folgendes vereinbart:**

1. Gegenstand der Verpfändung[1]

Der Verpfänder verpfändet der Bank hiermit seine

☐ nachstehend aufgeführten, bei der Bank bestehenden **Sparguthaben** in der derzeitigen und künftigen Höhe einschließlich Zinsen:

Bezeichnung

unter Übergabe der jeweiligen Sparurkunden.

☐ der Bank gegenüber bestehende Forderungen, über die (ein) **Sparbrief(e)** ausgestellt ist/sind einschließlich Zinsen:

Bezeichnung

unter Übergabe des/der Sparbriefe(s).

☐ nachstehend bezeichneten, bei der Bank bestehenden **Festgeldeinlagen** in der derzeitigen und künftigen Höhe einschließlich Zinsen:

Bezeichnung

☐ bei der Bank in dem/den nachstehend aufgeführten Wertpapierdepot(s) jetzt und künftig verbuchten **Wertpapiere** einschließlich der Zins- und Gewinnanteilscheine nebst Erneuerungsscheinen sowie die auf Aktien anfallenden Bezugsrechte und Berichtigungsaktien:

Bezeichnung

Ausgenommen sind jedoch

- im Ausland ruhende Wertpapiere
- eigene Aktien, Genussrechte, Genussscheine und nachrangige Verbindlichkeiten der Bank
- Aktien, Genussrechte, Genussscheine und nachrangige Verbindlichkeiten nachstehender Unternehmen

Unternehmen, in deren Mehrheitsbesitz die Bank steht oder von denen sie abhängig ist

☐ Ansprüche – vor allem Lieferungs- und Herausgabeansprüche –, die ihm wegen der in dem/den nachstehend aufgeführten, bei der Bank unterhaltenen Wertpapierdepot(s) verbuchten, im **Ausland ruhenden Wertpapiere** einschließlich der Zins- und Gewinnanteilscheine nebst Erneuerungsscheinen jetzt und künftig zustehen:

Bezeichnung

2. Orderpapiere

Soweit sich in den Depots Orderpapiere befinden und soweit solche zukünftig in die Depots aufgenommen werden, wird der Verpfänder diese Papiere, wenn nicht bereits geschehen, mit einem Blankoindossament versehen.

3. Verpfändung des Gegenwertes von Pfandgegenständen

(1) Die Gegenwerte der Pfandgegenstände (z.B. Rückzahlung fälliger Wertpapiere) wird die Bank einem Konto gutschreiben, das sie zu diesem Zweck für den Verpfänder einrichtet. An den jeweiligen Guthaben auf derartigen Konten bestellt der Verpfänder der Bank hiermit ebenfalls ein Pfandrecht zur Sicherung der in Nummer 4 genannten Ansprüche.

(2) Die Bank wird dem Verpfänder eine Verfügung über diese Guthaben zur Anlage in Wertpapieren gestatten, die den zurückgezahlten oder ausgelosten Werten im Hinblick auf die Bonität des Emittenten und die sonstigen Risiken entspricht und die in dem oben genannten Depot zu verbuchen sind.

4. Sicherungszweck

Die Verpfändung erfolgt

☐ zur Sicherung der Ansprüche, die der Bank **aus dem nachstehend bezeichneten Kreditvertrag** zustehen, und zwar auch dann, wenn die vereinbarte Laufzeit des Kredits verlängert wird. Sollte der Vertrag nichtig sein, wirksam angefochten, widerrufen oder aufgehoben werden oder aus sonstigen Gründen unwirksam oder nicht vollziehbar sein, so sind auch alle hieraus resultierenden vertraglichen und gesetzlichen Ansprüche der Bank gegen den Kreditnehmer gesichert.

Bezeichnung des Kreditvertrages, ggf. Name und Anschrift des Kreditnehmers, falls mit dem Verpfänder nicht identisch

☐ **zur Sicherung aller bestehenden, künftigen und bedingten Ansprüche,** die der Bank mit ihren sämtlichen in- und ausländischen Geschäftsstellen aus der bankmäßigen Geschäftsverbindung gegen den Verpfänder zustehen. Hat dieser die Haftung für Verbindlichkeiten eines anderen Kunden der Bank übernommen (z.B. als Bürge), so sichert die Verpfändung die aus der Haftungsübernahme folgende Schuld erst ab deren Fälligkeit.

5. Zins- und Gewinnanteilscheine

Der Verpfänder ist nicht berechtigt, die Herausgabe von Zins- und Gewinnanteilscheinen der als Pfand haftenden Wertpapiere zu verlangen.

6. Verwertungsrecht der Bank

(1) Die Bank ist berechtigt, die Pfandgegenstände zu verwerten, wenn der Kreditnehmer mit fälligen Zahlungen auf die durch diesen Vertrag gesicherten Forderungen in Verzug ist. Die Bank wird die Pfandgegenstände nur in dem Umfange verwerten, als dies zur Erfüllung der rückständigen Forderungen erforderlich ist.

(2) Die Bank wird die Verwertung der Pfandgegenstände dem Verpfänder unter Fristsetzung in Textform androhen. Stellt der Abschluss dieses Vertrages für den Verpfänder ein Handelsgeschäft dar, beträgt die Frist mindestens eine Woche. In allen übrigen Fällen beträgt sie einen Monat.

[1] Guthaben und Wertpapiere, die nach dem 5. VermBG angelegt sind, fallen für die Dauer der Bindung nicht unter die Verpfändung.

1

(3) Handelt es sich bei dem Verpfänder um ein Unternehmen, eine juristische Person des öffentlichen Rechts oder ein öffentlich-rechtliches Sondervermögen, vereinbaren die Bank und der Verpfänder hiermit, dass die Verwertung der Pfandgegenstände gemäß § 1259 BGB durch Verkauf aus freier Hand zum laufenden Preis durch die Bank oder durch Dritte vorgenommen werden kann. Einer Androhung der Verwertung bedarf es nicht.

7. Rückgabe, Sicherheitenfreigabe

(1) Nach Befriedigung ihrer durch diese Verpfändung gesicherten Ansprüche hat die Bank an den Verpfänder die Pfandgegenstände und einen etwaigen Übererlös aus der Verwertung herauszugeben. Dies gilt nicht, wenn die Pfandgegenstände einem Dritten zustehen.

(2) Die Bank ist schon vor vollständiger Befriedigung ihrer durch die Verpfändung gesicherten Ansprüche verpflichtet, auf Verlangen die ihr verpfändeten Gegenstände sowie auch etwaige andere ihr bestellte Sicherheiten (z.B. abgetretene Forderungen, Grundschulden) nach ihrer Wahl an den jeweiligen Sicherungsgeber ganz oder teilweise freizugeben, sofern der realisierbare Wert sämtlicher Sicherheiten

110%

der gesicherten Ansprüche der Bank nicht nur vorübergehend überschreitet.

(3) Die Bank wird bei der Auswahl der freizugebenden Sicherheiten auf die berechtigten Belange des Verpfänders und der Besteller zusätzlicher Sicherheiten Rücksicht nehmen.

8. Bewertung der Pfandgegenstände

(1) Vorbehaltlich einer anderweitigen Regelung wird der realisierbare Wert der Pfandgegenstände wie folgt festgelegt:

- Bei der Bank unterhaltene Guthaben in inländischer Währung einschließlich der Sparbriefe werden zu 100% bewertet.
- Bei der Bank unterhaltene, auf US-Dollar, Kanadische Dollar, Schweizer Franken, Yen oder auf Währungen anderer EG-Mitgliedstaaten, in denen der Euro nicht inländische Währung ist, lautende Guthaben werden zu

  [ ] % des jeweiligen Gegenwertes in inländischer Währung bewertet.
- Inländische sowie ausländische, im Inland amtlich notierte festverzinsliche, auf inländische Währung lautende Wertpapiere sowie Anteile an inländischen Rentenfonds werden zu

  [ ] % des Kurswertes bzw. Rücknahmepreises bewertet.
- Inländische sowie ausländische, im Inland amtlich notierte oder im geregelten Markt gehandelte Aktien und Anteile an inländischen Aktienfonds werden zu

  [ ] % des Kurswertes bzw. Rücknahmepreises bewertet.
- Ausländische, nur an ausländischen Börsen notierte Aktien werden zu

  [ ] % des Kurswertes bewertet.

(2) Soweit hiernach ein realisierbarer Wert von Pfandgegenständen nicht festgesetzt ist, können der Verpfänder und die Bank die Vereinbarung von Wertansätzen und Wertmaßstäben verlangen. Hierbei werden sich der Verpfänder und die Bank an der Einschätzung der betreffenden Werte durch den Markt orientieren und dem Risiko einer Änderung dieser Einschätzung und eines Mindererlöses im Verwertungsfall durch angemessene Abschläge Rechnung tragen.

Raum für ergänzende Bewertungsvereinbarungen

(3) Der Verpfänder und die Bank können die Vereinbarung abweichender Wertansätze oder Wertmaßstäbe für die Bewertung der Pfandgegenstände verlangen, wenn sich infolge von zwischenzeitlichen Veränderungen die vereinbarten Wertansätze als erheblich überhöht oder zu niedrig erweisen.

9. Zusätzliche Vereinbarungen für den Fall, dass der Verpfänder nicht zugleich der Kreditnehmer ist:

a) Verzicht auf Einreden

Der Verpfänder kann sich nur dann darauf berufen, dass die Bank ihre Ansprüche durch Aufrechnung gegen eine fällige Forderung des Kreditnehmers befriedigen kann (Einrede der Aufrechenbarkeit gemäß § 1211 Abs. 1 BGB), wenn die Gegenforderung des Hauptschuldners unbestritten oder rechtskräftig festgestellt ist.

b) Übergang von Sicherheiten

(1) Hat der Verpfänder gesicherte Ansprüche der Bank befriedigt, gilt folgendes: Die Übertragung von Sicherheiten kann der Verpfänder erst dann verlangen, wenn die durch das Pfandrecht gesicherten Ansprüche vollständig befriedigt sind und die zu übertragenden anderweitigen Sicherheiten nicht mehr zur Sicherung anderer Ansprüche der Bank dienen.

(2) Soweit Sicherheiten kraft Gesetzes auf den Verpfänder übergehen, bleibt es bei der gesetzlichen Regelung. Wenn die Ansprüche der Bank den Verwertungserlös übersteigen und die kraft Gesetzes auf den Verpfänder übergehenden Sicherheiten auch zur Sicherung des durch den Verwertungserlös nicht gedeckten Teils der Ansprüche dienen, so steht hierfür der Bank gegenüber dem Verpfänder ein vorrangiges Befriedigungsrecht zu.

10. Rechtswirksamkeit

Sollte eine Bestimmung dieses Vertrages nicht rechtswirksam sein oder nicht durchgeführt werden, so wird dadurch die Gültigkeit des übrigen Vertragsinhaltes nicht berührt.

Ort, Datum, Unterschrift des Verpfänders	
Ort, Datum, Unterschrift der Bank	

42.280 (04/17)

2

Anmerkungen

1. Zum Pfandrecht an Wertpapieren und Forderungen allgemein: BuB/*Benckendorff* Rn 4/1477; *Brünink* in: Lwowski/Fischer/Gehrlein, Das Recht der Kreditsicherung, 10. Aufl. 2018, § 11 Rn 1 ff.; Schimansky/Bunte/Lwowski BankR-HdB/*Merkel*, Anh 2 zu § 93).

2. Bei der Verpfändung von **Sparguthaben** wird zur Verhinderung von Verfügungen regelmäßig auch die Übergabe der Sparurkunden (Legitimationspapiere nach § 808 BGB) vereinbart, auch wenn dies zur Wirksamkeit der Verpfändung nicht notwendig ist (BGH WM 1965, 897).

3. Forderungen aus **Sparbriefen,** die die Bank selbst ausgegeben hat, können wie bei ihr unterhaltene Sparguthaben verpfändet werden (BGH WM 1976, 685; WM 1989, 1640).

4. Die Verpfändung von **Festgeldkonten** bedeutet die Verpfändung der in ihnen verbuchten Kontoguthaben (BuB/*Benckendorff* Rn 4/1525).

5. Die meisten **börsengängigen Wertpapiere,** insbesondere Aktien und Renten, sind Inhaberpapiere. Ein Pfandrecht an ihnen wird wie ein Pfandrecht an beweglichen Sachen bestellt (§ 1293 BGB).

6. Eigene Aktien (§ 71d AktG) sind im Hinblick auf § 71e AktG von der Verpfändung ausgenommen. Genussrechte, Genussscheine sowie verbriefte und nicht verbriefte nachrangige Verbindlichkeiten der Bank sind wegen § 10 Abs. 5 und 5a KWG ebenfalls von der Verpfändung ausgenommen (Schimansky/Bunte/Lwowski BankR-HdB/*Merkel*, § 93 Rn 108 ff. Auch im Ausland vorhandene Aktien werden nicht verpfändet (BuB/*Benckendorff* Rn 4/1544).

7. Soweit Wertpapiere bei der Bank verbucht sind, aber im Ausland ruhen, werden mit dieser Klausel die Lieferungs- und Herausgabeansprüche verpfändet.

8. **Orderpapiere,** also zB Wechsel und Namensaktien, die sich im Depot der Bank befinden, sind zur Ermöglichung der Verwertung mit einem Blankoindossament zu versehen (analog § 1292 BGB, BuB/*Benckendorff* Rn 4/1479 ff).

9. Sind **Kreditnehmer und Sicherungsgeber nicht identisch,** darf regelmäßig nur der enge Sicherungszweck vereinbart werden, dh es dürfen nur Ansprüche gesichert werden, die den Anlass zu dem Verpfändungsvertrag gegeben haben (BGHZ 109, 197 = WM 1989, 1926; BGH WM 1991, 1748; WM 1992, 563 und 1648; WM 1994, 1242; WM 1995, 790; WM 1995, 1397; WM 1995, 1663; WM 1997, 1280; WM 2000, 1328; WM 2002, 1117). Auch Eheleute sind im Verhältnis zueinander wie Dritte zu behandeln (BGH WM 1994, 1242; WM 1997, 1280; WM 2001, 455; Schimansky/Bunte/Lwowski BankR-HdB/*Merkel*, § 94 Rn 333; BuB/*Wenzel* 4/2300). **Trotz Nichtidentität** von Kreditnehmer und Sicherungsgeber ist die Vereinbarung eines weiten Sicherungszwecks **ausnahmsweise** zulässig, wenn der Sicherungsgeber selbst Einfluss auf die Entstehung künftiger Forderungen gegen den Dritten nehmen kann (BGH WM 1987, 586; WM 1992, 563; WM 2001, 455).

10. Sind **Kreditnehmer und Sicherungsgeber identisch,** ist die Vereinbarung des weiten Sicherungszwecks („. . . . . **Sicherung aller bestehenden, künftigen und bedingten Ansprüche aus der bankmäßigen Geschäftsverbindung** . . . . .") zulässig (BGHZ 106, 19 = WM 1989, 88; BGHZ 109, 197 = WM 1989, 1926; BGH WM 1990, 969; WM 1995, 790; WM 1997, 1280 und 1615). Zur Filialklausel BGH WM 1969, 1276; WM 1983, 926; Bamberg WM 1990, 1019. Zur bankmäßigen Geschäftsverbindung gehören alle Forderungen, die in banküblicher Form. erworben werden, zB Ansprüche aus Darlehen, Zinsen, Kosten, Schecks, Wechsel (BGH WM 1981, 162, 519; WM 1987, 584; WM 1990, 8; WM 1991, 954).

11. Haftet der Sicherungsgeber der Bank gegenüber für Verbindlichkeiten eines anderen Kunden persönlich, zB aufgrund einer Bürgschaft, so dient die Verpfändung erst dann der Sicherung dieser Ansprüche, wenn diese fällig sind. Diese Klausel entspricht im wesentlichen Nr 14 Abs 2 AGB-Banken/Nr 21 Abs 3 AGB-Sparkassen. Der bankmäßigen Geschäftsverbindung nicht ohne weitere zurechenbar sind Bürgschaftsübernahmen des Kunden für einen anderen Kunden der Bank. Die Ausweitung des Sicherungszwecks auch für diese Verbindlichkeiten gilt nur bei Identität von Kreditnehmer und Sicherungsgeber und erst ab Fälligkeit der durch die Bürgschaft gesicherten Verbindlichkeiten (BGH WM 1989, 129; WM 1990, 1910 = WuB I F 1a. – 6.1991 *Ott* WM 1998, 2463).

12. Bei der Verpfändung von Wertpapieren erstreckt sich das Pfandrecht auf die zu diesem Papier gehörenden und der Bank übergebenen Zins- und Gewinnanteilscheine (§ 1296 Abs 1 BGB). Das Herausgaberecht (§ 1296 BGB) ist hier ausgeschlossen (*Graf von Westphalen* WM 1984, 2). Die mit einer Aktie verbundenen allgemeinen oder konkreten Bezugsrechte sind regelmäßig nicht mit verpfändet (*Nodoushani*, WM 2011, 1 ff.), sondern nur, wenn sie – wie hier – ausdrücklich in der Verpfändungsvereinbarung genannt werden.

13. Bei Fälligkeit/Zahlungsverzug oder bei Vorliegen sonstiger wichtiger Gründe zur vorzeitigen Kündigung des Kredits kann die Bank die verpfändeten Rechte verwerten (BGH WM 1984, 1273; WM 1988, 1223). Bei der Verwertung hat die Bank die Belange des Sicherungsgebers angemessen zu wahren (BGH WM 1962, 673; WM 1982, 480; WM 1987, 853 = NJW-RR 1987, 1291; WM 1991, 846; Köln WM 1989, 1529). Bei der Verwertung von Sparbriefen, die die Bank selbst ausgegeben hat, sind die Kündigungsfristen zu beachten (Düsseldorf WM 1992, 1937). Die Verwertung muss dem Schuldner bei Handelsgeschäften mit Wochenfrist (§ 368 HGB), ansonsten grundsätzlich mit Monatsfrist (§§ 1234, 1273 Abs 2 BGB) angedroht werden (BGH WM 1992, 1359; WM 1994, 414; NJW 1994, 1796). Bei der Verwertung von Gegenständen mit einem Markt- oder Börsenpreis findet für die Verwertung § 1259 BGB Anwendung, wenn es sich bei dem Verpfänder um einen Unternehmer, eine juristische Person des öffentlichen Rechts oder ein öffentlich-rechtliches Sondervermögen handelt. Der Pfandgläubiger kann das Pfand durch Verkauf aus freier Hand zum laufenden Preis selbst vornehmen oder durch einen Dritten vornehmen lassen. Der vorherigen Androhung der Verwertung bedarf es nicht.

14. Für die Wirksamkeit der Sicherheitenbestellung sind Regelungen zur Freigabe, Deckungsgrenze und Bewertung nicht erforderlich (BGH GS BGHZ 137, 212 = WM 1998, 227; *Schröter* WM 1997, 2193). Soweit sie dennoch in den Formularvertrag Eingang gefunden haben, dienen sie der Transparenz und Klarstellung zwischen den Parteien.

15. Mit Rücksicht auf die Freigabeklausel in Nr 7 ist in Nr 8 Abs (1) der realisierbare Wert der verpfändeten Sachen festzulegen (BGH WM 1992, 813). Bei Wertpapieren ist der allgemeine Börsenpreis maßgebend (BGH WM 1990, 1408).

16. Sind Verpfänder und Kreditnehmer nicht identisch, kann die Geltendmachung von Einreden zu einer wertmindernden Beeinträchtigung der Sicherheit führen. Um dies zu vermeiden, regelt die Klausel – wie bei der Bürgschaft – den Verzicht auf die Einreden der Aufrechenbarkeit (§ 770 BGB; BGH WM 1986, 95; WM 1991, 1294).

17. Soweit Verpfänder und Kreditnehmer nicht identisch sind, kann der Verpfänder die Übertragung von Sicherheiten, die der Kreditnehmer gestellt hat, erst dann verlangen, wenn die durch das Pfandrecht gesicherten Ansprüche vollständig befriedigt sind und die zu übertragenden Sicherheiten nicht mehr der Sicherung anderer Ansprüche der Bank dienen (Schimansky/Bunte/Lwowski BankR-HdB/*Merkel*, § 93 Rn 274 ff).

e) Grundpfandrechte

9. Bestellung einer Buchgrundschuld

Veranlassende Bank

Urkundenrolle Nr.

Interne Angaben der Bank/Ablagehinweise

Bestellung einer Buchgrundschuld

mit Übernahme der persönlichen Haftung und mit Unterwerfung unter die sofortige Zwangsvollstreckung

Verhandelt am

in

Vor mir

erschien(en)

– nachstehend: Besteller –

1

I. Eintragungsbewilligung und Eintragungsantrag mit Unterwerfung unter die sofortige Zwangsvollstreckung in das Grundstück

Nach Unterrichtung über den Grundbuchinhalt werden folgende Erklärungen beurkundet:

Der Besteller **bewilligt** und **beantragt** unwiderruflich, auf dem(n)

im Grundbuch	des Amtsgerichts	Band	Blatt	Flur	Flurstück

verzeichneten Grundstück(en)/Erbbaurecht(en)/Wohnungseigentum/Teileigentum

– nachstehend: Grundbesitz –

eine (Gesamt-)**Grundschuld** von (Währung, Betrag)

in Worten:

für

– nachstehend: Bank –

wie folgt einzutragen:

1. Die Grundschuld ist ab dem Tag der Unterzeichnung dieser Urkunde mit vom Hundert jährlich zu verzinsen.
   Die Zinsen sind jeweils am ersten Tag des folgenden Kalenderjahres nachträglich zu entrichten.
2. Die Erteilung eines Briefes ist ausgeschlossen.

42.107 (08/08)

2

Die Grundschuld soll folgende Rangstelle erhalten:

Ist diese Rangstelle nicht sofort erreichbar, so ist der Notar berechtigt, die Eintragung an nächstoffener Rangstelle zu beantragen.

Wegen des Grundschuldbetrages und der Zinsen **unterwirft sich der Besteller der sofortigen Zwangsvollstreckung** in den belasteten Grundbesitz in der Weise, dass die Zwangsvollstreckung aus dieser Urkunde gegen den jeweiligen Eigentümer/Erbbauberechtigten zulässig ist. Der Besteller bewilligt und beantragt unwiderruflich die Eintragung dieser Unterwerfungserklärung in das Grundbuch.

II. Entstehung der Grundschuld bei mehreren Pfandobjekten

Falls der belastete Grundbesitz aus mehreren Pfandobjekten besteht und die Eintragung der Grundschuld nicht an allen Pfandobjekten zugleich, d.h. an demselben Tage, erfolgt, erklärt der Besteller: Die Grundschuld soll in diesem Fall an denjenigen Pfandobjekten, an denen sie jeweils eingetragen wird, bereits mit der Eintragung unabhängig vom weiteren Vollzug der Urkunde entstehen.

III. Umwandlung in Briefrecht

Der Besteller ist mit jeder späteren Umwandlung eines Buchrechtes in ein Briefrecht einverstanden und bevollmächtigt die Bank, die Eintragung der Umwandlung in das Grundbuch zu bewilligen und zu beantragen.

IV. Aufträge an den Notar

Der Besteller beauftragt den Notar, von dieser Urkunde zugunsten der Bank Gebrauch zu machen und erteilt dem Notar Vollmacht zum Empfang von Zustellungen und zur Entgegennahme von Erklärungen aller Art, die mit der Begründung dieser Grundschuld in unmittelbarem Zusammenhang stehen.

Der Notar wird ferner beauftragt, der Bank sofort eine vollstreckbare Ausfertigung dieser Urkunde zu erteilen, ohne dass es des Nachweises der Fälligkeit der Grundschuld bedarf. Im Übrigen ist der jeweilige Gläubiger berechtigt, weitere Ausfertigungen auf Kosten des Bestellers zu verlangen.

V. Übernahme der persönlichen Haftung mit Unterwerfung unter die sofortige Zwangsvollstreckung in das gesamte Vermögen

Zugleich übernimmt/übernehmen[1]

für die Zahlung eines Geldbetrages in Höhe des Grundschuldbetrages und der vereinbarten Grundschuldzinsen die persönliche Haftung, aus der der jeweilige Gläubiger ihn/sie schon vor der Vollstreckung in den Grundbesitz in Anspruch nehmen kann. Mehrere Schuldner haften als Gesamtschuldner. Jeder Schuldner unterwirft sich wegen dieser Haftung der sofortigen Zwangsvollstreckung aus dieser Urkunde in sein gesamtes Vermögen.

42.107 (08/08)

[1] Hier sind die Namen des/der Kreditnehmer(s) einzusetzen.

3

VI. Kosten

Alle bei der Errichtung und Durchführung dieser Urkunde entstehenden Kosten trägt der Besteller.

VII. Zustimmung des Ehegatten

Der Ehegatte des Bestellers stimmt den in dieser Urkunde abgegebenen Erklärungen des anderen Ehegatten zu.

42 107 (08/08)

4

Anmerkungen

1. Zur Grundschuld allgemein: BuB/*Wenzel* Rn 4/1800 ff.; *Clemente,* Neuerungen im Immobiliardarlehens- und Sicherungsrecht, ZfIR 08, 589 ff.; Die Sicherungsgrundschuld in der Bankpraxis, Köln 1985; Schimansky/Bunte/Lwowski BankR-HdB/*Epp*, § 94 Rn 21 ff.; *Brünink* in: Lwowski/Fischer/Gehrlein, Das Recht der Kreditsicherung, 10. Aufl. 2018, § 15 Rn 1 ff.; *Federlin* in: Kümpel/Früh/Mülbert/Seyfried, Bank- und Kapitalmarktrecht, Rn. 8.321 ff.

2. Bei einer **Gesamtgrundschuld** werden mehrere Grundstücke mit ein und derselben Grundschuld belastet; die Grundstücke können verschiedenen Eigentümern gehören (*Gaberdiel* Rn 8.1.1). Eine Gesamtgrundschuld liegt auch vor, wenn mehrere Miteigentumsanteile eines Grundstücks belastet sind (Schimansky/Bunte/Lwowski BankR-HdB/*Epp*, § 94 Rn 169). Jedes Grundstück haftet für den vollen Betrag (§ 1132 Abs 1 BGB; Schimansky/Bunte/Lwowski BankR-HdB/*Epp*, § 94 Rn 171). Die Bank braucht bei der Verwertung eines der Grundstücke (§ 1132 Abs 1 Satz 2 BGB) grundsätzlich keine Rücksicht auf die Interessen anderer Berechtigter nehmen (BGHZ 99, 371 = WM 1987, 358).

3. Die Grundschuld muss über einen **bestimmten Betrag** lauten (§ 28 Satz 2 GBO). Gemäß VO über die Grundpfandrechte in ausländischer Währung und in Euro vom 30.10.1997 (BGBl I 1997, 2683) können Grundschulden in den Währungen der EU-Mitgliedsstaaten, der USA und der Schweiz eingetragen werden. Bei Beleihungen im Nachrang sind Kursschwankungen durch eine entsprechende Sicherheitsmarge zu kalkulieren. Da die Grundschuld nicht akzessorisch ist, kann der Grundschuldbetrag auch höher als das zunächst in Aussicht genommene Darlehen lauten (Schimansky/Bunte/Lwowski BankR-HdB/*Epp*, § 94 Rn 197).

4. Für die Bestellung der Grundschuld ist die Einigung von Grundstückseigentümer und Gläubiger über die Belastung des Grundstücks mit dem Grundpfandrecht erforderlich (BGH WM 1973, 206; WM 1988, 1849; WM 1989, 1811). Zur Entstehung der Grundschuld ist darüber hinaus die Eintragung im Grundbuch notwendig (§ 873 Abs 1 BGB; BGH WM 1988, 1388; BuB/*Wenzel* Rn 4/2021ff mwN).

5. Eine Vereinbarung, wonach die Verzinsung nicht ab Eintragung, sondern bereits vom Tage der Eintragungsbewilligung (Tag der Beurkundung) an beginnt, ist zulässig (BGH NJW 1986, 315; WM 1996, 659). Dies ist zweckmäßig, weil mit der Eintragung regelmäßig erst nach Ablauf eines längeren Zeitraums zu rechnen ist. Die Grundschuldzinsen sind Inhalt des dinglichen Rechts und wie der Kapitalbetrag nicht akzessorisch. Der Bank stehen gegenüber dem nachrangig Berechtigten die eingetragenen Zinsen in voller Höhe zu, auch wenn die gesicherte Forderung nur mit einem geringeren Satz verzinslich ist BGH WM 2011, 596). Mit den überschießenden Zinsen kann die Bank einen Teil der gesicherten Hauptforderung abdecken (BGH NJW 1987, 946; BGH WM 1982, 841 mwN). Die Bank kann die dinglichen Grundschuldzinsen in voller Höhe auch dann geltend machen, wenn die Zinsen auf das gesicherte Darlehen jeweils gezahlt worden sind (BGH WM 1981, 581; NJW 1987, 946; ZIP 1993, 257). Die **Fälligkeit der Zinsen** ist in der Zwangsvollstreckung von besonderer Bedeutung. Mit dem gleichen Rang wie die Grundschuld können in der Zwangsversteigerung nur die laufenden Zinsen und die für 2 Jahre rückständigen Zinsen geltend gemacht werden (§ 10 Abs 1 Nr 3 ZVG). Laufende Zinsen sind der letzte vor der Beschlagnahme fällig gewordene Betrag und die später bis zum Ende des Versteigerungsverfahrens fällig werdenden Beträge (§ 13 Abs 1 ZVG). Die rückständigen Grundschuldzinsen unterliegen, anders als das Grundschuldkapital, der Verjährung (§ 902 Abs 1 BGB). Die Verjährungsfrist beträgt 3 Jahre (§§ 902 Abs. 1 S. 2, 195, 197 Abs. 2 BGB). Bei einer

Sicherungsgrundschuld wird die Verjährung bis zum Eintritt des Sicherungsfalls nicht gehemmt (BGH NJW 1999, 3705; BuB/*Wenzel* Rn 4/2110).

6. Die Grundschuld wird erst fällig, wenn sie mit einer Frist von 6 Monaten gekündigt wird (§ 1193 Abs. 1 BGB). Eine Verkürzung der Kündigungsfrist war bis zum Inkrafttreten des Gesetzes zur Begrenzung der mit Finanzinvestitionen verbundenen Risiken vom 12.8.2008 („Risikobegrenzungsgesetz", BGBl. 2008 I, S. 1666) üblich und zulässig. Für Grundschulden, die der Sicherung einer Geldforderung dienen und nach dem 19.8.2008 bestellt worden sind, ist die Einhaltung der gesetzlichen Kündigungsfrist zwingend.

7. Die Unterwerfung des Grundstückseigentümers unter die **sofortige Zwangsvollstreckung** aus der Grundschuld (§ 794 Nr 5, § 800 ZPO) ist zulässig (BGHZ 99, 282 = NJW 1987, 906 = WM 1987, 228; BGHZ 108, 372 = NJW 1990, 258 = WM 1989, 1760; BGH WM 2010, 1022). Die Unterwerfung macht den dinglichen Anspruch (§ 1191 BGB) sofort durchsetzbar, ohne dass die Bank zuvor Klage erheben muss (BGH WM 1989, 1760; NJW 1992, 2160). Dies gilt auch zugunsten des Zessionars einer Sicherungsgrundschuld (BGH WM 2011, 1460, abweichend von BGH WM 10, 1022). Bei einer Gesamtgrundschuld kann sich der Eigentümer auch hinsichtlich einzelner Grundstücke oder von Miteigentumsanteilen deren sofortiger Zwangsvollstreckung unterwerfen (BGH NJW 1981, 1504 = WM 1981, 528). Zur Unterwerfung hinsichtlich eines Teilbetrages: BGH WM 1989, 1760; BuB/*Wenzel* Rn 4/2119 ff.

8. Aus der Grundschuld kann nur in das belastete Grundstück vollstreckt werden. Soll auch in das sonstige Vermögen vollstreckt werden, ist eine zusätzliche persönliche Haftungsübernahme nötig. Dabei handelt es sich um ein abstraktes Schuldversprechen nach § 780 BGB (BGH WM 1992, 132). Der persönliche Schuldner (und idR gleichzeitige Grundstückseigentümer) kann ein abstraktes Schuldversprechen wirksam abgeben (BGHZ 1999, 282 = NJW 1987, 906 = WM 1987, 228; WM 1991, 758 mwN). Zur Wirksamkeit eines abstrakten Schuldversprechens des Grundstückseigentümers, Schimansky/Bunte/Lwowski BankR-HdB/*Merkel*, § 94 Rn 237 ff.; BuB/*Wenzel* Rn 4/2136a ff).

Wird die persönliche Haftung zB lediglich „für die Zahlung des Grundschuldbetrages nebst Nebenleistungen" übernommen, dann wird das Schuldversprechen gegenstandslos, sobald der Gläubiger aus der Grundschuld befriedigt ist, oder wenn die Grundschuld erst gar nicht wirksam entsteht (BGH WM 1986, 1033; Celle WM 1985, 1313; DNotZ 1973, 475; WM 1982, 834).

Die vorliegende Textfassung stellt klar, dass der Anspruch aus dem Schuldversprechen in jedem Fall, also unabhängig vom Bestand der Grundschuld entsteht und fortbesteht, auch wenn der Gläubiger im Zwangsversteigerungsverfahren mit der Grundschuld ausfällt (BGH WM 1990, 1927; WM 1992, 132; *Gaberdiel* Rn 6.6.6; BuB/*Wenzel* Rn 4/2138). Durch das Schuldversprechen wird die Haftung für einen bestimmten Geldbetrag übernommen, der lediglich der Höhe nach an die Grundschuld gekoppelt ist (Düsseldorf WM 1986, 1345 = DNotZ 1987, 96; *Rainer* WM 1988, 1663).

Allerdings ist – wie bei der Grundschuld – auch der Sicherungszweck zu beachten (BGH NJW 1987, 320 = WM 1986, 1468), so dass die Zwangsvollstreckung aus der Urkunde nur solange betrieben werden darf, bis der Gläubiger *einmal* Befriedigung wegen eines Betrages in Höhe aller Ansprüche aus der Grundschuld erlangt (BGH NJW 1988, 707 = WM 1988, 109; WM 1992, 132). Das abstrakte Schuldversprechen ist nicht kondizierbar, wenn die gesicherte Darlehensforderung verjährt ist. § 216 Abs. 2 Satz 1 BGB ist anlaog anwendbar (BGH WM 2010, 28 ff.), damit ist das persönliche vollstreckbare Schuldanerkenntnis verjährungsrechtlich wie die Grundschuld zu behandeln. Bei Drittsicherheiten muss die persönliche Unterwerfung in gesonderter Urkunde erklärt werden (BGH WM 1991, 758; BuB/*Wenzel* Rn 4/2140; Schimansky/Bunte/Lwowski BankR-HdB/*Merkel*, § 94 Rn 237 ff).

9. Die **Eintragung der Grundschuld** setzt die Bewilligung des Verfügungsberechtigten voraus (§ 19 GBO). Die Verfügungsbefugnis muss grundsätzlich im Zeitpunkt der Eintragung (noch) bestehen (BayObLG Rpfleger 1992, 56). Ausnahmsweise schadet der Verlust der Verfügungsbefugnis (etwa Insolvenzeröffnung) nicht, wenn der Antrag der Bank dem Grundbuchamt bereits vorliegt und die Einigung bindend geworden ist (KG NJW 1975, 878; BGH WM 1988, 1388). Für die Wirkungen eines Veräußerungsverbotes ist der vom Richter verfügte Zeitpunkt maßgebend (BGH ZIP 1995, 40). Die Eintragungsbewilligung, die im Zusammenhang mit einem bestimmten Antrag beim Grundbuchamt eingereicht worden ist, bindet den Bewilligenden nicht mehr, sobald das konkrete Eintragungsverfahren durch Rücknahme oder endgültige Zurückweisung des Antrags beendet ist (BGHZ 84, 202 = NJW 1982, 2818). Zur Eintragung der Grundschuld ist weiterhin ein Antrag erforderlich (§ 13 GBO). Antragsberechtigt sind sowohl der Eigentümer wie auch der (künftige) Grundschuldgläubiger/Bank (§ 13 Abs 2 GBO). Haben beide den Antrag gestellt, darf das Grundbuchamt nur dann von der Eintragung absehen, wenn *beide* Anträge zurückgenommen worden sind (LG Hannover Rpfleger 1985, 146; *Gaberdiel* Rn 2.2.2 mwN). Die Rücknahme des Antrags – auch durch einen beauftragten Notar – ist bis zur Vollendung der Eintragung zulässig (BGH WM 1989, 1466; BuB/*Wenzel* Rn 4/2019).

Die Eintragung darf nur erfolgen, wenn derjenige, der die Grundschuld bewilligt hat oder zu dessen Lasten sie bewilligt worden ist, im Grundbuch als Eigentümer eingetragen ist oder wenigstens gleichzeitig eingetragen wird (§ 39 Abs 1 GBO; BuB/*Wenzel* Rn 4/2023 ff); entsprechendes gilt für die Unterwerfungserklärung (BGHZ 108, 372 = NJW 1990, 258 = WM 1989, 1760; *Gaberdiel* Rn 6.5.2 ff. mwN). § 878 BGB, der unter gewissen Voraussetzungen den Erwerb auch noch nach Insolvenzeröffnung über das Vermögen des Eigentümers ermöglicht, gilt nicht, solange der Kreditnehmer noch gar nicht grundbuchmäßig Eigentümer ist (BGHZ 49, 207; BayObLG NJW 1961, 783; BGH WM 1974, 973 = DNotZ 75, 152).

10. Die Ausfertigungen haben im Rechtsverkehr die Bedeutung einer Urschrift (§ 47 BeurkG). Der Antrag auf *sofortige* Erteilung einer vollstreckbaren Ausfertigung ohne Nachweis der Fälligkeit ist zulässig und mit Blick darauf, dass die Grundschuld erst nach Kündigung fällig ist, erforderlich, wenn der Gläubiger die vollstreckbare Ausfertigung unmittelbar nach Bestellung der Grundschuld erhalten will. Ist der Verzicht des Nachweises der Fälligkeit nicht vereinbart, kann der beurkundende Notar die vollstreckbare Ausfertigung der Grundschuldbestellungsurkunde erst erteilen, wenn ihm der Nachweis der Fälligkeit der Grundschuld formell nachgewiesen worden ist.

11. Die regelmäßig vom Grundbuchamt veranlasste Eintragungsbekanntmachung gibt weder einen sicheren Aufschluss über die Beschreibung des belasteten Grundstücks noch enthält sie Angaben über gleich- oder vorrangige Belastungen. Zur sicheren Bewertung braucht die Bank nach Eintragung der Grundschuld eine beglaubigte Grundbuchabschrift (*Gaberdiel* Rn 2.7.2). Da sie als Gläubigerin auch ein Recht auf Grundbucheinsicht hat, kann sie auch die beglaubigte Abschrift aus dem Grundbuch verlangen (§ 12 Abs 2 GBO).

12. Die Gesamtgrundschuld entsteht – wenn alle übrigen Voraussetzungen, insbesondere Einigung vorliegen – erst mit der Eintragung auf allen zu belastenden Grundstücken (Düsseldorf WM 73, 794). Stehen diese etwa in verschiedenen Grundbüchern und erfolgen die Eintragungen an verschiedenen Tagen, so kommt zunächst kein Recht zustande (*Gaberdiel* Rn 8.2.1). Um dieses Ergebnis zu vermeiden, wird ausdrücklich vereinbart, dass die Grundschuld jeweils an den Pfandobjekten entsteht, an denen sie jeweils eingetragen wird, und zwar unabhängig davon, ob die Grundschuld auch an den übrigen Pfandobjekten eingetragen wird (BGH WM 1974, 973 = DNotZ 1975, 152). Bei zeitverschiedener Eintragung entsteht danach die Grundschuld schon bei der ersten

Eintragung auf dem (den) dabei belasteten Grundstück(en); sie wird bei der späteren Eintragung auf die dann mitbelasteten Grundstücke erstreckt.

13. Die **Zustimmung des Ehegatten** ist im Hinblick auf § 1365 BGB erforderlich, wonach ein Ehegatte nur mit Zustimmung des anderen Ehegatten über sein Vermögen im Ganzen verfügen kann. Ein solches zustimmungsbedürftiges Rechtsgeschäft liegt grundsätzlich auch dann vor, wenn ein einzelnes Grundstück belastet wird, das nahezu das ganze Vermögen des Eigentümers darstellt (BGH DNotZ 1981, 43; NJW 1989, 1609; NJW 1990, 112; NJW 1991, 1739; Zweibrücken Rpfleger 1989, 95). Bei der Feststellung, ob eine Verfügung über das (nahezu) gesamte Vermögen vorliegt, sind neben dem Nominalbetrag der Grundschuld auch die bei einer künftigen Vollstreckung in die Rangklasse 4 des § 10 Abs. 1 ZVG fallenden Grundschuldzinsen einzubeziehen und regelmäßig mit dem zweieinhalbfachen Jahresbetrag zu berücksichtigen (BGH WM 2012, 73). Die Verweigerung der Zustimmung kann zur Unwirksamkeit der Grundschuldbestellung führen (BGH WM 1994, 1677). Die nach rechtskräftiger Scheidung erfolgte Grundschuldbestellung ist generell zustimmungsfrei (BGH NJW 1984, 609; Hamm FamRZ 1987, 591).

14. Im Hinblick auf die dingliche und persönliche Zwangsvollstreckungsunterwerfung bedarf die Grundschuldbestellung der notariellen Beurkundung, § 794 Abs. 1 Nr. 5 ZPO.

10. Abtretung einer Grundschuld an die Bank

	Interne Angaben der Bank/Ablagehinweise

Abtretung einer Grundschuld an die Bank ①

Name und Anschrift der Bank	Derzeitiger Grundschuldgläubiger (Name und Anschrift)

Auf dem im Grundbuch/Wohnungseigentumsgrundbuch/Erbbaugrundbuch ②

von (Bezeichnung)	des Amtsgerichts	Band	Blatt	Flur	Flurstück

eingetragenen **Grundbesitz**

Eigentümers/Erbbauberechtigten (Name und Anschrift)

☐ **ist** in Abt. III

unter lfd. Nr.

☐ **wird** aufgrund der Bewilligung ③

vom (Datum)	Urkundenrolle Nr.	des Notars (Name und Anschrift)

eine Grundschuld

in Höhe von (Währung, Betrag)	in Worten

nebst Zinsen **eingetragen.**

Ich/Wir trete(n) diese Grundschuld mit Zinsen ④

☐ ⑤ ☐ seit dem ______ (Beginn der Zinsrechnung) ⑥

und mit allen Nebenrechten, ferner mit sämtlichen Nebenleistungen von Anfang an sowie alle sonstigen Rechte und Ansprüche aus der Grundschuldbestellungsurkunde, insbesondere die Ansprüche aus einer persönlichen Haftung für die Zahlung eines Geldbetrages in Höhe des Grundschuldbetrages und der Zinsen und die Ansprüche auf Rückgewähr vor- und gleichrangiger Grundschulden und Grundschuldteile nebst Zinsen und Nebenrechten **an Sie ab.** ⑦

☐ Der Brief wird Ihnen gleichzeitig übergeben. ⑧

☐ Sie sind berechtigt, sich den Brief vom Grundbuchamt aushändigen zu lassen. Der Brief ist an Sie auszuhändigen.

Ich/Wir **bewillige(n) und beantrage(n)** die Eintragung dieser Abtretung in das Grundbuch. ⑨
Alle mit dieser Abtretung jetzt und in Zukunft verbundenen Kosten trage(n) ich/wir.

Ort, Datum, Unterschrift(en) des/der derzeitigen Grundschuld-gläubiger(s)	

Der Ehegatte des Grundschuldgläubigers stimmt den in der Urkunde abgegebenen Erklärungen des anderen Ehegatten zu. ⑩

Ort, Datum, Unterschrift des Ehegatten	

1

Beglaubigungsvermerk des Notars

42.112 (06/08)

2

Anmerkungen

1. Zur Abtretung einer Grundschuld allgemein: BuB/*Wenzel* Rn 4/2171 ff.; *Gaberdiel,* Kreditsicherung durch Grundschulden, 10. Aufl 2020, Rn 5 ff.

2. Die Abtretungserklärung muss das abgetretene Recht eindeutig, zB durch grundbuchmäßige Bezeichnung des belasteten Grundstücks und des Betrages umschreiben, den Abtretungswillen klar zum Ausdruck bringen und den neuen Gläubiger zweifelsfrei benennen (BGH NJW 1989, 3151 = WM 1989, 995).

3. Eine Grundschuld kann auch schon vor ihrer Eintragung (BGHZ 53, 60 = WM 1970, 122) oder unter einer auflösenden Bedingung abgetreten werden (Frankfurt DNotZ 1993, 610).

4. Die Abtretung einer Buchgrundschuld kann nur durch Einigung zwischen Zessionar und Zedenten und Eintragung der Abtretung im Grundbuch erfolgen (§§ 1154, 873 BGB).

5. Das Recht auf die Zinsen kann vom Hauptrecht getrennt werden; dementsprechend muss angegeben werden, ob und ggf ab wann die Zinsen mit abgetreten werden (BGH NJW 1986, 314). Die Formulierung „vom Tage der Eintragung der Grundschuld" ist ausreichend (Oldenburg Rpfleger 1976, 181; BayObLG DNotZ 1984, 562; Frankfurt DNotZ 1994, 186).

6. Die Ansprüche aus der persönlichen Haftungsübernahme müssen zusammen mit der Grundschuld abgetreten werden; die Vollstreckungsklausel bezüglich dieses Anspruchs auf den Zessionar kann nur umgeschrieben werden, wenn die Rechtsnachfolge durch öffentliche/öffentlich beglaubigte Urkunden nachgewiesen wird (§§ 795, 727 ZPO). Hat der neue Gläubiger die vollstreckbare Grundschuld aufgrund eines Kaufvertrags und infolge einer Abtretung erworben, kann die Vollstreckungsklausel nur dann auf ihn umgeschrieben werden, wenn er nachweisen kann, dass er in die ursprünglich mit dem alten Gläubiger bestehende Sicherungszweckabrede eingetreten war (BGH WM 2010, 1022; aA BGH WM 2011, 1460, danach muss der Grundschuldbesteller ggf. seine Rechte gegen die Vollstreckung im Wege der Vollstreckungsabwehrklage (§ 768 ZPO) geltend machen.

7. Bei der Bestellung einer **nachrangigen Grundschuld** wird dem Grundschuldgläubiger häufig der Rückgewähranspruch des Sicherungsgebers bezüglich vor- oder gleichrangiger Grundschulden abgetreten. Dieser Anspruch ist kein Nebenrecht im Sinne von § 401 BGB (*Gaberdiel* Rn 5.8.5) und geht deshalb nicht ohne weiteres mit Abtretung der nachrangigen Grundschuld auf den Zessionar über (BGH WM 1988, 564). Der Rückgewähranspruch bezüglich vor- und gleichrangiger Grundschulden dient der Verstärkung dieser Grundschuld (BGHZ 110, 108; WM 1990, 345) und wird deshalb regelmäßig mitabgetreten (*Gaberdiel* Rn 14.2.4). Die Abtretung der Rückgewähransprüche kann im Einzelfall auch eine zusätzliche, eigenständige Sicherheit darstellen (BGHZ 104, 26 = WM 1988, 564).

8. Die Besonderheit bei der **Abtretung einer Briefgrundschuld** liegt darin, dass sie ohne Eintragung im Grundbuch erfolgen kann. Dann ist jedoch neben der Einigung (BGH WM 1983, 173) und der Erteilung einer schriftlichen Abtretungserklärung auch die Übergabe des Grundschuldbriefes erforderlich (§§ 1154, 1117, 929 BGB; BGH WM 1993, 285). Die Übergabe kann durch Vereinbarung eines Besitzkonstituts (§§ 1154, 1117, 930 BGB) oder durch Abtretung des Herausgabeanspruchs (§§ 1154, 1117, 931 BGB) ersetzt werden (*Gaberdiel* Rn 5.2.7).

9. Die Eintragung einer Abtretung im Grundbuch setzt Bewilligung und Antrag voraus (*Gaberdiel* Rn 5.1.2 und 5.1.3).

10. Die **Zustimmung des Ehegatten** ist nach § 1365 BGB erforderlich, wenn ein Ehegatte über sein Vermögen im Ganzen verfügen will. Ein solches zustimmungsbedürftiges Rechtsgeschäft liegt zB dann vor, wenn ein einzelnes Grundstück belastet wird, das nahezu das ganze Vermögen des Eigentümers darstellt (BGH DNotZ 1981, 43; NJW 1989, 1609). Bei der Feststellung, ob eine Verfügung über das (nahezu) gesamte Vermögen vorliegt, sind neben dem Nominalbetrag der Grundschuld auch die bei einer künftigen Vollstreckung in die Rangklasse 4 des § 10 Abs. 1 ZVG fallenden Grundschuldzinsen einzubeziehen und regelmäßig mit dem zweieinhalbfachen Jahresbetrag zu berücksichtigen (BGH WM 2012, 73).

11. Sicherungszweckerklärung für Grundschulden

	Interne Angaben der Bank/Ablagehinweise

Sicherungsvereinbarung für eine Grundschuld mit Abtretung der Rückgewähransprüche

Sicherungsgeber (Name und Anschrift)

Bezeichnung der Grundschuld(en)

Grundbuch/Wohnungseigentumsgrundbuch/Erbbaugrundbuch von				des Amtsgerichts
Band	Blatt	Flur		Flurstück
Abt. III lfd. Nr.	ü. Währung	Betrag	in Worten:	
1				
2				
3				
Eigentümer/Erbbauberechtigte(r) des belasteten Grundstücks; falls nicht mit dem Sicherungsgeber identisch (Name und Anschrift)				

Für die oben genannte(n) Grundschuld(en) – nachstehend „die Grundschuld" genannt – gelten ergänzend zu den in der Grundschuldbestellungsurkunde getroffenen Regelungen folgende Vereinbarungen:

1. Sicherungszweck

Die Grundschuld, die Übernahme der persönlichen Haftung sowie die Abtretung der Rückgewähransprüche dienen der

☐ **Sicherung der Ansprüche**, die der Bank **aus dem nachstehend bezeichneten Kreditvertrag** zustehen, und zwar auch dann, wenn die vereinbarte Laufzeit des Kredits verlängert wird. Sollte der Vertrag nichtig sein, wirksam angefochten, widerrufen oder aufgehoben werden oder aus sonstigen Gründen unwirksam oder nicht vollziehbar sein, so sind auch alle hieraus resultierenden vertraglichen und gesetzlichen Ansprüche der Bank gegen den Kreditnehmer gesichert.

Bezeichnung des Kreditvertrages, ggf. Name und Anschrift des Kreditnehmers, falls mit dem Sicherungsgeber nicht identisch

☐ **Sicherung aller bestehenden, künftigen und bedingten Ansprüche** der Bank mit ihren sämtlichen in- und ausländischen Geschäftsstellen **aus der bankmäßigen Geschäftsverbindung** gegen den Sicherungsgeber. Hat dieser die Haftung für Verbindlichkeiten eines anderen Kunden der Bank übernommen (z.B. als Bürge), so sichern die Grundschuld, die Übernahme der persönlichen Haftung sowie die Abtretung der Rückgewähransprüche die aus der Haftungsübernahme folgende Schuld erst ab deren Fälligkeit.

2. Erweiterung des Haftungsumfanges durch Abtretung der Ansprüche auf Rückgewähr vor- und gleichrangiger Grundschulden

(1) Falls der Grundschuld gegenwärtig oder künftig andere Grundschulden im Rang vorgehen oder gleichstehen, werden der Bank hiermit die Ansprüche auf Rückübertragung vor- und gleichrangiger Grundschulden und Grundschuldteile nebst Zinsen und Nebenrechten, die Ansprüche auf Erteilung einer Löschungsbewilligung, einer Verzichtserklärung, einer Nichtvalutierungserklärung sowie die Ansprüche auf Auszahlung des Übererlöses im Verwertungsfalle abgetreten. Sollten diese Rückgewähransprüche an vorrangigen Grundschulden bereits anderweitig abgetreten sein, wird hiermit der Anspruch auf Rückübertragung dieser Ansprüche abgetreten.

(2) Die Abtretung erfolgt mit der Maßgabe, dass die Bank sich bei Fälligkeit des Rückgewähranspruchs auch aus der ihr dann abzutretenden Grundschuld befriedigen darf, wobei diese Grundschuld zusätzlich zu der oben genannten Grundschuld als weitere Sicherheit für ihre Forderungen dient. Für diese weitere Grund schuld gelten die Bestimmungen dieser Sicherungsvereinbarung entsprechend.

(3) Die Bank ist befugt, die Abtretung der Rückgewähransprüche dem Rückgewährverpflichteten anzuzeigen. 1

Sämtliche inländischen und ausländischen Abgaben, Steuern (einschließlich eventueller Wechselsteuern) und Gebühren im Zusammenhang mit der Bezahlung der durch uns angekauften Solawechsel gehen zu Ihren Lasten.

Sie stehen uns dafür ein, dass die zugrunde liegenden Liefergeschäfte und deren Durchführung von den zuständigen Behörden der Bundesrepublik Deutschland genehmigt worden sind bzw keiner Genehmigung bedürfen.[9]

Die den von uns à forfait angekauften Wechseln zugrunde liegende Kaufpreisforderung treten Sie mit Unterzeichnung dieses Schreibens an uns ab. Sie gewährleisten den einredefreien und unbestrittenen Bestand der abgetretenen Zahlungsansprüche. Sie versichern ferner, dass die hiermit auf uns übergehenden Ansprüche und Forderungen mit keinerlei Rechten Dritter belastet sind, dh insbesondere nicht anderweitig abgetreten, verpfändet oder gepfändet sind.[10]

Zum Zeichen Ihres Einverständnisses wollen Sie uns bitte die beigefügte Kopie dieses Schreibens rechtsgültig unterzeichnet zurücksenden.

Mit freundlichen Grüßen

Anmerkungen

1. Zum Begriff des Forfaitierungsgeschäfts (Ankauf später fällig werdender Exportforderungen) und zur Abgrenzung gegenüber Factoring s *Baumbach/Hopt,* HGB, (7) Bankgeschäfte J/4, O/1; *Hopt/Mülbert,* Kreditrecht, Vorbem zu §§ 657 ff., Rn 693 ff.; BankrechtsHdb/*Martinek/Omlor* Rn 1 ff., 5; BGH WM 1994, 1370. Zu Vorteilen, Rechtscharakter und zur Technik der echten Forfaitierung BuB/*Nielsen* Rn 5/213 ff. Forderungsankauf, bei dem der Forfaiteur üblicherweise jegliches Risiko (einschließlich des Länderrisikos) übernimmt.

2. Da ein Forfaiteur nur am Kauf abstrakter, vom Grundgeschäft losgelöster Forderungen interessiert ist (BuB/*Nielsen* Rn 5/218 ff. u Rn 5/221 ff), empfiehlt es sich in jedem Fall für den Exporteur, sich vom Importeur für die Kapital- und Zinsforderungen Wechsel, und zwar möglichst Solawechsel, geben zu lassen, die praktisch ein abstraktes Zahlungsversprechen darstellen.

3. Bei grenzüberschreitender Forfaitierung ist unabhängig von der Person des Importeurs für den Wechsel meist das Recht des Landes anzuwenden, in dem der Solawechselaussteller seinen Sitz hat oder in dem der Wechsel unterschrieben wird (vgl Art 91 ff. WG; BuB/*Nielsen* Rn 5/228 ff). Für den Forfaitierungsvertrag (insbesondere das Einstehen für Bonität oder Verität der forfaitierten Forderung) ist hingegen Rechtswahl möglich. (*Martiny* in MüKoBGB, Rom I-VO, Art. 4, Rn 109) Je nach Länderobligo ist nicht ausgeschlossen, dass unter Risikogesichtspunkten und unabhängig von der Bonität des Importeurs eine Forfaitierung unterbleibt.

4. Das klassische Forfaitierungsgeschäft stellt sich in der Regel auf der Basis von bis zu 10 Halb-Jahresraten auf den forfaitierten Betrag dar (Schimanski/Bunte/Lwowski, BankR-HdB/*Martinek/Omlor* Rn 20; BuB/*Nielsen* Rn 5/213).

5. Da der Forfaiteur idR nicht die Bonität des Importeurs kennt, erwartet er eine entsprechende Besicherung der von ihm zu forfaitierenden Zahlungsforderung. Dies kann in Form. eines auf dem Wechsel angebrachten Bankavals oder auch durch eine selbstständige Bankbürgschaft/Bankgarantie erfolgen (→ Form. IV.J.2).

6. In der Praxis findet nicht die deutsche Methode der Zinsberechnung (Basis 360/360 Tage, dh jeder Monat wird mit 30 Tagen, das Jahr zu 360 Tagen gerechnet), sondern die Euro-Usance (kalendermäßige Auszählung der Laufzeit mit einem Zinsdivisor von 360 Tagen) Anwendung.

7. Dies ist jene Anzahl von Tagen, innerhalb derer erfahrungsgemäß der Wechsel-/Forderungserlös nach Fälligkeit beim Forfaiteur eingeht (meist 5 Tage, in Ausnahmefällen bis zu 60 Tagen). Die Anzahl der Respekttage, die es braucht bis die Zahlung beim Forfaiteur eingeht, sollte der Laufzeit eines/r jeden Wechsels/Forderung zugeschlagen werden.

8. Der „Effektiv"-Vermerk soll verhindern, dass der Schuldner, gestützt auf Vorschriften seines Landesrechts, mit schuldbefreiender Wirkung in Landeswährung anstelle der aus dem Solawechsel geschuldeten Währung zahlt (Schimanski/Bunte/Lwowski, BankR-HdB/*Schefold* Rn 468 ff).

9. Diese Klausel hat Doppelfunktion. Sie ist einerseits ein Warnhinweis an den Kunden über mögliche Exportverbote bzw Einschränkungen (damit gleichzeitig ein gewisser mittelbarer Schutz für den Forfaiteur) und gibt andererseits die vertragliche Grundlage für eventuelle Schadensersatzansprüche des Forfaiteurs gegen den Kunden, falls dem Forfaiteur, zB bei fehlender Exportgenehmigung Nachteile und Schäden entstehen sollten. Dies ist etwa denkbar, wenn eine ausländische Rechtsordnung Anwendung findet, der die Trennung von Grundgeschäft und Wechselgeschäft nicht in gleicher Weise wie der deutschen bekannt ist. Teilweise soll dann für den Schuldner (bei gleichzeitiger Übertragung der Forderung aus dem Grundgeschäft) die Möglichkeit bestehen, der Wechselforderung zB die Einrede aus dem nichterfüllten Grundgeschäft entgegenzuhalten, vgl *Schütze* WM 1979, 962; BuB/*Nielsen* Rn 5/224. Die Klausel ist im Fall der fehlenden Einredefreiheit der Forderung Ausdruck der Veritätshaftung des Kunden, vgl BankrechtsHdb/*Martinek/Oechsler* Rn 1.

10. Abtretung der den angekauften Wechseln zugrunde liegenden Forderung zur Verstärkung der Rechtsposition. Zu möglichen Risiken s Schimanski/Bunte/Lwowski BankR-HdB/*Martinek/Omlor* Rn 21; *Schütze* WM 1979, 962; BuB/*Nielsen* Rn 5/224. Teilweise wird hiervon ausdrücklich Abstand genommen.

2. Forfaitierung von Solawechseln mit separater Garantie

Betr.: Forfaitierung . . . . . (Land)[1]

Sehr geehrte Damen und Herren,

unter Bezugnahme auf . . . . . bestätigen wir Ihnen, dass wir von Ihnen ohne Rückgriff auf Sie ankaufen:

> **ca. EUR . . . . . (in Worten: . . . . .) in . . . . . Halbjahressolawechseln, ausgestellt von . . . . . in . . . . . , an Ihre Order, separat garantiert von . . . . . , zahlbar bei . . . . . ,**

zu einem Diskontsatz von . . . . . pa (Basis 365/360 Tage) unter Verrechnung von . . . . . Respekttagen, da die Solawechsel in . . . . . zahlbar sein werden.

Die Garantie[2] von . . . . . wird abstrakt und unwiderruflich und die Rechte daraus werden uneingeschränkt übertragbar sein.

Unsere Zahlungsverpflichtung unter dieser Forfaitierung wird fällig, wenn folgende Voraussetzungen erfüllt sind:

- **oben genannte, mit dem „Effektiv"-Vermerk versehene Wechsel, blanko indossiert,**

- Originalgarantieschreiben der . . . . .,
- Zession der Rechte aus der Garantie,[3]
- Zessionsavis[4] an Garantiebank, und
- Bestätigungsschreiben der Garantiebank, dass sie von der Zession zustimmend Kenntnis genommen hat, die Unterschriften des Importeurs auf den Solawechseln rechtsgültig sind und dass sie Zahlung bei Fälligkeit effektiv in . . . . . ohne Abzug von Gebühren nur an uns leisten wird. (Diese Bestätigung wird von uns angefordert.)[5]

Für die Zeit vom . . . . . bis zur Verfügbarkeit der Wechsel und der Garantie berechnen wir Ihnen eine Bereitstellungsprovision in Höhe von . . . . ., die wir Ihrem bei uns geführten Konto jeweils monatlich/vierteljährlich im Voraus/im Nachhinein/bei Abrechnung belasten werden.

Sämtliche inländischen und ausländischen Abgaben, Steuern (einschließlich eventueller Wechselsteuern) und Gebühren im Zusammenhang mit der Bezahlung der durch uns angekauften Solawechsel gehen zu Ihren Lasten.

Sie stehen uns dafür ein, dass die zugrunde liegenden Liefergeschäfte und deren Durchführung von den zuständigen Behörden der Bundesrepublik Deutschland genehmigt worden sind bzw keiner Genehmigung bedürfen.

Die den von uns à forfait angekauften Wechseln zugrunde liegende Kaufpreisforderung treten Sie mit Unterzeichnung dieses Schreibens an uns ab. Sie gewährleisten den einredefreien und unbestrittenen Bestand der abgetretenen Zahlungsansprüche. Sie versichern ferner, dass die hiermit auf uns übergehenden Ansprüche und Forderungen mit keinerlei Rechten Dritter belastet sind, dh insbesondere nicht anderweitig abgetreten, verpfändet oder gepfändet sind.

Zum Zeichen Ihres Einverständnisses wollen Sie uns bitte die beigefügte Kopie dieses Schreibens rechtsgültig unterschrieben zurücksenden.

Mit freundlichen Grüßen

Anmerkungen

1. Die zum Muster für die Forfaitierung avalierter Solawechsel gemachten Ausführungen gelten entsprechend.

2. Zu den bei der Besicherung durch eine Bürgschaft auftretenden Rechtsfragen BuB/*Nielsen* Rn 5/220.

3. Zu den im Zusammenhang mit der Zession von Rechten aus einer Garantie entstehenden möglichen Problemen vgl → Form. IV.L.6.6 Anm. 1, 2.

4. Zessionavis in blanko bedeutet eine vom bisherigen Gläubiger ausgestellte Abtretungsanzeige.

5. Sofern anwendbares Recht die Anzeige der Abtretung erfordert, bietet entsprechende Bestätigung die Sicherheit, dass Garantiebank die Abtretung anerkennt und zusätzlich die Rechtsgültigkeit der Unterschriften bestätigt (*Schütze,* II.5.10.).

3. Forfaitierung einer Akkreditivforderung

. . . . .[1]

(Kunde)

Betr.: Forfaitierung . . . . . (Land)

Sehr geehrte Damen und Herren,

unter Bezugnahme auf . . . . . bestätigen wir Ihnen, dass wir von Ihnen ohne Rückgriff auf Sie ankaufen Ihre

Forderung über EUR . . . . .
(in Worten: . . . . .)
unter dem Akkreditiv der . . . . .
Nr. der Akkreditivbank . . . . .
über insgesamt EUR . . . . .
(in Worten: . . . . .)
eröffnet am . . . . .
auftrags . . . . .
gültig bis . . . . .
zahlbar . . . . .
bei . . . . .
avisiert durch . . . . .
unsere Nr . . . . .[2]

Den Ankauf Ihrer Forderung unter vorerwähntem Akkreditiv werden wir vereinbarungsgemäß zu folgenden Konditionen vornehmen:

Betrag: EUR . . . . . (in Worten: . . . . .)

Diskontsatz: . . . . . % pa gerechnet auf vorstehenden Betrag vom Tage der Abrechnung bis zu der durch die Akkreditivbank bestätigten Fälligkeit zuzüglich Respekttage

Zinsberechnung: Euromethode (dh Tage genau/Jahresdivisor 360)

Respekttage: . . . . . Kalendertage

Bereitstellungsprovision: . . . . . % pa, gerechnet auf den unausgenutzten Forfaitierungsbetrag vom . . . . . bis zum Tage der Abrechnung, zahlbar monatlich/vierteljährlich im Voraus/im Nachhinein/bei Abrechnung

Verfügbarkeit: bis . . . . .

Unsere Zahlungsverpflichtung aus dieser Forfaitierung wird fällig, wenn uns nachstehende Dokumente vollständig eingereicht sind:

1. Kopie des Akkreditivs einschließlich aller Änderungen (die Kopien müssen von der avisierenden Bank als mit den Originalen übereinstimmend bestätigt werden).
2. Ihre Abtretungserklärung (gem. Anlage) an uns bezüglich Ihrer Rechte und Ansprüche aus vorerwähntem Akkreditiv;
3. Ihre an die Akkreditivbank adressierte entsprechende Abtretungsanzeige;
4. Bestätigung[3] der Akreditivbank gegenüber uns, wonach

a) die unter obigem Akkreditiv präsentierten Dokumente über EUR . . . . . (in Worten: . . . . .) ohne Vorbehalt aufgenommen wurden und somit am . . . . . fällig sind,
b) sie von der Abtretung der Forderung zustimmende Kenntnis genommen hat und bei Fälligkeit Zahlung in entsprechender Höhe und ohne jeglichen Abzug nur an den Forfaiteur leisten wird.

Eventuell anfallende Gebühren und Provisionen, die unter vorgenanntem Akkreditiv berechnet oder im Zusammenhang mit dieser Forfaitierung erhoben werden, werden wir Ihnen unabhängig von dieser Forfaitierung in Rechnung stellen.

Sie stehen uns dafür ein, dass die zugrunde liegenden Liefergeschäfte und deren Durchführung von den zuständigen Behörden der Bundesrepublik Deutschland genehmigt worden sind bzw keiner Genehmigung bedürfen.

Für den Fall, dass Ihnen Zahlungen auf die an uns abgetretenen Ansprüche oder Forderungen zugehen sollten, verpflichten Sie sich, diese Zahlungseingänge an uns abzuführen. Sie werden uns auf unseren Wunsch und auf unsere Kosten bei der Beitreibung der abgetretenen Zahlungsansprüche und Forderungen in jeder Hinsicht unterstützen.

Zum Zeichen Ihres Einverständnisses wollen Sie bitte die beigefügte Kopie dieses Schreibens rechtsgültig unterschrieben zurücksenden.

Mit freundlichen Grüßen

Anmerkungen

1. Soweit nachstehend nicht gesondert angemerkt, gelten die zu den beiden vorausgehenden Mustern gemachten Anmerkungen entsprechend.

2. Möglichst genaue Angaben zum Akkreditiv zwecks Konkretisierung des Kaufgegenstandes und zum Ausschluss von Zweifelsfragen.

3. Diese Bestätigung ist erforderlich, um dem Forfaiteur zu signalisieren, dass rechtswirksam ein Auszahlungsanspruch unter dem Akkreditiv entstanden ist. Aber auch dann ist das Risiko noch nicht ausgeschlossen, dass die akkreditiveröffnende Bank zB durch gerichtliche Eilmaßnahmen an der Auszahlung gehindert wird.

5. Kapitel: Akkreditiv, Bankgarantie, Dokumenteninkasso und sonstiges Auslandsgeschäft

K. Akkreditivgeschäft

Schrifttum: Baumbach/*Hopt,* HGB, (7) Bankgeschäfte, 5. Kapitel, (11) ERA; *Bülow,* Recht der Kreditsicherheiten, 10. Aufl 2021 Rn 1608 ff.; *Ebenroth/Boujong/Joost/Strohn,* HGB, 4. Aufl 2020, Bd II, Bank- und Börsenrecht, II, 3., 116 ff; *Kümpel/Wittig/Bauer/Seeger,* Bank- und Kapitalmarktrecht, 6. Aufl 2021 Rn 13.101 ff.; Münchener Kommentar, BGB, Bd 7, 8. Aufl 2020, § 783 Rn 39 ff., *Nielsen,* Grundlagen des Akkreditivgeschäfts, 3. Aufl 1989; *Nielsen,* Auslandsgeschäft, Bankrecht und Bankpraxis (BuB) Rn 5/469 ff.; *ders,* Richtlinien für Dokumenten-Akkreditive, 3. Aufl 2008; *Jäger/Haas,* Grundlagen des Akkreditivgeschäfts in: Schimansky/Bunte/Lwowski (Hrsg), Bankrechts-Handbuch Bd II 2017, § 120; *Schütze,* Das Dokumentenakkreditiv im Internationalen Handelsverkehr, 7. Aufl 2019; *Zahn/Ehrlich/Haas,* Zahlung und Zahlungssicherung im Außenhandel, 8. Aufl 2010.

a) Import-Akkreditive

1. Auftrag zur Eröffnung eines Dokumenten-Akkreditivs

-

Auftrag an ①
zur Eröffnung eines Dokumenten-Akkreditivs ②

Wir bitten Sie, in unserem Auftrag und für unsere Rechnung ein Akkreditiv zu nachstehenden Bedingungen zu eröffnen.

Die Eröffnung ist – sofern sie nicht über S. W. I. F. T. erfolgt – vorzunehmen ③	☐ per Luftpost ☐ mit kurzem Voravis per Telex/Telefax/ ☐ per Telekommunikation (notfalls vollbezahlt im vollen Wortlaut, d. h., das Akkreditiv soll auf Grund dieser Telekommunikation benutzbar sein)
Das Akkreditiv soll sein ④	☐ unwiderruflich ☐ Sein widerruflich ☐ übertragbar ☐ bestätigt durch ihre Korrespondenzbank
Begünstigter *Name und Anschrift*	
Bank des Begünstigten *sofern bekannt* ⑤	Sie sind berechtigt, das Akkreditiv dem Begünstigten auch über eine Korrespondenzbank ihrer Wahl zuzuleiten
Akkreditivbetrag ⑥	in Worten
Das Akkreditiv bei soll **benutzbar** sein	☐ Ihnen ⑤ ☐ Ihrer Korrespondenzbank ⑦ ☐ jeder beliebigen Bank*)
durch ⑧	☐ Sichtzahlung ☐ hinausgeschobene Zahlung ☐ Akzeptierung einer Tratte des Begünstigten ☐ Negoziierung einer Tratte des Begünstigten
	fällig gezogen auf
Verfalldatum/ Vorlagefrist ⑨	Dokumentenvorlage spätestens am und zwar innerhalb vonTagen nach dem Verladedatum ⑩
Verladung/letztes Verladedatum	von nach spätestens am
Teilverladungen/ Umladung ⑪	☐ Teilverladungen gestattet ☐ Teilverladungen nicht gestattet ☐ Umladung gestattet ☐ Umladung nicht gestattet
Dokumente ⑫ *Bei Lieferung per Bahn, Lkw, Luftfracht oder Post mit Angabe des auf dem Transportdokument auszuweisenden Empfängers.* *Falls Platz nicht ausreicht, bitte sämtliche Angaben auf separatem Blatt als Anlage beifügen.*	
Ware ⑬ *Kurze Beschreibung, gegebenenfalls Menge, Einzelpreis, Lieferbedingungen wie CIF, FOB, FAS, CFR, CIP usw. auf Basis der INCOTERMS 1990.*	
Versicherung/ Fremde Kosten ⑭	☐ Versicherung wird durch uns gedeckt ☐ Versicherung ist vom Verkäufer zu decken ☐ Fremde Kosten zu unseren Lasten ☐ Fremde Kosten zu Lasten des Begünstigten
Zusätzliche Angaben	Datum Tel. Referenz, Ansprechpartner für Rückfragen Gegenwert zu Lasten Konto-Nr.

Das Akkreditiv soll den "Einheitlichen Richtlinien und Gebräuchen für Dokumenten-Akkreditive (Revision 1993/2007), ICC-Publikation Nr. 500/600", unterliegen.

Sollten Ihnen außer den unter dem Akkreditiv beizubringenden Dokumenten zusätzliche Dokumente oder Schriftstücke zugehen, sind Sie ermächtigt, diese ungeprüft – und ohne von ihrem Inhalt Kenntnis zu nehmen – an uns weiterzuleiten, ohne dass dadurch eine Verantwortung für Sie begründet wird.

) Nur ankreuzen, wenn der Begünstigte die Möglichkeit haben soll, ein durch Negoziierung benutzbares Akkreditiv bei jeder beliebigen Bank in Anspruch zu nehmen.

Anlage
Vordruck gemäß Anlage Z1 zur AWV ist beigefügt.

Auftraggeber (Firmenstempel) ⑮

Rechtsverbindliche Unterschrift(en)

Anmerkungen

1. Dem Auftrag geht die Vereinbarung der Stellung eines Akkreditivs als Zahlungs (sicherungs)mittel im jeweiligen grundgeschäftlichen Vertrag voraus. Darin sollten die wesentlichen Elemente des später zu eröffnenden Akkreditivs vereinbart werden, s Baums, Recht der Unternehmensfinanzierung, 2017, Rn 23 u MüKoBGB/Habersack § 783 Rn 44.

Zur rechtlichen Qualifikation des Akkreditivauftragsverhältnisses zwischen Akkreditivauftraggeber und Akkreditivbank als Werkvertrag mit Geschäftsbesorgungscharakter s Baumbach/Hopt, HGB, (7) Bankgeschäfte K/3, Baums Rn 30 ff., MüKo/Habersack § 783 Rn 45 f. Aufträge zur Eröffnung von Akkreditiven und deren Annahme erfolgen in der Praxis ausschließlich unter Einbeziehung der ERA. Zur Entstehung, Rechtsnatur und Verbreitung der ERA s Schimansky/Bunte/Lwowski BankR-HdB/Jäger/Haas, § 120 Rn 15 ff., Nielsen, Richtlinien, S 1 ff.; Zahn/Ehrlich/Haas Rn 1/5 ff. Die letzte Fassung der ERA trat in Form. der Revision 2007 am 1.7.2007 in Kraft (ERA 600). Die Auftragserteilung ist wegen des die Akkreditivabwicklung prägenden Prinzips der Dokumentenstrenge vollständig und genau vorzunehmen; vgl Art 14 ERA 600, Baumbach/Hopt, HGB, (7) Bankgeschäfte K/6, BankrechtsHdb/Nielsen/Jäger, § 120 Rn 200 ff. u Nielsen, Richtlinien, Rn 127 ff., Kümpel, Rn 13.138 f. Damit wird der Rahmen für die Prüfungspflicht der Akkreditivbank vorgegeben; vgl auch Art 14, 15 bzw 16 ERA 600.

2. Zum Wesen und zur Funktion des Akkreditivs s Nielsen BuB Rn 5/469 ff.; zur rechtlichen Qualifikation des Akkreditivs als selbständiges Zahlungsversprechen s Baumbach/Hopt, HGB, (7) Bankgeschäfte K/1.

3. Je nach Kosten- und Zeitvorstellungen auszufüllen. Heutzutage in der Regel per S. W. I. F. T. (MT 700/701 Messages). Telekommunikation umfasst noch Telefax, oder e-mail (Zahn/Ehrlich/Haas Rn 2/112). Zur authentisierten Telekommunikation, Art 11a ERA 600. Wird diese verwendet, gilt die authentisierte Telekommunikation als operatives Akkreditiv. Für Besonderheiten bei Einschaltung einer Zweitbank als avisierender Bank s BankrechtsHdb/Nielsen/Jäger, § 120 Rn 13 ff., Bülow, Rn 1610, Ebenroth/Boujong/Joost/Strohn/Hakenberg, Bd II, Anh Rn II 489.

4. Alternativen der Akkreditiverstellung, vgl im Einzelnen hierzu Art 8 und 38 ERA 600 sowie Baumbach/Hopt, HGB, (7) Bankgeschäfte K/12 u BankrechtsHdb/Nielsen/Jäger, § 120 Rn 98. Gemäß den ERA 600 sind alle Akkreditive automatisch unwiderruflich, vgl Art 3 ERA 600. In der Praxis sehen die Aufträge daher bereits den Hinweis vor, dass es sich um ein unwiderrufliches Akkreditiv handelt. Ein widerrufliches Akkreditiv ist nur noch unter ERA 500 möglich; *Baumbach/Hopt,* HGB, (7) Bankgeschäfte K/12.

5. Die Einschaltung einer weiteren Bank ist in der Praxis bei grenzüberschreitender Akkreditiveröffnung üblich, sei es, dass deren Einschaltung auf Wunsch des Begünstigten oder aus Gründen der praktischen Abwicklung erfolgt, *Bülow,* Rn 1610, Ebenroth/Boujong/Joost/Strohn/*Hakenberg,* Bd II, Rn II 597. Der Tätigkeitsbereich der Auslandsbank kann dann von der schlichten Avisierung bis zur Bestätigung reichen, s *Baumbach/Hopt,* HGB, (7) Bankgeschäfte K/2 u BuB/*Nielsen* Rn 5/477, Rn 5/529 u 5/538 ff.

Soll die Auslandsbank als Zahlstelle tätig werden, ohne das Akkreditiv bestätigt zu haben, erfolgt keine Verlagerung des Erfüllungsorts zur benannten Bank, vgl. Schimansky/Bunte/Lwowski BankR-HdB/*Nielsen/Jäger,* § 120 Rn 149.

Der wirtschaftliche Zweck einer Bestätigung liegt für den Begünstigten primär in der Vermeidung von Transfer-, Konvertierungs- und ähnlichen Risiken im Land der eröffnenden Bank. Rechtlich bedeutet eine Bestätigung eine selbstständige und feststehende Verpflichtung der bestätigenden Bank zusätzlich zur Verpflichtung der akkreditiveröffnenden Bank, vgl Schimansky/Bunte/Lwowski BankR-HdB/*Nielsen/Jäger,* § 120 Rn 153. In diesem Falle unterliegen die Verpflichtungen von eröffnender Bank und bestätigender Bank dem jeweiligen Sitzrecht, Schimansky/Bunte/Lwowski BankR-HdB/*Nielsen/Jäger,* § 120 Rn 154. Zu den einzelnen Varianten des Bestätigungsinhalts vgl *Nielsen* Rn 1.3.3.2.

6. Zur Ermittlung des Akkreditivbetrags vgl im Einzelnen BuB/*Nielsen* Rn 5/516. Sollen Abweichungen bis zu 10 % nach oben oder nach unten ermöglicht werden, ist dies gemäß Art 30a der ERA 600 durch Worte wie „etwa", „circa", „about", „approximately" oder ähnliche Ausdrücke anzugeben, s *Nielsen,* Richtlinien, Rn 373 ff. u Bankrechts-Hdb/*Nielsen/Jäger,* § 120 Rn 94. Gemäß Art 30b der ERA 600 ist auch ohne Angabe solcher Wörter eine Abweichung von der Warenmenge um 5 % möglich, jedoch keine Überschreitung des Akkreditivbetrages (es sei denn, die Warenmenge ist in einer bestimmten Anzahl von Verpackungseinheiten oder Stücken angegeben). Ist dies nicht gewünscht, muss diese Regelung ausdrücklich ausgeschlossen werden, Schimansky/Bunte/Lwowski BankR-HdB/*Nielsen/Jäger,* § 120 Rn 95.

7. Vgl zu den einzelnen Möglichkeiten der Einschaltung Art 7c ERA 600.

8. Alternativen der Ausnutzbarkeit gem Art 7a ERA 600. Vgl im Einzelnen bei BuB/*Nielsen* 5/478 ff. sowie *Nielsen,* Richtlinien, Rn 70 ff.

9. Nach Art 6d ERA 600 müssen alle Akkreditive ein Verfalldatum und – mit Ausnahme der frei negoziierbaren Akkreditive – einen Ort für die Dokumentenvorlage zwecks Zahlung, Akzeptleistung oder Negoziierung enthalten, vgl im Einzelnen Schimansky/Bunte/Lwowski BankR-HdB/*Nielsen/Jäger,* § 120 Rn 50 ff. Ein Akkreditiv ohne Angabe eines Verfalldatums ist nichtig. Die Dokumente sind grundsätzlich spätestens an diesem Verfalltag zur Zahlung, Akzeptleistung oder Negoziierung vorzulegen; vgl Art 6e ERA 600. Danach sind die Banken nicht nur berechtigt, sondern auch verpflichtet, Zahlung zu verweigern, vgl *Nielsen* Rn 4.1.1.

Lediglich Art 29 ERA 600 sieht eine Ausnahme vor für den Fall, dass das Verfalldatum auf einen Tag fällt, an dem gem Art 29a ERA 600 „die Bank, der die Dokumente vorzulegen sind, aus anderen, als den unter Art 36 ERA 600 genannten Gründen geschlossen ist . . . . .". Bei Vereinbarung des Verfalldatums sollten die Zeitabläufe des Grundgeschäfts, aber auch mögliche Veränderungen Berücksichtigung finden, um Akkreditivänderungen und höheren Kostenanfall zu vermeiden.

Zu den Rechtsfolgen bei Überschreitung des Verfalldatums s *Baumbach/Hopt,* HGB, (7) Bankgeschäfte K/13. Zum Verfalldatum und zur Verladefrist vgl auch *Zahn/Ehrlich/Haas* Rn 2/70 ff. u *Schütze* Rn 113 ff.

10. Falls nicht ergänzt, bestimmt Art 14c ERA 600 eine Frist zur Vorlage der Transportdokumente von 21 Tagen ab Ausstellung. Diese Vorlagefrist kann zu einer Verkürzung der Frist für die Vorlage von Dokumenten führen, nie aber zu einer Verschiebung des Verfalldatums des Akkreditivs nach hinten. Zur Berechnung der Dokumentenvorlagefrist *Nielsen,* Richtlinien, Rn 33 ff., 65. Die Frist kommt nicht zur Anwendung, wenn das Akkreditiv keine Vorlage von Transportdokumenten vorsieht.

11. Teilverladungen (Art 31 ERA 600) sind nicht mit der Verladung in Raten zu verwechseln, für die 32 ERA 600 Sonderregelungen vorsieht. S zu Teilverladungen auch *Nielsen* Rn 4.2.

12. Möglichst genaue Dokumentenangabe gem Art 5b ERA 500. Zum Kreis der aufnahmefähigen Dokumente und der jeweiligen Besonderheiten vgl Art 14 f. u 18–28 ERA 600. S im Einzelnen bei Schimansky/Bunte/Lwowski BankR-HdB/*Nielsen/Jäger*, § 120 Rn 260 ff. sowie *Nielsen*, Richtlinien, Rn 166 ff. und 220–367.

13. Die Warenbezeichnung sollte möglichst kurz gehalten werden, da das Akkreditivgeschäft ein dokumentäres Geschäft darstellt, dh Zahlung wird ausschließlich durch Vorlage akkreditivgemäßer Dokumente ausgelöst, vgl Art 2 und 13 ERA 600 (*Zahn/Ehrlich/Haas* Rn 2/43 f).

14. Keine Akkreditivbestimmung; jedoch Information für alle Akkreditivbeteiligten, spiegelbildlich zum Grundgeschäft.

15. Da der Auftraggeber im Akkreditiv erscheint, ist besondere Sorgfalt auf Vollständigkeit und Richtigkeit der Angaben zu legen.

2. Unwiderrufliches Dokumenten-Akkreditiv in elekronischer Form. der SWIFT – Nachricht MT700 mit Avisierung und Bestätigung

Feld 27: Sequence of Total:[1]

Feld 40A:	Form. of Documentary Credit		IRREVOCABLE	
Feld 31C:		Datum der Eröffnung[2]		
	date of issue			
Feld 20:		Akkreditiv Nr		
	Documentary Credit No			
Feld 31D:		Datum und Ort des Verfalls[3] Date and place of expiry		
Feld 51a:		Bank des Auftraggebers[4] Applicant Bank		
Feld 50:		Auftraggeber Applicant		
Feld 59:		Begünstigter, Name und Anschrift[5] Beneficiary, name and address		
Feld 32B:		Währung/Betrag[6]		
	Amount			
Feld 43P:		Teilverladungen[7]	[zulässig]	[nicht zulässig]
Partial shipments			[allowed]	[not allowed]
Feld 43T:		Umladung[8]	[zulässig]	[nicht zulässig]
Transshipment			[allowed]	[not allowed]

Alternativ Felder 44A und 44E:

Verladung, Versendung, Übernahme in/von

Loading on board/dispatch/taking in charge at/from

Alternativ Felder 44B und 44F:

Abladehafen/Ankunftsflughafen/zur Beförderung nach[9]

Port of discharge/Airport of destination/for transportation to

Feld 44 C:	Spätestes Verladedatum Date of latest Shipment
Feld 41A:	Akkreditiv benutzbar bei[10] Credit available with
Feld 42C:	Tratte bei Drafts at . . . . .
Feld 42a:	Bezogener Drawee
Feld 42M:	gemischte Zahlungsangaben Mixed Payment Details
Feld 42P:	Negouiierung/Details der hinausgeschobenen Zahlung Negotiation/Deferred Payment Details
Feld 45 A:	Beschreibung der Waren/Dienstleistungen Description of Goods/Services
Feld 46 A:	Beschreibung der Dokumente[11] Description of documents required
Feld 47A:	Zusätzliche Bedingungen Additional Conditions[12]
Feld 71 D:	Gebühren Charges
Feld 48:	Vorlagefrist Period for Presentation[13]
Feld 49:	Bestätigungs-Weisung Confirmation instructions[14]
Feld 53a:	Remboursbank Reimbursement bank
Feld 78:	Anweisungen an Zahlstelle/akzeptierende/negoziierende Bank Instructions to the Paying/Accepting/Negotiating Bank
Feld 57a:	Avisierung über Bank 'Advise Through' Bank[15]

Anmerkungen

Vorbemerkung: Akkreditive werden heutzutage fast ausschießlich in Form. des elektronischen Nachrichtenformats MT700 des SWIFT – Systems ausgestellt und übermittelt. Wiedergabe hier nur als Beispiel des wesentlichen Inhalts. Zum Aufbau und zu den Inhalten der einzelnen Felder der MT700 siehe https://www.swift.com/resource/category-7-advance-information-0. Die Ziffern im Auftrag zur Eröffnung eines Akkreditivs verweisen auf die entsprechenden Feld-Nummern im MT700.

1. Zur rechtlichen Qualifikation des Akkreditivs vgl BuB/*Nielsen* Rn 5/491 ff. u Schimansky/Bunte/Lwowski BankR-HdB/*Nielsen/Jäger,* § 120 Rn 72 ff. zur Bedeutung der Übermittlung mittels Telekommunikation vgl Art 11a ERA 600.

2. Ausstellungsort ist der Sitz der akkreditiveröffnenden Bankstelle.

3. Art 6d ERA 600 verlangt zwingend ein Verfalldatum für die Vorlage der Dokumente zwecks Zahlung, Akzeptleistung oder Negoziierung. Art 3 ERA 600 enthält Auslegungsregeln zu Fristangaben. Als Ort des Verfalls ist der Sitz derjenigen Bank(stelle) anzugeben, bei der die Dokumente zu präsentieren sind.

4. Die Akkreditivbank wird mit der Akkreditiveröffnung als Erfüllungsgehilfe des Akkreditivauftraggebers bezüglich dessen Verpflichtungen aus der grundgeschäftlich vereinbarten Akkreditivklausel tätig, s *Baumbach/Hopt,* HGB, (7) Bankgeschäfte K/25u 26. Zur Erfüllungsgehilfeneigenschaft der als Avisbank tätig werdenden ausländischen Zweitbank vgl *Nielsen,* MüKoHGB Rn H 69, Ebenroth/Boujong/Joost/Strohn/*Habersack,* Bd II, H 599. Die Annahme des Verpflichtungsangebots der Akkreditivbank ist idR schlüssig durch Unterlassen eines Widerspruchs; vgl BuB/*Nielsen* Rn 5/553.

5. Zur Rechtsstellung des Begünstigten gegenüber der Akkreditivbank *Baumbach/Hopt,* HGB, (7) Bankgeschäfte K/10 ff. und BuB/*Nielsen* Rn 5/553 ff.; zum Ausschluss der Einwendungen aus Valuta- und Deckungsverhältnis Schimansky/Bunte/Lwowski BankR-HdB/*Nielsen/Jäger,* § 120 Rn 76 ff.

6. Zwecks Vermeidung von Irrtümern ist der Betrag in Ziffern und Worten anzugeben.

7. Die genaue Angabe dient dazu, Zweifel und den Rückgriff auf Art 31a ERA 600 zu vermeiden.

8. Vgl Art 20b u c, Art 19b u c u Art 24d u e ERA 600 sowie Schimansky/Bunte/Lwowski BankR-HdB/*Jäger/Haas,* § 120 Rn 100 ff.

9. Die Erfahrungen der Praxis lassen es als dringend ratsam erscheinen, Abkürzungen zu vermeiden und möglichst genaue Beschreibungen zu wählen.

10. Je nach dem, welche Art der Benutzbarkeit gewährt werden soll, ist nicht nur die jeweils zutreffende Alternative, sondern auch Ort und Stelle der Benutzung genau zu konkretisieren. Zum Rechtsverhältnis der eingeschalteten Banken untereinander Schimansky/Bunte/Lwowski BankR-HdB/*Jäger/Haas,* § 120 Rn 155 ff.

11. Raum für die Aufführung der zur Akkreditivausnutzung einzureichenden Dokumente, eventuell besonderer Bedingungen sowie einer Waren- bzw Dienstleistungsbeschreibung.

Beispiel:
„Signed commercial invoice, 4-fold
certificate of quality, giving detailed analysis data, 3-fold,
certificate of origin, 1 original + 1 copy
certificate of weight/packing, 3-fold
certificate of insurance covering 110 % of the total invoice
value against Institute Cargo Clauses (all risks) marked „claims payable in . . . . ." and „premium paid", 2-fold
full set (3/3) Originals plus 3 non-negotiable copies of clean on board ocean bills of lading issued to order and blank endorsed, marked „freight prepaid", notificy: . . . . ."

12. Beispiel:
„All documents shall be issued and preprinted in English.
If the documents are not in compliance with the L/C terms, and teh Applicant accepted these docs, we are deemed authorized to deliver the docs tot he Applicant without additional approval by the Presenter.
This L/C covers 80pct of the total contract value of USD ____."

13. Nach Maßgabe von Art 14c ERA 600 zu ergänzen.

Beispiel:
„Docs presented later than 21 days from the date of shipment, but within L/C validity are acceptable.".

14. Auftrag an Korrespondenzbank zur Bestätigung; zum Rechtsverhältnis zwischen Akkreditivbank und Bestätigungsbank s *Baumbach/Hopt,* HGB, (7) Bankgeschäfte K/2. In der Swift – Nachricht MT700 würde es an dieser Stelle nur heißen „Confirm".

15. Hinweis der Geltung der ERA (Revision 2007) hier nicht erforderlich, da bei SWIFT vorausgesetzt wird, dass das Akkreditiv der jeweils gültigen Fassung der ERA unterliegt. Nur im negativen Fall Hinweis erforderlich (ICC-Publ Nr 596, R 248).

3. Auftrag an Korrespondenzbank zur Avisierung einer Akkreditivänderung

Betr.: Dok-Akkr . . . . . über . . . . . Ihre Nr . . . . . zugunsten von . . . . .[1]

Auf Veranlassung des Akkreditiv-Auftraggebers ändern wir hiermit die Bedingungen unseres oben genannten Akkreditivs wie folgt:[2]

Diese Änderung ist integrierender Bestandteil unseres Akkreditivs und muss diesem hinzugefügt werden. Alle übrigen Bedingungen bleiben unverändert. Bitte geben Sie dem Begünstigten von dieser Änderung Kenntnis. Wir bitten um Ihre unverzügliche schriftliche Mitteilung, ob der Begünstigte die Änderung(en) annimmt oder zurückweist.[3]

. . . . . Bank

Anmerkungen

1. Im Inter-Banken-Verkehr erfolgt die Übermittlung nur noch per SWIFT in From der Nachrichten MT 707 und MT 708. Abbildung des Textes hier nur als beispielhafte Wiedergabe des möglichen Inhalts. Zum Aufbau und zu den Inhalten der einzelnen Felder der MT 707 und MT 708 siehe https://www.swift.com/resource/category-7-advance-information-0. Wie bei der Akkreditiveröffnung ist auch bei einer Änderung streng auf Vollständigkeit und Genauigkeit zu achten; Schimansky/Bunte/Lwowski BankR-HdB/*Nielsen/Jäger,* § 120 Rn 89.

2. Die Nachricht über fehlende Zustimmung bzw Ablehnung ist insoweit erforderlich, als auch zwischen dem Begünstigten und der Akkreditivbank ein Vertragsverhältnis besteht (s Baumbach/Hopt/*Hopt,* HGB, (7) Bankgeschäfte K/11), dessen Änderung die Einwilligung des Begünstigten voraussetzt. Schlüssiges Verhalten ist, anders als bei der Annahme des Akkreditivs, nicht ausreichend, vgl auch Art 10c Satz 2 ERA 600. Der

Begünstigte kann die Frage, ob er die Änderungen annimmt, bis zur Dokumentenvorlage offen lassen, Art. 10c S. 3 u 4 ERA 600.

4. Alternative Abwicklungsnachrichten der Akkreditivbank an den Akkreditivauftraggeber

. . . . . Entsprechend einer uns vorliegenden Ermächtigung händigen wir Ihnen hiermit die separat spezifizierten Dokumente wertfrei aus.[1]

. . . . . Bitte setzen Sie sich mit Ihrem Kontrahenten in Verbindung.[2]

. . . . . Die Dokumente weisen gegenüber den Akkreditivbedingungen untenstehende Unstimmigkeiten auf. Wir bitten Sie, uns Ihre Ermächtigung zur Aufnahme der Dokumente zu erteilen bzw uns Ihre Stellungnahme zukommen zu lassen.[2]

. . . . . Als Anlage übersenden wir Ihnen die uns nunmehr zugegangenen, separat spezifizierten Zweitpost-Dokumente.

Anmerkungen

1. Bausteine/Beispiele für verschiedene Mitteilungen der Akkreditivbank an den Auftraggeber im Rahmen ihrer Pflichten aus dem Geschäftsbesorgungsvertrag.

2. Insbesondere im Falle von Diskrepanzen vorgelegter Dokumente übliche Praxis, dass sich die eröffnende Bank mit dem Auftraggeber in Verbindung setzt, um zu klären, ob dieser auf festgestellte Unstimmigkeiten verzichten will. Dies spiegelt auch Art. 16b ERA 600 spiegelt wider. Es bleibt aber dabei, dass eröffnende Bank ihre Entscheidung über Aufnahme oder Ablehnung der Dokumentenvorlage eigenverantwortlich und allein innerhalb der vorgesehenen Frist von maximal fünf Bankarbeitstagen treffen muss. Schimansky/Bunte/Lwowski BankR-HdB/*Jäger/Haas,* § 120 Rn 382 f.

5. Mitteilung an den Akkreditivauftraggeber über die Erledigung bzw. Ermäßigung des Akkreditivs

Dokumenten-Akkreditiv

Erledigung bzw Ermäßigung

. . . . . Bank

Datum . . . . .

. . . . .

Unsere Nr . . . . .

gültig bis . . . . .

über . . . . .

zu Gunsten . . . . .

. . . . . Die Gültigkeitsdauer unseres Akkreditivs ist abgelaufen. Eine Nachricht über die Aufnahme von Dokumenten über den unten aufgeführten Betrag ist uns nicht zugegangen. Dementsprechend erkennen wir Sie auf Akkreditiv-Verpflichtungs-Konto mit EUR . . . . .

. . . . . Wir erhielten die Bestätigung, dass wir mit dem unten aufgeführten Betrag aus unserer Verpflichtung entlassen worden sind. Dementsprechend erkennen wir Sie auf Akkreditiv-Verpflichtungs-Konto mit EUR . . . . .

b) Export-Akkreditive

6. Mitteilung über Akkreditiveröffnung durch die avisierende Bank

. . . . . Bank	Ihre Nr
Postfach:	Unsere Nr
D-	Währung
	Betrag
SWIFT:	Unwiderruflich gültig bis
Telefon:	Vorlage der Dokumente in/bei . . . . .

An:

Sehr geehrte Damen und Herren,

wir geben Ihnen davon Kenntnis, dass die/der . . . . . zu Ihren Gunsten ein unwiderrufliches Akkreditiv (Nr . . . . .) eröffnet hat. Einzelheiten bitten wir der Anlage zu entnehmen.

Ihre Aufmerksamkeit dürfen wir besonders auf die einzelnen Bedingungen des Akkreditivs lenken, deren genaue Beachtung bei Aufmachung der Dokumente unbedingt erforderlich ist, damit bei der Abwicklung keine Schwierigkeiten entstehen.

Falls die Bedingungen nicht Ihren Abmachungen entsprechen oder in dem einen oder anderen Punkt für Sie nicht erfüllbar erscheinen, empfehlen wir Ihnen, umgehend durch den Auftraggeber die notwendigen Änderungen oder Ergänzungen zu veranlassen.[1]

Sofern uns die Einzelheiten des Akkreditivs per Telekommunikation übermittelt wurden, werden wir eine briefliche Bestätigung nicht beachten und auch nicht an Sie weiterleiten.[2]

Wir bitten zu beachten, dass die genannte Bank dieses Akkreditiv zu Ihren Gunsten eröffnet hat und wir lediglich beauftragt wurden, Ihnen dieses Akkreditiv – unverbindlich für uns – zu avisieren. Diese Mitteilung beinhaltet somit für uns keine Verpflichtung, akkreditivgemäße Dokumente zu honorieren.[3]

Gem den Akkreditivbedingungen gehen sämtliche in der Bundesrepublik Deutschland entstehenden Spesen zu Ihren Lasten. Wir werden Ihnen daher bei Inanspruchnahme des Akkreditivs neben den üblichen Abwicklungsgebühren und Portoauslagen unsere Avisierungsgebühr und/oder unsere Bestätigungsprovision und evtl Änderungsgebühren, deferred payment commission/Überwachungsgebühren in Rechnung stellen.[4]

Dieses Akkreditiv unterliegt den Einheitlichen Richtlinien und Gebräuchen für Dokumenten-Akkreditive, Revision 2007, Publikation No 600.

. . . . . Bank

Anmerkungen

1. Anderenfalls kommt es zur Akkreditivannahme, vgl Schimansky/Bunte/Lwowski BankR-HdB/*Nielsen/Jäger*, § 120 Rn 130 f.

2. Gem Art 11 a ERA 600 ist die Telekommunikation ohne besonderen gegenteiligen Hinweis als das Instrument für die Inanspruchnahme des Akkreditivs anzusehen. Für diesen Fall weisen die ERA ausdrücklich darauf hin, dass eine briefliche Bestätigung nicht erfolgen soll. Sollte entgegen den ERA doch eine Bestätigung erfolgen, so ist sie ohne Wirkung.

3. Ausdrücklicher und klarstellender Hinweis auf die Avisierungsfunktion der zwischengeschalteten Inlandsbank, die im Wege der Avisierung keine eigene Zahlungsverpflichtung übernimmt. Sie hat dann lediglich die Funktion einer Durchleitungsstelle, s BuB/*Nielsen* Rn 5/507 u Rn 5/550, *Nielsen,* MüKoHGB Rn II 69.

4. Nur, wenn zutreffend.

7. Mitteilung über Akkreditiveröffnung mit Bestätigung durch die avisierende Bank

. . . . . Bank	Ihre Nr
Filiale:	Unsere Nr
Postfach:	Währung/Currency
Telex:	Betrag/Amount
SWIFT:	Unwiderruflich gültig bis
Telefon:	Vorlage der Dokumente in/bei uns

An:

Sehr geehrte Damen und Herren,

wir geben Ihnen davon Kenntnis, dass die/der . . . . . zu Ihren Gunsten ein unwiderrufliches Akkreditiv (Nr. . . . . .) eröffnet hat. Einzelheiten bitten wir der Anlage zu entnehmen.

Ihre Aufmerksamkeit dürfen wir besonders auf die einzelnen Bedingungen des Akkreditivs lenken, deren genaue Beachtung bei Aufmachung der Dokumente unbedingt erforderlich ist, damit bei der Abwicklung keine Schwierigkeiten entstehen.

Falls die Bedingungen nicht Ihren Abmachungen entsprechen oder in dem einen oder anderen Punkt für Sie nicht erfüllbar erscheinen, empfehlen wir Ihnen, umgehend durch den Auftraggeber die notwendigen Änderungen oder Ergänzungen zu veranlassen.[1]

Sofern uns die Einzelheiten des Akkreditivs per Telekommunikation übermittelt wurden, werden wir eine briefliche Bestätigung nicht beachten und auch nicht an Sie weiterleiten.[2]

Auftragsgemäß bestätigen wir Ihnen, dass wir Ihre Verfügung(en), sofern die Bedingungen dieses Akkreditivs in allen Teilen erfüllt sind, bis zum angegebenen Höchstbetrag von . . . . . schützen werden.[3] Im Falle eines frei negoziierbaren Akkreditivs ist unsere

Bestätigung nur dann wirksam, wenn die Dokumente innerhalb der für dieses Akkreditiv geltenden Frist(en) bei uns vorgelegt werden.

Gem den Akkreditivbedingungen gehen sämtliche in der Bundesrepublik Deutschland entstehenden Spesen zu Ihren Lasten. Wir werden Ihnen daher bei Inanspruchnahme des Akkreditivs neben den üblichen Abwicklungsgebühren und Portoauslagen unsere Avisierungsgebühr und/oder unsere Bestätigungsprovision und evtl Änderungsgebühren, deferred payment commission/Überwachungsgebühren in Rechnung stellen.[4]

Dieses Akkreditiv unterliegt den Einheitlichen Richtlinien und Gebräuchen für Dokumenten-Akkreditive, Revision 1993/2007, Publikation No 50/600.

. . . . . Bank

Anmerkungen

1. –2. Vgl hierzu die entsprechenden Anmerkungen zur Mitteilung über eine Akkreditiveröffnung durch die avisierende Bank.

3. Auftragsgemäße Bestätigung, durch die der Begünstigte einen zusätzlichen und selbstständigen Anspruch gegen die bestätigende Bank erwirbt. Zum Rechtsverhältnis zwischen Begünstigtem und Bestätigungsbank s *Baumbach/Hopt,* HGB, (7) Bankgeschäfte K/2, Schimansky/Bunte/Lwowski BankR-HdB/*Nielsen/Jäger,* § 120 Rn 170 ff. Zum Rechtscharakter einer Bestätigung vgl BuB/*Nielsen* Rn 5/578.

4. Nur, wenn zutreffend.

8. Dokumenten-Einreichung

An Bank	Dokumenten-Einreichung[1]	4
	Einreicher	

Die Dokumente sind

Datum Tel. Ref Gegenwert zu Gunsten Konto-Nr. x = Währungs-Kto.

Sie empfangen anbei folgende Dokumente zur Verwendung unter dem nachfolgend genannten Akrkeditiv:

Nr. der (Bank) ❐ Die Akkreditivspitze wird nicht mehr in Anspruch genommen

❐ Es handelt sich um eine Teillieferung

Für Vermerke der Bank
Referenz-Nummer:

Ihre Akkreditiv-Nummer Betrag Fälligkeit

Wechsel/ Quittung	Handels-rechnung	Konsu-lats-/Zoll-Faktura	LKW-Fracht-brief (CMR)	Dokument des kom-binierten Transports	Ur-sprungs-Zeugnis	Versich.-Pol/Zert.	Konnos-sement	Luft-fracht-brief	Eisen-bahn-Dup-likat-Frachtbr.	Spediteur-Über-nahme /-versand	Packliste	Waren-verkehrs-Bescheinig./ Einheitspapier	Gewichts-zertifikat

Weitere Dokumente: Sonstige Weisungen:

per am von nach

Wir bitten um Gutschrift ❐ auf unser EUR-Konto IBAN BIC bei ____________

❐ auf unser Fremdwährungskonto Für die Ausführung des Auftrages sind die „Einheitlichen Richtlinien und Gebräuche für Dokumenten-Akkreditive“ der Internationalen Handelskammer, Paris, in ihrer letzten anwendbaren Version, zugrunde zu legen.

Ort, Datum

Unterschrift des Einreichers

Anmerkungen

1. Formular zur Vorlage von Dokumenten unter einem Akkreditiv zwecks Inanspruchnahme.

Mit Einreichung der Dokumente bei der Akkreditivbank wird eine Reihe von Pflichten, insbesondere deren Prüfungspflicht ausgelöst. Einzelheiten s *Baumbach/Hopt,* HGB, (7) Bankgeschäfte K/5. Diese Prüfungspflicht erstreckt sich nicht nur auf Übereinstimmung mit den Akkreditivbedingungen iSv Art 14 ERA 600, sondern auch auf mögliche Verstöße gegen geltendes Recht wie zB § 4a AWV, der die Abgabe sog Boykott-Erklärungen durch Gebietsansässige verbietet. Art 2 ERA 600 verweist für den Prüfungsmaßstab einer „konforme Dokumentenvorlage" auf den nicht nachweisbaren „Standard internationaler Bankpraxis". Zur Eingrenzung verweist die ICC auf den von ihr herausgegebenen Leitfaden „International Standard Banking Practice (ISBP) for the Examination of Documents under Documentary Credits" (ICC Publ. Nr. 681). Bestrebungen, im Trade Finance Bereich Dienstleistungen zum maschinellen Abgleich von Daten in eingereichten Dokmenten anzubieten, bleiben bisher auf das Inter-Bankenverhältnis beschränkt und konnten sich für die Dokumentenprüfung noch nicht durchsetzen. Einzelheiten s. Schimansky/Bunte/Lwowski BankR-HdB/*Jäger/Haas,* § 120 Rn 200 ff., 241 ff.

2. Nicht immer wird durch die eingereichten Dokumente der volle Akkreditivbetrag in Anspruch genommen. Die hier vorgesehene Erklärung dient in einem solchen Falle nicht nur der organisatorischen Erleichterung, sondern ist dann auch einer Verzichtserklärung gleichzusetzen.

9. Dokumentenspezifikation

Uensere Nr./Our No.	Ihre Nr./Your No.

Dokumentenspezifikation
Specification of documents

Spezifikation der Dokumente 12 Specification of documents	Erst-post 1st mail	Zweit-post 2nd mail	Spezifikation der Dokumente Specification of documents	Erst-post 1st mail	Zweit-post 2nd mail
Wechsel/Quittung Draft/Receipt			Dokumentenversand-Bescheinigung Document dispatch certificate		
Handelsfaktura Commercial invoice			Versicherungspolice/-zertifikat Insurance policy/certificate		
Konsulats-/Zollfaktura Cosular/Customs invoice			Versandanzeige/Verschiffungsavis Advice of dispatch/Advice of shipment		
Frachtrechnung Freight note					
Belastungsnota/Gutschriftsnota Debit note/Credit note			Konnossement Bill of lading		
			Konnossement (Kopie) Bill of lading (copy)		
			Shipping Company's-/- agent's certificate Mate's receipt/Master's receipt		

Spezifikation der Dokumente 12 Specification of documents	Erst- post 1st mail	Zweit- post 2nd mail	Spezifikation der Dokumente Specification of documents	Erst- post 1st mail	Zweit- post 2nd mail
Spezifikation/Packliste Specification/Packing list			Duplikat-Frachtbrief Duplicate railway B/L		
Gewichtsnota/Gewichtszertifikat Weight note/Certificate of weight			Luftfrachtbrief Air waybill		
Bescheinigung über Certificate of			Post-/Luftpost-/Kurierempfangs- bestätigung P. O./Air mail/Courier receipt		
Ursprungszeugnis Certificate of origin			Internationaler Frachtbrief (CMR) International consignment note (CMR)		
Import-/Exportlizenz Import/Export licence					
Qualitätszertifikat/Quantitätszertifikat Certificate of quality/-quantity			Spediteur-Übernahme-/Transport- Bescheinigung Forwarders certificate of receipt/ transport		
Gesundheitsattest Health certificate					
Analysenzertifikat Certificate of analysis			Warenverkehrsbescheinigung Movement certificate		
Inspektionszertifikat/Testzertifikat Certificate of inspection/Test certificate					
Pre-Shipment inspection certificate			Brief/Fax/Kabel (Kopie) Letter/Fax/Cable (copy)		
			Bestätigung Confirmation		
Pflanzengesundheitszeugnis Phytosanitary certificate					
			R		

Anmerkungen

1. Zum Umfang der mit Einreichung der Dokumente ausgelösten Prüfungspflicht der Akkreditivbank/Zahlstelle bzw Bestätigungsbank s Schimansky/Bunte/Lwowski BankR-HdB/*Jäger/Haas,* § 120 Rn 208 ff., zu den einzelnen Dokumenten insbesondere Rn 260 ff.

2. Zum Reklamationsverfahren bei Dokumenteneinreichung Schimansky/Bunte/Lwowski BankR-HdB/*Nielsen/Jäger,* § 120 Rn 379 ff.

10. Ankaufszusage

(Akkreditivbegünstigter)[1,2]

Dokumentenakkreditiv Nr . . . . . („Akkreditiv")

unwiderruflich eröffnet von . . . . .

auftrags . . . . .

über . . . . . (Betrag) gültig bis . . . . .

zahlbar bei uns in . . . . .

unsere Nr . . . . .

Bezug: Unsere Avisierung vom . . . . .

Sehr geehrte Damen und Herren,

Ihrem Wunsch entsprechend bestätigen wir Ihnen,[3] dass wir Ihre Verfügungen, sofern die Bedingungen dieses Akkreditivs auf der Basis der Einheitlichen Richtlinien und Gebräuche für Dokumenten-Akkreditive (Revision 2007), Publikation Nr 600 der Internationalen Handelskammer, in allen Teilen erfüllt sind,[4] bis zum angegebenen Höchstbetrag schützen werden.

Hierdurch wird zusätzlich zur Verpflichtung der eröffnenden Bank eine feststehende Verpflichtung unseres Hauses analog Art 8a der vorerwähnten Richtlinien begründet.

Da unser Haus von der eröffnenden Bank nicht ersucht oder ermächtigt ist, eine Akkreditivbestätigung hinzuzufügen, ist Ihr nicht übertragbarer Anspruch[5] unter dieser Verpflichtung weiter bedingt durch

- unsere Zustimmung zu eventuellen Akkreditiv-Änderungen und[6]
- den unbestrittenen Rechtsbestand des uneingeschränkt zu Ihrer Verfügung stehenden Anspruchs auf Erlös gegen die eröffnende Bank.[7]

Wir bitten Sie, uns über alle unsere Verpflichtung berührenden Tatsachen und Umstände unverzüglich zu unterrichten.

Vereinbarungsgemäß stellen wir Ihnen eine Provision von . . . . . in Rechnung.[8]

Anmerkungen

1. Mustertext für die Zusage der benannten Bank in Bezug auf durch Zahlung benutzbare Akkreditive, die weitestgehend gleichwertig mit einer Bestätigung unter dem Akkseditiv anzusehen ist, ohne dass Auftrag oder Ermächtigung der akkreditiveröffnenden Auslandsbank vorliegen. Einzelheiten siehe Schimansky/Bunte/Lwowski BankR-HdB/*Jäger/Haas*, § 120 Rn 180 ff

Bei Ankaufszusagen wie auch bei den unter Ziffer 15 zu erörternden Schutzzusagen handelt es sich um ein Produkt der Praxis, das in den letzten Jahren im Hinblick auf eine einschlägige Interessenlage der Kundschaft geschaffen wurde. Die Interessenlage bei Ankaufszusagen umfasst Sachverhalte, in denen eine ausländische Akkreditivbank ein Akkreditiv eröffnet und eine inländische Zahlstelle benannt oder ihr Akkreditiv frei negoziierbar gestellt hat, jedoch keinen Bestätigungsauftrag gem Art 8d ERA 600 erteilte. Das Interesse des inländischen Begünstigten geht dahin, eine Absicherung gegen eine etwaige Zahlungsunfähigkeit der Akkreditivbank sowie gegen das Konvertierungs-, Transfer- und Moratoriumsrisiko im Land der Akkreditivbank zu erwerben (*Hopt,* HGB, (7) Bankgeschäfte K/2a).

Der inländischen Zahlstelle steht bei Aufnahme ordnungsgemäßer Dokumente zwar ein Aufwendungsersatzanspruch gegen die Akkreditivbank zu (als benannte Bank der Remboursanspruch gemäß Art. 7c ERA 600). Mit einer Ankaufszusage übernimmt sie jedoch außerhalb der akkreditivrechtlichen Beziehungen zur Akkreditivbank im Kundeninteresse eine eigene Verpflichtung gegenüber dem Begünstigten. Wegen der mit einer Ankaufszusage verbundenen Risiken werden in der Praxis Zusagen im Allgemeinen nur dann erteilt, wenn das zugrunde liegende, den ERA unterstellte Akkreditiv insgesamt als „bestätigungsfähig" angesehen werden kann und die Bonität des Begünstigten außer Zweifel steht.

2. Zwei verschiedene Varianten lassen sich unterscheiden: Der bedingte Kauf der Forderung des Begünstigten gegen die Akkreditivbank einerseits und bestätigungsähnliche Verpflichtung andererseits. Der wiedergegebene Text entspricht der 2. Alternative.

3. Ist die inländische Zweitbank zugleich Zahlstelle, so sind die Dokumente notwendigerweise über sie einzureichen, so dass sie zwingend die Möglichkeit erhält, die Dokumente auf ihre Akkreditivgemäßheit zu überprüfen. Diese Möglichkeit würde im Falle der freien Negoziierbarkeit fehlen. Um auch in diesem Falle die Überprüfungsmöglichkeit zu gewährleisten, wird dann die Ankaufszusage unter eine weitere Voraussetzung etwa wie folgt gestellt:

„. . . . . Unter der Voraussetzung der auf Ihre Gefahr über uns erfolgenden Vorlage der Dokumente bei der eröffnenden Bank bestätigen wir Ihnen . . . . ."

4. Der Vorbehalt der Erfüllung aller Akkreditivbedingungen gewährleistet zugleich mittelbar eine zeitliche Begrenzung der Zusage.

5. Zur Risikobegrenzung, zum Teil auch aus geschäftspolitischen Gründen, wurde die Abtretbarkeit des Anspruchs aus der Ankaufszusage in der Regel ausgeschlossen. Inwieweit dieses Ziel infolge des 1994 neu eingeführten § 354a HGB noch erreicht werden kann, erscheint fraglich.

6. Da die Ankaufszusage ohne Auftrag der akkreditiveröffnenden Bank erteilt wird, läuft die inländische Zweitbank Gefahr, bei Akkreditivänderungen ohne gleichzeitige Änderung der Ankaufszusage ihren Aufwendungsersatzanspruch gegen die Akkreditivbank zu gefährden oder gar zu verlieren. Durch den im Innenverhältnis zum Begünstigten vereinbarten Vorbehalt der Zustimmungsabhängigkeit von Akkreditivänderungen ist die ankaufszusagende inländische Zweitbank, Bonität des Begünstigten unterstellt, hinreichend geschützt.

7. Der Anspruch auf Erlös kann nicht nur durch gerichtliche Maßnahmen, sondern auch zB durch den Einwand rechtsmissbräuchlicher Geltendmachung gefährdet sein. In der Praxis wird es daher für zweckmäßig erachtet, in Anlehnung an die Hermes-Bedingungen allgemein auf den „unbestrittenen Rechtsbestand" der Akkreditivforderung abzustellen.

8. Eine Rechtswahlklausel erübrigt sich nicht nur auf Grund der in der Regel vereinbarten Allgemeinen Geschäftsbedingungen, sondern auch im Hinblick darauf, dass es sich hier um eine vertragliche Vereinbarung zwischen Gebietsansässigen handelt.

11. Schutzzusage

(Akkreditivbegünstigter)[1,2]

Dokumentenakkreditiv Nr . . . . . („Akkreditiv")

zu Ihren Gunsten unwiderruflich eröffnet von . . . . . („eröffnende Bank")

auftrags . . . . .

über . . . . . („Höchstbetrag"), gültig bis . . . . .

zur Zahlung benutzbar bei . . . . . („Benutzungsbank")

unsere Nr . . . . .

Bezug: Unsere Avisierung vom . . . . .

Sehr geehrte Damen und Herren,

bezugnehmend auf

- die uns von der eröffnenden Bank zugegangene Mitteilung[3]
- Ihre Mitteilung (nebst Übergabe vollständiger Kopien)[4]

über die rechtswirksame Eröffnung des oben angeführten Akkreditivs und unter der Voraussetzung der auf Ihre Gefahr über uns erfolgenden Vorlage der Dokumente bei der Benutzungsbank[5] bestätigen wir wunschgemäß, dass wir

Ihren Anspruch auf Erlös gemäß den Akkreditiv-Bedingungen gegen Nichterfüllung wegen Vermögensverfalls der eröffnenden Bank oder deren Unvermögens zu Zahlung, Konversion oder Transfer des Erlöses infolge allgemeiner hoheitlicher Maßnahmen oder kriegerischer Ereignisse

bis zu . . . . . Prozent (in Worten: . . . . . vom Hundert) des Höchstbetrages schützen werden, sofern die Bedingungen des Akkreditivs auf der Basis der Einheitlichen Richtlinien und Gebräuche für Dokumenten-Akkreditive (Revision 2007), Publikation Nr 600 der Internationalen Handelskammer, in allen Teilen erfüllt sind.[6]

Ihr nicht übertragbarer[7] Anspruch unter dieser Verpflichtung ist weiter bedingt durch

- unsere Zustimmung zu eventuellen Akkreditiv-Änderungen,
- die vorbezeichnete Nichterfüllung Ihres Anspruchs auf Erlös binnen . . . . .[8] Kalendertagen nach gem den Akkreditiv-Bedingungen bestimmbarer Fälligkeit,
- den unbestrittenen Rechtsbestand des uneingeschränkt zu Ihrer Verfügung stehenden Anspruchs auf Erlös gegen die eröffnende Bank und[9]
- Ihre Abtretung (auf Ihre Kosten) Ihres unserer Zahlung hierunter entsprechenden Anspruchs auf den Akkreditiv-Erlös (womit zugleich alle damit im Zusammenhang stehenden Rechte und Ansprüche übertragen werden) gem den Bestimmungen des anzuwendenden Rechts an uns zum Zeitpunkt unserer Zahlung.[10]

Vereinbarungsgemäß werden Sie uns über alle unsere Verpflichtung berührenden Tatsachen und Umstände unverzüglich unterrichten, hierunter abgetretene Forderungen auf unsere Bitte und Kosten einziehen und uns Zahlungen (einschließlich Zinsen darauf auf der Basis unseres jeweiligen Überziehungszinssatzes) unverzüglich zurückerstatten, soweit Bedingungen dieser Verpflichtung offenbar nicht eingetreten oder Sie anderweitig befriedigt sind.[11]

Für diese Schutzzusage stellen wir Ihnen ein Entgelt von . . . . . in Rechnung. Außerdem werden wir Ihnen bei Dokumenteneinreichung unsere übliche Abwicklungsgebühr von . . . . . berechnen.

Anmerkungen

1. Mustertext für die Abgabe von Schutzzusagen für bei anderen Banken durch Zahlung benutzbare Akkreditive ohne Auftrag oder Ermächtigung der akkreditiveröffnenden Auslandsbank.

Von einer Schutzzusage wird in der Praxis dann gesprochen, wenn das Akkreditiv bei anderen Banken als der um Abgabe der Schutzzusage gebetenen inländischen Zweitbank zahlbar ist. Das Interesse des Kunden hingegen ist identisch mit dem Interesse unter der Ankaufszusage, Schutz gegen Zahlungsunfähigkeit der Akkreditivbank sowie gegen Konvertierungs-, Transfer- und Moratoriumsrisiken im Land der Akkreditivbank zu erhalten.

Auch und insbesondere für Schutzzusagen gilt, dass sie in der Praxis nur im Zusammenhang mit bestätigungsfähigen Akkreditiven und nur dann erteilt werden, wenn der Begünstigte bonitätsmäßig außer Zweifel steht (wegen evtl nachträglich zu realisierender Rückforderungsansprüche).

2. → Form. IV.K.14 Anm. 2.

3. Wenn Avisierung über die die Schutzzusage erteilende Bank erfolgte.

4. Wenn Avisierung über eine andere Bank erfolgte.

5. Da die inländische Zweitbank bei dieser Sachverhaltsgestaltung nicht in die Akkreditivabwicklung eingeschaltet ist und demgemäß auch keine akkreditivrechtliche Funktion hinsichtlich der Dokumentenprüfung und -reklamation hat, ist zur Begrenzung des Risikos die Dokumentenvorlage über sie selbst Voraussetzung.

6. Die zeitliche Begrenzung wird wiederum mittelbar durch die Notwendigkeit der Erfüllung aller Akkreditivbedingungen erreicht.

7. Vgl → Form. IV.K.14 Anm. 5.

8. IdR für in der Bundesrepublik zahlbar gestellte Akkreditive 5 Kalendertage bzw für außerhalb der Bundesrepublik zahlbar gestellte Akkreditive 10 Kalendertage.

9. Entsprechend → Form. IV.K.14 Anm. 6.

10. Die notwendige Abtretung des Zahlungsanspruchs des Begünstigten gegen die Akkreditivbank auf den Akkreditiv-Erlös ist Folge der fehlenden Einschaltung der inländischen Zweitbank in die akkreditivgemäße Abwicklung. Die Bank auf diese Weise einen direkten Anspruch gegen die Akkreditivbank erhalten. Aus rechtspraktischer Sicht ist das Problem damit jedoch noch nicht gelöst, da es je nach anwendbarem Recht oft schwierig sein dürfte, eine zweifelsfrei wirksame Abtretung vorzunehmen.

11. Dem gesteigerten Risiko auf Seiten der inländischen Zweitbank entspricht die gesteigerte Sorgfaltspflicht auf Seiten des Begünstigten. Die Einziehung durch den Begünstigten kann jedoch auch im geschäftspolitischen Interesse der inländischen Zweitbank liegen, ihre Einschaltung nicht publik werden zu lassen, auch nicht im Verhältnis zur akkreditiveröffnenden Bank.

L. Garantiegeschäft (mit Bankbürgschaft)

a) Garantiegeschäft

Schrifttum: *Affaki/Goode,* Guide to ICC Uniform Rules of Demand Guarantees, ICC-Publication Nr. 702E, 2011; *Baumbach/Hopt,* HGB, 38 (7) Bankgeschäfte L/1 ff.; *Roy Goode,* Guide to the ICC Uniform Rules of Demand Guarantees, ICC-Publication 1992; *Horn,* Bürgschaften und Garantien, 8. Aufl 2001; *International Chamber of Commerce (ICC),* ICC Uniform Rules for Demand Guarantees URDG 758 – ICC Einheitliche Richtlinien für auf Anfordern zahlbare Garantien URDG 758, englisch-deutsche Ausgabe, 2010; *Nielsen/Joos,* Bankgarantien bei Außenhandelsgeschäften, Bankrecht und Bankpraxis (BuB) Rn 5/231 ff.; *Nielsen,* Bankgarantien bei Außenhandelsgeschäften, 1986; *T.Fischer,* Bankgarantien bei Außenhandelsgeschäften, in: Bankrechts-Handbuch Bd II, 5. Aufl 2015, § 121; MüKoHGB, Bd. VI)/*Welter,* J. Bankgarantien Rn J 1 ff., 4. Aufl 2019; *von Westphalen/Zöchling-Jud,* Die Bankgarantie im internationalen Handelsverkehr, 4. Aufl 2014; *Zahn/Ehrlich/Haas,* Zahlung und Zahlungssicherung im Außenhandel 8. Aufl 2010.

1. Garantieklausel im Grundgeschäft

Der Erstellung einer Bankgarantie (zu deren Rechtscharakter, Abstraktheit und zur Abgrenzung gegenüber der akzessorischen Bürgschaft BuB/*Nielsen/Joos* Rn 5/246 ff) geht idR die Vereinbarung einer sogenannten Garantieklausel (auch Sicherungsabrede genannt) zwischen dem Garantieauftraggeber und dem Begünstigten im Rahmen der grundgeschäftlichen Verhandlungen voraus. Inhalt dieser Garantieklausel ist die Verpflichtung des Garantieauftraggebers, zugunsten des Begünstigten eine Bankgarantie erstellen zu lassen (s Baumbach/Hopt/*Hopt,* HGB, (7) Bankgeschäfte L/17). Im Rahmen der grundgeschäftlichen Verhandlungen besteht für den Garantieauftraggeber und den Begünstigten die Möglichkeit, sich auf eine Garantieklausel zu einigen, die den Wünschen und Erfordernissen beider Seiten am ehesten gerecht wird. Wie die internationale Garantiepraxis zeigt, ist es für den Garantieauftraggeber wie den Begünstigten vor Aufnahme entsprechender Verhandlungen dringend empfehlenswert, sich über die Garantiepraxis sowohl im Land des Garantieauftraggebers wie im Land des Begünstigten und die dadurch vorgegebenen Möglichkeiten der Garantieerstellung zu informieren. Den Parteien wäre nicht damit gedient, eine Garantieklausel zu vereinbaren, die dann durch die mit der Garantieerstellung beauftragte(n) Bank(en) nicht oder nur nach erneuter Verhandlung und Anpassung der Garantieklausel verwirklicht werden könnte. Darüber hinaus entsprechen vorausgehende Information und Beratung sowie Einigung über den Garantietext dem Interesse der Grundgeschäftsparteien. Denn es ist in den vergangenen Jahren wiederholt, teilweise mit der Folge gerichtlicher Auseinandersetzungen, zu Streitigkeiten wegen angeblich nicht ordnungsgemäßer Garantieinanspruchnahme (dh wegen fehlenden formellen Garantiefalls) oder nicht berechtigter Garantieinanspruchnahme (dh wegen fehlenden materiellen Garantiefalls) gekommen.

Mustertexte für die Abfassung einer Garantieklausel lassen sich nicht allgemeingültig vorgeben. Aus Sicht der Praxis empfiehlt es sich, den Mustertext einer zur Garantieerstellung ausersehenen Bank (Garantiebank) zum Gegenstand der Garantieklausel zu machen, umso im Verhältnis zwischen Garantieauftraggeber und Begünstigtem Akzeptanz der Garantiebank und deren Garantieerklärung sowie im Verhältnis zwischen Garantieauftraggeber und Garantiebank Akzeptanz des Garantieauftrags und die reibungslose Erstellung der Garantie zu gewährleisten. Zumindest sollten zweifelsfreie

Vereinbarungen über die elementaren Garantiebausteine getroffen werden (zum Inhalt der Garantieklausel MükoHGB/*Welter* Rn J 94; *Zahn/Ehrlich/Haas* Rn 9/68).

Entsprechendes gilt bei Garantieerstellung unter Einschaltung mehrerer Banken, der so genannten indirekten Garantie (s Baumbach/Hopt/*Hopt*, HGB (7) Bankgeschäfte L/2).

2. Avalauftrag

Filial-/Konto-Nr.[1]	Referenz	Sachbearbeiter/Telefon

An

(Name und Anschrift der Garantiebank)

Ich/Wir bitte(n) Sie, in meinem/unserem Auftrag und für meine/unsere Rechnung eine Verpflichtung gemäß den nachstehenden Angaben zu übernehmen.[2]

Währung, Betrag:

Gültig bis [TT.MM.JJJJ]:

(Alternativ, sofern keine datumsmäßige Befristung) Wirtschaftliche Laufzeit laut Grundgeschäft:

Begünstigter	Name und volle Anschrift				
Art der Verpflichtung[3]	❒ Bürgschaft		❒ Bürgschaft auf 1. Anfordern		
	❒ Garantie ❒ Standby Letter of Credit gemäß ISP 98	*(Bürgschaften in der Regel nur für Begünstigte im Inland)* ❒ Garantie gemäß URDG 758* ❒ Standby Letter of Credit gemäß UCP 600			
Zweck[4]	❒ Bietung	❒ Anzahlung	❒ Lieferung	❒ Leistung	❒ Vertragserfüllung
	❒ Gewährleistung	❒ Zahlung	❒ Kreditsicherung	❒ Miete	❒ Prozess
	❒ Zoll ❒ Sonstiges (Bitte Einzelheiten angeben)				
	Bietschluss	Ausschreibungs-Nr./Datum	Angebots-Nr./Datum	Vertrags-Nr./Datum	
	Gegenstand des	❒ Angebots	❒ Grundgeschäfts (ggfs. im Interesse von)		
	In Höhe von %	des Gesamtpreises von	In Höhe von	Bezugsgröße	
	Weitere Einzelheiten				
	Sprache der Verpflichtung				

Wortlaut der Verpflichtung	❒ Ihr Text bzw. Text Ihrer Korrespondenten[5]		❒ Text gemäß Anlage[6]	
Erstellende Bank[7]	❒ Sie gegenüber dem Begünstigten (direkt)		❒ Korrespondenzbank Ihrer Wahl (indirekt)	
	❒ Folgende Bank (indirekt) ❒ Sie, avisierende Bank (direkt)			
Übermittlung der Urkunde an	❒ uns	❒ den Begünstigten	❒ folgende Adresse	
Art der Übermittlung	❒ Brief	❒ Abholung	❒ Teletransmission (ggfs. avisierende Bank)	❒ Kurierdienst
Besonderheiten	❒ Inkrafttretensklausel	❒ Reduzierungs- klausel	❒ Sonstige	

Für diesen Auftrag gelten Ihre „Bedingungen für das Avalgeschäft".[8]

*Soll die Garantie den „Einheitlichen Richtlinien für auf erstes Anfordern zahlbare Garantien" (URDG 758) der Internationalen Handelskammer, Paris, unterliegen, findet Ziffer 11 Satz 2 der „Bedingungen für das Avalgeschäft" keine Anwendung.[9]

. . . .

Ort, Datum Firmenstempel, rechtsverbindliche Unterschrift(en) des Auftraggebers

Anmerkungen

1. Das wiedergegebene Auftragsformular entspricht der bisherigen Formularpraxis. Es kann aus Vereinfachungsgründen sowohl für den Auftrag zur rstellung einer Bankgarantie wie auch einer Bankbürgschaft verwendet werden (vgl auch Avalauftrag nebst Anmerkungen unter → Form. IV.L.19 für die Bankbürgschaft).

Der Auftrag zur Erstellung einer Garantie ist formfrei. Die Praxis sieht aus Nachweisgründen die Erteilung des Auftrags auf einem dafür bestimmten Formular der Garantiebank vor. In Eilfällen werden bei bereits bestehender Kundenbeziehung Aufträge ausnahmsweise auch fernmündlich angenommen. Die Annahme seitens der Garantiebank erfolgt in der Praxis oftmals durch die Erstellung der Garantie, so dass nachfolgender Korrespondenz nur der Charakter schriftlicher Bestätigung zukommt.

2. Das mit Annahme des Auftrags durch die Garantiebank mit dem Garantieauftraggeber zustande gekommene Vertragsverhältnis qualifiziert sich als ein auf eine Werkleistung gerichteter Geschäftsbesorgungsvertrag nach den §§ 675 Abs 1, 631 ff. BGB (s Baumbach/Hopt/*Hopt*, HGB, (7) Bankgeschäfte L/4; BuB/*Nielsen/Joos* Rn 5/306).

3. Je nach grundvertraglicher Vereinbarung und Ausgestaltung der Garantieklausel ist im Auftrag genau zu präzisieren, welche Garantieart und welcher Zweck der Garantieklausel entsprechen. Mit der Festlegung der Garantieart ist der textliche Rahmen für die Garantieurkunde und den Garantiefall (s Baumbach/Hopt/*Hopt*, HGB, (7) Bankgeschäfte L/4, L/6) vorgegeben.

4. In der Praxis weniger häufig auftretende Garantiearten sind zB die Zahlungsgarantie, die Konnossementsgarantie sowie die Zollgarantie.

5. Gehen der Vereinbarung der Garantieklausel Besprechungen mit der/den zu beauftragenden Bank(en) voraus und wurde die Garantieerstellung nach deren Mustertext vereinbart, so ist je nach Erstellung der Garantie als Direktgarantie oder als indirekte Garantie (s Baumbach/Hopt/*Hopt*, HGB, (7) Bankgeschäfte L/2) anzugeben, ob der Text der vom Kunden mit der Garantieerstellung beauftragten Bank (Schuldnerbank) oder deren Korrespondenzbank (Gläubigerbank) zu verwenden ist.

6. Der Auftrag „Text gemäß Anlage" setzt im Rahmen der Garantieklausel bereits die Vereinbarung eines vollständigen Garantietexts voraus, der im Interesse aller an der Garantieerstellung Beteiligten vorab auf seine Akzeptanz und Durchführbarkeit geprüft werden sollte. Eine Beratungspflicht seitens der Garantiebank hinsichtlich der Garantieklausel bzw des Garantietextes besteht nicht (vgl OLG München Beschl. v. 14.10.2010, BeckRS 2010, 01 668; NJW-Spezial 2010, 302; BuB/*Nielsen/Joos* Rn 5/308). Klarheit des Garantietexts und Überprüfbarkeit der Garantiebedingungen, insbesondere der Zahlungsklausel liegen jedoch im Eigeninteresse der beauftragten Bank (BuB/*Nielsen/Joos* Rn 5/308).

7. Nicht selten wird seitens des Begünstigten eine indirekte Garantie, dh die Garantieerstellung durch eine ihm genehme Bank in seinem eigenen Land gewünscht. Für diesen Fall ist vom Auftraggeber die Gläubigerbank als Korrespondenzbank anzugeben. Unterbleibt eine solche Angabe, so findet Ziff 1 Abs 3 der Bedingungen für das Avalgeschäft Anwendung (auch BuB/*Nielsen/Joos* Rn 5/353).

8. Im Rahmen der Auftragserteilung werden die Bedingungen für das Avalgeschäft der Garantiebank (→ vgl nachstehend unter IV.L.3) ausdrücklich einbezogen. Ergänzend gelten die AGB-Banken, welche mit dem Kunden bereits anlässlich der Begründung der Geschäftsbeziehung, zB bei Kontoeröffnung, vereinbart werden.

9. Siehe auch Anmerkung Nr 16 unter → Form. IV.L.3 Anm. 16.

3. Bedingungen für das Avalgeschäft

Bedingungen für das Avalgeschäft[1]

Die Bank erstellt auftragsgemäß Garantien (einschließlich Bonds und Standby Letters of Credit) sowie insbesondere gegenüber Begünstigten im Inland auch Bürgschaften und Bürgschaften ‚auf erstes Anfordern' (insgesamt, soweit nicht einzeln aufgeführt, unter Ziffer 1 als ‚Garantien' definiert).

Bei Bürgschaften gemäß den Regelungen des Bürgerlichen Gesetzbuches ist die Bank gegenüber dem Begünstigten zur Zahlung nach ordnungsgemäßer Anforderung verpflichtet, soweit sie dagegen nicht unverzüglich zulässige Einreden oder Einwendungen erheben kann, die der Auftraggeber ihr schriftlich glaubhaft gemacht oder liquide bewiesen hat.

Unter sonstigen, von ihr gegenüber dem Begünstigten direkt erstellten Garantien (vgl. Ziffer 1) einschließlich Bürgschaften ‚auf erstes Anfordern' ist die Bank zur unverzüglichen Zahlung verpflichtet, sobald ihr eine den Bedingungen der Garantie entsprechende Zahlungsanforderung zugeht. Bei durch Beauftragung einer Zweitbank indirekt erstellten Garantien (vgl. Ziffer 1) einschließlich von einer Zweitbank bestätigter Garantien und Standby Letters of Credit ist die Zweitbank berechtigt, Avalprovisionen, Entgelte und Auslagenersatz sowie im Fall der Inanspruchnahme auch unverzüglichen Aufwendungsersatz im Rahmen der Rückhaftung der Bank zu verlangen. Sofern nicht der Auftraggeber mit liquiden Beweisen der Bank und – bei indirekten Garantien – auch der Zweitbank ein

etwa nach dem anwendbaren Recht begründetes Zahlungsverweigerungsrecht vor Zahlung klar erkennbar gemacht hat oder dieses Recht offensichtlich ist, kann der Auftraggeber etwaige Einreden oder Einwendungen nach Zahlung durch die Bank nur unmittelbar gegen den Begünstigten auf eigenes Risiko geltend machen.

Deshalb sollte der Auftraggeber vor Auftragserteilung sorgfältig prüfen, ob seine Vereinbarung mit dem Begünstigten tatsächlich eine Bürgschaft ‚auf erstes Anfordern' oder eine direkte oder indirekte Garantie erfordert.[2]

1. Geltungsbereich und Begriffsbestimmungen

Diese Bedingungen gelten für Aufträge von Kunden (‚Auftraggeber') zur Erstellung von Bürgschaften, Bürgschaften ‚auf erstes Anfordern' und Garantien (einschließlich Bonds und Standby Letters of Credit) zugunsten Dritter (‚Begünstigter') und die Ausführung solcher Aufträge durch die Bank.[2]

Diese Avale sowie die (nachfolgend definierten) Rückgarantien der Bank werden in diesen Bedingungen, soweit nicht einzeln aufgeführt, als ‚Garantien' bezeichnet.

Garantien erstellt die Bank entweder selbst (‚direkte Garantie') oder durch Weiterleitung des Auftrags im eigenen Namen (‚indirekte Garantie') an eine ‚Zweitbank' (ausländische Filiale der Bank oder andere Bank) unter Übernahme einer entsprechenden Rückhaftung (‚Rückgarantie').[3]

2. Erstellung einer direkten oder indirekten Garantie und Einbuchung

Bei Auftragsannahme wird die Bank weisungsgemäß eine direkte oder indirekte Garantie erstellen. Falls die Bank zum Zeitpunkt der Annahme des Auftrags mit dem Auftraggeber keine Rücksprache zu nehmen vermag, kann sie nach eigenem Ermessen unter Berücksichtigung der ihr bekannten Interessen des Auftraggebers die Weisung ergänzen bzw. von der Weisung abweichen und den Auftrag in der nach den ihr bekannten Umständen typischen Weise ausführen, wenn der Auftraggeber dies nicht untersagt hat. Sie wird den Auftraggeber hiervon anschließend unterrichten.[4]

Bei Ausführung des Garantieauftrags wird die Bank den Auftraggeber mit dem Garantiebetrag auf Avalkonto belasten.[5]

3. Aufwendungen, Entgelte und Auslagen

Ab Belastung des Avalkontos mit dem Garantiebetrag bis zu dessen Ausbuchung wird die Bank dem Auftraggeber Avalprovision in Rechnung stellen.

Daneben berechnet die Bank dem Auftraggeber jeweils Entgelte für die Ausfertigung der Garantie, deren etwaige Änderung und/oder für sonstige Leistungen der Bank im Zusammenhang mit der Garantie, die nach den Umständen nur gegen eine Vergütung zu erwarten sind, in vereinbarter oder von der Bank nach billigem Ermessen (§ 315 des Bürgerlichen Gesetzbuches) bestimmter Höhe.

Der Auftraggeber trägt ferner alle im Zusammenhang mit der Garantie erforderlichen Aufwendungen und Auslagen der Bank (die bei indirekten Garantien alle von der Zweitbank in Rechnung gestellten Provisionen, Entgelte und Auslagen einschließen) und zwar auch nach Ausbuchung und/oder im Zusammenhang mit außergerichtlicher oder gerichtlicher Rechtsverfolgung im In- und Ausland.[6]

4. Dokumentenprüfung[7]

Anforderungen, Erklärungen und sonstige Dokumente, die unter einer Garantie vorzulegen sind, wird die Bank mit angemessener Sorgfalt daraufhin prüfen, ob sie ihrer äußeren Aufmachung nach den in der Garantie enthaltenen Bedingungen zu entsprechen und einander nicht zu widersprechen scheinen. Die Bank ist berechtigt, per Teletransmission übermittelte Dokumente wie Originale zu behandeln.

5. Benachrichtigung der Bank und Rückfragen

Erkenntnisse des Auftraggebers, die die Garantie berühren können, sind für die Bank (vorbehaltlich anderweitiger Regelungen in Ziffer 7) nur insoweit beachtlich, als der Auftraggeber sie der Bank liquide bewiesen hat.[8]

Wenn die Bank den Auftraggeber um Weisungen ersucht und nicht unverzüglich dessen schriftliche oder schriftlich bestätigte Antwort erhält oder diesen nicht unverzüglich zu erreichen vermag, kann die Bank nach eigenem Ermessen unter Berücksichtigung der ihr bekannten Umstände und Interessen des Auftraggebers handeln. Sie wird den Auftraggeber hiervon anschließend unterrichten.[9]

6. Benachrichtigung des Auftraggebers

Die Bank wird den Auftraggeber unverzüglich über Einbuchung, Ermäßigung und Ausbuchung von Garantiebeträgen sowie Erhalt von für den Auftraggeber relevanten und den Garantie-Bedingungen entsprechenden Dokumenten (insbesondere Zahlungsanforderungen) des Begünstigten bzw. der Zweitbank in Kenntnis setzen. Sie wird dem Auftraggeber auf dessen Verlangen Originale solcher Dokumente insoweit zur Verfügung stellen, als die Bank diese zur Wahrung ihrer Rechte nicht mehr benötigt oder nicht selbst aufzubewahren verpflichtet ist.[10]

7. Zahlung auf Grund Anforderung

Die Bank wird unverzüglich nach Eingang einer Anforderung des Begünstigten bzw. der Zweitbank, die ihrer äußeren Aufmachung nach den in der Garantie enthaltenen Bedingungen zu entsprechen scheint, gemäß den Garantie-Bedingungen Zahlung leisten, es sei denn, die Anforderung ist offensichtlich oder liquide bewiesen rechtsmissbräuchlich.[11]

Unter Bürgschaften wird die Bank zulässige Einreden oder Einwendungen berücksichtigen, soweit der Auftraggeber ihr diese unverzüglich nach Benachrichtigung über den Eingang einer Zahlungsanforderung schriftlich glaubhaft gemacht hat, damit die Bank sie an den Begünstigten weiterleiten kann.

8. Ausbuchung

Bei direkten Garantien, die nach ihrem Wortlaut zweifelsfrei erlöschen, wenn vor Ablauf eines bestimmten Verfalltags keine Inanspruchnahme bei der Bank eingeht, wird die Bank nach Ablauf des Verfalltags die Belastung auf Avalkonto ausbuchen. Sollte die Bank danach noch aus der Garantie in Anspruch genommen werden, wird sie grundsätzlich nur zahlen, wenn ihr eine Ermächtigung des Auftraggebers zur Zahlung oder eine im Entscheidungsland vollstreckbare Entscheidung auf Zahlung vorliegt.[12]

Bei allen sonstigen direkten Garantien und bei indirekten Garantien wird die Bank erst dann die Belastung auf Avalkonto ausbuchen, wenn ihr die Garantieurkunde vom Begünstigten zur Entlastung zurückgegeben wurde oder sie von dem Begünstigten bzw. der Zweitbank schriftlich und bedingungslos aus jeder entsprechenden Haftung entlassen ist oder die Bank den unter der Garantie verfügbaren Betrag ausgezahlt hat. Falls die Bank an einer unverzüglichen Auszahlung gehindert war, erfolgt die Ausbuchung unter dem Vorbehalt der Geltendmachung eventueller Verzugsschäden durch den Begünstigten bzw. die Zweitbank.[13]

Prozessbürgschaften bucht die Bank erst aus, wenn ihr die Urkunde vom Begünstigten selbst zur Entlastung zurückgegeben wird oder dessen Zustimmung zur Haftungsentlassung bzw. eine rechtskräftige Anordnung des Erlöschens der Bürgschaft (vgl. § 109 Abs. 2 der Zivilprozessordnung) nachgewiesen wird.

Die Voraussetzungen für die Ausbuchung wird der Auftraggeber herbeiführen.[14]

9. Ermäßigung

Ermäßigungen der Garantie wird die Bank bei der Belastung des Avalkontos und bei Berechnung der Avalprovision berücksichtigen, wenn die Bedingungen der Reduzierungsklausel einer direkten Garantie zweifelsfrei erfüllt sind oder der Begünstigte bzw. die Zweitbank schriftlich und bedingungslos die Reduzierung der Garantie erklärt hat oder die Bank gemäß einer Anforderung Teilzahlung geleistet hat.

10. Befreiungsanspruch der Bank[15]

Der Auftraggeber ist verpflichtet, die Bank auf ihr Verlangen nach seiner Wahl von der Garantie zu befreien oder entsprechend zu besichern, wenn ein gemäß § 775 des Bürgerlichen Gesetzbuches erheblicher Umstand (Verschlechterung der Vermögensverhältnisse des Auftraggebers, eine die Rechtsverfolgung erschwerende Änderung des Wohnsitzes/Sitzes des Auftraggebers, Zahlungsverzögerung des Auftraggebers oder Entscheidung auf Zahlung aus der Garantie) eingetreten ist.

11. Einheitliche Richtlinien für auf Anfordern zahlbare Garantien

Soweit die Bank einen Auftrag erhält und ausführt, entweder die direkte Garantie oder die Rückgarantie und die Garantie der Zweitbank ausdrücklich den Einheitlichen Richtlinien für auf Anfordern zahlbare Garantien der Internationalen Handelskammer in Paris zu unterwerfen, gelten diese für die Ausbuchung und im Übrigen insoweit ergänzend, als sie nicht von diesen Bedingungen abweichen. Sofern in der Garantie nichts anderes bestimmt ist, kann die Bank dann im Fall einer ‚extend or pay' (‚Verlängere oder Zahle')-Anforderung 10 Kalendertage nach Benachrichtigung des Auftraggebers Zahlung leisten, es sei denn, der Auftraggeber hat sie vorher mit der Verlängerung der Garantielaufzeit beauftragt und die Bank hat diesen Auftrag angenommen.[16]

12. Standby Letters of Credit

Die Bank erstellt Standby Letters of Credit unter ausdrücklicher Einbeziehung der Einheitlichen Richtlinien und Gebräuche für Dokumenten-Akkreditive der Internationalen Handelskammer in Paris. Diese gelten zwischen Auftraggeber und Bank für die Ausbuchung bei Verfall von nicht bei einer Zweitbank benutzbaren Standby Letters of Credit und im Übrigen insoweit ergänzend, als sie nicht von diesen Bedingungen abweichen.[17]

Ergänzend gelten die Allgemeinen Geschäftsbedingungen der Bank, die in jeder Filiale der Bank in Deutschland eingesehen werden können und die auf Wunsch zugesandt werden.

Anmerkungen

1. Mit den Bedingungen für das Avalgeschäft (Avalbedingungen) soll das Rechtsverhältnis zwischen Garantieauftraggeber und der mit der Garantieerstellung beauftragten Bank in Ergänzung der Vorschriften des BGB näher geregelt werden. Zugleich wird die Entlastung der AGB-Banken bezweckt.

Die wiedergegebenen Bedingungen entsprechen weitgehend der seit Ende 1995 geltenden Formularpraxis.

2. Präambel/Ziff 1 Abs 1 zwecks Verdeutlichung des Anwendungsbereichs der Avalbedingungen sowie der mit der Erstellung von Garantien, Bonds, Standby Letters of Credit, einfachen und auf erstes Anfordern zahlbaren Bürgschaften verbundenen Risiken.

3. Zu den einschlägigen Haftungsfragen s Baumbach/Hopt/*Hopt,* HGB, (7) Bankgeschäfte L/2.

4. Dem § 665 BGB nachempfundene Regelung, wobei das Risiko des Nachweises begründeter Abweichungen bei der Bank bleibt.

5. Mit Aushändigung/Absendung der Garantie kann sich die Garantiebank idR nicht mehr einseitig von ihrer daraus resultierenden Verpflichtung lösen. Entsprechendes gilt bei einer indirekten Garantie mit Aushändigung/Absendung des an die Gläubigerbank gerichteten Garantieauftrags der Schuldnerbank. Dieser Zeitpunkt ist auch maßgebend für die Anwendung der Grundsätze über das Eigenkapital und die Liquidität der Kreditinstitute (vgl BuB/*Nielsen/Joos* Rn 5/290). Vgl auch Art 4 URDG 758.

Die Avalprovision ist das Entgelt für die entsprechende Einschränkung des Kreditspielraums der Garantiebank bzw Schuldnerbank.

6. Zu den Aufwendungen zählen nicht nur der Garantiebetrag, sondern auch sonstige im Rahmen der Auftragsausführung entstandene Kosten, unter anderem auch etwaige Prozesskosten (BuB/*Nielsen/Joos* Rn 5/320f).

7. Der Grundsatz der Dokumentenstrenge bzw Garantiestrenge, der anerkanntermaßen wie beim Akkreditiv gilt (s Baumbach/Hopt/*Hopt,* HGB, (7) Bankgeschäfte L/4), bedingt bei den zur Auslösung des Garantiefalls vorzulegenden Dokumenten zugleich auch akkreditivgemäße Prüfung und Behandlung dieser Dokumente. Nr 4 der Avalbedingungen reflektiert daher im Wesentlichen die beim Akkreditivgeschäft anwendbaren, in Art. 14 und 34 ERA 600 enthaltenen Prüfungs- und Haftungsregeln, vgl hierzu auch Art 19 und 27f URDG 758 (vgl zur Frage, wer das Fälschungsrisiko trägt Baumbach/Hopt/*Hopt,* HGB, (7) Bankgeschäfte L/5; Bankrechts-Handbuch/*T.Fischer,* § 121, Rn 127).

8. Durch Abs 1 soll, soweit nicht Ziff 7 Abs 2 Glaubhaftmachung ausreichen lässt, verdeutlicht werden, dass die am Grundgeschäft nicht beteiligte Garantiebank sich nur auf liquide bewiesene, offensichtliche Tatsachen einlassen kann.

9. Beispiel für Regelungsgegenstand: Fehlen einer Weisung bei Garantieinanspruchnahme zum Jahresende; Nichterreichbarkeit des Garantieauftraggeber bei Betriebsferien.

10. Eine unverzügliche Unterrichtung des Auftraggebers sowie die Übermittlung von Kopien sehen bei Garantien auch Art 16 und 22 URDG 758 vor (vgl zur Frage der Mitteilungspflicht und -praxis bei Garantien ohne Vereinbarung der URDG 758 BuB/*Nielsen/Joos* Rn 5/314 u *Nielsen* Rn 6.2.2.4 jeweils mwN).

11. Bankgarantien beinhalten vom Grundgeschäft losgelöste, dh abstrakte Verpflichtungen, in deren Rahmen Einreden und Einwendungen aus dem Grundgeschäft grundsätzlich ausgeschlossen sind. Es gilt der Grundsatz „erst zahlen, dann prozessieren"; BuB/*Nielsen/Joos* Rn 5/231 u Rn 5/246 f.; hierzu und zu Ausnahmen auch Baumbach/Hopt/*Hopt,* HGB, (7) Bankgeschäfte L/1, L/7 ff.

Es versteht sich jedoch von selbst, dass Zahlungsberechtigung erst eintreten kann, wenn auch die Bedingungen der Garantie in allen Teilen erfüllt sind (BuB/*Nielsen/Joos* Rn 5/315 ff. u 5/325 ff).

Seit BGH WM 1985, 1387, 1390 steht ferner fest, dass die Bank bei Bürgschaften nicht ohne weiteres von der grundlegenden Pflicht eines Bürgen entbunden ist, den Hauptschuldner anzuhören und seine liquiden Einwendungen und Einreden zu berücksichtigen.

12. Nr 8 Abs 1 sieht einen auf einer Risikoabwägung beruhenden, der praktischen Handhabung dienlichen Interessenausgleich vor (vgl BuB/*Nielsen/Joos* Rn 5/435 ff). Ausbuchung iSv Nr 8 Abs 1 bedeutet jedoch nicht Verzicht auf Aufwendungsersatz, sollte sie aus ihrer Garantie wider Erwarten doch noch in Anspruch genommen werden (BuB/*Nielsen/Joos* Rn 5/439).

Eindeutige Verfallregelungen schließen nicht aus, dass ihnen im Land des Begünstigten andere Bedeutung beigemessen wird. Eine zweifelsfreie Ausbuchung des Garantieauftraggebers kann daher streng genommen nur nach korrespondierender Rückgabe der Garantieurkunde oder nach ausdrücklicher Haftungsentlassung durch den Begünstigten erfolgen, wenngleich es nicht zu empfehlen ist, die Rückgabeverpflichtung zum Bestandteil des Garantiewortlauts zu machen (BuB/*Nielsen* Rn 5/280 u Rn 5/435 ff).

13. Zur Frage der Ausbuchung des Obligos, die sich insbesondere auch in den von Nr 8 Abs 2 erfassten Sachverhaltsvarianten stellt, BuB/*Nielsen/Joos* Rn 5/322 ff. u 5/442 f. sowie *Nielsen* Rn 9.1.1.1.

14. Primär betroffen ist das Interesse des Garantieauftraggebers, dem daher auch vertraglich die entsprechende Verpflichtung übertragen wird, für Herbeiführung der Voraussetzungen der Ausbuchung Sorge zu tragen.

15. Mangels Ziff 10 der Avalbedingungen würden Bankgarantien und Bankbürgschaften unterschiedlich behandelt. Auf Letztere würde § 775 BGB, auf die Bankgarantien Ziff 13 Abs 2 der AGB Anwendung finden. Es ist jedoch sach- und zweckgerecht, in allen Avalauftragsverhältnissen gleichförmig zu verfahren und sich dabei am gesetzlichen Leitbild des § 775 BGB zu orientieren.

16. Im Hinblick auf die Neufassung der URDG 758, insbesondere die Fristenregelung in Art 23 URDG 758 kann die Bestimmung gemäß Ziff 11 Satz 2 keine Anwendung finden (siehe * am Ende des Auftragsformulars oben unter → Form. IV.L.2).

17. Bei Standby Letters of Credit, die bei einer Zweitbank benutzbar sind, können die Dokumente bis zum Verfalltag bei der so genannten benannten Bank vorgelegt werden, von der die ausstellende Bank bei späterer Inanspruchnahme auch erst nach Verstreichen des Verfalldatums erfahren kann. Deshalb kann eine Ausbuchung in solchen Fällen auch erst dann vorgenommen werden, wenn eine angemessene Zeit nach Verfall verstrichen ist, in der normalerweise der Eingang einer Remboursforderung der Zweitbank zu erwarten gewesen wäre.

4. Einheitliche Richtlinien für auf Anfordern zahlbare Garantien der ICC (URDG 758, ICC-Publikation Nr. 758)*

Einleitung[1]

Diese „Einheitlichen Richtlinien für auf Anfordern zahlbare Garantien" (ICC-Publikation Nr. 758 – nachfolgend „URDG" oder „URDG 758") ersetzen die im Dezember 1991 verabschiedeten Einheitlichen Richtlinien für auf Anfordern zahlbare Garantien (ICC-Publikation Nr. 458 – nachfolgend „URDG 458"), wobei es sich um die erste Revision seit der Entwicklung dieses Regelwerkes durch die ICC handelt. Die über zweieinhalb Jahre dauernde Revision wurde federführend durch die beiden ICC-Kommissionen Banktechnik und -praxis sowie Internationales Handelsrecht und -praxis begleitet, welche durch die ICC Task Force on Guarantees sowie 52 Nationalkomitees der ICC unterstützt und beraten wurden (*ICC*, URDG 758, S 8 f., 16 f). Die Notwendigkeit der Revision hat sich aus den weltweiten Stellungnahmen der Anwender der URDG an die ICC Task Force ergeben; die URDG 758 sind im Dezember 2009 verabschiedet worden und am 1. Juli 2010 in Kraft getreten (*ICC*, URDG 758, S 17).

Die Richtlinien sind für eine weltweite Anwendung für auf Anfordern zahlbare Garantien vorgesehen, nämlich für Garantien, Bonds und andere Zahlungsverpflichtungen, unter denen die Zahlungsverpflichtung des Garanten gegen Vorlage einer schriftlichen Anforderung und anderer in der Garantie bestimmter Dokumente entsteht und nicht durch die tatsächliche Pflichtverletzung des Auftraggebers im zugrunde liegenden Geschäft bedingt ist.

Auf Anfordern zahlbare Garantien unterscheiden sich von Dokumenten-Akkreditiven dadurch, dass sie nur dann materiell berechtigt in Anspruch genommen sind, wenn der Auftraggeber eine Pflichtverletzung begangen hat. Der Garant ist jedoch ähnlich wie der Akkreditivaussteller nicht mit dem tatsächlichen Eintritt der Pflichtverletzung, sondern nur mit Dokumenten befasst. Die auf Anfordern zahlbare Garantie zeichnet sich also –ebenso wie das Akkreditiv– durch die Abstraktheit vom zugrunde liegenden Geschäft aus (ausdrücklich statuiert in Art. 5 URDG 758), anders als akzessorische Instrumente wie die Bürgschaft.

„Standby Letter of Credits" unterliegen bereits den „Einheitlichen Richtlinien und Gebräuchen für Dokumenten-Akkreditive" („ERA" oder „UCP") (Revision 2007, ICC-Publikation Nr. 600). Gemäß Art 1 ERA gelten diese für Dokumenten-Akkreditive einschließlich, soweit anwendbar, für jeden Standby Letter of Credit. Sie haben sich zu finanziellen Gewährleistungsinstrumenten für jeden Zweck entwickelt und finden in einem größeren Bereich von finanziellen und kommerziellen Tätigkeiten Anwendung als auf Anfordern zahlbare Garantien; bei ihnen gibt es regelmäßig Gebräuche und Verfahren (zB Bestätigung, Erstellung für eigene Rechnung der Bank, Dokumentenvorlage bei einem anderen Beteiligten als dem Aussteller), die bei den auf Anfordern zahlbaren Garantien selten auftreten, so dass Standby Letter of Credits mehr mit Dokumenten-Akkreditiven gemein haben. Während Standby Letter of Credits technisch den auf Anfordern zahlbaren Garantien zurechenbar sind, besteht deshalb die Erwartung, dass die Aussteller von Standby Letter of Credits weiterhin die „ERA" anwenden werden, die sowohl detaillierter als auch für die Besonderheiten von Standby Letter of Credits passender sind als die URDG 758.

Die URDG 758 gelten nicht für Bürgschaften, bedingte Bonds oder andere akzessorische Verpflichtungen, unter denen die Zahlungsverpflichtung des Ausstellers nur im Falle einer

* Mit freundlicher Genehmigung der ICC.

tatsächlichen Pflichtverletzung durch den Auftraggeber entsteht. Solche Instrumente sind weit verbreitet, unterscheiden sich in ihrem Wesen jedoch von auf Anfordern zahlbaren Garantien und liegen außerhalb des Anwendungsbereichs und -zwecks der URDG 758.

Die URDG 458 sind eingeführt worden, weil die 1978 von der ICC veröffentlichten „Einheitlichen Richtlinien für Vertragsgarantien“ (Publikation Nr. 325) im internationalen Handelsverkehr verhältnismäßig wenig angewandt wurden. Nach Ansicht der ICC erlangten die URDG 458 in den letzten Jahren eine breite internationale Akzeptanz (*ICC*, URDG 758, S 17). Dies wird jedoch in der juristischen Literatur mehrheitlich anders gesehen (BuB/*Nielsen/Joos* Rn 5/449 f.; Bankrechts-Handbuch/*T.Fischer*, § 121, Rn 288, 289; Müko(HGB)/*Welter* Rn J 6). Es bleibt nun abzuwarten, ob sich die Akzeptanz der überarbeiteten URDG 758 erhöht (mwN Müko(HGB)/*Welter* Rn J 6).

Die Revision der URDG stellt nach Ansicht der ICC keine bloße Aktualisierung der URDG 458 dar, sondern zielt auf die Schaffung eines neuen Regelwerkes für auf Anfordern zahlbare Garantien ab, das klarer, präziser und umfassender ist (*ICC*, URDG 758, S 18). Die wesentlichen Änderungen lassen sich wie folgt zusammenfassen (vgl. auch *ICC*, URDG 758, S 18–23; Bankrechts-Handbuch/*T.Fischer*, § 121, Rn 291ff):

Klarere URDG

Die neuen URDG sind wesentlich klarer gefasst und an die Struktur der international anerkannten ERA angelehnt. Die Definitionen/Begriffserklärungen sowie Auslegungsregeln sind in jeweils einem Artikel zusammengefasst (vgl. Art 2 und 3 URDG 758).

Präzisere URDG

Die URDG 458 ließen in einer Reihe von Regelungen je nach Einzelfall Spielraum für unterschiedliche Interpretationen zu. Die URDG 758 weisen eine klarere und präzisere Formulierung auf und tragen so zu mehr Rechtssicherheit sowie Berechenbarkeit bei. So wurden zum Beispiel Laufzeiten für die Überprüfung einer Anforderung, die Ausweitung einer Garantie im Falle von Force Majeure und die Aussetzung der Garantie in Fällen einer Anforderung mit Verlängerungsalternative genauer geregelt.

Verständlichere und umfassendere URDG

Die zum Teil fehlende Akzeptanz der URDG 458 war auch darauf zurückzuführen, dass wichtige Handelspraktiken in diesen unberücksichtigt blieben. Dies betraf insbesondere das Avis sowie die Änderung einer Garantie, die Regeln für die Überprüfung von Dokumentenvorlagen, Teil- und Mehrfachanforderungen sowie unvollständigen Anforderungen, die Verknüpfung von Dokumenten, die Übertragung der Garantie sowie die Anfor-derung mit Verlängerungsalternative. Darüber hinaus waren nur lückenhafte Bestimmungen zu Gegengarantien enthalten. Die URDG 758 enthalten nunmehr umfassende Regelungen die obigen Handelspraktiken betreffend.

Ausgewogene URDG

Bei der Ausarbeitung der URDG 758 wurden nach Ansicht der ICC sowohl Interessen der Banken als auch der die Garantie nutzenden Unternehmen berücksichtigt und ein ausgewogener Interessenausgleich zwischen den Beteiligten geschaffen:

Der Begünstigte möchte gegen das Risiko abgesichert sein, dass die veranlassende Partei ihre Verpflichtungen gegenüber dem Begünstigten aus dem zugrunde liegenden Geschäft nicht erfüllt, auf das sich die auf Anfordern zahlbare Garantie bezieht. Die Garantie erreicht dies, indem sie dem Begünstigten einen schnellen Zugriff auf die Garantiesumme ermöglicht, sofern dieser dem Garanten eine konforme Anforderung vorlegt. Daneben enthalten die URDG 758 eine umfassende Bestimmung für den Fall der Force Majeure (vgl. Art 26 URDG 758).

Unter Anerkennung der Bedürfnisse des Begünstigten kann die veranlassende Partei auf Grund von Treu und Glauben eine schriftliche Information darüber erwarten, dass und in welcher Hinsicht durch ihn begangene Pflichtverletzungen behauptet werden. Diese Information muss sich aus der die Anforderung begleitenden Erklärung ergeben (vgl. Art. 15a und b URDG 758). Das sollte in gewissem Ausmaß Missbräuche von Garantien durch unberechtigte Inanspruchnahmen von Begünstigten vermeiden helfen. Gemäß Art. 15c URDG 758 kann das Erfordernis der begleitenden Erklärung in der Garantie jedoch ausdrücklich ausgeschlossen werden.

Die unabhängige Rolle des Garanten wird in stärkeren und deutlicheren Bestimmungen und jetzt zudem in ausschließlich dokumentären Begriffen ausgedrückt, wobei die entsprechenden Bestimmungen der URDG 758 den Garanten zu einem Handeln mit angemessener Sorgfalt anhalten sollen.

Innovative URDG

Die URDG 758 enthalten eine Reihe von Innovationen, zum Beispiel den neu eingeführten Art 21, der eine Regelung für den Fall enthält, dass eine Zahlung in der in der Garantie vereinbarten Währung unmöglich wird. Ein weiteres Beispiel ist die Regelung des Verfalls von Garantien, die weder ein Verfalldatum noch ein Verfallereignis angeben (vgl. Art 25c URDG 758). Von dieser Regelung wird erwartet, dass sich die Zahl der Garantien mit offenem Ende verringert.

Praxisorientierte URDG

Im Anhang enthalten die URDG 758 jeweils ein Musterformular für Garantien und Gegengarantien, wobei diese einen einheitlichen Ansatz haben und für Bietungs-, Vertragserfüllungs-, Anzahlungs-, Einbehaltsablösungs-, Gewährleistungs- und andere Arten von Garantien verwendet werden können. Darüber hinaus finden sich im Anhang weitere Klauselvorschläge, die bei Bedarf ergänzend in das Musterformular eingefügt werden können.

Die ICC geht davon aus, dass ein umfassendes „gebrauchsfertiges" Paket, welches das Klauselwerk mit Musterformularen kombiniert, deutlich attraktiver für den Anwender ist. Zudem erhofft sich die ICC eine verstärkte Harmonisierung in der Praxis.

Allgemeines

Die ICC will eine geeignete Praxis bezüglich auf Anfordern zahlbarer Garantien fördern, die allen Beteiligten gerecht wird, und glaubt, dass diese Richtlinien ein ausgewogenes Verhältnis zwischen den Interessen bewirken und die Rechte und Pflichten aller Beteiligten berücksichtigen.

Es ist für alle diesen Richtlinien unterliegenden Garantien charakteristisch, dass sie gegen Vorlage einer konformen Anforderung sowie einer begleitenden Erklärung, in welcher Hinsicht die veranlassende Partei ihre Verpflichtungen verletzt hat (vgl Art 15 a/b URDG 758), zahlbar sind. Darüber hinaus können die auf Anfordern zahlbaren Garantien – je nachdem, was in der Garantieklausel im Grundgeschäft vereinbart wurde – die Vorlage weiterer Dokumente verlangen, wobei die Dokumente ihrer Art nach sehr unterschiedlich sein können (weitere Erläuterungen zur Vorlage dokumentärer Nachweise BuB/*Nielsen/Joos* 5/271 ff.; Bankrechts-Handbuch/*T.Fischer*, § 121, Rn 125 ff).

Wie bereits oben erwähnt, hält die ICC es für angemessen, dass gemäß den Grundsätzen von Treu und Glauben sowie fairem Geschäftsgebaren eine Anforderung schriftlich erfolgen und zumindest von einer Erklärung des Begünstigten begleitet sein sollte, dass und in welcher Hinsicht die veranlassende Partei ihre Pflicht verletzt hat; Art 15 a/b URDG 758 sieht dies auch vor. Will jemand sogar dieses Erfordernis vermeiden, dann kann er das tun, in dem er Art 15 a/b im Garantiewortlaut ausdrücklich ausschließt (vgl Art 15c URDG 758). Aufgrund der Abstraktheit der Garantie vom zugrunde liegenden Geschäft ist der Garant jedoch nicht mit der Frage befasst, ob eine Erklärung über eine Pflichtverletzung richtig ist (vgl auch Art 5 bis 7 URDG 758). Die Anforderung, die begleitende Erklärung (soweit nicht ausgeschlossen) sowie etwaige gemäß der Garantie erforderlichen Dokumente müssen natürlich den Garantiebedingungen und ergänzend den Bestimmungen der URDG 758 entsprechen (vgl Definition des Begriffes „konforme Anforderung" in Art 2 URDG 758). Ist dies nicht der Fall, so steht dem Begünstigten mangels konformer Anforderung keinen Zahlungsanspruch aus der Garantie zu. Darüber hinaus lassen diese Richtlinien Grundsätze und Bestimmungen nationalen Rechts bezüglich offensichtlich missbräuchlicher oder offensichtlich unberechtigter Garantieinanspruchnahme unberührt.

In den letzten Jahren ist es – aufgrund der teilweisen Nutzung von mehrdeutigen Klauseln seitens der Vertragspartner – zu Unsicherheiten gekommen, insbesondere wurden auf Anfordern zahlbare Garantien von einigen Gerichten wiederholt als akzessorische Bürgschaften behandelt. Die ICC erwartet, dass es mit Revision der URDG und der konsequenten Anwendung der URDG 758 sowie der Musterformulare zu einer Eindämmung bzw Umkehr dieser beunruhigenden Tendenz kommt (*ICC*, URDG 758, S 21 f).

Einheitliche Richtlinien für auf Anfordern zahlbare Garantien (URDG 758)[1]

Artikel 1[2]

Anwendung der URDG

a. Die Einheitlichen Richtlinien für auf Anfordern zahlbare Garantien („URDG") gelten für jede auf Anfordern zahlbare Garantie oder Gegengarantie, die ausdrücklich besagt, dass sie diesen unterliegt. Sie sind für alle Parteien einer auf Anfordern zahlbaren Garantie oder Gegengarantie bindend, soweit die auf Anfordern zahlbare Garantie oder Gegengarantie sie nicht ändert oder ausschließt.
b. Wenn auf Wunsch des Gegengaranten eine den URDG unterliegende, auf Anfordern zahlbare Garantie erstellt wurde, so unterliegt auch die Gegengarantie den URDG, sofern sie die URDG nicht ausschließt. Jedoch unterliegt eine auf Anfordern zahlbare Garantie nicht allein deshalb den URDG, weil die Gegengarantie den URDG unterliegt.
c. Wenn auf Wunsch oder mit Zustimmung des Auftraggebers eine den URDG unterliegende, auf Anfordern zahlbare Garantie oder Gegengarantie erstellt wird, so gelten die in diesen Regeln dem Auftraggeber zugeordneten Rechte und Pflichten als von ihm angenommen.
d. Wenn eine auf Anfordern zahlbare Garantie oder Gegengarantie an oder nach dem 1. Juli 2010 erstellt und ausdrücklich den URDG unterstellt ist, ohne die Fassung 1992 oder die Revision 2010 als maßgeblich oder ohne die Publikations-Nummer anzugehen. dann unterliegt die auf Anfordern zahlbare Garantie oder die Gegengarantie der Revision 2010 der URDG.

Artikel 2[3]

Definitionen

In diesen Regeln bedeutet:

avisierende Partei

die Partei, die die Garantie auf Wunsch des Garanten avisiert;

veranlassende Partei[4]

die in der Garantie benannte Partei, deren Verpflichtung unter der zugrunde liegenden Beziehung durch die Garantie besichert ist. Die veranlassende Partei kann, muss aber nicht der Auftraggeber sein;

Auftrag

die Beauftragung zur Erstellung einer Garantie;

authentisiert

in Bezug auf ein elektronisches Dokument, dass die Partei, der das Dokument vorgelegt wird, in der Lage ist, die augenscheinliche Identität des Absenders zu verifizieren und festzustellen, ob die erhaltenen Daten vollständig und unverändert geblieben sind;

Begünstigter

die Partei, zu deren Gunsten die Garantie erstellt ist;

Geschäftstag

ein Tag, an dem die Geschäftstelle, an der eine Handlung unter diesen Regeln auszuführen ist, üblicherweise für die Ausführung einer solchen Handlung geöffnet ist;

Spesen

jegliche Provisionen/Kommissionen, Gebühren, Kosten oder Auslagen, die einer Partei zustehen, die unter einer diesen Regeln unterliegenden Garantie tätig ist;

konforme Anforderung

eine Anforderung, die die Bedingungen einer konformen Dokumentenvorlage erfüllt;

konforme Dokumentenvorlage

unter einer Garantie eine Dokumentenvorlage in Übereinstimmung, erstens, mit den Garantie-Bedingungen, zweitens, mit diesen Regeln, soweit sie mit den Garantie-Bedingungen vereinbar sind, und, drittens, falls die Garantie oder diese Regeln keine einschlägige Bestimmung enthalten, mit dem Standard internationaler Garantiepraxis;

Gegengarantie

[sprachgebräuchlich bisweilen auch „Rückgarantie"] jede wie auch immer benannte oder bezeichnete unterschriebene Verpflichtung, die von einem Gegengaranten gegenüber einer anderen Partei abgegeben wurde, um diese zur Erstellung einer Garantie oder weiteren Gegengarantie zu veranlassen, und die Zahlung nach Vorlage einer konformen Anforderung unter der Gegengarantie zugunsten dieser Partei vorsieht;

Gegengarant

[sprachgebräuchlich bisweilen auch „Rückgarant"] die Partei, die, gegebenenfalls auch in eigenem Interesse, eine Gegengarantie zugunsten eines Garanten oder eines weiteren Gegengaranten erstellt;

Anforderung

ein unterschriebenes Dokument des Begünstigten, das Zahlung unter einer Garantie anfordert;

auf Anfordern zahlbare Garantie oder Garantie[5]

jede wie auch immer benannte oder bezeichnete unterzeichnete Verpflichtung zur Zahlung nach Vorlage einer konformen Anforderung;

Dokument

eine unterzeichnete oder nicht unterzeichnete Mitteilung auf Papier oder in elektronischer Form., die von der Person, der sie vorgelegt wird, in materieller Form. reproduziert werden kann; in diesen Regeln umfasst ein Dokument eine Anforderung und eine begleitende Erklärung;

Verfall

das Verfalldatum oder Verfallereignis oder, wenn beide angegeben sind, das zeitlich früher eintretende von beiden;

Verfalldatum

das in der Garantie angegebene Datum, an oder vor dem eine Dokumentenvorlage erfolgen kann;

Verfallereignis

ein Ereignis, das nach den Bedingungen der Garantie deren Verfall sofort oder innerhalb einer bestimmten Frist nach dem Eintritt des Ereignisses bewirkt und das zu diesem Zweck nur dann als eingetreten gilt,

a. wenn ein Dokument, das in der Garantie dazu bestimmt ist, den Ereigniseintritt anzuzeigen, dem Garanten vorgelegt wird,
   oder
b. wenn, mangels Bestimmung eines solchen Dokuments in der Garantie, der Eintritt des Ereignisses aus eigenen Unterlagen des Garanten feststellbar wird;

Garantie, siehe auf Anfordern zahlbare Garantie;

Garant

die eine Garantie erstellende, gegebenenfalls auch auf eigene Rechnung handelnde Partei;

eigene Aufzeichnungen des Garanten

Aufzeichnungen des Garanten über Gutschriften oder Belastungen auf vom Garanten geführten Konten, sofern diese Gutschrifts- oder Belastungsaufzeichnungen den Garanten die Garantie erkennen lassen, auf die sie sich beziehen;

Auftraggeber[4]

die Partei, die nicht Gegengarant ist und den Auftrag zur Erstellung einer Garantie oder Gegengarantie gibt sowie den Garanten oder, im Fall einer Gegengarantie, den Gegengaranten schadlos zu halten hat; der Auftraggeber kann, muss jedoch nicht die veranlassende Partei sein;

Dokumentenvorlage

die Vorlage eines Dokuments unter einer Garantie beim Garanten oder das so vorgelegte Dokument; sie umfasst auch eine Dokumentenvorlage, die keine Anforderung, sondern zB den Verfall der Garantie oder eine Änderung des Garantiebetrages bezweckt;

Einreicher

eine Partei, die eine Dokumentenvorlage als Begünstigter oder veranlassende Partei oder für den Begünstigten oder die veranlassende Partei tätigt;

unterzeichnet

in Bezug auf ein Dokument, eine Garantie oder Gegengarantie, dass ein Original vom oder für den Aussteller unterzeichnet ist, und zwar durch elektronische Unterschrift, die von der Partei authentisiert werden kann, der dieses Dokument, diese Garantie oder Gegengarantie vorgelegt wird, oder handschriftlich, durch Faksimile-Unterschrift, perforierte Unterschrift, Stempel, Symbol oder andere mechanische Methode;

begleitende Erklärung

die entweder in Artikel 15 (a) oder in Artikel 15 (b) in Bezug genommene Erklärung;

zugrunde liegende Beziehung

der Vertrag, die Angebotsbedingungen oder andere Beziehung zwischen veranlassender Partei und Begünstigtem, worauf die Garantie beruht.

Artikel 3[6]

Auslegung

In diesen Regeln gilt:

a. Filialen eines Garanten in unterschiedlichen Ländern gelten als separate Unternehmen.
b. Soweit sich aus dem Zusammenhang nichts anderes ergibt, schließt Garantie eine Gegengarantie und eine Änderung von beiden sowie Garant einen Gegengaranten und Begünstigter die Partei mit ein, zu deren Gunsten die Gegengarantie erstellt ist.
c. Eine Bedingung, ein oder mehrere Originale oder Kopien eines elektronischen Dokuments vorzulegen, ist durch die Vorlage eines elektronischen Dokuments erfüllt.
d. Wenn sie im Zusammenhang mit einem Datum oder mehreren Daten zur Bestimmung des Beginns, Endes oder der Dauer einer Frist verwendet werden, schließen die Begriffe
   i. *ab, bis, bis zum* und *zwischen* das angegebene Datum oder die angegebenen Daten ein, und
   ii. *vor* und *nach* das angegebene Datum oder die angegebenen Daten aus.
e. Der Begriff *innerhalb* schließt, wenn er im Zusammenhang mit einer Frist nach einem bestimmten Datum oder Ereignis verwendet wird, dieses Datum oder den Tag des Ereignisses aus, schließt jedoch den letzten Tag dieser Frist mit ein.
f. Begriffe wie *erstklassig, gut bekannt, qualifiziert, unabhängig, offiziell, kompetent* oder *örtlich,* wenn sie zur Beschreibung des Ausstellers eines Dokuments verwendet werden, lassen jeden Aussteller mit Ausnahme des Begünstigten oder der veranlassenden Partei für die Ausstellung dieses Dokuments zu.

Artikel 4[7]

Erstellung und Wirksamkeit

a. Eine Garantie ist erstellt, sobald sie den Einflussbereich des Garanten verlässt.
b. Eine Garantie ist ab ihrer Erstellung unwiderruflich, auch wenn sie dies nicht zum Ausdruck bringt.
c. Der Begünstigte kann eine Anforderung ab Erstellung der Garantie oder ab einem möglicherweise in der Garantie angegebenen späteren Zeitpunkt oder Ereignis vorlegen.

Artikel 5[8]

Unabhängigkeit der Garantie und Gegengarantie

a. Eine Garantie ist ihrer Natur nach unabhängig von der zugrunde liegenden Beziehung und dem Auftrag, und der Garant ist in keiner Hinsicht von dieser Beziehung berührt oder durch sie gebunden. Eine Bezugnahme in der Garantie auf die zugrunde liegende Beziehung zwecks deren Identifikation ändert die unabhängige Natur der Garantie nicht. Die Verpflichtung des Garanten zur Zahlung unter der Garantie ist nicht von Ansprüchen oder Einreden aus irgendeiner anderen Beziehung abhängig als derjenigen zwischen dem Garanten und dem Begünstigten.
b. Eine Gegengarantie ist ihrer Natur nach unabhängig von der Garantie, von der zugrunde liegenden Beziehung, dem Auftrag und jeder anderen Gegengarantie, auf die sie sich bezieht, und der Gegengarant ist, in keiner Hinsicht von dieser Beziehung berührt oder durch sie gebunden. Eine Bezugnahme in der Gegengarantie auf die zugrunde liegende Beziehung zwecks deren Identifikation ändert die unabhängige Natur der Gegengarantie nicht. Die Verpflichtung des Gegengaranten zur Zahlung unter der Gegengarantie ist nicht von Ansprüchen oder Einreden aus irgendeiner anderen Beziehung abhängig als derjenigen zwischen dem Gegengaranten und dem Garanten oder anderen Gegengaranten, zu dessen Gunsten die Gegengarantie erstellt ist.

Artikel 6

Dokumente im Verhältnis zu Waren, Dienstleistungen oder Leistungen

Garanten befassen sich mit Dokumenten und nicht mit Waren, Dienstleistungen oder Leistungen, auf die sich die Dokumente möglicherweise beziehen.

Artikel 7[9]

Nicht-dokumentäre Bedingungen

Eine Garantie sollte, mit Ausnahme eines Datums oder Ablaufs eines Zeitraums, keine Bedingung beinhalten, ohne ein Dokument anzugeben, das die Erfüllung dieser Bedingung belegt. Wenn die Garantie kein solches Dokument angibt und der Bedingungseintritt nicht aus den eigenen Unterlagen des Garanten oder mittels eines in der Garantie angegebenen Index bestimmt werden kann, dann wird der Garant eine solche Bedingung als nicht angegeben betrachten und sie nicht beachten, es sei denn, um zu entscheiden, ob möglicherweise in einem in der Garantie vorgeschriebenen und unter ihr vorgelegten Dokument angegebene Daten nicht im Widerspruch zu Daten in der Garantie stehen.

Artikel 8

Inhalt von Aufträgen und Garantien

Alle Aufträge zur Erstellung von Garantien und die Garantien selbst, sollen klar und präzise sein sowie zu weit gehende Einzelheiten vermeiden. Es wird empfohlen, dass alle Garantien angeben:

a. veranlassende Partei;
b. Begünstigten;
c. Garant;
d. eine Referenznummer oder andere Angabe, die die zugrunde liegende Beziehung identifiziert;
e. eine Referenznummer oder andere Angabe, die die erstellte Garantie oder, gegebenenfalls, Gegengarantie identifiziert;
f. zu zahlender Betrag oder Höchstbetrag und Währung, in der er zahlbar ist;

g. Verfall der Garantie;
h. Bedingungen für die Anforderung der Zahlung;
i. ob eine Anforderung oder ein anderes Dokument in Papier und/oder elektronischer Form. vorzulegen ist;
j. Sprache jedes in der Garantie verlangten Dokuments;
k. Partei, die für die Zahlung der Spesen haftet.

Artikel 9

Nicht ausgeführter Auftrag

Wenn ein Garant bei Erhalt eines Auftrags nicht bereit oder in der Lage ist, die Garantie zu erstellen, dann sollte der Garant darüber unverzüglich die Partei unterrichten, die dem Garanten ihren Auftrag erteilt hat.

Artikel 10[10]

Avisierung einer Garantie oder Änderung

a. Eine Garantie kann einem Begünstigten durch eine avisierende Partei avisiert werden. Durch die Avisierung der Garantie, sei es direkt oder über eine andere Partei („zweite avisierende Partei"), gibt die avisierende Partei gegenüber dem Begünstigten und, gegebenenfalls, der zweiten avisierenden Partei zu erkennen, dass sie sich der augenscheinlichen Echtheit der Garantie vergewissert hat und dass das Avis die Bedingungen der bei der avisierenden Partei eingegangenen Garantie genau wiedergibt.
b. Durch die Avisierung der Garantie gibt die zweite avisierende Partei gegenüber dem Begünstigten zu erkennen, dass sie sich der augenscheinlichen Echtheit des bei ihr eingegangenen Avises vergewissert hat und dass ihr Avis die der zweiten avisierenden Partei zugegangenen Bedingungen der Garantie genau wiedergibt.
c. Eine avisierende oder zweite avisierende Partei avisiert eine Garantie ohne irgendeine weitere Zusicherung oder Verpflichtung welcher Art auch immer gegenüber dem Begünstigten.
d. Wenn eine Partei, die mit der Avisierung einer Garantie oder Änderung beauftragt ist, nicht bereit oder in der Lage ist, dies zu tun, sollte sie darüber unverzüglich die Partei unterrichten, von der sie diese Garantie, Änderung oder Avisierung erhalten hat.
e. Wenn eine Partei mit der Avisierung einer Garantie beauftragt und damit einverstanden ist, sich aber nicht der augenscheinlichen Echtheit dieser Garantie oder Avisierung vergewissern kann, muss sie darüber unverzüglich die Partei unterrichten, von der sie die Weisungen erhalten zu haben scheint. Wenn sich die avisierende oder zweite avisierende Partei dennoch zur Avisierung dieser Garantie entschließt, muss sie den Begünstigten oder die zweite avisierende Partei davon unterrichten, dass sie sich nicht der augenscheinlichen Echtheit der Garantie oder des Avises vergewissern konnte.
f. Ein Garant, der sich der Dienste einer avisierenden oder zweiten avisierenden Partei, sowie eine avisierende Partei, die sich der Dienste einer zweiten avisierenden Partei bedient, um eine Garantie zu avisieren, sollte sich, soweit möglich, derselben Partei bedienen, um eine Änderung zu dieser Garantie zu avisieren.

Artikel 11[11]

Änderungen

a. Wenn ein Garant zum Zeitpunkt des Erhalts eines Auftrages zur Erstellung einer Änderung einer Garantie aus welchen Gründen auch immer nicht zur Erstellung dieser Änderung bereit oder in der Lage ist, muss er darüber unverzüglich die Partei unterrichten, die dem Garanten ihre Weisungen erteilt hat.

b. Eine ohne Zustimmung des Begünstigten erfolgte Änderung ist für den Begünstigten nicht bindend. Dennoch ist der Garant ab dem Zeitpunkt der Erstellung der Änderung unwiderruflich an die Änderung gebunden, falls und solange der Begünstigte diese Änderung nicht ablehnt.
c. Sofern sie nicht gemäß den Garantie-Bedingungen erfolgte, kann der Begünstigte eine Änderung der Garantie bis zu dem Zeitpunkt ablehnen, zu dem er seine Annahme der Änderung mitteilt oder eine Dokumentenvorlage tätigt, die nur mit der geänderten Garantie konform ist.
d. Eine avisierende Partei muss die Partei, von der sie die Änderung erhalten hat, unverzüglich von der Mitteilung des Begünstigten über Annahme oder Ablehnung dieser Änderung in Kenntnis setzen.
e. Eine teilweise Annahme einer Änderung ist nicht erlaubt und gilt als Mitteilung über die Ablehnung der Änderung.
f. Eine Bestimmung in einer Änderung des Inhalts, dass die Änderung wirksam werden soll, sofern sie nicht innerhalb einer bestimmten Zeit abgelehnt wird, wird nicht beachtet.

Artikel 12

Umfang der Haftung des Garanten unter einer Garantie

Ein Garant haftet gegenüber dem Begünstigten bis zum Garantiebetrag nur gemäß, erstens, den Garantie-Bedingungen und, zweitens, diesen Regeln, soweit sie mit den Garantie-Bedingungen vereinbar sind.

Artikel 13

Änderung des Betrags der Garantie

Eine Garantie kann die Reduzierung oder Erhöhung des Garantiebetrags zu bestimmten Daten oder bei Eintritt eines bestimmten Ereignisses, das nach den Garantie-Bedingungen eine Änderung ihres Betrags herbeiführt, vorsehen; zu diesem Zweck gilt das Ereignis nur dann als eingetreten,

a. wenn dem Garanten ein Dokument vorgelegt wird, das in der Garantie als Nachweis für den Eintritt des Ereignisses bestimmt ist, oder
b. wenn, falls in der Garantie ein solches Dokument nicht bestimmt ist, der Eintritt des Ereignisses anhand der eigenen Unterlagen des Garanten oder eines in der Garantie bestimmten Index feststellbar ist.

Artikel 14[12]

Dokumentenvorlage

a. Eine Dokumentenvorlage muss gegenüber dem Garanten
   i. an dem Erstellungsort oder einem anderen in der Garantie bestimmten Ort und
   ii. am oder vor dem Verfall erfolgen.
b. Eine Dokumentenvorlage muss vollständig sein, sofern darin nicht angegeben ist, dass sie später vervollständigt wird. In diesem Fall muss sie am oder vor dem Verfall vervollständigt werden.
c. Wenn die Garantie angibt, dass eine Dokumentenvorlage in elektronischer Form. erfolgen soll, sollte die Garantie das Format, das System für den Datentransfer und die elektronische Adresse für die Dokumentenvorlage bestimmen. Wenn die Garantie diese Angaben nicht enthält, kann die Dokumentenvorlage in jeglichem elektronischen Format erfolgen, das authentisiert werden kann, oder in Papierform. Ein elektronisches Dokument, das nicht authentisiert werden kann, gilt als nicht vorgelegt.

d. Wenn die Garantie angibt, dass eine Dokumentenvorlage in Papierform auf eine bestimmte Art übermittelt werden soll, aber nicht ausdrücklich eine andere Übermittlungsart ausschließt, ist die Nutzung einer anderen Übermittlungsart durch den Einreicher wirksam, wenn die Dokumentenvorlage an dem Ort und zu der Zeit eingeht, die in Absatz (a) dieses Artikels bestimmt sind.
e. Wenn eine Garantie nicht angibt, ob eine Dokumentenvorlage in Papier- oder elektronischer Form. zu erfolgen hat, muss jegliche Dokumentenvorlage in Papierform erfolgen.
f. Jede Dokumentenvorlage muss die Garantie, unter der sie erfolgt, identifizieren, etwa durch Angabe der Referenznummer des Garanten für die Garantie. Andernfalls beginnt die Prüfungszeit gemäß Artikel 20 erst zum Zeitpunkt der Identifizierung. Dieser Absatz führt nicht zu einer Verlängerung der Garantie oder Einschränkung des Erfordernisses in Artikel 15 (a) oder (b) für jegliche separat vorgelegte Dokumente, auch die Anforderung zu bezeichnen, auf die sie sich beziehen.
g. Soweit die Garantie nichts anderes vorsieht, müssen von der oder für die veranlassende Partei oder von dem oder für den Begünstigten ausgestellte Dokumente, einschließlich einer Anforderung oder begleitenden Erklärung, in der Sprache der Garantie aufgemacht sein. Von einer anderen Person ausgestellte Dokumente können in einer anderen Sprache aufgemacht sein.

Artikel 15[13]

Erfordernisse für eine Anforderung

a. Eine Anforderung unter der Garantie muss von den anderen in der Garantie bestimmten Dokumenten und auf jeden Fall von einer Erklärung des Begünstigten begleitet sein, die angibt, in welcher Hinsicht die veranlassende Partei ihre Verpflichtungen unter der zugrunde liegenden Beziehung verletzt hat. Diese Erklärung kann in der Anforderung oder in einem separaten unterzeichneten Dokument enthalten sein, das die Anforderung begleitet oder bezeichnet.
b) Eine Anforderung unter der Gegengarantie muss auf jeden Fall von einer Erklärung der Partei, zu deren Gunsten die Gegengarantie erstellt wurde, begleitet sein, die angibt, dass diese Partei eine konforme Anforderung unter der von ihr erstellten Garantie oder Gegengarantie erhalten hat. Diese Erklärung kann in der Anforderung oder in einem separaten unterzeichneten Dokument enthalten sein, das die Anforderung begleitet oder bezeichnet.
c. Eine begleitende Erklärung gemäß Absatz (a) oder (b) dieses Artikels ist erforderlich, soweit die Garantie oder Gegengarantie dieses Erfordernis nicht ausdrücklich ausschließt. Ausschließende Begriffe wie „Die begleitende Erklärung gemäß Artikel 15 [(a)] [(b)] ist ausgeschlossen" erfüllen diese Bedingung.
d. Weder Anforderung noch begleitende Erklärung dürfen vor dem Datum datiert sein, an dem der Begünstigte eine Anforderung vorzulegen berechtigt ist. Jedes andere Dokument darf vor diesem Datum datiert sein. Weder Anforderung noch begleitende Erklärung oder ein anderes Dokument dürfen später als das Datum ihrer Vorlage datiert sein.

Artikel 16[14]

Unterrichtung über eine Anforderung

Der Garant muss unverzüglich den Auftraggeber oder, gegebenenfalls, den Gegengaranten von jeglicher Anforderung unter der Garantie und, gegebenenfalls, von der Aufforderung, stattdessen den Verfall der Garantie zu verlängern, unterrichten. Der Gegengarant muss unverzüglich den Auftraggeber von einer Anforderung unter der Gegengarantie und, gegebenenfalls, von der Aufforderung, stattdessen den Verfall der Gegengarantie zu verlängern, unterrichten.

Artikel 17

Teilweise oder mehrfache Anforderungen; Betrag

a. Eine Anforderung kann auf weniger als den vollen verfügbaren Betrag lauten („Teilanforderung").
b. Es kann mehr als eine Anforderung erfolgen („mehrfache Anforderungen").
c. Der Ausdruck „mehrfache Anforderungen nicht zulässig" oder ein ähnlicher Ausdruck bedeutet, dass nur eine Anforderung über den vollen verfügbaren Betrag oder einen Teil desselben erfolgen darf.
d. Sieht eine Garantie vor, dass nur eine Anforderung erfolgen darf, und wird diese Anforderung zurückgewiesen, kann eine weitere Anforderung bei oder vor Verfall der Garantie erfolgen.
e. Eine Anforderung ist keine konforme Anforderung, wenn
   i. sie über mehr als den unter der Garantie verfügbaren Betrag lautet, oder
   ii. eine begleitende Erklärung oder andere, in der Garantie verlangte Dokumente Beträge angeben, die in der Summe niedriger sind als der angeforderte Betrag.

Eine begleitende Erklärung oder ein anderes Dokument, die einen Betrag angeben, der den angeforderten Betrag übersteigt, macht jedoch die Anforderung nicht zu einer nicht konformen Anforderung.

Artikel 18

Unabhängigkeit jeder Anforderung

a. Die Vornahme einer Anforderung, die keine konforme Anforderung ist, oder die Rücknahme einer Anforderung verwirkt oder beeinträchtigt nicht anderweitig das Recht, eine weitere rechtzeitige Anforderung vorzunehmen, unabhängig davon, ob die Garantie Teil- oder mehrfache Anforderungen verbietet.
b. Zahlung auf eine nicht konforme Anforderung bedeutet keinen Verzicht auf das Erfordernis, dass jede weitere Anforderung eine konforme Anforderung sein muss.

Artikel 19[15]

Prüfung

a. Der Garant muss allein aufgrund der Dokumentenvorlage entscheiden, ob sie ihrer äußeren Aufmachung nach eine konforme Dokumentenvorlage zu sein scheint.
b. Angaben in einem in der Garantie verlangten Dokument müssen im Zusammenhang mit diesem Dokument, der Garantie und diesen Regeln geprüft werden. Die Angaben müssen nicht mit Angaben in diesem Dokument, in einem anderen verlangten Dokument oder in der Garantie identisch sein, dürfen damit aber nicht im Widerspruch stehen.
c. Wenn die Garantie die Vorlage eines Dokuments verlangt, ohne anzugeben, ob es unterzeichnet sein muss, von wem es auszustellen oder zu unterzeichnen ist, oder welche Angaben es enthalten soll, dann
   i. nimmt der Garant es so an, wie es vorgelegt wird, wenn sein Inhalt die Funktion des in der Garantie verlangten Dokuments zu erfüllen scheint und im übrigen Artikel 19 (b) entspricht, und
   ii. ist, wenn das Dokument unterschrieben ist, jede Unterschrift annehmbar und keine Angabe von Name oder Position des Unterzeichners erforderlich.

d. Wenn ein Dokument, das nicht in der Garantie verlangt oder in diesen Regeln in Bezug genommen ist, vorgelegt wird, wird es nicht beachtet und kann dem Einreicher zurückgegeben werden.
e. Der Garant muss die Berechnungen eines Begünstigten anhand einer in der Garantie angegebenen oder in Bezug genommenen Formel nicht nachrechnen.
f. Der Garant erachtet eine Bedingung, dass ein Dokument legalisiert, mit einem Sichtvermerk versehen, beglaubigt sein muss, oder ähnliches als erfüllt durch irgendeine Unterschrift, ein, Zeichen, einen Stempel oder Aufkleber auf dem Dokument, wodurch diese Bedingung erfüllt zu sein scheint.

Artikel 20[16]

Zeit für die Prüfung einer Anforderung; Zahlung

a. Wenn eine Anforderung nicht angibt, dass sie später vervollständigt wird, muss der Garant binnen fünf Geschäftstagen nach dem Tag der Dokumentenvorlage diese Anforderung prüfen und entscheiden, ob es sich um eine konforme Anforderung handelt. Dieser Zeitraum wird nicht verkürzt oder anderweitig beeinflusst von dem Verfall der Garantie an oder nach dem Tag der Dokumentenvorlage. Wenn jedoch die Dokumentenvorlage angibt, dass sie später vervollständigt wird, braucht sie nicht geprüft zu werden, bis sie vervollständigt ist.
b. Wenn der Garant entscheidet, dass eine Anforderung konform ist, muss er Zahlung leisten.
c. Zahlung ist in der Filiale oder Niederlassung des Garanten oder Gegengaranten, der die Garantie oder Gegengarantie erstellt hat, oder an dem anderen Ort zu leisten, der in der Garantie oder Gegengarantie angegeben ist („Zahlungsort").

Artikel 21

Währung der Zahlung

a. Der Garant muss auf eine konforme Anforderung in der in der Garantie angegebenen Währung Zahlung leisten.
b. Wenn zu irgendeinem Zeitpunkt, an dem eine Zahlung unter der Garantie zu leisten ist,
   i. der Garant auf Grund eines außerhalb seiner Kontrolle liegenden Hinderungsgrundes nicht in der Lage ist, Zahlung in der in der Garantie angegebenen Währung zu leisten, oder
   ii. es nach dem Recht des Zahlungsorts rechtswidrig ist, Zahlung in der angegebenen Währung zu leisten,

   dann muss der Garant Zahlung in der Währung des Zahlungsorts leisten, auch wenn die Garantie angibt, dass Zahlung nur in der in der Garantie angegebenen Währung erfolgen kann. Der Auftraggeber oder, im Fall einer Gegengarantie, der Gegengarant müssen eine Zahlung in dieser Währung gegen sich gelten lassen. Der Garant oder Gegengarant kann wählen, ob er in der Währung, in der Zahlung geleistet wurde, oder in der in der Garantie oder, gegebenenfalls, Gegengarantie angegebenen Währung Rembours erhalten will.
c. Zahlung oder Rembours in der Währung des Zahlungsorts gemäß Absatz (b) ist auf der Basis des zum Zeitpunkt der Fälligkeit der Zahlung oder des Rembours dort geltenden Wechselkurses zu leisten. Wenn der Garant jedoch nicht zu dem Zeitpunkt, zu dem die Zahlung fällig war, gezahlt hat, kann der Begünstigte Zahlung auf der Basis des zur Fälligkeit oder zum Zeitpunkt der tatsächlichen Zahlung geltenden Wechselkurses verlangen.

Artikel 22[17]

Übermittlung von Kopien einer konformen Anforderung

Der Garant muss unverzüglich eine Kopie der konformen Anforderung und aller diesbezüglichen Dokumente dem Auftraggeber oder, gegebenenfalls, dem Gegengaranten zur Weiterleitung an den Auftraggeber übermitteln. Jedoch darf weder der Gegengarant noch, gegebenenfalls, der Auftraggeber Zahlung oder Rembours bis zu dieser Übermittlung zurückhalten.

Artikel 23[18]

Anforderung mit Verlängerungsalternative

a. Wenn eine konforme Anforderung als Alternative eine Aufforderung zur Verlängerung des Verfalls enthält, kann der Garant die Zahlung für einen 30 Tage nicht überschreitenden Zeitraum nach seinem Erhalt der Anforderung aussetzen.
b. Wenn nach einer solchen Aussetzung der Garant unter der Gegengarantie eine konforme Anforderung vornimmt, die als Alternative eine Aufforderung zur Verlängerung des Verfalls enthält, kann der Gegengarant die Zahlung für einen Zeitraum aussetzen, der den Zeitraum, für den die Zahlung der Anforderung unter der Garantie ausgesetzt ist, abzüglich vier Kalendertage nicht überschreitet.
c. Der Garant muss unverzüglich den Auftraggeber oder, im Fall einer Gegengarantie, den Gegengaranten über den Zeitraum der Aussetzung der Zahlung unter der Garantie unterrichten. Der Gegengarant muss dann den Auftraggeber über diese Aussetzung und über die Aussetzung der Zahlung unter der Gegengarantie unterrichten. Ein Vorgehen nach diesem Artikel erfüllt die Mitteilungspflicht gemäß Artikel 16.
d. Die Anforderung der Zahlung gilt als zurückgenommen, wenn der in dieser Anforderung verlangte oder auf andere Weise von der anfordernden Partei akzeptierte Verlängerungszeitraum binnen der Frist gemäß Absatz (a) oder (b) dieses Artikels gewährt wurde. Wurde ein solcher Verlängerungszeitraum nicht gewährt, muss die konforme Anforderung, ohne dass eine weitere Anforderung erforderlich ist, bezahlt werden.
e. Der Garant oder Gegengarant kann selbst dann, wenn er zu verlängern beauftragt ist, eine Verlängerung ablehnen und muss dann zahlen.
f. Der Garant oder Gegengarant muss unverzüglich die Partei, von der er seinen Auftrag erhielt, von seiner Entscheidung unterrichten, unter Absatz (d) zu verlängern oder zu zahlen.
g. Der Garant und Gegengarant haften nicht für eine gemäß dieses Artikels ausgesetzte Zahlung.

Artikel 24[19]

Nicht-konforme Anforderung, Rügeverzicht und Benachrichtigung

a. Wenn ein Garant entscheidet, dass eine Anforderung unter einer Garantie keine konforme Anforderung ist, kann er entweder die Anforderung zurückweisen oder sich nach seinem freien Ermessen an den Auftraggeber oder, im Fall einer Gegengarantie, an den Gegengaranten zwecks Verzichts auf die Geltendmachung der Unstimmigkeiten wenden.
b. Wenn der Gegengarant entscheidet, dass eine Anforderung unter einer Gegengarantie keine konforme Anforderung ist, kann er entweder die Anforderung zurückweisen oder sich nach seinem freien Ermessen an den Auftraggeber zwecks Verzichts auf die Geltendmachung der Unstimmigkeiten wenden.

c. Die Absätze (a) oder (b) dieses Artikels führen zu keiner Verlängerung der in Artikel 20 genannten Frist und befreien nicht von den Erfordernissen des Artikels 16. Der Erhalt eines Verzichts des Gegengaranten oder des Auftraggebers verpflichtet den Garanten oder Gegengaranten nicht zum Verzicht auf die Geltendmachung der Unstimmigkeiten.
d. Wenn der Garant eine Anforderung zurückweist, muss er dem Einreicher der Anforderung eine einzige dementsprechende Mitteilung senden. Diese Mitteilung muss angeben,
   i. dass der Garant die Anforderung zurückweist, und
   ii. jede Unstimmigkeit, wegen der der Garant die Anforderung zurückweist.
e. Die in Absatz (d) dieses Artikels verlangte Mitteilung muss unverzüglich, jedoch nicht später als am Ende des fünften Geschäftstages nach dem Tag der Dokumentenvorlage versandt werden.
f. Wenn ein Garant nicht gemäß den Absätzen (d) oder (e) dieses Artikels handelt, kann er nicht geltend machen, dass die Anforderung und die betreffenden Dokumente keine konforme Anforderung darstellen.
g. Ein Garant kann jederzeit, nachdem er die in Absatz (d) dieses Artikels verlangte Mitteilung gemacht hat, jegliche in Papierform vorgelegten Dokumente dem Einreicher zurücksenden und über elektronische Mitteilungen ohne jede Haftung auf eine von ihm als angemessen erachtete Weise verfügen.
h. Für Zwecke der Absätze (d), (f) und (g) dieses Artikels schließt Garant den Gegengaranten ein.

Artikel 25[20]

Reduzierung und Erlöschen

a. Der unter einer Garantie zahlbare Betrag wird um jeden Betrag ermäßigt, der
   i. unter der Garantie gezahlt ist,
   ii. sich aus der Anwendung von Artikel 13 ergibt, oder
   iii. in einer unterzeichneten teilweisen Haftungsentlassung unter der Garantie seitens des Begünstigten angegeben ist.
b. Die Garantie erlischt unabhängig davon, ob die Garantieurkunde an den Garanten zurückgegeben worden ist,
   i. bei Verfall,
   ii. wenn kein Betrag mehr darunter zahlbar ist, oder
   iii. bei der Vorlage der unterzeichneten Haftungsentlassung unter der Garantie seitens des Begünstigten beim Garanten.
c. Wenn die Garantie oder Gegengarantie weder ein Verfalldatum noch ein Verfallereignis angibt, erlischt die Garantie drei Jahre nach ihrem Erstellungsdatum und die Gegengarantie dreißig Kalendertage nach dem Erlöschen der Garantie.
d. Wenn das Verfalldatum auf einen Tag fällt, der an dem Ort, wo die Anforderung vorzulegen ist, kein Geschäftstag ist, verlängert sich die Laufzeit auf den ersten darauf folgenden Geschäftstag an diesem Ort.
e. Wenn der Garant davon Kenntnis hat, dass die Garantie wegen einer der in Absatz (b) dieses Artikels erwähnten Gründe, außer dem Eintritt des Verfalldatums erlischt, muss der Garant unverzüglich den Auftraggeber oder, gegebenenfalls, den Gegengaranten davon unterrichten und in letzterem Fall muss der Gegengarant den Auftraggeber davon unterrichten.

Artikel 26[21]

Force Majeure

a. In diesem Artikel bedeutet „Force Majeure" höhere Gewalt, Unruhen, Aufruhr, Aufstände, Kriege, Terrorakte oder irgendwelche anderen Ursachen außerhalb der Kontrolle von Garant oder Gegengarant, die deren Geschäft unterbrechen, soweit es Handlungen der Art betrifft, wie sie diesen Regeln unterliegt.
b. Sollte die Garantie zu einem Zeitpunkt verfallen, an dem die Dokumentenvorlage oder Zahlung unter der Garantie durch Force Majeure verhindert ist,
   i. verlängert sich sowohl die Garantie als auch die Gegengarantie um 30 Kalendertage von dem Datum, zu dem sie andernfalls verfallen wäre, und, sobald es praktikabel ist, muss der Garant den Auftraggeber oder, im Fall einer Gegengarantie, den Gegengaranten über die Force Majeure und Verlängerung informieren, und der Gegengarant muss darüber den Auftraggeber in Kenntnis setzen;
   ii. ist der Lauf der Prüfungsfrist gemäß Artikel 20 für eine erfolgte, aber vor dem Eintritt der Force Majeure noch nicht geprüfte Dokumentenvorlage bis zur Wiederaufnahme der Geschäftstätigkeit des Garanten ausgesetzt; und
   iii. ist auf eine konforme Anforderung, die unter der Garantie vor Eintritt der Force Majeure vorgelegt, aber wegen der Force Majeure nicht gezahlt wurde, Zahlung zu leisten, sobald die Force Majeure endet, auch wenn die Garantie verfallen ist, und der Garant ist in diesem Fall berechtigt, eine Anforderung unter der Gegengarantie binnen 30 Kalendertagen nach Ende der Force Majeure vorzulegen, auch wenn die Gegengarantie verfallen ist.
c. Sollte die Gegengarantie zu einem Zeitpunkt verfallen, an dem die Dokumentenvorlage oder Zahlung unter der Gegengarantie durch Force Majeure verhindert ist,
   i. verlängert sich die Gegengarantie um 30 Kalendertage von dem Datum, an dem der Gegengarant den Garanten vom Ende der Force Majeure informiert; der Gegengarant muss dann den Auftraggeber von der Force Majeure und Verlängerung in Kenntnis setzen;
   ii. ist der Lauf der Prüfungsfrist gemäß Artikel 20 für eine erfolgte, aber vor dem Eintritt der Force Majeure noch nicht geprüfte Dokumentenvorlage bis zur Wiederaufnahme der Geschäftstätigkeit des Gegengaranten ausgesetzt; und
   iii. ist auf eine konforme Anforderung, die unter der Gegengarantie vor Eintritt der Force Majeure vorgelegt, aber wegen Force Majeure nicht gezahlt wurde, Zahlung zu leisten, sobald die Force Majeure endet, auch wenn die Gegengarantie verfallen ist.
d. Der Auftraggeber ist an jede Verlängerung, Aussetzung oder Zahlung gemäß diesem Artikel gebunden.
e. Der Garant und der Gegengarant übernehmen keine weitere Haftung für die Folgen der Force Majeure.

Artikel 27

Haftungsausschluss für Wirksamkeit von Dokumenten

Der Garant übernimmt keine Haftung oder Verantwortung für

a. die Form., Vollständigkeit, Genauigkeit, Echtheit. Verfälschung oder Rechtswirksamkeit der ihm vorgelegten Unterschriften oder Dokumente;
b. die allgemeinen oder besonderen Erklärungen. die in dem ihm vorgelegten Dokument gemacht oder diesem hinzugefügt sind;
c. die Bezeichnung, Menge, Gewicht, Qualität, Beschaffenheit, Verpackung, Lieferung, Wert oder Vorhandensein der durch irgendein ihm vorgelegtes Dokument repräsentierten oder darin erwähnten Waren, Dienstleistungen oder anderen Leistungen oder Angaben; oder

d. Treu und Glauben, Handlungen, Unterlassungen, Zahlungsfähigkeit, Leistungsvermögen oder Ansehen irgendeiner Person, die ein ihm vorgelegtes Dokument ausgestellt hat oder in ihm in irgendeiner Eigenschaft erwähnt ist.

Artikel 28

Haftungsausschluss für Nachrichtenübermittlung und Übersetzung

a. Der Garant übernimmt keine Haftung oder Verantwortung für die Folgen von Verzögerungen, Verlusten, Verstümmelungen oder sonstigen Irrtümern hei der Übermittlung eines Dokuments, wenn dieses Dokument gemäß den in der Garantie gestellten Anforderungen übermittelt oder versandt wurde oder der Garant, mangels entsprechender Weisungen, selbst die Initiative bei der Auswahl des Beförderungsdienstes ergriffen hat.
b. Der Garant übernimmt keine Haftung oder Verantwortung für Irrtümer bei der Übersetzung oder Auslegung von technischen Begriffen und kann den Garantietext ganz oder teilweise unübersetzt weiterleiten.

Artikel 29

Haftungsausschluss für Handlungen einer anderen Partei

Bedient sich ein Garant einer anderen Partei, um die Weisungen des Auftraggebers oder Gegengaranten auszuführen, tut er dies für Rechnung und Gefahr dieses Auftraggebers oder Gegengaranten.

Artikel 30

Beschränkung des Haftungsausschlusses

Artikel 27 bis 29 befreien den Garanten nicht von der Haftung oder Verantwortung, falls er nicht nach Treu und Glauben handelt.

Artikel 31

Schadloshaltung für Folgen ausländischer Gesetze und Gebräuche

Der Auftraggeber oder, im Fall einer Gegengarantie, der Gegengarant muss den Garanten für alle Verpflichtungen und Verantwortlichkeiten schadlos halten, die auf ausländischen Gesetzen und Gebräuchen oder darauf beruhen, dass ausländische Gesetze und Gebräuche für die Garantie oder Gegengarantie Bedingungen vorsehen, die deren spezifischen Bedingungen vorgehen. Der Auftraggeber muss den Gegengaranten schadlos halten, der den Garanten unter diesem Artikel schadlos gehalten hat.

Artikel 32

Haftung für Spesen

a. Eine Partei, die eine andere Partei zur Leistung von Diensten unter diesen Regeln beauftragt, ist verpflichtet, deren Spesen im Zusammenhang mit der Ausführung ihres Auftrags zu zahlen.
b. Wenn eine Garantie vorschreibt, dass Spesen vom Begünstigten zu tragen sind, und diese Spesen nicht eingezogen werden können, bleibt der Auftraggeber für die Zahlung dieser Spesen haftbar. Wenn eine Gegengarantie vorschreibt, dass Spesen bezüglich der Garantie vom Begünstigten zu tragen sind, und diese Spesen nicht eingezogen werden können, bleibt der Gegengarant dem Garanten und der Auftraggeber dem Gegengaranten für die Zahlung dieser Spesen haftbar.

c. Weder der Garant noch die avisierende Partei sollten vorschreiben, dass die Garantie, ihre Avisierung oder Änderung dadurch bedingt ist, dass der Garant oder die avisierende Partei ihre Spesen erhält.

Artikel 33[22]

Übertragung einer Garantie und Abtretung des Erlöses

a. Eine Garantie ist nur dann übertragbar, wenn sie ausdrücklich angibt, dass sie „übertragbar" ist; in diesem Fall kann sie mehr als einmal für den vollen, zur Zeit der Übertragung verfügbaren Betrag übertragen werden. Eine Gegengarantie ist nicht übertragbar.
b. Selbst dann, wenn eine Garantie besonders angibt, dass sie übertragbar ist, ist der Garant nicht verpflichtet, dem Verlangen nach Übertragung dieser Garantie nach deren Erstellung zu entsprechen, außer in dem Umfang und in der Art, wie ausdrücklich vom Garanten zugestimmt.
c. Eine übertragbare Garantie bedeutet eine Garantie, die vom Garanten auf Verlan-gen des gegenwärtigen Begünstigten („Erstbegünstigter") einem neuen Begünstigten („Zweitbegünstigter") verfügbar gemacht werden kann.
d. Die folgenden Regelungen gelten für die Übertragung, einer Garantie:
   i. Eine übertragene Garantie umfasst alle Änderungen, denen Erstbegünstigter und Garant bis zum Zeitpunkt der Übertragung zugestimmt haben; und
   ii. eine Garantie kann nur übertragen werden, wenn zusätzlich zu den in den Absätzen (a), (b) und (d) (i) dieses Artikels genannten Bedingungen der Erstbegünstigte dem Garanten eine unterzeichnete Erklärung vorgelegt hat, dass der Zweitbegünstigte die Rechte und Pflichten des Erstbegünstigten aus der zugrunde liegenden Beziehung erworben hat.
e. Soweit zum Zeitpunkt der Übertragung nichts anderes vereinbart ist, sind alle Spesen im Zusammenhang mit der Übertragung vom Erstbegünstigten zu tragen.
f. Unter einer übertragenen Garantie müssen eine Anforderung und begleitende Erklärung vom Zweitbegünstigten unterschrieben sein. Soweit die Garantie nichts anderes bestimmt, können Name und Unterschrift des Zweitbegünstigten in jedem anderen Dokument an Stelle von Namen und Unterschrift des Erstbegünstigten erscheinen.
g. Unabhängig davon, ob die Garantie angibt, dass sie übertragbar ist, und nach Maßgabe der Bestimmungen des anzuwendenden Rechts gilt:
   i. der Begünstigte kann den bestehenden oder künftig entstehenden Erlösanspruch unter der Garantie abtreten,
   ii. der Garant ist jedoch, soweit er seine Zustimmung nicht erteilt hat, nicht zur Zahlung an den Abtretungsempfänger verpflichtet.

Artikel 34

Anwendbares Recht[23]

a. Mangels anderweitiger Regelung in der Garantie unterliegt diese dem am Ort der Filiale oder Niederlassung des Garanten, die die Garantie erstellt hat, geltenden Recht.
b. Mangels anderweitiger Regelung in der Gegengarantie unterliegt diese dem am Ort der Filiale oder Niederlassung des Gegengaranten, die die Gegengarantie erstellt hat, geltenden Recht.

Artikel 35

Gerichtsstand

a. Mangels anderweitiger Regelung in der Garantie sind alle Streitigkeiten zwischen dem Garanten und dem Begünstigten bezüglich der Garantie ausschließlich von dem zuständigen Gericht des Landes zu entscheiden, in dem sich der Ort der Filiale oder Niederlassung des Garanten befindet, die die Garantie erstellt hat.
b. Mangels anderweitiger Regelung in der Gegengarantie sind alle Streitigkeiten zwischen dem Gegengaranten und dem Garanten bezüglich der Gegengarantie ausschließlich von dem zuständigen Gericht des Landes zu entscheiden, in dem sich der Ort der Filiale oder Niederlassung des Gegengaranten befindet, die die Gegengarantie erstellt hat.

Anmerkungen

1. Die nachstehenden Texte der Einheitlichen Richtlinien für auf Anfordern zahlbare Garantien (URDG 758) geben die deutsche Fassung der im Dezember 2009 verabschiedeten ICC-Publikation Nr 758 wieder (*ICC*, URDG 758, S 25 ff). Der Leitfaden zu den Richtlinien (Guide to ICC Rules for Demand GuaranteesURDG 758, ICC-Publikation Nr 702E, 2011), insbesondere zu Logik, Vorarbeit und Auslegung der Artikel der URDG 758 ist 2011 veröffentlicht worden.

2. Die URDG gelten gemäß Art 1a für jede auf Anfordern zahlbare Garantie oder Gegengarantie soweit dies ausdrücklich in der Garantie bestimmt ist (s auch BuB/*Nielsen/Joos* Rn 5/450; Bankrechts-Handbuch/*T.Fischer*, § 121, Rn 290). Beispiel für eine Einbeziehungsklausel: **„Diese Garantie unterliegt den Einheitlichen Richtlinien für auf Anfordern zahlbare Garantien, ICC-Publikation Nr 758."**

Die Notwendigkeit der ausdrücklichen Vereinbarung ergibt sich zudem daraus, dass die URDG von der juristischen Fachliteratur ganz überwiegend nicht als Handelsbrauch sondern Allgemeine Geschäftsbedingungen angesehen werden (dazu mwN *von Westphalen/Zöchling-Jud* S 449ff).

Art 1b regelt die Frage der Einbeziehung für den Fall, dass die Anwendung der URDG nur in der Garantie bzw nur in der Gegengarantie ausdrücklich geregelt ist.

Werden die URDG als verbindlich vereinbart, so bleibt es den Parteien unbenommen, einzelne Garantiebausteine abweichend zu vereinbaren bzw einzelne Bestimmungen der URDG zu ändern oder auszuschließen mit dem Effekt, dass die abweichende Vereinbarung vorgeht.

3. In Art 2 werden nunmehr sämtliche Definitionen gebündelt, die in den URDG 458 im gesamten Text verteilt waren (ebenso wie in den ERA). Es wurde eine Reihe von zusätzlichen Definitionen aufgenommen.

4. Definition der veranlassende Partei und des Auftraggebers:

In den URDG wird unterschieden zwischen der veranlassenden Partei/Applicant (Hauptschuldner in der zugrunde liegenden Beziehung) und dem Auftraggeber/Instructing Party der Garantie (derjenige, der die Erstellung der Garantie beauftragt), wobei die veranlassende Partei der Auftraggeber sein kann, aber nicht sein muss. Diese Differenzierung gibt es insbesondere in den ERA nicht. Vor allem bei Verwendung des deutschen Begriffes „Auftraggeber" und des englischen Begriffes „Applicant", die nach den ERA eine andere Bedeutung haben können als nach den URDG, besteht die Gefahr von Verwechslungen bzw können Unsicherheiten entstehen.

5. Definition der auf Anfordern zahlbaren Garantie oder Garantie:

Die Definition macht deutlich, dass es nicht auf die Bezeichnung sondern darauf ankommt, dass eine Zahlungsverpflichtung bei Vorlage einer konformen Anforderung begründet wird.

6. Auch die Auslegungsregeln sind nunmehr in einem Artikel gebündelt (ebenso wie in den ERA).

7. Art 4 differenziert zwischen dem Zeitpunkt, in dem die Garantie erstellt ist (sobald sie den Einflussbereich des Garanten verlässt), und dem – unter Umständen – hinausgeschobenen Zeitpunkt bzw Ereignis, ab dem eine konforme Anforderung unter der Garantie möglich ist (vgl auch Ausführungen zur Valutierungsklausel unter → IV.L.6.4).

8. Die in Art 5 statuierte Unabhängigkeit der Garantie/Gegengarantie entspricht dem für deutsches Recht von Schrifttum und Rechtsprechung entwickelten Grundsatz der Unabhängigkeit der Garantie vom Grundgeschäft (Baumbach/Hopt/*Hopt,* HGB, (7) Bankgeschäfte L/1; BuB/*Nielsen/Joos* Rn 5/246 ff. jeweils mwN). Bei Geltung von deutschem Recht kommt der ebenfalls von Schrifttum und Rechtsprechung anerkannte Grundsatz der Durchbrechung der Abstraktheit der Garantie im Falle liquide nachgewiesenen Rechtsmissbrauchs (s Baumbach/Hopt/*Hopt,* HGB, (7) Bankgeschäfte L/13 mwN; ausführlich BuB/*Nielsen/Joos* Rn 5/314199ff) zur Anwendung.

9. Art 7 stellt nunmehr – im Einklang mit Art 14h ERA – klar, dass nicht-dokumentäre Bedingungen grundsätzlich als nicht angegeben zu betrachten sind. Der Grundsatz der Nichtbeachtung gilt jedoch ausnahmsweise nicht, soweit anhand dieser Bedingungen über etwaige Widersprüche zwischen den Daten in der Garantie und Daten in den unter ihr vorgelegten Dokumenten zu entscheiden ist. Eine solche Ausnahme gibt es in den ERA nicht. Unter Umständen kann es aufgrund dieser Ausnahme im Einzelfall zweifelhaft sein, ob eine nicht-dokumentäre Bedingung im obigen Sinne nicht doch zu beachten ist. Vgl dazu auch → Anm. 15.

Allerdings stellt sich die Frage, ob der Garant mit der Nichtbeachtung einer nicht-dokumentären Bedingung gegen den ihm erteilten Auftrag verstoßen und damit seinen Aufwendungsersatzanspruch gefährden würde (vgl Bankrechts-Handbuch/*T.Fischer*, § 121, Rn 295f).

10. Die URDG 758 enthalten anders als die URDG 458 nunmehr eine Regelung zur Avisierung einer Garantie oder einer Änderung, wobei diese inhaltlich im Wesentlichen der korrespondierenden Regelung in den ERA (dort Art 9) entspricht. Anders als in den ERA (dort Art 8) findet sich in den URDG keine Regelung zur bestätigenden Bank.

11. Auch Art. 11 zur Änderung einer Garantie ist neu in die URDG 758 aufgenommen worden. Kurz zusammengefasst, ist eine Änderung für den Garanten bindend, falls und solange der Begünstigte sie nicht ablehnt. Der Begünstigte kann die Änderung bis zu einer Annahme durch ihn ablehnen, wobei eine mit der geänderten Garantie konforme Dokumentenvorlage als Annahme gewertet wird. Eine teilweise Annahme wird als Ablehnung angesehen. Inhaltlich stimmt diese Regelung im Wesentlichen mit Art 10 ERA überein.

12. In Art 14 werden die Anforderungen an die Vorlage etwaiger in der Garantie bestimmter Dokumente recht detailliert geregelt; daneben enthält Art 14 einige Auslegungsregeln zur Dokumentenvorlage. Eine solche Regelung war bisher nicht in den URDG enthalten.

13. Art 15 entspricht inhaltlich im Wesentlichen Art 20 URDG 458. Gemäß Art 15 a/b muss die Anforderung unter der Garantie/Gegengarantie mit einer begleitenden Erklärung versehen sein, aus der hervorgeht, in welcher Hinsicht die veranlassende Partei ihre Verpflichtungen verletzt hat. Dies gilt insbesondere auch dann, wenn das Erfordernis der begleitenden Erklärung nicht ausdrücklich in der Garantie/Gegengarantie bestimmt ist (vgl Art 15 c). Die begleitende Erklärung ist nur dann nicht notwendig, wenn dieses Erfordernis in der Garantie/Gegengarantie ausdrücklich ausgeschlossen wird, wobei für den Ausschluss die in Art 15c selbst vorgegebene Formulierung verwendet werden sollte.

Dass das Erfordernis der begleitenden Erklärung allein durch Einbeziehung der URDG auch dann gelten soll, wenn es nicht im Garantietext selbst ausdrücklich enthalten ist, wird in der Literatur zum Teil kritisch bewertet und die vorherige Regelung (Art 20 URDG 458) als unwirksame, weil überraschende Allgemeine Geschäftsbedingung angesehen (s Schimansky/Bunte/Lwowski BankR-HdB/*T.Fischer,* § 121, Rn 288 mwN; BuB/*Nielsen/Joos* Rn 5/451; zu Art. 15 URDG 758 *von Westphalen/Zöchling-Jud* S 459). Um Überraschungen und Auseinandersetzungen über die Wirksamkeit von Art. 15 URDG von vornherein zu vermeiden, sollte das Erfordernis der begleitenden Erklärung ausdrücklich in den (Gegen-) Garantietext aufgenommen (vgl auch die Mustertexte im Anhang an die URDG sowie das Muster unter → Form. IV.L.5.2) oder andernfalls ausdrücklich ausgeschlossen werden.

14. Hier könnte sich die Frage stellen, ob der Garant/Gegengarant mit einer Zahlung auf eine konforme Anforderung hin warten muss, bis die Information den Auftraggeber erreicht. Dies ist jedoch insbesondere vor dem Hintergrund der Unabhängigkeit der Garantie vom Grundgeschäft zu verneinen (s auch BuB/*Nielsen/Joos* Rn 5/314; u zum gleich lautenden Art 17 URDG 458 *Goode* III D Art 17). Art 16 steht in engem Zusammenhang mit Art 22 (Pflicht zur unverzüglichen Übermittlung von Kopien einer konformen Anforderung), will aber wie jener nicht ausschließen, dass der Garant/Gegengarant nach ordnungsgemäßer Prüfung auf eine konforme Anforderung Zahlung leistet, noch bevor die gebotene Information den Auftraggeber erreicht (s *Goode* III D Art 17 zum gleich lautenden Art 17 URDG 458).

15. Art 19 macht dem Garanten recht detaillierte Vorgaben für eine ordnungsgemäße Dokumentenprüfung. Insoweit ist insbesondere Art 19b hervorzuheben. Danach hat der Garant bei Prüfung zu beachten, dass Dokumentenangaben nicht mit (anderen) Angaben in diesem Dokument, in einem anderen verlangten Dokument oder in der Garantie im Widerspruch stehen dürfen (sie müssen aber auch nicht identisch sein). Es sind daher die in den verlangten Dokumenten sowie der Garantie enthaltenen Angaben untereinander auf ihre Stimmigkeit zu prüfen. In diese Prüfung sind unter Umständen auch Angaben bzw Bedingungen im Sinne von Art 7 einzubeziehen (s auch → Anm. 9).

16. Der Garant muss innerhalb von 5 Geschäftstagen nach deren Vorlage prüfen und entscheiden, ob eine konforme Anforderung vorliegt oder nicht, es sei denn, die Dokumentenvorlage gibt an, dass sie später vervollständigt wird (dann Prüfungspflicht erst bei Vervollständigung). Hier stellt sich die Frage, ob sich der Garant für die Prüfung jeder Anforderung 5 Geschäftstage Zeit lassen kann, also auch für „einfach“ gelagerte Anforderungen, die innerhalb deutlich kürzerer Fristen geprüft werden könnten, oder ob es sich um eine Maximalfrist handelt, die sich in einfach gelagerten Fällen entsprechend verkürzt. Im Hinblick auf Art 20b stellt sich die Frage, wie schnell der Garant nach seiner Entscheidung, die Anforderung sei konform, die Zahlung leisten muss, da Art 20b dazu keine Angaben macht.

Um Auseinandersetzungen mit dem Begünstigten zu vermeiden, sollte die Prüfung insbesondere in einfach gelagerten Fällen ohne umfangreiche Dokumentenvorlage so schnell wie möglich erfolgen und nicht unbedingt die 5-Tage-Frist ausgereizt werden. Darüber hinaus sollte im Falle einer konformen Anforderung unverzüglich nach Abschluss der Prüfung, dh noch am selben oder am darauffolgenden Geschäftstag, die Zahlung an den Begünstigten veranlasst und nicht „grundlos“ der Ablauf der 5-Tage-Frist abgewartet werden.

Sofern bereits bei Erstellung der Garantie absehbar ist, dass eine konforme Anforderung mit einer Reihe von bzw umfangreichen Dokumenten begleitet sein muss und die Prüfung innerhalb von 5 Geschäftstagen daher problematisch sein könnte, erscheint es geboten, im Garantietext ausdrücklich eine längere Prüfungspflicht zu vereinbaren und die 5-Tage-Frist gemäß 20a URDG auszuschließen.

Im Zusammenhang mit Art 20 ist unbedingt auch Art 24 zu beachten (s dazu → Anm. 19).

17. → Anm. 14 zu Art 16 gilt entsprechend. Art 22 ermöglicht dem Auftraggeber eine eigene Prüfung der Inanspruchnahmevoraussetzungen. Sie ermöglicht ihm ferner die Erhebung des Missbrauchseinwands, falls ihm liquide Beweismittel zur Verfügung stehen und die Zahlung durch den Garanten/Gegengaranten nicht bereits zuvor veranlasst wurde. Dadurch wird jedoch die Prüfungszeit des Garanten/Gegengaranten keinesfalls ausgedehnt (*Berger* DZWir 93, 1, 10; BuB/*Nielsen*/*Joos* Rn 5/314).

18. Art 23 regelt detailliert und gut verständlich, wie mit einer konformen Anforderung mit Verlängerungsalternative umzugehen ist und welche Optionen der Garant/Gegengarant diesbezüglich hat.

19. Die Beachtung von Art 24 d–f ist für den Garanten von entscheidender Bedeutung (bzgl der Anwendbarkeit auf den Gegengaranten s Art 24 h). Danach muss der Garant im Falle einer Zurückweisung der Anforderung dem Einreicher eine einzige Mitteilung übersenden, dass er die Anforderung zurückweist und jede Unstimmigkeit aufführen, wobei diese Mitteilung unverzüglich spätestens jedoch am 5 Geschäftstag nach dem Tag der Dokumentenvorlage zu erfolgen hat. Konsequenz der Nichtbeachtung ist der Ausschluss des Garanten mit der Geltendmachung einer nicht konformen Anforderung.

Auch hier stellt sich – wie bei Art 20 (s → Anm. 16) – die Frage, ob der Garant die 5-Tage-Frist ausschöpfen kann oder im Einzelfall eine frühere Benachrichtigung geboten ist. Aufgrund der „schärferen“ Formulierung „unverzüglich, jedoch nicht später als“ ist davon auszugehen, dass es sich um eine Maximalfrist handelt, die sich im Einzelfall entsprechend verkürzen kann. Dies vorausgeschickt, sollte die Dokumentenprüfung in jedem Einzelfall so schnell wie möglich abgeschlossen und – soweit nicht erforderlich – die 5-Tage-Frist nicht ausgereizt werden. Bei negativer Prüfung ist unverzüglich nach deren Abschluss, dh noch am selben oder am darauffolgenden Geschäftstag, die entsprechende Mitteilung gemäß Art 24d an den Begünstigten zu versenden.

Sofern im Garantietext die Prüfungspflicht gemäß Art 20 entsprechend abbedungen und verlängert wird (vgl → Anm. 16 am Ende) ist korrespondierend dazu auch die Frist gemäß Art 24e abzubedingen und zu verlängern.

20. Zur Formulierung einer entsprechenden Verfallklausel siehe Muster unter → IV. L.5.2.

Die ICC erwartet, dass sich die Zahl der Garantien mit offenem Ende durch Art 25c verringert. Es bleibt abzuwarten, ob sich diese Regelung in der Praxis durchsetzt oder ob die Auftraggeber auf Verlangen der Begünstigten (entsprechend der Abreden in der Garantieklausel) einen ausdrücklichen Ausschluss von Art 25c verlangen. Darüber hinaus besteht das Risiko, dass Art 25c mit einschlägigen Bestimmungen des für die Garantie/Gegengarantie geltenden Rechts kollidiert (vgl auch → Form. IV.L.3 Anm. 12).

21. In Art 26 werden nunmehr Regelungen für den Fall getroffen, dass Garantien/Gegengarantien in einer Zeit verfallen, in der das Geschäft des Garanten/Gegengaranten durch höhere Gewalt unterbrochen ist (Achtung: Art 26 gilt nicht, wenn nur das Geschäft des Begünstigten durch höhere Gewalt unterbrochen wird nicht aber das Geschäft des Garanten/Gegengaranten).

Die ERA enthalten keine inhaltlich entsprechende Regelung.

22. Die Bestimmungen zur Übertragbarkeit und Abtretbarkeit in Art 33 URDG 758 sind deutlich ausführlicher als in Art 4 URDG 458. Gemäß Art 33a ist eine Garantie nur dann übertragbar, wenn dies im Garantietext ausdrücklich angegeben wird, wobei selbst in diesem Fall die ausdrückliche Zustimmung des Garanten für die Übertragung notwendig ist. Eine Gegengarantie ist nicht übertragbar (Art 33 a). Die für eine Übertragung einer Garantie notwendigen (kumulativ zu erfüllenden) Voraussetzungen werden in Art. 33d zusammengefasst. Mehrfache Übertragungen sind zulässig, Teilübertragungen jedoch nicht.

Unabhängig von den Regelungen zur Übertragung kann der Zahlungsanspruch unter der Garantie abgetreten werden; der Garant ist jedoch, soweit er der Abtretung nicht zugestimmt hat, nicht zur Zahlung an den Abtretungsempfänger verpflichtet (Art 33 g). Diese Regelung steht nicht im Widerspruch zu § 354a HGB.

23. Vgl hierzu die Rechtswahlklausel gemäß Muster unter → Form. IV.L.5.2 sowie die Ausführungen unter → Form. IV.L.6.8 und → Form. IV.L.14.5.

5. Elementare Garantiebausteine (ohne/mit URDG 758)

5.1 Bankgarantie ohne Vereinbarung der URDG 758

An[1]

[Name/Firma des Begünstigten]

(Begünstigter)

Wir wurden davon unterrichtet, dass zwischen Ihnen und . . . . . [Firma/Name des Hauptschuldners] am . . . . . unter der Nr. . . . . . ein Vertrag, nachstehend „zugrunde liegender Vertrag“, auf . . . . . [Vertragsgegenstand] abgeschlossen worden ist, der die Erstellung einer . . . . . [Garantieart] vorsieht.[2]

Dies vorausgeschickt, verpflichten wir, die . . . . . [Garantiebank], Filiale . . . . ., uns hiermit unwiderruflich, an Sie auf Ihre erste schriftliche Anforderung hin unverzüglich einen Betrag bis zur Höhe von

. . . . . [Währung und Höchstbetrag]

(in Worten: . . . . .)

zu zahlen.[3]

Diese Garantie erlischt,[4] selbst bei Nichtrückgabe[5] dieser Urkunde, am . . . . . [Verfalldatum], und ist sodann null und nichtig, sofern und soweit uns nicht vor Ablauf dieses Tages, bei uns in . . . . . [Ort der Filiale] eintreffend, eine nach Maßgabe dieser Garantiebedingungen konforme Anforderung unter dieser Garantie zugegangen ist.

Anmerkungen

1. Als elementare Bausteine einer Bankgarantie werden in der Praxis angesehen die Präambel, die Zahlungsklausel sowie die Verfallregelung.

2. Die **Präambel** dient der Information und der zweifelsfreien Zuordnung der erstellten Bankgarantie zu einem bestimmten Geschäftsvorgang (BuB/*Nielsen/Joos* Rn 5/262 ff.; Schimansky/Bunte/Lwowski BankR-HdB/*T.Fischer,* § 121, Rn 47 f.; *Zahn/Ehrlich/Haas* Rn 9/17). Rechtlich kann diese Zuordnung erheblich werden bei Geltendmachung durch den Garantieauftraggeber, die Garantie sei unberechtigt oder gar rechtsmissbräuchlich in Anspruch genommen worden (BuB/*Nielsen/Joos* Rn 5/263; Schimansky/Bunte/Lwowski BankR-HdB/*T. Fischer,* § 121, Rn 47). Über den Informations- und Zuordnungscharakter hinaus darf jedoch nicht übersehen werden, dass sich die Präambel beschränken muss auf die notwendigsten Hinweise wie zB Vertragsparteien, Vertragsgegenstand, Vertragsdatum und Vertragsnummer, um die rechtliche Einordnung der Bankgarantie als ein vom Grundgeschäft unabhängiges, dh abstraktes Rechtsgeschäft nicht zu gefährden (*von Westphalen/Zöchling-Jud* S 24ff). Um klarzustellen, dass die Präambel nur Zuordnungsfunktion hat und nicht zur nachfolgenden Zahlungsklausel gehört, wird empfohlen, diese textlich und räumlich von der Zahlungsklausel zu trennen (BuB/*Nielsen/Joos* Rn 5/264; Schimansky/Bunte/Lwowski BankR-HdB/*T.Fischer,* § 121, Rn 48). Es wird auch im Interesse der garantierenden Bank liegen, Wissenserklärungen zu Sachverhaltsvorgängen, die ihrer Kontrolle und Überprüfung entzogen sind, zu vermeiden. Bei den nicht vermeidbaren Bezugnahmen auf das Grundgeschäft liegt es daher nahe, dass sie sich auf die Unterrichtung durch den Garantieauftraggeber stützt und dies durch die entsprechende Wortwahl zum Ausdruck bringt (*Nielsen* Rn 4.1).

3. Die **Zahlungsklausel** enthält das eigentliche, garantietypische Zahlungsversprechen der Bank (*von Westphalen/Zöchling-Jud* S 27f; BuB/*Nielsen/Joos* Rn 5/232, Rn 5/252 ff. u Rn 5/265 ff). Sie muss daher klar und eindeutig abgefasst werden. Dies erfordert ein eindeutig auf Zahlung einer bestimmten Geldsumme gerichtetes, durch erstes Anfordern auslösbares Versprechen, da die Erfüllung von grundgeschäftlichen Liefer- und Leistungspflichten nicht Gegenstand einer Bankgarantie sein kann. Zur Frage der ausdrücklichen Erwähnung der Zahlungswährung sowie der Berücksichtigung von Zinsen (s *Nielsen* Rn 4.3, BuB/*Nielsen/Joos* Rn 5/275 u *Zahn/Ehrlich/Haas* 9/27 f). Darüber hinaus ist es für die internationale Akzeptanz förderlich, durch die Worte „auf erstes Anfordern" die einrede- und einwendungsfreie Liquiditätsfunktion der Bankgarantie hervorzuheben (s Baumbach/Hopt/*Hopt,* HGB (7) Bankgeschäfte L/8; BuB/*Nielsen/Joos* Rn 5/265; *Zahn/Ehrlich/Haas* Rn 9/19 f). Ein oftmals anzutreffender Einrede- und Einwendungsverzicht ist daneben nicht erforderlich und ob er beim Ausschluss von Zweifeln hilfreich sein kann, wird nicht einheitlich bewertet (vgl dazu mwN BuB/*Nielsen/Joos* Rn 5/267; Schimansky/Bunte/Lwowski BankR-HdB/*T.Fischer,* § 121, Rn 14ff).

Rechtlich nicht erforderlich, von den Garantieauftraggebern zum eigenen Schutze jedoch oft erwünscht (Baumbach/Hopt/*Hopt,* HGB, (7) Bankgeschäfte L/9), von den Begünstigten allerdings weniger gern gesehen, sind zusätzliche Inanspruchnahmevoraussetzungen in Form. von formalisierten Zusatzerklärungen des Garantienehmers (siehe unten Muster) und/oder der Vorlage von dokumentären Nachweisen (zB eines Schiedsgerichtsurteils, einer gerichtlichen Entscheidung oder des Zertifikats einer bestimmten Institution) (hierzu mit weiteren Erläuterungen BuB/*Nielsen/Joos* 5/270 ff.; Schimansky/Bunte/Lwowski BankR-HdB/*T.Fischer,* § 121, Rn 52 ff). Zur Bedeutung einer formalisierten Zusatzerklärung bei Erschwerung eines Rechtsmissbrauchs und für einen möglichen Rückforderungsprozess siehe BuB/*Nielsen/Joos* Rn 5/270 u Schimansky/Bunte/Lwowski BankR-HdB/*T.Fischer,* § 121, Rn 52. Gemäß Art 15a und b URDG 758 ist die Anforderung mit einer begleitenden Erklärung zu versehen, die angibt, in welcher Hinsicht die Vertragspartei ihre Verpflichtungen aus dem Grundgeschäft verletzt hat (vgl auch → Form. IV.L.4 Anm. 13). Falls in der grundgeschäftlichen Garantieklausel die Abgabe einer formalisierten Zusatzerklärung und/oder die Vorlage dokumentärer Nachweisevereinbart wird, müssen der wesentliche Inhalt der Zusatzerklärung sowie Art und Inhalt der dokumentären Nachweise vollständig und zweifelsfrei bezeichnet sein (*von Westphalen/Zöchling-Jud* S 104 ff). Nur dann kann die garantierende Bank ihrer Prüfungspflicht nachkommen, bei Zusatzerklärungen oder Vorlage von Dokumenten deren Übereinstimmung „nach ihrer äußeren Aufmachung" mit den Garantiebedingungen zu überprüfen (BuB/*Nielsen/Joos* Rn 5/270 ff., *Zahn/Ehrlich/Haas* Rn 9/22 ff). Zum Prüfungsmaßstab siehe auch Art 2 Definition (konforme Dokumentenvorlage) iVm Art. 19 URDG 758.

Muster für formalisierte Zusatzerklärung:

„. . . . . vorausgesetzt, Ihre Anforderung ist gleichzeitig durch Ihre schriftliche Erklärung (in der Anforderung selbst oder in einem oder mehreren separaten, die Anforderung begleitenden und darin erwähnten Dokumenten) unterlegt,

a) dass die . . . . . [Firma/Name des Hauptschuldners] ihre Verpflichtung(en) unter dem zugrunde liegenden Vertrag verletzt hat, und
b) welcher Art die Verletzung durch die . . . . . [Firma/Name des Hauptschuldners] ist, und
c) dass die Verpflichtung(en), welche die . . . . . [Firma/Name des Hauptschuldners] verletzt hat, durch diese Garantie besichert ist (sind) und Sie demzufolge berechtigt sind, Zahlung bis zur Höhe Ihrer Anforderung zu verlangen."

Gerne verwendet, jedoch im Interesse aller Beteiligten zu vermeiden, sind so genannte **Effektivklauseln** (s BuB/*Nielsen/Joos* Rn 5/268; Schimansky/Bunte/Lwowski BankR-HdB/*Fischer,* § 121, Rn 50f; *Zahn/Ehrlich/Haas* Rn 9/26), die einen direkten Bezug zum Grundgeschäft herstellen, indem die Verpflichtung der garantierenden Bank zusätzlich von einem ihr nicht oder nur unter unzumutbaren Bedingungen überprüfbaren Vorgang abhängig gemacht wird (zB „falls ein Schaden eingetreten ist"). Zu den rechtlichen und praktischen Schwierigkeiten solcher Effektivklauseln vgl im Einzelnen BuB/*Nielsen/Joos* Rn 5/268; Schimansky/Bunte/Lwowski BankR-HdB/*T.Fischer,* § 121, Rn 50 f. Wird dennoch in der grundgeschäftlichen Garantieklausel entgegen dem Rat der Praxis eine entsprechende Bedingung vereinbart, so hängt die Erstellung der Garantie oftmals von der Bereitschaft des Garantieauftraggebers ab, die Garantiebank im Innenverhältnis von ihr nicht zumutbaren Überprüfungspflichten im Wege einer Freistellungserklärung zu entlasten. Diese kann je nach Sachverhaltsumständen inhaltlich so ausgestaltet sein, dass die Garantiebank im Innenverhältnis berechtigt ist, ihre Garantie im Außenverhältnis auch ohne Überprüfung der zusätzlich zur Inanspruchnahme vereinbarten Bedingungen zu honorieren.

Bei der Abfassung der Zahlungsklausel ist ferner darauf zu achten, ob Zinsen oder andere Nebenkosten mitgarantiert werden sollen, da dann entweder der Garantiebetrag entsprechend erhöht werden muss oder eine klare, unterschiedliche Auslegungsmöglichkeiten ausschließende Zins- und Nebenkostenregelung zu ergänzen ist (vgl im Einzelnen BuB/*Nielsen/Joos* Rn 5/275; Schimansky/Bunte/Lwowski BankR-HdB/*T.Fischer,* § 121, Rn 55f).

4. In der Praxis hat sich die Aufnahme einer klaren **Verfallregelung** als dringend geboten erwiesen (*von Westphalen/Zöchling-Jud* S 124 ff). Sie entspricht in der Regel sowohl dem geschäftlichen Interesse des Garantieauftraggebers wie dem geschäftlichen Interesse des Begünstigten. Die subsidiäre Haftung des Garantieauftraggebers im Wege der Remboursnahme und das von ihm zu entrichtende Entgelt in Form. von Avalprovision wird auf diese Weise kalkulierbar. Andererseits weiß sich der Begünstigte gesichert für eine klar bestimmte Zeit. Diese Vorteile lassen sich rechtlich nur sicherstellen, wenn zweifelsfrei ausformuliert wird, unter welchen Voraussetzungen die Garantie erlischt. Dazu gilt es, Streitigkeiten darüber zu vermeiden, ob die Abgabe der Inanspruchnahme oder deren Zugang entscheidend ist, ob es ausreicht, dass der materielle Garantiefall innerhalb der Verfallregelung eintritt und die Inanspruchnahme noch danach geltend gemacht werden kann, bei welcher Geschäftsstelle der garantierenden Bank die Inanspruchnahme eintreffen muss und ob der Rückgabe der Urkunde eine besondere Bedeutung zukommt (BuB/*Nielsen/Joos* Rn 5/279 f.; *von Westphalen/Zöchling-Jud* S 124 ff). Die Klärung dieser Fragestellungen gebietet sich umso mehr, wenn die Bankgarantie grenzüberschreitend eingesetzt wird, da je nach Heimatrecht des Begünstigten zu den vorerwähnten Fragestellungen teils sehr unterschiedliche Auffassungen vertreten werden (hierzu *Nielsen* Rn 3.2.2.; BuB/*Nielsen/Joos* Rn 5/299) und einige Landesrechte ein Verfalldatum nicht anerkennen, wenn die Urkunde nicht im Original zurückgegeben wurde (*von Westphalen/Zöchling-Jud* S 124 f).

5. Da einige Landesrechte Verfallregelungen nicht oder nicht in gleichem Maße anerkennen, soll diese Klarstellung dem Eindruck vorbeugen, die zurückbehaltene Urkunde stelle noch einen Sicherheitswert dar (vgl im Einzelnen BuB/*Nielsen/Joos* Rn 5/299; *Zahn/Ehrlich/Haas* Rn 9/34 ff.; vgl auch → Anm. 12 unter IV.L.3).

5.2 Bankgarantie mit Vereinbarung der URDG 758

An[1]

[Name/Firma des Begünstigten]

(Begünstigter)

Wir wurden davon unterrichtet, dass zwischen Ihnen und [Firma/Name der veranlassenden Partei], nachfolgend „veranlassende Partei" am . . . . . unter der Nr. . . . . . ein Vertrag, nachfolgend „zugrunde liegende Beziehung", auf . . . . . [Vertragsgegenstand] abgeschlossen worden ist, der die Erstellung einer . . . . . [Garantieart] vorsieht.

Dies vorausgeschickt, verpflichten wir, die . . . . . [Garantiebank], Filiale . . . . ., uns hiermit unwiderruflich,[2] an Sie unverzüglich einen Betrag bis zur Höhe von

. . . . . [Währung und Höchstbetrag]

(in Worten: . . . . .)

zu zahlen, bei Vorlage Ihrer konformen Anforderung,[3] begleitet von Ihrer schriftliche Erklärung,[4] die in der Anforderung selbst oder in einem separaten, unterzeichneten und Ihre Anforderung begleitenden oder bezeichneten Dokument enthalten ist und angibt, in welcher Hinsicht die veranlassende Partei ihre Verpflichtung(en) unter der zugrunde liegenden Beziehung verletzt hat.

Diese Garantie erlischt, selbst bei Nichtrückgabe dieser Urkunde, am . . . . . [Verfalldatum], und ist sodann null und nichtig, sofern und soweit uns nicht vor Ablauf dieses Tages, bei uns in . . . . . [Ort der Filiale] eintreffend, eine konforme Anforderung unter dieser Garantie zugegangen ist.

Diese Garantie unterliegt den Einheitlichen Richtlinien für auf Anfordern zahlbare Garantien, ICC-Publikation Nr. 758[5] und dem Recht der Bundesrepublik Deutschland.

Anmerkungen

1. Die Anmerkungen zur Bankgarantie ohne Vereinbarung der URDG 758 (unter → Form. IV.L.5.1) gelten entsprechend.

2. Im Hinblick auf die Akzeptanzbereitschaft ausländischer Begünstigter wurde in der Praxis bereits bisher auf die Unwiderruflichkeit hingewiesen, obgleich dies rechtlich nicht erforderlich ist. Gemäß Art 4b URDG 758 ist eine Garantie ab ihrer Erstellung (vgl Art 4a URDG 758) unwiderruflich, auch wenn sie dies nicht zum Ausdruck bringt.

3. Mit Blick auf die in Art 2 URDG 758 vorgegebenen Definitionen (konforme Anforderung/Anforderung) sowie das im Anhang der URDG 758 enthaltene Musterformular (vgl *ICC*, URDG 758, S 91) wurde in der Zahlungsklausel die Formulierung „bei Vorlage Ihrer konformen Anforderung" statt der Formulierung „auf Ihre erste schriftliche Anforderung hin" verwendet.

4. Die hier vorgesehene Ergänzung der Zahlungsklausel entspricht der in Art 15a URDG 758 geregelten Voraussetzung einer zusammen mit der Anforderung vorzulegenden begleitenden Erklärung (vgl auch Musterformular in *ICC,* URDG 758, S 91). Zu ihrer Bedeutung bei Erschwerung eines Rechtsmissbrauchs und für einen möglichen Rückforderungsprozess BuB/*Nielsen/Joos* Rn 5/270; Schimansky/Bunte/Lwowski BankR-HdB/ *T.Fischer,* § 121, Rn 52 u *von Westphalen/Zöchling-Jud* S 104 f. Gemäß Art 15c URDG 758 ist die begleitende Erklärung erforderlich, soweit die entsprechende Garantie dieses Erfordernis nicht ausdrücklich ausschließt. Allerdings sollte, um Unsicherheiten und Überraschungen zu vermeiden, das Erfordernis der begleitenden Erklärung ausdrücklich in den Garantietext aufgenommen werden (vgl → Form. IV.L.4 Anm. 13).

Falls die Zahlungsklausel abweichend von den Maßgaben des Art 15a URDG 758 so ausgestaltet werden soll, dass für eine konforme – den Garantiefall auslösende – Anforderung eine begleitende Erklärung nicht erforderlich ist und zB schlichtes Anfordern zur Auslösung des Garantiefalls ausreicht, muss dies in der Garantie ausdrücklich bestimmt werden. Für einen entsprechenden Ausschluss schlägt Art 15c URDG 758 folgende Formulierung vor: „Die begleitende Erklärung gemäß Artikel 15[a] [b] URDG 758 ist ausgeschlossen."

5. Die Anwendung der URDG 758 setzt deren ausdrückliche vertragliche Vereinbarung voraus (vgl auch Formulierung in → Form. IV.L.4 Anm. 2).

6. Variable und alternative Garantiebausteine (ohne URDG 758)

6.1 Präambel

Bietungsgarantie[1, 2]

Wir wurden davon unterrichtet, dass . . . . . [Firma/Name des Bieters] Ihnen unter Ihrer Ausschreibung Nr . . . . . vom . . . . . ein Angebot auf . . . . . [Gegenstand des Angebotes] unterbreitet hat und dass Ihre Ausschreibungsbedingungen die Erstellung einer Bietungsgarantie vorsehen.

Anzahlungsgarantie[3]

Wir wurden davon unterrichtet, dass zwischen Ihnen und . . . . . [Firma/Name des Hauptschuldners] am . . . . . unter der Nr. . . . . ein Vertrag, nachstehend „zugrunde liegender Vertrag", auf . . . . . [Vertragsgegenstand] zu einem Gesamtpreis von . . . . . abgeschlossen worden ist, der eine Anzahlung in Höhe von . . . . . % des Gesamtpreises gegen die Erstellung einer Anzahlungsgarantie vorsieht.

Liefergarantie[4]

Wir wurden davon unterrichtet, dass zwischen Ihnen und . . . . . [Firma/Name des Hauptschuldners] am . . . . . unter der Nr. . . . . ein Vertrag, nachstehend „zugrunde liegender Vertrag", auf . . . . . [Vertragsgegenstand] zu einem Gesamtpreis von . . . . . abgeschlossen worden ist, der die Erstellung einer Liefergarantie in Höhe von . . . . . % des Gesamtpreises vorsieht.

Vertragserfüllungsgarantie[5]

Wir wurden davon unterrichtet, dass zwischen Ihnen und . . . . . [Firma/Name des Hauptschuldners] am . . . . . unter der Nr. . . . . ein Vertrag, nachstehend „zugrunde liegender Vertrag“ auf . . . . . [Vertragsgegenstand] zu einem Gesamtpreis von . . . . . abgeschlossen worden ist, der die Erstellung einer Vertragserfüllungsgarantie in Höhe von . . . . . % des Gesamtpreises vorsieht.

Gewährleistungsgarantie[6]

Wir wurden davon unterrichtet, dass zwischen Ihnen und . . . . . [Firma/Name des Hauptschuldners] am . . . . . unter der Nr. . . . . . ein Vertrag, nachstehend „zugrunde liegender Vertrag“, auf . . . . . [Vertragsgegenstand] zu einem Gesamtpreis von . . . . . abgeschlossen worden ist, der die Erstellung einer Gewährleistungsgarantie in Höhe von . . . . . % des Gesamtpreises vorsieht.

Konnossementgarantie[7]

Wir wurden davon unterrichtet, dass Sie bereit sind, dem Ersuchen der . . . . . [Firma/ Name des Empfängers] zu entsprechen, an diese die Partie . . . . . [Beschreibung der Partie], die per MS . . . . . in . . . . . eingetroffen ist, freizugeben, ohne dass zur Zeit das für diese Partie ausgestellte Original-Konnossement Nr . . . . . vorliegt, wenn eine Konnossementgarantie beigebracht wird.

Kreditsicherungsgarantie[8]

Wir wurden davon unterrichtet, dass Sie bereit sind, der . . . . . [Firma/Name des Kreditnehmers] [einen Kredit/eine Kreditlinie] nachstehend „zugrunde liegender Vertrag“, bis zur Höhe von . . . . . unter der Bedingung einzuräumen, dass die Kreditbedienung durch eine Bank garantiert wird.

Zahlungsgarantie[9]

Wir wurden davon unterrichtet, dass zwischen Ihnen und . . . . . [Firma/Name des Hauptschuldners] am . . . . . unter der Nr. . . . . . ein Vertrag, nachstehend „zugrunde liegender Vertrag“, auf . . . . . [Vertragsgegenstand] zu einem Gesamtpreis von . . . . . abgeschlossen worden ist, der die Erstellung einer Zahlungsgarantie in Höhe von . . . . . % des Gesamtpreises vorsieht.

Anmerkungen

1. Bei der **Präambel** handelt es sich zugleich um einen elementaren wie auch variab-len Garantiebaustein (vgl auch Erläuterungen zur Präambel in → Anm. 2 unter IV.L.5.1). Da die Präambel Informationen zum Grundgeschäft liefert, um die Zuordnung der Bankgarantie zu einem bestimmten Geschäft zu ermöglichen (BuB/*Nielsen*/*Joos* Rn 5/262 ff), muss dies in der Abfassung der Präambel entsprechend reflektiert werden. Die hier aufgeführten Beispiele für die Abfassung von Präambeln und die entsprechende Bezeichnung der Bankgarantie sind in der Praxis häufig auftretende Erscheinungsformen (zu Erscheinungsformen *Nielsen* Rn 1.4; BuB/*Nielsen*/*Joos* Rn 5/236 ff.; *Zahn*/*Ehrlich*/*Haas* Rn 9/44-67).

2. Die **Bietungsgarantie** dient der finanziellen Absicherung der ausschreibenden Stelle gegen mögliche Nachteile im Zusammenhang mit dem Ausschreibungsverfahren. Diese soll abgesichert werden für den Fall, dass der Bieter seine mit der Abgabe des Angebots übernommene Verpflichtung nicht erfüllt, dh im Zuschlagsfall den Vertrag nicht unterzeichnet und – falls in den Ausschreibungsbedingungen vorgesehen – die Bietungsgarantie nicht durch eine Liefer-/Leistungs-/Vertragserfüllungsgarantie ablöst oder während der Bindefrist erklärt, dass er das Angebot zurückzieht. Sie beläuft sich idR betragsmäßig auf

1–10 % des Angebotswerts oder entspricht einem festgesetzten Pauschalbetrag (BuB/*Nielsen/Joos* Rn 5/237; Schimansky/Bunte/Lwowski BankR-HdB/*T.Fischer*, § 121, Rn 26 ff).

3. Die **Anzahlungsgarantie** dient der finanziellen Absicherung des Begünstigten (Käufer/Besteller/Importeur) für den Fall, dass der Hauptschuldner (Verkäufer/Hersteller/Exporteur) die vertraglich vereinbarten Lieferungen/Leistungen nicht erbringt und die erhaltene Anzahlung nicht zurückerstattet. Der Garantiebetrag ist abhängig von der Höhe der vereinbarten Anzahlung (BuB/*Nielsen/Joos* Rn 5/238; Schimansky/Bunte/Lwowski BankR-HdB/*T.Fischer*, § 121, Rn 30 ff).

4. Die **Liefergarantie** dient der finanziellen Absicherung des Begünstigten (Käufers/Bestellers) für den Fall der Nichtlieferung der grundgeschäftlich vom Hauptschuldner (Verkäufer/Lieferanten) geschuldeten Ware. Bei der weiteren Ausgestaltung des Garantietextes ist eine Verwechselung mit der Vertragserfüllungsgarantie bzw Gewährleistungsgarantie zu vermeiden, mit der die finanzielle Absicherung gegen die Nichterfüllung sämtlicher Haupt- und Nebenpflichten bzw die Nichterfüllung möglicher Gewährleistungspflichten erzielt werden soll (BuB/*Nielsen/Joos* Rn 5/241; Schimansky/Bunte/Lwowski BankR-HdB/*T.Fischer*, § 121, Rn 34 ff). Diese Verwechslungsgefahr liegt besonders bei fremdsprachlicher Ausgestaltung des Garantietextes vor, vgl die Begriffe „performance guarantee“ oder „performance bond“, die sowohl für eine Liefergarantie als auch für eine Vertragserfüllungsgarantie oder Gewährleistungsgarantie Verwendung finden können.

Handelt es sich nicht (oder nicht nur) um eine Warenlieferung, sondern (auch) um die Erbringung einer Leistung (zB Bauleistung, Montage), wird die entsprechende Garantie als Leistungsgarantie bezeichnet.

5. Die **Vertragserfüllungsgarantie** dient der umfassenden finanziellen Absicherung des Begünstigten (Käufer/Besteller/Importeur) gegen sämtliche Pflichtverletzungen im zugrunde liegenden Vertrag, ohne nach Haupt- oder Nebenpflichten bzw Lieferungs-/Leistungs- und Gewährleistungspflichten zu differenzieren (BuB/*Nielsen/Joos* Rn 5/240; Schimansky/Bunte/Lwowski BankR-HdB/*T.Fischer*, § 121, Rn 34). Betragsmäßig beläuft sie sich idR auf 5–10 % des Vertragswerts, kann betragsmäßig aber auch höher sein (BuB/*Nielsen/Joos* Rn 5/240).

6. Die **Gewährleistungsgarantie** dient der finanziellen Absicherung des Begünstigten (Käufer/Besteller/Importeur) für den Fall, dass der Hauptschuldner (Verkäufer/Hersteller/Exporteur) nach Ausführung der Lieferung/Leistung seinen vertraglichen Gewährleistungspflichten nicht nachkommt (BuB/*Nielsen/Joos* Rn 5/242; Schimansky/Bunte/Lwowski BankR-HdB/*T.Fischer*, § 121, Rn 36). Die Gewährleistungsgarantie löst in der Regel die Liefer-/Leistungsgarantie ab; anzustreben ist mithin eine Regelung, wonach die Gewährleistungsgarantie erst nach Rückgabe der Liefer-/Leistungsgarantie in Kraft tritt.

7. Die **Konnossementgarantie** dient der finanziellen Absicherung der Reederei für den Fall, dass sie die Ware ohne gleichzeitige Vorlage des Original-Konnossements aushändigt (zB weil dieses auf dem Postwege verloren gegangen ist) und anschließend von dritter Seite unter Vorlag des Original-Konnossements (nochmals) auf Herausgabe der Ware in Anspruch genommen wird (BuB/*Nielsen/Joos* Rn 5/243; Schimansky/Bunte/Lwowski BankR-HdB/*T.Fischer*, § 121, Rn 38 ff). Betragsmäßig beläuft sie sich idR auf 150 % des Warenwerts. Sie ermöglicht der Reederei die sofortige Auslieferung der Ware und der Empfänger kommt so in den Vorteil der schnellen Verfügung über die Ware, der Ersparnis von Zeit, Liegegebühren, Lagerkosten, Versicherungsgebühren, etc.

Hin und wieder ist Hintergrund für die Ausstellung der Konnossementgarantie der Wunsch nach Ausstellung eines zweiten Satzes von Original-Konnossementen. Auch in diesem Fall will die Reederei dagegen abgesichert werden, dass sie von dritter Seite unter Vorlage der ursprünglich ausgestellten Dokumente auf Herausgabe der Ware in Anspruch genommen wird.

8. Die Kreditsicherungsgarantie dient der finanziellen Absicherung des Kreditgebers für den Fall, dass der Kreditnehmer den ihm gewährten Kredit bei Fälligkeit nicht zurückzahlt.

9. Die Zahlungsgarantie dient der finanziellen Absicherung des Begünstigten (Verkäufer/Hersteller) für den Fall, dass der Hauptschuldner (Käufer/Besteller) seinen vertraglichen Zahlungspflichten nicht nachkommt.

6.2 Zahlungsklausel

Bietungsgarantie[1, 2]

Dies vorausgeschickt, verpflichten wir, die . . . . . [Garantiebank], Filiale . . . . ., uns hiermit unwiderruflich, an Sie auf Ihre erste schriftliche Anforderung hin unverzüglich einen Betrag bis zur Höhe von

. . . . . [Währung und Höchstbetrag]

(in Worten: . . . . .)

zu zahlen, vorausgesetzt, Ihre Anforderung ist gleichzeitig durch Ihre schriftliche Erklärung[3] (in der Anforderung selbst oder in einem oder mehreren separaten, die Anforderung begleitenden und darin erwähnten Dokumenten) unterlegt,

a) dass die . . . . . [Firma/Name des Bieters] ihre Verpflichtung(en) unter den Angebotsbedingungen verletzt hat, und
b) welcher Art die Verletzung durch die . . . . . [Firma/Name des Bieters] ist, und
c) dass die Verpflichtung(en), welche die . . . . . [Firma/Name des Bieters] verletzt hat, durch diese Garantie besichert ist (sind) und Sie demzufolge berechtigt sind, Zahlung bis zur Höhe Ihrer Anforderung zu verlangen.

Anzahlungs-/Liefer-/Vertragserfüllungs-/Gewährleistungs-/Kreditsicherungs- und Zahlungsgarantie[4]

Dies vorausgeschickt, verpflichten wir, die . . . . . [Garantiebank], Filiale . . . . ., uns hiermit unwiderruflich, an Sie auf Ihre erste schriftliche Anforderung hin unverzüglich einen Betrag bis zur Höhe von

. . . . . [Währung und Höchstbetrag]

(in Worten: . . . . .)

zu zahlen, vorausgesetzt, Ihre Anforderung ist gleichzeitig durch Ihre schriftliche Erklärung[3] (in der Anforderung selbst oder in einem oder mehreren separaten, die Anforderung begleitenden und darin erwähnten Dokumenten) unterlegt,

a) dass die . . . . . [Firma/Name des Hauptschuldners] ihre Verpflichtung(en) unter dem zugrunde liegenden Vertrag verletzt hat, und
b) welcher Art die Verletzung durch die . . . . . [Firma/Name des Hauptschuldners] ist, und
c) dass die Verpflichtung(en), welche die . . . . . [Firma/Name des Hauptschuldners] verletzt hat, durch diese Garantie besichert ist (sind) und Sie demzufolge berechtigt sind, Zahlung bis zur Höhe Ihrer Anforderung zu verlangen.

Konnossementgarantie

Dies vorausgeschickt, verpflichten wir, die . . . . . [Garantiebank], Filiale . . . . ., uns hiermit unwiderruflich, an Sie auf Ihre erste schriftliche Anforderung hin unverzüglich einen Betrag bis zur Höhe von

. . . . . [Währung und Höchstbetrag]

(in Worten: . . . . .)

(= . . . . . % des uns aufgegebenen Warenwertes)

zu zahlen, vorausgesetzt, Ihre Anforderung ist gleichzeitig durch Ihre schriftliche Erklärung[3] (in der Anforderung selbst oder in einem oder mehreren separaten, die Anforderung begleitenden und darin erwähnten Dokumenten) unterlegt, dass der von Ihnen angeforderte Betrag Ihnen aufgrund eines Schadens zusteht, der Ihnen durch die Auslieferung der oben erwähnten Partie ohne Vorlage des Original-Konnossements entstanden ist.

Anmerkungen

1. Je nach dem Zweck, dem die Garantie dient, ist die Zahlungsklausel gegebenenfalls entsprechend anzupassen.

2. Die nachstehenden Zahlungsklauseln betreffen Garantien ohne Vereinbarung der URDG 758 (Für den Fall der Vereinbarung der URDG 758 vgl Muster sowie → Anm. 3, 4 unter IV.L.5.2).

3. Erläuterungen zu Hintergrund und Bedeutung der formalisierten Zusatzerklärung finden sich in → Anm. 3 unter IV.L.5.1.

4. Die Zahlungsklausel (nebst formalisierter Zusatzerklärung) ist so formuliert worden, dass sie für Anzahlungs-/Liefer-/Vertragserfüllungs-/Gewährleistungs-/Kreditsicherungs- und Zahlungsgarantie verwendet werden kann. Unter Umständen können jedoch auf den jeweiligen Einzelfall zugeschnittene Anpassungen notwendig sein.

6.3 Reduzierungsklausel

Diese Garantie ermäßigt sich automatisch um . . . . . % von 100 % des Rechnungswerts jeder Lieferung, sofern diese durch Einreichung ordnungsgemäßer Dokumente bei uns unter dem Akkreditiv Nr . . . . . der . . . . .-Bank nachgewiesen wird.[1, 2]

Diese Garantie ermäßigt sich automatisch um . . . . . % von 100 % des Rechnungswerts jeder Lieferung, sofern diese durch Einreichung ordnungsgemäßer Dokumente bei der . . . . .-Bank unter dem Akkreditiv Nr . . . . . der . . . . .-Bank nachgewiesen wird. Als Nachweis gilt die Bestätigung der . . . . .-Bank über die jeweilige Dokumentenaufnahme.[3]

Diese Garantie ermäßigt sich automatisch um . . . . . % von 100 % des Rechnungswerts jeder Lieferung, sofern diese durch Ihre Aufnahme von Inkasso-Dokumenten, die Ihnen zu gegebener Zeit unter Bezugnahme auf diese Garantie vorgelegt werden, nachgewiesen wird.[4]

Anmerkungen

1. Je nach Zweck, dem die Bankgarantie dient, ist die Aufnahme einer Reduzierungsklausel zu erwägen, so zB bei einer Anzahlungsgarantie oder Liefergarantie. Bei ihrer Ausgestaltung ist aus rechtspraktischer Sicht darauf zu achten, dass die Voraussetzung für die Reduzierung (insbesondere Zeitpunkt und Höhe der Reduktion) in der Garantie so formuliert wird, dass die Garantiebank sie durch bloße Prüfung (i) eines in der Garantie klar und unzweideutig bestimmten dokumentären Sachverhalts in Form. der Aufnahme von Akkreditiv- oder Inkassodokumenten oder (ii) in der Garantie klar und unzweideutig bestimmter Dokumente feststellen kann (vgl auch BuB/*Nielsen/Joos* Rn 5/277; Schimansky/Bunte/Lwowski BankR-HdB/*T.Fischer*, § 121, Rn 59 f).

2. Die Formulierung kann nur dann verwendet werden, wenn das Akkreditiv bei der Garantiebank benutzbar ist (BuB/*Nielsen/Joos* Rn 5/278).

3. Die Formulierung ist zu verwenden, wenn das Akkreditiv bei einer anderen als der Garantiebank benutzbar ist. In diesem Fall gilt die Bestätigung der anderen Bank über die jeweilige Dokumentenaufnahme als Nachweis.

4. Die Formulierung ist zu verwenden, wenn das Liefergeschäft auf Inkassobasis abgewickelt wird.

6.4 Valutierungsklausel

Anzahlungsgarantie[1]

Diese Garantie tritt in Kraft, sobald der Anzahlungsbetrag in voller Höhe von . . . . . [Währung und Betrag] vorbehaltslos zugunsten und zur freien Verfügung des [Firma/Name des Hauptschuldners] auf dessen Konto bei uns in . . . . ., Konto-Nr . . . . . [IBAN und BIC], unter Hinweis auf diese Garantie eingegangen ist.[2]

Diese Garantie tritt in Kraft, sobald und soweit Anzahlungsbeträge in [Währung] vorbehaltslos zugunsten und zur freien Verfügung des [Firma/Name des Hauptschuldners] auf dessen Konto bei uns in . . . . . ., Konto-Nr . . . . . [IBAN und BIC], unter Hinweis auf diese Garantie eingegangen sind.[3]

Anmerkungen

1. Unter Valutierungsklausel (auch Inkrafttretensklausel) wird in der Praxis jene vertragliche Abrede verstanden, nach deren Wortlaut das Inkrafttreten der Garantie solange hinausgeschoben wird, bis in der Klausel definierte Voraussetzungen/Bedingungen erfüllt sind, die in die Risikosphäre des Begünstigten fallen, zB die Leistung einer Anzahlung, die Stellung eines Akkreditivs oder die Beibringung bestimmter Genehmigungen. In der Klausel muss genau geregelt werden, welche Voraussetzungen/Bedingungen zu erfüllen sind und wie der formelle Nachweis für das Inkrafttreten gegenüber dem Garanten zu erbringen ist. Entgegen ihrem Wortlaut wird nicht die Wirksamkeit der Garantie an sich hinausgeschoben, denn mit ihrer Aushändigung/Absendung kann die Garantie vom Garanten nicht mehr einseitig zurückgezogen werden, sondern es wird lediglich die Begründung der garantiemäßigen Zahlungspflicht unter der Garantie bis zum Eintritt der Voraussetzungen/Bedingungen hinausgeschoben (vgl auch BuB/*Nielsen/Joos* Rn 5/287 f. mwN sowie Art 4 URDG 758 u → Anm. 7 unter IV.L.4).

Typischer Anwendungsbereich für eine Valutierungsklausel ist die Anzahlungsgarantie. Aber auch bei der Vertragserfüllungsgarantie (Abhängigkeit von der Rückgabe einer etwa noch in Kraft befindlichen Bietungsgarantie und/oder vom Erhalt einer Zahlungssicherheit, zB eines Akkreditivs für die garantierende Bank) kann eine Valutierungsklausel den geschäftlichen Interessen entsprechen.

2. Die Valutierungsklausel muss klar regeln, ob eine Zahlungsverpflichtung unter der Garantie erst bei Eingang des gesamten Anzahlungsbetrages begründet werden soll oder ob Teilzahlungen eine entsprechende teilweise Zahlungsverpflichtung begründen sollen (Schimansky/Bunte/Lwowski BankR-HdB/*T.Fischer*, § 121, Rn 32; zur letzteren Variante nachstehende Anm. 3). Diese Formulierung ist zu verwenden, sofern die Zahlungsverpflichtung unter der Garantie erst dann begründet werden soll, wenn der Anzahlungsbetrag in voller

Höhe auf dem benannten Konto und unter Hinweis auf die Garantie eingegangen ist. Geht der Anzahlungsbetrag nicht in voller Höhe sondern nur in Höhe eines Teilbetrages ein, wird keine – auch keine teilweise – Zahlungsverpflichtung begründet.

3. Diese Formulierung ist zu verwenden, sofern im Falle von Teilzahlungen eine entsprechend korrespondierende teilweise Zahlungsverpflichtung begründet werden soll.

6.5 Erlöschensklausel/Verfallklausel

Allgemein[1]

Diese Garantie erlischt, selbst bei Nichtrückgabe dieser Urkunde, am . . . . . [Verfalldatum], und ist sodann null und nichtig, sofern und soweit uns nicht vor Ablauf dieses Tages, bei uns in . . . . . [Ort der Filiale] eintreffend, eine nach Maßgabe dieser Garantiebedingungen konforme Anforderung unter dieser Garantie zugegangen ist.

Konnossementgarantie

Diese Garantie erlischt, sobald wir Ihnen eine Ausfertigung des Original-Konnossements für die oben erwähnte Partie eingereicht haben.

Anmerkungen

1. Die Erlöschensklausel/Verfallklausel ist wie die Präambel ein zugleich elementarer wie variabler Garantiebaustein (vgl auch Anmerkung Nr 4 u 5 unter → Form. IV.L.5.1, Anm. 4 und 5).

6.6 Übertragungsklausel

Allgemein[1,2]

Diese Garantie ist nur mit unserer schriftlichen Zustimmung übertragbar.

Anmerkungen

1. In der Praxis kommt es entscheidend auf die Frage an, ob der Begünstigte nur den durch eine konforme (den Garantiebedingungen entsprechende) Inanspruchnahme bedingten Zahlungsanspruch abtreten oder ob er die Garantie im Ganzen einschließlich des Rechts auf Inanspruchnahme übertragen kann (letzteres bejahend, es sei denn, ein Fall des § 399 BGB liegt vor Baumbach/Hopt/*Hopt*, HGB, (7) Bankgeschäfte L/16 mit Hinweisen auf aA und Rspr). Die Zulässigkeit der Übertragung im letzteren Sinne ist nach wie vor umstritten, insbesondere dann wenn es zum Eintritt des Garantiefalls außer der Inanspruchnahme noch der Erfüllung weiterer Voraussetzungen, zB der Abgabe von Erklärungen bedarf (mit ausführlichen Erläuterungen und mwN BuB/*Nielsen/Joos* Rn 5/291 ff). Eine Übertragung im oben genannten Sinne ist jedenfalls dann zulässig, wenn sie in der Garantie ausdrücklich zugelassen ist oder der Garant ihr zustimmt. Andererseits kann eine Übertragung, insbesondere des Rechtes auf Inanspruchnahme, auch ausdrücklich oder zumindest schlüssig (zB aufgrund des Sinngehalts der zusätzlichen Erklärung) ausgeschlossen sein.

Unabhängig davon kann im Einzelfall zweifelhaft sein, ob im Verhältnis zwischen dem Begünstigten und dem Dritten nur die Abtretung des Anspruchs auf Garantieerlös (Zahlungsanspruch) oder auch die Übertragung des Rechts auf Inanspruchnahme gewollt war.

Zur Vermeidung der oben erwähnten Zweifelsfragen empfiehlt sich aus Sicht der Garantiebank, die Übertragung von ihrer Zustimmung abhängig zu machen (vgl obige Musterklausel).

Für den Ausschluss der Abtretbarkeit des Zahlungsanspruches aus der Garantie ist § 354a HGB zu beachten (zu § 354a HGB vgl Baumbach/Hopt/*Hopt,* HGB, § 354a Rn 1 ff).

2. Falls eine Garantie den URDG 758 unterliegt, vgl → Anm. 22 unter IV.L.4 sowie Art 33 URDG.

6.7 Außenwirtschaftsrechtliche Zulässigkeit

Allgemein[1]

Die Ausstellung dieser Garantie ist gemäß den gesetzlichen Bestimmungen der Bundesrepublik Deutschland zulässig.

Anmerkungen

1. Bei gegenwärtiger Rechtslage und Fortgeltung des Außenwirtschaftsgesetzes und der auf Grund darin enthaltener Ermächtigungsgrundlage erlassenen Außenwirtschaftsverordnung steht die außenwirtschaftsrechtliche Zulässigkeit außer Frage und sind keine besonderen Genehmigungserfordernisse zu erfüllen. Eine besondere Erwähnung wäre deshalb nicht erforderlich. In der grenzüberschreitenden Praxis hat sich jedoch gezeigt, dass je nach Ansässigkeit des Begünstigten und der Rechtslage vor Ort die Akzeptanz einer Bankgarantie erheblich erleichtert wird, wenn deren Text eine uneingeschränkte Bestätigung der Zulässigkeit der Garantieerstellung durch die Garantiebank enthält (BuB/*Nielsen* Rn 5/300).

In Embargofällen obliegt es der Garantiebank, die Richtigkeit der Aussage dieser Klausel (die auch die spätere Zahlung aus der Garantie umfassen müsste) im Einzelfall zu prüfen und etwa erforderliche Genehmigungen einzuholen, bevor sie die Garantie auftragsgemäß herauslegt.

6.8 Rechtswahlklausel

Allgemein[1]

Diese Garantie unterliegt dem Recht der Bundesrepublik Deutschland.

Anmerkungen

1. Bei Fehlen einer ausdrücklichen Rechtswahl gilt gemäß Art 3 Nr 1 b) EGBGB iVm Art 4 Rom-I-VO das Recht am Sitz der Bank, die die für die Garantie charakteristische Leistung erbringt (s auch Baumbach/Hopt/*Hopt,* HGB, (7) Bankgeschäfte A/60). Bei grenzüberschreitender Garantieerstellung empfiehlt sich dessen ungeachtet eine entsprechende Vereinbarung, da vorerwähnter Grundsatz des deutschen Internationalen Privatrechts nicht notwendigerweise entsprechend im Land des Begünstigten Anerkennung findet. Dies gilt auch bei Vereinbarung der URDG 758, trotz entsprechender Klarstellung durch deren Art 34 (vgl auch Rechtswahlklausel im Muster unter → IV.L.5.2).

7. Garantiemuster (ohne URDG 758)

7.1 Bietungsgarantie

An

[Name/Firma und Adresse des Begünstigten]

(Begünstigter)

Bietungsgarantie Nr .....

Wir wurden davon unterrichtet, dass ..... [Firma/Name des Bieters] Ihnen unter Ihrer Ausschreibung Nr ..... vom ..... ein Angebot auf ..... [Gegenstand des Angebotes] unterbreitet hat und dass Ihre Ausschreibungsbedingungen die Erstellung einer Bietungsgarantie vorsehen.

Dies vorausgeschickt, verpflichten wir, die ..... [Garantiebank], Filiale ....., uns hiermit unwiderruflich, an Sie auf Ihre erste schriftliche Anforderung hin unverzüglich einen Betrag bis zur Höhe von

..... [Währung und Höchstbetrag]

(in Worten: .....)

zu zahlen, vorausgesetzt, Ihre Anforderung ist gleichzeitig durch Ihre schriftliche Erklärung (in der Anforderung selbst oder in einem oder mehreren separaten, die Anforderung begleitenden und darin erwähnten Dokumenten) unterlegt,

a) dass die ..... [Firma/Name des Bieters] ihre Verpflichtung(en) unter den Angebotsbedingungen verletzt hat, und
b) welcher Art die Verletzung durch die ..... [Firma/Name des Bieters] ist, und
c) dass die Verpflichtung(en), welche die ..... [Firma/Name des Bieters] verletzt hat, durch diese Garantie besichert ist (sind) und Sie demzufolge berechtigt sind, Zahlung bis zur Höhe Ihrer Anforderung zu verlangen.

Diese Garantie erlischt, selbst bei Nichtrückgabe dieser Urkunde, am ..... [Verfalldatum], und ist sodann null und nichtig, sofern und soweit uns nicht vor Ablauf dieses Tages, bei uns in ..... [Ort der Filiale] eintreffend, eine nach Maßgabe dieser Garantiebedingungen konforme Anforderung unter dieser Garantie zugegangen ist.

Diese Garantie ist nur mit unserer schriftlichen Zustimmung übertragbar.

Die Ausstellung dieser Garantie ist gemäß den gesetzlichen Bestimmungen der Bundesrepublik Deutschland zulässig.

Diese Garantie unterliegt dem Recht der Bundesrepublik Deutschland.

.....[Ort/Datum] ..... [Garantiebank], Filiale .....

7.2 Anzahlungsgarantie

An

[Name/Firma und Adresse des Begünstigen]

(Begünstigter)

Anzahlungsgarantie Nr. . . . . .

Wir wurden davon unterrichtet, dass zwischen Ihnen und . . . . . [Firma/Name des Hauptschuldners] am . . . . . unter der Nr. . . . . ein Vertrag, nachstehend „zugrunde liegender Vertrag", auf . . . . . [Vertragsgegenstand] zu einem Gesamtpreis von . . . . . abgeschlossen worden ist, der eine Anzahlung in Höhe von . . . . . % des Gesamtpreises gegen die Erstellung einer Anzahlungsgarantie vorsieht.

Dies vorausgeschickt, verpflichten wir, die . . . . . [Garantiebank], Filiale . . . . ., uns hiermit unwiderruflich, an Sie auf Ihre erste schriftliche Anforderung hin unverzüglich einen Betrag bis zur Höhe von

. . . . . [Währung und Höchstbetrag]

(in Worten: . . . . .)

zu zahlen, vorausgesetzt, Ihre Anforderung ist gleichzeitig durch Ihre schriftliche Erklärung (in der Anforderung selbst oder in einem oder mehreren separaten, die Anforderung begleitenden und darin erwähnten Dokumenten) unterlegt,

a) dass die . . . . . [Firma/Name des Hauptschuldners] ihre Verpflichtung(en) unter dem zugrunde liegenden Vertrag verletzt hat, und
b) welcher Art die Verletzung durch die . . . . . [Firma/Name des Hauptschuldners] ist, und
c) dass die Verpflichtung(en), welche die . . . . . [Firma/Name des Hauptschuldners] verletzt hat, durch diese Garantie besichert ist (sind) und Sie demzufolge berechtigt sind, Zahlung bis zur Höhe Ihrer Anforderung zu verlangen.

Diese Garantie erlischt, selbst bei Nichtrückgabe dieser Urkunde, am . . . . . [Verfalldatum], und ist sodann null und nichtig, sofern und soweit uns nicht vor Ablauf dieses Tages, bei uns in . . . . . [Ort der Filiale] eintreffend, eine nach Maßgabe dieser Garantiebedingungen konforme Anforderung unter dieser Garantie zugegangen ist.

Diese Garantie ist nur mit unserer schriftlichen Zustimmung übertragbar.

Die Ausstellung dieser Garantie ist gemäß den gesetzlichen Bestimmungen der Bundesrepublik Deutschland zulässig.

Diese Garantie unterliegt dem Recht der Bundesrepublik Deutschland.

. . . . . [Ort/Datum] . . . . . [Garantiebank], Filiale . . . . .

7.3 Liefer-/Vertragserfüllungs-/Gewährleistungs- und Zahlungsgarantie

An

[Name/Firma und Adresse des Begünstigen]

(Begünstigter)

Liefer-/Vertragserfüllungs-/Gewährleistungs- oder Zahlungsgarantie Nr. . . . . .

Wir wurden davon unterrichtet, dass zwischen Ihnen und . . . . . [Firma/Name des Hauptschuldners] am . . . . . unter der Nr. . . . . ein Vertrag, nachstehend „zugrunde liegender Vertrag", auf . . . . . [Vertragsgegenstand] zu einem Gesamtpreis von . . . . . abgeschlossen worden ist, der die Erstellung eine [Liefer-/Vertragserfüllungs-/Gewährleistungs- oder Zahlungs]garantie in Höhe von . . . . . % des Gesamtpreises vorsieht.

Dies vorausgeschickt, verpflichten wir, die ..... [Garantiebank], Filiale ....., uns hiermit unwiderruflich, an Sie auf Ihre erste schriftliche Anforderung hin unverzüglich einen Betrag bis zur Höhe von

..... [Währung und Höchstbetrag]

(in Worten: .....)

zu zahlen, vorausgesetzt, Ihre Anforderung ist gleichzeitig durch Ihre schriftliche Erklärung (in der Anforderung selbst oder in einem oder mehreren separaten, die Anforderung begleitenden und darin erwähnten Dokumenten) unterlegt,

a) dass die ..... [Firma/Name des Hauptschuldners] ihre Verpflichtung(en) unter dem zugrunde liegenden Vertrag verletzt hat, und
b) welcher Art die Verletzung durch die ..... [Firma/Name des Hauptschuldners] ist, und
c) dass die Verpflichtung(en), welche die ..... [Firma/Name des Hauptschuldners] verletzt hat, durch diese Garantie besichert ist (sind) und Sie demzufolge berechtigt sind, Zahlung bis zur Höhe Ihrer Anforderung zu verlangen.

Diese Garantie erlischt, selbst bei Nichtrückgabe dieser Urkunde, am ..... [Verfalldatum], und ist sodann null und nichtig, sofern und soweit uns nicht vor Ablauf dieses Tages, bei uns in ..... [Ort der Filiale] eintreffend, eine nach Maßgabe dieser Garantiebedingungen konforme Anforderung unter dieser Garantie zugegangen ist.

Diese Garantie ist nur mit unserer schriftlichen Zustimmung übertragbar.

Die Ausstellung dieser Garantie ist gemäß den gesetzlichen Bestimmungen der Bundesrepublik Deutschland zulässig.

Diese Garantie unterliegt dem Recht der Bundesrepublik Deutschland.

.....[Ort/Datum] ..... [Garantiebank], Filiale .....

8. Bereitschaftserklärung

An[1]

[Name/Firma und Adresse der ausschreibenden Stelle]

(ausschreibende Stelle)

Bereitschaftserklärung Nr. .....

Ihre Ausschreibung Nr. .....

Projekt: ..... [Projektgegenstand]

Wir wurden davon unterrichtet, dass ..... [Firma/Name des Bieters] Ihnen unter Ihrer Ausschreibung Nr ..... vom ..... ein Angebot auf ..... [Gegenstand des Angebotes] unterbreitet hat und dass gemäß Ihren Ausschreibungsbedingungen der erfolgreiche Bieter Ihnen eine ..... [Garantieart] in Höhe von .....% des Vertragswertes präsentieren muss.

Dies vorausgeschickt, verpflichten wir, die ..... [Bank], Filiale ....., uns hiermit unwiderruflich, an Sie auf Ihre erste schriftliche Anforderung hin unverzüglich unsere ..... [Garantieart] über .....% des Vertragswertes, maximal jedoch in Höhe von

. . . . . [Währung und Höchstbetrag]

(in Worten: . . . . .)

und mit einer Gültigkeitsdauer bis zu . . . . . [Gültigkeitsdauer der Garantie] zu übermitteln, wenn Sie und/oder . . . . . [Firma/Name des Bieters] uns gleichzeitig schriftlich bestätigen, dass . . . . . [Firma/Name des Bieters] den Zuschlag erhalten hat.

Diese Erklärung erlischt, selbst bei Nichtrückgabe dieser Urkunde, am . . . . . [Verfalldatum], und ist sodann null und nichtig, sofern und soweit uns nicht vor Ablauf dieses Tages, bei uns in . . . . . [Ort der Filiale] eintreffend, eine nach Maßgabe dieser Bedingungen konforme Anforderung unter dieser Erklärung zugegangen ist.

Diese Erklärung ist nur mit unserer schriftlichen Zustimmung übertragbar.

Die Ausstellung dieser Erklärung ist gemäß den gesetzlichen Bestimmungen der Bundesrepublik Deutschland zulässig.

Diese Erklärung unterliegt dem Recht der Bundesrepublik Deutschland.

. . . . . [Ort/Datum] . . . . . [Bank], Filiale . . . . .

Anmerkungen

1. Im Rahmen öffentlicher Ausschreibungen wird bisweilen als Voraussetzung für eine Teilnahme die Vorlage von Bankbestätigungen verlangt. Die Anforderungen an deren Inhalt können von einer schlichten Bankauskunft, wonach die Bank dem Bieter mit bestimmten Fazilitäten, auch für die Erstellung von Bankgarantien, zur Verfügung zu steht, bis hin zu der hier wiedergegebenen Bereitschaftserklärung reichen. Da letztere die unwiderrufliche Verpflichtung zur Garantieerstellung beinhaltet, ist die Erklärung nicht nur „to whom it may concern", sondern direkt an den potentiellen Begünstigten zu adressieren. Darüber hinaus ist die Erklärung – möglichst genau – auf das zu bezeichnende Angebot des Bieters zu beschränken und mit einem Höchstbetrag, einer Gültigkeitsdauer sowie einer bestimmten Bindefrist zu versehen.

9. Avisierung von Garantien

9.1 Schreiben der Garantiebank an eine Auslandsbank zwecks unverbindlicher Weiterleitung ihrer Garantie[1]

An

[Firma und Adresse der Auslandsbank]

Unsere . . . . . [Garantieart] Nr . . . . .

vom . . . . .

über . . . . . [Währung und Höchstbetrag]

gültig bis . . . . . [Verfalldatum]

gegenüber . . . . . [Firma/Name des Begünstigten], nachstehend „Garantienehmer"

wegen . . . . . [Firma/Name des Hauptschuldners]

Wir übersenden Ihnen anbei unsere oben erwähnte Garantie und bitten Sie, das Original dieser Garantie ohne Verbindlichkeit für Sie an den Garantienehmer weiterzuleiten. Die Kopie ist für Ihre Unterlagen bestimmt.

Wir bitten um Ihre Ausführungsanzeige und danken Ihnen für Ihre Bemühungen.

. . . . . [Ort/Datum] . . . . . [Garantiebank], Filiale . . . . .

Anlagen

9.2 Schreiben an den Garantienehmer zwecks Weiterleitung der Garantie einer Auslandsbank

An

[Firma und Adresse des Garantienehmers]

Garantie Nr . . . . .

über . . . . . [Währung und Höchstbetrag]

der . . . . . [Garantiebank]

vom . . . . .

gültig bis . . . . . [Verfalldatum]

Ihnen gegenüber

wegen . . . . . [Firma/Name des Hauptschuldners]

unsere Referenz-Nr . . . . .

Auftrags der . . . . . [Garantiebank] übersenden wir Ihnen anbei, ohne Verbindlichkeit für uns, deren oben erwähnte, Ihnen gegenüber erstellte Garantie. Die Einzelheiten der Garantie entnehmen Sie bitte der beigefügten Anlage. Wir machen darauf aufmerksam, dass wir die oben genannte Garantie inhaltlich nicht geprüft haben.

Der guten Ordnung halber bestätigen wir Ihnen, dass die auf der Urkunde angebrachten Unterschriften mit den bei uns hinterlegten Unterschriftsproben übereinstimmen.

Laut Weisung der Garantiebank gehen unsere Spesen zu Ihren Lasten.[2] Wir erlauben uns daher, unsere Avisierungsprovision in Höhe von . . . . . Ihrem bei uns geführten Konto Nr . . . . . zu belasten./Unsere Avisierungsprovision in Höhe von . . . . . bitten wir auf unser Konto Nr . . . . . [IBAN und BIC], unter Angabe unserer Referenz-Nr . . . . . zu überweisen.[3]

. . . . . [Ort/Datum] . . . . . [avisierende Bank], Filiale . . . . .

Anlagen

9.3 Weiterleitungsanzeige an eine Garantiebank

An

[Firma und Adresse der Garantiebank]

Ihre Garantie Nr . . . . .

vom . . . . .

über . . . . . [Währung und Höchstbetrag]

gültig bis . . . . . [Verfalldatum]

gegenüber . . . . . [Firma/Name des Begünstigten], nachstehend „Garantienehmer"

wegen . . . . . [Firma/Name des Hauptschuldners]

unsere Referenz-Nr . . . . .

Sehr geehrte Damen und Herren,

wir bestätigen den Erhalt Ihres Schreibens vom . . . . . Ihre oben erwähnte Garantie haben wir wunschgemäß an den Garantienehmer, ohne Verbindlichkeit für uns, weitergeleitet.

Unsere Weiterleitungsprovision in Höhe von . . . . . haben wir gemäß Ihrer Weisung gegenüber dem Garantienehmer geltend gemacht; sollte der Garantienehmer keine Zahlung leisten, behalten wir uns das Recht vor, Sie entsprechend zu belasten.[2]

. . . . . [Ort/Datum] . . . . . [avisierende Bank], Filiale

. . . . .

Anmerkungen

1. Zur Einschaltung einer Avisbank bei der Übermittlung der Garantieurkunde an den Begünstigten vgl BuB/*Nielsen/Joos* Rn 5/311 ff.; Bankrechts-Handbuch/*T.Fischer,* § 121, Rn 90. Die URDG 758 enthalten nunmehr in Art 10 eine entsprechende Regelung zur Avisierung von Garantien oder Änderung.

2. Diese Formulierung nur verwenden, falls zutreffend.

3. Bitte eine der beiden Formulierungen auswählen. Für erstere bedarf es einer Belastungsermächtigung des Garantienehmers.

10. Auftrag zur Garantiebestätigung

In der Praxis selten, aber dennoch (zB bei Geschäften nach Ägypten) von Zeit zu Zeit von ausländischen Importeuren erbeten, ist die Garantieerstellung durch eine „first class" Bank im Land des Exporteurs und Garantieauftraggebers sowie eine Bestätigung dieser Direktgarantie im Auftrag der Garantiebank durch deren Korrespondenzbank bzw eine vom Begünstigten bestimmte Bank in seinem Heimatland (mwN Bankrechts-Handbuch/*T.Fischer,* § 121, Rn 44 f). In der Praxis werden in der grundgeschäftlichen Garantieklausel unterschiedliche Formulierungen verwandt, denen jedoch ein gemeinsames Verständnis zugrunde liegt. So treten die Begriffe „confirmation" gleichbedeutend mit „endorsement" auf. Zur Vermeidung von Zweifelsfragen empfiehlt sich die Vorgabe eines Wortlauts wie folgt:

We hereby join this guarantee under the conditions as stated above.

Die Rechtslage, die sich, soweit es die Bestätigung betrifft, nach dem Recht der bestätigenden Bank beurteilt, ist aus der Sicht des Begünstigten vergleichbar mit der Rechtslage bei einem Export-Akkreditiv, das durch seine Hausbank bzw die Korrespondenzbank der akkreditiveröffnenden Bank bestätigt wird (hierzu Baumbach/Hopt/*Hopt*, HGB, (7) Bankgeschäfte K/2). Der Vorteil für den Begünstigten besteht darin, dass er beide Banken wie Gesamtschuldner in Anspruch nehmen kann. Der Vorteil für den Auftraggeber besteht darin, dass der gewünschte Garantietext feststeht und nicht mehr mit der Unsicherheit einer möglicherweise vom Auftrag seiner Bank abweichenden Garantieerstellung durch die Gläubigerbank belastet ist. Da die Bestätigung ausländischem Recht unterliegt, bleibt jedoch das Risiko einer abweichenden Beurteilung der Auslösung des Garantiefalls bei einer Inanspruchnahme.

11. Elementare Bausteine für Bank-zu-Bank-Auftrag (ohne URDG 758)

An[1, 2]

[Name/Firma und Adresse der beauftragten Bank]

(beauftragte Bank)

Auftrag[3] zur Erstellung einer . . . . . [Garantieart][4]

Unsere Referenz-Nr . . . . .

Wir wurden davon unterrichtet, dass zwischen [Firma/Name des Begünstigten] und . . . . . [Firma/Name des Hauptschuldners][4] am . . . . . unter der Nr. . . . . . ein Vertrag[4] auf . . . . . [Vertragsgegenstand] zu einem Gesamtpreis von . . . . . abgeschlossen worden ist, der die Erstellung einer . . . . . [Garantieart][4] in Höhe von . . . . . % des Gesamtpreises vorsieht.

Dies vorausgeschickt, beauftragen wir, die . . . . . [Bank], Filiale . . . . ., Sie hiermit, unter unserem Obligo[5] Ihre . . . . . [Garantieart][4] über

. . . . . [Währung und Höchstbetrag][4]

(in Worten: . . . . .)

gegenüber [Firma/Name des Begünstigten],[4] gültig bis . . . . . [Gültigkeitsdauer der Garantie][4] zu erstellen.

Ihre Garantie händigen Sie bitte bis zum . . . . . aus an . . . . . [Firma/Name des Empfangszuständigen].

Wir verpflichten uns, an Sie unverzüglich den angeforderten Betrag zu zahlen, wenn Sie uns bestätigen, dass Sie aus Ihrer Garantie in Anspruch genommen worden sind.[6]

Anmerkungen

1. Anwendungsbereich des Bank-zu-Bank-Auftrags ist die sogenannte indirekte Garantie. Es handelt sich bei der indirekten Garantie nicht um eine Sonderform der Bankgarantie, sondern darum, dass die von ihrem Auftraggeber beauftragte Bank (Erstbank) die gewünschte Garantie nicht selbst (direkt) übernimmt, sondern gemäß Weisung des Garantieauftraggebers mittelbar (indirekt) durch eine andere – meist im Ausland ansässige – Bank (Zweitbank) stellen lässt. Mittels des Bank-zu-Bank-Auftrages wird die ausländische Zweitbank durch die inländische Erstbank mit der Übernahme einer (Direkt) Garantie gegenüber dem (ausländischen) Begünstigten beauftragt. Die Erstbank schuldet ihrem Garantieauftraggeber daher nicht die Abgabe einer (Direkt)Garantie gegenüber dem Begünstigten, sondern die Beauftragung der Zweitbank (mittels Bank-zu-Bank-Auftrag), eine entsprechende (Direkt)Garantie an den Begünstigten auszuhändigen. Die indirekte Garantie besteht also aus zwei hintereinander geschalteten Auftragsverhältnissen (Garantieauftraggeber/Erstbank und Erstbank/Zweitbank) sowie der Stellung einer (Direkt)Garantie der Zweitbank gegenüber dem Begünstigten (BuB/*Nielsen/Joos* Rn 5/339). Zu weiteren Einzelheiten und Erläuterungen der indirekten Garantie siehe BuB/*Nielsen/Joos* Rn 5/339 ff.; Schimansky/Bunte/Lwowski BankR-HdB/*T.Fischer,* § 121, Rn 42 f. u 162 ff. Zur erheblich gestiegenen wirtschaftlichen Bedeutung der indirekten Garantie siehe BuB/*Nielsen/Joos* Rn 5/235.

2. Der Bank-zu-Bank-Auftrag zur Erstellung einer Garantie erfolgt in der Praxis regelmäßig mit S. W. I. F. T.

3. Ausländische Zweitbanken werden idR nicht bereit sein, einen Garantieauftrag anzunehmen, der ausdrücklich dem Recht der auftragserteilenden Erstbank unterliegt. Unterbleibt ein ausdrücklicher Rechtswahlhinweis, muss davon ausgegangen werden, dass bei Auftragsannahme das Recht der die charakteristische Leistung erbringenden Bank, dh das Recht der Zweitbank gilt (Baumbach/Hopt/*Hopt,* HGB, (7) Bankgeschäfte A/60; BuB/*Nielsen/Joos* Rn 5/340 u 5/352; vgl auch → Anm. 1 unter IV.L.6.8). Zu der damit verbundenen Rechts- und Risikoverlagerung ins Ausland siehe BuB/*Nielsen/Joos* Rn 5/340; Schimansky/Bunte/Lwowski BankR-HdB/*T.Fischer,* § 121, Rn 43.

4. Entsprechend den ihr vom Garantieauftraggeber erteilten Weisungen schreibt die Erstbank der Zweitbank entweder einen Garantietext vor oder übermittelt lediglich die erwähnten wesentlichen Eckdaten der Garantie und überlässt die Abfassung des Garantiewortlauts der Zweitbank. Da das Endziel die Erstellung einer direkten Garantie gemäß den Gesetzen und Usancen der Zweitbank ist, kommt die Vorgabe des Garantietextes durch die Erstbank in der Praxis sehr selten vor. Vielmehr beschränkt sich der Auftrag der Erstbank regelmäßig auf die Angabe der wesentlichen Daten, wie Art der Garantie, Vertragspartner, genaue Bezeichnung des Grundgeschäfts, Garantiebetrag und -währung, Begünstigter, Gültigkeitsdauer und etwaige Zahlungsbedingungen (vgl BuB/*Nielsen/Joos* Rn 5/343 u 354).

5. Bei einer indirekten Garantie besteht keine vertragliche Verpflichtung zwischen dem eigentlichen Garantieauftraggeber und der von der Erstbank mit der Garantieerstellung beauftragten Zweitbank. Zu den zwischen Garantieauftraggeber und Erstbank einerseits und Erstbank und Zweitbank andererseits bestehenden Rechtsverhältnissen vgl Baumbach/Hopt/*Hopt,* HGB, (7) Bankgeschäfte L/2 f.; BuB/*Nielsen/Joos* Rn 5/341 ff. u 352 ff.; Schimansky/Bunte/Lwowski BankR-HdB/*T.Fischer,* § 121, Rn 42 f. u 162 ff.

6. Die Erstbank bestätigt mit dieser Formulierung Ihre Verpflichtung zur Leistung von Aufwendungsersatz für den Fall der Inanspruchnahme der (Direkt)Garantie (BuB/*Nielsen/Joos* Rn 5/361).

Die Garantiepraxis zeigt jedoch, dass die Mehrheit der ausländischen Zweitbanken verlangt, dass die Erstbank ihre selbstverständliche Verpflichtung zum Aufwendungsersatz in Form. einer so genannten Gegengarantie (auch Rückgarantie, counter guarantee oder indemnity genannt) bestätigt (BuB/*Nielsen/Joos* Rn 5/360). Weitere Erläuterungen zur Gegengarantie und zur Konkurrenz zwischen Auftragsrecht und Gegengarantie vgl BuB/*Nielsen/Joos* Rn 5/360 ff.; Schimansky/Bunte/Lwowski BankR-HdB/*T.Fischer,* § 121, Rn 175 ff. sowie Ausführungen unter → Form. IV.L.14).

12. Variable und alternative Bausteine für Bank-zu-Bank-Auftrag (ohne URDG 758)

12.1 Reduzierungsklausel[1, 2]

Ihre Garantie soll sich automatisch um . . . . . % von 100 % des Rechnungswertes jeder Lieferung ermäßigen. Als Nachweis jeder Lieferung gilt unser Avis an Sie über die Einreichung ordnungsgemäßer Dokumente bei uns unter dem Akkreditiv Nr . . . . . der . . . . . -Bank.[3]

oder

Als Nachweis jeder Lieferung gilt die Aufnahme von Inkasso-Dokumenten, die wir Ihnen zu gegebener Zeit unter Bezugnahme auf Ihre Garantie übersenden werden.[4]

12.2 Außenwirtschaftsrechtliche Zulässigkeit[5]

Wir bestätigen Ihnen hiermit, dass wir gemäß den gesetzlichen Bestimmungen der Bundesrepublik Deutschland berechtigt sind, Sie mit der Erstellung dieser Garantie zu beauftragen und Sie im Falle einer Inanspruchnahme zu remboursieren.

12.3 Bestätigung der Auftragsausführung

Ihrer Ausführungsanzeige nebst einer Kopie Ihrer Garantie sehen wir entgegen.

12.4 Entlastung[6]

Sobald Ihre Verpflichtung aus Ihrer Garantie erloschen ist, erbitten wir Ihre Entlastungserklärung.

Anmerkungen

1. Bei Erstellung einer indirekten Garantie lassen sich die obigen Ausführungen zu variablen und alternativen Garantiebausteinen (siehe unter → Form. IV.L.5 u → Form. IV.L.6) weitgehend entsprechend auf die dann erforderliche Auftragserteilung im Bank-zu-Bank-Verhältnis übertragen. Darüber hinaus gibt es im Bank-zu-Bank-Verhältnis jedoch Besonderheiten.

2. Es liegt im Interesse der auftragserteilenden Erstbank und im Interesse des Garantieauftraggebers selbst, bei einer Reduzierungsklausel jederzeit überprüfen zu können, in welcher Höhe die auftragsgemäß von der Zweitbank erstellte Garantie noch valutiert und in welcher Höhe eine Inanspruchnahme noch erfolgen kann.

3. Die Formulierung ist nur im Fall eines bei der Erstbank benutzbaren Akkreditivs verwendbar (vgl auch → Form. IV.L.6.3).

4. Die Formulierung ist zu verwenden, wenn das Liefergeschäft auf Inkassobasis abgewickelt wird (vgl auch → Form. IV.L.6.3).

5. Nach den gegenwärtig geltenden außenwirtschaftsrechtlichen Bestimmungen, dh nach den Bestimmungen der auf der Ermächtigungsgrundlage des Außenwirtschaftsgesetzes erlassenen Außenwirtschaftsverordnung ist diese Bestätigung nicht erforderlich. Sie wird jedoch auch oftmals im Rahmen eines Bank-zu-Bank-Verhältnisses von der Zweitbank erwartet.

6. Nach den Avalbedingungen ist der Garantieauftraggeber seinerseits verpflichtet, für eine Rückgabe der Garantie bzw Haftentlassung der Erstbank zu sorgen. Im Interesse des Garantieauftraggebers kann jedoch die Erstbank ihrerseits die Bitte um Entlastungserklärung zu gegebener Zeit an die Zweitbank weiterleiten, um eine möglichst schnelle Abwicklung zu gewährleisten.

13. Bank-zu-Bank-Auftrag (ohne URDG 758)

Auftrag an eine Auslandsbank zur Erstellung einer Anzahlungsgarantie

An

[Name/Firma und Adresse der beauftragten Bank]

(beauftragte Bank)

Auftrag zur Erstellung einer Anzahlungsgarantie

Unsere Referenz-Nr . . . . .

Wir wurden davon unterrichtet, dass zwischen [Firma/Name des Begünstigten] und . . . . . [Firma/Name des Hauptschuldners] am . . . . . unter der Nr . . . . . ein Vertrag auf . . . . . [Vertragsgegenstand] zu einem Gesamtpreis von . . . . . abgeschlossen worden ist, der eine Anzahlung in Höhe von . . . . . % des Gesamtpreises gegen eine Anzahlungsgarantie vorsieht.

Dies vorausgeschickt, beauftragen wir, die . . . . . [Bank], Filiale . . . . ., Sie hiermit, unter unserem Obligo Ihre Anzahlungsgarantie[1] über

. . . . . [Währung und Höchstbetrag]

(in Worten: . . . . .)

gegenüber [Firma/Name des Begünstigten], gültig bis . . . . . [Gültigkeitsdauer der Garantie] zu erstellen.[2]

Ihre Garantie soll sich automatisch um . . . . . % von 100 % des Rechnungswertes jeder Lieferung ermäßigen. Als Nachweis jeder Lieferung gilt unser Avis an Sie über die Einreichung ordnungsgemäßer Dokumente bei uns unter dem Akkreditiv Nr . . . . . der . . . . . Bank.

oder

Als Nachweis jeder Lieferung gilt die Aufnahme von Inkasso-Dokumenten, die wir Ihnen zu gegebener Zeit unter Bezugnahme auf Ihre Garantie übersenden werden.

Ihre Garantie händigen Sie bitte bis zum . . . . . aus an . . . . . [Firma/Name des Empfangszuständigen].

Wir verpflichten uns, an Sie unverzüglich den angeforderten Betrag zu zahlen, wenn Sie uns bestätigen, dass Sie aus Ihrer Garantie in Anspruch genommen worden sind.

Wir bestätigen Ihnen hiermit, dass wir gemäß den gesetzlichen Bestimmungen der Bundesrepublik Deutschland berechtigt sind, Sie mit der Erstellung dieser Garantie zu beauftragen und Sie im Falle einer Inanspruchnahme zu remboursieren.

Ihrer Ausführungsanzeige nebst einer Kopie Ihrer Garantie sehen wir entgegen.

Sobald Ihre Verpflichtung aus Ihrer Garantie[3] erloschen ist, erbitten wir Ihre Entlastungserklärung.

. . . . . [Ort/Datum] . . . . . [Erstbank], Filiale . . . . .

Anmerkungen

1. Ggf einsetzen: „**mit Text gemäß Anlage**" (siehe auch → Anm. 4 unter IV.L.11).

2. Sofern die Anzahlung im Zeitpunkt der Auftragserteilung bei der Schuldnerbank noch nicht zur Verfügung steht, kann der Auftrag um folgende Weisung ergänzt werden:

„Ihre Garantie soll in Kraft treten, sobald der Anzahlungsbetrag in voller Höhe von . . . . . [Währung und Betrag] vorbehaltslos zugunsten und zur freien Verfügung des [Firma/Name des Hauptschuldners] auf dessen Konto bei uns in . . . . . , Konto-Nr [IBAN und BIC], unter Hinweis auf Ihre Garantie eingegangen ist. Vom Eingang der Anzahlung werden wir Sie zu gegebener Zeit unterrichten."

(siehe auch Ausführungen unter → Form. IV.L.6.4)

3. Im Fall einer Reduzierungsklausel wie folgt formulieren: „**Sobald Ihre Verpflichtung aus Ihrer Garantie sich ermäßigt hat bzw . . . . .**".

14. Bausteine für eine Gegengarantie (ohne URDG 758)

14.1 Präambel[1–3]

Wir nehmen Bezug auf unseren Bank-zu-Bank-Auftrag vom . . . . . , Referenz-Nr . . . . . , mit dem wir Sie beauftragt haben, unter unserem Obligo Ihre . . . . . [Garantieart] über . . . . . [Währung und Höchstbetrag] gegenüber [Firma/Name des Begünstigten], nachstehend „Begünstigter", gültig bis . . . . . [Gültigkeitsdauer der Garantie] zu erstellen.

14.2 Zahlungsklausel[4]

Im Hinblick auf Ihre Bereitschaft, auf unsere Bitte, die oben genannte Garantie zu erstellen, verpflichten wir uns hiermit unwiderruflich und unbedingt, an Sie auf Ihre erste schriftliche Anforderung unter Hinweis auf diese Gegengarantie hin unverzüglich einen Betrag bis zur Höhe von

. . . . . [Währung und Höchstbetrag]

(in Worten: . . . . .)

zu zahlen, vorausgesetzt, Ihre Anforderung ist gleichzeitig durch Ihre schriftliche Erklärung unterlegt, dass Ihnen eine nach Maßgabe der Garantiebedingungen konforme Anforderung des Begünstigten unter Ihrer oben genannten Garantie zugegangen ist.

14.3 Erlöschensklausel[5]

Diese Gegengarantie erlischt, selbst bei Nichtrückgabe dieser Urkunde, am . . . . . [Verfalldatum, [x] Kalendertage nach Ablauf der Direktgarantie], und ist sodann null und nichtig, sofern und soweit uns nicht vor Ablauf dieses Tages, bei uns in . . . . . [Ort der Filiale] eintreffend, eine nach Maßgabe dieser Garantiebedingungen konforme Anforderung unter dieser Garantie zugegangen ist.

14.4 Außenwirtschaftsrechtliche Zulässigkeit

Die Ausstellung dieser Gegengarantie ist gemäß den gesetzlichen Bestimmungen der Bundesrepublik Deutschland zulässig.

14.5 Rechtswahlklausel[6]

Diese Gegengarantie und alle daraus resultierenden Rechte und Pflichten unterliegen dem Recht der Bundesrepublik Deutschland.

Anmerkungen

1. Soweit nachstehend nicht gesondert angemerkt, gelten die vorstehenden Ausführungen zu variablen und elementaren Garantiebausteinen (siehe unter → Form. IV.L.5 u → Form. IV.L.6) weitgehend entsprechend.

2. Die Gegengarantie kann zusammen mit dem Bank-zu-Bank-Auftrag in demselben Dokument enthalten sein oder in einem separaten Dokument übernommen werden. Das Muster geht von der Übernahme mit einem separaten Dokument aus.

Eine Gegengarantie ist nur auf ausdrückliches Verlangen der Gläubigerbank abzugeben. Wie bereits in → Anm. 6 unter IV.L.11 ausgeführt, verlangen die Zweitbanken in der Praxis vermehrt, dass die Erstbank ihre Verpflichtung zum Aufwendungsersatz durch Stellung einer Gegengarantie (auch Rückgarantie oder Counter-Garantie) unterlegt. Zweck der Gegengarantie ist es, die ohnehin bestehende Verpflichtung zur Erstattung der Garantiesumme insoweit zu verstärken und zu formalisieren, als der von der Zweitbank geforderte Aufwendungsersatz „auf erstes Anfordern" zu leisten ist (BuB/*Nielsen/Joos* Rn 5/360; Schimansky/Bunte/Lwowski BankR-HdB/*T.Fischer,* § 121, Rn 172).

Es ist nach wie vor umstritten, ob die Gegengarantie lediglich eine Verstärkung des Aufwendungsersatzanspruches der Zweitbank darstellt, welche die Haftung der Erstbank nach Auftragsrecht unberührt lässt, oder ob sie eine eigenständige Regelung darstellt, welche zwischen Erst- und Zweitbank an die Stelle der Bestimmungen des Auftragsrechts tritt. Die überwiegende Literaturmeinung geht zutreffend davon aus, dass die Gegengarantie lediglich eine Verstärkung darstellt und die Haftung der Erstbank nach Auftragsrecht bestehen bleibt. Weitere Erläuterungen zur Gegengarantie, zur oben erwähnten Streitfrage und zu deren praktischer Bedeutung finden sich in BuB/*Nielsen/Joos* Rn 5/360 ff.; Schimansky/Bunte/Lwowski BankR-HdB/*T.Fischer,* § 121, Rn 172 f.

Auf das Innenverhältnis zum Garantieauftraggeber hat die Gegengarantie keine Auswirkung, wenn die Erstbank gemäß ihren Avalbedingungen ohnehin berechtigt ist, bei Inanspruchnahme durch die Zweitbank auf deren erstes Anfordern zu zahlen (vgl Präambel Abs 3 sowie Ziff 7 Abs 1 der Bedingungen für das Avalgeschäft unter → IV.L.3).

3. Die **Präambel** dient der zweifelsfreien Zuordnung der Gegengarantie zu dem entsprechenden Bank-zu-Bank-Auftrag hinsichtlich der von der Zweitbank zu erstellenden Direktgarantie. Zur Bedeutung der Präambel vgl auch → Anm. 2 unter IV.L.5.

4. Die **Zahlungsklausel** ist der einzig elementare Baustein für eine Gegengarantie. Deren Ausgestaltung kann je nach Sicherungsbedürfnis der Zweitbank unterschiedlich ausfallen.

5. Obgleich das Auftragsverhältnis, das mangels ausdrücklicher Rechtswahl im Zweifel dem Recht der Zweitbank unterliegt und das keine Befristung aufweist, unabhängig von der Gegengarantie bestehen bleibt (siehe dazu obige → Anm. 2), erscheint es ratsam, eine **Erlöschensklausel** in der Rückgarantie zu vereinbaren. Ob damit der Aufwendungsersatzanspruch aus dem Auftragsverhältnis reglementiert wird, ist streitig (siehe dazu obige → Anm. 2).

6. Falls möglich, sollte wenigstens in der Gegengarantie versucht werden, das eigene Recht zu vereinbaren, wenngleich damit eine Rechtsspaltung zwischen Bank-zu-Bank-Auftrag und Gegengarantie droht (kritisch daher *Nielsen* Rn 3.2.1.3.). In der Praxis erscheint eine **Rechtswahlklausel** im Rahmen der Gegengarantie leichter durchholbar als im Rahmen des Auftragsverhältnisses. Ohne diese Rechtswahlklausel ist zwar von der Geltung deutschen Rechts auszugehen (Baumbach/Hopt/*Hopt,* HGB, (7) Bankgeschäfte L/2). Ob das ausländische Recht dieses Prinzip ebenfalls kennt oder in gleicher Weise anwendet, ist jedoch im Einzelfall zu prüfen.

Finden die URDG 758 Anwendung auf die Gegengarantie, gilt bei fehlender Regelung zur Rechtswahl Art 34b URDG.

15. Freistellungserklärung

An[1]

[Firma und Adresse der [Garantiebank/Erstbank][2]]

Wir nehmen Bezug auf unseren Garantieauftrag vom . . . . ., mit dem wir Sie beauftragt haben, eine . . . . . [Garantieart] über . . . . . [Währung und Höchstbetrag] gegenüber [Firma/Name des Begünstigten] gemäß der dem Garantieauftrag beigefügten Textvorgabe [zu erstellen/durch eine Zweitbank erstellen zu lassen].[2]

Sie haben uns [im Gespräch/Telefonat am . . . . ./mit Ihrem Schreiben vom . . . . .][2] die nachstehend aufgeführten Besonderheiten unseres Garantieauftrags und die damit verbundenen Risiken erläutert:

[vollständige Aufzählung der Besonderheiten ergänzen][3]

Wir bitten Sie hiermit, unseren Garantieauftrag trotz der oben genannten Besonderheiten und der damit verbundenen uns von Ihnen erläuterten Risiken auszuführen.

-Dies vorausgeschickt, stellen wir, [Firma/Name des Garantieauftraggebers], Sie, [Firma der Garantiebank/Erstbank], hiermit von den Risiken aus diesem Garantieauftrag frei, die sich aus der [Erstellung der [Garantie/Gegengarantie]/Hinauslegung des Bank-zu-Bank-Auftrages zur Erstellung der indirekten Garantie][2] ergeben, und werden Sie auf erstes Anfordern hin schadlos halten.[2]

Im Übrigen gelten für diesen Garantieauftrag Ihre „Bedingungen für das Avalgeschäft".

. . . . . [Ort/Datum] . . . . . [Garantieauftraggeber]

Anmerkungen

1. Im grenzüberschreitenden Bankgarantieverkehr werden von potentiellen Garantienehmern, insbesondere im Falle von öffentlichen Stellen, oftmals besondere, nicht verhandelbare Garantietexte vorgegeben. Eine solche Vorgabe von Garantietexten kann jedoch auch von ausländischen Zweitbanken erfolgen, die grundsätzlich nur bereit sind, ihren Standardtext zu verwenden oder darüber hinaus eine Garantieerstellung nur dann akzeptieren, wenn sie den entsprechenden Auftrag und gegebenenfalls die Gegengarantie gemäß von ihr vorgegebenem Mustertext erhalten. Solche Texte können im Extremfall von der Schuldnerbank verlangen, Zahlung oder Verlängerung auf erstes Anfordern zu leisten bzw vorzunehmen, unabhängig von Einreden und Einwendungen gleich welcher

Art und gleich von welcher Seite und unabhängig von gerichtlichen Maßnahmen. Wenn der Garantieauftraggeber nach Erläuterung der Besonderheiten der beauftragten (indirekten) Garantie und der damit verbundenen Risiken dennoch die Ausführung des Garantieauftrages wünscht, kann es zweckmäßig sein, eine entsprechende Freistellungserklärung des Garantieauftraggebers hereinzuholen. Mit der Freistellungserklärung stellt der Garantiegeber die Garantiebank bzw. Erstbank (im Falle einer indirekten Garantie) im Innenverhältnis von den mit der Garantieerstellung bzw. der Beauftragung der indirekten Garantie verbundenen Risiken frei. Eine solche Freistellungserklärung ist jedoch aus rechtlicher Sicht nur dann belastbar, wenn die Besonderheiten und Risiken, von denen die Garantiebank/Erstbank freigestellt werden soll, dem Garantieauftraggeber zuvor nachweisbar erläutert wurden.

2. Die zutreffende Variante ist auszuwählen.

3. Die dem Garantieauftraggeber erläuterten Besonderheiten sollten zumindest stichpunktartig in der Freistellungserklärung aufgeführt werden.

16. Ausführungsanzeige

An[1]

[Firma und Adresse des Auftraggebers]

In Ausführung Ihres Auftrags erstellten wir bzw lassen wir folgende Garantie (nachstehend einheitlich Garantie genannt) erstellen.

Garantie-Nr . . . . .

Ihr Auftrag vom . . . . .

Ihre Referenz . . . . .

Garantieart . . . . .

Währung/Betrag . . . . .

vom . . . . .

gültig bis . . . . .

Garantienehmer . . . . .

wegen Firma (falls nicht mit Auftraggeber identisch) . . . . .

beauftragte garantieerstellende Bank (bei indirekter Garantie) . . . . .

Aushändigung der Garantieurkunde an . . . . .

Anzahl der beigefügten Kopien . . . . .

Ihr Avalkonto wurde wie folgt belastet:

Aval-Konto-Nr . . . . .

Währung/Betrag . . . . .

Valuta . . . . .

Avalprovision in % p. a . . . . .

Ausfertigungsentgelt EUR . . . . .

Mit dem Garantiebetrag belasten wir Sie ohne besondere Aufgabe auf dem Avalkonto.

Eine Belastung für unsere Avalprovision sowie unser Entgelt für die Ausfertigung erfolgt gesondert.

Ihr Auftrag unterliegt unseren „Bedingungen für das Avalgeschäft".[2]

. . . . . [Ort/Datum] . . . . . [Bank], Filiale . . . . .

Anlage

Anmerkungen

1. Ausführungsanzeige tritt mangels in der Praxis fehlender ausdrücklicher Auftragsannahme an deren Stelle (BuB/*Nielsen* Rn 5/310).

2. Nur deklaratorische Wirkung, falls Einbeziehung bereits bei Auftragserteilung erfolgt (s Muster und → Anm. 8 unter IV.L.2). Sofern die Vereinbarung nicht bereits mit Auftragserteilung erfolgt, zB weil der Garantieauftraggeber den Avalauftrag nicht gemäß dem vorgegebenen Muster erteilt, muss die Geltung der Bedingungen für das Avalgeschäft vor Auftragsannahme auf anderem Wege mit dem Garantieauftraggeber vereinbart werden. Allein der Hinweis auf die Geltung der Bedingungen für das Avalgeschäft in der Ausführungsanzeige reicht für deren Vereinbarung nicht.

17. Benachrichtigung über eine Garantie-Erledigung bzw. Ermäßigung

An

[Firma und Adresse des Auftraggebers]

Garantie-Nr . . . . .

beauftragte garantieerstellende Bank (bei indirekter Garantie)

Garantieart . . . . .

Währung/Betrag . . . . .

gültig bis . . . . .

Garantienehmer . . . . .

wegen Firma (falls nicht mit Auftraggeber identisch) . . . . .

❒ *) Nach Ablauf der Gültigkeitsdauer unserer Garantie erkennen wir Sie gemäß Ziff . . . . . unserer Bedingungen für das Avalgeschäft mit dem unten aufgeführten Betrag auf Aval-Konto.

❒ *) Unsere Verpflichtung aus unserer Garantie hat sich um den unten aufgeführten Betrag ermäßigt. Gemäß Ziff . . . . . unserer Bedingungen für das Avalgeschäft erkennen wir Sie dementsprechend auf Aval-Konto.

❒ *) Wir erhielten unsere oben bezeichnete Urkunde als erledigt zurück. Dementsprechend erkennen wir Sie mit dem unten aufgeführten Betrag auf Aval-Konto.

❒ *) Wir erhielten die Bestätigung, dass wir mit dem unten aufgeführten Betrag aus unserer Verpflichtung entlassen worden sind. Dementsprechend erkennen wir Sie auf Aval-Konto.

Wir belasten Sie auf laufendem Konto

Porto und ähnliche Gebühren EUR . . . . .

Konto-Nr . . . . .

und erkennen sie auf Aval-Konto

Währung/Betrag . . . . .

Valuta . . . . .

Konto-Nr . . . . .

. . . . . [Ort/Datum] . . . . . [Bank], Filiale . . . . .

Anlage

*) Zutreffendes ankreuzen

b) Bankbürgschaft

Schrifttum: *Blesch/Meyer/Steinwachs,* Rechtssicheres Avalgeschäft, Bankbürgschaften: Rechtsfragen, Risikominimierung und Taktiken – vom Herauslegen bis zur Inanspruchnahme, 3. Aufl 2014; *Ebenroth/Boujong/Joost/Strohn,* HGB, 4. Aufl 2020; *Horn* in Staudinger, BGB, Neubearbeitung 2013, §§ 765 ff.; *ders,* Bürgschaften und Garantien, 8. Aufl 2001; Palandt, BGB, 80. Aufl 2020. Ferner Schrifttum zur Garantie oben a) vor → Form. IV.L.1.

18. Bankbürgschaft und Bürgschaftsklausel im Grundgeschäft

18.1 Bankbürgschaft und Bankpraxis

In der Bankpraxis werden Bürgschaften in der Regel unter ausdrücklichem Ausschluss der Einreden der Anfechtbarkeit, Aufrechenbarkeit und der Vorausklage erstellt. Dem Ausschluss der Einrede der Vorausklage kommt dabei lediglich deklaratorische Wirkung zu. Er verdeutlicht den selbstschuldnerischen Charakter der Bankbürgschaft.

Dem Bankbürgen steht folglich in der Regel nicht das Recht zu, die Befriedigung des Gläubigers und Bürgschaftsnehmers mit der Begründung zu verweigern, a) er habe die Zwangsvollstreckung gegen den Hauptschuldner noch nicht versucht (Einrede der Vorausklage, § 771 BGB), b) dem Hauptschuldner stehe das Recht zu, das seiner Verbindlichkeit zugrundeliegende Rechtsgeschäft anzufechten, § 770 Abs 1 BGB, c) der Gläubiger und Bürgschaftsnehmer könne sich durch Aufrechnung gegen eine fällige Forderung des Hauptschuldners befriedigen. Allerdings hat der Bundesgerichtshof mit einer Entscheidung vom 16.1.2003 (WM 2003, 669 ff) den uneingeschränkten formularmäßigen Verzicht auf die Einrede der Aufrechenbarkeit gemäß § 770 Abs 2 BGB für unwirksam erklärt. Da jedoch der Bankbürge in der Regel seine eigenen vorformulierten Mustertexte vorgibt und im Übrigen nicht uneigennützig handelt, dürfte ein uneingeschränkter Ausschluss der Einrede der Aufrechenbarkeit durch einen Bankbürgen auch weiterhin zulässig sein (*Blesch/Meyer/Steinwachs*, Rechtssicheres Avalgeschäft, Kap B I 1g aa, S 19ff); etwas anderes gilt jedoch, wenn der uneingeschränkte Verzicht auf Basis eines vorformulierten Mustertext des Begünstigten vereinbart wird (dazu mwN *Blesch/Meyer/Steinwachs*, Rechtssicheres Avalgeschäft, Kap B I 1g aa, S 20). Einer entsprechenden Einschränkung des Verzichts auf Wunsch des Avalauftraggebers steht jedoch nichts entgegen:

„... Aufrechenbarkeit (mit Ausnahme jener Fälle, in denen sich der Bürgschaftsnehmer durch Aufrechnung mit unbestrittenen oder rechtskräftig festgestellten und fälligen Gegenforderungen befriedigen kann) ...“.

In der Bankpraxis werden solche Bürgschaften als „normale“ oder „einfache“ Bürgschaften bezeichnet. Durch die Übernahme einer einfachen Bankbürgschaft sind jedoch keineswegs alle anderen Einreden und Einwendungen unter der Bürgschaft ausgeschlossen. Der Bürge kann ua einwenden, dass die Hauptforderung nicht oder nicht mehr besteht bzw nicht durchsetzbar ist (zB wegen Verjährung der Hauptschuld, Sittenwidrigkeit, Nichtigkeit des Grundgeschäfts, Anfechtung wegen Irrtums uä) oder, dass sie sich durch Erfüllung oder Aufrechnung seitens des Hauptschuldners erledigt hat. Die Schwierigkeit für die Bank liegt darin, die Stichhaltigkeit solcher Einreden zu prüfen. Falls eine Klärung oder Einigung mit den Parteien nicht erreichbar ist, bleibt der Bank noch die Möglichkeit, sich verklagen zu lassen und dem Auftraggeber den Streit zu verkünden, eine Alternative, mit der unter geschäftlichen Aspekten letztlich aber keine Partei so recht glücklich sein kann.

Der Bürgschaftsnehmer sieht die Möglichkeit von Einreden und Einwendungen oftmals als für ihn nachteilig an, da er unter Umständen bei einer Inanspruchnahme der Bürgschaft doch noch mit deren Geltendmachung rechnen muss und damit nicht sofort in den Genuss des Bürgschaftsbetrags kommen kann. Dieses Problem versucht er ua dadurch zu umgehen, dass er als Voraussetzung für die Akzeptanz der Bankbürgschaft den Verzicht aller dem Hauptschuldner zustehenden Einreden verlangt (§ 768 Abs 1 BGB). Dadurch würde die Bankbürgschaft weitgehend einredefrei. Der Bundesgerichtshof hat diesem Versuch durch mehrere Entscheidungen vom 8.3.2001 (WM **2001,** 947), 5.4.2001 (WM **2001,** 1060), 12.2.2009 (NJW **2009,** 1664) und vom 16.6.2009 (NJW **2009,** 3422) Grenzen gesetzt. Danach durchbricht ein umfassender klauselmäßiger Ausschluss den Grundsatz der Akzessorietät so nachhaltig, dass ein solcher Ausschluss als unwirksam anzusehen ist.

Der Wunsch der Bürgschaftsnehmer, die Bankbürgschaft im Bedarfsfall sofort in Liquidität verwandeln zu können und nicht mit Einreden aus dem Grundgeschäft konfrontiert zu werden, hat letztlich zu der aus der Garantie abgeleiteten Sonderform der auf erstes Anfordern zahlbaren Bankbürgschaft geführt. Der Bundesgerichtshof hat in mehreren Entscheidungen die auf erstes Anfordern zahlbare Bankbürgschaft als zulässig anerkannt (seit BGHZ **74,** 244, 246; BGH WM **1989,** 1496, NJW **1992,** 1446, WM **2003,** 870; *Heinsius,* FS Merz **1992,** 177; *Michalski* ZBB **1994,** 289). Sie steht seiner Auffassung nach in Einklang mit dem Grundsatz der Akzessorietät, die er lediglich als vorübergehend ausgesetzt ansieht, zumindest bis zur Zahlung durch den Bürgen. Das Recht des Bürgschaftsnehmers, in einem solchen Falle sofortige Zahlung verlangen zu können, ohne seine materielle Berechtigung darlegen und beweisen zu müssen, findet nur im Falle des Missbrauchs seine Schranke. Ist es offensichtlich oder liquide beweisbar, dass trotz Vorliegens der formellen Voraussetzungen der Bürgschaftsfall nicht eingetreten ist, steht dem Bürgen der Einwand der unzulässigen Rechtsausübung zu. Dieser Einwand wird jedoch auf jene Fälle beschränkt, in denen die missbräuchliche Ausnutzung einer formalen Rechtsstellung für jedermann klar erkennbar ist. Alle Streitfragen tatsächlicher und rechtlicher Art, deren Beantwortung sich nicht von selbst ergibt, sind in einem Rückforderungsprozess auszutragen.

Die im Vergleich zur einfachen Bürgschaft nicht unerheblichen Risiken für den Auftraggeber einer solchen auf erstes Anfordern zahlbaren Bürgschaft liegen auf der Hand. Dem soll ua durch die einleitenden Hinweise in den Bedingungen für das Avalgeschäft sowie deren Ziff 7 Rechnung getragen werden (vgl Form IV.L.3, Anm. 2, 8). Ausführliche Erläuterungen jeweils mwN zur Bürgschaft zahlbar auf erstes Anfordern, insbesondere zur Frage der wirksamen Vereinbarung einer entsprechenden Sicherungsabrede im Grundgeschäft und zu etwaigen Auswirkungen der Unwirksamkeit der Sicherungsabrede auf das

Auftragsverhältnis sowie die Bürgschaft selbst finden sich in *Blesch/Meyer/Steinwachs*, Rechtssicheres Avalgeschäft, Kap C (s auch → Anm. 1 unter IV.L.22.2).

18.2 Bürgschaftsklausel im Grundgeschäft

Wie bei der Bankgarantie, so ist die grundgeschäftliche Vereinbarung über die Erstellung einer Bankbürgschaft, die Bürgschaftsklausel (auch Sicherungsabrede), in aller Regel der Anlass für die entsprechende Beauftragung der Bank.

Zweck und Inhalt der Bürgschaft sollten sich aus der Bürgschaftsklausel ergeben, die Gegenstand des Hauptvertrags, aber auch einer gesonderten Absprache sein kann. In der Bürgschaftsklausel sollten die wesentlichen Merkmale der zu stellenden Bürgschaft, wie zB Betrag, Laufzeit, Sicherungszweck und -umfang, Name der bürgenden Bank und Ähnliches festgelegt sein. Auch der genaue Wortlaut der Bürgschaft kann bereits festgeschrieben werden. Es empfiehlt sich, die Kunden darauf hinzuweisen, dass sie sich in solchen Fällen vorab von der Bank Mustertexte geben lassen können oder auch die Bank bitten können, vor Unterzeichnung des Hauptvertrags die vereinbarten Bürgschaftstexte auf ihre Eignung und Durchführbarkeit zu überprüfen. Dies empfiehlt sich umso mehr, als in der grundgeschäftlichen Vereinbarung Bankbürgschaft und Bankgarantie häufig verwechselt werden. Es liegt daran, dass sich die Grundgeschäftsparteien die rechtliche Unterscheidung zwischen Bankbürgschaft und Bankgarantie oft nicht klarmachen, zumal zwischen der auf erstes Anfordern zahlbaren Bankbürgschaft und der Bankgarantie rechtspraktisch keine wesentlichen Unterschiede bestehen. Allein die Bezeichnung einer Verpflichtung als Bürgschaft oder Garantie lässt keinen sicheren Rückschluss auf den wahren Rechtscharakter der von den Grundgeschäftsparteien gewünschten Sicherheit zu. Beide Termini werden häufig gleichbedeutend gebraucht und deshalb verwechselt. Bei verbleibenden Zweifeln ist daher der eigentliche Parteiwille zu hinterfragen.

19. Auftrag zur Erstellung einer Bankbürgschaft

Avalauftrag[1]

Filial-/Konto-Nr.	Referenz	Sachbearbeiter/Telefon

Ich/Wir bitte(n) Sie, in meinem/unserem Auftrag und für meine/unsere Rechnung eine Verpflichtung gemäß den nachstehenden Angaben zu übernehmen.

An

(Name und Anschrift der Garantiebank)

Währung, Betrag:

Gültig bis [TT.MM.JJJJ]:

(Alternativ, sofern keine datumsmäßige Befristung)
Wirtschaftliche Laufzeit
laut Grundgeschäft:

Begünstigter	Name und volle Anschrift
Art der Verpflichtung	❒ Bürgschaft ❒ Bürgschaft auf 1. Anfordern[2] *(Bürgschaften in der Regel nur für Begünstigte im Inland)*[3] ❒ Garantie ❒ Garantie gemäß URDG 758* ❒ Standby Letter of Credit gemäß ISP 98 ❒ Standby Letter of Credit gemäß UCP 600
Zweck[4]	❒ Bietung ❒ Anzahlung ❒ Lieferung ❒ Leistung ❒ Vertragserfüllung ❒ Gewährleistung ❒ Zahlung ❒ Kreditsicherung ❒ Miete ❒ Prozess ❒ Zoll ❒ Sonstiges (Bitte Einzelheiten angeben)
	Bietschluss / Ausschreibungs-Nr./Datum / Angebots-Nr./Datum / Vertrags-Nr./Datum
	Gegenstand des ❒ Angebots ❒ Grundgeschäfts (ggfs. im Interesse von)
	In Höhe von % des Gesamtpreises von / In Höhe von / Bezugsgröße
	Weitere Einzelheiten
	Sprache der Verpflichtung
Wortlaut der Verpflichtung	❒ Ihr Text[5] bzw. Text Ihrer Korrespondenten ❒ Text gemäß Anlage[6]
Erstellende Bank	❒ Sie gegenüber dem Begünstigten (direkt)[7] ❒ Korrespondenzbank Ihrer Wahl (indirekt) ❒ Folgende Bank (indirekt) ❒ Sie, avisierende Bank (direkt)
Übermittlung der Urkunde an	❒ uns ❒ den Begünstigten ❒ folgende Adresse
Art der Übermittlung	❒ Brief ❒ Abholung ❒ Teletransmission (ggfs. avisierende Bank) ❒ Kurierdienst
Besonderheiten[8]	❒ Inkrafttretensklausel ❒ Reduzierungs- klausel ❒ Sonstige

Für diesen Auftrag gelten Ihre „Bedingungen für das Avalgeschäft".[8]

*Soll die Garantie den „Einheitlichen Richtlinien für auf erstes Anfordern zahlbare Garantien" (URDG 758) der Internationalen Handelskammer, Paris, unterliegen, findet Ziffer 11 Satz 2 der „Bedingungen für das Avalgeschäft" keine Anwendung.[9]

. . . .

Ort, Datum Firmenstempel, rechtsverbindliche Unterschrift(en) des Auftraggebers

Anmerkungen

1. Dieses Formular kann aus Vereinfachungsgründen sowohl für den Auftrag zur Erstellung einer Bankgarantie wie auch einer Bankbürgschaft verwendet werden (vgl auch Avalauftrag nebst Anmerkungen unter → Form. IV.L.2 für das Garantiegeschäft).

2. Die Entscheidung des BGH WM 90, 1410/1411 und dessen Qualifikation der Bürgschaft auf erstes Anfordern als „äußerst risikoreiches Geschäft" machen eine dahin gehende eindeutige Weisung des Kunden erforderlich. Zur Problematik der Bürgschaft auf erstes Anfordern *Blesch/Meyer/Steinwachs,* Rechtssicheres Avalgeschäft, Kap C; *Bydlinski* WM, 1990, 1401, 1991, 257 und *Heinsius* FS Merz 1992, 177.

3. Dieser Hinweis gibt die überwiegende Praxis wieder, die ihrerseits darauf zurückzuführen ist, dass grenzüberschreitend Garantien wegen ihrer Loslösung vom Grundgeschäft das geeignetere Instrument darstellen, da die Geltendmachung von Einreden und Einwendungen entfällt. Eine Bürgschaft würde sich nicht nur sprachlichen (insbesondere bei fremdsprachigen Bürgschafttexte bzw. notwendigen Übersetzungen), sondern bei grenzüberschreitenden Grundgeschäften auch zusätzlichen tatsächlichen wie rechtlichen Verständigungs- und Darlegungsschwierigkeiten gegenübersehen.

4. Je nach grundgeschäftlicher Vereinbarung und Ausgestaltung der Bürgschaftsklausel ist im Auftrag genau zu präzisieren, welche Bürgschaftsart zu erstellen ist. Bedingt durch den schwerpunktmäßigen Inlandseinsatz von Bürgschaften ist die Variationsbreite der Bürgschaftsarten erheblich größer als die der Garantiearten. Sie reicht von den im Avalauftrag bereits ausdrücklich genannten Bürgschaftsarten und deren Spielarten über Wechsel- und Scheckeinlösungsbürgschaften, Steuerbürgschaft, Sonderfälle wie die Bürgschaft für die Sicherstellung von Erschließungskosten bis hin zur Haftverschonungsbürgschaft.

5. Da der Einsatz der Bankbürgschaft schwerpunktmäßig im Inland erfolgt, wird es idR der Text der beauftragten Bank sein. Der Einschaltung einer Korrespondenzbank bedarf es dann nicht.

6. Diese Alternative berücksichtigt vor allem jene Fallgestaltungen, in denen die Bürgschaftstexte vom Bürgschaftsnehmer vorgegeben werden.

7. Wegen des überwiegenden Inlandseinsatzes wird bei Bürgschaften in der Regel nur die direkte Erstellung in Frage kommen.

8. Zu den verschiedenen Möglichkeiten vgl „Variable und alternative Bürgschaftsbausteine" unter → Form. IV.L.22.

20. Bedingungen für das Avalgeschäft

Die oben unter → Form. IV.L.3 wiedergegebenen und kommentierten „Bedingungen für das Avalgeschäft" gelten, wie aus der Präambel ersichtlich, auch für Bankbürgschaften. Daher kann auf die dortigen Ausführungen verwiesen werden. Spezielle bürgschaftsbezogene Regelungen sind in Ziff 7 Abs 2 und Ziff 8 Abs 3 enthalten.

21. Elementare Bürgschaftsbausteine

An[1]

. . . . . [Bürgschaftsnehmer, Anschrift]

Wir wurden davon unterrichtet, dass zwischen Ihnen und . . . . . [Name/Firma des Hauptschuldners][2] am . . . . . [Vertragsdatum][2] mit Vertrags-Nr . . . . . ein . . . . . [Art des Vertrages/Vertragsgegenstand][2] abgeschlossen wurde, der die Besicherung nachstehender Verpflichtung(en) des Vertragspartners mittels . . . . . [Art der Bürgschaft][2] vorsieht: . . . . . [verbürgte Verpflichtung(en)],[2] nachstehend „Verpflichtung(en)".

Dies vorausgeschickt, übernehmen wir wegen der Verpflichtung(en) die selbstschuldnerische[3] Bürgschaft unter Verzicht auf die Einreden der Vorausklage (§ 771 BGB), der Anfechtbarkeit und Aufrechenbarkeit (§ 770 BGB) bis zum Betrage[4] von

€[4]	in Worten: EURO[4]

einschließlich sämtlicher Nebenforderungen mit der Maßgabe, dass wir aus dieser Bürgschaft nur schriftlich auf Zahlung von Geld in Anspruch genommen werden können.[5, 6]

Anmerkungen

1. Die elementaren Bausteine einer Bankbürgschaft werden zum einen durch das Gebot der Bestimmtheit (s Palandt/*Sprau* § 765 Rn 6), zum anderen durch die Akzessorietät der Bürgschaft vorgegeben (Staudinger/*Horn* § 765 Rn 13 f). Erforderlich sind folglich neben einer Präambel und genauen Angaben des Gläubigers, des Hauptschuldners und der fremden Schuld, für die gebürgt werden soll, ein eindeutiger Verbürgungswille in Form. der Zahlungsklausel, innerhalb derer zu präzisieren ist, auf welche Einreden verzichtet wird, ob ein Haftungshöchstbetrag gelten und ob dieser Nebenforderungen wie zB Zinsen umfassen soll oder nicht.

2. Auswirkungen des Bestimmtheitsgrundsatzes.

3. Die Bankbürgschaft ist wegen § 349 HGB stets selbstschuldnerisch. Dennoch findet sich dieser klarstellende Hinweis in den Bürgschaftstexten, um entsprechenden Rückfragen vorzubeugen. Oftmals wird darüber hinaus die ausdrückliche Erklärung des Verzichts auf die Einrede der Vorausklage gewünscht, obgleich diese durch § 349 HGB der Bank verwehrt ist (s Baumbach/Hopt/*Hopt,* HGB, § 349 Rn 1).

4. Wichtig ist die Bestimmung des Betrages und der Währung.
Der Bürgschaftsbetrag selbst bemisst sich nach den Abmachungen des Grundgeschäfts bzw nach der Höhe der Hauptschuld, falls keine Höchstbetragsbürgschaft vereinbart wird.

Entsprechend der Bedeutung der Zahlungsklausel sind Betrag und Währung separat auszuwerfen und aus Sicherheitsgründen in Buchstaben zu wiederholen. Die Bestimmtheit des Betrages hat nicht nur Bedeutung für die Klarheit der Bürgschaft selbst, sondern ist auch – neben dem Zeitfaktor – maßgebliches Kriterium für die Kreditüberlegung.

5. Wegen der vorstehend unter → Anm. 4 erwähnten Kreditüberlegung ist generell in den von der Bank selbst formulierten Bürgschaftstexten nach der Betragsangabe auch der

Hinweis „. . . . . einschließlich sämtlicher Nebenforderungen . . . . ." vorgesehen. Trotz des Bedürfnisses einer exakten betraglichen Begrenzung gibt es jedoch Ausnahmefälle, bei denen zusätzlich zum Bürgschaftshöchstbetrag Zinsen und sonstige Kosten verbürgt werden sollen. Dann sollte versucht werden, den Bürgschaftsbetrag unter (rechnerischer) Einbeziehung der erwarteten Zinsen und Kosten nebst eventuellen Sicherheitsmargen höher zu stellen und somit alle Zusatzaufwendungen in den Bürgschaftsbetrag einzubeziehen. Falls dies nicht möglich ist, sollte auf eine gewisse Fixierung des Zinssatzes, zB „maximum x% pa ab (Datum) auf (Betrag)" und auf eine Präzisierung der Kosten (zB Kosten im Zusammenhang mit der Inanspruchnahme der Bürgschaft) Wert gelegt werden.

6. Zur Bürgschaft zahlbar auf erstes Anfordern s Ausführungen unter → Form. IV. L.18.1 und → Anm. 1 zur Zahlungsklausel unter → Form. IV.L.22.2.

22. Variable und alternative Bürgschaftsbausteine

22.1 Präambel

Die Bürgschaft wird mit einer Präambel eingeleitet. Sie ist räumlich als eigener Absatz vom übrigen Bürgschaftstext oder durch Einkastelung abzuheben. Mit ihr wird das Grundgeschäft (Hauptschuld) beschrieben, das in der Bürgschaftserstellung zugrundeliegt. Trotz der Akzessorietät der Bürgschaft sollten in der Präambel Formulierungen wie zB „. . . . . im Übrigen wird auf die Einzelheiten des Vertrages Bezug genommen" grundsätzlich vermieden werden, da der Vertrag der bürgenden Bank in vielen Fällen nicht vorliegt oder nicht zugänglich ist.

In der Präambel sind vielmehr nur die wichtigsten Kriterien für die Identifizierung der Hauptschuld anzugeben (zB Vertragspartner des Grundgeschäfts, Vertragsgegenstand, -datum, -nummer, -preis). Diese Einzelheiten sind entweder in „neutralisierter" Form. durch Einkastelung oder als Mitteilung/Information des Auftraggebers kenntlich zu machen (zB „Wir wurden davon unterrichtet, dass . . . . ." oder „Wie wir hörten, haben Sie mit . . . . .").

Bei der Präambel handelt es sich um einen elementaren, aber zugleich auch variablen Bürgschaftsbaustein, dessen Veränderungen durch den Grundsatz der Bestimmtheit bzw den Bürgschaftszweck bedingt werden. So sind bei einer Bietungsbürgschaft ua Angaben zur Ausschreibung, bei einer Prozessbürgschaft ua Angaben zur Art der gerichtlichen Entscheidung und zum Gericht erforderlich.

Bietungsbürgschaft[1]

Wir wurden davon unterrichtet, dass . . . . . [Name/Firma des Hauptschuldners] Ihnen unter Ihrer Ausschreibung Nr. . . . . vom . . . . . [Auschreibungsdatum], ein Angebot (Nr. . . . ., vom . . . . .) auf . . . . . [Angebotsgegenstand] unterbreitet hat und dass Ihre Ausschreibungsbedingungen die Erstellung einer Bietungsbürgschaft vorsehen.

Anzahlungsbürgschaft[2]

Wir wurden davon unterrichtet, dass zwischen Ihnen und . . . . . [Name/Firma des Hauptschuldners] am . . . . . [Vertragsdatum] mit Vertrags-Nr. . . . . ein . . . . . [Art des Vertrages/Vertragsgegenstand] abgeschlossen wurde, der eine Anzahlung in Höhe von . . . . .% des Gesamtpreises gegen die Erstellung einer Anzahlungsbürgschaft vorsieht.

Lieferbürgschaft[3]

Wir wurden davon unterrichtet, dass zwischen Ihnen und ..... [Name/Firma des Hauptschuldners] am ..... [Vertragsdatum] mit Vertrags-Nr. .... ein ..... [Art des Vertrages] über die Lieferung von ..... [Vertragsgegenstand], nachstehend „Lieferverpflichtung(en)" abgeschlossen wurde, der die Erstellung einer Lieferbürgschaft vorsieht.

Vertragserfüllungsbürgschaft[4]

Wir wurden davon unterrichtet, dass zwischen Ihnen und ..... [Name/Firma des Hauptschuldners] am ..... [Vertragsdatum] mit Vertrags-Nr. .... ein ..... [Art des Vertrages/Vertragsgegenstand] abgeschlossen wurde, der die Besicherung nachstehender Verpflichtung(en) des Vertragspartners mittels Vertragserfüllungsbürgschaft vorsieht: ..... [verbürgte Verpflichtung(en)], nachstehend „Verpflichtung(en)".

Mängelansprüchebürgschaft[5]

Wir wurden davon unterrichtet, dass zwischen Ihnen und ..... [Name/Firma des Hauptschuldners] am ..... [Vertragsdatum] mit Vertrags-Nr. .... ein ..... [Art des Vertrages] über die Lieferung/Erbringung von ..... [Vertragsgegenstand] abgeschlossen wurde, der die Erstellung einer Mängelansprüchebürgschaft vorsieht.

Zahlungsbürgschaft[6]

Wir wurden davon unterrichtet, dass zwischen Ihnen und ..... [Name/Firma des Hauptschuldners] am ..... [Vertragsdatum] mit Vertrags-Nr. .... ein ..... [Art des Vertrages/Vertragsgegenstand] abgeschlossen wurde, der die Besicherung nachstehender Zahlungsverpflichtung(en) des Vertragspartners mittels Zahlungsbürgschaft vorsieht: ..... [verbürgte Verpflichtung(en)], nachstehend „Verpflichtung(en)".

Kreditsicherungsbürgschaft[7]

Wir wurden davon unterrichtet, dass zwischen Ihnen und ..... [Name/Firma des Hauptschuldners] am ..... [Vertragsdatum] mit Vertrags-Nr. .... ein ..... [Art des Kreditvertrages/Vertragsgegenstand] abgeschlossen wurde, der die Besicherung nachstehender Verpflichtung(en) des Vertragspartners mittels Kreditsicherungsbürgschaft vorsieht: ..... [verbürgte Verpflichtung(en)], nachstehend „Verpflichtung(en)".

Mietbürgschaft*[8]

Wir wurden davon unterrichtet, dass zwischen Ihnen und ..... [Name/Firma des Hauptschuldners] am ..... [Vertragsdatum] mit Vertrags-Nr. .... ein ..... Mietvertrag über ..... [Vertragsgegenstand] abgeschlossen wurde, der die Besicherung nachstehender Verpflichtung(en) des Vertragspartners mittels Mietbürgschaft vorsieht: ..... [verbürgte Verpflichtung(en)], nachstehend „Verpflichtung(en)".

*) falls Pacht, jeweils durch Pachtbürgschaft, Verpächter, Pächter, Pachtvertrag und pachtvertragliche Verpflichtungen zu ersetzen

Prozessbürgschaft[9] (zur Erlangung der vorläufigen Vollstreckbarkeit)

In dem Rechtsstreit

des/der ....., ..., ...,

[vertreten durch .....,]

– Kläger –

Prozessbevollmächtigter: . . . . .

gegen

den/die . . . . ., ..., ...,

[vertreten durch . . . . .,]

– Beklagter –

Prozessbevollmächtigter: . . . . .

ist der Beklagte durch . . . . .-Urteil des . . . . .-gerichts . . . . ., Aktenzeichen: . . . . ., vom . . . . ., verurteilt worden,

. . . . . [Wortlaut der gerichtlichen Anordnung bez. materiellrechtlicher Forderung und deren vorläufiger Vollstreckbarkeit einfügen].

Wechseleinlösungsbürgschaft[10]

Wir wurden davon unterrichtet, dass Sie legitimierter Inhaber eines Wechsels folgenden Inhalts sind:

Aussteller: . . . . .

Bezogener und Akzeptant: . . . . .

ausgestellt am: . . . . .

Ausstellungsort: . . . . .

zahlbar bei . . . . ., Filiale . . . . .

fällig am . . . . .

Wechselbetrag: EUR . . . . .

und dass die Zahlung des Wechselbetrages binnen zweier Werktage nach Fälligkeit („Wechselverpflichtung") mittels Bankbürgschaft besichert werden soll.

Anmerkungen

1. Die **Bietungsbürgschaft** dient bei Ausschreibungen der finanziellen Absicherung der ausschreibenden Stelle für den Fall, dass der Bieter den Zuschlag erhalten und es versäumt hat, die seinem Angebot entsprechenden Verpflichtungen zu erfüllen. In der Bietungsbürgschaft kann zusätzlich die Bereitschaft des Bürgen zum Ausdruck gebracht werden, eventuell später erforderlich werdende Sicherheiten (zB Vertragserfüllungsbürgschaft) zu übernehmen.

2. Die **Anzahlungsbürgschaft** dient der finanziellen Absicherung des Käufers für den Fall, dass der Verkäufer eine vom Käufer erhaltene Anzahlung oder Vorauszahlung nicht zurückerstattet, obgleich er die vertraglich vereinbarten Lieferungen/Leistungen nicht erbringt.

3. Die **Lieferbürgschaft** dient der finanziellen Absicherung des Käufers für den Fall, dass der Lieferant seinen vertraglichen Liefer- oder Leistungsverpflichtungen nicht nachkommt.

In der Regel wird nur die ordnungsgemäße Durchführung der Lieferung/Leistung insbesondere in Bezug auf deren Vollständigkeit und Fristigkeit verbürgt, nicht dagegen etwaige Gewährleistung.

4. Die **Vertragserfüllungsbürgschaft** dient der finanziellen Absicherung des Käufers für den Fall, dass der Verkäufer seinen vertraglichen Pflichten nicht nachkommt. Bei ihr ist die vollständige Erfüllung des zugrundeliegenden Vertrages Gegenstand der Haftungserklärung, während die sonstigen Bürgschaften in der Regel nur bestimmte Teilerfüllungen eines Vertrages besichern.

Zur Verdeutlichung wird daher oftmals ausdrücklich von einer Vertragserfüllungs- und Mängelansprüchebürgschaft gesprochen (zur Fragestellung, ob und inwieweit Mängelhaftungsansprüche vom Sicherungszweck einer Vertragserfüllungsbürgschaft umfasst sind s *Blesch/Meyer/Steinwachs,* Rechtssicheres Avalgeschäft, S 45).

In der Regel bewegt sich der Betrag einer Vertragserfüllungsbürgschaft zwischen 10 % (häufig) und 20 % (seltener) des Auftragswertes, kann im Ausnahmefall zB bei Einbeziehung eines Vertragsstrafeversprechens, aber auch 100 % desselben betragen.

5. Die **Mängelansprüchebürgschaft** (vormals Gewährleistungsbürgschaft) dient der finanziellen Absicherung des Käufers für den Fall, dass der Lieferant seinen vertraglichen Mängelhaftungspflichten nicht nachkommt.

In der Regel bewegt sich die betragliche Höhe einer Mängelansprüchebürgschaft zwischen 5 und 10 % des Auftragswertes, wobei 10 % eher die Ausnahme darstellen. Nach § 9c Nr 2 VOB/A soll die Sicherheit für die Erfüllung sämtlicher Verpflichtungen aus dem Vertrag 5 % der Auftragssumme nicht überschreiten, wobei die Sicherheit für Mängelansprüche nicht höher als 3 % sein soll.

Oftmals löst die Mängelansprüchebürgschaft einen vereinbarten Sicherheitseinbehalt ab, von dessen Auszahlung und Erhalt durch den Verkäufer ihr Inkrafttreten abhängig gemacht werden kann. Die Laufzeit hängt von der vereinbarten Verjährungsfrist ab. Nach BGB sind es in der Regel zwei (für Sachen) bzw. fünf Jahre (für Bauwerke) (§ 634a Abs. 1 Nr. 1 bzw. 2 BGB), nach VOB/B ein bis vier Jahre (§ 13 Abs. 4 Nr. 1 VOB/B). Sofern eine Sicherheitsleistung vereinbart ist und die VOB/B anwendbar sind, hat der Besteller (in der VOB/B Auftraggeber genannt) im Falle der Sicherheitsleistung durch Bürgschaft jedoch Anspruch auf eine nicht auf bestimmte Zeit begrenzte selbstschuldnerische Bürgschaft, die nach seinen Vorschriften auszustellen ist (§ 17 Abs. 4 VOB/B). Zum vereinbarten Zeitpunkt, andernfalls in der Regel 2 Jahre ab Abnahme der Bauleistung hat er eine nicht verwertete Sicherheit zurückzugeben, es sei denn, geltend gemachte Ansprüche sind zu diesem Zeitpunkt noch nicht erfüllt (§ 17 Abs. 8 Nr. 2 VOB/B).

6. Die **Zahlungsbürgschaft** dient der finanziellen Absicherung eines Gläubigers (zB Lieferant oder Dienstleister) für den Fall, dass der Schuldner (zB Käufer oder Auftraggeber) seinen Zahlungsverpflichtungen nicht nachkommt. Sie kann auch als globale Zahlungsbürgschaft vorgesehen werden, dh als Sicherheit für den Fall regelmäßiger Zahlungsverpflichtungen aus einer laufenden Geschäftsverbindung. Sofern Ratenzahlungen vereinbart sind, kann sich die Bürgschaft entsprechend ermäßigen. Zur Reduktion des Bürgschaftsbetrages bei Ratenzahlungen siehe unter → Form. IV.L.22.3.

7. Eine Bank wird idR jede Art von Inlandskredit mit verschiedenen Laufzeiten selbst darstellen können, so dass eine Verbürgung fremder Kredite obsolet erscheint. Dennoch kann es plausible Gründe für einen Avalauftraggeber geben, die es aus seiner Sicht sinnvoll erscheinen lassen, dass eine Bank in seinem Auftrag lediglich das Risiko für den Kredit übernimmt, nicht jedoch selbst den Kredit gewährt. Die Gründe für eine solche **Kreditsicherungsbürgschaft** können darin liegen, dass zB ein besonderer Zinssatz zwischen Kreditgeber oder Kreditnehmer vereinbart wurde oder der Kredit sogar zinslos ausgereicht wurde, so dass die Avalprovision der bürgenden Bank dadurch kompensiert wird.

8. Die **Miet- oder Pachtbürgschaft** dient der finanziellen Absicherung des Vermieters oder Verpächters für den Fall, dass der Mieter oder Vermieter seine vertraglichen Verpflichtungen aus dem Mietvertrag nicht erfüllt. Oftmals ersetzt sie die vom Mieter oder Pächter zu stellende Barkaution.

9. Im Zusammenhang mit prozessualen Verfahrensabläufen kann die Leistung einer Sicherheit für in der Regel noch nicht endgültig feststehende Ansprüche entweder vom Gericht bestimmt oder von den beteiligten Parteien vereinbart werden. Nach § 108 ZPO kann das Gericht in den Fällen der Anordnung einer prozessualen Sicherheit nach freiem Ermessen bestimmen, in welcher Art und Höhe die Sicherheit zu leisten ist. Diese Sicherheitsleistung kann auch durch die Bürgschaft eines im Inland zum Geschäftsbetrieb befugten Kreditinstituts (§ 108 ZPO) erbracht werden. In diesem Fall verbürgt sich die Bank im Auftrag einer der im Gerichtsverfahren beteiligten Personen der gegnerischen Partei gegenüber zwecks Erreichung eines prozessualen Vorteils, zB zwecks Ermöglichung der Zwangsvollstreckung aus einem noch nicht rechtskräftigen Urteil.

Prozessbürgschaften sind nach § 108 ZPO grundsätzlich schriftlich, unwiderruflich, unbedingt und unbefristet zu erstellen. Ausnahmsweise wird eine auflösende Bedingung daher nur dann zugelassen, wenn der Eintritt in der Hand des Sicherungsberechtigten liegt, vgl zB die Rückgabe der Erklärung an den Bürgen.

Die Erstellung der hier wiedergegebenen Bürgschaft ist dann erforderlich, wenn eine gerichtliche Entscheidung nur gegen eine der Höhe nach zu bestimmende Sicherheit für vorläufig vollstreckbar erklärt werden kann und demzufolge auf Antrag gegen eine Prozessbürgschaft für vorläufig vollstreckbar erklärt wird, § 709 ZPO. Die obsiegende Partei kann sich somit noch vor Eintritt der Rechtskraft am Vermögen der unterliegenden Partei befriedigen und braucht nicht zu warten, bis der Prozess unter Umständen durch alle Instanzen gelaufen ist und das Vermögen des Unterlegenen bis zu einem endgültigen Urteil gemindert oder verloren ist. Verbürgt wird durch die Bürgschaft die eventuelle Rückzahlungs- und Schadensersatzverpflichtung des Obsiegenden für den Fall, dass das Urteil aufgehoben oder abgeändert wird.

Weitere Formen: Prozessbürgschaft zur Abwendung oder Einstellung der Zwangsvollstreckung, zur Abwendung der Sicherungsvollstreckung gemäß § 720a Abs 3 ZPO und zur Abdeckung der Prozesskosten bei Angehörigen fremder Staaten.

10. Beispiel einer sonstigen Bürgschaftsart. Die **Wechseleinlösungsbürgschaft** dient der finanziellen Absicherung des Wechselnehmers bzw -inhabers für den Fall, dass der Bezogene seiner wechselmäßigen Zahlungsverpflichtung auch innerhalb von zwei Werktagen nach Fälligkeit nicht nachkommt. Zur Vermeidung von Wechselprozessen mit bankseitiger Beteiligung, aber auch zur Vermeidung der unkontrollierten Weitergabe von Wechseln mit bankseitiger Unterschrift lehnen es Banken idR ab, als Wechselbürge auf einem Wechsel selbst zu unterschreiben. Denkbar ist dann lediglich eine vom Wechsel körperlich losgelöste Wechseleinlösungsbürgschaft, die als Sicherheit für die Einlösung des Wechsels durch den Wechselbezogenen dienen kann.

22.2 Zahlungsklausel

Bietungsbürgschaft[1]

Dies vorausgeschickt, übernehmen wir wegen der mit der Angebotsabgabe übernommenen Verpflichtung(en) die selbstschuldnerische Bürgschaft unter Verzicht[2*] auf die Einreden der Vorausklage (§ 771 BGB), der Anfechtbarkeit und Aufrechenbarkeit (§ 770 BGB) bis zum Betrage von[3*]

€	in Worten: EURO

einschließlich sämtlicher Nebenforderungen[4*] mit der Maßgabe, dass wir aus dieser Bürgschaft nur schriftlich auf Zahlung von Geld in Anspruch genommen werden können.[5*]

*) Die → Anm. 2–5 beziehen sich auf die Zahlungsklausel im Allgemeinen und nicht nur auf die Zahlungsklausel einer Bietungsbürgschaft.

Anzahlungsbürgschaft

Dies vorausgeschickt, übernehmen wir wegen der Rückzahlungsverpflichtung(en) die selbstschuldnerische Bürgschaft unter Verzicht auf die Einreden der Vorausklage (§ 771 BGB), der Anfechtbarkeit und Aufrechenbarkeit (§ 770 BGB) bis zum Betrage von

€	in Worten: EURO

einschließlich sämtlicher Nebenforderungen mit der Maßgabe, dass wir aus dieser Bürgschaft nur schriftlich auf Zahlung von Geld in Anspruch genommen werden können.

Prozessbürgschaft (zur Erlangung der vorläufigen Vollstreckbarkeit)

Dies vorausgeschickt, übernehmen wir wegen aller Ansprüche, die dem Beklagten und Bürgschaftsnehmer im Falle der Aufhebung der oben bezeichneten gerichtlichen Entscheidung durch die Vollstreckung oder durch eine zur Abwendung der Vollstreckung erbrachte Leistung etwa entstehen sollten, die unwiderrufliche, unbedingte und unbefristete selbstschuldnerische Bürgschaft unter Verzicht auf die Einreden der Vorausklage (§ 771 BGB), der Anfechtbarkeit und Aufrechenbarkeit (§ 770 BGB) bis zum Betrage von

€	in Worten: EURO

einschließlich sämtlicher Nebenforderungen mit der Maßgabe, dass wir aus dieser Bürgschaft nur schriftlich auf Zahlung von Geld in Anspruch genommen werden können.

Wechseleinlösungsbürgschaft

Dies vorausgeschickt, übernehmen wir wegen der Wechselverpflichtung die selbstschuldnerische Bürgschaft unter Verzicht auf die Einreden der Vorausklage (§ 771 BGB), der Anfechtbarkeit und Aufrechenbarkeit (§ 770 BGB) bis zum Betrage von

€	in Worten: EURO

einschließlich sämtlicher Nebenforderungen mit der Maßgabe, dass wir aus dieser Bürgschaft nur schriftlich auf Zahlung von Geld in Anspruch genommen werden können.

Anmerkungen

1. Im Anschluss an die Präambel folgt – räumlich getrennt – die Zahlungsklausel. Diese Klausel, auch Tenor genannt, enthält mit dem Zahlungsversprechen für den Bürgschaftsfall und der Regelung für die Form. der Inanspruchnahme den wichtigsten Teil der Bürgschaft.

Je nach Zweck, dem die Bürgschaft dient, ist auch die Zahlungsklausel entsprechend anzupassen. Die nachstehend wiedergegebenen Zahlungsklauseln sind Bestandteil von einfachen Bürgschaften, die in der Praxis nach wie vor überwiegen. Die Zahlungsklauseln von weiteren Bürgschaften (zB Liefer-, Vertragserfüllungs-, Mängelansprüche-, Zahlungs-, Kreditsicherungs- und Mietbürgschaft) können aufbauend auf den vorgenannten Zahlungsklauseln bzw der Zahlungsklausel unter IV.L.21 sowie unter Berücksichtigung der jeweiligen Präambel (siehe unter → Form. IV.L.22.1) erstellt werden.

Nach der Rechtsprechung des BGH kann die Zahlungsverpflichtung des Bankbürgen, um die Verpflichtung „auf erstes Anfordern" Zahlung zu leisten, erweitert werden (s unter → Form. IV.L.18). Bei den wiedergegebenen Zahlungsklauseln wäre dann die Formulierung

„Diese Bürgschaft ist zahlbar auf erstes Anfordern unter gleichzeitiger schriftlicher Erklärung des Bürgschaftsnehmers, dass der Hauptschuldner seinen verbürgten Verpflichtung(en) nicht nachgekommen ist."

zu ergänzen.

Bei der grundgeschäftlichen Ausgestaltung einer Bürgschaftsklausel, die den Hauptschuldner verpflichtet, für die Stellung einer (Bank)Bürgschaft zahlbar auf erstes Anfordern Sorge zu tragen, ist jedoch Vorsicht geboten.

So hat der BGH mit Urteil vom 5.6.1997 (WM 1997, 1675 ff) zum Bauvertragsrecht (schlüsselfertige Errichtung mehrerer großer Bauvorhaben) entschieden, dass die formularmäßige Klausel, wonach für die Dauer einer fünfjährigen Gewährleistung – vor der Schuldrechtsreform Bezeichnung für Mängelhaftung – eine Summe von 5 % des Werklohns als Sicherheit einbehalten bleibt, im Ergebnis gegen § 9 Abs 2 Nr 1 AGBG – jetzt § 307 Abs 2 Nr 1 BGB – verstößt, falls sie nur gegen unbedingte, unbefristete, unwiderrufliche, selbstschuldnerische und auf erstes Anfordern zahlbare Bankbürgschaft ablösbar ist.

Zu diesem Ergebnis gelangt der BGH über eine Interessenabwägung. Soweit es das Recht zum Einbehalt von 5 % der Auftragssumme als Gewährleistungssicherheit betreffe, beeinträchtige die Klausel den Auftragnehmer als Kunden entgegen den Geboten von Treu und Glauben unangemessen, sofern ihm kein entsprechender Ausgleich zugestanden werde. Eine auf erstes Anfordern zahlbare Bürgschaft eröffne dem Auftragnehmer keine faire Alternative. Der Auftraggeber könne als Bürgschaftsgläubiger den verbürgten Betrag sofort erlangen, ohne schlüssig darlegen zu müssen, dass die durch die Bürgschaft gesicherte Hauptforderung bestehe. In diesem Falle wäre der Auftragnehmer wegen seiner Ansprüche auf einen uU langjährigen Prozess angewiesen und müsse während dieser Zeit in vollem Umfang das Bonitätsrisiko des Auftraggebers tragen. Für diese Risikoverlagerung bestehe ebenso wenig eine Berechtigung wie beim Einbehalt; das Sicherungsmittel solle die Gewährleistungsansprüche des Bestellers sichern, nicht aber zu einer Steigerung seiner Liquidität führen und dadurch das Bonitäts- und Liquiditätsrisiko einseitig verlagern.

Unabhängig von Fragen der Ablösung eines Sicherheitseinbehalts für Gewährleistung wurde die Unangemessenheit der einseitigen Verlagerung des Liquiditätsrisikos zwischenzeitlich vom BGH auch für die AGB-mäßige Verpflichtung des Auftragnehmers (Hauptschuldners) in Bauverträgen angesprochen, eine auf erstes Anfordern zahlbare Vertragserfüllungsbürgschaft erstellen zu lassen. So hat der BGH in seinen Urteilen vom 18.4.2002, WM 2002, 1415, und 4.7.2002, WM 2002, 1876, mit vergleichbaren Argumenten wie zu Gewährleistungsbürgschaften gerügt, dass durch eine derartige AGB-mäßige Verpflichtung dem Auftraggeber (Bürgschaftsnehmer) eine Sicherheit gewährt würde, welche der Auftraggeber auch zu Unrecht ziehen könne. Wäre der Auftragnehmer auf einen Rückforderungsprozess angewiesen, würde er letztlich das zwischenzeitliche Insolvenzrisiko des Auftraggebers tragen. Daher sei eine derartige AGB-Klausel wegen Verstoßes gegen § 9 Abs 1 AGBG (jetzt § 307 BGB) unwirksam. Mit einer weiteren Entscheidung vom 25.3.2004, ZIP 2004, 1004, hat der BGH diese Rechtsprechung auch auf eine entsprechende Verpflichtung in Allgemeinen Geschäftsbedingungen eines öffentlichen Auftraggebers erstreckt, obwohl eine unberechtigte Verlagerung des Insolvenzrisikos als Begründung ausscheide. Es reiche die einseitige Verlagerung des Liquiditätsrisikos.

Da diese Rechtsprechung jedoch nur die AGB-mäßig ausgestaltete Bürgschaftsklausel im Rahmen von Bauverträgen (Grundgeschäft) betrifft und die Wirksamkeit einer auf erstes Anfordern zahlbaren Bürgschaft nicht tangiert, können auch weiterhin solche Bürgschaften auftragsgemäß und wirksam erstellt werden. Davon unabhängig stellt sich die Frage, ob die Bürgschaftsklausel als eine rechtlich wirksame Individualvereinbarung oder als eine Allgemeine Geschäftsbedingung zu qualifizieren ist, die an der oben erwähnten BGH-Rechtsprechung scheitert (zur ergänzenden Vertragsauslegung bei durch unwirksame Bürgschaftsklauseln entstehenden Vertragslücken siehe unten). Allerdings besteht für die betroffene Bank als Bürgin einer Mängelhaftungs- bzw Vertragserfüllungsbürgschaft zahlbar auf erstes Anfordern das Risiko, dass sich ihr Kunde (Avalauftraggeber/Hauptschuldner) im Falle einer nach der obigen BGH-Rechtsprechung unwirksamen Bürgschaftsklausel auf den Einwand des Rechtsmissbrauchs beruft (dazu mit weiteren Erläuterungen u mwN *Blesch/Meyer/Steinwachs,* Rechtssicheres Avalgeschäft, Kap C, insb S 99).

Bei der Fallkonstellation der Vertragserfüllungsbürgschaft sieht die Rechtsprechung die Möglichkeit, durch unwirksame Bürgschaftsklauseln auftretende Vertragslücken im Wege ergänzender Vertragsauslegung zu schließen, sofern der grundgeschäftliche Vertrag vor Bekanntwerden der nachstehenden Entscheidung des BGH vom 4.7.2002 geschlossen wurde (BGH vom 4.7.2002, BGH WM 2002, 1876 bestätigt durch BGH vom 25.3.2004, ZIP 2004, 1004). An deren Stelle soll dann jene Gestaltung treten, die die Parteien bei sachgerechter Abwägung der beiderseitigen Interessen gewählt hätten, wäre ihnen die Unwirksamkeit der Geschäftsbedingungen bekannt gewesen. Für solche Fälle gibt die Rechtsprechung dem Auftraggeber das Recht, vom Bürgschaftsnehmer die schriftliche Verpflichtung gegenüber ihm und dem Bankbürgen zu verlangen, die auf erstes Anfordern zahlbare Bürgschaft nur als einfache selbstschuldnerische Bürgschaft geltend zu machen (BGH vom 10.4.2003, WM 2003, 1388). Im Gegensatz dazu hat es die Rechtsprechung stets abgelehnt, eine wie auch immer geartete Heilung bzw ergänzende Vertragsauslegung bei einer unwirksamen Bürgschaftsklausel betreffend die Ablösung eines Gewährleistungseinbehalts durch eine auf erstes Anfordern zahlbare Bankbürgschaft zu akzeptieren (BGH vom 9.12.2004, WM 2005, 268 ff).

Der gravierende Unterschied zwischen einfacher und auf erstes Anfordern zahlbarer Bürgschaft zeigt sich spätestens bei einer Inanspruchnahme. Kommt es zu einer Inanspruchnahme, so ist wie folgt zu unterscheiden: Bei der einfachen Bürgschaft ist der Kunde um Stellungnahme zu bitten und es ist ihm Gelegenheit zu Einreden und Einwendungen zu geben. Werden Einreden und Einwendungen erhoben und geht aus den vom Kunden eingereichten Unterlagen hervor, dass die Inanspruchnahme der Bank zu Unrecht erfolgt, hat die Bank die Zahlung zu verweigern.

Die Pflicht zur Unterrichtung des Auftraggebers über eine Inanspruchnahme besteht auch bei einer Bürgschaft auf erstes Anfordern. Eine Zahlungsverweigerung kann die Bank jedoch nur aussprechen, wenn aus den vom Kunden unverzüglich vorgelegten Unterlagen ohne weiteres und zweifelsfrei der liquide Beweis ersichtlich ist, dass die Inanspruchnahme offensichtlich rechtsmissbräuchlich erfolgt. Der bloße Verdacht reicht nicht aus. Sämtliche Streitigkeiten tatsächlicher oder rechtlicher Natur sind im Rahmen eines etwaigen Rückforderungsprozesses zu klären und berechtigen die Bank nicht zur Zahlungsverweigerung.

2. Neben dem Verzicht auf die Einreden der Anfechtbarkeit, Aufrechenbarkeit (dazu s unter → Form. IV.L.18.1) und Vorausklage wird im Rahmen der Zahlungsklausel auch häufig der generelle Verzicht auf die dem Hauptschuldner zustehenden Einreden gewünscht, die der Bürge gemäß § 768 BGB dem Gläubiger gegenüber geltend machen kann. Hierbei ist jedoch Zurückhaltung geboten. Denn ein vom Bürgen zugestandener und formularmäßig vereinbarter genereller Verzicht auf die dem Hauptschuldner zustehenden Einreden und Einwendungen gemäß § 768 BGB ist nach neuerer höchstrichterlicher Rechtsprechung nicht wirksam (vgl BGH vom 8.3.2001 und 5.4.2001, WM 2001, 947 bzw 1060 sowie vom 12.2.2009, NJW 2009, 1664 und 16.6.2009, NJW 2009, 3422). Ein umfassender klauselmäßiger Ausschluss durchbricht nach der Rechtsprechung den Grundsatz, dass die Bürgschaft vom jeweiligen Bestand der Hauptschuld abhängig ist und den damit verbundenen Bürgenschutz so nachhaltig, dass er als unwirksam anzusehen ist, selbst für den Fall, dass der Verzicht Einreden ausklammert, soweit sie unbestritten oder rechtskräftig festgestellt sind. Eine entsprechende geltungserhaltende Reduktion der Sicherungsabrede (Schließung der Vertragslücke durch Vertragsauslegung) hat der Bundesgerichtshof mit seinen oben genannten Urteilen auch in dieser Konstellation abgelehnt.

3. Je nach Bürgschaftsart ist darauf zu achten, dass die Betragsfestsetzung nicht immer zur freien Disposition der Parteien steht. So ist zB bei Mietverträgen § 551 BGB von besonderer Bedeutung, wonach die Mietkaution drei Monatsmieten (ohne Einbeziehung von Nebenkosten) nicht übersteigen darf.

4. Zahlungsklausel einer Höchstbetragsbürgschaft.

5. Bei der vorliegenden Formulierung handelt es sich um eine „einfache" Zahlungsklausel, die im Hinblick auf die Form. der Inanspruchnahme lediglich vorgibt, dass die Bürgschaft schriftlich in Anspruch zu nehmen ist. Zur Aufnahme zusätzlicher Bedingungen in die Zahlungsklausel in Form. von Zusatzerklärungen oder zusätzlich vorzulegender Dokumente s *Blesch/Meyer/Steinwachs*, Rechtssicheres Avalgeschäft, Kap B I 1 f. S 17f).

22.3 Reduzierungsklausel

Diese Bürgschaft ermäßigt sich automatisch um . . . . . % von 100 % des Rechnungswertes jeder Lieferung (Leistung), sofern diese durch die Einreichung folgender Dokumente bei uns nachgewiesen wird:[1]

Rechnungskopie (aus der der Liefergegenstand und Liefervertrag mit Nr. und Datum ersichtlich sind) sowie Durchschrift einer Spediteur-Übernahmebescheinigung, ausgestellt an den Bürgschaftsnehmer, ausdrücklich ausweisend den Versand des in der Rechnungskopie ausgewiesenen Liefergegenstandes nach . . . . . [Lieferort] („Reduktionsnachweis").

oder[2]

Vom Bürgschaftsnehmer gegengezeichnete Rechnungskopie, aus der der Liefergegenstand sowie Liefervertrag mit Nr. und Datum ersichtlich sind und aus der der im Rahmen dieser Bürgschaft zu reduzierende Anteil am Bürgschaftshöchstbetrag hervorgehen muss („Reduktionsnachweis").

Wir werden Reduktionsnachweise mit angemessener Sorgfalt daraufhin prüfen, ob sie ihrer äußeren Aufmachung nach bezüglich Form. und Inhalt den in dieser Bürgschaft ausdrücklich enthaltenen Bürgschaftsangaben, insbesondere den Reduzierungsbedingungen zu entsprechen und einander nicht zu widersprechen scheinen.[3]

Anmerkungen

1. Je nach dem Zweck, dem die Bankbürgschaft dient, besteht die Möglichkeit, die Bürgschaft so zu formulieren, dass sie sich automatisch reduziert bzw erlischt, und zwar in dem Maße, in dem die verbürgte Verbindlichkeit (Hauptschuld) im Rahmen des Grundgeschäftes erfüllt wird. Als am Grundgeschäft nicht beteiligte Partei wird die Bank darauf zu achten haben, dass die Voraussetzungen für die Reduzierung bzw das Erlöschen in der Bürgschaft so formuliert werden, dass sie diese durch Vorlage von banküblichen Dokumenten bei ihr feststellen kann (es sei denn, die Reduktion erfolgt durch schlichten Zeitablauf). Zudem ist der von der Bank einzuhaltende Sorgfalts- und Prüfungsmaßstab festzulegen (vgl Ziff 4 der Bedingungen für das Avalgeschäft).

Ermäßigungen der Bürgschaft wird die Bank bei der Belastung des Avalkontos und bei der Berechnung der Avalprovision berücksichtigen, wenn die Bedingungen der Reduzierungsklausel der Bürgschaft zweifelsfrei erfüllt sind oder der Begünstigte schriftlich und bedingungslos die Reduzierung der Bürgschaft erklärt hat.

2. Auswahlmöglichkeit zwischen den beiden alternativen Formulierungen.

3. Diese Klausel kann um andere bei der Bank vorzulegende und möglichst genau zu bezeichnende Dokumente oder Kopien davon (zB Versandnachweis) ergänzt werden. Bei nicht völlig ausräumbaren Zweifeln und fehlendem Nachweis über die Reduzierung der Hauptschuld wird die Bank eine Reduzierung des Avalkontos nur bei einwandfreier Bonität des Kunden vornehmen und in Zweifelsfällen auf der Zustimmung der Reduzierung durch den Bürgschaftsbegünstigten bestehen.

22.4 Valutierungsklausel

Anzahlungsbürgschaft[1]

Diese Bürgschaft tritt in Kraft, sobald der Anzahlungsbetrag in voller Höhe von . . . . . [Währung und Betrag] vorbehaltslos zugunsten und zur freien Verfügung des [Firma/Name des Hauptschuldners] auf dessen Konto bei uns in . . . . ., Konto-Nr . . . . . [IBAN und BIC], unter Hinweis auf diese Bürgschaft eingegangen ist.[2]

Diese Bürgschaft tritt in Kraft, sobald und soweit Anzahlungsbeträge in [Währung] vorbehaltslos zugunsten und zur freien Verfügung des [Firma/Name des Hauptschuldners] auf dessen Konto bei uns in . . . . ., Konto-Nr . . . . . [IBAN und BIC], unter Hinweis auf diese Bürgschaft eingegangen sind.[3]

Anmerkungen

1. Grundsätzlich gilt, dass die Bank mit der Erstellung und Hinauslegung der Bürgschaft gegenüber dem Bürgschaftsnehmer aus dem Bürgschaftsvertrag verpflichtet ist, da dessen ausdrückliche Annahme der Bürgschaft nach der Verkehrssitte nicht zu erwarten ist. Dies bedeutet, dass von diesem Zeitpunkt an die Bürgschaftsverpflichtung in Kraft tritt und der Auftraggeber der Bank gegenüber auch im Obligo ist.

Das spätere Inkrafttreten einer Bürgschaft auf Grund einer in der Bürgschaft enthaltenen Klausel, wie sie hier wiedergegeben ist, bedeutet, dass der Bürgschaftsnehmer die Bank erst nach Zahlungseingang in Anspruch nehmen kann. Obligomäßig ist die Bank aber mit der Erstellung und Hinauslegung der Bürgschaft im Wort; sie kann sich nicht mehr einseitig von ihrer vertraglich eingegangenen Verpflichtung lösen, auch wenn diese aufschiebend bedingt ist. Dies bedeutet gleichzeitig, dass der Auftraggeber mit Erstellung der Bürgschaft avalmäßig zu belasten ist, ob mit oder ohne Valutierungsklausel. Vgl auch → Anm. 1 unter IV.L.6.4.

2. Die Valutierungsklausel muss klar regeln, ob eine Zahlungsverpflichtung unter der Bürgschaft erst bei Eingang des gesamten Anzahlungsbetrages begründet werden soll oder ob Teilzahlungen eine entsprechende teilweise Zahlungsverpflichtung begründen sollen (Schimansky/Bunte/Lwowski BankR-HdB/*T. Fischer,* § 121, Rn 32; zur letzteren Variante nachstehende → Anm. 3). Diese Formulierung ist zu verwenden, sofern die Zahlungsverpflichtung unter der Bürgschaft erst dann begründet werden soll, wenn der Anzahlungsbetrag in voller Höhe auf dem benannten Konto und unter Hinweis auf die Bürgschaft eingegangen ist. Geht der Anzahlungsbetrag nicht in voller Höhe sondern nur in Höhe eines Teilbetrages ein, wird keine – auch keine teilweise – Zahlungsverpflichtung begründet.

3. Diese Formulierung ist zu verwenden, sofern im Falle von Teilzahlungen eine entsprechend korrespondierende teilweise Zahlungsverpflichtung begründet werden soll.

22.5 Abtretungsklausel

Im Falle[1] der Abtretung der verbürgten Verpflichtungen gehen Ansprüche aus dieser Bürgschaft nur mit unserer Zustimmung auf den neuen Gläubiger über.

Anmerkungen

1. Die Ansprüche und Rechte aus Bürgschaften können auf Grund ihres akzessorischen Charakters nicht losgelöst von der Hauptforderung abgetreten werden. Wird Letztere abgetreten, so geht gemäß § 401 Abs. 1 BGB auch der Zahlungsanspruch des Forderungsinhabers und Bürgschaftsnehmers aus der Bürgschaft auf den Zessionar über. Solange die Bank keine Kenntnis von der Abtretung erlangt hat, ist sie berechtigt, mit schuldbefreiender Wirkung an den ursprünglichen Bürgschaftsnehmer zu zahlen. In jedem Fall wird sie darauf zu achten haben, dass ihr die Abtretung nach Form. und Inhalt ordnungsgemäß nachgewiesen wird. Eine allein vom Abtretungsempfänger ausgefertigte Abtretungsanzeige ist kein ausreichender Nachweis, macht die Bank aber in der Regel bösgläubig im Sinne von § 407 Abs. 1 BGB (Palandt/*Grüneberg*, BGB, § 407 Rn 7). Wegen weiterer Fragestellungen im Zusammenhang mit der Abtretung wird auf *Blesch/Meyer/Steinwachs*, Rechtssicheres Avalgeschäft, Kap B I 1 f. S 54 f. verwiesen.

Der automatische Übergang von Rechten und Ansprüchen aus der Bürgschaft bei Abtretung der gesicherten Hauptforderung kann durch vorstehende Formulierung eingeschränkt oder ausgeschlossen werden. Diese Klausel steht nicht im Widerspruch zu § 354a HGB, der für die grundgeschäftliche Forderung gilt. Für den Übergang der Bürgschaft als akzessorisches Nebenrecht gilt § 401 BGB, der abdingbar ist (Palandt/*Grüneberg* § 401 Rn 1).

Ist der Übergang der Bürgschaft nicht ausgeschlossen, so stellt sich bei einer Bürgschaft auf erstes Anfordern die Frage, ob mit der Abtretung der gesicherten Hauptforderung in entsprechender Anwendung von § 401 BGB auch das Recht des Gläubigers übergeht, die etwa zur Fälligstellung einer solchen Bürgschaft erforderliche Erklärung abzugeben (idR wird im Rahmen der Inanspruchnahme die Erklärung verlangt, der Hauptschuldner habe seine vertraglich übernommenen Verpflichtungen nicht erfüllt). Nach BGH NJW 1987, 2075 f. handelt es sich um ein Hilfsrecht, das der Durchsetzung der Bürgschaftsforderung dient und idR entsprechend § 401 übergeht, wobei die besonderen Umständen des Einzelfalls auch eine andere Beurteilung rechtfertigen können.

22.6 Hinterlegungsklausel

Wir sind berechtigt,[1] uns jederzeit von der Verpflichtung aus der Bürgschaft zu befreien, indem wir den verbürgten Betrag bei der zuständigen Hinterlegungsstelle als Sicherheit anstelle dieser Bürgschaft zugunsten des Bürgschaftsnehmers hinterlegen.[2]

Anmerkungen

1. Bei der Frage nach der Ergänzung einer Hinterlegungsklausel empfiehlt sich, vorab zu klären, wozu die Hinterlegungsklausel bzw die Hinterlegung dienen soll.

Soll mit der Hinterlegung eine Befreiung der Bank von ihrer Bürgschaft im Wege der Sicherheitsleistung nach § 232 BGB bewirkt werden, so kann dies nach BGH WM 85, 475 zwar dadurch erreicht werden, dass vereinbarungsgemäß die entsprechende Geldsumme als Sicherheit für die bisher verbürgte Hauptforderung hinterlegt, der Bürgschaftsgläubiger als alleiniger Empfangsberechtigter benannt wird und die Pfandreife nur durch ein gegen den Hauptschuldner erstrittenes Urteil nachgewiesen werden kann. Die Entscheidungsgründe sind jedoch darüber hinaus so zu verstehen, dass bei formularmäßiger Vereinbarung dieser Voraussetzung und gleichzeitiger Ausgestaltung der Bürgschaft als selbstschuldnerische Bürgschaft Bedenken nach den §§ 3 oder 9 AGBG (jetzt § 305c BGB) bestehen. Der BGH begründet dies damit, dass dem Gläubiger dann jene Rechte benommen werden, die ihm der als Selbstschuldner haftende Bürge durch den Verzicht auf die Einrede der Vorausklage eingeräumt hat. Ein Ausschluss der selbstschuldnerischen Haftung nach § 349 HGB wird jedoch bisher in der Praxis als inakzeptabel angesehen. Eine zweifelsfrei befriedigende Lösung für die sich damit stellende AGBG-Problematik ist bisher nicht gefunden.

Soll mit der Hinterlegungsklausel eine Befreiung der Bank von ihrer Bürgschaft, dh die schuldbefreiende Erfüllung ihrer Bürgenverpflichtung durch Hinterlegung nach § 372 BGB bezweckt werden, so kann nach BGH WM 1992, 2025, zwar davon ausgegangen werden, dass über den Katalog der gesetzlichen Alternativen des § 372 BGB hinaus (insbs Annahmeverzug des Gläubigers oder Ungewissheit über dessen Person) die Rechtsfolge der schuldbefreienden Erfüllung durch Hinterlegung auch mittels Drei-Parteien-Vereinbarung herbeigeführt werden kann. Aber auch damit sind die in BGH WM 1985, 475 aufgeführten Bedenken nicht behoben, wenn es bei der selbstschuldnerischen Ausgestaltung der Bürgschaft bleibt.

2. Als nicht zu beanstanden hat der BGH WM 1985, 475 eine Formularklausel angesehen, die dem Gläubiger bei einer Hinterlegung nach § 232 BGB die Rechte belässt, die ihm der als Selbstschuldner haftende Bürge durch den Verzicht auf die Einrede der Vorausklage eingeräumt hat. Die hier wiedergegebene Klausel entspricht diesem Erfordernis. In der Praxis hat diese Klausel, die die Fälligstellung des Aufwendungsersatzanspruchs gegenüber dem Avalauftraggeber (zB bei erheblicher Verschlechterung dessen wirtschaftlicher Verhältnisse) ermöglicht, – nicht zuletzt auch wegen Ziff 10 der Bedingungen für das Avalgeschäft bzw Ziff 13 der Allgemeinen Geschäftsbedingungen – wenig praktische Relevanz gefunden. Aufgrund der aufgezeigten rechtlichen Unsicherheiten und der fehlenden Relevanz in der Praxis, sollte von einer generellen Verwendung der Hinterlegungsklausel abgesehen werden.

Sollte dennoch die vorerwähnte Hinterlegungsklausel aus besonderen Gründen des Einzelfalls Verwendung finden, dann ist darauf zu achten, dass die vorstehend aufgezeigte Hinterlegung zwar zu einer Befreiung von der Bürgschaftsverbindlichkeit führt, die Bank bei Pfandreife jedoch verpflichtet ist, die Zustimmung zur Auskehrung des hinterlegten Betrages zu erteilen (BGH WM 1985, 475, 476). Pfandreife setzt den Bestand und die Fälligkeit der gesicherten Forderung voraus. Sollte der Bürgschaftsnehmer auf den hinterlegten Betrag zugreifen wollen, müsste die Bank also die Entscheidung treffen, ob sie den hinterlegten Betrag freigeben will. Dies richtet sich nach ähnlichen Grundsätzen, wie bei einer Inanspruchnahme aus der Bürgschaft. Im Ergebnis führt eine solche Hinterlegung also nur zu einer Verzögerung.

22.7 Kündigungsklausel

Die Bank[1] behält sich vor, den Zeitraum, in dem die durch die Bürgschaft gesicherten Forderungen entstanden sein müssen, durch eine Kündigung zu begrenzen. Die Kündigungsfrist beträgt einen Monat. Im Falle der Kündigung gilt die Bürgschaft für alle Forderungen, die bis zu dem Zeitpunkt entstanden sind, zu dem die Kündigung wirksam ist, unbefristet weiter.

Anmerkungen

1. Mögliche Ausformulierung einer Kündigungsklausel. Eine im Auftrag eines Kunden herausgelegte Bürgschaft kann von der bürgenden Bank nicht gekündigt werden, es sei denn, die Kündigungsmöglichkeit ist ausdrücklich in die Bürgschaftserklärung aufgenommen worden oder es kommt bei unbefristeten Bürgschaften eine Kündigung aus wichtigem Grund mit Wirkung für zukünftige Ansprüche in Frage, falls zB die Aufrechterhaltung der Bürgschaft bei einer erheblichen Verschlechterung der Vermögenslage des Hauptschuldners für die Bank nicht mehr zumutbar ist.

22.8 Verfalldatum und Erlöschensklausel

Unsere[1] Bürgschaft erlischt mit der Rückgabe dieser Bürgschaftsurkunde, spätestens aber, wenn und soweit wir daraus nicht schriftlich, bis zum . . . . . [Kalenderdatum] bei uns in . . . . . [Ort der Filiale] eintreffend, aus ihr in Anspruch genommen worden sind. Danach sind keine Inanspruchnahmen mehr möglich.[2]

Anmerkungen

1. Aus kreditmäßigen Überlegungen und damit letztlich auch im Interesse des Avalauftraggebers werden Bankbürgschaften gerne mit einem Verfalldatum wie folgt versehen: „Diese Bürgschaft erlischt spätestens am . . . . ." Bisweilen wird anstatt eines solchen Verfalldatums die Einsetzung eines grundgeschäftsbezogenen Verfallereignisses gewünscht, wie zB „die Bürgschaft erlischt, sobald die vertraglichen Verpflichtungen des Hauptschuldners erfüllt sind" oder „die Bürgschaft erlischt mit Ablauf der Gewährleistungsverpflichtungen des Hauptschuldners, spätestens jedoch 24 Monate nach letzter Lieferung". Solche Verfallereignisse und deren Eintritt können in der Regel von der Bank nicht selbst überprüft werden. Da derartige Klauseln oft auch streitbehaftet sind, sollten sie vermieden werden. Der Auftraggeber muss anderenfalls der Bank den Eintritt der Voraussetzungen für das Erlöschen auf Grund solcher grundgeschäftsbezogenen Verfallregelungen nachweisen, so dass für die Bank das Erlöschen ihrer Bürgschaft offenkundig ist. Anderenfalls erfolgt eine Avalentlastung nur nach Rückgabe der Bürgschaftsurkunde.

2. Diese Verfall- oder Erlöschensklausel dient der klarstellenden Ergänzung des Verfalldatums. Würde beim Verfalldatum kein weiterer Zusatz gemacht, könnte sich die Frage stellen, ob es für eine wirksame Inanspruchnahme ausreicht, wenn der Bürgschaftsfall innerhalb der gesetzten Frist eintritt, oder ob zusätzlich die Inanspruchnahmeerklärung dem Bürgen innerhalb dieser Frist zugehen muss. Daher empfiehlt es sich, ein Verfalldatum mit einer Erlöschensklausel im Sinne einer Befristung nach § 193 BGB dahin gehend zu kombinieren, dass die Inanspruchnahme der bürgenden Bankstelle spätestens am Verfalltag der Bürgschaft zugegangen sein muss. Das Postlaufrisiko für die Übermittlung der Inanspruchnahme innerhalb der Gültigkeitsdauer geht dann zu Lasten des Bürgschaftsnehmers.

23. Bürgschaftsmuster

23.1 Bietungsbürgschaft

. . . . .

[Bürgschaftsnehmer, Anschrift]

Wir wurden davon unterrichtet, dass . . . . . [Name/Firma des Hauptschuldners] Ihnen unter Ihrer Ausschreibung Nr. . . . . vom . . . . . [Ausschreibungsdatum], ein Angebot (Nr. . . . . , vom . . . . .) auf . . . . . [Angebotsgegenstand] unterbreitet hat und dass Ihre Ausschreibungsbedingungen die Erstellung einer Bietungsbürgschaft vorsehen.

Dies vorausgeschickt, übernehmen wir wegen der mit der Angebotsabgabe übernommenen Verpflichtung(en) die selbstschuldnerische Bürgschaft unter Verzicht auf die Einreden der Vorausklage (§ 771 BGB), der Anfechtbarkeit und Aufrechenbarkeit (§ 770 BGB) bis zum Betrage von

€	in Worten: EURO

einschließlich sämtlicher Nebenforderungen mit der Maßgabe, dass wir aus dieser Bürgschaft nur schriftlich auf Zahlung von Geld in Anspruch genommen werden können.

Unsere Bürgschaft erlischt mit der Rückgabe dieser Bürgschaftsurkunde, spätestens aber, wenn und soweit wir daraus nicht schriftlich, bis zum . . . . . [Kalenderdatum] bei uns in . . . . . eintreffend, aus ihr in Anspruch genommen worden sind. Danach sind keine Inanspruchnahmen mehr möglich.

23.2 Anzahlungsbürgschaft

. . . . .

[Bürgschaftsnehmer, Anschrift]

Wir wurden davon unterrichtet, dass zwischen Ihnen und . . . . . [Name/Firma des Hauptschuldners] am . . . . . [Vertragsdatum] mit Vertrags-Nr. . . . . ein . . . . . [Art des Vertrages/Vertragsgegenstand] abgeschlossen wurde, der eine Anzahlung in Höhe von . . . . . % des Gesamtpreises gegen die Erstellung einer Anzahlungsbürgschaft vorsieht.

Dies vorausgeschickt, übernehmen wir wegen der Rückzahlungsverpflichtung(en) die selbstschuldnerische Bürgschaft unter Verzicht auf die Einreden der Vorausklage (§ 771 BGB), der Anfechtbarkeit und Aufrechenbarkeit (§ 770 BGB) bis zum Betrage von

€	in Worten: EURO

einschließlich sämtlicher Nebenforderungen mit der Maßgabe, dass wir aus dieser Bürgschaft nur schriftlich auf Zahlung von Geld in Anspruch genommen werden können.

Unsere Bürgschaft erlischt mit der Rückgabe dieser Bürgschaftsurkunde, spätestens aber, wenn und soweit wir daraus nicht schriftlich, bis zum . . . . . [Kalenderdatum] bei uns in . . . . . eintreffend, aus ihr in Anspruch genommen worden sind. Danach sind keine Inanspruchnahmen mehr möglich.

23.3 Lieferbürgschaft

. . . . .

[Bürgschaftsnehmer, Anschrift]

Wir wurden davon unterrichtet, dass zwischen Ihnen und . . . . . [Name/Firma des Hauptschuldners] am . . . . . [Vertragsdatum] mit Vertrags-Nr. . . . . ein . . . . . [Art des Vertrages] über die Lieferung von . . . . . [Vertragsgegenstand], nachstehend „Lieferverpflichtung(en)" abgeschlossen wurde, der die Erstellung einer Lieferbürgschaft vorsieht.

Dies vorausgeschickt, übernehmen wir wegen der Lieferverpflichtung(en) die selbstschuldnerische Bürgschaft unter Verzicht auf die Einreden der Vorausklage (§ 771 BGB), der Anfechtbarkeit und Aufrechenbarkeit (§ 770 BGB) bis zum Betrage von

€	in Worten: EURO

einschließlich sämtlicher Nebenforderungen mit der Maßgabe, dass wir aus dieser Bürgschaft nur schriftlich auf Zahlung von Geld in Anspruch genommen werden können.

Unsere Bürgschaft erlischt mit der Rückgabe dieser Bürgschaftsurkunde, spätestens aber, wenn und soweit wir daraus nicht schriftlich, bis zum . . . . . [Kalenderdatum] bei uns in . . . . . eintreffend, aus ihr in Anspruch genommen worden sind. Danach sind keine Inanspruchnahmen mehr möglich.

23.4 Vertragserfüllungsbürgschaft

. . . . .

[Bürgschaftsnehmer, Anschrift]

Wir wurden davon unterrichtet, dass zwischen Ihnen und . . . . . [Name/Firma des Hauptschuldners] am . . . . . [Vertragsdatum] mit Vertrags-Nr. . . . . ein . . . . . [Art des Vertrages/Vertragsgegenstand] abgeschlossen wurde, der die Besicherung nachstehender Verpflich-
tung(en) des Vertragspartners mittels Vertragserfüllungsbürgschaft vorsieht: . . . . . [verbürgte Verpflichtung(en)], nachstehend „Verpflichtung(en)".

Dies vorausgeschickt, übernehmen wir wegen der Verpflichtung(en) die selbstschuldnerische Bürgschaft unter Verzicht auf die Einreden der Vorausklage (§ 771 BGB), der Anfechtbarkeit und Aufrechenbarkeit (§ 770 BGB) bis zum Betrage von

€	in Worten: EURO

einschließlich sämtlicher Nebenforderungen mit der Maßgabe, dass wir aus dieser Bürgschaft nur schriftlich auf Zahlung von Geld in Anspruch genommen werden können.

Unsere Bürgschaft erlischt mit der Rückgabe dieser Bürgschaftsurkunde, spätestens aber, wenn und soweit wir daraus nicht schriftlich, bis zum . . . . . [Kalenderdatum] bei uns in . . . . . eintreffend, aus ihr in Anspruch genommen worden sind. Danach sind keine Inanspruchnahmen mehr möglich.

23.5 Mängelansprüchebürgschaft

. . . . .

[Bürgschaftsnehmer, Anschrift]

Wir wurden davon unterrichtet, dass zwischen Ihnen und . . . . . [Name/Firma des Hauptschuldners] am . . . . . [Vertragsdatum] mit Vertrags-Nr. . . . . . ein . . . . . [Art des Vertrages] über die Lieferung/Erbringung von . . . . . [Vertragsgegenstand] abgeschlossen wurde, der die Erstellung einer Mängelansprüchebürgschaft vorsieht.

Dies vorausgeschickt, übernehmen wir wegen der Mängelhaftungsverpflichtung(en) die selbstschuldnerische Bürgschaft unter Verzicht auf die Einreden der Vorausklage (§ 771 BGB), der Anfechtbarkeit und Aufrechenbarkeit (§ 770 BGB) bis zum Betrage von

€	in Worten: EURO

einschließlich sämtlicher Nebenforderungen mit der Maßgabe, dass wir aus dieser Bürgschaft nur schriftlich auf Zahlung von Geld in Anspruch genommen werden können.

Unsere Bürgschaft erlischt mit der Rückgabe dieser Bürgschaftsurkunde, spätestens aber, wenn und soweit wir daraus nicht schriftlich, bis zum . . . . . [Kalenderdatum] bei uns in . . . . . eintreffend, aus ihr in Anspruch genommen worden sind. Danach sind keine Inanspruchnahmen mehr möglich.

23.6 Zahlungsbürgschaft

. . . . .

[Bürgschaftsnehmer, Anschrift]

Wir wurden davon unterrichtet, dass zwischen Ihnen und . . . . . [Name/Firma des Hauptschuldners] am . . . . . [Vertragsdatum] mit Vertrags-Nr. . . . . . ein . . . . . [Art des Vertrages/Vertragsgegenstand] abgeschlossen wurde, der die Besicherung nachstehender Zahlungsverpflichtung(en) des Vertragspartners mittels Zahlungsbürgschaft vorsieht: . . . . . [verbürgte Verpflichtung(en)], nachstehend „Verpflichtung(en)".

Dies vorausgeschickt, übernehmen wir wegen der Verpflichtung(en) die selbstschuldnerische Bürgschaft unter Verzicht auf die Einreden der Vorausklage (§ 771 BGB), der Anfechtbarkeit und Aufrechenbarkeit (§ 770 BGB) bis zum Betrage von

€	in Worten: EURO

einschließlich sämtlicher Nebenforderungen mit der Maßgabe, dass wir aus dieser Bürgschaft nur schriftlich auf Zahlung von Geld in Anspruch genommen werden können.

Unsere Bürgschaft erlischt mit der Rückgabe dieser Bürgschaftsurkunde, spätestens aber, wenn und soweit wir daraus nicht schriftlich, bis zum . . . . . [Kalenderdatum] bei uns in . . . . . eintreffend, aus ihr in Anspruch genommen worden sind. Danach sind keine Inanspruchnahmen mehr möglich.

23.7 Kreditsicherungsbürgschaft

. . . . .

[Bürgschaftsnehmer, Anschrift]

Wir wurden davon unterrichtet, dass zwischen Ihnen und . . . . . [Name/Firma des Hauptschuldners] am . . . . . [Vertragsdatum] mit Vertrags-Nr. . . . . . ein . . . . . [Art des Kreditvertrages/
Vertragsgegenstand] abgeschlossen wurde, der die Besicherung nachstehender Verpflich-

tung(en) des Vertragspartners mittels Kreditsicherungsbürgschaft vorsieht: . . . . . [verbürgte Verpflichtung(en)], nachstehend „Verpflichtung(en)".

Dies vorausgeschickt, übernehmen wir wegen der Verpflichtung(en) die selbstschuldnerische Bürgschaft unter Verzicht auf die Einreden der Vorausklage (§ 771 BGB), der Anfechtbarkeit und Aufrechenbarkeit (§ 770 BGB) bis zum Betrage von

€	in Worten: EURO

einschließlich sämtlicher Nebenforderungen mit der Maßgabe, dass wir aus dieser Bürgschaft nur schriftlich auf Zahlung von Geld in Anspruch genommen werden können.

Unsere Bürgschaft erlischt mit der Rückgabe dieser Bürgschaftsurkunde, spätestens aber, wenn und soweit wir daraus nicht schriftlich, bis zum . . . . . [Kalenderdatum] bei uns in . . . . . eintreffend, aus ihr in Anspruch genommen worden sind. Danach sind keine Inanspruchnahmen mehr möglich.

23.8 Mietbürgschaft*

. . . . .

[Bürgschaftsnehmer, Anschrift]

Wir wurden davon unterrichtet, dass zwischen Ihnen und . . . . . [Name/Firma des Hauptschuldners] am . . . . . [Vertragsdatum] mit Vertrags-Nr. . . . . . ein . . . . . Mietvertrag über . . . . . [Vertragsgegenstand] abgeschlossen wurde, der die Besicherung nachstehender Verpflich-
tung(en) des Vertragspartners mittels Mietbürgschaft vorsieht: . . . . . [verbürgte Verpflichtung(en)], nachstehend „Verpflichtung(en)".

Dies vorausgeschickt, übernehmen wir wegen der Verpflichtung(en) die selbstschuldnerische Bürgschaft unter Verzicht auf die Einreden der Vorausklage (§ 771 BGB), der Anfechtbarkeit und Aufrechenbarkeit (§ 770 BGB) bis zum Betrage von

€	in Worten: EURO

einschließlich sämtlicher Nebenforderungen mit der Maßgabe, dass wir aus dieser Bürgschaft nur schriftlich auf Zahlung von Geld in Anspruch genommen werden können.

Unsere Bürgschaft erlischt mit der Rückgabe dieser Bürgschaftsurkunde, spätestens aber, wenn und soweit wir daraus nicht schriftlich, bis zum . . . . . [Kalenderdatum] bei uns in . . . . . eintreffend, aus ihr in Anspruch genommen worden sind. Danach sind keine Inanspruchnahmen mehr möglich.

*) falls Pacht, jeweils durch Pachtbürgschaft, Verpächter, Pächter, Pachtvertrag und pachtvertragliche Verpflichtungen zu ersetzen

23.9 Prozessbürgschaft

. . . . .

[Bürgschaftsnehmer, Anschrift]

In dem Rechtsstreit

des/der . . . . ., ..., ...,

[vertreten durch . . . . .,]

– Kläger –

Prozessbevollmächtigter: . . . . .

gegen

den/die . . . . ., ..., ...,

[vertreten durch . . . . .,]

– Beklagter –

Prozessbevollmächtigter: . . . . .

ist der Beklagte durch . . . . .-Urteil des . . . . .-gerichts . . . . ., Aktenzeichen: . . . . ., vom . . . . ., verurteilt worden,

. . . . . [Wortlaut der gerichtlichen Anordnung bez. materiellrechtlicher Forderung und deren vorläufiger Vollstreckbarkeit einfügen].

Dies vorausgeschickt, übernehmen wir wegen aller Ansprüche, die dem Beklagten und Bürgschaftsnehmer im Falle der Aufhebung der oben bezeichneten gerichtlichen Entscheidung durch die Vollstreckung oder durch eine zur Abwendung der Vollstreckung erbrachte Leistung etwa entstehen sollten, die unwiderrufliche, unbedingte und unbefristete selbstschuldnerische Bürgschaft unter Verzicht auf die Einreden der Vorausklage (§ 771 BGB), der Anfechtbarkeit und Aufrechenbarkeit (§ 770 BGB) bis zum Betrage von

€	in Worten: EURO

einschließlich sämtlicher Nebenforderungen mit der Maßgabe, dass wir aus dieser Bürgschaft nur schriftlich auf Zahlung von Geld in Anspruch genommen werden können.

Diese Bürgschaft erlischt gemäß § 158 Abs 2 BGB, wenn uns in . . . . . die Bürgschaftsurkunde vom Sicherungsberechtigten oder mit dessen Zustimmung von einem Dritten zum Zeichen der Entlastung zurückgegeben wird oder die Rechtskraft einer einschlägigen Erlöschensanordnung des zuständigen Gerichts eintritt.

23.10 Scheckeinlösungsbürgschaft

. . . . .

[Bürgschaftsnehmer, Anschrift]

Wir wurden davon unterrichtet, dass Sie legitimierter Inhaber eines Schecks folgenden Inhalts sind:

Scheck-Nr: . . . . .

Aussteller: . . . . .

gezogen auf: . . . . .

Konto-Nr: . . . . .

ausgestellt am: . . . . .

Ausstellungsort: . . . . .

Scheckbetrag: EUR . . . . .

und dass die Zahlung des Scheckbetrages durch den Aussteller bei Fälligkeit („Scheckverpflichtung“) mittels Bankbürgschaft besichert werden soll.

Dies vorausgeschickt, übernehmen wir wegen der Scheckverpflichtung die selbstschuldnerische Bürgschaft unter Verzicht auf die Einreden der Vorausklage (§ 771 BGB), der Anfechtbarkeit und Aufrechenbarkeit (§ 770 BGB) bis zum Betrage von

€	in Worten: EURO

einschließlich sämtlicher Nebenforderungen mit der Maßgabe, dass wir aus dieser Bürgschaft nur schriftlich auf Zahlung von Geld in Anspruch genommen werden können.

Unsere Bürgschaft erlischt mit der Rückgabe dieser Bürgschaftsurkunde, spätestens aber, wenn und soweit wir daraus nicht schriftlich, bis zum . . . . . [Kalenderdatum] bei uns in . . . . . eintreffend, aus ihr in Anspruch genommen worden sind. Danach sind keine Inanspruchnahmen mehr möglich.

23.11 Wechseleinlösungsbürgschaft

. . . . .

[Bürgschaftsnehmer, Anschrift]

Wir wurden davon unterrichtet, dass Sie legitimierter Inhaber eines Wechsels folgenden Inhalts sind:

Aussteller: . . . . .

Bezogener und Akzeptant: . . . . .

ausgestellt am: . . . . .

Ausstellungsort: . . . . .

zahlbar bei . . . . ., Filiale . . . . .

fällig am . . . . .

Wechselbetrag: EUR . . . . .

und dass die Zahlung des Wechselbetrages binnen zweier Werktage nach Fälligkeit („Wechselverpflichtung") mittels Bankbürgschaft besichert werden soll.

Dies vorausgeschickt, übernehmen wir wegen der Wechselverpflichtung die selbstschuldnerische Bürgschaft unter Verzicht auf die Einreden der Vorausklage (§ 771 BGB), der Anfechtbarkeit und Aufrechenbarkeit (§ 770 BGB) bis zum Betrage von

€	in Worten: EURO

einschließlich sämtlicher Nebenforderungen mit der Maßgabe, dass wir aus dieser Bürgschaft nur schriftlich auf Zahlung von Geld in Anspruch genommen werden können.

Unsere Bürgschaft erlischt mit der Rückgabe dieser Bürgschaftsurkunde, spätestens aber, wenn und soweit wir daraus nicht schriftlich, bis zum . . . . . [Kalenderdatum] bei uns in . . . . . eintreffend, aus ihr in Anspruch genommen worden sind. Danach sind keine Inanspruchnahmen mehr möglich.

24. Muster einer Avalauftrags- und Ausführungsbestätigung

An[1]

[Firma und Adresse des Auftraggebers]

In Ausführung Ihres Auftrags erstellten wir folgende Bürgschaft:

Bürgschafts-Nr .....

Ihr Auftrag vom .....

Ihre Referenz .....

Bürgschaftsart .....

Währung/Betrag .....

vom .....

gültig bis .....

Bürgschaftsnehmer .....

wegen Firma (falls nicht mit Auftraggeber identisch) .....

Aushändigung der Bürgschaftsurkunde an .....

Anzahl der beigefügten Kopien .....

Ihr Avalkonto wurde wie folgt belastet:

Aval-Konto-Nr .....

Währung/Betrag .....

Valuta .....

Avalprovision in % p. a. .....

Ausfertigungsentgelt EUR .....

Mit dem Bürgschaftsbetrag belasten wir Sie ohne besondere Aufgabe auf dem Avalkonto.

Eine Belastung für unsere Avalprovision sowie unser Entgelt für die Ausfertigung erfolgt gesondert.

Ihr Auftrag unterliegt unseren „Bedingungen für das Avalgeschäft".[2]

..... [Ort/Datum] ..... [Bank], Filiale .....

Anlage

Anmerkungen

1. Ausführungsanzeige tritt mangels in der Praxis fehlender ausdrücklicher Auftragsannahme an deren Stelle.

2. Nur deklaratorische Wirkung, falls Einbeziehung bereits bei Auftragserteilung erfolgt (s Muster und → Anm. 8 unter IV.L.2). Sofern die Vereinbarung nicht bereits mit Auftragserteilung erfolgt, zB weil der Avalauftraggeber den Avalauftrag nicht gemäß dem vorgegebenen Muster erteilt, muss die Geltung der Bedingungen für das Avalgeschäft vor Auftragsannahme auf anderem Wege mit dem Avalauftraggeber vereinbart werden. Allein der Hinweis auf die Geltung der Bedingungen für das Avalgeschäft in der Ausführungsanzeige reicht für deren Vereinbarung nicht.

M. Inkassogeschäft

Schrifttum: *Baumbach/Hopt,* HGB, 40. Aufl 2021, (7) Bankgeschäfte, 5. Kapitel, M/1 ff.; *Fischer,* Inkassogeschäft, in: Bankrechts-Handbuch, Bd II 2017, § 119; *Nielsen,* Auslandsgeschäft, Bankrecht und Bankpraxis (BuB) Rn 5/741 ff.; *Nielsen,* Das Inkassogeschäft, 1987; *Senkbeil,* Das Dokumenteninkasso, 1992.

1. Inkassoauftrag

An 3[1]	Dokumenten-Einreichung	4
	Einreicher[2]	

Die Dokumente sind	Datum	Tel.	Ref.	Gegenwert zu Gunsten Konto-Nr.	x = Währungs-Kto.
	Sie erhalten anbei folgende Wechsel und/oder Dokumente mit der Bitte, gemäß den angekreuzten Weisungen zu verfahren:				

❐ zum Einzug bestimmt	Für Vermerke der Bank Referenz-Nummer:

Währung			Betrag			Fälligkeit					
Wechsel	Faktura				Ur-sprungs-Zeugnis	Ver-sich.-Pol/ Zert.	Kon-nosse-ment	Luft-fracht-brief	Duplikat-Frachtbr.	CMR/ FCR	Sonstige
	Dokumente	Waren-verkehrs-Beschei-nig.									

Über die Verladung von	Empfänger

per	am	von	nach

Nur bei Inkassoaufträgen ausfüllen!

Inkasso-Bezogener

Inkassobank[4]

Inkassospesen	❐ Ihre Kosten bzw. Spesen	❐ zu unseren Lasten	❐ zu Lasten des Bezogenen	❐ Die Dokumente dürfen nur ausgeliefert werden, wenn der Bezogene auch die Kosten/Spesen bezahlt
	❐ Fremde Kosten bzw. Spesen	❐ zu unseren Lasten	❐ zu Lasten des Bezogenen	

Die Dokumente sind zu versenden[4]

❒ mit einfacher Post[1)] (Luftpost) ❒ per Einschreiben (Luftpost) ❒ per Kurierdienst

und auszuliefern

❒ gegen Zahlung ❒ gegen Akzept

Protestanweisungen[7]

❒ Kein Protest

❒ Protest bei Nichtakzeptierung

❒ Protest bei Nichtbezahlung des Akzeptes

❒ Aufnahme der Dokumente kann bis zur Ankunft

des Schiffs/der Ware

zurückgestellt werden

ZAHLUNG erbeten per

S. W. I. F. T.

❒ Das Akzept soll bei der Inkassobank zum

Einzug bei Fälligkeit verbleiben. Verfalldatum

des Akzeptes ist uns mitzuteilen.

Bei Schwierigkeiten Nachricht erbeten

per S. W. I. F. T.

Vertreter:

Befugnisse (mangels anderer Weisungen nur zur Intervention berechtigt):

Sonstige Weisungen

[1)] Sofern kein Konnossement/Orderlagerschein vorhanden

Unterschrift des Einreichers

Anmerkungen

1. Inkassi werden idR nur durchgeführt auf der Grundlage der von der Internationalen Handelskammer herausgegeben **Einheitlichen Richtlinien für Inkassi,** und zwar derzeit in der Fassung vom 1.1.1996. Ihre Geltung wird zusammen mit der Auftragserteilung und dessen Annahme vereinbart. Zu deren Rechtsnatur und Einbeziehung in die Geschäftsverbindung mit dem Einreicher s Schimansky/Bunte/Lwowski BankR-HdB/*Fischer,* § 119 Rn 6 ff. Mit Annahme des Inkasso-Auftrags kommt ein Dienstvertrag mit Geschäftsbesorgungscharakter zustande, s Baumbach/Hopt/*Hopt,* HGB, (7) Bankgeschäfte M/1; Ebenroth/Boujong/Joost/Strohn/*Hakenberg,* Bd II, H 124.

2. Einreicher ist der in Art 3a (i) der Einheitlichen Richtlinien für Inkassi („ERI") als Auftraggeber bezeichnete Kunde. Zum Rechtsverhältnis zwischen Einreicher und Einreicherbank vgl BuB/*Nielsen* Rn 5/751 u Schimansky/Bunte/Lwowski BankR-HdB/*Fischer,* § 119 Rn 21 ff.

3. Hier ist die vom Auftraggeber mit der Durchführung des Inkasso betraute, in Art 3 a (ii) („Beteiligte am Inkasso") als Einreicherbank bezeichnete Bank einzusetzen. IdR beauftragt sie ihrerseits eine Zweitbank am Wohnsitz des Bezogenen, die Inkassobank, mit dem eigentlichen Einzug, s Baumbach/Hopt/*Hopt,* HGB, (7) Bankgeschäfte M/2 u BuB/*Nielsen* Rn 5/755.

Mit Annahme des Inkassoauftrags entsteht die bankseitige Pflicht, gemäß den in einem solchen Inkassoauftrag erteilten Weisungen sowie in Übereinstimmung mit den Richtlinien zu verfahren (zur Auftragsstrenge Schimansky/Bunte/Lwowski BankR-HdB/*Fischer,* § 129 Rn 15 ff., Ebenroth/Boujong/Joost/Strohn/*Hakenberg,* Bd II, H 570). Eine Verpflichtung zur Prüfung von Dokumenten im Hinblick auf Weisungen besteht jedoch nicht, vgl Art 4a ERI. Zum Rechtsverhältnis zwischen den Banken und dem Gläubiger bzw Einreicherbank und Inkassobank s Baumbach/Hopt/*Hopt,* HGB, (7) Bankgeschäfte M/3 und Schimansky/Bunte/Lwowski BankR-HdB/*Fischer,* § 129 Rn 21.

4. Zu den Mindestangaben bei Erteilung des Inkassoauftrags s Art 4b u BuB/*Nielsen* Rn 5/751.

5. Unter **Inkassobank** wird gem Art 3a (iii) der ERI jede mit der Durchführung des Inkassoauftrags befasste Bank mit Ausnahme der Einreicherbank verstanden. Wird eine Inkassobank vom Einreicher bzw Auftraggeber nicht ausdrücklich benannt, so ist die Einreicherbank gem Art 5d ERI berechtigt, nach eigener Wahl oder Wahl einer anderen Bank eine Bank im Land der Zahlung oder ggf der Akzeptierung mit der Ausführung der Weisungen des Auftraggebers zu betrauen.

6. Hauptsächliche Erscheinungsformen des Inkassogeschäfts. Zu den jeweiligen rechtlichen Inhalten BuB/*Nielsen* Rn 5/742 ff.

7. Ausgehend vom Grundsatz der formalen Auftragsstrenge soll ein Inkassoauftrag spezielle Weisungen enthalten, was die Einreicherbank bzw die Inkassobank mit den einzelnen Dokumenten vornehmen soll, vgl Schimansky/Bunte/Lwowski BankR-HdB/*Nielsen,* § 119 Rn 20. Ein in der Praxis oft zu Rückfragen führender Problembereich ist die Auftragserteilung zur Protesterhebung. Diese Entscheidung ist vom Auftraggeber vorwegzunehmen. Fehlt eine ausdrückliche Protestweisung, so sind nach Art 24 Abs 2 ERI die mit dem Inkasso befassten Banken nicht verpflichtet, Dokumente wegen Nichtzahlung oder Nichtakzeptierung protestieren oder einem entsprechenden rechtlichen Verfahren unterwerfen zu lassen.

2. Inkasso- und/oder Akzepteinholungsauftrag der Einreicherbank an die Inkassobank

Inkasso- und/oder Akzepteinholungsauftrag[1, 2]

Ort, Datum . . . . . Einschreiben

Auftraggeber . . . . . An: . . . . .

Unsere Nummer . . . . .

Fälligkeit . . . . .

Betrag . . . . . plus unsere Spesen

. . . . . plus Ihre Spesen

. . . . . Auf Zahlung der Spesen darf nicht verzichtet werden.

. . . . . Die Dokumente dürfen im Falle der Nichtzahlung unserer/Ihrer Spesen nicht ausgeliefert werden.

Bezogener . . . . .

Die Dokumente gemäß beigefügter Spezifikation

über die Verladung von . . . . .

per . . . . . am . . . . . von . . . . . nach

Empfänger . . . . .

. . . . . Liefern Sie die Dokumente aus gegen Zahlung.

. . . . . Liefern Sie die Dokumente aus gegen Akzeptierung.

. . . . . Aufnahme der Dokumente kann bis zur Ankunft des Schiffs/der Ware zurückgestellt werden.

. . . . . Verwahren Sie das Akzept bis zum Einzug bei Fälligkeit und teilen Sie uns den Verfalltag per Luftpost mit.

. . . . . Senden Sie das Akzept an uns zurück.

. . . . . Im Falle der Nichteinlösung erbitten wir Nachricht per . . . . . Luftpost/ . . . . . Kabel

. . . . . Kein Protest

. . . . . Protest bei Nichtakzeptierung

. . . . . Protest bei Nichtbezahlung des Akzepts

. . . . . Wir bitten um Empfangsbestätigung[3]

Den Erlös bitten wir uns ohne Kursverlust und unter Angabe unserer Nummer wie folgt anzuschaffen:

. . . . . Durch Gutschrift auf das Konto unseres Hauses . . . . . bei . . . . . unter Aufgabe an uns.

. . . . . Durch Ermächtigung zur Belastung des Kontos Ihres Hauses . . . . . bei . . . . .

Weitere Instruktionen:

Der Ausführung dieses Auftrages sind die „Einheitlichen Richtlinien für das Inkasso von Handelspapieren“ der Internationalen Handelskammer, Paris, zugrunde zu legen, soweit diese anwendbar sind.

Mit freundlichen Grüßen

Anlagen

Anmerkungen

1. Früher gebräuchliche Formularmuster werden heute in der Regel nicht mehr verwendet. Texte werden entweder über PC als Bausteine abgerufen oder frei formuliert.

2. Der Inkassoauftrag an die Einreicherbank ist bei notwendiger Einschaltung einer Inkassobank spiegelbildlich an letztere weiterzugeben. Es kommt damit zu einem weiteren (Ketten-)Auftragsverhältnis bei gleichzeitiger Vereinbarung der ERI; im Einzelnen s BuB/*Nielsen* Rn 5/757 f.

3. Dient der Kontrolle des ordnungsgemäßen Versands und des Erhalts durch die Inkassobank.

3. Alternative Mitteilungen der Einreicherbank an die Inkassobank

. . . . . Bank[1] . . . . .

Inkasso- und/oder Akzepteinholungsauftrag

Datum, Ref . . . . . Auftraggeber . . . . .

Unsere Nr . . . . .

Fälligkeit . . . . .

Betrag . . . . .

Bezogener . . . . .

. . . . . Nach unseren Unterlagen ist das oben aufgeführte Inkasso noch unerledigt.

. . . . . Nach unseren Unterlagen haben wir bisher noch keine Nachricht über die Akzeptierung des Wechsels erhalten.[2]

. . . . . Legen Sie den/die Wechsel und/oder die Dokumente dem Bezogenen erneut zur Akzeptierung/Zahlung vor.

Wir wären Ihnen für umgehende Nachricht über den jetzigen Stand der Angelegenheit dankbar.

Anmerkungen

1. Siehe → Form. IV.M.2 Anm. 1.

2. Art 26 ERI enthält sehr umfangreiche Verpflichtungen für die eingeschalteten Banken, insbesondere für die Inkassobank zur Benachrichtigung. Die Praxis zeigt, dass es im täglichen Ablauf bei Benachrichtigungen Verzögerungen geben kann und dass es daher ratsam ist, je nach Sachverhaltsbedarf auch seitens der Einreicherbank eine Meldung in Form. einer Nachfrage über den Stand des Inkassovorgangs durchzuführen. Im Normalfall würde die Inkassobank den Erhalt des Auftrags und der Dokumente per SWIFT Nachricht MT410 bestätigen. Tut sie das nicht, steht über SWIFT für diese Nachfrage das SWIFT Nachrichtenformat MT420 zur Verfügung.

4. Alternative Mitteilungen der Einreicherbank an den Inkassoauftraggeber

. . . . . Bank	Telefon:	Ihr Inkasso-Auftrag
. . . . .	Telex:	Your collection order
		Votre ordre d'encaissement

Datum

Unsere Nr./Our No./*Votre No*	Betrag/Amount/*Montant*
Verkäufer/Seller/*Vendeur*[1]	
❐ Die Tratte ist vom Bezogenen akzeptiert worden. Der Wechsel ist fällig am The draft was accepted by the drawee. The bill is due on *La traite a été acceptée par le tiré. L'effet arrive à échéance le* ❐ Den Wechsel nehmen wir weisungsgemäß für Sie in Verwahrung und werden ihn bei Fälligkeit einziehen. As per instructions, we shall take the bill into safe-custody for you and collect the proceeds at maturity. *Selon vos instructions, nous conserverons l'effet en portefeuille pour vous et l'encaisserons à l'échéance.* ❐ Den Wechsel übersenden wir Ihnen anbei. We are returning the bill to you herewith./*Nous vous retournons l'effet sous ce pli.* ❐ Der Bezogene erklärt, dass die Bezahlung/Akzeptierung erfolgen soll. The drawee declares that payment/acceptance will be effected./*Le tiré déclare qu'il payera/acceptera la traite.* ❐ Der Bezogene wünscht Wiedervorlage der Dokumente/der Tratte. The drawee requests documents/draft to be presented once more./Le tiré demande une nouvelle présentation des documents/de la traite. ❐ Der Bezogene erklärt, dass er sich mit dem Verkäufer in Verbindung setzt. The drawee declares that he will contact the seller./*Le tiré déclare qu'il se mettra en rapport avec le vendeur.*	

❒ Der Bezogene bittet um Frankoauslieferung der Dokumente.
The drawee asks for delivery of documents free of payment./*Le tiré demande qu'on lui remette les documents franco de paiement.*

❒ Trotz Mahnung ist uns vom Bezogenen keine Stellungnahme zugegangen.
No comments received from drawee in spite of our reminder./*Malgré notre rappel, le tiré n'a pas réagi*

❒ Der Bezogene verweigert die Bezahlung der Dokumente/Akzeptierung der Tratte ohne Begründung./The drawee refuses, without stating reasons, to take up documents/accept the draft./*Le tire refuse sans indiquer de motif, de payer les documents/d'accepter la traite*

❒ Der Bezogene schreibt uns gemäß Anlage./The drawee has written to us as per enclosure (translation without our responsibility)./ *Le tiré nous communique ce qui suit (voir annexe – traduction sans garantie ni responsabilité)*

❒ Entsprechend Ihren Weisungen haben wir die uns seinerzeit übermittelten Dokumente nunmehr wertfrei ausgehändigt.
As per your instructions, we have now released the documents sent to us, free of payment.
Selon vos instructions, nous venons de délivrer franco de paiement les documents que vous nous aviez remis en son temps.

❒ Die uns seinerzeit übersandten Dokumente reichen wir Ihnen weisungsgemäß als Anlage zurück./As per instructions, we are returning to you enclosed the documents sent to us./*Selon vos instructions, nous vous retournons ci-joint les documents que vous nous aviez remis en son temps.*

❒ Für unsere Spesen belasten wir Sie laut separater Aufgabe.
We are debiting you for our charges as per separate advice./*Nous vous débitons de nos frais selon avis séparé*

❒ Unsere unten aufgeführten Spesen bitten wir uns unter Angabe unserer Ref.-Nr. anzuschaffen auf dem Konto der
Please remit our charges shown below, quoting our reference no., to the account of
Veuillez nous couvrir de nos frais ci-dessous, avec indication de notre nnuméro, en faisant créditer le compte de bei/with/*chez*

❒ Wir bitten Sie erforderlichenfalls um neue Weisungen.
Please let us have your further instructions, if necessary./*Veuillez nous donner de nouvelles instructions, s'il y a lieu*

Inkassoprovision Collection commission *Commission d'encaisse-ment*	Porto, Botenlohn Postage, messenger fees *Port, frais de course*		Währung Currency *Monnaie*	Wert Value *Valeur*	Konto-Nr. Account No. *Compte No*

	Betr.: Ihr Inkassoauftrag/Re Your collection order/*Réf Votre ordre d'encaissement*	
	Nr./No./*No*	Schreiben vom/Letter of/*Lettre du*
		Für die Richtigkeit

Anmerkungen

1. Hierbei handelt es sich um eine Vielzahl in der Praxis häufig vorkommender bzw erforderlich werdender Nachrichten. Zu den einzelnen Mitteilungspflichten vgl *Nielsen* Rn 2.3 u BuB/*Nielsen* Rn 5/784 ff. Über SWIFT stehen die Nachrichtenformate MT412 für die Mitteilung der Akzeptierung durch den Bezogenen und MT416 für die Mitteilung, dass der Bezogene nicht akzeptiert hat oder nicht zahlt für die Nachrichten zwischen Einreicherbank und Inkassobank zur Verfügung.

5. Gutschriftsaufgabe[1]

Datum[2] Gutschriftsaufgabe

Zahlungsgrund
Auftraggeber[3]
Auftraggebende Bank/Scheck von[4]

Wir machen darauf aufmerksam, dass Zahlungseingänge von mehr als 12 500 EUR oder Gegenwert von Ihnen der zuständigen LZB mit Vordruck Anlage Z 4 zur AWV zu melden sind, ausgenommen Ausfuhrerlöse, Zahlungen für Wareneinfuhren und Zahlungen im Zusammenhang mit Krediten bis zu 12 Monaten Laufzeit.[5]

Für die Einziehung übernommener Schecks werden die ‚Einheitlichen Richtlinien für Inkassi' (Revision 1995), Publikation Nr. 522 der Internationalen Handelskammer, zugrunde gelegt, soweit diese anwendbar sind.

Wir haben Ihnen wie vorstehend zu vergüten. Hierfür erkennen wir Ihr Konto wie folgt:[6]

Whg./Betrag	Kurs	Abw.-Geb.	Porti, Tel.-Spesen	Ausm. Betrag	Wert	Währungs-Konto-Nr.
Kurswert bzw. EUR-Betrag	Courtage	Abw.-Geb.	Porti, Tel.-Spesen	Ausm. Betrag EUR	Wert	EUR-Konto-Nr.

Gebühren EUR	zu Lasten Konto-Nr.

G (Z) R

Anmerkungen

1. Siehe → Form. IV.M.2 Anm. 1.

2. Die Gutschriftsaufgabe dient der Information des Kunden über den Eingang eines Inkassoerlöses.

3. Auftraggeber ist hier der Bezogene im Sinne von Art 3b der ERI.

4. Die Entgegennahme von Schecks verliert zunehmend an Bedeutung.

5. Hinweis an den Kunden zur Einhaltung dessen nach der Außenwirtschaftsverordnung bestehender Meldepflicht. Die Meldepflicht betrifft nicht die Einreicherbank als zwischengeschaltetes und nur abwickelndes Institut, sondern den gebietsansässigen Empfänger.

6. Der Anspruch auf Herausgabe des Inkassoerlöses entsteht erst mit Eingang bei der Einreicherbank, BuB/*Nielsen* Rn 5/795.

N. Devisenhandels- und sonstiges Auslandsgeschäft

(vorerst ohne Formulare)

6. Kapitel: Factoring und Finanzierungsleasing

O. Factoring

Schrifttum: *Bette,* Das Factoringgeschäft in Deutschland, 1999; *Brink,* Factoringvertrag, 1998; *Canaris,* Bankvertragsrecht, 2. Aufl 1981; *Hagenmüller/Sommer,* Factoring-Handbuch, 3. Aufl 1977 und *Hagenmüller/Sommer/Brink,* Factoring-Handbuch, 3. Aufl 1997; *Hill,* Interessenkollisionen beim Vertrag über echtes und unechtes Factoring, 1994; Baumbach/Hopt/*Hopt,* HGB, 40. Aufl 2020, Bankgeschäfte 0/1 ff.; *Hopt/Mülbert,* Kreditrecht, 1989, Vorbem zu §§ 657 ff., Rn 713 ff.; Krüger, Handbuch Factoringrecht, 2017; *Martinek/Omlor,* Das Factoringgeschäft, in: Bankrechts-Handbuch Bd. II 2017, § 102; *Martinek,* Moderne Vertragstypen, Bd I, 1991; *Scharff,* Bankrecht und Bankpraxis (BuB) 13/1 ff.; *ders* in Thewen, Bank- und Kapitalmarktrecht, 2010, 659 ff.; *Serick,* Eigentumsvorbehalt und Sicherungsübertragung, Bd IV, 1. Teil, 1976.

1. Factoringvertrag

zwischen[1,3,4,19,20]

Firma Mustermann in Mustershausen

nachstehend als Firma bezeichnet

und

Musterfactor in Musterstadt

nachstehend als Factor[2] bezeichnet

Der Factoringvertrag begründet ein auf Dauer angelegtes gegenseitiges Treueverhältnis, das ein enges Zusammenwirken und gegenseitige Information bedingt.

Teil I: Abtretung und Forderungskauf [*]

1. Andienungspflicht[5] und Angebot zum Forderungskauf

1.1 Die Firma verpflichtet sich, ihre künftig entstehenden Forderungen aus vollständig erbrachten Warenlieferungen oder Leistungen gegen ihre sämtlichen Abnehmer (Debitoren) fortlaufend dem Factor zum Kauf anzubieten.

1.2 Die Firma bietet den Abschluss des Kaufvertrages dadurch an, dass sie dem Factor alle wesentlichen Merkmale der Forderung gegen den Debitor übermittelt.

1.3 Die Firma ist an ihr Kaufangebot nach Maßgabe der folgenden Bestimmungen gebunden. Erklärt sich der Factor nach Ablauf eines Zeitraumes, der nach normalem Lauf für die Kaufentscheidung ausreicht, nicht, so kann die Firma dem Factor für die Annahme ihres Angebotes eine abschließende Frist von acht Tagen ab Zugang ihrer schriftlichen Erklärung setzen. Danach kann die Firma, sofern der Factor das Angebot nicht fristgemäß angenommen hat, über die Forderungen frei verfügen.

[*] Die Überschriften der einzelnen Teile sind optional.

2. Ankaufspflicht und Annahme

2.1 Der Factor verpflichtet sich, das Kaufangebot der Firma anzunehmen, wenn die zum Kauf angebotene Forderung den Bestimmungen der Ziff. . . . . und den weiteren Vereinbarungen im Konditionenblatt entspricht und unter Berücksichtigung bereits angekaufter Forderungen im Rahmen des Limits[6] liegt, das der Factor für diesen Debitor eingeräumt hat. Der Factor hat darüber hinaus das Recht, alle ihm angedienten Forderungen anzukaufen. Passt eine angebotene Forderung ganz oder teilweise nicht mehr in das Limit, so rückt sie insoweit nach, als durch Debitorenzahlungen das Limit für diese Forderung freigeworden ist. § 1 Abs. 3 gilt entsprechend.

2.2 Die Entscheidung über Einräumung, Änderung oder Streichung eines Limits nimmt der Factor nach pflichtgemäßem Ermessen unter banküblichen Gesichtspunkten vor. Streichungen und Änderungen des Limits dürfen nur für nichtangekaufte Forderungen erfolgen.[7] Der Factor bleibt trotz Änderung des Limits zum Ankauf von Forderungen verpflichtet, soweit die Firma die Ware versandt und die Leistung erbracht hat und hierbei auf das eingeräumte Limit vertrauen durfte.

2.3 Das Kaufangebot der Firma nimmt der Factor durch Gutschrift des Kaufpreises für die Forderung auf dem Abrechnungskonto* der Firma an. Gemäß § 151 Satz 1 BGB verzichtet die Firma auf den Zugang der Annahmeerklärung.

3. Abtretung[8,9] der angekauften Forderungen

3.1 Die Firma tritt hiermit dem Factor im Voraus alle künftigen Forderungen aus Warenlieferungen und Leistungen, die ihr gegen ihre sämtlichen Abnehmer zustehen werden, unter der aufschiebenden Bedingung ab, dass die jeweilige Forderung von dem Factor angekauft wird.

3.2 Kauft der Factor eine Forderung nur teilweise an, so ist sie zunächst nur in der Höhe dieses Teilbetrages abgetreten.

3.3 Lehnt der Factor den Ankauf der Forderung endgültig ab, so behält derjenige sie endgültig, dem sie in der Schwebezeit gehört hat.

3.4 Soweit nach dem auf die abzutretende Forderung anwendbaren Recht eine Vorausabtretung unwirksam ist, verpflichtet sich die Firma, unverzüglich nach dem Entstehen einer solchen Forderung diese an den Factor abzutreten. Die Übermittlung der wesentlichen Merkmale der Forderung gilt zugleich als Abtretungsangebot, die Gutschrift auf dem Abrechungskonto* durch den Factor als Annahmeerklärung.

3.5 Die Firma bevollmächtigt hiermit den Factor unwiderruflich, für sie die Abtretungsanzeige gegenüber dem Debitor abzugeben.

Teil II: Pflichten des Factors und der Firma

4. Kaufpreis[10]

4.1 Der Factor ist zur Zahlung des Kaufpreises verpflichtet.

4.2 Der Kaufpreis ist der Betrag der tatsächlich bestehenden Forderung der Firma gegen den jeweiligen Debitor abzüglich eines Diskonts, der aus dem Zwischenzins für die tatsächliche Laufzeit der Forderung (Zahlungseingang beim Factor bzw. Eintritt des Factors im Delkrederefall) und aus der Factoringgebühr besteht.

---

* Hier ist die jeweils vom Factor gewählte Kontobezeichnung einzusetzen.

4.3 Vom Kaufpreis werden Beträge in Abzug gebracht, die der Debitor auf Grund gesetzlicher Vorschriften, insbesondere der Steuergesetze, einzubehalten oder abzuführen hat.

4.4 Der Kaufpreis mindert sich im Fall der Zahlungsunfähigkeit des Debitors um den Umsatzsteuer-Erstattungsanspruch, den die Firma bei Ausfall der Forderung geltend machen kann.

4.5 Der Kaufpreis ist – abzüglich des Sperrbetrages – sofort fällig.

4.6 Der Factor behält einen der Höhe nach gesondert vereinbarten Anteil vom Kaufpreis als Sperrbetrag[11] ein. Dieser Sperrbetrag sichert die Ansprüche des Factors gegen die Firma, insbesondere aus der Garantie nach Ziff. 6.2 dieses Vertrages.

4.7 Der Sperrbetrag ist bei Eingang der Debitorenzahlung, spätestens im Delkrederefall fällig.

5. Delkredere[12,13]

5.1 Den Rechtsbestand der Forderung vorausgesetzt, trägt der Factor für die von ihm angekauften Forderungen das Risiko der Zahlungsunfähigkeit des Debitors (Delkredere).

5.2 Zahlungsunfähigkeit wird vermutet, wenn der Debitor nicht innerhalb der im Konditionenblatt vereinbarten Frist nach Fälligkeit zahlt, es sei denn, der Debitor bestreitet substantiiert seine Zahlungsverpflichtung, gleichgültig ob vor oder nach Ablauf vorgenannter Frist.

5.3 Werden der Firma Umstände bekannt, die die Zahlungsfähigkeit des Abnehmers betreffen, insbesondere die Durchsetzung einer abgetretenen Forderung gefährden könnten, so hat sie dem Factor diese Umstände unverzüglich mitzuteilen.

6. Veritätsgarantie[14] der Firma

6.1 Die Firma ist zur Abtretung einer mangelfreien Forderung verpflichtet.

6.2 Die Firma garantiert dem Factor – unabhängig von Vorsatz oder Fahrlässigkeit –, dass die Forderung, so wie sie in den übermittelten Daten beschrieben wurde, einschließlich aller Nebenrechte besteht, abtretbar und nicht mit Einreden, Einwendungen oder Gegenrechten des Debitors oder anderer Dritter behaftet ist. Sie garantiert ferner in gleicher Weise, dass die Forderung bis zu ihrer Erfüllung nicht nachträglich in ihrem rechtlichen Bestand verändert wird, insbesondere nicht durch Einreden, Einwendungen oder Zurückbehaltungsrechte, wie zB Auf- und Verrechnung, Anfechtung, Minderung, Rücktritt des Debitors, Schadenersatz, Nachleistung oder Nachbesserung beeinträchtigt wird. Die Firma garantiert weiterhin, dass sie zur Abtretung dieser Forderung berechtigt ist.

6.3 Im Garantiefall kann der Factor die Beseitigung des Mangels verlangen (Nacherfüllung). Nach fruchtlosem Fristablauf kann der Factor den Kaufpreis mindern, vom Forderungskauf zurück treten sowie daneben Schadensersatz geltend machen. Gleiches gilt, wenn eine Fristsetzung auf Grund gesetzlicher Vorschriften entbehrlich ist.

7. Verfahren bei Einreden oder Einwendungen des Debitors

7.1 Der Factor ist, wenn der Debitor substantiiert Einwendungen, Einreden oder Gegenrechte jeder Art geltend macht, berechtigt, das Abrechnungskonto[15] vorläufig mit dem gutgeschriebenen Kaufpreis für die Forderung zu belasten. ohne dass hiermit eine Ausübung der Rechte nach Ziff. 6.3 verbunden ist. Die vorläufige Belastung wird zu dem Zeitpunkt rückgängig gemacht, zu dem der rechtliche Bestand der Forderung rechtskräftig festgestellt wird oder der Debitor die Forderung endgültig anerkennt. Die Firma kann zur Vermeidung einer vorläufigen Belastung dem Factor genehme Sicherheiten leisten oder nachweisen, dass die Einwendungen oder Einreden nicht bestehen.

7.2 Soweit die Firma die Einreden oder Einwendungen anerkennt, ihre Pflichten nach § 402 BGB verletzt oder die Berechtigung der Einreden oder Einwendungen durch rechtskräftiges Urteil festgestellt wird, kann der Factor seine Rechte aus Ziff. 6.3 endgültig geltend machen.

7.3 Für den Fall der gerichtlichen Auseinandersetzung des Factors mit dem Debitor trägt im Verhältnis zur Firma der Factor die Kosten,[16] soweit er nach der Kostengrundentscheidung Kostenerstattung von Debitor zu beanspruchen hat. Soweit der Factor die gerichtliche Auseinandersetzung verliert oder nur deshalb gewinnt, weil die Firma den rechtlichen Bestand der Forderung nachträglich hergestellt hat, oder eine Kostenerstattung nach dem anwendbaren Recht nicht vorgesehen ist, trägt die Kosten die Firma. Für einen Debitorenprozess kann der Factor in jedem Fall einen angemessenen Vorschuss von der Firma verlangen, der auch evtl. Kostenerstattungsansprüche des Debitors umfasst.

7.4 Über die gerichtliche Auseinandersetzung ist die Firma laufend zu unterrichten. Die Firma kann sich gegenüber dem Factor nicht darauf berufen, dass der Rechtsstreit mit dem Debitor unrichtig entschieden sei oder dass der Factor den Prozess mangelhaft geführt habe, wenn der Factor die Firma zur Mitwirkung aufgefordert hat.

8. Verrechnungen,[17] Fälligkeit und Abtretungsverbot

8.1 Alle Zahlungen eines Debitors auf Forderung aus Lieferungen und Leistungen darf der Factor unabhängig von ihrer Zweckbestimmung im Verhältnis zur Firma zunächst auf die abgetretenen Forderungen (Forderungsteile) gegen diesen Debitor verrechnen.

8.2 Sämtliche Ansprüche und Forderungen des Factors gegen die Firma aus diesem Vertrag sind sofort fällig, soweit nicht anders ausdrücklich vereinbart.

8.3 Die Aufrechnung und/oder die Ausübung eines Zurückbehaltungsrechts seitens der Firma ist nur mit unbestrittenen oder rechtskräftig festgestellten Ansprüchen zulässig.

8.4 Ansprüche der Firma gegen den Factor können nur mit Zustimmung des Factors abgetreten werden. § 354a HGB bleibt unberührt.

9. Pflichten der Firma im Verhältnis zu ihren Abnehmern

9.1 Folgende Klauseln sollen die Liefer- und Zahlungsbedingungen der Firma enthalten, die mit den Abnehmern wirksam zu vereinbaren sind:

9.1.1 „Die Ware bleibt bis zur vollständigen Bezahlung aller offenen Forderungen Eigentum der Firma. Der Abnehmer ist zur Weiterveräußerung widerruflich ermächtigt; aus der Weiterveräußerung entstehende Forderungen auf Zahlung des Kaufpreises sind hiermit an uns abgetreten. Eine Verarbeitung oder Umbildung der Kaufsache durch den Besteller wird stets für uns vorgenommen. Wird die Kaufsache mit anderen uns nicht gehörenden Gegenständen verarbeitet, so erwerben wir das Miteigentum an der neuen Sache im Verhältnis des Wertes der Kaufsache zu den anderen verarbeitenden Gegenständen zur Zeit der Verarbeitung. Wird die Kaufsache mit anderen uns nicht gehörenden Gegenständen vermischt, so erwerben wir das Miteigentum an der neuen Sache im Verhältnis des Wertes der Kaufsache zu der anderen vermischten Sache im Zeitpunkt der Vermischung. Ist die Sache des Bestellers als Hauptsache anzusehen, so hat der Besteller uns anteilsmäßig Miteigentum zu übertragen."

9.1.2 „Zur Geltendmachung des Eigentumsvorbehalts ist ein Rücktritt vom Vertrag nicht erforderlich, es sei denn, der Abnehmer ist Verbraucher." und

9.1.3 „(Einkaufs-)Bedingungen unserer Abnehmer gelten nur insoweit, als diese unseren Liefer- und Zahlungsbedingungen nicht widersprechen" und

9.1.4 „Wir sind berechtigt, die Ansprüche aus unserer Geschäftsverbindung abzutreten" und „Gerichtsstand ist nach unserer Wahl der Sitz der Firma oder . . . . ." und „Erfüllungsort ist der Sitz der Firma"

9.2 Aus der Ausgangsrechnung muss der genaue Rechnungsgrund der Forderung gegen den Debitor ersichtlich sein,

9.2.1 bei Warenlieferungen: insbesondere die vereinbarten Daten über Menge, Art und Gewicht der Ware (hier ggf. die Fabrikationsnummer) sowie über die Kaufpreisforderung (hier zwingend: Fälligkeit, Höhe und Fristen für Skonti und Boni).

9.2.2 bei Leistungen insbesondere Art, Ort und Zeitpunkt der Leistung über die Forderung der Firma (hier zwingend: Fälligkeit, Höhe und Fristen für Skonti und Boni) sowie über alle weiteren Einzelheiten Auskunft geben, die zur genauen Bestimmung dieser Forderung notwendig sind, zB ggf. über verwendete Materialien usw.

9.3 Die Rechnung hat den jeweils geltenden steuerlichen Vorschriften zu entsprechen.

10. Offenlegung der Forderungsabtretung

Die Firma versieht die Ausgangsrechnung mit folgendem deutlichen Vermerk:

Unsere Forderungen haben wir im Rahmen eines laufenden Factoringvertrages an . . . . . (Factor) abgetreten. Zahlungen können mit schuldbefreiender Wirkung nur an . . . . . (Factor) geleistet werden.

11. Weiterleitung von Zahlungseingängen bei der Firma

11.1 Die Firma ist, verpflichtet, sämtliche bei ihr eingehenden Zahlungen auf die dem Factor abgetretenen Forderungen am Tage des Eingangs an den Factor mit allen Originalbelegen weiterzuleiten und den Factor unverzüglich von dem Eingang zu unterrichten. Bis dahin ist die Firma verpflichtet, sämtliche bei ihr eingehende Zahlungen getrennt von ihrem eigenen Vermögen zu halten und für den Factor zu verwahren.

11.2 Abs. 1 gilt entsprechend für Wechsel, Schecks und alle sonstigen erfüllungshalber oder an Erfüllung statt erfolgten Leistungen. Firma und Factor sind sich darüber einig, dass diese Zahlungsmittel oder zum Zweck der Zahlung empfangenen Leistungen im Zeitpunkt des Eingangs bei der Firma in das Eigentum bzw. in den Verfügungsbereich des Factors übergehen, wobei die Firma sie bis zur Übersendung an den Factor für diesen als Treuhänderin unentgeltlich verwahren wird. Die durch Wechsel und Schecks verbrieften Ansprüche tritt die Firma schon jetzt an den Factor ab und wird diese Papiere an den Factor, soweit erforderlich, indossieren.

12. Übertragung von Sicherheiten[18]

12.1 Firma und Factor sind sich darüber einig, dass mit der Abtretung der Forderung an den Factor alle Ansprüche und Rechte, die der Firma auf Grund Gesetz oder Vertrag mit dem Debitor zustehen, insbesondere auf Herausgabe oder Rückgabe gelieferter Waren, auf den Factor übergehen. Diese Abtretung umfasst insbesondere auch das Recht der Firma, im Falle einer Insolvenz des Debitors den Insolvenzverwalter zur Ausübung seiner Rechte aufzufordern.

12.2 Firma und Factor sind sich auch darüber einig, dass alle Rechte, die die Firma an den Waren hat, wie insbesondere (vorbehaltenes) Eigentum, Miteigentum und Anwartschaftsrechte, so auf den Factor übergehen, wie sie aus den Rechnungen ersichtlich sind und der Factor die diesen Rechnungen zugrundeliegenden Forderungen angekauft hat. Zugleich tritt die Firma ihre Herausgabeansprüche gegen den Debitor oder Dritte, die unmittelbare Besitzer der Waren sind, ab. Waren, die sich noch oder wieder in unmittelbarem Besitz der Firma befinden, werden treuhänderisch unentgeltlich und getrennt von anderen Waren, von ihr für den Factor verwahrt.

12.3 Beim Versendungskauf tritt die Firma ihre Ansprüche gegen den Transporteur und ihr Verfolgungsrecht an der Ware an den Factor ab. Die Firma ist verpflichtet, in den Versanddokumenten, zB im Frachtbrief, vermerken zu lassen, dass dem Factor ein Weisungsrecht bezüglich der Ware zusteht. Die Verpflichtungen der Firma gegenüber dem Transporteur bleiben hiervon unberührt.

12.4 Darüber hinaus tritt die Firma schon jetzt ihre sämtlichen Versicherungsansprüche in Bezug auf die abgetretenen Forderungen und übereigneten Waren (wie zB Kreditversicherung, Transport-, Einbruchs-, Diebstahls-, Brandversicherung etc) an den Factor ab. Soweit die Abtretung von besonderen weiteren Voraussetzungen abhängig ist, verpflichtet sich die Firma, die Abtretung in der entsprechenden Weise vorzunehmen.

12.5 Dem Factor abgetreten werden auch alle sonstigen Nebenrechte, insbesondere das Recht, wegen Zahlungsverzug des Debitors Verzugszinsen zu fordern, vom Vertrag zurück zu treten und/oder Schadensersatz zu verlangen. Der Factor nimmt die vorstehenden Abtretungen an.

12.6 Bezüglich nicht abtretbarer Rechte ist der Factor berechtigt, die der Firma zustehenden Rechte, insbesondere vertragliche Gestaltungsrechte, im eigenen Namen auszuüben. Diese Ermächtigung endet nicht mit der Beendigung dieses Vertrages.

12.7 Die Parteien sind darüber einig, dass diese Sicherheiten sowohl die Forderung des Factors gegen die Debitoren als auch alle Ansprüche des Factors gegen die Firma sichern.

13. Informationspflichten der Firma und Datenspeicherung

13.1 Boni oder andere Abzüge, die sich nicht aus der Rechnung ergeben, sind dem Factor vor Forderungskauf anzugeben.

13.2 Die Firma wird dem Factor während der Vertragslaufzeit ihre Vermögensverhältnisse offen legen und diesem auf dessen Anforderung ihre Geschäftsberichte, Jahresabschlüsse, Zwischenabschlüsse, Konzernabschlüsse und Einnahmen-Überschussrechnungen sowie sonstige erforderliche Unterlagen zur Verfügung stellen.

13.3. Die Firma hat dem Factor einen Wechsel ihres Sitzes sowie Veränderungen ihres gewöhnlichen Aufenthaltsortes unverzüglich anzuzeigen. Sie hat dem Factor ferner die zur Erfüllung seiner gesetzlichen Sorgfalts- und Informationspflichten (zB Identifizierungspflichten nach dem Geldwäschegesetz notwendigen Informationen und Unterlagen zur Verfügung zu stellen und sich während der Vertragsdauer ergebende Änderungen (zB Änderung der Rechtsform, Änderung bei einem Vertretungsorgan, Wechsel der Gesellschafter) unverzüglich mitzuteilen.

13.4 Die Firma wird den Factor darüber hinaus über alle geplanten geschäftspolitischen Maßnahmen unverzüglich informieren, die Auswirkungen auf Bestand oder Durchsetzbarkeit von Forderungen und Sicherheiten haben können.

13.5 Der Factor ist berechtigt, sämtliche im Rahmen der Beantragung und Durchführung dieses Factoringvertrages anfallenden Daten – auch personenbezogene –mit Beginn der Geschäftsbeziehung zur Firma, einem Garanten oder Bürgen auf der Grundlage der Europäischen Datenschutzgrundverordnung und des Bundesdatenschutzgesetzes intern zu speichern, für die Bearbeitung und Durchführung des Factoringvertrages zu nutzen und zum Zwecke seiner Refinanzierung an ein Refinanzierungsinstitut zu übermitteln. Weitere Regelungen und Hinweise enthalten die als Anlage beigefügten „Ausführungen zum Datenschutz".

Teil III: Behandlung nicht angekaufter Forderungen und besondere Sicherungsabreden

14. Behandlung nicht angekaufter Forderungen

14.1 Soweit und solange der Factor eine Forderung nicht angekauft hat, wird diese Forderung als nicht angekauft („Inkassoforderung") ausgewiesen.

14.2 Die Firma beauftragt den Factor für die Laufzeit dieses Vertrages, diese Forderungen im eigenen Namen einzuziehen.

14.3 Soweit nicht abweichend geregelt, finden die Regelungen für angekaufte Forderungen entsprechende Anwendung.

15. Sicherheiten des Factors*

15.1 Der Factor kann für alle Ansprüche, die ihm gegen die Firma zustehen, die Bestellung von Sicherheiten verlangen, und zwar auch dann, wenn die Ansprüche bedingt sind. Für die Übernahme der Delkrederehaftung nach Ziff. 5 dieses Vertrages kann der Factor Sicherheiten nicht fordern; ausgenommen sind Ansprüche aus einer bestehenden Warenkreditversicherung auf Grund besonderer Absprache.

15.2 Hat der Factor bei der Entstehung von Ansprüchen gegen die Firma zunächst ganz oder teilweise davon abgesehen, die Bestellung oder Verstärkung von Sicherheiten zu verlangen, kann er auch später noch eine Besicherung fordern. Voraussetzung hierfür ist jedoch, dass Umstände eintreten oder bekannt werden, die im Rahmen der Bewertung des Ausfallrisikos dieser Ansprüche die Annahme eines erhöhten Risikos rechtfertigen.

Dies kann insbesondere der Fall sein, wenn:

15.2.1 sich die wirtschaftlichen Verhältnisse der Firma nachteilig verändert haben oder sich zu verändern drohen, oder

15.2.2 sich die vorhandenen Sicherheiten wertmäßig verschlechtert haben oder zu verschlechtern drohen.

15.3 Der Besicherungsanspruch des Factors besteht nicht, wenn ausdrücklich vereinbart ist, dass die Firma keine oder ausschließlich im Einzelnen benannte Sicherheiten zu bestellen hat. Für die Bestellung oder Verstärkung von Sicherheiten wird der Factor der Firma eine angemessene Frist einräumen. Beabsichtigt der Factor, von seinem Recht zur fristlosen Kündigung Gebrauch zu machen, falls die Firma ihrer Verpflichtung zur Bestellung oder Verstärkung von Sicherheiten nicht fristgerecht nachkommt, wird er sie zuvor hierauf hinweisen.

15.4 Der Factor kann einen Anspruch auf Bestellung oder Verstärkung von Sicherheiten solange geltend machen, bis der realisierbare Wert aller Sicherheiten dem Gesamtbetrag aller Ansprüche aus der Geschäftsverbindung (Deckungsgrenze) entspricht. Falls der

* Optionale Bestimmung.

realisierbare Wert aller Sicherheiten die Deckungsgrenze nicht nur vorübergehend übersteigt, hat der Factor auf Verlangen der Firma Sicherheiten nach seiner Wahl freizugeben, und zwar in Höhe des die Deckungsgrenze übersteigenden Betrages; er wird bei der Auswahl der freizugebenden Sicherheiten auf die berechtigten Belange der Firma und eines dritten Sicherungsgebers, der für die Verbindlichkeiten der Firma Sicherheiten bestellt hat, Rücksicht nehmen.

15.5 Für den Fall, dass der Factor eine ihm von der Firma zum Kauf angebotene Forderung zunächst nicht ankauft, tritt die Firma schon heute diese Forderung an den Factor zum Zweck des Einzuges dieser Forderung* durch den Factor und der Sicherung aller Ansprüche des Factors gegen die Firma aus der Geschäftsbeziehung mit ihm ab. Der Factor nimmt diese Abtretung hiermit an.

15.6 Unbeschadet der Abtretung nach Ziff. 3 sind von der Abtretung nach Ziff. 15.5 alle Forderungen ausgenommen, welche die Firma im Rahmen eines verlängerten Eigentumsvorbehaltes an Warenlieferanten abgetreten hat oder abtreten wird (dingliche Teilverzichtsklausel). Soweit er hierzu befugt ist, ermächtigt die Firma den Factor, auch diese nicht abgetretenen Forderungen im eigenen Namen einzuziehen.

Teil IV: Sonstige Bestimmungen

16. Vertragsbeendigung

16.1 Die Vertragsdauer dieses Factoringvertrages beginnt mit dem Datum der Unterschrift des Factors und endet nach Ablauf von 24 Monaten zum Monatsende. Danach läuft er auf unbestimmte Zeit weiter, wenn er nicht spätestens mit Ablauf des 18. Monats zum Ende des 24. Monats der Vertragsdauer gekündigt wird. Für einen späteren Zeitpunkt kann der Vertrag mit einer Frist von sechs Monaten jeweils zum Ende eines Kalenderquartals gekündigt werden.

16.2 Die Kündigung ist nur wirksam, wenn sie durch eingeschriebenen Brief erfolgt.

16.3 Die Kündigung aus wichtigem Grund bleibt beiden Vertragspartnern vorbehalten. Als wichtiger Grund, der wegen der besonderen Bedeutung der Pflichtverletzung eine Fortsetzung des Vertrages für den Factor – auch unter Berücksichtigung der Interessen der Firma –auch ohne Abmahnung unzumutbar macht, sind insbesondere anzusehen:

16.3.1 Aufforderung der Firma an ihre Abnehmer, entgegen den Vereinbarungen dieses Vertrages Zahlungen unmittelbar an die Firma zu leisten;

16.3.2 Täuschen über oder Verschweigen von für den Vertragsschluss oder die – fortführung wesentliche Umstände;

16.3.3 drohende oder eingetretene wesentliche Verschlechterung der dem Factor zu stellenden Sicherheiten;

16.3.4 drohende oder eingetretene wesentliche Vermögensverschlechterung der Firma, insbesondere die Beantragung des Insolvenzverfahrens, Scheck- oder Wechselproteste oder Rücklastschriften mangels Deckung, Eintritt von Zahlungsunfähigkeit oder Überschuldung, Beschluss über die Liquidation wegen Vermögenslosigkeit.

17. Wirksamkeitsklausel

Sollte eine Bestimmung dieses Factoringvertrages unwirksam sein oder werden, so verpflichten sich die Parteien, die unwirksame Regelung durch eine Bestimmung zu ersetzen, die dem

* Hierzu Ziff 14.

rechtlichen und wirtschaftlichen Regelungsgehalt der unwirksamen Bestimmung möglichst nahe kommt. Dasselbe gilt, sofern dieser Factoringvertrag eine Regelungslücke aufweist.

18. Schriftform

18.1 Mündliche Nebenabreden bestehen nicht. Änderungen oder Ergänzungen zu diesem Vertrag bedürfen der Schriftform. Die Schriftform gilt auch für eine Änderung dieser Schriftformklausel.

18.2 Schriftform im Sinne der Bestimmungen dieses Vertrages schließt die elektronische, mit digitaler Signatur nach dem Signaturgesetz versehene Form. ein.

19. Erfüllungsort und Gerichtsstand

19.1 Erfüllungsort ist der Sitz des Factors.

19.2 Zuständiges Gericht für alle Streitigkeiten aus diesem Vertrag oder seine Wirksamkeit ist das Landgericht am Sitz des Factors, wenn die Firma im Handelsregister eingetragen ist oder ihren Sitz im Ausland hat. Der Factor ist aber auch berechtigt, die Firma am Ort ihres Firmensitzes gerichtlich in Anspruch zu nehmen.

. . . . .

Ort, Datum

Anmerkungen

1. Rechtsnatur. Factoring ist der Kauf von Forderungen, unabhängig davon, ob der Forderungskäufer für die Zahlungsfähigkeit der Schuldner (Abnehmer, Debitoren) einsteht (echtes Factoring) oder nicht (unechtes Factoring).

Während dies für die Rechtsnatur des **echten** Factoring nahezu unstreitig ist (vgl BGHZ 69, 254, 257, Palandt/*Grüneberg* BGB § 398 Rn 39, MüKoBGB/*Roth* § 398 Rn 164 ff.; *Brink* Rn 41; *Martinek/Omlor,* Bankrechts-Handbuch, § 102, Rn. 32; aM *Canaris* Rn 1655), vertritt die überwiegende Meinung in Rechtsprechung und Literatur zum unechten Factoring die Ansicht, es handele sich um ein Kreditgeschäft, wobei die Rückzahlung des Kredits durch die Abtretung der Forderungen erfüllungshalber erfolge (BGHZ 82, 50, 61; Palandt/*Grüneberg* § 398 Rn 40; *Martinek/Omlor,* Bankrechts-Handbuch, § 102 Rn. 44). Diese Auffassung widerspricht jedoch dem ausdrücklichen Willen der Vertragsparteien, die eine Bilanzentlastung des Forderungsverkäufers nur auf der Basis eines Kaufs erreichen können (BuB/*Scharff* Rn 13/29), sowie der rechtlichen Qualifizierung des dem unechten Factoring vergleichbaren Diskontgeschäfts als Kauf (*Hopt/Mülbert* Vorbem zu §§ 607 ff. Rn 726).

2. Beteiligte. Als Forderungskäufer (Factor) treten überwiegend Spezialinstitute auf, die zum größten Teil Bankenstatus besitzen. Als Forderungsverkäufer kommen in erster Linie Industrie-, Handels- oder Dienstleistungsunternehmen mit einem breitgestreuten Abnehmerkreis in Betracht.

3. Factoringfunktionen. Aus der Sicht des Forderungsverkäufers (Firma) gibt es mehrere Gründe für einen Verkauf seiner Forderungen:

a) Der ihm vom Factor für die verkauften Forderungen gezahlte Kaufpreis ermöglicht es ihm, die Forderungen bereits vor deren Fälligkeitszeitpunkt in Liquidität zu verwandeln, die er zur Begleichung seiner Lieferantenverbindlichkeiten unter Ausnutzung ihm gewährter Skonti nutzen kann (Finanzierungsfunktion).

b) Der Factor übernimmt die Verwaltung der von ihm erworbenen Forderungen. Hierzu zählen insbesondere die Debitorenbuchhaltung, die Prüfung und Überwachung der Abnehmerbonität sowie das Inkasso der Forderungen. Auch wenn der Factor mit der Verwaltung seiner Forderungen streng genommen keine Tätigkeit für den Forderungsverkäufer ausübt, so hat sich hierfür in der Praxis gleichwohl der Begriff der Dienstleistungsfunktion des Factoring herausgebildet.

c) Gegen Zahlung eines entsprechenden Entgelts ist der Factor bereit, das Risiko der Zahlungsunfähigkeit eines Abnehmers zu übernehmen (Delkrederefunktion).

4. Factoringvarianten. Die in → Anm. 3 erwähnten wesentlichen Dienstleistungen des Factors (Factoringfunktionen) können einzeln oder in jeder beliebigen Kombination gegenüber dem Forderungsverkäufer erbracht werden. Diese Kombinationen, die Art der angekauften Forderungen sowie weitere Gestaltungsmöglichkeiten geben den einzelnen Factoringformen ihren Namen:

a) Das Standard-Factoring ist eine Kombination der drei aufgeführten wesentlichen Factoringfunktionen;

b) beim Fälligkeits-Factoring erfolgt die Zahlung des Kaufpreises erst nach Eingang der Abnehmerzahlung bzw. im Delkrederefall. Es fehlt mithin die Finanzierungsfunktion;

c) beim unechten Factoring wird die Delkrederefunktion vom Forderungsverkäufer nicht beansprucht;

d) beim echten Factoring steht die Delkrederefunktion im Vordergrund, andere Funktionen können wahlweise hinzutreten;

e) beim offenen Factoring wird der Abnehmer über den Verkauf und die Abtretung der gegen ihn bestehenden Forderungen unterrichtet;

f) beim stillen Factoring wird die Abtretung gegenüber dem Abnehmer nicht angezeigt.

Die einzelnen Factoringarten schließen sich nicht gegenseitig aus, Kombinationen der vorgenannten Factoringformen sind vielmehr möglich.

Das Formular betrifft einen Standard-Factoringvertrag, der alle Factoringfunktionen (Delkredere, Finanzierung, Dienstleistung) beinhaltet (vgl *Bette,* S 32 ff).

5. Andienungspflicht. Dem Factoring liegt regelmäßig eine Rahmenvereinbarung zugrunde, die die Verpflichtung des Forderungsverkäufers zum Verkauf seiner sämtlichen, fortlaufend entstehenden Forderungen aus Warenlieferungen und Dienstleistungen beinhaltet und damit den Factor davor sichert, dass der Forderungsverkäufer ihm lediglich eine Negativauswahl seiner Forderungen gegen Kunden schlechter Bonität zum Kauf anbietet und hierdurch das Delkredererisiko des Factors in schwer kalkulierbarer Weise erhöht.

6. Limit. Es ist im gemeinsamen Interesse der Vertragsparteien, für jeden Abnehmer ein Ankaufslimit festzulegen. Es ermöglicht einerseits dem Forderungsverkäufer, abzuschätzen, in welcher Höhe er Liquidität durch den Verkauf seiner Forderungen erzielt; andererseits wird das Risiko des Factors durch Vergabe des in Abhängigkeit von der Bonität des Abnehmers und dem durchschnittlichen Forderungsbestand des Forderungsverkäufers bei dem betreffenden Abnehmer festgelegten Limits begrenzt. Der Factor ist regelmäßig berechtigt, das Limit zu erhöhen oder zu reduzieren, wenn sich die Bonität des Abnehmers, der Lieferumfang etc ändern.

7. Limitherabsetzung. Die teilweise oder vollständige Streichung des für einen Abnehmer eingeräumten Limits hat der Factor gegenüber seinem Vertragspartner zu begründen. Dies ergibt sich aus dem zwischen den Parteien bestehenden Treueverhältnis. Es muss dem Forderungsverkäufer nach teilweiser oder vollständiger Streichung des Limits durch den Factor möglich sein, sein künftiges Ausfallrisiko bezüglich des betreffenden Debitors selbst zu kalkulieren. Hierfür muss er die Gründe des Factors, die zur Herabsetzung des Limits geführt haben, kennen.

Die Herabsetzung des Limits darf sich selbstverständlich auf die vom Factor bereits gekauften Forderungen nicht auswirken, da dann – beim echten Factoring – von einer Übernahme des Delkredererisikos durch den Factor nicht mehr die Rede sein kann. Darüber hinaus ist das Vertrauen des Forderungsverkäufers auf den Delkredereschutz derjenigen Forderungen, bei denen er seine Leistung gegenüber dem Abnehmer bereits erbracht hat, auf jeden Fall zu schützen.

8. Kollisionsfälle. Der Forderungsverkäufer verkauft und überträgt in der Regel seine gegenwärtigen und zukünftigen Forderungen gegen seine Abnehmer durch deren Kauf aufschiebend oder deren Nichtkauf auflösend bedingt auf den Factor. Diese antizipierte Übertragung sämtlicher Forderungen birgt sowohl die Gefahr einer Kollision mit den verlängerten Eigentumsvorbehalten der Vorlieferanten des Forderungsverkäufers (a) als auch die Gefahr einer Kollision mit Globalzessionen des Forderungsverkäufers zugunsten seiner Geldkreditgeber (b):

a) Die Rechtsprechung hat diese Kollision wie folgt gelöst:

(1) Sie lehnt seit 1977 (BGHZ 69, 254) die Anwendung der für das Kollisionsproblem zwischen Geldkreditgeber und Warenlieferant entwickelten Grundsätze auf das **echte Factoring** ab. Zu Recht stellt der BGH fest, dass die zeitlich vorrangige antizipierte Übertragung aller künftigen Forderungen des Forderungsverkäufers gegen seine Abnehmer auf einen Factor beim echten Factoring nicht sittenwidrig ist. Die Begründung ergibt sich aus der Feststellung, dass der Vorbehaltskäufer beim echten Factoring den vollen Gegenwert seiner Forderung derart erhalte, dass er ihn nicht mehr zurückerstatten müsse. Hierdurch nehme jedoch der Vorbehaltslieferant genau die Stellung ein, die ihm zukäme, wenn der Forderungsverkäufer als Vorbehaltskäufer beim verlängerten Eigentumsvorbehalt die abgetretene Forderung – erlaubterweise – dadurch zum Untergang gebracht hätte, dass er den Wert der Forderung vom Zweitkäufer der Vorbehaltsware in bar entgegengenommen hätte (*Serick* § 52 IV 3 c; vgl. hierzu ausführlich *Martinek/Omlor*, Bankrechts-Handbuch, § 102, Rn 52 ff. mwN).

Sodann räumt der BGH seit BGHZ 72, 15 der zeitlich nachfolgenden Abtretung der Forderungen durch den Vorbehaltskäufer zugunsten des Factors gegenüber der zeitlich früheren Übertragung der Forderungen zugunsten eines Vorbehaltslieferanten den Vorrang ein. Die regelmäßig in den Verkaufsbedingungen der Vorbehaltslieferantin enthaltene Ermächtigung an den Vorbehaltskäufer, die Vorbehaltsware im normalen Geschäftsverkehr veräußern zu dürfen, ermächtige den Vorbehaltskäufer auch, im Wege des echten Factoring über die Forderung zu verfügen (vgl. hierzu ausführlich *Martinek/Omlor*, Bankrechts-Handbuch, § 102 Rn 66 ff. mwN).

(2) Demgegenüber hält die Rechtsprechung (BGHZ 82, 50) die Grundsätze zu den Kollisionsfällen zwischen einer globalen Vorausabtretung zugunsten eines Geldkreditgebers und der Zession zugunsten von Warenlieferanten auf die Kollision zwischen Factoringzession und Vorausabtretung zugunsten eines Eigentumsvorbehaltslieferanten beim **unechten** Factoring für uneingeschränkt anwendbar. Die dem Forderungsverkäufer durch seinen Vorbehaltslieferanten erteilte Ermächtigung, den Kaufpreis für die unter verlängertem Eigentumsvorbehalt gelieferte und weiterveräußerte Ware einzuziehen, berechtige diesen nicht, die Forderung aus dem Weiterverkauf im Rahmen eines **unechten Factoring** an einen Factor zu verkaufen und abzutreten. Vgl. hierzu ausführlich *Martinek/Omlor*, Bankrechts-Handbuch, § 102 Rn 69 ff)

(3) Ein Teil der Literatur weist jedoch zutreffend darauf hin, dass der Forderungsverkäufer beim unechten nicht anders als beim echten Factoring durch den Verkauf der Forderungen eine deckungsgleiche Verfügung vornehme, dh einen unmittelbaren Austausch der Werte im Einzelfall, wobei Wert und Gegenwert sich decken und die Rechtsstellung des Vorbehaltslieferanten nicht beeinträchtigt werde (*Bette/Marwede* BB 1979, 121).

b) Im Falle der Kollision einer Zession an den Factor mit der zuvor erfolgten Zession des Forderungsverkäufers zugunsten seiner Geldkreditgeber lehnt die Rechtsprechung (BGHZ 75, 391) es ab, die dem Forderungsverkäufer im Globalzessionsvertrag seitens des Geldkreditgebers regelmäßig eingeräumte Einziehungsermächtigung dahin gehend auszulegen, dass sie ihm die nochmalige Abtretung der Forderung an einen Factor gestatte. Beim zessionsgesicherten Geldkredit komme es nämlich in erster Linie darauf an, ob die Summe der abgetretenen Ansprüche den Kredit in der vertraglich vorgesehenen Weise decke. Eine Zweitverfügung des Forderungsverkäufers im Wege des Factoring habe daher für den Geldkreditgeber zur Folge, dass dieser ständig prüfen müsse, ob der Betrag, den der Factor dem Forderungsverkäufer gutgebracht habe, die vertraglich vorgesehene Sicherheit biete. Dies könne jedoch einem Geldkreditgeber nicht ohne weiteres zugemutet werden. Zu Recht halten *Martinek/Omlor,* Bankrechts-Handbuch, § 102, Rn 83 dem entgegen, dass das der Bank zur Verfügung stehende Sicherungsvolumen jedoch ohnehin von der Preispolitik des Kreditnehmers (= Anschlusskunde) abhänge, die sich allerdings der Einflussnahme der Bank entziehe.

Eine Ausnahme zu vorstehender Entscheidung ist allerdings nach der Rechtsprechung (BGHZ 82, 283, 289) dann denkbar, wenn der Forderungsverkäufer vom Factor den abgezinsten, ungeschmälerten Gegenwert der Forderung erhält. Gleichwohl ist bei der Auslegung der dem Darlehnsnehmer eingeräumten Einziehungsermächtigung Zurückhaltung geboten (weitergehend jedoch *Bette* in Hagenmüller/Sommer/Brink 232).

9. Abtretungsausschluss. Häufig versuchen insbesondere marktstarke Abnehmer, über entsprechende Regelungen in ihren Einkaufsbedingungen die Abtretung der gegen sie gerichteten Forderungen auszuschließen, zumindest jedoch von ihrer Zustimmung abhängig zu machen. Diese Abtretungsverbote, die dazu führten, dass jährliche Außenstände mittelständischer Unternehmen in Höhe von mehr als 100 Mrd Euro nicht für Finanzierungszwecke eingesetzt werden konnten, behinderten auch das Factoringgeschäft sehr. Es hat daher in der Vergangenheit nicht an Versuchen gefehlt, sie durch eine entsprechende Ausgestaltung des Factoringvertrages zu unterlaufen (*Serick* IV 726 ff.; *Blaurock* in Hagenmüller/Sommer 117, 123; *Canaris* Rn 1700 m Fn 69). Hierzu ausführlich (*Martinek/Omlor,* Bankrechts-Handbuch, § 102 Rn 101 ff.)

Der Gesetzgeber hat dem mit dem am 30.7.1994 in Kraft getretenen § 354a HGB Rechnung getragen. Zu den Voraussetzungen und Rechtsfolgen des § 354a HGB Baumbach/Hopt/*Hopt,* HGB § 354a Rn 1–3; *Henseler* BB 1995, 5 ff.; *Wagner* WM Sonderbeil **1/1996.**

§ 354a Satz 2 HGB räumt dem Schuldner die Möglichkeit ein, weiterhin mit befreiender Wirkung an den bisherigen Gläubiger zu leisten. Hierdurch soll gewährleistet werden, dass dem Schuldner die Rechtsposition erhalten bleibt, die er dem Zedenten gegenüber innehatte. Die Vorschrift soll eine Verschlechterung der Rechtslage des Schuldners infolge der Abtretung verhindern (vgl BGH NJW-RR 2004, 50, 52). Gleichzeitig stellt der BGH allerdings klar, dass hierdurch die Rechtslage des Schuldners infolge der Abtretung auch nicht verbessert werden soll. § 354a Satz 2 HGB kann deshalb dem Schuldner der abgetretenen Forderung die Möglichkeit, mit einer gegen den Zedenten gerichteten Forderung aufzurechnen, dann nicht verschaffen, wenn diese ohne die Abtretung nicht vorhanden gewesen wäre (vgl BGH NJW-RR 2004, 50, 52). In seiner weiteren Entscheidung vom 26.1.2005 (vgl BGH NJW-RR 2005, 624, 626) stellt der BGH darüber hinaus klar, dass ein vertraglich vereinbarter Zustimmungsvorbehalt im Hinblick auf den Zweck des § 354a HGB nach allgemeiner Ansicht einem Abtretungsausschluss gleichzustellen sei. Außerdem bestätigt der BGH, dass als Leistung im Sinne des § 354a Satz 2 HGB neben anderen Erfüllungssurrogaten, insbesondere auch die Aufrechnung des Schuldners mit einer Forderung gegen den Zedenten, anzusehen sei (vgl BGH NJW-RR, 626). Dies entspricht der ganz herrschenden Meinung in der Literatur (vgl statt aller Baumbach/

Hopt/*Hopt* HGB, § 354a Rn 2). Diese Aufrechnung kann er auch dem neuen Gläubiger gegenüber vornehmen, und zwar unabhängig davon, ob und wann der Schuldner Kenntnis von der Abtretung erlangt. Ihm soll insoweit eine über §§ 406 und 407 BGB hinausgehende Erfüllungs- bzw Aufrechnungsmöglichkeit erhalten bleiben (vgl BGH NJW-RR, 626) sowie statt aller Baumbach/Hopt/*Hopt* §354a Rn 2).

Die Vorschrift des § 354a Abs 1 HGB gilt jedoch nicht für Forderungen aus Darlehnsverträgen, wenn deren Gläubiger ein Kreditinstitut im Sinne des Kreditwesengesetzes ist, § 354a Abs 2 HGB.

10. Kaufpreisberechnung. Der Kaufpreis der verkauften Forderungen errechnet sich aus dem Nominalwert der Forderungen abzüglich einer Gebühr für die vom Factor übernommenen Dienstleistungen einschließlich Delkredereübernahme. Der unterschiedlichen Fälligkeit der verkauften Forderungen einerseits und des vom Factor hierfür zu entrichtenden Kaufpreises andererseits wird regelmäßig in zwei Verfahren Rechnung getragen:

a) **Barwertverfahren:** Der Factor ermittelt den Barwert der verkauften Forderungen durch Abzinsung mit einem zwischen den Vertragsparteien vereinbarten Zinssatz. Diese Methode ist insoweit ungenau, als der Zeitpunkt der Zahlung durch den Kunden im Zeitpunkt der Kaufpreiszahlung des Factors nicht exakt feststeht.

b) **Nominalwertverfahren:** Bei diesem Verfahren ermittelt der Factor den Kaufpreis auf der Grundlage des Nominalwertes der verkauften Forderungen und berechnet der Firma Zinsen bis zum Zeitpunkt des tatsächlichen Zahlungseinganges.

11. Sperrkonto. In der Praxis üblich ist die Vereinbarung eines Sperrbetrages, also eines Kaufpreisanteils, den der Käufer einbehält. Dieser einbehaltene Betrag sollte im Interesse der wirksamen Vereinbarung eines **echten** Factoring so gering wie möglich sein. Denn: nur, wenn der Forderungsverkäufer auf den Gegenwert der verkauften Forderungen endgültig einen Betrag erhält, der seine eigene Kaufpreisschuld gegenüber seinem Vorbehaltsverkäufer **deutlich** übersteigt, ist dem Sicherungsbedürfnis des Vorbehaltsverkäufers, welchem der verlängerte Eigentumsvorbehalt dient, noch in ausreichendem Maße Rechnung getragen (BGHZ 72, 15, 21). Ein Sperrbetrag von 10 % dürfte insoweit unschädlich sein.

12. Delkredererisiko. Ob der Factoringvertrag als echtes oder unechtes Factoring anzusehen ist (s → Anm. 1), richtet sich entscheidend danach, welche Vertragspartei das Risiko der Zahlungsunfähigkeit des Abnehmers trägt. Hat der Factor dieses Risiko übernommen, darf diese Risikoübernahme nicht durch sonstige Vorschriften des Factoringvertrages wieder in Frage gestellt werden. Entscheidend für die Einordnung des Factoringvertrages ist mithin nicht nur die betreffende Klausel, sondern auch das Fehlen sonstiger Regelungen, die das einstehen müssen des Factors für das Delkredererisiko als ungewiss erscheinen lassen (OLG Koblenz WM 1988, 45).

13. Delkrederefall. Zahlt der Abnehmer nicht innerhalb einer zwischen den Vertragsparteien festzulegenden Frist nach Fälligkeit der verkauften Forderung, so wird der Eintritt der Zahlungsunfähigkeit des Abnehmers vermutet und damit die Delkrederehaftung des Factors realisiert. Steht die Zahlungsunfähigkeit eines Abnehmers bereits auf Grund von Umständen wie Insolvenzeröffnung, Ableistung der eidesstattlichen Versicherung etc fest, bedarf es der hier geregelten Vermutung nicht mehr.

Erhebt der Abnehmer jedoch Einreden gegen den Bestand der Forderung, bedarf es zunächst der Klärung der Berechtigung dieser Einreden. Dies gilt jedoch nur für solche Einreden, die der Abnehmer zumindest **schlüssig** begründet hat (BGH WM 1992, 194, 197).

14. Veritätshaftung. Der Factor ist lediglich bereit, das Risiko der Zahlungsunfähigkeit eines Abnehmers zu übernehmen. Dementsprechend verbleibt die Haftung für den

Bestand der verkauften Forderungen (Veritätshaftung) beim Forderungsverkäufer. Durch eine vertraglich vorzusehende garantiemäßige Ausgestaltung der Veritätshaftung, unabhängig von Vorsatz oder Fahrlässigkeit des Forderungsverkäufers, kann der ursprüngliche Rechtszustand einer verschuldensunabhängigen Haftung, wie ihn § 437 BGB aF vorsah, wieder hergestellt werden (Vgl. zu den hiermit einhergehenden Problemen ausführlich *Martinek/Omlor*, Bankrechts-Handbuch, § 102 Rn 32a ff.)

Die Rechtsfolgen einer Verletzung der Veritätshaftung richten sich gemäß § 453 BGB nach §§ 437 ff. BGB. Der Factor hat insbesondere einen Anspruch auf Nacherfüllung, Rücktritt, Minderung und Schadensersatz.

15. Belastung des Abrechnungskontos. Regelmäßig lässt sich ein Factor das Recht einräumen, das Abrechnungskonto des Anschlusskunden bis zur Klärung des Berechtigung der vom Abnehmer zumindest schlüssig erhobenen Einreden zu belasten. Hierdurch wird dem Forderungsverkäufer eventuell für einen Zeitraum von mehreren Monaten, wenn nicht sogar Jahren, die entsprechende Liquidität entzogen, da er über entsprechende Guthabenbeträge auf dem Konto nicht mehr verfügen kann. Da dem Forderungsverkäufer damit Liquidität entzogen wird, die er ansonsten zur Begleichung seiner Vorlieferantenrechnungen hätte einsetzen können, könnten insoweit wiederum die Interessen der Vorbehaltslieferanten des Forderungsverkäufers berührt sein.

Es ist jedoch zu berücksichtigen, dass dieser Liquiditätsentzug auch dann eingetreten wäre, wenn es den Factoringvertrag nicht gäbe. Auch in diesem Falle würde dem Forderungsverkäufer die entsprechende Liquidität nicht zur Verfügung stehen, da ja der Abnehmer auf Grund der von ihm erhobenen Einrede ebenfalls keinerlei Zahlungen leisten würde. Der Vorbehaltslieferant stünde damit bei der vorläufigen Rückbelastung des Forderungsverkäufers durch den Factor jedenfalls nicht schlechter als er ohne Einschaltung des Factors stünde.

War die Einrede des Abnehmers unberechtigt, hat der Factor dem Forderungsverkäufer den zurückbelasteten Betrag wiederum gutzuschreiben; war die Einrede des Abnehmers berechtigt, verbleibt es endgültig bei der Zurückbelastung. Der Forderungsverkäufer hätte jedoch in diesem Fall auch ohne Einschaltung des Factors mangels wirksamer Forderung zu keiner Zeit Zahlungen des Abnehmers erhalten. Zur Vermeidung der liquiditätsentziehenden Wirkung der Belastung des Abrechnungskontos durch den Factor bleibt es dem Forderungsverkäufer zudem unbenommen, diese durch die Gestellung anderweitiger geeigneter Sicherheiten zu vermeiden.

16. Verfahrenskosten. Da der Factor im Debitorenprozess die von ihm erworbenen Forderungen geltend macht, hat er grundsätzlich die angefallenen Verfahrenskosten zu tragen, wenn die vom Abnehmer erhobenen Einreden letztlich lediglich Ausfluss seiner Zahlungsunfähigkeit sind. Dementsprechend trägt der Factor im Verhältnis zum Forderungsverkäufer die Kosten des Verfahrens, wenn er in diesem obsiegt hat, sich die Einrede des Abnehmers also als unberechtigt herausgestellt hat.

War die Einrede des Abnehmers berechtigt mit der Folge, dass der Factor im Prozess unterliegt, oder hat der Forderungsverkäufer die Einreden des Abnehmers zwischenzeitlich ausgeräumt, so hat der Forderungsverkäufer die Kosten des Verfahrens zu tragen, da er für den einredefreien Bestand der verkauften Forderungen haftet (s → Anm. 14).

17. Verrechnungsklausel. Bei der Gestaltung einer Verrechnungsklausel ist genauestens darauf zu achten, dass sich die Delkredereverpflichtung des Factors durch Verrechnung nicht derartig vermindert, dass es einer Freizeichnung des Factors von der von ihm übernommenen Delkredereverpflichtung gleichkommt.

Verrechnet nämlich der Factor endgültig Zahlungen, die ein Abnehmer auf Forderungen geleistet hat, die vom Factor nicht delkrederegeschützt sind, auf die von ihm gekauften, geschützten Forderungen, so vermindert sich hierdurch der Betrag der vom

Factor geschützten Forderungen entsprechend. Der Forderungsverkäufer erhält mithin insgesamt weniger als er erhalten würde, wenn er den Factor nicht mit dem Inkasso der von diesem nicht gekauften Forderungen beauftragt hätte. Im letzteren Falle aber hätte der Forderungsverkäufer neben den Zahlungen des Abnehmers bei dessen Insolvenz die volle Delkrederezahlung des Factors auf die von diesem gekauften und geschützten Forderungen erhalten (Bremen ZIP 1980, 542).

Eine dies ermöglichende Regelung würde möglicherweise nicht ohne Einfluss auf die von der Rechtsprechung beim echten Factoring zugunsten des Factors vorgenommene Abwägung zwischen den Interessen des Factors und des Vorbehaltsverkäufers bleiben können.

Der Factor muss zudem sorgfältig prüfen, ob und wie er seine Einzugstätigkeit im Hinblick auf die Vereinbarungen mit den Vorlieferanten des Forderungsverkäufers durchführen darf (s hierzu auch Bechtloff MVertrHdB Bd 2 Wirtschaftsrecht I, 7. Aufl 2015, → Form. VI.6 Anm. 17)

18. Sicherheiten. Es ist Wesensmerkmal des echten Factoring und der Delkredereübernahme durch den Factor, dass der Forderungsverkäufer für die Bonität des Abnehmers in keiner Weise einzustehen hat. Es ist daher grundsätzlich bedenklich, wenn der Forderungsverkäufer dem Factor mittelbar oder unmittelbar Sicherheiten aus seinem Vermögensbereich stellt, die der Absicherung des Bonitätsrisikos des Abnehmers dienen. Gewährt der Forderungsverkäufer zB Sicherheit in Form. einer Garantie, Bürgschaft etc, so ist letztlich der jederzeitige Rückgriff auf ihn im Falle der Zahlungsunfähigkeit des Abnehmers möglich. Dasselbe gilt, wenn ein Dritter im Auftrag des Forderungsverkäufers für die Zahlungsfähigkeit des Abnehmers eine Sicherheit stellt und diesem Dritten im Falle der Inanspruchnahme der Sicherheit gegenüber dem Forderungsverkäufer ein Rückgriffsrecht zusteht. Durch derartige Gestaltungen werden die Interessen der Vorbehaltslieferanten berührt (zur Kollisionsproblematik s → Anm. 8), die Einordnung des Factoringvertrages als echtes Factoring wird zweifelhaft.

Die voranstehende Überlegung gilt jedoch nicht für die vom Forderungsverkäufer unter Eigentumsvorbehalt gelieferte Ware. Das Vorbehaltseigentum geht zwar nicht schon kraft Gesetzes gem. § 401 BGB auf den Factor als Erwerber der Forderung über. Die Rechtsprechung (BGHZ 80, 232) nimmt jedoch an, dass ein Zedent im Zweifel verpflichtet ist, bestehende Sicherheiten auf den Zessionar zu übertragen. Hinzu kommt, dass das Sicherungsbedürfnis des Forderungsverkäufers mit Zahlung des Kaufpreises durch den Factor erlischt. Zahlt der Abnehmer, geht das Eigentum automatisch auf diesen über; zahlt er nicht, wäre es wenig verständlich, wenn der Forderungsverkäufer sowohl die Zahlung des Factors als auch das Eigentum an der Ware behalten könnte. Sein Interesse an der Ware ist erloschen.

Wirtschaftlich stellt das Vorbehaltseigentum an der Ware mit Zahlung des Kaufpreises durch den Factor eine vom Abnehmer, nicht hingegen eine vom Forderungsverkäufer gewährte Sicherheit für die Zahlung der gekauften Forderung dar. Die Übertragung von Sicherungsrechten an der verkauften Ware ist damit nicht factoringschädlich.

19. Auswirkungen des Factoring in der Bilanz der Firma. a) Beim **echten** Factoring: In der Bilanz des Forderungsverkäufers hat das echte Factoring einen Aktivtausch zur Folge. Der Forderungsverkäufer aktiviert nunmehr statt der Forderungen gegen die einzelnen Abnehmer eine Forderung gegen den Factor (Beck'scher Bilanz-Kommentar/Schubert/F. Huber 11. Aufl. 2018, HGB 247, § Rn. 112).

b) Beim **unechten** Factoring: Beim unechten Factoring hat der Forderungsverkäufer der Gefahr eines Rückgriffs durch den Factor durch entsprechenden Ausweis der Eventualverbindlichkeiten als Haftungsverhältnisse unter der Bilanz Rechnung zu tragen (Beck'scher Bilanz-Kommentar/Grottel 11. Aufl 2018, HGB, § 285 Rn. 50 ff).

20. Umsatzsteuerliche Behandlung des Factoring. Für die umsatzsteuerliche Behandlung des Factoring war in der Vergangenheit die Unterscheidung zwischen echtem und unechtem Factoring maßgebend:

a) Das **echte** Factoring stellte den nach § 4 Nr 8c UStG steuerfreien Umsatz einer Geldforderung dar. Der Factor nahm die von ihm übernommenen Tätigkeiten (Debitorenprüfung, Kontenverwaltung, Inkasso etc) als Inhaber der Forderung im eigenen Interesse vor; hierin liegen keine umsatzsteuerbaren Leistungen gegenüber dem Forderungsverkäufer. Die Kaufpreiszahlung des Factors vor Eintritt der Fälligkeit der verkauften Forderungen stellt eine nach § 4 Nr 8a UStG steuerfreie Kreditierung dar.

b) Beim **unechten** Factoring hingegen erbrachte der Factor seine Leistungen nicht im eigenen Interesse, sondern als selbstständige steuerpflichtige Hauptleistungen gegenüber dem Forderungsverkäufer.

Diese Betrachtung hat sich durch das Urteil des Europäischen Gerichtshofes (EuGH) vom 26.6.2003, Rs C-305/01 (DStR 2003, 1253) abgedruckt in BStBl II 2004 S 688 sowie die im Anschluss hieran ergangene Entscheidung des BFH vom 4.9.2003, Aktenzeichen V R 34/99, BStBl II 2004 S 667 (DStR 2003, 1925) maßgeblich geändert.

Nunmehr gilt auf der Grundlage des Umsatzsteuer- Anwendungserlasses des BMF vom 1.10.2010 in der Fassung vom 27.5.2019 folgendes:

Entsprechend 2.4, Rn 1 des Umsatzsteuer- Anwendungserlasses ist ein Forderungskauf, bei dem der Forderungseinzug durch den Forderungskäufer im eigenen Namen und für eigene Rechnung erfolgt, unabhängig vom Übergang des Delkredererisikos auf den Forderungskäufer als umsatzsteuerpflichtige Leistung des Käufers an den Verkäufer anzusehen.

Gemäß Rn 3 des Umsatzsteuer- Anwendungserlasses stellt hingegen die Abtretung der verkauften Forderung keine Leistung des Forderungsverkäufers an den Factor dar. Diese vollzieht sich vielmehr im Rahmen einer nicht steuerbaren Leistungsbeistellung.

In den Fällen des Forderungskaufs ohne Übernahme des tatsächlichen Einzugs der Forderung durch den Forderungskäufer, stellt die Abtretung der Forderung einen nach § 4 Nr. 8 Buchstabe c UStG steuerfreien Umsatz im Geschäft mit Forderungen dar. Mit dem Einzug der abgetretenen Forderung (Servicing) erbringt der Forderungsverkäufer dann keine weitere Leistung an den Forderungskäufer, wenn er auf Grund eines eigenen, vorbehaltenen Rechts mit dem Einzug der Forderung im eigenen Interesse tätig wird (vgl. Umsatzsteuer- Anwendungserlass, 2.4, Rn. 3).

Beim Forderungskauf ohne Übernahme des tatsächlichen Forderungseinzugs erbringt der Forderungskäufer nach 2.4, Rn. 5 des Umsatzsteuer- Anwendungserlasses keine Factoringleistung. Der Forderungskauf stellt sich in diesen Fällen umsatzsteuerrechtlich insgesamt als Rechtsgeschäft dar, bei dem der Forderungskäufer neben der Zahlung des Kaufpreises einen Kredit gewährt und der Forderungsverkäufer als Gegenleistung seine Forderung abtritt, auch wenn der Forderungskauf zivilrechtlich, handels- und steuerbilanziell nicht als Kreditgewährung, sondern als echter Verkauf („true sale") zu betrachten ist.

Gemäß Rn 6 des Umsatzsteuer- Anwendungserlasses ist Bemessungsgrundlage für die Factoringleistung grundsätzlich die Differenz zwischen dem Nennwert der dem Factor abgetretenen Forderungen und dem Betrag, den der Factor seinem Anschlusskunden als Preis für diese Forderungen zahlt, abzüglich der in dem Differenzbetrag enthaltenen Umsatzsteuer (§ 10 UStG), ggf. erhöht um eine zusätzlich oder ausschließlich gesondert vereinbarte Gebühr.

Zu den umsatzsteuerlichen Besonderheiten beim Factoring zahlungsgestörter Forderungen s. 2.4, Rn. 7 und 8 des Umsatzsteuer- Anwendungserlasses.

21. Wenig erfreulich aus Sicht eines Factors ist die mit Steueränderungsgesetz vom 15.12.2003 (BGBl I 2003, Seite 2645) in das Umsatzsteuergesetz aufgenommene Bestimmung des § 13c UStG. Danach haftet der Abtretungsempfänger für die in einer ihm abgetretenen Forderung enthaltene Umsatzsteuer, soweit der leistende Unternehmer (der Forderungsverkäufer) diese bei Fälligkeit nicht oder nicht vollständig entrichtet hat. Zu den Einzelheiten der Regelung und den in diesem Zusammenhang auftretenden Fragen siehe *Brink* in FLF 2/2004, Seite 85 ff. sowie *Bette* in FLF 2004, 202 ff.

Die gesetzliche Regelung berücksichtigt nicht die bereits für die Definition des echten Factoring wegweisende Feststellung des BGH (vgl BGH WM 1978, 787), dass der Forderungsverkäufer beim echten Factoring durch die entsprechende Zahlung des Factors als Forderungskäufer genauso gestellt wird, als würden seine Schuldner am Tag der Rechnungserstellung an den Lieferanten und Forderungsverkäufer zahlen. Da es jedoch damit dem Forderungsverkäufer durch den Rechnungsausgleich seitens des Forderungskäufers (Factors) liquiditätsmäßig ermöglicht wird, seinen Umsatzsteuerverpflichtungen nachzukommen, ist schlechterdings nicht einzusehen, warum der Factor hierfür in der Haftung sein soll. Hätten stattdessen die Schuldner der erbrachten Lieferung oder Leistung ihrerseits gezahlt und der Lieferant die eingehende Liquidität nicht zur Begleichung seiner Umsatzsteuerverbindlichkeit herangezogen, wäre der Fiskus in gleicher Weise ausgefallen. Warum also sollte er sich auf der Grundlage des § 13c UStG besser stehen und einen weiteren Schuldner hinzugewinnen, nur weil der Lieferant über seine Forderungen im Wege des echten Factoring verfügt hat. Gleichwohl soll nach Ansicht des BFH (Urteil vom 16.12.2015, XI R 28/13, DStR 2016, 669) die Haftung des Factors bestehen bleiben. Der Factor habe ja die Möglichkeit, die Umsatzsteuer unmittelbar an das Finanzamt abzuführen (vgl. BFH, Urteil vom 16.12.2015, XIR 28/13, DStR 2016, 669, Rn. 60).

Die hierin liegenden Erschwernisse für das Factoring erkennend, wird nunmehr rückwirkend auf den 1.1.2017 in § 13c Abs. 1 UStG bestimmt, dass die Forderung als durch den Abtretungsempfänger (= Factor) nicht vereinnahmt gilt, soweit der leistende Unternehmer (= Anschlusskunde) für die Abtretung der Forderung eine Gegenleistung in Geld vereinnahmt. Dieser Geldbetrag muss nach § 13c Abs. 1 S 5, 1. HS allerdings tatsächlich in den Verfügungsbereich des Anschlusskunden gelangen. Eine Zahlung des Factors auf ein Konto des Anschlusskunden, auf welches er, der Factor, ebenfalls die Möglichkeit des Zugriffs hat, reicht nach § 13c Abs. 1 S 5, 2. HS hierfür nicht aus.

22. Factoring und Kreditwesengesetz. Mit Art 27 des Jahressteuergesetzes 2009, in Kraft getreten am 25.12.2008, ist das KWG in § 1 Abs 1a Satz 2 Nr 9 ergänzt worden um den laufenden Ankauf von Forderungen auf der Grundlage von Rahmenverträgen mit oder ohne Rückgriff (Factoring). Ausweislich III des BaFin-Merkblattes vom 5.1.2009 setzt der Finanzdienstleistungstatbestand Factoring voraus
- den laufenden Ankauf von Forderungen;
- auf der Grundlage von Rahmenverträgen;
- sowie eine Finanzierungsfunktion.

Damit bedürfen sowohl das echte als auch das unechte Factoring auf der Grundlage eines Rahmenvertrages nach § 32 Abs 1 Satz 1 KWG der schriftlichen Erlaubnis der BaFin.

Vorsicht ist geboten beim Betreiben des unechten Factoring ohne Rahmenvertrag. Dieses stellt ein Kreditgeschäft (!) im Sinne des § 1 Abs 1 Satz 2 Nr 2 KWG dar und ist als solches ebenfalls erlaubnispflichtig (vgl BaFin Merkblatt vom 5.1.2009 III 2 aE).

23. Internationales Factoring. Beim internationalen Factoring wird regelmäßig zwischen Export-Factoring und Import-Factoring unterschieden. Beim Export-Factoring generiert ein inländischer Lieferant Forderungen aus der Lieferung von Waren an ausländische Abnehmer. Diese verkauft er an einen inländischen Factor (den Export-Factor), der die Forderungen an einen Factor im jeweiligen Importland (den Import-Factor) überträgt, soweit dieser nach Prüfung der Bonität des ausländischen Abnehmers im

Innenverhältnis gegenüber dem Export-Factor bereit ist, für die Einbringlichkeit der Forderungen des deutschen Lieferanten gegen den ausländischen Abnehmer einzustehen. Grundlage der Zusammenarbeit ist auch hier ein Factoring-Rahmenvertrag zwischen dem deutschen Lieferanten und dem deutschen Factor sowie darüber hinaus sogenannte „Interfactor-Agreements" zwischen dem deutschen Export-Factor und dem ausländischen Import-Factor.

Diese Zusammenarbeit zwischen den jeweiligen Factoringgesellschaften funktioniert auch vice versa. Bei dem sogenannten Import-Factoring übernimmt der deutsche Factor gegenüber dem ausländischen Factor die Garantie für die Zahlungsfähigkeit eines deutschen Abnehmers gegenüber dem im Ausland befindlichen Warenlieferanten.

Der Vollständigkeit halber sei erwähnt, dass es große international tätige Factoringgesellschaften gibt, die die vom jeweiligen Lieferanten gesuchte Absicherung der Zahlungsfähigkeit des ausländischen Schuldners im Rahmen ihres eigenen internationalen Netzwerkes sicherstellen.

24. Factoring in der Insolvenz. a) Insolvenz des Forderungsschuldners. Dem Factor sind regelmäßig die Forderungen des ursprünglichen Lieferanten gegen den Abnehmer (Schuldner) in Erfüllung des Factoringvertrages abgetreten und die bestehenden Sicherheiten aus der Warenlieferung (idR der Eigentumsvorbehalt) zur Absicherung der verkauften und abgetretenen Forderungen übertragen.

Hinsichtlich der abgetretenen Forderungen bestehen im Vergleich zwischen der Position des Factors und des Lieferanten als ursprünglichem Forderungsinhaber keine Besonderheiten.

Hinsichtlich der übertragenen Sicherheiten aus der Warenlieferung stehen dem Factor – so die Waren noch nicht weiterverkauft worden sind – beim echten Factoring Aussonderungsrechte an der Ware zu. Dies hat der BGH in seiner Entscheidung vom 8.5.2014 (IX ZR 128/12, NJW 2014, 2358 Rn 18) ausdrücklich bestätigt. Anders als beim Darlehen sichert das Vorbehaltseigentum beim Factoringvertrag auch nach seiner Übertragung auf den Factor noch den Rückgewähranspruch an der Kaufsache im Rücktrittsfall und damit einen Warenkredit.

Hinsichtlich der ihm im Rahmen eines unechten Factoring zur Sicherheit übertragenen Waren gebührt dem Factor jedoch lediglich ein Absonderungsrecht.

Hat sich der Factor im Rahmen des Factoringvertrages vom Lieferanten auch die Rechte aus dem verlängerten Eigentumsvorbehalt, also die Weiterverkaufsforderung, zur Sicherheit übertragen lassen, wird diese gegebenenfalls seitens des Insolvenzverwalters nach § 166 Abs 2 InsO eingezogen. Der Factor erhält allerdings dann nur den um die Kosten der Feststellung und der Verwertung verringerten Betrag (§ 170 Abs 1 InsO). Dies gilt gem § 21 II Nr 5 S 3 auch bei Einzug solcher Forderungen durch einen vorläufigen Insolvenzverwalter im Antragsverfahren.

b) Insolvenz des Anschlusskunden (Klienten). In der Insolvenz des Anschlusskunden (Forderungsverkäufers) steht dem Factor wegen der Verschlechterung der Vermögenslage des Anschlusskunden bzw des Insolvenzantrages/der Insolvenzeröffnung über das Vermögen des Anschlusskunden ein Recht zur Kündigung des Factoring-Rahmenvertrages aus wichtigem Grunde zu. Sollte er hiervon – wider Erwarten – nicht Gebrauch machen, so wird der Factoring-Rahmenvertrag aufgrund der in ihm unter anderem enthaltenen geschäftsbesorgungstypischen Elemente gemäß § 116 InsO in Verbindung mit § 115 Abs 1 InsO mit der Eröffnung des Verfahrens erlöschen. Damit entfallen sämtliche weiteren wechselseitigen Verpflichtungen aus dem Factoring-Rahmenvertrag, insbesondere die Andienungspflicht des Anschlusskunden und die Ankaufs- und Dienstleistungspflicht des Factors.

Hinsichtlich der bereits seitens des Factors gekauften Forderungen gelten § 116 in Verbindung mit § 115 Abs 1 InsO nicht. Hier steht vielmehr dem Insolvenzverwalter ein

Wahlrecht für den Fall zu, dass der Einzelkaufvertrag von beiden Parteien nicht oder nicht vollständig erfüllt worden ist. Entscheidend kommt es damit darauf an, ob der Factor bereits seinerseits den von ihm geschuldeten Kaufpreis an den Anschlusskunden bezahlt hat.

Beim unechten Factoring dürfte die nach herrschender Meinung wirtschaftlich als Darlehnsgewährung anzusehende Forderung gemäß § 41 Abs 1 InsO fällig werden. Im Falle des Einzugs der übertragenen Forderung seitens des Insolvenzverwalters des Anschlusskunden steht diesem der Kostenbeitrag nach § 170 Abs 1 InsO zu.

c) Insolvenz des Factors. In der Insolvenz des Factors steht dessen Insolvenzverwalter ein Wahlrecht nach § 103 InsO in Bezug auf den Factoring-Rahmenvertrag zu, da es sich insoweit um einen beidseitig nicht oder nicht vollständig erfüllten gegenseitigen Vertrag handelt. Unabhängig hiervon steht dem Anschlusskunden in der Insolvenz des Factors das Recht zur Kündigung des Factoring-Rahmenvertrages aus wichtigem Grund zu (vgl MüKoInsO, 4. Aufl. 2019, *Ganter* § 47 Rn 274).

Hinsichtlich des jeweiligen Einzel-Factoringvertrages steht dem Insolvenzverwalter des Factors ein Erfüllungswahlrecht nach § 103 InsO nur dann zu, wenn der Vertrag beidseitig noch nicht oder nicht vollständig erfüllt ist, insbesondere er also den von ihm geschuldeten Kaufpreis für die gekaufte Forderung noch nicht vollständig beglichen hat.

Hinsichtlich etwaiger auf einem vom Factor geführten Abrechnungskonto bzw einem Sperrkonto ausgewiesener Guthabenbeträge ist der Anschlusskunde lediglich Insolvenzgläubiger.

Bezüglich solcher Forderungen, die der Factor lediglich im Wege der Inkassobefugnis bei den Schuldner eingezogen hat, steht dem Anschlusskunden ein Aussonderungsrecht bzw. ein Ersatzaussonderungsrecht zu.

2. Forfaitierungsvertrag (mit Einzelforderungskaufvertrag)

Präambel[1]

Der Verkäufer schließt mit Leasing-Nehmern Leasing-Verträge über bewegliche Wirtschaftsgüter ab.

Der Käufer erklärt sich bereit, nach Maßgabe dieses Forfaitierungsrahmenvertrages – nachfolgend „Rahmenvertrag" genannt – Forderungen aus Leasing-Verträgen zwischen Verkäufer und Leasing-Nehmern anzukaufen.

Im Falle des Ankaufs wird zwischen Verkäufer und Käufer jeweils ein Einzelforderungskaufvertrag geschlossen.

Dieser Rahmenvertrag regelt die allgemeinen Bedingungen, die für jeden abzuschließenden Einzelforderungskaufvertrag als dessen Bestandteil Geltung haben, sofern im Einzelfall zwischen Verkäufer und Käufer nicht etwas anderes vereinbart wird.

1. Kaufgegenstand

1.1 Verkauft werden die Netto-Leasing-Forderungen ohne Umsatzsteuer (nachfolgend insgesamt als „Forderungen" bezeichnet) aus bestimmten, zwischen dem Verkäufer und den Leasing-Nehmern geschlossenen Leasing-Verträgen.

Die als Anlage 1*) beigefügten Muster entsprechen den derzeit gültigen Leasing-Verträgen.

1.2 Zur Spezifizierung der jeweiligen Forderungen[2] **aus diesen Leasing-Verträgen werden Einzelforderungskaufverträge gem. Anlage . . . . . geschlossen.**

1.3 Werden in einem Einzelforderungskaufvertrag Forderungen aus verschiedenen Leasing-Verträgen zusammengefasst, gelten die Forderungen jedes Leasing-Vertrages als einzeln angekauft. Werden in einem Leasing-Vertrag mehrere selbstständig nutzungsfähige Leasing-Objekte zusammengefasst, gilt das Vorstehende für jedes Leasing-Objekt entsprechend.

1.4 Sonstige Rechte, insbesondere Sicherheiten, die der Verkäufer dem Käufer überträgt oder zu übertragen hat, sind – soweit Abweichendes im Einzelforderungskaufvertrag nicht vereinbart ist – nicht Kaufgegenstand im Sinne dieses Rahmenvertrages und der Einzelforderungskaufverträge.

2. Kaufpreis

Der Kaufpreis,[3] der Abzinsungssatz und der Tag der Durchführung des Kaufes (Abrechnungsstichtag) werden im Einzelforderungskaufvertrag festgelegt.

Der Kaufpreis entspricht dem auf den Abrechnungsstichtag nach der Rentenbarwertformel abgezinsten Betrag der verkauften Forderungen (= Barwert).

Er ist zu dem im Einzelforderungskaufvertrag festgelegten Abrechnungsstichtag zur Zahlung fällig und mit dieser Wertstellung auf das Konto des Verkäufers bei . . . . . IBAN . . . . . zu zahlen.

3. Angebot, Annahme, Dokumentation

3.1 Der Verkäufer bietet dem Käufer durch Zusendung des von ihm rechtsverbindlich unterzeichneten Einzelforderungskaufvertrages gem. Anlage . . . . . mit den dort genannten Dokumenten Forderungen zum Kauf an.

3.2 Im Einzelfall kann der Käufer weitere Unterlagen anfordern.

3.3 Die Annahme[4] des Angebotes erfolgt mit rechtsverbindlicher Unterzeichnung des Einzelforderungskaufvertrages, die unverzüglich mitzuteilen ist.

4. Abtretung

4.1 Zug um Zug gegen Zahlung des Kaufpreises wird der Verkäufer im Rahmen des jeweiligen Einzelforderungskaufvertrages die verkauften Forderungen einschließlich der Rechte und Ansprüche aus dem Leasing-Vertrag, die der Geltendmachung und Durchsetzung der Forderung dienen (jedoch mit Ausnahme der Gestaltungsrechte), an den die Abtretung bereits hiermit annehmenden Käufer abtreten.[5]

4.2 Für den Fall der Beendigung von Leasing-Verträgen durch ordentliche Kündigung oder einvernehmliche Aufhebung tritt der Verkäufer bereits jetzt die an die Stelle der verkauften Forderungen tretenden Abschluss- bzw. Ablöseforderungen[6] an den die Abtretung bereits hiermit annehmenden Käufer ab.

4.3 Für den Fall der Beendigung von Leasing-Verträgen durch außerordentliche Kündigung tritt der Verkäufer bereits jetzt die an die Stelle der verkauften Forderungen tretenden Schadensersatzansprüche gegen den Leasing-Nehmer zum Zeitpunkt ihrer Entstehung an den die Abtretung bereits hiermit annehmenden Käufer ab.

5. Haftung der Parteien und Freistellung

5.1 Der Verkäufer haftet dem Käufer verschuldensunabhängig wie folgt:

a) Der Verkäufer haftet gegenüber dem Käufer für den rechtlichen Bestand und Fortbestand einschließlich der rechtswirksamen Übertragung der verkauften und abgetretenen Forderungen. Insbesondere haftet er dafür, dass die Forderungen frei von Einreden, Einwendungen, Aufrechnungen oder sonstigen Rechten/Ansprüchen des Leasing-Nehmers (nachfolgend insgesamt „Gegenrechte" genannt) auf den Käufer in vollem Umfang übergehen und frei von Gegenrechten bei ihm verbleiben. Hat jedoch der Leasing-Nehmer Gegenrechte aus vom Käufer zu vertretenden Umständen, haftet der Verkäufer insoweit hierfür nicht.

b) Der Verkäufer haftet ferner dafür, dass die angekauften Forderungen bzw. die ggf. an deren Stelle tretenden Schadensersatzforderungen in vollem Umfang fällig werden. Der Verkäufer haftet insbesondere für diejenigen Beträge, um die sich ein an die Stelle der verkauften Leasing-Forderungen tretender Schadensersatzanspruch wegen der Anrechnung etwaiger Erlöse aus der Verwertung des Leasing-Objektes vermindert. Abs. 5.1 a) Satz 3 gilt entsprechend.

c) Die Haftung des Verkäufers ist unabhängig von der etwaigen Mitwirkung bzw. Zustimmung des Käufers bei der/zur Kündigung des jeweiligen Leasing-Vertrages.

5.2 Im Falle einer gerichtlichen Auseinandersetzung mit dem jeweiligen Leasing-Nehmer über den Rechtsbestand der Forderungen ist der Verkäufer verpflichtet, den Käufer unverzüglich hierüber zu informieren und auf Verlangen des Käufers ihm den Streit zu verkünden oder die Prozessführung zu überlassen.

5.3 Der Verkäufer haftet nicht für die Bonität des Leasing-Nehmers. Der Käufer trägt das Bonitätsrisiko, dh die Risiken der Einbringlichkeit der auf ihn übertragenen Forderungen, der fehlenden Zahlungswilligkeit sowie eines vertragswidrigen Verhaltens des Leasing-Nehmers, das dem Verkäufer die Erfüllung seiner Verpflichtungen unmöglich macht.

5.4 Das Risiko eines schuldhaften Handelns, insbesondere eines kriminellen oder betrügerischen Verhaltens des Leasing-Nehmers und/oder des Lieferanten des Leasing-Objektes (Betrugsrisiko) trägt . . . . .[7]

5.5 Sofern der Käufer eine Verpflichtung zum Ankauf der Forderungen eingegangen ist, stellt er den Verkäufer darüber hinaus hiermit von allen ihm erwachsenden Nachteilen und Schäden aus bereits geleisteten Zahlungen und damit entstehenden Zinsen sowie allen Ansprüchen Dritter, insbesondere des Lieferanten, frei. Dies gilt nur für Nachteile und Schäden, die ihre unmittelbare oder mittelbare Ursache darin haben, dass der Leasing-Nehmer vor Beginn der Vertragslaufzeit seinen vertraglichen Pflichten nicht nachkommt, zahlungsunfähig wird oder dass ein anderer Grund für die Eröffnung des Insolvenzverfahrens über sein Vermögen vorliegt.

6. Sicherheiten

6.1 Zur Sicherung der Bestandshaftung[8] gem. Ziffer 5.1 bzgl. des jeweiligen Einzelforderungskaufvertrages sowie zur Sicherung aller sonstigen gegenwärtigen und zukünftigen, auch bedingten und befristeten Ansprüche des Käufers gegen den Verkäufer aus dem jeweiligen Einzelforderungskaufvertrag überträgt der Verkäufer das lastenfreie Eigentum an den jeweiligen Leasingobjekten mit Abschluss des Einzelforderungskaufvertrages auf den Käufer.[9]

Die Übergabe der Leasing-Objekte wird dadurch ersetzt, dass der Verkäufer dem Käufer mit Abschluss des Einzelforderungskaufvertrages alle Herausgabeansprüche gegen den

Leasing-Nehmer und jeglichen Dritten abtritt. Der Käufer nimmt die Abtretung bereits hiermit an. Sofern der Verkäufer an den übereigneten Leasing-Objekten unmittelbaren Besitz erwirbt, wird schon jetzt vereinbart, dass er die Leasing-Objekte mit der Sorgfalt eines ordentlichen Kaufmanns unentgeltlich für den Käufer verwahrt und verwaltet.

Sollten in die übereigneten Leasing-Objekte neue Bestandteile eingefügt oder Bestandteile ersetzt werden oder sollte Zubehör ersetzt oder neues Zubehör angeschafft werden, so besteht bereits heute zwischen dem Verkäufer und dem Käufer Einigkeit, dass diese neuen Bestandteile mit ihrer Einfügung und das neue Zubehör mit seiner Anschaffung auf den Käufer übereignet sind. Die Übergabe wird dadurch ersetzt, dass dem Käufer schon heute alle Herausgabeansprüche gegen den Leasing-Nehmer und sonstige Dritte abgetreten sind. Die vorstehenden Regelungen gelten entsprechend.

Der Käufer wird auch Sicherungseigentümer eines im Zuge einer Nacherfüllung gelieferten Ersatzobjektes. Insoweit finden die Bestimmungen dieses Forfaitierungsrahmenvertrages ebenfalls Anwendung.

6.2 Die Haftung des Verkäufers für die rechtswirksame Übertragung des Sicherungseigentums am Leasing-Objekt ist beschränkt auf den Betrag, der bei der hypothetischen Verwertung des betreffenden Leasing-Objektes nach Abzug der Verwertungskosten erzielt worden wäre. Darüber hinaus stehen dem Käufer gegen den Verkäufer keine weiteren Ansprüche wegen der Nicht- oder nicht rechtswirksam erfolgten Übertragung des Sicherungseigentums am Leasing-Objekt zu.

Der Verkäufer haftet nicht für den Fortbestand des übertragenen Sicherungseigentums an einem Leasing-Objekt, sofern es nach seiner Übertragung untergeht oder beeinträchtigt wird. Dies gilt nicht, wenn der Verkäufer den Untergang oder die Beeinträchtigung zu vertreten hat.

6.3 Soweit der Leasing-Nehmer oder Dritte dem Verkäufer Sicherheiten bestellt haben, überträgt der Verkäufer dem Käufer diese nur dann, wenn im Einzelforderungskaufvertrag eine entsprechende Regelung erfolgt. Auf Wunsch des Käufers übt der Verkäufer diese Rechte im eigenen Namen und für Rechnung des Käufers aus. Solange sich aus dem Einzelforderungskaufvertrag keine abweichende Regelung ergibt, erfolgt die Übertragung der in Satz 1 genannten Sicherheiten unter Ausschluss jeder Haftung des Verkäufers.

6.4 Zur Sicherung der Bestandshaftung gem. Ziffer 5.1 sowie zur Sicherung aller sonstigen gegenwärtigen und zukünftigen, auch bedingten und befristeten Ansprüche des Käufers gegen den Verkäufer aus dem jeweiligen Einzelforderungskaufvertrag überträgt der Verkäufer mit Abschluss dieses Einzelforderungskaufvertrages Ansprüche gegen Versicherungen oder andere Dritte wegen Beschädigung, Untergang oder Verlust eines Leasing-Objektes eines Einzelforderungskaufvertrages an den die Abtretung hiermit annehmenden Käufer, sofern nicht im Einzelforderungskaufvertrag etwas anderes bestimmt ist.

Ziffer 6.2 gilt entsprechend.

6.5 Die Sicherheitenbestellung gem. dieser Ziffer 6 ist auflösend bedingt durch den Wegfall des Sicherungsgrundes.

7. Forderungseinzug, Forderungsverwaltung

7.1 Der Verkäufer ist bis auf schriftlichen Widerruf durch den Käufer berechtigt, aber auch verpflichtet, als Treuhänder für den Käufer den Einzug der verkauften Forderungen (im eigenen Namen, jedoch für Rechnung des Käufers) vorzunehmen und die hierfür erforderliche Buchhaltung zu führen. Diese Verpflichtung schließt ein:

a) die monatliche Auflistung aller buchmäßigen Bewegungen,
b) die Überwachung der Debitoren,
c) das Mahnwesen und die gerichtliche Durchsetzung der Forderungen, auch bei Eintritt des Delkrederefalles. Die Kosten der Rechtsverfolgung trägt im Delkrederefall der Käufer.

7.2 Der Verkäufer wird die nach handels- oder steuerrechtlichen Vorschriften aufbewahrungspflichtigen Unterlagen unter Beachtung der gesetzlichen Bestimmungen für den Käufer treuhänderisch aufbewahren.

7.3 Der Käufer ist zum Widerruf der dem Verkäufer erteilten Ermächtigung zum Forderungseinzug nur bei Vorliegen eines wichtigen Grundes berechtigt.

7.4 Der Verkäufer wird sämtliche bei ihm auf die verkauften Forderungen eingehenden Zahlungen der Leasing-Nehmer unverzüglich an den Käufer weiterleiten.

7.5 Der Verkäufer ist nicht berechtigt, über die dem Käufer verkauften Forderungen zu verfügen.

7.6 Der Verkäufer kann den Leasing-Vertrag bei Vorliegen der entsprechenden Voraussetzungen fristlos kündigen. Die Entscheidung darüber, ob der Verkäufer von seinem Kündigungsrecht Gebrauch macht, wird er nach billigem Ermessen im Rahmen der von ihm regelmäßig geübten Praxis treffen, wobei er die Interessen des Käufers angemessen berücksichtigen wird.

8. Auskunfts- und Mitteilungspflichten

8.1 Der Verkäufer wird den Käufer über alle für die Abwicklung der Leasing-Verträge wesentlichen Umstände unverzüglich schriftlich unterrichten, insbesondere jedoch über:

a) ihm zugehende negative Informationen über die Bonität eines Leasing-Nehmers oder über Einwendungen oder Einreden eines Leasing-Nehmers gegen seine Zahlungspflicht, soweit diese geeignet sind, die Interessen des Käufers erheblich zu gefährden;

b) Maßnahmen Dritter oder sonstige Ereignisse, die die Rechte des Käufers an den gekauften Forderungen oder den ihm übertragenen Rechten oder Sicherheiten beeinträchtigen oder gefährden.

8.2 Sobald Dritte in die gekauften Forderungen vollstrecken, wird der Verkäufer dem Käufer unverzüglich eine Abschrift des Pfändungsbeschlusses sowie aller sonstigen zu einer Intervention gegen die Pfändung erforderlichen Unterlagen übersenden. Er wird den Pfändungsgläubiger unverzüglich schriftlich über die Rechte des Käufers informieren.

8.3 Der Verkäufer verpflichtet sich, dem Käufer auf dessen Verlangen sämtliche Auskünfte, Nachweise und Urkunden zu geben, die dieser zur Geltendmachung der gekauften Forderungen und übertragenen Rechte und Sicherheiten für erforderlich hält.

9. Jahresabschluss, Bucheinsicht/Informationspflichten

9.1 Der Verkäufer wird dem Käufer jährlich den Jahresabschluss seines Unternehmens einschließlich des Anhangs und ggf. des Lageberichts unverzüglich nach dessen Feststellung, spätestens jedoch binnen neun Monaten nach dem letzten Bilanzstichtag zur Verfügung stellen.

9.2 Der Käufer ist berechtigt, zur Prüfung der gekauften Forderungen und der vom Verkäufer auf ihn übertragenen Rechte und Sicherheiten jederzeit die verkauften Forderungen und die übertragenen Rechte und Sicherheiten betreffenden Geschäftsbücher und sonstigen Unterlagen des Verkäufers während der üblichen Geschäftszeiten einzusehen.

9.3 Der Verkäufer ist verpflichtet, für den Käufer jährlich die zur Prüfung der wirtschaftlichen Verhältnisse des Leasing-Nehmers erforderlichen Unterlagen anzufordern. Auf Wunsch des Käufers wird der Verkäufer weitere Unterlagen bei dem Leasing-Nehmer anfordern und alle Maßnahmen ergreifen, welche zur Erfüllung der dem Käufer nach § 18 KWG obliegenden Pflichten erforderlich sind.

10. Sicherheitenverwertung

10.1 Im Falle einer vorzeitigen Beendigung des Leasing-Vertrages hat der Verkäufer das Leasing-Objekt unverzüglich, erforderlichenfalls mit gerichtlicher Hilfe, in Besitz zu nehmen und es nach Abstimmung mit dem Käufer im eigenen Namen bestmöglich zu verwerten.

10.2 Der erzielte Verwertungserlös abzüglich der im Zusammenhang mit der Verwertung angefallenen Kosten und der Umsatzsteuer wird im Einklang mit den Regelungen der sogenannten Forfaitierungserlasse (vom 13.2.1980 und 9.1.1996) unter Berücksichtigung des Umfanges der angekauften Forderung und der jeweils ausgefallenen Forderungen zwischen dem Käufer und dem Verkäufer aufgeteilt. Die Auskehrung des auf den Käufer entfallenden Teils des Verwertungserlöses erfolgt in Erfüllung der Bestandshaftung. Der Käufer erhält jedoch nicht mehr als seine Forderung.

10.3 Der dem Käufer entsprechend seiner ausgefallenen Forderung anteilig zustehende Erlös aus Ansprüchen aus der Versicherung des sicherungsübereigneten Leasing-Objektes sowie aus Entschädigungsleistungen oder sonstigen Leistungen Dritter ist ebenfalls auf seine ausgefallene Forderung begrenzt.

10.4 Sofern in diesen Fällen ein Mehrerlös erzielt wird, steht er ausschließlich dem Verkäufer zu.

10.5 Die jeweils ausgefallene Forderung ist für die Restlaufzeit des Einzelforderungskaufvertrages auf den Zeitpunkt der Beendigung des Leasing-Vertrages abzuzinsen.

10.6 Fremdkosten[10] im Rahmen der Sicherstellung und der Verwertung der Sicherheiten gehen zu Lasten des Käufers, sofern sie nicht durch einen eventuellen Verwertungserlös gedeckt werden oder diesen übersteigen. Der Käufer wird dem Verkäufer die verauslagten notwendigen Fremdkosten und die mit ihnen verbundenen Zinskosten unverzüglich erstatten, wenn diese nicht innerhalb eines halben Jahres nach Beendigung des jeweiligen Leasingvertrages durch den erzielten Verwertungserlös ausgeglichen wurden.

11. Offenlegung

Der Käufer ist berechtigt, die Abtretung der angekauften Forderungen gegenüber dem Leasing-Nehmer, Lieferanten, Versicherern oder sonstigen Schuldnern offen zu legen und den Forderungseinzug selbst vorzunehmen, wenn die Voraussetzungen zum Widerruf der Einzugsermächtigung im Sinne Ziffer 7.3 gegenüber dem Verkäufer gegeben sind. Er wird dem Verkäufer die Offenlegung mit einer Frist von 14 Tagen schriftlich androhen, wobei es dieser Frist nicht bedarf, wenn der Verkäufer seine Zahlungen eingestellt hat oder ein Antrag auf Eröffnung des Insolvenzverfahrens über sein Vermögen gestellt worden ist.

12. Vertragsdauer

Dieser Rahmenvertrag ist fest abgeschlossen bis zum . . . . . Er verlängert sich jeweils um ein weiteres Jahr, wenn nicht eine Vertragspartei mindestens drei Monate vor Ablauf des Rahmenvertrages der Verlängerung schriftlich widerspricht. Die gegenseitigen Rechte und Pflichten der Vertragsparteien aus diesem Rahmenvertrag bleiben so lange bestehen, bis der Käufer wegen sämtlicher bestehenden Forderungen befriedigt ist.

13. Fristlose Kündigung[12]

Die Kündigung des Rahmenvertrages aus wichtigem Grund bleibt beiden Vertragspartnern vorbehalten. Als wichtiger Grund, der wegen der besonderen Bedeutung der Pflichtverletzung eine Fortsetzung des Vertrages für den Käufer – auch unter Berücksichtigung der Interessen des Verkäufers –auch ohne Abmahnung- unzumutbar macht, sind insbesondere anzusehen:

a) der Verkäufer kommt seiner Verpflichtung zur Weiterleitung der einzuziehenden Gelder schuldhaft nicht nach;
b) eine Vermögensverschlechterung des Verkäufers ist nachweisbar eingetreten oder aber Zwangsvollstreckungsmaßnahmen anderer Gläubiger wurden bereits gegen ihn ergriffen;[13]
c) der Verkäufer stellt seine Zahlungen ein;
d) über das Vermögen des Verkäufers wird das Insolvenzverfahren eingeleitet;
e) der Verkäufer verletzt trotz Abmahnung, verbunden mit dem Hinweis auf die Möglichkeit einer fristlosen Kündigung, andere wesentliche Vertragspflichten oder beseitigt die Folgen solcher Vertragsverletzung nicht unverzüglich.

14. Aufrechnung

Beide Parteien können gegen fällige Forderungen nur dann aufrechnen, wenn die Gegenforderung rechtskräftig festgestellt, anerkannt oder unbestritten ist.

15. Erfüllungsort und Gerichtsstand

Erfüllungsort und Gerichtsstand ist . . . . .

16. Haftung und Verschuldensmaßstab

Sofern in diesem Rahmenvertrag nichts anderes geregelt ist, haftet der Verkäufer neben der Verpflichtung zur Übertragung der verkauften Forderungen für sonstige Verpflichtungen aus diesem Rahmenvertrag bzw. Einzelforderungskaufvertrag nur im Falle von Vorsatz oder grob fahrlässiger Pflichtverletzung.

17. Salvatorische Klausel

Sollte eine Bestimmung dieses Rahmenvertrages oder eines Einzelforderungskaufvertrages unwirksam sein oder werden, so verpflichten sich die Parteien, die unwirksame Regelung durch eine Bestimmung zu ersetzen, die dem rechtlichen und wirtschaftlichen Regelungsgehalt der unwirksamen Bestimmung möglichst nahe kommt. Dasselbe gilt, sofern der Rahmenvertrag oder der Einzelforderungskaufvertrag eine Regelungslücke aufweist.

18. Schriftform

Alle Vereinbarungen, auch über Nebenabreden, bedürfen zu ihrer Wirksamkeit der Schriftform. Dies gilt auch für eine Aufhebung dieser Schriftformklausel.

Einzelforderungskaufvertrag

Vertrags-Nr. Verkäufer: . . . . . Vertrags-Nr. Käufer: . . . . .

zwischen Verkäufer-Name
Adresse – Verkäufer –

und Käufer-Name
Adresse – Käufer –

auf Grund des Forfaitierungsrahmenvertrages der Parteien vom . . . . ., der Bestandteil dieses Einzelforderungskaufvertrages ist.

1. Der Verkäufer verkauft hiermit die folgenden, sich aus dem zu nachstehender Ziffer 5 Punkt 1 vorgelegten Leasing-Vertrag ergebenden Netto-Leasing-Forderungen an den Käufer:

Anzahl, Betrag, Fälligkeit der einzelnen verkauften Forderungen: . . . . .

2. Der Kaufpreis beträgt unter Berücksichtigung des Abzinsungssatzes von . . . . . % p. a. Euro (in Worten: Euro . . . . .)

Der Kaufpreis ist am . . . . . (Abrechnungsstichtag) zur Zahlung fällig und wird durch Überweisung auf das in Ziffer 2 des genannte Konto bezahlt.

3. Der Verkäufer tritt hiermit die in vorstehender Ziffer 1 und auch die weiteren, in Ziffer 4. des Forfaitierungsrahmenvertrages genannten Forderungen, Rechte und Ansprüche an den diese Abtretung zugleich annehmenden Käufer ab.

4. Das auf Grund des Leasing-Vertrages überlassene Leasing-Objekt ist hiermit gem. Ziffer 6 des Forfaitierungsrahmenvertrages zur Sicherheit übertragen.

5. Als Anlagen und Bestandteil des vorliegenden Einzelforderungskaufvertrages sind hier die nachfolgend angekreuzten Unterlagen beigefügt:

❒ 1 Leasing-Vertrag	❒ 10 Lieferantenrechnung
❒ 2 Sammelliste mit Verträgen	❒ 11 Lieferanten-Erklärung bzgl. Eigentum
❒ 3 Leasing-Raten-Abrechnung	❒ 12 Bezahltnachweis zur ggf. zu erfolgen den Offenlegung
❒ 4 Mithafterklärung/Bürgschaft	
❒ 5 Gesetzliche Belehrungen	❒ 13 Sicherungsschein/-Bestätigung
❒ 6 Übernahmebestätigung	❒ 14 Abtretungsanzeige zum Zwecke der Offenlegung mit Auftragsbestätigung
❒ 7 Kaufvertrag, ggf. Bestellung	
❒ 8 Systemscheine	❒ 15 Bonitätsunterlagen
❒ 9 Zulassungsbescheinigung Teil II	❒ 16 sonstige Unterlagen

(Ort Käufer), den	(Ort Verkäufer), den
Firma Käufer	Firma Verkäufer
. . . . .	. . . . .
Rechtsverbindliche Unterschriften	Rechtsverbindliche Unterschriften

Anmerkungen

1. Während man unter Factoring den Ankauf kurzfristiger Forderungen mit einer Laufzeit von regelmäßig maximal 90 Tagen aus der Lieferung von Waren oder Erbringung von Dienstleistungen versteht, versteht man unter Forfaitierung den Erwerb künftiger kurz-, mittel- und auch langfristiger Forderungen. Im engeren Sinne verstanden, handelt es sich hierbei um den Ankauf von Exportforderungen, die einem inländischen Lieferanten gegen seinen ausländischen Abnehmer aus Lieferungen oder Leistungen zustehen.

Im Zusammenhang mit dem nachfolgend unter → IV.P.1 ff. dargestellten Leasinggeschäft soll hier jedoch der Ankauf von Leasingforderungen, für den sich in der Praxis ebenfalls der Begriff der Forfaitierung eingebürgert hat, verstanden werden. Für den Ankauf von Leasingforderungen, die Forfaitierung, gelten die zum Factoring gemachten Anmerkungen 1 (zur Rechtsnatur), 12 (zur Abgrenzung von echtem und unechtem Factoring), 14 (zur Veritätshaftung des Forderungsverkäufers) und 18 (zur Stellung von Sicherheiten) entsprechend.

2. Der Begriff der Forderung bezieht sich nicht allein auf die Leasing-Raten. Dies bedeutet, dass im Einzelforderungskaufvertrag konkretisiert werden muss, was genau verkauft wurde.

Neben den Leasing-Raten gibt es weitere Zahlungsansprüche des Leasing-Gebers gegenüber dem Leasing-Nehmer, die aus dem Vertragsverhältnis abgeleitet werden können, wie zB:

- während der Vertragslaufzeit:
  Zahlungen wie zB Gap-Versicherung und Service-Entgelte
- bei ordentlichem/er Vertragsauslauf/Kündigung:
  - bei Teilamortisationsverträgen mit Restwert:
- der Zahlungsanspruch bei Ausübung des Andienungsrechts,
  - bei kündbaren Verträgen bzw bei vorzeitigen Vertragsauflösungen im gegenseitigen Einverständnis:
- der jeweilige Restamortisationsbetrag
- bei außerordentlicher Kündigung:
  Verzugszinsen, Schadensersatz- und Entschädigungsansprüche.

3. Die Berechnung des Kaufpreises könnte auch auf den Fälligkeitstermin erfolgen, sofern dieser vom Tage des Verkaufes abweichend ist.

Alternativ zur Formulierung „nach der Rentenbarwertformel abgezinsten" könnte auch die Formulierung „nach der finanzmathematischen Annuitätenmethode ermittelten" verwendet werden.

4. In vielen Fällen wird vor Zustandekommen des Einzelforderungskaufvertrages bereits eine Ankaufszusage des Käufers existieren.

Die Annahme kann auch mit bloßer Auszahlung erfolgen, insbesondere wenn der Käufer für den Verkäufer im eigenen Hause ein Konto führt.

5. Es ist davon auszugehen, dass der Rahmenvertrag künftige Forderungen nur dergestalt erfasst, dass diese jedenfalls zum Zeitpunkt des Abschlusses des Rahmenvertrages noch nicht durch Abschluss von Leasing-Verträgen begründet sind.

Die Forderungen sind daher für eine wirksame Abtretung noch nicht ausreichend bestimmbar, da sie noch nicht so genau gekennzeichnet sind, dass sie spätestens im Zeitpunkt ihrer Entstehung zweifelsfrei bestimmt werden könnten. Lediglich wenn der Rahmenvertrag die Abtretung aller Forderungen erfassen würde, die dem Leasing-Geber durch Abschluss von Leasing-Verträgen in Zukunft entstehen (wenn die Leasing-Gesellschaft also mit einem einzigen Käufer zusammenarbeiten würde, der alle Forderungen ankauft), könnte man davon ausgehen, dass die künftigen Forderungen ausreichend bestimmbar sind.

Insofern wird die Abtretung im Einzelforderungskaufvertrag unter Bezugnahme auf die entsprechenden Regelungen des Rahmenvertrages vollzogen.

6. Bei ordentlicher Kündigung bzw Aufhebung des Leasing-Vertrags treten Schlusszahlungen an die Stelle der verkauften Forderungen. Die Abtretung umfasst daher gem Ziff 4.2 auch Ansprüche, die anstelle der verkauften Forderungen treten.

7. Der BGH hat in seiner Entscheidung vom 10.11.2004 (NJW 2005, 359) festgestellt, dass die Veritätshaftung des Leasing-Gebers als Forderungsverkäufer den Schaden, der durch betrügerisches Verhalten des Leasing-Nehmers entsteht, nicht einschließt. Der BGH stellt insoweit fest, dass das Risiko, durch betrügerische Machenschaften Schaden zu erleiden, jeder trage, der im Rahmen geschäftlicher Beziehungen an einen Betrüger gerate. Der redliche Vertragspartner des Betrügers stehe dem Risiko regelmäßig aber nicht näher als der geschädigte Dritte, der in dessen Gläubigerstellung eingetreten sei (BGH NJW 2005, 361 bei II b). Es ist daher den Vertragsparteien anzuraten, im Forfaitierungsvertrag eine vertragliche Regelung darüber zu treffen, wer das Risiko betrügerischer Handlungen des Leasing-Nehmers und/oder des Lieferanten trägt.

8. Die Stellung von Sicherheiten für die Bestandshaftung ist unbedenklich.

a) Die Finanzverwaltung hat in mehreren sogenannten Forfaitierungserlassen (beispielhaft seien erwähnt Erlass des Finanzministeriums Niedersachsen vom 16.1.1980 (vgl DB 1980, 281); Erlass des Finanzministeriums Nordrhein-Westfalen vom 13.2.1980 (vgl WPg 1980, 231), keinerlei Bedenken dagegen gehabt, dass bei Zahlungsunfähigkeit des Leasingnehmers und vorzeitiger Beendigung des Leasingvertrages der Erlös aus der Verwertung des Leasinggegenstandes unter Berücksichtigung der ausgefallenen Forderungen zwischen der Leasinggesellschaft und dem Forderungskäufer aufgeteilt wird. Zwar nehmen die Forfaitierungserlasse nicht ausdrücklich Bezug auf eine vertraglich regelmäßig vorgesehene Sicherungsübereignung und den vereinbarten Sicherungszweck. Den obersten Finanzbehörden der Länder war jedoch die Praxis der Übereignung des Leasingobjektes zur Absicherung der Verität der verkauften Forderungen und des Erlösaufteilungsanspruches bekannt.

b) Die Teilhabe des Forderungskäufers am Verwertungserlös (entsprechend den ausgefallenen Forderungen und maximal bis zum Betrag der noch offenen Forderung des Forderungskäufers) beruht neben wirtschaftlichen Interessen- und Billigkeitserwägungen ausschließlich auf der Haftung des Forderungsverkäufers für den rechtlichen Bestand der verkauften Forderungen.

Zwar ist Auslöser dieser Haftung immer der Kündigungsfall, der in den meisten Fällen durch einen Zahlungsverzug des Leasingnehmers, in selteneren Fällen aber auch durch sonstige Vertragsverletzungen des Leasingnehmers verursacht wird, so dass bei Zahlungsverzug des Leasingnehmers zunächst dessen Bonität angesprochen ist. Hier besteht auch kein Zweifel daran, dass dieses Risiko vom Forderungskäufer getragen wird, was insbesondere dann klar wird, wenn ein Verwertungserlös nicht oder nur in geringer Höhe anfällt. Auch wenn also Auslöser für die Kündigung und eine nachfolgende Verwertung des Leasingobjektes häufig, aber nicht zwingend, die Bonität des Leasingnehmers ist, verwirklicht und manifestiert sich in der weiteren Abwicklung des Leasingvertrages gleichwohl das Veritätsrisiko und die hierfür übernommene Haftung des Forderungsverkäufers:

Dies beruht auf dem Umstand, dass sich der verkaufte leasingvertragliche Erfüllungsanspruch in einen Schadensersatzanspruch des Leasinggebers (der regelmäßig ebenfalls auf den Forderungskäufer übertragen ist) umwandelt. Dieser Schadensersatzanspruch steht dem Leasinggeber (bzw dem Forderungskäufer) gegen den Leasingnehmer allerdings nicht mehr in vollständiger Höhe der um Zinseffekte bereinigten, noch ausstehenden Leasingraten zu. Vielmehr vermindert sich der betreffende Anspruch, so die ständige Rechtsprechung des Bundesgerichtshofs (vgl BGH WM 1990, 2043, 2046), um den dem Leasinggeber aus der Verwertung des Leasingobjektes zufließenden Erlös. Dem liegt der Grundgedanke der Vorteilsausgleichung zugrunde; der Leasinggeber soll sich bei Abwicklung des gekündigten Leasingverhältnisses nicht besser stehen als beim ungekündigt fortgeführten und ordnungsgemäß beendeten Leasingvertrag. Dies bedeutet, dass nunmehr auch dem Forderungskäufer gegen den Leasingnehmer aus abgetretenem Recht ein wirksamer und durchsetzbarer Anspruch lediglich noch in Höhe der abgezinsten Leasingraten abzüglich des erzielten Verwertungserlöses zusteht. In Höhe des erzielten Erlöses ist die dem Forderungskäufer abgetretene Forderung mit der Einrede behaftet, die Verwertung des Objektes sei noch durchzuführen bzw – bei bereits durchgeführter Verwertung – der Verwertungserlös sei von der verbliebenen Restforderung in Abzug zu bringen.

Damit ist die dem Forfaiteur verkaufte und ihm übertragene Forderung aus Gründen, die in der Verität der verkauften Forderung und im Risikobereich des Forderungsverkäufers liegen, nämlich seiner Verpflichtung zum Vorteilsausgleich gegenüber dem Leasingnehmer, nicht mehr werthaltig. Hierfür hat der Forderungsverkäufer einzustehen.

c) In seiner Entscheidung vom 10.11.2004 (NJW 2005, 359 ff) lag dem Bundesgerichtshof in Zusammenhang mit der Flow Tex-Insolvenz ein Forfaitierungsvertrag zur Entscheidung vor. Ausweislich des Tatbestandes der Entscheidung waren in dem betreffenden Vertrag die Leasingobjekte zur Sicherung der verkauften Mietforderungen einschließlich der an ihre Stelle tretenden Ansprüche sowie der Ansprüche aus der Bestandshaftung auf den Forfaiteur übertragen (vergl BGH NJW 2005, 359). Hierzu hat der BGH unter II 1, Seite 361 festgestellt, dass das Berufungsgericht zutreffend davon ausgegangen sei, dass die Beklagte (Verkäuferin) nach den im Rahmenvertrag der Parteien getroffenen Abreden zum Forderungskauf in Übereinstimmung mit der gesetzlichen Regelung des § 437 BGB aF nur für den rechtlichen Bestand und die Einredefreiheit der verkauften Leasingforderungen einzustehen habe und dass das Bonitätsrisiko von der Klägerin als Forderungskäuferin übernommen worden sei. Hieraus ergibt sich, dass der BGH in seiner zivilrechtlichen Beurteilung eine Sicherungsübereignung der Leasingobjekte zur Absicherung der verkauften Mietforderungen einschließlich der an ihre Stelle tretenden Anspruche durch das Leasingobjekt ebenfalls als Absicherung der Verität, nicht jedoch als Absicherung des Bonitätsrisikos betrachtet.

d) Letztlich darf auch die wirtschaftliche Betrachtung nicht außer Acht gelassen werden:

Zahlt der Leasinggeber mit dem von ihm für die verkauften Forderungen erhaltenen Kaufpreis das Leasingobjekt, dann wird letztlich der Leasinggegenstand mit den Mitteln der forfaitierenden Bank angeschafft und hiermit der Kaufpreis bezahlt. Der Leasinggeber haftet damit nicht mit einem eigenen, aus seiner Vermögensmasse kommenden Vermögenswert, sondern er haftet lediglich mit einem Gegenstand, den er mit dem Geld der Bank bezahlt hat. Dies stellt keine Haftung des Leasinggebers mit seinen Vermögenswerten, erst recht keine persönliche Haftung des Leasinggebers für die Bonität des Leasingnehmers dar. Der forfaitierenden Bank haftet damit lediglich das von ihr selbst bezahlte Leasing-Objekt, welches wirtschaftlich gesehen quasi ihr eigenes ist. Die Bank hat keinerlei Zugriff auf den Leasinggeber bzw dessen Vermögenswerte bekommen. Ausschließlich der mit ihrem Kaufpreis angeschaffte Vermögenswert steht ihr als Sicherheit zur Verfügung, vgl *Peters,* DB 2002, 864, 867.

9. Die Bedeutung der Sicherheitenbestellung und des vereinbarten Sicherungszwecks für die Unterscheidung zwischen echter und unechter Forfaitierung ist durch den Bundesfinanzhof in seiner Entscheidung vom 5.5.1999, XI R 6/98, BFH (DStR 1999, 1310) BStBl 1999 II 735, 736 herausgearbeitet worden.

10. Es empfiehlt sich gegebenenfalls, zusätzlich eine Regelung für den Fall der Unterdeckung (Verwertungskosten höher als Verwertungserlös) zu treffen, beispielsweise bei schwer am Markt verwertbaren Objekten oder Objekten mit hohen Umwelt-/Entsorgungsrisiken.

Zusätzlich kann eine Regelung erfolgen, dass in Fällen unvorhersehbarer oder unüblicher Verwertungskosten vorab eine Abstimmung mit dem Käufer stattzufinden hat.

12. Angesichts der Bestimmung des § 314 BGB, der das Recht zur Kündigung von Dauerschuldverhältnissen aus wichtigem Grund regelt, könnte auf eine Regelung zur fristlosen Kündigung ggf. auch verzichtet werden.

13. a) In der Insolvenz des Leasinggebers hätte die Unterstellung sämtlicher Leasingverträge über bewegliche Wirtschaftsgüter unter das Wahlrecht des Insolvenzverwalter nach § 103 InsO die Refinanzierungsmöglichkeiten von Leasinggesellschaften erheblich beeinträchtigt, da die refinanzierenden Banken weder bei einer Forfaitierung noch bei einer Darlehnsgewährung mit Sicherungszession der Leasingforderungen hätten sicher sein können, die Forderungen nicht bei Ausübung des Wahlrechts zu verlieren. Hätte nämlich der Insolvenzverwalter Erfüllung gewählt, wären die Forderungen nach der früheren Erlöschenstheorie des BGH (vgl BGHZ 106, 236) für die Insolvenzmasse neu entstanden; hätte er die Erfüllung abgelehnt, wären die leasingvertraglichen Ansprüche erloschen. Hieran hat sich mit Aufgabe der Erlöschenstheorie und deren Ersetzung durch die Theorie vom Verlust der Durchsetzbarkeit nichts geändert; mit Erfüllungswahl entstehen sämtliche Ansprüche für und gegen die Masse neu (vgl BGH NJW 2002, 2783; s auch → IV.P.1 Anm. 27d, db).

Diese Erkenntnis führte noch vor Inkrafttreten der Insolvenzordnung zur Ergänzung des § 108 Abs 1 InsO um dessen Satz 2.

Damit sind auch Leasingverträge über bewegliche Wirtschaftsgüter in der Insolvenz des Leasinggebers insolvenzfest, sofern ein Dritter die Anschaffung des Leasinggutes unter Sicherungsübereignung desselben refinanziert hat. Damit also ein Leasingvertrag die Eröffnung des Insolvenzverfahrens überdauert, muss eine Refinanzierung unter Sicherungsübertragung des Leasinggutes vorgenommen worden sein. Dabei muss der Refinanzier die Anschaffung oder Herstellung des Leasinggutes finanziert haben. Hieraus wird deutlich, dass ein gewisser zeitlicher und sachlicher Zusammenhang zwischen der Sicherungsübertragung der Finanzierung und dem Erwerb des Leasingobjektes bestehen muss (sog. Finanzierungszusammenhang).

b) Dieser erforderliche Zusammenhang ist jedenfalls dann gegeben, wenn sich das Finanzierungsgeschäft unmittelbar auf einen noch anzuschaffenden oder herzustellenden Gegenstand bezieht. § 108 InsO Abs 1 Satz 2 ist aber auch dann anwendbar, wenn der Leasinggeber zunächst das Leasingobjekt aus **Eigenmitteln** finanziert und sodann dessen – von vorneherein beabsichtigte- zeitnahe Refinanzierung durchführt. Zur Unterstreichung dieser von Anfang an bestehenden Refinanzierungsabsicht sollte der Leasinggeber den Kaufpreis für das betreffende Leasingobjekt von einem gesonderten sog. „Anfinanzierungskonto“ bezahlen.

c) Unproblematisch erscheint die Anwendung des § 108 Abs 1 Satz 2 auch auf die Fälle der **Umschuldung** eines Refinanzierungskredites von Bank A auf Bank B, sofern die Anschaffung bzw Herstellung des Leasingobjektes ursprünglich von Bank A unter Beachtung des § 108 Abs 1 Satz 2 InsO durchgeführt worden war. Dies ergibt sich nicht zuletzt durch die Bestätigung der Bundesregierung in ihrer Antwort vom 18.9.1997 auf eine parlamentarische Anfrage des Abgeordneten Professor Pick. Die Bundesregierung hat darin ausdrücklich mitgeteilt, sie sei der Auffassung, der neue § 108 Abs 1 Satz 2 InsO entziehe auch dann den Leasingvertrag dem Wahlrecht des Insolvenzverwalters, wenn nach der Sicherungsübereignung des Leasinggutes ein Wechsel in der Person des Refinanzierers eingetreten sei (vgl hierzu *de With* in FLF 1998, 24, 26; kritisch allerdings BeckOK InsO/*Berberich* InsO § 108 Rn. 30 mwN)).

d) Bei dem in der Praxis weit verbreiteten **Doppelstockmodell** erwirbt die Besitzgesellschaft des Leasinggebers Eigentum am Leasingobjekt, belässt es jedoch intern im Rahmen eines Leasingvertrages der eigentlichen Leasinggesellschaft (Betriebsgesellschaft), die es ihrerseits an den Leasingnehmer vermietet. Das interne Überlassungsverhältnis zwischen Besitz- und Betriebsgesellschaft hat auf den Leasingnehmer keinerlei Auswirkungen und wird für den Leasingnehmer regelmäßig nicht erkennbar. Die Gesellschaften sind konzernmäßig verbunden und werden gerade zu Zwecken der leichteren Refinanzierung eingeschaltet. Aus Sicht der Refinanzierungsbank treten sie, obwohl formal rechtlich selbstständig, dieser als Konzerngesellschaften einheitlich gegenüber. Es spricht daher einiges dafür, diese Gesellschaften im Rahmen der Anwendung des § 108 Abs 1 Satz 2 InsO als Einheit zu betrachten mit der Folge, dass das gesamte Doppelstockmodell von § 108 Abs 1 Satz 2 InsO erfasst wird. Hierbei kommt es jedoch sehr auf die Umstände des Einzelfalles an (vgl hierzu im einzelnen *Zahn,* DB 2003, 2371).

e) Die Vorschrift des § 108 Abs 1 Satz 2 InsO ist selbstverständlich auch, sofern denn ihre Tatbestandsvoraussetzungen vorliegen, auf den Fall der Refinanzierung von Mietforderungen anwendbar. Dies hat jedoch nur zur Folge, dass auch solche Mietverträge dem Wahlrecht des Insolvenzverwalters nach § 103 InsO entzogen sind.

Gleichwohl ist die zugunsten eines Refinanzierers vorgenommene Abtretung von Mietforderungen nicht insolvenzfest. Dies beruht darauf, dass Mietforderungen als befristete Forderungen anzusehen sind, die für den betreffenden Überlassungszeitraum jeweils zeitabschnittsweise neu entstehen, insoweit anders als Leasing-Forderungen, die als betagte Forderungen mit der Überlassung des Leasing-Objektes an den Leasing-Nehmer bereits voll umfänglich entstanden sind. Der BGH hat seine diesbezügliche Rechtsprechung (vgl BGHZ 109, 368, 372) mit der Entscheidung vom 14.1.2010, IX ZR 78/09, ZIP 2010, 335 ausdrücklich bestätigt.

Ein insolvenzfester Erwerb von Mietforderungen scheitert daher an § 91 InsO.

Die in diesem Zusammenhang von Jaeger/Windel InsO § 91 Rn 54 vertretene Ansicht, § 108 Abs 1 S 2 InsO sichere in seinem Anwendungsbereich Vorausverfügungen gegenüber § 91 Abs 1 InsO, schießt allerdings über das Ziel hinaus. Dieser Schutz wird für Leasingforderungen bereits durch deren Einordnung als regelmäßig betagte Forderungen erreicht. Die im Gesetzgebungsverfahren nachträglich zum Schutz der Leasingrefinanzierung ergänzte Vorschrift des § 108 InsO ist hingegen trotz ihres Wortlautes nicht dazu gedacht, die Abtretung befristeter Mietforderungen aus dem Anwendungsbereich des § 91 InsO auszunehmen.

P. Finanzierungsleasing

Schrifttum: *Beckmann,* Scharff, Leasingrecht 4. Aufl 2015; Baumbach/Hopt/*Hopt,* HGB, 40. Aufl 2020, (7) Bankgeschäfte P/1 ff.; *Fittler/Mudersbach,* Leasing-Handbuch für die betriebliche Praxis, 8. Aufl 2012; *Martinek, Omlor* Das Leasinggeschäft in: Bankrechts-Handbuch, Bd II 2017, § 101; *Peters,* Bankrecht und Bankpraxis (BuB) 13/60 ff.; *Scharff* in Theewen, Bank- und Kapitalmarktrecht, 2010, 677 ff.; *Spittler,* Leasing für die Praxis, 6. Aufl 2002; *Stolterfoht,* Münchener Vertragshandbuch, Bd 2, Wirtschaftsrecht I, → Form. VI.1. → Form. VI.4, 8. Aufl 2020; *Graf von Westphalen,* Der Leasingvertrag, 7. Aufl 2015; *Wolf/Eckert/Ball,* Handbuch des gewerblichen Miet-, Pacht- und Leasingrechts, 10. Aufl 2009.

1. Vollamortisations-Leasingvertrag

Vorderseite des Formularvertrages[32-35]

Der Leasingnehmer bietet dem Leasinggeber den Abschluss dieses Leasingvertrages[1–4] zu den nachfolgenden und umseitig aufgeführten Bedingungen an. Er hat mit dem Lieferanten einen Kaufvertrag über den nachfolgend bezeichneten Gegenstand – nachfolgend Leasingobjekt genannt – geschlossen und beauftragt den Leasinggeber, durch Vereinbarungen mit dem Lieferanten an seiner Stelle zu den von ihm ausgehandelten Bedingungen einschließlich der von ihm akzeptierten Lieferbedingungen des Lieferanten in den Kaufvertrag einzutreten. Für den Fall, dass der Leasingnehmer keinen Kaufvertrag abgeschlossen hat, beauftragt er den Leasinggeber, mit dem Lieferanten einen Kaufvertrag zu den zwischen ihm und dem Lieferanten ausgehandelten und dem Leasinggeber schriftlich bestätigten Bedingungen zu schließen.

Die Auswahl des Lieferanten und des Leasingobjektes erfolgt ausschließlich durch den Leasingnehmer.[5,6] Der Leasinggeber übernimmt daher keine Gewähr für die Zahlungs- und Leistungsfähigkeit des Lieferanten sowie die ordnungsgemäße und termingerechte Lieferung des Leasingobjektes.

Der Leasinggeber ist berechtigt, Daten – auch personenbezogene – über die Beantragung (zB Leasingnehmer, Gesamtschuldner, Bürge, Leasingraten, Laufzeiten des Vertrages, Beginn der Leasingzahlungen) und Durchführung des Vertrages (zB vorzeitige Vertragsablösung, fristlose Kündigung, Klageerhebung, Zwangsvollstreckungsmaßnahmen) mit Beginn der Geschäftsbeziehung zum Leasingnehmer und zu einem Gesamtschuldner oder Bürgen auf der Grundlage der Europäischen Datenschutzgrundverordnung und des Bundesdatenschutzgesetzes intern zu speichern, für die Bearbeitung des Angebotes/Vertrages zu nutzen und zum Zwecke der Refinanzierung des Vertrages an ein Refinanzierungsinstitut zu übermitteln. Weitere Regelungen und Hinweise enthalten die als Anlage beigefügten „Ausführungen zum Datenschutz".

Rückseite des Formularvertrages

§ 1 Vertragsannahme, Rücktritt

1. Der Leasingnehmer ist an sein umseitiges Vertragsangebot für einen Zeitraum von 4 Wochen nach Einreichung aller für die Beurteilung seines Vertragsangebots erforderlichen Unterlagen gebunden.[7]

2. Der Leasingvertrag kommt mit schriftlicher Annahme durch den Leasinggeber zustande.
3. Nach Annahme wird der Leasinggeber dem Lieferanten ein Angebot zum Eintritt in den Kaufvertrag oder ein Angebot zum Abschluss eines Kaufvertrages zusenden. Der Leasinggeber kann den Leasingvertrag kündigen, wenn ein Kaufvertrag zwischen dem Leasinggeber und dem Lieferanten nicht in angemessener Zeit zustande kommt.[8]

§ 2 Abnahme – und Untersuchungspflicht, Leasingbeginn, Lieferstörungen

1. Der Leasingnehmer ist verpflichtet, das Leasingobjekt vom Lieferanten abzunehmen. Er übernimmt – sofern er Kaufmann ist – anstelle des Leasinggebers die Pflicht, das Leasingobjekt unverzüglich gemäß § 377 HGB zu untersuchen und dem Lieferanten einen sich hieran zeigenden Mangel unverzüglich anzuzeigen. Eine Kopie der Anzeige ist dem Leasinggeber zu übersenden.[9]
2. Hat sich bei Untersuchung des Leasingobjektes ein Mangel nicht gezeigt, so hat der Leasingnehmer dem Leasinggeber schriftlich zu bestätigen, dass und wann ihm das Leasingobjekt geliefert wurde und dass ein Mangel nicht ersichtlich war. Mit dem Datum der – nicht notwendig schriftlichen – mängelfreien Abnahme des Leasingobjektes tritt der Leasingvertrag – vorbehaltlich anderer Absprachen – in Kraft (Leasingbeginn). Der Leasinggeber ist berechtigt, den Leasingbeginn nachträglich umseitig einzutragen.
3. Bestätigt der Leasingnehmer gegenüber dem Leasinggeber nach vorstehendem Abs. 2, das Leasingobjekt mangelfrei erhalten zu haben, obwohl ihm dieses ganz oder teilweise nicht oder nicht ordnungsgemäß oder nicht mangelfrei geliefert worden ist, haftet er dem Leasinggeber für jeden diesem daraus entstehenden Schaden.[9a]

§ 3 Höhe und Fälligkeit der Leasingraten

1. Den Leasingraten liegt das Zinsniveau am Geld- und Kapitalmarkt zum Zeitpunkt der Abgabe des Leasingangebotes zugrunde. Hat sich das Zinsniveau zum Zeitpunkt des Einganges der Abnahmeerklärung des Leasingnehmers beim Leasinggeber im Vergleich hierzu geändert, so werden die Leasingraten entsprechend angepasst.[10] Eine Änderung des Zinsniveaus am Geld- und Kapitalmarkt ist dann eingetreten, wenn sich der Referenzzinssatz (konkrete Nennung eines Referenzzinssatzes) um mehr als . . . . . Prozentpunkte verändert hat.
2. Ändert sich der Nettoanschaffungspreis des Leasingobjektes bis zur Zahlung an den Lieferanten im Einvernehmen mit dem Leasingnehmer, so ändert sich die Leasingrate im gleichen Verhältnis.[11]
3. Der Leasingnehmer hat auf die Leasingraten die jeweils gültige Mehrwertsteuer zu zahlen.
4. Die erste Leasingrate ist zu dem vereinbarten Termin, die folgenden Leasingraten sind jeweils am 1. der Folgemonate fällig.
5. Der Leasingnehmer ist verpflichtet, dem Leasinggeber ein SEPA-Lastschriftmandat für alle vertraglichen Zahlungsverpflichtungen zu erteilen. Der Zahlungseinzug wird dem Leasingnehmer mindestens . . . . . Tage vor Fälligkeit angekündigt.

§ 4 Freistellung

1. Der Leasingnehmer hat den Leasinggeber von allen mit dem Erwerb, der Einfuhr,[12] der Lieferung und der Montage des Leasingobjektes zusammenhängenden Kosten freizustellen.[13]
2. Der Leasingnehmer hat den Leasinggeber von allen privat- und öffentlich – rechtlichen Ansprüchen freizustellen, die Dritte gegen ihn als Eigentümer des Leasingobjektes, wegen der Überlassung des Leasingobjektes an den Leasingnehmer oder aus sonstigen Gründen wie Lieferung, Aufstellung oder Gebrauch des Leasingobjektes geltend machen.[14]

3. Leistungen, die der Leasinggeber zur Erfüllung von Verpflichtungen nach Absätzen 1 und 2 erbracht hat, sind ihm vom Leasingnehmer zu ersetzen.

§ 5 Schutz der Rechte des Leasinggebers

1. Der Leasingnehmer hat das Leasingobjekt auf seine Kosten in betriebsfähigem und nutzbarem Zustand zu erhalten und es entsprechend den Empfehlungen des Herstellers oder dem im Allgemeinen für solche Leasingobjekte üblichen Umfang zu warten bzw durch einen qualifizierten Fachbetrieb warten zu lassen.[15]
2. Der Leasingnehmer wird Rechtsvorschriften, die für den Besitz und den Gebrauch des Leasingobjektes gelten, beachten.
3. Ohne schriftliche Zustimmung des Leasinggebers darf der Leasingnehmer an dem Leasingobjekt Änderungen, die dessen Wesen beeinträchtigen oder seinen Wert mindern, nicht vornehmen und es Dritten weder entgeltlich noch unentgeltlich überlassen.
4. Beauftragte des Leasinggebers sind während der gewöhnlichen Geschäftszeit berechtigt, das Leasingobjekt zu überprüfen und als dem Leasinggeber gehörig zu kennzeichnen.
5. Eine Verbindung des Leasingobjektes mit einem Grundstück geschieht lediglich zu einem vorübergehenden Zweck und mit der Absicht der Trennung zum Ende des Leasingvertrages. Der Leasingnehmer ist verpflichtet, dies gegenüber jedem Eigentümer des Grundstückes, auf dem sich das Leasingobjekt befindet, klarzustellen.
6. Eine bewegliche Sache, die der Leasingnehmer in das Leasingobjekt einbaut, geht mit ihrem Einbau in das Eigentum des Leasinggebers über; der Leasingvertrag erstreckt sich auch auf diese Einbauten. Der Leasingnehmer hat das Recht, den ursprünglichen Zustand wiederherzustellen.
7. Der Leasingnehmer wird dem Leasinggeber unverzüglich über Zwangsvollstreckungsmaßnahmen in das Leasingobjekt oder das Grundstück, auf dem es sich befindet, unterrichten. Die dem Leasinggeber entstehenden Interventionskosten trägt, soweit sie dem Leasinggeber nicht erstattet werden, der Leasingnehmer.

§ 6 Sach- und Preisgefahr

1. Der Leasingnehmer trägt die Gefahr des zufälligen Untergangs, des Abhandenkommens, des Totalschadens, der Verschlechterung und des Wegfalls der Gebrauchsfähigkeit des Leasingobjektes. Der Leasingnehmer bleibt bei Eintritt eines dieser Ereignisse verpflichtet, von ihm geschuldete Leistungen weiterhin zu erbringen.[16] Der Leasingnehmer wird den Leasinggeber über derartige Ereignisse unverzüglich schriftlich unterrichten.
2. Bei Eintritt eines solchen Ereignisses ist der Leasingnehmer berechtigt und verpflichtet, nach seiner Wahl unverzüglich und unabhängig davon, ob eine Versicherung oder ein Dritter für das Ereignis einzustehen hat,
   a) das Leasingobjekt auf seine Kosten instand zu setzen (Instandsetzung) bzw. durch einen gleichartigen und gleichwertigen Gegenstand zu ersetzen (Ersetzung) und den Leasingvertrag unverändert fortzusetzen oder
   b) den Leasingvertrag vorzeitig schriftlich zu kündigen.

   Über die von ihm getroffene Entscheidung wird der Leasingnehmer den Leasinggeber unverzüglich schriftlich informieren.[17]
3. Kündigt der Leasingnehmer den Leasingvertrag vorzeitig, so hat er dem Leasinggeber die Summe der noch ausstehenden Leasingraten, mit einem angemessenen Zinssatz auf den Gegenwartswert abgezinst, zuzüglich Mehrwertsteuer zu zahlen. Der vom Leasingnehmer hiernach geschuldete Betrag vermindert sich um vom Leasinggeber eventuell ersparte Aufwendungen für die weitere Abwicklung des Leasingvertrages. Zug

um Zug gegen Zahlung dieses Betrages geht das Eigentum am Leasingobjekt auf den Leasingnehmer über.

4. Wählt der Leasingnehmer die Instandsetzung, so hat er das Leasingobjekt in einen vertragsgemäßen Zustand zu versetzen und dem Leasinggeber dies unverzüglich nachzuweisen. Wählt er die Ersetzung, so hat er dem Leasinggeber, soweit dieser das Ersatz-Leasingobjekt nicht selbst unmittelbar vom Lieferanten erwirbt, das Eigentum an diesem zu verschaffen. Der Leasingvertrag gilt unverändert für das Ersatzobjekt.
5. Der Leasinggeber ist seinerseits berechtigt, den Leasingvertrag vorzeitig zu kündigen, wenn
   - der Leasingnehmer nicht innerhalb angemessener Frist von seinem Kündigungsrecht nach Absatz 2 b) Gebrauch macht oder eine Entscheidung über die Instandsetzung bzw. Ersetzung des Leasingobjektes trifft oder
   - der Leasingnehmer es entgegen der von ihm getroffenen Entscheidung zur Instandsetzung oder Ersetzung des Leasingobjektes unterlässt, das Leasingobjekt innerhalb angemessener Frist instand zu setzen bzw. zu ersetzen.

§ 7 Versicherung

1. Der Leasingnehmer wird das Leasingobjekt während der Leasingdauer auf eigene Kosten gegen die vom Leasinggeber gewünschten Risiken versichern[18] und es in seine Betriebshaftpflichtversicherung einschließen.
   Elektronische und elektrotechnische Anlagen und Geräte wird der Leasingnehmer zum Neuwert gegen Verlust, Untergang und Beschädigung durch den Abschluss einer Elektronikversicherung versichern.
2. Der Leasingnehmer verpflichtet sich, dem Leasinggeber bis spätestens 14 Tage nach Leasingbeginn einen Antrag auf Abgabe einer Sicherungsbestätigung zur Weiterleitung an seinen Versicherer einzureichen. Sollte er dieser Pflicht oder der Zahlung der vereinbarten Versicherungsprämien trotz Abmahnung nicht nachkommen, ist der Leasinggeber berechtigt, auf seine Kosten eine entsprechende Versicherung abzuschließen.
3. Der Leasingnehmer tritt hiermit seine Rechte und Ansprüche aus der Versicherung des Leasingobjektes zur Abdeckung der Nachteile, die der Leasinggeber aus der Beschädigung des Leasingobjektes erleidet, an diesen ab.
4. Der Leasinggeber hat an ihn gezahlte Versicherungs- und Entschädigungsbeträge auf die Zahlungsverpflichtungen des Leasingnehmers gemäß § 6 Abs 3 bis zur Höhe des von diesem geschuldeten Betrages anzurechnen bzw – im Falle der Instandsetzung oder der Beschaffung eines Ersatz-Leasingobjektes – gegen Vorlage entsprechender Belege an den Leasingnehmer oder – für den Fall, dass der Leasingnehmer den Reparatur- bzw Anschaffungsbetrag nicht oder nicht vollständig entrichtet hat – ganz oder teilweise an die Werkstatt bzw den Lieferanten des Ersatzobjektes auszuzahlen.[19]
5. Der Leasinggeber hat die aus einem in § 6 Abs 1 genannten Ereignis herrührenden Versicherungsansprüche in Höhe der von dem Leasingnehmer bereits erbrachten Leistung auf diesen zu übertragen, wenn dieser seinen Zahlungsverpflichtungen gemäß § 6 Abs. 3 bzw. seiner Verpflichtung zur Instandsetzung oder zur Ersetzung des Leasingobjektes nachgekommen ist.
6. Kommt der Versicherer bzw ein Schädiger seiner Zahlungsverpflichtung nicht unverzüglich nach, so obliegt es dem Leasingnehmer, die dem Leasinggeber zustehenden Rechte und Ansprüche auf eigene Kosten gegenüber der Versicherung bzw dem Schädiger – notfalls gerichtlich – durchzusetzen.
   Der Leasinggeber ermächtigt hiermit den Leasingnehmer, diese Rechte und Ansprüche im eigenen Namen mit der Maßgabe geltend zu machen, dass er Zahlung an den Leasinggeber verlangt.[20]

§ 8 Haftung des Leasinggebers[21,22,23]

1. Sollte der Gegenstand nicht oder nicht fristgerecht oder nicht vertragsgemäß geliefert werden oder sollte der Lieferant sonstige Pflichtverletzungen begangen haben, stehen dem Leasingnehmer Rechte und Ansprüche nur gegen den Lieferanten zu. Darüber hinaus stehen dem Leasingnehmer Ansprüche gegen den Leasinggeber nur nach Maßgabe der Regelungen dieses § 8 zu.
   Hat der Leasinggeber für einen Schaden des Leasingnehmers auf Grund eigenen Verschuldens oder Verschuldens seiner gesetzlichen Vertreter oder seiner Erfüllungsgehilfen einzustehen, ist die Haftung des Leasinggebers auf Fälle von Vorsatz und grober Fahrlässigkeit beschränkt; in Fällen der Verletzung von Leben, Körper oder Gesundheit sowie bei Verletzung wesentlicher Vertragspflichten wird auch für einfache Fahrlässigkeit gehaftet. Unberührt bleibt eine Haftung nach dem Produkthaftungsgesetz.
   Alle Ansprüche und Rechte des Leasingnehmers gegen den Leasinggeber wegen der Beschaffenheit, Sach- und Rechtsmängeln des Leasingobjektes oder wegen dessen mangelnder Verwendbarkeit sind zu jeder Zeit ausgeschlossen.[5]
2. Zum Ausgleich für die in § 8 Abs. 1 geregelten Haftungsausschlüsse tritt der Leasinggeber dem Leasingnehmer seine Ansprüche und Rechte gegen den Lieferanten wegen Pflichtverletzungen, insbesondere auf Nacherfüllung-, Rücktritt-, Minderung und Schadenersatz inkl. evtl. selbstständiger Garantien Dritter ab. Ausgenommen von der Abtretung sind die Ansprüche des Leasinggebers auf Verschaffung des Eigentums, aus einer Rückabwicklung des Liefervertrages, Ansprüche auf Rückgewähr, insbesondere auch Ansprüche aus oder im Zusammenhang mit vom Leasinggeber geleisteten Anzahlungen sowie auf Ersatz eines dem Leasinggeber entstandenen Schadens.
   Der Leasingnehmer ist verpflichtet, die abgetretenen Rechte und Ansprüche unverzüglich auf seine Kosten – ggf. auch gerichtlich – geltend zu machen und durchzusetzen. Soweit Rechte und Ansprüche nicht abgetreten sind, wird er hiermit zur Geltendmachung dieser Rechte und Ansprüche im eigenen Namen und für eigene Rechnung mit der Maßgabe ermächtigt und verpflichtet, dass Zahlungen aus der Rückabwicklung, einer Minderung und auf einen Schaden des Leasinggebers ausschließlich an den Leasinggeber zu leisten sind. Der Leasinggeber ist über die Geltendmachung von Ansprüchen durch den Leasingnehmer fortlaufend zeitnah zu informieren.
3. Tritt der Leasingnehmer vor der Lieferung des Leasingobjektes auf Grund der abgetretenen Ansprüche vom Liefervertrag mit dem Lieferanten zurück oder verlangt der Leasingnehmer Schadenersatz statt der Leistung oder ist die Lieferung unmöglich, sind beide Vertragsparteien berechtigt, vom Leasingvertrag durch schriftliche Erklärung zurückzutreten. Sofern Lieferant und Leasingnehmer sich nach Auslieferung des Leasingobjektes nicht über die Wirksamkeit eines vom Leasingnehmer erklärten Rücktritts, eines Schadensersatzes statt der Leistung oder einer Minderung einigen, kann der Leasingnehmer die Zahlung der Leasingraten wegen etwaiger Mängel erst dann – im Falle der Minderung anteilig – vorläufig verweigern, wenn er Klage gegen den Lieferanten auf Rückabwicklung des Liefervertrages, Schadensersatz statt der Leistung oder Minderung des Lieferpreises erhoben hat.[23a]
   Die gerichtliche Geltendmachung von Nacherfüllungsansprüchen entbindet den Leasingnehmer hingegen nicht von der Verpflichtung zur Leistung der vereinbarten Zahlungen.
4. Setzt der Leasingnehmer gegen den Lieferanten im Wege der Nacherfüllung einen Anspruch auf Lieferung eines neuen Leasingobjektes durch, so ist der Leasinggeber damit einverstanden, dass das bisherige Leasingobjekt gegen ein gleichwertiges neues Leasingobjekt ausgetauscht wird. § 5 Abs. 6 S. 1, 2. HS gilt für das Austauschverhältnis entsprechend.
   Der Leasingnehmer wird mit dem Lieferanten vereinbaren, dass dieser das Eigentum am neuen Leasingobjekt unmittelbar auf den Leasinggeber überträgt. Die Besitzverschaf-

fung erfolgt durch Lieferung an den Leasingnehmer, er wird den Leasinggeber vor Austausch des Leasingobjektes unterrichten und ihm nach erfolgtem Austausch die Maschinennummer oder sonstige Unterscheidungskennzeichen des neuen Leasingobjektes mitteilen.
Fällt eine Nutzungsentschädigung für das zurückzugebende Leasingobjekt nicht an, wird der Leasingvertrag mit dem neuen Leasingobjekt zu unveränderten Bedingungen fortgesetzt.
Fällt eine Nutzungsentschädigung an, hat der Leasingnehmer dem Leasinggeber eine von diesem gegenüber dem Lieferanten geschuldete Nutzungsentschädigung zu erstatten.[24]
Zum Ausgleich hierfür wird dem Leasingnehmer nach Beendigung des Leasingvertrages ein bei der Verwertung des Leasingobjektes sich eventuell ergebender finanzieller Vorteil gutgebracht, beschränkt jedoch auf die Höhe der gezahlten bzw. erstatteten Nutzungsentschädigung. Der Vorteil kann sich daraus ergeben, dass bei der Verwertung des Leasingobjektes nach Beendigung des Leasingvertrages auf Grund der Nachlieferung eines neuen Leasingobjektes ein Mehrerlös erzielt wird.
Anstatt eines evtl. anfallenden erhöhten Mehrerlöses kann der Leasingnehmer die Verlängerung der Laufzeit des Leasingvertrages um den Zeitraum vom Leasinggeber verlangen, der demjenigen entspricht, für welchen der Leasingnehmer bis zur Nachlieferung des Leasingobjektes tatsächlich Leasingraten in voller Höhe gezahlt hat. Für den Verlängerungszeitraum sind Leasingraten nicht zu zahlen. Die Bestimmungen des Leasingvertrages gelten im Verlängerungszeitraum unverändert fort. Ein entsprechendes Verlängerungsbegehren hat der Leasingnehmer gegenüber dem Leasinggeber bis spätestens 4 Wochen vor ordnungsgemäßem Ablauf der ursprünglichen Laufzeit des Leasingvertrages schriftlich zu erklären.

5. Hat der Leasingnehmer eine Minderung durchgesetzt, tritt eine Anpassung des Leasingvertrages dahingehend ein, dass sich die Leasingraten von Anfang an entsprechend ermäßigen. Der Leasinggeber wird dem Leasingnehmer zuviel gezahlte Beträge erstatten. Hat der Leasingnehmer einen Rücktritt oder eine Rückabwicklung des Vertrages mit dem Lieferanten im Zusammenhang mit der Geltendmachung von Schadenersatz statt der Erfüllung durchgesetzt, entfällt die Geschäftsgrundlage des Leasingvertrages.
6. Eine Rückgewähr des Leasingobjektes an den Lieferanten oder Dritten führt der Leasingnehmer auf eigene Kosten und Gefahr nur Zug um Zug gegen Erfüllung der Zahlungsverpflichtung des Lieferanten/des Dritten gegenüber dem Leasinggeber durch.[24a]
7. Stellt der Leasingnehmer während der gerichtlichen Auseinandersetzung über eine Minderung des Kaufpreises, einen von ihm erklärten Rücktritt von dem Liefervertrag mit dem Lieferanten oder Schadenersatzansprüche statt der Erfüllung des Liefervertrages die Zahlung der Leasingraten an den Leasinggeber ein, obwohl er das Leasingobjekt nutzt, kann der Leasinggeber nach seiner Wahl vom Leasingnehmer entweder Zahlung der Leasingraten auf ein Treuhandkonto oder eine Bankbürgschaft für die Erfüllung des Leasingvertrages verlangen oder das Leasingobjekt bis zum Ausgang des Rechtsstreits sicherstellen.
8. Ausschließlich der Leasingnehmer trägt das Risiko, dass die Durchsetzung der ihm abgetretenen Rechte und Ansprüche an der Insolvenz des Lieferanten scheitert.[25]

§ 9 Leasingdauer, Außerordentliche Kündigung[26]

1. Die ordentliche Kündigung des Leasingvertrages vor Ablauf der umseitig vereinbarten Leasingdauer ist ausgeschlossen. Das Recht beider Vertragsparteien zur außerordentlichen Kündigung des Leasingvertrages bei Vorliegen eines wichtigen Grundes bleibt hiervon unberührt.
Der Leasinggeber ist zur außerordentlichen Kündigung des Leasingvertrages insbesondere berechtigt, wenn

a) der Leasingnehmer für zwei aufeinander folgende Termine mit der Zahlung der Leasingraten oder eines nicht unerheblichen Teiles in Verzug ist oder in einem Zeitraum, der sich über mehr als zwei Termine erstreckt, mit seinen Zahlungen in Höhe eines Betrages in Verzug ist, der zwei Leasingraten entspricht;
b) seit dem Zeitpunkt des Vertragsabschlusses eine wesentliche Verschlechterung in den wirtschaftlichen Verhältnissen des Leasingnehmers eintritt und deshalb der Anspruch des Leasinggebers auf Erfüllung der Verbindlichkeiten aus dem Leasingvertrag gefährdet ist;
c) der Leasingnehmer trotz Abmahnung eine vertragswidrige Nutzung des Leasingobjektes fortsetzt, gegen ihm obliegende, wesentliche Verpflichtungen aus diesem Vertrag verstößt oder Folgen seines vertragswidrigen Verhaltens nicht beseitigt und dadurch die Rechte des Leasinggebers in erheblichem Maße verletzt;
d) der Leasingnehmer seine Zahlungen einstellt, über sein Vermögen ein gerichtliches Insolvenzverfahren[27] eröffnet bzw. die Eröffnung mangels Masse abgelehnt oder gegen ihn ein anderes der Schuldenregulierung dienendes gerichtliches oder außergerichtliches Verfahren oder ein Verfahren zur Ableistung der eidesstattlichen Versicherung eingeleitet wird.

2. Im Falle der außerordentlichen Kündigung ist der Leasingnehmer verpflichtet, das Leasingobjekt unverzüglich an den Leasinggeber herauszugeben und diesem seinen durch die Nichterfüllung des Vertrages bedingten Schaden zu ersetzen. Dieser Schaden berechnet sich aus der Differenz zwischen
   a) der Summe der noch ausstehenden Leasingraten ohne Mehrwertsteuer, abgezinst mit dem Zinssatz, der im Zeitpunkt des Abschlusses des Leasingvertrages – bzw für den Fall, dass der Leasingsatz gem § 3 Abs 1 Satz 2 angepasst wurde, der im Zeitpunkt der Anpassung – für die Aufnahme eines entsprechenden Kredites am Geld- und Kapitalmarkt hätte gezahlt werden müssen, und
   b) den vom Leasinggeber ersparten Aufwendungen sowie dem Nettoerlös aus der Verwertung des Leasingobjektes abzüglich der Verwertungskosten.
3. Erfolgt die Kündigung vor Abnahme gemäß § 2 Abs 1 Satz 1, hat der Leasingnehmer dem Leasinggeber Leistungen auf den Anschaffungspreis zu erstatten und den Leasinggeber von allen Verpflichtungen aus dem Kaufvertrag und sonstigen mit dem Leasingvertrag zusammenhängenden Verpflichtungen freizustellen. Zug um Zug gegen Zahlung und Freistellung gehen sämtliche Rechte des Leasinggebers an dem Leasingobjekt sowie dessen sämtliche diesbezüglichen Ansprüche auf den Leasingnehmer über.

§ 10 Abtretung, Rechte des Erben, Gesamtschuldner

1. Die Abtretung der Rechte und Ansprüche des Leasingnehmers aus dem Leasingvertrag bedarf der vorherigen schriftlichen Zustimmung des Leasinggebers.
2. Dem Erben des Leasingnehmers steht ein Kündigungsrecht nicht zu.
3. Leasingnehmer und Mithaftende schulden als Gesamtschuldner.

§ 11 Kauf- und Verlängerungsoption[28]

1. Am Ende der Leasingdauer hat der Leasingnehmer nach seiner Wahl das Recht,
   a) das Leasingobjekt vom Leasinggeber zu kaufen (Kaufoption). Der Kaufpreis entspricht dem Buchwert des Leasingobjektes, der sich am Ende der Leasingdauer unter Anwendung der linearen AfA nach der amtlichen AfA-Tabelle ergibt, oder dessen niedrigeren gemeinen Wert;
   b) den Leasingvertrag zu verlängern (Verlängerungsoption). Die Verlängerungsdauer richtet sich nach dem Erhaltungszustand des Leasingobjektes. Die Leasingrate für die Verlängerungszeit errechnet sich aus dem Verhältnis des Buchwertes des

Leasingobjektes, der sich am Ende der Leasingdauer unter Anwendung der linearen AfA nach der amtlichen AfA-Tabelle ergibt, oder dessen niedrigeren gemeinen Wertes zu der Verlängerungsdauer.

2. Der Leasingnehmer kann eine Option nur bis zum Ablauf der Leasingdauer ausüben. Im Zusammenhang mit der Feststellung des gemeinen Wertes entstehende Kosten trägt der Leasingnehmer.

§ 12 Rückgabe bzw Entsorgung des Leasingobjektes

1. Nach Beendigung des Leasingvertrages ist der Leasingnehmer verpflichtet, das Leasingobjekt auf seine Kosten und Gefahr fachgerecht zu demontieren, zu verpacken und mit allem Zubehör und zugehörigen Urkunden an die Anschrift des Leasinggebers zurückzugeben. Sofern dies im berechtigten Interesse des Leasinggebers liegt und hierbei die Interessen des Leasingnehmers nach billigem Ermessen berücksichtigt werden, kann die Rückgabe an eine vom Leasinggeber zu benennende abweichende Anschrift im Inland erfolgen. Der Leasingnehmer darf dadurch wirtschaftlich und rechtlich nicht schlechter gestellt werden als bei der Rückgabe an den Leasinggeber. Übersteigen die Kosten für die Lieferung (inkl. Transportversicherung) an eine abweichende Anschrift die Kosten der Lieferung an den Leasinggeber, hat der Leasingnehmer einen Anspruch auf Ersatz der übersteigenden Kosten gegen den Leasinggeber. Der Leasingnehmer muss diesen Anspruch innerhalb von 90 Tagen nach Vertragsende geltend machen.[29]
2. Das Leasingverhältnis wird bei Fortsetzung des Gebrauchs durch den Leasingnehmer über den Zeitpunkt der Beendigung des Vertrages hinaus nicht verlängert.

§ 13 Auskünfte, insbesondere Vorlage des Jahresabschlusses als wesentliche Vertragspflicht

1. Der Leasingnehmer wird während der Vertragslaufzeit seine Vermögensverhältnisse offen legen und dem Leasinggeber auf dessen Anforderung seine Geschäftsberichte, Jahresabschlüsse, Zwischenabschlüsse, Konzernabschlüsse und Einnahmen-Überschussrechnungen sowie sonstige erforderliche Unterlagen zur Verfügung stellen.[30]
2. Der Leasingnehmer hat dem Leasinggeber einen Wechsel seines Sitzes sowie Veränderungen seines gewöhnlichen Aufenthaltsortes unverzüglich anzuzeigen. Er hat dem Leasinggeber ferner die zur Erfüllung seiner gesetzlichen Sorgfalts- und Informationspflichten (zB Identifizierungspflichten nach dem Geldwäschegesetz[31]) notwendigen Informationen und Unterlagen zur Verfügung zu stellen und sich während der Vertragsdauer ergebende Änderungen (zB Änderung der Rechtsform, Änderung bei einem Vertretungsorgan, Wechsel der Gesellschafter) unverzüglich mitzuteilen.

§ 14 Schlussbestimmungen

1. Sämtliche das Vertragsverhältnis betreffenden Erklärungen, Nebenabreden, Änderungen, Ergänzungen sowie die Aufhebung dieses Vertrags bedürfen der Textform (zB Brief, E-Mail, Fax). Dies gilt auch für die Aufhebung dieser Textformklausel. Für Erklärungen im Rahmen dieses Vertrags sind von den Parteien die auf dem Vertrag angegebenen Kontaktdaten zu verwenden. Elektronische Kommunikationsmittel (zB E-Mail, Fax) sind von den Parteien während der Geschäftszeiten empfangsbereit zu halten und abzurufen. Sofern sich die Kontaktdaten ändern, werden sich die Parteien unverzüglich informieren.
2. Aufrechnungsrechte stehen dem Leasingnehmer nur zu, soweit seine Gegenforderungen unbestritten oder rechtskräftig festgestellt sind. Ein Zurückbehaltungsrecht

kann von dem Kunden nur geltend gemacht werden, soweit es sich auf Ansprüche aus diesem Vertrag bezieht.

3. **Erfüllungsort und Gerichtsstand sind der Sitz des Leasinggebers, sofern der Leasingnehmer Kaufmann, juristische Person des öffentlichen Rechts oder öffentlich-rechtliches Sondervermögen ist. Dies gilt auch, sofern der Leasingnehmer seinen Sitz oder gewöhnlichen Aufenthaltsort ins Ausland verlegt oder sein Sitz oder gewöhnlicher Aufenthaltsort bei Klageerhebung nicht bekannt ist.**
4. **Es gilt deutsches Recht unter Ausschluss des Kollisionsrechts sowie des UN-Kaufrechts.**

Schrifttum: s oben vor P. 1.

Anmerkungen

1. Dem **Abschluss eines Leasingvertrages** liegt idR folgender wirtschaftlicher Sachverhalt zugrunde:

Ein Unternehmer trifft eine Investitionsentscheidung, sucht das Investitionsobjekt und dessen Lieferanten aus. Er handelt mit dem Lieferanten den Preis und die Bedingungen des Kaufvertrages aus und schließt regelmäßig den Kaufvertrag ab. Entscheidet der Unternehmer sich sodann für eine Finanzierung des Kaufobjektes im Wege des Leasing, wählt er einen Leasinggeber, den er nunmehr beauftragt, in den von ihm bereits mit dem Lieferanten abgeschlossenen Kaufvertrag einzutreten und damit das von ihm ausgesuchte Kaufobjekt vom Lieferanten zu erwerben, um es ihm im Rahmen des mit dem Leasinggeber abzuschließenden Leasingvertrages zum Gebrauch zu überlassen.

Der Leasinggeber tritt dementsprechend in das zwischen Unternehmer und Lieferant bestehende Kaufvertragsverhältnis durch eine entsprechende Absprache mit dem Verkäufer ein; der Leasingnehmer scheidet aus dem Kaufvertragsverhältnis aus. Es kommt allerdings ebenso häufig vor, dass der spätere Leasingnehmer seinerseits mit dem Lieferanten zwar die Einzelheiten des Kaufvertrages ausgehandelt hat, der Kaufvertrag aber sodann unmittelbar zwischen Lieferant und Leasinggeber – jedoch immer zu den vom Leasingnehmer ausgehandelten und akzeptierten Bedingungen – abgeschlossen wird. Die Auslieferung des Leasingobjektes erfolgt sodann unmittelbar vom Lieferanten an den Leasingnehmer.

2. Die große **Akzeptanz des Leasing** ist durch eine Reihe von Vorteilen des Leasing gegenüber anderen Finanzierungsvarianten begründet:

Leasing schont die Liquidität des Unternehmens, da es aus wirtschaftlicher Sicht des Leasingnehmers eine Vollfinanzierung des Leasingobjektes ohne Eigenbeteiligung des Leasingnehmers darstellt. Teures Eigenkapital des Leasingnehmers bleibt für seine anderen Investitionen verfügbar, seine sonstigen Kreditlinien werden nicht belastet.

Die Investitionsbelastung und die Investitionserträge werden aufeinander abgestimmt, dh die Zahlung der Leasingraten erfolgt aus den mit dem Leasingobjekt erwirtschafteten Erträgen.

Leasing ist beim Leasingnehmer in der Regel bilanzneutral, da das Leasingobjekt bei erlasskonformer Vertragsgestaltung vom Leasinggeber aktiviert wird. Die Bilanzrelationen (Eigenkapital zu Bilanzsumme; Eigenmittel zu Fremdmittel) werden nicht belastet. Kapitalgesellschaften haben jedoch nach § 285 Nr 3 HGB Leasingverbindlichkeiten im Anhang des Jahresabschlusses als sonstige finanzielle Verpflichtungen auszuweisen (BeBiKo/Grottel, 11. Aufl 2018, § 285 Rn 54).

3. Die **Erscheinungsformen des Leasing** sind vielfältig. Die wesentlichen werden nachfolgend kurz dargestellt, wobei die Unterscheidung teilweise nach den Parteien des

Leasingvertrages, der Art des Leasingobjektes, den Besonderheiten der Ausgestaltung des Leasingvertrages und dessen Abwicklung getroffen wird:

a) Unter **indirektem** Leasing versteht man den unter → Anm. 1 beschriebenen Sachverhalt, bei dem der Leasinggeber ein vom Lieferanten unabhängiges, selbstständiges Spezialinstitut ist, welches die Investition des Leasingnehmers durch Erwerb des von diesem ausgesuchten Objektes vom Lieferanten und anschließende Nutzungsüberlassung an den Leasingnehmer finanziert.

b) Beim **direkten** oder **Hersteller-Leasing** sind Lieferant und Leasinggeber eine Rechtsperson, zumindest zählt jedoch der Leasinggeber zum Konzernbereich des Lieferanten/Herstellers. Das Hauptinteresse des Leasinggebers bei dieser Leasingvariante besteht in der Förderung des Absatzes des Herstellers.

c) Beim **Spezial-Leasing** entspricht das Leasingobjekt den speziellen Wünschen und Anforderungen des Leasingnehmers in einem so großen Maße, dass eine Drittverwertung des Leasingobjektes nach Ablauf der Vertragslaufzeit kaum möglich ist. Das Leasingobjekt wird in diesen Fällen steuerlich dem Leasingnehmer zugerechnet.

d) Beim Finanzierungs-Leasing in Form. des **Vollamortisations-Vertrages** führt die Zahlung aller vom Leasingnehmer während der Leasingdauer geschuldeten Leasingraten beim Leasinggeber zur vollen Amortisation der vom Leasinggeber aufgewandten Anschaffungs-, Finanzierungs- und Nebenkosten. Nach Ablauf der unkündbaren Leasingdauer hat der Leasingnehmer regelmäßig drei Möglichkeiten:

(1) Er gibt das Leasingobjekt an den Leasinggeber zurück.

(2) Er hat das Recht, vom Leasinggeber den Kauf des Leasingobjektes zu verlangen (Kaufoption), und zwar zum Restbuchwert (das ist der nicht abgeschriebene Teil der Anschaffungskosten) oder zum geringeren Marktwert.

(3) Er hat das Recht, eine Verlängerung des Leasingvertrages auf Basis des Restbuchwertes oder des niedrigeren Marktwertes zu verlangen (Verlängerungsoption).

e) Beim Finanzierungs-Leasingvertrag in der Form. des **Teilamortisations-Vertrages** wird durch die Summe der in der unkündbaren Leasingdauer vom Leasingnehmer geschuldeten Leasingraten die volle Amortisation des Leasingvertrages nicht erreicht. Die auch hier vom Leasingnehmer gleichwohl geschuldete volle Amortisation des Leasingvertrages wird nach Ablauf der unkündbaren Leasingdauer regelmäßig auf zwei Wegen erzielt:

(1) Beim Teilamortisations-Vertrag mit **Andienungsrecht** kann der Leasinggeber das Leasingobjekt am Markt verwerten, was er regelmäßig dann tun wird, wenn der Erlös zu seiner Restamortisation ausreicht, oder vom Leasingnehmer verlangen, dass dieser das Leasingobjekt zu dem vertraglich vereinbarten Restwert kauft, wovon er regelmäßig Gebrauch machen wird, wenn eine Verwertung die erforderliche Restamortisation nicht erbringen würde. Dem Leasingnehmer steht jedoch kein Recht zum Erwerb des Leasingobjektes zu.

(2) Beim Teilamortisations-Vertrag mit **Mehrerlösbeteiligung** wird das Leasingobjekt nach Ablauf der Leasingdauer am Markt verwertet. Liegt der Verwertungserlös unter dem vertraglich vereinbarten Restwert, so hat der Leasingnehmer den fehlenden Differenzbetrag auszugleichen. Übersteigt der Verwertungserlös den vertraglich vereinbarten Restwert, so erhält der Leasinggeber mindestens 25 % des Mehrerlöses, an den Leasingnehmer dürfen aus steuerlichen Gründen höchstens 75 % des Mehrerlöses ausgekehrt werden.

f) Beim Finanzierungs-Leasingvertrag in der Form. des **Kündbaren Leasingvertrages** (ebenfalls eine Variante des Teilamortisations-Vertrages) hat der Leasingnehmer das Recht, den Leasingvertrag nach Ablauf einer unkündbaren Leasingdauer, die aus steuerlichen Gründen mindestens 40 % der AfA-Dauer des Leasingobjektes beträgt, zu den vertraglich vereinbarten Zeitpunkten zu kündigen. Der Leasingnehmer schuldet dem Leasinggeber bei Kündigung den zur vollen Amortisation des Leasinggebers erforderlichen Betrag. Hat der Leasinggeber den ihm im Falle der Kündigung zustehenden Restamortisationsbetrag nicht AGB-wirksam vereinbart, so hat er die ihm zustehende

Ausgleichszahlung konkret zu berechnen (BGH NJW 1990, 247, 249). Im Rahmen dieser Berechnung hat der Leasinggeber zugunsten des Leasingnehmers den Erlös aus der Verwertung des Leasingobjektes in Höhe von 90 % auf seine Forderung anzurechnen (Graf von Westphalen, Vertragsrecht und AGB-Klauselwerke, 2018, Rn 237).

g) Beim **Operating-Leasing** handelt es sich um einen Leasingvertrag von regelmäßig kurzer oder unbestimmter Laufzeit, der vom Leasingnehmer jederzeit gekündigt werden kann. Der Leasingnehmer haftet nicht für die volle Amortisation des Leasingvertrages. Die Laufzeit des Vertrages deckt nur einen Teil der gewöhnlichen Nutzungsdauer des Leasingobjektes ab. Der Operating-Leasingvertrag ist kein Finanzierungs-Leasingvertrag im Sinne der Steuererlasse (zu den Erlassen → Anm. 31).

h) Beim **sale-and-lease-back-Vertrag** erwirbt der Leasinggeber das Leasingobjekt nicht unmittelbar vom Lieferanten, sondern vom Leasingnehmer, der es seinerseits gekauft und zu Eigentum erworben hat.

Diese Vertragsvariante unterscheidet sich in ihrer Gebrauchsüberlassungsphase nicht von sonstigen Finanzierungs-Leasingverträgen.

i) Beim **Full- Service Leasing** werden neben dem Leasingvertrag weitere Dienstleistungen, wie zum Beispiel die Wartung und Durchführung von Verschleißreparaturen, der Reifenersatz, die Kraftstofflieferung im Zusammenhang mit Tankkarten, der Abschluss von Kfz-Versicherungen, das Notfallmanagement nebst Schadensservice, die Abwicklung der Kraftfahrzeugsteuer, Rundfunkgebühren nebst der Bearbeitung von Ordnungswidrigkeiten als zusätzliche Dienstleistung angeboten (vgl. *Santelmann/Mehrgott* in LHdB für die betriebliche Praxis, S. 63 ff.)

4. Die rechtliche Einordnung des Leasingvertrages ist in der Literatur umstritten.

a) Er wird zum Teil als Ratenkaufvertrag (*Ebenroth* JuS 1978, 588, 593) zum Teil als gemischttypischer Vertrag, zum Teil als atypischer Mietvertrag (*Sannwald,* Finanzierungs-Leasingvertrag, 87, 89) oder Vertrag sui generis (*Bernstein* DB 1985, 1877, 1879) angesehen.

Demgegenüber geht die ständige Rechtsprechung davon aus, dass der Leasingvertrag „in erster Linie" nach Mietrecht zu beurteilen ist (BGH WM 1985, 1447, 1448 mwN).

Dieser Auffassung wird vom ganz überwiegenden Teil der Literatur gefolgt (statt aller: Zehelein, BeckOK BGB, Rn 67)

Für die steuerrechtliche Beurteilung des Finanzierungs-Leasing ist dessen zivilrechtliche Einordnung ohne Bedeutung.

b) Das Leasing – jedenfalls in der Form. des Finanzierungs-Leasing – stellt jedoch keine Vermietung im Sinne des § 69c Nr 3 UrhG dar, so dass beim Leasing von Software irgendwelche zusätzlichen urheberrechtlichen Abgaben nicht anfallen. Die Auslegung des Begriffs „Vermietung" im Sinne des § 69c Nr 3 UrhG erfordert vor dem Hintergrund des gesetzgeberischen Willens eine teleologische Reduktion auf solche Sachverhalte, bei denen durch vielfach hintereinander geschaltete Überlassungsvorgänge die Gefahr einer nicht ausreichenden wirtschaftlichen Beteiligung des Urhebers an der Verwertung seines Werkes einerseits sowie in unkontrollierbarer Zahl erstellter Raubkopien andererseits besteht.

Beim Finanzierungs-Leasing liegt demgegenüber regelmäßig eine bloß einmalige Überlassung des Leasingobjektes vor – der Leasinggeber erreicht die volle Amortisation seines eingesetzten Kapitals, seiner Kosten und eines angemessenen Gewinns regelmäßig erst mit der nach Beendigung des Leasingvertrages erfolgenden Veräußerung des Leasingobjektes; der Urheber ist an der Verwertung seines Werkes durch den Verkauf an den Leasinggeber ausreichend wirtschaftlich beteiligt.

5. Wie bereits in → Anm. 1 geschildert, ist der Leasinggeber auf Wunsch des Leasingnehmers bereit, das von diesem ausgesuchte Objekt vom Lieferanten zu erwerben und dazu in den vom Leasingnehmer mit dem Lieferanten abgeschlossenen, zumindest aber unterschriftsreif ausgehandelten Kaufvertrag einzutreten bzw den Kaufvertrag zu den vom Leasingnehmer ausgehandelten Bedingungen abzuschließen. Irgendeine Einflussmöglichkeit auf die Auswahl des Kaufobjektes oder des Lieferanten hat der Leasinggeber nicht. Da der Leasingnehmer die Tauglichkeit eines von ihm ausgesuchten Investitionsobjektes für seine betrieblichen Zwecke am besten beurteilen kann, wird er es sich nicht gefallen lassen, dass ihm der Leasinggeber in die **Auswahl des Objektes** hereinredet. Eben so wenig kann der Leasinggeber entgegen der Feststellung in BGHZ 96, 103, 110 die vom Leasingnehmer getroffene **Auswahl des Lieferanten** überprüfen oder ändern. Regelmäßig kennt der Leasinggeber den Lieferanten vorher nicht oder nur unzulänglich. Der Lieferant hingegen hat keinerlei Veranlassung, gegenüber dem Leasinggeber Auskunft über seine wirtschaftlichen Verhältnisse oder die Qualität der von ihm hergestellten/vertriebenen Waren zu geben. Das Leasing als Massengeschäft, bei dem es um die zügige Durchführung der vom Leasingnehmer getroffenen Investitionsentscheidung geht, lässt weder eine technische Prüfung des Leasingobjektes noch eine Überprüfung des Lieferanten nach banküblichen Kriterien durch den Leasinggeber zu (*Lieb* WM Sonderbeil 6/1992, 9). Der der Entscheidung BGHZ 96, 103, 110 zugrundeliegende Sachverhalt war untypisch und stellt insoweit eine Ausnahme dar, als der Wert des Leasingobjektes 18 Mio SFR betrug und der Leasinggeber sich von dem in der Schweiz ansässigen Lieferanten eine Rückkaufgarantie einräumen ließ. Um deren Werthaltigkeit abschätzen zu können, musste der verantwortlich vorgehende Leasinggeber selbstverständlich eine Prüfung der Bonität des Lieferanten durchführen.

Es ist jedoch unzulässig, aus diesem atypischen Fall Rückschlüsse auf die typische Ausgestaltung der Abwicklung des Leasing als Massengeschäft zu ziehen und hieraus Rechtsfolgen bezüglich der Risikozuweisung zwischen den beteiligten Parteien herzuleiten.

Der Lieferant wird mit einem Austausch seines Vertragspartners im Rahmen des Eintrittsmodells regelmäßig einverstanden sein, erhält er doch mit dem Leasinggeber häufig einen Vertragspartner, dessen Bonität er besser einzuschätzen vermag als die seines ursprünglichen Vertragspartners.

6. Das beim Finanzierungs-Leasing bestehende **Dreiecksverhältnis** zwischen Leasinggeber, Leasingnehmer und Lieferant führt zu vielfältigen Problemen:

a) Der Lieferant ist gut beraten, in dem zwischen ihm und dem Leasingnehmer ausgehandelten Kaufvertrag ausdrücklich festzuschreiben, dass dieser Vertrag Gültigkeit behalten soll, wenn die vom Leasingnehmer intendierte Leasingfinanzierung nicht zustande kommt, der Vertragseintritt des Leasinggebers in das Kaufvertragsverhältnis scheitert oder nachträglich wegfällt. Andernfalls kann der Leasingnehmer gegebenenfalls einwenden, dass der Kaufvertrag nur für den Fall abgeschlossen werden sollte, dass es auch zum Abschluss eines Leasingvertrages kommt.

Darüber hinaus ist es in der Leasingbranche nicht unüblich, dass der Leasinggeber seinen Eintritt in den Kaufvertrag für den Fall durch Ausübung eines entsprechend vereinbarten **Rücktrittsrechts** rückgängig macht, dass der Leasingnehmer das Leasingobjekt nicht abnimmt oder der Lieferant seiner Lieferverpflichtung nicht ordnungsgemäß nachkommt. Ein derartiges Vertragslösungsrecht ist aus der Sicht des Leasinggebers berechtigt und nach §§ 308 Nr 3, 307 BGB nicht zu beanstanden, wenn der Leasinggeber den Rücktrittsgrund nennt und es für diesen Grund eine sachliche Rechtfertigung gibt. Letztere liegt jedoch in der für den Leasingnehmer bestehenden Gefahr begründet, vom Lieferanten auf Zahlung des Kaufpreises in Anspruch genommen zu werden, ohne dass der Leasingnehmer Leasingraten zahlt, und damit in eine Auseinandersetzung mit dem Leasingnehmer darüber gezogen zu werden, ob das von diesem für seine Zwecke ausgesuchte Leasingobjekt tauglich ist oder nicht und ob der Lieferant seine vertraglichen Verpflichtungen erfüllt hat oder nicht. Da der Leasinggeber jedoch, wie bereits in → Anm. 5 ausgeführt, weder einen Einfluss auf die Auswahl des Leasingobjektes noch auf die Auswahl des Lieferanten hat und regelmäßig das Leasingobjekt niemals zu

Gesicht bekommt, hat er ein Interesse daran, sich vor einer Auseinandersetzung mit dem Leasingnehmer über die Tauglichkeit des Leasingobjektes und die ordnungsgemäße Vertragserfüllung des Lieferanten zu schützen.

Da es der Lieferant hingegen ohne weiteres in der Hand hat, durch eine entsprechende Ausgestaltung seines Kaufvertragsverhältnisses zum Käufer/Leasingnehmer auf diesen zurückzugreifen und diesen unmittelbar auf Abnahme und Zahlung in Anspruch zu nehmen, wird er durch eine derartige Klausel nicht unangemessen benachteiligt. Der Lieferant steht infolge des Rücktritts des Leasinggebers nicht schlechter als er bei jeder anderen durch seinen Käufer gewählten Art der Finanzierung stünde.

b) Der Lieferant ist in Bezug auf die vom Leasinggeber gegenüber dem Leasingnehmer übernommene Verpflichtung zur Lieferung des Leasingobjektes **Erfüllungsgehilfe des Leasinggebers,** da er auf dessen Geheiß das Leasingobjekt unmittelbar an den Leasingnehmer ausliefert (BGH NJW 1988, 198; Beckmann/Scharff, § 10 Rn. 14). Hat sich der Leasinggeber darüber hinaus des Lieferanten **mit Wissen und Wollen** zur Vorbereitung des Leasingvertrages bedient, so hat er für die von diesem hierbei schuldhaft gegenüber dem Leasingnehmer begangenen Pflichtverletzungen einzustehen (BGH WM 1985, 906, 909; WM 1988, 84).

In konsequenter Fortführung dieser Rechtsprechung rechnet der BGH dem Leasinggeber eine arglistige Täuschung des Lieferanten gegenüber dem Leasingnehmer dann zu, wenn der Lieferant nach den zuvor beschriebenen Kriterien als Erfüllungsgehilfe des Leasinggebers aufgetreten ist. Der Lieferant ist dann nicht Dritter im Sinne des § 123 Abs 2 BGB (BGH NJW 1989, 287).

Was die gegenüber dem Lieferanten bestehende Verpflichtung zur Abnahme des Leasingobjektes angeht, sieht der BGH den Leasingnehmer insoweit als Erfüllungsgehilfen des Leasinggebers an (BGH WM 1990, 510, 513). Eine Verletzung von Rügeobliegenheiten etc durch den Leasingnehmer muss sich der Leasinggeber dementsprechend zurechnen lassen.

Im Zusammenhang mit der Abgabe einer unzutreffenden Übernahmebestätigung hat der BGH NJW 2005, 365 ff. festgestellt, dass allein den Leasingnehmer die vertragliche Nebenpflicht treffe, die Vollständigkeit und, soweit ihm dies möglich sei, die Mängelfreiheit des Leasingobjektes zu überprüfen und dieses Ergebnis dem Leasinggeber zu bestätigen. Demzufolge könne die Mitwirkung eines Lieferanten bei der Abgabe einer unrichtigen Übernahmebestätigung dem Leasinggeber nicht gemäß § 278 BGB zugerechnet werden (BGH NJW 2005, 366). An seiner Senatsentscheidung vom 1.7.1987, NJW 1988, 204 hält der Senat ausdrücklich nicht fest. Diese Entscheidung trägt dem wirtschaftlichen Hintergrund des Leasinggeschäfts und den von den Parteien des Leasingvertrages hiermit verbundenen Intentionen Rechnung.

c) Ein besonderes Problem stellen die zunehmend in der Praxis zwischen Lieferanten und Leasingnehmer getroffenen sogenannten „atypischen Sondervereinbarungen" dar. Dies sind Vereinbarungen und Zusagen des Lieferanten an den Leasingnehmer, die offensichtlich und für den Leasingnehmer ersichtlich außerhalb des übertragenen Pflichtenkreises und nicht im Interesse des Leasinggebers, sondern gerade gegen die Interessen des Leasinggebers abgegeben werden. Derartige Zusagen werden nur gelegentlich der Vereinbarung über den Abschluss des Leasingvertrages vom Lieferanten als insoweit erkennbar seine Kompetenzen überschreitenden Verhandlungsgehilfen abgegeben. Aus einer solchen eigenständigen atypischen Sondervereinbarung zwischen Leasingnehmer und Lieferant wird der Leasinggeber nicht gebunden. Beispiele hierfür sind die atypischen Zusagen vom Lieferanten, den Leasingnehmer bei zukünftigen Aufträgen zu bedenken oder ihm ein Honorar für Beratungstätigkeit in Höhe der Leasingraten zu zahlen, sowie die Zusage des Lieferanten, den Leasingnehmer im Gegenzug für eine Überlassung des Leasingobjektes zu Vorführzwecken von seiner Leasingratenzahlungsverpflichtung ganz oder teilweise freizustellen, vgl OLG München DB 2002, 2374. Hatte der Leasinggeber allerdings von den seitens des Lieferanten mit dem Leasingnehmer getroffenen atypischen

Nebenabreden Kenntnis und stellen diese eine wirtschaftliche Einheit mit dem Leasingvertrag dar, so steht dem Leasingnehmer trotz entgegenstehender Regelung in den Leasingbedingungen gegenüber dem Leasinggeber gegebenenfalls ein Leistungsverweigerungsrecht zu, vgl BGH NJW 2009, 3925 mAnm. *Weber*. Eine sehr ausführliche Darstellung dieses Problemkreises findet sich bei *Beckmann/Scharff*, § 11 Rn. 8 ff.

7. Gegen die Vereinbarung einer vierwöchigen **Bindungsfrist des Leasingnehmers an sein Angebot** bestehen aus Sicht des § 307 II Nr 1 BGB keine Bedenken (vgl. Beckmann/Scharff, § 25, Rn. 15). Dies gilt auch für den hier vorliegenden Fall, dass die Frist erst mit der Einreichung aller für die Beurteilung des Vertragsangebotes des Leasingnehmers erforderlichen Unterlagen beginnt. Eine Verlängerung der Bindungsfrist wird hierdurch allerdings nur dann erreicht, wenn die Nichtvorlage der erforderlichen Unterlagen vom Leasingnehmer zu vertreten ist (*Graf von Westphalen/Assies* D 34; MVertrHdB Bd 2/*Stolterfoht* Form. VI.1 Anm. 22).

8. Da der Leasinggeber im Zeitpunkt der Annahme des Leasingvertrages regelmäßig noch nicht weiß, ob der Lieferant das von ihm unterbreitete Angebot zum Eintritt in den idR zwischen Lieferant und Leasingnehmer bereits abgeschlossenen Kaufvertrag annimmt, muss er sich vom Leasingvertrag gegebenenfalls wieder lösen können. Hierfür kommen entweder die im Formular vorgesehene Vereinbarung eines **Kündigungsrechtes** des Leasinggebers oder alternativ der Abschluss des Leasingvertrages unter der aufschiebenden Bedingung des Zustandekommens oder der auflösenden Bedingung des Nichtzustandekommens eines Kaufvertrages mit dem Lieferanten in Betracht.

9. Wie bereits oben (→ Anm. 6 b) ausgeführt, ist der Leasingnehmer bezüglich der Verpflichtung des Leasinggebers zur Abnahme des Leasingobjektes dessen Erfüllungsgehilfe (BGH WM 1990, 510, 513). Da der Leasinggeber Besitz an dem Leasingobjekt bei ordnungsgemäßer Durchführung des Leasingvertrages – wenn überhaupt – erst nach Ablauf der Leasingdauer erhält, hat er selbst keine Möglichkeit, dieses auf seine Übereinstimmung mit dem Kaufobjekt und seine Tauglichkeit zu dem vertraglich vorausgesetzten Zweck hin zu überprüfen. Selbst wenn er jedoch unmittelbaren Besitz an dem Leasingobjekt erhielte, so wäre er gleichwohl regelmäßig praktisch und technisch nicht in der Lage, die Tauglichkeit des vom Leasingnehmer für seine betrieblichen Zwecke ausgesuchten Leasingobjektes zu beurteilen, da er den vom Leasingnehmer vorausgesetzten vertraglichen Zweck nicht oder nur ungenau kennt und ihm regelmäßig die technischen Kenntnisse fehlen, um die Ordnungsgemäßheit und Fehlerfreiheit der Lieferung zu überprüfen.

Von daher entspricht es einer praktischen Notwendigkeit und ist zumindest im kaufmännischen Bereich nicht zu beanstanden, wenn der Leasinggeber dem Leasingnehmer die Verpflichtung zur Untersuchung des Leasingobjektes und unverzüglichen Anzeige dabei festgestellter Mängel auferlegt. Da der kaufmännische Leasingnehmer insoweit nicht schlechter steht, als er ohne den Eintritt des Leasinggebers in das Kaufvertragsverhältnis mit dem Lieferanten stünde, begegnet die Überwälzung der **Untersuchungs- und Rügepflichten nach § 377 HGB** auf den Leasingnehmer keinen Bedenken.

9a. Bei Unterzeichnung einer unrichtigen Übernahmebestätigung macht sich der Leasingnehmer gegenüber dem Leasinggeber wegen Pflichtverletzung nach den §§ 311 Abs. 2, 280 Abs. 1, 241 Abs. 2 BGB **schadensersatzpflichtig,** wenn der Leasinggeber nach Eingang der unrichtigen Übernahmebestätigung den Kaufpreis an den Lieferanten ausgezahlt hat und wegen Insolvenz des Lieferanten ein Rückzahlungsanspruch gegen diesen nicht zu realisieren ist (BGH NJW 1988, 204; 2005, 365; 2010, 2503; NJW-RR 2010, 1436).

10. Bei der Abwicklung eines Leasinggeschäftes können bis zum Beginn der Laufzeit des Leasingvertrages zahlreiche Verzögerungen auftreten, sei es beim Zustandekommen des Kaufvertrages, sei es bei der Auslieferung des Leasingobjektes. Es liegt auf der Hand, dass Veränderungen des Zinsgefüges in dieser Zeit möglich sind.

Da es dem Leasinggeber entgegen der in der Literatur hierzu vertretenen Auffassung (*Graf von Westphalen* Rn 561; *Canaris* Rn 1770) nicht zuzumuten ist, für diesen durchaus längeren Zeitraum das Zinsänderungsrisiko alleine zu tragen, der Leasingnehmer jedoch regelmäßig nicht bereit sein wird, dem Leasinggeber die Übernahme des Zinsänderungsrisikos durch Zahlung einer Bereitstellungsgebühr zu entgelten, stellt die im Formular gefundene Lösung eine angemessene Verteilung der mit einer Veränderung der Zinssituation einhergehenden Risiken und Chancen dar (OLG Frankfurt NJW 1986, 1355). Allerdings muss der herangezogene Referenzzinssatz von einer unabhängigen Stelle ermittelt werden und in öffentlich zugänglichen Medien abgebildet sein. Dabei ist unter den Bezugsgrößen des Kapitalmarktes diejenige oder eine Kombination derjenigen auszuwählen, die dem konkreten Leasinggeschäft möglichst nahe kommt (vgl BGH NJW 2010, 1742).

11. Die **Anpassung der Leasingrate** an eine nach Abschluss des Leasingvertrages eingetretene **Erhöhung des Kaufpreises** für das Leasingobjekt begegnet ebenfalls keinen Bedenken. Der Leasingnehmer hat das Leasingobjekt ausgewählt. Preiserhöhungen sind von ihm zu verantworten. Denn: entweder hat sich auf Grund entsprechender Vereinbarungen des Leasingnehmers mit dem Lieferanten der Bestellumfang erhöht oder der Lieferant war auf Grund der mit dem Leasingnehmer als ursprünglichem Käufer ausgehandelten Bedingungen berechtigt, den Anschaffungspreis des Leasingobjektes zu erhöhen. In beiden Fällen ist die Erhöhung des Anschaffungspreises auf das Handeln des Leasingnehmers zurückzuführen. Es ist daher selbstverständlich, dass sich die vom Leasingnehmer zur Erreichung der Vollamortisation beim Leasinggeber zu erbringenden Leistungen in entsprechendem Maße verändern. Bei einer Verringerung der Anschaffungskosten kommt dies dem Leasingnehmer durch eine Herabsetzung der von ihm zu erbringenden Leistungen zugute.

12. Das **Produkthaftungsgesetz** gilt gem § 4 Abs 2 für jeden, der ein Produkt zum Zwecke des Verkaufs, der Vermietung, des Mietkaufs oder einer anderen Form. des Vertriebs in den Geltungsbereich des Vertrages zur Gründung der Europäischen Wirtschaftsgemeinschaft einführt. Es ist damit auch auf einen Leasinggeber, der im Rahmen seiner geschäftlichen Tätigkeit ein Produkt aus einem Nicht-EU-Land in den EU-Bereich einführt, um es dem Leasingnehmer zur Nutzung zu überlassen, anwendbar.

Für Personen- und Sachschäden haftet der Leasinggeber in diesem Fall nach § 1 Abs 1 ProdhaftG verschuldensunabhängig; eine Haftung für Sachschäden kommt allerdings nach § 1 Abs 1 Satz 2 ProdhaftG nur in Betracht, wenn eine andere Sache als die Leasingsache durch das fehlerhafte Produkt beschädigt worden ist und die beschädigte Sache ihrer Art nach gewöhnlich für den privaten Ge- oder Verbrauch bestimmt und hierzu von dem Geschädigten hauptsächlich verwendet worden ist.

Die Produkthaftung des Leasinggebers ist nach § 14 ProdhaftG nicht im Voraus abdingbar. Entgegenstehende Vereinbarungen sind nichtig. Dementsprechend beschränkt sich die Freistellungsklausel in § 4 Abs 1 des Formulars auf die Freistellung von den durch die Einfuhr des Leasingobjektes verursachten Kosten.

Denkbar wäre lediglich eine ausdrückliche Haftungsfreistellung des Leasinggebers durch den Hersteller des Produktes für die Fälle, in denen der Leasinggeber aus dem Produkthaftungsgesetz als Haftungsadressat in Anspruch genommen wird. Aus Gründen der Praktikabilität wird eine derartige Vereinbarung mit einem Hersteller lediglich in Ausnahmefällen denkbar sein. Sie unterläge jedoch keinen durchgreifenden Bedenken, weil hierdurch die Verantwortlichkeit lediglich auf den eigentlich Ersatzpflichtigen zurückverlagert wird (*Graf von Westphalen,* 5. Aufl, Rn 802). Zudem kann die Haftung des Leasinggebers durch eine Sale-and-Lease-back-Konstruktion vermieden werden. In diesem Fall wäre der Leasingnehmer als Quasi-Hersteller anzusehen, der zudem für seinen gewerblichen Eigenbedarf importiert, welcher von der Haftung des Quasi-Herstellers ausgenommen ist (vgl hierzu *Graf von Westphalen/Hansen,* N 112 ff).

13. Die in dieser Klausel liegende **Überwälzung der mit der Beschaffung des Leasingobjektes zusammenhängenden Kosten auf den Leasingnehmer** begegnet keinen Bedenken. Der Erwerb des Leasingobjektes durch den Leasinggeber erfolgt im überwiegenden Interesse des Leasingnehmers, der die Einzelheiten des Kaufvertrages ausgehandelt hat und hierbei Gelegenheit hatte, diese Kosten auf den Lieferanten abzuwälzen. Hat er dies nicht getan, kann er nicht erwarten, dass der Leasinggeber diese Kosten übernimmt (auch MVertrHdB Bd 2/*Stolterfoht* Form. VI.1 Anm. 36).

14. Da sich das Leasingobjekt ausschließlich in der Einflusssphäre des Leasingnehmers befindet, der die alleinige Sachherrschaft über das Leasingobjekt ausübt, bestehen gegen eine Zuweisung der sich hieraus ergebenden eventuellen Haftungsrisiken zum Leasingnehmer keine Bedenken. Die praktische Bedeutung dieser Formularklausel ist allerdings gering.

15. Die Übertragung der **Instandhaltungsverpflichtung** auf den Leasingnehmer ist, obwohl sie von der gesetzlichen Regelung des § 536 BGB abweicht, unbedenklich, da der Leasinggeber andernfalls die Instandhaltungsaufwendungen zum Gegenstand seiner Kalkulation machen müsste, was zur Folge hätte, dass der Leasingnehmer die Kosten der Instandhaltung dann über die von ihm zu zahlenden Leasingraten zu tragen hätte. Dieses von der Rechtsprechung für den Bereich der Wohnraummiete akzeptierte Kostenargument (BGHZ 92, 363, 370) muss um so mehr für das Finanzierungs-Leasing gelten, bei dem der Leasinggeber dem Leasingnehmer die Instandhaltungspflicht für das von diesem ausschließlich für seine Zwecke genutzte Leasingobjekt auferlegt.

16. Die **Überwälzung der Sach- und Preisgefahr** auf den Leasingnehmer gehört nach der ständigen Rechtsprechung des BGH zum typischen Inhalt eines Leasingvertrages und wird deshalb von ihm grundsätzlich als angemessen gebilligt (BGH WM 1987, 38 mwN; BGH NJW 2004, 1041; hL Palandt/*Weidenkaff* BGB vor § 535 Rn 59; MVertrHdB Bd 2/*Stolterfoht* Form. VI.1 Anm. 15). Der Leasinggeber ist jedoch grundsätzlich verpflichtet, erhaltene Versicherungsleistungen für die Reparatur oder die Wiederbeschaffung des Leasinggegenstandes zu verwenden oder bei Beendigung und Abwicklung des Leasingverhältnisses auf mögliche Schadensersatz- oder Ausgleichsforderungen anzurechnen (BGH WM 1992, 232, 235, vgl. auch Beckmann/Scharff, § 4, Rn. 5 ff).

Nur wenn die Klauselgestaltung dies berücksichtigt, ist die Überwälzung der Sach- und Preisgefahr auf den Leasingnehmer wirksam (BGH WM 1985, 602; WM 1987, 1338, 1340). Das bedeutet, dass eine Entschädigungsleistung im Teilschadensfall für die Wiederherstellung des beschädigten Leasingobjektes zu verwenden ist, im Totalschadensfall ist sie auf die vom Leasingnehmer bis zum Erreichen der Vollamortisation beim Leasinggeber geschuldeten Beträge anzurechnen (*Graf von Westphalen/Artz* J IV 14 und *Graf von Westphalen/Zahn O 141 ff.*).

Bei der vorzeitigen Beendigung eines Leasingvertrages mit Andienungsrecht und ohne Mehrerlösbeteiligung steht eine wegen der Beschädigung, des Untergangs, der Verlusts oder des Diebstahls des Leasingobjekts gezahlte Versicherungsentschädigung auch insoweit dem Leasinggeber zu, als sie seinen zum Zeitpunkt der vorzeitigen Beendigung des Leasingvertrages noch nicht amortisierten Gesamtaufwand einschließlich des kalkulierten Gewinns übersteigt, vgl BGH NJW 2008, 989 m Anm. *Weber.* Dies muss in entsprechender Weise auch für den Vollamortisations- Leasingvertrag gelten.

17. Die abgedruckte Klausel räumt dem Leasingnehmer das weitgehende Recht ein, im Schadensfall das Leasingobjekt instand zu setzen, es durch ein gleichartiges und gleichwertiges Objekt zu ersetzen oder den Leasingvertrag vorzeitig zu kündigen. Diese Alternativen kommen den Interessen des Leasingnehmers entgegen. Die Entscheidung des Leasingnehmers über eine Instandsetzung, Ersetzung oder Kündigung ist fristgebunden, da der Leasinggeber ein Interesse an einer zügigen Erklärung des Leasingnehmers über die Fortführung oder vorzeitige Beendigung des Leasingvertrages hat. Entscheidet sich der Leasingnehmer nicht innerhalb angemessener Frist, muss der Leasinggeber seinerseits das Recht haben, den Leasingvertrag vorzeitig zu kündigen, um den „Schwebezustand" zu beenden.

Die gesamte Konstruktion begegnet keinen durchgreifenden Bedenken, da sie die Interessen des Leasingnehmers berücksichtigt und ihm die Möglichkeit gibt, seine ursprüngliche Investitionsentscheidung unter Berücksichtigung des zwischenzeitlich eingetretenen Schadensereignisses zu überdenken.

Der Leasingnehmer schuldet dem Leasinggeber selbstverständlich auch dann, wenn der Leasingvertrag durch eine vorzeitige Kündigung beendet wird, einen auf Vollamortisation des dem Leasinggeber entstandenen Aufwands gerichteten Ausgleich (BGH WM 1987, 38, 39).

18. Die dem Leasingnehmer auferlegte **Verpflichtung, das Leasingobjekt** auf eigene Kosten während der Leasingdauer **zu versichern,** ist leasingtypisch und nicht zu beanstanden (MVertrHdb Bd 2/*Stolterfoht* Form. VI.1 Anm. 52). Die Art und der Umfang der abzuschließenden Versicherung richten sich entscheidend nach den vom Leasingobjekt ausgehenden Risiken sowie den Risiken, denen das Leasingobjekt seinerseits ausgesetzt ist. Üblich ist der Einschluss in die Betriebshaftpflichtversicherung des Leasingnehmers, bei EDV-Anlagen der Abschluss einer Elektronikversicherung, bei Kraftfahrzeugen der einer Haftpflicht- und Vollkaskoversicherung. Es entspricht ferner üblicher Vertragsgestaltung, den Leasingnehmer zur Aushändigung eines von ihm unterzeichneten Antrages auf Abgabe eines Sicherungsscheins/einer Sicherungsbestätigung seiner Versicherung an den Leasinggeber zu verpflichten sowie die Ansprüche aus dem Versicherungsvertrag auf den Leasinggeber zu übertragen.

Hierdurch wird sichergestellt, dass eine Versicherungsleistung an den Leasinggeber fließt und der Leasinggeber bei einer möglicherweise gleichzeitig eintretenden Insolvenz des Leasingnehmers nicht auf Grund des Versicherungsfalles sowohl das Leasingobjekt als auch die Versicherungsleistung einbüßt.

19. Dass der Leasinggeber verpflichtet ist, die Versicherungsleistung je nach Wahl des Leasingnehmers zur Instandsetzung/Ersetzung des Leasingobjektes einzusetzen oder auf dessen Vollamortisationsverpflichtung anzurechnen, ist bereits oben (→ Anm. 16) festgestellt worden. Dem trägt das Formular in § 7 Abs 4 und 5 Rechnung.

20. Da die Versicherung bei wirtschaftlicher Betrachtungsweise auch das Interesse des Leasingnehmers am Erhalt des Leasingobjektes und an der Verringerung seines Gegenleistungsrisikos versichert, der Leasingnehmer zudem nach § 45 Abs 1 VVG über die Rechte aus dem Versicherungsvertrag im eigenen Namen verfügen kann, ist es unbedenklich, ihm die Verpflichtung zur **Geltendmachung** und Durchsetzung **der Versicherungsansprüche** aufzuerlegen. Hierzu ist er in der Regel auch eher in der Lage, weil das schädigende Ereignis in engem Zusammenhang mit der Nutzung des Leasingobjektes durch ihn steht und er daher den Sachverhalt, der zum schädigenden Ereignis geführt hat, häufig aus eigener Wahrnehmung kennt, ihn zumindest jedoch mit geringerem Aufwand als der Leasinggeber aufklären kann.

21. Es entspricht üblicher Vertragsgestaltung bei Leasingverträgen, dass der Leasinggeber **mietrechtliche Erfüllungsansprüche** des Leasingnehmers ausschließt und den Leasingnehmer statt dessen regelmäßig im Rahmen der hier gewählten Abtretungskonstruktion auf die **kaufvertraglichen Erfüllungsansprüche** gegen den Lieferanten verweist (siehe hierzu → Anm. 23).

22. Seit BGHZ 96, 103 steht fest, dass dem Leasinggeber gegen den Leasingnehmer kein **Anspruch auf Erstattung derjenigen Aufwendungen** zusteht, die der Leasinggeber im Vertrauen auf den Bestand des Leasingvertrages im Zusammenhang mit der Anschaffung des Leasingobjektes hatte. Ob und inwieweit dies auch dann gilt, wenn der Lieferant auf Grund eingetretener Insolvenz zur Rückzahlung der vom Leasinggeber erhaltenen Anzahlungsbeträge nicht mehr in der Lage ist, soll an anderer Stelle im Zusammenhang mit der bei der Gewährleistung auftretenden identischen Problematik, dass Gewährleistungsansprüche wegen der Insolvenz des Lieferanten nicht mehr durchsetzbar sind, untersucht werden (→ Anm. 25).

23. Die **Freizeichnung des Leasinggebers von seiner mietvertraglichen Gewährleistungsverpflichtung** durch die hier gewählte Abtretungskonstruktion ist leasingtypisch und nicht zu beanstanden (BGHZ 114, 57, 61 mwN). Dies hat sich auch nicht etwa deswegen geändert, weil es sich bei den nunmehr gegebenen Rechtsfolgen eines Mangels (Rücktritt statt Wandelung) um ein Gestaltungsrecht handelt und für solche nicht abschließend geklärt ist, ob sie abtretbar sind. Zum Meinungsstand siehe den Überblick in der Entscheidung des BGH NJW 1985, 2640, 2641, in der der BGH jedenfalls die Abtretung bei gleichzeitiger Übertragung von Forderung **und** Rücktrittsrecht für wirksam hält.

Da der Leasinggeber hier die volle käuferähnliche Rechtsstellung auf den Leasingnehmer übertragen will, dürfte die Rechtsprechung – wie schon bisher bei der Wandlung – gegen die Übertragung der Mängelrechte einschließlich des Rücktrittsrechts auf den Leasingnehmer keine Bedenken haben. Gegebenenfalls bliebe dem Leasinggeber zudem noch der Ausweg über eine dem Leasingnehmer zu erteilende Ermächtigung, die Mängelrechte im eigenen Namen geltend zu machen (sogenannte Ermächtigungskonstruktion). Diese wird seitens der Rechtsprechung des BGH ebenfalls gebilligt (vgl BGH NJW 1988, 2465, 2467).

Konsequenz der Abtretungskonstruktion ist, dass der Leasinggeber, der sich von der eigenen Gewährleistungspflicht umfassend freizeichnet und dem Leasingnehmer als Ausgleich dafür die ihm als Käufer aus dem zugrundeliegenden Kaufvertrag zustehenden Mängelansprüche abtritt, damit zugleich erklärt, die rechtlichen Folgen, die sich aus der Geltendmachung der Mängelansprüche durch den Leasingnehmer ergeben, als für sich verbindlich hinnehmen zu wollen (BGH WM 1981, 1219, 1221).

Dies gilt nicht nur für ein auf Grund streitiger Verhandlung ergangenes kontradiktorisches Urteil, sondern ebenso für ein Versäumnisurteil (BGHZ 114, 57, 62) sowie für einen zwischen Leasingnehmer und Lieferant geschlossenen Vergleich (BGH WM 1985, 573 f). Dem Leasingnehmer stehen auf Grund der Abtretung (bzw Ermächtigung) folgende Mängelansprüche zur Verfügung:

- Nach §§ 434, 437, 439 BGB kann er Nacherfüllung, das ist die Beseitigung des Mangels (Nachbesserung) oder die Lieferung einer mangelfreien Sache (Nachlieferung) verlangen;
- nach §§ 434, 437 Nr 2, 441 BGB kann er Minderung verlangen;
- nach §§ 434, 437 Nr 2, 440, 323 Abs 1, 346 BGB kann er von dem Vertrag zurücktreten;
- nach §§ 434, 437 Nr 3, 440, 280, 281 BGB kann er Schadensersatz und nach § 284 BGB Ersatz vergeblicher Aufwendungen verlangen.

23a. Unterliegt der Leasingnehmer rechtskräftig im Gewährleistungsrechtsstreit mit dem Lieferanten und steht damit fest, dass ein den Leasingnehmer zum Rücktritt vom Kaufvertrag berechtigender Mangel des Leasingobjektes nicht vorgelegen und er mithin die Zahlung von Leasingraten zu Unrecht vorläufig eingestellt hat, so schuldet er dem Leasinggeber neben der Zahlung der Leasingraten für den betreffenden Zeitraum auch die Zahlung von Verzugszinsen auf diese einbehaltenen Leasingraten.

Nichts anderes ergibt sich aus der Entscheidung des BGH NJW 2014, 1583. Dieser stellt darin für den Fall, dass *„sich der Leasingnehmer gegenüber dem Lieferanten mit einem Rücktritt vom Kaufvertrag durchsetzt“*, fest, dass *„der Leasingnehmer **in solch***

einem Fall *von dem Zeitpunkt an, in dem er berechtigterweise den . . . . . Rücktritt vom Kaufvertrag erklärt hat, rückwirkend von seiner Verpflichtung zur Zahlung der Leasingraten gegenüber dem Leasinggeber frei wird und auch nicht mehr mit seiner Verpflichtung zur Zahlung von Leasingraten in Verzug geraten kann" (BGH NJW 2014, 1583 Rn. 15).*

Daraus ergibt sich aber:

Setzt sich der Leasingnehmer gegenüber dem Lieferanten mit einem Rücktritt vom Kaufvertrag nicht durch, gerät er mit seiner Verpflichtung zur Zahlung von Leasingraten in Verzug. Dies bestätigt der BGH, wenn er mit Urteil vom 16.9.2015, VIII ZR 119/14 feststellt:

„Erweist sich der Rücktritt des Leasingnehmers als unberechtigt, steht fest, dass der Anspruch des Leasinggebers auf Zahlung von Leasingraten insgesamt begründet und nicht etwa zeitweilig und damit die Verzugsfolgen ausschließend unbegründet war".

24. Wählt der Leasingnehmer die Nachlieferung, so kann der Verkäufer nach § 439 Abs 4 BGB die Rückgewähr der mangelhaften Sache, also des ursprünglich gelieferten Leasingobjektes, nach Maßgabe der §§ 346 bis 348 BGB verlangen. Daneben muss der Käufer, dem der Verkäufer eine neue Sache zu liefern und der die zunächst gelieferte fehlerhafte Sache zurückzugeben hat, gemäß §§ 439 Abs 4, 346 Abs 1 auch die Nutzung, also gemäß § 100 auch die Gebrauchsvorteile, herausgeben (*Schmidt-Räntsch,* Das neue Schuldrecht, Rn 866; Palandt/*Weidenkaff,* BGB § 439 Rn 25). Im typischen Leasingdreieck tritt nunmehr die Frage auf, ob der Leasinggeber oder der Leasingnehmer dem Verkäufer die gezogenen Nutzungen zu erstatten hat. Wäre es der Leasinggeber in seiner Eigenschaft als Käufer, dann würde er nie die volle Amortisation des mit dem Leasingnehmer abgeschlossenen Leasingvertrages erreichen. Er würde nämlich die bis zur erfolgten Nachlieferung vom Leasingnehmer erhaltenen Leasingraten – abhängig von der tatsächlich erfolgten Nutzung – als Nutzungsentschädigung an den Verkäufer weiterleiten müssen. Die in der Restlaufzeit des Leasingvertrages noch zu vereinnahmenden Leasingraten würden zur vollen Amortisation des Vertrages nicht ausreichen. Es liegt daher aus Sicht des Leasinggebers nahe, die Verpflichtung zur Zahlung der Nutzungsentschädigung an den Verkäufer auf den Leasingnehmer zu übertragen. Dieser wäre dann allerdings verpflichtet, gerade für den Zeitraum der Überlassung eines in seiner Gebrauchstauglichkeit eingeschränkten Leasingobjektes neben der zu entrichtenden Leasingrate zusätzlich eine Nutzungsentschädigung für den Gebrauch des betreffenden Kaufobjektes leisten zu müssen. Diese „Doppelbelastung" erscheint auf den ersten Blick unbillig. Stellt man allerdings die Kontrollfrage danach, wie der Leasingnehmer stehen würde, wenn er selbst als Käufer des Leasingobjektes gestanden hätte, so erscheint die Doppelbelastung schon weniger schwerwiegend. Als Käufer hätte er nämlich den Kaufpreis in voller Höhe und nicht nur in Höhe der auf den Nutzungszeitraum entfallenden Leasingraten geleistet und müsste ebenfalls zudem die gezogenen Gebrauchsvorteile durch Leistung einer Nutzungsentschädigung an den Verkäufer ersetzen. Auch als Käufer wäre er mithin mehrfach belastet.

Hätte er gekauft, wäre diese Mehrfachbelastung allerdings durch Lieferung einer neuen Sache ausgeglichen worden. Der auf den Zeitpunkt der Beendigung des Leasingvertrages entfallende „Mehr"-Wert des Objektes verbliebe in diesem Fall beim Leasingnehmer als Käufer. Eine sachgerechte und die Interessen des Leasingnehmers ausreichend berücksichtigende Lösung muss deshalb darauf achten, dass dem Leasingnehmer als Ausgleich für die ihm auferlegte Verpflichtung zur Entrichtung der Nutzungsentschädigung an den Verkäufer der „Mehr"-Wert des nachgelieferten Leasingobjektes zugute kommt. Dies kann durch die vorliegende Klauselgestaltung auf zwei alternativen Wegen, zwischen denen der Leasingnehmer wählen darf, sichergestellt werden. Entweder wird ihm der nach Beendigung des Leasingvertrages bei der Verwertung des Leasingobjektes sich eventuell ergebende finanzielle Vorteil in Form. eines eventuelles Mehrerlöses in voller Höhe gutgebracht, maximal jedoch bis zur Höhe der vom Leasingnehmer gezahlten Nutzungsentschädigung, oder, wenn der Leasingnehmer dies wünscht, wird die Laufzeit des Leasingvertrages entsprechend um den Zeitraum verlängert, für den der Leasingnehmer für das nicht gebrauchstaugliche Objekt tatsächlich Leasingraten in voller Höhe gezahlt hat. Die Verlängerung des Leasinglaufzeit ist dabei für den Leasingnehmer kostenlos.

Da der Leasingnehmer bei dieser Lösung letztlich so gestellt wird, wie er als Käufer des Leasingobjektes gestanden haben würde, ihm mithin die käuferähnliche Position eingeräumt wird, sprechen gute Gründe für die Annahme, dass die Rechtsprechung eine solche Lösung als gerecht ansehen und nicht beanstanden wird (vgl auch *Wolf/Eckert/Ball*, Handbuch des gewerblichen Miet-, Pacht- und Leasingrechts, 10. Aufl 2010, Rn 1883).

Dieses Problem ist für den Verbrauchsgüterkauf aufgrund der Entscheidung des EuGH NJW 2008, 1433 wegen Unvereinbarkeit mit der Verbrauchsgüterkaufrichtlinie und der daraufhin vom deutschen Gesetzgeber in § 474 Abs 2 Satz 1 BGB aufgenommenen Regelung entfallen, vgl Palandt/*Weidenkaff* BGB § 439 Rn 25.

Schon nach ständiger Rechtsprechung zum früheren Schuldrecht war der Leasingnehmer berechtigt, seine Ratenzahlungen im Falle der Wandlung des Leasingobjektes erst zu dem Zeitpunkt einzustellen, zu dem er den Lieferanten im Klagewege auf Rückzahlung des Kaufpreises in Anspruch genommen hatte, vgl BGHZ 97, 135. Diese Rechtsprechung hat der BGH jetzt für den vom Leasingnehmer im Gewährleistungsfall erklärten Rücktritt vom Kaufvertrag bestätigt, vgl BGH NJW 2010, 2798.

In der Literatur (*Graf von Westphalen*, 5. Aufl, Rn 474 ff) wird die Auffassung vertreten, der Leasinggeber könne sich von seiner mietvertraglichen Gewährleistungsverpflichtung im Rahmen der Abtretungskonstruktion nur dann wirksam freizeichnen, wenn auch die **Lieferanten-AGB mit § 307 Abs 2 Nr 1 BGB vereinbar** seien. Zur Begründung wird ausgeführt, dass der Leasinggeber ohne weiteres die Gewährleistungsbestimmungen in den Lieferanten-AGB kontrollieren könne, weil er häufig mit dem Lieferanten mehr oder weniger eng zusammenarbeite, zumindest aber mit diesem einen Kaufvertrag abschließe. Ferner bediene sich der Leasinggeber im Rahmen der leasingtypischen Abtretungskonstruktion eben der Rechte, die ihm der Lieferant des Leasingobjektes einräume, er sei somit im Hinblick auf Inhalt und Wirksamkeit dieser Rechte selbst deren AGB-Verwender.

Dem ist entgegenzuhalten, dass der Leasinggeber auch unter größten Anstrengungen praktisch nicht in der Lage ist, die Lieferanten-AGB auf ihre Wirksamkeit hin zu untersuchen.

Hierzu muss man sich zudem vor Augen führen, dass Leasing ein Massengeschäft ist. Große Leasinggesellschaften schließen pro Jahr zehntausende von Leasingverträgen ab. Bei der ganz überwiegenden Anzahl dieser Geschäfte bekommt der Leasinggeber die Lieferanten-AGB nicht zu Gesicht. Selbst wenn er sie erhielte, so könnte er diese allenfalls unter einem wirtschaftlich durch nichts zu rechtfertigenden Personalaufwand prüfen. Hinzu käme: von wem sollen denn die möglicherweise erforderlichen erneuten Vertragsverhandlungen mit dem Lieferanten mit dem Ziel der Korrektur unwirksamer AGB-Bestimmungen geführt werden? Der Leasingnehmer wird hierzu kaum bereit sein, dem Leasinggeber wäre dies wiederum nur mit erheblichstem Personalaufwand möglich.

Die bei Richtigkeit dieser Auffassung verursachten Personalkosten müssten zwangsläufig in die Kalkulation des Leasinggebers einfließen. Der Leasingnehmer wird jedoch kaum bereit sein, eine entsprechende Verteuerung des Leasing hinzunehmen, nur um zu einer letztlich für ihn – den Leasingnehmer – nachteiligen Anpassung der Lieferanten-AGB an § 307 BGB zu kommen. Denn: Sind die Lieferanten-AGB in Bezug auf die abgetretenen Gewährleistungsrechte unwirksam, so greift die gesetzliche Regelung.

Diese ist jedoch für den Leasingnehmer in aller Regel günstiger als jede noch so ausgewogene Klausel in den AGB des Lieferanten.

Diese Literaturmeinung übersieht zudem, dass der Leasinggeber dem Leasingnehmer im Wege der Abtretungskonstruktion die Ansprüche überträgt, die ihm gegen den

Lieferanten zustehen. Diese Abtretung beschränkt sich doch nicht auf die in den AGB des Lieferanten geregelten Ansprüche, sondern umfasst selbstverständlich auch sämtliche gesetzlichen Ansprüche, auch und gerade dann, wenn die AGB des Lieferanten einer Überprüfung nach § 307 Abs 2 Nr 1 BGB nicht standhalten.

Mithin stellt die Abtretung der Ansprüche gegen den Lieferanten keine Beschränkung der Rechte des Leasingnehmers, sondern gerade wegen § 306 Abs 2 BGB eine Erweiterung der Rechte des Leasingnehmers dar.

Entscheidend ist jedoch letztlich, dass der Leasinggeber dem Leasingnehmer im Rahmen der Abtretungskonstruktion exakt diejenigen Rechte und Ansprüche zur Verfügung stellt, die der Leasingnehmer als Besteller/Käufer selbst und eigenverantwortlich mit dem Lieferanten ausgehandelt hat. Auch aus diesem Grunde ist es wenig verständlich, warum dem Leasingnehmer, dem im Rahmen der Abtretungskonstruktion bei unangemessenen Lieferanten-AGB die gesetzlichen Vorschriften zu Hilfe kommen, darüber hinaus das Privileg einer mietrechtlichen Eigenhaftung des Leasinggebers zukommen soll.

24a. Der Leasingnehmer ist im Rahmen der Rückabwicklung des Liefervertrages verpflichtet, auf die berechtigten Interessen des Leasinggebers Rücksicht zu nehmen (vgl. Graf von Westphalen, I 178, 179).

Sicherzustellen ist also, dass das Leasinggut vom Leasingnehmer nicht an den Lieferanten zurückgegeben wird, bevor nicht gewährleistet ist, dass dieser den Kaufpreis an den Leasinggeber erstattet.

Verletzt der Leasingnehmer diese aus § 241 Abs. 2 BGB abzuleitende Fürsorgepflicht, dann macht er sich gemäß § 280 Abs. 1 BGB schadensersatzpflichtig, sofern der Leasinggeber dann nicht in der Lage ist, den gezahlten Kaufpreis gegenüber dem Lieferanten zu realisieren (Graf von Westphalen, 5 Aufl, Rn 141 mwN).

25. Ob der Leasinggeber oder der Leasingnehmer das Risiko zu tragen hat, dass die dem Leasingnehmer im Rahmen der Abtretungskonstruktion vom Leasinggeber abgetretenen Gewährleistungsansprüche wegen der **Insolvenz des Lieferanten** nicht durchsetzbar sind, ist umstritten. Die Rechtsprechung (BGH ZIP 1984, 1101, 1105) hat, geleitet von der Befürchtung, dass anderenfalls die getroffene Gewährleistungsregelung leerlaufen und der Leasingnehmer im Ergebnis rechtlos gestellt werden würde, festgestellt, dass die Abtretung der kaufrechtlichen Gewährleistungsansprüche an den Leasingnehmer den Leasinggeber beim Finanzierungsleasing nicht von dem Risiko befreit, dass ein begründetes Wandlungsbegehren wegen Vermögenslosigkeit des Herstellers/Lieferanten des Leasingobjektes nicht realisierbar ist. Zur Begründung bezieht sich der BGH auf das eher formale Argument, die Rückabwicklung des Kaufvertrages sei Sache der daran beteiligten Vertragsparteien; scheitere die Realisierung der Wandlung an der Vermögenslosigkeit des Herstellers/Lieferanten, so müsste der Leasingnehmer im Verhältnis zum Leasinggeber so gestellt werden, wie er stünde, wenn die Wandlung des Kaufvertrages vollzogen worden wäre (BGH ZIP 1984, 1101, 1105; 1990, 175, 177).

Sodann hat BGHZ 114, 57, 68 festgestellt, das Risiko der Insolvenz des Lieferanten könne selbst im kaufmännischen Verkehr nicht durch Allgemeine Geschäftsbedingungen auf den Leasingnehmer abgewälzt werden.

Diese Risikozuweisung rechtfertigt sich nach *Graf von Westphalen,* 5. Aufl, Rn 764 ff. damit, dass in der Leasingbranche mehr oder weniger eng geflochtene Kooperationsabkommen zwischen Leasinggeber und Lieferanten gang und gäbe seien, sowie damit, dass die ursprünglich dem Leasingnehmer zuzurechnende Auswahl des Lieferanten durch den Abschluss des Leasingvertrages überlagert werde.

Demgegenüber stellt *Lieb* WM Sonderbeil 6/1992, 7, 13 nochmals die besondere Bedeutung des – der leasingvertraglich geregelten Gebrauchsüberlassungsphase vorausgehenden – Beschaffungsvorgangs für die Bewertung und Verteilung der in der Gebrauchsüberlassungphase eintretenden Risiken heraus. Ferner verweist er auf zahlreiche Ungereimtheiten in der von der Rechtsprechung vorgenommenen Risikoverteilung beim Finanzierungs-Leasing einerseits, bei anderen Finanzierungsvarianten andererseits. Zu Recht weisen die Kritiker der Rechtsprechung (*Lieb* WM Sonderbeil 6/1992, 4; *Ullrich* WuB I J 2/6.1991) darauf hin, dass der BGH der geringeren Schutzbedürftigkeit eines kaufmännischen Leasingnehmers, die bei Anwendung der §§ 307, 310 BGB nicht unberücksichtigt bleiben könne und die auch vom Gesetzgeber zB im Rahmen der Regelung des Verbraucherkreditgesetzes (jetzt Verbraucherdarlehensrecht, §§ 491 ff. BGB) anerkannt werde, nicht Rechnung trage. Angesichts regelmäßig hoher Zahlen von Unternehmensinsolvenzen und eines infolge des Schuldrechtsmodernisierungsgesetzes zeitlich erheblich ausgedehnten Haftungsrisikos des Leasinggebers kommt der Frage, wer das Risiko der Insolvenz des Lieferanten trägt, eine erhebliche Bedeutung zu. Bei der Frage, wer zumutbarer Weise mit dem Insolvenzrisiko des Lieferanten belastet werden kann, dürfen folgende Gesichtspunkte nicht außer Betracht bleiben:

- „Ausschließlich der Leasingnehmer hat die Entscheidung über den Leasinggegenstand (über dessen Eigenschaften und dessen Brauchbarkeit für seine Zwecke) sowie über den Lieferanten (damit über dessen Lieferfähigkeit, Zuverlässigkeit und Bonität) getroffen;
- der Leasingnehmer hat den Leasinggeber veranlasst, den bereits konkretisierten Gegenstand bei dem von ihm ausgesuchten Lieferanten zu erwerben und ihm im Wege des Finanzierungs-Leasing zur Verfügung zu stellen;
- der Leasingnehmer selbst hat sich für die besondere Vertragsgestaltung und damit das Auseinanderfallen von Warenlieferant und Leasinggeber aus den unterschiedlichsten Gründen entschieden;
- die Rechtsprechung anerkennt die käuferähnliche Position des Leasingnehmers bei Spätschäden, bei der Vollamortisationsgarantie, bei der Sach- und Preisgefahr sowie bei der Unterhalts- und Versicherungspflicht;
- die Regelungen der Gewährleistungspflicht nach kaufrechtlichem Vorbild – so als sei der Leasingnehmer selbst Käufer der Leasingsache – gibt dem Finanzierungs-Leasing sein typisches, insoweit vom Leitbild des Mietvertrages, abweichendes Gepräge;
- der Leasingnehmer wird so gestellt, wie er bei Kauf des Leasinggutes und Finanzierung auf andere Art und Weise gestanden haben würde;
- auch dem Käufer, der Unternehmer ist, werden die erheblich verbesserten Käuferrechte des Schuldrechtsmodernisierungsgesetzes, die auf Grund einer EU-Richtlinie eigentlich nur für den Verbrauchsgüterkauf gedacht waren, zuteil;
- im Leasingdreiecksverhältnis trägt der Leasinggeber nach gegenwärtiger Rechtsprechung das Insolvenzrisiko des Leasingnehmers und das Insolvenzrisiko des Lieferanten, während der Lieferant lediglich das Insolvenzrisiko des Leasinggebers trägt. Der Leasingnehmer hingegen trägt das Insolvenzrisiko des Leasinggebers lediglich formal. Wirtschaftlich trägt er dieses Risiko jedoch nicht, da sich der Leasingvertrag in der Insolvenz des Leasinggebers wie in § 108 Abs 1 Satz 2 InsO geregelt, mit Wirkung für die Insolvenzmasse fortsetzt.

  Es ist im Rahmen des Leasingdreiecksverhältnisses wenig ausgewogen und nur schwer verständlich, dass der Leasinggeber das Risiko beider Vertragspartner zu tragen hat, während der Leasingnehmer wirtschaftlich keinerlei Insolvenzrisiko trägt.

  Diese Risikoverlagerung auf den Leasinggeber ist wertungsmäßig nicht zu rechtfertigen (so auch *Stoffels* in Staudinger Leasing Rn 256).

  Bedauerlicherweise hat der BGH seine vorstehend dargelegte Auffassung, der Leasinggeber trage das Insolvenzrisiko des Lieferanten, sowohl in seiner Entscheidung vom 29.10.2008 (NJW 2009, 575 = BGHZ 178, 227) als auch seiner Entscheidung vom 13.11.2013 (NJW 2014, 1583 Rn 23) nochmals bestätigt.

26. Die Rechtsprechung (BGH WM 1990, 2043, 2045) anerkennt, dass dem Leasinggeber bei **fristloser Kündigung des Leasingvertrages** ein Anspruch auf volle Amortisation des eingesetzten Kapitals einschließlich des kalkulierten Gewinns zusteht. Dieser vermindert sich allerdings – wegen des vorzeitigen Kapitalrückflusses – um einen Abzinsungsbetrag und um die ersparten laufzeitabhängigen Aufwendungen. Maßgeblich für die Abzinsung ist der Refinanzierungszinssatz (*Graf von Westphalen/Artz L 45*). Bei den zugunsten des Leasingnehmers in Abzug zu bringenden ersparten laufzeitabhängigen Aufwendungen handelt es sich zB um Versicherungskosten, Objektsteuern etc. Ferner ist zugunsten des Leasingnehmers der Erlös aus der Verwertung des Leasingobjektes (nach Abzug der durch die Verwertung entstandenen Kosten) zu berücksichtigen.

27. Die Insolvenz des Leasingnehmers. a) **Allgemeines:** Die am 1.1.1999 in Kraft getretene Insolvenzordnung enthält keine ausdrücklichen Regelungen für Leasingverträge. Dies ist angesichts der erheblichen gesamtwirtschaftlichen Bedeutung des Leasing überraschend, da bereits die konkursrechtliche Behandlung von Leasingverträgen eine Reihe von Zweifelsfragen aufwarf. Die aufgetretenen Fragen sind nur teilweise und in problematischer Weise durch die nachträglich zur Bewältigung von leasingvertraglichen Problemen eingefügte Vorschrift des § 108 Abs 1 Satz 2 InsO beseitigt worden.

Die Insolvenzordnung sieht in einer Reihe von Fällen unterschiedliche rechtliche Regelungen für Mobilien und Immobilien vor. Abweichend von der allgemeinen zivilrechtlichen Begriffsbestimmung sind Immobilien im Sinne der Insolvenzordnung alle Gegenstände, die der Zwangsvollstreckung in das unbewegliche Vermögen unterliegen (§ 49 InsO; vgl auch § 47 KO). Damit wird zunächst klargestellt, dass Mobilien iS der Insolvenzordnung auch Immaterialgüter sein können. Umgekehrt sind in die Luftfahrzeugrolle oder in das Schiffsregister eingetragene Luftfahrzeuge und Schiffe stets unbewegliche Gegenstände im Sinne der InsO.

Im Gegensatz zur KO, die von einem fortbestehenden Mietverhältnis über bewegliche und unbewegliche Gegenstände über die Konkurseröffnung hinaus ausging (§§ 19, 21 KO) sieht die InsO vor, dass Mietverhältnisse über bewegliche Gegenstände dem allgemeinen Wahlrecht des Insolvenzverwalters gem § 103 Abs 1 InsO unterfallen; lediglich Mietverträge über Immobilien und Räume sollen mit Wirkung für die Insolvenzmasse fortbestehen (§ 108 Abs 1 InsO). Daneben ergeben sich im Vergleich zur Konkursordnung maßgebliche Änderungen im Falle der Insolvenz des Leasingnehmers dadurch, dass der Leasinggeber nach Stellung des Insolvenzantrags an der Ausübung eines gesetzlichen oder vertraglichen Kündigungsrechts durch die Kündigungssperre des § 112 InsO gehindert ist.

b) **Stellung des Leasinggebers vor Antragstellung.** ba) Allgemeines: Der Antrag auf Eröffnung des Insolvenzverfahrens stellt eine bedeutsame Zäsur im Rahmen eines Leasingvertragsverhältnisses dar, die verschiedene Beschränkungen des Leasinggebers mit sich bringt. Daher ist der Leasinggeber im eigenen Interesse angehalten, die finanzielle Situation des Leasingnehmers fortwährend zu beobachten, um bei einer Verschlechterung bereits vor Antragstellung sachgerecht reagieren zu können. Dies wird im Wesentlichen durch Einsichts- und Auskunftsrechte des Leasinggebers in den Leasingverträgen sichergestellt.

bb) Interessen des Leasinggebers: Die Interessen des Leasinggebers bei einer Verschlechterung der Vermögenssituation des Leasingnehmers bestehen darin, das Leasingverhältnis zu beenden, das Leasingobjekt heraus zu verlangen und mögliche Rückstände schnellstmöglich zu realisieren. Diese Rechtsfolgen sind nur im Wege der Kündigung des Leasingvertrages zu erreichen.

bc) Außerordentliche Kündigungsrechte: In der Regel sehen Leasingverträge verschiedene außerordentliche Kündigungsrechte des Leasinggebers vor. Als solche kommen ua in Betracht:

- Verzug des Leasingnehmers mit einem Betrag in Höhe von zwei Leasingraten bzw mit einem Betrag in Höhe einer Leasingrate seit mindestens zwei Monaten.
- Zahlungseinstellung des Leasingnehmers; Ablehnung der Eröffnung des Insolvenzverfahrens mangels Masse; Einleitung des Verfahrens zur Ableistung der eidesstattlichen Versicherung gegen den Leasingnehmer.

- Verstoß des Leasingnehmers trotz Abmahnung in erheblichem Maße gegen Bestimmungen des Leasingvertrages bzw nicht unverzügliche Beseitigung der Folgen von erheblichen Vertragsverletzungen.
  Bei letzterem handelt es sich um einen Kündigungsgrund, der zwar nicht direkt im Zusammenhang mit einer Vermögensverschlechterung steht, sie kann jedoch für den Leasinggeber der Anlass sein, das Vertragsverhältnis noch vor Stellung des Insolvenzantrages zu kündigen.
- Wesentliche Verschlechterung der Vermögensverhältnisse des Leasingnehmers bzw Eintritt einer erheblichen Vermögensgefährdung.
  Die Begründung dieses Kündigungsgrundes ist nicht unproblematisch, da es sich bei den Rechtsbegriffen „wesentlich verschlechtert", „Vermögensgefährdung" sowie „erheblich" um unbestimmte Rechtsbegriffe handelt. Voraussetzung ist, dass die Vermögensverschlechterung die Erfüllung von Verbindlichkeiten gegen den Leasinggeber gefährdet (vgl BGH WM 1984, 586; WM 1986, 605 ff., NJW 1991, 102, AGB-Banken Nr 19 Abs 3). Überdies ist die verbleibende Zeitspanne für eine eventuelle Kündigung relativ kurz, da gemäß § 18 InsO bereits die drohende Zahlungsunfähigkeit ein Insolvenzantragsgrund ist.

Der in früheren Zeiten oftmals verwendete Kündigungsgrund des Antrags auf Eröffnung eines Vergleichs- oder Konkursverfahrens über das Vermögen des Schuldners ist unter der Geltung der Insolvenzordnung aufgrund der Kündigungssperre des § 112 InsO nicht mehr zulässig.

Der Leasinggeber kann somit vor der Insolvenzantragstellung das Leasingverhältnis außerordentlich kündigen, wenn die Voraussetzungen wenigstens eines der unter a) bis d) aufgeführten Kündigungsgründe erfüllt sind.

bd) Folgen der Kündigung: Im Falle einer außerordentlichen Kündigung des Leasingvertrages durch den Leasinggeber ist der Leasingnehmer zur sofortigen Herausgabe des Leasingobjektes verpflichtet. Er ist ferner verpflichtet, dem Leasinggeber den diesem durch die Nichterfüllung des Vertrages bedingten Schaden zu ersetzen. Dieser Schaden bemisst sich aus der Differenz zwischen:

- der Summe der noch ausstehenden Leasingraten und des vereinbarten Restwertes ohne Umsatzsteuer, abgezinst mit dem Zinssatz, der im Zeitpunkt des Abschlusses des Leasingvertrages für die Aufnahme eines entsprechenden Refinanzierungskredites an Geld- und Kapitalmarkt hätte gezahlt werden müssen, und
- den vom Leasinggeber ersparten Aufwendungen sowie des Nettoerlöses aus der Verwertung des Leasingobjektes abzüglich der Verwertungskosten, die zu Lasten des Leasingnehmers gehen.

Hat der Leasinggeber den Leasingvertrag noch vor Antrag auf Eröffnung des Insolvenzverfahrens wirksam gekündigt, so wird das Leasingverhältnis nach den Regelungen des Leasingvertrages abgewickelt. Diese Kündigung bleibt in jedem Fall auch nach Antragstellung wirksam.

Hat der Leasingnehmer bis zur Antragstellung das Leasingobjekt an den Leasinggeber noch nicht herausgegeben, so hat dieser nach Antragstellung, als Eigentümer des Leasinggegenstandes, das Aussonderungsrecht nach § 47 InsO. Er kann – vorbehaltlich der Regelung des § 21 Abs 2 Nr 5 InsO – das Leasingobjekt vom vorläufigen Insolvenzverwalter herausverlangen (auch wenn ein absolutes Verfügungsverbot über das Vermögen des Schuldners erlassen wurde).

Sonstige Forderungen, wie zB Ratenrückstände und Schadensersatz, stellen bloße Insolvenzforderungen iSd § 38 InsO dar. Sie können daher nur gemeinsam mit sämtlichen anderen Forderungen aus der Quote befriedigt werden, die sich bei der Verteilung bei der Masse ergibt. Diese Forderungen müssen beim Insolvenzverwalter zur Insolvenztabelle angemeldet werden (§§ 174, 175, 28 InsO).

In dem Stadium vor Antrag auf Eröffnung des Insolvenzverfahrens ist eine Einzelzwangsvollstreckung des Leasinggebers noch möglich. Eine solche kann jedoch gem § 88

InsO ggf mit Eröffnung des Insolvenzverfahrens unwirksam werden, wenn der Leasinggeber bis zur Eröffnung des Verfahrens keine Befriedung erlangt hat (Rückschlagsperre).

c) **Stellung des Leasinggebers nach Antragstellung und vor Eröffnung.** ca) Anordnungen nach § 21 InsO: Der Antrag auf Eröffnung des Insolvenzverfahrens über das Vermögen des Schuldners hat zur Folge, dass das Insolvenzgericht nach § 21 InsO sämtliche Maßnahmen zu treffen hat, die erforderlich sind, um bis zur endgültigen Entscheidung über den Antrag eine den Gläubigern nachteilige Veränderung in der Vermögenssphäre des Schuldners zu verhindern.

– Die in der Praxis wohl wichtigste Sicherungsmaßnahme im Rahmen des Insolvenzeröffnungsverfahrens ist die Bestellung eines vorläufigen Insolvenzverwalters.
  Es ist zu unterscheiden zwischen dem sog „starken" und dem sog „schwachen" vorläufigen Insolvenzverwalter. Von ersterem ist die Rede, wenn das Insolvenzgericht dem Schuldner ein allgemeines Verfügungsverbot auferlegt und somit die Verwaltungs- und Verfügungsbefugnis über dessen Vermögen gänzlich auf den vorläufigen Insolvenzverwalter übergeht. Gemäß § 55 Absatz 2 InsO kann er wirksam Masseverbindlichkeiten begründen und er unterliegt der persönlichen Haftung nach § 61 InsO.
  Demgegenüber hat der „schwache" vorläufige Insolvenzverwalter keine Verfügungsbefugnis über das Vermögen des Schuldners (§ 21 Abs 2 Nr 2, § 22 Abs 2 InsO). Er kann keine Masseverbindlichkeiten begründen, es sei denn, es liegen Einzelermächtigungen des Insolvenzgerichtes vor. Verbindlichkeiten, die von einem schwachen Insolvenzverwalter begründet worden sind, stellen somit idR nur Insolvenzforderungen nach § 38 InsO dar. Daher unterliegt der „schwache" vorläufige Insolvenzverwalter auch nicht der Haftung aus § 61 InsO.
– Die Antragstellung hat für den Leasinggeber zur Folge, dass eine Einzelzwangsvollstreckung gegen den Leasingnehmer zwar weiterhin, jedoch nur unter den Beschränkungen des § 88 InsO, möglich ist. Auch kann das Insolvenzgericht gem § 21 Abs 2 Nr 3 InsO die Einzelzwangsvollstreckung gegen den Leasingnehmer untersagen oder einstweilen einstellen, soweit Mobilien betroffen sind.
– Nach § 21 Abs 2 Ziff 5 kann das Insolvenzgericht darüber hinaus anordnen, „dass Gegenstände, deren Aussonderung verlangt werden könnte, vom Gläubiger nicht verwertet oder eingezogen werden dürfen und solche Gegenstände zur Fortführung des Unternehmens des Schuldners eingesetzt werden können, soweit sie hierfür von erheblicher Bedeutung sind; . . . . ."

Diese Vorschrift ist auf erhebliche Kritik gestoßen (vgl *Kirchhof,* ZInsO 2007, 227; *Pape* NZI 2007, 425, 429/430). Insbesondere wird kritisiert, dass die Vorschrift die Rechte der aussonderungsberechtigten Gläubiger im vorläufigen Insolvenzverfahren unverhältnismäßig stark einschränke und aufgrund fehlender eindeutiger Regelungen für eine Nutzungsentschädigung und angemessenen Wertersatz zu einer faktischen Enteignung führe.

Der BGH hat in seiner Entscheidung NJW-RR 2010, 1283, zu § 21 Abs 2 Satz 1 Nr 5 InsO festgestellt, dass ein Insolvenzgericht ein Verwertungs- und Einziehungsverbot für künftige Aus- und Absonderungsrechte sowie eine Anordnung, dass davon betroffene Gegenstände zur Fortführung des Unternehmens eingesetzt werden können, nur durch eine individualisierende Anordnung treffen kann; formularmäßige Pauschalanordnungen, die auf die erforderliche Prüfung der gesetzlichen Voraussetzungen verzichten, seien unzulässig und unwirksam. Ferner stellt der BGH (NJW-RR 2010, 1283) fest, dass ein Anspruch auf Nutzungsausfallentschädigung des betroffenen Gläubigers in Form. von Zinsen im Sinne des § 169 Satz 2 InsO nur für einen Zeitraum in Betracht komme, der drei Monate nach der Anordnung gemäß § 21 Abs 2 Satz 1 Nr 5 InsO liege. Aufgrund der Gleichstellung von Absonderungsrechten und Aussonderungsrechten müsse auch der Aussonderungsberechtigte drei Monate ohne Ausgleichszahlung zuwarten, vgl BGH NJW-RR 2010, 1283 Rn 36. Die nach Ablauf der Drei-Monats-Frist begründete Zinszahlungspflicht hat den Charakter einer Entschädigung und richtet sich gegen die Masse, vgl BGH BGH NJW-RR 2010, 1283 Rn 40.

Darüber hinaus steht dem Aussonderungsberechtigten gem § 21 II S 1 Nr 5 S 1 Teilsatz 3 „ab sofort" ein Wertersatzanspruch zu, der sich aus der Differenz des Werts des Aussonderungsguts zu Beginn und am Ende der Nutzung ermittelt. Der Wertersatzanspruch richtet sich gegen die Masse, BGH ZIP 2012, 779.

Ferner stellt der BGH NJW-RR 2010, 1283 Rn 43 fest, die Regelung des § 21 Abs 2 Satz 1 Nr 5 InsO halte sich im Übrigen im Rahmen der Bestimmungen von Inhalt und Grenzen des Eigentums gemäß Art 14 Abs 1 Satz 2 GG bei Gebrauchsüberlassungen. Dabei hat er aber, vgl BGH NJW-RR 2010, 1283 Rn 45, offen gelassen, ob sich möglicherweise in den Fällen, in denen eine Kumulierung der insolvenzrechtlichen Beschränkungen etwa nach § 112 InsO einerseits und § 21 Abs 2 Satz 1 Nr 5 InsO andererseits zu sehr viel längeren Beeinträchtigungen des Eigentumsrechts des Aussonderungsberechtigten führen, verfassungsrechtliche Bedenken ergeben können. Dies bedurfte in dem zur Entscheidung vorliegenden Fall deswegen keiner genaueren Untersuchung, weil die Klägerin lediglich eine Frist von einem Tag zur ordentlichen Kündigung einzuhalten hatte.

In seinem Beschl. v. 22.3.2012, WM 2012, 900 ff., zur Nichtannahme der gegen diese BGH-E eingelegten Verfassungsbeschwerde hat das BVerfG (NJW 2012, 2951) festgestellt, aus der Verbindung von § 21 II S 1 Nr 5 mit § 169 S 2 und 3 InsO ergäbe sich mit einem Wertersatz in den ersten drei Monaten und einem Nutzungsanspruch für die Zeit danach ein gestuftes System einer Entschädigung der Beschwerdeführerin, das deren Belastung gering halte und einen verfassungsrechtlich grundsätzlich unzulässigen Eingriff in die Substanz ihres Eigentums vermeide. Im Übrigen habe sich die Beschwerdeführerin den Schuldner selbst als Vertragspartner ausgesucht und hätte sich vor einem Forderungsausfall schützen können. Zudem sei zumindest beim schwachen vorläufigen Verwalter und Anordnung eines Vollstreckungsverbots nicht zu erwarten gewesen, dass die Beschwerdeführerin das Aussonderungsgut schneller hätte herausverlangen können (BVerfG NJW 2012, 2951).

Die Rechtsposition des Leasinggebers wird nunmehr durch das StaRUG weiter belastet:

Dieses ermöglicht in 49 Abs 1 Nr. 2 StaRUG Stabilisierungsanordnungen des Restrukturierungsgerichts gegen den Leasinggeber als Aussonderungsberechtigten (Verwertungssperre) für einen Zeitraum von 3 Monaten (§ 53 Abs 1 StaRUG). Der Schuldner hat allerdings nach § 54 Abs 1 StaRUG die geschuldeten Zinsen zu entrichten und einen durch die Nutzung des Leasingobjekts eintretenden Wertverlust durch laufende Zahlungen auszugleichen.

cb) Einschränkung des Kündigungsrechts: Die Möglichkeiten des Leasinggebers, sich in dem Zeitraum nach Antrag auf Eröffnung des Insolvenzverfahrens vom Vertrag zu lösen, bestehen nur noch unter engen Voraussetzungen. Von Bedeutung ist hier insbesondere die Kündigungssperre gem § 112 InsO.

§ 112 InsO beschränkt das Recht des Leasinggebers, den Leasingvertrag nach einem Eröffnungsantrag wegen einer Verschlechterung der Vermögensverhältnisse des Leasingnehmers zu kündigen. Auch darf eine Kündigung von diesem Zeitpunkt an nicht mehr darauf gestützt werden, dass der Leasingnehmer mit den Leasingraten vor dem Eröffnungsantrag in Verzug geraten ist. Nur dann, wenn bereits vor Antragstellung eine Kündigung wirksam ausgesprochen worden ist, bleibt ihre Wirkung erhalten.

§ 112 InsO schließt allerdings eine auf andere Vertragsverletzungen gestützte Kündigung nicht aus. Dies gilt zunächst für die Verletzung vertraglicher Nebenpflichten vor und nach dem Eröffnungsantrag, wie etwa die Verletzung von Wartungs- und Erhaltungspflichten.

Telos dieser Kündigungssperre ist, dass der vorläufige Insolvenzverwalter die Objekte im Besitz des Schuldners als wirtschaftliche Einheit vorfinden und zunächst in seinem Verfügungsbereich behalten soll, einem Ziel, dem jetzt auch § 21 Abs 2 Nr 5 dient.

– Umstritten ist, ob § 112 InsO unabhängig davon gilt, ob das Leasingobjekt dem Leasingnehmer bereits überlassen war oder nicht, denn anders als § 109 Abs 2 InsO stellt § 112 InsO seinem Wortlaut nach nicht auf eine Überlassung ab. Die Norm untersagt lediglich die Kündigung eines Miet- oder Pachtverhältnisses, das der Schuldner „eingegangen" war.

Hieraus wird gefolgert, dass auch nicht vollzogene Miet-, Leasing- oder Pachtverträge der Kündigungssperre des § 112 InsO unterliegen (vgl *Eckert,* ZIP 1996, 897, 899; *Börstinghaus,* NZM 2000, 326; ausführlich hierzu Wegener in: Uhlenbruck, InsO, § 112 Rn 5; *Sinz,* Kölner Schrift zur InsO, 2. Auflage (2000), S 593 (598)). § 112 setze nicht voraus, dass der Miet – oder Pachtgegenstand dem Schuldner bereits überlassen war (Cymutta in Kölner Kommentar zur Insolvenzordnung, 2017, § 112 Rn 14).

Die Vertreter der überwiegend vertretenen Gegenansicht (*Dahl* in: Runkel, Insolvenzrecht, § 7 Rn 254; HK-Marotzke § 112 Rn 5) führen an, dass bereits die Gesetzesbegründung eindeutig davon spreche, die wirtschaftliche Einheit „im Besitz" des Schuldners zu erhalten. Daraus ergebe sich, dass in die Vermögenssphäre des Vermieters oder Verpächters nur dann eingegriffen werden solle, wenn dieser den Besitz bereits aufgegeben habe. Nach dieser Ansicht ist somit der Vermieter oder Verpächter vor Überlassung des Miet- bzw Pachtobjektes berechtigt, das Vertragsverhältnis insolvenzbedingt zu kündigen.

– Die Kündigungssperre des § 112 Nr 1 InsO erschöpft sich in der bloßen Anordnung einer Zäsur. Nur aufgrund eines Zahlungsverzuges, der vor dem Eröffnungsantrag eingetreten ist, kann das Vertragsverhältnis nach dem Eröffnungsantrag nicht mehr vom Leasinggeber gekündigt werden.

Tritt der Verzug des Leasingnehmers hingegen erst nach Antragstellung ein, so kann ein hierauf gestütztes Kündigungsrecht des Leasinggebers ohne weiteres ausgeübt werden, und zwar bereits im Eröffnungsverfahren (vgl BGHZ 151, 353, 370 ff).

Soll die Nutzungsmöglichkeit für die Insolvenzmasse erhalten bleiben, müssen die nach dem Eröffnungsantrag fällig werdenden Raten aus dem Schuldnervermögen vertragsgerecht gezahlt werden. Dazu ist jeder vorläufige Insolvenzverwalter im Rahmen seiner Verwaltertätigkeit im Zweifel auch befugt, vgl BGHZ 151, 353, 370.

Der vorläufige Insolvenzverwalter hat mit Bezug auf Dauerschuldverhältnisse während des Eröffnungsverfahrens rechtlich nur zu entscheiden, ob er für ein zu eröffnendes Verfahren die Option auf eine Fortdauer faktisch offenhält, in dem er das laufende Entgelt zahlt, vgl BGHZ 151, 353, 371.

Nimmt der Leasinggeber entsprechende Zahlungen des vorläufigen Insolvenzverwalters entgegen, obwohl er weiß, dass zur Zeit der Handlung der Leasingnehmer zahlungsunfähig war, kann bei einer anschließenden Verfahrenseröffnung eine Anfechtung dieser Rechtshandlungen gegenüber dem Leasinggeber gem § 130 InsO erfolgen. Dies gilt jedoch nicht, wenn die Verfügungsbefugnis einem vorläufigen „starken" Insolvenzverwalter übertragen wird und dieser der Zahlung zustimmt. Eine Anfechtung ist auch dann ausgeschlossen, wenn der Leasinggeber eine Zahlung des Schuldners in dem betreffenden Laufzeitmonat des Leasingvertrages entgegennimmt. Dann stellt sich der Austausch von Vermietleistung und Zahlung als Bargeschäft im Sinne des § 142 InsO dar (*Obermüller,* Insolvenzrecht in der Bankpraxis, Rn 7.12 a).

cc) Lösungsklauseln: Da die Möglichkeiten des Leasinggebers, sich vom Leasingvertrag zu lösen oder auch nur Klarheit über das zukünftige Schicksal des Vertrages zu gewinnen, eingeschränkt sind, stellt sich für ihn die Frage, ob § 112 InsO durch allgemeine Leasingbedingungen oder einzelvertraglich abbedungen werden kann. Er könnte versuchen, durch Klauseln, die bereits vor Verfahrenseröffnung bzw Antragstellung wirken, eine Lösungsmöglichkeit vom Vertrag zu erreichen. Beispielhaft seien hier folgende Fälle genannt:

– Eine Auflösungsklausel, nach der der Vertrag mit Antragstellung ohne weiteres aufgelöst ist;
– Der Leasingvertrag wird auflösend bedingt durch die Eröffnung des Insolvenzverfahrens abgeschlossen;

– Dem Leasinggeber wird an Stelle eines Kündigungsrechtes ein Rücktrittsrecht eingeräumt.

Die Rechtsprechung unterscheidet hier zwischen insolvenzabhängigen und insolvenzunabhängigen Lösungsklauseln.

Eine insolvenzabhängige Lösungsklausel liegt vor, wenn einer der Parteien für den Fall der Zahlungseinstellung, des Insolvenzantrags oder der Insolvenzeröffnung das Recht eingeräumt wird, sich vom Vertrag zu lösen (BGHZ 155, 95) oder wenn der Vertrag unter der auflösenden Bedingung des Eintritts dieser insolvenzbezogenen Umstände steht (vgl. *Braun/Kroth*, InsO, 5. Aufl., § 119 Rn. 9).

Im Unterschied dazu knüpfen insolvenzunabhängige Lösungsklauseln an nicht insolvenzspezifische Umstände an, etwa an den Verzug oder an sonstige Vertragsverletzungen (*Huber*, in: MüKoInsO, 2. Aufl., § 119 Rn. 18; *Marotzke*, in: HK-InsO, 6. Aufl., § 119 Rn. 2). Solche insolvenzunabhängigen Lösungsklauseln sind nicht auf das Ziel ausgerichtet, die Wahlmöglichkeiten des Insolvenzverwalters nach § 103 InsO auszuhöhlen, so dass § 119 InsO – mit Ausnahme der Kündigungssperre des § 112 InsO – nicht berührt ist (vgl. *BGH* NJW 2006, 915; *Huber*, in: MüKoInsO, § 119, Rn. 19; *Marotzke*, in: HK-InsO, § 119 Rn. 2; *Ahrendt*, in: HbgKomm-InsO, 4. Aufl., § 119 Rn. 4).

Der BGH (NJW 2013, 1159, Rn. 14) hat hierzu festgestellt, dass eine insolvenzabhängige Lösungsklausel bei Verträgen über die fortlaufende Lieferung von Waren oder Energie nach § 119 InsO unwirksam ist, wenn sie im Voraus die Anwendung des § 103 InsO ausschließt.

cd) Nutzungsentschädigung: Der Leasinggegenstand befindet sich auch nach Antragsstellung weiterhin im Besitz des Leasingnehmers; es sei denn der Leasinggeber hat zuvor bereits den Leasingvertrag wirksam gekündigt und das Leasingobjekt herausverlangt und auch erhalten. Weder der „starke" noch der „schwache" vorläufige Insolvenzverwalter haben ein Verwertungsrecht hinsichtlich des Leasinggegenstandes.

Der vorläufige Insolvenzverwalter wird den Leasinggegenstand in der Regel weiter für die Masse nutzen, da er in den meisten Fällen zur vorläufigen Weiterführung des Betriebes des Leasingnehmers benötigt wird. Es gibt jedoch auch durchaus Fälle, in denen der Leasinggegenstand vom vorläufigen Insolvenzverwalter nicht genutzt wird. Die Tatsache der Nutzung hat ua Einfluss darauf, ob eine bloße Insolvenzforderung oder eine Masseverbindlichkeit begründet wird.

Soweit der vorläufige „starke" Insolvenzverwalter das Leasingobjekt für die Masse nutzt, hat der Leasinggeber Anspruch auf Zahlung des Mietzinses als Masseverbindlichkeit. Der Leasingvertrag besteht unverändert fort und der vorläufige Insolvenzverwalter hat die Leasingraten an den Leasinggeber zu entrichten. Sämtliche Rechte und Pflichten, auch Nebenverpflichtungen (wie Wartungs-, Versicherungspflichten, etc) aus dem Leasingvertrag bleiben bestehen (*Sinz,* Kölner Schrift zur Insolvenzordnung, 2. Auflage, 2000, Rn 19).

Wird der Leasinggegenstand vom vorläufigen Insolvenzverwalter nicht genutzt, so nimmt die Masse die Gegenleistung des Leasinggebers (die Gebrauchsüberlassung) nicht in Anspruch und es besteht kein Grund, den Anspruch des Leasinggebers auf Zahlung der Leasingraten als Masseverbindlichkeiten zu privilegieren.

– Fraglich ist, ob eine „Nutzung" auch dann gegeben ist, wenn ein Gebrauchshindernis in der Sphäre der Masse vorliegt. § 537 Abs 1 BGB sieht für solche Fälle im Mietrecht vor, dass die Pflicht des Mieters zur Zahlung der Mietraten trotzdem bestehen bleibt. Im Regelfall gilt dies somit auch im Rahmen des Leasingvertrages.

  Im Rahmen des Insolvenzantragsverfahrens gilt jedoch ein enger Nutzungsbegriff, nach welchem der vorläufige Insolvenzverwalter tatsächlich Gebrauch von dem Leasinggegenstand machen muss, damit eine Nutzung gegeben ist (*Eckert,* ZIP 96, 897 (903)). Ein Hindernis in der Sphäre der Masse kann somit niemals eine Nutzung begründen. In einem solchen Fall ist der Anspruch des Leasinggebers auf die Leasingraten keine privilegierte Masseverbindlichkeit, sondern lediglich eine einfache Insolvenzforderung. Dies schließt jedoch nicht aus, dass der vorläufige Insolvenzverwalter mit diesen Zahlungen rückständig werden kann und in Verzug gerät.

- Häufig befindet sich der vorläufige (starke) Insolvenzverwalter in dem Dilemma, dass er den Leasinggegenstand zwar nicht mehr in seiner Gesamtheit benötigt, aber andererseits auf die Nutzung eines Teiles dringend angewiesen ist. Besonders anschaulich wird dies an dem Beispiel einer geleasten Lagerhalle. Nutzt der Verwalter nur eine Teilfläche, so schuldet er dennoch die vereinbarten Leasingraten in voller Höhe – und nicht nur anteilig – als Masseschuld, obwohl der Wortlaut des § 55 Abs 2 Satz 2 InsO („soweit") auch eine andere Auslegung erlauben würde.

Entscheidend ist jedoch, dass der Verwalter auch in diesem Fall letztlich die „volle" Gegenleistung in Anspruch nimmt und den Leasinggeber daran hindert, die Restfläche anderweitig zu nutzen.

Davon zu unterscheiden sind die Fälle, in denen eine – rechtlich – teilbare Nutzung vorliegt, der Leasinggeber also auch den vom Verwalter nicht genutzten Teil des Leasinggegenstandes isoliert verwenden kann. Die jedem Leasingvertrag immanente Vollamortisationspflicht steht dem nicht entgegen. Im Rahmen des § 55 Abs 2 InsO geht es lediglich darum, ob die Leasingforderung als Masseschuld oder bloße Insolvenzforderung zu qualifizieren ist, was eine Aufteilung nicht ausschließt.

In Betracht kommt dies vor allem dann, wenn über mehrere Leasinggegenstände (zB PKW) ein einheitlicher Leasingvertrag mit einer Gesamt-Leasingrate geschlossen wurde; hier wird nur der Teil der Leasingrate Masseschuld, dem der tatsächliche Nutzungsumfang entspricht. Unerheblich ist auch, ob der Leasingvertrag während des Eröffnungsverfahrens endet oder nicht (vgl dazu *Eckert,* ZIP 1996, 897, 903; *Sinz,* 2000, S 593, 598).

ce) Entstehen von Masseverbindlichkeiten: Wann Handlungen eines vorläufigen Insolvenzverwalters Masseverbindlichkeiten begründen, bemisst sich nach § 55 Abs 2 InsO. Speziell für Dauerschuldverhältnisse und damit auch für das Leasing (von Mobilien) ist § 55 Abs 2 Satz 2 InsO lex spezialis. Danach gelten Verbindlichkeiten aus Leasingverträgen ab Eröffnung des Insolvenzverfahrens als Masseverbindlichkeiten. Die Nutzungsüberlassung des Leasingobjektes durch den Leasinggeber ist die „Gegenleistung" im Sinne des § 55 Abs 2 Satz 2 InsO.

§ 55 Abs 2 InsO spricht jedoch lediglich von dem „vorläufigen Insolvenzverwalter". Fraglich ist, ob sowohl der „starke" als auch der „schwache" vorläufigen Insolvenzverwalter in den Geltungsbereich des § 55 Absatz 2 InsO einbezogen ist.

Dies war zunächst umstritten, wurde im Jahr 2002 jedoch vom BGH abschließend entschieden (vgl BGHZ 151, 353 ff. = BGH NJW 2002, 3326 (3328)). Das Gericht ist der Auffassung, dass § 55 Abs 2 Satz 2 InsO grundsätzlich weder unmittelbar noch entsprechend auf Rechtshandlungen eines vorläufigen Insolvenzverwalters anzuwenden ist, auf den die Verfügungsbefugnis über das Vermögen des Schuldners nicht übergegangen ist („schwacher" Insolvenzverwalter). Diese Auffassung steht mit der hL (vgl ua *Röpke* in Kölner Kommentar zur Insolvenzordnung, 2017, § 55 Rn 227) im Einklang.

Es lässt sich somit festhalten, dass nur ein „starker" vorläufiger Insolvenzverwalter Masseverbindlichkeiten im Sinne des § 55 Absatz 2 InsO begründen kann. Der Anspruch des Leasinggebers auf Zahlung der Leasingraten bei Vorliegen eines „schwachen" vorläufigen Insolvenzverwalters ist somit immer lediglich eine bloße Insolvenzforderung.

Will ein „schwacher" vorläufiger Insolvenzverwalter Masseverbindlichkeiten begründen, so ist dies nur möglich, in dem das Insolvenzgericht ihn ermächtigt, im Voraus genau festgelegte Verpflichtungen zu Lasten der späteren Insolvenzmasse einzugehen, soweit dies für eine erfolgreiche Verwaltung nötig ist (vgl *Mönning* in Nerlich/Römermann, InsO, § 22 Rn 225).

Nutzt der vorläufige Insolvenzverwalter das Leasingobjekt nicht, so hat er den Leasinggegenstand nicht für die Masse in Anspruch genommen. Die Masse ist mithin nicht bereichert und es kann keine Masseverbindlichkeit entstehen. Die Ansprüche des Leasinggebers auf Zahlung der Leasingraten sollen in diesem Falle nicht vor den Forderungen anderer Gläubiger bevorzugt werden (vgl *Eckert,* ZIP 1996, 897 (903)).

Auch sonstige Forderungen des Leasinggebers (zB Schadensersatzansprüche wegen Verletzung von Nebenpflichten) sind stets bloße Insolvenzforderungen.

cf) Konsequenzen für den Leasinggeber: Nutzt der vorläufige Insolvenzverwalter das Leasingobjekt, so entsteht (je nach dem, ob ein „starker" oder „schwacher" vorläufiger Insolvenzverwalter eingesetzt ist) entweder eine Insolvenzforderung oder eine Masseverbindlichkeit.

Nutzt der vorläufige Insolvenzverwalter den Gegenstand nicht (hat er also die Gegenleistung des Leasinggebers nicht in Anspruch genommen), so bleibt der Leasingvertrag zwar wirksam, die Leasingraten werden jedoch nicht über § 55 Abs 2 Satz 2 InsO nach Eröffnung des Insolvenzverfahrens zu Masseverbindlichkeiten, sondern bleiben stets einfache Insolvenzforderungen (vgl *Eckert* ZIP 1996, 897 (903)). Auch sonstige Ansprüche des Leasinggebers aus dem Leasingvertrag sind in diesem Fall immer nur einfache Insolvenzforderungen. Wurde beispielsweise der Leasingvertrag vor Antragstellung wirksam gekündigt bzw läuft der Leasingvertrag nach Antragstellung aus, ist die fällige Schlusszahlung eine einfache Insolvenzforderung des Leasinggebers.

Gleiches gilt für sämtliche Ansprüche, die nach Antragstellung entstehen oder fällig werden, aber nicht Gegenleistungen zur Gebrauchsüberlassung sind (zB Schadensersatzansprüche des Leasinggebers wegen Nebenpflichtverletzungen (Wartung, Reparatur etc), auch wenn diese durch den vorläufigen Insolvenzverwalter begangen werden (vgl *Eckert,* ZIP 1996, 897 (904)).

Zu prüfen wird aber in solchen Fällen gegebenenfalls sein, ob und inwieweit der (vorläufige) Insolvenzverwalter möglicherweise seine ihm gegenüber den Gläubigern obliegenden Pflichten verletzt und sich mithin diesen gegenüber nach § 60 InsO schadensersatzpflichtig gemacht hat.

Endet das Leasingverhältnis nach Antragstellung und wird es auch nicht verlängert, so hat der vorläufige Insolvenzverwalter – vorbehaltlich des § 21 Abs 2 Nr 5 InsO – das Leasingobjekt unverzüglich an den Leasinggeber herauszugeben. Tut er dies gegen den Willen des Leasinggebers nicht oder verspätet, so kann der Leasinggeber für die Dauer der Vorenthaltung eine Entschädigung in Höhe der vereinbarten Leasingraten verlangen.

Dieser Anspruch tritt an die Stelle des ursprünglichen Ratenzahlungsanspruches, teilt aber insolvenzrechtlich nicht dessen Schicksal, da in diesem Falle kein Gegenseitigkeitsverhältnis (Gebrauchsgewährung gegen Ratenzahlung) mehr vorliegt. Der Leasinggeber ist zur Gebrauchsgewährung nicht mehr verpflichtet, sondern muss die Vorenthaltung vielmehr lediglich dulden.

Dieser Vorenthaltungsanspruch des Leasinggebers ist ebenfalls lediglich eine einfache Insolvenzforderung, wenn die Nutzung durch den „schwachen" vorläufigen Insolvenzverwalter erfolgt. Nutzt der „starke" vorläufige Insolvenzverwalter das Leasingobjekt weiter, so stellt der Vorenthaltungsanspruch eine Masseverbindlichkeit dar (vgl *Sinz* in Uhlenbruck, § 55 Rn 97).

Rückständige Raten aus der Zeit vor Eröffnung des Verfahrens stellen lediglich bloße Insolvenzforderungen dar. Dies folgt aus § 105 Satz 2 InsO, nach welchem Ansprüche aus vom Leasinggeber bereits erbrachten Teilleistungen aus der Zeit vor Verfahrenseröffnung stets als Insolvenzforderungen zu qualifizieren sind. Im Fall des Leasing stehen sich Gebrauchsüberlassung und Leasingraten als teilbare Leistungen gegenüber (*Sinz,* Kölner Schrift zur InsO, S 593, 608). Dies gilt nicht, soweit für die Zeit des vorläufigen Insolvenzverfahrens § 55 Abs 2 InsO eingreift.

Wird das Insolvenzverfahren mangels Masse nicht eröffnet, so wird der vorläufige Insolvenzverwalter abbestellt. Er hat sodann gemäß § 25 Abs 2 Satz 1 InsO die Verbindlichkeiten, die unter § 55 Abs 2 Satz 2 InsO fallen, aus der Masse zu begleichen.

Da der „schwache" vorläufige Insolvenzverwalter keine Masseverbindlichkeiten begründen kann, gilt § 25 Abs 2 Satz 1 InsO für ihn nicht.

Wurde der Leasinggegenstand nicht genutzt (gleich ob von einem starken oder schwachen vorläufigen Insolvenzverwalter), ist keine Masseverbindlichkeit begründet worden. § 25 Abs 2 InsO ist somit in diesem Falle ebenfalls nicht anwendbar.

cg) Beweisfragen: Sollte der vorläufige Insolvenzverwalter bestreiten, dass er das Leasingobjekt tatsächlich genutzt hat bzw nutzt, liegt die Beweislast beim Leasinggeber, da es sich um eine für diesen günstige Tatsache handelt.

Diesen Beweis kann er als Aussonderungsberechtigter durch eine Besichtigung des Leasingobjektes oder im Wege einer Kontaktaufnahme mit dem vorläufigen Insolvenzverwalter führen. Ein Recht zum (eigenmächtigen) Betreten der Räume bzw des Grundstückes des Leasingnehmers hat er jedoch nicht (vgl *Hess* in Kölner Kommentar zur Insolvenzordnung, 2017, § 47 Rn 379).

Äußert sich der vorläufige Insolvenzverwalter nicht oder besteht Grund zu der Annahme, dass unzutreffende Angaben gemacht wurden, besteht ein Auskunftsanspruch des Leasinggebers gemäß §§ 260, 261, 242 BGB, wenn der Leasinggeber ohne eigenes Verschulden keine Kenntnis über den Verbleib des Leasinggutes hat. Im Einzelnen ist dies eine Frage der Zumutbarkeit für beide Seiten, insbesondere des Zeit- und Arbeitsaufwandes für den vorläufigen Insolvenzverwalter zur Ermittlung.

ch) Leistet der Leasingnehmer in den letzten drei Monaten vor Eingang des Insolvenzantrags rückständige Zahlungen an den Leasinggeber, kann deren Anfechtbarkeit nach § 130 Abs. 1 Nr. 1 InsO in Betracht kommen (*Breitfeld* FLF 2004 168 f.).

Eine Anfechtung ist jedoch ausgeschlossen, wenn der Leasinggeber eine Zahlung des Schuldners in dem betreffenden Laufzeitmonat des Leasingvertrages entgegennimmt. Dann stellt sich nämlich der Austausch von Vermietleistung und Zahlung als Bargeschäft im Sinne des § 142 InsO dar (vgl. Obermüller, Insolvenzrecht in der Bankpraxis, Rn. 7.12 ff.).

d) **Rechte des Leasinggebers nach Eröffnung des Insolvenzverfahrens.** da) Beschlagnahme: Der Erlass des Eröffnungsbeschlusses hat, wie sich aus den Einzelregelungen der §§ 80 bis 102 InsO ergibt, die Beschlagnahme des gesamten insolvenzfähigen Vermögens des Leasingnehmers als Schuldner zur Folge. Sein Recht, über sein Vermögen zu verfügen und es zu verwalten entfällt und geht auf den Insolvenzverwalter über. Die Einzelzwangsvollstreckung wird unzulässig und der Leasingnehmer verliert die Prozessführungsbefugnis, soweit die Insolvenzmasse betroffen ist.

Die Insolvenzmasse bildet ein nach wie vor im Eigentum des Leasingnehmers stehendes, aber seiner Einwirkung entzogenes Sondervermögen. Sie ist rechtlich getrennt von dem Vermögen, über das der Leasingnehmer frei verfügen kann (zB unpfändbare Sachen). Die Gläubiger (somit auch der Leasinggeber) werden nicht dinglich berechtigt, sondern erlangen das Recht, sich an dem Insolvenzverfahren zu beteiligen und ihre Forderungen nach den Vorschriften der InsO zu verfolgen (§ 87 InsO).

Der nun bestellte endgültige Insolvenzverwalter kann identisch sein mit dem vorläufigen Insolvenzverwalter. War der vorläufige Insolvenzverwalter ein „starker", so behält er die Verfügungsbefugnis, war er ein „schwacher", so erstarkt seine Position jetzt. Es kann jedoch auch jede andere geschäftskundige Person, die die Anforderungen des § 56 InsO erfüllt, zum Insolvenzverwalter bestellt werden.

db) Erlöschen/Hemmung von Ansprüchen: Die Eröffnung des Insolvenzverfahren bewirkt nach neuerer Rechtsprechung des BGH (NJW 2002, 2783) kein Erlöschen der Erfüllungsansprüche aus gegenseitigen Verträgen im Sinne einer materiell-rechtlichen Umgestaltung (so die frühere „Erlöschenstheorie"). Vielmehr verlieren die noch offenen Ansprüche im Insolvenzverfahren lediglich ihre Durchsetzbarkeit, soweit sie nicht auf die anteilige Gegenleistung für vor Verfahrenseröffnung erbrachte Leistungen gerichtet sind.

Wählt der Insolvenzverwalter Erfüllung, so erhalten die zunächst nicht durchsetzbaren Ansprüche die Rechtsqualität von originären Forderungen der Insolvenzmasse für und gegen diese (vgl Wegener in: Uhlenbruck, InsO, § 103 Rn 8).

dc) Erfüllungswahlrecht des Insolvenzverwalters: In bewusster Abkehr von der bisherigen Rechtslage (nach hM fand auf Mobilien-Leasingverträge grundsätzlich § 19 Satz 1 KO Anwendung, BGH NJW 1978, 1383) unterfallen Leasingverträge über bewegliche Gegenstände nunmehr dem Wahlrecht des Insolvenzverwalters gemäß § 103 InsO.

Der Insolvenzverwalter kann hiernach entscheiden, ob er den Leasinggegenstand für die Masse nutzen will oder ob er die Ablehnung der Erfüllung wählt. Die Ablehnung entspricht damit einem insolvenzrechtlich begründeten Recht zur außerordentlichen Kündigung seitens des insolventen Leasingnehmers, das nicht von der Beachtung bestimmter Fristen abhängig ist.

Wählt der Verwalter Erfüllung, so ist er an den Leasingvertrag in vollem Umfang, insbesondere für die volle Vertragslaufzeit, gebunden. Das Sonderkündigungsrecht gemäß § 109 Abs 1 InsO steht ihm nicht zu.

Das Wahlrecht gemäß § 103 InsO steht dem Insolvenzverwalter nur hinsichtlich des Vertrages in seiner bestehenden Form. zu. Es besteht kein Recht zur Modifizierung von Vertragsbedingungen. Ein Erfüllungsverlangen des Insolvenzverwalters unter vertragsändernden Vorbehalten gilt als Erfüllungsablehnung in Verbindung mit dem Angebot auf Abschluss eines neuen Leasingvertrages.

Die Erklärung des Erfüllungsverlangens kann sowohl ausdrücklich als auch konkludent (zB durch Weiternutzung des Leasinggegenstandes und Zahlung der Raten) erfolgen.

Auf die Entscheidung des Insolvenzverwalters kann der Leasinggeber keinen Einfluss nehmen. Er hat lediglich die Möglichkeit, ihn aufzufordern, sein Wahlrecht auszuüben und zu erklären, ob er Erfüllung wählen will (§ 103 Abs 2 Satz 2 InsO). Nach Aufforderung hat der Insolvenzverwalter sein Wahlrecht „unverzüglich" auszuüben. Tut er dies nicht oder nicht „unverzüglich", kann er gemäß § 103 Abs 2 Satz 3 InsO auf eine Erfüllung nicht bestehen, so dass es bei der Nichterfüllung des Vertrages verbleibt. Es ergeben sich sodann dieselben Rechtsfolgen wie im Fall der ausdrücklich erfolgten Erfüllungsablehnung.

Lediglich für den Sonderfall des § 107 Abs 2 InsO ist gesetzlich festgelegt, wie lange der Verwalter mit der Abgabe seiner Erklärung nach entsprechender Aufforderung durch den Vertragspartner warten darf. In allen übrigen Fällen muss dem Verwalter eine angemessene Überlegungsfrist eingeräumt werden (vgl *Balthasar* in Nerlich/Römermann, InsO, § 107 Rn 15). Dies ist diejenige Zeitspanne, die im Einzelfall objektiv benötigt wird, um Klarheit über die Maßstäbe der Wahlrechtsausübung und deren Bewertung zu erlangen. Der Insolvenzverwalter ist nach § 160 InsO insbesondere bei besonders bedeutsamen Rechtshandlungen bereits gesetzlich gehalten, vor Abgabe seiner Erklärung die Zustimmung des zuständigen Gläubigerorgans (zB des Gläubigerausschusses) einzuholen. Dies ist beispielsweise dann der Fall, wenn die Wahlrechtsausübung die Masse mit nicht unerheblichen Masseverbindlichkeiten belastet.

Dem Leasinggeber als Vertragspartner ist es demgegenüber nicht möglich, die angemessene Frist einseitig durch Vorgabe einer Erklärungsfrist in seiner Aufforderung zu bestimmen, da ihm die maßgeblichen Umstände der Entscheidungsfindung des Verwalters regelmäßig nicht bekannt sind (OLG Köln ZIP 2003, 543).

Die Beweislast dafür, dass eine unverzügliche Entscheidung gegeben ist, liegt beim Insolvenzverwalter.

Bleiben beide Teile untätig (dh der Insolvenzverwalter übt sein Wahlrecht nicht aus und der Leasinggeber fordert ihn dazu auch nicht auf), ist das Vertragsverhältnis ebenfalls beendet (vgl Cymutta/Hess in Kölner Kommentar zur Insolvenzordnung, 2017, § 103, Rn 310).

Offen ist die Behandlung der Fallgestaltung, dass der Insolvenzverwalter den Leasinggegenstand nutzt, aber keine Raten zahlt und sich auch nicht erklärt.

Dieses Verhalten kann nicht als konkludentes Erfüllungsverlangen gewertet werden. Handlungen im Rahmen der Betriebsfortführung, insbesondere bis zum Berichtstermin (als gesetzliche Pflichterfüllung) können nämlich noch nicht als konkludente Erfüllungswahl angesehen werden (vgl. Braun, Insolvenzordnung, 7. Aufl. 2017, § 103 Rn. 46).

Wählt der Insolvenzverwalter später Erfüllung, so besteht jedenfalls ein Anspruch des Leasinggebers auf die Leasingraten. Lehnt der Insolvenzverwalter schlussendlich eine Erfüllung ab, kann der Leasinggeber später lediglich Nutzungsentschädigung vom Insolvenzverwalter verlangen. Diese beziffert sich auf den Wert der Nutzung ohne Finanzierungsanteil. Der entsprechende Anspruch ist eine Masseverbindlichkeit gemäß § 55 Abs 1 Nr 3 InsO (vgl *Eckert,* ZIP 1996, 897 (905)) bzw gemäß § 55 Abs 1 Nr 1 InsO iVm § 546a BGB – wenn der Insolvenzverwalter dem Leasinggeber den Leasinggegenstand vorenthält.

Zu beachten ist, dass der Leasinggeber bei Erfüllungsverlangen des Insolvenzverwalters nicht mit Ansprüchen aus der Zeit vor Eröffnung des Insolvenzverfahrens oder aus einem anderen Vertragsverhältnis aufrechnen darf. Dies gilt jedoch nicht für vom Leasingnehmer vor Verfahrenseröffnung erbrachte Teilleistungen; der Leasinggeber kann gegen seine dadurch begründeten Teilverbindlichkeiten mit vorinsolvenzlichen Forderungen aufrechnen (vgl Cymutta/Hess in Kölner Kommentar zur Insolvenzordnung, 2017, § 103 Rn 277).

dd) Nichterfüllungswahl: Entscheidet sich der Insolvenzverwalter nach Insolvenzeröffnung nicht für die Vertragsfortsetzung, ist von einer faktischen Beendigung des Vertrages auszugehen, sei es infolge Vertragsbeendigung oder infolge endgültigen Verlustes der Durchsetzbarkeit der wechselseitigen Ansprüche (OLG Düsseldorf, BeckRS 2005, 30354044). Der Leasinggeber kann die Leasingraten dann nicht mehr verlangen, sondern sie sind im Wege des Schadensersatzes als Insolvenzforderung geltend zu machen (vgl *Sinz* in: Uhlenbruck, InsO, § 103 Rn 315 ff).

Der Leasinggeber ist in diesem Fall so zu stellen, wie er bei ordnungsgemäßer Vertragserfüllung durch den Leasingnehmer/Insolvenzverwalter gestanden hätte (§ 103 Abs 2 Satz 1 InsO). Erfasst ist nur der Schaden aus der vorzeitigen Beendigung des Vertrages sowie entgangener Gewinn und Kosten, die dem Leasinggeber durch die Abholung des Leasinggegenstandes entstehen. Nicht erfasst ist der Ersatz für die weitere Benutzung des Leasinggegenstandes durch den Insolvenzverwalter.

Der Umfang eines solchen Schadensersatzanspruches ist in der Regel bereits im Leasingvertrag geregelt. Die entsprechenden Klauseln, die auch in der Insolvenz zu beachten sind (*Hess,* InsO, § 108 Rn 42), lauten regelmäßig wie folgt:

„Der Schaden berechnet sich aus der Differenz zwischen

- der Summe der noch ausstehenden Leasingraten und des vereinbarten Restwertes ohne Umsatzsteuer, abgezinst mit dem Zinssatz, der im Zeitpunkt des Abschlusses des Leasingvertrages für die Aufnahme eines entsprechenden Refinanzierungskredites am Geld und Kapitalmarkt hätte gezahlt werden müssen und
- den von dem Leasinggeber ersparten Aufwendungen sowie dem Nettoerlös aus der Verwertung des Leasingobjektes abzüglich der Verwertungskosten."

Soweit eine solche Klausel über die Schadensberechnung fehlt oder nicht wirksam sein sollte, steht dem Leasinggeber beim Finanzierungsleasing ein Ausgleichsanspruch zu. Der Insolvenzverwalter ist lediglich zur Rückgabe des Leasinggutes und zum Ausgleich des noch nicht getilgten Teils der Gesamtkosten des Leasinggebers verpflichtet. Der Leasinggeber muss seinerseits den Leasinggegenstand bestmöglich verwerten und den Erlös auf die Ausgleichsforderung anrechnen.

Die Rückgabeverpflichtung ist vom Insolvenzverwalter zu erfüllen. Der Leasinggeber hat als Eigentümer des Leasingobjektes das Aussonderungsrecht nach § 47 InsO und kann vom Insolvenzverwalter die Herausgabe des Leasinggegenstandes jederzeit verlangen. Der Insolvenzverwalter kann vom Leasinggeber keine Kostenbeiträge zur Masse beanspruchen und hat selbst kein Verwertungsrecht (*Hess,* InsO, § 108 Rn 44).

Der Rückgabeverpflichtung des Insolvenzverwalters sind jedoch Grenzen gesetzt. Hatte der Leasingnehmer den Leasinggegenstand einem Dritten zur Nutzung überlassen (jedenfalls dann, wenn dies mit Zustimmung des Leasinggebers erfolgte) oder vor Verfahrenseröffnung die Nutzung aufgegeben, wird die Masse von der Rückgabeverpflichtung befreit.

Gibt der Insolvenzverwalter den Leasinggegenstand nicht umgehend nach Erfüllungsverweigerung zurück, sondern nutzt diesen weiter, so hat der Leasinggeber zwar einen Anspruch auf Nutzungsentschädigung, dieser ist jedoch in der Insolvenzordnung nicht geregelt und es kommen somit die zivilrechtlichen Bereicherungsvorschriften zur Anwendung (vgl *Eckert,* ZIP 1996, 897 (905)). Ein solcher Anspruch hat jedoch den Rang einer Masseforderung, da die Masse insoweit ungerechtfertigt bereichert ist (§ 55 Abs 1 Nr 3 InsO).

Der Leasinggegenstand ist vom Insolvenzverwalter auch dann zurück zu geben, wenn der Leasingvertrag nach Eröffnung des Insolvenzverfahrens endet, weil dessen Laufzeit beendet ist. Gibt der Insolvenzverwalter in diesem Falle den Leasinggegenstand nicht heraus, so hat der Leasinggeber einen Anspruch auf Nutzungsentschädigung wegen Vorenthaltung des Leasinggegenstandes gemäß § 546a BGB. Dieser Anspruch ist eine Masseverbindlichkeit gemäß § 55 Abs 1 Nr 1 InsO, gleich, ob der Insolvenzverwalter den Leasinggegenstand tatsächlich noch für die Masse nutzt oder nicht (differenzierend: *Sinz,* Kölner Schrift zur InsO, S 593, 599).

de) Erfüllungswahl: Wählt der Insolvenzverwalter Erfüllung des Leasingvertrages, so hat er gemäß § 103 Abs 1 InsO den Vertrag anstelle des Leasingnehmers als Schuldner zu erfüllen und kann auch vom anderen Teil Erfüllung verlangen. Der Insolvenzverwalter hat die gleichen Rechte und Pflichten aus dem Leasingvertrag wie vormals der Leasingnehmer.

Der Anspruch auf die Leasingraten ist eine Masseverbindlichkeit gemäß § 55 Abs 1 Nr 2 InsO. Auf diese Weise wird sichergestellt, dass der Vertragspartner für Leistungen, die er nach Verfahrenseröffnung zur Insolvenzmasse erbringt, einen vollwertigen Gegenanspruch erhält. Darauf, ob der Insolvenzverwalter den Leasinggegenstand dann tatsächlich nutzt oder nicht, kommt es nicht mehr an.

Gerät der Insolvenzverwalter in diesem Stadium mit der Zahlung der Leasingraten in Verzug, kann der Leasinggeber den Leasingvertrag kündigen und Schadensersatz wegen vorzeitiger Vertragsbeendigung als Masseschuld verlangen; § 112 InsO steht nicht entgegen.

Die Erfüllungswahl führt nicht zu einer Veränderung des Leasingvertrages, so dass nicht nur die Haupt-, sondern auch die Nebenpflichten grundsätzlich zu Masseverbindlichkeiten werden. Dies betrifft zunächst Gewährleistungsansprüche, selbst wenn sie aus der Zeit vor der Verfahrenseröffnung herrühren (anders wohl Cymutta/Hess in Kölner Kommentar zur Insolvenzordnung, 2017, § 103, Rn 265).

Stundungen und die Vereinbarung von Lieferterminen durch den Schuldner/Leasingnehmer sind auch gegenüber dem Insolvenzverwalter wirksam, während Schadensersatzansprüche und Rückgewähransprüche wegen zu vertretender Pflichtverletzung nur dann Masseansprüche nach § 55 Abs 1 Nr 2 InsO darstellen, wenn der Insolvenzverwalter diese zu vertreten hat.

df) Rückständige Leasingraten: Nach hM (vgl *Sinz,* Kölner Schrift zur InsO, S 593, 608) ist der Anspruch auf rückständige Leasingraten aus der Zeit vor Eröffnung des Insolvenzverfahrens lediglich eine bloße Insolvenzforderung, da insoweit § 105 InsO anwendbar ist. Waren diese Ansprüche bereits aus der Zeit vor Antragstellung begründet, gilt dies erst recht. Hiervon ausgenommen sind jedoch die bereits zuvor angesprochenen Ansprüche gemäß § 55 Abs 2 Satz 2 InsO.

Nutzt der Insolvenzverwalter das Leasingobjekt in der Zeit zwischen Eröffnung des Insolvenzverfahrens und Ausübung des Wahlrechts weiter, so hat der Leasinggeber jedenfalls dann einen Zahlungsanspruch, wenn der Insolvenzverwalter anschließend Erfüllung wählt. Der Vertrag wird so behandelt, als habe er unverändert fortbestanden.

Lehnt der Insolvenzverwalter die Erfüllung jedoch ab, entsteht kein Anspruch auf die Leasingraten. Der Leasinggeber hat dann lediglich einen Schadensersatzanspruch, der wiederum nicht die Nutzungsentschädigung erfasst (§ 103 Abs 2 Satz 1 InsO).

Diese Nutzungsentschädigung ist in der InsO ebenfalls nicht geregelt. Sie richtet sich wiederum nach allgemeinem zivilrechtlichen Bereichungsrecht, hat aber den Rang einer Masseverbindlichkeit (§ 55 Abs 1 Nr 3 InsO).

Aus diesen Gründen ist dem Leasinggeber in jedem Fall zu raten, den Insolvenzverwalter alsbald nach Eröffnung des Insolvenzverfahrens zur Ausübung seines Wahlrechtes aufzufordern, um den Zeitraum, für den nur Nutzungsentschädigung und Schadensersatz verlangt werden können, eng zu begrenzen.

dg) Haftung des Insolvenzverwalters für Masseverbindlichkeiten, § 61 InsO: Gemäß § 21 Abs 2 Nr 1, § 61 InsO haftet der vorläufige „starke" Insolvenzverwalter für die Erfüllung von Masseverbindlichkeiten, die auf der Grundlage des § 55 Abs 2 InsO entstanden sind, für den Fall, dass die Masse nicht ausreichend ist und er sich nicht exkulpieren kann. Im Regelfall ist dem Insolvenzverwalter eine Fehleinschätzung der Masse nur dann anzulasten, wenn er keine hinreichenden organisatorischen Vorkehrungen getroffen hat, um eine vollständige und rechtzeitige Erfassung aller Masseverbindlichkeiten sicher zu stellen (vgl. *Sinz* in: Uhlenbruck, InsO, § 61 Rn 20 mwN). Die Vorschrift des § 61 InsO umfasst alle Masseverbindlichkeiten, die durch eine Rechtshandlung des Insolvenzverwalters begründet wurden. Dies gilt jedoch nicht für den Anspruch des Leasinggebers auf Nutzungsentschädigung wegen Vorenthaltung des Leasingobjektes nach Erfüllungsablehnung durch den Insolvenzverwalter. Er ist ein Bereicherungsanspruch, also ein Anspruch, der eines rechtlichen Grundes gerade entbehrt.

Da auch Masseverbindlichkeiten aus dem vorläufigen Insolvenzverfahren von § 61 InsO erfasst werden, haftet auch der „starke" vorläufige Insolvenzverwalter gemäß § 61 InsO.

Voraussetzungen des Schadensersatzanspruches gemäß § 61 InsO sind, dass der Insolvenzverwalter bei Begründung einer Masseverbindlichkeit (Wahl der Erfüllung bzw Nutzung des Gegenstandes) eine spätere Masseunzulänglichkeit nicht erkennt (relevant ist hier der Zeitpunkt der Begründung der Masseverbindlichkeit) und dieses Nichterkennen vorsätzlich oder fahrlässig war. „Der (insbesondere vorläufige) Insolvenzverwalter muss daher, um die im Gesetz vorgegebene Entlastungsmöglichkeit überhaupt nutzen zu können, eine betriebswirtschaftlichen Kriterien entsprechende Planrechnung seiner Fortführung erstellen und insbesondere in vertretbaren Zeiträumen nachhalten (Soll-Ist-Vergleich). Kann er nach den Ergebnissen der handwerklich ordentlich erstellten Planrechnung davon ausgehen, dass die Masse zur Erfüllung von ihm begründeter sonstiger Masseverbindlichkeiten ausreicht, haftet er nicht" (vgl. Braun, Insolvenzordnung, 7.Aufl. 2017, § 61 Rn. 14).

Die besondere Pflicht des Insolvenzverwalters, sich zu vergewissern, ob er bei normalem Geschäftsablauf zur Erfüllung der von ihm begründeten Forderungen mit Mitteln der Masse in der Lage sein wird, bezieht sich nach dem BGH auf die *primären Erfüllungsansprüche* und nicht auf Sekundäransprüche, BGH NZI 2008, 735, bestätigt durch BGH BeckRS 2018, 1032.

Für die Prüfung, ob der Insolvenzverwalter fahrlässig gehandelt hat, ist zu hinterfragen, ob er bei Anwendung der gebotenen Sorgfalt im Zeitpunkt der Begründung der Masseverbindlichkeit die Unzulänglichkeit der Masse hätte erkennen können. Die Masseunzulänglichkeit muss dabei noch nicht zweifelsfrei feststehen, begründete Zweifel sind insoweit ausreichend (*Hess*, InsO, § 61 Rn 23; grundlegend BGH ZIP 2004, 1107).

Der Anspruch nach § 61 InsO verjährt gemäß § 62 InsO in drei Jahren. Die Frist beginnt mit Kenntnis des Schadens sowie der Umstände, die die Ersatzpflicht begründen.

Er verjährt spätestens in drei Jahren von der Aufhebung oder der Rechtskraft der Einstellung des Insolvenzverfahrens (§ 62 Satz 2 InsO).

Stellt sich die Unzulänglichkeit der Masse heraus, ohne dass dem Insolvenzverwalter insoweit ein Vorwurf gemacht werden kann, wird das Insolvenzverfahren nach Anhörung des Insolvenzverwalters, der Gläubigerversammlung und der Massegläubiger eingestellt. Der Insolvenzverwalter hat dann die Masseverbindlichkeiten ihrem Rang folgend zu begleichen. Die Sicherungsmaßnahmen werden aufgehoben.

28. Das Formular gewährt dem Leasingnehmer wahlweise eine Kauf- oder Mietverlängerungsoption (**Doppeloption**). Die Abfassung der Optionsklauseln hat sich eng an den Leasingerlass des BMF vom 19. 4. 1971 (→ Anm. 34) zu halten, um die steuerliche Zurechnung des Leasingobjektes beim Leasingnehmer zu vermeiden.

29. Soweit der Leasingnehmer die ihm zustehende Kaufoption nicht ausübt, hat er nach Ablauf des Leasingvertrages grundsätzlich das Leasingobjekt an den Leasinggeber zurückzugeben. Wie der BGH in seiner Entscheidung vom 18.1.2017 – VIII ZR 263/15 (NJW 2017, 1301) nunmehr feststellt, handelt es sich hierbei jedenfalls nicht schon nach der gesetzlichen Konzeption um eine Bringschuld des Leasingnehmers. Dies hat zur Folge, dass mangels wirksamer Vereinbarungen über den Erfüllungsort die Leistung nach § 269 Abs. 1 und 2 BGB an dem Ort zu erfolgen hat, an welchem der Schuldner zur Zeit der Entstehung des Schuldverhältnisses seinen Wohnsitz oder seine Niederlassung hatte. Die wiedergegebene Klausel versucht, das Interesse des Leasinggebers an einer Rückgabe des Leasingobjektes an *seinem* Sitz oder dem Sitz eines von ihm mit der Entgegennahme des Leasingobjektes Beauftragten zu wahren, dabei jedoch gleichzeitig von vornherein die Interessen des Leasingnehmers hinreichend zu berücksichtigen und diesem einen angemessenen Ausgleich zuzugestehen.

Verletzt der Leasingnehmer seine **Herausgabeverpflichtung,** so steht dem Leasinggeber nach § 546a BGB ein Anspruch auf Zahlung einer Nutzungsentschädigung zu (BGHZ 107, 123, 129).

30. Mit Art 27 des Jahressteuergesetzes 2009, in Kraft getreten am 25.12.2008, ist das KWG in § 1 Abs 1a Satz 2 Nr 10 ergänzt worden um den Abschluss von Finanzierungs-Leasingverträgen als Leasinggeber und die Verwaltung von Objektgesellschaften im Sinne des § 2 Abs 6 Satz 1 Nr 17 (Finanzierungs-Leasing). Was im Einzelnen als Finanzierungs-Leasing im Sinne des § 1 Abs 1a Satz 2 Nr 10 KWG zu verstehen ist, ergibt sich aus dem BaFin Merkblatt vom 19.1.2009.

31. Geldwäschebekämpfung und Leasing: Als Finanzdienstleistungsinstitut im Sinne des § 1 Abs 1a des KWG sind Leasinggesellschaften gemäß § 2 Abs 1 Nr 2 GWG Verpflichtete im Sinne des Geldwäschegesetzes. Der Bundesverband Deutscher Leasing-unternehmen hat an seine Mitglieder eine in Zusammenarbeit mit dem BaFin entstandene Anwendungsempfehlung zum Geldwäschegesetz herausgegeben.

32. Die Frage, unter welchen Voraussetzungen und bei welcher Vertragsgestaltung das **Leasingobjekt wirtschaftlich** dem Leasinggeber oder dem Leasingnehmer **zuzurechnen** ist, richtet sich nach den Erlassen des BMF vom 19.4.1971 („**Vollamortisationserlass**") und vom 22.12.1975 („**Teilamortisationserlass**"). Zur Vermeidung einer wirtschaftlichen Zurechnung des Leasingobjektes beim Leasingnehmer lehnt sich die Formulargestaltung der Leasinggesellschaften – wie auch das vorliegende Formular – weitestgehend an die Leasingerlasse an.

Eine tabellarische Übersicht zur Zurechnung des Leasingobjektes bei Vollamortisations-Leasingverträgen über Mobilien findet sich bei *Spittler,* Leasing für die Praxis, 2. Aufl 1985, 75.

33. Erfolgt die Zurechnung des Leasingobjektes auf Grund erlasskonformer Ausgestaltung des Leasingvertrages beim Leasinggeber, so hat dies folgende bilanzielle Auswirkung:

Der Leasinggeber aktiviert das Leasingobjekt im Rahmen seines Anlagevermögens, und zwar gem § 6 Abs 1 Ziff 1 EStG zu den Anschaffungs- oder Herstellungskosten (*Fittler/Mudersbach*, Leasing-Handbuch, 2012, 86).

Die Abschreibung des Leasingobjektes erfolgt beim Leasinggeber nach den allgemeinen Grundsätzen.

Die vom Leasingnehmer gezahlten Leasingraten sind beim Leasinggeber als Betriebseinnahmen, beim Leasingnehmer als sofort abzugsfähige Betriebsausgaben zu verbuchen.

Nebenkosten, wie zB Transportkosten etc sind vom Leasinggeber als Betriebsausgaben abzusetzen (*Spittler* 89).

34. Erfolgt die Zurechnung des Leasingobjektes infolge nicht erlasskonformer Ausgestaltung des Leasingvertrages beim Leasingnehmer, gilt Folgendes:

Der Leasingnehmer muss das Leasingobjekt aktivieren und kann es nach den allgemeinen Grundsätzen abschreiben.

Gleichzeitig hat der Leasingnehmer eine Verbindlichkeit gegenüber dem Leasinggeber in Höhe des Tilgungsanteils der Leasingraten zu passivieren. Der Leasinggeber aktiviert entsprechende Forderungen gegen den Leasingnehmer (*Spittler* 90 ff).

35. Der sog **Vollamortisationserlass** des Bundesministers der Finanzen findet sich in: **Bundesminister der Finanzen, BMF-Schreiben vom 19.4.1971 – IV B/2 – S 2170 – 31/71**, BStBl 71 I 264, BB 1971, 506. Betr.: Ertragsteuerliche Behandlung von Leasing-Verträgen über bewegliche Wirtschaftsgüter.

2. Teilamortisations-Leasingvertrag (mit Andienungsrecht)

Nachfolgend[1, 2, 4–8] werden lediglich die Änderungen und Ergänzungen des Formulars Vollamortisations-Vertrag aufgeführt, die erforderlich sind, um dieses Vertragsformular in ein Formular Teilamortisations-Leasingvertrag mit Andienungsrecht zu ändern:

1. *Der Text der Vorderseite des → Form. IV.P.1 ist an geeigneter Stelle wie folgt zu ergänzen:*
   Die Vertragsparteien sind sich einig, dass die vom Leasingnehmer während der unkündbaren Leasingdauer zu entrichtenden Leasingraten die vom Leasinggeber zum Erwerb des Leasingobjektes aufgewandten Anschaffungs- und/oder Herstellungskosten sowie die Nebenkosten einschließlich der Finanzierungskosten nicht decken. Die Amortisation des während der unkündbaren Leasingdauer nicht amortisierten Betrages, der dem obengenannten Restwert entspricht, erfolgt durch die Vereinbarung eines Andienungsrechts in § 11 der Leasingbedingungen.[3]
2. *Die Leasingbedingungen sind wie folgt zu ändern bzw zu ergänzen:*

   § 2 Abs 2: „. . . . . so ändert sich die Leasingrate und der vereinbarte Restwert im gleichen Verhältnis."

   § 3 Abs 3: „. . . . . auf die Leasingraten und den vereinbarten Restwert . . . . ."

   § 4 Abs 3: „. . . . . die Summe der noch ausstehenden Leasingraten und des vereinbarten Restwertes, ..."

   § 6 Abs 3: „. . . . . und des vereinbarten Restwertes, ..."

§ 8 Abs 4: „. . . . . , dass sich die Leasingraten und der vereinbarte Restwert von Anfang an . . . . .“

§ 9 Abs 2 Satz 2 a: „. . . . . der Summe der noch ausstehenden Leasingraten und des vereinbarten Restwertes, jeweils ohne Mehrwertsteuer, ...“

§ 11: „Der Leasinggeber ist bereit, mit dem Leasingnehmer über eine Verlängerung des Leasingvertrages zu verhandeln. Ein Verlängerungsbegehren muss dem Leasinggeber bis zum Ablauf der unkündbaren Leasingdauer schriftlich zugehen. Der Leasinggeber wird kurzfristig über die Annahme des Antrages entscheiden.

Kommt ein Verlängerungsvertrag nicht zustande, ist der Leasingnehmer auf Verlangen des Leasinggebers verpflichtet, das Leasingobjekt bei Ablauf der Leasingdauer zu dem auf der Vorderseite dieses Vertrages genannten Restwert zuzüglich Mehrwertsteuer zu kaufen. Der Leasinggeber wird dem Leasingnehmer ein Kaufverlangen rechtzeitig vor Ablauf der Leasingdauer mitteilen. Mit Zugang dieser Mitteilung ist der Kaufvertrag zustande gekommen.

Sofern der Leasingnehmer kein Verbraucher im Sinne des § 474 BGB ist, erfolgt der Kauf unter Ausschluss der Haftung für Sach- und Rechtsmängel gemäß § 437 BGB. Der Haftungsausschluss gilt jedoch nicht, wenn der Mangel zu einer Verletzung von Leben, Körper oder Gesundheit des Leasingnehmers geführt hat und für Schäden, die auf einer grob fahrlässigen oder vorsätzlichen Pflichtverletzung des Leasinggebers, seiner Vertreter oder Erfüllungsgehilfen beruhen.“[4]

Anmerkungen

1. Während beim Vollamortisations-Leasingvertrag (→ Form. IV.P.1) die Amortisation sämtlicher vom Leasinggeber im Zusammenhang mit der Anschaffung des Leasingobjektes aufgewandten Kosten (idR Anschaffungs-/Herstellungskosten, Nebenkosten, Finanzierungskosten etc) auf Grund entsprechender Kalkulation des Leasinggebers mit der Zahlung der Leasingraten durch den Leasingnehmer während der vereinbarten Leasingdauer erfolgt, hat der Leasinggeber beim **Teilamortisations-Leasingvertrag** die vom Leasingnehmer während der unkündbaren Leasingdauer zu entrichtenden Leasingraten so kalkuliert, dass ihm hierdurch lediglich ein Teilbetrag der von ihm aufgewandten Beträge zufließt. Diese Kalkulation beruht auf der Interessenlage des Leasingnehmers, während der Leasingdauer lediglich den vorhersehbaren Wertverfall des Leasingobjektes, nicht hingegen dessen gesamte Anschaffungskosten zu amortisieren und hierdurch für die Nutzungsdauer des Leasingobjektes lediglich ein entsprechend geringeres Entgelt zu entrichten.

Der auf der Vorderseite des Vertragsformulars zwingend anzugebende kalkulierte **Restwert** hat damit die Funktion, zwischen den Parteien verbindlich festzuhalten, welcher prozentuale Anteil der zu amortisierenden Kosten während der Leasingdauer, welcher prozentuale Anteil erst nach Ablauf der Leasingdauer amortisiert wird.

2. Mit der Vereinbarung des Andienungsrechtes stellt der Leasinggeber sicher, den während der Leasingdauer nicht amortisierten Teilbetrag der Anschaffungs- und Herstellungskosten, Neben- und Finanzierungskosten auf jeden Fall nach Ablauf der Leasingdauer durch Verkauf des Leasingobjektes an den Leasingnehmer zu amortisieren.

Von der Möglichkeit zur Ausübung des Andienungsrechts wird der Leasinggeber selbstverständlich nur dann Gebrauch machen, wenn er nicht durch eine Veräußerung des Leasingobjektes am Markt einen über dem Restwert liegenden Preis erzielen kann.

Bei der vorzeitigen Beendigung eines Leasingvertrages mit Andienungsrecht und ohne Mehrerlösbeteiligung steht eine wegen der Beschädigung, des Untergangs, der Verlusts oder des Diebstahls des Leasingobjekts gezahlte **Versicherungsentschädigung** auch insoweit dem Leasinggeber zu, als sie seinen zum Zeitpunkt der vorzeitigen Beendigung des

Leasingvertrages noch nicht amortisierten Gesamtaufwand einschließlich des kalkulierten Gewinns übersteigt, vgl BGH NJW 2008, 989 m Anm. *Weber*.

Die Bezeichnung dieser Vertragsvariante als Teilamortisations-Vertrag ist insoweit ungenau, als sie lediglich auf die Leasingdauer abstellt und die durch Verwertung des Leasingobjektes – ggf durch Ausübung des Andienungsrechts – eintretende Vollamortisationswirkung außer Acht lässt.

3. Da der vorstehende Zusammenhang – auch im kaufmännischen Verkehr – nicht jedem Leasingnehmer präsent ist, ist es erforderlich, ihm diesen Zusammenhang durch eine transparente Klauselgestaltung deutlich zu machen (s **Transparenzgebot,** *Graf von Westphalen, A 52)*.

4. Die wirtschaftliche Zurechnung des Leasingobjektes richtet sich nach dem Teilamortisationserlass des BMF vom 22. 12. 1975 (→ Anm. 8).

5. Alternativ zu dem hier gewählten Weg der Vereinbarung eines Andienungsrechtes kann die vom Leasingnehmer garantiemäßig abgesicherte Vollamortisation des Leasingvertrages auch durch Vereinbarung einer sogenannten **Mehrerlösbeteiligungsregel** sichergestellt werden. Der nachfolgende Klauselvorschlag geht dabei davon aus, dass die Vorderseite des betreffenden Vertrages entsprechend der in → Form. IV.P.2 dargestellten Klausel ergänzt wird, wobei der Begriff „Andienungsrecht" durch den Begriff „Mehrerlösbeteiligungsklausel" zu ersetzen ist. Ferner sind in den Leasingbedingungen die Rückgabe des Leasingobjektes nach Ablauf der Leasingdauer und dessen Verwertung durch den Leasinggeber zu regeln. Die Vollamortisation des Leasinggebers wird sodann durch folgende Klausel erreicht:

> **„Bei Berechnung der Leasingraten wurde der auf der Vorderseite vereinbarte Restwert berücksichtigt. Weicht der beim Verkauf oder einer anderweitigen Verwertung des Leasingobjektes erzielte Nettoerlös von diesem Restwert ab, so steht ein Mehrerlös zu 75 % dem Leasingnehmer und zu 25 % dem Leasinggeber zu; ein Mindererlös verpflichtet den Leasingnehmer zur Zahlung des Differenzbetrages an den Leasinggeber."**

Gegen die Wirksamkeit dieser Klausel bestehen keine durchgreifenden Bedenken. Sie kommt den wirtschaftlichen Interessen des Leasingnehmers weiter entgegen als der Teilamortisations-Vertrag mit Andienungsrecht, bei dem der Leasingnehmer an einem vom Leasinggeber durch Verwertung des Leasingobjektes eventuell erzielten Mehrerlös nicht beteiligt ist.

Aus steuerlichen Gründen ist darauf zu achten, dass der Anteil des Leasinggebers am Mehrerlös die 25 %-Grenze nicht unterschreiten darf, weil dann eine ins Gewicht fallende Beteiligung des Leasinggebers an Wertsteigerungen des Leasingobjektes nicht mehr gegeben wäre. Das Leasingobjekt wäre in diesem Fall dem Leasingnehmer zuzurechnen (BMF-Schreiben vom 22. 12. 1975, BB 1976, 72).

6. Eine besondere Bedeutung in der leasingvertraglichen Praxis kommt dem Teilamortisations-Vertrag in der Form. des **Kündbaren Leasingvertrages** zu.

a) Der BGH (WM 1981, 1378; 1982, 7, 82, 666) hat zwar festgestellt, dass die Verknüpfung des dem Leasingnehmer eingeräumten Kündigungsrechts mit der Verpflichtung zur Leistung einer Abschlusszahlung eine einseitig durch Allgemeine Geschäftsbedingungen eingeführte Erschwerung des Kündigungsrechts darstelle und daher unwirksam sei (BGH WM 1981, 1378, 1380).

Diese Konsequenz der Rechtsprechung ist für den Leasinggeber jedoch dadurch abgemildert, dass BGH WM 1985, 860, 864 es als leasingtypisch anerkennt, dass der Leasingnehmer eine Ausgleichszahlung zu erbringen hat, die von den Gesamtkosten des Leasinggebers einschließlich seines Gewinns zu berechnen ist.

7. Kündigt der Leasingnehmer den Leasingvertrag nicht, so setzt sich das Leasingverhältnis bis zu einer erfolgten Kündigung seitens des Leasingnehmers fort. Der Leasingnehmer schuldet unverändert die Zahlung der Leasingraten in vereinbarter Höhe. Es kommt weder darauf an, ob eine Ausgleichszahlung des Leasingnehmers nur bis zum Zeitpunkt der vollen Amortisation vorgesehen ist (BGH NJW 1990, 247), noch darauf, ob möglicherweise die für die Kalkulation der Raten zugrunde gelegte Nutzungsdauer des Leasinggegenstandes abgelaufen ist (vgl BGH WM 1990, 23).

Ob und inwieweit der Rechtsgedanke der Entscheidung vom 13.4.2005 (NJW-RR 2005, 1081) hier gegebenenfalls Anwendung findet, bleibt abzuwarten.

8. Der sogenannte Teilamortisations-Erlass des Bundesministers der Finanzen findet sich in: **Bundesminister der Finanzen, BMF-Schreiben vom 22. 12. 1975** IV B 2, S 2170, 161/75, BB 1976, 72 Betr Steuerliche Zurechnung des Leasing-Gegenstandes beim Leasing-Geber.

3. Auto-Leasingvertrag (mit Km-Begrenzung)

Nachfolgend[1–3,5,6,9,10] werden lediglich die Änderungen und Ergänzungen des Formulars IV.P.1 (Vollamortisationsvertrag) aufgeführt, die erforderlich sind, um dieses Vertragsformular in ein Formular Auto-Leasingvertrag mit km-Begrenzung zu ändern:

1. *Auf der Vorderseite ist folgende Zeile aufzunehmen:*
   „Kosten pro Mehrkilometer: . . . . . EURO plus Mehrwertsteuer; Erstattung pro Minderkilometer: . . . . . EURO plus Mehrwertsteuer.“
2. *Die Leasingbedingungen sind wie folgt zu ändern bzw zu ergänzen:*
   § 5 Abs 1: „Der Leasingnehmer hat das Leasingobjekt auf seine Kosten in betriebsfähigem und nutzbarem Zustand zu erhalten, die Wartungs-, Pflege- und Gebrauchsanweisungen des Herstellers zu befolgen und die erforderlichen Reparatur- und Pflegedienstarbeiten termingerecht durch die offizielle Werksvertretung bzw Werkshändler des Herstellers durchführen zu lassen.“
   § 5 Abs 3: „ . . . . . Die Überlassung an Betriebsangehörige des Leasingnehmers ist zulässig, soweit diese im Besitz einer gültigen Fahrerlaubnis sind.“
   § 5 Abs 8: „Das Leasingobjekt wird auf den Namen des Leasingnehmers, der Halter im Sinne der Straßenverkehrszulassungsordnung, des Pflichtversicherungsgesetzes usw ist, zugelassen. Die Zulassungsbescheinigung Teil II wird vom Leasinggeber in Verwahrung genommen.[4]
   Nach Beendigung des Leasingvertrages ist der Leasinggeber berechtigt, bei den behördlichen Stellen die Umschreibung der Zulassungsbescheinigung Teil II auf den Namen des Leasinggebers oder eines Dritten zu beantragen.“
   § 7 Abs 1 Satz 2 wird wie folgt geändert: „Der Leasingnehmer wird während der Leasingdauer auf eigene Kosten eine Haftpflichtversicherung mit einem üblichen Deckungsumfang für Personen-, Sach- und reine Vermögensschäden und eine Vollkaskoversicherung mit einer üblichen Selbstbeteiligung abschließen. Das Leasingobjekt darf erst genutzt werden, wenn diese Versicherungen in Kraft sind.“
   § 9 Abs 2b erhält folgende Fassung: „den vom Leasinggeber ersparten Aufwendungen.“[7]
   § 11 entfällt ersatzlos.
   § 12 wird wie folgt neu gefasst:
   „Nach Beendigung des Leasingvertrages hat der Leasingnehmer das Leasingobjekt auf seine Kosten und Gefahr an dessen Lieferanten zurückzugeben. Der Leasingnehmer darf dadurch jedoch wirtschaftlich und rechtlich nicht schlechter gestellt werden als bei Rückgabe an den Leasinggeber. Übersteigen die Kosten für die Rückgabe an den

Lieferanten die Kosten der Rücklieferung an den Leasinggeber, hat der Leasingnehmer einen Anspruch auf Ersatz der übersteigenden Kosten gegen den Leasinggeber. Der Leasingnehmer muss diesen Anspruch innerhalb von 90 Tagen nach Vertragsende geltend machen.[7a]

Der monatliche Leasingsatz ist unter Berücksichtigung der auf der Vorderseite genannten Basis-Kilometer kalkuliert.

Ist das Leasingobjekt bei Ablauf der unkündbaren Leasingdauer mehr gefahren worden, so schuldet der Leasingnehmer dem Leasinggeber pro Mehrkilometer den umseitig genannten Kostenbetrag. Ist das Leasingobjekt bei Ablauf der Leasingdauer weniger gefahren worden, so erstattet der Leasinggeber dem Leasingnehmer pro Minderkilometer den umseitig genannten Erstattungsbetrag.

Das Leasingobjekt hat im Zeitpunkt der Rückgabe in einem betriebsbereiten, verkehrssicheren und unfallfreien Zustand zu sein. Technische und optische Mängel, die über den normalen Verschleiß hinausgehen, die zur Behebung dieser Mängel erforderlichen Beträge sowie Wertminderungen werden bei Rückgabe des Leasingobjektes in einem vom Leasinggeber oder von seinem Beauftragten und dem Leasingnehmer zu unterzeichnenden Übernahmeprotokoll festgehalten. Der Leasingnehmer kann jedoch verlangen, dass das Gutachten eines vereidigten Sachverständigen eingeholt wird. Die Kosten eines solchen Gutachtens gehen zu Lasten des Leasingnehmers. Der Leasingnehmer verpflichtet sich hiermit, die in dem Übernahmeprotokoll bzw dem Sachverständigengutachten festgestellten Beträge an den Leasinggeber zu zahlen. Diese Beträge sind zwei Wochen nach ihrer Feststellung fällig."[8]

Anmerkungen

1. Das Formular gibt mit geringfügigen Änderungen einen Auto-Leasingvertrag in der Form. wieder, in der er von einer großen herstellerunabhängigen Finanzierungs-Leasinggesellschaft im kaufmännischen Bereich verwandt wird.

Obwohl im Pkw-Bereich das Leasing mit Privatleuten infolge entsprechender Werbung mehr in Erscheinung tritt, liegt hier Angabe gemäß nach wie vor das Schwergewicht auf dem Abschluss von Leasingverträgen mit Unternehmern (in 2011: Anteil von 82 % am Bestand aller Leasingfahrzeuge, neuere Zahlen beim Bundesverband Deutscher Leasingunternehmen BDL nicht erhältlich).

2. Während bei allen bisher dargestellten Formen des Teil-Amortisationsvertrages (→ Form. IV.P.2 Anm. 2, 6, 7) der Leasingnehmer für die Vollamortisation der vom Leasinggeber aufgewandten Anschaffungs-/Herstellungskosten, Neben-, Finanzierungskosten etc einzustehen hatte, übernimmt beim Auto-Leasingvertrag mit Km-Begrenzung der Leasinggeber im Verhältnis zum Leasingnehmer das Restwertrisiko. Auf der Grundlage der mit dem Leasingnehmer für das betreffende Leasingobjekt vereinbarten Leasingdauer und Gesamtfahrleistung kann der Leasinggeber den voraussichtlichen Gebrauchtwagenerlös nach Ablauf der Leasingdauer schätzen. Da die tatsächliche Gesamtfahrleistung jedoch den Wert des Leasingobjektes nach Ablauf der Leasingdauer nicht unerheblich beeinflusst, müssen Abweichungen von der bei Abschluss des Leasingvertrages angenommenen Gesamtfahrleistung entsprechend ausgeglichen werden.

Der Leasinggeber trägt damit jedenfalls das Risiko, dass er bei Veräußerung des Fahrzeugs am Laufzeitende die volle Amortisation des zum Erwerb des Fahrzeugs eingesetzten Kapitals einschließlich des kalkulierten Gewinns nicht erzielt (vgl std Rspr des BGH, zB NJW 2004, 2823, 2824).

3. Der Leasinggeber als Eigentümer des Leasingobjektes ist nach § 952 Abs 1 BGB analog auch Eigentümer der Zulassungsbescheinigung II. Durch deren Verwahrung verhindert der Leasinggeber einen gutgläubigen Erwerb des Leasingobjektes durch Dritte (MVertrHdB Bd 2/*Stolterfoht* → Form. VI.3 Anm. 22). Die Eintragung des Leasingnehmers in der ZB II hat lediglich zur Folge, dass der Leasingnehmer als Halter iSd StvZO anzusehen ist, BGHZ 87, 133.

4. Zur **Sach- und Preisgefahr** s → Form. IV.P.1 Anm. 19. Festzustellen ist, dass die Rechtsprechung (BGH WM 1987, 38) beim Kfz-Leasing zugunsten des Leasingnehmers für den Fall des Eintritts eines erheblichen Teilschadens am Leasingobjekt ein Recht zur fristlosen Kündigung des Leasingvertrages zwingend fordert. Fehle es hieran, so sei die Abwälzung der Sach- und Preisgefahr beim Kfz-Leasing auf den Leasingnehmer nicht angemessen. Durch diese Rechtsprechung soll die Erwartung des Leasingnehmers, während der Dauer der Nutzung eines bei Vertragsbeginn in aller Regel fabrikneuen Fahrzeuges nicht mit Schäden, Reparaturkosten und Ausfallzeiten belastet zu werden, geschützt werden. Ausreichend ist nunmehr allerdings, wie der BGH zutreffend in seiner Entscheidung vom 15.7.1998, NJW 1998, 3270, anerkennt, wenn dem Leasingnehmer für die Fälle des Verlusts und der erheblichen Beschädigung des Leasingfahrzeugs wahlweise ein Lösungsrecht eingeräumt wird, das einem kurzfristigen, mit der Verpflichtung zur Leistung einer Ausgleichszahlung verbundenen Kündigungsrecht gleichkommt. Mit seiner weiteren Entscheidung vom 8.10.2003, NJW 2004, 1041, hat der BGH zudem klargestellt, dass die Wirksamkeit der AGB-mäßigen Abwälzung der Sach- und Preisgefahr keine ausdrückliche Regelung erfordert, dass entsprechende Versicherungs- und/oder Ersatzansprüche des Leasinggebers bezüglich der Leasingsache dem Leasingnehmer zugute kommen. Dem Leasinggeber steht im Falle der Kündigung gegen den Leasingnehmer ein auf Erlangung der Vollamortisation gerichteter Ausgleichsanspruch zu (→ Form. IV.P.1 Anm. 17).

5. Die zwischen den Vertragsparteien für die ordnungsgemäße Beendigung des Leasingvertrages vorgenommene Zuweisung des **Restwertrisikos** darf für den Fall der vorzeitigen Beendigung des Vertrages nicht abgeändert werden. Dh auch bei vorzeitiger Beendigung des Vertrages muss sich der Leasinggeber an der ursprünglichen Vertragskalkulation festhalten lassen. Deren Änderung und die damit einhergehende Verschiebung des Restwertrisikos stellt sich als überraschend dar (§ 305c Abs 1 BGB) und benachteiligt den Leasingnehmer unangemessen iSv § 307 Abs 1 BGB (*Graf von Westphalen/Zahn O 182*).

6. Der Leasinggeber ist demzufolge bei vorzeitiger Beendigung des Leasingvertrages infolge des Eintritts des Sachgefahrrisikos gehalten, die Amortisation des Vertrages weitgehend durch Rückgriff auf Versicherungs- und Entschädigungsansprüche zu erreichen.

7. Auch im Falle der **außerordentlichen Kündigung** des Leasingvertrages durch den Leasinggeber muss die zwischen den Vertragsparteien vorgenommene Zuweisung des Restwertrisikos Bestand haben. Das folgt aus dem allg Grundsatz des Schadensersatzrechtes, dass bei einem Schadensersatzanspruch wegen Nichterfüllung eines Vertrages der Berechtigte so zu stellen ist, wie er bei ordnungsgemäßer Vertragsdurchführung gestanden hätte, aber auch nicht besser. Die Berechnung des Kündigungsschadens ergibt sich danach folgendermaßen: Ausgangspunkt für die Berechnung des Kündigungsschadens des Leasinggebers sind danach zunächst die bis zum vereinbarten Ablauf des Leasingvertrages noch zu zahlenden, abgezinsten Leasingraten. Hiervon abzusetzen sind die vom Leasinggeber ersparten laufzeitabhängigen Kosten sowie der Vorteil, der sich für den Leasinggeber daraus ergibt, dass er das Fahrzeug vorzeitig zurückerhält und dieses dabei regelmäßig einen höheren Wert hat als bei Rückgabe zum vereinbarten Vertragsende. Dieser Vorteil ist gegebenenfalls durch Sachverständigengutachten zu ermitteln. Darüber hinaus ist der durch die vorzeitige Möglichkeit zur Verwertung des Leasingfahrzeuges entstehende Zinsvorteil ebenfalls abzusetzen (vgl BGH NJW 2004, 2823, 2825). Dem kalkulierten Restwert sowie dem tatsächlich erzielten Verwertungserlös kommen bei dieser Berechnung keinerlei Bedeutung mehr zu. Verwertungsrisiko und Verwertungschance liegen allein beim Leasinggeber (vgl BGH NJW 2004, 2823, 2824 f).

7a. vgl. zur Problematik des Rückgabeortes oben → Form IV.P.1 Anm. 29

8. Der Leasingnehmer hat das Leasingobjekt nach Ablauf der Leasingdauer in einem mindestens durchschnittlichen Erhaltungszustand an den Leasinggeber zurückzugeben.

Befindet sich das Leasingobjekt bei **Rückgabe** in einem schlechteren als durchschnittlichen Erhaltungszustand, so hat der Leasingnehmer die zur Herstellung des durchschnittlichen Erhaltungszustandes aufzuwendenden Kosten zu tragen. Gegebenenfalls muss der Zustand des Leasingobjektes durch ein Sachverständigengutachten ermittelt werden. Die Beweislast für den schlechteren als gewöhnlichen Zustand des Leasingobjektes trägt der Leasinggeber.

Gleichzeitig haben die Parteien einen wechselseitigen Anspruch auf Ausgleich der vom Leasingnehmer gefahrenen Mehr- oder nicht gefahrenen Minderkilometer.

9. Zur **steuerlichen Zurechnung** des Leasingobjektes und den bilanziellen Konsequenzen hieraus s → Form. IV.P.1 Anm. 30–32.

10. **Besonderheiten des Verbraucherleasing:** Die Vorschriften der §§ 368–359a und 491a–502 BGB sind gemäß § 506 Abs 1 BGB auf solche Verträge entsprechend anzuwenden, durch die ein Unternehmer einem Verbraucher eine sonstige Finanzierungshilfe gewährt.

Hiermit fallen gemäß § 506 Abs 2 auch Verträge über die entgeltliche Nutzung eines Gegenstandes zwischen einem Unternehmer im Sinne des § 14 BGB und einem Verbraucher im Sinne des § 13 BGB in den Anwendungsbereich des Verbraucherdarlehnsrechts, wenn

(1) der Verbraucher zum Erwerb des Gegenstandes verpflichtet ist,

(2) der Unternehmer vom Verbraucher den Erwerb des Gegenstandes verlangen kann, oder

(3) der Verbraucher bei Beendigung des Vertrages für einen bestimmten Wert des Gegenstandes einzustehen hat.

Dies hat zur Folge, dass bei Vorliegen der sonstigen Voraussetzungen die nachfolgenden Leasingverträge unter die Regelung des sogenannten Verbraucherdarlehensrechts fallen; dies sind im Einzelnen der

a) **Teilamortisations-Leasingvertrag mit Andienungsrecht** (→ Form. IV.P.2), da der Leasinggeber vom Leasingnehmer den Erwerb des Leasinggegenstandes verlangen kann, § 506 Abs 2 Nr 2;

b) der **Teilamortisations-Leasingvertrag mit Mehrerlösbeteiligung** (→ Form. IV.P.2 Anm. 6), da der Leasingnehmer hier bei Beendigung des Leasingvertrages für einen bestimmten Wert des Leasinggegenstandes einzustehen hat, § 506 Abs 2 Nr 3;

c) der **Kündbare Teilamortisations-Leasingvertrag** (→ Form. IV.P.2 Anm. 7 ff), weil auch hier der Leasingnehmer bei Beendigung des Leasingvertrages für einen bestimmten Wert des Leasinggegenstandes einzustehen hat, § 506 Abs 2 Nr 3 BGB.

Nicht unter die Vorschriften des Verbraucherdarlehensrechts fällt hingegen der vorstehend (vgl → Form. IV.P.3) angesprochene **Auto-Leasingvertrag mit Kilometerabrechnung,** weil hier der Leasingnehmer weder zum Erwerb des Leasingobjektes verpflichtet ist noch bei Beendigung des Leasingvertrages für einen bestimmten Wert des Leasingobjektes einzustehen hat. Wie oben (→ Form. IV.P.8 Anm. 8) ausgeführt, ist er bei Beendigung des Leasingvertrages lediglich verpflichtet, das Leasingobjekt in einem mindestens durchschnittlichen Erhaltungszustand an den Leasinggeber zurückzugeben. Nur wenn sich das Leasingobjekt bei Rückgabe in einem schlechteren als durchschnittlichen Erhaltungszustand befindet, hat der Leasingnehmer die zur Herstellung des durchschnittlichen

Erhaltungszustandes aufzuwendenden Kosten zu tragen. Darüber hinaus schuldet der Leasingnehmer beim Kilometer-Auto-Leasingvertrag lediglich die Erstattung des für etwaig gefahrene Mehrkilometer vereinbarten Betrages.

Da der Auto-Leasingvertrag mit Kilometerabrechnung vor Umsetzung der Richtlinie 2008/48/EG des Europäischen Parlaments und des Rates vom 23. April 2008 über Verbraucherkreditverträge als Finanzierungs-Leasingvertrag unter § 500 aF BGB fiel und damit bis zum 10.6.2010 dem Schutz des Verbraucherdarlehnsrechts unterlag, sich mithin ab dem 11.6.2010 der Verbraucherschutz betreffend den Auto-Leasingvertrag mit Kilometerabrechnung verringert hat, wird in der Literatur (vgl *Reinking* DAR 2010, 252 ff., 254; *Reinking/Eggert,* Der Autokauf, 13. Aufl 2017, S 1264 ff) die Auffassung vertreten, eine entsprechende Anwendung des § 506 Abs 2 Satz 1 Nr 3 BGB sei in Betracht zu ziehen, da anderenfalls der von dieser Norm angestrebte Schutz des Verbraucher-Leasingnehmers leerlaufen würde (ihm folgend Palandt/*Weidenkaff* § 506 Rn 5, für den Fall, dass der Leasingnehmer bei Rückgabe eines Kraftfahrzeuges einen Minderwert auszugleichen hat; aA: *Franke/Strauss* FLF 10, 256 ff.; *Nitsch* NZV 11, 14, 15; *Skusa* NJW 2011, 2993, 2996).

Unbeschadet der Frage, ob es aus Gründen des Verbraucherschutzes tatsächlich erforderlich ist, den Auto-Leasingvertrag (mit Kilometerabrechnung) einer analogen Anwendung des § 506 Abs 2 Nr 3 BGB zu unterwerfen, denn der Leasingnehmer schuldet nicht mehr und nicht weniger als die eigentlich selbstverständliche Rückgabe eines Fahrzeuges in durchschnittlichem, vertragsgemäßem Erhaltungszustand, er haftet damit lediglich für etwaige Mehrkilometer und während seiner Nutzungsdauer angefallene Beschädigungen des Fahrzeuges, lässt die Entstehungsgeschichte des § 506 Abs 2 Nr 3 eine analoge Anwendung seines Wortlauts auf den Auto-Leasingvertrag mit Kilometerabrechnung nicht zu. Dies ergibt sich aus Folgendem:

Die Richtlinie 2008/48/EG regelt das Leasing nur insoweit, als der Leasingvertrag eine Verpflichtung zum Erwerb des Miet- bzw des Leasinggegenstands vorsieht, wobei von einer solchen auch dann auszugehen ist, wenn der Leasinggeber darüber einseitig entscheidet. Dies ergibt sich im Umkehrschluss aus Art 2 Abs 2d der Richtlinie. Dementsprechend hatte der nationale Gesetzgeber in seinem Referentenentwurf vom 17.6.2008 das Leasing lediglich insoweit als entgeltliche Finanzierungshilfe angesehen, als vertraglich eine Verpflichtung des Verbrauchers zum Erwerb des Gegenstandes vorgesehen oder dem Unternehmer die Möglichkeit eingeräumt war, von dem Verbraucher den Erwerb des Gegenstandes zu verlangen. Erst im Rahmen des weiteren Gesetzgebungsverfahrens kam das BMJ zu der Erkenntnis, dass diese Fassung des § 506 Abs 2 RefE zu einer Verringerung des Verbraucherschutzes gegenüber der seinerzeit geltenden Rechtslage führen würde. Der Gesetzgeber hat daraufhin in Kenntnis aller Umstände den § 506 Abs 2 RefE um den jetzigen § 506 Abs 2 Nr 3 ergänzt und Verträge, bei denen der Verbraucher für einen bestimmten Wert des Gegenstandes einzustehen hat, solchen Verträgen, bei denen letztlich eine Erwerbsverpflichtung des Verbrauchers besteht, gleichgestellt. In der Gesetzesbegründung (BT-Drs 16/11643, S. 92), führt er zur Begründung aus, dass ein Vertrag mit einer Klausel über eine Restwertgarantie sich jedenfalls so deutlich vom Leitbild des Mietvertrages unterscheidet, dass seine Besserstellung gegenüber anderen entgeltlichen Finanzierungshilfen nicht gerechtfertigt sei. Im Umkehrschluss hieraus ergibt sich, dass der Gesetzgeber davon ausgegangen ist, dass Verträge ohne eine Erwerbspflicht bzw eine seitens des Verbrauchers übernommene Restwertgarantie sich offensichtlich nicht so sehr vom Leitbild des Mietvertrages unterscheiden, dass sie einer entgeltlichen Finanzierungshilfe im Sinne des § 506 Abs 2 BGB gleichzustellen wären. Diese vom Gesetzgeber bewusst und in Kenntnis aller Umstände vorgenommene Abwägung spricht deutlich gegen die Annahme, hier könne eine planwidrige Regelungslücke, die durch analoge Anwendung des § 506 Abs 2 Nr 3 auf den Auto-Leasingvertrag mit Kilometerabrechnung zu schließen sei, vorliegen. Insoweit stellt *Omlor* (vgl NJW 10, 2694 ff., 2695) zu Recht fest, dass bei den Kilometerabrechnungsverträgen nach den

Vertragsbedingungen eine sichere und vollständige Amortisation des Leasinggebers nicht eintritt. Zahn (vgl NJW 2019, 1329) weist zudem zutreffend darauf hin, dass das den Leasinggeber treffende Amortisationsrisiko nicht lediglich theoretischer Natur ist, sondern sich, wie die Absatzkrise der Jahre 2008/2009 und die Dieselkrise gezeigt haben, jederzeit realisieren kann. Soweit die Pflicht zur Rückgabe in ordnungsgemäßem Zustand und die Festlegung der Kilometerleistung faktisch die Erzielung von Gewinn durch den Leasinggeber sicherzustellen vermögen, unterscheidet dies den Leasinggeber, wie *Omlor* außerdem zutreffend feststellt, nicht vom **Vermieter** einer Sache.

Der hier vertretenen Ansicht folgend MVertrHdB Bd 2/*Stolterfoht* → Form. VI.3 Anm. 8.

Die Rspr der Instanzgerichte hierzu ist uneinheitlich:Während das LG Bielefeld (BeckRS 2012, 23213) eine analoge Anwendung des § 506 Abs 2 Satz 1 Nr 3 auf den KM-Leasingvertrag mangels Vorliegens einer planwidrigen Regelungslücke ablehnt, wird eine solche vom OLG Düsseldorf (MDR 2012, 1332 = BeckRS 2012, 21220) bejaht mit der Annahme, der Gesetzgeber habe den KM-Leasingvertrag nicht bewusst dem Schutzbereich des Verbraucherkreditrechts entzogen.

Der BGH hat nunmehr den Meinungsstreit beendet und in seiner Entscheidung vom 24.02.2021 (BGH NJW 21, 1942) klargestellt, dass ein Leasingvertrag mit Kilometerabrechnung nicht die von § 506 Abs. 2 BGB geforderten Vo- raussetzungen an eine sonstige entgeltliche Finanzierungshilfe bei Nutzungsverträ- gen erfüllt und § 506 Abs. 2 Satz 1 Nr. 3 BGB auch nicht analog auf Leasingverträge mit Kilometerabrechnung anzuwenden ist.

Soweit Leasingverträge dem Verbraucherdarlehensrecht unterliegen (also der Teilamortisations-Vertrag mit Andienungsrecht, der Teilamortisations-Vertrag mit Mehrerlösbeteiligung sowie der Kündbare Teilamortisations-Leasingvertrag), hat der Leasinggeber im Weiteren folgendes zu beachten:

- gemäß **§ 6a PangV** hat der Leasinggeber im Rahmen seiner Werbung anzugeben den Sollzinssatz, den Netto-Darlehnsbetrag (das ist gemäß § 506 Abs IV Satz 2, 2. Halbsatz BGB der Anschaffungspreis). Darüber hinaus hat der Leasinggeber in der Werbung von dem effektiven Jahreszins auszugehen, von dem er erwarten darf, dass er mindestens zwei Drittel der aufgrund der Werbung zustande gekommenen Verträge zu dem angegebenen oder einem niedrigeren effektiven Jahreszins abschließen wird, § 6a Abs 3 PangV.
- Gemäß **§ 491 a** Abs 1 hat der Leasinggeber den Leasingnehmer über die sich aus Art 247 EGBGB ergebenden Einzelheiten in Textform zu unterrichten. Die Unterrichtung hat gem. Art. 247 § 2 Abs. 1 rechtzeitig vor dem Abschluss eines Vertrages zu erfolgen. Dem Verbraucher soll es damit ermöglicht werden, verschiedene Angebote vergleichen zu können und eine fundierte Entscheidung darüber zu treffen, ob er einen solchen Darlehns-/Leasingvertrag abschließen will (vgl Palandt/*Weidenkaff* EGBGB Art 247 § 2 Rn 1).

  Die Unterrichtung und Information des Verbrauchers hat gemäß Art 247 § 2 EGBGB unter Verwendung der Europäischen Standardinformation für Verbraucherkredite gemäß dem Muster in Anlage 4 zu Art 247 EGBGB zu erfolgen.
- Gemäß **§ 491a Abs 3** ist der Leasinggeber verpflichtet, dem Leasingnehmer vor Abschluss eines Verbraucher-Leasingvertrages angemessene Erläuterungen zu geben, damit dieser beurteilen kann, ob der Vertrag dem von ihm verfolgten Zweck und seinen Vermögensverhältnissen gerecht wird. Er hat mithin die vorvertraglichen Informationen, die Hauptmerkmale der angebotenen Verträge, die vertragstypischen Auswirkungen auf den Leasingnehmer und die Folgen bei Zahlungsverzug zu erläutern.
- Gemäß **§§ 505a bis 505d BGB** hat der Leasinggeber vor dem Abschluss eines Vertrags über eine entgeltliche Finanzierungshilfe die Kreditwürdigkeit des Verbrauchers zu prüfen. Verstößt der Darlehensgeber gegen diese Pflicht zur Prüfung der Kreditwürdigkeit, ergeben sich die Rechtsfolgen aus § 505d BGB:

Nach § 505d Abs. 1 Nr. 1 BGB ermäßigt sich ein gebundener Sollzins auf den marktüblichen Zinssatz am Kapitalmarkt für Anlagen in Hypothekenpfandbriefen und öffentliche Pfandbriefe; zudem steht dem Leasingnehmer nach § 505d Abs. 1 S. 3 BGB ein Recht zur fristlosen Kündigung des Vertrages zu, ohne dass ein Anspruch des Leasinggebers auf eine Vorfälligkeitsentschädigung bestünde.
Ferner steht dem Leasinggeber gegen den Leasingnehmer bei Vorliegen der Voraussetzungen des § 505d Abs. 2 BGB kein Anspruch wegen Pflichtverletzung zu, wenn diese auf einem Umstand beruht, der bei ordnungsgemäßer Kreditwürdigkeitsprüfung dazu geführt hätte, dass der Vertrag nicht hätte abgeschlossen werden dürfen.
Letzteres umfasst nach Palandt- Weidenkaff, § 505d, → Anm. 7 materiell-rechtliche Ansprüche auf Schadensersatz wegen Nichterfüllung oder Verzugs, auch auf Verzugszinsen und Rechtsverfolgungskosten.

- Ein Recht zur vorzeitigen Kündigung gemäß **§ 500 Abs 1 BGB** steht dem Leasingnehmer bei den dem Verbraucherdarlehnsrecht unterfallenden Leasingvertragstypen nicht zu. Sowohl beim Teilamortisations-Vertrag mit Andienungsrecht als auch beim Teilamortisations-Vertrag mit Mehrerlösbeteiligung und dem Kündbaren Teilamortisations-Vertrag ist die Zeit für die Rückzahlung bestimmt. Zudem würde die Einräumung eines Kündigungsrechts nach § 500 Abs 1 BGB die schon mehrfach angesprochenen, auf den sogenannten Leasingerlassen beruhenden, steuerlichen Grundlagen der betreffenden Leasingvertragsarten in Frage stellen.
- Gemäß **§ 500 Abs 2 BGB** kann auch ein Leasingnehmer seine Verbindlichkeiten aus einem Verbraucherdarlehnsvertrag jederzeit ganz oder teilweise vorzeitig erfüllen. Da allerdings § 500 Abs 2 nach § 506 Abs 2 Satz 2 auf Verträge nach § 506 Abs 2 Nr 3 nicht anwendbar ist, fällt lediglich der Teilamortisations-Vertrag mit Andienungsrecht in den Anwendungsbereich des § 500 Abs 2. In diesem Fall vermindern sich die Verbindlichkeiten des Leasingnehmers, also die während der Leasinglaufzeit zu zahlenden Raten und der Restwert gemäß § 501 BGB um die Zinsen und sonstigen laufzeitabhängigen Kosten, die bei gestaffelter Berechnung auf die Zeit nach der Fälligkeit oder Erfüllung entfallen; dem Leasinggeber steht hingegen nach § 502 BGB ein Anspruch auf Zahlung einer angemessenen Vorfälligkeitsentschädigung zu.
- Gemäß **§ 30 Abs 2 BDSG** hat der Leasinggeber den Leasingnehmer unverzüglich darüber zu unterrichten, dass er den Abschluss des Leasingvertrages infolge einer Auskunft einer Stelle im Sinne des § 30 Abs 1 BDSG ablehnt. Ferner hat er den Verbraucher über die erhaltene Auskunft zu unterrichten.
- Der Abschluss des Leasingvertrages unterliegt der Schriftform nach **§ 492 BGB.**
- Dem Leasingnehmer steht ein **Widerrufsrecht gemäß §§ 506 Abs. 1, 495 Abs. 1 Nr. 1, 355 BGB** iVm Art. 247 § 6 EGBGB zu. Dabei treten gemäß § 495 Abs 2 anstelle der Widerrufsbelehrung die Pflichtangaben nach Art 247 § 6 EGBGB.
  Zur Erhaltung entsprechender Rechtssicherheit hat der Leasinggeber das als Anlage 7 zu Art 247 § 6 EGBGB geregelte Muster für eine Widerrufsinformation für Verbraucherdarlehnsverträge an den Leasingvertrag anzupassen.
- **Gemäß § 498 BGB** ist der Leasinggeber zur Kündigung des Leasingvertrages nur berechtigt, wenn der Leasingnehmer mit zwei aufeinanderfolgenden Leasingraten und mit mindestens 10 % bzw bei einer Laufzeit des Leasingvertrages von mehr als drei Jahren, mit mindestens 5 % des Nennbetrages in Verzug ist. Darüber hinaus muss er dem Leasingnehmer erfolglos eine zweiwöchige Frist zur Zahlung des rückständigen Betrages mit der Erklärung gesetzt haben, dass er bei Nichtzahlung innerhalb der Frist die gesamte Restschuld verlangen wird. Zudem soll er dem Leasingnehmer spätestens mit der Fristsetzung ein Gespräch über die Möglichkeiten einer einverständlichen Regelung anbieten, § 498 Abs 2.

4. Immobilien-Leasingvertrag

Nr[1–4,6,14,15,16]

– Leasing-Geber (LG)[5] –

– Leasing-Nehmer (LN) –

I. Leasinggegenstand:

s

mit dem Grundstück/Erbbaurecht:		voraussichtliche	Bruttogeschoss-
(Straße/Ort)		Gebäudenutzung:	fläche:
		. . . . .	. . . . .
Grundbuchbezeichnung:		Produktion:	m^2
Grundbuch des Amtsgerichts		Distribution:	m^2
		Lager:	m^2
von		Verwaltung:	m^2
		Sonstiges:	m^2
Band	Blatt	Untervermietung:	m^2
		insgesamt	m^2:
		davon . . . . . m^2 für Zwecke, die den Vorsteuerabzug ausschließen	
Flur	Flurstück		
Größe:	m^2:		

II. Gesamtmietzeit: . . . . . Jahre

(davon 1. Mietperiode: . . . . . Jahre)

Voraussichtlicher Beginn der Gesamtmietzeit am: . . . . .

III. Zahlungen des LN:

Berechnungsgrundlage für die Zahlungen des LN gem. Ziffern 1, 3 und 5 sind die Gesamtinvestitionskosten (GIK)

von voraussichtlich EUR . . . . .

davon:		kalkulatorische AfA
Grundstück	EUR	
Erbbaurecht	EUR	% p. a.

Gebäude	EUR	% p. a.
Sonstiges	EUR	% p. a.

Die genannten AfA-Sätze dienen der Mietberechnung und der Bestimmung des vertraglichen Restwertes.

Voraussichtlicher vertraglicher Restwert

am Ende der 1. Mietperiode: EUR

am Ende der Gesamtmietzeit: EUR

1. Konzeptionsentgeltgebühr: . . . . . %
2. Zahlungen vor Beginn der Gesamtmietzeit:
   a) Vormiete . . . . . % p. m.
   b) Bereitstellungsentschädigung ab: . . . . . % p. m.
   c) Zinsen auf Vorsteuer (gemäß § 4 Ziff. 2 c)
3. Mietzahlungen nach Beginn der Gesamtmietzeit: . . . . . % p. a.
4. Anpassung der Mieten wegen Zinskonversion (Konversionszeitpunkt) am:
5. Verwaltungskostenbeitrag: . . . . . % p. a.
6. Nebenkosten:
   Der LN erstattet dem LG gegen Nachweis die Nebenkosten gemäß § 5.
7. Umsatzsteuer:
   Zuzüglich zu sämtlichen auf Grund dieses Vertrages vom LN geschuldeten Zahlungen ist bei Umsatzsteuerpflicht (ggf. auf Grund Option) die Umsatzsteuer in der gesetzlich jeweils vorgeschriebenen Höhe zu zahlen.

IV. Mieteingangskonto des LG:

V. Konto-Nr. des LN (für SEPA- Lastschriftverfahren):

VI. Zusatzvereinbarungen:

VII. Beibringung von Unterlagen:

Der LN ist verpflichtet, folgende Unterlagen beizubringen:

LEASING-BEDINGUNGEN

§ 1 Leasinggegenstand/Beginn der Gesamtmietzeit

1. Leasinggegenstand ist die unter I bezeichnete Immobilie. Alle im Sinne des § 68 BewG nicht zum Leasinggegenstand gehörenden Maschinen und Betriebsvorrichtungen sind, auch wenn sie wesentliche Bestandteile der Immobilie sind, nicht Gegenstand dieses Vertrages. Aufgrund der tatsächlichen Nutzung durch den LN gelten die §§ 7–10 entsprechend.
2. Die Gesamtmietzeit beginnt mit der Übernahme des Leasinggegenstandes durch den LN. Die Übernahme, über die ein Protokoll angefertigt wird, erfolgt bei Fertigstellung des Leasinggegenstandes bzw. bei dessen Erwerb durch den LG. Dies gilt auch bei unwesentlichen Mängeln (entsprechend § 12 Ziff. 3 VOB Teil B). Der LG übernimmt für die Einhaltung des in Ziffer II genannten voraussichtlichen Übernahmezeitpunktes keine Gewähr.

§ 2 Gesamtinvestitionskosten (GIK)[7]

1. GIK sind sämtliche Aufwendungen, die dem LG aus dem Erwerb des Grundstücks bzw. des Erbbaurechts und der Beschaffung bzw. Errichtung des Leasinggegenstandes sowie aus evtl. Steuerbelastungen (zB Umsatzsteuer, Grunderwerbsteuer) erwachsen, auch wenn entsprechende Steuern oder neue steuerliche Tatbestände erst nach Vertragsabschluss neu eingeführt werden, also ua:
   Der Kaufpreis einschließlich Erwerbsnebenkosten (wie zB die Kosten der notariellen Beurkundung) und/oder die Baukosten einschließlich öffentlicher Gebühren und der Prämien für die Versicherungen während der Bauzeit, die Erschließungskosten, die dem LG von Dritten berechneten Kosten der Wertschätzung und Beleihung, Sachverständigenkosten, Provisionen und Gebühren Dritter, Finanzierungsnebenkosten, die Grunderwerbsteuer, auch soweit sie zusätzlich auf Grund des Eintritts von Dritten als Gesellschafter in den LG anfallen sollte, sowie nicht abziehbare Umsatzsteuer einschl. steuerlicher Nebenleistungen (zB Verzinsung).
   Sämtliche Aufwendungen werden, ohne Rücksicht darauf, wann sie entstanden sind oder behördlich festgesetzt werden, in die GIK einbezogen, auch nach der Übernahme des Leasinggegenstandes gem. § 1 bzw. nach Feststellung der GIK gem. nachstehender Ziffer 2.
   Nicht zu den GIK zählt die vom LG auf die GIK gezahlte abziehbare Umsatzsteuer.
2. Die GIK werden von den Parteien nach Vorliegen aller Rechnungen gemeinsam festgestellt. Die Höhe der vom LN zu leistenden Zahlungen gemäß III Ziffern 1, 3 und 5 sowie der vertragliche Restwert gemäß Ziffer III werden an die gemeinsam festgestellten GIK angepasst. Bei später anfallenden GIK gilt dies entsprechend. Bei einer Überschreitung der voraussichtlichen GIK gilt bis zu einem Teilbetrag von 10 % der voraussichtlichen GIK vorrangig die Regelung des § 4 Ziffer 8.

§ 3 Vertragsabstimmung

Der LG legt die von ihm abzuschließenden und im Zusammenhang mit der Beschaffung bzw. Errichtung des Leasinggegenstandes stehenden Verträge dem LN zur Zustimmung vor. Durch die Zustimmung akzeptiert der LN, dass der LG alle Zahlungsverpflichtungen, die sich aus diesen Verträgen und deren Vollzug ergeben, zu Lasten der GIK gem. § 2 oder der Nebenkosten gem. § 5 erfüllt.

§ 4 Zahlungen des Leasing-Nehmers

1. Konzeptionsentgelt[8]
   Das Konzeptionsentgelt fällt einmalig bei Vertragsabschluss an.
2. Zahlungen vor Beginn der Gesamtmietzeit
   a) Vormiete:[9]
      Vormiete fällt an für die vom LG vor Mietbeginn ausgezahlten Gesamtinvestitionskosten (GIK).
   b) Bereitstellungsentschädigung:
      Bereitstellungsentschädigung fällt an für die vom LG insgesamt bereitgestellten, aber noch nicht ausgezahlten GIK.
   c) Zinsen auf Vorsteuer:
      Zinsen auf Vorsteuer fallen an für die vom LG auf die GIK gezahlte und gegenüber dem Finanzamt als Vorsteuer geltend zu machende Umsatzsteuer bis zur Erstattung durch das Finanzamt in Höhe von 5 % p. a. über dem jeweiligen Basiszinssatz gemäß § 247 BGB bzw. der an seine Stelle tretenden Bezugsgröße der Europäischen Zentralbank. Das gilt auch für die Umsatzsteuer, die der LG erst nach Beginn der Gesamtmietzeit zahlt.

Diese Zahlungen werden dem LN monatlich nach dem Stand der vom LG bis zum jeweiligen Monatsende ausgezahlten (Vormiete) bzw. noch nicht ausgezahlten (Bereitstellungsentschädigung) GIK bzw. gezahlten Vorsteuer berechnet.

3. Mietzahlungen nach Beginn der Gesamtmietzeit
Die Mieten werden auf Basis der endgültigen Gesamtinvestitionskosten (§ 2) unter Berücksichtigung der Laufzeit, des mit dem LN vereinbarten Zinssatzes sowie des auf Basis der kalkulatorischen AfA ermittelten Restwertes gem. III berechnet.
Sofern mehrere Mietperioden vereinbart sind, gilt die vorgenannte Berechnungsweise für jede Mietperiode. Die Mieten für weitere Mietperioden setzt der LG rechtzeitig vor Ablauf der jeweils vorausgehenden Mietperiode fest.
4. Anpassungen der Mieten[10]
Rechtzeitig vor dem Konversionszeitpunkt ist der LG berechtigt und verpflichtet, die Mieten für den nächsten Festschreibungszeitraum bei gleicher Berechnungsweise/ Kalkulationsmethode und unter Berücksichtigung der bis dahin in den Mietzahlungen enthaltenen Tilgungen, der Restlaufzeit der jeweiligen Mietperiode und des mit dem LN zu vereinbarenden Zinssatzes anzupassen.
Kommt eine Einigung über den Zinssatz nicht zustande, ist der LN berechtigt, selbst eine Finanzierung zu beschaffen. Diese ist in Anspruch zu nehmen, sofern sie mindestens 0,1 %-Punkte p. a. günstiger ist und die sonstigen Modalitäten der vom LG vorgeschlagenen Finanzierung entsprechen. Eventuelle mit der Umfinanzierung verbundenen Kosten trägt der LN. Bis zu einer Einigung über den Zinssatz ist der Mietberechnung der jeweilige Zinssatz für Kontokorrentkredite des bisher finanzierenden Instituts zu Grunde zu legen.
5. Verwaltungskostenbeitrag
Der ab Vertragsabschluss zu zahlende Verwaltungskostenbeitrag erhöht sich jährlich um 4 % des Vorbetrages.
6. Nebenkosten
Der LN erstattet dem LG gegen Nachweis die in § 5 aufgeführten Nebenkosten, unabhängig davon, wann sie anfallen.
7. Abschreibungen
Den Mieten liegen die in Ziffer III genannten kalkulatorischen Abschreibungssätze zugrunde. Bei einer als Folge einer Veränderung der Nutzungsdauer (Abschreibungsdauer) notwendig werdenden Veränderung der steuerlich zulässigen Abschreibungssätze sind die Mieten – soweit die den Mieten zugrundegelegten kalkulatorischen AfA-Sätze die dann steuerlich zulässigen AfA-Sätze überschreiten – und der vertragliche Restwert unter Berücksichtigung der beiderseitigen Interessen im Rahmen eines Vertragsnachtrages anzupassen. Das Gleiche gilt bei einer notwendig werdenden Veränderung der Abschreibungsgrundlagen.
8. Überschreitung der voraussichtlichen GIK
Bei einer Überschreitung der voraussichtlichen GIK werden LG und LN zunächst gemeinsam versuchen, eine entsprechende Erhöhung der Finanzierung zu erreichen. Gelingt dies nicht und kommt auch keine andere einvernehmliche Lösung zwischen LG und LN zustande, kann der LG vom LN verlangen, dass dieser die Differenz zu den endgültigen GIK als verlorene Zuschüsse gewährt, höchstens bis zu einem Betrag in Höhe von 10 % der voraussichtlichen GIK.

§ 5 Nebenkosten

Zu den Nebenkosten zählen alle ab Vertragsabschluss anfallenden Kosten und Steuern, die aus dem Eigentum am Leasinggegenstand, seines Erwerbs, seiner Finanzierung, seiner Vermietung, seiner Veräußerung oder auf Grund der Gründung des LG oder einer vom LN verursachten unmittelbaren oder mittelbaren Änderung des jetzigen oder künftigen Gesellschafterbestandes des LG entstehen, wie zB:

1. die Kosten abgeschlossener Versicherungen (§ 9);
2. laufende Leistungen aus einem vom LG abgeschlossenen Grundstückskauf- oder Erbbaurechtsvertrag;
3. sämtliche objektbezogenen Steuern (zB Grundsteuer, Grunderwerbsteuer), Abgaben, Beiträge, Gebühren sowie sonstige aus dem Grundbesitz resultierenden Lasten und Verpflichtungen aller Art, auch dann, wenn sie erst während der Mietzeit neu eingeführt werden;
4. Umsatzsteuerforderungen, die aus Nutzungsänderungen resultieren;
5. eventuell beim LG bzw. seinen Gesellschaftern oder beim jeweiligen Organträger während der Vertragslaufzeit und/oder im Zusammenhang mit der Veräußerung des Leasinggegenstandes zu einem Kaufpreis bis zur Höhe des Restwertes gem. III. anfallende Gewerbesteuern, sowie eventuell neu eingeführte oder neu festgesetzte Steuern und Belastungen.
6. vom LG nicht verschuldete steuerliche Nebenleistungen im Zusammenhang mit den in diesem Vertrag genannten Steuern;
7. Fremdkosten, die dem LG in seiner Eigenschaft als Objektgesellschaft entstehen und dessen Gesellschaftern als Beteiligte der Objektgesellschaft entstehen, zB jährliche Haftungs- und Geschäftsführungsvergütungen, Kosten der Gründung, Kosten von notwendigen Satzungsänderungen, jährliche Wirtschaftsprüferkosten, IHK-Beiträge etc;
8. Kosten der Erstellung der Erklärung zur Feststellung des Einheitswertes des Leasinggegenstandes;
9. Kosten der regelmäßigen Bauzustandsüberwachung.

§ 6 Zahlungsmodalitäten

1. Die Zahlungen des LN sind grundsätzlich ohne Rücksicht auf den Zustand und die Gebrauchsfähigkeit des Leasinggegenstandes zu leisten. Der LN ist auch bei Mangelhaftigkeit oder Unbenutzbarkeit des Leasinggegenstandes nicht berechtigt, Zahlungen ganz oder teilweise zu mindern, zurückzubehalten oder gegen diese aufzurechnen, es sei denn, es handelt sich um unbestrittene oder rechtskräftig festgestellte Forderungen. Im Übrigen kann der LN dann Minderung seiner Leistungspflicht verlangen, wenn entweder der zufällige ganze oder teilweise Untergang des Leasinggegenstandes, oder die ganze oder teilweise Zerstörung, die nicht von ihm zu vertreten ist, vorliegen, oder wenn die Nutzung des Leasinggegenstandes auf Grund eines nicht von ihm zu vertretenden Umstandes langfristig ausgeschlossen ist.
2.
   a) Mieten und Verwaltungskostenbeitrag sind vierteljährlich im Voraus jeweils bis zum dritten Kalendertag (Valuta der Gutschrift auf dem Mieteingangskonto des LG) anteilig fällig. Hält der LN diese Zahlungstermine nicht ein, gerät er sofort in Verzug.
   b) Sonstige Zahlungen des LN sind 10 Tage nach Zugang einer Rechnung des LG fällig. LG und LN vereinbaren, dass Verzug nach Fälligkeit mit Zugang einer Mahnung des LG eintritt, in jedem Fall jedoch mit dem Ablauf von 30 Tagen nach Fälligkeit.
3. Unbeschadet eines weiteren Verzugsschadens des LG schuldet der LN im Falle des Verzugs die gesetzlichen Verzugszinsen.
4. Der LN ist verpflichtet, dem LG ein SEPA-Lastschriftmandat für alle vertraglichen Zahlungsverpflichtungen zu erteilen. Der Zahlungseinzug wird dem LN mindestens ..... Tage vor Fälligkeit angekündigt.
5. Reichen Zahlungen des LN zum vollständigen Ausgleich aller seiner Verpflichtungen gegenüber dem LG nicht aus, kann der LG bestimmen, wofür und in welcher Reihenfolge die Zahlungen zu verwenden sind.

§ 7 Haftung des LN, Unterhaltung, Instandsetzung und Gefahrtragung[11]

1. Der LN wird den Leasinggegenstand auf seine Kosten in einem guten, jederzeit funktionsfähigen, zum vertragsgemäßen Gebrauch geeigneten Zustand erhalten. Die Betriebs-, Unterhaltungs- und Erhaltungskosten sowie alle Reparaturen einschließlich der Schönheitsreparaturen gehen zu Lasten des LN. Der LG ist nach erfolgloser Mahnung berechtigt, erforderliche Reparaturen auf Kosten des LN durchführen zu lassen.
   Der LN ist auch bei ganzer oder teilweiser Zerstörung des Leasinggegenstandes zur Wiederherstellung bzw. zum Wiederaufbau auf seine Kosten verpflichtet, es sei denn, die ganze oder teilweise Zerstörung ist vom LN nicht zu vertreten. Die Gefahr des zufälligen ganzen oder teilweisen Untergangs des Leasinggegenstandes trägt der LG. Entschädigungszahlungen Dritter (Versicherer, Schädiger etc) werden dem LN in Höhe der von ihm im Rahmen des Schadensfalles bereits erbrachten Leistungen vom LG erstattet oder für die von ihm noch zu erbringenden Leistungen verwendet.
2. Der LN wird allen gesetzlichen Vorschriften und behördlichen Auflagen nachkommen. Der LN wird auch alle Verpflichtungen erfüllen, die den LG in seiner Eigenschaft als Eigentümer oder Bauherr treffen, wie beispielsweise die Verkehrssicherungspflichten und die Verpflichtungen aus einer Zustandshaftung.
   Der LN stellt den LG von allen Ansprüchen Dritter einschließlich staatlicher Institutionen frei, die während der Besitzdauer des LN oder während der Dauer des Vertrages – beginnend mit dem Vertragsabschluss – im Zusammenhang mit der Planung, Herstellung, dem Besitz und der Nutzung des Leasinggegenstandes entstehen. Diese Freistellung gilt vor allem auch für Ansprüche im Zusammenhang mit der Vermeidung oder Beseitigung von umweltgefährdenden Stoffen (insbesondere schädlichen Bodenveränderungen, Altlasten und Kampfmitteln). Der LN hat alle Kosten für Anlagen und Einrichtungen zu tragen, die auf Grund gesetzlicher Vorschriften oder behördlicher Auflagen erforderlich werden. Die vom LG wegen solcher Ansprüche gezahlten Beträge hat der LN auf Nachweis hin unverzüglich zu erstatten.
   Der Freistellungsanspruch des LG gegen den LN besteht nicht, wenn der Anspruch des Dritten vom LN nicht verursacht worden ist.[12] Die Freistellungsansprüche des LG im Falle einer außerordentlichen Kündigung vor Übernahme des Leasinggegenstandes sind in § 11 Ziffer 5 geregelt.

§ 8 Haftung des LG, Gewährleistung

1. Hat der LG für einen Schaden des LN auf Grund eigenen Verschuldens oder Verschuldens seiner gesetzlichen Vertreter oder seiner Erfüllungsgehilfen einzustehen, ist die Haftung des LG auf Fälle von Vorsatz und grober Fahrlässigkeit beschränkt; in Fällen der Verletzung von Leben, Körper oder Gesundheit sowie bei Verletzung wesentlicher Vertragspflichten wird auch für einfache Fahrlässigkeit gehaftet. Unberührt bleibt eine Haftung nach dem Produkthaftungsgesetz.
2. Der LN kann weder wegen Mängeln noch wegen mangelnder Nutzbarkeit des Leasinggegenstandes Ansprüche gegen den LG geltend machen.
3. Zum Ausgleich für die in § 8 Abs. 1 und Abs. 2 geregelten Haftungsausschlüsse tritt der LG hiermit die ihm gegen Dritte aus den für den Erwerb und/oder die Errichtung des Leasinggegenstandes abgeschlossenen Verträgen zustehenden Ansprüche und Rechte wegen Pflichtverletzungen, insbesondere auf Nacherfüllung, Rücktritt, Minderung und Schadensersatz an den LN ab. Ferner tritt der LG dem LN sämtliche Rechte und Ansprüche aus von den Dritten hinsichtlich des Leasinggegenstandes abgegebenen Garantien ab. Der LN nimmt die Abtretungen an und ist verpflichtet, die Ansprüche auf seine Kosten unverzüglich geltend zu machen; notfalls hat der LN rechtzeitig Klage zu erheben. Der LN wird die vertraglich

vereinbarten Gewährleistungsfristen beachten und eventuelle Ansprüche rechtzeitig geltend machen. Eine Veränderung der vereinbarten Gewährleistungen wird der LN mit dem LG abstimmen.

Sind die abgetretenen Ansprüche gegenüber den Dritten nicht oder nicht in vollem Umfang durchsetzbar, hat der LG diese Ansprüche anstelle des Dritten zu erfüllen.

Der LN tritt hiermit die ihm abgetretenen Ansprüche unter der aufschiebenden Bedingung der Beendigung dieses Vertrages an den LG zurück ab. Der LN ist bereits vorher zur Rückabtretung verpflichtet, soweit der LG Ansprüche anstelle des Dritten erfüllt hat.

4. Der LN hat Zahlung an den LG zu verlangen und ihn über den Gang des Verfahrens laufend zu unterrichten.
   Der LG ist verpflichtet, bei ihm eingegangene Zahlungen auf Grund der an den LN abgetretenen Ansprüche nach seiner Wahl entweder zur Wiederherstellung des Leasinggegenstandes zu verwenden oder die Zahlungen des LN neu festzusetzen.
5. Das Recht auf Mietminderung des Leasingnehmers ergibt sich aus § 6 und geht den Regelungen des § 8 vor.

§ 9 Versicherungen

1. Der LG schließt folgende Versicherungen ab:
   a) Feuerversicherung mit erweiterter Deckung einschl. Versicherung gegen ungenannte Gefahren zum Neuwert mit Wertzuschlagsklausel bzw. zum gleitenden Neuwert. Aufräumungs- und Abbruchkosten werden mitversichert.
   b) Haus- und Grundbesitzerhaftpflichtversicherung sowie Gewässerschaden- bzw. Umwelthaftpflichtversicherung.
   Die Kosten stellt der LG dem LN als Nebenkosten gem. § 5 Ziffer 1 in Rechnung.
   Der LN wird den LG auf einen fehlenden oder nicht ausreichenden Versicherungsschutz unverzüglich aufmerksam machen. Eine Informationspflicht besteht vor allem auch bei der Vornahme von Einbauten, baulichen Veränderungen und Nutzungsänderungen. Solche Maßnahmen sind vor ihrer Durchführung dem LG mitzuteilen.
   Der LN verpflichtet sich, die Bestimmungen und die Sicherheitsvorschriften der Versicherer einzuhalten.
2. Einen Schadensfall wird der LN dem LG unverzüglich mitteilen und dafür Sorge tragen, dass der Schadensort bis zur Besichtigung durch den Versicherer unverändert bleibt. Maßnahmen, die zur Minderung des Schadens bzw. zur Vermeidung von Folgeschäden notwendig sind, sind davon nicht betroffen. Der LN beauftragt im eigenen Namen und für eigene Rechnung Fachunternehmen mit den notwendigen Sicherungsmaßnahmen und der anschließenden Beseitigung des Schadens. Er legt die Rechnungen nach Prüfung und Begleichung dem LG zur Weitergabe an die Versicherung vor.
3. Der LG ist verpflichtet, den von dem Sachversicherer erlangten Ersatz in voller Höhe für die Wiederherstellung des Leasinggegenstandes zu verwenden oder ihn nach seiner Wahl dem LN zu diesem Zweck zur Verfügung zu stellen. Die zusätzlich zu den Versicherungsleistungen für eine vollständige Wiederherstellung des Leasinggegenstandes evtl. noch erforderlichen Kosten sowie etwaige Sachverständigenkosten trägt der LN, es sei denn, er hat die ganze oder teilweise Zerstörung des Leasinggegenstandes nicht zu vertreten.[13]
   Ein Wegnahmerecht oder Entschädigungsanspruch hinsichtlich dieser zusätzlichen Aufwendungen steht dem LN nicht zu.

§ 10 Einbauten, Veränderungen, Nutzungsänderungen

1. Einbauten und Veränderungen – auch Nutzungsänderungen – sind nur mit vorheriger schriftlicher Zustimmung des Leasinggebers zulässig, auch wenn sie den Wert und die Funktionsfähigkeit des Leasinggegenstandes nicht beeinträchtigen. Alle erforderlichen öffentlich-rechtlichen Genehmigungen haben vor Ausführung vorzuliegen. Die Zustimmung des Leasinggebers kann nur aus wichtigem Grund versagt werden.
2. Die Nutzung des Leasinggegenstandes ergibt sich aus Ziffer I. Der LN weist dem LG diese Nutzung in geeigneter Form. nach, auch im Falle evtl. Untervermietungen. Der LN wird den LG unverzüglich davon benachrichtigen, wenn Nutzungsänderungen vorgenommen werden oder der Leasinggegenstand vorzeitig geräumt wird.
3. Der LN ist zur Wegnahme von Einbauten berechtigt, wenn er auf seine Kosten den ursprünglichen Zustand wiederherstellt. Der LN ist bei Beendigung des Immobilien-Leasing-Vertrages verpflichtet, den ursprünglichen Zustand auf seine Kosten wiederherzustellen, soweit die Wiederherstellungskosten im Vergleich zum Zeitwert der wegzunehmenden Einbauten nicht unverhältnismäßig sind.

§ 11 Vorzeitige Beendigung des Vertrages

1. Dieser Vertrag ist grundsätzlich unkündbar.
2. Jede Partei ist jedoch berechtigt, den Vertrag aus wichtigem Grund fristlos zu kündigen. Ein wichtiger Grund liegt insbesondere vor, wenn
   a) der Erwerb oder die Errichtung des Leasinggegenstandes endgültig unterbleibt und zwar aus Gründen, die der Kündigende nicht zu vertreten hat;
   b) über das Vermögen der anderen Partei das Insolvenzverfahren eröffnet oder die Eröffnung mangels Masse abgelehnt wurde;
   c) über das Vermögen der anderen Partei ein anderes der Schuldenregulierung dienendes gerichtliches oder außergerichtliches Verfahren eingeleitet wird oder die andere Partei ihre Zahlungen einstellt;
   d) eine wesentliche Beeinträchtigung der Haftungsbasis der anderen Partei gegenüber dem bei Vertragsabschluss gegebenen Zustand eingetreten ist und dadurch Ansprüche des LG gegen den LN gefährdet werden;
   e) die andere Partei wesentlichen vertraglichen Verpflichtungen (zB der Instandhaltungspflicht gem. § 7) trotz schriftlicher Mahnung des Vertragspartners nicht innerhalb von zwei Monaten nachkommt oder erhebliche Folgen von Vertragsverletzungen nicht unverzüglich beseitigt.
3. Der LG ist darüber hinaus berechtigt, den Vertrag fristlos zu kündigen, wenn
   a) der LN mit seinen Zahlungsverpflichtungen aus diesem Vertrag in Höhe von mindestens zwei Mietraten in Verzug ist;
   b) die unter Ziffer 2 Buchstaben b) bis e) genannten Voraussetzungen bei einem Dritten vorliegen, der für die Verpflichtungen des LN als Bürge, Gesamtschuldner oder in sonstiger Weise einsteht.
4. Der LG ist verpflichtet, eine außerordentliche Kündigung gem. Ziffer 2 e) und 3 a) zurückzunehmen und den Vertrag zu denselben Bedingungen fortzusetzen, wenn der LN die rückständigen Zahlungsverpflichtungen innerhalb einer Frist von sechs Wochen nach Zugang der Kündigung erfüllt oder eine ausreichende Sicherheit leistet. Gleiches gilt, wenn der LN seinen übrigen wesentlichen vertraglichen Verpflichtungen unverzüglich wieder nachkommt und die erheblichen Folgen von Vertragsverletzungen innerhalb einer Frist von sechs Wochen nach Zugang der Kündigung wieder beseitigt. Der LG hat den LN auf diese Regelung bei der außerordentlichen Kündigung hinzuweisen.

5. Wird der Vertrag vor Übernahme des Leasinggegenstandes aus Gründen fristlos gekündigt, die der LN zu vertreten hat, erstattet der LN dem LG die in Durchführung dieses Vertrages entstandenen bzw. noch entstehenden GIK. Soweit dem LG außerdem notwendige einmalige oder laufende Aufwendungen, zB aus dem Grundbesitz, entstehen, erstattet der LN diese ebenfalls. Ferner erstattet der LN dem LG gegen Nachweis auch die Kosten, die aus der Nichtinanspruchnahme der vom LG bereitgestellten Investitionskosten resultieren. Der LG kann vom LN verlangen, dass dieser in alle vom LG in Erfüllung dieses Vertrages mit Dritten abgeschlossenen Verträge anstelle des LG eintritt und ihn von allen mit dem Vertrag zusammenhängenden Verpflichtungen freistellt.
   Außerdem hat der LN dem LG für die Eigenkosten, die im Zusammenhang mit der vorzeitigen Beendigung stehen, eine Entschädigung in Höhe von 2 % der in Ziffer III erwähnten voraussichtlichen GIK zu zahlen. Eine geleistete Konzeptionsgebühr wird darauf angerechnet. Darüber hinaus kann der LG gegen Nachweis eine höhere Entschädigung beanspruchen. Der LN ist berechtigt, geringere tatsächliche Eigenkosten des LG nachzuweisen.
   Ist der LG im Zusammenhang mit dem Leasingengagement auf ausdrücklichen Wunsch und in Abstimmung mit dem LN gem. § 3 Verpflichtungen eingegangen, treffen den LN die oben angegebenen Pflichten zur Erstattung bzw. Freistellung auch dann, wenn weder der LN noch der LG die Kündigung zu vertreten haben.
6. Wird der Vertrag nach Übernahme des Leasinggegenstandes aus Gründen gekündigt, die der LN zu vertreten hat, ist der LN dem LG bis zum Ablauf der vereinbarten Gesamtmietzeit zum Ersatz des Schadens verpflichtet, der ihm aus der vorzeitigen Beendigung des Vertrages entsteht, insbesondere dadurch, dass der LG den Leasinggegenstand nicht oder nur zu ungünstigeren Bedingungen vermieten oder verwerten kann. Vorteile, die dem LG durch eine Vermietung oder Verwertung des Leasinggegenstandes zufließen, werden auf den Schadensersatzanspruch des LG angerechnet.
7. Verlorene Zuschüsse werden weder bei vorzeitiger noch bei ordnungsgemäßer Beendigung dieses Vertrages zurückgewährt.
8. Ist der LN eine natürliche Person, wird das gesetzliche Kündigungsrecht bei Tod des LN gem. §§ 564, 569, 580 BGB ausgeschlossen.

§ 12 Sonstiges

1. Untervermietung
   Die Untervermietung ist mit vorheriger Zustimmung des LG gestattet; der LG kann der Untervermietung nur aus wichtigem Grund widersprechen.
2. Abtretungen des LN/Freigabe durch den LG
   Der LN tritt dem LG zur Sicherung aller gegenwärtigen und zukünftigen Ansprüche aus diesem Vertrag seine gegenwärtigen und zukünftigen Rechte aus Untermietverhältnissen (auch Gestaltungsrechte wie das Recht zur Kündigung des Untermietverhältnisses und das Vermieterpfandrecht) bereits jetzt ab. Der LG nimmt die Abtretung an. Der LG ist berechtigt, die Abtretung offenzulegen, wenn er dies dem LN mit einer Frist von mindestens einer Woche schriftlich angekündigt hat.
   Der LG wird nach ordnungsgemäßer Erfüllung dieses Leasing-Vertrages die Ansprüche gemäß Abs. 1 an den LN zurückabtreten.
   Der LN kann die ihm aus diesem Vertrag zustehenden Ansprüche und Rechte nur mit vorheriger Zustimmung des LG auf Dritte übertragen.
3. Abtretung des LG
   Der LG ist berechtigt, seine Rechte und Ansprüche aus diesem Vertrag zum Zweck der Finanzierung auf Dritte zu übertragen. Der LN stimmt bereits jetzt der Übertragung auf Dritte zu und willigt ein, dass der LG dem Dritten zur Prüfung die dem LG vom LN überreichten Unterlagen überlässt.

4. Besichtigungsrecht
Nach vorheriger Abstimmung mit dem LN kann der LG den Leasinggegenstand während der üblichen Geschäftszeiten besichtigen oder durch Bevollmächtigte besichtigen lassen.
5. Elektronische Datenverarbeitung/Datenschutz
Der LG ist berechtigt, Daten – auch personenbezogene – über die Beantragung (zB LN, Gesamtschuldner, Bürge, Leasingraten, Laufzeiten des Vertrages, Beginn der Leasingzahlungen) und Durchführung des Vertrages (zB vorzeitige Vertragsablösung, fristlose Kündigung, Klageerhebung, Zwangsvollstreckungsmaßnahmen) mit Beginn der Geschäftsbeziehung zum LN und zu einem Gesamtschuldner oder Bürgen auf der Grundlage der Europäischen Datenschutzgrundverordnung und des Bundesdatenschutzgesetzes intern zu speichern, für die Bearbeitung des Angebotes/Vertrages zu nutzen und zum Zwecke der Refinanzierung des Vertrages an ein Refinanzierungsinstitut zu übermitteln. Weitere Regelungen und Hinweise enthalten die als Anlage beigefügten „Ausführungen zum Datenschutz".
6. Betreiberpflicht
Der LN ist verpflichtet, während der Dauer des Vertrages in dem Leasinggegenstand einen dem Leasinggegenstand entsprechenden Geschäftsbetrieb aufrechtzuerhalten.
7. Rückgabe des Leasinggegenstandes
Bei Beendigung dieses Vertrages ist der Leasinggegenstand in bezugsfertigem Zustand, frei von umweltgefährdenden Stoffen (insbesondere schädlichen Bodenveränderungen, Altlasten und Kampfmitteln), an den LG zurückzugeben.
8. Auskunftserteilung
Der LN wird während der Vertragslaufzeit seine Vermögensverhältnisse offen legen und dem LG auf dessen Anforderung seine Geschäftsberichte, Jahresabschlüsse, Zwischenabschlüsse, Konzernabschlüsse und Einnahmen-Überschussrechnungen sowie sonstige erforderliche Unterlagen zur Verfügung stellen.
9. Rechtsnachfolge
LG und LN sind verpflichtet, ihre Pflichten aus diesem Vertrag auf eventuelle Rechtsnachfolger zu übertragen.
10. Vertragsänderungen und Nebenabreden
Vertragsänderungen und Nebenabreden bedürfen der Schriftform. Dies gilt auch für die Aufhebüng dieser Schriftformklausel.
11. Gültigkeitsklausel
Sollten eine oder mehrere Bestimmungen dieses Vertrages ungültig sein oder werden, bleiben dennoch alle übrigen Bestimmungen wirksam. Die Vertragsparteien sind zur möglichst sinngemäßen Ergänzung des Vertrages verpflichtet.
12. Verfügungen über GIK
Der LG kann erst dann über bereitgestellte GIK verfügen, wenn der lastenfreie Eigentumsübergang des für den Leasinggegenstand benötigten Grundstückes auf den LG bzw. die lastenfreie Eintragung des Erbbaurechtes in das Grundbuch sichergestellt, die ranggerechte Belastung des Grundstückes oder Erbbaurechtes zugunsten des Finanziers nachgewiesen wurde und die in Ziffer VI. und VII. erwähnten Unterlagen dem LG vorliegen. Sind Zahlungen zu leisten, bevor der LG über die bereitgestellten GIK verfügen kann, tritt der LN in Vorlage.
13. Rangverhältnis
Soweit sich aus einem zwischen dem LN und LG geschlossenen Erbbaurechtsvertrag Verpflichtungen ergeben, die in diesem Vertrag dem LN auferlegt sind, hat der Leasingvertrag Vorrang. Zusatzvereinbarungen haben stets Vorrang vor den Leasing-Bedingungen.

14. Erfüllung gesetzlicher Sorgfalts- und Informationspflichten
Der LN hat dem LG die zur Erfüllung seiner gesetzlichen Sorgfalts- und Informationspflichten (zB Identifizierungspflichten nach dem Geldwäschegesetz) notwendigen Informationen und Unterlagen zur Verfügung zu stellen und sich während der Vertragsdauer ergebende Änderungen (zB Änderung der Rechtsform, Änderung bei einem Vertretungsorgan, Wechsel der Gesellschafter) unverzüglich mitzuteilen.
15. Angebot des LN
Der LN bietet dem LG den Abschluss des vorstehenden Immobilien-Leasing-Vertrages an. Der LN hält sich an sein Leasing-Angebot für sechs Wochen nach Eingang beim LG gebunden.

. . . . ., ..., ...

. . . .

LG LN

Urkundenrolle Nr . . . . . für 200 . . . . .

. . . .

Verhandelt zu . . . . . am . . . . .

Vor dem unterzeichnenden Notar . . . . .

mit dem Amtssitz zu . . . . .

erschienen

1. Herr . . . . .

2. Herr . . . . .

Die Erschienenen erklärten, dass sie in dieser Urkunde handeln

1. . . . .

2. . . . .

Der amtierende Notar bescheinigt auf Grund . . . . .

Darauf wurde zu Protokoll erklärt: . . . . .

Anmerkungen

1. Vgl. zum Immobilienleasing ausführlich MBVertrHd Bd 2/*Stolterfoht* Form. VI. 4. Sowohl für Unternehmen als auch für Träger öffentlicher Verwaltung stellt das Immobilien-Leasing eine **Alternative zur Kreditfinanzierung** dar.

Der von den Immobilien-Leasinggesellschaften abgedeckte Finanzierungsbereich ist jedoch nicht auf Immobilien im klassischen Sinne wie zB Fabrikations- und Bürogebäude, Einkaufszentren, Verwaltungsgebäude, Kulturzentren usw beschränkt. Die Leasing- Branche finanziert vielmehr darüber hinaus komplette Industrieanlagen, Kraftwerke, Müllverbrennungsanlagen etc (*Fohlmeister* in Hagenmüller/Eckstein 177 ff).

Der Erfolg des Immobilien-Leasing beruht nicht zuletzt darauf, dass die Leasinggeber sich nicht auf die bloße Funktion eines Finanziers beschränken, sondern regelmäßig in der Lage sind, dem Leasingnehmer neben der Finanzierung eine Vielzahl von Dienstleistungen, angefangen von der Bauherrn- bzw Baubetreuungsfunktion bis hin zur Erledigung aller behördlichen und rechtlichen Formalitäten und Beratung in allen mit der Investition zusammenhängenden Problembereichen, anzubieten.

2. Das Immobilien-Leasing kennt im Wesentlichen folgende Vertragsmodelle:

a) **Vollamortisationsvertrag.** Bei diesem Vertragsmodell führt die Zahlung der vom Leasingnehmer während der unkündbaren Leasingdauer geschuldeten Leasingraten zur vollen Amortisation der vom Leasinggeber aufgewandten Anschaffungs- und Herstellungskosten, Finanzierungs- und Nebenkosten einschließlich seines Gewinns.

Diese Vertragsvariante findet heute allerdings kaum noch Anwendung, da die Leasingnehmer regelmäßig nicht bereit sind, neben den die Vollamortisation bereits bewirkenden Leasingraten noch einen Kaufpreis in Höhe des Restbuchwertes des Gebäudes, ggf zuzüglich des Buchwertes für Grund und Boden, an den Leasinggeber zu entrichten. Diesem Vertragsmodell kommt deswegen heute keine Marktbedeutung mehr zu.

b) **Teilamortisationsvertrag.** Am Markt durchgesetzt haben sich hingegen Teilamortisationsmodelle in der Form. des **Restbuchwertmodells** und des **Mietvorauszahlungsmodells:**

Beiden Modellen ist gemeinsam, dass die vom Leasingnehmer während der vereinbarten unkündbaren Leasingdauer gezahlten Leasingraten nicht zur vollständigen Amortisation der vom Leasinggeber aufgewandten Anschaffungs- und Herstellungskosten, Finanzierungs- und Nebenkosten und des Geschäftsgewinns des Leasinggebers führen.

Beide Vertragsmodelle sind vielmehr so kalkuliert, dass der dem Leasinggeber nach Ablauf der Leasingdauer an einer vollen Amortisation seiner Kosten fehlende Restbetrag dem Restbuchwert – ggf zuzüglich Anschaffungspreis für Grund und Boden – entspricht.

Regelmäßig wird dem Leasingnehmer bei beiden Modellen in einer gesonderten Vereinbarung ein so genanntes **Ankaufsrecht** zum Restbuchwert eingeräumt (vgl hierzu → Form. IV.P.5).

Der Leasingnehmer wird von diesem Ankaufsrecht regelmäßig nur dann Gebrauch machen, wenn der von ihm zu entrichtende Kaufpreis niedriger als der Verkehrswert der betreffenden Immobilie ist. Einzig und allein der Leasinggeber trägt damit im Einzelfall das Risiko, dass der tatsächliche Wert einer Immobilie nach Ablauf der Leasingdauer unter dem ermittelten Restbuchwert liegt.

Das **Mietvorauszahlungsmodell** unterscheidet sich von dem Restbuchwertmodell dadurch, dass der Leasingnehmer neben seinen Leasingraten Mietvorauszahlungen für den Fall leistet, dass er das Leasingobjekt nach Ablauf der unkündbaren Leasingdauer weiter mieten oder in Ausübung eines ihm eingeräumten Ankaufsrechts erwerben will. In beiden Fällen werden die vom Leasingnehmer geleisteten Mietvorauszahlungen mit der bei Mietverlängerung oder Ausübung des Ankaufrechts entstehenden Miet- bzw Kaufpreisforderung des Leasinggebers verrechnet.

Hat der Leasingnehmer jedoch weder ein Interesse an der Fortsetzung des Leasingverhältnisses über den Zeitpunkt der Unkündbarkeit hinaus noch am Erwerb des Leasingobjektes, so hat der Leasinggeber die von ihm vereinnahmten Mietvorauszahlungen an den Leasingnehmer zurückzuzahlen (*Fohlmeister* in Hagenmüller/Eckstein 193).

Zu den vereinzelt am Markt angebotenen Mieterbeteiligungs- und Fondsmodellen *Fohlmeister* in Hagenmüller/Eckstein 194 ff.

3. Maßgeblich für die Frage der **wirtschaftlichen Zurechnung des Leasingobjektes** beim Leasinggeber oder Leasingnehmer sind die Erlasse des Bundesministers der Finanzen, BMF-Schreiben vom 21. 3. 1972 („**Immobilien-Leasingerlass**" s → Form. IV.P.4 Anm. 15) und vom 23. 12. 1991 („**Teilamortisations-Erlass zum Immobilien-Leasing**" s → Form. IV.P.4 Anm. 16).

Nach dem für die heutige Leasingpraxis maßgeblichen Teilamortisationserlass vom 23. 12. 1991 wird das Leasingobjekt dem Leasingnehmer bei Vorliegen eines **Spezial-**

Leasing (→ Form. IV.P.1 Anm. 3) sowie bei **Verträgen mit Kauf- oder Verlängerungsoption** dann zugerechnet, wenn die Grundmietzeit des Leasingvertrages mehr als 90 % der betriebsgewöhnlichen Nutzungsdauer beträgt und bei Einräumung einer Kaufoption der Kaufpreis geringer als der Restbuchwert des Leasingobjektes nach Ablauf der Grundmietzeit bzw bei Einräumung einer Mietverlängerungsoption die Anschlussmiete weniger als 75 % des Mietentgelts beträgt, das für ein nach Art, Lage und Ausstattung vergleichbares Grundstück üblicherweise gezahlt wird.

Darüber hinaus ist das Leasingobjekt dem Leasingnehmer bei Verträgen mit Kauf- oder Mietverlängerungsoption dann zuzurechnen, wenn

(1) der Leasingnehmer die Gefahr des zufälligen ganzen oder teilweisen Untergangs des Leasingobjektes trägt, ohne dass sich seine Leistungsverpflichtung aus dem Leasingvertrag vermindert;

(2) der Leasingnehmer bei von ihm nicht zu vertretender, ganzer oder teilweiser Zerstörung des Leasingobjektes auf Verlangen des Leasinggebers zur Wiederherstellung bzw zum Wiederaufbau auf seine Kosten verpflichtet ist bzw sich seine Leistungsverpflichtung aus dem Leasingvertrag trotz der Zerstörung nicht vermindert;

(3) der Leasingvertrag eine unverminderte Zahlungspflicht des Leasingnehmers vorsieht, obwohl die Nutzung des Leasingobjektes aus vom Leasingnehmer nicht zu vertretenden Gründen langfristig ausgeschlossen ist;

(4) der Leasingnehmer bei von ihm nicht zu vertretender vorzeitiger Beendigung des Leasingvertrages dem Leasinggeber die bei diesem noch nicht gedeckten Kosten, ggf auch einschließlich einer Pauschalgebühr zur Abgeltung von Verwaltungskosten, zu erstatten hat;

(5) der Leasingnehmer den Leasinggeber von sämtlichen nicht durch ihn verursachten Ansprüchen Dritter hinsichtlich des Leasingobjektes freistellt oder

(6) der Leasingnehmer als Eigentümer des Grund und Bodens auf Grund eines mit dem Leasinggeber abgeschlossenen Erbbaurechtsvertrages unter wirtschaftlichen Gesichtspunkten gezwungen ist, das Leasingobjekt nach Ablauf der Grundmietzeit zu erwerben.

4. Sowohl der Ankaufsrechtsvertrag (→ Form. IV.P.5) als auch der Leasingvertrag bedürfen der **notariellen Beurkundung,** § 311b BGB.

Auch wenn beide Verträge in getrennten Vertragsurkunden enthalten sind, so sind sie doch so eng miteinander verknüpft, dass sie als wirtschaftliche und rechtliche Einheit anzusehen sind (*Graf von Westphalen,* 5. Aufl, Rn 1623 mwN; MBVertrHdB Bd 2/ *Stolterfoht* Form. VI.4 Anm. 4).

5. Beim Immobilien-Leasing ist es üblich, dass als Leasinggeber und Vertragspartner des Leasingnehmers nicht die Leasinggesellschaft, sondern eine für jedes Projekt gesondert zu gründende **Objektgesellschaft** auftritt. Diese klare organisatorische Trennung hat den Vorteil, dass zum einen objektbezogene Risiken nicht vermischt und zum anderen die unterschiedlichen Interessen der verschiedenen Leasingnehmer besser berücksichtigt werden können (*Fohlmeister* in Hagenmüller/Eckstein, S 129).

Der hiermit allerdings einhergehende Kostenaufwand (höhere Verwaltungskosten, Gründungskosten) ist nur ab bestimmten Engagementsgrößen, die beim Immobilien-Leasing regelmäßig erreicht werden, vertretbar.

6. Der Abschluss eines Immobilien-Leasingvertrages dient regelmäßig der Finanzierung eines Großobjektes. Konzeption und Inhalt des Leasingvertrages über das jeweilige Objekt sind entscheidend von der Art des Objektes und den Wünschen und Vorstellungen des Leasingnehmers abhängig. Daher ist im Allgemeinen davon auszugehen, dass die jeweiligen Leasingverträge **überwiegend individuell ausgehandelt** sind und daher gem § 305b BGB einer Inhaltskontrolle nach **§ 307 BGB** nicht unterliegen.

Die Frage der Anwendbarkeit der §§ 305 ff. BGB lässt sich allerdings abschließend nur unter Würdigung der Gesamtumstände des jeweiligen Einzelfalles beantworten.

7. Der Gesamtbetrag aller Kosten (Kaufpreis, Erwerbsnebenkosten, Baukosten, Gutachterkosten, Beleihungskosten, Grunderwerbssteuer, Erschließungsgebühren etc) ist Maßstab für die Berechnung der Leasingraten. Da häufig die Höhe einzelner Kosten erst nach Beginn der Leasingdauer feststeht, kann der exakte Betrag der **Gesamtinvestitionskosten** erst nach Vorliegen aller Rechnungen ermittelt werden. Auf Basis dieses Betrages sind daher die vom Leasingnehmer zu entrichtenden Leasingraten anzupassen. Dies begegnet auch unter AGB-rechtlichen Gesichtspunkten keinen Bedenken.

8. Das Konzeptionsentgelt ist die vom Leasingnehmer zu entrichtende Gegenleistung für die beim Leasinggeber bis zum Vertragsabschluss anfallenden Kosten der Projektplanung und Vertragskonzeption.

9. Mit der **Vormiete** werden in erster Linie die beim Leasinggeber vor Beginn der Leasingdauer anfallenden Zwischenfinanzierungskosten, aber auch alle anderen während der Bauphase entstehenden Kosten vom Leasingnehmer abgegolten (*Fohlmeister* in Hagenmüller/Eckstein, S 204).

Von der Vormiete ist die Mietvorauszahlung zu unterscheiden (→ Form. IV.P.4 Anm. 2).

10. Regelmäßig ist eine mit der Leasingdauer laufzeitkongruente Refinanzierung der Baukosten nicht möglich, da Zinsfestschreibungen allenfalls für einen Zeitraum von 10 – 15 Jahren erfolgen. Dementsprechend sind die **Leasingraten** nach Ablauf der Festschreibungszeit **anzupassen.** Hiergegen bestehen – auch unter AGB-rechtlichen Gesichtspunkten – keine Bedenken, da der Leasinggeber verpflichtet ist, seine Kalkulationsmethode beizubehalten und der Zinssatz letztlich mit dem Leasingnehmer vereinbart wird. Dabei wird eine zum Anpassungszeitpunkt eingetretene Zinssenkung selbstverständlich zugunsten des Leasingnehmers berücksichtigt, wie sich bereits aus der vorübergehenden Anwendung des Kontokorrentzinssatzes des maßgeblichen Refinanzierungsinstitutes ergibt. Zudem ist der Leasingnehmer berechtigt, sich um eine alternative Finanzierung zu bemühen. Dies führt in der Gesamtschau zu einer ausgewogenen Verteilung von Risiken und Chancen einer Zinsänderung.

11. Bis zur Veröffentlichung des Teilamortisationserlasses zum Immobilien-Leasing vom 23.12.1991 (→ Form. IV.P.4 Anm. 16) überwälzte der Leasinggeber typischerweise die **Sach- und Preisgefahr** auf den Leasingnehmer. Dies hätte nunmehr mit Wirkung für die nach dem 31.1.1992 abgeschlossenen Immobilien-Leasingverträge zur Folge, dass das jeweilige Leasingobjekt steuerlich dem Leasingnehmer zuzurechnen wäre. Will der Leasinggeber dieses Ergebnis vermeiden, verbleibt ihm keine andere Möglichkeit, als diejenige, die Sach- und Preisgefahr zumindest in dem Umfang zu übernehmen, wie dies aus Gründen einer erlasskonformen Ausgestaltung des Vertrages erforderlich ist (eingehend *Graf von Westphalen,* 5. Aufl, Rn 1585 f). Der Leasinggeber wird konsequenterweise versuchen, sich gegen die ihn zusätzlich hieraus treffenden Risiken weitgehend zu versichern und die hierdurch entstehenden Mehrkosten, wenn die Wettbewerbssituation dies zulässt, auf den Leasingnehmer abzuwälzen.

12./13. Auch diese Regelungen sind Konsequenz des Teilamortisationserlasses zum Immobilienleasing vom 23. 12. 1991. Bisher waren die hier geregelten Risiken stets dem Leasingnehmer zugewiesen.

14. Hinsichtlich der **bilanziellen und einkommenssteuerrechtlichen Auswirkungen** des Immobilien-Leasing wird auf die entsprechenden Ausführungen zum Mobilien-Leasing (→ Form. IV.P.1 Anm. 32) verwiesen.

Der Leasinggeber (Objektgesellschaft) wird regelmäßig nach § 4 Nr 12, 9 UStG zur **Umsatzsteuer** optieren mit der Folge, dass er die von ihm zu entrichtende Umsatzsteuer als Vorsteuer geltend machen und mit der vom Leasingnehmer auf die Leasingraten entrichteten Umsatzsteuer verrechnen kann.

Die entsprechenden Voraussetzungen werden bei einer Objektgesellschaft als Leasinggeber regelmäßig vorliegen. Sie hat jedoch streng darauf zu achten, dass sie nicht andere Wirtschaftsgüter, wie zB Betriebseinrichtungen bzw Betriebsvorrichtungen vermietet oder verpachtet (*Graf von Westphalen,* 5. Aufl, Rn 1606).

15. Der so genannte **Immobilien-Leasingerlass** des Bundesministers der Finanzen findet sich in: **Bundesminister für Wirtschaft und Finanzen, BMF-Schreiben vom 21. 3. 1972** – F/IV B 2 – S 2170 – 11/72, BB 1972, 433 Betr.: Ertragsteuerliche Behandlung von Finanzierungs-Leasing-Verträgen über unbewegliche Wirtschaftsgüter.

16. Der so genannte **Teilamortisations-Erlass** des Bundesministers der Finanzen zum Immobilien-Leasing findet sich in: **Schreiben betr. ertragsteuerliche Behandlung von Teilamortisations-Leasing-Verträgen über unbewegliche Wirtschaftsgüter vom 23.12.1991** (F IV B 2 – S 2170 – 115/91, BStBl 1992 I 13).

5. Ankaufsrecht

I. Vorbemerkung

Firma

– nachstehend „der Verpflichtete" genannt –

ist Eigentümer/Erbbauberechtigter des Grundstücks

Gemarkung

Flur

Flurstück-Nr.

in der Größe von qm,

eingetragen im (Erbbau-)Grundbuch des Amtsgerichts

von

Band . . . . . Blatt . . . . .

Dieses Grundstück/Erbbaurecht einschließlich der darauf befindlichen Gebäude und Anlagen hat der Verpflichtete der

– nachstehend „der Berechtigte" genannt –

mit Immobilien-Leasing-Vertrag Nr. vom zur Nutzung überlassen.

II. Ankaufsrecht

Der Verpflichtete und der Berechtigte schließen hiermit einen Ankaufsrechtsvertrag in der Form. eines bedingten Kaufvertrages an dem in der Vorbemerkung I. bezeichneten Grundstück/Erbbaurecht, welches nachstehend auch „der Kaufgegenstand" genannt wird.

§ 1 Verkauf

Der Verpflichtete verkauft dem Berechtigten das in der Vorbemerkung bezeichnete Grundstück/Erbbaurecht mit Wirkung zum Ablauf des . . . . . Mietjahres des Immobilien-Leasing-Vertrages, dh voraussichtlich zum (Ankaufszeitpunkt), unter der Voraussetzung, dass die in § 2 genannten Bedingungen insgesamt eingetreten sind. Kaufgegenstand sind auch sämtliche schuldrechtlichen Rechte des Verpflichteten aus dem Erbbaurechtsvertrag/ Grundstückskaufvertrag vom (URNr. des Notars mit dem Amtssitz in . . . . .)

§ 2 Bedingungen des Kaufvertrages

1. Dieser Kaufvertrag steht unter folgenden aufschiebenden Bedingungen:
   a) Der Berechtigte hat dem Verpflichteten frühestens 12 Monate, spätestens aber 6 Monate vor dem in § 1 näher bezeichneten Ankaufszeitpunkt schriftlich seine Absicht, den Kaufgegenstand mit Wirkung zum Ankaufszeitpunkt zu kaufen, mitgeteilt (Ausübung des Ankaufsrechts), wobei zur Fristwahrung der Zugang dieser schriftlichen Erklärung beim Verpflichteten maßgeblich ist.
   und
   b) der in der Vorbemerkung genannte Immobilien-Leasing-Vertrag ist bis zum Ankaufszeitpunkt vom Berechtigten ordnungsgemäß erfüllt worden.

   Die vorstehenden Bedingungen gelten nicht für die nachfolgende Ziffer 2., III. Grundbucherklärungen sowie IV. Schlussbestimmungen.
2. Verfügungen über Rechte und/oder Ansprüche des Berechtigten aus diesem Vertrag, insbesondere deren Abtretung, sind ausgeschlossen.

§ 3 Kaufpreis, Fälligkeit

Der Kaufpreis (Nettokaufpreis ohne Umsatzsteuer) ist gleich dem in Ziffer III des vorerwähnten Immobilien-Leasing-Vertrages (in der im Ankaufszeitpunkt gültigen Fassung) vereinbarten vertraglichen Restwert zum Ankaufszeitpunkt, mindestens aber dem steuerlichen Restbuchwert des Grundstückes/Erbbaurechtes nebst Baulichkeiten und Anlagen, wie er sich beim Verpflichteten nach Abzug der auf den Ankaufszeitpunkt berechneten linearen Abschreibungen ergibt.

Der Kaufpreis erhöht sich

1. um alle Aufwendungen, die der Verpflichtete bis zum Ankaufszeitpunkt in Auswirkung
   1.1 der Übernahme der Gefahr des zufälligen ganzen oder teilweisen Untergangs des Leasinggegenstandes oder
   1.2 der Übernahme der Pflicht zur Wiederherstellung bzw. zum Wiederaufbau des Leasinggegenstandes bei ganzer oder teilweiser Zerstörung oder
   1.3 einer Inanspruchnahme durch Dritte hinsichtlich des Leasinggegenstandes getragen hat;
2. um alle Minderungen von Leistungspflichten des Leasingnehmers
   2.1 wegen der vorstehenden Ziffern 1.1 und 1.2
   2.2 wegen eines langfristigen, vom Leasingnehmer nicht zu vertretenden Ausschlusses der Nutzung des Leasinggegenstandes;
3. falls der Verpflichtete die vorgenannten Beträge finanziert hat, um die Finanzierungskosten bis zum Ankaufszeitpunkt.

   Die Erhöhung gilt nicht, wenn der Verpflichtete die Aufwendungen bzw. die Ausfälle oder Minderungen zu vertreten hatte.

   Die Vertragsparteien vereinbaren, dass der Verpflichtete auf die Steuerbefreiung nach § 4 Nr. 9a Umsatzsteuergesetz (UStG) verzichtet.

   Die Umsatzsteuer wird in der Weise entrichtet, dass der Berechtigte gemäß § 13b UStG als Steuerschuldner die aus diesem Kaufvertrag entstehende Umsatzsteuer an das für ihn zuständige Finanzamt zahlt. Der Verpflichtete wird dem Berechtigten eine Rechnung iSd §§ 14 und 14a Abs. 5 UStG ausstellen, in der auf den Übergang der Steuerschuldnerschaft hingewiesen wird.

Sollte § 13b UStG im Zeitpunkt der Ausübung des Ankaufsrechts nicht mehr in Kraft sein, ist der Verpflichtete berechtigt, zusätzlich zu dem in Absatz 1 ermittelten Kaufpreis die Zahlung der Umsatzsteuer vom Berechtigten zu verlangen. Die Zahlung der Umsatzsteuer ist in diesem Fall zusammen mit dem vorgenannten Kaufpreis zur Zahlung fällig. Soweit der Berechtigte bei ordnungsgemäßer Erfüllung des Immobilien-Leasing-Vertrages zum Ankaufszeitpunkt einen Anspruch auf Rückzahlung eines Mieterdarlehens hat, soll dieser Darlehensrückzahlungsanspruch mit dem Kaufpreis (ggf. inkl. Umsatzsteuer) verrechnet werden. Die Vertragsparteien vereinbaren aufschiebend bedingt durch das Entstehen der aufzurechnenden Forderungen bereits hiermit die Aufrechnung. Der Kaufpreis (ggf. inkl. Umsatzsteuer) ist zum Ankaufszeitpunkt zur Zahlung fällig. Dazu vereinbaren die Vertragsparteien, dass der Berechtigte sofort in Verzug gerät, wenn der Kaufpreis (ggf. inkl. Umsatzsteuer) fällig ist und er bei Fälligkeit nicht zahlt. Im Übrigen kommt der Berechtigte bei Vorliegen der gesetzlichen Voraussetzungen in Verzug.

§ 4 Weitere Bestimmungen des Kaufvertrages

1. Der Verkauf erstreckt sich auf die im Ankaufszeitpunkt vorhandenen wesentlichen Bestandteile des Grundstücks/Erbbaurechts sowie auf diejenigen unwesentlichen Bestandteile und Zubehörstücke, die sich im Eigentum des Verpflichteten befinden. Betriebsvorrichtungen im steuerlichen Sinne sind nicht Gegenstand dieses Vertrages.
2. Der Verkauf erfolgt allein zu gewerblichen Zwecken und ohne Haftung des Verpflichteten für erkennbare oder verborgene Sachmängel, ohne Haftung des Verpflichteten für etwaige schädliche Bodenveränderungen oder Altlasten und ohne Übernahme einer Garantie durch den Verpflichteten, insbesondere ohne Haftung für den Messgehalt der zum Kaufgegenstand gehörenden Grundflächen. Nicht ausgeschlossen sind jedoch Schadensersatzansprüche für vom Verpflichteten vorsätzlich oder grob fahrlässig verursachte Schäden und für Schäden aus der Verletzung des Lebens, des Körpers oder der Gesundheit, die auf einer fahrlässigen Pflichtverletzung des Verpflichteten beruhen. Einer Pflichtverletzung des Verpflichteten steht die seines gesetzlichen Vertreters oder seines Erfüllungsgehilfen gleich.
   Der Berechtigte oder von ihm ausgewählte Dritte hat/haben den Kaufgegenstand bis zum Ankaufszeitpunkt ausschließlich genutzt. Der Berechtigte stellt den Verpflichteten daher von sämtlichen Ansprüchen Dritter frei, die gegen den Verpflichteten als – früheren – Eigentümer des Kaufgegenstandes auf Grund der Vorschriften des Bundes-Bodenschutzgesetzes geltend gemacht werden.
   Sollte im Zeitpunkt des Eintritts der in § 2 Ziffer 1. bezeichneten aufschiebenden Bedingungen im Zusammenhang mit dem Kaufgegenstand oder eines Rechtes des Verpflichteten an dem Kaufgegenstand eine Haftung des Verpflichteten für Verbindlichkeiten gleich welcher Art bestehen, welche dieser nach diesem Vertrag nicht übernommen und die er nicht grob fahrlässig oder vorsätzlich herbeigeführt hat, so stellt der Berechtigte den Verpflichteten in vollem Umfang von dieser Haftung frei. Für die vorbezeichneten Freistellungsansprüche vereinbaren die Vertragsparteien jeweils eine Verjährungsfrist von 30 Jahren.
3. Das Grundstück/Erbbaurecht ist lastenfrei in Abt. III des Grundbuchs zu übertragen, soweit nicht Grundpfandrechte zur Finanzierung des Erwerbs durch den Berechtigten bestellt werden. Die Belastungen in Abt. II bleiben bestehen und werden vom Berechtigten ohne Anrechnung auf den Kaufpreis übernommen.
4. Besitz, Nutzen, Lasten und Gefahr sowie die Verkehrssicherungspflicht gehen zum Ankaufszeitpunkt auf den Berechtigten über, Besitz und Nutzen frühestens jedoch mit dem Tage der Erfüllung des Kaufpreiszahlungsanspruches. Der Berechtigte übernimmt ab Besitzübergang mit schuldbefreiender Wirkung für den Verpflichteten sämtliche

schuldrechtlichen Pflichten des Verpflichteten aus dem in § 1 genannten Erbbaurechtsvertrag/Grundstückskaufvertrag.

5. Steuern und sonstige öffentliche Abgaben trägt der Berechtigte von dem Ankaufszeitpunkt an. Leistungen der einen oder der anderen Seite für einen abweichenden Verbrauchszeitraum sowie Vorausleistungen werden zwischen den Vertragsparteien ausgeglichen. Darüber hinaus verpflichtet sich der Berechtigte, den Verpflichteten von allen Kosten und Steuern, wie z. B etwaig anfallenden Gewerbesteuern, die durch oder im Zusammenhang mit der Veräußerung und/oder Übertragung des Kaufgegenstandes vom Verpflichteten getragen worden sind oder ihm gegenüber geltend gemacht werden, unverzüglich auf schriftliche Anforderung freizustellen.
6. Erschließungskosten, die nach dem Ankaufszeitpunkt fällig werden, trägt der Berechtigte. Entsprechendes gilt für Lasten nach dem Kommunalabgabengesetz, kommunaler Satzung, sonstigem Bundes-, Landes- oder Ortsrecht.
7. Soweit Vereinbarungen des Immobilien-Leasing-Vertrages (Abschnitt . . . . . dieser Urkunde) eine andere Kosten- und/oder Lastenverteilung als die zu vorstehenden Ziffern 5. und 6. beschriebene vorsehen, gelten diese Vereinbarungen des Immobilien-Leasing-Vertrages vorrangig.
8. Soweit der Verpflichtete im Zusammenhang mit der Errichtung der sich auf dem Kaufgegenstand befindenden Bauwerke vertragliche oder gesetzliche Ansprüche gegen Dritte hat, so werden diese mit Wirkung zum Ankaufszeitpunkt an den Berechtigten abgetreten; dieser nimmt die Abtretung an. Die Abtretung steht unter der auflösenden Bedingung, dass der Verpflichtete den Rücktritt von diesem Vertrag erklärt.
9. Wird eine zur Wirksamkeit und/oder Durchführung dieses Vertrages erforderliche Genehmigung oder Erklärung nur unter einer Bedingung oder Auflage erteilt oder versagt oder wird der Verpflichtete für nach diesem Vertrag vom Berechtigten zu tragende Kosten oder Steuern als Zweitschuldner in Anspruch genommen, so ist der Verpflichtete berechtigt, von diesem Vertrag zurückzutreten.
   Der Verpflichtete ist weiterhin zum Rücktritt von diesem Vertrag berechtigt, wenn der Berechtigte den Kaufpreis nicht binnen einer Woche nach Eintritt der Fälligkeit bezahlt hat. Die gesetzlichen Rücktrittsrechte bleiben unberührt.
   Wird ein Vorkaufsrecht am Kaufgegenstand ausgeübt, ist der Berechtigte nicht berechtigt, Schadensersatzansprüche wegen Nichterfüllung dieses Vertrages gegen den Verpflichteten geltend zu machen. Der Verpflichtete ist jedoch verpflichtet, für diesen Fall seinen Kaufpreisanspruch gegen den Vorkaufsberechtigten – Zug um Zug gegen Zahlung des Kaufpreises gem. § 3 – an den Berechtigten abzutreten. Der Berechtigte ist verpflichtet, diese Abtretung anzunehmen. Soweit der Berechtigte gegen den Verpflichteten einen Anspruch auf Rückzahlung eines Mieterdarlehens hat, erlischt dieser mit der Erklärung des Verpflichteten über die Abtretung des gegenüber dem Vorkaufsberechtigten bestehenden Kaufpreisanspruches an den Berechtigten, ohne dass es einer Annahme dieser Abtretung durch den Berechtigten bedarf.

III. Grundbucherklärungen

Die Auflassung soll erfolgen, wenn der Kaufpreis (ggf. inkl. Umsatzsteuer) sowie die Grunderwerbsteuer bezahlt oder die entsprechenden Forderungen durch Verrechnung/Aufrechnung erloschen sind.

Zur Sicherung des bedingten Übereignungsanspruchs/Erbbaurechtsübertragungsanspruches soll zugunsten des Berechtigten eine Vormerkung im Grundbuch eingetragen werden. Die Vormerkung und der durch sie gesicherte Übereignungsanspruch/Erbbaurechtsübertragungsanspruch sind dadurch auflösend bedingt, dass über das Vermögen des Berechtigten das Insolvenzverfahren eröffnet wird oder dessen Eröffnung mangels Masse abgelehnt wird.

Der Verpflichtete bewilligt und beantragt, im Grundbuch zu Lasten des in der Vorbemerkung Ziffer I. bezeichneten Grundstücks/Erbbaurechts und zur Sicherung des bedingten Übereignungsanspruchs/Erbbaurechtsübertragungsanspruches des Berechtigten eine im genannten Sinne bedingte Vormerkung zugunsten des Berechtigten einzutragen. Es wird bewilligt und beantragt, bei der Vormerkung zu vermerken, dass die Abtretung des durch die Vormerkung gesicherten Anspruchs ausgeschlossen ist.

Der Verpflichtete behält sich vor, mit Rang vor der vorstehend bewilligten Vormerkung Grundpfandrechte bis zur Höhe von EUR nebst bis zu 20 % Jahreszinsen ab heute und 10 % einmaligen Nebenleistungen eintragen zu lassen. Die Eintragung eines entsprechenden Rangvorbehaltes wird bewilligt. Der beurkundende Notar wird hiermit bevollmächtigt, bei Stellung des Eintragungsantrages den Rangvorbehalt betragsmäßig einzuschränken. Im Innenverhältnis ist vereinbart, dass von dieser Vollmacht nur nach Abstimmung mit dem Verpflichteten Gebrauch gemacht werden darf.

Die Anträge auf Eintragung der vorstehend bewilligten Vormerkung und des Rangvorbehalts können unabhängig voneinander gestellt werden.

Mit schuldrechtlicher Wirkung wird erklärt:

Die Vormerkung erhält im Grundbuch den Rang nach allen in Abt. III des Grundbuches zur Finanzierung des Erwerbs des Kaufgegenstandes durch den Verpflichteten sowie zur Finanzierung der Errichtung der auf dem Kaufgegenstand während der Besitzzeit des Verpflichteten zu errichtenden Bauwerke eingetragenen und noch einzutragenden Belastungen.

IV. Schlussbestimmungen

Alle zur Wirksamkeit und/oder Durchführung dieses Vertrages erforderlichen Erklärungen und Genehmigungen werden allen Beteiligten gegenüber wirksam, wenn sie bei dem beurkundenden Notar, seinem Vertreter oder seinem Nachfolger im Amt eingehen.

Sämtliche Kosten, die durch die Beurkundung und Durchführung dieses bedingten Kaufvertrages sowie die Auflassung und Grundbucheintragung und die Lastenfreistellung in Abt. III entstehen, einschließlich aller Genehmigungskosten sowie die Grunderwerbsteuer werden vom Berechtigten getragen.

Die Unwirksamkeit einer oder mehrerer Einzelbestimmungen dieses Vertrages berührt die Wirksamkeit der übrigen Bestimmungen nicht. Die Vertragsparteien sind verpflichtet, unwirksame Bestimmungen durch solche wirksamen Bestimmungen zu ersetzen, die dem wirtschaftlichen Zweck der unwirksamen Bestimmungen möglichst nahekommen.

Vorstehende Urkunde wurde in Gegenwart des Notars vorgelesen, von den Erschienenen genehmigt und von diesen sowie dem Notar eigenhändig wie folgt unterschrieben:

Anmerkungen

1. S → Form. IV.P.4 Anm. 2 b

7. Kapitel: Börse und Kapitalmarkt (Handelsgeschäfte, Wertpapierdienst- und Wertpapiernebendienstleistungen)

Q. Kauf und Verkauf von Wertpapieren

Schrifttum: Zum Wertpapiergeschäft der Banken allgemein: *Assmann/Schneider/Mülbert*, Hrsg, Wertpapierhandelsrecht, 7. Aufl 2019; Baumbach/Hopt/*Hopt*, 39. Aufl 2020, (7) Bankgeschäfte Q-Y; *Bergmann*, Effektengeschäft, in Langenbucher/Bliesener/Spindler, Bankrechts-Kommentar, 2. Aufl 2016; *Ekkenga*, Effektengeschäft, in MüKoHGB, 4. Aufl. 2019; *Ellenberger/Clouth*, Hrsg, Praktikerhandbuch Wertpapier- und Derivategeschäft, 5. Aufl 2018; *Fuchs*, Hrsg, Wertpapierhandelsgesetz, 2. Aufl. 2016; *Heppekausen/Sänger ua* in: Baas/Buck-Heeb/Werner, Anlegerschutzgesetze, 1. Auflage 2018; *Canaris*, Bankvertragsrecht, 2. Aufl 1981, Rn 1810 ff.; *Kümpel/Mülbert/Früh/Seyfried*, Hrsg, Bank- und Kapitalmarktrecht, 5. Aufl 2019, Rn 13.1 ff., 17.1 ff. und 18.1 ff.; *Schwark/Zimmer*, Hrsg, Kapitalmarktrechts – Kommentar, 5. Aufl 2020; *Seiler/Geier*, Effektengeschäft, in Schimansky/Bunte/Lwowski, Hrsg., Bankrechts-Handbuch, 5. Aufl 2017, § 104.

1. Sonderbedingungen für Wertpapiergeschäfte (Nrn 1–12)*

Diese Sonderbedingungen[1] gelten für den Kauf oder Verkauf sowie für die Verwahrung von Wertpapieren, und zwar auch dann, wenn die Rechte nicht in Urkunden verbrieft sind (nachstehend: „Wertpapiere“).[2]

Geschäfte in Wertpapieren

Nr. 1 Formen des Wertpapiergeschäfts

(1) Kommissions-/Festpreisgeschäfte
Bank und Kunde schließen Wertpapiergeschäfte in Form. von Kommissionsgeschäften (2) oder Festpreisgeschäften (3) ab.[3]

(2) Kommissionsgeschäfte
Führt die Bank Aufträge ihres Kunden zum Kauf oder Verkauf von Wertpapieren als Kommissionärin aus, schließt sie für Rechnung des Kunden mit einem anderen Marktteilnehmer oder einer zentralen Gegenparteien[4] ein Kauf- oder Verkaufsgeschäft (Ausführungsgeschäft) ab, oder sie beauftragt einen anderen Kommis-sionär (Zwischenkommissionär), ein Ausführungsgeschäft abzuschließen. Im Rahmen des elektronischen Handels an einer Börse kann der Auftrag des Kunden auch gegen die Bank oder den Zwischenkommissionär unmittelbar ausgeführt werden, wenn die Bedingungen des Börsenhandels dies zulassen.[5]

(3) Festpreisgeschäfte[6]
Vereinbaren Bank und Kunde miteinander für das einzelne Geschäft einen festen oder bestimmbaren Preis (Festpreisgeschäft), so kommt ein Kaufvertrag zustande; dementsprechend übernimmt die Bank vom Kunden die Wertpapiere als Käuferin oder sie liefert die Wertpapiere an ihn als Verkäuferin. Die Bank berechnet dem Kunden den vereinbarten Preis, bei verzinslichen Schuldverschreibungen zuzüglich aufgelaufener Zinsen (Stückzinsen).

(4) Verzicht des Kunden auf Herausgabe von Vertriebsvergütungen[7]

Nr. 2 Ausführungsgrundsätze für Wertpapiergeschäfte[8]

Die Bank führt Wertpapiergeschäfte nach ihren jeweils geltenden Ausführungsgrundsätzen aus. Die Ausführungsgrundsätze sind Bestandteil der Sonderbedingungen. Die Bank ist berechtigt, die Ausführungsgrundsätze entsprechend den aufsichtsrechtlichen Vorgaben zu ändern. Über die Änderungen der Ausführungsgrundsätze wird die Bank den Kunden jeweils informieren.

Besondere Regelungen für das Kommissionsgeschäft

Nr. 3 Usancen/Unterrichtung/Preis

(1) Geltung von Rechtsvorschriften/Usancen/Geschäftsbedingungen[9]
Die Ausführungsgeschäfte unterliegen den für den Wertpapierhandel am Ausführungsplatz geltenden Rechtsvorschriften und Geschäftsbedingungen (Usancen); daneben gelten die Allgemeinen Geschäftsbedingungen des Vertragspartners der Bank.

(2) Unterrichtung
Über die Ausführung des Auftrags wird die Bank den Kunden unverzüglich unterrichten. Wurde der Auftrag des Kunden im elektronischen Handel an einer Börse gegen die Bank oder den Zwischenkommissionär unmittelbar ausgeführt, bedarf es keiner gesonderten Benachrichtigung.

(3) Preis des Ausführungsgeschäfts/Entgelt/Auslagen
Die Bank rechnet gegenüber dem Kunden den Preis des Ausführungsgeschäfts ab; sie ist berechtigt, ihr Entgelt in Rechnung zu stellen. Ein möglicher Anspruch der Bank auf Ersatz von Aufwendungen richtet sich nach den gesetzlichen Vorschriften.

Nr. 4 Erfordernis eines ausreichenden Kontoguthabens/Depotbestandes[10]

Die Bank ist zur Ausführung von Aufträgen oder zur Ausübung von Bezugsrechten nur insoweit verpflichtet, als das Guthaben des Kunden, ein für Wertpapiergeschäfte nutzbarer Kredit oder der Depotbestand des Kunden zur Ausführung ausreichen. Führt die Bank den Auftrag ganz oder teilweise nicht aus, so wird sie den Kunden unverzüglich unterrichten.

Nr. 5 Festsetzung von Preisgrenzen[11]

Der Kunde kann der Bank bei der Erteilung von Aufträgen Preisgrenzen für das Ausführungsgeschäft vorgeben (preislich limitierte Aufträge).

Nr. 6 Gültigkeitsdauer von unbefristeten Kundenaufträgen

(1) Preislich unlimitierte Aufträge[12]
Ein preislich unlimitierter Auftrag gilt entsprechend den Ausführungsgrundsätzen (Nr. 2) nur für einen Handelstag; ist der Auftrag für eine gleichtägige Ausführung B nicht so rechtzeitig eingegangen, dass seine Berücksichtigung im Rahmen des ordnungsgemäßen Arbeitsablaufs möglich ist, so wird er für den nächsten Handelstag vorgemerkt. Wird der Auftrag nicht ausgeführt, so wird die Bank den Kunden hiervon unverzüglich benachrichtigen.

(2) Preislich limitierte Aufträge
Ein preislich limitierter Auftrag ist bis zum letzten Handelstag des laufenden Monats gültig (Monats-Ultimo). Ein am letzten Handelstag eines Monats eingehender Auftrag wird, sofern er nicht am selben Tag ausgeführt wird, entsprechend den Ausführungsgrundsätzen (Nr. 2) für den nächsten Monat vorgemerkt. Die Bank wird den Kunden über die Gültigkeitsdauer seines Auftrags unverzüglich unterrichten.

Nr. 7 Gültigkeitsdauer von Aufträgen zum Kauf oder Verkauf von Bezugsrechten

Preislich unlimitierte Aufträge zum Kauf oder Verkauf von Bezugsrechten sind für die Dauer des Bezugsrechtshandels gültig. Preislich limitierte Aufträge zum Kauf oder Verkauf von Bezugsrechten erlöschen mit Ablauf des vorletzten Tages des Bezugsrechtshandels. Die Gültigkeitsdauer von Aufträgen zum Kauf oder Verkauf ausländischer Bezugsrechte bestimmt sich nach den maßgeblichen ausländischen Usancen. Für die Behandlung von Bezugsrechten, die am letzten Tag des Bezugsrechtshandels zum Depotbestand des Kunden gehören, gilt Nr. 15 Abs. 1.

Nr. 8 Erlöschen laufender Aufträge

(1) Dividendenzahlungen, sonstige Ausschüttungen, Einräumung von Bezugsrechten, Kapitalerhöhung aus Gesellschaftsmitteln[13]
Preislich limitierte Aufträge zum Kauf oder Verkauf von Aktien an inländischen Ausführungsplätzen erlöschen bei Dividendenzahlung, sonstigen Ausschüttungen, der Einräumung von Bezugsrechten oder einer Kapitalerhöhung aus Gesellschaftsmitteln mit Ablauf des Handelstages, an dem die Aktien letztmalig einschließlich der vorgenannten Rechte gehandelt werden, sofern die jeweiligen Regelungen des Ausführungsplatzes ein Erlöschen vorsehen. Bei Veränderung der Einzahlungsquote teileingezahlter Aktien oder des Nennwertes von Aktien und im Falle dos Aktiensplittings erlöschen preislich limitierte Aufträge mit Ablauf des Handelstages vor dem Tag, an dem die Aktien mit erhöhter Einzahlungsquote bzw. mit dem veränderten Nennwert bzw. gesplittet notiert werden.

(2) Kursaussetzung[14]
Wenn an einem inländischen Ausführungsplatz die Preisfeststellung wegen besonderer Umstände im Bereich des Emittenten unterbleibt (Kursaussetzung), erlöschen sämtliche an diesem Ausführungsplatz auszuführenden Kundenaufträge für die betreffenden Wertpapiere, sofern die Bedingungen des Ausführungsplatzes dies vorsehen.

(3) Ausführung von Kundenaufträgen an ausländischen Ausführungsplätzen
Bei der Ausführung von Kundenaufträgen an ausländischen Ausführungsplätzen gelten insoweit die Usancen der ausländischen Ausführungsplätze.

(4) Benachrichtigung
Von dem Erlöschen eines Kundenauftrags wird die Bank den Kunden unverzüglich benachrichtigen.

Nr. 9 Haftung der Bank bei Kommissionsgeschäften[15]

Die Bank haftet für die ordnungsgemäße Erfüllung des Ausführungsgeschäfts durch ihren Vertragspartner oder den Vertragspartner des Zwischenkommissionärs. Bis zum Abschluss eines Ausführungsgeschäfts haftet die Bank bei der Beauftragung eines Zwischenkommissionärs nur für dessen sorgfältige Auswahl und Unterweisung.

Erfüllung der Wertpapiergeschäfte[16]

Nr. 10 Erfüllung im Inland als Regelfall

Die Bank erfüllt Wertpapiergeschäfte im Inland, soweit nicht die nachfolgenden Bedingungen oder eine anderweitige Vereinbarung die Anschaffung im Ausland vorsehen.

Nr. 11 Anschaffung im Inland

Bei der Erfüllung im Inland verschafft die Bank dem Kunden, sofern die Wertpapiere zur Girosammelverwahrung bei der deutschen Wertpapiersammelbank (Clearstream Banking AG) zugelassen sind, Miteigentum an diesem Sammelbestand – Girosammel-Depotgutschrift – (GS-Gutschrift). Soweit Wertpapiere nicht zur Girosammelverwahrung zugelassen sind, wird dem Kunden Alleineigentum an Wertpapieren verschafft. Diese

Wertpapiere verwahrt die Bank für den Kunden gesondert von ihren eigenen Beständen und von denen Dritter (Streifbandverwahrung).

Nr. 12 Anschaffung im Ausland*[17]

(1) Anschaffungsvereinbarung
Die Bank schafft Wertpapiere im Ausland an, wenn
- sie als Kommissionärin Kaufaufträge in in- oder ausländischen Wertpapieren im Ausland ausführt oder
- sie dem Kunden im Wege eines Festpreisgeschäftes ausländische Wertpapiere verkauft, die im Inland weder börslich noch außerbörslich gehandelt werden, oder
- sie als Kommissionärin Kaufaufträge in ausländischen Wertpapieren ausführt oder dem Kunden ausländische Wertpapiere im Wege eines Festpreisgeschäftes verkauft, die zwar im Inland börslich oder außerbörslich gehandelt, üblicherweise aber im Ausland angeschafft werden.

(2) Einschaltung von Zwischenverwahrern
Die Bank wird die im Ausland angeschafften Wertpapiere im Ausland verwahren lassen. Hiermit wird sie einen anderen in- oder ausländischen Verwahrer (zB Clearstream Banking AG) beauftragen oder eine eigene ausländische Geschäftsstelle damit betrauen. Die Verwahrung der Wertpapiere unterliegt den Rechtsvorschriften und Usancen des Verwahrungsorts und den für den oder die ausländischen Verwahrer geltenden Allgemeinen Geschäftsbedingungen.

(3) Gutschrift in Wertpapierrechnung
Die Bank wird sich nach pflichtgemäßem Ermessen unter Wahrung der Interessen des Kunden das Eigentum oder Miteigentum an den Wertpapieren oder eine andere im Lagerland übliche, gleichwertige Rechtsstellung verschaffen und diese Rechtsstellung treuhänderisch für den Kunden halten. Hierüber erteilt sie dem Kunden Gutschrift in Wertpapierrechnung (WR-Gutschrift) unter Angabe des ausländischen Staates, in dem sich die Wertpapiere befinden (Lagerland).

(4) Deckungsbestand
Die Bank braucht die Auslieferungsansprüche des Kunden aus der ihm erteilten WR-Gutschrift nur aus dem von ihr im Ausland unterhaltenen Deckungsbestand zu erfüllen. Der Deckungsbestand besteht aus den im Lagerland für die Kunden und für die Bank verwahrten Wertpapieren derselben Gattung, Ein Kunde, dem eine WR-Gutschrift erteilt worden ist, trägt daher anteilig alle wirtschaftlichen und rechtlichen Nachteile und Schäden, die den Deckungsbestand als Folge von höherer Gewalt, Aufruhr, Kriegs- und Naturereignissen oder durch sonstige von der Bank nicht zu vertretende Zugriffe Dritter im Ausland oder im Zusammenhang mit Verfügungen von hoher Hand des In- oder Auslands treffen sollten.

(5) Behandlung der Gegenleistung
Hat ein Kunde nach Absatz 4 Nachteile und Schäden am Deckungsbestand zu tragen, so ist die Bank nicht verpflichtet, dem Kunden den Kaufpreis zurückzuerstatten.

Schrifttum: Speziell zu den Sonderbedingungen für Wertpapiergeschäfte: Baumbach/Hopt/*Hopt,* 40. Aufl 2021, (8) AGB-WpGeschäfte, (9) Bedingungen für Wertpapiergeschäfte – Sparkassen; *Beule,* Sonderbedingungen für Wertpapiergeschäfte, in Bankrecht und Bankpraxis, Stand April 2013, Rn. 7.1 ff.; *Grimm,* Die neuen Sonderbedingungen der Banken für Wertpapiergeschäfte, WiB **1995**, 56; *Kümpel,* Die neuen Sonderbedingungen für Wertpapiergeschäfte, WM **1995**, 137; *Kümpel/Mülbert/Früh/Seyfried,* Bank- und Kapitalmarktrecht, 5. Aufl 2019, Rn 17.197 ff.; *Wagner,* Die geänderten Sonderbedingungen für Wertpapiergeschäfte, WM **2007**, 1725 ff.; *Zingel,* Neue Bedingungen für Wertpapiergeschäfte der Banken und Sparkassen, ZBB **2003**, 59.

* Nrn 13–20 sind unten IV.W.1 abgedruckt.

Anmerkungen

1. Die „Sonderbedingungen für Wertpapiergeschäfte" (Fassung November 2018) sind Sonderbedingungen iSv Nr 1 Abs 1 S 2 der Allgemeinen Geschäftsbedingungen (AGB-Banken), auf deren Basis sie mit dem Bankkunden vereinbart werden (zum Verhältnis von „Grund-AGB" und Sonderbedingungen s BuB/*Sonnenhol/Rodi* Rn 1/20; *Bunte*, in: Bankrechts-Handbuch, § 6 Rn. 6). Die Einbeziehung der Sonderbedingungen erfolgt nach Maßgabe des § 305 Abs 2 BGB durch Vereinbarung bei Kontoeröffnung oder Auftragserteilung (BuB/*Sonnenhol/Rodi* Rn 1/21).

Die aktuelle Fassung Sonderbedingungen entspricht – mit einigen kleineren Änderungen – dem Bearbeitungsstand, den das Bedingungswerk im Rahmen seiner letzten größeren Überarbeitung im Jahr 2007 erhalten hatte. Die seinerzeitige Neufassung erfolgte im Zusammenhang mit der Umsetzung der MiFID I (Richtlinie über Märkte für Finanzinstrumente, MiFID, RL 2004/39/EG v 21.4.2004) in deutsches Recht. Geändert und im Vergleich zur Vorgängerfassung v 1.1.2003 teilweise redaktionell überarbeitet wurden seinerzeit die Nrn 1–9 sowie Nr 20 Abs 1. Die grundlegendsten Anpassungen fanden dabei im Hinblick auf die Systematik in Nr 1 sowie mit der Neuformulierung von Nr 2 statt. Hierbei wurden die beiden Ausführungsformen Kommission und Festpreisgeschäft (in der Fassung von 2003 in Nr 9) in Nr 1 „vor die Klammer" gezogen. Damit wird den Kreditinstituten über den entsprechenden Verweis in Nr 2 ermöglicht, (erst) in den jeweiligen sog. Ausführungsgrundsätzen festzulegen, ob Kundenaufträge als Kommissions- oder Festpreisgeschäft ausgeführt werden. Auch die Präambel wurde gekürzt, ohne dass jedoch der grundsätzliche Anwendungsbereich der Sonderbedingungen verschoben wurde. Die übrigen Bestimmungen der Sonderbedingungen in der Fassung v 2003 wurden unverändert übernommen (s hierzu auch *Wagner*, WM 07, 1725 ff.; zur Historie der Sonderbedingungen s. Baumbach/Hopt/*Hopt*, (8) Einl AGB-WPGeschäfte, Rn 1; BuB/*Beule* Rn 7/1 ff).

Die Sonderbedingungen erfassen das gesamte kundenbezogene Wertpapiergeschäft der Bank. Sie gelten für die Anschaffung und Veräußerung von Wertpapieren für andere (Nr 1 bis 12) im Wege der Kommission (sog Finanzkommissionsgeschäft als Bankgeschäft iSv § 1 Abs 1 Satz 2 Nr 4 KWG; Wertpapierdienstleistung iSv § 2 Abs 8 Nr 1 WpHG) und des Festpreisgeschäfts (Finanzdienstleistung iSv § 1 Abs 1a Satz 2 Nr 4c KWG; Wertpapierdienstleistung iSv § 2 Abs 8 Nr 2c WpHG) sowie für das bankmäßige Depotgeschäft (Nr 13 ff) als Bankgeschäft iSv § 1 Abs 1 Satz 2 Nr 5 KWG.

2. Der Wertpapierbegriff der Sonderbedingungen geht über denjenigen des § 1 DepotG hinaus. Neben den dort erwähnten urkundlich verbrieften Wertpapieren unterfallen den Sonderbedingungen für Wertpapiergeschäfte auch unverbriefte Wertpapierrechte, wie beispielsweise Anteile an sammelverwahrten Schuldbuchforderungen an den Bund und die im Ausland in Wertpapierrechnung verbuchten Rechte (s BuB/*Beule* Rn 7/27). Zu den Wertpapieren iS der Sonderbedingungen zählen auch alle Formen von Optionsscheinen, Hebelzertifikaten und sonstigen verbrieften Termingeschäften. Die Sonderbedingungen für Termingeschäfte (s → Form. IV.R.1) sind hier nicht einschlägig.

3. Die Sonderbedingungen kennen lediglich zwei Formen der Ausführung eines Kundenauftrags zum Kauf oder Verkauf von Wertpapieren: Die schlichte Kommission (Nr 1 Abs 2; Einzelheiten in Nr 3 bis 9; §§ 383 ff. HGB) und das – als Kaufvertrag ausgestaltete – Festpreisgeschäft (Nr 1 Abs 3; § 433 BGB). Auf die in Nr 29 AGB-Banken aF als Regelfall vorgesehene Ausführung im Wege der Kommission durch Selbsteintritt wird wegen der im rechtswissenschaftlichen Schrifttum geäußerten rechtspolitischen Vorbehalte gegen dieses Institut schon seit 1995 bewusst verzichtet. Zu den Gründen für die damalige Neufassung s im Einzelnen *Grimm* WiB 1995, 56, 58; *Kümpel* WM 1995, 137, 138. Welche Ausführungsform bei welcher Art von Wertpapieren zur Anwendung kommt, bestimmen die Kreditinstitute in ihren sog Ausführungsgrundsätzen (siehe Nr 2 der Sonderbedingungen).

4. Die Einführung eines sog „Zentralen Kontrahenten" am Kassamarkt der Frankfurter Wertpapierbörse machte in 2003 eine Anpassung der Sonderbedingungen erforderlich. Der Zentrale Kontrahent (Gegenpartei) tritt vertragstechnisch, aber nicht wirtschaftlich zwischen den Käufer und Verkäufer (s auch *Horn,* WM-Sonderbeilage Nr 2/02). In solchen Fällen kann die Bank mit dem anderen Marktteilnehmer nicht das der Legaldefinition des Kommissionärs entsprechende rechtsformale Geschäft abschließen. Daher stellt Nr 1 Abs 2 S 1 der Sonderbedingungen klar, dass die Bank bei einer kommissionsmäßigen Ausführung für Rechnung des Kunden auch mit einer Zentralen Gegenpartei abschließen kann (s BuB/*Beule* Rn 7/36).

5. Mit dem im Januar 2003 unter Nr 1 Abs 2 neu aufgenommenen S 2 (seinerzeit als Satz 3) wurde eine neue Ausführungsalternative eingeführt. Wenn die Bedingungen des Börsenhandels es zulassen, ist es seit diesem Zeitpunkt möglich, im Rahmen des elektronischen Handels an einer Börse den Auftrag des Kunden auch unmittelbar gegen die Bank oder einen Zwischenkommissionär auszuführen. Im Unterschied zum schon 1995 aus den Sonderbedingungen gestrichenen Institut des kommissionsrechtlichen Selbsteintritts (so Anm. 3) entscheidet hier nicht die den Wertpapierauftrag ausführende Bank, sondern das elektronische System auf Grund eingestellter Parameter, ob der Auftrag gegen die Bank selbst ausgeführt werden kann (s BuB/*Beule* Rn 7/38).

6. Bei der Überarbeitung der Sonderbedingungen im Jahr 2007 wurde deren frühere Nr 9 in Form einer neuen Nr 1 Abs 3 in die Neufassung der Sonderbedingungen übernommen. Das darin geregelte Festpreisgeschäft unterscheidet sich vom Eigenhändlergeschäft alter Prägung (Nr 29 Abs 2 AGB-Banken-alt, dazu *Canaris,* Rn 1841) durch Zustandekommen und Ausgestaltung der kaufvertraglichen Rechtsbeziehung. Während beim Eigenhändlergeschäft der Kaufvertrag zwischen Bank und Kunde erst zustande kommt, wenn die Bank ein Deckungsgeschäft im Markt getätigt hat, und der Bank zudem ein Preisbestimmungsrecht iSv § 315 BGB zusteht, einigen sich die Parteien des Festpreisgeschäfts im Zeitpunkt der Ordererteilung auf die Lieferung bzw Übernahme der Wertpapiere zu einem bestimmten, jedenfalls aber nach objektiven Kriterien bestimmbaren Preis (seit der Fassung v 2007 durch die redaktionelle Ergänzung des Wortes „bestimmbar" klargestellt, die auch in Abgrenzung zu einem einseitigen Leistungsbestimmungsrecht nach billigem Ermessen gem 315 BGB zu sehen ist; *Wagner* WM 2007, 1725, 1727; *Braun* in Kümpel/Mülbert/Früh/Seyfried, Bank- und Kapitalmarktrecht, Rn 17.355). Typische Beispiele für Festpreisgeschäfte bieten im Privatkundengeschäft der Kreditinstitute der Kauf neu emittierter Zertifikate und der Kauf von wertpapiermäßig verbrieften Anteilen an Investmentvermögen. Ein weiterer „traditioneller" Anwendungsfall des Festpreisgeschäfts ist daneben die sog „Rentenofferte" vieler Institute. Hierbei werden der Privatkundschaft Rententitel zu einem festen – das Entgelt des Kreditinstituts einschließenden – Preis angeboten. Festpreisgeschäfte tätigen die Kreditinstitute darüber hinaus vielfach im Geschäft mit institutionellen Anlegern. Nr. 1.1. der Sonderbedingungen stellt das Festpreisgeschäft der Nr. 1.3 ausdrücklich gleichwertig neben die in Nr. 1.2 geregelte Kommission. Soweit die ältere Rechtsprechung die Ausführung von Kundenaufträgen im Wege der Kommission als Regelfall bezeichnet hat (s zB BGH, Urt v 25.6.2002, XI ZR 239/01, WM 2002, 1687), findet dies in der heutigen Systematik der Sonderbedingungen keine Stütze mehr.

7. Die Sonderbedingungen für Wertpapiergeschäfte werden in der Kreditwirtschaft einheitlich verwendet, die „Bedingungen für Wertpapiergeschäfte" der Sparkassen entsprechen mit einem geringfügigen Formulierungsunterschied in Nr. 3 Abs. 3 den Sonderbedingungen für Wertpapiergeschäfte der Banken (s. Bankrechts-Kommentar-*Bergmann,* Kap 36 Rn 15).

Allerdings enthalten die Bedingungen für Wertpapiergeschäfte der Sparkassen seit Januar 2015 in Nr. 1 Abs. 4 eine gesonderte „Behaltensklausel“ für Vertriebsvergütungen. Gegenstand dieser Behaltensklausel ist die Vereinbarung, dass ein Anspruch des Kunden gegen das Kreditinstitut auf Herausgabe von Vertriebsvergütungen, die das Kreditinstitut im Zusammenhang mit Wertpapiergeschäften des Kunden von dritter Seite erhält, nicht entsteht. Die Vereinbarung einer solchen Behaltensklausel in Allgemeinen Geschäftsbedingungen ist zulässig (BGH, Urt v 14.1.2014, XI ZR 355/12, BGHZ 199, 355; *Grüneberg*, Bankenhaftung, 2017, Rn. 315; zur früheren Diskussion über die AGB-rechtliche Wirksamkeit der Klausel s Bankrechts-Kommentar-*Bergmann*, Kap 36 Rn 169). Außerhalb des Sparkassensektors erfolgt die Vereinbarung entsprechender Behaltensklauseln nicht im Wege der Sonderbedingungen, sondern typischerweise im Zuge des Abschlusses der „Rahmenvereinbarung“ iSv Art 58 Abs 1 VO (EU) 2017/565 (früher § 34 Abs. 2 WpHG aF). Ob Kreditinstitute ohne eine solche Behaltensklausel im Fall der Kommission verpflichtet wären, Vertriebsvergütungen gem § 384 Abs 2 HGB, § 667 BGB an den Kunden herauszugeben, hat der BGH ausdrücklich offen gelassen (aaO, Tz. 19 mit Nachweisen zum Streitstand in Tz. 15 ff). Keine Grundlage in der Vertragsbeziehung zwischen Bank und Kunde findet die Anwendung der §§ 384 HBG, 667 BGB jedenfalls dann, wenn das Wertpapiergeschäft als Festpreisgeschäft ausgestaltet ist (BGH, Urt v 16.10.2012, XI ZR 367/11, Tz 37, NJW-RR 2013, 244).

8. Nr 2 der Sonderbedingungen wurde mit der Fassung v 2007 vollständig neu gefasst. Die Fassung v 2003 sah noch in einem in Nr 2 Abs 1 S 1–3 aF ausdrücklich beschriebenen Weisungsrecht vor, dass alle Kunden für einen Einzelfall sowohl über die börsliche/außerbörsliche Ausführung, den Ausführungsplatz als auch die Handelsart bestimmen können. Für den Fall, dass der Kunde von seinem Weisungsrecht keinen Gebrauch macht, bestimmten sich börsliche/außerbörsliche Ausführung, Ausführungsplatz (Inland/Ausland Börsenplatz) und Handelsart (Präsenzhandel/elektronischer Handel) nach Maßgabe der Nr 2 Abs 2 bis Abs 5 aF Sonderbedingungen. Dieser Mechanismus, dh Ausübung Weisungsrecht oder (Vor)Festlegung von Ausführungsart und Ausführungsplatz, wurde aus den Sonderbedingungen in die Ausführungsgrundsätze der Kreditinstitute verschoben.

Kreditinstitute müssen gem § 82 Abs 1 Nr. 1 WpHG (früher: § 33a Abs 1 Nr 1 WpHG aF) alle hinreichenden Vorkehrungen treffen, insbes Grundsätze zur Auftragsausführung festlegen, um für ihre Kunden das bestmögliche Ergebnis bei der Ausführung von Kundenaufträgen zu erreichen. Nach § 82 Abs 6 Nr 1 WpHG iVm Art 66 Abs 3 VO (EU) 2017/565 sind diese Ausführungsgrundsätze (sog Best Execution Policy; ausführlich hierzu *Bauer* bzw *Bracht/Dierkes* in Ellenberger/Clouth, Praktikerhandbuch Wertpapier- und Derivategeschäft, Rn. 2189 ff. bzw. Rn 2288 ff) den Kunden vor erstmaliger Erbringung von Wertpapierdienstleistungen auf einem dauerhaften Datenträger zur Verfügung zu stellen. Mit Nr 2 der Sonderbedingungen werden die Ausführungsgrundsätze in die Sonderbedingungen einbezogen. Dies geschieht vor dem Hintergrund, dass die Kreditinstitute gem § 82a Abs 6 Nr 1 WpHG auch verpflichtet sind, die Zustimmung ihrer Kunden zu den Ausführungsgrundsätzen einzuholen.

Nr 2 Satz 3 der Sonderbedingungen gibt ein einseitiges Änderungsrecht (Leistungsbestimmungsrecht). Dies ist erforderlich, da Wertpapierdienstleistungsunternehmen nach § 82 Abs 1 Nr 1 WpHG, Art 66 Abs 1 VO (EU) 2017/565 verpflichtet sind, ihre Ausführungsgrundsätze mindestens einmal jährlich – bei konkretem Anlass auch unterjährig – zu überprüfen und ggf anzupassen.

Nr 2 Satz 4 der Sonderbedingungen gibt rein deklaratorisch die aufsichtsrechtliche Vorgabe wieder, dass Kunden über etwaige Änderungen der Ausführungsgrundsätze zu informieren sind.

9. Klarstellend weist Nr 3 Abs 1 der Sonderbedingungen darauf hin, dass nach kommissionsrechtlichen Grundsätzen das von der Bank im eigenen Namen für Rechnung der

Kunden an der Börse oder einem anderen Ausführungsplatz getätigte Ausführungsgeschäft den dortigen Rechtsvorschriften und Geschäftsbedingungen (Usancen) unterfällt (zu inländischen und ausländischen Börsenusancen s. BuB/*Beule* Rn 7/72 f). Das Rechtsverhältnis zwischen der als Kommissionärin handelnden Bank und ihrem Vertragspartner aus dem Ausführungsgeschäft ist gegenüber dem Rechtsverhältnis zwischen der Bank und ihrem Kunden (Kommittent) selbstständig. Der Kunde ist als Kommittent nicht Vertragspartei des Ausführungsgeschäfts. Aus diesem erwachsen nur der Bank und ihrem dortigen Vertragspartner Rechte und Pflichten (Baumbach/Hopt/*Hopt*, § 383 Rn 18; BuB/*Beule* Rn 7/71). Bedeutung erlangt dies ua dann, wenn das Ausführungsgeschäft aufgrund einer – im Verhältnis der Bank zu der anderen Partei des Ausführungsgeschäfts geltenden – Mistrade-Regelung wegfällt (s. zu dieser Konstellation aus der Rechtsprechung: BGH, Urt v 23.6.2015, XI ZR 386/13, BGHZ 206, 83; OLG Nürnberg, Urt v 10.7.2015, 14 U 468/07, WM 5, 2146; OLG Schleswig, Urt v 20.12.2018, 5 U 279/18, WM 2020, 126, BGH, Urt v 23.9.2020, VI Z R 39/19, WM 2020, 2079).

10. Die in Nr 4 der Sonderbedingungen festgelegten Voraussetzungen für die Auftragsausführung finden ihre Grundlage in der auftragsrechtlichen Vorschusspflicht (§ 669 BGB); unstr für Kauforders, str für Verkaufsaufträge, s *Braun* in Kümpel/Mülbert/Früh/Seyfried, Bank- und Kapitalmarktrecht, Rn 17.297 ff.; *Ekkenga* in MüKoHGB, Effektengeschäft Rn 628.

11. Nr 5 der Sonderbedingungen greift die Bestimmungen der §§ 384 Abs 1, 385, 386 HGB über das Weisungsrecht des Kommittenten auf und stellt klar, dass der Kunde der als Kommissionärin tätig werdenden Bank Weisungen in der Form. von Preisgrenzen (Limits: Obergrenze bei der Einkaufskommission, Untergrenze bei der Verkaufskommission) für das Ausführungsgeschäft erteilen kann (zum Begriff des „Limits" s § 1, Stichworte „Limit" und „Limit-Orders", der Börsenordnung für die Frankf Wertpapierbörse (BörsenO FWB), abrufbar unter www.xetra.com/xetra-de/meta/regelwerke). Der durch eine den Preis des Ausführungsgeschäfts betreffende Weisung ausgestaltete „preislich limitierte Auftrag" ist strikt von bedingten Aufträgen, wie beispielsweise dem bedingten Verkaufsauftrag, der sog Stop-Loss-Order, zu unterscheiden. Bei letzterer handelt es sich um einen nur im Falle des Unterschreitens eines bestimmten Kurses wirksam werdenden Auftrag, der unlimitiert, dh „bestens" auszuführen ist. Der exakte Verkaufskurs oder ein bestimmter Mindesterlös können durch eine Stop-Loss-Order nicht festgelegt werden.

12. Gleichtägige Ausführung meint in diesem Zusammenhang den Versuch der Ausführung. Der Auftrag erlischt, wenn er an den Handelsplatz weitergeleitet wurde, dort aber kein Ausführungsgeschäft zustande kam. Nur für diesen Fall gilt die Benachrichtigungspflicht der Nr 6 Abs 1 S 2. Verspätete, dh nicht gleichtägig ausführbare Aufträge iSv Nr 6 Abs 1 S 1, 2. Halbs der Sonderbedingungen werden lediglich für den nächsten Handelstag vorgemerkt, ohne dass der Kunde hierüber gesondert benachrichtigt würde.

13. Die schon in der Fassung v 2003 vorgenommene Erweiterung des Anwendungsbereichs von Nr 8 der Sonderbedingungen um Abs 1 trug dem Umstand Rechnung, dass Änderungen in den Geschäftsbedingungen der deutschen Börsen mit dem Ziel vorgenommen worden waren, die Regeln für das Erlöschen von Kundenaufträgen vor allem im Falle von Dividendenzahlungen und sonstigen Ausschüttungen zu vereinheitlichen und dabei auch die Usancen maßgeblicher ausländischer Kapitalmärkte zu berücksichtigen (vgl zB § 78 Abs 1 BörsenO FWB). Nr 8 Abs 1 stellt somit sicher, dass Kundenaufträge, die auf Grund der Börsengeschäftsbedingungen nicht ausgeführt werden, auch im Verhältnis der beauftragten Bank zu Ihrem Kunden erlöschen (s Baumbach/Hopt/*Hopt*, (8) AGB-WPGeschäfte 8, Rn 1).

14. Die Regelung der Nr 8 Abs 2 der Sonderbedingungen, die limitierte und unlimitierte Aufträge gleichermaßen erfasst, trägt vor dem Hintergrund der kommissions- bzw auftragsrechtlichen Benachrichtigungspflicht des Kommissionärs (§ 384 Abs 2 HGB, § 666 BGB) der Möglichkeit der Kursaussetzung (vgl § 25 Abs. 1 BörsG, § 59 BörsenO FWB) bei Vorliegen einer Ad hoc-publizitätspflichtigen Tatsache Rechnung (s. Art 17 VO (EU) Nr 596/2014, MAR; zur Vorabmitteilung an die Geschäftsführung der Handelsplätze s § 26 Abs. 1 WpHG, *Meyer* in Kümpel/Mülbert/Früh/Seyfried, Bank- und Kapitalmarktrecht, Rn 12.374). Eine mit der Bitte um Weisung verbundene Benachrichtigung jedes Kunden gem § 666 BGB ist im Falle der Kursaussetzung in der Praxis des Massengeschäfts Wertpapierkommission nicht möglich. An ihre Stelle treten das automatische Erlöschen aller an der Börse auszuführenden Orders in dem betroffenen Wert und die Benachrichtigungspflicht der Bank gem Nr 8 Abs 4 der Sonderbedingungen. Die Regelung wird zT kritisch diskutiert, s *Ekkenga* in MüKoHGB, Effektengeschäft Rn 258 f. einerseits, BuB/*Beule* Rn 7/98 und *Seiler/Geier* in Bankrechts-Handbuch § 104 Rn 86 andererseits.

15. Die ausdrückliche Haftungsübernahme in Nr 9 der Sonderbedingungen nimmt der Bank die Möglichkeit des Haftungsausschlusses durch Namhaftmachung des Kontrahenten gem § 384 Abs 3 HGB. Die Regelung verhindert die Schlechterstellung des Kunden gegenüber der – 1995 abgeschafften – Kommission mit Selbsteintritt (näher BuB/Beule Rn 102).

16. Die Erfüllung der kommissions- oder kaufvertraglichen Eigentumsverschaffungspflicht der Bank erfolgt im Wertpapiergeschäft regelmäßig nicht durch Einigung und Übertragung des unmittelbaren Besitzes an den Wertpapieren auf den Kunden. Die Eigentumsverschaffung geht vielmehr typischerweise mit der Begründung eines Verwahrverhältnisses einher. Regelfall ist die Anschaffung und Verwahrung der – uU überhaupt nicht körperlich auslieferbaren (§ 9a DepotG; Wertrechte) – Wertpapiere im Inland; Regelverwahrform im Inland ist die Girosammelverwahrung (§§ 2, 5, 9a, 24 DepotG). Die Eigentumsverschaffung erfolgt durch Begründung von Miteigentum an einem Girosammelbestand (§ 24 Abs 2 DepotG bzw § 929 S 1 BGB; *Heinsius/Horn/Than,* DepotG, 1975, § 24 Rn 24 ff., 35 ff.; *Bauer* in Kümpel/Mülbert/Früh/Seyfried, Bank- und Kapitalmarktrecht, Rn 18.60 ff.; BuB/*Kreße* Rn 8/228 ff.; *Klanten,* in: Bankrechts-Handbuch, § 72 Rn. 102 ff). Zur – seltenen – Streifbandverwahrung der Nr 11 S 2 der Sonderbedingungen s BuB/*Kreße* Rn 8/78; *Klanten* in Bankrechts-Handbuch, § 72 Rn 122 ff.; *Einsele* in MüKoHGB, Depotgeschäft Rn 40 f.

17. Der auf die Sachverhalte der Nr 12 Abs 1 der Sonderbedingungen beschränkte Ausnahmefall der Anschaffung und Verwahrung der Wertpapiere im Ausland weist gegenüber den „Inlandsfällen" eine Reihe von Abweichungen auf. Insbesondere erwirbt der Kunde kein Eigentum an den im Ausland angeschafften und dort verwahrten Wertpapieren; die Bank erteilt vielmehr eine „Gutschrift in Wertpapierrechnung" über eine von ihr treuhänderisch zugunsten des Kunden gehaltene Rechtsstellung (Eigentum/Miteigentum an den Wertpapieren oder eine gleichwertige Rechtstellung; s Nr 12 Abs 3 der Sonderbedingungen, Einzelheiten zur „WR-Gutschrift" bei BuB/*Beule* Rn 7/12o ff; *Klanten* in Bankrechts-Handbuch § 72 Rn 143 ff). Die Erteilung der WR-Gutschrift führt zum Erlöschen des gem § 22 DepotG iVm Nr 12 Abs 1 und Abs 2 der Sonderbedingungen zunächst suspendierten kommissions- bzw kaufvertraglichen Übereignungsanspruchs durch Leistung an Erfüllung Statt (§ 364 BGB, s *Klanten* in Bankrechts-Handbuch § 72 Rn 158).

2. Wertpapier-Kaufauftrag und Wertpapier-Verkaufauftrag

GVO: EIN falls nicht zutreffend bitte ankreuzen:	Order-Änderung ☐ GVO: AEN	Order-Löschung ☐ GVO: LOE	Order-Erneuerung ☐ GVO: NEU	Order-Nummer/Beleg-Nr. OR

An ... **Bank** [Verkauf/Kauf] von Wertpapieren

Fil.-Nr. Depot-Nr.	UD Käufer	**Kommissionsauftrag** LI Limit/*Optionslimit* SB Stop-Buy
K Nominal/Stück	Gattungsbezeichnung	GL Gültig
		Festpreisgeschäft FP Festpreis
WKN/Kürzel	Besonderheiten/Sonstige Weisungen	UK KT Konto-Nr. (falls abweichend)
Hiermit verzichte ich auf Ihre schriftliche Bestätigung über die Vormerkung des obigen Kommissionsauftrages	**Datum, Unterschrift**	

BP Börsenplatz	BA Bestätigung	ZU Zusatz KA ☐ WA ☐ EK ☐ IW ☐ SK ☐	KU Kurs (Dezimalstellen)	ST Schlußtag TT. MM.	WE Wert TT. MM	LS Lagerstelle	SP Spesen DM	SG Keine zus. Kosten ☐ PS Keine Spes. ☐
AS Art der Stücke	SF Sperrfr. Fälligk.	VS Verm.	AB Abr.-Schl	NU Nutz. schl.	BO Bonif. (Dez.-Zahlen) in %	BS Bonif. DM per Stück	Zinstage ZT ZM	SV Stückevermerk für Handel (max. 20 Buchstaben, Zahlen oder Zeichen)

☐					Sperrvermerke ☐ RU Restriktion umgehen	
Annahme telefonisch bzw.		Weitergabe			R	GZ
FS briefl. ☐ ☐	Datum	Uhrzeit	Datum	Uhrzeit		

Anmerkungen

1. Orderformulare, wie sich eines vorstehend beispielhaft abgedruckt findet, dienen der Erfassung und Dokumentation von Kauf- bzw Verkaufsaufträgen über Wertpapiere. Solcherlei Aufträge werden immer häufiger nicht mehr papierhaft, sondern elektronisch mittels Ordermaske erfasst.

Der notwendige Inhalt eines Orderformulars beziehungsweise einer entsprechenden elektronischen Ordermaske ist – wie die mit einem solchen Auftrag einhergehenden Aufzeichnungspflichten – weitgehend aufsichtsrechtlich vorgegeben (§ 83 WpHG iVm Art 74 und 75 der VO (EU) 2017/565 iVm Art. 25 VO (EU) 600/2014, § 9 Abs 2 WpDVerOV). Erfasst werden unter anderem der Kunde, gegebenenfalls ein für ihn handelnder Bevollmächtigter, der Inhalt des Auftrags (Kommissionsgeschäft/Festpreisgeschäft, Stückzahl, Wertpapiernummer etc), Weisungen des Kunden (Limitierung, Börsenplatz, sonstige spezielle Weisungen), der Zeitpunkt der Auftragsannahme, die Bezeichnung des annehmenden Mitarbeiters sowie die Art der Auftragserteilung (telefonisch, per Telefax, fernschriftlich).

2. Nach § 83 Abs. 3 WpHG sind Telefonate und ist elektronische Kommunikation mit Kunden aufzuzeichnen, soweit sich der Inhalt auf die Annahme, die Übermittlung und Ausführung von Kundenaufträgen bezieht. Außerdem sind gemäß § 83 Abs. 6 WpHG (persönliche) Gespräche zu dokumentieren, in denen ein Kunde einen Auftrag erteilt. Die Verwendung des Begriffs „Auftrag" ist jedoch nicht dahingehend zu verstehen, dass dokumentiert werden soll, wenn Kunde und Wertpapierdienstleistungsunternehmen – etwa im Rahmen der Dienstleistung Kommissionsgeschäft – Auftragsverhältnisse begründen. Aufgezeichnet werden soll vielmehr, was darauf gerichtet ist, Geschäftsabschlüsse herbeizuführen. Dementsprechend unterfällt etwa die Kommunikation im Zusammenhang mit der Dienstleistung Eigenhandel, also beim Abschluss von Festpreisgeschäften mit Kunden, den Aufzeichnungspflichten nach § 83 Abs. 6 WpHG (s *Heppekausen/Sänger ua* in: Anlegerschutzgesetze, § 83 WpHG, Rn 139).

3. In Konkretisierung der allgemeinen Verhaltensregeln nach § 63 WpHG (s hierzu nur *Rothenhöfer* in Kapitalmarktrechts-Kommentar, Vor 63 ff. WpHG und § 63 WpHG, Rn. 5 ff.) finden sich zwischenzeitlich auch in § 69 WpHG iVm Art. 67 bis 70 VO (EU) 2017/565 zahlreiche Regelungen, wie es Kundenaufträge auszuführen gilt (s *Heppekausen/Sänger ua* in: Anlegerschutzgesetze, § 69 WpHG, Rn. 133). Demnach sind etwa Aufträge unverzüglich und in der Reihenfolge ihres Eingangs abzuarbeiten und limitierte Aufträge für Geschäfte in bestimmte Aktien, die nicht unverzüglich ausgeführt werden können, so bekannt zu machen, dass sie anderen Marktteilnehmern – zur Ausführung – zugänglich sind.

3. Wertpapierabrechnung

Effektenabrechnung
Contract note
Contrat de titres

Herrn/Frau/Fräulein/
Firma

Fil.-Nr. Bereich No. Succ. No.	Depot-Nr. Custody a/c No. Dépot-titres No	Datum Date Date	Beleg-Nr. Trade no. Contrat No.

LSt*)	Verwahrungsart Type of safekeeping Mode de conservation		AdS*)

❒ Kauf Purchase Achat ❒ Verkauf Sale Vente

Wir erteilen Ihnen nachstehende Abrechnung:
We are submitting to you the following details of contract:
Nous vous donnons le décompte ci-après:

Whg.*) Curr. Monn.	Nennbetrag bzw. Stück Par value or number Valeur nominale ou nombre	Wertpapiergattung Description Désignation	Wertp.-Kenn-Nr. Security number No de code

Kurs Price Cours	Kurswert Whg.*) Consideration Curr. Produit Monn.	Devisen-Kurs Exchange rate Cours de change	Kurswert – DM Consideration – DM Produit – DM	Zinstage Days Jours	Zinsbetrag Interest Intérêts

./. Kapitalertragsteuer – Withholding tax – impot sur le revenu ducapital	Provision Commission Commission	Maklergebühr/ Fremde Spesen Brokerage/Outside fees Courtage/Frais de tiers	Spesen Fees Frais	Börsenumsatzsteuer Stock Exchange Turnover Tax Impot sur les opérations de Bourse	Börsenumsatzsteuer-Vergütung Stock Exchange Turn- over Tax refund Remboursem, impot sur les op. de Bourse	% bzw. DM pro Stück Bonifikation % or DM per share re-allowance Bonif. en % ou en DM par titre

Schlußtag Trade date Date de transaction	Börse Stock exchange Bourse	Konto-Nr. Account No. Compte No.	Wert Value Valeur	Betrag Soll Debit amount in Montant á débiter an	Betrag Haben Credit amount in Montant à créditer en

Sind die oben genannten Wertpapiere prämienbegünstigt und/oder vermögenswirksam angelegt, so gilt das Pfandrecht gemäß Ziffer 19 Abs. 2 der Allgemeinen Geschäftsbedingungen für die Dauer der Festlegungsfrist nicht.

*) Siehe Rückseite/See reverse side/Voir au verso

GZ R

Schrifttum: *Rothenhöfer* in Kapitalmarktrechts-Kommentar, § 63, Rn. 357 ff.; *Heinsius/Horn/Than,* Depotgesetz, 1975, Komm z §§ 18, 24 und 31.

Anmerkungen

1. Dem Anleger muss über sämtliche Wertpapiertransaktionen Rechnung gelegt werden. Wegen der Vielzahl der dem Kunden mitzuteilenden Informationen arbeitet das abgedruckte Beispiel einer Wertpapierabrechnung an einigen Stellen mit Kürzeln, deren Bedeutung auf der – hier nicht abgedruckten – Rückseite des Formulars erläutert wird. Die Rubrik „LSt" enthält Angaben zur Verwahrart (Girosammelverwahrung, Streifbandverwahrung, Wertpapierrechnung) und zur Lagerstelle; bei der Erteilung einer WR-Gutschrift (Nr. 12 Abs 3 Sonderbedingungen für Wertpapiergeschäfte, → Form. IV.Q.1.) wird das Lagerland der im Ausland verwahrten Wertpapiere benannt.

2. Wird die Bank im Wertpapiergeschäft als Kommissionärin tätig (Nr 1 Abs 2 Sonderbedingungen für Wertpapiergeschäfte, → Form. IV.Q.1), ist sie zum einen kommissionsrechtlich (§§ 384 Abs 2 HGB; 675, 666 BGB) verpflichtet, dem Kunden die Ausführung der Kommission unverzüglich anzuzeigen, ihm über das Geschäft Rechenschaft abzulegen und – im Fall der Einkaufskommission – ihn über die Verschaffung des Eigentums an den erworbenen Wertpapieren zu informieren. Daneben treten bei der Einkaufskommission die depotrechtlichen Pflichten zur Übersendung des Stückeverzeichnisses (§ 18 Abs 1 DepotG) bzw – im Regelfall der Erfüllung des Wertpapiergeschäfts durch GS-Gutschrift (Nr 11 Sonderbedingungen für Wertpapiergeschäfte; → Form. IV.

Q.1 Anm. 16) – die Pflicht zur unverzüglichen Mitteilung über die spätestens durch Depotgutschrift erfolgte Eigentumsverschaffung an den Wertpapieren (§ 24 Abs 2 S 2 DepotG; dem gesetzlichen Eigentumsübergang nach § 24 Abs 2 S 1 DepotG kommt allerdings kaum praktische Bedeutung zu, da bei der Belieferung von Wertpapiergeschäften im Wege des Effektengiroverkehrs das Eigentum regelmäßig zuvor nach § 929 S 1 BGB übergeht – BuB/*Kreße*, Rn 8/235 ff). Bei dem als Kaufvertrag ausgestalteten Festpreisgeschäft (Nr 1 Abs 3 Sonderbedingungen für Wertpapiergeschäfte, → Form. IV.Q.1 Anm. 6) entfällt mangels Ausführungsgeschäfts die – ausschließlich kommissionsrechtlich begründete – Pflicht zur Erstattung einer Ausführungsanzeige (*Heinsius/Horn/Than* § 31 Rn 14 zum Eigenhändlergeschäft alter Prägung). Die Erteilung einer Rechnung wird dagegen auch nach Kaufvertragsrecht geschuldet (Palandt/*Weidenkaff*, BGB, 79. Aufl 2020 § 433 Rn 32); beim Verkauf von Wertpapieren an Kunden im Wege des Festpreisgeschäfts finden die depotrechtlichen Vorschriften der §§ 24 Abs 2 S 2 bzw 18 Abs 1 DepotG entsprechende Anwendung (§ 31 DepotG). In der Praxis des Wertpapiergeschäfts fassen die Kreditinstitute die aus den verschiedenen Mitteilungs- und Benachrichtigungspflichten resultierenden Arbeitsgänge (Ausführungsanzeige, Abrechnung, Mitteilung der Depotgutschrift) in einer einzigen Wertpapierabrechnung zusammen. Wird diese unverzüglich, dh im Falle der Kommission noch am Tag der Ausführung erstellt, bedarf es auch kommissionsrechtlich keiner gesonderten Ausführungsanzeige (*Heinsius/Horn/Than* § 18 Rn 19).

3. Hierneben normiert zwischenzeitlich § 63 Abs. 12 WpHG die (aufsichtsrechtliche) Verpflichtung, dem Kunden in geeigneter Weise über erbrachte Wertpapierdienstleistungen zu berichten (s *Rothenhöfer* in: Kapitalmarktrechts-Kommentar, § 63, Rn. 357 ff.). Gegenstand dieser Berichtspflicht ist etwa die Angabe des Ausführungsortes (§ 63 Abs. 12 S. 1 2. Hs WpHG). Darüber hinaus finden sich Konkretisierungen im Hinblick auf Art, Inhalt und Zeitpunkt der Berichterstattung in § 63 Abs. 12 S. 2 iVm Art. 59 bis 63 VO (EU) 2017/565.

4. Im Kern entsprechen die aufsichtsrechtlichen Berichtspflichten dem zivilrechtlichen Pflichtenkanon, wie er sich aus dem Auftrags-, Geschäftsbesorgungs- und Kommisionsrecht ergibt, und lassen diesen unberührt. Die vorgenannten aufsichtsrechtlichen Berichtspflichten gehen jedoch nicht nur in ihrem Dataillierungsgrad, sondern auch in formeller Hinsicht erheblich über die zivilrechtlichen Pflichten hinaus. So findet sich dort etwa auch ein dem Auftrags-, Geschäftsbesorgungs- und Kommissionsrecht fremdes Formerfordernis. Demzufolge ist „auf einem dauerhaften Datenträger über die erbrachten Wertpapierdienstleistungen zu berichten" (§ 63 Abs. 12 1. Hs. WpHG). § 63 Abs. 12 WpHG mag zwar nicht unmittelbar zivilrechtliche Pflichten begründen können; eine Ausstrahlungswirkung auf den zivilrechtlichen Pflichtenkanon ist jedoch schlechterdings nicht mehr auszuschließen (BGH, Urt v. 3.6.2014, XI ZR 147/12, Tz 31 ff., NJW 2014, 2947; s hierzu auch *Rothenhöfer* in: Kapitalmarktrechts-Kommentar, § 63, Rn.

R. Derivatgeschäfte an der Eurex Deutschland und ausländischen Terminbörsen, Devisen- und Edelmetalltermingeschäfte

1. Sonderbedingungen für Termingeschäfte

Diese Sonderbedingungen gelten für Geschäfte an Terminbörsen sowie für außerbörsliche Termingeschäfte in Devisen und Edelmetallen (im Folgenden „.Geschäfte"). Sie gelten nicht für solche außerbörslichen Geschäfte, für die die Anwendung des Rahmenvertrags für Finanztermingeschäfte oder eines anderen Rahmenvertrags vereinbart ist, der alle unter ihm dokumentierten Geschäfte zu einem einheitlichen Vertrag verbindet. Für Geschäfte, bei denen die Rechte in Urkunden verbrieft sind (zB bei Optionsscheinen), gelten die Sonderbedingungen für Wertpapiergeschäfte.[1]

Geschäfte an Terminbörsen[2]

1. Ausführung der Geschäfte

(1) Geschäfte In Kontrakten der Eurex Deutschland[3]

Die Bank wird alle Aufträge, die sich auf die zum Handel an der Eurex Deutschland zugelassenen Options- und Futureskontrakte beziehen, als Kommissionärin im eigenen Namen für Rechnung des Kunden an der Eurex Deutschland ausführen. Die Bank kann auch einen anderen Kommissionär (Zwischenkommissionär) mit der Ausführung des Auftrags beauftragen. Mit dem Zustandekommen des Geschäfts an der Eurex Deutschland (Ausführungsgeschäft) kommt gleichzeitig ein entsprechendes Geschäft zwischen dem Kunden und der Bank zustande.[4] Für sämtliche Geschäfte mit dem Kunden in Kontrakten, die zum Handel an der Eurex Deutschland zugelassen sind, gelten die Handels- an der Clearingbedingungen sowie die Börsenordnung der Eurex Deutschland.

(2) Geschäfte an ausländischen Terminbörsen[5]

Aufträge zum Abschluss von Geschäften an ausländischen Terminbörsen führt die Bank als Kommissionärin im eigenen Namen für Rechnung des Kunden aus. Die Bank kann auch einen Zwischenkommissionär beauftragen, das Ausführungsgeschäft abzuschließen. Sie haftet nur für die sorgfältige Auswahl der im Ausland in die Ausführung des Kundenauftrages eingeschalteten Stellen; sie wird dem Kunden bei Leistungsstörungen ihre Ansprüche gegen die eingeschalteten Stellen abtreten.

Die Ausführungsgeschäfte in Kontrakten, die an ausländischen Terminbörsen gehandelt werden, unterliegen den dort geltenden Rechtsvorschriften und Geschäftsbedingungen (Usancen); daneben gelten die Allgemeinen Geschäftsbedingungen des Vertragspartners der Bank. Dies gilt auch für den Inhalt und die Abwicklung der Ausführungsgeschäfte, zB hinsichtlich des Ausübungszeitpunktes, der Laufzeit oder der Anforderung von Sicherheiten, aber auch der Aussetzung oder Einstellung der Geschäftsabwicklung durch die an der Börse bestehenden Clearingstellen und durch die sonstigen von der Bank in die Durchführung des Kundenauftrages eingeschalteten Stellen.

2. Preis des Geschäfts/Entgelt/Auslagen

Die Bank rechnet gegenüber dem Kunden den Preis des Ausführungsgeschäfts ab; sie ist berechtigt, ihr Entgelt in Rechnung zu stellen. Ein möglicher Anspruch der Bank auf Ersatz von Aufwendungen richtet sich nach den gesetzlichen Vorschriften

3. Wahl des Ausführungsplatzes[6]

Sind Aufträge an verschiedenen Börsen ausführbar, so bestimmt die Bank mangels anderweitiger Weisung den Ausführungsplatz unter Wahrung der Interessen des Kunden und wird ihn über den Ausführungsplatz unverzüglich unterrichten.

4. Festsetzung von Preisgrenzen[7]

Der Kunde kann der Bank bei der Erteilung von Aufträgen Preisgrenzen für das Ausführungsgeschäft vorgeben (preislich limitierte Aufträge).

5. Gültigkeitsdauer von unbefristeten Aufträgen[8]

Ein ohne ausdrückliche Bestimmung der Gültigkeitsdauer erteilter Auftrag zum Abschluss von Geschäften an Terminbörsen gilt nur für den Tag der Auftragserteilung.

6. Aussetzung des Handels

Wird an einer Terminbörse auf Veranlassung der Börsengeschäftsführung der Handel in bestimmten Geschäften ganz oder teilweise ausgesetzt und werden daraufhin alle Aufträge in diesen Geschäften gelöscht, erlöschen sämtliche an dieser Börse auszuführenden Kundenaufträge für die betreffenden Geschäfte; die Bank wird den Kunden hiervon unverzüglich benachrichtigen.

Außerbörsliche Geschäfte[9]

7. Eigenhändlergeschäft

(1) Ausführung der Geschäfte

Bei außerbörslichen Geschäften in Devisen und Edelmetallen schließt die Bank das Geschäft mit dem Kunden als Eigenhändlerin im eigenen Namen und auf eigene Rechnung ab.

(2) Preis des Geschäfts

Die Bank kann die Höhe des Preises nach billigem Ermessen bestimmen (§ 315 des Bürgerlichen Gesetzbuchs), soweit nicht ein fester Preis vereinbart ist.

Bestimmungen für börsliche und außerbörsliche Geschäfte

8. Nichtausführung mangels Deckung[10]

Die Bank ist berechtigt, von der Ausführung des Auftrags abzusehen, soweit das Guthaben des Kunden oder ein für Termingeschäfte nutzbarer Kredit zur Ausführung nicht ausreichen. Führt die Bank den Auftrag ganz oder teilweise nicht aus, so wird sie den Kunden unverzüglich unterrichten.

9. Sicherheiten[11]

(1) AGB-Pfandrecht

Die dem Pfandrecht der Bank nach Nr. 14 ihrer Allgemeinen Geschäftsbedingungen (AGB-Pfandrecht) unterliegenden Wertpapiere, Sachen und Ansprüche des Kunden gegen die Bank sichern uneingeschränkt auch alle bestehenden und künftigen – auch bedingten oder befristeten – Ansprüche der Bank gegen den Kunden aus den Geschäften. Sind Sicherheiten gesondert vereinbart worden, werden die Ansprüche der Bank auch hierdurch gesichert, soweit die Sicherungszweckerklärung auch die Geschäfte erfasst (sonstige Sicherheiten).

(2) Unterhaltung ausreichender Vermögenswerte als Sicherheit

Die Bank kann verlangen, dass der Kunde bei ihr Vermögenswerte unterhält, die ihr im Rahmen des AGB-Pfandrechtes und sonstiger Sicherheiten zugleich als Sicherheit für alle Ansprüche aus den Geschäften dienen. Sicherheiten müssen jeweils In der Höhe bestellt werden, die die Bank nach ihrer Einschätzung der Zins-, Kurs- und Preisänderungsrisiken (Verlustrisiken) aus den Geschäften mit dem Kunden für erforderlich hält. Ändert sich die Risikoeinschätzung oder der Wert der vorhandenen Vermögenswerte, so kann die Bank jederzeit innerhalb angemessener Frist, die im Hinblick auf die Besonderheiten der Geschäfte sehr kurz, gegebenenfalls auch nach Stunden, bemessen sein kann, verlangen, dass der Kunde wertere Vermögenswerte als Sicherheit stellt bzw. für bislang unbesicherte Risiken erstmals Sicherheiten stellt.

(3) Separierung oder gesonderte Buchung der Vermögenswerte

Die Bank darf jederzeit Vermögenswerte des Kunden im Hinblick auf die Verlustrisiken aus den Geschäften getrennt buchen oder anderweitig separieren. Das AGB-Pfandrecht der Bank an diesen und den sonstigen Vermögenswerten des Kunden wird hierdurch nicht berührt. Sämtliche Vermögenswerte haften daher unverändert sowohl für Ansprüche aus den Geschäften als auch für sonstige Ansprüche aus der bankmäßigen Geschäftsverbindung. Über die getrennt gebuchten oder anderweitig separierten Vermögenswerte kann der Kunde nur mit Zustimmung der Bank verfügen.

(4) Sicherheiten bei Geschäften an der Eurax Deutschland

Bei allen Aufträgen zum Abschluss von Geschäften an der Eurex Deutschland sind Sicherheiten mindestens in der Höhe zu stellen, die sich nach der Berechnungsmethode der Eurex Deutschland ergibt.

(5) Zwischenzeitliche Gutschriften oder Belastungen bei laufenden Geschäften[12]

Werden vorläufige Gewinne aus der täglichen Bewertung von Geschäften vor deren endgültiger Abwicklung oder Glattstellung von der Bank gutgeschrieben – gegebenenfalls auf einem gesonderten Konto –, kann über sie nur mit Zustimmung der Bank verfügt werden. Ergeben sich aus einer solchen Bewertung Verluste, so wird die Bank den Kunden entsprechend belasten. Die Bank wird den Kunden in regelmäßigen Abständen über die Buchungen unterrichten. Die Bank ist berechtigt, zum Ausgleich derartiger Belastungsbuchungen das Kontokorrentkonto des Kunden zu belasten, auch wenn hierdurch Kredit in Anspruch genommen wird.

10. Folgen bei Ausbleiben von Sicherheiten; Insolvenz; Ausgleichsansprüche

(1) Vorzeitige Beendigung und Glattstellung

Verlangt die Bank zusätzliche Sicherheiten und werden diese innerhalb der von ihr gesetzten Frist nicht gestellt oder wird die Stellung zusätzlicher Sicherheiten abgelehnt, so kann die Bank – sofern sie dies angedroht hat – die den offenen Positionen zugrunde liegenden Geschäfte und Auftragsverhältnisse ohne Fristsetzung ganz oder teilweise beenden bzw. die aus solchen Geschäften resultierenden offenen Positionen ganz oder teilweise durch ein Gegengeschäft glattstellen. Das gleiche gilt, wenn der Kunde seiner

Verpflichtung zum Ausgleich von vorläufigen Verlusten, die sich aus der täglichen Bewertung der Geschäfte ergeben, nicht nachkommt.

(2) Vorzeitige Beendigung im Insolvenzfall[13]

Im Insolvenzfall enden alle Geschäfte der Bank mit dem Kunden und die Auftragsverhältnisse, die den für den Kunden abgeschlossenen Geschäften zugrunde liegen, ohne Kündigung. Der Insolvenzfall ist gegeben, wenn das Konkurs- oder ein sonstiges Insolvenzverfahren über das Vermögen einer Partei beantragt wird und diese Partei entweder den Antrag selbst gestellt hat oder zahlungsunfähig oder sonst in einer Lage ist, die die Eröffnung eines solchen Verfahrens rechtfertigt.

(3) Ausgleichsansprache

Wenn die Bank nach Abs. 1 Geschäfte glattgestellt oder beendet hat, oder Geschäfte wegen Insolvenz nach Abs. 2 beendet wurden, können statt Erfüllung nur Forderungen wegen Nichterfüllung geltend gemacht werden. Diese Forderungen richten sich auf den Unterschied zwischen den vereinbarten Preisen und den Markt- oder Börsenpreisen, die am Tag der Beendigung oder Glattstellung für ein Geschäft mit der vereinbarten Erfüllungszeit maßgeblich sind und sind stets auf Euro gerichtet.

11. Ausübung von Optionen durch den Kunden

(1) Spätester Ausübungszeitpunkt

Die Erklärung des Kunden, eine Option auszuüben, muss der Bank spätestens bis zu dem Zeitpunkt zugehen, den sie dem Kunden bekanntgegeben hat. Erklärungen des Kunden, die der Bank nach diesem Zeitpunkt zugehen, werden für den nächsten Bankarbeitstag berücksichtigt, sofern die Option dann noch ausgeübt werden kann.

(2) Vorverlegung des Zeitpunktes bei Umtausch- und Abfindungsangeboten

Findet bei Umtausch-, Abfindungs- oder Kaufangeboten oder bei der Aufforderung zur Abgabe derartiger Angebote usancegemäß eine Verkürzung der Laufzeit der Option statt, so muss die Ausübungserklärung des Kunden der Bank bis zu dem in der Mitteilung über die Verkürzung der Laufzeit angegebenen vorverlegten Zeitpunkt zugegangen sein.

(3) Keine gesonderten Hinweispflichten[14]

Darüber hinaus ist die Bank nicht verpflichtet, den Kunden auf den bevorstehenden Ablauf der Option und seine Erklärungsfrist aufmerksam zu machen.

12. Ausübung von Optionsrechten durch die Bank gegenüber dem Kunden[15]

(1) Bevollmächtigung der Bank

Durch der Verkauf einer Option (Eingehen einer Stillhalterposition) erteilt der Kunde der Bank unter Befreiung von den Beschränkungen des § 181 BGB unwiderruflich Vollmacht, die Erklärung der Bank über die Ausübung der Option für ihn entgegenzunehmen. Die Bank unterrichtet den Kunden unverzüglich über die Ausübung.

(2) Belastung des Kundendepots; Beschaffung der Basiswerte, Kosten, Schadenersatz

Bei Ausübung einer Kaufoption gegenüber dem Kunden ist die Bank berechtigt, den im Depot oder auf dem Konto des Kunden nicht verfügbaren Teil der für die Belieferung benötigten Basiswerte (zB Wertpapiere, Devisen, Edelmetalle) zu seinen Lasten anzuschaffen. Sofern es der Bank nicht möglich ist, die Basiswerte im Rahmen eines Anschaffungsgeschäfts bis zu dem Termin zu beschaffen, an dem sie selbst aufgrund der

Inanspruchnahme aus einer im Kundenauftrag eingegangenen Stillhalterposition zur Lieferung verpflichtet ist, kann die Bank sich die benötigten Basiswerte anderweitig, zB im Wege des Wertpapierdarlehens, besorgen, um die Dauer der Lieferschwierigkeiten zu überbrücken. Die Kosten hierfür sowie für einen weitergehenden Verzugsschaden trägt ebenfalls der Kunde.

13. Auslosung bei Zuteilung von Optionsausübungen

Die Bank wird die auf sie nach einem Zufallsprinzip entfallenden Zuteilungen von Optionsausübungen durch eine interne neutrale Auslosung auf ihre Stillhalter-Kunden verteilen.

14. Abwicklung von belieferbaren Futures-Kontrakten[16]

Der Kunde kann bei Futures-Kontrakten, die durch Lieferung zu erfüllen sind, die Lieferung oder die Abnahme der Basiswerte verlangen, sofern er die Kontrakte nicht durch ein Gegengeschäft glattgestellt hat. Die Weisung, dass die Bank die Lieferung herbeiführen soll, muss bei der Bank spätestens bis zu dem von der Bank dem Kunden bekanntgegebenen Zeitpunkt vorliegen. Sofern die Bank keine rechtzeitige Weisung erhält oder der Kunde die für die Lieferung erforderlichen Wertpapiere bzw. Mittel bis zu diesem Zeitpunkt nicht angeschafft hat, wird sie sich bemühen, den Futures-Kontrakt unverzüglich auf Rechnung des Kunden glattzustellen, um eine Abwicklung durch Lieferung zu vermeiden.

15. Abwicklung von Devisentermingeschäften

(1) Mitwirkungspflicht des Kunden

Bei Devisentermingeschäften muss der Kunde der Bank bis zu einem ihm bekanntgegebenen Zeitpunkt (in der Regel bis zum zweiten Bankarbeitstag vor Fälligkeit) mitteilen, dass die von ihm anzuschaffende Währung (Euro oder Fremdwährung) am Fälligkeitstag wie vereinbart zur Verfügung stehen wird. Die Mitteilung ist entbehrlich, wenn der Kunde zu dem nach Satz 1 maßgeblichen Zeitpunkt auf einem seiner Konten bei der Bank über ein entsprechendes Guthaben verfügt.

(2) Unterbleiben der Mitteilung

Unterbleibt die fristgerechte Mitteilung und ist der geschuldete Euro- oder Fremdwährungsbetrag zu dem nach Absatz 1 Satz 1 maßgeblichen Zeitpunkt nicht auf einem Konto des Kunden bei der Bank verfügbar, ist die Bank berechtigt, die vom Kunden zu liefernde Währung zu dessen Lasten an einem Devisen- oder Freiverkehrsmarkt zum Fälligkeitstag interessewahrend anzuschaffen bzw. die dem Kunden zu liefernde Wahrung an einem Devisen- oder Freiverkehrsmarkt zum Fälligkeitstag interessewahrend zu verkaufen.

Schrifttum: *Binder*, Finanztermingeschäfte, in Langenbucher/Bliesener/Spindler, Bankrechts-Kommentar, 2. Aufl 2016, Kap 37, Rn 36, 41 ff.; *Bosch*, Finanztermingeschäfte in der Insolvenz – Zum Netting im Insolvenzverfahren – Teil I, WM 1995, 365 ff.; *ders*, Finanztermingeschäfte in der Insolvenz – Zum Netting im Insolvenzverfahren – Teil II, WM 1995, 413 ff.; *Ellenberger/Clouth*, Praktikerhandbuch Wertpapier- und Derivategeschäfte, 5. Aufl 2018; *Kieper*, Abwicklungssysteme in der Insolvenz, 2004; *Kraft*, Finanzderivate, in Kümpel/Mülbert/Früh/Seyfried, Bank- und Kapitalmarktrecht, 5. Aufl 2019, Rn 19.64 ff.; *Rudolph/Schäfer*, Instrumente und Handel an der Eurex, in: Derivative Finanzinstrumente, 2.Aufl 2010, S. 64 ff.

Speziell zu Termingeschäften an der DTB als Vorgängerin der Eurex: *Kindermann*, Rechtliche Strukturen der Deutschen Terminbörse, WM-Sonderbeil 2/89; Speziell zu den Sonderbedingungen für Termingeschäfte: *Balzer/Siller*, Finanztermingeschäfte, Bankrecht und Bankpraxis (BuB) Std Okt

2004, Rn 7/343–378; zum Vorgänger-Regelwerk der Sonderbedingungen für Börsentermingeschäfte: *Kümpel,* Sonderbedingungen für Börsentermingeschäfte – Kurzkommentar, WM-Sonderbeilage Nr 1/91; *ders,* Die neuen AGB für Börsentermingeschäfte, WM 90, 449 ff.

Anmerkungen

Vor 1. Die „Sonderbedingungen für Termingeschäfte" wurden als Neufassung der „Sonderbedingungen für Börsentermingeschäfte" (vgl dazu 2. Auflage, 2000, Form. VI. R.1 mit Anm. *Clouth*) nach Abschluss des kartellrechtlichen Verfahrens gem § 102 GWB zum Jahresanfang 1999 eingeführt und gelten seitdem – von wenigen redaktionellen Änderungen abgesehen – unverändert. Derzeit wird in der Kreditwirtschaft diskutiert, ob die Bedingungen mit Blick auf die Anforderungen der EMiR (VO (EU) Nr. 648/2012) an das Clearing von Kundentransaktionen durch Clearingmitglieder überarbeitet oder generell durch die Clearing-Rahmenvereinbarung (s. → Form. IV.S. 10, dort ua Nr. 1 (a), Nr. 10) ersetzt werden sollen.

Die Sonderbedingungen für Termingeschäfte sind Sonderbedingungen iSv Nr 1 S 2 AGB-Banken, die nach §§ 305 ff. BGB in den Vertrag mit dem Kunden einbezogen werden müssen, was idR unter Einsatz der „Rahmenvereinbarung für Termingeschäfte (→ Form. IV.R.2) geschieht. Sie orientieren sich in Aufbau und Diktion soweit wie möglich an den „Sonderbedingungen für Wertpapiergeschäfte" (→ Form. IV.Q.1), vgl etwa Nr 4–6.

1. Die Definition der erfassten „Geschäfte" in S 1 der Präambel präzisiert den Anwendungsbereich der Sonderbedingungen: Sie gelten für Geschäfte an Terminbörsen sowie für außerbörsliche Geschäfte in Devisen und Edelmetallen. Satz 2 der Präambel stellt für den Fall, dass zwischen den Parteien ein „Rahmenvertrag für Finanztermingeschäfte" oder ein vergleichbares „Master Agreement" abgeschlossen wurde, den Vorrang der rahmenvertraglichen Regelungen sicher. Bedeutsam ist dies insbesondere im Hinblick auf das für diese Vertragswerke typische Konzept des „einheitlichen Vertrags" (Zusammenfassung des Rahmenvertrags und aller Einzeltransaktionen zu einem einheitlichen gegenseitigen Vertrag). Praktische Anwendungsfälle für die Kollisionsklausel können sich vor allem beim Abschluss von Devisentermin- und -optionsgeschäften ergeben, da diese Transaktionen sowohl in den Geltungsbereich der Sonderbedingungen als auch der Rahmenverträge fallen. Vom Anwendungsbereich ausgeschlossen sind schließlich Termingeschäfte, deren Rechte in Urkunden verbrieft sind (zB Optionsscheine); diese werden nach Maßgabe der „Sonderbedingungen für Wertpapiergeschäfte" (→ Form. IV.Q.1) abgewickelt.

2. Die Sonderbedingungen kennen zwei Formen der Ausführung von Kundenaufträgen: Die einfache Kommission, die bei Eurex (früher: DTB)-Geschäften und Transaktionen an ausländischen Terminbörsen zur Anwendung kommt, und das Eigenhändlergeschäft in Nr 7 der Sonderbedingungen, das allen sonstigen – außerbörslichen – Geschäften vorbehalten ist. Die Sonderbedingungen knüpfen auch in diesem Punkt an die Systematik der „Sonderbedingungen für Wertpapiergeschäfte" an (dort: Kommission und Festpreisgeschäft).

3. Geschäfte an der Eurex kommen nur zwischen der Eurex und einem Kreditinstitut zustande, das im Besitz einer Clearing-Lizenz ist (Nr 2.3 Abs 1 Eurex-Handelsbedingungen; Nr 1.2.2 Clearing-Bedingungen Eurex Clearing AG). Kunden können am Börsenhandel durch die Intermediärfunktion der Kreditinstitute partizipieren. Die Parallelität der „Börsenaußengeschäfte" zwischen Bank und Kunde mit den „Eurex-Innengeschäften" gewährleistet Nr 2.3 Abs 4 Eurex-Handelsbedingungen, wonach ein Börsenteilnehmer mit einem Dritten kein Geschäft über einen an der Eurex gehandelten Kontrakt abschließen darf, ohne zugleich ein Geschäft zu den gleichen Bedingungen (Deckungsgeschäft) an der Terminbörse zu tätigen. Abweichungen hiervon müssen mit dem Dritten ausdrücklich vereinbart werden. Hintergrund dieses „freiwilligen Börsenzwangs" ist das Bestreben, Terminkontrakte bei der Terminbörse zu konzentrieren, um eine möglichst hohe Marktliquidität zu erreichen (vgl *Kindermann* WM-Sonderbeil 2/89, S 20 noch zur DTB).

4. Diese besondere Struktur der Abwicklung von Eurex-Geschäften prägt bei Aufträgen zum Abschluss solcher Geschäfte den kommissionsrechtlichen Herausgabeanspruch des Kunden (§§ 384 Abs 2, 406 HGB). Gegenstand der (schlichten) Kommission ist der jeweilige Eurex-Kontrakt, dessen „Herausgabe" durch den Abschluss eines dem „Eurex-Innengeschäft" zwischen Eurex und Bank spiegelbildlich entsprechenden Vertrags zwischen Bank und Kunde erfolgt (Nr 1 Abs 1 S 3 der Sonderbedingungen). Eine Abtretung einzelner Forderungen aus den laufenden Kontrakten gegen die Eurex kann dagegen nicht verlangt werden. Sie sind nicht Gegenstand des Kommissionsauftrags. Eine Kommission mit Selbsteintrittsrecht ist – anders als noch in den „Sonderbedingungen für Börsentermingeschäfte" – nicht vorgesehen.

5. Die Regelung Nr 1 Abs 2 der Sonderbedingungen erfasst Geschäfte in Finanzterminkontrakten (Financial Futures, Futures-Kontrakte) und Optionen an ausländischen Terminbörsen, wie zB der ICE Futures Europe (Intercontinental Exchange) in London. Auch die Kundenaufträge an ausländischen Terminbörsen sind im Wege der (schlichten) Kommission auszuführen; dies ist auch dann unproblematisch, wenn Gegenstand des Auftrags Finanztermin- und Optionskontrakte sind, die – wie bei Produkten des modernen Terminhandels vielfach üblich – keine physische Lieferung von Wertpapieren oder Devisen vorsehen, sondern auf die Zahlung eines Differenzbetrags (Cash Settlement) gerichtet sind. Wie § 406 Abs 1 HGB zeigt, erfassen die §§ 383 ff. HGB jedes Handelsgeschäft, das ein Kaufmann im eigenen Namen für fremde Rechnung zu schließen übernimmt (*Kümpel* WM-Sonderbeil 1/1991, Nr 1 Anm. VI; *ders* WM 1990, 449, 454). Als Kommissionärin, die kein Delkredere (§ 394 HGB) übernimmt, hat die Bank lediglich für eine ordnungsgemäße Geschäftsbesorgung einzustehen. Nr 1 Abs 2 S 3 der Sonderbedingungen stellt dies aus Transparenzgründen ausdrücklich klar. Der Kunde trägt damit das Risiko der Insolvenz des ausländischen Kontrahenten seiner Bank. Die Geltungsanordnung in Nr 1 Abs 2 S 4 ist lediglich klarstellend zu verstehen und nicht technisch iS einer Einbeziehung der genannten Regelwerke in die Vertragsbeziehung zwischen Kunde und Bank. Die Bank unterliegt bei Ausführung des Kundenauftrags diesen Regelungen, so dass diese insofern indirekt auch für den Kunden relevant werden.

6. Sowohl aus den auftragsrechtlichen (§ 675 Abs 1 iVm §§ 662, 665 BGB) als auch den kommissionsrechtlichen (§§ 384 Abs 1, 385 HGB) Vorschriften folgt die Pflicht, das Weisungsrecht des Kunden bezüglich des Ausführungsplatzes zu beachten. Liegt jedoch keine diesbezügliche Weisung vor, steht der Bank ein Wahlrecht zu, welches sie unter Wahrung des Kundeninteresses und Beachtung der aufsichtsrechtlichen Vorgaben zur „best execution" auszuüben hat. Insofern sehen die Ausführungsgrundsätze der deutschen Kreditinstitute regelmäßig vor, dass Aufträge zum Abschluss von Futures- und Options-Kontrakten, die an mehr als einer Börse angeboten werden, vorrangig an der Eurex ausgeführt werden, soweit der jeweilig Kontrakt dort gehandelt wird. Anderenfalls erfolgt die Ausführung an der „Heimatbörse" des jeweiligen Kontrakts.

7. Nr 4 der Sonderbedingungen ist identisch mit der Parallelregelung in Nr 5 der „Sonderbedingungen für Wertpapiergeschäfte" (vgl → Form. IV.Q.1).

8. Nr 5 der Sonderbedingungen differenziert im Gegensatz zu Nr 6 der „Sonderbedingungen für Wertpapiergeschäfte" (vgl → Form. IV.Q.1) nicht zwischen preislich limitierten und preislich unlimitierten Kundenaufträgen. Ohne anderslautende Weisung des Kunden gilt der Auftrag in beiden Fällen nur für den Tag der Auftragserteilung. Dies gilt – im Gegensatz zu Nr 6 der „Sonderbedingungen für Wertpapiergeschäfte" – auch dann, wenn der Auftrag der Bank nicht so rechtzeitig zugegangen ist, dass seine Berücksichtigung im Rahmen des ordnungsgemäßen Arbeitsablaufs noch möglich ist. Ohne ihn für den nächsten Tag vorzumerken, erlischt der Auftrag also, obwohl seine Ausführung nicht versucht wurde. Dies erscheint auf Grund der besonderen Volatilität der Terminmärkte im Interesse des Kunden (s BuB/*Balzer/Siller* Rn 7/355).

9. Außerbörslich abgeschlossene Termingeschäfte in Devisen und Edelmetallen werden nicht im Wege der Kommission ausgeführt. Vielmehr handelt die Bank als Eigenhändlerin und wird damit unmittelbar Vertragspartei des mit dem Kunden zustande kommenden Termingeschäfts. Mit Abschluss des Kundengeschäfts geht sie eine offene Position in dem gehandelten Basiswert ein, die sie ihrerseits durch ein Deckungsgeschäft am Terminmarkt schließen muss. Mit Blick hierauf steht ihr bei Eigenhändlergeschäften mit Kunden ein Preisbestimmungsrecht iSv § 315 BGB zu (s auch *Kümpel,* Bank- und Kapitalmarktrecht, 3. Aufl. 2004, Rn 10.269 zum Effekten-Eigenhändlergeschäft alter Prägung in Abgrenzung zum Festpreisgeschäft).

10. Nach Nr 8 S 1 der Sonderbedingungen begründet die Entgegennahme des Kundenauftrags keine Verpflichtung der Bank, den Auftrag auch auszuführen. Sie wird zunächst im eigenen Interesse einen Vermögensabgleich beim Kunden vornehmen und disponieren. Allerdings muss sie den Kunden unverzüglich unterrichten, falls der Kundenauftrag ganz oder teilweise nicht ausgeführt wird (Nr 8 S 2).

11. Bei Termingeschäften in Form. des Fest- und des Optionsgeschäfts (zur Möglichkeit, alle Termingeschäfte auf diese beiden Grundvarianten zurückzuführen s *Bosch* WM 1995, 365, 370; *Clouth in Ellenberger/Clouth, Praktikerhandbuch Wertpapier- und Derivategeschäft, 5. Aufl 2018, Rn. 1546*; vgl auch § 1 Abs 11 S 4 KWG, § 2 Abs 3 Nr 1 WpHG) stehen den Gewinnchancen hohe Verlustrisiken gegenüber. Wegen der für Termingeschäfte typischen Hebelwirkung besteht ein erhebliches Preisänderungspotential, das sich in Abhängigkeit von der Preisentwicklung des Basiswerts innerhalb kurzer Zeit realisieren kann. Diese Besonderheiten erfordern eine entsprechend flexibel ausgestaltete Form der Bestellung und Verstärkung von Sicherheiten für die aus Termingeschäften resultierenden Ansprüche der Bank gegen ihren Kunden (besicherungsbedürftige Stillhalterposition des Kunden aus Festgeschäften, zB aus Dax Futures oder Devisentermingeschäften und verkauften Optionen, Short Call oder Short Put). Die Sonderbedingungen tragen dem in Nr 9 durch ein Besicherungsmodell Rechnung, das im Wesentlichen auf dem AGB-Pfandrecht der Bank (Nr 14 AGB-Banken) an den bei ihr unterhaltenen Vermögenswerten aufbaut (Nr 9 Abs 1 hat insoweit nur klarstellenden Charakter). Die Bank kann verlangen, dass der Kunde geeignete Vermögensgegenstände – typischerweise Wertpapiere oder Geld – als Sicherheit stellt (Nr 9 Abs 2 S 1) und diese durch Separierung der Verfügungsbefugnis des Kunden entziehen (Nr 9 Abs 3; Einzelheiten zur insoweit inhaltsgleichen Regelung der früheren Sonderbedingungen für Börsentermingeschäfte bei *Kümpel* WM-Sonderbeil 1/1991, Nr 3 Anm. II ff). Nach Nr 9 Abs 2 S 3 (welche Nr 13 Abs 2 AGB-Banken entspricht) kann die Bank entsprechende Nachbesicherung verlangen, wobei die Frist zu Stellung von neuen Sicherheiten – angesichts der Schnelligkeit der Preisänderungen am Terminmarkt – sehr kurz bemessen sein kann. Die Höhe der Sicherheit kann die Bank unter Zugrundelegung der Kriterien in Nr 9 Abs 2 S 2 nach ihrem Ermessen bestimmen; dabei hat sie im Rahmen von Treu und Glauben auf die schutzwürdigen Belange des Kunden Rücksicht zu nehmen. Die Spezialregelung für Geschäfte an der Eurex Deutschland in Nr 9 Abs 4 erklärt sich aus § 34 Abs 1 Eurex-Börsenordnung, die eine entsprechende Bestimmung im Verhältnis zwischen den Börsenteilnehmern und ihren Kunden vorschreibt (s *Kindermann* WM-Sonderbeil 2/1989, 25 f. – noch zu Einzelheiten des DTB-Sicherheitenkonzepts, das für die Eurex übernommen wurde).

12. Insbesondere bei börslichen Termingeschäften ist eine tägliche Bewertung der gehandelten Kontrakte (Market-to-Market-Methode) üblich. Für Eurex-Geschäfte sehen die Clearing-Bedingungen der Eurex Clearing AG diesbezüglich den sofortigen Ausgleich entsprechender Buchgewinne und -verluste durch Gutschriften bzw Belastungen auf den Geldverrechnungskonten der Bank vor (sog Variation-Margin-Konzept). Nr 9 Abs 5 der Sonderbedingungen überträgt dieses Verfahren auf das Börsenaußengeschäft zwischen Bank und Kunde. Die Regelung wird im Geschäft mit Privatkunden vielfach durch eine sog Maintenance-Vereinbarung modifiziert. Gutschriften und Belastungen auf dem Substanzkonto erfolgen in diesem Fall erst, wenn ein zuvor festgelegtes Entnahme- bzw Nachschussniveau überschritten wird.

13. Die Regelungen in Nr 10 Abs 2 und 3 der Sonderbedingungen orientieren sich an Nr 7 Abs 2 und 3 des „Rahmenvertrags für Finanztermingeschäfte" („DRV 1993/2001", s. → Form. S.IV.1.1). Ein gesetzliches Liquidations-Netting sieht schon § 104 Abs 1 S. 2 InsO vor. Danach werden beiderseits noch nicht voll erfüllte Geschäfte über „Finanzleistungen, die einen Markt- oder Börsenpreis haben", mit Eröffnung des Insolvenzverfahrens über das Vermögen einer Vertragspartei beendet und durch eine – je nach Sachlage entweder dem Gemeinschuldner oder dem solventen Vertragsteil zustehende – Ausgleichsforderung ersetzt. Die Bestimmung, die zwingenden Charakter hat, erfasst neben OTC-Derivaten einschl Termingeschäften in Devisen auch börsengehandelte Derivate (*Bosch* WM 1995, 413, 421; *Kieper* S 59, 79; jeweils noch zu § 104 Abs 2 InsO aF). Anwendungsfälle sind bei Insolvenzeröffnung ausstehende Futures-Kontrakte und effektiv zu beliefernde Optionen. Anders als die gesetzliche Regelung stellt Nr 10 Abs 2 der Sonderbedingungen jedoch für die Beendigung der Geschäfte nicht auf die Eröffnung des Insolvenzverfahrens, sondern auf den Zeitpunkt eines – qualifizierten – Insolvenzantrags ab. Diese Vorverlagerung ist auf Grund von durch Zeitablauf ggf eintretender negativer Marktpreisentwicklungen und des damit verbundenen Risikos der Schadensvergrößerung interessengerecht (*Bosch* WM 1995, 413, 422) und nach § 104 Abs 4 InsO zulässig. Die „zweiseitige" Schadensersatzregelung der Nr 10 Abs 3 der Sonderbedingungen trägt § 104 Abs 2 InsO Rechnung.

14. Nr 11 Abs 3 der Sonderbedingungen weist ausdrücklich darauf hin, dass die Bank im Hinblick auf den bevorstehenden Ablauf der Option und die entsprechende Erklärungsfrist keine weitergehenden als die in Nr 11 Abs 2 der Sonderbedingungen beschriebenen Hinweispflichten hat. Über den Verfallstermin wird der Kunde schon beim Erwerb der Option informiert, so dass insbesondere im Hinblick auf die Standardisierung der Kontrakte sowie der regelmäßig kurzen Laufzeit grundsätzlich keine Pflicht der Bank besteht, einen nochmaligen Hinweis auf den bevorstehenden Ablauf der Option zu geben (BuB *Balzer/Siller* Rn 7/372).

15. Die Regelungen in Nr 12 der Sonderbedingungen erklären sich aus der Intermediärfunktion der Bank, die ihrem Kunden den Zugang zu den Terminmärkten durch den Abschluss zweier gegenläufiger Geschäfte vermittelt. Die von dem als Stillhalter fungierenden Kunden im Rahmen des Geschäfts mit der Bank verkaufte Option korrespondiert mit deren Stillhalterverpflichtung aus dem an der Börse oder einem sonstigen Terminmarkt eingegangenen Gegengeschäft. § 12 Abs 1 stellt vor diesem Hintergrund sicher, dass die aus der von ihr „geschriebenen" Option in Anspruch genommene Bank die vom Kunden verkaufte Option zeitgleich ausüben kann. Nr 12 Abs 2 S 1 enthält darüber hinaus einen antizipierten Eindeckungsauftrag für den Fall, dass die Belieferung einer ausgeübten Option aus den bei der Bank unterhaltenen Vermögenswerten des Kunden nicht möglich ist; bei der in Nr 12 Abs 2 S 2 u 3 angesprochenen Möglichkeit der Eindeckung im Wege des Wertpapierdarlehens handelt es sich um eine Maßnahme der (Verzugs-)Schadensminderung.

16. Von den an der Eurex gehandelten Futures-Kontrakten sind zB der langfristige Euro-BUND-Future, der mittelfristige Euro-BOBL-Future sowie der kurzfristige Euro-SCHATZ-Future als belieferbare Geschäfte ausgestaltet (vgl Nr. 2.3.4 „Fulfilment, Delivery – Clearing of Fixed Income Futures" der Clearing-Bedingungen der Eurex Clearing AG). Allerdings kommt es erfahrungsgemäß auch bei solchen Kontrakten nur in sehr kleiner Anzahl von Fällen zur effektiven Lieferung. Das Interesse der Parteien ist vielmehr regelmäßig auf eine Abwicklung durch Barausgleich, dh auf Neutralisierung (Glattstellung) der eingegangenen Liefer- bzw Abnahmeverpflichtung mittels eines Gegengeschäfts gerichtet. Dem entspricht es, wenn Nr 14 der Sonderbedingungen in Satz 2 für den Ausnahmefall der Erfüllung durch effektive Lieferung eine ausdrückliche Weisung des Kunden vorsieht und Nr 14 Satz 3 bei deren Fehlen bzw beim Ausbleiben der für eine Belieferung erforderlichen Wertpapiere oder Geldmittel wiederum die Glattstellung des Kontrakts vorsieht.

2. Rahmenvereinbarung für Termingeschäfte

Rahmenvereinbarung für Termingeschäfte

Name des Kunden	Filial-Nr.	Kunden-Stamm-Nr.

Aufträge zum Abschluss von Geschäften an Terminbörsen sowie außerbörsliche Termingeschäfte in Devisen und Edelmetallen (nachfolgend: Geschäfte) werden nach Maßgabe der für sie geltenden Sonderbedingungen für Termingeschäfte sowie der nachfolgenden Bestimmungen ausgeführt. Wir behalten uns vor, die Annahme von Aufträgen im Einzelfall nach unserem Ermessen abzulehnen, soweit die Aufträge nicht nur der Glattstellung von offenen Positionen aus diesen Geschäften bei uns dienen.

1. Kauf von Optionen

1.1 Den Optionspreis werden wir Ihrem laufenden Konto belasten. Wir behalten uns vor, Aufträge zum Kauf von Optionen ganz oder teilweise nicht auszuführen bzw. ausgeführte Aufträge rückgängig zu machen, wenn Ihr laufendes Konto ein entsprechendes Guthaben nicht ausweist oder Sie nicht über eine entsprechende Kreditlinie verfügen.

1.2 Für Optionen, bei denen die Optionsprämien nicht voll bezahlt werden müssen (sog. futures-styled Options), gilt Abschn. 2. entsprechend.

2. Verkauf von Optionen, Abschluss von Futures sowie Devisen- und Edelmetalltermingeschäften

2.1 F&O-Limit, Margenlinie

Wegen der Risiken aus ungedeckten Stillhalterpositionen aus Geschäften an Terminbörsen werden wir für Sie ein F(utures) &O(ptions)-Limit einrichten, das den Rahmen besicherungsbedürftiger F&O-Geschäfte begrenzt.

Für Termingeschäfte in Devisen und Edelmetallen gelten gesonderte Limite (Margenlinien).

2.2 Sicherheiten, Glattstellungen

Bei Geschäften iSv Abschn. 2 dieser Vereinbarung können wir verlangen, dass Sie die damit verbundenen Risiken in Höhe unserer Risikoeinschätzung durch bei uns unterhaltene bankmäßige Sicherheiten abdecken. Um die täglichen Preisänderungsrisiken abzudecken, verlangen bereits Terminbörsen (wie die Eurex Deutschland) bzw. deren Clearing-Stellen von den einzelnen Börsenteilnehmern (idR Banken) Sicherheitsleistungen. Dies wird mit der Verpflichtung der Börsenteilnehmer verbunden, von ihren Kunden Sicherheitsleistungen in mindestens gleicher Höhe zu verlangen. Um tägliche kostenträchtige Nachbesicherungen zu vermeiden, verlangen wir in Übereinstimmung mit den internationalen Gepflogenheiten regelmäßig höhere Sicherheiten. Die hierfür vorzusehenden Sicherheiten werden wir in Abstimmung mit Ihnen festlegen und gegebenenfalls auf einem Sonderkonto/-depot verbuchen oder in Ihrem Konto/Depot als gesperrt besonders kennzeichnen: sie sind während der Laufzeit der Kontrakte Ihrer Verfügungsbefugnis entzogen. Ihr Verlustrisiko aus diesen Geschäften ist jedoch nicht auf die getrennt gebuchten, anderweitig separierten, besonders gekennzeichneten oder sonst unserem Pfandrecht nach Nr. 14 unserer Allgemeinen Geschäftsbedingungen unterliegenden Vermögenswerte beschränkt.

Ändert sich unsere Risikoeinschätzung der von Ihnen abgeschlossenen Geschäfte oder der Wert der von Ihnen bestellten Sicherheiten, so können wir jederzeit innerhalb einer angemessenen Frist verlangen, dass Sie weitere Vermögenswerte als Sicherheit bestellen bzw. bislang unbesicherte Risiken nach Maßgabe von Abs. 1 abdecken. Weiter können wir Sie auffordern, Verluste auszugleichen, die sich aus der täglichen Bewertung Ihrer Geschäfte vor der endgültigen Abwicklung oder Glattstellung ergeben. Die Frist für die Verstärkung der Sicherheiten, die nachträgliche Sicherheitenbestellung oder den Verlustausgleich kann im Einzelfall, zB wegen der Schnelligkeit, mit der sich die Marktpreise am Terminmarkt verändern können, bereits von einem Tag auf den anderen, in Ausnahmefällen auch nach Stunden, bestimmt werden.

Kommen Sie unserer telefonischen, mündlichen oder schriftlichen Aufforderung zur Sicherheitenverstärkung, nachträglichen Sicherheitenbestellung oder zum Verlustausgleich nicht nach, können wir – nach entsprechender Androhung, die mit dieser Aufforderung verbunden sein kann – Ihre offenen Positionen aus Geschäften ganz oder teilweise glattsteilen. Die Glattstellungsbefugnis besteht auch dann, wenn wir Sie nicht erreichen können. Sie sollten daher Vorkehrungen treffen, dass Sie für uns jederzeit erreichbar sind.

2.3 Zwischenzeitliche Gutschriften oder Belastungen bei laufenden Future-Kontrakten

Gewinne oder Verluste aus der täglichen Bewertung von Futures vor der endgültigen Abwicklung oder Glattstellung dieser Geschäfte werden wir Ihrem Konto gutschreiben bzw. belasten. Über die gutgeschriebenen Gewinne können Sie nur mit unserer Zustimmung verfügen.

3. Gültigkeit der Aufträge; Fristen

Ein ohne ausdrückliche Bestimmung der Gültigkeitsdauer erteilter Auftrag zum Abschluss von Geschäften an Terminbörsen gilt nur für den Tag der Auftragserteilung.

Sofern Sie eine Option ausüben bzw. einen Future durch effektive Lieferung erfüllen bzw. erfüllt haben wollen, müssen Sie uns gegenüber diese Erklärung spätestens bis zu dem Ihnen von uns angegebenen Zeitpunkt abgeben. Wir sind nicht verpflichtet. Sie darüber hinaus nochmals auf den bevorstehenden Ablauf einer Option und Ihrer Erklärungsfrist aufmerksam zu machen.

4. Abwicklung von belieferbaren Futures-Kontrakten

Bei Futures-Kontrakten, die durch Lieferung zu erfüllen sind, erwarten wir Ihre Weisung, ob die effektive Lieferung herbeigeführt werden soll. Haben Sie bis zu einem Ihnen hierzu bekannt gegebenen Zeitpunkt keine Weisung erteilt oder die für die Lieferung erforderlichen

Wertpapiere oder Mittel nicht angeschafft, werden wir uns bemühen, den Futures-Kontrakt unverzüglich glattzustellen, um eine Abwicklung durch effektive Lieferung zu vermeiden.

5. Veräußerung der Basiswerte bei belieferbaren Futures-Kontrakten und Optionen

Erhalten Sie bei Fälligkeit von Futures-Kontrakten oder durch Ausübung einer Option Ihnen gegenüber die Basiswerte (zB Wertpapiere, Devisen, Edelmetalle), so sind wir berechtigt, diese Basiswerte zu veräußern, sofern die auf Ihrem Konto verfügbaren Mittel nicht zur Bezahlung der Basiswerte ausreichen.

6. Abwicklung von Devisentermingeschäften

Bei Devisentermingeschäften muss uns bis spätestens 12.00 Uhr des zweiten Bankarbeitstags vor Fälligkeit des Devisentermingeschäfts (maßgeblich ist der Handelsplatz Frankfurt a.M.) eine Nachricht darüber vorliegen, dass die von Ihnen anzuschaffende Währung (Euro oder Fremdwährung) am Fälligkeitstag wie vereinbart zur Verfügung stehen wird. Die Mitteilung ist entbehrlich, wenn Sie zu diesem Zeitpunkt auf einem Ihrer Konten bei uns über ein entsprechendes Guthaben verfügen. Anderenfalls sind wir berechtigt, die offene Position aus dem Geschäft Interesse wahrend an einem Devisenmarkt oder einem Freiverkehrsmarkt zu Ihren Lasten anzuschaffen bzw. zu verkaufen.

7. Vorrang des Rahmenvertrages für Finanztermingeschäfte und vergleichbarer Rahmenverträge

Die vorliegende Rahmenvereinbarung und die Sonderbedingungen für Termingeschäfte gelten nicht für solche Geschäfte, die unter Zugrundelegung des Rahmenvertrages für Finanztermingeschäfte oder eines anderen Rahmenvertrages abgeschlossen worden sind, der alle unter ihm dokumentierten Geschäfte zu einem einheitlichen Vertrag verbindet.

8. Verschiedenes

8.1 Unterrichtung bei Geschäften an der Eurex Deutschland

Wir werden Ihnen bei jeder Änderung Ihrer Termingeschäftspositionen aus Geschäften an der Eurex Deutschland einen Positionsauszug über Ihre offenen Positionen übersenden.

8.2 Geschäftsbedingungen

Ergänzend dürfen wir nochmals auf unsere Sonderbedingungen für Termingeschäfte und außerdem auf unsere Allgemeinen Geschäftsbedingungen hinweisen, die für die gesamte Geschäftsverbindung zwischen dem Kunden und den inländischen Geschäftsstellen der Bank gelten. Sie können sie in jeder Filiale einsehen –, wir senden sie Ihnen auch gerne zu.

8.3 Anwendbares Recht

Diese Vereinbarung unterliegt dem Recht der Bundesrepublik Deutschland.

Anlagen

– Doppel dieser Rahmenvereinbarung

– Broschüre: >Basisinformationen über . . . . . <

Mit dem Inhalt dieser Vereinbarung bin ich/sind wir einverstanden.

. . . . .	. . . . .
Ort, Datum	Unterschrift

Schrifttum: *Balzer/Siller,* Finanztermingeschäfte, Bankrecht und Bankpraxis (BuB) Std Okt 2004, Rn 7/379–387; zur Vorgängerfassung, s *Kümpel,* Sonderbedingungen für Börsentermingeschäfte – Kurzkommentar, WM-Sonderbeilage Nr 1/1991.

Anmerkungen

Anders als beispielsweise die „Sonderbedingungen für Wertpapiergeschäfte" (→ Form. IV.Q.1) werden die „Sonderbedingungen für Termingeschäfte" (→ Form. IV.R.1) nicht als abschließendes Regelwerk verstanden. Vielfach findet ergänzend eine „Rahmenvereinbarung" Verwendung. Dies dient zum einen der Einbeziehung der „Sonderbedingungen für Termingeschäfte" nach Maßgabe von § 305 Abs 2 BGB und ermöglicht es zum anderen, den Kunden nochmals auf bestimmte Aspekte des Termingeschäfts gesondert hinzuweisen (s zB S 2 Präambel der Rahmenvereinbarung: Hinweis auf den fehlenden Kontrahierungszwang seitens der Bank). Darüber hinaus bietet die Rahmenvereinbarung die Möglichkeit der Aufnahme institutsbezogener Sonderregelungen, die nicht von der gesamten Kreditwirtschaft einheitlich gehandhabt werden (s *Kümpel* WM-Sonderbeil 1/1991, Präambel Anm. III zur Vorgängerfassung). Die im Markt eingesetzten Rahmenvereinbarungen enthalten je nach Kreditinstitut zum Teil abweichende Regelungen. In der hier abgedruckten Rahmenvereinbarung ist beispielsweise die Vereinbarung eines sog „Futures & Options-Limits" (Nr 2.1) sowie eine Regelung zur Unterrichtung über Änderungen der Termingeschäftsposition aus Geschäften an der Eurex Deutschland (Nr 8.1) aufgenommen. Das durch einseitige Erklärung der Bank gegenüber dem Kunden eingerichtete F&O-Limit beschränkt den Rahmen besicherungsbedürftiger, dh marginpflichtiger Geschäfte auf einen bestimmten Prozentsatz der vom Kunden bei der Bank unterhaltenen liquiden Vermögenswerte. Eine weitere institutsbezogene Sonderregelung ist auch die sog „Maintenance-Regelung", welche im Börsenaußengeschäft mit dem Kunden das an die tägliche Bewertung börslicher Termingeschäfte anknüpfende Konzept der Variation Margin (vgl → Form. IV.R.1 Anm. 12) ergänzt, indem sie zur Vermeidung kostenintensiver Buchungsvorgänge auf dem Substanzkonto die Erteilung von Gutschriften bzw die Vornahme von Belastungen vom Über- bzw Unterschreiten bestimmter Nachschuss-/Entnahmegrenzen abhängig macht. Weitergehende produktbezogene Spezialregelungen können auch in einer besonderen Rahmenvereinbarung für das Firmenkundengeschäft enthalten sein (Margenlinien für Devisen- und Edelmetalltermingeschäfte etc). Im Übrigen wiederholt die Rahmenvereinbarung die wesentlichen Regelungen der „Sonderbedingungen für Termingeschäfte" – so zB das Recht der Bank kurzfristig Nachbesicherung zu verlangen oder die Glattstellungsbefugnis der Bank – in einer durch die verwendete Direktansprache dem Kunden eingängigeren Form. (s BuB/*Balzer/Siller* Rn 7/379). Die Rahmenvereinbarung ist vom Kunden zu unterschreiben, so dass ihr schließlich auch Beweisfunktion zukommt.

3. Vollmacht für Termin- und Optionsgeschäfte

	Interne Angaben der Bank/Ablagehinweise
	Kunden-Stamm-Nummer

Vollmacht für Termin- und Optionsgeschäfte[1]

Vollmachtgeber:

Zuname (ggf. Geburtsname), Firma	Vorname
Straße, Hausnummer/Postfach	Postleitzahl, Wohnort
Beruf/Branche	Telefon

Hierdurch bevollmächtigt der Vollmachtgeber

❒ die nachstehende Person, ❒ die nachstehenden Personen jeweils einzeln,

ihn gegenüber der Bank beim Abschluss folgender Geschäfte zu vertreten:

- Geschäfte an Terminbörsen
- Devisentermingeschäfte
- Optionsscheingeschäfte
- Devisenoptionsgeschäfte
- sowie:

Die Vollmacht berechtigt auch dazu,

- der Bank für die Geschäfte Sicherheiten zu bestellen,
- zum Zwecke der Durchführung dieser Geschäfte eingeräumte Kredite in Anspruch zu nehmen und
- die Rechte aus diesen Geschäften auszuüben

Zur Erteilung von Untervollmachten ist der/die Bevollmächtige/sind die Bevollmächtigten nicht berechtigt.

Bevollmächtigte:

	A	B	C
Name, Vorname (ggf. Geburtsname) Firma			
Straße, Haus-Nr./ Postfach			
Postleitzahl, Wohnort			
Beruf/Branche			

Telefon/Fax	
Ort, Datum	
Unterschrift(en) des/der Bevollmächtigten	

Die Vertretungsmacht der oben genannten Person(en) bleibt bestehen, bis der Vollmachtgeber die Bank schriftlich von einer Änderung unterrichtet.

Geschäftsbestätigungen, Abrechnungen und sonstige Schriftstücke[2]

Die im Zusammenhang mit diesen Geschäften erteilten Abrechnungen, Bestätigungen, Aufstellungen und sonstige Schriftstücke sind zu senden an:

Postanschrift:

Ort, Datum, Unterschrift des Vollmachtgebers	

[1] Diese Vollmacht ergänzt gegebenenfalls eine bereits vorhandene allgemeine Konto-/Depotvollmacht und ersetzt jene nicht.

Vermerke der Bank

Erteilung der Vollmacht	❒ Dem Vollmachtgeber wurde der Empfang der Vollmacht durch Einschreibebrief mit Rückschein (eigenhändig) bestätigt. ❒ Die Unterschrift des Vollmachtgebers wurde in meiner Gegenwart vollzogen. ❒ Der Vollmachtgeber hat die zuvor geleistete Unterschrift mir gegenüber anerkannt. Die Unterschrift wurde geprüft.	❒ Rückschein eingegangen am:
Datum, Unterschrift des Sachbearbeiters		Unterschrift des Sachbearbeiters

Legitimation des/der Bevollmächtigten

	zu A	zu B	zu C
Ausweis (Art des Dokuments, Nr., ausgestellt von, am)			
anderw. Form d. Legitimation			

zusätzliche Bearbeitungshinweise	
Datum, Unterschrift des Sachbearbeiters	

Anmerkungen

1. Die im Geschäft mit Privatkunden bankübliche Konto-/Depotvollmacht (s unter → Form. IV.A.5) erstreckt sich nicht auf den Abschluss von Termingeschäften (vgl den Negativkatalog des Formulars). Ob eine im kaufmännischen Verkehr erteilte Handlungsvollmacht (§ 54 Abs 1, 2 HGB), die Berechtigung zum Abschluss derartiger Geschäfte umfasst, kann im Einzelfall fraglich sein. Vielfach liegen hier zudem Gesamtvertretungsverhältnisse vor, die sich im Fall des für Termingeschäfte typischen telefonischen Vertragsschlusses als problematisch erweisen. Die Bankpraxis verwendet daher für Termingeschäfte sowohl im Privatkunden- als auch im Firmenkundengeschäft gesonderte „Spezialvollmachten". Der Vordruck „Vollmacht für Termin- und Optionsgeschäfte", eine Fortentwicklung der „Vollmacht für Börsentermingeschäfte", wurde vor diesem Hintergrund für den Einsatz im Geschäft mit Privatkunden sowie kleineren und mittleren Firmenkunden konzipiert. Auf den unscharfen Begriff des Finanztermingeschäfts wird auch hier bewusst verzichtet. An seine Stelle tritt ein fester Katalog der für den angesprochenen Kundenkreis typischen Termingeschäfte. Die erforderliche Flexibilität wird durch die Möglichkeit der individuellen Erstreckung auf weitere Geschäftsformen erzielt.

2. Die Benennung einer mit dem oder den Bevollmächtigten nicht personenidentischen Stelle, an die Geschäftsbestätigungen und sonstige Schriftstücke zu richten sind, trägt dem Grundsatz der funktionalen Trennung von Handel, Abwicklung und Kontrolle Rechnung. Kreditinstituten ist eine entsprechende Organisation der Handelstätigkeit durch die „Mindestanforderungen an das Risikomanagement" (MaRisk) der BaFin (Rundschreiben 09/2017 (BA) v 27.10.2017) vorgeschrieben. Die Beachtung des Prinzips der Funktionstrennung empfiehlt sich indes auch für alle arbeitsteilig organisierten Nichtbanken, die in größerem Umfang Termin- und sonstige (Finanz-)Handelsgeschäfte tätigen (vgl bereits Deutsche Bundesbank, Monatsbericht März 1996, 55, 64).

4. Vollmacht für Handelsgeschäfte mit Firmen und Institutionen

Vollmachtgeber

Hierdurch bevollmächtigt der Vollmachtgeber

❐ die nachstehende Person, **❐ die nachstehenden Personen jeweils einzeln,**

ihn gegenüber der Bank beim Abschluss der im folgenden spezifizierten Handelsgeschäfte zu vertreten. Die Vollmacht berechtigt auch dazu.

- der Bank für die Geschäfte Sicherheiten zu bestellen,
- zum Zwecke der Durchführung von Handelsgeschäften bereits zuvor eingeräumte Kredite in Anspruch zu nehmen und
- die Rechte aus den Geschäften auszuüben.

Zur Erteilung von Untervollmachten ist der/die Bevollmächtigte/sind die Bevollmächtigten nicht berechtigt.

Die Geschäfte erfolgen jeweils nach Maßgabe der mit der Bank gesondert getroffenen Vereinbarungen und der dafür geltenden Bedingungen und Usancen.

1. Geschäfte

1. Wertpapierkassageschäfte
2. Börsliche und außerbörsliche Optionsgeschäfte auf Börsenindizes, Wertpapiere und Financial Futures – Kauf von Optionen und Verkauf bestehender Optionsrechte einschließlich entsprechender Geschäfte in Index-, Aktien-, Zins- und Future-Optionsscheinen
3. Börsliche und außerbörsliche Optionsgeschäfte auf Börsenindizes, Wertpapiere und Financial Futures – Verkauf von Optionen (Eingehung von Stillhalterpositionen)
4. Edelmetalltermin-, Edelmetalloptions- und Edelmetalloptionsscheingeschäfte
5. Finanzterminkontrakte (Financial Futures)
6. Devisenkassageschäfte
7. Devisentermingeschäfte
8. Börsliche und außerbörsliche Devisenoptionsgeschäfte – Kauf von Optionen und Verkauf bestehender Optionsrechte einschließlich entsprechender Geschäfte in Währungs-Optionsscheinen
9. Börsliche und außerbörsliche Devisenoptionsgeschäfte – Verkauf von Optionen (Eingehung von Stillhalterpositionen)
10. Finanz-Swaps, Forward Rate Agreements
11. Zinsbegrenzungsgeschäfte (Interest Rate Cap, Floor u. Ä.), Swap-Optionen – Kauf von Optionen und Verkauf bestehender Optionsrechte
12. Zinsbegrenzungsgeschäfte (Interest Rate Cap, Floor u. Ä.), Swap-Optionen – Verkauf von Optionen (Eingehung von Stillhalterpositionen)
13. Sonstige Handelsgeschäfte in der Form. von .....

2. Bevollmächtigte

Name, Vorname	bevollmächtigt für Geschäfte gemäß oben 1.
1.	Nr. .....
2.	Nr. .....
3.	Nr. .....
4.	Nr. .....
5.	Nr. .....
6.	Nr. .....
7.	Nr. .....
8.	Nr. .....

Die Vertretungsmacht der obengenannten Personen bleibt bestehen, bis der Vollmachtgeber die Bank schriftlich von einer Änderung unterrichtet.

3. Geschäftsbestätigungen, Abrechnungen und sonstige Schriftstücke

Die im Zusammenhang mit diesen Geschäften erteilten Abrechnungen, Bestätigungen, Aufstellungen und sonstige Schriftstücke sind zu senden an:

. . . . .	. . . . .
Ort, Datum	Unterschrift des Vollmachtgebers

. . . . . Wird von der Bank ausgefüllt . . . . .

Die Unterschrift des Vollmachtgebers wurde in meiner Gegenwart vollzogen bzw. von dem Vollmachtgeber mir gegenüber als die eigene anerkannt.	Kunden-Stamm-Nr. . . . . .
Dem Vollmachtgeber wurde der Empfang der Vollmacht durch Einschreibebrief mit Rückschein (eigenhändig) bestätigt.	. . . .

Unterschrift geprüft: . . . . .

Anmerkungen

Im Gegensatz zu herkömmlichen Vollmachtsformularen ermöglicht das Muster einer „Vollmacht für Handelsgeschäfte“ eine nach Personen und Produktgruppen differenzierende Ausgestaltung der Vertretungsverhältnisse. Die Vertretungsmacht des einzelnen Bevollmächtigten beschränkt sich auf die ihm konkret zugewiesenen Geschäftsarten. Im Interesse der praktischen Handhabbarkeit der Vollmacht enthält Ziff 1 des Musters standardisierte Vorgaben, die einen einheitlichen Sprachgebrauch und eine sachgerechte produktbezogene Differenzierung sicherstellen sollen. Erwähnenswert ist dabei insbesondere die unter Risikogesichtspunkten bedeutsame Unterscheidung zwischen bloßen Optionskäufen und der Eingehung von Stillhalterpositionen (Ziff 1.2 und 1.3; 1.8 und 1.9; 1.11 und 1.12). Mit dieser sehr ausdifferenzierten Gestaltung kann den (Sicherheits-) Bedürfnissen kaufmännischer Kunden, die sich in größerem Umfang im Derivatgeschäft engagieren, Rechnung getragen werden. Die Erteilung genereller Vollmachten, die zum Abschluss aller Arten von Termingeschäften berechtigen, wird in diesem Bereich wegen der Vielfalt derivativer Finanzinstrumente regelmäßig als nicht sachgerecht angesehen.

S. OTC-Derivatgeschäfte

a) Rahmenvertrag für Finanztermingeschäfte nebst Anhängen und Einzelabschlüssen

1.1. Rahmenvertrag für Finanztermingeschäfte (1993/2001)

Rahmenvertrag vom

Rahmenvertrag für Finanztermingeschäfte

Zwischen

Name und Anschrift des Vertragspartners

(nachstehend „Vertragspartner" genannt)

und

Name und Anschrift der Bank

(nachstehend „Bank" genannt)

wird Folgendes vereinbart:

1. Zweck und Gegenstand des Vertrages ①

(1) Die Parteien beabsichtigen, zur Gestaltung von Zinsänderungs-, Währungskurs- und sonstigen Kursrisiken im Rahmen ihrer Geschäftstätigkeit Finanztermingeschäfte abzuschließen, die

a) den Austausch von Geldbeträgen in verschiedenen Währungen oder von Geldbeträgen, die auf der Grundlage von variablen oder festen Zinssätzen, Kursen, Preisen oder sonstigen Wertmessern, einschließlich diesbezüglicher Durchschnittswerte (Indices), ermittelt werden, oder

b) die Lieferung oder Übertragung von Wertpapieren, anderen Finanzinstrumenten oder Edelmetallen oder ähnliche Leistungen

zum Gegenstand haben. Zu den Finanztermingeschäften gehören auch Options-, Zinsbegrenzungs- und ähnliche Geschäfte, die vorsehen, dass eine Partei ihre Leistung im Voraus erbringt oder dass Leistungen von einer Bedingung abhängig sind.

(2) Für jedes Geschäft, das unter Zugrundelegung dieses Rahmenvertrages abgeschlossen wird (nachstehend „Einzelabschluss" genannt), gelten die nachfolgenden Bestimmungen. Alle Einzelabschlüsse bilden untereinander und zusammen mit diesem Rahmenvertrag einen einheitlichen Vertrag (nachstehend der „Vertrag" genannt); sie werden im Sinne einer einheitlichen Risikobetrachtung auf dieser Grundlage und im Vertrauen darauf getätigt. ②

2. Einzelabschlüsse ③

(1) Haben sich die Parteien über einen Einzelabschluss geeinigt, so wird die Bank dem Vertragspartner schriftlich, fernschriftlich, telegraphisch, durch Telefax oder in ähnlicher Weise dessen Inhalt bestätigen.

(2) Jede Partei ist berechtigt, eine unterzeichnete Ausfertigung des Einzelabschlusses zu verlangen, die jedoch keine Voraussetzung für dessen Rechtswirksamkeit ist.

(3) Die Bestimmungen des Einzelabschlusses gehen den Bestimmungen dieses Rahmenvertrages vor.

3. Zahlungen und sonstige Leistungen ④

(1) Jede Partei wird die von ihr geschuldeten Zahlungen und sonstigen Leistungen spätestens an den im Einzelabschluss genannten Fälligkeitstagen an die andere Partei erbringen.

(2) Sämtliche Zahlungen sind in der aufgrund des Einzelabschlusses geschuldeten Vertragswährung kostenfrei und in der für Zahlungen in dieser Währung handelsüblichen Weise auf das im Einzelabschluss genannte Konto des Zahlungsempfängers in am Fälligkeitstag frei verfügbaren Mitteln zu leisten.

(3) Haben beide Parteien an demselben Tag aufgrund des Vertrages Zahlungen in der gleichen Währung zu leisten, zahlt die Partei, die den höheren Betrag schuldet, die Differenz zwischen den geschuldeten Beträgen. Die Bank wird dem Vertragspartner den zu zahlenden Differenzbetrag rechtzeitig vor dessen Fälligkeit mitteilen.

(4) Zahlt eine Partei nicht rechtzeitig, so werden bis zum Zeitpunkt des Eingangs der Zahlung des fälligen Betrages Zinsen hierauf zu dem Satz berechnet, der um den in Nr. 12 Abs. 3 festgelegten Zinszuschlag über dem Zinssatz liegt, den erstklassige Banken für jeden Tag, für den diese Zinsen zu berechnen sind, untereinander für täglich fällige Einlagen am Zahlungsort in der Währung des fälligen Betrages berechnen. Die Geltendmachung eines weiteren Schadens ist nicht ausgeschlossen.

(5) Ist ein Fälligkeitstag kein Bankarbeitstag, so sind die Zahlungen und sonstigen Leistungen nach Maßgabe des Einzelabschlusses wie folgt zu erbringen:

a) am unmittelbar vorhergehenden Bankarbeitstag oder
b) am unmittelbar folgenden Bankarbeitstag oder
c) am unmittelbar folgenden Bankarbeitstag; sofern dieser jedoch in den nächsten Kalendermonat fällt, am unmittelbar vorhergehenden Bankarbeitstag.

4. Bankarbeitstag

„Bankarbeitstag" im Sinne dieses Vertrages ist jeder Tag, an dem die Banken an dem/den im Einzelabschluss genannten Finanzplatz/Finanzplätzen für Geschäfte, einschließlich des Handels in Fremdwährungen und der Entgegennahme von Fremdwährungseinlagen, geöffnet sind (mit Ausnahme des Samstags und des Sonntags).

5. Bezugsgröße ⑤

(1) Ist in einem Einzelabschluss ein variabler Zinssatz, Kurs, Preis oder sonstiger Wertmesser („variable Größe") vereinbart, so wird die Bank dem Vertragspartner an dem Tag, an dem diese variable Größe zu bestimmen ist („Feststellungstag"), oder unverzüglich danach die zugrunde liegende Bezugsgröße mitteilen.

1

(2) Sollte die im jeweiligen Einzelabschluss vereinbarte Bezugsgröße an einem Feststellungstag nicht ermittelt werden können, werden die Parteien diese unter Rückgriff auf Berechnungsgrundlagen festlegen, die den im Einzelabschluss vereinbarten möglichst nahe kommen. Falls die Bezugsgröße ein Interbanken-Zinssatz ist und innerhalb von 20 Tagen nicht einvernehmlich festgelegt worden ist, gilt als Bezugsgröße das arithmetische Mittel der Zinssätze, zu denen zwei von der Bank zu benennende, international angesehene Banken auf dem Interbankenmarkt erstklassigen Banken Termingelder mit entsprechender Laufzeit in der Vertragswährung in ungefährer Höhe des Bezugsbetrages gegen 11:00 Uhr (Ortszeit am betreffenden Interbankenmarkt) am Feststellungstag angeboten haben.

(3) Ein als Bezugsgröße dienender Zinssatz („Basis-Satz") ist gegebenenfalls auf den nächsten $^{1}/_{100000}$ Prozentpunkt aufzurunden.

6. Berechnungsweise bei zinssatzbezogenen Geschäften ⑥

(1) Der aufgrund eines Einzelabschlusses jeweils zu zahlende variable Betrag ist das Produkt aus (a) dem dafür vereinbarten Bezugsbetrag, (b) dem nach Nr. 5 und dem Einzelabschluss errechneten variablen Zinssatz („variabler Satz"), als Dezimalzahl ausgedrückt, sowie (c) dem Quotienten im Sinne des Abs. 5.

(2) Der aufgrund eines Einzelabschlusses jeweils zu zahlende Festbetrag ist, falls er im Einzelabschluss betragsmäßig festgelegt wird, der dort genannte Betrag. Anderenfalls ist er das Produkt aus (a) dem dafür vereinbarten Bezugsbetrag, (b) dem im Einzelabschluss vereinbarten festen Zinssatz („Festsatz"), als Dezimalzahl ausgedrückt, sowie (c) dem Quotienten im Sinne des Abs. 5.

(3) Im Fall von Zinsbegrenzungsgeschäften ist der variable Satz nach Maßgabe des Einzelabschlusses vorbehaltlich Absatz 4 jeweils

a) für Zahlungen durch die als Überschuss-Zahler (oder Cap bzw. FRA-Verkäufer) bezeichnete Partei der vereinbarte Basis-Satz abzüglich des Satzes, der im Einzelabschluss als Höchstsatz (oder Cap-Rate) bzw. Terminsatz festgelegt wird, und

b) für Zahlungen durch die als Minderbetrags-Zahler (oder Floor-Verkäufer bzw. FRA-Käufer) bezeichnete Partei der Satz, der im Einzelabschluss als Mindestsatz (oder Floor-Rate) bzw. Terminsatz festgelegt wird, abzüglich des vereinbarten Basis-Satzes.

(4) Wird eine Zahlung nicht nach Ablauf, sondern zu Beginn des betreffenden Berechnungszeitraums geleistet, so wird der nach Abs. 1 oder 2 zu ermittelnde Betrag diskontiert, indem er durch einen Betrag dividiert wird, der sich bei einem Berechnungszeitraum von einem Jahr oder weniger nach der Formel

$$1 + \frac{L \times D}{B}$$

und bei einem Berechnungszeitraum von mehr als einem Jahr nach der Formel

$$(1 + L)^{\frac{D}{B}}$$

errechnet.

Dabei ist

L der für den betreffenden Berechnungszeitraum ermittelte Basis-Satz oder sonstige vereinbarte Diskontsatz, als Dezimalzahl ausgedrückt, also z. B. 0,07 im Fall eines Basis- oder Diskontsatzes von 7%;

D die Anzahl der Tage des Berechnungszeitraums;

B 360, es sei denn, die vereinbarte Vertragswährung ist eine Währung, für die der Basis- oder sonstige vereinbarte Diskontsatz nach Marktusance auf der Grundlage von 365 bzw. im Falle eines Schaltjahres 366 Tagen berechnet wird; in diesem Fall ist B = 365 bzw. 366.

Diese Regelung gilt, sofern nichts anderes vereinbart ist, stets für Terminsatzvereinbarungen (Forward Rate Agreements). Bei sonstigen Geschäften gilt sie nur dann, wenn im Einzelabschluss eine Diskontierung vereinbart ist.

(5) „Quotient" ist nach Maßgabe des Einzelabschlusses

a) die Anzahl der tatsächlich abgelaufenen Tage des Berechnungszeitraums, für den der Betrag zu berechnen ist, dividiert durch die Zahl 360 („365/360"), oder

b) die Anzahl der abgelaufenen Tage dieses Berechnungszeitraums, berechnet auf der Basis eines 360-Tage-Jahres mit 12 Monaten zu je 30 Tagen, dividiert durch die Zahl 360 („360/360"), oder

c) die Anzahl der tatsächlich abgelaufenen Tage dieses Berechnungszeitraums, dividiert durch die Zahl 365 bzw. im Fall von Schaltjahren 366 („365/365"), oder

d) die Anzahl der tatsächlich abgelaufenen Tage dieses Berechnungszeitraums, dividiert durch die Zahl 365 („366/365").

(6) „Berechnungszeitraum" ist der Zeitraum, der mit dem Anfangsdatum des Einzelabschlusses oder einem Zahlungstermin (einschließlich) beginnt und mit dem nächstfolgenden Zahlungstermin oder dem Enddatum (ausschließlich) endet, oder, sofern die Parteien im Einzelabschluss in Bezug auf variable Beträge „Fälligkeitstag/Fälligkeitstag" vereinbart haben, der Zeitraum, der mit dem Anfangsdatum des Einzelabschlusses oder einem Fälligkeitstag (einschließlich) beginnt und mit dem nächstfolgenden Fälligkeitstag oder dem Enddatum (ausschließlich) endet. „Zahlungstermin" im Sinne dieses Vertrages ist der Tag, an dem, gegebenenfalls aufgrund einer Anpassung gemäß Nr. 3 Abs. 5, die Zahlung tatsächlich zu leisten ist; „Fälligkeitstag" ist der vertraglich vorgesehene Zahlungstag ohne Berücksichtigung einer solchen Anpassung.

(7) Ist ein variabler Betrag oder ein nach Abs. 2 Satz 2 zu berechnender Festbetrag zu zahlen, so wird die Bank diesen, im ersten Fall zugleich mit der jeweils anwendbaren Bezugsgröße, dem Vertragspartner mitteilen.

7. Beendigung ⑦

(1) Sofern Einzelabschlüsse getätigt und noch nicht vollständig abgewickelt sind, ist der Vertrag nur aus wichtigem Grund kündbar. Ein solcher liegt auch dann vor, wenn eine fällige Zahlung oder sonstige Leistung – aus welchem Grund auch immer – nicht innerhalb von fünf Bankarbeitstagen nach Benachrichtigung des Zahlungs- oder Leistungspflichtigen vom Ausbleiben des Eingangs der Zahlung oder sonstigen Leistung beim Empfänger eingegangen ist. Die Benachrichtigung und die Kündigung müssen schriftlich, fernschriftlich, telegraphisch, durch Telefax oder in ähnlicher Weise erfolgen. Eine Teilkündigung, insbesondere die Kündigung einzelner und nicht aller Einzelabschlüsse, ist ausgeschlossen. Nr. 12 Abs. 5 (B) bleibt unberührt.

(2) Der Vertrag endet ohne Kündigung im Insolvenzfall. Dieser ist gegeben, wenn das Konkurs- oder ein sonstiges Insolvenzverfahren über das Vermögen einer Partei beantragt wird und diese Partei entweder den Antrag selbst gestellt hat oder zahlungsunfähig oder sonst in einer Lage ist, die die Eröffnung eines solchen Verfahrens rechtfertigt.

(3) Im Fall der Beendigung durch Kündigung oder Insolvenz (nachstehend „Beendigung" genannt) ist keine Partei mehr zu Zahlungen oder sonstigen Leistungen nach Nr. 3 Abs. 1 verpflichtet, die gleichtägig oder später fällig geworden wären; an die Stelle dieser Verpflichtungen treten Ausgleichsforderungen nach Nrn. 8 und 9.

8. Schadensersatz und Vorteilsausgleich ⑦⑧

(1) Im Fall der Beendigung steht der kündigenden bzw. der solventen Partei (nachstehend „ersatzberechtigte Partei" genannt) ein Anspruch auf Schadensersatz zu. Der Schaden wird auf der Grundlage von unverzüglich abzuschließenden Ersatzgeschäften ermittelt, die dazu führen, dass die ersatzberechtigte Partei alle Zahlungen und sonstigen Leistungen erhält, die ihr bei ordnungsgemäßer Vertragsabwicklung zugestanden hätten. Sie ist berechtigt, nach ihrer Auffassung dazu geeignete Verträge abzuschließen. Wenn sie von dem Abschluss derartiger Ersatzgeschäfte absieht, kann sie denjenigen Betrag der Schadensberechnung zugrunde legen, den sie für solche Ersatzgeschäfte auf 2

der Grundlage von Zinssätzen, Terminsätzen, Kursen, Marktpreisen, Indices und sonstigen Wertmessern sowie Kosten und Auslagen zum Zeitpunkt der Kündigung bzw. der Kenntniserlangung von dem Insolvenzfall hätte aufwenden müssen. Der Schaden wird unter Berücksichtigung aller Einzelabschlüsse berechnet; ein finanzieller Vorteil, der sich aus der Beendigung von Einzelabschlüssen (einschließlich solcher, aus denen die ersatzberechtigte Partei bereits alle Zahlungen oder sonstigen Leistungen der anderen Partei erhalten hat) ergibt, wird als Minderung des im übrigen ermittelten Schadens berücksichtigt.

(2) Erlangt die ersatzberechtigte Partei aus der Beendigung von Einzelabschlüssen insgesamt einen finanziellen Vorteil, so schuldet sie vorbehaltlich Nr. 9 Abs. 2 und, falls vereinbart, Nr. 12 Abs. 4 der anderen Partei einen Betrag in Höhe dieses ihres Vorteils, höchstens jedoch in Höhe des Schadens der anderen Partei. Bei der Berechnung des finanziellen Vorteils finden die Grundsätze des Absatzes 1 über die Schadensberechnung entsprechende Anwendung.

9. Abschlusszahlung ⑧⑨

(1) Rückständige Beträge und sonstige Leistungen und der zu leistende Schadensersatz werden von der ersatzberechtigten Partei zu einer einheitlichen Ausgleichsforderung in Euro zusammengefasst, wobei für rückständige sonstige Leistungen entsprechend Nr. 8 Abs. 1 Sätze 2 bis 4 ein Gegenwert in Euro ermittelt wird.

(2) Eine Ausgleichsforderung gegen die ersatzberechtigte Partei wird nur fällig, soweit diese keine Ansprüche aus irgendeinem rechtlichen Grund gegen die andere Partei („Gegenansprüche") hat. Bestehen Gegenansprüche, so ist deren Wert zur Ermittlung des fälligen Teils der Ausgleichsforderung vom Gesamtbetrag der Ausgleichsforderung abzuziehen. Zur Berechnung des Werts der Gegenansprüche hat die ersatzberechtigte Partei diese, (i) soweit sie sich nicht auf Euro beziehen, zu einem nach Möglichkeit auf der Grundlage des am Berechnungstag geltenden, amtlichen Devisenkurses zu bestimmenden Brief-Kurs in Euro umzurechnen, (ii) soweit sie sich nicht auf Geldzahlungen beziehen, in eine in Euro ausgedrückte Schadensersatzforderung umzuwandeln und (iii) soweit sie nicht fällig sind, mit ihrem Barwert (unter Berücksichtigung auch der Zinsansprüche) zu berücksichtigen. Die ersatzberechtigte Partei kann die Ausgleichsforderung der anderen Partei gegen die nach Satz 3 errechneten Gegenansprüche aufrechnen. Soweit sie dies unterlässt, wird die Ausgleichsforderung fällig, sobald und soweit ihr keine Gegenansprüche mehr gegenüberstehen. ⑬

10. Übertragung

Die Übertragung von Rechten oder Verpflichtungen aus dem Vertrag bedarf der vorherigen schriftlichen, fernschriftlichen, telegraphischen, durch Telefax oder auf andere Weise mitgeteilten Zustimmung der jeweils anderen Partei. Nr. 2 Abs. 2 gilt entsprechend.

11. Verschiedenes

(1) Sind Bestimmungen des Vertrages unwirksam oder undurchführbar, so bleiben die übrigen Vorschriften hiervon unberührt. Gegebenenfalls hierdurch entstehende Vertragslücken werden durch ergänzende Vertragsauslegung unter angemessener Berücksichtigung der Interessen der Parteien geschlossen.

(2) Der Vertrag unterliegt dem Recht der Bundesrepublik Deutschland.

(3) Nicht ausschließlicher Gerichtsstand ist der Ort der Niederlassung der Bank, durch die der Vertrag abgeschlossen wird.

(4) Der Rahmenvertrag in der hiermit vereinbarten Fassung gilt auch für alle etwaigen Einzelabschlüsse der Parteien unter dem Rahmenvertrag in einer früheren Fassung. Diese gelten als Einzelabschlüsse unter dem Rahmenvertrag in dieser neuen Fassung. Für diese Einzelabschlüsse bleibt die bisherige Fassung jedoch insoweit maßgeblich, als dies zum Verständnis der in ihnen getroffenen Regelungen erforderlich ist. ⑩

44.015 (12/01)

12. Besondere Vereinbarungen

(1) Die folgenden Absätze 2 bis 5 gelten nur, soweit die dazu bestimmten Felder angekreuzt oder ausgefüllt sind.

☐ (2) In Nr. 3 Abs. 3 werden die Worte „des Vertrages" durch „desselben Einzelabschlusses" ersetzt.

☐ (3) Der Zinszuschlag gemäß Nr. 3 Abs. 4 beträgt

% p. a.

(4) Nach Nr. 8 Abs. 2 Satz 1 wird folgender Satz eingefügt: ⑫

entweder

☐ Dies gilt vorbehaltlich Nr. 12 Abs. 5 (C) a) nur, falls die ersatzberechtigte Partei aus mindestens einem Einzelabschluss (i) alle von der anderen Partei geschuldeten Zahlungen oder sonstigen Leistungen endgültig und unanfechtbar erhalten hat und (ii) bei Fortführung des Vertrages selbst noch unbedingte oder bedingte Zahlungs- oder sonstige Leistungsverpflichtungen hätte.

oder

☐ Dies gilt vorbehaltlich Nr. 12 Abs. 5 (C) a) nur, falls die ersatzberechtigte Partei (i) aus sämtlichen Einzelabschlüssen alle von der anderen Partei geschuldeten Zahlungen oder sonstigen Leistungen endgültig und unanfechtbar erhalten hat und (ii) bei Fortführung des Vertrages selbst noch unbedingte oder bedingte Zahlungs- oder sonstige Leistungsverpflichtungen hätte.

☐ (5) Internationale Geschäfte ⑪

(A) Falls eine Partei verpflichtet ist oder verpflichtet sein wird, von einer durch sie zu leistenden Zahlung einen Steuer- oder Abgabenbetrag abzuziehen oder einzubehalten, wird sie die zusätzlichen Beträge an die andere Partei zahlen, die erforderlich sind, damit die andere Partei den vollen Betrag erhält, der ihr im Zeitpunkt einer solchen Zahlung zustehen würde, wenn kein Abzug oder Einbehalt erforderlich wäre. Dies gilt nicht, wenn die betreffende Steuer oder Abgabe vom Heimatstaat des Zahlungsempfängers oder einer in diesem Staat ansässigen Steuerbehörde auferlegt oder erhoben wird. Heimatstaat ist der Staat, in dem der Zahlungsempfänger seinen Sitz hat bzw. als ansässig angesehen wird oder in dem sich die Niederlassung des Zahlungsempfängers befindet, die unter dem betreffenden Einzelabschluss handelt.

(B) Falls aufgrund einer nach dem Abschlussdatum eines Einzelabschlusses erfolgenden Änderung von Rechtsvorschriften oder von deren Anwendung oder amtlichen Auslegung

a) zu erwarten ist, dass eine Partei am nächsten Fälligkeitstag in Bezug auf eine durch sie zu leistende Zahlung zusätzliche Beträge gemäß vorstehendem Unterabsatz (A) zu zahlen hat außer auf Zinsen gemäß Nr. 3 Abs. 4 oder

b) eine Partei den Vertrag nicht mehr erfüllen darf,

so kann diese Partei (nachstehend die „betroffene Partei" genannt) und im Falle b) auch die andere Partei (nachstehend die „Gegenpartei" genannt) den von der Änderung betroffenen Einzelabschluss unter Einhaltung einer Frist von zwei Wochen auf einen von ihr zu bestimmenden Termin kündigen; dieser Termin darf nicht mehr als einen Monat vor dem Zeitpunkt liegen, an dem die Änderung wirksam wird. Nr. 7 Abs. 3 bezieht sich im Fall einer solchen Kündigung nur auf den oder die betroffenen Einzelabschlüsse. Die Gegenpartei bzw. im Falle einer Kündigung durch die Gegenpartei die betroffene Partei kann jedoch innerhalb einer Woche nach Zugang der Kündigungserklärung durch Erklärung an die kündigende Partei bestimmen, dass die Kündigung für den Vertrag insgesamt gilt. Für die Form der Kündigung und der Erklärung nach Satz 3 gilt Nr. 7 Abs. 1 Satz 3.

3

(C) Im Falle einer Kündigung aufgrund eines der in Unterabsatz (B) genannten Kündigungsgründe gilt Nr. 8 mit folgender Maßgabe:

a) Ersatzberechtigte Partei ist die Gegenpartei. Nr. 12 Abs. 4, falls vereinbart, findet keine Anwendung.

b) Sind beide Parteien betroffene Parteien und erleidet eine von ihnen einen Schaden, so hat die Partei, die insgesamt einen Vorteil aus der Beendigung erlangt oder den kleineren Schaden erleidet, der anderen Partei einen Betrag in Höhe der Hälfte der Differenz zwischen Vorteil und Schaden bzw. zwischen dem größeren und kleineren Schaden zu zahlen. Diese Rechtsfolge tritt auch dann ein, wenn die Kündigung nach Unterabsatz (B) Satz 1 Buchstabe b) oder die Erklärung nach Unterabsatz (B) Satz 3 durch die Gegenpartei abgegeben wird.

c) Für Zwecke der Berechnung des eigenen Vorteils oder Schadens gilt in vorstehendem Fall b) jede Partei als ersatzberechtigte Partei.

(D) Für etwaige Rechtsstreitigkeiten oder sonstige Verfahren vor deutschen Gerichten bestellt der Vertragspartner hiermit die unter (F) oder gegebenenfalls in mindestens einem Einzelabschluss zu diesem Zweck benannte Person zum Zustellungsbevollmächtigten.

(E) Jede Partei verzichtet hiermit unwiderruflich darauf, in Verfahren betreffend sie selbst oder ihr Vermögen aufgrund etwaiger Souveränitäts- oder ähnlicher Rechte Immunität vor Klage, Urteil, Vollstreckung, Pfändung (sei es vor oder nach Urteilserlass) oder anderen Verfahren zu genießen oder geltend zu machen.

(F) Anschrift des Zustellungsbevollmächtigten in der Bundesrepublik Deutschland:

(6) Sonstige Vereinbarungen:

Unterschrift(en) der Bank	
Unterschrift(en) des Vertragspartners	

44 015 (12/01)

4

1.2. Rahmenvertrag für Finanztermingeschäfte (2018)

	Rahmenvertrag vom

Rahmenvertrag für Finanztermingeschäfte (2018)

Zwischen

Name und Anschrift des Vertragspartners

(nachstehend „Vertragspartner" genannt)

und

Name und Anschrift der Bank

(nachstehend „Bank" genannt)

wird Folgendes vereinbart:

1. Zweck und Gegenstand des Vertrages ①

(1) Die Parteien beabsichtigen, Finanztermingeschäfte abzuschließen, die Folgendes zum Gegenstand haben können:

a) Den Austausch von Geldbeträgen in verschiedenen Währungen.

b) Die Zahlung von Geldbeträgen, bei denen die Verpflichtung einer solchen Zahlung oder deren Höhe von Marktgegebenheiten, Kreditrisiken, oder sonstigen Ereignissen oder Umständen, wie beispielsweise dem Stand von Zinssätzen, Wechselkursen, Wertpapierkursen, Rohwarenpreisen oder sonstigen Kursen, Preisen, Indizes oder anderen Bezugsgrößen, abhängt.

c) Die Lieferung oder Übertragung von Wertpapieren, anderen Finanzinstrumenten oder Edelmetallen oder ähnliche Leistungen.

Zu den Finanztermingeschäften gehören auch Options-, Zinsbegrenzungs- und ähnliche Geschäfte, die vorsehen, dass eine Partei ihre Leistung im Voraus erbringt oder dass Leistungen von einer Bedingung abhängig sind.

(2) Für jedes Geschäft, das unter Zugrundelegung dieses Rahmenvertrages abgeschlossen wird (nachstehend „Einzelabschluss" genannt), gelten die nachfolgenden Bestimmungen. Alle Einzelabschlüsse bilden untereinander und zusammen mit diesem Rahmenvertrag einen einheitlichen Vertrag (nachstehend der „Vertrag" genannt); sie werden im Sinne einer einheitlichen Risikobetrachtung auf dieser Grundlage und im Vertrauen darauf getätigt. ②

2. Einzelabschlüsse ③

(1) Haben sich die Parteien über einen Einzelabschluss geeinigt, so wird die Bank dem Vertragspartner in Textform oder sonstiger marktüblicher Weise dessen Inhalt bestätigen.

(2) Jede Partei ist berechtigt, eine unterzeichnete Ausfertigung des Einzelabschlusses zu verlangen, die jedoch keine Voraussetzung für dessen Rechtswirksamkeit ist.

(3) Die Bestimmungen des Einzelabschlusses gehen den Bestimmungen dieses Rahmenvertrags vor.

3. Zahlungen und Lieferungen ④

(1) Jede Partei wird die von ihr geschuldeten Zahlungen und Lieferungen spätestens an den im Einzelabschluss genannten Fälligkeitstagen an die andere Partei erbringen.

(2) Sämtliche Zahlungen sind in der aufgrund des Einzelabschlusses geschuldeten Vertragswährung kostenfrei und in der für Zahlungen in dieser Währung handelsüblichen Weise auf das im Einzelabschluss genannte Konto des Zahlungsempfängers in am Fälligkeitstag frei verfügbaren Mitteln zu leisten.

(3) Haben beide Parteien an demselben Tag aufgrund desselben Einzelabschlusses Zahlungen in der gleichen Währung zu leisten, zahlt die Partei, die den höheren Betrag schuldet, die Differenz zwischen den geschuldeten Beträgen. Die Bank wird dem Vertragspartner den zu zahlenden Differenzbetrag rechtzeitig vor dessen Fälligkeit mitteilen.

(4) Zahlt eine Partei nicht rechtzeitig, so werden bis zum Zeitpunkt des Eingangs der Zahlung des fälligen Betrags Zinsen hierauf zu dem Satz berechnet, der um den in Nr. 12 Abs. 3 festgelegten Zinszuschlag über dem Zinssatz liegt, den führende Banken für jeden Tag, für den diese Zinsen zu berechnen sind, untereinander für täglich fällige Einlagen am Zahlungsort in der Währung des fälligen Betrags berechnen. Die Geltendmachung eines weiteren Schadens ist nicht ausgeschlossen.

(5) Ist ein Fälligkeitstag kein Bankarbeitstag, so sind die Zahlungen und Lieferungen nach Maßgabe des Einzelabschlusses wie folgt zu erbringen:

a) am unmittelbar vorhergehenden Bankarbeitstag oder

b) am unmittelbar folgenden Bankarbeitstag oder

c) am unmittelbar folgenden Bankarbeitstag; sofern dieser jedoch in den nächsten Kalendermonat fällt, am unmittelbar vorhergehenden Bankarbeitstag.

4. Bankarbeitstag

„Bankarbeitstag" im Sinne dieses Vertrags ist jeder Tag, an dem die Banken an dem/den im Einzelabschluss genannten Finanzplatz/Finanzplätzen für Geschäfte, einschließlich des Handels in Fremdwährungen und der Entgegennahme von Fremdwährungseinlagen, geöffnet sind (mit Ausnahme des Samstags und des Sonntags).

5. Bezugsgröße ⑤

(1) Ist in einem Einzelabschluss als Bezugsgröße ein variabler Zinssatz, Kurs, Preis oder sonstiger Wertmesser vereinbart, so wird die Bank die Bezugsgröße an dem Tag, an dem diese zu bestimmen ist („Feststellungstag"), bestimmen und dem Vertragspartner gleichtägig oder unverzüglich danach mitteilen.

(2) Sofern für den Fall einer Störung einer Bezugsgröße nichts anderes vereinbart ist, gilt folgendes:

a) Sofern die im jeweiligen Einzelabschluss vereinbarte Bezugsgröße während der Laufzeit des Einzelabschlusses nicht bereitgestellt wird oder nicht mehr verwendet werden darf oder die Bezugsgröße sich wesentlich ändert, wird diese Bezugsgröße von der Bank durch eine nach ihrer Einschätzung wirtschaftlich geeignete alternative Bezugsgröße ersetzt. Die Bank bezieht dafür die zu diesem Zeitpunkt zu beobachtenden Marktusancen ein. Dabei berücksichtigt sie insbesondere, inwieweit eine alternative Bezugsgröße zur Verfügung steht. Sofern die Bank damit rechnet, dass

1

die Wertentwicklung der alternativen Bezugsgröße und der vereinbarten Bezugsgröße nicht in hohem Maße korrelieren bzw. korreliert hätten, nimmt sie Anpassungen bei weiteren Bestimmungen des Einzelabschlusses vor, durch die eine zu erwartende Änderung des Barwerts des Einzelabschlusses angemessen ausgeglichen wird. Im Fall einer wesentlichen Änderung der Bezugsgröße kann die Bank auch feststellen, dass der Einzelabschluss unverändert fortgeführt wird.

b) Falls die Bank feststellt, dass eine Ersetzung oder Anpassung zu keinem wirtschaftlich sinnvollen Ergebnis führen würde, wird sie dies dem Vertragspartner mitteilen. Mit Zugang der Mitteilung wird der Einzelabschluss beendet. An die Stelle der Zahlungen und Lieferungen, die nach dem Tag des Zugangs der Mitteilung fällig geworden wären, tritt ein Geldbetrag in der Vertragswährung in Höhe des Barwerts dieses Einzelabschlusses. Die Berechnung des Geldbetrags erfolgt in entsprechender Anwendung von Nr. 12 Abs. 5 (C) b).

c) Sofern vor Anpassung des Einzelabschlusses Berechnungen durchzuführen sind, für die die Bezugsgröße Berechnungsgrundlage ist, ist die letzte verfügbare Quotierung der Bezugsgröße zugrunde zu legen.

d) Soweit die Bank bei Wahrnehmung ihrer Aufgaben nach den vorstehenden Buchstaben a) bis c) einen Ermessens- oder Beurteilungsspielraum hat, wird sie diesen nach sorgfältiger Beurteilung und unter Abwägung der Interessen beider Parteien ausüben.

(3) Ein als Bezugsgröße dienender Zinssatz („Basis-Satz") ist gegebenenfalls auf den nächsten $^{1}/_{100\,000}$ Prozentpunkt aufzurunden.

6. Berechnungsweise bei zinssatzbezogenen Geschäften ⑥

(1) Der aufgrund eines Einzelabschlusses jeweils zu zahlende variable Betrag ist das Produkt aus (a) dem dafür vereinbarten Bezugsbetrag, (b) dem nach Nr. 5 und dem Einzelabschluss errechneten variablen Zinssatz („variabler Satz"), als Dezimalzahl ausgedrückt, sowie (c) dem Quotienten im Sinne des Abs. 5.

(2) Der aufgrund eines Einzelabschlusses jeweils zu zahlende Festbetrag ist, falls er im Einzelabschluss betragsmäßig festgelegt wird, der dort genannte Betrag. Anderenfalls ist er das Produkt aus (a) dem dafür vereinbarten Bezugsbetrag, (b) dem im Einzelabschluss vereinbarten festen Zinssatz („Festsatz"), als Dezimalzahl ausgedrückt, sowie (c) dem Quotienten im Sinne des Abs. 5.

(3) Im Fall von Zinsbegrenzungsgeschäften ist der variable Satz nach Maßgabe des Einzelabschlusses vorbehaltlich Absatz 4 jeweils

a) für Zahlungen durch die als Überschuss-Zahler (oder Cap- bzw. FRA-Verkäufer) bezeichnete Partei der vereinbarte Basis-Satz abzüglich des Satzes, der im Einzelabschluss als Höchstsatz (oder Cap-Rate) bzw. Terminsatz festgelegt wird, und

b) für Zahlungen durch die als Minderbetrags-Zahler (oder Floor-Verkäufer bzw. FRA-Käufer) bezeichnete Partei der Satz, der im Einzelabschluss als Mindestsatz (oder Floor-Rate) bzw. Terminsatz festgelegt wird, abzüglich des vereinbarten Basis-Satzes.

(4) Wird eine Zahlung nicht nach Ablauf, sondern zu Beginn des betreffenden Berechnungszeitraums geleistet, so wird der nach Abs. 1 oder 2 zu ermittelnde Betrag diskontiert, indem er durch einen Betrag dividiert wird, der sich bei einem Berechnungszeitraum von einem Jahr oder weniger nach der Formel

$$1+\frac{L \times D}{B}$$

und bei einem Berechnungszeitraum von mehr als einem Jahr nach der Formel

$$(1+L)^{\frac{D}{B}}$$

errechnet. Dabei ist

L der für den betreffenden Berechnungszeitraum ermittelte Basis-Satz oder sonstige vereinbarte Diskontsatz, als Dezimalzahl ausgedrückt, also z. B. 0,07 im Fall eines Basis- oder Diskontsatzes von 7 %;

D die Anzahl der Tage des Berechnungszeitraums;

B 360, es sei denn, die vereinbarte Vertragswährung ist eine Währung, für die der Basis- oder sonstige vereinbarte Diskontsatz nach Marktusance auf der Grundlage von 365 bzw. im Fall eines Schaltjahres 366 Tagen berechnet wird; in diesem Fall ist B = 365 bzw. 366.

Diese Regelung gilt, sofern nichts anderes vereinbart ist, stets für Terminsatzvereinbarungen (Forward Rate Agreements). Bei sonstigen Geschäften gilt sie nur dann, wenn im Einzelabschluss eine Diskontierung vereinbart ist.

(5) „Quotient" ist nach Maßgabe des Einzelabschlusses

a) die Anzahl der tatsächlich abgelaufenen Tage des Berechnungszeitraums, für den der Betrag zu berechnen ist, dividiert durch die Zahl 360 („365/360"), oder

b) die Anzahl der abgelaufenen Tage dieses Berechnungszeitraums, berechnet auf der Basis eines 360-Tage-Jahres mit 12 Monaten zu je 30 Tagen, dividiert durch die Zahl 360 („360/360"), oder

c) die Anzahl der tatsächlich abgelaufenen Tage dieses Berechnungszeitraums, dividiert durch die Zahl 365 bzw. im Fall von Schaltjahren 366 („365/365"), oder

d) die Anzahl der tatsächlich abgelaufenen Tage dieses Berechnungszeitraums, dividiert durch die Zahl 365 („366/365").

(6) „Berechnungszeitraum" ist der Zeitraum, der mit dem Anfangsdatum des Einzelabschlusses oder einem Zahlungstermin (einschließlich) beginnt und mit dem nächstfolgenden Zahlungstermin oder dem Enddatum (ausschließlich) endet, oder, sofern die Parteien im Einzelabschluss in Bezug auf variable Beträge „Fälligkeitstag/Fälligkeitstag" vereinbart haben, der Zeitraum, der mit dem Anfangsdatum des Einzelabschlusses oder einem Fälligkeitstag (einschließlich) beginnt und mit dem nächstfolgenden Fälligkeitstag oder dem Enddatum (ausschließlich) endet. „Zahlungstermin" im Sinne dieses Vertrags ist der Tag, an dem, gegebenenfalls aufgrund einer Anpassung gemäß Nr. 3 Abs. 5, die Zahlung tatsächlich zu leisten ist; „Fälligkeitstag" ist der vertraglich vorgesehene Zahlungstag ohne Berücksichtigung einer solchen Anpassung.

(7) Ist ein variabler Betrag oder ein nach Abs. 2 Satz 2 zu berechnender Festbetrag zu zahlen, so wird die Bank diesen, im ersten Fall zugleich mit der jeweils anwendbaren Bezugsgröße, dem Vertragspartner mitteilen.

7. Beendigung ⑦

(1) Sofern Einzelabschlüsse getätigt und noch nicht vollständig abgewickelt sind, ist der Vertrag nur aus wichtigem Grund kündbar. Ein solcher liegt auch dann vor, wenn eine fällige Zahlung oder Lieferung – aus welchem Grund auch immer – nicht innerhalb von drei Bankarbeitstagen nach Benachrichtigung des Verpflichteten vom Ausbleiben des Eingangs der Zahlung oder der Lieferung beim Empfänger eingegangen ist. Die Benachrichtigung und die Kündigung müssen in Textform erfolgen. Eine Teilkündigung, insbesondere die Kündigung einzelner und nicht aller Einzelabschlüsse, ist ausgeschlossen. Nr. 12 Abs. 5 (B) bleibt unberührt.

(2) Der Vertrag endet ohne Kündigung im Insolvenzfall. Dieser ist gegeben, wenn das Insolvenzverfahren oder ein sonstiges vergleichbares Verfahren über das Vermögen einer Partei beantragt wird und entweder (i) diese Partei, oder eine Behörde oder öffentliche Stelle, die für die Antragstellung bezüglich dieser Partei zuständig ist, den Antrag gestellt hat oder (ii) diese Partei zahlungsunfähig ist oder sich sonst in einer Lage befindet, die die Eröffnung eines solchen Verfahrens rechtfertigt.

(3) Im Fall der Beendigung des Vertrags nach Absatz 1 oder 2 (nachstehend „Beendigung" genannt) ist keine Partei mehr zu Zahlungen oder Lieferungen unter dem Vertrag verpflichtet, die gleichtägig oder später fällig wären. An die Stelle dieser Verpflichtungen tritt die Forderung wegen Nichterfüllung nach Nr. 8, die mit der Beendigung fällig wird.

8. Forderung wegen Nichterfüllung ⑦⑧

(1) Im Fall der Beendigung ermittelt die kündigende oder solvente Partei (nachstehend „berechnende Partei" genannt) die Forderung wegen Nichterfüllung. Die Forderung wegen Nichterfüllung wird von der berechnenden Partei auf Grundlage von Markt- oder Börsenpreisen von Ersatzgeschäften ermittelt, die für die beendeten Einzelabschlüsse abgeschlossen werden. Die berechnende Partei wird die Ersatzgeschäfte unverzüglich, spätestens jedoch bis zum Ablauf des fünften, oder, soweit dies für eine wertschonende Abwicklung der offenen Positionen erforderlich ist, bis zum Ablauf des zwanzigsten Bankarbeitstags nach Beendigung abschließen. Die Markt- oder Börsenpreise der Ersatzgeschäfte werden, soweit sie sich auf andere Währungen als den Euro beziehen, von der berechnenden Partei zu dem von führenden Marktteilnehmern für den Verkauf der betreffenden Währung gestellten Preis in Euro umgerechnet. Soweit die berechnende Partei von dem Abschluss derartiger Ersatzgeschäfte absieht, kann sie für die Ermittlung der Forderung wegen Nichterfüllung diejenigen Beträge zugrunde legen, die sie für solche Ersatzgeschäfte auf Grundlage von Markt- oder Börsenpreisen zum Zeitpunkt der Beendigung, spätestens jedoch bis zum Ablauf des fünf- 2

44 015 (09/18)

ten Bankarbeitstags nach der Beendigung empfangen hätte oder hätte aufwenden müssen. Sofern das Marktgeschehen den Abschluss von Ersatzgeschäften nach Satz 2 oder 5 innerhalb der vorstehend genannten Fristen nicht zulässt oder zugelassen hätte, ist die berechnende Partei berechtigt, den Wert der beendeten Einzelabschlüsse anhand von Methoden und Verfahren zu bestimmen, die eine ausreichende Gewähr für eine angemessene Bewertung bieten. Die für die Ersatzgeschäfte nach Satz 2 erzielten Markt- oder Börsenpreise, die nach Satz 5 ermittelten Beträge und die nach Satz 6 angesetzten Beträge sind miteinander zu verrechnen. Ist der aus der Verrechnung resultierende Betrag aus Sicht der berechnenden Partei insgesamt positiv, steht die Forderung wegen Nichterfüllung der berechnenden Partei in dieser Höhe zu. Ist der aus der Verrechnung resultierende Betrag aus Sicht der berechnenden Partei insgesamt negativ, steht die Forderung wegen Nichterfüllung der anderen Partei in Höhe des absoluten Betrags zu.

(2) Für zum Zeitpunkt der Beendigung ausstehende Zahlungen und Lieferungen, nach Nr. 3 Abs. 4 aufgelaufene Zinsen und im Zusammenhang mit der Bestimmung der Forderung wegen Nichterfüllung angefallene Kosten und Auslagen gilt folgendes: Sofern die Partei, die die Forderung wegen Nichterfüllung zu erbringen hat, der anderen Partei Zahlungen, Lieferungen, Kosten, Auslagen oder Zinsen schuldet, erhöht sich die Forderung wegen Nichterfüllung um die ausstehenden Beträge, andernfalls verringert sich die Forderung wegen Nichterfüllung um diese ausstehenden Beträge. Absatz 1 Satz 4 gilt für Zahlungen, die sich nicht auf Euro beziehen, entsprechend. Für ausstehende Lieferungen wird entsprechend Absatz 1 Satz 2 bis 6 ein Gegenwert in Euro ermittelt.

(3) Die berechnende Partei teilt der anderen Partei – unter Angabe der für die Berechnung wesentlichen Grundlagen – unverzüglich nach Berechnung mit, welcher Partei die Forderung wegen Nichterfüllung in welcher Höhe zusteht. Die Forderung wegen Nichterfüllung ist innerhalb von zwei Bankarbeitstagen nach Zugang der Mitteilung zu zahlen. Wird sie nicht innerhalb dieser Frist gezahlt, so werden ab dem Zeitpunkt des Ablaufs der Frist bis zum Eingang der Zahlung Zinsen nach Nr. 3 Abs. 4 berechnet.

9. Aufrechnung ⑨

Bestehende Rechte zur Aufrechnung von Ansprüchen gegen die Forderung wegen Nichterfüllung bleiben unberührt. Nr. 8 Abs. 1 Satz 4 gilt für Zahlungen, die sich nicht auf Euro beziehen, entsprechend. Für ausstehende Lieferungen wird entsprechend Nr. 8 Abs. 1 Satz 2 bis 6 ein Gegenwert in Euro ermittelt.

10. Übertragung

Die Übertragung von Rechten oder Verpflichtungen aus dem Vertrag bedarf der vorherigen in Textform mitgeteilten Zustimmung der jeweils anderen Partei. Nr. 2 Abs. 2 gilt entsprechend.

11. Verschiedenes

(1) Sind Bestimmungen des Vertrags unwirksam oder undurchführbar, so bleiben die übrigen Vorschriften hiervon unberührt. Gegebenenfalls hierdurch entstehende Vertragslücken werden durch ergänzende Vertragsauslegung unter angemessener Berücksichtigung der Interessen der Parteien geschlossen.

(2) Der Vertrag unterliegt dem Recht der Bundesrepublik Deutschland.

(3) Nicht ausschließlicher Gerichtsstand ist der Ort der Niederlassung der Bank, durch die der Vertrag abgeschlossen wird.

(4) Der Rahmenvertrag in der hiermit vereinbarten Fassung gilt auch für alle etwaigen Einzelabschlüsse der Parteien unter dem Rahmenvertrag in einer früheren Fassung. Diese gelten als Einzelabschlüsse unter dem Rahmenvertrag in dieser neuen Fassung. Für diese Einzelabschlüsse bleibt die bisherige Fassung jedoch insoweit maßgeblich, als dies zum Verständnis der in ihnen getroffenen Regelungen erforderlich ist. ⑩

12. Besondere Vereinbarungen

(1) Die folgenden Absätze 2 bis 6 gelten nur, soweit die dazu bestimmten Felder angekreuzt oder ausgefüllt sind.

☐ (2) In Nr. 3 Abs. 3 werden die Worte „*desselben Einzelabschlusses*" durch „*des Vertrags*" ersetzt.

☐ (3) Der Zinszuschlag gemäß Nr. 3 Abs. 4 beträgt

__________________________% p.a.

44.015 (09/18)

☐ (4) Beschränkung der Wirkung einer automatischen Beendigung

Nr. 7 Abs. 2 Satz 2 wird am Ende wie folgt ergänzt: ⑫

„vorausgesetzt, das Insolvenzverfahren oder sonstige vergleichbare Verfahren wird am Ort der Hauptniederlassung oder einer relevanten Zweigniederlassung der Partei beantragt. Ort der Hauptniederlassung ist der Ort, an dem die Partei ihren satzungsmäßigen Sitz, den Mittelpunkt ihres hauptsächlichen Interesses oder ihren Wohnsitz hat. Als Ort der relevanten Zweigniederlassung gelten Deutschland, Japan und die Schweiz, wenn die Partei in diesen Ländern eine Zweigniederlassung unterhält. Wird das Insolvenzverfahren oder ein sonstiges vergleichbares Verfahren über das Vermögen einer Partei an einem anderen Ort als dem Ort der Hauptniederlassung oder einer relevanten Zweigniederlassung beantragt, bleibt das Recht, den Vertrag nach Nr. 7 Abs. 1 aus wichtigem Grund zu kündigen, unberührt."

☐ (5) Internationale Geschäfte ⑪

(A) Falls eine Partei verpflichtet ist oder verpflichtet sein wird, von einer durch sie zu leistenden Zahlung einen Steuer- oder Abgabenbetrag abzuziehen oder einzubehalten, wird sie die zusätzlichen Beträge an die andere Partei zahlen, die erforderlich sind, damit die andere Partei den vollen Betrag erhält, der ihr im Zeitpunkt einer solchen Zahlung zustehen würde, wenn kein Abzug oder Einbehalt erforderlich wäre. Dies gilt nicht, wenn die betreffende Steuer oder Abgabe vom Heimatstaat des Zahlungsempfängers oder einer in diesem Staat ansässigen Steuerbehörde auferlegt oder erhoben wird. Heimatstaat ist der Staat, in dem der Zahlungsempfänger seinen Sitz hat bzw. als ansässig angesehen wird oder in dem sich die Niederlassung des Zahlungsempfängers befindet, die unter dem betreffenden Einzelabschluss handelt.

(B) Falls aufgrund einer nach dem Abschlussdatum eines Einzelabschlusses erfolgenden Änderung von Rechtsvorschriften oder von deren Anwendung oder amtlichen Auslegung

a) zu erwarten ist, dass eine Partei am nächsten Fälligkeitstag in Bezug auf eine durch sie zu leistende Zahlung zusätzliche Beträge gemäß vorstehendem Unterabsatz (A) zu zahlen hat außer auf Zinsen gemäß Nr. 3 Abs. 4 oder

b) eine Partei den Vertrag nicht mehr erfüllen darf,

so kann diese Partei (nachstehend die „betroffene Partei" genannt) und im Fall b) auch die andere Partei (nachstehend die „Gegenpartei" genannt) den von der Änderung betroffenen Einzelabschluss unter Einhaltung einer Frist von zwei Wochen auf einen von ihr zu bestimmenden Termin kündigen; dieser Termin darf nicht mehr als einen Monat vor dem Zeitpunkt liegen, an dem die Änderung wirksam wird. Nr. 7 Abs. 3 bezieht sich im Fall einer solchen Kündigung nur auf den oder die betroffenen Einzelabschlüsse. Die Gegenpartei bzw. im Fall einer Kündigung durch die Gegenpartei die betroffene Partei kann jedoch innerhalb einer Woche nach Zugang der Kündigungserklärung durch Erklärung an die kündigende Partei bestimmen, dass die Kündigung für den Vertrag insgesamt gilt. Für die Form der Kündigung und der Erklärung nach Satz 3 gilt Nr. 7 Abs. 1 Satz 3.

(C) Im Fall einer Kündigung aufgrund eines der in Unterabsatz (B) genannten Kündigungsgründe gilt Nr. 8; für Nr. 8 Abs. 1 gilt folgende Maßgabe:

a) Berechnende Partei ist die Gegenpartei.

b) Sind beide Parteien betroffene Parteien, gilt jede als berechnende Partei und die Forderung wegen Nichterfüllung ist ein Betrag in Höhe der Hälfte der wie folgt ermittelten Berechnungsgrundlage: Wenn der von einer Partei ermittelte Betrag positiv und der von der anderen Partei ermittelte Betrag negativ ist, gilt als Berechnungsgrundlage die Summe der beiden absoluten Beträge. Wenn die von den Parteien ermittelten Beträge beide positiv oder beide negativ sind, gilt als Berechnungsgrundlage die Differenz der beiden absoluten Beträge. Wenn der von einer Partei ermittelte Betrag positiv und der von der anderen Partei ermittelte Betrag negativ ist, ist die Forderung wegen Nichterfüllung von der Partei zu erbringen, die einen negativen Betrag ermittelt hat. Wenn beide Beträge positiv sind, ist sie von der Partei, die den niedrigeren positiven Betrag und wenn beide Beträge negativ sind, von der Partei, die den höheren der beiden absoluten Beträge ermittelt hat, zu erbringen. Nr. 8 Absatz 2 bleibt unberührt.

(D) Für etwaige Rechtsstreitigkeiten oder sonstige Verfahren vor deutschen Gerichten bestellt der Vertragspartner hiermit die unter (F) oder gegebenenfalls in mindestens einem Einzelabschluss zu diesem Zweck benannte Person zum Zustellungsbevollmächtigten.

(E) Jede Partei verzichtet hiermit unwiderruflich darauf, in Verfahren betreffend sie selbst oder ihr Vermögen aufgrund etwaiger Souveränitäts- oder ähnlicher Rechte Immunität vor 3

Klage, Urteil, Vollstreckung, Pfändung (sei es vor oder nach Urteilserlass) oder anderen Verfahren zu genießen oder geltend zu machen.

(F) Anschrift des Zustellungsbevollmächtigten in der Bundesrepublik Deutschland:

☐ (6) Erweiterte Aufrechnung ⑬

Nr. 9 wird durch folgende Regelung ersetzt:

„Steht die Forderung wegen Nichterfüllung der anderen Partei zu, wird diese abweichend von Nr. 7 Abs. 3 nur fällig, soweit die berechnende Partei keine Ansprüche aus irgendeinem rechtlichen Grund gegen die andere Partei („Gegenansprüche") hat. Bestehen Gegenansprüche, so ist deren Wert zur Ermittlung des fälligen Teils der Forderung wegen Nichterfüllung von dieser abzuziehen. Zur Berechnung des Werts der Gegenansprüche hat die berechnende Partei diese, (i) soweit sie sich auf andere Währungen als den Euro beziehen, zu dem von führenden Marktteilnehmern für den Verkauf der betreffenden Währung gestellten Preis in Euro umzurechnen, (ii) soweit sie sich nicht auf Geldzahlungen beziehen, in eine in Euro ausgedrückte Forderung umzuwandeln und (iii) soweit sie nicht fällig sind, mit ihrem Barwert (unter Berücksichtigung auch der Zinsansprüche) zu berücksichtigen. Die berechnende Partei kann die Forderung wegen Nichterfüllung der anderen Partei gegen den nach Satz 3 berechneten Wert der Gegenansprüche aufrechnen. Soweit sie dies unterlässt, wird die Forderung wegen Nichterfüllung fällig, sobald und soweit ihr keine Gegenansprüche mehr gegenüberstehen."

(7) Sonstige Vereinbarungen:

Unterschrift(en) des Vertragspartners

Unterschrift(en) der Bank

44.015 (09/18)

4

Schrifttum: *Behrends,* Der Deutsche Rahmenvertrag und das European Master Agreement, Finanzderivate Rechtshandbuch, 4. Aufl 2016, § 6 Rn 1–75; *Benzler,* Das deutsche Nettinggesetz – § 104 Abs 2, 3 InsO, ZinsO 2000, S 1; *ders,* Nettingvereinbarungen im außerbörslichen Derivatehandel, 1999; *Berger,* Lösungsklauseln für den Insolvenzfall, Kölner Schrift zur Insolvenzordnung, S 499 ff.;

Bergfort/Köhling, DRV 2018 – The „German Master Agreement for Financial Derivatives Transactions (2018)", BKR **2019**, 12 ff.; *Böhm*, Rechtliche Aspekte grenzüberschreitender Nettingvereinbarungen, 2001; *Bornemann*, Recht und Politik der insolvenzbedingten Liquidation von Finanzkontrakten, Festschrift Graf-Schlicker, 2018, S 195; *Bornemann*, in Wimmer, Frankfurter Kommentar zur Insolvenzordnung, 9. Aufl 2018, § 104; *Bosch*, Finanztermingeschäfte in der Insolvenz – Zum „Netting" im Insolvenzverfahren, WM **1995**, 365; **1995**, 413, 422 ff.; *Bosch*, Differenz- und Finanztermingeschäfte nach der Insolvenzordnung, Kölner Schrift zur Insolvenzordnung *S 1009 ff.; Bundesverband deutscher Banken/Bankenverband*, Hintergründe und Erläuterungen zum Rahmenvertrag für Finanztermingeschäfte (2018) und DRV-Änderungsvereinbarung 2018 (Stand: 4.9.2018), https://bankenverband.de/media/files/2018_08_31_drv_2018_hintergrund. pdf; *Bundesverband deutscher Banken/Bankenverband*, Mantelvereinbarung für Finanzgeschäfte mit Kapitalverwaltungsgesellschaften und KAGB-Anhang zum Rahmenvertrag für Wertpapierdarlehen – Hintergründe und Erläuterungen (Stand: 3.6.2014), https://bankenverband.de/media/uploads/2017/09/13/anl03-2014-06-03-hintergrundinformationen-mantelvereinbarung_kagb-anhang-oa.pdf; *Clouth*, Rechtsfragen der außerbörslichen Finanz-Derivate, 2001; *ders*, Beratung und Aufklärung im OTC-Derivatgeschäft, in Ellenberger/Clouth, Praktikerhandbuch Wertpapier- und Derivategeschäft, 5. Aufl 2018, Rn 1538 ff; *Clouth*, Aufklärungs- und Beratungspflichten bei Swaps, in Grüneberg/Habersack/Mülbert/Wittig, Bankrechtstag 2015, 163 ff.; *ders*, Anlegerschutz – Grundlagen aus Sicht der Praxis, ZHR 177 (2013), 212 ff.; *Decker*, Zinssatz- und Währungsswaps unter rechtlichen Aspekten, WM **1990**, 1001 ff.; *Ehricke*, Finanztermingeschäfte im Insolvenzverfahren, ZIP **03**, 273; *Ellenberger*, Kick-Backs, in Ellenberger/Clouth, Praktikerhandbuch Wertpapier- und Derivategeschäft, 5. Aufl 2018, Rn 1332 ff.; *Fried*, Netting und Finanzsicherheiten, Finanzderivate Rechtshandbuch, 4. Aufl 2016, § 19 Rn 1 ff.; *Grüneberg*, Bankenhaftung, 2017, Rn 232 ff.; *Hopt/Roth*, Die Dogmatik der Grund- oder Rahmenverträge, Bankrechts-Handbuch, 5. Aufl. 2017, § 1 Rn 6 ff.; *Jahn*, Die Finanzkrise und ihre rechtlichen Auswirkungen auf Rahmenverträge über OTC-Derivategeschäfte, BKR **2009**, 25; *Jahn/Fried*, Münchener Kommentar zur Insolvenzordnung (Band 2), 3. Aufl 2013, § 104; *Jahn/Reiner*, Außerbörsliche Finanztermingeschäfte (OTC-Derivate), Bankrechts-Handbuch, 5. Aufl 2017, § 114; *Jung*, Finanztermingeschäfte, in Fuchs, WpHG, 2. Aufl. 2016, Vor §§ 37e und 37g; *Kewenig/Schneider*, Swap-Geschäfte der öffentlichen Hand in Deutschland, WM Sonderbeilage **2/1992**; *Kieper*, Abwicklungssysteme in der Insolvenz, 2004; *Kleiner*, Devisen-Schuldrecht, N 21.02 ff.; *Kurzberg*, (Un)Wirksamkeit von Netting-Vereinbarungen? – BGH Urt. v. 9.6.2016 – IX ZR 314/14, BKR **2016**, 324; *Lehmann*, Kommunale Swap-Verträge: Wirksamkeit und Beratungspflichten nach neuer BGH-Rechtsprechung, ZBB **2015**, 282; *Lehmann/Flöther/Gurlit*, Die Wirksamkeit von Close-Out-Netting-Klauseln in Finanzderivaten nach § 104 nF, WM **2017**, 597; *Lomp*, Der Deutsche Rahmenvertrag und das European Master Agreement – Anhänge des Rahmenvertrages für Finanztermingeschäfte (Mantelvereinbarung für Finanzgeschäfte mit Kapitalverwaltungsgesellschaften), Finanzderivate Rechtshandbuch, 4. Aufl 2016, § 6 Rn 134 ff.; *Mann*, Legal Aspects of Money, 191; *Mülbert*, Finanztermingeschäfte, in Assmann/Schneider/Mülbert, Wertpapierhandelsrecht, 7. Aufl 2019, Vor §§ 99, 100 WpHG; *Reiner*, Derivative Finanzinstrumente im Recht, 2002; *ders*, Internationale Bankgeschäfte, ISDA Master Agreement, Münchener Vertragshandbuch, Bd 4 Wirtschaftsrecht III, 6. Aufl. 2007 (ab 7. Aufl. nicht mehr enthalten), Form. VII.7 Anm. 4, S 794 ff.; *Reiner*, ISDA Master Agreement, 2013; *Schäfer*, BaFin vs. BGH, BKR **2016**, 321; *Schefold*, Fremdwährungsschuld, Bankrechts-Handbuch, 5. Aufl 2017, § 115 Rn 203 ff.; *Schmidt*, Fremdwährungsforderungen im Konkurs, FS Merz, 533, 535; *Schmidt*, Geldrecht, § 244 Rn 12; *Schmitt*, Compliance und Finanzderivate – Anlageberatung, ultra vires und Gerichtsstandsarbitrage, Finanzderivate Rechtshandbuch, 4. Aufl 2016, § 34 Rn 152 ff.; *Schüwer*, Funktionen und Einsatz von Finanzderivaten, Finanzderivate Rechtshandbuch, 4. Aufl 2016, § 1 Rn 1 ff.; *Stuhlmacher/Sessel-Zsebik*, Energie- und andere Warenderivate – Vertragsgestaltung, Finanzderivate Rechtshandbuch, 4. Auflage 2016, § 11 Rn 203 ff.; *Wood*, Law and Practice of International Finance, Set-off and Netting, Derivatives, Clearing Systems, London 2007, S 161 ff. Rn 10–19 ff.

Anmerkungen

Vor **1.** Zur Dokumentation von Geschäften in außerbörslich (over the counter – OTC) gehandelten Finanz-Derivaten hat sich die Verwendung von Rahmenverträgen, sog. Master Agreements, durchgesetzt, die weitestgehend standardisierte Vertragstexte beinhalten. Marktstandard für das OTC-Derivategeschäft zwischen zwei in Deutschland ansässigen Vertragsparteien, unter besonderen Voraussetzungen aber auch in grenzüberschreitenden Konstellationen (dazu unten → Anm. 11), ist der „Rahmenvertrag für Finanztermingeschäfte" aus dem Jahr 1993 (mit geringfügigen Anpassungen im Jahr 2001 hinsichtlich der Einführung des Euro) sowie dessen im Jahr 2018 veröffentlichte Neufassung (näher zu den Neuerungen, dem Hintergrund der grundlegenden Modernisierung und dem Verhältnis der beiden Versionen zueinander unten → Anm. 1; zur Historie des überkommenen Begriffs der „Finanztermingeschäfte" s *Jung*, Vor §§ 37e und 37g; *Mülbert*, Vor §§ 99, 100). Er wird in der Praxis häufig als der Deutsche Rahmenvertrag oder DRV bezeichnet; zur Abgrenzung der beiden nunmehr nebeneinander im Markt gebräuchlichen Versionen wird der ursprüngliche Rahmenvertrag als **„Rahmenvertrag für Finanztermingeschäfte (1993/2001)"** bezeichnet (im Folgenden auch: „Rahmenvertrag 1993/2001" oder „DRV 1993/2001") – wobei der Vertrag weiterhin als „Rahmenvertrag für Finanztermingeschäfte" betitelt ist –, während die Neufassung die offizielle Bezeichnung **„Rahmenvertrag für Finanztermingeschäfte (2018)"** (im Folgenden auch: „Rahmenvertrag 2018" oder „DRV 2018") erhalten hat. Der Rahmenvertrag 1993/2001 wurde von einer gemeinsamen Arbeitsgruppe verschiedener Marktteilnehmer der deutschen Kreditwirtschaft entwickelt; seine Erweiterungen, Aktualisierungen sowie die jüngste, umfassende Modernisierung erfolgten im Arbeitskreis Finanztermingeschäfte des Bundesverbandes deutscher Banken. Im grenzüberschreitenden Geschäft kommt die Rolle des Marktstandards zur Dokumentation von OTC-Derivaten den von der ISDA (International Swaps and Derivatives Association) publizierten Rahmenverträgen zu. Im Jahr 2002 wurde das „2002 ISDA Master Agreement" – eine überarbeitete Version des „1992 ISDA Master Agreement" – veröffentlicht, die beide immer noch nebeneinander im Markt bestehen, wobei seit der Finanzkrise das „2002 ISDA Master Agreement" bei Neuabschlüssen die wesentlich größere Bedeutung im Markt erlangt hat (dazu s → Form. IV.S. 20.1). Weitere – zum Teil in ihrem räumlichen, zum Teil im sachlichen Anwendungsbereich beschränkte – Beispiele für international gebräuchliche Dokumentationsstandards sind ua der von der Fédération Bancaire Francaise (FBF) entwickelte Rahmenvertrag „Convention cadre FBF relative aux opérations sur instruments financiers à terme" in der Fassung von 2013 (als Nachfolger der Fassungen von 1994, 2001 und 2007, die nun auch die EMIR-Anforderungen berücksichtigt; Einzelheiten zur FBF-Dokumentation bei *Jahn/Reiner* § 114 Rn 91), der „Schweizer Rahmenvertrag für OTC-Derivate" in der neuesten Fassung von 2013 („SMA OTC 2013", dazu näher *Jahn/Reiner* § 114 Rn 92) sowie für Österreich seit 1996 ein vom dortigen Banken- und Bankiersverband erarbeiteter Rahmenvertrag, der auf dem „Rahmenvertrag für Finanztermingeschäfte" und dessen Anhängen (Optionen und Devisen) aufbaut, in Einzelpunkten jedoch an Elemente der ISDA-Dokumentation anknüpft, zB Aufzählung von Kündigungsgründen, subsidiäre Geltung des ISDA-Definitionenwerks (*Jahn/Reiner* § 114 Rn 92). Bereits in den Jahren 1992/1993 erarbeitete der britische Bankenverband (British Bankers' Association, BBA) zusammen mit dem Foreign Exchange Committee of New York einheitliche Bedingungen für Devisentermingeschäfte (International Foreign Exchange Master Agreement Terms, IFEMA) und für Devisenoptionsgeschäfte (International Currency Options Markets Master Agreement Terms, ICOM), die üblicherweise in eine Rahmenvereinbarung oder in Einzelverträge einbezogen wurden, am Londoner Markt bei Fehlen einer anderweitigen Vereinbarung aber auch als Handelsbrauch galten. Diverse Aktualisierungen der Terms wurden im Laufe der 90er Jahre veröffentlicht und mündeten in die Veröffentlichung des International Foreign Exchange and Currency Option Master Agreement (IFXCO Master Agreement) im Jahr 2005. Allerdings haben diese anglo-amerikanischen Klauselwerke bzw. die FXC Master Agreements mittlerweile völlig an Bedeutung verloren und wurden in der Praxis durch das 1992 bzw. 2002 ISDA Master Agreement ersetzt (wegen näherer Einzelheiten zu den BBA-Musterbedingungen und -Vertragswerken s *Jahn/Reiner* § 114

Rn 90 mwN). Eine Besonderheit stellen schließlich die Rahmenverträge der Bundesländer dar, die inhaltlich weitgehend mit dem „Rahmenvertrag für Finanztermingeschäfte" übereinstimmen, denen jedoch die „Gesamtbeendigungsklausel" (Nr 7 Abs 1 S 1 u 4 des Rahmenvertrags, s → Anm. 7) fehlt (näher *Jahn/Reiner* § 114 Rn 84). Bei Geschäften mit kommunalen Gebietskörperschaften verwenden Kreditinstitute regelmäßig den „Rahmenvertrag für Finanztermingeschäfte", dem verschiedentlich ein „Anhang über Verträge mit Anstalten oder Körperschaften des öffentlichen Rechts" beigefügt wurde (so zB im Fall der kommunalen Swap-Verträge, die Streitgegenstand des BGH-Urteils vom 28.4.2015 (XI ZR 378/13, BGHZ 205, 117, dort Rn 3) waren.

Die im Zusammenhang mit Derivatgeschäften, die von Marktteilnehmern der öffentlichen Hand abgeschlossen werden, vielfach diskutierte Frage, ob und unter welchen Voraussetzungen derartige Transaktionen unter dem Gesichtspunkt der „ultra vires-Lehre" unwirksam sein könnten (s hierzu *Jahn/Reiner* § 114 Rn 159 ff., *Schmitt* § 34 Rn 216 ff., *Kewenig/Schneider* WM Sonderbeilage 2/92, *Lehmann* ZBB 15, 282), ist für die Praxis mit dem Urteil des BGH vom 28. April 2015 (XI ZR 378/13, BGHZ 205, 117, dort Rn 55 ff) geklärt. Wie der BGH klargestellt hat, sind selbst rein spekulative Derivatgeschäfte vom gemeindlichen Wirkungskreis einer Kommune umfasst (aaO Rn 58 ff). Dies muss erst recht für den Wirkungskreis der Bundesländer und des Bundes gelten. Im Übrigen hat der XI. Zivilsenat des BGH deutlich zu erkennen gegeben, dass er an den Grundsätzen der Entscheidung vom 28. Februar 1956 (I ZR 84/54, BGHZ 20, 119 ff), die in der „ultra vires-Diskussion" regelmäßig als Leitentscheidung genannt wird, auch im Ausgangspunkt nicht festhalten würde (XI ZR 378/13, BGHZ 205, 117, dort Rn 57).

Die Herausbildung allgemein anerkannter Rahmenverträge und damit vorformulierter Vertragsbedingungen (zur Dogmatik der Rahmenverträge *Hopt/Roth* § 1 Rn 11 ff) trägt dem Bedürfnis der Praxis nach weitgehender **Vereinfachung und Vereinheitlichung der vertraglichen Dokumentation** und damit der Geschäftsabwicklung von OTC-Derivategeschäften Rechnung. Ihre Verwendung schafft eine **höhere Rechtssicherheit**. Ob die marktüblichen Master Agreements daher allgemeine Geschäftsbedingungen darstellen und der Inhaltskontrolle gemäß §§ 305 ff. BGB unterliegen, hängt allerdings von der Klassifizierung der Vertragsparteien und der konkreten Abschlusssituation ab. So fehlt es im Verhältnis zweier Banken in aller Regel schon an einem Verwender im Sinne des § 305 Abs 1 BGB (so auch *Behrends* § 6 Rn 17; *Jahn/Reiner* § 114 Rn 87; zur Verwendung im Bank-Kunde-Verhältnis s aber BGH, Urteil vom 28.4.2015, XI ZR 378/13, BGHZ 205, 117 Rn 26). Die leichte Handhabbarkeit der Rahmenverträge (*Behrends* § 6 Rn 9) wird dadurch erreicht, dass der Rahmenvertrag die für alle Einzelgeschäfte geltenden rechtlichen Bestimmungen enthält, während in den sog Bestätigungen (dazu unten → Anm. 3) der einzelnen Transaktionen („Einzelabschlüsse", Nr 1 Abs 2 S 1) die wirtschaftlichen Daten der Geschäfte vereinbart werden. Abhängig von der Geschäftspolitik des jeweiligen Marktteilnehmers tätigen Händler jedoch zuweilen bereits Geschäfte, bevor ein entsprechender Rahmenvertrag geschlossen worden ist. Dabei wird regelmäßig zumindest vereinbart, welcher Muster-Rahmenvertrag (zu den verschiedenen Arten siehe schon oben) dem Geschäft zugrunde gelegt werden soll. Bei Inlandsgeschäften wird fast immer auf den DRV Bezug genommen. Diese Abrede genügt, jedenfalls unter Kaufleuten (vgl § 310 Abs 1 S 1 BGB), um den Inhalt des Rahmenvertrages zum Vertragsgegenstand zu machen (*Jahn/Reiner* § 114 Rn 54). Hinzu kommt, dass der DRV – anders als ausländischem Recht unterliegende Rahmenverträge – sich auf das (aus Sicht des deutschen Vertrags- und Insolvenzrecht) Wesentliche beschränkt und schon in seiner gedruckten Fassung einen unterschriftsreifen Vertrag darstellt, der nicht notwendigerweise ergänzender Vereinbarungen (vgl Nr 12) bedarf (*Behrends* § 6 Rn 9; *Jahn/Reiner* § 114 Rn 54). Vor diesem Hintergrund können die deutschen Marktteilnehmer regelmäßig schon bei Abschluss des ersten OTC-Derivatgeschäfts von der Rechtssicherheit des DRV profitieren.

Eine darüberhinausgehende Besonderheit der genannten Rahmenverträge, die in vielen Geschäftskonstellationen auch den Hauptzweck ihrer Verwendung darstellt, ist das **Konzept des „einheitlichen Vertrags"**. Ausgehend von einer einheitlichen Risikobetrachtung aller zwischen den Vertragsparteien abgeschlossenen OTC-Derivatgeschäfte werden die getätigten Einzeltransaktionen und der Rahmenvertrag dergestalt zusammengefasst, dass sie untereinander und zusammen mit dem Rahmenvertrag einen einheitlichen gegenseitigen Vertrag bilden, der insbesondere im Fall von Leistungsstörungen und der Insolvenz einer Vertragspartei nur als Ganzes beendet werden kann. Im Rahmen dieser Gesamtbeendigung werden die einzelnen Derivatgeschäfte in eine einheitliche Ausgleichsforderung umgewandelt (dazu genauer unten → Anm. 2). Die insolvenzrechtliche Wirksamkeit dieser vertraglichen Gestaltung stellt **§ 104 Abs 3 InsO** (bisher § 104 Abs 2 S 3 InsO aF; die alte Fassung des § 104 InsO ist die vor dem 10. Juni 2016 geltende Fassung des § 104 InsO) für das deutsche Recht klar. Zum Teil wird angenommen, dass diese seit dem 30. Dezember 2016 geltende Regelung zur insolvenzrechtlichen Anerkennung von Rahmenverträgen für darin definierte Finanzleistungen eine höhere Präzision als die Vorgängerbestimmung des § 104 Abs 2 S 3 InsO aF aufweise, indem sie die Worte „durch einen Rahmenvertrag" (bisher: in einem Rahmenvertrag) durch die Worte „zu einem einheitlichen Vertrag zusammengefasst" ergänzt und so klarstellt, dass es ein Rahmenvertrag nicht nur mit einheitlicher Beendigung, sondern mit Einheitlichkeitsklausel sein muss (*Jahn/Reiner* § 114 Rn 202h). Dass hier höhere Anforderungen als bisher zu stellen seien, lässt sich der Gesetzesbegründung jedoch nicht entnehmen: „Für die Fiktion (der Einheitlichkeit des Vertrages, Anm. d Verfasser) reicht es wie bislang aus, dass die rahmenvertragliche Bestimmung eine einheitliche Beendigung der einbezogenen Geschäfte im Falle des Eintritts bestimmter Ereignisse . . . . . vorsieht." (*Gesetzentwurf der BReg* vom 17. Oktober 2016, BT-Drs 18/9983, S 21). Zugleich ist diese Vertragsgestaltung eine wesentliche Voraussetzung für die bankaufsichtsrechtliche Anerkennung des das Ausfallrisiko der Vertragsparteien reduzierenden (Liquidations-)Netting von Finanztermingeschäften bei der Eigenkapitalberechnung (zum Begriff des Netting und zu dessen insolvenzrechtlicher Behandlung s *Berger* S 499 Rn 39 ff.; *Bosch* WM 1995, 365, 367 ff.; *Bosch* WM 1995, 413, 422 ff.; *Bosch*, Kölner Schrift zur InsO, S 1009 Rn 85 ff.; *Reiner* S 185; *Ehricke* ZIP 2003, 273, 280 f.; *Kieper* S 42 ff.; *Wood* S 13 ff., Rn 1-026 ff.; *Behrends* § 6 Rn 41 ff.; *Jahn/Reiner* § 114 Rn 176, im Hinblick auf die Reform des § 104 InsO s Jahn/Reiner § 114 Rn 202h ff und zur bankaufsichtsrechtlichen Anerkennung des Netting Rn 203 f). Explizit wurde daher mit der Neufassung des § 104 InsO (zum Auslöser der Reform – BGH-Urteil vom 9. Juni 2016 und anschließender Allgemeinverfügung der Bundesanstalt für Finanzdienstleistungsaufsicht (BaFin) – vgl unten → Anm. 1, 7) das Ziel verfolgt, „dass die dem deutschen Insolvenzrecht unterfallenden Verträge den Anforderungen gerecht werden können, an deren Erfüllung die bankaufsichtsrechtliche Anerkennung der Vereinbarungen geknüpft ist" (*Gesetzentwurf der BReg*, BT-Drs. 18/9983, S 1, 9), womit in erster Linie die Eigenkapitalanforderungen und die Großkreditgrenzen gemeint sind (BT-Drs. 18/9983, S 1, 8, 13). In diesem Zusammenhang stellt § 104 Abs 3 S 2 InsO nF jedoch klar, „dass die Fiktionswirkungen nur eintreten, soweit die einbezogenen Geschäfte solche nach § 104 Abs 1 InsO nF sind. Alle anderen Geschäfte können „zwar zivilrechtlich in den Rahmenvertrag einbezogen werden, ihre Einbeziehung führt aber nicht dazu, dass sie dem gesetzlichen Lösungsmechanismus . . . . . unterfallen" (BT-Drs. 18/9983, S 21).

1. Der im Jahr 1993 von den in der Deutschen Kreditwirtschaft (ehemals Zentraler Kreditausschuss) zusammenwirkenden Spitzenverbänden des Kreditgewerbes vorgestellte „Rahmenvertrag für Finanztermingeschäfte" entwickelte den zuvor gebräuchlichen „Rahmenvertrag für SWAP-Geschäfte" aus dem Jahr 1990 (abgedruckt in WM 1990, 1047) zu einem Multi-Produkt-Vertrag nach dem Vorbild der 1992 ISDA Standard Documentation (s → Form. IV. S. 20) fort (zu den Unterschieden zwischen dem „Rahmenvertrag für SWAP-Geschäfte", der für Neugeschäfte nicht mehr verwendet wird, und dem „Rahmenvertrag für Finanztermingeschäfte" im Hinblick auf das Liquidationsnetting s *Behrends* § 6 Rn 46–49 sowie *Behrends* in Rn 51 f. zum wesentlichen Unterschied, dass der „Rahmenvertrag für SWAP-Geschäfte" eine Walk-Away-Klausel enthält und damit nicht die Voraussetzungen für das aufsichtsrechtliche Netting erfüllt, dazu unten → Anm. 8).

In den Jahren 2017/2018 ist der seit 1993 im Wesentlichen unverändert gebliebene „Rahmenvertrag für Finanztermingeschäfte" erstmals einer grundlegenden Modernisierung unterzogen worden. Anlass war die Reform des § 104 InsO (s dazu schon oben Vor 1), deren Auslöser wiederum das **Urteil des IX. Zivilsenats des BGH vom 9. Juni 2016** (IX ZR 314/14, BGHZ 210, 321–348; s. hierzu nachgehend OLG Frankfurt, Urt v 14.5.2020, 16 U 183/12, BeckRS 2020, 15732) war. Mit dieser Entscheidung waren Kernbestimmungen des Rahmenvertrages für Finanztermingeschäfte teilweise – soweit nicht mit § 104 InsO vereinbar – für unwirksam erklärt worden. Das Urteil ging dabei weder auf die europarechtlichen Zusammenhänge (vgl Art 295 CRR und Art 7 Finanzsicherheitenrichtlinie) noch auf die aufsichtsrechtlichen Hintergründe der Vorschrift ein. Zudem wurde die allgemein in der Finanzmarktpraxis vorherrschende Auffassung, dass der Gesetzgeber mit § 104 InsO nicht nur ein gesetzliches Liquidationsnetting installieren, sondern vor allem den schon bei Entstehung der Vorschrift in der Praxis gängigen und abweichenden Close-Out-Netting-Klauseln einen „sicheren Hafen" – v a auch vor dem Hintergrund des § 119 InsO – schaffen wollte, nachhaltig erschüttert (*Jahn/Rainer* § 114 Rn 197, 202a; *Fried* § 21 Rn 1f mit Hinweisen auf die Gesetzgebungsgeschichte und die bisherige Rechtsprechung zur Vereinbarkeit von Netting-Vereinbarungen mit § 119 InsO; zur Historie der Koexistenz von gesetzlichen und privatautonomen Netting-Regimen *Bornemann* S 195 ff).

Es bestand die Befürchtung, dass die Auslegung des § 104 InsO aF entsprechend der Sichtweise des BGH in weitem Umfang zur (partiellen) Unwirksamkeit marktgängiger Nettingvereinbarungen führen und diese Unwirksamkeit gegen europarechtliche Vorgaben (va Finanzsicherheiten-Richtlinie und Abwicklungsrichtlinie) verstoßen könne oder jedenfalls deutsche Kreditinstitute und Wertpapierfirmen durch erhöhte Eigenkapitalanforderungen (gemäß der Kapitaladäquanzverordnung) bzw. einen erhöhten Besicherungsbedarf (vgl Art 11 Abs 3 EMIR) benachteiligt werden könnten (*Jahn/Reiner* § 114 Rn 202a). Zur Vermeidung einer solchen Konsequenz hat die BaFin noch am Tag der Urteilsverkündung gestützt auf § 4a WpHG eine **Allgemeinverfügung** dahingehend erlassen, dass die im Rahmenvertrag für Finanztermingeschäfte (und anderen Rahmenverträgen) enthaltenen Nettingvereinbarungen bis Ende 2016 „vereinbarungsgemäß abzuwickeln" seien (dazu im Einzelnen *Lehmann/Flöther/Gurlit* WM 2017, 601 f.; *Schäfer* BKR 2016, 321). Die Bundesregierung legte zudem schon am 14. September 2016 einen Entwurf zur Reform des § 104 InsO aF vor, welcher in das am 30. Dezember 2016 in Kraft getretene Dritte Gesetz zur Änderung der InsO mündete und die gesetzliche Grundlage für vertragliche Nettingvereinbarungen umfassend erneuerte und konkretisierte, so dass seit dem 29. Dezember 2016 nur noch die **neue Fassung des § 104 InsO** gilt (Überblick zur Reform des § 104 InsO aus der Perspektive der Entwurfsfassung bei *Jahn/Reiner* § 114 Rn 202a ff).

Diese Gesetzesänderung führte zur **Neufassung des Rahmenvertrages für Finanztermingeschäfte im Jahr 2018**, in der die Terminologie des neuen § 104 InsO übernommen und die in den Nr 7 bis 9 enthaltenen Kernbestimmungen zum Close-Out-Netting (dh die Beendigung des Vertrages bei Ausfall der Gegenpartei und die Verrechnung aller Positionen zu einer einheitlichen Ausgleichsforderung) eng am neuen Gesetzeswortlaut ausgerichtet wurden (s dazu im Detail → Anm. 7, 8). Infolge dessen beschreibt der neue Rahmenvertrag einfacher und klarer, wie die aus der Beendigung resultierenden Ansprüche zu bestimmen und zu berechnen sind. Die Grundstruktur sowie die meisten Bestimmungen und die Nummerierung wurden unverändert beibehalten.

OTC-Derivate ermöglichen ein aktives Management der Finanzrisiken (zB Preis- oder Adressenausfallrisiken), denen ein Unternehmen im Rahmen seiner allgemeinen Geschäftstätigkeit ausgesetzt ist (ausführlich zu den Einsatzmöglichkeiten derivativer Finanzprodukte *Clouth* S 100 ff.; *Schüwer* § 1 Rn 1 ff). Sie bilden dementsprechend heute einen festen Bestandteil der betrieblichen Finanzwirtschaft. Wie bei allen Termingeschäften sind allerdings auch Transaktionen denkbar, die ausschließlich auf die Erzielung von Gewinnen aus Kursänderungen abzielen. Beim DRV 1993/2001 ergibt sich aus **Nr 1 S 1 erster Halbsatz**, dass solche rein spekulativen Zwecken dienende Derivategeschäfte von den Vertragsparteien nicht beabsichtigt sind, mit den einzelnen Geschäftsabschlüssen mithin ein wirtschaftlich berechtigter Zweck verfolgt wird, der die Annahme eines Spielgeschäfts iSv § 762 BGB bereits tatbestandlich ausschließt (*Decker* WM 1990, 1001, 1006; aA *Behrends* § 6 Rn 19 und Fn 24, der auch das Eingehen von neuen Risken um der damit verbundenen Ertragschancen willen unter „Gestaltung von Risiken" subsumiert, sofern nur ein ernster wirtschaftlicher Zweck verfolgt wird; vgl dazu auch *Jahn/Reiner* § 114 Rn 55, die darin eine gegenseitige Zusicherung hinsichtlich der wirtschaftlichen Berechtigung der Einzelabschlüsse sehen). Diese Frage stellt sich nach dem Wortlaut des neuen DRV 2018 nicht mehr: In Nr 1 S 1 erster Halbsatz wurde das **subjektive Element der Risikogestaltungsabsicht gestrichen**, weil es sich lediglich um einen Ausfluss der durch die nachfolgenden Formulierungen und Beispiele näher beschriebenen typischen Wesensmerkmale von Finanztermingeschäften handele (so *Bankenverband zum DRV* S 13, 25). Dies bleibt aus oben dargestellten Erwägungen zweifelhaft, da zwischen dem subjektiven Element und den objektiven Merkmalsbeschreibungen – seien diese auch sehr viel konkreter und praxisnäher als beim DRV 1993/2001 (*Bankenverband zum DRV* S 13f) – zu differenzieren ist. Daher ist die Streichung eher als eine bewusste Klarstellung dahingehend zu betrachten, dass ungeachtet der Motivation der Vertragsparteien und der mit den Geschäften im Einzelfall verfolgten wirtschaftlichen Zwecke die Termingeschäfte unter den Vertragszweck des DRV 2018 zu subsumieren sind. Der Spieleinwand ist im Übrigen nach § 99 WpHG (= § 37e WpHG aF) ausdrücklich ausgeschlossen (hierzu *Jahn/Reiner* § 114 Rn 150; *Mülbert* § 99 Rn 1 ff). Fragen der Verbindlichkeit von OTC-Derivatgeschäften, die sich früher (bis zur Aufhebung der §§ 50 ff. BörsG aF im Juli 2002) unter den Stichworten Termineinwand, Differenzeinwand und Spieleinwand stellten, spielen dementsprechend keine Rolle mehr. Anleger- bzw. Kundenschutz wird heute auch im Bereich der OTC-Derivate – nicht anders als im Zusammenhang mit dem Vertrieb sonstiger Finanzinstrumente – durch aufsichts- und zivilrechtliche Verhaltenspflichten der Kreditinstitute bewirkt. Eine entscheidende Rolle spielen dabei – neben den immer detailreicheren, aufsichtsrechtlichen Vorgaben der §§ 63 ff. WpHG – die von der Rechtsprechung entwickelten **Grundsätze der anleger- und objektgerechten Beratung.**

Einschlägige Rechtstreitigkeiten aus dem kundenbezogenen außerbörslichen Derivategeschäft der Kreditinstitute sind seit dem Jahre 2008 in erheblicher Zahl (auch) vor den deutschen Gerichten ausgetragen worden. Im Mittelpunkt der streitigen Auseinandersetzungen stand dabei regelmäßig die Frage, ob die vertreibende Bank ihren Vertragspartner (Unternehmen, Kommunen, private Anleger) vor Abschluss des jeweiligen Derivatgeschäfts in haftungsbegründender Weise falsch beraten hatte. Entsprechende Beratungspflichten können sich nach der Rechtsprechung des BGH ausschließlich aus einem – vielfach konkludent zustande kommenden – einzeltransaktionsbezogenen Beratungsvertrag, nicht aber aus dem Rahmenvertrag für Finanztermingeschäfte ergeben (BGH, Urteil vom 28.4.2015, XI ZR 378/13, BGHZ 205, 117, Rn 21 ff). Kommt es im Vorfeld eines OTC-Derivatgeschäfts im konkreten Fall zum Abschluss eines solchen (Kapitalanlage-)Beratungsvertrags, verpflichtet dieser die Bank zum einen zu einer anleger- und objektgerechten Beratung. Zum anderen begründet der Beratungsvertrag für das Kreditinstitut die Pflicht zur Offenlegung „schwerwiegender Interessenkonflikte".

Aus diesem Gesichtspunkt leitet der BGH die Pflicht der beratenden Bank ab, den Kunden über die Existenz und die Höhe des „anfänglichen negativen Marktwerts" eines Swap aufzuklären. Diese – erstmals im sog. „CMS Spread Ladder Swap-Urteil" des BGH vom 22.3.2011 (XI ZR 33/10, BGHZ 189,13) ausgesprochene – beratungsvertragliche Pflicht stand in der Folgezeit im Mittelpunkt der gerichtlichen Auseinandersetzungen um fehlgeschlagene OTC-Derivatgeschäfte. Mittlerweile kann auf der Basis von mehr als zwanzig veröffentlichten einschlägigen Entscheidungen des BGH (zuletzt Beschl. v. 2.4.2019, XI ZR 574/17, juris) (auch) insoweit von einer gefestigten höchstrichterlichen Rechtsprechung ausgegangen werden. Die Leitentscheidungen bilden dabei – neben dem bereits erwähnten „Spread Ladder Swap-Urteil" aus dem Jahr 2011 – die Urteile vom 20.01.2015 (XI ZR 316/13, WM 15, 575), vom 28.4.2015 (XI ZR 378/13, BGHZ 205, 117) und vom 22.3.2016 (XI ZR 425/14, WM 16, 821). Eingehende Darstellungen der „Swap-Rechtsprechung" des BGH finden sich ua bei *Grüneberg*, Bankenhaftung, Rn 232 ff. und *Clouth*, Praktikerhandbuch, Rn 1539 ff., 1632 ff., jeweils mwN.

Der **sachliche Anwendungsbereich** des Rahmenvertrages erfasst „Finanztermingeschäfte" (zum Begriff vgl auch Art 105 EGInsO); hingegen bestimmt sich der Anwendungsbereich der gesetzlichen Vorschrift zur Privilegierung des Liquidationsnettings (s dazu → Anm. 7) in § 104 InsO aF sowie § 104 InsO nF über den Terminus „Finanzleistungen": Dies sind die im Sprachgebrauch „Finanzderivate" genannten Termingeschäfte mit den Grundformen Festgeschäfte, Swap-Geschäfte und Optionsgeschäfte (vgl im Einzelnen zu den Definitionen der einzelnen „Finanzleistungen" *Jahn/Reiner* § 114 Rn 184; *Fried* § 21 Rn 23 ff.; zur Erweiterung des Begriffs „Finanzleistung" in § 104 InsO nF, indem die Definition nun „Finanzinstrumente" iSd MiFID II erfasst, vgl *Jahn/Reiner* § 114 Rn 202d). Am Begriff „Finanztermingeschäfte" wurde beim DRV 2018 bewusst festgehalten (*Bankenverband zum DRV* S 24). Er wird durch die in Nr 1 Abs 1 S 1 lit a bis c genannten Beschreibungen von Wesensmerkmalen und Beispielen für typische und praktisch besonders relevante Formen von Finanztermingeschäften ausgefüllt. Nr 1 Abs 1 S 1 lit a benennt nunmehr separat (während der DRV 1993/2001 diese Geschäfte mit den in lit b genannten Geschäftsarten in einem Unterpunkt zusammenfasste) die Währungsderivate (zu den Merkmalen des Devisenswaps und des Währungsswaps vgl *Schüwer* § 1 Rn 27f). Die weiteren Formen der Finanz-Swaps – inhaltlich unverändert zum DRV 1993/2001 jedoch sprachlich ergänzt bzw. modernisiert – erfasst Nr 1 Abs 1 S 1 lit b, indem die marktüblichen Basiswerte beispielhaft genannt werden: z B Marktgegebenheiten (ergänzt), Kreditrisiken (ergänzt), sonstige Ereignisse oder Umstände wie zB Stand von Zinssätzen (wie bisher), Wechselkurse/Wertpapierkurse (modernisiert), Rohwarenpreise (neu) oder sonstige Kurse, Preise, Indizes (wie bisher) oder andere Bezugsgrößen (modernisiert). Die auf physische Lieferung von Waren, Wertpapieren oder Edelmetallen gerichteten Termingeschäfte deckt Nr 1 Abs 1 S 1 lit c – bisher lit b – ab. Nr 1 Abs 1 S 2 erstreckt – unverändert – den Begriff des Finanztermingeschäfts darüber hinaus auf OTC-Optionen, Zinsbegrenzungsgeschäfte wie zB Interest Rate Cap und Interest Rate Floor und auf Zinstermingeschäfte (Forward Rate Agreements; einen Überblick über die einzelnen Geschäftsformen gibt *Bosch* WM 95, 365, 370 ff.; *Jahn/Reiner* § 114 Rn 2 ff.; *Clouth*, Praktikerhandbuch, Rn 1542 ff.; vgl im Folgenden auch die Anm. zu → Form. IV.S.14 bis → Form. IV.S.18). Die Aufzählung der Beispiele bzw. Merkmale ist weiterhin als nicht abschließend zu verstehen (*Bankenverband zum DRV* S 25), vgl auch Nr 1 Abs 1 S 2: „und ähnliche Geschäfte".

Die spezifischen Regelungen zu OTC-Geschäften mit vorgenannten, marktüblichen Basiswerten enthalten die zum Rahmenvertrag 1993/2001 entwickelten **Produktanhänge**, zB der Devisen-, Rohwaren-, Kreditderivate-, Wertpapierderivate- und Emissionsrechteanhang sowie der Anhang für Deckungsgeschäfte; generell wurden sie entsprechend der Marktbedürfnisse laufend überarbeitet, neu entwickelt oder aufgehoben: So wird der Anhang für Kreditderivate aus dem Jahr 2005 seit Oktober 2010 vom Bundesverband deutscher Banken nicht mehr zur Verwendung empfohlen; in der Vergangenheit darunter abgeschlossene Geschäfte bleiben jedoch gemäß der vereinbarten Regelungen rechtswirksam.

Der Anhang für Deckungsgeschäfte – das sind Derivate, die eine Pfandbriefbank zur Deckung von ausgegebenen Pfandbriefen verwendet und in ein Deckungsregister einträgt – wurde im Juni 2021 neu veröffentlicht: Neben der bisherigen, den DRV 1993/2001 ergänzenden Version des Anhangs wurde eine zweite Variante entwickelt, die bei entsprechenden Einzelabschlüssen unter dem DRV 2018 zu verwenden ist und dessen Terminologie aufgreift. Zudem sind beide Anhänge nicht mehr als separate Formulare für die jeweilige Pfandbriefgattung sowie die jeweilige in Deckung nehmende Vertragspartei ausgestaltet, sondern *ein* Formular kann durch Ankreuzen für die jeweilige Konstellation spezifiziert werden. Als zusätzliche Pfandbriefgattung wurden Flugzeugpfandbriefe aufgenommen; das Ereignis der Insolvenz der Pfandbriefbank wurde durch regulatorisch neu hinzugekommene Abwicklungsmaßnahmen ergänzt.

Der in 2010 veröffentlichte Anhang für Emissionsrechte wird beim Handel von CO2-Emissionszertifikaten in letzter Zeit üblicherweise durch individuelle Anpassungen oder gesonderte Änderungsvereinbarungen ergänzt (Überblick über die Dokumentation des Emissionsrechtehandels bei *Stuhlmacher/Sessel-Zsebik* § 11 Rn 203 ff). Zur Verwendung mit dem Rahmenvertrag 2018 steht die Mantelvereinbarung für Finanzgeschäfte (2018) mit Kapitalverwaltungsgesellschaften zur Verfügung.

Die Mantelvereinbarung für Finanzgeschäfte mit Kapitalverwaltungsgesellschaften (sog „Mantelvereinbarung") aus dem Jahr 2014 berücksichtigt die mit der Ersetzung des Investmentgesetzes (InvG) durch das Kapitalanlagegesetzbuch (KAGB) in 2013 grundlegend neu geregelten Rahmenbedingungen für Investmentfonds. Sie dient unverändert der Dokumentation von Finanzgeschäften (dh Derivate, Wertpapierdarlehen und Wertpapierpensionsgeschäfte) zwischen einer Bank und einer Investmentgesellschaft für Rechnung eines Investmentvermögens (vgl zu allen diesen Begriffen die Begriffsbestimmungen in Nr 2 der Mantelvereinbarung). Durch Abschluss dieser Mantelvereinbarung und der Spezifizierungen in den zugehörigen Anlagen 1 und 2 kommen die jeweils benannten Rahmenverträge – Rahmenvertrag für Finanztermingeschäfte, Rahmenvertrag für Wertpapierdarlehen, Rahmenvertrag für Wertpapierpensionsgeschäfte und/oder das European Master Agreement – und ggf die Anhänge zu diesen Verträgen zwischen den Vertragsparteien für Rechnung des spezifizierten Investmentvermögens zustande. Die Änderungen gegenüber der Vorgängerversion der Mantelvereinbarung aus dem Jahr 2013 bestehen im Wesentlichen in den Anpassungen der Begrifflichkeiten und der Verweise auf die neuen Begriffe und Bestimmungen des KAGB. Als wichtige inhaltliche bzw strukturelle Änderung ist lediglich die ersatzlose Streichung der bisherigen Nr 7 (Besondere Bestimmungen für Wertpapierdarlehen), deren Inhalt in einen gesonderten Anhang zum Rahmenvertrag für Wertpapierdarlehen (sog KAGB-Anhang zum Rahmenvertrag für Wertpapierdarlehen) überführt wurde, zu beachten (näher zur Mantelvereinbarung *Bankenverband zur Mantelvereinbarung* S 1 ff). Zur Verwendung mit dem Rahmenvertrag 2018 steht die Mantelvereinbarung für Finanzgeschäfte (2018) mit Kapitalverwaltungsgesellschaften zur Verfügung.

Neben den Produktanhängen wurden in den vergangenen Jahren weitere Anhänge entwickelt und veröffentlicht, die aus steuerlichen (zB FATCA-Anhang, Section 871 (m)-Anhang) oder regulatorischen Gründen (zB EMIR-Anhang (s dazu → Form. IV.S.12), Clearing-Anhang (s dazu → Form. IV.S.11)) bei entsprechenden Konstellationen und basierend auf einer individuellen Prüfung vereinbart werden.

2. Die Partei eines Finanztermingeschäfts ist in der Insolvenz ihres Vertragspartners einem Ausfallrisiko in Höhe eines etwaigen positiven Marktwerts des wegen der Insolvenz nicht erfüllten Geschäfts ausgesetzt. Haben die Parteien bei Eintritt der Insolvenz des einen Teils mehrere von beiden Seiten noch nicht vollständig erfüllte Finanztermingeschäfte abgeschlossen, bestünde wegen des in den meisten Insolvenzordnungen vorgesehenen Erfüllungswahlrechts des Insolvenzverwalters (für das deutsche Recht s § 103 InsO) die Gefahr, dass dieser bei den für die Masse günstigen Einzelabschlüssen Erfüllung wählen könnte, im übrigen aber die Durchführung der Geschäfte ablehnen würde (sog „cherry picking"). Für die solvente Partei, der hinsichtlich ihrer Forderung wegen Nichterfüllung der Transaktionen mit positivem Marktwert nur eine – regelmäßig nicht werthaltige – Insolvenzforderung zusteht, die aber gleichzeitig der Masse deren Vorteil aus für den Gemeinschuldner vorteilhaften Abschlüssen überlassen muss, kann dies einen ggf existenzbedrohenden Verlust bedeuten (*Bosch* WM 95, 365, 367).

Die Vertragspraxis begegnet diesem Risiko mit der Figur des **„einheitlichen Vertrags"**, die Nr 1 Abs 2 S 2 in Anlehnung an das Vorbild der ISDA-Rahmenverträge (sog single agreement clause) übernimmt. Nach dem Willen der Parteien formen alle Einzelabschlüsse untereinander und zusammen mit dem Rahmenvertrag ein einheitliches Schuldverhältnis; alle geschuldeten Leistungen der einen Partei bilden zusammen die Gegenleistung für alle von der Gegenpartei zu erbringenden Leistungen (*Bosch* S 1009 Rn 63; *Clouth* S 24). Im Sprachgebrauch wird dieser einheitliche Vertrag meist ebenfalls als Rahmenvertrag bezeichnet (*Jahn/Reiner* § 114 Rn 54f). Die rechtliche und wirtschaftliche Einheit der zwischen den Vertragsparteien zustande gekommenen Finanztermingeschäfte findet ihren Niederschlag insbesondere in der Gesamtbeendigungsklausel (Nr 7 Abs 1, su → Anm. 7), den Bestimmungen über die im Falle der vorzeitigen Vertragsbeendigung zu ermittelnde einheitliche Ausgleichsforderung (Nr 8 und 9 DRV 1993/2001) bzw. die zu ermittelnde Forderung wegen Nichterfüllung (Nr 9 DRV 2018) (zu beiden Vertragsvarianten su → Anm. 8) und – im DRV 2018 jedoch nunmehr lediglich optional, da hier das Regel-Ausnahme-Prinzip umgekehrt wurde (su → Anm. 4) – in der Regelung zur Saldierung wechselseitiger, auch aus verschiedenen Einzelabschlüssen resultierender Zahlungspflichten (Nr 2 Abs 3 iVm Nr 12 Abs 2). Sie behält auch im insolvenzrechtlichen Abwicklungsverfahren ihre Gültigkeit. Schon § 104 Abs 2 S 3 InsO aF stellte dies für das deutsche Recht ausdrücklich klar (näher *Bosch* WM 1995, 414, 422 ff.; *Bosch* S 1009 Rn 85 ff.; *Kieper* S 74 ff.; *Behrends* § 6 Rn 53; *Fried* § 19 Rn 1 ff. detailliert zur Vereinbarkeit von Netting-Vereinbarungen mit § 119 und §§ 103 ff. InsO; Hinweise zu ausländischen Rechtsordnungen bei *Bosch* Rn 118 ff.; ausführliche Nachweise bei *Wood* S 155 ff. Rn 7-042 ff). Die neugefasste, entsprechende Vorschrift des § 104 Abs 3 InsO nF nennt nunmehr explizit klarstellend die Voraussetzung des „einheitlichen Vertrag(es)", zu dem Geschäfte durch einen Rahmenvertrag zusammengefasst werden müssen (§ 104 Abs 2 S 3 aF stellte darauf ab, dass der Rahmenvertrag „nur einheitlich beendet werden kann"), damit sie als *ein* Geschäft iSd § 104 Abs 1 InsO nF gelten (s dazu auch → Anm. 7 zu § 104 Abs 3 InsO).

Das bedeutet in der Praxis: Diese Vertragsklauseln reduzieren im Wege der Saldierung das Kontrahentenausfallrisiko; allerdings verbleibt es beim Risiko eines Vertragspartners, dass er die zu seinen Gunsten errechnete einheitliche Ausgleichsforderung im Fall einer Insolvenz des Kontrahenten nicht vollumfänglich realisieren kann. Unter diesem Aspekt sehen sich Marktteilnehmer auch schon vor einer etwaigen Kontraheninsolvenz der Frage ausgesetzt, wie sie auf eine wesentliche Bonitätsverschlechterung reagieren können. Es hängt von den Umständen des Einzelfalls ab, ob eine gravierende Bonitätsverschlechterung als ein „wichtiger Grund" im Sinne der Nr 7 Abs 1 betrachtet werden kann; dies bedarf jedoch einer sorgfältigen Abwägung und wird im Ergebnis eher zurückhaltend zu handhaben sein (für eine Anerkennung der „wesentlichen Verschlechterung der Vermögensverhältnisse" als wichtiger Grund *Bergfort/Köhling* BKR 2019, 12, 18 mwN). Bei Neu- oder Nachverhandlungen kann jedoch erwogen werden, die Kündigungs- bzw Beendigungsmöglichkeiten zu erweitern bzw konkret zu definieren oder Leistungsverweigerungsrechte – jeweils in Form. von besonderen Vereinbarungen im Sinne der Nr 12 des Rahmenvertrages – festzulegen (näher *Jahn* BKR 2009, 25, 26f; *Behrends* § 6 Rn 36; *Jahn/Reiner* § 114 Rn 61); dabei können die im EMA (s dazu → Form. IV.S.19) oder ISDA Master Agreement (s dazu → Form. IV.S.20) detailliert enthaltenen Regelungen zur Kündigung als Orientierungshilfe herangezogen werden. Allerdings ist bei der Ausarbeitung des Rahmenvertrages bewusst von einer (bei internationalen Rahmenverträgen üblichen) Aufzählung von Tatbeständen, die einen wichtigen Grund darstellen, abgesehen worden; insbesondere sollte nicht von dem Begriff des „wichtigen Grundes" nach Nr 19 Abs 3 AGB der privaten Banken abgewichen werden (*Jahn/Reiner* § 114 Rn 61). Ein anderer relativ wirksamer Schutz, da jeweils der aktuelle Betrag des Kontrahentenausfallrisikos abgesichert wird, ist der Abschluss einer Besicherungsvereinbarung zum Rahmenvertrag (dazu näher unten → Form. IV. S. 6), möglichst bereits vor Eintritt von Bonitätsverschlechterungen, vgl § 130 InsO zum Anfechtungsrisiko. Allerdings verbleibt hier in der Praxis das Risiko, dass zum einen eine Sicherheitenanpassung bei sich ändernden Marktwerten – trotz der vorgesehenen laufenden Übertragung und Rückübertragung von Sicherheiten – nicht schnell genug erfolgt, zum anderen bis zum Zeitpunkt der Vertragskündigung und „Verwertung" (vgl *Behrends* § 6 Rn 71, der diesen Begriff umdeutet) der Sicherheiten sich die Marktwerte weiter verändert haben, so dass die vertragstreue Partei dennoch einen Verlust erleiden kann.

3. Der Rahmenvertrag begründet keine Leistungspflichten der Vertragsparteien. Sie entstehen erst mit dem Zustandekommen der konkreten Einzelgeschäfte, die in der Praxis regelmäßig telefonisch abgeschlossen werden (zur Zulässigkeit der üblicherweise erfolgenden Aufzeichnung dieser Telefongespräche aus Beweisgründen vgl *Jahn/Reiner* § 114 Rn 56; s nunmehr auch § 83 Abs. 3 bis 5 WpHG). Nr 2 Abs 1 sieht für jede erfolgte Einigung über ein Einzelgeschäft vor, dass die Bank den Inhalt des Vertrags bestätigt. Der DRV 1993/2001 benennt dazu exemplarisch einige Kommunikationsmittel („schriftlich, fernschriftlich, telegraphisch, durch Telefax oder in ähnlicher Weise"). Im Zuge der Modernisierung des Rahmenvertrages wurde der Wortlaut so angepasst, dass gemäß Nr 2 Abs 1 DRV 2018 „in Textform oder sonstiger marktüblicher Weise" bestätigt wird. Die vereinbarte Textform knüpft an §§ 126b, 127 Abs 1 BGB an, dh die Bank muss eine lesbare Erklärung mit erkennbarer Urheberschaft auf einem dauerhaften Datenträger abgeben. Das Vorsehen der Textform ermöglicht eine zeitgemäße Flexibilität und Offenheit für diverse Formen, den Inhalt des Einzelgeschäftes festzuhalten. Allerdings wird über das Kriterium der Marktüblichkeit, das nach der sprachlichen Ausgestaltung auch auf die denkbaren Varianten der Textform einschränkend Anwendung findet, sichergestellt, dass nur solche Kommunikationsformen verwendet werden können, die in der Praxis und insbesondere auch aufsichtsrechtlich anerkannt sind (*Bergfort/Köhling* BKR 2019, 12, 16).

Üblicherweise gegenbestätigt die andere Seite dann kurz die Richtigkeit der Bestätigung. Im Anwendungsbereich der BTO 2.2.2 (Abwicklung und Kontrolle) des „Rundschreiben 10/2021 (BA) – Mindestanforderungen an das Risikomanagement – MaRisk" der Bundesanstalt für Finanzdienstleistungsaufsicht (abrufbar unter https://www.bafin.de/SharedDocs/Veroeffentlichungen/DE/Rundschreiben/2021/rs_1021_MaRisk_BA.html besteht zudem eine Verpflichtung der Bank, „Handelsgeschäfte unverzüglich in geeigneter Form (z.B. schriftlich oder elektronisch) zu bestätigen" und vom Kunden eine Gegenbestätigung zu verlangen (vgl zu den aufsichtsrechtlich möglichen Ausnahmen im Bestätigungsprozess die Erläuterungen zu den MaRisk in der Fassung vom 16.8.2021 und MaRisk BTO 2.2.2 Nr. 3). Unabhängig hiervon finden nach deutschem Recht bei fehlender Äußerung der Kundenseite zur Bestätigung der Bank die Grundsätze über das kaufmännische Bestätigungsschreiben Anwendung (*Decker* WM 1990, 1001, 1010; *Jahn/Reiner* § 114 Rn 56). Aufsichtsrechtlich sind zudem die nach Art 11 Abs 1 lit a EMIR (Verordnung (EU) Nr 648/2012 iVm Art 12 Delegierte Verordnung Nr 149/2013 (zu beiden Rechtsakten s näher → Form. IV.S. 8, Vor 1) vorgegebenen Fristen für die Geschäftsbestätigungen zu beachten.

Voraussetzung für die Rechtswirksamkeit der Einzelabschlüsse ist diese Bestätigung bzw. Gegenbestätigung jedoch ebensowenig wie die nach Maßgabe von Nr 2 Abs 2 auf Verlangen zu erteilende Vertragsausfertigung.

4. Die aus Derivategeschäften resultierenden Verbindlichkeiten sind idR auf die Leistung von Geld gerichtet. Dies gilt vor allem für die „auf den Austausch von Geldbeträgen" bzw „die Zahlung von Geldbeträgen" abzielenden Finanz-Swaps (Nr 1 Abs 1 S 1 lit a im DRV 1993/2001 bzw Nr 1 Abs 1 lit a und b im DRV 2018), aber auch für Optionen und optionsähnliche Geschäfte (Nr 1 Abs 1 S 2), bei denen die eine Partei ihre (Geld-)Leistung – die Prämie – im Voraus erbringt und ihrerseits nach Maßgabe des Optionsrechts vielfach ebenfalls Anspruch auf eine Geldleistung hat, beispielsweise in Form. einer Ausgleichszahlung (Option mit Barausgleich). Die geschuldeten Geldbeträge können sowohl auf Euro als auch auf Fremdwährung lauten und ohne weiteres in für beide Vertragsteile fremden Währungen denominiert sein. Hiervon unabhängig sind die Modalitäten der geschuldeten Zahlungen. Diese sind gem Nr 3 Abs 2 sämtlich bargeldlos auf ein im Land der jeweiligen Währung geführtes (vgl „in der für Zahlungen in dieser Währung handelsüblichen Weise") und im Einzelabschluss genannte Konto des Gläubigers zu leisten. Ob derartige ausschließlich mit Buchgeld zu erfüllende **Geldleistungsverpflichtungen** dem Begriff der Geldschuld unterfallen, ist im einzelnen umstritten, wird jedoch im Ergebnis entgegen der wohl hM auch für die herkömmlicherweise vollständig aus dem Bereich der Geldschuld ausgegrenzten „Lieferverpflichtungen" aus Devisenhandelsgeschäften, Währung-Swaps uä zu bejahen sein (zur hM *Schmidt* § 244 Rn 12, *ders*, FS Merz, 1992, S 533, 535; *Mann* S 191; zur Figur der „Devisenschuld" grundlegend *Kleiner* N 21.02 ff.; hierzu *Schefold* § 115 Rn 203 ff. und § 116 Rn 46 ff.; Nr 3 Abs 1 des „Anhangs für Devisengeschäfte und Optionen auf Devisengeschäfte" ordnet die Leistungen aus Devisengeschäften zutreffend den „Zahlungen" iSv Nr 3 Abs 1 des Rahmenvertrags und nicht den „sonstigen Leistungen" bzw „Lieferungen" zu). Die zweite Kategorie der unter dem Rahmenvertrag bestehenden Verbindlichkeiten sind **„sonstige Leistungen"** im DRV 1993/2001 bzw **„Lieferungen"** im DRV 2018: Die terminologische Neuerung im gesamten DRV 2018 und seinen Anhängen erfolgte in bewusster Anlehnung an die Terminologie des § 104 InsO; eine inhaltliche Änderung ergibt sich daraus nicht (*Bankenverband zum DRV* S 11, 26).

Die im Rahmenvertrag 1993/2001 in Nr 3 Abs 3 geregelte Saldierung (**sog Zahlungs- oder Payment Netting**, s *Benzler* S 61 ff.; *Bosch* WM 1995, 365, 367; *Jahn/Reiner* § 114 Rn 57, 174) *aller* an einem bestimmten Tag in einer bestimmten Währung geschuldeten Zahlungen der Vertragsparteien spiegelt das Konzept des „einheitlichen Vertrags" (→ Anm. 2) wider, kann in der Praxis jedoch aus technischen Gründen nur von den wenigsten Marktteilnehmern in dieser umfassenden Form. durchgeführt werden. Die Möglichkeit der Positionenverrechnung wird daher bei Verwendung des Rahmenvertrages 1993/2001 regelmäßig gem Nr 12 Abs 2 auf die aus ein und demselben Einzelabschluss resultierenden Zahlungen beschränkt. Diese festgestellte Marktpraxis führte zu einer Umkehrung des bisherigen Regel-Ausnahme-Prinzips im neuen Rahmenvertrag 2018: Danach ist ein Zahlungsnetting standardmäßig nur im Hinblick auf solche Zahlungen vereinbart, die bezüglich *desselben Einzelabschlusses* an demselben Tag in der gleichen Währung zu leisten sind, Nr 3 Abs 3 S 1 DRV 2018; wollen die Parteien hingegen eine solche Vereinbarung auf Zahlungspflichten aus verschiedenen Einzelabschlüssen erstrecken (als vertragsbezogenenes Zahlungsnetting), so sieht Nr 12 Abs 2 DRV 2018 eine entsprechende Wahlmöglichkeit vor.

5. Wie schon im Rahmenvertrag 1993/2001 ist auch im Rahmenvertrag 2018 die Nr 5 mit **„Bezugsgröße"** überschrieben und regelt die Modalitäten der Bestimmung eines variablen Zinssatzes, Kurses, Preises oder sonstigen Wertmessers in einem Einzelabschluss sowie im Falle etwaiger Hindernisse, die dieser Bestimmung entgegenstehen. Der Begriff der Bezugsgröße wird im Rahmenvertrag 2018 jedoch zusätzlich in Nr 5 Abs 1 als **Oberbegriff** für alle bei Finanztermingeschäften verwendeten Formen von variablen Größen („ein variabler Zinssatz, Kurs, Preis oder sonstiger Wertmesser") eingeführt, auch wenn auf die Technik einer Definition, wie es sie im Rahmenvertrag 1993/2001 noch hinsichtlich des Begriffs „variable Größe" gab, verzichtet wurde. Die Einführung des Begriffs „Bezugsgröße", der im Rahmenvertrag 2018 in mehreren Regelungen verwendet wird, erfolgte zu Klarstellungszwecken und zur Vereinheitlichung der Terminologie (*Bankenverband zum DRV S 27*). Hingegen wurde der im Rahmenvertrag 1993/2001 definierte Begriff „variable Größe", der inhaltlich die gleichen Wertmesser umfasst sowie beispielhaft aufzählt wie nunmehr der Begriff „Bezugsgröße", im Rahmenvertrag 2018 gestrichen. An dem Begriff „Bezugsgröße" wurde hingegen bewusst festgehalten, da er seit langem eingeführt ist und zudem auch weiter zu verstehen ist als der durch die Benchmark-Verordnung (Verordnung (EU) 2016/1011 des Europäischen Parlaments und des Rates vom 8. Juni 2016, „Benchmark-Verordnung") neu geprägte Begriff des Referenzwertes (*Bankenverband zum DRV S 14*).

In beiden Fassungen des Rahmenvertrages regelt Nr 5 Abs 2 den Fall, dass die vereinbarte Bezugsgröße nicht ermittelt werden kann. Da die Regelung im DRV 1993/2001 aufgrund der seinerzeitigen Marktpraxis vor allem auf die Ermittlung von für variable Zinssätze relevante Bezugsgrößen zugeschnitten ist, steht hier als Hauptanwendungsfall die Nichtverfügbarkeit der vereinbarten Bezugsgrößen aus technischen bzw operativen Gründen im Vordergrund (zB Ausfall des relevanten Informationsdienstes). Hingegen erweitert die grundlegende Neugestaltung der Nr 5 Abs 2 im Rahmenvertrag 2018 den Regelungsgehalt im Sinne einer allgemeinen Auffangregelung für den Fall, dass eine Bezugsgröße nicht mehr verfügbar ist, nicht mehr verwendet werden darf oder sich wesentlich verändert hat. Dies erfolgte mit Rücksicht auf die sich aufgrund der Benchmark-Verordnung ergebenden neuen aufsichtsrechtlichen Rahmenbedingungen für die Verwendung von Referenzwerten (*Bankenverband zum DRV* S 15). Der Auffangcharakter wird dabei im Eingang des Abs 2 ausdrücklich herausgestellt („sofern nichts anderes für den Fall der Störung einer Bezugsgröße vereinbart ist"), so dass bereits bestehende oder künftige speziellere Marktstörungs- und vergleichbare Regelungen (etwa in Produktanhängen oder etwaigen künftigen Anhängen oder Zusatzvereinbarungen) Vorrang haben. Dasselbe gilt prinzipiell auch im Anwendungsbereich des DRV 1993/2001 aufgrund des Vorrangs der Produktanhänge als speziellere Regelungen (*Bankenverband zum DRV* S 15).

Neben der wesentlich differenzierteren Ausgestaltung der neuen Nr 5 Abs 2 ist als bedeutsamer Unterschied vor allem zu nennen, dass nicht mehr – wie noch im DRV 1993/2001 – *die Parteien* die vereinbarte, nicht ermittelbare Bezugsgröße unter Rückgriff auf Berechnungsgrundlagen, die den vereinbarten möglichst nahe kommen, *einvernehmlich* festlegen, sondern es ist die Aufgabe der *Bank* (iSd im Rubrum des Rahmenvertrages getroffenen (Rollen-)Vereinbarung) die gestörte Bezugsgröße durch eine nach ihrer Einschätzung wirtschaftlich geeignete Alternative zu ersetzen. Wenn *die Bank* feststellt, dass eine Ersetzung bzw Anpassung zu keinem wirtschaftlich sinnvollen Ergebnis führen würde, kann sie eine Beendigung des betroffenen Einzelabschlusses herbeiführen; der Marktwert des Einzelabschlusses ist dann in entsprechender Anwendung von Nr 12 Abs 5 (C) lit b DRV 2018 zu berechnen und zu zahlen. Sie kann im Falle einer wesentlichen Änderung der Bezugsgröße (die weiterhin verfügbar und auch (aufsichtsrechtlich) verwendbar ist) auch festlegen, dass der Einzelabschluss unverändert fortgeführt wird und keine Anpassung erfolgt, Nr 5 Abs 2 lit a S 4 DRV 2018. Das kann sach- und interessengerecht sein, wenn sich – auch nicht nach Anpassungen – keine besser geeignete Ersatzbezugsgröße finden lässt, eine Beendigung und Abrechnung der betroffenen Einzelabschlüsse auf Marktwertbasis aber nicht sach- und interessensgerecht wäre (*Bankenverband zum DRV* S 16).

Die entsprechende Regelung im DRV 1993/2001 löst die Situation im Falle eines nicht ermittelbaren Interbankenzinssatzes als Bezugsgröße und fehlenden Einvernehmens der Parteien hinsichtlich eines Ersatzes dahingehend, dass nach Ablauf von 20 Tagen als Bezugsgröße das arithmetische Mittel der Zinssätze, wie sie zwei von der Bank zu benennende international angesehene Banken auf dem Interbankenmarkt unter Berücksichtigung der Daten des Einzelabschlusses angeboten haben, gilt.

Nr 5 Abs 2 lit d DRV 2018 macht vor diesem Hintergrund der im Vergleich zum DRV 1993/2001 weitergehenden Verantwortlichkeiten der als Bank auftretenden Partei die Vorgabe, dass sie die ihr nunmehr zustehenden Ermessens- oder Beurteilungsspielräume nach sorgfältiger Beurteilung und unter Abwägung der Interessen beider Parteien auszuüben hat. Sie muss jeweils eine sach- und interessensgerechte Lösung finden und diese implementieren (*Bankenverband zum DRV* S 16). Operative Gründe sprechen für eine solch klare Aufgabenzuweisung, da hierdurch eine schnelle Reaktion im Falle einer Störung der Bezugsgröße sichergestellt ist; die Zuweisung an die als Bank auftretende Partei basiert auf der Vermutung, dass diese Partei regelmäßig über die notwendigen technischen Voraussetzungen verfügen wird (insbesondere Zugang zu Informationsdiensten), um die erforderlichen Ermittlungen, Berechnungen und Anpassungen vorzunehmen (*Bankenverband zum DRV* S 16). Dennoch bleibt es den Parteien stets unbenommen, sich im Einzelfall auf eine Ersatzbezugsgröße zu einigen (*Bankenverband zum DRV* S 16).

6. Im Gegensatz zu seinem Vorläufer, dem „Rahmenvertrag für SWAP-Geschäfte", ist der „Rahmenvertrag für Finanztermingeschäfte" in seiner ursprünglichen wie auch modernisierten Fassung zwar als echter Multi-Produkt-Vertrag konzipiert, unter dem alle Arten von außerbörslichen Derivatgeschäften dokumentiert werden können; geschäftsformspezifische Bestimmungen enthält er jedoch nur für bestimmte OTC-Zinsderivate (dies ist historisch bedingt, dazu näher *Behrends* § 6 Rn 6). Nr 6 Abs 1 legt den Berechnungsmodus für die im Rahmen von Swap-Geschäften in der Form. des Zinssatz- oder Zinssatz- und Währungs-Swap (→ Form. IV.S.14 und → Form. IV.S.15) sowie bei Zinsbegrenzungsgeschäften (Forward Rate Agreement, s → Form. IV.S.17, Cap, Floor, Collar, s → Form. IV. S. 18) zu leistenden „variablen Beträge" fest; für Zinsbegrenzungsgeschäfte bestimmt sich die Ermittlung des dabei in Ansatz zu bringenden „variablen Satzes" (Nr 6 Abs 1 lit b) nach Nr 6 Abs 3. Die Regelung in Nr 6 Abs 2 betrifft die „Festbeträge" aus Zinssatz- und Währungs-Swaps. Zu einer Diskontierung der ermittelten Beträge kommt es regelmäßig bei Forward Rate Agreements (Nr 6 Abs 4), ansonsten sind die geschuldeten Zahlungen regelmäßig am Ende des jeweiligen Berechnungszeitraums zu leisten. Nr 6 Abs 5 beschränkt sich auf vier Zinsberechnungsmethoden („day count fractions"). Diese können durch eine spezielle Muster-Zusatzvereinbarung (s dazu → Form. IV.S.13) zum DRV 1993/2001 sowie unverändert auch zum DRV 2018 um weitere im internationalen Markt übliche Zinsberechnungsmethoden ergänzt werden. Gemäß Nr 6 Abs 7 ist die als „Bank" bezeichnete Partei verpflichtet, der anderen Partei mitzuteilen, falls und in welcher Höhe ein variabler Betrag oder ein zu berechnender Festbetrag zu zahlen ist; in ersterem Fall ist auch die anwendbare Bezugsgröße mitzuteilen.

7. Die Nrn 7 und 8 (sowie zusätzlich Nr 9 beim DRV 1993/2001) enthalten mit den Regelungen zur **Vertragsbeendigung** (Nr 7) sowie zur **Berechnung** des aus der Beendigung resultierenden **Zahlungsanspruchs** die **Kernbestimmungen** des Rahmenvertrages: Dabei wird ein Ausgleichsanspruch in Höhe des Netto-Marktwerts aller Einzeltransaktionen zugunsten derjenigen Vertragspartei begründet, für die dieser durch Saldierung der Marktwerte aller Einzelabschlüsse errechnete Wert positiv ist (**sog Close-Out-Netting oder Liquidations-Netting**; zum Begriff *Berger* S 499 Rn 44 f.; *Bosch* WM 1995, 365, 368; *Jahn/Reiner* § 114 Rn 176; *Behrends* § 6 Rn 41–44).

Die Beendigung führt dabei – ausgehend vom Prinzip des „einheitlichen Vertrags“ (Nr 1 Abs 2 S 2, s o Vor 1 und → Anm. 2) – aufgrund des in Nr 7 und 8 (bzw zusätzlich in Nr 9 im Falle des DRV 1993/2001: Zusammenfassung zu einer „einheitlichen Ausgleichsforderung“) angelegten Regelungsmechanismus stets zur **Beendigung *aller* zwischen den Parteien schwebenden Finanztermingeschäfte**. Die Kündigung einzelner Transaktionen, dh eine Teilbeendigung des „einheitlichen Vertrags“, ist ausgeschlossen (Nr 7 Abs 1 S 4). Hiervon zu unterscheiden ist das in Nr 22 Abs 1 des „Anhangs für Wertpapierderivate“ (→ Form. IV.S.3) und Nr 3 Abs 4 des „Anhangs für Devisengeschäfte und Optionen auf Devisengeschäfte“ (→ Form. IV.S.4) der vertragstreuen Partei für den Fall von Leistungsstörungen eingeräumte Recht, anstelle der Lieferung der geschuldeten Wertpapiere oder Devisen Erfüllung durch Barausgleich zu verlangen. Auch diese Regelungen ermöglichen keine separate Beendigung gestörter Einzelabschlüsse, sondern sehen lediglich eine Umstellung des Erfüllungsmodus der betroffenen Geschäfte nach Fälligkeit vor, die den „einheitlichen Vertrag“ als solchen unberührt lässt (zur insolvenzrechtlichen Würdigung s *Bosch* S 1009 Rn 116). Die nach Nr 12 Abs 5 (B) mögliche Kündigung von Einzelabschlüssen bei Änderungen des Steuerrechts und beim Eingreifen von Verbotsgesetzen sieht Nr 7 Abs 1 S 5 als explizite Ausnahme („bleibt unberührt“) vor.

Bei der Modernisierung des Rahmenvertrags sind die Regelungen zur **Kündigung aus wichtigem Grund (Nr 7 Abs 1**, zum Begriff des wichtigen Grundes s oben → Anm. 2) und zur **automatischen Beendigung im Insolvenzfall (Nr 7 Abs 2)** im Kern unverändert geblieben. Nr 7 Abs 1 stellt klar, dass der Rahmenvertrag (bei Bestehen mindestens eines noch nicht vollständig abgewickelten Einzelabschusses) allein aus „wichtigem Grund“ kündbar ist. Wie bisher ist als ein besonders bedeutsamer Fall eines wichtigen Grundes in Nr 7 Abs 1 S 2 das Ausbleiben der Leistung trotz Benachrichtigung des Verpflichteten geregelt; allerdings wurde die Frist zwischen dieser Benachrichtigung und der möglichen Heilung durch die säumige Partei **von fünf auf drei Bankarbeitstage verkürzt**. Diese wichtige materielle Neuerung erfolgte in Angleichung des DRV 2018 an die internationale Vertragspraxis (s zB Nr 5(a)(i) ISDA 1992 Master Agreement: ebenso 3 Tage), die zum Teil sogar deutlich kürzere Fristen kennt (s zB Nr 5 (a)(i) ISDA 2002 Master Agreement: 1 Tag). Zudem hat sich in der Praxis erwiesen, dass ein Zeitraum von drei Bankarbeitstagen angesichts der noch weiter gewachsenen Bedeutung der Verträge als Instrumente der Risikosteuerung sachgerechter ist: Die Parteien haben ein berechtigtes Interesse, sich angesichts der rasch ändernden Marktzinsen und -preise frühzeitig anderweitig einzudecken und gegen drohende Schäden abzusichern (*Jahn/Reiner* § 114 Rn 61). In der Praxis beachtenswert ist auch die Änderung der Formerfordernisse für die Benachrichtigung sowie die Kündigung gemäß Nr 7 Abs 1 S 3, die im DRV 1993/2001 „schriftlich, fernschriftlich, telegraphisch, durch Telefax oder in ähnlicher Weise“, im DRV 2018 hingegen „in Textform“ (dazu schon oben → Anm. 3) erfolgen müssen. Wegen des hier bestehenden Bedürfnisses für eine hinreichende Beweiskraft wurde hier auf eine Öffnung zu anderen (marktüblichen) Kommunikationsformen neben der Textform verzichtet (*Bergfort/Köhling* BKR 2019, 12, 18).

Der im Hinblick auf einen der Hauptzwecke des Rahmenvertrages (Begrenzung des Ausfallrisikos, dazu s oben Vor 1) bedeutsamste Grund für die Beendigung des Vertrags ist die Insolvenz der Gegenpartei (*Behrends* § 6 Rn 37), die gemäß Nr 7 Abs 2 zur **automatischen Beendigung** des (Einheits-)Vertrags führt, dh er endet ohne Weiteres, ohne dass es einer Kündigung bedarf. Im Rahmen der Modernisierung des DRV im Jahr 2018 wurde der Verweis auf das Konkursverfahren im Hinblick auf die gesetzliche Terminologie der InsO gestrichen; mit dem neuen Zusatz „oder ein sonstiges *vergleichbares* Verfahren“ (Hervorhebung hinzugefügt) (neben dem Insolvenzverfahren) wird klargestellt, dass auch (nicht explizit so bezeichnete) Verfahren, die substantiell den gleichen Zweck verfolgen bzw die gleiche Wirkung haben, erfasst werden (*Bergfort/Köhling* BKR

2019, 12, 18). Im übrigen liegt der „Insolvenzfall" im Sinne der hier maßgeblichen Definition bereits bei Stellung des Antrags auf Eröffnung des Verfahrens vor, sofern die betroffene Partei ihn selbst gestellt hat oder, wenn ein anderer ihn gestellt hat (s unten zu einer diesbezüglichen Neuerung des DRV 2018), zusätzlich als objektives Kriterium Zahlungsunfähigkeit der Partei oder ein anderer Grund vorliegt, der die Eröffnung des Insolvenzverfahrens rechtfertigt. An dieser Vorverlagerung besteht wegen des Risikos der Schadensvergrößerung durch negative Marktpreisentwicklungen ein begründetes Interesse (*Bosch* WM 1995, 413, 422; zur diesbezüglichen Vereinbarkeit mit § 104 InsO s weiter unten). Es wird also der Umstand ausgenutzt, dass einem Insolvenzverfahren nach deutschem Recht notwendigerweise ein Antrag auf Eröffnung des Verfahrens vorangeht (*Behrends* § 6 Rn 38). Ein Abstellen allein auf den Antrag würde aber dazu führen, dass auch ein unbegründeter oder missbräuchlicher Antrag eines Dritten die Beendigung des Vertrages und das Liquidationsnetting ungerechtfertigterweise auslösen könnten, so dass Nr 7 Abs 2 S 2 das Vorliegen objektiver Kriterien verlangt, wenn nicht die betroffene Partei selbst den Antrag stellt. Hierzu sieht der DRV 2018 eine materielle Neuerung bzw Ergänzung vor: Auch die Antragstellung durch eine zuständige Behörde oder öffentliche Stelle wird als weiterer, ausdrücklich geregelter Fall einer die automatische Beendigung auslösenden Antragstellung (entsprechend dem Eigenantrag) in den Rahmenvertrag aufgenommen. Dem liegt zugrunde, dass das deutsche Recht und viele andere Rechtsordnungen mittlerweile eine Antragstellung gegen Finanzmarktteilnehmer ausdrücklich (und zum Teil sogar ausschließlich) durch die zuständige Aufsichts- oder Abwicklungsbehörde vorsehen; zusätzlich sind in diesen Fällen grundsätzlich auch die objektiven Kriterien, die Nr 7 Abs 2 verlangt, erfüllt (*Bergfort/Köhling* BKR 2019, 12, 19).

Der DRV 2018 stellt unverändert zum DRV 1993/2001 hinsichtlich des Zeitpunkts der automatischen Beendigung der Geschäfte (und für die Berechnung des Zahlungsanspruchs im Rahmen des vertraglichen Liquidationsnettings) abweichend vom gesetzlichen Netting nach § 104 Abs 2 InsO (alte sowie neue Fassung) nicht auf die Eröffnung des Insolvenzverfahrens, sondern auf den **Zeitpunkt eines** – qualifizierten – **Insolvenzantrags** ab. Damit soll der Vertrag automatisch **vor** dem Zeitpunkt enden, zu dem er – im Fall der Anwendbarkeit deutschen Insolvenzrechts – nach § 104 Abs 2 aF bzw § 104 Abs 1 S 2 nF ohnehin gesetzlich enden würde. Schon immer war die Zulässigkeit derartiger Lösungsklauseln für Verträge über Finanztermingeschäfte iSv § 104 Abs 2 S 3 InsO aF nicht unbestritten, wurde aber – nicht zuletzt mit Blick auf die Entstehungsgeschichte des § 119 InsO – für entsprechende Bestimmungen in Rahmenverträgen überwiegend bejaht (ausführlich *Bosch* WM 1995, 413, 422 ff. mwN zur Diskussion vor Inkrafttreten des Art 105 EGInsO/Art 5 2. FMFG in Fn 103 ff.; *ders* S 1009 Rn 85; BGH WM 1994, 171; *Böhm* S 175 f.; *Benzler* ZinsO 2000, 1, 5 ff.; *Kieper* S 82 ff.; MüKoInsO/*Jahn/Fried* § 104 Rn 171 ff.; *Jahn/Reiner* § 114 Rn 62; *Behrends* § 6 Rn 53 Fn 47; aA *Berger* S 499 Rn 34, 38, 64, der in § 104 Abs 2 InsO eine nicht verallgemeinerungsfähige Spezialregelung sieht). Der BGH hat hingegen in seiner Entscheidung (Urt. v. 15.11.2012 – IX ZR 169/11, BGHZ 195, 348, Tz 13) zu einem Vertrag über die fortlaufende Lieferung von Waren oder Energie vertraglich vereinbarte Lösungsklauseln, die an den Insolvenzantrag oder die Insolvenzeröffnung anknüpfen, für unwirksam erklärt: „Die . . . . . Zulässigkeit vertraglicher Lösungsklauseln hat im Gesetzeswortlaut keinen Ausdruck gefunden und widerspricht den Zielsetzungen des § 103 InsO", dh dem Schutz der Insolvenzmasse. Zulässig seien solche Lösungsklauseln aber dann, „wenn die Vereinbarung einer gesetzlich vorgesehenen Lösungsmöglichkeit entspricht" (BGH aaO). In seiner nachfolgenden, bedeutsamen **Entscheidung zum Rahmenvertrag für Finanztermingeschäfte** hat der IX. Zivilsenat des BGH diesen Aspekt der Nr 7 Abs 2, nämlich die Zulässigkeit der Vereinbarung des Insolvenzantrags als „auflösende Bedingung" in Abweichung von § 104 InsO aF (genauer gesagt: die Frage, ob die Abweichung von § 104 InsO aF die darin vorgesehenen Rechtsfolgen nicht ändert), „dahinstehen" lassen, da er jedenfalls in der im Rahmenvertrag vorgesehenen Berechnungsmethode für den Ausgleichsanspruch eine unzulässige Abweichung von § 104 Abs 2, 3 InsO aF sah (Urt. v. 9.6.2016 – BGH IX ZR 314/14, Tz 55, NJW 2016, 2328; so auch die Beschlussempfehlung des BMJV vom 26. Juli 2016, S 4: „Unklar bleibt nach dem Urteil zudem, ob die in den Rahmenverträgen in aller Regel vereinbarte und an sich in § 104 Abs 2 S 3 InsO (aF) anerkannte Anknüpfung der Vertragsbeendigung an Tatbestände, die wie der Eintritt von Eröffnungsgründen vor der Eröffnung des Insolvenzverfahrens liegen, zulässig ist."). § 104 Abs 4 InsO nF stellt nunmehr klar, dass die Parteien durch **privatautonome Vereinbarung** von dem gesetzlichen Lösungsmechanismus in § 104 Abs 1, 2 InsO nF abweichen können, soweit dies mit dem **Grundgedanken der gesetzlichen Regelung**, von der abgewichen wird, vereinbar ist. Unter dieser Voraussetzung können auch die Anknüpfungspunkte für den Beendigungsmechanismus bestimmt werden: So nennt § 104 Abs 4 S 2 Nr 1 InsO nF nun auch die Stellung des Eigenantrags durch eine der Vertragsparteien als möglichen Anknüpfungspunkt für die Auslösung eines vertraglichen Lösungs- oder Liquidationsnettingmechanismus. Die Aufzählung ist nicht abschließend ausgestaltet und ermöglicht den Parteien, die Wirkungen nach § 104 Abs 1 InsO (dh die Geltendmachung der Forderung wegen Nichterfüllung anstatt der Erfüllung) auch für andere vorinsolvenzliche Ereignisse vereinbarungsgemäß eintreten zu lassen (ggf auch bei Verhängung aufsichtsrechtlicher Moratorien). Wie weit indes dieser neu geschaffene Gestaltungsspielraum geht bzw genutzt werden wird, wird sich in der Praxis zeigen. So besteht zur insolvenzrechtlichen Anerkennung von Rahmenverträgen (hinsichtlich der Verrechnung aller Geschäfte zu einem einheitlichen Ausgleichsanspruch) nicht mehr die Anforderung, als vertraglichen Beendigungsgrund einen „Insolvenzgrund" zu vereinbaren (vgl dazu § 104 Abs 2 S 3 InsO aF); als rahmenvertragliche Voraussetzung wird nunmehr verlangt, dass die Geschäfte „bei Vorliegen bestimmter Gründe nur einheitlich beendet werden können" (§ 104 Abs 3 S 1). Damit stellt sich die Frage, ob die vereinbarte Kündigungsmöglichkeit aller Transaktionen bei einer einfachen Zahlungsverzögerung genügen kann, um die insolvenzrechtliche Anerkennung als Einheit iSd § 104 Abs 3 InsO zu erwirken (*Jahn/Reiner* § 114 Rn 202i). Auch weitere vertragliche Ausgestaltungen werden jeweils der kritischen Prüfung unterliegen, inwiefern sie den wesentlichen Grundgedanken des § 104 InsO widersprechen; dies gilt vor allem für solche Abweichungen, die nicht in der beispielhaften Aufzählung („insbesondere") des § 104 Abs 4 InsO genannt sind (s im Einzelnen zum Verhältnis vertraglicher Close-Out-Nettingklauseln zum gesetzlichen Netting nach der Neufassung des § 104 InsO *Lehmann/Flöther/Gurlit* WM 2017, 602 ff).

Nr 7 Abs 3 regelt die Folgen der Beendigung für noch ausstehende Zahlungen und Lieferungen: Keine Partei ist mehr zu Zahlungen oder Lieferungen unter dem Vertrag verpflichtet, die gleichtägig oder später fällig geworden wären. An deren Stelle tritt die **„Ausgleichsforderung"** (DRV 1993/2001) bzw **„Forderung wegen Nichterfüllung"** (DRV 2018): Es handelt sich jeweils um einen zentralen Begriff der vertraglichen Nettingbestimmungen, der durchgängig in den weiteren Bestimmungen des jeweiligen Rahmenvertrages verwendet wird. Der Wechsel zur „Forderung wegen Nichterfüllung" greift ein Hauptziel der Modernisierung des Rahmenvertrages auf, nämlich die in Nr 7 bis 9 enthaltenen Kernbestimmungen enger am Gesetzeswortlaut des § 104 InsO auszurichten. Rein redaktioneller Art war die Anpassung im DRV 2018, im Eingang des Abs 3 auf die vorstehende Absätze 1 bzw 2 zu verweisen (statt auf die Begriffe Kündigung und Insolvenz). Neu aufgenommen wurde am Ende des Abs 3 ein klarstellender Zusatz zur Fälligkeit der Forderung wegen Nichterfüllung: Diese wird mit Beendigung des Rahmenvertrags fällig. Zahlbarkeit und Verzug werden gesondert in Nr 8 Abs 3 geregelt (s dazu → Anm. 8).

8. Nr 8 regelt den nach Beendigung des Rahmenvertrages durch Kündigung oder im Insolvenzfall entstehenden **Ausgleichsanspruch** (vgl zu diesem neutralen Begriff *Jahn/Reiner*

§ 114 Rn 202f mit Verweis auf die von den *Unidroit Netting Priciples 2013* gewählten Begriff: "compensation for the party that was ‚in the money'"). Diese Bestimmung hat die umfassendste Änderung im Rahmen der Aktualisierung des Rahmenvertrages erfahren: Schon die Überschrift wurde – entsprechend der durchgängig im Vertrag so geänderten Terminologie – von **„Schadensersatz und Vorteilsausgleich"** auf **„Forderung wegen Nichterfüllung"** geändert. Sie ist vollständig neu strukturiert worden und regelt im DRV 2018 die bei Beendigung entstehende Forderung wegen Nichterfüllung abschließend; insoweit vereinigt sie Elemente der Nr 8 und Nr 9 des DRV 1993/2001. Beim **DRV 1993/2001** wird indes – anknüpfend an die in Nr 7 Abs 3 grundsätzlich geregelten Folgen der Vertragsbeendigung für die vertraglichen Leistungspflichten – die Ausgleichsforderung in zwei Schritten bestimmt: Gemäß Nr 8 Abs 1 wird ein Schadensersatzanspruch bzw ein Anspruch auf Vorteilsausgleich gemäß Nr 8 Abs 2 ermittelt. Darauf basierend wird eine einheitliche Ausgleichsforderung nach Nr 9 Abs 2 gebildet. Dabei wird zwischen der „ersatzberechtigten Partei" und der „anderen Partei" begrifflich unterschieden, wobei auch die sog. „andere Partei" Gläubiger eines Ausgleichsanspruchs sein kann. Der DRV 1993/2001 konstituiert so – insoweit übereinstimmend mit dem gesetzlichen Vorbild in § 104 Abs 3 InsO aF bzw § 104 Abs 2 nF – als Folge der Vertragsbeendigung eine vollständig zweiseitig ausgestaltete Ausgleichsregelung (sog „Full Two Way Payment"), im Gegensatz zu Glattstellungsklauseln (sog „Walk Away Clauses"), die lediglich der solventen Partei, nicht aber der Masse einen Ausgleichsanspruch einräumen; derartige Glattstellungsklauseln stehen der bankaufsichtsrechtlichen Anerkennung des Netting bei der Eigenkapitalberechnung entgegen, s *Jahn/Reiner* § 114 Rn 63; *Behrends* § 6 Rn 51). Nach der Vertragsgestaltung des DRV 1993/2001 steht dem nach Nr 7 Abs 1 DRV 1993/2001 kündigenden bzw solventen Vertragsteil als „ersatzberechtigter Partei" ein Anspruch auf Schadensersatz zu, der nach näherer Maßgabe der Nr 8 Abs 1 DRV 1993/2001 auf der Grundlage unverzüglich abzuschließender Ersatzgeschäfte ermittelt wird (aus der Rechtsprechung LG Duisburg, WM 2006, 1149 für die Schadensersatzberechnung bei einem Zinssatzswap; OLG Frankfurt, Urt v. 14.5.2020, 16 U 183/12, BeckRS 2020, 15732, zur Berechnung bei Optionsgeschäften). Erwächst der „ersatzberechtigten Partei" aus der Beendigung der Geschäfte bei saldierter Betrachtung im Ergebnis ein Vorteil, begründet Nr 8 Abs 2 DRV 1993/2001 (vgl die Überschrift „Vorteilsausgleich") einen vertraglichen Anspruch des anderen Teils auf Ausgleich des ihm ansonsten in Folge der Beendigung entzogenen positiven Marktwerts seiner Gesamtposition, „höchstens jedoch in Höhe des Schadens der anderen Partei". Im Urteil des BGH vom 9. Juni 2016 (dazu oben → Anm. 7, BGH NJW 2016, 2328) hat der IX. Zivilsenat diese Ausgleichsregelung wegen Verstoßes gegen § 119 InsO für unwirksam erklärt, da „die . . . . . vorgesehene Berechnungsmethode für den Ausgleichsanspruch im Insolvenzfall von § 104 Abs 2 und 3 InsO abweicht" (BGH NJW 2016, 2328, S 22). In der Literatur war zuvor vertreten worden, dass vertragliche Abweichungen von der in § 104 Abs 3 InsO angeordneten Berechnungsweise zulässig sind, sofern sie an einen *vor* Verfahrenseröffnung liegenden Zeitpunkt anknüpfen (*Benzler* S 272 f.; *Benzler*, ZinsO 2000, 1, 8; kritisch zur BGH-Entscheidung *Kurzberg* BKR 2016, 324, 326; ähnlich auch die in der Vorauflage vertretene Auffassung hinsichtlich der von der Fünf-Tage-Regelung in § 104 Abs 3 InsO aF abweichenden Berechnung der Ausgleichsforderung im Rahmenvertrag: „Die gesetzlichen Bestimmungen enthalten nur für die von ihnen erfassten Tatbestände der Beendigung bei Verfahrenseröffnung zwingendes Recht. Sie schränken die Möglichkeit der Vertragsparteien, neben der Vertragsbeendigung auch deren Rechtsfolgen abweichend zu regeln, nicht ein (*Bosch* WM 1995, 413, 424)"; näher zur Entscheidung des BGH *Jahn/Reiner* § 114 Rn 63 u *Lehmann/Flöther/Gurlit* WM 2017, 600 f).

Nr 8 **DRV 2018** ist nun wie folgt strukturiert: Absatz 1 enthält die **zentrale Bestimmung zur Ermittlung der Forderung wegen Nichterfüllung**; insbesondere wird – in enger Anlehnung an die Neufassung des § 104 Abs 2 InsO – die **Art und Weise der Berechnung** durch die ermittelnde Partei einschließlich der dabei maßgeblichen Zeitpunkte und

Fristen geregelt. Dabei erfolgte eine Abkehr von Kategorien und Begriffen des Schadensrechts (dh die Begriffe Schadensersatz, Schaden und Vorteilsausgleich werden nicht mehr verwendet); stattdessen wird der gesetzliche Begriff der „Forderung wegen Nichterfüllung" übernommen (s oben → Anm. 7). Ermittelt wird diese von der Vertragspartei, die gekündigt hat bzw hinsichtlich derer kein Insolvenzfall iSd Nr 7 gegeben ist („berechnende Partei"); dies entspricht der Rolle und dem Verständnis der „ersatzberechtigten Partei" im DRV 1993/2001. Im Übrigen sind alle wesentlichen Elemente der Vorgängerregelung inhaltlich erfasst; die neue Berechnungsweise führt zum gleichen Ergebnis wie bisher (*Bankenverband zum DRV* S 19). Ermittelt wird die Forderung grundsätzlich auf Grundlage von Markt- und Börsenpreisen für tatsächlich abgeschlossene oder – wenn die berechnende Partei davon absieht – fiktive Ersatzgeschäfte. Im Detail lehnt sich die neue Bestimmung eng an § 104 Abs 2 InsO an, indem zwischen **drei Berechnungsmethoden** zur Ermittlung der Forderung unterschieden wird: Erstens basierend auf dem Preis tatsächlich abgeschlossener Ersatzgeschäften (Nr 8 Abs 1 S 3 DRV 2018 bzw § 104 Abs 2 S 2 Nr 1 InsO), zweitens basierend auf fiktiven Ersatzgeschäften (Nr 8 Abs 1 S 5 DRV 2018 bzw § 104 Abs 2 S 2 Nr 2 InsO), und drittens – falls die Preisermittlung aufgrund der Marktgegebenheiten so nicht möglich ist – erfolgt eine Wertermittlung anhand von mathematischen Modellen, Verfahren und Methoden (Nr 8 Abs 1 S 6 DRV 2018 bzw § 104 Abs. 2 S 2 S 3 InsO). Letztere Möglichkeit war im DRV 1993/2001 nicht enthalten und ist im Hinblick auf die entsprechende Erweiterung im § 104 InsO ergänzt worden.

Die für die Berechnung der Forderung maßgeblichen **Zeitpunkte und Fristen** sind ebenfalls eng am neuen Gesetzeswortlaut orientiert: Für die Variante des **tatsächlichen Ersatzgeschäftes** gilt der Maßstab der Unverzüglichkeit, der – sowohl gesetzlich wie rahmenvertraglich – durch eine Frist von fünf Werk- bzw Bankarbeitstagen ab Vertragsbeendigung für die Durchführung solcher Ersatzgeschäfte konkretisiert wird (Nr 8 Abs 1 S 3 DRV 2018 bzw § 104 Abs 2 S 2 Nr 1 iVm Abs 4 S 2 Nr 3 lit a InsO). Falls die berechnende Partei von **Ersatzgeschäften absieht**, ist der Markt- oder Börsenpreis zugrunde zu legen, den sie zum Zeitpunkt der Beendigung, spätestens bis zum Ablauf des fünften Bankarbeitstages nach der Beendigung empfangen hätte oder hätte aufwenden müssen, Nr 8 Abs 1 S 5 DRV 2018. Hier nutzt der DRV 2018 die durch § 104 Abs 4 S 2 Nr 3 lit c InsO ausdrücklich gegebene vertragliche Gestaltungsmöglichkeit zur Verlängerung; der gesetzliche Grundfall legt für fiktive Ersatzgeschäfte den zweiten Werktag nach Verfahrenseröffnung zugrunde (§ 104 Abs 2 S 2 Nr 2 InsO; s hierzu auch § 104 Abs 4 S 2 Nr 3 lit a InsO: Der Zeitpunkt der Verfahrenseröffnung wird bei entsprechender Vereinbarung vorverlegt auf die vertragliche Beendigung). Die dritte bedeutsame Frist für die Bestimmung des Markt- oder Börsenpreises beträgt bis zu zwanzig Bankarbeitstage nach Beendigung und ist für den Abschluss von tatsächlichen Ersatzgeschäften vorgesehen, wenn diese Verlängerung „für eine **wertschonende Abwicklung** der offenen Positionen erforderlich ist" (Nr 8 Abs 1 S 3 DRV 2018). Eine solche Verlängerung kann vor allem bei der Abwicklung besonders großer Portfolien erforderlich sein, da hier eine zu schnelle Abwicklung Marktverwerfungen nach sich ziehen kann (*Bankenverband zum DRV* S 20). Diese rahmenvertragliche Gestaltung ermöglicht § 104 Abs 4 S 2 Nr 3 lit b InsO ausdrücklich. Erwähnenswert ist noch die in § 104 Abs 4 S 2 Nr 1 InsO angeführte Möglichkeit zur – per se im Einklang mit den wesentlichen Grundgedanken des § 104 InsO stehenden – Vertragsgestaltung, die Wirkungen des Absatz 1 auch vor der Verfahrenseröffnung eintreten zu lassen, insbesondere auf die Stellung des Insolvenzantrages vorzuverlegen. Genau dies ist der grundlegende Ansatz des DRV 2018, wie es auch schon der DRV 1993/2001 als grundlegendes Prinzip vorsah; dies findet nun Unterstützung durch den neugefassten § 104 InsO.

Neu ist die in Nr 8 Abs 1 S 7 bis 9 DRV 2018 enthaltene, prägnant formulierte Bestimmung zur **Verrechnung** der „erzielten", „ermittelten" bzw „angesetzten" Marktpreise oder Beträge. Unter Berücksichtigung, dass der zu ermittelnde Betrag des jeweiligen

Einzelabschlusses aus Sicht der berechnenden Partei positiv oder negativ sein kann, kann auch der aus der Verrechnung resultierende Betrag insgesamt positiv oder negativ sein: In ersterem Fall steht dieser Betrag der berechnenden Partei zu, im anderen Fall kann die andere Partei den entsprechenden absoluten Betrag als ihre Forderung wegen Nichterfüllung beanspruchen. Der Verzicht auf die im DRV 1993/2001 enthaltenen schadensrechtlichen Kategorien einschließlich der Vorteilsanrechnung führt zu einer deutlichen Vereinfachung (vgl *Behrends* § 6 Rn 44 zur Anlehnung des vertraglichen Liquidationsnettings im DRV 1993/2001 an die Kategorien des deutschen Schadensrechts entsprechend der gesetzlichen Begrifflichkeit „Forderung wegen Nichterfüllung" in § 104 aF, die indes weiterhin in der Neufassung des § 104 InsO verwendet wird).

Nach erfolgter Verrechnung werden gemäß Absatz 2 der Nr 8 DRV 2018 ausstehende Zahlungen, Lieferungen (Ermittlung eines Gegenwerts in Euro, vgl Nr 8 Abs 2 S 4), Kosten und Auslagen berücksichtigt: Aus Sicht des Schuldners der Forderung wegen Nichterfüllung werden etwaige von diesem zusätzlich geschuldete Kosten etc addiert oder, falls sie umgekehrt ihm geschuldet sind, subtrahiert. Die zuvor errechnete Forderung wegen Nichterfüllung wird so erhöht oder verringert. Die entsprechende Vorgängerregelung findet sich in Nr 9 Abs 1 DRV 1993/2001.

Nr 8 Abs 3 DRV 2018 bestimmt nun in einer separaten Regelung die **Zahlbarkeit** der Forderung wegen Nichterfüllung und den **Verzug**: Die berechnende Partei ist zunächst verpflichtet, der anderen Partei unverzüglich im Anschluss an die Berechnungen mitzuteilen, welcher Partei die Forderung wegen Nichterfüllung in welcher Höhe zusteht. Die bereits mit Beendigung des Rahmenvertrages fällig gewordene Forderung (vgl Nr 7 Abs 3 S 2 DRV 2018) ist innerhalb von zwei Bankarbeitstagen nach Zugang dieser Mitteilung zahlbar. Im Fall der nicht fristgerechten Zahlung tritt Verzug ein; Verzugszinsen fallen gemäß Nr 3 Abs 4 DRV 2018 an. § 104 InsO enthält hingegen keine Regelung zur Fälligkeit der Forderung wegen Nichterfüllung (kritisch hinsichtlich des entsprechenden Gesetzentwurfs *Jahn/Reiner* § 114 Rn 202f).

9. Die in **Nr 9 Abs 1 DRV 1993/2001** fixierte Ermittlung der dem ersatzberechtigten Vertragsteil zustehenden einheitlichen Ausgleichsforderung im Wege der Saldierung rückständiger Beträge und sonstiger Leistungen mit dem nach Nr 8 Abs 1 zu leistenden Schadensersatz entspricht der Einheitlichkeit des beendeten Vertrags. Die Fälligkeits- und Aufrechnungsregelungen der Nr 9 Abs 2 dienen dem Schutz der nach Nr 8 Abs 2 ausgleichspflichtigen „ersatzberechtigten" Partei, ohne das Modell der zweiseitigen Ausgleichsregelung zu beeinträchtigen. Ein Ausgleichsanspruch der vertragsbrüchigen oder insolventen Partei wird gem Nr 9 Abs 2 S 1, 2 und 5 nur fällig, soweit ihm nicht – auch anderweitig begründete – Gegenansprüche des vertragstreuen Teils gegenüberstehen. Gem Nr 9 Abs 2 S 4 kann die „ersatzberechtigte Partei" die Ausgleichsforderung des anderen Vertragsteils zudem durch Aufrechnung zum Erlöschen bringen. Macht sie hiervon keinen Gebrauch, begründet Nr 9 Abs 2 im Ergebnis ein Zurückbehaltungsrecht (*Jahn/Reiner* § 114 Rn 64).

Im **DRV 2018** wurde Nr 9 vereinfacht: Sie wurde zu einer allgemeinen Aufrechnungsbestimmung gemäß § 387 BGB gegen die nach Nr 8 berechnete Forderung wegen Nichterfüllung umgestaltet. Die Vereinbarung einer Nr 9 Abs 2 DRV 1993/2001 inhaltlich entsprechenden Regelung zum Aufschub der Fälligkeit und einer erweiterten Aufrechnung ist den Parteien im neuen Rahmenvertrag optional gem Nr 12 Abs 6 DRV 2018 möglich (s → Anm. 13).

10. Nr 11 Abs 4 betrifft das Verhältnis (1) des „Rahmenvertrags für Finanztermingeschäfte (1993/2001)" bzw. des „Rahmenvertrags für Finanztermingeschäfte (2018)" jeweils zum „Rahmenvertrag für SWAP-Geschäfte" und (2) des „Rahmenvertrags für Finanztermingeschäfte (2018)" zum „Rahmenvertrag für Finanztermingeschäfte (1993/

2001)" im Hinblick auf bestehendes Altgeschäft und stellt klar, dass es sich bei jeweils letzterem um eine frühere Fassung des aktuellen Vertragswerks handelt. Einzelabschlüsse, die in der Variante (1) unter dem „Rahmenvertrag für SWAP-Geschäfte" und in der Variante (2) unter dem „Rahmenvertrag für Finanztermingeschäfte (1993/2001)" dokumentiert wurden, werden Bestandteil des neu vereinbarten (Einheits-)Vertrages; einer diesbezüglichen, gesonderten Parteivereinbarung bedarf es im Fall des Wechsels auf den aktualisierten Vertrags daher nicht. Nr 11 Abs 4 S 3 sieht eine Maßgeblichkeit des abgelösten Rahmenvertrags nur insofern vor, als dieser – aufgrund der textlichen Unterschiede zwischen den Fassungen – zur Auslegung und zum Verständnis der in den alten Einzelabschlüssen enthaltenen Regelungen erforderlich ist. Nr 11 DRV 2018 ist im Vergleich zur entsprechenden Klausel im DRV 1993/2001 unverändert geblieben.

11. Der „Rahmenvertrag für Finanztermingeschäfte" findet vornehmlich im inländischen OTC-Derivatgeschäft Verwendung, kann aber auch zur Dokumentation grenzüberschreitender Transaktionen eingesetzt werden, bei denen die Parteien das deutsche Recht als Vertragsstatut wählen (*Behrends* § 6 Rn 1, *Jahn/Reiner* § 114 Rn 53). In der Praxis ist hierbei insbesondere an Geschäfte mit Vertragspartnern, die ihren Sitz im deutschsprachigen Ausland oder in den Beneluxstaaten haben, zu denken; darüber hinaus auch dann, wenn der Kontrahent eine ausländische Tochtergesellschaft einer deutschen Bank oder eines deutschen Industrieunternehmens ist. Im Hinblick auf das in jüngster Zeit gestiegene Interesse im Rahmen solcher Konstellationen – aber auch generell seitens internationaler Marktteilnehmer – wird der „Rahmenvertrag für Finanztermingeschäfte (2018)" erstmalig auch als zweisprachige Version angeboten, wobei der deutsche Text im Zweifel maßgeblich ist (*Bergfort/Köhling* BKR 19, 12 ff). Die für diese Fälle grenzüberschreitender Verwendung in Nr 12 Abs 5 DRV (beide Fassungen) vorgesehenen Bestimmungen – Steuernettoklausel zum Ausgleich von Quellensteuerbezügen (Abs 5 A), Möglichkeit der Kündigung von Einzelabschlüssen bei Änderungen des Steuerrechts und beim Eingreifen von Verbotsgesetzen (Abs 5 B, C; Abweichung von Nr 7 Abs 1 S 4), Benennung eines inländischen Zustellungsbevollmächtigten (Abs 5 D, F) und Immunitätsverzicht (Abs 5 E) – beschränken sich auf die notwendigsten Kernregelungen (wegen weiterer typischer Klauseln in grenzüberschreitenden Verträgen s *Jahn/Reiner* § 114 Rn 68).

12. Die in Nr 12 Abs 4 DRV 1993/2001 vorgesehene Möglichkeit zur Vereinbarung weiterer Bedingungen für die Vorteilsanrechnung bei der Ermittlung des Ausgleichsanspruchs wurde bzw wird in der Praxis nicht wahrgenommen, da sie als eine aufsichtsrechtlich unzulässige Ausstiegsklausel (sog „Walk Away Clause") eingestuft werden konnte (vgl dazu oben → Anm. 8). Daher wurde sie im DRV 2018 gestrichen und die frei gewordene Position zur Einführung einer optionalen Klausel genutzt, die eine Einschränkung der Wirkung der automatischen Beendigung auf die Insolvenz der Hauptniederlassung sowie relevanter Zweigniederlassungen ermöglicht. Dadurch können die Vertragsparteien – was vor allem für solche mit zahlreichen Zweigniederlassungen in vielen verschiedenen Rechtsordnungen praktisch bedeutsam ist – eine automatische Beendigung nur dort (Deutschland, Japan, Schweiz) vorsehen, wo dies nötig ist.

13. In Nr 12 Abs 6 DRV 2018 (an Stelle der „Sonstigen Vereinbarungen" im DRV 1993/2001) wurde als neue Wahlmöglichkeit eine Regelung zur **erweiterten Aufrechnung** aufgenommen, die inhaltlich weitgehend Nr 9 Abs 2 DRV 1993/2001 entspricht. Danach wird eine Forderung wegen Nichterfüllung, die der anderen (dh insolventen oder sonst die Kündigung auslösenden) Partei zusteht, abweichend von Nr 7 Abs 3 DRV 2018 nur fällig, soweit die berechnende Partei keine Ansprüche aus irgendeinem rechtlichen Grund gegen die andere Partei hat.

14. Als markteinheitliche Möglichkeit zur Anpassung bestehender Rahmenverträge 1993/2001 wurde die **Änderungsvereinbarung** (2018) zum Rahmenvertrag für Finanztermingeschäfte entwickelt (s dazu → Form. S.IV.2). Sie ist lediglich ein **Angebot,** keine Notwendigkeit: Der DRV 1993/2001 bleibt grundsätzlich auch weiterhin unverändert verwendbar.

2. Änderungsvereinbarung (2018) zum Rahmenvertrag für Finanztermingeschäfte

	Änderungsvereinbarung vom
	Rahmenvertrag vom

Änderungsvereinbarung (2018) zum Rahmenvertrag für Finanztermingeschäfte

Zwischen

Name und Anschrift des Vertragspartners
(nachstehend „Vertragspartner" genannt)

und

Name und Anschrift der Bank
(nachstehend „Bank" genannt)

Teil I. Änderungen im Rahmenvertrag für Finanztermingeschäfte (1)

Die Bestimmungen des oben genannten Rahmenvertrags für Finanztermingeschäfte („Rahmenvertrag") werden wie folgt geändert:

1. Nr. 1 Abs. 1 wird wie folgt neu gefasst:

   „(1) Die Parteien beabsichtigen, Finanztermingeschäfte abzuschließen, die Folgendes zum Gegenstand haben können:

   a) Den Austausch von Geldbeträgen in verschiedenen Währungen.

   b) Die Zahlung von Geldbeträgen, bei denen die Verpflichtung einer solchen Zahlung oder deren Höhe von Marktgegebenheiten, Kreditrisiken, oder sonstigen Ereignissen oder Umständen, wie beispielsweise dem Stand von Zinssätzen, Wechselkursen, Wertpapierkursen, Rohwarenpreisen oder sonstigen Kursen, Preisen, Indizes oder anderen Bezugsgrößen, abhängt.

   c) Die Lieferung oder Übertragung von Wertpapieren, anderen Finanzinstrumenten oder Edelmetallen oder ähnliche Leistungen.

   Zu den Finanztermingeschäften gehören auch Options-, Zinsbegrenzungs- und ähnliche Geschäfte, die vorsehen, dass eine Partei ihre Leistung im Voraus erbringt oder dass Leistungen von einer Bedingung abhängig sind."

2. In Nr. 2 Abs. 1 des Rahmenvertrags werden die Worte „*schriftlich, fernschriftlich, telegraphisch, durch Telefax oder in ähnlicher Weise*" durch die Worte „*in Textform oder sonstiger marktüblicher Weise*" ersetzt.

3. In Nr. 3 des Rahmenvertrags und dessen Überschrift werden die Worte „*sonstige Leistungen*" und „*sonstigen Leistungen*" jeweils durch das Wort „*Lieferungen*" ersetzt. In Absatz 4 wird zudem das Wort „*erstklassige*" durch „*führende*" ersetzt.

4. Nr. 5 Abs. 1 und 2 des Rahmenvertrags werden wie folgt neu gefasst:

   „(1) Ist in einem Einzelabschluss als Bezugsgröße ein variabler Zinssatz, Kurs, Preis oder sonstiger Wertmesser vereinbart, so wird die Bank die Bezugsgröße an dem Tag, an dem diese zu bestimmen ist („Feststellungstag"), bestimmen und dem Vertragspartner gleichtägig oder unverzüglich danach mitteilen.

   (2) Sofern für den Fall einer Störung einer Bezugsgröße nichts anderes vereinbart ist, gilt folgendes:

   a) Sofern die im jeweiligen Einzelabschluss vereinbarte Bezugsgröße während der Laufzeit des Einzelabschlusses nicht bereitgestellt wird oder nicht mehr verwendet werden darf oder die Bezugsgröße sich wesentlich ändert, wird diese Bezugsgröße von der Bank durch eine nach ihrer Einschätzung wirtschaftlich geeignete alternative Bezugsgröße ersetzt. Die Bank bezieht dafür die zu diesem Zeitpunkt zu beobachtenden Marktusancen ein. Dabei berücksichtigt sie insbesondere, inwieweit eine alternative Bezugsgröße zur Verfügung steht. Sofern die Bank damit rechnet, dass die Wertentwicklung der alternativen Bezugsgröße und der vereinbarten Bezugsgröße nicht in hohem Maße korrelieren bzw. korreliert hätten, nimmt sie Anpassungen bei weiteren Bestimmungen des Einzelabschlusses vor, durch die eine zu erwartende Änderung des Barwerts des Einzelabschlusses angemessen ausgeglichen wird. Im Fall einer wesentlichen Änderung der Bezugsgröße kann die Bank auch feststellen, dass der Einzelabschluss unverändert fortgeführt wird.

   b) Falls die Bank feststellt, dass eine Ersetzung oder Anpassung zu keinem wirtschaftlich sinnvollen Ergebnis führen würde, wird sie dies dem Vertragspartner mitteilen. Mit Zugang der Mitteilung wird der Einzelabschluss beendet. An die Stelle der Zahlungen und Lieferungen, die nach dem Tag des Zugangs der Mitteilung fällig geworden wären, tritt ein Geldbetrag in der Vertragswährung in Höhe des Barwerts dieses Einzelabschlusses. Die Berechnung des Geldbetrags erfolgt in entsprechender Anwendung von Nr. 12 Abs. 5 (C) b).

   c) Sofern vor Anpassung des Einzelabschlusses Berechnungen durchzuführen sind, für die die Bezugsgröße Berechnungsgrundlage ist, ist die letzte verfügbare Quotierung der Bezugsgröße zugrunde zu legen.

   d) Soweit die Bank bei Wahrnehmung ihrer Aufgaben nach den vorstehenden Buchstaben a) bis c) einen Ermessens- oder Beurteilungsspielraum hat, wird sie diesen nach sorgfältiger Beurteilung und unter Abwägung der Interessen beider Parteien ausüben."

5. Nr. 7 bis Nr. 9 des Rahmenvertrags werden wie folgt neu gefasst:

   „7. Beendigung

   (1) Sofern Einzelabschlüsse getätigt und noch nicht vollständig abgewickelt sind, ist der Vertrag nur aus wichtigem Grund kündbar. Ein solcher liegt auch dann vor, wenn eine fällige Zahlung oder Lieferung – aus welchem Grund auch immer – nicht innerhalb von drei Bankarbeitstagen nach Benachrichtigung des Verpflichteten vom Ausbleiben des Eingangs der Zahlung oder der Lieferung beim Empfänger eingegangen ist. Die Benachrichtigung und die Kündigung müssen in Textform erfolgen. Eine Teilkündigung, insbesondere die Kündigung einzelner und nicht aller Einzelabschlüsse, ist ausgeschlossen. Nr. 12 Abs. 5 (B) bleibt unberührt.

   (2) Der Vertrag endet ohne Kündigung im Insolvenzfall. Dieser ist gegeben, wenn das Insolvenzverfahren oder ein sonstiges vergleichbares Verfahren über das Vermögen einer Partei beantragt wird und entweder (i) diese Partei oder eine Behörde

1

oder öffentliche Stelle, die für die Antragstellung bezüglich dieser Partei zuständig ist, den Antrag gestellt hat oder (ii) diese Partei zahlungsunfähig ist oder sich sonst in einer Lage befindet, die die Eröffnung eines solchen Verfahrens rechtfertigt.

(3) Im Fall der Beendigung des Vertrags nach Absatz 1 oder 2 (nachstehend „Beendigung" genannt) ist keine Partei mehr zu Zahlungen oder Lieferungen unter dem Vertrag verpflichtet, die gleichtägig oder später fällig wären. An die Stelle dieser Verpflichtungen tritt die Forderung wegen Nichterfüllung nach Nr. 8, die mit der Beendigung fällig wird.

8. Forderung wegen Nichterfüllung

(1) Im Fall der Beendigung ermittelt die kündigende oder solvente Partei (nachstehend „berechnende Partei" genannt) die Forderung wegen Nichterfüllung. Die Forderung wegen Nichterfüllung wird von der berechnenden Partei auf Grundlage von Markt- oder Börsenpreisen von Ersatzgeschäften ermittelt, die für die beendeten Einzelabschlüsse abgeschlossen werden. Die berechnende Partei wird die Ersatzgeschäfte unverzüglich, spätestens jedoch bis zum Ablauf des fünften, oder, soweit dies für eine wertschonende Abwicklung der offenen Positionen erforderlich ist, bis zum Ablauf des zwanzigsten Bankarbeitstags nach Beendigung abschließen. Die Markt- oder Börsenpreise der Ersatzgeschäfte werden, soweit sie sich auf andere Währungen als den Euro beziehen, von der berechnenden Partei zu dem von führenden Marktteilnehmern für den Verkauf der betreffenden Währung gestellten Preis in Euro umgerechnet. Soweit die berechnende Partei von dem Abschluss derartiger Ersatzgeschäfte absieht, kann sie für die Ermittlung der Forderung wegen Nichterfüllung diejenigen Beträge zugrunde legen, die sie für solche Ersatzgeschäfte auf Grundlage von Markt- oder Börsenpreisen zum Zeitpunkt der Beendigung, spätestens jedoch bis zum Ablauf des fünften Bankarbeitstags nach der Beendigung empfangen hätte oder hätte aufwenden müssen. Sofern das Marktgeschehen den Abschluss von Ersatzgeschäften nach Satz 2 oder 5 innerhalb der vorstehend genannten Fristen nicht zulässt oder zugelassen hätte, ist die berechnende Partei berechtigt, den Wert der beendeten Einzelabschlüsse anhand von Methoden und Verfahren zu bestimmen, die eine ausreichende Gewähr für eine angemessene Bewertung bieten. Die für die Ersatzgeschäfte nach Satz 2 erzielten Markt- oder Börsenpreise, die nach Satz 5 ermittelten Beträge und die nach Satz 6 angesetzten Beträge sind miteinander zu verrechnen. Ist der aus der Verrechnung resultierende Betrag aus Sicht der berechnenden Partei insgesamt positiv, steht die Forderung wegen Nichterfüllung der berechnenden Partei in dieser Höhe zu. Ist der aus der Verrechnung resultierende Betrag aus Sicht der berechnenden Partei insgesamt negativ, steht die Forderung wegen Nichterfüllung der anderen Partei in Höhe des absoluten Betrags zu.

(2) Für zum Zeitpunkt der Beendigung ausstehende Zahlungen und Lieferungen, nach Nr. 3 Abs. 4 aufgelaufene Zinsen und im Zusammenhang mit der Bestimmung der Forderung wegen Nichterfüllung angefallene Kosten und Auslagen gilt folgendes: Sofern die Partei, die die Forderung wegen Nichterfüllung zu erbringen hat, der anderen Partei Zahlungen, Lieferungen, Kosten, Auslagen oder Zinsen schuldet, erhöht sich die Forderung wegen Nichterfüllung um die ausstehenden Beträge, andernfalls verringert sich die Forderung wegen Nichterfüllung um diese ausstehenden Beträge. Absatz 1 Satz 4 gilt für Zahlungen, die sich nicht auf Euro beziehen, entsprechend. Für ausstehende Lieferungen wird entsprechend Absatz 1 Satz 2 bis 6 ein Gegenwert in Euro ermittelt.

(3) Die berechnende Partei teilt der anderen Partei – unter Angabe der für die Berechnung wesentlichen Grundlagen – unverzüglich nach Berechnung mit, welcher Partei die Forderung wegen Nichterfüllung in welcher Höhe zusteht. Die Forderung wegen Nichterfüllung ist innerhalb von zwei Bankarbeitstagen nach Zugang der Mitteilung zu zahlen. Wird sie nicht innerhalb dieser Frist gezahlt, so werden ab dem Zeitpunkt des Ablaufs der Frist bis zum Eingang der Zahlung Zinsen nach Nr. 3 Abs. 4 berechnet.

9. Aufrechnung

Bestehende Rechte zur Aufrechnung von Ansprüchen gegen die Forderung wegen Nichterfüllung bleiben unberührt. Nr. 8 Abs. 1 Satz 4 gilt für Zahlungen, die sich nicht auf Euro beziehen, entsprechend. Für ausstehende Lieferungen wird entsprechend Nr. 8 Abs. 1 Satz 2 bis 6 ein Gegenwert in Euro ermittelt."

6. In Nr. 10 Satz 1 des Rahmenvertrags werden die Worte „*schriftlichen, fernschriftlichen, telegraphischen, durch Telefax oder in ähnlicher Weise*" durch die Worte „*in Textform*" ersetzt.

7. Nr. 12 Abs. 5 (C) des Rahmenvertrags wird wie folgt neu gefasst:

„(C) Im Fall einer Kündigung aufgrund eines der in Unterabsatz (B) genannten Kündigungsgründe gilt Nr. 8; für Nr. 8 Abs. 1 gilt folgende Maßgabe:

a) Berechnende Partei ist die Gegenpartei.

b) Sind beide Parteien betroffene Parteien, gilt jede als berechnende Partei und die Forderung wegen Nichterfüllung ist ein Betrag in Höhe der Hälfte der wie folgt ermittelten Berechnungsgrundlage: Wenn der von einer Partei ermittelte Betrag positiv und der von der anderen Partei ermittelte Betrag negativ ist, gilt als Berechnungsgrundlage die Summe der beiden absoluten Beträge. Wenn die von den Parteien ermittelten Beträge beide positiv oder beide negativ sind, gilt als Berechnungsgrundlage die Differenz der beiden absoluten Beträge. Wenn der von einer Partei ermittelte Betrag positiv und der von der anderen Partei ermittelte Betrag negativ ist, ist die Forderung wegen Nichterfüllung von der Partei zu erbringen, die einen negativen Betrag ermittelt hat. Wenn beide Beträge positiv sind, ist sie von der Partei, die den niedrigeren positiven Betrag und wenn beide Beträge negativ sind, von der Partei, die den höheren der beiden absoluten Beträge ermittelt hat, zu erbringen. Nr. 8 Absatz 2 bleibt unberührt."

8. Die folgenden Bestimmungen gelten nur, soweit die dazu bestimmten Felder angekreuzt sind. Sie gelten in diesem Fall dann auch für die Zwecke von Nr. 12 Abs. 1 des Rahmenvertrags als angekreuzt: (2)

☐ (a) Nr. 12 Abs. 4 des Rahmenvertrags wird durch folgende Regelung ersetzt:

(4) Beschränkung der Wirkung einer automatischen Beendigung:

Nr. 7 Abs. 2 Satz 2 des Rahmenvertrags wird am Ende wie folgt ergänzt:

„, vorausgesetzt, das Insolvenzverfahren oder sonstige vergleichbare Verfahren wird am Ort der Hauptniederlassung oder einer relevanten Zweigniederlassung der Partei beantragt. Ort der Hauptniederlassung ist der Ort, an dem die Partei ihren satzungsmäßigen Sitz, den Mittelpunkt ihres hauptsächlichen Interesses oder ihren Wohnsitz hat. Als Ort der relevanten Zweigniederlassung gelten Deutschland, Japan und die Schweiz, wenn die Partei in diesen Ländern eine Zweigniederlassung unterhält. Wird das Insolvenzverfahren oder ein sonstiges vergleichbares Verfahren über das Vermögen einer Partei an einem anderen Ort als dem Ort der Hauptniederlassung oder einer relevanten Zweigniederlassung beantragt, bleibt das Recht, den Vertrag nach Nr. 7 Abs. 1 aus wichtigem Grund zu kündigen, unberührt."

☐ (b) Nach Nr. 12 Abs. 5 des Rahmenvertrags wird folgender neuer Absatz 6 angefügt:

(6) Erweiterte Aufrechnung

Nr. 9 des Rahmenvertrags wird durch folgende Regelung ersetzt:

„Steht die Forderung wegen Nichterfüllung der anderen Partei zu, wird diese abweichend von Nr. 7 Abs. 3 nur fällig, soweit die berechnende Partei keine Ansprüche aus irgendeinem rechtlichen Grund gegen die andere Partei („Gegenansprüche") hat. Bestehen Gegenansprüche, so ist deren Wert zur Ermittlung des fälligen Teils der Forderung wegen Nichterfüllung von dieser abzuziehen. Zur Berechnung des Werts der Gegenansprüche hat die berechnende Partei diese, (i) soweit sie sich auf andere Währungen als den Euro beziehen, zu dem von führenden Marktteilnehmern für den Verkauf der betreffenden Währung gestellten Preis in Euro umzurechnen, (ii) soweit sie sich nicht auf Geldzahlungen beziehen, in eine in Euro ausgedrückte Forderung umzuwandeln und (iii) soweit sie nicht fällig sind, mit ihrem Barwert (unter Berücksichtigung auch der Zinsansprüche) zu berücksichtigen. Die berechnende Partei kann die Forderung wegen Nichterfüllung der anderen Partei gegen den nach Satz 3 berechneten Wert der Gegenansprüche aufrechnen. Soweit sie dies unterlässt, wird die Forderung wegen Nichterfüllung fällig, sobald und soweit ihr keine Gegenansprüche mehr gegenüberstehen."

Teil II. Änderungen des Vertrags (3)

In allen Bestimmungen des Vertrags im Sinne der Nr. 1 Abs. 2 des Rahmenvertrags sind – soweit nicht bereits durch diese Änderungsvereinbarung geändert oder sich nicht aus dem Sachzusammenhang etwas anderes ergibt,

- Bezugnahmen auf die ersatzberechtigte Partei als Bezugnahmen auf die berechnende Partei im Sinne der Nr. 8 Abs. 1 des Rahmenvertrags in der durch diese Änderungsvereinbarung geänderten Form (geänderter Rahmenvertrag),
- Bezugnahmen auf die einheitliche Ausgleichsforderung (mit oder ohne Bezugnahme auf Nr. 9 Abs. 1 des Rahmenvertrags als Grundlage für die Ermittlung dieser Forderung) oder Schadensersatz wegen Nichterfüllung als Bezugnahmen auf die gemäß Nr. 8 des geänderten Rahmenvertrags zu ermittelnde Forderung wegen Nichterfüllung,

44.017 (09/18)

2

– Bezugnahmen auf rückständige Leistungen oder Forderungen sowie auf sonstige Leistungen im Sinne der Nrn. 8 und 9 des Rahmenvertrags als Bezugnahmen auf ausstehende Zahlungen und Lieferungen gemäß Nr. 8 Abs. 2 Satz 1 des geänderten Rahmenvertrags,
– Bezugnahmen auf die Schriftform oder schriftliche Erklärungen als auch die Textform umfassend,
– Verweise auf Nr. 9 Abs. 2 des Rahmenvertrags als Verweise auf Nr. 9 des geänderten Rahmenvertrags und
– Verweise auf Nr. 12 Abs. 5 (C) b) und c) als Verweise auf Nr. 12 Abs. 5 (C) b) des geänderten Rahmenvertrags

zu verstehen.

Teil III. Änderungen in zum Rahmenvertrag abgeschlossenen Besicherungsanhängen (4)

Die Bestimmungen dieses Teils III gelten nur, wenn die Parteien zu dem Rahmenvertrag einen Besicherungsanhang oder verschiedene Besicherungsanhänge abgeschlossen haben:

Soweit die Parteien zu dem Rahmenvertrag einen Besicherungsanhang zum oben genannten Rahmenvertrag für Finanztermingeschäfte von 2001 (Besicherungsanhang 2001) und/oder einen Besicherungsanhang für Variation Margin (VM) zum oben genannten Rahmenvertrag für Finanztermingeschäfte (VM-Besicherungsanhang) abgeschlossen haben, werden deren Bestimmungen, unbeschadet der durch die in Teil II erfolgenden Änderungen, wie folgt abgeändert:

A. Änderungen im Besicherungsanhang 2001

1. Sofern die Parteien keine ausdrückliche Regelung zur Behandlung negativer Zinsen getroffen haben, werden Nr. 2 und Nr. 9 wie folgt geändert:

a) In Nr. 2 wird die Begriffsbestimmung „Ausfallrisiko" wie folgt neu gefasst:

„Ausfallrisiko" der Betrag der Forderung wegen Nichterfüllung, der sich nach Nr. 8 des Rahmenvertrags bei einer Beendigung sämtlicher Einzelabschlüsse zum Berechnungszeitpunkt am maßgebenden Berechnungstag ergäbe. Die Berechnung erfolgt gemäß Nr. 12 Abs. 5 (C) b) des Rahmenvertrags; soweit die Berechnung auf der Grundlage von Quotierungen erfolgt, die als Geld- und als Briefkurs gestellt werden, ist der Mittelkurs maßgebend. Ist die Partei, deren Ausfallrisiko ermittelt wird, Gläubiger der Forderung wegen Nichterfüllung, ist das Ausfallrisiko bei der Berechnung ihres Besicherungsanspruchs als positiver, anderenfalls als negativer Betrag zu berücksichtigen. Unter diesem Anhang geleistete Sicherheiten bleiben bei der Berechnung des Ausfallrisikos außer Betracht;"

b) Nr. 9 wie folgt neu gefasst:

„(1) Im Fall einer Beendigung des Vertrags (Nr. 7 Abs. 3 des Rahmenvertrags) bewertet die berechnende Partei unverzüglich sämtliche Sicherheiten, die unter diesem Anhang geleistet wurden und für die der Sicherungsnehmer noch keine gleichartigen Werte gemäß Nr. 4 Abs. 1 an den Sicherungsgeber übertragen hat. Die entsprechenden Beträge werden in die nach Nr. 8 Abs. 1 des Rahmenvertrags zu ermittelnde Forderung wegen Nichterfüllung wie folgt einbezogen: Für die von der berechnenden Partei geleisteten Sicherheiten werden die ermittelten Beträge wie positive Markt- oder Börsenpreise von Ersatzgeschäften und für die von ihr empfangenen Sicherheiten werden die ermittelten Beträge wie negative Markt- oder Börsenpreise einbezogen. Gleichzeitig erlöschen sämtliche Ansprüche der Parteien auf Übertragung von Geldbeträgen oder Wertpapieren nach Nr. 3 oder Nr. 4. Einer vorherigen Androhung bedarf es nicht.

(2) Barsicherheiten werden mit dem Nominalbetrag zuzüglich der bis zur Beendigung des Vertrags aufgelaufenen Zinsen und Wertpapiersicherheiten werden mit dem bei einer Veräußerung gleichartiger Wertpapiere (Nr. 4 Abs. 1) vom Sicherungsnehmer erzielten Erlös bewertet. An die Stelle eines tatsächlich erhaltenen Erlöses tritt nach Wahl der berechnenden Partei der Betrag, den der Sicherungsnehmer unmittelbar nach Beendigung des Vertrags bei einer derartigen Veräußerung unter Wahrung der Interessen des Sicherungsgebers hätte erhalten können. Soweit die vorgenannten Beträge in einer anderen Währung als Euro denominiert sind, werden sie von der berechnenden Partei zum von führenden Marktteilnehmern gestellten Preis für den Verkauf der betreffenden Währung in Euro umgerechnet."

2. Haben die Parteien für die Behandlung negativer Zinsen eine ausdrückliche Regelung getroffen, sei es unter Verwendung des am 20. Februar 2015 veröffentlichten Formulierungsvorschlags für eine sonstige Vereinbarung unter Nr. 11 Abs. 13 des Besicherungsanhangs (Berücksichtigung negativer Zinsbeträge) oder in anderer Form, werden Nr. 2 und Nr. 9 wie folgt geändert:

a) In Nr. 2 wird die Begriffsbestimmung „Ausfallrisiko" wie folgt neu gefasst:

„Ausfallrisiko" der Betrag der Forderung wegen Nichterfüllung, der sich nach Nr. 8 des Rahmenvertrages bei einer Beendigung sämtlicher Einzelabschlüsse zum Berechnungszeitpunkt am maßgebenden Berechnungstag ergäbe. Die Berechnung erfolgt gemäß Nr. 12 Abs. 5 (C) b) des Rahmenvertrags; soweit die Berechnung auf der Grundlage von Quotierungen erfolgt, die als Geld- und als Briefkurs gestellt werden, ist der Mittelkurs maßgebend. Ist die Partei, deren Ausfallrisiko ermittelt wird, Gläubiger der Forderung wegen Nichterfüllung, ist das Ausfallrisiko bei der Berechnung ihres Besicherungsanspruchs als positiver, anderenfalls als negativer Betrag zu berücksichtigen. Unter diesem Anhang geleistete Sicherheiten bleiben bei der Berechnung des Ausfallrisikos außer Betracht;"

b) Nr. 9 wird wie folgt neu gefasst:

„(1) Im Fall einer Beendigung des Vertrags (Nr. 7 Abs. 3 des Rahmenvertrags) bewertet die berechnende Partei unverzüglich sämtliche Sicherheiten, die unter diesem Anhang geleistet wurden und für die der Sicherungsnehmer noch keine gleichartigen Werte gemäß Nr. 4 Abs. 1 an den Sicherungsgeber übertragen hat. Die entsprechenden Beträge werden in die nach Nr. 8 Abs. 1 des Rahmenvertrags zu ermittelnde Forderung wegen Nichterfüllung wie folgt einbezogen: Für die von der berechnenden Partei geleisteten Sicherheiten werden die ermittelten Beträge wie positive Markt- oder Börsenpreise von Ersatzgeschäften und für die von ihr empfangenen Sicherheiten werden die ermittelten Beträge wie negative Markt- oder Börsenpreise einbezogen. Gleichzeitig erlöschen sämtliche Ansprüche der Parteien auf Übertragung von Geldbeträgen oder Wertpapieren nach Nr. 3 oder Nr. 4. Einer vorherigen Androhung bedarf es nicht.

(2) Barsicherheiten werden mit dem Nominalbetrag zuzüglich der Summe der nach Nr. 8 bis zur Beendigung des Vertrags aufgelaufenen positiven Zinsbeträge und abzüglich der Summe der nach Nr. 8 bis zur Beendigung des Vertrags aufgelaufenen negativen Zinsbeträge bewertet. Wertpapiersicherheiten werden mit dem bei einer Veräußerung gleichartiger Wertpapiere (Nr. 4 Abs. 1) vom Sicherungsnehmer erzielten Erlös bewertet. An die Stelle eines tatsächlich erhaltenen Erlöses tritt nach Wahl der berechnenden Partei der Betrag, den der Sicherungsnehmer unmittelbar nach Beendigung des Vertrags bei einer derartigen Veräußerung unter Wahrung der Interessen des Sicherungsgebers hätte erhalten können. Soweit die vorgenannten Beträge in einer anderen Währung als den Euro denominiert sind, werden sie von der berechnenden Partei zum von führenden Marktteilnehmern gestellten Preis für den Verkauf der betreffenden Währung in Euro umgerechnet."

3. In Nr. 6 Abs. 3 und Abs. 5 werden jeweils die Worte *„per Telefax, E-Mail oder in ähnlicher Form"* durch *„in Textform oder sonstiger marktüblicher Weise"* ersetzt.

B. Änderungen im VM Besicherungsanhang

1. In Nr. 2 wird die Begriffsbestimmung „VM-Ausfallrisiko" wie folgt neu gefasst:

„VM-Ausfallrisiko" der Betrag der Forderung wegen Nichterfüllung, der sich nach Nr. 8 des Rahmenvertrags bei einer Beendigung sämtlicher Einzelabschlüsse zum VM-Ermittlungszeitpunkt am maßgebenden VM-Berechnungstag ergäbe. Die Berechnung erfolgt auf Grundlage von Marktpreisen. Lässt das Marktgeschehen eine Bewertung zu Marktpreisen nicht zu, wird eine Bewertung zu Modellpreisen vorgenommen. Ist die Partei, deren VM-Ausfallrisiko ermittelt wird, Gläubiger dieser Forderung wegen Nichterfüllung, ist das VM-Ausfallrisiko bei der Berechnung ihres VM-Besicherungsanspruchs als positiver, andernfalls als negativer Betrag zu berücksichtigen. Unter diesem Anhang geleistete Sicherheiten bleiben bei der Berechnung des VM-Ausfallrisikos außer Betracht."

2. Nr. 11 wird wie folgt neu gefasst

„(1) Im Fall einer Beendigung des Vertrags (Nr. 7 Abs. 3 des Rahmenvertrags) bewertet die berechnende Partei unverzüglich sämtliche VM-Sicherheiten und etwaige andere unter diesem Anhang gestellte Sicherheiten, für die der VM-Sicherungsnehmer noch keine Geldbeträge oder

3

gleichartigen Wertpapiere im Sinne der Nr. 4 Abs. 1 an den VM-Sicherungsgeber geleistet hat. Die entsprechenden Beträge werden in die nach Nr. 8 Abs. 1 des Rahmenvertrags zu ermittelnde Forderung wegen Nichterfüllung wie folgt einbezogen: Für die von der berechnenden Partei geleisteten Sicherheiten werden die ermittelten Beträge wie positive Markt- oder Börsenpreise von Ersatzgeschäften und für die von ihr empfangenen Sicherheiten werden die ermittelten Beträge wie negative Markt- oder Börsenpreise einbezogen. Gleichzeitig erlöschen sämtliche Ansprüche der Parteien auf Leistung von Geldbeträgen oder Wertpapieren nach Nr. 3 oder Nr. 4. Einer vorherigen Androhung bedarf es nicht.

(2) VM-Barsicherheiten werden mit dem Nominalbetrag zuzüglich der Summe der nach Nr. 10 bis zur Beendigung des Vertrags aufgelaufenen positiven VM-Zinsbeträge und abzüglich der Summe der nach Nr. 10 bis zur Beendigung des Vertrags aufgelaufenen negativen VM-Zinsbeträge bewertet. VM-Wertpapiersicherheiten oder andere gegebenenfalls unter diesem Anhang als Sicherheiten gelieferte Wertpapiere werden mit dem bei einer unverzüglichen Veräußerung dieser oder gleichartiger Wertpapiere im Sinne der Nr. 4 Abs. 1 vom VM-Sicherungsnehmer erzielten Erlös bewertet. An die Stelle eines erzielten Erlöses tritt nach Wahl der berechnenden Partei der Betrag, den der VM-Sicherungsnehmer nach Beendigung des Vertrags bei unverzüglicher Veräußerung unter Wahrung der Interessen des VM-Sicherungsgebers hätte erzielen können. Soweit die vorgenannten Beträge in einer anderen Währung als Euro denominiert sind, rechnet sie die berechnende Partei zum von führenden Marktteilnehmern gestellten Preis für den Verkauf der betreffenden Währung in Euro um."

3. Sofern die Parteien in den Individualvereinbarungen Nr. 14 Abs. 10 (Keine negative Zinsen) vereinbart haben, wird Nr. 14 Abs. 10 Buchstabe b) mit dem Nr. 11 Abs. 2 abgeändert wird, wie folgt neu gefasst:

„(2) VM-Barsicherheiten werden mit dem Nominalbetrag zuzüglich der Summe der nach Nr. 10 bis zur Beendigung des Vertrags aufgelaufenen positiven VM-Zinsbeträge bewertet. VM-Wertpapiersicherheiten oder andere gegebenenfalls unter diesem Anhang als Sicherheiten gelieferte Wertpapiere werden mit dem bei einer unverzüglichen Veräußerung dieser oder gleichartiger Wertpapiere im Sinne der Nr. 4 Abs. 1 vom VM-Sicherungsnehmer erzielten Erlös bewertet. An die Stelle eines erzielten Erlöses tritt nach Wahl der berechnenden Partei der Betrag, den der VM-Sicherungsnehmer nach Beendigung des Vertrags bei unverzüglicher Veräußerung unter Wahrung der Interessen des VM-Sicherungsgebers hätte erzielen können. Soweit die vorgenannten Beträge in einer anderen Währung als den Euro denominiert sind, rechnet sie die berechnende Partei zum von führenden Marktteilnehmern gestellten Preis für den Verkauf der betreffenden Währung in Euro um."

Teil IV. Sonstige Vereinbarungen

Unterschrift(en) des Vertragspartners

Unterschrift(en) der Bank

44.017 (09/18)

4

Schrifttum: *Bundesverband deutscher Banken/Bankenverband*, Hintergründe und Erläuterungen zum Rahmenvertrag für Finanztermingeschäfte (2018) und DRV-Änderungsvereinbarung 2018 (Stand: 4.9.2018), https://bankenverband.de/media/files/2018_08_31_drv_2018_hintergrund.pdf; *Lehmann/Flöther/Gurlit*, Die Wirksamkeit von Close-Out-Netting-Klauseln in Finanzderivaten nach § 104 nF, WM 2017, 597

Anmerkungen

Vor 1. Ergänzend zur Modernisierung des Rahmenvertrages im Jahr 2018 ist eine „Änderungsvereinbarung (2018) zum Rahmenvertrag für Finanztermingeschäfte" (im Folgenden: „DRV-Änderungsvereinbarung") entwickelt worden, mit der alle in der Neufassung des Rahmenvertrages enthaltenen Anpassungen und Neuregelungen in bereits bestehenden Rahmenverträgen 1993/2001 markteinheitlich und standardisiert umgesetzt werden können. Da sie sämtliche im DRV 2018 (einschließlich der Anhänge) enthaltenen Änderungen berücksichtigt, unterscheidet sich die Vertragsdokumentation mit Abschluss einer DRV-Änderungsvereinbarung inhaltlich nicht von einem originär abgeschlossenen DRV 2018.

Eine Notwendigkeit, diese abzuschließen, besteht nicht; vielmehr kann der DRV 1993/2001 grundsätzlich weiterhin unverändert verwendet werden. In diesem Fall muss er im Lichte der Neufassung des § 104 InsO und der dieser zugrunde liegenden BGH-Rechtsprechung (s → Form. IV.S.1 Anm. 1, 7) ausgelegt und umgesetzt werden: Die vertraglichen Regelungen müssen intern so gesteuert werden, dass sie im Ergebnis „mit den wesentlichen Grundgedanken der jeweiligen gesetzlichen Regelung . . . . ., von der abgewichen wird" gemäß § 104 Abs 4 S 1 InsO vereinbar sind (zu den Möglichkeiten (fortbestehender) privatautonomer Vereinbarungen im Hinblick auf die Neufassung des § 104 InsO vgl *Lehmann/Flöther/Gurlit* WM 2017, 597 ff). Wenn Rahmenverträgen besonders große Portfolien zugrunde liegen, kann aber die mit dem DRV 2018 bzw der DRV-Änderungsvereinbarung neu eingeführte Möglichkeit einer wertschonenden Abwicklung durch Abschluss von Ersatzgeschäften bis zum Ablauf des zwanzigsten Bankarbeitstages nach Beendigung in der Praxis nützlich sein und für eine Aktualisierung der Vertragsdokumentation sprechen (*Bankenverband* S 2 u 20).

1. Teil I nimmt alle zur Aktualisierung erforderlichen Änderungen in den einzelnen Vorschriften des DRV 1993/2001 vor. Einzige Ausnahme ist die Umkehrung des Regel-Ausnahme-Prinzips zur Verrechnung gleichtägiger Zahlungen (Zahlungsnetting) im DRV 2018 (s → Form. IV.S.1 Anm. 4), die bewusst in der DRV-Änderungsvereinbarung nicht nachvollzogen wurde, da die Parteien hierzu bereits eine Entscheidung, nach der alle Einzelabschlüsse (Nr 3 Abs 3 DRV 1993/2001) oder nur derselbe Einzelabschluss (Nr 12 Abs 2 DRV 1993/2001) erfasst sind bzw ist, getroffen haben. Diese sollte bewusst nicht überschrieben werden (*Bankenverband* S 14).

2. Teil I Nr 8 lit a greift die im DRV 2018 neu geschaffene Wahlmöglichkeit auf, die Wirkung der automatischen Beendigung des Rahmenvertrages auf die Hauptniederlassung sowie Zweigniederlassungen in bestimmten Rechtsordnungen zu beschränken (s → Form. IV.S.1 Anm. 12). Durch Ankreuzen dieser Option wird die im DRV 1993/2001 enthaltene optionale Bestimmung zur Erweiterung der Vorteilsanrechnung ersetzt, unabhängig davon, ob die Parteien dort eines der Felder angekreuzt hatten oder nicht. Hingegen gilt bei einem Verzicht der Parteien in der DRV-Änderungsvereinbarung an dieser Stelle die im DRV 1993/2001 in Nr 12 Abs 4 zur Vorteilsanrechnung getroffene Wahl fort.

Als weitere optionale Änderung können die Vertragsparteien in Teil I Nr 8 lit b durch Ankreuzen die erweiterte Aufrechnung – statt der allgemeinen Regelung zur Aufrechnung in Nr 9 DRV 2018 – vereinbaren; diese wurde beim DRV 2018 in Nr 12 Abs 6 als neue Wahlmöglichkeit aufgenommen. Inhaltlich entspricht diese Regelung weitgehend der Nr 9 Abs 2 DRV 1993/2001 (*Bankenverband* S 23).

3. Anknüpfend an das Konzept des einheitlichen Vertrages (s → Form. IV.S. 1 Anm. 2) – und damit zur Umsetzung in allen Anhängen, Zusatzvereinbarungen sowie weiterer, zum Rahmenvertrag abgeschlossener Dokumente – enthält Teil II („Änderungen des

Vertrags") eine generelle Auffangregelung, die Bezugnahmen auf die alten, geänderten Begrifflichkeiten durch Bezugnahmen auf die neuen Begriffe in allen vertraglichen Bestimmungen ersetzt. Zudem werden notwendige Korrekturen an Verweisen, die vor allem durch die neue Struktur der Nr 8 und 9 DRV 2018 bedingt sind, vorgenommen.

4. Teil III beinhaltet die Änderungen in einem etwaigen zum Rahmenvertrag 1993/2001 abgeschlossenen Besicherungsanhang 2001 oder VM-Besicherungsanhang.

5. Die DRV-Änderungsvereinbarung ist als deutsche sowie als deutsch/englische Sprachfassung verfügbar.

3. Anhang für Wertpapierderivate

	Anhang vom
	zum Rahmenvertrag vom

Anhang für Wertpapierderivate (2018) zum oben genannten Rahmenvertrag für Finanztermingeschäfte („Rahmenvertrag“)

Zwischen

Name und Anschrift des Vertragspartners

(nachstehend „Vertragspartner“ genannt)

und

Name und Anschrift der Bank

(nachstehend „Bank“ genannt)

1. Zweck und Gegenstand des Anhangs (1)

(1) Ergänzend zu den Bestimmungen des Rahmenvertrages gelten für Wertpapierderivate die nachfolgenden Bestimmungen.

(2) Der Rahmenvertrag, dieser Anhang und die Bestimmungen einer gegebenenfalls vereinbarten Ergänzungsvereinbarung gelten unabhängig von einer Bezugnahme im Einzelabschluss auf den Rahmenvertrag für jedes Wertpapierderivat, das zwischen den Parteien abgeschlossen wird.

(3) Haben die Parteien für den Rahmenvertrag bereits einen Anhang für Optionsgeschäfte auf Börsenindizes oder Wertpapiere vereinbart, wird dieser durch diesen Anhang ersetzt.

2. Begriffsbestimmungen (2)

(1) Im Sinne dieses Anhangs sind:

- *„Abwicklungsgeschäftstag“* jeder Tag, an dem das Abwicklungssystem nach dem hierfür aufgestellten und veröffentlichten Zeitplan für die Entgegennahme und Ausführung von Aufträgen für die Abwicklung von Geschäften in dem Wertpapier geöffnet sein sollte;
- *„Abwicklungssystem“* vorbehaltlich Absatz 2, jedes im Einzelabschluss vereinbarte Abwicklungssystem und, mangels einer Vereinbarung, das an dem jeweiligen Fälligkeitstag, dem Zeitpunkt der Veröffentlichung eines nachträglich korrigierten Kurses oder dem Ende der betreffenden Ausschüttungsperiode für die Abwicklung des Wertpapiers führende nationale Abwicklungssystem;
- *„Abwicklungszyklus“* die im Einzelabschluss vereinbarte Anzahl von Abwicklungsgeschäftstagen und, mangels einer Vereinbarung, der Zeitraum, der nach den für die Wertpapierbörse geltenden Regeln üblicherweise für die Abwicklung von Geschäften in dem Wertpapier oder dem Indexwert benötigt wird; ist für das Wertpapier oder den Indexwert mehr als eine Wertpapierbörse maßgeblich, gilt die jeweils längste dieser Fristen als Abwicklungszyklus;
- *„Aktienderivat“* jedes Wertpapierderivat, das sich auf Aktien, oder Aktienkörbe bezieht;
- *„Aktienoption“* jede Wertpapieroption, die sich auf Aktien oder Aktienkörbe bezieht;
- *„Aktienswap“* jedes Wertpapierswapgeschäft, das sich auf Aktien oder Aktienkörbe bezieht;
- *„Aktientermingeschäft“* jedes Wertpapiertermingeschäft, das sich auf Aktien oder Aktienkörbe bezieht;
- „Berechnungsstelle“ die im Einzelabschluss vereinbarte Stelle und, mangels einer Vereinbarung, die Bank;
- *„Börsengeschäftstag“* vorbehaltlich Nr. 5 Abs. 3, jeder reguläre Handelstag, an dem jede Wertpapierbörse und jede Terminbörse für den Handel tatsächlich geöffnet ist;
- *„Durchschnittskursermittlungstag“* vorbehaltlich einer Anpassung wegen Marktstörungen nach Nr. 11 jeder im Einzelabschluss vereinbarte Tag und falls dieser Tag kein regulärer Handelstag ist, der unmittelbar folgende reguläre Handelstag;
- *„Ersatzwertpapierbörse“* vorbehaltlich Absatz 3, die im Einzelabschluss vereinbarten organisierten Märkte oder Handelssysteme und, mangels einer Vereinbarung, die von der Berechnungsstelle bestimmten organisierten Märkte oder Handelssysteme;
- *„Fälligkeitstag für die Abwicklung“* vorbehaltlich einer Abwicklungsstörung nach Nr. 12, jeder im Einzelabschluss vereinbarte Tag und, wenn dieser im Falle von Zahlungen kein Bankarbeitstag oder im Falle von Lieferungen kein Abwicklungsgeschäftstag ist, der unmittelbar folgende Bankarbeitstag oder Abwicklungsgeschäftstag und, mangels einer Vereinbarung, bei Zahlungen der zweite Bankarbeitstag nach dem Wertermittlungstag und bei Lieferungen der letzte Tag des Abwicklungszyklusses, der unmittelbar auf den Wertermittlungstag folgt; knüpft die Bestimmung des Fälligkeitstages für die Abwicklung an einen Wertermittlungstag an und sind im Falle einer Marktstörung nach Nr. 11 Abs. 4 oder 6 für einen Korb von Wertpapieren oder Indizes unterschiedliche Wertermittlungstage maßgeblich, so bestimmt sich der Fälligkeitstag für die Abwicklung nach dem letzten dieser Wertermittlungstage;
- *„Handelssystem“* jede Einrichtung, die systematisch und nach festgelegten Bestimmungen von Dritten platzierte Handelsaufträge über den Kauf oder Verkauf von Wertpapieren oder Futures- und Optionskontrakten über Wertpapiere oder Wertpapierindizes zusammenführt;
- *„Indexderivat“* jedes Wertpapierderivat, das sich auf einen Wertpapierindex oder Wertpapierindexkorb bezieht;
- *„Indexoption“* jede Wertpapieroption, die sich auf Wertpapierindizes oder Wertpapierindexkörbe bezieht;
- *„Indexsponsor“* die im Einzelabschluss vereinbarte Stelle und, mangels einer Vereinbarung, die Einrichtung, die für die Entwicklung und die Überprüfung des Konzepts des Wertpapierindexes verantwortlich ist und die den Indexstand an den regulären Handelstagen veröffentlicht oder durch einen hierzu Beauftragten veröffentlichen lässt;
- *„Indexstand“* der vom Indexsponsor oder einer hierzu beauftragten Stelle veröffentlichte Stand des Wertpapierindexes;
- *„Indexswap“* jedes Wertpapierswapgeschäft, das sich auf einen Wertpapierindex oder Wertpapierindexkorb bezieht;
- *„Indextermingeschäft“* jedes Wertpapiertermingeschäft, das sich auf einen Wertpapierindex oder Wertpapierindexkorb bezieht;
- *„Indexwert“* jedes einem Wertpapierindex zugrunde liegende Wertpapier;
- *„Konzept“* die für den Wertpapierindex geltenden Regeln, Verfahren sowie Berechnungs- und Anpassungsmethoden;
- *„Kurs“* der im Einzelabschluss vereinbarte Geldkurs, Briefkurs, Mittelkurs, fortlaufend notierte, letzte quotierte oder letzte gehandelte Kurs, Schlusskurs, Schlussauktionskurs, Intraday-Auktionskurs des Wertpapiers und, mangels einer Vereinbarung, der Schlusskurs;
- *„Multiplikator“* der im Einzelabschluss vereinbarte Faktor und, mangels einer Vereinbarung, Eins;
- *„Nachfolgeindex“* der nach Nr. 5 Abs. 2 an die Stelle des ursprünglichen Wertpapierindexes tretende Index;

1

- „*Optionsbörse*" vorbehaltlich Absatz 3, die im Einzelabschluss vereinbarten organisierten Märkte oder Handelssysteme und, mangels einer Vereinbarung, die organisierten Märkte und Handelssysteme, an denen Optionskontrakte auf das Wertpapier oder den Wertpapierindex gehandelt werden und deren Handel nach Feststellung der Berechnungsstelle für den Markt in diesen Kontrakten von wesentlicher Bedeutung ist;
- „*Referenzpreis*" der von der Berechnungsstelle an dem betreffenden Wertermittlungstag nach Nr. 3 ermittelte oder berechnete Preis des Wertpapiers, Wertpapierkorbes, Wertpapierindexes oder Wertpapierindexkorbes;
- „*regulärer Handelstag*" vorbehaltlich Nr. 5 Abs. 3, jeder Tag, an dem jede Wertpapierbörse und jede Terminbörse nach dem für sie aufgestellten und veröffentlichten Zeitplan für den Handel geöffnet sein sollte;
- „*Sonderdividende*" der im Einzelabschluss vereinbarte Betrag und, mangels einer Vereinbarung, jede Dividende oder jeder Teil einer Dividende, die oder der nach Feststellung der Berechnungsstelle als Sonderdividende zu qualifizieren ist;
- „*Terminbörse*" vorbehaltlich Absatz 3, die im Einzelabschluss vereinbarten organisierten Märkte oder Handelssysteme und, mangels einer Vereinbarung, jeder organisierte Markt und jedes Handelssystem an dem Futures- oder Optionskontrakte auf das Wertpapier oder den Wertpapierindex gehandelt werden und deren Handel nach Feststellung der Berechnungsstelle für den Markt in diesen Kontrakten von wesentlicher Bedeutung ist;
- „*Währungskurs*" vorbehaltlich Nr. 3 Abs. 2 der im Einzelabschluss vereinbarte Währungskurs und, mangels einer Vereinbarung, der von der Europäischen Zentralbank am Wertermittlungstag oder dem für die Berechnung eines zu zahlenden Geldbetrages vereinbarten Börsengeschäftstag festgestellte EUR-Referenzkurs;
- „*Wertermittlungstag*" im Falle von Wertpapieroptionen, der Ausübungstag und in allen übrigen Fällen, vorbehaltlich einer Anpassung wegen Marktstörungen nach Nr. 11, jeder im Einzelabschluss vereinbarte Tag und, falls dieser kein regulärer Handelstag ist, der unmittelbar folgende reguläre Handelstag und, mangels einer Vereinbarung, der erste Tag des Abwicklungszyklusses, der an dem Fälligkeitstag für die Abwicklung endet;
- „*Wertermittlungszeitpunkt*" vorbehaltlich Nr. 5 Abs. 3, der im Einzelabschluss vereinbarte Zeitpunkt und, mangels einer Vereinbarung, der reguläre Handelsschluss an der Wertpapierbörse; schließt die Wertpapierbörse an einem Wertermittlungstag oder Durchschnittskursermittlungstag vor dem Wertermittlungszeitpunkt und liegt keine Marktstörung vor, ist Wertermittlungszeitpunkt der Zeitpunkt der tatsächlichen Schließung der Wertpapierbörse;
- „*Wertpapiere*" Aktien, Zertifikate, die Aktien vertreten, Schuldverschreibungen, Genussscheine, Optionsscheine, Anteile an Investmentvermögen und vergleichbare Instrumente;
- „*Wertpapierbörse*" vorbehaltlich Absatz 3, die im Einzelabschluss vereinbarten organisierten Märkte oder Handelssysteme und, mangels einer Vereinbarung, die von der Berechnungsstelle bestimmten organisierten Märkte oder Handelssysteme;
- „*Wertpapierderivat*" jedes Finanztermingeschäft, das sich auf Wertpapiere, Wertpapierkörbe, Wertpapierindizes oder Wertpapierindexkörbe bezieht und das entweder durch Lieferung von Wertpapieren oder durch Zahlung von auf der Grundlage von Kursen, Indexständen, Ausschüttungen oder vergleichbaren Parametern berechneten Geldbeträgen zu erfüllen ist, insbesondere Wertpapiertermingeschäfte, Wertpapieroptionen und Wertpapierswapgeschäfte und
- „*Wertpapieroption*" jede Option, die sich auf Wertpapiere, Wertpapierkörbe, Wertpapierindizes, Wertpapierindexkörbe oder auf ein Wertpapierderivat bezieht.

(2) Der Begriff „Abwicklungssystem" schließt dessen jeweiligen Rechtsnachfolger mit ein. Stellt das Abwicklungssystem die Abwicklung von Geschäften über das Wertpapier ein, vereinbaren die Parteien eine alternative Liefermöglichkeit.

(3) Die Begriffe „Ersatzwertpapierbörse", „Optionsbörse", „Terminbörse" und „Wertpapierbörse" schließen deren jeweiligen Rechtsnachfolger oder den organisierten Markt oder das Handelssystem, der oder das nach Auffassung der Marktteilnehmer an die Stelle der betreffenden Börse tritt, mit ein. Wird der Handel in dem Wertpapier oder von Futures- oder Optionskontrakten, die das Wertpapier zum Gegenstand haben, vorübergehend oder dauerhaft von der betreffenden Börse auf einen anderen organisierten Markt oder ein anderes Handelssystem übertragen, gilt Satz 1 entsprechend, es sei denn, die Berechnungsstelle stellt fest, dass dort die Preisbildung mangels Liquidität mit der Preisbildung an der betreffenden Börse nicht vergleichbar ist.

(4) Jede Bezugnahme in diesem Anhang auf das „Wertpapier" ist als Bezugnahme auf die im Einzelabschluss vereinbarten Wertpapiere und jede Bezugnahme auf die „Aktie" oder den „Wertpapierindex" ist als Bezugnahme auf die im Einzelabschluss vereinbarten Aktien oder den im Einzelabschluss vereinbarten Wertpapierindex zu verstehen.

3. Ermittlung von Preisen ③

(1) Die Berechnungsstelle wird den Endpreis, Referenzpreis oder Referenzwert am Wertermittlungstag als den an der Wertpapierbörse an diesem Tag zum Wertermittlungszeitpunkt festgestellten Kurs des Wertpapiers ermitteln. Haben die Parteien im Einzelabschluss Durchschnittskursermittlungstage vereinbart, ist der Preis das von der Berechnungsstelle am Wertermittlungstag berechnete arithmetische Mittel der für jeden Durchschnittskursermittlungstag zum Wertermittlungszeitpunkt an der Wertpapierbörse festgestellten Kurse des Wertpapiers.

(2) Die Umrechnung der Währung eines Endpreises, Referenzpreises, Referenzwertes oder eines zu zahlenden Geldbetrages in die Vertragswährung oder die für Ausgleichsbeträge vereinbarte Währung erfolgt auf der Grundlage des Währungskurses. Haben die Parteien im Einzelabschluss Durchschnittskursermittlungstage vereinbart, werden zunächst die an den Durchschnittskursermittlungstagen festgestellten Kurse in die Vertragswährung umgerechnet. Sollte der Währungskurs am Wertermittlungstag oder an dem für die Berechnung des zu zahlenden Geldbetrages vereinbarten Börsengeschäftstag nicht zur Verfügung stehen, bestimmt die Berechnungsstelle den Währungskurs unter Berücksichtigung der letzten verfügbaren Quotierungen und sonstigen Informationen, die sie nach billigem Ermessen für relevant halten darf.

(3) Bezieht sich der Einzelabschluss auf einen Wertpapierkorb, ist der Endpreis, Referenzpreis oder Referenzwert die Summe der für jede Wertpapiergattung in dem betreffenden Wertpapierkorb gesondert ermittelten Produkte aus (i) der Anzahl der Wertpapiere im Wertpapierkorb und (ii) dem nach Absatz 1 festgestellten Kurs des Wertpapiers.

(4) Bezieht sich der Einzelabschluss auf einen Wertpapierindex, ist der Endpreis, Referenzpreis oder Referenzwert der an dem betreffenden Wertermittlungstag oder Durchschnittskursermittlungstag zum Wertermittlungszeitpunkt festgestellte Indexstand multipliziert mit dem im Einzelabschluss vereinbarten Geldbetrag je Indexpunkt.

(5) Bezieht sich der Einzelabschluss auf einen Wertpapierindexkorb, ist der Endpreis, Referenzpreis oder Referenzwert die Summe der für jeden Wertpapierindex in dem betreffenden Wertpapierindexkorb gesondert ermittelten Produkte aus (i) der im Einzelabschluss vereinbarten Gewichtung des Wertpapierindexes im Wertpapierindexkorb und (ii) dem nach Absatz 4 ermittelten Preis des Wertpapierindexes.

(6) Haben die Parteien vereinbart, dass die Berechnungsstelle den Anfangspreis für den ersten Wertermittlungstag, den Terminpreis, den Basispreis, den Knock-in-Schwellenwert oder Knock-out-Schwellenwert am Preisfeststellungstag ermittelt oder berechnet, gelten die vorstehenden Absätze sowie die Bestimmungen der Nr. 23 entsprechend. „Preisfeststellungstag" ist vorbehaltlich einer Anpassung wegen Marktstörungen nach Nr. 11, der im Einzelabschluss vereinbarte Tag und, falls dieser kein regulärer Handelstag ist, der unmittelbar folgende reguläre Handelstag; die für Wertermittlungstage und Marktstörungen an Wertermittlungstagen geltenden Regelungen dieses Anhangs finden auf Preisfeststellungstage entsprechende Anwendung.

4. Lieferung von Wertpapieren oder Indexwerten und Ausübung des Wahlrechts ④

(1) Ist im Einzelabschluss „Lieferung" vereinbart oder im Falle des Wahlrechts von der wahlberechtigten Partei gewählt, wird die zur Lieferung verpflichtete Partei am Fälligkeitstag für die Abwicklung die zu liefernden Wertpapiere über das Abwicklungssystem liefern.

(2) Vorbehaltlich Nr. 9 Abs. 9 Buchstabe (b) sind „zu liefernde Wertpapiere"

(a) bei einem Einzelabschluss, der sich auf Wertpapiere bezieht, die im Einzelabschluss vereinbarte Anzahl der Wertpapiere,

(b) bei einem Einzelabschluss, der sich auf einen Wertpapierkorb bezieht, das Produkt aus (i) der im Einzelabschluss vereinbarten Anzahl der Wertpapierkörbe und (ii) den dem Wertpapierkorb zugrunde liegenden Wertpapieren,

(c) bei einem Einzelabschluss, der sich auf einen Wertpapierindex bezieht, das Produkt aus (i) den Indexwerten, wie diese von der Berechnungsstelle am Wertermittlungstag zum Wertermittlungszeitpunkt auf der Grundlage des dann maßgeblichen Konzepts des Wertpapierindexes festgestellt werden und (ii) dem Multiplikator und

(d) bei einem Einzelabschluss, der sich auf einen Wertpapierindexkorb bezieht, die Summe der für jeden Wertpapierindex in dem betreffenden Wertpapierindexkorb gesondert ermittelten Produkte aus (i) der im Einzelabschluss vereinbarten Gewichtung des Wertpapierindexes im Wertpapierindexkorb und (ii) den nach Buchstabe (c) ermittelten Indexwerten.

44.032 (09/18) 2

(3) Zu den zu liefernden Wertpapieren zählen nur ganze Wertpapiere. Ein Bruchteil eines Wertpapiers wird durch einen vom Kaufpreis in Abzug zu bringenden oder vom Verkäufer zu zahlenden Geldbetrag ausgeglichen. Dieser wird von der Berechnungsstelle in der Vertragswährung als Produkt aus (i) dem am Wertermittlungstag zum Wertermittlungszeitpunkt festgestellten Kurs des betreffenden Wertpapiers und (ii) dem als Dezimalzahl ausgedrückten Bruchteil des Wertpapiers berechnet.

(4) Mit der Lieferung geht das unbeschränkte Eigentum oder eine andere am Verwahrort übliche, gleichwertige Rechtsstellung an den Wertpapieren auf den Erwerber über. Die lieferpflichtige Partei wird, soweit erforderlich, alle weiteren notwendigen Erklärungen abgeben.

(5) Vorbehaltlich einer Beendigung des Einzelabschlusses nach Nr. 13 oder einer Beendigung des Vertrages nach Nr. 7 des Rahmenvertrages ist die lieferpflichtige Partei im Falle der Nichtlieferung verpflichtet, der anderen Partei auf deren Anforderung alle durch die Nichtlieferung unmittelbar entstandenen Kosten, Aufwendungen und Verluste, einschließlich der Kosten, die der anderen Partei durch die darlehensweise Aufnahme einer entsprechenden Anzahl von Wertpapieren entstanden sind, zu ersetzen. Die Geltendmachung eines weiteren Schadens ist ausgeschlossen.

(6) Ist im Einzelabschluss „Wahlrecht" vereinbart, ist die wahlberechtigte Partei berechtigt, durch Erklärung gegenüber der anderen Partei entweder Lieferung der zu liefernden Wertpapiere oder Zahlung eines Barausgleichs zu verlangen. Die Ausübung des Wahlrechts ist in Textform oder sonstiger marktüblicher Weise zu erklären; sie ist unwiderruflich. Die Erklärung muss der anderen Partei spätestens am Erklärungstag zugehen. Hat die wahlberechtigte Partei ihr Wahlrecht nicht ausgeübt, gilt die im Einzelabschluss vereinbarte Ersatzabwicklung und, mangels einer Vereinbarung, „Barausgleich".

(7) Im Sinne dieser Bestimmung ist „Erklärungstag" der im Einzelabschluss vereinbarte Tag und falls dieser Tag kein regulärer Handelstag ist, der unmittelbar folgende reguläre Handelstag.

5. Wertpapierindizes und Indexderivate (5)

(1) Bei Indexderivaten ist für die Ermittlung des Indexstandes das am Wertermittlungstag oder Durchschnittskursermittlungstag anwendbare Konzept maßgeblich. Vorbehaltlich einer Anpassung nach Nr. 14 gilt dies auch, wenn während der Laufzeit eines Einzelabschlusses die Berechnung des Wertpapierindexes, die Zusammensetzung des Indexes oder die Gewichtung der Indexwerte geändert wird oder andere Maßnahmen vorgenommen werden, die sich auf das Konzept oder die Berechnung des Wertpapierindexes auswirken.

(2) Wird der Wertpapierindex nicht länger von dem Indexsponsor, sondern von einem nach Einschätzung der Berechnungsstelle geeigneten Nachfolger festgestellt und veröffentlicht oder wird der Wertpapierindex durch einen anderen Index, dessen Konzept nach Auffassung der Berechnungsstelle weitestgehend dem Konzept des Wertpapierindexes entspricht, ersetzt, tritt dieser Index oder der von dem Nachfolger übernommene Wertpapierindex an die Stelle des Wertpapierindexes.

(3) Haben die Parteien für ein Indexderivat „Mehrfachbörsen" vereinbart, gilt folgendes:

(a) Abweichend von Nr. 2 Abs. 1 sind:

– *„Börsengeschäftstag"* jeder reguläre Handelstag an dem der Indexsponsor den Indexstand tatsächlich veröffentlicht und jede Terminbörse für den Handel tatsächlich geöffnet ist;

– *„regulärer Handelstag"* jeder Tag, an dem der Indexsponsor nach dem von ihm aufgestellten und veröffentlichten Zeitplan den Indexstand veröffentlichen sollte und jede Terminbörse nach dem für sie aufgestellten und veröffentlichten Zeitplan für den Handel geöffnet sein sollte und

– *„Wertermittlungszeitpunkt"* (i) für die Feststellung einer Marktstörung (A), falls diese einen Indexwert betrifft, der reguläre Handelsschluss an der für den betreffenden Indexwert maßgeblichen Wertpapierbörse und (B), falls diese einen Futures- oder Optionskontrakt betrifft, der den Wertpapierindex zum Gegenstand hat, der reguläre Handelsschluss an der Terminbörse und (ii) für alle übrigen Fälle der Zeitpunkt, zu dem der Indexsponsor den letzten offiziellen Indexstand veröffentlicht; schließt die maßgebliche Wertpapierbörse oder die Terminbörse an einem Wertermittlungstag oder Durchschnittskursermittlungstag vor dem Wertermittlungszeitpunkt und liegt keine Marktstörung vor, ist Wertermittlungszeitpunkt der Zeitpunkt der tatsächlichen Schließung der maßgeblichen Wertpapierbörse oder der Terminbörse.

(b) Eine Marktstörung im Sinne der Nr. 11 Abs. 1 liegt auch dann vor, wenn die Berechnungsstelle an einem Wertermittlungstag oder Durchschnittskursermittlungstag feststellt, dass der Indexsponsor den Indexstand nicht veröffentlicht. In diesem Fall gilt die Nichtveröffentlichung des Indexstandes nicht als Störung des Indexes im Sinne von Nr. 14 Abs. 1 Buchstabe (c).

(c) Ist für ein Indexderivat „Terminbörsenstandard" vereinbart und wird der Börsenabrechnungspreis an einem Wertermittlungstag deshalb nicht veröffentlicht, weil der Handel in dem Börsenvergleichskontrakt an der Terminbörse zuvor dauerhaft und nicht nur vorübergehend eingestellt wurde, gilt abweichend von Absatz 4 Buchstabe (a) Satz 3 der vom Indexsponsor am Wertermittlungstag veröffentlichte letzte offizielle Indexstand als Börsenabrechnungspreis.

(4) Ist für ein Indexderivat „Terminbörsenstandard" vereinbart und stellt die Berechnungsstelle fest, dass für den Wertpapierindex, auf den sich das Indexderivat bezieht, ein Börsenvergleichskontrakt existiert, gilt für die von der Berechnungsstelle vorzunehmenden Bewertungen folgendes:

(a) „Endpreis" oder „Referenzpreis" ist der von der Berechnungsstelle am Wertermittlungstag festgestellte Börsenabrechnungspreis. Wird der Börsenabrechnungspreis nach dem für die Terminbörse oder deren Abwicklungssystem aufgestellten und veröffentlichten Zeitplan an einem Wertermittlungstag nicht veröffentlicht, ist Wertermittlungstag der unmittelbar folgende Tag, an dem der Börsenabrechnungspreis veröffentlicht wird; Nr. 11 findet keine Anwendung. Wird der Börsenabrechnungspreis an einem Wertermittlungstag deshalb nicht veröffentlicht, weil der Handel in dem Börsenvergleichskontrakt an der Terminbörse zuvor dauerhaft und nicht nur vorübergehend eingestellt wurde, gilt vorbehaltlich Absatz 3 Buchstabe (c) der von der Wertpapierbörse am Wertermittlungstag zum Handelsschluss veröffentlichte Indexstand als Börsenabrechnungspreis.

(b) Passt die Terminbörse die Bestimmungen des Börsenvergleichskontrakts an, wird die Berechnungsstelle, soweit erforderlich und unabhängig von einer Änderung des Wertpapierindexes nach Absatz 1 oder 2 oder einer Anpassung nach Nr. 14 den Anfangs-, Basis- oder Terminpreis, die Anzahl der Optionen, die Optionsgröße, den Bezugsbetrag für den Ausgleichsbetrag sowie jede andere Bestimmung, die nach ihrer Einschätzung für die Abwicklung des betroffenen Einzelabschlusses erforderlichen ist, mit Wirkung zum selben Zeitpunkt entsprechend anpassen.

(c) Abweichend von Nr. 2 Abs. 1 ist „Abwicklungszyklus" die Anzahl von Börsengeschäftstagen, die nach den für die Terminbörse oder deren Abwicklungssystem geltenden Regeln üblicherweise für die Abwicklung von Geschäften in dem Börsenvergleichskontrakt benötigt wird.

(d) Im Sinne dieses Absatzes sind:

– *„Börsenvergleichskontrakt"* der im Einzelabschluss vereinbarte Futures- oder Optionskontrakt und, mangels einer Vereinbarung, derjenige an der Terminbörse gehandelte Futures- oder Optionskontrakt, der den Wertpapierindex zum Gegenstand hat, dessen Laufzeit nach den für die Terminbörse geltenden Regeln am Verfalltag endet; und dessen Ausgestaltung nach Feststellung der Berechnungsstelle auch im Übrigen der Ausgestaltung des Indexderivats am nächsten kommt und

– *„Börsenabrechnungspreis"* der von der Terminbörse oder deren Abwicklungssystem veröffentlichte offizielle Abrechnungspreis des Börsenvergleichskontrakts.

6. Dividenden und Sonderdividenden

(1) Ist in einem Einzelabschluss die Zahlung eines Ausschüttungsbetrages oder eines Sonderausschüttungsbetrages vereinbart, sind „Ausschüttungsbetrag" oder „Sonderausschüttungsbetrag"

(a) bei einem Wertpapierderivat, das sich auf Wertpapiere bezieht, das Produkt aus (i) der im Einzelabschluss vereinbarten Anzahl der Wertpapiere, (ii) der in der betreffenden Ausschüttungsperiode an die Inhaber des Wertpapiers zu zahlenden Ausschüttung oder Sonderausschüttung und (iii) dem Ausschüttungsfaktor und

(b) bei einem Wertpapierderivat, das sich auf einen Wertpapierkorb bezieht, die Summe der für jede Wertpapiergattung in dem betreffenden Wertpapierkorb nach Buchstabe (a) gesondert ermittelten Produkte.

(2) Bezieht sich der Einzelabschluss auf Aktien, gelten, soweit die Parteien dies vereinbart haben, für den Zeitpunkt zu dem die Dividende oder die Sonderdividende als gezahlt gilt, folgende Regelungen:

(a) *„Register"*: Maßgeblich ist der Tag, an dem die Berechtigung der Inhaber der Aktie durch Einsichtnahme in das betreffende Register festgestellt wird.

(b) *„Ankündigung"*: Maßgeblich ist der Tag, an dem die Dividende oder Sonderdividende nach den Ankündigungen des Emittenten fällig wird.

(c) *„Gesetz"*: Maßgeblich ist der Tag, an dem die Dividende oder Sonderdividende aufgrund der gesetzlichen Bestimmungen fällig wird.

(d) *„Ex-Dividende"*: Maßgeblich ist der Tag, an dem die Aktie an der Wertpapierbörse „ex Dividende" gehandelt wird.

(e) *„Zahlungseingang“*: Maßgeblich ist der Tag, an dem die Dividende oder Sonderdividende an die Inhaber der Aktie tatsächlich gezahlt wird.

Haben die Parteien im Einzelabschluss keine der Regelungen vereinbart, gilt die Regelung „Zahlungseingang“.

(3) Im Sinne dieser Bestimmung sind:

– *„Ausschüttung“* Zinsen, Dividenden und sonstige Erträge, mit Ausnahme der Sonderdividende;
– *„Ausschüttungsfaktor“* der im Einzelabschluss vereinbarte Faktor und, mangels einer Vereinbarung, Eins;
– *„Ausschüttungsperiode“* der Zeitraum, der mit dem Abschlussdatum (ausschließlich) oder einem Wertermittlungstag (ausschließlich) beginnt und mit dem nächsten Wertermittlungstag (einschließlich) endet und, sofern die Parteien „Fälligkeitstag/Fälligkeitstag“ vereinbart haben, der Zeitraum, der einen Abwicklungszyklus nach dem Abschlussdatum (einschließlich) oder einem Fälligkeitstag für die Abwicklung (einschließlich) beginnt und mit dem nächsten Fälligkeitstag für die Abwicklung (ausschließlich) endet;
– *„Dividende“* die vom Emittenten der Aktie zu zahlende Dividende einschließlich oder abzüglich, nach Maßgabe der im Einzelabschluss getroffenen Vereinbarungen, einer an der „Quelle“ von der zuständigen Steuerbehörde oder vom Emittenten der Aktie für deren Rechnung einzubehaltenden Steuer oder Abgabe und ohne Berücksichtigung der von einer zuständigen Steuerbehörde gegebenenfalls gewährten Steuergutschrift oder einer von ihr gegebenenfalls festgesetzten oder von einer Steuergutschrift in Abzug gebrachten sonstigen Steuer oder Abgabe und
– *„Sonderausschüttung“* die Sonderdividende.

7. Wertpapierswapgeschäfte (5)

(1) Ist im Einzelabschluss „Barausgleich“ vereinbart oder im Falle des Wahlrechts von der wahlberechtigten Partei gewählt, ist der jeweilige Zahler der Ausgleichsbeträge verpflichtet, der anderen Partei an einem Fälligkeitstag für die Abwicklung den Ausgleichbetrag zu zahlen. Der an einem Fälligkeitstag für die Abwicklung zu zahlende Ausgleichsbetrag ist jeweils das Produkt aus (i) dem Bezugsbetrag für den Ausgleichsbetrag, (ii) der durch den Anfangspreis geteilten Differenz zwischen dem Endpreis und dem Anfangspreis und (iii) dem Multiplikator.

(2) Ist im Einzelabschluss „Lieferung“ vereinbart oder im Falle des Wahlrechts von der wahlberechtigten Partei gewählt, ist der Zahler der Ausgleichbeträge verpflichtet der anderen Partei an einem Fälligkeitstag für die Abwicklung die zu liefernden Wertpapiere Zug um Zug gegen Zahlung des Bezugsbetrages für den Ausgleichsbetrag zu liefern.

(3) Soweit im Einzelabschluss vereinbart, wird der Zahler des Anfangsbetrages der anderen Partei am Fälligkeitstag für den Anfangsbetrag den Anfangsbetrag und der Zahler des Endbetrages der anderen Partei am Fälligkeitstag für den Endbetrag den Endbetrag zahlen.

(4) Der vom Zahler der variablen Beträge an einem Fälligkeitstag für variable Beträge der anderen Partei zu zahlende variable Geldbetrag errechnet sich jeweils nach Nr. 6 Abs. 1 des Rahmenvertrages.

(5) Der vom Zahler der Festbeträge an einem Fälligkeitstag für Festbeträge der anderen Partei zu zahlende Festbetrag errechnet sich jeweils nach Nr. 6 Abs. 2 des Rahmenvertrages.

(6) Haben die Parteien im Einzelabschluss „Gesamtausgleich“ vereinbart, zahlt der Zahler der Ausschüttungsbeträge am Fälligkeitstag für Ausschüttungsbeträge den von der Berechnungsstelle ermittelten Ausschüttungsbetrag.

(7) Im Sinne dieser Bestimmung sind:

– *„Anfangspreis“* für den ersten Wertermittlungstag der im Einzelabschluss vereinbarte oder nach Nr. 3 Abs. 6 ermittelte oder berechnete Preis des Wertpapiers, Wertpapierkorbes, Wertpapierindexes oder Wertpapierindexkorbes und für jeden nachfolgenden Wertermittlungstag der für den jeweils unmittelbar vorangegangenen Wertermittlungstag maßgebliche Endpreis;
– *„Bezugsbetrag für den Ausgleichbetrag“* der im Einzelabschluss vereinbarte Betrag und, wenn die Parteien im Einzelabschluss „Anpassung des Bezugsbetrages“ vereinbart haben, für den ersten Wertermittlungstag der im Einzelabschluss vereinbarte Geldbetrag und für jeden nachfolgenden Wertermittlungstag jeweils die Summe aus (i) dem für den jeweils unmittelbar vorangegangenen Wertermittlungstag maßgeblichen Bezugsbetrag und (ii) dem für denselben Wertermittlungstag errechneten Ausgleichsbetrag. Sofern die Parteien im Einzelabschluss „Gesamtausgleich“ und „Wiederanlage von Ausschüttungsbeträgen“ vereinbart haben, erhöht sich der für einen Wertermittlungstag maßgebliche Bezugsbetrag jeweils um den für die unmittelbar vorausgegangene Ausschüttungsperiode ermittelten Ausschüttungsbetrag;
– *„Endpreis“* der von der Berechnungsstelle an dem betreffenden Wertermittlungstag nach Nr. 3 ermittelte oder berechnete Preis des Wertpapiers, Wertpapierkorbes, Wertpapierindexes oder Wertpapierindexkorbes;
– *„Fälligkeitstag für den Anfangsbetrag“* der im Einzelabschluss vereinbarte Tag und, wenn dieser kein Bankarbeitstag ist, der unmittelbar folgende Bankarbeitstag und, mangels Vereinbarung, das Anfangsdatum;
– *„Fälligkeitstag für Ausschüttungsbeträge“* jeder im Einzelabschluss vereinbarte Tag und, wenn dieser kein Bankarbeitstag ist, der unmittelbar folgende Bankarbeitstag und, mangels Vereinbarung, derjenige Fälligkeitstag für die Abwicklung, der unmittelbar auf die betreffende Ausschüttungsperiode folgt;
– *„Fälligkeitstag für den Endbetrag“* der im Einzelabschluss vereinbarte Tag und, wenn dieser kein Bankarbeitstag ist, der unmittelbar folgende Bankarbeitstag und, mangels Vereinbarung, der letzte Fälligkeitstag für die Abwicklung und
– *„Fälligkeitstag für Festbeträge“* und *„Fälligkeitstag für variable Beträge“* jeder im Einzelabschluss vereinbarte Tag und, wenn dieser kein Bankarbeitstag ist, der unmittelbar folgende Bankarbeitstag und, mangels Vereinbarung, der Fälligkeitstag für die Abwicklung.

8. Wertpaptiertermingeschäfte (5)

(1) Ist im Einzelabschluss „Barausgleich“ vereinbart oder im Falle des Wahlrechts von der wahlberechtigten Partei gewählt, ist der Zahler des Barausgleichs verpflichtet, am Fälligkeitstag für die Abwicklung an die andere Partei einen Geldbetrag in Höhe des Produktes aus (i) der im Einzelabschluss vereinbarten Anzahl der Wertpapiere oder Wertpapierkörbe oder, bei Indexderivaten, dem Multiplikator und (ii) der Differenz zwischen dem Referenzpreis und dem Terminpreis zu zahlen. Zahler des Barausgleichs ist der Verkäufer, wenn der Referenzpreis den Terminpreis überschreitet und der Käufer, wenn der Referenzpreis den Terminpreis unterschreitet.

(2) Ist im Einzelabschluss „Lieferung“ vereinbart oder im Falle des Wahlrechts von der wahlberechtigten Partei gewählt, ist der Verkäufer verpflichtet, dem Käufer am Fälligkeitstag für die Abwicklung die zu liefernden Wertpapiere Zug um Zug gegen Zahlung des Kaufpreises zu liefern. Der Kaufpreis ist das Produkt aus (i) der Anzahl der Wertpapiere oder Wertpapierkörbe oder, bei Indexderivaten, dem Multiplikator und (ii) dem Terminpreis. Ein nach Nr. 4 Abs. 3 ermittelter Geldbetrag für einen nicht lieferbaren Bruchteil eines Wertpapiers ist vom Kaufpreis abzuziehen. Führt eine Abwicklungsstörung nach Nr. 12 dazu, dass am Fälligkeitstag für die Abwicklung nur einige, aber nicht sämtliche Wertpapiere zu liefern sind, wird die Berechnungsstelle den anteiligen Geldbetrag bestimmen, der von der zahlungspflichtigen Partei für die anteilige Lieferung als Kaufpreis zu zahlen ist.

(3) Ist im Einzelabschluss „Vorleistung des Kaufpreises“ vereinbart, gilt folgendes:

(a) Der Käufer ist verpflichtet, dem Verkäufer am Fälligkeitstag für die Vorleistung den Vorleistungsbetrag zu zahlen.

(b) Ist im Einzelabschluss „Barausgleich“ vereinbart oder im Falle des Wahlrechts von der wahlberechtigten Partei gewählt, ist der Verkäufer abweichend von Absatz 1 verpflichtet, dem Käufer am Fälligkeitstag für die Abwicklung einen Geldbetrag in Höhe der Summe aus (a) dem Produkt aus (i) der im Einzelabschluss vereinbarten Anzahl der Wertpapiere oder Wertpapierkörbe oder, bei Indexderivaten, dem Multiplikator und (ii) dem Referenzpreis und (b) dem Sonderausschüttungsbetrag zu zahlen.

(c) Ist im Einzelabschluss „Lieferung“ vereinbart oder im Falle des Wahlrechts von der wahlberechtigten Partei gewählt, ist der Verkäufer abweichend von Absatz 2 verpflichtet, dem Käufer am Fälligkeitstag für die Abwicklung (i) die zu liefernden Wertpapiere zu liefern und (ii) einen Geldbetrag in Höhe der Summe aus (a) einem nach Nr. 4 Abs. 3 ermittelten Geldbetrag für einen nicht lieferbaren Bruchteil eines Wertpapiers und (b) dem Sonderausschüttungsbetrag zu zahlen.

(4) Im Sinne dieser Bestimmung sind

– *„Fälligkeitstag für die Vorleistung“* der im Einzelabschluss vereinbarte Tag und, wenn dieser kein Bankarbeitstag ist, der unmittelbar folgende Bankarbeitstag und, mangels Vereinbarung, der letzte Tag des Abwicklungszyklusses, der unmittelbar auf das Abschlussdatum folgt;
– *„Terminpreis“* der im Einzelabschluss vereinbarte oder nach Nr. 3 Abs. 6 ermittelte oder berechnete Preis des Wertpapiers, Wertpapierkorbes, Wertpapierindexes oder Wertpapierindexkorbes und
– *„Vorleistungsbetrag“* der im Einzelabschluss vereinbarte Betrag und, mangels Vereinbarung, das Produkt aus (i) der Anzahl der Wertpapiere oder Wertpapierkörbe oder, bei Indexderivaten, dem Multiplikator und (ii) dem Terminpreis.

9. Wertpapieroptionen (5)

(1) Der Käufer einer europäischen Wertpapieroption ist berechtigt, diese am Verfalltag vom frühesten Ausübungszeitpunkt bis zum 4

44.032 (09/18)

Verfallzeitpunkt auszuüben. Eine Ausübungserklärung, die dem Verkäufer an einem regulären Handelstag vor dem Verfalltag oder am Verfalltag vor dem frühesten Ausübungszeitpunkt zugeht, gilt als zum frühesten Ausübungszeitpunkt am Verfalltag zugegangen.

(2) Der Käufer einer amerikanischen Wertpapieroption ist berechtigt, diese an jedem regulären Handelstag während der Ausübungsfrist jeweils vom frühesten bis zum spätesten Ausübungszeitpunkt auszuüben. Eine Ausübungserklärung, die dem Verkäufer an einem regulären Handelstag vor dem frühesten Ausübungszeitpunkt zugeht, gilt als zum frühesten Ausübungszeitpunkt an diesem regulären Handelstag zugegangen. Geht die Ausübungserklärung an einem regulären Handelstag nach dem spätesten Ausübungszeitpunkt zu, gilt sie als zum frühesten Ausübungszeitpunkt am unmittelbar folgenden regulären Handelstag zugegangen.

(3) Der Käufer einer Bermuda-Wertpapieroption ist berechtigt, diese an jedem vereinbarten Ausübungstag und am Verfalltag jeweils vom frühesten bis zum spätesten Ausübungszeitpunkt auszuüben. Eine Ausübungserklärung, die dem Verkäufer an einem vereinbarten Ausübungstag oder am Verfalltag jeweils vor dem frühesten Ausübungszeitpunkt zugeht, gilt als zum frühesten Ausübungszeitpunkt an diesem vereinbarten Ausübungstag oder am Verfalltag zugegangen. In allen anderen Fällen gilt eine Ausübungserklärung als nicht erfolgt.

(4) Im Falle einer Marktstörung am Verfalltag oder an einem vereinbarten Ausübungstag gilt Nr. 11 mit der Maßgabe, dass sich der Verfalltag oder der vereinbarte Ausübungstag auf den ersten regulären Handelstag nach Fortfall der Marktstörung verschiebt. Dauert die Marktstörung länger als acht aufeinander folgende reguläre Handelstage, gilt der achte reguläre Handelstag nach dem ursprünglich vereinbarten Tag als Verfalltag oder vereinbarter Ausübungstag und im Falle der Ausübung als Wertermittlungstag. Im Falle der Ausübung der Wertpapieroption findet eine weitere Verschiebung des Wertermittlungstages aufgrund von Marktstörungen nicht statt.

(5) Ist im Einzelabschluss „Teilausübung" vereinbart, ist der Käufer einer Wertpapieroption berechtigt, auch weniger als die gesamte Anzahl der Optionen auszuüben. In diesem Fall muss die Ausübungserklärung die Anzahl der Optionen, auf die sich die Ausübung bezieht, ausdrücklich benennen. Hierbei darf die Mindestzahl nicht unter- und die Höchstzahl nicht überschritten werden und muss die Anzahl durch den gegebenenfalls vereinbarten Divisor ohne Rest teilbar sein. Werden diese Anforderungen nicht erfüllt, gilt im Falle des Überschreitens der Höchstzahl die Höchstzahl als ausgeübt; im Falle des Unterschreitens der Mindestzahl gilt die Ausübung als nicht erfolgt. Haben die Parteien einen Divisor vereinbart, gilt im Falle der fehlenden Teilbarkeit die nächst niedrigere ohne Rest durch den Divisor teilbare Anzahl der Optionen als ausgeübt. Mit erfolgter Teilausübung verfällt die nicht ausgeübte Anzahl der Optionen.

(6) Ist im Einzelabschluss „mehrmalige Ausübung" vereinbart, ist der Käufer berechtigt, die Wertpapieroption auch mehrmals in Teilen auszuüben. Im Übrigen gilt Absatz 5 Satz 2 bis 5 entsprechend. Mit erfolgter Ausübung reduziert sich die Anzahl der Optionen entsprechend.

(7) Die Ausübung der Wertpapieroption ist in Textform oder sonstiger marktüblicher Weise gegenüber der Ausübungsstelle des Verkäufers zu erklären; sie ist unwiderruflich. Die Wirksamkeit der Ausübungserklärung bleibt vom Eintritt einer Marktstörung unberührt.

(8) Haben die Parteien im Einzelabschluss „automatische Ausübung" vereinbart, gilt folgendes: Eine nicht oder nur teilweise ausgeübte Wertpapieroption gilt als am Verfalltag ausgeübt, falls sie an diesem Tag zum Wertermittlungszeitpunkt im Geld ist und der Mindestbetrag erreicht oder überschritten ist. Dies gilt nicht, wenn der Käufer dem Verkäufer vor dem spätesten Ausübungszeitpunkt am Verfalltag mitteilt, dass eine automatische Ausübung nicht erfolgen soll.

(9) Im Falle der Ausübung einer Wertpapieroption, die sich auf Wertpapiere, Wertpapierkörbe, Wertpapierindizes oder Wertpapierindexkörbe bezieht, gilt folgendes:

(a) Ist im Einzelabschluss „Barausgleich" vereinbart oder im Falle des Wahlrechts von der wahlberechtigten Partei gewählt, ist der Verkäufer der Wertpapieroption verpflichtet, dem Käufer der Wertpapieroption am Fälligkeitstag für die Abwicklung einen Geldbetrag in Höhe des Produktes aus (i) der Anzahl der ausgeübten Optionen, (ii) der positiven Differenz zwischen dem Referenzpreis und dem Basispreis und (iii) der Optionsgröße oder, bei Indexderivaten, dem Multiplikator zu zahlen, falls der Referenzpreis den Basispreis bei einer Kaufoption überschreitet und bei einer Verkaufsoption unterschreitet.

(b) Ist im Einzelabschluss „Lieferung" vereinbart oder im Falle des Wahlrechts von der wahlberechtigten Partei gewählt, ist der Verkäufer einer Kaufoption oder der Käufer einer Verkaufsoption verpflichtet, der anderen Partei am Fälligkeitstag für die Abwicklung die zu liefernden Wertpapiere Zug um Zug gegen Zahlung des Kaufpreises zu liefern. „Zu liefernde Wertpapiere" ist das Produkt aus (i) der Anzahl der ausgeübten Optionen und (ii) der Optionsgröße oder, bei Indexderivaten, den zu liefernden Wertpapieren nach Nr. 4 Abs. 2 Buchstabe (c) oder (d). Der Kaufpreis ist das Produkt aus (i) der Anzahl der ausgeübten Optionen, (ii) der Optionsgröße oder, bei Indexderivaten, dem Multiplikator und (iii) dem Basispreis. Ein nach Nr. 4 Abs. 3 ermittelter Geldbetrag für einen nicht lieferbaren Bruchteil einer Aktie ist vom Kaufpreis abzuziehen. Führt eine Abwicklungsstörung nach Nr. 12 dazu, dass am Fälligkeitstag für die Abwicklung nur einige, aber nicht sämtliche Wertpapiere zu liefern sind, wird die Berechnungsstelle den anteiligen Geldbetrag bestimmen, den die zahlungspflichtige Partei für die anteilige Lieferung als Kaufpreis bezahlen muss.

(10) Im Falle der Ausübung einer Wertpapieroption, die sich auf ein Wertpapierderivat („Bezugsgeschäft") bezieht, gilt folgendes:

(a) Ist im Einzelabschluss „Barausgleich" vereinbart oder im Falle des Wahlrechts von der wahlberechtigten Partei gewählt, ist der Verkäufer der Wertpapieroption verpflichtet, dem Käufer der Wertpapieroption am Fälligkeitstag für die Abwicklung einen Geldbetrag in Höhe des Barwerts des Bezugsgeschäfts zu zahlen. Haben die Parteien im Einzelabschluss für die Berechnung des Geldbetrages eine bestimmte Berechnungsmethode vereinbart, wird die Berechnungsstelle den Geldbetrag unverzüglich auf der Grundlage dieser Berechnungsmethode ermitteln. Haben die Parteien im Einzelabschluss keine Berechnungsmethode vereinbart, wird die Berechnungsstelle den Geldbetrag so in entsprechender Anwendung von Nr. 8 des Rahmenvertrages berechnen, als wäre sie die berechnende Partei.

(b) Ist im Einzelabschluss „Lieferung" vereinbart oder im Falle des Wahlrechts von der wahlberechtigten Partei gewählt, kommt zwischen den Parteien mit Ausübung der Wertpapieroption das Bezugsgeschäft zustande.

(11) Der Käufer der Wertpapieroption ist verpflichtet, dem Verkäufer der Wertpapieroption am Fälligkeitstag für die Optionsprämie die im Einzelabschluss vereinbarte Optionsprämie zu zahlen.

(12) Ist für eine Aktienoption „Terminbörsenstandard" vereinbart und stellt die Berechnungsstelle fest, dass für die Aktie, auf die sich die Aktienoption bezieht, eine Börsenvergleichsoption existiert, gilt für die Ausübung der Option und die von der Berechnungsstelle zu treffenden oder vorzunehmenden Feststellungen, Bewertungen oder Anpassungen folgendes:

(a) Haben die Parteien im Einzelabschluss „automatische Ausübung" vereinbart und veröffentlicht die Terminbörse oder deren Abwicklungssystem am Verfalltag für die Börsenvergleichsoption einen Börsenreferenzpreis, gilt dieser als Referenzpreis.

(b) Abweichend von Nr. 15 Abs. 3, 16 Abs. 5 und 17 Abs. 5 gilt für Aktienoptionen, für die die Parteien als Terminbörse „Eurex", „Euronext", „LIFFE" „MEFF" oder „IDEM" vereinbart haben, im Falle einer Wertverwässerung oder Wertanreicherung, einer Umwandlung oder eines Erwerbsangebots oder einer Verstaatlichung, Insolvenz oder eines Delistings, wenn die Parteien keine der für diese Ereignisse vorgesehenen Regelungen vereinbart haben „Optionsbörsenanpassung".

(13) Im Sinne dieser Bestimmung sind:

– *„Ausübungsfrist"* der im Einzelabschluss vereinbarte Zeitraum und, mangels einer Vereinbarung, der Zeitraum vom Startdatum (einschließlich) bis zum Verfalltag (einschließlich);
– *„Ausübungstag"* jeder reguläre Handelstag, an dem die Wertpapieroption ausgeübt wird oder als ausgeübt gilt;
– „Ausübungsstelle" die im Einzelabschluss vereinbarte Stelle und, mangels einer Vereinbarung, die Stelle des Verkäufers, die den betreffenden Einzelabschluss getätigt hat;
– *„Basispreis"* der im Einzelabschluss vereinbarte oder nach Nr. 3 Abs. 6 ermittelte oder berechnete Preis des Wertpapiers, Wertpapierkorbes, Wertpapierindexes oder Wertpapierindexkorbes;
– *„Börsenreferenzpreis"* der Preis der Aktie, auf dessen Grundlage die Terminbörse oder deren Abwicklungssystem beurteilt, ob die Börsenvergleichsoption als am Verfalltag ausgeübt gilt;
– *„Börsenvergleichsoption"* der im Einzelabschluss vereinbarte Optionskontrakt und, mangels einer Vereinbarung, die an der Terminbörse gehandelte Option, die die Aktie zum Gegenstand hat und deren Laufzeit nach den für die Terminbörse geltenden Regeln am Verfalltag endet;
– *„Eurex"* die gemeinsam von der Deutsche Börse AG, der SWX Swiss Exchange AG und deren Tochtergesellschaften Eurex Frankfurt AG und Eurex Zürich AG betriebenen Derivatebörsen in Frankfurt und Zürich, einschließlich deren europäische Niederlassungen und jeweiligen Rechtsnachfolger;
– *„Euronext"* die von der Euronext N.V. betriebenen Derivatebörsen in Amsterdam, Brüssel, Lissabon und Paris, einschließlich deren europäische Niederlassungen und jeweiligen Rechtsnachfolger; 5

44.032 (09/18)

– *„Fälligkeitstag für die Optionsprämie"* der im Einzelabschluss vereinbarte Tag und, wenn dieser kein Bankarbeitstag ist, der unmittelbar folgende Bankarbeitstag;
– *„frühester Ausübungszeitpunkt"* der im Einzelabschluss vereinbarte Zeitpunkt und, mangels einer Vereinbarung (i) im Falle einer Aktienoption, für die „Terminbörsenstandard" vereinbart ist, der Zeitpunkt, zu dem der Börsenvergleichsoption nach den für die Terminbörse geltenden Regeln erstmals ausgeübt werden kann und (ii) in allen übrigen Fällen 9.00 Uhr Ortszeit in Frankfurt am Main;
– *„IDEM"* die von der Borsa Italiana S.p.A. betriebene Derivatebörse in Mailand einschließlich deren europäische Niederlassungen und jeweiligen Rechtsnachfolger;
– *„im Geld"* wenn
  (a) bei einer Wertpapieroption, die sich auf Wertpapiere, Wertpapierkörbe, Wertpapierindizes oder Wertpapierindexkörbe bezieht, der Referenzpreis (i) den Basispreis oder (ii), wenn eine Option, die das Wertpapier oder den Wertpapierindex zum Gegenstand hat, an einer Terminbörse gehandelt wird, den Preis, zu dem diese Terminbörse eine Option mit entsprechendem Basispreis automatisch ausüben würde, erreicht oder bei einer Kaufoption überschreitet und bei einer Verkaufsoption unterschreitet und
  (b) bei einer Wertpapieroption, die sich auf ein Wertpapierderivat bezieht, der Käufer, wenn „Barausgleich" vereinbart wäre, einen Anspruch auf Zahlung eines Geldbetrages nach Absatz 10 Buchstabe (a) hätte.
– *„LIFFE"* die von der LIFFE Administration and Management betriebene Derivatebörse in London, einschließlich deren europäische Niederlassungen und jeweiligen Rechtsnachfolger;
– *„MEFF"* die von der MEFF-AIAF-SENAF Holding de Mercados Financieros betriebene Derivatebörse in Madrid einschließlich deren europäische Niederlassungen und jeweiligen Rechtsnachfolger;
– *„Mindestbetrag"* der im Einzelabschluss vereinbarte Geldbetrag und, mangels einer Vereinbarung, Null;
– *„Optionsgröße"* (i) bei einer Wertpapieroption, die sich auf Wertpapiere bezieht, die im Einzelabschluss vereinbarte Anzahl der Wertpapiere je Option und, mangels einer Vereinbarung, Eins und (ii) bei einer Wertpapieroption, die sich auf Wertpapierkörbe bezieht, die im Einzelabschluss vereinbarte Anzahl der Wertpapierkörbe je Option;
– „spätester Ausübungszeitpunkt" der im Einzelabschluss vereinbarte Zeitpunkt und, mangels einer Vereinbarung (i) im Falle einer Aktienoption, für die „Terminbörsenstandard" vereinbart ist, wenn es sich bei der Börsenvergleichsoption um eine amerikanische Option handelt, der letzte Zeitpunkt zu dem die Börsenvergleichsoption nach den für die Terminbörse geltenden Regeln ausgeübt werden kann und (ii) in allen übrigen Fällen der Verfallzeitpunkt;
– *„Startdatum"* der im Einzelabschluss vereinbarte Tag und, falls dieser Tag kein regulärer Handelstag ist, der unmittelbar folgende reguläre Handelstag und, mangels einer Vereinbarung, das Abschlussdatum;
– *„vereinbarter Ausübungstag"* jeder im Einzelabschluss vereinbarte Tag, der vor oder auf den Verfalltag fällt, und, falls ein solcher Tag kein regulärer Handelstag ist, der unmittelbar folgende reguläre Handelstag;
– *„Verfalltag"* vorbehaltlich einer Anpassung wegen Marktstörungen nach Nr. 11 der im Einzelabschluss vereinbarte Tag und falls dieser Tag kein regulärer Handelstag ist, der unmittelbar folgende reguläre Handelstag und, im Falle einer Aktien- oder Indexoption, für die „Terminbörsenstandard" vereinbart ist, wenn sich der Verfalltag der Börsenvergleichsoption oder des Börsenvergleichskontrakts aus welchen Gründen auch immer verschiebt, der Tag, an dem die Börsenvergleichsoption oder der Börsenvergleichskontrakt tatsächlich endet, und, im Fall der Nr. 5 Abs. 4, wenn der Börsenabrechnungspreis nach dem für die Terminbörse aufgestellten und veröffentlichten Zeitplan an dem im Einzelabschluss vereinbarten Tag nicht veröffentlicht wird, der unmittelbar folgende Tag, an dem der Börsenabrechnungspreis veröffentlicht wird und
– *„Verfallzeitpunkt"* der im Einzelabschluss vereinbarte Zeitpunkt und, mangels einer Vereinbarung, der Wertermittlungszeitpunkt.

10. Knock-in und Knock-out (5)

(1) Die Parteien können vereinbaren, dass der Anspruch auf Zahlung eines Geldbetrages oder Lieferung von Wertpapieren oder Indexwerten („Anspruch"), das Recht zur Ausübung einer Option oder eines Wahlrechts („Ausübungsrecht") oder die im Einzelabschluss vereinbarte Änderung des Anspruchs oder des Ausübungsrechts („Änderung") durch den Eintritt eines Ereignisses aufschiebend oder auflösend bedingt ist.

(2) Haben die Parteien ein Knock-in-Ereignis vereinbart, entsteht der Anspruch oder das Ausübungsrecht oder wird die Änderung wirksam, wenn die Berechnungsstelle feststellt, dass das Knock-in-Ereignis an dem maßgeblichen Referenzwertermittlungstag zum Referenzwertermittlungszeitpunkt eingetreten ist.

(3) Haben die Parteien ein Knock-out-Ereignis vereinbart, erlischt der Anspruch oder das Ausübungsrecht, wenn die Berechnungsstelle feststellt, dass das Knock-out-Ereignis an dem maßgeblichen Referenzwertermittlungstag zum Referenzwertermittlungszeitpunkt eingetreten ist.

(4) Im Sinne dieser Bestimmung sind:
– *„Knock-in-Ereignis"* jedes im Einzelabschluss vereinbarte Ereignis; haben die Parteien für einen Anspruch, ein Ausübungsrecht oder eine Änderung lediglich einen Knock-in-Schwellenwert vereinbart, im Übrigen jedoch keine Regelung getroffen, gilt das Erreichen oder Durchbrechen des Knock-in-Schwellenwerts als Knock-in-Ereignis;
– *„Knock-in-Schwellenwert"* der im Einzelabschluss als solcher vereinbarte oder nach Nr. 3 Abs. 6 ermittelte oder berechnete Preis des Wertpapiers, Wertpapierkorbes, Wertpapierindexes oder Wertpapierindexkorbes;
– *„Knock-out-Ereignis"* jedes im Einzelabschluss vereinbarte Ereignis; haben die Parteien für einen Anspruch oder ein Ausübungsrecht lediglich einen Knock-out-Schwellenwert vereinbart, im Übrigen jedoch keine Regelung getroffen, gilt das Erreichen oder Durchbrechen des Knock-out-Schwellenwerts als Knock-out-Ereignis;
– *„Knock-out-Schwellenwert"* der im Einzelabschluss als solcher vereinbarte oder nach Nr. 3 Abs. 6 ermittelte oder berechnete Preis des Wertpapiers, Wertpapierkorbes, Wertpapierindexes oder Wertpapierindexkorbes;
– *„Referenzwert"* der von der Berechnungsstelle an dem betreffenden Referenzwertermittlungstag oder in dem betreffenden Referenzwertermittlungszeitraum nach Nr. 3 ermittelte oder berechnete Preis;
– *„Referenzwertermittlungszeitraum"* der Zeitraum, der mit dem Abschlussdatum (einschließlich) beginnt und mit dem letzten Wertermittlungstag oder dem Verfalltag (einschließlich) oder, mangels eines letzten Wertermittlungstages oder eines Verfalltages, einen Abwicklungszyklus vor dem letzten Abwicklungsgeschäftstag (einschließlich) endet;
– *„Referenzwertermittlungszeitpunkt"* der im Einzelabschluss vereinbarte Zeitpunkt und, mangels einer Vereinbarung, der Wertermittlungszeitpunkt und
– *„Referenzwertermittlungstag"* vorbehaltlich einer Anpassung wegen Marktstörungen nach Nr. 11, jeder im Einzelabschluss vereinbarte Tag und falls dieser kein regulärer Handelstag ist, der unmittelbar folgende reguläre Handelstag und, mangels einer Vereinbarung, jeder reguläre Handelstag im Referenzwertermittlungszeitraum; die für Wertermittlungstage und Marktstörungen an Wertermittlungstagen geltenden Regelungen dieses Anhangs finden auf Referenzwertermittlungstage entsprechende Anwendung.

11. Marktstörungen (6)

(1) Eine Marktstörung liegt vor, wenn die Berechnungsstelle an einem Wertermittlungstag oder Durchschnittskursermittlungstag feststellt, dass eines der nachstehend genannten Ereignisse eingetreten und in den Fällen von (a) und (b) als wesentlich zu bewerten ist:
  (a) *„Störung des Handels"*: Innerhalb der letzten Stunde vor dem Wertermittlungszeitpunkt wird (i) an der Wertpapierbörse der Handel in dem Wertpapier oder, bei Indexderivaten, der Handel in Indexwerten, deren Anteil am Indexstand bezogen auf den Zeitpunkt unmittelbar vor Eintritt des Ereignisses mindestens 20% beträgt, oder (ii) an der Terminbörse der Handel von Futures- oder Optionskontrakten, die das Wertpapier oder, bei Indexderivaten, den Wertpapierindex zum Gegenstand haben, ausgesetzt oder beschränkt.
  (b) *„Störung der Wertpapierbörse oder der Terminbörse"*: Innerhalb der letzten Stunde vor dem Wertermittlungszeitpunkt wird die Möglichkeit von Marktteilnehmern (i) an der Wertpapierbörse über das Wertpapier oder, bei Indexderivaten, über Indexwerte, deren Anteil am Indexstand bezogen auf den Zeitpunkt unmittelbar vor Eintritt des Ereignisses mindestens 20% beträgt, oder (ii) an der Terminbörse über Futures- oder Optionskontrakte, die das Wertpapier oder, bei Indexderivaten, den Wertpapierindex zum Gegenstand haben, Geschäfte abzuschließen oder Marktwerte zu erhalten, beeinträchtigt oder generell beendet.
  (c) *„Nichtöffnung oder vorzeitige Schließung der Wertpapierbörse oder der Terminbörse"*: Die Wertpapierbörse oder die Terminbörse öffnet nicht oder (i) die Wertpapierbörse oder (ii) bei Indexderivaten, die Wertpapierbörsen, an denen Indexwerte gehandelt werden, deren Anteil am Indexstand bezogen auf den Zeitpunkt unmittelbar vor Eintritt des Ereignisses mindestens 20% beträgt, oder (iii) die Terminbörse schließt vor dem regulären Handelsschluss, es sei denn, die Schließung ist eine Stunde zuvor, mindestens jedoch eine Stunde vor dem 6

letztmöglichen Zeitpunkt für die Eingabe von an demselben regulären Handelstag auszuführenden Handelsaufträgen angekündigt worden.

(2) Sofern vereinbart, gelten im Falle einer Marktstörung in der im Einzelabschluss vereinbarten Reihenfolge folgende Regelungen:

(a) *„Ersatzwertpapierbörse"*: An die Stelle der Wertpapierbörse tritt die Ersatzwertpapierbörse, es sei denn, die Berechnungsstelle stellt fest, dass auch für die Ersatzwertpapierbörse eine Marktstörung vorliegt oder dass die Kursbildung an der Ersatzwertpapierbörse mangels Liquidität mit der Kursbildung an der Wertpapierbörse nicht vergleichbar ist.

(b) *„Verschiebung"*: Als Wertermittlungstag oder Durchschnittskursermittlungstag gilt der erste reguläre Handelstag, an dem die Berechnungsstelle feststellt, dass eine Marktstörung nicht mehr besteht unabhängig davon, ob dieser bereits ein Durchschnittskursermittlungstag ist. Dauert die Marktstörung länger als acht aufeinander folgende reguläre Handelstage, gilt der achte reguläre Handelstag nach dem ursprünglich vereinbarten Tag als Wertermittlungstag oder Durchschnittskursermittlungstag. Die Berechnungsstelle wird an diesem achten regulären Handelstag den Wert des Wertpapiers zum Wertermittlungszeitpunkt bestimmen.

(c) *„Modifizierte Verschiebung"*: Es gilt die Regelung „Verschiebung" mit folgender Maßgabe: Der von der Marktstörung betroffene Durchschnittskursermittlungstag verschiebt sich auf den ersten regulären Handelstag nach Fortfall der Marktstörung, der nicht bereits selbst ein Durchschnittskursermittlungstag ist oder als solcher gilt. Dauert die Marktstörung, berechnet ab dem und ausschließlich des letzten ursprünglich vereinbarten Durchschnittskursermittlungstages, länger als acht aufeinander folgende reguläre Handelstage, gilt der achte reguläre Handelstag nach dem ursprünglich vereinbarten letzten Durchschnittskursermittlungstag als Durchschnittskursermittlungstag. Die Berechnungsstelle wird an diesem achten regulären Handelstag den Wert des Wertpapiers zum Wertermittlungszeitpunkt bestimmen.

(d) *„Nichtberücksichtigung"*: Der von der Marktstörung betroffene Durchschnittskursermittlungstag bleibt bei der Wertermittlung unberücksichtigt. Würden bei Anwendung dieser Regel sämtliche Durchschnittskursermittlungstage unberücksichtigt bleiben, verschiebt sich der letzte Durchschnittskursermittlungstag auf den ersten regulären Handelstag, an dem die Berechnungsstelle feststellt, dass eine Marktstörung nicht mehr besteht. Dauert die Marktstörung länger als acht aufeinander folgende reguläre Handelstage, gilt der achte reguläre Handelstag nach dem ursprünglich vereinbarten letzten Durchschnittskursermittlungstag als Durchschnittskursermittlungstag. Die Berechnungsstelle wird an diesem achten regulären Handelstag den Wert des Wertpapiers zum Wertermittlungszeitpunkt bestimmen.

(e) Verschiebt sich infolge der vorstehenden Regelungen der letzte Durchschnittskursermittlungstag auf einen Tag nach dem maßgeblichen Wertermittlungstag, gilt dieser letzte Durchschnittskursermittlungstag als Wertermittlungstag.

(3) Haben die Parteien im Einzelabschluss keine der Regelungen vereinbart, gilt im Falle einer Marktstörung die Regelung „Verschiebung".

(4) Bezieht sich der Einzelabschluss auf einen Wertpapierkorb, finden die Regelungen in Absatz 2 ausschließlich auf die von der Marktstörung betroffenen Wertpapiere Anwendung.

(5) Bezieht sich der Einzelabschluss auf einen Wertpapierindex, finden die Regelungen in Absatz 2 Buchstaben (b), (c) und (d) mit der Maßgabe Anwendung, dass die Berechnungsstelle an dem achten regulären Handelstag den Indexstand auf der Grundlage des unmittelbar vor dem Eintritt der Marktstörung für die Berechnung des Indexes maßgeblichen Konzepts unter Berücksichtigung des an diesem achten regulären Handelstag zum Wertermittlungszeitpunkt an der Wertpapierbörse gehandelten oder quotierten Kurses eines jeden Indexwertes bestimmen wird. Soweit die Berechnungsstelle für einen Indexwert feststellt, dass an dem achten regulären Handelstag eine Marktstörung besteht, wird sie hierfür einen von ihr für diesen Tag zum Wertermittlungszeitpunkt geschätzten Wert verwenden.

(6) Bezieht sich der Einzelabschluss auf einen Wertpapierindexkorb, finden die Regelungen in Absatz 2 und 5 ausschließlich auf die von der Marktstörung betroffenen Wertpapierindizes Anwendung.

12. Abwicklungsstörungen (6)

(1) Eine Abwicklungsstörung liegt vor, wenn an einem Fälligkeitstag für die Abwicklung aufgrund eines Ereignisses, das von keiner Partei zu vertreten ist, die Übertragung der zu liefernden Wertpapiere oder Indexwerte im Abwicklungssystem nicht möglich ist.

(2) Im Falle einer Abwicklungsstörung verschiebt sich der Fälligkeitstag für die Abwicklung auf den nächsten Abwicklungsgeschäftstag, an dem eine Lieferung der Wertpapiere oder Indexwerte im Abwicklungssystem wieder möglich ist. Dauert die Störung länger als acht aufeinander folgende Abwicklungsgeschäftstage an, wird die lieferpflichtige Partei am achten Abwicklungsgeschäftstag nach dem ursprünglich vereinbarten Abwicklungsgeschäftstag, soweit vorhanden, eine andere handelsübliche Liefermöglichkeit („Lieferalternative") nutzen. Ist eine Lieferalternative nicht verfügbar, gilt folgendes: Ist im Einzelabschluss „Verschiebung" vereinbart, verschiebt sich der Fälligkeitstag für die Abwicklung für die von der Abwicklungsstörung betroffenen Wertpapiere oder Indexwerte auf den ersten Abwicklungsgeschäftstag, an welchem das Abwicklungssystem wieder funktionsfähig oder eine Lieferalternative gegeben ist. Ist im Einzelabschluss „vorzeitige Beendigung mit Barausgleich" vereinbart, wird der betroffene Einzelabschluss am achten Abwicklungsgeschäftstag nach dem ursprünglich vereinbarten Abwicklungsgeschäftstag ganz, oder, wenn die Übertragung der zu liefernden Wertpapiere oder Indexwerte im maßgeblichen Abwicklungssystem nur teilweise nicht möglich ist, teilweise vorzeitig beendet, mit der Maßgabe, dass die Berechnungsstelle den Geldbetrag für den nicht erfüllten Teil des Einzelabschlusses ermitteln wird. Im Übrigen gelten im Falle der vorzeitigen Beendigung des Einzelabschlusses die Bestimmungen der Nr. 22. Haben die Parteien im Einzelabschluss keine der Regelungen vereinbart, gilt im Falle einer Abwicklungsstörung die Regelung „Verschiebung".

(3) Für die von der Abwicklungsstörung nicht betroffenen Wertpapiere oder Indexwerte gilt der ursprünglich vereinbarte Fälligkeitstag für die Abwicklung.

13. Illiquider Markt (6)

(1) Ein illiquider Markt liegt vor, wenn die lieferpflichtige Partei die Wertpapiere oder Indexwerte mangels Liquidität des Marktes nicht liefern kann.

(2) Haben die Parteien im Einzelabschluss „illiquider Markt" vereinbart, gilt folgendes: Im Falle des illiquiden Marktes ist die lieferpflichtige Partei verpflichtet, der anderen Partei den Eintritt des Ereignisses unverzüglich, mindestens jedoch im Falle von Wertpapieroptionen innerhalb eines Abwicklungsgeschäftstages nach dem Ausübungstag und in allen anderen Fällen einen Abwicklungszyklus vor dem Fälligkeitstag für die Abwicklung mitzuteilen. Die lieferpflichtige Partei wird der anderen Partei am Fälligkeitstag für die Abwicklung diejenigen Wertpapiere oder Indexwerte liefern, die sie an diesem Tag liefern kann. Die Zahlungsverpflichtung der anderen Partei ist auf die gelieferten Wertpapiere oder Indexwerte beschränkt. Darüber hinaus ist die andere Partei berechtigt, den nicht erfüllten Teil des betroffenen Einzelabschlusses durch Erklärung gegenüber der lieferpflichtigen Partei zu dem in der Erklärung benannten Zeitpunkt zu beenden; im Übrigen gelten im Falle der vorzeitigen Beendigung des Einzelabschlusses die Bestimmungen der Nr. 22 mit der Maßgabe, dass der Barwert von der anderen Partei berechnet wird. Ist für eine Wertpapieroption „mehrmalige Ausübung" vereinbart und ist sie zum Zeitpunkt des Eintritts des Ereignisses nicht oder nur teilweise ausgeübt worden, gilt der vorstehende Satz mit der Maßgabe, dass die andere Partei berechtigt ist, den nicht ausgeübten Teil der betroffenen Wertpapieroption durch Erklärung gegenüber der lieferpflichtigen Partei mit einer Frist von zwei regulären Handelstagen zu beenden. Nr. 7 Abs. 1 des Rahmenvertrages findet mit der Einschränkung Anwendung, dass im Falle des Ausbleibens der Lieferung ein wichtiger Grund zur Kündigung im Sinne des Nr. 7 Abs. 1 des Rahmenvertrages erst dann vorliegt, wenn die lieferpflichtige Partei den nach Maßgabe von Nr. 22 zu zahlenden Geldbetrag nach Fristablauf gemäß Nr. 7 Abs. 1 Satz 2 des Rahmenvertrages nicht leistet oder ein anderer wichtiger Grund vorliegt.

14. Indexstörungen (6)

(1) Eine Indexstörung liegt vor, wenn die Berechnungsstelle feststellt, dass eines der folgenden Ereignisse eingetreten ist:

(a) *„Veränderung des Indexes"*: Der Indexsponsor kündigt vor oder an einem Wertermittlungstag oder Durchschnittskursermittlungstag eine wesentliche Veränderung in der Berechnung des Wertpapierindexes an. Ausgenommen sind Veränderungen, welche in dem für die Berechnung des Wertpapierindexes anwendbaren Konzept vorgesehen sind, um das Konzept des Wertpapierindexes bei Eintritt von Änderungen in den einbezogenen Indexwerten, deren Kapitalisierung oder anderer gewöhnlicher Ereignisse fortführen zu können.

(b) *„Beendigung des Indexes"*: Der Indexsponsor kündigt vor oder an einem Wertermittlungstag oder Durchschnittkursermittlungstag an, dass der Wertpapierindex nicht länger festgestellt und veröffentlicht wird und ein Nachfolgeindex nicht besteht.

(c) *„Störung des Indexes"*: Der Wertpapierindex wird an einem Wertermittlungstag oder Durchschnittskursermittlungstag von dem Indexsponsor nicht festgestellt und nicht veröffentlicht.

(2) Sofern im Einzelabschluss vereinbart, gelten im Falle einer Indexstörung folgende Regelungen:

(a) *„Neuberechnung durch Berechnungsstelle"*: Sofern die Berechnungsstelle feststellt, dass sich das Ereignis wesentlich auf den Einzelabschluss auswirkt, wird die Berechnungsstelle 7

44.032 (09/18)

den für den Wertermittlungstag oder Durchschnittskursermittlungstag maßgeblichen Preis auf der Basis des vor Eintritt des Ereignisses anwendbaren Konzepts und der zu diesem Zeitpunkt maßgeblichen Indexwerte berechnen.

(b) „*Verhandlung*": Die Parteien nehmen Verhandlungen über die vorzeitige Beendigung des betroffenen Einzelabschlusses auf. Falls die Parteien den Einzelabschluss nicht einvernehmlich beenden, wird er auf der Basis des zum jeweiligen Zeitpunkt anwendbaren Konzepts und der dann maßgeblichen Indexwerte fortgeführt.

(c) „*Vorzeitige Beendigung mit Barausgleich*": Der betroffene Einzelabschluss wird nach Nr. 22 mit folgender Maßgabe vorzeitig beendet: Im Falle einer „Veränderung des Indexes" wird der Einzelabschluss nach Wahl einer der Parteien mit einer Benachrichtigungsfrist von maximal zwei regulären Handelstagen zu einem Zeitpunkt beendet, der auf einen Tag nach der Ankündigung der Veränderung fällt, spätestens jedoch auf den regulären Handelstag, der dem Eintritt der Veränderung unmittelbar vorausgeht. Im Falle einer „Beendigung des Indexes" wird der Einzelabschluss zum späteren der beiden folgenden Zeitpunkte beendet: dem Börsengeschäftstag, der dem tatsächlichen Eintritt der Beendigung des Indexes unmittelbar vorausgeht oder dem Tag, an dem der Indexsponsor ein solches Ereignis ankündigt. Im Falle einer „Störung des Indexes" wird der Einzelabschluss zum Wertermittlungstag beendet. Im Übrigen gilt, dass an die Stelle der beiderseits geschuldeten Zahlungen oder Lieferungen, die nach dem Tag der Beendigung fällig geworden wären, ein von der Berechnungsstelle bestimmter Geldbetrag tritt.

(d) „*Optionsbörsenanpassung*": Die Berechnungsstelle wird den Einzelabschluss nach Nr. 20 und mit der Maßgabe anpassen, dass an die Stelle der Optionskontrakte jeweils die Futures- oder Optionskontrakte und an die Stelle des Wertpapiers jeweils der Wertpapierindex tritt.

(3) Haben die Parteien im Einzelabschluss keine der Regelungen vereinbart, gilt (a) im Falle von „Störung des Indexes" die Regelung „Neuberechnung durch Berechnungsstelle" und (b) in allen übrigen Fällen die Regelung „vorzeitige Beendigung mit Barausgleich".

15. Wertverwässerungen und Wertanreicherungen bei Aktienderivaten (6)

(1) Eine Wertverwässerung oder Wertanreicherung liegt vor, wenn die Berechnungsstelle feststellt, dass ein Ereignis eingetreten ist, das den theoretischen Wert der Aktie spürbar und nicht nur vorübergehend erhöhen oder vermindern kann.

(2) Sofern im Einzelabschluss vereinbart, gelten im Falle einer Wertverwässerung oder Wertanreicherung folgende Regelungen:

(a) „*Optionsbörsenanpassung*": Die Berechnungsstelle wird den Einzelabschluss nach Nr. 20 anpassen.

(b) „*Anpassung durch Berechnungsstelle*": Es gilt „Anpassung durch Berechnungsstelle" nach Nr. 21 Satz 1 mit der Maßgabe, dass die Berechnungsstelle die dort beschriebenen Anpassungen nur vornehmen darf, wenn eines der nachstehend unter Unterabsatz (A) bis (I) genannten Ereignisse eingetreten und entweder vom Emittenten der Aktie bekannt gegeben oder auf andere Weise öffentlich bekannt geworden ist:

(A) „Änderung der Aktieneinteilung": Die Aktie wird, ohne dass eine Umwandlung des Emittenten der Aktie vorliegt, geteilt, neu eingeteilt oder mit anderen Aktien vereinigt.

(B) „Gratisaktie": An die Inhaber der Aktie werden, ohne dass diese eine Gegenleistung erbringen, neue Stücke der Aktie ausgegeben, und zwar unabhängig davon, ob dies durch Ausgabe neuer Urkunden oder durch Anhebung des Nennbetrages der Aktie oder ihres Anteils am Grundkapital erfolgt.

(C) „Verwässerung": An die Inhaber der Aktie werden gegen Zahlung einer Gegenleistung, deren Wert den aktuellen Marktpreis unterschreitet (i) neue Stücke der Aktie, (ii) andere Wertpapiere des Emittenten, die ein der Aktie gleiches oder entsprechendes Recht auf Zahlung von Dividenden oder Liquidationserlös gewähren, (iii) Wertpapiere einer anderen Gesellschaft, deren Anteile von dem Emittenten der Aktie nach einer Abspaltung, Ausgliederung, Vermögensübertragung oder ähnlichem Ereignis unmittelbar oder mittelbar gehalten werden, oder (iv) Wertpapiere, Rechte oder Optionsscheine oder sonstige Vermögensgegenstände ausgegeben.

(D) „Sonderdividende": An die Inhaber der Aktie wird eine Sonderdividende ausgeschüttet.

(E) „Einforderung nicht geleisteter Einlagen": Der Emittent der Aktie fordert die Inhaber der Aktie auf, eine ausstehende Einlage einzuzahlen.

(F) „Erwerb eigener Aktien": Der Emittent der Aktie oder eine seiner Tochtergesellschaften kauft Stücke der Aktie zurück, und zwar unabhängig davon, ob der Rückkauf der Aktien durch Gewinne oder Eigenkapital finanziert wird und ob die Gegenleistung aus Geld, Wertpapieren oder sonstigen Vermögenswerten besteht.

(G) „Poison Pill": Jede gesetzliche Regelung, Beschlussfassung von Inhabern der Aktie, Maßnahme der Geschäftsführung des Emittenten, die bestimmten Inhabern der Aktie Sonderrechte einräumt oder bereits bestehende Sonderrechte verstärkt und die geeignet ist, die Übernahme des Emittenten der Aktie durch einen Dritten zu verhindern oder wesentlich zu erschweren.

(H) „Bezugsrechtsausschluss": Der Emittent der Aktie führt eine Kapitalerhöhung unter Ausschluss des den Inhabern der Aktie zustehenden Bezugsrechts durch.

(I) Jedes andere Ereignis, das sich auf den theoretischen Wert der Aktie spürbar und nicht nur vorübergehend auswirken kann.

(3) Haben die Parteien im Einzelabschluss keine der Regelungen vereinbart, gilt „Anpassung durch Berechnungsstelle".

(4) Die Ausschüttung einer Dividende, die nicht Sonderdividende ist („reguläre Dividende"), berechtigt nicht zu einer Anpassung des Einzelabschlusses.

16. Umwandlungen und Erwerbsangebote bei Aktienderivaten (6)

(1) Eine Umwandlung liegt vor, wenn die Berechnungsstelle feststellt, dass eines der nachfolgenden Ereignisse eingetreten ist:

(a) die Verschmelzung des Emittenten der Aktie im Wege der Aufnahme, der Neugründung oder eines Aktientausches, bei der der Emittent der Aktie die übertragende Gesellschaft ist;

(b) die Verschmelzung des Emittenten der Aktie im Wege der Aufnahme, der Neugründung oder eines Aktientausches, bei der der Emittent der Aktie die übernehmende Gesellschaft ist („Reverse Merger") und die Anzahl der im Umlauf befindlichen Aktien aufgrund der Umwandlung um mehr als die Hälfte sinkt;

(c) die Abgabe eines Kauf-, Tausch-, Übernahme- oder sonstigen Angebots, das auf den Erwerb oder die Begründung einer unwiderruflichen Verpflichtung zum Erwerb von 100% der im Umlauf befindlichen Aktien gerichtet ist, und dessen Annahme dazu führt, dass sämtliche Aktien auf einen Dritten übergehen oder unwiderruflich zu übertragen sind oder

(d) die Übertragung von Vermögen des Emittenten, dessen Eingliederung oder Umstrukturierung oder ein Rechtsformwechsel des Emittenten, wenn das Ereignis dazu führt, dass sämtliche Aktien endgültig untergehen, auf einen Dritten übergehen oder unwiderruflich zu übertragen sind.

(2) Ein Erwerbsangebot liegt vor, wenn die Berechnungsstelle feststellt, dass ein Kauf-, Tausch-, Übernahme- oder sonstiges Angebot abgegeben wurde, das dazu führt, dass der Bieter nach dessen Annahme mehr als zehn Prozent, aber weniger als hundert Prozent der im Umlauf befindlichen stimmberechtigten Aktien erwirbt.

(3) Sofern im Einzelabschluss vereinbart, gelten im Falle von Umwandlungen oder Erwerbsangeboten, deren Stichtag vor oder auf den letzten Wertermittlungstag fällt, folgende Regelungen:

(a) „*Ersatzleistung*": Im Falle der Umwandlung, nicht jedoch im Falle eines Reverse Mergers, treten am Stichtag an die Stelle der Aktie die Ersatzaktie oder die sonstigen Leistungen nach Maßgabe des festgelegten Umtauschverhältnisses und an die Stelle des Emittenten der Aktie der Emittent der Ersatzaktie; im Übrigen gilt die Regelung „Anpassung durch Berechnungsstelle" nach Nr. 21.

(b) „*Optionsbörsenanpassung*": Die Berechnungsstelle wird den Einzelabschluss nach Nr. 20 anpassen.

(c) „*Anpassung durch Berechnungsstelle*": Die Berechnungsstelle wird den Einzelabschluss nach Nr. 21 anpassen.

(d) „*Modifizierte Anpassung durch Berechnungsstelle*": Es gilt „Anpassung durch Berechnungsstelle" mit der Maßgabe, dass die Berechnungsstelle berechtigt ist, auch solche Anpassungen vorzunehmen, die durch die Volatilität oder Liquidität der Aktie, des betroffenen Einzelabschlusses oder der zukünftigen Ausschüttungen oder Wertpapierdarlehenssätze begründet sind.

(e) „*Vorzeitige Beendigung mit Barausgleich*": Der betroffene Einzelabschluss endet am Stichtag. Im Übrigen gelten im Falle der vorzeitigen Beendigung des Einzelabschlusses die Bestimmungen der Nr. 22.

(f) „*Vorzeitige teilweise Beendigung mit Barausgleich*": Der von der Umwandlung oder dem Erwerbsangebot betroffene Teil des Einzelabschlusses endet am Stichtag. Im Übrigen gelten im Falle der vorzeitigen teilweisen Beendigung des Einzelabschlusses die Bestimmungen der Nr. 22.

(4) Die Parteien können vereinbaren, dass für die Fälle „Aktie für Aktie", „sonstige Leistung für Aktie" und „gemischte Gegenleistung für Aktie" unterschiedliche Regelungen gelten. Haben die Parteien „gemischte Anpassung" vereinbart, finden – soweit die Gegenleistung aus Ersatzaktien besteht – die im Einzelabschluss für den Fall „Aktie für Aktie" vereinbarten Regelungen und – soweit die Gegenleistung aus sonstigen Leistungen besteht – die für den 8

44.032 (09/18)

Fall „sonstige Leistungen für Aktie" vereinbarten Regelungen Anwendung, wobei die Zuordnung im Einzelnen von der Berechnungsstelle getroffen wird.

(5) Haben die Parteien im Einzelabschluss keine der Regelungen vereinbart, gilt im Falle von „Aktie für Aktie", „sonstige Leistung für Aktie" und „gemischte Gegenleistung für Aktie" jeweils die Regelung „Ersatzleistung".

(6) Im Sinne dieser Bestimmung sind:

- *„Aktie für Aktie"* die im Falle der Umwandlung oder des Erwerbsangebots geschuldete Gegenleistung besteht ausschließlich aus Ersatzaktien oder kann nach Wahl der Inhaber der Aktie ausschließlich aus Ersatzaktien bestehen;
- *„Ersatzaktien"* die Aktien, die im Falle der Umwandlung oder eines Erwerbsangebotes an die Stelle der Aktie treten; als Ersatzaktien gelten nur Stammaktien, die spätestens am Stichtag der Umwandlung oder des Erwerbsangebotes in dem Land, in dem die Wertpapierbörse ihren Sitz hat oder, wenn die Wertpapierbörse ihren Sitz in einem Mitgliedstaat der Europäischen Union hat, in einem anderen Mitgliedstaat der Europäischen Union an einem organisierten Markt oder Handelssystem öffentlich notiert, zugelassen oder gehandelt werden und keinen Devisen- oder Kapitalverkehrskontrollen oder sonstigen Beschränkungen unterliegen;
- *„gemischte Gegenleistung für Aktie"* die im Falle der Umwandlung oder des Erwerbsangebots geschuldete Gegenleistung besteht sowohl aus Ersatzaktien als auch aus sonstigen Leistungen; steht den Inhabern der Aktie für einen Teil der Gegenleistung ein Wahlrecht zu, dann gelten in den Fällen, in denen Ersatzaktien gewählt werden können, Ersatzaktien im größtmöglichen Umfang als gewählt und steht in den Fällen, in denen sonstige Leistungen gewählt werden können, das Wahlrecht der Berechnungsstelle zu;
- *„im Umlauf befindlich"* die vom Emittenten der Aktie ausgegebenen Aktien ohne diejenigen Stücke, die unmittelbar oder mittelbar (i) vom Emittenten der Aktie und (ii), im Falle eines Reverse Mergers, von den Aktionären der übertragenen Gesellschaft oder (iii), im Falle eines Kauf-, Tausch-, Übernahme- oder sonstigen Angebots, vom Bieter gehalten werden;
- *„sonstige Leistungen"* andere Vermögenswerte als Ersatzaktien, insbesondere andere Wertpapiere, Barentschädigungen oder Optionsrechte;
- *„sonstige Leistungen für Aktie"* die im Falle der Umwandlung oder des Erwerbsangebots geschuldete Gegenleistung besteht ausschließlich aus anderen Leistungen als der Lieferung von Ersatzaktien oder kann nach Wahl der Inhaber der Aktie ausschließlich aus sonstigen Leistungen bestehen und
- *„Stichtag"* im Falle der Umwandlung der Tag, an dem die Umwandlung vollzogen wird oder, falls sich dieser Tag nicht bestimmen lässt, der von der Berechnungsstelle bestimmte Tag und im Falle des Erwerbsangebots der Tag, an dem der Bieter nach den Feststellungen der Berechnungsstelle die stimmberechtigten Stücke der Aktie erwirbt.

17. Verstaatlichungen, Insolvenzen und Delistings (6)

(1) Eine Verstaatlichung liegt vor, wenn die Berechnungsstelle feststellt, dass sämtliche Stücke des Wertpapiers oder im Wesentlichen sämtliche Vermögenswerte des Emittenten des Wertpapiers verstaatlicht oder enteignet worden sind oder auf eine Behörde, juristische Person des öffentlichen Rechts oder sonstige staatliche Stelle zu übertragen sind.

(2) Eine Insolvenz liegt vor, wenn die Berechnungsstelle feststellt, dass über den Emittenten des Wertpapiers oder dessen Vermögen ein freiwilliges oder unfreiwilliges Auflösungs-, Liquidations-, Konkurs-, Insolvenz- oder sonstiges Verfahren eröffnet wurde, durch das oder aufgrund dessen sämtliche Stücke des Wertpapiers auf einen Treuhänder, Abwickler, Konkurs- oder Insolvenzverwalter oder eine andere öffentliche Stelle zu übertragen sind oder aufgrund dessen es für die Inhaber des Wertpapiers unzulässig wird, das Wertpapier zu übertragen.

(3) Ein Delisting liegt vor, wenn die Berechnungsstelle feststellt, dass die Notierung des Wertpapiers oder dessen Zulassung zum Handel nach den für die Wertpapierbörse geltenden Regeln eingestellt oder widerrufen wird, es sei denn, das Wertpapier wird unverzüglich in dem Land, in dem die Wertpapierbörse ihren Sitz hat oder, wenn die Wertpapierbörse ihren Sitz in einem Mitgliedstaat der Europäischen Union hat, in einem anderen Mitgliedstaat der Europäischen Union an einem anderen organisierten Markt oder in einem anderen Handelssystem erneut öffentlich notiert, zugelassen oder gehandelt.

(4) Sofern im Einzelabschluss vereinbart, gelten im Falle von Verstaatlichungen, Insolvenzen und Delistings, deren Stichtag vor oder auf den letzten Wertermittlungstag fällt, folgende Regelungen:

(a) *„Verhandlung"*: Die Parteien nehmen Verhandlungen über die vorzeitige Beendigung des betroffenen Einzelabschlusses auf. Falls die Parteien den betroffenen Einzelabschluss nicht einvernehmlich beenden, wird er mit den am Stichtag geltenden Bestimmungen fortgeführt.

44.032 (09/18)

(b) *„Vorzeitige Beendigung mit Barausgleich"*: Der betroffene Einzelabschluss endet am Stichtag. Im Übrigen gelten im Falle der vorzeitigen Beendigung des Einzelabschlusses die Bestimmungen der Nr. 22.

(c) *„Vorzeitige teilweise Beendigung mit Barausgleich"*: Der von der Verstaatlichung, der Insolvenz oder dem Delisting betroffene Teil des Einzelabschlusses endet am Stichtag. Im Übrigen gelten im Falle der vorzeitigen teilweisen Beendigung des Einzelabschlusses die Bestimmungen der Nr. 22.

(d) *„Optionsbörsenanpassung"*: Die Berechnungsstelle wird den Einzelabschluss nach Nr. 20 anpassen.

(5) Haben die Parteien im Einzelabschluss keine der Regelungen vereinbart, gilt im Falle einer Verstaatlichung, einer Insolvenz oder eines Delistings jeweils „vorzeitige Beendigung mit Barausgleich" oder, wenn sich der Einzelabschluss auf einen Wertpapierkorb bezieht, „vorzeitige teilweise Beendigung mit Barausgleich".

(6) Im Sinne dieser Bestimmung ist „Stichtag" der Tag, an welchem das betreffende Ereignis erstmals öffentlich bekannt wird, wobei im Falle des Delistings die Veröffentlichung durch die Wertpapierbörse erfolgen muss.

18. Änderung der Rechtslage und Insolvenzantrag (6)

(1) Eine Änderung der Rechtslage liegt vor, wenn die Berechnungsstelle feststellt, dass es aufgrund einer Änderung von Rechtsvorschriften oder von deren Anwendung oder amtlicher Auslegung am oder nach dem Abschlussdatum

(a) für eine Partei unzulässig geworden ist, Stücke des Wertpapiers oder eines Indexwerts zu erwerben, zu halten oder über sie zu verfügen,

(b) eine Partei in Bezug auf eine von ihr unter einem Einzelabschluss geschuldete Zahlung, Lieferung oder sonstige Leistung wesentlich höhere Aufwendungen oder Belastungen, insbesondere eine Erhöhung von Steuern oder eine Minderung von Steuervergünstigungen, zu tragen hat oder

(c) für eine Partei trotz Aufbringung sämtlicher wirtschaftlich vernünftiger Anstrengungen unzulässig geworden ist, eine Absicherungsposition zu erwerben, zu halten oder aufzulösen.

(2) Ein Insolvenzantrag ist gegeben, wenn die Berechnungsstelle feststellt, dass der Emittent des Wertpapiers oder eine zuständige Stelle am oder nach dem Abschlussdatum gegen das Vermögen des Emittenten des Wertpapiers ein Konkurs-, Insolvenz- oder ein vergleichbares, die Rechte von Gläubigern beeinträchtigendes insolvenzrechtliches Verfahren eingeleitet hat oder die Auflösung und Abwicklung des Emittenten des Wertpapiers beantragt hat. Wird das insolvenzrechtliche Verfahren oder die Auflösung und Abwicklung von Gläubigern des Emittenten des Wertpapiers eingeleitet oder beantragt, liegt ein Insolvenzantrag im Sinne dieses Abschnittes nur dann vor, wenn der Emittent der Einleitung des Verfahrens oder dem Antrag zustimmt.

(3) Haben die Parteien im Einzelabschluss „Änderung der Rechtslage" oder „Insolvenzantrag" vereinbart, kann jede Partei durch Erklärung gegenüber der jeweils anderen Partei bestimmen, dass der betroffene Einzelabschluss an dem in der Erklärung genannten Tag endet. Die Erklärung muss der anderen Partei und der Berechnungsstelle spätestens am zweiten regulären Handelstag vor dem in der Erklärung benannten Tag der Beendigung oder, falls das Gesetz eine kürzere Frist vorsieht, innerhalb dieser Frist zugehen. Im Übrigen gelten im Falle der vorzeitigen Beendigung des Einzelabschlusses die Bestimmungen der Nr. 22.

(4) Im Sinne dieser Bestimmung sind

- *„Absicherungsposition"* jeder Kauf oder Verkauf von Wertpapieren, Fremdwährungen oder Futures- oder Optionskontrakten und jeder Abschluss oder jede Fortführung von Verträgen über Derivate, Wertpapierdarlehen oder andere Instrumente, die entsprechende Wertpapiere, Fremdwährungen oder Indexwerte zum Gegenstand haben, die der betreffenden Partei dazu dienen, die mit einem Einzelabschluss verbundenen Risiken individuell oder auf Portfoliobasis abzusichern und
- *„zuständige Stelle"* jede für den Emittenten des Wertpapiers zuständige Aufsichts- oder Regulierungsbehörde oder vergleichbare mit primärer Zuständigkeit für Insolvenz-, Sanierungs- oder aufsichtsrechtliche Verfahren ausgestattete öffentliche Stelle in dem Staat, nach dessen Recht der Emittent des Wertpapiers gegründet wurde oder in dem er seine Hauptniederlassung oder seinen Sitz hat.

19. Absicherungsstörungen (6)

(1) Eine Absicherungsstörung liegt vor, wenn die Berechnungsstelle feststellt, dass eines der nachstehend genannten Ereignisse eingetreten ist:

(a) *„Gescheiterte Absicherung"*: Der absichernden Partei ist es trotz Aufbringung sämtlicher wirtschaftlich vernünftiger Anstrengungen nicht möglich, eine von ihr für notwendig erachtete Maßnahme zur Absicherung der mit einem Einzelabschluss verbundenen Risiken zu treffen, insbesondere einen Einzelabschluss zu tätigen, zu ändern oder zu beenden oder Stücke 9 des Wertpapiers oder eines Indexwerts, Futures- oder Optionskontrakte, die das Wertpapier oder einen Indexwert oder den Wertpapierindex zum Gegenstand haben, oder andere Vermögenswerte zu erwerben, zu ersetzen oder zu veräußern oder den Gegenwert des Einzelabschlusses oder der Vermögenswerte oder die durch sie begründeten Ansprüche zu realisieren oder erstattet zu bekommen.

(b) „*Verteuerung der Absicherung*": Der absichernden Partei würden, um eine von ihr für notwendig erachtete Maßnahme zur Absicherung der mit einem Einzelabschluss verbundenen Risiken zu treffen – insbesondere einen Einzelabschluss zu tätigen, zu ändern oder zu beenden oder Stücke des Wertpapiers oder eines Indexwerts, Futures- oder Optionskontrakte, die das Wertpapier, einen Indexwert oder den Wertpapierindex zum Gegenstand haben, oder andere Vermögenswerte zu erwerben, zu ersetzen oder zu veräußern oder den Gegenwert des Einzelabschlusses oder der Vermögenswerte oder die durch sie begründeten Ansprüche zu realisieren oder erstattet zu bekommen –, verglichen mit den Umständen am Abschlussdatum wesentlich höhere Aufwendungen für Steuern, Abgaben, Spesen und Entgelte entstehen. Erhöhungen der Aufwendungen, die ausschließlich auf die Verschlechterung der Kreditwürdigkeit der absichernden Partei zurückzuführen sind, sowie Maklerentgelte bleiben außer Betracht.

(c) „*Gescheitertes Wertpapierdarlehen*": Der absichernden Partei ist es trotz Aufbringung sämtlicher wirtschaftlich vernünftiger Anstrengungen nicht möglich, (i) die für die Absicherung der mit einem Einzelabschluss verbundenen Risiken erforderlichen Stücke des Wertpapiers oder eines Indexwerts zu Konditionen darlehensweise aufzunehmen, die nicht schlechter sind als das im Einzelabschluss vereinbarte maximale Darlehensentgelt oder (ii) ein bereits bestehendes Wertpapierdarlehen über die für die Absicherung erforderlichen Stücke des Wertpapiers oder eines Indexwerts zu eben solchen Konditionen aufrecht zu erhalten.

(d) „*Verteuerung von Wertpapierdarlehen*": Die absichernde Partei würde die im Einzelabschluss vereinbarte Anzahl der Wertpapiere oder Indexwerte zu Konditionen darlehensweise aufnehmen müssen, die schlechter sind als das im Einzelabschluss vereinbarte anfängliche Darlehensentgelt.

(2) Haben die Parteien im Einzelabschluss „gescheiterte Absicherung", „gescheitertes Wertpapierdarlehen", „Verteuerung der Absicherung" oder „Verteuerung von Wertpapierdarlehen" vereinbart, gelten im Falle einer Absicherungsstörung folgende Regelungen:

(a) Im Falle von „gescheiterte Absicherung" kann die absichernde Partei durch Erklärung gegenüber der anderen Partei bestimmen, dass der betroffene Einzelabschluss an dem in der Erklärung genannten Tag endet. Die Erklärung muss der anderen Partei und der Berechnungsstelle spätestens am zweiten regulären Handelstag vor dem in der Erklärung benannten Tag der Beendigung zugehen; die gescheiterte Absicherung muss zu diesem Zeitpunkt noch andauern. Stellt die Berechnungsstelle fest, dass zugleich auch ein gescheitertes Wertpapierdarlehen vorliegt, gilt ausschließlich die für den Fall eines gescheiterten Wertpapierdarlehens vereinbarte Regelung. Im Übrigen gelten im Falle der vorzeitigen Beendigung des Einzelabschlusses die Bestimmungen der Nr. 22.

(b) Im Falle von „gescheitertes Wertpapierdarlehen" ist die andere Partei berechtigt, bis zum Ablauf des zweiten regulären Handelstages nach Mitteilung der absichernden Partei vom Eintritt des Ereignisses, der absichernden Partei die für die Absicherung der mit dem betreffenden Einzelabschluss verbundenen Risiken erforderlichen Stücke des Wertpapiers oder eines Indexwerts zu Konditionen darlehensweise zu überlassen, die nicht ungünstiger sind als das im Einzelabschluss vereinbarte maximale Darlehensentgelt. Sie ist ferner berechtigt, der absichernden Partei einen sorgfältigen und zuverlässigen Dritten zu benennen, der bereit ist, die erforderliche Anzahl der Wertpapiere oder Indexwerte zu eben solchen Konditionen darlehensweise zu überlassen. Wenn die andere Partei der absichernden Partei innerhalb der Frist weder die erforderliche Anzahl der Wertpapiere oder Indexwerte darlehensweise überlässt noch einen sorgfältigen und zuverlässigen Dritten benennt oder wenn der benannte Dritte der absichernden Partei die erforderliche Anzahl der Wertpapiere oder Indexwerte innerhalb der Frist ebenfalls nicht darlehensweise überlässt, kann die absichernde Partei durch Erklärung gegenüber der anderen Partei bestimmen, dass der betroffene Einzelabschluss an dem in der Erklärung genannten Tag endet. Die Erklärung der absichernden Partei muss der Berechnungsstelle und der anderen Partei spätestens am zweiten regulären Handelstag vor dem in der Erklärung benannten Tag der Beendigung zugehen. Bei den von der anderen Partei oder dem von ihr benannten Dritten darlehensweise überlassenen Stücken des Wertpapiers oder eines Indexwerts muss es sich um frei handelbare, keinerlei Beschränkungen unterliegende, im Effektengiro übertragbare Wertpapiere oder Indexwerte handeln. Darüber hinaus muss das Wertpapierdarlehen unter einer für die absichernde Partei akzeptablen Vertragsdokumentation vereinbart und bestätigt werden. Im Übrigen gelten im Falle der vorzeitigen Beendigung des Einzelabschlusses die Bestimmungen der Nr. 22.

(c) Im Falle von „Verteuerung der Absicherung" und „Verteuerung von Wertpapierdarlehen" ist die absichernde Partei berechtigt, von der anderen Partei eine Anpassung des betroffenen Einzelabschlusses zu verlangen („Anpassungsverlangen"). Macht sie hiervon Gebrauch, wird die andere Partei nach ihrer Wahl durch Erklärung gegenüber der Berechnungsstelle und der absichernden Partei bestimmen, dass (i) die Berechnungsstelle den Anfangs-, Basis- oder Terminpreis, den Bezugsbetrag für den Ausgleichsbetrag oder die im Einzelabschluss vereinbarte Anzahl der Wertpapiere sowie jede andere Bestimmung, für die sie es zwecks Ausgleichs der Verteuerung erforderlich hält, anpasst oder dass (ii) sie, die andere Partei, der absichernden Partei anstelle einer Anpassung des betroffenen Einzelabschlusses einen von der Berechnungsstelle ermittelten Geldbetrag in Höhe des Wertes der geforderten Anpassung zahlt („Anpassungszahlung") oder dass (iii) der Einzelabschluss an dem in der Erklärung genannten Tag endet. Die Erklärung der anderen Partei muss der Berechnungsstelle und der absichernden Partei spätestens am zweiten regulären Handelstag vor dem in der Erklärung benannten Tag der Anpassung, dem Tag der Fälligkeit der Anpassungszahlung oder der Beendigung zugehen. Übt die andere Partei ihr Wahlrecht nicht bis zum Ablauf des zweiten regulären Handelstages nach Zugang des Anpassungsverlangens aus, kann die absichernde Partei durch Erklärung gegenüber der anderen Partei ihrerseits bestimmen, dass der betroffene Einzelabschluss an dem von ihr genannten Tag endet. Die Erklärung muss der Berechnungsstelle und der anderen Partei spätestens am zweiten regulären Handelstag vor dem in der Erklärung benannten Tag der Beendigung zugehen. Im Falle der Verteuerung von Wertpapierdarlehen ist die andere Partei bis zum Zugang der Erklärung berechtigt, die vorzeitige Beendigung des betroffenen Einzelabschlusses dadurch abzuwenden, dass sie der absichernden Partei die erforderliche Anzahl der Wertpapiere oder Indexwerte zu Konditionen darlehensweise überlässt, die nicht ungünstiger sind als das im Einzelabschluss vereinbarte anfängliche Darlehensentgelt oder der absichernden Partei einen sorgfältigen und zuverlässigen Dritten benennt, der bereit ist, die erforderliche Anzahl der Wertpapiere oder Indexwerte zu eben solchen Konditionen darlehensweise zu überlassen. Absatz 2 Buchstabe (b) Satz 5 gilt entsprechend. Im Übrigen gelten im Falle der vorzeitigen Beendigung des Einzelabschlusses die Bestimmungen der Nr. 22.

(3) Im Sinne dieser Bestimmung ist „absichernde Partei" die im Einzelabschluss benannte Partei.

20. Optionsbörsenanpassung

Soweit in diesem Anhang auf diese Bestimmung verwiesen wird, gilt folgendes: Werden an der Optionsbörse Optionskontrakte gehandelt, die das Wertpapier zum Gegenstand haben, und passt die Optionsbörse die für die Abwicklung dieser Optionskontrakte geltenden Regeln an, wird die Berechnungsstelle, soweit erforderlich, das Wertpapier, den Emittenten, den Anfangs-, Basis- oder Terminpreis, die Anzahl der Optionen, die Optionsgröße, den Bezugsbetrag für den Ausgleichsbetrag, die im Einzelabschluss vereinbarte Anzahl der Wertpapiere sowie jede andere Bestimmung, die nach ihrer Einschätzung für die Abwicklung des betroffenen Einzelabschlusses erforderlich ist, mit Wirkung zum selben Zeitpunkt entsprechend anpassen. Werden an der Optionsbörse keine Optionskontrakte gehandelt, die das Wertpapier zum Gegenstand haben, wird die Berechnungsstelle die erforderlichen Anpassungen in entsprechender Anwendung der an der Optionsbörse für entsprechende Ereignisse geltenden Regeln vornehmen.

21. Anpassung durch Berechnungsstelle

Soweit in diesem Anhang auf diese Bestimmung verwiesen wird, gilt folgendes: Die Berechnungsstelle wird, gegebenenfalls unter Berücksichtigung der von der Optionsbörse vorgenommenen Anpassungen von Optionskontrakten, die das Wertpapier oder den Wertpapierindex zum Gegenstand haben, den Anfangs-, Basis- oder Terminpreis, die Anzahl der Optionen, die Optionsgröße, den Bezugsbetrag für den Ausgleichsbetrag oder die im Einzelabschluss vereinbarte Anzahl der Wertpapiere sowie jede andere Bestimmung, für den sie es zwecks Ausgleichs des wirtschaftlichen Effekts des Ereignisses für erforderlich hält, anpassen und den Zeitpunkt der Wirksamkeit dieser Anpassung bestimmen. Anpassungen, die ausschließlich durch die Volatilität oder Liquidität des Wertpapiers oder des betroffenen Einzelabschlusses oder der zukünftigen Ausschüttungen oder Wertpapierdarlehenssätze begründet sind, sind unzulässig. Im Falle der Umwandlung, für die „Ersatzleistung" nicht vereinbart wurde, wird die Berechnungsstelle auch das Wertpapier und den Emittenten des Wertpapiers anpassen. Im Falle der Umwandlung, für die „Ersatzleistung" nicht vereinbart wurde, oder im Falle der Abgabe eines Erwerbsangebotes wird die 10

Berechnungsstelle, falls sie feststellt, dass eine Anpassung zu keinem wirtschaftlich sinnvollen Ergebnis führen würde, bestimmen, dass die Regelung „vorzeitige Beendigung mit Barausgleich" Anwendung findet.

22. Vorzeitige Beendigung mit Barausgleich

(1) Soweit in diesem Anhang auf diese Bestimmung verwiesen wird, gilt folgendes: An die Stelle der beiderseits geschuldeten Zahlungen oder sonstigen Leistungen, die nach dem Stichtag im Sinne der Nr. 16 oder 17 oder dem in der Erklärung benannten Tag der Beendigung fällig geworden wären, tritt ein Geldbetrag in der Vertragswährung in Höhe des Barwertes des betroffenen Einzelabschlusses. Haben die Parteien für den Fall einer vorzeitigen Beendigung mit Barausgleich vereinbart, dass nur eine Partei oder ein Dritter Berechnungsstelle ist, wird diese Berechnungsstelle den Geldbetrag in entsprechender Anwendung von Nr. 8 des Rahmenvertrages berechnen, als wäre sie die berechnende Partei. Sind beide Parteien Berechnungsstelle, erfolgt die Berechnung des Geldbetrags in entsprechender Anwendung von Nr. 12 Abs. 5 (C) b) des Rahmenvertrages. Für Einzelabschlüsse, die auf einen Wertpapier- oder Wertpapierindexkorb Bezug nehmen, gilt im Falle der vorzeitigen teilweisen Beendigung mit Barausgleich im Übrigen, dass der von den in Nr. 12, 13, 16 und 17 genannten Ereignissen nicht betroffene Teil des Einzelabschlusses wie vereinbart erfüllt wird.

(2) Im Falle von Umwandlungen, Erwerbsangeboten, Indexanpassungen, Verstaatlichungen, Insolvenzen und Delistings gilt bei Wertpapieroptionen folgendes: Haben die Parteien im Einzelabschluss für den Fall einer vorzeitigen Beendigung mit Barausgleich eine bestimmte Berechnungsmethode vereinbart und können sich die Parteien nicht innerhalb von fünf Börsengeschäftstagen nach dem Tag der Beendigung des betroffenen Einzelabschlusses auf den nach Absatz 1 Satz 1 zu zahlenden Geldbetrag einigen, wird die Berechnungsstelle den Geldbetrag unverzüglich auf der Grundlage der vereinbarten Berechnungsmethode mit der Maßgabe berechnen, dass ein vom Käufer geschuldeter Geldbetrag der Höhe nach durch die gegebenenfalls noch nicht gezahlte Optionsprämie begrenzt ist. Haben die Parteien im Einzelabschluss keine Berechnungsmethode vereinbart, wird der nach Absatz 1 Satz 1 zu zahlenden Geldbetrag von der Berechnungsstelle bestimmt.

23. Nachträgliche Korrektur von Kursen, Indexständen und Preisen

Wird ein für die Berechnung eines Preises oder Geldbetrages maßgeblicher Kurs von der Wertpapierbörse nachträglich korrigiert und ist gerechnet vom Zeitpunkt der Veröffentlichung des ursprünglichen Kurses bis zum Zeitpunkt der Veröffentlichung des korrigierten Kurses weniger als ein Abwicklungszyklus vergangen, wird die Berechnungsstelle der anderen Partei den korrigierten Kurs, den unter Berücksichtigung dieses Kurses neu berechneten Geldbetrag sowie jede erforderliche weitere Anpassung des Einzelabschlusses mitteilen. Dies gilt entsprechend für einen von dem Indexsponsor oder der von ihm beauftragten Stelle nachträglich korrigierten Indexstand oder, im Falle einer Aktienoption oder eines Indexderivats, für die oder das „Terminbörsenstandard" vereinbart ist, für einen von der Terminbörse oder deren Abwicklungsstelle nachträglich korrigierten Börsenreferenzpreis oder Börsenabrechnungspreis mit der Maßgabe, dass an die Stelle des Abwicklungszyklusses eine Frist von zwei Bankarbeitstagen tritt.

24. Aufgaben der Berechnungsstelle

Soweit die Berechnungsstelle bei der Feststellung und Bewertung von Tatsachen, der Ausübung von Wahlrechten, der Anpassung von Bestimmungen eines Einzelabschlusses oder der Bestimmung von Leistungen einen Ermessens- oder Beurteilungsspielraum hat, wird sie diesen nach sorgfältiger Beurteilung und unter Abwägung der Interessen beider Parteien ausüben.

25. Besondere Vereinbarungen

(1) Die folgenden Absätze 2 bis 4 gelten nur, soweit die dazu bestimmten Felder angekreuzt sind.

☐ (2) Nr. 1 Abs. 2 findet keine Anwendung.

☐ (3) Nr. 1 Abs. 2 gilt auch für bereits abgeschlossene Wertpapierderivate.

☐ (4) In Nr. 1 Abs. 2 werden die Worte „den Parteien" durch „den in Nr. 25 Abs. 4 genannten Niederlassungen der Parteien" ersetzt.
Niederlassungen der Bank:

Niederlassungen des Vertragspartners:

☐ (5) Nr. 1 Abs. 3 gilt auch für bereits abgeschlossene Wertpapierderivate.

26. Sonstige Vereinbarungen

Unterschrift(en) des/der Vertragspartner(s)	
Unterschrift(en) der Bank	

44.032 (09/18)

11

Schrifttum: *Clouth*, Rechtsfragen der außerbörslichen Finanz-Derivate, 2001; *Jahn/Reiner*, Außerbörsliche Finanztermingeschäfte (OTC-Derivate), Bankrechts-Handbuch, 5. Aufl 2017, § 114 Rn 73; *Storck*, Aktienderivate – Vertragsdokumentation, Finanzderivate Rechtshandbuch, 4. Aufl 2016, § 12.

Anmerkungen

1. Die Erweiterung des „Rahmenvertrags für Finanztermingeschäfte“ um zusätzliche Anhänge mit speziellen Bestimmungen zu außerbörslich getätigten Derivaten trägt zum einen der Vielzahl von Geschäftstypen im Derivatemarkt, zum anderen dem Bedürfnis der Marktteilnehmer Rechnung, möglichst viele Transaktionen in die Netting-Regelung mit ihren rechtlichen und aufsichtsrechtlichen Vorteilen (→ Form. IV.S.1 Anm. 7 und *Jahn/Reiner* § 114 Rn 73) einzubeziehen. Mit der Beseitigung der – historisch bedingten – „Zinsswap-Lastigkeit“ der Dokumentation wird zudem die vergleichbare Entwicklung des ISDA Master Agreements nachvollzogen, das die vom Markt neu entwickelten Produkte immer wieder zeitnah durch Erweiterung der Definitions in die Dokumentation aufgenommen hat. So wurde der „Anhang für Wertpapierderivate zu m Rahmenvertrag für Finanztermingeschäfte“ entwickelt, um neben außerbörslichen Index-, Aktien- und Zinsoptionen auf börslich festgestellte Basiswerte, auf den sich der 1996 eingeführte „Anhang für Optionsgeschäfte auf Börsenindizes oder Wertpapiere“ beschränkte, nicht nur Optionen, sondern auch Termingeschäfte und Swaps auf Wertpapiere sowie Produkte, die sich auf einen Korb von Indizes oder Wertpapieren beziehen, zu erfassen. Der Anhang für Wertpapierderivate beruht wesentlich auf den 2002 ISDA Equity Derivatives Definitions; dennoch sind auch relevante Unterschiede und eine eigenständige Systematik zu erkennen (*Storck* § 12 Rn 21). Er wurde im Mai 2010 veröffentlicht und ersetzt den „Anhang für Optionsgeschäfte auf Börsenindizes oder Wertpapiere“. Dementsprechend bestimmt Nr 1 Abs 3, dass Parteien, die für den „Rahmenvertrag für Finanztermingeschäfte“ bereits einen „Anhang für Optionsgeschäfte auf Börsenindizes oder Wertpapiere“ vereinbart hatten, mit Vereinbarung des neuen „Anhangs für Wertpapierderivate“ die Ersetzung des vorgenannten Anhangs einverständlich vornehmen. Der Anhang wird durch Mustereinzelbestätigungen für die unterschiedlichen Produktarten ergänzt.

2. Der produktbezogene Anwendungsbereich ergibt sich aus Nr 2 Abs 1, vorletzter Spiegelstrich, dh der Begriffsbestimmung für „Wertpapierderivat“, in Verbindung mit Nr 1 Abs 2. Nr 1 Abs 2 sieht abweichend von der Grundregel der Nr 1 Abs 2 S 1 des Rahmenvertrags die Einbeziehung auch solcher Einzelabschlüsse vor, die nicht ausdrücklich auf den „Rahmenvertrag für Finanztermingeschäfte“ Bezug nehmen. Voraussetzung ist allein, dass die Parteien ein „Wertpapierderivat“ im Sinne der Begriffsbestimmung der Nr 2 Abs 1, letzter Spiegelstrich abschließen. Danach ist „Wertpapierderivat“ jedes Finanztermingeschäft, das sich auf Wertpapiere, Wertpapierkörbe, Wertpapierindizes oder Wertpapierindexkörbe bezieht und das durch physische Lieferung oder Zahlung zu erfüllen ist, „insbesondere Wertpapiertermingeschäfte, Wertpapieroptionen und Wertpapierswapgeschäfte“. Darüber hinaus enthält Nr 2 – gemäß der Systematik, die auch die anderen Produktanhänge zum Rahmenvertrag aufweisen – auch die übrigen für Zwecke des Anhangs für Wertpapierderivate erforderlichen Definitionen.

3. Nr 3 enthält eine allgemeine Regelung zur Preisermittlung. Danach obliegt der Berechnungsstelle die Ermittlung des End- bzw Referenzpreises oder Referenzwertes am Wertermittlungstag auf Basis des an der Wertpapierbörse zum Wertermittlungszeitpunkt festgestellten Kurses des Wertpapiers. Ferner sind Regelungen für den Fall einer notwendigen Währungsumrechnung sowie produktbezogene Berechnungsbestimmungen enthalten (näher *Storck* § 12 Rn 25).

4. Nr 4 enthält nähere Einzelheiten zur Ausgestaltung im Fall der vereinbarten Lieferung von Wertpapieren oder Indexwerten. Im Grundsatz hat die zur Lieferung verpflichtete Partei am Fälligkeitstag für die Abwicklung die zu liefernden Wertpapiere über das vereinbarte Abwicklungssystem zu liefern, wobei Abs 2 eine Definition der „zu liefernden Wertpapiere“ bezogen auf das jeweilige Wertpapierprodukt enthält. Nr 4 Abs 4 stellt klar, dass mit der Lieferung das unbeschränkte Eigentum oder eine andere, am Verwahrort übliche, gleichwertige Rechtsstellung an den Wertpapieren auf den Erwerber übergeht. Im Falle eines im Einzelabschluss vereinbarten Wahlrechts ist die begünstigte Partei berechtigt, durch Erklärung gegenüber der anderen Partei entweder Lieferung von Wertpapieren oder Barausgleich zu verlangen. Genauere Regelungen zur ordnungsgemäßen Ausübung des Wahlrechts enthält Nr 4 Abs 6 und Abs 7.

5. Nr 5, 7, 8, 9 und 10 enthalten produktbezogene, spezielle Regelungen für Wertpapierindizes, Indexderivate, Wertpapierswapgeschäfte, Wertpapiertermingeschäfte, Wertpapieroptionen und Knock-in/Knock-out-Produkte (zu den Einzelheiten vgl *Storck* § 12 Rn 28 ff).

Für Wertpapieroptionen bestimmt zB Nr 9 die Ausübungsmodalitäten für die verschiedenen Optionstypen (europäisch, amerikanisch, Bermuda-Option), die jeweils im Einzelabschluss von den Parteien gewählt werden. Nr 9 Abs 8 sieht für den Fall, dass im Einzelabschluss „automatische Ausübung“ vereinbart wurde, den – den „vergesslichen“ Optionskäufer schützenden – Verzicht auf die Erklärung der Ausübung werthaltiger Barausgleichsoptionen am Verfalltag vor und verdeutlicht damit zugleich einen der Vorteile „moderner“ Differenzgeschäfte gegenüber „traditionellen“, auf physische Lieferung gerichteten Transaktionen (näher hierzu *Clouth* S 46 f).

6. Wegen der Anknüpfung an externe – börsliche – Kursfeststellungen und Wertermittlungen sind bei der vertraglichen Ausgestaltung dieser Geschäfte Bestimmungen von besonderer Bedeutung, die eine Anpassung an Änderungen der in Bezug genommenen börslichen Rahmenbedingungen erlauben. Entsprechende Regelungen, die den „Gleichlauf“ zwischen dem vertraglich vereinbarten und dem börslich festgestellten Basiswert sicherstellen, enthält Nr 11 („Marktstörungen“) für sämtliche Wertpapierderivate. Sonstige Störungen, die sich spezifisch aus der Natur der Wertpapierderivate ergeben können, werden nunmehr ebenfalls im Detail geregelt; dazu zählen insbesondere die Abwicklungsstörungen (Nr 12), Illiquider Markt (Nr 13), Indexstörungen (Nr 14), Wertverwässerungen und Wertanreicherungen bei Aktienderivaten (Nr 15), Umwandlungen und Erwerbsangebote bei Aktienderivaten (Nr 16), Verstaatlichungen, Insolvenzen und Delistings (Nr 17), Änderung der Rechtslage und Insolvenzantrag (Nr 18) sowie Absicherungsstörungen (Nr 19) (zu den Einzelheiten dieser Störungsfälle vgl *Storck* § 12 Rn 43–58, 62). Auch wenn der Anhang den Parteien eine umfangreiche Vorlage zur schnellstmöglichen Bewältigung etwaiger Störfälle zur Verfügung stellt, könnte er sich in der Praxis ggf als begrenzt erweisen, da die kapitalmarkt- und bankaufsichtsrechtlichen Entwicklungen der letzten Jahre mangels einer Aktualisierung des Anhangs seit 2010 nicht reflektiert werden (*Storck* § 12 Rn 62).

7. Die Änderungen des Anhangs im Hinblick auf den DRV 2018 beschränken sich auf Anpassungen an neue Begrifflichkeiten (zB in Nr 14 Abs 2 lit c Ersetzung von „sonstige Leistungen“ durch „Lieferungen“ entsprechend der Änderung im DRV, vgl dazu → Form. IV.S.1 Anm. 4) sowie in Nrn 9 und 22 Ersetzung von „ersatzberechtigte“ durch „berechnende“ entsprechend der Änderung im DRV) sowie die Anpassung der Formvorgaben, insbesondere durch Einführung der Textform, in Nr 4 Abs 6 und Nr 9 Abs 7.

4. Anhang für Devisengeschäfte und Optionen auf Devisengeschäfte

	Anhang vom
	zum Rahmenvertrag vom

Anhang für Devisengeschäfte und Optionen auf Devisengeschäfte zu dem oben genannten Rahmenvertrag für Finanztermingeschäfte („Rahmenvertrag")

Zwischen

Name und Anschrift des Vertragspartners

(nachstehend „Vertragspartner" genannt)

und

Name und Anschrift der Bank

(nachstehend „Bank" genannt)

1. Zweck und Gegenstand des Anhanges

(1) Ergänzend zu den Bestimmungen des Rahmenvertrages gelten für Devisengeschäfte und Optionen auf solche Geschäfte („Optionen") die nachfolgenden Bestimmungen.

(2) Der Rahmenvertrag und dieser Anhang gelten für Devisengeschäfte und Optionen, die zwischen den Parteien abgeschlossen werden, unabhängig von einer Bezugnahme im Einzelabschluss auf den Rahmenvertrag.

2. Begriffsbestimmungen

(1) Im Sinne dieses Anhanges sind:

- „Ausübungsfrist" der Zeitraum, der an dem im Einzelabschluss genannten Anfangsdatum beginnt und am Verfalltag endet; ist im Einzelabschluss kein Anfangsdatum genannt, beginnt die Ausübungsfrist am Abschlusstag;
- „Ausübungsstelle" die im Einzelabschluss als solche bezeichnete Stelle des Verkäufers, mangels einer solchen Stelle die die Option abschließende Stelle des Verkäufers;
- „Ausübungstag" der Bankarbeitstag, an dem die im Einzelabschluss bestimmte Option ausgeübt wird oder als ausgeübt gilt;
- „Ausübungszeitpunkt" die im Einzelabschluss so bezeichnete Uhrzeit;
- „Devisengeschäft" jedes Kassa- oder Termingeschäft, das den Austausch eines einzelnen Betrages einer Währung oder Rechnungseinheit gegen einen einzelnen Betrag einer anderen Währung oder Rechnungseinheit zum Gegenstand hat;
- „Verfalltag" der im Einzelabschluss bestimmte Verfalltag oder, falls dieser kein Bankarbeitstag ist, der nächstfolgende Bankarbeitstag.

(2) Maßgeblicher Finanzplatz für die Bestimmung des Bankarbeitstages ist bezüglich des Absatzes 1 und der Nr. 4 Abs. 1 b) der Ort, an dem sich die Ausübungsstelle befindet, und bezüglich der Nr. 3 Abs. 3 der dort bezeichnete Ort.

3. Zahlungen

(1) Geschuldete Zahlungen im Sinne von Nr. 3 Abs. 1 des Rahmenvertrages sind bei Devisengeschäften die jeweils im Einzelabschluss genannten Beträge.

(2) Der Käufer einer Option ist verpflichtet, die im Einzelabschluss vereinbarte Optionsprämie an den Verkäufer zu zahlen.

(3) Ist ein Fälligkeitstag kein Bankarbeitstag an dem Ort, an dem das Konto des Zahlungsempfängers unterhalten wird, so gilt für die Zahlungen beider Parteien an diesem Tag aus dem betroffenen Einzelabschluss Nr. 3 Abs. 5 b) des Rahmenvertrages.

(4) Leistet eine Partei den von ihr aus einem Devisengeschäft ③
geschuldeten Betrag am Fälligkeitstag oder an dem sich aus Absatz 3 ergebenden späteren Tag nicht oder nicht vollständig, so ist die andere Partei berechtigt, anstelle der noch geschuldeten Leistungen unverzüglich durch Erklärung gegenüber der säumigen Partei Erfüllung durch Ausgleichszahlung zuzüglich Zinsen gemäß Nr. 3 Abs. 4 des Rahmenvertrages ab dem Fälligkeitstag zu wählen. Die Höhe der Ausgleichszahlung wird von der wahlberechtigten Partei entsprechend Nr. 8 des Rahmenvertrages in Euro ermittelt.

4. Ausübung einer Option

(1) a) Der Käufer einer europäischen Option ist berechtigt, diese bis zum Ausübungszeitpunkt am Verfalltag auszuüben. Geht die Aus-
① übungserklärung vor dem Verfalltag zu, gilt die Option als am Verfalltag ausgeübt.

b) Der Käufer einer amerikanischen Option ist berechtigt, diese jederzeit innerhalb der Ausübungsfrist bis zum Ausübungszeitpunkt
② am Verfalltag auszuüben. Geht die Ausübungserklärung vor Beginn der Ausübungsfrist zu, gilt die Option als am ersten Tag der Ausübungsfrist ausgeübt. Geht die Erklärung an einem Tag vor dem Verfalltag nach dem Ausübungszeitpunkt oder an einem Tag, der kein Bankarbeitstag ist, zu, so gilt die Option als am darauf folgenden Bankarbeitstag ausgeübt.

(2) Die Ausübungserklärung ist an die Ausübungsstelle zu richten. Sie ist unwiderruflich. ④

(3) Falls der Käufer dem Verkäufer nichts Gegenteiliges mitteilt, gilt eine nicht ausgeübte Option als am Verfalltag ausgeübt, wenn am Ausübungszeitpunkt der Wert des der Option zugrunde liegenden Devisengeschäfts („Wert der Option") für den Käufer mindestens 1% des Betrags der Forderung des Käufers aus diesem Devisengeschäft („Call-Betrag") entspricht. In diesem Fall ist der Verkäufer berechtigt, anstelle der beiderseitigen Erfüllung unverzüglich durch Erklärung gegenüber dem Käufer Zahlung des Wertes der Option zu wählen. Der Wert der Option wird vom Verkäufer entsprechend Nr. 8 Abs. 1 des Rahmenvertrages in der Währung des Call-Betrags ermittelt.

5. Inhalt einer Option

Am Ausübungstag kommt das der Option zugrunde liegende Devisengeschäft zwischen den Parteien zustande.

6. Besondere Vereinbarungen

(1) Die folgenden Absätze gelten nur, soweit die dazu bestimmten Felder angekreuzt sind.

☐ (2) Nr. 1 Abs. 2 gilt auch für bereits abgeschlossene Devisengeschäfte und Optionen.

☐ (3) Nr. 4 Abs. 3 gilt nicht.

☐ (4) In Nr. 1 Abs. 2 werden die Worte „zwischen den Parteien" ⑤
durch „zwischen den in Nr. 6 Abs. 4 genannten Niederlassungen der Parteien" ersetzt.

Niederlassungen des Vertragspartners

Niederlassungen der Bank

7. Sonstige Vereinbarungen

Unterschrift(en) des Vertragspartners	Unterschrift(en) der Bank

Schrifttum: *Clouth,* Rechtsfragen der außerbörslichen Finanz-Derivate, 2001; *Decker,* Zinssatz- und Währungsswaps unter rechtlichen Aspekten, WM **1990,** 1001; *Fleckner,* Finanztermingeschäfte in Devisen, ZBB **2005,** 96 ff.; *Jahn/Reiner,* Außerbörsliche Finanztermingeschäfte (OTC-Derivate), Bankrechts-Handbuch, 5. Aufl 2017, § 114 Rn 74; *Kleiner,* Internationales Devisen-Schuldrecht, 1984; *Schefold,* Bankgeschäfte in fremder Währung, Bankrechts-Handbuch § 116 Rn 186 ff. (jeweils allgem zu Devisenhandelsgeschäften); *Diefenhardt,* Der Deutsche Rahmenvertrag und das European Master Agreement – Anhänge des Rahmenvertrages für Finanztermingeschäfte, Finanzderivate – Rechtshandbuch, 4. Aufl 2016, § 6 Rn 104 ff.

Anmerkungen

1. Der 1996 vorgestellte und 2001 in einer Neufassung veröffentlichte „Anhang für Devisengeschäfte und Optionen auf Devisengeschäfte" erweitert den „Rahmenvertrag für Finanztermingeschäfte" um spezielle Bestimmungen zu – ausgehend von dem Innovationsgrad der übrigen Finanztermingeschäfte – vergleichsweise „klassischen" Finanzinstrumenten. Erfasst werden Devisenkassa- und Devisentermingeschäfte (Devisengeschäfte, Nr 2 Abs 1 5. Spiegelstrich) sowie Devisenoptionsgeschäfte (Nr 5) (zu den einzelnen Geschäftsarten im Bereich des Devisenterminhandels siehe insbesondere *Fleckner* ZBB 2005, 103 ff.; *Jahn/Reiner* § 114 Rn 21 f.; *Schefold* § 116 Rn 186 ff). Auslöser für die Einbeziehung dieser traditionell eher „sparsam" dokumentierten Geschäfte war wiederum die bankaufsichtsrechtliche Anerkennung des Liquidations-Netting bei der Eigenkapitalberechnung der Kreditinstitute (s → Form. IV.S.1 Vor 1 und → Anm. 6). Ein Geschäftsabschluss ist im Inland neben dem Rahmenvertrag für Finanztermingeschäfte und dessen Devisenanhang auch auf der Grundlage der „Sonderbedingungen für Termingeschäfte" (→ Form. IV.R.1) und der „Rahmenvereinbarung für Termingeschäfte" (→ Form. IV.R.2) – dann allerdings ohne die Nettingerleichterungen (*Diefenhardt* § 6 Rn 104) – möglich.

2. Nr 1 Abs 2 sieht abweichend von der Grundregel der Nr 1 Abs 2 S 1 des Rahmenvertrags die Einbeziehung auch solcher Einzelabschlüsse vor, die nicht ausdrücklich auf den „Rahmenvertrag für Finanztermingeschäfte" Bezug nehmen. Grund hierfür war ursprünglich der im Interbankenverkehr für Devisengeschäfte praktizierte Austausch von Geschäftsbestätigungen über das Nachrichtensystem SWIFT, das aus technischen Gründen eine Bezugnahme auf den zu Grunde liegenden Rahmenvertrag nicht immer ermöglichte. Die Regelung ist wegen des klar umrissenen, auf „Devisen-" und „Optionsgeschäfte" iSd Anhangs beschränkten Anwendungsbereichs unproblematisch. Über die Wahlmöglichkeit der Nr 6 Abs 2 können bei entsprechender Vereinbarung auch bereits bestehende Geschäfte in den Rahmenvertrag einbezogen werden.

3. Nr 3 enthält besondere Regelungen für Zahlungen bei Devisengeschäften und Optionen auf Devisengeschäfte. Zum Wechsel des Erfüllungsmodus von „Zahlung" auf „Barausgleich" (Ausgleichszahlung) im Falle einer Nichtleistung unter einem Devisengeschäft s zunächst → Form. IV.S.1 Anm. 7. Nr 3 Abs 4 S 1 wahrt zudem durch die Anknüpfung an die Nichtleistung bei Fälligkeit den Fixgeschäftscharakter der Devisengeschäfte (hierzu allgem *Schefold* § 116 Rn 214 mwN), den die sonstigen unter dem Rahmenvertrag dokumentierten Finanztermingeschäfte wegen der „Nachfristregelung" in Nr 7 Abs 1 S 1 des Vertrags nicht aufweisen (*Decker* WM 1990, 1001, 1008; *Diefenhardt* § 6 Rn 107). Praktisch bedeutet dies, dass die vertragstreue Partei unverzüglich anstelle der Zahlung des geschuldeten Betrages von der säumigen Partei Erfüllung durch Ausgleichszahlung (zuzüglich Zinsen) verlangen und sich entsprechend am Markt eindecken kann, ohne eine Nachfrist gemäß Nr 7 Abs 1 S 1 abwarten zu müssen. Ferner wird hierdurch auch eine vorzeitige Beendigung des gesamten einheitlichen Vertrages zu diesem Zeitpunkt der Nichtleistung vermieden. Die Nichtleistung des Ausgleichsbetrages allerdings berechtigt zur Kündigung des einheitlichen Vertrages aus wichtigem Grund.

4. Nr 4 Abs 3 schreibt die international übliche Praxis der Behandlung im Geld befindlicher, nicht ausgeübter Devisenoptionen fest. Danach gilt für Optionen, die im Geld sind („wenn am Ausübungszeitpunkt der Wert des der Option zugrunde liegenden Devisengeschäfts für den Käufer mindestens 1 % des Betrages der Forderung des Käufers aus diesem Devisengeschäft entspricht"), die automatische Ausübung als vereinbart. Der Verkäufer der Option ist in diesem Fall berechtigt, an die Stelle der gegenseitigen Zahlungen aus dem Devisengeschäft einen Wertausgleich treten zu lassen. Eine entsprechende Erklärung gegenüber dem Käufer ist erforderlich, da dieser sonst eine zu liefernde Devisenposition disponieren müsste. Diese automatische Ausübung ist nach Nr 6 Abs 3 abdingbar.

5. Nach Nr 6 Abs 4 können die Parteien die Wirkung des Anhangs auf bestimmte, ausdrückliche benannte Niederlassungen beschränken, um nachteilige Folgen für die aufsichtsrechtliche Anerkennung des Netting zu vermeiden (*Jahn/Reiner* § 114 Rn 74).

6. Der Anhang ist zur Ergänzung beider Rahmenvertragsversionen – DRV 1993/2001 und DRV 2018 – geeignet; Anpassungen der Begriffe oder Verweise waren nicht erforderlich.

5. Anhang über die vorzeitige Erfüllung durch Ausgleichszahlung

	Anhang vom
	zum Rahmenvertrag vom

Anhang über die vorzeitige Erfüllung durch Ausgleichszahlung (2018) zum oben genannten Rahmenvertrag für Finanztermingeschäfte („Rahmenvertrag")

Zwischen

Name und Anschrift des Vertragspartners

(nachstehend „Vertragspartner" genannt)

und

Name und Anschrift der Bank

(nachstehend „Bank" genannt)

1. Zweck und Gegenstand des Anhanges (1)

Ergänzend zu den Bestimmungen des Rahmenvertrages gelten für jeden Einzelabschluss, für den die Geltung dieses Anhanges vereinbart ist, die nachfolgenden Bestimmungen.

2. Begriffsbestimmungen

(1) Im Sinne dieses Anhanges sind:
- „Beendigungstag" ein im Einzelabschluss als solcher bezeichneter Tag oder, falls dieser kein Bankarbeitstag ist, statt dessen der unmittelbar vorhergehende Bankarbeitstag;
- „Berechnungsstelle" die im Einzelabschluss benannte Partei, mangels einer solchen Benennung die Bank;
- „Bewertungstag" vorbehaltlich Nr. 5 Abs. 3 der zweite Bankarbeitstag vor einem Beendigungstag;
- „Erklärungstag" der fünfte Bankarbeitstag vor einem Beendigungstag;
- „erklärende Partei" die Partei, die Erfüllung des Einzelabschlusses durch Ausgleichszahlung wählt;
- „Referenzbanken" vorbehaltlich Nr. 5 die im Einzelabschluss benannten Banken.

(2) Maßgebliche Finanzplätze für die Bestimmung des Bankarbeitstages sind die Orte der Niederlassungen der Parteien, durch die der jeweilige Einzelabschluss getätigt worden ist sowie der Ort, an dem die Berechnungsstelle ihren Sitz hat, und die Orte, an dem die Ausgleichszahlung zu leisten wäre.

3. Vorzeitige Erfüllung (2)

(1) Jede Partei ist berechtigt, zu einem Beendigungstag durch Erklärung gegenüber der anderen Partei Erfüllung durch Ausgleichszahlung zu wählen.

(2) Die Erklärung muss spätestens am Erklärungstag zu der im Einzelabschluss genannten Uhrzeit, mangels Nennung einer Uhrzeit bis 11 Uhr Ortszeit in Frankfurt am Main, zugegangen sein. Sie ist unwiderruflich.

(3) Die Erklärung bewirkt, dass an die Stelle der beiderseits geschuldeten Zahlungen oder Lieferungen, die nach dem Beendigungstag fällig geworden wären, eine Ausgleichszahlung tritt. Die Ausgleichszahlung ist gemäß Nr. 4 zu ermitteln.

4. Berechnung und Fälligkeit der Ausgleichszahlung (3)

(1) Die Berechnungsstelle ermittelt am Bewertungstag die Ausgleichszahlung als Barwert des Einzelabschlusses zum Beendigungstag und teilt bis 12.00 Uhr ihrer Ortszeit der anderen Partei den Betrag der Ausgleichszahlung sowie die Partei, die diese zu leisten hat, mit.

(2) Widerspricht die andere Partei unverzüglich der Berechnung der Ausgleichszahlung, holt die Berechnungsstelle sofort Quotierungen des Barwertes des Einzelabschlusses von den Referenzbanken ein. Die Quotierungen beziehen sich auf ein Geschäft zwischen der Referenzbank und einer führenden Bank zum Zeitpunkt der Quotierung, das dieselben Zahlungen, Lieferungen und Bedingungen vorsieht, die vereinbart waren für den Fall, dass keine vorzeitige Erfüllung durch Ausgleichszahlung gewählt wird. Im Fall der Quotierung von Geld- und Briefkurs ist der für die erklärende Partei ungünstigere Kurs maßgeblich.

(3) Die Berechnungsstelle ermittelt im Fall des Absatzes 2 anhand der Quotierungen die Ausgleichszahlung. Deren Betrag entspricht dem arithmetischen Mittel der Quotierungen. Liegen mehr als drei Quotierungen vor, bleiben jeweils die höchste und die niedrigste außer Ansatz. Die Berechnungsstelle teilt der anderen Partei unverzüglich die Quotierungen, den Betrag der Ausgleichszahlung und die Partei, die diese zu leisten hat, mit.

(4) Die Ausgleichszahlung ist am Beendigungstag in der im Einzelabschluss vereinbarten Währung, mangels Vereinbarung einer Währung in Euro, zu leisten.

5. Referenzbanken

(1) Sofern im Einzelabschluss keine Referenzbanken vereinbart sind, benennt am Erklärungstag die erklärende Partei zwei und die andere Partei drei Referenzbanken.

(2) Sofern nach Auffassung einer Partei eine im Einzelabschluss vereinbarte Referenzbank nicht mehr zur Quotierung herangezogen werden soll, tritt an deren Stelle eine von der Berechnungsstelle zu benennende vergleichbare Bank. Fallen mehrere Referenzbanken weg, wechseln sich die Parteien im Benennungsrecht ab.

(3) Ist der Bewertungstag kein Bankarbeitstag an einem Ort, an dem eine Referenzbank ihren Sitz hat, gilt Absatz 2 Satz 1 entsprechend. Ist der Bewertungstag am Sitz mehrerer Referenzbanken kein Bankarbeitstag, verschiebt sich der Bewertungstag auf den dritten Bankarbeitstag vor dem Beendigungstag.

6. Besondere Vereinbarungen

(1) Der folgende Absatz 2 gilt nur, soweit das dazu bestimmte Feld angekreuzt ist.

☐ (2) Nr. 4 Absatz 2 Satz 3 wird durch folgende Regelung ersetzt: (3)
Im Fall der Quotierung von Geld- und Briefkurs ist der Mittelwert aus Geld- und Briefkurs maßgeblich.

1

7. Sonstige Vereinbarungen:

Unterschrift(en) des Vertragspartners

Unterschrift(en) der Bank

40.019 (09/18)

2

Schrifttum: *Diefenhardt,* Der Deutsche Rahmenvertrag und das European Master Agreement – Anhänge des Rahmenvertrages für Finanztermingeschäfte, Finanzderivate – Rechtshandbuch, 4. Aufl 2016, § 6 Rn 98 ff.; *Jahn/Reiner,* Außerbörsliche Finanztermingeschäfte (OTC-Derivate), Bankrechts-Handbuch, 5. Aufl 2017, § 114 Rn 72.

Anmerkungen

1. Der 1997 eingeführte und in den Jahren 2001 und 2018 aktualisierte „Anhang über die vorzeitige Erfüllung durch Ausgleichszahlung" ermöglicht die Begrenzung von Kreditrisiken bei langlaufenden Geschäften durch Einräumung eines Rechts zur vorzeitigen Erfüllung eines Einzelabschlusses (sog Break Clause). Damit erhalten die Parteien das Recht, ohne Vorliegen eines Grundes eine Einzeltransaktion zu einem oder mehreren vorher bestimmten Zeitpunkten einseitig zu beenden; dies hat in der Praxis zB dann Relevanz, wenn aus Gründen interner Risikosteuerung eine Kreditgenehmigung für einen bestimmten Swap-Kontrahenten nur für begrenzte Laufzeiten erteilt wird. Ein solches vorzeitiges Beendigungsrecht sieht der „Rahmenvertrag für Finanztermingeschäfte" selbst nicht vor. Auch die im Rahmen der Vertragsfreiheit bestehende und in der Praxis regelmäßig genutzte Möglichkeit, ein Geschäft jederzeit mit Zustimmung des Vertragspartners gegen Zahlung des aktuellen Marktwerts aufzuheben, reicht in diesen Fällen nicht aus. Der Anhang findet nur Anwendung, sofern dieser zwischen den Parteien vereinbart wurde und gem Nr 1 im Einzelabschluss explizit auf ihn Bezug genommen wird, da die vorzeitige Erfüllung eine – wenn auch standardisierte – Ausnahme darstellt (*Jahn/Reiner* § 114 Rn 72). Die schriftliche Vereinbarung dieses Rechts erfolgt in der Praxis regelmäßig in der Geschäftsbestätigung. Dies bedeutet auch, dass der Anhang sowie die ordnungsgemäße Beendigung einer Einzeltransaktion nur für das betreffende Geschäft gelten und keinen Einfluss auf den Bestand des Rahmenvertrages oder andere in den Rahmenvertrag einbezogenen Einzelabschlüsse haben. Rechtlich ist die Beendigungsmöglichkeit als eine Option auf eine vorzeitige Erfüllung durch Barausgleich zu qualifizieren (*Jahn/Reiner* § 114 Rn 72) und nicht etwa als „Kündigung" (so jedoch *Diefenhardt* § 6 Rn 98, klarstellend Rn 99) eines Einzelabschlusses, was der Ausgestaltung als einheitlicher Vertrag entgegenstünde.

2. Nr 3 Abs 1 gewährt jeder Partei das Recht, einen Einzelabschluss zu darin vereinbarten Terminen (den sog „Beendigungstagen") vorzeitig zu beenden. Die Erklärung der vorzeitigen Beendigung muss fünf Bankarbeitstage vor dem Beendigungstag spätestens bis 11 Uhr der anderen Partei zugegangen sein. Mit der Beendigung erlöschen die durch den Einzelabschluss begründeten Leistungspflichten und damit das ihnen innewohnende Kreditrisiko. Nach Nr 3 Abs 3 tritt anstelle der Leistungspflichten ein Ausgleichsanspruch, der dem Marktwert des Einzelabschlusses zum Zeitpunkt der Beendigung entspricht.

3. Nr 4 enthält als Kernbestimmung des Anhangs nähere Einzelheiten zur Berechnung der Ausgleichszahlung, die üblicherweise – sofern nicht anders vereinbart – in Euro zu leisten ist. Als Regelfall sieht Abs 1 vor, dass die als Berechnungsstelle fungierende Partei – dies ist gemäß Nr 2 Abs 1 ohne eine spezifische Vereinbarung die „Bank" im Sinne des Rahmenvertrages – den Ausgleichsbetrag ermittelt und der anderen Partei mitteilt. Besteht dann zwischen den Parteien Uneinigkeit über die Höhe der Ausgleichszahlung, werden gemäß Nr 4 Abs 2 von Drittbanken (vgl dazu Nr 5) Quotierungen des Marktwertes des Einzelabschlusses einholt. Nr 4 Abs 2 S 3 sieht vor, dass im Fall der Quotierung von Geld- und Briefkurs der für die erklärende Partei ungünstigere Kurs maßgeblich ist. Diese Regel kann durch eine besondere Vereinbarung in Nr 6 Abs 2 ersetzt werden, nach der stattdessen der Mittelkurs aus Geld- und Briefkurs als maßgeblich gewählt werden kann. Die Vereinbarung dieses Mittelkurses entspricht der Marktpraxis.

4. Im Zuge der Aktualisierung des Rahmenvertrages für Finanztermingeschäfte ist der Anhang an die dort geänderten Begriffe angepasst und als „Anhang über die vorzeitge Erfüllung durch Ausgleichszahlung (2018)" **neu veröffentlicht** worden: In Nr 3 Abs 3 und Nr 4 Abs 2 des Anhangs wurde dabei der Begriff „sonstige Leistungen" durch „Lieferungen" ersetzt (vgl Nr 3 DRV 2018 und s → Form. IV. S. 1 Anm. 4). Zudem verweist Nr 4 Abs 2 nunmehr auf „führende" anstatt „erstklassige" Banken, vgl die grundlegende Änderung in Nr 3 Abs 4 DRV 2018. Die hier abgedruckte 2018er Version des Anhangs ist mit dem DRV 2018 zu verwenden; der DRV 1993/2001 ist wie bisher mit der Vorgängerversion des Anhangs über die vorzeitige Erfüllung durch Ausgleichszahlung (abgedr in der Voraufl) zu ergänzen.

6. Besicherungsanhang

	Anhang vom
	zum Rahmenvertrag für Finanztermingeschäfte vom

Besicherungsanhang (2018) zu dem oben genannten Rahmenvertrag für Finanztermingeschäfte

Zwischen

Name und Anschrift des Vertragspartners
(nachstehend „Vertragspartner" genannt)

und

Name und Anschrift der Bank
(nachstehend „Bank" genannt)

1. Zweck und Gegenstand dieses Anhangs ①

(1) Ergänzend zu den Bestimmungen des Rahmenvertrages vereinbaren die Parteien einander nach Maßgabe der folgenden Bestimmungen Sicherheiten zu leisten. Diese dienen zur Besicherung aller bestehenden, künftigen, bedingten und befristeten Ansprüche des jeweiligen Empfängers („Sicherungsnehmer") gegen die andere Partei („Sicherungsgeber") im Zusammenhang mit dem Vertrag (Nr. 1 Abs. 2 des Rahmenvertrages). Nr. 9 des Rahmenvertrages bleibt unberührt.

(2) Aufgrund dieses Anhangs geleistete Sicherheiten gehen mit der ② Übertragung in das Eigentum des Sicherungsnehmers über. Unterliegt die Übertragung von Wertpapieren ausländischem Recht, geht gegebenenfalls anstelle des Eigentums eine andere, nach diesem Recht übliche und gleichwertige Rechtsstellung über. Der Sicherungsnehmer ist berechtigt, über die Sicherheiten uneingeschränkt zu verfügen.

2. Begriffsbestimmungen

Im Sinne dieses Anhangs sind:

„Anrechnungswert" von Barsicherheiten der Nominalbetrag zuzüglich aufgelaufener Zinsen und von Wertpapiersicherheiten der Marktwert, jeweils multipliziert mit den in Nr. 11 vereinbarten Anrechnungssätzen; nicht in Euro denominierte Beträge sind zum Referenzkurs in Euro umzurechnen;

„Ausfallrisiko" der Betrag der Forderung wegen Nichterfüllung, der sich nach Nr. 8 des Rahmenvertrages bei einer Beendigung sämtlicher Einzelabschlüsse zum Berechnungszeitpunkt am maßgebenden Berechnungstag ergäbe. Die Berechnung erfolgt gemäß Nr. 12 Abs. 5 (C) b) des Rahmenvertrags; soweit die Berechnung auf der Grundlage von Quotierungen erfolgt, die als Geld- und als Briefkurs gestellt werden, ist der Mittelkurs maßgebend. Ist die Partei, deren Ausfallrisiko ermittelt wird, Gläubiger der Forderung wegen Nichterfüllung, ist das Ausfallrisiko bei der Berechnung ihres Besicherungsanspruchs als positiver, anderenfalls als negativer Betrag zu berücksichtigen. Unter diesem Anhang geleistete Sicherheiten ③ bleiben bei der Berechnung des Ausfallrisikos außer Betracht;

„Bankgeschäftstag" jeder Tag, an dem die Banken in Frankfurt am Main für Geschäfte, einschließlich des Handels in Fremdwährungen und der Entgegennahme von Fremdwährungseinlagen, geöffnet sind (mit Ausnahme des Samstags und des Sonntags);

„Barsicherheiten" Geldbeträge in Euro oder anderen nach Nr. 11 zugelassenen Währungen;

„Benachrichtigungstag" der auf den Berechnungstag folgende Bankgeschäftstag;

„Berechnungstag" jeder in Nr. 11 als solcher bezeichnete Bankgeschäftstag. Jede Partei ist berechtigt, durch einseitige Erklärung weitere Bankgeschäftstage als Berechnungstage zu bestimmen. Die Erklärung muss der Berechnungsstelle und der anderen Partei spätestens am Bankgeschäftstag vor dem gewünschten Berechnungstag zugehen;

„Berechnungszeitpunkt" der Zeitpunkt des Geschäftsschlusses von Banken in Frankfurt am Main;

„Besicherungsanspruch" einer Partei der Betrag ihres Ausfallrisikos zuzüglich zu ihren Gunsten vereinbarter Zuschläge, abzüglich zugunsten der anderen Partei vereinbarter Zuschläge sowie eines zugunsten der anderen Partei in Nr. 11 vereinbarten Freibetrags; ergibt sich hieraus ein negativer Betrag, ist der Besicherungsanspruch der betreffenden Partei mit 0,– anzusetzen;

„Briefkurs" der von führenden Marktteilnehmern quotierte Kurs für den Verkauf eines Wertpapiers oder einer Währung;

„Geldkurs" der von führenden Marktteilnehmern quotierte Kurs für den Ankauf eines Wertpapiers oder einer Währung;

„Marktwert" von Wertpapiersicherheiten der Geldkurs zum Berechnungszeitpunkt am maßgebenden Berechnungstag, im Fall von Schuldverschreibungen einschließlich bis zum Ende dieses Tages aufgelaufener Stückzinsen;

„Mittelkurs" das arithmetische Mittel zwischen Geld- und Briefkurs;

„Referenzkurs" einer Währung der für den Berechnungszeitpunkt an dem betreffenden Berechnungstag festgestellte Mittelkurs;

„Sicherheiten" Barsicherheiten und Wertpapiersicherheiten;

„Wertpapiersicherheiten" die in Nr. 11 als solche zugelassenen Wertpapiere;

„Zuschläge" in Nr. 11 oder in Einzelabschlüssen zugunsten einer Partei als solche vereinbarte Beträge.

3. Leistung von Sicherheiten ④

(1) Besteht an einem Berechnungstag eine Unterdeckung, wird die Partei, die nicht ausreichend Sicherheiten geleistet hat (die „besicherungspflichtige Partei"), der anderen auf Anfordern Sicherheiten mit einem Anrechnungswert übertragen, der den Betrag der Unterdeckung zumindest erreicht.

(2) Eine Unterdeckung liegt vor, soweit der Besicherungsanspruch einer Partei den Anrechnungswert der von ihr aufgrund dieses Anhangs gehaltenen Sicherheiten übersteigt. Sicherheiten, die eine Partei nach Abs. 1 angefordert, jedoch am maßgebenden Berechnungstag noch nicht erhalten hat, gelten als von ihr gehalten, soweit der Anspruch auf Übertragung erst an oder nach diesem Berechnungstag fällig ist. Sicherheiten, für die eine Partei eine Übertragung nach Nr. 4 Abs. 1 angefordert, aber noch nicht erhalten hat, gelten weiter als vom Sicherungsnehmer gehalten, soweit der Anspruch auf Übertragung bereits vor dem maßgebenden Berechnungstag fällig war.

(3) Die zu übertragenden Sicherheiten können Bar- oder Wertpapiersicherheiten nach Wahl der besicherungspflichtigen Partei sein. Geht der besicherungspflichtigen Partei die Sicherheiten- 1

anforderung nach Abs. 1 vor 11.00 Uhr (Ortszeit Frankfurt am Main) an einem Bankgeschäftstag zu, sind die Sicherheiten am nächsten, an derenfalls am übernächsten Bankgeschäftstag auf das in Nr. 11 bezeichnete Konto bzw. Depot der anderen Partei zu übertragen.

(4) Die besicherungspflichtige Partei kann eine Übertragung von Sicherheiten nach Abs. 1 verweigern, solange ein wichtiger Grund vorliegt, der sie berechtigt, den Vertrag nach Nr. 7 Abs. 1 des Rahmenvertrags zu kündigen.

4. Überdeckung (5)

(1) Besteht an einem Berechnungstag eine Überdeckung, wird der Sicherungsnehmer dem Sicherungsgeber auf Anfordern Geldbeträge oder Wertpapiere nach dessen Wahl übertragen, die den vom Sicherungsgeber geleisteten Bar- oder Wertpapiersicherheiten gleichartig sind und deren Anrechnungswert den Betrag der Überdeckung nicht übersteigt. Gleichartig sind bei Barsicherheiten Beträge in der gleichen Währung, bei Wertpapiersicherheiten Papiere der gleichen Wertpapiergattung

(2) Eine Überdeckung liegt vor, soweit der Anrechnungswert der von einer Partei aufgrund dieses Anhangs gehaltenen Sicherheiten den Besicherungsanspruch dieser Partei übersteigt. Nr.3 Abs.2, Sätze 2 und 3 gelten entsprechend.

(3) Geht dem Sicherungsnehmer die Anforderung nach Abs. 1 vor 11.00 Uhr (Ortszeit Frankfurt am Main) an einem Bankgeschäftstag zu, sind die geschuldeten Geldbeträge oder Wertpapiere am nächsten, anderenfalls am übernächsten Bankgeschäftstag auf das in Nr. 11 bezeichnete Konto bzw. Depot des Sicherungsgebers zu übertragen. Bei im Ausland verwahrten Wertpapieren verlängert sich die Frist entsprechend, falls einer dieser Tage am Ort einer ausländischen Lagerstelle oder eines ausländischen Zwischenverwahrers kein Bankgeschäftstag ist und dies dazu führt, dass eine frühere Übertragung unmöglich oder mit unzumutbarem Aufwand verbunden wäre.

(4) Der Sicherungsnehmer kann eine Übertragung nach Abs. 1 verweigern, solange ein wichtiger Grund vorliegt, der ihn berechtigt, den Vertrag nach Nr. 7 Abs. 1 des Rahmenvertrages zu kündigen, es sei denn, ihm stehen unter dem Vertrag am maßgebenden Berechnungstag keinerlei (auch künftige, bedingte oder befristete) Forderungen gegen den Sicherungsgeber mehr zu.

5. Mindesttransferbetrag (6)

Ist in Nr. 11 für eine Partei ein Mindesttransferbetrag vereinbart, ist diese Partei zu einer Übertragung nach Nr. 3 oder Nr. 4 nur verpflichtet, wenn die betreffende Unter- bzw. Überdeckung diesen Mindesttransferbetrag zumindest erreicht, es sei denn, es handelt sich um einen Anspruch nach Nr. 4 Abs. 1, der sich auf sämtliche vom Sicherungsnehmer unter diesem Anhang gehaltene Sicherheiten bezieht.

6. Berechnungsstelle und Widerspruch

(1) Berechnungsstelle ist die in Nr. 11 Abs. 7 benannte Stelle. Mangels einer solchen Benennung übernimmt diejenige Partei, die einen Anspruch auf Übertragung nach Nr. 3 oder Nr. 4 geltend macht, für den betreffenden Berechnungstag die Funktion der Berechnungsstelle; macht keine Partei einen solchen Anspruch geltend, wird die Funktion der Berechnungsstelle in diesem Fall nicht wahrgenommen.

(2) Die Berechnungsstelle ermittelt für jeden Berechnungstag in Euro

– die Höhe der Ausfallrisikos,

– die Höhe etwaiger Zuschläge und Freibeträge,

– den Anrechnungswert der unter diesem Anhang gehaltenen Sicherheiten sowie

– eine etwaige Unter- oder Überdeckung und die insoweit übertragungspflichtige Partei.

Soweit für die Berechnung Quotierungen maßgebend sind, kann die Berechnungsstelle die entsprechenden Beträge unter Verwendung von Bildschirminformationsdiensten (z.B. Bloomberg, Reuters oder Telerate) oder in sonstiger Weise ermitteln.

(3) Die Berechnungsstelle teilt den Parteien (bzw. der anderen Partei, sofern Berechnungsstelle eine der Parteien ist) das Ergebnis der Berechnungen am Benachrichtigungstag bis spätestens zu dem in Nr. 11 vereinbarten Benachrichtigungszeitpunkt in Textform oder sonstiger marktüblicher Weise mit.

(4) Widerspricht eine Partei unverzüglich den Feststellungen der Berechnungsstelle und kommt es bei unterschiedlichen Auffassungen über die Höhe des Ausfallrisikos oder den Anrechnungswert von Sicherheiten bis zum Ende des Bankgeschäftstages, an dem der Widerspruch zugegangen ist, zu keiner Einigung, erfolgt eine Neubewertung der streitigen Einzelabschlüsse bzw. Sicherheiten. Die Verpflichtung, in Höhe des unstreitigen Teils der von der Berechnungsstelle festgestellten Unter- oder Überdeckung eine Übertragung gemäß Nr. 3 bzw. Nr. 4 vorzunehmen, bleibt unberührt.

40.020 (09/18)

(5) Die Neubewertung erfolgt für Einzelabschlüsse auf der Grundlage des arithmetischen Mittels von Quotierungen für entsprechende Geschäfte und für Sicherheiten auf der Grundlage von Geldkursen. Die Quotierungen und Geldkurse holt die Berechnungsstelle an dem auf den Zugang des Widerspruchs folgenden Bankgeschäftstag jeweils von vier Referenzbanken ein, von denen jede Partei zwei benannt hat. Sie teilt den Parteien (bzw. der anderen Partei, sofern Berechnungsstelle eine der Parteien ist) das Ergebnis am gleichen Tag bis spätestens 16.00 Uhr (Ortszeit Frankfurt am Main) in Textform oder sonstiger marktüblicher Weise mit. Wird danach eine Übertragung gemäß Nr. 3 oder Nr. 4 geschuldet, ist diese am nächsten Bankgeschäftstag zu bewirken. Bei einer Übertragung gemäß Nr. 4 Abs. 1 gilt Nr. 4 Abs. 3 Satz 2 entsprechend.

(6) Die in Abs. 4, Satz 2 und Abs. 5, Satz 4 genannten Leistungen sind ungeachtet eines für die übertragungspflichtige Partei vereinbarten Mindesttransferbetrages zu erbringen.

7. Austausch von Sicherheiten

Der Sicherungsgeber kann unter diesem Anhang geleistete Sicherheiten mit Zustimmung des Sicherungsnehmers ganz oder teilweise durch andere Bar- oder Wertpapiersicherheiten mit gleichem oder höherem Anrechnungswert ersetzen. Der Austausch erfolgt Zug um Zug.

8. Zinserträge von Bar- und Wertpapiersicherheiten

(1) Barsicherheiten sind vom Sicherungsnehmer für die in Nr. 11 vereinbarten Zinsperioden mit dem dort festgelegten Referenzzinssatz zu verzinsen. Die Zinsen sind jeweils nachträglich am zweiten Bankgeschäftstag nach Ablauf einer Zinsperiode fällig und dem in Nr. 11 bezeichneten Konto des Sicherungsgebers gutzubringen. Schuldet der Sicherungsnehmer eine Übertragung nach Nr. 4 Abs. 1, die sich auf sämtliche von ihm gehaltenen Barsicherheiten bezieht, sind die Zinsen jedoch ebenfalls zu dem in Nr. 4 Abs. 3 genannten Zeitpunkt fällig.

(2) Bei Wertpapiersicherheiten stehen dem Sicherungsgeber im Verhältnis zum Sicherungsnehmer sämtliche Zinszahlungen auf die Papiere zu. Der Sicherungsnehmer hat die entsprechenden Beträge mit Wertstellung zum Tag der tatsächlichen Zahlung durch den Emittenten auf das in Nr. 11 bezeichnete Konto des Sicherungsgebers weiterzuleiten. Unterliegen Zinszahlungen auf Wertpapiersicherheiten an den Sicherungsnehmer einer Quellensteuer oder führen sie zu einer Steuergutschrift, so schuldet der Sicherungsnehmer gemäß Satz 1 denjenigen Betrag, der dem Sicherungsgeber unter Berücksichtigung seiner dem Sicherungsnehmer zuvor mitgeteilten steuerlichen Erstattungs- oder Anrechnungsansprüche zufließen würde, wenn er Eigentümer der betreffenden Wertpapiersicherheiten wäre, einschließlich (a) der Quellensteuer, soweit der Sicherungsgeber eine Ausnahme von dieser Steuer oder deren Erstattung beanspruchen könnte sowie (b) einer dem Sicherungsgeber unter diesen Voraussetzungen zustehenden Steuergutschrift.

(3) Der Sicherungsnehmer ist zur Auskehrung von Zinserträgen nicht verpflichtet, soweit durch diese eine Unterdeckung entsteht. Nicht ausgekehrte Zinserträge nach Satz 1 sind bei der Ermittlung einer Unter- oder Überdeckung als Barsicherheiten zu berücksichtigen.

9. Beendigung des Vertrags (7)

(1) Im Fall einer Beendigung des Vertrags (Nr. 7 Abs. 3 des Rahmenvertrags) bewertet die berechnende Partei unverzüglich sämtliche Sicherheiten, die unter diesem Anhang geleistet wurden und für die der Sicherungsnehmer noch keine gleichartigen Werte gemäß Nr. 4 Abs. 1 an den Sicherungsgeber übertragen hat. Die entsprechenden Beträge werden in die nach Nr. 8 Abs. 1 des Rahmenvertrags zu ermittelnde Forderung wegen Nichterfüllung wie folgt einbezogen: Für die von der berechnenden Partei geleisteten Sicherheiten werden die ermittelten Beträge wie positive Markt- oder Börsenpreise von Ersatzgeschäften und für die von ihr empfangenen Sicherheiten werden die ermittelten Beträge wie negative Markt- oder Börsenpreise einbezogen. Gleichzeitig erlöschen sämtliche Ansprüche der Parteien auf Übertragung von Geldbeträgen oder Wertpapieren nach Nr. 3 oder Nr. 4. Einer vorherigen Androhung bedarf es nicht.

(2) Barsicherheiten werden mit dem Nominalbetrag zuzüglich der bis zur Beendigung des Vertrags aufgelaufenen Zinsen und Wertpapiersicherheiten werden mit dem bei einer Veräußerung gleichartiger Wertpapiere (Nr. 4 Abs. 1) vom Sicherungsnehmer erzielten Erlös bewertet. An die Stelle eines tatsächlich erhaltenen Erlöses tritt nach Wahl der berechnenden Partei der Betrag, den der Sicherungsnehmer unmittelbar nach Beendigung des Vertrags bei einer derartigen Veräußerung unter Wahrung der Interessen des Sicherungsgebers hätte erhalten können. Soweit die vorgenannten Beträge in einer anderen Währung als Euro 2

denominiert sind, werden sie von der berechnenden Partei zum von führenden Marktteilnehmern gestellten Preis für den Verkauf der betreffenden Währung in Euro umgerechnet.

10. Nichtleistung von Sicherheiten

Ein wichtiger Grund i.S.v. Nr. 7 Abs. 1 des Rahmenvertrags liegt auch dann vor, wenn eine fällige Leistung nach Nr. 3 oder Nr. 4 nicht innerhalb von einem Bankgeschäftstag nach Benachrichtigung vom Ausbleiben der Leistung eingegangen ist. Hat die Partei Feststellungen der Berechnungsstelle gemäß Nr. 6 Abs. 4 widersprochen, ist eine Kündigung des Rahmenvertrags wegen Ausbleibens der betreffenden Leistungen jedoch erst nach Abschluß des in Nr. 6 Abs. 4 und 5 beschriebenen Verfahrens zulässig.

11. Individualvereinbarungen:

siehe Anlage

Unterschrift(en) des Vertragspartners

Unterschrift(en) der Bank

40.020 (08/18)

3

6.1 Individualvereinbarungen zum Besicherungsanhang

11. Individualvereinbarungen

(1) Zugelassene Sicherheiten:

Barsicherheiten	**Anrechnungssatz %**
● Geldbeträge in gesetzlicher Währung der Bundesrepublik Deutschland	100
● Geldbeträge in bestimmten anderen Währungen	

Wertpapiersicherheiten	**Anrechnungssatz %**
● Wertpapiere der Bundesrepublik Deutschland (mit einer Restlaufzeit bis zu)	
● bestimmte andere Wertpapiere	

(2) Übertragungen nach Nr. 3 und Nr. 4 sowie Zahlungen von Zinsen und sonstigen Erträgen auf die Sicherheiten erfolgen auf die nachstehend genannten Konten und Depots:

Vertragspartner:
Bank:

(3) Für die Parteien gelten folgende Freibeträge:

Vertragspartner:
Bank:

(4) Für die Parteien gelten folgende Mindesttransferbeträge:

Vertragspartner:
Bank:

(5) Für die Parteien gelten, zusätzlich weiterer diesbezüglicher Vereinbarungen in Einzelabschlüssen, folgende Zuschläge:

Vertragspartner:
Bank:

1

(6) Berechnungstag ist

(7) Berechnungsstelle ist

(8) Benachrichtigungszeitpunkt ist

(Ortszeit Frankfurt am Main)

(9) Zinsperiode ist

(10) Referenzzinssatz ist

(11) Auf- und Abrundungen:

(12) Mitteilungen im Zusammenhang mit diesem Anhang sind an folgende Anschrift(en) zu richten:

Vertragspartner:

Bank:

(13) Sonstige Vereinbarungen:

Unterschrift(en) der Bank	

Unterschrift(en) des Vertragspartners	

44.021 (10/01a)

2

Schrifttum: *Bankenverband*, Die neue EMIR-Besicherungsdokumentation zum deutschen Rahmenvertrag für Finanztermingeschäfte – Hintergründe und Erläuterungen (Stand 19.4.2017); *Behrends*, Finanzderivate Rechtshandbuch, Der Deutsche Rahmenvertrag und das European Master Agreement; *Fried*, Finanzderivate Rechtshandbuch, Netting und Finanzsicherheiten § 19 Rn 1ff; *Jahn/Reiner*, Außerbörsliche Finanztermingeschäfte, Bankrechts-Handbuch § 114 Rn 77, 102–121; *Kollmann*, Zur Umsetzung der Richtlinie 2002/47/EG vom 6. Juni 2002 über Finanzsicherheiten in das deutsche Recht, WM 2004, 1012

Anmerkungen

1. Nach der Einführung des „Rahmenvertrages für Finanztermingeschäfte" im Jahre 1993 zeigte sich in der Praxis mit der Zeit, dass mit dem Anstieg von Anzahl bzw Marktwerten der Derivatgeschäfte neben der insolvenzrechtlich abgesicherten Möglichkeit des Netting ein Bedürfnis für eine weitere Reduktion der unter dem Rahmenvertrag begründeten Kreditrisiken und damit für eine Besicherung bestand. Der im Juni 2001 eingeführte Besicherungsanhang (nunmehr als „Besicherungsanhang (2001)" bzw. im Folgenden auch als BsA 2001 bezeichnet) sowie der im Zuge der Veröffentlichung des „Rahmenvertrages für Finanztermingeschäfte (2018)" entsprechend modifizierte Besicherungsanhang, der im September 2018 als „Besicherungsanhang (2018)" veröffentlicht wurde (im Folgenden auch als BsA 2018 bezeichnet), tragen diesem Wunsch der unter dem Rahmenvertrag handelnden Marktteilnehmer Rechnung. Der Besicherungsanhang lehnt sich an den zu seiner Einführung in 2001 in der internationalen Praxis verwendeten englischrechtlichen 1995 ISDA Credit Support Annex (Transfer Annex) zum ISDA Master Agreement an; der im Jahr 2004 veröffentlichte Sicherheitenanhang zum European Master Agreement weist eine ähnliche Struktur auf. Der Besicherungsanhang ist als zweiseitige Besicherungsvereinbarung konzipiert, dh grundsätzlich können beide Vertragspartner verpflichtet sein, Sicherheiten zu leisten.

Diese beiden, nunmehr nebeneinander im Markt gebräuchlichen Versionen des Besicherungsanhangs unterscheiden sich lediglich durch das Nachvollziehen der konzeptionellen Änderungen des Rahmenvertrages für Finanztermingeschäfte (2018) im Besicherungsanhang (2018). Besicherungsanhänge sollen letztlich den Betrag abdecken, der aus einem Close-Out-Netting des Vertrages folgen würde (so auch Fried § 19 Rn 10), so dass die neuen Berechnungsklauseln für den Close-Out Fall im BsA 2018 zu spiegeln waren: So wie die „rückständigen Beträge und sonstigen Leistungen" gem Nr 9 Abs 1 DRV 1993/2001 im DRV 2018 nunmehr in die nach Nr 8 Abs 1 DRV 2018 zu ermittelnde Forderung wegen Nichterfüllung einbezogen werden, werden die für die Sicherheiten im Beendigungsfall ermittelten Werte (gem Nr 9 BsA 2001) bei der Berechnung der Forderung wegen Nichterfüllung demgemäß nicht mehr auf der Ebene der „rückständigen Leistungen" (Nr 9 Abs 1 S 2 BsA 2001 iVm Nr 9 DRV 1993/2001), sondern bereits wie Markt- und Börsenpreise von Ersatzgeschäften in die nach Nr 8 Abs 1 DRV 2018 zu ermittelnde Forderung wegen Nichterfüllung einbezogen. Entsprechend wurde auch die Begriffsbestimmung **„Ausfallrisiko"** in Nr 2 des Besicherungsanhangs angepasst: Die wichtige Bestimmung zur Berechnung des Ausfallrisikos (Exposure) basiert im BsA 1993/2001 auf dem Betrag der **„einheitlichen Ausgleichsforderung"**, die sich nach **Nr 9 Abs 1 DRV 1993/2001** bei einer Beendigung sämtlicher Einzelabschlüsse an einem Berechnungstag ergäbe; im BsA 2018 – als begriffliche und verweistechnische Folgeänderung – wird das Ausfallrisiko berechnet, indem die **„Forderung wegen Nichterfüllung"**, die sich nach **Nr 8 DRV 2018** ergäbe, zugrunde gelegt wird.

Als weitere Neuerung sind die aktualisierten Formvorschriften bei Mitteilungen zu nennen, mit der vor allem die Textform eingeführt wurde („per Textform oder in sonstiger marktüblicher Weise" gem Nr 6 Abs 3 und 5 BsA 2018 gegenüber der Kommunikation durch „Telefax, E-Mail oder in ähnlicher Form." gem Nr 6 Abs 3 und 5 BsA 2001).

2. Die wesentliche Charakteristik des Besicherungsanhangs ist die **uneingeschränkte Vollrechtsübertragung** ohne fiduziarische Bindung des Sicherungsnehmers (full (title) transfer). Nr 1 Abs 2 legt fest, dass die als Sicherheit geleisteten Gegenstände in das „Eigentum" des Sicherungsnehmers übergehen. Der Sicherungsnehmer kann über die Sicherheiten frei verfügen (vgl Nr 1 Abs 2 S 3) und ist lediglich verpflichtet, gleichartige

Sicherheiten zurück zu übertragen (vgl Nr 4 Abs 1). So kann der Sicherungsnehmer als Sicherheit erhaltene Wertpapiere veräußern oder im Rahmen eines Wertpapierdarlehens auf Dritte übertragen. Die Sicherheitenstellung im Wege der nicht treuhänderisch gebundenen Vollrechtsübertragung hat sich an den Finanzmärkten durchgesetzt (näher zur Bedeutung der Richtlinie 2002/47/EG des Europäischen Parlaments und des Rates vom 6.6.2002 über Finanzsicherheiten, ABl v 27.6.2002, L 168/43, zuletzt geändert durch Art 118 ÄndRL 2014/59/EU v 15. Mai 2014 (ABl L 173/190) (sog „Finanzsicherheiten-Richtlinie", s dazu Kollmann WM 2004, 1012) in diesem Zusammenhang und zur Umsetzung der uneingeschränkten Verfügungsbefugnis ins deutsche Recht Jahn/Reiner § 114 Rn 113). Sicherheitenstellungen im Wege der Verpfändung von Barguthaben oder Wertpapieren haben demgegenüber nur eine geringe Bedeutung und werden vor allem dann vereinbart, wenn der Sicherungsgeber seine Eigentümerstellung an den Sicherheiten nicht aufgeben will. Aus Kreditrisikosicht besteht jedoch im Grundsatz kein Nachteil der uneingeschränkten Vollrechtsübereignung gegenüber pfandrechtlichen Ausgestaltungen, da das Äquivalenzverhältnis von Sicherungsinteresse und gestellten Sicherheiten permanent in Balance gehalten wird (dazu unten → Anm. 5); allerdings stellt sich das Problem des sog „Excess Collateral", wenn der Sicherungsnehmer im Falle seiner Insolvenz zum Zeitpunkt der Beendigung des Vertrages mehr Sicherheiten als nötig hat und dieses in die Insolvenzmasse fällt, näher dazu Fried § 19 Rn 12. Im Unterschied zur klassischen Sicherungsübereignung oder Verpfändung, bei denen der Sicherungsnehmer gerade nicht wie ein Vollrechtsinhaber verfahren darf, hat der Sicherungsgeber bei der Besicherung von Derivatgeschäften regelmäßig kein Interesse, den übertragenen Gegenstand selbst zurückzuerhalten.

3. Besichert wird das **Nettoausfallrisiko**, das heißt der Betrag, der im Fall der Beendigung des Rahmenvertrages – zB wegen Insolvenz einer Partei oder Kündigung aus wichtigem Grund – als Ausgleich an die ersatzberechtigte Partei nach Nr 9 Abs 1 des Rahmenvertrages 1993/2001 bzw an die berechnende Partei nach Nr 8 Abs 1 des Rahmenvertrages 2018 – jeweils den Sicherungsnehmer – zu zahlen wäre.

4. **Geeignete Sicherheiten** sind grundsätzlich nur Barguthaben und in der Regel erstklassige hochliquide Wertpapiere, wobei sich die Parteien auf jegliche Wertpapiere mit einem bestimmten Anrechnungssatz im Rahmen der Individualvereinbarung (vgl Nr 11) verständigen können. Die Stellung von Wertpapiersicherheiten ist materiellrechtlich und kollisionsrechtlich nicht unproblematisch (vgl dazu die Bemühungen zur EU-Wertpapierrechtsharmonisierung): Zwar unterliegen die Verpflichtungen unter dem Besicherungsanhang aufgrund der Rechtswahl im Rahmenvertrag ebenfalls deutschem Recht; aber das auf die Übertragung von Sicherheiten anwendbare Recht richtet sich nach eigenen kollisionsrechtlichen Normen, insbesondere § 17a DepotG (Behrends § 6 Rn 75).

5. Das Nettoausfallrisiko kann je nach Marktentwicklung und Volatilität der Höhe nach stark schwanken. Dem trägt der Besicherungsanhang in Nr 4 und Nr 5 mit einer **Anpassung der Sicherheiten** Rechnung. Die Bewertung des Nettoausfallrisikos erfolgt in regelmäßigen Abständen, in der Praxis meist täglich. Ergibt die Bewertung eine Unterdeckung, erfolgt auf Anforderung der berechtigten Partei eine Nachbesicherung (vgl Nr 4). Ergibt die Bewertung eine Überdeckung, sind die gestellten Sicherheiten auf Anforderung des Sicherungsgebers sofort zurück zu übertragen (Margin Calls).

6. Bei entsprechender Bonität der Parteien ist es marktüblich einen **Mindesttransferbetrag** (Minimum Transfer Amount) zu vereinbaren. Dies hat zur Folge, dass die besicherungspflichtige Partei erst dann auf Anforderung Sicherheiten im Rahmen einer Unter- oder Überdeckung leisten muss, wenn dieser Betrag zumindest den Mindesttransferbetrag erreicht. Die Vereinbarung eines Mindesttransferbetrages hat zur Folge, dass nicht bei jeder Marktbewegung und damit verbundenen Änderung des Nettoausfallrisikos eine Anpassung der Sicherheiten notwendig ist. Ebenfalls ist es nicht unüblich, in den Individualvereinbarungen in Nr 11 einen sogenannten **Freibetrag** (Threshold Amount) zu vereinbaren (jedoch nicht im Anwendungsbereich der EMIR-Anforderungen und des VM-Besicherungsanhangs (vgl dazu → Form. IV.S. 8 und dort → Anm. 5). Dieser ist nicht mit dem Mindesttransferbetrag zu verwechseln. Der Freibetrag ist mit einer Kreditlinie zu vergleichen, ab deren Erreichen die besicherungspflichtige Partei erst verpflichtet ist, Sicherheiten zu leisten, dh lediglich in Höhe des den Freibetrag übersteigenden Nettoausfallrisikos. Der Mindesttransferbetrag versucht dahingegen, die Häufigkeit der Sicherheitsleistungen auf ein operativ verträgliches Maß zu beschränken.

7. Nr 9 regelt für den Fall der Beendigung des Rahmenvertrages, dass die **Verwertung der gestellten Sicherheiten** durch Verrechnung des Werts der Sicherheiten mit den positiven und negativen Marktwerten der unter dem Rahmenvertrag getätigten Geschäfte im Rahmen des **Liquidationsnettings** erfolgt. Dank Nr 6 des § 104 InsO („Finanzsicherheiten im Sinne des § 1 Abs 17 des Kreditwesengesetzes") stellt der deutsche Gesetzgeber – im Einklang mit Art 7 der Finanzsicherheiten-Richtlinie – die insolvenzrechtliche Anerkennung von Close-Out-Netting-Klauseln, die Ansprüche im Zusammenhang mit Finanzsicherheiten einbeziehen, sicher.

8. In Abgrenzung zum VM-Besicherungsanhang ist der Besicherungsanhang immer dann ein geeigneter Vertrag zur Besicherung von OTC-Derivatgeschäften, wenn die jeweiligen **Marktteilnehmer nicht den Anforderungen des Art 11 Abs 3 EMIR** unterfallen und damit keine Besicherungspflicht gemäß der in der Delegierten Verordnung (EU) 2016/2251 der Kommission vom 4. Oktober 2016 (ABl v 15.12.2016, L 340/9, die „EMIR-Besicherungs-RTS", dazu näher → Form. IV. S. 8, vor 1) festgelegten Anforderungen besteht. In der Praxis sind das vor allem die Konstellationen, in denen gegenüber unterhalb der Clearingschwelle liegenden nichtfinanziellen Gegenparteien (NFC-) Sicherheiten gestellt werden, vgl näher zum persönlichen Anwendungsbereich des VM-Besicherungsanhangs → Form. IV.S. 8, vor 1. Zu den Unterschieden zwischen dem Besicherungsanhang (2001) und dem VM-Besicherungsanhang vgl die kommentierte Gegenüberstellung bei Bankenverband S 22 ff.

7. Anhang für Rohwarengeschäfte

	Anhang vom
	zum Rahmenvertrag vom

Anhang für Rohwarengeschäfte (2018) zum oben genannten Rahmenvertrag für Finanztermingeschäfte („Rahmenvertrag")

Zwischen

Name und Anschrift des Vertragspartners
(nachstehend „Vertragspartner" genannt)

und

Name und Anschrift der Bank
(nachstehend „Bank" genannt)

1. Zweck und Gegenstand des Anhanges (1) (2)

(1) Ergänzend zu den Bestimmungen des Rahmenvertrages gelten für Rohwarengeschäfte die nachfolgenden Bestimmungen.

(2) Die Parteien beabsichtigen, zur Gestaltung von Preisänderungsrisiken im Rahmen ihrer Geschäftstätigkeit Rohwarengeschäfte abzuschließen. Die Bestimmungen dieses Anhangs gelten nicht für Rohwarengeschäfte, die durch die Lieferung der zugrunde liegenden Rohwaren zu erfüllen sind.

(3) Der Rahmenvertrag und dieser Anhang gelten unabhängig von einer Bezugnahme im Einzelabschluss auf den Rahmenvertrag für jedes Rohwarengeschäft, das zwischen den Parteien abgeschlossen wird.

2. Begriffsbestimmungen

(1) Im Sinne dieses Anhanges sind:

– „Ausübungsfrist" der Zeitraum, der an dem im Einzelabschluss genannten Anfangsdatum beginnt und am Verfalltag endet; ist im Einzelabschluss kein Anfangsdatum genannt, beginnt die Ausübungsfrist am Abschlussdatum;

– „Ausübungsstelle" die im Einzelabschluss vereinbarte Stelle des Verkäufers, mangels einer solchen Stelle die die Option abschließende Stelle des Verkäufers;

– „Ausübungstag" der Rohwarengeschäftstag, an dem die im Einzelabschluss vereinbarte Option ausgeübt wird oder als ausgeübt gilt;

– „Ausübungszeitpunkt" die im Einzelabschluss vereinbarte Uhrzeit, mangels einer solchen Vereinbarung 17.00 Uhr Ortszeit in Frankfurt am Main;

– „Basispreis" der im Einzelabschluss vereinbarte Preis der Rohware je Einheit, ausgedrückt in der Vertragswährung; bei Rohwarengeschäften, die auf einen Rohwarenindex Bezug nehmen, der im Einzelabschluss vereinbarte Indexstand;

– „Berechnungsstelle" die im Einzelabschluss vereinbarte Stelle, mangels einer solchen Vereinbarung die Bank;

– „Bezugsmenge" die in einem Einzelabschluss für den jeweiligen Feststellungstag oder Berechnungszeitraum vereinbarte Anzahl der Einheiten der jeweiligen Rohwaren;

– „Börse" die oder der im Einzelabschluss als Referenzquelle oder durch Bezugnahme auf eine Referenzpreisbeschreibung oder einen Rohwarenindex vereinbarte Rohwarenbörse, Warenterminbörse oder Haupthandelsplatz;

– „Einheit" die im Einzelabschluss oder durch Bezugnahme auf eine Referenzpreisbeschreibung vereinbarte Einheit der Rohware;

– „Fälligkeitstag" der im Einzelabschluss bestimmte Fälligkeitstag; ist dieser kein Bankarbeitstag an dem Ort, an dem das Konto des Zahlungsempfängers unterhalten wird, so gilt für die Zahlungen beider Parteien an diesem Tag aus dem betroffenen Einzelabschluss Nr. 3 Abs. 5 Buchstabe b) des Rahmenvertrages;

– Festpreis", der im Einzelabschluss vereinbarte Preis pro Einheit der Rohware ausgedrückt in der Vertragswährung;

– „Feststellungstag", vorbehaltlich Nr. 8, jeder im Einzelabschluss vereinbarte Tag für den der Referenzpreis festzustellen ist, mangels einer solchen Vereinbarung bei europäischen, amerikanischen und Bermuda-Rohwarenoptionen der Rohwarengeschäftstag unmittelbar vor dem Ausübungstag, bei asiatischen Rohwarenoptionen jeder der im Einzelabschluss vereinbarten Tage vor dem Ausübungstag und bei Rohwarentermingeschäften der Fälligkeitstag; ist der Feststellungstag kein Rohwarengeschäftstag, so gilt der unmittelbar folgende Rohwarengeschäftstag als Feststellungstag;

– „Gesamtbezugsmenge" die Summe sämtlicher Bezugsmengen;

– „Höchstdauer der Marktstörung" ist die im Einzelabschluss vereinbarte Anzahl an Rohwarengeschäftstagen oder – mangels einer solchen Vereinbarung – fünf Rohwarengeschäftstage;

– „Index-Werte" die dem jeweiligen Rohwarenindex zugrundeliegenden Rohwaren;

– „Optionswerte" bei Optionen auf Rohwaren die im Einzelabschluss vereinbarten Rohwaren und bei Optionen auf Rohwarenindizes die Index-Werte;

– „Preisspezifikation" die im Einzelabschluss oder durch Bezugnahme auf eine Referenzpreisbeschreibung vereinbarte Spezifikation, insbesondere der „gehandelte Preis", der „festgestellte Preis/Index", der „veröffentlichte Preis/Index" oder der „letzte festgestellte Preis/Index". Bei Geschäften, für die als Referenzquelle eine Rohwarenbörse oder Warenterminbörse vereinbart ist, gilt im Zweifel der von der oder für die Börse am Feststellungstag veröffentlichte Preis oder Indexstand und, wenn mehrere Preise oder Indexstände veröffentlicht werden, der letzte festgestellte Preis oder Indexstand als vereinbart.

– „Referenzpreis" vorbehaltlich Nr. 8, der von der Berechnungsstelle am Feststellungstag unter Zuhilfenahme der Referenzquelle und der Preisspezifikation ermittelte Preis der Rohware je Einheit, ausgedrückt in der Vertragswährung, und bei Rohwarengeschäften, die auf einen Rohwarenindex Bezug nehmen, der von der Berechnungsstelle am Feststellungstag unter Zuhilfenahme der Referenzquelle und der Preisspezifikation ermittelte Indexstand;

– „Referenzpreisbeschreibung" jede im Einzelabschluss, gegebenenfalls durch einen Verweis, vereinbarte Definition eines Referenzpreises;

– „Referenzquelle" vorbehaltlich der Nr. 8, die im Einzelabschluss oder durch Bezugnahme auf eine Referenzpreisbeschreibung vereinbarte Referenzquelle, insbesondere eine Börse, eine Bildschirmseite oder sonstige Publikation eines Informationsdienstes oder die Quotierungen von Rohwarenhändlern;

– „Rohware" die im Einzelabschluss vereinbarten Gegenstände, insbesondere Primärenergieträger und andere Rohstoffe sowie land- oder forstwirtschaftliche Erzeugnisse einschließlich der durch Aufarbeitung, Veredelung oder Weiterverarbeitung dieser Gegenstände, durch Reststoff- oder Abfallverwertung gewonnenen Produkte, wie z.B. Kohle, Öl, Gas, Metalle oder Elektrizität;

– „Rohwarengeschäfte" jedes Geschäft, das die Zahlung von Geldbeträgen zum Gegenstand hat, die auf der Grundlage von für Rohwaren festgestellten Preisen oder Rohwarenindizes ermittelt wird;

– „Rohwarengeschäftstag" bei Geschäften, für die als Referenzquelle eine Börse vereinbart ist, jeder Tag, an dem an dieser Börse gehandelt wird oder, im Falle einer Marktstörung, gehandelt worden wäre, bei Geschäften, für die als Referenzquelle die Bildschirmseite oder sonstige Publikation eines Informationsdienstes vereinbart ist, jeder Tag, an dem der Informationsdienst veröffentlicht oder, im Falle einer Marktstörung, veröffentlicht hätte, und bei Geschäften, für die als Referenzquelle Quotierungen von Rohwarenhändlern vereinbart sind, jeder Tag, an dem die im Einzelabschluss vereinbarten oder nach Nr. 3 Abs. 3 von der Berechnungsstelle benannten Rohwarenhändler in der Rohware handeln oder, im Falle einer Marktstörung, gehandelt hätten;

– „Rohwarenindex" der im Einzelabschluss vereinbarte Index;

– „Rohwarenoption" Optionen auf Rohwaren oder Rohwarenindizes und Optionen auf Rohwarengeschäfte;

– „Verfalltag" der im Einzelabschluss bestimmte Verfalltag oder, falls dieser kein Rohwarengeschäftstag ist, der nächstfolgende Rohwarengeschäftstag;

(2) Maßgeblicher Finanzplatz für die Bestimmung des Rohwarengeschäftstages ist bezüglich der Definition „Verfalltag" und der Nr. 6 der Ort, an dem sich die Ausübungsstelle befindet, und bezüglich der Definition „Feststellungstag" der Ort, an dem sich die Berechnungsstelle befindet.

1

3. Bestimmungen für die Berechnung des variablen Preises (3)

(1) Haben die Parteien für einen Berechnungszeitraum, Ausübungstag oder Fälligkeitstag nur einen Feststellungstag vereinbart, so ist der variable Preis der für diesen Feststellungstag ermittelte Referenzpreis.

(2) Haben die Parteien für einen Berechnungszeitraum, Ausübungstag oder Fälligkeitstag mehr als einen Feststellungstag vereinbart, so ist der variable Preis das arithmetische Mittel der für jeden dieser Feststellungstage ermittelten Referenzpreise. Haben sie abweichend hiervon „mengengewichtetes Mittel" vereinbart, so ist der variable Preis (A) die Summe der für jeden Feststellungstag berechneten Produkte aus (1) dem für den betreffenden Feststellungstag ermittelte Referenzpreis und (2) der für diesen Tag vereinbarten Bezugsmenge geteilt durch (B) die Summe der für jeden Feststellungstag vereinbarten Bezugsmengen. Nr. 5 Abs. 1 des Rahmenvertrages gilt mit der Maßgabe, dass die Berechnungsstelle der anderen Partei den von ihr ermittelten variablen Preis spätestens an dem auf den letzten Feststellungstag folgenden Bankarbeitstag mitteilt.

(3) Haben die Parteien im Einzelabschluss „Referenzquelle Rohwarenhändler" vereinbart, oder gilt „Referenzquelle Rohwarenhändler" nach Nr. 8 Abs. 3 als vereinbart, so finden die nachfolgenden Bestimmungen Anwendung:

a) Sofern in einem Einzelabschluss keine Rohwarenhändler vereinbart sind, benennt die Berechnungsstelle am Feststellungstag mindestens drei Rohwarenhändler, bei denen es sich, soweit möglich, um Personen oder Unternehmen handeln muss, die an der Börse oder an dem für die betreffende Rohware maßgeblichen Haupthandelsplatz aufgrund der von ihnen getätigten Umsätze eine bedeutende Stellung einnehmen. Sofern nach Auffassung einer Partei ein im Einzelabschluss vereinbarter Rohwarenhändler nicht mehr zur Quotierung herangezogen werden soll, tritt an seine Stelle ein von der Berechnungsstelle zu benennender Rohwarenhändler. Bei Einzelabschlüssen mit mehreren Feststellungstagen sind die von der Berechnungsstelle für einen Feststellungstag benannten Rohwarenhändler auch für die darauffolgenden Feststellungstage maßgeblich.

b) Am Feststellungstag holt die Berechnungsstelle von den Rohwarenhändlern Quotierungen für den Referenzpreis ein. Die Quotierungen beziehen sich auf eine Einheit der Rohware, ausgedrückt in der Währung des Basispreises oder des Festbetrages. Die Quotierungen sind unter Berücksichtigung der Preisspezifikation und des gegebenenfalls maßgeblichen Liefertermins für derartige Rohwaren zu ermitteln.

c) Liegen drei oder mehr Quotierungen vor, so bleiben jeweils die höchste und die niedrigste Quotierung außer Ansatz. Haben zwei oder mehr Quotierungen denselben höchsten oder niedrigsten Wert, bleibt lediglich eine dieser Quotierungen außer Ansatz. Referenzpreis ist bei vier oder mehr Quotierungen das arithmetische Mittel der zu berücksichtigenden Quotierungen.

(4) Haben die Parteien im Einzelabschluss einen oder mehrere Berechnungszeiträume vereinbart, so ist „Berechnungszeitraum" der Zeitraum, der mit dem ersten Tag eines Berechnungszeitraums (einschließlich) beginnt und mit dem letzten Tag eines Berechnungszeitraums (einschließlich) endet. Haben die Parteien im Einzelabschluss Berechnungsstichtage vereinbart, so ist „Berechnungszeitraum" der Zeitraum, der mit dem Anfangsdatum des Einzelabschlusses oder einem Berechnungsstichtag (einschließlich) beginnt und mit dem nächstfolgenden Berechnungsstichtag oder dem Enddatum (ausschließlich) endet.

4. Bestimmungen für Rohwarenswap- und Rohwarenpreisbegrenzungsgeschäfte

(1) Für Rohwarenswapgeschäfte gelten die Bestimmungen der Nr. 6 Abs. 1 und 2 des Rahmenvertrages mit folgender Maßgabe: Der jeweils zu zahlende variable Betrag ist das Produkt aus (A) der für den Berechnungszeitraum vereinbarten Bezugsmenge und (B) dem variablen Preis. Für die Berechnung des variablen Betrages entspricht bei Rohwarenswapgeschäften, die auf einen Rohwarenindex Bezug nehmen, ein Index-Punkt dem im Einzelabschluss vereinbarten Geldbetrag. Der jeweils zu zahlende Festbetrag ist, falls im Einzelabschluss betragsmäßig nicht festgelegt, das Produkt aus (A) der für den Berechnungszeitraum vereinbarten Bezugsmenge und (B) dem vereinbarten Festpreis.

(2) Für Rohwarenpreisbegrenzungsgeschäfte gelten die Bestimmungen der Nr. 6 Abs. 3 des Rahmenvertrages mit folgender Maßgabe: Der jeweils zu zahlende variable Betrag ist

a) im Falle der Höchstpreisvereinbarung (Cap) für Zahlungen der als Überschusszahler (oder Cap-Verkäufer) bezeichneten Partei das Produkt aus (A) der für den Berechnungszeitraum vereinbarten Bezugsmenge und (B) der absoluten Differenz, um die der variable Preis den Basispreis überschreitet und

44.024 (09/18)

b) im Falle der Mindestpreisvereinbarung (Floor) für Zahlungen der als Mindestbetragszahler (oder Floor-Verkäufer) bezeichneten Partei das Produkt aus (A) der für den Berechnungszeitraum vereinbarten Bezugsmenge und (B) der absoluten Differenz, um die der variable Preis den Basispreis unterschreitet.

Für die Berechnung des variablen Betrages entspricht bei Rohwarengeschäften, die auf einen Rohwarenindex Bezug nehmen, ein Index-Punkt dem im Einzelabschluss vereinbarten Geldbetrag. Der Festbetrag ist die jeweils vom Käufer zu zahlende, im Einzelabschluss vereinbarte Prämie.

5. Bestimmungen für Rohwarentermingeschäfte

Falls der variable Preis den Basispreis überschreitet, ist der Verkäufer und, falls der variable Preis den Basispreis unterschreitet, ist der Käufer verpflichtet, der jeweils anderen Partei einen Geldbetrag in Höhe des Produktes aus (A) der für den Berechnungszeitraum vereinbarten Bezugsmenge und (B) der absoluten Differenz zwischen dem variablen Preis und dem Basispreis zu zahlen. Für die Berechnung des Geldbetrages entspricht bei Rohwarentermingeschäften, die auf einen Rohwarenindex Bezug nehmen, ein Index-Punkt dem im Einzelabschluss vereinbarten Geldbetrag.

6. Bestimmungen für Rohwarenoptionen (4)

(1) Der Käufer einer europäischen Rohwarenoption ist berechtigt, diese bis zum Ausübungszeitpunkt am Verfalltag auszuüben. Geht die Ausübungserklärung vor dem Verfalltag zu, gilt die Option als am Verfalltag ausgeübt.

(2) Der Käufer einer amerikanischen Rohwarenoption ist berechtigt, diese jederzeit innerhalb der Ausübungsfrist bis zum Ausübungszeitpunkt am Verfalltag auszuüben. Geht die Ausübungserklärung vor Beginn der Ausübungsfrist zu, gilt die Option als am ersten Tag der Ausübungsfrist ausgeübt. Geht die Ausübungserklärung an einem Tag vor dem Verfalltag nach dem Ausübungszeitpunkt oder an einem Tag, der kein Rohwarengeschäftstag ist, zu, so gilt die Option als am darauffolgenden Rohwarengeschäftstag ausgeübt.

(3) Der Käufer einer Bermuda-Rohwarenoption ist berechtigt, diese an den im Einzelabschluss für die Ausübung vereinbarten Tagen bis zum Ausübungszeitpunkt auszuüben. Ist einer der für die Ausübung vereinbarten Tage kein Rohwarengeschäftstag, so gilt der unmittelbar folgende Rohwarengeschäftstag als vereinbart. Geht die Ausübungserklärung vor einem für die Ausübung vereinbarten Tag oder an einem für die Ausübung vereinbarten Tag, jedoch nach dem Ausübungszeitpunkt zu, so gilt die Option als nicht ausgeübt.

(4) Ist im Einzelabschluss „Teilausübung" vereinbart, ist der Käufer einer Rohwarenoption berechtigt, die Option auch teilweise und im Falle einer amerikanischen oder einer Bermuda-Rohwarenoption, für die im Einzelabschluss „Mehrmalige Ausübung" vereinbart ist, auch mehrmals in Teilen auszuüben. Im Falle der Ausübung eines Teils der Bezugsmenge muss die Ausübungserklärung den Teil der Bezugsmenge, auf die sich die Ausübung beziehen soll („auszuübende Bezugsmenge"), ausdrücklich benennen. Die auszuübende Bezugsmenge darf die vereinbarte Mindestausübungsmenge nicht unterschreiten und die vereinbarte Höchstausübungsmenge nicht überschreiten; sie muss durch den vereinbarten Divisor ohne Rest teilbar sein. Dies gilt jedoch nicht, wenn es sich um die Ausübung eines gegebenenfalls am Verfalltag noch nicht ausgeübten Teiles der Bezugsmenge handelt. Entspricht die auszuübende Bezugsmenge diesen Anforderungen nicht, so gilt im Falle des Überschreitens der Höchstausübungsmenge die Höchstausübungsmenge und im Falle der fehlenden Teilbarkeit die nächstniedrigere ohne Rest teilbare Bezugsmenge als ausgeübt; im Falle des Unterschreitens der Mindestausübungsmenge gilt die Teilausübung als nicht erfolgt. Mit erfolgter Ausübung eines Teils der Bezugsmenge reduziert sich diese jeweils um den ausgeübten Teil.

(5) Die Ausübungserklärung ist an die Ausübungsstelle zu richten. Sie ist unwiderruflich.

(6) Eine nicht ausgeübte europäische Rohwarenoption oder eine nicht ausgeübte oder nur teilweise ausgeübte amerikanische Rohwarenoption gilt als am Verfalltag und eine nicht ausgeübte Bermuda-Rohwarenoption gilt als am letzten der im Einzelabschluss für die Ausübung vereinbarten Tage ausgeübt, falls der Käufer im Falle der Ausübung der Option an diesem Tag ein Recht auf Erhalt eines Geldbetrages nach Absatz 7 oder Absatz 8 Buchstabe b) hätte.

(7) Im Falle der Ausübung einer Option auf Rohwaren oder einen Rohwarenindex ist der Verkäufer verpflichtet, dem Käufer einen Geldbetrag in Höhe des Produktes aus (A) der ausgeübten Menge und (B) der Differenz zwischen dem variablen Preis und dem Basispreis zu zahlen, falls der variable Preis den Basispreis bei einer Kaufoption überschreitet und bei einer Verkaufsoption unterschreitet. Für die Berechnung des Geldbetrages entspricht bei Optionen auf Rohwarenindizes ein Index-Punkt dem im Einzelabschluss vereinbarten Geldbetrag.

2

(8) Im Falle der Ausübung einer Option auf ein Rohwarengeschäft gilt folgendes:

a) Ist im Einzelabschluss „Geschäftsabschluss" vereinbart, kommt zwischen den Parteien mit Ausübung der Option das der Option zugrundeliegende Rohwarengeschäft („Bezugsgeschäft") zustande.

b) Ist im Einzelabschluss „Barausgleich" vereinbart, ist der Verkäufer verpflichtet, dem Käufer nach Maßgabe der Vereinbarung im Einzelabschluss einen Geldbetrag („Barausgleich") in Höhe des Barwertes des Bezugsgeschäfts zu zahlen, falls der Barwert des Bezugsgeschäfts für den Käufer positiv ist. Im Zweifel gilt Barausgleich als vereinbart.

(9) Die Berechnungsstelle ermittelt am Ausübungstag den nach Absatz 7 oder Absatz 8 zu zahlenden Geldbetrag und teilt ihn der anderen Partei spätestens an dem auf den Ausübungstag folgenden Bankarbeitstag mit.

(10) Der Käufer ist verpflichtet, dem Verkäufer die im Einzelabschluss vereinbarte Optionsprämie zu zahlen.

7. Bestimmungen für Rohwarenindizes

Bei Rohwarengeschäften, die auf einen Rohwarenindex Bezug nehmen, sind für die Berechnung des Rohwarenindexes die am Feststellungstag jeweils anwendbaren Regeln („Konzept") maßgeblich. Dies gilt auch dann, wenn während der Laufzeit des Einzelabschlusses Veränderungen und Bereinigungen in der Berechnung des Rohwarenindexes, in der Zusammensetzung der Index-Werte und der Gewichtung der Preise, auf deren Grundlage der Rohwarenindex berechnet wird, oder andere Maßnahmen vorgenommen werden, die sich auf das Konzept oder die Berechnung des Indexes auswirken, soweit sich aus Nr. 8 nicht etwas anderes ergibt.

8. Marktstörungen (5)

(1) Eine Marktstörung liegt vor, wenn die Berechnungsstelle an einem Feststellungstag nach sorgfältiger Beurteilung und unter Abwägung der Interessen beider Parteien feststellt, dass eines der nachstehend genannten Ereignisse eingetreten ist:

a) „Störung der Referenzquelle": Die Referenzquelle, unter deren Zuhilfenahme die Berechnungsstelle den Referenzpreis zu ermitteln hat, (A) stellt die vereinbarte Preisspezifikation nicht fest oder macht sie nicht bekannt oder veröffentlicht sie nicht, (B) ist vorübergehend oder dauerhaft nicht erreichbar oder verfügbar oder (C), falls die Parteien im Einzelabschluss „Referenzquelle Rohwarenhändler" vereinbart haben, die Berechnungsstelle erhält weniger als drei Quotierungen oder (D), falls die Parteien im Einzelabschluss einen „Prozentsatz für wesentliche Preisabweichungen" vereinbart haben, der auf Grundlage der Referenzquelle ermittelte Preis weicht von den am selben Feststellungstag aufgrund von Quotierungen von Rohwarenhändlern ermittelten Referenzpreis um mehr als den vereinbarten Prozentsatz ab.

b) „Einstellung des Handels": Der Handel in den Rohwaren oder in den Options- oder Index-Werten oder der Handel von Future- oder Optionskontrakten, die dieselben Rohwaren oder Options- oder Indexwerte zum Gegenstand haben, wird an der Börse oder den für Zwecke der Feststellung von Marktstörungen im Einzelabschluss vereinbarten anderen Rohwarenbörsen, Warenterminbörsen oder Handelsplätzen dauerhaft, für unbestimmte Zeit oder für einen wesentlichen Zeitraum eingestellt.

c) „Wegfall des Referenzpreises": Die Rohwaren werden nicht mehr gewonnen, erzeugt oder hergestellt oder der Handel in den Rohwaren wird generell eingestellt oder, sofern die Parteien im Einzelabschluss eine Referenzpreisbeschreibung vereinbart haben, der Handel an der oder dem in der Referenzpreisbeschreibung genannten Rohwarenbörse, Warenterminbörse oder Haupthandelsplatz in den genannten Forward- oder Futurekontrakten wird entweder nicht aufgenommen oder dauerhaft eingestellt.

d) „Wesentliche Änderung des Konzepts": Die im Hinblick auf einen Rohwarenindex vorgenommenen Veränderungen und Bereinigungen oder andere Maßnahmen („Maßnahmen") wirken sich wesentlich auf das Konzept oder die Berechnung des Rohwarenindex aus. Werden während der Laufzeit des Einzelabschlusses mehrere Maßnahmen vorgenommen, so ist die Wesentlichkeit jeweils aufgrund eines Vergleiches mit dem am Abschlussdatum maßgeblichen Konzept zu beurteilen.

e) „Wesentliche Änderung des Inhalts": Die Zusammensetzung, Beschaffenheit, Eigenschaft oder Verkehrsfähigkeit der Rohwaren oder, sofern die Parteien im Einzelabschluss eine Referenzpreisbeschreibung vereinbart haben, die Zusammensetzung, Beschaffenheit, Eigenschaft oder Verkehrsfähigkeit der den in der Referenzpreisbeschreibung genannten Forward- oder Futurekontrakten zugrundeliegenden Rohwaren oder die Ausgestaltung der Forward- oder Futurekontrakte selbst wird wesentlich geändert. Buchstabe d) Satz 2 gilt entsprechend.

f) „Unterschreiten Mindesthandelsvolumen": Falls die Parteien im Einzelabschluss ein „Mindesthandelsvolumen" vereinbart haben und die Anzahl der an einem Feststellungstag an der Börse gehandelten Kontrakte das Mindesthandelsvolumen unterschreitet.

g) „Steuerereignis": Falls ein Staat oder eine zuständige Steuerbehörde nach dem Abschlussdatum eines Einzelabschlusses eine auf die Rohwaren zu zahlende oder im Hinblick auf die Rohwaren oder deren Wert bemessene Verbrauchs-, Produktions-, Verkaufs-, Mehrwert-, Umsatz- oder Stempelsteuer, oder irgend eine andere öffentliche Abgabe (mit Ausnahme von auf Einkommen zu zahlende Abgabe) einführt, ändert oder aufhebt und sich hierdurch der Referenzpreis ändert. Dieses Ereignis gilt nur als Marktstörung, soweit die Parteien dies im Einzelabschluss ausdrücklich vereinbart haben. Die Regelungen der Nr. 12 Abs. 5 des Rahmenvertrages bleiben unberührt.

h) „Handelsbeschränkung": Der Handel in den Rohwaren oder in den Options- oder Index-Werten oder der Handel von Future- oder Optionskontrakten, die dieselben Rohwaren oder Options- oder Indexwerte zum Gegenstand haben, wird an der Börse oder den für Zwecke der Feststellung von Marktstörungen im Einzelabschluss vereinbarten anderen Rohwarenbörsen, Warenterminbörsen oder Handelsplätzen wesentlich eingeschränkt.

(2) Sofern jeweils im Einzelabschluss vereinbart, gelten im Falle einer Marktstörung in der im Einzelabschluss vereinbarten Reihenfolge die nachfolgenden Regelungen („Ersatzregelungen"):

a) „Referenzquelle Rohwarenhändler": Die Berechnungsstelle ermittelt den Referenzpreis auf Grundlage von Quotierungen von Rohwarenhändlern nach Maßgabe der Nr. 3 Abs. 3 dieses Anhangs.

b) „Ersatzreferenzpreis": Die Berechnungsstelle ermittelt den Referenzpreis auf Grundlage der ersten, gegebenenfalls im Einzelabschluss vereinbarten zusätzlichen Referenzpreisbeschreibung, für die eine Marktstörung nicht besteht.

c) „Verhandlung": Die Parteien werden unverzüglich Verhandlungen über den Referenzpreis aufnehmen. Haben sich die Parteien, aus welchen Gründen auch immer, nicht innerhalb der Höchstdauer der Marktstörung – berechnet ausschließlich des ersten Feststellungstages, für den die Berechnungsstelle das Bestehen einer Marktstörung festgestellt hat – auf den Referenzpreis geeinigt, so findet die nächste vereinbarte oder als vereinbart geltende Ersatzregelung Anwendung.

d) „Vorzeitige Erfüllung durch Barausgleich": Der Einzelabschluss endet ohne Kündigung an dem Tag, an dem diese Ersatzregelung Anwendung findet. An die Stelle der beiderseits geschuldeten Zahlungen oder Lieferungen, die nach Eintritt der Marktstörung fällig geworden wären, tritt ein Geldbetrag in Euro in Höhe des Barwertes des Einzelabschlusses. Die Berechnungsstelle ermittelt den Barwert entsprechend Nr. 12 Abs. 5 (C) b) des Rahmenvertrages.

e) „Verschiebung des Feststellungstages": Als Feststellungstag gilt der Rohwarengeschäftstag, an dem die Berechnungsstelle nach sorgfältiger Beurteilung und unter Abwägung der Interessen beider Parteien feststellt, dass die Marktstörung nicht mehr besteht. Dauert die Marktstörung – berechnet einschließlich des ersten Feststellungstages, für den die Berechnungsstelle das Bestehen einer Marktstörung festgestellt hat – für die Höchstdauer der Marktstörung an, so findet die nächste Ersatzregelung Anwendung. Bewirkt die Verschiebung des Feststellungstages, dass ein auf Grundlage des Referenzpreises zu ermittelnder Betrag an einem vereinbarten Fälligkeitstag nicht gezahlt werden kann, so verschiebt sich der Fälligkeitstag für diesen Betrag und für den von der anderen Partei unter demselben Einzelabschluss an demselben Tag gegebenenfalls zu zahlenden Betrag entsprechend der bei der Ermittlung des Referenzpreises eingetretenen Verzögerung.

f) „Berechnungsstelle": Die Berechnungsstelle ermittelt den Referenzpreis oder eine Methode zu dessen Ermittlung unter Berücksichtigung der letzten verfügbaren Quotierungen und sonstigen Informationen, die sie nach billigem Ermessen für relevant halten darf.

g) „Nachträgliche Veröffentlichung oder Bekanntgabe": Die Ermittlung des Referenzpreises erfolgt auf Grundlage der für den ursprünglich vereinbarten Feststellungstag gültigen Preisspezifikation, die von der maßgeblichen Referenzquelle am ersten auf den letzten Tag der Marktstörung folgenden Rohwarengeschäftstag nachträglich veröffentlicht oder bekannt gegeben wurde. Dauert die Marktstörung – berechnet

44 024 (09/18)

einschließlich des ersten Feststellungstages, für den die Berechnungsstelle das Bestehen einer Marktstörung festgestellt hat – für die Höchstdauer der Marktstörung an oder ist der Referenzpreis nach Ablauf dieses Zeitraumes weiterhin nicht verfügbar, so findet die nächste Ersatzregelung Anwendung. Bewirkt die nachträgliche Veröffentlichung oder Bekanntgabe, dass ein auf Grundlage des Referenzpreises zu ermittelnder Betrag an einem vereinbarten Fälligkeitstag nicht gezahlt werden kann, so verschiebt sich der Fälligkeitstag für diesen Betrag und für den von der anderen Partei unter demselben Einzelabschluss an demselben Tag gegebenenfalls zu zahlenden Betrag entsprechend der bei der Ermittlung des Referenzpreises eingetretenen Verzögerung.

h) Wenn keine der von den Parteien gewählten Ersatzregelungen eine Ermittlung des entsprechenden Referenzpreises ermöglicht, findet die Ersatzregelung d) („Vorzeitige Erfüllung durch Barausgleich") Anwendung, auch wenn die Parteien die Anwendbarkeit dieser Ersatzregelung nicht ausdrücklich bestimmt haben.

(3) Sofern die Parteien im Einzelabschluss keine Ersatzregelungen vereinbart haben, gelten für alle von einer Marktstörung betroffenen Rohwarengeschäfte die folgenden Ersatzregelungen in der hier aufgeführten Reihenfolge: (A) „Ersatzreferenzpreis", (B) „Nachträgliche Veröffentlichung oder Bekanntgabe" zusammen mit „Verschiebung des Feststellungstages", (C) „Referenzquelle Rohwarenhändler" und (D) „Vorzeitige Erfüllung durch Barausgleich".

Für die Ersatzregelung (B) gilt: Dauert die Marktstörung an dem Rohwarengeschäftstag an, der auf den ersten Tag der Marktstörung folgt, und kann aufgrund der Ersatzregelung „Nachträgliche Veröffentlichung oder Bekanntgabe" bis zum Ende dieses Rohwarengeschäftstages kein Referenzpreis festgestellt werden, so findet die Ersatzregelung „Verschiebung des Feststellungstages" Anwendung, wobei der relevante Feststellungstag auf den dem ersten Tag der Marktstörung folgenden Rohwarengeschäftstag verschoben wird; kann auch aufgrund der Ersatzregelung „Verschiebung des Feststellungstages" kein Referenzpreis ermittelt werden, so findet die nächste als vereinbart geltende Ersatzregelung Anwendung, es sei denn, die Parteien finden am zweiten auf den relevanten Tag der Marktstörung folgenden Rohwarengeschäftstag im Wege der Verhandlung zu einem Referenzpreis.

Für die Ersatzregelung (C) gilt: Wenn innerhalb von drei Bankgeschäftstagen nach Ablauf der unter (B) genannten Frist nicht mindestens drei Quotierungen eingeholt werden konnten, so findet die Ersatzregelung (D) Anwendung.

9. Korrektur von Referenzpreisen

Wird ein für die Berechnung eines Betrages maßgeblicher Referenzpreis von der Referenzquelle nachträglich korrigiert, und sind gerechnet vom Zeitpunkt der Veröffentlichung des ursprünglichen Referenzpreises (ausschließlich) bis zum Zeitpunkt der Veröffentlichung des korrigierten Referenzpreises (einschließlich) weniger als dreißig Kalendertage vergangen, so wird die Berechnungsstelle der anderen Partei den korrigierten Referenzpreis sowie den unter Berücksichtigung dieses Referenzpreises neu berechneten Betrag mitteilen. Ergibt sich aufgrund der Neuberechnung, dass die zur Zahlung des Betrages verpflichtete Partei an dem hierfür vereinbarten Zahlungstermin zu viel oder zu wenig gezahlt hat, so wird die Partei, die den Differenzbetrag schuldet, diesen zuzüglich Zinsen innerhalb von drei Bankarbeitstagen nach Mitteilung des neuberechneten Betrages zahlen.

10. Besondere Vereinbarungen

(1) Die folgenden Absätze 2 und 3 gelten nur, soweit die dazu bestimmten Felder angekreuzt sind.

☐ (2) Nr. 1 Abs. 3 gilt auch für bereits abgeschlossene Rohwarengeschäfte.

☐ (3) In Nr. 1 Abs. 3 werden die Worte „den Parteien" durch „den in Nr. 10 Abs. 3 genannten Niederlassungen der Parteien" ersetzt.

Niederlassungen des Vertragspartners:

Niederlassungen der Bank:

11. Sonstige Vereinbarungen

Unterschrift(en) des/der Vertragspartner(s)

Unterschrift(en) der Bank

44.024 (09/18) 4

Schrifttum: *Jahn/Reiner*, Außerbörsliche Finanztermingeschäfte (OTC-Derivate), Bankrechts-Handbuch, 5. Aufl 2017, § 114 Rn 75; *Kölbl-Vogt*, Dokumentation von strukturierten Derivatgeschäften bei synthetischen ABS und CDOs, Finanzderivate Rechtshandbuch, 4. Auflage 2016, § 10; *Storck/Zerey*, Credit Default Swaps/Vertragsgestaltung, Finanzderivate Rechtshandbuch, 4. Auflage 2016, § 8 Rn 14 ff.; *Stuhlmacher/Sessel-Zsebik*, Energie- und andere Warenderivate – Vertragsgestaltung, Finanzderivate Rechtshandbuch, 4. Auflage 2016, § 11 Rn 229 ff.

Anmerkungen

1. Die zunehmende Bedeutung der Rohwarenmärkte, aber auch der Preisanstieg für Energieprodukte – insbesondere Kohle, Öl, Erdgas und Elektrizität –, hatte zu einem verstärkt zunehmenden Einsatz von rohwarenbezogenen Finanzgeschäften geführt. Der im Dezember 2004 eingeführte und nach Überarbeitung (in erster Linie durch Aktualisierung der Marktstörungsregelungen) im Jahr 2013 als Neufassung veröffentlichte „Anhang für Rohwarengeschäfte" erfasst die gesamte Produktpalette von rohwarenbezogenen Finanzderivaten wie zB Rohwarenswap- und Rohwarenpreisbegrenzungsgeschäfte (vgl Nr 4), Rohwarentermingeschäfte (vgl Nr 5), Rohwarenoptionen (vgl Nr 6) und Rohwarengeschäfte, die auf einen Rohwarenindex Bezug nehmen (vgl Nr 7). Er ist im September 2018 in einer neuen Fassung, die lediglich eine einzige begriffliche Änderung des DRV 2018 nachvollzieht (Verweis in Nr 8 Abs 2 d) auf „Lieferungen" statt „sonstige Leistungen", vgl dazu Nr 3 Rahmenvertrag für Finanztermingeschäfte), als „Anhang für Rohwarengeschäfte (2018)" neu veröffentlicht worden. Der Anhang basiert auf dem Standard für Rohwarenderivate, den die International Swaps and Derivatives Association (ISDA) mit ihren 1993 ISDA Commodity Derivatives Definitions und der 2000 hierzu veröffentlichten Ergänzung („2000 Supplement to the 1993 ISDA Commodity Derivatives Definitions") entwickelt hatte. Darauf aufbauend hat die ISDA mit den 2005 ISDA Commodity Definitions die 1993 ISDA Commodity Derivatives Definitions und die 1997 ISDA Bullion Definitions zusammengeführt und im Zuge dessen aktualisiert. Dennoch wird der Anhang für Rohwarengeschäfte – abgesehen von der knapp gehaltenen Aktualisierung der Marktstörungsregelungen in 2013 und der rein begrifflichen Anpassung an den DRV 2018 – immer noch unverändert verwendet. Wie die 1993 ISDA Commodity Derivatives Definitions (weitergehend in Bezug auf Metalle die 2005 ISDA Commodity Definitions) findet der Anhang nur auf finanzielle Rohwarentermingeschäfte mit Barausgleich Anwendung. Nr 1 Abs 2 S 2 bestimmt ausdrücklich, dass Einzelabschlüsse, die eine physische Lieferung von Rohwaren (engl. *commodities*) vorsehen, ausgenommen sind. In Konsequenz enthält der Anhang auch keine Regelungen zu Erfüllung oder Verzug im Hinblick auf Lieferpflichten; ferner bleiben die Marktstörungsregelungen in Nr 8 auf die für finanzielle Geschäfte in Frage kommenden Ereignisse beschränkt (*Jahn/Reiner* § 114 Rn 75; *Stuhlmacher/Sessel-Zsebik* § 11 Rn 229). Soweit die Parteien nichts Abweichendes vereinbaren, sieht Nr 1 Abs 3 die Einbeziehung auch solcher Einzelabschlüsse in den „Rahmenvertrag für Finanztermingeschäfte" und den Rohwarenanhang vor, die nicht ausdrücklich auf den Rahmenvertrag Bezug nehmen.

2. Seit Veröffentlichung des Rohwarenanhangs hat sich in Deutschland mit der Zeit ein Bedarf nach einer Dokumentation von Rohwarengeschäften mit physischer Erfüllung entwickelt, so dass sich der Rohwarenanhang als zu eingeschränkt erwies. Der Bundesverband deutscher Banken hat daher in von Marktteilnehmern intiierten Arbeitsgruppen nach und nach weitere Anhänge ausgearbeitet, die sich an den internationalen Verträgen der ISDA, der International Emission Traders' Association (IETA) oder European Federation of Energy Traders (EFET) orientieren (vgl hierzu im Detail *Stuhlmacher/Sessel-Zsebik*§ 11 Rn 132 ff. und 168 ff). So entstanden der Anhang für Emissionsrechte (2010), der den im Jahr 2008 veröffentlichten Anhang für Treibhausgasemissionsberechtigungen aktualisiert und ersetzt hat und mittlerweile durch individuelle Anpassungen oder gesonderte Änderungsvereinbarungen ergänzt werden muss (u a weil dieser nicht mehr auf die Besonderheiten der 3. Handelsphase aktualisiert wurde, *Stuhlmacher/Sessel-Zsebik* § 11 Rn 207 f), sowie Anhänge für physische Gaslieferungen (detailliert *Stuhlmacher/Sessel-Zsebik* § 11 Rn 199 ff).

3. Eine zentrale Bestimmung ist die Regelung in Nr 3 über die Ermittlung des variablen Betrages. Sofern mehrere Feststellungstage vereinbart sind, erfolgt nach Nr 3 Abs 2 die Berechnung des variablen Preises als arithmetisches oder mengengewichtetes Mittel der an verschiedenen Feststellungstagen ermittelten Referenzpreise (vergleichbar mit Asiatischen Optionen). Ferner ist in Nr 3 Abs 3 die Berechnung von Referenzpreisen auf Grundlage von Quotierungen von Rohwarenhändlern geregelt. Die Beschreibung des für die Bestimmung des variablen Preises maßgeblichen Referenzpreises erfolgt gemäß der Definition der Referenzpreisbeschreibung in Nr 2 im Einzelabschluss oder in der gesondert zwischen den Parteien zu vereinbarenden Liste A. Abweichend von Nr 6 Abs 6 des Rahmenvertrages (1993/2001 sowie 2018) werden darüber hinaus in Nr 3 Abs 4 besondere Regelungen für die Bestimmung der Berechnungszeiträume vorgesehen.

4. Die Bestimmungen für Rohwarenoptionen regeln neben der europäischen (Nr 6 Abs 1) und der amerikanischen (Nr 6 Abs 2) auch die Bermuda-Option. Bei einer Bermuda-Option hat der Käufer während der Laufzeit der Option an bestimmten Terminen das Recht, die Option auszuüben (Nr 6 Abs 3).

5. Nr 8 enthält umfangreiche Regelungen für den Fall einer Marktstörung bei deren Vorliegen die Berechnungsstelle keinen marktgerechten Referenzpreis ermitteln kann. Die jeweils zur Anwendung kommenden Ersatzregelungen („Fallbacks") sind teilweise im konkreten Einzelabschluss zu vereinbaren (Nr 8 Abs 2). Für bestimmte Marktstörungen werden jedoch im Anhang selbst Ersatzregelungen bereitgehalten, die automatisch Anwendung finden und keiner gesonderten Vereinbarung bedürfen. Bei der Formulierung der Ersatzregelungen ist eine möglichst große Übereinstimmung mit den 1993 ISDA Commodity Derivatives Definitions angestrebt worden, um mögliche Basisrisiken zu vermeiden. Diese lagen jedoch trotz dieser bewusst gewählten „Nähe" zu den 1993 ISDA Commodity Derivatives Defintions bereits seinerzeit vor, beispielsweise wenn eine Partei ein Rohwarengeschäft unter dem Rahmenvertrag für Finanztermingeschäfte nebst Rohwarenanhang tätigte und das Absicherungsgeschäft („Hedge") unter dem ISDA nebst 1993 ISDA Commodity Derivatives Definitions abschloss. Unterschiedliche Regelungen hinsichtlich der Marktstörungen würden auch zu unterschiedlichen Referenzpreisbestimmungen führen. Dies gilt nun umso mehr, seit die 2005 ISDA Commodity Definitions als Aktualisierung und Zusammenführung der 1993 ISDA Commodity Derivatives Definitions und der 1997 ISDA Bullion Definitions im Markt gebräuchlich sind. Hier bestehen Unterschiede im Detail bei den jeweiligen Marktstörungsregelungen in Ziffer 8 des Rohwarenanhangs und Art. VII Sec 7.4 bis 7.6 der 2005 ISDA Commodity Definitions (so auch *Stuhlmacher/Sessel-Zsebik* § 11 Rn 231 und Fn 207). Ein möglicher Weg dem entgegenzuwirken ist die Einbeziehung der 2005 ISDA Commodity Definitions im Wege einer entsprechenden Parteivereinbarung auch für Rohwarengeschäfte unter dem Rahmenvertrag für Finanztermingeschäfte (*Jahn/Reiner* § 114 Rn 75; *Stuhlmacher/Sessel-Zsebik* § 11 Rn 231). Allerdings ist zu beachten, dass bei dieser sog Bridge-Lösung, die die Brücke zwischen dem dem deutschen Recht unterliegenden Rahmenvertrag einschließlich Einzelabschluss und den im Wesentlichen für den anglo-amerikanischen Rechtsraum entwickelten ISDA Definitions schlägt, zwei verschiedene rahmenvertragliche Standards zugrunde liegen. Auch wenn sich die Bridge-Lösung im Produktbereich Kreditderivate am Markt (mangels einer deutsch-rechtlichen Dokumentation; der Anhang für Kreditderivate zum Rahmenvertrag wird seit Oktober 2010 für Neugeschäfte nicht mehr empfohlen) überwiegend durchgesetzt hat (*Storck/Zerey* § 8 Rn 14), sollte sie insofern nur mit Bedacht eingesetzt werden, als sich in der Praxis Auslegungsfragen bzw. -risiken ergeben können: Die ISDA Definitions sind englischsprachig und Bestandteil der englischem bzw. New Yorker Recht unterliegenden ISDA Master Agreement Dokumentation, woraus sich Widersprüche zur übrigen Dokumentation unter deutschem Recht ergeben können. In der Praxis versucht man dieses Risiko von Fehlinterpretationen durch eine Prioritätsregelung im Fall von Widersprüchen wie auch durch explizite Vereinbarung deutschen Rechts auch für die ISDA Definitions – jedoch unter Berücksichtigung englisch- bzw US-rechtlicher Konzepte bei Zweifelsfällen – zu minimieren (im Detail zur marktüblichen Gestaltung der Bridge Klausel *Storck/Zerey* § 8 Rn 17; vgl auch zu einem abweichenden Ansatz im Rahmen von strukturierten Derivatgeschäften *Kölbl-Vogt* § 10 Rn 12: split-law-Klausel, dh der Rahmenvertrag unterliegt deutschem, die Definitions werden hingegen englischem Recht unterstellt).

6. Zur geringfügigen Anpassung des Anhangs für Rohwarengeschäfte (2018) an die neue Begrifflichkeit des DRV 2018 vgl oben → Anm. 1. Sofern Rohwarengeschäfte unter dem DRV 1993/2001 abgeschlossen werden, ist dieser bei Bedarf weiterhin durch den Anhang für Rohwarengeschäfte aus dem Jahr 2013 zu ergänzen.

8. Besicherungsanhang für Variation Margin („VM")

Anhang vom
zum Rahmenvertrag vom

Besicherungsanhang (2018) für Variation Margin („VM") zum oben genannten Rahmenvertrag für Finanztermingeschäfte („Rahmenvertrag")

Zwischen

Name und Anschrift des Vertragspartners

(nachstehend „Vertragspartner" genannt)

und

Name und Anschrift der Bank

(nachstehend „Bank" genannt)

1. Zweck und Gegenstand des Anhangs ①

(1) Ergänzend zu den Bestimmungen des Rahmenvertrags vereinbaren die Parteien zur Erfüllung bestimmter, sich aus EMIR ergebender Anforderungen einander nach Maßgabe der folgenden Bestimmungen VM-Sicherheiten zu leisten. Die zu diesem Zweck geleisteten Sicherheiten dienen zur Besicherung aller bestehenden, künftigen, bedingten und befristeten Ansprüche des VM-Sicherungsnehmers gegen den VM-Sicherungsgeber im Zusammenhang mit dem Vertrag (Nr. 1 Abs. 2 des Rahmenvertrags). Nr. 9 des Rahmenvertrags bleibt unberührt.

(2) Unter diesem Anhang geleistete Sicherheiten gehen – ungeachtet ihrer Eignung als VM-Sicherheit – mit der Übertragung in das Eigentum oder, im Fall von Barsicherheiten, in das Vermögen des VM-Sicherungsnehmers über (Vollrechtsübertragung). Unterliegt die Übertragung von Wertpapieren ausländischem Recht, geht gegebenenfalls anstelle des Eigentums eine andere, nach diesem Recht übliche und gleichwertige Rechtsstellung über. Der VM-Sicherungsnehmer ist berechtigt, über die Sicherheiten uneingeschränkt zu verfügen. Der VM-Sicherungsgeber sichert zu, dass über die geleisteten Sicherheiten frei von rechtlichen Hindernissen verfügt werden kann und diese insbesondere frei von Rechten Dritter sind. ②

2. Begriffsbestimmungen

Im Sinne dieses Anhangs sind:

– „Briefkurs" der von führenden Marktteilnehmern gestellte Preis für den Verkauf eines Wertpapiers oder einer Währung;

– „EMIR" die Verordnung (EU) Nr. 648/2012 des Europäischen Parlaments und des Rates vom 4. Juli 2012 über OTC-Derivate, zentrale Gegenparteien und Transaktionsregister;

– „Geldkurs" der von führenden Marktteilnehmern gestellte Preis für den Ankauf eines Wertpapiers oder einer Währung;

– „Negativer VM-Zinsbetrag" der absolute Wert eines VM-Zinsbetrags niedriger als Null;

– „VM-Anforderungszeitpunkt" 12.00 Uhr (Ortszeit Frankfurt am Main), sofern nicht in Nr. 14 Abs. 3 ein anderer Zeitpunkt vereinbart ist;

– „VM-Anrechnungswert" von VM-Barsicherheiten der Nominalbetrag und von VM-Wertpapiersicherheiten der VM-Marktwert zum VM-Ermittlungszeitpunkt, jeweils multipliziert mit den in Nr. 14 Abs. 1 enthaltenen VM-Anrechnungssätzen;

– „VM-Ausfallrisiko" der Betrag der Forderung wegen Nichterfüllung, der sich nach Nr. 8 des Rahmenvertrags bei einer Beendigung sämtlicher Einzelabschlüsse zum VM-Ermittlungszeitpunkt am maßgebenden VM-Berechnungstag ergäbe. Die Berechnung erfolgt auf Grundlage von Marktpreisen. Lässt das Marktgeschehen eine Bewertung zu Marktpreisen nicht zu, wird eine Bewertung zu Modellpreisen vorgenommen. Ist die Partei, deren VM-Ausfallrisiko ermittelt wird, Gläubiger dieser Forderung wegen Nichterfüllung, ist das VM-Ausfallrisiko bei der Berechnung ihres VM-Besicherungsanspruchs als positiver, andernfalls als negativer Betrag zu berücksichtigen. Unter diesem Anhang geleistete Sicherheiten bleiben bei der Berechnung des VM-Ausfallrisikos außer Betracht. ③

– „VM-Bankgeschäftstag" jeder Tag, an dem die Banken in Frankfurt am Main oder – sofern in Nr. 14 Abs. 13 vereinbart – in den dort genannten Orten, für Geschäfte, einschließlich des Handels in Fremdwährungen und der Entgegennahme von Fremdwährungseinlagen, geöffnet sind (mit Ausnahme des Samstags und des Sonntags).

– „VM-Barsicherheiten" Geldbeträge in Euro oder den in Nr. 14 Abs. 1 vereinbarten Währungen;

– „VM-Benachrichtigungstag" der auf den VM-Berechnungstag folgende VM-Bankgeschäftstag;

– „VM-Benachrichtigungszeitpunkt" 11.00 Uhr (Ortszeit Frankfurt am Main), sofern nicht in Nr. 14 Abs. 9 ein anderer Zeitpunkt vereinbart ist;

– „VM-Berechnungsstelle" diejenige Partei, die einen Anspruch auf Leistung nach Nr. 3 oder Nr. 4 geltend macht oder, sofern in Nr. 14 Abs. 7 vereinbart, die dort benannte Partei;

– „VM-Berechnungstag" jeder VM-Bankgeschäftstag;

– „VM-Besicherungsanspruch" der Betrag des VM-Ausfallrisikos einer Partei, soweit dieser größer Null ist, zuzüglich des zu ihren Gunsten in Nr. 14 Abs. 8 vereinbarten VM-Zuschlags;

– „VM-Ermittlungszeitpunkt" am jeweiligen VM-Berechnungstag der Zeitpunkt des Geschäftsschlusses von Banken in Frankfurt am Main;

– „VM-Marktwert" von VM-Wertpapiersicherheiten der Geldkurs zum VM-Ermittlungszeitpunkt, im Fall von Schuldverschreibungen ein- 1 schließlich bis zum Ende dieses Tags aufgelaufener Stückzinsen;

– „VM-Mindesttransferbetrag“ der in Nr. 14 Abs. 5 zugunsten einer Partei als solcher vereinbarte Betrag in Euro;
– „VM-Referenzkurs“ der in Euro für den VM-Ermittlungszeitpunkt festgestellte Geldkurs einer Währung;
– „VM-Rundung“ Auf- und Abrundungen in Höhe des in Nr. 14 Abs. 2 vereinbarten VM-Rundungsbetrags, wobei im Fall einer VM-Unterdeckung aufgerundet und im Fall der VM-Überdeckung abgerundet wird, es sei denn, es handelt sich um einen Anspruch nach Nr. 4 Abs. 1, der sich auf die Leistung sämtlicher, dem VM-Sicherungsnehmer aufgrund dieses Anhangs geleisteten Sicherheiten bezieht;
– „VM-Sicherheiten“ VM-Barsicherheiten und VM-Wertpapiersicherheiten, sofern diese den aufsichtsrechtlichen Anforderungen für die unter diesem Anhang zu leistenden Sicherheiten entsprechen; (4)
– „VM-Sicherungsgeber“ die jeweilige unter diesem Anhang Sicherheiten leistende Partei;
– „VM-Sicherungsnehmer“ die jeweilige unter diesem Anhang Sicherheiten empfangende Partei;
– „VM-Wertpapiersicherheiten“ die in Nr. 14 Abs. 1 als solche vereinbarten Wertpapiere;
– „VM-Zinsbetrag“ in Bezug auf jeden abgelaufenen Kalendertag, an dem eine Partei aufgrund dieses Anhangs VM-Barsicherheiten hält, der Betrag, der sich für diesen Tag aus dem Nominalbetrag dieser VM-Barsicherheiten, multipliziert mit dem in Nr. 14 Abs. 14 festgelegten Referenzzinssatz und auf Grundlage des dort festgelegten jeweiligen Quotienten ergibt; eine Multiplikation mit dem Referenzzinssatz erfolgt auch dann, wenn dieser niedriger als Null ist;
– „VM-Zinsleistung“ die für eine Zinsperiode aufgelaufene Summe von VM-Zinsbeträgen oder ein Differenzbetrag nach Nr. 10 Abs. 1;
– „VM-Zuschlag“ der in Nr. 14 Abs. 8 oder in Einzelabschlüssen zugunsten einer Partei als solcher vereinbarte Betrag.

3. VM-Unterdeckung

(1) Besteht an einem VM-Berechnungstag eine VM-Unterdeckung, wird die Partei, die nicht ausreichend VM-Sicherheiten geleistet hat (die „VM-besicherungspflichtige Partei“), der anderen auf Anforderung VM-Sicherheiten nach Wahl der VM-besicherungspflichtigen Partei mit einem VM-Anrechnungswert leisten, der den Betrag der VM-Unterdeckung nach VM-Rundung zumindest erreicht.

(2) Eine VM-Unterdeckung liegt vor, soweit der VM-Besicherungsanspruch einer Partei den VM-Anrechnungswert der von ihr aufgrund dieses Anhangs gehaltenen VM-Sicherheiten übersteigt. VM-Sicherheiten, die eine Partei nach Absatz 3 angefordert, jedoch am maßgebenden VM-Berechnungstag noch nicht erhalten hat, gelten als von ihr gehalten, soweit der Leistungsanspruch erst an oder nach diesem VM-Berechnungstag fällig ist. VM-Sicherheiten, deren Leistung eine Partei nach Nr. 4 Abs. 1 angefordert, aber noch nicht erhalten hat, gelten weiter als vom VM-Sicherungsnehmer gehalten, soweit dieser Leistungsanspruch bereits vor dem maßgebenden VM-Berechnungstag fällig war.

(3) Die Anforderung nach Absatz 1 erfolgt am VM-Benachrichtigungstag bis zum VM-Anforderungszeitpunkt. Angeforderte VM-Sicherheiten sind am gleichen Tag auf das in Nr. 14 Abs. 4 bezeichnete Konto bzw. Depot der anderen Partei zu leisten. Geht dem VM-Sicherungsgeber die Anforderung nach dem VM-Anforderungszeitpunkt zu, sind die VM-Sicherheiten spätestens am darauffolgenden VM-Bankgeschäftstag zu leisten.

(4) Die VM-besicherungspflichtige Partei kann eine Leistung nach Absatz 1 verweigern, solange ein wichtiger Grund vorliegt, der sie berechtigt, den Vertrag nach Nr. 7 Abs. 1 des Rahmenvertrags zu kündigen.

4. VM-Überdeckung

(1) Besteht an einem VM-Berechnungstag eine VM-Überdeckung, wird der VM-Sicherungsnehmer dem VM-Sicherungsgeber auf Anforderung Geldbeträge oder Wertpapiere nach Wahl des VM-Sicherungsgebers leisten, die den vom VM-Sicherungsgeber geleisteten VM-Sicherheiten gleichartig sind und deren VM-Anrechnungswert den Betrag der VM-Überdeckung nach VM-Rundung nicht übersteigt. Gleichartig sind bei VM-Barsicherheiten Beträge in der gleichen Währung, bei VM-Wertpapiersicherheiten Wertpapiere der gleichen Wertpapiergattung.

(2) Eine VM-Überdeckung liegt vor, soweit der VM-Anrechnungswert der von einer Partei aufgrund dieses Anhangs gehaltenen VM-Sicherheiten den VM-Besicherungsanspruch dieser Partei übersteigt. Nr. 3 Abs. 2, Sätze 2 und 3 gelten entsprechend.

(3) Die Anforderung nach Absatz 1 erfolgt am VM-Benachrichtigungstag bis zum VM-Anforderungszeitpunkt. Angeforderte VM-Sicherheiten sind am gleichen Tag auf das in Nr. 14 Abs. 4 bezeichnete Konto bzw. Depot des VM-Sicherungsgebers zu leisten. Nr. 3 Abs. 3 Satz 3 gilt entsprechend.

(4) Der VM-Sicherungsnehmer kann eine Leistung nach Absatz 1 verweigern, solange ein wichtiger Grund vorliegt, der ihn berechtigt, den Vertrag nach Nr. 7 Abs. 1 des Rahmenvertrags zu kündigen, es sei denn, ihm stehen unter dem Vertrag am maßgebenden VM-Berechnungstag keine (auch keine künftigen, bedingten oder befristeten) Forderungen gegen den VM-Sicherungsgeber mehr zu.

44.080 (09/18)

5. VM-Mindesttransferbetrag (5)

(1) Ist zugunsten einer Partei ein VM-Mindesttransferbetrag vereinbart, ist diese Partei zu einer Leistung nach Nr. 3 Abs. 1 oder Nr. 4 Abs. 1 nur verpflichtet, wenn die betreffende VM-Unterdeckung bzw. VM-Überdeckung diesen VM-Mindesttransferbetrag zumindest erreicht, es sei denn, es handelt sich um einen Anspruch nach Nr. 4 Abs. 1, der sich auf die Leistung sämtlicher, dem VM-Sicherungsnehmer aufgrund dieses Anhangs geleisteten Sicherheiten bezieht.

(2) Ein VM-Mindesttransferbetrag ist nicht auf die Rückleistung von Sicherheiten anzuwenden, die ihre Eignung als VM-Sicherheiten verloren haben.

6. Verlust der Eignung als VM-Sicherheit (6)

(1) Geleistete Sicherheiten verlieren ihre Eignung als VM-Sicherheiten, wenn sie der Vereinbarung in Nr. 14 Abs. 1 oder den aufsichtsrechtlichen Anforderungen nicht mehr entsprechen.

(2) Der VM-Sicherungsnehmer wird dem VM-Sicherungsgeber den Verlust der Eignung als VM-Sicherheit unverzüglich unter Angabe der Gründe mitteilen.

(3) Mit Verlust der Eignung, frühestens aber mit dem Ablauf von fünf VM-Bankgeschäftstagen nach Zugang der Mitteilung nach Absatz 2, beträgt der VM-Anrechnungswert dieser Sicherheiten Null, sofern in Nr. 14 Abs. 16 keine andere Frist vereinbart ist.

(4) Der VM-Sicherungsnehmer wird dem VM-Sicherungsgeber auf dessen Anforderung Sicherheiten mit einem VM-Anrechnungswert von Null unverzüglich zurückleisten. Eine Rückleistungspflicht nach Satz 1 besteht erst dann, wenn der VM-Sicherungsgeber die am Tag der Anforderung nach Satz 1 bestehenden Ansprüche des VM-Sicherungsnehmers nach Nr. 3 und Nr. 4 erfüllt hat.

(5) Der VM-Sicherungsnehmer kann eine Rückleistung von Sicherheiten nach Absatz 4 verweigern, solange ein wichtiger Grund vorliegt, der ihn berechtigt, den Vertrag nach Nr. 7 Abs. 1 des Rahmenvertrags zu kündigen, es sei denn, ihm stehen unter dem Vertrag am maßgebenden VM-Benachrichtigungstag keine (auch keine künftigen, bedingten oder befristeten) Forderungen gegen den VM-Sicherungsgeber mehr zu.

7. Ersetzung von VM-Sicherheiten (6)

Der VM-Sicherungsgeber kann die dem VM-Sicherungsnehmer unter diesem Anhang geleisteten Sicherheiten mit Zustimmung des VM-Sicherungsnehmers ganz oder teilweise durch andere VM-Sicherheiten mit jeweils gleichem oder höherem VM-Anrechnungswert ersetzen. Sobald der VM-Sicherungsgeber dem VM-Sicherungsnehmer die anderen VM-Sicherheiten geleistet hat, wird der VM-Sicherungsnehmer die ersetzten VM-Sicherheiten an den VM-Sicherungsgeber zurückleisten.

8. VM-Berechnungsstelle

(1) Die VM-Berechnungsstelle ermittelt spätestens am VM-Benachrichtigungstag in Euro
– die Höhe des VM-Ausfallrisikos,
– die Höhe eines etwaigen VM-Zuschlags,
– den zum VM-Ermittlungszeitpunkt geltenden VM-Anrechnungswert der jeweiligen unter diesem Anhang gehaltenen VM-Sicherheiten sowie
– eine etwaige VM-Unterdeckung oder VM-Überdeckung und die insoweit verpflichtete Partei,

wobei alle in die Berechnung einfließenden Beträge, die nicht in Euro denominiert sind, zum VM-Referenzkurs in Euro umzurechnen sind.

(2) Ist in Nr. 14 Abs. 7 vereinbart, dass nur eine Partei die VM-Berechnungsstelle ist, teilt diese der anderen Partei das Ergebnis der Berechnungen am VM-Benachrichtigungstag bis zum VM-Benachrichtigungszeitpunkt mit. Anderenfalls teilt die VM-Berechnungsstelle der anderen Partei das Ergebnis der Berechnungen am VM-Benachrichtigungstag bis zum VM-Anforderungszeitpunkt mit.

9. Verfahren bei Unstimmigkeiten (7)

(1) Ist eine Partei der Auffassung, dass die Feststellungen der VM-Berechnungsstelle unrichtig sind, wird sie dies der VM-Berechnungsstelle unverzüglich, spätestens jedoch bis zum Zeitpunkt des Geschäftsschlusses der VM-Berechnungsstelle am VM-Benachrichtigungstag mitteilen. Die Parteien werden versuchen, die Unstimmigkeiten unverzüglich, spätestens jedoch bis 10.00 Uhr am folgenden VM-Bankgeschäftstag, einvernehmlich beizulegen. Dazu werden die Parteien jeweils nach ihrer Auffassung geeignete, parteiinterne Maßnahmen ergreifen sowie im gemeinsamen Austausch mit der anderen Partei einen Klärungsversuch unternehmen. Jede Partei ist zur Mitwirkung an der Aufklärung 2

und gegebenenfalls zur Überlassung von zur Klärung dienlichen Informationen verpflichtet. Die Parteien verpflichten sich, angemessene Maßnahmen zu treffen, um sicherzustellen, dass diese als vertraulich geltenden Informationen ohne Einwilligung der anderen Partei keinem Dritten zugänglich gemacht werden. Hiervon ausgenommen sind Dritte, denen eine Partei zur Auskunft aufgrund gesetzlicher Bestimmungen, hoheitlicher Auskunftsersuchen, Weisungen oder Anordnungen von Gerichten, Aufsichtsbehörden oder vergleichbaren Einrichtungen verpflichtet ist, oder Dritte, die den Zugang zu den vertraulichen Informationen und ihrer Auswertung im Rahmen dieses Anhangs im Zusammenhang mit einem Klärungsversuch benötigen, sofern sie von der jeweiligen Partei auf die Vertraulichkeit der Informationen sowie die Zwecke, für die die vertraulichen Informationen genutzt werden dürfen, hingewiesen wurden. Kann eine Unstimmigkeit nicht innerhalb der genannten Frist beigelegt werden, gelten die nachfolgenden Absätze 2 und 3. Die Verpflichtung, in Höhe des unstreitigen Teils der von der VM-Berechnungsstelle festgestellten VM-Unterdeckung oder VM-Überdeckung eine Leistung nach Nr. 3 oder Nr. 4 vorzunehmen, bleibt unberührt.

(2) Im Fall von Unstimmigkeiten wird die VM-Berechnungsstelle den strittigen Teil des VM-Besicherungsanspruchs oder des VM-Anrechnungswerts der VM-Sicherheiten bezogen auf den aktuellsten VM-Berechnungstag nach Maßgabe der nachfolgenden Buchstaben a) und b) neu bewerten oder berechnen.

a) Hinsichtlich des strittigen Teils des VM-Besicherungsanspruchs erfolgt eine Neubewertung. Die Neubewertung erfolgt auf der Grundlage des arithmetischen Mittels von Quotierungen für entsprechende Geschäfte anhand von Mittelkursen. Die VM-Berechnungsstelle holt hierzu Quotierungen von vier führenden Marktteilnehmern als Referenzbanken ein. Wenn keine vier Quotierungen erhältlich sind, können auch weniger Quotierungen verwendet werden. Sollten keine Quotierungen erhältlich sein, gilt der von der VM-Berechnungsstelle ursprünglich festgestellte VM-Besicherungsanspruch.

b) Hinsichtlich des strittigen Teils des VM-Anrechnungswerts erfolgt eine Neuberechnung. Für die Neuberechnung berechnet die VM-Berechnungsstelle den VM-Anrechnungswert bezogen auf den aktuellen VM-Berechnungstag auf Grundlage der von führenden Informationsdiensten veröffentlichten Geldkursen für die betroffenen VM-Sicherheiten. Soweit verfügbar, sind hierzu die veröffentlichten Kurse zweier führender Informationsdienste zugrunde zu legen. Die VM-Berechnungsstelle ermittelt, soweit verfügbar, das arithmetische Mittel aus beiden Kursen. Sollten keine Kurse erhältlich sein, gilt der von der VM-Berechnungsstelle ursprünglich festgestellte VM-Anrechnungswert.

(3) Die VM-Berechnungsstelle wird der anderen Partei die Ergebnisse der Neubewertung oder Neuberechnung unverzüglich, spätestens aber bis 12.00 Uhr an dem auf den Zugang der Mitteilung nach Abs. 1 folgenden VM-Bankgeschäftstag mitteilen. Wird eine Leistung nach Nr. 3 oder Nr. 4 geschuldet, ist diese am selben Tag zu bewirken.

10. Zinserträge (8)

(1) Bei VM-Barsicherheiten steht für jeden Kalendertag einer der beiden Parteien ein VM-Zinsbetrag zu. Ist der VM-Zinsbetrag für diesen Kalendertag höher als Null, schuldet der VM-Sicherungsnehmer dem VM-Sicherungsgeber diesen VM-Zinsbetrag. Sofern nicht in Nr. 14 Abs. 10 anders vereinbart, schuldet der VM-Sicherungsgeber dem VM-Sicherungsnehmer für den Fall, dass der VM-Zinsbetrag für diesen Kalendertag niedriger als Null ist, den betreffenden Negativen VM-Zinsbetrag. Sofern nicht in Nr. 14 Abs. 12 anders vereinbart, ist Zinsperiode der Zeitraum vom ersten bis zum letzten Kalendertag des vorangegangenen Kalendermonats (jeweils einschließlich). Hat in Bezug auf die Zinsperiode eine Partei VM-Zinsbeträge an die andere Partei zu leisten, wird die Summe der VM-Zinsbeträge für alle Kalendertage in dieser Zinsperiode am zweiten VM-Bankgeschäftstag nach Ablauf dieser Zinsperiode fällig. Haben in Bezug auf eine Zinsperiode beide Parteien VM-Zinsbeträge an die jeweils andere Partei zu leisten, zahlt die Partei, die den höheren Betrag schuldet, die Differenz zwischen den geschuldeten Beträgen; dieser Differenzbetrag wird am zweiten VM-Bankgeschäftstag nach Ablauf dieser Zinsperiode fällig. Diejenige Partei, die eine VM-Zinsleistung an die andere Partei zu leisten hat, wird – sofern nicht in Nr. 14 Abs. 11 anders vereinbart – den betreffenden Betrag dem in Nr. 14 Abs. 4 bezeichneten Konto der anderen Partei gutbringen.

(2) Bei Wertpapiersicherheiten stehen dem VM-Sicherungsgeber im Verhältnis zum VM-Sicherungsnehmer sämtliche Zinszahlungen und sonstigen Erträge auf die Papiere zu. Der VM-Sicherungsnehmer hat die entsprechenden Beträge mit Wertstellung zum Tag der tatsächlichen Zahlung durch den Emittenten auf das in Nr. 14 Abs. 4 bezeichnete Konto des VM-Sicherungsgebers weiterzuleiten. Unterliegen Zinszahlungen oder sonstige Erträge auf Wertpapiersicherheiten an den VM-Sicherungsnehmer einer Quellensteuer oder führen sie zu einer Steuergutschrift, so schuldet der VM-Sicherungsnehmer gemäß Satz 1 denjenigen Betrag, der dem VM-Sicherungsgeber unter Berücksichtigung seiner dem VM-Sicherungsnehmer zuvor mitgeteilten steuerlichen Erstattungs- oder Anrechnungsansprüche zufließen würde, wenn er Eigentümer der betreffenden Wertpapiersicherheiten wäre, einschließlich (a) der Quellensteuer, soweit der VM-Sicherungsgeber eine Ausnahme von dieser Steuer oder deren Erstattung beanspruchen könnte, sowie (b) einer dem VM-Sicherungsgeber unter diesen Voraussetzungen zustehenden Steuergutschrift.

11. Beendigung des Vertrags

(1) Im Fall einer Beendigung des Vertrags (Nr. 7 Abs. 3 des Rahmenvertrags) bewertet die berechnende Partei unverzüglich sämtliche VM-Sicherheiten und etwaige andere unter diesem Anhang gestellte Sicherheiten, für die der VM-Sicherungsnehmer noch keine Geldbeträge oder gleichartigen Wertpapiere im Sinne der Nr. 4 Abs. 1 an den VM-Sicherungsgeber geleistet hat. Die entsprechenden Beträge werden in die nach Nr. 8 Abs. 1 des Rahmenvertrags zu ermittelnde Forderung wegen Nichterfüllung wie folgt einbezogen: Für die von der berechnenden Partei geleisteten Sicherheiten werden die ermittelten Beträge wie positive Markt- oder Börsenpreise von Ersatzgeschäften und für die von ihr empfangenen Sicherheiten werden die ermittelten Beträge wie negative Markt- oder Börsenpreise einbezogen. Gleichzeitig erlöschen sämtliche Ansprüche der Parteien auf Leistung von Geldbeträgen oder Wertpapieren nach Nr. 3 oder Nr. 4. Einer vorherigen Androhung bedarf es nicht.

(2) VM-Barsicherheiten werden mit dem Nominalbetrag zuzüglich der Summe der nach Nr. 10 bis zur Beendigung des Vertrags aufgelaufenen positiven VM-Zinsbeträge und abzüglich der Summe der nach Nr. 10 bis zur Beendigung des Vertrags aufgelaufenen Negativen VM-Zinsbeträge bewertet. VM-Wertpapiersicherheiten oder andere gegebenenfalls unter diesem Anhang als Sicherheiten gelieferte Wertpapiere werden mit dem bei einer unverzüglichen Veräußerung dieser oder gleichartiger Wertpapiere im Sinne der Nr. 4 Abs. 1 vom VM-Sicherungsnehmer erzielten Erlös bewertet. An die Stelle eines erzielten Erlöses tritt nach Wahl der berechnenden Partei der Betrag, den der VM-Sicherungsnehmer nach Beendigung des Vertrags bei unverzüglicher Veräußerung unter Wahrung der Interessen des VM-Sicherungsgebers hätte erzielen können. Soweit die vorgenannten Beträge in einer anderen Währung als Euro denominiert sind, rechnet sie die berechnende Partei zum von führenden Marktteilnehmern gestellten Preis für den Verkauf der betreffenden Währung in Euro um.

12. Nichtleistung oder verspätete Leistung von VM-Sicherheiten (9)

(1) Ein wichtiger Grund im Sinne von Nr. 7 Abs. 1 des Rahmenvertrags liegt auch dann vor, wenn eine fällige Leistung nach Nr. 3 oder Nr. 4 nicht innerhalb von einem VM-Bankgeschäftstag nach Benachrichtigung vom Ausbleiben der Leistung eingegangen ist. Hat die Partei den Feststellungen der VM-Berechnungsstelle nach Nr. 9 Abs. 1 widersprochen, ist eine Kündigung des Vertrags wegen Ausbleibens der betreffenden Leistungen jedoch erst nach Abschluss des in Nr. 9 beschriebenen Verfahrens zulässig.

(2) Erfüllt der VM-Sicherungsnehmer seine Verpflichtungen nach Nr. 4 nicht innerhalb von einem VM-Bankgeschäftstag nach Benachrichtigung vom Ausbleiben der fälligen Leistung, ist er verpflichtet, dem VM-Sicherungsgeber einen Betrag zu zahlen, der sich anhand der Höhe der angeforderten Geldbeträge oder Wertpapiere multipliziert mit dem in Nr. 3 Abs. 4 des Rahmenvertrags genannten Satz für jeden Tag des Ausbleibens berechnet.

13. Mitteilungen

(1) Sämtliche Mitteilungen unter diesem Anhang haben, soweit nicht ausdrücklich anders vereinbart, per Telefax, E-Mail oder in ähnlicher Textform zu erfolgen.

44.060 (09/18)

3

14. **Individualvereinbarungen** (10)

(1) VM-Sicherheiten sind: (4)

VM-Barsicherheiten	**VM-Anrechnungssatz** (unter Berücksichtigung der aufsichtsrechtlichen Anforderungen)	
	Bank	**Vertragspartner**
Geldbeträge in Euro		

VM-Wertpapiersicherheiten	**VM-Anrechnungssatz** (unter Berücksichtigung der aufsichtsrechtlichen Anforderungen)			
	Bank		**Vertragspartner**	
	denominiert in (Währung)	VM-Anrechnungssatz	**denominiert in (Währung)**	VM-Anrechnungssatz

(2) VM-Rundungsbetrag ist: ____

(3) VM-Anforderungszeitpunkt ist: (Uhrzeit und Ortsangabe) ____

(4) Konten und Depots

Leistungen nach Nr. 3 und Nr. 4 sowie Zahlungen von Zinsen und sonstigen Erträgen auf VM-Sicherheiten erfolgen auf die nachstehend genannten Konten und Depots:

Vertragspartner:	Bank:

44.090 (09/18)

4

(5) VM-Mindesttransferbetrag: (5)
Zugunsten der jeweiligen Partei gilt folgender VM-Mindesttransferbetrag:

Vertragspartner: ______________________ Bank: ______________________

(6) Mitteilungen im Zusammenhang mit dieser Vereinbarung sind an folgende Anschriften zu richten:

Vertragspartner:	Bank:

(7) VM-Berechnungsstelle ist:

Vertragspartner: ☐ Bank: ☐

(8) VM-Zuschlag
Zugunsten der jeweiligen Partei gilt folgender VM-Zuschlag:

Vertragspartner: ______________________ Bank: ______________________

(9) VM-Benachrichtigungszeitpunkt ist (Uhrzeit und Ortsangabe): ______________________

(10) Keine negativen Zinsbeträge

☐ ◄ *Die folgenden Bestimmungen **gelten nur**, soweit das **vorstehende** Feld angekreuzt ist.*

(a) Nr. 10 Abs. 1 wird durch folgende Bestimmung ersetzt:

(1) Bei VM-Barsicherheiten steht für jeden Kalendertag einer der beiden Parteien ein VM-Zinsbetrag zu. Ist der VM-Zinsbetrag für diesen Kalendertag höher als Null, schuldet der VM-Sicherungsnehmer dem VM-Sicherungsgeber diesen VM-Zinsbetrag. Ist der VM-Zinsbetrag niedriger als Null, erfolgt eine Begrenzung auf Null. Sofern nicht in Nr. 14 Abs. 12 anders vereinbart, ist Zinsperiode der Zeitraum vom ersten bis zum letzten Kalendertag des vorangegangenen Kalendermonats (jeweils einschließlich). Hat in Bezug auf die Zinsperiode eine Partei VM-Zinsbeträge an die andere Partei zu leisten, wird die Summe der VM-Zinsbeträge für alle Kalendertage in dieser Zinsperiode am zweiten VM-Bankgeschäftstag nach Ablauf dieser Zinsperiode fällig. Haben in Bezug auf eine Zinsperiode beide Parteien Zinsbeträge an die jeweils andere Partei zu leisten, zahlt die Partei, die den höheren Betrag schuldet, die Differenz zwischen den geschuldeten Beträgen; dieser Differenzbetrag wird am zweiten VM-Bankgeschäftstag nach Ablauf dieser Zinsperiode fällig. Diejenige Partei, die eine VM-Zinsleistung an die andere Partei zu leisten hat, wird den betreffenden Betrag dem in Nr. 14 Abs. 4 bezeichneten Konto dieser anderen Partei gutbringen.

(b) Nr. 11 Abs. 2 wird durch folgende Bestimmung ersetzt:

(2) VM-Barsicherheiten werden mit dem Nominalbetrag zuzüglich der Summe der nach Nr. 10 bis zur Beendigung des Vertrags aufgelaufenen positiven VM-Zinsbeträge bewertet. VM-Wertpapiersicherheiten oder andere gegebenenfalls unter diesem Anhang als Sicherheiten gelieferte Wertpapiere werden mit dem bei einer unverzüglichen Veräußerung dieser oder gleichartiger Wertpapiere im Sinne der Nr. 4 Abs. 1 vom VM-Sicherungsnehmer erzielten Erlös bewertet. An die Stelle eines erzielten Erlöses tritt nach Wahl der berechnenden Partei der Betrag, den der VM-Sicherungsnehmer nach Beendigung des Vertrags bei unverzüglicher Veräußerung unter Wahrung der Interessen des VM-Sicherungsgebers hätte erzielen können. Soweit die vorgenannten Beträge in einer anderen Währung als den Euro denominiert sind, rechnet sie die berechnende Partei zum von führenden Marktteilnehmern gestellten Preis für den Verkauf der betreffenden Währung, in Euro um.

(11) Varianten für die VM-Zinsleistungen

*Die folgenden Bestimmungen **gelten nur,** soweit das **entsprechende** Feld angekreuzt ist.*

☐ ◄ A. Berücksichtigung der VM-Zinsleistung im VM-Anrechnungswert:

Nr. 10 Abs. 1 letzter Satz wird wie folgt ersetzt:

Die VM-Zinsleistung wird zum Zeitpunkt ihres Fälligkeitstags bei der Berechnung des VM-Anrechnungswerts wie folgt berücksichtigt. Hat der VM-Sicherungsgeber eine VM-Zinsleistung zu erhalten, erhöht sich der VM-Anrechnungswert um diesen Betrag. Hat der VM-Sicherungsnehmer eine VM-Zinsleistung zu erhalten, reduziert sich der VM-Anrechnungswert um diesen Betrag. Führt dies dazu, dass der VM-Anrechnungswert zu einem negativen Wert würde, erfolgt eine Begrenzung auf Null. In diesem Fall wird die Partei, die der anderen Partei die VM-Zinsleistung zu erbringen hat, die Differenz zwischen VM-Zinsleistung und VM-Anrechnungswert am Fälligkeitstag dem in Nr. 14 Abs. 4 bezeichneten Konto dieser anderen Partei gutbringen. Die bei der Berechnung des VM-Anrechnungswerts angerechnete VM-Zinsleistung wird bei der nächsten Berechnung des VM-Anrechnungswerts kalkuliert, als wären in gleicher Höhe VM-Barsicherheiten in der Währung der VM-Zinsleistung geleistet worden.

☐ ◄ B. Berücksichtigung der VM-Zinsleistung als VM-Barsicherheit

Nr. 10 wird um folgenden Abs. 3 ergänzt:

(3) Der VM-Sicherungsnehmer ist zur Zahlung einer Summe von VM-Zinsleistungen insoweit nicht verpflichtet, als im Zeitpunkt ihrer Fälligkeit eine VM-Unterdeckung besteht. Ein nicht gezahlter Betrag nach Satz 1 ist als VM-Barsicherheit zu berücksichtigen. In diesem Fall erlischt der Anspruch des VM-Sicherungsgebers auf Zahlung der VM-Zinsleistung für die betreffende Zinsperiode in Höhe des nicht gezahlten Betrags nach Satz 1. Der VM-Sicherungsgeber ist zur Zahlung einer VM-Zinsleistung insoweit nicht verpflichtet, als im Zeitpunkt ihrer Fälligkeit eine VM-Überdeckung besteht. Ein nicht gezahlter Betrag nach vorstehendem Satz ist von gestellten VM-Barsicherheiten maximal bis zur Höhe des Nominalbetrags abzuziehen, ohne dass eine Rückzahlung an den VM-Sicherungsgeber erfolgt. In diesem Fall erlischt der Anspruch des VM-Sicherungsnehmers auf Zahlung der Summe von VM-Zinsbeträgen oder eines Differenzbetrags nach diesem Absatz für die betreffende Zinsperiode in Höhe des abgezogenen Betrags. Für den Fall, dass nach Verrechnung der VM-Zinsleistung mit der VM-Unter- bzw. VM-Überdeckung ein Teilbetrag offen bleibt, hat die Partei, die der anderen Partei die VM-Zinsleistung schuldet, dieser den offenen Teilbetrag der VM-Zinsleistung am Fälligkeitstag dem in Nr. 14. Abs. 4 bezeichneten Konto dieser anderen Partei gutzubringen.

44.080 (09/18)

(12) Zinsperiode ist: ______________________________

(13) Für den VM-Bankgeschäftstag maßgeblicher Ort ist/ maßgebliche Orte sind (Ortsangabe): ______________________________

(14) Referenzzinssatz und Quotient sind:

Referenzzinssatz:	Quotient:

(15) Verlängerte Leistungsfrist für angeforderte VM-Sicherheiten

☐ ◄ *Die folgende Bestimmung **gilt nur**, soweit das **vorstehende** Feld angekreuzt ist.*

Die nach Nr. 3 Abs. 3 vorzunehmende Leistung angeforderter VM-Sicherheiten kann bis zum zweiten VM-Bankgeschäftstag nach dem VM-Benachrichtigungstag erfolgen, sofern eine der beiden nachstehenden Konstellationen A oder B gegeben ist.

A. Keine IM-Pflicht
Zwischen den Parteien besteht keine Verpflichtung zur Stellung von Initial Margin gemäß EMIR und der VM-Sicherungsnehmer hat am oder vor dem VM-Benachrichtigungstag vom VM-Sicherungsgeber gesonderte VM-Sicherheiten erhalten. Die Höhe dieser gesonderten VM-Sicherheiten ist in der gleichen Weise zu berechnen wie in Art. 12 Abs. 2 Buchstabe a) der Delegierten Verordnung (EU) der Kommission vom 4.10.2016 zur Ergänzung der Verordnung (EU) Nr. 648/2012 des Europäischen Parlaments und des Rates über OTC Derivate, zentrale Gegenparteien und Transaktionsregister durch technische Regulierungsstandards zu Risikominderungstechniken für nicht durch eine zentrale Gegenpartei geclearte OTC-Derivatekontrakte vorgeschrieben.

B. IM-Pflicht
Zwischen den Parteien besteht die Verpflichtung zur Stellung von Initial Margin gemäß EMIR und die Initial Margin wurde gemäß den Regelungen des Art. 12 Abs. 2 Buchstabe b) der Delegierte Verordnung (EU) der Kommission vom 4.10.2016 zur Ergänzung der Verordnung (EU) Nr. 648/2012 des Europäischen Parlaments und des Rates über OTC Derivate, zentrale Gegenparteien und Transaktionsregister durch technische Regulierungsstandards zu Risikominderungstechniken für nicht durch eine zentrale Gegenpartei geclearte OTC-Derivatekontrakte berechnet.

(16) Abweichende Frist bei Verlust der Eignung als VM-Sicherheit

Für die Frist der Nr. 6 Abs. 3 gelten statt fünf VM-Bankgeschäftstagen: ______________________________
Anzahl VM-Bankgeschäftstage

(17) Unterschiedliche Zeitzonen

☐ ◄ *Die folgende Bestimmung **gilt nur**, soweit das **vorstehende** Feld angekreuzt ist.*

In der Begriffsbestimmung von „VM-Ausfallrisiko" in Nr. 2 werden nach Satz 1 die folgenden Sätze eingefügt: „Sind die Parteien nicht in derselben Zeitzone ansässig, werden lediglich diejenigen Einzelabschlüsse in die Berechnung der einheitlichen Ausgleichsforderung einbezogen, die vor 16.00 Uhr abgeschlossen wurden. Maßgeblich ist die Zeitzone der Partei, bei der es zuerst 16.00 Uhr ist.".

(18) Sonstige Vereinbarungen

Unterschrift(en) des Vertragspartners	
Unterschrift(en) der Bank	

44.060 (09/18) 6

Schrifttum: *Bankenverband*, Die neue EMIR-Besicherungsdokumentation zum deutschen Rahmenvertrag für Finanztermingeschäfte – Hintergründe und Erläuterungen (Stand: 19.4.2017) einschl einer kommentierten Gegenüberstellung des VM-Besicherungsanhangs und des Besicherungsanhangs 2001, abrufbar unter https://bankenverband.de/media/uploads/2017/09/13/emir-besicherungsdokumentation-hintergrund-stand-19-04-2017.pdf; *Jahn/Reiner*, Außerbörsliche Finanztermingeschäfte

(OTC-Derivate), Bankrechts-Handbuch, § 114 Rn 208–212 und Rn 244; *Mirtschink/Gallei* in: Jahn/Schmitt/Geier (Hrsg), Handbuch Bankensanierung und -abwicklung, 2016, Abwicklung und CCP-Clearing, Kap C. III., Rn 41–49.

Anmerkungen

Vor 1. Art 11 der Verordnung (EU) Nr 648/2012 des Europäischen Parlaments und des Rates vom 4. Juli 2012 über OTC-Derivate, zentrale Gegenparteien und Transaktionsregister (ABl v 27.7.2012, L 201/1, zuletzt geändert durch Art 1 der Verordnung (EU) 2019/2099 vom 23. Oktober 2019 zur Änderung der Verordnung (EU) Nr 648/2012, ABl v 12.12.2019, L 322/1, European Market Infrastructure Regulation und im folgenden „EMIR“) hat erhebliche Auswirkungen auf die Besicherung von clearingpflichtigen, aber auch von nicht clearingpflichtigen OTC-Derivatgeschäften. Vor allem die Einführung der Besicherungspflicht für einen Großteil der Marktteilnehmer (zum persönlichen Anwendungsbereich s unten) in Bezug auf nicht clearingpflichtige OTC-Derivatgeschäfte war gegenüber den bisherigen Gepflogenheiten des Marktes besonders einschneidend (*Jahn/Reiner* § 114 Rn 212).

Bei bestehender Clearingpflicht (Art 4 EMIR) – also im Falle clearingpflichtiger Geschäfte (s dazu → Form. IV.S. 10, vor 1) und abhängig von der Einstufung der Gegenparteien – müssen zentrale Gegenparteien (sog Central Counterparty oder CCP) von ihren Clearingmitgliedern (sog CM, das sind bestimmte regulierte Finanzmarktakteure) Sicherheiten in Form. von Einschusszahlungen (Margins, bestehend aus Ersteinschuss- und Nachschusszahlungen) verlangen, Art 41 EMIR (näher dazu – und zur weiteren Besicherungspraxis in Clearing-Konstellationen – *Mirtschink/Gallei* Rn 41 ff).

Bei nicht bestehender Clearingpflicht schreibt Art 11 Abs 3 EMIR im Wege von Rahmenvorgaben einen angemessenen Austausch von Sicherheiten als Risikominderungstechnik vor: Adressaten sind finanzielle Gegenparteien (sog Financial Counterparty oder FC, Art 2 Nr 8 EMIR) und große nichtfinanzielle Gegenparteien (sog Non Financial Counterparty+ oder NFC+, die die Clearingschwelle nach Art 10 Abs 1 EMIR überschreiten). Sie müssen nach Art 11 Abs 3 EMIR Sicherheiten in einem Maße und einer Weise austauschen, die im Ergebnis zu einer ähnlichen Risikobegrenzung führen sollen wie beim Clearing durch CCPs (*Jahn/Reiner* § 114 Rn 127; vgl Erwägungsgrund (24) EMIR). Konkret erfasst sind Geschäfte von FC und NFC+ gegenüber anderen FC und NFC+ (sowie diesen gleichzustellenden Parteien aus Drittstaaten). Gegenüber Marktteilnehmern, die nicht clearingpflichtig sind, also alle unterhalb der Clearingschwelle liegenden NFC-, „Nichtunternehmen“ und besondere Marktteilnehmer iSd Art 1 Abs 4 und 5 EMIR, besteht im Umkehrschluss keine Besicherungspflicht nach den Vorgaben der EMIR-Besicherungs-RTS (s dazu unten) bzw – präziser ausgedrückt – es kann von einer Besicherung abgesehen werden (näher *Bankenverband* EMIR-Besicherung S 3). Auf dieser Basis sind die Vertragsparteien vorab zu klassifizieren, um damit die besicherungsvertragliche Anforderung zu definieren.

Mit Wirkung vom 17. Juni 2019 sind die für die Clearingpflichten relevanten Vorgaben modifiziert worden (Verordnung (EU) 2019/834 der Kommission vom 20. Mai 2019 zur Änderung der Verordnung (EU) Nr 648/2012 (ABl v 28.5.2019, L 141/42, sog **EMIR-Refit**), indem u a eine neue Kategorie der kleinen finanziellen Gegenparteien eingeführt wurde und finanzielle sowie nichtfinanzielle Gegenparteien Änderungen bei der Berechnung und Meldung der Clearingschwellen beachten müssen. Die Risikominderungspflichten einschließlich der Besicherung sind aber unverändert von der neuen Gruppe der kleinen finanziellen Gegenparteien zu erfüllen (vgl Erwägungsgrund (7) EMIR Refit). Soweit eine nichtfinanzielle Gegenpartei nach Berücksichtigung der neuen Bestimmungen den Schwellenwert nach Art 10 EMIR überschreitet, ist sie wie bisher zur angemessenen Besicherung der OTC-Derivate – wie finanzielle Gegenparteien auch – verpflichtet, soweit dies nach den EMIR-Besicherungs-RTS (s dazu zugleich) vorgesehen ist.

Die konkrete Ausgestaltung der Pflichten und Inhalte wurde in den zur EMIR erlassenen konkretisierenden Delegierten Rechtsakten mit regulatorischen technischen Standards (RTS) vorgenommen: Daher sind die EMIR-Anforderungen für **Risikominderungstechniken** in einem ersten Teil mit der Delegierten Verordnung (EU) Nr 149/2013 der Kommission vom 19. Dezember 2012 (ABl L 52, S 11 vom 23.2.2013), in einem zweiten Teil mit der am 4. Januar 2017 in Kraft getretenen Delegierten Verordnung (EU) 2016/2251 der Kommission vom 4. Oktober 2016 (ABl L 340, S 9 vom 15.12.2016) im Einzelnen definiert worden (letzteres im Folgenden **„EMIR-Besicherungs-RTS“**).

Darauf basierend obliegt seit dem 1. März 2017 allen erfassten Marktteilnehmern (dazu bereits oben) insbesondere die Besicherung des jeweiligen Marktwerts der Derivategeschäfte bei täglicher Neubewertung und grundsätzlich auch täglicher Anpassung; dies ist die Pflicht zur Leistung von Nachschusszahlungen (sog Variation Margin oder „VM“), für die der Besicherungsanhang für Variation Margin („VM“) entwickelt wurde.

Ferner besteht für nicht geclearte OTC-Derivatgeschäfte grundsätzlich auch die Pflicht zum Austausch von Ersteinschusszahlungen (sog Initial Margin oder „IM“). Sie decken Marktwertschwankungen ab, die in dem Zeitraum zwischen der letzten erfolgten Bewertung der Geschäfte und (a) der tatsächlichen Leistung von VM oder (b) der ggf erforderlichen Wiedereindeckung nach einem möglichen Ausfall der Gegenpartei entstehen können. Diese IM-Pflicht besteht für jede Partei gesondert ohne Verrechnungsmöglichkeit sowie mit der Verpflichtung zur insolvenzfesten Verwahrung der erhaltenen IM-Sicherheiten, vgl Art 11, 13, 19 ff. EMIR-Besicherungs-RTS. Der Umsetzungszeitplan für IM sieht für die betroffenen Unternehmen ein schrittweises Inkrafttreten bis 1. September 2022 vor. Zur Vertragsgestaltung stehen seit Oktober 2018 der Besicherungsanhang für Initial Margin („IM“) zum Rahmenvertrag für Finanztermingeschäfte, der durch eine im März 2020 veröffentlichte, aktualisierte Dokumentation ersetzt worden ist, sowie die zugehörigen Sicherheitenverträge nach Belgischem sowie Luxemburger Recht zur Verfügung. Die Berechnung der IM ist im Vergleich zur VM deutlich komplexer (mittels tabellenbasiertem Standardverfahren oder internem Value-at-Risk-Modell); dies gilt auch für die sonstigen Prozesse und die Vertragsdokumentation, u a weil die Initial Margin verpfändet und die getrennte, insolvenzsichere Verwahrung bei Verwahrstellen (Custodians) sichergestellt werden muss. Aufgrund der auch nach September 2022 verbleibenden IM Freigrenze von 8 Mrd Euro werden zahlreiche Marktteilnehmer auch nach der schrittweisen Einführung der IM nicht betroffen sein, was v a für kleinere Parteien eine erhebliche Erleichterung bedeutet.

Die EMIR-Besicherungs-RTS enthalten zu VM (und IM) zahlreiche, detaillierte Pflichten und Vorgaben, die sich auch **in der Vertragsdokumentation niederschlagen:** Generell müssen gemäß Art 3 EMIR-Besicherungs-RTS in Besicherungsvereinbarungen bestimmte Regelungen enthalten sein, zB zur Art und Höhe der erforderlichen Sicherheiten, die Verfahren zur Anforderung und Leistung von Sicherheiten sowie zur Berechnung von notwendigen Nachschusszahlungen, zur Bewertung der Sicherheiten etc. Diese Pflichten werden jedenfalls erfüllt, wenn bereits bei Zustandekommen eines Einzelabschlusses ein Rahmenvertrag sowie ein VM-Besicherungsanhang vorliegen (*Bankenverband* S 8). Auch inhaltlich gibt es jeweils detaillierte Vorgaben, so zB ein abschließender Katalog von zulässigen Sicherheitenklassen (Art 4 EMIR-Besicherungs-RTS), zur jeweiligen Anrechnungshöhe der Sicherheiten einschl vorgegebener Abschläge auf den Marktwert (haircuts) (Art 21 iVm Anhang II EMIR-Besicherungs-RTS), zur Bewertung der Sicherheiten (zB tägliche Neuberechnung, Art 9 Abs 1 EMIR-Besicherungs-RTS) und zu den Prozessen zur Leistung der Nachschusszahlung (Art 12 EMIR-Besicherungs-RTS); zur konkreten Umsetzung in der Vertragsdokumentation vgl gleich → Anm. 4 ff.

1. Der Besicherungsanhang (2018) für Variation Margin („VM“) zum Rahmenvertrag für Finanztermingeschäfte (im Folgenden **„VM-Besicherungsanhang (2018)“**) soll die

Umsetzung der sich aus den EMIR-Besicherungs-RTS ergebenden Anforderungen hinsichtlich VM ermöglichen. Dabei hat man sich bewusst auf diejenigen regulatorischen Anforderungen beschränkt, die (a) zwingend zwischen den Vertragsparteien vertraglich vereinbart werden müssen und (b) im direkten Zusammenhang zu den unter einem Rahmenvertrag abgeschlossenen Geschäften stehen. Alle Pflichten, die von den Vertragsparteien einzuführende prozessuale und operative Maßnahmen und Verfahren betreffen, bleiben außer Betracht (*Bankenverband EMIR-Besicherung* S 11). Aufbau, Inhalt und Terminologie des VM-Besicherungsanhangs orientieren sich eng an dem 2001 veröffentlichten Besicherungsanhang zum Rahmenvertrag für Finanztermingeschäfte („Besicherungsanhang (2001)“). Aufgrund der Unterschiede zwischen der Stellung von Sicherheiten als Variation Margin einerseits und Initial Margin andererseits sind neben dem Besicherungsanhang 2001 zwei eigenständige (VM- bzw IM-)Besicherungsanhänge entwickelt worden.

2. Nr 1 Abs 2 VM-Besicherungsanhang (2018) enthält eine allgemeine Zusicherung, dass über die geleisteten Sicherheiten frei verfügt werden kann und diese insbesondere frei von Rechten Dritter sind (insoweit weitergehend als der Besicherungsanhang (2018)).

3. Besichert wird das **VM-Ausfallrisiko**, das heißt der Betrag der Forderung wegen Nichterfüllung, der im Fall der vorzeitigen Beendigung des Rahmenvertrages, zB wegen Insolvenz einer Partei oder Kündigung aus wichtigem Grund, als Ausgleich an die berechnende Partei bzw die andere Partei nach Nr 8 des Rahmenvertrages 2018 – jeweils den Sicherungsnehmer – zu zahlen wäre. Anders als beim Besicherungsanhang (2001) erfolgt aber kein Verweis auf eine bestimmte Berechnungsmethode; vielmehr wird – den Wortlaut des Art 11 Abs 2 EMIR aufgreifend – allgemein auf eine Ermittlung anhand von Marktpreisen, hilfsweise Modellpreisen verwiesen.

4. Geeignete VM-Sicherheiten sind VM-Barsicherheiten und VM-Wertpapiersicherheiten, „sofern diese den aufsichtsrechtlichen Anforderungen entsprechen“ (vgl Begriffsbestimmung in Nr 2); die Wertpapiersicherheiten, die aufsichtsrechtlich erforderlichen Anrechnungssätze bzw Abschläge sowie zulässige Währungen sind in Nr 14 Abs 1 im Rahmen der Individualvereinbarung einvernehmlich festzulegen.

5. Bei entsprechender Bonität der Parteien ist es marktüblich, zur operativen Vereinfachung einen **Mindesttransferbetrag** zu vereinbaren, Nrn 5 u 14 Abs 5, s dazu näher → Anm. 10. Dies hat zur Folge, dass die zu einer Übertragung im Fall der Unter- oder Überdeckung verpflichtete Partei erst dann auf Anforderung Sicherheiten leisten muss, wenn dieser Betrag zumindest den Mindesttransferbetrag erreicht. In diesem Zusammenhang ist ein etwaiger vereinbarter VM-Rundungsbetrag (Nr 14 Abs 2) noch nicht zu berücksichtigen; das ergibt sich nicht nur aus Sinn und Zweck des VM-Mindesttransferbetrages, sondern auch aus der Definition von VM-Rundung (Nr 2), wonach eine etwaige VM-Rundung erst im Anschluss an die Feststellung einer VM-Unter- oder Überdeckung erfolgt (*Bankenverband EMIR Besicherung* S 17). Während es beim Besicherungsanhang (2018) nicht unüblich ist, in den Individualvereinbarungen zusätzlich einen sogenannten Freibetrag (Threshold Amount) zu vereinbaren, der beim Besicherungsanspruch in Abzug gebracht wird, ist diese Möglichkeit beim VM-Besicherungsanspruch nicht vorgesehen, da gemäß der EMIR-Besicherungs-RTS **für VM keine Freibeträge** vereinbart werden dürfen.

6. Basierend auf den vielfältigen und teilweise sehr komplexen Vorgaben, die die EMIR-Besicherungs-RTS für die Eignung als VM-Sicherheit aufstellen, ist ein **Wegfall der Eignung** weniger vorhersehbar als früher und wird häufiger als bisher eintreten. Daher enthält der VM-Besicherungsanhang in Nr 6 nun – im Unterschied zum Besicherungsanhang 2001 – eine besondere Bestimmung, die ein solches Ereignis und das Vorgehen zur Ersetzung detailliert regelt.

7. Die für **Unstimmigkeiten und Widersprüche** geltenden Bestimmungen orientieren sich inhaltlich an den entsprechenden Bestimmungen im EMIR-Anhang. Dabei ist zunächst ein Verfahren zur einvernehmlichen Beilegung der Unstimmigkeit vorgesehen; bei Erfolglosigkeit schließt sich im Fall des streitigen VM-Besicherungsanspruchs eine Neubewertung, im Fall des streitigen VM-Anrechnungswerts eine Neuberechnung an, Nr 9 Abs 2. Das Zeitfenster zwischen Ende der Einigungsfrist um 10 Uhr und der spätesten Mitteilung des Ergebnisses der Neubewertung bzw. -berechnung um 12 Uhr ist knapp bemessen (vgl Nr 9 Abs 1 S 2 iVm Abs 3 S 1).

8. **Zinserträge** auf Bar- und Wertpapiersicherheiten werden nach Maßgabe der Nr 10 gezahlt. Standardmäßig ist hier eine Berücksichtigung negativer Zinsen vorgesehen, dh der Sicherungsgeber zahlt den entsprechenden absoluten Zinsbetrag an den Sicherungsnehmer, sofern in Nr 14 Abs 10 keine Begrenzung der anfallenden Zinsen auf null vereinbart wurde.

9. Als ein bedeutsames Beispiel des wichtigen Grundes (iSd Nr 7 DRV 2018) nennt Nr 12 Abs 1 explizit den Fall des **mangelnden Eingangs von VM-Sicherheiten** (bzw dazu gleichartige Geldbeträge oder Wertpapiere im Fall der Überdeckung) binnen eines Bankgeschäftstags, nachdem der Verpflichtete über die ausgebliebene Leistung benachrichtigt wurde. Das Verfahrens bei Unstimmigkeiten nach Nr 9 hat Vorrang, so dass eine Kündigung erst nach dessen Abschluss zulässig ist, Nr 12 Abs 1 S 2.

Nr 12 Abs 2 begründet einen Ersatzanspruch, wenn der VM-Sicherungsnehmer im Fall der Überdeckung trotz Benachrichtigung nicht am folgenden Bankgeschäftstag seine Verpflichtung zur Rücklieferung gleichartiger Sicherheiten erfüllt: Dieser richtet sich nach dem Zinssatz für verspätete Leistungen unter dem Rahmenvertrag gemäß Nr 3 Abs 4 DRV 1993/2001 bzw 2018.

10. Unter Nr 14 sind von den Vertragsparteien **Individualvereinbarungen** zu treffen: Dies sind zum einen solche, die **erforderlich** sind, um den Vertrag überhaupt umsetzen zu können, zB Bestimmung der zulässigen VM-Sicherheiten und VM-Anrechnungssätze (einschl ggf regulatorisch gebotener Abschläge) in Nr 14 Abs 1, Bestimmung von Konten oder Depots in Nr 14 Abs 4, Referenzzinssatz und maßgeblicher Quotient zur Berechnung des VM-Zinsbetrages in Nr 14 Abs 14. Zum anderen handelt es sich um Vereinbarungen, die die **operative Abwicklung** der VM-Besicherung vereinfachen: Bestimmung des anwendbaren VM-Rundungsbetrages in Nr 14 Abs 2 (nur ein einheitlicher Rundungsbetrag für beide Parteien ist möglich; erfolgt hier keine Festlegung, entfällt eine Rundung), der Anschriften für Mitteilungen unter dem Anhang in Nr 14 Abs 6 und des VM-Mindesttransferbetrages (Minimum Transfer Amount oder „MTA"). Beim MTA können individuelle Beträge für jede Vertragspartei festgelegt werden, wobei die für VM und IM geltende **Gesamthöchstgrenze von 500.000 Euro** zu beachten ist, vgl Art 25 Abs 4 und Erwägungsgrund (8) EMIR-Besicherungs-RTS: Zur Reduktion des operativen Aufwands ist die Gestattung eines solchen angemessen; er darf jedoch nur „als operatives Hilfsmittel und nicht als unbesicherte Kreditlinie zwischen den Gegenparteien genutzt" werden. Die Einhaltung dieser Höchstgrenze muss von jeder Partei eigenständig sichergestellt werden; dies gilt insbesondere, wenn dieser Betrag zwischen VM- und IM-Besicherungsanhang aufgespalten und der IM-Besicherungsanhang zu einem späteren Zeitpunkt abgeschlossen werden soll (*Bankenverband EMIR* S 20, Erwägungsgrund (9) EMIR-Besicherungs-RTS). Wird in Nr 14 kein MTA festgelegt, so ist dieser Null, so dass auch Kleinstbeträge zwischen den Parteien ausgetauscht werden müssen. Die dritte Kategorie sind **fakultative Individualvereinbarungen**, mit denen die Vertragsparteien von den Vorgaben des VM-Besicherungsanhangs bzw der EMIR-Besicherungs-RTS dort, wo Öffnungen angelegt sind, abweichen können: Abweichender VM-Anforderungszeitpunkt in Nr 14 Abs 3 (Standard ist 12 Uhr Frankfurt aM), Bestimmung einer der Vertragsparteien als VM-Berechnungsstelle (im Grundsatz ist es diejenige, die jeweils einen Leistungsanspruch geltend macht), Vereinbarung eines VM-Zuschlags für jede Partei separat (Nr 14 Abs 8), mit dem sich der jeweilige VM-Besicherungsanpruch erhöht, abweichender VM-Benachrichtigungszeitpunkt in Nr 14 Abs 9 (Standard ist 11 Uhr Frankfurt aM), Varianten zum Umgang mit Zinsansprüchen, dh Berücksichtigung im VM-Anrechnungswert oder als VM-Barsicherheit, Nr 14 Abs 11, von Frankfurt aM abweichender Ort zur Bestimmung des VM-Bankgeschäftstags in Nr 14 Abs 13, optionale Verlängerung der Leistungsfrist für VM-Sicherheiten in Nr 14 Abs 15 vor dem Hintergrund des Art 12 Abs 1 und 2 EMIR-Besicherungs-RTS, optionale Verlängerung des Zeitraums für die Ersetzung von nicht mehr geeigneten Sicherheiten in Nr 14 Abs 16 vor dem Hintergrund des Art 7 Abs 4 lit b EMIR-Besicherungs-RTS, Berücksichtigung unterschiedlicher Zeitzonen in Nr 14 Abs 17 vor dem Hintergrund des Art 9 Abs 3 lit b EMIR-Besicherungs-RTS und sonstige Vereinbarungen und Ergänzungen – frei formulierbar – in Nr 14 Abs 18.

11. Wie die anderen bestehenden Anhänge zum DRV 1993/2001 ist auch der VM-Besicherungsanhang (2018) so angepasst worden, dass er mit dem neu entwickelten DRV 2018 in Einklang steht: Dazu wurden die neuen Begrifflichkeiten und Verweise im Zusammenhang mit der Neugestaltung der Ausgleichsforderung bei Beendigung des Rahmenvertrages, die sich im VM-Besicherungsanhang (2018) spiegeln, übernommen. In der Vergangenheit wurde hingegen der DRV 1993/2001 zur Umsetzung der EMIR-Besicherungsanforderungen durch den Besicherungsanhang für Variation Margin („VM") aus dem Jahr 2016 ergänzt. In diesem Fall könnten die Vertragsparteien durch Abschluss der Änderungsvereinbarung (2018) (s dazu → Form. IV.S. 2) den DRV 1993/2001 gemeinsam mit dem Besicherungsanhang für Variation Margin („VM") auf die jeweiligen 2018er Versionen aktualisieren.

Soll erstmalig ein VM-Besicherungsanhang (2018) abgeschlossen werden, könnte dies die Vertragsparteien in der Praxis veranlassen, im Zuge dessen auch den DRV 1993/2001 gegen den DRV 2018 auszutauschen.

9. Zusatzvereinbarung Besicherungsvarianten (2018) zum Besicherungsanhang für Variation Margin

	Zusatzvereinbarung vom
	zum Besicherungsanhang für Variation Margin vom

Zusatzvereinbarung Besicherungsvarianten (2018) zum Besicherungsanhang für Variation Margin

Zwischen

Name und Anschrift des Vertragspartners
(nachstehend „Vertragspartner" genannt)

und

Name und Anschrift der Bank
(nachstehend „Bank" genannt)

Die Bestimmungen einer der folgenden Varianten gelten nur, wenn die ***entsprechende Variante*** angekreuzt und die erforderlichen Daten eingetragen sind:

► ☐ **Variante 1 – Besicherung von Neugeschäft bei unbesichertem Altgeschäft** (1)

Bei Unterzeichnung dieses Besicherungsanhangs für Variation Margin wurden bereits Einzelabschlüsse getätigt, jedoch bislang kein anderer Besicherungsanhang abgeschlossen. Dieser Besicherungsanhang für Variation Margin soll jedoch nur für Neugeschäfte gelten. Es wird daher Folgendes vereinbart:

a) Neugeschäfte sind alle zwischen den Parteien unter dem Rahmenvertrag am oder nach dem

Datum

getätigten Einzelabschlüsse.

b) In Nr. 2 dieses Besicherungsanhangs für Variation Margin wird die Begriffsbestimmung des VM-Ausfallrisikos wie folgt ersetzt:

► ☐ „VM-Ausfallrisiko" der Betrag der Forderung wegen Nichterfüllung, der sich nach Nr. 8 des Rahmenvertrags bei einer Beendigung der Neugeschäfte zum VM-Ermittlungszeitpunkt am maßgebenden VM-Berechnungstag ergäbe. Die Berechnung erfolgt auf Grundlage von Marktpreisen. Lässt das Marktgeschehen eine Bewertung zu Marktpreisen nicht zu, wird eine Bewertung zu Modellpreisen vorgenommen. Ist die Partei, deren VM-Ausfallrisiko ermittelt wird, Gläubiger dieser Forderung wegen Nichterfüllung, ist das VM-Ausfallrisiko bei der Berechnung ihres VM-Besicherungsanspruchs als positiver, anderenfalls als negativer Betrag zu berücksichtigen. Unter diesem Anhang geleistete Sicherheiten bleiben bei der Berechnung des VM-Ausfallrisikos außer Betracht.

► ☐ „VM-Ausfallrisiko" der Betrag der Forderung wegen Nichterfüllung, der sich nach Nr. 8 des Rahmenvertrags bei einer Beendigung der Neugeschäfte zum VM-Ermittlungszeitpunkt am maßgebenden VM-Berechnungstag ergäbe. Sind die Parteien nicht in derselben Zeitzone ansässig, werden lediglich diejenigen Einzelabschlüsse in die Berechnung dieser Forderung wegen Nichterfüllung einbezogen, die vor 16.00 Uhr abgeschlossen wurden. Maßgeblich ist die Zeitzone der Partei, bei der es zuerst 16.00 Uhr ist. Die Berechnung erfolgt auf Grundlage von Marktpreisen. Lässt das Marktgeschehen eine Bewertung zu Marktpreisen nicht zu, wird eine Bewertung zu Modellpreisen vorgenommen. Ist die Partei, deren VM-Ausfallrisiko ermittelt wird, Gläubiger dieser Forderung wegen Nichterfüllung, ist das VM-Ausfallrisiko bei der Berechnung ihres VM-Besicherungsanspruchs als positiver, anderenfalls als negativer Betrag zu berücksichtigen. Unter diesem Anhang geleistete Sicherheiten bleiben bei der Berechnung des VM-Ausfallrisikos außer Betracht.

► ☐ **Variante 2 – Besicherung von Neugeschäft neben gesondert besichertem Altgeschäft** (2)

Bei Unterzeichnung dieses Besicherungsanhangs für Variation Margin besteht bereits der andere Besicherungsanhang vom

Datum

für Altgeschäfte.

Dieser Besicherungsanhang für Variation Margin gilt hingegen nur für Neugeschäfte. Es wird daher Folgendes vereinbart:

a) Altgeschäfte sind alle zwischen den Parteien unter dem Rahmenvertrag vor dem

Datum

getätigten Einzelabschlüsse. Neugeschäfte sind alle zwischen den Parteien unter dem Rahmenvertrag am oder nach dem oben genannten Datum getätigten Einzelabschlüsse.

b) In Nr. 2 des anderen Besicherungsanhangs wird die Begriffsbestimmung des Ausfallrisikos wie folgt ersetzt:

„Ausfallrisiko" der Betrag der Forderung wegen Nichterfüllung, der sich nach Nr. 8 des Rahmenvertrags bei einer Beendigung der Altgeschäfte zum Berechnungszeitpunkt am maßgebenden Berechnungstag ergäbe. Die Berechnung erfolgt gemäß Nr. 12 Abs. 5 (C) des Rahmenvertrags; soweit die Berechnung auf der Grundlage von Preisstellungen erfolgt, die als Geld- und als Brief- 1 kurs gestellt werden, ist der Mittelkurs maßgebend. Ist die Partei, deren Ausfallrisiko ermittelt wird, Gläubiger der Forderung wegen Nichterfüllung, ist das Ausfallrisiko bei der Berechnung ihres Besicherungsanspruchs als positiver, anderenfalls als negativer Betrag zu berücksichtigen. Unter diesem Anhang geleistete Sicherheiten bleiben bei der Berechnung des Ausfallrisikos außer Betracht. Etwaige Einschränkungen hinsichtlich der zu besichernden Geschäfte oder Geschäftsarten, die in Nr. 11 (Individualvereinbarungen) des anderen Besicherungsanhangs vorgenommen wurden, bleiben unberührt.

c) In Nr. 2 dieses Besicherungsanhangs für Variation Margin wird die Begriffsbestimmung des VM-Ausfallrisikos wie folgt ersetzt:

► ☐ „VM-Ausfallrisiko" der Betrag der Forderung wegen Nichterfüllung, der sich nach Nr. 8 des Rahmenvertrags bei einer Beendigung der Neugeschäfte zum VM-Ermittlungszeitpunkt am maßgebenden VM-Berechnungstag ergäbe. Die Berechnung erfolgt auf Grundlage von Marktpreisen. Lässt das Marktgeschehen eine Bewertung zu Marktpreisen nicht zu, wird eine Bewertung zu Modellpreisen vorgenommen. Ist die Partei, deren VM-Ausfallrisiko ermittelt wird, Gläubiger dieser Forderung wegen Nichterfüllung, ist das VM-Ausfallrisiko bei der Berechnung ihres VM-Besicherungsanspruchs als positiver, anderenfalls als negativer Betrag zu berücksichtigen. Unter diesem Anhang geleistete Sicherheiten bleiben bei der Berechnung des VM-Ausfallrisikos außer Betracht.

► ☐ „VM-Ausfallrisiko" der Betrag der Forderung wegen Nichterfüllung, der sich nach Nr. 8 des Rahmenvertrags bei einer Beendigung der Neugeschäfte zum VM-Ermittlungszeitpunkt am maßgebenden VM-Berechnungstag ergäbe. Sind die Parteien nicht in derselben Zeitzone ansässig, werden lediglich diejenigen Einzelabschlüsse in die Berechnung dieser Forderung wegen Nichterfüllung einbezogen, die vor 16.00 Uhr abgeschlossen wurden. Maßgeblich ist die Zeitzone der Partei, bei der es zuerst 16.00 Uhr ist. Die Berechnung erfolgt auf Grundlage von Marktpreisen. Lässt das Marktgeschehen eine Bewertung zu Marktpreisen nicht zu, wird eine Bewertung zu Modellpreisen vorgenommen. Ist die Partei, deren VM-Ausfallrisiko ermittelt wird, Gläubiger dieser Forderung wegen Nichterfüllung, ist das VM-Ausfallrisiko bei der Berechnung ihres VM-Besicherungsanspruchs als positiver, anderenfalls als negativer Betrag zu berücksichtigen. Unter diesem Anhang geleistete Sicherheiten bleiben bei der Berechnung des VM-Ausfallrisikos außer Betracht.

d) Die nach Nr. 8 des anderen Besicherungsanhangs und Nr. 11 Abs. 1 Satz 1 dieses Besicherungsanhangs für Variation Margin jeweils ermittelten Beträge werden in die nach Nr. 8 des Rahmenvertrags zu ermittelnde Forderung wegen Nichterfüllung einbezogen.

e) Der folgende Unterabsatz gilt nur, wenn das entsprechende Feld angekreuzt worden ist:

► ☐ Sind von beiden Parteien Leistungen von Barsicherheiten unter dem anderen Besicherungsanhang und VM-Barsicherheiten unter diesem Besicherungsanhang für Variation Margin am gleichen Tag und in der gleichen Währung gemäß Nr. 3 und Nr. 4 des anderen Besicherungsanhangs und dieses Besicherungsanhangs für Variation Margin geschuldet, zahlt die Partei, die den höheren Betrag schuldet, die Differenz zwischen den geschuldeten Beträgen.

► ☐ **Variante 3 – Einheitliche Besicherung von Neugeschäft und besichertem Altgeschäft** ③

Bei Unterzeichnung dieses Besicherungsanhangs für Variation Margin besteht bereits der andere Besicherungsanhang vom

Datum

Die Bestimmungen des vorbezeichneten Besicherungsanhangs werden durch die Bestimmungen dieses Besicherungsanhangs ersetzt. Zu diesem Zweck wird Folgendes vereinbart:

Die Bestimmungen des zwischen den Parteien bei Unterzeichnung dieses Besicherungsanhangs für Variation Margin bereits bestehenden Besicherungsanhangs werden mit Wirkung vom

Datum

Null (00.00) Uhr (Ortszeit Frankfurt am Main) durch die Bestimmungen dieses Anhangs ersetzt.

Die nach den ersetzten Bestimmungen gestellten Sicherheiten unterliegen ab diesem Zeitpunkt den Bestimmungen dieses Anhangs.

Sonstige Vereinbarungen:

Unterschrift(en) des Vertragspartners	

Unterschrift(en) der Bank	

44.061 (09/18)

2

Schrifttum: *Bankenverband*, Die neue EMIR-Besicherungsdokumentation zum deutschen Rahmenvertrag für Finanztermingeschäfte – Hintergründe und Erläuterungen (Stand: 19.4.2017), abrufbar unter https://bankenverband.de/media/uploads/2017/09/13/emir-besicherungsdokumentation-hintergrund-stand-19-04-2017.pdf

Anmerkungen

Vor 1. Die Zusatzvereinbarung Besicherungsvarianten wurde für die in der Praxis häufige Konstellation entwickelt, dass zwischen zwei Vertragsparteien ein Rahmenvertrag für Finanztermingeschäfte besteht, unter dem Einzelabschlüsse vor Einsetzen der Besicherungsanforderungen nach der Verordnung (EU) Nr 648/2012 des Europäischen Parlaments und des Rates vom 4. Juli 2012 über OTC-Derivate, zentrale Gegenparteien und Transaktionsregister (ABl v 27.7.2012, L 201/1), zuletzt geändert durch Verordnung (EU) 2019/834 der Kommission vom 20. Mai 2019 zur Änderung der Verordnung (EU) Nr 648/2012 (ABl v 28.5.2019, L 141/42) – **European Market Infrastructure Regulation** und im folgenden **„EMIR"** – abgeschlossen worden sind (im Folgenden „Altgeschäft"), und die Vertragsparteien nun den Abschluss weiterer, den EMIR-Anforderungen unterfallender Geschäfte beabsichtigen (im Folgenden und in der Zusatzvereinbarung „Neugeschäft"), für die ein Besicherungsanhang für Variation Margin („VM-Besicherungsanhang") abzuschließen ist. Dabei kann es sich um die Variante handeln, dass das Altgeschäft bereits einem Besicherungsanhang unterliegt (im Folgenden und in der Zusatzvereinbarung „besichertes Altgeschäft"), oder es sich um (bislang) unbesicherte Einzelabschlüsse (im Folgenden und in der Zusatzvereinbarung „unbesichertes Altgeschäft") handelt. Daraus ergeben sich drei vorgesehene Optionen („Varianten 1 bis 3" in der Zusatzvereinbarung), unter denen die Parteien durch Ankreuzen und Ergänzung der erforderlichen Daten auswählen können. Welche der Varianten die geeignetste ist, müssen die Parteien im Einzelfall sorgfältig auf Grundlage der spezifischen Gegebenheiten prüfen; der jeweilige mit den Varianten verbundene organisatorische Umsetzungsaufwand wird dabei in der Praxis ein wichtiger Faktor sein (*Bankenverband* S 41). Bei entsprechender Relevanz wird die Zusatzvereinbarung zeitgleich mit dem Abschluss des Besicherungsanhangs für Variation Margin vereinbart.

1. In der als **„Variante 1"** bezeichneten Ankreuzoption wird gewünscht, **nur das Neugeschäft unter den VM-Besicherungsanhang** zu fassen; folglich wird bei der Berechnung des Ausfallrisikos nur dieses einbezogen. Das Altgeschäft ohne bisherigen Besicherungsanhang soll auch zukünftig unbesichert bleiben. Die zweite, durch Ankreuzen wählbare Untervariante zur Definition des VM-Ausfallrisikos unterscheidet sich von der ersteren nur dadurch, dass sie die in Art 14 Abs 17 VM-Besicherungsanhang eröffnete Wahlmöglichkeit umsetzt, wenn die Vertragsparteien sich in unterschiedlichen Zeitzonen befinden (Einbeziehung nur solcher Einzelabschlüsse, die vor 16 Uhr abgeschlossen wurden).

2. Die zweite Ankreuzoption (**„Variante 2"**) beinhaltet die **Besicherung von Neugeschäft neben gesondert besichertem Altgeschäft**, d h es kommt zu einem Nebeneinander von VM-Besicherungsanhang (für das Neugeschäft) und Besicherungsanhang (unverändert für das Altgeschäft fortbestehend und in der Zusatzvereinbarung als „anderer Besicherungsanhang" bezeichnet). Auch das Ausfallrisiko wird für beide Teilportfolien getrennt berechnet; folglich werden die entsprechenden Definitionen in den beiden Besicherungsverträgen auf diese Situation angepasst. Für Zwecke der Beendigung nach Nr 8 des Rahmenvertrages und zur Ermittlung der Forderung wegen Nichterfüllung werden die beiden Teilportfolien vertragstechnisch wieder zusammengeführt (Variante 2, lit d). Die durch Ankreuzen wählbare Variante 2, lit e sieht eine Saldierung für den Fall vor, dass unter beiden Besicherungsverträgen Barsicherheiten am gleichen Tag und in der gleichen Währung zu leisten sind, so dass mit der Entscheidung für diese Option nur eine Partei den Differenzbetrag zu zahlen hat.

3. Mit der „Variante 3" vereinbaren die Vertragsparteien eine **einheitliche Besicherung von Neugeschäft und bestehender**, bisher unter einem Besicherungsanhang besicherter **Einzelabschlüsse:** Die Bestimmungen des bestehenden Besicherungsanhangs werden vereinbarungsgemäß durch den VM-Besicherungsanhang ersetzt. Dazu sollen die Parteien ein Datum einsetzen, ab dem die unter den ersetzten Bestimmungen gestellten Sicherheiten den Bestimmungen des VM-Besicherungsanhangs unterliegen.

Nicht explizit berücksichtigt ist die in der Praxis eher seltene Konstellation, dass die Parteien Neugeschäft und unbesichertes Altgeschäft den Bestimmungen des VM-Besicherungsanhang unterstellen wollen. Dies könnten die Vertragsparteien durch eine „sonstige Vereinbarung" in der Zusatzvereinbarung individuell regeln.

4. Die Zusatzvereinbarung Besicherungsvarianten ist im Zuge der Aktualisierung des DRV 2018 an die Neufassung des Rahmenvertrages in den Regelungen angepasst worden, die bisher auf die „einheitliche Ausgleichsforderung nach Nr 9" verwiesen (Ersetzung jeweils durch „Forderung wegen Nichterfüllung, vgl dazu näher → Form. IV. S.1 Anm. 7). Die entsprechende neue Version der Zusatzvereinbarung ist mit dem Zusatz „2018" gekennzeichnet und zusammen mit dem DRV 2018 zu verwenden; zur Ergänzung des DRV 1993/2001 steht bei Bedarf noch die Zusatzvereinbarung Besicherungsvarianten zum VM-Besicherungsanhang aus dem Jahr 2016 zur Verfügung.

10. Clearing-Rahmenvereinbarung 2019

	Rahmenvereinbarung vom

Clearing-Rahmenvereinbarung 2019 („Rahmenvereinbarung")

Zwischen

Name und Anschrift des Vertragspartners
(nachstehend „**Vertragspartner**" genannt)

und

Name und Anschrift der Bank
(nachstehend „**Bank**" genannt)

(Bank und Vertragspartner zusammen „die Parteien")

wird Folgendes vereinbart:

1. Zweck und Gegenstand der Rahmenvereinbarung (2)

(1) Diese Rahmenvereinbarung gilt für folgende der Bank erteilte Aufträge und zwischen der Bank und dem Vertragspartner abgeschlossene Geschäfte (letztere nachstehend „Geschäfte" genannt):

(a) Soweit die Bank Aufträge (i) zum Abschluss von Spot-, Futures- und Optionsgeschäften („F&O-Kontrakte") an organisierten Märkten, multilateralen Handelssystemen oder organisierten Handelssystemen („Handelsplätze") oder (ii) zur Abwicklung von an Handelsplätzen abgeschlossenen F&O-Kontrakten über zentrale Gegenparteien, insbesondere nach deren Übertragung mittels Give-up-Vereinbarung, ausführt, die hierdurch nach Absatz 2 zustande gekommenen Geschäfte.

(b) Auf Grundlage eines Rahmenvertrages für Finanztermingeschäfte, eines ISDA Master Agreements oder eines vergleichbaren Rahmenvertrages (nachstehend „Rahmenvertrag" genannt) abgeschlossene Geschäfte sowie nicht unter einem solchen Rahmenvertrag abgeschlossene oder in einen solchen einbezogene Geschäfte über OTC-Derivate, die über zentrale Gegenparteien abgewickelt werden sollen; und zwar ab dem Zeitpunkt, ab dem das Geschäft gemäß Absatz 3 in das Abwicklungssystem einer zentralen Gegenpartei aufgenommen wird. Dies gilt auch für Geschäfte, die mit einem Dritten abgeschlossen und auf die Bank übertragen wurden.

(c) An Handelsplätzen abgeschlossene Geschäfte über OTC-Derivate, die nicht bereits von Buchstaben (a) oder (b) erfasst sind.

(d) Nicht von Buchstabe (a) oder (b) erfasste Termingeschäfte in Devisen und Edelmetallen, soweit diese nicht unter einem Rahmenvertrag abgeschlossen oder in einen solchen einbezogen worden sind, und zwar unabhängig von einer Bezugnahme auf diese Rahmenvereinbarung und davon, ob sie über zentrale Gegenparteien abgewickelt werden sollen.

(2) Die Bank wird Aufträge, die sich auf die in Absatz 1 Buchstabe (a) (i) genannten F&O-Kontrakte beziehen, als Kommissionärin im eigenen Namen und für Rechnung des Vertragspartners ausführen. Die Ausführung unterliegt den an den jeweiligen Handelsplätzen geltenden Rechtsvorschriften und Geschäftsbedingungen (Usancen). Mit der Ausführung des Auftrages an einem Handelsplatz oder der Übertragung des F&O-Kontrakts auf die Bank, insbesondere mittels Give-up-Vereinbarung, kommt gleichzeitig ein entsprechendes Geschäft zwischen dem Vertragspartner und der Bank zustande. (3)

(3) Die in Absatz 1 Buchstabe (b) Satz 1 und Buchstaben (c) und (d) genannten Geschäfte schließt die Bank als Eigenhändlerin im eigenen Namen und auf eigene Rechnung ab. Mit der Aufnahme eines Geschäftes nach Absatz 1 Buchstabe (b), (c) oder (d) in das Abwicklungssystem einer zentralen Gegenpartei erlischt dieses Geschäft und es kommen gleichzeitig Geschäfte mit identischem Inhalt mit entgegengesetzten Positionen zwischen der Bank und der zentralen Gegenpartei einerseits („OTC-Kontrakt") und zwischen der Bank und dem Vertragspartner andererseits zustande. Sieht das Regelwerk einer zentralen Gegenpartei vor, dass der OTC-Kontrakt nicht mit der Bank, sondern zwischen der zentralen Gegenpartei und dem Vertragspartner zustande kommt, wird die Bank gegenüber der zentralen Gegenpartei die Erfüllung der Verpflichtungen des Vertragspartners gemäß den Anforderungen des entsprechenden Regelwerks sicherstellen. (3)

(4) Die Parteien vereinbaren die entsprechende Anwendbarkeit der Rechtsvorschriften, Vertragswerke und Geschäftsbedingungen der zentralen Gegenpartei, in deren Abwicklungssystem das Geschäft aufgenommen wurde, in der jeweils geltenden Fassung („Regelwerk"), wobei das Regelwerk nach dem dafür anwendbaren Recht auszulegen ist. Das Regelwerk geht den Bestimmungen des Geschäfts und dieser Rahmenvereinbarung vor; die Bestimmungen des Geschäfts gehen dabei den Bestimmungen der Rahmenvereinbarung vor. Dies gilt auch für den Inhalt und die Abwicklung der Kontrakte oder der Geschäfte, z. B. hinsichtlich des Ausübungszeitpunktes, der Laufzeit oder der Anforderung von Sicherheiten und der Aussetzung oder Einstellung der Geschäftsabwicklung durch die an dem Handelsplatz bestehenden zentralen Gegenparteien und durch die sonstigen von der Bank in die Durchführung des Auftrages eingeschalteten Dritten. Hiervon abweichend gehen im Falle der Insolvenz im Sinne von Nr. 4 Abs. 2 des Vertragspartners oder im Falle eines Ereignisses, welches die Bank zur Kündigung der Rahmenvereinbarung gegenüber dem Vertragspartner nach Nr. 4 Abs. 1 berechtigt, die Regelungen der Nrn. 4 bis 5 den Bestimmungen des Regelwerkes vor. (4)

(5) Alle Geschäfte bilden untereinander und zusammen mit dieser Rahmenvereinbarung einen einheitlichen Vertrag (nachstehend der „Vertrag" genannt). Sie werden aufgrund einer einheitlichen Risikobetrachtung und im Vertrauen darauf getätigt. (5)

(6) Die Bank ist berechtigt, die Abwicklung von Geschäften abzulehnen.

(7) Die Bank bucht die für den Vertragspartner abzuwickelnden F&O-Kontrakte oder OTC-Kontrakte (zusammen „Kontrakte" genannt) in ihren Systemen in einem oder mehreren auf den Namen des Vertragspartners lautenden Positionskonten. Sie wird darüber hinaus bei den zentralen Gegenparteien für ihre Kunden ein oder mehrere Positionskonten unterhalten.

(8) Wenn ein Kontrakt aus dem Abwicklungssystem der zentralen Gegenpartei herausgenommen wird, kann die Bank anstatt der Erfüllung des entsprechenden Geschäftes mit Wirkung zu dem in der Erklärung benannten Tag („Beendigungstag") dessen vorzeitige Beendigung durch Barausgleich verlangen. An die Stelle der beiderseits geschuldeten Zahlungen oder sonstigen Leistungen, die nach dem Beendigungstag fällig geworden wären, tritt in diesem Fall ein von der Bank zu bestimmender Geldbetrag in Höhe des nach Nr. 5 Abs. 1 zu berechnenden Barwertes des betroffenen Geschäfts. Nr. 8 Abs. 2 und 3 gelten entsprechend. 1

(9) Soweit die Bank von ihrem Recht aus Nr. 1 Absatz 8 keinen Gebrauch macht, sind diese Geschäfte, die zwischen Bank und Vertragspartner auf Grundlage eines Rahmenvertrages abgeschlossen wurden, nicht mehr Bestandteil dieser Rahmenvereinbarung, sondern unterliegen dann den Regelungen des ursprünglich zugrunde liegenden Rahmenvertrages.

(10) Jede Änderung oder Beendigung eines Kontrakts – einschließlich aufgrund einer Übertragung, Verrechnung, Geschäftskompression oder ähnlicher Prozesse, aufgrund einer Änderung des Regelwerks oder einer sonstigen Handlung der zentralen Gegenpartei – führt zu einer entsprechenden Änderung oder Beendigung des dem Kontrakt entsprechenden Geschäfts.

2. Initial Margin ⑥

(1) Die zentralen Gegenparteien verlangen von ihren Clearingmitgliedern für jeden Kontrakt die Stellung von Sicherheiten („Initial Margin"). Die Höhe der Initial Margin bestimmen die zentralen Gegenparteien in der Regel mittels finanzmathematischer Verfahren als den Betrag, der bei Annahme bestimmter extremer Marktpreisänderungen dem potenziellen Wiedereindeckungsaufwand nach Glattstellung des Kontraktes entspricht. Um die Initial Margin-Anforderungen der zentralen Gegenparteien zu decken, wird der Vertragspartner auf Anforderung der Bank dieser bankmäßige Sicherheiten mindestens in Höhe der Initial Margin stellen. Die Bank ist berechtigt, weitere Sicherheiten zu verlangen („Bank Margin"), deren Höhe sie unter Verwendung bankinterner Verfahren zur Risikoberechnung ermittelt.

(2) Die Art der Sicherheitsleistung und die als Sicherheit zu stellenden Vermögenswerte werden die Bank und der Vertragspartner gemeinsam festlegen, wobei Sicherheiten im Wege der Vollrechtsübertragung oder des Pfandrechts gestellt werden können. Die Bank wird ihre gegenüber der zentralen Gegenpartei bestehende Verpflichtung zur Stellung von Initial Margin – soweit möglich – durch die Stellung von Sicherheiten gleicher Art und Güte, wie die ihr von dem Vertragspartner als Sicherheit verpfändeten oder als Vollrechte übertragenen Vermögenswerte, erfüllen. Gleiches gilt, wenn die Bank verpflichtet ist, auch die Bank Margin an die zentrale Gegenpartei weiterzuleiten. Entsprechen die als Sicherheit gestellten Vermögenswerte des Vertragspartners nicht oder nicht mehr den Anforderungen des maßgeblichen Regelwerks oder ist die Nutzung der Vermögenswerte des Vertragspartners aus anderen Gründen nicht möglich, wird die Bank der zentralen Gegenpartei auf Kosten des Vertragspartners andere Vermögenswerte als Sicherheit stellen.

(3) Ändert sich die Höhe der von der zentralen Gegenpartei ermittelten Initial Margin oder die für die Bank Margin maßgebliche Risikoberechnung der Bank oder der Wert der vom Vertragspartner gestellten Sicherheiten zum Nachteil des Vertragspartners, so kann die Bank jederzeit innerhalb angemessener Frist verlangen, dass der Vertragspartner weitere Vermögenswerte als Sicherheit stellt. Die Frist für die Verstärkung der Sicherheiten kann im Einzelfall, z.B. wegen der Schnelligkeit, mit der sich Marktpreise verändern können, auch nach Stunden bestimmt werden. Ändert sich die Höhe der von der zentralen Gegenpartei ermittelten Initial Margin oder die für die Bank Margin maßgebliche Risikoberechnung der Bank oder der Wert der vom Vertragspartner gestellten Sicherheiten zum Vorteil des Vertragspartners, kann dieser die Freigabe bzw. Rückübertragung von gestellten Sicherheiten in Höhe des Betrages verlangen, um den der Wert der gestellten Sicherheiten die Summe aus Initial Margin und Bank Margin übersteigt.

(4) Kommt der Vertragspartner der telefonischen oder mittels Textform übermittelten Aufforderung zur anfänglichen oder nachträglichen Sicherheitenstellung oder zur Sicherheitenverstärkung nicht nach, kann die Bank – unbeschadet der Rechte nach Nr. 4 Abs. 1 – nach entsprechender Androhung und, soweit möglich, unter Berücksichtigung der Interessen des Vertragspartners – einzelne oder alle unter diese Rahmenvereinbarung fallende Kontrakte des Vertragspartners glattstellen. Macht die Bank von ihrem Recht zur Glattstellung einzelner Kontrakte Gebrauch, so enden die den Kontrakten entsprechenden Geschäfte und die Bank wird realisierte Verluste vom Vertragspartner anfordern oder sein Konto belasten bzw. realisierte Gewinne an den Vertragspartner auskehren oder seinem Konto gutschreiben. Die Glattstellungsbefugnis besteht auch dann, wenn die Bank den Vertragspartner nicht erreichen kann. Der Vertragspartner wird daher Vorkehrungen treffen, dass er für die Bank an Bankarbeitstagen jederzeit erreichbar ist.

3. Variation Margin ⑥

(1) Die zentralen Gegenparteien ermitteln fortlaufend täglich und auf Basis ihres Regelwerks für jeden in ihr Abwicklungssystem aufgenommenen Kontrakt den Barwert und – unter Berücksichtigung der bereits übertragenen Sicherheiten – den Betrag der zu stellenden Sicherheit („Variation Margin") und in Bezug auf bereits gestellte Variation Margin, den Betrag der zurück zu übertragenden Sicherheiten („Rücklieferung von Variation Margin") sowie die übertragungspflichtige Partei. Ist aufgrund der Berechnungen der zentralen Gegenpartei die Bank zur Stellung und/ oder zur Rücklieferung von Variation Margin an die zentrale Gegenpartei verpflichtet, so kann die Bank vom Vertragspartner einen Betrag in entsprechender Höhe anfordern oder seinem Konto belasten. Ist aufgrund der Berechnungen der zentralen Gegenpartei die zentrale Gegenpartei zur Stellung und/ oder zur Rücklieferung von Variation Margin an die Bank verpflichtet, so muss die Bank einen Betrag in entsprechender Höhe an den Vertragspartner leisten oder seinem Konto gutschreiben.

(2) Die Frist für die Übertragung von Variation Margin kann im Einzelfall, z.B. wegen der Schnelligkeit, mit der sich Marktpreise verändern können, auch nach Stunden bestimmt werden. Kommt der Vertragspartner der telefonischen oder in Textform oder in einer anderen mit der Bank vereinbarten Form übermittelten Aufforderung zum Ausgleich des Fehlbetrages nicht nach, gelten die Bestimmung der Nr. 2 Abs. 4 entsprechend.

(3) Die Parteien können vereinbaren, dass Änderungen des nach Absatz 1 ermittelten Barwerts auch durch tägliche Ausgleichszahlungen in Form einer Belastung oder Gutschrift auf dem Konto des Kunden ausgeglichen werden („Settled-to-Market Variation Margin").

4. Beendigung ⑦

(1) Sofern Geschäfte getätigt und noch nicht vollständig abgewickelt sind, ist der Vertrag nur aus wichtigem Grund kündbar. Ein solcher liegt auch dann vor, wenn eine fällige Zahlung oder sonstige Leistung – aus welchem Grund auch immer – nicht innerhalb von drei Bankarbeitstagen nach Benachrichtigung des Verpflichteten vom Ausbleiben des Eingangs der Zahlung oder der Lieferung beim Empfänger eingegangen ist oder ein Fall der Nr. 2 Abs. 4 oder der Nr. 3 Abs. 2 vorliegt. Die Benachrichtigung und die Kündigung müssen in Textform erfolgen. Eine Teilkündigung, insbesondere die Kündigung einzelner und nicht aller Geschäfte, ist ausgeschlossen.

(2) Der Vertrag endet ohne Kündigung im Insolvenzfall. Dieser ist gegeben, wenn das Insolvenzverfahren oder ein sonstiges vergleichbares Verfahren über das Vermögen einer Partei beantragt wird und entweder (i) diese Partei, oder eine Behörde oder öffentliche Stelle, die für die Antragstellung bezüglich dieser Partei zuständig ist, den Antrag gestellt hat, oder (ii) diese Partei zahlungsunfähig ist oder sich sonst in einer Lage befindet, die die Eröffnung eines solchen Verfahrens rechtfertigt.

(3) Im Fall der Beendigung des Vertrages nach Absatz 1 oder 2 (nachstehend „Beendigung" genannt) ist keine Partei mehr zu Zahlungen oder sonstigen Leistungen aus diesem Vertrag verpflichtet, die gleichtägig oder später fällig geworden wären; an die Stelle dieser Verpflichtungen tritt die Forderung wegen Nichterfüllung nach Nr. 5, die mit Beendigung fällig wird.

5. Forderung wegen Nichterfüllung ⑦

(1) Im Fall der Beendigung ermittelt die kündigende oder solvente Partei (nachstehend „berechnende Partei" genannt) die Forderung wegen Nichterfüllung. Die Forderung wegen Nichterfüllung wird von der berechnenden Partei auf Grundlage von Markt- oder Börsenpreisen von Ersatzgeschäften ermittelt, die für die beendeten Geschäfte abgeschlossen werden. Die berechnende Partei wird die Ersatzgeschäfte unverzüglich, spätestens jedoch bis zum Ablauf des fünften, oder, soweit dies für eine wertschonende Abwicklung der offenen Positionen erforderlich ist, bis zum Ablauf des zwanzigsten Bankarbeitstages nach Beendigung abschließen. Die Markt- oder Börsenpreise der Ersatzgeschäfte werden, soweit sie sich auf andere Währungen als den Euro beziehen, von der berechnenden Partei zu dem von führenden Marktteilnehmern für den Verkauf der betreffenden Währung gestellten Preis in Euro umgerechnet. Soweit die berechnende Partei von dem Abschluss derartiger Ersatzgeschäfte absieht, kann sie für die Ermittlung der Forderung wegen Nichterfüllung diejenigen Beträge zugrunde legen, (i) die sie für solche Ersatzgeschäfte auf Grundlage von Markt- oder Börsenpreisen zum Zeitpunkt der Beendigung, spätestens jedoch bis zum Ablauf des fünften Bankarbeitstages nach der Beendigung empfangen hätte oder hätte aufwenden müssen, oder (ii) die die zentrale Gegenpartei für die den Geschäften entsprechenden Kontrakte ermittelt hat. Sofern das Marktgeschehen den Abschluss von Ersatzgeschäften nach Satz 2 oder 5 innerhalb der vorstehend genannten Fristen nicht zulässt oder zugelassen hätte, ist die berechnende Partei berechtigt, den Wert der beendeten Geschäfte anhand von Methoden und Verfahren zu bestimmen, die eine ausreichende Gewähr für eine angemessene Bewertung bieten. Die für die Ersatzgeschäfte nach Satz 2 erzielten Markt- oder Börsenpreise, die nach Satz 5 ermittelten Beträge und die nach Satz 6 angesetzten Beträge sind miteinander zu verrechnen. Ist der aus der Verrechnung resultierende Betrag aus Sicht der berechnenden Partei insgesamt positiv, steht die Forderung wegen Nichterfüllung der berechnenden Partei in dieser Höhe zu. Ist der aus der Verrechnung resultierende Betrag aus Sicht der berechnenden Partei insgesamt negativ, steht die Forderung wegen Nichterfüllung der anderen Partei in Höhe des absoluten Betrages zu.

(2) Für zum Zeitpunkt der Beendigung ausstehende Zahlungen und Lieferungen, aufgelaufene Zinsen und im Zusammenhang mit 2

der Bestimmung der Forderung wegen Nichterfüllung angefallener Kosten und Auslagen gilt folgendes: Sofern die Partei, die die Forderung wegen Nichterfüllung zu erbringen hat, der anderen Partei Zahlungen, Lieferungen, Kosten, Auslagen oder Zinsen schuldet, erhöht sich die Forderung wegen Nichterfüllung um die ausstehenden Beträge, andernfalls verringert sich die Forderung wegen Nichterfüllung um diese ausstehenden Beträge. Absatz 1 Satz 4 gilt für Zahlungen, die sich nicht auf Euro beziehen, entsprechend. Für ausstehende Lieferungen wird entsprechend Absatz 1 Satz 2 bis 6 ein Gegenwert in Euro ermittelt.

(3) Soweit eine Partei Sicherheiten im Wege der Vollrechtsübertragung geleistet hat, werden die Ansprüche dieser Partei auf Rückübertragung gleichwertiger Sicherheiten mit ihrem nachstehend beschriebenen und von der berechnenden Partei ermittelten Wert in die nach Absatz 1 zu ermittelnde Forderung wegen Nichterfüllung wie folgt einbezogen: Für die von der berechnenden Partei geleisteten Sicherheiten werden die ermittelten Beträge wie positive Markt- oder Börsenpreise von Ersatzgeschäften und für die von ihr empfangenen Sicherheiten werden die ermittelten Beträge wie negative Markt- oder Börsenpreise einbezogen. Gleichzeitig erlöschen sämtliche Ansprüche der Parteien auf Übertragung von Geldbeträgen oder Wertpapieren nach Nr. 2 und 3 sowie auf Rückübertragung gleichwertiger Sicherheiten. Einer vorherigen Androhung bedarf es nicht. Der Wert von Barsicherheiten entspricht deren Nominalbetrag zuzüglich der bis zur Beendigung des Vertrages aufgelaufenen positiven Zinsbeträge und, soweit vereinbart, abzüglich der Summe der bis zur Beendigung des Vertrages aufgelaufenen negativen Zinsbeträge. Der Wert von Wertpapiersicherheiten wird mit dem bei einer Veräußerung gleichartiger Wertpapiere vom Sicherungsnehmer erzielten Erlös oder – nach Wahl der berechnenden Partei – mit dem Betrag festgesetzt, der unter Wahrung der Interessen des Sicherungsgebers unmittelbar nach Beendigung des Vertrages durch Veräußerung hätte erzielt werden können. Die berechnende Partei kann ihrer Bewertung der Sicherheiten auch denjenigen Betrag zugrunde legen, den die zentrale Gegenpartei für die Sicherheiten der den beendeten Geschäften entsprechenden Kontrakte ermittelt hat. Soweit die vorgenannten Beträge nicht in Euro denominiert sind, rechnet sie die berechnende Partei zum Briefkurs in Euro um. Der im Rahmen der Verwertung von verpfändeten Sicherheiten erzielte Erlös wird entsprechend in die Forderung wegen Nichterfüllung einbezogen.

(4) Die berechnende Partei teilt der anderen Partei – unter Angabe der für die Berechnung wesentlichen Grundlagen – unverzüglich nach Berechnung mit, welcher Partei die Forderung wegen Nichterfüllung in welcher Höhe zusteht. Die Forderung wegen Nichterfüllung ist innerhalb von zwei Bankarbeitstagen nach Zugang der Mitteilung zu zahlen.

6. Aufrechnung

Bestehende Rechte zur Aufrechnung von Ansprüchen gegen die Forderung wegen Nichterfüllung bleiben unberührt. Nr. 5 Abs. 1 Satz 4 gilt für Zahlungen, die sich nicht auf Euro beziehen, entsprechend. Für ausstehende Lieferungen wird entsprechend Nr. 5 Abs. 1 Satz 5 ein Gegenwert in Euro ermittelt.

7. Ausfall der Bank (8)

(1) Hat der Vertragspartner Omnibus-Kunden-Kontentrennung oder Einzelkunden-Kontentrennung oder vergleichbare Trennungsmodelle gewählt und sieht das Regelwerk für diese Fälle vor, dass bei einem darin beschriebenen Beendigungsereignis hinsichtlich der Bank einzelne oder alle der von der Bank abgeschlossenen Kontrakte beendet werden, enden die Geschäfte, die den beendeten Kontrakten entsprechen, abweichend von Nr. 4 ohne Kündigung zum Zeitpunkt der Beendigung der Kontrakte. Auf diese Geschäfte finden Nr. 4 Abs. 3 und Nr. 5 mit der Maßgabe Anwendung, dass separate Forderungen wegen Nichterfüllung hinsichtlich jedes Trennungsmodells (soweit nach dem Regelwerk vorgesehen) unter Einbeziehung der Bewertungen der zentralen Gegenpartei für die Kontrakte und Sicherheiten ermittelt werden. Diese separaten Forderungen zwischen Bank und Vertragspartner entstehen zeitgleich mit den wegen der Beendigung der Kontrakte durch die zentrale Gegenpartei ermittelten Forderungen wegen Nichterfüllung. Erfolgt eine Beendigung von Kontrakten nach den Bestimmungen mehrerer Regelwerke, gelten die vorstehenden Bestimmungen dieses Absatzes bezüglich jeder zentralen Gegenpartei einzeln.

(2) Nach Absatz 1 ermittelte separate Forderungen wegen Nichterfüllung werden gemäß Nr. 5 Abs. 1 Satz 7 verrechnet und in die nach Nr. 5 zu ermittelnde Forderung wegen Nichterfüllung einbezogen. Satz 1 gilt nicht, wenn eine solche Einbeziehung den nach dem Regelwerk vorgesehenen Schutzmaßnahmen für Kundenpositionen entgegensteht.

(3) Um die Übertragung von Kontrakten auf ein anderes Clearingmitglied zu ermöglichen, kann jede Partei verlangen, dass die jeweils andere Partei alle nach dem Regelwerk der jeweiligen zentralen Gegenpartei dazu geforderten Maßnahmen und Rechtshandlungen vornimmt.

8. Ausfall einer zentralen Gegenpartei (9)

(1) Wird ein Insolvenzverfahren oder ein sonstiges vergleichbares Verfahren über das Vermögen der zentralen Gegenpartei beantragt und (i) hat entweder die zentrale Gegenpartei oder eine Behörde oder öffentliche Stelle, die für die Antragstellung bezüglich dieser zentralen Gegenpartei zuständig ist, den Antrag gestellt, (ii) oder ist die zentrale Gegenpartei zahlungsunfähig oder sonst in einer Lage, die die Eröffnung eines solchen Verfahrens rechtfertigt, enden automatisch und zeitgleich die zwischen der Bank und dem Vertragspartner geschlossenen Geschäfte, die den über diese zentrale Gegenpartei abgewickelten Kontrakten entsprechen. Es gelten insoweit Nr. 4 Abs. 3 und Nr. 5 mit der Maßgabe, dass die Bank als berechnende Partei gilt.

(2) Die Bank steht nicht für die Leistungsfähigkeit von zentralen Gegenparteien ein. Eine Forderung wegen Nichterfüllung gegen die Bank ist auf den Betrag beschränkt, den die Bank von der zentralen Gegenpartei für die beendeten Kontrakte erhält.

(3) Darüber hinaus stehen Verpflichtungen der Bank zur Leistung auf ein Geschäft sowie die Fälligkeitszeitpunkte für eine Leistung gemäß dem Vertrag unter dem Vorbehalt der vollständigen oder teilweisen Leistung der zentralen Gegenpartei im Rahmen der Abwicklung des jeweiligen Kontrakts.

9. Einschaltung Dritter (10)

(1) Sofern in Nr. 15 nichts Abweichendes vereinbart wurde, gilt Folgendes: Die Bank darf im Rahmen der Ausführung von Aufträgen, insbesondere bei Geschäften, die über zentrale Gegenparteien mit Sitz im Ausland abgewickelt werden sollen, Dritte beauftragen; im Fall der Erfüllung von Pflichten nach Nr. 10 Abs. 7 gilt dies auch für die Lieferung und Abnahme.

(2) Die Bank haftet nur für die sorgfältige Auswahl der beauftragten Dritten. Die Bank wird dem Vertragspartner bei Leistungsstörungen die Ansprüche gegen die beauftragten Dritten abtreten.

10. Besondere Bestimmungen für Aufträge nach Nr. 1 Abs. 1 Buchstabe (a) über den Abschluss von F&O-Kontrakten an Handelsplätzen und deren Abwicklung

(1) Aufträge nach Nr. 1 Abs. 1 Buchstabe (a) kann der Vertragspartner der Bank auch telefonisch, in Textform oder in einer anderen mit der Bank vereinbarten Form erteilen.

(2) Der Vertragspartner kann der Bank bei der Erteilung von Aufträgen zum Abschluss von F&O-Kontrakten an Handelsplätzen Preisgrenzen vorgeben (preislich limitierte Aufträge). Ein ohne ausdrückliche Bestimmung der Gültigkeitsdauer erteilter Auftrag zum Abschluss von F&O-Kontrakten gilt nur für den Tag der Auftragserteilung.

(3) Die Bank behält sich vor, die Annahme von Aufträgen im Einzelfall nach ihrem Ermessen abzulehnen, es sei denn, die Aufträge dienen der Glattstellung von noch nicht abgewickelten F&O-Kontrakten. Aufträge zur Ausführung von Spotgeschäften kann die Bank auch dann ablehnen, wenn der Vertragspartner die für die Lieferung erforderlichen Basiswerte nicht auf seinem Devisenkonto, Depot oder einer von der Bank benannten Stelle angeschafft hat oder nicht nachweist, dass er die für die Abnahme der Basiswerte notwendigen Vorkehrungen getroffen hat. Abs. 7 Satz 2 gilt entsprechend.

(4) Beim Kauf einer Option wird die Bank die Optionsprämien anfordern oder dem Konto des Vertragspartners belasten. Für Optionen, bei denen die Optionsprämien nicht voll bezahlt werden müssen (so genannte Futures-style Options), gelten Nrn. 2 und 3 entsprechend.

(5) Die Bank wird dem Vertragspartner bei jeder Änderung der offenen Positionen aus noch nicht beendeten F&O-Kontrakten einen Positionsauszug zur Verfügung stellen.

(6) Sollte der Vertragspartner eine Option ausüben oder einen Future durch effektive Lieferung erfüllen bzw. erfüllt haben wollen, muss er der Bank gegenüber diese Erklärung spätestens bis zu dem von der Bank angegeben Zeitpunkt abgeben. Die Bank ist nicht verpflichtet, den Vertragspartner auf den bevorstehenden Ablauf der Option und seine Erklärungsfrist aufmerksam zu machen.

(7) Bei F&O-Kontrakten, die durch effektive Lieferung zu erfüllen sind, erwartet die Bank die Weisung des Vertragspartners, ob die Lieferung herbeigeführt werden soll. Hat der Vertragspartner bis zu einem ihm hierzu bekannt gegebenen Zeitpunkt keine Weisung erteilt oder die für die Lieferung erforderlichen Basiswerte oder die für die Bezahlung erforderlichen Guthaben nicht auf seinem Konto, Devisenkonto, Depot oder einer von der Bank benannten Stelle angeschafft, hat die Bank das Recht, den zu beliefernden F&O-Kontrakt unverzüglich glattzustellen, um eine Abwicklung durch effektive Lieferung zu vermeiden. Nr. 2 Abs. 4 Sätze 2 bis 4 gelten entsprechend.

(8) Die Bank rechnet gegenüber dem Vertragspartner den Preis des F&O-Kontraktes ab; sie ist berechtigt, ihr Entgelt in Rechnung zu stellen. Ein möglicher Anspruch der Bank auf Ersatz von Aufwendungen richtet sich nach den gesetzlichen Vorschriften.

3

(9) Wird an einem Handelsplatz auf Veranlassung der dazu befugten Stelle der Handel in bestimmten F&O-Kontrakten ganz oder teilweise ausgesetzt und werden daraufhin alle Aufträge in diesen F&O-Kontrakten gelöscht, erlöschen sämtliche an diesem Handelsplatz auszuführenden Aufträge des Vertragspartners für die betreffenden F&O-Kontrakte; die Bank wird den Vertragspartner hiervon unverzüglich benachrichtigen.

(10) Durch den Verkauf einer Option (Eingehen einer Stillhalterposition) erteilt der Vertragspartner der Bank unter Befreiung von den Beschränkungen des § 181 BGB unwiderruflich Vollmacht, die Erklärung der Bank über die Ausübung der Option für ihn entgegenzunehmen. Die Bank unterrichtet den Vertragspartner unverzüglich über die Ausübung.

11. Besondere Bestimmungen für Geschäfte nach Nr. 1 Abs. 1 Buchstaben (b) und (c) (11)

(1) Die Bank wird dem Vertragspartner die Aufnahme des Geschäfts in das Abwicklungssystem der betreffenden zentralen Gegenpartei unverzüglich in Textform mitteilen, sofern nicht bereits die zentrale Gegenpartei den Vertragspartner informiert hat; die Mitteilung kann auch Bestandteil des Positionsauszuges sein. Nr. 10 Abs. 5 gilt entsprechend.

(2) Sofern mit dem Vertragspartner keine abweichende Vereinbarung getroffen wurde, richten sich die Entgelte für die erbrachten Leistungen der Bank nach dem jeweils gültigen Preisverzeichnis.

12. Besondere Bestimmungen für Geschäfte nach Nr. 1 Abs. 1 Buchstabe (d), die auf Grundlage dieser Rahmenvereinbarung abgeschlossen werden

(1) Haben sich die Parteien über ein Geschäft geeinigt, so wird die Bank dem Vertragspartner dessen Inhalt in Textform bestätigen. Der Vertragspartner ist berechtigt, eine unterzeichnete Ausfertigung der Bestätigung zu verlangen. Eine Bestätigung ist jedoch keine Voraussetzung für die Rechtswirksamkeit des Geschäfts.

(2) Die Bank wird von dem Vertragspartner die von diesem geschuldeten Zahlungen und sonstigen Leistungen spätestens an den vereinbarten Fälligkeitstagen anfordern oder seinem Konto belasten.

(3) Sofern in Nr. 15 nicht abweichend vereinbart, gilt Folgendes: Bei Devisentermingeschäften muss bis spätesten 12.00 Uhr des zweiten Bankarbeitstages vor Fälligkeit der Devisentermingeschäfte eine Nachricht vorliegen, dass die vom Vertragspartner anzuschaffende Währung (Euro oder Fremdwährung) am Fälligkeitstag wie vereinbart zur Verfügung stehen wird. Die Mitteilung ist entbehrlich, wenn der Vertragspartner zu diesem Zeitpunkt auf einem seiner Konten bei der Bank über ein entsprechendes Guthaben verfügt. Andernfalls ist die Bank berechtigt, die offene Position aus dem Geschäft Interesse wahrend an einem Devisenmarkt oder einem Freiverkehrsmarkt zu Lasten des Vertragspartners anzuschaffen bzw. zu verkaufen.

(4) Wird ein Geschäft in das Abwicklungssystem einer zentralen Gegenpartei aufgenommen, gilt Nr. 11 entsprechend.

13. Due-Diligence Prüfung der Clearing-Kunden

Die Bank prüft jährlich inwieweit der Vertragspartner den bei der Erstbewertung vor Aufnahme der Geschäftsbeziehung im Hinblick auf die Art, den Umfang und die Komplexität ihrer Geschäftstätigkeit durchgeführten Beurteilung zugrunde gelegten Kriterien gemäß Art. 25 Abs. 1 der Delegierten Verordnung (EU) 2017/589 der Kommission vom 19. Juli 2016 entspricht. Die Nichteinhaltung der Kriterien kann zu einer Kündigung des Vertrages führen.

14. Verschiedenes

(1) „Bankarbeitstag" im Sinne dieses Vertrages ist jeder Tag, an dem die Banken in Frankfurt am Main für Geschäfte, einschließlich des Handels in Fremdwährungen und der Entgegennahme von Fremdwährungseinlagen, geöffnet sind (mit Ausnahme des Samstags und des Sonntags).

(2) „Geschäftstag" ist jeder im Regelwerk bestimmte Tag, an dem die betreffende zentrale Gegenpartei Geschäfte in ihr Abwicklungssystem aufnimmt, bewertet und die sich hieraus ergebenden Zahlungen und Lieferungen verrechnet und abwickelt.

(3) Die Rahmenvereinbarung in der hiermit vereinbarten Fassung gilt auch für alle etwaigen Geschäfte der Parteien unter der Rahmenvereinbarung in einer früheren Fassung. Hierzu zählen auch Geschäfte, die unter Zugrundelegung der Sonderbedingungen für Termingeschäfte abgeschlossen wurden. Für diese Geschäfte bleibt die frühere Fassung jedoch insoweit maßgeblich, als dies zum Verständnis der in ihnen getroffenen Regelungen erforderlich ist.

(4) Die Parteien und jeweils eingeschaltete Dritte sind berechtigt, im Rahmen der Abwicklung der Geschäfte geschäftsbezogene und kundenbezogene Daten soweit erforderlich an Dritte, insbesondere an Transaktionsregister, zentrale Gegenparteien und Aufsichtsbehörden, weiterzugeben.

(5) Sind Bestimmungen des Vertrages unwirksam oder undurchführbar, so bleiben die übrigen Vorschriften hiervon unberührt. Gegebenenfalls hierdurch entstehende Vertragslücken werden durch ergänzende Vertragsauslegung unter angemessener Berücksichtigung der Interessen der Parteien geschlossen.

(6) Der Vertrag unterliegt dem Recht der Bundesrepublik Deutschland.

(7) Nicht ausschließlicher Gerichtsstand ist der Sitz der Bank.

(8) Anschrift des Zustellungsbevollmächtigten in der Bundesrepublik Deutschland:

15. Besondere Vereinbarungen

(1) Die folgenden Absätze gelten nur, soweit die dazu bestimmten Felder angekreuzt oder ausgefüllt sind:

☐ (2) Nr. 6 wird durch folgende Regelung ersetzt:
„Steht die Forderung wegen Nichterfüllung der anderen Partei zu, wird diese abweichend von Nr. 4 Abs. 3 nur fällig, soweit die berechnende Partei keine Ansprüche aus irgendeinem rechtlichen Grund gegen die andere Partei („Gegenansprüche") hat. Bestehen Gegenansprüche, so ist deren Wert zur Ermittlung des fälligen Teils der Forderung wegen Nichterfüllung von dieser abzuziehen. Zur Berechnung des Werts der Gegenansprüche hat die berechnende Partei diese, (i) soweit sie sich auf andere Währungen als den Euro beziehen, zu dem von führenden Marktteilnehmern für den Verkauf der betreffenden Währung gestellten Preis in Euro umzurechnen, (ii) soweit sie sich nicht auf Geldzahlungen beziehen, in eine in Euro ausgedrückte Forderung umzuwandeln und (iii) soweit sie nicht fällig sind, mit ihrem Barwert (unter Berücksichtigung auch der Zinsansprüche) zu berücksichtigen. Die berechnende Partei kann die Forderung wegen Nichterfüllung der anderen Partei gegen den nach Satz 3 berechneten Wert der Gegenansprüche aufrechnen. Soweit sie dies unterlässt, wird die Forderung wegen Nichterfüllung fällig, sobald und soweit ihr keine Gegenansprüche mehr gegenüberstehen."

☐ (3) Nr. 9 Abs. 1 findet keine Anwendung.

☐ (4) Nr. 12 Abs. 3 findet keine Anwendung.

☐ (5) Nr. 14 Abs. 3 findet keine Anwendung.

☐ (6) Verwendung der Rahmenvereinbarung auch für das indirekte Clearing
Soweit diese Rahmenvereinbarung sowohl für Geschäfte des Vertragspartners als auch für Geschäfte im Auftrag von Kunden des Vertragspartners (indirektes Clearing) verwendet wird, gilt für die Ermittlung der Forderung wegen Nichterfüllung beim Ausfall des Vertragspartners folgendes:

(a) Hat der Vertragspartner der Bank angezeigt, dass für dessen Kunden eine oder mehrere Omnibus-Kunden-Kontentrennungen oder Einzelkunden-Kontentrennungen oder vergleichbare Trennungsmodelle gewählt worden sind, finden auf diese Geschäfte die Nr. 4 Abs. 3 und Nr. 5 mit der Maßgabe Anwendung, dass separate Forderungen wegen Nichterfüllung hinsichtlich jedes Trennungsmodells, und im Fall der Brutto-Omnibus-Kunden-Kontotrennung, soweit vom Trennungsmodell vorgesehen, zusätzlich hinsichtlich jedes Kunden des Vertragspartners, ermittelt werden.

(b) Nach Buchstabe (a) ermittelte separate Forderungen wegen Nichterfüllungen werden in die nach Nr. 5 zu ermittelnde Forderung wegen Nichterfüllung einbezogen. Satz 1 gilt nicht, wenn eine solche Einbeziehung den nach dem Trennungsmodell vorgesehenen oder den aufsichtsrechtlich erforderlichen Schutzmaßnahmen für Kundenpositionen entgegensteht.

(c) Um die Übertragung von Kontrakten und Geschäften auf ein anderes Clearingmitglied oder einen anderen Kunden eines Clearingmitglieds zu ermöglichen, kann jede Partei verlangen, dass die jeweils andere Partei alle dazu geforderten Maßnahmen und Rechtshandlungen vornimmt.

☐ (7) Beschränkung der Wirkung einer automatischen Beendigung Nr. 4 Abs. 2 Satz 2 wird am Ende wie folgt ergänzt:
„vorausgesetzt, das Insolvenzverfahren oder sonstige vergleichbare Verfahren wird am Ort der Hauptniederlassung oder einer relevanten Zweigniederlassung der Partei beantragt. Ort der Hauptniederlassung ist der Ort, an dem die Partei ihren satzungsmäßigen Sitz, den Mittelpunkt ihres hauptsächlichen Interesses oder ihren Wohnsitz hat. Als Ort der relevanten Zweigniederlassung gelten Deutschland, 4

Japan und die Schweiz, wenn die Partei in diesen Ländern eine Zweigniederlassung unterhält. Wird das Insolvenzverfahren oder ein sonstiges vergleichbares Verfahren über das Vermögen einer Partei an einem anderen Ort als dem Ort der Hauptniederlassung oder einer relevanten Zweigniederlassung beantragt, bleibt das Recht, den Vertrag nach Nr. 4 Abs. 1 aus wichtigem Grund zu kündigen, unberührt."

(8) Sonstige Vereinbarungen:

Unterschrift(en) der Bank	
Unterschrift(en) des Vertragspartners	

44 037 (09/19a) 5

Schrifttum: *Bankenverband*, Clearing-Rahmenvereinbarung – Hintergründe und Erläuterungen (Stand: 4.12.2017), abrufbar unter https://bankenverband.de/media/uploads/2018/02/08/2017-12-04-crv-hintergrundinformationen.pdf („Bankenverband CRV 2013"); *Bankenverband*, CRV-2019 Dokumentation – Hintergründe und Erläuterungen (Stand: 16.10.2019), abrufbar unter https://bankenverband.de/media/uploads/2019/10/16/crv-2019-hintergrundinformationen-16-10-2019.pdf („Bankenverband CRV 2019"); *Dittrich/Fried*, Clearing, Reporting und Risikominderung: EMIR-

Auswirkungen auf die Dokumentation von OTC-Derivaten, Finanzderivate Rechtshandbuch, 4. Aufl 2016, § 33 Rn 58–81; *Donner*, Compliance und Finanzderivate, Finanzderivate Rechtshandbuch, 4. Aufl 2016, § 34 Rn 122 ff.; *Jahn/Fried* in Kirchhof/Stürner/Eidenmüller, Münchener Kommentar zur Insolvenzordnung, Band 2, 3. Aufl 2013, § 104 Rn 180b–180t; *Jahn/Reiner*, Außerbörsliche Finanztermingeschäfte (OTC-Derivate), Bankrechts-Handbuch, 5. Aufl 2017, § 114 Rn 241 f.; *Köhler/Büscher* in Schwintowski, Bankrecht, 5. Aufl 2018, Kapitel 21: Derivate; *Köhling*, Die Clearing-Rahmenvereinbarung – deutsche Vertragsdokumentation für das Kundenclearing, BKR **13**, 491; *ders/Adler*, Der neue europäische Regulierungsrahmen für OTC-Derivate – Verordnung über OTC-Derivate, zentrale Gegenparteien und Transaktionsregister (Teil I), WM **12**, 2125 und (Teil II), WM **12**, 2173; *Mirtschink/Gallei* in: Jahn/Schmitt/Geier (Hrsg), Handbuch Bankensanierung und -abwicklung, 2016, Abwicklung und CCP-Clearing, Kap C. III., Rn 41–49.

Anmerkungen

Vor 1. Die wichtigste, mit der Verordnung (EU) Nr 648/2012 des Europäischen Parlaments und des Rates vom 4. Juli 2012 über OTC-Derivate, zentrale Gegenparteien und Transaktionsregister (ABl v 27.7.2012, L 201/1) – zuletzt geändert durch Art 1 der Verordnung (EU) 2019/834 der Kommission vom 20. Mai 2019 zur Änderung der Verordnung (EU) Nr 648/2012 in Bezug auf die Clearingpflicht, die Aussetzung der Clearingpflicht, die Meldepflichten, die Risikominderungstechniken für nicht durch eine zentrale Gegenpartei geclearte OTC-Derivatekontrakte, die Registrierung und Beaufsichtigung von Transaktionsregistern und die Anforderungen an Transaktionsregister (ABl v 28.5.2019, L 141/42), in Kraft getreten am 17. Juni 2019, sog EMIR-Refit, zusammen **European Market Infrastructure Regulation** und im folgenden „**EMIR**" – eingeführte Regelung ist die **Pflicht zum Clearing** von qualifizierten OTC-Derivaten unter Einschaltung eines **zentralen Kontrahenten** (sog Central Counterparty, CCP, zentrale Gegenpartei oder Clearinghaus). Generell wurde die Abwicklung von OTC-Derivatgeschäften über Clearinghäuser weltweit als eine der wesentlichen Antworten auf die Finanzkrise gesehen (*Jahn/Fried* § 104 Rn 180b; s im Einzelnen zu Voraussetzungen und Auswirkungen der Clearing-Pflicht *Köhling/Adler* WM 12, 2129 ff). Dabei hatte die Einführung der Clearing-Pflicht gemäß Art 4 EMIR erhebliche Auswirkungen auf das bestehende Standard-Vertragswerk für OTC-Derivate. Vor diesem Hintergrund hat die Deutsche Kreditwirtschaft eine den Rahmenvertrag für Finanztermingeschäfte **ergänzende Vertragsdokumentation für das Clearing** unter deutschem Recht entwickelt, deren erstes Element die im April 2013 veröffentlichte Clearing-Rahmenvereinbarung war („CRV 2013") (s dazu ausführlich *Bankenverband CRV 2013* S 1 f). Die notwendige Zwischenschaltung der zentralen Gegenparteien in die clearingpflichtigen Geschäfte erforderte neue vertragliche Strukturen, wobei wie bei nicht clearingpflichtigen (bilateralen) Geschäften die Hauptfunktion eines solchen Clearing-Rahmenvereinbarung die Verbindung aller darunter abgeschlossener Geschäfte zu einem **einheitlichen Vertrag** und die Verrechnung zu einer **einheitlichen Ausgleichszahlung** bei Beendigung (Close Out Netting) sein soll (*Köhling* BKR 13, 491, 495). Das auch sonst bei Finanztermingeschäften bestehende Interesse der Marktteilnehmer nach weitest möglicher Standardisierung – sowohl aus aufsichtsrechtlichen Gründen aufgrund der Möglichkeit der ermäßigten Anrechnung bei Verwendung anerkannter Standardverträge als auch aus operativen Gründen zur Erleichterung der Vertragsverhandlung und -abwicklung (vgl dazu → Form. IV.S. 1 Vor 1) – trat hinzu.

Die CRV 2013 wurde inzwischen umfassend modernisiert und im Oktober 2019 als **neue Clearing-Rahmenvereinbarung (2019)** („CRV 2019") veröffentlicht. Anlass war insbesondere die vorangegangene Aktualisierung des Rahmenvertrages (s dazu → Form. IV.S.1 Anm. 1), so dass die Nettingbestimmungen (Nr 4 bis 6) der CRV 2019 an die parallelen Bestimmungen des DRV 2018 angepasst wurden. Hinzu kamen punktuelle Ergänzungen und Anpassungen zur Reflektion der aktuellen regulatorischen Rahmenbedingungen (s im Einzelnen zu allen Änderungen einschl einer kommentierten Vergleichsfassung *Bankenverband CRV 2019* S 2 ff). Die CRV 2013 bleibt grundsätzlich weiterhin verwendbar, insbesondere ist kein Austausch bestehender Verträge geboten; möchten die Parteien die Neuerungen auf ihre bestehende Vertragsbeziehung Anwendung finden lassen, müsste die Dokumentation ausgetauscht werden, da keine diesbezügliche Änderungsvereinbarung zur CRV 2013 entwickelt wurde (*Bankenverband CRV 2019* S 2).

Die Clearingpflicht besteht für **ausgewählte Kategorien von OTC-Derivaten** (sog qualifizierte Derivate), die seitens der EU-Kommission durch einen Rechtsakt festgestellt werden; die europäische Wertpapier- und Marktaufsichtsbehörde (ESMA) führt gemäß Art 6 EMIR ein öffentliches Register mit den Derivaten, für die aktuell eine Clearingpflicht in der EU gilt (s dazu https://www.esma.europa.eu/sites/default/files/library/public_register_for_the_clearing_obligation_under_emir.pdf). Zur **Bestimmung der clearingpflichtigen Marktteilnehmer** gibt es differenzierte Vorschriften für finanzielle Gegenparteien (sog **financial counterparties** oder **FC**, Art 2 Nr 8 EMIR), nichtfinanzielle Unternehmen (sog **non-financial counterparties** oder **NFC**, Art 2 Nr 9 EMIR – je nach Über- oder Unterschreiten von Schwellenwerten NFC+ oder NFC-) und nicht in der EU ansässige Gegenparteien, die FCs und NFCs gleichzustellen sind. Zudem wirken sich hier die Neuerungen des EMIR-Refit aus: Zur Vereinfachung der Vorschriften für nichtfinanzielle Gegenparteien, kleine finanzielle Gegenparteien und Pensionsfonds, die OTC-Derivatgeschäfte nutzen, haben sich die Vorgaben zur Berechnung der Clearingschwellen geändert (Erwägungsgründe (6), (7) und (8) des EMIR-Refit). Neu eingeführt wurde u a die **Kategorie der kleinen finanziellen Gegenparteien** (FC-), für die nun eine Clearingschwelle eingeführt wurde, dh zwei FC- werden bei Unterschreiten der Schwellenwerte nunmehr von der Clearing-Pflicht für alle Asset-Klassen ausgenommen, während zuvor alle qualifizierten Geschäfte zwischen zwei FCs clearingpflichtig waren. Zudem gelten für kleinere nichtfinanzielle Gegenparteien (NFC-) niedrigere Clearingauflagen als bisher. Sämtliche vorgenannte Erleichterungen bei den Clearingschwellen gelten jedoch nicht hinsichtlich der Anforderungen zum Austausch von Sicherheiten, die unverändert geblieben sind (s dazu → Form. IV.S.8 Vor 1).

Das Clearing über einen zentralen Kontrahenten zielt darauf ab, den Parteien eines bilateralen Derivatvertrages das Risiko abzunehmen, dass die jeweils andere Vertragspartei ihre Verpflichtungen nicht mehr erfüllen kann (*Dittrich/Fried* § 33 Rn 3). Dazu tritt eine zugelassene CCP als zentraler Kontrahent zwischen die beiden Vertragsparteien (*Köhling* BKR 13, 494; *Dittrich/Fried* § 33 Rn 4). Zwar werden die Geschäfte nach wie vor zwischen zwei Vertragsparteien bilateral abgeschlossen. Indem jedoch die zahlreichen bilateralen Vertragsbeziehungen durch jeweils eine Vertragsbeziehung des **Clearingmitglieds** (auch **Clearing Member** oder **CM** genannt) mit dem Clearinghaus ersetzt werden, wird das regulatorische Ziel der Reduktion der verschiedenen Risiken (insbesondere Kontrahentenausfallrisiken), die sich jeweils aus einer Transaktion bzw aus einer bilateralen Vertragsbeziehung ergeben, erreicht (vgl dazu das Schaubild bei *Dittrich/Fried* § 33 Rn 3). Die infolgedessen erforderlich werdende Absicherung des jeweiligen Clearinghauses wird durch die laufende Hinterlegung von Margensicherheiten, die typischerweise aus einer Grundabsicherung in Form. von Initial Margin und einer vom Marktwert der laufenden Transaktionen abhängigen Variation Margin bestehen, erreicht (im Einzelnen *Jahn/Fried* § 104 Rn 180c).

Das Clearing Modell erfordert, dass die clearingpflichtigen Parteien entweder selbst Mitglied des Clearinghauses sind oder Kunde eines Clearingmitgliedes sind oder werden. Dadurch können auch Kreditinstitute oder Unternehmen, die nicht CM bei einer CCP sind, zumindest indirekt am Clearing teilnehmen. In letzterem Fall werden die OTC-Derivatekontrakte über ein Clearingmitglied als Intermediär dem Clearing durch ein Clearinghaus zugeführt (sog Prinzipal-Modell); auch dabei wird Vertragspartner des Clearinghauses nicht der Kunde, sondern nur das Clearingmitglied. Folglich unterscheidet auch die vertragliche Ausgestaltung des sog Kundenclearings zwischen dem Rechtsverhältnis des Clearingmitglieds gegenüber der zentralen Gegenpartei einerseits – die „obere Ebene“ (*Dittrich/Fried* § 33 Rn 55) – und dem Innenverhältnis zwischen Clearingmitglied und Kunde andererseits – die „untere Ebene“. Die Rechtsbeziehung zur zentralen Gegenpartei wird von deren Regelwerk – den Clearingbedingungen – geprägt; diese Bedingungen sind meist öffentlich verfügbar, in aller Regel nicht verhandelbar und für alle Clearingmitglieder gleich (*Jahn/Fried* § 104 Rn 180d). Das Innenverhältnis zwischen Clearingmitglied und Kunde ist nur teilweise bzw mittelbar vom Regelwerk bestimmt und wird regelmäßig durch Rahmenverträge für Finanztermingeschäfte dokumentiert, unter denen grundsätzlich sowohl der Clearingpflicht unterliegende als auch der Clearingpflicht nicht unterliegende Geschäfte abgeschlossen und abgewickelt werden.

Darauf baut sich die vertragliche Struktur bzw das Verhältnis zwischen der Clearing-Rahmenvereinbarung und dem Rahmenvertrag für Finanztermingeschäfte auf: OTC-Derivate werden zunächst zwischen Kunden unter dem normalen Rahmenvertrag (mit „Clearing-Anhang zum Rahmenvertrag für Finanztermingeschäfte“ (→ Form. IV.S. 11)) abgeschlossen; mit Aufnahme dieser Geschäfte in das Abwicklungssystem einer zentralen Gegenpartei erlöschen sie unter dem Rahmenvertrag (vgl Nr 3 Abs 2 Clearing-Anhang zum Rahmenvertrag) und werden gleichzeitig unter der CRV neu begründet (Nr 1 Abs 3 CRV), was zu einer **„Umhängung“** des zu clearenden Geschäfts vom Rahmenvertrag (der funktional als Rahmenvertrag für nicht-geclearte Geschäfte verbleibt) auf die CRV (als Rahmenvertrag für geclearte Geschäfte) führt (*Dittrich/Fried* § 33 Rn 60; *Köhler/Büscher* in Schwintowski, Kap 22 Rn 168).

Für die inhaltliche Gestaltung einer Kundenclearing-Vereinbarung wie der CRV, die einen **eigenen, neuen Rahmenvertrag für geclearte Transaktionen** schafft, sind daher zwei Aspekte besonders bedeutsam und kennzeichnend: Sie muss eine klare Abgrenzung zwischen dem ursprünglich, bilateral zwischen den Kunden entstandenen und nunmehr über das Clearingmitglied laufende Rechtsverhältnis gewährleisten; zum anderen ist die Abstimmung mit den Clearing-Vorgaben des Regelwerks zu gewährleisten (*Dittrich/Fried* § 33 Rn 57).

Die deutsche Vertragsdokumentation für das Clearing ist nicht auf eine bestimmte zentrale Gegenpartei zugeschnitten, sondern ist CCP-neutral (so begrifflich *Bankenverband CRV* S 2; *Jahn/Reiner* § 114 Rn 241) konzipiert. Etwaige CCP-spezifische Besonderheiten werden durch CCP-spezifische Anhänge zur CRV adressiert; bisher sind fünf solcher Anhänge mit ergänzenden Bestimmungen für Geschäfte, die jeweils dort abgewickelt werden, entstanden (LCH.SA-Anhang, CME-Anhang (mittlerweile aufgehoben, da das Clearing-Angebot eingestellt wurde), ICEU-Anhang, LCH.Ltd-Anhang und Eurex-Anhang, vgl die Erläuterungen zu den zwei letzteren *Bankenverband CRV 2013* S 9 ff. sowie zur mittlerweile eingetretenen Entbehrlichkeit des Eurex-Anhangs für Neugeschäft aufgrund der Änderungen bei den Clearingmodellen *Bankenverband CRV 2019* S 1 Fn 2.

1. Die Clearing-Rahmenvereinbarung (die folgenden Anmerkungen, soweit keine Differenzierung erfolgt, beziehen sich auf beide Versionen der CRV) unterliegt deutschem Recht und ist in deutscher Sprache verfasst. Eine englische Übersetzung der CRV und ihrer Anhänge ist verfügbar, um die Akzeptanz durch internationale Vertragspartner zu erleichtern (*Dittrich/Fried* § 33 Rn 58). Ihre zentrale Aufgabe ist die Schaffung des Rechtsrahmens für die **Rechtsbeziehung zwischen Clearingmitglied und Vertragspartner (Kunde)** im Hinblick auf dessen clearingpflichtige Geschäfte (*Bankenverband CRV 2013* S 3): Das bedeutet insbesondere die Gewährleistung des Close-Out-Nettings aller unter der CRV abgeschlossenen Geschäfte im Fall der Insolvenz des Kunden und die Schaffung der Voraussetzungen zur Absicherung von Kundenpositionen im Fall der Insolvenz des CM. Aufbau und Terminologie der CRV orientieren sich eng am Rahmenvertrag für Finanztermingeschäfte (insbesondere hinsichtlich des Close-Out-Nettings), den Sonderbedingungen für Termingeschäfte (→ Form. IV.R.1) und der Rahmenvereinbarung zum Abschluss von Termingeschäften (→ Form. IV.R.2) (*Jahn/Reiner* § 114 Rn 241).

2. Die CRV unterscheidet bei den **Vertragsparteien** – wie der Rahmenvertrag für Finanztermingeschäfte – zwischen „Bank" und „Vertragspartner". Bank im Sinne der CRV ist die Vertragspartei, die als Clearingmitglied für den Vertragspartner die Abwicklung eines clearingpflichtigen Geschäfts über ein Clearinghaus übernimmt. Zudem bestimmt Nr 1 Abs 1, welche **Geschäfte** in die CRV einbezogen werden können (als „Geschäfte" definiert) und damit den sachlichen Anwendungsbereich: Auf Grundlage eines Rahmenvertrages beliebigen Typs abgeschlossene, clearingpflichtige OTC-Derivate (explizit genannt werden der Rahmenvertrag für Finanztermingeschäfte und das ISDA Master Agreement), aber – insoweit über den Produktbereich des Rahmenvertrags hinausgehend – auch börslich gehandelte Futures, Optionen und Spotgeschäfte sowie Termingeschäfte in Devisen und Edelmetallen sind erfasst (detailliert zu den erfassten Geschäften *Dittrich/Fried* § 33 Rn 62; *Köhling* BKR 13, 496) und – neu durch eine Präzisierung der CRV 2019 eingeführt – über Handelsplätze abgeschlossene OTC-Derivate, die nicht von den vorgenannten Produktkategorien erfasst sind. Nr 1 Abs 1 lit b CRV 2019 wurde zudem klarstellend dahingehend ergänzt, dass Geschäfte ohne förmlichen Rahmenvertrag (auf Basis sog Longform-Confirmations) ebenfalls erfasst werden. Hinsichtlich der OTC-Derivate unter einem Rahmenvertrag hat Nr 1 Abs 3 S 2 eine Schnittstellenfunktion: Denn hierdurch wird der Zeitpunkt des Übergangs eines zunächst bilateral auf Rahmenvertragsbasis abgeschlossenen Geschäfts aus dem zugrunde liegenden Rahmenvertrag in die Clearing-Rahmenvereinbarung festgelegt (*Köhling* BKR 13, 496). Eine spiegelbildliche Bestimmung enthält daher auch der Clearing-Anhang zum Rahmenvertrag für Finanztermingeschäfte (vgl dazu → Form. IV.S.11 Anm. 2).

3. Nr 1 Abs 2 u 3 regeln die **Rolle der Bank** als Clearingmitglied: Je nach Geschäftsart handelt sie als Kommissionärin im eigenen Namen und für Rechnung des Vertragspartners (Nr 1 Abs 2) oder als Eigenhändlerin im eigenen Namen und auf eigene Rechnung (Nr 1 Abs 3). Nr 1 Abs 3 bestimmt auch die rechtlichen Grundlagen für die Aufnahme eines OTC-Derivatgeschäfts in die CRV: Das bilateral abgeschlossene Geschäft erlischt mit der Aufnahme in das Clearing. An dessen Stelle entstehen gleichzeitig zwei Geschäfte mit identischem Inhalt und entgegengesetzten Positionen: Eines zwischen Bank und dem zentralen Kontrahenten – als „OTC-Kontrakt" bezeichnet – und ein spiegelbildliches Geschäft zwischen Bank und Kunde.

4. Gemäß Nr 1 Abs 4 vereinbaren die Parteien die „entsprechende Anwendbarkeit" des **Regelwerks** jedes zentralen Kontrahenten, über den die Geschäfte abgewickelt werden. Zudem hat das Regelwerk Vorrang gegenüber den Bestimmungen des Geschäfts und der CRV. Vom Vorrang ausgenommen sind jedoch die Bestimmungen zum Close-Out-Netting nach Nr 4 im Fall der Kündigung aus wichtigem Grund sowie der Insolvenz des Vertragspartners; in diesem Fall gehen die Nr 4 bis 6 dem Regelwerk vor. Diese Ausnahme ist mit Blick auf die aufsichtsrechtliche Nettingfähigkeit erforderlich (*Köhling* BKR 13, 497).

5. Nr 1 Abs 5 entspricht Nr 1 Abs 2 des Rahmenvertrages und spiegelt dessen **Konzept des „einheitlichen Vertrages"** (vgl dazu → Form. IV.S. 1 Anm. 2). Zusammen mit der in Nr 4 geregelten Beendigung und den Regelungen zum Ausgleichsanspruch (CRV 2013) bzw zur Forderung wegen Nichterfüllung sowie Aufrechnung (CRV 2019) in Nr 5 u 6 stellt sie das Close-Out-Netting im Insolvenzfall sicher (vgl allerdings Nr 7 zu einer clearingsystembedingten Ausnahmemöglichkeit bei Ausfall eines Clearingmitglieds).

6. Hinsichtlich der **Besicherung** beschränkt sich die CRV in Nr 2 u 3 vorrangig auf die Darstellung der grundsätzlichen Pflicht zur Stellung von Variation Margin (oder „Nachschusszahlung" oder „VM", dh Besicherung der aktuellen Marktwerte) und Initial Margin (oder „Ersteinschusszahlung“ oder „IM“, dh zusätzlich oder vorab zu stellender Sicherheiten zur Absicherung potentieller Risiken, die in der Zeit bis zur Anpassung der VM an die geänderten Marktwerte eintreten können) gemäß der EMIR (dazu näher *Köhling/Adler*, WM 2012, 2174 f). Der Verzicht auf eine inhaltlich-technische Ausgestaltung beruht darauf, dass Art und Weise der Besicherung (Stellen von Sicherheiten, Verwahrung) von den zentralen Kontrahenten in unterschiedlicher Weise vorgegeben werden und zudem vom jeweiligen gewählten Kontentrennungs- bzw Segregationsmodell (vgl dazu und generell zum Ablauf des CCP Clearing, *Donner* § 34 Rn 122 ff) abhängen (*Köhling* BKR 2013, 497; *Dittrich/Fried* § 33 Rn 70). Gemäß Nr 2 ist die Berechnung der zentralen Gegenpartei zur Höhe der zu leistenden Sicherheiten grundsätzlich maßgeblich und wird von den Parteien übernommen; die Bank ist jedoch berechtigt, zusätzliche Sicherheiten (sog Bank Margin) basierend auf ihren internen Risikobewertungsmodellen zu verlangen. Kommt der Kunde seiner Pflicht zur Sicherheitenleistung trotz Aufforderung nicht nach, ist die Bank zur Kündigung berechtigt (Nr 2 Abs 4 bzw Nr 3 Abs 2).

Zur Ergänzung bzw Konkretisierung der generischen Nrn 2 u 3 hinsichtlich der Art und Anrechnungswerte der Sicherheiten, dem zeitlichen Ablauf der Sicherheitenstellung etc steht den Vertragsparteien der im Dezember 2016 veröffentlichte **Besicherungsanhang zur CRV** sowie der im Rahmen der Modernisierung der CRV angepasste und neu veröffentlichte CRV-Besicherungsanhang 2019 (s dazu *Bankenverband CRV 2019* S 18 ff) zur Verfügung, die sich eng an der Besicherungsdokumentation zum Rahmenvertrag für Finanztermingeschäfte orientieren (s dazu → Form. IV.S. 6), wobei abweichend davon aufgrund des Clearing-Hintergrunds (a) die Besicherung alternativ als Vollrechtsübertragung oder Verpfändung (Nr 3 Besicherungsanhang zur CRV) ausgestaltet werden kann und (b) Regelungen sowohl für VM- als auch IM-Sicherheiten vorgesehen sind.

7. Die Regelung der beiden CRV zum **Close-Out-Netting** (Nr 4 bis 6) ist hinsichtlich ihres Aufbaus, der Terminologie und der Funktionsweise praktisch identisch mit den Regelungen in Nr 7 bis 9 des DRV 1993/2001 (bezogen auf die CRV 2013) bzw des DRV 2018 (bezogen auf die CRV 2019), vgl dazu → Form. IV.S.1 Anm. 7–9. Beim Entwurf der CRV 2013 hat man sich bewusst an dem in der Praxis seit langem als für alle Seiten geltenden und anerkannten Standard für eine rahmenvertragliche Aufrechnungsvereinbarung orientiert (*Köhling* BKR 13, 498). Entsprechend wurden die Nettingbestimmungen der CRV 2019 inhaltlich an die parallelen Bestimmungen des neuen DRV 2018 angepasst.

8. Der in Nr 7 geregelte **Ausfall der Bank** beinhaltet eine Sonderregelung, die die Bestimmungen der Nr 4 bis 6 überlagert und ferner die Regelung zum Vorrang des Regelwerks in Nr 1 Abs 4 ergänzt. Klargestellt wird zunächst, dass bei Ausfall der Bank und daraus resultierender Beendigung der Kontrakte mit dem zentralen Kontrahenten automatisch die Geschäfte mit dem Vertragspartner beendet werden, Nr 7 Abs 1 S 1. Die Berechnung der Ausgleichsforderung (bzw Forderung wegen Nichterfüllung, CRV 2019) erfolgt in diesem Fall hinsichtlich jedes mit der CCP vereinbarten Kontentrennungs-Modells getrennt (bei mehreren zentralen Gegenparteien auch für jede getrennt). Damit wird gewährleistet, dass die so getrennt berechneten Forderungen erhalten bleiben und im Rahmen des sog Portings, vgl Nr 7 Abs 3, identisch – nach den betreffenden Regelungen der CCP – auf eine andere Bank übertragen werden können, die an die Stelle der ausfallenden Bank tritt (*Dittrich/Fried* § 33 Rn 74).

9. Bei einem **Ausfall eines zentralen Kontrahenten** (Nr 8) werden diejenigen Geschäfte zwischen Bank und Kunde beendet und abgerechnet, die den zwischen Bank und ausgefallener CCP abgeschlossenen und beendeten Kontrakten entsprechen. Die CRV bleibt grundsätzlich bestehen; die über andere CCPs abgewickelten Geschäfte bleiben unberührt.

10. Nr 9 Abs 3 CRV 2013 bestimmt, dass die Bank die nach Art 9 EMIR bestehende **Pflicht zur Meldung** von OTC- und börslich gehandelten Derivaten an Transaktionsregister übernimmt, sofern in den besonderen Vereinbarungen in Nr 14 nichts anderes bestimmt ist. In der Praxis werden die Parteien regelmäßig weitergehende Vereinbarungen zur Umsetzung der Meldepflicht treffen (*Köhling* BKR 13, 499), zB zur Möglichkeit der Beauftragung eines Dritten, vgl zur Haftung in diesem Fall Nr 9 Abs 2. Nr 9 Abs 3 ist daher mangels praktischer Bedeutung in der CRV 2019 ersatzlos entfallen.

11. Durch eine ergänzende Bestimmung in Nr 11 wird für OTC-Derivatgeschäfte im Sinne von Nr 1 Abs 1 lit b bzw zusätzlich lit c im Falle der CRV 2019 vorgesehen, dass die Bank gegenüber der Gegenpartei zur unverzüglichen Unterrichtung über die Aufnahme des jeweiligen Geschäfts in das Abwicklungssystem der zentralen Gegenpartei verpflichtet ist, sofern nicht die zentrale Gegenpartei den Kunden direkt informiert. Weitere besondere Bestimmungen für börsengehandelte Kontrakte und Termingeschäfte ohne Rahmenvertrag ergeben sich aus Nr 10 und 12.

11. Clearing-Anhang (2018)

	Anhang vom
	zum Rahmenvertrag vom

Clearing-Anhang (2018) zum oben genannten Rahmenvertrag für Finanztermingeschäfte („Rahmenvertrag")

Zwischen

Name und Anschrift des Vertragspartners

(nachstehend „Vertragspartner" genannt)

und

Name und Anschrift der Bank

(nachstehend „Bank" genannt)

1. Zweck und Gegenstand des Anhangs ①

(1) Ergänzend zu den Bestimmungen des Rahmenvertrages gelten für Einzelabschlüsse, für die die Parteien die Abwicklung über eine zentrale Gegenpartei – auch unter Einschaltung Dritter als Clearing-Mitglied – vereinbart haben, die nachfolgenden Bestimmungen.

(2) Die Einzelabschlüsse, die über eine zentrale Gegenpartei abgewickelt werden, unterliegen hinsichtlich der Abwicklung deren Regelwerk sowie den für diese zentrale Gegenpartei geltenden Rechtsvorschriften, Geschäftsbedingungen und Gepflogenheiten. Die Parteien werden für alle Einzelabschlüsse, die über eine zentrale Gegenpartei abgewickelt werden sollen, ab Vertragsschluss die gemäß deren Regelwerk sowie den geltenden Rechtsvorschriften, Geschäftsbedingungen und Gepflogenheiten vorgegebenen Sicherheitenanforderungen erfüllen.

2. Begriffsbestimmungen

Im Sinne dieses Anhangs ist:

– „Abwicklung" die Verbuchung eines Kontrakts, einschließlich der laufenden Bewertung des Kontrakts, der sich hieraus ableitenden laufenden Sicherheitenanforderungen, Zahlungs- und Lieferverpflichtungen und -ansprüche sowie die Verrechnung dieser Ansprüche mit solchen aus anderen Kontrakten der Parteien;
– „abzuwickelndes Geschäft" jeder Einzelabschluss, für den vereinbart ist, dass er über eine bestimmte zentrale Gegenpartei abgewickelt werden soll und
– „Ablehnung" die Weigerung der zentralen Gegenpartei, ein abzuwickelndes Geschäft in ihr Abwicklungssystem aufzunehmen sowie die Weigerung eines eingeschalteten Clearing-Mitglieds, ein abzuwickelndes Geschäft abzuwickeln.

3. Initiierung der Abwicklung ②

(1) Kommt es bis 11 Uhr des auf den Abschluss des abzuwickelnden Geschäftes folgenden übernächsten Bankarbeitstages nicht zu einer Gegenbestätigung des gemäß Nr. 2 Abs. 1 des Rahmenvertrages übermittelten Inhalts durch die andere Partei, so gilt das betroffene abzuwickelnde Geschäft als zu diesem Zeitpunkt automatisch beendet. Nr. 4 Abs. 2 Satz 2 des Anhanges, nicht aber Satz 3 findet entsprechende Anwendung. Die Ermittlung des Barwertes erfolgt durch die Bank.

(2) Nimmt die zentrale Gegenpartei das abzuwickelnde Geschäft in ihr Abwicklungssystem auf, so ist dieses ab diesem Zeitpunkt nicht mehr Bestandteil des Rahmenvertrages und erlischt.

4. Ablehnung und vorzeitige Beendigung durch Barausgleich ③

(1) Im Falle der Ablehnung

(a) bleibt das abzuwickelnde Geschäft Bestandteil des Rahmenvertrages;

(b) ist jede Partei berechtigt, durch Erklärung an die andere Partei anstatt der Erfüllung des abzuwickelnden Geschäftes mit Wirkung zu dem in der Erklärung benannten Tag („Beendigungstag") dessen vorzeitige Beendigung durch Barausgleich zu verlangen.

(2) Hat eine Partei im Falle der Ablehnung vorzeitige Beendigung durch Barausgleich verlangt, gilt Folgendes: An die Stelle der beiderseits geschuldeten Zahlungen oder Lieferungen, die nach dem Beendigungstag fällig geworden wären, tritt ein Geldbetrag in der Vertragswährung in Höhe des Barwertes des betroffenen Einzelabschlusses. Der Geldbetrag wird von der Bank in entsprechender Anwendung von Nr. 12 Abs. 5 (C) b) des Rahmenvertrages ermittelt.

5. Herausnahme von Kontrakten aus dem Abwicklungssystem ④

Wenn ein Kontrakt aus dem Abwicklungssystem der zentralen Gegenpartei herausgenommen wird und das diesem Kontrakt entsprechende Geschäft zwischen den Parteien nicht bereits nach den Regeln der zwischen den Parteien abgeschlossenen gesonderten Vereinbarung für die Abwicklung über eine zentrale Gegenpartei beendet wurde, gelten Nr. 4 Abs. 1 Buchstabe b) und Nr. 4 Abs. 2 dieses Anhangs entsprechend. Machen die Parteien von dieser Möglichkeit keinen Gebrauch, unterliegt das dem Kontrakt entsprechende Geschäft den Regelungen des Rahmenvertrages.

Unterschrift(en) der Bank	
Unterschrift(en) des Vertragspartners	

Schrifttum: *Bankenverband*, Clearing-Rahmenvereinbarung – Hintergründe und Erläuterungen (Stand: 4.12.2017), abrufbar unter https://bankenverband.de/media/uploads/2018/02/08/2017-12-04-crv-hintergrundinformationen.pdf; *Dittrich/Fried*, Clearing, Reporting und Risikominderung: EMIR-Auswirkungen auf die Dokumentation von OTC-Derivaten, Finanzderivate Rechtshandbuch, 4. Aufl 2016, § 33; *Jahn/Reiner*, Außerbörsliche Finanztermingeschäfte (OTC-Derivate), Bankrechts-Handbuch, 5. Aufl 2017, § 114 Rn 235; *Köhling*, Die Clearing-Rahmenvereinbarung – deutsche Vertragsdokumentation für das Kundenclearing, BKR **13**, 491.

Anmerkungen

Vor 1. Der „Clearing-Anhang (2018) zum Rahmenvertrag für Finanztermingeschäfte" (im Folgenden: „Clearing-Anhang") hat allein die Aufgabe, die unter dem Rahmenvertrag für Finanztermingeschäfte bilateral abgeschlossenen Geschäfte, die gecleart werden sollen, in die „Clearing-Rahmenvereinbarung" (CRV) zu überführen: Er stellt die **Verbindung zur CRV** her (vgl dazu im Einzelnen → Form. IV.S. 10; *Dittrich/Fried* § 33 Rn 58 ff). In dieser Funktion ist er als Anhang zum Rahmenvertrag ausgestaltet. Den Abschluss einer CRV setzt er hingegen nicht voraus: Die Parteien können für das Clearing ihrer Positionen grundsätzlich auch eine andere Dokumentation für das Kundenclearing verwenden; der Anhang lässt die Art der Vereinbarung bewusst offen (*Bankenverband* CRV S 19; *Jahn/Reiner* § 114 Rn 235).

1. Gemäß Nr 1 Abs 2 werden die durch einen zentralen Kontrahenten abzuwickelnden Einzelabschlüsse den Clearing-Bedingungen des zentralen Kontrahenten unterstellt.

2. Nr 3 Abs 1 bestimmt, dass bei nicht fristgerechter Gegenbestätigung des abzuwickelnden Geschäfts (vgl Begriffsbestimmung in Nr 2) das betreffende zu clearende Geschäft als automatisch beendet gilt. Wird das Geschäft vom zentralen Kontrahenten in sein Abwicklungssystem aufgenommen, scheidet es gemäß Nr 3 Abs 2 aus dem Rahmenvertrag aus „und erlischt". Es wird im gleichen Moment Bestandteil der zwischen den Parteien abgeschlossenen Kundenclearing-Dokumentation, zB der CRV.

3. Nimmt der zentrale Kontrahent das Geschäft nicht auf, kommt es also wider Erwarten nicht zum Clearing, verbleibt das Geschäft im Rahmenvertrag, kann aber wahlweise auch gegen Zahlung des Barausgleichs vorzeitig beendet werden, Nr 4 Abs 1. Eine Alternative wäre – vor dem Hintergrund der bestehenden Clearingpflicht – unverzüglich zu versuchen, die Anforderungen des zentralen Kontrahenten zu erfüllen oder das Geschäft über einen anderen zentralen Kontrahenten abzuwickeln (*Jahn/Reiner* § 114 Rn 235).

4. Eine entsprechende Beendigungsmöglichkeit sieht Nr 5 für den Fall der nachträglichen Herausnahme aus dem Clearing vor: Wird auf die Beendigung verzichtet, fällt es wieder in den Rahmenvertrag zurück bzw wird unter diesem neu begründet (so *Köhling* BKR 2013, 500).

5. Der Clearing-Anhang ist in seiner auf den DRV 2018 angepassten Fassung neu veröffentlicht worden; dazu wurde der Begriff „sonstige Leistungen" in Nr 4 Abs 2 durch „Lieferungen" ersetzt und ein Verweis auf den Rahmenvertrag angepasst. Zusätzlich steht eine englische Übersetzung zur Verfügung, um die Akzeptanz durch internationale Vertragspartner zu erleichtern.

12. EMIR-Anhang (2019)

	Anhang vom
	zum Rahmenvertrag für Finanztermingeschäfte

EMIR-Anhang (2019) zum oben genannten Rahmenvertrag („Rahmenvertrag")

Zwischen

Name und Anschrift des Vertragspartners
(nachstehend „Vertragspartner" genannt)

und

Name und Anschrift der Bank
(nachstehend „Bank" genannt)

1. Zweck und Gegenstand des Anhangs ①

(1) Ergänzend zu den Bestimmungen des Rahmenvertrages vereinbaren die Parteien zur Erfüllung bestimmter, sich aus EMIR ergebender Anforderungen die nachfolgenden Bestimmungen. Diese gelten nicht für Einzelabschlüsse, die unter die Clearing-Rahmenvereinbarung oder eine andere Vereinbarung über die Abwicklung von Einzelabschlüssen über eine zentrale Gegenpartei fallen.

(2) Haben die Parteien für den Rahmenvertrag bereits einen EMIR-Anhang vereinbart, wird dieser durch diesen Anhang ersetzt.

2. Begriffsbestimmungen ②

Im Sinne dieses Anhangs sind:

– „Clearingpflicht" die nach Artikel 4 Abs. 1, Artikel 4a Abs. 2 oder Artikel 10 Abs. 2 EMIR begründete Pflicht, bestimmte Einzelabschlüsse über eine gemäß Artikel 14 EMIR zugelassene oder gemäß Artikel 25 EMIR anerkannte zentrale Gegenpartei abwickeln zu lassen;

– „EMIR" die Verordnung (EU) Nr. 648/2012 des Europäischen Parlaments und des Rates vom 4. Juli 2012 über OTC-Derivate, zentrale Gegenparteien und Transaktionsregister;

– „Ermittlungstag" der einem Übermittlungstag unmittelbar vorhergehende Geschäftstag;

– „Ermittlungszeitpunkt" der in Nr. 8 Abs. 1 vereinbarte Zeitpunkt und, mangels einer solchen Vereinbarung, der Zeitpunkt des Geschäftsschlusses von Banken in Frankfurt am Main, jeweils am Ermittlungstag;

– „Finanzielle Gegenpartei" Unternehmen im Sinne des Artikel 2 Nr. 8 EMIR;

– „Geschäftstag" jeder Tag, an dem die Banken an jedem der in Nr. 8 Abs. 2 vereinbarten Finanzplätze für Geschäfte, einschließlich des Handels in Fremdwährungen und der Entgegennahme von Fremdwährungseinlagen, geöffnet sind (mit Ausnahme des Samstags und des Sonntags);

– „Nichtfinanzielle Gegenparteien" Unternehmen im Sinne des Artikel 2 Nr. 9 EMIR;

– „Portfoliodaten" die Bedingungen, die für die Bewertung oder die Abwicklung eines Einzelabschlusses von Bedeutung sind; dazu können die Referenznummer, das Abschlussdatum, das Anfangsdatum, das Enddatum, der Bezugsbetrag, der Berechnungszeitraum, die Geschäftstagekonvention, die Art der Abwicklung, die Bezugsgrößen und die Zahlungs- und Abwicklungstermine zählen;

– „Portfoliodatenabgleichtag"

A) falls der Vertragspartner entweder eine Nichtfinanzielle Gegenpartei ist, die der Clearingpflicht unterliegt, oder eine Finanzielle Gegenpartei ist, und zwischen den Parteien

a) mindestens 500 Einzelabschlüsse ausstehen, jeder Geschäftstag;

b) mehr als 50 und weniger als 500 Einzelabschlüsse ausstehen, der in Nr. 8 Abs. 3 Buchstabe a) bestimmte Tag einer jeden Woche und, falls dieser kein Geschäftstag ist, der unmittelbar folgende Geschäftstag;

c) 50 oder weniger Einzelabschlüsse ausstehen, der in Nr. 8 Abs. 3 Buchstabe b) bestimmte Tag eines Quartals und, falls dieser kein Geschäftstag ist, der unmittelbar folgende Geschäftstag;

B) falls der Vertragspartner eine Nichtfinanzielle Gegenpartei ist, die nicht der Clearingpflicht unterliegt und zwischen den Parteien

a) mehr als 100 Einzelabschlüsse ausstehen, der in Nr. 8 Abs. 3 Buchstabe b) bestimmte Tag eines Quartals und, falls dieser kein Geschäftstag ist, der unmittelbar folgende Geschäftstag;

b) 100 oder weniger Einzelabschlüsse ausstehen, der in Nr. 8 Abs. 3 Buchstabe c) bestimmte Tag eines Jahres und, falls dieser kein Geschäftstag ist, der unmittelbar folgende Geschäftstag;

– „Portfoliodatenübermittler" die in Nr. 8 Abs. 4 vereinbarte Partei oder die vereinbarten Parteien und, mangels einer solchen Vereinbarung, die Bank;

– „Übermittlungstag" der einem Portfoliodatenabgleichtag unmittelbar vorhergehende Geschäftstag;

– „Übermittlungszeitpunkt" die in Nr. 8 Abs. 5 vereinbarte Uhrzeit und, mangels einer solchen Vereinbarung, der Zeitpunkt des Geschäftsschlusses von Banken in Frankfurt am Main, jeweils am Übermittlungstag;

– „Verordnung Nr. 149/2013" die Delegierte Verordnung (EU) Nr. 149/2013 der Kommission vom 19. Dezember 2012 zur Ergänzung der EMIR und

– „Wert" der am Ermittlungstag zum Ermittlungszeitpunkt auf Basis von aktuellen Marktpreisen, oder, soweit die Marktbedingungen eine Bewertung zu Marktpreisen nicht zulassen, auf Basis von Modellpreisen ermittelte Wert eines Einzelabschlusses.

3. Clearingstatus des Vertragspartners ③

(1) Um die Anforderungen aus EMIR und der Verordnung Nr. 149/2013 zu erfüllen, ist es erforderlich festzustellen, ob der Vertragspartner der Clearingpflicht unterliegt oder nicht („Clearingstatus"). Die Feststellung des Clearingstatus erfolgt entweder durch Zusicherung des Vertragspartners in Nr. 10 Abs. 1 oder mittels eines gesonderten Verfahrens.

(2) Ändert sich der in Nr. 10 Abs. 1 zugesicherte Clearingstatus, wird der Vertragspartner diese Änderung und seinen neuen Clearingstatus der Bank unverzüglich mitteilen. Die Mitteilung erfolgt an die in Nr. 10 Abs. 2 angegebene Stelle.

(3) Erfolgt die Feststellung des Clearingstatus in einem gesonderten Verfahren und ändert sich der im Rahmen dieses Verfahrens fest- 1

gestellte Clearingstatus, wird der Vertragspartner diese Änderung und seinen neuen Clearingstatus der Bank an die für diesen Fall benannte Stelle mitteilen.

(4) Mitteilungen nach Absatz 2 und 3 erfolgen in Textform.

4. Meldepflichten (4)

(1) Die Bank unterliegt der Meldepflicht gemäß Artikel 9 EMIR. Die Bank ist berechtigt, Dritte mit der Ausführung der Meldung zu beauftragen.

(2) Unterliegt der Vertragspartner ebenfalls der Meldepflicht gemäß Artikel 9 EMIR, gilt Absatz 1 entsprechend. Wünscht der Vertragspartner die Meldung an die Bank zu delegieren, bedarf es hierzu einer gesonderten Vereinbarung mit der Bank.

(3) Handelt es sich beim Vertragspartner um eine Nichtfinanzielle Gegenpartei, die nicht der Clearingpflicht unterliegt, und hat der Vertragspartner der unter Nr. 10 Abs. 2 angegebenen Stelle der Bank nichts anderes mitgeteilt, wird die Bank die Meldungen für den Vertragspartner gemäß ihrer gesetzlichen Pflichten ab deren Inkrafttreten ausführen.

(4) Die Parteien verpflichten sich, alle erforderlichen Maßnahmen zu treffen, damit die jeweils andere Partei ihrer Meldepflicht nachkommen kann. Sofern die Bank Meldungen gemäß Abs. 3 ausführt, wird der Vertragspartner der Bank die zur Erfüllung der Meldepflichten erforderlichen Einzelheiten, welche der Bank üblicherweise nicht vorliegen, zur Verfügung stellen. Der Vertragspartner ist für die Richtigkeit und Aktualität dieser Einzelheiten verantwortlich.

5. Rechtzeitige Bestätigung (5)

Die Parteien stellen jeweils sicher, dass jeder Einzelabschluss spätestens bis zum Ende des in Artikel 12 der Verordnung Nr. 149/2013 benannten Tages bestätigt wird.

6. Abgleich der Portfoliodaten (6)

(1) Für die Zwecke des nach Artikel 13 der Verordnung Nr. 149/2013 erforderlichen Abgleichs von Portfoliodaten wird der Portfoliodatenübermittler der anderen Partei an jedem Übermittlungstag – spätestens bis zum Übermittlungszeitpunkt – die Portfoliodaten und, sofern der Portfoliodatenübermittler gemäß Artikel 11 Abs. 2 EMIR zur Ermittlung des Wertes verpflichtet ist, den Wert des Einzelabschlusses übermitteln. Die andere Partei wird die ihr übermittelten Daten mit den eigenen Daten abgleichen.

(2) Jede Partei ist berechtigt, Dritte mit der Vornahme der nach Absatz 1 erforderlichen Handlungen zu beauftragen. Macht eine Partei hiervon Gebrauch, ist der Portfoliodatenübermittler verpflichtet und berechtigt, die in Absatz 1 genannten Daten unmittelbar an den Dritten zu übermitteln. Hat die andere Partei Zweifel an der Zuverlässigkeit oder an der erforderlichen Qualifikation des Dritten oder ist die Einschaltung des Dritten für die andere Partei mit unzumutbarem Aufwand verbunden oder kann die andere Partei ein anderes berechtigtes Interesse geltend machen, kann sie der Übermittlung der in Absatz 1 genannten Daten an den Dritten widersprechen.

(3) Stellt eine Partei fest, dass einzelne Portfoliodaten nicht miteinander übereinstimmen oder will sie einem nach Absatz 1 übermittelten Wert widersprechen, wird sie dies der anderen Partei unter Angabe der abweichenden Daten unverzüglich mitteilen.

(4) Die Parteien werden versuchen, innerhalb von fünf Geschäftstagen nach Zugang der Mitteilung gemäß Absatz 3 die Unstimmigkeit einvernehmlich beizulegen. Dazu werden die Parteien nach ihrer Auffassung geeignete parteiinterne Maßnahmen ergreifen sowie im gemeinsamen Austausch mit der anderen Partei einen Klärungsversuch unternehmen. Jede Partei ist zur Mitwirkung an der Aufklärung und gegebenenfalls zur Überlassung von zur Klärung dienlichen Informationen verpflichtet. Die Parteien verpflichten sich, angemessene Maßnahmen zu treffen, um sicherzustellen, dass diese als vertraulich geltenden Informationen ohne Einwilligung der anderen Partei keinem Dritten zugänglich gemacht werden. Hiervon ausgenommen sind Dritte, denen eine Partei zur Auskunft aufgrund gesetzlicher Bestimmungen, hoheitlicher Auskunftsersuchen, Weisungen oder Anordnungen von Gerichten, Aufsichtsbehörden oder vergleichbaren Einrichtungen verpflichtet ist oder Dritte, die den Zugang zu den vertraulichen Informationen und ihrer Auswertung im Rahmen dieses Anhangs im Zusammenhang mit einem Klärungsversuch benötigen, sofern sie von der jeweiligen Partei auf die Vertraulichkeit der Informationen sowie die Zwecke, für die die vertraulichen Informationen genutzt werden dürfen, hingewiesen wurden.

7. Streitbeilegungsverfahren (7)

(1) Kann eine Unstimmigkeit nicht innerhalb der in Nr. 6 Abs. 4 genannten Frist beigelegt werden, gelten die nachfolgenden Absätze 2 und 3.

(2) Im Fall einer die Bewertung betreffenden Unstimmigkeit wird die Bank den strittigen Teil, bezogen auf den aktuellsten Portfoliodatenabgleichtag neu bewerten. Die Neubewertung erfolgt auf der Grundlage des arithmetischen Mittels von Quotierungen für entsprechende Geschäfte und anhand von Mittelkursen. Die Bank holt hierzu Quotierungen von vier führenden Marktteilnehmern als Referenzbanken ein. Wenn keine vier Quotierungen erhältlich sind, können auch weniger Quotierungen verwendet werden. Sollten keine Quotierungen erhältlich sein, gilt die von der Bank ursprünglich festgestellte Bewertung. Die Bank wird der anderen Partei das Ergebnis der Neubewertung am gleichen Tag bis spätestens 16.00 Uhr (Ortszeit Frankfurt am Main) in Textform mitteilen.

(3) Im Fall einer nicht die Bewertung betreffenden Unstimmigkeit werden die Parteien diesen Einzelabschluss einem für die Streitbeilegung vorgesehenen internen Eskalationsprozess zuführen.

(4) Haben die Parteien einen oder mehrere Besicherungsanhänge zum Rahmenvertrag vereinbart und ist eine Partei mit den Feststellungen der im jeweiligen Besicherungsanhang festgelegten Berechnungsstelle hinsichtlich der Bewertung von Einzelabschlüssen nicht einverstanden, gelten die Regelungen des jeweils maßgeblichen Besicherungsanhangs.

8. Individualvereinbarungen (6)

(1) „Ermittlungszeitpunkt" ist

[ ]

(2) „Finanzplätze" sind

[ ]

(3) „Portfoliodatenabgleichtag" ist

a) im Falle eines wöchentlichen Abgleichs:

[ ]

b) im Falle eines vierteljährlichen Abgleichs:

[ ]

c) im Falle eines jährlichen Abgleichs:

[ ]

(4) „Portfoliodatenübermittler"

☐ ist die Bank

☐ ist der Vertragspartner

☐ sind der Vertragspartner und die Bank

(5) „Übermittlungszeitpunkt" ist

[ ]

(6) Weitere Individualvereinbarungen

[ ]

2

44.040 (06/19a)

9. Zustimmung zu Meldungen nach Artikel 9 EMIR bei Vertragspartnern aus Drittstaaten

Ist der Vertragspartner nicht in der Europäischen Union ansässig, gilt folgendes: Die Parteien stimmen hiermit der Übermittlung von Informationen in dem Umfang zu, wie er erforderlich ist, um die Meldepflicht nach Artikel 9 EMIR zu erfüllen. Die Übermittlung von Informationen beinhaltet die Offenlegung von Daten des Einzelabschlusses einschließlich der Portfoliodaten, des für den Einzelabschluss ermittelten Wertes, der für den Einzelabschluss gestellten Sicherheiten und der Identität der Parteien. Die Offenlegung erfolgt gegenüber einem Transaktionsregister oder, falls ein solches nicht verfügbar ist, der Europäischen Wertpapier- und Marktaufsichtsbehörde (ESMA) oder, sofern die Parteien die Ausführung der Meldung gemäß Nr. 4 Abs. 1 oder 2 an einen Dritten delegiert haben, diesem Dritten. Das Transaktionsregister oder die ESMA wird die Informationen nationalen Aufsichtsbehörden zur Verfügung stellen, zu denen auch Aufsichtsbehörden in Drittstaaten gehören, deren Recht nicht notwendigerweise einen im Vergleich zu Deutschland gleichwertigen Schutz personenbezogener Daten bietet. Soweit einschlägig, befreien sich die Parteien im vorstehend genannten Umfang auch vom Bankgeheimnis.

10. Zusicherung des Clearingstatus

(1) Der Vertragspartner sichert zu,

a) ☐ nicht der Clearingpflicht zu unterliegen.
b) ☐ der Clearingpflicht für alle Derivatekategorien zu unterliegen.
c) ☐ der Clearingpflicht für folgende Derivatekategorien zu unterliegen:
   i) ☐ Kreditderivate
   ii) ☐ Aktienderivate
   iii) ☐ Zinsderivate
   iv) ☐ Devisenderivate
   v) ☐ Warenderivate

(2) Die Mitteilung nach Nr. 3 Abs. 2 ist an folgende Adresse zu richten:

11. Sonstige Vereinbarungen (9)

Unterschrift(en) des Vertragspartners

Unterschrift(en) der Bank

44.040 (06/19a)

3

Schrifttum: *Bankenverband*, Der EMIR-Anhang zum Rahmenvertrag für Finanztermingeschäfte – Hintergründe und Erläuterungen (Stand: 23. Juli 2013), abrufbar unter https://bankenverband.de/media/contracts/EMIR-Anhang-Hintergruende-Informationen-2013-07-23.pdf; *Bankenverband*, EMIR Anhang (2019) – Kommentierte Fassung (Stand: 24. Juni 2019), abrufbar unter https://bankenverband.de/media/uploads/2019/06/24/emir-anhang-2019-kommentiert-24-06-2019.pdf; *Dittrich/Fried*, EMIR-Auswirkungen auf die Dokumentation von OTC-Derivaten, Finanzderivate

Rechtshandbuch, 4. Aufl 2016, § 33 Rn 50–52; *Ganz*, Der EMIR Anhang des Bankenverbands, in: Wilhelmi, Achtelik, Kunschke, Sigmundt, Handbuch EMIR: Europäische Regulierung der OTC-Derivate, 2015, S 504 ff.; *Gstädtner*, Regulierung der Märkte für OTC-Derivate – ein Überblick über die Regelungen in MiFID II, EMIR und CRD IV, RdF **2012**, 145; *Jahn/Reiner*, Außerbörsliche Finanztermingeschäfte (OTC-Derivate), Bankrechts-Handbuch, 5. Aufl 2017, § 114 Rn 234; *Köhling/Adler*, Der neue europäische Regulierungsrahmen für OTC-Derivate – Verordnung über OTC-Derivate, zentrale Gegenparteien und Transaktionsregister, WM 12, 2173 (Teil 2); *Teuber/Schöpp*, Derivate-Regulierung EMIR: Auswirkungen auf Unternehmen in Deutschland, RdF **2013**, 209; *Wulff/Kloka*, Umsetzung von EMIR-Pflichten im Zusammenhang mit Vereinbarungen nicht-geclearter Derivatgeschäfte, WM **2015**, 215.

Anmerkungen

Vor 1. Zielsetzung des EMIR-Anhangs, den der Bundesverband deutscher Banken im Juli 2013 ergänzend zum Rahmenvertrag für Finanztermingeschäfte (1993/2001) erstmalig, im Juni 2019 in einer aktualisierten Fassung und im November 2019 in einer nochmals geringfügig aktualisierten Fassung veröffentlichte, ist die Anpassung der rahmenvertraglichen Dokumentation für OTC-Derivate an die regulatorischen Anforderungen der am 16. August 2012 in Kraft getretenen Verordnung (EU) Nr 648/2012 des Europäischen Parlaments und des Rates vom 4. Juli 2012 über OTC-Derivate, zentrale Gegenparteien und Transaktionsregister (ABl v 27.7.2012, L 201/1), zuletzt geändert durch Verordnung (EU) 2019/834 des Europäischen Parlaments und des Rates vom 20. Mai 2019 zur Änderung der Verordnung (EU) Nr 648/2012 in Bezug auf die Clearingpflicht, die Aussetzung der Clearingpflicht, die Meldepflichten, die Risikominderungstechniken für nicht durch eine zentrale Gegenpartei geclearte OTC-Derivatekontrakte, die Registrierung und Beaufsichtigung von Transaktionsregistern und die Anforderungen an Transaktionsregister (ABl v 28.5.2019, L 141/42), sog EMIR-Refit (zusammen die European Market Infrastructure Regulation und im folgenden „EMIR“), und der zu ihrer Konkretisierung erlassenen technischen Regulierungsstandards (näher zu diesen Delegierten Verordnungen und Durchführungsverordnungen *Bankenverband* EMIR S 1; *Ganz* Rn 3 f.; vgl als grundlegender Überblick zu den Anfängen der Regulierung der Märkte für OTC-Derivate *Gstädtner* RdF 12, 145).

Inhaltlich setzt der EMIR-Anhang (2019) die Melde- und Risikomanagementpflichten der Vertragsparteien um (vgl zu diesen Pflichten Art 9 u 11 EMIR sowie als praxisbezogener Überblick *Teuber/Schöpp* RdF 13, 209 und *Köhling/Adler* WM 12, 2173). Diese Pflichten konnten mit dem EMIR-Anhang in bestehende Rahmenverträge einheitlich und standardisiert einbezogen werden, ohne in deren Struktur eingreifen zu müssen (*Jahn/Reiner* § 114 Rn 234). Im Juni 2019 wurde ein aktualisierter Anhang – „EMIR Anhang (2019)“ – zur Anpassung an die Neuerungen des EMIR-Refit veröffentlicht, der den bisherigen EMIR-Anhang ablöst; im November 2019 wurde er nach Streichung des redundanten Verweises in Nr 6 Abs 2 erneut veröffentlicht.

1. Der sachliche Anwendungsbereich umfasst außerbörsliche Derivatgeschäfte, die unter dem Rahmenvertrag zustande kommen, und nicht über einen zentralen Kontrahenten abgewickelt werden (vgl Nr 1 Abs 1; *Ganz* Rn 6). Nr 1 Abs 2 des neuen EMIR-Anhangs (2019) stellt klar, dass dieser neu zwischen den Parteien vereinbarte Anhang eine etwaige bestehende Vorgängerversion ersetzt.

2. Die Begriffsbestimmungen in Nr 2 berücksichtigen u a die neue Definition der finanziellen Gegenpartei, die dazu führt, dass bei der Clearing- und Meldepflicht nicht wie bisher allein zwischen den Kategorien der clearingpflichtigen und nicht-clearingpflichtigen Parteien zu unterscheiden ist, sondern nunmehr zwischen clearingpflichtigen finanziellen Gegenparteien (FC+), nicht-clearingpflichtigen finanziellen Gegenparteien (FC-) und clearingpflichtigen nichtfinanziellen Gegenparteien (NFC+).

3. Nr 3 regelt die Möglichkeit der Vertragsparteien, sich über den Status der Clearingpflicht des jeweiligen Vertragspartners zu informieren, da sich danach der Umfang der Risikominderungspflichten richtet. Dies erfolgt regelmäßig (vgl zur Variante eines „gesonderten Verfahrens" gemäß Nr 3 Abs 1 S 2 – z B Klassifizierung durch die Bank oder Selbsterklärung des Kunden – *Ganz* Rn 11) durch Auswahl einer der Optionen in Nr 10 und Abgabe einer entsprechenden Zusicherung, der Clearingpflicht entweder gar nicht, für alle oder nur für spezifizierte Derivatekategorien zu unterliegen: Da durch das EMIR-Refit nunmehr die Möglichkeit besteht, dass ein NFC+ nur hinsichtlich bestimmter Derivatekategorien clearingpflichtig ist, war im EMIR-Anhang (2019) diese produktbezogene Differenzierung in Nr 10 neu aufzunehmen.

Änderungen wird der Vertragspartner der Bank unverzüglich mitteilen, Nr 3 Abs 2 (im Falle der Zusicherung an die in Nr 10 Abs 2 angegebene Stelle). Die klare Verfahrensregelung ist erforderlich, um nicht klar zuzuordnende Mitteilungen oder widersprüchliche Feststellungen zu vermeiden (*Bankenverband* EMIR-Anhang S 6). Auf gesonderte Regelungen zu Sanktionen bei Verstößen gegen diese Pflichten wurde verzichtet; es gelten die allgemeinen Regelungen, so dass z B eine Kündigung des Rahmenvertrages aus wichtigem Grund nur bei besonders schwerwiegenden oder dauerhaften Verstößen in Betracht gezogen werden kann (*Bankenverband* EMIR-Anhang S 6).

4. Nr 4 greift die Meldepflicht an Transaktionsregister auf (s zu den diesbezüglichen EMIR Anforderungen im Einzelnen *Wulff/Kloka* WM 15, 219 f): Deren Bestehen gemäß Art 9 EMIR wird schlicht festgestellt und auf eine mögliche Delegation dieser Pflicht an Dritte oder die Bank – vorbehaltlich einer entsprechenden Vereinbarung – hingewiesen. In der Neufassung des EMIR-Anhangs wurde die in Nr 4 Abs 1 S 2 u 3 enthaltene Haftungsregelung im Fall der Beauftragung eines Dritten gestrichen, um den Anhang auf das Wesentliche zu reduzieren: Einzelheiten zu den Meldungen und die entsprechenden Pflichten der Parteien werden in der Praxis regelmäßig in gesonderten Meldeverträgen geregelt (*Bankenverband* Kommentierte Fassung S 3).

Neu eingefügt wurde Nr 4 Abs 3: Hintergrund ist die Neuregelung in Nr 9 Abs 1a EMIR, nach der bei Geschäften zwischen einer finanziellen Gegenpartei und einer nichtfinanziellen Gegenpartei, die nicht clearingpflichtig ist (NFC-), die finanzielle Gegenpartei grundsätzlich auch zur Übernahme der gesetzlichen Meldung für die NFC- verpflichtet ist, sofern die NFC- nicht vorab mitgeteilt hat, dass sie – weil sie bereits in ein Meldesystem investiert hat – selbst melden wird. Nr 4 Abs 4 stellt die notwendigen Mitwirkungspflichten der NFC- im Fall der Pflichtmeldung durch die finanzielle Gegenpartei klar, wie sie im EMIR-Refit vorgesehen sind.

5. Nr 5 verweist hinsichtlich der **Pflicht zur rechtzeitigen Bestätigung** lediglich auf die Delegierte Verordnung (EU) Nr 149/2013 der Kommission vom 19. Dezember 2012 (ABl v 23.2.2013, L 52/11). Dort bestimmt Art 12, dass die Bestätigung „so früh wie möglich", spätestens jeweils bis zum Ende des Tages zu erfolgen hat, an dem die – abhängig von der Derivateklasse und dem Clearingstatus der Gegenpartei – vorgesehene Frist endet (dazu im Detail *Bankenverband* EMIR-Anhang S 7 f). Von einer Auflistung der einzelnen Meldefristen im EMIR-Anhang wurde bewusst abgesehen (*Ganz* Rn 16). Zur möglichen Sanktionierung bei Verstößen vgl *Bankenverband* EMIR-Anhang S 8; *Ganz* Rn 16; *Wulff/Kloka* WM 15, 216.

6. Umfassend regelt Nr 6 den **Abgleich der Portfoliodaten**. Der Begriff der Portfoliodaten wird unter den Begriffsbestimmungen in Nr 2 definiert: Er umfasst alle für die Bewertung oder Abwicklung eines Einzelabschlusses wesentlichen Bedingungen; zusätzlich werden im Sinne von Regelbeispielen einige solcher Bedingungen aufgezählt. Welche Bedingungen im Einzelfall „von Bedeutung sind", hängt auch von der Art der Transaktion ab, so dass auf eine abschließende Auflistung von Bedingungen verzichtet wurde (*Bankenverband* EMIR-Anhang S 9). Bewusst wurde auch von der Terminologie des Erwägungsgrundes (28) der zugrundeliegenden Delegierten Verordnung (EU) Nr 149/2013 abgewichen und stattdessen auf die in der Praxis bei Transaktionen unter dem Rahmenvertrag verwendeten Begrifflichkeiten zurückgegriffen (*Bankenverband* EMIR-Anhang S 9).

Der zu wählende (Nr 8 Abs 4) Portfoliodatenübermittler – die Bank, der Vertragspartner oder beide Parteien (und im Falle fehlender Vereinbarung die Bank, Nr 2) – übermittelt der anderen Partei an jedem Übermittlungstag die Portfoliodaten. Die andere Partei gleicht die ihr übermittelten Daten mit den eigenen Daten ab, Nr 6 Abs 1 S 2.

Zu den relevanten Zeitpunkten ergibt sich aus den Definitionen, dass der Übermittlungstag einen Geschäftstag und der Ermittlungstag mit dem maßgeblichen Wert eines Einzelabschlusses zwei Geschäftstage vor diesem Portfolioabgleichstag liegt. Die Häufigkeit des Abgleichs ist abhängig vom Clearingstatus der Parteien und der konkreten Anzahl der ausstehenden Einzelabschlüsse: Nach der Delegierten Verordnung (EU) Nr 149/2013 kann dies täglich, wöchentlich, quartalsweise oder jährlich erforderlich sein. Daher kann in Nr 8 Abs 3 abstrakt eine Wahl für jedes denkbare Intervall erfolgen (bei wöchentlich z B „jeder Donnerstag", bei vierteljährlich z B „jeder zweite Werktag im Januar, April usw").

Wie schon bei der Meldepflicht kann sich jede Partei auch beim Portfoliodatenabgleich eines Dritten bedienen, Nr 6 Abs 2 (näher dazu *Bankenverband* EMIR-Anhang S 11; *Ganz* Rn 20). Im Falle von Unstimmigkeiten sieht Nr 6 Abs 4 ein informelles Verfahren zur einvernehmlichen Beilegung innerhalb von fünf Geschäftstagen vor. Wenn beide Parteien zur Ermittlung des Wertes von Einzelabschlüssen verpflichtet sind (vgl Art 11 Abs 2 EMIR), werden sie regelmäßig unterschiedliche Werte ermitteln, was aber nicht zwangsläufig die Notwendigkeit einer Klärung durch das informelle Verfahren begründet; hierfür können die Parteien ggf im Rahmen von Individualvereinbarungen vorab geeignete Toleranzschwellen festlegen (*Bankenverband* EMIR-Anhang S 11).

7. Art 7 sieht ein Verfahren zur Streitbeilegung für den Fall vor, dass eine Einigung nach Art 6 Abs 4 nicht erreicht wird. Damit wird die entsprechende Anforderung in Art 11 Abs 1 b) EMIR sowie in Art 15 Delegierte Verordnung (EU) Nr 149/2013 umgesetzt (vgl im Einzelnen *Ganz* Rn 22 ff.; aA – da nicht alle möglichen Gestaltungsarten der Streitbeilegung hinreichend abgedeckt seien – *Wulff/Kloka* WM 15, 217 ff).

8. Auf eine Regelung zu der nach Art 14 Delegierte Verordnung (EU) Nr 149/2013 vorgesehenen Portfoliokomprimierung wurde im EMIR-Anhang bewusst verzichtet, da die Pflicht zur Durchführung der Komprimierung nur bei im konkreten Einzelfall feststellbaren Bedingungen entsteht und damit einer abstrakten Regelung nicht zugänglich ist. Aus diesem Grund – und weil die Durchführung der Portfoliokompression weiterer individueller Parteiabsprachen bedarf (einschließlich der Einbindung etwaige Dritter als Dienstleister) –, erscheint eine individuelle Vereinbarung außerhalb des EMIR-Anhangs geeigneter (*Bankenverband* EMIR-Anhang S 12; s auch *Wulff/Kloka* WM 15, 219).

9. Neu aufgenommen wurde in Nr 11 des EMIR-Anhangs (2019) das Freitextfeld für „Sonstige Vereinbarungen", um hier etwaige individuelle Vereinbarungen treffen zu können, die über die in Nr 8 Abs 6 angelegten individuellen Absprachen – vorrangig im Zusammenhang mit dem Portfoliodatenabgleich und eher „technischer" Natur – hinausgehen.

10. Der aktualisierte EMIR-Anhang (2019) ist sowohl für den DRV 1993/2001 wie auch den DRV 2018 verwendbar.

13. Zusatzvereinbarung zu Nr. 6 DRV – Zinsberechnungsmethoden

Zusatzvereinbarung vom
Rahmenvertrag für Finanztermingeschäfte vom

Zusatzvereinbarung zum Rahmenvertrag für Finanztermingeschäfte

zwischen

Name und Anschrift des Vertragspartners

und

Name und Anschrift der Bank

Ergänzend zu den Bestimmungen des oben genannten Rahmenvertrages für Finanztermingeschäfte vereinbaren die Parteien Folgendes:

Nr. 6 Abs. 5 wird durch folgende Bestimmung ersetzt:

(5) „Quotient" ist nach Maßgabe des Einzelabschlusses

a) „Actual/360", die Anzahl der tatsächlich abgelaufenen Tage des Berechnungszeitraums, dividiert durch die Zahl 360;

b) „30/360", die Anzahl der abgelaufenen Tage des Berechnungszeitraums, berechnet auf der Basis eines 360-Tage-Jahres mit 12 Monaten zu je 30 Tagen, dividiert durch die Zahl 360. Fällt das Ende eines Berechnungszeitraums auf den 31. Tag eines Monats und der Anfang des Berechnungszeitraums auf einen anderen Tag als den 30. oder 31. eines Monats, so wird der letzte Monat bei der Berechnung mit der tatsächlichen Anzahl seiner Tage berücksichtigt. Fällt das Ende eines Berechnungszeitraums auf den letzten Tag im Monat Februar, so wird der Februar mit der tatsächlichen Anzahl der abgelaufenen Tage berücksichtigt;

c) „30E/360", die Anzahl der abgelaufenen Tage des Berechnungszeitraums, berechnet auf der Basis eines 360-Tage-Jahres mit 12 Monaten zu je 30 Tagen, dividiert durch die Zahl 360. Fällt das Enddatum auf den letzten Tag im Monat Februar, so wird der Februar bei der Berechnung mit der tatsächlichen Anzahl der Tage berücksichtigt;

d) „Actual/Actual", die Anzahl der tatsächlich abgelaufenen Tage des Berechnungszeitraums, dividiert durch die Zahl 365 bzw. im Fall von Schaltjahren 366. Fällt ein Teil eines Berechnungszeitraums in ein Schaltjahr, so werden die auf das Schaltjahr entfallenden tatsächlich abgelaufenen Tage dieses Berechnungszeitraums durch die Zahl 366 dividiert und die nicht in das Schaltjahr fallenden tatsächlich abgelaufenen Tage dieses Berechnungszeitraums durch die Zahl 365 dividiert;

e) „Actual/365 Fixed", die Anzahl der tatsächlich abgelaufenen Tage des Berechnungszeitraums, dividiert durch die Zahl 365;

f) „360/360 (DRV)", die Anzahl der abgelaufenen Tage des Berechnungszeitraums, berechnet auf der Basis eines 360-Tage-Jahres mit 12 Monaten zu je 30 Tagen, dividiert durch die Zahl 360;

g) „365/365 (DRV)", die Anzahl der tatsächlich abgelaufenen Tage des Berechnungszeitraums, dividiert durch die Zahl 365 bzw. im Fall von Schaltjahren 366;

h) „30/360 (AFB)", die Anzahl der abgelaufenen Tage des Berechnungszeitraums, berechnet auf der Basis eines 360-Tage-Jahres mit 12 Monaten zu je 30 Tagen, dividiert durch die Zahl 360. Fällt das Ende eines Berechnungszeitraums auf den 31. Tag eines Monats und der Anfang des Berechnungszeitraums auf einen anderen Tag als den 30. oder 31. eines Monats, so wird der letzte Monat bei der Berechnung mit der tatsächlichen Anzahl seiner Tage berücksichtigt;

i) „Actual/Actual (AFB)", die Anzahl der tatsächlich abgelaufenen Tage des Berechnungszeitraums, dividiert durch die Zahl 365 bzw. im Fall von Schaltjahren 366. Ist der Berechnungszeitraum länger als ein Jahr, so wird er – ausgehend von dem Tag, an dem der Berechnungszeitraum endet - in aufeinanderfolgende Berechnungszeiträume von jeweils einem Jahr und, sofern sich der Berechnungszeitraum nicht durch ganze Jahre teilen lässt, einen kürzeren Berechnungszeitraum von weniger als einem Jahr aufgeteilt;

j) „Actual/Actual (ISMA)", die Anzahl der tatsächlich abgelaufenen Tage des Berechnungszeitraums, dividiert durch das Produkt aus (i) der Anzahl der Berechnungszeiträume je Kalenderjahr und (ii) den auf diesen Berechnungszeitraum entfallenden tatsächlich abgelaufenen Tagen. Weicht die Länge des ersten Berechnungszeitraums von der Länge der übrigen Berechnungszeiträume („Regelberechnungszeiträume") ab, so gilt für die Ermittlung der auf den ersten Berechnungszeitraum entfallenden tatsächlich abgelaufenen Tage Folgendes: Ist die Länge des ersten Berechnungszeitraums kürzer als die eines Regelberechnungszeitraums, so wird das Anfangsdatum auf den Tag vorverlegt, an dem der erste Berechnungszeitraum beginnen würde, wenn er die Länge eines Regelberechnungszeitraums hätte. Ist der erste Berechnungszeitraum länger als ein Regelberechnungszeitraum, so wird er – ausgehend vom ersten Zahlungstermin – in zwei aufeinanderfolgende Berechnungszeiträume aufgeteilt, von denen der eine Berechnungszeitraum am ersten Zahlungstermin endet und an dem Tag beginnt, an dem der erste Berechnungszeitraum beginnen würde, wenn er die Länge eines Regelberechnungszeitraums hätte, und der andere Berechnungszeitraum an demselben Tag endet, an dem der nachfolgende Berechnungszeitraum beginnt, und an dem Tag beginnt, an dem er beginnen würde, wenn er die Länge eines Regelberechnungszeitraums hätte. Weicht die Länge des letzten Berechnungszeitraums von der Länge eines Regelberechnungszeitraums ab, so gilt für die Ermittlung der auf den letzten Berechnungszeitraum entfallenden tatsächlich abgelaufenen Tage Folgendes: Ist die Länge des letzten Berechnungszeitraums kürzer als die eines Regelberechnungszeitraums, so wird das Enddatum auf den Tag verschoben, an dem der letzte Berechnungszeitraum enden würde, wenn er die Länge eines Regelberechnungszeitraums hätte. Ist der letzte Berechnungszeitraum länger als ein Regelberechnungszeitraum, so wird er – ausgehend vom vorletzten Zahlungstermin – in zwei aufeinanderfolgende Berechnungszeiträume aufgeteilt, von denen der eine Berechnungszeitraum an dem Tag endet, an dem er enden würde, wenn er die Länge eines Regelberechnungszeitraums hätte, und der darauffolgende andere Berechnungszeitraum an demselben Tag beginnt, an dem der vorhergehende Berechnungszeitraum endet, und an dem Tag endet, an dem er enden würde, wenn er die Länge eines Regelberechnungszeitraums hätte.

Unterschriften des Vertragspartners

Unterschriften der Bank

Schrifttum: *Jahn/Reiner*, Außerbörsliche Finanztermingeschäfte (OTC-Derivate), Bankrechts-Handbuch, 5. Aufl 2017, § 114 Rn 71

Anmerkungen

Gemäß Nr 6 Abs 1 des Rahmenvertrages für Finanztermingeschäfte (1993/2001) sowie des Rahmenvertrages für Finanztermingeschäfte (2018) ist zur Berechnung des variablen Betrages, den eine Partei unter einem Einzelabschluss zu zahlen hat, das Produkt (a) aus dem vereinbarten Bezugsbetrag, (b) dem variablen Zinssatz und (c) dem Quotienten zu bilden. Als „**Quotient**" definiert Nr 6 Abs 5 des Rahmenvertrags **vier Berechnungsmethoden** (day count fractions). Weil sich mit der Zeit weitere Zinsberechnungsmethoden am Markt etabliert hatten, wurde eine standardisierte „Zusatzvereinbarung zum Rahmenvertrag für Finanztermingeschäfte" entwickelt und im April 2002 veröffentlicht. Diese ermöglicht den Parteien in einfacher Weise, weitere Arten von „Quotienten" als Grundlage der Zinsberechnung bei Einzelabschlüssen zu vereinbaren, ohne diese im Wege einer Individualvereinbarung gesondert definieren zu müssen. Wird sie vereinbart, tritt sie an Stelle der Nr 6 Abs 5 (vgl S 2 der Zusatzvereinbarung). Die im Einzelabschluss zwischen den Parteien vereinbarte Zinsberechnungsmethode, die in der Einzelgeschäftsbestätigung unter dem Begriff „Quotient" angegeben wird, wird dadurch auf **zehn mögliche, marktübliche Varianten** erweitert.

Diese ursprünglich für den DRV 1993/2001 entwickelte Zusatzvereinbarung ist unverändert auch zusammen mit dem DRV 2018 verwendbar.

14. Einzelabschluss Zinssatz-Swap

[Briefkopf]

[Kunde]

[Datum]

Zinssatzswap – Ref.-Nr.: [ ]

Wir bestätigen Ihnen folgenden, auf der Grundlage unseres Rahmenvertrages für Finanztermingeschäfte („Rahmenvertrag") getätigten Einzelabschluss:

Rahmenvertragsdatum:	[ ]
Abschlussdatum:	[ ]
Anfangsdatum:	[ ]
Enddatum:	[ ], [vorbehaltlich einer Anpassung entsprechend Nr. 3 Abs. 5 [(a)] [(b)] des Rahmenvertrages] [ohne Anpassung nach Nr. 3 Abs. 5 des Rahmenvertrages][1]
Vertragswährung:	[ ] [EUR]
Bezugsbetrag:	[ ]
Zahlungspflichten:	Vorbehaltlich einer Aufrechnung nach Nr. 3 Abs. 3 des Rahmenvertrages zahlt – jeweils an die andere Partei – • der Zahler der Festbeträge an jedem Fälligkeitstag für Festbeträge den entsprechenden Festbetrag • der Zahler der variablen Beträge an jedem Fälligkeitstag für variable Beträge den entsprechenden variablen Betrag

- [Falls der variable Satz negativ ist, zahlt der Zahler der Festbeträge an dem betreffenden Fälligkeitstag für variable Beträge zusätzlich den als absoluten Betrag ausgedrücktenvariablen Betrag an den Zahler der variablen Beträge.][2]

  [Falls der variable Satz negativ oder null ist, zahlt keine der Parteien den variablen Betrag.][3]

Regelungen betreffend Festbeträge:	[ ]
Zahler der Festbeträge:	[ ]
[Festbeträge:][4]	[ ] je Zahlungstermin [, jedoch für den [ersten] [letzten] Berechnungszeitraum [ ]
[Festsatz:][5]	[[ ]% p. a.]
[Quotient:][6]	[ ]
Fälligkeitstage für Festbeträge:	Jeweils der [ ] vom [ ] bis zum [ ] [, vorbehaltlich einer Anpassung nach Nr. 3 Abs. 5 [(a)] [(b)] des Rahmenvertrages.][7]
Bankarbeitstag:	[Finanzplatz: [ ]] [TARGET-Tag] [„TARGET-Tag“ ist (a) für Zahlungen, jeder Tag, an dem alle für die Durchführung einer solchen Zahlung relevanten Teile des Trans-European Automated Realtime Gross Settlement Express Transfer (TARGET) System in Betrieb sind, und (b) für sonstige Zwecke jeder Tag, an dem das TARGET System geöffnet ist.][8]
Regelungen betreffend variable Beträge:	
Zahler der variablen Beträge:	[ ]
Variabler Satz:	Basis-Satz plus Spread
Spread:	[minus] [ ]% p. a.
Basis-Satz:	[ ] [[ ]-Monats-EURIBOR]
Bestimmung des Basis-Satzes:	[ ] [[ ]-Monats-EURIBOR] ist der Satz für [ ]-Monatsgelder in [der Vertragswährung] [ ] gemäß Bildschirm-Veröffentlichung des [Dow Jones Telerate-Informationsdienstes (Bridge Telerate Seite 248)] [ ] für den Zeitpunkt [11.00 Uhr in Brüssel] [ ] am [zweiten] [ ] [TARGET-Tag] [ ] vor dem Beginn des jeweiligen Berechnungszeitraums („Feststellungstag“).]
[Variabler Satz für den ersten Berechnungszeitraum:]	[[ ]% p. a.]
[Variabler Betrag für den ersten Berechnungszeitraum:]	[Währung, Betrag][9]
Rundungen:	Der Basis-Satz ist gegebenenfalls kaufmännisch auf den nächsten [1/1.000] [1/10.000][1/100.000] Prozentpunkt auf- oder abzurunden.
Fälligkeitstage für variable Beträge:	Jeweils der [ ] vom [ ] bis zum [ ] [, vorbehaltlich einer Anpassung nach Nr. 3 Abs. 5 [(a)] [(b)] des Rahmenvertrages][10]
Quotient:	[ ]
[Berechnungszeitraum für variable Beträge:][11]	[Fälligkeitstag/Fälligkeitstag]

(Zins-)Risikopositionen nach Maßgabe individueller Präferenzen zu Arbitrage-, Absicherungs- und Spekulationszwecken aus- und umzugestalten (näher hierzu *Clouth*, Praktikerhandbuch, Rn 1580 ff). Ein typischer Anwendungsfall ist die aktive Gestaltung von Zinsänderungsrisiken, die aus der allgemeinen Geschäftstätigkeit eines Unternehmens resultieren. Kreditinstitute bieten Zinssatz-Swaps zudem in ihrer Funktion als Finanzintermediäre, dh als Dienstleistung für Kunden („Eigenhandel für andere") und als „Market Maker" an. In diesen Fällen werden Marktpreisrisiken von den Kreditinstituten zur Erzielung von (Handels-)Erträgen „durchgehandelt".

3. Eine Erscheinung des aktuellen Niedrigzinsumfelds ist das Phänomen „negativer Zinsen", von dem auch verschiedenste Referenzzinssätze betroffen sind, die an den Finanzmärkten zur Ermittlung der Zahlungspflichten aus Zinsderivaten dienen (ua 3-Monats-EURIBOR, negativ seit Mai 2015, 6-Monats-EURIBOR, negativ seit Dezember 2015, 12-Monats-EURIBOR, negativ seit März 2016). Folge der negativ festgestellten variablen Referenzzinssätze ist zudem, dass auch die in diesem Marktumfeld quotierten „Festsätze" für Zinssatz-Swaps negativ werden können. So notierten am 17.7.2019 beispielsweise die EUR MidSwap-Sätze („fest gegen 6-Monats-EURIBOR") bei Laufzeiten bis zu 8 Jahren negativ (zB Laufzeit 2 Jahre: -0,4245 %, Laufzeit 5 Jahre: – 0,2557 %, Laufzeit 7 Jahre: -0,0921 %, Quelle: www.bondboard.de). Im Rahmen eines Zinssatz-Swap führt dies dazu, dass die nach Maßgabe von Nr 6 Abs 1 des Rahmenvertrags als Produkt aus dem – negativ festgestellten – „variablen Satz" und dem Bezugsbetrag des Swap ermittelten „variablen Beträge" ihrerseits negativ werden. Falls aufgrund der Marktbedingungen auch der zur Bestimmung des „Festbetrags" nach Nr 6 Abs 2 des Rahmenvertrags maßgebliche „Festsatz" negativ vereinbart wurde, gilt dies auch für den hiernach ermittelten „Festbetrag".

Nach der „Mechanik" des Zinssatz-Swap erfolgt in diesen Konstellationen der vertraglich vereinbarte Austausch eines negativ ermittelten „variablen Betrags" gegen einen positiven „Festbetrag" in der Weise, dass der „Zahler der Festbeträge" an seinen Vertragspartner, den „Zahler der variablen Beträge" eine (zusätzliche) Zahlung in Höhe des absoluten Werts des „variablen Betrags" leistet. Diese tritt neben den von ihm ohnehin geschuldeten „Festbetrag". Demgegenüber leistet der „Zahler der variablen Beträge" für den in Rede stehenden Berechnungszeitraum als „Schuldner eines negativen Betrags" keine Zahlung an die die andere Vertragspartei. Dies ändert sich in den Fällen, in denen auch der „Festsatz" negativ vereinbart wurde. In dieser Konstellation ist der „Zahler der variablen Beträge" verpflichtet, eine Zahlung in Höhe des absoluten Werts des negativen „Festbetrags" an die als „Zahler der Festbeträge" bezeichnete andere Vertragspartei zu leisten.

Die vorstehend skizzierte „Zahllastumkehr" im Fall negativer „variabler Beträge" bedarf keiner gesonderten Abrede, sondern ist vertragstypischer Inhalt des Zinssatz-Swapvertrags. Dass es im Rahmen eines Zinssatz-Swap immer dann, wenn der vereinbarte „variable Satz" mit einer negativen Zahl festgestellt wird, zu negativen „variablen Beträgen" kommt, folgt unmittelbar aus Nr 6 Abs 1 des Rahmenvertrags. Der „Schuldner eines negativen Betrags" ist aber bereits dem objektiven Wortsinn nach „Gläubiger eines positiven Betrags". Nur dies entspricht auch dem geschäftstypischen Inhalt eines Zinssatz-Swap. Der als „variabler Satz" vereinbarte Referenzzins dient dort – ebenso wie der „Festsatz" – als bloße Rechengröße zur Bestimmung der wiederholt auszutauschenden Geldbeträge. Wird eine solche Rechengröße negativ, fließt sie ohne weiteres und „unverfälscht" in die Berechnung ein, die den Inhalt der Leistungspflichten aus dem Swap bestimmt. Wechselt das Vorzeichen des Referenzzinses, kehrt sich auch die davon abhängige Zahlungspflicht automatisch um (ebenso *Omlor*, Bankrechtstag 2017, S 66 ff.; *Grunwald/Walter/Zirpse*, BKR 16, 450, 454; *Zellweger-Gutknecht* ZfPW 15, 350, 372 f.; s des Weiteren *Clouth*, Praktikerhandbuch, Rn 1562 ff.; aus der Rspr LG Hannover, Urteil vom 17.7.2019, 11 O 363/18; des Weiteren LG Düsseldorf, (Versäumnis-) Urteil vom 6.12.2017, 13 O 135/17, rk), OLG Celle, Beschl. v. 25.10.2019, 3 U 10

Unabhängig davon, dass die „Zahllastumkehr“ im Fall negativer „variabler Beträge“ danach unmittelbar dem objektiven Sinngehalt eines Zinssatz-Swapvertrags entspricht, bietet die Mustereinzelbestätigung zum DRV seit 2003 im Abschnitt „Zahlungspflichten“ eine Formulierungshilfe für den Fall an, dass der Nutzer des Rahmenvertrags die Konstellation negativer variabler Referenzzinssätze einer gesonderten ausdrücklichen Regelung zuführen möchte. Der Textbaustein im ersten Klammerzusatz hält dabei deklaratorisch das fest, was schon ohne gesonderte Vereinbarung gilt: Negative „variable Beträge“ führen zu einer „Zahllastumkehr“, dh zu einer zusätzlichen Zahlungsverpflichtung des „Zahlers der Festbeträge“. Demgegenüber zielt der Formulierungsvorschlag im zweiten Klammerzusatz darauf ab, abweichend vom Regelfall eine „Zahllastumkehr“ durch ausdrückliche Vereinbarung zu vermeiden. Wird von keinem der beiden – ausschließlich alternativ zu verwendenden – Textbausteine Gebrauch gemacht, zeigt die Nutzung des unmodifizierten Standard-Musters lediglich, dass keine Notwendigkeit gesehen wird, die „Zahllastumkehr“ als logische Folge eines negativen „variablen Betrags“ gesondert auszusprechen. Die Formulierungshilfen des DRV entsprechen damit im Ergebnis der Regelungsmechanik, die sich für die Konstellation negativer Referenzzinssätze in der ISDA-Vertragsdokumentation findet. Dort erklärt Sec 6.4(a) der einschlägigen „2006 ISDA Definitions“ die zur „Zahllastumkehr“ führende „Negative Interest Rate Method“ ausdrücklich zum Regelfall, der immer dann eingreift, wenn die Parteien nicht ausdrücklich etwas anderes (die sog „Zero Interest Rate Method“) vereinbaren. Wörtlich heißt es dort: „Unless the parties specify otherwise, „Negative Interest Method“ will be deemed to apply to a Swap Transaction“.

15. Einzelabschluss Zinssatz- und Währungsswap

[Briefkopf]

[Kunde]

[Datum]

Zinssatz- und Währungsswap [fest/fest] – Ref.-Nr.: [ ]

Wir bestätigen Ihnen folgenden, auf der Grundlage unseres Rahmenvertrages für Finanztermingeschäfte („Rahmenvertrag“) getätigten Einzelabschluss:

Rahmenvertragsdatum:	[ ]
Abschlussdatum:	[ ]
Anfangsdatum:	[ ]
Enddatum:	[ ], [vorbehaltlich einer Anpassung entsprechend Nr. 3 Abs. 5 [(a)] [(b)] des Rahmenvertrages] [ohne Anpassung nach Nr. 3 Abs. 5 des Rahmenvertrages][1]
Zahlungspflichten:	Vorbehaltlich einer Aufrechnung nach Nr. 3 Abs. 3 des Rahmenvertrages zahlt – jeweils an die andere Partei –

- der Zahler der Festbeträge A an jedem Fälligkeitstag für Festbeträge A den entsprechenden Festbetrag A
- der Zahler der Festbeträge B an jedem Fälligkeitstag für Festbeträge B den entsprechenden Festbetrag B
- [der Zahler der Festbeträge A am Anfangsdatum den Bezugsbetrag für Festbeträge B

	• der Zahler der Festbeträge B am Anfangsdatum den Bezugsbetrag für Festbeträge A][2] • [der Zahler der Festbeträge A am Enddatum den Bezugsbetrag für Festbeträge A • der Zahler der Festbeträge B am Enddatum den Bezugsbetrag für Festbeträge B][3]
Regelungen betreffend Festbeträge A:	
Zahler der Festbeträge A:	[ ]
Bezugsbetrag der Festbeträge A:	[ ]
Währung der Festbeträge A:	[ ] [EUR]
[Festbeträge A:[4]	[ ] je Zahlungstermin [, jedoch für den [ersten] [letzten] Berechnungszeitraum [ ]]
Festsatz A:][5]	[[ ]% p. a.]
[Quotient A:][6]	[ ]
Fälligkeitstage für Festbeträge A:	Jeweils der [ ] vom [ ] bis zum [ ] [, vorbehaltlich einer Anpassung nach Nr. 3 Abs. 5 [(a)] [(b)] des Rahmenvertrages.][7]
Bankarbeitstag für Festbeträge A:	[Finanzplatz: [ ]] [TARGET-Tag] [„TARGET-Tag" ist (a) für Zahlungen, jeder Tag, an dem alle für die Durchführung einer solchen Zahlung relevanten Teile des Trans-European Automated Realtime Gross Settlement Express Transfer (TARGET) System in Betrieb sind, und (b) für sonstige Zwecke jeder Tag, an dem das TARGET System geöffnet ist.][8]
Regelungen betreffend Festbeträge B:	
Zahler der Festbeträge B:	[ ]
Bezugsbetrag der Festbeträge B:	[ ]
Währung der Festbeträge B:	[ ] [EUR]
[Festbeträge B:][9]	[ ] je Zahlungstermin [, jedoch für den [ersten] [letzten] Berechnungszeitraum [ ]
[Festsatz B:][10]	[[ ]% p. a.]
[Quotient B:][11]	
Fälligkeitstage für Festbeträge B:	Jeweils der [ ] vom [ ] bis zum [ ] [, vorbehaltlich einer Anpassung nach Nr. 3 Abs. 5 [(a)] [(b)] des Rahmenvertrages.][12]
Bankarbeitstag für Festbeträge B:	[Finanzplatz: [ ]] [TARGET-Tag] [„TARGET-Tag" ist (a) für Zahlungen, jeder Tag, an dem alle für die Durchführung einer solchen Zahlung relevanten Teile des Trans-European Automated Realtime Gross Settlement Express Transfer (TARGET) System in Betrieb sind, und (b) für sonstige Zwecke jeder Tag, an dem das TARGET System geöffnet ist.][13]

Anpassungen nach Nr. 3 Abs. 5 des Rahmenvertrages	Soweit vorstehend keine abweichende Vereinbarung getroffen wird, erfolgen Anpassungen der Fälligkeitstage und des Enddatums nach Nr. 3 Abs. 5 (c) des Rahmenvertrages.
Ihr Konto für Zahlungen in [ ]:	[ ]
Ihr Konto für Zahlungen in [ ]:	[ ]
Unser Konto für Zahlungen in [ ]:	[ ]
Unser Konto für Zahlungen in [ ]:	[ ]
Makler:	[ ]
Besondere Vereinbarungen:	[ ] [Keine]

Diese Bestätigung erhalten Sie als Telefax [und in Briefform][14]. Falls Sie bei deren Prüfung Abweichungen von den vereinbarten Bestimmungen des Einzelabschlusses feststellen, bitten wir Sie, uns unverzüglich zu benachrichtigen.

Die Richtigkeit der vorstehenden Angaben erklären Sie bitte durch Gegenzeichnung und Rücksendung dieser Bestätigung.

Mit freundlichen Grüßen

[Bank]

..... [Unterschrift] .... [Unterschrift] .....

Gegenbestätigt:

[Vertragspartner]

..... [Ort, Datum] .....

..... [Unterschrift] .... [Unterschrift] .....

---

[1] Nur erforderlich, wenn die Anpassung nicht nach Nr. 3 Abs. 5 (c) des Rahmenvertrages erfolgen soll.

[2] Nur erforderlich, wenn „Anfangstausch“ erfolgen soll.

[3] Nur erforderlich, wenn „Schlusstausch“ erfolgen soll.

[4] Nur erforderlich, wenn Festbeträge vereinbart.

[5] Nur erforderlich, wenn keine Festbeträge vereinbart.

[6] Nur erforderlich, wenn keine Festbeträge vereinbart.

[7] Nur erforderlich, wenn die Anpassung nicht nach Nr. 3 Abs. 5 (c) des Rahmenvertrages erfolgen soll.

[8] Nur erforderlich, wenn TARGET-Tag vereinbart.

[9] Nur erforderlich, wenn Festbeträge vereinbart.

[10] Nur erforderlich, wenn keine Festbeträge vereinbart.

[11] Nur erforderlich, wenn keine Festbeträge vereinbart.

[12] Nur erforderlich, wenn die Anpassung nicht nach Nr. 3 Abs. 5 (c) des Rahmenvertrages erfolgen soll.

[13] Nur erforderlich, wenn TARGET-Tag vereinbart.

[14] Nur erforderlich, wenn die andere Partei nach Nr. 2 Abs. 2 eine unterzeichnete Ausfertigung des Einzelabschlusses verlangt.

Schrifttum: *Bösch*, Derivate, 3. Aufl 2014; *Bosch*, Finanztermingeschäfte in der Insolvenz – Zum „Netting" im Insolvenzverfahren, WM **1995**, 365; *Clouth*, Rechtsfragen der außerbörslichen Finanz-Derivate, 2001; *Decker*, Zinssatz- und Währungsswaps unter rechtlichen Aspekten, dargestellt anhand des Muster-Rahmenvertrags für Swapgeschäfte, WM **1990**, 1001; *Jahn/Reiner*, Außerbörsliche Finanztermingeschäfte (OTC-Derivate), Bankrechts-Handbuch, 5. Aufl 2017, § 114; *Obermüller*, FS Merz 1992 S 423.

Anmerkungen

Zinssatz- und Währungs-Swaps zählen zu den Vereinbarungen über den „Austausch von Geldbeträgen in verschiedenen Währungen" (in der Terminologie der Mustergeschäftsbestätigung: „Währung der Festbeträge A und Währung der Festbeträge B") iSv Nr 1 Abs 1 S 1 lit a 1. Alternative DRV 1993/2001 bzw Nr 1 Abs 1 lit a DRV 2018. Die Vertragsparteien verpflichten sich zum einen, über die Vertragslaufzeit zu fest bestimmten Zeitpunkten währungsverschiedene Zahlungen zu leisten („Zahlungen in Währung A und Währung B"), die wie Zinsen gleicher (Zinssatz- und Währungs-Swap fest/fest, Beispiel; Zinssatz- und Währungs-Swap variabel/variabel) oder unterschiedlicher Zinsbasis (Zinssatz- und Währungs-Swap fest/variabel) auf bei Vertragsabschluß anhand des aktuellen Devisenkassakurses wertgleich festgelegte Kapitalbeträge unterschiedlicher Währung („Bezugsbetrag A" und „Bezugsbetrag B") berechnet werden. Darüber hinaus kommt es am Ende der Vertragslaufzeit zum Austausch der Bezugsbeträge („Schlusstausch"), der auf diese Weise zum historischen Devisenkassakurs, sog „Pari-Terminkurs", erfolgt. Vielfach enthalten Zinssatz- und Währungs-Swap-Verträge zudem die Vereinbarung, die „Bezugsbeträge" zu Vertragsbeginn in einem dem „Schlusstausch" entgegengesetzten „Anfangstausch" auszutauschen. Notwendiger Bestandteil eines Zinssatz- und Währungs-Swap ist diese Anfangstransaktion jedoch nicht (wegen näherer Einzelheiten zu Produktstruktur und zu den Einsatzmöglichkeiten von Zinssatz- und Währungs-Swaps s die Darstellungen bei *Bösch* S 240 ff.; *Bosch* WM 1995, 365, 371; *Clouth* S 19 ff.; *Decker* WM 1990, 1001, 1003 f.; *Jahn/Reiner* § 114 Rn 8).

Die Terminologie ist weder im Deutschen noch im Englischen einheitlich. Folgt man dem den Muster-Einzelabschlüssen zum „Rahmenvertrag für Finanztermingeschäfte" zugrundeliegenden Sprachgebrauch, sollte der Festsatz-Währungs-Swap als Währungs-Swap (Currency Swap), der Währungs-Swap fest/variabel oder variabel/variabel dagegen als „kombinierter Zinssatz- und Währungs-Swap" (Cross-Currency Interest Rate Swap) bezeichnet werden. Sachlich zu unterscheiden sind die vorstehend skizzierten Währungs-Swaps jedenfalls von dem im Devisenhandel bereits seit langem gebräuchlichen „Devisenswap". Diese häufig auch als „herkömmlicher Währungs-Swap" (*Bosch* WM 1995, 365, 371) oder „Währungs-Swap alten Stils" (*Obermüller* S 423, 424) bezeichnete Form. des Devisenhandelsgeschäfts zählt nicht zu den Finanz-Swaps moderner Prägung (s näher *Bosch* WM 1995, 365, 371; *Clouth* S 19 ff. mwN; *Decker* WM 1990, 1001, 1003; *Jahn/Reiner* § 114 Rn 8).

Rechtlich handelt es sich bei den verschiedenen Zinssatz- und Währungs-Swap-Geschäften nach hM um atypische gegenseitige (synallagmatische) Verträge sui generis, wobei das Vorhandensein kaufvertraglicher Elemente mehr oder weniger stark betont wird (*Bosch* WM 1995, 365, 372; *Clouth* S 22 f.; *Decker* WM 1990, 1001, 1007; *Jahn/Reiner* § 114 Rn 138 f).

16. Einzelabschluss Swap-Option

[Briefkopf]

[Kunde]

[Datum]

Option auf [Zinssatzswap] [Währungsswap] [ ] Ref.-Nr.: [ ]

Wir bestätigen Ihnen folgenden, auf der Grundlage unseres Rahmenvertrages für Finanztermingeschäfte („Rahmenvertrag") getätigten Einzelabschluss:

Rahmenvertragsdatum:	[ ]
I. Option	
Abschlussdatum:	[ ]
Verfalltag:	[ ] [, vorbehaltlich einer Anpassung entsprechend Nr. 3 Abs. 5[(a)] [(b)] des Rahmenvertrages][1]
Verkäufer der Option („Verkäufer"):	[ ]
Käufer der Option („Käufer"):	[ ]
Art der Option:	[Europäisch] [Amerikanisch] [Bermuda]
Vertragswährung:	[ ] [EUR] [, jedoch für die Optionsprämie [ ]][2]
Zahlungspflichten:	Vorbehaltlich einer Aufrechnung nach Nr. 3 Abs. 3 des Rahmenvertrages zahlt der Käufer die Optionsprämie am Fälligkeitstag für die Optionsprämie.
Optionsprämie:	[ ]
Fälligkeitstag für die Optionsprämie:	[ ] [, vorbehaltlich einer Anpassung entsprechend Nr. 3 Abs. 5 [(a)] [(b)] des Rahmenvertrages][3]
Bankarbeitstag:	[Finanzplatz [ ] [Finanzplatz [ ], abweichend hiervon jedoch für die Zwecke der Ausübungserklärung: [TARGET-Tag] [Finanzplatz: [ ]] [TARGET-Tag] [TARGET-Tag, abweichend hiervon jedoch für die Zwecke der Ausübungserklärung: [Finanzplatz: [ ]] [„TARGET-Tag" ist (a) für Zahlungen jeder Tag, an dem alle für die Durchführung einer solchen Zahlung relevanten Teile des Trans-European Automated Realtime Gross Settlement Express Transfer (TARGET) System in Betrieb sind, und (b) für sonstige Zwecke jeder Tag, an dem das TARGET System geöffnet ist.]
Ausübung:	Der Käufer ist berechtigt, die Option an jedem Bankarbeitstag während der Ausübungsfrist innerhalb der Ausübungszeit durch Erklärung gegenüber dem Verkäufer der Option auszuüben. Die Ausübung ist schriftlich, durch Telefax, mündlich, telefonisch, auf elektronischem Wege oder in ähnlicher Weise zu erklären.
Ausübungsfrist:	[Verfalltag][4]

	[Jeder Bankarbeitstag vom [ ] (einschließlich) bis zum Verfalltag (einschließlich)][5]
	[[ ], [ ] und Verfalltag][6]
	[vorbehaltlich einer Anpassung entsprechend Nr. 3 Abs. 5 [(a)] [(b)] des Rahmenvertrages][7]
Ausübungszeit:	Von [ ] Uhr Ortszeit [ ] bis [ ] Uhr Ortszeit [ ] (jeweils einschließlich).
	Eine Ausübungserklärung, die dem Verkäufer (i) an einem Bankarbeitstag während der Ausübungsfrist vor dem frühesten Ausübungszeitpunkt zugeht, gilt als zum frühesten Ausübungszeitpunkt an diesem Bankarbeitstag zugegangen, (ii) im Fall einer europäischen Option am Verfalltag vor dem frühesten Ausübungszeitpunkt zugeht, gilt als zu diesem Zeitpunkt zugegangen, (iii) im Fall einer amerikanischen Option nach dem spätesten Ausübungszeitpunkt an einem Bankarbeitstag während der Ausübungsfrist vor dem Verfalltag zugeht, wird zum frühesten Ausübungszeitpunkt am folgenden Bankarbeitstag wirksam. In allen anderen Fällen gilt eine Ausübungserklärung, die dem Verkäufer nicht an einem Bankarbeitstag während der Ausübungsfrist innerhalb der Ausübungszeit zugeht, als nicht erfolgt.
Teilausübung:	[Nicht anwendbar]
	[Der Käufer ist berechtigt, die Option teilweise auszuüben. Im Falle der Teilausübung muss die Ausübungserklärung den Teil des Bezugsbetrages des zugrundeliegenden Einzelabschlusses, auf den sich die Ausübung beziehen soll („Teilausübungsbetrag"), benennen. Der Teilausübungsbetrag darf den Mindestausübungsbetrag nicht unterschreiten und muss durch den Divisor ohne Rest teilbar sein.
	Im Falle fehlender Teilbarkeit des Teilausübungsbetrages gilt der nächstniedrigere ohne Rest dividierbare Teil des Bezugsbetrags als ausgeübt; im Falle des Unterschreitens des Mindestausübungsbetrages gilt die Teilausübung als nicht erfolgt.][8]
Mehrmalige Ausübung:	[Nicht anwendbar]
	[Der Käufer ist berechtigt, die Option mehrmals in Teilen auszuüben. Im Falle der mehrmaligen Ausübung muss jede Ausübungserklärung den Teil des Bezugsbetrages des zugrundeliegenden Einzelabschlusses, auf den sich die Ausübung beziehen soll („Teilausübungsbetrag"), benennen. Der Teilausübungsbetrag darf den Mindestausübungsbetrag nicht unterschreiten, den Höchstausübungsbetrag nicht überschreiten und er muss durch den Divisor ohne
	Rest teilbar sein. Dies gilt nicht, wenn es sich um die Ausübung eines gegebenenfalls am Verfalltag noch nicht ausgeübten Teiles des Bezugsbetrages des zugrundeliegenden Einzelabschlusses handelt.
	Im Falle des Überschreitens des Höchstausübungsbetrages gilt der Höchstausübungsbetrag und im Falle fehlender Teilbarkeit gilt der nächstniedrigere ohne Rest dividierbare Teil des Bezugsbetrags als ausgeübt; im Falle des Unterschreitens des Mindestausübungsbetrages gilt die betreffende Ausübung als nicht erfolgt.
	Mit jeder erfolgten Ausübung reduziert sich der Bezugsbetrag des zugrundeliegenden Einzelabschlusses jeweils um den betreffenden Teilausübungsbetrag.][9]
[Mindest-Ausübungsbetrag:][10]	[ ]

[Höchst-Ausübungsbetrag:][11]	[ ] [Bezugsbetrag]
[Divisor:][12]	[ ]
Folge der Ausübung:	Mit Optionsausübung kommt der zugrundeliegende Einzelabschluss [mit einem Bezugsbetrag in Höhe des Teilausübungsbetrages][13] zustande.
Anpassungen nach Nr. 3 Abs. 5 des Rahmenvertrages:	Soweit vorstehend keine abweichende Vereinbarung getroffen wird, erfolgen Anpassungen der Fälligkeitstage, der bzw. des Ausübungstage(s) und des Verfalltages nach bzw. entsprechend Nr. 3 Abs. 5 (c) des Rahmenvertrages.
[Ihr Konto] [Unser Konto]:	[ ]
Makler:	[ ]
Besondere Vereinbarungen:	[ ] [Keine]

II. Zugrundeliegender Einzelabschluss

Die Bestimmungen des Einzelabschlusses, der den Gegenstand der Option bildet, sind wie folgt:

[ ][14]

Diese Bestätigung erhalten Sie als Telefax [und in Briefform][15]. Falls Sie bei deren Prüfung Abweichungen von den vereinbarten Bestimmungen des Einzelabschlusses feststellen, bitten wir Sie, uns unverzüglich zu benachrichtigen.

Die Richtigkeit der vorstehenden Angaben erklären Sie bitte durch Gegenzeichnung und Rücksendung dieser Bestätigung.

Mit freundlichen Grüßen

[Bank]

. . . .
[Unterschrift]   [Unterschrift]

Gegenbestätigt:

[Vertragspartner]

. . . . .
[Ort, Datum]

. . . .
[Unterschrift]   [Unterschrift]

1 Nur erforderlich, wenn die Anpassung nicht nach Nr. 3 Abs. 5 (c) des Rahmenvertrages erfolgen soll.

2 Nur erforderlich, wenn die Währung der Optionsprämie von der Vertragswährung abweicht.

3 Nur erforderlich, wenn die Anpassung nicht nach Nr. 3 Abs. 5 (c) des Rahmenvertrages erfolgen soll.

4 Nur erforderlich für europäische Optionen.

5 Nur erforderlich für amerikanische Optionen.

6 Nur erforderlich für Bermuda-Optionen.

7 Nur erforderlich, wenn die Anpassung nicht nach Nr. 3 Abs. 5 (c) des Rahmenvertrages („modifiziert") erfolgen soll.

8 Nur erforderlich bei europäischer Option, für die Teilausübung vereinbart ist.

9 Nur erforderlich bei amerikanischer Option oder Bermuda-Option, für die Mehrmalige Ausübung vereinbart ist.

[10] Erforderlich, falls Teilausübung oder Mehrmalige Ausübung vereinbart ist.
[11] Nur erforderlich, falls Mehrmalige Ausübung vereinbart ist und der Höchst-Ausübungsbetrag kleiner als der Bezugsbetrag des zugrundeliegenden Einzelabschlusses ist.
[12] Erforderlich, falls Teilausübung oder Mehrmalige Ausübung vereinbart ist.
[13] Erforderlich, falls Teilausübung oder Mehrmalige Ausübung vereinbart ist.
[14] Muster des zugrundeliegenden Einzelabschlusses einzufügen.
[15] Nur erforderlich, wenn die andere Partei nach Nr. 2 Abs. 2 eine unterzeichnete Ausfertigung des Einzelabschlusses verlangt.

Schrifttum: *Bösch*, Derivate, 3. Aufl 2014; *Bosch*, Finanztermingeschäfte in der Insolvenz – Zum „Netting" im Insolvenzverfahren, WM 95, 365; *Clouth*, Rechtsfragen der außerbörslichen Finanz-Derivate, 2001; *Jahn/Reiner*, Außerbörsliche Finanztermingeschäfte (OTC-Derivate), Bankrechts-Handbuch, 5. Aufl 2017; § 114; *Lassak*, Zins- und Währungsswaps, 1988.

Anmerkungen

Gegenstand eines Finanz-Derivates kann auch ein derivatives Finanzinstrument sein. Das bekannteste Beispiel eines derartigen „Stufenprodukts" ist – neben den börslich gehandelten Optionen auf bestimmte Finanzterminkontrakte (zB EUREX-Optionen auf den DAX- und den Euro-Bund-Future) die Option auf Zinssatz-Swaps (Swaption) bzw Währungsswaps. Man unterscheidet drei unterschiedliche Varianten dieses OTC-Optionsprodukts: In der Musterbestätigung erwirbt der Options-Käufer das Recht, bei Ausübung der Option in einen Zinssatz-Swap mit dem Options-Verkäufer zu den unter Ziff II des Musters im Einzelnen festgelegten Konditionen als „Zahler der Festbeträge" (Kauf einer Kaufoption, Payer-Swaption) oder „Zahler der variablen Beträge" (Kauf einer Verkaufsoption, Receiver-Swaption) einzutreten. Bei der nicht dargestellten „Barausgleichsoption" tritt im Fall der Optionsausübung an die Stelle des Geschäftsabschlusses der Anspruch des Options-Käufers auf Zahlung eines Barausgleichs in Höhe des Marktwertes des veroptionierten Swapgeschäfts. Demgegenüber ermöglicht die hier nicht dargestellte „Kündigungs-"Option bei Optionsausübung die Beendigung eines laufenden Swapgeschäfts.

Rechtlich stellen alle drei Varianten atypische gegenseitige Verträge iSv §§ 311, 320 ff. BGB dar: Die Swap-Option in Form. der Geschäftsabschluss-Option wird man als erste Stufe eines unter der aufschiebenden Bedingung der Optionsausübung stehenden einheitlichen Swapgeschäfts ansehen müssen (vgl BGHZ 92, 317, 323 = WM 1984, 1598 zum „klassischen" Aktienoptionsgeschäft an den deutschen Wertpapierbörsen; ferner *Bosch* WM 1995, 413, 417; *Jahn/Reiner* § 114 Rn 142), die Barausgleichsvariante stellt eine hiervon abgeleitete Vereinbarung sui generis dar, und bei der Kündigungsoption handelt es sich der Sache nach um eine Sonderform der Geschäftsabschluss-Option, die den Optionskäufer berechtigt, vom Options-Verkäufer den Eintritt in ein Swapgeschäft zu verlangen, welches das bereits bestehende genau entgegengesetzte Erstgeschäft neutralisiert (sog Reversal, s hierzu *Lassak* S 67 ff).

Die Geschäftsbestätigung fixiert unter Ziff I. zunächst die Daten der Option; wichtig sind hier insbesondere die Festlegung der Ausübungsart (im Muster „Art der Option") (europäisch: Ausübung nur am Verfalltag; amerikanisch: Ausübung innerhalb der vereinbarten Ausübungsfrist) und des Inhalts des Optionsrechts (s „Folge der Ausübung"). Unter Ziff II. werden sodann die Einzelheiten des als Optionsgegenstand in Bezug genommenen Zinssatz-Swapgeschäfts festgeschrieben (vgl → Form. IV.S.14).

17. Einzelabschluss Forward Rate Agreement

[Briefkopf]

[Kunde]

[Datum]

Zinsbegrenzungsgeschäft in der Form. einer Terminsatzvereinbarung („Forward Rate Agreement") – Ref.-Nr.: [ ]

Wir bestätigen Ihnen folgenden, auf der Grundlage unseres Rahmenvertrages für Finanztermingeschäfte („Rahmenvertrag") getätigten Einzelabschluss:

Rahmenvertragsdatum:	[ ]
Abschlussdatum:	[ ]
Anfangsdatum:	[ ]
Enddatum:	[ ], [vorbehaltlich einer Anpassung entsprechend Nr. 3 Abs. 5 [(a)] [(b)] des Rahmenvertrages] [ohne Anpassung nach Nr. 3 Abs. 5 des Rahmenvertrages][1]
Vertragswährung:	[ ] [EUR]
Bezugsbetrag:	[ ]
Zahlungspflichten:	Vorbehaltlich einer Aufrechnung nach Nr. 3 Abs. 3 des Rahmenvertrages zahlt am Fälligkeitstag für den Ausgleichsbetrag der Zahler des Ausgleichsbetrages diesen an die andere Partei.
Regelungen betreffend variable Beträge („Ausgleichsbetrag"):	
Zahler des Ausgleichsbetrages:	[ ] („Verkäufer"), falls der Basis-Satz höher ist als der Terminsatz Oder [ ] („Käufer"), falls der Basis-Satz niedriger ist als der Terminsatz.
Terminsatz:	[ ]% p. a.
Basis-Satz:	
	[ ] [[ ]-Monats-EURIBOR]
Bestimmung des Basis-Satzes:	[ ] [[ ]-Monats-EURIBOR] ist der Satz für [ ]-Monatsgelder in [der Vertragswährung] [ ] gemäß Bildschirm-Veröffentlichung des [Dow Jones Telerate-Informationsdienstes (Bridge Telerate Seite 248)] [ ] für den Zeitpunkt [11.00 Uhr in Brüssel] [ ] am [zweiten] [ ] [TARGET-Tag] [ ] vor dem Beginn des jeweiligen Berechnungszeitraums („Feststellungstag").]
Rundungen:	Der Basis-Satz ist gegebenenfalls kaufmännisch auf den nächsten [1/1.000] [1/10.000] [1/100.000] Prozentpunkt auf- oder abzurunden.
Fälligkeitstag für den Ausgleichsbetrag:	Einmalige Zahlung am Anfangsdatum [, vorbehaltlich einer Anpassung nach Nr. 3 Abs. 5 [(a)] [(b)] des Rahmenvertrages][2]

Berechnung des Ausgleichsbetrages:	Die Berechnung erfolgt gemäß den Bestimmungen der Nr. 6 des Rahmenvertrages über variable Beträge, mit der Maßgabe, dass der variable Satz die Differenz zwischen Basis-Satz und Terminsatz ist und der variable Betrag nach Nr. 6 Abs. 4 diskontiert wird.
Quotient:	[ ]
Bankarbeitstag:	[Finanzplatz: [ ]] [Finanzplatz: [ ], jedoch für die Bestimmung des Basis-Satzes: [TARGET-Tag] [Finanzplatz: [ ]] [TARGET-Tag] [TARGET-Tag, abweichend hiervon jedoch für die Bestimmung des Basis-Satzes: [Finanzplatz: [ ]] [„TARGET-Tag" ist (a) für Zahlungen, jeder Tag, an dem alle für die Durchführung einer solchen Zahlung relevanten Teile des Trans-European Automated Realtime Gross Settlement Express Transfer (TARGET) System in Betrieb sind, und (b) für sonstige Zwecke jeder Tag, an dem das TARGET System geöffnet ist.][3]
Anpassungen nach Nr. 3 Abs. 5 des Rahmenvertrages:	Soweit vorstehend keine abweichende Vereinbarung getroffen wird, erfolgen Anpassungen der Fälligkeitstage und des Enddatums nach Nr. 3 Abs. 5 (c) des Rahmenvertrages.
Ihr Konto:	[ ]
Unser Konto:	[ ]
Makler:	[ ]
Besondere Vereinbarungen:	[ ] [Keine]

Diese Bestätigung erhalten Sie als Telefax [und in Briefform][4]. Falls Sie bei deren Prüfung Abweichungen von den vereinbarten Bestimmungen des Einzelabschlusses feststellen, bitten wir Sie, uns unverzüglich zu benachrichtigen.

Die Richtigkeit der vorstehenden Angaben erklären Sie bitte durch Gegenzeichnung und Rücksendung dieser Bestätigung.

Mit freundlichen Grüßen

[Bank]

. . . .

[Unterschrift] [Unterschrift]

Gegenbestätigt:

[Vertragspartner]

. . . . .

[Ort, Datum]

. . . .

[Unterschrift] [Unterschrift]

---

[1] Nur erforderlich, wenn die Anpassung nicht nach Nr. 3 Abs. 5 (c) des Rahmenvertrages erfolgen soll.

[2] Nur erforderlich, wenn die Anpassung nicht nach Nr. 3 Abs. 5 (c) des Rahmenvertrages („modifiziert") erfolgen soll.

[3] Nur erforderlich, wenn TARGET-Tag vereinbart.

[4] Nur erforderlich, wenn die andere Partei nach Nr. 2 Abs. 2 eine unterzeichnete Ausfertigung des Einzelabschlusses verlangt.

Schrifttum: *Bösch*, Derivate, 3. Aufl 2014; *Bosch*, Finanztermingeschäfte in der Insolvenz – Zum „Netting" im Insolvenzverfahren, WM **1995**, 365; *Clouth*, Rechtsfragen der außerbörslichen Finanz-Derivate, 2001; *Jahn/Reiner*, Außerbörsliche Finanztermingeschäfte (OTC-Derivate), Bankrechtshandbuch, 5. Aufl 2017 § 114; *Rudolph/Schäfer*, Derivative Finanzmarktinstrumente, 2. Aufl. 2010.

Anmerkungen

Die Parteien eines Zinsbegrenzungsgeschäfts in der Form. einer Terminsatzvereinbarung (Forward Rate Agreement, FRA) verpflichten sich, an die jeweils andere zu Beginn einer in der Zukunft liegenden Zinsperiode (in der Terminologie der Mustergeschäftsbestätigung „Berechnungszeitraum" = „Anfangsdatum" bis „Enddatum") eine der Höhe nach nicht bestimmte – variable – Zahlung („Ausgleichsbetrag") zu leisten, falls zu diesem Zeitpunkt ein als „Basissatz" vereinbarter Referenzzinssatz (zB die verschiedenen EURIBOR- oder LIBOR-Sätze) den von den Vertragsparteien festgelegten „Terminsatz" unter- oder überschreitet. Ist zum Stichtag (vgl näher „Bestimmung des Basissatzes") der „Basissatz" höher als der „Terminsatz", trifft die Zahlungspflicht die als „Überschusszahler" oder FRA-„Verkäufer" bezeichnete Partei, im umgekehrten Fall ist der „Minderbetrags-Zahler" oder FRA-„Käufer" ausgleichspflichtig. Der geschuldete „Ausgleichsbetrag" wird nach Maßgabe von Nr 6 Abs 3 des Rahmenvertrags durch eine Vergleichsrechnung auf der Grundlage des nominellen „Bezugsbetrags" ermittelt (s näher „Berechnung der Ausgleichsbeträge") und nach Maßgabe der Nr 6 Abs 4 des Rahmenvertrags diskontiert (zu weiteren Einzelheiten s *Bösch* S 199 ff.; *Clouth* S 38 ff).

Der Sache nach handelt es sich bei der Terminsatz-Vereinbarung um einen Zinssatz-Swap mit nur einer Fälligkeit. Die Position des FRA-„Käufers"korrespondiert dabei mit der des „Zahlers der Festbeträge" im Swap. Der entweder von ihm oder dem FRA-„Verkäufer" zu entrichtende „Ausgleichsbetrag" entspricht im Swap dem Ergebnis des Austauschs des „Festbetrags" und des „variablen Betrags" für einen Berechnungszeitraum (vgl *Bosch* WM 1995, 365, 373). Ein negativ festgestellter „Basis-Satz" fließt auch beim FRA – ebenso wie ein negativ vereinbarter „Terminsatz" – „unverfälscht", dh ohne eine wie auch immer geartete Begrenzung bei „null", als bloße Rechengröße unmittelbar in die Berechnung des „Ausgleichsbetrags" ein. Ist der „Basis-Satz" für den maßgeblichen „Berechnungszeitraum" niedriger als der von den Vertragsparteien vereinbarte „Terminsatz", berechnet sich der in diesem Fall vom „FRA-Käufer" zu zahlende „Ausgleichsbetrag" nach Nr 6 Abs 3 lit b des Rahmenvertrags als Differenz zwischen (höherem) „Terminsatz" und „niedrigerem" „Basis-Satz". Wird der „Basis-Satz" negativ festgestellt, gilt (bei einem als positiver Wert vereinbarten „Terminsatz"): „Ausgleichsbetrag = ([Terminsatz] – [-Basis-Satz]) x Bezugsbetrag", was nach „Ausgleichsbetrag = (Terminsatz + Basis-Satz) x Bezugsbetrag" aufzulösen ist (vgl zum Zinssatz-Swap → Form. IV.S. 14 Anm. 3).

Terminsatz-Vereinbarungen (FRAs) werden in der Praxis mit Gesamtlaufzeiten (= „Abschlussdatum" bis „Enddatum") von vier bis vierundzwanzig, Vorlaufzeiträumen (= „Abschlussdatum" bis „Anfangsdatum") von einem bis achtzehn und „Berechnungszeiträumen" von drei, sechs oder zwölf Monaten kontrahiert.

18. Einzelabschluss Zinssatz-Cap

[Briefkopf]

[Kunde]

[Datum]

Zinsbegrenzungsgeschäft in der Form. einer Höchstsatzvereinbarung („Cap") – Ref.-Nr.: [ ]

Wir bestätigen Ihnen folgenden, auf der Grundlage unseres Rahmenvertrages für Finanztermingeschäfte („Rahmenvertrag") getätigten Einzelabschluss:

Rahmenvertragsdatum:	[ ]
Abschlussdatum:	[ ]
Anfangsdatum:	[ ]
Enddatum:	[ ], [vorbehaltlich einer Anpassung entsprechend Nr. 3 Abs. 5 [(a)] [(b)] des Rahmenvertrages] [ohne Anpassung nach Nr. 3 Abs. 5 des Rahmenvertrages][1]
Vertragswährung:	[ ] [EUR]
Bezugsbetrag:	[ ]
Zahlungspflichten	
Regelungen betreffend Festbetrag („Prämie"):	Vorbehaltlich einer Aufrechnung nach Nr. 3 Abs. 3 des Rahmenvertrages zahlt – jeweils an die andere Partei • der Käufer am Fälligkeitstag für die Prämie die Prämie • der Verkäufer an jedem Fälligkeitstag für Ausgleichsbeträge den entsprechenden Ausgleichsbetrag.
Zahler der Prämie („Käufer"):	[ ]
Prämie:	[ ]
Fälligkeitstag für die Prämie:	[ ] [, vorbehaltlich einer Anpassung nach Nr. 3 Abs. 5 [(a)] [(b)] des Rahmenvertrages.][2]
Bankarbeitstag:	[Finanzplatz: [ ]] [TARGET-Tag] [„TARGET-Tag" ist (a) für Zahlungen, jeder Tag, an dem alle für die Durchführung einer solchen Zahlung relevanten Teile des Trans-European Automated Realtime Gross Settlement Express Transfer (TARGET) System in Betrieb sind, und (b) für sonstige Zwecke jeder Tag, an dem das TARGET System geöffnet ist.][3]
Regelungen betreffend variable Beträge („Ausgleichsbeträge"):	
Zahler der Ausgleichsbeträge („Verkäufer"):	[ ]
Cap-Rate:	[ ]% p. a.
Basis-Satz:	[ ] [[ ]-Monats-EURIBOR]

Bestimmung des Basis-Satzes:	[ ] [[ ]-Monats-EURIBOR] ist der Satz für [ ]-Monatsgelder in [der Vertragswährung] [ ] gemäß Bildschirm-Veröffentlichung des [Dow Jones Telerate-Informationsdienstes (Bridge Telerate Seite 248)] [ ] für den Zeitpunkt [11.00 Uhr in Brüssel] [ ] am [zweiten] [ ] [TARGET-Tag] [ ] vor dem Beginn des jeweiligen Berechnungszeitraums („Feststellungstag").]
Rundungen:	Der Basis-Satz ist gegebenenfalls kaufmännisch auf den nächsten [1/1.000] [1/10.000] [1/100.000] Prozentpunkt auf- oder abzurunden.
Fälligkeitstage für Ausgleichsbeträge:	Jeweils der [ ] vom [ ] bis zum [ ] [, vorbehaltlich einer Anpassung nach Nr. 3 Abs. 5 [(a)] [(b)] des Rahmenvertrages.][4]
Berechnung der Ausgleichsbeträge:	Die Berechnung erfolgt gemäß den Bestimmungen der Nr. 6 des Rahmenvertrages über variable Beträge, mit der Maßgabe, dass der variable Satz der Basis-Satz abzüglich der Cap-Rate ist.
Quotient:	[ ]
[Berechnungszeitraum für variable Beträge:][5]	[Fälligkeitstag/Fälligkeitstag]
Bankarbeitstag:	[Finanzplatz: [ ]] [Finanzplatz: [ ], jedoch für die Bestimmung des Basis-Satzes: [TARGET-Tag] [Finanzplatz: [ ]] [TARGET-Tag] [TARGET-Tag, abweichend hiervon jedoch für die Bestimmung des Basis-Satzes: [Finanzplatz: [ ]] [„TARGET-Tag" ist (a) für Zahlungen, jeder Tag, an dem alle für die Durchführung einer solchen Zahlung relevanten Teile des Trans-European Automated Realtime Gross Settlement Express Transfer (TARGET) System in Betrieb sind, und (b) für sonstige Zwecke jeder Tag, an dem das TARGET System geöffnet ist.][6]
Anpassungen nach Nr. 3 Abs. 5 des Rahmenvertrages:	Soweit vorstehend keine abweichende Vereinbarung getroffen wird, erfolgen Anpassungen der Fälligkeitstage und des Enddatums nach Nr. 3 Abs. 5 (c) des Rahmenvertrages.
Ihr Konto:	[ ]
Unser Konto:	[ ]
Makler:	[ ]
Besondere Vereinbarungen:	[ ] [Keine]

Diese Bestätigung erhalten Sie als Telefax [und in Briefform][7]. Falls Sie bei deren Prüfung Abweichungen von den vereinbarten Bestimmungen des Einzelabschlusses feststellen, bitten wir Sie, uns unverzüglich zu benachrichtigen.

Die Richtigkeit der vorstehenden Angaben erklären Sie bitte durch Gegenzeichnung und Rücksendung dieser Bestätigung.

Mit freundlichen Grüßen

[Bank]

. . . .

[Unterschrift]   [Unterschrift]

Gegenbestätigt:

[Vertragspartner]

. . . . .

[Ort, Datum]

. . . . .

[Unterschrift]

. . . . .

[Unterschrift]

[1] Nur erforderlich, wenn die Anpassung nicht nach Nr. 3 Abs. 5 (c) des Rahmenvertrages erfolgen soll.

[2] Nur erforderlich, wenn die Anpassung nicht nach Nr. 3 Abs. 5 (c) des Rahmenvertrages erfolgen soll.

[3] Nur erforderlich, wenn TARGET-Tag vereinbart.

[4] Nur erforderlich, wenn die Anpassung nicht nach Nr. 3 Abs. 5 (c) des Rahmenvertrages („modifiziert") erfolgen soll.

[5] Nur erforderlich, wenn abweichend von Nr. 6 Abs. 6 Satz 1 DRV „Fälligkeitstag/Fälligkeitstag" gewünscht ist.

[6] Nur erforderlich, wenn TARGET-Tag vereinbart.

[7] Nur erforderlich, wenn die andere Partei nach Nr. 2 Abs. 2 eine unterzeichnete Ausfertigung des Einzelabschlusses verlangt.

Schrifttum: *Bösch*, Derivate, 3. Aufl 2014; *Bosch*, Finanztermingeschäfte in der Insolvenz – Zum „Netting" im Insolvenzverfahren, WM **1995**, 413; *Clouth*, Rechtsfragen der außerbörslichen Finanz-Derivate, 2001; *Jahn/Reiner*, Außerbörsliche Finanztermingeschäfte (OTC-Derivate), Bankrechts-Handbuch, 5. Aufl 2017, § 114; *Rudolf* in Kümpel/Wittig, Bank und Kapitalmarktrecht, 4. Aufl 2011 Rn 19.177 ff.; *Rudolph/Schäfer*, Derivative Finanzmarktinstrumente, 2. Aufl 2010.

Anmerkungen

Zinsbegrenzungsgeschäfte, für deren Grundformen – Zinssatz-Cap (Höchstsatz-Vereinbarung, Rate Cap Agreement) und Zinssatz-Floor (Mindestsatz-Vereinbarung, Rate Floor Agreement) – auf der Grundlage des Rahmenvertrags Mustergeschäftsbestätigungen vorliegen, sind Zins-Optionsgeschäfte über einen als „Basis-Satz" vereinbarten variablen Referenzzinssatz (zB EURIOBR-, LIBOR-Sätze). Wirtschaftlich betrachtet, können sie in der Zusammenschau mit variabel verzinslichen Darlehen oder Anleihen insbesondere dazu genutzt werden, die Einhaltung einer Zinsobergrenze (Cap) oder -untergrenze (Floor) zu sichern (*Bösch* S 108 ff.; *Bosch* WM 1995, 365, 373; *Clouth* S *50 ff.; Jahn/Reiner* § 114 Rn 14 ff.; *Rudolf*, Rn 19.177 ff.; *Rudolph/Schäfer* S 117 ff).

Bei einem Zinssatz-Cap, wie er der obigen Mustergeschäftsbestätigung zugrunde liegt, übernimmt die eine Vertragspartei, der „Überschuss-Zahler" oder Cap-„Verkäufer", die bedingte Verpflichtung, über die Laufzeit des Vertrags zu festgelegten Zeitpunkten an den Cap-„Käufer" betragsmäßig nicht fixierte Zahlungen („Ausgleichsbeträge") zu leisten, die auf der Grundlage des vertraglich vereinbarten nominellen „Bezugsbetrags" durch den Vergleich eines variablen Referenzzinssatzes, des „Basissatzes", mit einem in der Vereinbarung festgeschriebenen „Cap Rate" („Höchstsatz") ermittelt werden. Als Gegenleistung hierfür erhält der Cap-„Verkäufer" von dem Cap-„Käufer" einen als „Prämie" bezeichneten Festbetrag. Die Leistungspflicht des Cap-„Verkäufers" tritt nur ein, wenn und soweit der „Basissatz" für den jeweils maßgeblichen „Berechnungszeitraum" den vereinbarten „Höchstsatz" übersteigt. Die Verpflichtung des Cap-„Käufers" zur Leistung der „Prämie“ ist dagegen unbedingt und entweder in einer Summe bei Vertragsschluss oder – seltener – durch periodische (Festbetrags-)Zahlungen zu erfüllen.

Die inhaltliche Ausgestaltung eines Zinssatz-Floor entspricht im Prinzip derjenigen eines Cap: An die Stelle des Cap-„Verkäufers“ tritt der Floor-„Verkäufer“ oder „Minderbetrags-Zahler“, der dem Floor-„Käufer“ die Zahlung von „Ausgleichsbeträgen“ schuldet, wenn und soweit der „Basis-Satz“ für einen der mehreren „Berechnungszeiträume“ den vereinbarten „Mindestsatz“ unterschreitet.

„Kauf“ und „Verkauf“ von Caps und Floors können in vielfältiger Weise miteinander kombiniert werden. Einzelne der sich hierbei ergebenden Kombinationen haben sich im Zuge der Marktentwicklung zu eigenständigen Instrumenten herausgebildet. Die bekanntesten Beispiele hierfür sind der Zinssatz-Collar (gleichzeitiger Kauf eines Cap und Verkauf eines Floor mit identischen „Bezugsbeträgen“ und unterschiedlichen „Höchst-“ bzw „Mindestsätzen“) und der Zinssatz-Corridor (gleichzeitiger Kauf eines Cap mit niedrigem „Höchstsatz“ und Verkauf eines auf den gleichen „Bezugsbetrag“ lautenden Cap mit höherem „Höchstsatz“; *Bosch* WM 1995, 365, 373; *Clouth* S 56 ff.; *Jahn/Reiner* § 114 Rn 18/19; *Bösch* S 112 f.; *Rudolph/Schäfer* S 122 ff).

Rechtlich sind Zinsbegrenzungsgeschäfte wie der Zinssatz-Swap und die Terminsatz-Vereinbarung atypische gegenseitige Verträge iSv §§ 311, 320 ff. BGB (*Bosch* WM 1995, 365, 373; *Jahn/Reiner* § 114 Rn 140; *Clouth* S 52 f.; *Rudolf,* 19.179). Wirtschaftlich betrachtet, handelt es sich bei den Zinsbegrenzungsgeschäften um eine Serie europäischer Optionen auf den Kauf bzw Verkauf zinstragender Wertpapiere (*Bosch* WM 1995, 365, 373 mwN; *Rudolf,* 19.178; *Bösch* S 122 ff).

b) Rahmenvertrag für Finanzgeschäfte (EMA) nebst Anhängen

19. EMA Master Agreement for Financial Transactions (Rahmenvertrag für Finanzgeschäfte)

19.1 EMA – General Provisions (Allgemeine Bestimmungen)

FEDERATION BANCAIRE DE L'UNION EUROPEENNE
BANKING FEDERATION OF THE EUROPEAN UNION
BANKENVEREINIGUNG DER EUROPÄISCHEN UNION

in co-operation with

EUROPEAN SAVINGS BANKS GROUP
GROUPEMENT EUROPEEN DE SCAISSES D' EPARGNE
EUROPÄISCHE SPARKASSENVEREINIGUN

EUROPEAN ASSOCIATION OF COOPERATIVE BANKS
GROUPEMENT EUROPEEN DES BANQUES CO OPERATIVES
EUROPÄISCHE VEREINIGUNG DER GENOSSENSCHAFTSBANKEN

MASTER AGREEMENT
FOR FINANCIAL TRANSACTIONS

GENERAL PROVISIONS
Edition 2020

1. Purpose, Structure, Interpretation

(1) Purpose, Applicability. The provisions set out in this document (the "General Provisions") are intended to govern financial transactions (each a "Transaction") under any Master Agreement for Financial Transactions (each a "Master Agreement") based on the form published by the Banking Federation of the European Union ("FBE"). The provisions of a Master Agreement shall apply to the extent that they are incorporated by the parties into the terms of a Transaction or type of Transactions between them.

(2) Structure. A Master Agreement consists of (i) an agreement between the parties thereto providing a basis for Transactions between them (the "Special Provisions"), (ii) these General Provisions, (iii) any annexes thereto (each an "Annex"), being Annexes concerning particular types of Transactions ("Product Annexes") or concerning other matters and (iv) any supplements to the Product Annexes (each a "Supplement"). If no Special Provisions have been agreed, these General Provisions (together with, if applicable, any Annexes and any Supplements thereto) shall constitute a Master Agreement governing all Transactions into the terms of which they have been incorporated. Each Master Agreement and the terms agreed in respect of all Transactions thereunder shall collectively be referred to herein as the "Agreement".

(3) Interpretation. In the event of any conflict between different parts of the Agreement, (i) any Annex shall prevail over the General Provisions, (ii) the Special Provisions shall prevail over the General Provisions and any Annex and (iii) the terms agreed in respect of an individual Transaction shall, in respect of that Transaction only, prevail over all other terms of the Agreement. Unless otherwise specified, all references herein or in any Annex to Sections are to Sections of these General Provisions or such Annex, respectively. Certain expressions used in the Agreement are defined at the places indicated in the Index of Defined Terms published by the FBE in connection with these General Provisions.

(4) Single Agreement. The Agreement constitutes a single contractual relationship. Accordingly, (i) each obligation of a party under any Transaction is incurred and performed in consideration of the obligations incurred and to be performed by the other party under all Transactions, and (ii) unless otherwise agreed, a failure by a party to perform an obligation under any Transaction shall constitute a failure to perform under the Agreement as a whole.

The parties enter into the Master Agreement between them and each Transaction thereunder in reliance on these principles, which they consider fundamental to their risk assessment.

(5) Modifications. Any modification of these General Provisions or any modified or new Annex which the FBE may promulgate in the future become effective between the parties to a Master Agreement by each party notifying its acceptance in the manner designated by the FBE.

2. Transactions

(1) Form. A Transaction may be entered into orally or by any other means of communication.

(2) Confirmation. Upon the parties having agreed on a Transaction a confirmation (a "Confirmation") of such Transaction shall be promptly exchanged between the parties in the manner specified in Section 8(1). The absence of an exchange of a Confirmation shall not affect the validity of the Transaction.

T

3. Payments, Deliveries and Related Definitions

(1) *Date, Place, Manner.* Each party shall make the payments and deliveries to be made by it at the time, date and place and to the account agreed in respect of the Transaction concerned and in the manner customary for payments or deliveries of the relevant kind. Each payment shall be made in the currency agreed in respect thereof (the "Contractual Currency"), free of all costs and in funds which are freely available on the due date. Each party may change its account for receiving a payment or delivery by giving notice to the other at least ten Business Days prior to the scheduled date for the relevant payment or delivery, unless the other party reasonably objects to such change and gives timely notice thereof.

(2) *Transfer of Title. Retransfer of Securities.*

(a) *Transfer of Title.* Any delivery or transfer of securities or other financial instruments ("Securities") or any other assets (including, in respect of Derivative Transactions, any other underlying assets of such Transactions) by a party to the other pursuant to the Agreement shall constitute a transfer to such other party of the unrestricted title to such Securities and/or assets or, if customary in the place where delivery is to be effected, of a legal position (such as a co-ownership interest in a collective holding of Securities, the position as beneficiary of a trust or another form of beneficial ownership) which is the functional equivalent of such title (including, in each case, an unrestricted right to dispose of such Securities and/or assets) and not the creation of a security interest; the use of the terms "margin" or "substitution" shall not be construed as indicating an agreement to the contrary. The transferor of any Securities and/or assets shall, accordingly, (i) not retain in respect of those Securities and/or assets any ownership interest, security interest or right to dispose and (ii) execute all documents reasonably required to effect such full transfer. As far as transfer of Securities is concerned, if registered Securities are to be transferred, the transferee may dispose of the Securities received before the transfer is entered into the relevant register; if the entry depends upon a circumstance beyond the transferor's reasonable control, the transferor does not warrant that such entry will be effected.

(b) *Retransfer of Securities.* An obligation to return or retransfer any Securities is an obligation to transfer Securities of the same kind as such Securities. Securities are "of the Same Kind" as other Securities if they are of the same issuer and the same type and, to the extent relevant, nominal value and represent identical rights as such other Securities; if all such other Securities have been redeemed, redenominated, exchanged, converted, subdivided, consolidated or been the subject of a capital increase, capital reduction, call on partly paid securities or event similar to any of the foregoing, Securities "of the Same Kind" means the amount of Securities, money and other assets (together "Substitute Assets") received in respect of such other Securities as a result of such event (provided that if any sum had to be paid in order to receive such Substitute Assets, an obligation to transfer them shall be conditional upon payment by the transferee of such sum to the transferor).

(3) *Withholding Right.* Upon the occurrence of an Event of Default or event which by the lapse of time or the giving of notice (or both) would become an Event of Default with respect to a party, the Non-Defaulting Party may for as long as such event continues withhold performance of its payment or delivery obligations under a Transaction or its obligation to provide or return Margin until the designation or deemed occurrence of an Early Termination Date. Upon giving notice pursuant to Section 6(2)(b), either party may withhold performance of its payment or delivery obligations under the Affected Transaction(s) until the Early Termination Date, and if all Transactions are Affected Transactions, the terminating party may additionally withhold performance of its obligation to provide or return Margin until the Early Termination Date.

(4) *Payment Netting.* If on any date both parties would otherwise be required to make payments in the same currency in respect of the same Transaction, the mutual payment obligations shall automatically be set off against each other and the party owing the higher amount shall pay to the other the difference between the amounts owed. The parties may agree that this principle shall apply in respect of two or more Transactions or one or more types of Transactions or that it shall apply also in respect of mutual obligations to deliver assets which are fungible with each other. If and so long as a single currency can be expressed in different currency units (as may be temporarily the case when a Member State of the European Union adopts the Euro), the principle set forth in the first sentence of this sub-section shall apply only if both payments are to be made in the same unit.

(5) *Late Payment.* If in respect of a Transaction a party fails to make a payment to the other when due (and, for the avoidance of doubt, without being entitled to withhold such payment), interest, payable on demand, shall accrue (before and after judgment) at the Default Rate on the amount outstanding, calculated for the period from (and including) the due date to (but excluding) the day on which such payment is received. "Default Rate" means the higher of (a) the Interest Reference Rate and (b) the cost to the other party, as certified by it, of funding the relevant amount, in each case plus any interest surcharge which may be agreed in the Special Provisions. "Interest Reference Rate" means the leading interest reference rate applied by leading banks in the money market for overnight deposits, whether or not secured, at the place of payment and in the currency of the amount outstanding for each day on which interest is to be charged (being, if an amount in euros is outstanding, the euro short-term rate "€STR" provided by the European Central Bank (or any successor administrator) ("€STR")), or any rate, as specified in relation to any currency in the Special Provisions.

(6) *Business Day Convention.* If any payment or delivery date, any determination or valuation date, any commencement or termination date or any exercise date agreed between the parties which is deemed to be a Business Day is not a Business Day, payments, deliveries, determinations or valuations shall be made or, as the case

T

all assets to, or any reorganization, reincorporation or reconstitution into or as, another person, or an agreement providing for any of the foregoing, and "Successor Entity" means the person which results from, survives or is the transferee in, such Corporate Merger;

(viii) Insolvency Events. (1) The party is dissolved or has a resolution passed for its dissolution (other than, in either case, pursuant to a Corporate Merger resulting in a solvent Successor Entity); (2) the party commences an Insolvency Proceeding against itself or takes any corporate action to authorize such Insolvency Proceeding; (3) a governmental or judicial authority or self-regulatory organisation having jurisdiction over the party in a Specified Jurisdiction (a "Competent Authority") commences an Insolvency Proceeding with respect to the party; (4) a Competent Authority takes any action under any bankruptcy, insolvency or similar law or any banking, insurance or similar law governing the operation of the party which is likely to prevent the party from performing when due its payment or delivery obligations under the Agreement; (5) a person other than a Competent Authority commences an Insolvency Proceeding against the party in a Specified Jurisdiction and such action (A) results in a Judgment of Insolvency, or (B) is not dismissed or stayed within fifteen calendar days following the action or event commencing the Insolvency Proceeding, unless the commencement of such Proceedings by such person or under the given circumstances is obviously inadmissible or frivolous; (6) the party is bankrupt or insolvent as defined under any bankruptcy or insolvency law applicable to it in a Specified Jurisdiction; (7) the party makes a general assignment for the benefit of, or enters into a composition or amicable settlement with, its creditors generally; (8) the party is generally unable to pay its debts as they fall due; or (9) the party causes or is subject to any event which, under the laws of the Specified Jurisdiction, has an effect which is analogous to any of the events specified in Nos. (1) to (8). "Insolvency Proceeding" means a mandatory or voluntary proceeding seeking a judgment, order or arrangement of insolvency, bankruptcy, composition, amicable settlement, rehabilitation, reorganisation, administration, dissolution or liquidation with respect to a party or its assets or seeking the appointment of a receiver, liquidator, administrator or similar official for such party or for all or any substantial part its assets under any bankruptcy, insolvency or similar law or any banking, insurance or similar law governing the operation of the party; the expression does not include a solvent corporate reorganisation. An Insolvency Proceeding is "commenced" if a petition to conduct such proceeding is presented to or filed with, or (where no such petition is required) a decision to conduct such proceeding is taken by, a competent court, authority, corporate body or person. "Judgment of Insolvency" means any judgment, order or arrangement instituting an Insolvency Proceeding. "Specified Jurisdiction" in relation to a party means the jurisdiction of that party's organisation, incorporation, principal office or residence and any additional jurisdiction that may be specified with respect to that party in the Special Provisions;

(ix) Repudiation of Obligations. The party declares that it will not perform any material obligation under the Agreement or under any Specified Transaction (otherwise than as part of a bona fide dispute as to the existence, nature or extent of such obligation);

(x) Guarantee Ineffective. (1) A Guarantee given with respect to the party is not in full force and effect, except if it has ceased to be in effect (i) in accordance with its terms, (ii) upon satisfaction of all of the party's obligations secured by such Guarantee or (iii) with the consent of the other party; or (2) any representation by the Guarantor of a party in the Guarantee proves to have been incorrect on the date as of which it was made or repeated and the other party determines in good faith that, as a result thereof (or of the matters of fact or law which were not correctly stated), the balance of its risks and benefits under the Agreement is materially adversely affected.

(b) Termination. If an Event of Default occurs with respect to a party (the "Defaulting Party") and is continuing, the other party (the "Non-Defaulting Party") may, by giving not more than twenty calendar days' notice specifying the relevant Event of Default, terminate all outstanding Transactions, but not part thereof only, with effect as from a date (the "Early Termination Date") to be designated by it in such notice. Notwithstanding the foregoing, unless otherwise specified in the Special Provisions, all Transactions shall terminate, and the Early Termination Date shall occur, automatically in the case of an Event of Default mentioned in paragraph (a)(viii)(l), (2), (3), (5)(A) or, to the extent analogous thereto, (9) as of the time immediately preceding the relevant event or action.

(2) Termination due to Change ofCircumstances.

(a) Change of Circumstances. The occurrence of any of the following events or circumstances in respect of a party shall constitute a change of circumstances ("Change of Circumstances"):

(i) Tax Event. As a result of the entry into force of any new law or regulation or of any change in law or any other provision of mandatory effect or change in the application or official interpretation thereof occurring after the date on which a Transaction is entered into, or as a result of a Corporate Merger of either party not falling under sub-section 1(a)(vii), the party would, or highly likely would, on or before the next due date relating to such Transaction or relating to the provision or return of Margin, (A) be required to pay additional amounts pursuant to Section 4(1) with regard to a payment which it is obliged to make, other than a payment of interest pursuant to Section 3(5), or (B) receive a payment, other than a payment of interest pursuant to Section 3(5), from which an amount is required to be deducted for or on account of a tax or duty and no additional amount is required to be paid in respect of such tax or duty under Section 4(1), other than by reason of Section 4(l)(c);

(ii) Illegality Event. As a result of the entry into force of any new law or regulation or of any change in law or any other provision of mandatory effect or change in the application or official interpretation thereof occurring after the date on which a Transaction is entered into ("Illegality Event"), after giving effect to any remedy specified in the Confirmation, it becomes unlawful for the party, on any day, or it would be unlawful if the relevant payment, delivery, compliance, or performance were required on that day, (A) to make, or receive, a payment

T

or delivery in respect of such Transaction when due or to punctually comply with any other material obligation under the Agreement relating to such Transaction, in each case, through the relevant Booking Office of the Transaction; or (B) to perform any obligation to provide or return Margin as and when required to be provided or returned by it under the Agreement and, in either case, it is not possible, using reasonable efforts, to prevent or remedy such event, including, if necessary, by obtaining relevant consents of any governmental or other authority, as applicable;

(iii) *Impossibility Event*. As a result of an act of state, catastrophe, armed conflict, act of terrorism, riot or any other circumstance beyond the party's reasonable control affecting the operations of the party occurring after the date on which a Transaction is entered into ("Impossibility Event"), it becomes impossible, or impracticable for the party, on any day, or it would be impossible, or impracticable if the relevant payment, delivery, compliance or performance were required on that day, (A) to make, or receive, a payment or delivery in respect of such Transaction when due or to punctually comply with any other material obligation under the Agreement relating to such Transaction and, in each case, through the relevant Booking Office of the Transaction or (B) to perform any obligation to provide or return Margin as and when required to be provided or returned by it under the Agreement;

(iv) *Credit Event upon Corporate Merger, Change in Ownership or Capital Restructuring*. The party is subject to a Corporate Merger, Change in Ownership or Capital Restructuring and the creditworthiness of the Successor Entity is materially weaker than that of the party immediately before the Corporate Merger, Change in Ownership or Capital Restructuring. "Change in Ownership" means, with respect to such party, any acquisition by any person, related group of persons or entity of direct or indirect beneficial ownership of equity securities giving the power to elect a majority of the decision making body of such party or, any other ownership interest enabling the acquirer to exercise control of such party. "Capital Restructuring" means, with respect to such party, any substantial change in capital structure effected by such party by issuing, incurring or guaranteeing debt, or issuing preferred stock or other securities convertible into or exchangeable for debt or preferred stock or by issuing any other form of ownership interest.

[(v) *Additional Change of Circumstances*. The occurrence of any events or circumstances specified in the Special Provisions as Additional Change of Circumstances in respect of a party.]

(b) *Termination*. If a Change of Circumstances occurs with respect to a party (the "Affected Party"), the Affected Party in the case of paragraph (a)(i), (a)(ii) or (a)(iii), and the other party (the "Non-Affected Party") in the case of paragraph (a)(ii), (a)(iii), (a)(iv) or (a)(v) may, subject to the limitations and qualifications set forth in paragraph (c)(d) and (e) below, by giving not more than twenty calendar days' notice, terminate the Transaction(s) affected by such change, with effect as from a date (the "Early Termination Date") to be designated by it in such notice, it being understood that, if the change referred to in paragraph (a)(i),(ii) or (iii) relates to the provision or return of Margin or in the case of paragraph (a)(iv) and, unless otherwise specified in the Special Provisions, paragraph (a)(v), all Transactions will be deemed so affected.

(c) *Partial Termination.* If, without prejudice to any agreement between the parties on the provision of margin or collateral, either party determines that as a result of a termination under provision (b) its credit exposure to the other party is significantly increased, it may, not later than one week after the effective date of the notice of termination, by giving notice to the other party require such other party to provide, within one week after receipt of such last-mentioned notice, margin or collateral reasonably acceptable to it in such amount as to be at least equal to the increase in credit exposure under the Agreement, as determined by it.

(d) *Transfer.* In the cases of paragraph (a)(i), the right to terminate shall be subject to the following limitations: the Affected Party may, unless it would otherwise be required to pay additional amounts as contemplated by paragraph (a)(i), give notice of termination only after a period of thirty calendar days has expired following a notice by it informing the other party of such event and if the situation (if capable of remedy) has not been remedied within such period (by way of an agreed transfer of the affected Transactions to another Booking Office of either party or otherwise).

(e) *Waiting Period and Deferral*. In the cases of paragraph (a)(ii) and (a)(iii), the right to terminate shall be subject to the expiry of the applicable Waiting Period. "Waiting Period" means (i) with respect to paragraph (a)(ii) a period of three Business Days following the occurrence of an Illegality Event, and (ii) with respect to paragraph (a)(iii) a period of eight Business Days following the occurrence of an Impossibility Event; except that in the cases of paragraph (a)(ii)(B) and (a)(iii)(B) no Waiting Period will apply, if an obligation to provide Margin is required to be performed during the applicable Waiting Period. During the occurrence of an Illegality Event or an Impossibility Event, any payment or delivery required to be made under a Transaction will be deferred and will not be due until (i) the first Business Day following the end of the applicable Waiting Period; or (ii), if earlier, the date on which the Illegality Event or the Impossibility Event ceases to exist. With respect to this provision, the following shall apply with regard to Business Days: Days which are not Business Days due to the occurrence of the Illegality Event or Impossibility Event, as the case may be, shall nevertheless be treated as if they were Business Days.

(3) *Applicability to Guarantor*. If a Guarantee has been given with respect to a party and any of the events described in sub-sections l(a)(iii) through (ix) and 2(a)(ii), (iii) and (iv) occurs with respect to the relevant Guarantor or such Guarantee, the occurrence of such event shall have the same effect as if it had occurred with respect to such party or the Agreement, respectively.

(4) *Applicability to Relevant Entity*. If a third party is specified in the Special Provisions or in a Confirmation as a Relevant Party (a "Relevant Entity") with respect to a party and any of the events described in sub-sections l(a)(v),(vi),(vii)],(viii) and 2(a)(iv) occurs with respect to the Relevant Entity, the occurrence of such event shall have the same effect as if it had occurred with respect to such party or the Agreement, respectively

T

(5) *Effect of Termination*. In the event of a termination pursuant to this Section 6, neither party shall be obliged to make any further payment or delivery under the terminated Transaction(s) which would have become due on or after the Early Termination Date or to provide or return Margin which would otherwise be required to be provided or returned under the Agreement and related to the terminated Transaction(s). These obligations shall be replaced by an obligation of either party to pay the Final Settlement Amount in accordance with Section 7 and such Final Settlement Amount shall become due as of the Early Termination Date.

(6) *Event of Default and Change of Circumstances*. If an event or circumstance which would otherwise constitute or give rise to an Event of Default under sub-section 1(a)(i),(ii) or (iii) also constitutes an Illegality Event or an Impossibility Event as referred to in sub-section 2(a)(ii) or (iii), it will be treated as an Illegality Event or Impossibility Event and will not constitute an Event of Default thereunder. Any other event or circumstance described in sub-section 1(a) or 2(a) that also constitutes an Illegality Event or Impossibility Event will always be treated as an Event of Default or Change of Circumstances, as the case may be, and not as an Illegality Event or Impossibility Event. Subject to the foregoing sentence, if an event or circumstance which would otherwise constitute or give rise to an Impossibility Event also constitutes an Illegality Event, it will be treated as an Illegality Event and not as an Impossibility Event.

(7) *Remedies*. In the event of a termination pursuant to sub-section (2)(a)(ii) or (iii) affecting less than all Transactions, a failure to pay any Final Settlement Amount will not constitute an Event of Default under sub-section 1(a)(i), if it is unlawful or impossible by virtue of any of the events described in sub-section (2)(a)(ii) or (iii) for the relevant Booking Office through which such terminated Transactions had been entered into to pay such Final Settlement Amount.

7. Final Settlement Amount

(1) *Calculation*.

(a) *Procedure and Bases of Calculation*. Upon termination pursuant to Section 6, the Non-Defaulting Party or, as the case may be, the Non-Affected Party or, if there are two Affected Parties, each party (each the "Calculation Party") shall as soon as reasonably possible calculate the Final Settlement Amount.

"Final Settlement Amount" means, subject to sub-section 2(b)(i), the amount determined by the Calculation Party to be equal to, as of the Early Termination Date, (A) the sum of all Transaction Values which are positive for it, the Amounts Due owed to it and its Margin Claims less (B) the sum of the absolute amounts of all Transaction Values which are negative for it, the Amounts Due owed by it and the Margin Claims of the other party;

"Amounts Due" owed by a party means the sum of (i) any amounts that were required to be paid by such party under any terminated Transaction, but not paid, (ii) the Default Value, as of the agreed delivery date, of each asset that was required to be delivered by such party under any terminated Transaction, but not delivered (in either case regardless of whether or not the party was entitled to withhold such payment or delivery, by virtue of Section 3(3), Section 9(1) or for any other reason), (iii) any Final Settlement Amount that were required to be paid by such party following a termination pursuant to Section 6(2)(a) affecting less than all Transactions, but not paid, and (iv) interest on the amounts specified in (i), (ii) and (iii) from (and including) the due date of the relevant payment or delivery to (but excluding) the Early Termination Date at the Interest Reference Rate or, if Section 3(5) is applicable, the Default Rate; Margin Claims shall be disregarded for the determination of Amounts Due;

"Default Value" means, in respect of any assets (including Securities, Margin Securities or, in respect of Derivative Transactions, any other underlying assets of such Transactions) to be delivered under a Transaction or to be returned under a Title Transfer Margin arrangement, on any given date, an amount equal to (A) if the assets are to be delivered or were to be returned by the Calculation Party, the net proceeds (after deducting fees and expenses) which the Calculation Party has or could have reasonably received when selling assets of the Same Kind and quantity in the market on such date, (B) if the assets are to be delivered or were to be returned to the Calculation Party, the cost (including fees and expenses) which the Calculation Party has or would have reasonably incurred in purchasing assets of the Same Kind and quantity in the market on such date, and (C) if a market price for such assets cannot be determined, an amount which the Calculation Party determines in good faith to be its total losses and costs (or gains, in which case expressed as a negative number) in connection with such assets;

"Margin Claims" means in relation to any Title Transfer Margin arrangements, as of an Early Termination Date which has been designated or deemed to occur in respect of all outstanding Transactions, the aggregate of the amount of cash paid and the Default Value of Securities transferred, as Title Transfer Margin, by a party and not repaid or retransferred to it together with the cash amount or cash equivalent in respect of any Distributions to be paid or transferred in relation to such Securities and not yet paid or transferred, and any interest amount calculated on such cash;

"Transaction Value" means, with respect to any terminated Transaction or group of terminated Transactions, an amount equal to, at the option of the Calculation Party, (i) the market or exchange price of replacement transactions entered into by the Calculation Party in place of the terminated Transactions without undue delay following the termination, (ii) the amounts which the Calculation Party would have received or paid if it had entered into replacement transactions without undue delay following the termination, (iii) the value of the terminated Transactions calculated by the Calculation Party without undue delay following the termination using reliable and prudent marking-to-model information, or (iv) the loss incurred or gain realized by the Calculation Party as a result of the termination of such Transaction(s). . The resulting amount shall include, without duplicating amounts calculated in accordance with (i) to (iv) above, (x) any loss or cost incurred or gains received in connection with terminating, liquidating or re-establishing any hedging transactions that the Calculation Party had entered into in relation to the terminated Transactions; and (y) any costs and expenses

T

incurred in connection with the entering into of any replacement transactions. The resulting amount shall be expressed as a positive number if it would be payable to the Calculation Party, and shall otherwise be expressed as a negative number.

(b) *Conversion*. Any Amounts Due, Default Value, Margin Claims and Transaction Value not denominated in the Base Currency shall be converted into the Base Currency at the Applicable Exchange Rate. "Base Currency" means the euro, unless otherwise agreed. "Applicable Exchange Rate" means the arithmetic mean of the respective rates at which the person calculating or converting an amount pursuant to the Agreement is reasonably able to (i) purchase the relevant other currency with, and (ii) sell such currency for, the Base Currency on the date as of which such amount is calculated or converted.

(2) *Payment Obligations*.

(a) *One Calculation Party*. If one party only acts as Calculation Party, the Final Settlement Amount, as calculated by it, shall be paid (i) to that party by the other party if it is a positive number and (ii) by that party to the other party if it is a negative number; in the latter case the amount payable shall be the absolute value of the Final Settlement Amount.

(b) *Two Calculation Parties*. If both parties act as Calculation Party, the Final Settlement Amount shall be equal to one-half of the following calculation basis: (i) In case the amount calculated by one party is positive and the amount calculated by the other party is negative, the calculation basis shall be the sum of the absolute values of such amounts. (ii) If the amounts calculated by the parties are either both positive or negative, the calculation basis shall be the difference of the absolute values of both such amounts. The Final Settlement Amount is in the case of (i) owed by the party, who calculated a negative amount and in the case of (ii) if both parties calculated positive amounts, is owed by the party who calculated the lower positive amount and if both parties calculated negative amounts, is owed by the party who calculated the higher of the two absolute values of such amounts.

(3) *Notification and Final Settlement Payment Date*.

(a) *Notification*. The Calculation Party shall notify as soon as reasonably possible the other party of the Final Settlement Amount calculated by it and provide to such other party a statement setting forth in reasonable detail the basis upon which the Final Settlement Amount was determined.

(b) *Final Settlement Payment Date*. The Final Settlement Amount shall be payable within two Business Days following receipt of the notification mentioned in paragraph (a), but not before the Early Termination Date ("Final Settlement Payment Date"). It shall bear interest as from the Final Settlement Payment Date until the date the Final Settlement Amount is paid at the Default Rate.

(4) *Set-Off*. The Non-Defaulting Party may set off its obligation (if any) to pay the Final Settlement Amount against any actual or contingent claims ("Counterclaims") which it has against the Defaulting Party on any legal grounds whatsoever (including by virtue of any financing or other contract). For the purpose of calculating the value of the Counterclaims, the Non-Defaulting Party shall, (i) to the extent that they are not payable in the Base Currency, convert them into the Base Currency at the Applicable Exchange Rate, (ii) to the extent that they are contingent or unascertained, take into account for such calculation their potential amount, if ascertainable, or otherwise a reasonable estimate thereof, (iii) to the extent that they are claims other than for the payment of money, determine their value in money and convert them into a money claim expressed in the Base Currency and (iv) to the extent that they are not yet due and payable, determine their present value (also having regard to interest claims). The provisions of this sub-section 4 relating to Counterclaims against a Defaulting Party shall apply *mutatis mutandis* to Counterclaims against an Affected Party if termination occurred pursuant to Section 6(2)(a)(ii)(iii) or (iv).

8. Notices

(1) *Manner of Giving Notices*. Unless otherwise specified in the Agreement, any notice or other communication under the Agreement shall be made by letter, facsimile or, with the exception of any notices or other communication under Section 6 and 7, any electronic messaging system (including digital or electronic matching platforms and e-mail) used by the parties, to the address (if any) previously specified by the addressee.

(2) *Effectiveness*. Every notice or other communication made in accordance with subsection 1 shall be effective (a) if made by letter or facsimile, upon receipt by the addressee, and (b) if made by an electronic messaging system, upon receipt of that electronic message, provided that if, in any such case, such notice or other communication is not received on a Business Day or is received after the close of business on a Business Day, it shall take effect on the first following day that is a Business Day.

(3) *Change of Address*. Either party may by notice to the other change the address, or facsimile number or electronic messaging system details at which notices or other communications are to be given to it.

9. Booking Offices

(1) *Extent of Obligations*. If a party enters into a Transaction through a Booking Office other than its principal office, its obligations in respect of that Transaction shall constitute obligations of such party as a whole, to the same extent as if they had been entered through such party's principal office. Such party shall not be obliged, however, to perform such obligations or, in the event of a termination pursuant to Section 6(2)(a)(ii) or (iii) affecting less than all Transactions, to pay any Final Settlement Amount through any of its other offices if performance through that Booking Office is unlawful or impossible by virtue of any of the events described in Section 6(2)(a)(ii) or (iii).

(2) *Change of Booking Office*. Neither party may change a Booking Office without the prior written consent of the other party.

T

(3) *Definition*. "Booking Office" of a party means the office agreed by the parties through which such party is acting for the relevant Transaction, provided that if no such office is agreed in respect of a party, such party's principal office (or, in the absence of a principal office, such party's registered office or place of residence) shall be deemed to be the Booking Office.

10. Miscellaneous

(1) *Transfer of Rights and Obligations*. No rights or obligations under the Agreement may be transferred, charged or otherwise disposed of to or in favour of any third person without the prior consent of the other party given in the manner specified in Section 8(1), except that no such consent shall be required in the case of a transfer of all or substantially all assets of a party in connection with a Corporate Merger which does not involve a change of the tax status relevant to the Agreement and does not otherwise adversely affect the interests of the other party to any significant extent.

The limitation provided in the preceding sentence shall not apply to a party's right to receive the Final Settlement Amount or to be indemnified pursuant to sub-section 2.

(2) *Expenses*. A Defaulting Party and a party failing to make a payment or delivery when due shall on demand indemnify the other party for all reasonable expenses, including legal fees, incurred by the other party for the enforcement or protection of its rights under the Agreement in connection with an Event of Default or such failure.

(3) *Recording*. Each party (i) may electronically or otherwise record telephone conversations of the parties in connection with the Agreement or any potential Transaction, (ii) shall give notice of such potential recording to its relevant personnel and obtain any consent that may be legally required before permitting such personnel to conduct such telephone conversations and (iii) agrees that recordings may be submitted in evidence in any Proceedings relating to the Agreement or any potential Transaction.

(4) *Documents*. So long as either party has or may have any obligation under the Agreement, each party shall, if it is reasonably able and legally in a position to do so and would not thereby materially prejudice its legal or commercial position, promptly make available to the other or to any appropriate government or taxing authority any form, certificate or other document (properly completed and, where appropriate, certified) that is either (a) specified in the Agreement, or (b) reasonably requested in writing in order to allow the other party to make a payment under the Agreement without any deduction or withholding for or on account of any tax or other duty, or with such deduction or withholding at a reduced rate.

(5) *Remedies*. The rights and remedies provided in the Agreement are cumulative and not exclusive of any rights and remedies provided by law.

(6) *No Waiver*. A failure or delay in exercising (and any partial exercise of) any right or remedy under the Agreement shall not operate as a waiver (or partial waiver) of, and accordingly not preclude or limit any future exercise of, that right or remedy.

(7) *Termination*. The Agreement may be terminated by either party upon the giving of not less than twenty calendar days' notice to the other party. Notwithstanding such notice, any Transaction then outstanding shall continue to be subject to the provisions of the Agreement and to that extent the effect of the termination shall occur only when all obligations under the last such Transaction shall have been performed.

(8) *Contractual Currency*. If for any reason a payment is made in a currency other than the Contractual Currency and the amount so paid, converted into the Contractual Currency at the exchange rate prevailing at the time of such payment for the sale of such other currency against the Contractual Currency, as reasonably determined by the payee, falls short of the amount in the Contractual Currency payable under the Agreement, the party owing such amount shall, as a separate and independent obligation, immediately compensate the other party for the shortfall.

(9) *Previous Transactions*. Transactions entered into prior to the effective date of a Master Agreement will be subject to such Master Agreement, individually or by category, to the extent provided in the Special Provisions.

(10) *Agency Transactions*.

(a) *Conditions*. A party may enter into a Transaction (an "Agency Transaction") as agent (the "Agent") for a third person (a "Principal") only if (i) the party has authority on behalf of that Principal to enter into the Transaction, to perform on behalf of that Principal all of that Principal's obligations and to accept performance of the obligations of the other party and receive all notices and other communications under the Agreement and (ii) when entering into the Transaction and in the relevant Confirmation the party specifies that it is acting as Agent in respect of the Transaction and discloses to the other party the identity of the Principal. If these conditions are not fully satisfied, the party shall be deemed to act as principal.

(b) *Information on Certain Events*. Each party undertakes that, if it enters as Agent into an Agency Transaction, forthwith upon becoming aware (i) of any event or circumstance which constitutes an event as described in Section 6(l)(a)(viii) with respect to the relevant Principal or (ii) of any breach of any of the representations given in Section 5 and paragraph (f) below or of any event or circumstance which has the result that any such representation would be incorrect on the date as of which it was made, it will inform the other party of that fact and will, if so required by the other party, furnish the other party with such additional information as the other party may reasonably request.

(c) *Parties*. Each Agency Transaction shall be a transaction solely between the relevant Principal and the other party. All provisions of the Agreement shall apply separately as between the other party and each Principal for whom the Agent has entered into an Agency Transaction, as if each such Principal were a party to a separate Agreement with the other party, except as provided in paragraph (d) below. A Process Agent appointed by the Agent shall be a

T

Process Agent also for each Principal.

(d) *Notice of Termination*. If an Event of Default or a Change of Circumstances as described in Section 6(2)(a)(ii)(iii) or (iv) occurs with respect to the Agent, the other party may give notice pursuant to Section 6(1)(b) or 6(2)(b), respectively, to the Principal with the same effect as if an Event of Default or Change of Circumstances, respectively, had occurred with respect to the Principal.

(e) *Own Account Transactions*. The foregoing provisions do not affect the operation of the Agreement between the parties hereto in respect of any Transactions into which the Agent may enter on its own account as a principal.

(f) *Representation*. Each party acting as Agent represents to the other in its own name and in the name of the Principal that it will, on each occasion on which it enters or purports to enter into an Agency Transaction, have the authority as described in sub-section 10(a)(i) on behalf of the person whom it specifies as the Principal in respect of that Agency Transaction.

(11) *Severability*. In the event that any provision of the Agreement is invalid, illegal or unenforceable under the law of any jurisdiction, the validity, legality and enforceability of the remaining provisions in the Agreement under the law of such jurisdiction, and the validity, legality and enforceability of such and any other provisions under the law of any other jurisdiction shall not in any way be affected thereby. The parties shall, in such event, in good faith negotiate a valid provision the economic effect of which comes as close as possible to that of the invalid, illegal or unenforceable provisions.

11. Governing Law, Jurisdiction, Arbitration

(1) *Governing Law*. The Agreement and any non-contractual obligations arising out of or in connection with this Agreement shall be governed by and construed in accordance with the law specified in the Special Provisions or, failing such specification, the law of the country, if identical, in which both parties' principal offices are located when the Master Agreement between them is entered into.

(2) *Jurisdiction, Arbitration*. Each party irrevocably agrees that in respect of any dispute arising under or related to the Agreement (i) the courts specified in the Special Provisions shall have non-exclusive jurisdiction and each party irrevocably submits to such non- exclusive jurisdiction, or (ii) if so specified in the Special Provisions, any such dispute shall be finally settled by one or more arbitrators appointed and proceeding in accordance with the rules of arbitration specified in the Special Provisions, each party agreeing to comply with such rules.

Failing either of such specifications, the courts having jurisdiction in the principal financial centre or, in the absence of a generally recognized financial centre, the capital city of the country whose law governs the Agreement shall have non-exclusive jurisdiction with respect to any suit, action or other proceeding relating to the Agreement (the "Proceedings") and each party irrevocably submits to such non-exclusive jurisdiction.

(3) *Service of Process*. If so specified in the Special Provisions, each party appoints a process agent (the "Process Agent") to receive, for it and on its behalf, service of process in any Proceedings. .Otherwise, each party agrees to receive, for it and on its behalf, service of process in any Proceedings at its registered address. If for any reason a party's Process Agent is unable to act as such, such party shall promptly notify the other party and within thirty calendar days appoint a substitute process agent which is acceptable to the other party

(4) *Waiver of Immunity*. The Agreement constitutes a commercial agreement. To the fullest extent permitted by applicable law, each party waives, with respect to itself and its assets (irrespective of their use or intended use), all immunity on the grounds of sovereignty or otherwise from suit, execution or other legal process and agrees that it will not claim any such immunity in any Proceedings.

19.2 EMA – Special Provisions (Besondere Bestimmungen)

MASTER AGREEMENT
FOR FINANCIAL TRANSACTIONS

dated as of ______________

between

____________ and ____________
("Party A") ("Party B")

SPECIAL PROVISIONS

1. Nature of Agreement

This contractual arrangement (the "Special Provisions"), together with the General Provisions (the "General Provisions") and any annex (each an "Annex") referred to below, constitutes a master agreement (the "Master Agreement") under which the parties may enter into financial transactions.

2. Incorporation of Documents

The following documents, all in the_______language, published by the FBE are hereby incorporated into and shall accordingly form part of the Master Agreement:

(a) the General Provisions, Edition 2020

(b) the following Annex[es][1]:

Product Annex[es] for : Repurchase Transactions, Edition January 2020 Securities Loans, Edition January 2020 Derivative Transactions, Edition 2020 Supplement for Foreign Exchange Transactions, Edition 2004 Supplement for Interest Rate Transactions, Edition 2020 Supplement for Option Transactions, Edition 2004 Deposits and Loans, Edition 2020
Margin Maintenance Annex, Edition 2020[2] EMIR-Annex, Edition 2020 Clearing Annex, Edition 2020
Other Supplements (give details)

3. Addresses for notices (Section 8(1) of the General Provisions)

The addresses for notices and other communications between the parties are: ...

4. Governing law, Settlement of Disputes, Jurisdiction, Arbitration (Section 11(1) and (2) of the General Provisions)

The law governing the Agreement is_______________law.

Settlement of Disputes:

Jurisdiction[3]: The court(s) referred to in Section 11(2) is/are________________.

Arbitration[4]: The rules of arbitration referred to in Section 11(2) are the Rules of Arbitration of[5] [Euro Arbitration – European Center for Financial Dispute Resolution] [the International Chamber of Commerce] §§ [other]§§ [with which each party agrees to comply].

The parties agree to submit those disputes to [a single] [three] arbitrator[s].

Such arbitration shall take place in______________.

The language[s] in which arbitration shall be conducted [is] [are]________.

5. Other provisions

______________[6]

(Name of Party A)	(Name of Party B)
By:	By:
Name(s): Title(s):	Name(s): Title(s):

[1] Delete and/or complete the references in this paragraph (b) as appropriate

[2] In line with Section 3(9) of the General Provisions, parties can agree to provide margin under a Title Transfer Margin or Security Interest Margin arrangement. Accordingly, selection of Margin Maintenance Annex under 2b) above constitutes an agreement between the parties to exchange margin under a Title Transfer Margin arrangement. A Security Interest Margin arrangement to address the exchange of initial margin and the segregation requirements outlined in the Delegated Regulation (EU) 2016/2251 will be developed in due course.

[3] Delete if not applicable

[4] Delete if not applicable

[5] If arbitration is selected, specify which rules apply

[6] Insert amendments (which may be provisions from the attached Appendix) or state "None"

 Special-Provisions - 2020

Appendix (Checklist)
Elections and Amendments[7]

I. **General Provisions**

[(1) Section 3(3) (Withholding Right)

Section 3(3) shall be replaced with the following provision:

[Withholding Rights. (i) Upon the occurrence of an Event of Default or event which by the lapse of time or the giving of notice (or both) would become an Event of Default with respect to a party, the other party may withhold performance of its payment or delivery obligations under a Transaction or its obligation to transfer or return Margin for as long as such event continues, but not later than the Withholding End Date or, if designated or deemed to occur, until the Early Termination Date, whichever occurs first. (ii) Upon giving notice pursuant to Section 6(2)(b), either party may withhold performance of its payment or delivery obligations under the Affected Transaction(s) until the Early Termination Date, and if all Transactions are Affected Transactions, the terminating party may additionally withhold performance of its obligation to transfer or return Margin until the Early Termination Date.]

"Withholding End Date" means the date which falls [90] days after the date upon which the Defaulting Party has given notice to the Non-Defaulting Party identifying the respective Event of Default and informing the Non-Defaulting Party that it seeks to apply this provision, provided that if such date is not a Business Day, the first Business Day falling after such date.]

(1) Section 3(4) (Payment Netting)

The principle set forth in Section 3(4), first sentence, of the General Provisions is hereby extended so as to apply also to:

- mutual payments in the same currency in respect of [the following types of Transactions: ...][all types of Transactions][entered into between any of the following pair of branches: [°°°]] and

- mutual deliveries of assets that are fungible with each other and are due in respect of [the same Transaction] [the following types of Transactions: …] [all types of Transactions] [entered into between any of the following pair of branches: [°°°]].

(2) Section 3(5) (Late Payment)

The interest surcharge referred to in Section 3(5) shall be ... per cent per annum.

(3) Section 3(8) (Market Value)

The price source for determining the Market Value of Securities shall be ...

[7] These provisions refer to clauses of the Master Agreement contemplating possible choices or modifications to be made in the Special Provisions. When any such provision is not inserted, the relevant fallback provision specified in the Master Agreement will apply. Parties may insert these provisions (or any other clause amending the terms of the Master Agreement) in paragraph no 5 (Other provisions) of the Special Provisions

(4) Section 5(2) (Guarantor/Guarantee)

Guarantor means

in relation to Party A: ... (whose jurisdiction of organisation/incorporation is ...)
in relation to Party B: ... (whose jurisdiction of organisation/incorporation is ...).

Guarantee means

in relation to Party A: ...
in relation to Party B: ...

(5) Section 6(1)(a)(v) (Default under Specified Transactions)

Section 6(1)(a)(v) will apply to [Party A][Party B][both parties] and "Specified Transactions" are ...... (e.g.: derivative and other trading transactions (to be specified) entered into with the other party to the Agreement and/or with any third party).

(6) Section 6(1)(a)(vi) (Cross Default)

Section 6(1)(a)(vi) shall not apply/apply only to Party [A] [B] and not to the other party/apply with the following modifications: ...

The Default Threshold is:

in relation to Party A: ...
in relation to Party B: ...

(7) Section 6(1)(a)(viii) (Insolvency Events)

The following shall, in addition to each party's country of organisation, incorporation, principal office or residence, be a Specified Jurisdiction:

in relation to Party A: ...
in relation to Party B: ...

Sub-paragraph (viii) (5) (B) shall not apply/shall apply with a period of ... days instead of thirty days/shall apply only to Party [A] [B].

(8) Section 6(4) Applicability to Guarantor or Relevant Entity

Relevant Entity means

in relation to Party A: ... (whose jurisdiction of organisation/incorporation is ...)
in relation to Party B: ... (whose jurisdiction of organisation/incorporation is ...).

(9) Section 6(1)(b) (Automatic Termination)

Section 6(1)(b), second sentence, shall not apply/shall apply only in relation to Party [A][B].

(10) Section 6(2)(a)(v) Additional Change of Circumstances

Each of the following events shall constitute an Additional Change of Circumstances for the purpose of Section 6(2)(a)(v):

....

For the purposes of the foregoing Additional Change of Circumstances, the Affected Party shall be ....

(11) Section 7(1)(b) (Conversion)

"Base Currency" means ...

(12) Section 8(1) (Manner of Giving Notices)

The electronic messaging system(s) for purposes of Section 8(1) is/are: ...

(13) Section 9(1) (Booking Offices)

Booking Offices may be

in relation to Party A:
- for Repurchase Transactions: ...
- for Securities Loans: ...
- for Derivative Transactions: ...
- for Deposits and Loans: ...

in relation to Party B:
- for Repurchase Transactions: ...
- for Securities Loans: ...
- for Derivative Transactions...
- for Deposits and Loans: ...

(14) Section 10(4) (Documents)

The following documents shall be delivered by Party A and Party B, respectively, by the dates specified below:

	Type of document	To be delivered by (date)	Section 5(1)(j) applicable
Party A:	......	......	
Party B:	......	......	

(15) Section 10(9) (Previous Transactions)

[Specify relevant transactions (if any) and further details (e.g. effect/cessation of effect of contractual terms governing previous transactions)]

(16) Section 11(3) (Service of Process)

The Process Agent (Section 11(3)) is

in relation to Party A: ...
in relation to Party B: ...

II. Margin Maintenance Annex

(1) Transactions and groups of Transactions covered

Net Exposure shall be calculated, and Margin transferred, in respect of the following Booking Offices and types of Transactions:

(i) [all Booking Offices in the aggregate]
[each Booking Office of Party A/B][8]
[each pair of Booking Offices of Party A and Party B][9]
[other arrangement]

(ii) [the aggregate of all Repurchase Transactions, Securities Loans Derivative Transactions and Deposits and Loans][10],
[the aggregate of all Repurchase Transactions, of all Securities Loans, of all Derivative Transactions and of all Deposits and Loans, in each case separately],
[the aggregate of all Transactions relating to fixed income Securities, of all Transactions relating to equity Securities, of Derivative Transactions and of Deposits and Loans, in each case separately],
[each Transaction separately],

[8] If one Party acts through more than one office

[9] If both parties act through more than one office

[10] If the variation margin rules of Commission Delegated Regulation (EU) 2016/2251 of 4 October 2016 supplementing Regulation (EU) No 648/2012 (the "**EMIR RTS**") (as amended from time to time), apply to the Derivatives Transactions, this option may not be elected.

[other arrangement].

[(iii) For the purposes of Net Exposure, Derivatives Transactions shall exclude: [spot contracts as such term is defined in Article 38(2) of Commission Regulation (EC) No 1287/2006 of 10 August 2006 implementing Directive 2004/39/EC] [11] / [spot contracts with a settlement cycle of T+2][12] [and [ ]][13].]

(2) Eligible Margin

(i) Repurchase Transactions[14]

Cash Margin: eligible currencies (other than the Base Currency):

Currency	Valuation Percentage	Transferring party	
[ ]	[ ]%	[Party A]	[Party B]

Interest payable on Cash Margin[15]:

... Margin Securities:

	Eligible Securities	Valuation Percentage[16]	Transferring party	
(i)		[ ]%	[Party A]	[Party B]
(iii)	Other:		[Party A]	[Party B]

Valuation Methodology for Repurchase Transactions (select one only):

Margin Ratio ☐

Haircut[17] ☐, applicable discount: ....

(ii) Securities Loans

Cash Margin: eligible currencies (other than the Base Currency):

Currency	Valuation Percentage	Transferring party	
[ ]	[ ]%	[Party A]	[Party B]

Interest payable on Cash Margin[18]:

Margin Securities:

	Eligible Securities	Valuation Percentage	Transferring party	
(i)	[ ]	[ ]%	[Party A]	[Party B]
(ii)	[ ]	[ ]%	[Party A]	[Party B]
(iii)	Other:		[Party A]	[Party B]

(iii) Derivatives Transactions

[11] Insert if parties do not wish to collateralise spot contracts as defined under the Regulation.
[12] Insert if parties do not wish to collateralise spot but wish to adopt a strict T+2 settlement threshold.
[13] If parties wish to remove other Derivatives Transactions from the scope of margining this should be specified here.
[14] Separate categories are to ensure that the categories of Eligible Margin for Derivatives Transactions does not apply to Repurchase Transactions or Securities Lending.
[15] In line with the Interest Reference Rate definition to be considered to include fallback language in case the interest rate is no longer provided.
[16] Parties may want to consider applying identical haircuts and valuation percentages when dealing with the same ISIN on the repo and on the collateral side.
[17] Parties may want to consider applying identical haircuts and valuation percentages when dealing with the same ISIN on the repo and on the collateral side.
[18] In line with the Interest Reference Rate definition to be considered to include fallback language in case the interest rate is no longer provided.

Cash Margin: eligible currencies (other than the Base Currency):

Eligible Currency	Valuation Percentage	Transferring party	
[ ]	[ ]%	[Party A]	[Party B]

Interest payable on Cash Margin[19]:

Margin Securities:

[If the variation margin rules of Commission Delegated Regulation (EU) 2016/2251 of 4 October 2016 supplementing Regulation (EU) No. 648/2012 apply to the Derivatives Transactions, insert the following here: "Where the currency in which the Margin Securities are denominated does not match an eligible currency, the Valuation Percentage agreed for such Margin Securities between the parties will be reduced by 8 percentage points.]

	Eligible Securities	Valuation Percentage[20]	Transferring party	
(i)	Negotiable debt obligations issued by the Government of [ ] having an original maturity at issuance of not more than [one year]	[ ]%	[Party A]	[Party B]
(ii)	Negotiable debt obligations issued by the Government of [ ] having an original maturity at issuance of more than [one year] but not more than 10 years	[ ]%	[Party A]	[Party B]
(iii)	Other:		[Party A]	[Party B]

(iv) Deposits and Loans

Cash Margin: eligible currencies (other than the Base Currency):

Currency	Valuation Percentage	Transferring party	
[ ]	[ ]%	[Party A]	[Party B]

Interest payable on Cash Margin[21]:

Margin Securities:

	Eligible Securities	Valuation Percentage	Transferring party	
(i)	[ ]	[ ]%	[Party A]	[Party B]
(ii)	[ ]	[ ]%	[Party A]	[Party B]
(iii)	Other:		[Party A]	[Party B]

(3) "Valuation Agent" means: ...

(4) Valuation Procedure

(a) "Valuation Date" means each [Business Day/Monday...]

(b) "Independent Amount" means
- with respect to Party A: ...
- with respect to Party B: ...

(c) "Exposure Threshold" means:

[19] In line with the Interest Reference Rate definition to be considered to include fallback language in case the interest rate is no longer provided.
[20] If the variation margin rules of the EMIR RTS apply to the Derivatives Transactions, the valuation percentages set out in the EMIR RTS must be inserted here.
[21] In line with the Interest Reference Rate definition to be considered to include fallback language in case the interest rate is no longer provided.

[if aggregating all Repurchase Transactions, Securities Loans, Derivative Transactions and Deposits and Loans:

- in relation to the Net Exposure of Party B to Party A: ...
- n relation to the Net Exposure of Party A to Party B: ...][22]

[if aggregating all Repurchase Transactions, all Securities Loans, Derivative Transactions and Deposits and Loans separately:

- in relation to the Net Exposure of Party B to Party A for all Repurchase Transactions: ...
- in relation to the Net Exposure of Party A to Party B for all Repurchase Transactions: ...
- in relation to the Net Exposure of Party B to Party A for all Securities Loans: ...
- in relation to the Net Exposure of Party A to Party B for all Securities Loans: ...
- in relation to the Net Exposure of Party B to Party A for all Derivative Transactions[23]: ...
- in relation to the Net Exposure of Party A to Party B for all Derivative Transactions[24]: ...
- in relation to the Net Exposure of Party B to Party A for all Deposits and Loans: ...
- in relation to the Net Exposure of Party A to Party B for all Deposits and Loans: ...

[if aggregating all Transactions relating to fixed income Securities, all Transactions relating to equity Securities, Derivative Transactions and Deposits and Loans:

- in relation to the Net Exposure of Party B to Party A: ...
- in relation to the Net Exposure of Party A to Party B: ...][25]

[for each Transaction separately:

- in relation to the Net Exposure of Party B to Party A: ...
- in relation to the Net Exposure of Party A to Party B: ...]

[other arrangement]

(d) "Minimum Transfer Amount" means: ...

(5) Negative Interest

Negative Interest

The provisions of Section 2(4)(i) of the Margin Maintenance Annex [shall apply] / [shall not apply] to Repurchase Transactions; [shall apply]/[shall not apply] to Securities Loans; [shall apply]/[shall not apply] to Derivatives Transactions..[26]

(6) Compounding

The provisions of Section 2(4)(ii) of the Margin Maintenance Annex [shall apply] / [shall not apply] to Repurchase Transactions; [shall apply]/[shall not apply] to Securities Loans; [shall apply]/[shall not apply] to Derivatives Transactions.[27]

[(7) [28]For the purpose of Section 2(4)(a) of the Margin Maintenance Annex, for Cash Margin in the form of the Base Currency, "Interest Reference Rate" means by way of derogation from Section 3(5) of the General Provisions, the euro short-term rate "€STR" provided by the European Central Bank (or any successor administrator) plus 0.085[29].]

(8) €STR fallback provisions

In case €STR ceases to be provided permanently or indefinitely, the Interest Reference Rate for the purpose of Section 2(4)(a) of the Margin Maintenance Annex for Euro Cash Margin in respect of an interest period commencing on or after the cessation date shall be a rate (inclusive of any spreads or adjustments) recommended by the European Central Bank (ECB) (or any successor administrator) in replacement of the €STR as published or provided by the administrator thereof in respect of that day, if that day is a Business Date, or in respect of the Business Day immediately preceding that day, if that day is not a Business Day.

[22] If the variation margin rules of the EMIR RTS apply to the Derivatives Transactions, this option may not be elected.
[23] If the variation margin rules of EMIR apply to the Derivatives Transactions, Exposure Threshold must be zero for each party and calculated separately.
[24] If the variation margin rules of EMIR apply to the Derivatives Transactions, Exposure Threshold must be zero for each party and calculated separately.
[25] If the variation margin rules of the EMIR RTS apply to the Derivatives Transactions, this option may not be elected.
[26] To be completed.
[27] To be completed.
[28] Parties to consider whether there is a need to deviate from the standard Interest Reference Rate definition for purposes of Euro cash margin and add a specific fallback from EONIA to ESTR plus spread, where existing Master Agreements are replaced with the updated 2020 EMA documentation.
[29] With respect to existing Master Agreements in case of an upgrade to the new 2019 EMA, parties to consider whether they would like to replace EONIA with €STR plus spread or €STR flat, and in case of the latter, whether there is a need for a compensation payment.

If no such rate is recommended by the ECB (or any successor administrator) or any other recommended body by the ECB (or successor administrator) or if the rate recommended by the ECB (or any successor administrator) or any other recommended body by the ECB (or successor administrator) ceases to be provided permanently or indefinitely, the Interest Reference Rate for the purpose of Section 2(4)(a) of the Margin Maintenance Annex for Euro Cash Margin in respect of an interest period commencing on or after the respective cessation date, shall be (i) the Eurosystem Deposit Facility Rate (EDFR) as published or provided by the administrator thereof in respect of that day, if that day is a Business Day, or in respect of the Business Day immediately preceding that day, if that day is not a Business Day, plus (ii) the EDFR Spread.

"EDFR Spread" means:
(i) If no rate is recommended by the ECB (or any successor administrator) or any other recommended body by the ECB (or successor administrator), the arithmetic mean of the daily difference between €STR and the EDFR over an observation period of 30 Business Days starting 30 Business Days prior to the day on which the €STR ceased to be provided and ending on the Business Day immediately preceding the day on which the €STR ceased to be provided); or
(ii) If the rate recommended by the ECB (or any successor administrator) or any other recommended body by the ECB (or successor administrator) ceases to be provided permanently or indefinitely, the arithmetic mean of the daily difference between the recommended rate and the EDFR over an observation period of 30 Business Days starting 30 Business Days prior to the day on which the recommended rate ceases to be provided and ending on the Business Day immediately preceding the day on which the recommended rate ceases to be provided.

"Eurosystem Deposit Facility Rate" means the rate on the deposit facility, which banks may use to make overnight deposits with the Eurosystem and which is published on the ECB´s Website.

"ECB's Website" means the website of the European Central Bank at https://www.ecb.europa.eu/home/html/index.en.html, or another published source that has been officially designated by the European Central Bank or, in respect of €STR, a successor administrator of €STR.

(9) In relation to Section 1(3) of the Margin Maintenance Annex, the relevant location to determine close of business in calculating Potential Final Settlement Amount shall be: [Brussels] / [ ].

(10) In relation to Section 2(2) of the Margin Maintenance Annex, the Notification Time shall be: [12 p.m. Brussels time]/[ ][30].

(11) In relation to Section 2(8) of the Margin Maintenance Annex, the Resolution Time shall be: [2 p.m. Brussels time]/[ ].

III. Other Annexes

Repurchase Annex

Section 2(7)(v) shall apply.

Securities Lending Annex

Section 2(6)(v) shall apply.

Derivatives Annex

Section 1(2)(c)

The provisions of Section 1(2)(c) of the Derivatives Annex shall apply to the following types of Derivative Transactions:

types of Derivative Transactions
[ ].

Section 2

[30] Parties should note that where the variation margin rules of EMIR RTS apply to the Derivatives Transactions, Section 3, Article 9(3) requires that where two parties are not located in the same time-zone, calculation must be based on values of transactions entered into before 16.00 on the immediately preceding Business Day of the time-zone where it is first 16.00.

The Market Standard Documentation(s) set out below shall be incorporated into the terms of the following types of Derivative Transactions:

Market Standard Documentation(s)	types of Derivative Transactions
[ ]	[ ].

The terms in the Market Standard Documentation(s) which have been incorporated into the terms of a Derivative Transaction shall be construed in accordance with the following law(s) as set out below:

Market Standard Documentation(s)	law
[ ]	[ ].

Deposit and Lending Annex

Section 1(2)(b)

The Master Agreement and the Deposit and Lending Annex shall apply to all Deposits or Loans between the parties except for a Deposit or Loan that is a

(i) deposit or loan evidenced or represented by a certificate, like a certificate of deposit (CD) or a *Schuldscheindarlehen*; bond, note, commercial paper, share or other security;

(ii) deposit or loan taken or granted by way of credit support, margin, collateral or security interest (including any cash distribution made on securities taken or granted by way of credit support, margin, collateral or security interest);

(iii) deposit encumbered with a mortgage, pledge, lien or a right of a third party;

[(v) deposit or loan under which the rights of the Lender to receive interests or principal are subordinated to those of other creditors;

(vi) deposit or loan whose Initial Final Maturity is longer than [ ] days; "Initial Final Maturity" means the period beginning with (but excluding) the Payment Date and ending with (and including) the last Repayment Date;]

Section 2

The Market Standard Documentation(s) set out below shall be incorporated into the terms of the following types of Deposits or Loans:

Market Standard Documentation(s)	types of Deposits or Loans
[ACI The Financial Market Association Model Code (version 2000, updated version March 2006)]	[Deposits and Loans]
[ ]	[ ].

The terms in the Market Standard Documentation(s) which have been incorporated into the terms of a Deposit or Loan shall be construed in accordance with law(s) as set out below:

Market Standard Documentation(s)	law
[ ]	[ ].

[Section 3(5)(b) (Failure by Borrower)

"For the purposes of the Deposit and Lending Annex only, the interest provided for in Section 3(5) of the General Provisions is zero"]

EMIR Annex

Section 1(3) (Business Day)

The following cities shall be relevant for purposes of Section 1(3) (Business Day):

Section 2(1) (Determination of Clearing Status)

Party A represents that it is a [Non-]Financial Counterparty for purposes of EMIR and [not] subject to the Clearing Obligation Party B represents that it is a [Non-]Financial Counterparty for purposes of EMIR and [not] subject to the Clearing Obligation Section 2(2) (Change of Clearing Status)

The notification regarding a change of the Clearing Status has to be sent to the address specified below.

Party A:

Party B:

Section 4 (Timely Confirmation)

The parties agree that if one party sends to the other a Confirmation and the receiving party does not send either a Confirmation or an objection notice regarding the received Confirmation by the time required under Regulation No 149/2013, the Confirmation sent by the first party shall be deemed to have been accepted by the receiving party.

Section 5 (Portfolio Reconciliation)

a) "Data Transferor" means:

b) "Transfer Time" means:

c) "Reconciliation Date" means:

(i) in relation to weekly reconciliation required under Section 5(2)(a)(ii):

(ii) in relation to a quarterly reconciliation required under Section 5(2)(a)(iii) or Section 5(2)(b)(i):

(iii) in relation to a yearly reconciliation required under Section 5(2)(b)(ii):

d) "Materiality Threshold" means:

e) "Valuation Date" means:

Clearing Annex

Section 3 (Rejection and early termination by way of cash settlement)

For the purposes of Section 3(2) the Calculation Agent shall be the Calculation Agent as specified in Section 4 of the Derivatives Annex, unless no such Calculation Agent is specified, in which case the Calculation Agent shall be:

[Party A][Party B][both parties together].

19.3 EMA – Derivatives-Annex (Produktanhang für Derivategeschäfte)

FEDERATION BANCAIRE DE L'UNION EUROPEENNE
BANKING FEDERATION OF THE EUROPEAN UNION
BANKENVEREINIGUNG DER EUROPÄISCHEN UNION

in co-operation with

EUROPEAN SAVINGS BANKS GROUP
GROUPEMENT EUROPEEN DE SCAISSES D' EPARGNE
EUROPÄISCHE SPARKASSENVEREINIGUN

EUROPEAN ASSOCIATION OF COOPERATIVE BANKS
GROUPEMENT EUROPEEN DES BANQUES CO OPERATIVES
EUROPÄISCHE VEREINIGUNG DER GENOSSENSCHAFTSBANKEN

MASTER AGREEMENT
FOR FINANCIAL TRANSACTIONS

PRODUCT ANNEX FOR DERIVATIVE TRANSACTIONS
Edition 2020

This Annex, together with any Supplement thereto, supplements the General Provisions which form part of any Master Agreement for Financial Transactions based on the form published by the FBE.

1. Purpose, Applicability

(1) *Purpose.* The purpose of this Annex ("Derivatives Annex") is to govern Transactions ("Derivative Transactions") which are (a) over-the-counter market transactions, including, but not limited to, forward, swap, option, cap, floor, and collar transactions, any combination of these and any other similar transactions, the object of which is (i) the exchange of amounts of money denominated in different currencies, (ii) the delivery or transfer of currencies, securities, financial instruments, commodities, precious metals, energy (including but not limited to gas and electricity) or any other assets, (iii) the payment of money, if either the obligation to make such payment, or the amount thereof, is contingent upon market-related, credit-related or other events or circumstances, (including, but not limited to, the level of interest or exchange rates, credit spreads, prices, market or economic indices, statistics, weather conditions, economic conditions or any other measurement), (iv) any combination of the foregoing, or
(b) any transaction referred to in Section 1(2)(a) of this Annex.

(2) *Applicability.* If this Annex forms part of a Master Agreement between any two parties, such Master Agreement (including this Annex) shall apply to any Derivative Transaction between such parties which is to be conducted by each party through a Booking Office specified in such Master Agreement in respect of Derivative Transactions and which either (a) has been entered into subject to the terms of such Master Agreement (whether or not the transaction is of a type referred to in Section 1(1)(a) of this Annex), or (b) is a Foreign Exchange Transaction if the parties have specified in Section 2 of the Special Provisions that the Foreign Exchange Supplement shall be incorporated into this Annex, or (c) is of a type specified in the Special Provisions as being a type to which this Annex shall apply.

2. Other Market Standard Documentation

If the parties have, in the Special Provisions, a Confirmation or otherwise, incorporated into the terms of a Transaction any Market Standard Documentation, in whole or in part, such documentation (or parts thereof) so incorporated shall apply to such Transaction. For the avoidance of doubt, the terms of such Market Standard Documentation shall, unless the parties have agreed otherwise, be construed in accordance with the law agreed by the parties in Section 4 of the Special Provisions to govern the Master Agreement. "Market Standard Documentation" means a documentation (including, but not limited to, any documentation published by a member association of the FBE or by an industry association) which sets out for different types of Transactions the terms and technical characteristics relating to such Transactions and which may include one or more definitions, lists of definitions, addenda (including, but not limited to, samples of Confirmation) or provisions for use in connection with other market standard master agreements.

3. Margin Provisions

Any obligations of the parties to provide cash or Securities as Margin shall be performed in accordance with the provisions of the applicable Title Transfer Margin or Security Interest Margin arrangement or with any other rules to be separately agreed.

4. Definitions common to Supplements to this Annex

"Base Reference" means any index, benchmark, price source or other value which serves as a reference to determine certain payments or deliveries under a Derivative Transaction.
"Calculation Agent" means the party or any other third

person specified as such in respect of the relevant Transaction; the Calculation Agent shall make all calculations, adjustments, determinations, estimates, anticipations or selections in good faith and in a reasonable manner;

"Cash Settlement Currency" means the euro, unless otherwise agreed;

"Effective Date" means the date agreed as such between the parties in respect of the relevant Transaction or, failing such agreement, the Trade Date; the Effective Date is the first day of the term of the Transaction and shall not be subject to adjustments in accordance with Section 3(6) of the General Provisions, unless otherwise specified by the parties;

"Exchange" means the regulated or organised exchange(s) or the quotation system(s) for any underlying asset or any underlying measurement of a Transaction, agreed as such between the parties. This definition shall be subject to any modification which may be agreed in any Confirmation or agreed between the parties in a separate document (including any applicable Supplement) or otherwise;

"Exchange Business Day" means a day on which the Exchange(s) is/are open for trading. If any payment or delivery date, any determination or valuation date, any commencement or termination date or any exercise date agreed between the parties which is deemed to be an Exchange Business Day is not an Exchange Business Day, the provisions of Section 3(6) of the General Provisions shall be applicable provided that for purposes of application of those provisions, references to a "Business Day" shall be deemed to be references to an "Exchange Business Day";

"Market Disruption Convention" means any provisions incorporated in any Confirmation or agreed between the parties in a separate document (including any applicable Supplement) or otherwise, providing for the consequences of a Market Disruption Event occurring and continuing at the Valuation Time on any Valuation Date;

"Market Disruption Event" means in respect of any underlying asset or measurement of a Transaction and to the extent such underlying asset or measurement is subject to quotations, the situation where the Calculation Agent ascertains during the one-half hour period that ends at the relevant Valuation Time any suspension of quotations or any material limitation of trading (in particular by reason of movements in prices exceeding the limits allowed by any relevant exchange(s), or any relevant central bank or any market undertaking or otherwise) on the relevant exchange(s), of the underlying asset or measurement or, as the case may be, of any future or option contract relating to the underlying asset or measurement. This definition shall be subject to any modification which may be agreed in any Confirmation or agreed between the parties in a separate document (including any applicable Supplement) or otherwise;

"Relevant Nominating Body" means, in respect of a base reference, the central bank for the currency in which the relevant base reference is denominated or any central bank or supervisor which is responsible for supervising either the relevant base reference or its administrator; or any working group or committee officially endorsed or convened by such central bank or supervisor, a group of those central banks or supervisors, the Financial Stability Board or any part thereof;

"Settlement Date" means, subject to any modifications made in an applicable Supplement and to adjustments in accordance with Section 3(6) of the General Provisions, each date agreed between the parties upon which payments, deliveries or transfers shall be made in respect of the relevant Transaction; a payment shall be "simultaneous" if it occurs as part of a delivery-versus-payment system or, should such system not exist or the use of such system in the given circumstances not be customary, if it occurs on the same day as the delivery or transfer of currencies, securities, financial instruments, commodities, precious metals, energy or any other assets;

"Termination Date" means the date agreed as such between the parties in respect of the relevant Transaction or, failing such agreement, the last Settlement Date of the Transaction; the Termination Date is the last day of the term of the Transaction and shall not be subject to adjustments in accordance with Section 3(6) of the General Provisions, unless otherwise specified by the parties;

"Trade Date" means the date on which the parties enter into the relevant Transaction;

"Valuation Date" means, subject to adjustments in accordance with the applicable Market Disruption Convention or Section 3(6) of the General Provisions, (i) the date agreed as such between the parties on which the relevant prices, interest rates, exchange rates, credit spreads, market or economic indices, statistics, weather conditions, economic conditions or any other measurement are to be determined in respect of the relevant Transaction or, failing such agreement, (ii) the date so specified in the applicable Supplement; "Valuation Time" means the time agreed as such between the parties in respect of the relevant Transaction or, failing such agreement, the close of business on the Valuation Date.

5. Late Delivery

If in respect of a Transaction a party fails to make a delivery to the other party when due (and, for the avoidance of doubt, without being entitled to withhold such delivery), (i) it will on demand compensate the other party to the extent provided for in the relevant Confirmation or elsewhere in this Agreement and (ii) interest, payable on demand, shall accrue at the Default Rate on an amount equal to the fair market value of that which was required to be delivered, calculated for the period from (and including) the due date to (but excluding) the day on which such delivery is received. The fair market value of any obligation referred to above will be determined as of the originally scheduled date for delivery, in good faith and using commercially reasonable procedures, by the party that was entitled to take delivery.

6. Base Reference Disruption

Unless otherwise agreed, the following shall apply in the event of a disruption of a Base Reference:

(1) If during the term of a Transaction, the Base Reference is no longer provided, or is no longer permitted to be used, or where there has been a material change to the Base Reference, the Calculation Agent shall replace such Base Reference with a new base reference that it deems to be economically appropriate (the "Alternative Base Reference"). For these purposes, the Calculation Agent shall take into account the market practice observed at that point in time. It shall in particular take into account to what extent an alternative base reference is formally designated, nominated or recommended by any Relevant Nominating Body, administrator or sponsor of the relevant Base Reference. Where the Calculation Agent expects that the value of the alternative base reference will not correlate or would not have correlated with the Base Reference, it shall amend any other terms of the Transaction as it deems

necessary or appropriate (including determining any adjustment payment to be made or adjustment spread to be applied to the Alternative Base Reference) to preserve as nearly as practicable the economic equivalence of the Transaction. In the event of a material change to the Base Reference the Calculation Agent may also determine, taking into account the market practice observed at that point of time, that the Transaction shall continue without any replacements or amendments. The Calculation Agent shall notify the parties promptly of any determinations it makes pursuant to this sub-section. Failure to provide notice shall not constitute an Event of Default pursuant to Section 6(1)(a)(iii).

(2) In the event the Calculation Agent determines that the replacement or amendment would not produce an economically reasonable result, it shall inform the parties accordingly. The Transaction shall be terminated upon receipt of this notification. Neither party shall be obliged to make any further payment or delivery under the terminated Transaction which would have become due on or after the termination. These obligations shall be replaced by an obligation of either party to pay a Final Settlement Amount in relation to such Transaction as calculated in accordance with Section 7(2)(b).

(3) Where prior to the revision of the terms of the Transaction or a termination thereof calculations are to be made in relation to such Transaction that relate to the Base Reference, the last quote provided in relation to the Base Reference shall be used instead.

(4) To the extent the Calculation Agent is required to act, make a determination or to exercise judgment in relation to the execution of its obligations under (1) to (3) above, it shall do so in good faith, in a commercially reasonable manner and by taking into account and balancing the interests of both parties.

19.4 EMA – Zusatz zum Derivateanhang, Devisengeschäfte

FEDERATION BANCAIRE DE L'UNION EUROPEENNE
BANKING FEDERATION OF THE EUROPEAN UNION
BANKENVEREINIGUNG DER EUROPÄISCHEN UNION

in Zusammenarbeit mit

EUROPEAN SAVINGS BANKS GROUP
GROUPEMENT EUROPEEN DES CAISSES D'EPARGNE
EUROPÄISCHE SPARKASSENVEREINIGUNG

EUROPEAN ASSOCIATION OF COOPERATIVE BANKS
GROUPEMENT EUROPEEN DES BANQUES COOPERATIVES
EUROPÄISCHE VEREINIGUNG DER GENOSSENSCHAFTSBANKEN

Rahmenvertrag für Finanzgeschäfte

Zusatz zum Derivateanhang

Devisengeschäfte

Ausgabe 2004

Dieser Zusatz ergänzt die Allgemeinen Bestimmungen und den Derivateanhang, die Bestandteil eines Rahmenvertrags für Finanzgeschäfte nach dem von der FBE veröffentlichten Muster sind.2

1. Zweck, Auslegung

(1) Zweck Dieser Zusatz („Devisen-Zusatz") enthält Bedingungen für Devisengeschäfte. „Devisengeschäfte" sind Devisenkassageschäfte, Devisentermingeschäfte, Non-Deliverable Forwards, Non-Deliverable Options sowie jedes sonstige Geschäft, das von den Parteien in den Bedingungen des betreffenden Geschäfts oder in den Besonderen Bestimmungen als solches vereinbart wird.

(2) Auslegung Dieser Zusatz ist Bestandteil des Derivateanhangs. Die Auslegung des in Nr. 1(3) der Allgemeinen Bestimmungen verwendeten Begriffs „Anhang" erstreckt sich auch auf den vorliegenden Zusatz. Bei etwaigen Widersprüchen zwischen den verschiedenen Teilen des Derivateanhangs und diesem Zusatz ist dieser Zusatz maßgeblich.

2. Devisengeschäfte

„Devisenkassageschäft" ist ein Geschäft des Inhalts, dass eine Partei („Verkäufer") der anderen Partei („Käufer") einen bestimmten Betrag in einer vereinbarten Währung („Referenzwährung") gegen Zahlung eines vereinbarten Betrags in einer bestimmten anderen Währung („Erfüllungswährung") verkauft und beide Verpflichtungen mit der für Kassageschäfte üblichen Wertstellung erfüllt werden.

„Devisentermingeschäft" ist ein Geschäft des Inhalts, dass der Verkäufer dem Käufer einen bestimmten Betrag der Referenzwährung gegen Zahlung eines vereinbarten Betrags der Erfüllungswährung verkauft und beide Verpflichtungen zu einem vereinbarten späteren Zeitpunkt erfüllt werden.

„Non-Deliverable Forward" ist ein Geschäft des Inhalts, dass der Verkäufer dem Käufer einen bestimmten Betrag der (nicht konvertierbaren, nicht übertragbaren oder geringfügig gehandelten) Referenzwährung gegen Zahlung eines vereinbarten Betrags der Erfüllungswährung verkauft; beide Verpflichtungen werden durch Zahlung des Erfüllungswährungsbetrags erfüllt, der auf der Differenz zwischen dem vereinbarten und dem tatsächlichen Preis der Erfüllungswährung zu einem vereinbarten späteren Zeitpunkt beruht und der entweder vom Käufer oder vom Verkäufer zu leisten ist.

„Devisenoption" ist ein Optionsgeschäft des Inhalts, dass der Verkäufer dem Käufer gegen Zahlung einer Prämie das Recht einräumt, einen bestimmten Betrag der Referenzwährung (die „Kaufwährung" bei einer Kaufoption und die „Verkaufswährung" bei einer Verkaufoption) gegen Zahlung eines vereinbarten Betrags der Erfüllungswährung (die „Verkaufswährung" bei einer Kaufoption und die „Kaufwährung" bei einer Verkaufoption) bei einer Kaufoption zu erwerben und bei einer Verkaufoption zu veräußern. Das Optionsgeschäft ist zu erfüllen (i) falls „Physische Lieferung" Anwendung findet („Devisenoption mit Geschäftsabschluss"), durch Zahlung des Betrags in der Referenzwährung gegen Zahlung des Betrags der Erfüllungswährung oder (ii) falls „Barausgleich" Anwendung findet („Devisenoption mit Barausgleich") durch Zahlung eines Barausgleichsbetrags, der auf der Differenz zwischen dem vereinbarten Preis der Erfüllungswährung und dem Preis der Erfüllungswährung am Bewertungstag beruht.

„Non-Deliverable Option" ist ein Optionsgeschäft des Inhalts, dass der Verkäufer dem Käufer gegen Zahlung einer Prämie das Recht einräumt, einen bestimmten Betrag der (nicht konvertierbaren, nicht übertragbaren oder geringfügig gehandelten) Referenzwährung (die „Kaufwährung" bei einer Kaufoption und die „Verkaufswährung" bei einer Verkaufoption) gegen Zahlung eines vereinbarten Betrags der Erfüllungswährung (die „Verkaufswährung" bei einer Kaufoption und die „Kaufwährung" bei einer Verkaufoption) bei einer Kaufoption zu erwerben und bei einer Verkaufoption zu veräußern, wobei das Optionsgeschäft durch Zahlung eines Barausgleichsbetrags zu erfüllen ist, der auf der Differenz zwischen dem vereinbarten Preis der Erfüllungswährung und dem Preis der Erfüllungswährung am Bewertungstag beruht.

3. Lieferungen und Zahlungen

(1) Devisenkassageschäfte und Devisentermingeschäfte An dem für das jeweilige Devisenkassa- oder Devisentermingeschäft vereinbarten Fälligkeitstag hat der Verkäufer dem Käufer den bestimmten Betrag der Referenzwährung zu liefern bzw. zu übertragen und der Käufer hat dem Verkäufer den vereinbarten Betrag der Erfüllungswährung zu zahlen.

(2) Non-Deliverable Forward An dem für einen Non-Deliverable Forward vereinbarten Fälligkeitstag hat der Verkäufer an den Käufer den Erfüllungswährungsbetrag zu zahlen, falls es sich dabei um einen negativen Betrag handelt, und hat der Käufer an den Verkäufer den Erfüllungswährungsbetrag zu zahlen, falls es sich dabei um einen positiven Betrag handelt. „Erfüllungswährungsbetrag" ist der auf die Erfüllungswährung lautende, nach Maßgabe folgender Formel berechnete Betrag:

$$\left[\begin{array}{l}\text{vereinbarter Betrag}\\ \text{der Erfüllungswährung} \times \left(1-\dfrac{\text{Terminkurs}}{\text{Referenzwährungskurs}}\right)\end{array}\right]$$

keitstag für die Prämie hat der Käufer dem Verkäufer die Prämie zu zahlen. Wird eine Devisenoption mit Geschäftsabschluss ausgeübt oder gilt sie als ausgeübt, so hat der Verkäufer dem Käufer an dem für das Optionsgeschäft vereinbarten Fälligkeitstag den bestimmten Betrag der Referenzwährung Zug um Zug gegen Zahlung des vereinbarten Betrags der Erfüllungswährung zu liefern bzw. zu übertragen.

(4) Non-Deliverable Option und Devisenoption mit Barausgleich An jedem für eine Non-Deliverable Option oder eine Devisenoption mit Barausgleich vereinbarten Fälligkeitstag für die Prämie hat der Käufer dem Verkäufer die Prämie zu zahlen. Wird eine Non-Deliverable Option oder eine Devisenoption mit Barausgleich ausgeübt oder gilt sie als ausgeübt, so hat der Verkäufer dem Käufer am vereinbarten Fälligkeitstag für das Optionsgeschäft den Barausgleichsbetrag zu zahlen, falls es sich dabei um einen positiven Betrag handelt. Der „Barausgleichsbetrag" ist ein auf die Erfüllungswährung lautender, nach Maßgabe folgender Formel berechneter Betrag: (i) im Fall eines Optionsgeschäfts, bei dem die Referenzwährung die Verkaufswährung und die Erfüllungswährung die Kaufwährung ist:

$$\left[\textit{vereinbarter Betrag der Kaufwährung } x \left(\frac{\textit{Referenzwährungskurs} - \textit{Basispreis}}{\textit{Referenzwährungskurs}}\right)\right]$$

und (ii) im Fall eines Optionsgeschäfts, bei dem die Referenzwährung die Kaufwährung und die Erfüllungswährung die Verkaufswährung ist:

$$\left[\textit{vereinbarter Betrag der Verkaufwährung } x \left(\frac{\textit{Basispreis} - \textit{Referenzwährungskurs}}{\textit{Referenzwährungskurs}}\right)\right]$$

zukünftige Leistung vereinbarte Wechselkurs, ausgedrückt als ein auf die Referenzwährung lautender Betrag je Einheit der Erfüllungswährung.

„Referenzwährungskurs" ist der Wechselkurs, ausgedrückt als ein auf die Referenzwährung lautender Betrag je Einheit der Erfüllungswährung, wie er von der Berechnungsstelle am Bewertungstag für den Bewertungszeitpunkt auf der Grundlage des (i) von der in der vereinbarten Währungsbezugsgröße genannten Preisquelle angezeigt wird und von dort erhältlich ist und, mangels einer solchen Vereinbarung, (ii) von der Berechnungsstelle bestimmten Wechselkurses für die Referenzwährung und die Erfüllungswährung (zusammen das „Währungspaar") ermittelt wird.

„Währungsbezugsgröße" ist der von den Parteien unter Bezugnahme auf eine Veröffentlichung, die Bildschirm- oder Internet-Seite eines Informationsdienstes oder einer sonstigen Preisquelle („Preisquelle") vereinbarte Wechselkurs.

„Basispreis" ist der von den Parteien vereinbarte Wechselkurs, ausgedrückt als ein auf die Referenzwährung lautender Betrag je Einheit der Erfüllungswährung, zu dem das Währungspaar auszutauschen ist, falls die Option ausgeübt wird oder als ausgeübt gilt.

4. Bestimmungen für Optionsgeschäfte

Falls in diesem Zusatz nicht anderweitig definiert, werden alle sich auf Optionsgeschäfte beziehenden Begriffe in Übereinstimmung mit dem einschlägigen von der FBE herausgegebenen Options-Zusatz ausgelegt.

19.5 EMA – Zusatz zum Derivateanhang, Optionsgeschäfte

FEDERATION BANCAIRE DE L'UNION EUROPEENNE
BANKING FEDERATION OF THE EUROPEAN UNION
BANKENVEREINIGUNG DER EUROPÄISCHEN UNION

in Zusammenarbeit mit

EUROPEAN SAVINGS BANKS GROUP
GROUPEMENT EUROPEEN DES CAISSES D'EPARGNE
EUROPÄISCHE SPARKASSENVEREINIGUNG

EUROPEAN ASSOCIATION OF COOPERATIVE BANKS
GROUPEMENT EUROPEEN DES BANQUES COOPERATIVES
EUROPÄISCHE VEREINIGUNG DER GENOSSENSCHAFTSBANKEN

Rahmenvertrag für Finanzgeschäfte

Zusatz um Derivateanhang

Optionsgeschäfte

Ausgabe 2004

Dieser Zusatz ergänzt die Allgemeinen Bestimmungen, den Derivateanhang und jeden Zusatz zu diesem Anhang, die Bestandteil eines Rahmenvertrags für Finanzgeschäfte nach dem von der FBE veröffentlichten Muster sind.

1. Zweck, Auslegung

(1) *Zweck* Dieser Zusatz („Options-Zusatz") enthält Bedingungen für Geschäfte („Optionsgeschäfte") des Inhalts, dass eine Partei („Verkäufer") der anderen Partei („Käufer") gegen Zahlung einer vereinbarten Prämie („Prämie") oder einer sonstigen Gegenleistung das Recht („Option") gewährt,

(a) eine bestimmte Anzahl oder Menge von Währungen, Wertpapieren, Finanzinstrumenten, Rohwaren, Edelmetallen, Energie oder anderen Vermögenswerten (jeweils der „Zugrunde Liegende Vermögenswert") gegen Zahlung eines vereinbarten Preises im Falle einer Kaufoption zu erwerben oder im Falle einer Verkaufoption zu veräußern, wobei beide Verpflich-
tungen zu erfüllen sind (i) bei Optionsgeschäften, auf die „Physische Lieferung" Anwendung findet, durch Lieferung oder Übertragung der bestimmten Anzahl oder Menge des Zugrunde Liegenden Vermögenswertes gegen Zahlung des vereinbarten Preises oder (ii) bei Optionsgeschäften, auf die „Barausgleich" Anwendung findet, durch Zahlung eines Barausgleichsbetrags, der auf der Differenz zwischen dem vereinbarten Preis („Basispreis") des Zugrunde Liegenden Vermögenswertes und dem Preis („Referenzpreis") des Zugrunde Liegenden Vermögenswertes am Bewertungstag beruht;

(b) Zahlung eines Barausgleichsbetrags zu verlangen, der auf der Differenz zwischen dem vereinbarten Stand („Basiswert") eines Zinssatzes, Wechselkurses, Credit-Spreads, Preises, Kurses, Marktindexes oder Wirtschaftsindikators, einer Statistik oder von Wetterbedingungen, Wirtschaftsbedingungen oder einer sonstigen Messgröße („Zugrunde Liegende Messgröße") und dem Stand („Referenzwert") der Zugrunde Liegenden Messgröße zum Bewertungstag beruht;

(c) ein Zugrunde Liegendes Geschäft („Grundgeschäft") durchzuführen, wobei das Grundgeschäft zu erfüllen ist (i) im Falle von Optionsgeschäften, auf die „Physische Lieferung" Anwendung findet, durch Bewirkung aller von den Parteien geschuldeter Zahlungen, Lieferungen oder Übertragungen gemäß den Bedingungen des Grundgeschäfts oder (ii) im Falle von Optionsgeschäften, auf die „Barausgleich" Anwendung findet, durch Zahlung des Barausgleichsbetrags, der auf dem Wert des Grundgeschäfts zum Bewertungstag beruht, falls dieser aus Sicht des Käufers ein positiver ist;

(d) ein bestimmtes Geschäft zu beenden, so dass alle Verpflichtungen unter dem beendeten Geschäft oder, soweit sie mit dem beendeten Geschäft im Zusammenhang stehen, unter dem Vertrag, die andernfalls am oder nach dem Ausübungstag fällig geworden wären, durch die Verpflichtung zur Zahlung eines Barausgleichsbetrags ersetzt werden, wobei dieser Betrag auf dem Wert des beendeten Geschäfts beruht und, falls es sich dabei um einen positiven Wert handelt, vom Verkäufer oder, falls es sich um einen negativen Wert handelt, vom Käufer geschuldet wird.

(2) *Auslegung* Dieser Zusatz ist Bestandteil des Derivateanhangs. Die Auslegung des in Nr. 1(3) der Allgemeinen Bestimmungen verwendeten Begriffs „Anhang" erstreckt sich auch auf den vorliegenden Zusatz. Bei etwaigen Widersprüchen zwischen den verschiedenen Teilen des Derivateanhangs und diesem Zusatz ist dieser Zusatz maßgeblich.

2. Optionsgeschäfte

(1) *Optionsarten* „Amerikanische Option" ist ein Optionsgeschäft, bei dem die Option an jedem Ausübungsgeschäftstag innerhalb der Frist vom Startdatum (einschließlich) bis zum Verfalltag (einschließlich) ausgeübt werden kann. „Bermuda-Option" ist ein Optionsgeschäft, bei dem die Option, vorbehaltlich einer Anpassung nach Nr. 3(6) der Allgemeinen Bestimmungen, an jedem von den Parteien hierfür vereinbarten Ausübungsgeschäftstag (jeder ein „Vereinbarter Ausübungstag") und am Verfalltag ausgeübt werden kann.

„Europäische Option" ist ein Optionsgeschäft, bei dem die Option nur am Verfalltag ausgeübt werden kann.

„Asiatische Option" ist eine Amerikanische Option, eine Bermuda-Option oder eine Europäische Option, bei der Referenzpreis oder Referenzwert am Bewertungstag als Durchschnitt derjenigen Preise oder Stände berechnet wird, die an jedem Durchschnittswertermittlungstag für den Zugrunde Liegenden Vermögenswert oder die Zugrunde Liegende Messgröße ermittelt werden.

(2) *Optionstypen* „Kaufoption" ist ein Optionsgeschäft, das nach Ausübung der Option, (i) im Falle von Nr. 1 (1)(a)(i) dieses Zusatzes den Verkäufer verpflichtet, die vereinbarte Anzahl oder Menge des Zugrunde Liegenden Vermögenswertes gegen Zahlung des vereinbarten Preises zu liefern oder zu übertragen, oder (ii) im Falle von Nr. 1 (1)(a)(ii) oder 1 (1)(b) dieses Zusatzes den Käufer berechtigt, Zahlung des Barausgleichsbetrags zu verlangen, falls der Referenzpreis den Basispreis bzw. der Referenzwert den Basiswert übersteigt.

„Verkaufoption" ist ein Optionsgeschäft, das nach Ausübung der Option (i) im Falle von Nr. 1 (1)(a)(i) dieses Zusatzes den Käufer verpflichtet, die vereinbarte Anzahl oder Menge des Zugrunde Liegenden Vermögenswertes gegen Zahlung des vereinbarten Preises zu liefern oder zu übertragen, oder (ii) im Falle von Nr. 1 (1)(a)(ii) oder 1 (1)(b) dieses Zusatzes den Käufer berechtigt, Zahlung des Barausgleichsbetrags zu verlangen, falls der Basispreis den Referenzpreis bzw. der Basiswert den Referenzwert übersteigt.

(3) *Definition von Terminen* „Verfalltag" ist, vorbehaltlich einer Anpassung nach Nr. 3(6) der Allgemeinen Bestimmungen, der von den Parteien vereinbarte Ausübungsgeschäftstag, nach dessen Ablauf die Option nicht mehr ausgeübt werden kann.
„Startdatum" ist, vorbehaltlich einer Anpassung nach Nr. 3(6) der Allgemeinen Bestimmungen, der von den Parteien vereinbarte Ausübungsgeschäftstag oder, mangels einer solchen Vereinbarung, das Abschlussdatum.
„Durchschnittswertermittlungstag" ist, vorbehaltlich einer Anpassung nach Nr. 3(6) der Allgemeinen Bestimmungen, der von den Parteien vereinbarte Ausübungsgeschäftstag oder, mangels einer solchen Vereinbarung, jeder Ausübungsgeschäftstag innerhalb der Frist vom Startdatum (einschließlich) bis zum Verfalltag (einschließlich).
„Ausübungstag" ist jeder Ausübungsgeschäftstag, an dem die Option ausgeübt wird oder als ausgeübt gilt.
„Ausübungsgeschäftstag" ist jeder Tag innerhalb der Ausübungsfrist, an dem die Option ausgeübt werden kann und der entweder (a) ein Geschäftstag (Nr. 3(7) der Allgemeinen Bestimmungen) (i) an dem oder den von den Parteien vereinbarten Ort(en) oder, mangels einer solchen Vereinbarung, (ii) an dem oder den nach Maßgabe der Bedingungen eines anwendbaren Zusatzes bestimmten Ort(en) oder, mangels derartiger Bedingungen, (iii) in der Stadt ist, die in der Anschrift der Geschäftsstelle des Verkäufers genannt ist oder (b) ein Börsengeschäftstag ist.
„Bewertungstag" ist, vorbehaltlich einer Anpassung nach Nr. 3(6) der Allgemeinen Bestimmungen, der von den Parteien vereinbarte Ausübungsgeschäftstag oder, mangels einer solchen Vereinbarung, der Ausübungstag.

3. Prämie

Der Käufer zahlt dem Verkäufer, vorbehaltlich einer Anpassung nach Nr. 3(6) der Allgemeinen Bestimmungen, an dem oder den von den Parteien hierfür vereinbarten Tag(en) (jeweils ein „Fälligkeitstag für die Prämie") oder, mangels einer solchen Vereinbarung, am zweiten auf das Abschlussdatum unmittelbar folgenden Geschäftstag die Prämie.

4. Ausübung

(1) *Ausübung durch Erklärung* Der Käufer ist berechtigt, eine Option innerhalb der Ausübungsfrist durch mündliche, einschließlich telefonische, Erklärung („Ausübungserklärung") gegenüber der Geschäftsstelle des Verkäufers auszuüben. Die Ausübungserklärung ist unwiderruflich. Im Falle einer mündlichen Ausübungserklärung wird der Käufer dem Verkäufer unverzüglich eine Bestätigung in der in Nr. 8(1) der Allgemeinen Bestimmungen festgelegten Form übersenden. Das Fehlen einer Bestätigung berührt nicht die Wirksamkeit der Ausübung.
„Geschäftsstelle des Verkäufers" ist die in den Bedingungen eines Optionsgeschäfts bestimmte Niederlassung einschließlich Kontaktadresse oder, mangels einer solchen Bestimmung, die Niederlassung, durch die der Verkäufer das betreffende Optionsgeschäft abschließt.
(2) *Ausübungsfrist* „Ausübungsfrist" ist die Frist vom frühesten Ausübungszeitpunkt (einschließlich) bis zum spätesten Ausübungszeitpunkt (einschließlich) an den folgenden Tagen:
(i) bei einer Europäischen Option der Verfalltag;
(ii) bei einer Amerikanischen Option jeder Geschäftsausübungstag vom Startdatum (einschließlich) bis zum Verfalltag (einschließlich); und
(iii) bei einer Bermuda-Option der Verfalltag und jeder Vereinbarte Ausübungstag.
„Frühester Ausübungszeitpunkt" ist der in den Bedingungen eines Optionsgeschäfts vereinbarte Zeitpunkt oder, mangels einer solchen Vereinbarung, 11:00 Uhr Ortszeit in der Stadt, die in der Anschrift der Geschäftsstelle des Verkäufers genannt ist.
„Spätester Ausübungszeitpunkt" ist der in den Bedingungen eines Optionsgeschäfts vereinbarte Zeitpunkt oder, mangels einer solchen Vereinbarung, der Geschäftsschluss in der Stadt, die in der Anschrift der Geschäftsstelle des Verkäufers genannt ist.
(3) *Ausübungszeitpunkt* Eine Ausübungserklärung, die dem Verkäufer zu einem anderen Zeitpunkt als an einem Ausübungsgeschäftstag innerhalb der Ausübungsfrist zugeht, ist unwirksam, es sei denn, dass die betreffende Erklärung
(i) an einem Ausübungsgeschäftstag vor dem frühesten Ausübungszeitpunkt eingeht; in diesem Fall gilt die Ausübungserklärung als zum frühesten Ausübungszeitpunkt zugegangen;
(ii) bei einer Europäischen Option an einem Ausübungsgeschäftstag vor dem Verfalltag eingeht; in diesem Fall gilt die Ausübungserklärung als am Verfalltag zum frühesten Ausübungszeitpunkt zugegangen; oder
(iii) bei einer Amerikanischen Option an einem anderen Geschäftsausübungstag als dem Verfalltag nach dem spätesten Ausübungszeitpunkt eingeht; in diesem Fall gilt die Ausübungserklärung als am Verfalltag zum frühesten Ausübungszeitpunkt am folgenden Geschäftsausübungstag zugegangen.
(4) *Automatische Ausübung* Haben die Parteien für ein Optionsgeschäft „automatische Ausübung" vereinbart, gelten die nicht ausgeübte Menge oder Anzahl des Zugrunde Liegenden Vermögenswertes oder die nicht ausgeübte Anzahl von Optionen unter dem betreffenden Optionsgeschäft („Nicht Ausgeübter Betrag") automatisch als zum spätesten Ausübungszeitpunkt am Verfalltag ausgeübt, falls der Käufer zu diesem Zeitpunkt berechtigt wäre, Zahlung eines Barausgleichsbetrags zu verlangen. Dies gilt jedoch nicht, wenn der Käufer dem Verkäufer vor diesem Zeitpunkt durch Erklärung gegenüber der Geschäftsstelle des Verkäufers mündlich, einschließlich telefonisch, oder schriftlich mitgeteilt hat, dass er keine automatische Ausübung wünscht.
(5) *Bedingte Ausübung* Die Parteien können vereinbaren, dass eine Option nur dann ausgeübt werden kann, wenn ein vereinbartes Ereignis eingetreten („Knock-in-Ereignis") oder nicht eingetreten („Knockout-Ereignis") ist oder der Zugrunde Liegende Vermögenswert oder der Stand der Zugrunde Liegenden Messgröße einen vereinbarten Preis oder Stand („Barriere") erreicht oder über- bzw. unterschritten hat oder nicht.
(6) *Teilausübung* Haben die Parteien für ein Optionsgeschäft „Teilausübung" vereinbart, ist der Käufer berechtigt, auch weniger als die gesamte Menge oder Anzahl des Zugrunde Liegenden Vermögenswertes oder die gesamte Anzahl der Optionen unter dem betreffenden Optionsgeschäft auszuüben, vorausgesetzt dass die Menge oder Anzahl („Ausübungsbetrag") in der Ausübungserklärung angegeben wird. Jeder Ausübungsbetrag muss (i) den vereinbarten Mindestbetrag („Mindestausübungsbetrag") erreichen oder überschreiten und (ii) der vereinbarten Zahl („Multiplikator") oder eines Vielfachen davon entsprechen. Jede Ausübung,
(i) für die kein Ausübungsbetrag bestimmt wird, gilt als Ausübung des Nicht Ausgeübten Betrags;
(ii) die den Mindestausübungsbetrag unterschreitet, ist unwirksam; und
(iii) die sich auf einen Ausübungsbetrag bezieht, der nicht ohne Rest durch den Multiplikator teilbar ist, gilt als Ausübung eines Betrags, der dem nächstkleineren Vielfachen des Multiplikators entspricht.
(7) *Mehrfachausübung* Haben die Parteien für eine Amerikanische Option oder eine Bermuda-Option „Mehrfachausübung" vereinbart, ist der Käufer berechtigt, einen Nicht Ausgeübten Betrag während der Ausübungsfrist ganz oder auch mehrfach in Teilen auszuüben, vorausgesetzt dass der Ausübungsbetrag in der betreffenden Ausübungserklärung angegeben wird. Außer in den Fällen, in denen der gesamte Nicht Ausgeübte Betrag am Verfalltag ausgeübt wird, gilt für den Ausübungsbetrag, dass (i) er den Mindestausübungsbetrag erreichen oder überschreiten muss, (ii) nicht den vereinbarten Höchstbetrag („Höchstausübungsbetrag") übersteigen darf und (iii) ohne Rest durch den Multiplikator teilbar sein muss. Jede Ausübung,
(i) für die kein Ausübungsbetrag bestimmt wird, gilt als Ausübung des Nicht Ausgeübten Betrags;
(ii) die den Höchstausübungsbetrag überschreitet, gilt als Ausübung des Höchstausübungsbetrages;
(iii) die den Mindestausübungsbetrag unterschreitet, ist unwirksam; und
(iv) die sich auf einen Ausübungsbetrag bezieht, der nicht ohne Rest durch den Multiplikator teilbar ist, gilt als Ausübung eines Betrags der dem nächstkleineren Vielfachen des Multiplikators entspricht. Infolge einer solchen Ausübung von Optionen in einem Betrag, der den Nicht Ausgeübten Betrag unterschreitet, ist der Nicht Ausgeübte Betrag entsprechend zu verringern.

5. Barausgleich

(1) *Barausgleichsbetrag* „Barausgleichsbetrag" ist der von den Parteien vereinbarte oder, mangels einer solchen Vereinbarung, der von der Berechnungsstelle am Bewertungstag nach Maßgabe der anwendbaren Barausgleichsmethode in

der Barausgleichswährung ermittelte Betrag. „Barausgleichsmethode“ ist
(a) die für das betreffende Optionsgeschäft vereinbarte oder in einem gegebenenfalls anwendbaren anderen Zusatz vorgesehene Methode oder Formel oder, mangels einer solchen Vereinbarung oder eines solchen Zusatzes,
(b) für Optionsgeschäfte nach Nr. 1 (1) (a) (ii) und 1 (1) (b) dieses Zusatzes, die folgende Methode: Der Barausgleichsbetrag wird von der Berechnungsstelle am Bewertungstag auf der Grundlage der an diesem Tag oder, bei Asiatischen Optionen, an jedem Durchschnittswertermittlungstag ermittelten Referenzpreise und Referenzwerte berechnet; er ist das Produkt aus (i) der Differenz zwischen Referenzpreis und Basispreis bzw. Referenzwert und Basiswert und (ii) bei Optionsgeschäften nach Nr. 1 (1)(b) dieses Zusatzes dem vereinbarten Betrag je Einheit der Zugrunde Liegenden Messgröße, (iii) dem Ausübungsbetrag und (iv) dem gegebenenfalls vereinbarten Multiplikator.
(c) für Optionsgeschäfte nach Nr. 1 (1) (c) und 1 (1) (d) dieses Zusatzes, die in Nr. 7 (1) (a) der Allgemeinen Bestimmungen beschriebene Methode, die so Anwendung findet, als sei der Käufer die Berechnungspartei.
(2) *Zahlung des Barausgleichsbetrags* Der Barausgleichsbetrag ist an dem von den Parteien vereinbarten Zahlungstag oder, mangels einer solchen Vereinbarung, am zweiten Geschäftstag nach dem Bewertungstag zahlbar.

6. Steuern und Abgaben

Falls „Physische Lieferung“ auf ein Optionsgeschäft Anwendung findet, trägt der Käufer alle Steuern und Abgaben, die notwendigerweise im Zusammenhang mit der Lieferung oder Übertragung des Zugrunde Liegenden Vermögenswertes fällig werden.

19.6 EMA – Interest Rate Transactions (Zusatz zum Derivateanhang, Zinsderivate)

FEDERATION BANCAIRE DE L'UNION EUROPEENNE
BANKING FEDERATION OF THE EUROPEAN UNION
BANKENVEREINIGUNG DER EUROPÄISCHEN UNION

in co-operation with

EUROPEAN SAVINGS BANKS GROUP
GROUPEMENT EUROPEEN DE SCAISSES D' EPARGNE
EUROPÄISCHE SPARKASSENVEREINIGUN

EUROPEAN ASSOCIATION OF COOPERATIVE BANKS
GROUPEMENT EUROPEEN DES BANQUES CO OPERATIVES
EUROPÄISCHE VEREINIGUNG DER GENOSSENSCHAFTSBANKEN

MASTER AGREEMENT
FOR FINANCIAL TRANSACTIONS

SUPPLEMENT TO THE
DERIVATIVES ANNEX

INTEREST RATE TRANSACTIONS
Edition 2020

This Supplement complements the General Provisions and the Derivatives Annex which form part of a Master Agreement for Financial Transactions based on the form published by the FBE.

1. Purpose, Interpretation

(1) *Purpose*. The purpose of this Supplement ("Interest Rate Supplement") is to govern Interest Rate Transactions, which means an Interest Rate Swap, Cross Currency Rate Swap, Forward Rate Agreement, Interest Rate Cap, Interest Rate Floor, Interest Rate Swaption or any other Transaction so agreed by the parties in respect of an individual Transaction or in the Special Provisions.

(2) *Interpretation* This Supplement forms an integral part of the Derivatives Annex. The term "Annex" as used in Section 1(3) of the General Provisions should be construed as to include this Supplement. In the event of any conflict between different parts of the Derivatives Annex and this Supplement, this Supplement shall prevail.

2. Interest Rate Transactions

"Interest Rate Swap" means a Transaction in which (a) one party pays, once or periodically, amounts of money (the "Floating Amounts") in a specified currency calculated on a specified notional amount (the "Notional Amount") in such currency and a specified Floating Rate, and (b) the other party pays, once or periodically, either
(i) amounts of money (the "Fixed Amounts") in the same currency calculated on the same Notional Amount and a specified Fixed Rate or (ii) Floating Amounts in the same currency calculated on the same Notional Amount and a different Floating Rate.
"Cross Currency Rate Swap" means a Transaction in which (a) one party pays, once or periodically, Floating Amounts or Fixed Amounts in a specified currency calculated on a specified notional amount (the "Currency Amount") in such currency, and (b) the other party pays, once or periodically, Floating Amounts or Fixed Amounts in a different currency calculated on a Currency Amount in such different currency.
"Forward Rate Agreement" or "FRA" means a Transaction in which one party (the "Seller") or the other party (the "Buyer") pays, once or periodically, Floating Amounts in a specified currency calculated on a Notional Amount in such currency and the difference between the Floating Rate and the Fixed Rate.
"Interest Rate Cap" means a Transaction in which the Seller pays to the Buyer against payment of an agreed premium, once or periodically, Floating Amounts in a specified currency calculated on a Notional Amount in such currency and the difference between the Floating Rate and the Fixed Rate, if such amount is a positive number.
"Interest Rate Floor" means a Transaction in which the Seller pays to the Buyer against payment of an agreed premium, once or periodically, Floating Amounts in a specified currency calculated on a Notional Amount in such currency and the difference between the Floating Rate and the Fixed Rate, if such amount is a negative number.
"Interest Rate Swaption" means an Option Transaction in which the Seller grants to the Buyer against payment of a Premium the right to cause the underlying Interest Rate Transaction (the "Underlying Transaction") to become effective, whereby the Underlying Transaction is to be settled (i) by making all payments and deliveries or transfers to be made by the parties in accordance with the terms of the Underlying Transaction, in the case of an Interest Rate Swaption to which "Physical Settlement" applies (the "Physically Settled Interest Rate Swaption") or (ii), in the case of an Interest Rate Swaption to which "Cash Settlement" applies (the "Cash Settled Interest Rate Swaption"), by paying the Cash Settlement Amount based on the value of the Underlying Transaction on the Valuation Date, if such value, from the Buyer's perspective, is a positive number.

3. Deliveries and Payments

(1) *Interest Rate Swap and Cross Currency Rate Swap*. On each agreed Settlement Date for the payment of a Floating Amount, the party (the "Floating Amount Payer") that owes such amount shall pay the Floating Amount and on each Settlement Date for the payment of a Fixed Amount, the party (the "Fixed Amount Payer") that owes such amount shall pay the Fixed Amount.

(2) *Forward Rate Agreement*. On each agreed Settlement Date for the payment of a Floating Amount, the Seller shall pay to the Buyer the Floating Amount if such amount is a positive number and the Buyer shall pay to the Seller the Floating Amount if such amount is a negative number.

(3) *Interest Rate Cap and Interest Rate Floor*. On each agreed Settlement Date for the payment of a premium, the Buyer shall pay to the Seller the agreed premium. On each agreed Settlement Date for the payment of a Floating Amount, the Seller under an Interest Rate Cap shall pay to the Buyer the Floating Amount if such amount is a positive number and the Seller under an Interest Rate Floor shall pay to the Buyer the Floating Amount if such amount is a negative number.

(4) *Physically Settled Interest Rate Swaption*. On each agreed Premium Payment Date for a Physically Settled Interest Rate Swaption, the Buyer shall pay to the Seller the Premium. If a Physically Settled Interest Rate Swaption is exercised or deemed to be exercised, on each agreed Settlement Date for the payment of a Floating Amount under the Underlying Transaction, the Floating Amount Payer shall pay the Floating Amount and on each Settlement Date agreed for the payment of a Fixed Amount under the Underlying Transaction, the Fixed Amount Payer shall pay the Fixed Amount.

(5) *Cash Settled Interest Rate Swaption.* On each agreed Premium Payment Date for a Cash Settled Interest Rate Swaption, the Buyer shall pay to the Seller the Premium. If a Cash Settled Interest Rate Swaption is exercised or deemed to be exercised, on the Settlement Date for the Cash Settled Interest Rate Swaption, the Seller shall pay to the Buyer the Cash Settlement Amount, if such amount is a positive number. The Cash Settlement Amount is (a) the amount agreed as such between the parties or, failing such agreement, (b) an amount in the Cash Settlement Currency equal to the value of the Underlying Transaction as determined by the Calculation Agent on the Valuation Date in accordance with (i) the Cash Settlement Method agreed between the parties in respect of the relevant Option Transaction or, failing such agreement, (ii) Section 7(1)(a) of the General Provisions and applied as if the Buyer were the Calculation Party.

4. Calculation of Fixed Amounts and Floating Amounts

(1) *Fixed Amounts*. The Fixed Amount payable on a Settlement Date of a Fixed Amount is the amount (a)

agreed to by the parties in respect of that Settlement Date or the Calculation Period relating to that Settlement Date or, failing such agreement, (b) equal to the product of (i) the Calculation Amount (ii) the Fixed Rate, and (iii) the Day Count Fraction elected by the parties in respect of the Fixed Amounts.

(2) *Floating Amounts*. The Floating Amount payable on a Settlement Date of a Floating Amount is the amount (a), if neither "Compounding" nor "Flat Compounding" is elected in respect of the relevant Transaction, equal to the product of (i) the Calculation Amount, (ii) the Floating Rate (plus or minus a spread), and (iii) the Day Count Fraction elected by the parties in respect of Floating Amounts; or (b), if "Compounding" is elected in respect of the relevant Transaction, equal to the sum of the Compounding Period Amounts calculated for each Compounding Period in the Calculation Period relating to that Settlement Date; or (c), if "Flat Compounding" is elected in respect of the relevant Transaction, equal to the sum of (i) the Basic Compounding Period Amounts and (ii) the Additional Compounding Period Amounts, each calculated for each Compounding Period in the Calculation Period relating to that Settlement Date. For the purposes of the calculation of the Floating Amount and where "Compounding" or "Flat Compounding" is elected in respect of the relevant Transaction:

"Compounding Period" means, in relation to a Calculation Period, each period beginning with, and including, the Effective Date or a Compounding Date and ending with, but excluding, the next following Compounding Date or Termination Date.
"Compounding Date" means each day during the term of the relevant Transaction agreed as such by the parties, subject to adjustments in accordance with Section 3(6) of the General Provisions applicable to Period End Dates in respect of the Transaction.

"Compounding Period Amount" means, for each Compounding Period, an amount equal to the product of (i) the Adjusted Calculation Amount, (ii) the Floating Rate (plus or minus a spread), and (iii) the Day Count Fraction elected by the parties in respect of Floating Amounts.
"Adjusted Calculation Amount" means (i) in relation to the first Compounding Period in the Calculation Period, the Calculation Amount for this Calculation Period and (ii) in relation to each succeeding Compounding Period in this Calculation Period, an amount equal to the sum of the Calculation Amount for this Calculation Period and the Compounding Period Amounts for each of the preceding Compounding Periods in this Calculation Period.
"Basic Compounding Period Amount" means, for each Compounding Period, an amount calculated in accordance with the method indicated in subsection 2(a) above.
"Additional Compounding Period Amount" means, for each Compounding Period, an amount equal to the product of (i) the Flat Compounding Amount, (ii) the Floating Rate, and (iii) the Day Count Fraction elected by the parties in respect of Floating Amounts.
"Flat Compounding Amount" means (i) in relation to the first Compounding Period in the Calculation Period, zero and (ii) in relation to each succeeding Compounding Period in this Calculation Period, an amount equal to the sum of the Basic Compounding Period Amounts and the Additional Compounding Period Amounts for each of the preceding Compounding Periods in this Calculation Period

(3) *(3) Calculation Amount*. "Calculation Amount" means the Notional Amount or, as the case may be, the Currency Amount expressed in a specified currency agreed to by the parties in respect of the relevant Settlement Date or the Calculation Period relating to that Settlement Date

(4) (4) Fixed Rate. "Fixed Rate" means the interest rate expressed as a decimal figure equal to a per annum rate agreed by the parties in respect of the relevant Settlement Date or the Calculation Period relating to that Settlement Date.

(5) *Floating Rate*. "Floating Rate" means (a) in respect of a Forward Rate Agreement, Interest Rate Cap and Interest Rate Floor, the difference between (i) the interest rate determined in the manner described in (b) below and (ii) the Fixed Rate, in each case expressed as a decimal figure equal to a per annum rate, and (b) in respect of all other Interest Rate Transactions (i) the interest rate expressed as a decimal figure equal to a per annum rate agreed by the parties in respect of the relevant Settlement Date or the Calculation Period or Compounding Period relating to that Settlement Date, or, failing such agreement, (ii) if the parties agreed to a specified Floating Rate Option and either (x) only one Reset Date has been agreed by the parties in respect of the relevant Settlement Date or the Calculation Period or Compounding Period relating to that Settlement Date, the Settlement Interest Rate on that Reset Date, or (y) more than one Reset Date has been agreed by the parties in respect of the relevant Settlement Date or the Calculation Period or Compounding Period relating to that Settlement Date, the arithmetic mean of the Settlement Interest Rates for each of those Reset Dates, or (z) more than one Reset Date and "Weighted Average" has been agreed by the parties in respect of the relevant Settlement Date or the Calculation Period or Compounding Period relating to that Settlement Date, the weighted arithmetic mean of the Settlement Interest Rates for each of those Reset Dates calculated by (x) multiplying each Settlement Interest Rate by the number of days such Settlement Interest Rate is in effect, (y) determining the sum of those products, and (z) dividing such sum by the number of days in the relevant Calculation Period or Compounding Period. "Settlement Interest Rate" means the interest rate expressed as a decimal figure equal to a per annum rate as determined on or in respect of the relevant Reset Date on the basis of the interest rate (i) quoted through and obtained from the Price Source specified in the agreed Floating Rate Option or, failing such agreement, (ii) determined by the Calculation Agent.
"Floating Rate Option" means the interest rate agreed by the parties by reference to the publication, screen or web page of an information vendor or any other price source (the "Price Source").
"Reset Date" means, subject to adjustments in accordance with Section 3(6) of the General Provisions, each day (i) agreed as such by the parties in respect of the relevant Transaction or (ii) determined by applying the agreed Floating Rate Option, subject to the provisions of paragraph 8 below.

(6) *Rounding*. Any interest rate used for calculating a Floating Amount or Fixed Amount shall, if not already an integral number, be rounded up or down to the nearest fifth decimal place. If the sixth decimal place is equal to five, the fifth decimal place shall be rounded up.

(7) *Day Count Fraction*. "Day Count Fraction" means, as elected by the parties in respect of calculating the Fixed Amounts or Floating Amounts or Compounding Period Amounts:

(a) "1/1" means the fraction whose numerator is 1 and whose denominator is 1.

(b) "Actual/360" means the fraction whose numerator is the actual number of days elapsed during the Calculation Period or Compounding Period and whose denominator is 360.

(c) "30E/360" means the fraction whose numerator is the number of days elapsed during the Calculation Period or Compounding Period, calculated on the basis of a year comprising 12 months of 30 days and whose denominator is 360. If the last day of the Calculation Period or Compounding Period is the last day of the month of February, the number of days elapsed during such month shall be taken as the actual number of days.

(d) "30/360" means the fraction whose numerator is the number of days elapsed during the Calculation Period or Compounding Period, calculated on the basis of a year comprising 12 months of 30 days and whose denominator is 360. If the last day of the Calculation Period or Compounding Period is the 31st day of a month and the first day of the Calculation Period or Compounding Period is a day other than the 30th or 31st day of a month, the last month of the period shall be deemed to be a month of 31 days. If the last day of the Calculation Period or Compounding Period is the last day of the month of February, the number of days elapsed during such month shall be taken as the actual number of days.

(e) "360/360 (German Master)" means the fraction whose numerator is the number of days elapsed during the Calculation Period or Compounding Period, calculated on the basis of 360-day year with 12 months of 30 days and whose denominator is 360.

(f) "Actual/365 or Actual/Actual" means the fraction whose numerator is the actual number of days elapsed during the Calculation Period or Compounding Period and whose denominator is 365 or 366 in the case of a leap year. If part of the Calculation Period or Compounding Period should fall in a leap year, Actual/365 shall mean the sum of (i) the fraction whose numerator is the actual number of days elapsed during the non-leap year and whose denominator is 365 and (ii) the fraction whose numerator is the number of actual days elapsed during the leap year and whose denominator is 366.

(g) "Actual/Fixed 365" means the fraction whose numerator is the actual number of days elapsed during the Calculation Period or Compounding Period and whose denominator is 365.

(h) "365/365 (German Master)" means the fraction whose numerator is the number of days elapsed during the Calculation Period or Compounding Period and whose denominator is 365 or 366 in the case of a leap year.

(i) "Actual/Actual AFB/FBF Master Agreement)" means the fraction whose numerator is the actual number of days elapsed during the Calculation Period or Compounding Period and whose denominator is 365 (or 366 if 29 February falls within the Calculation Period or Compounding Period). If the Calculation Period or Compounding Period is a term of more than one year, the basis shall be calculated as follows: (a) the number of complete years shall be counted back from the last day of the Calculation Period or Compounding Period and (b) this number shall be increased by the fraction for the relevant period calculated as shown above.

(j) "Actual/Actual (ICMA) means a fraction equal to "number of days accrued/number of days in year", as such terms are used in Rule 251 of the statutes, by laws, rules and recommendations of the International Capital Market Association (the "ICMA Rule Book"), calculated in accordance with Rule 251 of the ICMA Rule Book as applied to non US dollar denominated straight and convertible bonds issued after December 31, 1998, as though the interest coupon on a bond were being calculated for a coupon period corresponding to the Calculation Period or Compounding Period in respect of which payment is being made.

(8) *Determination of the Settlement Interest Rate.* Where a Floating Rate is to be determined by reference to a specified Floating Rate Option, the Calculation Agent shall notify the other party or, as the case may be, each party the Settlement Interest Rate and the Floating Rate calculated therefrom on the Reset Date or promptly thereafter. If on a Reset Date a Price Source Disruption Event occurs and the Calculation Agent determines that such event is material, (a) if only one Reset Date has been agreed by the parties in respect of the relevant Settlement Date or the Calculation Period or Compounding Period relating to that Settlement Date, the Reset Date shall be postponed to the first succeeding Business Day on which there is no Price Source Disruption Event, unless there is a Price Source Disruption Event relating to the relevant Floating Rate Option on each of the five Business Days immediately following the Reset Date, in which case such fifth Business Day shall be deemed to be the Reset Date and the Calculation Agent shall determine the Settlement Interest Rate on that fifth Business Day; or (b) if more than one Reset Date has been agreed by the parties in respect of the relevant Settlement Date or the Calculation Period or Compounding Period relating to that Settlement Date, that Reset Date should be omitted and deemed to be not a relevant Reset Date, provided that if through operation of this provision there would not be a Reset Date, then (a) above will apply.

(9) *Price Source Disruption and Price Source Conversion.* "Price Source Disruption Event" means any failure of the relevant Price Source to announce, display or publish the interest rate for the relevant Floating Rate Option or any other information necessary for determining the interest rate or a temporary or permanent discontinuance or unavailability of the Price Source. If the relevant Price Source has ceased to announce, display or publish the interest rate for the relevant Floating Rate Option and (i) if an alternative price source (the "Successor Price Source") has been agreed by the parties for the relevant Transaction or, failing such agreement, (iii) if a Successor Price Source is officially designated in the information vendor's publication, screen or web page or by the sponsor of the Floating Rate Option, the Calculation Agent will determine the Settlement Interest Rate by reference to that Successor Price Source. If no such Successor Price Source has been agreed or designated, the Calculation Agent will determine the Settlement Interest Rate by reference to a new Floating Rate Option agreed by the parties or, failing such agreement, as determined in accordance with Section 6 of the Product Annex for Derivatives Transactions.

(10) *Correction of Published Interest Rates.* Where a Floating Rate is to be determined by reference to a specified Floating Rate Option, in the event that an interest rate announced, displayed or published by the relevant information vendor and used by the Calculation Agent for determining the Settlement Interest Rate is subsequently corrected and announced, displayed or published within thirty Business Days after the relevant Reset Date, the Calculation Agent shall notify the other party or, as the case may be, each party of the Settlement Interest Rate, the Floating Rate calculated there from and the Floating Amount payable as a result of that correction.

(11) *Calculation Period, Period End Date.* "Calculation Period" means each period beginning with, and including, the Effective Date or a Period End Date and ending with, but excluding, the next following Period End Date or Termination Date. "Period End Date" means (a) each day during the term of the Transaction agreed as such by the parties, or (b) if "Eurodollar Convention" has been agreed by the parties, each day during the term of the Transaction that numerically corresponds with the preceding applicable Period End Date or Effective Date in the calendar month that is the specified number of months after the month in which such preceding applicable Period End Date or Effective Date occurred, provided that if there is no numerically corresponding day in the calendar month in which such Period End Date should occur, Period End Date will be the last Business Day of that calendar month and all subsequent Period End Dates will be the last Business Day of the calendar month that is the specified number of months after the month in which the preceding applicable Period End Date occurred and, failing such agreements, (c) each Settlement Date, in each case subject to adjustments in accordance with Section 3(6) of the General Provisions which shall apply accordingly, provided that no such adjustment applies if "No Adjustment" has been agreed by the parties.

(12) *Settlement Date.* "Settlement Date" means in respect of the payment of a Floating Amount or Fixed Amount either (a) each day during the term of the Transaction agreed by the parties upon which the payment of a Floating Amount or a Fixed Amount shall be made, or (b) if "Delayed Payment" is agreed between the parties, each date that is the specified number of days after the applicable Period End Date or Termination Date, or (c) if "Early Payment" is agreed between the parties, each date that is the specified number of days prior to the applicable Period End Date or Termination Date or, failing such agreements, (d) each Period End Date, in each case subject to adjustments in accordance with Section 3(6) of the General Provisions.

5. Provisions applicable to Option Transactions

Unless otherwise defined in this Supplement, any term relating to Option Transactions is to be construed in accordance with the applicable Options Supplement published by the FBE.

6. Negative Interest Rate

For the purpose of calculating the Floating Amount payable by a party under an Interest Rate Swap,
(1) if neither "Compounding" nor "Flat Compounding" is elected in respect of the relevant Interest Rate Swap and the Floating Amount payable by the Floating Amount Payer on a Settlement Date of a Floating Amount is a negative number, the Fixed Amount Payer will additionally pay the Floating Amount Payer the absolute value of such negative Floating Amount and the Floating Amount Payer will not pay any Floating Amount; or
(2) if either "Compounding" or "Flat Compounding" is elected in respect of the relevant Interest Rate Swap and the Compounding Period Amount, the Base Compounding Period Amount or the Additional Compounding Period Amount for a Calculation Period is a negative number, the Floating Amount relating to such Calculation Period will be either the sum of all Compounding Amounts or the sum of all Basic Compounding Amounts, and all Additional Compounding Period Amounts. If such sum is a positive number, the Floating Amount Payer will pay that Floating Amount to the Fixed Amount Payer. If such sum is a negative number, the Fixed Amount Payer will additionally pay the Floating Amount Payer the absolute value of such negative Floating Amount and the Floating Amount Payer will not pay any Floating Amount.

interest accumulated in the preceding calendar month or at such times, as agreed by the parties, provided that if the interest amount for the relevant period would be a negative amount, such amount will be deemed to be zero, unless the parties have elected to apply "Negative Interest".

(b) Where the parties have elected in the Special Provisions to apply "Negative Interest" and where the interest would be a negative amount, such amount (i) shall be deemed to be zero for the Margin Transferee, and (ii) the Margin Transferor shall pay the absolute value of the negative interest to the Margin Transferee on the second Business Day of each calendar month for such interest accumulated in the preceding calendar month or at such times as agreed by the parties.

(5) *Margin Securities.* Margin in the form of Securities shall be acceptable under this Annex if such Securities have been specified by the parties as eligible (in the Special Provisions "***Margin Securities***"). A transfer of Margin Securities shall give rise to an obligation of the Margin Transferee to the Margin Transferor to return such Securities.

(6) *Margin Thresholds, Minimum Transfer Amount.* Except in the case of a return of Margin pursuant to subsection 7, a transfer of Margin will take place if and to the extent (a) the Adjusted Net Exposure exceeds the threshold amount, if any, agreed by the parties in the Special Provisions ("***Exposure Threshold***") in relation to the Margin Transferee's Net Exposure (and only to the extent of such excess); and (b) if the Market Value of the Margin to be transferred exceeds the minimum amount, if *any, agreed for such transfer (the "**Minimum Transfer Amount**")*. In the absence of agreement on either or both such amounts, such amount shall be zero.

(7) *Return of Margin.* Upon satisfaction by a party of all its obligations under Transactions in respect of which Margin is required to be transferred as provided in the fourth sentence of Section 1(1), any Margin previously transferred and not returned shall be returned to the party which transferred it.

3. Substitution

The Margin Transferor may, at its cost and with the consent of the Margin Transferee, substitute for any transferred Margin other Margin ("New Margin") which at the time at which the parties agree to such substitution shall have a Margin Value at least equal to the Margin Value of the Margin for which they are substituted. The substitution will be carried out by simultaneous transfer of the New Margin in exchange for the Margin to be replaced.

4. Failure to transfer, remedies, special events

The provisions of Sections 2(3), 2(6) and 3 of the Securities Lending Annex (regarding interpretation, failure to return Loaned Securities, special events, Distributions and subscription rights) shall apply *mutatis mutandis* to Margin Securities transferred pursuant to this Annex, provided that: if any of the special events referred to in Section 2(6) of the Securities Lending Annex occurs in relation to Margin Securities, the relevant Transaction shall not be modified or terminated, but Margin acceptable pursuant to Section 2(4) or (5) of this Annex shall be substituted for such Securities upon request of either party.

5. Dispute Resolution

In the case that a party disputes the calculation of the Valuation Agent, that party will (if) notify the Valuation Agent and the other party (if the other party is not the Valuation Agent) of such dispute not later than the close of business on the date that the transfer is due ("Due Date"); and (ii) the appropriate party will transfer any undisputed amount to the other party not later than the close of business on the Due Date. The parties will consult with each other to resolve the dispute. If they are unable to resolve such dispute through consultation by 2 p.m. Brussels time (unless otherwise agreed by the parties in the Special Provisions), (the "Resolution Time"), on the Business Day following the Due Date, the Valuation Agent shall re-calculate the disputed amount based on the average of mid-market quotations obtained from four leading market participants as reference banks. Where less than four quotations are available, the average of available mid-market quotations will be used. Where no quotations are available, the original calculation of the Valuation Agent shall apply. The Valuation Agent will notify each relevant party of the results of these calculations not later than 2pm Brussels time on the second Business Day following the Due Date. Upon such notification, the appropriate party will initiate the transfer such recalculated amount as soon as possible.

19.8 EMA – Index of Defined Terms (Verzeichnis definierter Begriffe)

FEDERATION BANCAIRE DE L'UNION EUROPEENNE
BANKING FEDERATION OF THE EUROPEAN UNION
BANKENVEREINIGUNG DER EUROPÄISCHEN UNION

in co-operation with

EUROPEAN SAVINGS BANKS GROUP
GROUPEMENT EUROPEEN DE SCAISSES D' EPARGNE
EUROPÄISCHE SPARKASSENVEREINIGUN

EUROPEAN ASSOCIATION OF COOPERATIVE BANKS
GROUPEMENT EUROPEEN DES BANQUES CO OPERATIVES
EUROPÄISCHE VEREINIGUNG DER GENOSSENSCHAFTSBANKEN

MASTER AGREEMENT
FOR FINANCIAL TRANSACTIONS

INDEX OF DEFINED TERMS
Edition 2020

This index sets forth the documents and sections in which the terms listed below are defined.

As used in this index,
SP means Special Provisions,
GP means General Provisions,
REPO means Product Annex for Repurchase Transactions,
SL means Product Annex for Securities Loans,
D means Product Annex for Derivative Transactions,
MMA means Margin Maintenance Annex,
SIR means Supplement to the Derivatives Annex - Interest Rate Transactions,
SFX means Supplement to the Derivatives Annex - Foreign Exchange Transactions,
SO means supplement to the Derivatives Annex - Option Transactions.
DL means Product Annex for Deposits and Loans
ER means EMIR Annex
CLR means Clearing Annex

Numbers not in parentheses are references to sections of the relevant document; numbers and letters in parentheses are references to subsections and paragraphs.

 Index of Defined Terms –2020

19.9 EMA – Clearing Annex (Clearing-Anhang)

FEDERATION BANCAIRE DE L'UNION EUROPEENNE
BANKING FEDERATION OF THE EUROPEAN UNION
BANKENVEREINIGUNG DER EUROPÄISCHEN UNION

in co-operation with

EUROPEAN SAVINGS BANKS GROUP
GROUPEMENT EUROPEEN DE SCAISSES D' EPARGNE
EUROPÄISCHE SPARKASSENVEREINIGUN

EUROPEAN ASSOCIATION OF COOPERATIVE BANKS
GROUPEMENT EUROPEEN DES BANQUES CO OPERATIVES
EUROPÄISCHE VEREINIGUNG DER GENOSSENSCHAFTSBANKEN

MASTER AGREEMENT
FOR FINANCIAL TRANSACTIONS

CLEARING ANNEX
Edition 2020

This Annex supplements the General Provisions and the Derivatives Annex which form part of any Master Agreement for Financial transactions based on the form published by the EBF.

1. Purpose and Applicability

(1) *Purpose.* The purpose of this Annex ("Clearing Annex") is to enable the parties to clear certain Transactions by a central counterparty within the meaning of Art. 2(1) of Regulation (EU) No 648/2012 of the European Parliament and the Council of 4 July 2012 on OTC derivatives, central counterparties and trade repositories ("EMIR") which has been authorised under Article 14 EMIR or recognised under Article 25 EMIR ("Authorized CCP"). The parties agree that they may involve one or more third parties as clearing members.

(2) *Applicability.* This Annex applies to OTC-derivatives within the meaning of Art. 2(7) EMIR which the parties intend to be cleared by a specific Authorized CCP ("Transactions to be Cleared"). Nothing in this Annex, express or implied, is intended to regulate the rights and obligations between a party and its clearing member, which may include the other party.

2. Initiation of Clearing

(1) In the event a party which is required to provide a counter-confirmation in respect of a Transaction to be Cleared fails to provide such counter-confirmation by 11 a.m. on the second day after the day on which the Transaction was concluded, the relevant Transaction to be Cleared shall be automatically terminated. Section 3 paragraph (2) of this Annex applies correspondingly.

(2) Upon acceptance of a Transaction to be Cleared into the clearing system of the Authorized CCP by which it is intended to be cleared, the Transaction is extinguished and the positions of the parties under this Transaction are no longer subject to this Master Agreement.

3. Rejection and early termination by way of cash settlement

(1) In the event an Authorized CCP fails to accept a Transaction to be Cleared, or where the relevant clearing member intended to be the clearing member for the relevant Transaction to be Cleared rejects to clear the Transaction ("Rejection of Clearing"):

(a) the Transaction to be Cleared shall continue to be a Transaction under the Master Agreement;

(b) each party may, by giving notice to this effect, terminate the relevant Transaction, with effect from the date indicated in the notice (the "Termination Date").

(2) The following shall apply where a party terminates a Transaction in the event of a Rejection of Clearing in accordance with paragraph (1) lit. (b) above: The payments and the performance of other obligations owed by the Parties to each other which would have become due subsequent to the termination shall be replaced with a monetary amount in the contractual currency equal to the present value of the relevant Transaction. This monetary amount shall be calculated by the Calculation Agent *mutatis mutandis* in accordance with the terms described in Section 7(2)(b) of the General Provisions.

4. Subsequent Exclusion of Transactions

Section 3 paragraph 2 of this Annex applies correspondingly where a Cleared Transaction is subsequently excluded from the clearing system of the Authorized CCP, and where this transaction has not already been terminated in accordance with the provisions of the applicable separate agreement for the clearing of transactions by a central counterparty. Where neither party exercises its right of early termination, the relevant transaction shall be reconstituted as a Transaction under the Master Agreement.

19.10 EMA – EMIR Annex (Anhang zur „EMIR"-VO (EU) 648/2012)

- 1 -

FEDERATION BANCAIRE DE L'UNION EUROPEENNE
BANKING FEDERATION OF THE EUROPEAN UNION
BANKENVEREINIGUNG DER EUROPÄISCHEN UNION

in co-operation with

EUROPEAN SAVINGS BANKS GROUP
GROUPEMENT EUROPEEN DE SCAISSES D' EPARGNE
EUROPÄISCHE SPARKASSENVEREINIGUN

EUROPEAN ASSOCIATION OF COOPERATIVE BANKS
GROUPEMENT EUROPEEN DES BANQUES CO OPERATIVES
EUROPÄISCHE VEREINIGUNG DER GENOSSENSCHAFTSBANKEN

MASTER AGREEMENT
FOR FINANCIAL TRANSACTIONS

EMIR ANNEX

Edition 2020

This Annex supplements the General Provisions and the Derivative Annex which form part of any Master Agreement for Financial Transactions based on the form published by the FBE.

1. Purpose, Applicability and Business Day

(1) *Purpose*. The purpose of this Annex ("EMIR Annex") is to enable the parties to comply with certain regulatory requirements provided for under Regulation (EU) No 648/2012 of the European Parliament and the Council of 4 July 2012 on OTC derivatives, central counterparties and trade repositories ("EMIR") and under Commission Delegated Regulation (EU) No 149/2013 of 19 December 2012 ("Regulation No 149/2013"), each as amended and supplemented from time to time.

(2) *Applicability*. This Annex applies to OTC-derivatives within the meaning of Article 2(7) EMIR. Sections 4, 5, 6 and 7 of this Annex do not apply to Transactions, which are cleared by an Authorized CCP ("Cleared Transactions"). "Authorized CCP" means a central counterparty within the meaning of Article 2(1) EMIR which has been authorized under Article 14 EMIR or recognised under Article 25 EMIR.

(3) *Business Day*. "Business Day" means, in relation to Sections 5 and 6 and the performance of any obligation thereunder, a day (other than a Saturday or Sunday) on which commercial banks are open for business in the cities specified in the Special Provisions and, failing such agreement, the cities of the parties' organisation, incorporation, principal office or residence.

2. Clearing Status

(1) *Determination of Clearing Status*. In order to comply with the requirements under the EMIR and the Regulation No 149/2013, it is necessary to determine whether the parties are subject to the obligation under Article 4(1) or Article 10(1)(b) EMIR to clear certain transactions through an Authorized CCP ("Clearing Obligation"). Whether or not a party is subject to the Clearing Obligation ("Clearing Status") will be determined by way of a process chosen by the parties independently of this Annex or, if so agreed between the parties, by a representation made by the parties in the Special Provisions.

(2) *Change of Clearing Status*. Each party undertakes that, in case its Clearing Status changes, it will notify the other party of that fact and will, if so required by the other party, furnish the other party with such additional information as the other party may reasonably request. The notification has to be made to the address specified in the Special Provisions.

3. Transaction Reporting

(1) *Reporting*. Unless otherwise agreed, each party shall report in accordance with Article 9 EMIR, the Commission Implementing

Regulation (EU) No 1247/2012 of 19 December 2012, as amended and supplemented from time to time ("Regulation No 1247/2012") and the Commission Delegated Regulation (EU) No 148/2013 of 19 December 2012, as amended and supplemented from time to time ("Regulation No 148/2013") the details of any Transaction they have concluded and any modification or termination of the Transaction to an Authorized Trade Repository or, if such Authorized Trade Repository is not available, to the European Securities and Markets Authority ("ESMA"), by no later than the next Business Day ("Reporting Obligation"). "Authorized Trade Repository" means a trade repository within the meaning of Article 2(2) EMIR, which has been registered in accordance with Article 55 EMIR or recognised in accordance with Article 77 EMIR.

(2) *Delegation*. Each party may delegate its reporting obligation to a third party.

(3) *Record*. The parties agree to keep a record of any Transaction they have concluded and any modification for at least five years following the termination of the Transaction.

4. Timely Confirmation

Each party shall ensure that each Transaction is confirmed at the latest by the end of the day referred to in Article 12 of Regulation No 149/2013. A failure to confirm Transaction by the end of such day does not constitute Other Breach of Agreement within the meaning of Section 6(1)(a)(iii) of the General Provisions.

5. Portfolio Reconciliation

(1) Reconciliation. The parties shall, with the frequency specified in paragraph 2 and in accordance with the procedure agreed in paragraph 3, reconcile all data ("Portfolio Data") which are relevant for the valuation or the settlement of each outstanding Transaction. The Portfolio Data may include the reference number, the trade date, the effective date or start date, the termination date, the settlement dates, the notional amount or deliverable quantities, the day count fraction, the business day convention, the underlying rates (including interest or exchange rates, credit spreads, prices, market or economic indices, statistics, weather conditions, economic conditions or other measurement) and the underlying assets (including currencies, securities, financial instruments, commodities, precious metals, energy or other assets). The Portfolio Data include the Value of the transaction, if one party is subject to Article 11(2) EMIR. "Value" means the value as determined by the party on the Valuation Day by marking-to-market the relevant outstanding Transaction or, where market conditions prevent such marking-to-market, by applying reliable and prudent marking-to-model. "Valuation Day" means the day agreed between the parties in the Special Provisions and, failing such agreement, the Business Day immediately prior to the Data Submission Day.

(2) Frequency. Unless the parties agree on shorter intervals, or any applicable law requires so, the parties shall make reasonable efforts to perform the reconciliation pursuant to paragraph 1 on the following days (each a "Reconciliation Day"):

(a) If both parties are subject to the Clearing Obligation and
(i) where 500 or more Transactions are outstanding between the parties: on each Business Day;
(ii) where more than 50 but less than 500 Transactions are outstanding between the parties: once per week on the day agreed in the Special Provisions;
(iii) where 50 or less Transactions are outstanding between the parties: once per quarter on the day agreed in the Special Provisions.

(b) If one party is not subject to the Clearing Obligation and
(i) where more than 100 Transactions are outstanding between the parties: once per quarter on the day agreed in the Special Provisions;
(ii) where 100 or less Transactions are outstanding between the parties: once per year on the day agreed in the Special Provisions.
If the day so determined is not a Business Day, the Reconciliation Day will be the following Business Day.

(3) Procedure. On each Data Submission Day, the Data Transferor shall not provide to the other party or parties the Portfolio Data later than by the Transfer Time. "Data Submission Day" means the Business Day immediately prior to the Reconciliation Day. "Data Transferor" means the party, parties or the third party service provider agreed between the parties in the Special Provisions. "Transfer Time" means the time agreed between the parties in the Special Provisions, and, failing such agreement, the close of business of commercial banks in the cities specified for purposes of Section 1(3) and if more than one city are specified, the earliest close of business. The provision of Portfolio Data includes any form of notice or other communication agreed between the parties for purposes of Section 8(1) of the General Provisions or the provision of data in a data processing system to which the other party or parties have access. The party or parties receiving Portfolio Data shall reconcile such data with its/their own data on the Reconciliation Day.

(4) Discrepancies. Each party that identifies a Discrepancy between the data received and its own data, shall immediately notify the other party of the Discrepancy by specifying the relevant Portfolio

Data. On or following such notification, the parties will consult in good faith to resolve the Discrepancy, including by exchanging any relevant information, by no later than five Business Days following such notification. "Discrepancy" means (i) in relation to the Value of a Transaction, any deviation that exceeds the Materiality Threshold agreed between the parties in the Special Provisions or, failing such agreement, any deviation that in the sole discretion of the notifying party is a considerable deviation, and (ii) in relation to other Portfolio Data, any deviation.

(5) *Confidentiality.* Each party undertakes to treat and keep as confidential the Portfolio Data, as well as any other information received during the consultation on any Discrepancy and not to use it for purposes other than those permitted under the Agreement.

(6) *Involvement of Third Parties.* Each party may delegate all or parts of the reconciliation, including the resolution of any Discrepancy, to a third party. The other party may object to the involvement of the third party if the transfer of Portfolio Data to, or the reconciliation of Discrepancies with, such third party would be unduly expensive or burdensome or where there is reason to conclude that the third party or the systems used by such third party are inappropriate or not sufficiently reliable. If a party delegates all or parts of the reconciliation to a third party, such third party shall be entitled to receive and process the Portfolio Data and any other information necessary for the reconciliation or the resolution of any Discrepancy, provided that the third party undertakes to treat and keep the relevant data confidential.

6. Dispute Resolution

(1) *Escalation.* In the event a party decides that a Discrepancy has not been resolved in accordance with Section 5(4) within five Business Days, it shall notify the other party accordingly. Upon such notification, the Discrepancy shall be considered to constitute a dispute. Each party shall immediately refer such dispute to an internal escalation procedure designated for this purpose.

(2) *Margin Maintenance.* Any dispute with respect to the parties' obligation to transfer cash or Securities as Margin under certain circumstances shall be exclusively governed by and resolved in accordance with the provisions of the applicable Title Transfer or Security Interest Margin arrangement, or with any other rules to be separately agreed.

7. Portfolio Compression

Where the parties have 500 or more Transactions outstanding, which are not Cleared Transactions, the parties agree to regularly, and at least twice a year, assess the need to engage in a portfolio compression exercise within the meaning of Article 14 of Regulation No 149/2013. The details regarding the procedures to be implemented with a view to effecting a portfolio compression shall be agreed upon in a separate agreement.

8. Consent to Reporting of Transactions

The following shall apply where a party is not established within the European Union: The parties herewith consent to the transfer of information to the extent required to comply with the Reporting Obligation. Such transfer of information entails the disclosure of transaction data, including the Portfolio Data of a Transaction, the collateral posted for such Transaction, and the identity of the parties. The disclosure is made to an Authorized Trade Repository, or where such Authorized Trade Repository is not available, to ESMA, or where the parties have delegated the Reporting Obligation to a third party, in accordance with Section 3(b), to such third party. The Authorized Trade Repository or ESMA may make the information available to national supervisory authorities; this may include supervisory authorities in third countries, the laws of which may not necessarily provide a comparable protection of personal data. To the extent applicable, the parties release each other to the above described extent from any bank secrecy requirement.

Schrifttum: *Behrends,* Der Deutsche Rahmenvertrag und das European Master Agreement – European Master Agreement, Finanzderivate Rechtshandbuch, 4. Aufl 2016, § 6 Rn 76 ff; *Bergfort,* Das European Master Agreement – die europäische Lösung für das Cross-Product Netting, ZBB **2009,** 451; *Bosch,* „The proposed Euro Master Agreement – a multi-jurisdictional, multi-product approach to financial trading documentation", Euredia **99/2,** 129; *Fried,* Finanzderivate in der Insolvenz – Grundlagen, Finanzderivate Rechtshandbuch, 4. Aufl 2016, § 16; *Hartenfels,* Kapitalmarkt – Recht und Praxis – Gedächtnisschrift für Ulrich Bosch, Das European Master Agreement, S 67; *Lastenouse,* The European Master Agreement and its Derivatives Annex, Butterworths Journal of International Banking and Financial Law 04/6, 210; *Lorenz/Thomas,* Benchmark-Verordnung: Pflicht der Verwender nach Art. 28 Abs. 2 BMR zur Planung von Maßnahmen bei Änderung oder Wegfall von Referenzwerten, WM **2019,** 671; *Weber/Seifert/Schmid* in Luz/Neus/Schaber/Schneider/Wagner/Weber, KWG und CRR (Kommentar), Band 2, 3. Aufl 2015, CRR Art 295–298, Rn 1–15.

Anmerkungen

Vor 1. Die von Ihrem Anwendungsbereich bislang umfassendste Rahmenvertragsdokumentation ist der von den europäischen Spitzenverbänden der Kreditwirtschaft (Europäischer Bankenverband (EBF), Europäische Sparkassenvereinigung, Europäische Vereinigung der Genossenschaftsbanken) entwickelte Rahmenvertrag für Finanzgeschäfte – auch „European Master Agreement" („EMA") – genannt. Das EMA geht auf eine Initiative deutscher und französischer Banken zurück, die vielfältigen in Europa verwendeten unterschiedlichen Rahmenverträge durch einen **einheitlichen europäischen Standard** zu ersetzen (zur Entstehungsgeschichte *Bosch,* Euredia **1999/2,** 135 ff). In seiner ursprünglichen im Jahr 1999 veröffentlichten und im Jahr 2001 überarbeiteten Form umfasste er **Wertpapierdarlehen** (zum Produktanhang Wertpapierdarlehen s im Einzelnen → Form. IV. T.2) und **Pensionsgeschäfte** (zum Produktanhang Pensionsgeschäfte s im Einzelnen → Form. IV. T.5). Das EMA bietet mit der Erweiterung durch den Derivateanhang im Jahr 2004 einen einheitlichen Rahmenvertrag auch für außerbörslich („over the counter" oder „OTC") getätigte **Derivategeschäfte** einschließlich zinsbezogener Derivate, Devisen- und Optionsgeschäfte sowie durch den „Product Annex for Deposits and Loans" für Einlagen und Darlehen. Eines seiner bestimmenden Merkmale ist seine **Mehrproduktfähigkeit,** die sich insbesondere auf das Liquidationsnetting im Falle der Beendigung des Rahmenvertrages (s → Anm. 1) und auf die Besicherung der Geschäfte auswirkt (s → Anm. 11), vorbehaltlich der jeweils anwendbaren Rechtsvorschriften und technischen Möglichkeiten. Im Markt haben sich hierfür die Begriffe **„Cross Product Netting"** und **„Cross Product Margining"** etabliert (vgl *Bergfort* ZBB2009, 451 ff; *Lastenouse,* BJIBFL**2004/6,** 212). Weitere Vorzüge gegenüber anderen national und international gebräuchlichen Rahmenverträgen sind: Die ursprüngliche Dokumentation liegt in sieben offiziellen Amtssprachen der Europäischen Union vor, dh in deutsch, englisch, französisch, griechisch, italienisch, portugiesisch und spanisch (das EMA kann kostenlos in den unterschiedlichen Sprachen unter https://www.ebf.eu/home/european-master-agreement-ema/ heruntergeladen werden). Allerdings ist die **im Jahr 2020 neu veröffentlichte Vertragsversion** (s dazu sogleich) bei Drucklegung lediglich in englischer Sprache verfügbar, die Übersetzungen sind aktuell in Bearbeitung. Darüber hinaus können die Parteien als Vertragsrecht das **Recht eines jeden Mitgliedsstaates der Europäischen Union** vereinbaren. Ein weiteres Merkmal des EMA ist seine Finanzplatzneutralität. Bezugnahmen auf einen nationalen Finanzplatz, dessen Währung oder auf die für ihn entwickelten Zinssätze, Abwicklungssysteme oder Marktusancen werden vermieden (vgl hierzu *Bergfort* ZBB 2009, 453; *Hartenfels* S 71). Das EMA wird von der Europäischen Zentralbank (EZB) für sämtliche Pensions- und Einlagengeschäfte mit ihren Währungsreserven mit innerhalb der Europäischen Union oder in der Schweiz ansässigen Vertragspartnern verwendet.

Ein erster Schritt in Reaktion auf die globale Finanzkrise ab 2007 und die anschließende, umfassende Erneuerung der regulatorischen Gesetzgebung war die Veröffentlichung des **EMIR Annex im Jahr 2013**, um die Anforderungen der rechtzeitigen Bestätigung, des Abgleichs der Portfoliodaten und eines Verfahren zur Streitbelegung gemäß der European Market Infrastructure Regulation („EMIR") umzusetzen (zu den Anforderungen der EMIR s → Form. IV.S. 8 Vor 1 und → Form. IV.S. 12 Vor 1) .

Nach einer umfassenden Überarbeitung des Vertragswerks durch Arbeitsgruppen bestehend aus Mitgliedern der o g Spitzenverbände sowie Vertretern der EZB und der nationalen Zentralbanken wurde im **Januar 2020 eine neue Version des EMA** veröffentlicht, die die in den letzten Jahren in Kraft getretenen **Vorschriften zur Regulierung der Marktteilnehmer umsetzt** und Anpassungen der Allgemeinen Bestimmungen sowie der Produktanhänge an die **aktuellen Dokumentationsstandards** vorsieht: Dazu waren Änderungen im Sicherheitenanhang (s dazu → Anm. 11) erforderlich; ferner knüpften die Allgemeinen Bestimmungen des 1999er EMA noch an das „1992 ISDA Master Agreement" (der Vorgänger des „2002 ISDA Master Agreement", s → Form. IV.S. 20) und das „1995 ISMA Global Master Repurchase Agreement" (Anm. Vor 1 zu → Form. IV.T.4) an (*Bergfort* ZBB 2009, 455; *Hartenfels* S 67 f mit Vergleichen zu anderen Standardrahmenverträgen). Zudem ist in der Neufassung des Vertragswerks auch die Anforderung der Verordnung (EU) 2016/1011 des Europäischen Parlaments und des Rates vom 8. Juni 2016 über Indizes, die bei Finanzinstrumenten und Finanzkontrakten als Referenzwert oder zur Messung der Wertentwicklung eines Investmentfonds verwendet werden, und zur Änderung der Richtlinien 2008/48/EG und 2014/17/EU sowie der Verordnung (EU) Nr 596/2014 (Abl v 29.6.2016, L 171/1, sog Referenzwerte-Verordnung oder Benchmark-Verordnung) berücksichtigt, indem eine allgemeine Auffangregelung für den Fall aufgenommen wurde, dass es einen Referenzwert nicht mehr gibt oder sich dieser ändert (sog Fallback-Klausel), s auch *Lorenz/Thomas* WM 2019, 671 ff. Neben den schon oben genannten Vorteilen des Europäischen Rahmenvertrages wird durch die Neufassung eine weitere Harmonisierung mit den aktuellen, operativen Bestimmungen der anderen marktüblichen, internationalen Rahmenverträge (zB ISDA, GMRA) erreicht; dies ist insbesondere bei sogenannten Back-to-Back-Geschäften von Bedeutung, um die aus etwaigen Abweichungen resultierenden Risiken zu minimieren. Das neue EMA bietet eine aktuelle Standarddokumentation auch für Länder, die über eine solche nicht verfügen. Die Dokumentation von Handelsgeschäften innerhalb Europas wird erleichtert, indem statt (voneinander abweichender) nationaler Vertragsstandards das EMA verwendet wird und dadurch mittelbar eine Angleichung nationaler Dokumentationsstandards innerhalb Kontinentaleuropas stattfindet. Dieser Weg zu einer europäischen Standarddokumentation vereinfacht und beschleunigt die Vertragsverhandlungen der Marktteilnehmer aufgrund der reduzierten Anzahl von Rahmenverträgen und erforderlichen Rechtsgutachten (dazu s → Anm. 1).

1. Die **Struktur des EMA** ist in Nr 1 Abs 2 der Allgemeinen Bestimmungen (AB) des EMA beschrieben. Danach besteht ein EMA in der Regel aus den **Besonderen Bestimmungen**, die von den Parteien individuell vereinbart werden und zahlreiche Wahlmöglichkeiten enthalten, sowie den **Allgemeinen Bestimmungen**, die für alle Produkte gelten und den allgemeinen Marktstandard darstellen (*Behrends* § 6 Rn 85). Außerdem können **ergänzende Anhänge** und **Zusätze** zu diesen Anhängen nach Wahl der Parteien ebenfalls in die Besonderen Bestimmungen einbezogen werden. Die Besonderen Bestimmungen sind der einzige Vertragsbestandteil, der von den Parteien unterschrieben wird. Sie beinhalten insbesondere Regelungen wie die Rechtswahl und die Gerichtsstandsvereinbarung. Im Ausnahmefall, wenn die Parteien noch keinen Rahmenvertrag einschließlich der Besonderen Bestimmungen unterzeichnet haben, können die Allgemeinen Bestimmungen und Anhänge direkt in eine Geschäftsbestätigung eines Einzelabschlusses aufgenommen werden und bilden insoweit einen Rahmenvertrag (Nr 1 Abs 2 S 2 AB). Die Allgemeinen Bestimmungen enthalten Vertragsgrundsätze, die auf alle unter dem Vertrag möglichen Geschäftsarten (s Nr 1 Abs 1 und 2 AB) abgestimmt sind. Redundanzen und Unstimmigkeiten, die sich typischerweise ergeben, wenn Vertragsparteien unterschiedliche Rahmenverträge abschließen, werden so vermieden. Die Produktanhänge sind kurz und ausschließlich produktbezogen.

Gemäß Nr 1 Abs 4 AB basiert das EMA wie die anderen im Markt verwendeten Rahmenverträge auf dem **Konzept des einheitlichen Vertrages** (hierzu → Form. IV. S. 1 Anm. 2). Die Zusammenfassung der verschiedenen Geschäftsarten (Wertpapierdarlehen, Repos, OTC-Derivate, Einlagen/Darlehen) unter ein einheitliches Dach vermeidet, dass eine Vertragsverletzung („Event of Default"; Nr 6 Abs 1 AB) bzw eine Änderung von Umständen („Change of Circumstances"; Nr 6 Abs 2 AB) nur zur Beendigung einzelner, nicht jedoch aller Geschäfte führt. Indem die Abwicklungsbeträge aller schwebenden Geschäfte im Fall der vorzeitigen Beendigung zu einem einzigen Nettobetrag zusammengefasst werden, werden die Netting-Möglichkeiten im Interesse der Reduzierung des Ausfallrisikos maximiert. Das Liquidationsnetting, im Falle des EMA wegen des produktübergreifenden Nettings ein „Cross Product Netting", vollzieht sich in folgenden Schritten: Kündigung oder automatische Beendigung des Vertrages (Nr 6 AB), Bewertung der beendeten Geschäfte und schließlich Saldierung der positiven und negativen Geschäftswerte zu einem einheitlichen Abschlussbetrag (Nr 7 AB; ausführlich zum Liquidationsnetting des EMA *Hartenfels* S 76 ff und *Bergfort* ZBB 2009, 459). Der risikomindernde Effekt des produktübergreifenden Nettings wird von Art 295 c) der Verordnung (EU) Nr 575/2013 des Europäischen Parlaments und des Rates vom 26. Juni 2013 über Aufsichtsanforderungen an Kreditinstitute und Wertpapierfirmen und zur Änderung der Verordnung (EU) Nr 646/2012 (ABl v 27.6.2013, L 176/1, sog CRR oder Kapitaladäquanzverordnung) ausdrücklich **aufsichtsrechtlich anerkannt**: Damit dürfen Finanzinstitute, sofern die weiteren, in Art 296 f CRR detailliert dargelegten Voraussetzungen erfüllt sind, die Ermittlung der Eigenkapitalanforderungen für das Kontrahentenausfallrisiko auf Basis des Nettobetrages der unter dem EMA abgeschlossenen Geschäfte vornehmen. Art 272 Abs 25 CRR definiert dazu die „vertragliche produktübergreifende Nettingvereinbarung" als „eine bilaterale vertragliche Vereinbarung zwischen einem Institut und einer Gegenpartei, die eine (auf der Aufrechnung der abgedeckten Geschäfte beruhende) einzige rechtliche Verpflichtung begründet, die für alle unter die Vereinbarung fallenden bilateralen Mastervereinbarungen und Geschäfte in unterschiedlichen Produktkategorien gilt" (s ausführlich, auch zu den vom EMA umfassten Produktkategorien Pensionsgeschäfte, Wertpapierleih- und Derivatgeschäfte und den Anerkennungsvoraussetzungen im Detail, *Fried* § 16 Rn 20 ff, 29; *Weber/Seifert/Schmid*, Rn 2 ff). Zur Wirksamkeit des EMA in den verschiedenen Rechtsordnungen unter Berücksichtigung des jeweiligen lokalen Insolvenzrechts sind in der Vergangenheit zahlreiche Rechtsgutachten eingeholt worden (*Behrends* § 6 Rn 78; *Bergfort* ZBB 2009, 457 f); auch zur 2020er Neufassung wurden Rechtsgutachten (für die Rechtsordnungen Deutschland, Frankreich, Belgien und Großbritannien) vom Europäischen Bankenverband beauftragt, die insbesondere für die oben dargestellte aufsichtsrechtliche Anerkennung von Bedeutung sind. Die Beauftragung von Gutachten für weitere Rechtsordnungen ist in Planung.

2. Nr 2 und 3 der Allgemeinen Bestimmungen enthalten operative Details wie **Bestätigungen** und **Zahlungs- und Lieferbedingungen** sowie eine Bestimmung zur rechtlichen Qualität der (Rück-)Übertragung von Wertpapieren, Finanzinstrumenten und Vermögenswerten. Die **2020er Version** enthält nun ein **Zurückbehaltungsrecht** („Withholding Right") in Nr 3 Abs 3 für den Fall einer (sich entwickelnden) Vertragsverletzungssituation, da dies eher dem Konzept der kontinentaleuropäischen Rechtsordnungen entspricht (zuvor an dieser Stelle „condition precedent“-Klausel); optional können die Parteien in den Besonderen Bestimmungen das Zurückbehaltungsrecht auch mit einer Befristung („Withholding End Date“) ausgestalten. In Nr 3 Abs 4 AB ist das sogenannte „Payment Netting“ oder „Settlement Netting“ geregelt, dh die Verrechnung von Zahlungen bei gegenseitigen Zahlungsverpflichtungen am gleichen Tag. Nr 3 Abs 5 AB („Late Payment“) nimmt als Bezugsgröße für den Verzugszins bei Zahlungen in Euro den **neuen Referenzzinssatz Euro Short-Term Rate (EURSTR)** auf und löst damit EONIA in der bisherigen Vertragsversion ab; für individuell gewünschte Anpassungen des Verzugszinses wird auf die Besonderen Bestimmungen verwiesen.

Im Hinblick auf die **Stellung von Sicherheiten** bestätigt die neu eingeführte Nr 3 Abs 9 AB („Provision of Margin“), dass neben dem Konzept des Eigentumsübergangs, das dem aktuellen Sicherheitenanhang zugrunde liegt, auch eine andere Form der Besicherung (zB Verpfändung, „security interest“) vereinbart werden kann; darauf basierend wird wegen der regulatorischen Anforderungen ein zusätzlicher Sicherheitenanhang, der den Austausch von Ersteinschusszahlungen und die erforderliche Sicherheiten-Segregierung regelt, entwickelt werden.

3. Nr 5 Abs 1 lit j AB führt eine – in internationalen Verträgen übliche – **Zusicherung zur Richtig- und Vollständigkeit** von zur Verfügung gestellten Unterlagen und Dokumenten ein („Accuracy of Specified Information“).

4. Weitere Neuerungen betreffen die Regelungen zur Beendigung des Vertrages bei **Vertragsverletzungen** (Nr 6 Abs 1 AB): So verkürzt Nr 6 Abs 1 lit a (i) AB die Frist zur möglichen Heilung einer Säumnis von drei auf einen Bankarbeitstag (vgl zu den entsprechenden marktüblichen Fristen bei Derivaten → Form. IV. S. 1 Anm. 7); ebenso wurden die **Heilungsfristen** im Fall der Verletzung anderer Verträge („Cross Default“; fünf statt bisher sieben Bankarbeitstage) und im Insolvenzfall („Insolvency Events“; fünfzehn statt bisher dreißig Kalendertage) in Anlehnung an die aktuellen Dokumentationsstandards **gekürzt.** Die Tatbestände der Umwandlung ohne Übernahme („Corporate Merger Without Assumption“) und der Unwirksamkeit einer gegebenen Garantie („Guarantee Ineffective“) wurden erweitert.

5. Auch die **Beendigung wegen Änderung von Umständen** (Nr 6 Abs 2 AB) wurde aktualisiert: Während in der 2004er Vertragsversion Rechtswidrigkeit („Illegality“) und Verhinderung („Impossibility“) zusammen in einer Bestimmung behandelt wurden und die Anwendbarkeit der „Impossibility“ optional von den Parteien zu vereinbaren war (2004er Version: „falls dies in den Besonderen Bestimmungen festgelegt ist“), wurde nun im Einklang mit den Marktentwicklungen **standardmäßig** eine **Force Majeure-Klausel** („Impossibility Event“) in Nr 6 Abs 2 lit a (iii) AB neu aufgenommen. Für diese Beendigungsrechte sind nunmehr ereignisbezogene Wartefristen (von drei bzw acht Bankarbeitstagen nach Eintritt des Ereignisses) vorgesehen, verbunden mit der Klarstellung, dass während der Fortdauer dieser Ereignisse die Zahlungs- bzw Lieferungspflichten gestundet sind („Waiting Period and Deferral“).

Neu ist auch die in Nr 6 Abs 2 lit a (v) AB vorgesehene Möglichkeit zur **Vereinbarung zusätzlicher Ereignisse**, die eine Beendigung wegen Änderung von Umständen nach sich ziehen.

Nr 6 Abs 2 lit b AB stellt klar, dass auch eine Änderung von Umständen, die sich auf das Stellen bzw die Rücklieferung von Sicherheiten bezieht, zur Beendigung aller Transaktionen durch die betroffene Partei berechtigt.

6. Klarer unterschieden wird nunmehr zwischen der **Fälligkeit** des Abschlussbetrages („Final Settlement Amount“) – am Vorzeitigen Beendigungstag – einerseits (Nr 6 Abs 5 AB) und dessen **Zahlbarkeit** – zwei Bankarbeitstage nach Erhalt der Mitteilung über den errechneten Abschlussbetrag – andererseits; entsprechend wurde der neue Begriff des „Final Settlement Payment Date“ in Nr 7 Abs 3 lit b AB eingeführt.

7. **Mitteilungen** gemäß Nr 8 AB können nunmehr auch über ein elektronisches Benachrichtigungssystem (einschließlich digitaler oder elektronischer Matching-Plattformen sowie E-Mails) erfolgen, ohne dass dieses in den Besonderen Bestimmungen zu spezifizieren ist (so noch die vorherige Vertragsversion); ausgenommen sind Mitteilungen und sonstige Benachrichtigungen im Zusammenhang mit der Beendigung und dem Abschlussbetrag gemäß Nr 6 und 7 AB.

8. Nr 10 Abs 10 AB enthält eine spezielle Regelung zu **Vertretergeschäften** („Agency-Geschäften“), die in vergleichbarer Form kein anderer deutschsprachiger Rahmenvertrag aufweist. Danach ist jede Vertragspartei eines EMA bei Erfüllung bestimmter Bedingungen (vgl Nr 10 Abs 10 lit a) berechtigt, als Vertreter für einen Dritten Geschäfte abzuschließen. Voraussetzung hierfür ist ua, dass der anderen Vertragspartei die Identität des Dritten offengelegt wird. Die Regelungen des zwischen den Parteien vereinbarten EMA finden auch im Verhältnis zum Dritten Anwendung. Dies jedoch mit der Maßgabe, dass jedes Vertragsverhältnis mit einem Dritten einen gesonderten einheitlichen Vertrag darstellt (Nr 10 Abs 10 lit c S 2).

9. Die neue Fassung der Nr 11 Abs 3 AB bestimmt, dass mangels einer ausdrücklichen Wahl eines **Zustellungsbevollmächtigten** in den Besonderen Bestimmungen die Parteien vereinbarungsgemäß jeweils an ihren registrierten Firmensitzen Zustellungen entgegennehmen.

10. Die Bestimmungen des **Derivateanhangs** und der gegebenenfalls vereinbarten Zusätze finden auf alle Derivategeschäfte Anwendung, für die die Parteien die Geltung des Rahmenvertrags vereinbart haben. In den meisten Fällen wird diese Vereinbarung zwischen den Parteien bei Abschluss des jeweiligen Geschäfts getroffen und die Bezugnahme auf den Rahmenvertrag in die Bestätigung aufgenommen (Nr 1 Abs 2 (a) des Derivateanhangs). Bei einigen Geschäften sind die Bestätigungen Message-Types – wie beispielsweise die über SWIFT ausgetauschten – und lassen Bezugnahmen auf den Rahmenvertrag mangels „free text-Feldern“ nicht zu. Nr 1 Abs 2 (b) des Derivateanhangs sieht daher ausdrücklich vor, dass Devisengeschäfte stets in den Vertrag einbezogen werden, sobald die Parteien in den Besonderen Bestimmungen den Devisen-Zusatz vereinbart haben.

Die in den **Zusätzen zum Derivateanhang** enthaltenen Definitionen für standardmäßige Devisengeschäfte, Zinsderivate und Optionsgeschäfte entsprechen dem gegenwärtigen Marktstandard. Lediglich der **Zusatz für Zinsderivate** (→ Form. IV.S. 19.6) wurde in 2020 in einer **aktualisierten Fassung** veröffentlicht: Die Definitionen der Zinsberechnungsmethoden wurden in Nr 4 Abs 7 lit f und lit j Zusatz Zinsderivate geringfügig überarbeitet und eine neue Bestimmung zu negativen Zinsen (Nr 6 Zusatz Zinsderivate) aufgenommen.

Als Ausnahme zu den anderen Produktanhängen – Wertpapierdarlehens- und Pensionsanhang enthalten abschließende Bestimmungen für diese Geschäftsarten – eröffnet der Derivateanhang in Nr 2 (wie auch Nr 2 des Anhang für Einlagen und Darlehen) die Möglichkeit, **weitere Marktstandarddokumentationen durch Bezugnahme** in einer Geschäftsbestätigung oder durch Vereinbarung in den Besonderen Bestimmungen miteinzubeziehen. Diese Brücke zu anderen im OTC-Derivatemarkt gebräuchlichen Definitionen ermöglicht es den Parteien, auch solche Produkte unter dem EMA zu dokumentieren, für die unter dem EMA noch keine Zusätze vorliegen, wobei dann jedoch der jeweilige Anpassungsbedarf juristisch zu überprüfen ist (*Bergfort* ZBB 2009, 457). Die Parteien eines EMA können die Brücke aber auch dort einsetzen, wo sie andernfalls drohende

Accordingly, the parties agree as follows:

1. Interpretation

(a) ***Definitions.*** The terms defined in Section 14 and elsewhere in this Master Agreement will have the meanings therein specified for the purpose of this Master Agreement.

(b) ***Inconsistency.*** In the event of any inconsistency between the provisions of the Schedule and the other provisions of this Master Agreement, the Schedule will prevail. In the event of any inconsistency between the provisions of any Confirmation and this Master Agreement, such Confirmation will prevail for the purpose of the relevant Transaction.

(c) ***Single Agreement.*** All Transactions are entered into in reliance on the fact that this Master Agreement and all Confirmations form a single agreement between the parties (collectively referred to as this „Agreement"), and the parties would not otherwise enter into anyTransactions.

2. Obligations

(a) General Conditions.

(i) Each party will make each payment or delivery specified in each Confirmation to be made by it, subject to the other provisions of this Agreement.

(ii) Payments under this Agreement will be made on the due date for value on that date in the place of the account specified in the relevant Confirmation or otherwise pursuant to this Agreement, in freely transferable funds and in the manner customary for payments in the required currency. Where settlement is by delivery (that is, other than by payment), such delivery will be made for receipt on the due date in the manner customary for the relevant obligation unless otherwise specified in the relevant Confirmation or elsewhere in this Agreement.

(iii) Each obligation of each party under Section 2(a)(i) is subject to (1) the condition precedent that no Event of Default or Potential Event of Default with respect to the other party has occurred and is continuing, (2) the condition precedent that no Early Termination Date in respect of the relevant Transaction has occurred or been effectively designated and (3) each other condition specified in this Agreement to be a condition precedent for the purpose of this Section 2(a)(iii).

(b) ***Change of Account.*** Either party may change its account for receiving a payment or delivery by giving notice to the other party at least five Local Business Days prior to the Scheduled Settlement Date for the payment or delivery to which such change applies unless such other party gives timely notice of a reasonable objection to such change.

(c) ***Netting of Payments.*** If on any date amounts would otherwise be payable:

(i) in the same currency; and

(ii) in respect of the same Transaction,

by each party to the other, then, on such date, each party's obligation to make payment of any such amount will be automatically satisfied and discharged and, if the aggregate amount that would otherwise have been payable by one party exceeds the aggregate amount that would otherwise have been payable by the other party, replaced by an obligation upon the party by which the larger aggregate amount would have been payable to pay to the other party the excess of the larger aggregate amount over the smaller aggregate amount.

The parties may elect in respect of two or more Transactions that a net amount and payment obligation will be determined in respect of all amounts payable on the same date in the same currency in respect of those Transactions, regardless of whether such amounts are payable in respect of the same Transaction. The election may be made in the Schedule or any Confirmation by specifying that „Multiple Transaction Payment Netting" applies to the Transactions identified as being subject to the election (in which case clause (ii) above will not apply to such Transactions). If Multiple Transaction Payment Netting is applicable to Transactions, it will apply to those Transactions with effect from the starting date specified in the Schedule or such Confirmation, or, if a starting date is not specified in the Schedule or such Confirmation, the starting date otherwise agreed by the parties in writing. This election may be made separately for different groups of Transactions and will apply separately to each pairing of Offices through which the parties make and receive payments or deliveries.

(d) ***Deduction or Withholding for Tax.***

(i) *Gross-Up.* All payments under this Agreement will be made without any deduction or withholding for or on account of any Tax unless such deduction or withholding is required by any applicable law, as modified by the practice of any relevant governmental revenue authority, then in effect. If a party is so required to deduct or withhold, then that party („X") will:

(1) promptly notify the other party („Y") of such requirement;

(2) pay to the relevant authorities the full amount required to be deducted or withheld (including the full amount required to be deducted or withheld from any additional amount paid by X to

Y under this Section 2(d)) promptly upon the earlier of determining that such deduction or withholding is required or receiving notice that such amount has been assessed against Y;

(3) promptly forward to Y an official receipt (or a certified copy), or other documentation reasonably acceptable to Y, evidencing such payment to such authorities; and

(4) if such Tax is an Indemnifiable Tax, pay to Y, in addition to the payment to which Y is otherwise entitled under this Agreement, such additional amount as is necessary to ensure that the net amount actually received by Y (free and clear of Indemnifiable Taxes, whether assessed against X or Y) will equal the full amount Y would have received had no such deduction or withholding been required. However, X will not be required to pay any additional amount to Y to the extent that it would not be required to be paid but for:

(A) the failure by Y to comply with or perform any agreement contained in Section 4(a)(i), 4(a)(iii) or 4(d); or

(B) the failure of a representation made by Y pursuant to Section 3(f) to be accurate and true unless such failure would not have occurred but for (I) any action taken by a taxing authority, or brought in a court of competent jurisdiction, after a Transaction is entered into (regardless of whether such action is taken or brought with respect to a party to this Agreement) or (II) a Change in Tax Law.

(ii) *Liability.* If: –

(1) X is required by any applicable law, as modified by the practice of any relevant governmental revenue authority, to make any deduction or withholding in respect of which X would not be required to pay an additional amount to Y under Section 2(d)(i)(4);

(2) X does not so deduct or withhold; and

(3) a liability resulting from such Tax is assessed directly against X,

then, except to the extent Y has satisfied or then satisfies the liability resulting from such Tax, Y will promptly pay to X the amount of such liability (including any related liability for interest, but including any related liability for penalties only if Y has failed to comply with or perform any agreement contained in Section 4(a)(i), 4(a)(iii) or 4(d)).

3. Representations

Each party makes the representations contained in Sections 3(a), 3(b), 3(c), 3(d), 3(e) and 3(f) and, if specified in the Schedule as applying, 3(g) to the other party (which representations will be deemed to be repeated by each party on each date on which a Transaction is entered into and, in the case of the representations in Section 3(f), at all times until the termination of this Agreement). If any „Additional Representation" is specified in the Schedule or any Confirmation as applying, the party or parties specified for such Additional Representation will make and, if applicable, be deemed to repeat such Additional Representation at the time or times specified for such Additional Representation.

(a) Basic Representations.

(i) *Status.* It is duly organised and validly existing under the laws of the jurisdiction of its organisation or incorporation and, if relevant under such laws, in good standing;

(ii) *Powers.* It has the power to execute this Agreement and any other documentation relating to this Agreement to which it is a party, to deliver this Agreement and any other documentation relating to this Agreement that it is required by this Agreement to deliver and to perform its obligations under this Agreement and any obligations it has under any Credit Support Document to which it is a party and has taken all necessary action to authorise such execution, delivery and performance;

(iii) *No Violation or Conflict.* Such execution, delivery and performance do not violate or conflict with any law applicable to it, any provision of its constitutional documents, any order or judgment of any court or other agency of government applicable to it or any of its assets or any contractual restriction binding on or affecting it or any of its assets;

(iv) *Consents.* All governmental and other consents that are required to have been obtained by it with respect to this Agreement or any Credit Support Document to which it is a party have been obtained and are in full force and effect and all conditions of any such consents have been complied with; and

(v) *Obligations Binding.* Its obligations under this Agreement and any Credit Support Document to which it is a party constitute its legal, valid and binding obligations, enforceable in accordance with their respective terms (subject to applicable bankruptcy, reorganisation, insolvency, moratorium or similar laws affecting creditors' rights generally and subject, as to enforceability, to equitable principles of general application (regardless of whether enforcement is sought in a proceeding in equity or at law)).

(b) *Absence of Certain Events.* No Event of Default or Potential Event of Default or, to its knowledge, Termination Event with respect to it has occurred and is continuing and no such event or circumstance would occur as a result of its entering into or performing its obligations under this Agreement or any Credit Support Document to which it is a party.

(c) *Absence of Litigation.* There is not pending or, to its knowledge, threatened against it, any of its Credit Support Providers or any of its applicable Specified Entities any action, suit or proceeding at law or in equity or before any court, tribunal, governmental body, agency or official or any arbitrator that is likely to affect the legality, validity or enforceability against it of this Agreement or any Credit Support Document to which it is a party or its ability to perform its obligations under this Agreement or such Credit Support Document.

(d) *Accuracy of Specified Information.* All applicable information that is furnished in writing by or on behalf of it to the other party and is identified for the purpose of this Section 3(d) in the Schedule is, as of the date of the information, true, accurate and complete in every material respect.

(e) *Payer Tax Representation.* Each representation specified in the Schedule as being made by it for the purpose of this Section 3(e) is accurate and true.

(f) *Payee Tax Representations.* Each representation specified in the Schedule as being made by it for the purpose of this Section 3(f) is accurate and true.

(g) *No Agency.* It is entering into this Agreement, including each Transaction, as principal and not as agent of any person or entity.

4. Agreements

Each party agrees with the other that, so long as either party has or may have any obligation under this Agreement or under any Credit Support Document to which it is a party:

(a) *Furnish Specified Information.* It will deliver to the other party or, in certain cases under clause (iii) below, to such government or taxing authority as the other party reasonably directs:

(i) any forms, documents or certificates relating to taxation specified in the Schedule or any Confirmation;

(ii) any other documents specified in the Schedule or any Confirmation; and

(iii) upon reasonable demand by such other party, any form or document that may be required or reasonably requested in writing in order to allow such other party or its Credit Support Provider to make a payment under this Agreement or any applicable Credit Support Document without any deduction or withholding for or on account of any Tax or with such deduction or withholding at a reduced rate (so long as the completion, execution or submission of such form or document would not materially prejudice the legal or commercial position of the party in receipt of such demand), with any such form or document to be accurate and completed in a manner reasonablysatisfactory to such other party and to be executed and to be delivered with any reasonably required certification,

in each case by the date specified in the Schedule or such Confirmation or, if none is specified, as soon as reasonably practicable.

(b) *Maintain Authorisations.* It will use all reasonable efforts to maintain in full force and effect all consents of any governmental or other authority that are required to be obtained by it with respect to this Agreement or any Credit Support Document to which it is a party and will use all reasonable efforts to obtain any that may become necessary in the future.

(c) *Comply With Laws.* It will comply in all material respects with all applicable laws and orders to which it may be subject if failure so to comply would materially impair its ability to perform its obligations under this Agreement or any Credit Support Document to which it is a party.

(d) *Tax Agreement.* It will give notice of any failure of a representation made by it under Section 3(f) to be accurate and true promptly upon learning of such failure.

(e) *Payment of Stamp Tax.* Subject to Section 11, it will pay any Stamp Tax levied or imposed upon it or in respect of its execution or performance of this Agreement by a jurisdiction in which it is incorporated, organised, managed and controlled or considered to have its seat, or where an Office through which it is acting for the purpose of this Agreement is located („Stamp Tax Jurisdiction"), and will indemnify the other party against any Stamp Tax levied or imposed upon the other party or in respect of the other party's execution or performance of this Agreement by any such Stamp Tax Jurisdiction which is not also a Stamp Tax Jurisdiction with respect to the other party.

5. Events of Default and Termination Events

(a) *Events of Default.* The occurrence at any time with respect to a party or, if applicable, any Credit Support Provider of such party or any Specified Entity of such party of any of the following events constitutes (subject to Sections 5(c) and 6(e)(iv)) an event of default (an „Event of Default") with respect to such party:

(i) *Failure to Pay or Deliver.* Failure by the party to make, when due, any payment under this Agreement or delivery under Section 2(a)(i) or 9(h)(i)(2) or (4) required to be made by it if such failure is not remedied on or before the first Local Business Day in the case of any such payment or the first Local Delivery Day in the case of any such delivery after, in each case, notice of such failure is given to the party;

(ii) Breach of Agreement; Repudiation of Agreement.

(1) Failure by the party to comply with or perform any agreement or obligation (other than an obligation to make any payment under this Agreement or delivery under Section 2(a)(i) or 9 (h)(i)(2) or (4) or to give notice of a Termination Event or any agreement or obligation under Section 4(a)(i), 4(a)(iii) or 4(d)) to be complied with or performed by the party in accordance with this Agreement if such failure is not remedied within 30 days after notice of such failure is given to the party; or

(2) the party disaffirms, disclaims, repudiates or rejects, in whole or in part, or challenges the validity of, this Master Agreement, any Confirmation executed and delivered by that party or any Transaction evidenced by such a Confirmation (or such action is taken by any person or entity appointed or empowered to operate it or act on its behalf);

(iii) Credit Support Default.

(1) Failure by the party or any Credit Support Provider of such party to comply with or perform any agreement or obligation to be complied with or performed by it in accordance with any Credit Support Document if such failure is continuing after any applicable grace period has elapsed;

(2) the expiration or termination of such Credit Support Document or the failing or ceasing of such Credit Support Document, or any security interest granted by such party or such Credit Support Provider to the other party pursuant to any such Credit Support Document, to be in full force and effect for the purpose of this Agreement (in each case other than in accordance with its terms) prior to the satisfaction of all obligations of such party under each Transaction to which such Credit Support Document relates without the written consent of the other party; or

(3) the party or such Credit Support Provider disaffirms, disclaims, repudiates or rejects, in whole or in part, or challenges the validity of, such Credit Support Document (or such action is taken by any person or entity appointed or empowered to operate it or act on its behalf);

(iv) *Misrepresentation.* A representation (other than a representation under Section 3(e) or 3(f)) made or repeated or deemed to have been made or repeated by the party or any Credit Support Provider of such party in this Agreement or any Credit Support Documentproves to have been incorrect or misleading in any material respect when made or repeated or deemed to have been made or repeated;

(v) *Default Under Specified Transaction.* The party, any Credit Support Provider of such party or any applicable Specified Entity of such party: –

(1) defaults (other than by failing to make a delivery) under a Specified Transaction or any credit support arrangement relating to a Specified Transaction and, after giving effect to any applicable notice requirement or grace period, such default results in a liquidation of, an acceleration of obligations under, or an early termination of, that Specified Transaction;

(2) defaults, after giving effect to any applicable notice requirement or grace period, in making any payment due on the last payment or exchange date of, or any payment on early termination of, a Specified Transaction (or, if there is no applicable notice requirement or grace period, such default continues for at least one Local Business Day);

(3) defaults in making any delivery due under (including any delivery due on the last delivery or exchange date of) a Specified Transaction or any credit support arrangement relating to a Specified Transaction and, after giving effect to any applicable notice requirement or grace period, such default results in a liquidation of, an acceleration of obligations under, or an early termination of, all transactions outstanding under the documentation applicable to that Specified Transaction; or

(4) disaffirms, disclaims, repudiates or rejects, in whole or in part, or challenges the validity of, a Specified Transaction or any credit support arrangement relating to a Specified Transaction that is, in either case, confirmed or evidenced by a document or other confirming evidence executed and delivered by that party, Credit Support Provider or Specified Entity (or such

action is taken by any person or entity appointed or empowered to operate it or act on its behalf);

(vi) *Cross -Default.* If „Cross-Default" is specified in the Schedule as applying to the party, the occurrence or existence of: –

(1) a default, event of default or other similar condition or event (however described) in respect of such party, any Credit Support Provider of such party or any applicable Specified Entity of such party under one or more agreements or instruments relating to Specified Indebtedness of any of them (individually or collectively) where the aggregate principal amount of such agreements or instruments, either alone or together with the amount, if any, referred to in clause (2) below, is not less than the applicable Threshold Amount (as specified in the Schedule) which has resulted in such Specified Indebtedness becoming, or becoming capable at such time of being declared, due and payable under such agreements or instruments before it would otherwise have been due and payable; or

(2) a default by such party, such Credit Support Provider or such Specified Entity (individually or collectively) in making one or more payments under such agreements or instruments on the due date for payment (after giving effect to any applicable notice requirement or grace period) in an aggregate amount, either alone or together with the amount, if any, referred to in clause (1) above, of not less than the applicable Threshold Amount;

(vii) *Bankruptcy.* The party, any Credit Support Provider of such party or any applicable Specified Entity of such party: –

(1) is dissolved (other than pursuant to a consolidation, amalgamation or merger); (2) becomes insolvent or is unable to pay its debts or fails or admits in writing its inability generally to pay its debts as they become due; (3) makes a general assignment, arrangement or composition with or for the benefit of its creditors; (4)(A) institutes or has instituted against it, by a regulator, supervisor or any similar official with primary insolvency, rehabilitative or regulatory jurisdiction over it in the jurisdiction of its incorporation or organisation or the jurisdiction of its head or home office, a proceeding seeking a judgment of insolvency or bankruptcy or any other relief under any bankruptcy or insolvency law or other similar law affecting creditors' rights, or a petition is presented for its winding-up or liquidation by it or such regulator, supervisor or similar official, or (B) has instituted against it a proceeding seeking a judgment of insolvency or bankruptcy or any other relief under any bankruptcy or insolvency law or other similar law affecting creditors' rights, or a petition is presented for its winding-up or liquidation, and such proceeding or petition is instituted or presented by a person or entity not described in clause (A) above and either (I) results in a judgment of insolvency or bankruptcy or the entry of an order for relief or the making of an order for its winding-up or liquidation or (II) is not dismissed, discharged, stayed or restrained in each case within 15 days of the institution or presentation thereof; (5) has a resolution passed for its winding-up, official management or liquidation (other than pursuant to a consolidation, amalgamation or merger); (6) seeks or becomes subject to the appointment of an administrator, provisional liquidator, conservator, receiver, trustee, custodian or other similar official for it or for all or substantially all its assets; (7) has a secured party take possession of all or substantially all its assets or has a distress, execution, attachment, sequestration or other legal process levied, enforced or sued on or against all or substantially all its assets and such secured party maintains possession, or any such process is not dismissed, discharged, stayed or restrained, in each case within 15 days thereafter; (8) causes or is subject to any event with respect to it which, under the applicable laws of any jurisdiction, has an analogous effect to any of the events specified in clauses (l) to (7) above (inclusive); or (9) takes any action in furtherance of, or indicating its consent to, approval of, or acquiescence in, any of the foregoing acts; or

(viii) *Merger Without Assumption.* The party or any Credit Support Provider of such party consolidates or amalgamates with, or merges with or into, or transfers all or substantially all its assets to, or reorganises, reincorporates or reconstitutes into or as, another entity and, at the time of such consolidation, amalgamation, merger, transfer, reorganisation, reincorporation or reconstitution: –

(1) the resulting, surviving or transferee entity fails to assume all the obligations of such party or such Credit Support Provider under this Agreement or any Credit Support Document to which it or its predecessor was a party; or

(2) the benefits of any Credit Support Document fail to extend (without the consent of the other party) to the performance by such resulting, surviving or transferee entity of its obligations under this Agreement.

(b) *Termination Events.* The occurrence at any time with respect to a party or, if applicable, any Credit Support Provider of such party or any Specified Entity of such party of any event specified below constitutes (subject to Section 5(c)) an Illegality if the event is specified in clause (i) below, a Force Majeure Event if the event is specified in clause (ii) below, a Tax Event if the event is specified in clause (iii) below, a Tax Event Upon Merger if the event is specified in clause (iv) below, and, if specified to be applicable, a Credit Event Upon Merger if the event is specified pursuant to clause (v) below or an Additional Termination Event if the event is specified pursuant to clause (vi) below: –

(i) ***Illegality.*** After giving effect to any applicable provision, disruption fallback or remedy specified in, or pursuant to, the relevant Confirmation or elsewhere in this Agreement, due to an event or circumstance (other than any action taken by a party or, if applicable, any Credit Support Provider of such party) occurring after a Transaction is entered into, it becomes unlawful under any applicable law (including without limitation the laws of any country in which payment, delivery or compliance is required by either party or any Credit Support Provider, as the case may be), on any day, or it would be unlawful if the relevant payment, delivery or compliance were required on that day (in each case, other than as a result of a breach by the party of Section 4(b)): –

(1) for the Office through which such party (which will be the Affected Party) makes and receives payments or deliveries with respect to such Transaction to perform any absolute or contingent obligation to make a payment or delivery in respect of such Transaction, to receive a payment or delivery in respect of such Transaction or to comply with any other material provision of this Agreement relating to such Transaction; or

(2) for such party or any Credit Support Provider of such party (which will be the Affected Party) to perform any absolute or contingent obligation to make a payment or delivery which such party or Credit Support Provider has under any Credit Support Document relating to such Transaction, to receive a payment or delivery under such Credit Support Document or to comply with any other material provision of such Credit Support Document;

(ii) ***Force Majeure Event.*** After giving effect to any applicable provision, disruption fallback or remedy specified in, or pursuant to, the relevant Confirmation or elsewhere in this Agreement, by reason of force majeure or act of state occurring after a Transaction is entered into, on any day: –

(1) the Office through which such party (which will be the Affected Party) makes and receives payments or deliveries with respect to such Transaction is prevented from performing any absolute or contingent obligation to make a payment or delivery in respect of such Transaction, from receiving a payment or delivery in respect of such Transaction or from complying with any other material provision of this Agreement relating to such Transaction (or would be so prevented if such payment, delivery or compliance were required on that day), or it becomes impossible or impracticable for such Office so to perform, receive or comply (or it would be impossible or impracticable for such Office so to perform, receive or comply if such payment, delivery or compliance were required on that day); or

(2) such party or any Credit Support Provider of such party (which will be the Affected Party) is prevented from performing any absolute or contingent obligation to make a payment or delivery which such party or Credit Support Provider has under any Credit Support Document relating to such Transaction, from receiving a payment or delivery under such Credit Support Document or from complying with any other material provision of such Credit Support Document (or would be so prevented if such payment, delivery or compliance were required on that day), or it becomes impossible or impracticable for such party or Credit Support Provider so to perform, receive or comply (or it would be impossible or impracticable for such party or Credit Support Provider so to perform, receive or comply if such payment, delivery or compliance were required on that day),

so long as the force majeure or act of state is beyond the control of such Office, such party or such Credit Support Provider, as appropriate, and such Office, party or Credit Support Provider could not, after using all reasonable efforts (which will not require such party or Credit Support Provider to incur a loss, other than immaterial, incidental expenses), overcome such prevention, impossibility or impracticability;

(iii) ***Tax Event.*** Due to (1) any action taken by a taxing authority, or brought in a court of competent jurisdiction, after a Transaction is entered into (regardless of whether such action is taken or brought with respect to a party to this Agreement) or (2) a Change in Tax Law, the party (which will be the Affected Party) will, or there is a substantial likelihood that it will, on the next succeeding Scheduled Settlement Date (A) be required to pay to the other party an additional amount in respect of an Indemnifiable Tax under Section 2(d)(i)(4) (except in respect of interest under Section 9(h)) or (B) receive a payment from which an amount is required to be deducted or withheld for or on account of a Tax (except in respect of interest under Section 9(h)) and no additional amount is required to be paid in respect of such Tax under Section 2(d)(i)(4) (other than by reason of Section 2(d)(i)(4)(A) or (B));

(iv) *Tax Event Upon Merger.* The party (the „Burdened Party") on the next succeeding Scheduled Settlement Date will either (1) be required to pay an additional amount in respect of an Indemnifiable Tax under Section 2(d)(i)(4) (except in respect of interest under Section 9(h)) or (2) receive a payment from which an amount has been deducted or withheld for or on account of any Tax in respect of which the other party is not required to pay an additional amount (other than by reason of Section 2(d)(i)(4)(A) or (B)), in either case as a result of a party consolidating or amalgamating with, or merging with or into, or transferring all or substantially all its assets (or any substantial part of the assets comprising the business conducted by it as of the date of this Master Agreement) to, or reorganising, reincorporating or reconstituting into or as, another entity (which will be the Affected Party) where such action does not constitute a Merger Without Assumption;

(v) (v) *Credit Event Upon Merger.* If „Credit Event Upon Merger" is specified in the Schedule as applying to the party, a Designated Event (as defined below) occurs with respect to such party, any Credit Support Provider of such party or any applicable Specified Entity of such party (in each case, „X") and such Designated Event does not constitute a Merger Without Assumption, and the creditworthiness of X or, if applicable, the successor, surviving or transferee entity of X, after taking into account any applicable Credit Support Document, is materially weaker immediately after the occurrence of such Designated Event than that of X immediately prior to the occurrence of such Designated Event (and, in any such event, such party or its successor, surviving or transferee entity, as appropriate, will be the Affected Party). A „Designated Event" with respect to X means that: –

(1) X consolidates or amalgamates with, or merges with or into, or transfers all or substantially all its assets (or any substantial part of the assets comprising the business conducted by X as of the

date of this Master Agreement) to, or reorganises, reincorporates or reconstitutes into or as, another entity;

(2) any person, related group of persons or entity acquires directly or indirectly the beneficial ownership of (A) equity securities having the power to elect a majority of the board of directors (or its equivalent) of X or (B) any other ownership interest enabling it to exercise control of X; or

(3) X effects any substantial change in its capital structure by means of the issuance, incurrence or guarantee of debt or the issuance of (A) preferred stock or other securities convertible into or exchangeable for debt or preferred stock or (B) in the case of entities other than corporations, any other form of ownership interest; or

(vi) *Additional Termination Event.* If any „Additional Termination Event" is specified in the Schedule or any Confirmation as applying, the occurrence of such event (and, in such event, the Affected Party or Affected Parties will be as specified for such Additional Termination Event in the Schedule or such Confirmation).

(c) Hierarchy of Events.

(i) An event or circumstance that constitutes or gives rise to an Illegality or a Force Majeure Event will not, for so long as that is the case, also constitute or give rise to an Event of Default under Section 5(a)(i), 5(a)(ii)(1) or 5(a)(iii)(1) insofar as such event or circumstance relates to the failure to make any payment or delivery or a failure to comply with any other material provision of this Agreement or a Credit Support Document, as the case may be.

(ii) Except in circumstances contemplated by clause (i) above, if an event or circumstance which would otherwise constitute or give rise to an Illegality or a Force Majeure Event also constitutes an Event of Default or any other Termination Event, it will be treated as an Event of Default or such other Termination Event, as the case may be, and will not constitute or give rise to an Illegality or a Force Majeure Event.

(iii) If an event or circumstance which would otherwise constitute or give rise to a Force Majeure Event also constitutes an Illegality, it will be treated as an Illegality, except as described in clause (ii) above, and not a Force Majeure Event.

(d) *Deferral of Payments and Deliveries During Waiting Period.* If an Illegality or a Force Majeure Event has occurred and is continuing with respect to a Transaction, each payment or delivery which would otherwise be required to be made under that Transaction will be deferred to, and will not be due until:

(i) the first Local Business Day or, in the case of a delivery, the first Local Delivery Day (or the first day that would have been a Local Business Day or Local Delivery Day, as appropriate, but for the occurrence of the event or circumstance constituting or giving rise to that Illegality or Force

Majeure Event) following the end of any applicable Waiting Period in respect of that Illegality or Force Majeure Event, as the case may be; or

(ii) if earlier, the date on which the event or circumstance constituting or giving rise to that Illegality or Force Majeure Event ceases toexist or, if such date is not a Local Business Day or, in the case of a delivery, a Local Delivery Day, the first following day that is a Local Business Day or Local Delivery Day, as appropriate.

(e) *Inability of Head or Home Ofice to Perform Obligations of Branch.* If (i) an Illegality or a Force Majeure Event occurs under Section 5(b)(i)(1) or 5(b)(ii)(1) and the relevant Office is not the Affected Party's head or home office, (ii) Section 10(a) applies, (iii) the other party seeks performance of the relevant obligation or compliance with the relevant provision by the Affected Party's head or home office and (iv) the Affected Party's head or home office fails so to perform or comply due to the occurrence of an event or circumstance which would, if that head or home office were the Office through which the Affected Party makes and receives payments and deliveries with respect to the relevant Transaction, constitute or give rise to an Illegality or a Force Majeure Event, and such failure would otherwise constitute an Event of Default under Section 5(a)(i) or 5(a)(iii)(1) with respect to such party, then, for so long as the relevant event or circumstance continues to exist with respect to both the Office referred to in Section 5(b)(i)(1) or 5(b)(ii)(1), as the case may be, and the Affected Party's head or home office, such failure will not constitute an Event of Default under Section 5(a)(i) or 5(a)(iii)(1).

6. Early Termination; Close-Out Netting

(a) *Right to Terminate Following Event of Default.* If at any time an Event of Default with respect to a party (the „Defaulting Party") has occurred and is then continuing, the other party (the „Non-defaulting Party") may, by not more than 20 days notice to the Defaulting Party specifying the relevant Event of Default, designate a day not earlier than the day such notice is effective as an Early Termination Date in respect of all outstanding Transactions. If, however, „Automatic Early Termination" is specified in the Schedule as applying to a party, then an Early Termination Date in respect of all outstanding Transactions will occur immediately upon the occurrence with respect to such party of an Event of Default specified in Section 5(a)(vii)(1), (3), (5), (6) or, to the extent analogous thereto, (8), and as of the time immediately preceding the institution of the relevant proceeding or the presentation of the relevant petition upon the occurrence with respect to such party of an Event of Default specified in Section 5(a)(vii)(4) or, to the extent analogous thereto, (8).

(b) Right to Terminate Folowing Termination Event.

(i) *Notice.* If a Termination Event other than a Force Majeure Event occurs, an Affected Party will, promptly upon becoming aware of it, notify the other party, specifying the nature of that Termination Event and each Affected Transaction, and will also give the other party such other information about that Termination Event as the other party may reasonably require. If a Force Majeure Event occurs, each party will, promptly upon becoming aware of it, use all reasonable efforts to notify the other party, specifying the nature of that Force Majeure Event, and will also give the other party such other information about that Force Majeure Event as the other party may reasonably require.

(ii) *Transfer to Avoid Termination Event.* If a Tax Event occurs and there is only one Affected Party, or if a Tax Event Upon Merger occurs and the Burdened Party is the Affected Party, the Affected Party will, as a condition to its right to designate an Early Termination Date under Section 6(b)(iv), use all reasonable efforts (which will not require such party to incur a loss, other than immaterial, incidental expenses) to transfer within 20 days after it gives notice under Section 6(b)(i) all its rights and obligations under this Agreement in respect of the Affected Transactions to another of its Offices or Affiliates so that such Termination Event ceases to exist.

If the Affected Party is not able to make such a transfer it will give notice to the other party to that effect within such 20 day period, whereupon the other party may effect such a transfer within 30 days after the notice is given under Section 6(b)(i).

Any such transfer by a party under this Section 6(b)(ii) will be subject to and conditional upon the prior written consent of the other party, which consent will not be withheld if such other party's policies in effect at such time would permit it to enter into transactions with the transferee on the terms proposed.

(iii) *Two Affected Parties.* If a Tax Event occurs and there are two Affected Parties, each party will use all reasonable efforts to reach agreement within 30 days after notice of such occurrence is given under Section 6(b)(i) to avoid that Termination Event.

(iv) Right to Terminate.

(1) If: –

(A) a transfer under Section 6(b)(ii) or an agreement under Section 6(b)(iii), as the case may be, has not been effected with respect to all Affected Transactions within 30 days after an Affected Party gives notice under Section 6(b)(i); or

(B) a Credit Event Upon Merger or an Additional Termination Event occurs, or a Tax Event Upon Merger occurs and the Burdened Party is not the Affected Party,

the Burdened Party in the case of a Tax Event Upon Merger, any Affected Party in the case of a Tax Event or an Additional Termination Event if there are two Affected Parties, or the Nonaffected Party in the case of a Credit Event Upon Merger or an Additional Termination Event if there is only one Affected Party may, if the relevant Termination Event is then continuing, by not more than 20 days notice to the other party, designate a day not earlier than the day such notice is effective as an Early Termination Date in respect of all Affected Transactions.

(2) If at any time an Illegality or a Force Majeure Event has occurred and is then continuing and any applicable Waiting Period has expired: –

(A) Subject to clause (B) below, either party may, by not more than 20 days notice to the other party, designate (I) a day not earlier than the day on which such notice becomes effective as an Early Termination Date in respect of all Affected Transactions or (II) by specifying in that notice the Affected Transactions in respect of which it is designating the relevant day as an Early Termination Date, a day not earlier than two Local Business Days following the day on which such notice becomes effective as an Early Termination Date in respect of less than all Affected Transactions. Upon receipt of a notice designating an Early Termination Date in respect of less than all Affected Transactions, the other party may, by notice to the designating party, if such notice is effective on or before the day so designated, designate that same day as an Early Termination Date in respect of any or all other Affected Transactions.

(B) An Affected Party (if the Illegality or Force Majeure Event relates to performance by such party or any Credit Support Provider of such party of an obligation to make any payment or delivery under, or to compliance with any other material provision of, the relevant Credit Support Document) will only have the right to designate an Early Termination Date under Section 6(b)(iv)(2)(A) as a result of an Illegality under Section 5(b)(i)(2) or a Force Majeure Event under Section 5(b)(ii)(2) following the prior designation by the other party of an Early Termination Date, pursuant to Section 6(b)(iv)(2)(A), in respect of less than all Affected Transactions.

(c) *Effect of Designation.*

(i) If notice designating an Early Termination Date is given under Section 6(a) or 6(b), the Early Termination Date will occur on the date so designated, whether or not the relevant Event of Default or Termination Event is then continuing.

(ii) Upon the occurrence or effective designation of an Early Termination Date, no further payments or deliveries under Section 2(a)(i) or 9(h)(i) in respect of the Terminated Transactions will be required to be made, but without prejudice to the other provisions of this Agreement. The amount, if any, payable in respect of an Early Termination Date will be determined pursuant to Sections 6(e) and 9 (h)(ii).

(d) *Calculations; Payment Date.*

(i) ***Statement.*** On or as soon as reasonably practicable following the occurrence of an Early Termination Date, each party will make the calculations on its part, if any, contemplated by Section 6(e) and will provide to the other party a statement (l) showing, in reasonable detail, such calculations (including any quotations, market data or information from internal sources used in making such calculations),

(2) specifying (except where there are two Affected Parties) any Early Termination Amount payable and

(3) giving details of the relevant account to which any amount payable to it is to be paid. In the absence of written confirmation from the source of a quotation or market data obtained in determining a Close-out Amount, the records of the party obtaining such quotation or market data will be conclusive evidence of the existence and accuracy of such quotation or market data.

(ii) ***Payment Date.*** An Early Termination Amount due in respect of any Early Termination Date will, together with any amount of interest payable pursuant to Section 9(h)(ii)(2), be payable (1) on the day on which notice of the amount payable is effective in the case of an Early Termination Date which is designated or occurs as a result of an Event of Default and (2) on the day which is two Local Business Days after the day on which notice of the amount payable is effective (or, if there are two Affected Parties, after the day on which the statement provided pursuant to clause (i) above by the second party to provide such a statement is effective) in the case of an Early Termination Date which is designated as a result of a Termination Event.

(e) ***Payments on Early Termination.*** If an Early Termination Date occurs, the amount, if any, payable in respect of that Early Termination Date (the „Early Termination Amount") will be determined pursuant to this Section 6(e) and will be subject to Section 6(f).

(i) ***Events of Default.*** If the Early Termination Date results from an Event of Default, the Early Termination Amount will be an amount equal to (1) the sum of (A) the Termination Currency Equivalent of the Close-out Amount or Close-out Amounts (whether positive or negative) determined by the Nondefaulting Party for each Terminated Transaction or group of Terminated Transactions, as the case may be, and (B) the Termination Currency Equivalent of the Unpaid Amounts owing to the Non-defaulting Party less (2) the Termination Currency Equivalent of the Unpaid Amounts owing to the Defaulting Party. If the Early Termination Amount is a positive number, the Defaulting Party will pay it to the Non-defaulting Party; if it is a negative number, the Non-defaulting Party will pay the absolute value of the Early Termination Amount to the Defaulting Party.

(ii) ***Termination Events.*** If the Early Termination Date results from a Termination Event:

(1) *One Afected Party.* Subject to clause (3) below, if there is one Affected Party, the Early Termination Amount will be determined in accordance with Section 6(e)(i), except that references to the Defaulting Party and to the Non-defaulting Party will be deemed to be references to the Affected Party and to the Non-affected Party, respectively.

(2) *Two Afected Parties.* Subject to clause (3) below, if there are two Affected Parties, each party will determine an amount equal to the Termination Currency Equivalent of the sum of the Close-out Amount or Close-out Amounts (whether positive or negative) for each Terminated Transaction or group of Terminated Transactions, as the case may be, and the Early Termination Amount will be an amount equal to (A) the sum of (I) one-half of the difference between the higher amount so determined (by party „X") and the loweramount so determined (by party „Y") and (II) the Termination Currency Equivalent of the Unpaid Amounts owing to X less (B) the Termination Currency Equivalent of the Unpaid Amounts owing to Y. If the Early Termination Amount is a positive number, Y will pay it to X; if it is a negative number, X will pay the absolute value of the Early Termination Amount to Y.

(3) *Mid -Market Events.* If that Termination Event is an Illegality or a Force Majeure Event, then the Early Termination Amount will be determined in accordance with clause (1) or (2) above, as appropriate, except that, for the purpose of determining a Close-out Amount or Close-out Amounts, the Determining Party will: –

(A) if obtaining quotations from one or more third parties (or from any of the Determining Party's Affiliates), ask each third party or Affiliate (I) not to take account of the current creditworthiness of the Determining Party or any existing Credit Support Document and (II) to provide mid-market quotations; and

(B) in any other case, use mid-market values without regard to the creditworthiness of the Determining Party.

(iii) ***Adjustment for Bankruptcy.*** In circumstances where an Early Termination Date occurs because Automatic Early Termination applies in respect of a party, the Early Termination Amount will be subject to such adjustments as are appropriate and permitted by applicable law to reflect any payments or deliveries made by one party to the other under this Agreement (and retained by such other party) during the period from the relevant Early Termination Date to the date for payment determined under Section 6(d)(ii).

(iv) ***Adjustment for Illegality or Force Majeure Event.*** The failure by a party or any Credit Support Provider of such party to pay, when due, any Early Termination Amount will not constitute an Event of Default under Section 5(a)(i) or 5(a)(iii)(1) if such failure is due to the occurrence of an event or circumstance which would, if it occurred with respect to payment, delivery or compliance related to a Transaction, constitute or give rise to an Illegality or a Force Majeure Event. Such amount will (1) accrue interest and otherwise be treated as an Unpaid Amount owing to the other party if subsequently an Early Termination Date results from an Event of Default, a Credit Event Upon Merger or an Additional Termination Event in respect of which all outstanding Transactions are Affected Transactions and (2) otherwise accrue interest in accordance with Section 9(h)(ii)(2).

(v) *Pre -Estimate.* The parties agree that an amount recoverable under this Section 6(e) is a reasonable pre-estimate of loss and not a penalty. Such amount is payable for the loss of bargain and the loss of protection against future risks, and, except as otherwise provided in this Agreement, neither party will be entitled to recover any additional damages as a consequence of the termination of the Terminated Transactions.

(f) *Set-Off.* Any Early Termination Amount payable to one party (the „Payee") by the other party (the „Payer"), in circumstances where there is a Defaulting Party or where there is one Affected Party in the case where either a Credit Event Upon Merger has occurred or any other Termination Event in respect of which all outstanding Transactions are Affected Transactions has occurred, will, at the option of the Non-defaulting Party or the Nonaffected Party, as the case may be („X") (and without prior notice to the Defaulting Party or the Affected Party, as the case may be), be reduced by its set-off against any other amounts („Other Amounts") payable by the Payee to the Payer (whether or not arising under this Agreement, matured or contingent and irrespective of the currency, place of payment or place of booking of the obligation). To the extent that any Other Amounts are so set off, those Other Amounts will be discharged promptly and in all respects. X will give notice to the other party of any set-off effected under this Section 6(f).

For this purpose, either the Early Termination Amount or the Other Amounts (or the relevant portion of such amounts) may be converted by X into the currency in which the other is denominated at the rate of exchange at which such party would be able, in good faith and using commercially reasonable procedures, to purchase the relevant amount of such currency.

If an obligation is unascertained, X may in good faith estimate that obligation and set off in respect of the estimate, subject to the relevant party accounting to the other when the obligation is ascertained.

Nothing in this Section 6(f) will be effective to create a charge or other security interest. This Section 6(f) will be without prejudice and in addition to any right of set-off, offset, combination of accounts, lien, right of retention or withholding or similar right or requirement to which any party is at any time otherwise entitled or subject (whether by operation of law, contract or otherwise).

7. Transfer

Subject to Section 6(b)(ii) and to the extent permitted by applicable law, neither this Agreement nor any interest or obligation in or under this Agreement may be transferred (whether by way of security or otherwise) by either party without the prior written consent of the other party, except that: –

(a) a party may make such a transfer of this Agreement pursuant to a consolidation or amalgamation with, or merger with or into, or transfer of all or substantially all its assets to, another entity (but without prejudice to any other right or remedy under this Agreement); and

(b) a party may make such a transfer of all or any part of its interest in any Early Termination Amount payable to it by a Defaulting Party, together with any amounts payable on or with respect to that interest and any other rights associated with that interest pursuant to Sections 8, 9(h) and 11.

Any purported transfer that is not in compliance with this Section 7 will be void.

8. Contractual Currency

(a) *Payment in the Contractual Currency.* Each payment under this Agreement will be made in the relevant currency specified in this Agreement for that payment (the „Contractual Currency"). To the extent permitted by applicable law, any obligation to make payments under this Agreement in the Contractual Currency will not be discharged or satisfied by any tender in any currency other than the Contractual Currency, except to the extent such tender results in the actual receipt by the party to which payment is owed, acting in good faith and using commercially reasonable procedures in converting the currency so tendered into the Contractual Currency, of the full amount in the Contractual Currency of all amounts payable in respect of this Agreement. If for any reason the amount in the Contractual Currency so received falls short of the amount in the Contractual Currency payable in respect of this Agreement, the party required to make the payment will, to the extent permitted by applicable law, immediately pay such additional amount in the Contractual Currency as may be necessary to compensate for the shortfall. If for any reason the amount in the Contractual Currency so received exceeds the amount in the Contractual Currency payable in respect of this Agreement, the party receiving the payment will refund promptly the amount of such excess.

(b) *Judgments.* To the extent permitted by applicable law, if any judgment or order expressed in a currency other than the Contractual Currency is rendered (i) for the payment of any amount owing in respect of this Agreement, (ii) for the payment of any amount relating to any early termination in respect of this Agreement or (iii) in respect of a judgment or order of another court for the payment of any amount described in clause (i) or (ii) above, the party seeking recovery, after recovery in full of the aggregate amount to which such party is entitled pursuant to the judgment or order, will be entitled to receive immediately from the other party the amount of any shortfall of the Contractual Currency received by such party as a consequence of sums paid in such other currency and will refund promptly to the other party any excess of the Contractual Currency received by such party as a consequence of sums paid in such other currency if such shortfall or such excess arises or results from any variation between the rate of exchange at which the Contractual Currency is converted into the currency of the judgment or order for the purpose of such judgment or order and the rate of exchange at which such party is able, acting in good faith and using commercially reasonable procedures in converting the currency received into the Contractual Currency, to purchase the Contractual Currency with the amount of the currency of the judgment or order actually received by such party.

(c) *Separate Indemnities.* To the extent permitted by applicable law, the indemnities in this Section 8 constitute separate and independent obligations from the other obligations in this Agreement, will be enforceable as separate and independent causes of action, will apply notwithstanding any indulgence granted by the party to which any payment is owed and will not be affected by judgment being obtained or claim or proof being made for any other sums payable in respect of this Agreement.

(d) *Evidence of Loss.* For the purpose of this Section 8, it will be sufficient for a party to demonstrate that it would have suffered a loss had an actual exchange or purchase been made.

9. Miscellaneous

(a) *Entire Agreement.* This Agreement constitutes the entire agreement and understanding of the parties with respect to its subject matter. Each of the parties acknowledges that in entering into this Agreement it has not relied on any oral or written representation, warranty or other assurance (except as provided for or referred to in this Agreement) and waives all rights and remedies which might otherwise be available to it in respect thereof, except that nothing in this Agreement will limit or exclude any liability of a party for fraud.

(b) *Amendments.* An amendment, modification or waiver in respect of this Agreement will only be effective if in writing (including a writing evidenced by a facsimile transmission) and executed by each of the parties or confirmed by an exchange of telexes or by an exchange of electronic messages on an electronic messaging system.

(c) *Survival of Obligations.* Without prejudice to Sections 2(a)(iii) and 6(c)(ii), the obligations of the parties under this Agreement will survive the termination of any Transaction.

(d) *Remedies Cumulative.* Except as provided in this Agreement, the rights, powers, remedies and privileges provided in this Agreement are cumulative and not exclusive of any rights, powers, remedies and privileges provided by law.

(e) *Counterparts and Confirmations.*

(i) This Agreement (and each amendment, modification and waiver in respect of it) may be executed and delivered in counterparts (including by facsimile transmission and by electronic messaging system), each of which will be deemed an original.

(ii) The parties intend that they are legally bound by the terms of each Transaction from the moment they agree to those terms (whether orally or otherwise). A Confirmation will be entered into as soon as practicable and may be executed and delivered in counterparts (including by facsimile transmission) or be created by an exchange of telexes, by an exchange of electronic messages on an electronic messaging system or by an exchange of e-mails, which in each case will be sufficient for all purposes to evidence a binding supplement to this Agreement. The parties will specify therein or through another effective means that any such counterpart, telex, electronic message or e-mail constitutes a Confirmation.

(f) *No Waiver of Rights.* A failure or delay in exercising any right, power or privilege in respect of this Agreement will not be presumed to operate as a waiver, and a single or partial exercise of any right, power or privilege will not be presumed to preclude any subsequent or further exercise, of that right, power or privilege or the exercise of any other right, power or privilege.

(g) *Headings.* The headings used in this Agreement are for convenience of reference only and are not to affect the construction of or to be taken into consideration in interpreting this Agreement.

h) *Interest and Compensation.*

(i) *Prior to Early Termination.* Prior to the occurrence or effective designation of an Early Termination Date in respect of the relevant Transaction: –

(1) *Interest on Defaulted Payments.* If a party defaults in the performance of any payment obligation, it will, to the extent permitted by applicable law and subject to Section 6(c), pay interest (before as well as after judgment) on the overdue amount to the other party on demand in the same currency as the overdue amount, for the period from (and including) the original due date for payment to (but excluding) the date of actual payment (and excluding

any period in respect of which interest or compensation in respect of the overdue amount is due pursuant to clause (3)(B) or (C) below), at the Default Rate.

(2) *Compensation for Defaulted Deliveries.* If a party defaults in the performance of any obligation required to be settled by delivery, it will on demand (A) compensate the other party to the extent provided for in the relevant Confirmation or elsewhere in this Agreement and (B) unless otherwise provided in the relevant Confirmation or elsewhere in this Agreement, to the extent permitted by applicable law and subject to Section 6(c), pay to the other party interest (before as well as after judgment) on an amount equal to the fair market value of that which was required to be delivered in the same currency as that amount, for the period from (and including) the originally scheduled date for delivery to (but excluding) the date of actual delivery (and excluding any period in respect of which interest or compensation in respect of that amount is due pursuant to clause (4) below), at the Default Rate. The fair market value of any obligation referred to above will be determined as of the originally scheduled date for delivery, in good faith and using commercially reasonable procedures, by the party that was entitled to take delivery.

(3) Interest on Deferred Payments. If: –

(A) a party does not pay any amount that, but for Section 2(a)(iii), would have been payable, it will, to the extent permitted by applicable law and subject to Section 6(c) and clauses (B) and (C) below, pay interest (before as well as after judgment) on that amount to the other party on demand (after such amount becomes payable) in the same currency as that amount, for the period from (and including) the date the amount would, but for Section 2 (a)(iii), have been payable to (but excluding) the date the amount actually becomes payable, at the Applicable Deferral Rate;

(B) a payment is deferred pursuant to Section 5(d), the party which would otherwise have been required to make that payment will, to the extent permitted by applicable law, subject to Section 6(c) and for so long as no Event of Default or Potential Event of Default with respect to that party has occurred and is continuing, pay interest (before as well as after judgment) on the amount of the deferred payment to the other party on demand (after such amount becomes payable) in the same currency as the deferred payment, for the period from (and including) the date the amount would, but for Section 5(d), have been payable to (but excluding) the earlier of the date the payment is no longer deferred pursuant to Section 5(d) and the date during the deferral period upon which an Event of Default or Potential Event of Default with respect to that party occurs, at the Applicable Deferral Rate; or

(C) a party fails to make any payment due to the occurrence of an Illegality or a Force Majeure Event (after giving effect to any deferral period contemplated by clause (B) above), it will, to the extent permitted by applicable law, subject to Section 6(c) and for so long as the event or circumstance giving rise to that Illegality or Force Majeure Event continues and no Event of Default or Potential Event of Default with respect to that party has occurred and is continuing, pay interest (before as well as after judgment) on theoverdue amount to the other party on demand in the same currency as the overdue amount, for the period from (and including) the date the party fails to make the payment due to the occurrence of the relevant Illegality or Force Majeure Event (or, if later, the date the payment is no longer deferred pursuant to Section 5(d)) to (but excluding) the earlier of the date the event or circumstance giving rise to that Illegality or Force Majeure Event ceases to exist and the date during the period upon which an Event of Default or Potential Event of Default with respect to that party occurs (and excluding any period in respect of which interest or compensation in respect of the overdue amount is due pursuant to clause (B) above), at the Applicable Deferral Rate.

(4) Compensation for Deferred Deliveries. If: –

(A) a party does not perform any obligation that, but for Section 2(a)(iii), would have been required to be settled by delivery;

(B) a delivery is deferred pursuant to Section 5(d); or

(C) a party fails to make a delivery due to the occurrence of an Illegality or a Force Majeure Event at a time when any applicable Waiting Period has expired,

the party required (or that would otherwise have been required) to make the delivery will, to the extent permitted by applicable law and subject to Section 6(c), compensate and pay interest to the other party on demand (after, in the case of clauses (A) and (B) above, such delivery is required) if and to the extent provided for in the relevant Confirmation or elsewhere in this Agreement.

(ii) *Early Termination.* Upon the occurrence or effective designation of an Early Termination Date in respect of a Transaction: –

(1) *Unpaid Amounts.* For the purpose of determining an Unpaid Amount in respect of the relevant Transaction, and to the extent permitted by applicable law, interest will accrue on the amount of any payment obligation or the amount equal to the fair market value of any obligation required to be settled by delivery included in such determination in the same currency as that amount, for the period from (and including) the date the relevant obligation was (or would have been but for Section 2(a)(iii) or 5(d)) required to have been performed to (but excluding) the relevant Early Termination Date, at the Applicable Close-out Rate.

(2) *Interest on Early Termination Amounts.* If an Early Termination Amount is due in respect of such Early Termination Date, that amount will, to the extent permitted by applicable law, be paid together with interest (before as well as after judgment) on that amount in the Termination Currency, for the period from (and including) such Early Termination Date to (but excluding) the date the amount is paid, at the Applicable Close-out Rate.

(iii) *Interest Calculation.* Any interest pursuant to this Section 9(h) will be calculated on the basis of daily compounding and the actual number of days elapsed.

10. Offices; Multibranch Parties

(a) If Section 10(a) is specified in the Schedule as applying, each party that enters into a Transaction through an Office other than its head or home office represents to and agrees with the other party that, notwithstanding the place of booking or its jurisdiction of incorporation or organisation, its obligations are the same in terms of recourse against it as if it had entered into the Transaction through its head or home office, except that a party will not have recourse to the head or home office of the other party in respect of any payment or delivery deferred pursuant to Section 5(d) for so long as the payment or delivery is so deferred. This representation and agreement will be deemed to be repeated by each party on each date on which the parties enter into a Transaction.

(b) If a party is specified as a Multibranch Party in the Schedule, such party may, subject to clause (c) below, enter into a Transaction through, book a Transaction in and make and receive payments and deliveries with respect to a Transaction through any Office listed in respect of that party in the Schedule (but not any other Office unless otherwise agreed by the parties in writing).

(c) The Office through which a party enters into a Transaction will be the Office specified for that party in the relevant Confirmation or as otherwise agreed by the parties in writing, and, if an Office for that party is not specified in the Confirmation or otherwise agreed by the parties in writing, its head or home office. Unless the parties otherwise agree in writing, the Office through which a party enters into a Transaction will also be the Office in which it books the Transaction and the Office through which it makes and receives payments and deliveries with respect to the Transaction. Subject to Section 6(b)(ii), neither party may change the Office in which it books the Transaction or the Office through which it makes and receives payments or deliveries with respect to a Transaction without the prior written consent of the other party.

11. Expenses

A Defaulting Party will on demand indemnify and hold harmless the other party for and against all reasonable out-of pocket expenses, including legal fees, execution fees and Stamp Tax, incurred by such other party by reason of the enforcement and protection of its rights under this Agreement or any Credit Support Document to which the Defaulting Party is a party or by reason of the early termination of any Transaction, including, but not limited to, costs of collection.

12. Notices

(a) *Effectiveness.* Any notice or other communication in respect of this Agreement may be given in any manner described below (except that a notice or other communication under Section 5 or 6 may not be given by electronic messaging system or e-mail) to the address or number or in accordance with the electronic messaging system or e-mail details provided (see the Schedule) and will be deemed effective as indicated:

(i) if in writing and delivered in person or by courier, on the date it is delivered;

(ii) if sent by telex, on the date the recipient's answerback is received;

(iii) if sent by facsimile transmission, on the date it is received by a responsible employee of the recipient in legible form (it being agreed that the burden of proving receipt will be on the sender and will not be met by a transmission report generated by the sender's facsimile machine);

(iv) if sent by certified or registered mail (airmail, if overseas) or the equivalent (return receipt requested), on the date it is delivered or its delivery is attempted;

(v) if sent by electronic messaging system, on the date it is received; or

(vi) if sent by e-mail, on the date it is delivered,

unless the date of that delivery (or attempted delivery) or that receipt, as applicable, is not a Local Business Day or that communication is delivered (or attempted) or received, as applicable, after the close of business on a Local Business Day, in which case that communication will be deemed given and effective on the first following day that is a Local Business Day.

(b) *Change of Details.* Either party may by notice to the other change the address, telex or facsimile number or electronic messaging system or e-mail details at which notices or other communications are to be given to it.

13. Governing Law and Jurisdiction

(a) *Governing Law.* This Agreement will be governed by and construed in accordance with the law specified in the Schedule.

(b) *Jurisdiction.* With respect to any suit, action or proceedings relating to any dispute arising out of or in connection with this Agreement („Proceedings"), each party irrevocably: –

(i) submits: –

(1) if this Agreement is expressed to be governed by English law, to (A) the non-exclusive jurisdiction of the English courts if the Proceedings do not involve a Convention Court and (B) the exclusive jurisdiction of the English courts if the Proceedings do involve a Convention Court; or

(2) if this Agreement is expressed to be governed by the laws of the State of New York, to the non-exclusive jurisdiction of the courts of the State of New York and the United States District Court located in the Borough of Manhattan in New York City;

(ii) waives any objection which it may have at any time to the laying of venue of any Proceedings brought in any such court, waives any claim that such Proceedings have been brought in an inconvenient forum and further waives the right to object, with respect to such Proceedings, that such court does not have any jurisdiction over such party; and

(iii) agrees, to the extent permitted by applicable law, that the bringing of Proceedings in any one or more jurisdictions will not preclude the bringing of Proceedings in any other jurisdiction.

(c) *Service of Process.* Each party irrevocably appoints the Process Agent, if any, specified opposite its name in the Schedule to receive, for it and on its behalf, service of process in any Proceedings. If for any reason any party's Process Agent is unable to act as such, such party will promptly notify the other party and within 30 days appoint a substitute process agent acceptable to the other party. The parties irrevocably consent to service of process given in the manner provided for notices in Section 12(a)(i), 12 (a)(iii) or 12(a)(iv). Nothing in this Agreement will affect the right of either party to serve process in any other manner permitted by applicable law.

(d) *Waiver of Immunities.* Each party irrevocably waives, to the extent permitted by applicable law, with respect to itself and its revenues and assets (irrespective of their use or intended use), all immunity on the grounds of sovereignty or other similar grounds from (i) suit, (ii) jurisdiction of any court, (iii) relief by way of injunction or order for specific performance or recovery of property, (iv) attachment of its assets (whether before or after judgment) and (v) execution or enforcement of any judgment to which it or its revenues or assets might otherwise be entitled in any Proceedings in the courts of any jurisdiction and irrevocably agrees, to the extent permitted by applicable law, that it will not claim any such immunity in any Proceedings.

14. Definitions

As used in this Agreement: –

„Additional Representation" has the meaning specified in Section 3. *„Additional Termination Event"* has the meaning specified in Section 5(b). *„Affected Party"* has the meaning specified in Section 5(b).

„Affected Transactions" means (a) with respect to any Termination Event consisting of an Illegality, Force Majeure Event, Tax Event or Tax Event Upon Merger, all Transactions affected by the occurrence of such Termination Event (which, in the case of an Illegality under Section 5(b)(i)(2) or a Force Majeure Event under Section 5(b)(ii)(2), means all Transactions unless the relevant Credit Support Document references only certain Transactions, in which case those Transactions and, if the relevant Credit Support Document constitutes a Confirmation for a Transaction, that Transaction) and (b) with respect to any other Termination Event, all Transactions.

„Affiliate" means, subject to the Schedule, in relation to any person, any entity controlled, directly or indirectly, by the person, any entity that controls, directly or indirectly, the person or any entity directly or

indirectly under common control with the person. For this purpose, „control" of any entity or person means ownership of a majority of the voting power of the entity or person.

„Agreement" has the meaning specified in Section 1(c).

„Applicable Close-out Rate" means: –

(a) in respect of the determination of an Unpaid Amount: –

(i) in respect of obligations payable or deliverable (or which would have been but for Section 2(a)(iii)) by a Defaulting Party, the Default Rate;

(ii) in respect of obligations payable or deliverable (or which would have been but for Section 2(a)(iii)) by a Non-defaulting Party, the Non-default Rate;

(iii) in respect of obligations deferred pursuant to Section 5(d), if there is no Defaulting Party and for so long as the deferral period continues, the Applicable Deferral Rate; and

(iv) in all other cases following the occurrence of a Termination Event (except where interest accrues pursuant to clause (iii) above), the Applicable Deferral Rate; and

(b) in respect of an Early Termination Amount: –

(i) for the period from (and including) the relevant Early Termination Date to (but excluding) the date (determined in accordance with Section 6(d)(ii)) on which that amount is payable: –

(1) if the Early Termination Amount is payable by a Defaulting Party, the Default Rate;

(2) if the Early Termination Amount is payable by a Non-defaulting Party, the Non-default Rate; and

(3) in all other cases, the Applicable Deferral Rate; and

(ii) for the period from (and including) the date (determined in accordance with Section 6(d)(ii)) on which that amount is payable to (but excluding) the date of actual payment: –

(1) if a party fails to pay the Early Termination Amount due to the occurrence of an event or circumstance which would, if it occurred with respect to a payment or delivery under a Transaction, constitute or give rise to an Illegality or a Force Majeure Event, and for so long as the Early Termination Amount remains unpaid due to the continuing existence of such event or circumstance, the Applicable Deferral Rate;

(2) if the Early Termination Amount is payable by a Defaulting Party (but excluding any period in respect of which clause (1) above applies), the Default Rate;

(3) if the Early Termination Amount is payable by a Non-defaulting Party (but excluding any period in respect of which clause (1) above applies), the Non-default Rate; and

(4) in all other cases, the Termination Rate.

„Applicable Deferral Rate" means: –

(a) for the purpose of Section 9(h)(i)(3)(A), the rate certified by the relevant payer to be a rate offered to the payer by a major bank in a relevant interbank market for overnight deposits in the applicable currency, such bank to be selected in good faith by the payer for the purpose of obtaining a representative rate that will reasonably reflect conditions prevailing at the time in that relevant market;

(b) for purposes of Section 9(h)(i)(3)(B) and clause (a)(iii) of the definition of Applicable Close-out Rate, the rate certified by the relevant payer to be a rate offered to prime banks by a major bank in a relevant interbank market for overnight deposits in the applicable currency, such bank to be selected in good faith by the payer after consultation with the other party, if practicable, for the purpose of obtaining a representative rate that will reasonably reflect conditions prevailing at the time in that relevant market; and

(c) for purposes of Section 9(h)(i)(3)(C) and clauses (a)(iv), (b)(i)(3) and (b)(ii)(1) of the definition of Applicable Close-out Rate, a rate equal to the arithmetic mean of the rate determined pursuant to clause (a) above and a rate per annum equal to the cost (without proof or evidence of any actual cost) to the relevant payee (as certified by it) if it were to fund or of funding the relevant amount.

„Automatic Early Termination" has the meaning specified in Section 6(a). *„Burdened Party"* has the meaning specified in Section 5(b)(iv).

„Change in Tax Law" means the enactment, promulgation, execution or ratification of, or any change in or amendment to, any law (or in the application or official interpretation of any law) that occurs after the parties enter into the relevant Transaction.

„Close-out Amount" means, with respect to each Terminated Transaction or each group of Terminated Transactions and a Determining Party, the amount of the losses or costs of the Determining Party that are or would be incurred under then prevailing circumstances (expressed as a positive number) or gains of the

Determining Party that are or would be realised under then prevailing circumstances (expressed as a negative number) in replacing, or in providing for the Determining Party the economic equivalent of, (a) the material terms of that Terminated Transaction or group of Terminated Transactions, including the payments and deliveries by the parties under Section 2(a)(i) in respect of that Terminated Transaction or group of Terminated Transactions that would, but for the occurrence of the relevant Early Termination Date, have been required after that date (assuming satisfaction of the conditions precedent in Section 2(a)(iii)) and (b) the option rights of the parties in respect of that Terminated Transaction or group of Terminated Transactions.

Any Close-out Amount will be determined by the Determining Party (or its agent), which will act in good faith and use commercially reasonable procedures in order to produce a commercially reasonable result. The Determining Party may determine a Close-out Amount for any group of Terminated Transactions or any individual Terminated Transaction but, in the aggregate, for not less than all Terminated Transactions. Each Close-out Amount will be determined as of the Early Termination Date or, if that would not be commercially reasonable, as of the date or dates following the Early Termination Date as would be commercially reasonable.

Unpaid Amounts in respect of a Terminated Transaction or group of Terminated Transactions and legal fees and outof-pocket expenses referred to in Section 11 are to be excluded in all determinations of Close-out Amounts.

In determining a Close-out Amount, the Determining Party may consider any relevant information, including, without limitation, one or more of the following types of information: –

(i) quotations (either firm or indicative) for replacement transactions supplied by one or more third parties that may take into account the creditworthiness of the Determining Party at the time the quotation is provided and the terms of any relevant documentation, including credit support documentation, between the Determining Party and the third party providing the quotation;

(ii) information consisting of relevant market data in the relevant market supplied by one or more third parties including, without limitation, relevant rates, prices, yields, yield curves, volatilities, spreads, correlations or other relevant market data in the relevant market; or

(iii) information of the types described in clause (i) or (ii) above from internal sources (including any of the Determining Party's Affiliates) if that information is of the same type used by the Determining Party in the regular course of its business for the valuation of similar transactions.

The Determining Party will consider, taking into account the standards and procedures described in this definition, quotations pursuant to clause (i) above or relevant market data pursuant to clause (ii) above unless the Determining Party reasonably believes in good faith that such quotations or relevant market data are not readily available or would produce a result that would not satisfy those standards. When considering information described in clause (i), (ii) or (iii) above, the Determining Party may include costs of funding, to the extent costs of funding are not and would not be a component of the other information being utilised. Third parties supplying quotations pursuant to clause (i) above or market data pursuant to clause (ii) above may include, without limitation, dealers in the relevant markets, end-users of the relevant product, information vendors, brokers and other sources of market information.

Without duplication of amounts calculated based on information described in clause (i), (ii) or (iii) above, or other relevant information, and when it is commercially reasonable to do so, the Determining Party may in addition consider in calculating a Close-out Amount any loss or cost incurred in connection with its terminating, liquidating or re-establishing any hedge related to a Terminated Transaction or group of Terminated Transactions (or any gain resulting from any of them).

Commercially reasonable procedures used in determining a Close-out Amount may include the following: –

(1) application to relevant market data from third parties pursuant to clause (ii) above or information from internal sources pursuant to clause (iii) above of pricing or other valuation models that are, at the time of the determination of the Close-out Amount, used by the Determining Party in the regular course of its business in pricing or valuing transactions between the Determining Party and unrelated third parties that are similar to the Terminated Transaction or group of Terminated Transactions; and

(2) application of different valuation methods to Terminated Transactions or groups of Terminated Transactions depending on the type, complexity, size or number of the Terminated Transactions or group of Terminated Transactions.

„*Confirmation*" has the meaning specified in the preamble.

„*Consent*" includes a consent, approval, action, authorisation, exemption, notice, filing, registration or exchange control consent.

„Contractual Currency“ has the meaning specified in Section 8(a).

„Convention Court“ means any court which is bound to apply to the Proceedings either Article 17 of the 1968 Brussels Convention on Jurisdiction and the Enforcement of Judgments in Civil and Commercial Matters or Article 17 of the 1988 Lugano Convention on Jurisdiction and the Enforcement of Judgments in Civil and Commercial Matters.

„Credit Event Upon Merger“ has the meaning specified in Section 5(b).

„Credit Support Document“ means any agreement or instrument that is specified as such in this Agreement. *„Credit Support Provider“* has the meaning specified in the Schedule.

„Cross -Default“ means the event specified in Section 5(a)(vi).

„Default Rate“ means a rate per annum equal to the cost (without proof or evidence of any actual cost) to the relevant payee (as certified by it) if it were to fund or of funding the relevant amount plus 1 % per annum.

„Defaulting Party“ has the meaning specified in Section 6(a).

„Designated Event“ has the meaning specified in Section 5(b)(v).

„Determining Party“ means the party determining a Close-out Amount.

„Early Termination Amount“ has the meaning specified in Section 6(e).

„Early Termination Date“ means the date determined in accordance with Section 6(a) or 6(b)(iv).

„electronic messages“ does not include e-mails but does include documents expressed in markup languages, and *„electronic messaging system“* will be construed accordingly.

„English law“ means the law of England and Wales, and *„English“* will be construed accordingly. *„Event of Default“* has the meaning specified in Section 5(a) and, if applicable, in the Schedule. *„Force Majeure Event“* has the meaning specified in Section 5(b).

„General Business Day“ means a day on which commercial banks are open for general business (including dealings in foreign exchange and foreign currency deposits).

„Illegality“ has the meaning specified in Section 5(b).

„Indemnifiable Tax“ means any Tax other than a Tax that would not be imposed in respect of a payment under this Agreement but for a present or former connection between the jurisdiction of the government or taxation authority imposing such Tax and the recipient of such payment or a person related to such recipient (including, without limitation, a connection arising from such recipient or related person being or having been a citizen or resident of such jurisdiction, or being or having been organised, present or engaged in a trade or business in such jurisdiction, or having or having had a permanent establishment or fixed place of business in such jurisdiction, but excluding a connection arising solely from such recipient or related person having executed, delivered, performed its obligations or received a payment under, or enforced, this Agreement or a Credit Support Document).

„law“ includes any treaty, law, rule or regulation (as modified, in the case of tax matters, by the practice of any relevant governmental revenue authority), and *„unlawful“* will be construed accordingly.

„Local Business Day“ means (a) in relation to any obligation under Section 2(a)(i), a General Business Day in the place or places specified in the relevant Confirmation and a day on which a relevant settlement system is open or operating as specified in the relevant Confirmation or, if a place or a settlement system is not so specified, as otherwise agreed by the parties in writing or determined pursuant to provisions contained, or incorporated by reference, in this Agreement, (b) for the purpose of determining when a Waiting Period expires, a General Business Day in the place where the event or circumstance that constitutes or gives rise to the Illegality or Force Majeure Event, as the case may be, occurs, (c) in relation to any other payment, a General Business Day in the place where the relevant account is located and, if different, in the principal financial centre, if any, of the currency of such payment and, if that currency does not have a single recognised principal financial centre, a day on which the settlement system necessary to accomplish such payment is open, (d) in relation to any notice or other communication, including notice contemplated under Section 5(a)(i), a General Business Day (or a day that would have been a General Business Day but for the occurrence of an event or circumstance which would, if it occurred with respect to payment, delivery or compliance related to a Transaction, constitute or give rise to an Illegality or a Force Majeure Event) in the place specified in the address for notice provided by the recipient and, in the case of a notice contemplated by Section 2(b), in the place where the relevant new account is to be located and (e) in relation to Section 5

(a)(v)(2), a General Business Day in the relevant locations for performance with respect to such Specified Transaction.

„Local Delivery Day" means, for purposes of Sections 5(a)(i) and 5(d), a day on which settlement systems necessary to accomplish the relevant delivery are generally open for business so that the delivery is capable of being accomplished in accordance with customary market practice, in the place specified in the relevant Confirmation or, if not so specified, in a location as determined in accordance with customary market practice for the relevant delivery.

„Master Agreement" has the meaning specified in the preamble.

„Merger Without Assumption" means the event specified in Section 5(a)(viii).

„Multiple Transaction Payment Netting" has the meaning specified in Section 2(c).

„Non-affected Party" means, so long as there is only one Affected Party, the other party.

„Non-default Rate" means the rate certified by the Non-defaulting Party to be a rate offered to the Non-defaulting Party by a major bank in a relevant interbank market for overnight deposits in the applicable currency, such bank to be selected in good faith by the Non-defaulting Party for the purpose of obtaining a representative rate that will reasonably reflect conditions prevailing at the time in that relevant market.

„Non-defaulting Party" has the meaning specified in Section 6(a).

„Office" means a branch or office of a party, which may be such party's head or home office.

„Other Amounts" has the meaning specified in Section 6(f).

„Payee" has the meaning specified in Section 6(f).

„Payer" has the meaning specified in Section 6(f).

„Potential Event of Default" means any event which, with the giving of notice or the lapse of time or both, would constitute an Event of Default.

„Proceedings" has the meaning specified in Section 13(b).

„Process Agent" has the meaning specified in the Schedule.

„rate of exchange" includes, without limitation, any premiums and costs of exchange payable in connection with the purchase of or conversion into the Contractual Currency.

„Relevant Jurisdiction" means, with respect to a party, the jurisdictions (a) in which the party is incorporated, organised, managed and controlled or considered to have its seat, (b) where an Office through which the party is acting for purposes of this Agreement is located, (c) in which the party executes this Agreement and (d) in relation to any payment, from or through which such payment is made.

„Schedule" has the meaning specified in the preamble.

„Scheduled Settlement Date" means a date on which a payment or delivery is to be made under Section 2 (a)(i) with respect to a Transaction.

„Specified Entity" has the meaning specified in the Schedule.

„Specified Indebtedness" means, subject to the Schedule, any obligation (whether present or future, contingent or otherwise, as principal or surety or otherwise) in respect of borrowed money.

„Specified Transaction" means, subject to the Schedule, (a) any transaction (including an agreement with respect to any such transaction) now existing or hereafter entered into between one party to this Agreement (or any Credit Support Provider of such party or any applicable Specified Entity of such party) and the other party to this Agreement (or any Credit Support Provider of such other party or any applicable Specified Entity of such other party) which is not a Transaction under this Agreement but (i) which is a rate swap transaction, swap option, basis swap, forward rate transaction, commodity swap, commodity option, equity or equity index swap, equity or equity index option, bond option, interest rate option, foreign exchange transaction, cap transaction, floor transaction, collar transaction, currency swap transaction, cross-currency rate swap transaction, currency option, credit protection transaction, credit swap, credit default swap, credit default option, total return swap, credit spread transaction, repurchase transaction, reverse repurchase transaction, buy/sell-back transaction, securities lending transaction, weather index transaction or forward purchase or sale of a security, commodity or other financial instrument or interest (including any option with respect to any of these transactions) or (ii) which is a type of transaction that is similar to any transaction referred to in clause (i) above that is currently, or in the future becomes, recurrently entered into in the financial markets (including terms and conditions incorporated by reference in such agreement) and

which is a forward, swap, future, option or other derivative on one or more rates, currencies, commodities, equity securities or other equity instruments, debt securities or other debt instruments, economic indices or measures of economic risk or value, or other benchmarks against which payments or deliveries are to be made, (b) any combination of these transactions and (c) any other transaction identified as a Specified Transaction in this Agreement or the relevant confirmation.

„Stamp Tax“ means any stamp, registration, documentation or similar tax.

„Stamp Tax Jurisdiction“ has the meaning specified in Section 4(e).

„Tax“ means any present or future tax, levy, impost, duty, charge, assessment or fee of any nature (including interest, penalties and additions thereto) that is imposed by any government or other taxing authority in respect of any payment under this Agreement other than a stamp, registration, documentation or similar tax.

„Tax Event“ has the meaning specified in Section 5(b).

„Tax Event Upon Merger“ has the meaning specified in Section 5(b).

„Terminated Transactions“ means, with respect to any Early Termination Date, (a) if resulting from an Illegality or a Force Majeure Event, all Affected Transactions specified in the notice given pursuant to Section 6(b)(iv), (b) if resulting from any other Termination Event, all Affected Transactions and (c) if resulting from an Event of Default, all Transactions in effect either immediately before the effectiveness of the notice designating that Early Termination Date or, if Automatic Early Termination applies, immediately before that Early Termination Date.

„Termination Currency“ means (a) if a Termination Currency is specified in the Schedule and that currency is freely available, that currency, and (b) otherwise, euro if this Agreement is expressed to be governed by English law or United States Dollars if this Agreement is expressed to be governed by the laws of the State of New York.

„Termination Currency Equivalent“ means, in respect of any amount denominated in the Termination Currency, such Termination Currency amount and, in respect of any amount denominated in a currency other than the Termination Currency (the „Other Currency“), the amount in the Termination Currency determined by the party making the relevant determination as being required to purchase such amount of such Other Currency as at the relevant Early Termination Date, or, if the relevant Close-out Amount is determined as of a later date, that later date, with the Termination Currency at the rate equal to the spot exchange rate of the foreign exchange agent (selected as provided below) for the purchase of such Other Currency with the Termination Currency at or about 11:00 a. m. (in the city in which such foreign exchange agent is located) on such date as would be customary for the determination of such a rate for the purchase of such Other Currency for value on the relevant Early Termination Date or that later date. The foreign exchange agent will, if only one party is obliged to make a determination under Section 6(e), be selected in good faith by that party and otherwise will be agreed by the parties.

„Termination Event“ means an Illegality, a Force Majeure Event, a Tax Event, a Tax Event Upon Merger or, if specified to be applicable, a Credit Event Upon Merger or an Additional Termination Event.

„Termination Rate“ means a rate per annum equal to the arithmetic mean of the cost (without proof or evidence of any actual cost) to each party (as certified by such party) if it were to fund or of funding such amounts.

„Threshold Amount“ means the amount, if any, specified as such in the Schedule.

„Transaction“ has the meaning specified in the preamble.

„Unpaid Amounts“ owing to any party means, with respect to an Early Termination Date, the aggregate of (a) in respect of all Terminated Transactions, the amounts that became payable (or that would have become payable but for Section 2(a)(iii) or due but for Section 5(d)) to such party under Section 2(a)(i) or 2(d)(i)(4) on or prior to such Early Termination Date and which remain unpaid as at such Early Termination Date, (b) in respect of each Terminated Transaction, for each obligation under Section 2(a)(i) which was (or would have been but for Section 2(a)(iii) or 5(d)) required to be settled by delivery to such party on or prior to such Early Termination Date and which has not been so settled as at such Early Termination Date, an amount equal to the fair market value of that which was (or would have been) required to be delivered and (c) if the Early Termination Date results from an Event of Default, a Credit Event Upon Merger or an Additional Termination Event in respect of which all outstanding Transactions are Affected Transactions, any Early Termination Amount due prior to such Early Termination Date and which remains unpaid as of such Early Termination Date, in each case together with any amount of interest accrued or other compensation in respect of that obligation or deferred obligation, as the case may be, pursuant to Section 9(h)(ii)(1) or (2), as appropriate. The

fair market value of any obligation referred to in clause (b) above will be determined as of the originally scheduled date for delivery, in good faith and using commercially reasonable procedures, by the party obliged to make the determination under Section 6(e) or, if each party is so obliged, it will be the average of the Termination Currency Equivalents of the fair market values so determined by both parties.

„Waiting Period“ means: –

(a) in respect of an event or circumstance under Section 5(b)(i), other than in the case of Section 5(b)(i)(2) where the relevant payment, delivery or compliance is actually required on the relevant day (in which case no Waiting Period will apply), a period of three Local Business Days (or days that would have been Local Business Days but for the occurrence of that event or circumstance) following the occurrence of that event or circumstance; and

(b) in respect of an event or circumstance under Section 5(b)(ii), other than in the case of Section 5(b)(ii)(2) where the relevant payment, delivery or compliance is actually required on the relevant day (in which case no Waiting Period will apply), a period of eight Local Business Days (or days that would have been Local Business Days but for the occurrence of that event or circumstance) following the occurrence of that event or circumstance.

IN WITNESS WHEREOF the parties have executed this document on the respective dates specified below with effect from the date specified on the first page of this document.

....	....
(Name of Party)	(Name of Party)
By:	By: ....
Name:	Name:
Title:	Title:
Date:	Date:

20.2 Schedule to the 2002 Master Agreement

ISDA®

International Swaps and Derivatives Association, Inc.

SCHEDULE[2]

to the

2002 Master Agreement

dated as of ....

between	and ....
(„Party A“)	(„Party B“)
[established as a [COUNTERPARTY TYPE]]	*[with company number [NUMBER]]*
[established as a [COUNTERPARTY TYPE]]	*[with company number [NUMBER]]*
[under the laws of [JURISDICTION]]	*[under the laws of [JURISDICTION]]*
*[acting through its [BRANCH]]**	*[acting through its [BRANCH]]**

Part 1. **Termination Provisions.**

(a) ***„Specified Entity“*** means in relation to Party A for the purpose of:

Section 5(a)(v), ...

Section 5(a)(vi), ...

Section 5(a)(vii), ...

Section 5(b)(v), ...

and in relation to Party B for the purpose of: –

Section 5(a)(v), ...

Section 5(a)(vi), ...

Section 5(a)(vii), ...

Section 5(b)(v), ...

(b) *„Specified Transaction"* [will have the meaning specified in Section 14 of this Agreement.][means ....]*

(c) The *„Cross -Default"* provisions of Section 5(a)(vi) [will][will not]* apply to Party A
.... [will][will not]* apply to Party B

[*„Specified Indebtedness"* [will have the meaning specified in Section 14 of this Agreement.][means ....]

„Threshold Amount" means ....]

(d) The *„Credit Event Upon Merger"* provisions of Section 5(b)(v) [will][will not]* apply to Party A

[will][will not]* apply to Party B

(e) The *„Automatic Early Termination"* provision of Section 6(a) [will][will not]* apply to Party A

[will][will not]* apply to Party B

(f) *„Termination Currency"* [will have the meaning specified in Section 14 of this Agreement.][means ....]

(g) *Additional Termination Event* [will][will not]* apply. [The following will constitute an Additional Termination Event: ....

....

....

....

For the purpose of the foregoing Termination Event, the Affected Party or Affected Parties will be:

....]

Part 2. **Tax Representations.******

(a) *Payer Representations.* For the purpose of Section 3(e) of this Agreement [, Party A and Party B do not make any representations.] [: –

[[(i)] [Party A] [and] [Party B] [each] make[s] the following representation: –

It is not required by any applicable law, as modified by the practice of any relevant governmental revenue authority, of any Relevant Jurisdiction to make any deduction or withholding for or on account of any Tax from any payment (other than interest under Section 9(h) of this Agreement) to be made by it to the other party under this Agreement. In making this representation, it may rely on (i) the accuracy of any representations made by the other party pursuant to Section 3(f) of this Agreement, (ii) the satisfaction of the agreement contained in Section 4(a)(i) or 4(a)(iii) of this Agreement and the accuracy and effectiveness of any document provided by the other party pursuant to Section 4(a)(i) or 4(a)(iii) of this Agreement and (iii) the satisfaction of the agreement of the other party contained in Section 4(d) of this Agreement, except that it will not be a breach of this representation where reliance is placed on clause (ii) above and the other party does not deliver a form or document under Section 4(a)(iii) by reason of material prejudice to its legal or commercial position.]*

[[(ii)] [Party A] [and] [Party B] [each] make[s] the following representation[s]: ....

....]]*

(b) *Payee Representations.* For the purpose of Section 3(f) of this Agreement[, Party A and Party B do not make any representations.][: –

[[(i)] [Party A] [and] [Party B] [each] make[s] the following representation: –

It is fully eligible for the benefits of the „Business Profits" or „Industrial and Commercial Profits" provision, as the case may be, the „interest" provision or the „Other Income" provision, if any, of the Specified Treaty with respect to any payment described in such provisions and received or to be received by it in connection with this Agreement and no such payment is attributable to a trade or business carried on by it through a permanent establishment in the Specified Jurisdiction.

* Delete as applicable.

** Include if applicable.

*** Include if Additional Termination Event will apply.

**** N. B.: the following representations may need modification if either party is a Multibranch Party.
„Specified Treaty" means with respect to Party A ....
„Specified Jurisdiction" means with respect to Party A ....
„Specified Treaty" means with respect to Party B ....
„Specified Jurisdiction" means with respect to Party B ....]*
[[(ii)] [Party A] [and] [Party B] [each] make[s] the following representation:
Each payment received or to be received by it in connection with this Agreement will be effectively connected with its conduct of a trade or business in the Specified Jurisdiction.

„Specified Jurisdiction" means with respect to Party A ....

„Specified Jurisdiction" means with respect to Party B.............................]*

[[(iii)] [Party A] [and] [Party B] [each] make[s] the following representation: –

It is a „U. S. person" (as that term is used in section 1.1441–4(a)(3)(ii) of United States Treasury Regulations) for United States federal income tax purposes.]*

[[(iv)] [Party A] [and] [Party B] [each] make[s] the following representation: –

It is a „non-U. S. branch of a foreign person" (as that term is used in section 1.1441–4(a)(3)(ii) of United States Treasury Regulations) for United States federal income tax purposes.]*

[[(v)] [Party A] [and] [Party B] [each] make[s] the following representation: –

With respect to payments made to an address outside the United States or made by a transfer of funds to an account outside the United States, it is a „non-U. S. branch of a foreign person" (as that term is used in section 1.1441–4(a)(3)(ii) of United States Treasury Regulations) for United States federal income tax purposes.]*

[[(vi)] [Party A] [and] [Party B] [each] make[s] the following representation: –

It is a „foreign person" (as that term is used in section 1.6041–4(a)(4) of United States Treasury Regulations) for United States federal income tax purposes.]*

[[(vii)] [Party A] [and] [Party B] [each] make[s] the following representation[s]: ....

....

....

....]]*

Part 3. **Agreement to Deliver Documents.**

For the purpose of Sections 4(a)(i) and 4(a)(ii) of this Agreement, each party agrees to deliver the following documents, as applicable:–

(a) Tax forms, documents or certificates to be delivered are[: none][: –

Party required to deliver document	Form/Document/ Certificate	Date by which to be delivered
....	....	....
....	....	....
....	....	....

(b) Other documents to be delivered are[: none][:

Party required to deliver document	Form/Document/ Certificate	Date by which to be delivered	Covered by Section 3(d) Representation
....	....	....	[Yes] [No]
....	....	....	[Yes] [No]
....	....	....	[Yes] [No]
....	....	....	[Yes] [No]
....	....	....	[Yes] [No]]*

Part 4. Miscellaneous.

(a) *Addresses for Notices.* For the purpose of Section 12(a) of this Agreement: –

Address for notices or communications to Party A: –

Address: ....

Attention: ....

Telex No.: .... Answerback: ....

Facsimile No.: .... Telephone No.: ....

E-mail:............................

Electronic Messaging System Details: ....

Specific Instructions: ....

Address for notices or communications to Party B:

Address:............................

Attention:............................

Telex No.: .... Answerback:............................

Facsimile No.: .... Telephone No.: ....

E-mail: ....

Electronic Messaging System Details: ....

Specific Instructions: ....

(b) *Process Agent.* For the purpose of Section 13(c) of this Agreement: –

Party A appoints as its Process Agent: [not applicable][............................]*

Party B appoints as its Process Agent: [not applicable][............................]*

(c) *Ofices.* The provisions of Section 10(a) [will][will not]* apply to this Agreement. –

(d) *Multibranch Party.* For the purpose of Section 10(b) of this Agreement:

Party A [is not a Multibranch Party.][is a Multibranch Party and may enter into a Transaction through any of the following Offices: –

....

....

Party B [is not a Multibranch Party.][is a Multibranch Party and may enter into a Transaction through any of the following Offices: –

....

....

[(e) *Calculation Agent.* The Calculation Agent is ... unless otherwise specified in a Confirmation in relation to the relevant Transaction.]**

* Delete as applicable.

** Include if applicable.

[(f)] *Credit Support Document.* Details of any Credit Support Document: – [none] [...............

....]

[(g)] *Credit Support Provider.* Credit Support Provider means in relation to Party A, [none] [....

....]*

Credit Support Provider means in relation to Party B, [none] [.....................................

....]*

[(h)] *Governing Law.* This Agreement will be governed by and construed in accordance with [English law][the laws of the State of New York (without reference to choice of law doctrine)]*.

[(i)] *Netting of Payments.* „Multiple Transaction Payment Netting" [will not apply for the purpose of Section 2(c) of this Agreement.][will apply for the purpose of Section 2(c) of this Agreement to [all Transactions] [the following Transactions or groups of Transactions: – ....

....]

(in each case starting from [the date of this Agreement][..............................])]*

[(j)] *„Affiliate"* [will have the meaning specified in Section 14 of this Agreement.][means ....

....]*

[(k)] *Absence of Litigation.* For the purpose of Section 3(c): –

„Specified Entity" means in relation to Party A, ...

„Specified Entity" means in relation to Party B, ...

[(l)] *No Agency.* The provisions of Section 3(g) [will][will not]* apply to this Agreement.

[(m)] *Additional Representation* [will][will not]* apply. [For the purpose of Section 3 of this Agreement, the following will constitute an Additional Representation: –

[[(i)] *Relationship Between Parties.* Each party will be deemed to represent to the other party on the date on which it enters into a Transaction that (absent a written agreement between the parties that expressly imposes affirmative obligations to the contrary for that Transaction): –

[(1)] *Non-Reliance.* It is acting for its own account, and it has made its own independent decisions to enter into that Transaction and as to whether that Transaction is appropriate or proper for it based upon its own judgment and upon advice from such advisers as it has deemed necessary. It is not relying on any communication (written or oral) of the other party as investment advice or as a recommendation to enter into that Transaction, it being understood that information and explanations related to the terms and conditions of a Transaction will not be considered investment advice or a recommendation to enter into that Transaction. No communication (written or oral) received from the other party will be deemed to be an assurance or guarantee as to the expected results of that Transaction.

[(2)] *Assessment and Understanding.* It is capable of assessing the merits of and understanding (on its own behalf or through independent professional advice), and understands and accepts, the terms, conditions and risks of that Transaction. It is also capable of assuming, and assumes, the risks of that Transaction.

[(3)] *Status of Parties.* The other party is not acting as a fiduciary for or an adviser to it in respect of that Transaction.]]*

[[(n)] ***Recording of Conversations.*** Each party (i) consents to the recording of telephone conversations between the trading, marketing and other relevant personnel of the parties in connection with this Agreement or any potential Transaction, (ii) agrees to obtain any necessary consent of, and give any necessary notice of such recording to, its relevant personnel and (iii) agrees, to the extent permitted by applicable law, that recordings may be submitted in evidence in any Proceedings.]**

Part 5. **Other Provisions.**

....	....
(Name of Party)	(Name of Party)
By:	By: ....
Name:	Name:
Title:	Title:
Date:	Date:

* Delete as applicable.

** Include if applicable.

20.3 Confirmation of a Swap Transaction

EXHIBIT I
to 2000 ISDA Definitions

Introduction, Standard Paragraphs and Closing for a Confirmation of a Swap Transaction

---

Heading

[Letterhead of Party A]

[Date]

Interest Rate Swap Transaction

Date:	[. . . . .]
To:	[. . . . .]
Attention:	[. . . . .]
Facsimile no.:	[. . . . .]
Our Reference:	[. . . . .]
Re:	Interest Rate Swap Transaction

Ladies and Gentlemen:

The purpose of this letter agreement is to set forth the terms and conditions of the Transaction entered into between x and [Insert Counterparty Name] ("Counterparty") on the Trade Date specified below (the "Transaction"). This letter agreement constitutes a "Confirmation" as referred to in the Agreement specified below.

The definitions and provisions contained in the 2021 ISDA Interest Rate Derivatives Definitions (the "Definitions") as published by the International Swaps and Derivatives Association, Inc. ("ISDA") are incorporated by reference herein. In the event of any inconsistency between the Definitions and this Confirmation, this Confirmation will govern.

For the purpose of this Confirmation, all references in the Definitions or the Agreement to a "Swap Transaction" shall be deemed to be references to this Transaction.

This Confirmation supplements, forms part of, and is subject to, the [Interest Rate Swap Agreement/Interest Rate and Currency Exchange Agreement] [ISDA Master Agreement/ISDA 2002 Master Agreement] dated as of [Insert Date], (as the same may be amended or supplemented from time to time, the "Agreement"), between x and Counterparty. All provisions contained in the Agreement shall govern this Confirmation except as expressly modified below.

1. The terms of the particular Transaction to which this Confirmation relates are as follows:-

[x Legal Entity Identifier (LEI)]:	[. . . . .][1]
[Counterparty Legal Entity Identifier (LEI)]:	[. . . . .][2]
Notional Amount:	[. . . . .]
Trade Date:	[. . . . .]
Effective Date:	[. . . . .]
Termination Date:	[. . . . .], subject to adjustment in accordance with the [Following/Modified Following/Preceding][3] Business Day Convention.

1 Optional field.
2 Optional field.
3 Include the appropriate Business Day Convention if x wishes to provide that the Termination Date will be adjusted in accordance with a Business Day Convention (and, accordingly, that the final Calculation Period will be shortened or lengthened).

[Period End Date/Termination Date adjustment for Unscheduled Holiday]:	[Applicable/Inapplicable][4]
[Notification Deadline]:	[. . . . .][5]

Fixed Amounts:

Fixed Amount Payer:	[x/Counterparty]
[Fixed Amount Payer Payment Dates:[6]	The [. . . . .][st/nd/rd/th] day of [. . . . .] of each year, commencing [. . . . .], [. . . . .], through and including the Termination Date, [subject to adjustment in accordance with the [Following/Modified Following/Preceding] Business Day Convention.][7]
[Fixed Amount Payer Period End Dates:	The [. . . . .][st/nd/rd/th] day of [. . . . .] of each year, commencing [. . . . .], [. . . . .], through and including the Termination Date, [subject to adjustment in accordance with the [Following/Modified Following/Preceding/No Adjustment] Business Day Convention.][8]

[Delayed Payment/Early Payment:] [Applicable – [. . . . .] Business Days][9]

Fixed Rate:	[. . . . .]%
Fixed Rate Day Count Fraction:	[Actual/Actual] / [30E/360 (ISDA)] / [Actual/365 (Fixed)] / [Actual/360]

---

4 To be included where x wishes for the "Consequences of an Unscheduled Holiday" provision to apply to Period End Dates and the Termination Date. NB this does not need to be specified for Payment Dates, as the "Consequences of an Unscheduled Holiday" provision set out in Section 2.3.6 (*Consequences of an Unscheduled Holiday*) of the 2021 Definition automatically apply to Payment Dates.

5 This field is relevant for the purposes of Calculation Agent determinations (see Section 1.2.4(i)(b) (*Determinations by Calculation Agent*) of the 2021 Definitions and the related definition of Calculation Date in Section 1.2.5 (*Calculation Date*)) and if either Generic Fallbacks Provisions apply (see Section 8.6 (*Generic Fallback Provisions*)) or "Cash Settlement" provisions apply (see Section 18 (*Cash Settlement*)) and parties wish to amend the default time for the Notification Deadline set out in Section 1.5.2 (*Notification Deadline*).

6 x has the following options with respect to the payment dates/period end dates:

(i) if the payment dates and the period end dates are identical, X just needs to specify the payment dates in the Confirmation; or

(ii) if the payment dates and the period end dates differ, X may (1) specify the relevant payment dates and the period end dates in the Confirmation or (2) specify the period end dates only while including the "Delayed Payment/Early Payment" line item specifying how many days the payment date falls before or after (as applicable) the relevant period end date.

7 The bracketed language can be removed if the relevant dates are to be adjusted in accordance with the Modified Following Business Day Convention, as provided in the 2021 Definitions.

8 The bracketed language can be removed if the relevant dates are to be adjusted in accordance with the Modified Following Business Day Convention, as provided in the 2021 Definitions.

9 Delete "Delayed Payment" or "Early Payment" as applicable or delete this entire field if neither apply.

[Fixed Negative Interest Rate Method:]	[Applicable/Inapplicable][10]
[Rounding:]	[Applicable/Inapplicable][11]
[Compounding[12]:	[Applicable/Inapplicable – Straight Compounding][13]
Compounding Dates:]	[. . . . .]

Floating Amounts:

Floating Amount Payer:	[x/Counterparty]
[Floating Amount Payer Currency Amount:]	[. . . . .]
[Floating Amount Payer Payment Dates:[14]	The [. . . . .][st/nd/rd/th] day of [. . . . .] of each year, commencing [. . . . .], [. . . . .], through and including the Termination Date, [subject to adjustment in accordance with the [Following/Modified Following/Preceding] Business Day Convention.][15]
[Floating Amount Payer Period End Dates:	The [. . . . .][st/nd/rd/th] day of [. . . . .] of each year, commencing [. . . . .], [. . . . .], through and including the Termination Date, [subject to adjustment in accordance with the [Following/Modified Following/Preceding/No Adjustment] Business Day Convention.][16]

---

[10] "Fixed Negative Interest Rate Method" applies by default. x need only include this field if they wish to vary that position.

[11] Include the rounding convention if firms do not want to rely on the default position in Section 4.8 (Rounding) of the 2021 Definitions or as set out in the Currency/Business Day Matrix, as applicable.

[12] This is an optional field and compounding will not apply if not otherwise specified to be Applicable in the Confirmation.

[13] This field relates to the "Straight Compounding" method and not to the Overnight Rate Compounding Methods that may be applied to the floating leg of the Transaction.

[14] x has the following options with respect to the payment dates/period end dates:

(i) if the payment dates and the period end dates are identical, x just needs to specify the payment dates in the Confirmation; or

(ii) if the payment dates and the period end dates differ, x may (1) specify the relevant payment dates and the period end dates in the Confirmation or (2) specify the period end dates only while including the "Delayed Payment/Early Payment" line item specifying how many days the payment date falls before or after (as applicable) the relevant period end date.

[15] The bracketed language can be removed if the relevant dates are to be adjusted in accordance with the Modified Following Business Day Convention, as provided in the 2021 Definitions.

[16] The bracketed language can be removed if the relevant dates are to be adjusted in accordance with the Modified Following Business Day Convention, as provided in the 2021 Definitions.

[Delayed Payment/Early Payment:]	[Applicable – [. . . . .] Business Days][17]
Floating Rate for initial Calculation/Compounding Period:	[To be determined][[. . . . .]% (exclusive of Spread)]
Floating Rate Option:	[. . . . .]
[Applicable Benchmark]:	[. . . . .][18]
Designated Maturity:	[. . . . .] month[s]
[Fixing Day:]	[. . . . .][19]
[Fixing Time:]	[. . . . .][20]

---

17 Delete "Delayed Payment" or "Early Payment" as applicable or delete this entire field if neither apply.

18 If the Floating Rate Option is specified in the Floating Rate Matrix, x need not include this field. Otherwise include where the Floating Rate Option is not specified in the Floating Rate Matrix and x does not want the default position to apply (the index, benchmark or other price source referred to in the relevant Floating Rate Option) as per Section 8.5.1 (*Applicable Benchmark*).

19 If the Floating Rate Matrix specifies the Fixing Day, x need not include this field unless they wish to vary that date. Otherwise include where the Floating Rate Option is not specified by reference to a Floating Rate Option included in the Floating Rate Matrix. For the purposes of any Published Average Rate for which the Floating Rate Matrix specifies the Reset Date as the Fixing Day, x should note that use of the Reset Date as the Fixing Day will result in the use of an 'in advance' rate. If x want to use the relevant Published Average Rate as an in-arrears rate or with a backward-shift, then the appropriate Fixing Day should be specified here. This is relevant when the Floating Rate Option is USD-SOFR Average 30D, USD-SOFR Average 90D, USD-SOFR Average 180D, EUR-EuroSTR Average 1W, EUR-EuroSTR Average 1M, EUR-EuroSTR Average 3M, EUR-EuroSTR Average 6M, EUR-EuroSTR Average 12M, JPY-TONA Average 30D, JPY-TONA Average 90D and JPY-TONA Average 180D. For example, if X want to use the relevant average Floating Rate Option as an in-arrears rate, then they should specify here that the Fixing Day is "the first day of the next following Calculation Period or Compounding Period as the case may be or, in the case of the final Calculation Period or Compounding Period, the Termination Date". Note that this suggested wording assumes that the length of the relevant Calculation Period or Compounding Period, as applicable, is the same as the length of time over which the published average rate is calculated. If X specify a "Fixing Day" here (as opposed to relying on the default application of the Reset Date), X should review the methodology for the published average rate to ensure that the rate published on the "Fixing Day" specified here will be a rate for the intended period of time. Alternatively, if the X want to use the relevant average Floating Rate Option with a backward-shift, then they should specify here that the Fixing Day is "the day [X to insert number and type of business days] preceding the [Reset Date][the first day of the next following Calculation Period or Compounding Period as the case may be or, in the case of the final Calculation Period or Compounding Period, the Termination Date]" with Reset Date being referenced if the parties are applying a backward-shift to an in-advance rate and the alternative wording being referenced if X are applying a backward-shift to an in-arrears rate (and, as above, assuming that the length of the Calculation Period or Compounding Period, as applicable, is the same as the length of time over which the published average rate is calculated).

20 If the Floating Rate Matrix specifies the Fixing Time, X need not include this field unless they wish to vary that time. Otherwise include where the Floating Rate Option is not specified by reference to a Floating Rate Option included in the Floating Rate Matrix.

[Linear Interpolation:]	[Applicable/Inapplicable][21]
Spread:	[Plus/Minus [. . . . .]%] [None]
Floating Rate Day	
Count Fraction[22]:	[Actual /Actual] / [30E/360 (ISDA)] / [Actual/365 (Fixed)] / [Actual/360]
Reset Dates:	[The first Business Day in each Calculation Period or Compounding Period, if Compounding is applicable.]/ [Each [. . . . .] Business Day of each Calculation Period]
[Rounding:]	[Applicable/Inapplicable][23]
[Compounding:[24]]	[Applicable/Inapplicable] – [Straight Compounding / Flat Compounding / Spread Exclusive Compounding]
[Compounding Dates:]	[The [. . . . .] [th/rd/st/nd] day of [. . . . .] each year.] [. . . . .]
[Rate Cut-off Date:]	[[Two]Business Days prior to each Floating Amount Payer Payment Date] / [Inapplicable]
[Method of Averaging:]	[[Applicable] / [Inapplicable] – [Unweighted] / [Weighted] Average]
[Floating Negative Interest Rates:[25]	[Applicable / Inapplicable] – [Floating Negative Interest Rate Method] / [Zero Interest Rate Method] / [Zero Interest Rate Method Excluding Spread]
[Successor Benchmark:[26]]	[. . . . .]

21 This is an optional field and should be included if "Linear Interpolation" is applicable. If "Linear Interpolation" is not included in the Confirmation, it will not be applicable.

22 If the Floating Rate Option is included in the Floating Rate Matrix and a Floating Rate Day Count Fraction is specified in the Floating Rate Matrix it is not necessary to include this field unless parties want to use a different Floating Rate Day Count Fraction.

23 Include the rounding convention if firms do not want to rely on the default position in Section 4.8 (Rounding) of the 2021 Definitions or as set out in the Currency/Business Day Matrix, as applicable.

24 This is an optional field and compounding will not apply if not otherwise specified to be Applicable in the Confirmation.

25 "Floating Negative Interest Rate Method" applies by default. X need only include this field if they wish to vary that position.

26 See "Planned Replacement of a Benchmark" in Section 6.13 (*Planned Replacement of a Benchmark*) of the 2021 Definitions.

[Successor Benchmark	
Effective Date:]	[. . . . .]

2. Fallbacks

[*Floating Rate Option Fallback Triggers:*]

[Permanent Cessation Trigger]:	[. . . . .][27]
[Administrator/Benchmark Event:	[Applicable]/[Inapplicable][28]
[Specified Public Source:]	[. . . . .][29]
[Temporary Non-Publication Trigger:]	[. . . . .][30]

[***Floating Rate Option Fallbacks:***]

[Permanent Cessation Fallback:]	[. . . . .][31]

27 If the Floating Rate Option is specified in the Floating Rate Matrix, X need not include this field unless they wish to vary the Permanent Cessation Trigger which is specified to apply in the Floating Rate Matrix. For any other Floating Rate Option, X need not include this field unless they wish to vary the default Permanent Cessation Trigger of Index Cessation Event which applies pursuant to Section 8.2.1 (*Permanent Cessation Trigger*) of the 2021 Definitions.

28 If the Floating Rate Option is specified in the Floating Rate Matrix and Administrator/Benchmark Event is specified to be applicable, X need not include this field unless they wish to disapply Administrator/Benchmark Event or vary the default definition of Administrator/Benchmark Event which applies pursuant to Section 8.3.2 (*Administrator/Benchmark Event*) of the 2021 Definitions. For any other Applicable Benchmark, X need not include this field unless they wish to disapply Administrator/Benchmark or vary the default definition.

29 This field is only relevant if Administrator/Benchmark Event applies. X need not include this field unless they wish to amend the Specified Public Sources for the purposes of Publicly Available Information that confirms the occurrence of an Administrator/Benchmark Event.

30 If the Floating Rate Option is specified in the Floating Rate Matrix, X need not include this field unless they wish to vary the Temporary Non-Publication Trigger which is specified to apply in the Floating Rate Matrix. In respect of any other Floating Rate Option, X need not include this field unless they wish to vary the default trigger of Standard Temporary Non-Publication Trigger which applies pursuant to Section 8.1.1 (*Temporary Non-Publication Trigger*) of the 2021 Definitions.

31 If the Floating Rate Option is specified in the Floating Rate Matrix and a Permanent Cessation Fallback is specified in the Floating Rate Matrix, X need not include this field unless they wish to vary the Permanent Cessation Fallback which is specified to apply in the Floating Rate Matrix. In respect of any other Floating Rate Option, X need not include this field unless they wish to vary the default Permanent Cessation Fallback of Generic Fallback Provisions which applies pursuant to Section 8.2.2 (*Permanent Cessation Fallback*) of the 2021 Definitions.

[Applicable Fallback Rate:]	[. . . . .][32]
[Underlying Fallback Rate:]	[. . . . .]
[Administrator/Benchmark Fallback:]	[. . . . .][33]
[Temporary Non-Publication Fallback:]	[. . . . .][34]
[Alternative Pre-nominated Index:]	[. . . . .][35]
[Impacted Index:]	[. . . . .][36]

3. **Business Days:**	[Insert Business Days]

4. **Account Details:**

Account Details for X AG:	Standard Settlement Instructions.
Account Details for Counterparty:	Standard Settlement Instructions.

5. **Offices:**

The Office of X AG for this Transaction is:	[insert office].
[The Office of Counterparty for this Transaction is:	[insert office]].

6. **Calculation Agent:** The party specified as such in the Agreement, or if not specified therein, X AG.

7. **Representations**

Each party will be deemed to represent to the other party on the date on which it enters into this Transaction that (absent a written agreement between the parties that expressly imposes affirmative obligations to the contrary for this Transaction):-

(i) Non-Reliance. It is acting for its own account, and it has made its own independent decisions to enter into this Transaction and as to whether this Transaction is appropriate or proper for it based upon its own judgment and upon advice from such advisers as it has deemed necessary. It is not relying on any

32 If the Floating Rate Matrix specifies the Applicable Fallback Rate, X need not include this field unless they wish to vary that rate. X may also include this field where the Floating Rate Option is not specified by reference to a Floating Rate Option included in the Floating Rate Matrix and they wish to specify an Applicable Fallback Rate that applies pursuant to the Permanent Cessation Fallbacks included above.

33 If the Floating Rate Option is specified in the Floating Rate Matrix, X need not include this field unless they wish to vary the Administrator/Benchmark Fallback which is specified to apply in the Floating Rate Matrix to an Administration/Benchmark Event. In respect of any other Floating Rate Option, X need not include this field unless they wish to vary the default Administrator/Benchmark Fallback of Generic Fallback Provisions which applies pursuant to Section 8.3.4 (*Administrator/Benchmark Fallback*) of the 2021 Definitions.

34 If the Floating Rate Option is specified in the Floating Rate Matrix, X need not include this field unless they wish to vary the Temporary Non-Publication Fallback which is specified to apply in the Floating Rate Matrix. In respect of any other Floating Rate Option, X need not include this field unless they wish to vary the default Temporary Non-Publication Fallback which applies pursuant to Section 8.1.3 (*Temporary Non-Publication Fallback*) of the 2021 Definitions.

35 If the Floating Rate Matrix specifies the Applicable Fallback Rate, X need not include this field unless they wish to vary that rate. X may also include this field where the Floating Rate Option is not specified by reference to a Floating Rate Option included in the Floating Rate Matrix and they wish to specify an Applicable Fallback Rate that applies pursuant to the Permanent Cessation Fallbacks included above.

36 This field is only relevant if "Generic Fallbacks Provisions" apply. Parties may specify an Impacted Index and an Alternative Pre-Nominated Index for the purpose of the Generic Fallback Provisions.

communication (written or oral) of the other party as investment advice or as a recommendation to enter into this Transaction; it being understood that information and explanations related to the terms and conditions of this Transaction shall not be considered investment advice or a recommendation to enter into this Transaction. No communication (written or oral) received from the other party shall be deemed to be an assurance or guarantee as to the expected results of this Transaction;

(ii) Assessment and Understanding. It is capable of assessing the merits of and understanding (on its own behalf or through independent professional advice), and understands and accepts, the terms, conditions and risks of this Transaction. It is also capable of assuming, and assumes, the risks of this Transaction; and

(iii) Status of Parties. The other party is not acting as a fiduciary for, or an adviser to it in respect of this Transaction.

- Please confirm that the foregoing correctly sets forth the terms of our agreement by having an authorized officer sign this Confirmation and return it via facsimile to:

Attention: Derivative Documentation

Telephone: [. . . . .]

Facsimile: [ ]

E-mail: [ ]

This message will be the only form of Confirmation dispatched by us. If you wish to exchange hard copy forms of this Confirmation, please contact us.

Yours sincerely,

By:	By:
Name:	Name:
Authorized Signatory	Authorized Signatory

Confirmed as of the date first written above:

[Insert Counterparty Name]

By: ______________________________

Name: ______________________________

Title: ______________________________

Schrifttum: *Dittrich/Fried*, EMIR-Auswirkungen auf die Dokumentation von OTC-Derivaten, Finanzderivate Rechtshandbuch, 4. Aufl 2016, § 33 Rn 53; *Gooch/Klein*, Documentation for Derivatives, 2002 Master Agreement supplement: annotated sample agreements for swaps and other OTC transactions, 2004; *Grupp*, Entwicklungen im Umfeld einer Rechts- und Gerichtsstandswahl in Zeiten von Brexit, EuZW 2017, 974; *Jahn/Reiner*, Außerbörsliche Finanztermingeschäfte (OTC-Derivate), Bankrechts-Handbuch, 5. Aufl 2017, § 114 Rn 88 ff. u 102; *Kusserow/Scholl*, Kreditderivate im Kraftfeld der BRRD – Die neuen Musterbedingungen für Kreditderivate (Teil I, II), WM 2015, 360 u 413; *Merkt/Culler*, Folgen des Brexit für das Bestandsgeschäft der Finanzwirtschaft, WM 2018, 1817; *Reiner*, ISDA Master Agreement – Kommentar, 2013; *von Sachsen-Altenburg*, Die ISDA Master Dokumentation, Finanzderivate Rechtshandbuch, 4. Aufl 2016, § 7; *Welter*, Auslandskreditgeschäft, Bankrechts-Handbuch, 5. Aufl 2017, § 118 Rn 142 ff.; *Wulff/Kloka*, Umsetzung von EMIR-Pflichten im Zusammenhang mit Vereinbarungen nicht-geclearter Derivatgeschäfte, WM 2015, 215.

Anmerkungen

Vor 1. Bei der Dokumentation grenzüberschreitender OTC-Derivatgeschäfte haben sich die von der ISDA (International Swaps and Derivatives Association) publizierten Musterrahmenverträge und -definitionen weitgehend als Marktstandard durchgesetzt. Das „2002 ISDA Master Agreement“ unter englischem bzw New Yorker Recht (im folgenden ISDA-MA), eine Fortentwicklung des „1992 ISDA Multicurrency-Cross Border Master Agreement“ und des „1987 ISDA Interest Rate and Currency Exchange Agreement“ („IRCEA“; generell zur Entwicklung der ISDA-Dokumentation, *Jahn/Reiner* § 114 Rn 88; *Reiner*, ISDA Master Agreement, Einl Rn 19 ff.; *von Sachsen-Altenburg* § 7 Rn 4 ff), bildet neben dem im Markt immer noch als Bestand vorhandenem – jedoch mittlerweile (zur anfänglichen Zurückhaltung der Marktteilnehmer gegenüber dem 2002 ISDA-MA vgl *Reiner*, ISDA Master Agreement, Einl Rn 23) kaum mehr für Neuabschlüsse gebräuchlichen – „1992 ISDA Multicurrency-Cross Border Master Agreement“ das Kernstück dieses Regelwerks. Es ist wie der „Rahmenvertrag für Finanztermingeschäfte“ als umfassender Multiproduktvertrag für Finanz-Derivate ausgelegt, unterscheidet sich jedoch von dem deutsch-rechtlichen Rahmenvertrag, für den viele seiner Regelungen Vorbildcharakter hatten, insbesondere durch seine auf die angloamerikanische Vertragspraxis zugeschnittene größere (Detail-)Regelungstiefe, zB bei den erheblich umfangreicheren Beendigungs- und Schadensersatzregelungen, sowie durch die Vielzahl verhandelbarer und verhandlungsbedürftiger Wahlmöglichkeiten. Während sich der „Rahmenvertrag für Finanztermingeschäfte“ im Wesentlichen als unterschriftsreifer Vertrag darstellt, enthalten das ISDA-MA und die ergänzenden Regelwerke vielfach Textvorschläge, auf deren genaue „Zusammensetzung“ sich die Parteien in uU langwierigen Verhandlungen verständigen müssen. Dabei zeigt sich in der Praxis, dass Parteien guter Bonität zu weiten Teilen ihre ausgearbeitete Musterfassung gegenüber Parteien mit geringerer Bonität durchsetzen können. Parteien mit gleichem Rating müssen hingegen häufig intensivere Verhandlungen über den Vertragstext führen.

Das als solches unvollständige, nicht das gesamte Regelwerk enthaltende ISDA-MA besteht aus einem vorformulierten Hauptteil (Nr 1 bis 14, unten → Anm. 1) und einem mit dem jeweiligen Vertragspartner gesondert zu verhandelnden Anhang, dem „Schedule“ (unten → Anm. 2). Letzter dient zum einen der Fixierung derjenigen aushandelbaren Regeln des Hauptteils, die nach dem Willen der Parteien gelten sollen (Teil 1 bis 4), zum anderen der Festschreibung von Individualabreden (Teil 5 „Other Provisions“). Die Dokumentation der konkreten Einzelabschlüsse erfolgt auch beim ISDA-MA mittels gesonderter „Confirmations“, für die Muster in den jeweiligen „Definitions“ enthalten sind (unten → Anm. 3), vgl ausführlich zum Aufbau der ISDA Dokumentation *von Sachsen-Altenburg* § 7 Rn 11 ff.

Ergänzt wird das ISDA-Regelwerk schließlich durch verschiedene **Besicherungsverträge** („Credit Support Documents“): „1994 ISDA Credit Support Annex (Security Interest – New York Law)“, „1995 ISDA Credit Support Deed (Security Interest – English Law)“, „1995 ISDA Credit Support Annex (Transfer – English Law)“ (abgedruckt bei *Reiner*, ISDA Master Agreement, Anh 2, Teil II, III, IV), die in Abhängigkeit von den Gegebenheiten des jeweils anwendbaren (Sachen-)Rechts entweder in den Gesamtvertrag eingebunden oder als selbständige Verträge abgeschlossen werden (näher *Reiner*, ISDA Master Agreement, Anh 2, Vorbem Rn 13; Überblick bei *Jahn/Reiner* § 114 Rn 89 u 102). Aufgrund des Inkrafttretens der neuen regulatorischen Anforderungen für nicht-geclearte OTC-Derivate (s dazu → Form. IV.S. 8 Vor 1) wurde die Besicherungsdokumentation der ISDA durch den „ISDA 2016 Credit Support Annex for Variation Margin“ jeweils unter englischem Recht und New Yorker Recht sowie den „2018 Credit Support Annex for Initial Margin (IM) (Security Interest – New York Law)“, den „2018 Credit Support

Deed for Initial Margin (IM) (Security Interest – English Law)", das „ISDA 2019 Collateral Transfer Agreement for Initial Margin (IM)" und das „ISDA 2019 English Law Security Agreement for Initial Margin (IM)" (letzteres auch in Versionen unter New Yorker, Luxemburger, Irischem, Französischem und Belgischem Recht) erweitert.

1. Der in 14 Paragraphen unterteilte **Hauptteil** des ISDA-MA enthält im Wesentlichen die gleichen Regelungsinhalte wie der „Rahmenvertrag für Finanztermingeschäfte" (→ Form. IV.S.1), darüber hinaus verschiedene speziell auf grenzüberschreitende Transaktionen zugeschnittene Vereinbarungen. Beispiele für die erstgenannte Fallgruppe bieten die Bestimmungen über den einheitlichen Vertrag in Nr 1c („Single Agreement", s zu dieser Rechtsfigur allgem → Form. IV.S.1 Anm. 2), über die Hauptleistungspflichten (Nr 2 a) und zum Payment-Netting in Nr 2c (hierzu allg → Form. IV.S.1 Anm. 4 aE); typische Vereinbarungen des grenzüberschreitenden Geschäfts sind die „Steuer-Netto-Klausel" in Nr 2d und die „steuerrechtlichen Zusicherungen" der Parteien in Nr 3e, f in Verbindung mit Teil 2 des „Schedule". Unterschiede zum „Rahmenvertrag für Finanztermingeschäfte" ergeben sich aufgrund der für angloamerikanische Verträge charakteristischen „Zusicherungs-" und „Definitionstechniken" (vgl die „Basic Representations" in Nr 3a und die umfangreichen, aber keineswegs abschließenden „Definitions" – Begriffsbestimmungen – in Nr 14) sowie durch die generell größere Regelungstiefe des Vertragswerks, die sich beispielsweise in der kasuistischen Fixierung der Beendigungsgründe in Nr 5 widerspiegelt. Die dortige Differenzierung zwischen „Events of Default" (einer Partei zurechenbare Beendigungsgründe, zB Nichtleistung, Insolvenz) einerseits und „Termination Events" (keiner Partei zurechenbare Beendigungsgründe, zB Änderung der rechtlichen Rahmenbedingungen) andererseits, findet ihre Entsprechung in den unterschiedlichen Abwicklungsmodalitäten der Nr 6 (Events of Default: Beendigung des Gesamtvertrags durch Kündigung seitens der vertragstreuen Partei oder durch automatische Vollbeendigung, falls „Automatic Early Termination" vereinbart ist, Berechnung zu leistender Zahlungen nach Nr 6e (i); Termination Event: Unter Umständen ein Kündigungsrecht beider Parteien, in der Regel beschränkt auf die betroffene Einzeltransaktion, Berechnung zu leistender Zahlungen nach Nr 6e (ii). Vgl im Einzelnen von *Sachsen-Altenburg* § 7 Rn 47 ff. sowie die umfängliche Kommentierung zu Nr 1 bis 14 ISDA-MA bei *Reiner*, ISDA Master Agreement, S 75 ff., speziell zu den Beendigungstatbeständen, Anm. 6, Rn 19 ff., sowie bei *Gooch/Klein* S 797 ff., letztere jedoch zum 1992 ISDA-MA.

2. Die vorgegebenen Wahlmöglichkeiten in Teil 1 bis 4 des **„Schedule"** betreffen ua die Beendigungsregelungen der Nr 5 und 6 des Hauptteils (Teil 1; an dieser Stelle muss insbesondere entschieden werden, ob und gegebenenfalls für welche Partei die Drittverzugsklausel – „Cross Default" – zur Anwendung kommt, s hierzu *Reiner*, ISDA Master Agreement, → Anm. 5, Rn 21 ff.; *von Sachsen-Altenburg* § 7 Rn 52; generell zu Cross Default Klauseln in Kreditverträgen *Welter* § 118 Rn 142 ff), die „steuerrechtlichen Zusicherungen" der Parteien gem Nr 3e, f des Hauptteils (Teil 2, s hierzu Reiner, ISDA Master Agreement, Anm. 3, Rn 44 ff.; von *Sachsen-Altenburg* § 7 Rn 38), die Pflichten zur Aushändigung bestimmter Unterlagen gem Nr 4(a) des Hauptteils (Teil 3, hierzu *Reiner*, ISDA Master Agreement, Anm. 4, Rn 2 ff) und verschiedene überwiegend abwicklungstechnische Bestimmungen in Teil 4. Von besonderer Bedeutung ist die Rechtswahlklausel in Teil 4h, die für das ISDA-MA wahlweise englisches Recht oder das Recht des Staates New York vorsieht (s im Einzelnen *Reiner*, ISDA Master Agreement, Anm. 13, Rn 1 ff., auch zur Möglichkeit der Vereinbarung australischen Rechts; im übrigen ist von der Vereinbarung der Geltung einer anderen Vertragsrechtsordnung als der englischen oder New Yorker ohne entsprechende Anpassungen des Vertragsinhalts abzuraten, insbesondere wenn sie nicht dem angloamerikanischen Rechtskreis entstammt, s *Reiner*, aaO). Im Juli 2018 hat die ISDA zwei zusätzliche Versionen des

ISDA-MA unter französischem („2002 ISDA Master Agreement (French Law)") und irischem („2002 ISDA Master Agreement (Irish Law)") Recht neu veröffentlicht (ergänzt jeweils um die entsprechend modifizierten „1995 Credit Support Annex", „2016 Credit Support Annex for Variation Margin" sowie einen „French Law Addendum Annex" zum „2019 Collateral Transfer Agreement (IM)"). Damit möchte sie – im Hinblick auf das Ausscheiden Großbritanniens aus der EU – den Marktteilnehmern ermöglichen, weiterhin unter dem Recht eines EU-Mitgliedsstaat mit entsprechenden Gerichtsstandklauseln OTC-Derivatgeschäfte abzuschließen. Die Auswirkungen des Brexit auf bestehende und zukünftig abzuschließende ISDA-MA und damit zusammenhängende Fragestellungen sind zahlreich und zT komplex, s dazu als Überblick die Brexit FAQs der ISDA v 21.7.2020 unter https://www.isda.org/2020/07/21/brexit-faq/. Anlass zur Veröffentlichung der beiden neuen Vertragsversionen war insbesondere die bestehende Unsicherheit hinsichtlich der zukünftigen Anerkennung und Vollstreckbarkeit britischer Gerichtsentscheidungen in der EU sowie der gesicherte Schutz des Close-Out-Nettings basierend auf EU-rechtlichen Bestimmungen. Vgl im Einzelnen zu den Auswirkungen des Brexit in diesem Zusammenhang, *Merkt/Culler* WM 2018, 1817, 1818 ff.; *Grupp* EuZW 2017, 974 975 ff.

Mit Blick auf die in Teil 5 des „Schedule" eröffnete Möglichkeit der Aufnahme zusätzlicher Regelungen hat die Vertragspraxis typische Ergänzungsklauseln entwickelt, die in entsprechende Musterklauseln und Empfehlungen der ISDA eingegangen sind. Einen möglichen Regelungspunkt des 5. Teils bildet die Einbeziehung der ergänzenden produktspezifischen Musterdefinitionen, welche die ISDA für eine Vielzahl von Derivatgeschäften veröffentlicht hat. Zur Verfügung stehen die im Oktober 2021 als neuer Marktstandard von der ISDA eingeführten „2021 ISDA Interest Rate Derivatives Definitions" (sowie die für Bestandsgeschäft immer noch bedeutsame Vorgänger-Dokumentation „2006 ISDA Definitions"), die „2014 ISDA Credit Derivatives Definitions" (s dazu im Einzelnen *Kusserow/Scholl* WM 2015, 360, 361 ff) , die „2005 ISDA Commodity Definitions", die „1998 FX and Currency Option Definitions" (zuletzt ergänzt durch das „September 2019 Averaging Supplement") und weitere Definitions für verschiedene Produktarten (ua Aktien-, Inflations-Derivate), die jeweils durch Supplements im Laufe derZeit aktualisiert werden (vgl die Schaubilder bei *Jalm/Reiner* tj 114 Rn 89 und *von Sachsen-Altenburg* § 7 Rn 16; Einzelheiten bei *Reiner*, ISDA Master Agreement, Einl Rn 29 ff.); bei den neuen 2021 ISDA Definitions werden Änderungen des erstmals rein elektronischen Formats jedoch durch Veröffentlichungen aktualisierter Vollversionen erfolgen.

3. Die **Mustergeschäftsbestätigungen** sind jeweils in den Anhängen der verschiedenen ISDA Definitions enthalten, so zB die Dokumentation eines „Zinssatz-Swap" oder eines „kombinierten Zinssatz- und Währungs-Swap" in den „2021 ISDA Interest Rate Derivatives Definitions". Charakteristisch für die ISDA Geschäftsbestätigungen ist deren Zweiteilung: Die „Confirmations" setzen sich regelmäßig aus einem für mehrere Produktarten gleichlautenden Begleitschreiben (Introduction, Standard Paragraphs; enthält zB die Einbeziehung der relevanten produktspezifischen Musterdefinitionen und des zwischen den Parteien abgeschlossenen ISDA Master Agreements) und einem auf die Besonderheiten der jeweiligen Geschäftsform, zB auf die Daten des Zinssatz-Swap und des kombinierten Zinssatz- und Währungs-Swap abgestimmten Zusatz (Additional Provisions) zusammen (im Einzelnen *Gooch/Klein* S 369 ff. mit kommentierten Mustergeschäftsbestätigungen).

4. Um auf notwendige Änderungen (zum Beispiel aufgrund wirtschaftspolitischer oder rechtlicher Entwicklungen) flexibler reagieren zu können und aufwendige Nachverhandlungen vieler, bilateraler ISDA-MA zu vermeiden, führte die ISDA 1998 erstmals – dies war das EMU-Protokoll im Zusammenhang mit der Einführung der EU-Währungsunion – die multilaterale Regelungstechnik der **sog ISDA-Protokolle** ein: Durch die Erklärung des Beitritts eines Marktteilnehmers zum Protokoll durch Ausfertigung und Zustellung eines von der ISDA vorformulierten Beitrittsschreibens (sog „Adherence Letter") können sich die Marktteilnehmer den im Protokoll enthaltenen Vereinbarungen unterwerfen und diese Unterwerfung gegenüber anderen (beigetretenen) Parteien wirksam erklären (im Einzelnen und mit Praxisbeispielen *von Sachsen-Altenburg* § 7 Rn 87 ff. u *Reiner*, ISDA Master Agreement, Einl Rn 45 ff); beispielsweise hat die ISDA für die im EMIR-Anhang (→ Form. IV.S.12) adressierten EMIR-Pflichten der Streitbeilegung und des Protfolioabgleichs eine Protokoll-Lösung angeboten (näher *Wulff/Kloka*, WM 2015, 215, 218; *Dittrich/Fried* § 33 Rn 53).

T. Wertpapierdarlehen und Wertpapierpensionsgeschäfte (Repos)

1. Rahmenvertrag für Wertpapierdarlehen

	Rahmenvertrag vom

Rahmenvertrag für Wertpapierdarlehen (1)

zwischen

Name und Anschrift des Vertragspartners

nachstehend der „Vertragspartner" genannt

und

Name und Anschrift der Bank

nachstehend die „Bank" genannt

1. Vertragsgegenstand

(1) Die Parteien beabsichtigen, auf der Grundlage dieses Rahmenvertrages Wertpapierdarlehen abzuschließen. Jede der Parteien kann sowohl Darlehensgeber als auch Darlehensnehmer sein. Der Darlehensgeber wird dem Darlehensnehmer Wertpapiere darlehensweise überlassen. Der Darlehensnehmer ist zur Rückgewähr von Wertpapieren gleicher Art, Güte und Menge verpflichtet.

(2) Für jedes Geschäft, das unter Zugrundelegung dieses Rahmenvertrages abgeschlossen wird („Einzelabschluss"), gelten die nachfolgenden Bestimmungen. Alle Einzelabschlüsse bilden untereinander und zusammen mit diesem Rahmenvertrag einen einheitlichen Vertrag („Vertrag"); sie werden im Sinne einer einheitlichen Risikobetrachtung und im Vertrauen darauf getätigt. (2)

2. Einzelabschlüsse

(1) Haben sich die Parteien über einen Einzelabschluss geeinigt, so wird die Bank dem Vertragspartner schriftlich, fernschriftlich, telegrafisch, durch Telefax oder in ähnlicher Weise dessen Inhalt bestätigen. (3)

(2) Jede Partei ist berechtigt, eine unterzeichnete Ausfertigung des Einzelabschlusses zu verlangen, die jedoch keine Voraussetzung für dessen Rechtswirksamkeit ist.

(3) Die Bestimmungen des Einzelabschlusses gehen den Bestimmungen dieses Rahmenvertrages vor.

3. Lieferung der Darlehenspapiere, Eigentumsübergang

(1) Nach Maßgabe des Einzelabschlusses wird der Darlehensgeber dem Darlehensnehmer am für die Lieferung vereinbarten Tag („Valutierungstag") die vereinbarten Wertpapiere („Darlehenspapiere") anschaffen („Lieferung").

(2) Die Parteien sind sich einig, dass mit der Lieferung das unbeschränkte Eigentum oder eine andere am Verwahrort übliche, gleichwertige Rechtsstellung an den Darlehenspapieren auf den Darlehensnehmer übergeht. Hierzu wird der Darlehensgeber, soweit erforderlich, alle weiteren notwendigen Erklärungen abgeben. Bei vinkulierten Namensaktien ist der Darlehensnehmer bereits vor der Umschreibung im Aktionärsregister des Emittenten berechtigt, über die Aktien zu verfügen. (4)

(3) Werden die Darlehenspapiere am Valutierungstag nicht geliefert, so ist der Darlehensnehmer nach Benachrichtigung des Darlehensgebers vom Ausbleiben der Lieferung und nach Ablauf einer Nachfrist von einem Bankarbeitstag berechtigt, Schadensersatz wegen Nichterfüllung des Einzelabschlusses zu verlangen oder von dem Einzelabschluss zurückzutreten.

4. Wertausgleich (5)

(1) Unterschreitet an einem Bankarbeitstag die Darlehenssumme der einen Partei die Darlehenssumme der anderen Partei, so ist erstere jederzeit berechtigt, von letzterer Wertausgleich zu verlangen. Der Wertausgleich errechnet sich aus der Differenz der Darlehenssummen und ist zu leisten, wenn der in Nr. 11 Abs. 7 genannte Mindestbetrag erreicht ist.

(2) Die Darlehenssumme einer Partei errechnet sich aus:

(a) der Summe der gemäß Nr. 11 Abs. 2 berechneten Marktwerte aller ihr von der anderen Partei gelieferten Darlehenspapiere aus noch nicht vollständig abgewickelten Einzelabschlüssen unter Berücksichtigung gegebenenfalls im Einzelabschluss vereinbarter Aufschläge zum Ausgleich etwaiger Kurssteigerungen der Darlehenspapiere und

(b) dem Wert der von ihr noch nicht rückübertragenen Leistungen aus vorangegangenem Wertausgleich, der bei Geld-

1

zahlungen aus dem Nominalbetrag zuzüglich angefallener Zinsen ermittelt wird.

(3) Wertausgleichsleistungen sind vor Ende des ersten auf den Zugang der Mitteilung folgenden Bankarbeitstages zu erbringen. Der Wertausgleich erfolgt durch Leistungen, auf die sich die Parteien geeinigt haben. Die zum Wertausgleich verpflichtete Partei hat zunächst etwaige aus vorangegangenem Wertausgleich erhaltene und von ihr noch nicht rückübertragene Leistungen zu verwenden. Sofern keine ausdrückliche Bestimmung über die Art der zu erbringenden Leistungen getroffen wird, gilt die Lieferung von auf Euro lautenden Schuldverschreibungen der Bundesrepublik Deutschland als vereinbart.

(4) Die im Rahmen des Wertausgleichs erbrachten Leistungen können ganz oder teilweise ohne Zustimmung der anderen Partei durch Geldzahlungen in Euro oder auf Euro lautende Schuldverschreibungen der Bundesrepublik Deutschland ersetzt werden. Die Ersetzung erfolgt einen Bankarbeitstag nach Zugang einer entsprechenden Benachrichtigung gegen Rückgewähr der zu ersetzenden Leistungen. Steuern, Gebühren oder Kosten, die im Zusammenhang mit der Ersetzung entstehen, gehen zu Lasten der ersetzenden Partei.

(5) Auf Wertpapiere, die zum Zwecke des Wertausgleichs geliefert werden, finden die Bestimmungen dieses Rahmenvertrages über die Darlehenspapiere mit Ausnahme der Nr. 5, der Nr. 7 Abs. 1 bis 3 und der Nr. 8 entsprechende Anwendung.

5. Darlehensentgelt

(1) Der Darlehensnehmer zahlt dem Darlehensgeber für jedes Wertpapierdarlehen ein Entgelt („Darlehensentgelt").

(2) Das Darlehensentgelt errechnet sich aus dem im Einzelabschluss vereinbarten Prozentsatz p.a. bezogen auf den Marktwert der Darlehenspapiere an dem im Einzelabschluss näher bezeichneten Tag. Das Darlehensentgelt wird bestimmt für die Zeit vom Valutierungstag (einschließlich) bis zu dem Bankarbeitstag (ausschließlich), an dem die Darlehenspapiere an den Darlehensgeber zurückgeliefert worden sind („Rückgabetag"). Hierbei wird die Anzahl der tatsächlich abgelaufenen Tage durch 360 dividiert.

(3) Die Darlehensentgelte werden von der Bank am Monatsanfang für den zurückliegenden Monat berechnet und sind am zweiten Bankarbeitstag nach Zugang der Abrechnung fällig.

6. Zinsen, Dividenden, sonstige Ausschüttungen, Berichtigungsaktien und Bezugsrechte (6)

(1) Die während der Laufzeit des Darlehens auf die Darlehenspapiere geleisteten Zinsen, Gewinnanteile sowie sonstige Ausschüttungen stehen dem Darlehensgeber zu. Den Gegenwert hat der Darlehensnehmer mit Wertstellung zum Tag der tatsächlichen Zahlung durch den Emittenten zuzüglich des Betrages einbehaltener Steuern und Abgaben sowie Steuergutschriften an den Darlehensgeber zu zahlen („Kompensationszahlung").

(2) Die Kompensationszahlung umfasst bei Schuldverschreibungen sämtliche auf sie gezahlten Zinsen, bei Aktien sämtliche Ausschüttungen wie Dividenden oder Zahlungen im Falle von Kapitalherabsetzungen. Der in der Kompensationszahlung enthaltene Ausgleich für Steuern und Abgaben wird nur nach Maßgabe der dem Darlehensnehmer mitgeteilten steuerlichen Erstattungs- bzw. Anrechnungsansprüche des Darlehensgebers gezahlt.

(3) Berichtigungsaktien sowie eventuell verbleibende Teilrechte, die während des Darlehenszeitraumes auf die Darlehenspapiere begeben werden, sind Gegenstand des betreffenden Einzelabschlusses und vom Darlehensnehmer am Rückgabetag an den Darlehensgeber zu liefern.

(4) Entfallen auf die Darlehenspapiere Bezugsrechte, so hat der Darlehensnehmer die Bezugsrechte dem Darlehensgeber spätestens am dritten Tag des Bezugsrechtshandels zur Verfügung zu stellen. Andernfalls ist der Darlehensgeber berechtigt, die Bezugsrechte am folgenden Bankarbeitstag für Rechnung des Darlehensnehmers zu kaufen oder Schadensersatz wegen Nichterfüllung zu verlangen. Die Geltendmachung eines weiteren Schadens ist nicht ausgeschlossen.

7. Kündigung, Rücklieferung von Darlehenspapieren (7)

(1) Ein auf unbestimmte Zeit abgeschlossenes Wertpapierdarlehen kann ganz oder teilweise gekündigt werden

(a) durch den Darlehensgeber jederzeit mit einer Kündigungsfrist von wenigstens 3 Bankarbeitstagen;

(b) durch den Darlehensnehmer jederzeit mit einer Frist von wenigstens einem Bankarbeitstag.

(2) Die Kündigungserklärung muss dem Empfänger spätestens bis 15.00 Uhr (Ortszeit am Ort des Empfängers) zugegangen sein. Später eingehende Kündigungserklärungen werden erst am darauffolgenden Bankarbeitstag wirksam.

(3) Ein auf unbestimmte Zeit abgeschlossenes Darlehen endet spätestens ein Jahr nach dem Valutierungstag.

(4) Der Darlehensnehmer hat die Darlehenspapiere am Fälligkeitstag auf das vereinbarte Konto zurückzuliefern – Nr. 3 Abs. 2 gilt entsprechend. Im Falle der Rücklieferung vinkulierter Namensaktien trägt der Darlehensgeber das Risiko, von dem Emittenten nicht ins Aktionärsregister eingetragen zu werden.

(5) Bei Umtausch-, Abfindungs- oder sonstigen veröffentlichten Kaufangeboten sind die Darlehenspapiere am zweiten Bankarbeitstag vor dem Beginn der Frist zur Annahme bzw. zur Abgabe solcher Angebote zurückzuliefern, sofern die zur Rücklieferung verpflichtete Partei mindestens fünf Bankarbeitstage vor Fristbeginn von der Veröffentlichung des Angebots Kenntnis erlangt hat. Entsprechendes gilt für verzinsliche Wertpapiere, die für Auslosungszwecke in Serien oder Gruppen aufgeteilt oder vorzeitig zur Rückzahlung gekündigt werden.

8. Nicht fristgemäße Rücklieferung

(1) Liefert eine Partei („säumige Partei") am Fälligkeitstag die Darlehenspapiere nicht oder nicht vollständig an die andere Partei zurück, so hat diese gegen die säumige Partei für jeden Tag des Verzuges Anspruch auf Verzugszinsen gemäß Abs. 2. Darüber hinaus ist sie nach vorheriger Androhung mit Fristsetzung von mindestens einem Bankarbeitstag berechtigt, für Rechnung der säumigen Partei Wertpapiere gleicher Art, Güte und Menge zu kaufen („Eindeckung"). Der säumigen Partei ist unverzüglich eine Abrechnung zu erteilen. Der Aufwendungsersatzanspruch gegen die säumige Partei ist mit dem Zugang der Abrechnung fällig. Im Falle nicht fristgemäßer Rücklieferung liegt ein wichtiger Grund zur Kündi-

43.034 (11/99)

2

gung im Sinne von Nr. 9 Abs. 1 erst dann vor, wenn der Lieferpflichtige den Aufwendungsersatzanspruch nach Ablauf der Frist gemäß Nr. 9 Abs. 1 Satz 2 nicht erfüllt, es sei denn, es liegt ein anderer wichtiger Grund vor.

(2) Der Verzugszins ist der Euro-tagesgeldindizierte Referenzzinssatz EONIA wie er für jeden Tag, für den Verzugszinsen zu berechnen sind, von der Europäischen Zentralbank festgestellt und auf der Telerate-Seite 247 veröffentlicht wird. Er wird berechnet ab dem Fälligkeitstag (einschließlich) bis zu dem Tag der tatsächlichen Rücklieferung oder der Erfüllung des Aufwendungsersatzanspruches (ausschließlich). Hierbei wird die Anzahl der tatsächlich abgelaufenen Tage durch 360 dividiert.

(3) Die Geltendmachung eines weiteren Schadens oder der Nachweis eines geringeren Schadens ist nicht ausgeschlossen.

9. Beendigung, Schadensersatz (7)

(1) Sofern Einzelabschlüsse getätigt und noch nicht vollständig abgewickelt sind, ist der Vertrag nur aus wichtigem Grund kündbar. Ein solcher liegt insbesondere dann vor, wenn der Aufwendungsersatzanspruch nach Nr. 8 Abs. 1 oder der Anspruch auf Wertausgleich nach Nr. 4 nicht innerhalb eines Bankarbeitstages nach Benachrichtigung des Zahlungs- oder Leistungspflichtigen vom Ausbleiben der Zahlung oder Leistung erfüllt worden ist. Die Kündigung hat schriftlich, fernschriftlich, telegrafisch oder durch Telefax zu erfolgen. Eine Teilkündigung, insbesondere die Kündigung einzelner und nicht aller Einzelabschlüsse aus wichtigem Grund ist ausgeschlossen.

(2) Der Vertrag endet ohne Kündigung im Insolvenzfall. Dieser ist gegeben, wenn das Konkurs- oder ein sonstiges Insolvenzverfahren über das Vermögen einer Partei beantragt wird und diese Partei entweder den Antrag selbst gestellt hat oder zahlungsunfähig oder sonst in einer Lage ist, die die Eröffnung eines solchen Verfahrens rechtfertigt.

(3) Im Falle der Beendigung durch Kündigung oder Insolvenz bestehen keine Ansprüche mehr auf Lieferung oder Rücklieferung von Wertpapieren und sonstigen Leistungen. An die Stelle dieser Ansprüche tritt eine einheitliche Forderung („Ausgleichsforderung"). Zu deren Ermittlung werden sämtliche Ansprüche der Parteien aus dem Vertrag einschließlich der nach Nr. 4 erhaltenen und noch nicht rückübertragenen Leistungen miteinander verrechnet. Letztere gelten als Anspruch der Partei, welche die Leistungen erbracht hat. Die Geltendmachung eines weitergehenden Schadens durch die ersatzberechtigte Partei ist nicht ausgeschlossen.

(4) Die den Vertrag kündigende bzw. solvente Partei („ersatzberechtigte Partei") wird die Ausgleichsforderung berechnen. Diese wird auf der Grundlage von unverzüglich abzuschließenden Ersatzgeschäften ermittelt, die dazu führen, dass die ersatzberechtigte Partei alle Zahlungen und sonstigen Leistungen erhält, die ihr bei ordnungsgemäßer Vertragsabwicklung zugestanden hätten. Sie ist berechtigt, nach ihrer Auffassung dazu geeignete Verträge abzuschließen. Wenn sie von dem Abschluss derartiger Ersatzgeschäfte absieht, kann sie denjenigen Betrag zugrunde legen, den sie für solche Ersatzgeschäfte auf der Grundlage von Zinssätzen, Terminsätzen, Kursen, Marktpreisen, Indizes und sonstigen Wertmessern sowie Kosten und Auslagen zum Zeitpunkt der Kündigung bzw. der Kenntniserlangung von dem Insolvenzfall hätte aufwenden müssen. Für die nach Nr. 4 erbrachten Leistungen gilt Vorstehendes entsprechend.

43.034 (11/99)

(5) Eine Ausgleichsforderung gegen die ersatzberechtigte Partei wird nur fällig, soweit diese keine Ansprüche aus irgendeinem rechtlichen Grund gegen die andere Partei („Gegenansprüche") hat. Bestehen Gegenansprüche, so ist deren Wert zur Ermittlung des fälligen Teils der Ausgleichsforderung vom Gesamtbetrag abzuziehen. Zur Berechnung des Wertes der Gegenansprüche hat die ersatzberechtigte Partei diese:
(a) soweit sie sich nicht auf Euro richten, am Berechnungstag in Euro umzurechnen,
(b) soweit sie sich nicht auf Geldzahlungen richten, in eine in Euro ausgedrückte Schadensersatzforderung umzuwandeln und
(c) soweit sie nicht fällig sind, mit ihrem Barwert (unter Berücksichtigung auch der Zinsansprüche) zu berücksichtigen.

Die ersatzberechtigte Partei kann gegen die Ausgleichsforderung der anderen Partei mit den nach Satz 3 errechneten Gegenansprüchen aufrechnen. Soweit sie dies unterlässt, wird die Ausgleichsforderung fällig, sobald und soweit ihr keine Gegenansprüche mehr gegenüberstehen.

10. Steuern und Abgaben

Soweit auf die Lieferung und Rücklieferung von Darlehenspapieren Steuern, Kosten, Gebühren oder Abgaben anfallen, werden diese vom Darlehensnehmer, bei Leistungen nach Nr. 4 vom Leistungspflichtigen getragen.

11. Sonstige Bestimmungen

(1) „Bankarbeitstag" im Sinne dieses Vertrages ist jeder Tag, an dem die Banken an dem/den im Einzelabschluss genannten Finanzplatz/Finanzplätzen der jeweils handelnden Niederlassungen der Vertragspartner für Geschäfte geöffnet sind und die jeweils eingeschalteten Clearingsysteme Geschäfte abwickeln. Ist ein Fälligkeitstag kein Bankarbeitstag, so ist der unmittelbar folgende Bankarbeitstag maßgeblich.

(2) Der „Marktwert" von Darlehenspapieren bestimmt sich bei Wertpapieren, die an einer Wertpapierbörse gehandelt werden, nach dem an der Frankfurter Wertpapierbörse festgestellten Kassakurs oder, falls ein solcher nicht besteht, nach dem Kassakurs der Heimatbörse der betreffenden Wertpapiere, bei verzinslichen Wertpapieren jeweils inklusive Stückzinsen. Handelt es sich um nicht an einer Wertpapierbörse gehandelte Wertpapiere, findet an einem Bankarbeitstag kein Handel in den betreffenden Wertpapieren statt oder wird an einem Tag kein Kassakurs festgestellt, so ist der Marktwert das arithmetische Mittel aus zwei Ankaufkursen, die von zwei Marktteilnehmern, von denen jede Partei einen benannt hat, gestellt werden, bei verzinslichen Wertpapieren jeweils inklusive Stückzinsen. Für die Feststellung des Marktwertes von Bezugsrechten gelten die vorstehenden Bestimmungen entsprechend.

(3) Die Übertragung von Rechten und Pflichten aus diesem Vertrag bedarf der vorherigen schriftlichen, fernschriftlichen, telegrafischen, durch Telefax oder in sonstiger Weise mitgeteilten Zustimmung der jeweils anderen Partei.

(4) Bei der Versendung von Telefaxen haftet der Absender für alle Schäden, die aufgrund verfälschter oder nicht lesbarer Benachrichtigungen oder Mitteilungen entstehen, es sei denn, der Empfänger hat die Kontrolle nicht mit der erforderlichen Sorgfalt vorgenommen.

(5) Dieser Vertrag unterliegt dem Recht der Bundesrepublik Deutschland. Nicht ausschließlicher Gerichtsstand ist der

3

Ort der Niederlassung der Bank, durch die der Vertrag abgeschlossen wird.

(6) Sind Bestimmungen des Vertrages unwirksam oder undurchführbar, so bleiben die übrigen Vorschriften hiervon unberührt. Gegebenenfalls hierdurch entstehende Vertragslücken werden durch ergänzende Vertragsauslegung unter angemessener Berücksichtigung der Interessen der Parteien geschlossen.

(7) Der nach Nr. 4 Abs. 1 zu vereinbarende Mindestbetrag beträgt:

Euro

(8) Dieser Absatz gilt nur, sofern das nachfolgende Feld angekreuzt ist:

☐

Der Vertrag in der hiermit vereinbarten Fassung gilt auch für alle etwaigen Einzelabschlüsse der Parteien unter dem Rahmenvertrag für Wertpapierleihgeschäfte. Diese gelten als Einzelabschlüsse unter diesem Rahmenvertrag. Der Rahmenvertrag für Wertpapierleihgeschäfte bleibt für die Auslegung der unter ihm getätigten Einzelabschlüsse insoweit maßgeblich, als dies zum Verständnis der in den Einzelabschlüssen getroffenen Regelungen erforderlich ist.

12. Sonstige Vereinbarungen

Unterschrift(en) der Bank

Unterschrift(en) des Vertragspartners

43.034 (11/99)

4

Schrifttum: *Berger*, Münchener Kommentar zum BGB § 607, 8. Aufl 2020; *Berner*, Der neue Rahmenvertrag für Wertpapierdarlehen, Die Bank 1999, 867; *Böhm/Bergfort* in Assies/Beule/Heise/Strube, Handbuch des Fachanwalts Bank- und Kapitalmarktrecht, 5. Aufl 2019, Kap 7 F., XI. Wertpapierdarlehensgeschäfte, Rn 674 ff.; *Bosch*, Finanztermingeschäfte in der Insolvenz – Zum „Netting" im Insolvenzverfahren, WM 95, 413; *Brühl/Holle/Weiss*, Das BMF-Schreiben zu Cum/Cum-Transaktionen – eine einsame Auffassung der Finanzverwaltung?, DStR 2017, 2093; *Ekkenga* in Claussen, Bank- und Börsenrecht, Wertpapierhandel, 5. Aufl 2014, § 7; *Gericke*, Das neue Global Master Securities Lending Agreement (GMSLA) 2009, BKR 2009, 438; *Gesell*, Wertpapierleihe und Repurchase Agreement im deutschen Recht, 1995; *Gossen/Acker*, Wertpapierleihe in Deutschland – in einem Jahrzehnt zum voll entwickelten Markt, Kreditwesen 1999, 1392 ff.; *Hoffmann*, Besondere Kreditformen und mezzanine Finanzierungen, in Derleder/Knops/Bamberger, Deutsches und europäisches Bank- und Kapitelmarktrecht, 3. Aufl 2017, § 24; *Hopt/Roth*, Die Dogmatik der Grund- oder Rahmenverträge, Bankrechts-Handbuch, 5. Aufl 2017, § 1; *Hopt*, in Baumbach/Hopt, HGB, 40. Aufl. 2021, (7) Bankgeschäfte T/1 ff.; *Kümpel/Peters*, Aktuelle Rechtsfragen der Wertpapierleihe, AG 94, 525; *Lange*, in Schwintowski, Bankrecht, 6. Aufl. 2021, Kapitel 21: Wertpapierleihe; *Mühlhäuser/Stoll*, Besteuerung von Wertpapierdarlehens und -pensionsgeschäften, DStR 2002, 1597; *Obermüller*, Insolvenzrecht in der Bankpraxis, 9. Aufl 2016; *Rau*, Zu den Voraussetzungen für den Übergang des wirtschaftlichen Eigentums bei Wertpapierdarlehensgeschäften und anderen OTC-Transaktionen über girosammelverwahrte Aktion – Das Urteil des BFH v. 16.4.2014 zu „Cum/Ex-Geschäften", DStR 15, 2048; *Schindler/Hindelang*, Praxishandbuch Repos und Wertpapierdarlehen, 2016; *Uwe H. Schneider* in Assmann/Schneider/Mülbert, Wertpapierhandelsrecht, 7. Aufl 2019, § 36 Rn 23; *Sieger/Hasselbach*, Wertpapierdarlehen – Zurechnungsfragen im Aktien-, Wertpapierhandels- und Übernahmerecht, WM 2004, 1370; *Sonnenberg*, Rahmenvertrag für Wertpapierleihe, Die Bank 1994, 357 speziell zum Rahmenvertrag Wertpapierdarlehen; *Storck*, Wertpapierdarlehen, Finanzderivate Rechtshandbuch, 4. Aufl 2016, § 14 Wertpapierdarlehen u § 15 Wertpapierpensionsgeschäfte; *Teuber*, Wertpapierdarlehen und Wertpapierpensionsgeschäft, Bankrechts-Handbuch, 5. Aufl 2017, § 105.

Anmerkungen

Vor 1. Bei Wertpapierdarlehensgeschäften (auch Wertpapierleihe genannt, zur rechtlichen und terminologischen Einordnung s → Anm. 1) überlässt der Darlehensgeber dem Darlehensnehmer für eine begrenzte Zeit die vereinbarten Wertpapiere, in der Regel gegen ein Entgelt. Kennzeichnend ist der vollständige Übergang des Eigentums an den Wertpapieren auf den Darlehensnehmer für die Laufzeit. Regelmäßig wird das bestehende Risiko durch Stellen entsprechender Sicherheiten abgesichert (s dazu → Anm. 5). Wertpapierleihgeschäfte werden sowohl als „Direktgeschäfte" („Principal"-Modell; zu den Begriffen s MüKoBGB/*Berger* § 607 Rn 7; *Schindler/Hindelang* S 24; *Teuber* § 105 Rn 26) unter professionellen Marktteilnehmern als auch im Rahmen der von Wertpapiersammelbanken (zB Clearstream Banking AG oder Clearinghäusern wie Euroclear) und einzelnen Großbanken betriebenen Verleihsysteme getätigt (Überblick bei *Gesell* S 17/18; *Hopt*, HGB, (7) Bankgeschäfte T/3; im Einzelnen s *Lange* in Schwintowski, Kap 21, Rn 13 f. und 31–44; zu allen Erscheinungsformen einschl des Agency-Modells vgl *Böhm/Bergfort* in Assies/Beule/Heise/Strube, Rn 677 ff). Marktstandard für grenzüberschreitende internationale Leihe-Transaktionen ist zum einen das von der International Securities Lending Association (ISLA) publizierte und englischem Recht unterliegende **„Global Master Securities Lending Agreement"** (GMSLA), das im Jahre 2000 erstmalig, im Juli 2009 in einer überarbeiteten Version, die jedoch nicht zum Marktstandard geworden ist (Überblick bei *Gericke* BKR 2009, 438), sowie im Januar 2010 in einer erneut überarbeiteten Fassung (im folgenden „GMSLA 2010") veröffentlicht wurde (Überblick bei *Schindler/Hindelang* S 161 ff.; *Storck* § 14 Rn 21 ff). Die primäre Motivation für die Ausarbeitung des GMSLA 2010 war die Aktualisierung der Marktpreisberechnungsmethode im Falle des Kontrahentenausfalls, da sich die Vorgängerregelungen in der Praxis während der Kredit- und Bankenkrise ab 2007 als zu wenig flexibel herausgestellt hatten im Vergleich zu den korrespondierenden Regelungen in anderen Rahmenverträgen, vor allem im Hinblick auf weniger liquide Wertpapiere. Ferner ermöglicht die Nichtlieferung von Wertpapieren nunmehr lediglich das betreffende Einzelgeschäft zu kündigen, nicht jedoch den gesamten Rahmenvertrag, Nr 9 GMSLA 2010. Daneben wurden ua die steuerlichen Bestimmungen des Vertrages überarbeitet und der zugehörige Steueranhang aktualisiert. Gegenstand dieses Rahmenvertrages (zum rahmenvertraglichen Konzept des GMSLA, der das allgemeine Vertragsverhältnis der Parteien regelt, während die Einzelabschlüsse durch sog Confirmations dokumentiert werden, vgl Nr 1 Abs 2 u → Form. IV.S.1 Vor 1) ist die Übertragung von Wertpapieren (Securities) gegen die Übertragung von Sicherheiten (Collateral), wobei diese Transaktionen – entliehene Wertpapiere sowie gestellte Sicherheiten – zu einem späteren Zeitpunkt vereinbarungsgemäß zurückzuführen sind. Im November 2018 hat die ISLA eine zusätzliche (auf dem GSMLA 2010 basierende) Vertragsversion veröffentlicht, die die Besicherung des Wertpapierdarlehens nicht mehr im Wege des Vollrechtsübergang, sondern als Pfandrechtsstruktur ausgestaltet (**„Security Interest over Collateral – 2018 Version“**). Diese neue Option soll den Marktteilnehmern in bestimmten Konstellationen Vorteile ua im Hinblick auf die regulatorische Eigenkapitalsituation verschaffen, insbesondere wenn aufgrund tatsächlicher Gegebenheiten mehr Sicherheiten gestellt werden, als es dem aktuellen Risiko des Sicherungsnehmers entspricht (sog excess collateral). Als weiterer internationaler Marktstandard ist der „Rahmenvertrag für Finanzgeschäfte“ (European Master Agreement – **EMA mit dem „Product Annex for Securities Loan Transactions“**, 1. Version 1999, überarbeitete Fassung 2001 und 2004, → Form. IV.S.19 und → Form. IV.T.2) zu nennen (s zum EMA *Schindler/Hindelang* S 169 ff.; *Böhm/Bergfort* in Assies/Beule/Heise/Strube Rn 717). Diese internationalen Rahmenverträge GMSLA und EMA enthalten neben den Bestimmungen zu Direktgeschäften auch Regelungen zu den sog Agency-Geschäften (s im Einzelnen hierzu → Form. IV.S.19 Anm. 1 und *Schindler/Hindelang* S 63 f); beim GMSLA 2010 wurden die diesbezüglichen Bestimmungen als eigener Agency Annex ausgestaltet, der darüber hinaus die Möglichkeit eröffnet, ergänzende Bestimmungen für den Fall zu vereinbaren, dass eine Leihe-Transaktion für mehrere Auftraggeber erfolgen soll („Addendum for Pooled Principal Agency Loans“).

Der 1999 vom Bundesverband deutscher Banken für den deutschen Markt veröffentlichte **„Rahmenvertrag für Wertpapierdarlehen“** (im Folgenden: RV-Wertpapierdarlehen) stellt den aktuellen Marktstandard dar, wird jedoch aktuell überarbeitet (s → Anm. 9). Er erfasst die außerbörslichen Direktgeschäfte; ein Beispiel für die Ausgestaltung eines „institutionalisierten“ außerbörslichen Wertpapierdarlehens bieten die im Anschluss als → Form. IV.T.3 wiedergegebenen „Sonderbedingungen für Wertpapierdarlehen der Clearstream Banking AG“.

1. Die „Wertpapierleihe“ ist entgegen der missverständlichen – aus dem angloamerikanischen Sprachgebrauch (Securities Lending) abgeleiteten – Bezeichnung im Rechtssinn keine Leihe gem § 598 BGB. Es handelt sich vielmehr um ein **Sachdarlehen iSv § 607 BGB**, dessen Gegenstand Wertpapiere sind (*Gesell* S 20 ff.; *Hopt* HGB (7) Bankgeschäfte T/1; *Teuber* § 105 Rn 4; MüKoBGB/*Berger* § 607 Rn 6; *Gericke* BKR 09, 438; *Lange* in Schwintowski, Kap 21 Rn 15 f.; *Emittentenleitfaden der BaFin*, Modul B, 5. Aufl Oktober 2018, S 23). Der Rahmenvertrag bringt dies auch terminologisch klar zum Ausdruck, indem er durchgehend von Wertpapierdarlehen spricht. Sein Sprachgebrauch hat sich allerdings – außerhalb der Vertragsdokumentation – im Geschäftsverkehr überwiegend nicht durchsetzen können. Die Praxis verwendet bei Wertpapierdarlehen für den Darlehensgeber oft die Bezeichnung „Verleiher“, während der Darlehensnehmer als „Entleiher“ bezeichnet wird (s auch *Lange* in Schwintowski, Kap 21 Rn 15 f., der sich trotz der juristisch ungenauen Terminologie für die Beibehaltung des Begriffs der „Wertpapierleihe“ ausspricht, da er sich eingebürgert habe und dem englischen Begriff am ehesten entspreche). Bei dem zu zahlenden Zins für die darlehensweise Überlassung der Wertpapiere (Nr 5 RV-Wertpapierdarlehen: „Darlehensentgelt“) ist üblicherweise von einer „Leihgebühr“ die Rede.

Der **Eigentumsübergangs** auf den Entleiher spiegelt sich in den marktüblichen Einsatzmöglichkeiten des Wertpapierdarlehens: Diese basieren darauf, dass er die volle wirtschaftliche Verfügbarkeit hat und die ihm „verliehenen" Wertpapiere nach seinem Willen disponieren kann (vgl dazu sogleich die wirtschaftlichen Motive).

Die **wirtschaftlichen Motive** für den Abschluss von Wertpapierdarlehen sind vielfältig (ausführlich *Schindler/Hindelang* S 66 ff). Der Darlehensgeber erzielt durch die Vereinnahmung des Darlehensentgelts eine Erhöhung der Gesamtrendite, indem er ansonsten ruhende Wertpapierbestände nutzt. Zugleich reduziert er für den „Ausleihzeitraum" seine Depotkosten (vgl *Gesell* S 10/11; *Teuber* § 105 Rn 1). Interessant ist dies in erster Linie für Marktteilnehmer, die über umfangreiche Depotbestände verfügen, etwa Pensionskassen, Fondsgesellschaften und Versicherungen (*Gossen/Acker* S 1394). Der Darlehensnehmer wird die darlehensweise überlassenen Wertpapiere vielfach zur fristgemäßen Erfüllung einer eigenen Lieferverpflichtung benötigen, etwa dann, wenn er Wertpapiere, die er verkauft und seinerseits von einem Dritten gekauft hat, nicht rechtzeitig geliefert erhält (zB auf Grund von längeren Erfüllungsfristen bei Lieferung aus dem Ausland). Darüber hinaus kann der Abschluss von Wertpapierdarlehen auch Arbitrage-, Hedging- und Spekulationszwecken dienen. Ein Beispiel für den letztgenannten Einsatzzweck bietet die Nutzung von Wertpapierdarlehen im Rahmen von Leerverkäufen und damit einer Spekulation auf fallende Kurse: Dabei erfüllt der Verkäufer von Wertpapieren seine regelmäßig zweitägige Lieferfrist durch Lieferung entliehener Wertpapiere in der Hoffnung, sich zu einem späteren Zeitpunkt billiger mit den gleichen Papieren eindecken und die Wertpapierleihe mit diesen zurückführen zu können. Hier wird die Wertpapierleihe zur Überbrückung der Zeitdifferenz zwischen dem Kassaverkauf und dem antizipierten Kursrückgang genutzt (hierzu *Gossen/Acker* S 1393; *Storck* § 14 Rn 8; *Lange* in Schwintowski Kap 21 Rn 6). Davon zu unterscheiden sind die sog ungedeckten Leerverkäufe, bei denen lediglich darauf vertraut wird, sich die leer verkauften Wertpapiere binnen der zweitägigen Erfüllungsfrist am Markt beschaffen zu können; diese unterliegen seit der im November 2012 in Kraft getretenen EU-Verordnung über Leerverkäufe (Verordnung (EU) Nr 236/2012 des Europäischen Parlaments und des Rates vom 14. März 2012 über Leerverkäufe und bestimmte Aspekte von Credit Default Swaps, ABl v 24.3.2012, L 86/1) einer umfassenden Verbotsregelung hinsichtlich Aktien und öffentlicher Schuldtitel sowie Transparenzvorschriften (dazu *Böhm/Bergfort* in Assies/Beule/Heise/Strube Rn 685; im Einzelnen *Storck* § 15 Rn 32 ff. mit der Klarstellung, dass von der Verordnung Wertpapierdarlehen – wie auch Wertpapierpensionsgeschäfte – per se ausgenommen sind, sofern es die Übertragung von Wertpapieren im Rahmen einer Wertpapierdarlehensvereinbarung betrifft; davon zu unterscheiden ist aber die Rücklieferungsverpflichtung an den Darlehensgeber, da diese vom Darlehensnehmer ohne Eindeckung durch den Markt nicht erfüllt werden kann). Zu Hedging-Zwecken dient ein Wertpapierdarlehen dem Verkäufer („Stillhalter") einer Verkaufs-Option und dem Terminkäufer. Sinkt der Kurs des Basiswerts unter den Basispreis/Terminkurs, können die per Termin abzunehmenden Wertpapiere zwecks Verlustbegrenzung bereits vor Ausübung der Option bzw Fälligkeit des Termingeschäfts entliehen und am Kassamarkt verkauft werden. Die Rücklieferungsverpflichtung aus dem Wertpapierdarlehen kann später mittels der bei Optionsausübung bzw Fälligkeit des Terminkaufs angedienten Darlehenspapiere erfüllt werden (*Gesell* S 9/10; *Sonnenberg* Die Bank 1994, 357). Um ein typisches Arbitragegeschäft handelt es sich, wenn ein Wertpapierdarlehen zur Ausnutzung von Preisunterschieden am Termin- und Kassamarkt eingesetzt wird. Ist der Terminkurs eines Wertpapiers niedriger als der Kassakurs, wird der Arbitrageur das Wertpapier per Termin kaufen, sofort am Kassamarkt verkaufen und die zur Belieferung dieses Verkaufs erforderlichen Stücke „entleihen", sofern das hierbei anfallende Darlehensentgelt geringer ist als die vereinnahmte Kursdifferenz (*Gesell* S 8/9; *Sonnenberg* Die Bank 1994, 357; *Storck* § 14 Rn 9). Strategisch motivierte Wertpapierleihen finden vor allem im Rahmen von M&A- und Finanzierungstransaktionen Anwendung: Aufgrund des Übergangs der dinglichen Berechtigung bei der darlehensweisen Übertragung von Aktien ergeben sich Gestaltungsmöglichkeiten, erwünschte Zurechnungstatbestände herbeizuführen, zB zur Verschaffung der für ein aktienrechtliches Squeeze-Out von Minderheitsaktionären (§ 327a AktG) benötigten Kapitalmehrheit oder deren Vermeidung (*Lange* in Schwintowski, Kap 21 Rn 5; *Hoffmann* in Derleder/Knops/Bamberger § 24 Rn 82). Wertpapierdarlehen wurden in der Vergangenheit in der Praxis (aus Sicht des Darlehensgebers) auch zur Vermeidung steuerlicher Nachteile in Form des KapSt-Einbehalts bzw (aus Sicht des Darlehensnehmers) zur Erzielung von Handelsgewinnen genutzt (vgl *Mühlhäuser/Stoll* DStR 2002, 1597; *Storck* § 14 Rn 9; *Schindler/Hindelang* S 44 f). Die Finanzverwaltung hat diese Art von Wertpapierdarlehensgeschäften – sog Dividendenstripping-Geschäfte, inzwischen auch als Dividenden-Arbitrage oder „Cum/Cum"-Transaktionen bezeichnet – über viele Jahre akzeptiert, so dass sich dafür ein Markt entwickelt hat. Mit BMF-Schreiben vom 17.7.2017 hat die Finanzverwaltung solche Geschäfte erstmals als rein steuerlich motiviert eingestuft und darin einen Gestaltungsmissbrauch gesehen, sofern nicht außersteuerliche Gründe vorliegen (vgl BMF-Schreiben vom 17.7.2017 zur „Steuerlichen Behandlung von „Cum/Cum-Transaktionen", s auch *Brühl/Holle/Weiss* DStR 17, 2093 ff). Mit BMF-Schreiben vom 9.7.2021 hat die Finanzverwaltung die Rechtsansicht nochmals geändert; nunmehr vertritt sie die Auffassung, dass bei Cum/Cum-Gestaltungen kein wirtschaftliches Eigentum an Aktien übergehe und solche Gestaltungen rechtsmissbräuchlich seien; angerechnete Steuern aus Cum/Cum Gestaltungen seien zurück zu fordern. Die neue Rechtsansicht ist bislang nicht vom BFH bestätigt.

2. Im Geschäft unter Banken und sonstigen professionellen Marktteilnehmern kommt es zwischen den Parteien regelmäßig zum Abschluss einer Vielzahl von Einzelgeschäften („Einzelabschluss"), bei denen sie teils als Darlehensgeber teils als Darlehensnehmer auftreten können (vgl Nr 1 Abs 1 S 2). In der Praxis betätigen sich in Deutschland jedoch insbesondere institutionelle Anleger, dh Versicherungen, Pensions- und Investmentfonds (zT auch vermögende Privatkunden) als Verleiher, während Entleiher vielfach Banken, Hedgefonds sowie sonstige Teilnehmer der Terminbörsen sind (*Lange* in Schwintowski, Kap 21 Rn 10 f., auch zur Bedeutung von Exchange Traded Funds (ETFs) als Marktteilnehmer, die in bedeutendem Umfang Zusatzerlöse durch den Verleih der von ihnen verwalteten Wertpapiere generiert haben; ausführlich *Schindler/Hindelang* S 20 ff). Der Rahmenvertrag (zur Dogmatik der Rahmenverträge BankrechtsHdb, Hopt/Roth § 1 Rn 6 ff.) enthält zum einen für alle diese Einzelabschlüsse einheitliche Bedingungen (Nr 1 Abs 2), zum anderen übernimmt er für die Wertpapierleihe das Konzept des „einheitlichen Vertrags" (s hierzu → Form. IV.S.1 Anm. 2, vor Anm. 1). Nr 1 Abs 2 S 2 entspricht der Regelung in Nr 1 Abs 2 S 2 des „Rahmenvertrags für Finanztermingeschäfte" (→ Form. IV. S. 1). Wie bei diesem kommt auch beim RV-Wertpapierdarlehen die Einheitlichkeit der Vertragsbeziehung vor allem in der Gesamtbeendigungsklausel (Nr 9 Abs 1 u 2) und den Bestimmungen über die im Fall der vorzeitigen Vertragsbeendigung zu ermittelnde einheitliche Ausgleichsforderung (Nr 9 Abs 3) zum Ausdruck. Insolvenzrechtlich führt die Einbindung der einzelnen Wertpapierdarlehen – der Einzelabschlüsse – in den Rahmenvertrag zur Anwendbarkeit des § 104 InsO. Ein Wertpapierdarlehen ist ein „Geschäft über eine Finanzleistung", indem es die „Lieferung von Finanzinstrumenten" iSv § 104 Abs 1 S 3 Nr 2 iVm S 4 InsO iVm Anhang I Abschnitt C der Richtlinie 2014/65/EU vom 15. Mai 2014 über Märkte für Finanzinstrumente (MiFID II) (ABl v 12.6.2014, L 173/349), zuletzt geändert durch Richtlinie (EU) 2019/2177 v 18.12.2019 (ABl v 27.12.2019, L 334/155) – übertragbare Wertpapiere sind Finanzinstrumente – beinhaltet; zur Subsumtion dieser Geschäfte unter § 104 InsO vgl MüKoInsO/*Fried* § 104 Rn 92 f.; *Teuber* § 105 Rn 52; *Jahn/Reiner* § 114 Rn 192. Werden mehrere Wertpapierdarlehen, bei denen beide Parteien sowohl als Darlehensgeber als auch als Darlehensnehmer fungieren, in einem „qualifizierten" Rahmenvertrag iSv § 104 Abs 3 S 1 InsO zusammengefasst, so „gilt die Gesamtheit der einbezogenen Geschäfte als ein Geschäft" iSd § 104 Abs 1 InsO. Diese Folge ist auch sachgerecht. Zwar ist bei Wertpapierdarlehen ein „cherry picking" (hierzu → Form. IV. S. 1 Anm. 2) nicht möglich, da es sich bei ihnen nicht um ein von beiden Seiten noch nicht vollständig erfülltes Geschäft handelt, das dem Insolvenzverwalterwahlrecht gemäß § 103 InsO unterliegen würde (*Bosch* WM 1995, 413, 421). Haben beide Parteien Wertpapierdarlehen gewährt, kann es im Fall der Insolvenz einer Vertragspartei jedoch zu einem vergleichbaren Effekt kommen: Mangels Aufrechenbarkeit der in der Regel nicht gleichartigen Wertpapiere kann der Insolvenzverwalter die Rücklieferung der vom Schuldner „verliehenen" Wertpapiere verlangen, während die solvente Partei mit ihrer Forderung wegen Nichterfüllung der Rücklieferungsverpflichtung auf die Insolvenzquote verwiesen wird. Infolge der Zusammenfassung der Einzelabschlüsse zu einem einheitlichen Vertrag (durch den Rahmenvertrag) tritt an die Stelle dieser Einzelbetrachtungen eine einheitliche Ausgleichsforderung (Nr 9 Abs 3), die entweder der solventen Partei oder der Masse zusteht (*Bosch* WM 1995, 413, 421). Da Wertpapierdarlehensgeschäfte regelmäßig besichert sind (näher dazu → Anm. 5), werden die im Rahmen des Wertausgleichs gestellten Sicherheiten in das Close-Out-Netting – die Saldierung sämtlicher Forderungen und Verbindlichkeiten, die aus den bestehenden Einzeltransaktionen unter einem Rahmenvertrag resultieren – mit einbezogen: Die als Eigentum übertragenen Sicherheiten verbleiben beim Sicherungsnehmer, dessen Anspruch auf Zahlung des Close-Out-Betrages mit der Verbindlichkeit zur Zahlung des Gegenwertes der gehaltenen Sicherheiten an den Sicherungsgeber verrechnet wird (*Fried* § 19 Rn 15).

3. Der Abschluss eines Einzelabschlusses unter dem RV-Wertpapierdarlehen erfolgt unter professionellen Marktteilnehmern regelmäßig telefonisch und ist gem Nr 2 Abs 1 RV-Wertpapierdarlehen gegenüber dem Vertragspartner von der Bank unverzüglich schriftlich zu bestätigen. Für die Form der **Bestätigung**, bei der es sich rechtlich um ein kaufmännisches Bestätigungsschreiben handelt (*Sonnenberg* Die Bank 1994, 359), gilt Nr 2 Abs 1 des Rahmenvertrags. Sie kann – wie alle Erklärungen der Parteien – per Brief, Telex, S. W. I. F. T. oder Telefax, ggf auch über ein elektronisches Kommunikationssystem erfolgen. Entsprechend der diesbezüglichen Neuerungen im Rahmenvertrag für Finanztermingeschäfte (s dazu → Form. IV. S. 1 Anm. 3) ist mit Abschluss der aktuell erfolgenden Überarbeitung des RV-Wertpapierdarlehen eine Modernisierung dieser Bestimmung durch Aufnahme der Textform und Streichung der in der Praxis nicht mehr relevanten Kommunikationsformen zu erwarten.

Im Unterschied zur EMIR (s dazu → Form. IV.S.12, vor 1), mit der eine Pflicht zur (rechtzeitigen) Geschäftsbestätigung und Gegenbestätigung für OTC-Derivate eingeführt wurde, enthält die Verordnung (EU) 2015/2365 des Europäischen Parlaments und des Rates vom 25. November 2015 über die Transparenz von Wertpapierfinanzierungsgeschäften und der Weiterverwendung sowie zur Änderung der Verordnung (EU) Nr 648/2012 (ABl v 23.12.2015, L 337/1) (sog SFTR oder SFT-Verordnung) keine vergleichbare Bestimmung für Wertpapierpensions- und Wertpapierdarlehensgeschäfte. Deutsche Kredit- und Finanzdienstleistungsinstitute haben allerdings wie bisher die Anforderungen an Bestätigungen gem BTO 2.2.2 MaRisk für Handelsgeschäfte – einschl Wertpapierleihgeschäften, AT 2.3 MaRisk – zu beachten (vgl dazu → Form. IV.S.1 Anm. 3); zu den Einzelheiten zur Erstellung und Abgleich von Geschäftsbestätigung bei Wertpapierdarlehen s *Teuber* § 105 Rn 50 f.

4. Kraft Gesetzes sowie auf Basis der vertraglichen Übereignungsverpflichtung der Nr 3 Abs 2 S 1 erwirbt der Darlehensnehmer Eigentum an den Darlehenspapieren: Indem das „**unbeschränkte Eigentum** oder eine andere am Verwahrort übliche, gleichwertige Rechtsstellung" auf ihn übergeht, kann er frei über die Darlehenspapiere verfügen. In der Praxis werden allerdings fast nie physische Wertpapiere und damit Sachen iSv § 90 BGB übereignet, sondern die Übertragung erfolgt meist im „stückelosen" Effektengiroverkehr durch Übertragung des entsprechenden Miteigentumsanteils am Sammelbestand der Wertpapiersammelbank (§ 6 Abs 1 DepotG), also durch Umbuchung auf den Depotkonten der verfügenden Parteien. Nach allgemeinen Grundsätzen ist dieser Anteil des einzelnen Miteigentümers echtes Eigentum, auf das alle Vorschriften über das Alleineigentum an Sachen anwendbar sind: So beinhaltet die Gutschrift im Effektengiroverkehr zugleich die Einigung und Übergabe durch Abschluss eines neuen Besitzmittlungsverhältnisses mit der Wertpapiersammelbank iSv § 929 S 1 BGB (MüKoBGB/*Berger* § 607 Rn 26 mwN), vgl hierzu auch Nr 3 Abs 2 lit a EMA (→ Form. IV.S.19.1), die den „Miteigentumsanteil an einem Sammelbestand von Wertpapieren" ausdrücklich nennt.

5. Mit diesem Eigentumsübergang übernimmt der Darlehensgeber das Kreditrisiko seines Darlehensnehmers. In der Regel wird der Darlehensgeber daher – und aufgrund seines Preisänderungsrisikos hinsichtlich der Darlehenspapiere – Sicherheiten verlangen. Der Rahmenvertrag sieht dementsprechend in Nr 4 eine Besicherung vor. Die Höhe der zu bestellenden Sicherheiten („**Wertausgleich**") errechnet sich gem Nr 4 Abs 1 aus der Differenz der jeweiligen Darlehenssummen, jedoch unter Anrechnung des gem Nr 11 Abs 7 zu vereinbarenden Mindestbetrages, den die Parteien auf Basis von Kreditrisikoerwägungen bestimmen. Die Darlehenssumme errechnet sich gem Nr 4 Abs 2 aus den Marktwerten aller von der anderen Partei erhaltenen Darlehenspapiere und des von der anderen Partei bereits erhaltenen Wertausgleichs. Wenn danach die Darlehenssumme einer Partei die Darlehenssumme der anderen Partei unterschreitet, ist erstere gem Nr 4 Abs 1 S 1 „jederzeit berechtigt", von letzterer Wertausgleich zu verlangen. Da sowohl die Darlehenspapiere als auch etwaige Wertpapiersicherheiten Kursschwankungen unterliegen, sieht Nr 4 auf der Grundlage (bankarbeits-)täglicher Bewertungen (Mark to Market) einen Mechanismus der Sicherheitenverstärkung/-freigabe vor, der Ähnlichkeiten mit dem bei börslichen Derivategeschäften üblichen Variation Margin System (s hierzu → Form. IV.R.1 Anm. 12 *Clouth/Sänger* und zum Margin Prozess auch *Schindler/Hindelang* S 38) aufweist. Die Bestellung der Sicherheiten erfolgt im Fall der Bar- und der Wertpapiersicherheit im Wege der Vollrechtsübertragung, Nr 4 Abs 5 iVm Nr 3 Abs 2. Der Vorteil bei der Vollrechtsübertragung liegt insbesondere darin, dass der Sicherungsnehmer die als Sicherheit erhaltenen Wertpapiere für andere Geschäfte nutzen kann, ohne dass der Sicherungsgeber seine Ansprüche auf Rücklieferung der geleisteten Sicherheit verliert (*Berner*, Die Bank 1999, 868). Ungeachtet der vertraglich vorgesehenen Vollrechtsübertragung ist eine Besicherung durch Verpfändung von Sicherheiten, die im Wege einer Vertragsanpassung zu vereinbaren ist, nach wie vor möglich und auch im Markt, insbesondere bei Investmentgesellschaften und Versicherungsunternehmen, nicht unüblich (§ 54 Abs 2 InvG; vgl auch oben Vor 1 zur diesbezüglichen internationalen Entwicklung beim GMSLA). Die Art der zu stellenden Sicherheiten unterliegt gem Nr 4 Abs 3 S 2 der Absprache der Vertragsparteien; dabei vereinbaren die Parteien im Fall von Wertpapiersicherheiten häufig einen Abschlag vom aktuellen Kurswert (Haircut), um aus Kursschwankungen resultierende Risiken zu reduzieren (*Teuber* § 105 Rn 11). Falls die Vertragsparteien zur Art der Wertausgleichsleistungen nichts vereinbart haben, bestimmt Nr 4 Abs 3 S 4, dass die Lieferung von auf Euro lautenden Schuldverschreibungen der Bundesrepublik Deutschland als vereinbart gilt.

6. Die rechtliche Ausgestaltung des Wertpapierdarlehens als Sachdarlehen entspricht den wirtschaftlichen Intentionen der Vertragsparteien insoweit, als der Darlehensnehmer über die ihm zu Eigentum übertragenen Darlehenspapiere frei verfügen kann. Im Übrigen betrachten die Parteien eines Wertpapierdarlehens den Darlehensgeber jedoch weiterhin als wirtschaftlichen Eigentümer der darlehensweise überlassenen („verliehenen") Wertpapiere. Der Darlehensgeber trägt insbesondere weiterhin Chancen und Risiken aus den Darlehenspapieren. Nr 6 Abs 1 bis 3 des Rahmenvertrags stellt den Darlehensgeber folgerichtig auch mit Blick auf die Früchte der Darlehenspapiere (§ 99 Abs 2 BGB) – dh Zinsen, Dividenden und sonstige Ausschüttungen – so, als habe er rechtlich keinen Darlehens-, sondern einen Leihvertrag abgeschlossen. Der Darlehensnehmer ist daher vertraglich zur Leistung einer Kompensationszahlung verpflichtet, nachdem er zunächst – aufgrund seines Besitzes bzw der Verbuchung in seinem Depot – die Zinsen oder sonstige Ausschüttungen erhält. Die Regelungen der Nr 7 Abs 5 ergänzt dies für die Behandlung von Bezugsrechten, Umtausch-, Abfindungs- und sonstigen Kaufangeboten sowie Auslosungen, indem in diesen Fällen die Darlehenspapiere sowie ggf. die als Sicherheit gestellten Wertpapiere bei entsprechender Kenntnis rechtzeitig zurückzuliefern sind. Wegen des nur „zeitweisen" Eigentumserwerbs des Darlehensnehmers ist streitig, ob dieser die mit den Darlehenspapieren verbundenen Stimmrechte ausüben darf. Dies wird in der Literatur aus ordnungspolitischen Erwägungen und mit Blick auf § 405 Abs 3 AktG teilweise verneint (*Gesell* S 129; *Kümpel/Peters* AG 1994, 525, 529 f.; *Ekkenga* in Claussen, § 7 Rn 96, basierend auf der – nicht näher mit dem Vertragswortlaut belegten – Überlegung, dass er mit der Ausübung gegen seine gegenüber dem Darlehensgeber bestehenden Vertragspflichten verstieße; aA die hM, s *Teuber* § 105 Rn 38; *Storck* § 14 Rn 13; *Lange* in Schwintowski Kap 21 Rn 56). Vor dem Hintergrund der Untrennbarkeit von Stimmrecht und Aktie und aus Gründen der Rechtssicherheit dürfte diese Auffassung unhaltbar sein. Das zivilrechtliche Eigentum an der Aktie berechtigt den Darlehensnehmer grundsätzlich zur Wahrnehmung aller mit der Aktie verbundenen Rechte und damit auch des Stimmrechts. Dafür spricht nicht zuletzt die Rechtssicherheit, da der Rechtsverkehr nicht beurteilen kann, ob der Inhaber einer Aktie echter oder nur „leihweiser" Eigentümer einer Aktie ist. Zudem erscheint es kaum möglich, hier eine Trennlinie zu ziehen. Schließlich müsste dann auch der Terminverkäufer einer Aktie, der diese bis zur Fälligkeit des Terminverkaufs hält (und daher kein echtes Aktienrisiko mehr trägt) während dieses Zeitraums an der Stimmrechtsausübung gehindert sein (vgl auch *Sieger/Hasselbach* WM 2004, 1373 ff). Ferner spricht dafür, dass dem Darlehensnehmer das Stimmrecht auch nach § 33 WpHG zugerechnet wird und dieser somit bei Über- oder Unterschreitung eines Schwellenwertes meldepflichtig ist (*Uwe H. Schneider* in Assmann/Schneider/Mülbert § 34 Rn 76, 78; *Teuber* § 105 Rn 40; so auch die Verwaltungspraxis, vgl *Emittentenleitfaden der BaFin* Modul B, 5. Aufl Oktober 2018, S 23: Eine Zurechnung auf den Verleiher kommt nur bei Hinzutreten weiterer Umstände in Betracht, die ein Treuhand- oder treuhandähnliches Verhältnis zwischen Ver- und Entleiher begründen; s auch *Böhm/Bergfort* in Assies/Beule/Heise/Strube Rn 695 mit dem Hinweis auf gesonderte vertragliche Vereinbarungen zur Ausübung des Stimmrechts). In der Praxis wird dem Verleiher, der die Stimmrechte ausüben möchte, empfohlen, die unbefristet abgeschlossene Transaktion frühzeitig zu kündigen, um die Aktien rechtzeitig in seinem Depot zu haben und so die mit den Anteilsscheinen verbundenen Stimmrechte ausüben zu können (*Schindler/Hindelang* S 46). Die Finanzverwaltung sieht den Darlehensnehmer idR mit Lieferung der Darlehenspapiere (Wertpapiere, Aktien) als wirtschaftlichen Eigentümer an (vgl BMF-Schreiben v 17.7.2017, IV C 1, BStBl 2017 I, S 986; OFD Frankfurt/M., Rundverfügung vom 17.2.2016, DStR 16,1112); Arg zivilrechtlicher Eigentumsübergang, Erlangen unbeschränkter Verfügungsbefugnis, Vermeidung einer doppelten Erfassung bei Weiterverfügung durch den Darlehensnehmer, Darlehensgeber trägt das Ausfall-/Insolvenzrisiko des Darlehensnehmers, Anspruch unter dem RV-Wertpapierdarlehen auf Rücklieferung nicht der nämlichen, ursprünglich übertragenen, sondern nur gattungsgleicher Aktien. Die von diesem Grundsatz abweichende Entscheidung des BFH (Urteil v 18.8.2015, I R 88/13, DStR 2016, 168) betrifft einen besonderen Einzelfall, in dem dem Darlehensnehmer lediglich eine formale zivilrechtliche Rechtsposition verschafft werden sollte und dem Darlehensnehmer faktisch keine Verfügungsmöglichkeit über die Aktien eingeräumt wurde (vgl allgemein zum Übergang des wirtschaftlichen Eigentums bei Wertpapierdarlehensgeschäften *Rau* DStR 2015, 2048). Es ist davon auszugehen, dass das wirtschaftliche Eigentum nur dann nicht auf den Darlehensnehmer übergeht, wenn dieser keine unbeschränkte Verfügungsmöglichkeit an den Papieren erhält (zB weil die Darlehenspapiere auf einem Depot gebucht werden, das dem Darlehensgeber verpfändet wird). Soweit der BFH (DSHZ 2016, 168) im Übergang von Chancen und Risiken auf den Darlehensnehmer relevante Kriterien für die Zuordnung des wirtschaftlichen Eigentums sieht, ist das nicht nachvollziehbar: Der Darlehensnehmer trägt aus den Darlehenspapieren niemals Chancen und Risiken, weil er bei Fälligkeit zur Rückübertragung einer bestimmten Anzahl gattungsgleicher Aktien verpflichtet ist; das Wertänderungsrisiko trägt immer der Darlehensgeber, der dies weiterhin in seiner Bilanz ausweist.

7. Bei der Beendigung von Einzelabschlüssen unterscheidet der Rahmenvertrag zwischen zeitlich unbefristeten Wertpapierdarlehen und solchen, die auf bestimmte Zeit abgeschlossen sind. Während erstere nach Maßgabe der Nr 7 jederzeit (vgl auch § 608 Abs 2 BGB) und ohne Auswirkung auf den Bestand des Gesamtvertrags beendet werden können, sind letztere gem Nr 9 nur aus wichtigem Grund und nur insgesamt kündbar. Ein zeitlich unbestimmtes Wertpapierdarlehen endet spätestens ein Jahr nach dem Valutierungstag (Nr 7 Abs 3). Schließlich enden alle Transaktionen ohne Kündigung im Insolvenzfall (Nr 9 Abs 2). Die Bestimmungen über die außerordentliche Beendigung aller Einzelabschlüsse (Nr 9 Abs 1, Abs 2), über das Entstehen (Nr 9 Abs 3) und die Berechnung der Ausgleichsforderung (Nr 9 Abs 4) sowie deren Fälligkeit (Nr 9 Abs 5) spiegeln das Prinzip des „einheitlichen Vertrags" wider (oben → Anm. 2). Sie entsprechen in der Sache weitgehend dem Regelungsmechanismus der Nrn 7 bis 9 des „Rahmenvertrags für Finanztermingeschäfte (1993/2001)" (s hierzu → Form. IV. S. 1 Anm. 7–9); zur Reflektion der neu entwickelten Bestimmungen des „Rahmenvertrags für Finanztermingeschäfte (2018)" s unten → Anm. 9. Ein wesentlicher Unterschied gegenüber dem Rahmenvertrag für Finanztermingeschäfte stellt jedoch die nicht fristgemäße Rücklieferung der Darlehenspapiere dar, die selbst kein wichtiger Grund zur Kündigung des Rahmenvertrags ist, vgl Nr 8 Abs 1.

Im Falle regulärer Beendigung des Wertpapierdarlehens ist der Darlehensnehmer am Fälligkeitstag gem Nr 7 Abs 4 iVm Nr 1 Abs 1 S 3 zur Rücklieferung von Wertpapieren gleicher Art, Güte und Menge verpflichtet. Zwischenzeitliche Kurs- und Wertschwankungen bleiben dabei unberücksichtigt, da nur eine bestimmte Anzahl zurück zu übertragen ist.

8. Zur durch Art 4 SFTR eingeführten Meldepflicht für Wertpapierdarlehensgeschäfte s *Teuber* § 105 Rn 46.

9. Der RV-Wertpapierdarlehen wird aktuell überarbeitet, um die Neufassung des § 104 InsO mit ihren Auswirkungen auf die Berechnung der Ausgleichsforderung gem Nr 9 im Fall der Kündigung aus wichtigem Grund bzw im Insolvenzfall zu berücksichtigen (vgl zur entsprechenden Thematik beim Rahmenvertrag für Finanztermingeschäfte → Form. IV. S. 1 Anm. 1, 8, 9). Zudem werden auch sonstige Marktentwicklungen zu vertraglichen Anpassungen führen. Dennoch bleibt der RV-Wertpapierdarlehen grundsätzlich weiterhin unverändert verwendbar (vgl dazu → Form. IV.S.1 Anm. 14 u → Form. IV. S. 2 Vor 1).

2. Rahmenvertrag für Finanzgeschäfte (EMA), Produktanhang für Wertpapierdarlehen

FEDERATION BANCAIRE DE L'UNION EUROPEENNE
BANKING FEDERATION OF THE EUROPEAN UNION
BANKENVEREINIGUNG DER EUROPÄISCHEN UNION

in co-operation with

EUROPEAN SAVINGS BANKS GROUP
GROUPEMENT EUROPEEN DE SCAISSES D' EPARGNE
EUROPÄISCHE SPARKASSENVEREINIGUN

EUROPEAN ASSOCIATION OF COOPERATIVE BANKS
GROUPEMENT EUROPEEN DES BANQUES CO OPERATIVES
EUROPÄISCHE VEREINIGUNG DER GENOSSENSCHAFTSBANKEN

MASTER AGREEMENT FOR FINANCIAL TRANSACTIONS

PRODUCT ANNEX FOR SECURITIES LOANS

Edition 2020

This Annex supplements the General Provisions which form part of any Master Agreement for Financial Transactions based on the form published by the Banking Federation of the European Union.

1. Purpose, Applicability ①

(1) Purpose. The purpose of this Annex ("Securities Lending Annex") is to govern Transactions ("Securities Loans") in which one party (the "Lender") lends to the other (the "Borrower") Securities (the "Loaned Securities") for a determined or initially undetermined period of time against payment of a fee. Any reference in this Annex to a Transaction shall be construed as a reference to a Securities Loan.

(2) Applicability. If this Annex forms part of a Master Agreement between any two parties, such Master Agreement (including this Annex) shall apply to any Securities Loan between such parties which is to be conducted by each party through a Booking Office specified in such Master Agreement in respect of Securities Loans.

2. Deliveries and Returns ②

(1) Initial Delivery. On the date agreed for the delivery of the Loaned Securities (the "Delivery Date"), the Lender shall transfer such Loaned Securities to the Borrower.

(2) Return. On the date agreed for the return of the Loaned Securities (the "Return Date"), the Borrower shall transfer to the Lender Securities of the same kind and quantity as the Loaned Securities.

(3) Interpretation. Any reference in this Annex to the Loaned Securities or other Securities in the context of the return or retransfer thereof, or to any rights or other assets to be transferred pursuant to Section 3(4), shall be construed so as to mean a reference to Securities, rights or assets of the Same Kind and quantity as (also referred to below as the "Equivalent" of) such Loaned Securities or other Securities, rights or assets, respectively.

(4) On Demand Transactions. The parties may agree that Securities Loans are terminable on demand, in which case the Return Date shall be the date specified in the demand notice sent by either party to the other, provided that the period between the taking effect of such notice and the Return Date so specified shall be not less than the minimum period customarily required for the delivery of Securities of the relevant kind. In the absence of a demand notice, the Return Date for a Transaction terminable on demand shall be the day which falls 364 days after the Delivery Date.

(5) Late Delivery

(a) *Failure by Lender.* If the Lender fails to transfer the Loaned Securities to the Borrower on the applicable Delivery Date, the Borrower may, at any time while such failure continues:

(i) require the Lender to pay to the Borrower an amount equal to the excess, if any, of the Borrower's Alternative Borrowing Cost over the pro rata portion of the Lending Fee attributable to the period of the delay, each calculated for the period from (and including) the Delivery Date to (but excluding) the earlier of the date on which the Loaned Securities are transferred to the Borrower and the Return Date (which in the case of a Transaction terminable on demand shall be deemed to be the earliest date on which the

Loaned Securities would be required to be returned following a demand by the Lender); "Alternative Borrowing Cost" of a party means the cost (including fees and expenses), as determined by such party, which such party has or would have reasonably incurred in borrowing the Equivalent of the Loaned Securities in the market for the relevant period; and

(ii) if the parties have not agreed on measures to promptly remedy the failure, give notice to the Lender that the Return Date shall be advanced so as to occur immediately, whereupon the obligations of the parties to lend or return the Loaned Securities (respectively) shall cease and no deliveries or payments shall be due between them other than, if applicable, pursuant to (i).

(b) *Failure by Borrower*. If the Borrower fails to return the Loaned Securities on the applicable Return Date, the Lender may, at any time while such failure continues:

(i) require the Borrower to pay to the Lender an amount equal to the higher of (a) the Lender's Alternative Borrowing Cost and (b) the Lending Fee, each calculated for the period from (and including) the Return Date to (but excluding) the date of actual return of the Loaned Securities or, if earlier, the date specified in the notice, if any, given pursuant to (ii); and

(ii) if the parties have not agreed on measures to promptly remedy the failure, give notice to the Borrower requiring cash settlement in lieu of delivery on a date to be specified in such notice, whereupon the obligation of the Borrower to return the Loaned Securities shall cease and the Borrower shall pay to the Lender an amount equal to the Acquisition Cost for such Securities; "Acquisition Cost" means the cost (including fees and expenses), as determined by the Lender, which the Lender has or would have reasonably incurred in purchasing the Equivalent of the Loaned Securities in the market on the date so specified for cash settlement.

(c) *Partial Delivery*. If the Lender or the Borrower transfers some, but not all, of the Loaned Securities on the date specified in sub-paragraph (a) or (b), respectively, the respective other party may, at its option, either accept such transfer and exercise its rights under those sub-paragraphs with respect to the residual Loaned Securities or decline such acceptance and exercise its rights with respect to all Loaned Securities.

(d) *Remedies*. (6)
(i) Beyond the remedies provided in this subsection *5*, neither party shall in the event of any failure by the other party to transfer or return Loaned Securities, be entitled to recover any additional damage as a consequence of such failure, and such failure shall not constitute an Event of Default under Section 6(1)(a) of the General Provisions unless otherwise agreed in the Special Provisions. This paragraph (d) is without prejudice to any remedy available in the event of a failure by a party to perform any other obligation (including any obligation to make a payment under this subsection *5)*.
(ii) Notwithstanding the above, the remedies of a party as provided for in this subsection 5 do not apply, if Failure of Lender or Failure by Borrower, as the case maybe, is caused by the gross-negligence or willful misconduct of the respective other party.

(6) Special Events. If, during the term of a Transaction and in respect of some or all of the Loaned Securities:

(i) a payment of any interest or dividend or any other distribution of money or other property by the issuer of the Loaned Securities (collectively a "Distribution", which term shall include a repayment of principal and a payment in the case of a capital reduction) would, as a result of any change in law or in the application or official interpretation thereof occurring after the date on which such Transaction is entered into, be subject to any deduction or withholding in respect of a tax or other duty or would give rise to a tax credit;

(ii) a notice of early redemption has been validly given;

(iii) a public redemption, exchange, conversion or compensation offer or a public purchase bid is made or announced;

(iv) subscription or other preferential rights which are not freely transferable are granted, or non-fungible property is distributed, to the holders; or

(v) if specified in the Special Provisions, a tax credit or tax entitlement is attached to any interest or dividend paid to the holders (whether or not subparagraph (i) would otherwise apply)

then, subject to any other agreement between the parties, the Return Date for such Securities shall, automatically in the case of (v) and otherwise upon demand by either party, be advanced to the third Business Day before, in the case of (i), (ii) and (v), the expected payment or redemption date or before, in the case of (iii) and (iv), the last day on which such bid or offer may be accepted or the day on which such rights or assets are granted or distributed.

3. Distributions, Subscription Rights (3)

(1) Cash Distributions. If during the term of a Securities Loan any Distribution of money is made by the issuer to the holders of the Loaned Securities, the Borrower shall pay to the Lender, on the date of such Distribution, an amount in the same currency as, and equal to, the amount received by the holders in respect of such Distribution.

(2) Withholding Taxes Tax Credits If a Distribution is subject to withholding tax and/or gives rise to a tax credit, the amount payable by the Borrower under subsection 1 shall be equal to the full amount to which the Lender would be entitled, as previously notified by it, in respect of such Distribution if it were the owner of the Loaned Securities, including the amount of (a) any applicable withholding tax to the extent that the Lender would be entitled to apply for an exemption from, or a refund of, such tax and (b) any tax credit available to the Lender.

Subscription Rights. If subscription rights which are freely transferable are granted with respect to the Loaned Securities, the Borrower shall transfer to the Lender not later than on the third day on which such rights are traded, the Equivalent of the subscription rights attributable to such Loaned Securities. If the rights are not so transferred by such date, the Lender may purchase their Equivalent in the market for the account of the Borrower. Should the Lender be unable so to purchase the rights, it may require the Borrower to pay to it an amount equal to the Market Value of such rights prevailing on the next following trading day for such rights.

3) *Non-cash Distributions* Any freely transferable bonus shares, non-cash Distributions and ancillary rights (other than subscription rights) which are issued, made or allotted with respect to the Loaned Securities during the term of a Securities Loan shall be transferred to the Lender on the Return Date.

4) *Transfer Obligations* For the avoidance of doubt, the provisions of subsections 1 through 4 shall apply whether or not the Borrower retains the ownership of the Loaned Securities during the term of the Transaction.

4. Lending Fee (4) (6)

The Borrower shall pay to the Lender for each Securities Loan a fee (the "Lending Fee") equal to the rate per annum agreed in respect of such Securities Loan and calculated on the value of the Loaned Securities agreed by the parties for this purpose. In the absence of such agreement, the Lending Fee is calculated on the basis of the daily Market Value of the Loaned Securities. The Lending Fee shall be calculated for the period from (and including) the Delivery Date or, if later, the date of actual transfer of the Loaned Securities to the Borrower, to (but excluding) the Return Date or, if later, the date of actual return of the Loaned Securities to the Lender, based on the actual number of days in such period and a 360-day year. Unless otherwise agreed, the Lender shall calculate the Lending Fee at the beginning of each month for the preceding month or, if earlier, on the Return Date, and send the Borrower a statement setting forth such Lending Fee. The Lending Fee shall be payable on the second Business Day following the receipt of such statement sent by the Lender.

5. Margin Provisions (5)

Any obligations of the parties to provide cash or Securities as Margin shall be performed in accordance with the provisions of the applicable Title Transfer Margin or Security Interest Margin arrangement, or with any other rules to be separately agreed

Suggested form of Confirmation

To:

From:

Date:

We refer to our telephone conversation and hereby confirm our agreement to enter into a Securities Loan Transaction [which shall be subject to the FBE Master Agreement for Financial Transactions between us]. The terms of the Transaction are as follows:

Reference Number:	
Transaction Date:	
Lender:	
Borrower:	
Delivery Date:	
Return Date:	[.....(date)] [on demand]
Loaned Securities (designation, type):	
Securities Code:	
Amount/Number of Loaned Securities:	
Lending Fee Rate:	[•] % p.a.
Value of the Loaned Securities for purposes of Lending Fee calculation:	[•] [daily Market Value of the Loaned Securities, determined at close of business.]
[Distribution amount payable to Lender:]	[Gross without deduction] [plus ... % tax credit] [net after deduction of... % withholding tax]
[Margin:][1]	[Cash Margin: ... (specify currency and amount)] [Margin Securities: ... (specify type and amount); applicable Valuation Percentage: %] [other: ... (specify details)]
[Margin Ratio: Borrower's	
account: Lender's account:	
Delivery system:	
[Agency:	The Transaction is an Agency Transaction. [Name of Agent] is acting as agent for [name or identifier of Principal]].
[Additional provisions:]	

Please confirm that the foregoing correctly sets forth the terms of our agreement by countersigning this Confirmation and returning it to [ ] or by sending us a confirmation substantially similar to this Confirmation, which confirmation sets forth the material terms of the Securities Loan to which this Confirmation relates and indicates agreement to those terms.

Yours sincerely

[1] Relevant if Margin is to be provided in respect of the relevant individual Transaction

Schrifttum: *Schindler/Hindelang*, Praxishandbuch Repos und Wertpapierdarlehen, 2016

Anmerkungen

Vor 1. Der „Produktanhang für Wertpapierdarlehen" aus dem Jahr 2001, in **aktualisierter Fassung im Jahr 2020** veröffentlicht, ist Teil des Rahmenvertrags für Finanzgeschäfte, auch European Master Agreement (EMA) genannt, und kann nach Wahl der Vertragsparteien in das EMA mit einbezogen werden (zum Aufbau des EMA s im Einzelnen → Form. IV. S. 19 Anm. 1; als Überblick über die Struktur des EMA und seiner Anhänge vgl *Schindler/Hindelang* S 169 ff). Hauptunterschied zum Rahmenvertrag für Wertpapierdarlehen ist, dass der Produktanhang für Wertpapierdarlehen, wie sich bereits aus dem Namen ergibt, lediglich die für die Erfüllung bzw Abwicklung von Wertpapierdarlehen notwendigen Bestimmungen – darüber hinaus jedoch keine Rahmenvertragsmechanik – enthält. Letztere wie bspw das Konzept des „einheitlichen" Vertrages oder die sog Nettingklauseln (Beendigung und Berechnung einer Ausgleichsforderung) sind in den Allgemeinen Bestimmungen des EMA enthalten. Darüber hinaus wird der Anhang (anders als die Anhänge zum Rahmenvertrag für Finanztermingeschäfte) nicht unterschrieben. Die Fokussierung auf das Produkt „Wertpapierdarlehen" erklärt den kurzen Umfang des Anhangs, der insgesamt nur aus 5 Absätzen besteht.

1. Nr 1 Abs 1 enthält eine **Definition** des Begriffs „Wertpapierdarlehen". Ein besonderes Merkmal dieses Produktanhangs ist, dass gemäß Nr 1 Abs 2 Wertpapierdarlehen **ohne Bezugnahme** im Einzelabschluss (s zu einem Muster einer Einzelabschlussbestätigung Form. IV.T.2 im Anschluss an den Vertragstext) automatisch in den Rahmenvertrag mit einbezogen werden. Zu den wirtschaftlichen Gründen für den Abschluss von Wertpapierdarlehen s im Einzelnen → Form. IV.T.1 Anm. 1.

2. Nr 2 regelt die **Lieferungs- und Rücklieferungsverpflichtungen** der Vertragsparteien eines Wertpapierdarlehens. Insbesondere enthält Nr 2 Abs 5 umfangreiche Bestimmungen für den Fall der **Säumnis** des Darlehensnehmers bzw Darlehensgebers.

3. Der Darlehensgeber trägt trotz Übertragung der Darlehenspapiere im Rahmen eines Wertpapierdarlehens Chancen und Risiken aus den Darlehenspapieren. Der Darlehensnehmer ist daher wie beim RV-Wertpapierdarlehen verpflichtet, die während der Laufzeit des Wertpapierdarlehens in Bezug auf die Darlehenspapiere anfallenden Erträge (Zinsen oder Dividenden) zuzüglich des Betrages einbehaltener Steuern und Steuergutschriften durch eine **Kompensationszahlung** an den Darlehensgeber auszugleichen, Nr 3 Abs 2 S1. Auf die Darlehenspapiere entfallende **Bezugsrechte** hat der Darlehensnehmer spätestens am dritten Handelstag der Bezugsrechte auf den Darlehensgeber zu übertragen, Nr 3 Abs 2 S2 (zur Kompensationszahlung im Einzelnen s → Form. IV.T.1 Anm. 6).

4. Der Darlehensgeber erhält für die Überlassung der Darlehenspapiere eine **Darlehensgebühr** (Nr 4). Die Berechnung der Darlehensgebühr erfolgt entweder auf der Grundlage einer täglichen Bewertung der Darlehenspapiere oder auf der Grundlage eines fest vereinbarten Wertes der Darlehenspapiere, wobei die zuerst genannte Methode die im Markt übliche ist.

5. Sofern die Vertragsparteien eine **Besicherung** der Wertpapierdarlehen durch Übertragung von Sicherheiten wünschen, ist die Einbeziehung eines separaten Sicherheitenanhangs in die Besonderen Bestimmungen des EMA notwendig. Im Gegensatz zum RV-Wertpapierdarlehen (s → Form. IV.T.1 Anm. 5) ist in den Produktanhang für Wertpapierdarlehen keine Besicherungsregelung integriert, vgl Nr 5. Das EMA ähnelt daher von der Struktur dem Rahmenvertrag für Finanztermingeschäfte, der ebenfalls über einen separaten Besicherungsanhang verfügt. Die Vertragsparteien können dann in den Besonderen Bestimmungen des EMA vereinbaren, ob sie eine produktübergreifende oder nach Produktgruppen getrennte Besicherung wünschen.

6. Die im Jahr 2020 veröffentlichte **Neufassung des Anhangs** ändert die Vorgängerversion aus dem Jahr 2001 nur geringfügig ab. Hinsichtlich einer **Nichtlieferung oder verspäteten (Rück-)Lieferung von Darlehenspapieren** wurde im Hinblick auf etwaige Rechtsfolgen gemäß der Allgemeinen Bestimmungen klargestellt, dass eine Beendigung wegen Vertragsverletzung aufgrund keiner der dort genannten Optionen möglich ist und Nr 2 Abs 5 hinsichtlich der Rechtsfolgen abschließend ist (Verweis auf sämtliche Vertragsverletzungen gemäß Nr 6 Abs 1 lit a Allgemeine Bestimmungen durch Streichung des (iii) in Nr 2 Abs 5 lit d).

Die Befugnisse der Nr 2 Abs 5 stehen einer Vertragspartei nicht zu, wenn sie die verspätete (Rück-)Lieferung der anderen Partei durch Vorsatz oder grobe Fahrlässigkeit zu vertreten hat (Neuregelung in Nr 2 Abs 5 lit d (ii)).

Zudem ist im Fall einer fehlenden Parteivereinbarung zur **Darlehensgebühr** diese auf Basis der aktuellen Marktwerte der Darlehenspapiere zu berechnen, s dazu die neu aufgenommene Bestimmung in Nr 4 S 2.

Bei Drucklegung stand lediglich die englischsprachige Neufassung zur Verfügung; die Übersetzungen (ua in deutsch) sind in Bearbeitung.

3. Sonderbedingungen für Wertpapierdarlehen der Clearstream Banking AG

Allgemeiner Teil

1. Gegenstand, Anwendungsbereich[1]

Die Clearstream Banking AG, Frankfurt (CBF) vermittelt im Auftrag und im Namen der Teilnehmer (Nr. 3[37] Wertpapierdarlehen (Darlehen), indem eine Partei (Darlehensgeber) der anderen Partei (Darlehensnehmer) Wertpapiere (Darlehenspapiere) für einen bestimmten oder anfänglich unbestimmten Zeitraum darlehensweise überlässt. Die CBF übernimmt im Auftrag und im Namen der Teilnehmer die Abwicklung dieser Darlehen nach Maßgabe der nachfolgenden Bedingungen.

Die CBF wird nicht Vertragspartner der zwischen den Teilnehmern vereinbarten Darlehen.

2. Geltung der Allgemeinen Geschäftsbedingungen

Sofern diese Sonderbedingungen keine Sonderregelungen enthalten, gelten ergänzend die Allgemeinen Geschäftsbedingungen (AGB) der CBF.

3. Teilnehmer[2]

Zur Teilnahme am Verfahren nach diesen Sonderbedingungen ist jeder Kunde der CBF (vgl. Nr. 2 AGB) berechtigt, der die Geltung dieser Sonderbedingungen gemäß Nr. 1 AGB genehmigt hat (Teilnehmer).

Jeder Teilnehmer kann sowohl Darlehensnehmer als auch Darlehensgeber sein.

37

Verweise auf Nrn. ohne Nennung einer Rechtsquelle beziehen sich auf diese Sonderbedingungen.

4. Geschäftszeit

Darlehen werden von CBF nur an den Tagen vermittelt bzw. abgewickelt, die nach der geltenden Feiertagsregelung für CASCADE (girosammelverwahrte Wertpapiere) bzw. Creation (Wertpapiere in Wertpapierrechnung) nicht als Feiertage bekannt gemacht sind (Abwicklungstage), sofern keine anderweitige Mitteilung in den Mitteilungsmedien von CBF veröffentlicht wird.

5. Dienstleistungspreise (Entgelte)

CBF erhebt für die von ihr erbrachten Vermittlungs- und Abwicklungsdienstleistungen Entgelte nach ihrem jeweils geltenden Dienstleistungspreisverzeichnis.

6. Darlehenspapiere

Gegenstand der Darlehen sind grundsätzlich alle von CBF in Sammelverwahrung oder in Wertpapierrechnung verwahrten Wertpapiere. CBF ist berechtigt, einzelne Wertpapiere bei Vorliegen wichtiger Gründe und unter angemessener Berücksichtigung der berechtigten Belange der Teilnehmer als Darlehenspapiere auszuschließen. Ein solcher Ausschluss ist den Teilnehmern vorher unverzüglich bekannt zu geben. Ein Anspruch eines Teilnehmers auf Einbeziehung oder Ausschluss bestimmter Wertpapiere besteht nicht.

7. Darlehensdauer

Die Dauer der Darlehensnahme berechnet sich vom vereinbarten Tag der Lieferung (einschließlich) bis zum vereinbarten Tag der Rücklieferung (ausschließlich). Liefert der Darlehensgeber die Darlehenspapiere zu einem späteren als dem vereinbarten Liefertermin, so umfasst die Dauer der Darlehensnahme den Zeitraum vom Tag der tatsächlichen Lieferung an den Darlehensnehmer (einschließlich) bis zum Rücklieferungsdatum (ausschließlich). Erfolgt die Rücklieferung der Darlehenspapiere zu einem späteren als dem vertraglich vereinbarten Zeitpunkt, berechnet sich die Dauer der Darlehensnahme von dem Lieferdatum (einschließlich) bis zu dem Tag, an dem die Darlehenspapiere tatsächlich an den Darlehensgeber zurückgeliefert werden (ausschließlich) auf der Grundlage der tatsächlichen Zahl der Tage dieses Zeitraums.

8. Gelegentlicher und automatischer Darlehensgeber

Die Teilnehmer können als gelegentlicher oder als automatischer Darlehensgeber auftreten.

Der Darlehensgeber bestimmt, welche Wertpapiere er im Einzelfall (gelegentlicher Darlehensgeber) oder vorab über die automatische Darlehensvergabe (automatischer Darlehensgeber) dem Darlehenspool gemäß Nr. 9. als Darlehenspapiere zur Verfügung stellt.

9. Darlehenspool

Der Darlehenspool besteht aus Darlehenspapieren, die der automatische Darlehensgeber hierfür zur Verfügung gestellt hat. Dies können entweder Darlehenspapiere sein, die auf ein separates Konto des Darlehensgebers oder als solche technisch gekennzeichnet, auf seinem Hauptkonto bei CBF gebucht sind. Der automatische Darlehensgeber ist verpflichtet, CBF jede Abbuchung von Wertpapieren aus dem Darlehens-Pool mindestens einen Abwicklungstag im Voraus mitzuteilen und vor Abbuchung schriftlich oder durch sicheren Datenaustausch zu bestätigen. Im Fall nicht rechtzeitig erfolgter Mitteilung stellt der automatische Darlehensgeber die CBF von sämtlichen hierdurch entstandenen Schäden und Ansprüchen frei.

10. Gelegentlicher und automatischer Darlehensnehmer

Die Teilnehmer können als gelegentlicher oder als automatischer Darlehensnehmer auftreten.

Der gelegentliche Darlehensnehmer übermittelt im Einzelfall der CBF seinen Darlehensbedarf und beauftragt diese mit der Vermittlung der Darlehenspapiere.

Der automatische Darlehensnehmer bevollmächtigt CBF, seinen Darlehensbedarf abwicklungstäglich im Rahmen der bei CBF erfolgenden Wertpapiergeschäftsabwicklung zu ermitteln. Die Einzelheiten hierzu sind in der "Vereinbarung über automatische Wertpapierdarlehen im Rahmen des Frankfurt Automated Borrowing Service" zwischen CBF und Darlehensnehmer zu vereinbaren.

11. Zuteilung der Darlehenspapiere, Vermittlung des Teilnehmers

11.1 CBF kann eine Mindeststückelung oder Mindestnominale der Darlehenspapiere oder ein Vielfaches hiervon (Mindestdarlehensbetrag) festsetzen, unterhalb dessen Bedarfsmitteilungen nicht berücksichtigt werden. Der jeweils aktuelle Mindestdarlehensbetrag ist den Ergänzungsbestimmungen dieser Sonderbedingungen zu entnehmen.

11.2 Die Zuteilung der Darlehenspapiere wird von CBF vorgenommen und den Teilnehmern unverzüglich bekannt gegeben. Ein Anspruch der Teilnehmer auf ein bestimmtes Zuteilungsverfahren oder auf Vermittlung oder Ausschluss eines bestimmten Teilnehmers als Kontrahenten besteht nicht.

12. Vertragsabschluss, Befugnisse der CBF, Eigentumsübergang[3]

12.1 Mit der Zuteilung der Darlehenspapiere nach Nr. 11.2. vermittelt CBF den Darlehensvertragsabschluss zwischen den Teilnehmern in der Weise, dass CBF deren Willenserklärungen sowohl als Vertreterin des Darlehensgebers als auch als Vertreterin des Darlehensnehmers entgegen nimmt. Die Teilnehmer berechtigen und ermächtigen CBF zu allen zur Durchführung dieses Zuteilungsverfahrens erforderlichen Erklärungen und Handlungen und befreien CBF vom Verbot des Selbstkontrahierens
(§ 181 BGB). Eine Verrechnung der Liefer- und Zahlungsansprüche zwischen Darlehensgeber und Darlehensnehmer über die CBF findet nicht statt.

12.2 CBF prüft nicht die Rechte oder Berechtigungen des Darlehensgebers hinsichtlich der Darlehenspapiere.

12.3 CBF ist ermächtigt, dem Darlehensnehmer das uneingeschränkte Eigentum oder eine andere an dem Verwahrort übliche gleichwertige Rechtsstellung an den zugeteilten Darlehenspapieren zu übertragen. Nach Maßgabe der Darlehensbestimmungen bucht CBF die Darlehenspapiere auf das Konto des Darlehensnehmers. Mit der Buchung geht das Eigentum oder eine andere am Verwahrort übliche, gleichwertige Rechtsstellung an den Darlehenspapieren, einschließlich der Verfügungsbefugnis in dem Umfang auf den Darlehensnehmer über, wie sie dem Darlehensgeber im Zeitpunkt der Buchung zustand. Soweit erforderlich, gibt CBF als Vertreterin des Darlehensgebers oder nach Aufforderung durch CBF der Darlehensgeber selbst alle hierzu notwendigen Erklärungen ab.

Bei vinkulierten Namensaktien ist der Darlehensnehmer bereits vor der Umschreibung im Aktionärsregister des Emittenten berechtigt, über die Aktien zu verfügen.

12.4 CBF ordnet jedem Darlehen Geschäftsnummern zu, anhand derer die Parteien des Darlehens jederzeit bestimmt werden können. CBF gibt den Namen des Darlehensnehmers dem Darlehensgeber auf Anfrage bekannt. Gesetzliche Auskunftspflichten der CBF bleiben hiervon unberührt.

13. Ausschüttungen, Gratisaktien und Bezugsrechte[4]

13.1 Die während der Laufzeit des Darlehens auf die Darlehenspapiere geleisteten Barausschüttungen stehen dem Darlehensgeber zu. Der Darlehensnehmer hat dem Darlehensgeber unter Einschaltung der CBF gemäß Nr. 13.2. den Gegenwert der Barausschüttung in gleicher Währung und Höhe und mit Wertstellung zum Tag der tatsächlichen Zahlung durch den Emittenten zuzüglich des Betrages einbehaltener Steuern und Abgaben sowie Steuergutschriften an den Darlehensgeber zu zahlen (Kompensationszahlung).

13.2 Die Kompensationszahlung umfasst bei Schuldverschreibungen sämtliche auf sie gezahlten Zinsen, bei Aktien sämtliche Ausschüttungen wie Dividenden oder Zahlungen im Fall von Kapitalherabsetzungen. Der in der Kompensationszahlung enthaltene Ausgleich für Steuern und Abgaben wird nur nach Maßgabe der CBF mitgeteilten steuerlichen Erstattungs- bzw. Anrechnungsansprüche des Darlehensgebers gezahlt.

13.3 Auf die Darlehenspapiere entfallende Gratisaktien, Ausschüttungen von Nebenrechten (mit Ausnahme von Teilrechten und Bezugsrechten), die während der Laufzeit eines Darlehens ausgegeben, vorgenommen oder zugeteilt werden, sind, soweit sie frei übertragbar sind, am Rückgabetag auf den Darlehensgeber zu übertragen und werden entsprechend von CBF am Rückgabetag auf das Konto des Darlehensgebers gebucht. Gleiches gilt für die Ausschüttung von Sachwerten in Form von frei übertragbaren, fungiblen Wertpapieren, die von CBF in Sammelverwahrung oder in Wertpapierrechnung verwahrt werden.

13.4 Entfallen auf die Darlehenspapiere frei übertragbare termingebundene Rechte (zB Bezugsrechte, Teilrechte), so hat der Darlehensnehmer die Bezugsrechte dem Darlehensgeber spätestens am dritten Tag des Bezugsrechtshandels zur Verfügung zu stellen. CBF schreibt die Bezugsrechte fristgemäß dem Konto des Darlehensgebers gut.

Kann CBF die Zurverfügungstellung der Bezugsrechte aus Gründen, die der Darlehensnehmer zu vertreten hat, nicht fristgemäß durchführen, ist CBF berechtigt, die Bezugsrechte zugunsten des Darlehensgebers am folgenden Abwicklungstag für Rechnung des Darlehensnehmers zu kaufen oder Schadensersatz wegen Nichterfüllung zu verlangen. Die Geltendmachung weitergehender Schadensersatzansprüche ist nicht ausgeschlossen.

13.5 Die Bestimmungen der Nrn. 13.1. bis 13.4. gelten unabhängig davon, ob der Darlehensnehmer während der Laufzeit des Darlehens Eigentümer der Darlehenspapiere bleibt.

14. Laufzeit, Lieferungen, Rücklieferung von Darlehenspapieren

14.1 Darlehen können auf bestimmte oder unbestimmte Zeit geschlossen werden. Ein auf unbestimmte Zeit abgeschlossenes Darlehen endet spätestens am dreihundertvierundsechzigsten Kalendertag nach dem Tag der Buchung der Darlehenspapiere auf das Konto des Darlehensnehmers (Lieferdatum).

14.2 An dem für die Lieferung der Darlehenspapiere vereinbarten Lieferdatum überträgt der Darlehensgeber unter Einschaltung der CBF (Nr. 12.3.) die Darlehenspapiere auf den Darlehensnehmer.

14.3 An dem für die Rücklieferung der Darlehenspapiere vereinbarten Tag (Rücklieferungsdatum) überträgt der Darlehensnehmer unter Einschaltung der CBF (Nr. 12.3. entsprechend) Wertpapiere gleicher Art und Menge wie die Darlehenspapiere auf den Darlehensgeber. Im Fall der Rücklieferung vinkulierter Namensaktien trägt der Darlehensgeber das Risiko, vom Emittenten nicht in das Aktionärsregister eingetragen zu werden.

Gelegentliche Darlehensnehmer (Nr. 10) haben die Rücklieferung einen Abwicklungstag vor dem Rücklieferungsdatum zu avisieren.

15. Kündigung

15.1 Ein auf bestimmte Zeit abgeschlossenes Darlehen kann nicht gekündigt werden. Das Recht zur außerordentlichen Kündigung aus wichtigem Grund bleibt hiervon unberührt (Nr. 15.4.).

15.2 Ein auf unbestimmte Zeit abgeschlossenes Darlehen kann ganz oder teilweise gekündigt werden

- durch den automatischen und gelegentlichen Darlehensgeber jederzeit mit einer Kündigungsfrist von wenigstens drei Abwicklungstagen;
- durch den gelegentlichen Darlehensnehmer jederzeit mit einer Kündigungsfrist von wenigstens einem Abwicklungstag.

15.3 Die Rücklieferung der Darlehenspapiere durch den automatischen Darlehensnehmer (Nr. 10) gilt als Kündigung des Darlehens und bewirkt gleichzeitig die Erfüllung der Rückübertragungsverpflichtung; einer gesonderten Kündigung bedarf es in diesem Falle nicht.

15.4 Ein Darlehen kann jederzeit durch den Darlehensgeber oder den Darlehensnehmer aus wichtigem Grund fristlos gekündigt werden.

CBF ist insbesondere berechtigt, das Darlehen namens des Darlehensgebers fristlos zu kündigen,

15.4.1 wenn der Darlehensnehmer im Fall der Untersicherung nicht innerhalb der von CBF festgesetzten Frist Sicherheiten in der von CBF festgesetzten Höhe nachleistet,

oder

15.4.2 wenn der Darlehensnehmer zahlungsunfähig ist oder seine Zahlungen eingestellt hat oder über sein Vermögen das Insolvenzverfahren beantragt oder eröffnet ist, sofern CBF hiervon Kenntnis hat, oder

15.4.3 wenn gegen den Darlehensnehmer Maßnahmen nach §§ 46, 46a KWG getroffen werden, sofern CBF hiervon Kenntnis hat.

15.5 Nach Kündigung wird CBF die Darlehenspapiere dem Konto des Darlehensgebers wieder gutschreiben. Nr. 12.3. in Verbindung mit Nr. 14.3. gelten entsprechend.

15.6 Falls während der Laufzeit eines Darlehens in Bezug auf alle oder einige Darlehenspapiere

15.6.1 ein öffentliches Tilgungs-, Umtausch-, Wandlungs- oder Abfindungsangebot oder ein öffentliches Kaufangebot (Angebot) gemacht oder angekündigt wird;

oder

15.6.2 an die Inhaber nicht frei übertragbare Bezugsrechte oder sonstige Vorzugsrechte oder Vermögenswerte gewährt oder ausgeschüttet werden,

kündigt CBF gemäß Nr. 15.2. namens des Darlehensgebers das Darlehen, sofern sie mindestens fünf Abwicklungstage vor Fristbeginn von der Veröffentlichung des Angebots Kenntnis erlangt hat.

CBF bucht die Darlehenspapiere unter Benachrichtigung des Darlehensnehmers spätestens am zweiten Abwicklungstag vor dem Beginn der Frist zur Annahme bzw. zur Abgabe solcher Angebote bzw. vor dem Tag, an dem die Rechte oder Vermögensgegenstände ausgeschüttet werden, auf das Konto des Darlehensgebers zurück. Entsprechendes gilt für verzinsliche Darlehenspapiere, die für Auslosungszwecke in Serien oder Gruppen aufgeteilt oder vorzeitig zur Rückzahlung gekündigt werden.

15.7 Die Kündigungserklärung muss CBF bis 15.00 Uhr (Ortszeit Frankfurt am Main) des Abwicklungstages, an dem die Kündigung wirksam werden soll, zugegangen sein.

Später eingehende Kündigungserklärungen werden erst am darauffolgenden Abwicklungstag wirksam.

15.8 Eine Teilkündigung ist nur für den Mindestdarlehensbetrag oder ein Vielfaches hiervon zulässig.

16. Verspätete Lieferung durch den Darlehensgeber

16.1 Überträgt der Darlehensgeber die Darlehenspapiere am vereinbarten Lieferdatum aus Gründen, die er zu vertreten hat, nicht rechtzeitig auf den Darlehensnehmer, kann der Darlehensnehmer jederzeit, sofern die Säumnis dann noch andauert,

16.1.1 vom Darlehensgeber verlangen, dass dieser ihm für die Zeit der Säumnis die Differenz zwischen dem Entgelt (nebst sonstigen damit verbundenen Aufwendungen) für den Abschluss und die Abwicklung eines ersatzweisen Darlehens und dem Entgelt (nebst sonstigen damit verbundenen Aufwendungen), welches der Darlehensnehmer bei rechtzeitiger Lieferung zu entrichten gehabt hätte (Ersatzdarlehenskosten), zahlt. Als Zeit der Säumnis gilt der Zeitraum vom vereinbarten Lieferdatum (einschließlich) bis zu dem Tag, an dem die nicht rechtzeitig gelieferten Darlehenspapiere auf den Darlehensnehmer übertragen werden (ausschließlich), längstens jedoch bis zum vereinbarten Rücklieferungsdatum (ausschließlich) für Ersatzdarlehen.

Sofern Geschäfte auf Verlangen enden, gilt als Rücklieferungsdatum der früheste Tag, an dem die Darlehenspapiere auf ein Beendigungsverlangen des Darlehensgebers hin zurück zu liefern wären;

oder

16.1.2 dem Darlehensgeber erklären, falls die Parteien keine Maßnahmen zur unverzüglichen Beseitigung der Säumnis vereinbart haben, dass die Lieferung sofort zu erfolgen habe. Eine solche Erklärung bewirkt, dass der Darlehensnehmer zum Rücktritt berechtigt ist und dass die Verpflichtungen der Parteien, die Darlehenspapiere zu überlassen bzw. zurückzuliefern, entfallen, so dass sich die Parteien einander keine Lieferungen oder Zahlungen mehr schulden. Ansprüche gemäß der Nr. 16.1.1. bleiben unberührt.

16.2 Überträgt der Darlehensgeber an dem in Nr. 16.1. angegebenen Tag nur einen Teil der Darlehenspapiere, kann der Darlehensnehmer nach seiner Wahl entweder die Übertragung annehmen und seine Rechte gemäß Nr. 16.1. in Bezug auf die übrigen Darlehenspapiere ausüben oder die Annahme ablehnen und seine Rechte in Bezug auf alle Darlehenspapiere ausüben.

17. Verspätete Rücklieferung der Darlehenspapiere durch den Darlehensnehmer

17.1 Kann CBF aus Gründen, die der Darlehensnehmer zu vertreten hat, keine oder keine vollständige Rückbuchung der Darlehenspapiere (Nr. 12.3.) durchführen, so wird sie den Darlehensgeber hiervon unverzüglich unterrichten. Der Darlehensgeber kann jederzeit, sofern die Säumnis dann noch andauert,

17.1.1 entweder vom Darlehensnehmer die Zahlung eines Betrages in Höhe der Ersatzdarlehenskosten des Darlehensgebers, mindestens jedoch in Höhe des Darlehensentgeltes verlangen, jeweils berechnet für die Zeit vom Rücklieferungsdatum (einschließlich) bis zum Tag der tatsächlichen Rücklieferung der Darlehenspapiere (ausschließlich), längstens bis zu dem in einer etwaigen Erklärung gemäß der nachstehenden Nr. 17.1.2. festgelegten Tag (ausschließlich);

oder

17.1.2 unbeschadet der Ansprüche aus Nr. 17.1.1. gegenüber dem Darlehensnehmer nach vorheriger Androhung mit Fristsetzung von mindestens einem Abwicklungstag die Rückübertragung der Darlehenspapiere ablehnen und CBF beauftragen, eine entsprechende Anzahl von Wertpapieren gleicher Art und Güte am auf den Tag des Fristablaufs folgenden Abwicklungstages für Rechnung des Darlehensnehmers zu erwerben und an den Darlehensgeber zu übertragen. Der Darlehensnehmer ermächtigt CBF für diesen Fall, sein Konto bei der Deutschen Bundesbank mit dem Kaufpreis für die vorgenannten Wertpapiere einschließlich der Nebenkosten (Erwerbskosten) belasten zu lassen. Ist diese Eindeckung nicht möglich, wird CBF den Gegenwert der Wertpapiere auf dem Bundesbank-Konto des Darlehensgebers anschaffen und den Gegenwert zzgl. eines dem jeweils gültigen Dienstleistungspreisverzeichnis entsprechenden Entgeltes dem Bundesbank-Konto des Darlehensnehmers belasten lassen. Maßgebend für die Berechnung des Gegenwertes ist der jeweilige Börsenpreis an der Frankfurter Wertpapierbörse, einer anderen deutschen Wertpapierbörse oder der jeweilige Referenzpreis eines marktüblichen Kursinformationssystems (Marktpreis) am Fälligkeitstag des Rückübertragungsanspruches. Wird am Fälligkeitstag kein Marktpreis festgestellt, so ist der zuletzt festgestellte Marktpreis maßgeblich. Der Darlehensnehmer hat das Darlehensentgelt bis zu dem Kalendertag einschließlich zu zahlen, an dem CBF dem Darlehensgeber die Wertpapiere oder den entsprechenden Gegenwert gutschreibt.

17.2 Unterlässt der Darlehensnehmer den gleichtägigen Ausgleich der Belastungen seines Bundesbank- Kontos wegen nicht fristgemäßer Rückübertragung, wird CBF die als Sicherheit verpfändeten Wertpapiere nach Ablauf einer dem Darlehensnehmer schriftlich mitgeteilten Vorankündigungsfrist von zwei Abwicklungstagen am darauf folgenden Abwicklungstag verwerten; unter mehreren Sicherheiten hat CBF die Wahl. Innerhalb dieser Vorankündigungsfrist kann der Darlehensnehmer verpflichtet werden, weitere Sicherheiten zu stellen.

Wenn der Verwertungsvorgang der Umsatzsteuer unterliegt, wird CBF dem Darlehensgeber über den Erlös eine Gutschrift erteilen, die als Rechnung für die Lieferung der als Sicherheit dienenden Sache gilt und den Voraussetzungen des Umsatzsteuerrechts entspricht.

Wegen eines etwaigen Fehlbetrages kann CBF die Garantie des Bankenkonsortiums (Nr. 18.8.) in Anspruch nehmen.

17.3 Überträgt der Darlehensnehmer am Fälligkeitstag des Darlehens nur einen Teil der Darlehenspapiere zurück, kann der Darlehensgeber nach seiner Wahl entweder die Rückübertragung annehmen und seine Rechte gem. Nr. 17.1. in Bezug auf die übrigen Darlehenspapiere ausüben oder die Annahme ablehnen und seine Rechte in Bezug auf alle Darlehenspapiere ausüben.

18. Sicherheiten[5]

18.1 CBF und der Darlehensgeber sind sich darüber einig, dass der Darlehensgeber seine gegenwärtigen und zukünftigen Forderungen, inklusive der vom Darlehensnehmer zu zahlenden Darlehensentgelte gemäß Nr. 20, aus unter diesen Sonderbedingungen geschlossene Darlehensverträgen (zusammen: Darlehensrückerstattungsforderung), bereits mit Zustandekommen des Darlehensvertrages an CBF abtritt (Abtretung); CBF nimmt die Abtretung gleichzeitig an. Beim Erwerb der Darlehensrückerstattungsforderung und deren Verwaltung handelt CBF als Verwaltungstreuhänder für den Darlehensgeber. Der Darlehensnehmer erklärt mit dem Abschluss des Darlehensvertrags, dass er der Abtretung zustimmt. Auf die Darlehensrückerstattungsforderung kann der Darlehensnehmer schuldbefreiend nur an CBF leisten.

18.2 Jeder Darlehensnehmer ist gegenüber seinem Darlehensgeber verpflichtet, zur Sicherung aller Darlehensrückerstattungsforderungen, die der Darlehensgeber an CBF abgetreten hat, Sicherheit durch Verpfändung von den Zulässigkeitskriterien der CBF entsprechenden

i) girosammelverwahrten Wertpapieren,

ii) Ansprüchen auf Lieferung- und Herausgabe von im Ausland verwahrten Wertpapieren (WR-Gutschriften)

oder

iii) Geldguthaben,

auf Basis des zum jeweiligen Marktpreis (Nr. 17.1.2.) errechneten Gegenwertes der Darlehenspapiere in Geld, ggf. zuzüglich der angefallenen Stückzinsen (Marktwert), sowie der vom Darlehensnehmer zu zahlenden Darlehensentgelte gemäß Nr. 20, an CBF zu leisten. Die Bestellung der entsprechenden Pfandrechte erfolgt direkt an CBF. Beim Erwerb sowie der Verwaltung der Pfandrechte handelt CBF als Verwaltungstreuhänderin für den Darlehensgeber.

Im Falle von Nr. 18.2.(i) und Nr. 18.2.(ii) bestellt der Darlehensnehmer CBF ein Pfandrecht an Wertpapieren bzw. WR-Gutschriften, indem CBF (a) im Depot des Darlehensnehmers gehaltene girosammelverwahrte Wertpapiere bzw. WR-Gutschriften in ein gesondertes Pfanddepot der CBF umbucht, in das ausschließlich an CBF verpfändetes Sicherungsgut eingebucht wird (Umbuchung), bzw. (b) bereits in das Pfanddepot eingebuchtes Sicherungsgut, das bislang Darlehensrückerstattungsforderungen besicherte, die ein anderer Darlehensgeber an CBF abgetreten hatte, im Rahmen des Reportings den Darlehensrückerstattungsforderungen zuordnet, die der Darlehensgeber an CBF abgetreten hat (Umwidmung). CBF und der Darlehensnehmer sind sich darüber einig, dass das Pfandrecht mit der Umbuchung bzw. Umwidmung in der Weise entsteht, dass CBF die Willenserklärung des Darlehensnehmers hinsichtlich der Pfandrechtsbestellung als dessen Vertreterin abgibt, diese gleichzeitig als Erklärungsempfänger entgegennimmt und sich mit der Pfandrechtsbestellung einverstanden erklärt. Mit der Umwidmung verzichtet CBF auf zuvor bestellte Pfandrechte am umzuwidmenden Sicherungsgut. Mit der Ausbuchung von Wertpapieren oder WR- Gutschriften aus dem Pfanddepot gibt CBF die Wertpapiere bzw. WR- Gutschriften frei.

Sicherheit an Wertpapieren und WR-Gutschriften kann im Falle von Nr. 18.2.(i) und Nr. 18.2.(ii) auch über das Sicherheitenverwaltungssystem (Xemac) gestellt werden. Die Bestellung richtet sich nach gesonderten Sonderbedingungen.

Im Falle von Nr. 18.2.(i) und Nr. 18.2.(ii) obliegt die Auswahl der Sicherheiten, im Rahmen der Zulässigkeitskriterien der CBF, dem Darlehensnehmer, sofern er CBF nicht ausdrücklich ermächtigt hat, die Auswahl selbst vorzunehmen. Der Darlehensgeber erklärt sich mit der Auswahl durch CBF oder der Bestimmung des Sicherungsgutes durch den Darlehensnehmer einverstanden. CBF legt die jeweilige Bewertung der Sicherheiten fest.

Im Falle von Nr. 18.2.(iii) sind Sicherheiten in Geld durch Anschaffung auf dem Bundesbank-Konto der CBF vorzunehmen. CBF ist berechtigt, von dem Darlehensnehmer eine Einzugsermächtigung zu Lasten seines Bundesbank-Kontos zu verlangen. CBF ist zur Verzinsung der Geldsicherheit nicht verpflichtet.

Mit der Umbuchung bzw. Umwidmung von Wertpapieren bzw. WR-Gutschriften oder der Gutschrift von Geldsicherheiten auf einem Konto der CBF wird das Darlehen an den Darlehensnehmer ausgereicht.

18.3 CBF und der Darlehensgeber sind sich einig, dass die Darlehensrückerstattungsforderung mit

i) Beantragung der Eröffnung eines Insolvenzverfahrens über das Vermögen von CBF,

ii) Eröffnung eines Insolvenzverfahrens über das Vermögen von CBF oder

iii) Erlass einer Maßnahme nach § 46a KWG durch die Bundesanstalt für Finanzdienstleistungsaufsicht gegenüber CBF

automatisch auf den Darlehensgeber zurück übertragen wird. Hierzu tritt CBF die erworbene Darlehensrückerstattungsforderung gegen den Darlehensnehmer bereits mit Abschluss des Darlehensvertrages unter der aufschiebenden Bedingung des Eintritts eines der unter (i) bis (iii) vorgenannten Ereignisse (Bedingungseintritt) zurück an den Darlehensgeber ab (Rückabtretung). Der Darlehensgeber nimmt diese aufschiebend bedingte Rückabtretung an. Mit dem Bedingungseintritt wird der Darlehensgeber Inhaber der Darlehensrückerstattungsforderung. Der Darlehensnehmer erklärt mit dem Abschluss des Darlehensvertrages, dass ihm die Rückabtretung bekannt ist und er dieser zustimmt.

18.4 CBF und der Darlehensgeber sind sich darüber einig, dass die vom Darlehensnehmer zur Sicherung der Darlehensrückerstattungsforderungen bestellten Pfandrechte zusammen mit den Darlehensrückerstattungsforderungen kraft Gesetzes auf den Darlehensgeber übergehen. Dies ist dem Darlehensnehmer bekannt.

18.5 Darlehensgeber und Darlehensnehmer berechtigen und ermächtigen CBF zur Abgabe und Vornahme aller zur Durchführung der Übertragung und Rückübertragung der Darlehensrückerstattungsforderungen und zur Bestellung der Pfandrechte erforderlichen Erklärungen und Handlungen und befreien CBF von den Beschränkungen des § 181 BGB.

18.6 Der Wert der bestellten Sicherheiten hat mindestens dem Marktwert der Darlehenspapiere zu entsprechen. Die zulässige Art der Sicherheit sowie die jeweils anzuwendenden Bewertungssätze, die für die Bestimmung der Deckungsquote (Haircut) der zu bestellenden Sicherheiten von CBF herangezogen werden (Geldguthaben und in Girosammelverwahrung oder in Wertpapierrechnung verwahrte Rentenwerte und Aktien), als auch die Höhe der Deckungsquote selbst, werden von CBF bekannt gemacht. Zur Absicherung des Darlehens kann CBF jederzeit für den Darlehensgeber eine Verstärkung der Sicherheiten verlangen, wenn

18.6.1 sich die wirtschaftlichen Verhältnisse des Darlehensnehmers nachteilig verändert haben oder sich zu verändern drohen,

oder

18.6.2 sich die vorhandenen Sicherheiten wertmäßig verschlechtert haben oder zu verschlechtern drohen.

18.7 Eine Unterdeckung liegt vor, sobald der Marktwert der gestellten Sicherheiten unter Abzug der von CBF gesondert bekannt gemachten Deckungsquote (Haircuts) den Marktwert des Darlehens unterschreitet. Im Fall einer Unterdeckung behält sich CBF vor, den Darlehensnehmer, der seiner Verpflichtung zur Verstärkung der Sicherheiten gemäß Nr. 18.6. nicht oder nicht rechtzeitig nachkommt, von Darlehensgeschäften, die von CBF nach diesen Sonderbedingungen vermittelt werden, auszuschließen. Der Ausschluss wird zwei Abwicklungstage nach schriftlicher Mitteilung an den Darlehensnehmer wirksam.

18.8 CBF kann ihren Anspruch auf Bestellung oder Verstärkung von treuhänderisch für den Darlehensgeber gehaltenen Sicherheiten solange geltend machen, bis der Marktwert aller Sicherheiten dem Gesamtbetrag aller Ansprüche des Darlehensgebers aus dem gewährten Darlehen (Deckungsgrenze) entspricht.

18.9 Der Darlehensnehmer kann mit Zustimmung der CBF als Treuhänderin des Darlehensgebers Sicherheiten auf seine Kosten durch andere Wertpapiere (neue Wertpapiere) ersetzen, die zum Zeitpunkt der durch CBF vermittelten Einigung der Parteien über die Ersetzung einen Marktwert mindestens in Höhe des Marktwertes der zu ersetzenden Wertpapiere haben. Die Ersetzung bewirkt nicht, dass das betreffende Darlehen als mit anderem Inhalt neu abgeschlossen gilt; vielmehr bleibt das ursprüngliche Sicherungsgeschäft bestehen, mit der Maßgabe, dass die neuen Wertpapiere anstelle der ersetzten Wertpapiere als bestellte Sicherheiten gelten. Die Ersetzung erfolgt durch Übertragung der neuen Wertpapiere Zug um Zug gegen Rückübertragung der zu ersetzenden Sicherheiten.

18.10 Kann ein Darlehensnehmer seine Verpflichtungen aus dem Darlehen nicht erfüllen, verwertet CBF die geleisteten Sicherheiten nach Ablauf der schriftlich mitgeteilten Vorankündigungsfrist von zwei Abwicklungstagen. Der Erlös ist an die anspruchsberechtigten Darlehensgeber auszukehren.

18.11 Zur Sicherung der Ansprüche der Darlehensgeber aus dem Darlehen übernimmt ein Bankenkonsortium gegenüber CBF eine Garantie. Die Rechte aus der Garantie stehen ausschließlich CBF zu. Die Garantie kann nur im Fall eines nach Verwertung der vom Darlehensnehmer geleisteten Sicherheiten verbleibenden Fehlbetrags in Anspruch genommen werden. Die Höhe der Garantie ist den Ergänzungsbestimmungen zu diesen Sonderbedingungen für Wertpapierdarlehen zu entnehmen. Soweit ein Darlehensgeber wegen dieses Fehlbetrages befriedigt worden ist, geht der entsprechende Anspruch gegen den säumigen Darlehensnehmer auf CBF über, die diesen treuhänderisch für das Bankenkonsortium hält und geltend macht.[6]

19. Steuern und Abgaben

Soweit auf die Lieferung und Rücklieferung von Darlehenspapieren Steuern oder Abgaben anfallen, werden diese vom Darlehensgeber getragen.

20. Darlehensentgelte

Der Darlehensnehmer schuldet dem Darlehensgeber für jedes Darlehen ein Entgelt (Darlehensentgelt). Die Höhe des Entgeltes berechnet sich nach dem Marktwert der Darlehenspapiere bei Abschluss des Darlehensvertrages, dem zwischen dem Darlehensnehmer und dem Darlehensgeber vereinbarten bzw. von CBF festgesetzten Jahressatz basierend auf einem Jahr von 360 Tage sowie der Dauer der Darlehensnahme gemäß Nr. 7.

Das Darlehensentgelt wird rückwirkend für sämtliche den vorangegangenen Monat betreffenden Darlehen abgegrenzt abgerechnet. Der Saldo der Darlehensentgelte pro Teilnehmer ist am zweiten Abwicklungstag nach Erhalt der übersandten Abrechnung fällig. CBF ist berechtigt, den Saldo der Darlehensentgelte für Rechnung der Darlehensgeber dem CBF-Geldkonto des Darlehensnehmers zu belasten und den Gegenwert vom Bundesbank-Konto des Darlehensnehmers einzuziehen.

Das Darlehensentgelt wird vom Darlehensnehmer befreiend an CBF gezahlt und von dieser an den jeweiligen Darlehensgeber weitergeleitet. Ein Anspruch der Darlehensgeber gegenüber CBF auf Weiterleitung des Entgeltes besteht ausschließlich in den Fällen, in denen der Darlehensnehmer befreiend an CBF gezahlt hat. Die Rechte des Darlehensgebers gegenüber dem Darlehensnehmer bestimmen sich nach dem Darlehensvertrag und nach diesen Sonderbedingungen.

Schrifttum: Allgemein zur Wertpapierleihe s die Angaben Vor 1. zu → Form. IV.T.1; speziell zum Wertpapierleihsystem der Clearstream Banking AG: *Gesell,* Wertpapierleihe und Repurchase Agreement im deutschen Recht, 1995 und *Lange* in Schwintowski, Bankrecht, 5. Aufl 2018, Kap 21: Wertpapierleihe, Rn 31–41; *Schindler/Hindelang*, Praxishandbuch Repos und Wertpapierdarlehen, 2016.

Anmerkungen

Vor 1. Die Clearstream Banking AG (im Folgenden: Clearstream) betreibt seit 1990 ein in sich geschlossenes **„institutionalisiertes“ Wertpapierleihsystem** (vergleichbar ist das Wertpapierleihsystem der Euroclear Bank S.A., Überblick zu beiden Produkten bei *Schindler/Hindelang* S 58 ff). Teilnehmer des Systems sind die der Clearstream als Kontoinhaber angeschlossenen Kredit- und Finanzdienstleistungsinstitute; diese nutzen das System sowohl zu Eigentransaktionen als auch zu Geschäften im Kundenauftrag. Die vertragliche Grundlage für die über die Clearstream abgewickelten Wertpapierdarlehen bildet das als → Form. IV.T.3 abgedruckte Bedingungswerk, wobei zwischen folgenden Rechtsverhältnissen zu unterscheiden ist: a) dem Geschäftsbesorgungsvertrag zwischen der Clearstream und den ihr angeschlossenen Kredit- und Finanzdienstleistungsinstituten, b) dem von der Clearstream vermittelten Wertpapierdarlehen zwischen der Verleiher- und der Entleiherbank sowie – falls beide im Kundenauftrag handeln – c) der Rechtsbeziehung zwischen Verleiherbank und verleihendem Kunden bzw dem Vertrag zwischen Entleiherbank und entleihendem Kunden (vgl die Übersicht bei *Gesell* S 51 und *Lange* in Schwintowski, Kap 21 Rn 35–41). Die „Sonderbedingungen für Wertpapierdarlehen der Clearstream Banking AG, Frankfurt" zusammen mit den dazu erlassenen Ergänzungsbestimmungen regeln die Punkte a) und b); für die Rechtsbeziehungen zwischen den Verleiher- bzw Entleiherbanken und ihren Kunden gelten gesonderte Bedingungen.

1. Clearstream handelt im Rahmen des von ihr betriebenen Wertpapierleihsystems als **Geschäftsbesorger mit dem Ziel der Vermittlung und Abwicklung** von Wertpapierdarlehen; sie wird nicht Partei der einzelnen Wertpapierdarlehen (zur Einordnung als Geschäftsbesorgungsvertrag iSv § 675 Abs 1 BGB s *Gesell* S 53). Die wichtigsten Funktionen der Clearstream im Rahmen der Geschäftsbesorgung bestehen in der börsentäglichen Ermittlung von Gesamtnachfrage und -angebot an ausleihfähigen Wertpapieren sowie der Zuteilung der Papiere (Nr 11), dem treuhänderischen Erwerb sowie der Verwaltung der vom Darlehensnehmer als Sicherheit zu bestellenden Pfandrechte (Nr 18.2) und der Kontrolle der Einhaltung von Engagementgrenzen pro Teilnehmer pro Wertpapiergattung (Nr 11.1 iVm den Ergänzungsbestimmungen; vgl im Einzelnen *Gesell* S 53 ff). Für diese Tätigkeiten erhält Clearstream eine vom Darlehensnehmer zu tragende Vermittlungsprovision (Nr 5).

2. Teilnahmeberechtigt ist jeder Clearstream Kunde (Nr 3). Bedeutsam ist die Erklärung des Teilnehmers, ob er als „gelegentlicher Darlehensgeber" oder als „automatischer Darlehensgeber" tätig werden möchte (Nr 8). Die Darlehenspapiere eines **„automatischen Darlehensgebers"** werden auf ein separates Konto übertragen oder als solche technisch als im Darlehenspool befindlich gekennzeichnet (Nr 9) und stehen auf diese Weise ohne weiteres für die tägliche Zuteilung durch Clearingstream zur Verfügung. **„Gelegentliche Darlehensgeber"** spricht die Clearstream Banking AG – falls diese nicht von sich aus aktiv werden – demgegenüber nur dann an, wenn das Angebot der „automatischen Darlehensgeber" zur Deckung der Nachfrage nicht ausreicht. Der gelegentliche Darlehensgeber übermittelt im Einzelfall seinen Darlehensbedarf und beauftragt die Clearstream mit der Vermittlung. Der **automatische Darlehensnehmer** bevollmächtigt Clearstream, seinen Darlehensbedarf täglich im Rahmen der Wertpapiergeschäftsabwicklung zu ermitteln (Nr 10).

3. Clearstream vermittelt die Wertpapierdarlehen zwischen den ihr angeschlossenen Kunden, indem sie im Wege der Mehrvertretung iSv § 181 2. Alternative BGB sowohl als Vertreterin des Darlehensgebers als auch des Darlehensnehmers tätig wird. Das Zustandekommen des Rechtsgeschäfts beruht in diesem Fall auf einem internen Willensakt des Doppelvertreters, der im Wertpapierleihsystem der Clearstream in der Zusammenführung eines Entleih-Auftrags und eines inhaltsgleichen Verleih-Angebots im Rahmen des Zuteilungsverfahrens nach Nr 11 liegt (*Gesell* S 58). Konkret erfolgt der **Abschluss** durch Entnahme der zu verleihenden Wertpapiere aus dem gemäß Nr 9 gebildeten Darlehenspool. Über eine jedem Darlehen zugeordnete Geschäftsnummer sind die Parteien des jeweiligen Geschäfts jederzeit bestimmbar; die Identität des Entleihers ist dem Verleiher jedoch grundsätzlich unbekannt, so dass schon aus diesem Grund eine Absicherung durch das Leihsystem erforderlich ist (*Lange* in Schwintowski, Kap 21, Rn 33; vgl zur Besicherung unten → Anm. 5). Nach Ablauf der vereinbarten Laufzeit bzw nach Erklärung einer ordentlichen oder außerordentlichen Kündigung erfolgt die **Rückübertragung** der Wertpapiere an den Darlehensgeber unter Einschaltung der Clearstream (Nr 14 u 15).

4. Die Regelung der Nr 13 – Ausschüttungen, Gratisaktien und Bezugsrechte – spiegelt das „wirtschaftliche Eigentum" des Darlehensgebers an den Papieren, die den Gegenstand der Wertpapierdarlehens bilden, wider. Sie entspricht inhaltlich der Nr 6 des RV-Wertpapierdarlehen (s → Form. IV.T.1 Anm. 6), stellt jedoch – über die bloße Begründung von Ansprüchen des Darlehensgebers hinaus – auch deren Erfüllung durch den Darlehensnehmer sicher, indem sie die Clearstream zur Vornahme entsprechender Leistungshandlungen ermächtigt.

5. Gemäß Nr 18 erfolgt die **Besicherung** des für den Darlehensgeber bestehenden Kreditrisikos in zwei Schritten: Nach Nr 18.1 tritt der Darlehensgeber seine gegenwärtigen und zukünftigen Forderungen aus den abgeschlossenen Darlehensverträgen einschließlich der Darlehensentgeltsforderungen des Darlehensgeber nach Nr 20 bereits mit Zustandekommen des Darlehensvertrages an Clearstream ab. Der Darlehensnehmer ist nach Nr 18.2 verpflichtet, zur Sicherung der Darlehensrückgabeforderungen und Entgeltansprüche, die der Darlehensgeber an Clearstream abgetreten hat, Sicherheit durch Verpfändung von Wertpapieren bzw WR-Gutschriften (bei im Ausland verwahrten Papieren) oder Geldguthaben nach bestimmten Zulässigkeitskriterien direkt an Clearstream zu leisten. Im Falle der Sicherheit an Wertapieren oder WR-Gutschriften kann die Verpfändung auch über das Sicherheitenverwaltungssystem der Clearstream „Xemac" erfolgen (s als Überblick zu Xemac, *Schindler/Hindelang* S 63); dann finden zusätzlich die „Sonderbedingungen Sicherheitenverwaltung (SB Xemac)" vom 1. November 2014 Anwendung. Mit dem Erwerb übernimmt Clearstream die treuhänderische Verwaltung der zur Besicherung der Rückgabe- und Entgeltansprüche des Darlehensgebers zu stellenden Sicherheiten. Als Besicherungsart kommt nur noch die Verpfändung von Wertpapieren in das hierfür bei Clearstream geführte Pfanddepot oder die Stellung von Barsicherheiten auf dem Bundesbank-Konto der Clearstream in Betracht.

6. Das die verleihende Bank bzw bei Vorliegen eines Kundenauftrags den die Verleiherbank beauftragenden Kommittenten betreffende **Insolvenzrisiko** der entleihenden Bank wird bereits durch die Pflicht zur Besicherung des Rückgabeanspruchs gem Nr 18.2 weitgehend reduziert. Die von einem Bankenkonsortium zusätzlich übernommene Ausfallgarantie schließt bei wirtschaftlicher Betrachtungsweise das verbleibende Restrisiko eines aus der Sicherheitenverwertung resultierenden Fehlbetrags de facto aus (s *Gesell* 77; *Lange* in Schwintowski, Kap 21 Rn 34).

4. Rahmenvertrag für Wertpapierpensionsgeschäfte (Repos)

	Rahmenvertrag vom

Rahmenvertrag für Wertpapierpensionsgeschäfte (Repos)

Zwischen

Name und Anschrift des Vertragspartners
nachstehend „Vertragspartner" genannt

und

Name und Anschrift der Bank
nachstehend „Bank" genannt

wird Folgendes vereinbart:

1. Vertragsgegenstand ①

(1) Die Parteien beabsichtigen, auf der Grundlage dieses Rahmenvertrages Wertpapierpensionsgeschäfte abzuschließen. Der Pensionsgeber wird dem Pensionsnehmer Wertpapiere gegen Zahlung eines Kaufpreises liefern. Der Pensionsnehmer verpflichtet sich gleichzeitig, dem Pensionsgeber Wertpapiere gleicher Art und Menge entweder zu einem zuvor vereinbarten oder einem nachträglich zu bestimmenden Zeitpunkt gegen Zahlung des Rückkaufpreises zurückzuliefern. Jede der Parteien kann sowohl Pensionsgeber als auch Pensionsnehmer sein.

(2) Die nachfolgenden Bestimmungen gelten für jedes Wertpapierpensionsgeschäft (nachstehend „Einzelabschluss" genannt), das zwischen den Parteien abgeschlossen wird, unabhängig von einer Bezugnahme im Einzelabschluss auf den Rahmenvertrag. Alle Einzelabschlüsse bilden untereinander und zusammen mit diesem Rahmenvertrag einen einheitlichen Vertrag (nachstehend „Vertrag" genannt); sie werden im Sinne einer einheitlichen Risikobetrachtung und im Vertrauen darauf getätigt. ②

2. Begriffsbestimmungen ③

Im Sinne dieses Vertrages sind:

- „Bankarbeitstag" jeder Tag, an dem die Banken an den für den betreffenden Einzelabschluss vereinbarten Finanzplätzen generell für Geschäfte geöffnet sind und die jeweils eingeschalteten Clearingsysteme Geschäfte abwickeln, mit Ausnahme der Samstage und der Sonntage; ist ein Fälligkeitstag kein Bankarbeitstag, ist der unmittelbar folgende Bankarbeitstag maßgeblich;
- „Berechnungsstelle" die in Nr. 15 Abs. 9 benannte Stelle, mangels einer solchen Benennung übernimmt diejenige Partei, die einen Anspruch auf Übertragung nach Nr. 6 Abs. 1 oder Abs. 11 geltend macht, für den betreffenden Berechnungstag die Funktion der Berechnungsstelle; macht keine Partei einen solchen Anspruch geltend, wird die Funktion der Berechnungsstelle in diesem Fall nicht wahrgenommen;
- „Briefkurs" der von führenden Marktteilnehmern quotierte Kurs für den Verkauf der betreffenden Währung;
- „Ersatzerwerbskosten" die in Nr. 5 Abs. 4 bestimmten Kosten;
- „Interbankensatz" der Euro-tagesgeldindizierte Referenzzinssatz EONIA („Euro Overnight Index Average") wie er für jeden Tag, für den Zinsen zu berechnen sind, von der Europäischen Zentralbank festgestellt wird;
- „Kaufdatum" der im Einzelabschluss vereinbarte Bankarbeitstag;
- „Marktwert" ist bei Wertpapieren (a) der Preis dieser Wertpapiere, wie er zum maßgeblichen Zeitpunkt über eine von den Parteien vereinbarte, allgemein anerkannte Informationsquelle angezeigt wird und von dort erhältlich ist und (b) mangels einer solchen Vereinbarung oder einer solchen Preisanzeige, (i) falls die Wertpapiere an einer Börse notiert sind und die Notierung nicht ausgesetzt ist, ihr an dieser Börse an dem maßgeblichen Tag zuletzt notierter Preis, (ii) falls die Wertpapiere nicht an einer Börse notiert sind, aber ihr Preis auf ihrem Haupthandelsmarkt von einer Zentralbank oder sonstigen Stelle mit unbestrittenem Ansehen veröffentlicht wird, ihr an dem maßgeblichen Tag zuletzt auf diese Weise veröffentlichter oder öffentlich angezeigter Preis und (iii) in allen übrigen Fällen der Mittelwert der zum maßgeblichen Zeitpunkt von zwei führenden Marktteilnehmern, die nicht Vertragspartei sind, für diese Wertpapiere festgestellten Geld- und Briefkurse, und zwar in jedem der unter (a) und (b) aufgeführten Fälle zuzüglich der bis zu diesem Tag auf die Wertpapiere aufgelaufenen Zinsen (falls diese nicht in dem betreffenden Preis enthalten sind).
- „Pensionspapiere" die im Einzelabschluss vereinbarten, vom Pensionsgeber zu liefernden Wertpapiere und die vom Pensionsnehmer zurückzuliefernden Wertpapiere gleicher Art und Menge;
- „Rückkaufdatum" vorbehaltlich Nr. 5 Abs. 1 (d) und Nr. 9, der im Einzelabschluss vereinbarte oder nach Nr. 4 Abs. 3 durch Erklärung einer Partei bestimmte Bankarbeitstag;
- „Wertpapierdarlehenskosten" die in Nr. 5 Abs. 3 bestimmten Kosten.

3. Einzelabschlüsse ④

(1) Haben sich die Parteien über einen Einzelabschluss geeinigt, wird die Bank dem Vertragspartner schriftlich, fernschriftlich, telegraphisch, durch Telefax oder in ähnlicher Weise dessen Inhalt bestätigen.

(2) Jede Partei ist berechtigt, eine unterzeichnete Ausfertigung der Bestätigung zu verlangen, die jedoch keine Voraussetzung für die Rechtswirksamkeit des Einzelabschlusses ist.

(3) Die Bestimmungen des Einzelabschlusses gehen den Bestimmungen dieses Rahmenvertrages vor.

4. Lieferungen und Zahlungen ⑤

(1) Nach Maßgabe des Einzelabschlusses wird der Pensionsgeber dem Pensionsnehmer am Kaufdatum die Pensionspapiere Zug um Zug gegen Zahlung des Kaufpreises in das vereinbarte Depot liefern.

(2) Der Pensionsnehmer hat die Pensionspapiere am Rückkaufdatum Zug um Zug gegen Zahlung des Rückkaufpreises in das vereinbarte Depot zurückzuliefern.

(3) Haben die Parteien kein Rückkaufdatum vereinbart, ist jede Partei berechtigt, das Rückkaufdatum durch Erklärung gegenüber der andere Partei zu bestimmen. Der Zeitraum zwischen dem in der Erklärung bestimmten Rückkaufdatum und dem Wirksamwerden der Erklärung muss mindestens drei Bankarbeitstage betragen. Die Erklärung muss der anderen Partei spätestens bis 15.00 Uhr Ortszeit am Ort des Empfängers zugegangen sein. Eine später eingehende Erklärung wird erst am folgenden Bankarbeitstag wirksam. Ohne eine Bestimmung des Rückkaufdatums fällt das Rückkaufdatum auf den dreihundertvierundsechzigsten Tag nach dem Kaufdatum oder, sofern dieser Tag kein Bankarbeitstag ist, auf den folgenden Bankarbeitstag.

(4) Der Rückkaufpreis ist die Summe aus Kaufpreis und Pensionsentgelt. Das Pensionsentgelt errechnet sich aus dem im Einzelabschluss vereinbarten Prozentsatz p.a. („Pensionssatz"), bezogen auf den Kaufpreis und auf die Zeit vom Kaufdatum (einschließlich) bis zum Rückkaufdatum (ausschließlich). Die Berechnung erfolgt auf der Grundlage der Anzahl der tatsächlich abgelaufenen Tage des Berechnungszeitraums dividiert durch 360 („actual/360").

(5) Die Parteien sind sich einig, dass mit der Lieferung der Pensionspapiere das unbeschränkte Eigentum und die uneingeschränkte Verfügungsbefugnis oder, sofern die Übertragung der Pensionspapiere ausländischem Recht unterliegt, eine andere nach diesem Recht übliche und gleichwertige Rechtsstellung an den Pensionspapieren auf die andere Partei übergeht. Hierzu wird die liefernde Partei, soweit erforderlich, alle weiteren notwendigen Erklärungen abgeben. Bei vinkulierten Namensaktien ist die andere Partei bereits vor der Umschreibung im Aktionärsregister des Emittenten berechtigt, über die Aktien zu verfügen. Im Falle der Rücklieferung vinkulierter Namensaktien trägt der Pensionsgeber das Risiko, von dem Emittenten nicht in das Aktionärsregister eingetragen zu werden.

(6) Sämtliche Zahlungen sind in der aufgrund des Einzelabschlusses geschuldeten Vertragswährung kostenfrei und in der für Zahlungen in dieser Währung handelsüblichen Weise auf das vereinbarte Konto in am Fälligkeitstag frei verfügbaren Mitteln zu leisten.

(7) Haben beide Parteien an demselben Tag aufgrund des Vertrages Zahlungen in der gleichen Währung zu leisten oder Wertpapiere der gleichen Art zu liefern, zahlt oder liefert die Partei, die den höheren Geldbetrag oder die größere Menge Wertpapiere schuldet, die Differenz zwischen den geschuldeten Beträgen oder Mengen. Die Bank wird dem Vertragspartner die zu zahlende oder zu liefernde Differenz einen Bankarbeitstag vor dem Tag der Fälligkeit der Zahlungen oder Lieferungen spätestens bis 11.00 Uhr Ortszeit in Frankfurt am Main mitteilen. ⑥

5. Nicht fristgemäße Lieferung oder Zahlung ⑦

(1) Liefert der Pensionsgeber die Pensionspapiere nicht am Kaufdatum und in den Fällen der nachfolgenden Buchstaben (a) und (d) auch nicht innerhalb einer ihm vom Pensionsnehmer gesetzten angemessenen Nachfrist (die auch wenige Stunden betragen kann), kann der Pensionsnehmer,

(a) falls er den Kaufpreis gezahlt hat, vom Einzelabschluss zurücktreten und vom Pensionsgeber die sofortige Rückzahlung des Kaufpreises verlangen,

(b) vom Pensionsgeber verlangen, dass dieser ihm den Betrag zahlt, um den die von ihm festgestellten Wertpapierdarlehenskosten das auf den Zeitraum der Säumnis entfallende Pensionsentgelt übersteigen,

(c) falls der für den Einzelabschluss vereinbarte Kaufpreis den Rückkaufpreis übersteigt, vom Pensionsgeber die Erstattung des auf den Zeitraum der Säumnis entfallenden (negativen) Pensionsentgeltes verlangen und

(d) durch Erklärung gegenüber dem Pensionsgeber, die mit der Fristsetzung verbunden sein kann, das Rückkaufdatum auf den Tag des Zugangs dieser Erklärung oder den darauffolgenden Bankarbeitstag vorverlegen; der Zugang der Erklärung bewirkt, dass die wechselseitig geschuldeten Leistungen einschließlich eines etwaigen Anspruchs auf Erstattung des anteiligen negativen Pensionsentgeltes nach Buchstabe (c), miteinander verrechnet werden, so dass die Parteien einander keine Zahlungen oder Lieferungen aus dem Einzelabschluss mehr schulden; unterschreitet der für den Einzelabschluss vereinbarte Kaufpreis den Rückkaufpreis, ist der Pensionsgeber verpflichtet, dem Pensionsnehmer einen Betrag in Höhe des auf den Zeitraum der Säumnis entfallenden Pensionsentgeltes zu zahlen; die Geltendmachung etwaiger Ansprüche aus Buchstabe (a) oder (b) bleibt unberührt.

1

(2) Liefert der Pensionsnehmer die Pensionspapiere am Rückkaufdatum nicht und in den Fällen der nachfolgenden Buchstaben (a) und (c) auch nicht innerhalb einer ihm vom Pensionsgeber gesetzten angemessenen Nachfrist (die auch wenige Stunden betragen kann) zurück, kann der Pensionsgeber,

(a) falls er den Rückkaufpreis gezahlt hat, vom Einzelabschluss zurücktreten und vom Pensionsnehmer die sofortige Rückzahlung des Rückkaufpreises verlangen,

(b) vom Pensionsnehmer verlangen, dass dieser ihm den Betrag zahlt, um den die von ihm festgestellten Wertpapierdarlehenskosten den Betrag überschreiten, den er erzielt hätte, wenn er den Rückkaufpreis für den Zeitraum der Säumnis als zum Interbankensatz verzinsliche Einlage angelegt hätte,

(c) durch Erklärung gegenüber dem Pensionsnehmer, die mit der Fristsetzung verbunden sein kann, anstelle der am Rückkaufdatum fälligen Leistungen aus dem Einzelabschluss Erfüllung durch Barausgleich an einem in der Erklärung genannten Bankarbeitstag verlangen; der Barausgleich entspricht der Differenz zwischen Rückkaufpreis und den vom Pensionsgeber festgestellten Ersatzerwerbs kosten; er ist, je nach Sachlage, falls die Ersatzerwerbskosten den Rückkaufpreis überstei gen, vom Pensionsnehmer und, falls der Rückkaufpreis die Ersatzerwerbskosten über steigt, vom Pensionsgeber an die jeweils andere Partei zu leisten. Die Geltendmachung etwaiger Ansprüche aus Buchstabe (a) oder (b) bleibt unberührt.

(3) „Wertpapierdarlehenskosten sind die Kosten einschließlich fremder Entgelte und Auslagen, die eine Partei nach ihrer Feststellung durch die Aufnahme eines Darlehens über Wertpapiere gleicher Art und Menge wie die Pensionspapiere während des Zeitraums der Säumnis entstanden sind oder, falls er von der Aufnahme eines Wertpapierdarlehens absieht, nach vernünftiger Beurteilung entstanden wären.

(4) „Ersatzerwerbskosten sind die Kosten einschließlich fremder Entgelte und Auslagen, die der Pensionsgeber nach seiner Feststellung für den Kauf von Wertpapieren gleicher Art und Menge wie die Pensionspapiere im Markt an dem in der Erklärung nach Absatz 2 (c) genannten Bankarbeitstag aufgewandt hat oder, falls er vom Kauf absieht, nach vernünftiger Beurteilung aufgewandt hätte.

(5) „Zeitraum der Säumnis ist

(a) für die Berechnung der Ansprüche nach Absatz 1 die Zeit vom Kaufdatum (einschließlich) bis zu dem Tag, an dem die Pensionspapiere geliefert werden (ausschließlich), längstens jedoch bis zum Rückkaufdatum (ausschließlich); haben die Parteien kein Rückkaufdatum vereinbart, gilt als Rückkaufdatum der Tag, an dem nach frühstmöglicher Ausübung des Bestimmungsrechts nach Nr. 4 Abs. 3 die Pensionspapiere zurückzuliefern wären, und

(b) für die Berechnung der Ansprüche nach Absatz 2 die Zeit vom Rückkaufdatum (einschließlich) bis zu dem Tag, an dem die Pensionspapiere zurückgeliefert werden (ausschließlich), längstens jedoch bis zu dem in der Erklärung nach Absatz 2 (c) bestimmten Bankarbeitstag (ausschließlich).

(6) Für die Berechnung der auf den Zeitraum der Säumnis entfallenden Wertpapierdarlehenskosten oder anteiligen Pensionsentgelte gilt Nr. 4 Abs. 4 Satz 3 entsprechend.

(7) Werden die Pensionspapiere am Kaufdatum oder am Rückkaufdatum nicht geliefert, können die Parteien nur die in Absatz 1 und 2 vorgesehenen Rechte geltend machen. Die Geltendmachung eines weiteren Schadens ist ausgeschlossen. Nr. 11 Abs. 1 findet mit der Einschränkung Anwendung, dass im Falle des Ausbleibens der Lieferung ein wichtiger Grund zur Kündigung nach Nr. 11 Abs. 1 erst dann vorliegt, wenn die zur Lieferung verpflichtete Partei eine nach Absatz 1 oder 2 geschuldete Zahlung nach Fristablauf gemäß Nr. 11 Abs. 1 nicht leistet, es sei denn, dass ein anderer wichtiger Grund vorliegt.

(8) Wird eine geschuldete Zahlung bei Fälligkeit nicht geleistet, werden für den Zeitraum vom Tag der Fälligkeit (ausschließlich) bis zum Tag des Eingangs der Zahlung (einschließlich) Zinsen in Höhe des Verzugszinses berechnet. „Verzugszins ist der höchste der folgenden Sätze:

(a) der Pensionssatz,

(b) der Interbankensatz,

(c) ein Satz in Höhe des Finanzierungsaufwan des, der der anderen Partei durch darlehensweise Aufnahme eines Geldbetrages in derselben Höhe und Währung wie der geschuldete Betrag nachweislich entstanden ist.

6. Sicherheiten ⑧

(1) Unterschreitet an einem Bankarbeitstag die Summe der empfangenen und geschuldeten Leistungen der einen Partei („Sicherungsnehmer) die Summe der empfangenen und geschuldeten Leistungen der anderen Partei („Unterdeckung), wird die andere Partei („Sicherungsgeber) Ersterer auf Anforderung Sicherheiten mit einem Anrechnungswert übertragen, der den Betrag der Unterdeckung zumindest erreicht.

(2) Die Summe der empfangenen und geschuldeten Leistungen jeder Partei errechnet sich aus:

(a) der Summe der Marktwerte aller ihr von der anderen Partei gelieferten Pensionspapiere aus noch nicht vollständig abgewickelten Einzelabschlüssen unter Berücksichtigung gegebenenfalls im Einzelabschluss vereinbarter Auf- oder Abschläge zuzüglich der Summe der Anrechnungswerte der ihr von der anderen Partei nach Absatz 1 als Sicherheit übertragenen Wertpapiere,

(b) der Summe aller von der anderen Partei erhaltenen Kaufpreise aus noch nicht vollständig abgewickelten Einzelabschlüssen zuzüglich der Summe der Anrechnungswerte der ihr von der anderen Partei nach Absatz 1 als Sicherheit übertragenen Geldbeträge sowie etwaiger hierauf vereinbarter und aufgelaufener Zinsen,

(c) der Summe aller der anderen Partei nach Nr. 7 Abs. 1 geschuldeten Kompensationszahlungen aus noch nicht vollständig abgewickelten Einzelabschlüssen und

(d) der Summe aller der anderen Partei geschuldeten anteiligen Pensionsentgelte aus noch nicht vollständig abgewickelten Einzelabschlüssen; das anteilige Pensionsentgelt errechnet sich aus dem Pensionssatz, bezogen auf den Kaufpreis und auf die Zeit vom Kaufdatum (einschließlich) bis zum jeweiligen Bankarbeitstag (ausschließlich), zu dem die Summe der empfangenen und geschuldeten Leistungen errechnet werden; Nr. 4 Abs. 4 Satz 3 gilt entsprechend.

44.018 (11/05)

(e) Maßgeblich für die Feststellung der Marktwerte ist der Zeitpunkt des Geschäftsschlusses von Banken in Frankfurt am Main an dem betreffenden Bankarbeitstag.

(3) Die Berechnungsstelle wird die Summe der von jeder Partei empfangenen und geschuldeten Leistungen für jeden Bankarbeitstag („Berechnungstag") in Euro berechnen. Sie teilt den Vertragspartnern bzw. der anderen Partei das Ergebnis der Berechnungen an dem auf den Berechnungstag folgenden Bankarbeitstag bis spätestens 11.00 Uhr Ortszeit Frankfurt am Main mit. Sie wird den Vertragspartnern bzw. der anderen Partei auf Verlangen eine Aufstellung zuleiten, aus der sich die Grundlage für die Berechnung der von jeder Partei empfangenen und geschuldeten Leistungen in nachvollziehbarer Weise ergibt.

(4) Die zu übertragenen Sicherheiten können nach Wahl des Sicherungsgebers Geldsicherheiten in Euro, auf Euro lautende Schuldverschreibungen der Bundesrepublik Deutschland mit einer Restlaufzeit von nicht länger als fünf Jahren oder Geldsicherheiten und Wertpapiere, auf die sich die Parteien geeinigt haben, sein.

(5) „Anrechnungswert" ist bei Barsicherheiten der Nominalbetrag, bei Wertpapiersicherheiten der Marktwert der zu übertragenden Wertpapiere multipliziert mit dem gegebenenfalls vereinbarten Anrechnungssatz für diese Wertpapiere. Nicht auf Euro lautende Beträge sind zum Briefkurs in Euro umzurechnen.

(6) Die Sicherheiten sind, wenn dem Sicherungsgeber die Anforderung nach Absatz 1 an einem Bankarbeitstag bis 11.00 Uhr Ortszeit in Frankfurt am Main zugeht, am folgenden Bankarbeitstag, andernfalls am übernächsten Bankarbeitstag, in das in Nr. 15 Abs. 8 genannte Depot oder Konto zu übertragen. Nr. 4 Abs. 5 und 6 gelten entsprechend. Der Sicherungsnehmer ist berechtigt, über die Sicherheiten uneingeschränkt zu verfügen.

(7) Auf Wertpapiere, die als Sicherheit übertragen wurden, finden Nr. 7, 8 und 9 entsprechende Anwendung.

(8) Die Leistung von Barsicherheiten begründet eine Geldschuld des Sicherungsnehmers und ist zu dem Interbankensatz abzüglich oder zuzüglich des in Nr. 15 Abs. 6 vereinbarten Zinsabschlages oder Zinsaufschlages und zu den vereinbarten Fälligkeitsterminen zu verzinsen. Mangels einer Vereinbarung entspricht der Zinssatz dem Interbankensatz abzüglich 0,10% p. a.; die Zinsen sind rückwirkend am Ende eines jeden Kalendermonats und an jedem Bankarbeitstag, an dem der Sicherungsnehmer eine Überdeckung auszugleichen hat, zu zahlen.

(9) Die übertragenen Sicherheiten dienen zur Besicherung aller bestehenden, künftigen, bedingten und befristeten Ansprüche des Sicherungsnehmers gegen den Sicherungsgeber im Zusammenhang mit dem Vertrag. Nr. 13 Abs. 3 bleibt unberührt.

(10) Die übertragenen Sicherheiten unterliegen der Substitution nach Nr. 10. Für die Ersetzung durch auf Euro lautende Schuldverschreibungen der Bundesrepublik Deutschland mit einer Restlaufzeit von nicht länger als fünf Jahren oder unverzinslich zur Verfügung gestellte Geldbeträge in Euro gilt die Zustimmung des Sicherungsnehmers als erteilt.

(11) Besteht an einem Bankarbeitstag eine Überdeckung, wird der Sicherungsnehmer dem Sicherungsgeber auf Anforderung und nach Wahl des Sicherungsgebers Geldbeträge oder Wertpapiere auf das in Nr. 15 Abs. 8 genannte Depot oder Konto übertragen, die den vom Sicherungsgeber geleisteten Sicherheiten gleichartig sind und deren Anrechnungswert den Betrag der Überdeckung nicht übersteigt („Ausgleich der Überdeckung"). Eine Überdeckung liegt vor, wenn die Summe der vom Sicherungsnehmer empfangenen und geschuldeten Leistungen die Summe der vom Sicherungsgeber empfangenen und geschuldeten Leistungen überschreitet. Gleichartig sind bei Barsicherheiten Beträge in derselben Währung, bei Wertpapiersicherheiten Wertpapiere gleicher Art und Menge. Nr. 4 Abs. 5 und 6 gelten entsprechend.

(12) Schuldet der Sicherungsnehmer als Ausgleich der Überdeckung die Lieferung gleichartiger Wertpapiere und liefert er die Wertpapiere weder bei Fälligkeit noch innerhalb einer vom Sicherungsgeber gesetzten angemessenen Nachfrist (die auch wenige Stunden betragen kann), so kann der Sicherungsgeber anstelle der Lieferung einen Betrag in Höhe der von ihm festgestellten Ersatzerwerbskosten verlangen. Nr. 5 Abs. 7 gilt entsprechend; Nr. 5 Abs. 4 gilt mit der Maßgabe, dass an die Stelle des in der Erklärung nach Nr. 5 Abs. 2 (c) genannten Bankarbeitstages der auf den Tag des Fristablaufes folgende Bankarbeitstag tritt.

(13) Wird in Nr. 15 Abs. 7 für eine Partei ein Mindesttransferbetrag vereinbart, ist diese Partei zur Übertragung von Sicherheiten oder zum Ausgleich einer Überdeckung nur verpflichtet, wenn die betreffende Unter- oder Überdeckung diesen Mindesttransferbetrag erreicht. Im Falle des Ausgleichs einer Überdeckung gilt dies jedoch nicht, wenn sich die Anforderung des Sicherungsgebers auf sämtliche vom Sicherungsnehmer gehaltenen Sicherhei- ten bezieht.

(14) Jede Partei kann die Übertragung von Sicherheiten oder den Ausgleich einer Überdeckung verweigern, solange ein wichtiger Grund vorliegt, der sie berechtigt, den Vertrag nach Nr. 11 Abs. 1 zu kündigen.

7. Zinsen, Dividenden, sonstige Ausschüttungen, Berichtigungsaktien und Bezugsrechte ⑨

(1) Die während der Laufzeit des Pensionsgeschäftes auf die Pensionspapiere geleisteten Zinsen, Gewinnanteile, Kapitalrückzahlungen sowie sonstige Ausschüttungen stehen dem Pensionsgeber zu. Den Gegenwert hat der Pensionsnehmer mit Wertstellung zum Tag der tatsächlichen Zahlung durch den Emittenten zuzüglich des Betrages einbehaltener Steuern und Abgaben sowie Steuergutschriften an den Pensionsgeber zu zahlen („Kompensationszahlung").

(2) Die Kompensationszahlung umfasst bei Schuldverschreibungen sämtliche auf sie gezahlten Zinsen, bei Aktien sämtliche Ausschüttungen wie Dividenden oder Zahlungen im Falle von Kapitalherabsetzungen. Der in der Kompensationszahlung enthaltene Ausgleich für Steuern und Abgaben wird nur nach Maßgabe der dem Pensionsnehmer mitgeteilten steuerlichen Erstattungs- bzw. Anrechnungsansprüche des Pensionsgebers gezahlt.

(3) Berichtigungsaktien sowie eventuell verbleibende Teilrechte, die während des Pensionszeitraumes auf die Pensionspapiere begeben werden, sind Gegenstand des betreffenden Einzelabschlusses und vom Pensionsnehmer am Rückgabetag an den Pensionsgeber zu liefern.

2

(4) Entfallen auf die Pensionspapiere frei übertragbare Bezugsrechte, hat der Pensionsnehmer diese in das vereinbarte Depot des Pensionsgebers zu liefern. Liefert der Pensionsnehmer die Bezugsrechte nicht spätestens am dritten Tag des Bezugsrechtshandels und auch nicht innerhalb einer vom Pensionsgeber gesetzten angemessenen Nachfrist (die auch wenige Stunden betragen kann), kann der Pensionsgeber anstelle der Lieferung einen Betrag in Höhe der von ihm festgestellten Ersatzerwerbskosten verlangen. Nr. 5 Abs. 4 gilt mit der Maßgabe, dass an die Stelle des in der Erklärung nach Nr. 5 Abs. 2

(c) genannten Bankarbeitstages der auf die Benachrichtigung des Sicherungsnehmers folgende vierte Bankarbeitstag tritt. Die Geltendmachung eines weiteren Schadens ist ausgeschlossen. Nr. 11 Abs. 1 findet mit der Einschränkung Anwendung, dass im Falle des Ausbleibens der Lieferung der Bezugsrechte ein wichtiger Grund zur Kündigung nach Nr. 11 Abs. 1 erst dann vorliegt, wenn der Pensionsnehmer eine nach Satz 2 geschuldete Zahlung nach Fristablauf gemäß Nr. 11 Abs. 1 nicht leistet, es sei denn, dass ein anderer wichtiger Grund vorliegt.

8. Steuern und Abgaben

(1) Falls eine Partei verpflichtet ist oder verpflichtet sein wird, von einer durch sie zu leistenden Zahlung einen Steuer- oder Abgabenbetrag abzuziehen oder einzubehalten, wird sie die zusätzlichen Beträge an die andere Partei zahlen, die erforderlich sind, damit die andere Partei den vollen Betrag erhält, der ihr im Zeitpunkt einer solchen Zahlung zustehen würde, wenn kein Abzug oder Einbehalt erforderlich wäre. Dies gilt nicht, wenn die betreffende Steuer oder Abgabe vom

(a) Heimatstaat des Zahlungsempfängers oder einer in diesem Staat ansässigen Steuerbehörde oder

(b) aufgrund eines den Heimatstaat bindenden zwischenstaatlichen Vertrages oder einer auf diesem Vertrag beruhenden Rechtsnorm auferlegt oder erhoben wird. „Heimatstaat" ist der Staat, in dem der Zahlungsempfänger seinen Sitz hat bzw. als ansässig angesehen wird. Die Bestimmungen in Nr. 7 bleiben unberührt.

(2) Jede Partei trägt die Stempel- oder Urkundensteuern oder ähnlichen Abgaben („Urkundensteuern"), die ihr in einem Staat, in dem sich ihr Sitz oder Wohnsitz befindet, in Bezug auf den Rahmenvertrag oder einen Einzelabschluss auferlegt werden. Werden einer Partei in einem Staat, in dem sie weder ihren Sitz noch ihren Wohnsitz unterhält, in Bezug auf den Rahmenvertrag oder einen Einzelabschluss Urkundensteuern auferlegt, kann sie von der anderen Partei Erstattung der gezahlten Urkundensteuern verlangen, wenn sich der Sitz oder Wohnsitz der anderen Partei in diesem Staat befindet.

(3) Soweit auf Lieferungen von Wertpapieren Steuern, Kosten, Gebühren oder Abgaben anfallen, sind diese bei Pensionspapieren vom Pensionsnehmer und bei als Sicherheit übertragenen Wertpapieren von der besicherungspflichtigen Partei zu tragen.

9. Besondere Ereignisse ⑩

Falls während der Laufzeit eines Einzelabschlusses

(a) aufgrund einer nach dem Abschlussdatum des Einzelabschlusses erfolgenden Änderung von Rechtsvorschriften oder von deren Anwendung oder amtlichen Auslegung zu erwarten ist, dass eine Partei in Bezug auf eine aufgrund dieses Einzelabschlusses zu leistende Zahlung zusätzliche Beträge gemäß Nr. 8 Abs. 1 zu zahlen hat oder eine Steuergutschrift erhält,

(b) Pensionspapiere dieses Einzelabschlusses zum Zwecke der vorzeitigen Tilgung gekündigt werden,

(c) in Bezug auf Pensionspapiere dieses Einzelabschlusses ein öffentliches Tilgungs-, Umtausch-, Wandlungs- Abfindungs- oder Umtauschangebot unterbreitet oder angekündigt wird,

(d) an die Inhaber der Pensionspapiere nicht frei übertragbare Bezugsrechte oder sonstige Vorzugsrechte oder Vermögenswerte gewährt oder ausgeschüttet werden oder

(e) falls und soweit die Parteien die Anwendbarkeit dieses Tatbestandes vereinbart haben, an die Inhaber der Pensionspapiere (i) Dividende gezahlt oder (ii) an die den Inhabern der Pensionspapiere gezahlten Zinsen oder Dividenden eine Steuergutschrift oder ein Steuererstattungsanspruch geknüpft ist,

wird das Rückkaufdatum im Fall von (e) automatisch und in den übrigen Fällen durch Erklärung einer Partei gegenüber der anderen Partei vorverlegt, und zwar in den Fällen von (a), (b) und (e) auf den dritten Bankarbeitstag vor dem erwarteten Zahlungseingang und in den Fällen von (c) und (d) auf den dritten Bankarbeitstag vor dem letzten Tag, an dem das Angebot angenommen werden kann oder den Tag, an dem die Rechte oder Vermögenswerte gewährt oder ausgeschüttet werden.

10. Substitution ⑪

(1) Mit Zustimmung des Pensionsnehmers kann der Pensionsgeber die Pensionspapiere eines Einzelabschlusses insgesamt oder teilweise durch andere Wertpapiere ersetzen („Substitution").

(2) Die Zustimmung zur Substitution kann bereits im Einzelabschluss erteilt werden. Sofern die Parteien die Substitution zu einem späteren Zeitpunkt vereinbaren, hat der Pensionsgeber dem Pensionsnehmer den Inhalt der Substitutionsvereinbarung innerhalb eines Bankarbeitstages schriftlich, fernschriftlich, telegraphisch, durch Telefax oder in ähnlicher Weise zu bestätigen.

(3) Die Substitution erfolgt Zug um Zug gegen Rücklieferung der zu ersetzenden Pensionspapiere an den Pensionsgeber. Mit erfolgter Sub- stitution treten die gemäß der Substitutionsvereinbarung gelieferten Wertpapiere an die Stelle der zurückgelieferten Pensionspapiere. Nr. 4 Abs. 7 gilt entsprechend.

(4) Liefert der Pensionsnehmer die zu ersetzenden Pensionspapiere weder rechtzeitig noch innerhalb einer ihm vom Pensionsgeber gesetzten angemessenen Nachfrist (die auch wenige Stunden betragen kann) zurück, so kann der Pensionsgeber anstelle der Lieferung einen Betrag in Höhe der von ihm festgestellten Ersatzerwerbskosten verlangen. Nr. 5 Abs. 7 gilt entsprechend; Nr. 5 Abs. 4 gilt mit der Maßgabe, dass an die Stelle des in der Erklärung nach Nr. 5 Abs. 2 (c) genannten Bankarbeitstages der auf den Tag des Fristablaufes folgende Bankarbeitstag tritt.

44.018 (11/05)

(5) Steuern, Gebühren oder Kosten, die im Zusammenhang mit einer Substitution entstehen, trägt der Pensionsgeber.

11. Beendigung

(1) Sofern Einzelabschlüsse getätigt und noch nicht vollständig abgewickelt sind, ist der Vertrag nur aus wichtigem Grund kündbar. Ein solcher liegt insbesondere dann vor, wenn die zur Zahlung oder zur Übertragung von Sicherheiten verpflichtete Partei die von ihr geschuldete Leistung weder bei Fälligkeit noch innerhalb einer von der anderen Partei gesetzten angemessenen Nachfrist erbringt. Die angemessene Nachfrist beträgt im Falle einer fälligen Zahlung und im Falle eines fälligen Anspruchs auf Übertragung von Sicherheiten einen Bankarbeitstag. Die Kündigung und die Fristsetzung müssen schriftlich, fernschriftlich, telegraphisch, durch Telefax oder in ähnlicher Weise erfolgen. Eine Teilkündigung, insbesondere die Kündigung einzelner und nicht aller Einzelabschlüsse aus wichtigem Grund, ist ausgeschlossen. Nr. 5 Abs. 1 (d), Abs. 2 (c) und Nr. 9 bleiben unberührt.

(2) Der Vertrag endet ohne Kündigung im Insolvenzfall. Dieser ist gegeben, wenn das Konkurs- oder ein sonstiges Insolvenzverfahren über das Vermögen einer Partei beantragt wird und diese Partei entweder den Antrag selbst gestellt hat oder zahlungsunfähig oder sonst in einer Lage ist, die die Eröffnung eines solchen Verfahrens rechtfertigt.

(3) Im Falle der Beendigung durch Kündigung oder Insolvenz („Beendigung") ist keine Partei mehr zu Zahlungen, Lieferungen oder sonstigen Leistungen verpflichtet, die gleichtägig oder später fällig geworden wären; an die Stelle dieser Verpflichtungen tritt eine einheitliche Forderung („Ausgleichsforderung") nach Nr. 13.

12. Schadensersatz und Vorteilsausgleich

(1) Im Fall der Beendigung steht der kündigenden bzw. der solventen Partei („ersatzberechtigte Partei") ein Anspruch auf Schadensersatz zu. Der Schaden wird auf der Grundlage von unverzüglich abzuschließenden Ersatzgeschäften ermittelt, die dazu führen, dass die ersatzberechtigte Partei alle Zahlungen und sonstigen Leistungen erhält, die ihr bei ordnungsgemäßer Vertragsabwicklung zugestanden hätten. Sie ist berechtigt, nach ihrer Auffassung dazu geeignete Verträge abzuschließen. Wenn sie von dem Abschluss derartiger Ersatzgeschäfte absieht, kann sie denjenigen Betrag der Schadensberechnung zugrunde legen, den sie für solche Ersatzgeschäfte auf der Grundlage von Zinssätzen, Terminsätzen, Kursen, Marktpreisen, Indices und sonstigen Wertmessern sowie Kosten und Auslagen zum Zeitpunkt der Kündigung bzw. der Kenntniserlangung von dem Insolvenzfall hätte aufwenden müssen. Der Schaden wird unter Berücksichtigung aller Einzelabschlüsse berech¬net; ein finanzieller Vorteil, der sich aus der Beendigung von Einzelabschlüssen (einschließlich solcher, aus denen die ersatzberechtigte Partei bereits alle Zahlungen oder sonstigen Leistungen der anderen Partei erhalten hat) ergibt, wird als Minderung des im Übrigen ermittelten Schadens berücksichtigt.

(2) Erlangt die ersatzberechtigte Partei aus der Beendigung von Einzelabschlüssen insgesamt einen finanziellen Vorteil, schuldet sie vorbehaltlich Nr. 13 Abs. 3 der anderen Partei einen Betrag in Höhe dieses Vorteils, höchstens jedoch in Höhe des Schadens der anderen Partei. Bei der Berechnung des finanziellen Vorteils finden die Grundsätze des Absatzes 1 über die Schadensberechnung entsprechende Anwendung.

13. Ausgleichsforderung

(1) Im Fall der Beendigung des Vertrages ermittelt die ersatzberechtigte Partei unverzüglich für sämtliche übertragenen und vom Sicherungs¬nehmer noch nicht zurückgewährten Sicherheiten die Anrechnungswerte, jedoch ohne Berücksichtigung der gegebenenfalls vereinbarten Anrechnungssätze.

(2) Der nach Nr. 12 ermittelte Schadensersatz wird von der ersatzberechtigten Partei zusammen mit den Anrechnungswerten nach Absatz 1, den rückständigen Beträgen und sonstigen Leistungen zu einer einheitlichen Ausgleichsforderung in Euro zusammengefasst, wobei für rückständige sonstige Leistungen entsprechend Nr. 12 Abs. 1 Satz 2 bis 4 ein Gegenwert in Euro ermittelt wird.

(3) Eine Ausgleichsforderung gegen die ersatzberechtigte Partei wird nur fällig, soweit diese keine Ansprüche aus irgendeinem rechtlichen Grund gegen die andere Partei („Gegenansprüche") hat. Zur Berechnung des Werts der Gegenansprüche hat die ersatzberechtigte Partei diese,

(a) soweit sie sich nicht auf Euro beziehen, zum Briefkurs in Euro umzurechnen,

(b) soweit sie sich nicht auf Geldzahlungen beziehen, entsprechend Nr. 12 Abs. 1 Satz 2 bis 4 in eine in Euro ausgedrückte Schadensersatzforderung umzuwandeln und

(c) soweit sie nicht fällig sind, mit ihrem Barwert (unter Berücksichtigung der Zinsansprüche) zu berücksichtigen.

Die ersatzberechtigte Partei kann die Ausgleichsforderung der anderen Partei gegen die nach Satz 3 errechneten Gegenansprüche aufrechnen. Soweit sie dies unterlässt, wird die Ausgleichsforderung fällig, sobald und soweit ihr keine Gegenansprüche mehr gegenüberstehen.

14. Besondere Bestimmungen für Buy/Sell-Back-Geschäfte ⑫

(1) Für die als Buy/Sell-Back-Geschäfte vereinbarten Einzelabschlüsse gelten ergänzend die nachfolgenden Bestimmungen:

(2) Der Kaufpreis ist die Summe aus (a) dem ohne Einbeziehung der Stückzinsen angegebenen Preis für den Erwerb der Pensionspapiere („Nettokaufpreis") und (b) den auf die Zeit bis zum Kaufdatum aufgelaufenen Stückzinsen. Der Rückkaufpreis ist die Summe aus (a) Nettokaufpreis und Pensionsentgelt und (b) den auf die Zeit bis zum Rückkaufdatum aufgelaufenen Stückzinsen. „Stückzinsen" sind der jeweils aufgelaufene Teil der vom Emittenten der Pensionspapiere auf diese zu zahlenden Zinsen.

(3) Die Bestimmungen der Nr. 7 finden nur Anwendung, wenn die Parteien dies in Nr. 15 Abs. 6 besonders vereinbart haben.

15. Verschiedenes

(1) Die Übertragung von Rechten oder Verpflichtungen aus dem Vertrag bedarf der vorherigen schriftlichen, fernschriftlichen, telegraphischen, durch Telefax oder in ähnlicher Weise mitgeteilten Zustimmung der jeweils anderen Partei. Nr. 3 Abs. 2 gilt entsprechend.

3

(2) Sind Bestimmungen des Vertrages unwirksam oder undurchführbar, bleiben die übrigen Vorschriften hiervon unberührt. Gegebenenfalls hierdurch entstehende Vertragslücken werden durch ergänzende Vertragsauslegung unter angemessener Berücksichtigung der Interessen der Parteien geschlossen

(3) Dieser Vertrag unterliegt dem Recht der Bundesrepublik Deutschland.

(4) Nicht ausschließlicher Gerichtsstand ist Frankfurt am Main.

(5) Niederlassungen
des Vertragspartners:

der Bank:

(6) Die nachfolgenden Sätze gelten nur, soweit die dazu bestimmten Felder angekreuzt oder ausgefüllt sind.

☐ Nr. 4 Abs. 7 findet auf die Zahlung von Geldbeträgen keine Anwendung.

☐ Nr. 4 Abs. 7 findet auf die Lieferung von Wertpapieren keine Anwendung.

☐ Nr. 6 findet mit der Maßgabe Anwendung, dass für die Berechnung der von jeder Partei empfangenen und geschuldeten Leistungen, der daraus gegebenenfalls resultierenden Über- und Unterdeckung und für die Berücksichtigung der gegebenenfalls vereinbarten Mindesttransferbeträge ausschließlich Zahlungen und Lieferungen aufgrund

☐ des jeweiligen Einzelabschlusses,

☐ sämtlicher auf Schuldverschreibungen bezogenen Einzelabschlüsse einerseits und sämtlicher auf Aktien bezogenen Einzelabschlüsse andererseits

maßgeblich sind.

☐ Der Zinsabschlag (negative Zahl) oder der Zinsaufschlag (positive Zahl) gemäß Nr. 6 Abs. 8 beträgt ______ % p.a.

☐ Nr. 6 findet auf Buy/Sell-Back-Geschäfte keine Anwendung.

☐ Nr. 7 findet auf Buy/Sell-Back-Geschäfte Anwendung.

☐ Nr. 7 findet nur auf Buy/Sell-Back-Geschäfte auf Aktien Anwendung.

☐ Nr. 9 (e) findet Anwendung.

(7) Für die Parteien gelten folgende Mindesttransferbeträge:

Vertragspartner:

Euro

Bank:

Euro

(8) Konten und Depots für die Übertragung von Sicherheiten:

Der Vertragspartner wird die von ihm geschuldeten Sicherheiten auf die folgenden Konten und Depots übertragen: gemäß gesonderter Mitteilung.

Die Bank wird die von ihr geschuldeten Sicherheiten auf die folgenden Konten und Depots übertragen:

(9) Berechnungsstelle

(10) Mitteilungen nach Nr. 6 sind an folgende Anschriften zu richten:

Vertragspartner:

Bank:

(11) Der Rahmenvertrag in der hiermit vereinbarten Fassung gilt auch für alle etwaigen Einzelabschlüsse der Parteien unter dem Rahmenvertrag in einer früheren Fassung. Diese gelten als Einzelabschlüsse unter dem Rahmenvertrag in dieser neuen Fassung. Für diese Einzelabschlüsse bleibt die bisherige Fassung jedoch insoweit maßgeblich, als dies zum Verständnis der in ihnen getroffenen Regelungen erforderlich ist.

Adresse Vertragspartner:	**Adresse Bank:**
Anschrift	Anschrift
Fax	Fax
Abteilung	Abteilung

16. Sonstige Vereinbarungen

Unterschrift(en) der Bank	Unterschrift(en) der/des Vertragspartners

44 018 (11/05)

4

Schrifttum: *Böhm/Bergfort* in Assies/Beule/Heise/Strube, Handbuch des Fachanwalts Bank- und Kapitalmarktrecht, 5. Aufl 2019, Kap 7, XII. Wertpapierpensionsgeschäfte, Repurchase Agreements und Buy-/Sell-Back-Geschäfte, Rn 708 ff.; *Bush*, The PSA/ISMA Agreement: An Analysis of the Principal Terms, Butterworths Journal of International Banking and Financial Law, Januar **1997**, 33; *Ebenroth/Bader*, Rechtliche Qualifikation und aufsichtsrechtliche Behandlung grenzüberschreitender Wertpapierpensionsgeschäfte, ZBB **1990**, 75; *Gesell*, Wertpapierleihe und Repurchase Agreement im deutschen Recht, 1995; *Harding/Johnson,* A Practical Guide to Using Repo Master Agreements, 2005; *Hopt* in Baumbach/Hopt, HGB, 39. Aufl 2020, § 340b und (7) Bankgeschäfte J/5 u T/2; *Fried* in Kirchhof/Eidenmüller/Stürner (Hrsg), Münchener Kommentar zur Insolvenzordnung, Band 2, 4. Aufl 2019, § 104; *Mühlhäuser/Stoll,* Besteuerung von Wertpapierdarlehens und -pensionsgeschäften, DStR **2002,** S 1597 ff.; *Obermüller/Hartenfels,* Finanzsicherheiten, BKR **2004,** 440; *Schäfer* in Schwintowski, Bankrecht, 6. Aufl 2021, Kap 23: Wertpapierleihe; *Schindler/Hindelang,* Praxishandbuch Repos und Wertpapierdarlehen, 2016; *Storck,* Wertpapierpensionsgeschäfte, Finanzderivate Rechtshandbuch, 4. Aufl 2016, § 15; *Teuber,* Wertpapierdarlehen und Wertpapierpensionsgeschäft, Bankrechts-Handbuch, 5. Aufl 2017, § 105 Rn 12 ff.

Anmerkungen

Vor 1. Wie bei der Dokumentation von OTC-Derivaten und Wertpapierdarlehen haben sich auch für das sog außerbörsliche Repo-Geschäft (zum Begriff s u → Anm. 1) standardisierte Rahmenverträge (Master Agreements, s hierzu allg → Form. IV.S.1 Vor 1) herausgebildet. Marktstandard für grenzüberschreitende internationale Repo-Transaktionen ist das auf der Basis englischen Rechts von der heutigen „International Capital Markets Association" (ICMA) und der „Securities Industry and Financial Markets Association" (SIFMA) publizierte „Global Master Repurchase Agreement" (**GMRA**) in der aktuellen Fassung von Mai 2011 (vgl den Überblick zur Vertragsstruktur und einzelnen Klauseln bei *Schindler/Hindelang* S 163 ff.; Ursprungsversion aus dem Jahr 1992 auf der Grundlage des bereits bestehenden „PSA-Agreements", überarbeitete Fassungen 1995 und 2000) sowie der Rahmenvertrag für Finanzgeschäfte (European Master Agreement – **EMA** (1. Version 1999, überarbeitete Fassungen 2001, 2004 und 2020 → Form. IV.S.19) in Verbindung mit dem Produktanhang für Pensionsgeschäfte (→ Form. IV.T.5). Im US-amerikanischen Markt findet das dem Recht des Staates New York unterliegende (ursprüngliche) „PSA Master Repurchase Agreement" Verwendung (Einzelheiten bei *Bush,* BJIBFL 97, 33 ff.; *Schindler/Hindelang* S 163 f). Inländische Marktteilnehmer verwenden derzeit regelmäßig den „**Rahmenvertrag für Wertpapierpensionsgeschäfte (Repos)**" („RV-Wertpapierpensionsgeschäfte"), der von einem verbandsübergreifenden Arbeitskreis der als Deutsche Kreditwirtschaft (ehemals Zentraler Kreditausschuss) zusammenwirkenden Verbände entwickelt, im Jahr 2003 veröffentlicht und Anfang 2005 geringfügig überarbeitet wurde (zu seiner **aktuell erfolgenden Überarbeitung** und anstehenden Neuveröffentlichung s → Anm. 14). Dieser Vertrag basiert auf dem ersten in Deutschland für den nationalen Repomarkt erarbeiteten Vertrag aus dem Jahr 1997, dem „Rahmenvertrag für echte Pensionsgeschäfte (Repos)", der vom RV-Wertpapierpensionsgeschäfte abgelöst wurde. Ziel des neuen Rahmenvertrages war es, den Standard der deutschen Dokumentation für Pensionsgeschäfte stärker an das im Jahr 1999 veröffentlichte European Master Agreement – EMA (→ Form. IV.T.5 und → Form. IV.S.19) heranzuführen, wobei er in seiner Konzeption und seinen nicht produktspezifischen Bestimmungen in weiten Teilen dem RV-Wertpapierdarlehen und dem Rahmenvertrag für Finanztermingeschäfte entspricht (*Böhm/Bergfort* Kap 7 Rn 716). Der RV-Wertpapierpensionsgeschäfte hat nach wie vor Bedeutung für das Wertpapierpensionsgeschäft mit Privatpersonen und kleinen oder mittleren Unternehmen ohne grenzüberschreitende Aspekte. Dies gilt insbesondere dann, wenn die Parteien ausschließlich Repos und nicht auch Wertpapierdarlehen oder Finanztermingeschäfte abschließen. Anderenfalls ist eine Dokumentation der Geschäfte unter dem EMA zu bevorzugen, da dieses die Vorteile eines Cross-Product Nettings oder Cross-Product Marginings eröffnet (s hierzu im Einzelnen → Form. IV.S.19 Anm. 1, 3).

Neben dem außerbörslichen Repo-Geschäft, das auf der Grundlage von oben genannten Rahmenverträgen getätigt wird, bieten beispielsweise Eurex („Eurex Repo") oder LCH („RepoClear") eine vollelektronische Handelsplattform für den außerbörslichen Handel von Repo-Geschäften an.

1. Anders als sein Vorgänger stellt der Rahmenvertrag auf den Begriff des „Wertpapierpensionsgeschäfts" und nicht des „echten Pensionsgeschäfts" (so noch die Vertragsbezeichnung und der Vertragsgegenstand des Vorgänger-Rahmenvertrages) ab; dafür gibt es im Wesentlichen folgende Gründe: Der Begriff des echten Pensionsgeschäfts nach § 340b HGB ist ein rein nationaler Rechtsbegriff, der international nicht bekannt ist. Zum anderen setzt der Rahmenvertrag in Nr 1 Abs 1 S 3 bereits implizit voraus, dass die unter ihm abgeschlossenen Transaktionen regelmäßig, sofern die Parteien keine abweichende Vereinbarung treffen, als echte Pensionsgeschäfte zu qualifizieren sind: „Der Pensionsnehmer verpflichtet sich gleichzeitig, ... zurückzuliefern." Die Unterscheidung zwischen echten und unechten Pensionsgeschäften ergibt sich aus § 340b Abs 2 und 3 HGB: Bei ersterem ist der Pensionsnehmer **verpflichtet**, die erhaltenen Vermögensgegenstände zurückzuübertragen; bei letzterem kann er frei entscheiden, ob er am Ende der Laufzeit die Wertpapiere in seinen eigenen Bestand endgültig übernimmt oder eine Rückübertragung vornimmt. Somit wurde bei der neuen Version des Rahmenvertrages auch ohne eine Verwendung des detaillierten Begriffes in der Vertragsbenennung klargestellt, dass hinsichtlich des abgedeckten Transaktionstypus Kontinuität zur Vorgängerversion besteht.

Der Rahmenvertrag verwendet den Begriff „Wertpapierpensionsgeschäft" als Synonym für das „Repurchase Agreement" (**Kurzform Repo**) der angloamerikanischen Vertragspraxis (näher zu den verschiedenen Ausgestaltungen von Repo-Geschäften – Sell/Buy Back Transactions, Reverse-Repos, Triparty Repos; s *Bush*, BJIBFL 1997, 34; *Teuber* § 105 Rn 26 ff.; *Schindler/Hindelang* S 97 ff. mit detaillierten, praxisbezogenen Produktbeschreibungen). Beide Geschäftsformen beinhalten die Kombination eines Kassaverkaufs von Wertpapieren durch den „Verkäufer"/„Pensionsgeber"/„Cash Taker"an den „Käufer"/„Pensionsnehmer"/"Cash Provider" mit dem gleichzeitigen Rückkauf von Wertpapieren auf Termin zu bereits feststehenden Konditionen (so auch *Storck* § 15 Rn 5; *Lange* in Schwintowski, Kap 21, Rn 22). Diese Wertung entspricht der herrschenden Meinung im rechtswissenschaftlichen Schrifttum, die Repurchase Agreements als echte (Wertpapier-)Pensionsgeschäfte iSv § 340b Abs 2 HGB ansieht (MüKoInsO/*Fried* § 104 Rn 132; *Teuber* § 105 Rn 20 stellt auf die konkrete Ausgestaltung des Einzelgeschäfts ab, verweist aber auf die weit verbreitete Verwendung standardisierter Vertragstexte, was in der Praxis regelmäßig zum gleichen Ergebnis führt; ähnlich *Lange* in Schwintowski Kap 21 Rn 23).

Ein Unterschied könnte sich allenfalls mit Blick auf den Gegenstand des Rückkaufs ergeben. Während sich beim Repurchase Agreement die Rücklieferungsverpflichtung der als „Buyer" bezeichneten Vertragspartei (Käufer im Rahmen des Kassageschäfts/Verkäufer im Rahmen des Termingeschäfts) nach den vertraglichen Bestimmungen eindeutig lediglich auf Papiere gleicher Art, Menge und Güte bezieht, ist dies für echte Pensionsgeschäfte umstritten. Zum Teil wird hier die Auffassung vertreten, der „Pensionsnehmer" habe bei Fälligkeit die ursprünglich erhaltenen Stücke zurückzuliefern (*Ebenroth/Bader* ZBB 1990, 75, 76; aA *Teuber* § 105 Rn 18; MüKoInsO/*Fried* § 104 Rn 132 f.; *Böhm/Bergfort* Kap 7 Rn 709). In der Praxis kommt dieser Differenzierung indes keine Bedeutung zu. Die Belieferung von Wertpapierpensionsgeschäften erfolgt typischerweise durch Verschaffung von Miteigentum an einem Girosammelbestand (vgl hierzu → Form. IV.Q.1 Anm. 16/Clouth/Sänger), so dass eine Rückübertragung „identischer" Papiere von vornherein ausscheidet (*Böhm/Bergfort* in Assies/Beule/Heise/Strube Kap 7 Rn 709; *Teuber* § 105 Rn 18; *Storck* § 15 Rn 5; *Lange* in Schwintowski Kap 21 Rn 23). Darüber hinaus klärt der RV-Wertpapierpensionsgeschäfte in Nr 1 Abs 1 S 3 diese Streitfrage – analog zur angloamerikanischen Vertragspraxis – dahingehend, dass Wertpapiere lediglich „gleicher Art und Menge" zurückzuliefern sind. Zur Abgrenzung des echten Wertpapierpensionsgeschäft vom besicherten Wertpapierdarlehen, s *Lange* in Schwintowski Kap 21 Rn 17; *Storck* § 15 Rn 5; *Teuber* § 105 Rn 16 u 25.

Die Rechtsnatur der echten Pensionsgeschäfte ist umstritten. Nach zutreffender herrschender Meinung handelt es sich um die Kombination zweier Kaufverträge iSv §§ 433 ff. BGB (*Ebenroth/Bader* ZBB 1990, 75, 76; *Hopt,* HGB, § 340b Rn 1 und (7) Bankgeschäfte J/5 u T/2; *Schäfer* in Schwintowski § 22 Rn 18; für das englische Recht *Bush* BJIBFL 1997, 33, 34; aA *Gesell* S 165: Vertrag sui generis mit Elementen des Kauf- und des Darlehensvertrags; *Teuber* § 105 Rn 19: gemischter Vertrag, s jedoch auch Rn 23; der Unterschied zum typischen Kaufvertrag bestehe vor allem darin, dass bei Pensionsgeschäften keine endgültige Vermögensverschiebung beabsichtigt sei, sondern dem Pensionsnehmer nur die Möglichkeit einer vorübergehenden Nutzung der Wertpapiere eingeräumt werde).

Wirtschaftliches Motiv für den Abschluss von Repo-Geschäften ist auf Seiten des Pensionsgebers vielfach die Nutzung eines vorhandenen Wertpapierbestands zur – idR kurzfristigen – Liquiditätsbeschaffung. Das Repo-Geschäft substituiert in diesem Fall die Kapitalaufnahme am Geldmarkt. Dem Pensionsnehmer bietet die Repo-Transaktion die Möglichkeit einer verzinslichen Geldanlage mit hoher Sicherheit („Sicherungsübereignung“ der vom Pensionsgeber veräußerten und vom Pensionsnehmer zurückzuübertragenden Wertpapiere). Im Übrigen können Repo-Geschäfte auf Seiten des Pensionsnehmers wie Wertpapierdarlehensgeschäfte zur Überbrückung von Lieferengpässen eingesetzt werden. Des Weiteren erfreuen sich Repo-Geschäfte in der Form. eines Austausches zwischen unterschiedlichen Wertpapierrisikoklassen zunehmender Beliebtheit zur Verbesserung des Portfolios eines Marktteilnehmers (vgl im Einzelnen *Ebenroth/Bader* ZBB 1990, 75, 76; *Gesell* S 138 ff., 152 ff.; *Böhm/Bergfort* in Assies/Beule/Heise/Strube Kap 7 Rn 713 ff.; ausführlich *Schindler/Hindelang* S 142 ff). Im Rahmen der Geldpolitik tätigen die nationalen Zentralbanken ihre Offenmarktgeschäfte in Form. von Pensionsgeschäften.

2. Der Rahmenvertrag ist – wie der Rahmenvertrag für Finanztermingeschäfte (→ Form. IV. S. 1) und der Rahmenvertrag für Wertpapierdarlehen (→ Form. IV.T.1) – als **„einheitlicher Vertrag“** konzipiert, der nach dem Willen der Vertragsparteien alle Einzelabschlüsse über Wertpapierpensionsgeschäfte untereinander zu einem einheitlichen Schuldverhältnis zusammenfasst (s hierzu im einzelnen → Form. IV. S. 1 Anm. 2). Diese Vertragsstruktur spiegelt sich – neben der expliziten Regelung in Nr 1 Abs 2 S 2 – insbesondere in der rahmenvertragstypischen Beendigungsklausel (Nr 11), der Begründung einer einheitlichen Ausgleichsforderung (Nr 11 Abs 3) sowie deren Berechnung (Nr 13 Abs 1 u 2) und Fälligkeit (Nr 13 Abs 3) wider. Zum Teil wurden die Regelungen des Rahmenvertrages für Finanztermingeschäfte wörtlich übernommen. Insoweit kann auf die Erläuterungen zum Konzept des einheitlichen Vertrages unter → Form. IV. S. 1 Vor 1 und dort Anm. 2 verwiesen werden.

3. Im Vergleich zur Vorgängerversion des Rahmenvertrages wurde in Nr 2 ein Abschnitt für **Begriffsbestimmungen** neu aufgenommen. Das Konzept, vertragsnotwendige Begriffsbestimmungen in einer Regelung zusammenfassen, findet sich insbesondere in international gebräuchlichen Rahmenverträgen (etwa dem Global Master Repurchase Agreement (GMRA) (s dazu Vor 1), dort Ziffer 2 „Definitions“), aber auch zB in den Anhängen zum Rahmenvertrag für Finanztermingeschäfte wieder. In Bezug auf den „Marktwert“ erfolgte eine Präzisierung der Definition unter „Einbeziehung einer allgemein anerkannten Informationsquelle“ unter Anlehnung an das EMA.

4. Der Rahmenvertrag begründet keine Leistungspflichten der Vertragsparteien. Sie entstehen erst mit dem Zustandekommen der konkreten Repo-Geschäfte, die in der Praxis regelmäßig telefonisch oder über Handelsplattformen abgeschlossen werden. Nr 3 Abs 1 sieht für diesen Fall – wörtlich übereinstimmend mit Nr 2 Abs 1 des Rahmenvertrags für Finanztermingeschäfte – eine Bestätigung des Geschäftsabschlusses durch die Bank vor. Die **Einzelgeschäftsbestätigung**, bei der es sich rechtlich um ein kaufmännisches Bestätigungsschreiben handelt (s dazu IV S 1 Anm. 3), beinhaltet die wesentlichen wirtschaftlichen

Daten der jeweiligen Transaktion, wie Handelstag, Laufzeit des Geschäfts, Emittent, Gattung und Nominalbetrag der verkauften Wertpapiere sowie Kauf- und Rückkaufpreis. Voraussetzung für die Rechtswirksamkeit des Einzelabschlusses ist die Bestätigung jedoch ebenso wenig wie die gem Nr 3 Abs 2 auf Verlangen zu erteilende Vertragsausfertigung.

Im Unterschied zur EMIR (s dazu → Form. IV.S. 12 Vor 1), mit der eine Pflicht zur (rechtzeitigen) Geschäftsbestätigung und Gegenbestätigung für OTC-Derivate eingeführt wurde, enthält die Verordnung (EU) 2015/2365 des Europäischen Parlaments und des Rates vom 25. November 2015 über die Transparenz von Wertpapierfinanzierungsgeschäften und der Weiterverwendung sowie zur Änderung der Verordnung (EU) Nr 648/2012 (ABl v 23.12.2015, L 337/1) (sog **SFTR** oder SFT-Verordnung) keine vergleichbare Bestimmung für Wertpapierpensions- und Wertpapierdarlehensgeschäfte. Deutsche Kredit- und Finanzdienstleistungsinstitute haben allerdings wie bisher die Anforderungen an Bestätigungen gem BTO 2.2.2 MaRisk für alle Handelsgeschäfte – einschl Pensionsgeschäften, AT 2.3 MaRisk – zu beachten (vgl dazu → Form. IV.S.1 Anm. 3); zu den Einzelheiten zur Erstellung und Abgleich von Geschäftsbestätigung bei Repos s *Teuber* § 105 Rn 50 f.

5. Wertpapier-Pensionsgeschäfte sind bezüglich der **Laufzeit** flexibel ausgestaltbar: Sie werden mit fester Laufzeit, dh mit einem bereits bei Vertragsschluss festgelegten Rückkaufdatum, als „Overnight Repos" (kurzfristige Geldmarkttransaktionen mit in der Regel hohen Volumina, bei denen die Wertpapiere am ersten Tag verkauft und zum nächsten Tag zurückgekauft werden) und als „Term Repos" (Laufzeit idR von mehreren Tagen bis zu einem Jahr, ausnahmsweise werden auch Geschäfte mit längeren Laufzeiten abgeschlossen, s im Einzelnen *Gesell* S 137 f) getätigt (zu weiteren praxisüblichen Ausgestaltungen wie dem Callable und Flex Repo sowie Evergreen Repo s *Schindler/Hindelang* S 135 f). Wird kein Rückkaufdatum festgelegt, handelt es sich um ein sog offenes oder „Bis-auf-weiteres"-Pensionsgeschäft („Open Repo"; *Ebenroth/Bader* ZBB 1990, 75, 76; *Gesell* S 138; *Teuber* § 105 Rn 14). Für Letztere sieht Nr 4 Abs 3 S 5 eine maximale Laufzeit von einem Jahr vor.

6. Nr 4 Abs 7 enthält eine besondere Regelung zum **Zahlungs- und Lieferungsnetting;** die Form. des Nettings wird im Markt auch als „Payment Netting" bzw „Settlement Netting" bezeichnet. Dabei kann sich das Netting auf eine Zahlungspflicht (bei gleicher Währung) oder Lieferpflicht (Wertpapiere gleicher Art) aus den Einzelabschlüssen unter dem Rahmenvertrag beziehen. Dieses Zahlungs- bzw Lieferungsnetting kann standardmäßig getrennt voneinander in Nr 15 Abs 6 ausgeschlossen werden. Das Zahlungsnetting ist rechtlich eine antizipierte Aufrechung iSd § 398 BGB.

7. Nr 5 regelt umfassend die **nicht fristgemäße Lieferung** von Pensionspapieren und die **nicht fristgerechte Zahlung.** Die Regelung sieht u a ein Wahlrecht des Pensionsnehmers zwischen Rücktritt vom Einzelabschluss und Geltendmachung des Verzugsschadens für den Fall der nicht fristgemäßen Lieferung der Pensionspapiere vor (s dazu *Storck* § 15 Rn 13). Darüber hinaus sieht die Regelung Definitionen für „Wertpapierdarlehenskosten", „Ersatzerwerbskosten" und des „Zeitraums der Säumnis" vor. In Nr 5 Abs 7 ist ausdrücklich die Geltendmachung eines Folgeschadens bei nicht fristgemäßer Lieferung ausgeschlossen.

8. Die dem Pensionsnehmer vom Pensionsgeber gegen Zahlung des Kaufpreises übereigneten Wertpapiere dienen aus der Sicht des Pensionsnehmers bei wirtschaftlicher Betrachtung als „Sicherheit" für die Rückzahlungsverpflichtung des Pensionsgebers (Pflicht zur Kaufpreiszahlung im Rahmen des Terminkaufs; vgl auch *Obermüller/Hartenfels* BKR 2004, 440, 443). Umgekehrt gilt dies aus der Sicht des Pensionsgebers für den aus der Kassatransaktion erhaltenen Kaufpreis. Ändert sich der Marktwert der „verpensionierten" Wertpapiere während der Laufzeit des Pensionsgeschäfts, führt dies zu einer „Unterdeckung", die im Wege der **Sicherheitenstellung** nach Maßgabe der Nr 6 durch Übertragung von Geld- oder Wertpapiersicherheiten auszugleichen sind. Die Vertragsbestimmung gilt dabei nicht einzeltransaktionsbezogen, sondern berücksichtigt – ausgehend vom Konzept des einheitlichen Vertrages – alle empfangenen und geschuldeten Leistungen der Vertragspartner, vgl Nr 6 Abs 2. Wesentlich differenzierter als sein Vorgänger regelt der RV-Wertpapierpensionsgeschäfte insbesondere die Ermittlung des Marktwerts der Pensionspapiere durch die Berechnungsstelle (Nr 6 Abs 3) und die Übertragung von gegenseitig vereinbarten Wertpapier- oder Barsicherheiten (Nr 6 Abs 4) zu genau festgelegten Zeitpunkten (Nr 6 Abs 6). Vorgesehen ist darüber hinaus die Verzinsung von Barsicherheiten (Nr 6 Abs 8) und die Einführung eines Mindesttransferbetrages (in der Praxis „MTA" genannt – „Minimum Transfer Amount"), ab dessen Erreichen die Parteien zur Leistung oder Rückleistung von Sicherheiten verpflichtet sind, Nr 6 Abs 13 iVm Nr 15 Abs 7 (s zur Besicherung auch *Storck* § 15 Rn 14).

Gem Nr 11 Abs 1 S 2 stellt die Nichtleistung seitens der zur Übertragung von Sicherheiten verpflichteten Partei weder bei Fälligkeit noch innerhalb einer zu setzenden Nachfrist einen **wichtigen Grund** für die Kündigung des Gesamtvertrags dar. Zu beachten ist, dass dies hinsichtlich der nicht erfolgenden Rückübertragung von Sicherheiten, die in Nr 6 Abs 11 S 1 als „Ausgleich der Überdeckung" definiert ist, anders geregelt ist: Wie auch die Nichtlieferung der Pensionspapiere am Kaufdatum oder Rückkaufdatum stellt dies als solches keinen wichtigen Grund dar; Nr 5 Abs 7 gilt daher entsprechend auch für die Nichtleistung des Ausgleichs der Überdeckung, so dass die Kündigungsmöglichkeit der Nr 11 Abs 1 erst dann Anwendung finden kann, wenn die vom Sicherungsnehmer anstelle der Rücklieferung dann geschuldeten „Ersatzerwerbskosten" auch nach Nachfristablauf nicht erstattet werden, vgl Nr 6 Abs 12 iVm Nr 5 Abs 7 S 3.

9. Die Kompensationspflicht des Pensionsgebers (Nr 7) entspricht dem durch das EMA und den Rahmenvertrag für Wertpapierdarlehen etablierten Standard; insbesondere wird erstmals – im Vergleich zum Vorgängervertrag – der im Markt gebräuchliche Begriff der „**Kompensationszahlung**" verwendet. Die Bestimmung spiegelt § 340b HGB wider, nach der der Pensionsgeber weiterhin wirtschaftlicher Eigentümer der Pensionspapiere bleibt (und diese daher zu bilanzieren hat). Werden während der Laufzeit des Pensionsgeschäfts auf die Pensionspapiere Zinsen oder Dividenden gezahlt, stehen diese zwar rechtlich dem Pensionsnehmer zu; dieser ist jedoch vertraglich zu deren Weiterleitung an den Pensionsgeber im Rahmen der Kompensationszahlung verpflichtet, so dass letzterem die Früchte der Pensionspapiere wirtschaftlich zustehen. Frei übertragbare Bezugsrechte (Nr 7 Abs 4), Berichtigungsaktien oder sonstige Teilrechte (Nr 7 Abs 3) sind vom Pensionsnehmer an den Pensionsgeber zu übertragen. Stimmrechte aus verpensionierten Aktien werden während der Laufzeit des Pensionsgeschäfts durch den Pensionsnehmer ausgeübt (siehe Darstellung bei RV-Wertpapierdarlehen, → Form. IV. T.1 Anm. 6). Will der Pensionsgeber das Stimmrecht ausüben, muss er das Geschäft kündigen oder auf vertraglichem Weg die wunschgemäße Stimmrechtsausübung sicherstellen.

Aus Sicht des Handels- und Steuerrechts ist der Pensionsgeber (im Rahmen des echten Pensionsgeschäfts) weiterhin zur Bilanzierung der Pensionspapiere verpflichtet (vgl § 340b HGB); die Früchte (Zinsen, Dividenden) der Pensionspapiere werden jedoch steuerrechtlich dem Pensionsnehmer als Kapitaleinkünfte zugerechnet (vgl *Mühlhäuser/Stoll*, DStR 2002, 1597).

10. Bei **Eintritt besonderer Ereignisse** (zB Kündigung von Pensionspapieren für Zwecke vorzeitiger Tilgung, öffentliches Tilgungs-, Wandlungs-, Abfindungs- oder Umtauschangebot in Bezug auf Pensionspapiere; vgl Nr 9 (a) bis (e) des Rahmenvertrags) erfolgt die Vorverlegung des Rückkaufdatums, um die Rechte des Pensionsgebers zu gewährleisten. Dies in der Regel durch Erklärung einer Partei gegenüber der anderen, in einem Fall automatisch.

11. Das für Repo-Geschäfte nicht unübliche **Substitutionsrecht** des Pensionsgebers, Nr 10, spiegelt die wirtschaftliche Interessenlage der Parteien wider. Ist der Pensionsnehmer nicht ausnahmsweise an der Überlassung bestimmter Wertpapiere interessiert (zB bei Überbrückung von Lieferengpässen), kommt es für die Funktion der Papiere als „Sicherheit" für den „Rückzahlungsanspruch" (s oben → Anm. 8) nur darauf an, dass die Wertpapiere gleichwertig sind. Dennoch ist grundsätzlich die Zustimmung des Pensionsnehmers in Form. einer Substitutionsvereinbarung erforderlich, wenn die Zustimmung nicht bereits im Einzelabschluss erteilt wurde, Nr 10 Abs 1 und 2. Rechtlich stellt Nr 10 Abs 3 S 2 klar, dass die neuen Wertpapiere an die Stelle der zurückgelieferten Pensionspapiere treten und lässt damit die Identität des ursprünglichen Schuldverhältnisses fortbestehen.

12. Schließlich wurden die Regelungen für **Buy/Sell-Back-Geschäfte**, die in der Vorgängerversion noch in einem eigenen Anhang enthalten waren, in den Rahmenvertrag integriert. „Buy/Sell-Back-Geschäfte" sind nach überwiegendem Verständnis echte Wertpapierpensionsgeschäfte, die bestimmte Besonderheiten aufweisen (MüKoInsO/*Fried* § 104 Rn 133; *Teuber* § 105 Rn 22; *Schindler/Hindelang* S 95 f). So ist in der Regel der Ausgleich von Dividenden und Zinszahlungen, die von den jeweiligen Emittenten der Pensionspapiere an deren Inhaber gezahlt werden, ausgeschlossen; dieser findet erst am Tag des Rückkaufs zusammen mit der Zahlung des um diesen Betrag reduzierten Kaufpreises statt (näher dazu *Lange* in Schwintowski Kap 21 Rn 24; *Böhm/Bergfort* in Assies/Beule/Heise/Strube Kap 7 Rn 712; *Teuber* § 105 Rn 22). Auch ist die Besicherung in der Regel ausgeschlossen (*Schindler/Hindelang* S 96 u S 106 f. mit einer tabellarischen Darstellung der Unterschiede zwischen dem klassischen Repo und dem Buy/Sell-Back-Geschäft). Während zu Beginn des Repogeschäftes in Europa vorwiegend Buy/Sell-Backs gehandelt wurden und nur in geringem Prozentsatz klassische Repos, so ist es heute umgekehrt (*Schindler/Hindelang* S 96).

13. Zur durch Art 4 SFTR eingeführten Meldepflicht für Wertpapierpensionsgeschäfte s *Teuber* § 105 Rn 46.

14. Der RV-Wertpapierpensionsgeschäfte wird **aktuell überarbeitet**, um die Neufassung des § 104 InsO mit ihren Auswirkungen auf die Berechnung der Ausgleichsforderung gem Nr 12 u 13 im Fall der Kündigung aus wichtigem Grund bzw im Insolvenzfall zu berücksichtigen (vgl zur entsprechenden Thematik beim Rahmenvertrag für Finanztermingeschäfte → Form. IV.S.1 Anm. 1, 8, 9). Zudem werden auch sonstige Marktentwicklungen zu vertraglichen Anpassungen führen. Dennoch bleibt der RV-Wertpapierpensionsgeschäfte grundsätzlich weiterhin unverändert verwendbar (vgl dazu → Form. IV.S.1 Anm. 14 u → Form. IV.S.2 Vor 1), soweit er im Lichte der Neufassung des § 104 InsO und der dieser zugrunde liegenden BGH-Rechtsprechung ausgelegt und umgesetzt wird.

5. Rahmenvertrag für Finanzgeschäfte (EMA), Produktanhang für Pensionsgeschäfte

FEDERATION BANCAIRE DE L'UNION EUROPEENNE
BANKING FEDERATION OF THE EUROPEAN UNION
BANKENVEREINIGUNG DER EUROPÄISCHEN UNION

in co-operation with

EUROPEAN SAVINGS BANKS GROUP
GROUPEMENT EUROPEEN DE SCAISSES D' EPARGNE
EUROPÄISCHE SPARKASSENVEREINIGUN

EUROPEAN ASSOCIATION OF COOPERATIVE BANKS
GROUPEMENT EUROPEEN DES BANQUES CO OPERATIVES
EUROPÄISCHE VEREINIGUNG DER GENOSSENSCHAFTSBANKEN

MASTER AGREEMENT FOR FINANCIAL TRANSACTIONS

PRODUCT ANNEX FOR REPURCHASE TRANSACTIONS

Edition 2020

This Annex supplements the General Provisions which form part of any Master Agreement for Financial Transactions based on the form published by the Banking Federation of the European Union.

1. Purpose, Applicability (1)

(1) Purpose. The purpose of this Annex ("Repurchase Annex") is to govern Transactions ("Repurchase Transactions") in which one party (the "Seller") sells to the other (the "Buyer") Securities against payment of an agreed price (the "Purchase Price") and in which the Buyer sells to the Seller Securities of the Same Kind and quantity as such Securities against payment of another agreed price for delivery and payment at a specified later date or on demand. Any reference in this Annex to a Transaction shall be construed as a reference to a Repurchase Transaction.

(2) Applicability. If this Annex forms part of a Master Agreement between any two parties, such Master Agreement (including this Annex) shall apply to any Repurchase Transaction between such parties which is to be conducted by each party through a Booking Office specified in such Master Agreement in respect of Repurchase Transactions.

2. Deliveries and Payments (2)

(1) Purchase. On the settlement date agreed for the purchase of Securities by the Buyer under a Transaction (the "Purchase Date"), the Seller shall transfer to the Buyer the Securities sold in that Transaction (the "Purchased Securities") against simultaneous payment of the Purchase Price.

(2) Repurchase. On the settlement date agreed for the repurchase of the Purchased Securities (the "Repurchase Date"), the Buyer shall transfer to the Seller Securities of the same kind and quantity as the Purchased Securities against simultaneous payment of the Repurchase Price.

(3) Definitions, Interpretation. "Repurchase Price" means the sum of the Purchase Price and the Price Differential. "Price Differential" means for any Transaction the aggregate amount obtained by applying the pricing rate agreed for such Transaction and expressed as a percentage per annum (the "Pricing Rate") to the Purchase Price for the actual number of days during the period from (and including) the Purchase Date to (but excluding) the Repurchase Date, on a 360-day or 365-day basis in accordance with market practice or on any other basis agreed between the parties. A payment shall be "simultaneous" if it occurs as part of a delivery- versus-payment system or, should the use of such system in the given circumstances not be customary, if it occurs on the same day as the transfer of the relevant Securities. Any reference in this Annex to the Purchased Securities or other Securities in the context of the return or retransfer thereof, or to any rights or other assets to be transferred pursuant to Section 4(4), shall be construed so as to mean a reference to Securities, rights or assets of the Same Kind and quantity as (also referred to below as the "Equivalent" of) such Purchased Securities or other Securities, rights or assets, respectively.

(4) On Demand Transactions. The parties may agree that Transactions are terminable on demand, in which case the Repurchase Date shall be the date specified in the demand notice sent by either party to the other, provided that the period between the taking effect of such notice and the Repurchase Date so specified shall be not less than the minimum period customarily required for the payment of money and the delivery of Securities of the relevant kind. In the absence of a demand notice, the Repurchase Date for a Transaction terminable on demand shall be the day which falls 364 days after the Purchase Date.

(5) Late Payment. If the Purchase Price or the Repurchase Price is not paid when due, the interest payable pursuant to Section *3(5)* of the General Provisions shall be calculated at the higher of the Default Rate and the Pricing Rate, without prejudice to the application of Section 6(l)(a)(i) of the General Provisions.

(6) *Late Delivery*

(a) *Failure by Seller.* If the Seller fails to transfer the Purchased Securities to the Buyer on the applicable Purchase Date, the Buyer may, at any time while such failure continues:

(i) if it has paid the Purchase Price to the Seller, require the Seller immediately to repay the sum so paid;

(ii) require the Seller to pay to the Buyer an amount equal to the excess, if any, of the Buyer's Borrowing Cost over the pro rata portion of the Price Differential attributable to the period of the delay, each calculated for the period from (and including) the Purchase Date to (but excluding) the earlier of the date on which the Purchased Securities are transferred to the Buyer and the Repurchase Date; "Borrowing Cost" of a party means the cost (including fees and expenses), as determined by such party, which such party has or would have reasonably incurred in borrowing the Equivalent of the Purchased Securities in the market for the relevant period;

(iii) if the parties have not agreed on measures to promptly remedy the failure, give notice that the Repurchase Date shall be advanced so as to occur immediately, whereupon the mutual obligations originally agreed by the parties under the relevant Transaction shall be netted, so that no payments or deliveries are due with the following exception: The Seller shall pay to the Buyer (in addition to complying with its obligations pursuant to (i) and (ii), if applicable) an amount equal to the Price Differential for the period from (and including) the Purchase Date to (but excluding) the Repurchase Date so advanced, provided that the Price Differential is a positive number; and

√) in case where the Price Differential is a negative number (and, for the avoidance of doubt, the Repurchase Transaction is not early unwound in accordance with (iii) above), for every day that Seller fails to deliver the Purchased Securities the Price Differential shall be zero. (6)

(b) *Failure by Buyer.* If the Buyer fails to return the Purchased Securities to the Seller on the applicable Repurchase Date, the Seller may, at any time while such failure continues:

(i) if it has paid the Repurchase Price to the Buyer, require the Buyer immediately to repay the sum so paid;

(ii) require the Buyer to pay to the Seller an amount equal to the excess, if any, of the Seller's Borrowing Cost over the amount receivable if the Repurchase Price were placed on deposit at the Interest Reference Rate, each calculated for the period from (and including) the Repurchase Date to (but excluding) the date of actual return of the Purchased Securities or, if earlier, the date specified in the notice, if any, given pursuant to (iii);

(iii) if the parties have not agreed on measures to promptly remedy the failure, give notice requiring cash settlement in lieu of delivery on a date to be specified in such notice, whereupon the obligations of the parties originally agreed in respect of the Repurchase Date shall cease, and the Buyer shall (A) pay to the Seller (in addition to complying with its obligations pursuant to (i) and (ii), if applicable) an amount equal to the excess, if any, of the Alternative Purchase Cost for such Securities over the Repurchase Price or, as the case may be, (B) be entitled to receive from the Seller the excess, if any, of the Repurchase Price over such Alternative Purchase Cost; "Alternative Purchase Cost" means the cost (including fees and expenses), as determined by the Seller, which the Seller has or would have reasonably incurred in purchasing the Equivalent of the Purchased Securities in the market on the date so specified for cash settlement; and

(iv) in case where the Price Differential is a negative number (and, for the avoidance of doubt, the Repurchase Transaction is not unwound in accordance with (iii) above), for every day that Buyer fails to return the Purchased Securities the Price Differential shall continue to apply. (6)

(c) *Partial Delivery of the Buyer.* If the Buyer transfers some, but not all, of the Purchased Securities on the applicable Repurchase Date, the Seller may, at its option, accept such transfer and exercise its rights under sub-paragraph (b) above with respect to the residual Purchased Securities or decline such acceptance and exercise its rights [under sub-paragraph (b) above] with respect to all Purchased Securities. (6)

(d) *Remedies.*
(i) Beyond the remedies provided in this subsection 6, neither party shall, in the event of any failure by the other party to transfer or return Purchased Securities, be entitled to recover any additional damage as a consequence of such failure, and such failure shall not constitute an Event of Default under Section 6(l)(a) of the General Provisions unless otherwise agreed in the Special Provisions. This paragraph (c) is without prejudice to any remedy available in the event of any failure by a party to perform any other obligation (including any obligation to make a payment under this subsection 6) when due.
(ii) Notwithstanding the above, the remedies of a party as provided for in this subsection 5 do not apply, if Failure by Seller or Failure by Buyer, as the case maybe, is caused by the gross-negligence or wilful misconduct of the respective other party. (6)

(7) Special Events. If, during the term of a Transaction and in respect of some or all of the Purchased Securities:

(i) a payment of any interest or dividend or any other distribution of money or other property by the issuer of the Purchased Securities (collectively a "Distribution", which term shall include a repayment of principal and a payment in the case of a capital reduction) would, as a result of any change in law or in the application or official interpretation thereof occurring after the date on which such Transaction is entered into, be subject to any deduction or withholding in respect of a tax or other duty or would give rise to a tax credit;

(ii) a notice of early redemption has been validly given;

(iii) a public redemption, exchange, conversion or compensation offer or a public purchase bid is made or announced;

(iv) subscription or other rights or assets which are not freely transferable are granted or distributed to the holders;

or

(v) if specified in the Special Provisions, a tax credit or tax entitlement is attached to any interest or dividend paid to the holders (whether or not subparagraph (i) would otherwise apply) then, subject to any other agreement between the parties, the Repurchase Date for such Securities shall, automatically in the case of (v) and otherwise upon demand by either party, be advanced to the third Business Day before, in the case of (i), (ii) and (v), the expected payment or redemption date or before, in the case of (iii) and (iv), the last day on which such bid or offer may be accepted or the day on which such rights or assets are granted or distributed.

3. Substitution

(1) General Principle. The Seller may, at its cost and with the consent of the Buyer, substitute for any Purchased Securities other Securities ("New Securities") which at the time at which the parties agree to such substitution have a Market Value at least equal to the Market Value of the Purchased Securities for which they are substituted.

(2) No Novation. The substitution shall have no novation effect on the relevant Transaction, and the Transaction shall continue in effect, except that the New Securities will be deemed to be Purchased Securities instead of the Securities that are replaced.

(3) Simultaneous Retransfer. The substitution will be carried out by simultaneous transfer of the New Securities in exchange for the Purchased Securities to be replaced.

4. Distributions, Subscription Rights (3)

(1) Cash Distributions. If during the term of a Transaction any Distribution of money is made by the issuer to the holders of the Purchased Securities, the Buyer shall pay to the Seller, on the date of such Distribution, an amount in the same currency as, and equal to, the amount received by the holders in respect of such Distribution.

(2) Withholding Taxes Tax Credits. If a Distribution is subject to withholding tax and/or gives rise to a tax credit, the amount payable by the Buyer under subsection 1 shall be equal to the full amount to which the Seller would be entitled, as previously notified by it, in respect of such Distribution if it were the owner of the Purchased Securities, including the amount of (a) any applicable withholding tax to the extent that the Seller would be entitled to apply for an exemption from, or a refund of, such tax and (b) any tax credit available to the Seller.

(3) Subscription Rights. if subscription rights which are freely transferable are granted with respect to the Purchased Securities, the Buyer shall transfer to the Seller, not later than on the third day on which such rights are traded, the Equivalent of the subscription rights attributable to such Purchased Securities. If the rights are not so transferred by such date, the Seller may purchase their Equivalent in the market for the account of the Buyer. Should the Seller be unable so to purchase the rights, it may require the Buyer to pay to it an amount equal to the Market Value of such rights prevailing on the next following trading day for such rights.

(4) Non-cash Distributions Any freely transferable bonus shares, non-cash Distributions and ancillary rights (other than subscription rights) which are issued, made or allotted with respect to the Purchased Securities during the term of a Transaction shall be transferred to the Seller on the Repurchase Date.

(5) Transfer Obligations. For the avoidance of doubt, the provisions of subsections 1 through 4 shall apply whether or not the Buyer retains the ownership of the Purchased Securities during the term of the Transaction.

5. Buy/Sell Back Transactions (4)

(1) Applicability, Definitions. Transactions shall be subject to this Section *5* if they are identified as Buy/Sell Back Transactions. "Buy/Sell Back Transactions" are Repurchase Transactions for which the Purchase Price and the Repurchase Price are each composed of (a) a price quoted exclusive of Accrued Interest (being the "Clean Price", payable on the Purchase Date, and the "Forward Price", also called "Sell Back Price", payable on the Repurchase Date) and (b) Accrued Interest, calculated as of the Purchase Date when payable together with the Clean Price and calculated as of the Repurchase Date when payable together with the Forward Price. "Accrued Interest" means the accrued portion, as of the relevant date of calculation, of the interest (if any) payable by the issuer of the Purchased Securities in respect of such Securities.

(2) Interpretation. In the event of any conflict, this Section *5* shall, with respect to Buy/Sell Back Transactions, prevail over any other terms of this Annex. For Buy/Sell Back Transactions, (a) any reference in the Agreement to the Purchase Price shall be construed as referring to the Clean Price plus Accrued Interest paid or payable on the Purchase Date and (b) any reference in the Agreement to the Repurchase Price shall, notwithstanding the definition of that term in Section 2 (3), be construed as referring to the agreed Forward Price plus Accrued Interest paid or payable on the Repurchase Date or, as the case may be, to the adjusted Forward Price calculated pursuant to subsection *5* (to which no Accrued Interest shall be added).

(3) Confirmation. The Confirmation of a Buy/Sell Back Transaction shall specify, the Forward Price and the Pricing Rate.

(4) Distributions Section 4(1) shall apply to Buy/Sell Back Transactions only if specifically so agreed.

(5) Adjusted Forward Price In relation to a date other than the originally agreed Repurchase Date, for example in relation to a Repurchase Date advanced in accordance with Section [2](6)(a)(iii) or Section 2(7), the Forward Price shall be equal to:

(a) the Repurchase Price as defined in Section 2(3), less (except if the parties have agreed that Section 4 (1) shall apply)

(b) the sum of (i) the amount of any Distribution in respect of the Purchased Securities made by the issuer on a date falling between the Purchase Date and the Repurchase Date, and (ii) the aggregate amount obtained by daily application of the Pricing Rate for the relevant Transaction to such amount from (and including) the date of the Distribution to (but excluding) such advanced or postponed Repurchase Date.

6. Margin Maintenance, Repricing (5)

(1) Margin Provisions. Any obligations of the parties to provide cash or Securities as Margin shall be performed in accordance with the provisions of the applicable Title

Transfer Margin or Security Interest Margin arrangement, or with any other rules to be separately agreed.

(2) Repricing. If the parties agree on the repricing of one or more Transactions (the "Original Transactions") instead of a transfer of Margin, then

(a) the Repurchase Date of each Original Transaction shall be deemed advanced to the date as of which the repricing is to occur (the "Repricing Date"),

) a new Transaction (the "New Transaction") shall be deemed entered into under which (i) Purchased Securities shall be the Equivalent of those purchased under the Original Transaction, (ii) the Purchase Date shall be the Repricing Date, (iii) the Purchase Price shall be equal to the Market Value of such Securities on the Repricing Date divided by the Margin Ratio, if any, applicable to the Original Transaction, as agreed pursuant to the applicable Margin Maintenance Annex, and (iv) the Repurchase Date, the Pricing Rate, the Margin Ratio and, subject to the above, the other terms shall be identical to the ones of the Original Transaction, and

(c) the obligations to pay the Purchase Price and to transfer the Purchased Securities under the New Transaction shall be discharged by setting them off against the obligations to pay the Repurchase Price and to retransfer the Equivalent of the Purchased Securities under the Original Transaction, so that only a net cash amount shall be payable by one party to the other on the Repricing Date or, if that is not practicable, on the next Business Day.

- 5 -

Suggested form of Confirmation

To:
From:
Date:

We refer to our telephone conversation and hereby confirm our agreement to enter into a Repurchase Transaction [in the form of a Buy/Sell Back Transaction] [which shall be subject to the FBE Master Agreement for Financial Transactions between us].
The terms of the Transaction are as follows:

Reference Number:	
Transaction Date	
Seller:	
Buyer:	
Purchase Date:	
Repurchase Date:	[(date)][on demand]
Purchased Securities (designation, type):	
Securities Code:	
Amount/Number of Purchased Securities:	
Purchase Price:	
[Clean Price:]	
[Accrued Interest payable on Purchase Date:]	
Pricing Rate:	% p.a.
[Forward Price (Sell Back Price):]	
[Accrued Interest payable on Repurchase Date:]	
[Distribution amount payable to Seller:]	[Gross without deduction][plus % tax credit][net after deduction of... % withholding tax]
[Eligible Margin:]	[Cash Margin: (specify currency)] [Margin Securities: (specify type)] [other: (specify details)]
[Margin Ratio] [0Haircut[6]	
Buyer's account:	
Seller's account:	
Delivery system:	
[Agency:	The Transaction is an Agency Transaction. [Name of Agent] is acting as agent for [name or identifier of Principal]]
[Additional provisions:]	

Please confirm that the foregoing correctly sets forth the terms of our agreement by countersigning this Confirmation and returning it to [ ] or by sending us a confirmation substantially similar to this Confirmation, which confirmation sets forth the material terms of the Transaction to which this Confirmation relates and indicates agreement to those terms.

Yours sincerely,

1,2,3,4 Relevant only for Buy/Sell Back Transactions. The terms "Forward Price" and Sell Back Price" (note 3) have the same meaning; either or both may be used.
5 Relevant if eligible Margin is not specified in the Special Provisions.
6 Depending on which calculation method is agreed in the Special Provisions.

Schrifttum: Schindler/Hindelang, Praxishandbuch Repos und Wertpapierdarlehen, 2016.

Anmerkungen

Vor 1. Der „Produktanhang für Pensionsgeschäfte" aus dem Jahr 2001, in **aktualisierter Fassung im Jahr 2020** veröffentlicht, ist Teil des Rahmenvertrags für Finanzgeschäfte, auch European Master Agreement (EMA) genannt, und kann wie die übrigen Produktanhänge des EMA nach Wahl der Vertragsparteien über die Besonderen Bestimmungen des EMA einbezogen werden (zum Aufbau des EMA s im Einzelnen → Form. IV.S.19 Anm. 1; als Überblick über die Struktur des EMA und seiner Anhänge vgl *Schindler/Hindelang* S 169 ff.). Hauptunterschied zum nationalen Rahmenvertrag („Rahmenvertrag für Wertpapierpensionsgeschäfte (Repos)" ist, dass der Produktanhang für Pensionsgeschäfte lediglich die für die Erfüllung bzw Abwicklung von Pensionsgeschäften notwendigen Bestimmungen – darüber hinaus jedoch keine Rahmenvertragsmechanik – enthält; letztere wie bspw das Konzept des „einheitlichen" Vertrages oder die sog Nettingklauseln (Beendigung und Berechnung einer Ausgleichsforderung) sind in den Allgemeinen Bestimmungen des EMA enthalten. Darüber hinaus wird der Produktanhang (anders als die Anhänge unter dem Rahmenvertrag für Finanztermingeschäfte) nicht unterschrieben.

1. Nr 1 Abs 1 enthält eine **Definition** des Begriffs „Pensionsgeschäft". Ein besonderes Merkmal dieses Produktanhangs ist, dass gemäß Nr 1 Abs 2 Pensionsgeschäfte **ohne Bezugnahme** im Einzelabschluss automatisch in den Rahmenvertrag mit einbezogen werden, sofern sie über eine in den Besonderen Bestimmungen vereinbarte Verbuchende Niederlassung abgewickelt werden. Zu den wirtschaftlichen Gründen für den Abschluss von Pensionsgeschäften siehe im Einzelnen → Form. IV.T.4 Anm. 1.

2. Nr 2 regelt die **Lieferungs- und Rücklieferungsverpflichtungen** der Vertragsparteien eines Pensionsgeschäfts. Insbesondere enthält Nr 2 Abs 6 umfangreiche Bestimmungen für den Fall der **Säumnis** des Verkäufers (Pensionsgeber) oder Käufers (Pensionsnehmer). Nr 2 Abs 6 lit d schließt für den Fall einer verspäteten Lieferung oder Rücklieferung den Ersatz für Folgeschäden (Consequential Loss) ausdrücklich aus. Nr 2 Abs 7 enthält eine Auflistung besonderer Ereignisse (zB Zins- oder Dividendenzahlungstermine), bei deren Eintreten das Rückkaufdatum für die Pensionspapiere auf Verlangen einer Partei vorverlegt wird. Sofern die Parteien dies in den Besonderen Bestimmungen nicht abgeändert haben, ist für den Fall einer Steuergutschrift oder eines Steuererstattungsanspruches ebenfalls eine automatische Vorverlegung des Rückkaufdatums vorgesehen.

3. Der Verkäufer trägt trotz Übertragung der Wertpapiere im Rahmen eines Pensionsgeschäfts gemäß Nr 4 Chancen und Risiken aus den Pensionspapieren. Der Käufer ist daher verpflichtet, die während der Laufzeit des Pensionsgeschäfts in Bezug auf die Pensionspapiere anfallenden Erträge (Zinsen oder Dividenden) zuzüglich des Betrages einbehaltener Steuern und Steuergutschriften durch eine **Kompensationszahlung** an den Verkäufer auszugleichen. Auf die Pensionspapiere entfallende Bezugsrechte hat der Käufer spätestens am dritten Handelstag der Bezugsrechte auf den Verkäufer zu übertragen (zur Kompensationszahlung im Einzelnen s → Form. IV.T.4 Anm. 9).

4. Nr 5 enthält besondere Regelungen für Buy/Sell-Back-Geschäfte (s auch → Form. IV.T.4 Anm. 12). Der Begriff „Buy/Sell-Back-Geschäft" (Kauf-/Rückverkaufsgeschäft) ist in Abs 1 definiert.

5. Nr 6 Abs 1 sieht vor, dass sich die **Besicherung** von Marktänderungsrisiken nach dem separat zu vereinbarenden Sicherheitenanhang richtet (s → Form. IV. S. 19 Anm. 3).

Darüber hinaus können die Parteien jedoch anstelle der Leistung von Sicherheiten unter dem Sicherheitenanhang auch eine Preisanpassung (Repricing) nach Abs 2 vereinbaren.

6. Die im Jahr 2020 veröffentlichte **Neufassung des Anhangs** ändert die Vorgängerversion aus dem Jahr 2001 nur geringfügig ab. Neu eingeführt wurde eine Regelung zu negativen Pensionssätzen bzw Preisunterschieden im Sinne der Definition der Nr 2 Abs 3 S 2 in den Fällen einer verspäteten Lieferung des Käufers (s dazu Nr 2 Abs 6 lit a (iv)) bzw. verspäteten Rücklieferung des Verkäufers (s dazu Nr 2 Abs 6 lit b (iv)).

Im Hinblick auf die allgemeinen Rechtsfolgen solcher Säumnisse wurde klargestellt, dass eine Beendigung wegen Vertragsverletzung aufgrund keiner der in den Allgemeinen Bestimmungen vorgesehenen Vorschriften möglich ist, sondern Nr 2 Abs 6 hinsichtlich der Rechtsfolgen abschließend ist (Verweis auf sämtliche Vertragsverletzungen gemäß Nr 6 Abs 1 (a) Allgemeine Bestimmungen durch Streichung des (iii) in Nr 2 Abs 6 lit d (i)). Die Befugnisse der Nr 2 Abs 6 stehen einer Partei nicht zu, wenn sie die verspätete (Rück-)Lieferung der anderen Partei durch Vorsatz oder grobe Fahrlässigkeit zu vertreten hat (Neuregelung in Nr. 2 Abs 6 lit d (ii).

Neu ist auch das Konzept für den Fall einer nur teilweisen Lieferung des Pensionskäufers: Der Verkäufer kann diese wahlweise akzeptieren und wegen der übrigen Pensionspapiere seine Rechte geltend machen oder die Teillieferung ablehnen, Nr 2 Abs 6 lit c.

Bei Drucklegung stand lediglich die englischsprachige Neufassung zur Verfügung; die Übersetzungen (ua in deutsch) sind in Bearbeitung.

U. Anlageberatung und Finanzportfolioverwaltung

Schrifttum: *Assmann,* Die Pflicht von Anlageberatern und Anlagevermittlern zur Offenlegung von Innenprovisionen, ZIP **2009,** 2125; *Assmann/Schütze/Buck-Heeb* (Hrsg.), Handbuch des Kapitalanlagerechts, 5. Aufl. 2020; *Assmann/Sethe,* Warn- und Hinweispflichten von Kreditinstituten gegenüber Kunden am Beispiel kundenschädigender Wertpapier- und Depotgeschäfte bankexterner Vermögensverwalter, in: FS Westermann, 2008, S 67; *Balzer,* Umsetzung der MiFID: Ein neuer Rechtsrahmen für die Anlageberatung, ZBB **2007,** 333; *Baker,* Aufklärungs- und Beratungspflichten bei der Vermögensverwaltung, WM **2000,** 441; *Baker,* Effektengeschäft, in: Welter/Lang (Hrsg), Handbuch der Informationspflichten im Bankverkehr, 2005, S 199; *Benicke,* Wertpapiervermögensverwaltung, 2006; *Brinckmann,* Lehman-Zertifikate und die Neuregelung bei der Anlageberatung anlässlich der Reform des SchVG – Lässt sich eine vorsichtigere Beratungspraxis etablieren?, BKR **2010,** 45; *Buck-Heeb,* Zur Aufklärungspflicht von Banken bezüglich Gewinnmargen, BKR **2010,** 1; *Buck-Heeb/Poelzig,* Die Verhaltenspflichten (§§ 63 ff. WpHG nF) nach dem 2. FiMaNoG – Inhalt und Durchsetzung, BKR **2017,** 485; *Buhk,* Die Haftung eines Wertpapierdienstleistungsunternehmens bei der Anlagevermittlung und Anlageberatung, 1999; *Dietrich,* Anlageziele in der Empfehlungshaftung des Anlageberaters, WM **2016,** 199; *Duve/Keller,* MiFID: Die neue Welt des Wertpapiergeschäfts – Lernen Sie Ihre Kunden kennen – Kundenklassifikation und -information, BB **2006,** 2425; *dies,* MiFID: Die neue Welt des Wertpapiergeschäfts – oder: Glauben Sie nicht, Sie könnten ohne weiteres Wertpapiere kaufen, BB **2006,** 2477; *Edelmann,* Anlageberatung und Anlagevermittlung, in Assmann/*Schütze*/Buck-Heeb (Hrsg.), Handbuch des Kapitalanlagerechts, 5. Aufl. 2020, § 3; *Ellenberger,* MiFID FRUG: Was wird aus Bond?, in: FS Nobbe, 2009, S 523; *Ellenberger/Clouth* (Hrsg), Praktikerhandbuch Wertpapier- und Derivategeschäft, 5. Aufl 2018; *Einsele,* Anlegerschutz durch Information und Beratung, JZ **2008,** 477; *Freitag,* Die Verteilung der Beweislast für Fehler in der Anlageberatung de lege lata und de lege ferenda – Gedanken zur privatrechtlichen Bedeutung von Beratungsprotokoll und Geeignetheitserklärung, ZBB **2016,** 1; *Fuchs,* WpHG, 2. Aufl. 2016; *Grundmann,* Wohlverhaltenspflichten, interessenkonfliktfreie Aufklärung und MIFID II – Jüngere höchstrichterliche Rechtsprechung und Reformschritte in Europa, WM **2012,** 1745; *Habersack,* Die Pflicht zur Aufklärung über Rückvergütungen und Innenprovisionen und ihre Grenzen, WM **2012,** 1245; *Hannöver/Walz,* Beratungs- und Informationspflichten im Effektengeschäft, in: Schimansky/Bunte/Lwowski (Hrsg), Bankrechts-Handbuch, 5. Aufl 2017, § 110; *Henning,* Die neue Rechtsprechung des Bundesgerichtshofs zu Aufklärungs und Beratungspflichten bei

Kapitalanlagen, WM 2019, Sonderbeilage 4; *Herresthal,* Die Pflicht zur Aufklärung über Rückvergütungen und die Folgen ihrer Verletzung, ZBB **2009**, 348; *Herresthal,* Die vertragsrechtlichen Folgen der Honoraranlageberatung nach dem WpHG, WM 2014, 773; Hopt, HGB, 41. Aufl. 2022; *Hopt,* Der Kapitalanlegerschutz im Recht der Banken, 1975; *Jordans,* Anlageberatung, in: Bankrecht und Bankpraxis, Losebl, 109. Lfg 05/14, 7/1250 ff.; *Jordans,* Aktueller Überblick über die Aufklärungspflichten über Einnahmen aus dem Vertrieb von Finanzprodukten, BKR **2019**, 498; *Kasten,* Das neue Kundenbild des § 31a WpHG – Umsetzungsprobleme nach MiFID & FRUG, BKR **2007**, 261; *Kensbock/Unmuth,* Auswirkungen des vierten Zinssatz-Swap-Urteils des BGH auf die Beratungs- und Aufklärungspflichten im Bankrecht, RdF **16**, 310; *Knops/Brocker,* Die Pflicht zur Aufklärung über Bonifikationen im Effektengeschäft – ein Rechtsirrtum (bei Banken)? – zugleich Erwiderung auf *Veil,* WM **2009**, 2193 und *Herdegen,* WM **2009**, 2202 –, WM **2010**, 1101; *Koller,* in: Assmann/Schneider/Mülbert (Hrsg.), WpHR, 7. Aufl 2019, §§ 63 ff.; *Brocker,* Zu den Grenzen des Anlegerschutzes bei Interessenkonflikten, ZBB **2007**, 197; *Brocker,* Die Abdingbarkeit des Anlegerschutzes durch Information im europäischen Kapitalmarktrecht, in: FS Huber, 2006, S 821; *Kümpel/Mülbert/Früh/Seyfried,* Bank- und Kapitalmarktrecht, 5. Aufl. 2019; *Kumpan,* Der Interessenkonflikt im deutschen Privatrecht, 2014; *Kumpan/Hellgardt,* Haftung der Wertpapierdienstleistungsunternehmen nach Umsetzung der EU-Richtlinie über Märkte für Finanzinstrumente (MiFID), DB **2006**, 1714; *Lang,* Informationspflichten bei Wertpapierdienstleistungen, 2003; *Lang/Bausch,* Aufklärungspflicht über Gewinnmargen und Handelsspannen?, WM **2010**, 2101; *Lang/Kühne,* Anlegerschutz und Finanzkrise – noch mehr Regeln?, WM **2009**, 1301; *Loff/Hahne,* Vermögensverwaltung und Anlageberatung unter MiFID II – Neuregelungen, Gestaltungsmöglichkeiten und deren steuerliche Implikationen, WM **2012**, 1512; *Manzei,* Rechtsvergleichende Betrachtung von Verhaltensregeln für Wertpapierdienstleitungsunternehmen im Privatkundengeschäft unter deutschen wie US-amerikanischem Aufsichtsrecht, WM **2009**, 393; *Mülbert,* Anlegerschutz bei Zertifikaten – Beratungspflichten, Offenlegungspflichten bei Interessenkonflikten und die Änderungen durch das Finanzmarkt-Richtlinie-Umsetzungsgesetz (FRUG), WM **2007**, 1149; *Nikolaus/d'Oleire,* Aufklärung über „Kick-backs" in der Anlageberatung: Anmerkungen zum BGH-Urteil vom 19.12.2006 = WM 2007, 487, WM **2007**, 2129; *Nittel/Knöpfel,* Die Haftung des Anlageberaters wegen Nichtaufklärung über Zuwendungen – die gar nicht so neue Rechtsprechung des BGH, BKR **2009**, 411; *Rehberg,* Transparenz beim Vertrieb von Finanzprodukten, WM **2005**, 1011; *Reich,* Informations-, Aufklärungs- und Warnpflichten beim Anlagegeschäft unter besonderer Berücksichtigung des „execution-only-business" (EOB), WM **1997**, 1601; *Reiter/Methner,* Die Interessenkollision beim Anlageberater – Unterschied zwischen Honorar- und Provisionsberatung, WM 2013, 2053; *Renz/Hense* (Hrsg), Wertpapier-Compliance in der Praxis, 2010; *Richrath,* Aufklärungs- und Beratungspflichten – Grundlagen und Grenzen, WM **2004**, 653; *Roth/Blessing,* Die neuen Vorgaben nach MiFID II – Teil 1 – Änderungen im Rahmen der Anlageberatung und Geeignetheitsprüfung, CCZ **2016**, 258; *Rothenhöfer,* in: Schwark/Zimmer (Hrsg), Kapitalmarktrechtskommentar, 5. Aufl 2020, § 63 u § 64; *Schäfer,* Zivilrechtliche Konsequenzen der Urteile des BGH zu Gewinnmargen bei Festpreisgeschäften – Besprechung der Urteile des BGH vom 27. September 2011, XI ZR 178/10 = WM **2011**, 2261 und XI ZR 182/10 = WM **2011**, 2268 –, WM **2012**, 197; *Schäfer,* Die Pflicht zur Aufdeckung von Rückvergütungen und Innenprovisionen beim Vertrieb von Fonds in Rechtsprechung und Gesetzgebung, in: FS Nobbe, 2009, S 725; *ders,* Sind die §§ 31 ff. WpHG nF Schutzgesetze iSv § 823 Abs 2 BGB?, WM **2007**, 1872; *A. Schäfer,* Vermögensverwaltung, in *Assmann/Schütze/Buck-Heeb* (Hrsg.), Handbuch des Kapitalanlagerechts, 5. Aufl. 2020, § 23; *Schäfer/Müller,* Haftung für fehlerhafte Wertpapierdienstleistungen, 2. Aufl 2008; *Schäfer/Sethe/Lang,* Handbuch der Vermögensverwaltung, 2. Aufl. 2016; *Sethe,* Anlegerschutz im Recht der Vermögensverwaltung, 2005; *Seyfried,* Die Richtlinie über Märkte für Finanzinstrumente (MiFID) – Neuordnung der Wohlverhaltensregeln, WM **2006**, 1375; *Siol,* Beratungs-, Warn- und Aufklärungspflichten der Bank, Anlagevermittlung und Prospekthaftung, in: Schimansky/Bunte/Lwowski (Hrsg), Bankrechts-Handbuch, 5. Aufl 2017, 7. Kapitel (§§ 43 bis 45); *Spindler,* Aufklärungspflichten eines Finanzdienstleisters über eigene Gewinnmargen? – Ein „Kick-Back" zu viel, WM **2009**, 1821; *Teuber,* Finanzmarkt-Richtlinie (MiFID) – Auswirkungen auf Anlageberatung und Vermögensverwaltung im Überblick, BKR 2006, 429; *Veil,* Vermögensverwaltung und Anlageberatung im neuen Wertpapierhandelsrecht – eine behutsame Reform der Wohlverhaltensregeln?, ZBB **2008**, 34; *Teuber,* Anlageberatung im Zeitalter der MiFID – Inhalt und Konzeption der Pflichten und Grundlagen einer zivilrechtlichen Haftung, WM **2007**, 1821; *Vortmann* (Hrsg), Aufklärungs- und Beratungspflichten der Banken, 9. Aufl 2009; *Weichert/Wenninger,* Die Neuregelung der Erkundigungs- und Aufklärungspflichten von Wertpapierdienstleistungsunternehmen gem. Art 19 RiL 2004/39/EG (MiFID) und Finanzmarkt-Richtlinie-Umsetzungsgesetz,

WM 2007, 627; *Weller,* Die Dogmatik des Anlageberatungsvertrags – Legitimation der strengen Rechtsprechungslinie von Bond bis Ille ./. Deutsche Bank, ZBB 2011, 191; *Welter/Lang* (Hrsg), Handbuch der Informationspflichten im Bankverkehr, 2005; *Zetzsche,* Objektbezogene Informationspflichten des Anlageintermediärs — eine Einordnung des DG-Fonds-Urteils des XI. BGH-Senats vom 7.10.2008 = WM 2008, 2166, WM 2009, 1020; *Zingel/Rieck,* Die neue BGH-Rechtsprechung zur Offenlegung von Rückvergütungen, BKR 2009, 353.

1. Informationen über die Bank und ihre Dienstleistungen im Wertpapiergeschäft

Inhalt

1. **Allgemeine Informationen über die Bank**[1]
2. **Allgemeine Informationen zu Wertpapierdienstleistungen**[2]
3. **Risikoklasseninformationsblatt**[3]
4. **Vorvertragliche Infomationen bei außerhalb von Geschäftsräumen oder im Fernabsatz geschlossenen Verträgen über Finanzdienstleistungen**
5. **Informationen über den Umgang mit Interessenkonflikten**[4]
6. **Rahmenvereinbarung für Wertpapiergeschäfte**
7. **Allgemeine Geschäftsbedingungen**
8. **Sonderbedingungen für Wertpapiergeschäfte einschließlich der Grundsätze für die Ausführung in Finanzinstrumenten**[5]
9. **Preise für Wertpapierdienstleistungen und Wertpapiernebendienstleistungen**[6]

Anmerkungen

1. Nach § 63 Abs. 7 WpHG (aufgrund von § 68 Satz 1 WpHG nicht anwendbar im Verhältnis zu geeigneten Gegenparteien, wenn nur bestimmte Wertpapierdientsleistungen erbracht werden und keine Vereinbarung nach § 68 Satz 2 WpHG vorliegt) sind Wertpapierdienstleistungsunternehmen verpflichtet, ihre Kunden angemessen über sich, dh das Wertpapierdienstleistungsunternehmen, und seine Dienstleistungen, über Finanzinstrumente und die vorgeschlagenen Anlagestrategien, über die Ausführungsplätze und über Kosten und Nebenkosten zu informieren. Dies muss rechtzeitig und in verständlicher Form. geschehen, soweit dies erforderlich ist, damit die Kunden nach vernünftigem Ermessen die Art und Risiken der fraglichen Finanzinstrumente oder Wertpapierdientsleistungen verstehen und darauf basierend entscheiden können. § 63 Abs. 7 Satz 3 WpHG und Art. 44 ff. DelVO 2017/565 führen dies konkreter aus.

Zu den Informationen gehören nach Art. 47 Abs. 1 DelVO 2017/565 – mit Blick auf das Wertpapierdienstleistungsunternehmen und seine Dienstleistungen – Angaben zur vorgesehenen Kommunikation mit dem Wertpapierdienstleistungsunternehmen (Name und Anschrift, verwendete Sprache und Kommunikationsmittel), über die zuständige Behörde, die Vertragsanbahnung und -durchführung (Hinweis auf vertraglich verbundene Vermittler, Informationen zu Art Häufigkeit und Zeitpunkt der Berichte über erbrachte Dienstleistungen, sofern Kundengelder gehalten werden über wesentliche Maßnahmen zum Schutz des Kundenvermögens sowie eine Beschreibung der Grundsätze für den Umgang mit Interessenkonflikten (zu Einzelheiten siehe die folgenden Punkte).

2. In Bezug auf die angebotenen Wertpapierdienstleistungen genügt in diesem Zusammenhang grundsätzlich eine allgemeine Beschreibung. In diesem Zusammenhang kann auch bereits auf die unterschiedliche Kundenklassifizierung (§ 67 WpHG, Art. 45 DelVO 2017/565) eingegangen und Hinweise bzgl. der vom Kunden einzuholenden Informationen aufgenommen werden. Sofern nicht bereits unter den Allgemeinen Informationen über das Wertpapierdienstleistungsunternehmen geschehen, kann hier zudem die Angabe zur verwendeten Sprache erfolgen. Im Zusammenhang mit den verwendeten Kommunikationsmitteln kann zudem auf die Pflicht zur Aufzeichnung von Telefongesprächen und elektronischer Kommunikation (§ 83 Abs. 5 WpHG iVm. § 83 Abs. 3 WpHG) sowie die Meldepflichten gegenüber der Aufsicht eingegangen werden.

Ebenso können hier die Informationen über die Verwahrung von Finanzinstrumenten und den Schutz der Gelder und Finanzinstrumente der Kunden erfolgen (siehe in diesem Zusammenhang auch Art. 20 AGB-Banken, dazu zB Baumbach/Hopt/*Hopt*, HGB, (8) AGB-Banken 20). In diesem Fall sind die Regelungen in Art. 49 DelVO 2017/565 zu beachten.

Weiterhin können hier, sofern einschlägig, schon Angaben hinsichtlich der Erbringung der *Anlageberatung* aufgenommen werden, wie sie nach § 64 Abs. 1 WpHG und Art. 52 DelVO 2017/565 erfolgen müssen (ua ob die Beratung unabhängig erbracht wird oder nicht, Angaben zur Produktpalette, über die beraten wird, wobei deutlich werden muss, ob bzw. welche Finanzinstrumente eigene Instrumente des beratenden Unternehmens sind).

Für die Erbringung der *Finanzportfolioverwaltung* schreibt Art. 47 Abs. 3 DelVO 2017/565 über die allgemeinen Informationen hinaus bestimmte weitere Angaben vor, auf die auch im Rahmen gesonderterter Vereinbarungen zur Finanzportfolioverwaltung eingegangen werden kann. Die Kunden müssen unter anderem informiert werden über: Art und Weise sowie Häufigkeit der Bewertung der Finanzinstrumente im Kundenportfolio, Einzelheiten zu einer eventuellen Delegation der Vermögensverwaltung, Vergleichsgrößen für die Wertentwicklung eines Kundenportfolios (siehe auch Art. 47 Abs. 2 DelVO 2017/565), die Art der in das Portfolio aufnehmbaren Finanzinstrumente und die Art der Geschäfte, die mit diesen Instrumenten ausgeführt werden können sowie schließlich die Managementziele und das bei der Ermessensausübung durch den Verwalter zu beachtenden Risikoniveau und eventuelle besondere Einschränkungen dieses Ermessens.

3. Hinsichtlich der Finanzinstrumente und der vorgeschlagenen Anlagestrategie sind nach § 63 Abs. 7 Satz 3 WpHG sowie Art. 48 DelVO 2017/565 geeignete diesbezügliche Anlageleitlinien, geeignete Warnhinweise zu den damit verbundenen Risiken und die Einordnung anzugeben, für welche Art von Kunden (private oder professionelle) das jeweilige Finanzinstrument bestimmt ist. In diesem Zusammenhang können Risikoklassen definiert werden, die im Hinblick auf die Geeignetheit von Finanzinstrumenten für Kunden verwendet werden. Bei der Behandlung von Risiken ist auch auf etwaige Hebeleffekte und die Gefahr der Insolvenz des Emittenten sowie damit einhergehende Folgen einzugehen, ebenso auf die Preisvolatilität, Hindernisse oder Schwierigkeiten bei der Beendigung eines Investments, mögliche zusätzliche Verpflichtungen im Zusammenhang mit den jeweiligen Instrumenten sowie etwaige Einschusspflichten oder ähnliche Verpflichtungen (Art. 48 Abs. 2 DelVO 2017/565). Ist mit dem Finanzinstrument eine bestimmte Garantie oder ein Kapitalschutz verbunden, ist der Anleger über dessen Art und Umfang und ggf. auch über den (dritten) Garantigeber zu informieren (Art. 48 Abs. 5 DelVO 2017/565).

4. Nach Art. 34 DelVO 2017/5656 sind Wertpapierdienstleistungsunternehmen verpflichtet, Grundsätze für den Umgang mit Interessenkonflikten (zu Interessenkonflikten auch Art. 33 DelVO 2017/565) aufzustellen. Diese müssen der Größe und Organisation des Unternehmens sowie der Art, des Umfangs und der Komplexität ihrer Geschäfte angemessen sein und im Falle von Unternehmensgruppen auch die Konflikte berücksichtigen, die sich aus der Struktur oder Geschäftstätigkeit anderer Unternehmen derselben Gruppe ergeben, Art. 34 Abs. 1 iVm. Abs. 2 DelVO 2017/565. Über die allgemeine Art und Herkunft von Interessenkonflikten und die Maßnahmen, die ergriffen wurden, um sich daraus ergebende Risiken für die Kunden zu begrenzen, hat das Unternehmen seine Kunden zu unterrichten, § 63 Abs. 2 Satz 1 WpHG. Dies muss mittels eines dauerhaften Datenträgers geschehen, vgl. § 63 Abs. 2 Satz 2 Nr. 1 WpHG.

Dabei ist ggf. auch auf den Umgang mit Zuwendungen (iSv § 70 Abs. 2 WpHG) Dritter einzugehen. Grundsätzlich ist es Wertpapierdienstleistungsunternehmen verboten, solche Zuwendungen anzunehmen, § 70 Abs. 1 WpHG. Eine Ausnahme gilt nach § 70 Abs. 1 WpHG aber dann, wenn die Zuwendung auf eine Qualitätsverbesserung der erbrachten Dienstleistung abzielt und nicht mit der Auftragsausführung im bestmöglichen Interesse der Kunden (§ 63 Abs. 1 WpHG) kollidiert und außerdem dem Kunden umfassend, zutreffend und verständlich offen gelegt worden wird; ebenso wenn Gebühren und Entgelte die Erbringung von Wertpapierdienstleistungen erst ermöglichen und die bestmögliche Auftragsausführung nicht gefährden (§ 70 Abs. 7 WpHG).

Interessenkonflikte können etwa durch gegenläufige Interessen verschiedener Kunden entstehen, für die ein Wertpapierdienstleistungsunternehmen Dienstleistungen erbringt, oder auch aufgrund von Eigeninteressen des Wertpapierdienstleistungsunternehmens, die gegenläufig zu Kundeninteressen sein können. Beispiele dafür sind (Umsatz-)Interessen der Bank am Absatz von Finanzinstrumenten bei gleichzeitiger Anlageberatung oder Vermögensverwaltung für Kunden; Zuwendungen von oder an Dritte an das oder vom Wertpapierdienstleistungsunternehmen im Zusammenhang mit Wertpapierdienstleistungen für die Kunden; eine Vergütung des Wertpapierdienstleistungsunternehmens, die abhängig ist von der Anzahl der von den Kunden durchgeführten Transaktionen; Eigenhandel des Wertpapierdienstleistungsunternehmens oder Absatz von ihm emittierter Wertpapiere; Erstellung von Finanzanalysen über Finanzinstrumente, die Kunden zum Erwerb angeboten werden (zu Interessenkonflikten ausführlich *Kumpan*, Der Interessenkonflikt im deutschen Privatrecht, 2014).

Maßnahmen zur Verhinderung oder zum Umgang mit Interessenkonflikten können sein (siehe Art. 34 Abs. 3 DelVO 2017/565): Verhinderung oder Kontrolle eines Informationsaustauschs zwischen bestimmten Mitarbeitern, gesonderte Überwachung von Mitarbeitern, die im Rahmen ihrer Tätigkeit potentiell konfligierende Interessen von Kunden wahrnehmen, Unabhängigkeit der Vergütung von Mitarbeitern von den Ergebnissen anderer Mitarbeiter, deren Tätigkeiten Interessenkonflikte auslösen könnten, Verhinderung unsachgemäßer Einflussnahme anderer auf die die Dienstleistung unmittelbar erbringenden Mitarbeiter, Verhinderung oder Kontrolle einer Beteiligung bestimmter Mitarbeiter an Wertpapierdienstleistungen, wenn dadurch ein ordnungsgemäßes Konfliktmanagement beeinträchtigt werden könnte.

5. Zu den Sonderbedingungen für Wertpapiergeschäfte siehe → Form. IV.Q.1. und → Form. IV.W.2.

Außerdem müssen Wertpapierdienstleistungsunternehmen nach § 82 Abs. 1 Nr. 1 WpHG Grundsätze zur Auftragsausführung aufstellen und regelmäßig überprüfen, um das bestmögliche Ergebnis für ihre Kunden zu erzielen. Dabei sind ua die Preise der Finanzinstrumente, die Kosten der Auftragsausführung, die Geschwindigkeit und Wahrscheinlichkeit der Auftragsausführung zu berücksichtigen (§ 82 Abs. 2 und 3 WpHG). Über diese Ausführungsgrundsätze sind die Kunden vor der erstmaligen Erbringung einer Dienstleistung zu informieren und deren Zustimmung dazu einzuholen (§ 82 Abs. 6 Satz 1 WpHG).

6. Für die nach § 63 Abs. 7 Satz 3 Nr. 2 WpHG (aufgrund von § 68 Satz 1 WpHG nicht anwendbar im Verhältnis zu geeigneten Gegenparteien, wenn nur bestimmte Dienstleistungen erbracht werden und keine Vereinbarung nach § 68 Satz 2 WpHG vorliegt) erforderlichen Angaben zu Kosten und Nebenkosten für Wertpapierdienst- und -nebendienstleistungen enthält Art. 50 DelVO 2017/565 konkretisierende Vorgaben. Aufgenommen werden müssen alle Kosten und Nebenkosten, die dem Kunden berechnet werden sowie solche, die im Zusammenhang mit der Konzeption und Verwaltung der Finanzinstrumente entstehen (Art. 50 Abs. 2 iVm Anhang II DelVO 2017/565). Das umfasst alle Gebühren, Provisionen, Entgelte, Auslagen und über das Wertpapierdienstleistungsunternehmen zu entrichtende Steuern (vgl. Fuchs/*Fuchs,* WpHG, § 31 Rdnr. 150). Damit die Kunden die Gesamtkosten und die kumulative Wirkung der Kosten verstehen können, müssen die Kosten und Nebenkosten in zusammengefasster Weise dargestellt werden (§ 63 Abs. 7 Satz 4 WpHG). Besondere Regelungen gelten außerdem, falls ein Teil des Gesamtpreises in Fremdwährung zu zahlen ist (Art. 50 Abs. 3 DelVO 2017/565). Nach Art. 50 Abs. 10 DelVO 2017/565 soll schließlich die Wirkung der Gesamtkosten und voraussichtlichen Kostenspitzen veranschaulicht werden.

2. WpHG-Gesprächsdokumentation

A Personenbezogene Angaben

1 Kundendaten

Filial-/Kundennummer ______ **Filiale** ______

Depotinhaber ______

Name des Gesprächspartners ______

Berater ______

Gesprächspartner ist

☐ Kontoinhaber ☐ gesetzlicher Vertreter

☐ Bevollmächtigter (keine Angaben zu 2, 4 und 9 erforderlich) ☐ Interessent

Straße[1] ______ Hausnr.[1] ______

PLZ[1] ______ Ort[1] ______

Geburtsdatum[1] ______

Um Sie bei der Bestimmung des Anlageziels kompetent unterstützen zu können, ist eine Analyse der finanziellen Verhältnisse, der Anlageziele und Ihrer Erfahrungen und Kenntnisse in Wertpapiergeschäften erforderlich.
Die finanziellen Verhältnisse und die Anlageziele sind hierbei grundsätzlich durch den bzw. die Depotinhaber bestimmbar.
Ihre Angaben hierzu sind selbstverständlich freiwillig. Allerdings liegt die Erteilung der Angaben in Ihrem Interesse. Treffen die folgenden Angaben nicht mehr zu, teilen Sie uns dies bitte mit, damit wir Hinweise für die Anpassung des Anlageziels geben können. Bitte beachten Sie, dass unsere Beratung grundsätzlich auf Euro-Basis erfolgt. Insbesondere werden Währungsrisiken, die aus einer vom Euro abweichenden Heimatwährung des Depotinhabers/der Depotinhaber resultieren, nicht berücksichtigt.

B Beratungs-/Depotbezogene Angaben

2 Finanzielle Verhältnisse ②

Um Sie umfänglich und bedarfsgerecht im Wertpapiergeschäft beraten zu können, möchten wir Sie bitten, folgende Angaben zu Ihrer finanziellen Situation zu machen. Bei Gemeinschaftskonten addieren Sie die Einzelbeträge bitte zu einer Summe.

2.1 Angaben zu Vermögen und Verbindlichkeiten

Vermögen	EUR ☐ 0 – 9.999 EUR ☐ 10.000 – 50.000 EUR ☐ > 50.000 EUR
Kontoguthaben (KK, Spar, Termingeld)	EUR
Wertpapiere (Kurswert)	EUR
Bausparguthaben	EUR
Lebens- und Rentenversicherung (Rückkaufswert)	EUR
Immobilien	EUR
Andere wichtige Vermögenswerte	EUR

Verbindlichkeiten ☐ bei Beratung zu berücksichtigen (Details unter „Vorgemerkte Angaben zu Anliegen/Gewichtung/pers. Situation" zu dokumentieren)	EUR ☐ 0 – 9.999 EUR ☐ 10.000 – 50.000 EUR ☐ > 50.000 EUR
Dispokredite (eingeräumte Kontoüberziehungen)	EUR
Ratenkredite	EUR
Verbindlichkeiten aus Baufinanzierungen	EUR
Alle weiteren Verbindlichkeiten (z. B. Investitionskredite)	EUR

[1] Freiwillige Angabe bei Interessenten.

2 Finanzielle Verhältnisse (Fortsetzung)

Summe Nettovermögen	EUR ☐ < 0 EUR ☐ 0 – 4.999 EUR ☐ 5.000 - 19.999 EUR ☐ 20.000 - 50.000 ☐ > 50 000 EUR
Eventualverbindlichkeiten (z. B. Bürgschaften etc.)	EUR ☐ 0 – 9.999 EUR ☐ 10.000 – 50 000 EUR ☐ > 50.000 EUR
Nettovermögen abzgl. Eventualverbindlichkeiten	EUR ☐ 0 – 9.999 EUR ☐ 10.000 – 50 000 EUR ☐ > 50 000 EUR

Monatliche Nettoeinkünfte	
Selbstständige Tätigkeit	EUR
Unselbstständige Tätigkeit	EUR
Kapitalvermögen (inkl. Beteiligungen)	EUR
Vermietung und Verpachtung (ohne Nebenkosten)	EUR
Sonstige Einkünfte	EUR

Monatliche Ausgaben	EUR ☐ 0 – 499 EUR ☐ 500 – 999 EUR ☐ 1.000 – 2.999 EUR ☐ 3.000 – 5.000 EUR ☐ > 5.000 EUR
Miete (kalt)	EUR
Nebenkosten (z. B. Umlagen/Heizung)	EUR
Lebensunterhalt	EUR
KFZ-Kosten (inkl. Versicherung und Leasing)	EUR
Private Kranken- und Sozialversicherung	EUR
Vertragl. festgelegte Lebensversicherungs- und Sparbeiträge	EUR
Sonstiges (z. B. Unterhalt)	EUR
Kapitaldienst für Baufinanzierung (Zins und Tilgung)	EUR
Kapitaldienst für weitere Kredite (Zins und Tilgung)	EUR

Freie monatliche Liquidität	EUR ☐ < 0 EUR ☐ 0 – 99 EUR ☐ 100 – 499 EUR ☐ 500 – 999 EUR ☐ 1.000 – 3.000 EUR ☐ > 3.000 EUR
Bis wann wird eine negative monatliche Liquidität erwartet?	__.__.____ – __.__.____
Erwartete Entwicklung freie monatliche Liquidität	☐ Positiv ☐ Negativ ☐ Keine Änderungen
Begründung der negativen Entwicklung der freien monatlichen Liquidität	
Zukünftige freie monatliche Liquidität	EUR
In welchem Zeitraum wird eine negative monatliche Liquidität erwartet?	__.__.____ – __.__.____
Sichere Anlagen bei Fremdbanken, die zur Deckung negativer monatlicher Liquidität verwendet werden können	EUR

Dienen Ihre Wertpapiere als Sicherheit für ein Darlehen?

☐ Ja ☐ Nein ☐ keine Angabe

3 Beraterangaben

Kunde möchte keine/nur unvollständige Angaben zu folgenden Fragen machen: ☐ 2 ☐ 4

☐ Auf die Frage nach den finanziellen Verhältnissen wurden keine oder unzureichende Angaben gemacht. Der Depotinhaber bestätigt allerdings, dass es sich bei den bei der Bank unterhaltenen Vermögenswerten um freie Liquidität handelt, d. h. um Mittel, die nicht zur Bestreitung des Lebensunterhalts des Depotinhabers benötigt werden bzw. – sofern es sich bei dem Depotinhaber um ein Unternehmen (juristische Person, Personen(handels)gesellschaft, aber auch rechtsfähige Stiftung) handelt – die durch die Eigenmittel des Unternehmens gedeckt sind und die nicht für die laufende bzw. operative Geschäftstätigkeit des Unternehmens oder – sowohl bei natürlichen Personen als auch bei Unternehmen – zur Besicherung bzw. Tilgung sonstiger Verbindlichkeiten gegenüber Dritten benötigt werden. Die Anlageberatung erfolgt daher bezogen auf diese Vermögenswerte.

☐ Auf die Frage nach den finanziellen Verhältnissen wurden keine oder unzureichende Angaben gemacht. Eine Anlageberatung ist daher nicht möglich.

☐ Die vom Depotinhaber genannten Details zu den Verbindlichkeiten werden im Rahmen zukünftiger Anlageberatungen zu Finanzinstrumenten berücksichtigt.

4 Anlageziel Liquidität

Für ungeplante Ausgaben ist eine Liquiditätsreserve (Vermögensreserve) grundsätzlich empfehlenswert.

Wieviel Vermögen möchten Sie als Liquiditätsreserve bei uns halten? .... EUR

☐ Ich möchte meine laufenden Girokonten im Anlageziel Liquidität auch einbeziehen (ausgenommen Währungskonten).

☐ Ich möchte zu meiner Liquiditätsreserve keine Angaben machen.

A Personenbezogene Angaben (3)

5 Berufliche Angaben

Gegenwärtiger oder relevanter früherer Beruf

☐ kaufm. Angestellter in einem Finanzdienstleistungsunternehmen ☐ Mitglied der Geschäftsleitung ☐ Handwerker

☐ sonstiger kaufmännischer Angestellter ☐ Wirtschaftsprüfer/Steuerberater ☐ andere Berufe

☐ technischer Angestellter ☐ andere Freiberufler

Berufliche Qualifikation/Ausbildung

☐ Ausbildung zum Bank-/Sparkassenkaufmann, Investmentfondskaufmann oder Kaufmann für Versicherungen und Finanzen Fachrichtung Finanzdienstleistungen

☐ Bank-/Sparkassenfachwirt oder Bank-/Sparkassenbetriebswirt (Abschluss an einer Bank-/Sparkassenakademie oder IHK-Abschluss), Investment-Fachwirt (IHK), Fachberater für Finanzdienstleistungen (IHK), geprüfter Fachwirt für Versicherungen und Finanzen, Fachwirt für Finanzberatung (IHK-Abschluss)

☐ Wirtschaftswissenschaftlicher Studienabschluss an Hochschule, Fachhochschule oder gleichwertiger Abschluss (z. B. Fachrichtung Banken, Finanzdienstleistung, Kapitalmarkt)

☐ Andere Ausbildung/Sonstige ....

☐ Keine Angabe

6 Anlageverhalten (4)

Wie viele Wertpapierkäufe haben Sie im Durchschnitt der vergangenen drei Jahre getätigt?

☐ maximal 2 ☐ 3 bis 5 ☐ 6 bis 10 ☐ über 10 ☐ keine Angaben

Wie hoch war Ihre durchschnittliche Ordergröße in den vergangenen drei Jahren?

☐ < 5.000 EUR ☐ 5.000 bis 24.999 EUR ☐ 25.000 bis 49.999 EUR ☐ > 50.000 EUR ☐ keine Angaben

Haben Sie schon Geschäfte auf Kreditbasis (z. B. eingeräumte Kontoüberziehung) getätigt?

☐ Ja, Kreditrahmen (in TEUR): ☐☐☐☐☐☐ ☐ Nein ☐ keine Angabe

Welche Wertpapierdienstleistungen haben Sie in der Vergangenheit in Anspruch genommen?

☐ beratungsfreie Anlagegeschäfte ☐ Anlageberatung ☐ Vermögensverwaltung

☐ Keine Dienstleistung in Anspruch genommen

Bis zu welchem Risiko sind Sie bereit in Finanzinstrumente zu investieren?

Gewünschte maximale persönliche Risikoklasse: ☐ 1 ☐ 2 ☐ 3 ☐ 4 ☐ 5 ☐ 6 ☐ 7

7 Ihre Kenntnisse und/oder Erfahrungen ⑦

Bitte teilen Sie uns mit, in welchen der folgenden Wertpapierkategorien Sie bereits Erfahrungen und/oder Kenntnisse sammeln konnten.

		Risikoklasse 1	Risikoklasse 2	Risikoklasse 3	Risikoklasse 4	Risikoklasse 5	Risikoklasse 6	Risikoklasse 7
		Durchschnittl. historisches Verlustpotenzial in einem 12-Monats-Zeitraum von 0% – 0,1% (rein indikativ)*	Durchschnittl. historisches Verlustpotenzial in einem 12-Monats-Zeitraum von bis zu 5% (rein indikativ)*	Durchschnittl. historisches Verlustpotenzial in einem 12-Monats-Zeitraum von bis zu 10% (rein indikativ)*	Durchschnittl. historisches Verlustpotenzial in einem 12-Monats-Zeitraum von bis zu 25% (rein indikativ)*	Durchschnittl. historisches Verlustpotenzial in einem 12-Monats-Zeitraum von bis zu 50% (rein indikativ)*	Erhöhtes Kapitalverlustrisiko	Verlustpotenzial > eingesetztes Kapital/gestellte Sicherheit
Basiserfahrungen und/oder -kenntnisse (Level a)	Anleihen/ Rentenfonds inkl. physische Renten-ETF/ Geldmarktfonds	■ Geldmarktfonds in EUR	■ EUR-Anleihen mit Investment Grade und einer Restlaufzeit < 7 Jahren ■ Rentenfonds/ Renten-ETFs mit Schwerpunkt auf Investment Grade Anleihen in EUR	■ EUR-Anleihen mit Investment Grade und einer Restlaufzeit von 7 bis 15 Jahren ■ International gestreute Rentenfonds/ physische Renten-ETFs überwiegend mit Investment Grade Anleihen	■ EUR-Anleihen mit Investment Grade und einer Restlaufzeit > 15 Jahren ■ Investment Grade Anleihen in einer Fremdwährung ■ Spekulative Anleihen (Non Investment Grade) ■ Rentenfonds/ Renten-ETFs in einer Fremdwährung ■ Rentenfonds/ Renten-ETFs mit Schwerpunkt auf spekulative bis sehr spekulative Anleihen (Non Investment Grade) ■ Geldmarktfonds in einer Fremdwährung	■ Sehr spekulative bis hoch spekulative Anleihen niedrigster Qualität (Non Investment Grade)		
		☐ > 1 Jahr ☐ Erstaufklärung seit __/__/____ ☐ Folgeaufklärung ☐ Verzicht auf Folgeaufklärung	☐ > 1 Jahr ☐ Erstaufklärung seit __/__/____ ☐ Folgeaufklärung ☐ Verzicht auf Folgeaufklärung	☐ > 1 Jahr ☐ Erstaufklärung seit __/__/____ ☐ Folgeaufklärung ☐ Verzicht auf Folgeaufklärung	☐ > 1 Jahr ☐ Erstaufklärung seit __/__/____ ☐ Folgeaufklärung ☐ Verzicht auf Folgeaufklärung	☐ > 1 Jahr ☐ Erstaufklärung seit __/__/____ ☐ Folgeaufklärung ☐ Verzicht auf Folgeaufklärung		
	Aktien/ Aktienfonds inkl. physische Aktien-ETF				■ Aktienfonds/ Aktien-ETFs	■ Einzelaktien ■ Aktienfonds/ Aktien-ETF in Emerging Markets ■ Rohstoffaktienfonds		
					☐ > 1 Jahr ☐ Erstaufklärung seit __/__/____ ☐ Folgeaufklärung ☐ Verzicht auf Folgeaufklärung	☐ > 1 Jahr ☐ Erstaufklärung seit __/__/____ ☐ Folgeaufklärung ☐ Verzicht auf Folgeaufklärung		

7 Ihre Kenntnisse und/oder Erfahrungen (Fortsetzung)

		Risikoklasse 1	Risikoklasse 2	Risikoklasse 3	Risikoklasse 4	Risikoklasse 5	Risikoklasse 6	Risikoklasse 7
		Durchschnittl. historisches Verlustpotenzial in einem 12-Monats-Zeitraum von 0% – 0,1% (rein indikativ)*	Durchschnittl. historisches Verlustpotenzial in einem 12-Monats-Zeitraum von bis zu 5% (rein indikativ)*	Durchschnittl. historisches Verlustpotenzial in einem 12-Monats-Zeitraum von bis zu 10% (rein indikativ)*	Durchschnittl. historisches Verlustpotenzial in einem 12-Monats-Zeitraum von bis zu 25% (rein indikativ)*	Durchschnittl. historisches Verlustpotenzial in einem 12-Monats-Zeitraum von bis zu 50% (rein indikativ)*	Erhöhtes Kapitalverlustrisiko	Verlustpotenzial > eingesetztes Kapital/gestellte Sicherheit
Basiserfahrungen und/oder -kenntnisse (Level a)	Mischfonds		■ Eher defensiv ausgerichtete Mischfonds, die einen größeren Wert auf den Erhalt des investierten Fondsvermögens legen und daher eine geringere Renditechance aufweisen bzw. auch ein (im Vergleich zu Mischfonds mit einem mittleren Chance-/Risikoprofil) geringeres Risiko mit sich bringen. ☐ > 1 Jahr ☐ Erstaufklärung seit __/__/____ ☐ Folgeaufklärung ☐ Verzicht auf Folgeaufklärung	■ Bei Mischfonds mit einem mittleren Chance-/Risikoprofil werden Renditechancen verfolgt, jedoch weisen diese auch ein im Vergleich zu eher defensiv ausgerichteten Mischfonds ein gesteigertes Risiko auf. ☐ > 1 Jahr ☐ Erstaufklärung seit __/__/____ ☐ Folgeaufklärung ☐ Verzicht auf Folgeaufklärung	■ Offensiv ausgerichtete Mischfonds, bei denen das Verfolgen von Renditechancen im Vordergrund steht, die aber Diversifikationsmöglichkeiten nutzen können, um bei Bedarf in risikoärmere Vermögenswerte zu investieren. Offensiv ausgerichtete Mischfonds weisen im Vergleich zu Mischfonds mit mittlerem Chance-Risikoprofil höheres Risikopotenzial auf, das dem von Aktienfonds ähnlich ist. ☐ > 1 Jahr ☐ Erstaufklärung seit __/__/____ ☐ Folgeaufklärung ☐ Verzicht auf Folgeaufklärung			
Fortgeschrittene Erfahrungen und/oder Kenntnisse (Level b)	Offene Immobilienfonds		■ Offene Immobilienfonds in EUR ☐ > 1 Jahr ☐ Erstaufklärung seit __/__/____ ☐ Folgeaufklärung ☐ Verzicht auf Folgeaufklärung		■ Offene Immobilienfonds in Fremdwährungen ☐ > 1 Jahr ☐ Erstaufklärung seit __/__/____ ☐ Folgeaufklärung ☐ Verzicht auf Folgeaufklärung			
	Rohstofffonds				■ Diversifizierte Rohstofffonds ☐ > 1 Jahr ☐ Erstaufklärung seit __/__/____ ☐ Folgeaufklärung ☐ Verzicht auf Folgeaufklärung	■ Fonds auf wenig diversifizierte Rohstoffindizes ☐ > 1 Jahr ☐ Erstaufklärung seit __/__/____ ☐ Folgeaufklärung ☐ Verzicht auf Folgeaufklärung		

7 Ihre Kenntnisse und/oder Erfahrungen (Fortsetzung)

		Risikoklasse 1	Risikoklasse 2	Risikoklasse 3	Risikoklasse 4	Risikoklasse 5	Risikoklasse 6	Risikoklasse 7
		Durchschnittl. historisches Verlustpotenzial in einem 12-Monats-Zeitraum von 0% – 0,1% (rein indikativ)*	Durchschnittl. historisches Verlustpotenzial in einem 12-Monats-Zeitraum von bis zu 5% (rein indikativ)*	Durchschnittl. historisches Verlustpotenzial in einem 12-Monats-Zeitraum von bis zu 10% (rein indikativ)*	Durchschnittl. historisches Verlustpotenzial in einem 12-Monats-Zeitraum von bis zu 25% (rein indikativ)*	Durchschnittl. historisches Verlustpotenzial in einem 12-Monats-Zeitraum von bis zu 50% (rein indikativ)*	Erhöhtes Kapitalverlustrisiko	Verlustpotenzial > eingesetztes Kapital/gestellte Sicherheit
<u>Fortgeschrittene Erfahrungen und/oder Kenntnisse (Level b)</u>	<u>Strukturierte Fonds (z. B. synthetische ETF und systematische Fonds)</u>				■ Synthetische ETFs/Indexfonds auf diversifizierte Indizes ☐ > 1 Jahr ☐ Erstaufklärung seit __/__/____ ☐ Folgeaufklärung ☐ Verzicht auf Folgeaufklärung	■ Synthetische ETFs/Indexfonds auf Emerging Markets-Aktien ■ Synthetische ETFs/Indexfonds auf Rohstoffaktien bzw. wenig diversifizierte Rohstoffindizes ☐ > 1 Jahr ☐ Erstaufklärung seit __/__/____ ☐ Folgeaufklärung ☐ Verzicht auf Folgeaufklärung		
	<u>Strukturierte Finanzinstrumente</u>		■ Strukturierte Produkte mit Investment Grade auf – Immobilienfonds in EUR, – Rentenfonds/ETFs mit Anleihen guter Bonität in EUR – Defensiv ausgerichtete Mischfonds ■ Zum Laufzeitende kapitalgeschützte Produkte von Emittenten mit Investment Grade mit Restlaufzeit < 7 Jahre in EUR ☐ > 1 Jahr ☐ Erstaufklärung seit __/__/____ ☐ Folgeaufklärung ☐ Verzicht auf Folgeaufklärung	■ Strukturierte Produkte mit Investment Grade auf – International gestreute Rentenfonds/ETFs auf Anleihen überwiegend guter Bonität – Ausgewogen ausgerichtete Mischfonds – Rentenfonds/ETFs, die in Anleihen mit erhöhtem Risiko investieren ■ Zum Laufzeitende kapitalgeschützte Produkte von Emittenten mit Investment Grade mit Restlaufzeit von 7 bis 15 Jahren in EUR ■ Produkte von Emittenten mit Investment Grade mit 90% Kapitalschutz zum Laufzeitende mit Restlaufzeit < 15 Jahre in EUR ☐ > 1 Jahr ☐ Erstaufklärung seit __/__/____ ☐ Folgeaufklärung ☐ Verzicht auf Folgeaufklärung	■ Strukturierte Produkte mit Investment Grade auf – Aktienfonds/ETFs auf Aktien – Offensiv ausgerichtete Mischfonds – Immobilienfonds in Fremdwährungen ■ Strukturierte Produkte von Emittenten mit Investment Grade aus Basiswerte der RK 1-4 in Fremdwährung ■ Produkte von Emittenten mit Investment Grade auf Basiswerte der RK 5 mit mind. 75% Kapitalschutz in EUR ☐ > 1 Jahr ☐ Erstaufklärung seit __/__/____ ☐ Folgeaufklärung ☐ Verzicht auf Folgeaufklärung	■ Strukturierte Produkte mit Investment Grade auf – Rentenfonds/ETFs mit Schwerpunkt auf spekulative Anleihen mit nicht mehr ausreichender Investmentqualität – Aktien, Rohstoffaktienfonds und Aktienfonds in Emerging Markets – Fonds auf wenig diversifizierte Rohstoffindizes ☐ > 1 Jahr ☐ Erstaufklärung seit __/__/____ ☐ Folgeaufklärung ☐ Verzicht auf Folgeaufklärung		

7 Ihre Kenntnisse und/oder Erfahrungen (Fortsetzung)

		Risikoklasse 1	Risikoklasse 2	Risikoklasse 3	Risikoklasse 4	Risikoklasse 5	Risikoklasse 6	Risikoklasse 7
		Durchschnittl. historisches Verlustpotenzial in einem 12-Monats-Zeitraum von 0% – 0,1% (rein indikativ)*	Durchschnittl. historisches Verlustpotenzial in einem 12-Monats-Zeitraum von bis zu 5% (rein indikativ)*	Durchschnittl. historisches Verlustpotenzial in einem 12-Monats-Zeitraum von bis zu 10% (rein indikativ)*	Durchschnittl. historisches Verlustpotenzial in einem 12-Monats-Zeitraum von bis zu 25% (rein indikativ)*	Durchschnittl. historisches Verlustpotenzial in einem 12-Monats-Zeitraum von bis zu 50% (rein indikativ)*	Erhöhtes Kapitalverlustrisiko	Verlustpotenzial > eingesetztes Kapital/gestellte Sicherheit
Umfangreiche Erfahrungen und/oder Kenntnisse (Level c)	Strukturierte Finanzinstrumente mit erhöhter Komplexität						■ Hebelprodukte (zum Beispiel: Optionsscheine, Knock-Out Zertifikate, Faktorzertifikate) ☐ > 1 Jahr ☐ Erstaufklärung seit __/__/____ ☐ Folgeaufklärung ☐ Verzicht auf Folgeaufklärung	
	Derivate						■ Börslich und außerbörslich gehandelte Long-Positionen in Optionen (Call/Put) ☐ > 1 Jahr ☐ Erstaufklärung seit __/__/____ ☐ Folgeaufklärung ☐ Verzicht auf Folgeaufklärung	■ Börslich und außerbörslich gehandelte Short Positionen in Optionen (Call/Put) ■ Börslich und außerbörslich gehandelte Futures ■ Außerbörslich gehandelte Derivate wie z. B. Swaps ■ Devisentermingeschäfte ☐ > 1 Jahr ☐ Erstaufklärung seit __/__/____ ☐ Folgeaufklärung ☐ Verzicht auf Folgeaufklärung

* Erläuterung: Durchschnittliches historisches Verlustpotenzial und Risikoklassensystematik

Die Bank hat interne Risikoklassen für Finanzinstrumente festgelegt, die für Zwecke der Beratung, aber auch des sonstigen Vertriebs von Finanzinstrumenten eingesetzt werden und auf einem durch die Bank festgelegten internen Risikomaß basieren.

Die Risikoklassen der Bank sollen eine rein indikative Aussage treffen uber das historische durchschnittliche Verlustpotenzial eines einzelnen Finanzinstruments in einer zwölfmonatigen Periode, basierend auf einer typisierten Betrachtung.

Bitte beachten Sie:

Das beschriebene historische durchschnittliche Verlustpotenzial kann keine Aussage darüber treffen, welches Verlustpotenzial ein Finanzinstrument in der Zukunft in einem 12-Monats-Zeitraum tatsächlich haben wird. Die Berechnung des historischen durchschnittlichen Verlustpotenzials beruht auf Daten der Vergangenheit, die nicht als verlässlicher Hinweis auf das künftige Verlustpotenzial herangezogen werden können.

Auch ein Finanzinstrument, das in die niedrigste Risikoklasse (1 von 7) eingestuft wird, stellt keine risikolose Anlage dar.

Verluste in einem Finanzinstrument können in jedem 12-Monats-Zeitraum auch deutlich über dem angegebenen historischen durchschnittlichen Verlustpotenzial liegen.

Die Risikoklassensystematik soll dem Anleger Anhaltspunkte für die langfristige Risikonatur eines Finanzinstruments liefern. Hierfür wurde der größte historische Kursrückgang als Risikomaß herangezogen. Dabei betrachtet man den Abstand des Kurstiefststands zu dem Kurshöchststand innerhalb eines vorgegebenen Zeitraums. Extreme (Markt-) Ereignisse sind für den Kursverlauf gravierend. Da sie aber selten sind, würden sie die Aussage zur langfristigen Risikonatur eines Produktes verzerren. Die für die Aufstellung der Risikoklassen herangezogene Berechnung erfolgt daher über rollierende, d. h. jeweils um einen Tag versetzte 12-Monats-Perioden über den zugrunde gelegten Zeitraum. Im Anschluss wird ein Durchschnittswert ermittelt. Diese Risikokennzahl wird als das historische durchschnittliche Verlustpotenzial eines Finanzinstruments in einer zwölfmonatigen Periode bezeichnet und ist Grundlage für die Risikoklassensystematik der Deutsche Bank.

Für die Einteilung der Risikoklassen wurden Produktkategorien, wie z. B. börsennotierte Aktien, auf Basis der Produktart gebildet. Anschließend wurde für eine repräsentative Anzahl gängiger Finanzinstrumente je Produktkategorie die Risikokennzahl für eine Vielzahl historischer 12-Monats-Zeiträume ermittelt. Hieraus wurde für jede Produktkategorie das typisierte durchschnittliche Verlustpotenzial über einen 12-Monats-Zeitraum abgeleitet.

Aus den Ergebnissen der verschiedenen Produktkategorien wurden fünf Bandbreiten für das historische durchschnittliche Verlustpotenzial in einem 12-Monats-Zeitraum und damit für die ersten fünf Risikoklassen der Bank gebildet.

Es erfolgt nicht für jedes Finanzinstrument, das über die Bank erworben werden kann, eine gesonderte Berechnung des historischen durchschnittlichen Verlustpotenzials. Jedes Finanzinstrument wird ausschließlich entsprechend seiner Zugehörigkeit zu einer Produktkategorie einer Risikoklasse zugeordnet. Daher ist das aus der Zuordnung zu einer Risikoklasse ablesbare historische durchschnittliche Verlustpotenzial typisiert.

Ein Beispiel: Finanzinstrumente mit der Risikoklasse 4 weisen typisiert in einem 12-Monats-Zeitraum ein historisches durchschnittliches Verlustpotenzial zwischen 10% und 25%, basierend auf der oben beschriebenen typisierten Betrachtung, auf.

Da es sich um eine typisierte historische Durchschnittsbetrachtung handelt, können in einzelnen 12-Monats-Perioden oder zu einzelnen Zeitpunkten während der Anlagezeit auch deutlich höhere Verluste entstehen oder in der Vergangenheit entstanden sein.

Dies kann auch den Totalverlust des eingesetzten Kapitals bedeuten, und zwar auch, wenn das Finanzinstrument der niedrigsten Risikoklasse zugeordnet wurde.

Wichtige Hinweise:
- Wertentwicklungen der Vergangenheit sind kein verlässlicher Indikator für zukünftige Wertentwicklungen.
- Der tatsächliche Verlust in einem Finanzinstrument kann somit auch deutlich höher ausfallen.
- Bitte beachten Sie, dass beim Kauf und Verkauf von Finanzinstrumenten Gebühren, Transaktionskosten, Provisionen und Steuern anfallen. Diese wirken sich negativ auf die Nettowertentwicklung aus.

Besonders riskante Instrumente wie z. B. Hebelprodukte, Optionen und Futures lassen sich nicht in die oben beschriebene Systematik einordnen. Diese werden deshalb in die gesonderte Risikoklassen 6 (erhöhtes Kapitalverlustrisiko) und 7 (Verlustpotenzial größer als das eingesetzte Kapital/gestellte Sicherheit) eingestuft.

Die Auflistung der Produktarten und ihre Einstufung in Risikoklassen ist nicht abschließend. Es handelt sich lediglich um Beispielnennungen üblicher Produktarten aus Produktkategorien, um Ihnen die Orientierung zu erleichtern. In jeder Risikoklasse kann es weitere Produktarten geben. Diese sind in ihrem Risikopotenzial dann denen, die in dieser Darstellung in einer Risikoklasse erfasst sind, ähnlich.
Die Bank nutzt diese Darstellung, um Ihre Kenntnisse und Erfahrungen zu erfassen, Ihnen einen Überblick über die Zuordnung von Produkten in hinsichtlich ihres relativen Risikos zueinander zu geben und es Ihnen zu ermöglichen zu bestimmen, welche Risikoklasse Sie als maximale Risikoklasse je Produkt für Zwecke der Beratung wählen möchten.

Die Einstufung einzelner Produkte in die Risikoklassen erfolgt entsprechend ihrer Minimumrisikoklasse, die sich aus der Produktart ergibt. Die Bank kann ein Produkt jedoch im Einzelfall oder generell für einen bestimmten Zeitraum oder dauerhaft auch einer höheren Risikoklasse zuordnen. Dies kann z. B. der Fall sein, da die Bank den sogenannten Gesamtrisikoindikator (auch als SRI bezeichnet), der ab 3.1.2018 für strukturierte Finanzinstrumente (wie z. B. Zertifikate, aber auch strukturierte Anleihen und Derivate) veröffentlicht wird, risikoerhöhend berücksichtigt.

8 Beraterangaben (6)

Kunde möchte keine/nur unvollständige Angaben zu folgenden Fragen machen: ☐ 6 ☐ 7

Festlegen der persönlichen Risikoklasse

Persönliche Risikoklasse: ☐ 1 ☐ 2 ☐ 3 ☐ 4 ☐ 5 ☐ 6 ☐ 7

Hinweis: Die Beantwortung der Frage nach Erfahrungen/Kenntnissen in den Wertpapierkategorien (Punkt 2) und das Aushändigen der Basisinformationen sind zwingende Voraussetzungen zur Ermittlung der persönlichen Risikoklasse. Bei Verweigerung der Angaben ist die persönliche Risikoklasse 1 einzumelden, und es ist kein Beratungsgeschäft mit diesem Kunden möglich.

☐ Kunde möchte nur in Produktarten/Produktkategorien des Kenntnis- und Erfahrungslevels A aufgeklärt werden (optional)

☐ Erweiterte Risikoaufklärung erfolgt (sofern die persönliche Risikoklasse größer als die Erfahrungsrisikoklasse unter Punkt 2 ist bzw. nicht in allen Kategorien einer Risikoklasse Kenntnisse/Erfahrungen vorhanden sind. Der Berater darf nur bis RK 5 aufklären).

	Aushändigung/ Zustellung erfolgte am	**Handzeichen**
☐ Basisinformationen über Wertpapiere und weitere Kapitalanlagen		
☐ MiFID-Startpaket für Depotneukunden (Informationen über die Bank und ihre Dienstleistungen in Geschäften mit Finanzinstrumenten)		
☐ Rahmenvereinbarung für Wertpapiergeschäfte		
☐ Einverständniserklärung zur Informationsübermittlung durch CD, DVD, Fax, Elektronischer Briefkasten, Internet, E-Mail abgegeben am		

☐ CD ☐ DVD ☐ Fax

☐ Elektronischer Briefkasten ☐ Internet ☐ E-Mail

☐ weitere schriftliche Unterlage ausgehändigt

Die WpHG-Angaben wurden am ______ von ______ erhoben

Datum

Name des Beraters

X

Unterschrift des Beraters

9 Ihr Anlageziel (7)

9.1 Anlageziel Stabilität
Aufgrund Ihrer konkreten Ziele in der Zukunft legen Sie Wert auf eher konservative Anlagen, die eine sehr hohe Wahrscheinlichkeit besitzen, zum Laufzeitende eine vorher festgelegte Rückzahlung mindestens sicherzustellen.
Zur Erfüllung des Ziels möchten Sie daher ausschließlich in Investment Grade Anleihen, Zertifikate mit Kapitalschutz zum Laufzeitende, Fonds mit garantierten Rückzahlungswerten und/oder im Sparbereich investieren. Bei den Wertpapieren kann es während der Laufzeit ggf. zu Kursschwankungen kommen, die bei einer vorzeitigen Veräußerung zu Kursverlusten führen können. Sie sind bereit, das Risiko aufgrund z. B. einer Bonitätsherabstufung des Emittenten und somit Kursverluste bis zum Totalverlust oder den Ausfall bei von Bank emittierten Anleihen oder Zertifikaten aufgrund von Risiken im Falle einer Bankabwicklung und -sanierung zu tragen.

Unterdepot Nr.: ☐☐

Haben Sie konkrete Ziele, für die Sie mit hoher Wahrscheinlichkeit zu einem festen Termin einen bestimmten Betrag benötigen, und möchten Sie einen Teil Ihres Vermögens dafür reservieren?

Zieldatum	Ziele	Zielbetrag
__.__.____		EUR
__.__.____		EUR
__.__.____		EUR
__.__.____		EUR
__.__.____		EUR
__.__.____		EUR
__.__.____		EUR
__.__.____		EUR
__.__.____		EUR
__.__.____		EUR

☐ Ich möchte keine Angaben machen.

☐ Ich habe keine konkreten Ziele.

Ihre maximale Depotrisikoklasse

Gewünschte maximale Risikoklasse ☐ 1 ☐ 2 ☐ 3

9.2 Anlageziel Wertentwicklung
Die Grundlage zur Erarbeitung konkreter Handlungsempfehlungen bildet eine ausführliche Analyse Ihrer persönlichen Risikoneigung sowie Ihrer bisherigen Anlageerfahrungen und Kenntnisse auf Basis Ihrer getroffenen Aussagen.
Des Weiteren werden Ihre Wünsche bezüglich der unterschiedlichen Wertpapierdienstleistungsarten unseres Hauses berücksichtigt, um so einen Vorschlag zur Strukturierung Ihres Vermögens auszusprechen.

Ihr Anlageziel für das Unterdepot Nr.: ☐☐

Konkrete Ziele zur späteren Verwendung des Anlagebetrages

Welche speziellen Ziele verfolgen Sie mit Ihrer Geldanlage?

☐ Vermögen auf- und ausbauen

☐ Ich möchte keine Angaben machen.

Ihr Planungshorizont

Bis wann möchten Sie dieses Ziel erreichen? ☐☐ Monat ☐☐ Jahr

☐ Ich möchte keine Angaben zu meinem Planungshorizont machen.

9 Ihr Anlageziel (Fortsetzung)

Welches der drei Anlageziele spiegelt am ehesten Ihre grundsätzlichen Erwartungen an Ihr Unterdepot wider?

Hier sehen Sie beispielhaft die durchschnittliche historische jährliche Rendite bei einem 3-Jahres-Anlagezeitraum:

	MODERAT	AUSGEWOGEN	DYNAMISCH
Günstigster Fall	19,51%	26,53%	37,46%
Durchschnitt	7,56%	8,32%	9,23%
Ungünstigster Fall	-4,96%	-12,81%	-24,03%
Verlustzeitraum (in Jahren)	2,83	5,25	6,75

Hier sehen Sie beispielhaft die durchschnittliche historische jährliche Rendite bei einem 5-Jahres-Anlagezeitraum:

	MODERAT	AUSGEWOGEN	DYNAMISCH
Günstigster Fall	17,82%	21,60%	27,24%
Durchschnitt	7,54%	8,26%	9,06%
Ungünstigster Fall	0,68%	-3,09%	-9,14%
Verlustzeitraum (in Jahren)	2,83	5,25	6,75

Hier sehen Sie beispielhaft die durchschnittliche historische jährliche Rendite bei einem 10-Jahres-Anlagezeitraum:

	MODERAT	AUSGEWOGEN	DYNAMISCH
Günstigster Fall	11,28%	13,27%	16,04%
Durchschnitt	7,66%	8,35%	9,03%
Ungünstigster Fall	2,77%	1,58%	-0,89%
Verlustzeitraum (in Jahren)	2,83	5,25	6,75

Wichtige Hinweise:
- Wertentwicklungen der Vergangenheit sind kein verlässlicher Indikator für zukünftige Wertentwicklungen.
- Gebühren, Transaktionskosten, Provisionen und Steuern sind in der Darstellung unberücksichtigt und würden sich bei Berücksichtigung negativ auf die Wertentwicklung auswirken.

Berechnungsgrundlagen (Stand: [Datum])
- Als Basis wurden historische Wertentwicklungsdaten vom 31.12.1972 bis [Datum] verwendet. Für die Simulation der historischen Wertentwicklung wurden monatliche Wertentwicklungsdaten folgender Indizes in unterschiedlicher Gewichtung verwendet: Renten-/Geldmarktanteil (=100% abzgl. Aktien-Anteil), bestehend aus REX (Performanceindex), und Aktien-Anteil, bestehend aus DAX (Performanceindex). Der DAX ist ein Aktienindex, der die Wertentwicklung der 30 deutschen Standardwerte abbildet, die die höchsten Börsenumsätze und die größte Marktkapitalisierung aufweisen, und der REX ist ein Rentenindex, der sich aus 30 idealtypischen Bundesanleihen mit ganzzahligen Laufzeiten von 1 bis 10 Jahren und je drei Kupontypen von 6 Prozent, 7,5 Prozent und 9 Prozent sowie einer Gewichtung nach ihrem Marktanteil der letzten 25 Jahre zusammensetzt.

Die Berechnung der Wertentwicklung im „ungünstigsten Fall" bzw. „günstigsten Fall" basiert auf der jeweils niedrigsten bzw. höchsten im Betrachtungszeitraum beobachteten Wertentwicklung. Die Berechnung der Wertentwicklung erfolgte rollierend.

Anlageziel	Beschreibung
☐ **Moderat:**	Sie legen Wert auf möglichst stabile Erträge und möchten Risiken nur in einem geringen Maß eingehen bei durchaus bestehenden Verlustrisiken. Hierfür können bis zu 30% des Depots in Wertpapieren mit hohem Risiko (Risikoklasse 4–6) angelegt werden.
☐ **Ausgewogen:**	Sie legen Wert auf einen überdurchschnittlichen Ertrag aus diesem Depot und sind bereit, hierfür überdurchschnittliche Verlustrisiken in Kauf zu nehmen. Hierfür können bis zu 60% des Depots in Wertpapieren mit hohem Risiko (Risikoklasse 4–6) angelegt werden.
☐ **Dynamisch:**	Sie haben eine sehr hohe Erwartung an die Erträge aus diesem Depot und sind bereit, entsprechend sehr hohe Verlustrisiken in Kauf zu nehmen. Hierfür können bis zu 100% des Depots in Wertpapieren mit hohem Risiko (Risikoklasse 4–6) angelegt werden.

bis zu 30% RK 4–6

bis zu 60% RK 4–6

bis zu 100% RK 4–6

☐ Ich möchte keine Angaben zu meinen Anlagezielen machen.

Ihre maximale Depotrisikoklasse

Gewünschte maximale Risikoklasse: ☐ 1 ☐ 2 ☐ 3 ☐ 4 ☐ 5 ☐ 6 ☐ 7

☐ Ich möchte keine Angaben zu meiner maximal gewünschten Depotrisikoklasse machen.

10 Beraterangaben

Anlageziel: ☐ **Moderat** ☐ **Ausgewogen** ☐ **Dynamisch**

Depotrisikoklasse: ☐ 1 ☐ 2 ☐ 3 ☐ 4 ☐ 5 ☐ 6 ☐ 7

Die WpHG-Angaben wurden am __.__.____ von ____________________

☐ persönlich ☐ telefonisch ☐ schriftlich erfragt.

Datum

__.__.____

X

Unterschrift des Beraters

Anmerkungen

1. Das vorliegende Formular ist lediglich als Beispiel zu betrachten und ist für die individuelle Bank anzupassen. Nach § 63 Abs. 10 WpHG bzw. § 64 Abs. 3 WpHG (beide aufgrund von § 68 Satz 1 WpHG nicht anwendbar im Verhältnis zu geeigneten Gegenparteien, wenn nur die dort bestimmten Dienstleistungen erbracht werden und keine Vereinbarung nach § 68 Satz 2 WpHG vorliegt) sind Wertpapierdienstleistungsunternehmen verpflichtet, von ihren Kunden Informationen über Kenntnisse und Erfahrungen in Bezug auf Geschäfte mit Finanzinstrumenten und Wertpapierdienstleistungen sowie über ihre Anlageziele, einschließlich ihrer Risikotoleranz, und finanziellen Verhältnisse, inklusive ihrer Verlusttragungsfähigkeit einzuholen. Diese Informationen sollen sicherstellen, dass das Wertpapierdienstleistungsunternehmen die Angemessenheit der Finanzinstrumente oder Wertpapierdienstleistungen für die Kunden beurteilen kann (§ 63 Abs. 10 Satz 1 WpHG) bzw. geeignete Finanzinstrumente oder Wertpapierdienstleistungen empfiehlt (§ 64 Abs. 3 Satz 1 WpHG). Entsprechend stehen sie unter einem Erforderlichkeitsvorbehalt, vgl § 63 Abs. 10 Satz 1 WpHG bzw. § 64 Abs. 3 Satz 1 WpHG: Wertpapierdienstleistungsunternehmen müssen nicht alle möglichen Informationen über den Kunden einholen, sondern nur solche, die „erforderlich" sind, um den Kunden ein für sie geeignetes Finanzinstrument oder eine für sie geeignete Wertpapierdientsleistung empfehlen zu können (siehe dazu auch → Anm. 7). Nähere Vorgaben zur Geeignetheit enthalten die Art. 54, 55, 56 DelVO 2017/565 bzw. bzgl. Verbriefungen Art. 3 VO 2017/2402 sowie die Leitlinien der ESMA (ESMA35-43-1163).

Für die Einholung der Informationen vom Kunden ist keine bestimmte Form. vorgeschrieben, aber aus Dokumentations-, Beweis- und Effizienzgründen bietet es sich an, mit standardisierten Fragebögen zu arbeiten (*Rothenhöfer* in Schwark/Zimmer, KMRK, § 64 Rn. 106). Auf die Angaben des Kunden kann sich das Wertpapierdienstleistungsunternehmen grundsätzlich verlassen, es sei denn, es hat Kenntnis, dass diese unzutreffend sind, oder müsse diese Kenntnis haben, Art. 55 Abs. 3 DelVO 2017/565. Allerdings hat das Unternehmen gewisse Maßnahmen zu ergreifen, um sicherzustellen, dass die gesammelten Informationen zuverlässig sind (dazu Art. 54 Abs. 7 DelVO 2017/565, bspw müssen Fragen für den Kunden verständlich gestellt werden). In diesem Zusammenhang empfehlen ESMA und BaFin, nicht auf eine Selbsteinschätzung des Kunden zu vertrauen, sondern durch objektive Kriterien zu flankieren (ESMA, Leitlinien Eignung, ESMA35-43-1163 Rn. 46; BaFin, MaComp – Rundschreiben 05/2018 (WA), BT 7.5 Nr. 1 und 3 (9.5.2018)). Zur besseren Risikoeinschätzung sollten dem Kunden die Auswirkungen auf sein Portfolio mittels Graphiken und Zahlen illustriert werden (ESMA, Leitlinien Eignung, ESMA35-43-1163 Rn. 47).

Die eingeholten Informationen müssen aktuell sein (*Rothenhöfer* in Schwark/Zimmer, KMRK, § 64 Rn. 85). Bei längeren Geschäftsbeziehungen muss der Berater in gewissen Zeitabständen die Angaben überprüfen und ggf. aktualisieren (durch Zeitablauf bedingte Aktualisierung). Eine gewisse zeitliche Angabe dafür, in welchem Zeitintervall eine Aktualisierung vorgenommen werden muss, lässt sich Art. 54 Abs. 13 DelVO 2017/565 entnehmen, wonach die Eignung abgegebener Empfehlungen grds. mindestens einmal jährlich zu überprüfen ist (allerdings wird in diesem Zusammenhang nur auf die Optimierung des Dienstleistungsangebots abgestellt; zu Aktualisierungen ausführlich *Rothenhöfer,* in Schwark/Zimmer, KMRK, § 64 Rn. 86 f.). Demgegenüber ist eine anlassbezogene Aktualisierung immer dann erforderlich, wenn sich die Situation des Kunden für das Wertpapierdienstleistungsunternehmen erkennbar ändert (dazu *Rothenhöfer,* in Schwark/Zimmer, KMRK, § 64 Rn. 86; Fuchs/*Fuchs,* WpHG, § 31 Rn. 219 ff).

Die Erkundigungspflicht der Wertpapierdienstleistungsunternehmen besteht gegenüber dem jeweiligen Kunden. Lässt dieser sich vertreten, ist hinsichtlich der Erkundigungspflichten zu unterscheiden (dazu Fuchs/*Fuchs,* WpHG, § 31 Rn. 233; *Rothenhöfer,* in Schwark/Zimmer, KMRK, § 64 Rn. 99). Hinsichtlich der Angaben zu Kenntnissen und Erfahrungen ist auf den Vertreter abzustellen (Art. 54 Abs. 6 UAbs. 2 DelVO 2017/565; vgl auch BGHZ 147, 343, 353), bei den Angaben über die verfolgten Ziele und die finanziellen Verhältnisse kommt es hingegen auf den Vertretenen an (Art. 54 Abs. 6 UAbs. 2 DelVO 2017/565; Bankrechts-Hdb/*Hannöver/Walz* § 110 Rn. 76). Sofern sich die Informationen auf die Person des Vertretenen beziehen, kann aber auch der Vertreter sie erteilen (vgl auch Fuchs/*Fuchs,* WpHG, § 31 Rn. 233; *Rothenhöfer,* in Schwark/Zimmer, KMRK, § 64 Rn. 99). Eine der Stellvertretung ähnliche Situation besteht bei Gemeinschaftsdepots. Entsprechend ist auch hier bei der Informationserteilung auf die Kenntnisse oder Erfahrungen des konkret handelnden Kunden abzustellen, während die Angaben zu Anlagezielen und finanziellen Verhältnissen – mittels gesonderter Vordrucke – von allen Depotinhabern zu erfragen sind (*Rothenhöfer,* in Schwark/Zimmer, KMRK, § 64 Rn. 98).

2. Die Angaben zu den finanziellen Verhältnissen (dazu Art. 54 Abs. 4 DelVO 2017/565) sollen das Wertpapierdienstleistungsunternehmen in die Lage versetzen einzuschätzen, ob die empfohlene Anlageentscheidung für den Kunden finanziell tragbar ist, vgl. § 64 Abs. 3 Satz 1 WpHG, Art. 54 Abs. 2 lit. b DelVO 2017/565. Allerdings darf von der Verlustigungsfähigkeit nicht auf die Verlustakzeptanz geschlossen weden (*Rothenhöfer,* in Schwark/Zimmer, KMRK, § 64 Rn. 81). Außerdem können die Angaben des Kunden dem Wertpapierdienstleistungsunternehmen ermöglichen zu erkennen, welchen Bedarf an Diversifizierung der Kunde hat. Bei der Ermittlung der finanziellen Verhältnisse sind sowohl seine Einkommens- als auch seine Vermögenssituation zu berücksichtigen: Dies umfasst nach Art. 54 Abs. 4 DelVO 2017/565 Angaben zur „Herkunft und Höhe seines regelmäßigen Einkommens, seine Vermögenswerte einschließlich der liquiden Vermögenswerte, Anlagen und Immobilienbesitz sowie seine regelmäßigen finanziellen Verpflichtungen".

3. Die gegenwärtige und frühere berufliche Tätigkeit sowie die Ausbildung (zu erfragen aufgrund von Art. 55 Abs. 1 lit. c DelVO 2017/565) können Rückschlüsse auf die Kenntnisse des Kunden sowie auf dessen Informationsverarbeitungsfähigkeit ermöglichen. Von Bedeutung sind insbesondere Berufe, die Rückschlüsse auf ein Wissen über Finanzprodukte zulassen (*Rothenhöfer,* in Schwark/Zimmer, KMRK, § 63 Rn. 310).

4. Das frühere Anlageverhalten (Art. 55 Abs. 1 lit. b DelVO 2017/565) kann ebenfalls Aufschluss über die praktischen Kenntnisse und Erfahrungen geben, die ein Kunde bisher gesammelt hat. Außerdem lässt sich aus ihnen in gewissem Umfang auf seine (bisherige) Anlagestrategie schließen. Allerdings darf aus früherem Anlageverhalten nicht ohne weiteres geschlossen werden, dass die Ziele des Kunden gleich geblieben sind (vgl. *Rothenhöfer,* in Schwark/Zimmer, KMRK, § 64 Rn. 85 (Anlageziele können sich. grds täglich ändern)).

5. Die Kenntnisse und Erfahrungen des Kunden hinsichtlich der Anlagemöglichkeiten und der damit verbundenen Risiken (Art. 55 Abs. 1 DelVO 2017/565) bestimmen den in seinem Fall notwendigen Aufklärungs- und Beratungsbedarf (vgl. BGHZ 123, 126, 128 f.; OLG Köln WM 1995, 697, 698; OLG Frankfurt aM, ZIP 1998, 2148; *Lang,* Informationspflichten, § 10 Rn. 22). Je größer die Kenntnis und/oder Erfahrung des Kunden, desto geringer ist sein Informationsbedarf (Fuchs/*Fuchs,* WpHG, § 31 Rn. 241). Zu den im Hinblick auf die (theoretischen) Kenntnisse und (praktischen) Erfahrungen des Kunden einzuholenden Informationen gehören Angaben zu den Arten von Wertpapierdienstleistungen oder Finanzinstrumenten, mit denen der Kunde vertraut ist (Art. 55 Abs. 1 lit. a DelVO 2017/565), Art, Umfang, Häufigkeit und Zeitraum zurückliegender Geschäfte des Kunden mit Finanzinstrumenten (Art. 55 Abs. 1 lit. b DelVO 2017/565) sowie Bildungsstand und Beruf oder relevanter früherer Beruf des Kunden (Art. 55 Abs. 1 lit. c DelVO 2017/565). Allerdings sind diese Angaben nur einzuholen, „soweit dies nach Art des Kunden, Art und Umfanges der zu erbringenden Dienstleistung und Art des in Betracht gezogenen Produkts oder Geschäfts unter Berücksichtigung der damit jeweils verbundenen Komplexität und Risiken angemessen ist", Art. 55 Abs. 1 DelVO 2017/565 (siehe auch den Erforderlichkeitsvorbehalt in § 64 Abs. 3 Satz 1 WpHG).

Zur Einordnung der Arten von Finanzinstrumenten, mit denen der Kunde vertraut ist, verwenden Wertpapierdienstleistungsunternehmen ein System von „Risikoklassen" für Finanzinstrumente. Dabei werden die verschiedenen Finanzinstrumente mit Blick auf ihr Chance/Risiko-Profil in – regelmäßig zwischen drei bis sieben – Risikoklassen eingeordnet. In der untersten Risikoklasse finden sich etwa risikoarme Euro-Anleihen bester Bonität; in der höchsten Risikoklasse finden sich hingegen bspw. mit hohem Risiko behaftete Knockout-Zertifikate. Diese Risikoklassen ermöglichen es, bei der Erfassung der Anlageziele des Kunden eine mit dessen Anlagezielen (siehe dazu unter (6)) in Einklang stehende „maximale Finanzinstrumenten-Risikoklasse" zu ermitteln.

6. Kunden sind nicht verpflichtet, Auskünfte zu geben (Fuchs/*Fuchs*, WpHG, § 31 Rn. 229; *Rothenhöfer* in Schwark/Zimmer, KMRK, § 64 Rn. 101; Bankrechts-Hdb/*Hannöver/Walz* § 110 Rn. 49). Weigert sich ein Kunde, hat das Wertpapierdienstleistungsunternehmen dies zu dokumentieren. Wertpapierdienstleistungsunternehmen dürfen Weigerungen von Kunden allerdings nicht provozieren. Davon ist jedoch auszugehen, wenn in dem Fragebogen für den Kunden die Möglichkeit vorgesehen ist, generell keine Angaben zu machen (vgl Bankrechts-Hdb/*Hannöver/Walz* § 110 Rn. 49), oder dieser gar eine zur Disposition des Kunden stehende vorformulierte Auskunftsverweigerungserklärung enthält.

Sofern das Wertpapierdienstleistungsunternehmen die erforderlichen Informationen nicht erhält, darf es keine Anlageberatung oder Finanzportfolioverwaltung erbringen, Art. 54 Abs. 8 DelVO 2017/565. Wegen des Erforderlichkeitsvorbehalts hat das Wertpapierdienstleistungsunternehmen allerdings im Einzelfall zu prüfen, ob die jeweils fehlenden Angaben für eine Beratung bzw. Empfehlung tatsächlich benötigt werden oder ob sie bereits bekannt oder anderweitig verfügbar sind (Fuchs/*Fuchs,* WpHG, § 31 Rn. 226). Eine Verweigerung von Angaben durch den Kunden führt somit nicht automatisch zu einem Verbot der Anlageberatung oder Finanzportfolioverwaltung für das Wertpapierdienstleistungsunternehmen. Andere (beratungsfreie) Wertpapierdienstleistungen darf es ohnehin erbringen, muss den Kunden jedoch darüber informieren, dass es die Angemessenheit der Finanzinstrumente bzw. Wertpapierdienstleistungen für den Kunden nicht beurteilen kann (entsprechend für den Fall fehlender eigener Sachkunde einer Bank BGH ZIP 1998, 1220).

Die Angabe zur Einverständniserklärung zur Informationsübermittlung wird künftig noch anzupassen sein. Aufgrund der Umsetzung der entsprechenden Vorgaben der Richtlinie (EU) 2021/338 in § 64a WpHG ist für die Informationsübermittlung an den Kunden nunmehr die elektronische Form als Regel und die Papierform als Ausnahme vorgesehen.

7. Die Kenntnis der Anlageziele dient dem Wertpapierdienstleistungsunternehmen dazu, bei seinen Dienstleistungen – sofern erforderlich – zu gewährleisten, dass die im Rahmen einer Anlageberatung empfohlenen Finanzinstrumente für den Kunden geeignet sind (vgl. Fuchs/*Fuchs,* WpHG, § 31 Rn. 247). Dies umfasst nach Art. 54 Abs. 5 DelVO 2017/565 Angaben über den Zeitraum, in dem der Kunde die Anlage halten will, die Risikobereitschaft und das Risikoprofil des Kunden und den Zweck der Anlage (zB Altersvorsorge, Finanzierung geplanter Anschaffungen).

Im Zuge der Informationseinholung wird jeder Kunde zunächst in eine bestimmte Kategorie oder Risikoklasse eingestuft (dazu zB *Rothenhöfer,* in Schwark/Zimmer, KMRK,

§ 63 Rn. 318). Grundtypen für solche Kategorien sind etwa „konservativ“ (Substanzerhalt und gesicherte Ertragserwartung), „risikobewusst“ (Ertragserwartung über dem Kapitalmarktüblichen) und „spekulativ“ bzw „chancenorientiert“ (Übernahme hoher Verlustrisiken zur Erzielung möglichst hoher Renditen). Weitere Differenzierungen sind möglich. Dabei ist sicherzustellen, dass der Kunde Inhalt und Bedeutung der jeweiligen Kategorien versteht (Fuchs/*Fuchs,* WpHG, § 31 Rn. 252). Dies kann etwa durch eine kurze (schriftliche oder graphische) Darstellung von Beispielportfolios geschehen (zB mit Bezugnahme auf einen indikativen Anteil bestimmter Anteilsformen). Solche Kategorisierungen sind grundsätzlich zulässig, wie etwa die gesetzliche Kundengruppenbildung in § 67 WpHG zeigt. Allerdings dürfen sich Wertpapierdienstleistungsunternehmen nicht hierauf beschränken, sondern müssen darüber hinaus die konkreten Anlagemotive des jeweiligen Kunden klären, soweit solche bestehen (vgl. Fuchs/*Fuchs,* WpHG, § 31 Rn. 247.

3. Broschüre: Basisinformationen über Wertpapiere und weitere Kapitalanlagen (Inhaltsverzeichnis)

Basisinformationen über Vermögensanlagen in Wertpapieren
Grundlagen, wirtschaftliche Zusammenhänge, Möglichkeiten und Risiken[1]

Inhalt

Anmerkungen

1. Wertpapierdienstleistungsunternehmen sind nach § 63 Abs. 7 Satz 1 WpHG dazu verpflichtet, ihren Kunden Informationen „zur Verfügung zu stellen, die erforderlich sind, damit die Kunden nach vernünftigem Ermessen die Art und die Risiken der ihnen angebotenen oder von ihnen nachgefragten Arten von Finanzinstrumenten oder Wertpapierdienstleistungen verstehen und auf dieser Grundlage ihre Anlageentscheidung treffen können". Nach § 63 Abs. 7 Satz 3 Nr 1 WpHG gehören hierzu Informationen über „die Arten von Finanzinstrumenten und der vorgeschlagenen Anlagestrategien", die auch Warnhinweise zu den Risiken enthalten (lit. b) und einordnen, für welche Art von Kunden (private oder professionelle) das jeweilige Finanzinstrument bestimmt ist (lit. c). Dabei handelt es sich um allgemeine Informationen im Sinne einer Basisaufklärung (*Rothenhöfer* in Schwark/Zimmer, KMRK, § 63 Rn. 203). Nähere Vorgaben finden sich in Art. 46 und 48 DelVO 2017/565. Bei der Behandlung von Risiken ist auch auf etwaige Hebeleffekte und die Gefahr der Insolvenz des Emittenten sowie damit einhergehende Folgen einzugehen, ebenso auf die Preisvolatilität, Hindernisse oder Schwierigkeiten bei der Beendigung eines Investments, mögliche zusätzliche Verpflichtungen im Zusammenhang mit den jeweiligen Instrumenten sowie etwaige Einschusspflichten oder ähnliche Verpflichtungen (Art. 48 Abs. 2 DelVO 2017/565; dazu *Rothenhöfer,* in Schwark/Zimmer, KMRK, § 63 Rn. 251 f.). Ist mit dem Finanzinstrument eine bestimmte Garantie oder ein Kapitalschutz verbunden, ist der Anleger über dessen Art und Umfang und ggf. auch über den (dritten) Garantigeber zu informieren (Art. 48 Abs. 5 DelVO 2017/565). Eine Standardisierung der Informationen ist nach § 63 Abs. 7 Satz 2 WpHG zulässig (dazu dazu *Rothenhöfer,* in Schwark/Zimmer, KMRK, § 63 Rn. 226 f.).

Alle diese Informationen sind nach Art. 46 Abs. 3 DelVO 2017/565 auf einem dauerhaften Datenträger (s. § 2 Abs. 43 WpHG; oder auf einer Website) zur Verfügung zu stellen. Eine mündliche Risikoaufklärung ist daher in diesem Zusammenhang nicht ausreichend. Als dauerhafter Datenträger ist regelmäßig Papier zu verwenden, vgl. Art. 3 Abs. 1 DelVO 2017/565; ausnahmsweise kann die Information aber auch in einer anderen Form. festgehalten werden, wenn dies aufgrund der Rahmenbedingungen, unter denen das Geschäft ausgeführt wird, angemessen ist und der Kunde sich ausdrücklich für diese andere Form. der Bereitstellung von Informationen entschieden hat. Verwendet werden können etwa CD-ROMs, DVDs und ähnliche Speichermedien (*Rothenhöfer,* in Schwark/Zimmer, KMRK, § 63 Rn. 70; Fuchs/*Fuchs,* WpHG, § 31 Rn. 135).

Zur Erfüllung dieser Pflicht können daher standardisierte Informationsschriften ausgehändigt werden. Institutsübergreifend wird hierfür auf die Broschüre *„Basisinformationen über Wertpapiere und weitere Kapitalanlagen"* zurückgegriffen. Zur grundlegenden Information in Bezug auf börslich gehandelte Derivate gibt es die Broschüre „Basisinformationen über Termingeschäfte", für Geschäfte in außerbörslichen (OTC-) Derivaten die Broschüre „Basisinformationen über Finanzderivate". Mit Ausnahme des reinen Ausführungsgeschäfts (§ 63 Abs. 11 WpHG) kann diese Broschüre allerdings nur der Ausgangspunkt für die Erteilung weitergehender Informationen sein; diese haben sich dann im Einzelnen nach der in Anspruch genommenen Wertpapierdienstleistung und der jeweiligen Einstufung des Kunden zu richten (Fuchs/*Fuchs,* WpHG, § 31 Rn. 132). Außerdem ist bei der Verwendung der „Basisinformationen" unmissverständlich darauf hinzuweisen, dass damit die Informationspflichten des Wertpapierdienstleistungsunternehmens erfüllt werden sollen und es im Interesse des Kunden ist, diese zu lesen (*Rothenhöfer,* in Schwark/Zimmer, KMRK, § 63 Rn. 227; Fuchs/*Fuchs,* WpHG, § 31 Rn. 132). Gibt es konkrete Anhaltspunkte dafür, dass der Kunde die Bedeutung oder den Inhalt der Broschüre nicht verstanden hat, ist sie ihm zu erläutern. Anderenfalls darf das Wertpapierdienstleistungsunternehmen annehmen, dass der Kunde die Broschüre zur Kenntnis genommen und verstanden hat (Fuchs/*Fuchs,* WpHG, § 31 Rn. 133).

In der Broschüre „Basisinformationen über Vermögensanlagen in Wertpapieren und weitere Kapitalanlagen" werden alle gängigen Finanzinstrumente bis hin zu Zertifikaten und Alternativen Investments vorgestellt. Teil A der „Basisinformationen über Vermögensanlagen in Wertpapieren" gibt eine kurze Einführung in die Thematik „Vermögensanlage" und erklärt die Anlagekriterien Sicherheit, Liquidität, Rentabilität. Teil B gibt einen Überblick über die grundlegenden Typen von Wertpapieren und alternativen Anlageformen und erläutert deren Funktion, Ausstattungsmerkmale, Emittenten und Gestaltungsvarianten. Teil C gibt eine Einführung in die grundlegenden Risiken, die mit der Vermögensanlage verbunden sind. Teil D schließt daran an mit einer Darstellung der produktspezifischen Risiken der einzelnen Wertpapiere und alternativen Anlageformen. In Teil E wird das Orderverfahren beschrieben. Die Informationsschrift ist – mit Hilfe von unterschiedlichen farblichen Markierungen der jeweiligen Produkt- und Risikobeschreibungen – so konzipiert, dass sie eine individuelle Information über die einzelnen Vermögensanlageformen durch selektives Lesen ermöglicht.

4. Beratungsdokumentation inklusive Geeignetheitserklärung

Fil-/Kundennummer:

Beratung erfolgte durch: [Name]
Depotinhaber: [Name]
Gesprächspartner: [Name]

Für das gemeinsame Gespräch möchten wir uns zunächst herzlich bei Ihnen bedanken.

Dieses Dokument fasst im Folgenden das Beratungsgespräch zusammen, das am [Datum] auf unsere Initiative hin in unserer Filiale in [Ort] stattgefunden hat.

Der Gesprächsanlass war:

- Anlage neuer Gelder

Um Sie bei Ihren Anliegen zur Vermögensanlage kompetent unterstützen zu können, ist eine Analyse der folgenden persönlichen Angaben erforderlich:

- Ihre finanziellen Verhältnisse
- Ihre Erfahrungen und Kenntnisse in Finanzinstrumenten
- Ihre Präferenzen für bestimmte Anlageklassen
- Ihre Anlagevorstellungen unterschieden nach Ihren Anlagezielen "Liquidität", "Stabilität" und "Wertentwicklung"
- Ihre Risikobereitschaft
- Ihr Planungs- bzw. Anlagehorizont

Ihre Angaben hierzu sind selbstverständlich freiwillig. Allerdings liegt die Erteilung der Angaben in Ihrem Interesse. Falls die folgenden Angaben nicht mehr zutreffen sollten, teilen Sie uns dies bitte mit, damit wir Hinweise für die Anpassung der Anlagestrategie geben können. Die finanziellen Verhältnisse und die Anlageziele sind hierbei grundsätzlich durch den bzw. die Depotinhaber bestimmbar. Bitte beachten Sie, dass unsere Beratung grundsätzlich auf Euro-Basis erfolgt. Insbesondere werden Währungsrisiken, die aus einer vom Euro abweichenden Heimatwährung des Depotinhabers/der Depotinhaber resultieren, nicht berücksichtigt.

1. Persönliche Angaben

Für das Gespräch haben wir Erfahrungen und/oder Kenntnisse zu Finanzinstrumenten bis einschließlich der Risikoklasse 5 mit dem maximalen Erfahrungs-/Kenntnislevel von fortgeschrittenen Erfahrungen und/oder Kenntnissen zugrunde gelegt.

1.1 Finanzielle Verhältnisse

Zu den finanziellen Verhältnissen der oben genannten Kundenverbindung wurden in diesem Gespräch folgende Informationen von Ihnen bestätigt, die wir Ihnen wie folgt zusammenfassen:

EUR

Summe Nettovermögen abzgl. Eventualverbindlichkeiten ....

[Datum], Depotinhaber [Name] 1

Verbindlichkeiten ....

Monatliche Nettoeinkünfte ....
Selbstständige Tätigkeit ....
Unselbstständige Tätigkeit ....
Kapitalvermögen (inkl. Beteiligungen) ....
Vermietung und Verpachtung (ohne Nebenkosten) ....
Sonstige Einkünfte ....

Monatliche Ausgaben ....

Freie monatliche Liquidität ....

Die vom Depotinhaber erwartete Entwicklung der freien monatlichen Liquidität .... keine Änderung

Ihre Wertpapiere dienen nicht als Sicherheit für ein Darlehen.

1.2 Ihre Anlageerfahrungen und Kenntnisse

Ihren relevanten gegenwärtigen oder früheren Beruf haben Sie uns wie folgt angegeben:

Sie haben folgende Angaben zu Ihrer beruflichen Qualifikation / Ausbildung gemacht:

Sie haben die folgenden Angaben zu Ihren bisherigen Erfahrungen bei Umsätzen in Finanzinstrumenten gemacht:

- Sie tätigten im Durchschnitt der vergangenen drei Jahre drei bis fünf Käufe in Finanzinstrumenten.
- Ihre durchschnittliche Ordergröße bei Käufen und Verkäufen lag in den vergangenen drei Jahren zwischen 5.000 und 24.999 EUR.
- Sie haben keine Geschäfte auf Kreditbasis (z.B. eingeräumte Kontoüberziehung) getätigt.
- Sie haben bisher folgende Wertpapierdienstleistungen in Anspruch genommen: Anlageberatung.

2 [Datum], Depotinhaber [Name]

Die Erfahrungen und/oder Kenntnisse, die Sie bisher in den einzelnen Finanzinstrumenten und Risikoklassen haben bzw. zu denen Sie eine Aufklärung erhalten haben, stellen sich in diesem Gespräch wie folgt dar:

	RISIKOKLASSE 1	RISIKOKLASSE 2	RISIKOKLASSE 3	RISIKOKLASSE 4	RISIKOKLASSE 5	RISIKOKLASSE 6	RISIKOKLASSE 7
	Durchschnittl. historisches Verlustpotenzial in einem 12-Monatszeitraum von 0%-0,1% (rein indikativ)[1]	Durchschnittl. historisches Verlustpotenzial in einem 12-Monatszeitraum von bis zu 5% (rein indikativ)[1]	Durchschnittl. historisches Verlustpotenzial in einem 12-Monatszeitraum von bis zu 10% (rein indikativ)[1]	Durchschnittl. historisches Verlustpotenzial in einem 12-Monatszeitraum von bis zu 25% (rein indikativ)[1]	Durchschnittl. historisches Verlustpotenzial in einem 12-Monatszeitraum von bis zu 50% (rein indikativ)[1]	Erhöhtes Kapitalverlustrisiko	Verlustpotenzial > eingesetztes Kapital/ gestellte Sicherheit
Basiserfahrungen und/oder -kenntnisse (Level a)	Anleihen / Rentenfonds inkl. physische Renten-ETF / Geldmarktfonds						
	- Geldmarktfonds in EUR X > 1 Jahr	**- EUR-Anleihen mit Investment Grade und einer Restlaufzeit < 7 Jahren** **- Rentenfonds / Renten-ETFs mit Schwerpunkt auf Investment Grade Anleihen in EUR** X > 1 Jahr	**- EUR-Anleihen mit Investment Grade und einer Restlaufzeit von 7 bis 15 Jahren** **- International gestreute Rentenfonds / physische Renten- ETFs überwiegend mit Investment Grade Anleihen** X > 1 Jahr	**- EUR-Anleihen mit Investment Grade und einer Restlaufzeit > 15 Jahren** **- Investment Grade Anleihen in einer Fremdwährung** **- Spekulative Anleihen (Non Investment Grade)** **- Rentenfonds / Renten-ETFs in einer Fremdwährung** **- Rentenfonds/Renten-ETFs mit Schwerpunkt auf spekulative bis sehr spekulative Anleihen (Non Investment Grade)** **- Geldmarktfonds in einer Fremdwährung** X > 1 Jahr	**- Sehr spekulative bis hoch spekulative Anleihen niedrigster Qualität (Non Investment Grade)** X > 1 Jahr		
	Aktien/ Aktienfonds inkl. physische Aktien-ETF						
				- Aktienfonds/ Aktien-ETFs X > 1 Jahr	**- Einzelaktien** **- Aktienfonds/ Aktien-ETF in Emerging Markets** **- Rohstoffaktienfonds** X > 1 Jahr		

[Datum], Depotinhaber [Name] 3

	RISIKOKLASSE 1	RISIKOKLASSE 2	RISIKOKLASSE 3	RISIKOKLASSE 4	RISIKOKLASSE 5	RISIKOKLASSE 6	RISIKOKLASSE 7
	Durchschnittl. historisches Verlustpotenzial in einem 12-Monatszeitraum von 0%-0,1% (rein indikativ)[1]	Durchschnittl. historisches Verlustpotenzial in einem 12-Monatszeitraum von bis zu 5% (rein indikativ)[1]	Durchschnittl. historisches Verlustpotenzial in einem 12-Monatszeitraum von bis zu 10% (rein indikativ)[1]	Durchschnittl. historisches Verlustpotenzial in einem 12-Monatszeitraum von bis zu 25% (rein indikativ)[1]	Durchschnittl. historisches Verlustpotenzial in einem 12-Monatszeitraum von bis zu 50% (rein indikativ)[1]	Erhöhtes Kapitalverlustrisiko	Verlustpotenzial > eingesetztes Kapital/ gestellte Sicherheit
	Mischfonds						
		- Eher defensiv ausgerichtete Mischfonds, die einen größeren Wert auf den Erhalt des investierten Fondsvermögens legen, und daher eine geringere Renditechance aufweisen bzw. auch ein (im Vergleich zu Mischfonds mit einem mittleren Chance-/Risikoprofil) geringeres Risiko mit sich bringen X > 1 Jahr	**- Bei Mischfonds mit einem mittleren Chance-/Risikoprofil werden Renditechancen verfolgt, jedoch weisen diese auch ein im Vergleich zu eher defensiv ausgerichteten Mischfonds ein gesteigertes Risiko auf.**	**- Offensiv ausgerichtete Mischfonds, bei denen das Verfolgen von Renditechancen im Vordergrund steht, die aber Diversifikationsmöglichkeiten nutzen können, um bei Bedarf in risikoärmere Vermögenswerte zu investieren; Offensiv ausgerichtete Mischfonds weisen im Vergleich zu Mischfonds mit mittlerem Chance-Risikoprofil höheres Risikopotenzial auf, das dem von Aktienfonds ähnlich ist.** X > 1 Jahr			
	Offene Immobilienfonds						
		- Offene Immobilienfonds in EUR X > 1 Jahr		**- Offene Immobilienfonds in Währungen** X > 1 Jahr			
Fortgeschrittene Erfahrungen und/oder Kenntnisse (Level b)	Rohstofffonds						
				- Diversifizierte Rohstofffonds X > 1 Jahr	**- Fonds auf wenig diversifizierte Rohstoffindizes** X > 1 Jahr		
	Strukturierte Fonds (z.B. synthetische ETF und systematische Fonds)						
				- Synthetische ETFs / Indexfonds auf diversifizierte Indizes X > 1 Jahr	**- Synthetische ETFs / Indexfonds auf Emerging Markets-Aktien** **- Synthetische ETFs / Indexfonds auf Rohstoffaktien bzw. wenig diversifizierte Rohstoffindizes** X > 1 Jahr		

4 [Datum], Depotinhaber [Name]

	RISIKOKLASSE 1	RISIKOKLASSE 2	RISIKOKLASSE 3	RISIKOKLASSE 4	RISIKOKLASSE 5	RISIKOKLASSE 6	RISIKOKLASSE 7
	Durchschnittl. historisches Verlustpotenzial in einem 12-Monatszeitraum von 0%-0,1% (rein indikativ)[1]	Durchschnittl. historisches Verlustpotenzial in einem 12-Monatszeitraum von bis zu 5% (rein indikativ)[1]	Durchschnittl. historisches Verlustpotenzial in einem 12-Monatszeitraum von bis zu 10% (rein indikativ)[1]	Durchschnittl. historisches Verlustpotenzial in einem 12-Monatszeitraum von bis zu 25% (rein indikativ)[1]	Durchschnittl. historisches Verlustpotenzial in einem 12-Monatszeitraum von bis zu 50% (rein indikativ)[1]	Erhöhtes Kapitalverlustrisiko	Verlustpotenzial > eingesetztes Kapital/ gestellte Sicherheit
Umfangreiche Erfahrungen und/oder Kenntnisse (Level c)	Strukturierte Finanzinstrumente						
		- Strukturierte Produkte von Emittenten mit Investment Grade auf Basiswerte der RK 2 in EUR **- Zum Laufzeitende kapitalgeschützte Produkte von Emittenten mit Investment Grade mit Restlaufzeit < 7 Jahre in EUR**	**- Strukturierte Produkte von Emittenten mit Investment Grade auf Basiswerte der RK 3 in EUR** **- Zum Laufzeitende kapitalgeschützte Produkte von Emittenten mit Investment Grade mit Restlaufzeit von 7 bis 15 Jahren in EUR** **- Produkte von Emittenten mit Investment Grade mit 90% Kapitalschutz zum Laufzeitende mit Restlaufzeit < 15 Jahre in EUR**	**- Strukturierte Produkte von Emittenten mit Investment Grade auf Basiswerte der RK 4 in EUR** **- Strukturierte Produkte von Emittenten mit Investment Grade auf Basiswerte der RK 1-4 in Fremdwährung** **- Produkte von Emittenten mit Investment Grade auf Basiswerte der RK 5 mit mind. 75% Kapitalschutz in EUR**	**- Strukturierte Produkte auf Basiswerte der RK 5 (EUR bzw. Fremdwährung)**		
		[X] > 1 Jahr	[X] > 1 Jahr	[X] Erstaufklärung	[X] Erstaufklärung		
	Strukturierte Finanzinstrumente mit erhöhter Komplexität						
						- Hebelprodukte (zum Beispiel: Optionsscheine, Knock-Out Zertifikate, Faktorzertifikate)	
	Derivate						
						- Börslich und außerbörslich gehandelte Long-Positionen in Optionen (Call/Put)	**- Börslich und außerbörslich gehandelte Short Positionen in Optionen (Call/Put)** **- Börslich und außerbörslich gehandelte Futures** **- Außerbörslich gehandelte Derivate wie z.B Swaps** **- Devisentermingeschäfte**

Sie wurden anhand der "Basisinformationen über Wertpapiere und weitere Kapitalanlagen" über die oben aufgeführten und gekennzeichneten Produktgruppen aufgeklärt (Kennzeichnung mit "Erstaufklärung" bzw. "Folgeaufklärung").

Anhand Ihrer Angaben merken wir Ihre Erfahrungen und/oder Kenntnisse zu Finanzinstrumenten bis zur Risikoklasse 5 vor (persönliche Risikoklasse).

Mit der persönlichen Risikoklasse ordnet die Bank den Kunden in ein Segment ein, bis zu welchem er Erfahrungen in allen entsprechenden Produktgruppen bis einschließlich dieser Risikoklasse gesammelt hat und/oder Kenntnisse besitzt.

[Datum], Depotinhaber [Name] 5

Auf Basis Ihrer Angaben sind Sie aus Sicht der Bank ein Anleger mit fortgeschrittenen Erfahrungen und/oder Kenntnissen.

1.3 Wesentliche Anliegen und deren Gewichtung und/oder zur persönlichen Situation des/der Kunden

Vorgemerkte Angaben zu wesentlichen Anliegen und deren Gewichtungen und/oder zur persönlichen Situation des/der Kunden:

Wie mit Ihnen besprochen, werden wir grundsätzlich für ein Anlagevolumen von rund EUR breit gestreute Basisanlagen berücksichtigen und bei unseren Empfehlungen für das restliche Anlagevolumen von rund EUR die Markteinschätzung unseres Chef-Anlagestrategen als Grundlage verwenden.

Ergänzende Angaben des Gesprächspartners zu wesentlichen Anliegen und deren Gewichtungen und/oder der persönlichen Situation des Kunden in Bezug auf die heutige Anlageberatung:
Sie haben keine weiteren Angaben zu wesentlichen Anliegen und deren Gewichtung bzw. der pers. Situation gemacht.

2. Persönliche Angaben

Um eine Anlageberatung für unsere Kunden zu ermöglichen ist ein intensiver Austausch zwischen Kunde und Berater notwendig. Die persönlichen Angaben bieten dafür die Grundlage. Dabei werden Ihre Anlageziele und Bedürfnisse hinsichtlich Ihrer Liquidität, Ihrer finanziellen Ziele, für die Sie Teile Ihres Vermögens reservieren wollen, und Ihre Bedürfnisse bei der Entwicklung Ihres Vermögens mit Ihnen besprochen.

2.1 Anlageziel "Liquidität"

Für ungeplante Ausgaben ist eine Liquiditätsreserve grundsätzlich empfehlenswert.

A) Zur Ihrer gewünschten Liquiditätsreserve bei uns haben Sie keine Angaben gemacht.

B) Sie besitzen aktuell keine Produkte, die dem Anlageziel "Liquidität" zugeordnet sind.

2.2 Anlageziel "Stabilität"

Im heutigen Gespräch haben Sie uns mitgeteilt, dass Sie für das Anlageziel "Stabilität" keine konkreten Ziele haben.

2.3 Anlageziel "Wertentwicklung"

Die Grundlage für konkrete Handlungsempfehlungen bildet eine Analyse der persönlichen Risikoneigung sowie Ihrer bisherigen Anlageerfahrungen und Kenntnisse auf Basis der von Ihnen gemachten Angaben. Des Weiteren werden Ihre Wünsche bezüglich der unterschiedlichen Wertpapierdienstleistungsarten unseres Hauses berücksichtigt, um so einen Vorschlag zur Strukturierung Ihres Vermögens auszusprechen.
Wir haben Sie darauf hingewiesen, dass Sie regelmäßig Ihre Depotzusammensetzung und Wertentwicklung der enthaltenen Positionen überprüfen sollten. Durch Kursschwankungen kann es zu unerwünschten Abweichungen zur eigentlich angedachten Portfoliozusammensetzung und beispielsweise Konzentrationsrisiken kommen.

2.3.1 Depot (Anlageziel Dynamisch)

Depot, das Gegenstand des Beratungsgesprächs war und auf welches sich die Empfehlung bezieht:

Anlageziel	Dynamisch*
Maximale Depotrisikoklasse[2]	5
Anlagehorizont	12.2026
Konkretes Ziel/Anliegen	Mit der Anlage in Finanzinstrumenten möchten Sie Vermögen auf- bzw. ausbauen
Aktueller Marktwert inkl. Stückzinsen in EUR[3]	0

*Das Anlageziel "Dynamisch" richtet sich an Anleger, die eine sehr hohe Erwartung an die Erträge aus ihrem Depot haben und bereit sind, entsprechend sehr hohe Verlustrisiken in Kauf zu nehmen. Hierfür können bis zu 100% des Depots in Wertpapieren mit hohem Risiko (Risikoklasse 4-6) angelegt werden.

[Datum], Depotinhaber [Name] 7

2.3.2 Empfehlungen und Erklärung zur Geeignetheit

Während des Gespräches haben wir folgende Empfehlungen ausgesprochen, die zur Umsetzung kommen sollen:

1. Fonds 1 WKN: ##, Empfehlung: Kauf/Zeichnung

- Risikoklasse des Papiers: 3
- Anlagevolumen in EUR: rund[4]
- Einen detaillierten Ausweis der Kosten einschließlich etwaiger Vertriebsvergütungen und anderer Zuwendungen, die mit dem Erwerb des Wertpapiers verbunden sind, finden Sie im Anhang dieser Beratungsdokumentation. Wir haben Sie auf den Kostenausweis im Rahmen dieses Gesprächs hingewiesen.
- Die Empfehlung erfolgte unter Berücksichtigung der durch die Transaktion ggf. anfallenden Kosten.
- Das Fonds-/Aktienportrait bzw. das Zusatzdokument zum Basisinformationsblatt wurde Ihnen im Gespräch zur Verfügung gestellt. Das "Produktinformationsblatt über Finanzinstrumente nach WpHG", das "Basisinformationsblatt" bzw. die "Wesentlichen Anlegerinformationen" wurde Ihnen im Gespräch zur Verfügung gestellt. Auf Basis dieser Unterlagen erhielten Sie Informationen zu Funktionsweise sowie Chancen und Risiken dieses Finanzinstruments.

Maßgebliche Gründe für die Empfehlung sind:

- Die Empfehlung für genanntes Wertpapier basiert auf einer Einschätzung der Bank unter Berücksichtigung Ihrer Anlageziele.
- Die Empfehlung zum Kauf des genannten Wertpapiers ist Bestandteil einer Neuanlage in Wertpapieren gemäß Ihrem Anlageziel und der mit Ihnen vereinbarten maximalen Depot-Risikoklasse.
- Weitere maßgebliche Empfehlungsgründe wurden nicht genannt.

Ergänzende Erläuterung zur Geeignetheit:
- Sie sind seitens der Bank als "Privatkunde" eingestuft. Dieses Produkt richtet sich auch an Privatkunden.
- Das empfohlene Finanzinstrument benötigt aus Sicht der Bank ein Kenntnis-/Erfahrungslevel des Anlegers von fortgeschrittenen Erfahrungen und/oder Kenntnissen. Sie haben auf Basis Ihrer Einstufung seitens der Bank ein Kenntnis-/Erfahrungslevel von fortgeschrittenen Erfahrungen und/oder Kenntnissen. Sie besitzen daher ausreichende Erfahrungen und/oder Kenntnisse in dem Finanzinstrument.
- Das vorgesehene Fälligkeitsdatum des Finanzinstrumentes von 09.05.2022 entspricht dem von Ihnen angegebenen Anlagehorizont bis zum 01.12.2026.
- Dieses Finanzinstrument ist grundsätzlich für "Allgemeine Vermögensbildung/Vermögensaufbau" aus Sicht der Bank vorgesehen und damit für Sie gemäß dem vorgegebenen Anlageziel geeignet. Sie wünschen Vermögen aufzubauen und das Finanzinstrument dient dazu.
- Die finanzielle Tragfähigkeit zum Erwerb dieses Finanzinstruments ist aus Sicht der Bank gegeben. Diese Einschätzung basiert auf den Angaben zu den finanziellen Verhältnissen mit einem positiven "Nettovermögen abzügl. Eventualverbindlichkeiten" und einer positiven "monatlichen freien Liquidität". Der Depotinhaber kann somit ein Totalverlustrisiko und damit etwaige Verluste aus dem Finanzinstrument tragen.
- Die Risikoklasse des empfohlenen Wertpapiers (RK 3), in die die Bank das Wertpapier eingestuft hat, übersteigt nicht Ihre persönliche Risikoklasse (RK 5). Sie verfügen daher über ausreichende Erfahrungen und/oder Kenntnisse, um die Risiken in Zusammenhang mit der Art des Wertpapieres beurteilen zu können.
- Die Risikoklasse des empfohlenen Wertpapiers (RK 3) steht im Einklang mit der vereinbarten Depotrisikoklasse (RK 5) und damit die durch den Depotinhaber vorgegebene maximale Risikotoleranz.

2. Fonds 2 WKN: ##, Empfehlung: Kauf/Zeichnung

- Risikoklasse des Papiers: 4

8 [Datum], Depotinhaber [Name]

- Anlagevolumen in EUR: rund[4]
- Einen detaillierten Ausweis der Kosten einschließlich etwaiger Vertriebsvergütungen und anderer Zuwendungen, die mit dem Erwerb des Wertpapiers verbunden sind, finden Sie im Anhang dieser Beratungsdokumentation. Wir haben Sie auf den Kostenausweis im Rahmen dieses Gesprächs hingewiesen.
- Die Empfehlung erfolgte unter Berücksichtigung der durch die Transaktion ggf. anfallenden Kosten.
- Das Fonds-/Aktienportrait bzw. das Zusatzdokument zum Basisinformationsblatt wurde Ihnen im Gespräch zur Verfügung gestellt. Das "Produktinformationsblatt über Finanzinstrumente nach WpHG", das "Basisinformationsblatt" bzw. die "Wesentlichen Anlegerinformationen" wurde Ihnen im Gespräch zur Verfügung gestellt. Auf Basis dieser Unterlagen erhielten Sie Informationen zu Funktionsweise sowie Chancen und Risiken dieses Finanzinstruments.
- Der aktuelle Prospekt und der letzte veröffentlichte Jahres- bzw. Halbjahresbericht wurden Ihnen im Gespräch ausgehändigt.

Maßgebliche Gründe für die Empfehlung sind:

- Die Empfehlung für genanntes Wertpapier basiert auf einer Einschätzung der Bank unter Berücksichtigung Ihrer Anlageziele.
- Die Empfehlung zum Kauf des genannten Wertpapiers ist Bestandteil einer Neuanlage in Wertpapieren gemäß Ihrem Anlageziel und der mit Ihnen vereinbarten maximalen Depot-Risikoklasse.
- Weitere maßgebliche Empfehlungsgründe wurden nicht genannt.

Ergänzende Erläuterung zur Geeignetheit:
- Sie sind seitens der Bank als "Privatkunde" eingestuft. Dieses Produkt richtet sich auch an Privatkunden.
- Das empfohlene Finanzinstrument benötigt aus Sicht der Bank ein Kenntnis-/Erfahrungslevel des Anlegers von Basiserfahrungen und/oder -kenntnissen. Sie haben auf Basis Ihrer Einstufung seitens der Bank ein Kenntnis-/Erfahrungslevel von fortgeschrittenen Erfahrungen und/oder Kenntnissen. Sie besitzen daher ausreichende Erfahrungen und/oder Kenntnisse in dem Finanzinstrument.
- Die Bank empfiehlt bei einer Anlage in dieses Finanzinstrument einen Mindestanlagehorizont von >= 6 Jahre. Dies passt zu dem von Ihnen für dieses Depot angegebenen Mindestanlagehorizont bis 01.12.2026.
- Dieses Finanzinstrument ist grundsätzlich für "Allgemeine Vermögensbildung/Vermögensaufbau" aus Sicht der Bank vorgesehen und damit für Sie gemäß dem vorgegebenen Anlageziel geeignet. Sie wünschen Vermögen aufzubauen und das Finanzinstrument dient dazu.
- Die finanzielle Tragfähigkeit zum Erwerb dieses Finanzinstruments ist aus Sicht der Bank gegeben. Diese Einschätzung basiert auf den Angaben zu den finanziellen Verhältnissen mit einem positiven "Nettovermögen abzügl. Eventualverbindlichkeiten" und einer positiven "monatlichen freien Liquidität". Der Depotinhaber kann somit ein Totalverlustrisiko und damit etwaige Verluste aus dem Finanzinstrument tragen.
- Die Risikoklasse des empfohlenen Wertpapiers (RK 4), in die die Bank das Wertpapier eingestuft hat, übersteigt nicht Ihre persönliche Risikoklasse (RK 5). Sie verfügen daher über ausreichende Erfahrungen und/oder Kenntnisse, um die Risiken in Zusammenhang mit der Art des Wertpapieres beurteilen zu können.
- Die Risikoklasse des empfohlenen Wertpapiers (RK 4) steht im Einklang mit der vereinbarten Depotrisikoklasse (RK 5) und damit die durch den Depotinhaber vorgegebene maximale Risikotoleranz.

3. Fonds 3 WKN: ##, Empfehlung: Kauf/Zeichnung

- Risikoklasse des Papiers: 2
- Anlagevolumen in EUR: rund[4]
- Einen detaillierten Ausweis der Kosten einschließlich etwaiger Vertriebsvergütungen und anderer Zuwendungen, die mit dem Erwerb des Wertpapiers verbunden sind, finden Sie im Anhang dieser Beratungsdokumentation. Wir haben Sie auf den Kostenausweis im Rahmen dieses Gesprächs hingewiesen.
- Die Empfehlung erfolgte unter Berücksichtigung der durch die Transaktion ggf. anfallenden Kosten.

[Datum], Depotinhaber [Name] 9

- Das Fonds-/Aktienportrait bzw. das Zusatzdokument zum Basisinformationsblatt wurde Ihnen im Gespräch zur Verfügung gestellt. Das "Produktinformationsblatt über Finanzinstrumente nach WpHG", das "Basisinformationsblatt" bzw. die "Wesentlichen Anlegerinformationen" wurde Ihnen im Gespräch zur Verfügung gestellt. Auf Basis dieser Unterlagen erhielten Sie Informationen zu Funktionsweise sowie Chancen und Risiken dieses Finanzinstruments.
- Der aktuelle Prospekt und der letzte veröffentlichte Jahres- bzw. Halbjahresbericht wurden Ihnen im Gespräch ausgehändigt.
- Sie wurden über die gesetzlichen Rückgabebeschränkungen für Immobiliensondervermögen und das daraus resultierende Anteilspreisänderungsrisiko aufgeklärt. Ihnen wurde erläutert, dass die Anteile an diesem Immobiliensondervermögen erst nach Ablauf einer Mindesthaltefrist von 24 Monaten und unter Einhaltung einer Rückgabefrist von 12 Monaten an die Fondsgesellschaft zurückgegeben werden können. Eine Rückgabeerklärung gegenüber der Fondsgesellschaft zur Ausführung nach 12 Monaten können Sie börsentäglich, frühestens zwölf Monate nach Erwerb der Anteile aussprechen und nach Erteilung nicht mehr widerrufen.

Maßgebliche Gründe für die Empfehlung sind:

- Die Empfehlung für genanntes Wertpapier basiert auf einer Einschätzung der Bank unter Berücksichtigung Ihrer Anlageziele.
- Die Empfehlung zum Kauf des genannten Wertpapiers ist Bestandteil einer Neuanlage in Wertpapieren gemäß Ihrem Anlageziel und der mit Ihnen vereinbarten maximalen Depot-Risikoklasse.
- Weitere maßgebliche Empfehlungsgründe wurden nicht genannt.

Ergänzende Erläuterung zur Geeignetheit:
- Sie sind seitens der Bank als "Privatkunde" eingestuft. Dieses Produkt richtet sich auch an Privatkunden.
- Das empfohlene Finanzinstrument benötigt aus Sicht der Bank ein Kenntnis-/Erfahrungslevel des Anlegers von fortgeschrittenen Erfahrungen und/oder Kenntnissen. Sie haben auf Basis Ihrer Einstufung seitens der Bank ein Kenntnis-/Erfahrungslevel von fortgeschrittenen Erfahrungen und/oder Kenntnissen. Sie besitzen daher ausreichende Erfahrungen und/oder Kenntnisse in dem Finanzinstrument.
- Die Bank empfiehlt bei einer Anlage in dieses Finanzinstrument einen Mindestanlagehorizont von >= 3 Jahre und < 4 Jahre. Dies passt zu dem von Ihnen für dieses Depot angegebenen Mindestanlagehorizont bis 01.12.2026.
- Dieses Finanzinstrument ist grundsätzlich für "Allgemeine Vermögensbildung/Vermögensaufbau" aus Sicht der Bank vorgesehen und damit für Sie gemäß dem vorgegebenen Anlageziel geeignet. Sie wünschen Vermögen aufzubauen und das Finanzinstrument dient dazu.
- Die finanzielle Tragfähigkeit zum Erwerb dieses Finanzinstruments ist aus Sicht der Bank gegeben. Diese Einschätzung basiert auf den Angaben zu den finanziellen Verhältnissen mit einem positiven "Nettovermögen abzügl. Eventualverbindlichkeiten" und einer positiven "monatlichen freien Liquidität". Der Depotinhaber kann somit ein Totalverlustrisiko und damit etwaige Verluste aus dem Finanzinstrument tragen.
- Die Risikoklasse des empfohlenen Wertpapiers (RK 2), in die die Bank das Wertpapier eingestuft hat, übersteigt nicht Ihre persönliche Risikoklasse (RK 5). Sie verfügen daher über ausreichende Erfahrungen und/oder Kenntnisse, um die Risiken in Zusammenhang mit der Art des Wertpapieres beurteilen zu können.
- Die Risikoklasse des empfohlenen Wertpapiers (RK 2) steht im Einklang mit der vereinbarten Depotrisikoklasse (RK 5) und damit die durch den Depotinhaber vorgegebene maximale Risikotoleranz.

4. Fonds 4 WKN: ##, Empfehlung: Kauf/Zeichnung

- Risikoklasse des Papiers: 4
- Anlagevolumen in EUR: rund[4]
- Einen detaillierten Ausweis der Kosten einschließlich etwaiger Vertriebsvergütungen und anderer Zuwendungen, die mit dem Erwerb des Wertpapiers verbunden sind, finden Sie im Anhang dieser Beratungsdokumentation. Wir haben Sie auf den Kostenausweis im Rahmen dieses Gesprächs hingewiesen.
- Die Empfehlung erfolgte unter Berücksichtigung der durch die Transaktion ggf. anfallenden Kosten.

10 [Datum], Depotinhaber [Name]

- Das Fonds-/Aktienportrait bzw. das Zusatzdokument zum Basisinformationsblatt wurde Ihnen im Gespräch zur Verfügung gestellt. Das "Produktinformationsblatt über Finanzinstrumente nach WpHG", das "Basisinformationsblatt" bzw. die "Wesentlichen Anlegerinformationen" wurde Ihnen im Gespräch zur Verfügung gestellt. Auf Basis dieser Unterlagen erhielten Sie Informationen zu Funktionsweise sowie Chancen und Risiken dieses Finanzinstruments.
- Der aktuelle Prospekt und der letzte veröffentlichte Jahres- bzw. Halbjahresbericht wurden Ihnen im Gespräch ausgehändigt.

Maßgebliche Gründe für die Empfehlung sind:

- Die Empfehlung für genanntes Wertpapier basiert auf einer Einschätzung der Bank unter Berücksichtigung Ihrer Anlageziele.
- Die Empfehlung zum Kauf des genannten Wertpapiers ist Bestandteil einer Neuanlage in Wertpapieren gemäß Ihrem Anlageziel und der mit Ihnen vereinbarten maximalen Depot-Risikoklasse.
- Weitere maßgebliche Empfehlungsgründe wurden nicht genannt.

Ergänzende Erläuterung zur Geeignetheit:

- Sie sind seitens der Bank als "Privatkunde" eingestuft. Dieses Produkt richtet sich auch an Privatkunden.
- Das empfohlene Finanzinstrument benötigt aus Sicht der Bank ein Kenntnis-/Erfahrungslevel des Anlegers von Basiserfahrungen und/oder -kenntnissen. Sie haben auf Basis Ihrer Einstufung seitens der Bank ein Kenntnis-/Erfahrungslevel von fortgeschrittenen Erfahrungen und/oder Kenntnissen. Sie besitzen daher ausreichende Erfahrungen und/oder Kenntnisse in dem Finanzinstrument.
- Die Bank empfiehlt bei einer Anlage in dieses Finanzinstrument einen Mindestanlagehorizont von >= 6 Jahre. Dies passt zu dem von Ihnen für dieses Depot angegebenen Mindestanlagehorizont bis [Datum].
- Dieses Finanzinstrument ist grundsätzlich für "Allgemeine Vermögensbildung/Vermögensaufbau" aus Sicht der Bank vorgesehen und damit für Sie gemäß dem vorgegebenen Anlageziel geeignet. Sie wünschen Vermögen aufzubauen und das Finanzinstrument dient dazu.
- Die finanzielle Tragfähigkeit zum Erwerb dieses Finanzinstruments ist aus Sicht der Bank gegeben. Diese Einschätzung basiert auf den Angaben zu den finanziellen Verhältnissen mit einem positiven "Nettovermögen abzügl. Eventualverbindlichkeiten" und einer positiven "monatlichen freien Liquidität". Der Depotinhaber kann somit ein Totalverlustrisiko und damit etwaige Verluste aus dem Finanzinstrument tragen.
- Die Risikoklasse des empfohlenen Wertpapiers (RK 4), in die die Bank das Wertpapier eingestuft hat, übersteigt nicht Ihre persönliche Risikoklasse (RK 5). Sie verfügen daher über ausreichende Erfahrungen und/oder Kenntnisse, um die Risiken in Zusammenhang mit der Art des Wertpapieres beurteilen zu können.
- Die Risikoklasse des empfohlenen Wertpapiers (RK 4) steht im Einklang mit der vereinbarten Depotrisikoklasse (RK 5) und damit die durch den Depotinhaber vorgegebene maximale Risikotoleranz.

2.3.3 Ihre Zusammenfassung zu Depot (Anlageziel Dynamisch)

Im Folgenden finden Sie die mit Ihnen final besprochenen Empfehlungen. Dies entspricht unserem Anlagevorschlag mit von Ihnen ggf. gemachten Anpassungen und Transaktionswünschen:

■ Bestand vor Umsetzung ■ Bestand nach vorgeschlagener Umsetzung

[Datum], Depotinhaber [Name] 11

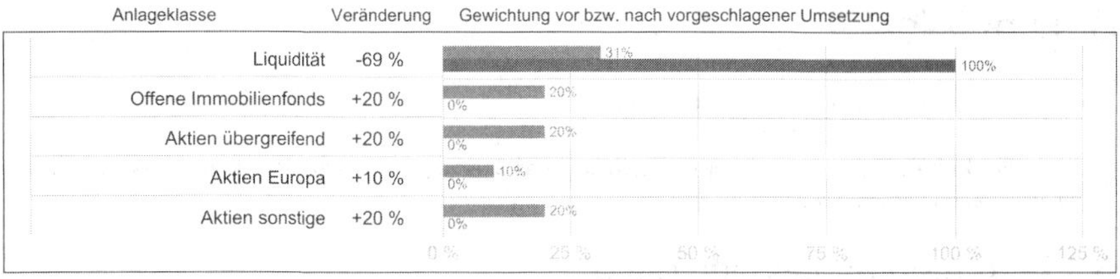

Bezeichnung inkl. WKN	Art des Geschäfts - Empfehlung	Anlage-klasse	Risiko-klasse	Volumen (rund[4] in EUR)
Beispielfonds 1	**Kauf/Zeichnung -** Kauf/Zeichnung	Aktien Europa	3	
Beispielfonds 2	**Kauf/Zeichnung -** Kauf/Zeichnung	Aktien sonstige	4	
Beispielfonds 3	**Kauf/Zeichnung -** Kauf/Zeichnung	Offene Immobilien-fonds	2	
Beispielfonds 4	**Kauf/Zeichnung -** Kauf/Zeichnung	Aktien übergreifend	4	

12 [Datum], Depotinhaber [Name]

3. Hinweise

Das Gespräch dauerte zwischen 30 und 45 Minuten.

Sie wünschen keine direkte Umsetzung im Anschluss an das Beratungsgespräch und haben uns daher direkt keinen darauf bezogenen Orderauftrag erteilt.

3.1 Dokumentenaushändigung

Das Startpaket zu "Informationen über die Bank und ihre Dienstleistungen in Geschäften mit Finanzinstrumenten sowie weitere vorvertragliche Informationen" wurde dem Depotinhaber am [Datum] ausgehändigt.
Die Rahmenvereinbarung für Wertpapiergeschäfte wurde vom Depotinhaber am [Datum] unterschrieben.

Die Broschüre "Basisinformationen über Wertpapiere und weitere Kapitalanlagen" wurde [Name] am [Datum] ausgehändigt.

3.2 Wichtige Hinweise

Die Angaben zu den finanziellen Verhältnissen, den Anlagezielen und Ihren Erfahrungen und Kenntnissen in Finanzinstrumenten bilden die Grundlage für das Beratungsgespräch. Vollständigkeit und Zweckmäßigkeit Ihrer Angaben wurden von uns lediglich auf Plausibilität geprüft. Wesentliche Veränderungen der finanziellen Verhältnisse sowie der Anlageziele teilen Sie uns bitte jeweils zeitnah mit, sofern Sie Depotinhaber sind bzw. diesen gesetzlich vertreten dürfen. Nur dann ist es möglich, auf der Basis der neuen Situation das gewählte Anlageziel zu beurteilen und ggf. neu zu definieren. Wir empfehlen Ihnen deshalb, erneut mit Ihrem Berater zu sprechen, sobald sich eine wesentliche Veränderung der finanziellen Situation sowie der Anlageziele ergibt.

Steuerliche Aspekte wurden für die Anlageempfehlung nicht beachtet. Die Betrachtung der steuerlichen Aspekte sollten Sie daher gemeinsam mit Ihrem Steuerberater vornehmen. Die verwendeten Wertentwicklungen und Kennzahlen sind auf der Basis historischer Kurse errechnet worden und enthalten keine Aussagen über künftige Kursentwicklungen.

Die Empfehlungen zur Umschichtung Ihres vorhandenen Portfolios erfolgen auf Basis einer Momentaufnahme. Ein Anspruch auf eine laufende Betreuung oder eine dauerhafte Verwaltung Ihres Vermögens oder eine Finanzportfolioverwaltung ist damit nicht verbunden. Veränderungen der Marktgegebenheiten und/oder Ihrer persönlichen Ausgangssituation können eine Überprüfung der gewählten Anlageziele notwendig machen. Wir empfehlen Ihnen daher, die Analyse in regelmäßigen Abständen mit Ihrem Berater erneut durchzuführen.

Durch finanzmathematische Rundungen sowie die Verwendung von historischen Kursen kann es zu Abweichungen in den Grafiken und Tabellen kommen.

Die Empfehlungen zum Kauf oder Verkauf von Wertpapieren werden jeweils in Volumen auf Basis von indikativen Kursen und Preisen angegeben und berücksichtigen keine steuerlichen Aspekte. Wertpapieraufträge können jedoch nur unter Angabe der Stückzahl bzw. des Nennwertes erteilt werden. Bedingt durch Kurs- und Preisschwankungen weichen die Ausführungskurse und -preise in der Regel von den Indikationen ab, sodass sich auch die angegebenen Volumina ändern. Zudem kann sich das aus Verkäufen erzielte Volumen durch die Abgeltungsteuer mindern. Bis zu einer endgültigen vertraglichen Vereinbarung sind Veränderungen möglich. Sollten einzelne Wertpapierpositionen

[Datum], Depotinhaber [Name] 13

gesperrt sein, hängt die Ausführung der Transaktionen von der Zustimmung durch die zuständige Kreditabteilung bzw. den Gläubiger ab.

Anlagen: Kosteninformation

14 [Datum], Depotinhaber [Name]

Endnoten

1 Erläuterung: Durchschnittliches historisches Verlustpotenzial und Risikoklassensystematik

Die Bank hat interne Risikoklassen für Finanzinstrumente festgelegt, die für Zwecke der Beratung, aber auch des sonstigen Vertriebs von Finanzinstrumenten eingesetzt werden und auf einem durch die Bank festgelegten internen Risikomaß basieren.

Die Risikoklassen der Bank sollen eine rein indikative Aussage treffen über das historische durchschnittliche Verlustpotenzial eines einzelnen Finanzinstruments in einer zwölfmonatigen Periode basierend auf einer typisierten Betrachtung.

Bitte beachten Sie:

Das beschriebene historische durchschnittliche Verlustpotenzial kann keine Aussage darüber treffen, welches Verlustpotenzial ein Finanzinstrument in der Zukunft in einem 12-Monatszeitraum tatsächlich haben wird. Die Berechnung des historischen durchschnittlichen Verlustpotenzials beruht auf Daten der Vergangenheit, die nicht als verlässlicher Hinweis auf das künftige Verlustpotenzial herangezogen werden können.

Auch ein Finanzinstrument, das in die niedrigste Risikoklasse (1 von 7) eingestuft wird, stellt keine risikolose Anlage dar.

Verluste in einem Finanzinstrument können in jedem 12-Monatszeitraum auch deutlich über dem angegebenen historischen durchschnittlichen Verlustpotenzial liegen.

Die Risikoklassensystematik soll dem Anleger Anhaltspunkte für die langfristige Risikonatur eines Finanzinstruments liefern. Hierfür wurde der größte historische Kursrückgang als Risikomaß herangezogen. Dabei betrachtet man den Abstand des Kurstiefststands zu dem Kurshöchststand innerhalb eines vorgegebenen Zeitraums. Extreme (Markt-) Ereignisse sind für den Kursverlauf gravierend. Da sie aber selten sind, würden sie die Aussage zur langfristigen Risikonatur eines Produktes verzerren. Die für die Aufstellung der Risikoklassen herangezogene Berechnung erfolgt daher über rollierende, d.h. jeweils um einen Tag versetzte 12-Monatsperioden über den zugrunde gelegten Zeitraum. Im Anschluss wurde ein Durchschnittswert ermittelt. Diese Risikokennzahl wird als das historische durchschnittliche Verlustpotenzial eines Finanzinstruments in einer zwölfmonatigen Periode bezeichnet und ist Grundlage für die Risikoklassensystematik der Deutschen Bank.

Für die Einteilung der Risikoklassen wurden Produktkategorien, wie z.B. börsennotierte Aktien, auf Basis der Produktart gebildet. Anschließend wurde für eine repräsentative Anzahl gängiger Finanzinstrumente je Produktkategorie die Risikokennzahl für eine Vielzahl historischer 12-Monatszeiträume ermittelt. Hieraus wurde für jede Produktkategorie das typisierte durchschnittliche Verlustpotenzial über einen 12-Monatszeitraum abgeleitet.

Aus den Ergebnissen der verschiedenen Produktkategorien wurden fünf Bandbreiten für das historische durchschnittliche Verlustpotenzial in einem 12-Monatszeitraum und damit für die ersten fünf Risikoklassen der Bank gebildet.

Es erfolgt nicht für jedes Finanzinstrument, das über die Bank erworben werden kann, eine gesonderte Berechnung des historischen durchschnittlichen Verlustpotenzials. Jedes Finanzinstrument wird ausschließlich entsprechend seiner Zugehörigkeit zu einer Produktkategorie einer Risikoklasse zugeordnet. Daher ist das aus der Zuordnung zu einer Risikoklasse ablesbare historische durchschnittliche Verlustpotenzial typisiert.

Ein Beispiel: Finanzinstrumente mit der Risikoklasse 4 weisen typisiert in einem 12-Monatszeitraum ein historisches durchschnittliches Verlustpotenzial zwischen 10% und 25% basierend auf der oben beschriebenen typisierten Betrachtung auf.

Da es sich um eine typisierte historische Durchschnittsbetrachtung handelt, können in einzelnen Zwölfmonatsperioden oder zu einzelnen Zeitpunkten während der Anlagezeit auch deutlich höhere Verluste entstehen oder in der Vergangenheit entstanden sein.

Dies kann auch den Totalverlust des eingesetzten Kapitals bedeuten und zwar auch, wenn das Finanzinstrument der niedrigsten Risikoklasse zugeordnet wurde.

Wichtige Hinweise:
- Wertentwicklungen der Vergangenheit sind kein verlässlicher Indikator für zukünftige Wertentwicklungen.
- Der tatsächliche Verlust in einem Finanzinstrument kann somit auch deutlich höher ausfallen.
- Bitte beachten Sie, dass beim Kauf und Verkauf von Finanzinstrumenten Gebühren, Transaktionskosten, Provisionen und Steuern anfallen. Diese wirken sich negativ auf die Nettowertentwicklung aus.

Besonders riskante Instrumente wie z.B. Hebelprodukte, Optionen und Futures lassen sich nicht in die oben beschriebene Systematik einordnen. Die Aussage über ein durchschnittliches Verlustpotenzial ist aufgrund der höheren Eintrittswahrscheinlichkeit und des möglichen Verlustausmaßes nicht sinnvoll. Diese werden deshalb in die gesonderten Risikoklassen 6 (erhöhtes Kapitalverlustrisiko) und 7 (Verlustpotenzial > eingesetztes Kapital/gestellte Sicherheit) eingestuft.

Die Auflistung der Produktarten und ihrer Einstufung in Risikoklassen ist nicht abschließend. Es handelt sich lediglich um Beispielnennungen üblicher Produktarten aus Produktkategorien, um Ihnen die Orientierung zu erleichtern. Die Einstufung einzelner Produkte in die Risikoklassen erfolgt entsprechend ihrer Minimumrisikoklasse, die sich aus der Produktart ergibt. Die Bank kann ein Produkt jedoch im Einzelfall oder generell, für einen bestimmten Zeitraum oder dauerhaft auch einer höheren Risikoklasse zuordnen. Dies kann z.B. der Fall sein, da die Bank, den sogenannten Gesamtrisikoindikator (auch als SRI bezeichnet), der ab 3.1.2018 für strukturierte Finanzinstrumente (wie z.B. Zertifikate, aber auch strukturierte Anleihen und Derivate) veröffentlicht wird, risikoerhöhend berücksichtigt.

2 Mit der maximalen Depotrisikoklasse legt der Kunde fest, welcher Risikoklasse, gemessen an einer Skala von 1 bis 7, die Wertpapiere, die der Kunde zur Umsetzung seines Anlageziels wählt, höchstens zugeordnet sein dürfen.

3 Die ausgewiesenen Marktwerte beruhen auf den Wertpapierpositionen des letzten Buchungslaufs. Transaktionen seitdem sind nicht berücksichtigt. Die ausgewiesenen Marktwerte berücksichtigen auch Transaktionen, die bereits ausgeführt sind, aber deren Erfüllung erst zu einem späteren Zeitpunkt erfolgt. Bestandteil der Marktwertangaben können Bewertungskurse sein, die aufgrund fehlender Preisfeststellungen älter sind. In diesen Fällen wird der letzte in den Banksystemen vorhandene Kurs zur Berechnung verwendet, der gegebenenfalls erheblich vom aktuellen Marktpreis abweichen kann. Bei einer eventuellen Veräußerung sind dementsprechend auch erhebliche Abweichungen zwischen dem ausgewiesenen Marktwert und dem realisierten Marktwert möglich. Der Ausweis der Marktwerte erfolgt in Euro. Die Salden etwaiger auf andere Währungen lautender Wertpapierpositionen werden zum jeweiligen aktuellen Währungskurs umgerechnet.

[Datum], Depotinhaber [Name] 15

4 Da die Orderausführung nur von ganzen Stücken oder zum Nennwert möglich ist, kann es zu Abweichungen zwischen dem geplanten und dem tatsächlichen Anlagevolumen kommen.

16 [Datum], Depotinhaber [Name]

Kosteninformation

Die vorliegende Kosteninformation gibt einen Überblick über die mit der Zeichnung des Produktes verbundenen Kosten sowie etwaiger Folgekosten. Sie basiert auf verschiedenen Annahmen und Schätzungen. Bitte beachten Sie unbedingt auch die wichtigen Erläuterungen im Abschnitt IV.

I. Basisdaten der Kosteninformation

Produkt / WKN	Fonds 1/WKN #
Art des Geschäfts / Ausführungsplatz	Zeichnung Festpreisgeschäft / außerbörslich
Stück	98,0000
Erwerbspreis	101,50 EUR
Voraussichtlicher Kurswert	9.947,00 EUR
Voraussichtlich ausmachender Betrag	9.947,00 EUR
Bezugsgröße für die nachfolgenden Kostenangaben	9.800,00 EUR
Depotnummer / Abrechnungskonto	615 *****68 00 / 615 *****68 00 EUR

II. Aufstellung der Kostenpositionen

Einstiegskosten		**504,70 EUR**	**5,15%**
▪ Ausgabeaufschlag	C	147,00 EUR	1,50%
▪ Produktkosten	K	357,70 EUR	3,65%
davon durch die Bank vereinnahmte einmalige Platzierungsprovision	M	*107,80 EUR*	*1,10%*
Laufende Kosten während der Haltedauer pro Jahr		**13,72 EUR**	**0,14%**
▪ Depotpreis	I	13,72 EUR	0,14%
Ausstiegskosten			
bei Endfälligkeit des Produktes oder vorzeitiger Rückzahlung		**0,00 EUR**	**0,00%**
▪ keine			
im Falle einer Veräußerung		**64,58 EUR**	**0,66%**
▪ Provision	A	49,00 EUR	0,50%
▪ Weitere Provision der Bank für die börsliche Orderausführung	A	4,50 EUR	0,05%
▪ Fremde Kosten / Auslagen	B	11,08 EUR	0,11%

III. Gesamtkosten und Auswirkung der Kosten auf die Rendite

Bei einer angenommenen Haltedauer bis zur Endfälligkeit am 09.05.2022 sowie einem gleichbleibenden Emissionspreis entstehen voraussichtliche Gesamtkosten in Höhe von 544,72 EUR bzw. durchschnittlich 1,91% p.a. (davon Dienstleistungskosten: 294,82 EUR bzw. 1,03% p.a. und Netto-Produktkosten: 249,90 EUR bzw. 0,87% p.a.). In den Dienstleistungskosten sind von der Bank vereinnahmte Zuwendungen von Dritten in Höhe von 107,80 EUR bzw. 0,38% p.a. enthalten. Die Gesamtkosten wirken sich auf die Rendite der Anlage wie folgt aus:

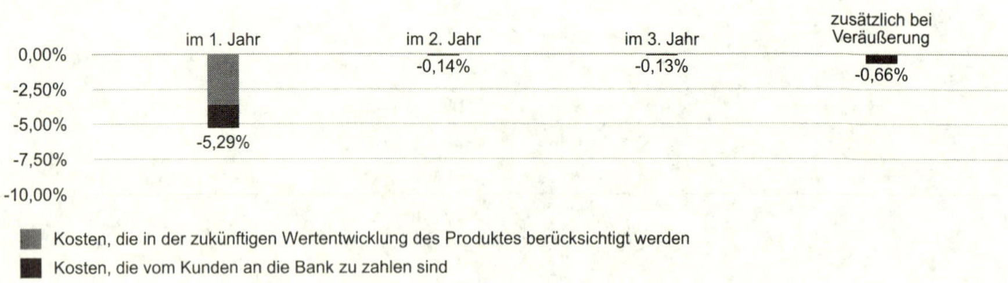

[Datum] [Uhrzeit] Seite 17

IV. Erläuterung zur Kosteninformation

Die vorliegende Kosteninformation gibt einen Überblick über die mit der Zeichnung des Produktes verbundenen Kosten sowie etwaiger Folgekosten. Soweit Kosten und Folgekosten von Daten abhängig sind, die erst in der Zukunft feststehen (z.B. Kursentwicklung), wurde die Kosteninformation auf Basis von Annahmen und Schätzungen erstellt, die nachfolgend erläutert werden. Eventuell anfallende personenbezogene Steuern wie z.B. Kapitalertragsteuer oder Quellensteuer werden in dieser Kosteninformation nicht berücksichtigt. Die Angaben in dieser Kosteninformation können von den Kostenangaben in den Verkaufsunterlagen (insbesondere Verkaufsprospekt, wesentliche Anlegerinformationen und Basisinformationsblatt) abweichen. Ursächlich hierfür kann zum einen sein, dass in dieser Kosteninformation auch Dienstleistungskosten (z.B. laufende Vertriebsvergütungen, Entgelte für Depotführung, etc.) zusätzlich berücksichtigt werden. Darüber hinaus bestehen aufgrund der Umsetzung der Richtlinie 2014/65/EU ("MiFID 2-Richtlinie") ab dem 3. Januar 2018 auch bezüglich des Ausweises der auf Produktebene anfallenden Kosten neue und weiterreichende Vorgaben. Dementsprechend können die in dieser Kosteninformation wiedergegebenen Produktkosten aufgrund der unterschiedlichen Methodik für den Ausweis der Kosten von den Verkaufsunterlagen abweichen. Diese Kosteninformation ist keine Ausführungs- oder Auftragsbestätigung.

zu I. Basisdaten der Kosteninformation

Die Kosteninformation wurde auf Basis der im Abschnitt I ausgewiesenen Daten berechnet. Bei dem angegebenen Erwerbspreis handelt es sich um den anfänglichen Emissionspreis zuzüglich Ausgabeaufschlag. Zur Berechnung des voraussichtlichen Kurswertes wurde der Erwerbspreis zugrunde gelegt.

zu II. Aufstellung der Kostenpositionen

Dieser Abschnitt zeigt eine detaillierte Aufstellung der Kostenpositionen aufgeteilt nach Einstiegskosten, laufenden Kosten während der Haltedauer sowie etwaigen Ausstiegskosten. Die Ein- und Ausstiegskosten stellen einmalige Kosten dar, die laufenden Kosten fallen während der gesamten Haltedauer an und werden auf Jahresbasis ausgewiesen. Die Kostenpositionen inkl. der Prozentangaben (Bezugsgröße) sind auf Basis des anfänglichen Emissionspreises unter Berücksichtigung des Nominals bzw. der Stückzahl berechnet worden. Die tatsächlichen Ein- und Ausstiegskosten sind vom jeweiligen Ausführungskurs abhängig und können somit von den aufgeführten Angaben abweichen. Die Produktkosten sind eine Schätzung des Emittenten und können zum jeweiligen Ausführungszeitpunkt von den genannten Kosten abweichen. In den Einstiegskosten ist eine einmalige Vertriebsvergütung enthalten, die vom Emittenten an die Bank gezahlt wird (Zuwendung). Bei den Ausstiegskosten wurde angenommen, dass das Produkt bis zur Endfälligkeit gehalten und als Geldbetrag zurückgezahlt wird. Für den Fall einer Veräußerung vor Endfälligkeit wurde angenommen, dass das Produkt gemäß den Ausführungsgrundsätzen der Bank veräußert wird. Sollte das Wertpapier über einen anderen Ausführungsweg veräußert werden, können die Kosten hiervon nach oben oder unten abweichen. Die laufenden Kosten sind von der zukünftigen Kursentwicklung des Produktes abhängig und können daher von den aufgeführten Angaben nach oben oder unten abweichen. Der tatsächlich zu zahlende Depotpreis ist außerdem vom Gesamtdepotwert abhängig und beträgt mindestens XX Euro pro Jahr. Es gelten die jeweils zum Zeitpunkt der Leistungserbringung gültigen Preise und Produktkosten.

Jeder Kostenposition wurde ein Kennzeichen zugeordnet, welches auf nachfolgende Zusatzinformationen zur Kostenart und den Zahlungsbedingungen verweist:

A Eigene Dienstleistungskosten: werden dem Kunden von der Bank im Rahmen der Wertpapierabrechnung belastet

B Fremde Dienstleistungskosten: werden dem Kunden von der Bank im Rahmen der Wertpapierabrechnung belastet

C Eigene Dienstleistungskosten: werden dem Kunden von der Bank im Rahmen des Festpreises belastet

I Eigene Dienstleistungskosten: werden dem Kunden von der Bank auf seinem Depotverrechnungskonto belastet

K Produktkosten: werden dem Produkt vom Emittent entnommen

M Eigene Dienstleistungskosten: werden von der Verwaltungsgesellschaft bzw. dem Emittenten an die Bank gezahlt

Unter der Kostenart Dienstleistungskosten sind die Kosten für die Wertpapierdienstleistungen und -nebendienstleistungen aufgeführt, die grundsätzlich vom Kunden an die Bank zu zahlen sind. Produktkosten sind Kosten, welche die Verwaltungsgesellschaft bzw. der Emittent dem Produkt entnimmt und in der zukünftigen Wertentwicklung des Produktes berücksichtigt werden. Die Zuwendungen werden von der [Fondsgesellschaft] aus den vereinnahmten Produktkosten an die Bank gezahlt und sind den Dienstleistungskosten zuzurechnen.

[Datum] [Uhrzeit] Seite 18

zu III. Gesamtkosten und Auswirkung der Kosten auf die Rendite

Bei den voraussichtlichen Gesamtkosten handelt es sich um eine Schätzung der zu erwartenden Kosten unter den genannten Annahmen. Diese wurden auf Basis der unter Abschnitt II aufgeführten Kostenpositionen sowie einer angenommenen Haltedauer berechnet, die dem im Rahmen der Zielmarktdefinition empfohlenen Anlagehorizont des Produktes entspricht. Die voraussichtlichen Gesamtkosten beinhalten die Einstiegskosten, die laufenden Kosten während der angenommenen Haltedauer sowie etwaige Ausstiegskosten bei Endfälligkeit des Produktes. Hierbei wurde unterstellt, dass der anfängliche Emissionspreis über die gesamte Haltedauer konstant bleibt, d.h. die Produktkosten durch die Wertentwicklung ausgeglichen werden. Die tatsächlichen Kosten hängen unter anderem von der Kursentwicklung, der anlegerindividuellen Haltedauer sowie möglicher Preisänderungen während der Haltedauer ab. Die Netto-Produktkosten sind die Produktkosten abzüglich der an die Bank gezahlten Zuwendungen, die in den Dienstleistungskosten berücksichtigt werden. Die Grafik zeigt die Auswirkung der Kosten auf die Rendite sowie die Verteilung der Kosten während der angenommenen Haltedauer. Die Darstellung erfolgt jährlich beginnend mit dem Einstiegszeitpunkt. Die Kosten werden als prozentuale Größe gemäß den Angaben aus Abschnitt II dargestellt. Im ersten Jahr der Anlage sind die Einstiegskosten sowie die laufenden Kosten des ersten Jahres berücksichtigt. In den Folgejahren sind jeweils die laufenden Kosten pro Jahr ausgewiesen. Im letzten Jahr sind die anteiligen laufenden Kosten sowie die Ausstiegskosten bei Endfälligkeit berücksichtigt. Die Kosten für den Fall einer Veräußerung vor Endfälligkeit sind separat ausgewiesen und fallen zum Veräußerungszeitpunkt zusätzlich an. Diese Kosten sind nur nachrichtlich ausgewiesen und sind nicht in der Gesamtkostenzahl berücksichtigt. Jede Säule differenziert nach Kosten, die vom Kunden unmittelbar an die Bank zu zahlen sind sowie Kosten, die in der zukünftigen Wertentwicklung des Produktes berücksichtigt werden und somit mittelbar durch den Anleger zu tragen sind.

Bei Fragen zur Kosteninformation sprechen Sie bitte Ihren Berater an.

[Datum] [Uhrzeit] Seite 19

Anmerkungen

Das vorliegende Formular für eine Geeignetheitserklärung stellt lediglich ein Beispiel darf, das für die individuelle Situation einer Bank angepasst werden muss. Im Fall der Anlageberatung muss der Berater dem Kunden eine Erklärung zur Geeignetheit zur Verfügung stellen (§ 64 Abs. 4 Satz 1 WpHG, Art. 54 Abs. 12 DelVO 2017/565; dazu ausführlich *Rothenhöfer* in Schwark/Zimmer, KMRK, § 64 Rn. 143 ff.). Die Geeignetheitserklärung hat das bisherige Beratungsprotokoll abgelöst. Sie muss dem Kunden idR vor Vertragsschluss zur Verfügung gestellt werden, eine Ausnahme gilt für den Fall eines Vertragsschlusses mittels Fernkommunikationsmitteln (§ 64 Abs. 4 Satz 4 WpHG). Die Geeignetheitserklärung muss die erbrachte Beratung nennen, außerdem muss sie erläutern, wie der Berater sie auf die Präferenzen, Anlageziele etc. des Kunden abgestimmt hat, § 64 Abs. 4 Satz 2 WpHG. Einzelheiten sind in Art. 54 Abs. 12 DelVO 2017/565 geregelt. Erläuterungen der BaFin zur Geeignetheitserklärung sind in BT 6 der MaComp vom 19.4.2018, geändert am 10.8.2021, GeschäftsZ WA31 – Wp 2002 – 2017/0011, zu finden. Das bedeutet insbesondere, dass die empfohlenen Finanzinstrumente eindeutig benannt werden (zB mittels ISIN, WKN). Weiterhin ist aufzunehmen, welche Handlung (Kaufen, Verkaufen, Halten, vom Kauf abgeraten) im Hinblick auf welche Stückzahl bzw. welches Nominalvolumen sowie ob und ggfs. in welcher Höhe ein Limitpreis empfohlen wurde (*Rothenhöfer* in Schwark/Zimmer, KMRK, § 64 Rn. 150; für Formulierungsbeispiele s. BaFin, MaComp, BT 6.1). Außerdem müssen Tag und Uhrzeit der Empfehlung sowie der Bereitstellung der Geeignetheitserklärung angegeben werden (letzteres ist insbesondere bei Telefonaten von Bedeutung).

Inhalt der Geeignetheitserklärung ist die Erläuterung, wie die konkrete Empfehlung auf die persönliche Situation des Kunden, dh seine Präferenzen, Anlageziele und seine sonstigen Merkmale, abgestimmt wurde (§ 64 Abs. 4 Satz 2 WpGH). Dies wird durch Art. 54 Abs. 12 UAbs. 1 DelVO 2017/565 dahingehend konkretisiert, dass die Geeignetheitserklärung Angaben dazu zu enthalten hat, wieweit die abgegebene Empfehlung zum betreffenden Kunden passt, einschließlich inwieweit sie den Zielen und persönlichen Umständen des Kunden hinsichtlich der erforderlichen Anlagedauer, der Kenntnisse und Erfahrungen des Kunden sowie seiner Risikobereitschaft und Verlusttragungsfähigkeit gerecht wird. Es ist also zu erklären, warum das konkret empfohlene Finanzinstrument zu der persönlichen Situation des Kunden passt und seinen Anlagezielen entspricht (qualitativer Abgleich der Eigenschaften des Finanzinstruments mit den Kundenmerkmalen, s. BaFin, MaComp, BT 6.1); dies ist dem Kunden auch zu visualisieren (*Rothenhöfer* in Schwark/Zimmer, KMRK, § 64 Rn. 150).

Konkret bedeutet dies, dass in der Geeignetheitserklärung als erstes die Situation des Kunden und seine Anlageziele aufgeführt werden müssen. Sodann muss als zweites erläutert werden, wie die konkrete Empfehlung den vom Kunden angegebenen Zielen, seinem Anlagezeitraum, seinen Kenntnissen und Erfahrungen sowie seiner Risikobereitschaft und Verlusttragungsfähigkeit entspricht.

Außerdem muss nach Art. 54 Abs. 12 UAbs. 2 DelVO (EU) 2017/565 das Wertpapierunternehmen im Rahmen der Beratung darauf aufmerksam machen und in der Geeignetheitserklärung angeben, ob das die empfohlene Dienstleistung oder das empfohlene Finanzinstrument regelmäßig überprüft lassen sollte. Ein solcher Hinweis erscheint bei allen Finanzinstrumenten sinnvoll, bei denen es zu Wertschwankungen kommt bzw. kommen kann (*Rothenhöfer* in Schwark/Zimmer, KMRK, § 64 Rn. 152).

Eine Möglichkeit des Kunden, auf eine Geeignetheitserklärung zu verzichten, ist nicht vorgesehen (*Rothenhöfer* in Schwark/Zimmer, KMRK, § 64 Rn. 146).

Die Geeignetheitserklärung ist gemäß § 64 Abs. 4 S. 1 WpHG auf einem dauerhaften Datenträger zur Verfügung stellen. Der Begriff des dauerhaften Datenträgers ist in § 2

Abs. 43 WpHG unter Verweis auf Art. 3 Abs. 1 DelVO 2017/565 definiert, der die Papierform als Regel vorsieht. Dies kollidiert mit der neuen Reglung in § 64a WpHG, der die Vorgaben der Richtlinie (EU) 2021/338 umsetzt und für die Informationsübermittlung an den Kunden nunmehr die elektronische Form (§ 2 Abs. 43a WpHG: ein dauerhaftes Medium, das kein Papier ist) als Regel und die Papierform als Ausnahme vorsieht. Als lex posterior geht § 64a WpHG der noch nicht angepassten Regelung in § 64 Abs. 4 Satz 1 vor. Die ebenfalls noch nicht angepasste und daher die frühere Rechtslage widerspiegelnde Regelung in Art. 3 Abs. 1 DelVO 2017/565 tritt hinter der höherrangigen neuen Vorschrift in Art. 24 Abs. 5a MiFID II n.F. zurück.

Die Regelung in § 64a WpHG berücksichtigt aber auch, dass es noch eine nicht unwesentliche Anzahl von (vor allem älteren) Kunden gibt, die nicht die Möglichkeit haben, Informationen in elektronischer Form zu empfangen, z.B. weil sie keine Emailadresse haben. Daher sieht § 64a WpHG vor, dass Kunden auf ihr Bitten hin Informationen auch in schriftlicher Form erhalten können. Da die Kundeninformation dem Anlegerschutz dient, muss sichergestellt werden, dass die Anwendung von § 64a WpHG in der Praxis nicht dazu führt, dass der Anlegerschutz leerläuft. Daher ist bei der Gestaltung der Geeignetheitserklärung darauf zu achten, dass den Kunden klar wird, dass sie eine Übermittlung in Papierform verlangen können und dass dies keine Kosten mit sich bringt. Im Hinblick auf Bestandskunden ist bzgl. der Informationsübermittlung die Übergangsvorschrift in § 142 Abs. 1 WpHG zu beachten.

5. Vertrag über die Finanzportfolioverwaltung

PrivatMandat
Auftrag zur Vermögensverwaltung

Auftragsnummer:			Unter-konto	Konto-/Depotbezeichnung
Filial-Nr.	Stammnummer	Unterdepot		
_ _ _	_ _ _ _ _ _ _ _	_ _	_ _ _	

Kundenanschrift:	Vermögensverwalter:
	USt-IdNr.:

PrivatMandat Premium
Finanzportfolioverwaltungsvertrag

Dieser Finanzportfolioverwaltungsvertrag (nachfolgend "Vertrag" genannt) setzt sich zusammen aus:

A. Auftrag
B. Anlagerichtlinie
C. Vergütung
D. Sonstiges

A. Auftrag

Der Kunde beauftragt die Bank hiermit, folgende Finanzinstrumente und etwaige Kontoguthaben (zusammen „Vermögenswerte" oder „Anlageinstrumente") für ihn zu verwalten. Der Auftrag gilt für alle jeweils bei der Bank auf o.g.Unterdepot und Unterkonten verbuchten Vermögenswerte gemäß diesem Auftrag (zusammen "Portfolio").

Für diesen Vertrag gelten nachstehende Bestimmungen:

1. Umfang des Auftrags

1.1 Konto- und Depoteröffnung und -führung
Der Kunde beauftragt die Bank hiermit
- das in der Kopfzeile genannte Unterdepot (nachfolgend „Depot" genannt) sowie
- das in der Kopfzeile genannte Unterkonto in EUR (nachfolgend "Konto" oder „Verrechnungskonto" genannt)

zu eröffnen und diese für ihn im Rahmen des Finanzportfoliovertrages zu führen.

Verrechnungskonten werden in laufender Rechnung nach Maßgabe der Nrn. 7, 8 und 10 der „Allgemeinen Geschäftsbedingungen" der Bank geführt (Kontokorrentkonto). Bei Kontokorrentkonten erteilt die Bank – sofern nichts anderes vereinbart – jeweils zum Ende eines Kalenderquartals einen Rechnungsabschluss. Das Verrechnungskonto ist nicht für den laufenden Zahlungsverkehr (z.B. Überweisungs-, Lastschrift- und Scheckverkehr) zugelassen.

Die Bank ist berechtigt, aber nicht verpflichtet, das Guthaben zu verzinsen. Die Verzinsung kann daher auch entfallen. Soweit eine Verzinsung erfolgt, ist diese variabel. Der jeweils geltende Zinssatz wird im Preisaushang „Regelsätze im standardisierten Privatkundengeschäft" ausgewiesen. Änderungen des Zinssatzes werden ohne gesonderte Mitteilung und auch für bestehende Guthaben mit dem Tag der Veröffentlichung im Preisaushang „Regelsätze im standardisierten Privatkundengeschäft" wirksam. Die Zinsen werden jeweils zum Ende eines Quartals im Rahmen des Rechnungsabschlusses gutgeschrieben.

Soweit in der Kopfzeile ein bereits bei der Bank bestehendes Depot genannt ist und/oder unter o.g. Unterkontonummer ein bestehendes Unterkonto des Kunden genannt ist, werden dieses Unterdepot und dieses Unterkonto zu den nachstehenden Bedingungen im Rahmen des db PrivatMandat Premium für den Kunden geführt. Diese Vereinbarung löst alle vorherigen Vereinbarungen zu o.g. Depot und Konto ab.

1.2 Leistungsumfang
Das Depot dient der Verwahrung und Verwaltung von in Wertpapieren verbrieften Finanzinstrumenten (nachfolgend auch „Wertpapiere" genannt).

Der Kunde beauftragt die Bank, die Vermögenswerte gemäß der zwischen den Parteien vereinbarten Anlagerichtlinie (siehe Ziffer B) nach eigenem Ermessen der Bank ohne vorherige Einholung der Weisung des Kunden zu verwalten und alle Maßnahmen zu treffen, die der Bank bei der Verwaltung der Vermögenswerte zweckmäßig erscheinen.

Im Rahmen dieses Vertrags ist die Bank insbesondere berechtigt, in jeder Weise über die Vermögenswerte zu verfügen. Hierzu gehören insbesondere der An- und Verkauf von Vermögenswerten, die Konvertierung und der Umtausch von Wertpapieren, die Zeichnung von Neuemissionen und öffentlichen oder nicht-öffentlichen Erst- oder Zweitplatzierungen, die Ausübung und der An- und Verkauf von Bezugsrechten sowie der An- und Verkauf von Devisen.

Der An- und Verkauf von Vermögenswerten kann an organisierten Märkten (i.d.R. Börsen), multilateralen Handelssystemen und an organisierten Handelssystemen erfolgen (zusammen als "Handelsplätze" bezeichnet). Die Ausführungsgrundsätze der Bank („Grundsätze für die Ausführung von Aufträgen in Finanzinstrumenten") sehen mit dem Abschluss von Festpreisgeschäften zwischen Kunde und Bank sowie der außerbörslichen Ausführung von Kommissionsgeschäften, aber auch die Ausführung von

Vertrag vom 25.05.2018 1 von 16

PrivatMandat

Auftrag zur Vermögensverwaltung

Filial-Nr.	Stammnummer	Unterdepot	Unterkonto	Konto- / Depotbezeichnung
_ _ _	_ _ _ _ _ _ _ _	_ _	_ _	

Geschäften in Anlageinstrumenten außerhalb dieser Handelsplätze vor. Hiermit erklärt sich der Kunde ausdrücklich damit einverstanden, dass die Bank für den Kunden auch Aufträge außerhalb dieser Handelsplätze ausführen kann. Zudem kann die Bank für den Kunden Devisengeschäfte durch Abschluss von Festpreisgeschäften mit sich selbst tätigen.

Der Auftrag umfasst ferner die Berechtigung, die Vermögenswerte in Anlageinstrumenten anzulegen, die von einem Unternehmen der {Bank Gruppe] oder einem Unternehmen, zu dem die Bank eine enge Verbindung unterhält, emittiert wurden. Darüber hinaus darf die Bank im Rahmen der Finanzportfolioverwaltung auch in Anlageinstrumente von Unternehmen investieren, zu denen die Bank in Bezug auf diese Anlageinstrumente eine Geschäftsverbindung gegen Vergütung unterhält (vgl. Ziffern A.4 und A.5).

Eine Aufnahme von Krediten durch die Bank sowie Wertpapierleihegeschäfte mit Vermögenswerten des Kunden sind im Rahmen dieses Vertrages nicht zulässig. Gestattet sind der Bank jedoch Überziehungen der Verrechnungskonten aufgrund unterschiedlicher Abwicklungsfristen von Transaktionen (sog. „Valutaüberschreitungen").

Leerverkäufe in Finanzinstrumenten, insbesondere in Aktien, in öffentlichen Schuldtiteln oder in Credit Default Swaps auf öffentliche Schuldtitel sind nicht gestattet.

Der Auftrag umfasst keine Rechts- und Steuerberatung.

Zu den Aufgaben der Bank gehört nicht die Ausübung von Stimmrechten aus Vermögenswerten (z.B. aus Aktien in Hauptversammlungen), es sei denn, die Bank ist separat beauftragt worden.

Die Bank wird den Kunden in gerichtlichen Prozessen oder außergerichtlichen Verfahren zur Wahrnehmung von Rechten aus den Vermögenswerten nicht vertreten.

Ferner wird die Bank von dem Kunden geschuldete Meldungen bei Registern, staatlichen Behörden oder ähnliche Maßnahmen nicht vornehmen, insbesondere keine Meldungen zu „Geschäften von Führungskräften" nach Artikel 19 der EU-Marktmissbrauchsverordnung Nr.596/2014 **(„MAR", sog. „Director's Dealings" - siehe auch Ziffer A.7.2**). Kunden, die Führungsaufgaben bei einem Unternehmen (Emittenten) wahrnehmen („Führungskräfte") oder mit einer Führungskraft eng verbunden sind, sind gesetzlich verpflichtet, bestimmte Geschäfte in Finanzinstrumenten bzw. im Zusammenhang mit Finanzinstrumenten des Emittenten (insbesondere den Kauf, Verkauf oder die Verpfändung) unter anderem dem Emittenten und den zuständigen Aufsichtsbehörden unverzüglich innerhalb der gesetzlichen Fristen zu melden. Für Führungskräfte können sich zudem auch Handelsverbote ergeben (z.B. Verbot, Wertpapiere des Emittenten während bestimmter Fristen zu kaufen oder verkaufen). Die Pflichten treffen den Kunden auch, wenn die Bank für ihn als sein Vertreter im Rahmen einer Finanzportfolioverwaltung handelt und betroffene Finanzinstrumente erwirbt oder veräußert. Der Kunde muss die Bank daher unverzüglich gemäß Ziffer A.7.2 informieren, damit in Bezug auf Finanzinstrumente, für die Handelsverbote und Meldepflichten nach dem o.g. Artikel 19 MAR bestehen können, rechtzeitig Einschränkungen bei Anlageinstrumenten gemäß Ziffer B.2 vereinbart werden können. Von den vorgenannten Ausschlüssen bleiben solche Meldepflichten unberührt, die sich für die Bank selbst aus Gesetzen, Verordnungen oder sonstigen Vorschriften ergeben, sowie Meldepflichten, die die Bank vom Kunden nach einem separat vom Kunden mit der Bank abzuschließenden Dienstleistungsvertrag übernommen hat (z.B. über den „EMIR-Transaktionsmeldeservice", den bestimmte Kunden im Falle von Termingeschäften mit der Bank vereinbaren können).

1.3 Ausführung von Aufträgen im Wege der Blockorder

Die Bank ist im Interesse des Kunden befugt, Kauf- und Verkaufsorders mehrerer Kunden zusammenzulegen und gebündelt auszuführen, einschließlich der Ausführung außerhalb der in Ziffer A.1.2 definierten Handelsplätze (Durchführung von Blockorders). Der Zuteilung auf die einzelnen Kundendepots wird, soweit die Ausführung zu mehr als einem Kurs erfolgt ist, ein nach dem gewichteten arithmetischen Mittel gebildeter Mischkurs zugrunde gelegt. Dies kann im Einzelfall im Vergleich zu einer Einzelorder zu einem nachteiligen Ausführungspreis für den einzelnen Kunden führen. Die Ausführung im Rahmen der Blockorder richtet sich nach den Ausführungsgrundsätzen der Bank.

1.4 Vollmacht

Die Bank ist berechtigt, den Kunden im Rahmen des Auftrags zu vertreten. Vom Verbot des Insichgeschäfts gem. § 181 BGB ist die Bank befreit. Die Bank ist danach auch berechtigt, im Namen des Kunden mit sich im eigenen Namen Geschäfte abzuschließen (beispielsweise durch den Abschluss eines Festpreisgeschäfts zwischen Kunde und Bank in Bezug auf Wertpapiere oder Devisen sowie durch Erteilung eines Kommissionsauftrags im Namen des Kunden an die Bank).

2. Rechenschaft / Orientierungsgröße / Schwellenwert für Sonderunterrichtung

2.1 Bericht / Berichtszeitraum

Die Bank wird quartalsweise jeweils zum Kalenderquartalsende einen Bericht über den Verlauf der Finanzportfolioverwaltung mit einer Beurteilung der Geeignetheit von db PrivatMandat Premium für den Kunden nach den Vorschriften des Wertpapierhandelsgesetzes erstellen. Dieser Bericht beinhaltet auch eine Vermögensaufstellung zum Kalenderquartalsende. Darüber hinaus kann der Kunde jeweils auf gesonderte Anfrage jederzeit eine Vermögensaufstellung erhalten.

Über die einzelnen Transaktionen wird die Bank in gesondert übermittelten Abrechnungen gemäß Ziffer A.9.1 und A.9.2 informieren.

Vertrag vom 25.05.2018 2 von 16

PrivatMandat
Auftrag zur Vermögensverwaltung

Filial-Nr.	Stammnummer	Unterdepot	Unterkonto	Konto- / Depotbezeichnung
_ _ _	_ _ _ _ _ _ _ _	_ _	_ _	

2.2 Orientierungsgröße für die Berichterstattung
Sofern die Bank in den Anlagerichtlinien oder im Rahmen des Rechenschaftsberichts einen Bezug zur Wertentwicklung einer Orientierungsgröße herstellt, erfolgt dies rein informatorisch zu Zwecken der Berichterstattung. Eine Aussage über die Wahrscheinlichkeit des Erreichens einer solchen Orientierungsgröße oder eine irgendwie geartete Zusage oder Garantie bezüglich der Wertentwicklung des Portfolios trifft oder übernimmt die Bank in keinem Fall. Die Bank ist berechtigt, die Orientierungsgröße im Zeitverlauf zu wechseln bzw. neu festzulegen, soweit die neue Orientierungsgröße der Anlagestrategie angemessen ist. Die Bank wird den Kunden vorher über einen solchen Wechsel unterrichten. Für den Fall, dass der Kunde während eines Berichtszeitraums einen Strategiewechsel mit der Bank vereinbart, soll die Bank ab diesem Zeitpunkt bis zum Ende des noch laufenden Berichtszeitraums bereits die ggf. neu von der Bank festgelegte Orientierungsgröße verwenden.

2.3 Sonderunterrichtung für das Portfolio
Aufgrund gesetzlicher Verpflichtung wird die Bank den Kunden im Rahmen von db PrivatMandat Premium informieren, wenn die Wertentwicklung des Portfolios (berechnet auf der Basis einer täglichen Bewertung des Portfolios bereinigt um Einlagen, Entnahmen und Steuern, im folgenden „Wertentwicklung" genannt) erstmals seit Beginn des jeweiligen Berichtszeitraums (siehe Ziffer A.2.1) um 10 % oder mehr fällt, sowie anschließend bei jedem Wertverlust in 10er Schritten in den betreffenden Berichtszeiträumen, also z.B. bei 20 %, 30 %.

Die Bank wird den Kunden wie in der Anlagerichtlinie (siehe unter B) dieses Vertrags vereinbart, zusätzlich über erhebliche Wertverluste unterrichten (zusätzliche Sonderunterrichtung).

Für den Fall, dass der Kunde während eines Berichtszeitraums einen Strategiewechsel mit der Bank vereinbart, berechnet sich ein Wertverlust ab diesem Zeitpunkt bis zum Ende des noch laufenden Berichtszeitraums auf Basis des Wertes des Portfolios zum Zeitpunkt des Strategiewechsels.

Jegliche Sonderunterrichtung erfolgt auf Ebene des gesamten Portfolios; es erfolgt keine zusätzliche Unterrichtung in Bezug auf den Wertverlust einzelner Finanzinstrumente.

3. Vergütung
Der Kunde wird die in Ziffer C des Vertrags vereinbarte Vergütung an die Bank zahlen.

4. Information über Interessenkonflikte
Im Rahmen von db PrivatMandat Premium investiert die Bank in eine Vielzahl von Anlageinstrumenten. Dabei investiert die Bank auch in Anlageinstrumente, bei denen sie ein Eigeninteresse an der Investition hat. Dazu zählen Anlageinstrumente, die von einem Unternehmen der [Bank Gruppe] oder einem Unternehmen, zu dem die Bank eine enge Verbindung unterhält, emittiert wurden oder bei denen die Bank selbst als Vertragspartner (insbesondere bei Festpreis- und Devisengeschäften) auftritt.

Weiterhin hat die Bank ein Eigeninteresse an der Investition in Anlageinstrumente von Wertpapieremittenten (Kapitalverwaltungsgesellschaften bzw. Investment-/Fondsgesellschaften, Zertifikate-/Anleiheemittenten, einschließlich Unternehmen der [Bank Gruppe]), zu denen die Bank gegen Vergütung eine Geschäftsverbindung unterhält. Beispielsweise ergibt sich ein Interessenkonflikt insbesondere daraus, dass die Bank gegen Vergütung eine nicht im Zusammenhang mit dem Vertrieb stehende Serviceleistung erbringt, entweder als Fondsmanager oder als Berater des Fondsmanagers oder als Indexsponsor von Indexfonds und Indexzertifikaten. Für diese Serviceleistungen erhält die Bank von den Wertpapieremittenten eine feste sowie ggf. eine erfolgsabhängige (Beratungs-, Management- oder Index-) Vergütung. Die Höhe dieser Vergütungen für solche Serviceleistungen beträgt insgesamt in der Regel zwischen 0,025% bis 0,54% p. a. bezogen auf den durchschnittlichen Wert des Anlageinstruments im Kalenderjahr.

Die Bank wird im Rahmen der Finanzportfolioverwaltung die Interessen der Kunden hinreichend berücksichtigen, indem die Bank geeignete organisatorische Vorkehrungen trifft, insbesondere einen am Kundeninteresse ausgerichteten Investmentauswahlprozess und z.B. auf bestimmte betroffene Depotpositionen keine Pauschale für Managementleistungen und die Depot-/Kontoführung erheben, wie in Ziffer C. „Vergütung" geregelt.

Allgemeine Informationen der Bank zu Interessenkonflikten sind in den „Informationen über die Bank und ihre Dienstleistungen im Wertpapiergeschäft" unter „Information über den Umgang mit Interessenkonflikten" enthalten. Weitere Interessenskonflikte im Rahmen von db PrivatMandat Premium finden sich unter [Internetlink].

5. Herausgabe von Vertriebsvergütungen und Information über geringfügige nicht-monetäre Zuwendungen
Gemäß der Rahmenvereinbarung für Wertpapiergeschäfte zwischen dem Kunden und der Bank erhält die Bank im Zusammenhang mit Wertpapiergeschäften umsatzabhängige Zahlungen von Wertpapieremittenten, die diese an die Bank für den Vertrieb der Wertpapiere leisten („Vertriebsvergütungen").

Die Bank ist im Rahmen einer Finanzportfolioverwaltung nach den Vorschriften des Wertpapierhandelsgesetzes (WpHG) verpflichtet, dem Kunden monetäre Zuwendungen, also auch etwaig anfallende Vertriebsvergütungen herauszugeben. Die Bank wird diese jeweils für einen Monat bis zum Ende des Folgemonats dem o.g.Verrechnungskonto gutschreiben. Zuwendungen,

Vertrag vom [Datum] 3 von 16

PrivatMandat
Auftrag zur Vermögensverwaltung

Filial-Nr.	Stammnummer	Unterdepot	Unterkonto	Konto- / Depotbezeichnung
_ _ _	_ _ _ _ _ _ _	_ _	_ _	

die die Bank in einer anderen Währung erhält, wird die Bank zum Zeitpunkt des Erhalts in Euro umrechnen. Die Zuwendungen werden von der Bank nicht verzinst. Die Auszahlung behandelt die Bank steuerlich wie Zinsen und unterwirft sie entsprechend dem Steuerabzug nach den persönlichen Steuermerkmalen des Kunden. Etwaig bestehende Herausgabeansprüche des Kunden stellen im Falle der Insolvenz der Bank AG Insolvenzforderungen gemäß § 38 Insolvenzordnung (InsO) dar.

Darüber hinaus erhält die Bank geringfügige nicht-monetäre Zuwendungen. Diese wird sie annehmen und behalten, sofern dies nach den Vorschriften des WpHG zulässig ist. Darunter fallen z.B. Teilnahme an Konferenzen, Seminaren und anderen Bildungsveranstaltungen, die zu Finanzinstrumenten oder Wertpapierdienstleistungen abgehalten werden, und Bewirtungen, deren Wert jeweils eine vertretbare Geringfügigkeitsschwelle nicht überschreitet. Weitergehende Informationen hierzu finden sich unter [Internetlink]

6. Ableben des Kunden

Sofern der Unterzeichner eine natürliche Person ist, gilt die nachfolgende Regelung: Dieser Auftrag und die Vollmacht bleiben auch nach dem Ableben des Kunden in Kraft. Sind mehrere Erben oder Testamentsvollstrecker vorhanden, so ist die Bank lediglich verpflichtet, die Korrespondenz mit einem gemeinsamen Bevollmächtigten der Erben oder Testamentsvollstrecker zu führen. Der Widerruf eines oder mehrerer Erben oder eines Testamentsvollstreckers bringt den Auftrag und die Vollmacht für sämtliche Erben zum Erlöschen.

7. Pflichten des Kunden

7.1 Änderungen in den Verhältnissen des Kunden

Der Kunde verpflichtet sich, die Bank über Änderungen der Anlageziele oder wesentliche Änderungen seiner wirtschaftlichen Verhältnisse oder, insbesondere bei Gesellschaften, der rechtlichen Rahmenbedingungen, die Auswirkungen auf die Finanzportfolioverwaltung haben können, rechtzeitig zu unterrichten.

Der Kunde wird die Bank über etwaige Namens- und Adressänderungen sowie sonstige neue Informationen aus der Sphäre des Kunden, die die Bank ebenfalls benötigt, um ihren Pflichten aus diesem Auftrag nachkommen zu können, unterrichten.

7.2 Änderungen im Hinblick auf Director´s Dealings

Der Kunde verpflichtet sich, die Bank unverzüglich zu informieren, wenn Artikel 19 MAR (siehe vorstehend Ziffer A.1.2), auf ihn anwendbar ist oder während der Dauer dieses Auftrags auf ihn anwendbar wird, damit die Bank mit ihm rechtzeitig Einschränkungen zu den Anlageinstrumenten gemäß Ziffer B.2 des Vertrags für die Finanzportfolioverwaltung vereinbaren kann. In diesem Fall hat der Kunde die Bank zugleich über die „betroffenen Gesellschaften" zu informieren, hinsichtlich derer der Kunde durch seine Stellung als Führungskraft bzw. mit einer Führungskraft eng verbundene Person den Vorgaben nach Artikel 19 MAR unterliegt.

7.3 Kreditfinanzierung und Sicherheiten

Die Vermögenswerte für die Finanzportfolioverwaltung dürfen vom Kunden nicht durch Kreditaufnahme finanziert und / oder als Sicherheit verpfändet sein. Die Bank geht bis auf Weiteres davon aus, dass die Vermögenswerte des Kunden auf dem Konto und dem Depot, auf die sich diese Finanzportfolioverwaltung bezieht, für Anlagen zur Verfügung stehen und keinerlei Einschränkungen in Bezug auf die Verfügbarkeit unterliegen.

8. Kündigung

8.1 Kündigungsfristen

Der Kunde hat jederzeit das Recht, diesen Vertrag durch Kündigung mit sofortiger Wirkung zu beenden; bei mehreren Kontoinhabern steht dieses Recht jedem Einzelnen mit Wirkung für alle zu.

Die Bank kann diesen Vertrag unter Einhaltung einer Frist von zwei Monaten jeweils zum Monatsende kündigen.

8.2 Pflichten des Kunden und Folgen bei Kündigung

Sämtliche Leistungen des db PrivatMandat Premium werden mit Wirksamwerden der Kündigung eingestellt, insbesondere auch die Sonderunterrichtungen (siehe vorstehend Ziffer A.2.3 und Ziffer B.1) über etwaige erhebliche Wertverluste sowie das Treffen von Anlageentscheidungen durch die Bank. Sofern der Bank zum Zeitpunkt der Wirksamkeit der Kündigung keine Weisung zum Verkauf der Wertpapiere oder zum Übertrag auf ein vom Kunden bestimmtes anderes Depot vorliegt, wird die Bank die Wertpapiere bis auf Weiteres im o.g. Depot verwahren und dieses als Abwicklungsdepot führen. Das gilt entsprechend für das Konto, auf das sich dieser Vertrag bezieht. Die Bank wird nur noch Aufträge des Kunden zur Übertragung seiner Wertpapiere auf ein anderes Depot oder seine Aufträge, Wertpapiere für ihn zu verkaufen, ausführen.
Bis zum vollständigen Übertrag oder Verkauf der Wertpapiere wird die Bank für das Depot ab dem Wirksamwerden der Kündigung bei der Bank den Preis des "db PrivatDepot Comfort" gemäß Preis- und Leistungsverzeichnis der Bank (Abschnitt C.1) belasten. Im Übrigen gelten die Regelungen des Preis- und Leistungsverzeichnisses der Bank, insbesondere zu den Preisen für Geschäfte in Währungen (Abschnitt D.). Nach dem vollständigen Übertrag oder Verkauf der Wertpapiere/ Kontoguthaben wird die Bank das Depot/Konto schließen.

Vertrag vom 25.05.2018 4 von 16

PrivatMandat
Auftrag zur Vermögensverwaltung

Filial-Nr.	Stammnummer	Unterdepot	Unterkonto	Konto- / Depotbezeichnung
_ _ _	_ _ _ _ _ _ _	_ _	_ _	

9. Servicevereinbarung
Es gelten folgende Servicevereinbarungen, sofern mit dem Kunden keine anderweitigen Vereinbarungen getroffen wurden (z.B. über die Nutzung des Digitalen Postfachs oder die Nutzung des Kontoauszugsdruckers).

9.1 Auftrag zur Sammlung von Wertpapierabrechnungen
Im Rahmen dieses Vertrags beauftragt der Kunde die Bank u. a., als sein Bevollmächtigter An- und Verkäufe von Wertpapieren zu tätigen.

Üblicherweise informiert die Bank den Kunden unmittelbar nach jedem An- und Verkauf durch eine Wertpapierabrechnung. Alternativ hat der Kunde die Möglichkeit, die Abrechnung der Wertpapierkäufe und -verkäufe

☐ monatlich
☐ zum Quartalsende

gesammelt zugesendet zu bekommen.

(Falls gewünscht, Zutreffendes bitte ankreuzen)

9.2 Auftrag zur Bereitstellung der Kontoauszüge der Verrechnungskonten
Die Bereitstellung der Kontoauszüge erfolgt üblicherweise unmittelbar nach jedem Kontoumsatz durch die Zusendung eines Tagesauszugs. Alternativ hat der Kunde die Möglichkeit, sich die Kontoauszüge als

☐ Monatsauszug (Kontoumsätze übersichtlich jeden Monat) oder
☐ Quartalsauszug (Kontoauszüge übersichtlich jedes Quartal) zusenden zu lassen.

(Falls gewünscht, Zutreffendes bitte ankreuzen)

10. Delegation
Die Bank ist berechtigt, sämtliche aus diesem Vertrag geschuldeten Leistungen, einschließlich der damit verbundenen Erklärungen sowie Rechenschafts- und Unterrichtungspflichten, durch die [Bank] als Ihrer Erfüllungsgehilfin erbringen zu lassen. In diesem Rahmen ist die Bank zugleich befugt, der [Bank] Zugriff auf die gesamten Konto- und Depotdaten des Kunden bei der [Bank] zu geben. Insoweit ist die Bank gleichzeitig vom Bankgeheimnis befreit.

Vertrag vom 25.05.2018 5 von 16

PrivatMandat

Auftrag zur Vermögensverwaltung

Filial-Nr.	Stammnummer	Unterdepot	Unterkonto	Konto- / Depotbezeichnung
_ _ _	_ _ _ _ _ _ _ _	_ _	_ _	

B. Anlagerichtlinie

Die Anlage in Anlageinstrumente erfolgt unter Zugrundelegung einer Anlagestrategie, die auf die Umsetzung eines bestimmten Chance-/Risikoprofils abzielt. Angestrebt wird für das Portfolio eine Wertentwicklung, die sich unabhängig von einer Benchmark an der Entwicklung der Kapitalmärkte im Rahmen der nachfolgend mit dem Kunden getroffenen Anlagestrategievereinbarung (Ziffer B.1) und den zulässigen Anlageinstrumenten (Ziffer B.2) orientiert.

Dem Kunden stehen die nachfolgend dargestellten Anlagestrategien zur Auswahl. Diese Anlagestrategien orientieren sich an dem maximal zulässigen Chance-/Risikoprofil für die Finanzportfolioverwaltung, beginnend mit den niedrigeren Risikoprofilen von den drei zur Auswahl stehenden Anlagestrategievereinbarungen bis hin zum höchsten Risikoprofil. Dabei wird eine Zuordnung der im Rahmen der Anlageziele dzu unterschiedenen Stufen "geringe", "gesteigerte" und "sehr hohe" Risikobereitschaft nach dem Anteil der Anlageinstrumente mit der Risikoklasse 4 - 5 vorgenommen (wie in der nachfolgenden Tabelle dargestellt).

Sämtliche Risikoklassen in der Beschreibung dieser Anlagerichtlinie beziehen sich auf die Einstufung der Anlageinstrumente in Risikoklassen durch die Bank (Beispiele für die Risikoklasseneinteilung sind im „Informationsblatt zu Anlageklassen und Risikoklassen“ der Bank genannt). Maßgeblich ist jeweils die Einstufung zum Zeitpunkt der Anlageentscheidung.

Die nachfolgende Tabelle soll dem Kunden das Chance-/Risikoprofil der zur Auswahl stehenden Anlagestrategien veranschaulichen:

Anlagestrategie **Varianten**	**Moderat** **Moderat (D)**	**Ausgewogen** **Ausgewogen (D)**	**Dynamisch** **Dynamisch (D)**
Chance-/Risikoprofil	niedrige Ertragserwartung geringe Risikobereitschaft	gesteigerte Ertragserwartung gesteigerte Risikobereitschaft	sehr hohe Ertragserwartung sehr hohe/höchste Risikobereitschaft
Risikoklasse 1 – 3 (Anlagen mit relativ geringem Risiko)	mind. 70 %	mind. 40 %	keine Mindestquote
Risikoklasse 4 – 5 (Anlagen mit höherem Risiko)	max. 30 %	max. 60 %	max. 100 %
Mindestanlagehorizont	3 Jahre	5 Jahre	10 Jahre
Liquiditäts- und Rentenanlagen sowie rentenbezogene Anlagen (nach Ziffer B.2.1)	mind. 70 %	mind. 40 %	keine Mindestquote
Aktien und weitere Anlageinstrumente (nach Ziffer B.2.2 bis B.2.3)	max. 30 %	max. 60 %	max. 100 %

Vertrag vom 25.05.2018 6 von 16

PrivatMandat

Auftrag zur Vermögensverwaltung

Filial-Nr.	Stammnummer	Unterdepot	Unterkonto	Konto- / Depotbezeichnung
---	--------	--	--	

Dies vorausgeschickt, beauftragt der Kunde die Bank die Vermögenswerte gemäß nachstehender Anlagestrategievereinbarung zu verwalten:

1. Anlagestrategievereinbarung

☐ **Anlagestrategie „Moderat"**

Hinweise zur Anlagestrategie „Moderat"

Diese Anlagestrategie richtet sich an Kunden,

- die als Privat- oder professionelle Kunden im Sinne des WpHG eingestuft sind,
- mit einer niedrigen Ertragserwartung und einer im Vergleich zu der oben in der Tabelle gezeigten Anlagestrategie „Ausgewogen" geringeren Risikobereitschaft (zu den Quoten Anlageinstrumente mit relativ geringem Risiko und Anlageinstrumente mit höherem Risiko siehe Tabelle unter Ziffer B.),
- die für jedes im Portfolio enthaltene Anlageinstrument zumindest den Verlust des eingesetzten Kapitals tragen können,
- mit Kenntnissen und/oder Erfahrungen in Bezug auf die in Ziffer B.2 zugelassenen Anlageinstrumente,
- deren Anlagehorizont fortlaufend mindestens 3 Jahre beträgt.

Anlagestrategievereinbarung „Moderat"

Die Anlage in Anlageinstrumente erfolgt unter Zugrundelegung der Anlagestrategie „Moderat". Im Rahmen dieser Anlagestrategie strebt die Bank für die Verwaltung der Vermögenswerte des Kunden eine Wertentwicklung an, die sich an der Entwicklung der Kapitalmärkte orientiert. Dabei wird für das Portfolio ein Chance-/Risikoprofil mit niedriger Ertragserwartung und mit einer vergleichsweise "geringen Risikobereitschaft" angestrebt (im Vergleich zu der oben in der Übersicht gezeigten Anlagestrategie „Ausgewogen").

Der Anlagehorizont des Kunden beträgt fortlaufend mindestens 3 Jahre.

Anlagen mit relativ geringem Risiko (Risikoklasse 1 bis 3) sind mit mindestens 70 % des Portfolios vertreten. Anlagen mit höherem Risiko (Risikoklasse 4 bis 5) sind bis zu maximal 30 % des der Verwaltung unterliegenden Vermögens möglich. In der Anlagestrategievereinbarung „Moderat" erfolgt das Management zu mindestens 70 % in Liquiditäts- und Rentenanlagen, wie sie unter der Ziffer B.2.1 genannt sind. Das restliche Vermögen von maximal 30 % darf nach Ermessen der Bank in alle unter Ziffer B.2 genannten Anlageformen aller Risikoklassen investiert werden.

Wird einer der vorgenannten Prozentsätze über- oder unterschritten (z.B. aufgrund von Kursschwankungen), so wird die Bank unter Wahrung der Interessen des Kunden vorrangig die Wiederherstellung dieser Zielgröße anstreben.

Die Bank wird im Rahmen der Berichterstattung gemäß Ziffer A.2.2 – ausschließlich für Berichtszwecke – die Wertentwicklung einer Orientierungsgröße angeben. Die Orientierungsgröße für die Anlagestrategie „Moderat" setzt sich zusammen aus der gewichteten Wertentwicklung nachfolgender Indizes in der Währung Euro: 5 % EONIA, 40 % JPM GBI EMU Index 1-10 Yrs. Index, 35 % iBoxx Euro Corp Overall, 7 % S&P 500 Index, 9 % EuroStoxx 50 Index, 1,5 % Topix Index und 2,5 % MSCI Emerging Markets Index.

Die Bank wird zusätzlich zu ihrer Unterrichtungspflicht (siehe Ziffer A.2.3) den Kunden informieren, wenn die Wertentwicklung des Portfolios seit Beginn des jeweiligen Kalenderjahres um 2,5 % oder mehr fällt, sowie anschließend bei jedem Wertverlust in 2,5er Schritten, also z.B. bei 2,5 %, 5,0 %, 7,5 %, seit Beginn des jeweiligen Kalenderjahres.

Ferner wird die Bank zusätzlich zu ihrer Unterrichtungspflicht (siehe Ziffer A.2.3) den Kunden informieren, wenn die Wertentwicklung des Portfolios seit Beginn des jeweiligen Berichtszeitraums (siehe Ziffer A.2.1) um 2,5 % oder mehr fällt, sowie anschließend bei jedem Wertverlust in 2,5er Schritten, also z.B. bei 2,5 %, 5,0 %, 7,5 %.

Für den Fall, dass der Kunde einen Strategiewechsel mit der Bank vereinbart, wird ein Wertverlust bis zum Ende des noch laufenden Berichtszeitraums bzw. Kalenderjahres auf Basis der Wertentwicklung ab dem Zeitpunkt des Strategiewechsels und auf Basis des Schwellenwerts der neu vereinbarten Anlagestrategie berechnet.

PrivatMandat
Auftrag zur Vermögensverwaltung

Filial-Nr.	Stammnummer	Unterdepot	Unterkonto	Konto- / Depotbezeichnung **„db PrivatMandat Premium"**
_ _ _	_ _ _ _ _ _ _ _	_ _	_ _	

☐ **Anlagestrategie „Ausgewogen"**

Hinweise zur Anlagestrategie „Ausgewogen"
Diese Anlagestrategie richtet sich an Kunden,

- die als Privat- oder professionelle Kunden im Sinne des WpHG eingestuft sind,
- mit einer gesteigerten Ertragserwartung und einer im Vergleich zu der oben in der Tabelle gezeigten Anlagestrategie „Moderat" gesteigerten Risikobereitschaft (zu den Quoten Anlageinstrumente mit relativ geringem Risiko und Anlageinstrumente mit höherem Risiko siehe Tabelle unter Ziffer B.),
- die für jedes im Portfolio enthaltene Anlageinstrument zumindest den Verlust des eingesetzten Kapitals tragen können,
- mit Kenntnissen und/oder Erfahrungen in Bezug auf die in Ziffer B.2 zugelassenen Anlageinstrumente,
- deren Anlagehorizont fortlaufend mindestens 5 Jahre beträgt.

Anlagestrategievereinbarung „Ausgewogen"
Die Anlage in Anlageinstrumente erfolgt unter Zugrundelegung der Anlagestrategie „Ausgewogen". Im Rahmen dieser Anlagestrategie strebt die Bank für die Verwaltung der Vermögenswerte des Kunden eine Wertentwicklung an, die sich an der Entwicklung der Kapitalmärkte orientiert. Dabei wird für das Portfolio ein Chance-/Risikoprofil mit gesteigerter Ertragserwartung und mit einer vergleichsweise "gesteigerten Risikobereitschaft" angestrebt (im Vergleich zu der oben in der Übersicht gezeigten Anlagestrategie „Moderat").

Der Anlagehorizont des Kunden beträgt fortlaufend mindestens 5 Jahre.

Anlagen mit relativ geringem Risiko (Risikoklasse 1 bis 3) sind mit mindestens 40 % des Portfolios vertreten. Anlagen mit höherem Risiko (Risikoklasse 4 bis 5) sind bis zu maximal 60 % des der Verwaltung unterliegenden Vermögens möglich. In der Anlagestrategievereinbarung „Ausgewogen" erfolgt das Management zu mindestens 40 % in Liquiditäts- und Rentenanlagen, wie sie unter der Ziffer B.2.1 genannt sind. Das restliche Vermögen von maximal 60 % darf nach Ermessen der Bank in alle unter Ziffer B.2 genannten Anlageformen aller Risikoklassen investiert werden.

Wird einer der vorgenannten Prozentsätze über- oder unterschritten (z.B. aufgrund von Kursschwankungen), so wird die Bank unter Wahrung der Interessen des Kunden vorrangig die Wiederherstellung dieser Zielgröße anstreben.

Die Bank wird im Rahmen der Berichterstattung gemäß Ziffer A.2.2 – ausschließlich für Berichtszwecke – die Wertentwicklung einer Orientierungsgröße angeben. Die Orientierungsgröße für die Anlagestrategie „Ausgewogen" setzt sich zusammen aus der gewichteten Wertentwicklung nachfolgender Indizes in der Währung Euro: 5 % EONIA, 24 % JPM GBI EMU Index 1-10 Yrs. Index, 21 % iBoxx Euro Corp Overall, 18 % S&P 500 Index, 22 % EuroStoxx 50 Index, 4 % Topix Index und 6 % MSCI Emerging Markets Index.

Die Bank wird zusätzlich zu ihrer Unterrichtungspflicht (siehe Ziffer A.2.3) den Kunden informieren, wenn die Wertentwicklung des Portfolios seit Beginn des jeweiligen Kalenderjahres um 5 % oder mehr fällt, sowie anschließend bei jedem Wertverlust in 5er Schritten, also z.B. bei 5 %, 10 %, 15 %, seit Beginn des jeweiligen Kalenderjahres.

Ferner wird die Bank zusätzlich zu ihrer Unterrichtungspflicht (siehe Ziffer A.2.3) den Kunden informieren, wenn die Wertentwicklung des Portfolios seit Beginn des jeweiligen Berichtszeitraums (siehe Ziffer A.2.1) um 5 % oder mehr fällt, sowie anschließend bei jedem Wertverlust in 5er Schritten, also z.B. bei 5 %, 10 %, 15 %.

Für den Fall, dass der Kunde einen Strategiewechsel mit der Bank vereinbart, wird ein Wertverlust bis zum Ende des noch laufenden Berichtszeitraums bzw. Kalenderjahres auf Basis der Wertentwicklung ab dem Zeitpunkt des Strategiewechsels und auf Basis des Schwellenwerts der neu vereinbarten Anlagestrategie berechnet.

Vertrag vom 25.05.2018 8 von 16

PrivatMandat

Auftrag zur Vermögensverwaltung

Filial-Nr.	Stammnummer	Unterdepot	Unterkonto	Konto- / Depotbezeichnung
---	-------	--	--	

☐ **Anlagestrategie „Dynamisch"**

Hinweise zur Anlagestrategie „Dynamisch"

Diese Anlagestrategie richtet sich an Kunden,

- die als Privat- oder professionelle Kunden im Sinne des WpHG eingestuft sind,
- mit einer sehr hohen Ertragserwartung und einer im Vergleich zu der oben in der Tabelle gezeigten Anlagestrategie „Ausgewogen" sehr hohen Risikobereitschaft (zu den Quoten Anlageinstrumente mit relativ geringem Risiko und Anlageinstrumente mit höherem Risiko siehe Tabelle unter Ziffer B.),
- die für jedes im Portfolio enthaltene Anlageinstrument zumindest den Verlust des eingesetzten Kapitals tragen können),
- mit Kenntnissen und/oder Erfahrungen in Bezug auf die in Ziffer B.2 zugelassenen Anlageinstrumente,
- deren Anlagehorizont fortlaufend mindestens 10 Jahre beträgt.

Anlagestrategievereinbarung „Dynamisch"

Die Anlage in Anlageinstrumente erfolgt unter Zugrundelegung der Anlagestrategie „Dynamisch". Im Rahmen dieser Anlagestrategie strebt die Bank für die Verwaltung der Vermögenswerte des Kunden eine Wertentwicklung an, die sich an der Entwicklung der Kapitalmärkte orientiert. Dabei wird für das Portfolio ein Chance-/Risikoprofil mit sehr hoher Ertragserwartung und mit einer vergleichsweise 'sehr hohen Risikobereitschaft' angestrebt (im Vergleich zu der oben in der Übersicht gezeigten Anlagestrategie „Ausgewogen").

Der Anlagehorizont des Kunden beträgt fortlaufend mindestens 10 Jahre.

In der Anlagestrategievereinbarung „Dynamisch" erfolgt das Management in allen unter Ziffer B.2 genannten Anlageformen. Dabei darf auch ausschließlich in den unter Ziffer B.2.2 und B.2.3 genannten Anlageformen der Risikoklasse 4 bis 5 investiert werden

Wird einer der vorgenannten Prozentsätze über- oder unterschritten (z.B. aufgrund von Kursschwankungen), so wird die Bank unter Wahrung der Interessen des Kunden vorrangig die Wiederherstellung dieser Zielgröße anstreben.

Die Bank wird im Rahmen der Berichterstattung gemäß Ziffer A.2.2 – ausschließlich für Berichtszwecke – die Wertentwicklung einer Orientierungsgröße angeben. Die Orientierungsgröße für die Anlagestrategie „Dynamisch" setzt sich zusammen aus der gewichteten Wertentwicklung nachfolgender Indizes in der Währung Euro: 5 % EONIA, 8 % JPM GBI EMU Index 1-10 Yrs. Index, 7 % iBoxx Euro Corp Overall, 28 % S&P 500 Index, 36 % EuroStoxx 50 Index, 6 % Topix Index und 10 % MSCI Emerging Markets Index.

Die Bank wird zusätzlich zu ihrer Unterrichtungspflicht (siehe Ziffer A.2.3) den Kunden informieren, wenn die Wertentwicklung des Portfolios seit Beginn des jeweiligen Kalenderjahres um 10 % oder mehr fällt, sowie anschließend bei jedem Wertverlust in 10er Schritten, also z.B. bei 10 %, 20 %, 30 %, seit Beginn des jeweiligen Kalenderjahres.

Ferner wird die Bank zusätzlich zu ihrer Unterrichtungspflicht (siehe Ziffer A.2.3) den Kunden informieren, wenn die Wertentwicklung des Portfolios seit Beginn des jeweiligen Berichtszeitraums (siehe Ziffer A.2.1) um 10 % oder mehr fällt, sowie anschließend bei jedem Wertverlust in 10er Schritten, also z.B. bei 10 %, 20 %, 30 %.

Für den Fall, dass der Kunde einen Strategiewechsel mit der Bank vereinbart, wird ein Wertverlust bis zum Ende des noch laufenden Berichtszeitraums bzw. Kalenderjahres auf Basis der Wertentwicklung ab dem Zeitpunkt des Strategiewechsels und auf Basis des Schwellenwerts der neu vereinbarten Anlagestrategie berechnet.

Vertrag vom 25.05.2018 9 von 16

PrivatMandat

Auftrag zur Vermögensverwaltung

Filial-Nr.	Stammnummer	Unterdepot	Unterkonto	Konto- / Depotbezeichnung
_ _ _	_ _ _ _ _ _ _	_ _	_ _	

☐ **Anlagestrategie „Moderat (D)"**

Hinweise zur Anlagestrategie „Moderat (D)"

Diese Anlagestrategie richtet sich an Kunden,

- die als Privat- oder professionelle Kunden im Sinne des WpHG eingestuft sind,
- mit einer niedrigen Ertragserwartung und einer im Vergleich zu der oben in der Tabelle gezeigten Anlagestrategie „Ausgewogen (D)" geringeren Risikobereitschaft (zu den Quoten Anlageinstrumente mit relativ geringem Risiko und Anlageinstrumente mit höherem Risiko siehe Tabelle unter Ziffer B.),
- die für die Vermögensanlage in db PrivatMandat Premium inbesondere auch eine Anlage in deutschen Aktien wünschen, jedoch keine Mindestquote in deutschen Aktien erwarten und bereit sind, hierfür eine geringere Diversifikation in Aktien in Kauf zu nehmen,
- die für jedes im Portfolio enthaltene Anlageinstrument zumindest den Verlust des eingesetzten Kapitals tragen können,
- mit Kenntnissen und/oder Erfahrungen in Bezug auf die in Ziffer B.2 zugelassenen Anlageinstrumente,
- deren Anlagehorizont fortlaufend mindestens 3 Jahre beträgt.

Anlagestrategievereinbarung „Moderat (D)"

Die Anlage des verwalteten Vermögens erfolgt unter Zugrundelegung der Anlagestrategie „Moderat (D)". Im Rahmen dieser Anlagestrategie strebt die Bank für die Verwaltung der Vermögenswerte des Kunden eine Wertentwicklung an, die sich an der Entwicklung der Kapitalmärkte orientiert. Dabei wird für das Portfolio ein Chance-/Risikoprofil mit niedriger Ertragserwartung und mit einer vergleichsweise "geringen Risikobereitschaft" angestrebt (im Vergleich zu der oben in der Übersicht gezeigten Anlagestrategie „Ausgewogen (D)").

Der Anlagehorizont des Kunden beträgt fortlaufend mindestens 3 Jahre.

Anlagen mit relativ geringem Risiko (Risikoklasse 1 bis 3) sind mit mindestens 70 % im verwalteten Vermögen vertreten. Anlagen mit höherem Risiko (Risikoklasse 4 bis 5) sind bis zu maximal 30 % des der Verwaltung unterliegenden Vermögens möglich. In der Anlagestrategievereinbarung „Moderat (D)" erfolgt das Management zu mindestens 70 % in Liquiditäts- und Rentenanlagen, wie sie unter der Ziffer B.2.1 genannt sind. Das restliche Vermögen von maximal 30 % darf nach Ermessen der Bank in alle unter Ziffer B.2 genannten Anlageformen aller Risikoklassen investiert werden.

Wird einer der vorgenannten Prozentsätze über- oder unterschritten (z.B. aufgrund von Kursschwankungen), so wird die Bank unter Wahrung der Interessen des Kunden vorrangig die Wiederherstellung dieser Zielgröße anstreben.

Bei einer direkten Anlage in Aktien (Ziffer B.2.2.1), beinhaltet die Anlage stets auch einen Anteil an Aktien, die nach der Beurteilung der Bank ihren Hauptsitz in Deutschland haben (im weiteren „deutsche Aktien"). Das Portfolio kann entsprechend der Anlagestrategie jedoch auch zeitweise oder dauerhaft gar keinen Anteil an Aktien im Sinne der Ziffer B.2.2.1, und damit auch keine Direktanlage in deutsche Aktien enthalten. Auch wenn Aktien im Sinne der Ziffer B.2.2.1 im Portfolio gehalten werden, muss der Anteil deutscher Aktien gemessen am Gesamtaktienanteil im Portfolio nicht überwiegen.

In den Anteil an deutschen Aktien werden indirekte Anlagen über Investmentfonds oder strukturierte Anlageinstrumente nicht eingerechnet. Dies gilt insbesondere auch für Investmentfonds, die ihren Anlageschwerpunkt in deutschen Aktien haben, und strukturierte Anlageinstrumente, die vollständig oder überwiegend deutsche Aktien abbilden.

Soweit für Zwecke der Orientierungsgröße für Berichtszwecke der DAX berücksichtigt wird, stellt dies keinen Anhaltspunkt für die Zusammenstellung des Portfolios bzw. für einen Mindestanteil an deutschen Aktien im Portfolio dar.

Die Bank wird im Rahmen der Berichterstattung gemäß Ziffer A.2.2 – ausschließlich für Berichtszwecke – die Wertentwicklung einer Orientierungsgröße angeben. Die Orientierungsgröße für die Anlagestrategie „Moderat (D)" setzt sich zusammen aus der gewichteten Wertentwicklung nachfolgender Indizes in der Währung Euro: 5 % EONIA, 40 % JPM GBI EMU Index 1-10 Yrs. Index, 35 % iBoxx Euro Corp Overall, 7 % EuroStoxx 50 Index, 5 % DAX Index, 5 % S&P 500 Index, 1 % Topix Index und 2 % MSCI Emerging Markets Index.

Die Bank wird zusätzlich zu ihrer Unterrichtungspflicht (siehe Ziffer A.2.3) den Kunden informieren, wenn die Wertentwicklung des Portfolios seit Beginn des jeweiligen Kalenderjahres um 2,5 % oder mehr fällt, sowie anschließend bei jedem Wertverlust in 2,5er Schritten, also z.B. bei 2,5 %, 5,0 %, 7,5 %, seit Beginn des jeweiligen Kalenderjahres.

Ferner wird die Bank zusätzlich zu ihrer Unterrichtungspflicht (siehe Ziffer A.2.3) den Kunden informieren, wenn die Wertentwicklung des Portfolios seit Beginn des jeweiligen Berichtszeitraums (siehe Ziffer A.2.1) um 2,5 % oder mehr fällt, sowie anschließend bei jedem Wertverlust in 2,5er Schritten, also z.B. bei 2,5 %, 5,0 %, 7,5 %.

Für den Fall, dass der Kunde einen Strategiewechsel mit der Bank vereinbart, wird ein Wertverlust bis zum Ende des noch laufenden Berichtszeitraums bzw. Kalenderjahres auf Basis der Wertentwicklung ab dem Zeitpunkt des Strategiewechsels und auf Basis des Schwellenwerts der neu vereinbarten Anlagestrategie berechnet.

Vertrag vom 25.05.2018 10 von 16

PrivatMandat

Auftrag zur Vermögensverwaltung

Filial-Nr.	Stammnummer	Unterdepot	Unterkonto	Konto- / Depotbezeichnung
_ _ _	_ _ _ _ _ _ _	_ _	_ _	

☐ **Anlagestrategie „Ausgewogen (D)"**

Hinweise zur Anlagestrategie „Ausgewogen (D)"

Diese Anlagestrategie richtet sich an Kunden,

- die als Privat- oder professionelle Kunden im Sinne des WpHG eingestuft sind,
- mit einer gesteigerten Ertragserwartung und einer im Vergleich zu der oben in der Tabelle gezeigten Anlagestrategie „Moderat (D)" gesteigerten Risikobereitschaft (zu den Quoten Anlageinstrumente mit relativ geringem Risiko und Anlageinstrumente mit höherem Risiko siehe Tabelle unter Ziffer B.),
- die für die Vermögensanlage in db PrivatMandat Premium inbesondere auch eine Anlage in deutschen Aktien wünschen, jedoch keine Mindestquote in deutschen Aktien erwarten und bereit sind, hierfür eine geringere Diversifikation in Aktien in Kauf zu nehmen,
- die für jedes im Portfolio enthaltene Anlageinstrument zumindest den Verlust des eingesetzten Kapitals tragen können,
- mit Kenntnissen und/oder Erfahrungen in Bezug auf die in Ziffer B.2 zugelassenen Anlageinstrumente,
- deren Anlagehorizont fortlaufend mindestens 5 Jahre beträgt.

Anlagestrategievereinbarung „Ausgewogen (D)"

Die Anlage des verwalteten Vermögens erfolgt unter Zugrundelegung der Anlagestrategie „Ausgewogen (D)". Im Rahmen dieser Anlagestrategie strebt die Bank für die Verwaltung der Vermögenswerte des Kunden eine Wertentwicklung an, die sich an der Entwicklung der Kapitalmärkte orientiert. Dabei wird für das Portfolio ein Chance-/Risikoprofil mit gesteigerter Ertragserwartung und mit einer vergleichsweise "gesteigerten Risikobereitschaft" angestrebt (im Vergleich zu der oben in der Übersicht gezeigten Anlagestrategie „Moderat (D)").

Der Anlagehorizont des Kunden beträgt fortlaufend mindestens 5 Jahre.

Anlagen mit relativ geringem Risiko (Risikoklasse 1 bis 3) sind mit mindestens 40 % im verwalteten Vermögen vertreten. Anlagen mit höherem Risiko (Risikoklasse 4 bis 5) sind bis zu maximal 60 % des der Verwaltung unterliegenden Vermögens möglich. In der Anlagestrategievereinbarung „Ausgewogen (D)" erfolgt das Management zu mindestens 40 % in Liquiditäts- und Rentenanlagen, wie sie unter der Ziffer B.2.1 genannt sind. Das restliche Vermögen von maximal 60 % darf nach Ermessen der Bank in alle unter Ziffer B. 2 genannten Anlageformen aller Risikoklassen investiert werden.

Wird einer der vorgenannten Prozentsätze über- oder unterschritten (z.B. aufgrund von Kursschwankungen), so wird die Bank unter Wahrung der Interessen des Kunden vorrangig die Wiederherstellung dieser Zielgröße anstreben.

Bei einer direkten Anlage in Aktien (Ziffer B.2.2.1), beinhaltet die Anlage stets auch einen Anteil an Aktien, die nach der Beurteilung der Bank ihren Hauptsitz in Deutschland haben (im weiteren „deutsche Aktien"). Das Portfolio kann entsprechend der Anlagestrategie jedoch auch zeitweise oder dauerhaft gar keinen Anteil an Aktien im Sinne der Ziffer B.2.2.1, und damit auch keine Direktanlage in deutsche Aktien enthalten. Auch wenn Aktien im Sinne der Ziffer B.2.2.1 im Portfolio gehalten werden, muss der Anteil deutscher Aktien gemessen am Gesamtaktienanteil im Portfolio nicht überwiegen.

In den Anteil an deutschen Aktien werden indirekte Anlagen über Investmentfonds oder strukturierte Anlageinstrumente nicht eingerechnet. Dies gilt insbesondere auch für Investmentfonds, die ihren Anlageschwerpunkt in deutschen Aktien haben, und strukturierte Anlageinstrumente, die vollständig oder überwiegend deutsche Aktien abbilden.

Soweit für Zwecke der Orientierungsgröße für Berichtszwecke der DAX berücksichtigt wird, stellt dies keinen Anhaltspunkt für die Zusammenstellung des Portfolios bzw. für einen Mindestanteil an deutschen Aktien im Portfolio dar.

Die Bank wird im Rahmen der Berichterstattung gemäß Ziffer A.2.2 – ausschließlich für Berichtszwecke – die Wertentwicklung einer Orientierungsgröße angeben. Die Orientierungsgröße für die Anlagestrategie „Ausgewogen (D)" setzt sich zusammen aus der gewichteten Wertentwicklung nachfolgender Indizes in der Währung Euro: 5 % EONIA, 24 % JPM GBI EMU Index 1-10 Yrs. Index, 21 % iBoxx Euro Corp Overall, 18 % EuroStoxx 50 Index, 12 % DAX Index, 12 % S&P 500 Index, 3 % Topix Index und 5 % MSCI Emerging Markets Index.

Die Bank wird zusätzlich zu ihrer Unterrichtungspflicht (siehe Ziffer A.2.3) den Kunden informieren, wenn die Wertentwicklung des Portfolios seit Beginn des jeweiligen Kalenderjahres um 5 % oder mehr fällt, sowie anschließend bei jedem Wertverlust in 5er Schritten, also z.B. bei 10 %, 15 %, 20 %, seit Beginn des jeweiligen Kalenderjahres.

Ferner wird die Bank zusätzlich zu ihrer Unterrichtungspflicht (siehe Ziffer A.2.3) den Kunden informieren, wenn die Wertentwicklung des Portfolios seit Beginn des jeweiligen Berichtszeitraums (siehe Ziffer A.2.1) um 5 % oder mehr fällt, sowie anschließend bei jedem Wertverlust in 5er Schritten, also z.B. bei 10 %, 15 %, 20 %.

Für den Fall, dass der Kunde einen Strategiewechsel mit der Bank vereinbart, wird ein Wertverlust bis zum Ende des noch laufenden Berichtszeitraums bzw. Kalenderjahres auf Basis der Wertentwicklung ab dem Zeitpunkt des Strategiewechsels und auf Basis des Schwellenwerts der neu vereinbarten Anlagestrategie berechnet.

Vertrag vom 25.05.2018 11 von 16

PrivatMandat

Auftrag zur Vermögensverwaltung

Filial-Nr.	Stammnummer	Unterdepot	Unterkonto	Konto- / Depotbezeichnung
_ _ _	_ _ _ _ _ _ _	_ _	_ _	

☐ **Anlagestrategie „Dynamisch (D)"**

Hinweise zur Anlagestrategie „Dynamisch (D)"

Diese Anlagestrategie richtet sich an Kunden,

- die als Privat- oder professionelle Kunden im Sinne des WpHG eingestuft sind,
- mit einer sehr hohen Ertragserwartung und einer im Vergleich zu der oben in der Tabelle gezeigten Anlagestrategie „Ausgewogen (D)" sehr hohen Risikobereitschaft (zu den Quoten Anlageinstrumente mit relativ geringem Risiko und Anlageinstrumente mit höherem Risiko siehe Tabelle unter Ziffer B.),
- die für die Vermögensanlage in db PrivatMandat Premium inbesondere auch eine Anlage in deutschen Aktien wünschen, jedoch keine Mindestquote in deutschen Aktien erwarten und bereit sind, hierfür eine geringere Diversifikation in Aktien in Kauf zu nehmen,
- die für jedes im Portfolio enthaltene Anlageinstrument zumindest den Verlust des eingesetzten Kapitals tragen können,
- mit Kenntnissen und/oder Erfahrungen in Bezug auf die in Ziffer B.2 zugelassenen Anlageinstrumente,
- deren Anlagehorizont fortlaufend mindestens 10 Jahre beträgt.

Anlagestrategievereinbarung „Dynamisch (D)"

Die Anlage des verwalteten Vermögens erfolgt unter Zugrundelegung der Anlagestrategie „Dynamisch (D)". Im Rahmen dieser Anlagestrategie strebt die Bank für die Verwaltung der Vermögenswerte des Kunden eine Wertentwicklung an, die sich an der Entwicklung der Kapitalmärkte orientiert. Dabei wird für das Portfolio ein Chance-/Risikoprofil mit sehr hoher Ertragserwartung und mit einer vergleichsweise 'sehr hohen Risikobereitschaft' angestrebt (im Vergleich zu der oben in der Übersicht gezeigten Anlagestrategie „Ausgewogen (D)").

Der Anlagehorizont des Kunden beträgt fortlaufend mindestens 10 Jahre.

In der Anlagestrategievereinbarung „Dynamisch (D)" erfolgt das Management in allen unter Ziffer B.2 genannten Anlageformen. Dabei darf auch ausschließlich in den unter Ziffer B.2.2 und B.2.3 genannten Anlageformen der Risikoklasse 4 bis 5 investiert werden.

Wird einer der vorgenannten Prozentsätze über- oder unterschritten (z.B. aufgrund von Kursschwankungen), so wird die Bank unter Wahrung der Interessen des Kunden vorrangig die Wiederherstellung dieser Zielgröße anstreben.

Bei einer direkten Anlage in Aktien (Ziffer B.2.2.1), beinhaltet die Anlage stets auch einen Anteil an Aktien, die nach der Beurteilung der Bank ihren Hauptsitz in Deutschland haben (im weiteren „deutsche Aktien"). Das Portfolio kann entsprechend der Anlagestrategie jedoch auch zeitweise oder dauerhaft gar keinen Anteil an Aktien im Sinne der Ziffer B.2.2.1, und damit auch keine Direktanlage in deutsche Aktien enthalten. Auch wenn Aktien im Sinne der Ziffer B.2.2.1 im Portfolio gehalten werden, muss der Anteil deutscher Aktien gemessen am Gesamtaktienanteil im Portfolio nicht überwiegen.

In den Anteil an deutschen Aktien werden indirekte Anlagen über Investmentfonds oder strukturierte Anlageinstrumente nicht eingerechnet. Dies gilt insbesondere auch für Investmentfonds, die ihren Anlageschwerpunkt in deutschen Aktien haben, und strukturierte Anlageinstrumente, die vollständig oder überwiegend deutsche Aktien abbilden.

Soweit für Zwecke der Orientierungsgröße für Berichtszwecke der DAX berücksichtigt wird, stellt dies keinen Anhaltspunkt für die Zusammenstellung des Portfolios bzw. für einen Mindestanteil an deutschen Aktien im Portfolio dar.

Die Bank wird im Rahmen der Berichterstattung gemäß Ziffer A.2.2 – ausschließlich für Berichtszwecke – die Wertentwicklung einer Orientierungsgröße angeben. Die Orientierungsgröße für die Anlagestrategie „Dynamisch (D)" setzt sich zusammen aus der gewichteten Wertentwicklung nachfolgender Indizes in der Währung Euro: 5 % EONIA, 8 % JPM GBI EMU Index 1-10 Yrs. Index, 7 % iBoxx Euro Corp Overall, 29 % EuroStoxx 50 Index, 19 % DAX Index, 19 % S&P 500 Index, 5 % Topix Index und 8 % MSCI Emerging Markets Index.

Die Bank wird zusätzlich zu ihrer Unterrichtungspflicht (siehe Ziffer A.2.3) den Kunden informieren, wenn die Wertentwicklung des Portfolios seit Beginn des jeweiligen Kalenderjahres um 10 % oder mehr fällt, sowie anschließend bei jedem Wertverlust in 10er Schritten, also z.B. bei 10 %, 20 %, 30 %, seit Beginn des jeweiligen Kalenderjahres.

Ferner wird die Bank zusätzlich zu ihrer Unterrichtungspflicht (siehe Ziffer A.2.3) den Kunden informieren, wenn die Wertentwicklung des Portfolios seit Beginn des jeweiligen Berichtszeitraums (siehe Ziffer A.2.1) um 10 % oder mehr fällt, sowie anschließend bei jedem Wertverlust in 10er Schritten, also z.B. bei 10 %, 20 %, 30 %.

Für den Fall, dass der Kunde einen Strategiewechsel mit der Bank vereinbart, wird ein Wertverlust bis zum Ende des noch laufenden Berichtszeitraums bzw. Kalenderjahres auf Basis der Wertentwicklung ab dem Zeitpunkt des Strategiewechsels und auf Basis des Schwellenwerts der neu vereinbarten Anlagestrategie berechnet.

PrivatMandat

Auftrag zur Vermögensverwaltung

Filial-Nr.	Stammnummer	Unterdepot	Unterkonto	Konto- / Depotbezeichnung
_ _ _	_ _ _ _ _ _ _ _	_ _	_ _	

2. Anlageinstrumente

Die Vermögenswerte des Kunden dürfen – im Rahmen der vereinbarten Anlagestrategie, sofern nachstehend nicht ausdrücklich ausgeschlossen oder eingeschränkt – von der Bank nach deren Ermessen angelegt werden in Anlageinstrumente

- aller Arten, auch in solche, die Mischformen aller unter Ziffer B.2 genannten Anlageinstrumente darstellen
- der Risikoklassen 1 bis 5
- aller Währungen, auch wenn Währungsrisiken bestehen, die nicht oder nicht vollumfänglich abgesichert werden
- in- und ausländischer Emittenten
- die hoch volatil sind, wie Wertpapiere deren Kurswert/Marktwert sehr hohen Schwankungen unterliegen kann
- die strukturiert sind und auch einen Hebel beinhalten können (dabei handelt es sich z.B. um strukturierte Anleihen, Zertifikate und Investmentfonds mit Hebelcharakter - wie z.B. Stufenzinsanleihen, Indexzertifikate, Diskont-, Bonus- oder Double-Chance-Zertifikate, deren Wertentwicklung abhängig ist von der Wertentwicklung eines oder mehrerer Basiswerte sowie der Entwicklung eingebetteter Termingeschäfte oder Termingeschäftselemente)
- die besonderen Risiken und Vorschriften im Rahmen der Sanierung und Abwicklung von Banken unterliegen, die sich für den Kunden im Abwicklungsfall des betreffenden Kreditinstituts nachteilig auswirken können (wie Aktien von Kreditinstituten, Bankschuldverschreibungen, beispielsweise verzinsliche Bankanleihen und Zertifikate sowie sonstige von Kreditinstituten emittierte Anlageinstrumente und Forderungen gegen Kreditinstitute, wie z.B. Einlagen) (u.a. durch einen sog. „Bail-in"). Einzelheiten zu den für Kreditinstitute insoweit geltenden Vorschriften finden sich unter [Internetlink]. Für solche Instrumente gilt die Emittenteneinschränkung gemäß Ziffer B.2.4
- die nicht in den Handel an einem der in Ziffer A.1.2 definierten Handelsplätze einbezogen sind
- die eine eingeschränkte Liquidierbarkeit aufweisen oder sogar bis zur Fälligkeit, zum Laufzeitende oder Verfallsdatum illiquide sind
- für die im Rahmen der Emission, öffentlichen oder nicht-öffentlichen Erst- oder Zweitplatzierung kein Prospekt nach dem Wertpapierprospektgesetz oder der Prospektrichtlinie vorliegt
- abweichend von dem durch den Emittenten bzw. den Produzenten und/oder der Bank festgelegten Mindestanlagehorizont und Anlageziel im Rahmen der Zielmarktbeschreibung für einzelne Anlageinstrumente. Damit dürfen für das Portfolio des Kunden auch einzelne Anlageinstrumente erworben werden, für die ein längerer oder kürzerer Anlagehorizont als für das Portfolio bzw. nach der Anlagestrategie vorgegeben ist. Ebenso sind für das Gesamtportfolio auch einzelne Anlageinstrumente zugelassen, die für Kunden z.B. mit dem Anlageziel „Spezifische Altersvorsorge", „Allgemeine Vermögensbildung/Vermögensoptimierung", „überproportionale Teilnahme an Kursveränderungen" oder „Absicherung" konzipiert sind.

Ausgenommen sind direkte Anlagen in:

- nicht wertpapiermäßig verbriefte Anteile an Investmentfonds
- Spezial Investmentfonds (Spezial Alternativer Investmentfonds) nach dem Kapitalanlagegesetzbuch
- geschlossene wertpapiermäßig verbriefte Investmentfonds
- offene Immobilienfonds
- Schuldscheindarlehen
- Contingent Convertible Bonds ("CoCo"-Bonds)
- Finanzdifferenzgeschäfte (Contracts for Difference - "CFDs")
- Finanzinstrumente der Risikoklassen 6 und 7

Wichtiger Hinweis: Die in diesem Abschnitt B „Anlagerichtlinie" aufgeführten Ausschlüsse und Einschränkungen für die Investition in Anlageinstrumente gelten nicht für indirekte Investments über Investmentfonds und nicht für strukturierte Anlageinstrumente (d.h.zulässig bleibt z.B. trotz Ausschluss von offenen Immobilienfonds der Erwerb von Anteilen an Investmentfonds, die ihrerseits auch in offene Immobilienfonds anlegen dürfen). Der Ausschluss/die Einschränkung gilt auch nur für das konkret in Bezug genommene Anlageinstrument, nicht aber für andere nicht konkret benannte Anlageinstrumente.

PrivatMandat

Auftrag zur Vermögensverwaltung

Filial-Nr.	Stammnummer	Unterdepot	Unterkonto	Konto- / Depotbezeichnung
_ _ _	_ _ _ _ _ _ _ _	_ _	_ _	

2.1 Liquiditäts- und Rentenanlagen sowie liquiditätsbezogene Anlagen

2.1.1 Kontoguthaben inkl. kurzfristiger Einlagen

2.1.2 Investmentfonds: z.B. Geldmarkt- und Rentenfonds einschließlich Investmentfonds mit überwiegendem Anteil an geldmarkt- oder rentenbezogenen Anlagen o.Ä.

2.1.3 Anleihen einschließlich strukturierter Anleihen: z.B. fest und variabel verzinsliche Anleihen öffentlicher Emittenten („öffentliche Anleihen") und privater Emittenten, einschließlich Banken und Finanzdienstleister (zusammen „Unternehmensanleihen"), auch Mischformen (strukturierte Anleihen) wie z.B. Kombizins- und Stufenzinsanleihen

2.1.4 Strukturierte Wertpapiere: z.B. Nullkuponanleihen, Wandelanleihen (Anleihen mit einem Wandlungsrecht des Inhabers in Aktien und Rückzahlung zum Nennwert am Ende der Laufzeit bei nicht erfolgter Ausübung des Wandlungsrechts)

2.1.5 Genussscheine mit Rentencharakter und Anleihen mit Nachrangabrede einschließlich Tier 1- und Tier 2-Anleihen (Anlagen, die nach Ausstattungsmerkmalen gemäß ihren Bedingungen z.B. regelmäßige Zinszahlungen oder eine feste Rückzahlung vorsehen)

2.2 Aktien und aktienbezogene Anlagen

2.2.1 Aktien, einschließlich Aktien von Immobiliengesellschaften und REITs

2.2.2 Investmentfonds: Aktienfonds, einschließlich Investmentfonds mit überwiegendem Anteil an Anlagen, die nicht geldmarkt- oder rentenbezogene Anlagen sind

2.2.3 Genussscheine mit Aktiencharakter, die eine Aktienpartizipation darstellen

2.2.4 Strukturierte Wertpapiere, die sich auf Anlageinstrumente gemäß Ziffer B.2.2.1 bis B.2.2.3 oder auf Indizes beziehen, z.B. Aktienanleihen, Diskont-, Bonus- oder Outperformance-Zertifikate sowie Indexzertifikate

2.3 Rohstoffe, Devisen und sonstige Anlageinstrumente

2.3.1 Investmentfonds: Fonds, die überwiegend oder ausschließlich in Rohstoffe (einschließlich Edelmetallen) oder Devisen oder deren Indizes investieren

2.3.2 Strukturierte Wertpapiere, die sich auf einen oder mehrere Rohstoffe (einschließlich Edelmetalle), Devisen oder auf jeweils darauf bezogene Indizes beziehen

2.3.3 Sonstige Investmentfonds sowie sonstige strukturierte Wertpapiere, z.B. sonstige strukturierte Anleihen (z.B. synthetische Anleihen, bei denen Rückzahlung und Ertrag von der Rückzahlung, vom Ertrag und von der Realisierbarkeit verpackter Forderungen, wie z.B. Aktien- oder Kreditportfolios abhängen)

2.4 Emittenteneinschränkung zu den Anlageinstrumenten

Die Investition in Anlageinstrumente, die von jeweils einer Bank oder Unternehmen jeweils einer Bankengruppe emittiert wurden, darf zum Zeitpunkt des Erwerbs 15 % des Portfolios nicht übersteigen. Diese Einschränkung gilt nicht für Kontoguthaben sowie kurzfristige Einlagen bei der [Bank-Gruppe], Kapitalverwaltungsgesellschaften bzw. Investment-/ Fondsgesellschaften als Emittenten und indirekte Anlagen über z.B. Investmentfonds oder strukturierte Wertpapiere. Wird der vorgenannte Prozentsatz überschritten (z.B. aufgrund von Kursschwankungen), so wird die Bank unter Wahrung der Interessen des Kunden vorrangig die Wiederherstellung dieser Zielgröße anstreben.

C. Vergütung

Der Kunde wird an die Bank die nachstehend vereinbarte Vergütung (Teilpauschalvergütung) leisten.

Die Vergütung setzt sich zusammen aus der Pauschale für Managementleistung (siehe Ziffer C.1) und der Teilpauschale für Wertpapiergeschäfte (siehe Ziffer C.2 Satz 1) sowie zusätzlichen fremden Kosten und Auslagen (Ziffer C.3), soweit diese anfallen. Die Summe dieser Pauschalen beträgt _ ,____ % p.a. (inkl. gesetzlicher MwSt. von z. Zt. 19 %) und wird zeitanteilig monatlich rückwirkend vom Vermögenswert (Summe in Euro aus Depotwert und Stückzinsen sowie des Saldos des Vermögensverwaltungskontos) zum Monatsende berechnet und wird jeweils rückwirkend zum Quartalsende dem Vermögensverwaltungskonto des Kunden belastet. Im Falle der vorzeitigen Beendigung erfolgt die Belastung zeitanteilig bei Beendigung.

Die Pauschalen werden auf den Vermögenswert berechnet, unabhängig davon, ob und wie oft Transaktionen erfolgten oder ob die Wertpapiere bzw. Finanzinstrumente lediglich aus anderen Depots in die Finanzportfolioverwaltung übertragen oder zugeordnet wurden.

PrivatMandat

Auftrag zur Vermögensverwaltung

Filial-Nr.	Stammnummer	Unterdepot	Unterkonto	Konto- / Depotbezeichnung
_ _ _	_ _ _ _ _ _ _ _	_ _	_ _	

Die Vergütung, die dem Kunden in Rechnung gestellt wird, setzt sich im Detail aus den folgenden Vergütungsbestandteilen zusammen:

1. Pauschale für Managementleistung (Vermögensverwaltungsvergütung)

Die Bank erhält für die Managementleistungen eine pauschale Vergütung in der unter Ziffer C.4 ausgewiesenen Höhe für die mit dem Kunden vereinbarte Anlagestrategie. Sie beinhaltet auch die Konto- und Depotführung.

2. Teilpauschale für Wertpapiergeschäfte zzgl. Auslagen, Preise und ggf. Entgelte für Devisengeschäfte

Der Kunde zahlt an die Bank für die Ausführung von Wertpapiergeschäften eine Teilpauschale in der unter Ziffer C.4 ausgewiesenen Höhe für die mit dem Kunden vereinbarte Strategie. Mit dieser Teilpauschale sind Transaktionskosten für Kommissionsgeschäfte in Wertpapieren abgegolten.

2.1 Von der Teilpauschale nicht abgedeckt sind Fremdwährungsgeschäfte in Zusammenhang mit Wertpapierdienstleistungen siehe dazu im Preis- und Leistungsverzeichnis Abschnitt D.

2.2 Die Ausführungsart der Transaktion, d.h. ob das Wertpapiergeschäft im Wege eines Festpreisgeschäftes oder Kommissionsgeschäftes ausgeführt wird, richtet sich nach den Sonderbedingungen für Wertpapiergeschäfte der Bank, soweit keine abweichende Vereinbarung mit dem Kunden getroffen wurde.

2.3 Wichtige Information: Die Teilpauschale wird auch unabhängig von der Art der Ausführung der Wertpapiergeschäfte berechnet (Kommissions- oder Festpreisgeschäft). Die Teilpauschale wird also auch auf Wertpapiere berechnet, für die der Kunde einen Kaufpreis an die Bank leistet oder geleistet hat (Festpreisgeschäft). Die Teilpauschale hindert die Bank nicht daran, in den Preis über den Kauf und Verkauf von Depotwerten, der bei Ausführung von Transaktionen im Wege des Festpreisgeschäftes in Rechnung gestellt wird (Nr. 1 Abs. 3 Sonderbedingungen für Wertpapiergeschäfte), zu ihren Gunsten eine Marge einzubeziehen. Die Höhe der Marge bei Festpreisgeschäften ist zum Zeitpunkt des Abschlusses dieses Vertrags nicht bestimmt und auch nicht bestimmbar. Maßgebend für die Höhe der Marge sind Faktoren in Bezug auf das dem Festpreisgeschäft zugrundeliegende Finanzinstrument in unmittelbarer zeitlicher Nähe der Durchführung der Transaktion. Dies sind insbesondere die Liquidität und das Marktrisiko in Bezug auf das Finanzinstrument, das Kreditrisiko des Emittenten des Finanzinstruments, das Gegenstand des Festpreisgeschäfts ist, sowie diesbezügliche Finanzierungskosten der Bank.

Bei Festpreisgeschäften gelten die Ausführungsgrundsätze der Bank („Grundsätze für die Ausführung von Aufträgen in Finanzinstrumenten") und somit hat die Bank auch bei Festpreisgeschäften insbesondere ihre Verpflichtung zur bestmöglichen Ausführung gemäß Ausführungsgrundsätze der Bank („Grundsätze für die Ausführung von Aufträgen in Finanzinstrumenten") zu beachten.

Darüber hinaus beinhaltet dieser Preis von Festpreisgeschäften in diesem Preismodell keine Vertriebsmarge der Bank, da diese mit dem Pauschalentgelt bereits abgegolten ist.

2.4 Information zu Ausführungen im Wege des Festpreisgeschäfts/Festpreise (insbesondere Festpreisgeschäfte in Investmentfonds)

Die Bank stellt dem Kunden beim Abschluss von Festpreisgeschäften über Wertpapiere (z.B. Investmentfonds) den vereinbarten Festpreis (Kauf-/Verkaufspreis) der Wertpapiere (Nr. 1 Abs. 3 Sonderbedingungen für Wertpapiergeschäfte) und etwaig anfallende Steuern (z.B. Finanztransaktionssteuern) in Rechnung.

Zum Beispiel wertpapiermäßig verbriefte Anteile an Publikumsfonds („Investmentanteile"), mit Ausnahme von Exchange Traded Funds (ETFs), kauft der Kunde nach den Sonderbedingungen für Wertpapiergeschäfte der Bank im Festpreisgeschäft von der Bank, falls keine abweichende Vereinbarung getroffen wird. Für den außerbörslichen Kauf von Investmentanteilen von Kapitalverwaltungsgesellschaften bzw. Investment-/Fondsgesellschaften, die zur [Bank Gruppe] gehören, wird als Preis der Betrag berechnet, der dem für die Ausführung geltenden Anteilwert entspricht. Für den außerbörslichen Kauf von Investmentanteilen von Kapitalverwaltungsgesellschaften bzw. Investment-/ Fondsgesellschaften, die nicht zur [Bank Gruppe] gehören (Drittfonds), wird als Preis ein Betrag berechnet, der dem für die Ausführung geltenden Anteilwert zzgl. eines Aufschlags in Höhe des von der [Bank] beim Erwerb gezahlten Ausgabeaufschlages entspricht. Solche Investmentanteile leitet die Bank zur Rückgabe an die Kapitalverwaltungsgesellschaft, Investment-/Fondsgesellschaften bzw. die Verwahrstelle. Die Rückgabe von solchen Investmentanteilen erfolgt zum jeweils aktuellen Anteilwert abzüglich eventuell anfallender Rücknahmeabschläge

Vertrag vom 25.05.2018 15 von 16

PrivatMandat
Auftrag zur Vermögensverwaltung

Filial-Nr.	Stammnummer	Unterdepot	Unterkonto	Konto- / Depotbezeichnung
_ _ _	_ _ _ _ _ _ _ _	_ _	_ _	

3. Zusätzliche fremde Kosten und Auslagen
Zusätzlich werden dem Kunden im Rahmen von Kommissionsgeschäften fremde Kosten und Auslagen (hierzu zählen insbesondere Preise aus den Ausführungsgeschäften, Steuern, Courtagen, Transaktions- und Handelsentgelte der Börsen sowie Brokerkosten und Liefergebühren für Aufträge an ausländischen Börsen) in gleicher Höhe berechnet. Die Höhe der fremden Kosten und Auslagen ist insbesondere abhängig von dem jeweiligen Ausführungsplatz, der Wertpapierart sowie dem Kurswert der Ausführung; die Kosten können pro Auftragsart (Kauf/Verkauf) in unterschiedlicher Höhe anfallen. In der Finanzportfolioverwaltung unterliegen auch fremde Kosten und Auslagen der gesetzlichen Mehrwertsteuer (von z.Zt. 19%).

4. Höhe der Pauschalen
Für die unter Ziffer C. aufgeführten Pauschalen zahlt der Kunde die nachfolgend aufgeführten Vergütungssätze gemäß der vom Kunden unter Ziffer B.1 ausgewählten Anlagestrategie:

Pauschale für Managementleistung inkl. gesetzl. MwSt von z. Zt. 19 % (gemäß Ziffer C.1.)	**Teilpauschale für Wertpapiergeschäfte** inkl. gesetzl. MwSt von z. Zt. 19 % (gemäß Ziffer C.2.)	**Summe** inkl. gesetzl. MwSt von z. Zt. 19 %
_ ,_ _ _ _ % p.a.	_ ,_ _ _ _ % p.a.	_ ,_ _ _ _ **% p.a.**

D. Sonstiges

1. Einbeziehung weiterer Regelwerke
Ergänzend gelten die Allgemeinen Geschäftsbedingungen der Bank. Daneben gelten Sonderbedingungen, die Abweichungen oder Ergänzungen zu diesen Allgemeinen Geschäftsbedingungen enthalten. Hierbei handelt es sich insbesondere um die Sonderbedingungen für Wertpapiergeschäfte, einschließlich der Grundsätze der Bank für die Ausführung von Aufträgen in Finanzinstrumenten („Ausführungsgrundsätze"). Die genannten Bedingungen kann der Kunde in jeder Geschäftsstelle der Bank einsehen; sie werden dem Kunden auf Wunsch zugesandt.

2. Rechnung im umsatzsteuerlichen Sinn
Der Finanzportfolioverwaltungsvertrag zu db PrivatMandat Premium bildet zusammen mit den Zahlungsbelegen im umsatzsteuerlichen Sinn die Rechnung.

3. Anwendbares Recht
Es gilt deutsches Recht. Erfüllungsort sind die Geschäftsräume der Bank in Frankfurt am Main.

4. Annahme des Vertrages / Verzicht des Kunden auf eine Annahmeerklärung durch die Bank
Mit der Annahme dieses Vertrags durch die Bank kommt der Finanzportfolioverwaltungsvertrag zwischen dem Kunden und der Bank zustande. Der Kunde verzichtet auf den Zugang der Annahmeerklärung.

5. Ablösung früherer Aufträge
Dieser Auftrag löst alle früheren Aufträge mit allen etwaigen Anlagen ab.

____
Ort (Ortsangabe ausgeschrieben und in Druckbuchstaben), Datum

____
Unterschrift(en) des/der Kunden

Die Unterschrift(en) des/der Kunden wurde(n) geprüft:

____
R

____
genehmigt lt. Kompetenzregelung

Vertrag vom 25.05.2018 16 von 16

Schrifttum: *Balzer,* Vermögensverwaltung durch Kreditinstitute, 1999; *ders,* Vermögensverwaltung, in Welter/Lang, Handbuch der Informationspflichten im Bankverkehr, 2005, S 253; *Benicke,* Wertpapiervermögensverwaltung, 2006; *Fuchs*, WpHG, 2. Aufl. 2016; *Gaßner/Escher,* Bankpflichten bei der Vermögensverwaltung nach Wertpapierhandelsgesetz und BGH-Rechtsprechung, WM **1997**, 93; *Horn,* Sorgfaltspflichten bei der Vermögensverwaltung in Horn/Schimansky, Bankrecht 1998, 1998, S 265; *Walz,* Vermögensverwaltung, in: Schimansky/Bunte/Lwowski (Hrsg), Bankrechts-Handbuch, 5. Aufl 2017, § 111; *Lang,* Informationspflichten bei Wertpapierdienstleistungen, §§ 21 ff.; *Möllers,* Vermögensbetreuungsvertrag, graue Vermögensverwaltung und Zweitberatung. Vertragstypen zwischen klassischer Anlageberatung und Vermögensverwaltung, WM **2008**, 93; *Schäfer,* Vermögensverwaltung, Bankrecht und Bankpraxis, Losebl, Lief. 2003, 11/1; *Schäfer*, Vermögensverwaltung in: Assmann/Schütze/Buck-Heeb, Handbuch des Kapitalanlagerechts, 5. Aufl 2020, § 23; *Schäfer/Sethe/Lang,* Hdb der Vermögensverwaltung, 2. Aufl. 2016; *Schwark/Zimmer* (Hrsg.), KMRK, 5. Aufl. 2020; *Schwintowski,* Bankrecht, 5. Aufl 2018, § 19; *Schödermeier,* Nachforschungspflichten einer Bank als Vermögensverwalterin zur Person ihres Kunden, WM **1995**, 2053; *Sethe,* Anlegerschutz im Recht der Vermögensverwaltung, 2005; *Teuber,* Finanzmarkt-Richtlinie (MiFID) – Auswirkungen auf Anlageberatung und Vermögensverwaltung im Überblick, BKR **2006**, 429; *Veil,* Vermögensverwaltung und Anlageberatung im neuen Wertpapierhandelsrecht – eine behutsame Reform der Wohlverhaltensregeln?, ZBB **2008**, 34.

Anmerkungen

1. Bei dem Mustervertrag handelt es sich um ein Beispiel für einen Vertrag über eine Finanzportfolioverwaltung bzw. die „individuelle Vermögensverwaltung" (dazu etwa Bankrechts-Hdb/*Walz,* § 111 insb. Rn. 12 ff.; *Lang,* Informationspflichten, §§ 21 ff.; *Schäfer,* in Assmann/Schütze/Buck-Heeb, Hdb KapitalanlageR, § 23; zur Abgrenzung von der „kollektiven Vermögensverwaltung" s. *Kumpan,* in Schwark/Zimmer, KMRK, § 2 Rn. 132 f. mwN; *Lang,* Informationspflichten, § 21 Rn 4 f.; *Schäfer,* in: Assmann/Schütze/Buck-Heeb, Hdb KapitalanlageR, § 23 Rn. 3). Die Vermögensverwaltung erfolgt bei deutschen Wertpapierdienstleistungsunternehmen typischerweise im Wege der „Vollmachtsverwaltung". Bei dieser bleibt der Kunde Inhaber der verwalteten Vermögensgegenstände, wird jedoch bezüglich dieser Gegenstände vom Vermögensverwalter rechtsgeschäftlich vertreten (demgegenüber geht im Fall der – in Deutschland unüblichen – „Treuhandverwaltung" das Eigentum an den verwalteten Vermögensgegenständen treuhänderisch auf den Verwalter über; zu den verschiedenen Arten der Vermögensverwaltung s. Bankrechts-Hdb/*Walz* § 111 Rn. 8 f.; *Lang,* Informationspflichten, § 21 Rn. 13 ff). Beim individuellen Vermögensverwaltungsvertrag handelt es sich um einen entgeltlichen Dienstvertrag in Form. des Geschäftsbesorgungsvertrages gemäß §§ 611, 675 BGB, der grundsätzlich formlos geschlossen werden kann, sofern er nicht einzelne formbedürftige Vereinbarungen enthält (s. Bankrechts-Handbuch/*Walz* § 111 Rn. 12 f.; *Lang,* Informationspflichten, § 21 Rn. 8 und 16, § 22 Rn. 8; aus der Rspr zB BGH WM 98, 21, 22). Soweit es sich allerdings bei den verwalteten Vermögenswerten um Finanzinstrumente iSv. § 2 Abs. 4 WpHG handelt – bei Wertpapierdienstleistungsunternehmen der Regelfall –, stellt die Vermögensverwaltung eine Finanzportfolioverwaltung iSv. § 1 Abs. 1a Satz 2 Nr 3 KWG, § 2 Abs. 8 Satz 1 Nr 7 WpHG dar (s. dazu Bankrechts-Handbuch/*Walz* § 111 Rn. 7). Dementsprechend sind die Vorgaben dieser Gesetze nebst der dazugehörigen Verordnungen und europäischen Delegierten Verordnungen (insb. DelVO 2017/565) zu beachten. Nach Art. 58 DelVO 2017/565 sind Wertpapierunternehmen verpflichtet, eine schriftliche Rahmenvereinbarung (auf Papier oder einem anderen dauerhaften Datenträger) abzuschließen, in der die wesentlichen Rechte und Pflichten des Wertpapierunternehmens und des Kunden niedergelegt sind. Bei der (standardisierten) „individuellen Vermögensverwaltung" verwenden die Wertpapierdienstleistungsunternehmen hierfür in der Regel vorformulierte, standardisierte Muster.

2. Aufgrund des Verwaltungsvertrages ist der Vermögensverwalter berechtigt und verpflichtet, über das Kundenvermögen im Interesse des Kunden zu disponieren. Nr. 1.2 des Mustervertrages räumt ihm hierbei weitgehende Entscheidungsfreiheit ein. Dieser Entscheidungsspielraum unterscheidet die Vermögensverwaltung von der Anlageberatung und der Anlagevermittlung. Verbindliche Weisungen des Anlegers im Einzelfall, wie der Verwalter bestimmte Vermögensteile anlegen soll, sind allerdings auch im Rahmen einer Vermögensverwaltung möglich, solange dem Verwalter dessen ungeachtet noch ein Entscheidungsspielraum verbleibt (dazu *Kumpan,* in Schwark/Zimmer, KMRK, § 2 Rn. 129). Beschränkt wird der Ermessensspielraum des Vermögensverwalters jedoch durch die allgemeine Pflicht zur interessengerechten Verwaltung des Anlegervermögens und durch die bei Abschluss des Vermögensverwaltungsvertrags regelmäßig vereinbarten Anlagerichtlinien (siehe in diesem Zusammenhang auch Art. 47 Abs. 3 lit. e DelVO 2017/565). Diese konkretisieren die vom Verwalter zu verfolgende Anlagestrategie und enthalten regelmäßig Vorgaben zur Anlagepolitik, zur Art der für die Anlage in Betracht kommenden Finanzinstrumente (in der Regel aufgegliedert nach Produktgruppen) sowie zum prozentualen Anteil der jeweiligen Produktgruppen am Gesamtportfolio (zu Einzelheiten zB Bankrechts-Hdb/*Walz* § 111 Rn. 15 ff.; *Lang,* Informationspflichten, § 23 Rn. 30 ff.; *Schäfer,* in Assmann/Schütze/Buck-Heeb, Hdb KapitalanlageR, § 23 Rn. 71 ff.; aus der Rspr. zB BGH WM 1998, 21).

3. Nr. 1.3 des Mustervertrages ermöglicht eine Zusammenfassung mehrerer kleinerer Orders für verschiedene Kundendepots zu einer größeren „Blockorder" und damit eine Auftragsausführung zu günstigeren Konditionen. So entspricht eine solche Bündelung der vertraglichen Interessenwahrungspflicht und den gesetzlichen Vorgaben (Art. 68 Abs. 1 DelVO 2017/565) für den Vermögensverwalter (zu Einzelheiten Bankrechts-Hdb/*Walz* § 111 Rn. 23). Allerdings muss eine Benachteiligung des Kunden aufgrund der Zusammenlegung der Aufträge unwahrscheinlich sein (Art. 68 Abs. 1 lit. a DelVO 2017/565) und jeder Kunde, dessen Auftrag mit anderen zusammengelegt werden soll, muss informiert werden, dass eine Zusammenlegung nachteilig sein kann (Art. 68 Abs. 1 lit. b DelVO 2017/565). Außerdem müssen Grundsätze festgelegt und wirksam umgesetzt werden, die die redliche Zuweisung zusammengelegter Aufträge regeln (Art. 68 Ab.s 1 lit. c DelVO 2017/565). Kann die Blockorder wegen ihres Volumens an der Börse nicht in einem Stück ausgeführt werden und kommt es daher zu mehreren Ausführungsgeschäften mit unterschiedlichen Kursen, sieht Nr. 1.3 des Mustervertrages eine Mischkursabrechnung vor: Jedem der betroffenen Kunden wird in diesem Fall der Kurs berechnet, der das arithmetische Mittel der Einzelkurse der Teilausführungen darstellt (vgl. dazu Art. 68 Abs. 2 DelVO 2017/565).

4. Bei An- und Verkäufen von Finanzinstrumenten führt die „Vollmachtsverwaltung" regelmäßig zu Insichgeschäften des beauftragten Wertpapierdienstleistungsunternehmens, wenn es bei seiner Tätigkeit für den Kunden gleichzeitig als Vermögensverwalter und Kommissionär bzw. Käufer und Verkäufer (s. Nr. 1 der Sonderbedingungen für Wertpapiergeschäfte, s. IV.Q.1) handelt. Nr. 1.4 des Mustervertrages sieht daher eine Befreiung vom Verbot des Selbstkontrahierens gemäß § 181 BGB vor.

5. Vertraglich ist der Vermögensverwalter als Geschäftsbesorger nach §§ 675 Abs. 1, 666 BGB verpflichtet, dem Kunden als Vermögensinhaber die erforderlichen Nachrichten über seine für ihn vorgenommene Geschäftstätigkeit zu geben, ihm auf Verlangen Auskunft zu erteilen und – ebenfalls auf Verlangen – periodisch (vgl etwa BGH WM 84, 1164, 1165 zu § 666 BGB) Rechenschaft über seine Tätigkeit abzulegen (zu Einzelheiten s. Bankrechts-Hdb/*Walz* § 111 Rn. 31). Vorgaben zum Umfang der Rechenschaftspflicht finden sich in § 259 BGB.

Darüber hinaus enthalten die Art. 60, 62 DelVO 2017/565 umfangreiche aufsichtsrechtliche Vorgaben für die Berichtspflicht in Bezug auf die erbrachte Finanzportfolioverwaltung. Diesen Berichtspflichten trägt Nr. 2 des Mustervertrages Rechnung: ZB mit den in Nr. 2.1. des Mustervertrages festgelegten Zeiträumen, den in Nr. 2.2. des Mustervertrages in Bezug genommenen Vorgaben zum Vermögens- und zum Performancebericht (Art. 47 Abs. 2, Abs. 3 lit. c DelVO 2017/565) und den in Nr. 2.3 des Mustervertrages festgelegten Schwellenwerten für Verluste des Portfolios (Art. 62 Abs. 1 DelVO 2017/565).

6. Nach § 63 Abs. 2 WpHG muss ein Wertpapierdienstleistungsunternehmen seine Kunden über die allgemeine Art und Herkunft von Interessenkonflikten informieren sowie über die Schritte, die es unternommen hat, um das Risiko einer Beeinträchtigung der Kundeninteressen zu begrenzen (siehe in diesem Zusammenhang auch Art. 34 Abs. 4 UAbs. 2 DelVO 2017/565).

7. Nach § 64 Abs. 7 WpHG darf ein Finanzportfolioverwalter grundsätzlich keine Zuwendungen von Dritten annehmen und behalten. Nichtmonetäre Zuwendungen dürfen ausnahmsweise angenommen werden, wenn sie geringfügig und geeignet sind, die Qualität der für den Kunden erbrachten Wertpapier(neben)dienstleistungen zu verbessern und in Art und Umfang vertretbar und verhältnismäßig sind und nicht zur Sorge Anlass geben, dass der Verwalter nicht mehr im besten Interesse des Kunden handeln wird. Solche Zuwendungen müssen dem Kunden jedoch unmissverständlich offengelegt werden, wobei diese Offenlegung auch mittels einer generischen Beschreibung erfolgen kann. Monetäre Zuwendungen müssen nach Erhalt so schnell wie möglich an die Kunden weitergereicht werden.

8. Nr. 6 des Mustervertrages ermöglicht gemäß der gesetzlichen Regelung in §§ 675 Abs. 1, 672 BGB die Fortsetzung der Vermögensverwaltung im Todesfall. Der Verwalter wird für den oder die Erben und damit für Anleger tätig, über die ihm in der Regel keine Informationen vorliegen. Im Rahmen des Zumutbaren ist er in dieser Situation gehalten, von dem bzw den Erben als dem bzw den neuen Vermögensinhabern die nach § 64 Abs. 3 WpHG erforderlichen Angaben einzuholen, um so eine uU notwendige Neuausrichtung der Anlagestrategie einleiten zu können.

9. Nach Art. 47 Abs. 3 lit. b DelVO 2017/565 muss ein Finanzportfolioverwalter den Kunden gegebenfalls über Einzelheiten zu einer eventuellen (auch teilweisen) Delegation der Vermögensverwaltung informieren.

10. Nach Art. 47 Abs. 3 lit e DelVO 2017/565 muss ein Finanzportfolioverwalter den Kunden gegebenfalls über die Managementziele, das vom Verwalter zu beachtende Risikoniveau und besondere Ermessenseinschränkungen unterrichten. Das meint insbesondere die sog. Anlagerichtlinien (siehe dazu schon oben (2)).

11. Nach Art. 47 Abs. 3 lit. d DelVO 2017/565 muss ein Finanzportfolioverwalter den Kunden gegebenfalls auch über die Art der in das Portfolio aufnehmbaren Finanzinstrumente und die Art der damit vornehmbaren Geschäfte inklusive eventueller Beschränkungen informieren.

12. Nach Art. 50 DelVO 2017/565 muss ein Wertpapierunternehmen den Kunden über die Kosten und Nebenkosten informieren. Die Vorschrift erfordert allerdings noch weitergehende Ausführungen als sie hier vorgenommen worden sind, wie zB die Auswirkungen der Kosten auf die Rendite. Folgt man dem hier vorgegebenen Muster, so muss noch ein zusätzlicher Kostenausweis mit weitergehenden Ausführungen erfolgen. Dieser kann – wie das im Fall des hier gezeigten Musters der Fall ist – in einem separaten Dokument vorgenommen werden.

V. Schrankfächer und Verwahrstücke

1. Anmietung eines Schrankfachs mit Bedingungen für die Vermietung von Schrankfächern

Interne Angaben der Bank/Ablagehinweise (Schrankfach-Nummer)

Anmietung eines Schrankfachs

	A	B
Name, Vornamen (auch Geburtsname) Firma[1]		
Anschrift		
Beruf/Branche		
Staatsangeh.		
Familienstand		
Geburtsdatum		
Geburtsort		
Telefon-Nr.[2]		

Abklärung des wirtschaftlich Berechtigten[3]

☐ Ich handele/Wir handeln im eigenen wirtschaftlichen Interesse und nicht auf fremde Veranlassung (insbesondere nicht als Treuhänder).

☐ Ich handele/Wir handeln auf Veranlassung der nachfolgend aufgeführten, **natürlichen Person**. Wird auf Veranlassung einer **Gesellschaft** gehandelt, ist deren Name/Sitz hier aufzunehmen und Fußnote 3 zu beachten.

Name	Vorname(n)	ggf. weitere Identifizierungsmerkmale (Anschrift/Sitz)
		Klärung PEP[4]-Status ☐ ist erfolgt ☐ erfolgt vor erster Verfügung

Gesetzliche Mitwirkungspflicht des/der Kontoinhaber(s) nach dem Geldwäschegesetz[5]

Der/Die Mieter ist/sind verpflichtet, die zur Abklärung von wirtschaftlich Berechtigten notwendigen Informationen und Unterlagen zur Verfügung zu stellen. Etwaige sich im Laufe der Geschäftsbeziehung ergebende Änderungen der gegenüber der Bank gemachten Pflichtangaben hat er/haben sie dieser unverzüglich anzuzeigen.

Ich/Wir miete(n) das oben genannte Schrankfach für unbestimmte Zeit zu dem im Preisverzeichnis jeweils genannten Mietpreis, der im Voraus zu entrichten ist. Bei mehreren Mietern ist jeder allein zutrittsberechtigt.
Im Übrigen gelten die **nachfolgend abgedruckten Bedingungen.**

Derzeitiger Jahresmietpreis €		Größe		Abbuchung von Konto-Nr./bei	

	A	B
Ort, Datum, Unterschrift(en) des/der Schrankfachmieter(s) (Unterschriftsprobe)		

Bitte zusätzlich auf der Schrankfachkarte unterschreiben!

Einzugsermächtigung: Ich/Wir ermächtige(n) Sie widerruflich, den Jahresmietpreis bei Fälligkeit durch Lastschrift vom obigen Konto einzuziehen.	Unterschrift des Kontoinhabers

Empfangsbestätigung
Ich/Wir habe(n) erhalten:

	Schlüssel zum Schrankfach		Schlüssel zur Kassette	☐

	A	B
Datum, Unterschrift(en) des/der Schrankfachmieter(s)		

Datenschutzrechtlicher Hinweis:
Die Bank verarbeitet und nutzt die von Ihnen erhobenen personenbezogenen Daten auch für Zwecke der Werbung oder der Markt- oder Meinungsforschung. Sie können jederzeit der Verarbeitung und Nutzung Ihrer personenbezogenen Daten für Zwecke der Werbung sowie der Markt- und Meinungsforschung widersprechen.

[1]Ist der Mieter keine natürliche Person, so sind die Angaben zum wirtschaftlich Berechtigten des Vertragspartners auf den dafür vorgesehenen Vordrucken 41.221, 41.222 oder 41.223 aufzuzeichnen. [2]Die Angabe ist freiwillig. [3]Wirtschaftlich Berechtigte(r) ist/sind immer die natürliche(n) Person(en), auf deren Veranlassung die Transaktion letztlich durchgeführt wird. Ergibt sich diese Berechtigtenstellung mittelbar, beispielsweise über eine Gesellschaft, sind die Angaben auf einem der dafür vorgesehenen Vordrucke 41.221 (für Kapitalgesellschaften), 41.222 (Personengesellschaften), 41.223 (Stiftung oder vergleichbare Rechtsform) oder gesondert aufzuzeichnen. [4]PEP = Politisch exponierte Person; Klärung des PEP-Status ist erforderlich bei jeder natürlichen Person – sowohl beim Vertragspartner als auch bei wirtschaftlich Berechtigten. [5]Geldwäschegesetz.

Ausfertigung für die Bank

1

Bedingungen für die Vermietung von Schrankfächern

1. Einzelzutrittsrecht, Widerruf

(1) Ist das Schrankfach von mehreren Personen gemietet, ist jeder allein zutrittsberechtigt.

(2) Jeder Mieter kann die Einzelzutrittsberechtigung des anderen Mieters jederzeit mit Wirkung für die Zukunft der Bank gegen über widerrufen. Über den Widerruf ist die Bank unverzüglich und aus Beweisgründen möglichst schriftlich zu unterrichten. Sodann sind die Mieter nur noch gemeinsam zutrittsberechtigt.

2. Zutritt

Die Bank kann den Zutritt zum Schrankfach davon abhängig machen, dass der Mieter oder ein Bevollmächtigter seine Zutrittsberechtigung nachweist (z.B. durch Vorlage eines amtlichen Ausweises sowie einer Einlasskarte).

3. Pflichten des Mieters

(1) Der Mieter hat die Schlüssel und sonstige Zutrittsmedien sorgfältig aufzubewahren und bei Vertragsende zurückzugeben. Ein Verlust ist der Bank unverzüglich anzuzeigen.

(2) Ist für den Zutritt des Schrankfachs eine Geheimzahl zu verwenden, hat der Mieter zur Vermeidung von Missbräuchen dafür Sorge zu tragen, dass keine andere Person Kenntnis von der Geheimzahl erlangt. Die Geheimzahl darf insbesondere nicht auf der Karte vermerkt oder in anderer Weise zusammen mit dieser aufbewahrt werden.

4. Verantwortlichkeit für den Schrankfachinhalt

Die Bank nimmt von dem Schrankfachinhalt keine Kenntnis; der Mieter hat dafür zu sorgen, dass der Schrankfachinhalt nicht durch in den eingebrachten Gegenständen selbst begründete Schadensursachen – wie z.B. durch Feuchtigkeit, Rost oder Motten – leidet. Der Mieter darf das Schrankfach nicht zur Aufbewahrung von gefährlichen – insbesondere feuergefährlichen – Sachen benutzen.

5. Vollmacht und deren Widerruf

Eine Schrankfachvollmacht kann nur von allen Mietern gemeinschaftlich erteilt werden. Der Widerruf durch einen der Mieter führt zum Erlöschen der Vollmacht. Über einen Widerruf ist die Bank unverzüglich und aus Beweisgründen möglichst schriftlich zu unterrichten.

6. Mietdauer, Kündigung

(1) Das Mietverhältnis kann vom Mieter jederzeit, von der Bank unter einer Einhaltung einer Kündigungsfrist von drei Monaten gekündigt werden. Mehrere Mieter können das Kündigungsrecht nur gemeinsam ausüben.

(2) Räumt der Mieter das Schrankfach innerhalb von drei Monaten nach Vertragsende nicht, so ist die Bank berechtigt, das Schrankfach auf Kosten des Mieters in Gegenwart eines Zeugen unter Aufnahme eines Protokolls öffnen zu lassen. Sie wird sich bemühen, den Mieter vorher zu benachrichtigen und darf den Inhalt des Schrankfachs hinterlegen.

Bei der Beendigung des Mietverhältnisses

Das Mietverhältnis endet am		Die Bank hat zurückerhalten: ☐	Anzahl	Schrankf.-Schlüssel / Kassetten-Schlüssel	Unterschriften der Bank	

Legitimation des/der Schrankfachmieter(s)

	A		B	
Art des Ausweises				
Ausweis-Nr.				
Behörde, Nr., Aktenzeichen				
Anderweitige Form der Legitimation*	☐ Ziffer	Klärung des PEP-Status[1] ☐ ist erfolgt ☐ erfolgt vor erster Verfügung	☐ Ziffer	Klärung des PEP-Status[1] ☐ ist erfolgt ☐ erfolgt vor erster Verfügung
Entgegen-genommen			Geprüft	

*Wenn anderweitige Form der Legitimation, bitte wie folgt Ziffer einsetzen:
1 = Ausführung durch geeignete Dritte (z.B. PostIdent)
2 = Fernidentifizierung (elektron. Signatur)
3 = Von einer erneuten Legitimation konnte abgesehen werden, da der Mieter bereits bei früherer Gelegenheit mit Ausweispapieren identifiziert und die dabei erhobenen Daten aufgezeichnet wurden. Dazu sind nähere Angaben zu machen.

[1]PEP = Politisch exponierte Person; Klärung des PEP-Status ist erforderlich bei jeder natürlichen Person – sowohl beim Vertragspartner als auch bei wirtschaftlich Berechtigten.

40.975 (07/12) I

2

	Interne Angaben der Bank/Ablagehinweise (Schrankfach-Nummer)
	Gegebenenfalls Schlüsselwort

Anmietung eines Schrankfachs

	A	B
Name, Vornamen (auch Geburtsname) Firma[1]		
Anschrift		
Beruf/Branche		
Staatsangeh.		
Familienstand		
Geburtsdatum		
Geburtsort		
Telefon-Nr.[2]		

Ich/Wir miete(n) das oben genannte Schrankfach für unbestimmte Zeit zu dem im Preisverzeichnis jeweils genannten Mietpreis, der im Voraus zu entrichten ist. Bei mehreren Mietern ist jeder allein zutrittsberechtigt.
Im Übrigen gelten die **ausgehändigten Bedingungen.**

Derzeitiger Jahresmietpreis €		Größe		Abbuchung von Konto-Nr./bei	

	A	B
Ort, Datum, Unterschrift(en) des/der Schrankfachmieter(s) (Unterschriftsprobe)		

5

Es wurde eine **Schrankfach-Vollmacht** erteilt zugunsten:

Name des/der Bevollmächtigten	Unterschriftsprobe des/der Bevollmächtigten

Es wurde eine **Schrankfach-Vollmacht für den Todesfall** erteilt zugunsten:

Name des/der Bevollmächtigte	Geburtsdatum	Unterschriftsprobe des/der Bevollmächtigten

Schrankfachmiete

für das Jahr						
€						

für das Jahr						
€						

für das Jahr						
€						

6

2. Schrankfach-Vollmacht

	Interne Angaben der Bank/Ablagehinweise – **Schrankfach-Nr.** –

Schrankfach-Vollmacht

Vollmachtgeber

Name und Anschrift des/der Vollmachtgeber(s)	

Hierdurch bevollmächtige(n) ich/wir

Name, Vorname (auch Geburtsname)		Geburtsdatum	
		Geburtsort	
Anschrift		Staatsangehörigk.	
		Telefon-Nummer	

mich/uns in meiner/unserer Eigenschaft als Mieter des obengenannten Schrankfachs zu vertreten, insbesondere mein/unser Recht auf Zutritt zu den Schrankfächern auszuüben.

Diese Vollmacht gilt

- ☐ mit sofortiger Wirkung.
- ☐ erst nach meinem durch amtliche Urkunden nachgewiesenen Tode; bei mehreren Schrankfach-Mietern erst nach dem nachgewiesenen Tode sämtlicher Mieter.

Die Vollmacht kann von mir/uns und nach meinem/unserem Tode von meinen/unseren Erben jederzeit widerrufen werden. Über einen Widerruf ist die Bank unverzüglich und aus Beweisgründen möglichst schriftlich zu unterrichten.

Bei mehreren Mietern führt der Widerruf der Vollmacht eines Mieters zum Erlöschen der Vollmacht.

Der Widerruf eines von mehreren Erben bringt die Vollmacht nur für den Widerrufenden zum Erlöschen. Der Bevollmächtigte kann dann von der Vollmacht nur noch gemeinsam mit dem Widerrufenden Gebrauch machen. Die Bank kann verlangen, daß sich der Widerrufende als Erbe ausweist.

Der/Die Bevollmächtigte kann weder die Vollmacht auf einen anderen übertragen noch Untervollmacht erteilen.

Zur Kündigung des Schrankfachmietvertrages ist der/die Bevollmächtigte erst nach meinem Tode befugt.

Ausfertigung für die Bank

Ort, Datum, Unterschrift(en) des/der Vollmachtgeber(s)	

Hinweis für den Bevollmächtigten:
Die Bank ist gesetzlich verpflichtet, Name und Anschrift des Bevollmächtigten festzuhalten; sie wird deshalb diese Daten speichern.

Der/Die Bevollmächtigte zeichnet:

Ort, Datum, Unterschrift des/der Bevollmächtigten	

Die Unterschrift des/der Bevollmächtigten ist ggf. auch auf der Schrankfachkarte zu leisten.

Aufhebung der Schrankfach-Vollmacht

Die vorgen. Schrankfach-Vollmacht wird hiermit aufgehoben zum (Datum)	Unterschrift(en) des/der Vollmachtgeber(s)	Unterschrift(en) der Bank

1

Vermerke der Bank

Erteilung der Vollmacht	☐ Die Unterschrift des/der Mieter(s) wurde in meiner Gegenwart vollzogen. ☐ Der/Die Mieter hat/haben die Unterschrift mir gegenüber anerkannt. ☐ Dem/Den Mieter(n) wurde der Empfang der Vollmacht durch Einschreibebrief mit Rückschein (eigenhändig) ☐ mit PostIdent-Verfahren bestätigt.	☐ Rückschein eingegangen am:	
Datum, Unterschrift des Sachbearbeiters		Unterschrift des Sachbearbeiters	

Legitimation des/der Bevollmächtigten

Art des Ausweises		Ausweis-Nr.	
Ausstellende Behörde		Nr., Aktenzeichen	
Ausst.-Datum		Anderweitige Form der Legitimation[1]	
Entgegengenommen		Geprüft	

40.971 (01/06) II

[1] Die Vorlage eines Ausweises ist nur dann entbehrlich, wenn der/die Bevollmächtigte bekannt ist und eine Legitimation anläßlich des hier aufzuführenden Kontos erfolgt ist.

2

Schrifttum: *Bunte,* AGB-Banken, AGB-Sparkassen, Sonderbedingungen, 4. Aufl. 2015, Sonderbedingungen für die Vermietung von Schrankfächern (4SB Vermiet); *Baumbach/Hopt,* HGB, 39. Aufl. 2020, V/1 ff.; *Klanten,* in: Bankrechts-Handbuch, 5. Aufl 2017, §§ 73 und 74; *Klüter,* Bankrecht und Bankpraxis (BuB) 12/1 ff.; *Canaris,* Bankvertragsrecht, 2. Aufl 1981, Rn 2224 ff.; *Markus,* Rechtsnatur und inhaltlicher Ausgestaltung des Schrankfachvertrages unter besonderer Berücksichtigung der Bedingungen des Bundesverbandes deutscher Banken, Diss 1989.

Anmerkungen

1. Regelungsinhalt. Gemäß § 3 Abs 1 Nr 1 iVm § 2 Abs 1 Nr 1 GwG, 154 Abs 2 AO muss sich die Bank vor Abschluss des Vertrages bei dem zu Identifizierenden erkundigen, ob das Schrankfach für fremde oder eigene Rechnung angemietet wird (BuB-*Klüter,* Rn 12/24 f).

Der Vertrag ist als Raummietvertrag gem §§ 578 Abs 2, S. 1 BGB anzusehen (RGZ 141, 990; OLG Düsseldorf, WM 13, 1744; BuB-*Klüter,* Rn 12/4). Die Bank ist auf Grund dessen insbesondere verpflichtet, die Schrankfächer zu sichern, dem Kunden während ihrer Geschäftszeiten Zutritt zu diesen zu gewähren, die unbeobachtete Nutzung zu ermöglichen und den Mitverschluss zu öffnen. Die Sicherungspflichten erfassen vor allem die Sicherung gegen Feuer und Diebstahl und müssen dem anerkannnten Stand der Technikc genügen; eine regelmäßige Anpassung an den neuesten Stand ist dagegen nicht erforderlich (vgl. dazu BuB/*Klüter,* Rn 12/10 mwN). Der Kunde hat vor allem den vereinbarten Mietzins zu zahlen und den Schrankfachschlüssel sowie die sonstigen Zutrittsmedien sorgfältig aufzubewahren.

Soweit das Schrankfach mittels einer Geheimzahl gesichert wird, ist der Mieter – ähnlich wie bezüglich der PIN bei der girocard – verpflichtet, dafür Sorge zu tragen, dass kein Unberechtigter Kenntnis von der Geheimzahl erlangen kann. Insbesondere darf er die Geheimzahl nicht zusammen mit anderen Zugangsmedien aufbewahren, da bei Kundenselbstbedienungsanlagen jede Person, die im Besitz der Schlüssel, der Geheimzahl und der weiteren Zutrittsmedien ist, Zugriff auf das Schrankfach erhält.

Die Verpflichtung, den Mietzins im Voraus zu entrichten, folgt aus §§ 556b Abs. 1, 579 Abs 2 BGB. Die Anpassung des vereinbarten Mietzinses, der üblicherweise im Preis- und Leistungsverzeichnis der Bank festgelegt wird, erfolgt nach § 1 Abs. 2 AGB-Banken, der § 675g BGB nachgebildet ist.

2. Sicherung der Schrankfachanlagen. Üblicherweise stehen die Schrankfachanlagen unter dem Mitverschluss der Bank, so dass der Kunde allein keine Zugangsmöglichkeit hat. Jeder Mieter muss sich deshalb vor dem Öffnen des von ihm angemieteten Fachs gem Ziff. 2 der Bedingungen legitimieren. Erst danach ist die Bank verpflichtet, bei der Öffnung durch Einsatz ihres Schlüssels mitzuwirken.

Alternativ dazu bieten Kreditinstitute die Möglichkeit, den Mitverschluss der Bank durch den Mieter öffnen zu lassen. Sofern der Kunde sich für diese Möglichkeit der Selbstbedienung entscheidet, erhält er von der Bank neben seinem Schlüssel zum Schrankfach eine persönliche Geheimzahl und ggf ein weiteres Legitimationsmedium (zB eine Magnetkarte). In diesem Fall erfolgt die Legitimation zur Öffnung des Mitverschlusses der Bank durch Eingabe der Geheimzahl vor der Stahlkammer (vgl Ziff 3 Abs 2 der vorstehenden Bedingungen). Durch die Zugangsmedien wird sowohl der Zugang zur Stahlkammer als auch zum computergesteuerten Schloss des betreffenden Schrankfaches ermöglicht. Das zweite Schloss am Schrankfach, das Kundenschloss, kann der Kunde mit seinem Schlüssel öffnen.

Die Klausel in Nr 4 der Bedingungen über die Verantwortlichkeit für den Schließfachinhalt orientiert sich an der Beherrschbarkeit des Schrankfachs durch den Kunden auf der Grundlage des Verschuldensprinzips.

3. Schrankfach-Vollmacht. Da die allgemeine Konto- und Depotvollmacht (vgl → Form. VI.A.5) Verträge über Schrankfächer nicht umfasst, ist eine gesonderte Vollmacht erforderlich. Die Ausgestaltung lehnt sich an die Vollmachtserteilung beim Gemeinschaftskonto mit Einzelverfügungsberechtigung an (→ Form. VI.A.3).

4. Besitzverhältnis. Die Bank erlangt an den in den Schrankfächern befindlichen Gegenständen keinen Besitz. Vielmehr ist der Kunde unmittelbarer Alleinbesitzer, so dass die Bank auch kein Pfandrecht nach Nr 14 Abs 1 AGB daran erlangen kann (BuB-*Klüter,* Rn 12/54).

Allerdings gibt Nr 6 Abs 2 der Bedingungen der Bank das Recht, drei Monate nach Vertragsende das Schrankfach auf Kosten des Mieters in Gegenwart eines Zeugen und bei gleichzeitiger Erstellung eines Protokolls öffnen zu lassen. Den Inhalt des Schrankfachs hat die Bank zu hinterlegen.

Mit Hilfe der beiden (nicht abgedruckten) Formulare „Benutzung des Schrankfachs" und der „Schrankfach-Benutzungskarte" wird festgehalten, welcher Berechtigte wann und zu welcher Zeit Zugang zum Schrankfach hatte.

5. Legitimationsprüfung. Die Bank ist verpflichtet, bei Abschluss des Schrankfach-Mietvertrags die Legitimation des Mieters nach §§ 2 Abs 1 Nr 1, 3, Abs 1 Nr 1 GWG und § 154 AO zu prüfen (BuB-*Klüter,* Rn 12/26).

6. Anwendung des Depotgesetzes. Das Depotgesetz ist auf den Schrankfachvertrag nicht anwendbar, da es sich bei ihm um keinen Vertrag handelt, der auf die Verwahrung von Wertpapieren iSd § 1 DepotG ausgerichtet ist (*Kumpan,* in: Baumbach/Hopt, HGB, 39. Aufl. 2020, (13) DepotG, § 1 Rn 5).

3. Einlieferungsschein für Verwahrstücke mit Bedingungen für die Annahme von Verwahrstücken

Datum	Verwahrstück-Nr.
Verwahrstück (Beschreibung nach Art und Verpackung)	

Einlieferungsschein für Verwahrstücke

Persönliche Angaben des/der Hinterleger(s)

	A	B
Name, Vornamen (auch Geburtsname) Firma[1]		
Anschrift		
Beruf/Branche		
Staatsangeh.		
Familienstand		
Geburtsort		
Geburtsdatum		
Telefon-Nr.[2]		

Ausfertigung für die Bank

Abklärung des wirtschaftlich Berechtigten[3]

☐ Ich handele/Wir handeln im eigenen wirtschaftlichen Interesse und nicht auf fremde Veranlassung (insbesondere nicht als Treuhänder).

☐ Ich handele/Wir handeln auf Veranlassung der nachfolgend aufgeführten, **natürlichen Person**. Wird auf Veranlassung einer **Gesellschaft** gehandelt, ist deren Name/Sitz hier aufzunehmen und Fußnote 3 zu beachten.

Name	Vorname(n)	ggf. weitere Identifizierungsmerkmale (Anschrift/Sitz)
		Klärung PEP[4]-Status ☐ ist erfolgt ☐ erfolgt vor erster Verfügung

Gesetzliche Mitwirkungspflicht des/der Kontoinhaber(s) nach dem Geldwäschegesetz[5]

Der/Die Hinterleger ist/sind verpflichtet, die zur Abklärung von wirtschaftlich Berechtigten notwendigen Informationen und Unterlagen zur Verfügung zu stellen. Etwaige sich im Laufe der Geschäftsbeziehung ergebende Änderungen der gegenüber der Bank gemachten Pflichtangaben hat er/haben sie dieser unverzüglich anzuzeigen.

Ich/Wir übergeben(n) Ihnen das oben genannte Verwahrstück zur Aufbewahrung für unbestimmte Zeit zu dem im Preisverzeichnis jeweils genannten Preis, der jährlich im Voraus zu entrichten ist.

Die Aushändigung des Verwahrstücks soll gegen Quittung erfolgen, und zwar

☐ an mich. ☐ an jeden einzelnen von uns. ☐ an uns gemeinsam.

Es gelten die auf der Folgeseite abgedruckten Bedingungen für die Annahme von Verwahrstücken.

Derzeitige Jahresvergütung €		Abbuchung von Konto-Nr./ bei	

Einzugsermächtigung: Ich/Wir ermächtige(n) Sie widerruflich, die Jahresvergütung bei Fälligkeit durch Lastschrift vom obigen Konto einzuziehen.	Unterschrift des Kontoinhabers

Unterschrift(en) des/der Hinterleger(s) (mit Ort und Datum)

zu **A**	**B**

Datenschutzrechtlicher Hinweis:
Die Bank verarbeitet und nutzt die von Ihnen erhobenen personenbezogenen Daten auch für Zwecke der Werbung oder der Markt- oder Meinungsforschung. Sie können jederzeit der Verarbeitung und Nutzung Ihrer personenbezogenen Daten für Zwecke der Werbung sowie der Markt- und Meinungsforschung widersprechen.

Empfangsbestätigung (Bitte auch auf der Kundenkopie im Original unterschreiben!)

Wir haben heute das oben bezeichnete Verwahrstück zur Aufbewahrung erhalten. Ort, Datum, Unterschrift der Bank	

[1]Ist der Hinterleger keine natürliche Person, so sind die Angaben zum wirtschaftlich Berechtigten des Vertragspartners auf den dafür vorgesehenen Vordrucken 41.221, 41.222 oder 41.223 aufzuzeichnen. [2]Die Angabe ist freiwilig. [3]Wirtschaftlich Berechtigte(r) ist/sind immer die natürliche(n) Person(en), auf deren Veranlassung die Transaktion letztlich durchgeführt wird. Ergibt sich diese Berechtigtenstellung mittelbar, beispielsweise über eine Gesellschaft, sind die Angaben auf einem der dafür vorgesehenen Vordrucke 41.221 (für Kapitalgesellschaften), 41.222 (Personengesellschaften), 41.223 (Stiftung oder vergleichbare Rechtsform) oder gesondert aufzuzeichnen. [4]PEP = Politisch exponierte Person; Klärung des PEP-Status ist erforderlich bei jeder natürlichen Person – sowohl beim Vertragspartner als auch bei wirtschaftlich Berechtigten. [5]Geldwäschegesetz.

1

Quittung über den Rückerhalt

Das oben bezeichnete Verwahrstück habe(n) ich/wir heute zurückerhalten.	Sonstige Bearbeitungsvermerke der Bank/Legitimationsnachweis
Ort, Datum, Unterschrift(en) des/der Empfänger(s)	

Bedingungen für die Annahme von Verwahrstücken

1. Einlieferung

(1) Der Hinterleger hat das Verwahrstück so zu verschließen und so zu versiegeln oder zu plombieren, dass es ohne Verletzung des Siegels oder der Plombe nicht geöffnet werden kann. Name und Anschrift des Hinterlegers sind auf dem Verwahrstück deutlich zu vermerken.
(2) Die Bank versieht jedes Verwahrstück mit einer Nummer und erteilt eine Empfangsbestätigung.

2. Aufbewahrungsstelle

Die Bank wird das Verwahrstück möglichst bei der Einlieferungsstelle verwahren; die Verwahrung bei einer anderen Geschäftsstelle ist ebenfalls zulässig.

3. Vollmacht und deren Widerruf

Eine Vollmacht zur Entgegennahme des Verwahrstückes kann nur von allen Hinterlegern gleichzeitig erteilt werden. Der Widerruf durch einen der Hinterleger führt zum Erlöschen der Volmacht. Über einen Widerruf ist die Bank unverzüglich und aus Beweisgründen möglichst schriftlich zu unterrichten.

4. Verantwortlichkeit für den Inhalt des Verwahrstückes

(1) Die Bank nimmt von dem Inhalt des Verwahrstückes und den Rechten daran keine Kenntnis; der Hinterleger hat dafür zu sorgen, dass die von ihm im Verwahrstück aufbewahrten Sachen nicht durch in ihnen selbst begründeten Schadensursachen – wie z.B. durch Feuchtigkeit, Rost oder Motten – leiden.
(2) Der Hinterleger darf in dem Verwahrstück keine gefährlichen – insbesondere feuergefährlichen – Sachen aufbewahren.

5. Herausgabe

Die Bank gibt das Verwahrstück gegen Quittierung eines Empfangsberechtigten heraus. Sie ist nicht verpflichtet, den Inhalt oder Teile des Inhalts zu übersenden.

6. Kündigung

(1) Der Hinterleger bzw. sein Bevollmächtigter kann das Verwahrstück jederzeit von der Bank zurückfordern. Die Bank kann die Rücknahme des Verwahrstückes mit einer Frist von drei Monaten verlangen.
(2) Nimmt der Hinterleger das Verwahrstück nicht innerhalb von drei Monaten zurück, so ist die Bank berechtigt, das Verwahrstück in Gegenwart eines Zeugen unter Aufnahme eines Protokolls öffnen zu lassen. Sie wird sich bemühen, den Hinterleger vorher zu benachrichtigen. Sie darf das Verwahrstück bei einer Hinterlegungsstelle hinterlegen.

Legitimation des/der Hinterleger(s)

	A		B	
Art des Ausweises				
Ausweis-Nr.				
Behörde, Nr., Aktenzeichen				
Anderweitige Form der Legitimation*	☐ Ziffer	Klärung des PEP-Status[1] ist ☐ ist erfolgt ☐ erfolgt vor erster Verfügung	☐ Ziffer	Klärung des PEP-Status[1] ☐ ist erfolgt ☐ erfolgt vor erster Verfügung
Entgegen-genommen			Geprüft	

*Wenn anderweitige Form der Legitimation, bitte wie folgt Ziffer einsetzen:
1 = Ausführung durch geeignete Dritte (z.B. PostIdent)
2 = Fernidentifizierung (elektron. Signatur)
3 = Von einer erneuten Legitimation konnte abgesehen werden, da der Hinterleger bereits bei früherer Gelegenheit mit Ausweispapieren identifiziert und die dabei erhobenen Daten aufgezeichnet wurden. Dazu sind nähere Angaben zu machen.

[1]PEP = Politisch exponierte Person; Klärung des PEP-Status ist erforderlich bei jeder natürlichen Person – sowohl beim Vertragspartner als auch bei wirtschaftlich Berechtigten.

40.978 (07/12) I

2

Anmerkungen

1. Regelungsgegenstand. Die „Bedingungen für die Vermietung von Schrankfächern/ für die Annahme von Verwahrstücken" bilden neben der Vermietung von Schrankfächern auch die Grundlage für einen entgeltlichen Verwahrungsvertrag gem §§ 688 ff. BGB (Bankrechts-Handbuch/*Klanten,* § 74 Rn 1), wonach bewegliche Sachen vom Hinterleger an die Bank als Verwahrerin gegeben werden. Die Bank übernimmt die Obhuts- und Verwahrungspflichten (BGHZ 3, 200; Bankrechts-Handbuch/*Klanten* § 74 Rn 4; *Bauer* in Kümpel/Mülbert/Früh/Seyfried, Rn 18.9). Sie hat insbesondere das Verwahrungsgut vor dem Abhandenkommen oder einer Beschädigung zu schützen.

Der Unterschied zwischen Verwahrvertrag und Schrankfach-Mietvertrag besteht im Wesentlichen darin, dass beim Schrankfach-Mietvertrag der Besitz der in die Schrankfächer einzubringenden Gegenstände beim Kunden verbleibt, während beim Verwahrvertrag die zu verwahrenden Gegenstände der Bank übergeben werden, die damit unmittelbare Alleinbesitzerin des zu verwahrenden Guts wird (aA Bankrechts-Handbuch/*Klanten* § 74 Rn 4, der davon ausgeht, dass die Bank zwar die tatsächliche Sachherrschaft erhält, auf Grund mangelnden Besitzwillens jedoch nicht Besitzerin wird). Folglich erwirbt sie an den verwahrten Gegenständen auch gem Nr 14 AGB-Banken ein Pfandrecht (aA BuB-*Klüter* Rn 12/132). Der Hinterleger hat gegen die Bank einen Herausgabeanspruch, den er entweder selbst oder durch einen Bevollmächtigten ausüben kann, sofern der Hinterleger eine entsprechende Vollmacht erteilt hat. Die Vollmacht lehnt sich an die Vollmacht für den Schrankfachmietvertrag an.

2. Regelungsinhalt. Die Bedingungen für die Annahme von Verwahrstücken regeln in erster Linie die Verwahrung und die an das Verwahrstück zu stellenden Anforderungen.

Darüber hinaus legen sie fest, dass der Hinterleger für Schäden verantwortlich ist, die an den Verwahrstücken durch in ihnen selbst liegende Ursachen herbeigeführt werden.

Weiterhin hat der Hinterleger dafür Sorge zu tragen, dass von den Verwahrstücken keine Gefahren ausgehen.

Eine eigenständige Vergütungsregelung enthalten die Bedingungen nicht. Gleichwohl hat der Hinterleger ein Entgelt zu zahlen, das sich in der Regel nach der Größe des Verwahrstücks richtet und gesondert festgelegt wird. Meist findet sich auf dem Einlieferungsschein ein Hinweis auf das Preis- und Leistungsverzeichnis. Eine Änderung erfolgt auch hier – wie beim Schrankfachvertrag – nach Nr. 1 Abs. 2 AGB-Banken.

Auch beim Verwahrvertrag hat die Bank sich nach § 154 Abs 2 AO und § 3 Abs 1 Nr 1 iVm § 2 Abs 1 Nr 1 GeldwäscheG über die Identität des Hinterlegers Gewissheit zu verschaffen (Bankrechts-Handbuch/*Klanten* § 74 Rn 3; BuB-*Klüter,* Rn 11/123 f).

W. Depotgeschäft

1. Depotvertrag

Schrifttum: *Balzer,* Depotgeschäft, in Welter/Lang, Handbuch der Informationspflichten im Bankverkehr, 2004, S 239 ff.; *Binder*, Depotrecht, in Langenbucher/Bliesener/Spindler (Hrsg.), Bankrechts-Kommentar, 3. Aufl. 2020, 38. Kapitel; *Bruns,* Das Depotgeschäft, 3. Aufl 1972; *Kreße,* Depotgeschäft, in Bankrecht und Bankpraxis, Losebl., 9.18, 136. Lfg, Rn 8/1 ff.; *Decker/Kümpel,* Das Depotgeschäft, 2. Aufl 2007; *Delorme,* Die Wertpapiersammelbanken, 1970; *Dittrich,* Effektengiroverkehr mit Auslandsberührung, 2002; *Einsele,* Depotgeschäft, in MüKoHGB, Bd. 6, 4. Aufl 2019; *Einsele,* Bank- und Kapitalmarktrecht 4. Aufl 2018, § 9; *Einsele,* Wertpapierrecht als Schuldrecht, 1995; *Heinsius/Horn/Than,* Depotgesetz, 1975; *Hövekamp/Hugger,* Die Reichweite und Haftung der Depotbanken vor dem Hintergrund des Madoff-Skandals, FS Hopt, 2011, S 2015; Hopt/*Hopt*, HGB, 41. Aufl. 2022, (8a) AGB-WPGeschäfte; Hopt/*Kumpan* HGB, 41. Aufl. 2022, (13) DepotG; *Klanten,* Das Depotgeschäft, in Schimansky/Bunte/Lwowski (Hrsg), Bankrechts-Hdb, 5. Aufl 2017, § 72; *Bauer* in Kümpel/Mülbert/Früh/Seyfried (Hrsg.), Bank- und Kapitalmarktrecht, 6. Aufl 2021, Rn 18.1 ff; *Micheler,* Wertpapierrecht zwischen Schuld- und Sachenrecht, 2004; *Scherer,* Depotgesetz, 2012; Schwintowski/*Schleicher,* Bankrecht, 6. Aufl 2021, § 17; *Beule,* Wertpapierhandel, in Bankrecht und Bankpraxis, Losebl, 04.13, 102. Lfg. Rn 7/159 ff.

Vorbemerkung

1. Beim Depotvertrag handelt es sich um einen Geschäftsbesorgungsvertrag mit dienstvertraglichen und verwahrungsvertraglichen Elementen (BGH NJW **1991**, 978; Bankrechts-Hdb/*Klanten,* § 72 Rn. 4; Baumbach/Hopt/*Kumpan*, HGB, (13) DepotG § 1 Rn. 4). Aufsichftsrechtlich geregelt ist das Depotgeschäft in § 1 Abs. 1 Satz 2 Nr. 5 KWG, wonach das Depotgeschäft die Verwahrung und Verwaltung von Wertpapieren für andere beinhaltet. Die Dienstleistungen umfassen daher nicht nur die eigentliche Verwahrung von Wertpapieren (§§ 2 ff. DepotG) – diese ist abzugrenzen von der Verwahrung nach §§ 688 ff. BGB (dazu Bankrechts-Hdb/*Klanten,* § 72 Rn. 1 f.) –, sondern auch eine Reihe von Verwaltungsdienstleistungen. Dazu gehören Inkasso-, Benachrichtigungs- und Überprüfungspflichten. Diese sind in Nr. 13–20 der Sonderbedingungen für Wertpapiergeschäfte – unter Berücksichtigung der Grundsätze zur „Verwaltung der Kundenwertpapiere" in Ziff. 5 der „Bekanntmachung über die Anforderungen an die Ordnungsmäßigkeit des Depotgeschäfts und der Erfüllung von Wertpapierlieferungsverpflichtungen" (abrufbar unter www.bafin.de) – detaillierter geregelt. „Verwaltung" bedeutet jedoch nicht Finanzportfolioverwaltung, wie der Depotvertrag deutlich macht. Letztere geht sehr viel weiter als die hier in Rede stehende „Verwaltung", weil der Verwalter im Rahmen der Finanzportfolioverwaltung mit eigenem Entscheidungsspielraum für andere deren Vermögen verwaltet (s. § 1 Abs. 1a Satz 2 Nr. 3 KWG). Demgegenüber verpflichtet der Depotvertrag die Bank nicht zu einer umfänglichen Betreuung und zu laufender Beratung (zB BGH WM **2005**, 270; Baumbach/Hopt/*Hopt*, HGB, (8a) AGB-WPGeschäfte 13 Rn. 1).

2. Da es sich beim Depotvertrag um einen Geschäftsbesorgungsvertrag handelt, kann der Kunde Weisungen geben (§ 675 iVm. § 665 BGB). Diese dürfen die Bank jedoch nicht zu einem Rechtsverstoß veranlassen.

3. Als Gegenkonto für das Depotkonto wird regelmäßig ein Verrechnungskonto eingerichtet, auf das Gutschriften und Belastungen aus dem Depot verbucht werden (ggf.

kann dies auch ein bereits bestehendes Zahlungskonto sein). Das Verrechnungskonto wird als Kontokorrentkonto (Konto in laufender Rechnung; §§ 355 ff. HGB, Ziff. 7 AGB-Banken) geführt. Wie auch sonst im Bankverkehr erfolgt der Rechnungsabschluss grds. zum Quartalsende (Ziff. 7 (1) AGB-Banken).

2. Sonderbedingungen für Wertpapiergeschäfte (Nrn 13–20)**

Die Dienstleistungen im Rahmen der Verwahrung[1]

13. Depotauszug[2]
Die Bank erteilt mindestens einmal jährlich einen Depotauszug.

14. Einlösung von Wertpapieren/Bogenerneuerung[3]
(1) Inlandsverwahrte Wertpapiere
Bei im Inland verwahrten Wertpapieren sorgt die Bank für die Einlösung von Zins-, Gewinnanteil- und Ertragscheinen sowie von rückzahlbaren Wertpapieren bei deren Fälligkeit. Der Gegenwert von Zins-, Gewinnanteil- und Ertragscheinen sowie von fälligen Wertpapieren jeder Art wird unter dem Vorbehalt gutgeschrieben, dass die Bank den Betrag erhält, und zwar auch dann, wenn die Papiere bei der Bank selbst zahlbar sind. Die Bank besorgt neue Zins-, Gewinnanteil- und Ertragscheinbogen (Bogenerneuerung).
(2) Auslandsverwahrte Wertpapiere
Diese Pflichten obliegen bei im Ausland verwahrten Wertpapieren dem ausländischen Verwahrer.
(3) Auslosung und Kündigung von Schuldverschreibungen
Bei im Inland verwahrten Schuldverschreibungen überwacht die Bank den Zeitpunkt der Rückzahlung infolge Auslosung und Kündigung anhand der Veröffentlichungen in den „Wertpapier-Mitteilungen". Bei einer Auslosung von im Ausland verwahrten rückzahlbaren Schuldverschreibungen, die anhand deren Urkundennummern erfolgt (Nummernauslosung), wird die Bank nach ihrer Wahl dem Kunden für die ihm in Wertpapierrechnung gutgeschriebenen Wertpapiere entweder Urkundennummern für die Auslosungszwecke zuordnen oder in einer internen Auslosung die Aufteilung des auf den Deckungsbestand entfallenden Betrages auf die Kunden vornehmen. Diese interne Auslosung wird unter Aufsicht einer neutralen Prüfungsstelle vorgenommen; sie kann stattdessen unter Einsatz einer elektronischen Datenverarbeitungsanlage durchgeführt werden, sofern eine neutrale Auslosung gewährleistet ist.
(4) Einlösung in fremder Währung
Werden Zins-, Gewinnanteil- und Ertragscheine sowie fällige Wertpapiere in ausländischer Währung oder Rechnungseinheiten eingelöst, wird die Bank den Einlösungsbetrag auf dem Konto des Kunden in dieser Währung gutschreiben, sofern der Kunde ein Konto in dieser Währung unterhält. Andernfalls wird sie dem Kunden hierüber eine Gutschrift in Euro erteilen, soweit nicht etwas anderes vereinbart ist.

15. Behandlung von Bezugsrechten/Optionsscheinen/Wandelschuldverschreibungen[4]
(1) Bezugsrechte
Über die Einräumung von Bezugsrechten wird die Bank den Kunden benachrichtigen, wenn hierüber eine Bekanntmachung in den „Wertpapier-Mitteilungen" erschienen ist. Soweit die Bank bis zum Ablauf des vorletzten Tages des Bezugsrechtshandels keine andere Weisung des Kunden erhalten hat, wird sie sämtliche zum Depotbestand des Kunden gehörenden inländischen Bezugsrechte bestens verkaufen,

** Nrn 1–12 sind oben IV.Q.1 abgedruckt.

ausländische Bezugsrechte darf die Bank gemäß den im Ausland geltenden Usancen bestens verwerten lassen.

(2) Options- und Wandlungsrechte

Über den Verfall von Rechten aus Optionsscheinen oder Wandlungsrechten aus Wandelschuldverschreibungen wird die Bank den Kunden mit der Bitte um Weisung benachrichtigen, wenn auf den Verfalltag in den „Wertpapier-Mitteilungen" hingewiesen worden ist.

16. Weitergabe von Nachrichten[5]

Werden in den „Wertpapier-Mitteilungen" Informationen veröffentlicht, die die Wertpapiere des Kunden betreffen, oder werden der Bank solche Informationen vom Emittenten oder von ihrem ausländischen Verwahrer/Zwischenverwahrer übermittelt, so wird die Bank dem Kunden diese Informationen zur Kenntnis geben, soweit sich diese auf die Rechtsposition des Kunden erheblich auswirken können und die Benachrichtigung des Kunden zur Wahrung seiner Interessen erforderlich ist. So wird sie insbesondere Informationen über

- gesetzliche Abfindungs- und Umtauschangebote,
- freiwillige Kauf- und Umtauschangebote,
- Sanierungsverfahren

zur Kenntnis geben. Eine Benachrichtigung kann unterbleiben, wenn die Information bei der Bank nicht rechtzeitig eingegangen ist oder die vom Kunden zu ergreifenden Maßnahmen wirtschaftlich nicht zu vertreten sind, weil die anfallenden Kosten in einem Missverhältnis zu den möglichen Ansprüchen des Kunden stehen.

17. Prüfungspflicht der Bank[6]

Die Bank prüft anhand der Bekanntmachungen in den „Wertpapier-Mitteilungen" einmalig bei der Einlieferung von Wertpapierurkunden, ob diese von Verlustmeldungen (Opposition), Zahlungssperren und dergleichen betroffen sind. Die Überprüfung auf Aufgebotsverfahren zur Kraft- loserklärung von Wertpapierurkunden erfolgt auch nach Einlieferung.

18. Umtausch sowie Ausbuchung und Vernichtung von Urkunden

(1) Urkundenumtausch

Die Bank darf ohne vorherige Benachrichtigung des Kunden einer in den „Wertpapier-Mitteilungen" bekanntgemachten Aufforderung zur Einreichung von Wertpapierurkunden Folge leisten, wenn diese Einreichung offensichtlich im Kundeninteresse liegt und damit auch keine Anlageentscheidung verbunden ist (wie zB nach der Fusion der Emittentin mit einer anderen Gesellschaft oder bei inhaltlicher Unrichtigkeit der Wertpapierurkunden). Der Kunde wird hierüber unterrichtet.

(2) Ausbuchung und Vernichtung nach Verlust der Wertpapiereigenschaft

Verlieren die für den Kunden verwahrten Wertpapierurkunden ihre Wertpapiereigenschaft durch Erlöschen der dann verbrieften Rechte, so können sie zum Zwecke der Vernichtung aus dem Depot des Kunden ausgebucht werden. Im Inland verwahrte Urkunden werden soweit möglich dem Kunden auf Verlangen zur Verfügung gestellt. Der Kunde wird über die Ausbuchung, die Möglichkeit der Auslieferung und die mögliche Vernichtung unterrichtet. Erteilt er keine Weisung, so kann die Bank die Urkunden nach Ablauf einer Frist von zwei Monaten nach Absendung der Mitteilung an den Kunden vernichten.

19. Haftung[7]

(1) Inlandsverwahrung

Bei der Verwahrung von Wertpapieren im Inland haftet die Bank für jedes Verschulden ihrer Mitarbeiter und der Personen, die sie zur Erfüllung ihrer Verpflichtungen hinzuzieht. Soweit dem Kunden eine GS-Gutschrift erteilt wird, haftet die Bank auch für die Erfüllung der Pflichten der Clearstream Banking AG.

(2) Auslandsverwahrung
Bei der Verwahrung von Wertpapieren im Ausland beschränkt sich die Haftung der Bank auf die sorgfältige Auswahl und Unterweisung des von ihr beauftragten ausländischen Verwahrers oder Zwischenverwahrers. Bei einer Zwischenverwahrung durch die Clearstream Banking AG oder einen anderen inländischen Zwischenverwahrer sowie einer Verwahrung durch eine eigene ausländische Geschäftsstelle haftet die Bank für deren Verschulden.

20. Sonstiges
(1) Auskunftsersuchen[8]
Ausländische Wertpapiere, die im Ausland angeschafft oder veräußert werden oder die ein Kunde von der Bank im Inland oder im Ausland verwahren lässt, unterliegen regelmäßig einer ausländischen Rechtsordnung. Rechte und Pflichten der Bank oder des Kunden bestimmen sich daher auch nach dieser Rechtsordnung, die auch die Offenlegung des Namens des Kunden vorsehen kann. Die Bank wird entsprechende Auskünfte an ausländische Stellen erteilen, soweit sie hierzu verpflichtet ist; sie wird den Kunden hierüber benachrichtigen.
(2) Einlieferung/Überträge[9]
Diese Sonderbedingungen gelten auch, wenn der Kunde der Bank in- oder ausländische Wertpapiere zur Verwahrung effektiv einliefert oder Depotguthaben von einem anderen Verwahrer übertragen lässt. Verlangt der Kunde die Verwahrung im Ausland, wird ihm eine WR-Gutschrift nach Maßgabe dieser Sonderbedingungen erteilt.
(3) Spitzenregulierung[10]
Bei der Durchführung von Kapitalmaßnahmen (zB Zusammenfassung mehrerer Aktien zu einer Aktie oder Umtausch von Aktien) können im Depot des Kunden Bruchstücke von Wertpapieren entstehen. Sofern eine Verwertung möglich ist und es sich nicht um Bruchstücke von Fondsanteilen handelt, wird die Bank die Bruchstücke aller betroffenen Kunden zusammenfassen und diese gemäß den Grundsätzen für die Ausführung von Aufträgen in Finanzinstrumenten veräußern. Den auf den Kunden entfallenden Erlösanteil wird sie nach Abzug des mit dem Kunden vereinbarten Entgelts gutschreiben. Soweit Bruchstücke von Wertpapieren nicht verwertbar sind, kann das zugrundeliegende Depot nur nach Erteilung eines Auftrags zu Ausbuchung von Wertpapieren durch den Kunden in Bezug auf diese Bruchstücke geschlossen werden.

Schrifttum: Siehe unter W.1. Außerdem *Bunte/Zahrte*, AGB-Banken, AGB-Sparkassen, Sonderbedingungen, 5. Aufl. 2019; *Gericke/Saager*, Die Weiterleitungspflicht der Depotbank gemäß Nr. 16 der Sonderbedingungen für Wertpapiergeschäfte und Praxisprobleme, WM 2008, 623; *Kümpel*, Die neuen Sonderbedingungen für Wertpapiergeschäfte, WM 1995, 137; *Wagner*, Die geänderten Sonderbedingungen für Wertpapiergeschäfte, WM 2007, 1725.

Anmerkungen

1. Nr 13–20 der Sonderbedingungen für Wertpapiergeschäfte regeln die Dienstleistungen, die im Rahmen der Wertpapierverwahrung erbracht werden. Sie sind als einheitliches Regelwerk für inlands- und auslandsverwahrte Wertpapiere konzipiert; sofern Differenzierungen erforderlich sind, erfolgen diese in den jeweiligen Einzelbestimmungen. Die Regelungen dienen der Konkretisierung von Rechten und Pflichten aus dem Depotvertrag zwischen der Bank und dem Kunden (dazu oben W.1.). Mit dem Begriff „Dienstleistungen im Rahmen der Verwahrung" – und nicht „Verwahrung" und „Verwaltung" wie in § 1 Abs. 1 Satz 2 Nr. 5 KWG – wird in Nr. 13–20 das Depotgeschäft deutlicher als im KWG von der Vermögensverwaltung abgegrenzt. Der Depotvertrag verpflichtet die Bank nicht zu einer umfänglichen Betreuung und zu laufender Beratung (zB BGH WM 2005, 270; Baumbach/Hopt/*Hopt,* HGB, (8a) AGB-WPGeschäfte 13 Rn. 1). Auch übernimmt die Bank keine weitergehenden Pflichten aus Depotvertrag, als sich aus Nr 13–20 ergeben (Baumbach/Hopt/*Hopt,* HGB, (8a) AGB-WPGeschäfte 13 Rn. 1; vgl. dazu auch OLG Karlsruhe WM 1992, 577). Die Leistungsbeschreibung ist abschließend (Bankrechts-Hdb/*Klanten,* § 72 Rn. 167). Allgemeine Aufklärungs-, Beratungs- und sonstige Verhaltenspflichten der Bank aus anderen Rechtsgründen werden durch die Nr. 13–20 jedoch nicht beschränkt (Baumbach/Hopt/*Hopt,* HGB, (8a) AGB-WPGeschäfte 13 Rn. 1).

2. Zum Depotauszug s. im Folgenden → Form. IV.W.3.

3. Nr. 14 regelt die Einlösung von Wertpapieren und die Bogenerneuerung und unterscheidet dabei zwischen der Inlands- und der Auslandsverwahrung. Nr. 14 Abs. 1 betrifft im Inland verwahrte Wertpapiere und lehnt sich an Nr. 5 Satz 1 lit. a der „Bekanntmachungen über die Anforderungen an die Ordnungsmäßigkeit des Depotgeschäfts" an. Bei der Inlandsverwahrung wird die Bank selbst als (Zwischen-)Verwahrer tätig und verpflichtet. Um ihre Pflichten zur Einlösung und Bogenerneuerung erfüllen zu können, muss die Bank die Wertpapiere überwachen; diese Überwachungspflichten erfüllt sie durch die Kontrolle der „Wertpapier-Mitteilungen" und Beachtung der Mitteilungen der Emittenten (Bankrechts-Hdb/*Klanten,* § 72 Rn. 180; bzgl. der Auslosung und Kündigung von Schuldverschreibungen s. Nr. 14 Abs. 3). Nr. 14 Abs. 1 Satz 2 enthält die für den Einzug fälliger Beträge erforderliche Inkassoermächtigung; die Gutschrift erfolgt unter Vorbehalt des tatsächlichen Eingangs des Betrags. Der Vorbehalt entspricht der allgemeinen Regelung in Nr. 9 Abs. 1 AGB-Banken. Die Wiederholung in Nr. 14 Abs. 1 Satz 2 dient der Transparenz, weil der Kunde keinen eigenen Auftrag erteilt (Bankrechts-Hdb/*Klanten,* § 72 Rn. 176). Die Gutschriftbuchung bedeutet daher nicht ohne weiteres, dass das Papier bezahlt ist (Baumbach/Hopt/*Hopt,* HGB, (8a) AGB-WPGeschäfte 14 Rn. 1). Das fällige Wertpapier ist erst dann endgültig eingelöst, wenn der Emittent den Gegenwert des Papiers zur Verfügung gestellt hat (Bankrechts-Hdb/*Klanten,* § 72 Rn. 176). Sind Zahlstelle und Depotbank identisch, ist das Wertpapier bereits mit der Belastung des Einlösungskontos eingelöst; einer entsprechenden Gutschrift auf dem Konto des Hinterlegers bedarf es nicht (BGHZ 26, 167, insb. 170 f.; Bankrechts-Hdb/*Klanten,* § 72 Rn. 177).

Nr. 14 Abs. 2 betrifft auslandsverwahrte Wertpapiere. Die Verwahrung und die damit verbundenen „Verwaltungstätigkeiten" obliegen in diesem Fall dem ausländischen Verwahrer. Bei seiner Einschaltung handelt es sich um einen weitergeleiteten Auftrag iSv. Nr. 3 Abs. 2 AGB-Banken (dazu Bankrechts-Hdb/*Klanten,* § 72 Rn. 37). Die Bank schuldet lediglich die sorgfältige Auswahl eines geeigneten ausländischen Verwahrers und die Überwachung seiner Eignung während des Zeitraums der Verwahrung (Bankrechts-Hdb/*Klanten,* § 72 Rn. 37).

Die in Nr. 14 Abs. 3 Satz 2 und 3 geregelte hausinterne Verlosung bei im Ausland verwahrten Schuldverschreibungen berücksichtigt die Besonderheiten der Auslandsverwahrung, bei der die Abwicklung durch Erteilung von Gutschriften in Wertpapierrechnung erfolgt. Die Verlosung kann statt nach Urkundennummern auch nach Serien- oder Gruppeneinteilungen erfolgen (Baumbach/Hopt/*Hopt,* HGB, (8a) AGB-WPGeschäfte 14 Rn. 1; Bunte/Zahrte/*Zahrte,* AGB-Banken, SB WPGeschäfte Nr. 14 Rn. 134). Die neutrale Prüfstelle im Fall der internen Auslosung kann auch eine interne Stelle sein, zB die eigene Revision (Baumbach/Hopt/*Hopt,* HGB, (8a) AGB-WPGeschäfte 14 Rn. 1; Bunte/Zahrte/*Zahrte,* AGB-Banken, SB WPGeschäfte Nr. 14 Rn. 131). Wird ein EDV-Verfahren gewählt (Nr. 14 Abs. 3 Satz 3 HS 2), muss sichergestellt sein, dass eine Einflussnahme auf das Verlosungsergebnis ausgeschlossen ist. Darüber hinaus sollte über den Auslosungsvorgang ein Protokoll erstellt werden, um den Kunden eine Überprüfung zu erleichtern (Bunte/Zahrte/*Zahrte,* AGB-Banken, SB WPGeschäfte Nr. 14 Rn. 133).

Gemäß Nr. 14 Abs. 4 Satz 1 sind Einlösungsbeträge in fremder Währung regelmäßig vorrangig auf ein entsprechendes Fremdwährungskonto des Hinterlegers gutzuschreiben. Dies entspricht der allgemeinen Regelung über Gutschriften bei Fremdwährungsgeschäften mit Kunden in Nr. 10 Abs. 2 AGB-Banken.

4. Die Nr. 15 Abs. 1 und Abs. 2 regeln Benachrichtigungspflichten für die Einräumung von Bezugsrechten bzw. den Verfall von Options- und Wandlungsrechten. Darüber hinaus enthält Nr. 15 Abs. 1 einen fingierten Verkaufsauftrag für den Fall, dass der Kunde keine Weisung hinsichtlich des ihm zustehenden Bezugsrechts erteilt; diese Regelung ist AGB-rechtlich nicht zu beanstanden (dazu Bankrechts-Hdb/*Klanten,* § 72 Rn. 184). Nur ausnahmsweise ist eine (telefonische) Rückfrage beim Kunden nötig (Baumbach/Hopt/*Hopt,* HGB, (8a) AGB-WPGeschäfte 15 Rn. 1) und kann die Bank sich nicht auf Nr. 15 Abs. 1 berufen. Dies ist der Fall, wenn außergewöhnliche Umstände auf einen anderen Willen des Kunden hindeuten, zB wenn er isolierte Bezugsrechte kauft, ohne dass er die dazugehörigen Wertpapiere im Depot hat (Bankrechts-Hdb/*Klanten,* § 72 Rn. 184).

Die Verkaufspflicht gilt jedoch nur für Bezugsrechte, nicht auch für Options- und Wandlungsrechte (BGHZ 151, 5, 6). Denn anders als Nr. 15 Abs. 1 enthält Abs. 2 keine Verwertungsregelung; ohne Weisung des Kunden verfallen daher diese Rechte (Bankrechts-Hdb/*Klanten,* § 72 Rn. 185). Dies berücksichtigt Besonderheiten von Optionsscheinen, da in einigen Fällen von Dritten die Möglichkeit eingeräumt wird, auch noch nach Beendigung des offiziellen Optionsscheinhandels die in Optionsscheinen verbrieften Rechte auszuüben, (BuB/*Beule* Rn. 7/171; zweifelnd Bunte/Zahrte/*Zahrte,* AGB-Banken, SB WPGeschäfte Nr. 14 Rn. 138). Die Benachrichtigung nach Nr. 15 Abs. 2 ist grds keine Bring- sondern eine Schickschuld, sie wird daher mit dem Absenden erfüllt; § 130 Abs. 1 Satz 1 BGB ist auf bloße Benachrichtigungen nach Nr. 15 Abs. 2 oder § 666 BGB (anders bei Anzeigen mit Rechtsfolgen) nicht anwendbar (BGHZ 151, 5). Die Benachrichtigung muss jedoch unmissverständlich deutlich machen, dass das Options- bzw. Wandlungsrecht mit Ablauf der dafür vorgesehenen Frist möglicherweise ersatzlos erlischt oder ohne rechtzeitigen Verkauf oder fristgerechte Ausübung ein etwaiger Wert verloren geht (BGHZ 151, 5, Bankrechts-Hdb/*Klanten,* § 72 Rn. 186).

5. Nr. 16 regelt die Weitergabe von Nachrichten an den Kunden hinsichtlich der für ihn verwahrten Wertpapiere. Zum einen konkretisiert sie die auf §§ 675 Abs. 1, 666 BGB basierende Auskunftspflicht anhand der von der Rechtsprechung entwickelten Anforderungen, zum anderen definiert sie deren Grenzen. Andere Informationspflichten als solche im Rahmen der Depotbeziehung, etwa zu Kauf oder Verkauf der Wertpapiere, werden in Nr. 16 nicht geregelt (Bunte/Zahrte/*Zahrte,* AGB-Banken, SB WPGeschäfte Nr. 14 Rn. 139). Bei bloßer Wertpapierverwahrung ist die Bank über Nr. 16 Satz 1 hinaus grds. nicht zu einer weitergehenden Beschaffung von Informationen verpflichtet (OLG Karlsruhe WM 1992, 577; Baumbach/Hopt/*Hopt,* HGB, (8a) AGB-WPGeschäfte 16 Rn. 1, aA wenn die erhaltenen Informationen erkennbar unklar oder widersprüchlich sind, Bunte/Zahrte/*Zahrte,* AGB-Banken, SB WPGeschäfte Nr. 14 Rn. 141 sowie für „offizielle Informationen" Rn. 150). Nr. 16 enthält auch keine nachwirkende Pflicht, etwa bei Wechsel der Bankverbindung (Baumbach/Hopt/*Hopt,* HGB, (8a) AGB-WPGeschäfte 16 Rn. 1). Des Weiteren ergibt sich aus Nr. 16 grds. keine Pflicht, weiterzuleitende ausländische Unterlagen für den Kunden zu übersetzen (Baumbach/Hopt/*Hopt,* HGB, (8a) AGB-WPGeschäfte 16 Rn. 1; BuB/*Beule* Rn. 7/177, dort auch Beispiele für mögliche Ausnahmen; desgl. Bunte/Zahrte/*Zahrte,* AGB-Banken, SB WPGeschäfte Nr. 14 Rn. 149). Bei umfangreichen Informationen, etwa einer Angebotsunterlage nach WpÜG im Fall einer Übernahme, reicht es für die Erfüllung der Benachrichtigungspflicht aus, wenn die Bank den Kunden mittels einer Zusammenfassung informiert und ihm mitteilt, wo er weitere Informationen erhalten kann (Bankrechts-Hdb/*Klanten,* § 72 Rn. 190; BuB/*Beule* Rn. 7/176). Auch Standardinformationen können weitergereicht werden; in diesem Fall ist es aber angebracht, den Kunden darüber zu informieren, wenn diese nicht geprüft worden sind (Bankrechts-Hdb/*Klanten,* § 72 Rn. 190). Die Bank ist auch nicht verpflichtet, den Kunden auf die Konsequenzen und wirtschaftliche Bedeutung der von ihr (vollständig und unmissverständlich) weitergeleiteten Informationen hinzuweisen (BGH WM 2005, 270; Baumbach/Hopt/*Hopt,* HGB, (8a) AGB-WPGeschäfte 16 Rn. 1). Welche Informationen erforderlich sind, richtet sich nach dem Einzelfall (BuB/*Beule* Rn. 7/173; Bunte/Zahrte/*Zahrte,* AGB-Banken, SB WPGeschäfte Nr. 14 Rn. 143). Neben den unmittelbaren Mitteilungen des Emittenten oder des ausländischen Verwahrers, sind insb. die Wertpapier-Mitteilungen zu berücksichtigen (zur Bedeutung der Wertpapier-Mitteilungen Bankrechts-Hdb/*Klanten* § 72 Rn. 173).

Die in Nr. 16 S. 2 aufgeführten Beispiele sind nicht abschließend („insbesondere"), erfassen jedoch die praktisch wichtigsten für die Kunden relevanten Ereignisse. Die Weitergabe von Informationen bei einem Kauf- oder Umtauschangebot von dessen Konditionen (zB Angebot entspricht ersichtlich nicht den Kundeninteressen) abhängig zu machen, ist problematisch, (Baumbach/Hopt/*Hopt,* HGB, (8a) AGB-WPGeschäfte 16 Rn. 1; Bunte/Zahrte/*Zahrte,* AGB-Banken, SB WPGeschäfte Nr. 14 Rn. 142; aA Bankrechts-Hdb/*Klanten,* § 72 Rn. 190; *Gericke/Saager* WM 2008, 623, 626 f., 629); die Bewertung des Angebots bleibt Sache des Kunden; im Falle eines Pflichtangebotes ist die Bank in jedem Fall zur Weiterleitung verpflichtet (Baumbach/Hopt/*Hopt,* HGB, (8a) AGB-WPGeschäfte 16 Rn. 1). Eine Unterrichtungspflicht besteht auch bei (US-amerikanischen) Sammelklagen (Bankrechts-Hdb/*Klanten,* § 72 Rn. 189).

Nr. 16 Satz 3 zeigt Situationen auf, bei denen die Bank im Einzelfall von ihrer Benachrichtigungspflicht befreit sein kann. Die Befreiung wird durch den Zweck von Nr. 16 gerechtfertigt, dem Kunden die ihm fehlenden Informationen zukommen zu lassen, damit er Änderungen seiner Rechtsstellung beurteilen kann; so ist eine bei der Bank zu spät eingegangene Information als Entscheidungsgrundlage nicht (mehr) geeignet (Bankrechts-Hdb/*Klanten,* § 72 Rn. 188). Es handelt es sich aber um eine Ermessensregelung („kann").

6. Die nach Nr. 17 zu prüfenden Bekanntmachungen („Sammelliste mit Opposition belegter Wertpapiere") in den Wertpapier-Mitteilungen ergänzen die Regelung in § 367 HGB, der zufolge der gute Glaube beim Erwerb eines Wertpapiers ausgeschlossen ist, wenn der Verlust des Papiers im Bundesanzeiger bekannt gemacht und noch kein Jahr seit der Bekanntmachung verstrichen ist (zur Bedeutung der Wertpapier-Mitteilungen Bankrechts-Hdb/*Klanten* § 72 Rn. 173; zu den Beschränkungen von § 367 HGB aaO. Rn. 191; vgl. auch *Einsele,* Wertpapierrecht, S. 136). Im Gegensatz zu § 367 HGB kann die Veröffentlichung in der Sammelliste den gutgläubigen Erwerb ohne zeitliche Begrenzung verhindern – jedenfalls dann, wenn die Nichtbeachtung als grob fahrlässige Unkenntnis iSv. § 932 Abs. 2 BGB anzusehen ist; wegen der Prüfungspflicht in Nr. 17 wird dies bei Banken in der Regel der Fall sein (s. *Einsele,* Wertpapierrecht, S. 138). Eine Pflicht zur Überprüfung der Oppositionsliste besteht auch bei ausländischen Wertpapieren (OLG Ffm WM 1995, 50, 52 f). Die Prüfung erfolgt unabhängig vom Kunden, dieser erhält dadurch jedoch Sicherheit hinsichtlich seiner Rechtsposition (Bankrechts-Hdb/*Klanten,* § 72 Rn. 191). Mit Opposition belegte Wertpapiere werden von den Kreditinstituten weder als Erfüllung von Wertpapiergeschäften noch als Kreditsicherheiten akzeptiert; sie sind außerdem nicht lieferbar (vgl. etwa § 23 Abs. 1 lit. d der Bedingungen für die Geschäfte an der Baden-Württembergischen Wertpapierbörse oder § 14 Abs. 1 lit. d der Bedingungen für Geschäfte an der Frankfurter Wertpapierbörse). Für Fehlinformationen der Wertpapier-Mitteilungen haftet die Bank dem Kunden nicht (OLG Karlsruhe WM 1991, 276, 278; Bunte/Zahrte/*Zahrte,* AGB-Banken, SB WPGeschäfte Nr. 14 Rn. 141).

7. Die Haftungsregelung in Nr. 19 unterscheidet zwischen Inlands- (Abs. 1) und Auslandsverwahrung (Abs. 2). Bei der Inlandsverwahrung bleibt es nach dem (deklaratorischen) ersten Absatz uneingeschränkt bei § 278 BGB. Dies gilt insbesondere auch hinsichtlich der Clearstream Banking AG, wenn diese eingeschaltet wird. Demgegenüber berücksichtigt Nr. 19 Abs. 2 Satz 1 für den Fall der Auslandsverwahrung, dass die depotführende Stelle keine eigenen verwahrungs- und verwaltungsmäßigen Pflichten übernimmt. Hier haftet die Bank lediglich für die sorgfältige Auswahl und Unterweisung des von ihr beauftragten ausländischen Verwahrers. Entsprechend wird dieser vergleichbare technisch-organisatorische Voraussetzungen für die ordnungsgemäße Verwahrung bieten müssen wie die inländische vom Kunden beauftragte Bank (Bunte/Zahrte/*Zahrte,* AGB-Banken, SB WPGeschäfte Nr. 14 Rn. 161). Wird allerdings ein inländischer Zwischenverwahrer eingeschaltet oder erfolgt die Verwahrung durch eine eigene ausländische Geschäftsstelle, gewährleistet Nr. 19 Abs. 2 Satz 2 den Gleichlauf zur Inlandsverwahrung (zu den Haftungsregelungen Bankrechts-Hdb/*Klanten* § 72 Rn. 29 f., 37 f.; Bunte/Zahrte/*Zahrte,* AGB-Banken, SB WPGeschäfte Nr. 14 Rn. 159 ff).

8. Nr. 20 Abs. 1 betrifft den Umgang mit Auskunftsersuchen ausländischer Stellen. Ausländische Kapitalmarktaufsichtsbehörden und Börsen fordern im Zusammenhang mit Wertpapierhandel und -verwahrung ausländischer Wertpapiere für deutsche Kunden immer häufiger Auskunft von deutschen Banken, insbesondere bei Verdacht auf Insiderhandel oder Marktmanipulationen (Baumbach/Hopt/*Hopt,* HGB, (8a) AGB-WPGeschäfte 20 Rn. 1; *Wagner* WM 07, 1725, 1728). Diesen Ersuchen können sich die Banken meist nicht verweigern, denn die jeweiligen Wertpapiere unterliegen regelmäßig ausländischen Rechtsnormen und diese sehen häufig die Offenlegung des Namens des Kunden vor. Daher regelt Nr. 20 Abs. 1 S 3 HS 1, dass Banken Auskünfte erteilen, soweit sie dazu verpflichtet sind. Der Kunde wird darüber informiert. Wann die Bank den Kunden jedoch über eine Auskunft unterrichtet, regelt Nr. 20 Abs. 1 nicht; hierbei ist zu beachten, dass ausländische Vorschriften häufig vorsehen, dass die Kunden über Auskunftsersuchen nicht im Vorhinein informiert werden dürfen (Baumbach/Hopt/*Hopt,* HGB, (8a) AGB-WPGeschäfte 20 Rn. 1).

9. Zur Einlieferung effektiver Stücke zwecks Auslandsverwahrung S → Form. IV.W.4.

10. Einige Banken, wie zB die Deutsche Bank, haben in ihre Sonderbedingungen als Nr. 20 III eine Regelung zur Spitzenregulierung aufgenommen.

3a. Jahresdepotauszug

Herrn/Frau/Firma

Sehr geehrte Kundin, sehr geehrter Kunde,

Ihr Jahresdepotauszug zum 31. Dezember 20.. zeigt eine Aufstellung aller Wertpapierbestände, die sich in Ihrem Depot befinden. Hierbei sind alle Wertpapierumsätze berücksichtigt, die bis einschließlich 31. Dezember verarbeitet werden konnten. Aus rechtlichen Gründen ist es wichtig, dass Sie sich von der Richtigkeit dieser Angaben überzeugen.

Wir bitten Sie, Ihren Jahresdepotauszug schnellstmöglich zu prüfen. Das Dokument wurde von uns mit Sorgfalt erstellt. Sollten Sie dennoch Angaben finden, die nicht mit Ihren Unterlagen übereinstimmen, oder sonstige Einwände gegen Ihre Wertpapieraufstellung haben, richten Sie diese bitte an:

. . . . .

Zu Ihrer Information haben wir einige Details zu den angegebenen Kursen zusammengestellt. Für in- und ausländische Werte werden die Kurse an deutschen Börsen nach dem Niederstwertprinzip herangezogen. Bei ausländischen Werten, die im Inland weder im regulierten Markt noch im Freiverkehr notiert werden, wird grundsätzlich der Kurs der Heimatbörse zugrunde gelegt. Bei Bundesschatzbriefen Typ B und Finanzierungsschätzen sind im Kurs die Zinsen ab dem Ausgabetag enthalten. Die Kursangaben für nicht börsennotierte Investmentanteile entsprechen dem Rücknahmepreis, der von den Kapitalanlagegesellschaften oder deren Depotbanken für den jeweiligen Fonds festgestellt wurde. Wenn Kursangaben fehlen, handelt es sich entweder um ausländische Wertpapiere, für die ein Jahresschlusskurs nicht oder nicht rechtzeitig festgestellt werden konnte, oder um nicht notierte inländische Wertpapiere. Eine Gewähr für die Richtigkeit der Kurse können wir nicht übernehmen.

Jahresdepotauszug zum 31. Dezember 20..

Depotinhaber: . . . . .

Filialnummer: Depotnummer:

Nennbetrag bzw. Stück	Wertpapiergattung & Fälligkeit ISIN WKN Risikoklasse	Kurs	Kurswert in EUR
. . . . .	. . . . .	. . . . .	. . . . .
. . . . .	. . . . .	. . . . .	. . . . .

Ist keine Verwahrungsart angegeben, so befinden sich die Wertpapiere in Girosammel-Verwahrung.

Anmerkungen

Nach Nr. 13 der Sonderbedingungen für Wertpapiergeschäfte (s. IV.W.1) erteilt die Bank ihren Kunden mindestens einmal jährlich einen Depotauszug. Die Regelung konkretisiert zum einen die Auskunftspflicht aus §§ 675 Abs 1, 666 BGB.[38]

Das Musteranschreiben zum Depotauszug enthält außerdem einen Hinweis auf die Mitwirkungspflicht des Kunden aus Nr. 11 Abs. 4 AGB-Banken.

Der Depotauszug kann sowohl postalisch als auch in einen sog. elektronischen Postkorb innerhalb der eigenen Unternehmenssphäre der Bank übermittelt werden. Voraussetzung für letzteres ist, dass der Kunde über den Zeitpunkt und die genaue Bezeichnung des elektronischen Postkorbs informiert wird und dieser dem Kunden zugänglich ist. Sofern der Kunde den elektronisch hinterlegten Depotauszug nicht gesehen hat, muss sichergestellt

[38] Nr. 13 trug zudem den in Ziff. 11 der „Bekanntmachung über die Anforderungen an die Ordnungsmäßigkeit des Depotgeschäfts und der Erfüllung von Wertpapierlieferungsverpflichtungen" vom 21.12.1998 (abrufbar über www.bafin.de) niedergelegten aufsichtsrechtlichen Anforderungen an die Depotabstimmung Rechnung. Im Rahmen des Rundschreibens 07/2019 (WA) –Mindestanforderungen an die ordnungsgemäße Erbringung des Depotgeschäfts und den Schutz von Kundenfinanzinstrumenten für Wertpapierdienstleistungsunternehmen (MaDepot) – hat die BaFin nunmehr unter Punkt 1.4 dargelegt, dass die Bekanntmachung von 1998 bei der Prüfung des Depotgeschäfts von Wertpapierdienstleistungsunternehmen nach Maßgabe von § 89 Abs. 1 Satz 1 und Satz 2 WpHG die Bekanntmachung von 1998 nicht anzuwenden und bezüglich Wertpapierdienstleistungsunternehmen nicht mehr Teil der Verwaltungspraxis der BaFin sei.

sein, dass er ihn bis spätestens Ende März des jeweiligen Jahres postalisch erhält, sofern keine andere Regelung getroffen wurde (zum Vorstehenden BuB/*Beule* Rn. 7/162).

3b. Informationen über die Vermögens- und Finanzanlage

Herrn/Frau/Firma

Sehr geehrte Kundin, sehr geehrter Kunde,

beiliegend erhalten Sie persönliche Informationen zur Ihren Vermögens- und Finanzanlagen zum [Datum]. Wertpapierfirmen sind gemäß Art. 63 der EU-Verordnung 2017/565 dazu verpflichtet, ihren Kunden für die sie Finanzinstrumente halten, mindestens einmal pro Quartal eine Aufstellung der betreffenden Finanzinstrumente zu übermitteln.

In der Aufstellung werden alle für Sie depotverwahrten Wertpapiere zum Stichtag [Datum] einschließlich ihres Marktwertes aufgeführt. Nicht ausgewiesen werden Kontosalden und geschlossene Fonds.

Bitte beachten Sie, dass es zwischen dem Bewertungsstichtag Ihrer Depotbestände und dem Erhalt des Berichts zu zeitlichen Differenzen kommen kann.

[Neben der quartalsweisen Aufstellung werden Sie weiterhin wie gewohnt zu Beginn eines jeden Kalenderjahres den Jahresdepotauszug zu den bei uns geführten Depots und Ihren Beständen zum 31.12. erhalten.]

Für weitere Fragen steht Ihnen Ihre zuständige Beraterin oder Ihr zuständiger Berater selbstverständlich gern zu Verfügung.

Depot Nr.

Bestandsaufstellung per [Datum]

Bestand Datum der letzten Buchung	Bezeichnung	WKN/ ISIN	Risikoklasse	Währung	Kurs	Devisenkurs	Marktwert in EUR davon Stückzinsen	Anteil in %
Gesamtsumme								

Wichtige Hinweise und Erläuterungen

Wichtige allgemeine Hinweise und Erläuterungen

[......]

Informationen zur Bestandsaufstellung

[......]

Anmerkungen

§ 63 Abs. 12 S. 2 WpHG i.V.m Art. 63 der Delegierten Verordnung 2017/565 verlangt, dass Wertpapierdienstleistungsunternehmen ihren Kunden mindestens einmal im Quartal eine Aufstellung der Finanzinstrumente auf einem dauerhaften Datenträger[39] übermitteln, die sie für ihre Kunden halten.[40]

Detaillierte Vorgaben zum Inhalt der Aufstellung finden sich in § 63 Abs. 2 Delegierte Verordnung 2017/565: Danach müssen in der Aufstellung zu allen Finanzinstrumenten Angaben gemacht werden, die das Wertpapierdienstleistungsunternehmen am Ende des Aufstellungszeitraums für den jeweiligen Kunden hält. Das Wertpapierdienstleistungsunternehmen muss darüber informieren, inwieweit diese Finanzinstrumente Gegenstand von Wertpapierfinanzierungsgeschäften gewesen sind und in welcher Höhe und auf welcher Grundlage dem Kunden aus diesen Geschäften Erträge zugeflossen sind. Weiterhin hat es anzugeben, welche Vermögenswerte der MiFID II unterfallen und welche nicht, für welche Vermögenswerte hinsichtlich ihrer Eigentumsverhältnisse Besonderheiten gelten sowie den Marktwert oder – falls kein Marktwert verfügbar ist – den Schätzwert der Finanzinstrumente. Der Schätzwert muss nach bestmöglichem Bemühen ermittelt und mit dem deutlichen Hinweis versehen werden, dass der fehlende Marktkurs auf eine möglicherweise mangelnde Liquidität hindeutet.

Nach Art. 63 Abs. 2 UAbs. 3 Delegierte Verordnung 2017/565 kann die Wertpapierfirma von einer periodischen Aufstellung absehen, wenn sie „ihren Kunden Zugang zu einem als dauerhafter Datenträger einstufbaren Online-System gewährt, über das der Kunde auf aktuelle Aufstellungen seiner Finanzinstrumente oder Gelder zugreifen und die Wertpapierfirma nachweisen kann, dass der Kunde während des betreffenden Quartals mindestens einmal auf diese Aufstellung zugegriffen hat".

---

[39] Nach Art. 4 Abs. 1 Nr. 62 MiFID II: „jedes Medium, das (a) es dem Kunden gestattet, an ihn persönlich gerichtete Informationen derart zu speichern, dass er sie in der Folge für eine für die Zwecke der Informationen angemessene Dauer einsehen kann, und (b) die unveränderte Wiedergabe der gespeicherten Informationen ermöglicht".

[40] Diese Regelung gilt laut BaFin auch für solche Wertpapierdienstleistungsunternehmen, die als Kreditinstitute über eine Zulassung gemäß der Richtlinie 2000/12/EG des Europäischen Parlaments und des Rates (ersetzt durch die nachfolgenden Richtlinien 2006/48/EG und 2013/36/EU) in Bezug auf Einlagen verfügen. Die in Art. 63 Abs. 1 Unterabsatz 2 Delegierte VO 2017/565 enthaltene gegenteilig formulierte Ausnahme für solche Kreditinstitute betreffe nur die Aufstellung über die für Kunden gehaltenen Gelder (BaFin, MaDepot, 3.1.3.2).

4. Auslandsverwahrung von Wertpapieren

An

Auslandsverwahrung
von Wertpapieren

Depot-Nr.

Sie verwahren für mich (uns) die nachfolgenden Wertpapiere:

Ich (Wir) ermächtige(n) Sie, das Eigentum an diesen Wertpapieren auf sich selbst oder einen Dritten zu übertragen. Mit der Ausübung dieser Ermächtigung soll das Eigentum an den Wertpapieren auf Sie oder den Dritten übergehen, so dass für mich (uns) nur ein schuldrechtlicher Anspruch auf Lieferung von Wertpapieren derselben Art und Zahl entsteht.

Ort, Datum Unterschrift(en)

. . . .

Anmerkungen

Werden der Bank effektive Stücke geliefert, um diese im Ausland verwahren zu lassen, führt die Bank diese ihrem im jeweiligen Lagerland unterhaltenen Deckungsbestand (s. Nr. 12 Abs. 4 der Sonderbedingungen für Wertpapiergeschäfte, s. IV.Q.1) zu und erteilt dem Einlieferer eine Gutschrift in Wertpapierrechnung (WR-Gutschrift; Nr. 20 Abs. 2 Satz 2 iVm. Nr. 12 Abs. 2 bis 4 der Sonderbedingungen für Wertpapiergeschäfte, s. IV.W.1 und IV.Q.1). Das obige Muster enthält die Einverständniserklärung des Kunden mit der Übertragung des Eigentums an den eingelieferten Papieren auf die Bank oder einen Dritten. Letzteres ist von Bedeutung, wenn sich die Bank im Lagerland kein Eigentum, sondern nur eine andere gleichwertige Rechtsstellung verschaffen kann (s. Nr. 12 Abs. 3 Satz 1 der Sonderbedingungen für Wertpapiergeschäfte, s. dazu IV.Q.1).

Die Formularerklärung ist als Aneignungsermächtigung nach § 13 DepotG ausgestaltet. Erforderlich ist eine solche allerdings nicht, weil die Auslandsverwahrung anders ausgestaltet ist als der von § 13 DepotG geregelte Sachverhalt (*Heinsius/Horn/Than*, DepotG, § 22 Rn. 31). Der Hinterleger ist bei der WR-Gutschrift nicht auf einen (schuldrechtlichen) Rückgewähranspruch iSv. § 13 Abs. 1 DepotG beschränkt. Die dem Kunden erteilte Treuhand-WR-Gutschrift ist insolvenz- und vollstreckungssicher (*Heinsius/Horn/Than*, DepotG, § 13 Rn. 29).

5. Informationsblatt über die Teilnahme an den Hauptversammlungen inländischer Aktiengesellschaften und Ausübung des Stimmrechts, Stimmrechtsvollmacht und Kundenanschreiben

5.1 Informationsblatt über die Teilnahme an den Hauptversammlungen inländischer Aktiengesellschaften und Ausübung des Stimmrechts

Ihr Wertpapierdepot:
Teilnahme an den Hauptversammlungen
inländischer Aktiengesellschaften und
Ausübung des Stimmrechts

mit diesem Schreiben möchten wir Sie auf die Möglichkeiten hinweisen, wie Sie in den Hauptversammlungen inländischer Gesellschaften das Stimmrecht aus Ihren Aktien wahrnehmen können.

Da in Hauptversammlungen oft bedeutende Entscheidungen getroffen werden, ist es wünschenswert, dass auch die Stimmrechte aus Ihren Aktien ausgeübt werden, um Zufallsmehrheiten bei der Beschlussfassung zu vermeiden. Dabei sollten Sie nach Möglichkeit durch persönliche Stimmabgabe in den Hauptversammlungen mitwirken. Sie können Ihre Rechte auch durch einen eigenen Beauftragten oder eine Aktionärsvereinigung ausüben lassen. Wir werden Ihnen oder direkt Ihrem Bevollmächtigten dazu gern die erforderlichen Eintrittskarten beschaffen, wenn Sie uns Ihren entsprechenden Wunsch rechtzeitig mitteilen.

Sofern Sie jedoch weder selbst an den Hauptversammlungen teilnehmen noch einen eigenen Beauftragten entsenden möchten, sind wir gern bereit, mit Ihrer Vollmacht das Stimmrecht auch aus Ihrem Aktienbesitz in den Hauptversammlungen auszuüben, bei denen wir uns zur Vertretung von Stimmrechten erbieten. Dafür schafft die beigefügte Stimmrechtsvollmacht eine zweckmäßige Möglichkeit. Wir werden Sie, wenn uns die Vollmacht erteilt wird, in diesen Fällen stets um Weisungen zur Stimmrechtsausübung bitten. Soweit wir dabei eigene Abstimmungsvorschläge unterbreiten, werden wir, wenn wir von Ihnen keine anders lautenden Weisungen erhalten, davon ausgehen, dass Sie mit unseren Vorschlägen einverstanden sind und das Stimmrecht entsprechend ausüben. In den Hauptversammlungen bestimmter Gesellschaften, an denen Unternehmen des Konzerns beteiligt sind, werden wir für Sie Stimmrechte nur aufgrund ausdrücklicher Weisungen ausüben. Darauf werden wir jeweils gesondert hinweisen. Auch soweit wir Ihnen keine Abstimmungsvorschläge machen, bleiben Ihre Stimmrechte unvertreten, wenn wir von Ihnen keine Weisungen erhalten.

Wir schlagen Ihnen daher vor, eine zeitlich nicht befristete Vollmacht zur Stimmrechtsausübung zu erteilen. Sie binden sich hierdurch nicht. Nach wie vor können Sie, sofern Sie dies wünschen, Ihr Stimmrecht auch selbst ausüben oder sich durch einen anderen vertreten lassen. Ihre Vollmacht ist jederzeit widerruflich. Bei der Ausübung Ihres Stimmrechts sind wir stets an Ihre Weisungen gebunden.

Soweit Sie unserem Vorschlag folgen wollen, müssten Sie das Vollmachtsformular mit Datum und Unterschrift versehen an uns zurücksenden. Die Einzelheiten der dann zwischen Ihnen und uns geltenden Regelung entnehmen Sie bitte den nachstehenden Erläuterungen. Wir sind auch gern bereit, die Vertretung Ihres Aktienbesitzes lediglich von Fall zu Fall zu übernehmen, wenn Sie dies vorziehen. Dazu müssten Sie uns dann vor der betreffenden Hauptversammlung gesondert schriftlich bevollmächtigen. Einen entsprechenden Vordruck werden wir Ihnen – soweit Sie uns jetzt keine Vollmacht erteilen – ggf. zusammen mit den übrigen Hauptversammlungsunterlagen übersenden.

Mit freundlichen Grüßen

Erläuterungen zur Ausübung des Stimmrechts

Das Vollmachtsformular, das Sie mit diesem Schreiben erhalten, sieht wegen der von unseren Depotkunden meist gewünschten Anonymität für den Regelfall vor, dass wir in den Hauptversammlungen Ihr Stimmrecht im Namen dessen, den es angeht, ausüben, dh ohne Nennung Ihres Namens. Wir sind indessen auch gern bereit offen in Ihrem Namen aufzutreten, wenn Sie uns einen entsprechenden Auftrag erteilen.

Bei Namensaktien gelten einige Besonderheiten. Wenn Sie selbst im Aktienregister eingetragen sind, erhalten Sie die Information zur Hauptversammlung unmittelbar durch die Gesellschaft. Dann können wir die Stimmrechte aufgrund der Vollmacht für Sie auch ausüben, wenn wir Ihnen unseren Vorschlag zugänglich machen.

In den Fällen, in denen wir für Ihre Namensaktien im Aktienregister der betreffenden Gesellschaft eingetragen sind, gilt die im Vollmachtstext enthaltene Ermächtigung. Mit dieser können wir Sie – wie bei Inhaberaktien – ohne Nennung Ihres Namens vertreten. Soweit Sie selbst für in Ihrem Depot verbuchte Namensaktien im Aktienregister eingetragen sind, werden wir Ihren Namen oder Ihre Aktionärsidentität gegenüber der Gesellschaft offen legen, Sie in der Hauptversammlung aber möglichst ohne Namensnennung vertreten. Die beigefügte Vollmacht umfasst auch diese Möglichkeit. Sofern Sie stimmrechtslose Aktien besitzen, sind wir aufgrund einer uns erteilten Vollmacht auch berechtigt, diese Aktien zur Teilnahme an der Hauptversammlung anzumelden.

Die Befugnis zur Erteilung von Untervollmachten erweitert unsere Möglichkeit, für die Vertretung Ihrer Stimmrechte zu sorgen.

Wir werden Ihnen vor Hauptversammlungen oder gesonderten Aktionärsversammlungen die Texte der Bekanntmachungen über Einberufung und Tagesordnung sowie ggf. weitere Unterlagen zusenden, soweit sie uns von den Gesellschaften zum Versand zur Verfügung gestellt werden. Gleichzeitig werden wir, wenn wir uns zur Stimmrechtsausübung erbieten, Ihnen unsere Vorschläge unterbreiten und Sie um Ihre Weisungen für die Abstimmungen bitten.

Gegenanträge sowie Wahlvorschläge von Aktionären, die bis zwei Wochen vor der Hauptversammlung der Gesellschaft übersandt werden, sind den Aktionären durch die Gesellschaften zugänglich zu machen und werden in der Regel auf der Website der Gesellschaft veröffentlicht. Wir empfehlen Ihnen im Rahmen Ihrer Entscheidungsfindung zu prüfen, ob Anträge angekündigt wurden oder noch angekündigt werden.

Für den Fall, dass Sie die Vollmacht widerrufen wollen oder Ihren Aktienbesitz im Einzelfall selbst vertreten bzw. anderweitig vertreten lassen möchten, bitten wir Sie um rechtzeitige Mitteilung. Eintrittskarten für die jeweiligen Versammlungen werden wir Ihnen oder – nach Ihrer Wahl – direkt Ihrem Bevollmächtigten dann gern beschaffen.
Sofern Sie uns einen Auftrag zur Ausstellung einer Eintrittskarte auf einen Dritten erteilen, weisen wir Sie darauf hin, dass für eine rechtswirksame Ermächtigung zur Stimmrechtsausübung im eigenen Namen dem Ermächtigten Besitz an den zu vertretenden Aktien zu verschaffen ist.

Wir werden Sie jährlich, deutlich hervorgehoben, auf die jederzeitige Möglichkeit des Widerrufs Ihrer Vollmacht und auf andere Vertretungsmöglichkeiten hinweisen.

5.2 Stimmrechtsvollmacht

Bitte verwenden Sie den beigefügten Antwortumschlag nur für die Rücksendung der Stimmrechtsvollmacht. Eine ordnungsgemäße Bearbeitung anderer Aufträge in diesem Umschlag kann

An[2]

. . . . .

Stimmrechtsvollmacht

Hiermit bevollmächtige(n) ich/wir Sie, das Stimmrecht aus den jeweils in meinem/unserem Depot befindlichen oder für mich/uns verbuchten Aktien inländischer Gesellschaften ohne Offenlegung meines/unseres Namens – dh „im Namen dessen, den es angeht" – auszuüben oder durch einen Unterbevollmächtigten ausüben zu lassen.
Zugleich ermächtige(n) ich/wir Sie, das Stimmrecht aus für mich/uns verbuchten, aber auf Ihren Namen, bzw. gegebenenfalls für Sie auf einen Dritten im Aktienregis-

nicht gewährleistet werden.

ter eingetragenen inländischen Namensaktien ohne Offenlegung meines/unseres Namens auszuüben oder ausüben zu lassen. Soweit ich/wir selbst für inländische Namensaktien, die in meinem/unserem Depot verbucht sind, im Aktienregister eingetragen bin/sind, bevollmächtige(n) ich/wir Sie hiermit, als mein/unser Vertreter auch unter Offenlegung meines/unseres Namens oder meiner/unserer Aktionärsidentität gegenüber der Gesellschaft das Stimmrecht auszuüben oder einen Unterbevollmächtigten ausüben zu lassen.

Ich/Wir behalte(n) mir/uns vor, diese Vollmacht jederzeit zu widerrufen.

________________ ________________________

Datum Unterschrift

Dieses Blatt darf nach den gesetzlichen Bestimmungen nicht zu sonstigen Mitteilungen verwendet werden.

[redacted] Codierfeld [redacted] Diese Feld bitte nicht beschriften und nicht bestempeln [redacted]

Diese Feld bitte nicht beschriften → und bestempeln

5.3 Kundenanschreiben

Herrn/Frau/Firma [redacted]

Depot-Nr. [redacted]

Hauptversammlung[3]
am .....

......

Sehr geehrte Kundin, sehr geehrter Kunde,

die oben genannte Gesellschaft hat zu ihrer Hauptversammlung eingeladen.

Sofern die Gesellschaft den Versand einer gedruckten Einladung zur Versammlung nebst Tagesordnung an ihre Aktionäre vorgesehen hat, haben wir diese als Anlage beigefügt. Auf unserer Homepage im Internet unterrichten wir Sie über Links zur Gesellschaft, sofern uns diese bekannt sind. Dort können Sie, wenn erforderlich, weitere Informationen sowie eventuelle Gegenanträge einsehen.

Wir empfehlen Ihnen, die Versammlung selbst zu besuchen und Ihr Stimmrecht unmittelbar auszuüben. Sie können Ihre Rechte auch durch einen eigenen Bevollmächtigten, zB eine Aktionärsvereinigung, wahrnehmen lassen. Sofern Sie eine dieser Möglichkeiten wahrnehmen möchten, bitten wir Sie, bei uns schnellstmöglich eine Eintrittskarte mit dem beiliegenden Antwortbogen anzufordern.

> Falls Sie es wünschen dass Ihre Aktien von uns vertreten werden, stehen wir selbstverständlich zu Ihrer Verfügung. Dies ist jedoch nur möglich, sofern Sie uns für die Stimmrechtsausübung ausdrückliche Weisungen zu den Beschlusspunkten der Tagesordnung auf dem Antwortbogen schnellstmöglich erteilen. Nur wenn wir bis zu dem von der Gesellschaft vorgegebenen Tag für die Teilnahme an der Versammlung Weisungen von Ihnen erhalten haben, werden wir von einer uns vorliegenden Vollmacht zur Stimmrechtsausübung Gebrauch machen und Ihre bei uns verbuchten Aktien in der Versammlung vertreten.
> Wir bitten Sie eventuelle Stimmrechtsverbote, zB aus Organmitgliedschaften oder nach dem Wertpapierhandelsgesetz, bei der Erteilung Ihrer Weisungen zu beachten.
>
> Mit freundlichen Grüßen
>
> Ihre
> . . . . .

5.4 Eintrittskartenbestellung

Antwortbogen für die Hauptversammlung[4] Depot-Nr. [redacted]

der . . . . .

am . . . . .

TERMINSACHE Rücksendung bitte bis zum . . . . . bei uns eintreffend	Aktiengattung (WKN/ISIN)

Maßgeblich sind Ihre Aktien in obigem Depot

EINTRITTSKARTENBESTELLUNG Depot-Nr. [redacted]

Bitte füllen Sie diese Eintrittskartenbestellung nur dann aus und senden sie an uns zurück, wenn Sie die oben genannte Versammlung selbst besuchen oder einen Dritten beauftragen möchten.

Bitte markieren Sie Ihre Auswahl mit einem ☒ in schwarz oder blau

Eintrittskartenbestellung für den/die Depotinhaber

Ich/wir komme(n) selbst zu der Versammlung. Bitte stellen Sie

❒ eine Eintrittskarte auf meinen Namen

❒ zwei Eintrittskarten auf meinen oder unseren Namen (beim Gemeinschaftsdepots)

aus und senden Sie diese an die oben genannte Adresse.

Eintrittskartenbestellung für nachstehend genannte Person

❒ Ich/wie bitte(n) um zusätzliche Ausstellung einer Eintrittskarte für die im nachstehenden Adressfeld eingetragene Begleitperson.

❐ Ich/wir komme(n) nicht selbst zur Versammlung, sondern bitte(n) u Ausstellung einer Eintrittskarte für die im nachstehenden Adressfeld eingetragene Person.

Vorname und Name (Bitte in Druckschrift ausfüllen)

Straße und Hausnummer oder Postfach

Postleitzahl Wohnort

ggf. Land

Der vorgenannten Person wird zur Wahrnehmung meiner/unserer Stimmrechte im eigenen Namen der Besitz der depotverbuchten Inhaberaktien durch mich/uns vermittelt.

Datum Unterschrift(en)

– bitte wenden –

5.5 Weisungen

HINWEIS[5] **Depot-Nr.** [redacted]

Dieses Formblatt senden Sie uns bitte zurück, wenn Sie wünschen, dass das Stimmrecht von uns ausgeübt wird. Ihre Weisungen sind auch ohne Unterschrift gültig.

WEISUNGEN **Depot-Nr.** [redacted]

Sie haben mir/uns die Unterlagen zu der/den vorgenannten Versammlung(en) übersandt. Zu den Beschlusspunkten erteile(n) ich/wir Ihnen folgende Einzelweisungen für die Ausübung des Stimmrechts. Soweit ich/wir diese nicht erteile(n), ist mit Enthaltung abzustimmen, bzw. mein/unser Stimmrecht nicht auszuüben.

Bitte markieren Sie Ihre Auswahl mit einem ☒ in schwarz oder blau

BESCHLUSSPUNKTE DER TAGESORDNUNG Tagesordnungspunkte, zu denen keine Beschluss-fassung vorgesehen ist, sind nicht aufgeführt		Abstimmung zum Vorschlag gemäß Tagesordnung		
		Ja	Nein	Enthaltung
2	Entlastung des Vorstandes	❐	❐	❐
3	Entlastung des Aufsichtsrates.....	❐	❐	❐
4	Wahl des Abschlussprüfers	❐	❐	❐
5	Ermächtigung zum Erwerb eigener Aktien	❐	❐	❐
6	Genehmigtes Kapital mit Bezugsrechtsausschluss	❐	❐	❐
7	Beschlussfassung über Aktionärsantrag	❐	❐	❐

Sachverzeichnis

Es bezeichnen: Fette Ziffern/Buchstaben das jeweilige Formular. §-Angaben beziehen sich auf den jeweiligen Abschnitt im Formulartext.